Bankrechts-Kommentar

Bankrechts-Kommentar

Herausgegeben von

Prof. Dr. Katja Langenbucher
Professorin im House of Finance der
Goethe-Universität Frankfurt a. M.

Dr. Dirk H. Bliesener, LL. M. (Yale)
Maître en Droit (Paris 1)
Rechtsanwalt in Frankfurt a. M.,
Attorney-at-Law (New York)

Prof. Dr. Gerald Spindler
Professor an der Georg-August-Universität Göttingen

Bearbeitet von den Herausgebern und:

Dr. Peter Beck, Rechtsanwalt in Frankfurt a. M.; *Dr. Henning Bergmann,* Rechtsanwalt in Berlin/Lage; *Prof. Dr. Jens-Hinrich Binder, LL. M.,* Eberhard-Karls-Universität, Tübingen; *Prof. Dr. Georg Borges,* Universität des Saarlandes, Saarbrücken; *Dr. Bernd Castor,* Rechtsanwalt in Luxemburg; *Johannes Dietenberger,* Rechtsanwalt in Frankfurt a. M.; *Dr. Martin M. Geiger, LL. M. (Michigan),* Rechtsanwalt in Frankfurt a. M.; *Dr. Wolfgang Groß,* Rechtsanwalt in Frankfurt a. M.; *Prof. Dr. Lutz Haertlein,* Universität Leipzig, Richter am OLG Dresden; *Dr. Louis Hagen,* München; *Prof. Dr. Carsten Herresthal, LL. M.,* Universität Regensburg; *Marc Hoche,* Goethe Universität Frankfurt am Main; *Prof. Dr. Jochen Hoffmann,* Friedrich-Alexander-Universität Erlangen-Nürnberg; *Dr. Herwart Huber,* Rechtsanwalt in Köln; *Niko Jakovou, LL. M.,* Rechtsanwalt in Düsseldorf; *Bettina Joos,* Rechtsanwältin in Hamburg; *Prof. Dr. Carsten Jungmann, LL. M. (Yale), M. Sc. in Finance (Leicester),* Honorarprofessor und Programmdirektor Bucerius Law School/Syndikusrechtsanwalt in Bonn; *Dr. Alexander Kalomiris,* Richter am BayObLG; † *Prof. Dr. Hans-Michael Krepold,* Gauting; *Prof. Dr. Matthias Lehmann D. E. A., LL. M., J. S. D.,* Institut für IPR und Rechtsvergleichung, Bonn; *Prof. Dr. Florian Möslein, LL. M. (London), Dipl.-Kfm.,* Philipps-Universität Marburg; *Dr. Bernd Müller-Christmann,* Vorsitzender Richter am OLG Karlsruhe a. D.; *Prof. Dr. Sebastian Omlor, LL. M. (NYU), LL. M. Eur.,* Philipps-Universität Marburg; *Martin A. Richter,* Rechtsanwalt in Hamburg; *Prof. Dr. Markus Roth,* Philipps-Universität Marburg; *Dr. Hannes Schneider,* Rechtsanwalt und Notar a. D. in Frankfurt a. M.; *Prof. Dr. Ulrich Segna,* EBS Universität für Wirtschaft und Recht, Wiesbaden; *Prof. Dr. Wolfgang Servatius,* Universität Regensburg; *Andreas Sesing,* Universität des Saarlandes, Saarbrücken; *Dr. Felix Steffek, LL. M. (Cambridge),* University of Cambridge; *Joachim Walgenbach,* Rechtsanwalt in Luxemburg; *Jasper Wentz,* Goethe Universität Frankfurt am Main; *Prof. Dr. Stefan Werner,* Rechtsanwalt in Frankfurt a. M.

3. Auflage 2020

C.H.BECK

Zitiervorschlag:
LBS/*Bearbeiter,* Kap. … § … Rn. …
oder
LBS/*Bearbeiter,* Kap. … I/II … Rn. …

www.beck.de

ISBN 978 3 406 72921 8

Wilhelmstraße 9, 80801 München
Satz, Druck, Bindung und Umschlagsatz: Druckerei C. H. Beck, Nördlingen
(Adresse wie Verlag)

CO_2 neutral
chbeck.de/nachhaltig

Gedruckt auf säurefreiem, alterungsbeständigem Papier
(hergestellt aus chlorfrei gebleichtem Zellstoff)

Vorwort

Am 8. Mai 2020 ist unser hochgeschätzter Mitautor Prof. Dr. Hans-Michael Krepold verstorben. Seit Begründung des Bankrechts-Kommentars hat er das sehr anspruchsvolle Thema zur Kündigung des Darlehensvertrags im 14. Kapitel bearbeitet. Als langjähriger anerkannter Experte des Darlehensrechts, der Erfahrungen aus der Praxis und der Lehre verband, hat er es vorzüglich verstanden, die vielfältigen dogmatischen Herausforderungen umfänglich und praxistauglich darzulegen. Die Herausgeber danken Hans-Michael Krepold für die vortreffliche Bearbeitung, die er auch noch für die Neuauflage bis kurz vor seinem Tod aktualisiert hat.

Die nunmehr 3. Auflage des vorliegenden Werks in der Reihe gesetzesübergreifender Kommentare der „grauen Reihe" des Verlages C. H. Beck bleibt dem Konzept treu, das gesamte Bankrecht abzudecken und den von Schwark/Zimmer herausgegebenen Kapitalmarktrechts-Kommentar sowie den Kommentar zum Aufsichtsrecht (KWG und CRR-VO) von Boos/Fischer/Schulte-Mattler zu ergänzen.

Der erste, von Katja Langenbucher betreute Teil des Kommentars behandelt **Kontoführung und Zahlungsverkehr.** Im Einzelnen geht es hierbei insbesondere um das Recht der Kontoführung, des Zahlungsdienstevertrags sowie bargeldloser Zahlungen, in der Neuauflage unter Einschluss von digitalen Zahlungsformen. Die trotz der vereinheitlichenden Sicht des Gesetzgebers nach wie vor bestehenden Besonderheiten der einzelnen bargeldlosen Zahlungsinstrumente sind der Grund für die Aufnahme je einzelner Kapitel pro Zahlungsinstrument. Die §§ 675j ff. BGB werden aus diesem Grund mehrfach, mit Hervorhebung der Besonderheiten etwa von Überweisung, Lastschrift und Karteninstrumenten, kommentiert. In der Neuauflage sorgt dabei ein verändertes Satzbild für bessere Zugänglichkeit. Kapitel zu Zahlungsverkehr und Insolvenz und zu dokumentären Zahlungen runden den ersten Teil ab.

Der zweite, von Dirk Bliesener betreute Teil des Werkes betrifft **Finanzierung und Kreditsicherheiten.** Behandelt wird zunächst das Kreditrecht mit einem Schwerpunkt auf Kredittypen und Finanzierungshilfen, den vertragstypischen Pflichten und der Kündigung des Darlehensvertrages sowie das Verbraucherdarlehen. Anschließend sind eine Reihe von Kapiteln den unterschiedlichen Formen der Unternehmensfinanzierung gewidmet. Hier geht es um internationale Konsortialkredite, Schuldverschreibungen, Leasing, Factoring und Forfaitierung, die Außenhandelsfinanzierung, die Verbriefung von Krediten, Pfandbriefe sowie Kreditderivate. Eine weitere Reihe von Kapiteln betreffen Kreditsicherheiten und behandeln deren Grundlagen sowie Immobiliarsicherheiten, die Sicherungsübereignung, die Sicherungsabtretung, Pfandrechte an Forderungen und Wertpapieren, Personalsicherheiten sowie das Refinanzierungsregister. Abschließend werden die außergerichtliche Unternehmenssanierung und das Schicksal von Finanzierungen in der Insolvenz kommentiert.

Im dritten, von Gerald Spindler betreuten Teil findet sich die Kommentierung des **Wertpapier- und Anlagegeschäfts,** in der Neuauflage unter besonderer Berücksichtigung der zahlreichen Reformen auf nationaler wie auf europäischer Ebene. Einem Kapitel zu den Grundlagen dieses Geschäfts, insbesondere zur Anlageberatung, folgen Kapitel zur Vermögensverwaltung, zum Einlagen- und Effektengeschäft, zu den Finanztermingeschäften, zum Depotrecht, dem Investmentgeschäft und zuletzt dem Emissions- und Konsortialgeschäft.

Der einbändige Kommentar wendet sich vor allem an den Praktiker, der den zügigen und aktuellen Zugriff auf das gesamte Bankrecht sucht. Der Autorenkreis setzt sich aus Banksyndizi, Rechtsanwälten, Richtern und Universitätsprofessoren zusammen. Ihnen allen gilt besonderer Dank für ihre Mitwirkung. Dank schulden die Herausgeber auch den beteiligten Mitarbeitern an ihren Lehrstühlen in Frankfurt am Main und Göttingen sowie im Frankfurter Büro der Sozietät Hengeler Mueller.

Das Werk ist im Wesentlichen auf dem Stand von Sommer 2020. Für Hinweise und Kritik sind Autoren und Herausgeber dankbar.

Frankfurt am Main und Göttingen, im September 2020 Die Herausgeber

Im Einzelnen haben bearbeitet:

1. Teil Kontoführung und Zahlungsverkehr	**[hrsg. v. *Langenbucher*]**
1. Kapitel Kontoführung	Dr. Bernd Müller-Christmann
2. Kapitel Zahlungsdienstevertrag – §§ 675c-675i BGB	Prof. Dr. Carsten Herresthal
3. Kapitel Konto; Online-Banking – §§ 675jj–676c BGB	Prof. Dr. Carsten Herresthal
4. Kapitel Überweisung – §§ 675j-676c BGB	Prof. Dr. Katja Langenbucher
5. Kapitel Lastschrift – §§ 675a-675y BGB	Prof. Dr. Stefan Werner
6. Kapitel Kreditkarte – §§ 675f-676c BGB	Prof. Dr. Carsten Jungmann
7. Kapitel Debitkarte (Bankkarte; Zahlungskarte) – §§ 675f-675y BGB	Prof. Dr. Carsten Herresthal
8. Kapitel Geldkarte – §§ 675c-676b BGB	Prof. Dr. Georg Borges/Andreas Sesing
9. Kapitel Zahlungsverkehr und Insolvenz	Dr. Alexander Kalomiris
10. Kapitel Dokumentäre Zahlungen	Prof. Dr. Ulrich Segna
11. Kapitel Virtuelle Währungen	Prof. Dr. Katja Langenbucher/ Marc Hoche/Jasper Wentz
2. Teil Finanzierung und Kreditsicherheiten	**[hrsg. v. *Bliesener*]**
12. Kapitel Einführung zum Kreditrecht – Vor §§ 488 ff. BGB	Dr. Felix Steffek
13. Kapitel Darlehensvertrag – Vertragstypische Pflichten beim Darlehensvertrag – § 488 BGB	Dr. Felix Steffek
14. Kapitel Kündigung des Darlehensvertrags – §§ 489, 490 BGB	† Prof. Dr. Hans-Michael Krepold
15. Kapitel Verbraucherdarlehen – §§ 491 ff. BGB	Prof. Dr. Markus Roth
16. Kapitel Dokumentation internationaler Konsortialkredite	Dr. Bernd Castor/Joachim Walgenbach
17. Kapitel SchVG – Gesetz über Schuldverschreibungen aus Gesamtemissionen (Schuldverschreibungsgesetz)	Dr. Dirk H. Bliesener/Dr. Hannes Schneider
18. Kapitel Das Leasing-Geschäft, das Factoring-Geschäft und das Forfaiting-Geschäft	Prof. Dr. Sebastian Omlor
19. Kapitel Außenhandelsfinanzierungen	Bettina Joos
20. Kapitel Verbriefung von Bankforderungen	Dr. Martin M. Geiger
21. Kapitel Pfandbriefe	Dr. Louis Hagen
22. Kapitel entfällt	
23. Kapitel Kreditderivate	Dr. Peter Beck/Johannes Dietenberger
24. Kapitel Grundlagen	Prof. Dr. Matthias Lehmann
25. Kapitel Immobiliarsicherheiten – §§ 1113–1198 BGB	Prof. Dr. Lutz Haertlein
26. Kapitel Sicherungsübereignung	Prof. Dr. Lutz Haertlein
27. Kapitel Sicherungsabtretung – §§ 398–413 BGB	Prof. Dr. Lutz Haertlein
28. Kapitel Pfandrecht an Forderungen und Wertpapieren – §§ 1273–1296 BGB	Prof. Dr. Lutz Haertlein
29. Kapitel Personalsicherheiten – §§ 765–766 BGB	Prof. Dr. Jochen Hoffmann
30. Kapitel Refinanzierungsregister – §§ 22a-22o KWG	Prof. Dr. Matthias Lehmann
31. Kapitel Außergerichtliche Unternehmenssanierung	Martin A. Richter
32. Kapitel Finanzierungen in der Insolvenz	Dr. Herwart Huber
3. Teil Wertpapier- und Anlagegeschäft	**[hrsg. v. *Spindler*]**
33. Kapitel Grundlagen – §§ 63 ff. WpHG	Prof. Dr. Gerald Spindler
34. Kapitel Vermögensverwaltung	Prof. Dr. Florian Möslein
35. Kapitel Einlagengeschäft	Prof. Dr. Wolfgang Servatius
36. Kapitel Effektengeschäft	Dr. Henning Bergmann
37. Kapitel Finanztermingeschäfte	Prof. Dr. Jens-Hinrich Binder
38. Kapitel Depotrecht	Prof. Dr. Jens-Hinrich Binder
39. Kapitel Investmentgeschäft	Niko Jakovou
40. Kapitel Emissions- und Konsortialgeschäft	Dr. Wolfgang Groß

Inhaltsübersicht

1. Teil Kontoführung und Zahlungsverkehr

2. Teil Finanzierung und Kreditsicherheiten

3. Teil. Wertpapier- und Anlagegeschäft (Spindler)

Inhaltsverzeichnis

Abkürzungs- und Literaturverzeichnis

AA	Anderer Ansicht
ABl.	Amtsblatt der EU
Abs.	Absatz
ACH	Automatic Clearing Houses
AcP	Archiv für die civilistische Praxis
AEUV	Vertrag über die Arbeitsweise der Europäischen Union
aF	alte Fassung
AFB	Association Française des Banques
AG	Amtsgericht
AIBD-Methode	Methode der Association of International Bond Dealers
AIG	Auslandinvestmentgesetz
AKA	Ausfuhrkredit-Gesellschaft mbH
AktG	Aktiengesetz
AKV	Ausfuhrkreditversicherung
Alt.	Alternative
Angerer/Geibel/Süßmann	WpÜG-Kommentar, 3. Aufl. 2016
AnSVG	Anlegerschutzverbesserungsgesetz
APG	Ausfuhr-Pauschal-Gewährleistung
Arndt/Voß	Verkaufsprospektgesetz, 2008
Art.	Artikel
Assmann/Schneider/Mülbert/*Bearbeiter*	Wertpapierhandelsrecht, Kommentar, 7. Aufl. 2019
Assmann/Schütze/Buck-Heeb	Handbuch des Kapitalanlagerechts, 5. Aufl. 2020
Aufl.	Auflage
Avancini/Iro/Koriol	Österreichisches Bankvertragsrecht, Band I, 1987, Band II 1993
AWG	Außenwirtschaftsgesetz
AWV	Außenwirtschaftsverordnung
BaFin	Bundesanstalt für Finanzdienstleistungsaufsicht
BAKred	Bundesaufsichtsamt für das Kreditwesen, ging zum 1.5.2002 in der BaFin auf
BankR-HdB/*Bearbeiter*	BankR-HdB, 5. Aufl. 2017
Bearbeiter Bankrechtstag 2009	Die zivilrechtliche Umsetzung der Zahlungsdiensterichtlinie, Bankrechtstag 2009
Baumbach/Hefermehl/Casper	Wechselgesetz, Scheckgesetz, Recht des Zahlungsverkehrs, Kommentar, 24. Aufl. 2020
Baumbach/Hopt/*Bearbeiter*	Handelsgesetzbuch, 39. Aufl. 2020
Baumbach/Hueck/*Bearbeiter*	GmbHG, Kommentar, 22. Aufl. 2019
Baumbach/Lauterbach/Hartmann/Anders/Gehle/*Bearbeiter*	Zivilprozessordnung, Kommentar, 78. Aufl. 2019
Baur/Stürner Sachenrecht	Lehrbuch des Sachenrechts, 18. Aufl. 2009
Baur/Stürner/Bruns	Zwangsvollstreckungsrecht, 13. Aufl. 2006
Baur/Tappen/Mehrkhah/Behme/*Bearbeiter*	Investmentgesetze Band 1 und 2, Großkommentar, 4. Aufl. 2019

BAWe	Bundesaufsichtsamt für den Wertpapierhandel, ging zum 1.5.2002 in der BaFin auf
BBA	British Banker's Association
BBankG	Gesetz über die Deutsche Bundesbank
Bd.	Band
Beck/Samm/Kokemoor	Kreditwesengesetz mit CCR, Loseblatt, 213. Aktualisierung Stand: Juni 2020
BeckOK BGB/*Bearbeiter*	Bamberger/Roth/Hau/Poseck, Beck'scher Online-Kommentar BGB, Ed. 54, Stand: 1.5.2020
BeckRS	Beck-Rechtsprechung
Begr.	Begründung
Bellinger/Kerl	Hypothekenbankgesetz, Kommentar, 4. Aufl. 1995
BMF	Bundesministerium der Finanzen
BeBiKo/*Bearbeiter*	Beck'scher Bilanz-Kommentar, 12. Aufl. 2020
Berger/Steck/Lübbehüsen/*Bearbeiter*	Investmentgesetz, Investmentsteuergesetz, Kommentar, 2010
BeckIFRSHdB/*Bearbeiter*	Beck'sches IFRS-Handbuch, 5. Aufl. 2016
Berliner Komm. InsO	Biersch/Goetsch/Haas/Breutigam, Berliner Kommentar Insolvenzrecht, Loseblattwerk, Stand 2018
BeschlEmpf.	Beschlussempfehlung
BGB	Bürgerliches Gesetzbuch
BGB-RGRK/*Bearbeiter*	Das bürgerliche Gesetzbuch mit besonderer Berücksichtigung der Rechtsprechung des Reichsgerichts und des Bundesgerichtshofs, 12. Aufl. 2001
BGBl.	Bundesgesetzblatt
BilanzHdB/*Winnefeld*	Winnefeld, Bilanz-Handbuch, 5. Aufl. 2015
BKR	Zeitschrift für Bank- und Kapitalmarktrecht
Boos/Fischer/Schulte-Mattler/*Bearbeiter*	Kreditwesengesetz (KWG), 5. Aufl. 2016
BOOT	Build-Own/Operate-Transfer
BörsG	Börsengesetz
BReg	Bundesregierung
Brox	Handels- und Wertpapierrecht, 18. Aufl. 2005
Brox/Henssler	Handels- und Wertpapierrecht, 22. Aufl. 2016
BSchuWG	Bundesschuldenwesengesetz
BSE-Abkommen	Abkommen über das beleglose Scheckeinzugsverfahren
bspw.	beispielsweise
BT-Drs.	Bundestags-Drucksache
BuB/*Bearbeiter*	Bankrecht und Bankpraxis, Stand 02/2020
Bunte/Zahrte	AGB-Banken, AGB-Sparkassen, Sonderbedingungen, 5. Aufl. 2019
Canaris	Bankvertragsrecht, 3. Aufl. 1988
Canaris/Habersack/Schäfer	Bankvertragsrecht, Erster Teilband, Investment Banking I, 5. Aufl. 2017 (zugleich Bd. 11 des Großkommentars zum HGB)
Casper/Terlau	Zahlungsdiensteaufsichtgesetz, 2. Aufl. 2020
Claussen	Bank- und Börsenrecht, 5. Aufl. 2014
Consbruch/Fischer	Kreditwesengesetz, Loseblattsammlung, 120. EL (04/2020)
Dauner-Lieb/Langen/*Bearbeiter*	Bürgerliches Gesetzbuch: BGB – Band 2/1 und 2/2: Schuldrecht Kommentar, 3. Aufl. 2016
Derleder/Knops/Bamberger/*Bearbeiter*	Deutsches und europäisches Bank- und Kapitalmarktrecht, 3. Aufl. 2017
DiskE	Diskussionsentwurf
Drinhausen/Eckstein	Beck'sches Handbuch der AG, 3. Aufl. 2018
DTA	Datenträgeraustausch

EAEG	Einlagensicherungs- und Anlegerentschädigungsgesetz
EBJS/*Bearbeiter*	Ebenroth/Boujong/Joost/Strohn Handelsgesetzbuch, 4. Aufl. Band 1 2020/ Band 2 2015
EDIFACT	Electronic Data Interchange for Administration, Commerce and Transport
EGBGB	Einführungsgesetz zum Bürgerlichen Gesetzbuch
Ehrlich/Haas/Zahn	Zahlung und Zahlungssicherung im Außenhandel, 8. Aufl. 2010
Einsele	Bank- und Kapitalmarktrecht, 4. Aufl. 2018
EL	Ergänzungslieferung
Ellenberger/Findeisen/ Nobbe/Böger/*Bearbeiter*	Kommentar zum Zahlungsverkehrsrecht, 3. Aufl. 2020
Ellenberger/Clouth/*Bearbeiter*	Praktikerhandbuch Wertpapier- und Derivategeschäft, 5. Aufl. 2018
Emmerich	Kartellrecht, 14. Aufl. 2018
ERA	Einheitliche Richtlinien und Gebräuche für Dokumenten-Akkreditive
ERI	Einheitliche Richtlinien für Inkassi von 1978
ESMA	*European Securities and Markets Authority* (Europäischer Wertpapier- und Marktaufsichtsbehörde)
EStG	Einkommensteuergesetz
Erman/*Bearbeiter*	BGB-Kommentar, 15. Aufl. 2017
EU	Europäische Union
EUR	Euro
EWR	Europäischer Wirtschaftsraum
EZL-Abkommen	Abkommen über die Umwandlung beleghaft erteilter Lastschriftaufträge in Datensätze und deren Bearbeitung
EZÜ-Abkommen	Abkommen über die Umwandlung beleghaft erteilter Überweisungsaufträge in Datensätze und deren Bearbeitung
f., ff.	folgende
Falter	Die Praxis des Kreditgeschäfts, 18. Aufl. 2010
FG	Finanzgericht
FIBOR	Frankfurt Interbank Offered Rate
FinDAG	Gesetz über die Finanzdienstleistungsaufsicht
Fischer/Herbst/*Bearbeiter*	Recht der Sparkassenpraxis (RSP), Loseblattausgabe, Stand 05/2010
Fischer/Klanten/*Bearbeiter*	Bankrecht, 4. Aufl. 2010
FMFG	Finanzmarktförderungsgesetz
FK-InsO/*Bearbeiter*	Frankfurter Kommentar zur Insolvenzordnung, 9. Aufl. 2018
FK-WpÜG/*Bearbeiter*	Haarmann/Schüppen (Hrsg.), Frankfurter Kommentar zum WpÜG, 4. Aufl. 2018
FRUG	Finanzmarktrichtlinien-Umsetzungsgesetz
FS	Festschrift
Fuchs	Wertpapierhandelsgesetz (WpHG), 2. Aufl. 2016
GAA	Geldausgabeautomat
GATT	General Agreement on Tariffs and Trade
Gottwald/Haas/*Bearbeiter*	Insolvenzrechthandbuch, 5. Aufl. 2015
Grabitz/Hilf/Nettesheim/*Bearbeiter*	Das Recht der Europäischen Union: EU/AEUV, Loseblattsammlung, 70. Aufl., Stand: Mai 2020
Graf von Westphalen	Rechtsprobleme der Exportfinanzierung, 3. Aufl. 1987
Graf von Westphalen	Der Leasingvertrag, 7. Aufl. 2015
Graf von Westphalen/ Thüsing	Vertragsrecht und AGB-Klauselwerke, 43. Aufl. 2019
v. d. Groeben/Thiesing/ Ehlermann/*Bearbeiter*	Kommentar zum EWG-Vertrag, 4. Aufl. 1991
Groß	Kapitalmarktrecht, 7. Aufl. 2020
Grunewald/Schlitt	Einführung in das Kapitalmarktrecht, 4. Aufl. 2020

GVBl. .... Gesetz- und Verordnungsblatt
GwG .... Gesetz über das Aufspüren von Gewinnen aus schweren Straftaten (Geldwäschegesetz)
GZS .... Gesellschaft für Zahlungssysteme

Habersack/Mülbert/Schlitt/Kapitalmarktinf-HdB/*Bearbeiter* .... Handbuch der Kapitalmarktinformation, 3. Aufl. 2020
Habersack/Mülbert/Schlitt/*Bearbeiter* .... Unternehmensfinanzierung am Kapitalmarkt, 4. Aufl. 2019
HaushaltsG .... Haushaltsgesetz
Heinsius/Horn/Than .... DepotG, Kommentar, 1975
Herold/Lippisch .... Bank- und Börsenrecht, 2. Aufl. 1962
Heymann .... Handelsgesetzbuch, Kommentar, 3. Aufl. 2019
HGB .... Handelsgesetzbuch
HK-BGB/*Bearbeiter* .... Schulze/Dörner/Ebert/Hoeren/Kemper/Saenger/Schreiber/Schulte-Nölke/Staudinger, Bürgerliches Gesetzbuch, Handkommentar, 8. Aufl. 2014
hM .... herrschende Meinung
Hopt .... Der Kapitalanlegerschutz im Recht der Banken, Gesellschafts-, bank- und börsenrechtliche Anforderungen an das Beratungs- und Verwaltungsverfahren der Kreditinstitute, 1975
Hopt/*Bearbeiter* .... Vertrags- und Formularbuch zum Handels-, Gesellschafts- und Bankrecht, 4. Aufl. 2013
Hopt/Mülbert .... Kreditrecht, Bankkredit und Darlehen im deutschen Recht (Sonderausgabe der Vorbemerkungen zu §§ 607 ff. BGB und §§ 607–610 BGB aus: J. von Staudingers Kommentar zum Bürgerlichen Gesetzbuch, 12. Aufl. 1989)
Hopt/Voigt .... Prospekt- und Kapitalmarktinformationshaftung, 2004
Huber .... Anfechtungsgesetz (AnfG) 11. Aufl. 2016

IMA .... Interministerieller Ausschuss
Immenga/Mestmäcker/*Bearbeiter* .... Wettbewerbsrecht, Kommentar, 6. Aufl. 2019
InsO .... Insolvenzordnung
InvG .... Investmentgesetz
InvStG .... Investmentsteuergesetz
iSd .... im Sinn des
iTAN .... Indizierte Transaktionsnummer
iVm .... in Verbindung mit
IWF .... Internationaler Währungsfonds

Jaeger/*Bearbeiter* .... Konkursordnung, Kommentar, 2. Aufl. (neubearb. und erw.), Reprint 2018
Jaeger/*Bearbeiter* .... Insolvenzordnung, in 7 Bänden, 2019
Jauernig/*Bearbeiter* ...... Bürgerliches Gesetzbuch: BGB, Kommentar, 17. Aufl. 2018
JVRZ/*Bearbeiter* .... Just/Voß/Ritz/Zeising, Wertpapierprospektrecht WpPG, 1. Aufl. 2009
JVRB/*Bearbeiter* .... Just/Voß/Ritz/Becker, Wertpapierhandelsgesetz, Kommentar, 2015

K. Schmidt .... Gesellschaftsrecht, Unternehmensrecht II, 4. Aufl. 2015
K. Schmidt .... Handelsrecht, Unternehmensrecht I, 6. Aufl. 2014
K. Schmidt .... Insolvenzordnung, Kommentar, 19. Aufl. 2016
Kap. .... Kapitel
KapMuG .... Kapitalanleger-Musterverfahrensgesetz
Kayser/Thole/*Bearbeiter* Kayser/Thole, Kommentar zur Insolvenzordnung, 9. Aufl. 2018
KG .... Kammergericht
Kilian/Heussen/*Bearbeiter* .... Computerrechts-Handbuch, Loseblattwerk, 35. EL, Stand: 06/2020
KLIMA .... Kleiner Interministerieller Ausschuss
Klöhn .... Rechtmissbrauchsverordnung, 2018
Köhler/Bornkamm/Feddersen .... Gesetz gegen den unlauteren Wettbewerb: UWG, Kommentar, 38. Aufl. 2020 (bis zur 22. Aufl. Baumbach/Hefermehl)

Kölner Kommentar AktG .... Zöllner/Noack (Hrsg.), Kommentar zum Aktiengesetz, 3. Aufl. 2009 ff. (Stand: 31.12.2019)
Kölner Kommentar WpHG .... Hirte/Möllers (Hrsg.), Kommentar zum Wertpapierhandelsgesetz, 2. Aufl. 2014
Kohls .... Bankrecht, 2. Aufl. 1997
Kreditwesen .... Zeitschrift für das gesamte Kreditwesen
Krepold/Fischbeck/Kropf/Werner .... Bankrecht, 2. Aufl. 2018
krit. .... kritisch
Kühn/Wedelstädt .... Abgabenordnung und Finanzgerichtsordnung, Kommentar, 22. Aufl. 2018 (vormals *Kühn/Kutter/Hofmann*)
Kümpel/Hammen/Ekkenga .... Kapitalmarktrecht, Loseblattwerk in 2 Ordnern, Stand 2019
Kümpel/Mülbert/Früh/Seyfried .... Bank- und Kapitalmarktrecht, 5. Aufl. 2019 (bis zur 4. Aufl. Kümpel/Wittig)
KWG .... Gesetz über das Kreditwesen

LG .... Landgericht
Langen/Bunte/*Bearbeiter* .... Kommentar zum deutschen und europäischen Kartellrecht, 2 Bände, 13. Aufl. 2018
Langenbucher .... Die Risikozuordnung im bargeldlosen Zahlungsverkehr, 2001
Langenbucher/Gößmann/Werner/*Bearbeiter* .... Handbuch des Zahlungsverkehrs, 2004
Lenenbach .... Kapitalmarktrecht, 2. Aufl. 2010
Lfg. .... Lieferung
LIBOR .... London Interbank Offered Rate
li. Sp. .... linke Spalte
lit. .... littera
Lit. .... Literatur
LMIC .... Lower Middle Income Countries
Löwe/Graf von Westphalen/Trinkner .... AGB-Gesetz, Kommentar, 2. Aufl. 1985
Lüdicke/Arndt .... Geschlossene Fonds, 6. Aufl. 2013
Lutter/Hommelhoff/*Bearbeiter* .... GmbH-Gesetz, Kommentar, 20. Aufl. 2020
Lwowski/Fischer/Gehrlein/*Bearbeiter* .... Das Recht der Kreditsicherung, 10. Aufl. 2017
Luz/Neus/Schaber/Scharpf/Schneider/Weber/*Bearbeiter* .... KWG und CRR, Kommentar, Online-Datenbank, Stand: 2019

mAnm .... mit Anmerkung
MdB .... Mitglied des Deutschen Bundestages
Meyer/Veil/Rönnau ..... Handbuch Marktmissbrauchsrecht, 2018
MiFID .... Markets in Financial Instruments Directive
MüKoBGB/*Bearbeiter* .. Münchener Kommentar zum Bürgerlichen Gesetzbuch, 8. Aufl. 2020
MüKoHGB/*Bearbeiter* . Münchener Kommentar zum Handelsgesetzbuch, 4. Aufl. 2016 ff.
MüKoInsO/*Bearbeiter* .. Münchener Kommentar zur Insolvenzordnung, 4. Aufl. 2019/20
mwN .... mit weiteren Nachweisen

nF .... neue Fassung
Nobbe/*Bearbeiter* .... Kommentar zum Kreditrecht, 3. Aufl. 2018

Obermüller .... Insolvenzrecht in der Bankpraxis, 9. Aufl. 2016
Obermüller/Hess .... InsO, 4. Aufl. 2003
Obst/Hintner .... Geld-, Bank- und Börsenwesen, 40. Aufl. 2000

OLG	Oberlandesgericht
Palandt/*Bearbeiter*	Bürgerliches Gesetzbuch, Kommentar, 79. Aufl. 2020
Parchos/Fleischer	Handbuch Übernahmerecht nach dem WpÜG, 2017
PfandBG	Pfandbriefgesetz
PIN	personal identification number (persönliche Geheimzahl)
PDD I	Zahlungsdiensterichtlinie, RL 2007/64/EG
PSD II	Zweite Zahlungsdiensterichtlinie, RL 2015/2366/EU, Abl. EU L 337/35
Preuße/*Bearbeiter*	Schuldverschreibungsgesetz SchVG, Kommentar, 2011
Preuße/Zingel/*Bearbeiter*	Wertpapierdienstleistungs-Verhaltens- und Organisationsverordnung, WpDVerOV, Kommentar, 2015
Prütting/Gehrlein/*Bearbeiter*	ZPO, Kommentar, 11. Aufl. 2019
Prütting/Wegen/Weinreich/*Bearbeiter*	BGB Kommentar, 14. Aufl. 2019
re. Sp.	rechte Spalte
RegE	Regierungsentwurf
Reifner/Feldhusen	Handbuch des Kreditrechts, 2. Aufl. 2019
Reischauer/Kleinhans	Kreditwesengesetz (KWG), Kommentar (Loseblattsammlung), Stand 2020
RG	Reichsgericht
RL	Richtlinie
Rn.	Randnummer
s.	siehe
S.	Seite
S. W. I. F. T.	Society for Worldwide Interbank Financial Telecommunication
Schäfer/Hamann/*Bearbeiter*	Kapitalmarktgesetze, Kommentar, Loseblattwerk, Stand 2019
Schallehn/Stolzenburg	Garantien und Bürgschaften der Bundesrepublik Deutschland zur Förderung der deutschen Ausfuhr, Loseblattausgabe
Scholz/*Bearbeiter*	GmbH-Gesetz, Kommentar, 12. Aufl. 2018
Schönle	Bank- und Börsenrecht, 2. Aufl. 1976
Schork/Konesny	Gesetz über das Kreditwesen, 2008
Schütze	Dokumentenakkreditiv Das Dokumentenakkreditiv im Internationalen Handelsverkehr, 6. Aufl. 2008
SchVG	Gesetz über Schuldverschreibungen aus Gesamtemissionen (Schuldverschreibungsgesetz)
Schwark/Zimmer/*Bearbeiter*	Kapitalmarktrechts-Kommentar, 5. Aufl. 2020
Schwennicke/Auerbach/*Bearbeiter*	Kreditwesengesetz-Kommentar, 3. Aufl. 2016
Schwintowski	Bankrecht, 5. Aufl. 2018
SEPA	Single Euro Payment Area
Serick	Eigentumsvorbehalt und Sicherungsübertragung, Bd. I 1963, Bd. II 1965, 2. Aufl. 1986, Bd. III 1970, Bd. IV 1976, Bd. V 1982, Bd. VI 1986, neue Entwicklungen 1993
Soergel/*Bearbeiter*	Bürgerliches Gesetzbuch mit Einführungsgesetz und Nebengesetzen, Kommentar, 13. Aufl. 1999 ff.
Staub/*Bearbeiter*	Staub/Canaris/Habersack (Hrsg.), Großkommentar zum HGB, 5. Aufl. 2008 ff.
Staudinger/*Bearbeiter*	Bürgerliches Gesetzbuch, Kommentar, 2005–2019 ff., Neubearbeitung 2019
Stein/Jonas/*Bearbeiter*	Zivilprozessordnung, Kommentar, 23. Aufl. 2014 ff.
Steiner/Bruns/Stöckl	Wertpapiermanagement, 11. Aufl. 2017
StGB	Strafgesetzbuch
StPO	Strafprozessordnung
Szagunn/Wohlschieß	Kreditwesengesetz
TAN	Transaktionsnummer

Thomas/Putzo/*Bearbeiter*	Zivilprozessordnung, 41. Aufl. 2020
Uhlenbruck/*Bearbeiter*	Uhlenbruck (Hrsg.), Insolvenzordnung, 2 Bände, 15. Aufl. 2019/20
Ulmer/Brandner/Hensen/*Bearbeiter*	AGB-Recht, Kommentar, 12. Aufl. 2016
UmwG	Umwandlungsgesetz
UN	United Nations
UNCITRAL	United Nations Commission on International Trade Law
UNCTAD	United Nations Commission on Trade and Development
UWG	Gesetz gegen den unlauteren Wettbewerb
Var.	Variante
vgl.	vergleiche
Veranneman/*Bearbeiter*	Schuldverschreibungsgesetz: SchVG, Kommentar, 2. Aufl. 2016
VO	Verordnung
Vorb.	Vorbemerkungen
Weitnauer/Boxberger/Anders/*Bearbeiter*	KAGB, Kommentar, 2. Aufl. 2017
WIGBl.	Gesetzblatt der Verwaltung des Vereinigten Wirtschaftsgebietes
Wolf/Lindacher/Pfeiffer	AGB-Recht, 6. Aufl. 2013
WpHG	Gesetz über den Wertpapierhandel (Wertpapierhandelsgesetz)
WpPG	Wertpapierprospektgesetz
WpÜG	Wertpapiererwerbs- und Übernahmegesetz
WÜK	Wiener Konsularübereinkommen
ZAG	Zahlungsdiensteaufsichtsgesetz
zB	zum Beispiel
Zöller/*Bearbeiter*	Zivilprozessordnung, 33. Aufl. 2020
ZPO	Zivilprozessordnung

1. Teil Kontoführung und Zahlungsverkehr

1. Kapitel: Kontoführung

Übersicht

I. Grundlagen des Bankgeschäfts

1. Geschäftsverbindung

Personen, die mit einer Bank in Kontakt treten, wollen in der Regel nicht nur ein einziges Bankgeschäft erledigen, sondern eine „Bankverbindung" eröffnen. Nur in Ausnahmefällen steht von vornherein fest, dass ein Einmalgeschäft getätigt werden soll, so etwa, wenn ein Tourist am Bankschalter Geld wechselt oder wenn ein Nichtkunde bei einer Bank einen Scheck einlöst. Üblicherweise sind die Beziehungen zwischen Bank und Kunden – aus der Sicht beider – auf längere Dauer und auf eine unbestimmte Vielzahl von Geschäften (etwa im Rahmen eines Zahlungsdiensterahmenvertrags nach § 675f Abs. 2 BGB), kurz auf eine **Geschäftsverbindung** angelegt. 1

Aus diesem tatsächlichen Befund werden unterschiedliche rechtliche Folgerungen gezogen. Die Theorien reichen von der Annahme eines Vertrags **(allgemeiner Bankvertrag)** über quasivertragliche Lösungen und der Konstruktion eines gesetzlichen Schuldverhältnisses bis zu der Auffassung, die Geschäftsverbindung sei ein rein tatsächliches Verhältnis ohne spezifisch rechtlichen Charakter. In dem intensiv geführten Streit über die Rechtsnatur dieser Geschäftsverbindung stehen sich heute im Wesentlichen zwei Auffassungen gegenüber: Die Lehre vom allgemeinen Bankvertrag und die Lehre von der Geschäftsverbindung als gesetzliches Schuldverhältnis ohne primäre Leistungspflicht. 2

a) Lehre vom allgemeinen Bankvertrag. Unter dem Begriff des Bankvertrags werden diejenigen vertraglichen Rechtsbeziehungen zwischen Bank und Kunden zusammengefasst, die im Unterschied zum Abschluss eines Einzelgeschäfts auf eine wesentliche oder nicht nur vorübergehende Inanspruchnahme der Einrichtungen und Dienste der Bank durch den 3

Kunden gerichtet sind. Typischer Inhalt eines allgemeinen Bankvertrags, der eine Rahmenvereinbarung im Sinne des § 305 Abs. 3 BGB darstellt, ist danach die Vereinbarung, die Geschäftsbeziehung als Vertrauensverhältnis zu behandeln.[1] Daraus werden vor allem allgemeine Schutz- und Verhaltenspflichten seitens der Bank, insbesondere die Wahrung des Bankgeheimnisses sowie allgemeine Aufklärungs- und Beratungspflichten abgeleitet, aber auch die Pflicht, bei fortbestehender Geschäftsbeziehung Kunden nicht willkürlich von „neutralen" Bankdienstleistungen auszuschließen und sie hinsichtlich solcher Geschäfte gleich zu behandeln.[2]

4 Vom Vertragstyp her wird der Bankvertrag als **Dienstvertrag mit Geschäftsbesorgungscharakter** (§§ 675 Abs. 1, 611 BGB) eingeordnet[3] mit dem Inhalt der interessenwahrenden Besorgung von Bankgeschäften unterschiedlichen Typs für den Kunden. Als gegenseitiger Vertrag verpflichte er auch den Kunden unmittelbar, bestimmte Verhaltensregeln gegenüber der Bank zu befolgen. Dazu wird beispielsweise die Verpflichtung gerechnet, das Fälschungsrisiko nach Möglichkeit auszuschalten, klare und eindeutige Weisungen zu erteilen und die im Verkehr mit der Bank anfallenden Unterlagen zu überprüfen und auf Unstimmigkeiten aufmerksam zu machen.[4]

5 Die **Befürworter** der Lehre vom allgemeinen Bankvertrag stellen darauf ab, dass Bank und Kunde im Rahmen der Privatautonomie frei seien, ihre Beziehungen rechtlich auszugestalten. Sie könnten entweder für jedes einzelne Bankgeschäft einen eigenen Vertrag oder einen von vornherein auf ein Dauerschuldverhältnis gerichteten Vertrag schließen (zB Krediteröffnungsvertrag oder Girovertrag). Sie könnten aber auch einen Vertrag eingehen, der für die verschiedensten Bankgeschäfte offen ist, nämlich für die „gesamte Geschäftsverbindung". Das Interesse und die Erwartung des Kunden gehe dahin, dass die Bank auch über das einzelne Geschäft hinaus seine Belange wahre, zB das Bankgeheimnis beachte, ihm im Rahmen der normalen Bankgeschäfte zur Verfügung stehe und ihm bei Verhandlungen über künftige Einzelgeschäfte keinen Schaden zufüge. Das gehe über eine normale Geschäftsbeziehung hinaus, wie sie etwa zwischen zwei Geschäftspartnern bestehe, die immer wieder Einzelverträge abschließen. Umgekehrt achte die Bank darauf, dass dem Kunden bei der Eröffnung eines Kontos, aber auch sonst sogleich zu Beginn des ersten weiteren Geschäfts, das nicht eindeutig ein Einmalgeschäft ist, die jeweiligen allgemeinen Geschäftsbedingungen zugänglich gemacht werden. Diese sollen für die gesamte „Geschäftsverbindung" zwischen dem Kunden und der Bank gelten.

6 Die **Kritik** an der Lehre vom allgemeinen Bankvertrag setzt beim rechtlichen Bindungswillen der Beteiligten an. Bei der Aufnahme einer Geschäftsbeziehung fehle der rechtsgeschäftliche Wille, über den speziellen Vertragsgegenstand hinaus (etwa Eröffnung eines Kontos) einen zusätzlichen (Rahmen-)Vertrag abzuschließen. Ferner wird die Notwendigkeit eines solchen Vertrags in Abrede gestellt. Schutzpflichten ließen sich genauso gut mit Hilfe eines gesetzlichen Schuldverhältnisses begründen.[5]

7 Nachdem die höchstrichterliche Rechtsprechung den Begriff des Bankvertrags ursprünglich durchaus verwendet hat,[6] ohne aber dessen Bestehen als Rahmenvertrag ausdrücklich anzuerkennen, hat der BGH in einer Grundsatzentscheidung vom 24.9.2002[7] die Existenz eines allgemeinen Bankvertrags als übergreifenden, die gesamte Geschäftsverbindung regelnden Rahmenvertrag abgelehnt. Obwohl dieses Urteil als das „Aus für die Lehre vom

[1] BankR-HdB/*Hopt/Roth* § 1 Rn. 24 f.; Staudinger/*Martinek/Omlor* BGB § 675 Rn. B 28; Claussen/*Kirchhartz* Bank- und Börsenrecht § 1 Rn. 243 ff.; *Pikart* WM 1957, 1238.

[2] BankR-HdB/*Hopt/Roth* § 1 Rn. 30 f.; Derleder/Knops/Bamberger/*Häuser* § 3 Rn. 29; EBJS/*Thessinga* HGB Bank und Börsenrecht Rn. I 18.

[3] Staudinger/*Martinek/Omlor* BGB § 675 Rn. B 28; Derleder/Knops/Bamberger/*Häuser* § 3 Rn. 22; *Claussen* FS Peltzer, 2001, 55 (58 f.).

[4] Derleder/Knops/Bamberger/*Häuser* § 3 Rn. 34; BankR-HdB/*Hopt/Roth* § 1 Rn. 35.

[5] Schlegelberger/*Hefermehl* HGB Anh. § 365 Rn. 13; *Canaris* Bankvertragsrecht Rn. 4–11; MüKoBGB/*Berger* Vor § 488 Rn. 69; *Einsele* Bank- und Kapitalmarktrecht § 1 Rn. 2.

[6] BGHZ 23, 222 (226); 63, 87 (90).

[7] BGH BKR 2002, 1089 mAnm *Balzer;* krit. *M. Roth* WM 2003, 480.

allgemeinen Bankvertrag"[8] verstanden wird, hat die mit dieser Entscheidung verabschiedete Rechtsfigur noch immer zahlreiche Anhänger.[9]

Für die **Ablehnung** werden folgende Gründe genannt: Eine längere Geschäftsbeziehung 8
begründe noch keinen Rahmenvertrag, sondern sei nichts weiter als eine Rechtsbeziehung, die auf einem Dauerschuldverhältnis oder einer mehr oder weniger großen Zahl von Einzelverträgen beruhe. Die AGB-Banken seien – auch soweit sie für spätere Geschäfte Bedeutung hätten – Teil des Giro- oder Darlehensvertrags; eines allgemeinen Bankvertrags bedürfe es mit Rücksicht auf § 305 Abs. 3 BGB nicht. Mangels primärer Leistungspflichten könne es keinen allgemeinen Bankvertrag geben; sekundäre Schutz- und Verhaltenspflichten bestünden unabhängig von dem Willen der Parteien.

b) Geschäftsverbindung als gesetzliches Schuldverhältnis „ohne primäre Leis- 9
tungspflicht" und als Grundlage einer Vertrauenshaftung. Die Gegenmeinung knüpft an *Raiser* an, der schon im Jahre 1935 in einer Geschäftsverbindung „ein Rechtsverhältnis, sogar ein Schuldverhältnis" gesehen hat, „das nicht durch Rechtsgeschäft entstanden ist"; vielmehr handele es sich bei der Geschäftsverbindung um eine „außervertragliche Sonderverbindung von derselben Art wie die Vertragsverhandlungen, die die Grundlage der Haftung bei culpa in contrahendo bilden."[10] Die moderne Dogmatik hat daraus die allgemeine Kategorie des Schuldverhältnisses „ohne primäre Leistungspflicht" entwickelt. Dieses erschöpft sich zunächst in der Begründung von Verhaltenspflichten; erst wenn diese verletzt werden, entstehen (sekundäre) Leistungspflichten in Form von Schadensersatzansprüchen. Die Haftung aus der Geschäftsverbindung ist danach weder eine vertragliche noch eine bloß deliktische, sondern eine zwischen diesen Kategorien anzusiedelnde **Vertrauenshaftung,** die ein **gesetzliches Schuldverhältnis** begründet. Der innere Grund für die Annahme dieses Rechtsverhältnisses und die daraus folgende Haftung liegt in der gesteigerten Einwirkungsmöglichkeit auf die Rechtsgüter des anderen Teils und dem damit verbundenen besonderen Vertrauensverhältnis.

Im Bankrecht hat insbesondere *Canaris* diesen Gedanken für die Einordnung der Ge- 10
schäftsverbindung zwischen Bank und Kunde aufgegriffen und fruchtbar gemacht.[11] Denn dort liegen die gesteigerten Einwirkungsmöglichkeiten auf der Hand, und zweifellos entsteht durch diese Geschäftsverbindung ein besonderes Vertrauensverhältnis.

c) Eigene Stellungnahme. Die Bedenken gegen die Annahme eines allgemeinen 11
Bankenvertrags überwiegen. Weder lassen sich die Erklärungen, die zum Vertragsschluss führen sollen, genau bestimmen, noch herrscht Klarheit über den typischen Gegenstand eines solchen Vertrags. Kundeninteressen können auch nach allgemeinen schuldrechtlichen Grundsätzen gewahrt werden. Denn schon das durch die Geschäftsverbindung entstehende Schuldverhältnis ohne primäre Leistungsverpflichtungen hat Schutzpflichten zur Folge, als deren wichtigste die Geheimhaltungs- sowie die Aufklärungs- und Beratungspflicht zu nennen sind. Diese Pflichten bestehen unabhängig von den Einzelverträgen, können also auch bereits vor deren Abschluss und noch nach deren Erfüllung gelten. Die Einbeziehung von AGB in die konkrete Vertragsbeziehung zwischen Bank und Kunde bedarf keines allgemeinen Bankvertrags.

Die praktische Bedeutung des Meinungsstreits ist freilich geringer als die Schärfe der 12
Auseinandersetzungen vermuten lässt.[12] Letztlich geht der Streit nicht um das Bestehen von Pflichten in der Geschäftsverbindung, sondern (nur) um deren Herleitung.

---

[8] So die plakative Überschrift der Besprechung des Urteils durch *Lang* BKR 2003, 22.

[9] Ausführlicher Überblick über den Meinungsstand bei Derleder/Knops/Bamberger/*Häuser* § 3 Rn. 14 ff. Angesichts der Entscheidung des BGH überrascht allerdings die Einschätzung von *Bunte* (BankR-HdB § 2 Rn. 2), die Lehre vom allg. Bankvertrag habe sich durchgesetzt.

[10] *Raiser* Das Recht der allgemeinen Geschäftsbedingungen S. 135 f.

[11] *Canaris* Bankvertragsrecht Rn. 12–35.

[12] Wie *Claussen* FS Peltzer, 2001, 55 schon zutreffend konstatierte, ist die Frage, ob es einen allgemeinen Bankvertrag gibt, nicht sonderlich praktisch bedeutsam, bewegt die Wissenschaft gleichwohl seit Jahrzehnten. *Herresthal* (MüKoHGB A Rn. 433) spricht von einer Streitfrage von vorwiegend historischem Interesse.

2. Allgemeine Geschäftsbedingungen im Verhältnis Bank – Kunde

13 **a) Regelungsbedürfnis.** Unabhängig von der Streitfrage um den allgemeinen Bankvertrag gelten für die gesamte Geschäftsverbindung zwischen Bank und Kunde die **Allgemeine Geschäftsbedingungen (AGB)**[13] des Kreditinstituts. Wie andere Klauselwerke dienen die Allgemeinen Geschäftsbedingungen im Bankwesen der Standardisierung, Typisierung und Rationalisierung von Vertragsverhältnissen.[14] Ein Bedürfnis hierfür entsteht einerseits aus dem massenhaften Abschluss inhaltsgleicher Verträge; andererseits wegen neuer Leistungsangebote, für die das Gesetz noch keine oder nur unzureichende Bestimmungen bereithält. Den AGB kommt als Rechtsquelle eine überragende Bedeutung zu, weil alle Kreditinstitute die von den Spitzenverbänden des Kreditgewerbes[15] entworfenen und empfohlenen Geschäftsbedingungen unverändert zum Bestandteil ihrer Bankvertragsbeziehungen machen und alle Leistungen auf der Grundlage dieser Bedingungen sowie der Sonderbedingungen und der bankgeschäftlichen Formulare abwickeln.

14 Die privatrechtlich organisierten Banken und die Genossenschaftsbanken verwenden die **AGB-Banken;** bei den Sparkassen gelten die **AGB-Sparkassen,** die den AGB-Banken zwar weitgehend angeglichen sind, aber weiterhin nicht nur Unterschiede in der äußeren Gliederung, sondern im Einzelnen auch inhaltliche Abweichungen aufweisen.[16]

15 **b) Der Begriff der AGB.** Nach der **Legaldefinition** des **§ 305 Abs. 1 BGB** sind Allgemeine Geschäftsbedingungen alle für eine Vielzahl von Verträgen vorformulierten Vertragsbedingungen, die eine Partei (Verwender) der anderen Partei bei Vertragsabschluss stellt. Unerheblich ist, ob die AGB Bestandteil der Vertragsurkunde selbst sind oder ob die Bestimmungen einen gesonderten Bestandteil des Vertrags bilden. Die AGB-Qualität der AGB-Banken/Sparkassen nach § 305 Abs. 1 BGB ist unproblematisch. Unter den geltenden weiten AGB-Begriff fallen aber auch nahezu alle von der Bankpraxis entwickelten vorformulierten Klauseln für den Verkehr mit Kunden sowie gegenüber den Kunden verwendeten Bankformulare.[17] Wie aus § 305 Abs. 1 S. 2 BGB folgt, ist die äußere Gestaltung (Umfang, Schriftart) für den AGB-Begriff ohne Bedeutung. Entscheidend ist, dass die Regelung für eine Vielzahl von Verträgen vorformuliert ist. Es genügt, dass die Bank die Klauseln zur Verwendung für mehrere Rechtsgeschäfte konzipiert hat; allein die Absicht der Mehrfachverwendung reicht aus.[18]

16 Vorformuliert sind auch Klauseln, die der Verwender zum Zwecke künftiger wiederholter Einbeziehung in Vertragstexte „im Kopf gespeichert" hat oder anderweitig – etwa auf einem Datenträger – zum Abruf bereithält, und zwar unabhängig davon, ob sie sodann bei Vertragsabschluss schriftlich fixiert werden oder es bei mündlichen Absprachen bewendet.[19] Eine **bankinterne Anweisung** an nachgeordnete Geschäftsstellen stellt zwar keine vorformulierte Vertragsbedingung dar; die Vorschriften des AGB-Rechts können gleichwohl Anwendung über das Umgehungsverbot des § 306a BGB finden.

17 Ein einseitiges **Stellen** von AGB im Sinne einer Vorformulierung wird nach § 310 Abs. 3 BGB bei **Verbraucherverträgen** fingiert. Diese Vorschrift erweitert außerdem den Anwen-

---

[13] Eingeführt wurden die Allgemeinen Geschäftsbedingungen im Bankwesen bereits im Jahre 1937. Grundlegende Umgestaltungen erfolgten aus Anlass des Inkrafttretens des AGB-Gesetzes im Jahre 1977 und insbesondere 1993. Weitere Änderungen waren 2009 durch die Umsetzung der Zahlungsdiensterichtlinie veranlasst. Detailliert zu den einzelnen Änderungen BankR-HdB/*Bunte* § 4 Rn. 7.

[14] Derleder/Knops/Bamberger/*Casper* § 4 Rn. 3; Kümpel/Wittig/Früh/Seyfried/*Kropf* Rn. 3.103

[15] Bundesverband Deutscher Banken bzw. Bundesverband der deutschen Volks- und Raiffeisenbanken

[16] Im Folgenden wird, soweit nicht ausdrücklich anders angegeben, auf die AGB-Banken Bezug genommen. Gegenüberstellung bei GroKo HGB/*Grundmann,* Bankvertragsrecht 2. Teil Rn. 272.

[17] Kümpel/Mülbert/Früh/Seyfried/*Kropf* Rn. 3.107.

[18] BGH NJW-RR 2002, 13; Tamm/Tonner/*Tamm* Verbraucherrecht § 11 Rn. 36.

[19] Etwa wenn der Klauselverwender beim Abschluss von Darlehensverträgen regelmäßig ein Bearbeitungsentgelt in Höhe festgelegter Prozentsätze verlangt oder er das Entgelt anhand der Daten des individuellen Darlehensvertrages nach bestimmten Vorgaben errechnet und es sodann in den Vertrag einbezogen wird, BGH BKR 2014, 415; Ulmer/Brandner/Hensen/*Ulmer/Habersack* BGB § 305 Rn. 20.

dungsbereich des AGB-Rechts auf vorformulierte Einzelvertragsklauseln, soweit der Verbraucher auf Grund der Vorformulierung auf ihren Inhalt keinen Einfluss nehmen konnte.

c) Individualvereinbarungen. Allgemeine Geschäftsbedingungen liegen nicht vor, wenn die Vertragsbedingungen zwischen den Parteien im Einzelnen **ausgehandelt** worden sind, § 305 Abs. 1 S. 3 BGB. Aushandeln bedeutet mehr als verhandeln. Von aushandeln kann nur dann gesprochen werden, wenn der Verwender den in seinen AGB enthaltenen „gesetzesfremden" Kerngehalt, also die den wesentlichen Inhalt der gesetzlichen Regelung ändernden oder ergänzenden Bestimmungen, inhaltlich ernsthaft zur Disposition stellt und dem Verhandlungspartner Gestaltungsfreiheit zur Wahrung eigener Interessen einräumt, zumindest mit der realen Möglichkeit, die inhaltliche Ausgestaltung der Vertragsbedingungen zu beeinflussen.[20] In aller Regel muss sich die Bereitschaft auch in erkennbaren Änderungen des vorformulierten Textes niederschlagen. Individualvereinbarungen kommen im Bereich des (Massen-)Bankgeschäfts nur im Einzelfall und ausnahmsweise vor. Da ein Aushandeln zwischen den Vertragspartner erfolgen muss, fallen kollektiv auf Verbandsebene ausgehandelte Klauseln nicht unter § 305 Abs. 1 S. 3 BGB.[21] **18**

Bei ergänzungsbedürftigen Formularen kommt es darauf an, ob nur unselbstständige Ergänzungen vorzunehmen sind, die den sachlichen Gehalt einer Regelung nicht beeinflussen **(AGB)** oder ob es sich um individuell ausgehandelten Ergänzungen handelt, die selbst den wesentlichen Inhalt der Klausel erst festlegen **(Individualvereinbarung)** [22] In diesen Fällen sind nur die individuell ausgehandelten Punkte von der Anwendung des AGB-Rechts ausgenommen („soweit", § 305 Abs. 1 S. 3 BGB) während die sonstigen Bedingungen der uneingeschränkten Anwendung der §§ 305 ff. BGB unterliegen. **19**

Nach § 305b BGB haben **individuelle Vertragsabreden** Vorrang vor AGB. Den konkret abgesprochenen Regelungen kommt wegen ihres Einzelfallbezugs ein stärkerer Geltungsanspruch zu als den abstrakt generellen AGB. Klauseln, die im Widerspruch zu einer Individualvereinbarung stehen, sind unwirksam. Ein Widerspruch liegt vor, wenn die AGB von der individuellen Regelung abweichen, sei es ihrem Wortlaut nach, sei es nach ihrem ggf. durch Auslegung zu ermittelnden Inhalt und dadurch der materielle Gehalt der Individualvereinbarung eingeschränkt oder gar ausgehöhlt wird.[23] Der Vorrang der Individualabrede gilt auch dann, wenn diese nur mündlich getroffen wurde und in den AGB ausdrücklich vorgesehen ist, dass mündliche Abreden unwirksam sind bzw. der schriftlichen Bestätigung durch den Verwender bedürfen. Die Schriftlichkeitsklausel wird in diesen Fällen dadurch außer Kraft gesetzt, dass die Vertragsschließenden deutlich den Willen zum Ausdruck bringen, die mündlich getroffene Abrede solle ungeachtet dieser Klausel gelten.[24] **20**

d) Geltungs- und Regelungsbereich der AGB. Die AGB-Banken enthalten die Grundlagen für die Beziehung zwischen Kunde und Bank (Nr. 1–6), Bestimmungen über die Kontoführung (Nr. 7–10), die Mitwirkungspflichten des Kunden (Nr. 11), die Kosten der Bankdienstleistungen (Nr. 12) und über die Kündigungsrechte des Kunden und der Bank (Nr. 18, 19) Ferner finden sich Regelungen über die Sicherheiten für die Ansprüche der Bank gegen den Kunden (Nr. 13–17), über den Einlagensicherungsfonds (Nr. 20) und die Möglichkeit der außergerichtlichen Streitschlichtung (Nr. 21). Das gesamte Regelwerk kann an dieser Stelle nicht dargestellt werden. Einzelne Klauseln werden in den folgenden Abschnitten im jeweiligen Themenzusammenhang behandelt. **21**

Nach Nr. 1 Abs. 1 werden die AGB auf die gesamte Geschäftsverbindung zwischen Kunde und Bank erstreckt. „Kunde" in diesem Sinn ist jeder, der eine bankmäßige Leistung in Anspruch nimmt. Dies kann auch eine andere Bank sein. Es sind dann die AGB **22**

[20] BGH WM 2019, 678; NJW 2017, 2995 Rn. 23.
[21] Palandt/*Grüneberg* BGB § 305 Rn. 18.
[22] BGH NJW 1998, 1066; Wolf/Lindacher/Pfeiffer/*Pfeiffer* BGB § 305 Rn. 5. Bsp. bei Ulmer/Brandner/Hensen/*Ulmer/Habersack* BGB § 305 Rn. 56 f.
[23] Erman/*Roloff* BGB § 305b Rn. 6; BeckOK BGB/*H. Schmidt* § 305b Rn. 10.
[24] BGH NJW 2017, 1017; NJW-RR 1995, 179; Tamm/Tonner/*Tamm* Verbraucherrecht § 11 Rn. 95.

desjenigen anzuwenden, der dem anderen seine Dienste zur Verfügung stellt, zB durch Kontoeröffnung, Wertpapierverwahrung oder Ausführung eines Auftrags. Nr. 1 Abs. 1 S. 2 AGB stellt klar, dass für einzelne Geschäftszweige, zB für das Wertpapiergeschäft, den Zahlungsverkehr und den Sparverkehr ergänzend oder abweichend besondere Bedingungen gelten.[25] Diese Sonderbedingungen müssen beim erstmaligen Abschluss des jeweiligen Geschäfts wirksam einbezogen werden.

23 Das **Rangverhältnis** zwischen den AGB-Banken, den Sonderbedingungen und dem jeweiligen Einzelvertrag richtet sich grundsätzlich nach dem Prinzip der spezielleren Regelung. Daher gehen Regelungen des Einzelvertrags denen der Sonderbedingungen und diese den Klauseln der AGB-Banken vor.

24 **e) Einbeziehung und Änderung. aa) Voraussetzungen der Einbeziehung.** Voraussetzung für die Geltung der AGB ist deren wirksame **Einbeziehung** in den Vertrag. AGB werden nach § 305 Abs. 2 BGB nur dann Bestandteil eines Vertrags, wenn der Verwender die andere Vertragspartei bei Vertragsabschluss auf die AGB ausdrücklich hinweist, ihr die Möglichkeit verschafft, in zumutbarer Weise vom Inhalt der AGB Kenntnis zu nehmen und die andere Partei mit ihrer Geltung einverstanden ist. Die Kreditinstitute erfüllen diese Voraussetzungen in der Praxis dadurch, dass der Einbeziehungshinweis in Fettdruck auf der Vorderseite der Formulare enthalten ist und die in Bezug genommenen AGB dem Kunden bei Vertragsschluss überreicht werden.

25 Der **ausdrückliche Hinweis** auf die AGB muss **vor oder bei Vertragsschluss** erfolgen. Ausreichend ist, wenn auf der Vorderseite eines von den Parteien unterzeichneten Formularvertrags auf die Bedingungen verwiesen wird, welche auf der Rückseite abgedruckt sind, oder wenn der Hinweis am Fußende eines zum Vertragsschluss führenden Schreibens zu finden ist.[26] Der rückseitige Abdruck allein ohne einen entsprechenden Hinweis auf der Vorderseite genügt dagegen nicht.[27] Der Hinweis erfolgt ausdrücklich, wenn er unmissverständlich und für den Kunden klar erkennbar geäußert wird.[28] Er muss so angeordnet und gestaltet sein, dass er vom Durchschnittskunden auch bei flüchtiger Betrachtung nicht übersehen werden kann. Ausnahmsweise genügt nach § 305 Abs. 2 Nr. 1 BGB auch ein deutlich sichtbarer Aushang am Ort des Vertragsschlusses, wenn ein ausdrücklicher Hinweis wegen der Art des Vertragsschlusses nur unter unverhältnismäßigen Schwierigkeiten möglich ist.[29]

26 Kriterien für die **Ermöglichung zumutbarer Kenntnisnahme** sind die freie Verfügbarkeit, Lesbarkeit und Verständlichkeit der AGB. Bei einem Formularvertrag besteht die Möglichkeit der Kenntnisnahme durch Abdruck der Vertragsklauseln im Vertragstext selbst. Die sicherste Methode zur Ermöglichung der Kenntnisnahme liegt darin, dem Kunden bei Beginn der Geschäftsverbindung ein Exemplar der AGB auszuhändigen. Allerdings begründet § 305 BGB **keine Aushändigungspflicht.** Wenn der Vertragsschluss in den Räumen der Bank vorgenommen wird (Präsenzgeschäft), reicht es aus, dass die AGB in den Räumen aushängen oder ausliegen. Bei einem Vertragsschluss unter Abwesenden besteht die Möglichkeit der zumutbaren Kenntnisnahme nur, wenn dem Kunden vor Vertragsschluss die Bedingungen tatsächlich verfügbar sind. Wird dem Kunden die Möglichkeit zumutbarer Kenntnisnahme eröffnet, so ist es für die Einbeziehung unerheblich, ob er hiervon auch Gebrauch macht; der Kunde kann bei Vertragsabschluss auf die Einhaltung der Obliegenheit des Verwenders verzichten. Ein solcher Verzicht kommt namentlich bei einem Vertragsschluss per Telefon in Betracht.[30]

---

[25] Überblick bei Bunte/Zahrte/*Bunte* AGB Banken Rn. 4a.
[26] BGH NJW 1977, 196.
[27] OLG Nürnberg WM 1990, 1370; Ulmer/Brandner/Hensen/*Ulmer/Habersack* BGB § 305 Rn. 129.
[28] BGH NJW-RR 1987, 112 (113).
[29] Im Bankverkehr kommt dies etwa bei Einmalaufträgen, wie Geldwechsel- und Devisengeschäften oder Bareinzahlung auf ein fremdes Konto in Betracht.
[30] Zu den Problemen beim telefonischen Vertragsschluss vgl. MüKoBGB/*Basedow* § 305b Rn. 68; Tamm/Tonner/*Tamm* Verbraucherrecht § 11 Rn. 81.

Bei einem **Vertragsschluss** mittels **Internet** ist ebenfalls ein ausdrücklicher Einbeziehungshinweis erforderlich, der so angeordnet sein muss, dass er auch von einem flüchtigen Betrachter nicht übersehen wird. Für die Möglichkeit der Kenntnisverschaffung genügt es, wenn die AGB des Verwenders über einen auf der Internetseite gut sichtbaren Link aufgerufen und ausgedruckt werden können.[31] **27**

Da die Möglichkeit der Kenntnisnahme neben der Lesbarkeit des Textes die Verständlichkeit des Inhalts voraussetzt, kann die Einbeziehung auch an unklaren Formulierungen scheitern. Die Rechte und Pflichten müssen so deutlich zum Ausdruck kommen, dass der Durchschnittskunde sie „ohne weiteres" verstehen kann, dh ohne eingehende Beschäftigung mit ihnen und ohne Einholung von Auskünften **(Transparenzgebot).**[32] **28**

Ferner muss der Kunde sich mit der Geltung der AGB für die künftigen Rechtsgeschäfte einverstanden erklärt haben. Das **Einverständnis des Kunden** kann ausdrücklich oder konkludent erklärt werden; die Annahmeerklärung richtet sich nach §§ 145 ff. BGB. Nimmt der Kunde unter den Voraussetzungen von § 305 Abs. 2 Nr. 1 und 2 BGB die mit den AGB angebotenen Leistungen widerspruchslos an, so liegt darin in der Regel sein stillschweigendes Einverständnis.[33] **29**

Auch unter Berücksichtigung des § 310 Abs. 3 Nr. 1 und 2 BGB obliegt es grundsätzlich dem Vertragspartner des AGB-Verwenders darzulegen und zu **beweisen,** dass es sich bei einer Klausel um vorformulierte Vertragsbedingungen iS von § 305 Abs. 1 S. 1 BGB handelt. Der AGB-Verwender hat demgegenüber die Darlegungs- und Beweislast dafür, dass die Vertragsbedingungen zwischen den Parteien im Einzelnen ausgehandelt worden sind. An diesen Beweis sind strenge Anforderungen zu stellen.[34] **30**

bb) Überraschende Klauseln. Eine Ausnahme vom Einbeziehungsmechanismus sieht § 305c Abs. 1 BGB für **überraschende Klauseln** vor. Eine AGB-Klausel ist überraschend, wenn der Kunde damit schlicht nicht zu rechnen braucht, weil sie von seinem begründeten Erwartungshorizont abweicht.[35] Eine überraschende Klausel stellt zumeist auch eine unangemessene Benachteiligung iS des § 307 BGB dar, sodass die Probleme an unterschiedlicher Stelle diskutiert werden → Rn. 38. **31**

cc) Einbeziehung durch Rahmenvereinbarung. Bei Eröffnung einer „Bankverbindung" beabsichtigen Kunde und Bank regelmäßig, eine Vielzahl von Geschäften vorzunehmen. § 305 Abs. 3 BGB eröffnet der Bank die Möglichkeit, mit dem Kunden eine **Rahmenvereinbarung** zu schließen, auf Grund derer für die zukünftigen Geschäfte die Geltung der AGB im Voraus vereinbart wird. Die Rahmenvereinbarung kann nur auf die Geltung bestimmter AGB gerichtet sein; sie kann nicht mit der Maßgabe geschlossen werden, es sollten AGB „in ihrer jeweils geltenden Fassung" den künftigen Geschäften zugrunde liegen.[36] Weiterhin setzt eine gültige Rahmenvereinbarung voraus, dass in ihr die Art der künftigen Rechtsgeschäfte, für die die AGB gelten sollen, hinreichend bestimmt umschrieben wird. Ist eine Rahmenvereinbarung wirksam getroffen worden, so bilden die AGB, auf die sie sich bezieht, einen Bestandteil aller in der Rahmenvereinbarung bezeichneten Geschäfte, ohne dass die Voraussetzungen des Abs. 2 in jedem Falle eingehalten zu werden brauchen. **32**

dd) Änderungen. Änderungen von AGB sind denselben Voraussetzungen unterworfen wie deren erstmalige Einbeziehung. Nach Nr. 1 Abs. 2 AGB müssen sie dem Kunden spätestens zwei Monate vor dem vorgeschlagenen Zeitpunkt ihres Wirksamwerdens in Textform[37] **33**

---

[31] BGH NJW 2006, 2976; BeckOGK BGB/*Lehmann-Richter* § 305 Rn. 254.

[32] MüKoBGB/*Basedow* § 305 Rn. 71. Die Transparenz ist sowohl Einbeziehungsvoraussetzung als auch Maßstab der Inhaltskontrolle → Rn. 41.

[33] Bunte/Zahrte/*Bunte* AGB §§ 305 ff. BGB Rn. 14.

[34] Bunte/Zahrte/*Bunte* AGB §§ 305 ff. BGB Rn. 5.

[35] BGH NJW-RR 2004, 780 (781); NJW 2001, 1416; BankR-HdB/*Bunte* § 4 Rn. 13.

[36] MüKoBGB/*Basedow* § 305 Rn. 98.

[37] Bei entsprechender Vereinbarung im Rahmen der Geschäftsbeziehung kann sich die Bank auch des elektronischen Kommunikationswegs bedienen, Nr. 1 Abs. 2 S. 2 AGB.

angeboten werden. Die Zustimmung des Kunden gilt als erteilt, wenn er seine Ablehnung nicht vor dem vorgeschlagenen Zeitpunkt des Wirksamwerdens der Änderung angezeigt hat. Auf diese Genehmigungswirkung ist der Kunde im Angebot der Bank besonders hinzuweisen. Bei angebotenen Änderungen zu Bedingungen von Zahlungsdiensten hat der Kunde ein fristloses und kostenfreies Kündigungsrecht (§ 675g Abs. 2 BGB), auf das er ebenfalls hinzuweisen ist.

34 **f) Inhaltskontrolle von AGB.** AGB dienen häufig auch der Risikobegrenzung und der Risikoabwälzung auf den Kunden. Bei einseitig vom Verwender vorformulierten Regelungen besteht naturgemäß die Gefahr, dass die gegenläufigen Interessen des Vertragspartners nicht hinreichend berücksichtigt werden. Mit einer Inhaltskontrolle (§§ 307 ff. BGB) soll dem Schutzbedürfnis des Vertragspartners entsprochen werden.

35 **aa) Auslegung vor Inhaltskontrolle.** Vor einer Prüfung am Maßstab der §§ 307 ff. BGB muss zunächst der Inhalt der betreffenden Klausel durch **Auslegung** ermittelt werden.[38] AGB sind ihrem objektiven Inhalt und typischen Sinn nach zu beurteilen wie sie von verständigen und redlichen Vertragspartnern verstanden werden.[39] Vorrangig ist auf den Wortlaut, die systematische Stellung und den Sinn und Zweck der fraglichen Regelung abzustellen.[40] Maßstab ist der Durchschnittskunde, der typischerweise an derartigen Geschäften beteiligt ist. Im kaufmännischen Geschäftsverkehr sind daher die erhöhten Erfahrungen und Verständnismöglichkeiten der Kaufleute im Rahmen der objektiven Auslegung mit einzubeziehen. Verbleiben nach Ausschöpfung aller in Betracht kommenden Auslegungsregeln Zweifel oder sind mindestens zwei Auslegungsergebnisse rechtlich vertretbar, gehen diese nach der **Unklarheitenregel** des **§ 305c Abs. 2 BGB** zu Lasten des Verwenders. Bei einer mehrdeutigen Klausel ist die Auslegung zugrunde zu legen, welche zur Unwirksamkeit der Klausel führt (sog. kundenfeindlichste Auslegung).[41] Ist die Klausel nach jeder in Betracht kommenden Auslegung wirksam, ist die dem Kunden günstigste Auslegung maßgeblich.[42] Diese zweistufige Auslegung kommt allerdings nur im Individualprozess (→ Rn. 51) zum Tragen, im Verbandsprozess gilt ausschließlich der Grundsatz der kundenfeindlichsten Auslegung.[43]

36 **bb) Systematik und Prüfungsreihenfolge.** § 307 Abs. 1 BGB legt den allgemeinen Kontrollmaßstab für die richterliche Inhaltskontrolle von AGB fest. Bestimmungen in AGB sind unwirksam, wenn sie den Vertragspartner des Verwenders entgegen den Geboten von Treu und Glauben unangemessen benachteiligen. Die folgenden Vorschriften konkretisieren und ergänzen diese Generalklausel: § 307 Abs. 1 S. 2 BGB stellt auf die Klarheit und Verständlichkeit der AGB ab (Transparenzgebot), während § 307 Abs. 2 BGB mit der Abweichung von wesentlichen Grundgedanken des dispositiven Gesetzesrechts (Nr. 1) und der vertragszweckgefährdenden Einschränkung wesentlicher Rechte und Pflichten (Nr. 2) zwei Regelbeispiele für die unangemessene Benachteiligung nennt. Eine auf bestimmte typische Regelungsgegenstände bezogene Konkretisierung enthalten sodann die speziellen Klauselverbote der §§ 308, 309 BGB.

37 Dies führt zu folgender Prüfungsreihenfolge: Nach der gesetzlichen Grundkonzeption ist zunächst Unwirksamkeit nach § 309 BGB, dann nach § 308 BGB, schließlich nach § 307 Abs. 2 BGB und hilfsweise nach § 307 Abs. 1 BGB zu prüfen. Im Hinblick auf bankrechtliche Klauseln hat in den letzten Jahren vor allem die Inhaltskontrolle von Bankentgeltregelungen eine große Rolle gespielt (→ Kap. 35 Rn. 25g ff.).

---

[38] BGH NJW 1999, 1633; BeckOK BGB/*Eckelt* § 307 Rn. 37; BeckOK BGB/*H. Schmidt* § 307 Rn. 24.

[39] BGH NJW 2013, 995; NJW 2008, 2172; NJW 1988, 1261; Palandt/*Grüneberg* BGB § 305c Rn. 16.

[40] BGHZ 112, 65 (68); BGH NJW 1985, 320 (324).

[41] BGH WM 2010, 1022 (1025); WM 2009, 1460 (1462).

[42] BGH WM 2010, 1022 (1025); MüKoBGB/*Basedow* § 305c Rn. 51; Palandt/*Grüneberg* BGB § 305c Rn. 18.

[43] BGH NJW 1999, 276; Derleder/Knops/Bamberger/*Casper* § 4 Rn. 7; BeckOK BGB/*H. Schmidt* § 305c Rn. 61.

cc) Verbot der unangemessenen Benachteiligung. Nach der **Generalklausel** des **§ 307 Abs. 1 S. 1 BGB** sind Bestimmungen in AGB unwirksam, wenn sie den Vertragspartner des Verwenders entgegen den Geboten von Treu und Glauben **unangemessen benachteiligen.** Ausgangspunkt der Kontrolle ist das dispositive Recht. Eine formularmäßige Vertragsbestimmung ist unangemessen iS von § 307 Abs. 1 S. 1 BGB, wenn der Verwender durch einseitige Vertragsgestaltung missbräuchlich eigene Interessen auf Kosten seines Vertragspartners durchzusetzen versucht, ohne von vornherein auch dessen Belange hinreichend zu berücksichtigen und ihm einen angemessenen Ausgleich zuzugestehen.[44] Zur Beurteilung bedarf es der umfassenden Würdigung der Interessen beider Parteien unter Einbeziehung des gesamten Regelungsgehalts der Klausel sowie Beachtung des sonstigen Vertragsinhalts.[45] 38

dd) Konkretisierung durch Regelbeispiele. Der Gesetzgeber hat in § 307 Abs. 2 BGB zwei Tatbestände geschaffen, bei denen „im Zweifel" eine unangemessene Benachteiligung vorliegt: die Abweichung von wesentlichen Grundgedanken der gesetzlichen Regelung (Nr. 1) und die vertragszweckgefährdende Einschränkung wesentlicher Rechte und Pflichten, die sich aus der Natur des Vertrages ergeben (Nr. 2). § 307 Abs. 2 Nr. 1 BGB geht von der Vorstellung aus, dass das dispositive Recht für jeden Vertragstyp einen an der Gerechtigkeit orientierten Ausgleich der Interessen der Vertragspartner enthält. Die maßgeblichen Vorschriften sind deshalb in ihrem Kern der Disposition des Verwenders von AGB entzogen, wenn die gesetzliche Regelung nicht nur auf Zweckmäßigkeitserwägungen beruht, sondern eine Ausprägung des Gerechtigkeitsgebotes darstellt.[46] 39

Während nach Nr. 1 das Leitbild des dispositiven Rechts Prüfungsmaßstab ist, stellt Nr. 2 auf die Natur des Vertrags ab. Da Bankrecht weitgehend nicht kodifiziert ist und somit gesetzliche Regelungen als Orientierungsmaßstab fehlen, erlangt die Regelung in § 307 Abs. 2 Nr. 2 BGB besondere Bedeutung. Wesentliche Rechte oder Pflichten, die sich aus der Natur des Vertrags ergeben, dürfen nicht so eingeschränkt werden, dass die Erreichung des Vertragszwecks gefährdet ist. Soweit einschlägige Rechtsnormen fehlen, ist auf die vertragstypischen Gerechtigkeitserwartungen des Geschäftsverkehrs abzustellen. Dies betrifft vor allem die Pflichten, deren Erfüllung die ordnungsgemäße Durchführung des Vertrages überhaupt erst ermöglicht, auf deren Erfüllung der Vertragspartner daher vertraut und auch vertrauen darf.[47] 40

ee) Transparenzgebot. Die Vorschrift des § 307 Abs. 1 S. 2 BGB kodifiziert das (in Rechtsprechung und Literatur schon zuvor anerkannte) **Transparenzgebot.** Obwohl die Vorschrift wie eine (weitere) Konkretisierung der Generalklausel des § 307 Abs. 1 S. 1 formuliert ist, führt sie der Sache nach eine eigenständige Transparenzkontrolle ein, die über die materielle Inhaltskontrolle hinausgeht. Sie erfasst auch solche Bestimmungen, die nach § 307 Abs. 3 S. 1 BGB der Inhaltskontrolle entzogen sind, weil sie keine von Rechtsvorschriften abweichende oder diese ergänzende Regelungen enthalten.[48] Nach der gängigen Formulierung der Rechtsprechung ist der Verwender entsprechend den Grundsätzen von Treu und Glauben gehalten, die Rechte und Pflichten seines Vertragspartners möglichst klar und durchschaubar darzustellen.[49] Dabei kommt es nicht nur auf die Verständlichkeit der Klauselformulierung für den durchschnittlichen Vertragspartner an. Vielmehr muss die Klausel auch die wirtschaftlichen Nachteile und Belastungen so weit erkennen lassen, wie dies nach den Umständen gefordert werden kann.[50] 41

---

[44] BGH NJW 2010, 57; 2005, 1774; 2001, 2331; 2000, 1110 (1112); Wolf/Lindacher/Pfeiffer/*Pfeiffer* BGB § 307 Rn. 158.

[45] BGH WM 2010, 1215 (1217); Palandt/*Grüneberg* BGB § 307 Rn. 12.

[46] BGH NJW 2014, 2420.

[47] BGHZ 103, 324 = NJW 1988, 1785; BGH NJW 1985, 3017.

[48] BeckOK BGB/*H. Schmidt* § 307 Rn. 43; Ulmer/Brandner/Hensen/*Fuchs* BGB § 307 Rn. 10.

[49] BGH NJW 2018, 1811; 2017, 2346; 2016, 1575 mwN.

[50] BGH NJW-RR 2015, 801 Rn. 23; NJW 2013, 2739 Rn. 9; NJW-RR 2011, 1144; MüKoBGB/*Wurmnest* § 307 Rn. 64.

42 **ff) Schranken der Inhaltskontrolle.** Nach § 307 Abs. 3 BGB unterliegen der Inhaltskontrolle nur solche Klauseln, die von gesetzlichen Vorschriften abweichen oder diese ergänzen. Die Regelung soll die Inhaltskontrolle von ihrem Zweck her, die Rechtskontrolle (nicht Zweckmäßigkeits- oder Billigkeitskontrolle) von AGB zu ermöglichen und Privatautonomie zu sichern, eingrenzen: Die Inhaltskontrolle hat nicht die Aufgabe, über die Prüfung von Klauseln, die gesetzliche Vorgaben lediglich wiedergeben, die inhaltliche Angemessenheit eben der gesetzlichen Vorschriften zur Überprüfung durch den Richter zu stellen.

43 Zum anderen sollen, auch wenn dies im Wortlaut weniger deutlich zum Ausdruck kommt, vertragliche Leistungsangebote und Preise einer Inhaltskontrolle entzogen werden. Denn für die Kontrolle solcher Leistungsbeschreibungen würde es schon an einem gesetzlichen Maßstab fehlen. Zudem muss sich das Verhältnis von Leistung und Gegenleistung in einer Marktwirtschaft grundsätzlich nach den Gesetzen von Angebot und Nachfrage richten.[51] Allerdings unterliegen nach 307 Abs. 3 S. 1 BGB „kontrollfeste" Klauseln immer noch der Überprüfung nach den übrigen Vorschriften des Abschnitts

44 **g) Rechtsfolgen der Unwirksamkeit von AGB. aa) Grundsatz.** Die Folgen der fehlgeschlagenen Einbeziehung und der Unwirksamkeit von AGB für Bestand und Inhalt des zwischen Verwender und Kunden geschlossenen Vertrags, regelt **§ 306 BGB.**

Die Vorschrift hat eine Schutzfunktion zu Gunsten des Kunden. Sie schreibt deshalb – abweichend von § 139 BGB – die grundsätzliche Wirksamkeit der restlichen Vertragsteile trotz der durch (ganzen oder teilweisen) Ausfall der AGB eingetretenen Lückenhaftigkeit vor (§ 306 Abs. 1 BGB). Die Lückenfüllung soll sich nach den „gesetzlichen Vorschriften" richten (§ 306 Abs. 2 BGB); damit wird in erster Linie auf das dispositive Recht Bezug genommen. Nur wenn ein Festhalten am Vertrag auch unter Berücksichtigung der Lückenfüllung eine unzumutbare Härte für eine Vertragspartei darstellen würde, kommt eine Unwirksamkeit des gesamten Vertrags in Betracht, § 306 Abs. 3 BGB.

45 Festzustellen ist eine unzumutbare Härte anhand einer Interessenabwägung aller im konkreten Fall vorliegenden Umstände bezogen auf den Zeitpunkt der Geltendmachung von Ansprüchen aus dem Vertrag.[52] Unzumutbar kann das Festhalten am Vertrag für den Verwender sein, wenn infolge der Unwirksamkeit einer AGB-Klausel das Vertragsgleichgewicht grundlegend gestört ist.[53] Für den Kunden bedeutet die Nichtanwendbarkeit einer AGB in der Regel nicht nur keine Härte, sondern eine Verbesserung seiner Rechtsposition. Eine unbillige Härte kann sich aber für den Kunden ergeben, wenn etwa beim Wegfall aller oder der meisten AGB bei einem gesetzlich nicht geregelten Vertragstyp Ungewissheit oder Streit über die beiderseitigen Rechte und Pflichten droht.[54]

46 **bb) Verbot der geltungserhaltenden Reduktion.** Im Hinblick darauf, dass AGB auch teilweise unwirksam sein können und „insoweit" (vgl. § 306 Abs. 1 BGB) nicht Vertragsbestandteil werden, stellt sich die Frage nach der Möglichkeit, die betreffende Regelung auf ihren gerade noch zulässigen Inhalt zu reduzieren **(geltungserhaltende Reduktion).** Die Zurückführung einer in ihrem Kern zu billigenden, jedoch in der konkreten Ausgestaltung zu weit gefassten Klausel auf ein angemessenes Maß ist – auch im unternehmerischen Verkehr – ebenso unzulässig wie die ihr im Ergebnis gleichkommende einschränkende Auslegung und Umdeutung unwirksamer Bestimmungen.[55]

47 Dieses Verbot beruht auf Präventionsgesichtspunkten und gilt sowohl für den Verbandsprozess als auch für den Individualprozess (→ Rn. 51 f.). Die Begründung der Rechtspre-

[51] Begr. RegE BT-Drs. 7/3919 S. 22; Ulmer/Brandner/Hensen/*Fuchs* BGB § 307 Rn. 10.
[52] BGHZ 130, 115 (122) = NJW 1995, 2221.
[53] MüKoBGB/*Basedow* § 306 Rn. 46; BeckOK BGB/*H. Schmidt* BGB § 306 Rn. 28.
[54] KG MDR 1998, 760; Palandt/*Grüneberg* BGB § 306 Rn. 18.
[55] BGHZ 84, 109 (114) = NJW 1982, 2310; BGH NJW 2017, 1301 Rn. 38; OLG Karlsruhe NZG 2017, 226. Wolf/Lindacher/Pfeiffer/*Lindacher/Hau* BGB § 306 Rn. 31 ff.; Ulmer/Brandner/Hensen/*H. Schmidt* BGB § 306 Rn. 14 ff.

chung geht dahin, dass für den Verwender unzulässiger AGB bei Aufrechterhaltung der rechtlichen Vorteile im zulässigen Rahmen jedes Risiko entfiele; der Verwender unzulässiger Klauseln hätte dieselbe Rechtsstellung wie ein Konkurrent, der sich von vornherein gesetzestreu auf zulässige AGB beschränke, könnte allerdings zudem auf die faktische Einschüchterungswirkung seiner unzulässigen AGB spekulieren.[56]

Das Verbot geltungserhaltender Reduktion gilt nicht, wenn Klauseln sowohl sprachlich wie auch sachlich teilbar sind.[57] Eine Teilbarkeit ist anzunehmen, wenn eine einzelne AGB-Bestimmung ihrem Wortlaut nach aus sich heraus verständlich und sinnvoll in einen inhaltlich zulässigen und in einen unzulässigen Regelungsteil trennbar ist.[58] **48**

Die häufig anzutreffende Klausel, dass die Unwirksamkeit eines Teils des Vertrags die Gültigkeit des übrigen nicht berührt („salvatorische Erhaltungsklausel"), ist wirksam, [59] da § 306 Abs. 2 BGB diese Rechtsfolge bei unwirksamen AGB ohnehin vorsieht. Eine Klausel mit dem Inhalt, dass die Parteien bei Unwirksamkeit von AGB-Bestimmungen verpflichtet sind, eine neue Vereinbarung zu treffen, die dem wirtschaftlichen Erfolg der ursprünglich vorgesehenen Bestimmung in zulässiger Weise soweit wie möglich entspricht („salvatorische Ersetzungsklausel"), verstößt dagegen gegen § 307 BGB.[60] Versuche, AGB-Regelungen vor der Nichtigkeit durch Hinzufügung von Klauselergänzungen wie „soweit gesetzlich zulässig" zu bewahren, versprechen keinen Erfolg. Diese Klauseln verstoßen gegen das Transparenzgebot.[61] **49**

h) Prozessrecht. Die gerichtliche Überprüfung der AGB-Banken (sowie der Sonderbedingungen) kann auf zwei Ebenen stattfinden. **50**

aa) Individualprozess. Eine Inhaltskontrolle von AGB kann im Rahmen eines **Individualprozesses** zwischen Kunde und Bank erfolgen, in dem sich die Bank auf die Geltung einer Klausel beruft. Im Individualprozess kommt die kundenfeindlichste Auslegung zum Tragen, wenn diese zur Unwirksamkeit der Klausel führt.[62] Ein derartiges Urteil entfaltet nach allgemeinen zivilprozessualen Grundsätzen nur Wirkung zwischen den Parteien. **51**

bb) Verbandsklageverfahren. Diesen Nachteil vermeidet das im **Unterlassungsklagegesetz** geregelte **Verbandsklageverfahren.** Um die Kontrolle unabhängig vom Betroffensein eines konkreten Geschäftspartners zu ermöglichen, wird in § 3 UKlaG „qualifizierten Einrichtungen" eine Klagebefugnis zuerkannt. Ein auf Unterlassung ergehendes Urteil untersagt dem Verwender, in künftigen Verträgen eine unwirksame Klausel weiter zu verwenden. In der Praxis wird der Anspruch regelmäßig zunächst durch eine vorprozessuale Abmahnung mit der Aufforderung zur Abgabe einer strafbewehrten Unterlassungserklärung geltend gemacht. **52**

II. Bankgeheimnis und Datenschutz versus Bankauskunft und SCHUFA-Mitteilung

Literatur: *Beckhusen,* Das Scoring-Verfahren der SCHUFA im Wirkungsbereich des Datenschutzrechts, BKR 2005, 335; *Berger,* Haftung für unrichtige Bankauskunft, ZBB 2001, 238; *Bruchner/Stützle,* Leitfaden zu Bankgeheimnis und Bankauskunft, 2. Aufl. 1990; *Dahm/Schebesta/Schroeter/Weber,* Bankgeheimnis und Bankauskunft in der Praxis, 5. Aufl. 1995; *Fisahn,* Bankgeheimnis und informationelle Selbstbestimmung, CR 1995, 632; *Gaede,* Die vertragliche Haftung der Banken für Kreditauskünfte, NJW 1972, 926; *Hadding,* Zur Abgrenzung von Unterrichtung, Aufklärung, Auskunft, Beratung und Empfehlung als Inhalt bankrechtlicher

56 BGH NJW 2000, 1110; s. a. EuGH NJW 2012, 2257 (2259 f.) – Banco Español de Crédito.
57 BGH NJW 2006, 1059 (1060), stRspr.
58 BGH NJW 2014, 141; 2009, 1664; MüKoBGB/*Basedow* § 306 Rn. 22 ff.
59 BGH NJW 2005, 2225.
60 BGH NJW 1983, 159; 2005, 2225; 204, 346 Rn. 45; BAG NJW 2005, 3305 (3308); diff. Wolf/Lindacher/Pfeiffer/*Lindacher/Hau* BGB § 306 Rn. 48 ff.
61 BGH NJW 1996, 1408; 1993, 1061; 1990, 716; vgl. auch BGH NJW 2013, 1668 Rn. 3.
62 BGH WM 2009, 1643; Bunte/Zahrte/*Bunte* AGB §§ 305 ff. BGB Rn. 21.

Pflichten, FS für Schimansky, 1999, S. 67; *Heintz,* Ansprüche bei unzulässiger Übermittlung von Bonitätsdaten an die SCHUFA, jM 2018, 184; *Hoeren,* Rechtliche Grundlagen des SCHUFA-Scoring Verfahrens, RDV 2007, 93; *Kirchherr/Stützle,* Aktuelle Probleme zu Bankgeheimnis und Bankauskunft, 2. Aufl. 1983; *Kirchherr/Stützle,* Aktuelle Probleme zu Bankgeheimnis und Bankauskunft, ZIP 1984, 515; *Klüwer/Meister,* Forderungsabtretung und Bankgeheimnis, WM 2004, 1157; *Lerche,* Bankgeheimnis – verfassungsrechtliche Rechtsgrundlagen, ZHR 149 (1985), 165; *Musielak,* Die Bankauskunft nach dem Recht der Bundesrepublik Deutschland, in: *Hadding/Uwe H. Schneider* (Hrsg.), Bankgeheimnis und Bankauskunft in der Bundesrepublik Deutschland und in anderen ausländischen Rechtsordnungen, 1986; *Musielak,* Die „gefestigte" Rechtsprechung des Bundesgerichtshofes zum Zustandekommen eines Auskunftsvertrages mit einer Bank, WM 1999, 1593; *Nobbe,* Bankgeheimnis, Datenschutz und Abtretung von Darlehensforderungen, WM 2005, 1537; *Petersen,* Das Bankgeheimnis zwischen Individualschutz und Institutionsschutz, 2005; *Schebesta,* Die Verfahrensgrundsätze zum Bankauskunftsverfahren, WM 1989, 429; *Schraepler,* Kreditauskunft – Einschränkung des Bankgeheimnisses, NJW 1972, 1836; *Sichtermann,* Das Bankgeheimnis als Teil des allgemeinen Persönlichkeitsrechts, MDR 1965, 697; *Sichtermann/Feuerborn/Kirchherr/Terdenge,* Bankgeheimnis und Bankauskunft, 4. Aufl. 1987; *Steindorff,* Zivilrechtliche Grundfragen von Bankgeheimnis, Bankauskunft und Persönlichkeitsschutz, ZHR 149 (1985), 151; *Vahldiek,* Datenschutz in der Bankpraxis 2012; *A. Weber,* Neuordnung des Schufaverfahrens für Kreditinstitute, WM 1986, 845; *Wech,* Das Bankgeheimnis, 2009; *Zöllner,* Datenschutzrechtliche Aspekte der Bankauskunft, ZHR 149 (1985), 179.

1. Bankgeheimnis

53 Wiewohl im öffentlichen Bewusstsein als **Berufs- und Geschäftsgeheimnis im Kreditgewerbe** fest verankert, hat das Bankgeheimnis in der juristischen Diskussion jahrzehntelang eine eher untergeordnete Rolle gespielt. In den Blickpunkt geriet es durch Äußerungen eines Vorstandssprechers einer Großbank über die Kreditwürdigkeit eines Kunden und die anschließende langwierige gerichtliche Aufarbeitung des Streits sowie in spektakulärer Weise im Zusammenhang mit dem Ankauf von Daten über Bankkonten von „Steuersündern" im Ausland durch staatliche Stellen. Das Bankgeheimnis ist gesetzlich nicht geregelt. Lediglich in den AGB-Banken findet sich seit 1993 in Nr. 2 Abs. 1 eine Regelung. In den AGB-Sparkassen fehlt zwar eine vergleichbare Bestimmung, erwähnt wird das Bankgeheimnis aber auch dort (Nr. 1 Abs. 1 S. 2) mit dem etwas pathetischen Hinweis, der Kunde könne sich „darauf verlassen", dass die Sparkasse das Bankgeheimnis wahre.

54 Das vielfach als „unklar" bezeichnete Verhältnis von Bankgeheimnis und Datenschutzgesetzen ist so zu beschreiben, dass nach der Konzeption des Bundesdatenschutzgesetzes dem Datenschutz kein Vorrang vor dem Bankgeheimnis zukommt. Allgemein geht man von einem **Nebeneinander** von **Bankgeheimnis** und **Datenschutzrecht** aus.[63] Die Datenschutzgesetz betreffen ohnehin nur einen Teilbereich des Bankgeheimnisses, weil sie auf den Schutz personenbezogener Daten begrenzt sind.

55 **a) Wesen, Rechtsgrund und Inhalt.** Angelehnt an die Begriffsbestimmung in Nr. 2 Abs. 1 S. 1 AGB-Banken wird unter dem Bankgeheimnis die Pflicht des Kreditinstituts verstanden, über **alle kundenbezogenen Tatsachen** und **Wertungen,** von denen es Kenntnis erlangt hat, Verschwiegenheit zu wahren. Das Bankgeheimnis soll den Kunden vor der Weitergabe von Informationen schützen und den Kreditinstituten einen Bereich der Verschwiegenheit gewähren, ohne den das Betreiben des Bankgeschäfts nicht möglich ist. Wenn man von den zwei Seiten des Bankgeheimnisses spricht, bezieht sich dies zum einen auf die Verhaltenspflicht der Bank dem Kunden gegenüber, Geheimhaltung zu wahren **(Verschwiegenheitspflicht),** und zum anderen auf das Recht der Banken, gegenüber Dritten, insbesondere auch staatlichen Stellen, die Auskunft zu verweigern, soweit nicht eine gesetzliche Offenbarungspflicht besteht oder eine Auskunft aus besonderen Gründen im Einzelfall erteilt werden muss **(Auskunftsverweigerungsrecht).**

---

[63] BGH ZIP 2007, 619 (622); Derleder/Knops/Bamberger/*Casper* § 4 Rn. 18; *Zöllner* ZHR 149 (1985), 179. Nach § 1 Abs. 2 S. 3 BDSG aF bleibt die Verpflichtung zur Wahrung gesetzlicher Geheimhaltungspflichten sowie von Berufs- oder besonderen Amtsgeheimnissen, die nicht auf gesetzlichen Vorschriften beruhen, unberührt. Streitig war allerdings, ob das Bankgeheimnis unter die Geheimhaltungspflichten iSd § 1 Abs. 3 S. 2 BDSG aF fällt, vgl. BeckOK DatenschutzR/*Gusy* BDSG 2003 § 1 Rn. 85 bzw. BeckOK DatenschutzR/*Schmidt-Wudy* Art. 14 DS-GVO Rn. 106.

aa) Rechtsgrundlage. Die Verschwiegenheitspflicht ist keine Besonderheit des Bankrechts, sondern stellt eine Nebenpflicht bei jeder entgeltlichen Geschäftsbesorgung dar.[64] Das Bestehen eines Bankgeheimnisses rechtfertigt sich durch ein **besonderes Vertrauensverhältnis zwischen Bank und Kunde.**[65] Auch ohne gesetzliche Regelung gehen Banken und Kunden, aber auch der Gesetzgeber (zB in § 9 Abs. 1 KWG, § 32 BBankG) von dem Bestehen eines Bankgeheimnisses aus. Die beiden Seiten des Bankgeheimnisses haben unterschiedliche Grundlagen. Während die Verpflichtung des Kreditinstituts zur Verschwiegenheit in der zivilrechtlichen Geschäftsbeziehung gründet, lässt sich der Schutz vor dem Zugriff staatlicher Stellen aus dem Verfassungsrecht herleiten. 56

Das Bankgeheimnis wird aus dem in **Art. 2 Abs. 1 GG** verbürgten Recht des Bankkunden zur freien Entfaltung der Persönlichkeit abgeleitet.[66] Daneben ist das Bankgeheimnis durch das Recht auf **informationelle Selbstbestimmung** geschützt,[67] denn dieses gewährleistet die Befugnis des Einzelnen, grundsätzlich selbst zu entscheiden, wann und innerhalb welcher Grenzen persönliche Lebenssachverhalte offenbart werden.[68] Aus den beiden Zwecken des Bankgeheimnisses folgt, dass bei Eingriffen nicht nur Grundrechte des Kunden, sondern auch Grundrechte der Bank verletzt sein können, namentlich Art. 12 GG. Darin liegt jedoch nur ein Rechtsreflex, weil über die Wahrung oder Preisgabe des Bankgeheimnisses allein der Wille, hilfsweise das Interesse des Kunden entscheidet. Nur über die Absicherung dieses Kundeninteresses wird das Institutsinteresse mit gefördert. 57

Dass die Bestimmung in den AGB-Banken nicht als konstitutive Regelung des Bankgeheimnisses angesehen werden kann, entspricht einhelliger Auffassung[69] und zeigt sich schon daran, dass die Verschwiegenheitspflicht auch dann gilt, wenn ausnahmsweise die AGB nicht einbezogen wurden. Für die Anhänger der Lehre vom allgemeinen Bankvertrag (→ Rn. 2) findet die Geheimhaltungspflicht in diesem seine Grundlage. Vertreten wird allerdings auch, dass das Bankgeheimnis als vorkonstitutionelles Gewohnheitsrecht zu werten sei,[70] weil es seit alters her einer festen Rechtsüberzeugung entspreche und sich die Kreditinstitute auch dauernd daran gehalten hätten.[71] Nach einer im Vordringen befindlichen Auffassung ist rechtliche Grundlage des Bankgeheimnisses das mit der Aufnahme des geschäftlichen Kontakts entstehende Schuldverhältnis nach § 311 Abs. 2 Nr. 1 BGB und der Verpflichtung, auf die Rechte, Rechtsgüter und Interessen des anderen Teils Rücksicht zu nehmen.[72] Am überzeugendsten erscheint es, das Bankgeheimnis im Schuldvertragsrecht in der **Interessenwahrungspflicht** zu verankern.[73] Die Geheimhaltungspflicht gilt unabhängig von dem Zustandekommen und der Wirksamkeit der Vertragsbeziehung; sie besteht auch dann, wenn das Vertrauen zerstört oder nicht gebildet wird, etwa wenn das Institut Geheimhaltung ablehnt. 58

bb) Umfang. Ob und in welchem Umfang ein Bankgeheimnis besteht, entscheidet in erster Linie der ausdrückliche **Wille des Kunden.** Zu beachten ist der Kundenwille auch 59

---

64 Staudinger/*Martinek/Omlor* BGB § 675 Rn. A 55.

65 Näher *Wech* Bankgeheimnis S. 78; Derleder/Knops/Bamberger/*Beckhusen/Martens* § 8 Rn. 7.

66 Vgl. *Sichtermann* MDR 1965, 697; *Lerche* ZHR 149 (1985), 174; Heymann/Horn HGB Anh. § 372 Rn. II 19; *Canaris* Bankvertragsrecht Rn. 36; *Petersen* Bankgeheimnis S. 17.

67 *Canaris* Bankvertragsrecht Rn. 37; *Einsele* Bank- und Kapitalmarktrecht § 1 Rn. 5; *Fisahn* CR 1995, 632.

68 BVerfGE 65, 1 (41).

69 BankR-HdB/*Krepold* § 39 Rn. 3; Derleder/Knops/Bamberger/*Beckhusen/Martens* § 8 Rn. 3; Kümpel/Mülbert/Früh/Seyfried/*Merz/Büchel* Rn. 3.236; *Petersen* Bankgeheimnis S. 23.

70 *Sichtermann/Feuerborn/Kirchherr/Terdenge* Bankgeheimnis S. 62; BankR-HdB/*Krepold* § 39 Rn. 9; Derleder/Knops/Bamberger/*Beckhusen/Martens* § 8 Rn. 9.

71 Zur geschichtlichen Entwicklung s. *Wech* Bankgeheimnis S. 44; *Sichtermann/Feuerborn/Kirchherr/Terdenge* Bankgeheimnis S. 70 ff.

72 *Canaris* Bankvertragsrecht Rn. 42; MüKoHGB/*Herresthal* A Rn. 391; *Einsele* Bank- und Kapitalmarktrecht § 1 Rn. 4; *Petersen* Bankgeheimnis *S.* 26 f.

73 EBJS/*Grundmann* HGB Bank- und Börsenrecht Rn. I 156.

dann, wenn er unvernünftig erscheint.[74] Schutzwürdigkeit ist nicht eigens zu prüfen; die Interessen des Instituts sind insoweit unerheblich. Nach allgemeinen zivilrechtlichen Kriterien liegt es nahe, bei Nichtfeststellbarkeit des wirklichen Willens auf den mutmaßlichen Willen oder das objektive Interesse auszuweichen.[75] Dem steht jedoch entgegen, dass das Bankgeheimnis dann, wenn eine ausdrückliche Absprache oder Weisung des Kunden fehlt, zur Disposition des Kreditinstituts gestellt würde.[76]

60 Der Wille entscheidet auch über **Gegenstand und Umfang** der Geheimhaltungspflicht. Im Zweifel ist eine umfassende Geheimhaltung gewollt, gleichgültig ob Tatsachen oder Wertungen betroffen sind. Unerheblich ist, ob die Kenntnis der dem Bankgeheimnis unterliegenden Umstände auf einer Mitteilung des betroffenen Kunden, eines Dritten oder auf eigener Wahrnehmung von Mitarbeitern der Bank beruht. Das Bankgeheimnis bezieht sich allerdings nur auf solche kundenbezogenen Tatsachen und Wertungen, die dem Kreditinstitut aufgrund, aus Anlass oder im Rahmen der Geschäftsverbindung zum Kunden bekannt geworden sind.[77] Erforderlich hierfür ist ein innerer Zusammenhang zwischen der Kenntniserlangung und dem Bestehen der Geschäftsbeziehung.[78]

61 Der Geheimhaltungspflicht unterliegen nicht nur alle bankgeschäftlichen Einzelheiten; schon das Bestehen der Bankverbindung selbst fällt grundsätzlich unter das Bankgeheimnis, es sei denn, der Kunde legt durch Angabe der Kontonummer auf seinem Briefbogen sowie durch Verwendung von Schecks und Überweisungsformularen seinen Geschäftspartnern die Verbindung zu einem bestimmten Kreditinstitut selbst offen.[79] Die Verschwiegenheitspflicht ist nicht auf reine Vermögensangelegenheiten beschränkt; sie erstreckt sich auch auf die persönlichen Verhältnisse des Kunden.[80] Offenkundigkeit einer Tatsache schließt die Geheimhaltungspflicht dann nicht aus, wenn der Kunde ein objektives Interesse daran hat, dass die Bank einem bestimmten Dritten die Tatsache nicht mitteilt.[81]

62 **Wertungen** sind deshalb in den Schutz des Bankgeheimnisses einbezogen, weil sie im Rahmen der bestehenden Geschäftsbeziehung aufgrund des Einblicks in die Verhältnisse des Kunden zustande kommen. Hat das Kreditinstitut die Tatsachen, die einer Bewertung zugrunde liegen, auf Grund des Vertrauensverhältnisses erfahren, ist auch die Wertung vom Vertrauensverhältnis erfasst und darf vom Kreditinstitut nicht an Dritte weitergegeben werden.[82]

63 In **zeitlicher Hinsicht** wird die Verschwiegenheitspflicht in der Phase der Geschäftsanbahnung begründet. Sie erstreckt sich auch noch auf die Zeit nach Beendigung der Geschäftsverbindung.[83] Das Fortbestehen der Verpflichtung zur Verschwiegenheit gilt auch für die Mitarbeiter des Kreditinstituts nach Beendigung ihres Dienstverhältnisses.[84]

64 Das Bankgeheimnis hat im Zivilrecht auch vor Gericht Bestand: § 383 Abs. 1 Nr. 6, § 384 Nr. 3 ZPO geben den Mitarbeitern des Kreditinstituts das **Recht zur Zeugnisverweigerung.** Entsprechende Regelungen finden sich im Arbeits-, Verwaltungs- und Sozialgerichtsverfahren.

---

[74] BankR-HdB/*Krepold* § 39 Rn. 10; GroKoHGB/*Grundmann* Bankvertragsrecht 2. Teil Rn. 75; Derleder/Knops/Bamberger/*Beckhusen/Martens* § 8 Rn. 13.

[75] So BankR-HdB/*Krepold* § 39 Rn. 10.

[76] Derleder/Knops/Bamberger/*Beckhusen/Martens* § 8 Rn. 56; *Musielak* Bankgeheimnis S. 14; *Steindorff* ZHR 149, 151 (152).

[77] BGHZ 27, 241 (246); BGH NJW 2006, 830; *Sichtermann/Feuerborn/Kirchherr/Terdenge* Bankgeheimnis S. 38; eingehend zum sachlichen Schutzbereich *Wech* Bankgeheimnis S. 190 ff.

[78] BGH NJW 2006, 830 Rn. 35; *Canaris* Bankvertragsrecht Rn. 52; Derleder/Knops/Bamberger/*Casper* § 4 Rn. 17.

[79] BankR-HdB/*Krepold* § 39 Rn. 15; Claussen/*Kirchhartz* Bank- und Börsenrecht § 3 Rn. 12.

[80] Kümpel/Mülbert/Früh/Seyfried/*Merz/Büchel* Rn. 3.241.

[81] *Sichtermann/Feuerborn/Kirchherr/Terdenge* Bankgeheimnis S. 139; Derleder/Knops/Bamberger/*Beckhusen/Martens* § 8 Rn. 14.

[82] BGH NJW 2006, 830 (833); *Schraepler* NJW 1972, 1836.

[83] BankR-HdB/*Krepold* § 39 Rn. 18; Derleder/Knops/Bamberger/*Beckhusen/Martens* § 8 Rn. 26.

[84] OLG Köln WM 1993, 289 (291); *Sichtermann/Feuerborn/Kirchherr/Terdenge* Bankgeheimnis S. 208.

cc) Geschützter Personenkreis. Inhaber des Rechts auf Geheimhaltung – in der Literatur etwas altmodisch als „Geheimnisherr" bezeichnet – ist grundsätzlich der Vertragspartner des Kreditinstituts. Anspruch auf Verschwiegenheit hat aber schon jeder, der mit dem Kreditinstitut in geschäftlichen Kontakt tritt. Bei Geschäftsunfähigen oder beschränkt Geschäftsfähigen entscheidet der Wille des gesetzlichen Vertreters; bei erwerbstätigen Minderjährigen gelten §§ 112, 113 BGB. Hat der Kunde eine Vollmacht erteilt, ist das Kreditinstitut berechtigt, dem Bevollmächtigten Kundengeheimnisse zu offenbaren. Allerdings muss auch bei umfassender Bevollmächtigung ein bekannter entgegenstehender Kundenwille beachtet werden.[85] In der Insolvenz kommt es nicht mehr auf den Willen des Gemeinschuldners, sondern auf den des Insolvenzverwalters an,[86] vorausgesetzt, die Vorgänge stehen mit der Insolvenz in Beziehung. Nach dem Tod des Kunden wird der Erbe Geheimnisträger, wobei allerdings persönlichkeitsbezogene Tatsachen denkbar sind, die nach dem ausdrücklichen oder mutmaßlichen Willen des Erblassers auch gegenüber dem Erben nicht aufgedeckt werden dürfen.[87] 65

Die Verschwiegenheitspflicht erstreckt sich auch auf Nichtkunden, über die das Kreditinstitut Informationen im Rahmen der Abwicklung eines Geschäftsvorgangs erhalten hat (zB Informationen über den Ehepartner des Kunden oder über die Personengesellschaft, deren Mitglied der Kunde ist).[88] 66

dd) Geheimhaltungspflichtiger Personenkreis. Die Verpflichtung zur Verschwiegenheit obliegt den Kreditinstituten (§ 1 KWG). Sie gilt für jedes Organ und jeden Mitarbeiter, unabhängig davon, ob der Betreffende die Information unmittelbar im Zusammenhang mit der Geschäftsverbindung oder innerhalb der Bank in Erfahrung gebracht hat. Die Verpflichtung besteht gegenüber jedermann, auch und gerade gegenüber staatlichen Stellen. Auch beim bankinternen Umgang mit Kundendaten ist der Wille des Kunden maßgebend **(„inneres Bankgeheimnis")**. Dieser wird regelmäßig damit einverstanden sein, dass Organe und Mitarbeiter des Kreditinstituts von Tatsachen soweit Kenntnis erhalten, als dies im Rahmen eines ordnungsgemäßen Bankgeschäftsbetriebs notwendig ist. Dagegen wird der Kunde die Weitergabe von Informationen an Bankmitarbeiter, die mit der Erfüllung seines Auftrags nicht befasst sind, in der Regel nicht wollen. Deshalb ist eine Regelung und Überwachung der Zugriffsberechtigung der Bankmitarbeiter auf bankinterne Daten geboten. 67

Schaltet die Bank zur Erfüllung ihrer Verpflichtungen „bankfremde" Dritte ein,[89] muss sie diese vertraglich zur Wahrung des Bankgeheimnisses verpflichten.[90] Das Kreditinstitut hat sich dabei insbesondere die Weisungsbefugnisse vertraglich zu sichern und die ausgelagerten Bereiche in seine internen Kontrollverfahren einzubeziehen. 68

b) Grenzen des Bankgeheimnisses. Das Verschwiegenheitsgebot kann nicht unbegrenzt Geltung beanspruchen. Dabei ist es nur von terminologischer Bedeutung, ob man von Grenzen, Einschränkungen oder Durchbrechungen des Bankgeheimnisses oder von Ausnahmen spricht. Die Regelung in Nr. 2 Abs. 1 S. 2 AGB-Banken nennt (deklaratorisch) drei Grenzen des Bankgeheimnisses: Gesetz, Einwilligung des Kunden und zulässige Bankauskunft (zu letzterer → Rn. 94 ff.). 69

aa) Gesetzliche Schranken. Soweit Maßnahmen der Beaufsichtigung oder der Kontrolle der Banken die Weitergabe kundenbezogener Informationen erfordern, hat das Bank- 70

---

[85] *Kirchherr/Stützle* Bankgeheimnis und Bankauskunft S. 10; *Sichtermann/Feuerborn/Kirchherr/Terdenge* Bankgeheimnis S. 160.

[86] *Canaris* Bankvertragsrecht Rn. 51; Fischer/Klanten/*Koch* Bankrecht Rn. 7.12.

[87] OLG Stuttgart MDR 1983, 236; Derleder/Knops/Bamberger/*Beckhusen/Martens* § 8 Rn. 18.

[88] *Sichtermann/Feuerborn/Kirchherr/Terdenge* Bankgeheimnis S. 153; BankR-HdB/*Krepold* § 39 Rn. 20.

[89] Die Voraussetzungen für solche Auslagerungen sind in § 25a Abs. 2 KWG geregelt; vgl. hierzu das Rundschreiben der BAKred 4/97 vom 19.3.1997, WM 1997, 1821 ff.

[90] BankR-HdB/*Krepold* § 39 Rn. 29; MüKoHGB/*Herresthal* A Rn. 390; Schwintowski/*Schantz* Kap. 4 Rn. 29.

geheimnis zurückzustehen. Gesetzliche Vorschriften verpflichten Banken zur Informationsweitergabe im Rahmen der **Bankenaufsicht,** etwa § 14 Abs. 1 S. 1 KWG. Die Bundesanstalt für Finanzdienstleistungsaufsicht (BaFin) kann im Wege der Bankenaufsicht nach § 44 KWG von den Kreditinstituten Auskünfte über alle Geschäftsangelegenheiten verlangen und sich die Bücher vorlegen lassen. Weitere Melde- und Auskunftspflichten für Kreditinstitute ergeben sich aus der Verordnung (EU) Nr. 600/2014 über Märkte für Finanzinstrumente sowie den Ausführungsregelungen des WpHG.[91]

71 Gem. **§ 24c Abs. 1 KWG** ist jedes Kreditinstitut verpflichtet, eine Datei mit Kontostammdaten zu führen. Diese Daten darf nach Abs. 2 die BaFin abrufen – zum einen für eigene (aufsichtsrechtliche) Zwecke, zum anderen aber auch zur Erteilung von Auskünften an Strafverfolgungsbehörden und Gerichte.[92]

72 Die Verpflichtung zur Wahrung des Bankgeheimnisses gilt auch gegenüber den Trägern der **Sozialhilfe.** Der Antragsteller oder Leistungsempfänger von Sozialhilfe ist jedoch nach **§ 60 Abs. 1 Nr. 1 SGB I** auf Verlangen des Leistungsträgers verpflichtet, der Erteilung der erforderlichen Auskünfte durch Dritte, insbesondere des Kreditinstituts zuzustimmen. Die **Agentur für Arbeit** ist nach § 60 Abs. 2 SGB II berechtigt, von der Bank über Einkommen und Vermögen von Grundsicherungssuchenden zu verlangen. Nach § 315 SGB III darf die Agentur für Arbeit im Rahmen der Bedürfnisprüfung für die Arbeitslosenhilfe unmittelbar Auskunft über das Vermögen des Arbeitslosen bei Kreditinstituten einholen. **Sozialversicherungsträger,** denen gegen Personen ein Erstattungsanspruch zusteht, die überzahlte Renten in Empfang genommen oder hierüber verfügt haben, können von der Bank Auskunft verlangen, soweit dies zur Verwirklichung des Rückerstattungsanspruchs erforderlich ist **(§ 118 Abs. 4 SGB VI).**

73 Eine gesetzliche Begrenzung des Bankgeheimnisses stellt auch **§ 840 ZPO** dar, der einen Drittschuldner verpflichtet, nach Zustellung eines Pfändungsbeschlusses dem Gläubiger gegenüber bestimmte Angaben zu machen. Die Drittschuldnererklärung des Kreditinstituts darf jedoch nur die nach § 840 Abs. 1 Nr. 1–3 ZPO zulässigen Fragen beantworten und nicht darüber hinausgehen.[93] Bei Pfändung von Ansprüchen eines Bankkunden aus dem Giroverhältnis ist die Bank mit Rücksicht auf das Bankgeheimnis nicht zur Herausgabe von Kontoauszügen an den Pfändungsgläubiger verpflichtet, weil diese regelmäßig weitergehende Informationen enthalten.

74 Das **Geldwäschegesetz** (GwG) fordert von den Kreditinstituten eine Identifizierung des Vertragspartners bei Begründung einer auf Dauer angelegten Geschäftsbeziehung. Die Identifizierungspflicht besteht nach § 11 GwG auch bei anfallenden Transaktionen außerhalb einer bestehenden Geschäftsbeziehung im Wert von 15.000 EUR und mehr. Gem. **§ 8 GwG** sind die getroffenen Feststellungen aufzuzeichnen und bei Verdacht auf Geldwäsche oder Terrorismusfinanzierung Anzeige zu erstatten (§ 43 GwG). Für diese Anzeige ist der Bankmitarbeiter nach § 48 GwG von Verantwortung freigestellt, es sei denn, die Meldung oder Anzeige wurde vorsätzlich oder grob fahrlässig unwahr erstattet. Diese Freistellung von Verantwortung macht deutlich, dass eine solche Verdachtsanzeige keine Verletzung des Bankgeheimnisses darstellt, sodass darauf gegründete Schadensersatzansprüche ausscheiden.[94]

75 Keine gesetzliche Einschränkung des Bankgeheimnisses stellt dagegen § 402 BGB dar. Nach dieser Vorschrift ist im Falle einer Forderungsabtretung der Zedent verpflichtet, dem Zessionar die zur Geltendmachung der Forderung nötige Auskunft zu erteilen. Tritt ein Kreditinstitut eine Kundenforderung ab, begibt es sich mit der Zession in eine **Pflichtenkollision:** Verletzung des Bankgeheimnisses oder Verstoß gegen die Pflichten aus § 402 BGB. In der Literatur finden sich Stimmen, die das erkennbare Spannungsverhältnis zuguns-

[91] Näher *Einsele* Bank- und Kapitalmarktrecht § 1 Rn. 19.
[92] Zur verfassungsrechtlichen Zulässigkeit s. BVerfG NJW 2005, 1179; 2007, 2464.
[93] BankR-HdB/*Krepold* § 39 Rn. 285.
[94] Eingehend BankR-HdB/*Walther* § 42 Rn. 525 ff.

ten der Pflicht aus § 402 BGB auflösen wollen.[95] Dem ist zu widersprechen, weil diese Auffassung das Bankgeheimnis weitgehend zur Disposition der Kreditinstitute stellt.[96]

Die häufigsten und wichtigsten Eingriffe finden in der Praxis im Rahmen von **Strafverfolgungsmaßnahmen** statt mit den Möglichkeiten der Durchsuchung von Geschäftsräumen (§§ 102 ff. StPO), bei denen gem. § 110 StPO auch die Durchsicht der Geschäftsunterlagen zulässig ist, sowie der Beschlagnahme von Beweismitteln, zB Kontounterlagen (§§ 94, 98 StPO), dem Herausgabeverlangen nach § 95 StPO und der Vernehmung von Bankmitarbeitern als Zeugen. Die genannten Maßnahmen, darunter auch das Herausgabeverlangen nach § 95 StPO, bedürfen gem. § 98 Abs. 1 bzw. § 105 Abs. 1 StPO grundsätzlich eines richterlichen Beschlusses. Bei Gefahr im Verzug dürfen die Zwangsmittel ausnahmsweise von der Staatsanwaltschaft und ihren Ermittlungspersonen angeordnet werden. Auf die einzelnen Voraussetzungen der unter dem verfassungsrechtlichen Gebot der Verhältnismäßigkeit stehenden Anordnung[97] sowie auf den Streit um die inhaltlichen Anforderungen an einen Durchsuchungs- oder Beschlagnahmebeschluss[98] kann an dieser Stelle nicht eingegangen werden. **76**

In der Praxis wird dem Kreditinstitut häufig ein richterlicher Durchsuchungs- oder Beschlagnahmebeschluss vorgelegt, ihm jedoch anheimgestellt, die Zwangsmaßnahmen durch die Vorlage der im Beschluss bezeichneten Geschäftsunterlagen abzuwenden (**Abwendungsvorlage**[99]). Entsprechend kann bei einer Zeugenladung nach § 161a StPO die Zeugeneinvernahme durch schriftliche Beantwortung der Fragen abgewendet werden **(Abwendungsauskunft).** Diese Verfahrensweise wird im Hinblick auf das Bankgeheimnis für zulässig erachtet, weil der Kunde hierdurch nicht stärker betroffen ist als bei Durchführung des förmlichen Verfahrens.[100] **77**

Das Bankgeheimnis ist **nicht** im Katalog der zur **Zeugnisverweigerung** berechtigenden Berufsgeheimnisse von § 53 StPO aufgeführt. Eine analoge Anwendung wird einhellig abgelehnt.[101] Mitarbeiter von Kreditinstituten können sich daher im Ermittlungsverfahren und im Strafprozess gegen einen Bankkunden nicht auf ein Zeugnisverweigerungsrecht berufen. Sie müssen vor der Staatsanwaltschaft, vor dem Ermittlungsrichter und vor dem Prozessgericht – nicht dagegen vor der Polizei – als Zeuge aussagen. **78**

Weitreichende Eingriffsmöglichkeiten hat der Staat auch im **Steuerverfahren.** Hier ist zwischen dem Besteuerungsverfahren, dem Steuerfahndungs- und dem Steuerstrafverfahren (vgl. § 393 AO) zu unterscheiden und dort wiederum danach, ob gegen den Bankkunden (zB wegen Steuerhinterziehung), oder gegen ein Organ oder einen Mitarbeiter einer Bank (zB wegen Beihilfe zur Steuerhinterziehung) ermittelt wird. **79**

Die Finanzbehörden haben im Rahmen des **Besteuerungsverfahrens** umfassende Befugnisse, um sicherzustellen, dass Steuern nicht verkürzt werden. Dazu gehört auch das Recht, von den Beteiligten und anderen Personen die Vorlage von Urkunden (§ 97 AO) und Auskunft zu verlangen (§ 93 AO). Auch Kreditinstitute sind gem. § 93 AO verpflichtet, Auskünfte über die zur Besteuerung erheblichen Tatsachen ihrer Kunden zu erteilen. § 30a Abs. 1 AO, der von den Finanzbehörden bei der Ermittlung des Sachverhalts eine besondere Rücksichtnahme „auf das Vertrauensverhältnis zwischen den Kreditinstituten und deren Kunden“ verlangte, wurde durch das Steuerumgehungsbekämp- **80**

---

[95] *Canaris* Bankvertragsrecht Rn. 61a; *Petersen* Bankgeheimnis S. 39.

[96] *Nobbe* WM 2005, 1537 (1543); *Wech* Bankgeheimnis S. 326; *Klüwer/Meister* WM 2004, 1157 (1160). Zur Problematik der Abtretung Not leidender Kredite → Rn. 87.

[97] Insoweit muss auf die Kommentierungen der einschlägigen Vorschriften der StPO und auf die umfangreiche Rspr. des BVerfG verwiesen werden.

[98] Vgl. die nicht mit Kritik an den Strafverfolgungsbehörden sparenden Äußerungen von BankR-HdB/*Krepold* § 39 Rn. 151 ff.

[99] Zu diesem Verfahren BankR-HdB/*Krepold* § 39 Rn. 180 ff.

[100] BankR-HdB/*Krepold* § 39 Rn. 182; Derleder/Knops/Bamberger/*Beckhusen/Martens* § 8 Rn. 40; Schwintowski/*Schantz* Bankrecht Kap. 4 Rn. 39.

[101] *Meyer-Goßner/Schmitt* StPO § 53 Rn. 2; BankR-HdB/*Krepold* § 39 Rn. 220; Derleder/Knops/Bamberger/*Beckhusen/Martens* § 8 Rn. 31.

fungsgesetz[102] aufgehoben. Dieses Gesetz hat auch Sammelauskunftsersuchen über noch nicht bekannte Steuerpflichtige an andere Personen als die Beteiligten – also auch an Kreditinstitute – für zulässig erklärt. Voraussetzung für ein Sammelauskunftsersuchen ist, dass ein hinreichender Anlass für die Ermittlungen besteht und andere zumutbare Maßnahmen zur Sachverhaltsaufklärung keinen Erfolg versprechen (§ 93 Abs. 1a AO). Die Regelungen in § 93 Abs. 7 f., § 93b AO erlauben den Finanzbehörden einen Zugriff auf Kontostammdaten der Bankkunden (zB Name, Geburtsdatum, Kontonummern, Depots). Für den Zugriff ist ein richterlicher Beschluss nicht erforderlich. Kontenstände und -bewegungen können nicht abgefragt werden.

81 Wird die **Steuerfahndung** nach § 208 Abs. 1 Nr. 2 oder Nr. 3 AO tätig (Ermittlung der Besteuerungsgrundlagen bei der Erforschung von Steuerstraftaten und Steuerordnungswidrigkeiten und Aufdeckung und Ermittlung unbekannter Steuerfälle), gilt der Grundsatz der subsidiären Inanspruchnahme Dritter nicht (§ 208 Abs. 1 S. 3 AO).[103] Im **Steuerstrafverfahren** gelten, sofern die AO keine Sonderregelungen enthält, die Vorschriften der StPO (§ 385 AO).

82 Nach **§ 33 ErbStG** sind Banken zur Anzeige des Vermögens des Verstorbenen gegenüber der Erbschaftssteuerstelle des Finanzamtes verpflichtet. Zum Vermögen in diesem Sinne gehören nach § 33 Abs. 1 ErbStG die im Gewahrsam des Kreditinstituts befindlichen Vermögensgegenstände und diejenigen gegen das Kreditinstitut gerichteten Forderungen, die beim Tod des Erblassers zu dessen Vermögen gehörten oder über die dem Erblasser im Zeitpunkt seines Todes die Verfügungsmacht zustand. Die Anzeige ist schriftlich innerhalb eines Monats nach Bekanntwerden des Todes des Kunden zu erstatten (§ 33 Abs. 2 S. 2 Nr. 1 ErbStG).

83 **bb) Einwilligung des Kunden.** Da in erster Linie der Wille des Kunden Gegenstand und Umfang der Geheimhaltungspflicht bestimmt, kann dieser das Kreditinstitut von der Verpflichtung im Einzelfall oder auch in einem bestimmten Umfang entbinden. Die **Einwilligung** kann ausdrücklich oder stillschweigend erteilt werden; nicht ausreichend ist eine mutmaßliche Einwilligung.[104] Ein Beispiel für die ausdrückliche, formularmäßig erteilte Einwilligung des Kunden ist die von der Kreditwirtschaft nach Vorgaben der BGH-Rechtsprechung formulierte frühere SCHUFA-Klausel (→ Rn. 152). Auch im Rahmen des kartengestützten Lastschriftverfahrens willigt der Kunde ausdrücklich ein, dass seine Bank den Namen und die Adresse an den Verkäufer weitergeben darf. Konkludente Einwilligungen sind anzunehmen im Überweisungs- und im Wechsel- und Scheckverkehr (bei Nichteinlösung Bekanntgabe aller zur Durchsetzung der scheckrechtlichen Ansprüche notwendigen Angaben).[105]

84 Sind der Kreditnehmer und der Besteller der Kreditsicherheiten nicht identisch, so ist umstritten, ob und in welchem Umfange die kreditgewährende Bank mit Rücksicht auf das Bankgeheimnis über die Höhe der gesicherten Forderung Auskunft geben darf. Man wird davon ausgehen können, dass der Kreditnehmer stillschweigend einen Verzicht auf die Verschwiegenheitspflicht der Bank gegenüber dem Drittsicherungsgeber erklärt – zumindest über die Höhe der aktuellen Haftungslage.[106] Diese Grundsätze gelten auch bei einer Bürgschaft. Wenn die Übernahme der Bürgschaft auf Veranlassung des Hauptschuldners erfolgt ist, kann man annehmen, dass die Bank Auskunft über die Höhe der Hauptschuld geben darf.[107]

---

[102] Gesetz zur Bekämpfung der Steuerumgehung und zur Änderung weiterer steuerlicher Vorschriften, v. 23.6.2017 BGBl. I, 2017, S. 1682.

[103] Eine Ausnahme sah jedoch § 30a Abs. 5 S. 2 AO aF vor, vgl. BankR-HdB/*Krepold* § 39 Rn. 260; Derleder/Knops/Bamberger/*Beckhusen/Martens* § 8 Rn. 45.

[104] BankR-HdB/*Bunte* § 7 Rn. 12; Derleder/Knops/Bamberger/*Beckhusen/Martens* § 8 Rn. 56.

[105] Kümpel/Mülbert/Früh/Seyfried/*Merz/Büchel* Rn. 3.249; *Kirchherr/Stützle* ZIP 1985, 515 (521).

[106] BankR-HdB/*Krepold* § 39 Rn. 48 ff.

[107] Derleder/Knops/Bamberger/*Beckhusen/Martens* § 8 Rn. 60; *Sichtermann/Feuerborn/Kirchherr/Terdenge* Bankgeheimnis S. 185.

cc) Weitere Grenzen des Bankgeheimnisses. Das Kreditinstitut ist bei Vorliegen allgemeiner Rechtfertigungs- und Entschuldigungsgründe berechtigt, uU sogar verpflichtet, kundenbezogene Daten zu offenbaren. Dies betrifft vor allem Fälle, die unter dem Stichwort der **Pflichtenkollision** erörtert werden, wenn die Verschwiegenheitspflicht auf der einen Seite mit einer Warn- oder Aufklärungspflicht auf der anderen Seite kollidiert. So kann die Bank Kenntnis von der Insolvenzreife eines Unternehmer-Kunden haben, der mit einem anderen Kunden in vertraglichen oder vorvertraglichen Beziehungen steht. In den Fällen der Pflichtenkollision müssen die Banken eine Lösung im Wege einer konkreten Güter- und Interessenabwägung suchen. Nach der Rechtsprechung des BGH ist eine Bank grundsätzlich nicht verpflichtet, vor gefährlichen (Kredit-)Geschäften zu warnen und über die Vermögensverhältnisse des potentiellen Geschäftspartners aufzuklären.[108] Sie ist auch nicht verpflichtet, ihren Kunden auf die Tatsache hinzuweisen, dass sie selbst nicht mehr bereit ist, diesem Geschäftspartner weiterhin Kredit zu gewähren. Die Warnpflicht soll dagegen dem Bankgeheimnis vorgehen, wenn ein Kunde – für die Bank erkennbar – dazu ansetzt, einen anderen zu betrügen.[109] Ferner werden unter dem Gesichtspunkt der zivilrechtlichen Rechtfertigung auch Fälle diskutiert, bei denen eine Verletzung des Bankgeheimnisses im Rahmen einer berechtigten Geschäftsführung ohne Auftrag denkbar ist, etwa im Zusammenhang mit Sanierungsbemühungen. 85

Schließlich kann die in § 193 StGB geregelte **Wahrnehmung berechtigter Interessen** als allgemeiner Rechtsgrundsatz einen Verstoß gegen die Verschwiegenheitspflicht rechtfertigen, etwa wenn eine Bank im Zivilprozess eine eigene Forderung einklagt oder zur sachgemäßen Verteidigung eine Selbstauskunft des Kunden vorlegt.[110] 86

dd) Exkurs: Bankgeheimnis und Abtretungsverbot. Ausgelöst durch eine Entscheidung des OLG Frankfurt a. M.[111] in einem Verfahren des einstweiligen Rechtsschutzes rückte das Thema Bankgeheimnis vor einigen Jahren schlagartig in die öffentliche Diskussion. Hintergrund war der Umstand, dass Kreditinstitute vermehrt Not leidende Darlehensrückzahlungsansprüche an Finanzinvestoren verkauft und abgetreten haben. Das OLG hat die Zession von Darlehensforderungen an einem aus dem Bankgeheimnis abgeleiteten Abtretungsverbot scheitern lassen. Dieser Beschluss hat heftige, in der Sache berechtigte Kritik erfahren.[112] Es kann heute – nachdem der BGH entschieden hat[113] – als gesichert gelten und bedarf deshalb an dieser Stelle keiner weiteren Vertiefung, dass die Verletzung des Bankgeheimnisses nicht zu einer Unwirksamkeit der Abtretung führt. 87

c) Verletzung der Verschwiegenheitspflicht. Bei schuldhafter Verletzung der vertraglichen Verpflichtung zur Verschwiegenheit haftet die Bank **wegen positiver Vertragsverletzung** auf **Schadensersatz** (§ 280 Abs. 1 BGB). Ob daneben ein deliktischer Anspruch besteht, ist – soweit es um die Haftung des Kreditinstituts geht – eher eine nebensächliche Frage. Wenn allerdings gegen den konkret Handelnden vorgegangen werden soll, helfen vertragliche Ansprüche nicht weiter, weil der Handelnde in der Regel mit dem Kunden nicht in vertraglicher Beziehung steht. Da das Vermögen nicht zu den von § 823 Abs. 1 BGB geschützten Rechtsgütern zählt und eine Eigentumsverletzung durch Bruch des Bankgeheimnisses schwer vorstellbar ist, hilft dem Geschädigten in erster Linie die Annahme der Verletzung eines sonstigen Rechts. Dabei werden in Rechtsprechung[114] und Literatur so- 88

[108] BGH WM 1987, 1546; 1989, 1409; 1999, 678.

[109] OLG Frankfurt a. M. WM 1985, 253; *Schnauder* JZ 2007, 1009 (1014).

[110] Teilweise werden diese Fälle auch unter dem (problematischen) Gesichtspunkt des „überwiegenden Eigeninteresses" der Bank erörtert, zB Kümpel/Mülbert/Früh/Seyfried/*Merz/Büchel* Rn. 3.251; *Schwintowski/Schantz* Bankrecht Kap. 4 Rn. 55 ff.; *Sichtermann/Feuerborn/Kirchherr/Terdenge* Bankgeheimnis S. 180.

[111] WM 2004, 1386.

[112] Am deutlichsten vom damaligen Vorsitzenden des „Bankrechtssenats" beim BGH *Nobbe* in WM 2005, 1537 mwN; s. a. *Einsele* Bank- und Kapitalmarktrecht § 1 Rn. 23 ff.

[113] NJW 2007, 2106 und (bezüglich öffentlich-rechtlich organisierter Sparkassen) NJW 2010, 361; krit. Schwintowski/*Schantz* Bankrecht Kap. 4 Rn. 58 f.

[114] So im Fall *Kirch/Breuer* BGH NJW 2006, 830 Rn. 93 ff.

wohl das Recht am eingerichteten und ausgeübten Gewerbebetrieb als auch das allgemeine Persönlichkeitsrecht in Betracht gezogen. Eines Rückgriffs auf die in ihren Konturen unscharfen Rechte bedarf es zur Gewährleistung eines hinreichenden deliktsrechtlichen Schutzes freilich nicht.[115] Vielmehr kann er über die im Gesetz ausdrücklich geregelten Tatbestände der §§ 824, 823 Abs. 2 BGB i. V. mit datenschutzrechtlichen Regelungen oder mit §§ 55a, 55b KWG und im Einzelfall über § 826 BGB erreicht werden.

89 Nach § 249 BGB hat die Bank das **negative Interesse** zu ersetzen. Der betroffene Kunde ist im Ergebnis so zu stellen, wie er stehen würde, wenn die Verletzung der Verschwiegenheitspflicht nicht erfolgt wäre. Nicht jeder durch den Bruch des Bankgeheimnisses verursachte Nachteil bildet allerdings einen ersatzfähigen Schaden. Nicht vom Schutzzweck der Norm erfasst ist beispielsweise eine durch die Verletzung der Verschwiegenheitspflicht verursachte Steuernachzahlung des Kunden. Denn das Vermögen des Kunden war auch ohne den Bruch des Bankgeheimnisses mit der Steuerschuld belastet, und die Einbehaltung geschuldeter Steuern stellt keinen Vermögensvorteil dar, auf dessen Fortbestehen der Bankkunde ein Recht hat.[116] Gleiches gilt, wenn die Verletzung der Verschwiegenheitspflicht dem Gläubiger eines Kunden ermöglicht, seine Forderungen gegen den Kunden durchzusetzen.[117] Kommt infolge der Verletzung des Bankgeheimnisses eine Straftat des Bankkunden ans Licht (zB Steuerhinterziehung oder Untreue) und wird diese mit einer Geldstrafe geahndet, stehen einer Ersatzpflicht des Schädigers wertungsmäßige Überlegungen entgegen.[118] Ein Schaden soll allerdings vorliegen, wenn dem Steuerpflichtigen durch den Bruch des Bankgeheimnisses die Möglichkeit einer strafbefreienden Selbstanzeige genommen wird.[119]

90 Bei begründeter Besorgnis, dass ein Kreditinstitut die Verschwiegenheitspflicht verletzen wird, steht dem Kunden ein **Anspruch auf Unterlassung** zu, den er mit einer vorbeugenden Unterlassungsklage geltend machen oder durch Erwirkung einer einstweiligen Verfügung gem. § 935 ZPO sichern kann.[120] Eine begründete Besorgnis für eine bevorstehende Vertragsverletzung ist anzunehmen, wenn das Kreditinstitut eine Geheimhaltungspflicht bestreitet oder durch unzureichende Sicherungsmaßnahmen den Zugriff Dritter auf Kundendaten ermöglicht.

91 Neben dem Schadensersatzanspruch kann bei einem Bruch des Bankgeheimnisses eine **Kündigung der Geschäftsverbindung** aus wichtigem Grund nach Nr. 19 Abs. 3 AGB-Banken (Nr. 26 Abs. 2 AGB-Sparkassen) in Betracht kommen. Die durch den Geheimnisbruch hervorgerufene Störung des Vertrauensverhältnisses muss so schwerwiegend sein, dass dem Kunden die Fortsetzung der Geschäftsverbindung nicht mehr zuzumuten ist.

92 Verstöße gegen die Verschwiegenheitspflicht können im Einzelfall eine fristlose Kündigung des betreffenden Mitarbeiters rechtfertigen. Angestellte eines Kreditinstituts sind auf Grund ausdrücklicher Regelungen in den Tarifverträgen sowie durch entsprechende Bestimmungen in den individuellen Anstellungsverträgen zur Wahrung des Bankgeheimnisses verpflichtet. Auch ohne ausdrückliche vertragliche Regelung besteht auf Grund der dem Anstellungsverhältnis innewohnenden Pflicht zur Rücksichtnahme auf die geschäftlichen Interessen des Arbeitgebers die Verpflichtung, Betriebs- und Geschäftsgeheimnisse sowie auch das Bankgeheimnis zu wahren.

93 Die unbefugte Weitergabe personenbezogener Daten war nach § 43 BDSG aF **bußgeldbewehrt;** unter den Voraussetzungen des § 42 BDSG aF (gewerbsmäßige unberechtigte Verbreitung personenbezogener Daten einer großen Zahl von Personen, unberechtigte Verarbeitung personenbezogener gegen Entgelt oder in Bereicherungs- oder Schädigungsabsicht) lag eine **Straftat** vor. Nunmehr berechtigt Art. 83 DS-GVO die Behörden Geldbu-

---

[115] *Petersen* Bankgeheimnis S. 41.
[116] *Canaris* Bankvertragsrecht Rn. 66; BankR-HdB/*Krepold* § 39 Rn. 306.
[117] *Canaris* Bankvertragsrecht Rn. 66; **aA** *Wech* Bankgeheimnis S. 535.
[118] BankR-HdB/*Krepold* Rn. 306; *Canaris* Bankvertragsrecht Rn. 67; *Petersen* Bankgeheimnis S. 36.
[119] RGZ 169, 267 (268); *Canaris* Bankvertragsrecht Rn. 67.
[120] *Sichtermann/Feuerborn/Kirchherr/Terdenge* Bankgeheimnis S. 204.

ßen auf dieser Rechtsgrundlage festzulegen. In § 41 BDSG werden die Verfahrensvorschriften des OWiG und der StPO auf Verstöße nach Art. 83 DS-GVO erstreckt. **§ 203 Abs. 2 StGB** stellt die unbefugte Weitergabe bestimmter Privatgeheimnisse durch einen Amtsträger unter Strafe. Nach dieser Vorschrift können sich daher Mitarbeiter öffentlich-rechtlicher Kreditinstitute bei einer Verletzung des Bankgeheimnisses strafbar machen. Die Strafvorschrift des **§ 55b KWG** greift ein, wenn bestehende Kredite eines Unternehmens über einer bestimmten Höhe („Millionenkredite" nach § 14 KWG) offenbart werden. An einer Offenbarung fehlt es, wenn die Tatsache bereits aus dem veröffentlichten Geschäftsbericht hervorgeht. Durch das GeschGehG[121] wurde der Schutz von Geschäftsgeheimnissen, der bisher in den §§ 17–19 UWG geregelt war, auf ein neues gesetzliches Fundament gestellt; eine Strafvorschrift findet sich dort in § 23.

2. Bankauskunft

Im Spannungsfeld zum Bankgeheimnis steht die seit Jahrzehnten geübte Bankpraxis der **Auskunftserteilung über die Kreditwürdigkeit** von Kunden. Seit 1984 ist die Bankauskunft in den AGB der Kreditinstitute[122] geregelt. Genauer beschrieben ist sie in den bankinternen Richtlinien über die „Grundsätze für die Durchführung des Bankauskunftsverfahren zwischen Kreditinstituten"[123] vom 1.5.1987 (im Folgenden abgekürzt als „Grundsätze" bezeichnet), die – als Reaktion auf Proteste gegen die damalige Auskunftsklausel in den AGB – auf ein gemeinsames Kommuniqué der Spitzenverbände des Kreditwesens und von Vertretern der Bundes- und Landesdatenschutzbehörden[124] zurückgehen. Die Beteiligung der Datenschutzbehörden an der Ausarbeitung der Grundsätze und ihre Ausrichtung an der datenschutzrechtlichen Rechtsprechung haben dazu geführt, dass das Bankauskunftsverfahren, dem früher das „Odium der Undurchschaubarkeit und des Unkontrollierbaren"[125] anhaftete, heute nicht mehr generell in Frage gestellt wird. 94

a) Begriff. Die im Geschäftsverkehr erteilten Bankauskünfte reichen von der bloßen Tatsachenmitteilung (zB dem aktuellen Währungs- oder Aktienkurs) bis zu konkreten Ratschlägen (zB zum Erwerb eines Wertpapiers). Gegenstand der folgenden Erörterungen sind Auskünfte auf Anfragen über die wirtschaftlichen Verhältnisse (Bonität) eines Kunden.[126] Solche **Bankauskünfte,** die man genauer als Kreditauskünfte bezeichnen sollte, sind im Geschäftsleben ein Mittel zur raschen Information über die Kreditwürdigkeit eines (möglichen) Geschäftspartners. Sie enthalten allgemein gehaltene Feststellungen und Bemerkungen über die wirtschaftlichen Verhältnisse eines Kunden sowie über dessen Kreditwürdigkeit und Zahlungsfähigkeit. Im Unterschied zu einem Rat oder einer Empfehlung, die aufgrund einer subjektiven Bewertung von Tatsachen dem Kunden einen Vorschlag für eine bestimmte Entscheidung geben,[127] enthält die Bankauskunft vorwiegend eine objektive Darstellung einer gegenwärtigen oder zu erwartenden Lage. Der Auskunftsersuchende wird über Tatsachen unterrichtet; die Bewertung der Tatsachen und die praktischen Folgerungen bleiben ihm überlassen.[128] Freilich erschöpft sich die Bankauskunft nicht in reinen Tatsachenmitteilungen, sie enthält häufig auch wertende Aussagen über eine Geschäftsverbindung. 95

Sofern Kreditinstitute Auskünfte für eigene Zwecke untereinander einholen und erteilen, spricht man von einer **„Bank-an-Bank-Auskunft".** Das anfragende Kreditinstitut hat dabei klarzustellen, ob die Auskunft „im eigenen oder im Kundeninteresse" eingeholt wird. 96

---

[121] Gesetz zum Schutz von Geschäftsgeheimnissen v. 18.4 2019 (BGBl. I 2019, 466).

[122] Nr. 2 Abs. 2–4 AGB-Banken und Nr. 3 AGB-Sparkassen, derzeitige Fassung vom Juli 2018.

[123] Vgl. Anh. 1; hierzu *Schebesta* WM 1989, 429.

[124] Abgedruckt in ZIP 1984, 1412.

[125] BankR-HdB/*Krepold* § 40 Rn. 1.

[126] Nicht behandelt werden in diesem Zusammenhang die gesetzlichen Auskunftsansprüche, etwa des Zessionars (§ 402 BGB), des Auftraggebers (§ 666 BGB) oder des Pfändungspfandgläubigers (§ 840 ZPO).

[127] Zur Abgrenzung dieser nicht immer sauber gebrauchten Begriffe vgl. *Hadding* FS Schimansky, 1999, 67.

[128] Kümpel/Mülbert/Früh/Seyfried/*Merz/Büchel* Rn. 3277; *Berger* ZBB 2001, 238 (240).

Darüber hinaus erteilen Kreditinstitute Auskunft an eigene Kunden, sog. **Bank-an-Kunden-Auskunft.** Nichtkunden erhalten grundsätzlich keine Bankauskünfte. Aber auch dem Kunden gibt die Regelung in den AGB-Banken keinen Anspruch gegen sein Kreditinstitut auf Auskunftserteilung über einen anderen Kunden.[129] Auch wenn sich Kreditinstitute auf Grund eines international geübten Handelsbrauchs gegenseitig Auskünfte geben, hat das anfragende Institut ebenfalls keinen Rechtsanspruch auf Auskunftserteilung.[130] Da die Funktionsfähigkeit des Auskunftsverfahrens von der wechselseitigen Mitwirkung abhängt, achten Kreditinstitute jedoch darauf, dass das Gegenseitigkeitsprinzip eingehalten wird.

97 **b) Voraussetzungen für die Erteilung einer Bankauskunft.** Die Erteilung einer Bankauskunft über einen Kunden stellt eine Durchbrechung des Bankgeheimnisses dar,[131] die der Rechtfertigung bedarf. Die oben erwähnten Regelungen in den AGB-Banken stellen keinen Rechtfertigungsgrund für die Auskunftserteilung dar; vielmehr sind sie nur deklaratorischer Natur.[132] Die Rechtfertigung kann sich nur aus einer **Einwilligung** des betroffenen Kunden ergeben. Dabei wird in den AGB-Banken (wie in den „Grundsätzen") zwischen Geschäftskunden und Privatkunden unterschieden.

98 Unter Kaufleuten entspricht das Bankauskunftsverfahren einer international verbreiteten und seit Jahrzehnten getätigten Übung.[133] Wer vor Geschäftsabschlüssen selbst Bankauskünfte über seine Geschäftspartner einholt, sieht es als selbstverständlich an, dass sich sein Vertragspartner ebenfalls nach der eigenen Kreditwürdigkeit erkundigt. Aufgrund des Handelsbrauchs besteht die – jederzeit widerlegbare – Vermutung, dass der betreffende Kunde mit der Erteilung einer Bankauskunft über sich grundsätzlich einverstanden ist, sofern sich die Bankauskunft nach vorheriger Interessenabwägung im Rahmen der Banküblichkeit hält (→ Rn. 107 ff).

99 Wenn in Nr. 2 Abs. 3 AGB-Banken als **Geschäftskunden** nur „juristische Personen und im Handelsregister eingetragene Kaufleute" genannt werden, liegt dem bewusst ein enger Geschäftskundenbegriff zugrunde. Die Regelung stuft Gewerbetreibende, Handwerker und Freiberufler – auch wenn sie geschäftserfahren sind – im Rahmen des Bankauskunftsverfahrens nicht als Geschäfts-, sondern als Privatkunden ein. Nicht unter diesen Geschäftskundenbegriff fallen zB auch eintragungspflichtige, tatsächlich aber nicht in das Handelsregister eingetragene Einzelkaufleute. Auch Kommanditisten einer Kommanditgesellschaft sind keine Geschäftskunden. Die nach dem Wortlaut nicht unter den Geschäftskundenbegriff fallenden, unternehmerisch tätige GbR, die Partnerschaft (weil nicht im Handels-, sondern im Partnerschaftsregister eingetragen) und die EWIV (weil zwar im Handelsregister eingetragen, aber kein Kaufmann) sollten nach dem Sinn der Regelung als Geschäftskunden behandelt werden.[134]

100 Über **Privatkunden** erteilt ein Kreditinstitut nur dann eine Bankauskunft, wenn die betreffende Person generell oder im Einzelfall der Auskunftserteilung **ausdrücklich zugestimmt** hat. Durch das Erfordernis der „Ausdrücklichkeit" wird ausgeschlossen, dass sich die Bank auf ein stillschweigendes oder mutmaßliches Einverständnis des Kunden beruft. Der Kunde kann seiner Bank eine allgemeine Einwilligung erteilen, was in der Praxis jedoch selten vorkommt. Er kann aber seinem Kreditinstitut in Erwartung einer konkreten Anfrage die Ermächtigung zur Erteilung der gewünschten Auskunft geben. Die Zustimmung darf jedoch nicht davon abhängig gemacht werden, dass das Institut die Anfragen und den

---

[129] GroKoHGB/*Grundmann,* Bankvertragsrecht 2. Teil Rn. 95; Derleder/Knops/Bamberger/*Casper* § 4 Rn. 29.

[130] BankR-HdB/*Krepold* § 40 Rn. 26.

[131] Anders noch *Schraepler* (NJW 1972, 1836 (1839)) und *Gaede* (NJW 1972, 926 (927)), die in einer Kreditauskunft keinen Bruch, sondern nur eine im üblichen Rahmen zulässige Einschränkung des Bankgeheimnisses sehen.

[132] *Dahm/Schebesta/Schroeter/Weber* Bankgeheimnis S. 49; Claussen/*Kirchhartz* Bank- und Börsenrecht § 3 Rn. 32.

[133] *Bruchner/Stützle* Leitfaden S. 85; BankR-HdB/*Krepold* § 40 Rn. 18.

[134] Derleder/Knops/Bamberger/*Casper* § 4 Rn. 25; Heymann/Horn HGB Anh. § 372 Rn. II/27.

Anfragenden benennt; denn letztere genießen für die Anfrage selbst den Schutz des Bankgeheimnisses.[135] Die Erklärung über die Einwilligung zur Erteilung einer Bankauskunft kann auch unmittelbar dem Geschäftspartner gegenüber abgegeben werden. Eine entsprechende Ermächtigung ist beispielsweise in den Antragsformularen der Kreditkartenunternehmen enthalten. Nach Nr. 5 der „Grundsätze" darf sich das auskunftserteilende Institut mit der Angabe der anfragenden Bank begnügen, dass dieser die Zustimmungserklärung des Privatkunden vorliegt.[136]

Ist ein Kaufmann eine natürliche Person, so ist zunächst nach § 343 HGB zu klären, ob **101** seine Geschäftsbeziehung zu der Bank dem geschäftlichen oder dem privaten Lebensbereich zuzurechnen ist. Über die Eintragung im Handelsregister hinaus ist erforderlich, dass der Betroffene der Bank gegenüber auch tatsächlich als Geschäftskunde in Erscheinung tritt. Es gilt die Vermutungsregel des § 344 HGB; danach ist im Zweifel davon auszugehen, dass die Bankverbindung zum Betrieb des Handelsgewerbes gehört und Auskünfte somit unter den für Geschäftskunden geltenden Voraussetzungen zulässig sind.[137]

Nr. 2 Abs. 3 S. 3 AGB-Banken verlangt für die Erteilung einer Bankauskunft – sei es über **102** einen Geschäftskunden oder über einen Privatkunden –, dass „der Anfragende ein berechtigtes Interesse an der gewünschten Bankauskunft glaubhaft darlegt" und „kein Grund zu der Annahme besteht, dass schutzwürdige Belange des Kunden der Auskunftserteilung entgegenstehen."[138] Ein **berechtigtes Interesse** ist typischerweise anzunehmen, wenn die erbetene Auskunft den Anfragenden vor einem drohenden Schaden im Geschäftsverkehr bewahren soll, etwa weil er im Rahmen bestehender oder sich anbahnender geschäftlicher Beziehungen beabsichtigt, Vorleistungen zu erbringen.

c) Bankauskunft und Datenschutz. Der persönliche Anwendungsbereich der Daten- **103** schutzgesetze beschränkt sich auf personenbezogene Daten über natürliche Personen (Art. 1 Abs. 1 DS-GVO). „Personenbezogene Daten" sind alle Informationen, die sich auf eine identifizierte oder identifizierbare natürliche Person beziehen (Art. 4 Nr. 1 DS-GVO). Erfasst werden jedoch auch Auskünfte über Personengesellschaften, soweit sie Aussagen über die persönlichen Verhältnisse der einzelnen Gesellschafter enthalten.[139]

aa) Datenschutzrechtliche Zulässigkeit nach BDSG 2003. Die Erteilung von Bank- **104** auskünften stellte eine Datenübermittlung iS von § 1 Abs. 1 BDSG 2003 dar. Nach § 4 Abs. 1 BDSG 2003 war dies datenschutzrechtlich zulässig, wenn der Betroffene einwilligt oder Rechtsvorschriften dies erlauben. In der ausdrücklichen, schriftlich zu erteilenden[140]Einwilligung zur Erteilung einer Bankauskunft nach Nr. 3 Abs. 2 S. 2 der AGB-Banken lag in der Regel zugleich die Zustimmung in die Datenverarbeitung. Bei Fehlen einer schriftlichen Einwilligung der betroffenen Person, ergab sich die datenschutzrechtliche Befugnis zur Erteilung einer Bankauskunft aus **§ 28 BDSG 2003.**[141] Danach war eine Übermittlung zulässig, wenn sie für die Begründung, Durchführung oder Beendigung eines rechtsgeschäftlichen oder rechtsgeschäftsähnlichen Schuldverhältnisses mit dem Betroffenen erforderlich ist (Nr. 1) oder soweit es zur Wahrung berechtigter Interessen der verantwortlichen Stelle erforderlich ist und kein Grund zu der Annahme besteht, dass das schutzwürdige Interesse des Betroffenen an dem Ausschluss der Verarbeitung oder Nutzung überwiegt (Nr. 2).[142]

[135] BankR-HdB/*Krepold* § 40 Rn. 19.

[136] Diese Erleichterung der Verfahrensweise ist nur zulässig, wenn es sich bei dem Anfragenden um ein Kreditinstitut handelt.

[137] *Dahm/Schebesta/Schroeter/Weber* Bankgeheimnis Rn. 82.

[138] Der letzte Halbsatz fehlt in Nr. 3 Abs. 2 AGB-Sparkassen.

[139] BGH WM 1986, 189; *Bruchner/Stützle* Leitfaden S. 184; BankR-HdB/*Krepold* § 40 Rn. 28.

[140] § 4a Abs. 1 S. 2 BDSG 2003. Darüber hinaus musste sie den Zweck und die Tragweite sowie den möglichen Empfänger der Daten erkennen lassen.

[141] BankR-HdB/*Krepold* § 40 Rn. 30.

[142] Umfassend BeckOK DatenschutzR/*Wolff* BDSG 2003 § 28 Rn. 9 ff.

105 **bb) Datenschutzrechtliche Zulässigkeit nach DS-GVO.** Nach § 6 Abs. 1 Nr. 1 lit. a DS-GVO ist eine Datenverarbeitung rechtmäßig, wenn die betroffene Person ihre Einwilligung zu der Verarbeitung der sie betreffenden personenbezogenen Daten für einen oder mehrere bestimmte Zwecke gegeben hat. Insoweit hat sich gegenüber der Rechtslage vor Inkrafttreten der DS-GVO nichts geändert.

106 Bei Fehlen einer Einwilligung ist die Einholung (und Speicherung) von Bankauskünften, soweit nicht schon Art. 6 Abs. 1 lit. b (Vertragserfüllung und vorvertragliche Maßnahmen) eingreift,[143] nach Art. 1 Abs. 1 lit. f DS-GVO zulässig. Das Speichern positiver Daten liegt im Interesse des Betroffenen, der mit dem Auskunftsbegehrenden Geschäfte tätigen will. Da die Auskunft objektiv sein muss, gehören zur Auskunft auch die negativen Daten des Betroffenen.[144] Die Interessen des Betroffenen werden nicht schon durch die Erteilung negativer Auskünfte berührt. Sofern Gründe vorliegen, die eine Durchbrechung des Bankgeheimnisses rechtfertigen, hat dies der Betroffene auch nach datenschutzrechtlichen Gesichtspunkten hinzunehmen. Insoweit ist die Interessenabwägung im Hinblick auf das Bankgeheimnis und das Datenschutzrecht deckungsgleich.

107 **d) Anforderungen an den Inhalt der Bankauskunft.** Die Bank ist verpflichtet, die Auskunft mit der Sorgfalt eines ordentlichen Kaufmanns **wahrheitsgemäß** und **vollständig** zu erteilen. Gestützt wird die Bankauskunft auf das vorhandene Wissen des Instituts. Verfügt das Kreditinstitut nur über unzureichende Informationen, ist das bei den Angaben offen zu legen. Bankauskünfte werden nur auf Grund von Erkenntnissen erteilt, die der Auskunft gebenden Stelle – in der Regel eine Filiale oder Niederlassung der betreffenden Bank – vorliegen. Darüber hinaus werden keine bankinternen Nachforschungen angestellt, weil das mit dem „inneren Bankgeheimnis" unvereinbar wäre. Die Auskunft gebende Stelle hat allenfalls im Rahmen ihrer Zugriffsberechtigung zu bankinternen Informationssystemen festzustellen, ob eine andere Stelle der Bank mit dem betreffenden Kunden ebenfalls in Geschäftsbeziehung steht, und das Wissen dieser Stelle nach vorheriger Rückfrage entweder in die Auskunft miteinzubeziehen oder der anfragenden Bank anheimzustellen, sich zusätzlich direkt an die andere Stelle zu wenden.[145]

108 Eine Auskunft darf insbesondere **nicht irreführend** sein. Vom Empfänger einer Bankauskunft darf allerdings erwartet werden, dass er aus der Nichtbeantwortung von Fragen die richtigen Schlüsse zieht. Darüber hinaus führt nicht schon jede Unklarheit in der Auskunft zu deren Fehlerhaftigkeit. Zu berücksichtigen ist, dass die Ausdrucksweise in der Bankauskunft regelmäßig vorsichtig und zurückhaltend ist (vgl. Nr. 2 S. 2 „Grundsätze"). Der Empfänger einer Bankauskunft darf sich auf diese nicht blind verlassen, sondern muss auch „zwischen den Zeilen lesen."[146]

109 Eine Bankauskunft gibt den **tatsächlichen, gegenwärtigen Erkenntnisstand** der Auskunft gebenden Stelle wieder, den diese aus der Geschäftsbeziehung mit dem Kunden gewonnen hat. Tritt nach Erteilung einer Bankauskunft eine Verschlechterung in der Vermögenslage ein, ist die Bank nicht verpflichtet, den Anfragenden zu verständigen.[147] Die Kreditinstitute weisen in ihren Auskünften auch regelmäßig darauf hin, dass über Veränderungen, die eine andere Beurteilung zur Folge haben, nur auf Grund einer neuen Anfrage berichtet wird. Die Bank ist selbst dann nicht von sich aus zu einer Nachtragsauskunft verpflichtet, wenn die seinerzeit erteilte Bankauskunft zwar unter Berücksichtigung der ihr damals zur Verfügung stehenden Erkenntnisse fehlerfrei, jedoch objektiv unrichtig war. Eine rechtliche Verpflichtung kann sich in Ausnahmefällen ergeben, wenn besondere Umstände eine Benachrichtigung des Anfragenden nach Treu und Glauben geboten erscheinen lassen.

---

[143] Schaffland/Wiltfang/*Schaffland/Holthaus* DS-GVO Art. 6 Rn. 86; krit. Kühling/Buchner/*Buchner/Petri* DS-GVO Art. 6 Rn. 48.

[144] Schaffland/Wiltfang/*Schaffland/Holthaus* DS-GVO Art. 6 Rn. 174; Kühling/Buchner/*Buchner/Petri* DS-GVO Art. 6 Rn. 164.

[145] BankR-HdB/*Krepold* § 40 Rn. 51.

[146] Fischer/Klanten/*Koch* Bankrecht Rn. 7.87; *Berger* ZBB 2001, 238 (250).

[147] OLG München WM 1980, 505.

War dagegen eine Auskunft von Anfang an in schuldhafter Weise fehlerhaft, ist sie unverzüglich durch eine **Nachtragsauskunft** zu berichtigen.[148]

e) Praktische Handhabung. Die Kreditinstitute richten sich bei der praktischen Ausgestaltung des Auskunftsverfahrens nach den „Grundsätzen" für die Durchführung des Bankauskunftsverfahrens zwischen Kreditinstituten (s. Anh. 1), die die Verfahrensabläufe und die zwischenbetriebliche Abwicklung regeln. Da diese Grundsätze die rechtlichen Anforderungen enthalten, die in Nr. 2 Abs. 2–4 der AGB-Banken an die Voraussetzungen für die Erteilung einer Bankauskunft gestellt werden, kann nur bei ihrer Beachtung eine Bankauskunft als „bankmäßig" gewertet werden.[149] **110**

Eine **Auskunftsanfrage** soll grundsätzlich **schriftlich** abgefasst sein. Anzugeben ist der Grund, mit dem das berechtigte Interesse an der Bankauskunft glaubhaft gemacht wird. Die Anfrage muss einen Hinweis auf die Art des abzuschließenden Geschäfts oder einen sonstigen Anfragegrund enthalten, aus dem das berechtigte Interesse der Anfrage ersichtlich ist.[150] Bei Anfragen im Interesse eines Kunden wird dessen Name nicht genannt (Nr. 3 „Grundsätze"). Auch die Tatsache einer Bankauskunftsanfrage unterliegt der Verschwiegenheitspflicht. Nach Nr. 3 S. 2 ist das anfragende Kreditinstitut jedoch verpflichtet, den anfragenden Kunden dem Auskunft erteilenden Kreditinstitut zu benennen, wenn dem Kunden, über den eine Auskunft erteilt wurde, im Einzelfall ein Anspruch auf Nennung des Anfragenden zusteht. Diese Regelung begründet keinen Auskunftsanspruch auf Namensnennung, sondern setzt ihn gerade voraus.[151] Ein derartiger Anspruch ist im Einzelfall gegeben, wenn der betroffene Kunde ein berechtigtes Interesse an der Namensnennung darlegt, zB wenn Anhaltspunkte vorliegen, die einen Verdacht auf Missbrauch des Auskunftsverfahrens begründen, zB weil eine Auskunft mit Hilfe einer gefälschten oder erschlichenen Einwilligungserklärung eingeholt wurde oder der Anfragende die Auskunft unbefugt an Dritte weitergegeben hat.[152] **111**

Bankauskünfte sollen möglichst **schriftlich** erteilt werden. Ausnahmsweise mündlich gegebene Auskünfte sind zu dokumentieren und sollten schriftlich bestätigt werden. Zu Aufbau und Inhalt der Auskunft haben sich in der Bankpraxis Grundstrukturen herausgebildet:[153] Nach allgemeinen Angaben über den Geschäftskunden folgen Mitteilungen zur Geschäftsverbindung und zur Kontoführung. Daran schließen sich eine persönliche Beurteilung und Angaben über die finanziellen und wirtschaftlichen Verhältnisse an. Am Ende steht eine Kreditbeurteilung, mit der die konkret gestellte Frage beantwortet wird. **112**

Bankauskünfte werden in der Kreditpraxis häufig durch ausformulierte Auskunftsschreiben erteilt, die unter Verwendung von Textbausteinen erstellt werden. Bei Standardanfragen werden zunehmend auch standardisierte Auskünfte gegeben, etwa unter Verwendung eines Vordrucks, in dem unter mehreren vorformulierten Antworten die passende angekreuzt wird.[154] Diese Verfahrensweise darf nicht zu Lasten der Mindestanforderungen an das Auskunftsverfahren gehen. **113**

Es ist Handelsbrauch – und als solcher von dem Adressaten bei der Auslegung zu berücksichtigen –, dass die Antwort schonend formuliert wird, nicht zuletzt wegen der Konfliktlage, in der sich das Institut befindet (Interessenwahrungspflicht gegenüber dem Kunden; Haftungsrisiko gegenüber dem Adressaten). Nicht genannt werden konkrete Konto- oder **114**

---

148 OLG München WM 1980, 505; *Canaris* Bankvertragsrecht Rn. 81; *Dahm/Schebesta/Schroeter/Weber* Bankgeheimnis Rn. 115.

149 *Bruchner/Stützle* Leitfaden S. 106.

150 Typisches Bsp. für einen Anfragegrund: „Ist der Angefragte gut für einen Warenkredit in Höhe von EUR 100.000?".

151 BankR-HdB/*Krepold* § 40 Rn. 36; *Schebesta* WM 1987, 429 (430).

152 Großzügiger Fischer/Klanten/*Koch* Bankrecht Rn. 7.94.

153 Zu den Einzelheiten vgl. BankR-HdB/*Krepold* § 40 Rn. 7 f.; GroKoHGB/*Grundmann* Bankvertragsrecht 2. Teil Rn. 90; *Dahm/Schebesta/Schroeter/Weber* Bankgeheimnis Rn. 108 ff.

154 Sog. Schemaauskünfte vgl. *Sichtermann/Feuerborn/Kirchherr/Terdenge* Bankgeheimnis S. 390. Formular bei BankR-HdB/*Krepold* § 40 Rn. 46a.

Depotstände und Ähnliches. Auf solche Mitteilungen bezieht sich weder die Zustimmung des Kunden noch der Handelsbrauch. Eine Ausnahme bilden nur die sog. harten Negativmerkmale, die aufzudecken sind, soll die Auskunft nicht unzutreffend sein. Auskunftsverweigerungen sollen nach Nr. 9 „Grundsätze" allgemein gehalten sein. Sie sind daher so zu formulieren, dass die Verweigerung möglichst nicht als negative Auskunft verstanden werden kann.[155]

115 Die im Kundeninteresse eingeholte Bankauskunft wird nach Nr. 10 „Grundsätze" an den anfragenden Kunden inhaltlich unverändert weitergegeben, was die Auskunft erteilende Bank bei der Formulierung des Auskunftstextes von vornherein zu bedenken hat. Die Auskunft erteilende Stelle trägt die Verantwortung für den an den Kunden weitergegebenen Auskunftstext. Die anfragende Bank nimmt allenfalls eine Evidenzkontrolle bzw. Plausibilitätsprüfung der ihr zur Weitergabe übermittelten Auskunft vor.[156] Der Kunde, der eine Bankauskunft erhält, ist nach Nr. 10 Abs. 2 „Grundsätze" ausdrücklich darauf hinzuweisen, dass er die Informationen nur für den angegebenen Zweck verwenden und nicht an Dritte weitergeben darf.

116 Der der Auskunft beigefügte Zusatz – „nur für Sie bestimmt" – stellt ein Weitergabeverbot dar. Wird die Auskunft ausdrücklich im Kundeninteresse eingeholt, liegt der Zweck der Auskünfte aber logischerweise gerade in der Weitergabe an den Kunden. Deshalb weist Nr. 6 S. 2 „Grundsätze" darauf hin, dass von einem Verbot der Weitergabe der Bankauskunft abzusehen ist, wenn eine Bank die Anfrage im Kundeninteresse gestellt hat. Der in Auskünften häufig verwendete Zusatz „streng vertraulich" ist im Zweifel nicht als Weitergabeverbot zu beurteilen.[157]

117 Die „Grundsätze" enthalten keine Bestimmungen zu den **Kosten** der Bankauskunft. Konnte man früher noch davon ausgehen, dass Kreditinstitute untereinander Auskünfte aufgrund des Gegenseitigkeitsprinzips unentgeltlich erteilen, ist zunehmend zu beobachten, dass auch unter Kreditinstituten wechselseitig ein Entgelt verlangt wird.[158]

118 Eine **Entgeltklausel** in AGB für Bankauskünfte in Höhe von 25 € ist unbedenklich, weil es sich bei der Auskunftserteilung durch die Bank um eine zusätzliche Leistung handelt, die von sonstigen Gebühren für Kontoführung etc nicht abgedeckt ist.[159]

119 Der Kunde, über den eine Auskunft erteilt wurde, hat gegen seine Bank Anspruch auf Mitteilung des Inhalts der Auskunft. Eine entsprechende Verpflichtung des Kreditinstituts ergibt sich aus dem Wesen des auf gegenseitigem Vertrauen beruhenden Treueverhältnisses.[160]

120 **f) Haftung bei unrichtiger Auskunft.** Die Haftung für falsche Auskünfte richtet sich nach allgemeinen Vorschriften. Der in § 675 Abs. 2 BGB gefasste Grundsatz, dass für die Erteilung von Rat und Empfehlung nicht gehaftet wird, gilt zwar auch für die dort nicht ausdrücklich genannte Auskunft.[161] Die Vorschrift besagt aber nur, dass die Auskunftserteilung als solche keine Haftungsgrundlage darstellt. Andere Anspruchsgrundlagen lässt § 675 Abs. 2 BGB ausdrücklich unberührt. Es steht daher im Ergebnis außer Streit, dass die Bank für schuldhaft unrichtige Auskünfte einstehen muss.[162] In Betracht kommen vertragliche und vertragsähnliche sowie deliktische Haftungsgrundlagen, bei denen danach zu unterscheiden ist, wem gegenüber die Auskunft erteilt wurde. Unabhängig von dem Empfänger und dem Anlass der Auskunft ist aber festzustellen, dass eine Bankauskunft nie als unverbindliche Gefälligkeit aufgefasst werden kann.[163] Denn sowohl auf Seiten des Anfragenden

---

[155] Gebräuchliche Formulierung: „Mit Rücksicht auf das Bankgeheimnis können wir zu Ihrer Anfrage keine Stellung nehmen".
[156] BankR-HdB/*Krepold* § 40 Rn. 42.
[157] BankR-HdB/*Krepold* § 40 Rn. 44.
[158] Fischer/Klanten/*Koch* Bankrecht Rn. 7.115.
[159] OLG Frankfurt a. M. WM 2019, 1493.
[160] OLG Karlsruhe WM 1971, 486; BankR-HdB/ *Krepold* § 40 Rn. 46.
[161] Palandt/*Sprau* BGB § 675 Rn. 32; PWW/*Fehrenbacher* BGB § 675 Rn. 43.
[162] *Canaris* Bankvertragsrecht Rn. 77; *Musielak* Bankauskunft S. 22.
[163] *Musielak* Bankauskunft S. 22; **aA** *Gaede* NJW 1972, 926 (930) für Auskünfte an Nichtkunden.

als auch auf Seiten der Auskunft gebenden Bank sind erkennbar rechtlich und wirtschaftlich bedeutsame Interessen betroffen.

aa) Vertragliche Haftungsgrundlagen. Zu unterscheiden ist nach den einzelnen Auskunftsverhältnissen, insbesondere zwischen Auskünften an eigene Kunden der Bank und Auskünften an eine andere Bank (in deren eigenem und im Drittinteresse). **121**

Bei **Auskünften an eigene Kunden** haben die Anhänger der Lehre vom allgemeinen Bankvertrag (→ Rn. 2 ff.) keine Probleme, eine vertragliche Grundlage für eine Haftung zu finden.[164] Nach anderer Auffassung ist Haftungsgrundlage ein gesonderter, zwischen Bank und Kunde stillschweigend geschlossener Auskunftsvertrag.[165] Die Konstruktion eines stillschweigend geschlossenen Auskunftsvertrags entspricht jedoch im Verhältnis der Bank zu dem (eigenem) Kunden nicht der Interessenlage und ist für die Begründung einer Haftung bei fehlerhafter Auskunft auch nicht erforderlich.[166] Die Erteilung einer Kreditauskunft an einen eigenen Kunden stellt eine „Service-Leistung" im Rahmen der bestehenden Geschäftsverbindung dar und kann nicht als Willenserklärung, gerichtet auf den Abschluss eines eigenständigen Auskunftsvertrags, verstanden werden. Unabhängig davon, ob man die Geschäftsverbindung als allgemeinen Bankvertrag oder als gesetzliches Schuldverhältnis wertet, ist in dieser Beziehung Rücksichtnahme auf die Interessen des Partners geschuldet. Falsche Informationen auf eine konkrete Anfrage sind zweifellos ein Verstoß gegen diese Schutzpflicht. **122**

Bei einer **Bank-an-Bank-Auskunft** dürfte hingegen ein **Auskunftsvertrag** zwischen den beteiligten Banken zustande kommen.[167] Die Bitte um Auskunft kann als das Angebot zum Abschluss eines Auskunftsvertrags verstanden werden, die die antwortende Bank durch Erteilung der Auskunft schlüssig annimmt. Die ständige Rechtsprechung des BGH geht von einem stillschweigend geschlossenen Auskunftsvertrag aus, wenn die Auskunft für den Empfänger erkennbar von erheblicher Bedeutung ist und dieser sie zur Grundlage wesentlicher Vermögensverfügungen machen will.[168] **123**

Bei einer Bank-an-Bank-Auskunft im **Interesse des Kunden** ist zu unterscheiden zwischen Ansprüchen des Kunden gegen die eigene (anfragende) Bank und Ansprüchen gegen die Auskunft erteilende Bank (Korrespondenzbank). Tritt die (eigene) Bank als Auskunftgeber auf, gibt sie also nicht zu erkennen, dass sie sich die Informationen von einem anderen Kreditinstitut besorgt hat, unterscheidet sich dieser Sachverhalt haftungsrechtlich nicht von der Rechtslage bei einer Auskunft an eigene Kunden (→ Rn. 122). Das Verschulden der Korrespondenzbank muss sich die befragte Bank nach § 278 BGB zurechnen lassen, weil sie sich zur Erfüllung ihrer Verpflichtung der Korrespondenzbank als Erfüllungsgehilfin bedient hat.[169] **124**

Eine Haftung der anfragenden Bank gegenüber ihrem Kunden wird dagegen kaum in Betracht kommen, wenn die Bank die ihr erteilte Auskunft lediglich weitergibt. Allenfalls wenn die Auskunft nicht rechtzeitig, mit sinnentstellenden Umformulierungen oder ungeachtet begründeter und erkennbarer Zweifel an der Richtigkeit weitergegeben wird, kann ein haftungsbegründendes Verschulden bejaht werden.[170] **125**

Dagegen sind Ansprüche gegen die Auskunft gebende Korrespondenzbank durchaus denkbar. Diese weiß, dass die Auskunft für einen Dritten erfolgt, weil das anfragende Kreditinstitut nach Nr. 2 „Grundsätze" klarzustellen hat, ob es die Auskunft „im eigenen" oder „im Kundeninteresse" einholt. Zwischen den beteiligten Kreditinstituten besteht regelmäßig Einvernehmen darüber, dass der anfragende Kunde darauf vertrauen darf, die Aus- **126**

---

164 S. *Pikart* WM 1957, 1240; *Gaede* NJW 1972, 926 (927).
165 BankR-HdB/*Krepold* § 40 Rn. 48; MAH BankR/*Neth-Unger* § 3 Rn. 321.
166 *Canaris* Bankvertragsrecht Rn. 78; *Musielak* Bankauskunft S. 25.
167 So mit überzeugender Begründung *Musielak* Bankauskunft S. 26 und WM 1999, 1593.
168 BGH NJW 1986, 180; 1991, 352; WM 1998, 1771; ZIP 1999, 275; *Musielak* Bankauskunft S. 22; krit. zur Annahme eines stillschweigenden Auskunftsvertrags *Berger* ZBB 2001, 238 (242).
169 *Musielak* Bankauskunft S. 34.
170 *Sichtermann/Feuerborn/Kirchherr/Terdenge* Bankgeheimnis S. 408.

kunft gebende Bank werde bei Erteilung der Auskunft die bankübliche Sorgfalt anwenden. Die Auskunft gebende Korrespondenzbank haftet gegenüber dem Auskunft ersuchenden Kunden der anfragenden Bank nach den Grundsätzen eines Vertrages mit Schutzwirkung für Dritte. Denn die Auskunft ist für einen Dritten bestimmt, und der Auskunftgeber war sich auch bewusst, dass die Auskunft dem Dritten als Grundlage für dessen Vermögensdispositionen dient.[171]

127 Voraussetzung einer Haftung ist das Vorliegen einer schuldhaft begangenen **Pflichtverletzung,** die zu einem ersatzfähigen **Schaden** geführt hat.

128 Eine Haftung gegenüber einem anfragenden Kunden kommt nur bei einer **unrichtigen Auskunft** in Betracht. Unrichtig ist eine Auskunft nicht nur, wenn sie inhaltlich falsch, sondern auch wenn sie unvollständig ist,[172] insbesondere wenn durch die Unrichtigkeit ein falscher Eindruck entsteht. Stets zu erwähnen sind Scheck- und Lastschriftrückgaben sowie Wechselproteste.[173] Der Haftungstatbestand knüpft nicht an die objektive Unrichtigkeit an, sondern an ein fehlerhaftes Verhalten des Kreditinstituts bei der Umsetzung seines tatsächlichen Wissensstands in eine Bankauskunft. Denn Bankauskünfte geben lediglich den tatsächlichen, gegenwärtigen Erkenntnisstand der Auskunft gebenden Stelle wieder, den diese aus der Geschäftsbeziehung mit dem Kunden gewonnen hat. Die Auskunft ist daher nicht fehlerhaft, wenn die Bank die bekannten Tatsachen und Erkenntnisse bei Abfassung der Bankauskunft angemessen umgesetzt hat.[174] Der Auskunft gebenden Stelle einer Bank ist dabei nicht automatisch das Wissen zuzurechnen, das eine andere Stelle des Kreditinstituts über den Kunden hat.

129 Zwischen der fehlerhaften Auskunft und der Vermögensdisposition muss ein **Kausalitäts- und Pflichtwidrigkeitszusammenhang** bestehen. Dies ist der Fall, wenn der Auskunftsempfänger seine Entscheidung im Vertrauen auf die Richtigkeit der Auskunft getroffen hat. Nach der allgemeinen Lebenserfahrung ist anzunehmen, dass der Empfänger einer Auskunft die schädigende Vermögensdisposition nicht getroffen hätte, wenn er eine fehlerfreie und den objektiven Vermögensverhältnissen entsprechende Auskunft erhalten hätte.[175] Für die Annahme der Kausalität genügt es, dass die fehlerhafte Auskunft mit ursächlich für den Schaden des Auskunftsempfängers war. Die Kausalität wird nicht deshalb ausgeschlossen, weil der Anfragende bei der Entscheidung noch andere Informationen berücksichtigt hat. Die Beweislast dafür, dass sich der Empfänger über eine fehlerfreie Auskunft hinweggesetzt hätte, trägt die Auskunft gebende Bank.[176]

130 Für das **Verschulden** gelten die allgemeinen Regeln, insbesondere § 282 BGB, wonach das Verschulden vermutet wird. Wenn der Kunde die Pflichtverletzung dargelegt und ggf. bewiesen hat, muss die Auskunft gebende Bank ihrerseits dartun und beweisen, dass sie an der Unrichtigkeit der Auskunft kein Verschulden trifft. Die Unkenntnis darf nicht auf einer Verletzung eigener Sorgfaltspflichten beruhen. Haftungsmaßstab ist die im Bankverkehr gebotene Sorgfalt eines ordentlichen Kaufmanns (§ 347 HGB). Die Bank haftet grundsätzlich für Verschulden ihrer Organe bzw. verfassungsmäßiger Vertreter (§§ 31, 30, 89 BGB) sowie ihrer Hilfspersonen iS von § 278 BGB, also in erster Linie ihrer Angestellten.

131 Ein **Mitverschulden** des Anfragenden kann nach § 254 BGB zu einer Minderung des Schadensersatzanspruchs führen. Der Empfänger einer Bankauskunft darf sich nicht blind auf diese verlassen; insbesondere wenn die Auskunft für ihn erkennbar in sich unschlüssig ist. Ein Mitverschulden kann auch darin liegen, dass der Anfragende andere ihm von dritter Seite zugegangene oder zugängliche Informationen außer Acht gelassen oder sich auf eine

---

[171] *Musielak* Bankauskunft S. 22; EBJS/*Grundmann* HGB Bank- und Börsenrecht Rn. I 185.

[172] Bsp. aus der Rspr. für unvollständige und deshalb irreführende Auskünfte: BGH WM 1979, 548; 1974, 685; OLG Karlsruhe WM 2009, 512.

[173] BGH WM 1962, 1110 (1111); *Canaris* Bankvertragsrecht Rn. 80.

[174] BGH WM 2001, 134; OLG Karlsruhe WM 2009, 512 mAnm *Schebesta* WuB I B 2 Bankgeheimnis/-auskunft 2.09 und *Willershausen* jurisPR-BKR 8/2009 Anm. 5; BankR-HdB/*Krepold* § 40 Rn. 51.

[175] BGHZ 61, 118; BGH WM 1979, 548 (550); *Sichtermann/Feuerborn/Kirchherr/Terdenge* Bankgeheimnis S. 394.

[176] *Sichtermann/Feuerborn/Kirchherr/Terdenge* Bankgeheimnis S. 401.

Auskunft verlassen hat, obwohl er den Umständen nach annehmen musste, dass diese nur oberflächlich ist. Ein Mitverschulden ist schließlich zu bejahen, wenn der Anfragegrund ungenau bezeichnet ist, so dass die Auskunft gebende Bank keine ausreichende Kenntnis über den Umfang der beabsichtigten Vermögensdisposition hat. Der Anfragende muss sich das Unterlassen weiterer Erkundigungen anrechnen lassen, wenn das Kreditinstitut ihn auf diese Möglichkeit aufmerksam gemacht hatte oder dies auf Grund der besonderen Umstände naheliegend gewesen war.[177]

Ausschlussklauseln, wonach die Haftung für freiwillig erteilte Auskünfte und Ratschläge auf vorsätzliches Handeln beschränkt wird, stehen einer Haftung wegen Verschuldens nicht entgegen. Diese Haftungsfreizeichnungsregelung findet auf Auskunfts- und Aufklärungspflichten aus dem durch die Aufnahme von Vertragsverhandlungen begründeten gesetzlichen Schuldverhältnis keine Anwendung.[178] Die früher in Bankauskünften übliche Formulierung „ohne unser Obligo" galt als Hinweis darauf, dass die Kreditinstitute nur nach Maßgabe der damals verwendeten Haftungsfreizeichnungsklausel (Nr. 10 AGB-Banken aF) haften wollten. Mit Wegfall der entsprechenden Haftungsfreizeichnungsklausel in den AGB der Kreditinstitute wurden auch diese Zusätze gegenstandslos. 132

Häufig werden Auskünfte gerade vor weitreichenden geschäftlichen Entscheidungen eingeholt, etwa einer Kreditgewährung, einer Kapitalbeteiligung oder der Lieferung von Waren unter Eigentumsvorbehalt. Der Schaden tritt in diesen Fällen dann ein, wenn sich die Ansprüche des Anfragenden gegen die Person, über die eine fehlerhafte Auskunft eingeholt wurde, infolge Insolvenz als uneinbringlich erweisen. Der Geschädigte ist gem. § 249 BGB so zu stellen, als wäre der zum Schadensersatz verpflichtende Umstand nicht eingetreten, das heißt, als hätte er die falsche Auskunft nicht erhalten. Zu ersetzen ist also das **negative Interesse.** Bei der Schadenbemessung ist eine etwaige **Vorteilsausgleichung** vorzunehmen. 133

bb) Haftung wegen unerlaubter Handlung. Ein deliktischer Anspruch scheitert meistens daran, dass der durch eine fehlerhafte Auskunft verursachte Schaden ein reiner **Vermögensschaden** ist und das Vermögen als solches nicht unter § 823 Abs. 1 BGB fällt. Ein Anspruch wegen eines „Eingriffs in das Recht am eingerichteten und ausgeübten Gewerbebetrieb", mithin eines sonstigen Rechts iS von § 823 Abs. 1 BGB, scheidet in der Regel ebenfalls aus, weil es an der notwendigen Unmittelbarkeit des Eingriffs fehlen wird. Ein Anspruch auf Ersatz des Vermögensschadens kann sich im Einzelfall nach § 823 Abs. 2 BGB ergeben, wenn die Erteilung der Auskunft den Tatbestand des Betrugs (§ 263 StGB) oder der Untreue (§ 266 StGB) erfüllt. 134

Für einen Anspruch nach **§ 826 BGB** genügt es, dass die Auskunft gebende Bank hinsichtlich der Schädigung mit bedingtem Vorsatz gehandelt hat. Der Vorsatz muss sich nicht auf die Sittenwidrigkeit selbst beziehen; vielmehr reicht es aus, dass der die Auskunft Gebende die Umstände kennt, welche die Sittenwidrigkeit begründen.[179] Danach ist ein Schadensersatzanspruch bereits dann gegeben, wenn der die Auskunft Gebende mit der Möglichkeit rechnet, dass der Auskunftsempfänger im Vertrauen auf die Richtigkeit der Mitteilung Schaden erleidet und er dies billigend in Kauf nimmt. Entsprechendes gilt, wenn die Bankauskunft leichtfertig „ins Blaue hinein" erteilt wird. Sittenwidrig ist insbesondere die wissentliche Erteilung einer falschen Auskunft im Eigeninteresse der Auskunft gebenden Bank, etwa wenn sie bezweckt, den Anfragenden zu Zahlungen oder Leistungen zu veranlassen, die sich im Ergebnis auf das Konto des Kunden saldoreduzierend auswirken. Wird eine Bank-zu-Bank-Auskunft an den anfragenden Dritten weitergegeben, so haftet die Auskunft gebende Bank nach § 826 BGB, wenn sie mit der Weitergabe der Auskunft an den Dritten rechnen musste, eine dadurch verursachte Schädigung des Dritten für möglich hielt und diese in Kauf nahm.[180] 135

[177] Zum Ganzen *Sichtermann/Feuerborn/Kirchherr/Terdenge* Bankgeheimnis S. 416.
[178] BGH NJW 1991, 694.
[179] BGH WM 1974, 153; BeckOK BGB/*Förster* § 826 Rn. 28.
[180] BGH WM 1976, 498; BeckOK BGB/*Förster* § 826 Rn. 89.

136 Die **Haftung für Hilfspersonen** folgt aus § 831 BGB. Die Angestellten eines Kreditinstituts sind grundsätzlich als dessen Verrichtungsgehilfen iS des § 831 BGB anzusehen. Dabei kann die Bank den Exkulpationsbeweis nach § 831 Abs. 1 S. 2 BGB antreten, wenn ihr der Nachweis gelingt, dass sie bei der Auswahl oder der Überwachung des Angestellten die im Verkehr erforderliche Sorgfalt angewandt hat. Entsprechendes gilt für den Fall, dass der Schaden nachweislich auch dann eingetreten wäre, wenn die notwendige Sorgfalt angewendet worden wäre. Bei größeren Instituten muss freilich auch der Beweis geführt werden, dass der Betrieb in einer Weise eingerichtet ist, welche die Auswahl und die Überwachung der Angestellten in angemessener Weise ermöglicht.

137 **cc) Ansprüche des von der Auskunft betroffenen Kunden.** Gegenüber dem eigenen Kunden haftet die Auskunft erteilende Bank bei Verletzung des Bankgeheimnisses und bei Erteilung von fehlerhaften (negativen) Auskünfte nach § 280 Abs. 1, § 241 Abs. 2 BGB. Eine mögliche Einwilligung in den Bruch des Bankgeheimnisses gilt nur für inhaltlich zutreffende Auskünfte. Durch die Erteilung einer fehlerhaften Auskunft verletzt die Bank ihre Nebenpflicht aus dem Bankvertrag mit dem Kunden.[181] Ein Kreditinstitut ist zum Schadenersatz verpflichtet, wenn die Auskunft fehlerhaft und für den Eintritt des Vermögensschadens ursächlich gewesen ist und der Auskunftsgeber schuldhaft gehandelt hat. Daneben kann dem betroffenen Kunden ein deliktischer Schadensersatzanspruch zustehen.

3. SCHUFA

138 Die Kreditinstitute geben aufgrund vertraglicher Vereinbarungen Auskünfte an die **Schutzgemeinschaft für allgemeine Kreditsicherung** (SCHUFA). Diese SCHUFA-Meldungen stellen Bankauskünfte besonderer Art dar.

139 **a) Organisation der SCHUFA.** Die SCHUFA ist eine privatwirtschaftlich organisierte Gemeinschaftseinrichtung der Kredit gebenden Wirtschaft in Deutschland. Die Idee zu ihrer Gründung entstand 1927 mit der Einführung des Ratenzahlungskredits. Ursprünglich bestanden acht regionale, rechtlich und wirtschaftlich selbstständige SCHUFA-Gesellschaften in der Rechtsform der GmbH, die ihrerseits der Vereinigung der deutschen Schutzgemeinschaften für allgemeine Kreditsicherung eV (Bundes-SCHUFA) angehörten. Im Jahre 2000 wurden zentrale Aufgaben der SCHUFA-Gesellschaften in einer Holding mit Sitz in Wiesbaden zusammengefasst und die Anteile der acht Regionalgesellschaften auf die SCHUFA Holding AG übertragen. Die Anteile werden zu ca. 87 % von Kreditinstituten (Privatbanken, Sparkassen, Genossenschafts- und Kreditbanken) und zu ca. 13 % von Handelsunternehmen und anderen Dienstleistern gehalten.

140 **b) Aufgabe und Zweck.** Die SCHUFA hat die Aufgabe, ihren Vertragspartnern Informationen zur Verfügung zu stellen, um diese vor Kreditausfällen zu schützen. Die Vertragspartner, insbesondere Kreditinstitute, übermitteln Daten aus der Geschäftsverbindung mit ihren Kunden an die SCHUFA. Derartige **SCHUFA-Meldungen** enthalten ganz bestimmte, in einem Katalog vorgegebene formalisierte Merkmale, die für die Beurteilung der Kreditfähigkeit von Privatkunden von Interesse sind. Jedoch enthalten sie keine Aussagen über Einkommen und Vermögen, insbesondere – im Unterschied zu Bankauskünften – keine allgemeine Bonitätsbeurteilung. Die SCHUFA speichert die übermittelten Daten und wertet darüber hinaus die öffentlichen Verzeichnisse der Gerichte, insbesondere Schuldnerverzeichnisse aus. Das SCHUFA-Informationssystem vermindert einerseits das Kreditrisiko der Kreditinstitute, Kreditkartenunternehmen und der Kredit gebenden gewerblichen Wirtschaft. Nach ihrem eigenen Verständnis dient die SCHUFA andererseits aber auch dem Verbraucher, weil die erteilten Informationen eine schnelle und kostengünstige Kreditaufnahme erleichtern. Die Mehrzahl der Kreditgeschäfte kommt dank positiver Informationen schnell und reibungslos zustande.

---

[181] OLG Karlsruhe WM 2009, 512 mAnm *Willershausen* jurisPR-BKR 8/2009 Anm. 5.

Seit einigen Jahren bietet die SCHUFA auch Auskünfte über „Gewerbliche Kunden" an. Der Bestand der SCHUFA umfasst aktuell knapp 6 Mio. Selbstständige, Freiberufler und Kleingewerbetreibende und alle im Handelsregister eingetragenen Unternehmen. **141**

Darüber hinaus hat die SCHUFA ein **Scoring-System** entwickelt, für das der SCHUFA-Datenbestand anonymisiert ausgewertet wird. Beim Scoring wird anhand mathematisch-statistischer Verfahren beispielsweise die Wahrscheinlichkeit berechnet, mit der ein Kunde seinen Zahlungsverpflichtungen nachkommen wird.[182] Anhand des Wahrscheinlichkeitswertes schätzen Kreditgeber und Vertragspartner der Schufa die voraussichtliche Zahlungsfähigkeit und Zahlungszuverlässigkeit ein. Die datenschutzrechtliche Zulässigkeit eines Scorings beurteilt sich nach den Erlaubnistatbeständen des Art. 6 DS-GVO.[183] So kann sich etwa die Zulässigkeit eines Scorings im Rahmen eines Kreditvertrags aus Art. 6 Abs. 1 lit. b DS-GVO ergeben, wenn es um die Beurteilung der Kreditwürdigkeit eines potentiellen Kreditnehmers geht. Ein durch eine Bonitätsauskunft der SCHUFA Betroffener hat einen Anspruch auf Auskunft darüber, welche personenbezogenen, insbesondere kreditrelevanten Daten dort gespeichert sind und in die den Kunden der SCHUFA mitgeteilten Wahrscheinlichkeitswerte (Scorewerte) einfließen. Die sog. Scoreformel, also die abstrakte Methode der Scorewert-Berechnung, ist hingegen nicht mitzuteilen.[184] **142**

c) Vertragspartner. Vertragspartner der SCHUFA können nur Unternehmen sein, die Konsumenten gewerbsmäßig Geld- oder Warenkredite ausreichen, sowie Unternehmen, die gewerbsmäßig Forderungen einziehen. Neben Kreditinstituten gehören zu den Vertragspartnern der SCHUFA daher auch Einzelhandelsunternehmen, insbesondere Versandhandel, Waren- und Kaufhäuser, Kreditkartenunternehmen, Leasing-Gesellschaften, Versicherungen und Bausparkassen, soweit sie Verbrauchern grundpfandrechtlich gesicherte Kredite geben, sowie Inkassounternehmen, Energieversorger, ECommerce-Unternehmen und Telekommunikationsunternehmen. Mit diesen Unternehmen schließt die SCHUFA Verträge mit unterschiedlichen Informationsrechten und -pflichten ab. **143**

Das SCHUFA-Verfahren beruht auf **Gegenseitigkeit.** Die SCHUFA erteilt nur an einen Vertragspartner Auskunft, der seinerseits der SCHUFA Informationen liefert. Rund 9.500 Vertragspartner melden der SCHUFA Namen und Adressen sowie Bankkonten, Ratenkredite und Hypothekenkredite. Vertragspartner geben sowohl positive als auch negative Informationen an die SCHUFA weiter. Es gibt zwei Gruppen von Kunden. Der Unterschied zeigt sich in der Ausgestaltung der Meldepflichten und der Informationsrechte. **144**

Sog. **A-Kunden** (Kreditinstitute und Kreditkartenunternehmen) sind verpflichtet, nicht nur die Eröffnung eines Girokontos, Einräumung eines Kredits, Übernahme einer Bürgschaft etc zu melden, sondern bereits die Beantragung solcher Geschäfte sowie insbesondere auch die gesamte vertragsmäßige Abwicklung und Beendigung der einzelnen Geschäftsbeziehung. Ferner haben A-Kunden über nicht vertragsgemäßes Verhalten zu informieren, zB über die Kündigung eines Kredits wegen Zahlungsverzugs, über die Kündigung eines Girokontos, über eine Scheckrückgabe mangels Deckung, einen Wechselprotest, die Einziehung einer Kreditkarte wegen missbräuchlicher Verwendung oder über die Einleitung gerichtlicher Maßnahmen. Ferner ist die SCHUFA über einen sog Suchauftrag zu verständigen, der erteilt wird, wenn der Kunde unter Hinterlassung von Verbindlichkeiten aus Geld- oder Warenkrediten mit unbekannter Anschrift verzogen ist. Die SCHUFA ist auch über die Durchführung von Vollstreckungsmaßnahmen gegen den Kunden sowie über die Fruchtlosigkeit einer Pfändung oder die Uneinbringlichkeit einer ausgeklagten Forderung zu unterrichten. **145**

---

182 Zu den rechtlichen Grundlagen und der datenschutzrechtlichen Zulässigkeit des Verfahrens vgl. *Beckhusen* BKR 2005, 335; *Hoeren* RDV 2007, 93; *Vahldiek/Kamlah* Datenschutz § 4 Rn. 11 ff.; Kühling/Buchner/*Buchner* BDSG 2003 § 31 Rn. 7.

183 Kühling/Buchner/*Buchner* BDSG § 31 Rn. 7.

184 BGH BKR 2014, 193.

146 Sog. **B-Kunden** (Einzelhandels-, Versandhandels- und sonstige Unternehmen, die Warenkredite geben) übermitteln der SCHUFA nur Negativmerkmale und erhalten ihrerseits nur Informationen über Zahlungsstörungen.

147 Unternehmen, die grundpfandrechtlich gesicherte Darlehen ausreichen, können für diesen Kreditbereich wahlweise einen A- oder einen B-Vertrag schließen. Telekommunikationsunternehmen erhalten alle Informationen zu nicht vertragsgerechtem Verhalten und Informationen darüber, ob bereits ein Telekommunikationskonto bei einem anderen Anbieter besteht.

148 Unternehmen, die Konsumenten gewerbsmäßig für eigene Rechnung in größerem Umfang Waren auf Teilzahlungsbasis liefern (zB Warenhäuser) oder Leasinggeschäfte vornehmen, können mit Einwilligung des Kunden ebenfalls Daten über die Aufnahme und Abwicklung dieser Kreditgeschäfte übermitteln. Insoweit können sie auch Vollauskünfte erhalten. **Inkassounternehmen,** die gewerbsmäßig Forderungen einziehen, melden der SCHUFA ebenfalls nur Negativmerkmale. Die SCHUFA übermittelt ihrerseits Inkassounternehmen lediglich Adressdaten zum Zwecke der Schuldnerermittlung sowie Negativmerkmale aus öffentlichen Verzeichnissen.

149 **d) Datenübermittlung.** Bis zur Geltung der DS-GVO (in Kraft seit dem 25.5.2018) ergab sich die Befugnis zur Datenübermittlung an Auskunfteien aus § 28a Abs. 1 BDSG 2003. Die „Einmeldung" von Bonitätsdaten in das Kreditinformationssystem der SCHUFA war an dieser Vorschrift zu messen, da die SCHUFA dem Begriff der „Auskunftei" unterfällt.[185] Die Übermittlung personenbezogener Daten über eine Forderung an die SCHUFA war danach zulässig, soweit die geschuldete Leistung trotz Fälligkeit nicht erbracht ist, die Übermittlung zur Wahrung berechtigter Interessen der verantwortlichen Stelle oder eines Dritten erforderlich ist und einer der Erlaubnistatbestände der Nr. 1 bis 5 des § 28a Abs. 1 S. 1 erfüllt ist. Eine Abwägung mit den Belangen des Betroffenen war nicht vorzunehmen.[186]

150 Nunmehr ist die Rechtmäßigkeit einer Datenverarbeitung nach Art. 6 Abs. 1 DS-GVO zu beurteilen, der verschiedene Erlaubnistatbestände abschließend und erschöpfend aufzählt.[187] Sofern nicht schon eine Einwilligung des Betroffenen iS des Art. 6 Abs. 1 lit. a DS-GVO vorliegt, kommt für die Übermittlung bonitätsrelevanter Daten an die SCHUFA nur der Tatbestand nach Art. 6 Abs. 1 lit. f DS-GVO in Betracht. Danach muss die Datenübermittlung „berechtigten Interessen" des Verantwortlichen oder eines Dritten dienen, sie muss erforderlich sein und die berechtigten Interessen des Betroffenen dürfen nicht überwiegen.

151 **e) Nachmeldungen und Berichtigungen.** Die Vertragsparteien des SCHUFA-Systems sind verpflichtet, den gespeicherten Datenbestand durch Nachmeldungen unverzüglich und vollständig zu aktualisieren. Nach Meldung einer Kreditkündigung muss ein Kreditinstitut beispielsweise eine nachfolgende Vereinbarung über die Fortsetzung des Kreditverhältnisses nachmelden.[188] Nach Art 1 Abs. 1 lit. d DS-GVO sind alle angemessenen Maßnahmen zu treffen, damit personenbezogene Daten, die im Hinblick auf die Zwecke ihrer Verarbeitung unrichtig sind, unverzüglich gelöscht oder berichtigt werden. Kreditinstitute und SCHUFA haben auch sicherzustellen, dass keine unrichtigen Daten übermittelt werden. Hat ein Kreditinstitut der SCHUFA eine unrichtige Meldung übermittelt, muss es umgehend diese Information widerrufen. Die SCHUFA muss die betreffenden Daten nach Kenntnis ihrer Unrichtigkeit sperren.[189] Hat die SCHUFA nach Erteilung einer vom Vertragspartner erbetenen Auskunft nachträglich noch weitere Informationen über einen Privatkunden erhalten und besteht das berechtigte Interesse des seinerzeit anfragenden Vertragspartners

[185] BeckOK DatenschutzR/*Kamp* § 28a BDSG 2003 Rn. 36.
[186] OLG Frankfurt a. M. DuD 2011, 494.
[187] *Heintz* jM 2018, 184 (186).
[188] OLG Hamm WM 1989, 982.
[189] BGH NJW 1984, 436.

noch erkennbar fort, so nimmt die SCHUFA in Ergänzung der ursprünglichen Auskunft eine Nachmeldung vor.

f) Einwilligung in die Datenübermittlung. Die Einwilligung des Kunden zur Datenübermittlung an die SCHUFA erfolgte regelmäßig durch Unterzeichnung der sog. **SCHUFA-Klausel.**[190] 1985 wurde die bis dahin verwendete Klausel vom BGH wegen Verstoßes gegen das Verbot einer unangemessenen Benachteiligung in § 9 AGBG für unwirksam erklärt.[191] Die Kreditwirtschaft hat daraufhin die SCHUFA-Klausel neu formuliert. Zur Umsetzung der Anforderungen der DS-GVO wurde die bisherige SCHUFA-Klausel durch eine Hinweislösung ersetzt, die aus zwei Teilen besteht: dem sogenannten SCHUFA-Hinweis, mit dem der Vertragspartner den Kunden über die Übermittlung seiner Daten an die SCHUFA unterrichtet und einem ergänzenden SCHUFA-Informationsblatt, das eine umfassende Beschreibung der Datenverarbeitung bei der SCHUFA enthält. **152**

Die im ersten Satz der früheren SCHUFA-Klausel enthaltene **Einwilligung des Kunden** begründete das Recht zur Übermittlung von (positiven und neutralen) Daten über die Beantragung und Aufnahme einer Kontoverbindung oder eines Kredits sowie dessen vereinbarungsgemäße Abwicklung. Satz 2 der Klausel regelte in Anlehnung an § 28 BDSG aF die Voraussetzungen für die Übermittlung von sog **Negativmerkmalen** an die SCHUFA. Diese Meldungen dürfen nur erfolgen, soweit sie zur Wahrung berechtigter Interessen der Bank, eines Vertragspartners der SCHUFA oder der Allgemeinheit erforderlich sind und dadurch schutzwürdigen Belange nicht beeinträchtigt werden. Nach ihrem Wortlaut enthielt diese Klausel keine Einwilligung, sondern nur die Mitteilung darüber, dass das Kreditinstitut die Negativmerkmale nach einzelfallbezogener Interessenabwägung unter Berücksichtigung der schutzwürdigen Belange des Betroffenen an die SCHUFA melden wird. Dieser Teil der Klausel hatte im Gegensatz zu Satz 1 keinen konstitutiven, sondern nur deklaratorischen Charakter.[192] **153**

Neben der Verpflichtung zur Beachtung datenschutzrechtlicher Bestimmungen besteht auch die Verpflichtung zur Wahrung des Bankgeheimnisses. Die datenschutzrechtliche Befugnis zur Datenübermittlung berechtigt nicht automatisch zur Durchbrechung des Bankgeheimnisses. Deshalb sah Abschnitt 2 der SCHUFA-Klausel eine Regelung über die Entbindung vom Bankgeheimnis vor, soweit eine Übermittlung von Daten nach datenschutzrechtlichen Bestimmungen zulässig ist. Damit muss einer Durchbrechung des Bankgeheimnisses bei Übermittlung negativer Merkmale stets eine einzelfallbezogene Interessenabwägung vorausgegangen sein. **154**

Bei der für die Übermittlung von Negativdaten stets erforderlichen **einzelfallbezogenen Interessenabwägung** nach § 28 BDSG a. F. (jetzt Art. 6 Abs. 1 lit. f) wird zwischen „harten" und „weichen" Negativmerkmalen unterschieden.[193] Harte Merkmale wie fruchtlose Pfändung, Abgabe der eidesstattlichen Versicherung oder Insolvenzeröffnung sind stets von erheblichem Interesse, so dass ihre Übermittlung regelmäßig zulässig ist. Bei weichen Merkmalen wie Beantragung eines Mahnbescheids, Kreditkündigung oder Klageerhebung ist nach Interessenabwägung im Einzelfall zu entscheiden, ob eine Datenübermittlung zulässig ist. Das ist zu bejahen, wenn sich das Kreditinstitut vergewissert hat, dass das Verhalten des Kunden auf Zahlungsunfähigkeit oder Zahlungsunwilligkeit beruht.[194] Die Beantragung eines Mahnbescheids darf nur dann berichtet werden, wenn eine „unbestrittene" Forderung geltend gemacht wird. Die Darlegungs- und Beweislast für ein berechtigtes Interesse an der Übermittlung oder Speicherung von Negativmerkmalen trägt das übermittelnde Kreditinstitut bzw. die SCHUFA.[195] **155**

---

[190] Vgl. 2. Aufl Anh. 2.
[191] BGHZ 91, 233.
[192] BankR-HdB/*Krepold* § 41 Rn. 14b.
[193] BGH NJW 1984, 436; BGHZ 95, 362; *Weber* WM 1986, 845 (849).
[194] OLG Frankfurt a. M. NJW-RR 2008, 1228; OLG München WM 2010, 1901 mAnm *Müller-Christmann* jurisPR-BKR 2/2011 Anm. 5; *Weber* WM 1986, 845 (849).
[195] *Canaris* Bankvertragsrecht Rn. 74b; **aA** OLG Düsseldorf WM 1985, 1220 (1221).

156 **g) Bestand und Nutzung der Daten.** Gesammelt sind persönliche Daten und Kontoinformationen von 67,7 Millionen Bundesbürgern. Der Datenbestand der SCHUFA umfasst 943 Mio. Informationen. Rund 900 Mitarbeiter bearbeiten jährlich mehr als 165 Mio. Anfragen zur Kreditwürdigkeit. Davon sind ca. 2,52 Mio. Eigenauskünfte von Bürgern, die ihre Daten einsehen wollen.[196]

157 Die SCHUFA-Datei enthält nur objektive Daten, keine Werturteile und keine allgemeinen Bonitätsbeurteilungen. Außer dem Personenstammsatz (Vorname, Name, Geburtstag, Geburtsort und ggf. Anschrift) sind in der SCHUFA-Datei nur Angaben enthalten, die von den Vertragspartnern der SCHUFA übermittelt worden sind. Darüber hinaus sind Informationen aus öffentlichen Verzeichnissen gespeichert, zB über die Abgabe der eidesstattlichen Versicherung, einen Haftbefehl zur Erzwingung von eidesstattlichen Versicherungen, die Eröffnung eines (privaten) Insolvenzverfahrens. Weitergehende Informationen über den Familienstand, einzelne Vermögenswerte oder Angaben über sonstige Vermögensverhältnisse enthält die SCHUFA-Datei nicht. Die SCHUFA gleicht bei Anfragen die Angaben zur Person des Kunden mit den bei ihr gespeicherten Daten ab und erteilt eine SCHUFA-Auskunft nur bei Identität der Daten.

158 **aa) Datenabfrage.** Verbraucher können per Post oder über einen Onlinezugang bei www.meineschufa.de eine kostenlose **Selbstauskunft** bei der SCHUFA anfordern. Während der Betroffene alle Informationen erhält, muss ein Vertragspartner bei einer Anfrage bei der SCHUFA sein berechtigtes Interesse an der Datenübermittlung glaubhaft machen. Ein **berechtigtes Interesse** ist anzunehmen, wenn die Kenntnis der Daten für die Ziele und Zwecke des Empfängers erforderlich ist.[197] Ein Vertragspartner der SCHUFA darf daher nur über solche Personen eine Auskunft einholen, die bei ihm einen Geld- oder Warenkredit aufnehmen, ihm gegenüber eine Bürgschaftsverpflichtung eingehen oder ein sonstiges mit Kreditrisiko verbundenes Geschäft abschließen wollen. Kreditinstitute dürfen bereits vor Eröffnung eines Girokontos über den potentiellen Kontoinhaber bei der SCHUFA anfragen, weil die Einräumung eines Dispositionskredites oder die Aushändigung von Schecks im Rahmen des Zahlungsverkehrs verhältnismäßig kurze Zeit nach Kontoeröffnung allgemein üblich ist.

159 Inzwischen bietet die SCHUFA neben der klassischen **Eigenauskunft,** die alle zu einer Person gespeicherten Daten enthält, auch eine sog. **Verbraucherauskunft** an. Mit der Verbraucherauskunft können Bürger Dritten – beispielsweise Vermietern – Angaben zu ihrer Person zur Verfügung stellen. Diese Auskunft enthält nicht alle zu einer Person bei der SCHUFA gespeicherte Daten. Liegen – wie bei rund 90 % aller Verbraucher – ausschließlich positive Zahlungserfahrungen vor, wird dies in einem Satz bestätigt. Sind im Einzelfall Informationen zu Zahlungsausfällen vorhanden, werden diese in der Verbraucherauskunft angegeben.

160 **bb) Dauer der Datenspeicherung.** Die SCHUFA speichert Informationen über Personen nur für eine bestimmte Zeit. Maßgebliches Kriterium für die Festlegung dieser Zeit ist die Erforderlichkeit. Für eine Prüfung der Erforderlichkeit der weiteren Speicherung bzw. die Löschung personenbezogener Daten sind Regelfristen festgelegt.

161 Mit Inkrafttreten der DS-GVO sind die in § 35 Abs. 2 S. 2 Nr. 4 BDSG 2003 enthaltenen Prüf- und Löschfristen entfallen. Der Verband der Wirtschaftsauskunfteien eV hat mit den Aufsichtsbehörden abgesprochene „Verhaltensregeln für die Prüf- und Löschfristen von personenbezogenen Daten" (Code of Conduct Löschfristen) erarbeitet.[198] Danach beträgt die grundsätzliche Speicherdauer von personenbezogenen Daten jeweils drei Jahre taggenau nach deren Erledigung, sofern nicht ausnahmsweise eine andere Frist gilt. Im Einzelnen werden gelöscht:

---

[196] Die Angaben in diesem Abschnitt stammen aus dem Jahr 2018 (Quelle: Website SCHUFA).

[197] BGHZ 91, 233 (240).

[198] Verhaltensregeln für die Prüf- und Löschfristen von personenbezogenen Daten durch die deutschen Wirtschaftsauskunfteien v. 25.5.2018.

- Angaben über Anfragen nach zwölf Monaten taggenau;
- Informationen über störungsfreie Vertragsdaten über Konten, die ohne die damit begründete Forderung dokumentiert werden, Informationen über Verträge, bei denen die Evidenzprüfung gesetzlich vorgesehen ist (zum Beispiel Pfändungsschutzkonten, Basiskonten) sowie Bürgschaften und Handelskonten, die kreditorisch geführt werden, unmittelbar nach Bekanntgabe der Beendigung;
- Daten aus den Schuldnerverzeichnissen der zentralen Vollstreckungsgerichte nach drei Jahren taggenau, jedoch vorzeitig, wenn der SCHUFA eine Löschung durch das zentrale Vollstreckungsgericht nachgewiesen wird;
- Informationen über Verbraucher-/Insolvenzverfahren oder Restschuldbefreiungsverfahren taggenau drei Jahre nach Beendigung des Insolvenzverfahrens oder Erteilung der Restschuldbefreiung
- Informationen über die Abweisung eines Insolvenzantrages mangels Masse, die Aufhebung der Sicherungsmaßnahmen oder über die Versagung der Restschuldbefreiung taggenau nach drei Jahren.

h) Rechtsschutz. Gegen die Übermittlung unzutreffender Daten oder deren Speiche- **162**
rung ist der Betroffene durch § 824 BGB sowie nach Art. 17 DS-GVO und nach § 823 Abs. 1 BGB (Persönlichkeitsrecht, Recht am eingerichteten und ausgeübten Gewerbebetrieb) geschützt.[199] Eine nicht von den Bestimmungen des Bundesdatenschutzgesetzes gedeckte Übermittlung personenbezogener Daten stellt eine Verletzung des allgemeinen Persönlichkeitsrechts dar, das als sonstiges Recht iS von § 823 Abs. 1 BGB auch negatorischen Schutz nach den allgemeinen Vorschriften genießt. Insofern kann auch ein Anspruch auf **Widerruf** als Beseitigungsanspruch der durch eine unzulässige Übermittlung entstandenen Störung aus entsprechender Anwendung von § 1004 Abs. 1 BGB gegeben sein.[200] Das für einen Beseitigungsanspruch erforderliche Fortwirken der Beeinträchtigung besteht regelmäßig so lange, wie die Daten beim Empfänger noch nicht gelöscht sind.

III. Das Bankkonto

Literatur: *Berger,* Nochmals Pfändung von Giroguthaben, ZIP 1981, 583; *Bülow/Artz,* Zahlungskontengesetz, 2017; *Canaris,* Inhaberschaft und Verfügungsbefugnis bei Bankkonten, NJW 1973, 825; *Grundmann,* Das neue Recht des Zahlungsverkehrs, WM 2009, 1109; 1157; *Hadding/Häuser,* Rechtsfragen des Giroverhältnisses, ZHR 145 (1981), 138; *Hadding/Häuser,* Gutschrift und Widerruf des Überweisungsauftrags im Giroverhältnis, WM 1988, 1149; *Hagemeister,* Grundfälle zu Bankgeschäften mit Minderjährigen, JuS 1992, 839; *Herresthal,* Der Anspruch auf ein Basiskonto nach dem Zahlungskontogesetz (ZKG) – Die Privatautonomie auf dem Rückzug im Zahlungsvertragsrecht, BKR 2016, 133; *Hüffer/van Look,* Rechtsfragen zum Bankkonto, 4. Aufl. 2000; *Köndgen,* Das neue Recht des Zahlungsverkehrs, JuS 2011, 481; *Liesecke,* Das Bankguthaben in Gesetzgebung und Rechtsprechung, WM 1975, 214; *Linardatos,* Die Basiskonto-Richtlinie – Ein Überblick, WM 2015, 755; *Mikolajczak,* Die Zwangsvollstreckung in ein Girokonto, 2015; *Mülbert,* Der Kontovertrag als bankgeschäftlicher Vertragstypus, FS Kümpel, 2003, S. 395; *Nobbe,* Zulässigkeit von Bankentgelten, WM 2008, 185; *Nobbe,* Neuerungen im Zahlungsverkehrsrecht – Ein kritischer Überblick, WM 2011, 962; *Schimansky,* Das „erloschene" Girokonto – ein Schwarzes Loch?, FS Nobbe, 2009, S. 163; *Trapp,* Die post- und transmortale Vollmacht zum Vollzug lebzeitiger Zuwendungen, ZEV 1995, 314; *Unger-Hellmich/Stephan,* Kündigung von Girokonten durch Sparkassen wegen drohender Imageschäden, BKR 2009, 441; *Zimmermann,* Die Vorsorgevollmacht im Bankgeschäft, BKR 2007, 226.

Speziell zum Kontokorrentkonto: *Blaurock,* Das Anerkenntnis beim Kontokorrent, NJW 1971, 2206; *Canaris,* Verrechnung beim Kontokorrent, DB 1972, 421; *Hager,* Zur Reduzierung einer formularmäßig unbeschränkten Bürgschaft für einen Kontokorrentkredit, JZ 1998, 419; *Hefermehl,* Grundfragen des Kontokorrents, FS Lehmann, 1956, S. 547; *Herz,* Das Kontokorrent, 1974; *Kübler,* Feststellung und Garantie, 1967; *Peckert,* Das Girokonto und der Kontokorrentvertrag – eine Darstellung der Rechtsbeziehungen beim bargeldlosen Zahlungsverkehr unter besonderer Berücksichtigung der Pfändbarkeit von Ansprüchen aus dem Giroverhältnis, 1985; *Wessels,* Die Saldoklage, WM 1997, 1509.

---

199 BGH WM 1983, 1188; OLG Frankfurt a. M. WM 1988, 154; OLG Düsseldorf BKR 2015, 105.

200 Vgl. BGH NJW 1984, 436; OLG München WM 2010, 1901 mAnm *Müller-Christmann* jurisPR-BKR 2/2011 Anm. 5.

Speziell zum Pfändungsschutzkonto: *Ahrens,* Das neue Pfändungsschutzkonto, NJW 2010, 2001; *Ahrens,* Gebühren beim Pfändungsschutzkonto, NJW-Spezial 2011, 85; *Ahrens,* Gesetzliche Regelung des so genannten Monatsanfangsproblems beim Pfändungsschutzkonto, NZI 2011, 183; *Becker,* Mängelbeseitigung beim Kontopfändungsschutz, NJW 2011, 1317; *Bitter,* Das Pfändungsschutzkonto – Ein untaugliches Konstrukt, WM 2008, 141; *Bitter,* Das neue Pfändungsschutzkonto (P-Konto) – eine Zwischenbilanz, ZIP 2011, 149; *Büchel,* Das neue Pfändungsschutzkonto aus Sicht der Kreditwirtschaft, BKR 2009, 358; *Büchel,* Das neue Pfändungsschutzkonto in der Insolvenz des Schuldners, ZInsO 2010, 20; *Meier,* Geplante Reform des Kontopfändungsschutzes – Das PKoFoG, CRP 2019, 88; *Stöber/Rellermeyer,* Forderungspfändung, 17. Aufl. 2020.

1. Grundlagen

163 Mit dem Begriff des Kontos werden unterschiedliche Inhalte verbunden. Aus bilanzrechtlicher Sicht der Bank ist das Konto das Handelsbuch iS von § 238 HGB, das den Geschäftsverkehr dokumentiert. Aus zivilrechtlicher Sicht bezeichnet es einen Ausschnitt aus dem Rechtsverhältnis zwischen dem Kreditinstitut und seinem Kunden, soweit es sich in Buchungen von Forderungen zugunsten des einen oder anderen Beteiligten niederschlägt.[201] Jeder Geschäftsvorgang zwischen Kreditinstitut und Kunde wird auf mindestens einem Bankkonto verbucht. Das Bankkonto wird deshalb zu Recht als „der Kern der Rechtsbeziehung zwischen einer Bank und ihrem Kunden“[202] bezeichnet.

164 Entsprechend den Arten von Bankgeschäften (vgl. § 1 KWG) können Bankkonten unterschiedlichen wirtschaftlichen Zwecken dienen: Neben der Buchung von Einlagen (insbesondere Spar- und Festgeldkonten), der Buchung von Darlehensforderungen des Kreditinstituts gegen den Kunden (Kreditkonto) vor allem der Durchführung des bargeldlosen Zahlungsverkehrs durch Übertragung von Buchgeld. Werden Bankkonten in laufender Rechnung geführt, werden also die sich aus der Geschäftsverbindung ergebenden beiderseitigen Ansprüche verbucht und periodisch durch Verrechnung und Feststellung eines Saldos ausgeglichen, handelt es sich um ein **Kontokorrent** gem. § 355 HGB.[203]

165 Bei der Inhaberschaft mehrerer Personen hinsichtlich eines Bankkontos spricht man von **Gemeinschaftskonten,** wobei sich für typisierte Vertragsgestaltungen die Bezeichnungen **„Oder-Konto“** und **„Und-Konto“** eingebürgert haben. Unter einem **Sperrkonto** wird ein (Einlagen- oder Giro-) Konto verstanden, bei dem der Kontoinhaber in seiner Dispositionsbefugnis vereinbarungsgemäß oder gesetzlich beschränkt ist, während das **Sonderkonto** besonderen Zwecken dient. Eine Schöpfung der Bankpraxis stellt das in verschiedenen Ausformungen vorkommende **Treuhandkonto** dar, dessen Unterart das **Anderkonto** ist. Die einzelnen Kontoarten und ihre rechtlichen Besonderheiten werden im Kap. 35 dargestellt.

166 Die ordnungsgemäße Einrichtung und Führung eines Kontos ist ein Zahlungsdienst iS des § 675c BGB und eine Hauptpflicht eines Zahlungsdiensterahmenvertrags. Das im Gesetz (§ 1 Abs. 2 ZAG, § 675f Abs. 2 BGB) so genannte **Zahlungskonto** ist ein auf den Namen eines Zahlungsdienstnutzers lautendes und der Ausführung von Zahlungsvorgängen dienendes Konto, das die Forderungen und Verbindlichkeiten zwischen dem Zahlungsdienstnutzer und dem Zahlungsdienstleister innerhalb der Geschäftsbeziehung buch- und rechnungsmäßig darstellt.[204] Eine besondere Form des Zahlungskontos und ein typischer Anwendungsfall des Bankkontokorrents ist das **Girokonto** mit im Girovertrag festgelegten Zusatzleistungen. Das klassische Girokonto stellt somit rechtlich und technisch die am weitesten entwickelte Form eines Zahlungskontos dar.[205]

---

[201] MüKoHGB/*Herresthal* A Rn. 209; BankR-HdB/*Joeres* § 29 Rn. 1; *Hüffer/van Look* Bankkonto Rn. 1.
[202] Claussen/*van Look* Bank- und Börsenrecht § 2 Rn. 1.
[203] → Rn. 225 ff.
[204] Palandt/*Sprau* BGB § 675f Rn. 22; → Kap. 2 BGB § 675f Rn. 7 f.
[205] Ellenberger/Findeisen/Nobbe/*Findeisen* Zahlungsverkehrsrecht ZAG § 1 Rn. 233; BankR-HdB/*Schmieder* § 47 Rn. 1a sowie → Rn. 199 ff.

2. Kontofähigkeit

Die Kontofähigkeit, dh die Fähigkeit, Inhaber eines Kontos zu sein, entspricht der Rechtsfähigkeit. Neben den natürlichen Personen sind alle juristischen Personen des Zivilrechts und des Öffentlichen Rechts kontofähig; kraft gesetzlicher Vorschrift auch die oHG (§ 124 HGB), die KG (§§ 161, 124 HGB), die Partnerschaftsgesellschaft (§ 7 Abs. 2 PartGG), die Partenreederei (§ 489 HGB) und die EWIV, obgleich es sich hier um Gesamthandsgemeinschaften ohne eigene Rechtsfähigkeit handelt. Kontofähig ist auch – spätestens seit der BGH ihre Rechtsfähigkeit anerkannt hat – die Gesellschaft bürgerlichen Rechts,[206] der nicht eingetragene Verein sowie die Wohnungseigentümergemeinschaft.[207] Auch die Vor-GmbH besitzt Kontofähigkeit.[208] Zu verneinen ist die Kontofähigkeit für Gesamthandsgemeinschaften außerhalb des Gesellschaftsrechts, also für die eheliche Gütergemeinschaft (§§ 1415 ff. BGB), die Erbengemeinschaft (§§ 2032 ff. BGB), ferner für die Bruchteilsgemeinschaft (§§ 741 ff. BGB). Nach ausländischem Recht gegründete Gesellschaften sind kontofähig, wenn sie nach ihrem Heimatrecht rechtsfähig sind. **167**

3. Kontoeröffnung

Eine Kontobeziehung wird durch einen **Kontoeröffnungsvertrag** begründet. Mit dem Kontoeröffnungsvertrag werden die für die jeweilige Bankengruppe geltenden AGB einbezogen.[209] **168**

a) Abschlussfreiheit. Bei einer Kontoeröffnung ist das Allgemeine Gleichbehandlungsgesetz (AGG) zu beachten, das eine Benachteiligung „aus Gründen der Rasse oder wegen der ethnischen Herkunft, wegen des Geschlechts, der Religion, einer Behinderung, des Alters oder der sexuellen Identität" verbietet. Wird die Kontoeröffnung unter Verstoß gegen diese Regelung verweigert, kann sich aus dem Beseitigungs- und Schadensersatzanspruch des § 21 Abs. 1 und 2 AGG ein Kontrahierungszwang ergeben. Eine Benachteiligung liegt nicht vor, wenn für die unterschiedliche Behandlung ein sachlicher Grund, zB mangelnde Kreditwürdigkeit gegeben ist (§ 20 Abs. 1 AGG). Im Streitfall liegt die Beweislast hierfür bei der Bank, wenn der Antragsteller Indizien beweist, die eine Benachteiligung aus den genannten Gründen vermuten lassen (§ 22 AGG). **169**

Obwohl nahezu jeder auf eine Teilnahme am bargeldlosen Zahlungsverkehr und damit auf eine Bankverbindung angewiesen ist, wurde früher ein Kontrahierungszwang für Kreditinstitute allgemein abgelehnt.[210]: Die **„ZKA-Empfehlung Girokonto für jedermann"**[211] sah vor, dass alle Kreditinstitute Basiskonten errichten, jedoch ohne die Pflicht, Überziehungen zu dulden. Die ZKA-Empfehlung war nicht verbindlich; aus ihr ließ sich kein individueller Rechtsanspruch auf Abschluss eines Girovertrags ableiten.[212] Bei Ablehnung eines Kontoeröffnungsantrags, die nur bei Unzumutbarkeit in Betracht kam, konnte sich der Betroffene an die Kundenbeschwerdestellen im Ombudsverfahren wenden. **170**

b) Anspruch auf ein Basiskonto. Das am 18.6.2016 in Kraft getretene Zahlungskontengesetz (ZKG) hat für Institute, die Zahlungskonten für Verbraucher anbieten, die Verpflichtung zum Abschluss eines Basiskontovertrags mit einem Berechtigten eingeführt. Umgesetzt wird damit die Zahlungskontenrichtlinie.[213] Die sozialpolitische Komponente **171**

---

[206] BGH NJW 2001, 1056.

[207] BGHZ 163, 154 = NJW 2005, 2061.

[208] BGHZ 45, 338 (347); *Canaris* Bankvertragsrecht Rn. 143, 155a.

[209] Hinsichtlich der Diskussion, ob mit dem Kontoeröffnungsvertrag ein weiterer Vertrag, nämlich ein sog allgemeiner Bankvertrag, geschlossen wird, wird auf die Ausführungen in → Rn. 2 ff. verwiesen.

[210] OLG Bremen ZIP 2006, 798; LG Stuttgart WM 1996, 1770; *Köndgen* NJW 1996, 558.

[211] Empfehlung des Zentralen Kreditausschusses der Banken und Sparkassen aus dem Jahre 1995 im Rahmen einer freiwilligen Selbstverpflichtung.

[212] Allg. Ansicht, **aA** nur LG Bremen WM 2005, 2137 mit zust. Anm. *Derleder* EWiR 2006, 9.

[213] RL des Europäischen Parlaments und des Rates v. 23.7.2014 über die Vergleichbarkeit von Zahlungskontoentgelte, den Wechsel von Zahlungskonten sowie den Zugang zu Zahlungskonten mit grundlegenden Funktionen.

des Gesetzes rechtfertigt die Beschränkung der Privatautonomie, welche die Vertragsabschlussfreiheit einschließt und gemäß Art. 2 Abs. 1 GG verfassungsrechtlich geschützt ist.[214] Ein sog. Basiskonto (§ 30 Abs. 2 ZKG) wird aufgrund eines Vertrags zwischen einem Verbraucher und einem Kreditinstitut eröffnet und geführt. Es handelt sich dabei um eine besondere Form eines Zahlungsdiensterahmenvertrags nach § 675f Abs. 2 BGB. Verpflichtet zum Abschluss eines Basiskontovertrags sind nur Institute iS des § 2 Abs. 5 ZKG, die Zahlungskonten für Verbraucher anbieten (§ 31 Abs. 1 S. 1 ZKG), also beispielsweise nicht Depotbanken.

172 **aa) Anspruchsberechtigung.** Einen **Anspruch** auf Abschluss eines Basiskontovertrags hat nach § 31 Abs. 1 ZKG jeder Verbraucher mit rechtmäßigem Aufenthalt in der Europäischen Union einschließlich Personen ohne festen Wohnsitz und Asylsuchenden sowie Personen ohne Aufenthaltstitel, die aber aus rechtlichen oder tatsächlichen Gründen nicht abgeschoben werden können (Geduldete). Ein Wohnsitz im Sinne des Meldegesetzes ist nicht erforderlich, für die Kontoeröffnung genügt die Angabe einer postalischen Anschrift.[215]

173 Der **Antrag** auf Abschluss eines Basiskontovertrags muss die Voraussetzungen des § 33 ZKG erfüllen; dh Angaben zur Person und zur beabsichtigten Nutzung des Basiskontos sowie ggfs. zu bereits vorhandenen Zahlungskonten. Ein vollständig ausgefüllter Antrag löst die Pflicht des Kreditinstituts zur Abgabe eines Vertragsangebots nach § 31 Abs. 2 S. 1 ZKG aus. Wenn der Verbraucher dieses Angebot annimmt, kommt der Vertrag zustande. Der Antrag ist nicht formgebunden, namentlich ist die Verwendung des Formulars nach Anlage 3 zum ZKG nicht vorgeschrieben, wenngleich sinnvoll und wünschenswert. Das Antragsformular ist nach § 33 Abs. 2 dem Berechtigten unentgeltlich zu übermitteln. Betreibt der Verpflichtete eine Webseite, muss er das Formular dort in elektronischer Form zur Verfügung stellen. Der Berechtigte kann bereits im Antrag verlangen, dass das Basiskonto als **Pfändungsschutzkonto** nach § 850k ZPO geführt wird (§ 33 Abs. 1 S. 3 ZKG).

174 **bb) Ablehnungsgründe.** Wenn der Antrag (nach Anlage 3 zum ZKG) vollständig ausgefüllt ist, kann dieser nur noch nach den abschließend im Gesetz (§§ 35–37 ZKG) aufgelisteten Gründen[216] abgelehnt werden. Wenn ein solcher Grund zur Ablehnung des Antrags vorliegt, ist die Bank verpflichtet, dem Antragsteller gegenüber die Ablehnung unverzüglich, spätestens nach zehn Geschäftstagen zu erklären, § 34 Abs. 2 ZKG. Der Antragsteller muss auch in Textform über die Gründe der Ablehnung informiert werden, soweit nicht die Ausnahmeregelung nach § 34 Abs. 3 S. 2 ZKG eingreift. Ferner muss der Antragsteller auch zusammen mit der Ablehnung in Textform über seine Rechtsbehelfsmöglichkeiten unterrichtet werden, § 34 Abs. 4 ZKG.

175 **cc) Kündigungsgründe.** Ein Basiskonto kann von dem **Kontoinhaber** jederzeit gekündigt werden; § 44 ZKG verweist auf § 675h Abs. 1 BGB. Die eingeschränkten, kompliziert ausgestalteten Kündigungsmöglichkeiten der kontoführenden Bank sind in § 42 Abs. 2 Nr. 1–4 ZKG abschließend aufgezählt. Vor allem ist die Bank nicht berechtigt, das Konto wegen schlechter wirtschaftlicher Verhältnisse des Kontoinhabers oder der Eröffnung eines Insolvenzverfahrens zu kündigen. Das (ordentliche) Kündigungsrecht nach § 42 Abs. 2 ZKG mit einer Frist von mindestens zwei Monaten steht der Bank nicht kraft Gesetzes, sondern nur aufgrund einer Vereinbarung, die auch durch Einbeziehung von AGB getroffen werden könnte,[217] zu.

176 Auch ohne vertragliche Vereinbarung eines Kündigungsrechts kann die **kontoführende Bank** nach § 42 Abs. 3 ZKG (mit einer Frist von mindestens zwei Monaten) kündigen, wenn der Kontoinhaber eine vorsätzliche Straftat zu Lasten der Bank oder seiner Mitarbeiter

---

[214] Krit. MüKoHGB/*Herresthal* A Rn. 186; Kümpel/Mülbert/Früh/Seyfried/*Kropf* Rn. 3.1078.
[215] Bülow/Artz/*Bülow* ZKG § 31 Rn. 9.
[216] Für die Anerkennung eines „wichtigen Grundes" MüKoHGB/*Herresthal* A Rn. 195.
[217] Bülow/Artz/*Bülow* ZKG § 42 Rn. 8.

begangen oder die Interessen der Bank schwerwiegend verletzt hat (Nr. 1) oder bei Zahlungsverzug mit einem nicht unerheblichen Teil der Kontoführungsentgelte (Nr. 2).

Ein Recht zur **fristlosen** Kündigung steht der kontoführenden Bank nur dann zu, wenn der Kontoinhaber das Konto zu gesetzlich verbotenen Zwecken nutzt oder durch unzutreffende Angaben erschlichen hat (§ 42 Abs. 4 Nr. 1 und Nr. 2 ZKG). 177

dd) Entgelte. Nach Art. 18 Abs. 1 der Zahlungskontenrichtlinie stellen die Mitgliedstaaten sicher, dass Kreditinstitute ein Basiskonto „unentgeltlich oder gegen ein angemessenes Entgelt" anbieten. Der nationale Gesetzgeber hat sich gegen einen unentgeltlichen Zugang entschieden. Nach § 41 Abs. 1 ZKG ist der Kontoinhaber vielmehr verpflichtet, an das kontoführende Institut für die Erbringung von Diensten auf Grund des Basiskontovertrags das vereinbarte Entgelt zu entrichten. Da der Kontrahierungszwang durch Entgelte in abschreckender Höhe faktisch unterlaufen werden könnte, fordert § 41 Abs. 2 S. 1 ZKG, dass das Entgelt **„angemessen"** sein muss. Die damit verbundene Preiskontrolle ist eigentlich ein Fremdkörper im Privatrecht einer wettbewerbsverfassten Marktwirtschaft,[218] der aber durch das sozialpolitische Ziel des Gesetzes gerechtfertigt ist.[219] 178

Zur Überprüfbarkeit einer Entgeltregelung → Kap. 35 Rn. 25g ff..

c) Kontoeröffnung durch Minderjährige. Die Kontoeröffnung durch **Minderjährige** bedarf, da mit ihr nicht nur rechtliche Vorteile einhergehen, der Einwilligung der Eltern als gesetzliche Vertreter (§ 107 BGB). Dies gilt auch wenn das Konto als sog. Jugendkonto gebühren- und kostenfrei geführt wird.[220] Bei Gesamtvertretung (§ 1629 Abs. 1 S. 2 BGB) reicht die lediglich von einem Elternteil erklärte Zustimmung nicht aus, sofern der allein Handelnde nicht ausdrücklich oder konkludent zur Alleinvertretung ermächtigt wurde. Aus Gründen der Rechtssicherheit verlangen die Banken in solchen Fällen eine schriftliche Erklärung des nicht handelnden Elternteils. 179

Ist der Minderjährige zur Eingehung eines Dienst- oder Arbeitsverhältnisses ermächtigt, ist er gem. **§ 113 BGB** auch für solche Rechtsgeschäfte (partiell) geschäftsfähig, die zur Vertragsabwicklung dienen. Dazu gehören nach heutiger Anschauung auch die Einrichtung eines Gehaltskontos und Barabhebungen von diesem Konto in Höhe des Gehalts; ferner Überweisungen, die der Bezahlung von Arbeitsmitteln und dgl. dienen, nicht aber die allgemeine Teilnahme am Überweisungsverkehr oder die Vereinbarung eines Überziehungskredits (§ 504 BGB).[221] Die Bankpraxis behilft sich häufig mit einer Generalermächtigung der Eltern, um die rechtliche Unsicherheit zu beseitigen. Derartige Generalermächtigungen der Eltern für Bankgeschäfte ihrer minderjährigen Kinder bedürfen einer eindeutigen, inhaltlich genau bestimmten Konkretisierung, um der Gefahr einer Aushöhlung des Minderjährigenschutzes zu begegnen.[222] Zulässig sind Generalermächtigungen für einen bestimmten Kreis von Rechtsgeschäften, zB Überweisungen an bestimmte Empfänger oder mit einer betragsmäßigen Begrenzung. 180

Zur Gewährung von **Kredit** in jeglicher Form an einen Minderjährigen, reicht die Zustimmung der gesetzlichen Vertreter grundsätzlich nicht aus. Gem. § 1822 Nr. 8 BGB bedürfen die gesetzlichen Vertreter hierfür der **Genehmigung** durch das **Familiengericht.** Vom Genehmigungserfordernis sind auch geduldete Überziehungskredite (§ 505 BGB) betroffen, da diese eine Kreditvergabe iS von § 1822 Nr. 8 BGB darstellen.[223] 181

d) Legitimationsprüfung. Steuerrechtliche Regelungen sehen bei einer Kontoeröffnung eine Legitimationsprüfung vor. Nach § 154 Abs. 2 AO hat sich das Kreditinstitut Gewissheit über die Person und Anschrift des Verfügungsberechtigten zu verschaffen und 182

[218] *Herresthal* BKR 2016, 133 (141).
[219] Bülow/Artz/*Bülow* ZKG § 41 Rn. 4.
[220] Derleder/Knops/Bamberger/*Singer* § 38 Rn. 14; *Hagemeister* JuS 1992, 839 (840).
[221] Derleder/Knops/Bamberger/*Singer* § 38 Rn. 14; MAH BankR/*Neth-Unger* § 3 Rn. 128.
[222] BankR-HdB/*Joeres* § 30 Rn. 5; *Hüffer/van Look* Bankkonto Rn. 91; Kümpel/Mülbert/Früh/Seyfried/*Kropf* Rn. 3.953; vgl. hierzu Verlautbarung des BAKred vom 22.3.1995, ZIP 1995, 691.
[223] Zu Ausnahmen BankR-HdB/*Joeres* § 30 Rn. 13.

die entsprechenden Angaben in geeigneter Form festzuhalten. Die **Identitätsprüfung** ist anhand eines Personalausweises oder Reisepasses vorzunehmen. § 154 Abs. 2 AO schützt nur die **formelle Kontenwahrheit;** unerheblich ist, ob der Inhaber das Kontos für eigene oder fremde Rechnung führt (materielle Kontenwahrheit).[224] In Umsetzung europäischer Vorgaben[225] hat das Steuerumgehungsbekämpfungsgesetz[226] die Verpflichtungen der Kreditinstitute erweitert. § 154 Abs. 2a, Abs. 2b und Abs. 2c AO legt den Kreditinstituten Ermittlungs- und Aufzeichnungspflichten in Bezug auf steuerliche Ordnungsmerkmale (insbesondere die Identifikationsnummer iSv § 139b AO und Wirtschafts-Identifikationsnummer iSv § 139b AO) auf. Das Kreditinstitut hat diese Daten zu ermitteln und aufzuzeichnen.[227] Diese Feststellung ist auch Inhalt der Erkundigungspflicht nach den Vorschriften des Geldwäschegesetzes, wonach das Kreditinstitut abzuklären hat, ob der Vertragspartner für einen wirtschaftlich Berechtigten (§ 3 Abs. 1 GwG) handelt, und, soweit dies der Fall ist, dessen Identifizierung vornehmen muss (§ 11 GwG). Ist der Vertragspartner keine natürliche Person, ist darüber hinaus die „Eigentums- und Kontrollstruktur des Vertragspartners" mit angemessenen Mitteln in Erfahrung zu bringen.[228]

4. Kontoinhaberschaft

183 Die Bestimmung des Kontoinhabers ist vor allem von Bedeutung für die Frage, wer gegenüber der Bank verfügungsberechtigt ist, an wen diese mit befreiender Wirkung gem. § 362 Abs. 1 BGB leisten kann und wem sie Aufklärung und Beratung schuldet. Auch bei Frage der Haftung aus einem debitorischen Konto und im Zusammenhang mit einer Aufrechnung oder der Ausübung eines Zurückbehaltungsrechts durch die Bank kommt es entscheidend auf die Person des Kontoinhabers an. **Kontoinhaber** ist derjenige Bankkunde, der **Vertragspartner** des Giroverhältnisses mit der Bank ist. Eine verkürzte Sichtweise ist es, dabei nur nach dem Inhaber der Guthabenforderung zu fragen. Richtigerweise ist zwischen der Kontoinhaberschaft als Beteiligtenstellung im Rechtsverhältnis zu dem Kreditinstitut (Schuldverhältnis im weiteren Sinn) und der Gläubigerstellung hinsichtlich der Forderung (Schuldverhältnis im engeren Sinn) zu unterscheiden,[229] weil die Guthabenforderung, etwa durch Abtretung, andere Wege gehen kann als die Kontoinhaberschaft.

184 Wird das Konto durch den späteren Inhaber eröffnet, dem auch die Verfügungsbefugnis zustehen soll, spricht man von einem **Eigenkonto.** Ein solches kann auch im Wege der Stellvertretung von einem Dritten (im Namen des Kontoinhabers) eröffnet werden, wenn der Stellvertreter die entsprechende (gesetzliche oder rechtsgeschäftlich eingeräumte) Vertretungsmacht zur Kontoeröffnung hat.

185 Dass die Bestimmung des Kontoinhabers überhaupt Schwierigkeiten bereiten kann, beruht auf der Möglichkeit, ein Konto auch mit Wirkung gegenüber einem Dritten zu begründen, nämlich durch einen Vertrag zwischen dem das Konto Errichtenden und der Bank zu Rechten eines Dritten, der Kontoinhaber und Gläubiger der Einlagenforderung wird, während sich der Errichtende die Verfügungsbefugnis vorbehält. In den Fällen der Kontoeröffnung im Wege des Vertrages zugunsten Dritter, in denen Kontoinhaberschaft und Verfügungsbefugnis auseinanderfallen, liegt ein **Fremdkonto** vor.

---

[224] BGHZ 127, 229 = NJW 1995, 261; BankR-HdB/*Joeres* § 31 Rn. 2; MüKoHGB/*Herresthal* A Rn. 206.

[225] RL (EU) 2015/849 des Europäischen Parlaments und des Rates v. 20.5.2015 zur Verhinderung der Nutzung des Finanzsystems zum Zwecke der Geldwäsche und der Terrorismusfinanzierung, ABl EU 2015 Nr. L 141, 73.

[226] Gesetz zur Bekämpfung der Steuerumgehung und zur Änderung weiterer steuerrechtlicher Vorschriften (StUmgBG) v. 23.6.2017, BGBl 2017 I, 1682.

[227] Näher dazu *Hendricks* in: Gosch Abgabenordnung/Finanzgerichtsordnung, 150. Lieferung, § 154 Kontenwahrheit; Kümpel/Mülbert/Früh/Seyfried/*Kropf* Rn. 3.912 ff.; MAH BankR/Neth-Unger § 3 Rn. 15 ff.

[228] Vgl. zu den Anforderungen im Einzelnen Herzog/*Figura* Geldwäschegesetz § 11 Rn. 18 ff.; FA-BKR/*Engel/Thormann,* Kap. 2 Rn. 65 ff.

[229] BGHZ 131, 60 = NJW 1996, 190; MüKoHGB/*Herresthal* A Rn. 210; → Kap. 35 Rn. 26 ff.

Bei Errichtung eines Kontos durch einen **Dritten** (sei es als Stellvertreter oder im Wege des Vertrages zugunsten Dritter) muss die Person des Kontoinhabers eindeutig feststehen. Kontoinhaber ist, wer nach dem erkennbaren Willen des die Kontoeröffnung beantragenden Kunden Gläubiger oder Schuldner der Bank werden soll.[230] Maßgeblich ist in erster Linie der **Wille des Errichtenden,** wobei nach allgemeinen Auslegungskriterien nicht auf den inneren, sondern auf den für die Bank erkennbaren Willen abzustellen ist. Ein indizielles Kriterium, aber nicht ausschlaggebend für die Ermittlung des Parteiwillens ist die Kontobezeichnung. Es spricht eine Vermutung dafür, dass Kontoinhaber sein soll, wer bei Vertragsschluss zwischen demjenigen, der das Konto eröffnet, und der Bank als solcher bezeichnet worden ist.[231] Wo ein zusätzliches Kriterium wie (beim Sparbuch) der Buchbesitz fehlt, wird daher idR die **Kontobezeichnung** den Ausschlag geben. Auch der Anlass der Kontoeröffnung kann für die Bestimmung der Kontoinhaberschaft von Bedeutung sein. 186

5. Dispositionsbefugnis (Vertretungs- und Verfügungsmacht) über das Konto

Grundsätzlich ist der **Kontoinhaber** zur Verfügung über das auf seinen Namen lautende Konto befugt. Er kann nach allgemeinen Regeln des Zivilrechts einem Dritten die Befugnis einräumen, Dispositionen zu treffen, insbesondere Zahlungsverkehrsvorgänge in die Wege zu leiten. Soll der Dritte nur im Namen des Kontoinhabers disponieren können, handelt es sich um eine **Bevollmächtigung** (Kontovollmacht), die in unterschiedlichem Umfang erteilt werden kann. Erstreckt sich die Befugnis des Dritten auch auf ein Handeln im eigenen Namen, liegt eine **Ermächtigung** vor. 187

a) Vertretungsmacht. Hinsichtlich der Vertretungsmacht gelten für das Bankkonto die allgemeinen Regeln. Wichtigstes praktisches Beispiel ist die **gesetzliche** Vertretungsmacht der Eltern für ihre Kinder, die auch die Rechtsmacht umfasst, im Namen der Kinder über deren Bankkonten zu verfügen. Bei Konten von juristischen Personen richtet sich die Befugnis nach der organschaftlichen Vertretung; darüber hinaus kann weiteren Personen (Prokuristen, Handlungsbevollmächtigten) durch **rechtsgeschäftliche** Vollmachterteilung eine Verfügungsbefugnis über Firmenkonten eingeräumt werden. Soweit die Vertretungsmacht (zB beim Vorstand, Geschäftsführer oder Prokuristen) auf zwingendem Recht beruht, kann sie gegenüber der Bank nicht eingeschränkt werden. 188

aa) Bankvollmacht und Kontovollmacht. Bei der rechtsgeschäftlich erteilten Vollmacht ist nach dem Umfang zwischen der Bankvollmacht und der Kontovollmacht zu unterscheiden. Die **Bankvollmacht** berechtigt den Bevollmächtigten, im Namen des Vertretenen alle Handlungen im Geschäftsverkehr mit einem Kreditinstitut vorzunehmen, insbesondere über Guthaben und sonstige bei der Bank unterhaltene Vermögenswerte uneingeschränkt zu verfügen, während die **Kontovollmacht** lediglich die Verfügungsbefugnis über ein bestimmtes Konto gewährt. Für eine Kontovollmacht gibt es grundsätzlich kein Formerfordernis; schon wegen des Haftungsrisikos und aus Beweisgründen wird die Bank auf einer schriftlichen Vollmacht bestehen. 189

Die Bank- oder Kontovollmacht wird – üblicherweise formularmäßig[232] – durch einseitige empfangsbedürftige Willenserklärung erteilt. Eine Annahme durch den Bevollmächtigten ist nicht erforderlich. Die Bevollmächtigung geschieht entweder durch Erklärung gegenüber der Bank (Außenvollmacht, § 167 Abs. 1 BGB), durch Mitteilung des Vollmachtgebers über die Bevollmächtigung an die Bank (Innenvollmacht mit Kundgabe, § 171 Abs. 1 BGB) oder dadurch, dass der Bevollmächtigte der Bank eine vom Vollmachtgeber ausgestellte Vollmachtsurkunde vorlegt (§ 172 Abs. 1 BGB). Wird auf dem sog. Unterschriftenprobenblatt 190

---

[230] BGHZ 21, 148 (150); BGH NJW 1994, 931; WM 1995, 20; OLG Zweibrücken WM 1990, 754; *Hüffer/van Look* Bankkonto Rn. 36.

[231] BGHZ 21, 148 (150); BGH WM 1966, 1246 (1248); GroKoHGB/*Grundmann* Bankvertragsrecht 2. Teil Rn. 194.

[232] Näher zu Vollmachtsvordrucken BankR-HdB/*Lwowski/Lorenz* § 34 Rn. 21 ff..

eine Person als zeichnungsberechtigt benannt, so ist sie der Bank gegenüber auch dann vertretungsberechtigt, wenn der Kunde dem Benannten keine Vollmacht erteilt hat. Das Unterschriftenblatt ist insoweit eine Mitteilung iS des § 171 BGB.[233]

191 **bb) Vorsorgevollmacht.** Zunehmende Bedeutung gewinnen aufgrund der demographischen Entwicklung die sog. Vorsorgevollmachten. Eine **Vorsorgevollmacht** ist eine Generalvollmacht, von der der Bevollmächtigte nur Gebrauch machen soll, wenn der Vollmachtgeber aufgrund körperlicher oder geistiger Gebrechen nicht mehr in der Lage ist, seine Angelegenheiten selbst zu regeln.[234] Die Banken halten eigene Formulare zur Erteilung einer Vorsorgevollmacht bereit. In diesen Vordrucken ist ausdrücklich festgehalten, dass die Bank nicht prüft, ob der „Vorsorgefall" beim Kontoinhaber/Vollmachtgeber eingetreten ist.[235]

192 Wenn der gebrechlich gewordene Kontoinhaber keine Vollmacht erteilt hat, kommt die Bestellung eines Betreuers in Betracht. In seinem Aufgabenkreis ist der Betreuer gesetzlicher Vertreter des Betreuten, § 1902 BGB. Soweit der Betreuer auch für die Vermögenssorge bestellt ist, kann er den Betreuten auch gegenüber der Bank vertreten. Nach § 1812 Abs. 1 iVm § 1908i Abs. 2 BGB darf der Betreuer eine Leistung mit Wirkung für den Betreuten nur annehmen, wenn das Familiengericht zustimmt. Die auf den Betreuer anwendbare Vorschrift des § 1813 Abs. 1 Nr. 2 BGB macht davon eine Ausnahme, wenn der Anspruch den Wert von 3.000 EUR nicht übersteigt.[236] Nach hM kommt es für den Wert nicht auf die Höhe der einzelnen Kontoverfügung an, sondern auf die Höhe des gesamten Kontoguthabens.[237] Dies hat zur Folge, dass auch bei Verfügungen über kleinere Beträge eine Genehmigung erforderlich ist, wenn das Kontoguthaben den Grenzwert übersteigt. Verfügungen über Guthaben auf einem Giro- oder Kontokorrentkonto sind unabhängig von der konkreten Guthabenhöhe genehmigungsfrei.[238]

193 **cc) Trans- und postmortale Vollmacht.** Mit dem Tod des Kontoinhabers geht das Konto auf den oder die Erben über. Auf den Bestand einer vom Kontoinhaber erteilten Vollmacht hat dies keinen Einfluss, weil nach dem Gesetz (§ 168 iVm § 672 BGB) und kraft ausdrücklicher Regelung in den einschlägigen Vollmachtsformularen die Vollmacht über den Tod des Vollmachtgebers hinaus fortbesteht **(transmortale Vollmacht).** Solange eine über den Tod hinaus wirkende Vollmacht nicht widerrufen ist, muss eine Bank die ihr vom Bevollmächtigten erteilten Weisungen ausführen, ohne verpflichtet zu sein, die Zustimmung der Erben abzuwarten oder durch Zuwarten den Widerruf der postmortalen Vollmacht zu ermöglichen.[239] Eine transmortale Kontovollmacht unter Eheleuten berechtigt einen Ehepartner nicht nach dem Tod des anderen zur Umschreibung des Kontos auf sich.[240] Schon zu Lebzeiten des Erblassers hätte der Ehegatte nicht allein aufgrund der Kontovollmacht das Konto aufzulösen oder auf andere Art in die Vertragsstellung des Vollmachtgebers eingreifen können.

194 Die Vollmacht kann auch so gestaltet sein, dass sie erst nach dem Tod des Kontoinhabers wirksam werden soll **(postmortale Vollmacht).** Die postmortale unterscheidet sich von der transmortalen Vollmacht nur hinsichtlich des Beginns, vertretungsrechtlich gelten dieselben Grundsätze. Postmortale Vollmachten sollen dem Bevollmächtigten die Abwicklung des Erbfalls ermöglichen. Da die Legitimation des Bevollmächtigten bereits bei Erteilung der

---

[233] *Hüffer/van Look* Bankkonto Rn. 71.

[234] Formulare für Vorsorgevollmachten werden vom Bundesjustizministerium (auch auf seiner Homepage zum Download) zur Verfügung gestellt.

[235] Zu weiteren Fragen der Vorsorgevollmacht *Zimmermann* BKR 2007, 226; → Kap. 35 Rn. 113 ff.

[236] Bestimmte Personen (befreite Betreuer) sind vom Genehmigungserfordernis befreit (§ 1908i Abs. 2 S. 2 iVm §§ 1857a, 1852 Abs. 2 S. 1 BGB).

[237] OLG Karlsruhe WM 2001, 1899; OLG Köln FGPrax 2007, 124; Palandt/*Götz* BGB § 1813 Rn. 3.

[238] Kümpel/Mülbert/Früh/Seyfried/*Kropf* Rn. 3.959.

[239] BGHZ 127, 239 = NJW 1995, 250; BeckOK BGB/*Müller-Christmann* BGB § 1922 Rn. 55.

[240] BGH NJW-RR 2009, 979; Palandt/*Ellenberger* BGB § 167 Rn. 9; **aA** OLG Hamm NJW-RR 1995, 564.

Vollmacht gegenüber der Bank erfolgt ist, bedarf es nach dem Erbfall keines weiteren Nachweises der Legitimation.

b) Einschränkungen der Vertretungsmacht. Einschränkungen der Vertretungsmacht muss die Bank gegen sich gelten lassen, soweit diese nicht nur eine Bindung im Innenverhältnis enthalten, sondern das Außenverhältnis betreffen. Von der Kontovollmacht gedeckt sind die Geschäfte, die mit der Kontoführung in unmittelbarem Zusammenhang stehen. Die Kontovollmacht berechtigt nicht zum Abschluss von Kreditverträgen, wohl aber zu vorübergehenden Kontoüberziehungen im banküblichen Rahmen.[241] Eine insoweit unbeschränkte Formularvollmacht verstößt gegen § 305c Abs. 1 und § 307 Abs. 1 S. 1 BGB.[242] Ein Gesamtvertreter kann den anderen zur Vornahme bestimmter Geschäfte ermächtigen, die Ermächtigung darf in ihrem Umfang allerdings nicht so weit gehen, dass der Schutzzweck der Gesamtvertretung ausgehöhlt wird.[243] Das Auftreten eines vollmachtlosen Vertreters muss sich der Kontoinhaber uU nach allgemeinen Rechtsscheinsgrundsätzen zurechnen lassen. **195**

c) Missbrauch der Vertretungsmacht. In der Praxis der Banken spielt der Missbrauch der Vertretungsmacht wegen der Möglichkeit der Verfügung über fremdes Vermögen eine erhebliche Rolle. Die Bank hat grundsätzlich nicht die Pflicht, das Innenverhältnis zwischen dem Kunden und seinem Vertreter zu überwachen. Sie trifft auch keine Prüfungspflicht, ob und in welchem Umfang der Vertreter im Innenverhältnis gebunden ist, von einer nach außen unbeschränkten Vertretungsmacht nur begrenzten Gebrauch zu machen.[244] Auf das Bestehen der Vertretungsmacht kann sie sich allerdings dann nicht berufen, wenn ihr der Missbrauch bekannt war oder sich ihr aufdrängen musste. Bestehen schwerwiegende Verdachtsgründe, darf eine Bank davor nicht die Augen verschließen; sie muss sich in einem solchen Fall uU durch Rückfragen vergewissern.[245] Derartige Verdachtsgründe können beispielsweise sein die Überweisung auf ein Konto des Bevollmächtigten oder eine Barauszahlung in ungewöhnlicher Höhe.[246] **196**

Das Verbot des Selbstkontrahierens (§ 181 BGB) ist beim Handeln eines Bevollmächtigten zu beachten, hilft allerdings nicht weiter in Fällen, in denen der Stellvertreter Beträge missbräuchlich auf sein eigenes Konto überweist oder für eigene Zwecke vom Konto abhebt. Denn die Abhebung oder Überweisung ist ein Rechtsgeschäft zwischen der Bank und dem (durch den Bevollmächtigten vertretenen) Kontoinhaber, nicht aber ein solches zwischen dem Vertreter und dem Kontoinhaber. **197**

d) Verfügungsmacht. Bei der **Verfügungsmacht** im Zusammenhang mit einem Bankkonto geht es um die Rechtsmacht, im eigenen Namen über ein fremdes Konto zu verfügen. Die rechtliche Möglichkeit hierzu kann durch rechtsgeschäftliche Erteilung nach § 185 BGB geschaffen werden, aber auch dadurch, dass jemand ein Konto im Wege eines Vertrages zugunsten Dritter einrichtet, sich aber die Verfügungsmacht darüber vorbehält. Schließlich gibt es einige Sonderfälle, in denen Kontoinhaberschaft und Verfügungsbefugnis auseinanderfallen, etwa bei Bestellung eines Insolvenzverwalters (§ 80 InsO), eines Testamentsvollstreckers (§ 2205 BGB) und nach einer Kontenpfändung. Ein praktisches Bedürfnis für die Einräumung der Verfügungsmacht über ein fremdes Konto kann auftreten, wenn ein Dritter – zB der Ehegatte – ebenso wie der Kontoinhaber in der Lage sein soll, über das Konto zu verfügen, zugleich aber die aus einer Mitinhaberschaft entstehenden Gefahren (Mithaftung für ein etwaiges Debet) vermieden werden sollen. Außerdem liegt die Ermäch- **198**

---

[241] *Canaris* Bankvertragsrecht Rn. 165; Derleder/Knops/Bamberger/*Singer* § 38 Rn. 47.
[242] MüKoHGB/*Herresthal* A Rn. 221.
[243] BGHZ 34, 27 (30); MüKoHGB/*Herresthal* A Rn. 222.
[244] BankR-HdB/*Dauber* § 32 Rn. 30; Kümpel/Mülbert/Früh/Seyfried/*Kropf* Rn. 3.982.
[245] BGH WM 1966, 491 (493); 1994, 1204; Kümpel/Mülbert/Früh/Seyfried/*Kropf* Rn. 3.982.
[246] BGH WM 1966, 491 (493); 1986, 418; weitere Bsp. bei *Canaris* Bankvertragsrecht Rn. 171.

tigung idR den verdeckten und offenen Treuhandkonten zugrunde, für die besondere Regelungen gelten.[247]

6. Girokonto/Girovertrag

199 **a) Allgemeines.** Girokonten dienen der Durchführung des laufenden Zahlungsverkehrs. Ihnen zugrunde liegt ein **Girovertrag,** in dem die Bank sich verpflichtet, ein Konto für den Kunden zu führen, über das der bargeldlose Zahlungsverkehr verbucht wird. Durch das Überweisungsgesetz vom 21.7.1999 hatte der Girovertrag in § 676f BGB eine (lückenhafte) gesetzliche Regelung gefunden, die nur bis zum Inkrafttreten des neuen Zahlungsverkehrsrechts am 31.10.2009 Bestand hatte. Mit der Konstruktion des Zahlungsdiensterahmenvertrags ist der Gesetzgeber wieder zu dem Grundmodell eines Giro- oder Rahmenvertrags zurückgekehrt.[248] Der Girovertrag herkömmlicher Prägung, der einen **Geschäftsbesorgungsvertrag mit dienstvertraglichen Elementen** darstellt,[249] verpflichtet das Kreditinstitut zu Diensten, die nach neuem Recht als Zahlungsdienste zu werten sind, sodass er nunmehr als **Zahlungsdiensterahmenvertrag** nach § 675f Abs. 2 BGB einzuordnen ist[250] mit einer Reihe von (gem. § 675f Abs. 2 S. 2 BGB zulässigerweise) vereinbarten Zusatzleistungen. Da dem klassischen Girokonto für den bargeldlosen Zahlungsverkehr somit weiterhin zentrale Bedeutung zukommt, ist dieses auch Gegenstand der folgenden Ausführungen, ohne dass durchgehend zwischen Girokonto und Zahlungskonto, zwischen Girovertrag und Zahlungsdiensterahmenvertrag unterschieden wird. Auf Änderungen der Rechtslage infolge der Regelungen in §§ 675c–676c BGB wird im jeweiligen Zusammenhang eingegangen.

200 Der Vertragsschluss richtet sich nach allgemeinen Regeln und vollzieht sich in der Weise, dass das Kreditinstitut einen von ihm vorformulierten Antrag des Kunden auf Eröffnung eines Girokontos entgegennimmt. Wegen der steuerrechtlich und durch das Geldwäschegesetz gebotenen Prüfung der Identität des Kontoinhabers[251] wird idR dessen persönliche Anwesenheit für den Vertragsschluss erforderlich sein.

201 **b) Inhalt.** Nach § 675f Abs. 2 BGB ist der Zahlungsdienstleister verpflichtet, für den Zahlungsdienstnutzer ein Zahlungskonto einzurichten und zu führen. Das Kreditinstitut übernimmt in dem auf Dauer angelegten Rechtsverhältnis neben der Verpflichtung zur Führung eines laufenden Kontos die Verpflichtung zur Ausführung von Zahlungsvorgängen, worunter nach § 675f Abs. 3 BGB jede Bereitstellung, Übermittlung oder Abhebung eines Geldbetrags zu verstehen ist.

202 Im Einzelnen verpflichtet sich die Bank im Zahlungsdiensterahmenvertrag wie bisher im herkömmlichen Girovertrag, sämtliche Zahlungsverkehrsvorgänge zugunsten ihres Kunden oder zu seinen Lasten auf dem Girokonto zu verbuchen, dh Geldeingänge (aus Überweisungen oder Bareinzahlungen) entgegen zu nehmen und gut zu schreiben, Überweisungen (im Rahmen eines Guthabens oder einer eingeräumten Kreditlinie) auf andere Konten auszuführen und Lastschriften (im Rahmen eines Guthabens oder einer eingeräumten Kreditlinie) einzulösen. Im Girovertrag sind die von dem Kreditinstitut zu erbringenden Leistungen nur gattungsmäßig bestimmt, die konkrete Leistungspflicht wird im Einzelfall erst durch eine Weisung des Kontoinhabers ausgelöst. Jeder dieser Vorgänge schlägt sich in einer Buchung auf dem Konto in Form einer Gutschrift oder einer Belastungsbuchung nieder.

---

247 Vgl. → Kap. 35 Rn. 43 ff.

248 Die Zahlungsdiensterichtlinie verwendet den Begriff des Girovertrags allerdings nicht.

249 BGHZ 84, 371 = NJW 1982, 2193; Claussen/*van Look* Bank- und Börsenrecht § 2 Rn. 55.

250 BankR-HdB/*Schmieder* § 47 Rn. 1a; Derleder/Knops/Bamberger/*Singer* § 38 Rn. 5; Palandt/*Sprau* BGB § 675f Rn. 11, 22; PWW/*Fehrenbacher* BGB § 675f Rn. 17; jurisPK BGB-*Schwintowski* § 675f Rn. 5; *Grundmann* WM 2009, 1109 (1113); *Meckel* jurisPR-BKR 12/2009 Anm. 1; *Köndgen* JuS 2011, 481 (485). S. auch BT-Drs. 16/11643, 102.

251 → Rn. 182.

203 Die Einziehung der vom Kunden zum Inkasso eingereichten Schecks wird in der Regel im Rahmen einer Nebenabrede vereinbart.[252] Das Recht des Kunden, sein Guthaben auf einem Girokonto bar abzuheben, ist ebenfalls nicht Bestandteil des Girovertrags. Nach bisher hM ergibt sich dieses vielmehr aus einem – mit dem Girovertrag zustande kommenden, aber davon rechtlich zu trennenden – unregelmäßigen Verwahrungsvertrag iS des § 700 BGB.[253] Da die Abhebung eines Geldbetrags nach § 675f Abs. 3 BGB zu den Zahlungsvorgängen zählt, spricht einiges dafür, ein einheitliches Vertragsverhältnis anzunehmen.[254] Nicht notwendig mit dem Girovertrag ist die Abrede verbunden, über das Guthaben mittels Scheck verfügen zu können, hierzu bedarf es einer gesonderten Scheckabrede. Auch eine Verpflichtung zur Einziehung von Lastschriften ergibt sich nicht aus dem Girovertrag; sie setzt eine besondere Zulassung des Kunden zu diesem Verfahren voraus. Soweit im Girovertrag solche Zusatzleistungen vereinbart sind, die nicht Zahlungsdienste iS von § 1 Abs. 2 ZAG sind, dürften auf sie §§ 675c–676c BGB anwendbar sein, wenn sie nach dem Willen der Vertragsparteien keinen selbstständigen Vertragsbestandteil bilden.[255]

204 **c) Buchungen.** Das Girokonto wird als laufende Rechnung vom Kreditinstitut in der Weise geführt, dass eigene Forderungen gegen den Kunden als **Belastung,** Forderungen oder Leistungen des Kunden als **Gutschrift** gebucht werden. Die Buchungen eines Tages ergeben als rein rechnerisches Ergebnis den jeweiligen Tagessaldo.[256] Über einen Habensaldo kann der Kunde nach der Giroabrede jederzeit, und nicht erst beim nächsten periodischen Rechnungsabschluss verfügen.

205 Die Giroabrede verpflichtet die Bank, für den Kunden bestimmte Geldeingänge entgegenzunehmen und dem Girokonto gutzuschreiben. Auch nach neuem Recht ist dabei zwischen dem **Anspruch auf Gutschrift** und dem **Anspruch aus** erteilter **Gutschrift** zu unterscheiden. Bisher hat man den Anspruch auf Gutschrift aus dem Charakter des Girovertrags als Geschäftsbesorgungsvertrag und damit aus §§ 675 Abs. 1, 667 BGB abgeleitet, gerichtet auf Herausgabe dessen, was die Bank „erlangt" hat,[257] wobei die Bank diesen „Herausgabeanspruch" durch Begründung einer selbstständigen Forderung des Kunden in Höhe des zugeflossenen Gegenwerts in Form einer Gutschrift erfüllt.[258] Nunmehr kann der Anspruch auf § 675t Abs. 1 S. 1 BGB gestützt werden.[259] Dem Kontoinhaber steht der Anspruch auf Gutschrift mit dem Eingang eines Geldbetrags (buchmäßige Deckung[260]) zu.

206 Die Verbuchung eines Zahlungseingangs auf dem Girokonto (Gutschrift) stellt ein **abstraktes Schuldanerkenntnis** oder Schuldversprechen der Bank gegenüber dem Kunden dar.[261] Sie begründet eine selbstständige – von dem Grund des Anerkenntnisses oder des Versprechens, unabhängige – Forderung des Kontoinhabers gegen die Bank. Das Anerkenntnis beruht auf dem Girovertrag und kommt durch die einseitige in der Gutschrift

[252] *Canaris* Bankvertragsrecht Rn. 688; BankR-HdB/*Schmieder* § 47 Rn. 7.

[253] BGHZ 84, 371 = NJW 1982, 2193; BGHZ 131, 60 = NJW 1996, 190; OLG Celle WM 1981, 780; BankR-HdB/*Schimansky* (3. Aufl.) § 47 Rn. 26; *Canaris* Bankvertragsrecht Rn. 318, aA *Deiger* ZIP 1981, 583 (584); *Peckert* S. 66.

[254] → Kap. 2 BGB § 675f Rn. 13; bisher schon *Mülbert* FS Kümpel, 2003, 395 (402 ff.); am Verwahrungsvertrag festhaltend BankR-HdB/*Schmieder* § 47 Rn. 1b; jetzt auch Palandt/*Sprau* BGB § 675f Rn. 27.

[255] BankR-HdB/*Schmieder* § 47 Rn. 1b; Palandt/*Sprau* BGB § 675f Rn. 11.

[256] Der Tagessaldo beruht nicht auf einer Saldierung im kontokorrentrechtlichen Sinne → Rn. 237; BGH NJW 1982, 2193.

[257] *Canaris* Bankvertragsrecht Rn. 399.

[258] BGH NJW 1978, 699; BGHZ 93, 315 = NJW 1985, 1218.

[259] → Kap. 3 BGB § 675t Rn. 2; Palandt/*Sprau* BGB § 675t Rn. 4; zweifelnd BankR-HdB/*Schmieder* § 47 Rn. 10.

[260] Buchmäßige Deckung kann auch durch Bareinzahlung oder durch Gutschrift auf einem Nostrokonto der Bank bei einer anderen Bank entstehen oder im Überweisungsverkehr durch Belastung des Kontos des Auftraggebers vgl. BGH NJW-RR 1990, 366; BGHZ 118, 171 (176) = NJW 1992, 1960.

[261] BGHZ 103, 143 = NJW 1988, 1320; BGHZ 105, 263 = NJW 1989, 300; BGHZ 150, 122 (128) = NJW 2002, 1722; *Canaris* Bankvertragsrecht Rn. 415; Kümpel/Mülbert/Früh/Seyfried/*Werner* Rn. 4.28. Daran hat sich durch die Neuregelung des Zahlungsdiensterechts nichts geändert; → Kap. 3 BGB § 675t Rn. 7b; *Grundmann* WM 2009, 1109 (1113).

selbst liegende Erklärung der Bank zustande.[262] Eine Annahme der Gutschrift durch den Begünstigten ist nicht erforderlich; er braucht von der Gutschrift keine Kenntnis zu erlangen.

207 Eine **Belastungsbuchung** hat ausschließlich deklaratorische Bedeutung. Sie gibt lediglich die Behauptung der Bank wieder, eine Forderung in dieser Höhe gegen den Kunden zu haben. [263] Besteht die Forderung nicht, so ist die Belastungsbuchung unwirksam und der Kunde kann die Beseitigung der Fehlbuchung verlangen. Bei nicht autorisierten Zahlungsvorgängen folgt dies aus § 675u S. 2 BGB, sonst aus § 667 BGB.[264]

208 **d) Informationspflichten.** In Umsetzung der Zahlungsdiensterichtlinie statuiert § 675d BGB iVm Art. 248 §§ 1 ff. EGBGB umfangreiche vertragliche und vorvertragliche (vgl. Art. 248 § 4 EGBGB) Informationspflichten.[265] Geregelt ist nicht nur, welche konkreten Informationen zu erteilen sind, sondern auch die Art und Weise, wie das zu geschehen hat, wobei das Gesetz zwischen „mitteilen oder übermitteln" (vgl. Art. 248 § 3 EGBGB) und „zur Verfügung stellen oder zugänglich machen" (zB § 675a BGB) unterscheidet. Soweit eine „Mitteilung" erforderlich ist, genügt ein Aushang in den Räumen des Kreditinstituts nebst Hinweis hierauf im Vertrag nicht.[266] Üblicherweise werden dem Kunden die entsprechenden Unterlagen (insbesondere AGB und Auszüge aus dem Preis- und Leistungsverzeichnis) bei der Kontoeröffnung ausgehändigt. Im Streitfall muss der Zahlungsdienstleister beweisen, dass er die Informationen mitgeteilt oder – wo dies ausreicht – zur Verfügung gestellt hat (§ 675d Abs. 2 BGB).

209 **e) Entgelte.** § 675f Abs. 5 BGB verpflichtet den Zahlungsdienstnutzer, dem Zahlungsdienstleister das für die Erbringung eines Zahlungsdienstes vereinbarte[267] Entgelt zu entrichten. Für die Erfüllung von Nebenpflichten hat der Zahlungsdienstleister nur dann einen Anspruch auf ein Entgelt, sofern dies zugelassen[268] und zwischen dem Zahlungsdienstnutzer und dem Zahlungsdienstleister vereinbart worden ist; dieses Entgelt muss angemessen und an den tatsächlichen Kosten des Zahlungsdienstleisters ausgerichtet sein (§ 675f Abs. 5 S. 2 BGB). Für die gesetzlich vorgeschriebenen Informationen gilt die Sonderregelung des § 675d Abs. 3 BGB. Danach darf der Zahlungsdienstleister im Regelfall kein Entgelt verlangen; es sei denn, er hat auf Verlangen des Zahlungsdienstnutzers Informationen über das gesetzlich vorgeschriebene Maß hinaus erbracht, dh häufiger (Nr. 1), inhaltlich umfangreicher (Nr. 2) oder nach der Übermittlungsart aufwändiger (Nr. 3).

210 Soweit keine individualvertraglichen Vereinbarungen getroffen werden, regeln die Kreditinstitute die Kosten der Bankdienstleistungen in den Allgemeinen Geschäftsbedingungen. **Nr. 12 AGB-Banken** unterscheidet dabei zwischen dem Privatkundengeschäft und dem Geschäftskreis außerhalb des Privatkundenbereichs. Außerhalb des Privatkundengeschäfts ist die Bank nach Nr. 12 Abs. 2 AGB-Banken befugt, die Höhe von Zinsen und Entgelten nach billigem Ermessen (§ 315 BGB) zu bestimmen. Ob eine durch die Bank getroffene Bestimmung der Billigkeit entspricht, ist nach den von der Rechtsprechung zu § 315 BGB entwickelten Kriterien zu prüfen.[269] Für das Privatkundengeschäft enthält Nr. 12 Abs. 1 AGB-Banken eine originäre Preisvereinbarung.[270] Danach ergeben sich die Höhe der Zinsen und Entgelte für die im Privatkundengeschäft üblichen Kredite und Leistungen aus

[262] Zu den unterschiedlichen rechtlichen Begründungsansätzen vgl. *Canaris* Bankvertragsrecht Rn. 416; *Hadding/Häuser* WM 1988, 1149.

[263] BGHZ 150, 122 (128) = NJW 2002, 1722; BGHZ 107, 192 (197) = NJW 1989, 2120; BGHZ 105, 263; *Canaris* Bankvertragsrecht Rn. 345; BankR-HdB/*Schmieder* § 47 Rn. 51.

[264] BankR-HdB/*Schmieder* § 47 Rn. 51; Palandt/*Sprau* BGB § 675f Rn. 25.

[265] IE → Kap. 2 BGB § 675d Rn. 1 ff.

[266] Palandt/*Sprau* EGBGB Art. 248 § 4 Rn. 3.

[267] Selbstverständlich könnte auch Unentgeltlichkeit vereinbart werden; BT-Drs. 16/11 643, 102.

[268] Regelungen finden sich in §§ 675o Abs. 1 S. 4, 675p Abs. 4 S. 3; 675y Abs. 3 S. 3 sowie in § 675d Abs. 3 BGB.

[269] Näher Bunte/Zahrte/*Bunte* AGB-Banken Rn. 247.

[270] Kümpel/Mülbert/Früh/Seyfried/*Kropf* Rn. 3.487.

dem **Preisaushang** und ergänzend aus dem Preis- und Leistungsverzeichnis der Bank. Durch die Bezugnahme werden die jeweiligen Aushänge und Verzeichnisse als Leistungsvereinbarung integraler Bestandteil eines Vertrages. Der „dynamische Verweis" hat zur Folge, dass in jedem einzelnen Bankgeschäft derjenige Preis vereinbart ist, der sich aus der aktuellen Fassung der Verzeichnisse ergibt. Während Preisaushänge ursprünglich Ergebnis einer Selbstverpflichtung der Kreditinstitute waren, erfüllen sie heute die Anforderungen der Preisangabenverordnung, insbesondere der § 1 Abs. 1, §§ 3, 5 und 6 PAngV. Für Leistungen, die nicht in dem Preisaushang oder Preisverzeichnis aufgeführt sind, verweist Nr. 12 Abs. 1 S. 3 AGB-Banken auf „die gesetzlichen Vorschriften".[271]

Die Banken und Sparkassen haben ihre AGB an das neue Zahlungsverkehrsrecht und an die Rechtsprechung zur Zulässigkeit von Bankentgelten angepasst. Nach Nr. 12 Abs. 3 AGB-Banken bzw. Nr. 17 Abs. 4 AGB-Sparkassen wird kein Entgelt für Leistungen berechnet, zu deren Erbringung das Kreditinstitut kraft Gesetzes oder aufgrund einer vertraglichen Nebenpflicht verpflichtet ist oder die es im eigenen Interesse wahrnimmt, es sei denn, es ist gesetzlich zulässig und wird nach Maßgabe der gesetzlichen Regelungen erhoben. Nr. 12 Abs. 7 AGB-Banken (Nr. 17 Abs. 8 AGB-Sparkassen) verweist für Zahlungsdiensteverträge mit Verbrauchern für Zahlungen innerhalb des Europäischen Wirtschaftsraums auf die vertraglichen Vereinbarungen und Sonderbedingungen. **211**

Die Bereitstellung des Kontos für die Teilnahme am bargeldlosen Zahlungsverkehr und die Erfüllung der sich daraus ergebenden Pflichten galten seit jeher als girovertragliche Leistungen, für die die Bank ein Entgelt in Form von **Kontoführungsgebühren** verlangen kann. Daran hat sich durch das neue Zahlungsverkehrsrecht nichts geändert. Die Preismodelle der Banken sind höchst unterschiedlich (pauschale Kontoführungsgebühren, kostenlose Kontoführung unter bestimmten Voraussetzungen, Gebühren für einzelne Dienstleistungen), was einen Vergleich erschwert. Da es sich bei den Preisaushängen und -verzeichnissen um AGB iS des § 305 Abs. 1 BGB handelt, können die einzelnen Entgeltklauseln grundsätzlich einer Inhaltskontrolle nach §§ 307–309 BGB unterzogen werden.[272] **212**

Nach § 307 Abs. 3 S. 1 BGB ist eine **Inhaltskontrolle** von AGB-Klauseln allerdings nur möglich, wenn diese von Rechtsvorschriften abweichen oder diese ergänzen. Der Inhaltskontrolle entzogen sind Abreden, die ihrer Art nach nicht der Regelung durch Gesetz oder andere Rechtsvorschriften unterliegen, sondern von den Vertragspartnern festgelegt werden müssen. Damit scheiden als Prüfungsgegenstand Abreden aus, die Art und Umfang der vertraglichen Leistungspflichten unmittelbar regeln. Da der im Bürgerlichen Recht geltende Grundsatz der Vertragsfreiheit auch das Recht der Parteien umfasst, den Preis für eine Ware oder eine Dienstleistung frei zu bestimmen, stellen Preisvereinbarungen für Haupt- und Nebenleistungen im nicht preisregulierten Markt weder eine Abweichung noch eine Ergänzung von Rechtsvorschriften dar und unterliegen daher grundsätzlich nicht der Inhaltskontrolle.[273] Nicht zu den kontrollfähigen Abreden gehören neben den Bestimmungen über den Preis der vertraglichen Hauptleistung auch solche Klauseln, die das Entgelt für eine zusätzlich angebotene Sonderleistung regeln, wenn für eine solche Sonderleistung keine rechtlichen Bestimmungen bestehen.[274] **213**

Kontrollfähig sind dagegen **(Preis-)Nebenabreden,** dh Abreden, die zwar mittelbare Auswirkungen auf Preis und Leistung haben, an deren Stelle aber, wenn eine wirksame vertragliche Regelung fehlt, dispositives Gesetzesrecht treten kann.[275] Ob eine Preishaupt- oder eine Preisnebenabrede vorliegt, bestimmt sich nicht danach, ob ein Entgelt als Preis in **214**

[271] Damit sind § 612 BGB und § 354 HGB angesprochen, Kümpel/Mülbert/Früh/Seyfried/*Peterek* Rn. 6.347.

[272] Zum Verhältnis des § 675f Abs. 4 S. 2 BGB zur AGB-Kontrolle vgl. → Kap. 2 BGB § 675f Rn. 68.

[273] BGHZ 141, 380 = NJW 1999, 2276. Allerdings gilt auch für vertraglich vereinbarte Hauptleistungspflichten das Transparenzgebot des § 307 Abs. 1 S. 2, Abs. 3 S. 2 BGB; dazu *Nobbe* WM 2008, 185 (187).

[274] BGHZ 133, 10 = WM 1996, 1080; BGH NJW 2002, 2386.

[275] BGHZ 114, 330 = NJW 1991, 1953; BGHZ 124, 254 (256) = NJW 1994, 318.

ein Preisverzeichnis aufgenommen wird.[276] In der Rechtsprechung hat sich zur Frage der Angemessenheit von Preisnebenabreden eine umfangreiche Kasuistik entwickelt, die hier nicht näher dargestellt werden kann.[277]

7. Beendigung der Kontoverbindung

215 Die Kontoverbindung als Rechtsverhältnis endet durch einvernehmliche Auflösung (Aufhebungsvertrag), durch einseitige Kündigung und durch die Insolvenz des Kunden.[278]

216 **a) Kündigung.** Da die aufgrund des herkömmlichen Girovertrags von dem Kreditinstitut zu erbringenden Leistungen als solche „höherer Art" iS des § 627 Abs. 1 BGB eingestuft wurden, hatte man früher für beide Teile ein Kündigungsrecht ohne Vorliegen eines Grundes angenommen.[279] Jetzt regelt § 675h BGB sowohl für den Zahlungsdienstleister als auch für den Zahlungsdienstnutzer abschließend, unter welchen Voraussetzungen ein Recht zur ordentlichen Kündigung eines Zahlungsdiensterahmenvertrags besteht. Die Erklärung der Kündigung kann auch durch konkludentes Verhalten erfolgen. Sie ist im Zweifel nicht schon in der Abhebung des gesamten Guthabens durch den Kunden oder in einer Sperrung des Kontos durch die Bank zu sehen, da beide Maßnahmen nicht den Willen zu einer endgültigen Beendigung des Giroverhältnisses erkennen lassen.[280]

217 **aa) Ordentliche Kündigung.** Dem **Zahlungsdienstnutzer** kann nach § 675h Abs. 1 BGB einen Zahlungsdiensterahmenvertrag grds. **jederzeit** kündigen, auch wenn für den Vertrag eine feste Laufzeit vereinbart wurde. Auf dieses Kündigungsrecht ist der Zahlungsdienstnutzer nach Art. 248 § 4 Abs. 1 Nr. 6 lit. c EGBGB vor Vertragsschluss hinzuweisen. Im Rahmenvertrag (§ 675f Abs. 2 BGB) kann eine Kündigungsfrist vorgesehen werden; diese darf einen Monat nicht übersteigen. Nr. 18 AGB-Banken sehen in zulässiger Weise ein jederzeitiges Kündigungsrecht des Kunden für einzelne Geschäftsbeziehungen vor, für die weder eine Laufzeit noch eine abweichende Kündigungsregelung vereinbart ist.

218 Im Gegensatz dazu besteht gemäß § 675h Abs. 2 ein Kündigungsrecht des **Zahlungsdienstleisters** nur dann, wenn es sich um einen auf unbestimmte Zeit geschlossenen Vertrag handelt und das Kündigungsrecht vereinbart (vgl. Nr. 19 AGB-Banken) wurde. Darüber hinaus darf die Kündigungsfrist, die der Zahlungsdienstleister einhalten muss, zwei Monate nicht unterschreiten. Außerdem unterliegt seine Kündigungserklärung – anders als diejenige des Zahlungsdienstnutzers – nach Abs. 2 S. 2 den Formvorschriften des Art. 248 § 2 und § 3 EGBGB. Nach Nr. 19 Abs. 1 S. 2 AGB-Banken muss die Bank bei der Bemessung der Kündigungsfrist auf die berechtigten Belange des Kunden Rücksicht nehmen.[281] Die Frist sollte so bemessen sein, dass der Kunde eine neue Bankverbindung finden kann. Soweit landesrechtliche Vorschriften oder „Selbstverpflichtungen" gegenüber der öffentlichen Hand eine Abschlusspflicht der Sparkassen auch für Girokonten vorsehen und man von einem Kontrahierungszwang ausgehen muss,[282] kann eine Kündigung ausgeschlossen sein.[283]

219 **bb) Kündigung aus wichtigem Grund.** Die Voraussetzungen für eine außerordentliche Kündigung werden von § 675h BGB (im Einklang mit Art. 45 ZDRL) nicht geregelt. Eine

---

[276] BGH NJW 2002, 2386.

[277] Vgl. Kümpel/Mülbert/Früh/Seyfried/*Kropf* Rn. 3.721 ff.; *Nobbe* WM 2008, 185; Bunte/Zahrte/*Bunte* AGB-Banken Nr. 12 Rn. 248 ff.; *Jordans* DZWIR 2015, 201; *Kropf/Habl* BKR 2015, 316.

[278] Die Insolvenz des Kreditinstituts lässt die Wirksamkeit des Girovertrags unberührt, *Canaris* Bankvertragsrecht Rn. 511; Derleder/Knops/Bamberger/*Singer* § 38 Rn. 34.

[279] BGH NJW 1991, 978; *Canaris* Bankvertragsrecht Rn. 489. Die Kündigung durch das Kreditinstitut durfte nicht zur Unzeit (§ 627 Abs. 2 BGB) erfolgen.

[280] *Canaris* Bankvertragsrecht Rn. 490.

[281] Zur Frage, ob ein Kreditinstitut die Kontoverbindung mit einer Partei oder Organisation, die verfassungsfeindliche Ziele verfolgt, wegen des drohenden Imageschadens kündigen darf, vgl. BGH NJW 2003, 1658; *Unger-Hellmich/Stephan* BKR 2009, 441.

[282] → Rn. 129; GroKoHGB/*Grundmann* Bankvertragsrecht 2. Teil Rn. 126.

[283] → Kap. 2 BGB § 675h Rn. 20; *Hadding* WuB I B 6.-1.94.

fristlose Kündigung ist bei Vorliegen eines wichtigen Grundes möglich, wenn die Fortsetzung der Geschäftsbeziehung unzumutbar ist (vgl. Nr. 18 Abs. 2 AGB-Banken). Es gelten die allgemeinen Grundsätze für die fristlose Kündigung von Dauerschuldverhältnissen (§ 313 Abs. 3, §§ 314, 626 BGB). Danach ist ein wichtiger Grund dann gegeben, wenn bei einer Gesamtwürdigung aller Umstände des Einzelfalles und einer Abwägung der Interessen beider Vertragsparteien die Fortsetzung der Geschäftsbeziehung dem Kündigenden nicht zugemutet werden kann.[284] Keinen wichtigen Grund für eine Kündigung stellen Umstände dar, die der Bank im Zeitpunkt der Begründung der Geschäftsbeziehung bekannt waren.[285] Die unwirksame außerordentliche Kündigung kann nach § 140 BGB in eine ordentliche umgedeutet werden, da im Zweifel anzunehmen ist, dass die Bank sich von dem Kunden, der – nach ihrer Auffassung – durch seinen Verhalten einen wichtigen Grund zur außerordentlichen Kündigung gegeben hat, auf jeden Fall trennen will.[286]

Die AGB-Banken führen in Nr. 19 Abs. 3 als wichtige Gründe neben unrichtigen 220
Angaben des Kunden über seine Vermögensverhältnisse, die für die Entscheidung der Bank über eine Kreditgewährung oder über andere mit Risiken verbundene Geschäfte von erheblicher Bedeutung waren, den Eintritt oder drohender Eintritt einer wesentliche Verschlechterung der Vermögensverhältnisse des Kunden oder der Werthaltigkeit einer Sicherheit und dadurch Gefährdung der Rückzahlung von Verbindlichkeiten gegenüber der Bank. Außerdem kann ein wichtiger Grund vorliegen, wenn der Kunde seiner Verpflichtung zur Bestellung oder Verstärkung von Sicherheiten nicht innerhalb der von der Bank gesetzten angemessenen Frist nachkommt. Besteht der wichtige Grund in der Verletzung einer vertraglichen Pflicht, ist die Kündigung idR erst nach erfolglosem Ablauf einer zur Abhilfe bestimmten angemessenen Frist oder nach erfolgloser Abmahnung zulässig.

cc) Rechtsfolgen der Kündigung. Die Wirkung der Beendigung besteht darin, dass 221
die beiderseitigen Rechte und Pflichten aus dem Girovertrag entfallen und die bestehende Vermögenslage abgewickelt werden muss: Der Kunde muss einen negativen Saldo ausgleichen, die Bank ein Guthaben auszubezahlen. Nach der Beendigung des Giroverhältnisses eingehende Zahlungen braucht die Bank zwar dem Kunden nicht mehr auf dessen Konto gutzuschreiben, aufgrund einer nachwirkenden Pflicht aus § 242 BGB darf sie den Zahlungseingang nicht einfach zurücküberweisen, sondern muss den Kunden benachrichtigen und den Betrag eine angemessene Zeit (bis zu einer Entscheidung des Kunden) auf einem Konto „pro Diverse" bereithalten.[287] Nach § 675h Abs. 3 S. 1 BGB sind im Falle der Kündigung Entgelte nur anteilig bis zum Zeitpunkt der Beendigung des Vertrags zu entrichten.[288] Ob diese „regelmäßig" erhoben werden, ist entgegen dem Gesetzeswortlaut unerheblich.[289] Im Voraus gezahlte Entgelte, die auf die Zeit nach Beendigung des Vertrags fallen, sind nach § 675h Abs. 3 S. 2 BGB anteilig zu erstatten. Die Erstattungspflicht gilt jedoch nicht für solche Gebühren, die zB im Rahmen der Vertragsanbahnung zur Deckung des hiermit verbundenen Aufwandes anfallen. Zu beachten ist, dass eine Teilkündigung des Girovertrags unzulässig ist, soweit es sich bei den gekündigten Leistungen nicht um abtrennbare Geschäftsbeziehungen iS von Nr. 19 Abs. 1 S. 1 AGB-Banken handelt, weil dadurch einseitig der Inhalt des bestehenden Girovertrags verändert würde.[290]

b) Insolvenz des Kontoinhabers. Die Eröffnung des Insolvenzverfahrens über das Ver- 222
mögen eines Unternehmens oder einer Privatperson beendet die bankgeschäftliche Ver-

[284] BGHZ 154, 147 (153) = NJW 2003, 1658.
[285] OLG Köln WM 2003, 1892.
[286] OLG Köln WM 2003, 1892 (1895); BankR-HdB/*Schmieder* § 47 Rn. 31.
[287] BGH NJW 1995, 1483; 2006, 503 (betr. Insolvenz); *Canaris* Bankvertragsrecht Rn. 491; *Schimansky* FS Nobbe, 2009, 163 (165).
[288] Diese Regelung hat nur klarstellende Bedeutung, → Kap. 2 BGB § 675h Rn. 24.
[289] BeckOK BGB/*Schmalenbach* § 675h Rn. 16.
[290] BGH NJW 2006, 430.

bindung (§§ 115, 116 InsO).[291] Der Insolvenzverwalter muss daher einen neuen Girovertrag mit der Bank abschließen, was auch konkludent dadurch geschehen kann, dass der Insolvenzverwalter das Konto weiter benutzt. Auch ohne Neuabschluss eines Girovertrages hat die Bank nach § 115 Abs. 2 InsO die Verpflichtung zur Durchführung von Überweisungsaufträgen des Insolvenzverwalters, wenn mit dem Aufschub Gefahr verbunden ist. Nach dieser Vorschrift muss die Bank auch Insolvenzeröffnung eingehende Beträge gutschreiben, jedoch unter Beachtung einer Warnpflicht gegenüber dem Überweisenden.[292] Für weitere Fragen der Insolvenz wird auf Kapitel 9 verwiesen.

223 **c) Tod des Kontoinhabers.** Tod (und Eintritt der Geschäftsunfähigkeit) auf Seiten des Kunden lassen den Girovertrag unberührt. Beim Tod des Kontoinhabers rückt der Erbe im Wege der Universalsukzession (§ 1922 BGB) in die Rechtsstellung des Kontoinhabers ein – er wird Gläubiger der Einlagenforderung und Schuldner eines Debetsaldos – und das Konto wird zum **Nachlasskonto** (in der Bankpraxis durch entsprechenden Zusatz gekennzeichnet). Mit dem Erbfall gehen auf den Erben auch die Ansprüche auf Auskunftserteilung und Rechnungslegung aus dem Giroverhältnis über.[293] Miterben, die ein Girokonto des Erblassers übernehmen und für den eigenen Zahlungsverkehr nutzen, erlangen eine eigene, vom Nachlass abgelöste girovertragliche Position.[294]

224 Nach dem Tod des Kunden hat derjenige, der sich gegenüber dem Kreditinstitut auf die Rechtsnachfolge des Kunden beruft, seine erbrechtliche Berechtigung nachzuweisen.[295] Die Regelung in Nr. 5 Abs. 1 AGB-Sparkassen, wonach die Kreditinstitute die Vorlage eines Erbscheins oder eines Testamentsvollstreckerzeugnisses verlangen können, um die Verfügungsberechtigung zu klären, hat der BGH für unwirksam erklärt.[296]

8. Girokonto als Kontokorrentkonto

225 Verkehrstypisch, wenn auch nicht zwingend, geht mit dem Abschluss des Girovertrags die Vereinbarung einher, dass das Giroverhältnis als Kontokorrent (§§ 355 ff. HGB) zu führen ist.[297] Diese Rechtsfolge ergibt sich nicht notwendig aus dem Begriff des Girokontos, entspricht aber dem mutmaßlichen Parteiwillen.[298] Auch wenn das Girokonto als Hauptfall des Kontokorrents angesehen werden kann, so ist es doch auch ein Sonderfall, weil parallel ein Girovertrag geschlossen wird, dessen Wesensmerkmale nicht bruchlos mit dem Kontokorrentverhältnis zu vereinbaren sind.[299] Die Umsetzung der Zahlungsdiensterichtlinie änderte im Grundsatz am Girokonto (Zahlungskonto) als Kontokorrentkonto nichts. Das Kontokorrent wird weder in der Zahlungsdiensterichtlinie noch in den §§ 675c–676c BGB ausdrücklich erwähnt, es wird als Teil des Rahmenvertrags angesehen.[300]

226 **a) Funktionen des Kontokorrents.** Zweck des Kontokorrents ist die **Vereinfachung** des Zahlungs- und Abrechnungsverkehrs zwischen den Partnern einer Geschäftsverbindung mit wiederkehrenden Leistungen, indem eine Vielzahl von Zahlungsvorgängen auf eine Überschuss- oder Saldoforderung reduziert wird. Mit der Vereinfachung geht eine **Vereinheitlichung** der rechtlichen Behandlung der Saldoforderung einher, denn Forderungen, die hinsichtlich Fälligkeit, Verzinsung, Verjährung etc ein unterschiedliches Schicksal haben

[291] Allerdings gilt die Geschäftsbeziehung der Bank gegenüber als fortbestehend, solange diese unverschuldet keine Kenntnis von der Verfahrenseröffnung hat (§ 115 Abs. 3 InsO).

[292] *Canaris* Bankvertragsrecht Rn. 495.

[293] BGH WM 1985, 1098 (1099); BGHZ 107, 104 = NJW 1989, 1601.

[294] BGH WM 2000, 469.

[295] Zum Umfang der Prüfpflicht der Bank vgl. OLG Frankfurt a. M. FamRZ 2012, 67; *Wurmnest* WM 2015, 1597.

[296] BGH NJW 2013, 3716.

[297] Eine Ausnahme bildet die Deutsche Bundesbank, die Girokonten nach Abschn. II Nr. 2 (1) ihrer AGB nicht als Kontokorrentkonten führt.

[298] *Canaris* Bankvertragsrecht Rn. 319.

[299] → Rn. 237.

[300] BankR-HdB/*Schmieder* § 47 Rn. 37; *Grundmann* WM 2009, 1109 (1113).

können, werden nach der Saldierung einer einheitlichen Behandlung unterworfen. Schließlich wird dem Kontokorrent eine **Sicherungsfunktion** zugeschrieben. Darunter wird zum einen gefasst, dass die einzelnen Forderungen sämtlichen Verfügungen und dem Zugriff von Drittgläubigern entzogen sind und zum anderen, dass das Risiko der Nichterfüllung auf den Saldo begrenzt wird. Dagegen hat das Kontokorrent **keine Kreditierungsfunktion,**[301] auch wenn nicht jedes Debet sofort auszugleichen ist. Soweit eine Kreditgewährung gewollt ist, muss eine gesonderte Überziehungsvereinbarung getroffen werden.

b) Voraussetzungen des Kontokorrents. Nach der **Legaldefinition** des **§ 355 Abs. 1** 227
HGB versteht man unter einem Kontokorrent eine Geschäftsverbindung mit einem Kaufmann, in der die aus der Verbindung entspringenden beiderseitigen Ansprüche und Leistungen nebst Zinsen in Rechnung gestellt und in regelmäßigen Zeitabschnitten durch Verrechnung und Feststellung des für den einen oder anderen Teil sich ergebenden Überschusses ausgeglichen werden. Anerkannt ist, dass es nicht auf das tatsächliche, sondern auf das mögliche Entstehen von Ansprüchen ankommt und dass es für die „Beiderseitigkeit“ ausreicht, wenn auf der einen Seite Ansprüche entstehen, während die andere lediglich Leistungen erbringt.[302] Voraussetzung für ein Kontokorrentverhältnis ist ferner das Bestehen einer Geschäftsverbindung, an der ein Kaufmann beteiligt ist, was beim Bankkontokorrent unproblematisch der Fall ist.[303]

c) Vertragliche Vereinbarungen. Zur Begründung eines Kontokorrentverhältnisses be- 228
darf es eines Vertrags, bzw. mehrerer Verträge, deren wichtigster die **Kontokorrentabrede** ist, die in § 355 HGB allerdings nicht ausdrücklich genannt, der Sache nach aber beschrieben ist. Zu unterscheiden ist der Geschäftsvertrag als schuldrechtliche Basis des Kontokorrents und die drei in § 355 Abs. 1 HGB umschriebenen Abreden.[304] Im Geschäftsvertrag[305] werden Inhalt und Umfang der beiderseitigen Rechte und Pflichten im Kontokorrent geregelt. Dazu gehören die Verpflichtung zur kontokorrentmäßigen Abwicklung der gegenseitigen Forderungen und zur Abgabe der für das Saldoanerkenntnis erforderlichen Erklärungen sowie – im Einzelfall konkretisierungsbedürftige – Nebenpflichten in Form von Aufklärungs- und Hinweispflichten. Daneben können ergänzende Absprachen, etwa über den Ausgleich eines Debets während der Rechnungsperiode getroffen werden.

Ob man unter die (neben dem Geschäftsvertrag erforderlichen) Kontokorrentabrede alle 229
in § 355 Abs. 1 HGB aufgeführten Abreden, nämlich Inrechnungstellung, Verrechnung und Feststellung des Überschusses, fasst,[306] oder ob man den Begriff der Kontokorrentabrede nur auf die Vereinbarung zur Inrechnungstellung bezieht oder die Verrechnung als typischen Inhalt der Kontokorrentabrede ansieht,[307] ist eine Frage der terminologischen Ausdifferenzierung ohne inhaltliche Auswirkung.

aa) Die Kontokorrentabrede. Inhalt der **Kontokorrentabrede,** die einen antizipierten 230
Verfügungsvertrag darstellt,[308] ist die Vereinbarung, die beiderseitigen Forderungen und

[301] BGH NJW 1979, 1164; 1970, 560; MüKoHGB/*Herresthal* A Rn. 583; Röhricht/Graf von Westphalen/Haas/*Steimle/Dornieden* HGB § 355 Rn. 6; *K. Schmidt* Handelsrecht § 21 I 2c; Claussen/*van Look* Bank- und Börsenrecht § 2 Rn. 57; den „kreditorischen Einschlag“ betonen Derleder/Knops/Bamberger/*Kandelhard* § 39 Rn. 7; MüKoHGB/*Langenbucher* § 355 Rn. 6; vermittelnd GroKoHGB/*Canaris* § 355 Rn. 7 ff.

[302] GroKoHGB/*Canaris* § 355 Rn. 44; Schlegelberger/*Hefermehl* HGB § 355 Rn. 11, 12; MüKoHGB/*Langenbucher* § 355 Rn. 16.

[303] Kreditinstitute betreiben nach § 1 Abs. 2 HGB ein Handelsgewerbe oder sind jedenfalls kraft ihrer Gesellschaftsform nach § 6 Abs. 1 HGB „Handelsgesellschaften“.

[304] Enger Derleder/Knops/Bamberger/*Kandelhard* § 39 Rn. 9.

[305] Der Geschäftsvertrag ist wiederum von der zwischen den Kontokorrentparteien bestehenden Geschäftsverbindung zu unterscheiden.

[306] Röhricht/Graf von Westphalen/Haas/*Steimle/Dornieden* HGB § 355 Rn. 12; Heymann/Horn HGB § 355 Rn. 8; Baumbach/Hopt/*Hopt* HGB § 355 Rn. 5; *K. Schmidt* Handelsrecht § 21 II 2d.

[307] Schlegelberger/*Hefermehl* HGB § 355 Rn. 13; MüKoHGB/*Herresthal* A Rn. 595 und hier im Folgenden.

[308] GroKoHGB/*Canaris* § 355 Rn. 14; Schlegelberger/*Hefermehl* HGB § 355 Rn. 31; MüKoHGB/*Langenbucher* § 355 Rn. 22; Derleder/Knops/Bamberger/*Kandelhard* § 39 Rn. 8.

Leistungen aus der Geschäftsverbindung „in Rechnung zu stellen“ und in regelmäßigen Zeitabständen unter Feststellung des für die eine oder andere Partei sich ergebenden Saldos zu verrechnen (§ 355 Abs. 1 HGB). Ob eine solche Abrede getroffen wurde, bestimmt sich nach dem Willen der Parteien. Sie müssen darüber einig sein, dass die einzelnen Ansprüche nicht selbstständig geltend gemacht werden und die einzelnen Leistungen nicht zur Tilgung bestimmter Forderungen dienen, sondern zunächst in Rechnung gestellt und sodann in eine Verrechnung einbezogen werden, die auf Feststellung des sich zugunsten einer Partei ergebenden Saldos zielt.[309] Entsprechend heißt es in Nr. 7 AGB-Sparkassen,[310] dass die Bank ein Konto führt „zur Abwicklung des laufenden Geschäfts- und Zahlungsverkehrs (Girokonto) als Kontokorrent … (Konto in laufender Rechnung).“

231 **bb) Periodizität und Rechnungsperiode.** § 355 Abs. 1 HGB spricht von der Verrechnung „in regelmäßigen Zeitabständen“. Die Zeit zwischen zwei Rechnungsabschlüssen (bzw. zwischen der Eröffnung des Kontokorrents und dem ersten Abschluss) nennt man **Rechnungsperiode.** Sie beträgt nach der dispositiven Bestimmung des § 355 Abs. 2 HGB ein Jahr; üblich sind in der Bankpraxis vierteljährliche Perioden (s. Nr. 7 Abs. 1 AGB-Banken). Nach früher herrschender Meinung war die Periodizität ein zwingendes Wesensmerkmal des Kontokorrents;[311] die analoge Anwendung des § 355 HGB auf das Staffelkontokorrent, bei dem die Verrechnung der gegenseitigen Forderungen bereits mit der Einstellung des jeweiligen Vorgangs in die laufende Rechnung erfolgt, steht heute nicht mehr im Streit.[312]

232 Nach ganz herrschender Auffassung liegt auch dann ein **Periodenkontokorrent** vor, wenn Tagesauszüge über die einzelnen Buchungen erstellt werden.[313] Es kommt nicht auf das Faktum der täglichen Verrechnung, sondern darauf an, ob ständige oder periodische Verrechnung vereinbart ist. Die dem Kunden zur Verfügung gestellten oder abrufbaren Tagesauszüge dienen nur der Information und stellen keine Verrechnung im Rechtssinne dar.

233 **d) Rechtslage während der Rechnungsperiode.** Während des Laufs einer Rechnungsperiode werden die aus der Geschäftsverbindung entstehenden beiderseitigen Ansprüche und Leistungen nebst Zinsen „in Rechnung gestellt“. Dies gilt allerdings nur für kontokorrentfähige und kontokorrentgebundene Forderungen und Leistungen.

234 **aa) Kontokorrentfähigkeit und Kontokorrentgebundenheit.** Die **Kontokorrentfähigkeit** betrifft die Frage, über welche Forderungen und Leistungen die Parteien mit der Kontokorrentabrede überhaupt antizipiert verfügen können. Der Streit um die Buchungsfähigkeit einer Forderung als Voraussetzung für die Kontokorrentfähigkeit[314] spielt bei dem hier nur interessierenden Bankkontokorrent keine Rolle. Nicht kontokorrentfähig sind unpfändbare Forderungen[315] und wegen § 497 Abs. 2 S. 1 BGB Verzugszinsen aus einem Verbraucherkreditvertrag.[316] Hierunter fallen auch der nach § 497 Abs. 1 S. 1 BGB pauschalierte Schadensersatz oder ein konkret nachgewiesener Schaden.[317]

---

[309] OLG Köln DB 1962, 1302; Schlegelberger/*Hefermehl* HGB § 355 Rn. 14.

[310] Die AGB-Banken setzen in Nr. 7 eine Kontokorrentabrede voraus, wenn sie dort den periodischen Rechnungsabschluss regeln.

[311] RGZ 117, 34 (35); BGH WM 1956, 1125 (1126); 1969, 92.

[312] GroKoHGB/*Canaris* § 355 Rn. 57; MüKoHGB/*Langenbucher* § 355 Rn. 26; Baumbach/Hopt/*Hopt* HGB § 355 Rn. 8.

[313] BGHZ 50, 277 (280) = WM 1968, 967 (968); BGHZ 73, 207 (209) = NJW 1979, 1164 (1165); MüKoHGB/*Herresthal* A Rn. 587; Claussen/*van Look* Bank- und Börsenrecht § 2 Rn. 61; *Liesecke* WM 1975, 239.

[314] GroKoHGB/*Canaris* § 355 Rn. 64.

[315] BGHZ 162, 349 (351); GroKoHGB/*Canaris* § 355 Rn. 71.

[316] MüKoHGB/*Langenbucher* § 355 Rn. 35; BeckOK BGB/*Möller* § 497 Rn. 7.

[317] MüKoBGB/*Schürnbrand/Weber* § 497 Rn. 29; Nobbe/*Müller-Christmann* Kreditrecht BGB § 497 Rn. 25.

Von der Frage der Kontokorrentfähigkeit zu unterscheiden ist die Frage nach der Kontokorrentzugehörigkeit oder **Kontokorrentgebundenheit.** Hierüber entscheidet – positiv wie negativ – grundsätzlich der **Parteiwille.**[318] Da ausdrückliche Äußerungen häufig nicht vorliegen werden, muss auf den mutmaßlichen Willen der Parteien zurückgegriffen werden. Im Zweifel ist davon auszugehen, dass alle Ansprüche und Leistungen erfasst werden, die sich aus der über ein bestimmtes Konto abzuwickelnden Geschäftsbeziehung ergeben. Nach dem Parteiwillen kann eine Kontokorrentbindung entfallen für Kontoeingänge mit einer bestimmten Zweckbindung, etwa sofortige Verschaffung von Liquidität.[319] **235**

Nach § 355 Abs. 1 HGB werden Forderungen und Leistungen „nebst Zinsen" in das Kontokorrent gestellt. Dies bedeutet zwar nicht, dass die **Verzinslichkeit** einer Geldforderung Voraussetzung für die Kontokorrentfähigkeit ist, wohl aber, dass Zinsansprüche im Zweifel kontokorrentgebunden sind. Die Regelung in § 355 Abs. 1 HGB über die Verzinsung des Überschusses betrifft die Saldoforderung[320] und besagt nichts über die Verzinslichkeit der einzelnen in das Kontokorrent gestellten Forderungen. Hierüber entscheidet die Parteivereinbarung. Beim Bankkontokorrent wird die Zinsberechnung aufgrund von Zwischensalden durchgeführt[321] mit unterschiedlichen Zinssätzen für Aktiv- und Passivsalden. **236**

bb) Kontokorrentrechtliche Bindung girovertraglicher Ansprüche. Der Grundsatz, dass im Zweifel alle Ansprüche und Leistungen aus der Geschäftsbeziehung in das Kontokorrent eingestellt werden sollen, verträgt sich im Ansatz nicht mit dem Zweck des Girokontos, der Abwicklung des laufenden Zahlungsverkehrs. Das dazu erforderliche jederzeitige Verfügungsrecht des Kunden steht im Widerspruch zur Kontokorrentabrede. Die Lösung kann nur darin bestehen, das rechnerische Tagesguthaben nicht unter die Kontokorrentbindung fallen zu lassen.[322] Abweichend vom Modellfall des Kontokorrents iS des § 355 HGB kann der Kontoinhaber daher jederzeit Barauszahlung des Guthabens verlangen, das durch den **Tagessaldo** ausgewiesen ist oder durch bargeldlose Zahlung (Überweisung, Einzugsermächtigung usw.) darüber verfügen. Dieser schon nach bisherigem Recht bestehende Anspruch wird nun in § 675t BGB ausdrücklich geregelt, wonach der Zahlungsdienstleister dem Zahlungsdienstnutzer einen Zahlungsbetrag unverzüglich verfügbar machen muss, nachdem er auf dem Konto des Zahlungsdienstleisters eingegangen ist. Sozusagen als Kehrseite muss der Kontoinhaber auch hinnehmen, dass sein Anspruch auf Auszahlung des Tagesguthabens der Pfändung unterliegt.[323] **237**

cc) Rechtliche Wirkungen der Kontokorrentabrede. Durch ihre Einstellung in das Kontokorrent werden Einzelforderungen „gelähmt", dh sie bleiben zwar existent – die Kontokorrentabrede berührt weder Bestand noch Rechtsnatur der kontokorrentgebundenen Forderungen – sie können aber nicht mehr selbstständig geltend gemacht (eingeklagt) werden.[324] Der Umstand, dass sich der Forderungsinhaber seiner Rechtsmacht über die Forderung begibt, stellt sich gegenüber dem Schuldner (und Kontokorrentpartner) dogmatisch weder als Stundung noch als Erfüllung dar, sondern ist als **Rechtsfolge sui generis** einzuordnen.[325] **238**

Die Wirkung der Kontokorrentabrede besteht darin, dass während der Rechnungsperiode sämtliche kontokorrentfähigen und -gebundenen Ansprüche und Leistungen ausschließlich zur **Verrechnung** stehen. Eine gleichwohl erhobene Leistungsklage hinsichtlich einer **239**

---

[318] RGZ 136, 178 (179); MüKoHGB/*Langenbucher* § 355 Rn. 39.

[319] MüKoHGB/*Herresthal* A Rn. 590. Zur Behandlung von Wechseln und Scheck vgl. Schlegelberger/*Hefermehl* HGB § 355 Rn. 25.; MüKoHGB/*Langenbucher* § 355 Rn. 45.

[320] → Rn. 250.

[321] Näher zur Technik der Zinsberechnung Schlegelberger/*Hefermehl* HGB § 355 Rn. 39.

[322] BGHZ 84, 325 (330) = NJW 1982, 2192; BGHZ 84, 371 (377) = NJW 1982, 2193; MüKoHGB/*Herresthal* A Rn. 589; Kümpel/Mülbert/Früh/Seyfried/*Kropf* Rn. 3.860. Zur dogmatischen Herleitung dieses Ergebnisses *Peckert* S. 83.

[323] → Rn. 265.

[324] MüKoHGB/*Herresthal* A Rn. 592; Claussen/*van Look* Bank- und Börsenrecht § 2 Rn. 59.

[325] GroKoHGB/*Canaris* § 355 Rn. 103; MüKoHGB/*Langenbucher* § 355 Rn. 53.

Einzelforderung wäre als unbegründet abzuweisen,[326] während eine auf die Existenz der kontokorrentgebundenen Forderung gerichtete Feststellungsklage zulässig wäre.[327] Mit einer kontokorrentgebundenen Forderung kann nicht gegen einen Anspruch der anderen Partei aufgerechnet werden;[328] dasselbe gilt für die Aufrechnung gegen eine kontokorrentgebundene Forderung. Den Parteien können jedoch vor Ablauf der Rechnungsperiode einvernehmlich Forderungen aus dem Kontokorrent herausnehmen und durch einen gesonderten Aufrechnungsvertrag Forderungen mit einander verrechnen.[329]

240 Mit Forderungen, die in Rechnung gestellt sind, kann der Schuldner nicht in Verzug geraten.[330] Die Kontokorrentabrede wirkt nicht nur im Verhältnis der Partner der Geschäftsbeziehung, sondern zeitigt auch Rechtswirkungen im Verhältnis zu Dritten. Im Außenverhältnis führt der Verlust der Rechtsmacht über die Forderung dazu, dass diese **nicht** mehr **abgetreten** und **nicht** mehr **verpfändet** werden kann.[331] Einen gewissen Schutz des Zessionars gegenüber der Kontokorrentabrede gewährleistet § 405 BGB. Neben der Abtretung und Verpfändung ist auch die **Pfändung** einer kontokorrentgebundenen Einzelforderung **unzulässig.**[332] Nach § 357 HGB erfasst die Pfändung allein die Saldoforderung und zwar den Tagessaldo, soweit er ein Guthaben ausweist.

241 Ebenso wie Forderungen stehen auch die Leistungen nur zur Verrechnung. Zahlungen eines Kontokorrentpartners haben (noch) keine Tilgungswirkung, sondern bilden **Rechnungsposten,** die sich erst nach Ablauf der Rechnungsperiode in der Gesamtverrechnung auswirken.

242 **e) Rechtslage nach Abschluss der Rechnungsperiode.** Bestandteil der Kontokorrentabrede ist die Vereinbarung, dass die beiderseitigen in Rechnung gestellten Forderungen und Leistungen in bestimmten Zeitabständen durch eine Verrechnung ausgeglichen werden sollen. Durch die Verrechnung werden die beiderseitigen Forderungen und Leistungen auf die Überschuss- oder Saldoforderung eines Teils reduziert.

243 **aa) Verrechnung und kausale Saldoforderung.** Die periodische Verrechnung zur Ermittlung des Saldos beruht auf der Vereinbarung, die bereits bei der Eingehung des Kontokorrentverhältnisses antizipiert abgeschlossen wird. Es bedarf somit am Ende der Rechnungsperiode keiner weiteren Willenserklärungen, die **Verrechnung** vollzieht sich **automatisch.**[333] Das bedeutet: Soweit die Posten ausgeglichen sind, erlöschen die Einzelforderungen schon aufgrund der Kontokorrentabrede ohne besondere Aufrechnungserklärung. In Höhe des Überschusses entsteht eine **kausale Saldoforderung.**[334] Hinsichtlich der sich in der Höhe deckenden Posten hat die Verrechnung **Tilgungswirkung.** Diese tritt bereits mit der Verrechnung ein[335] und nicht erst durch das Saldoanerkenntnis[336] oder den Ausgleich der Saldoforderung.[337]

---

[326] Es handelt sich um eine von Amts wegen zu beachtende Einwendung MüKoHGB/*Langenbucher* § 355 Rn. 56; Heymann/*Horn* HGB § 355 Rn. 18; Oetker/*Maultzsch* HGB § 355 Rn. 37; BankR-HdB/*Schmieder* § 47 Rn. 66; **aA** EBJS/*Grundmann* HGB § 355 Rn. 12; Baumbach/Hopt/*Hopt* HGB § 355 Rn. 7 (Einrede).

[327] MüKoHGB/*Herresthal* A Rn. 592; BankR-HdB/*Schmieder* § 47 Rn. 67.

[328] BGH WM 1970, 184 (186).

[329] MüKoHGB/*Langenbucher* § 355 Rn. 57.

[330] GroKoHGB/*Canaris* § 355 Rn. 107; Schlegelberger/*Hefermehl* HGB § 355 Rn. 34.

[331] BGHZ 73, 259 (263) = NJW 1979, 1206; BankR-HdB/*Schmieder* § 47 Rn. 68; Heymann/*Horn* HGB § 355 Rn. 19.

[332] BGHZ 84, 325 (330) = NJW 1982, 2192; BGH NJW 1982, 1150 (1151); MüKoHGB/*Herresthal* A Rn. 594; BankR-HdB/*Bitter* § 33 Rn. 43.

[333] MüKoHGB/*Herresthal* Rn. A 596; *K. Schmidt* Handelsrecht § 21 IV 1.

[334] MüKoHGB/*Langenbucher* § 355 Rn. 77; Heymann/*Horn* HGB § 355 Rn. 23; *K. Schmidt* Handelsrecht § 21 IV 1.

[335] GroKoHGB/*Canaris* § 355 Rn. 124; MüKoHGB/*Langenbucher* § 355 Rn. 73; BankR-HdB/*Schmieder* § 47 Rn. 77; Heymann/*Horn* HGB § 355 Rn. 21.

[336] So BGHZ 93, 307 (314); Röhricht/Graf v. Westphalen/*Wagner* HGB § 355 Rn. 32.

[337] So Schlegelberger/*Hefermehl* § 355 Rn. 60.

244 Die umstrittene Frage, in welcher Weise beim Periodenkontokorrent die einbezogenen Forderungen getilgt werden, wie sich also der kausale Saldo zusammensetzt, kann hier nicht näher dargestellt werden, zumal ihre praktische Relevanz eher gering ist.[338] In Abgrenzung zu der früher vertretenen – mit der Vereinfachungsfunktion des Kontokorrents schwer in Einklang zu bringenden – Auffassung von der verhältnismäßigen Gesamtaufrechnung (Mosaiktheorie)[339] und zu der Lehre von der Staffelverrechnung[340] findet in jüngerer Zeit die Ansicht, die eine **entsprechende Anwendung der §§ 366, 367, 396 BGB** befürwortet, zunehmend Anhänger.[341] Danach sind in erster Linie Tilgungsvereinbarungen der Parteien zu beachten. Fehlt es daran, gilt die in § 366 Abs. 2 BGB vorgesehene Tilgungsreihenfolge. Die früher die Rechtsprechung intensiv beschäftigende Frage nach der Behandlung unverbindlicher Einzelposten,[342] insbesondere unklagbarer Ansprüche aus Börsentermingeschäften, hat durch die Abschaffung der §§ 52, 55 BörsG und die Regelung in § 37e WpHG stark an Relevanz verloren.

245 Die Feststellung des Saldos erfolgt nach § 355 Abs. 1 HGB durch den **Rechnungsabschluss,** der idR **vierteljährlich** (Nr. 7 Abs. 1 AGB-Banken) mitgeteilt wird, bei dem dann auch die angefallenen Zinsen, Gebühren[343] und dgl. in Rechnung gestellt werden. Erforderlich ist eine eindeutige Kennzeichnung als Rechnungsabschluss, es genügt nicht, dass in einem Kontoauszug zum Quartalsende die Abrechnung der Zinsen und Spesen aufgenommen wird.[344] Der kausale Saldo ist als Ergebnis der Verrechnung ohne besondere Feststellung oder Anerkennung fällig. Ob er eingeklagt werden kann, richtet sich nach dem Geschäftsvertrag. Ist der Vortrag des Saldos auf neue Rechnung vereinbart, ist die Saldoforderung kontokorrentgebunden mit den oben dargestellten Wirkungen. Ist dies nicht der Fall, kann der Kontoinhaber unmittelbar auf Zahlung klagen, wobei ihm die substantiierte Darlegung der Zusammensetzung des Saldos obliegt, um eine rechnerische und rechtliche Überprüfung zu ermöglichen.[345]

246 **bb) Anerkennung der Saldoforderung.** Eine vom Schuldgrund der Einzelforderungen losgelöste neue und selbstständige Rechtsgrundlage wird erst durch die abstrakte Anerkennung des Saldos durch den belasteten Teil geschaffen. Diese erfolgt beim Girokonto nach den einschlägigen AGB-Bestimmungen durch stillschweigende Billigung des Abschlusssaldos. Nach ganz herrschender Meinung handelt es sich bei dem **Saldoanerkenntnis** um ein **abstraktes Schuldanerkenntnis** iS von § 781 BGB.[346] Da aus dem Geschäftsvertrag eine Verpflichtung zur Herbeiführung des Anerkenntnisses folgt, kann bei Weigerung Klage auf Abgabe der erforderlichen Erklärung erhoben werden.[347]

247 Das Anerkenntnis kommt in der Bankpraxis dadurch zustande, dass auf einen vom kontoführenden Teil übersandten Rechnungsabschluss, der als Antrag auf Anerkennung des ausgewiesenen Saldos zu verstehen ist, der andere Teil die Annahme erklärt. Die Annahme bedarf zwar keiner Form, doch reicht Schweigen des Empfängers nach allgemeinen zivil-

---

338 Relevant wird die Frage, wenn eine Anerkennung des Saldos unterbleibt, unwirksam ist oder einzelne Forderungen bei der Feststellung unberücksichtigt geblieben sind.

339 BGHZ 141, 116 = WM 1999, 784; BGHZ 77, 256 (261) = NJW 1980, 2131; zust. EBJS/*Grundmann* HGB § 355 Rn. 21; Kümpel/Mülbert/Früh/Seyfried/*Kropf* Rn. 3.862; Röhricht/Graf von Westphalen/Haas/*Steimle/Dornieden,* HGB, § 355 Rn. 36.

340 *Hager* JR 1998, 419; *Herz* S. 84 (90); Heymann/Horn HGB § 355 Rn. 24 (bei entspr. Parteiabrede).

341 GroKoHGB/*Canaris* § 355 Rn. 153ff; Schlegelberger/*Hefermehl* § 355 Rn. 56; MüKoHGB/*Langenbucher* § 355 Rn. 82 ff.; *K. Schmidt* Handelsrecht § 21 IV 2; *Peckert* S. 35.

342 Vgl. etwa Schlegelberger/*Hefermehl* § 355 Rn. 70.

343 Für den Rechnungsabschluss selbst kann kein gesondertes Entgelt berechnet werden, da das Kreditinstitut damit nur einer Verpflichtung nachkommt, BankR-HdB/*Schmieder* § 47 Rn. 77.

344 BGH NJW 1985, 3010; BankR-HdB/*Schmieder* § 47 Rn. 77.

345 BGH WM 1991, 1294 (1295); eingehend *Wessels* WM 1997, 1509 (1512).

346 BGH WM 1972, 283 (285); 1982, 29; BGHZ 49, 24 (27) = NJW 1968, 33 (34); MüKoHGB/*Herresthal* A Rn. 609; Oetker/*Maultzsch* HGB § 355 Rn. 65; *Canaris* Handelsrecht § 25 IV 1a; *K. Schmidt* Handelsrecht § 21 V 1a; 2. Die Gegenauffassung vom „kausalen Feststellungsvertrag" (*Kübler,* Feststellung und Garantie, S. 162; *Blaurock* NJW 1971, 2206 (2208)) hat sich nicht durchgesetzt.

347 GroKoHGB/*Canaris* § 355 Rn. 189; MüKoHGB/*Langenbucher* § 355 Rn. 97.

rechtlichen Regeln für das Zustandekommen einer Vereinbarung nicht aus. Die Bankpraxis behilft sich mit der Regelung in den AGB, wonach es als „Genehmigung" gilt, wenn der Kunde binnen sechs Wochen keine Einwendungen gegen den übersandten Rechnungsabschluss erhebt.[348] Mit dem positiven ist das negative Anerkenntnis verknüpft, dass keine weiteren kontokorrentgebundenen Ansprüche bestehen und Leistungen nicht erbracht wurden.[349]

248 Noch immer umstritten ist die Frage, ob die abstrakte Saldoforderung die automatisch entstandene kausale im Wege der Novation ersetzt. Gegen die Rechtsprechung, die von einer **Novation** ausgeht,[350] ohne freilich daraus alle rechtlichen Konsequenzen zu ziehen,[351] setzt sich zunehmend die Auffassung durch, wonach die Wirkung der Saldoanerkennung in der Begründung einer selbstständigen Forderung besteht.[352] Damit steht in Einklang, dass nach § 356 HGB Sicherheiten erhalten bleiben, soweit sich das Guthaben aus der laufenden Rechnung mit der gesicherten Forderung deckt.

249 **cc) Unrichtigkeit des Saldos und Unwirksamkeit des Anerkenntnisses.** Bei Unrichtigkeit eines Saldos (wegen Berücksichtigung unberechtigter Posten oder Nichtberücksichtigung berechtigter Posten) fehlt es insoweit an einem Rechtsgrund für das abstrakte Anerkenntnis. Das **Anerkenntnis** ist bei solchen Unrichtigkeiten nach § 812 Abs. 1 S. 2, Abs. 2 BGB **kondizierbar.** Die Darlegungs- und Beweislast für die Unrichtigkeit trifft die benachteiligte Partei.[353] Nr. 8 AGB-Banken sieht ein **Stornorecht** der Banken durch eine Belastungsbuchung bei fehlerhaften Gutschriften auf Kontokorrentkonten vor. Dies ist weniger problematisch während des Laufs der Kontokorrentperiode. Eine Korrektur nach Rechnungsabschluss durch eine Berichtigungsbuchung nach Nr. 8 Abs. 2 AGB-Banken ist dagegen rechtlich nicht ohne weiteres zu begründen. Das Kreditinstitut schreibt deshalb nach Nr. 8 Abs. 2 S. 2 bei Einwendungen des Kunden den Betrag wieder gut und verweist sich sozusagen selbst auf den Weg der Rückzahlungsklage.

250 **dd) Verzinsung der Saldoforderung.** Nach § 355 Abs. 1 HGB ist der Saldo auch insoweit **verzinslich,** als in ihm Zinsen enthalten sind (Ausnahme vom Zinseszinsverbot des § 248 Abs. 1 BGB). Streitig ist, ob die Nichtverzinslichkeit von Einzelposten des Kontokorrents dazu führt, dass auch der Saldo nicht (bzw. nur nach allgemeinen Grundsätzen zB bei Verzug) verzinslich ist.[354]

251 **f) Beendigung des Kontokorrentverhältnisses.** Mit dem Ende einer Geschäftsverbindung endet auch das Kontokorrentverhältnis, da die Geschäftsverbindung auf dem Geschäftsbesorgungsvertrag beruht, der auch Grundlage der Vereinbarung des Kontokorrentverhältnisses ist.[355] Ein Bankkontokorrentverhältnis kann allerdings auch schon ausdrücklich oder stillschweigend vor dem Ende der Geschäftsverbindung beendet wer-

[348] Nr. 7 Abs. 2 S. 2 AGB-Banken und Nr. 7 Abs. 3 S. 2 AGB-Sparkassen. Zur Zulässigkeit einer derartigen AGB-Regelung Bunte/Zahrte/*Bunte* AGB Rn. 133, Krümpel/Mülbert/Früh/Seyfried/*Kropf* Rn. 3.872.

[349] BGH WM 1985, 936 (937); OLG Köln NZI 2004, 668 (670). Teilweise wird dem negativen Schuldanerkenntnis nur deklaratorische Bedeutung beigemessen; vgl. GroKoHGB/*Canaris* § 355 Rn. 192; MüKoHGB/*Langenbucher* § 355 Rn. 100.

[350] BGHZ 50, 277 (279) = WM 1968, 967 (968); BGH NJW 1970, 560; BGHZ 93, 307 (313) = NJW 1985, 1706 (1708); zust. Röhricht/Graf von Westphalen/Haas/*Steimle/Dornieden,* HGB, § 355 Rn. 37.

[351] So soll auch nach Anerkennung des Saldos der Rückgriff auf Einzelforderungen möglich sein, wenn dafür ein wirtschaftliches Interesse besteht und die Schuldumschaffung zu wirtschaftlich unsinnigen und mit dem Kontokorrent nicht beabsichtigten Folgen führen würde; BGH WM 1999, 784 (786); BGHZ 58, 257 (262).

[352] *Hefermehl* FS Lehmann, 1956, 547 (549 ff.); *Canaris* Handelsrecht § 25 IV 1a; Schlegelberger/*Hefermehl* HGB § 355 Rn. 58; MüKoHGB/*Herresthal* A Rn. 613; Heymann/Horn HGB § 355 Rn. 27; *K. Schmidt* Handelsrecht § 21 V 1b; *Peckert* S. 46.

[353] BGH WM 1991, 1630; 1994, 2273; MüKoHGB/*Herresthal* A Rn. 610.

[354] Vgl. GroKoHGB/*Canaris* § 355 Rn. 208 (bejahend); Schlegelberger/*Hefermehl* HGB § 357 Rn. 62 (verneinend).

[355] MüKoHGB/*Herresthal* A Rn. 610; Oetker/*Maultzsch* HGB § 355 Rn. 83.

den.[356] Nach § 355 Abs. 3 HGB kann das Kontokorrentverhältnis auch während der Dauer der Rechnungsperiode jederzeit gesondert gekündigt werden. Auch die Eröffnung des Insolvenzverfahrens über das Vermögen des Kontoinhabers führt zur Beendigung (§§ 116 S. 1, 115 Abs. 1 InsO).

Das Ende der Kontokorrentbeziehung führt dazu, dass neu entstehende Forderungen und Leistungen in der Geschäftsbeziehung „kontokorrentfrei" sind. Hinsichtlich der vor Beendigung des Kontokorrentverhältnisses entstandenen Forderungen und Leistungen findet eine sofortige automatische Verrechnung statt, die zu einem kausalen Saldoanspruch führt, der sofort geltend gemacht werden kann, ohne dass es einer Anerkennung des Saldos bedürfte.[357] Die in § 355 Abs. 3 HGB nur für den Fall der Kündigung vorgesehene Rechtsfolge gilt entsprechend für andere Beendigungsgründe.[358] **252**

9. Verfügungen über das Guthaben

Welche Verfügungen über das Guthaben dem Kontoinhaber möglich sind, hängt davon ab, ob eine Kontokorrentabrede zu beachten ist (→ Rn. 237). **253**

a) Übertragung. Die „Übertragung des Kontos bzw. des Guthabens" geschieht grundsätzlich nach den Vorschriften über die **Forderungsabtretung** gem. §§ 398 ff. BGB, weil über damit über den Anspruch gegen das Kreditinstitut auf Auszahlung des entsprechenden Betrags verfügt wird. Sie kann daher durch formlose Einigung vorgenommen werden. Soll nicht nur die Forderung übergehen, sondern auch die Kontoinhaberschaft wechseln, bedarf es einer Vertragsübernahme unter Beteiligung der Bank.[359] **254**

b) Verpfändung. Bei der **Verpfändung eines Kontos** handelt es sich um die Verpfändung einer Forderung. Verpfändet wird die Forderung auf Auszahlung des Kontoguthabens. Der Verpfändungsvertrag wird zwischen Pfandgläubiger und dem Verpfänder geschlossen; zur wirksamen Verpfändung ist nach § 1280 BGB eine Anzeige an den Schuldner (Bank) erforderlich. In der Bankpraxis ist eine (rechtlich nicht geschuldete) Bestätigung des Erhalts der Pfändungsanzeige üblich. Das praktisch wichtigste Beispiel ist das **AGB-Pfandrecht** gem. Nr. 14 Abs. 1 AGB-Banken zur Sicherung von Ansprüchen des Kreditinstituts aus der bankmäßigen Geschäftsverbindung.[360] Ausdrücklich vom Pfandrecht ausgenommen werden Vermögenswerte, welche die Bank mit einer besonderen Zweckbestimmung erworben hat (Nr. 14 Abs. 3 AGB-Banken).[361] **255**

Die Verpfändung einer Forderung bewirkt, dass der Drittschuldner nur noch an Schuldner und Pfandgläubiger gemeinsam leisten darf (§ 1281 BGB). Bankintern wird dies dadurch sichergestellt, dass die Bank das Konto für Verfügungen des Kontoinhabers sperrt. Die Verpfändung von Kontoguthaben führt also zu einer **Kontosperre,** weshalb nur die Verpfändung von Spar- und Festgeldkonten üblich ist. Für das dem Zahlungsverkehr dienende Kontokorrentkonto ist die Verpfändung unpraktikabel. **256**

c) Pfändung von Kontoguthaben. Was verkürzt und in der Sache ungenau als „Kontenpfändung" bezeichnet wird, ist die Zwangsvollstreckung iS von §§ 829 ff. ZPO des Vollstreckungsgläubigers in girovertragliche Forderungen eines Kunden (Vollstreckungsschuldners) gegen seine Bank (Drittschuldner). Daneben ist auch die Vollstreckung öffentlich-rechtlicher Forderungen durch Kontenpfändung gem. §§ 309 ff. AO (gegebenenfalls iVm § 5 VwVG) oder eine Beschlagnahme bzw. ein Arrest durch die Staatsanwaltschaft **257**

---

356 Das zeitweilige „Ruhen" des Kontos, weil keine Buchungen anfallen, reicht nicht; vgl. BGH WM 1970, 184 (186); ZIP 1984, 424.

357 BGH Urt. v. 23.11.2010 – XI ZR 82/08 Rn. 17 juris; BankR-HdB/Schmieder § 47 Rn. 96.

358 MüKoHGB/*Herresthal* A Rn. 618.

359 *Canaris* Bankvertragsrecht Rn. 149; Claussen/*van Look* Bank- und Börsenrecht § 2 Rn. 24.

360 Die Wirksamkeit der AGB-Pfandklausel ist anerkannt, vgl. BGH WM 1995, 375; 1983, 926; Kümpel/Mülbert/Früh/Seyfried/*Federlin* Rn. 8.643.

361 Fallgruppen bei Bunte/Zahrte/*Bunte* AGB-Banken Rn. 307.

gem. §§ 111b, 111c Abs. 3, 111d Abs. 2 StPO[362] möglich. Der **Pfändung von Girokonten** kommt in der vollstreckungsrechtlichen Praxis die größte Bedeutung zu.[363]

258 **aa) Allgemeines.** Die Forderung des Kunden gegen die Bank wird – ohne vorherige Anhörung (§ 834 ZPO) – durch einen Pfändungsbeschluss des Vollstreckungsgerichts gem. § 829 ZPO gepfändet und dem Gläubiger zwecks Verwertung durch Überweisungsbeschluss (§ 835 ZPO) zur Einziehung überwiesen. Regelmäßig wird der Überweisungsbeschluss gleichzeitig mit dem Pfändungsbeschluss beantragt und erlassen. Der **Pfändungs- und Überweisungsbeschluss,** der über seinen notwendigen Inhalt hinaus keiner gesonderten Begründung bedarf, wird auf Betreiben des Gläubigers (§§ 191 ff. ZPO) sowohl dem Drittschuldner als auch dem Vollstreckungsschuldner zugestellt. Mit der Zustellung an den Drittschuldner wird die Pfändung wirksam (§ 829 Abs. 3 ZPO), die Zustellung an den Vollstreckungsschuldner ist keine Wirksamkeitsvoraussetzung.

259 Die Pfändung bewirkt **Beschlagnahme** und begründet für den Gläubiger ein **Pfandrecht** an der gepfändeten Geldforderung. Die Überweisung zur Einziehung nach § 835 ZPO ermächtigt den Gläubiger, die gepfändete Forderung im eigenen Namen beim Drittschuldner geltend zu machen (§ 836 ZPO). Die Bank darf jedoch ein gepfändetes Guthaben gem. § 835 Abs. 3 S. 2 ZPO erst vier Wochen[364] nach der Zustellung des Überweisungsbeschlusses an den Gläubiger auszahlen, wenn es sich bei dem Kontoinhaber um eine natürliche Person handelt. Diese zwingende Leistungssperre soll dem Kontoinhaber Gelegenheit geben, nach § 850k ZPO Pfändungsschutz zu beantragen.

260 Dem Schuldner als Inhaber der Forderung ist mit Wirksamwerden der Pfändung jede Verfügung über sie, insbesondere die Einziehung verboten. Er kann nach der Überweisung zur Einziehung an den Pfändungsgläubiger von der Bank Leistung an sich nicht mehr verlangen und der Drittschuldner ist nur noch zur Leistung an den Gläubiger berechtigt und verpflichtet. Das **Verfügungsverbot** beschränkt sich auf die Höhe des gepfändeten Betrags. Die Bank darf also nach einer Kontenpfändung keine generelle Kontensperre veranlassen.[365]

261 **bb) Drittschuldnererklärung.** Nach § 840 ZPO hat der Drittschuldner auf Verlangen des Pfandgläubigers **Auskunft** über den Bestand und Wert der gepfändeten Forderung zu geben.[366] Die Aufforderung zur Abgabe einer Drittschuldnererklärung muss der Bank gem. § 840 Abs. 2 S. 1 ZPO – zusammen mit dem Pfändungs- und Überweisungsbeschluss oder nachträglich – zugestellt werden; eine einfache Aufforderung durch den Pfändungsgläubiger reicht nicht aus.[367] Die Erklärung muss gem. § 840 Abs. 1 ZPO binnen zwei Wochen ab Zustellung der Aufforderung abgegeben werden,[368] will sich die Bank nicht aus § 840 Abs. 2 S. 2 ZPO schadensersatzpflichtig machen. Der Inhalt der Auskunft richtet sich nach der Aufforderung, reicht aber nicht über die in § 840 Abs. 1 ZPO genannten Punkte hinaus. Neben der Erklärung, ob und inwieweit er die Forderung als begründet anerkenne und Zahlung zu leisten bereit sei (Nr. 1), muss der Drittschuldner Angaben machen zu etwaigen anderen Gläubigern (Nr. 2) und zu anderen Pfändungen (Nr. 3). Durch das Gesetz

---

[362] Dazu BGHZ 144, 185 = NJW 2000, 2027; OLG Stuttgart ZIP 2001, 484. Da § 111c Abs. 3 S. 2 StPO für den Fall der Beschlagnahme bzw. § 111d Abs. 2 StPO iVm § 928 ZPO für den Fall des Arrestes unmittelbar die Vorschriften der ZPO über die Zwangsvollstreckung für anwendbar erklären und auch die Abgabenordnung in weiten Bereichen inhaltsgleiche Vorschriften enthält, orientiert sich die nachfolgende Darstellung allein an den Bestimmungen der ZPO.

[363] Neben der Pfändung von Girokonten kommt die Pfändung anderer Konten des Vollstreckungsschuldners bei der Bank, insbesondere Spar- und Festgeldkonten, oder Aktiendepots in Betracht.

[364] Durch das Gesetz zur Reform des Kontopfändungsschutzes wurde die Frist verlängert, nachdem sich die früher geltende Zwei-Wochen-Frist in der Praxis als zu kurz herausgestellt hatte.

[365] BankR-HdB/*Bitter* § 33 Rn. 5.

[366] Zum Verhältnis von § 840 ZPO zum Bankgeheimnis → Rn. 73.

[367] Zöller/*Herget* ZPO § 840 Rn. 3; Prütting/Gehrlein/*Ahrens* ZPO § 840 Rn. 7; Musielak/Voit/*Becker* ZPO § 840 Rn. 3.

[368] Streitig ist, ob zur Fristwahrung die rechtzeitige Absendung der Erklärung reicht (so Zöller/*Stöber* ZPO § 840 Rn. 9) oder die Erklärung innerhalb der Frist auch zugehen muss (so Baumbach/Lauterbach/Hartmann/Anders/Gehle/*Nober* ZPO § 840 Rn. 7; Prütting/Gehrlein/*Ahrens* ZPO § 840 Rn. 10).

zur Reform des Kontopfändungsschutzes wurde die Auskunftspflicht des Drittschuldners im Hinblick auf die Anordnungen nach § 833a Abs. 2 (jetzt § 850l) ZPO ergänzt. Der Drittschuldner muss nach § 840 Abs. 1 Nr. 4 ZPO erklären, ob in den letzten zwölf Monaten die Unpfändbarkeit des Guthabens angeordnet worden ist. Ferner muss die Bank nach § 840 Abs. 1 Nr. 5 ZPO erklären, ob es sich bei dem Konto, dessen Guthaben gepfändet worden ist, um ein **Pfändungsschutzkonto iS von § 850k Abs 7 ZPO**[369] handelt.

Einen einklagbaren Anspruch gegen den Drittschuldner auf die Auskunft hat der Gläubiger nicht.[370] Die Haftung des Drittschuldners erschöpft sich in der **Schadensersatzpflicht** nach § 840 Abs. 2 S. 2 ZPO, die auch bei schuldhaft falscher, unvollständiger oder nicht rechtzeitiger Auskunft eingreift.[371] Da die Erteilung der Auskünfte für die betroffenen Banken mit Kosten verbunden ist und der Gläubiger dem Drittschuldner diese Kosten nach hM[372] nicht zu erstatten hat, hatten Kreditinstitute in ihren Allgemeinen Geschäftsbedingungen die Verpflichtung des Kontoinhabers aufgenommen, der Bank für die Bearbeitung und Überwachung von Pfändungsmaßnahmen ein Entgelt zu bezahlen. Solche Klauseln in AGB verstoßen gegen § 307 BGB.[373] **262**

cc) Bestimmtheit der gepfändeten Forderungen. Für die Wirksamkeit einer Pfändung ist generell erforderlich, dass die zu pfändende Forderung und ihr Rechtsgrund im Pfändungs- und Überweisungsbeschluss **hinreichend bestimmt** bezeichnet sind. Der Pfändungsbeschluss muss die für seinen Inhalt notwendigen Angaben mit solcher Eindeutigkeit benennen, dass Anordnung und Umfang der Pfändung bei verständiger Auslegung unzweifelhaft feststehen.[374] Dies ist bei einer Kontopfändung nicht der Fall, wenn „Ansprüche und Rechte" bzw. „Forderungen aus jedem Rechtsgrund", „aus Bankverbindung", „aus laufender Geschäftsbeziehung" oder „aus Verträgen oder sonstigen Rechtsgründen" gepfändet werden.[375] Vielmehr müssen die einzelnen sich aus der Geschäftsverbindung zwischen Bank und Kunde ergebenden Forderungen gesondert aufgeführt werden. Strenge Anforderungen werden an die Bestimmtheit zukünftiger Forderungen gestellt, weil dort in besonderem Maße die Gefahr von unzulässigen Verdachtspfändungen besteht. Zur Bestimmtheit der Pfändung ist die **Angabe der Kontonummer** sinnvoll, aber nicht erforderlich.[376] Die Angabe einer bestimmten Kontonummer muss nicht notwendig als Beschränkung der zu pfändenden Forderungen auszulegen sein, kann aber so verstanden werden, wenn sich aus dem übrigen Text des Pfändungsbeschlusses keine Erweiterung auf weitere Konten ergibt.[377] **263**

Zur Bestimmtheit gehören weiter die genaue Bezeichnung des Drittschuldners und die korrekte Bezeichnung des Kontoinhabers. Ob die Bestimmtheit einer Kontopfändung die Angabe der kontoführenden Filiale einer Bank erfordert,[378] ist ebenso streitig, wie die Frage, ob Fehler in der Bezeichnung des Kontoinhabers (zB falsche Adresse oder falscher Vorname) beachtlich sind.[379] **264**

---

369 Rn. 270.

370 BGHZ 91, 126 = NJW 1984, 1901; 98, 291 = NJW 1987, 64; BGH ZIP 2006, 1317.

371 Zöller/*Herget* ZPO § 840 Rn. 12.

372 BGH NJW 1999, 2276; 2000, 651 (652); *Stöber/Rellermeyer* Forderungspfändung Rn. B 302.

373 BGH NJW 1999, 2276; Musielak/Voit/*Becker* ZPO § 840 Rn. 6; Prütting/Gehrlein/*Ahrens* ZPO § 840 Rn. 23; aA BankR-HdB/*Bitter* § 33 Rn. 9.

374 BGH NJW-RR 1991, 1197.

375 BGH NJW 2001, 2976 f.; WM 2005, 1037 (1038); OLG Karlsruhe NJW 1998, 549; *Liesecke* WM 1975, 316 (318).

376 OLG Rostock WM 2003, 627 (628); Saenger/*Kemper* ZPO § 829 Rn. 7; *Liesecke* WM 1975, 314 (316).

377 BGH NJW 2001, 2976. Zur Vermeidung von Zweifeln empfiehlt sich daher der Zusatz von „insbesondere" bei der Angabe von Kontonummern.

378 So *Liesecke* WM 1975, 314 (318); *Canaris* Bankvertragsrecht Rn. 186; **aA** *Stöber/Rellermeyer* Forderungspfändung Rn. A. 245.

379 Für einen strengen Maßstab im Interesse der Rechts- und Verkehrssicherheit BankR-HdB/*Bitter* § 33 Rn. 21.

265 **d) Pfändungsumfang.** Das Nebeneinander und die wechselseitige Verschränkung von Girovertrag und Kontokorrentverhältnis haben nach früherer Rechtslage bei der Pfändung von Guthaben auf Girokonten zu komplexen Unterscheidungen geführt. Um umfassend auf das jeweilige Kontoguthaben bis zur Tilgung der Schuld zugreifen zu können, mussten Pfändungen des gegenwärtigen Saldos, der künftigen Saldoforderungen und des Anspruchs aus dem Girovertrag auf Auszahlung der sich zwischen den Rechnungsabschlüssen ergebenden Tagesguthaben beantragt werden. Jetzt genügt die **Pfändung des Kontoguthabens.** Nach **§ 833a Abs. 1 ZPO** umfasst die Pfändung eines Kontoguthabens das am Tage der Zustellung des Pfändungsbeschlusses an das Kreditinstitut bestehende Guthaben sowie die Tagesguthaben der folgenden Tage. Mit dem Begriff „Tagesguthaben" ist das (aktuelle) Kontoguthaben bei Wirksamwerden der Pfändung und an den folgenden Tagen bezeichnet, nicht ein täglich festgestellter „Schlusssaldo."[380]

266 Neben dem Anspruch auf Auszahlung des Guthabens kann der Anspruch auf Gutschrift eingehender Beträge und auf Durchführung von Überweisungen[381] gepfändet werden. Diese Ansprüche aus dem Girovertrag sind nicht von dem Antrag auf Pfändung der Tagesguthaben konkludent mit umfasst, vielmehr muss ihre Pfändung besonders beantragt und ausgesprochen werden, ebenso der Anspruch auf Auszahlung eines Dispositionskredits.[382] Die Pfändung eines Girokontoguthabens erstreckt sich auf den Nebenanspruch auf Auskunft, der darauf abzielt, Gegenstand und Betrag des Hauptanspruchs zu ermitteln. Auf Antrag des Gläubigers ist die Mitpfändung dieses Nebenanspruchs im Pfändungs- und Überweisungsbeschluss ausdrücklich auszusprechen.[383] Davon zu unterscheiden ist der selbstständige Anspruch des Bankkunden auf Erteilung von Kontoauszügen und Rechnungsabschlüssen (§ 666 BGB), der nicht pfändbar ist.[384]

267 Ferner unterliegt der Pfändung der schuldrechtliche Anspruch eines Sicherungsgebers auf Rückgewähr der dem Kreditinstitut zur Verfügung gestellten Kreditsicherheit. Nicht pfändbar ist auch die aufgrund einer Kontovollmacht bestehende Berechtigung, über ein Konto zu verfügen.[385]

268 **e) Aufhebung der Pfändung.** Früher war ein Schutz nach § 765 Abs. 1 ZPO möglich, wenn die Vollstreckungsmaßnahme eine mit den guten Sitten nicht zu vereinbarende Härte bedeutete, etwa weil auf dem Schuldnerkonto nur unpfändbare Beträge eingingen oder für gutgeschriebene Beträge Schutz nach § 55 SGB I bestand, oder wenn das Kreditinstitut beabsichtigte, wegen der Pfändung die Geschäftsbeziehung zu beenden. Nach § 850l ZPO hat auf Antrag des Schuldners das Vollstreckungsgericht (Rechtspfleger, § 20 Nr. 17 RPflG) anzuordnen, dass das Guthaben für die Dauer von bis zu zwölf Monaten der Pfändung nicht unterworfen ist. Voraussetzung für diese Schutzmaßnahmen ist, dass der Schuldner nachweist, dass dem Konto in den letzten sechs Monaten vor Antragstellung ganz überwiegend nur unpfändbare Beträge gutgeschrieben wurden und er glaubhaft macht, dass auch innerhalb der nächsten zwölf Monate nur ganz überwiegend nicht pfändbare Beträge zu erwarten sind.

269 **f) Regelungen zum Pfändungsschutz.** Der gesetzliche Pfändungsschutz setzte früher bei der Quelle der Einkünfte an und gewährte Schutz einmal bei der Pfändung von Arbeitseinkommen und Altersrenten, zum anderen für auf dem Schuldnerkonto eingehende Sozialleistungen und Kindergeld (§ 55 Abs. 1 SGB I). Seit dem 1.7.2010 kann jeder Kunde von seinem Kreditinstitut verlangen, dass sein **Girokonto als Pfändungsschutzkonto** (sog. **P-**

---

[380] *Bitter* WM 2008, 141 (143); *Stöber/Rellermeyer* Forderungspfändung Rn. A 248.

[381] BGH NJW 1983, 688; krit. BankR-HdB/*Bitter* § 33 Rn. 55; **aA** *Mikolajczak* Zwangsvollstreckung S. 180 ff.

[382] BGHZ 80, 172 (180) = NJW 1981, 1611; eingehend BankR-HdB/*Bitter* § 33 Rn. 66 ff.; Prütting/Gehrlein/*Ahrens* ZPO § 833a Rn. 9.

[383] BGH WM 2003, 1891 (1892). Aufzunehmen ist dabei auch die Pflicht zur Herausgabe von Kontoauszügen, BGH WM 2012, 542 Rn. 7.

[384] BGHZ 165, 53 = NJW 2006, 217.

[385] BankR-HdB/*Bitter* § 33 Rn. 6.

Konto) geführt wird. Diese Regelung soll dem Schuldner zur Existenzsicherung ermöglichen, Geldgeschäfte des täglichen Lebens trotz der Pfändung des Kontoguthabens vorzunehmen.

aa) Einrichtung eines Pfändungsschutzkontos. Die Führung eines Girokontos als P-Konto kann in einem der Kontoführung zugrundeliegenden Vertrag (Zahlungsdiensterahmenvertrag iS des § 675f Abs. 2 BGB) zwischen Bank und einem Kunden, der eine natürliche Person ist, vereinbart werden, § 850k Abs. 7 ZPO.[386] Für den Kunden kann zwar der gesetzliche Vertreter handeln, nicht aber ein bevollmächtigter Vertreter.[387] Neben der Ersteinrichtung eines P-Kontos kann der Kunde nach § 850k Abs. 7 S. 2 ZPO die Umwandlung eines bestehenden Girokontos in ein P-Konto fordern. Auch der Inhaber eines Basiskontos (→ Rn. 171) kann verlangen, dass das Konto als P-Konto geführt wird. Umstritten ist, ob auch bei einem debitorisch geführten Konto ein Anspruch auf Umwandlung in ein P-Konto besteht.[388] Ist bereits eine Pfändung erfolgt, kann der Kunde die Umwandlung innerhalb von vier Geschäftstagen in ein P-Konto verlangen. Wird das Konto innerhalb einer vierwöchigen Frist nach Zustellung des Überweisungsbeschlusses an den Drittschuldner in ein Pfändungsschutzkonto umgewandelt, wirkt der Vollstreckungsschutz nach § 850k Abs. 1 S. 3 ZPO auf die ausgebrachte Pfändung zurück. Dadurch ist der Pfändungsschutz mit der auf vier Wochen verlängerten Auszahlungssperre gem. § 835 Abs. 3 S. 2, Abs. 4 ZPO harmonisiert. 270

bb) Entgeltklauseln für P-Konten. Erwartungsgemäß ist Streit darüber entstanden, ob das Kreditinstitut eine „Umwandlungsgebühr“ erheben und für die Kontoführung ein höheres Entgelt als für Girokonten üblich verlangen darf.[389] Der BGH hat Bestimmungen im Preis- und Leistungsverzeichnis von Kreditinstituten über Kontoführungsgebühren für ein Pfändungsschutzkonto im Verkehr mit Verbrauchern gem. § 307 Abs. 1 S. 1, Abs. 2 Nr. 1 BGB für unwirksam erklärt, wenn hiernach der Kunde bei Umwandlung seines schon bestehenden Girokontos in ein Pfändungsschutzkonto ein über der für das Girokonto vereinbarten Kontoführungsgebühr liegendes Entgelt zu zahlen hat oder wenn das Kreditinstitut bei der Neueinrichtung eines Pfändungsschutzkontos ein Entgelt verlangt, das über der Kontoführungsgebühr für ein Neukunden üblicherweise als Gehaltskonto angebotenes Standardkonto mit vergleichbarem Leistungsinhalt liegt.[390] 271

cc) Basispfändungsschutz. Das P-Konto bietet einen automatischen (dh keinen Antrag des Schuldners erfordernden) **Basispfändungsschutz** in Höhe des Pfändungsfreibetrages nach § 850c Abs. 1 S. 1 ZPO (derzeit 1.178,59 EUR pro Monat bei Ledigen ohne Unterhaltsverpflichtungen). In Höhe dieses Sockelbetrages wird das Tagesguthaben (§ 833a Abs. 1 ZPO) geschützt. Geschützt ist das Guthaben auf dem P-Konto unabhängig davon, ob es sich um laufende oder Einmalzahlungen handelt und unabhängig von der Art der Einkünfte. Damit genießen auch Selbstständige Pfändungsschutz für ihr Kontoguthaben. Der volle Freibetrag steht dem Schuldner für jeden Monat zu, selbst wenn die Pfändung bzw. Kontoumwandlung erst in oder nach der Mitte des Kalendermonats erfolgen. 272

dd) Aufstockungsbetrag. Der Grund- oder Sockelfreibetrag kann je nach Lebenssituation des Kontoinhabers erhöht werden, § 850k Abs. 2 ZPO. Eine **Erhöhung des Grundbetrags** kommt nach § 850c Abs. 1 S. 2 iVm § 850c Abs. 2a S. 1 ZPO in Frage, wenn der Kontoinhaber anderen Personen auf Grund gesetzlicher Verpflichtung Unterhalt gewährt 273

[386] Wer nicht Inhaber eines Girokontos ist, erhält durch § 850k ZPO keinen Anspruch auf Einrichtung eines P-Kontos; *Ahrens* NJW 2010, 2001 (2002); *Büchel* BKR 2009, 358 (363).

[387] Krit. zu dieser Regelung, die Missbrauch durch Einrichtung mehrerer Pfändungsschutzkonten entgegenwirken soll (vgl. BT-Drs. 16/12714, 21), *Ahrens* NJW 2010, 2001.

[388] Bejahend Prütting/Gehrlein/*Ahrens* ZPO § 850k Rn. 60; BeckOK ZPO/*Riedel* § 850k Rn. 4a; *Büchel* ZInsO 2010, 20 (25). Verneinend BankR-HdB/*Bitter* § 33 Rn. 33d.

[389] Bejahend BankR-HdB/*Bitter* § 33 Rn. 33a.

[390] BGH NJW 2013, 995; 2013, 3163; Prütting/Gehrlein/*Ahrens* ZPO § 850k Rn. 28.

(§ 850k Abs. 2 Nr. 1a ZPO) oder wenn der Schuldner Geldleistungen nach dem SGB II oder SGB XII für eine mit ihm in Bedarfsgemeinschaft (§ 7 Abs. 3 SGB II) oder in einer Gemeinschaft nach §§ 19, 20, 36 S. 1, § 43 SGB XII lebenden Person entgegennimmt, der er nicht auf Grund gesetzlicher Vorschriften zum Unterhalt verpflichtet ist (Nr. 1b).[391]

274 Außerdem ist nach § 850k Abs. 2 Nr. 2 ZPO das Guthaben des Schuldners in Höhe der einmaligen Geldleistungen iS des § 54 Abs. 2 SGB I und der zum Ausgleich des durch Körper- und Gesundheitsschadens nach § 54 Abs. 3 Nr. 3 SGB I bedingten Mehraufwands geleisteten Zahlungen unpfändbar. Wegen ihrer Zweckbestimmung sind schließlich das Kindergeld und andere Geldleistungen für Kinder geschützt, § 850k Abs. 2 Nr. 3 ZPO. Die Voraussetzungen der Aufstockung hat der Schuldner seiner Bank nach § 850k Abs. 5 S. 2 ZPO durch Bescheinigungen des Arbeitgebers, der Familienkasse, des Sozialleistungsträgers oder einer Schuldnerberatungsstelle nachzuweisen. Die Bescheinigung der genannten Personen und Stellen bindet das Kreditinstitut, das bei seiner Entscheidung keinen Ermessensspielraum hat.[392] Kann der Schuldner den Nachweis nicht führen, so hat das Vollstreckungsgericht auf Antrag die Beträge zu bestimmen. Diesen Antrag kann auch das Kreditinstitut stellen.

275 **ee) Kontoführung.** Der Freibetrag steht jeweils monatlich zur Verfügung. Ist das pfändungsgeschützte Guthaben bis zum Ende des Kalendermonats nicht aufgebraucht, wird der verbleibende Guthabenrest einmal in den Folgemonat übertragen und steht dann einmalig zusätzlich zum geschützten Guthaben zur Verfügung. So kann der Schuldner Guthaben für Leistungen ansparen, die nicht monatlich, sondern in größeren Zeitabständen zu erfüllen sind (zB Versicherungsprämien). Wird der Guthabenrest auch im Folgemonat nicht verbraucht, steht der Betrag dem Gläubiger zu.[393]

276 **ff) Unzulässigkeit mehrerer Pfändungsschutzkonten.** Jeder darf nach § 850k Abs. 8 S. 1 ZPO nur ein P-Konto haben. Nach S. 2 hat der Kontoinhaber bei der Vereinbarung des P-Kontos zu versichern, dass er kein weiteres P-Konto führt. Die Bank ist berechtigt, bei der Schufa abzufragen, ob ein weiteres P-Konto des Kunden existiert. Die Schufa darf die Daten, die sie im Rahmen der Missbrauchskontrolle von Banken erhält, nur für die Auskunft an andere Banken zur Ermittlung mehrfacher P-Konten nutzen, nicht aber für die Beantwortung von Anfragen zur Kreditwürdigkeit oder für die Berechnung von Score-Werten. Zusätzlich wird Gläubigern in § 850k Abs. 9 ZPO in Missbrauchsfällen ein zügiges Verfahren an die Hand gegeben, um die nachteilige Wirkung zusätzlicher P-Konten zu beseitigen. Auf Antrag eines Gläubigers,[394] der darlegen und (durch Vorlage von Erklärungen der Drittschuldner) glaubhaft machen muss, dass der Schuldner mehrere Girokonten als P-Konten führt, ordnet das Vollstreckungsgericht an, dass nur das von dem Gläubiger in seinem Antrag bezeichnete Girokonto dem Schuldner als P-Konto verbleibt. Mit Zustellung dieser Entscheidung an die Kreditinstitute, deren Konten nicht zum Pfändungsschutzkonto bestimmt worden sind, entfällt gem. § 850k Abs. 9 S. 5 ZPO der Pfändungsschutz für die betreffenden Konten.

---

[391] Krit. zur Kompliziertheit dieser Regelung und dem damit verbundenen Aufwand für die Kreditinstitute BankR-HdB/*Bitter* § 33 Rn. 34e.

[392] Prütting/Gehrlein/*Ahrens* ZPO § 850k Rn. 80.

[393] Das Problem der Gutschrift einer Sozialleistung am Ende eines Kalendermonats für den Folgemonat (vgl. AG Köln ZIP 2011, 168; LG Essen ZVI 2010, 350) hat der Gesetzgeber durch eine Neuregelung in § 835 Abs. 4 iVm § 850k Abs. 1 S. 2 ZPO gelöst, vgl. dazu *Ahrens* NZI 2011, 183; BankR-HdB/*Bitter* § 33 Rn. 34b.

[394] Antragsberechtigt ist auch ein nachrangiger Gläubiger; Prütting/Gehrlein/*Ahrens* ZPO § 850k Rn. 138.

Anhang 1

„Grundsätze für die Durchführung des Bankauskunftsverfahrens zwischen Kreditinstituten“ 277

Auskunftsanfragen

1. Auskunftsanfragen sollen schriftlich, nur in Ausnahmefällen fernschriftlich oder (fern) mündlich, gestellt werden.
2. In der Auskunftsanfrage ist der Anfragegrund, mit dem das berechtigte Interesse an der Bankauskunft glaubhaft gemacht wird, anzugeben. Das anfragende Kreditinstitut hat klarzustellen, ob es die Auskunft im eigenen oder im Kundeninteresse einholt.
3. Bei Auskunftsanfragen im Interesse eines Kunden wird dessen Name nicht genannt. Das anfragende Kreditinstitut ist jedoch verpflichtet, den Namen des anfragenden Kunden dem angefragten Kreditinstitut zu nennen, wenn dem Kunden, über den eine Auskunft erteilt wurde, ein Anspruch auf Nennung des Anfragers zusteht.

Weiterleitung von Auskunftsanfragen

4. Wird eine Auskunftsanfrage von dem angefragten Kreditinstitut an ein drittes Kreditinstitut weitergeleitet, ist das Anfrageschreiben weiterzugeben.

Zustimmung des Betroffenen

5. Soweit nach Nr. 2/Nr. 3 eine Bankauskunft nur mit ausdrücklicher Zustimmung des Betroffenen erteilt werden darf, genügt auch die Versicherung des anfragenden Kreditinstituts, dass ihm diese Zustimmungserklärung vorliegt. Das anfragende Kreditinstitut ist verpflichtet, diese Erklärung auf Verlangen vorzulegen. Das anfragende Kreditinstitut haftet dem auskunftgebenden Kreditinstitut für alle die Schäden, die diesem daraus entstehen, dass es im Vertrauen auf die Versicherung eine unberechtigte Bankauskunft erteilt hat.

Auskunftserteilung

6. Bankauskünfte sollen allgemein gehalten sein. Sie sollen schriftlich, nur in Ausnahmefällen fernschriftlich oder (fern)mündlich, erteilt werden; mündlich erteilte Auskünfte sind zu dokumentieren und sollen in der Regel schriftlich bestätigt werden. Von einem Verbot der Weitergabe der Bankauskunft ist abzusehen, wenn die Anfrage im Kundeninteresse gestellt worden ist.
7. Bankauskünfte werden nur aufgrund von Erkenntnissen erteilt, die der auskunftgebenden Stelle vorliegen. Es werden keine Recherchen angestellt.
8. Bankauskünfte werden – auch im Fall der Weiterleitung gemäß Ziff. 4 – unmittelbar der anfragenden Stelle erteilt.

Auskunftsverweigerung

9. Auskunftsverweigerungen sollen allgemein gehalten sein. Liegt bei Privatkunden eine Einwilligung nicht vor oder hat bei Geschäftskunden der Kunde die Erteilung einer Auskunft untersagt, ist die Auskunftsverweigerung so zu formulieren, dass sie nicht als negative Auskunft verstanden werden kann. Hat die angefragte Stelle keinen Einblick in die wirtschaftlichen Verhältnisse des Kunden, ist dies in der Antwort deutlich zum Ausdruck zu bringen.

Weitergabe der Auskunft an den Kunden

10. Die im Kundeninteresse eingeholte Bankauskunft wird an diesen inhaltlich unverändert weitergegeben. Der Kunde, der eine Bankauskunft erhält, ist ausdrücklich darauf hinzuweisen, dass er empfangene Informationen nur für den angegebenen Zweck verwenden und nicht an Dritte weitergeben darf.

2. Kapitel: Zahlungsdienstevertrag – §§ 675c-675i BGB

§ 675c Zahlungsdienste und E-Geld

(1) **Auf einen Geschäftsbesorgungsvertrag, der die Erbringung von Zahlungsdiensten zum Gegenstand hat, sind die §§ 663, 665 bis 670 und 672 bis 674 entsprechend anzuwenden, soweit in diesem Untertitel nichts Abweichendes bestimmt ist.**

(2) **Die Vorschriften dieses Untertitels sind auch auf einen Vertrag über die Ausgabe und Nutzung von E-Geld anzuwenden.**

(3) **Die Begriffsbestimmungen des Kreditwesengesetzes und des Zahlungsdiensteaufsichtsgesetzes sind anzuwenden.**

(4) **Die Vorschriften dieses Untertitels sind mit Ausnahme von § 675d Absatz 2 Satz 2 sowie Absatz 3 nicht auf einen Vertrag über die Erbringung von Kontoinformationsdiensten anzuwenden.**

Übersicht

I. Die Eigenschaften von Zahlungsdiensten

1 § 675c BGB legt den **sachlichen Anwendungsbereich** der §§ 675c–676c BGB fest, verweist auf **anwendbare Normen des Auftragsrechts** und **definiert** die in diesem Abschnitt verwendeten **Termini.** Mit Wirkung ab 13.1.2018[1] wurde Absatz 4 zur Begrenzung der Anwendung der Regelungen auf Kontoinformationsdienste angefügt und die Terminologie von „elektronischem Geld" auf E-Geld umgestellt.

2 Die §§ 675c–676c BGB erfassen **Geschäftsbesorgungsverträge,** die eine Erbringung von Zahlungsdiensten zum Gegenstand haben. **Zahlungsdienste**[2] sind nach Abs. 3 in Verbindung mit § 1 Abs. 1 S. 2, § 2 Abs. 1 ZAG[3] privatrechtliche Dienstleistungen, welche die Ausführung einer Zahlung zwischen zwei Parteien, dem Zahler und dem Zahlungsempfänger, unterstützen sollen, also den Zahler in die Lage versetzen oder unterstützen, einen Geldbetrag aus seinem Vermögen in das Vermögen des Zahlungsempfängers zu übertragen.[4] Dabei ist gleichgültig, ob es sich um die Übertragung von Bargeld, Buchgeld oder um E-Geld handelt.[5]

3 Die **Parteien** entsprechender Verträge sind der Zahlungsdienstleister und der Zahlungsdienstnutzer. Der **Zahlungsdienstleister** wird durch § 675c Abs. 3 BGB iVm §§ 1 Abs. 1 S. 1 ZAG definiert. Der **Zahlungsdienstenutzer** ist eine Person, die als Zahler oder Zahlungsempfänger einen Zahlungsdienst in Anspruch nimmt, wobei beide Rollen auch in

[1] Gesetz zur Umsetzung der Zweiten Zahlungsdiensterichtlinie v. 17.7.2017, BGBl. I 2017, 2446.
[2] BT-Drs. 16/11643, 32 ff.
[3] Vgl. zu § 1 ZAG näher Ellenberger/Findeisen/Nobbe/*Findeisen* § 1 ZAG Rn. 148 ff.
[4] MüKoBGB/*Casper* § 675c Rn. 2; Palandt/*Sprau* § 675c Rn. 3.
[5] Palandt/*Sprau* § 675c Rn. 3.

einer Person zusammenfallen können, § 675f Abs. 1 BGB. Dies entspricht den Vorgaben in Art. 4 Nr. 10, 11 PSD II (vgl. auch → Kap. 2 § 675f Rn. 15). Eine **Zahlung** ist die Übertragung von Bar-, Buch- oder E-Geld aus dem Vermögen des Zahlers an den Zahlungsempfänger.[6] **Zahlungsempfänger** ist die Person, die durch einen Zahlungsvorgang einen transferierten Geldbetrag erhalten soll (vgl. Art. 4 Nr. 9 PSD II), wobei unerheblich ist, ob der Geldbetrag diesem in bar ausgezahlt oder einem Konto gutgeschrieben wird.

Den Zahlungsdiensten ist gemeinsam, dass jeweils **Zahlungsvorgänge ausgelöst** werden, also entsprechend der Legaldefinition des § 675f Abs. 4 S. 1 BGB ein tatsächlicher Geldfluss erfolgt. Regelmäßig führt ein Zahlungsdienstleister auf Weisung des Nutzers **(Zahlungsauftrag)** bestimmte den Zahlungsfluss auslösende Maßnahmen durch **(Zahlungsvorgänge),** wobei die Art und Weise, das verwendete Kommunikationsmittel (elektronisch, brieflich, telefonisch) sowie die Natur jenes Rechtsverhältnisses, aufgrund dessen die Zahlung erfolgt, gleichgültig sind. 4

Der **persönliche Anwendungsbereich** umfasst sämtliche Zahlungsvorgänge unter Beteiligung von Verbrauchern und Unternehmern.[7] Allerdings enthält § 675e Abs. 4 BGB[8] eine Öffnungsklausel für Abweichungen von bestimmten, anderenfalls zwingenden Vorschriften der §§ 675c ff. BGB gegenüber Zahlungsdienstnutzern, die nicht Verbraucher sind. Mit diesen können im Rahmen der Öffnungsklausel abweichende vertragliche Abreden, auch in AGB, getroffen werden.[9] 5

Die **Kontoabrede** wie auch ein **Online-Banking-Vertrag**[10] zählen zu den von §§ 675c–676c BGB erfassten Geschäftsbesorgungsverträgen, da sie die Erbringung von Zahlungsdiensten zum Gegenstand haben. 6

II. Die Qualifikation als Zahlungsdienst

1. Die Kontovorgänge als Zahlungsdienste

Vergleichsweise eindeutig nach der vorstehenden Definition ist die Qualifikation **aller für die Führung eines Zahlungskontos erforderlichen Vorgänge** sowie **Ein- und Auszahlungen** auf ein solches Konto (§ 1 Abs. 1 S. 2 Nr. 1, 2 ZAG)[11] als Zahlungsdienstleistungen. Gleiches gilt auch für die **Zahlungsverfahren des bargeldlosen Zahlungsverkehrs,** ua Überweisung, Lastschrift (§ 1 Abs. 1 S. 2 Nr. 3 ZAG). 7

2. Das Online-Banking als Zahlungsdienst

Auch das **Online-Banking bzw. Internetbanking** als Zugriff auf das Konto über ein Medium mit besonderen Zugangsvoraussetzungen und Möglichkeiten zur Auslösung von Zahlungsvorgängen im Wege der elektronischen Datenübermittlung **zählt zu den Zahlungsdiensten.**[12] Dem steht nicht entgegen, dass im Rahmen dieses Zahlungsdienstes weitere Zahlungsdienste (zB Überweisungen) ausgelöst werden können. Die Qualifikation des Online-Bankings als Zahlungsdienst entspricht systematisch der Struktur der PSD II sowie der nationalen Umsetzungsnormen, die jeweils vom konkreten Instrument abstrahieren und allgemeine Vorgaben für Rahmenverträge beinhalten. Nach § 1 Abs. 1 S. 2 Nr. 1, 2 ZAG umfassen Zahlungsdienstleistungen „alle für die Führung eines Zahlungskontos erforderlichen Vorgänge“. Dabei wird zwischen Dienstleistungen im Zusammenhang mit 8

[6] Vgl. zu dieser Definition Begr. RegE BT-Drs. 16/11643, 99; Palandt/*Sprau* § 675c Rn. 3.
[7] Zur Ausnahme für den Interbankenverkehr vgl. § 2 Abs. 1 Nr. 7, 12 ZAG.
[8] → Kap. 2 § 675e Rn. 13.
[9] Zum zeitlichen Anwendungsbereich → Rn. 12.
[10] Näher zur Qualifikation des Online-Bankings als Rahmenvertrag → Kap. 2 § 675f Rn. 14.
[11] Palandt/*Sprau* § 675c Rn. 4.
[12] Wie hier Ellenberger/Findeisen/Nobbe/*Findeisen* § 1 ZAG Rn. 158 (Zahlungsauftrag kann auch über das Internet erteilt werden); s. a. Art. 4 Nr. 3 PSD II iVm Nr. 3 des Anhanges zu Art. 4 Nr. 3.

der Erbringung von Zahlungsvorgängen und der Führung eines Zahlungskontos unterschieden; eine zwingende Verbindung beider besteht nicht, so dass auch das bloße Erbringen von Dienstleistungen als Zahlungsdienstleistung zu qualifizieren ist.[13] Das Online-Banking ist demnach als solches, also auch ohne Führung eines Kontos, als Zahlungsdienst zu qualifizieren, auch wenn es sich um konventionellen Zahlungsverkehr handelt, der unter Nutzung eines neuen Mediums (Computer und Netzwerke) abgewickelt wird.[14] Hieran ändert sich nichts, wenn der Zahlungsdienstleister zugleich auch ein Konto für den Zahlungsdienstnutzer führt. Zu beantworten ist dann nur die Frage, ob insoweit getrennte Rahmenverträge zwischen Dienstleister und Nutzer geschlossen werden oder ob ein einheitlicher Rahmenvertrag vorliegt.[15]

9 Das Online-Banking bzw. Internetbanking unterfällt **keinem Ausnahmetatbestand des § 675c Abs. 3 BGB iVm § 2 Abs. 1 ZAG.** Dieser abschließende Katalog nimmt nur solche technischen Infrastrukturleistungen gegenüber dem Zahlungsinstitut vom Anwendungsbereich des Zahlungsdiensterechts aus, welche die Erbringung von Zahlungsdiensten allein technisch unterstützen, zB die Leistungen technischer Dienstleister (Verarbeitung und Speicherung von Daten, Bereitstellung von IT- und Kommunikationsnetzen, Bereitstellung und Wartung von Rechenzentren). Die Besonderheit des Online-Bankings als elektronischer Rahmen für die Kontoführung und die Veranlassung von Transaktionen ist hiervon zu unterscheiden.

10 Teleologisch entspricht die vorstehende Qualifikation des Online-Bankings dem **Ziel der PSD II,** gerade die unbare Abwicklung von Zahlungen unionsweit zu harmonisieren, da ein kostengünstiger und leistungsfähiger Zahlungsverkehr im europäischen Binnenmarkt nur auf elektronische Weise erreicht werden kann.[16] Der sich abzeichnende Binnenmarkt für Bankdienstleistungen wird wesentlich durch das Online-Banking geprägt.

III. Das resultierende Regelungsregime

1. Geschäftsbesorgungsvertrag

11 Die **Konto-Abrede** und auch eine **Abrede über Online-Banking** sind jeweils ein gegenseitiger Vertrag mit dem Inhalt eines **Geschäftsbesorgungsvertrags** mit dienst- und werkvertraglichen Elementen.[17] Im resultierenden Regelungsregime sind bei beiden Verträgen **privatautonome vertragliche Abreden** insoweit vorrangig, als diese nach § 675e BGB zulässig sind; dieser Vorrang umfasst auch zulässige Inhalte in AGB. Sodann greifen die **§§ 675c–676c BGB.** Sofern in diesen Normen keine spezialgesetzlichen Regelungen enthalten sind, greift das **Auftragsrecht** kraft Rechtsgrundverweisung. Auf der nächsten Stufe können sodann nachrangig die **Vorschriften des Dienst- bzw. Werkrechts** herangezogen werden. Hierfür sprechen die dienst- und werkvertraglichen Elemente der Verträge über Zahlungsdienste, aufgrund derer etwaige Regelungslücken wertungs- und gesetzesnah durch einen Rückgriff auf die Normen des Dienst- bzw. Werkvertragsrecht geschlossen werden können.[18] Dabei darf freilich deren Anwendung nicht den Sinn und Zweck der Regelungen im Recht der Zahlungsdienste konterkarieren, denn die Normen des Zahlungsdiensterechts basieren im Wesentlichen auf der PSD II, deren *effet utile* (praktische Wirksamkeit) nicht unterlaufen werden darf.

[13] Ellenberger/Findeisen/Nobbe/*Findeisen* § 1 ZAG Rn. 171 ff.

[14] Die fehlende aufsichtsrechtliche Besonderheit des Online-Bankings betonen *Escher* WM 1997, 1173 ff.; Ellenberger/Findeisen/Nobbe/*Findeisen* § 1 ZAG Rn. 158.

[15] → Kap. 2 § 675f Rn. 14.

[16] Vgl. Erwägungsgrund Nr. 6 PSD II; *Franck/Massari* WM 2009, 1117 (1118).

[17] Zu dieser Qualifikation der Verträge über Zahlungsdienste auch MüKoBGB/*Casper* § 675c Rn. 50, freilich unter Verzicht auf die Nennung werkvertraglicher Elemente.

[18] Wie hier Palandt/*Sprau* § 675c Rn. 8; MüKoBGB/*Casper* § 675c Rn. 53; Ellenberger/Findeisen/Nobbe/*Walz* § 675c BGB Rn. 12 ff.

2. Der zeitliche Anwendungsbereich

12 Der zeitliche Anwendungsbereich der §§ 675f–i BGB bestimmt sich nach Art. 229 § 22 Abs. 1 EGBGB. Nach allgemeinen Grundsätzen des intertemporalen Rechts wären die Regelungen nur auf Konto-Abreden und Online-Banking-Abreden anwendbar, die nach dem 30.10.2009[19] geschlossen wurden. Hiervon weicht Art. 229 § 22 Abs. 1 S. 1 EGBGB ab, wonach die Vorschriften des BGB und des Art. 248 EGBGB mit Ausnahme der Art. 248 §§ 4, 13 EGBGB **auch auf Altverträge anzuwenden sind,** also auf Schuldverhältnisse, die die Ausführung von Zahlungsvorgängen zum Gegenstand haben und vor dem 31.10.2009 abgeschlossen wurden. Abweichendes galt nach Art. 229 § 22 Abs. 1 S. 2 EGBGB, wenn mit der Abwicklung eines Zahlungsvorgangs nach § 675f Abs. 4 BGB vor dem 31.10.2009 begonnen wurde. Dann sind das BGB und die BGB-InfoV in der bis dahin geltenden Fassung einschlägig. Letzteres gilt im Grundsatz auch für andere Schuldverhältnisse, die vor dem 11.6.2010 entstanden sind (Art. 229 § 22 Abs. 2 EGBGB).

13 **Konto-Abrede** und **Online-Banking-Abrede** sind **Zahlungsdiensterahmenverträge,**[20] mithin Schuldverhältnisse, die die Ausführung von Zahlungsvorgängen zum Gegenstand haben. Das BGB findet auf diese hinsichtlich des Zahlungsdiensterechts in der aktuellen Fassung Anwendung mit der genannten Ausnahme (Art. 248 §§ 4, 13 EGBGB), auch wenn die vertragliche Abrede vor dem 31.10.2009 getroffen wurde.

IV. Die begrenzte Anwendbarkeit auf Kontoinformationsdienste (Abs. 4)

14 Nach Abs. 4 sind die Vorschriften des Untertitels, der die §§ 675c-676c BGB umfasst, – mit Ausnahme von § 675d Abs. 2 Satz 2, Abs. 3 BGB – **nicht** auf einen **Vertrag über die Erbringung von Kontoinformationsdiensten** anzuwenden. Die Regelung wurde durch das Gesetz zur Umsetzung der PSD II mit Wirkung zum 13.1.2018 eingeführt. Sie knüpft an die Kontoinformationsdienste nach § 1 Abs. 1 S. 2 Nr. 8 ZAG an. **Kontoinformationsdienste** sind Zahlungsdienste, sodass die §§ 675c-676c BGB dem Grundsatz nach auf diese anwendbar wären, ohne dass sie inhaltlich hierfür „passen". Denn Kontoinformationsdienste lösen keine Zahlungsvorgänge aus bzw. führen diese nicht aus. Nach Art. 33 Abs. 2 Hs. 2 PSD II sind daher auch von den Richtlinienvorgaben nur wenige auf diese Dienste anwendbar. Die Richtlinie gewährt diese weitgehenden Erleichterungen, weil der Kontoinformationsdienstleister keine Gelder des Zahlungsdienstenutzers hält.[21] Nach Abs. 4 ist auf einen Vertrag über die Erbringung von Kontoinformationsdiensten nur § 675d Abs. 2 S. 2, Abs. 3 anzuwenden, wobei die Regelung nur das **Rechtsverhältnis zwischen Zahlungsdienstenutzer und dem Erbringer der Kontoinformationsdienste** zum Gegenstand hat. § 675f Abs. 3 BGB, der das Vertragsverhältnis zwischen Zahlungsdienstenutzer und dem kontoführenden Zahlungsdienstleister, also die Kontoabrede bzw. die Online-Banking-Abrede betrifft, wird durch diese Regelung *nicht* eingeschränkt. Der hieraus resultierende **Anspruch auf Nutzung eines Kontoinformationsdienstes** (→ Kap. 2 § 675f Rn. 79a–79d) sofern das Zahlungskonto des Zahlungsdienstnutzers für diesen online zugänglich ist, wird durch Abs. 4 nicht eingeschränkt.

Demnach gelten die Informationspflichten nach § 675d Abs. 2 S. 2 BGB für den Kontoinformationsdienst. Für ihre Erfüllung trägt der Kontoinformationsdienstleister die Beweislast (§ 675d Abs. 3 BGB). Er muss allerdings nur über die in Art. 248 § 4 und § 13 EGBGB bestimmten Umstände unterrichten. Hinsichtlich der Form und des Zeitpunktes der Unterrichtung ist eine Vereinbarung mit dem Zahlungsdienstenutzer möglich. Da

[19] Inkrafttreten des Gesetzes zur Umsetzung der Verbraucherkreditrichtlinie, des zivilrechtlichen Teils der Zahlungsdiensterichtlinie sowie zur Neuordnung der Vorschriften über das Widerrufs- und Rückgaberecht, BGBl. I 2009, 2355 v. 29.7.2009.

[20] → Kap. 2 § 675f Rn. 7–14.

[21] Vgl. Erwägungsgrund Nr. 35 PSD II; s. a. BT-Drs. 18/11495, 80 f. (147).

§ 675d Abs. 4 BGB nicht anwendbar ist (vgl. § 675c Abs. 4 BGB, Art. 33 Abs. 2 HS 2 PSD II), kann der Kontoinformationsdienstleister für die Unterrichtung nach § 675d Abs. 2 S. 2 BGB ein Entgelt mit dem Zahlungsdienstenutzer vereinbaren.

§ 675d Unterrichtung bei Zahlungsdiensten

(1) **Zahlungsdienstleister haben Zahlungsdienstnutzer bei der Erbringung von Zahlungsdiensten über die in Artikel 248 §§ 1 bis 12, 13 Absatz 1, 3 bis 5 und §§ 14 bis 16 des Einführungsgesetzes zum Bürgerlichen Gesetzbuche bestimmten Umstände in der dort vorgesehenen Form zu unterrichten.**

(2) **1 Zahlungsauslösedienstleister haben Zahler ausschließlich über die in Artikel 248 § 13 Absatz 1 bis 3 und § 13a des Einführungsgesetzes zum Bürgerlichen Gesetzbuche bestimmten Umstände in der Form zu unterrichten, die in Artikel 248 §§ 2 und 12 des Einführungsgesetzes zum Bürgerlichen Gesetzbuche vorgesehen ist. 2 Kontoinformationsdienstleister haben Zahlungsdienstnutzer über die in Artikel 248 §§ 4 und 13 Absatz 1 des Einführungsgesetzes zum Bürgerlichen Gesetzbuche bestimmten Umstände zu unterrichten; sie können die Form und den Zeitpunkt der Unterrichtung mit dem Zahlungsdienstnutzer vereinbaren.**

(3) **Ist die ordnungsgemäße Unterrichtung streitig, so trifft die Beweislast den Zahlungsdienstleister.**

(4) **1 Für die Unterrichtung darf der Zahlungsdienstleister mit dem Zahlungsdienstnutzer nur dann ein Entgelt vereinbaren, wenn die Information auf Verlangen des Zahlungsdienstnutzers erbracht wird und der Zahlungsdienstleister**

1. **diese Information häufiger erbringt, als in Artikel 248 §§ 1 bis 16 des Einführungsgesetzes zum Bürgerlichen Gesetzbuche vorgesehen,**
2. **eine Information erbringt, die über die in Artikel 248 §§ 1 bis 16 des Einführungsgesetzes zum Bürgerlichen Gesetzbuche vorgeschriebenen hinausgeht, oder**
3. **diese Information mithilfe anderer als der im Zahlungsdiensterahmenvertrag vereinbarten Kommunikationsmittel erbringt.**

2 Das Entgelt muss angemessen und an den tatsächlichen Kosten des Zahlungsdienstleisters ausgerichtet sein.

(5) **1 Zahlungsempfänger, Dienstleister, die Bargeldabhebungsdienste erbringen, und Dritte unterrichten über die in Artikel 248 §§ 17 bis 18 des Einführungsgesetzes zum Bürgerlichen Gesetzbuche bestimmten Umstände. 2 Der Zahler ist nur dann verpflichtet, die Entgelte gemäß Artikel 248 § 17 Absatz 2 und § 18 des Einführungsgesetzes zum Bürgerlichen Gesetzbuche zu entrichten, wenn deren volle Höhe vor der Auslösung des Zahlungsvorgangs bekannt gemacht wurde.**

(6) **1 Die Absätze 1 bis 5 sind nicht anzuwenden auf**

1. **die Bestandteile eines Zahlungsvorgangs, die außerhalb des Europäischen Wirtschaftsraums getätigt werden, wenn**
   a) **der Zahlungsvorgang in der Währung eines Staates außerhalb des Europäischen Wirtschaftsraums erfolgt und sowohl der Zahlungsdienstleister des Zahlers als auch der Zahlungsdienstleister des Zahlungsempfängers innerhalb des Europäischen Wirtschaftsraums belegen ist oder**
   b) **bei Beteiligung mehrerer Zahlungsdienstleister an dem Zahlungsvorgang von diesen Zahlungsdienstleistern mindestens einer innerhalb und mindestens einer außerhalb des Europäischen Wirtschaftsraums belegen ist;**
2. **Zahlungsvorgänge, bei denen keiner der beteiligten Zahlungsdienstleister innerhalb des Europäischen Wirtschaftsraums belegen ist.**

2 In den Fällen des Satzes 1 Nummer 1 sind die Informationspflichten nach Artikel 248 § 4 Absatz 1 Nummer 2 Buchstabe e, § 6 Nummer 1 sowie § 13 Absatz 1 Satz 1 Nummer 2 des Einführungsgesetzes zum Bürgerlichen Gesetzbuche auch auf die

innerhalb des Europäischen Wirtschaftsraums getätigten Bestandteile des Zahlungsvorgangs nicht anzuwenden. [3] Gleiches gilt im Fall des Satzes 1 Nummer 1 Buchstabe b für die Informationspflicht nach Artikel 248 § 4 Absatz 1 Nummer 5 Buchstrabe g des Einführungsgesetzes zum Bürgerlichen Gesetzbuche.

Übersicht

I. Regelungsgehalt, Zweck und Anwendungsbereich der Informationspflichten

Nach § 675d BGB hat der Zahlungsdienstleister gegenüber dem Nutzer umfassende **Informationspflichten;** mit diesen Pflichten korrespondieren entsprechende vertragliche Ansprüche des Zahlungsdienstnutzers auf Information durch den Zahlungsdienstleister. Der Inhalt der Informationspflichten wird durch Art. 248 EGBGB näher aus- 1 gestaltet.[1] Eine allgemeine Informationspflicht des Zahlungsdienstleisters gegenüber Dritten, die weder Kunden noch potentielle Kunden sind, besteht hingegen nicht.[2] In Abs. 2 wurden die Informationspflichten für **Zahlungsauslösedienstleister und Kontoinformationsdienstleister** neu aufgenommen. Abs. 6 enthält eine umfassende Neuregelung zum örtlichen Anwendungsbereich.

2 **Sachlich** erfasst Art. 248 EGBGB die Erbringung von Zahlungsdienstleistungen und damit sowohl die **Konto-Abrede** als auch die **Online-Banking-Abrede.**[3] Beides sind **Rahmenverträge,**[4] so dass neben den **allgemeinen Informationen nach Art. 248 §§ 1, 2 EGBGB** auch die **besonderen Informationspflichten nach Art. 248 §§ 3–11 EGBGB** einschlägig sind. Die Art. 248 § 12–16 EGBGB betreffen Einzelzahlungsverträge und damit nicht die Kontoabrede bzw. die Online-Banking-Abrede.

3 § 675d BGB setzt die von **Art. 38–60 PSD II** vorgeschriebenen Informationspflichten um. Da die PSD II vollharmonisierend ist (Art. 107) und damit die von Zahlungsdienstleistern zu erbringenden Informationspflichten abschließend regelt, bestehen daneben **keine weiteren gesetzlichen Informationspflichten,** die gerade an der Erbringung eines Zahlungsdienstes anknüpfen.[5] Die in der Richtlinie geregelten Informationspflichten sollen eine leichtere Vergleichbarkeit der Vertragsbedingungen der Marktanbieter durch die Herstellung von Transparenz ermöglichen und hierdurch einen die Mitgliedstaaten übergreifenden Wettbewerb der Zahlungsdienstleister fördern.[6] Dieser Zweck aktualisiert sich insbesondere bei grenzüberschreitenden **Konto-Abreden** in der EU, ua beim grenzüberschreitend unschwer möglichen **Online-Banking** in besonderem Maße. Ein Binnenmarkt für Bankdienstleistungen ist mittlerweile technisch ohne weiteres möglich. Gleichwohl ist angesichts des sehr umfangreichen Katalogs der zu erteilenden Informationen grundsätzlich zu bezweifeln, dass diese dem Zahlungsdienstnutzer eine Vergleichbarkeit der Angebote erleichtert; vielmehr hat die Desinformation durch Überinformation mit der Richtlinie eine neue Qualität erreicht.[7] Nicht zu überzeugen vermag vor diesem Hintergrund auch die (weiterhin) weitreichende Postulierung eines **Auskunftsanspruchs des Zahlungsdienstleisters** aus §§ 675c Abs. 1, 675, 666 BGB, der über die Erteilung von Kontoauszügen hinausgehen soll. Inhaltlich soll ein solcher Anspruch zB vorgenommene Buchungen, den Kontostand, eine rückwirkende Neuberechnung des Saldos oder weitere Angaben zur Berechnung der in das Konto eingestellten Zinsen und Entgelte zum Inhalt haben, soweit zur Überprüfung der Richtigkeit erforderlich.[8] Dem stehen die gesetzliche Konkretisierung der Informationspflicht sowie der vollharmonisierende Charakter der PSD II im Grundsatz entgegen. Die konkreten Regelungen in der Richtlinie sowie ihre mitgliedstaatliche Umsetzung dürfen dabei nicht durch einen nur allgemeinen Hinweis auf die Zwecke der Richtlinie überspielt werden. Dies ist gerade keine methodengerechte richtlinienkonforme Auslegung.[9] Die frühere Rechtsprechung zur Reichweite des Auskunftsanspruchs des Zahlungsdienstenutzers gegenüber dem Zahlungsdienstleister[10] kann vor diesem Hintergrund nicht uneingeschränkt fortgeschrieben werden. Erforderlich ist vielmehr eine materielle Grundlage eines solchen Anspruchs außerhalb eines behaupteten allgemeinen Auskunftsanspruchs, zB eine Pflichtverletzung des Vertragspartners.

---

[1] Auf Art. 248 EGBGB verweisen daneben noch §§ 675g Abs. 1, 675h Abs. 2 S. 3, 675q Abs. 2 S. 2 und 676b Abs. 2 S. 2, Abs. 4 S. 2 BGB.

[2] Vgl. nur BGH NJW-RR 2010, 1712 Rn. 36.

[3] → Kap. 2 § 675c Rn. 7–10.

[4] Dazu ausf. → Kap. 2 § 675f Rn. 7–14.

[5] BT-Drs. 16/11643, 134.

[6] Vgl. Erwägungsgründe Nr. 6, 54 PSD II.

[7] Daher zu Recht krit. *Burgard* WM 2006, 2065 (2067); *Lohmann/Koch* WM 2008, 57 (62); MüKoBGB/*Casper* § 675d Rn. 1; positiv hingegen *Frank/Massari* WM 2009, 1117 (1119).

[8] Vgl. BankR-HdB/*Schmieder* § 47 Rn. 24c.

[9] So aber BankR-HdB/*Schmieder* § 47 Rn. 24c.

[10] Vgl. dazu BGH NJW 1985, 2699 (2700); BGH NJW 2001, 1486 = WM 2001, 621 = ZIP 2001, 561; BGH NJW 1995, 130 = WM 1994, 2192 = ZIP 1994, 1851.

Der **zeitliche Anwendungsbereich** der Informationspflichten ist auch dann eröffnet, wenn die Konto-Abrede oder die Abrede über das Online-Banking vor dem 30.10.2009 abgeschlossen wurde. Denn Art. 248 EGBGB ist – mit **Ausnahme** der vorvertraglichen Informationspflichten nach Art. 248 §§ 4, 13 EGBGB – auch auf vor dem 31.10.2009 geschlossene Verträge über Zahlungsdienste anwendbar (Art. 229 § 22 Abs. 1 S. 1 EGBGB). Die gesetzliche **Rückausnahme** (Art. 229 § 22 Abs. 1 S. 2 EGBGB) betrifft nur *Zahlungsvorgänge* iSd § 675f Abs. 4 BGB, mit deren Abwicklung vor dem 31.10.2009 begonnen wurde. 4

Der **räumliche Anwendungsbereich** ist in **Abs. 6** sehr komplex geregelt. Die PSD II hat den Anwendungsbereich ihrer Regelungen zum Zahlungsdiensterecht ausgedehnt, indem die nicht erfassten Drittstaatensachverhalte beschränkt wurden.[11] In der Folge werden auch in der EU getätigte Bestandteile von Zahlungsvorgängen durch die PSD II erfasst, wenn diese zwischen im EWR[12] belegenen Zahlungsdienstleistern in Drittstaatenwährung (Art. 2 Abs. 3 PSD II) erfolgen sowie unabhängig von der Währung, wenn nur einer der beteiligten Zahlungsdienstleister im EWR belegen ist (Art. 2 Abs. 4 PSD II).[13] Die nicht erfassten Drittstaatensachverhalte setzen somit voraus, dass der Zahlungsvorgang unabhängig von der Währung durch Zahlungsdienstleister erfolgt, von denen keiner im EWR belegen ist. Der neue Abs. 6 fasst die komplexe Regelung des Anwendungsbereichs zusammen. Sofern **keiner der beteiligten Zahlungsdienstleister innerhalb des EWR** belegen ist, werden die Informationspflichten nach Abs. 6 S. 1 Nr. 2 vollständig ausgeschlossen. Relevant ist insofern die *tatsächliche Belegenheit* der beteiligten Zahlungsdienstleister, nicht ihr satzungsmäßiger Sitz. Zudem sollen auch Agenten (§ 1 Abs. 9 S. 1 ZAG) sowie selbstständige Niederlassungen (§ 1 Abs. 5 S. 2 ZAG) erfasst sein.[14] Sofern **Bestandteile eines Zahlungsvorgangs, die außerhalb des EWR** getätigt werden, durch Zahlungsdienstleister erfolgen, von denen mindestens einer innerhalb und mindestens einer außerhalb des EWR belegen ist, ordnet Abs. 6 S. 1 Nr. 1b die Unanwendbarkeit von § 675d Abs. 1–5 BGB an. Für jene Bestandteile des Zahlungsvorgangs, die *innerhalb* des EWR getätigt werden, bleibt es nach allgemeinen Grundsätzen bei der prinzipiellen Anwendbarkeit der Pflichtinformationen. Nach Abs. 6 S. 2 hat zudem auch der innerhalb des EWR belegene Zahlungsdienstleister nicht über Ausführungsfristen (Art. 248 § 4 Abs. 1 Nr. 2e EGBGB; Art. 248 § 6 Nr. 1 EGBGB; Art. 248 § 13 Abs. 1 S. 1 Nr. 2 EGBGB) zu informieren. Zudem ist nicht über Erstattungsrechte gemäß § 675x BGB (vgl. Art. 248 § 4 Abs. 1 Nr. 5g EGBGB) zu informieren (Abs. 6 S. 3). Sofern **Bestandteile eines Zahlungsvorgangs, die außerhalb des EWR** getätigt werden, durch Zahlungsdienstleister von Zahlungsempfänger und Zahler erfolgen, die *innerhalb* des EWR belegen sind und der Zahlungsvorgang in der Währung eines Staates *außerhalb* des EWR erfolgt, ordnet Abs. 6 Nr. 1a die Unanwendbarkeit der Abs. 1–5 an. Für jene Bestandteile des Zahlungsvorgangs, die innerhalb des EWR getätigt werden, bleibt die Anwendbarkeit hingegen unberührt. Nach Abs. 6 S. 2 sind zudem auch in Bezug auf den innerhalb des EWR erfolgten Bestandteil des Zahlungsvorgangs die Informationen zu Ausführungsfristen (Art. 248 § 4 Abs. 1 Nr. 2e EGBGB; Art. 248 § 6 Nr. 1 EGBGB; Art. 248 § 13 Abs. 1 S. 1 Nr. 2 EGBGB) nicht zu erbringen. 5

---

[11] Begr. RegE BT-Drs. 18/11495, 153.

[12] Zum EWR gehören die Mitgliedstaaten der EU, gleichgültig, ob sie den EUR eingeführt haben, sowie Island, Norwegen und Liechtenstein.

[13] Begr. RegE BT-Drs. 18/11495, 152; ausf. zu Drittstaatsachverhalten MüKoBGB/*Casper* § 675d Rn. 23 ff.

[14] Begr. RegE. BT-Drs. 18/11495, 152.

II. Zeitpunkt der Information sowie Art und Weise

6 § 675d Abs. 1 BGB regelt einen **Anspruch des Zahlungsdienstnutzers auf Information.** Die Dienstleister sind in zeitlicher Hinsicht verpflichtet, den Kunden **„bei der Erbringung"** der Zahlungsdienstleistung zu informieren, wenn also zB der Nutzer den Zahlungsdienst, das Konto bzw. das Online-Banking, in Anspruch nimmt oder in Anspruch nehmen will.[15] Diese Pflicht umfasst vorvertragliche Informationen sowie Inhalte eines etwaigen Vertrages; sie ist unabhängig davon, ob bereits eine vertragliche Verbindung des Nutzers zum konkreten Zahlungsdienstleister besteht.

7 Hinsichtlich der **Art und Weise der Unterrichtung** ist zu unterscheiden. Die PSD II unterscheidet bei der Unterrichtung aufgrund der unterschiedlichen Informationsbedürfnisse sowie der Kosteneffizienz zwischen dem „Mitteilen/Übermitteln" und dem „Zugänglichmachen/Zurverfügungstellen" der Informationen.[16] Sofern der Dienstleister die **Informationen mitzuteilen bzw. zu übermitteln** hat,[17] muss er diese auf eigene Initiative, mithin auch ohne Anforderung durch den Nutzer, in dessen Machtbereich in lesbarer Form, auch elektronisch, kommunizieren. Die Information muss dem Nutzer also zugehen. Es handelt sich um eine Schickschuld. Ohne weiteres sind die Aushändigung (zB in der Filiale) sowie die Übersendung per Brief umfasst. Auch die Aufnahme der Information auf dem Kontoauszug ist ausreichend, wenn der Auszug per Post übersandt oder vom Kunden am Auszugsdrucker ausgedruckt wurde. Ausreichend ist hierfür die Einstellung in ein elektronisches Postfach, das zusammen mit dem elektronisch geführten Konto für den Nutzer eingerichtet wird. Das Postfach auf dem Server des Zahlungsdienstleisters kann durch rechtsgeschäftliche Abrede zum Machtbereich des Kunden werden,[18] so dass mit der Einstellung der Zugang erfolgen kann. Allerdings müssen die eingestellten Inhalte dann auf einem dauerhaften Datenträger verfügbar sein. Dies setzt voraus, dass einmal eingestellte Inhalte vom Zahlungsdienstleister nicht nachträglich verändert werden können.[19] Diese Anforderung kann organisatorisch (Übernahme entsprechender Pflicht gegenüber Nutzer) oder technisch (zB Trust-Center) gewährleistet werden. Darüber hinaus erfordert das Mitteilen auch, dass der Zahlungsdienstleister den Zahlungsdienstnutzer von sich aus davon (zB per Email oder SMS) in Kenntnis setzt, dass neue Informationen in das Postfach eingestellt wurden.[20] Dies folgt schon daraus, dass für die Bejahung des Zugangs erforderlich ist, dass mit der Kenntnisnahme durch den Nutzer zu rechnen ist. Eine solche ist bei elektronischen Postfächern, die zusammen mit elektronischen (Bank-)Konten eingerichtet werden, allerdings ohne entsprechende Mitteilung richtigerweise nicht der Fall.[21] Nach der Verkehrsanschauung kann nicht erwartet werden, dass ein Nutzer täglich, ggf. in eine Vielzahl entsprechender elektronischer (Kunden-)Postfächer Einblick nimmt. Dies ist erst nach einer entsprechenden anderweitigen Mitteilung an den Kunden und Ablauf einer angemessenen Frist, zB Tagesablauf, gegeben. Möglich ist auch die Übermittlung der Information an das allgemeine E-Mail-Postfach des Nutzers.[22]

---

[15] BGH WM 2010, 647 Rn. 10.

[16] Erwägungsgrund Nr. 60 PSD II.

[17] → Rn. 29–31; s. a. Begr. RegE BT-Drs. 16/11643, 100; MüKoBGB/*Casper* § 675d Rn. 5; BeckOGK BGB/*Zahrte* § 675d Rn. 22 ff.

[18] Vgl. nur MüKoBGB/*Einsele* § 130 Rn. 18.

[19] Vgl. EuGH NJW 2017, 871 mAnm *Heckmann/Kaspareit* (873); ausf. auch *Zahrte* BKR 2017, 279; zum Zugang der Kreditkartenabrechnung bei einem solchen elektronischen Postfach vgl. LG Berlin BeckRS 2010, 14573.

[20] S. a. EuGH NJW 2017, 871.

[21] Hieran ändert auch eine vertragliche Vereinbarung nichts, nach der eine Obliegenheit des Kunden zur regelmäßigen Einsichtnahme in das elektronische (Kunden-)Postfach besteht; **aA** BeckOGKBGB/*Zahrte* Art. 248 § 10 EGBGB Rn. 11.

[22] Palandt/*Sprau* § 675d Rn. 3; Ellenberger/Findeisen/Nobbe/*Pfeifer* § 675d BGB Rn. 10 ff. (Schickschuld); weitergehend hinsichtlich der Anforderungen an eine Übermittlung aber Begr. RegE BT-Drs. 16/11643, 100.

Sofern nach der konkreten Pflicht die **Informationen zur Verfügung zu stellen** sind,[23] muss der Zahlungsdienstleister die Informationen nur bereitstellen und erst *auf Anforderung des Nutzers* übermitteln. Erforderlich ist demnach hierbei eine aktive Beteiligung des Nutzers; es handelt sich um eine Holschuld. Ausreichend ist insoweit, dass der Nutzer Zugang zu der Information hat.[24] Möglich ist eine Liste mit den für den Nutzer zum Download abrufbaren[25] oder auf Anforderung übermittelten Informationen im Informationsbereich des Zahlungsdienstleisters. Auch der Hinweis auf die Abrufmöglichkeit inkl. Downloadlink per E-Mail reicht aus. Bei der **Konto-Abrede** genügen bei einer entsprechenden gesetzlichen Anordnung demnach die Abrufmöglichkeit von der Homepage des Zahlungsdienstleisters, die Möglichkeit des Faxabrufes sowie auf Anforderung übersandte Informationen. Auch die Auslage oder der Aushang in der Filiale reichen aus. Im **Online-Banking** ist an eine Liste mit Informationen im Informationsbereich des Online-Bankings, die Möglichkeit des Downloads sowie die Einstellung in das elektronische Postfach nach Anforderung durch den Nutzer zu denken.[26] 8

Die **konkret geschuldete Art der Unterrichtung** ergibt sich aus Art. 248 EGBGB. Bei Abschluss eines Zahlungsdiensterahmenvertrags fordert Art. 248 §§ 3, 4 EGBGB ein Mitteilen,[27] während beim Einzelzahlungsvertrag nach Art. 248 § 12 EGBGB ein „zur Verfügung stellen" ausreicht. 9

Die Informationspflicht ist **halbzwingendes Recht.** Nach §§ 675d Abs. 1, 675e Abs. 1, 4 BGB ist Art. 248 EGBGB in Bezug auf die §§ 1–12, 13 Abs. 1 u Abs. 3–5, 14–16 insoweit zwingend, als der **Zahlungsdienstnutzer Verbraucher** (§ 13 BGB) ist. Von diesen Vorschriften darf nicht zum Nachteil des Verbrauchers abgewichen werden. Allerdings kann nach Art. 248 § 10 EGBGB bei den in Art. 248 §§ 7, 8 und 9 Nr. 2 EGBGB aufgeführten, nachträglich zu erteilenden Informationen die Häufigkeit, die Form sowie die Art und Weise der Informationserteilung durch den Zahlungsdienstleister auch mit Verbrauchern abweichend vereinbart werden. In Abreden mit **Unternehmern** (§ 14 BGB) als Zahlungsdienstnutzer können die Informationspflichten gemäß § 675e Abs. 1, 4 BGB hingegen, auch in AGB, vollständig abbedungen werden. 10

III. Beweislast (Abs. 3)

Die Darlegungs- und **Beweislast für die ordnungsgemäße Unterrichtung** trägt der Zahlungsdienstleister (§ 675d Abs. 3 BGB). Die Regelung setzt Art. 41 PSD II um, wonach die Mitgliedstaaten vorschreiben, dass der Zahlungsdienstleister den Nachweis zu erbringen hat, dass er den Informationspflichten nachgekommen ist.[28] Im eigenen Interesse hat die Bank daher Art und Umfang der Unterrichtung sorgfältig zu dokumentieren. Indizien, die sie vortragen kann, sind im Rahmen der allgemeinen Konto-Abrede Vermerke über die Übersendung der Informationen, beim Online-Banking ua Protokolle über die Einstellung und Abrufmöglichkeit, über eine etwaige Datenübertragung an den Nutzer sowie etwaige Screenshots. Die **Informationspflichten Dritter** (Art. 248 § 18 EGBGB) werden von dieser Regelung **nicht** erfasst.[29] Schon nach dem Wortlaut ist die Norm insofern nicht einschlägig, da keine Zahlungsdienstleister vorliegen. Eine analoge Anwen- 11

[23] → Rn. 29; die PSD II spricht insofern vom Zugänglichmachen der Information, Begr RegE BT-Drs. 16/11643, 100.

[24] Wohl allgM, vgl. nur BeckOGK BGB/*Zahrte* § 675d Rn. 26; BankR-HdB/*Schmieder* § 49 Rn. 100.

[25] BeckOGK BGB/*Zahrte* § 675d Rn. 27.

[26] RegE BT-Drs. 16/11643, 100.

[27] Eine abweichende Vereinbarung zwischen Dienstleister und Nutzer ist insoweit aber, auch in AGB, nach Art. 248 § 10 EGBGB für die in den Art. 248 §§ 7, 8, 9 Nr. 2 EGBGB genannten Informationen möglich, so dass in diesem Fall ein Zurverfügungstellen auch beim Zahlungsdiensterahmenvertrag ausreicht.

[28] Die frühere PSD I enthielt in Art. 33 insoweit noch eine Option für die Mitgliedsstaaten, die vom BGB-Gesetzgeber ausgeübt wurde, vgl. Begr. RegE BT-Drs. 16/11643, 100.

[29] Wie hier MüKoBGB/*Casper* § 675d Rn. 14; **aA** Staudinger/*Omlor* § 675d Rn. 7.

dung scheidet ebenfalls aus, da es bereits an einem Ähnlichkeitsvergleich mangelt. Auch hat der Gesetzgeber bei den zahlreichen Reformen des Zahlungsdiensterechts entsprechende Vorschläge aus dem Schrifttum nicht aufgegriffen; in der Folge fehlt es daher ebenfalls an einer Regelungslücke.

IV. Entgelt (Abs. 4)

1. Grundsatz der Unentgeltlichkeit und Ausnahmen

12 § 675d Abs. 4 S. 1 BGB setzt den **Grundsatz der unentgeltlichen Informationserteilung** der PSD II um.[30] Danach darf für die gesetzlich vorgeschriebene Mitteilung bzw. Zurverfügungstellung der Informationen kein Entgelt vereinbart und verlangt werden. Ein **gesondertes Entgelt** darf nur **für eine überobligatorische Unterrichtung** verlangt werden, mithin wenn die Information häufiger (Nr. 1), umfangreicher (Nr. 2) oder auf andere Weise (aufwendiger) (Nr. 3) als gesetzlich vorgeschrieben erteilt wird. Zudem muss ein entsprechendes Verlangen des Nutzers vorliegen, das ursächlich für das Überschreiten der gesetzlich vorgeschriebenen Pflicht ist. Schließlich muss eine entsprechende Entgeltabrede von den Parteien getroffen worden sein.[31] Eine solche Abrede ist auch in AGB möglich. Mit dem Erfordernis einer Vereinbarung entsprechender Entgelte geht einher, dass der Anspruch des Nutzers auf die überobligatorische Erfüllung der Informationspflichten im Rahmenvertrag enthalten sein muss. Dementsprechend muss der Anspruch des Kunden auf eine abweichende Übermittlung von Informationen oder eine nochmalige Übermittlung (zB Nacherstellung von Kontoauszügen) auf Verlangen zusammen mit dem hierfür vereinbarten Entgelt in der Kontoabrede/Online-Banking-Abrede enthalten sein. Sofern der Zahlungsdiensterahmenvertrag einen solchen Anspruch nicht regelt, fehlt eine entsprechende Pflicht des Zahlungsdienstleisters. In diesem Fall können die Parteien einzelvertraglich (auch konkludent) eine entsprechende Dienstleistung des Zahlungsdienstleisters vereinbaren, ohne dass § 675d BGB insofern einschlägig ist.[32]

12a **Beispiele** sind die **Nacherstellung von Kontoauszügen** auf Verlangen des Nutzers bei entsprechender Abrede im Zahlungsdiensterahmenvertrag als „häufigere“ Information.[33] Gleiches gilt für Informationen, die auf Anforderung des Nutzers, wie vertraglich ermöglicht, nicht digital, sondern als Kopie per Post übersandt werden („aufwendiger“), während sie nach der gesetzlichen Vorgabe in Art. 248 § 3 EGBGB nur auf dauerhaftem Datenträger mitgeteilt werden müssen. Entsprechendes gilt bei der Vereinbarung einer Bereitstellung der Kontoauszüge im Internet online bzw. zum Download und die **Übersendung in Papierform** auf Verlangen des Kunden, wenn diese Möglichkeit im Vertrag eröffnet ist. Erforderlich ist zudem jeweils eine dahingehende Entgeltabrede in der Konto-Abrede oder in der Online-Banking-Abrede bzw. den zugehörigen AGB. Bei einer brieflichen **Benachrichtigung über die Ausführung einer Lastschrift** trotz mangelnder Deckung[34] liegt eine aufwendigere (Nr. 3) Übermittlung der Information vor, da die konkrete Buchung individuell brieflich mitgeteilt und nicht nur in den Kontoauszug eingestellt wird.[35] Bei einer Postsperre-Einrichtung ist die Norm nicht einschlägig, da insoweit die Nicht-Kommunikation vereinbart wird (LG Nürberg-Fürth WM 2019, 782).

12b An einem **notwendigen Verlangen** durch den Nutzer fehlt es, wenn dieser die Information (zB Kontoauszug) nur über einen längeren Zeitraum nicht abruft und diese ihm

[30] Vgl. Erwägungsgründe Nr. 59, 61 sowie Art. 40, 62 PSD II.
[31] Vgl. Art. 40 Abs. 2 PSD II.
[32] Weitergehend BankR-HdB/*Schmieder* § 47 Rn. 24d, auf den allg. Auskunftsanspruch abstellend; dazu aber → Rn. 5.
[33] BGH NJW 2014, 922 Rn. 17; *Kropf/Habl* BKR 2013, 103 (104).
[34] Vgl. dazu OLG Düsseldorf BeckRS 2016, 07707 (ablehnend).
[35] So iE auch BeckOGK BGB/*Zahrte* § 675d Rn. 68.4.

daher vom Zahlungsdienstleister übermittelt wird.[36] Freilich kann eine entsprechende Abrede der Parteien das konkret erforderliche Verlangen ersetzen, so wenn die Parteien vereinbaren, dass der Zahlungsdienstleister die Information (zB Kontoauszug) nach Ablauf einer bestimmten Frist übersendet. Denn dann ist der maßgebliche Wille des Nutzers entsprechend in die vertragliche Abrede eingegangen. Nach Sinn und Zweck der Regelung ist nicht erforderlich, dass es sich um ein individuelles Verlangen des Nutzers handelt. Ausreichend ist vielmehr ein entsprechender, auch verallgemeinerter und vertraglich fixierter Wille des Nutzers. Ausreichend ist daher, wenn die Parteien bereits in der Entgeltklausel das „Verlangen" des Zahlungsdienstenutzers fixieren, zB bei einer Übersendung der Kontoauszüge nach 6 Wochen bei unterbliebenem Abruf im Online-Banking, bei der brieflichen Benachrichtigung über die Ausführung einer Lastschrift trotz fehlender Deckung sowie der brieflichen Benachrichtigung bei der Ausführung eines Zahlungsvorgangs ab einem bestimmten (hohen) Betrag.

2. Höhe des Entgelts

a) Die Ausrichtung an den Kosten des Zahlungsdienstleisters. In § 675d Abs. 4 S. 2 BGB ist eine **Inhaltsprüfung der Entgeltabrede** vorgesehen, nach der das vereinbarte Entgelt „angemessen und an den tatsächlichen Kosten des Zahlungsdienstleisters orientiert" sein muss.[37] Diese Norm ist *lex specialis* zu § 307 Abs. 1 BGB in Bezug auf das Ob und die Höhe des Entgelts. Mit dem Terminus „Entgelt" grenzen der Unionsgesetzgeber und nationaler Gesetzgeber die Bepreisung auch zum bloßen Aufwendungsersatz ab.[38] Die **Angemessenheit** des Entgelts verweist auf einen Marktvergleich. Die **tatsächlichen Kosten** stellen dem Grundsatz nach eine Dimension zur Orientierung dar, die an den Kosten des konkreten Zahlungsdienstleisters anknüpft.[39] Der Dienstleister darf die Höhe des Entgelts für die überobligatorische Information zB an entstehenden Portokosten und dem Personalmehraufwand orientieren. Letzteres folgt daraus, dass bei Informationen, die nur zur Verfügung zu stellen sind, ihr Bereithalten als Faxabruf oder auf der Homepage des Dienstleisters ausreicht,[40] bei der individuellen Übersendung auf Anforderung aber ein substantieller Personalmehraufwand anfallen kann. Die höchstrichterliche Rechtsprechung verlangt dabei, dass diese Kosten unmittelbar für die Unterrichtung anfallen.[41] **13**

Ausweislich des Wortlauts des § 675d Abs. 4 S. 2 BGB („ausgerichtet"; wortgleich Art. 40 Abs. 3 PSD II) kann das vereinbarte Entgelt durchaus den tatsächlichen Mehraufwand nicht nur geringfügig übersteigen, zB durch Rundung auf einen „glatten" Betrag oder zum Ausgleich von „Berechnungsunschärfen" bei der Berechnung des Personalmehraufwandes **(Zulässigkeit einer begrenzten Pauschalierung).**[42] Auch eine **Mischkalkulation** ist zulässig, bei der die im Einzelfall zB aufgrund unterschiedlichen Personalaufwands divergierenden Kosten entsprechender Unterrichtungen in einem Entgelt zusammengefasst werden, das sich an den jeweiligen Kosten und der jeweiligen Anzahl der verschiedenen Konstellationen orientiert. Auch bei einer Mischkalkulation erfolgt die von der Norm vorgeschriebene „Ausrichtung" des Entgelts an den Kosten (zur abweichenden Ansicht des BGH → Rn. 13c).[43] **13a**

[36] Vgl. LG Frankfurt a. M. WM 2011, 1846 (1847); s. a. BeckOGK BGB/*Zahrte* § 675d Rn. 68 mwN.

[37] Diese gesetzliche Preishöhenkontrolle stellt in einer wettbewerbsorientierten Marktwirtschaft einen Fremdkörper dar; krit. auch *Bitter* WM 2010, 1773 (1781); vgl. zu dieser Regelung auch Begr. RegE BT-Drs. 16/11643, 100.

[38] So auch MüKoBGB/*Casper* § 675d Rn. 20; Ellenberger/Findeisen/Nobbe/*Pfeifer* § 675d BGB Rn. 28; *Zahrte* NJW 2018, 337 (339).

[39] Die Lit. ist insofern uneinheitlich, vgl. MüKoBGB/*Casper* § 675d Rn. 20 (deutlich über den Betriebskosten liegendes Entgelt nicht angemessen); enger *Grundmann* WM 2010, 1157 (1161) („strikt nach den Kosten richten"); sehr (zu) weit BeckOGK BGB/*Zahrte* § 675d Rn. 71 (Kostenbasiertheit als bloßes Willkürverbot).

[40] → Rn. 8.

[41] BGH NJW 2017, 3649 Rn. 34.

[42] Zustimmend BGH NJW 2014, 922 Rn. 21; s. a. BGH NJW 2017, 3649 Rn. 34.

[43] So auch *Kropf/Habl* BKR 2013, 103 (105); BeckOGK BGB/*Zahrte* § 675d Rn. 72.

13b Zur Ausrichtung des Entgelts muss der Zahlungsdienstleister die bei ihm **anfallenden Kosten der konkreten Unterrichtung** kennen. Dies wird nicht stets der Fall sein, angesichts der Digitalisierung und damit präzisen Erfassung der einzelnen Vorgänge allerdings immer öfter möglich. Als ansatzfähige **tatsächliche Kosten** sind jedenfalls jene Kosten erfasst, die unmittelbar durch die Unterrichtung ausgelöst werden. Hierzu zählen jene Stückkosten[44], die der Unterrichtung zugeordnet werden können (Material- und Versandkosten, Porto, Kosten der Digitalisierung sowie von IT-Dienstleistungen). Gleiches gilt jedenfalls für jene **Personalkosten,** die sich ebenfalls der konkreten Unterrichtung (anteilig) zuordnen lassen. Hierzu zählen die Personalkosten jener Mitarbeiter, die sich ausschließlich oder mit einem zu berechnenden Anteil ihrer Arbeitsleistung entsprechenden Vorgängen (Unterrichtung von Zahlungsdienstenutzern iSv. § 675d Abs. 4 BGB) widmen. Richtigerweise sind auch jene Gemeinkosten des Zahlungsdienstleisters erfasst, die sich hinreichend deutlich mit der Erfüllung der Unterrichtungspflicht verbinden lassen. Dies betrifft zB die Kosten der Arbeitsmittel für jene Mitarbeiter, die sich mit der Unterrichtung nach § 675d Abs. 4 BGB befassen.[45]

13c Der **BGH** glaubt darüber hinaus unter Hinweis auf die Richtlinienvorgabe („an den tatsächlichen Kosten des Zahlungsdienstleisters ausgerichtet") ein „offenkundiges" Gebot zu erkennen, dass über die Entgelthöhe „weitestmöglich die **Umstände des Einzelfalles** entscheiden sollen" und postuliert ein umfassendes **Verbot der Mischkalkulation.** Damit wird aber schon die Aussagekraft der vom BGH in Bezug genommenen Regelungen bei weitem überspannt; die Aussagekraft der Richtlinienvorgabe geht nicht über § 675d Abs. 4 BGB hinaus. Paradigmatisch hierfür ist der Hinweis auf den früheren Erwägungsgrund Nr. 28 PSD I durch den BGH, der das Erfordernis einer Entgeltabrede der Parteien, aber keine Pflicht zur strengen Orientierung an den Umständen des Einzelfalles enthält. Auch aus dem dortigen Hinweis auf eine transparente Preisbildung und unterschiedliche Bedürfnisse der Kunden folgt dies nicht. Gegen die überaus enge Auslegung durch den BGH spricht auch der Vergleich mit anderen Formulierungen im Unionsrecht, die eine deutlich engere Orientierung an den tatsächlichen Kosten vorschreiben.[46] Zudem unterstellt diese Auslegung des Unionsrechts dem Unionsgesetzgeber ein substantielles Maß an Ignoranz gegenüber den praktischen Gegebenheiten des Massengeschäfts, namentlich der im weit überwiegenden Regelfall klauselmäßigen Entgeltabrede bei überobligatorischen Informationen, die ebenfalls standardisiert erbracht werden. Eine Ausrichtung der Entgeltkontrolle an den „Umständen des Einzelfalles" ist daher insoweit verfehlt, eine begrenzte Pauschalierung hingegen objektiv geboten und zulässig. Jedenfalls führt mittlerweile eine systematische Auslegung zu dem hier (weiterhin) vertretenen Ergebnis, denn das Zahlungsdiensterecht selbst unterscheidet nunmehr sehr deutlich zwischen einer strikten Kostenorientierung (vgl. § 675l Abs. 1 S. 3 BGB zum Entgelt, „das allenfalls (!) die ausschließlich und unmittelbar mit dem Ersatz verbundenen Kosten abdeckt") und der Angemessenheit des Entgelts mit einer Ausrichtung an den tatsächlichen Kosten.

13d **b) Die Angemessenheit des Entgelts.** Die Angemessenheit des Entgelts verweist auf einen **Marktvergleich.** Mithin sind von vergleichbaren Anbietern am Markt für vergleichbare Unterrichtungen verlangte Entgelte in Blick zu nehmen.[47] Damit kommt dem Angemessenheitskriterium die Funktion eines Korrektivs zu, insbesondere wenn die Kosten des konkreten Zahlungsdienstleisters sehr hoch sind oder seine Mischkalkulation (→ Rn. 13a, 13c) wesentlich verschiedene Unterrichtungen zusammenfasst und in der Folge zu einem zwar kostenorientierten, aber im Marktvergleich sehr hohen Entgelt für die

---

[44] BGH NJW 2017, 3649 Rn. 34; OLG Bamberg NJW-RR 2012, 630 (631).

[45] Tendenziell abweichend die Rspr. BGH NJW 2017, 3649 Rn. 33, wonach Gemeinkosten im Grundsatz mit dem Preis der Hauptleistung abzugelten sind; OLG Bamberg NJW-RR 2012, 630 (631).

[46] Vgl. Art. 8 Abs. 2 S. 1 lit. b VO (EU) Nr. 260/2012, wonach die Entgelte „strikt kostenbasiert" zu berechnen seien.

[47] Ähnlich MüKoBGB/*Casper* § 675d Rn. 20; s. a. OLG Frankfurt BeckRS 2013, 03292 („objektive Kriterien wie einen Marktvergleich").

konkrete Unterrichtung gelangt. Vom Angemessenheitskriterium sicherlich umfasst ist auch eine **angemessene Bankmarge,**[48] dies jedenfalls zur Vermeidung einer dauerhaft nicht kostendeckenden Bepreisung entsprechender Unterrichtungen. Denn der Gesetzgeber einer wettbewerbsverfassten Marktwirtschaft kann den Zahlungsdienstleister – soll die Bepreisung nach § 675d Abs. 4 S. 3 BGB einen materiellen Sinn haben – nicht zu einer dauerhaft defizitären Erfüllung der von ihm mit dem Nutzer vereinbarten, überobligatorischen Unterrichtungen nach § 675d Abs. 4 BGB verpflichten. Ein solches Verständnis widerspricht insbesondere auch dem Interesse des Zahlungsdienstenutzers an angemessener Information, da andernfalls dem Zahlungsdienstleister zu empfehlen wäre, dem Nutzer die Möglichkeit zur überobligatorischen Information gerade nicht vertraglich einzuräumen bzw. auf etwaige Verlangen diesseits etwaiger gesetzlicher oder vertraglicher Auskunftspflichten nicht einzugehen. Eine Pflicht des Zahlungsdienstleisters, die eigene interne **Kostenkalkulation aufzudecken,** besteht im Grundsatz **nicht.**[49] Abweichendes gilt bei hinreichend gewichtigen Indizien für eine fehlende Ausrichtung an den eigenen Kosten bzw. einer Unangemessenheit des Entgelts, wobei eine Abwägung mit dem Gebot des effektiven Rechtsschutzes erforderlich ist.[50]

c) Die Anerkennung des Verursachungsprinzips. Überrascht aufhorchen lässt indes die Formulierung des BGH, wonach die Auslegung des § 675d Abs. 4 S. 2 BGB ergebe, dass die „Gesamtheit der Zahlungsdienstenutzer nicht mit Kosten belastet werden soll, die durch das ausufernde Informationsbedürfnis Einzelner entstehen". Die Norm und die Richtlinienvorgabe „verbieten eine Quersubventionierung der Minderheit durch die überwiegende Mehrheit".[51] Auch in der Sache verwirft der Gerichtshof die konkrete Entgeltklausel für nacherstellte Kontoauszüge, da nicht hinreichend zwischen normalen Anfragen nach nacherstellten Kontoauszügen und besonders kostenintensiven Anfragen nach Auszügen, die älter als sechs Monate sind, differenziert werde. Zuvor lehnte der BGH eine **Bepreisung nach dem Verursacherprinzip** ab,[52] mithin die gezielte Belastung solcher Kunden mit einer Entgeltpflicht, die durch ihr Verhalten zusätzliche Kosten verursachen. Das „so genannte Verursacherprinzip (gehe) von vornherein fehl, da dieses Prinzip für die Preisgestaltung im nicht regulierten Wettbewerb rechtlich bedeutungslos (sei)".[53] Bemühungen von Banken, aufgrund der Möglichkeiten der Digitalisierung ihre Entgeltpraxis an jenen Kosten zu orientieren, die der Einzelne mit den von ihm verursachten Geschäftsvorfällen auslöst, wurden daher als unwirksam qualifiziert.[54] Richtigerweise sind die Modifikationen durch das Zahlungsdiensterecht, ua in § 675d Abs. 4 S. 2 BGB, zum Anlass zu nehmen, das Verursachungsprinzip als legitime Bepreisungsgrundlage in der Klauselkontrolle und das veränderte Leitbild der AGB-Kontrolle von Bankentgelten anzuerkennen,[55] auch wenn die erste, freilich nicht ausdrücklich wieder aufgegriffene Stellungnahme des BGH nach Inkrafttreten des Zahlungsdiensterechts noch in eine andere Richtung wies.[56] Untragbar wertungswidersprüchlich wäre es, wenn das Verursachungsprinzip vom BGH nur herangezogen würde, um zugunsten des Kunden Entgeltklauseln zu verwerfen. 13e

---

[48] Weiter aber *Zahrte* NJW 2018, 337 (339) (gewöhnliche Bankmarge).

[49] LG Frankfurt a. M. BeckRS 2013, 18205.

[50] Vgl. BGHZ 178, 362 Rn. 46 f.

[51] BGH NJW 2014, 922 Rn. 20, 25.

[52] Grundlegend BGHZ 146, 377 (380 f.) = WM 2001, 563.

[53] Vgl. BGHZ 146, 377 (380 f.) = WM 2001, 563 (unter II.2); BGHZ 141, 380 (385) = WM 1999, 1271 (unter II.2.a); mit dem Versuch einer Erläuterung *Nobbe* Bankrechtstag 1998, 1999, S. 79 (85); iE auch BankR-HdB/*Ellenberger* § 58 Rn. 135.

[54] Vgl. nur BGHZ 124, 254 (261) = ZIP 1994, 21; 136, 261 (266) = ZIP 1997, 1638.

[55] Ausf. *Herresthal* FS Coester-Waltjen, 2015, 1109 ff.; zur früheren Kritik vgl. *Bitter* WM 2010, 1773 (1781).

[56] Vgl. BGH WM 2012, 1383 Rn. 40, wo äußerst knapp eine grundlegende Änderung der Rechtslage durch das Zahlungsdiensterecht abgelehnt und die bisherige Rspr. fortgeschrieben wurde, soweit nicht aus dem Zahlungsdiensterecht ausdrücklich in Bezug auf ein konkretes Entgelt etwas anderes folgt.

3. Beispiele

13f Ein Beispiel für Entgeltklauseln iSv § 675d Abs. 4 ist die **Pauschale für nacherstellte Kontoauszüge.** Der BGH hat eine Klausel, die für die Nacherstellung pro Auszug ein Entgelt von 15,– EUR vorsah, aufgrund unzureichender Differenzierung zwischen „normalen" Anfragen und besonders kostenintensiven Nachfragen verworfen, die eine Nacherstellung von Kontoauszügen betreffen, die älter als sechs Monate sind.[57] Der Gerichtshof bestätigt damit zugleich die Bedenken, die gegenüber einer judikativen Preiskontrolle im Allgemeinen und der vagen Regelung des § 675d Abs. 4 S. 2 BGB im Besonderen bestehen. Denn der Entscheidung ist nicht zu entnehmen, wie präzise eine Klausel unterscheiden muss, um dem vom BGH postulierten Verbot der Quersubventionierung zu genügen, mithin ob quartalsweise unterschieden werden muss oder jedenfalls extrem kostenintensive, sehr lange zurückliegende Nacherstellungen gesondert bepreist werden müssen. Auch kritisiert die Entscheidung, dass die Kosten der Nacherstellung jüngerer Kontoauszüge um 4,76 EUR unter den verlangten 15,– EUR liege, wobei unklar ist, ob der BGH insoweit ein relativ oder absolut zu hohes, weil durch Quersubventionierung geprägtes Entgelt kritisiert. Die resultierende ganz erhebliche Rechtsunsicherheit zeigt, dass gesetzliche Regelungen wie § 675d Abs. 4 S. 2 BGB zur Entgeltkontrolle in einer wettbewerbsverfassten Marktwirtschaft ein hohes, bislang von der höchstrichterlichen Rechtsprechung noch nicht erreichtes Maß an richterlicher Selbstbeschränkung bei der Anwendung dieser Normen verlangen. Die obergerichtliche Rechtsprechung[58] überträgt den Kontrollmaßstab des § 675d Abs. 4 S. 2 BGB auf **von der Norm nicht erfasste Entgelte,** so zB die von der Bank verlangten klauselmäßigen **Entgelte für eine Steuerbescheinigung bzw. Ersatzsteuerbescheinigung.** Danach müssen auch diese Entgelte angemessen und zum anderen an den tatsächlichen eigenen Kosten des Zahlungsdienstleisters für das Erbringen der Information ausgerichtet sein. Sofern diese Rechtsprechung auf eine allgemeine Entgeltkontrolle von Entgelten für die Erbringung von Informationen analog § 675d Abs. 4 S. 2 BGB zielt, ist sie als Verstoß gegen die Privatautonomie abzulehnen (→ Rn. 14). Allerdings könnte sie auch als vermittelnde Lösung in jenen Konstellationen eignen, in denen der Zahlungsdienstleister eine Leistung zur Erfüllung gesetzlich oder nebenvertraglich begründeter eigener Pflichten erbringt. In diesen Konstellationen ist – zumindest de lege ferenda – zu erwägen, zwischen der Ablehnung einer Bepreisung dieser Leistungen als unangemessen einerseits und der freien, nur durch den Wettbewerb mit anderen Marktteilnehmern kontrollierten Bepreisung entsprechender Leistungen andererseits als gleichsam zwischen den Interessen der Bank und des Kunden vermittelnden und zugleich an dem gesetzlich vorgezeichneten Interessenausgleich orientierten Lösung § 675d Abs. 4 S. 2 BGB entsprechend heranzuziehen.

14 Im Umkehrschluss zu § 675d Abs. 4 BGB können andere, von der Norm **nicht erfasste Informationen** mit einem **Entgelt** gesondert bepreist werden. Der Ausschluss der Entgeltlichkeit betrifft nur solche Informationspflichten, die in Art. 248 §§ 1–12, 13 Abs. 1 u Abs. 3–5, 14–16 EGBGB genannt werden.[59] Freilich muss eine klauselmäßige Abrede solcher weiterer Entgeltklauseln den Anforderungen der §§ 305 ff. BGB standhalten. Die prinzipielle Unentgeltlichkeit gesetzlicher Nebenpflichten folgt aus § 675f Abs. 5 S. 2 BGB.

V. Rechtsfolgen einer Verletzung der Informationspflicht

15 Eine Verletzung der Informationspflicht kann zu einem Schadensersatzanspruch des Zahlungsdienstnutzers nach **§§ 311 Abs. 2, 280 Abs. 1, 241 Abs. 2 BGB** (vorvertrag-

[57] BGH NJW 2014, 922 (unzureichende Differenzierung nach Kostenverursachung).
[58] OLG FrankfurtBeckRS 2016, 6051.
[59] IE auch Ellenberger/Findeisen/Nobbe/*Pfeifer* § 675d BGB Rn. 24.

liche Informationspflicht) bzw. **§ 280 Abs. 1 BGB** (vertragliche Informationspflicht)[60] sowie jeweils nach **§ 823 Abs. 2 BGB**[61] auf **Ersatz kausaler Schäden** führen,[62] wenn dem Informationsberechtigten ein solcher durch die Nicht- oder Schlechterfüllung der Pflicht entstanden ist.[63] Diese Haftung ist **nicht nach § 675z S. 1 BGB ausgeschlossen,** da hiernach die §§ 675u, 675y BGB nur „hinsichtlich der dort geregelten Ansprüche" des Zahlungsdienstnutzers abschließend sind. In diesen Normen ist aber nur die Haftung des Zahlungsdienstleisters für nicht autorisierte Zahlungsvorgänge (§ 675u BGB) sowie die nicht erfolgte, fehlerhafte oder verspätete Ausführung eines Zahlungsauftrags (§ 675y BGB) geregelt. Auch unabhängig von diesen Pflichtverletzungen des Zahlungsdienstleisters ist eine Verletzung der Unterrichtungspflicht durch den Zahlungsdienstleister mit einem Schaden des Zahlungsdienstenutzers möglich.

Zudem werden vorvertraglich dem Zahlungsdienstnutzer nicht genannte Vertragsbedingungen, zB Entgelt- und Zinsvereinbarungen, ggf. nicht Vertragsbestandteil, so dass **vertragliche Rechte nicht entstehen.** Dies ist der Fall, wenn sie in der Folge nicht in dessen Vertragserklärung einbezogen werden. Eine Heilung bei einer nachträglichen Mitteilung der Informationen durch den Zahlungsdienstleister mit der Folge einer nachträglichen Einbeziehung in den Vertrag,[64] sieht das Gesetz nicht vor; es verlangt vielmehr ausdrücklich (Art. 248 § 4 EGBGB) eine vorvertragliche Mitteilung. Eine Änderung des Vertrages ist nur, aber immerhin mit dem Verfahren nach § 675g BGB möglich. Diese Vertragsänderung kann aber die Verletzung einer vorvertraglichen Pflicht und die ausgelöste Pflicht zum Ersatz etwaiger Schäden des Zahlungsdienstnutzers nicht mehr beseitigen. **16**

Schließlich sind **Rechtsverluste** möglich. Sofern der Zahlungsdienstnutzer aufgrund der fehlerhaften oder unterbliebenen Information durch den Zahlungsdienstleister eine irrtumsbehaftete Willenserklärung gegenüber diesem abgegeben und sodann nachfolgend angefochten hat, steht dem Zahlungsdienstleister der Anspruch aus § 122 BGB nicht zu. **17**

Hinzu treten schließlich bei einer Rechtsverletzung durch das Unterlassen der gesetzlich geschuldeten Information **Unterlassungsansprüche anspruchsberechtigter Dritter** nach §§ 3, 8 UWG, § 2 UKlaG. **18**

VI. Informationspflichten nach Art. 248 EGBGB

1. Allgemeine Vorschriften (Art. 248 §§ 1, 2 EGBGB)

a) Konkurrierende Informationspflichten (Art. 248 § 1 EGBGB). In Umsetzung von Art. 39 UAbs. 2, 110 PSD II regelt die Norm das Konkurrenzverhältnis zu Informationspflichten bei Fernabsatzverträgen (§ 312c BGB) und Verträgen außerhalb von Geschäftsräumen (§ 312b BGB). Sofern die Konto-Abrede bzw. eine Online-Banking-Abrede als Zahlungsdiensterahmenvertrag zugleich ein Fernabsatzvertrag oder ein Vertrag außerhalb von Geschäftsräumen ist, haben die Informationspflichten nach Art. 248 § 1 S. 1 EGBGB prinzipiell Vorrang vor jenen nach Art. 246b § 1 Abs. 1 EGBGB (Ausnahmen → Rn. 21). Im Umkehrschluss zu Art. 248 § 1 EGBGB werden sonstige Informationspflichten, auch solche, die sich aus dem Unionsrecht ergeben, nicht von Art. 248 EGBGB verdrängt; anders als Art. 38 Abs. 3, Art. 39 UAbs. 1 PSD II enthält das BGB keine dahingehende **19**

[60] MüKoBGB/*Casper* Rn. 675d Rn. 11; BeckOK BGB/*Schmalenbach* § 675d Rn. 8; nicht überzeugend insofern BeckOGK BGB/*Zahrte* § 675d Rn. 43, da die §§ 280 ff. BGB (ggf. iVm. § 311 II BGB) sowohl auf vertragliche wie auch auf gesetzliche Informationspflichten anwendbar sind.

[61] Wie hier MüKoBGB/*Casper* § 675d Rn. 11; Ellenberger/Findeisen/Nobbe/*Pfeifer* § 675d BGB Rn. 1.

[62] Zu denken ist insbes. an Verzugsschäden sowie aufgrund einer verzögerten Zahlung ausgelöste Vertragsstrafen, wenn der Zahlungsdienstleister aufgrund einer fehlenden/fehlerhaften Information die Zahlung nicht auslöst, mithin gerade keine von § 675y BGB erfasste Konstellation (nicht erfolgte, fehlerhafte oder verspätete Ausführung eines Zahlungsauftrags) vorliegt.

[63] Zu den möglichen Folgen auch Palandt/*Grüneberg* Einf. v. Art. 238 EGBGB Rn. 2–13.

[64] Vgl. MüKoBGB/*Casper* § 675d Rn. 13.

Klarstellung. Entsprechende Informationspflichten muss der Zahlungsdienstleister daher kumulativ erfüllen.

20 Konstellationen betreffen bei **Fernabsatzverträgen** ua den **Abschluss** der Konto-Abrede bzw. einer Online-Banking-Abrede jeweils ausschließlich **mittels Fernkommunikationsmitteln.** Gleiches gilt bei der Ergänzung einer bestehenden Kontoverbindung um eine Online-Banking-Abrede im Fernabsatz. Dabei ist zu berücksichtigen, dass bloße Identifizierungsinstrumente (zB PostIdent-Verfahren)[65] die Ausschließlichkeit der Fernkommunikation und damit die Qualifikation als Fernabsatzvertrag nicht ausschließen.[66] Erforderlich ist zu einem solchen Ausschluss vielmehr der persönliche Kontakt zu einem Vertreter oder Repräsentanten des Unternehmers, also der Abschluss der Konto-Abrede bzw. Online-Banking-Abrede in einer Bankfiliale oder persönlich mit einem Handelsvertreter des Dienstleisters. Sofern ein solcher persönlicher Kontakt nur bei der Anbahnung der Konto- oder Online-Banking-Abrede erfolgte, muss sich der Verbraucher nach dem Schutzzweck der fernabsatzrechtlichen Regelungen hierbei über alle für den Vertragsschluss wesentlichen Umstände informieren können und den Vertrag im unmittelbaren zeitlichen Zusammenhang mit diesem Kontakt schließen;[67] anderenfalls liegt wiederum ein Fernabsatzvertrag vor und die Konkurrenzregel ist einschlägig. Als **Vertrag außerhalb von Geschäftsräumen** kann die Konto-Abrede dann zu qualifizieren sein, wenn sie in einer Situation des § 312b Abs. 1 BGB vereinbart wurde, zB eine Kontoabrede zusammen mit einer Kapitalanlage in einer solchen Situation.

21 **Ausnahmen vom Vorrang der Informationspflichten** des Zahlungsdiensterechts gelten nach Art. 248 § 1 S. 2 EGBGB bei **Fernabsatzverträgen** für die Informationspflichten des Art. 246b § 1 Abs. 1 Nr. 7 bis 12, 15, 19 EGBGB. Daher werden weiterhin Informationen ua. über die das Widerrufs- bzw. Rückgaberecht (Nr. 12) sowie die Kosten der Fernkommunikation (Nr. 11) geschuldet. Bei **Verträgen außerhalb von Geschäftsräumen** werden weiterhin die Informationen nach Art. 246b § 1 Abs. 1 Nr. 12 EGBGB geschuldet (Widerrufsrecht). Zudem sind Konto-Abreden bzw. Online-Banking-Abreden im Fernabsatz jeweils Fernabsatzverträge über Finanzdienstleistungen iSd § 312 Abs. 5 S. 1 BGB. Die Konto- bzw. die Online-Banking-Abrede sind als Bankdienstleistungen unter diesen sehr weiten Begriff zu subsumieren.[68] Daraus folgt nach § 312d Abs. 2 BGB die Aufklärungspflicht nach Art. 246b EGBGB, allerdings nach § 312 Abs. 5 S. 1 BGB nur für die *erste* Vereinbarung, also die jeweilige Konto- bzw. Online-Banking-Abrede, nicht jedoch für die einzelnen Buchungs- bzw. Zahlungsvorgänge. Demnach ist ggf. auch über die Risikoneigung des Geschäfts (Art. 246b § 1 Abs. 1 Nr. 8 EGBGB), das maßgebende Recht (Art. 246b § 1 Abs. 1 Nr. 15 EGBGB) und bestehende Einlagensicherungssysteme etc. (Art. 246b § 1 Abs. 1 Nr. 19 EGBGB) zu informieren.

22 **b) Allgemeine Form (Art. 248 § 2 EGBGB).** In Umsetzung von Art. 44 Abs. 1 S. 3, Art. 51 Abs. 1 S. 2 PSD II müssen die Informationen in der **Amtssprache** des Staates erfolgen, in dem der **Zahlungsdienst angeboten** wird. Sofern das Konto bzw. die Online-Banking-Dienstleistung in Deutschland angeboten wird, sind die Informationen demnach auf Deutsch zur Verfügung zu stellen. Alternativ können die Parteien in der vertraglichen Abrede, also der Konto-Abrede bzw. Online-Banking-Abrede, eine andere Sprache vereinbaren.

23 Das **Transparenzgebot** fordert nach der geringfügigen Modifikation des Wortlauts mit Wirkung zum 13.1.2018 im Zuge der Umsetzung der PSD II nun, dass die Informationen **„in leicht verständlichen Worten und in klarer und verständlicher Form"** abzufassen sind. Nach dem deutschen Gesetzgeber und der überwiegenden Ansicht verbindet sich

[65] Zu diesen auch *Möller* NJW 2005, 1605.
[66] BGH NJW 2004, 3699 (Postident 2-Verfahren).
[67] Vgl. MüKoBGB/*Wendehorst* § 312b Rn. 56 f.
[68] Vgl. MüKoBGB/*Wendehorst* § 312 Rn. 96 ff. (insbes. Fn. 99 bei Rn. 97 sowie Rn. 98).

hiermit keine inhaltliche Änderung zur früheren Fassung.[69] Auch wenn der Wortlaut nicht mehr mit § 307 Abs. 1 S. 2 BGB übereinstimmt („klar und verständlich"), wird eine vollständige Gleichsetzung mit dem dort entwickelten Maßstab überwiegend vertreten.[70] Dies vermag nicht vollständig zu überzeugen, da die Zwecke der Transparenzgebote deutlich divergieren. Während die AGB-Kontrolle eine unangemessene Benachteiligung aus der Unklarheit und Undurchschaubarkeit der AGB verhindern soll und der Verwender daher die Rechte und Pflichten des Verwendungsgegners in den AGB nach der Rechtsprechung möglichst klar, einfach und präzise darzustellen hat,[71] dient die Transparenz nach Art. 248 § 2 EGBGB gerade auch der Herstellung einer Vergleichbarkeit der Angebote auf dem (Binnen-)Markt. Dieser Maßstab ist tendenziell weniger streng. Sofern die zum AGB-Recht entwickelten Anforderungen entsprechend herangezogen werden, ist daher jeweils zu prüfen, ob diese auch bei dem Zweck der (bloßen) Markttransparenz Bestand haben. **Maßstab** ist der Durchschnittskunde. Ein gewisses Spannungsverhältnis besteht in Bezug auf die **Verwendung von Fachterminologie.** Sofern entsprechende Begriffe nicht dem Gesetz entspringen, fordert die Regelung, diese weitgehend zu vermeiden und auf den allgemeinen Sprachgebrauch zurückzugreifen. Grenze ist hier der Verlust hinreichender Präzision, dh wenn die Begriffe des allgemeinen Sprachgebrauchs zu unpräzise sind oder gar eine Gefahr der Irreführung des Zahlungsdienstnutzers besteht, darf der Fachterminus verwendet werden. Vielfach wird sich anbieten, diesen nach einer allgemeinsprachlichen Beschreibung in Klammern zur Klarstellung hinzuzufügen. Mit Blick auf Fachterminologie aus dem Gesetz macht § 2 keine Ausnahme. Auch insofern wird sich daher anbieten, eine allgemein-sprachliche Formulierung zu wählen und den gesetzlichen Fachterminus ggf. in Klammern hinzuzufügen. Die nun ausdrücklich geforderte klare und verständliche „Form" bezieht sich auf die **Textdarstellung.** Eine Unklarheit und Unverständlichkeit des Textes kann dabei ua aus einer unklaren Gliederung, einer unklaren Textstruktur sowie aus einem unübersichtlichen, weil zu kleinen Schriftbild resultieren.

Die Regelung gilt jedenfalls für Informationen im Zusammenhang mit Zahlungsdiensterahmenverträgen (Art. 248 §§ 3 ff. EGBGB) und Einzelzahlungen (Art. 248 §§ 12 ff. EGBGB).[72] Im Rahmen der Konto-Abrede wie auch der Online-Banking-Abrede müssen die **Informationen für den durchschnittlichen Vertragspartner** des angesprochenen Verkehrskreises, zB Privat- oder Geschäftskunden, **verständlich** sein. Im **Online-Banking** treten zudem die **technischen Voraussetzungen** hinzu. Die Informationen sind nur „verständlich", wenn sie mit Programmen lesbar sind, deren Verfügbarkeit in den angesprochenen Verkehrskreisen erwartet werden kann (zB pdf-Reader oder Browser). **24**

Die **Folgen eines Verstoßes** gegen das Transparenzgebot entsprechen den allgemeinen Folgen eines Verstoßes gegen die Informationspflicht.[73] Sofern die Information nicht lesbar oder nicht verständlich ist, kann sie zudem nicht Vertragsinhalt werden. Im Übrigen kommen Schadensersatzansprüche in Betracht (§ 280 Abs. 1 ggf. iVm § 311 Abs. 2 BGB), sofern dem Nutzer ein Schaden entstanden ist. **25**

2. Besondere Form (Art. 248 § 3 EGBGB)

Die §§ 3–11 des Art. 248 EGBGB setzen die Art. 50 ff. PSD II um. Sie sind systematisch **nur auf Zahlungsdiensterahmenverträge gem. § 675f Abs. 2 BGB anwendbar;** die Konto- und die Online-Banking-Abrede werden hiervon umfasst.[74] **26**

[69] Begr RegE. BT-Drs. 18/11495, 181; Ellenberger/Findeisen/Nobbe/*Pfeifer* § 675d BGB, Art. 248 § 2 EGBGB Rn. 39; BeckOGK/*Zahrte* Art. 248 § 2 EGBGB Rn. 8.

[70] Ellenberger/Findeisen/Nobbe/*Pfeifer* § 675d BGB, Art. 248 § 2 EGBGB Rn. 39; vorsichtiger MüKoBGB/*Casper* Art. 248 § 2 EGBGB Rn. 1 (hieran „cum grano salis orientieren").

[71] Vgl. BGH NJW 2008, 1438; NJW 2007, 3632 (3635).

[72] Begr. RegE BT-Drs. 16/11643, 135.

[73] → Rn. 15 f.

[74] Ausf. dazu → Kap. 2 § 675f Rn. 7–14.

27 Von diesem **Verweis ist auch Art. 248 § 6 EGBGB** umfasst. Allerdings enthält die Richtlinienvorgabe in Art. 56 PSD II keine solche Formvorgabe und verweist auch nicht auf Art. 51 Abs. 1 PSD II. Demnach gibt es für die Formvorgabe in Art. 248 § 3 EGBGB keine unionsrechtliche Grundlage. Die Formanforderung in Bezug auf eine unionsrechtlich geregelte Informationspflicht geht mithin über die Richtlinienvorgabe hinaus und ist als solches bei der vollharmonisierenden PSD II **richtlinienwidrig.**[75] Im Wege der richtlinienkonformen Auslegung darf somit aus dieser Formvorgabe keine Pflicht des Zahlungsdienstleisters resultieren und eine Verletzung dieser Formvorgabe nicht sanktioniert werden. Sofern der Zahlungsdienstleister insofern die Form nicht einhält, liegt mithin keine Pflichtverletzung vor, welche die genannten Rechtsfolgen (→ Rn. 15) auslösen könnte. Auch dürfen andere Normen (UWG; UKlaG) nicht an den Verstoß gegen diese Formvorgabe anknüpfen. Mit Blick auf die Praxis dürfte die richtlinienwidrige Formvorgabe allerdings geringe Bedeutung haben, da die Mitteilung entsprechender Information auf Verlangen des Zahlungsdienstnutzers schon zu Beweiszwecken regelmäßig auf einem dauerhaften Datenträger durch den Zahlungsdienstleister erfolgen wird.

28 § 3 regelt die **besondere Form der Übermittlung von Informationen und Vertragsbedingungen** bei Rahmenverträgen und betrifft den zentralen Teil des Art. 51 Abs. 1 S. 1 PSD II. Danach sind die in den §§ 4 bis 9 genannten Informationen dem Nutzer bei einem Rahmenvertrag **auf einem dauerhaften Datenträger** mitzuteilen. Zudem verweisen weitere Vorschriften auf diese Regelung (vgl. § 675g Abs. 1 BGB).

29 Die Übermittlung der Informationen muss auf einem dauerhaften Datenträger erfolgen; die frühere Formanforderung (Textform) wurde zum 13.6.2014 an die Formulierung der PSD II angeglichen.[76] Mangels besonderer Regelung wird insofern auf **§ 126b S. 2 BGB** Bezug genommen.[77] Danach erfordert ein dauerhafter Datenträger ein Medium, das es dem Empfänger ermöglicht, eine auf dem Datenträger befindliche, an ihn persönlich gerichtete Erklärung so aufzubewahren oder zu speichern, dass sie ihm während eines für ihren Zweck angemessenen Zeitraums zugänglich ist und geeignet ist, die Erklärung unverändert wiederzugeben. Elementar ist somit die Möglichkeit zur Speicherung und Reproduktion. Zudem ist der Zahlungsdienstleister als Aussteller zu nennen. Ausreichend sind als **Beispiele** daher jedenfalls eine elektronische Erstellung und Übermittlung der Informationen an den Nutzer, zB per E-Mail oder pdf. Die PSD II nennt ua Ausdrucke von Kontoauszugsdruckern, CD-ROMs, DVDs, PC-Festplattenlaufwerke. Auch eine Übermittlung der Informationen auf einem elektronischen Speichermedium wie einer SD-Karte oder einem USB-Stick reicht aus.[78] Ausreichend ist auch, dass der Zahlungsdienstnutzer den Inhalt am Bildschirm lesen und zur dauerhaften Wiedergabe konservieren kann (zB durch Abruf und Speicherung oder Ausdruck einer Bildschirmseite).[79] Nach dem EuGH liegt aber bei einer Website, deren Informationen für die Verbraucher nur über einen vom Verkäufer zur Verfügung gestellten Link zugänglich sind, kein „dauerhafter Datenträger" vor.[80]

---

[75] Ellenberger/Findeisen/Nobbe/*Pfeifer* § 675d BGB Rn. 47.

[76] Nach Begr. RegE BT-Drs. 817/12, 128, soll hiermit keine inhaltliche Änderung verbunden sein; zur Auslegung der Richtlinienvorgabe vgl. EuGH ZIP 2017, 514.

[77] Wie hier Schulze/*Schulte-Nölke* § 675d Rn. 2; MüKoBGB/*Casper* Art. 248 § 3 EGBGB Rn. 2; Ellenberger/Findeisen/Nobbe/*Pfeifer* § 675d, BGB, Art. 248 § 3 EGBGB Rn. 45; ausdrücklich auch Begr. RegE BT-Drs. 16/11643, 135 (zur Vorgängerregelung).

[78] Vgl. auch Art. 51 Abs. 1 S. 1 und Erwägungsgrund Nr. 57 PSD II (Informationsbereitstellung durch Ausdrucke von Kontoauszugsdruckern, CD-ROMs, DVDs, PC-Festplattenlaufwerken).

[79] Vgl. EuGH ZIP 2017, 514, wonach eine Banking-Website ausreicht, wenn diese für angemessene Dauer besteht und einseitig nicht geändert werden kann; hierfür spricht auch Erwägungsgrund Nr. 57 PSD II, wonach bei diesen vorvertraglichen Informationen ausreichen soll, dass sie auf „Websites" niedergelegt sind, „sofern diese Websites es erlauben, die dort gespeicherten Informationen in einem unveränderten Format zu reproduzieren"; vgl. zur parallelen Streitfrage bei § 126b BGB bejahend MüKoBGB/*Einsele* § 126b Rn. 11; wohl auch BGH NJW 2009, 3227 (3228); abl. *Zenker* JZ 2007, 816; nur für den Fall des tatsächlichen Abrufs KG NJW 2006, 3215.

[80] So EuGH NJW 2012, 2637 Rn. 50 zur RL 97/7/EG.

Der Zahlungsdienstleister hat nach Art. 248 § 3 EGBGB die in Bezug genommenen **Informationen und Vertragsbedingungen „mitzuteilen“.** Hierzu muss der Dienstleister die Informationen *von sich aus* in den Zugangsbereich des Nutzers kommunizieren.[81] Ausreichend ist insoweit die Einstellung in ein besonderes elektronisches Postfach des elektronisch geführten Kontos mit einem Hinweis per SMS oder Email über die Einstellung oder die Übermittlung an ein separates allgemeines E-Mail-Postfach des Nutzers ohne dessen Anforderung. § 3 führt das Tatbestandsmerkmal **„mitteilen“** ausdrücklich auf, so dass es mit dem genannten Inhalt auszulegen ist. Im Rahmen der Konto-Abrede, insbesondere im Online-Banking, reicht demnach gem. § 3 die elektronische Übermittlung der Informationen ebenso aus wie das Einstellen der Informationen in ein elektronisches Postfach des Nutzers. Entscheidend ist, dass der Zahlungsdienstleister die Informationen von sich aus, unabhängig von einer Anforderung durch den Kunden mitteilt. 30

Es bedarf **keines ausdrücklichen oder konkludenten Einverständnisses des Empfängers** mit dem Empfang entsprechender elektronischer Erklärungen.[82] Denn der Gesetzgeber selbst ordnet die Verwendung „nur“ eines dauerhaften Datenträgers als besondere Form an. Der informationsverpflichtete Zahlungsdienstleister würde durch die implizite Einschränkung „sofern der Kunde einverstanden ist“ mit einer Nachforschungspflicht erheblich belastet. Bei einer Online-Banking-Abrede tritt hinzu, dass der Zahlungsdienstleister elektronische Erklärungen einsetzen dürfen muss, da bei einer solchen Abrede typisiert davon auszugehen ist, dass der Kunde diese Erklärungen sichtbar machen kann.[83] 31

Von den Anforderungen des § 3 („mitzuteilen“) ist dogmatisch der **Zugang von Willenserklärungen in der Form des § 3,** zB die Kündigung gem. § 675h Abs. 2 S. 2 BGB, zu unterscheiden. Für den Zugang gelten die allgemeinen Anforderungen. Erforderlich ist der Eintritt in den Machtbereich des Empfängers mit der Möglichkeit zur Kenntnisnahme und die nach dem regelmäßigen Verlauf zu erwartende Kenntnisnahme durch den Empfänger.[84] Allerdings decken sich die Anforderungen an das „Mitteilen“ der Information mit dem erforderlichen Eintritt in den Machtbereich als Element des Zugangs (Mitteilen als Zugangsverursachung). Normativ ist daher im Wesentlichen zu bestimmen, wann nach dem regelmäßigen Verlauf unter Berücksichtigung der Verkehrsanschauung mit einer Kenntnisnahme durch den Nutzer zu rechnen ist. Dies ist richtigerweise bei der Übersendung einer CD mit den Informationen am Abend nach dem Einlegen in den (privaten) Briefkasten, nach der Übersendung einer E-Mail an eine Privatperson ebenfalls am Abend nach dem Erreichen der Mailbox sowie nach dem Einlegen in das besondere elektronische Postfach im Online-Banking-Portal am Abend der Übersendung einer Benachrichtigung hierüber per E-Mail an das allgemeine E-Mail-Postfach des Zahlungsdienstnutzers der Fall. 32

Eine **Verletzung der Formvorschrift** führt zur Verletzung der Informationspflicht, ua mit Schadensersatzansprüchen als Folge.[85] Sofern eine Formvorschrift an § 3 anknüpft, zB § 675h Abs. 2 S. 2 BGB, kann der Formverstoß gem. § 125 S. 1 BGB zur Nichtigkeit der Willenserklärung führen. **Beweisbelastet** hinsichtlich der Mitteilung der Informationen ist der Zahlungsdienstleister (§ 675d Abs. 3 BGB; → Rn. 11). 33

3. Vorvertragliche Informationen (Art. 248 § 4 EGBGB)

Die lange, unübersichtliche und Desinformation durch Überinformation fördernde Vorschrift zählt jene **Informationen allgemeiner Art** auf, die der Zahlungsdienstleister dem potentiellen Zahlungsdienstnutzer, mit dem der Vertrag geschlossen werden soll, **vor Vertragsschluss mitteilen** muss. Die Informationen betreffen ua den Zahlungsdienstleister, die angebotenen Zahlungsdienste, etwaige Kosten, Kontaktmöglichkeiten, eine Rechtswahl 34

[81] Dazu ausf. → Rn. 7.
[82] So aber zu § 126b BGB MüKoBGB/*Einsele* § 126b Rn. 12.
[83] Zum Internet-Banking wie hier MüKoBGB/*Casper* Art. 248 § 3 EGBGB Rn. 4.
[84] Vgl. nur MüKoBGB/*Einsele* § 130 Rn. 16 mwN.
[85] Näher zu den möglichen Rechtsfolgen der Verletzung der Informationspflicht → Rn. 15 f.

etc. Inhaltlich regelt die Norm zunächst die Informationen und Vertragsbedingungen, die der Zahlungsdienstleister dem potentiellen Zahlungsdienstnutzer vor Vertragsschluss mitzuteilen hat (Abs. 1). In Abs. 2 ist eine Erleichterung der Informationspflicht mit Blick auf Konstellationen vorgesehen, in denen der Vertrag auf Verlangen des Zahlungsdienstenutzers unter Verwendung eines Fernkommunikationsmittels zustande kommt, das eine vorherige Mitteilung der Informationen in Textform nicht ermöglicht. Nach Abs. 3 können die in Abs. 1 genannten Informationen auch durch Übermittlung einer Vertragskopie erteilt werden. Die aus der Norm resultierende Pflicht ist **gegenüber Verbrauchern zwingend.**[86] Die Norm setzt im Wesentlichen und vielfach wörtlich Art. 52 PSD II um; zum 13.1.2018 erfolgten bei der Umsetzung der PSD II nur geringfügige Änderungen. Dabei wird der vom Unionsgesetzgeber beabsichtigte Zweck der vorvertraglichen Information, die Erhöhung von Markttransparenz und Vergleichbarkeit der Vertragsbedingungen zur Förderung des binnenmarktweiten Wettbewerbs,[87] durch Umfang und Detailreichtum der Informationspflicht weitreichend konterkariert. Hieran anknüpfende Änderungsvorschläge zur Begrenzung des Informationsumfangs wurden aber bei der Reform der ursprünglichen Richtlinie durch die PSD II nicht aufgegriffen.

35 Die Informationen sind **rechtzeitig mitzuteilen.** Die **Mitteilung** erfordert nach allgemeinen Grundsätzen, die Informationen *von sich aus* in den Zugangsbereich des Zahlungsdienstnutzers zu kommunizieren (→ Rn. 7).[88] Zudem müssen dem Bankkunden die Informationen **vor der Abgabe seiner Vertragserklärung** kommuniziert werden. Der Begriff der Abgabe ist als Entäußerung der vertragskonstituierenden Erklärung des Zahlungsdienstnutzers in den Rechtsverkehr zu verstehen. Damit müssen die Informationen dem Kunden vor Abschluss der Kontoabrede bzw. der Online-Banking-Abrede durch die Abgabe seiner Willenserklärung übermittelt werden. Der bloße Aushang der Informationen in der Filiale (§ 305 Abs. 2 Nr. 1 BGB) reicht hierzu nicht aus. Die Mitteilung muss **rechtzeitig** erfolgen, so dass dem Nutzer noch die Möglichkeit zur (inhaltlichen) Kenntnisnahme vor dem Vertragsschluss bleibt. Dieses Merkmal wird bei der Übersendung per Brief, E-Mail oder Einstellung in ein besonderes Online-Postfach stets erfüllt sein, da der Nutzer die nachfolgende Abgabe seiner Vertragserklärung zeitlich selbst steuern kann.

36 Die Informationspflicht besteht auch, wenn zwischen den Parteien **bereits ein anderer Zahlungsdiensterahmenvertrag abgeschlossen** wurde.[89] Paradigmatisch ist die nachträgliche Vereinbarung des Online-Bankings als Zahlungsdiensterahmenvertrag bei bereits bestehendem Giroverhältnis, bei dem bereits Informationen nach Art. 248 § 4 EGBGB erteilt wurden. Eine umfassende neue bzw. erneute Information ist auch dann geboten, wenn der Vertragsgegenstand von einem bereits geschlossenen Vertrag abweicht. Der Wortlaut der Norm macht insoweit keine Ausnahme; das Transparenzgebot soll gerade die Markttransparenz auch in Bezug auf weitere Abreden der Parteien gewährleisten und die Informationsinhalte überschneiden sich in diesem Fall nur teilweise.

37 Entsprechendes gilt, wenn die Parteien eine neue bzw. abweichende Art des Online-Bankings neu vereinbaren, zB ein System mit digitaler Signatur anstelle des PhotoTAN-Verfahrens. Auch insoweit ist eine entsprechende (nochmalige) Übermittlung der Informationen, zB hinsichtlich der Möglichkeiten der Sperrung, nach dem Normzweck sinnvoll und daher geboten.

38 Der **Inhalt der Informationspflichten** nach Art. 248 § 4 Abs. 1 Nr. 1–8 EGBGB ist vielfach eindeutig und selbsterklärend.[90] Wichtig ist dem Grundsatz nach die Trennung

---

[86] Vgl. zur Dispositivität der in §§ 7, 8, 9 Nr. 2 genannten Informationen auch gegenüber dem Verbraucher → Kap. 2 § 675d Rn. 81–84; zur Dispositivität der Informationspflicht gegenüber Unternehmern → Kap. 2 § 675e Rn. 13.

[87] *Frank/Massari* WM 2009, 1117 (1119).

[88] IE auch MüKoBGB/*Casper* § 675d Rn. 5; Begr. RegE BT-Drs. 16/11643, 100.

[89] Vgl. zu diesem Problemkreis MüKoBGB/*Casper* Art. 248 § 4 EGBGB Rn. 3.

[90] Die Begründung des Regierungsentwurfs geht auf diese Inhalte nicht näher ein, Begr. RegE BT-Drs. 16/11643, 135.

zwischen Informationen, die bloße Wissenserklärungen darstellen (E-Mail-Adresse, ladungsfähige Anschrift; Aufsichtsbehörde), und solchen, die Bestandteil einer Willenserklärung sind.

Mit Blick auf die **Konto-Abrede sowie die Online-Banking-Abrede** können insbesondere folgende Informationen problematisch sein: 39

a) Art. 248 § 4 Abs. 1 Nr. 1 EGBGB. Art. 248 § 4 Abs. 1 Nr. 1 lit. a EGBGB 40
verlangt die **Angabe einer „ladungsfähigen Anschrift“,** während Art. 52 Nr. 1 lit. a PSD II nur die Angabe einer „Anschrift“ vorsieht. Hierbei handelt es sich um eine legitime Konkretisierung der vollharmonisierenden Unionsvorgabe durch den nationalen Gesetzgeber mit dem Zweck, eine gerichtliche Durchsetzung etwaiger Ansprüche gegen den Zahlungsdienstleister zu ermöglichen.[91] Eine Postfachanschrift reicht hierzu nicht aus. Der Richtlinienregel ist qua Auslegung keine weitere Konkretisierung des Begriffs „Anschrift“ zu entnehmen; zugleich wird die praktische Wirksamkeit der Richtlinienvorgabe durch diese nationale Konkretisierung nicht gefährdet.[92] Zudem sind ggf. die ladungsfähige Anschrift des Agenten (vgl. § 1 Abs. 9 ZAG) oder der Zweigniederlassung in dem Mitgliedstaat, in dem der Zahlungsdienst angeboten wird (vgl. § 1 Abs. 5 ZAG) anzugeben.

Weiterhin sind nach dieser Norm **„alle anderen Anschriften“** vom Zahlungsdienst- 41
leister mitzuteilen, die „für die Kommunikation mit dem Zahlungsdienstleister von Belang sind“. Im Rahmen der Konto-Abrede sowie der Online-Banking-Abrede reicht insoweit die Anschrift jener Filiale oder Niederlassung aus, die mit der Kontoführung konkret betraut ist, sofern der Nutzer nicht eine andere Korrespondenzniederlassung wünscht. Dabei soll auch die **E-Mail-Adresse** angegeben werden, unabhängig davon, dass die Annahme von Zahlungsaufträgen per E-Mail von den Instituten regelmäßig in den AGB abgelehnt wird. Die Angabe ist immerhin mit Blick auf sonstige Willenserklärungen von Bedeutung. Weitere Filialen oder Niederlassungen muss der Dienstleister nicht angeben, da die Norm nach ihrem Wortlaut gerade auf die Relevanz für die Kommunikation mit dem Dienstleister und nicht auf die Möglichkeit zur Inanspruchnahme etwaiger weiterer Leistungen abstellt. Die Möglichkeit des Bargeldbezugs oder des Präsenzgeschäfts bei dem in anderer Filiale geführten Konto bzw. dem Online-Konto in weiteren Filialen oder Niederlassungen im Rahmen der Konto-Abrede wird daher von der Vorschrift nicht erfasst. Im Falle einer sog. Direktbank kann auch die Angabe einer Filiale als solcher schon entbehrlich sein, weil für die Kommunikation nicht von Relevanz.

b) Art. 248 § 4 Abs. 1 Nr. 2 EGBGB. Die gem. **Art. 248 § 4 Abs. 1 Nr. 2 EGBGB** 42
mitzuteilenden Informationen haben – in Umsetzung von Art. 52 Ziff. 2 PSD II – die **Nutzung des Zahlungsdienstes** sowie die Elemente der Durchführung eines Zahlungsauftrages zum Gegenstand, ua die Art und Weise der Zustimmung zur Ausführung eines Zahlungsvorgangs sowie den Zeitpunkt, an dem der Zahlungsauftrag als zugegangen gilt. Die Information über die Nutzung des Zahlungsdienstes umfasst ua die Beschreibung seiner wesentlichen Merkmale, die vom Zahlungsdienstnutzer mitzuteilenden Informationen oder Kundenidentifikatoren (zB IBAN), die Form und das Verfahren für die Zustimmung zur Auslösung eines Zahlungsauftrags oder zur Ausführung eines Zahlungsvorgangs bzw. des Widerrufs, den Zeitpunkt des Eingangs eines Zahlungsauftrags und ggf. festgelegte Zeiten eines Annahmeschlusses, die maximale Ausführungsfrist und die Möglichkeit der Festlegung von Obergrenzen bei der Nutzung von Zahlungsinstrumenten. Sie sind im Wesentlichen in den **Online-Banking-Bedingungen** enthalten.[93]

---

[91] Dazu auch MüKoBGB/*Casper* Art. 248 § 4 EGBGB Rn. 5.

[92] IE wohl auch MüKoBGB/*Casper* Art. 248 § 4 EGBGB Rn. 5.

[93] Vgl. zu lit. a (wesentliche Merkmale) Ziff. 1 Abs. 1, 2, 3 Online-Banking-Bedingungen, zu lit. b (Kundenkennungen) Ziff. 2.1, 2.2 Online-Banking-Bedingungen, zu lit. c (Widerrufsmöglichkeit) Ziff. 4.2 Online-Banking-Bedingungen, zu lit. d (Zugang) Ziff. 5 Online-Banking-Bedingungen, zu lit. e (Ausführungsfrist) Ziff. 5 Online-Banking-Bedingungen sowie zu lit. f (Betragsobergrenzen) Ziff. 1 Abs. 3 Online-Banking-Bedingungen.

43 **c) Art. 248 § 4 Abs. 1 Nr. 3 EGBGB.** Nach **Art. 248 § 4 Abs. 1 Nr. 3 EGBGB** muss der Zahlungsdienstleister – in Umsetzung von Art. 52 Ziff. 3 PSD II – auch über **Entgelte, Zinsen und Wechselkurse** informieren. Entsprechend dem Zweck der Informationspflichten, den binnenmarktweiten Wettbewerb durch die Transparenz der Vertragsbedingungen zu steigern, soll der Nutzer die von ihm aufgrund des Rahmenvertrages zu tragenden Kosten erkennen können. Demnach sind gem. Art. 248 § 4 Abs. 1 Nr. 3 lit. a EGBGB alle Entgelte anzuführen und aufzuschlüsseln. Der Entgeltbegriff ist weit zu verstehen. Der Begriff umfasst Entgelte für Hauptleistungen sowie solche Entgelte, die ausnahmsweise für die Erfüllung gesetzlicher Nebenpflichten erhoben werden dürfen (§ 675f Abs. 5 S. 2 BGB). Die Entgelte können entweder als Pauschale eine unbestimmte Vielzahl von Geschäftsvorfällen umfassen oder an einzelne oder mehrere konkrete Geschäftsvorfällen anknüpfen.[94] Kein Entgelt ist der Auslagenersatz (§ 670 BGB).

44 Sofern im Rahmen der Kontoführung pauschale oder an konkreten Vorgängen orientierte Entgelte anfallen oder Zinsen zu zahlen sind, wird die Informationspflicht vor Abschluss der **Kontoabrede als Zahlungsdiensterahmenvertrag** ausgelöst.

45 Sofern im Rahmen der **Online-Banking-Abrede** ein besonderes Entgelt für diese Zahlungsdienstleistung insgesamt oder deren Einrichtung vereinbart wird (zB Entgelt für das Kartenlesegerät zur Nutzung der digitalen Signatur), muss der Dienstleister den Kunden hierüber ebenso aufklären wie über Entgelte, die für die **Ausführung einzelner Zahlungsaufträge gerade im Rahmen des Online-Bankings** verlangt werden. In der Praxis überwiegt freilich das Absehen von Entgelten gerade für die Inanspruchnahme des Online-Bankings durch das Kreditinstitut, da dieses ein Interesse daran hat, die Nutzung des Online-Bankings durch die Kunden aufgrund der hiermit für ihn verbundenen Kosteneinsparungen auszuweiten. Vielfach hat der Nutzer daher gerade kein spezifisches Entgelt für das Online-Banking als Gegenstand dieses Zahlungsdiensterahmenvertrages zu zahlen, sondern etwaige pauschale oder an konkreten Vorgängen orientierte Entgelte fallen ebenso wie Zinsen im Rahmen des Girokontos als Zahlungsdiensterahmenvertrag an. Die Informationspflicht besteht in diesen Fällen nur vor dem Abschluss der Konto-Abrede. Die **Verletzung dieser Informationspflicht** führt dazu, dass der Kunde die Abrechnung der Dienstleistung nach §§ 280 Abs. 1, 311 Abs. 2 BGB nach dem günstigsten Angebot am Markt verlangen kann, da widerleglich zu vermuten ist, dass er dieses bei Kenntnis des tatsächlichen Entgelts angenommen hätte.[95]

46 Die nach Art. 248 § 4 Abs. 1 Nr. 3 lit. b EGBGB anzugebenden **Zinssätze** werden in Bezug auf Dispozinsen beim Girokonto von den Vorschriften in den §§ 504 Abs. 1 S. 1, 505 Abs. 1 BGB iVm Art. 247 §§ 16, 17 Abs. 1 EGBGB verdrängt.[96] Mit Blick auf einen (ausnahmsweisen) Guthabenzins bei einem Girokonto ist dieser nicht dem Zahlungsdienst und damit nicht dem Girokonto als Zahlungsdiensterahmenvertrag, sondern dem Einlagengeschäft zuzurechnen. Der Girovertrag ist weiterhin ein typengemischter Vertrag, der bei der Habenverzinsung verwahrungsvertragliche Elemente aufweist.[97]

47 **d) Art. 248 § 4 Abs. 1 Nr. 4 EGBGB.** Gem. Art. 248 § 4 Abs. 1 Nr. 4 EGBGB sind **Informationen zur Kommunikation mit dem Zahlungsdienstleister** mitzuteilen. Die Regelung umfasst neben Kommunikationsmitteln auch Angaben zur Zugänglichkeit der nach Art. 248 EGBGB zu erteilenden Informationen, zu den Vertragssprachen sowie zum Recht des Nutzers, die Informationen und Vertragsbedingungen in einer Urkunde zu erhalten. Im Einzelnen hat der Zahlungsdienstleister den zukünftigen Nutzer auf die Kommunikationsmittel und technischen Anforderungen an die Ausstattung und die Software des Zahlungsdienstnutzers (lit. a), auf das Verfahren und den Zeitpunkt der Informati-

[94] Vgl. nur BeckOGKBGB/*Zahrte* EGBGB Art. 248 § 4 Rn. 22.
[95] Wie hier Palandt/*Sprau* Einf. v. Art. 238 EGBGB Rn. 8.
[96] So auch MüKoBGB/*Casper* EGBGB Art. 248 § 4 Rn. 11; BeckOGKBGB/*Zahrte* EGBGB Art. 248 § 4 Rn. 24, mit einem Hinweis auf die Folgen der Gegenansicht (Rn. 26).
[97] Vgl. nur MüKoBGB/*Casper* EGBGB Art. 248 § 4 Rn. 12.

onsmitteilung (lit. b), auf die Vertragssprachen (lit. c) sowie auf das Recht, die Informationen und Vertragsbedingungen während der Vertragslaufzeit in einer Urkunde zu erhalten (lit. d), hinzuweisen. Mit Blick auf die vereinbarten Kommunikationsmittel Wird zum einen bestimmt, dass eine Kommunikation über traditionelle Briefe hinaus möglich ist, zugleich werden Zahlungsaufträge üblicherweise nicht über alle Kommunikationskanäle (zB soziale Netzwerke) entgegengenommen. Die Angabe der Häufigkeit der Informationsübermittlung (Art. 248 § 4 Abs. 1 Nr. 4b EGBGB) ist für die Entscheidung darüber von Bedeutung, wann eine überobligatorische Informationserbringung vorliegt (Bepreisungsmöglichkeit nach § 675d Abs. 4 BGB).

Der Wortlaut des **§ 4 Abs. 1 Nr. 4 lit. d** ist dahingehend zu konkretisieren, dass **„Urkunde" mit Textform gleichzusetzen** ist. Hierfür spricht die autonom nationale Auslegung, denn die Norm fordert einen Hinweis auf „das Recht des Zahlungsdienstnutzers gemäß § 5 …". Aufgrund dieser Formulierung gibt der nachfolgende Halbsatz dieses Recht nur wieder und trifft keine eigene Regelungsanordnung. Folglich liegt ein Redaktionsversehen vor.[98] Zudem fordert der Zweck der Regelung, der in der Möglichkeit, jederzeit die Informationen und den Inhalt des möglichen Vertrages zu erhalten, liegt, keine weitergehende Einschränkung der Form. Ein anderes Auslegungsergebnis wäre richtlinienwidrig, da nach Art. 52 Nr. 4 lit. d iVm Art. 53 PSD II die Informationen in Papierform oder auf einem anderen dauerhaften Datenträger ausreichen. Von dieser vollharmonisierenden Vorgabe (Art. 107) darf der nationale Gesetzgeber auch nicht zu Gunsten des Zahlungsdienstnutzers abweichen. 48

Diese vorvertragliche Pflicht besteht bei der **Konto-Abrede** und eigenständig auch bei einem **Online-Banking-Rahmenvertrag.**[99] Vor Abschluss der Konto-Abrede wie auch vor Abschluss einer eigenständigen (ggf. zusätzlichen) Online-Banking-Abrede ist der potentielle Nutzer daher entsprechend zu informieren. Die jeweilige Informationspflicht vor Abschluss eines Rahmenvertrags ist auch sinnvoll, da dem Hinweis auf das Recht zum Zugang zu allen Informationen und zu den Vertragsbedingungen insoweit jeweils eigenständige Bedeutung zukommt. So werden zB die Kommunikationsmittel und Anforderungen an die technische Ausstattung des Nutzers einschließlich der Software (lit. a) erst bei der Online-Banking-Abrede relevant. Freilich setzt die jeweils bestehende Informationspflicht nicht stets eine mehrfache Übermittlung der Informationen voraus. Die bei Abschluss der Konto-Abrede übermittelten Informationen können auch die von der Online-Banking-Abrede ausgelöste Informationspflicht erfüllen, wenn letztere in unmittelbarem zeitlichen Zusammenhang mit ersterer geschlossen werden soll und die insoweit erforderlichen Informationen bereits aufgrund der Konto-Abrede übermittelt werden, so zB der Hinweis auf die Vertragssprache. In den Online-Banking-Bedingungen sind diese Informationen regelmäßig nicht enthalten.[100] 49

Bei der **Verletzung dieser Informationspflicht** greifen die allgemeinen Rechtsfolgen, insbesondere kommt ein Schadensersatzanspruch aus §§ 311 Abs. 2, 280 Abs. 1 BGB in Betracht.[101] 50

e) Art. 248 § 4 Abs. 1 Nr. 5 EGBGB. Art. 248 § 4 Abs. 1 Nr. 5 EGBGB enthält in Umsetzung von Art. 52 Ziff. 5 PSD II **Informationspflichten zu Schutz- und Abhilfemaßnahmen** (Missbrauchsprävention). In Umsetzung der PSD II ist die Ziff. zum 13.1.2018 erweitert worden (Buchstabe b),[102] wonach der Zahlungsdienstleister über ein sicheres Verfahren zur Kommunikation zu informieren hat. Der Zahlungsdienstleister hat 51

[98] S. a. Begr. RegE BT-Drucks. 16/11643, 134 re. Sp. unten, wonach der Gesetzesverfasser sich bewusst ist, dass von den Informationspflichten nicht abgewichen werden darf und diese daher von der PSD I „fast wörtlich" übernommen werden; s. a. S. 135 re. Sp. („im Wesentlichen wörtlich übernommen").

[99] → Rn. 37 f.

[100] In diesen findet sich nur ein Hinweis auf die Sicherheitsmerkmale und Authentifizierungsinstrumente (Nr. 2) sowie auf die monatlichen Informationen über die getätigten Verfügungen (Ziff. 6).

[101] Zu diesen → Rn. 15 f.

[102] Vgl. Begr. RegE, BT-Drs. 18/1811495, 181.

nach der Vorschrift somit über die Pflicht zur sicheren Verwahrung (lit. a), über sichere Verfahren zur Unterrichtung des Zahlungsdienstnutzers im Falle vermuteten oder tatsächlichen Betrugs oder bei Sicherheitsrisiken (lit. b), die Voraussetzungen einer Sperre des Zahlungsinstruments (lit. c), die Haftung des Nutzers (lit. d), die Anzeige nicht autorisierter Zahlungsvorgänge (lit. e), die Haftung des Dienstleisters (lit. f) sowie zu den Bedingungen der Erstattung (lit. g) zu informieren. Diese Informationen finden sich im Wesentlichen in den **AGB-Banken** sowie in den **Online-Banking-Bedingungen.**[103]

52 **f) Art. 248 § 4 Abs. 1 Nr. 6 EGBGB.** Gem. Art. 248 § 4 Abs. 1 Nr. 6 EGBGB ist der Zahlungsdienstnutzer über **Änderungen der Bedingungen und die Kündigung des Rahmenvertrages** zu informieren. Dies betrifft eine etwaige Vereinbarung gem. § 675g Abs. 2 S. 1 BGB, nach der die Zustimmung des Nutzers zu einer Änderung als erteilt gilt, wenn er nicht seine Ablehnung anzeigt (lit. a), die Vertragslaufzeit (lit. b) sowie Hinweise auf das Kündigungsrecht des Nutzers und auf Vereinbarungen nach §§ 675g Abs. 2, 675h BGB (lit. c). Entsprechende Hinweise finden sich in den **AGB-Banken,** so zB in Ziff. 1 Abs. 2 AGB-Banken zur Vereinbarung der Änderung des Vertragsinhalts durch einseitige Erklärung durch Genehmigungsfiktion von zwei Monaten nebst Kündigungsrecht (s. a. Ziff. 2 AGB-Sparkassen). Dabei wird vereinbart, dass das Schweigen des Kunden als Zustimmung gewertet wird, wobei die AGB-Banken die Möglichkeit einer expliziten Annahme durch den Kunden seit der Neuregelung 01/2018 ebenfalls enthalten. Die unbestimmte Dauer ist dort zugrunde gelegt (Ziff. 18 Abs. 1, 19 Abs. 1). Auch die Kündigungsrechte des Zahlungsdienstnutzers finden sich dort (Ziff. 18 Abs. 1–3). Die **Online-Banking-Bedingungen** enthalten keine entsprechenden Informationen. Dies ist unschädlich, wenn und soweit die AGB-Banken auch Bestandteil der Online-Banking-Abrede werden.

53 **g) Art. 248 § 4 Abs. 1 Nr. 7 EGBGB.** Nach Art. 248 § 4 Abs. 1 Nr. 7 EGBGB ist auch auf die **Vertragsklauseln über das** auf den Vertrag **anwendbare Recht** oder über das **zuständige Gericht** hinzuweisen. Auf entsprechende vertragliche Abreden, nur hierauf bezieht sich diese Informationspflicht, ist ggf. bereits vorvertraglich hinzuweisen (vgl. Ziff. 6 AGB-Banken und Ziff. 6 AGB-Sparkassen). In der Regel wird die Anwendbarkeit deutschen Rechts vereinbart.

54 **h) Art. 248 § 4 Abs. 1 Nr. 8 EGBGB.** Des Weiteren hat der Zahlungsdienstanbieter nach Art. 248 § 4 Abs. 1 Nr. 8 EGBGB auf das **Beschwerdeverfahren** gem. §§ 60–62 ZAG sowie auf das Verfahren nach § 14 UKlaG hinzuweisen. So kann sich der Zahlungsdienstnutzer für Beschwerden über eine beschwerdebefugte Stelle (zB qualifizierte Einrichtung, § 3 Abs. 1 Nr. 1 UKlaG) an die BaFin wenden (§ 60 ZAG); zudem besteht die Möglichkeit der außergerichtlichen Streitschlichtung (§ 62 ZAG). Beide Hinweise sind in die **AGB** aufzunehmen (vgl. Ziff. 21 AGB-Banken; s. a. den Hinweis auf die individuellen Regelungen im Preis- und Leistungsverzeichnis in den AGB-Sparkassen (Regionalprinzip). Die **Online-Banking-Bedingungen** enthalten diese Hinweise nicht (zur Unschädlichkeit vgl. → Rn. 52).

55 **i) Die Nachholung der Information bei Verwendung von Fernkommunikationsmitteln (Art. 248 § 4 Abs. 2 EGBGB).** In Umsetzung von Art. 51 Abs. 2 PSD II kann der Zahlungsdienstleister die – nach Art. 248 § 4 Abs. 1 EGBGB grundsätzlich rechtzeitig *vor Abgabe* der Vertragserklärung des Zahlungsdienstnutzers mitzuteilenden – **Informationen** unter bestimmten Voraussetzungen **unverzüglich nach Vertragsschluss mitteilen.** In diesem Fall liegt keine Verletzung der Informationspflicht nach Art. 248 § 4 Abs. 1

[103] Vgl. zu lit. a (sichere Verwahrung) Ziff. 7.2, 8.1, zu lit. b (Sperre) Ziff. 9, zu lit. c (Haftung des Nutzers) Ziff. 10, zu lit. d (Anzeigepflicht) Ziff. 8.1, 10, zu lit. e (Haftung des Dienstleisters) Ziff. 10 sowie zu lit. f (Erstattung) Ziff. 10.1 Online-Banking-Bedingungen.

EGBGB trotz Information erst nach Vertragsschluss vor; die allgemeinen Rechtsfolgen einer Informationspflichtverletzung[104] werden nicht ausgelöst.

Voraussetzungen für diese Möglichkeit zur Nachholung der Information sind der Abschluss des Zahlungsdiensterahmenvertrages, also der Konto-Abrede oder Online-Banking-Abrede, **auf Verlangen des Bankkunden unter Verwendung eines Fernkommunikationsmittels,** bei dem eine **Übermittlung der Informationen in Textform nicht sinnvoll möglich** ist. 56

Praktische Relevanz kommt dieser Möglichkeit beim Abschluss der **Girokontoabrede mittels Online-Vertragsschluss**[105] sowie beim Abschluss einer **Online-Banking-Abrede** am Telefon in Ergänzung einer bereits bestehenden Konto-Abrede zu. Dabei muss jeweils die Abrede als Zahlungsdiensterahmenvertrag auf Verlangen des Zahlungsdienstnutzers unter Verwendung des Fernkommunikationsmittels geschlossen werden. Ausreichend hierfür ist, dass die Initiative zu diesem konkreten Vertragsschluss vom Nutzer ausgeht, er also zB die vorgesehene Vertragsstrecke für den Online-Abschluss der Girokontoabrede auslöst oder im Rahmen eines Telefonats mit einem Vertreter des Dienstleisters die Online-Banking-Abrede abschließen möchte, um den Online-Zugang alsbald nutzen zu können. 57

Als **Rechtsfolge** der Norm sind die genannten **Informationen unverzüglich**[106] **nach Vertragsschluss mitzuteilen.** Hinsichtlich der Pflicht zur **Mitteilung** gelten die allgemeinen Anforderungen,[107] dh der Dienstleister muss die Informationen auf eigene Initiative in den Zugangsbereich des Dienstleistungsnutzers in lesbarer Form, auch elektronisch, übermitteln. Dies muss **unverzüglich,** also ohne schuldhaftes Zögern (vgl. § 121 Abs. 1 S. 1 BGB), nach Abschluss des Rahmenvertrages erfolgen. Die Informationen sind in der jeweils **von §§ 2, 3 vorgeschriebenen Form** mitzuteilen. Sie müssen dem Bankkunden demnach insbesondere „in leicht verständlichen Worten und in klarer und verständlicher Form" (Art. 248 § 2 EGBGB) und auf einem dauerhaften Datenträger (Art. 248 § 3 EGBGB) mitgeteilt werden.[108] 58

Zu berücksichtigen bleibt aber, dass die **AGB-Banken** und die **Online-Banking-Bedingungen als AGB** in den Vertrag grundsätzlich gem. § 305 Abs. 2 BGB einbezogen werden müssen.[109] Dies erfordert nach § 305 Abs. 2 Nr. 2 BGB auch die Möglichkeit zur Kenntnisnahme der Bedingungen bei Vertragsschluss. Dieses Erfordernis ist dann erfüllt, wenn die AGB im Zuge des vorvertraglichen Kontakts oder bei einem früheren Vertragsschluss übermittelt wurden, so zB die AGB-Banken beim Abschluss der Konto-Abrede und nachfolgendem Abschluss einer Online-Banking-Abrede. Daneben können die AGB in die Online-Vertragsstrecke eingebaut werden, so dass der Kunde vor dem Online-Vertragsschluss diese zur Kenntnis nehmen muss. Hinzu tritt die Möglichkeit, auf die Einhaltung dieser Norm individualvertraglich zu verzichten.[110] Denn der Schutz des Verwendungsgegners gegen seinen individualvertraglich fixierten Willen würde die schon im Wortlaut („Möglichkeit") angelegte Freiheit, auf den Schutz durch diese Formalregelung zu verzichten, sowie die Interessen des Verwendungsgegners, den Vertrag alsbald abzuschließen, zu Unrecht vollständig ausblenden. 59

j) Übermittlung eines Vertragsentwurfs (Abs. 3). In Umsetzung des Art. 51 Abs. 3 PSD II kann der Zahlungsdienstleister seine vorvertraglichen Informationspflichten nach 60

[104] Zu diesen → Rn. 15 f.

[105] Vgl. zu den Identifikationserfordernissen bei der Kontoeröffnung oben III. 3.

[106] Wie hier BeckOGKB/*Zahrte* EGBGB Art. 248 § 4 Rn. 44.

[107] Zu diesen → Rn. 8, 32.

[108] → Rn. 23 f.; Ellenberger/Findeisen/Nobbe/*Pfeifer* § 675d BGB, Art. 248 § 4 EGBGB Rn. 53 (keine inhaltlichen oder formellen Erleichterungen); s. a. Begr. RegE BT-Drs. 16/11643, 135.

[109] Die allg. Vorschriften bleiben anwendbar; wie hier zu Inhalten, die Vertragsbestandteil werden sollen, BeckOGK/*Zahrte* EGBGB Art. 248 § 4 Rn. 44.

[110] So die zutreffende hLit MüKoBGB/*Basedow* § 305 Rn. 73; Palandt/*Grüneberg* § 305 Rn. 35; UBH/*Ulmer* § 305 Rn. 149.

Art. 248 § 4 Abs. 1 EGBGB auch erfüllen, indem er eine Kopie des Vertragsentwurfs bereitstellt. Allerdings verlangt Art. 248 § 4 Abs. 3 EGBGB abweichend vom Wortlaut der Richtlinie, nach dem eine „Kopie" übermittelt werden muss, dass eine **„Abschrift" übermittelt** wird. Nach dem Wortlaut der Richtlinienregel ist eine elektronische Kopie ausreichend. Von dieser vollharmonisierenden Richtlinienvorgabe (Art. 107 PSD II) darf das nationale Recht nicht zu Lasten oder zu Gunsten des Nutzers abweichen; die nationale Norm ist daher entsprechend richtlinienkonform auszulegen. Ausreichend ist daher nach Art. 248 § 4 Abs. 3 EGBGB, dass der Zahlungsdienstleister eine – auch elektronische – Kopie des Vertragsentwurfs auf eigene Initiative, also ohne Anforderung durch den Nutzer, in dessen Zugangsbereich in lesbarer Form – auch elektronisch – kommuniziert, zB durch Einstellung eines pdf in ein elektronisches Postfach des Nutzers. Das Zurverfügungstellen auf einem dauerhaften Datenträger ist ausreichend.[111]

61 Die Vertragskopie muss nach dem Wortlaut der Norm aber, uU in beigefügten AGB, **alle nach Abs. 1 erforderlichen Informationen und Vertragsbedingungen** enthalten.[112] Der Zahlungsdienstleister kann mithin entweder die vorvertraglichen Informationen erbringen und dem Kunden zudem eine Vertragsausfertigung ausstellen oder nur den Vertragsentwurf mit den vorvertraglich zu übermittelnden Informationen, den er dem Kunden vorab übermittelt.

4. Zugang zu Vertragsbedingungen (Art. 248 § 5 EGBGB)

62 In Umsetzung von Art. 53 PSD II kann der Zahlungsdienstnutzer nach Art. 248 § 5 EGBGB während der Vertragslaufzeit die Informationen nach § 4 sowie die Vertragsbedingungen in Papierform oder auf einem anderen dauerhaften Datenträger verlangen. Hierdurch kann er sich jederzeit Klarheit über die Vertragsbedingungen und mit diesen zusammenhängenden Fragen verschaffen und diese mit etwaigen neuen Konkurrenzangeboten vergleichen **(Verstetigung der Transparenz).** Der Kunde kann auf diese Weise ggf. seine Rechte und Pflichten aus dem Vertrag überprüfen und zudem die vertraglich geschuldete Leistung des Zahlungsdienstleisters mit der tatsächlich erhaltenen abgleichen.[113] Der Zahlungsdienstleister schuldet die Erteilung der Information nach dem Verlangen des Zahlungsdienstenutzers (verhaltener Anspruch). Auf diesen Anspruch und das Wahlrecht hinsichtlich der Form (→ Rn. 64) ist der Bankkunde nach Art. 248 § 4 Abs. 1 Nr. 4 lit. d EGBGB bereits in den vorvertraglichen Informationen hinzuweisen.[114]

63 **Inhaltlich** kann der Nutzer die **Vertragsbedingungen** einschließlich etwaiger AGB, also Sonderbedingungen, **sowie** die vom Zahlungsdienstleister geschuldeten **„Informationen nach § 4"** verlangen.[115] Letzteres umfasst alle Hinweise nach Art. 248 § 4 EGBGB, mithin neben den dort genannten Informationen auch etwaige weitere Vertragsbedingungen. Aus einem Vergleich mit Art. 248 § 4 Abs. 1 EGBGB („Informationen und Vertragsbedingungen") darf insoweit aufgrund des Gebotes zur richtlinienkonformen Rechtsgewinnung kein Umkehrschluss gezogen werden. Denn Art. 53 PSD II spricht von der Vorlage der Vertragsbedingungen des Rahmenvertrages und der in Art. 52 PSD II genannten Informationen und Vertragsbedingungen.[116] Der Zahlungsdienstnutzer kann als minus auch nur Teile der hiernach geschuldeten Informationen anfordern.[117]

64 Die Norm gibt hinsichtlich der **Form** dem Nutzer das Recht auf eine **Vorlage in Papierform oder auf einem anderen dauerhaften Datenträger** (§ 126b S. 2 BGB).

[111] Zust. BeckOGKGBGB/*Zahrte* EGBGB Art. 248 § 4 Rn. 45.
[112] Dies betont auch Begr. RegE BT-Drs. 16/11643, 135.
[113] Begr. RegE BT-Drs. 16/11643, 135.
[114] Wie hier Begr. RegE BT-Drs. 16/11643, 136 li. Sp.; MüKoBGB/*Casper* EGBGB Art. 248 § 5 Rn. 1; BeckOGKBGB /*Zahrte* EGBGB Art. 248 § 5 Rn. 3.
[115] Wohl allgM.; vgl. nur MüKoBGB/*Casper* EGBGB Art. 248 § 5 Rn. 2; BeckOGKBGB/*Zahrte* EGBGB Art. 248 § 5 Rn. 2.
[116] Wie hier MüKoBGB/*Casper* EGBGB Art. 248 § 5 Rn. 2.
[117] BeckOGKBGB/*Zahrte* EGBGB Art. 248 § 5 Rn. 4.

Auch die Richtlinienvorgabe gewährt dem Nutzer das Recht, die Vorlage „in Papierform oder auf einem anderen dauerhaften Datenträger (zu) verlangen“ (Art. 53 PSD II). Der Nutzer hat somit die Wahl hinsichtlich jener der Textform genügenden Art der Informationsbereitstellung.[118] Der Anspruch besteht **während der Vertragslaufzeit („jederzeit“)** und muss vom Nutzer geltend gemacht werden. Weder ist eine Begründung erforderlich noch reicht von Seiten des Zahlungsdienstleisters der Hinweis aus, die Informationsinhalte hätten sich nicht geändert. Er kann die Informationen auch mehrfach verlangen; Grenze ist freilich der Rechtsmissbrauch.[119] Der Dienstleister muss die Informationen unentgeltlich[120] **formgerecht übermitteln.** Ausreichend ist auch hier zur „Übermittlung“ die Übersendung als pdf per Email oder die Einstellung in der entsprechenden Form in ein elektronisches Postfach des Nutzers.[121] Denn nach Art. 53 PSD II „hat“ der Nutzer auf seine Aufforderung die Information „zu erhalten“. Diesem genügt die Übermittlung als pdf bzw. die Einstellung in ein elektronisches Postfach zum Online-Abruf. Das Wahlrecht des Kunden, in welcher der Form genügenden Weise („dauerhafter Datenträger“) die Information übermittelt wird,[122] folgt aus dem Wortlaut der Norm wie auch der Richtlinie („oder“).

65 Der Zahlungsdienstleister hat die Information **grundsätzlich unentgeltlich** in Erfüllung des Anspruchs zu erteilen. Aus § 675d Abs. 4 BGB folgt nichts anderes. Da Art. 248 § 5 EGBGB den Anspruch auf Information zusätzlich zu den Informationspflichten in Art. 248 EGBGB vorsieht, ist Informationsübermittlung nach einer Geltendmachung dieses Anspruchs als solche nicht stets überobligatorisch.[123] Der Dienstleister kann ein **gesondertes Entgelt** verlangen, wenn der Kunde die Information **in einer anderen Form** als der angebotenen verlangt (§ 675d Abs. 4 Nr. 3 BGB).[124] Gleiches gilt für den **Auslagenersatz** (§ 670 BGB), wenn der Zahlungsdienstnutzer zB eine Übersendung per Post verlangt.[125]

5. Informationen vor Ausführung (Art. 248 § 6 EGBGB)

66 Die Regelung setzt Art. 56 PSD II um und betrifft – wie auch Art. 248 §§ 7 f. EGBGB – die **Informationspflicht des Dienstleisters anlässlich eines konkreten Zahlungsvorgangs (§ 675f Abs. 4 S. 1 BGB).** Die Norm enthält eine transaktionsbezogene Informationspflicht. Sie betrifft einzelne Zahlungsvorgänge auf der Grundlage des Zahlungsdiensterahmenvertrags und trägt dem Umstand Rechnung, dass der Nutzer bei einem Zahlungsdiensterahmenvertrag prinzipiell nicht vor den einzelnen Zahlungsvorgängen unterrichtet wird, da er die Konditionen dem Zahlungsdiensterahmenvertrag entnehmen kann.[126] Der Anspruch besteht nur, wenn der Zahlungsvorgang **vom Nutzer ausgelöst** wurde (Push-Zahlung), also vom Kunden im Rahmen der Konto-Abrede bzw. im Rahmen der Online-Banking-Abrede veranlasst wurde. Paradigmatisch sind die Einrichtung eines Dauerauftrages und die vom Kunden online erfolgte Überweisung. Durch den Anspruch kann der Zahlungsdienstnutzer in diesen Fällen die relevanten Informationen zu Entgelten, Ausführungsfristen etc. direkt erfragen und muss nicht auf den Vertrag zugreifen. Es handelt sich um einen **verhaltenen Anspruch,** dh der Nutzer muss die Informationen vom Zahlungsdienstleister aktiv verlangen. Dies setzt voraus, dass dem Zahlungsdienstleister ein

[118] So auch Begr. RegE BT-Drs. 16/11643, 135; MüKoBGB/*Casper* EGBGB Art. 248 § 5 Rn. 1.
[119] Wie hier BeckOGKBGB/*Zahrte* EGBGB Art. 248 § 5 Rn. 5; Ellenberger/Findeisen/Nobbe/*Pfeifer* § 675d BGB Rn. 79.
[120] So LG Frankfurt a. M. WM 2011, 1846 = WuB IV C § 307 BGB 4.11.
[121] Allg. dazu → Rn. 8, 32.
[122] So Begr. RegE BT-Drs. 16/11643, 135.
[123] Zutr. schon BeckOGKBGB/*Zahrte* EGBGB Art. 248 § 5 Rn. 7.
[124] Wie hier Ellenberger/Findeisen/Nobbe/*Pfeifer* § 675d BGB Rn. 80; BeckOGKBGB/*Zahrte* EGBGB Art. 248 § 5 Rn. 7.
[125] Zutr. BeckOGKBGB/*Zahrte* EGBGB Art. 248 § 5 Rn. 8.
[126] Vgl. Begr. RegE BT-Drs. 16/11643, 136.

entsprechendes Verlangen übermittelt werden kann. Beim Online-Banking muss daher hierfür eine Funktion vorhanden sein bzw. müssen die Informationen ohne Weiteres aus den dem Nutzer zur Verfügung gestellten Informationen abgerufen werden können.

67 **Inhaltlich** ist dem Nutzer die **maximale Ausführungsfrist**[127] (Ziff. 1) mitzuteilen. Die betrifft den maximalen Zeitraum, innerhalb dessen der Zahlungsbetrag durch die Zahlstelle vom Konto des Zahlers auf das Konto des Zahlungsempfängers bei dessen Zahlungsdienstleister zu übermitteln ist (§ 675s BGB). Nach § 675d Abs. 6 S. 2 BGB ist die Pflicht zur Information über die Ausführungsfrist auch für die innerhalb des EWR erfolgenden Bestandteile eines Zahlungsvorgangs ausgeschlossen, wenn die Zahlung in der Währung eines Staates erfolgt, der nicht der EWR angehört oder zumindest einer der beteiligten Zahlungsdienstleister außerhalb des EWR belegen ist.[128] Zudem sind die **für den Zahlungsvorgang in Rechnung zu stellenden Entgelte** (Ziff. 2) mitzuteilen. Diese sind ggf. aufzuschlüsseln (Ziff. 3). Die Entgelte umfassen alle Entgelte, die der Nutzer dem Dienstleister schuldet.[129] Richtigerweise zählen hierzu auch jene Aufwendungen, die von zwischengeschalteten Dienstleistern in Rechnung gestellt werden und dem Dienstleister vom Nutzer zu ersetzen sind.[130] Für dieses Verständnis spricht neben dem Wortlaut der Norm und der Richtlinienregel („in Rechnung zu stellenden Entgelte" bzw. „die [ihm] in Rechnung gestellten Entgelte") auch der Zweck der Regelung. Nach diesem sollen die Informationen während eines Rahmenvertrags die Transparenz vor Ausführung eines Zahlungsauftrages erhöhen. Regelmäßig fallen entsprechende Entgelte **im Rahmen der Konto-Abrede als Zahlungsdiensterahmenvertrag** an. Die Pflicht ist Bestandteil dieses Rahmenvertrages. Sofern die Entgelte abweichend beim oder eigenständig gerade für den **Zahlungsvorgang im Wege des Online-Bankings** geschuldet werden, handelt es sich um ein Entgelt, das eine entsprechende Informationspflicht als Element des Online-Banking-Rahmenvertrags auslöst.

68 Mit Blick auf die **Form** sind nach Art. 248 § 3 EGBGB die Informationen **auf einem dauerhaften Datenträger** zu erteilen.[131] Die Erteilung der Informationen gemäß Art. 248 § 6 EGBGB als solche erfolgt in Erfüllung einer gesetzlichen Pflicht (§ 675d Abs. 1 BGB). Sie ist daher vom Zahlungsdienstleister als solche **nicht bepreisbar.** Abweichendes gilt bei einer überobligatorischen Unterrichtung (§ 675d Abs. 4 BGB).

6. Informationen an den Zahler bei einzelnen Zahlungsvorgängen (Art. 248 § 7 EGBGB)

69 Zur Umsetzung des Art. 57 Abs. 1 PSD II zählt Art. 248 § 7 EGBGB jene **Informationen** auf, die der Zahlungsdienstleister dem Zahler **nach Erteilung eines Zahlungsauftrags** innerhalb des Zahlungsdiensterahmenvertrags mitzuteilen hat (transaktionsbezogene Informationspflicht beim Zahlungsdiensterahmenvertrag).[132] **Zweck der Norm** ist, dass der Zahler die einzelnen Zahlungsaufträge genau überprüfen, dh nach der Ausführung des Zahlungsauftrags die Konditionen der Ausführung in Bezug auf die Übereinstimmung mit dem Vereinbarten überprüfen kann.[133]

70 **Inhaltlich** muss der Zahlungsdienstleister dem Zahler **alle für den Zahlungsvorgang relevanten Daten** mitteilen. Diese umfassen eine Kennung, die eindeutig dem Zahlungs-

[127] → Kap. 2 § 675s Rn. 9 ff.; s. a. Ziff. 5 Abs. 1 Online-Banking-Bedingungen.

[128] Begr. RegE BT-Drs. 18/1811495, 181.

[129] Vgl. zum Kürzungsverbot → Kap. 2 § 675q Rn. 3 ff.

[130] IE auch MüKoBGB/*Casper* EGBGB Art. 248 § 6 Rn. 1; Ellenberger/Findeisen/Nobbe/*Pfeifer* § 675d BGB Art. 248 § 6 EGBGB Rn. 84; BeckOGKBGB/*Zahrte* EGBGB Art. 248 § 6 Rn. 11.

[131] Abw., aber ohne hinreichende Begründung BeckOGKBGB/*Zahrte* EGBGB Art. 248 § 6 Rn. 5 („Verzicht auf eine Formvorgabe").

[132] Vgl. zur parallelen Regelung für Einzelzahlungsverträge Art. 248 EGBGB § 14, für den Zahlungsempfänger Art. 248 § 8.

[133] Vgl. Ellenberger/Findeisen/Nobbe/*Pfeifer* § 675d BGB Rn. 89; BeckOGKBGB/*Zahrte* EGBGB Art. 248 § 7 Rn. 2.

vorgang zuzurechnen ist, sowie ggf. Informationen zum Zahlungsempfänger, zB dessen IBAN, (Nr. 1), den Zahlungsbetrag inkl. Währung (Nr. 2), die Entgelte, Zinsen und Wechselkurse für die Ausführung des konkreten Auftrages (Nr. 3, 4) sowie die Wertstellung und das Wertstellungsdatum (Nr. 5). Diesen Anforderungen hat der Zahlungsdienstleister im Rahmen einer Konto-Abrede sowie im Rahmen der Online-Banking-Abrede zu genügen. Die Angaben finden sich zumeist auf dem Kontoauszug; der Zahlungsdienstnutzer kann so die vertragsgemäße Ausführung des Zahlungsauftrags prüfen. Erforderlich ist dabei aber nach Nr. 1 auch hier eine Kennung, die den konkreten Vorgang individualisiert (zB Buchungsnummer). Bei Sammelaufträgen erfasst Art. 248 § 7 EGBGB jeden einzelnen Zahlungsauftrag, der im Sammelauftrag enthalten ist. Die Ziff. 1–5 sind daher für jeden einzelnen Zahlungsauftrag zu erfüllen. Hierfür spricht die von Art. 248 § 7 EGBGB intendierte Transparenz für den Zahlungsdienstnutzer. Diese findet keine Grenze an der bloßen Zusammenfassung von Einzelaufträgen aus Gründen der organisatorischen Vereinfachung. Sofern der unternehmerische Zahlungsdienstenutzer nicht an einem entsprechenden Einzelausweis interessiert ist, kann er nach § 675e Abs. 4 BGB mit dem Zahlungsdienstleister Abweichendes vereinbaren.

Des Weiteren ist eine **Mitteilung der Informationen** erforderlich. Dies bedeutet, dass **71** die Einstellung in der entsprechenden Form in ein elektronisches Postfach des Nutzers ausreicht.[134] Vielfach wird eine nach Art. 248 § 10 S. 1 EGBGB zulässige rechtsgeschäftliche Modifikation dahingehend vorliegen, dass die Mitteilung durch Zusendung eines Kontoauszugs bzw. dessen Bereitstellung am Kontoauszugsdrucker genügt.[135] Zudem kann bei einer **Online-Banking-Abrede** nach einer rechtsgeschäftlichen Abrede die Übermittlung oder Einstellung in einer Datei erfolgen. Hiermit wird zugleich, nach Art. 248 § 10 S. 1 EGBGB zulässig, von der gesetzlich vorgeschriebenen **Form** (dauerhafter Datenträger) abgewichen.

Zeitlich verlangt die Norm bei einem Zahlungskonto, dass die Informationen **unver-** **72** **züglich** (§ 121 Abs. 1 S. 1 BGB) nach der Belastung des Kontos bzw. nach Zugang des Zahlungsauftrages[136] erfolgen.[137] Dies betrifft die Konto-Abrede als solche ebenso wie die Online-Banking-Abrede, wenn und soweit in dem jeweiligen Rahmenvertrag eigenständige oder besondere Entgelte anfallen. Auch insoweit ist eine abweichende Vereinbarung (Art. 248 § 10 S. 1 EGBGB) sowohl bei einer Konto-Abrede wie auch im Online-Banking die Regel. Nach Art. 248 § 10 S. 2 EGBGB ist aber **mindestens einmal im Monat** über die Informationen nach den Art. 248 §§ 7 f. EGBGB zu unterrichten.

Die Informationsmitteilung nach Art. 248 § 7 EGBGB ist eine gesetzliche vorgeschrie- **72a** bene Pflicht des Zahlungsdienstleisters; eine **Bepreisung** scheidet aus diesem Grund grundsätzlich aus, vgl. § 675d Abs. 4 BGB. Hiervon zu unterscheiden ist die Erteilung einer Empfangsquittung durch den Zahlungsdienstleister, wenn der Kunde eine beleghafte Überweisung bzw. einen beleghaften Zahlungsauftrag abgegeben hat. Auf eine solche besteht nach Art. 248 § 7 EGBGB kein Anspruch des Kunden. Die Erteilung erfolgt damit nicht in Erfüllung einer gesetzlichen Pflicht, sodass der Zahlungsdienstleister entsprechende Bestätigungen auch nur gegen Zahlung eines vereinbarten Entgelts anbieten kann.[138] Die vorstehend genannte **Dispositivität** dieser Norm folgt aus Art. 248 § 10 S. 1 EGBGB und betrifft das Verfahrens, die Form und die Häufigkeit der Unterrichtung.

---

[134] Allg. dazu → Rn. 8, 32.
[135] Zustimmend BGH NJW 2014, 922.
[136] Sofern der Zahlungsauftrag nicht von einem Konto erbracht wird, erstellt der Zahlungsdienstleister einen Zugangsbeleg mit Zahlungsbetrag, Währung, Datum des Zugangs, Entgelt.
[137] Sofern das Kreditinstitut nicht ausnahmsweise einen Vorschuss nach §§ 675c, 669 BGB durchsetzt.
[138] So auch BeckOGKBGB/*Zahrte* EGBGB Art. 248 § 8 Rn. 7.

7. Informationen an den Zahlungsempfänger bei einzelnen Zahlungsvorgängen (Art. 248 § 8 EGBGB)

73 Zur Umsetzung des Art. 58 Abs. 1 PSD II regelt Art. 248 § 8 EGBGB die **Informationspflicht** des Zahlungsdienstleisters gegenüber dem Zahlungsempfänger **nach Ausführung eines Zahlungsvorgangs.** Der Zahlungsempfänger soll den konkreten Zahlungsvorgang mit Hilfe dieser Informationen prüfen können und zwar sowohl bei Zahlungsaufträgen, die durch Dritte ausgelöst wurden (zB Überweisung) als auch bei den durch ihn ausgelösten Zahlungsvorgängen (zB Lastschrift). Die Norm ist nach Art. 248 § 10 S. 1 EGBGB hinsichtlich Verfahren, Häufigkeit und Form dispositiv.

74 **Inhaltlich** sind dem Nutzer alle für den konkreten Zahlungsvorgang relevanten Daten mitzuteilen, insbesondere eine den Vorgang individualisierende Kennung (Nr. 1), der Zahlungsbetrag (Nr. 2), Entgelte, Zinsen und Wechselkursangaben für die Ausführung des Auftrages (Nr. 3, 4)[139] sowie das Wertstellungsdatum der Gutschrift (Nr. 5). Diese Angaben werden regelmäßig von den Angaben auf dem Kontoauszug umfasst. Erforderlich ist aber die Angabe einer vorgangsindividualisierenden Kennung. Dieser Umfang der Informationspflicht gilt sowohl im Rahmen einer Konto-Abrede als auch im Rahmen der Online-Banking-Abrede.

75 Der Zahlungsdienstanbieter muss diese **Informationen mitteilen.**[140] Vielfach wird im Rahmen einer Konto-Abrede und Online-Banking-Abrede insoweit eine nach Art. 248 § 10 S. 1 EGBGB zulässige, rechtsgeschäftliche Modifikation dahingehend vorliegen, dass die Mitteilung der Informationen durch Zusendung eines Kontoauszugs, dessen Bereitstellung am Kontoauszugsdrucker bzw. beim Online-Banking durch Übermittlung oder Einstellung der Informationen in einer Datei in das elektronische Postfach erfolgen kann.[141] Hiermit wird zugleich, nach Art. 248 § 10 S. 1 EGBGB zulässig, von der gesetzlich vorgeschriebenen **Textform** (§ 126b BGB) abgewichen.

76 Nach der gesetzlichen Regelausgangslage sind die Informationen **unverzüglich** (§ 121 Abs. 1 S. 1 BGB) **nach der Ausführung des Zahlungsvorgangs** mitzuteilen, zB nach der Buchung bei einer Gutschrift des Betrages auf dem Konto. Im Online-Banking ist auch insoweit eine abweichende Vereinbarung (Art. 248 § 10 S. 1 EGBGB) die Regel. Nach Art. 248 § 10 S. 2 EGBGB ist aber **mindestens einmal im Monat** über die Informationen nach den Art. 248 §§ 7 f. EGBGB zu unterrichten.

8. Sonstige Informationen während des Vertragsverhältnisses (Art. 248 § 9 EGBGB)

77 Zur Umsetzung des Art. 54 Abs. 1 UAbs. 1 S. 1, Abs. 2 S. 2 Hs. 1 PSD II verpflichtet die Norm den Zahlungsdienstleister bei einem Zahlungsdiensterahmenvertrag den Nutzer zu unterrichten, wenn sich **Umstände im Sinne des Art. 248 § 4 Abs. 1 Nr. 1 EGBGB verändern,** die das Vertragsverhältnis betreffen, ohne Inhalt der vertraglichen Abrede zu sein.[142] Mithin wird die Informationspflicht durch eine Änderung der vorvertraglich mitzuteilenden Informationen ausgelöst; paradigmatisch ist die Änderung der Postanschrift. Das Gleiche gilt, wenn **vereinbarte Zinssatzänderungen** zum *Nachteil* des Zahlungsdienstnutzers **wirksam werden** (Nr. 2).[143] Paradigmatisch ist die Anknüpfung eines Zinssatzes im Zahlungsdiensterahmenvertrag an einen Referenzzins (zB EURIBOR-Euro Interbank Offered Rate, LIBOR-London Interbank Offered Rate usw.), mit der

[139] Also Entgelte und Zinsen, die dem Zahlungsempfänger bei dem konkreten Zahlungsvorgang in Rechnung gestellt werden.

[140] Allg. dazu → Rn. 8, 32.

[141] Zustimmend BGH NJW 2014, 922.

[142] Vertragliche Abreden werden von § 675g BGB erfasst, so dass der Zahlungsdienstnutzer zB im Rahmen eines vertraglichen Änderungsangebotes von diesen Kenntnis erlangt, → Kap. 2 § 675g Rn. 1.

[143] Vgl. zur Vereinbarung der Änderung eines Referenzwertes § 675g Abs. 3 BGB.

Folge, dass sich der nach dem Vertrag maßgebende Zinssatz *zum Nachteil* des Zahlungsdienstenutzers ändert.

Darüber hinaus schlägt der Dienstleister nach Art. 54 Abs. 1 UAbs. 1 PSD II die **Änderungen des Rahmenvertrags** sowie der in Art. 52 PSD II genannten Informationen und Vertragsbedingungen (Art. 248 § 4 Abs. 1 Nr. 2 ff. EGBGB) auf einem dauerhaften Datenträger spätestens zwei Monate vor dem geplanten Zeitpunkt ihrer Anwendung vor. Insoweit ist die Richtlinie aber dahingehend einschränkend auszulegen, dass diese Ankündigungsfrist nicht die „Informationen" als solche, sondern nur die Vertragsbedingungen betrifft. Für dieses Verständnis spricht der Wortlaut („schlägt vor"), der auf sonstige Informationen (Tatsachenänderungen) nicht passt. Hinzu tritt die systematische Auslegung, denn die Norm trägt die Überschrift „Änderungen der Vertragsbedingungen". Schließlich vermag eine zweimonatige Frist für die Änderung sonstiger, dh nicht Vertragsbestandteil gewordener Informationen, wie zB die Änderung der Geschäftsadresse oder der Registerkennung, teleologisch nicht zu überzeugen. Der Wortlaut der nationalen Norm ermöglicht eine solche einschränkende Auslegung, denn er verlangt nur die unverzügliche Unterrichtung über die geänderten Umstände.[144] **78**

Erforderlich ist eine **Mitteilung der Informationen.**[145] Nach Art. 248 § 3 EGBGB muss die Information **auf einem dauerhaften Datenträger** erfolgen. Von beidem kann hinsichtlich der Information über die Änderung des Zinssatzes (Art. 248 § 9 Nr. 2 EGBGB) nach Art. 248 § 10 S. 1 EGBGB durch vertragliche Abrede abgewichen werden. Art. 248 § 9 Nr. 1 EGBGB ist gegenüber Verbrauchern nicht dispositiv.[146] **79**

Die Information hat **unverzüglich** (§ 121 Abs. 1 S. 1 BGB) nach der Änderung der Umstände bzw. nach dem Wirksamwerden der Änderung des Zinssatzes zu erfolgen.[147] **80**

9. Abweichende Vereinbarungen (Art. 248 § 10 EGBGB)

Die Vorschrift setzt den Restbestand der Privatautonomie in Art. 54 Abs. 2 S. 2 Hs. 2, 57 Abs. 2, 58 Abs. 2 PSD II um. Danach können für die nachträglich mitzuteilenden Informationen an den Zahler (Art. 248 § 7 EGBGB), den Zahlungsempfänger (Art. 248 § 8 EGBGB) sowie für die Informationen über geänderte Zinssätze während des Vertragsverhältnisses an den Nutzer (Art. 248 § 9 Nr. 2 EGBGB) eine **andere Form, Häufigkeit oder ein abweichendes Verfahren** – im Vergleich mit der gesetzlichen Vorgabe – zu Lasten des Zahlungsdienstnutzers vereinbart werden.[148] Möglich ist eine solche Vereinbarung in einer Konto-Abrede. Die entsprechende Abrede kann aber auch in einer zeitgleich erfolgenden Online-Banking-Abrede enthalten sein. Praktische Bedeutung erlangt diese Norm durch die resultierende Möglichkeit der Abrechnung per Kontoauszug.[149] Danach kann ein monatliches Zurverfügungstellen (nicht: Mitteilung) am **Kontoauszugsdrucker** vereinbart werden, was mit der Bereitstellung der Konto-Informationen zum Abruf erfüllt wird.[150] Möglich ist auch die Vereinbarung einer **postalischen Übersendung** der Kontoauszüge, wobei die Information grundsätzlich unentgeltlich zu erfolgen hat (vgl. § 675d Abs. 4 BGB); ein Entgelt für das anfallende Porto kann daher insoweit nicht vereinbart werden. Möglich ist auch die Einstellung in ein sog. elektronisches Postfach, das eine unveränderte Aufbewahrung und Wiedergabe der Information, zB durch eingestellte **81**

[144] IE auch Begr. RegE BT-Drs. 16/11643, 103 f. (freilich unter Bezug auf einen falschen Richtlinientext); zustimmend BeckOGKBGB/*Zahrte* EGBGB Art. 248 § 9 Rn. 6; iE auch MüKoBGB/*Casper* EGBGB Art. 248 § 9 Rn. 1.

[145] Allg. dazu → Rn. 8, 32.

[146] Vgl. nur Ellenberger/Findeisen/Nobbe/*Pfeifer* § 675d BGB Rn. 106.

[147] So auch BeckOGKBGB/*Zahrte* EGBGB Art. 248 § 9 Rn. 6.

[148] Die Möglichkeit zur Besserstellung des Zahlungsdienstnutzers durch eine vertragliche Abrede folgt schon aus einem Umkehrschluss zu § 675e Abs. 1 BGB.

[149] Vgl. schon Begr. RegE BT-Drs. 16/11643, 136.

[150] Von der Möglichkeit der verpflichtenden monatlichen Übermittlung der Kontoinformationen in Papierform gem. Art. 57 Abs. 3 PSD II hat der deutsche Gesetzgeber abgesehen; dazu Ellenberger/Findeisen/Nobbe/*Pfeifer* § 675d BGB Rn. 109.

pdf, ermöglicht.[151] Sofern die Parteien nur ein Zurverfügungstellen der Information durch den Zahlungsdienstleister vereinbart haben, kann sich das **elektronisch Postfach** auch in dessen Sphäre, namentlich auf dessen Server, befinden.

82 Nach Satz 2 müssen die nachträglichen Informationen nach Art. 248 §§ 7 f. EGBGB **wenigstens einmal monatlich** mitgeteilt werden, sofern relevante Zahlungsvorgänge stattgefunden haben.[152] Zweck der Norm ist die regelmäßige und zeitnahe Information des Zahlers bzw. Empfängers über diese Zahlungsvorgänge. Mangels näherer Bestimmung in der Richtlinie ist mit monatlicher Information eine Informationsfrequenz von **einmal im Kalendermonat** gemeint. Nach dem Zweck der Regelung, eine regelmäßige Unterrichtung zu gewährleisten, hat die Information jeweils zu identischen Zeitpunkten zu erfolgen, also zB jeweils zu Beginn oder am Ende eines Kalendermonats. Anderenfalls könnte ein zu langer Zeitraum zwischen den mitzuteilenden Informationen liegen. Beim **Kontoauszugsdrucker** muss hiernach monatlich ein aktualisierter Auszug abrufbar sein, während in der Praxis zumeist der Ausdruck eines neuen Auszugs möglich ist, sobald ein neuer Umsatz gebucht wurde.[153] Sofern der Abruf durch den Zahlungsdienstnutzer unterbleibt, ist dies unschädlich, da nur die Zurverfügungstellung bei einer entsprechenden Abrede vertraglich geschuldet ist. Abweichendes gilt aber für den kontokorrentrechtlichen Rechnungsabschluss (§ 355 HGB). Dieser erfordert den Zugang und rechtfertigt die regelmäßige postalische Übersendung von Kontoauszügen mit Rechnungsabschluss; hierfür ist gem. § 675d BGB Portoersatz zu leisten.[154] Gleiches gilt, wenn der Abruf der Kontoauszüge aus dem **elektronischen Postfach** unterbleibt. Sofern ohnehin eine **postalische Übersendung** vereinbart ist, hat diese nach dem Vorstehenden einmal im Monat zu erfolgen.

83 Nach dem genannten Zweck ist zudem nur über die **für die vorgefallenen Zahlungsvorgänge relevanten Informationen** zu unterrichten. Sofern im Berichtszeitraum nur Zahlungsvorgänge angefallen sind, bei denen kein Entgelt oder keine Zinsen (Art. 248 §§ 7 f. Nr. 3 EGBGB) oder Wechselkurse (Art. 248 §§ 7 f. Nr. 4 EGBGB) relevant wurden, ist hierüber keine Information, also auch nicht in allgemeiner Form, zu erteilen.[155]

84 Die Informationspflicht nach Art. 248 § 10 S. 2 EGBGB ist nur erfüllt, wenn der Nutzer die konkreten **Informationen unverändert aufbewahren und wiedergeben** kann. Dies ist bei der Vereinbarung der Übersendung in Briefform oder der Bereitstellung zum Abruf am Kontoauszugsdrucker im Rahmen der Konto-Abrede möglich. Im Rahmen des **Online-Bankings** ist die Vereinbarung der Übersendung einer speicherbaren Datei oder deren Bereitstellung zum Abruf online im elektronischen Postfach umfasst.[156] Insofern ist technisch oder organisatorisch sicherzustellen, dass der Zahlungsdienstleister eingestellte Dokumente im elektronischen Postfach nachträglich weder ändern noch löschen kann. Allerdings ist dabei zu gewährleisten, dass der Abruf bzw. die Übermittlung an den Zahlungsdienstnutzer einmal monatlich erfolgt.

VII. Sonderregelungen für Zahlungsauslösedienste und Kontoinformationsdienste (Abs. 2)

85 Abs. 2 wurde mit Wirkung ab 13.1.2018 neu eingefügt. Es handelt sich um eine vorrangige **Sonderregelung für Zahlungsauslösedienstleister** gemäß § 1 Abs. 1 S. 2 Nr. 7 ZAG **sowie Kontoinformationsdienstleister** nach § 1 Abs. 1 S. 2 Nr. 8 ZAG. Diese

[151] Vgl. EuGH NJW 2017, 871.
[152] Vgl. Begr. RegE BT-Drs. 16/11643, 136.
[153] Die resultierende Bepreisbarkeit nach § 675d Abs. 4 Nr. 1 BGB spielt in der Praxis, soweit ersichtlich, insoweit bislang keine Rolle.
[154] Wie hier LG Frankfurt a. M. WM 2011, 1846; MüKoBGB/*Casper* § 675d Rn. 15; *Nobbe* WM 2008, 185 (192); **aA** *Knops/Korff* EWiR 2011, 519.
[155] So auch mit abw. Begründung MüKoBGB/*Casper* EGBGB Art. 248 § 10 Rn. 2.
[156] Begr. RegE BT-Drs. 16/11643, 136; MüKoBGB/*Casper* EGBGB Art. 248 § 10 Rn. 1.

sind jeweils Zahlungsinstitute und in der Folge Zahlungsdienstleister (§ 1 Abs. 1 S. 1 Nr. 1 ZAG). Als solche sind sie grundsätzlich Adressaten der Informationspflichten. Aufgrund der beschränkten Vertragspflichten dieser Zahlungsdienstleister werden die **Informationspflichten** allerdings angepasst, dh insbesondere deutlich **reduziert.**[157] Entscheidend für den Umfang der Informationspflichten, dh die Anwendbarkeit des Abs. 2, ist somit, ob der Zahlungsdienstleister nach der vertraglichen Abrede mit dem Zahlungsdienstenutzer nur die Pflichten eines Zahlungsauslöse- bzw. Kontoinformationsdienstes hat. Andernfalls ist der allgemeine, umfangreichere Abs. 1 einschlägig. Hinsichtlich der Pflicht zur Information im Übrigen sowie der Rechtsfolgen bei Pflichtverletzungen durch eine unterbliebene oder unzutreffende Information sind die allgemeinen Grundsätze einschlägig (→ Rn. 15 ff.).

1. Pflichten des Zahlungsauslösedienstleisters (Abs. 2 S. 1)

Nach Abs. 2 S. 1 bestimmen sich die Pflichten des **Zahlungsauslösedienstleisters.** 86
Dies sind Zahlungsinstitute, die Zahlungsauslösedienste (§ 1 Abs. 33 ZAG) erbringen. Hierzu ist „auf Veranlassung des Zahlungsdienstenutzers ein Zahlungsauftrag in Bezug auf ein bei einem anderen Zahlungsdienstleister geführtes Zahlungskonto" auszulösen. Sie haben nach **Art. 248 § 13 Abs. 1–3 EGBGB** den Zahlungsdienstenutzer zu informieren. Dazu zählen ua die vom Zahlungsdienstnutzer mitzuteilenden Informationen oder Kundenkennungen, die für die ordnungsgemäße Auslösung oder Ausführung eines Zahlungsauftrags erforderlich sind, die maximale Ausführungsfrist für den Zahlungsdienst sowie alle Entgelte, die der Zahlungsdienstnutzer zu entrichten hat, einschließlich einer Aufschlüsselung der Entgelte. Auch die Identität des Dienstleisters ist dem Kunden mitzuteilen.

Art. 248 § 13 Abs. 3 EGBGB verweist auf Art. 248 § 4 Abs. 1 EGBGB. Der Zah- 87
lungsauslösedienstleister muss hiernach **weitere Informationen** mitteilen, wenn diese für das Vertragsverhältnis zum Zahlungsdienstenutzer („für den Einzelzahlungsvertrag") **erheblich** sind.[158] Damit trägt das Gesetz dem Umstand Rechnung, dass die gesetzlich vorgesehenen Zahlungsauslösedienste gerade noch nicht hinsichtlich ihres Inhaltes und ihrer Funktionsweise näher typisiert sind, sondern sich nach dem Willen des Unionsgesetzgebers und des nationalen Gesetzgebers erst in verschiedener Form in der Praxis herausbilden sollen. Freilich ist die Norm angesichts der nicht unerheblichen Rechtsfolgen (→ Rn. 15 ff.) sehr vage. Das Risiko einer unzutreffenden, weil gerichtlich später abweichend beurteilten Bewertung der Erheblichkeit (und damit Kommunikationsbedürftigkeit) einer konkreten Information für den Zahlungsdienstnutzer beim konkreten Einzelzahlungsvertrag trägt in der Folge der Zahlungsauslösedienstleister. Insofern ist mit Blick auf die Rechtsfolgen einer unzureichenden Information in der Praxis tendenziell zu einer weitreichenden Information des Zahlungsdienstenutzers durch den Zahlungsauslösedienstleister zu raten. Nach **Art. 248 § 13a EGBGB** bestimmt sich zudem, was der Zahlungsauslösedienstleister dem Zahler und ggf. dem Zahlungsempfänger „unmittelbar nach der Auslösung des Zahlungsauftrags" mitzuteilen hat. Das zeitliche Element meint hier ohne wesentliche Zeitverzögerung nach der Auslösung, also in sehr engem zeitlichem Zusammenhang, und damit zwar nicht sofort, dh so schnell wie objektiv möglich, aber auch nicht nur unverzüglich. Inhaltlich sind dem Zahler und ggf dem Empfänger ua die erfolgreiche Auslösung des Zahlungsauftrags, die Kennung des Zahlungsvorgangs zu dessen Identifizierung, der Zahlungsbetrag sowie ggf. die Höhe aller Entgelte des Zahlungsauslösedienstes für diesen Zahlungsauftrag mitzuteilen.

2. Pflichten des Kontoinformationsdienstleisters (Abs. 2 S. 2)

Kontoinformationsdienstleister sind Zahlungsinstitute, die Kontoinformationsdienste er- 88
bringen. Ein **Kontoinformationsdienst** ist nach § 1 Abs. 34 ZAG ein „Online-Dienst

[157] Begr. RegE BT-Drs. 18/11495, 149.
[158] Begr. RegE BT-Drs. 18/11495, 149.

zur Mitteilung konsolidierter Informationen über ein Zahlungskonto oder mehrere Zahlungskonten des Zahlungsdienstnutzers bei einem oder mehreren anderen Zahlungsdienstleistern". Gem. Abs. 2 S. 2 bestimmen sich die **Informationspflichten** dieser Dienstleister nach **Art. 248 §§ 4, 13 Abs. 1 EGBGB.** Das Gesetz trägt hiermit dem Umstand Rechnung, dass Kontoinformationsdienste gerade nicht an konkrete Zahlungsvorgänge anknüpfen, sondern bloße Informationsdienstleistungen regelmäßig über eine Vielzahl von Kontovorgängen erbringen. Zudem kann der Kontoinformationsdienst auch Zahlungskonten erfassen, die Zahlungsdiensterahmenverträge darstellen. Nach Art. 248 § 4 EGBGB sind eine Vielzahl vorvertraglicher Informationen mitzuteilen (→ Rn. 34 ff.). Nach Art. 248 § 13 EGBGB sind ua „rechtzeitig vor Abgabe der Vertragserklärung" des Zahlungsdienstnutzers die vom Zahlungsdienstnutzer mitzuteilenden Informationen oder Kundenkennungen, die maximale Ausführungsfrist für den Zahlungsdienst sowie alle Entgelte mitzuteilen (Abs. 1). Nach Abs. 2 S. 2 Hs 2 können der Kontoinformationsdienstleister und der Nutzer **Form und Zeitpunkt der Information** vereinbaren, mithin wann und auf welche Weise der Kontoinformationsdienstleister seine Informationspflichten nach Art. 248 EGBGB zu erfüllen hat. Dies trägt dem Umstand Rechnung, dass der Inhalt von Verträgen über Kontoinformationsdienstleistungen bislang noch nicht vertypt und daher möglichst der Ausgestaltung durch die Parteien in der Praxis überantwortet ist. Nach der gesetzlichen Regelung „können" die Parteien Form und Zeitpunkt regeln; sofern eine entsprechende Vereinbarung nicht (wirksam) geschlossen wurde, bleibt der Kontoinformationsdienstleister zur Informationserbringung nach den allgemeinen gesetzlichen Regeln verpflichtet.[159]

§ 675e Abweichende Vereinbarungen

(1) **Soweit nichts anderes bestimmt ist, darf von den Vorschriften dieses Untertitels nicht zum Nachteil des Zahlungsdienstnutzers abgewichen werden.**

(2) **In den Fällen des § 675d Absatz 6 Satz 1 Nummer 1 und 2**

1. sind § 675s Absatz 1, § 675t Absatz 2, § 675x Absatz 1, § 675y Absatz 1 bis 4 sowie § 675z Satz 3 nicht anzuwenden;
2. darf im Übrigen zum Nachteil des Zahlungsdienstnutzers von den Vorschriften dieses Untertitels abgewichen werden.

(3) **Für Zahlungsvorgänge, die nicht in Euro erfolgen, können der Zahlungsdienstnutzer und sein Zahlungsdienstleister vereinbaren, dass § 675t Abs. 1 Satz 3 und Abs. 2 ganz oder teilweise nicht anzuwenden ist.**

(4) **Handelt es sich bei dem Zahlungsdienstnutzer nicht um einen Verbraucher, so können die Parteien vereinbaren, dass § 675d Absatz 1 bis 5, § 675f Absatz 5 Satz 2, die §§ 675g, 675h, 675j Absatz 2, die §§ 675p sowie 675v bis 676 ganz oder teilweise nicht anzuwenden sind; sie können auch andere als die in § 676b Absatz 2 und 4 vorgesehenen Fristen vereinbaren.**

Übersicht

[159] Begr. RegE BT-Drs. 18/11495, 150 (in geeigneter Weise).

I. Normzweck und Beschränkung der Abweichungen von §§ 675c bis 676c BGB (Abs. 1)

In Umsetzung der Art. 107 Abs. 3, 38 Abs. 1 S. 2, 61 Abs. 1 PSD II (s. a. Erwägungsgrund Nr. 20) qualifiziert die Regelung die §§ 675c ff. BGB als **halbzwingendes Recht.**[1] Die Norm verbietet vertragliche Vereinbarungen, die **zum Nachteil des Zahlungsdienstnutzers** von den §§ 675c–676c BGB abweichen. Diese Abweichungen sind nur im Falle einer gesetzlichen **Öffnungsklausel** zulässig; diese Öffnungen sind im Wesentlichen in den Abs. 2–4 verankert. Sofern eine nach dieser Norm zulässige gesetzliche Öffnung vorliegt, bleiben gleichwohl die §§ 305 ff. BGB im Falle einer klauselmäßigen Abweichung anwendbar.[2] Allerdings sind dann im Rahmen der §§ 305 ff. BGB die Wertungen des Zahlungsdiensterechts zu berücksichtigen. Danach indiziert eine von § 675e BGB erlaubte Abweichung, dass diese grundsätzlich auch klauselmäßig zulässig ist; anderenfalls liefe die Öffnungsklausel weitgehend leer, da im Massenverkehr hier AGB weit überwiegen. Ein Verstoß gegen § 307 BGB erfordert daher eine über die nachteilige Abweichung vom Gesetz im Rahmen der Öffnungsklausel hinausgehende Benachteiligung des Nutzers. 1

Nach § 675e Abs. 1 BGB ist jede **rechtsgeschäftliche Abweichung** von den §§ 675c-676c BGB unzulässig, die den Zahlungsdienstenutzer benachteiligt. Eine entsprechende Vereinbarung ist nichtig. Zudem kann der Zahlungsdienstleister auf Unterlassung und Beseitigung in Anspruch genommen werden (§ 2 Abs. 1, Abs. 2 S. 1 Nr. 1 lit. i UKlaG). **Zugunsten des Nutzers** können die Parteien, im Umkehrschluss zu Abs. 1 und entsprechend der Richtlinienvorgabe (Art. 107 Abs. 3 UAbs. 2 PSD II) Abweichungen vereinbaren, individualvertraglich sowie in den Grenzen der §§ 305 ff. BGB auch klauselmäßig.[3] 2

Ob eine **nachteilige Abweichung** von der gesetzlichen Vorgabe vorliegt, ergibt sich durch Auslegung der Vereinbarung in der Konto- bzw. Online-Banking-Abrede (§§ 133, 157 BGB) und einen anschließenden Vergleich mit dem Regelungsgehalt der Norm. Auch die Norm ist hierzu auszulegen. Im Falle einer klauselmäßigen Abrede ist eine abstrakt-generelle Auslegung der Klausel geboten; AGB sollen nach dem Grundsatz der kundenfeindlichsten Auslegung interpretiert werden.[4] Nachteilig ist die Abweichung, wenn die Rechtsposition des Zahlungsdienstnutzers zu dessen Lasten von der gesetzlichen Regelung abweicht. Dabei sind etwaige Nachteile der vertraglichen Abweichung vom Gesetz etwaigen Vorteilen für den Kunden gegenüber zu stellen **(Kompensation),** um zu bewerten, ob im Ergebnis die Nachteiligkeit der konkreten Abweichung überwiegt. Bloße irgendwie geartete mittelbare Vorteile bei einer unmittelbaren Abweichung zu Lasten des Nutzers reichen hingegen aufgrund der nicht rechtssicher bestimmbaren Mittelbarkeit nicht zur Kompensation aus. Richtigerweise ist die Bewertung der Nachteiligkeit zudem nicht vollständig isoliert vorzunehmen, wenn im Rahmen eines *sachlich eng zusammenhängenden Regelungskomplexes* eine für den Nutzer nachteilige Abweichung vom Gesetz mit seiner zumindest gleichgewichtigen Besserstellung in einem anderen Aspekt kombiniert wird (**Gesamtvergleich** bei sachlich eng zusammenhängenden Regelungskomplexen).[5] Die prognostizierte große Bedeutung von Vorabentscheidungsvorlagen zum EuGH zur Beurteilung der Nachteiligkeit einer Abweichung am Maßstab der Richtlinie ist bislang ausgeblieben; eine Vorabentscheidungsvorlage hierzu ist bislang nicht 3

---

[1] Wohl unstr.; vgl. BGH WM 2015, 1704 Rn. 26; MüKoBGB/*Casper* § 675e Rn. 1; BeckOK BGB/*Schmalenbach* § 675e Rn. 1.

[2] Vgl. Begr. RegE BT-Drs. 16/11643, 100.

[3] Vgl. Begr. RegE BT-Drs. 16/11643, 101; dort auch zur Entbehrlichkeit einer dahingehenden ausdrücklichen gesetzlichen Regelung aufgrund des Umkehrschlusses.

[4] So die hLit; vgl. MüKoBGB/*Casper* § 675e Rn. 2; BeckOGK BGB/*Zahrte* § 675e Rn. 15.

[5] Enger MüKoBGB/*Casper* § 675e Rn. 2 (Gesamtvergleich bei nicht unterteilbaren Vereinbarungen); zu eng auch BeckOGK BGB/*Zahrte* § 675e Rn. 18 („ein- und dieselbe Regelung" mit Vor- und Nachteilen); offenlassend Begr. RegE BT-Drs. 16/11643, 169; über die Einzelfallbeurteilung lösend *Laitenberger* NJW 2010, 192 (196).

ersichtlich.[6] Die Bewertung der Nachteiligkeit ist **kundenbezogen.** Demnach kann die vertragliche Abweichung von der gesetzlichen Regelung bei einzelnen Zahlungsdienstnutzern vorteilhaft, bei anderen nachteilig sein. In der Folge ist die rechtsgeschäftliche Abweichung nur in Rechtsverhältnissen zu Zahlungsdienstenutzern unwirksam, bei denen sie sich zum Nachteil des Nutzers auswirkt. Abweichendes gilt im Verbandsklageverfahren. Hier reicht die Nachteiligkeit der klauselmäßigen Abrede gegenüber einem Zahlungsdienstnutzer, um zu einer vollständigen Unzulässigkeit zu gelangen.[7]

4 **Rechtsfolge eines Verstoßes** gegen das Verbot des Abweichens zum Nachteil des Nutzers ist die Nichtigkeit der konkreten vertraglichen Abrede.[8] Eine geltungserhaltende Reduktion im Falle von AGB scheidet nach der überwiegenden Ansicht zum AGB-Recht aus;[9] für einen Rückgriff auf die ergänzende Vertragsauslegung (§§ 133, 157 BGB) zum Auffüllen der entstehenden Vertragslücke besteht angesichts der gesetzlichen Regelungen des Zahlungsdiensterechts und des Auftragsrechts regelmäßig kein Bedarf. Ob sich diese Nichtigkeit auf den gesamten Rahmenvertrag erstreckt, bestimmt sich nach § 306 BGB bzw. bei Individualabreden nach § 139 BGB. Bei AGB ist der Vertrag gem. § 306 Abs. 1 BGB im Übrigen im Zweifel wirksam; auch bei Individualabreden wird die Interessenlage der Parteien in der Regel dazu führen, dass nur die konkrete gesetzeswidrige Regelung, nicht aber der gesamte Vertrag nichtig ist. Nach § 2 Abs. 1, Abs. 2 S. 1 Nr. 1 lit. i UKlaG kann bei Verstößen gegen zahlungsdiensterechtliche Vorschriften nach dem UKlaG auf Unterlassung und Beseitigung geklagt werden.[10]

5 Die **höchstrichterliche Rechtsprechung** hat in der jüngeren Vergangenheit bereits zahlreiche **Klauseln** als unvereinbar mit dem Zahlungsdiensterecht gem. § 675e Abs. 1 BGB und damit als **unwirksam** qualifiziert. Dies betrifft ua die folgenden Klauseln: „Nacherstellung von Kontoauszügen Pro Auszug 15,00 EUR“[11]; im Verhältnis zu Verbrauchern: „Preis pro Buchungsposten 0,35 Euro“[12]; im unternehmerischen Verkehr: „Preis pro Posten 0,32 €“[13]; „[j]ede smsTAN kostet 0,10 € (unabhängig vom Kontomodell)“[14]; „Unterrichtung über die berechtigte Ablehnung der Einlösung einer SEPA-Basis-Lastschrift bei Postversand 5 Euro“; „Unterrichtung über die berechtigte Ablehnung der Ausführung (bei Postversand) einer Einzugsermächtigungs-/Abbuchungsauftragslastschrift mangels Deckung 5 Euro“ sowie „Dauerauftrag: […] Aussetzung/Löschung 2 Euro“[15].

II. Die Ausnahmen vom zwingenden Charakter

1. Zahlungen mit Bezug zu Drittstaaten (Abs. 2)

6 Die PSD II hat den **Anwendungsbereich des unionsweiten Zahlungsdiensterechts** ausgeweitet.[16] Rechtstechnisch wurden hierzu die sogenannten Drittstaatensachverhalte

[6] Abgelehnt von BGH NJW 2012, 2571 Rn. 33; mit einer entsprechenden Prognose ua *Grundmann* WM 2009, 1109 (1112); *Zahrte* BKR 2011, 386 (388).

[7] So auch BeckOGK BGB/*Zahrte* § 675e Rn. 20; MüKoBGB/*Casper* § 675e Rn. 2.

[8] BGH WM 2015, 1704 Rn. 26, 37; MüKoBGB/*Casper* § 675e Rn. 3; Ellenberger/Findeisen/Nobbe/*Pfeifer* § 675e BGB Rn. 3.

[9] Vgl. nur BGHZ 84, 109 (114 ff.) = NJW 1982, 2309; zu der Vielzahl von Ausnahmen hiervon vgl. nur *Uffmann* Das Verbot der geltungserhaltenden Reduktion 2010 passim.

[10] Gleichwohl stellt die höchstrichterliche Rspr. – dogmatisch angesichts der Spezialität der zahlungsdiensterechtlichen Vorschriften nicht vollständig überzeugend – regelmäßig auf einen Verstoß gegen die §§ 305 ff. BGB ab, vgl. BGH NJW 2017, 3649 Rn. 24; WM 2017, 1744; NJW 2016, 560 Rn. 15; BKR 2015, 477 Rn. 27; BKR 2015, 1440 Rn. 12.

[11] BGH NJW 2014, 922.

[12] BGH NJW 2015, 1440.

[13] BGH BKR 2015, 477.

[14] BGH NJW 2017, 3222 = EWiR 2017, 581 mAnm *Herresthal.*

[15] Alle drei Klauseln verworfen von BGH NJW 2017, 3649.

[16] Begr. RegE BT-Drs. 18/1811495, 152; *Zahrte* NJW 2018, 337; zur Kompetenzfrage *Spindler*/*Zahrte* BKR 2014, 265 (266 f.) einerseits und andererseits *Omlor* ZIP 2016, 558 (560).

begrenzt. Nach der PSD I waren Zahlungsvorgänge in EWR-Währung erforderlich, bei denen alle Beteiligten Zahlungsdienstleister in der EU belegen sein mussten. Unter der PSD II sind nun auch Zahlungsvorgänge vom unionsweiten Zahlungsdiensterecht erfasst, die zwischen im EWR belegenen Zahlungsdienstleistern in Drittstaatenwährung erfolgen (Art. 2 Abs. 3 PSD II) und die innerhalb der EU getätigten Bestandteile von Zahlungsvorgängen in allen Währungen, sofern nur einer der beteiligten Zahlungsdienstleister im EWR belegen ist (Art. 2 Abs. 4 PSD II).[17] Das Zahlungsdiensterecht ist in diesen Konstellationen anwendbar mit der Folge der überwiegend zwingenden Ausgestaltung.

Die nationalen Regelungen sollen nach dem Willen des deutschen Normgebers grundsätzlich *weltweite, exterritoriale Geltung* aufweisen. Nach der Gesetzesbegründung sollen auch solche Fälle erfasst werden, die „den Anwendungsbereich des europäischen Zahlungsdiensterechts überschreiten, sofern das IPR auf deutsches Recht verweist.".[18] **7**

Nach seiner **Systematik** suspendiert Abs. 2 jene Vorschriften die nicht mit dem internationalen Zahlungsverkehr kompatibel sind. Zudem wird den Parteien die Möglichkeit eingeräumt, in jenen Bereichen, in denen das deutsche Recht räumlich über die PSD II hinausgeht, den von der PSD II vorgesehenen Anwendungsbereich durch vertragliche Abreden herzustellen. **8**

Nach der Regelung sind entsprechend **Abs. 2 Nr. 1** in den Fallgestaltungen des § 675d Abs. 6 S. 1 Nr 1 und 2 BGB die § 675s Abs. 1 BGB (eintägige Ausführungsfrist), § 675t Abs. 2 BGB (Wertstellung von Bareinzahlungen), § 675x Abs. 1 BGB (Erstattungsanspruch des Lastschriftzahlers), § 675y Abs. 1–4 BGB (Haftung des Zahlungsdienstleisters bei fehlerhaften Push-Zahlungen etc.) sowie § 675z S. 3 BGB (Verschuldenszurechnung bei Abwicklungsketten) ***ex lege* unanwendbar.** Die Konstellationen betreffen die Erbringung von Zahlungsdiensten in der Währung eines Staates außerhalb des EWR oder die Erbringung von Zahlungsdiensten, bei denen der Zahlungsdienstleister des Zahlers oder des Zahlungsempfängers tatsächlich außerhalb des EWR belegen ist. In die Lücke der nicht anwendbaren Regelungen treten die Vorschriften der Geschäftsbesorgung (vgl. § 675c Abs. 1 BGB), mithin die §§ 663, 665–670, 672–674 BGB,[19] sofern die Parteien keine inhaltlich andere Vereinbarung für die konkrete Regelungsfrage getroffen haben.[20] Eine abweichende Regelung kann individualvertraglich und klauselmäßig erfolgen; letztere unterliegen der AGB-Inhaltskontrolle, ohne dass die *ex lege* unanwendbaren Vorschriften als gesetzliches Leitbild herangezogen werden könnten.[21] **9**

Nach **Abs. 2 Nr. 2** dürfen in den Drittstaatensachverhalten alle Normen des Zahlungsdienste Rechts, die nicht schon nach Abs. 2 Nr. 1 *ex lege* unanwendbar sind, von den Parteien **vertraglich abbedungen** werden. Dies ist in einer Individualabrede ebenso möglich wie in AGB. **10**

Insoweit bleibt es freilich beim Leitbildcharakter der abbedungenen Regelungen des Zahlungsdiensterechts im Rahmen der AGB-Kontrolle.[22]

2. Zahlungen nicht in Euro (Abs. 3)

Nach Abs. 3 können **§ 675t Abs. 1 S. 3 sowie Abs. 2 abbedungen** werden, sofern die Zahlungsvorgänge nicht in Euro erfolgen. Diese Möglichkeit ist unabhängig davon, ob die beiden Zahlungsdienstleister im EWR ansässig sind. In der Folge einer solchen Abbedingung schuldet der Zahlungsdienstleister bei bargeldlosen Eingängen sowie Bareinzahlungen in der Fremdwährung nicht die sofortige Wertstellung auf dem Konto des Zah- **11**

[17] Begr. RegE BT-Drs. 18/1811495, 152; MüKoBGB/*Casper* § 675e Rn. 12.
[18] Begr. RegE BT-Drs. 18/1811495, 152.
[19] AllgM., vgl. nur Erman/*v. Westphalen* § 675e Rn. 7;
[20] Vgl. die Regelungen für Zahlungsdienste in Drittstaatenwährungen und Zahlungsdienste von Drittstaatendienstleistern in den Sonderbedingungen für den Zahlungsverkehr.
[21] Vgl. Begr. RegE BT-Drs. 16/11643, 101 li. Sp. (zur früheren Fassung).
[22] So auch Ellenberger/Findeisen/Nobbe/*Pfeifer* § 675e BGB Rn. 8; Begr. RegE BT-Drs. 16/11643, 101; BeckOGK BGB/*Zahrte* § 675e Rn. 45.

lungsdienstenutzers. Sofern **Zahlungsdienste mit Währungskonvertierung** vorliegen, bei denen eine Konvertierung von Euro oder in Euro erfolgt, ist für die Anwendbarkeit des Abs. 3 maßgeblich, in welcher Währung der grenzüberschreitende Teil des Transfers abgewickelt wird.[23] Abs. 3 ist dann nicht anwendbar, wenn dieser grenzüberschreitende Teil in Euro erfolgt (so stets bei SEPA-Zahlungsinstrumenten).

3. Abweichende Vereinbarungen mit Nicht-Verbrauchern (Abs. 4)

12 Bei Zahlungsdiensten, bei denen der **Zahlungsdienstnutzer nicht als Verbraucher gem. § 13 BGB zu qualifizieren** ist, also Unternehmer oder Öffentliche Hand ist, können die Parteien von den in Abs. 4 genannten Vorschriften[24] (§ 675d Abs. 1–5, § 675f Abs. 5 S. 2, §§ 675g, 675h, 675j Abs. 2, § 675p, §§ 675v–676, § 676b Abs. 2–4 BGB) **auch zu Lasten des Nutzers abweichen.** Die Norm setzt Art. 38 Abs. 1 S. 2 PSD II und Art. 61 Abs. 1 PSD II um. Von der Möglichkeit des Art. 61 Abs. 3 PSD II, Kleinstunternehmen Verbrauchern gleichzustellen, hat der deutsche Gesetzgeber keinen Gebrauch gemacht. Die von der Norm eröffnete Möglichkeit, den Nicht-Verbraucher rechtsgeschäftlich im Vergleich zu den §§ 675c ff. BGB schlechter zu stellen, ist unabhängig davon, ob es sich um grenzüberschreitende Euro-Zahlungen handelt. Auch bei nationalen Euro-Zahlungen besteht diese Möglichkeit. Letztlich handelt es sich um einen Restanwendungsbereich des Grundsatzes der Privatautonomie, der immerhin für Nicht-Verbraucher noch weitgehend besteht. Die Abreden sind individualvertraglich oder in den Grenzen der §§ 305 ff. BGB klauselmäßig möglich. Die Musterkundenbedingungen der Deutschen Kreditwirtschaft enthalten entsprechende formularvertragliche Regelungen. Individualvertragliche Vereinbarungen zwischen Zahlungsdienstleistern und Unternehmen finden sich darüber hinaus in der Praxis. Die Möglichkeit zur Abbedingung des Zahlungsdiensterechts ist nicht umfassend, sondern Abs. 4 enthält nur einen Katalog der abdingbaren Vorschriften. Vom Gesetzgeber als zentral erachtete Regelungen sind unabhängig vom Status des Zahlungsdienstenutzers gleichwohl zwingend.

13 Inhaltlich können die **Informationspflichten** nach § 675d BGB vollständig abbedungen werden. Abweichend von § 675f Abs. 5 S. 2 BGB können auch **Entgelte** für die Erfüllung von Nebenpflichten vereinbart werden. Allerdings wird ua § 675l Abs. 1 S. 3 BGB nicht mehr in Abs. 4 genannt. Auch § 675g BGB, mithin der Mechanismus zur **Änderung von Zahlungsdiensterahmenverträgen,** kann zwischen Zahlungsdienstleistern und Nicht-Verbrauchern als Zahlungsdienstenutzer abbedungen werden. Gleiches gilt für die Kündigungsrechte in § 675h BGB. Mit Blick auf die schnelle Abwicklung von Zahlungsvorgängen im Geschäftsverkehr ermöglicht § 675e Abs. 4 BGB auch eine im Vergleich mit den gesetzlich vorgesehenen Zeitpunkten **vorzeitige Finalität der Zahlung** durch rechtsgeschäftliche Vereinbarung. So ist der Widerruf einer Zustimmung zur Ausführung von Zahlungsvorgängen abdingbar. Zudem können die Zahlungsaufträge abweichend von § 675p BGB kraft rechtsgeschäftlicher Vereinbarung bereits vor Zugang beim Zahlungsdienstleister unwiderruflich sein. Auch können bei Unternehmern alle **Erstattungsansprüche** nach § 675x BGB im Lastschriftverkehr ausgeschlossen werden. Abweichend von § 676b Abs. 2–4 BGB können Mitunternehmern auch für Rückerstattungsverlangen infolge nichtautorisierter oder fehlerhaft ausgeführter Zahlungsvorgänge **kürzere Fristen** vereinbart werden. Mit Blick auf **Haftungsregeln** kann abweichend vom Zahlungsdiensterecht vereinbart werden, dass Unternehmer grundsätzlich für Vorsatz und jede Form der Fahrlässigkeit entsprechend § 276 BGB haften. Auch kann abweichend von § 675v BGB bei Nicht-Verbrauchern die Haftung für **missbräuchliche Nutzung** von Zahlungsauthentifizierungsinstrumenten über den Maximalbetrag von 50 EUR hinaus und

---

[23] Begr. RegE BT-Drs. 16/11643, 101; BeckOGK BGB/*Zahrte* § 675e Rn. 47; MüKoBGB/*Casper* § 675e Rn. 12.

[24] Die Anpassung der Norm an die PSD II war nur mit redaktionellen Änderungen verbunden, Begr. RegE BT-Drs. 18/18114, 153.

unabhängig vom Grad der Fahrlässigkeit dem Zahlungsdienstenutzer auferlegt werden. Die **Haftungsregeln** in den §§ 675y und § 675z BGB in Bezug auf die Folgen einer nicht erfolgten oder fehlerhaften Ausführung eines Zahlungsauftrags können ebenfalls bei Nicht-Verbrauchern als Zahlungsdienstenutzer modifiziert werden. Darüber hinaus können abweichend von §§ 675w, 676 BGB mit Nicht-Verbrauchern **abweichende Beweislastregeln** vereinbart werden.

4. Abweichende Vereinbarungen mit Verbrauchern

Die Möglichkeit, auch mit **Verbrauchern als Zahlungsdienstenutzer** (unabhängig von einem Drittstaatenbezug) individualvertraglich oder klauselmäßig vom Zahlungsdiensterecht **abweichende Vereinbarungen** zu treffen, ist – systematisch fragwürdig und rechtsästhetisch unschön – *nicht* zusammenfassend in § 675e BGB konzentriert worden. Vielmehr wird die Dispositivität der jeweiligen Vorschrift (nur) bei dieser jeweils angeordnet. Konkret besteht eine solche Dispositivität auch bei Verbrauchern als Zahlungsdienstenutzer **bei folgenden Vorschriften:** Nach § 675i Abs. 2 BGB sind abweichende Regeln in Bezug auf Kleinbetragsinstrumente und elektronisches Geld möglich. Nach § 675q Abs. 4 Nr. 2 BGB ist das Gebot der Entgeltteilung bei Drittstaatensachverhalten einschränkbar. Gemäß § 675s Abs. 1 S. 2, 3 BGB kann die maximale Ausführungsfrist für Zahlungsaufträge verlängert werden, wenn diese innerhalb des EWR nicht auf Euro lauten oder Beleghaft eingereicht werden. **13a**

§ 675f Zahlungsdienstevertrag

(1) **Durch einen Einzelzahlungsvertrag wird der Zahlungsdienstleister verpflichtet, für die Person, die einen Zahlungsdienst als Zahler, Zahlungsempfänger oder in beiden Eigenschaften in Anspruch nimmt (Zahlungsdienstnutzer), einen Zahlungsvorgang auszuführen.**

(2) [1]**Durch einen Zahlungsdiensterahmenvertrag wird der Zahlungsdienstleister verpflichtet, für den Zahlungsdienstnutzer einzelne und aufeinander folgende Zahlungsvorgänge auszuführen sowie gegebenenfalls für den Zahlungsdienstnutzer ein auf dessen Namen oder die Namen mehrerer Zahlungsdienstnutzer lautendes Zahlungskonto zu führen.** [2]**Ein Zahlungsdiensterahmenvertrag kann auch Bestandteil eines sonstigen Vertrags sein oder mit einem anderen Vertrag zusammenhängen.**

(3) [1]**Der Zahlungsdienstnutzer ist berechtigt, einen Zahlungsauslösedienst oder einen Kontoinformationsdienst zu nutzen, es sei denn, das Zahlungskonto des Zahlungsdienstnutzers ist für diesen nicht online zugänglich.** [2]**Der kontoführende Zahlungsdienstleister darf die Nutzung dieser Dienste durch den Zahlungsdienstnutzer nicht davon abhängig machen, dass der Zahlungsauslösedienstleister oder der Kontoinformationsdienstleister zu diesem Zweck einen Vertrag mit dem kontoführenden Zahlungsdienstleister abschließt.**

(4) [1]**Zahlungsvorgang ist jede Bereitstellung, Übermittlung oder Abhebung eines Geldbetrags, unabhängig von der zugrunde liegenden Rechtsbeziehung zwischen Zahler und Zahlungsempfänger.** [2]**Zahlungsauftrag ist jeder Auftrag, den ein Zahler seinem Zahlungsdienstleister zur Ausführung eines Zahlungsvorgangs entweder unmittelbar oder mittelbar über einen Zahlungsauslösedienstleister oder den Zahlungsempfänger erteilt.**

(5) [1]**Der Zahlungsdienstnutzer ist verpflichtet, dem Zahlungsdienstleister das für die Erbringung eines Zahlungsdienstes vereinbarte Entgelt zu entrichten.** [2]**Für die Erfüllung von Nebenpflichten nach diesem Untertitel hat der Zahlungsdienstleister nur dann einen Anspruch auf ein Entgelt, sofern dies zugelassen und zwischen dem Zahlungsdienstnutzer und dem Zahlungsdienstleister vereinbart worden ist; dieses**

Entgelt muss angemessen und an den tatsächlichen Kosten des Zahlungsdienstleisters ausgerichtet sein.

(6) **In einem Zahlungsdiensterahmenvertrag zwischen dem Zahlungsempfänger und seinem Zahlungsdienstleister darf das Recht des Zahlungsempfängers, dem Zahler für die Nutzung eines bestimmten Zahlungsinstruments eine Ermäßigung anzubieten, nicht ausgeschlossen werden.**

Übersicht

I. Inhalt und Normzweck

1 § 675f BGB setzt Art. 4 Nr. 10 (Abs. 1), Art. 4 Nr. 21 (Abs. 2), Art. 66 Abs. 1, 67 Abs. 1 (Abs. 3) sowie Art. 62 I PSD II (Abs. 5) um. Die Norm regelt die beiden **neuen Vertragstypen** Einzelzahlungsvertrag (Abs. 1) und Zahlungsdiensterahmenvertrag (Abs. 2). Abs. 1, 2 und 4 enthalten Begriffsbestimmungen zum Zahlungsdienstevertrag. Des Weiteren werden **zentrale Begriffe** des Zahlungsverkehrsrechts definiert.

Nach Abs. 3 hat jeder Zahlungsdienstnutzer (Abs. 1), der online auf sein Zahlungskonto zugreifen kann, das Recht, einen **Zahlungsauslöse- oder Kontoinformationsdienst** zu nutzen. Kontoinformationsdienstleister sollen dem Zahlungsdienstnutzer durch eine Zusammenstellung der Kontoinformationen einen online-Gesamtüberblick über die eigene finanzielle Situation ermöglichen; Zahlungsauslösedienstleister können ua die Sicherheit bieten, dass die Zahlung ausgelöst wurde, so dass der Zahlungsempfänger die Ware unverzüglich übersenden oder die Dienstleistung unverzüglich erbringen kann. Die Abs. 5, 6 regeln die **Entgeltlichkeit.** Dabei legt Abs. 5 den Grundsatz fest, nach dem Zahlungsverträge entgeltliche Verträge sind. Abs. 6 erfasst das sog. Surcharging und betrifft damit das Rechtsverhältnis zwischen kartenausgebendem Unternehmen und Vertragshändler. 2

II. Die Konto-Abrede und die Online-Banking-Abrede als Zahlungsdiensterahmenverträge

1. Die Qualifikation als Zahlungsdiensterahmenvertrag (Abs. 2)

Abs. 1 regelt den Einzelzahlungsvertrag;[1] Abs. 2 hat den Zahlungsdiensterahmenvertrag zum Gegenstand. Aufgrund der amtlichen Überschrift sind Zahlungsdiensteverträge der Oberbegriff von Einzelzahlungs- und Zahlungsdiensterahmenverträgen. Durch einen **Zahlungsdiensterahmenvertrag** verpflichtet sich der Zahlungsdienstleister **mehrere aufeinanderfolgende Zahlungsvorgänge** auszuführen. Es handelt sich um ein Dauerschuldverhältnis und einen gegenseitigen Vertrag, eine Sonderform des Geschäftsbesorgungsvertrags mit Dienst- oder Werkvertragscharakter.[2] Regelmäßig ist ein erfolgsbezogener, werkvertragsähnlicher Charakter prägend, wenngleich die Führung eines Kontos ein auch dienstvertragliches Element ist. Der Rahmenvertrag bildet die Grundlage für mehrere Zahlungsvorgänge, die der Nutzer durch eine zahlungsdienstrechtliche Weisung (§ 665 BGB) auslösen kann. Bei Abschluss des Vertrages sind die konkreten Zahlungsvorgänge idR noch nicht konkretisiert. Zur Auslösung dieser bedarf es dann eines nachfolgenden Zahlungsauftrags iSd Abs. 4 S. 2 als zahlungsdienstrechtliche Weisung. Der Zahlungsdiensterahmenvertrag ist ein Zahlungsdienstevertrag, der die zukünftige Ausführung einzelner und aufeinander folgender Zahlungsvorgänge zum Gegenstand hat und die Verpflichtung zur Einrichtung eines Zahlungskontos und die entsprechenden Bedingungen enthalten *kann.* Die terminologischen Unterschiede zu Art. 4 Nr. 11 PSD II sind nicht mit einem abweichenden Inhalt verbunden.[3] Die Art der vom Dienstleister nach dem Vertrag geschuldeten Zahlungsdienste ergibt sich aus der vertraglichen Vereinbarung. Die §§ 675c–676c BGB haben insoweit Leitbildfunktion für die AGB-Kontrolle nach § 307 Abs. 2 S. 1 Nr. 1 BGB. Nach Abs. 2 S. 2 können Rahmenverträge, der Vertragspraxis entsprechend, mit Verträgen über andere Bankdienstleistungen verbunden werden. 3

Einzelzahlungsvertrag und Zahlungsdiensterahmenvertrag stehen im **Verhältnis der Ausschließlichkeit.**[4] Die Abgrenzung zum Einzelzahlungsvertrag erfolgt anhand der Zahlungsvorgänge; ein Rahmenvertrag ist auf zwei, mehrere oder eine unbestimmte Vielzahl dieser Vorgänge gerichtet. Zudem kann nur der Rahmenvertrag die Verpflichtung zur Führung eines Kontos umfassen, so dass diese Abrede auf einen Zahlungsdiensterahmenvertrag verweist. 4

---

[1] Ausf. zu diesem MüKoBGB/*Casper* § 675f Rn. 13 ff.

[2] So auch MüKoBGB/*Casper* § 675f Rn. 7; Palandt/*Sprau* § 675f Rn. 1; mit anderer Tendenz Schulze/*Schulte-Nölke* § 675f Rn. 2 (Werkvertrag und Geschäftsbesorgungsvertrag); *Köndgen* JuS 2011, 481 (487) (Unterart des Werkvertrages).

[3] Ausf. dazu, wenngleich mit größeren, aber unbegründeten Bedenken hins. der Terminologie BeckOGK BGB/*Foerster* § 657f Rn. 23 f.

[4] Wie hier *Grundmann* WM 2009, 1109 (1114); Schulze/*Schulte-Nölke* § 675f Rn. 4; MüKoBGB/*Casper* § 675f Rn. 6.

5 Die Qualifikation als Zahlungsdiensterahmenvertrag ist für die Anforderungen an die **Informationspflicht des Zahlungsdienstleisters** (vgl. Art. 248 §§ 3–11 EGBGB), die Regeln über die **Änderung und Kündigung des Vertrages** (§§ 675g, 675h BGB) bedeutsam. Zudem können bestimmte **Vereinbarungen über Zahlungsdienste,** zB die Nutzung von Zahlungsinstrumenten (vgl. §§ 675k bis 675m BGB), nur in einem Zahlungsdiensterahmenvertrag getroffen werden.[5]

6 Der Zahlungsdiensterahmenvertrag umfasst in der Regel noch keinen Zahlungsauftrag. Dieser folgt erst, wenn im Zuge der Durchführung des Rahmenvertrags (zB einer Kontoabrede, vgl. → Rn. 7 ff.) konkrete Zahlungsaufträge (zB Überweisungen) in Auftrag gegeben werden.

7 **a) Die Konto-Abrede als Zahlungsdiensterahmenvertrag.** Das Paradigma des Zahlungsdiensterahmenvertrages ist die Abrede über die **Führung eines laufenden Kontos.**[6] Bei einem Zahlungsdiensterahmenvertrag kommt neben der Verpflichtung, Zahlungsaufträge auszuführen, gemäß Abs. 2 noch „gegebenenfalls" die Verpflichtung des Zahlungsdienstleister hinzu, für den Zahlungsdienstnutzer ein auf dessen Namen oder ein auf mehrere Zahlungsdienstnutzer lautendes Zahlungskonto zu führen. Der Zahlungsdienstleister ist dann verpflichtet, für den Kunden „ein Konto" zu eröffnen, zB ein laufendes Konto zu führen, über das ua der bargeldlose Zahlungsverkehr (Überweisungen, Lastschriften) abgewickelt werden kann. Die §§ 675f ff. BGB regeln nunmehr auch die Kontoführung, zB Abhebungen und Einzahlungen als Zahlungsdienste (vgl. Abs. 4 S. 1). Freilich bleiben die Regelungen zum Giroverhältnis selbst insoweit weiterhin rudimentär.[7]

8 Ein **Zahlungskonto** ist ein Konto, das auf den Namen eines oder mehrerer Zahlungsdienstnutzer lautet. Es dient der Ausführung von Zahlungsvorgängen. Die aus dieser konkreten Geschäftsbeziehung resultierenden Forderungen und Verbindlichkeiten zwischen Dienstleister und Nutzer werden buch- und rechnungsmäßig zusammengestellt. Periodisch wird für den Nutzer dessen Forderung gegenüber dem Zahlungsdienstleister bestimmt (vgl. § 1 Abs. 17 ZAG, § 675c Abs. 3 BGB).[8]

9 Das **Girokonto** ist eine Unterform des Zahlungskontos; der Girovertrag ist ein Zahlungsdiensterahmenvertrag.[9] Dabei werden in einer Giroabrede Zusatzleistungen vereinbart. Es beinhaltet eine Forderung des Nutzers gegen den Dienstleister oder umgekehrt. Die unterbliebene Erwähnung des Girokontos in Abs. 2 ändert die typisierten Inhalte einer Giroabrede nicht, denn der Gesetzgeber wollte mit der Einführung des Zahlungsdiensterechts das Giroverhältnis nicht umfassend regeln. Allerdings tritt das Zahlungskonto nach Abs. 2 an die Stelle des Girokontos früherer Prägung.[10] Mit Blick auf die Normenhierarchie ist demnach beim Girovertrag nunmehr der § 675f BGB vorrangig. Da die §§ 675f ff. BGB den Rahmenvertrag und damit auch den Girovertrag nicht abschließend regeln, sind etwaige Regelungslücken entsprechend der Normenhierarchie des Zahlungsdiensterechts[11] sowie sodann durch die Regelungen der §§ 355 ff. HGB zu schließen.[12] Die

---

[5] Vgl. Begr. RegE BT-Drs. 16/11643, 102.

[6] Vgl. dazu Palandt/*Sprau* § 675f Rn. 6; Ellenberger/Findeisen/Nobbe/*Walz* § 675f BGB Rn. 7; MüKoBGB/*Casper* § 675f Rn. 20, 61; LG Hannover ZIP 2011, 1407; allg. zur Qualifikation des Girovertrages als Geschäftsbesorgung mit dienst- und werkvertragsrechtlichen Elementen Palandt/*Sprau* § 675f Rn. 10.

[7] Zu Recht krit. BeckOK BGB/*Schmalenbach* § 675f Rn. 2; ausf. zum Giroverhältnis MüKoHGB/*Herresthal* VI Bankvertragsrecht Rn. A 1 ff.

[8] Vgl. Palandt/*Sprau* § 675f Rn. 27; das Sparkonto ist kein Zahlungsdiensterahmenvertrag, vgl. BGH WM 2018, 1352 Rn. 30.

[9] Vgl. OLG Frankfurt/M. ZIP 2015, 1967; freilich ist nicht jeder Zahlungsdiensterahmenvertrag auch ein Girovertrag, vgl. nur BeckOGK BGB/*Foerster* § 675f Rn. 33 f.

[10] Wie hier *Grundmann* WM 2009, 1109 (1113); BeckOK BGB/*Schmalenbach* § 675f Rn. 8; Soergel/*Werner* § 675f Rn. 13, 15; s. a. Begr. RegE BT-Drs. 16/11643, 102, wonach Girokontoverträge, die bei Inkrafttreten des Gesetzes bestehen, als Zahlungsdiensterahmenverträge iSv Abs. 2 einzuordnen sind; **aA** noch MüKoHGB/*Hadding*/*Häuser* Bankvertragsrecht, 3. Aufl. 2012, Rn. A 56.

[11] → Kap. 2 § 675c Rn. 11.

[12] Wie hier *Köndgen* JuS 2011, 481 (485); MüKoBGB/*Casper* § 675f Rn. 36; *Mülbert*/*Grimm* WM 2015, 2217 (2219).

früheren Erkenntnisse und die frühere Rechtsprechung können auch nach Inkrafttreten des Zahlungsdiensterechts fortgeführt werden, sofern nicht die Regelungen der §§ 675c ff. BGB unmittelbar abweichende Anordnungen enthalten oder mittelbar eine abweichende Interessenbewertung gebieten.

Kontoinhaber ist, wer nach dem erkennbaren Willen des die Kontoeröffnung beantragenden Nutzers Gläubiger des Zahlungsdienstleisters werden soll. Maßgeblich ist nicht, wer die Ersteinlage leistet oder ob das Konto wirtschaftlich einem Dritten zugerechnet werden soll.[13] Bei einem Girokonto ist mangels abweichender Umstände Kontoinhaber derjenige, der als solcher in der Abrede bezeichnet wird.[14] 10

Die **Kontenarten** bestimmen sich nach der Parteiabrede. Die Verfügungsbefugnis über ein Guthaben oder eine Kreditlinie sowie die Haftung für ein verbuchtes Saldo kann unterschiedlich ausgestaltet werden.[15] 11

In der Regel wird das Konto aufgrund einer (auch klauselmäßigen) Abrede als **Kontokorrent** geführt.[16] Bei einem solchen werden die beiderseitigen unbedingten und fälligen, mithin kontokorrentfähigen Forderungen in eine laufende Rechnung eingestellt mit dem Ziel ihrer Verrechnung und Feststellung eines Saldos zu bestimmten Zeitpunkten. Die vom Kontokorrent erfassten Forderungen verlieren ihre rechtliche Selbständigkeit und werden zu bloßen Rechnungsposten; ihre selbständige Erfüllung oder Durchsetzung etc. ist ausgeschlossen. 12

Bislang wurde neben dem Girovertrag im Falle eines Guthabens des Nutzers eine von diesem zu trennende unregelmäßige Verwahrung (§ 700 BGB) und kein einheitliches Vertragsverhältnis angenommen.[17] Nachdem die Regelung der Kontoführung nun in den §§ 675f ff. BGB erfolgt, ist insoweit ein **einheitliches Vertragsverhältnis** anzunehmen.[18] Richtigerweise handelt es sich um einen insoweit gemischttypischen Vertrag, als der Girovertrag als Zahlungsdiensterahmenvertrag Elemente eines Darlehens (Debet) oder eines Verwahrvertrages (Guthaben) aufweist.[19] 13

b) Die Online-Banking-Abrede als Zahlungsdiensterahmenvertrag. Auch Zusatzvereinbarungen zwischen Zahlungsdienstleister und Zahlungsdienstenutzer über bestimmte Zahlungsverfahren mit wiederkehrenden Zahlungsvorgängen sind als Zahlungsdiensterahmenvertrag im Sinne des § 675f Abs. 2 BGB zu qualifizieren.[20] Dies trifft ua auf die **Online-Banking-Abrede** zu. Denn nach dem Wortlaut der Norm *kann* der Rahmenvertrag die Kontoführung umfassen, zwingend ist dies nicht.[21] Denn ein Rahmenvertrag liegt bereits dann vor, wenn die Abrede die Ausführung mehrerer Zahlungsvorgänge regelt, also Gegenstand des Vertrages die Art und Weise der Beauftragung der Zahlungsvorgänge 14

---

[13] Vgl. BGH NJW 1995, 2621; BGHZ 127, 229 (231); Baumbach/Hopt/*Hopt* HGB (7) BankGesch Rn. A/50.

[14] Vgl. BGH NJW 1996, 840.

[15] Ausf. dazu oben Kontoführung III. 4 → Kap. 1 Rn. 183 ff.

[16] Vgl. dazu nur BankR-HdB/*Schmieder* § 47 Rn. 37 ff.; zur eigenständigen Kündigung einer unbefristeten Kontokorrentlinie LG Hagen v. 30.4.14, 10 0 52/12.

[17] Vgl. BGHZ 131, 60; OLG Düsseldorf WM 2009, 1560.

[18] So auch *Mülbert* FS Canaris, 2007, 271 (274); OLG München ZIP 2018, 213 (214); **aA** BeckOK BGB/*Schmalenbach* § 675f Rn. 38; Palandt/*Sprau* § 675f Rn. 36.

[19] So auch, wenngleich nicht mit letzter dogmatischer Präzision, BGH WM 2019, 2153 Rn. 26 f., wonach die Darlehens- und Verwahrungsfunktion des Girokontos auch nach Inkrafttreten des Zahlungsdiensterechts für den Girovertrag „charakteristisch" sei und der „Bezugspunkt" der früheren Rspr., diesen nach der Ein- und Auszahlungen insofern entweder Darlehens- (§§ 488 ff. BGB) oder unregelmäßigen Verwahrungsverhältnissen (§ 700 BGB) „zuzuordnen", „nicht entfallen" sei; unklar auch BeckOGK BGB/*Foerster* § 675f Rn. 37, wonach die Bereitstellung oder Abhebung eines Geldbetrages weiterhin „auf der Grundlage" einer unregelmäßigen Verwahrung oder eines Darlehens erfolge.

[20] Wie hier OLG Frankfurt/M. ZIP 2015, 1967; Palandt/*Sprau* § 675f Rn. 6 f.; s. a. Ellenberger/Findeisen/Nobbe/*Walz,* § 675f BGB Rn. 7, mit der Betonung, dass das Führen eines Zahlungskontos (§ 1 Abs. 17 ZAG) kein zwingendes Element eines Zahlungsdiensterahmenvertrages ist; zu dieser Trennung auch Ellenberger/Findeisen/Nobbe/*Findeisen* § 1 ZAG Rn. 171; s. a. ErwG 57 PSD II (Internetbanking mit einem Rahmenvertrag gleichsetzend).

[21] **AA** wohl Schulze/*Schulte-Nölke* § 675f Rn. 4.

mittels eines besonderen Mediums, der elektronische Informationsaustausch sowie die Auftragsübermittlung sind. Die Online-Banking-Abrede hat die Abwicklung des bargeldlosen Zahlungsverkehrs im Wege der elektronischen Kommunikation zum Gegenstand und tritt daher neben die (Giro-)Kontoabrede als weiterer, **gesonderter Rahmenvertrag.** Auch das werkvertragsrechtliche Element ist vorhanden, denn der Dienstleister schuldet nach dieser Abrede nicht nur das Bemühen um einen elektronischen Zugang zum Konto, sondern dessen prinzipielle Erreichbarkeit, die Verfügbarkeit der Kontoinformationen online sowie die Möglichkeit zur Online-Abgabe von Weisungen (§ 665 BGB) wie Überweisung und Dauerauftrag. Die **Haftung** bei einer mangelhaften Ausführung von Online-Zahlungsaufträgen bestimmt sich nach den §§ 675u–676c BGB, die **Vertragsänderung** nach § 675g BGB und die **Kündigung** nach § 675h BGB.

14a **c) Die Qualifikation des Dauerauftrags als Zahlungsauftrag.** Die **Rechtsnatur des Dauerauftrags** ist unter dem Zahlungsdiensterecht weiterhin umstritten. Richtigerweise ist dieser als **Zahlungsauftrag** (§ 675f Abs. 4 S. 2 BGB) zu qualifizieren, mithin als eine Weisung, welche die Pflicht des Zahlungsdienstleisters konkretisiert, Zahlungsvorgänge auszuführen (§§ 665, 675c Abs. 1 BGB).[22] Die Einordnung als Zahlungsdiensterahmenvertrag ist abzulehnen.[23] Hiervon geht auch der Anhang zu Art. 4 Nr. 3 PSD II aus, wonach die „Ausführung von Überweisungen einschließlich Daueraufträgen" (Abs. 3 lit. c) ein Zahlungsdienst ist. Zugleich handelt es sich um eine einzige Weisung, die mehrere Zahlungsvorgänge umfasst und nicht um eine Erklärung mit zahlreichen sukzessive auszuführenden Einzelweisungen. Dies legt nicht nur der Anhang zu Art. 4 Nr. 3 nahe, der von die Ausführung des Dauerauftrags als Sonderform der Überweisung qualifiziert, sondern auch der deutsche Gesetzgeber geht von der Anwendbarkeit des § 675j Abs. 2 S. 2 BGB auf Daueraufträge aus.[24] Danach wird der Dauerauftrag ausgeführt, dh ein spezifischer Zahlungsauftrag, und nicht eine Vielzahl von Einzelaufträgen.

14b Praktische Bedeutung erhält diese Frage durch die Pflichten des Zahlungsdienstleisters bei einem Zahlungsdiensterahmenvertrag.[25] Die Erteilung des Dauerauftrags löst bei richtiger Einordnung als Zahlungsauftrag nicht die rahmenvertraglichen Informationspflichten nach Art. 248 §§ 3–11 EGBGB aus. Vielmehr sind die **Vorschriften über Zahlungsaufträge** auf diesen **anwendbar.** Für die **Bepreisung von Daueraufträgen** folgt hieraus, dass die **Einrichtung** eines Dauerauftrags gesondert bepreist werden darf, wenn eine dahingehende Abrede vorliegt (§ 675f Abs. 5 S. 1). Der **Widerruf** des gesamten Dauerauftrags als Zahlungsauftrag ist nicht bepreisbar, denn der Zahlungsdienstnutzer kann bei Terminsachen (§ 675n Abs. 2 BGB) den Zahlungsauftrag bis zum Ende des Geschäftstags vor dem vereinbarten Ausführungstermin widerrufen (§ 675p Abs. 3 BGB). Dies umfasst nach dem Wortlaut und dem Willen des Gesetzgebers auch Daueraufträge.[26] Da nach § 675f Abs. 5 S. 2 BGB die Bepreisung einer Erfüllung von Nebenpflichten nur dann zulässig ist, wenn eine gesetzliche Regelung dies ermöglicht, muss mangels einer solchen Regelung der Widerruf des Dauerauftrags unentgeltlich bearbeitet werden. Hingegen stellt eine (einmalige oder mehrfache) **Aussetzung** des Dauerauftrags eine neue Weisung dar, die die ursprüngliche modifiziert. Dieser Weisung liegt keine gesetzliche Nebenpflicht der Bank zugrunde, so dass sie die Möglichkeit der einmaligen bzw. mehrmaligen Aussetzung gesondert bepreisen darf, sofern eine entsprechende Abrede vorliegt.[27]

---

[22] Wie hier LG Frankfurt a. M. WM 2014, 1956; *Zahrte* BKR 2012, 12 (14); MüKoBGB/*Casper* § 675f Rn. 21; Palandt/*Sprau,* § 675f Rn. 19; für den Regelfall auch BeckOGK BGB/*Foerster* § 675f Rn. 32.

[23] So aber *Winkelhaus* BKR 2010, 441 (448); *Rösler/Werner* BKR 2009, 1 (7); MüKoBGB/*Jungmann* § 675j Rn. 52.

[24] Begr. RegE BT-Drs. 16/11643, 106.

[25] → Rn. 43 ff.

[26] Begr. RegE BT-Drs. 16/11643, 106.

[27] Wie hier LG Frankfurt a. M. WM 2014, 1956; *Zahrte* BKR 2012, 12 (14).

2. Die Parteien des Rahmenvertrages

15 Parteien eines Zahlungsdiensterahmenvertrages und damit einer Konto- und Online-Banking-Abrede sind der **Zahlungsdienstleister** und der **Zahlungsdienstenutzer.**[28] Als Auftraggeber, dh Zahlungsdienstenutzer (Zahler; Zahlungsempfänger) sowie als Auftragnehmer, dh Zahlungsdienstleister, kommen natürliche und juristische Personen sowie rechtsfähige Personenvereinigungen, ua rechtsfähige Personenhandelsgesellschaften, Vor-GmbH, in Betracht.[29] Auftraggeber müssen nicht notwendig ein Konto beim Zahlungsdienstleister unterhalten.

16 Möglich ist auch eine **Mehrheit von Zahlungsdienstenutzern,**[30] so ua wenn nur ein **gemeinschaftlicher Zugriff** auf ein gemeinschaftliches Konto möglich ist. Im Rahmen der Konto-und Online-Banking-Abrede wird dies durch eine entsprechende Abrede und die Notwendigkeit des Zusammenwirkens beim Zugriff auf das Konto gewährleistet.

3. Der Abschluss des Rahmenvertrages

17 Der Abschluss eines Zahlungsdiensterahmenvertrages, also der Konto- oder einer Online-Banking-Abrede neben einem bereits bestehenden Konto, richtet sich nach der allgemeinen Rechtsgeschäftslehre (§§ 145 ff. BGB).

18 **a) Der Abschluss des Vertrages.** Hinsichtlich des Abschlusses der Konto- und der Online-Banking-Abrede gelten keine Besonderheiten. Regelmäßig wird eine *invitatio ad offerendum* durch die Bank vorliegen und das Vertragsangebot in Reaktion hierauf vom Kunden ausgehen. Die Annahmeerklärung erfolgt durch die Bank. Dabei ist die etwaige Erklärungswirkung des Schweigens gem. § 362 HGB zu berücksichtigen.

19 **b) Die Einbeziehung von AGB.** Die AGB-Banken und die Online-Banking-Bedingungen sind AGB.[31] Die allgemeinen Voraussetzungen der §§ 305 ff. BGB gelten; ebenso die Sonderregeln gegenüber Verbrauchern (§ 310 Abs. 3 BGB).

20 Nach § 305 Abs. 2 BGB ist bei Vertragsschluss ein **ausdrücklicher Hinweis auf die AGB** und die Möglichkeit für den Zahlungsdienstnutzer zur Kenntnisnahme sowie sein Einverständnis mit der Geltung erforderlich. Dies ist beim Vertragsschluss über das Internet technisch möglich. Dem Kunden kann die Möglichkeit zur Kenntnisnahme durch Lesen am Bildschirm eröffnet werden; das Zurverfügungstellen ist bei der Möglichkeit zum Ausdruck und Download gegeben. Das erforderliche Einverständnis des Kunden kann durch ein entsprechendes Häkchen oder eine vorformulierte Erklärung erreicht werden, der der Kunde durch Anklicken eines Buttons zustimmt.[32]

21 Bei einem **Neukunden** kann die Neueröffnung mittels brieflichem Kontakt erfolgen, so dass die AGB vor Vertragsschluss auf traditionellem Weg übermittelt und einbezogen werden können. Bei einer Kontoeröffnung über das Internet muss die wirksame Einbeziehung wie bei Bestandskunden (dazu sogleich) sichergestellt werden.

22 Bei einer Erweiterung des Vertragsinhaltes gegenüber **Bestandskunden,** also die erstmalige Vereinbarung von Sonderbedingungen mit Bestandskunden, die online oder über das Internet bislang noch nicht genutzte Dienstleistungen in Anspruch nehmen wollen, kann der Einbezug der Sonderbedingungen im Sinne von § 305 Abs. 2 BGB auf elektronischem Weg erfolgen.[33]

---

[28] Allg. zu diesen → Kap. 2 § 675c Rn. 3.

[29] Vgl. nur MüKoBGB/*Casper* § 675f Rn. 10; zum früheren Recht OLG Köln WM 2001, 2340; auch Art. 4 Nr. 10.11 PSD II ist nichts Abweichendes zu entnehmen.

[30] Allg. die Mehrheit von Nutzern beim Zahlungsdiensterahmenvertrag anerkennend Palandt/*Sprau* § 675f Rn. 2.

[31] Zum Vorrang der gesetzlichen Regelung → Kap. 2 § 675e Rn. 1.

[32] Vgl. allg. zur Einbeziehung von AGB bei Online-Verträgen MüKoBGB/*Basedow* § 305 Rn. 74–77.

[33] Wie hier BankR-HdB/*Gößmann*, 3. Aufl. 2007, § 55 Rn. 39–41; Bunte/Zahrte/*Zahrte*, 4. Teil VI Rn. 14a f.; mit der Empfehlung der Vereinbarung außerhalb des Internets zur Vermeidung von Einbeziehungsdefiziten aber BuB/*Werner* Rn. 19/400.

Erforderlich ist hier ein ausdrücklicher Hinweis und die Möglichkeit der Kenntnisnahme. Dabei ermöglicht das Online-Banking eine Kenntnisnahme, wobei der Umfang der AGB gleichgültig ist, denn das Internet ermöglicht die Darstellung auch langer Texte auf dem Bildschirm.[34] Erforderlich ist des Weiteren das Einverständnis des Kunden.[35]

23 Den Regelungen des Zahlungsdiensterahmenvertrages kommt Leitbildfunktion für die AGB-Kontrolle nach § 307 Abs. 2 Nr. 1 BGB zu.

4. Die Wirksamkeitshindernisse

24 Ein Zahlungsdiensterahmenvertrag unterliegt den **allgemeinen Wirksamkeitshindernissen.**

25 Nur **beschränkt geschäftsfähige Zahlungsdienstnutzer** bedürfen, vorbehaltlich des § 112 BGB, der Zustimmung des gesetzlichen Vertreters oder müssen durch diesen wirksam vertreten werden (§§ 107 f. BGB).[36] Dies gilt sowohl für die Konto-Abrede als auch eine zusätzliche Online-Banking-Abrede in Ergänzung einer bereits wirksam abgeschlossenen Konto-Abrede, denn auch letztere führt zu (Sorgfalts-)Pflichten des Nutzers.[37] Letzteres gilt auch, wenn der beschränkt Geschäftsfähige bereits einen nach §§ 107 f. BGB wirksamen Rahmenvertrag über die Errichtung eines Kontos abgeschlossen hat. Die Einwilligung des gesetzlichen Vertreters umfasst bei zeitnahem Abschluss von Kontoabrede und Online-Banking-Abrede im Zweifel auch letztere.

26 Der Abschluss des Rahmenvertrages ist nach § 675f Abs. 2 BGB im Prinzip **formfrei möglich.** Ein begrenzter Formzwang folgt aber bei diesen Abreden aus den vom Zahlungsdienstleister geschuldeten **formgerechten Informationen** gem. Art. 248 § 3 EGBGB, die Informationen nach Art. 248 §§ 4–9 EGBGB müssen auf einem dauerhaften Datenträger mitgeteilt werden.[38] Sofern der Zahlungsdiensterahmenvertrag zugleich ein **eingeräumter Überziehungskredit** iSv § 504 BGB ist, folgt ein Formerfordernis aus § 492 BGB mit einer Ausnahme in § 504 Abs. 2 BGB. Eine geduldete Überziehung nach § 505 BGB löst nur die Informationspflicht nach Art. 247 § 17 EGBGB aus. Schließlich wird der Vertragsschluss – wie bisher auch – vielfach **gewillkürt schriftlich** erfolgen, um die AGB-Banken und die Online-Banking-Bedingungen als AGB[39] gem. § 305 Abs. 2 BGB in den Vertrag einzubeziehen, sofern nicht vom Nutzer auf die Möglichkeit zur Kenntnisnahme verzichtet wurde.[40]

5. Kein Anspruch auf Abschluss eines Zahlungsdiensterahmenvertrages

27 Der Zahlungsdienstnutzer hat nach allgemeinen Grundsätzen keinen Anspruch auf Abschluss eines Zahlungsdiensterahmenvertrages.[41]

28 **a) Zum Anspruch auf Abschluss einer Konto-Abrede.** Dem Grundsatz nach besteht für den Zahlungsdienstleister kein Zwang zum Abschluss einer Konto-Abrede, mithin eines solchen Zahlungsdiensterahmenvertrags.[42] Abweichendes gilt auch nicht bei dem vermeint-

---

[34] *Koehler* MMR 1998, 289 (291).
[35] Vgl. BGH WM 1992, 657.
[36] Allg. auch Palandt/*Sprau* § 675f Rn. 6 iVm Rn. 3; s. a. LG Saarbrücken NJW-RR 2008, 954 (zum Girokonto); zur ausreichenden Substantiierung einer behaupteten Geschäftsunfähigkeit bei Kontoverfügungen BGH WM 2017, 950.
[37] → Rn. 75–79.
[38] Vgl. zur Formbedürftigkeit auch Palandt/*Sprau* § 675f Rn. 3.
[39] → Rn. 19 ff.
[40] → Kap. 2 § 675d Rn. 59.
[41] So auch Palandt/*Sprau* § 675f Rn. 3.
[42] Wie hier Palandt/*Sprau*, 75. Aufl. 2016, § 675f Rn. 4; BeckOK BGB/*Schmalenbach*, 38. Edition 02/2016, § 675f Rn. 10; für eine Sonderkonstellation abweichend freilich BGH WM 2004, 317 (keine Kündigung eines Girovertrages ohne sachgerechten Grund durch staatlich beherrschtes Kreditinstitut); allg. einen Kontrahierungszwang bei Girokonten verneinend *Simon* ZIP 1987, 1234; *Köndgen* NJW 1996, 559; MüKoBGB/*Casper* § 675f Rn. 24; **aA** *Reifner* ZBB 1995, 246; für einen Überblick *Bachmann* ZBB 2006, 257;

lich risikoärmeren Massengeschäft.[43] Die Voraussetzungen des § 19 GWB liegen nicht vor.[44] Auch eine allgemeine dahingehende **Selbstverpflichtung der Kreditinstitute** besteht nicht. Die **allgemeine Erklärung des ZKA** (Zentralen Kreditausschusses) „Girokonto für Jedermann"[45] reicht nicht aus, um eine Selbstverpflichtung des konkreten Zahlungsdienstleisters zum Abschluss eines Zahlungsdiensterahmenvertrages über die Führung eines Kontos zu rechtfertigen.[46] Auch § 826 BGB sowie die §§ 19, 21 AGG begründen keinen Kontrahierungszwang des Kreditinstituts.[47] Besonderes gilt, wenn Landessparkassengesetze eine solche **Kontrahierungspflicht für Sparkassen** vorsehen.[48] Für **politische Parteien** kann sich ein Anspruch auf Abschluss eines Zahlungsdiensterahmenvertrags gegen eine Sparkasse auch aus dem Gleichbehandlungsgrundsatz (Art. 3, 21 GG) iVm § 5 Abs. 1 S. 1 ParteienG ergeben, wenn der Träger öffentlicher Gewalt, dh die Sparkasse, die öffentliche Leistung (Kontoeröffnung) bei einer politischen Partei oder einem Gebietsverband einer Partei aus Gründen ausschließt, die für andere politische Parteien oder andere Gebietsverbände nicht zu einem Ausschluss führen.[49]

Abweichendes gilt nunmehr für **Basiskonten** nach dem ZKG in Umsetzung der **28a** Zahlungskonten-Richtlinie[50]. Nach § 31 Abs. 1 S. 2 ZKG haben **alle Verbraucher** mit einem rechtmäßigen Aufenthalt in der EU einen **Anspruch auf ein Basiskonto.**[51] Nach § 31 Abs. 1 S. 1 ZKG werden Institute verpflichtet, die Zahlungskonten für Verbraucher anbieten. Der Basiskontovertrag wird legaldefiniert als Zahlungsdiensterahmenvertrag iSd § 675f Abs. 2 BGB über die Führung eines Zahlungskontos für Verbraucher mit grundlegenden Funktionen (§ 30 Abs. 1 ZKG). Das Basiskonto ist ein **Zahlungskonto mit grundlegenden Funktionen,** das bei einem Institut geführt wird und drei Kriterien erfüllt (§ 30 Abs. 2 ZKG): Das Konto muss mindestens die Erbringung von Zahlungsdiensten nach § 38 Abs. 2 Nr. 1, 2 ZKG ermöglichen,[52] es muss aufgrund eines Basiskontovertrags geführt werden und dieser Vertrag muss in Erfüllung des Anspruchs auf ein Basiskonto aus § 31 Abs. 1 S. 1 ZKG geschlossen worden sein. Alternativ kann der Vertrag über die Führung des Basiskontos in sonstiger Weise, dh nicht als Folge des erhobenen Anspruchs, abgeschlossen worden sein, er muss aber das Zahlungskonto ausdrücklich als Basiskonto bezeichnen (§ 30 Abs. 2 Nr. 2 lit. b ZKG). Zum Pflichtenkanon der umfassten Zahlungsdienste ohne Kreditgeschäft (Zahlungsgeschäft) zählen nach § 38 Abs. 2 ZKG ua Bareinzahlungen, Lastschriften, Überweisungen und das Zahlungskartengeschäft.

Voraussetzung des Anspruchs ist ein **vollständiger Antrag** gem. § 33 ZKG (§ 31 **28b** Abs. 1 S. 1 ZKG). Rechtsfolge eines vollständigen „Antrags" ist ein **Anspruch auf Abschluss eines Basiskontovertrags** (§ 31 Abs. 1 S. 1 ZKG). Dieser Kontrahierungszwang

---

monographisch dazu *Grüneklee* Der Kontrahierungszwang für Girokonten bei Banken und Sparkassen 2001; jüngst *Niekiel* Das Recht auf ein Girokonto 2011; zum Kontrahierungszwang gegenüber politischen Parteien s. a. *Günnewig* ZIP 1992, 1670.

[43] So aber BankR-HdB/*Bunte* § 2 Rn. 20.

[44] Ausf. dazu *Bachmann* ZBB 2006, 257 (265 ff.).

[45] Abgedruckt bei BankR-HdB/*Mayen,* 4. Aufl. 2011, § 47 Rn. 4.

[46] Dagegen ebenfalls mit guten Gründen OLG Bremen ZIP 2006, 798; AG Stuttgart WM 2005, 2139; *Bachmann* WM 2006, 257 (261 f.); **aA** LG Bremen WM 2005, 2137 f.; LG Berlin WM 2008, 1825; BeckOK BGB/*Schmalenbach,* 28. Edition 02/2016, § 675f Rn. 10; monographisch dazu *Rösmann* Kontrahierungspflichten der Kreditwirtschaft aufgrund von Selbstverpflichtungen und § 21 AGG 2009, S. 187 ff.

[47] Wie hier MüKoBGB/*Casper,* § 675f Rn. 24; zu §§ 19, 21 AGG sogleich bei → Rn. 34.

[48] Vgl. BGH NJW 2015, 2412 Rn. 12; zu einem solchen Kontrahierungszwang statt aller § 5 Abs. 2 SpKO Bay; § 5 SpkV BRB; § 5 SpkVO LSA; § 5 SpkG NRW; § 2 Abs. 4 SpkG RPF; § 5 SächsSpkVO.

[49] Vgl. BVerwG WM 2019, 397 Rn. 31 ff. unter Verweis auf BVerfG Beschl. v. 7.3.2007, 2 BvR 447/07.

[50] Vgl. RL 2014/92/EU des Europäischen Parlaments und des Rates v. 23.7.2014 über die Vergleichbarkeit von Zahlungskontoentgelten, den Wechsel von Zahlungskonten und den Zugang zu Zahlungskonten mit grundlegenden Funktionen, ABl. EU Nr. L 257 v. 28.8.2014, S. 214; dazu *Linardatos* WM 2015, 755.

[51] Vgl. dazu ausf. *Herresthal* BKR 2016, 133 ff. (221 ff.); MüKoHGB/*Herresthal* VI Bankvertragsrecht A Rn. 185 ff.; vgl. zur Ablehnung einer Pflicht zur Vorhaltung mehrerer Basiskontomodelle LG Nürnberg-Fürth WM 2019, 782.

[52] Aufgrund dieser Dienstleistungen, die ein Basiskonto mindestens erfüllen können muss, scheiden Konten mit eingeschränkten Funktionen, zB Spar-, Tagesgeld-, Kreditkarten- oder E-Geld-Konten, aus.

ist behördlich (§§ 48 ff. ZKG), gerichtlich (§ 51 ZKG) sowie vor einer Verbraucherschlichtungsstelle (§ 14 Abs. 1 S. 1 Nr. 5 UKlaG) durchsetzbar. Nach § 31 Abs. 2 S. 2 ZKG hat das verpflichtete Institut dem Berechtigten den „Eingang", dh. **Zugang, des „Antrags"** unter Beifügung einer Abschrift **zu bestätigen.** Zudem hat das verpflichtete Institut unverzüglich, spätestens innerhalb von zehn Geschäftstagen dem Berechtigten ein **Angebot auf Abschluss eines Basiskontovertrags** zu übermitteln und für den Berechtigten nach Annahme des Angebots auf vertraglicher Grundlage ein Zahlungskonto als Basiskonto einzurichten und zu führen **(Kontrahierungszwang).** Der Verpflichtete kann den Anspruch durch **Einrichtung eines Basiskontos** (§ 30 Abs. 2 ZKG) erfüllen. Alternativ kann er mit dem Berechtigten einen Girovertrag über die Eröffnung eines „gewöhnlichen Girokontos" vereinbaren, das zumindest den Leistungsumfang des Basiskontos aufweist, ohne als solches bezeichnet zu werden. In diesem Fall schließen die Parteien einen „normalen" Zahlungsdiensterahmenvertrag, auf den die Regelungen des fünften Abschnitts des ZKG nicht anwendbar sind.[53] Nach dem Abschluss eines solchen Vertrags kann gem. § 35 ZKG der Anspruch auf Einrichtung eines Basiskontos abgelehnt werden; diese Ablehnung ist im Angebot zum Abschluss eines normalen Girokontos konkludent enthalten.[54] Sollte der Vertrag nicht zustande kommen (oder vom Institut gekündigt werden), besteht der Anspruch aus § 31 ZKG weiter (bzw. erneut).

28c Der Basiskontovertrag verpflichtet zur **Eröffnung eines Basiskontos** in Euro. Dieses muss einen **Mindestkanon an Zahlungsdiensten** ohne Kreditgeschäft ermöglichen (§ 38 Abs. 2 ZKG). Hierzu zählen Barein- und Barauszahlungen, Lastschriften, Überweisungen und das Zahlungskartengeschäft. Die Möglichkeit zur Barauszahlung muss an institutseigenen und ggf. systemangeschlossenen Geldausgabeautomaten ermöglicht werden. Die Ausgestaltung des Mindestkanons hat das **Diskriminierungsverbot** (§ 38 Abs. 4 ZKG) zu beachten, wonach dem Kontoinhaber des Basiskontos die genannten Zahlungsdienste „in dem Umfang" zur Verfügung zu stellen sind, wie sie vom Institut Verbrauchern als Inhabern von Zahlungskonten „allgemein angeboten werden" (S. 1). Hieraus folgt ein **Schlechterstellungsverbot der Basiskonten** sowie deren Integration in die allgemeine Ausgestaltung der Zahlungskonten mit Verbrauchern. Die Ausgestaltung der Art und Weise der Zahlungsdienstleistungen im Basiskonto darf zB hinsichtlich der Kommunikationsform nicht von den allgemeinen Verbraucherkonten abweichen. So dürfen Zahlungsdienstleistungen bei Basiskonten nicht nur in der Filiale möglich sein, wenn *allgemein* das Online-Banking eröffnet wird (§ 38 Abs. 4 S. 3 ZKG). Umgekehrt ist die Beschränkung auf das Online-Banking unzulässig, wenn im Allgemeinen auch Filialdienstleistungen angeboten werden. Allerdings verlangt das ZKG keine über die allgemeine Art und Weise der Ausführung hinausgehende Ausgestaltung des Basiskontos. Das Institut ist nicht verpflichtet, eine Bareinzahlung und -auszahlung am Schalter zu ermöglichen, wenn diese bei ihm allgemein nur am Geldausgabeautomaten angeboten wird (zB bei einer Online-Bank). Als *lex specialis* untersagt § 38 Abs. 4 S. 2 ZKG allerdings eine Beschränkung der Anzahl der Zahlungsdienste, zB der Einzahlungen, Überweisungen oder Lastschriften pro Monat.[55] Die Einbeziehung der allgemeinen AGB des Instituts sowie etwaiger Sonderbindungen zB für das Online-Banking erfolgen nach allgemeinen Regeln.[56] Über diesen Mindestumfang hinaus können die Parteien beim Basiskonto zusätzliche Dienstleistungen vereinbaren.

28d Die **Gründe für die Ablehnung des Anspruchs** auf Abschluss eines Basiskontovertrags sind eng gefasst (§§ 35–37 ZKG). Die formalen Anforderungen an eine Ablehnung sind in § 34 Abs. 2–4 ZKG geregelt. Danach ist die Ablehnung unverzüglich, spätestens **zehn (Bank-)Geschäftstage** nach „Eingang" (dh Zugang) des „Antrags" des Verbrauchers auf Übermittlung eines Angebots zum Abschluss eines Basiskontovertrags zu erklären. Die

---

[53] Begr. RegE BR-Drs. 537/15, 94.

[54] § 34 Abs. 3 ZKG ist insofern teleologisch zu reduzieren, da das Form- und Begründungserfordernis nach seinem Zweck nicht einschlägig ist.

[55] Vgl. den Ausschluss der Kontingentierung in Art. 17 Abs. 3, 4 Zahlungskontenrichtlinie.

[56] Begr. RegE BR-Drs. 537/15, 90.

Ablehnung muss dem Verbraucher innerhalb dieser Frist zugehen. Sie hat den Verbraucher unentgeltlich in Textform (§ 126b BGB) und in deutscher Sprache grundsätzlich über die Gründe der Ablehnung **zu unterrichten** (§ 34 Abs. 3 ZKG).[57] In materieller Hinsicht sieht das Gesetz einen – nach seiner Begründung abschließenden[58] – **Katalog von Ablehnungsgründen** vor (§ 34 Abs. 1 iVm §§ 35–37 ZKG) vor. Diese Gründe sind ua ein vorhandenes Zahlungskonto mit tatsächlicher Nutzungsmöglichkeit (§ 35 Abs. 1 ZKG), das strafbare Verhalten des Verbrauchers gegen den Zahlungsdienstleister, seine Mitarbeiter oder Kunden innerhalb der letzten drei Jahre (§ 36 Abs. 1 Nr. 1 ZKG), eine berechtigte Kündigung eines Basiskontos durch diesen Zahlungsdienstleister innerhalb des letzten Jahres vor Antragstellung wegen 24-monatiger Inaktivität des Kontos (§ 36 Abs. 1 Nr. 2 ZKG), Verstöße des Verbrauchers gegen das Geldwäschegesetz (§ 36 Abs. 1 Nr. 3 ZKG) sowie die Kündigung eines Basiskontos durch das Institut[59] wegen Zahlungsverzugs im Jahr vor der Antragstellung (§ 42 Abs. 3 Nr. 2 ZKG, § 37 ZKG).

Wird der Antrag aufgrund eines **vorhandenen Zahlungskontos** abgelehnt, soll die **tatsächliche Möglichkeit seiner Nutzung** erforderlich sein (§ 35 Abs. 1 S. 1, 2 ZKG). An einem solchen weiteren Konto fehlt es nach Ansicht der Gesetzesverfasser, wenn von dem Berechtigten als Auftraggeber bei diesem anderen Konto keine Zahlungen in Auftrag gegeben oder ausgelöst werden können, weil dieses Konto wegen Pfändungen eines Gläubigers oder aufgrund kontokorrentmäßiger Verrechnung bzw. Aufrechnung durch die kontoführende Bank für Zahlungsaufträge blockiert ist.[60] Dies überzeugt nicht; dieser Wille der Normverfasser hat im Normtext keinen hinreichenden Niederschlag gefunden. Der Wortlaut des § 35 Abs. 1 S. 1 ZKG nennt die Möglichkeit, das andere Konto „tatsächlich nutzen" zu können, nicht aber ein „liquides" weiteres Konto. Zudem konkretisiert S. 2 die tatsächliche Nutzungsmöglichkeit dahingehend, dass der Kunde mit den „Diensten am Zahlungsverkehr teilnehmen kann". Dies ist aber im Falle einer Pfändung bzw. Aufrechnung der Fall. Der Kunde kann jenseits der Pfändungsgrenze bzw. der Aufrechnungssumme Zahlungen tätigen und ohnehin solche empfangen. Auch ist die Umwandlung in ein Pfändungsschutzkonto gem. § 850k ZPO die angemessene Reaktion auf Pfändungsmaßnahmen, nicht aber die Eröffnung eines weiteren Basiskontos. Das Telos der eng begrenzten Ablehnungsgründe, die Vermeidung der Umgehung des Kontrahierungszwangs, ist ebenfalls nicht einschlägig, wenn der Verbraucher ein aktives, aber illiquides weiteres Basiskonto hat.[61] Zweck des Anspruchs ist der Zugang zu Zahlungsdienstleistungen, nicht die Verschaffung zusätzlicher Liquidität. Die Liquiditätssicherung ist in § 850k ZPO speziell geregelt; der Berechtigte kann verlangen, dass das Basiskonto als Pfändungsschutzkonto gem. § 850k BGB geführt wird (s. a. § 33 Abs. 1 S. 3 ZKG).[62] 28e

Die Gesetzesbegründung betont, dass es sich um einen „**abschließenden Katalog von Ablehnungsgründen** in eng begrenzten und konkreten Fällen"[63] handele, der auf Generalklauseln verzichte.[64] Diese Beschränkung der Privatautonomie geht weit über die Richtlinienvorgabe hinaus, eröffnet diese doch in Art. 16 Abs. 2 UAbs. 2 ZahlungskontenRL iVm ihrem 37. Erwagungsgrund den Mitgliedstaaten die Optionen, den Nachweis eines „echten Interesses" zur Voraussetzung der Eröffnung eines Zahlungskontos zu machen. Zudem verkennt die Begründung, dass **Analogien zu den normierten Gründen** 28f

[57] Zu Ausnahmen vgl. § 34 Abs. 3 S. 2 ZKG (Gefährdung der öffentlichen Sicherheit; Verbote der Informationsweitergabe).
[58] Begr. RegE BR-Drs. 537/15, 90.
[59] Aufgrund des Wortlauts der Norm reicht die Kündigung eines „normalen" Girokontos durch das Institut ebenso wenig wie die Kündigung eines Basiskontos durch ein *anderes* Institut.
[60] Begr. RegE BR-Drs. 537/15, 92.
[61] Schon der Kontopfändungsschutz soll nicht das „Wirtschaften im Debet" ermöglichen, so ausdr. BGH NJW-RR 2015, 885 (886), so dass dies erst recht für den Anspruch auf ein Basiskonto gilt.
[62] Die allg. bestehende Kündigungsmöglichkeit des Instituts bei dieser Umwandlung, vgl. nur *Bitter* ZIP 2011, 149 (151, 158 f.) sowie *Herresthal* WM 2013, 773 (778 f.), besteht bei Basiskonten nicht.
[63] Begr. RegE BR-Drs. 537/15, 100.
[64] Begr. RegE BR-Drs. 537/15, 100.

im Falle eines Ähnlichkeitsvergleichs hinsichtlich der maßgebenden Wertungen durch Art. 3 Abs. 1 GG geboten sind,[65] sofern anderenfalls ein gravierender Wertungswiderspruch droht.[66] Auch die Ablehnung eines **generalklauselartigen Ablehnungsgrundes** durch die Gesetzesbegründung kann keinen Bestand haben. Gegen sie spricht § 242 BGB, der ein allgemeines Rechtsprinzip des Privatrechts verankert.[67] Daher ist im Wege **verfassungskonformer Auslegung** auch der **Ablehnungsgrund des „wichtigen Grundes“** anzuerkennen.[68]

28g Während § 38 Abs. 4 ZKG die Art und Weise der Zahlungsdienste zum Gegenstand hat, ordnet das **allgemeine Diskriminierungsverbot (§ 40 ZKG)** an, dass die „Bedingungen“ der Kontoführung bei Basiskonten „im übrigen“, dh unter Wahrung des § 38 Abs. 4 ZKG, nicht im Vergleich zu den allgemeinen Bedingungen für Verbraucherkonten des Instituts benachteiligend sein dürfen. Die mit diesem Gebot adressierten „Bedingungen“ umfassen nach Wortlaut und Gesetzesbegründung[69] die **Vertragsbedingungen** ebenso wie die **tatsächliche Durchführung des Vertrags.** Begrenzt wird das allgemeine Benachteiligungsverbot aber durch **vorrangige Regelungen.** So besteht keine Pflicht, den Inhabern von Basiskonten über den aufgezeigten Mindestumfang (§ 38 Abs. 2 ZKG) hinaus weitere Zahlungsdienstleistungen zu unterbreiten (zB eine Überziehungsmöglichkeit, § 504 BGB), auch wenn diese Dienstleistungen Kunden mit „normalen“ Zahlungskonten grundsätzlich angeboten und regelmäßig auch vereinbart werden. Entsprechendes gilt hinsichtlich des Entgelts. Der **maßgebende Bezugspunkt** für einen Vergleich beim Benachteiligungsverbot ist das „normale“ vom Institut Verbrauchern angebotene Girokonto, nicht aber eine Sonderform, zB besondere Online-Konten. Nach § 32 Abs. 1 ZKG sind ausnahmsweise **Beschränkungen von Abschluss, Inhalt und tatsächlicher Nutzung des Basiskontos** zulässig. **Weitere Koppelungen** mit der Nutzung oder Vereinbarung zusätzlicher Dienstleistungen sind als Voraussetzung des Angebots **unzulässig** (§ 32 Abs. 2 ZKG). Die Regelung steht aber nicht dem Einbezug der allgemeinen AGB des Instituts und etwaiger Sonderbedingungen (zB zum Online-Banking) entgegen.

28h § 41 ZKG ist hinsichtlich des Entgelts bei Basiskonten speziell. Für den **Bezugspunkt der Angemessenheitskontrolle** (§ 41 Abs. 2 ZKG) ist maßgeblich, ob der Preis vor dem Hintergrund der **Kosten für Basiskonten des *konkreten* Instituts** angemessen ist. Ein *objektiver* Maßstab unabhängig von den Kosten des konkreten Instituts ist abzulehnen.[70] Zwar scheint für letzteres die Begründung des Gesetzes zu sprechen, wenn sie darauf abstellt, dass „als angemessen … ein Entgelt (erscheint), das im Durchschnitt die Kosten *der Institute* deckt und ihnen einen angemessenen Gewinn sichert“[71]. Dies werde durch die Bezugnahme auf das marktübliche Entgelt sichergestellt und folge aus der Richtlinie. Indes ist der Maßstab für die Angemessenheitskontrolle anhand der Kosten des jeweiligen Instituts zu wählen; der Bezug auf das „marktübliche Entgelt“ ist ein Korrektiv zur Vermeidung einer Umgehung des Kontrahierungszwanges durch Verlangen sehr hoher Entgelte. Hierfür spricht der Wortlaut, der gerade keinen konkreten Bezugspunkt nennt. In einer wettbewerbsverfassten Marktwirtschaft muss der Anbieter einer Leistung aber *seine* Kosten (und ggf. einen Gewinn) erwirtschaften, um nicht aus dem Markt auszuscheiden.[72] Auch das

---

[65] Vgl. nur *Larenz/Canaris* Methodenlehre der Rechtswissenschaft, 3. Aufl. 1995, S. 202.

[66] Die von den Gesetzesverfassern betonte Rechtssicherheit, Begr. RegE BR-Drs. 537/15, 90, kann einen solchen nicht rechtfertigen; für eine Abgeschlossenheit gleichwohl BankR-HdB/*Schmieder* § 47 Rn. 6.

[67] Vgl. *Medicus* AcP 192 (1992), 35; aus der Rspr. BGH GRUR 1998, 415 (zum Beseitigungsanspruch).

[68] Vgl. nur § 314 Abs. 1 BGB.

[69] Begr. RegE BR-Drs. 537/15, 100.

[70] So aber LG Frankfurt a. M. ZIP 2018, 1281; bestätigt durch OLG Frankfurt, ZIP 2019, 560 (nicht rechtskräftig; anhängig BGH XI ZR 119/19) mit einer Unangemessenheit einer monatlichen Grundgebühr von 8,99 EUR und 1,50 EUR pro beleghafter Überweisung; gegen eine Unangemessenheit des Entgelts, weil nur ein Basiskontotarif angeboten wird, LG Nürnberg-Fürth WM 2019, 483.

[71] Vgl. Begr. RegE BR-Drs. 537/15, 101 (Hervorh. v. Verf.).

[72] S. a. BGH NJW 2013, 995 Rn. 49 (zu P-Konten), wonach zutreffender Vergleichsmaßstab nicht der durchschnittliche Preis, sondern die Preisgestaltung des konkreten Instituts sei.

„Nutzerverhalten" (§ 41 Abs. 2 S. 2 ZKG) kann nur die Nutzer des konkreten Instituts meinen. Bestätigt wird dies durch das objektive Korrektiv im Wortlaut „marktübliche Entgelte", die zu „berücksichtigen" sind, mithin gerade nicht Ausgangspunkt der Berechnung sind. Entscheidend tritt die Nähe zum Grundsatz des *impossibilium nulla est obligatio* hinzu, denn ein Institut kann den „Durchschnitt der Kosten der Institute", die Kostenstruktur jener Institute am Markt, die Basiskonten anbieten, nicht ermitteln. Hinzu tritt, dass der Durchschnitt der Kosten sich dadurch auszeichnet, dass Institute (auch deutlich) höhere Kosten und andere (auch wesentlich) niedrigere Kosten aufweisen. Diese gravierenden Bedenken werden insoweit verstärkt, als der Verstoß der Entgeltabrede gegen das Angemessenheitserfordernis nach dem Willen der Gesetzesverfasser zur Nichtigkeit führen soll. Richtigerweise ist die Kostenstruktur der Basiskonten des konkreten Instituts zuzüglich eines „angemessenen" Gewinns maßgeblich; dieser Gewinn darf dem sonstigen durchschnittlichen Gewinn des Instituts entsprechen. Das Institut ist nicht zu einer „Quersubventionierung" der Basiskonten verpflichtet. Diese Auslegung ist richtlinienkonform, denn Art. 18 Abs. 1 ZahlungskontenRL verlangt ein „angemessenes" Entgelt, das die „nationalen Einkommensniveaus" (Art. 18 Abs. 3 lit. a) und die „durchschnittlichen Entgelte", die im Mitgliedsstaat „für Dienste im Zusammenhang mit Zahlungskonten verlangt werden" (Art. 18, Abs. 3 lit. b), „berücksichtigt".

Damit ist die Frage nach einer **kostenunabhängigen objektiven Preisobergrenze** 28i
beantwortet. Eine solche klingt in der Begründung des Gesetzesentwurfs an.[73] Richtigerweise ist eine solche **abzulehnen,** wenn mit den vorstehenden Überlegungen ein marktkonformer Preis erreicht wird. Eine Entgelthöhe, die von „einkommensschwachen Personen" nicht mehr entrichtet werden kann, ist rechtssicher nicht bestimmbar oder jedenfalls so hoch anzusetzen, dass sie als objektive Grenze leerläuft. Schließlich bezieht sich das Gebot des angemessenen Entgelts nach dem Wortlaut des § 41 Abs. 2 S. 1 ZKG nur auf die **von § 38 ZKG erfassten Basisdienste,** so dass etwaige vereinbarte Zusatzdienste (§ 39 ZKG) eigeständig bepreist werden dürfen. Dies ist auch in Bezug auf eine Überziehungsmöglichkeit richtlinienkonform, denn Art. 18 Abs. 1 ZahlungskontenRL bezieht das „angemessene Entgelt" auf die „Dienste nach Art. 17", die wiederum in Art. 17 Abs. 1, 2 ZahlungskontenRL geregelt sind (zwingende Dienste).

b) Kein Anspruch auf Abschluss einer Online-Banking-Abrede. Vor diesem Hin- 29
tergrund besteht erst recht **kein Kontrahierungszwang bei der Online-Banking-Abrede** als Zahlungsdiensterahmenvertrag.[74] Der Zahlungsdienstleister kann demnach frei entscheiden, ob er dem konkreten Nutzer hinreichendes Vertrauen dahingehend entgegenbringt, dass dieser die Vereinbarungen einer die Kontoabrede ergänzenden Online-Banking-Abrede beachtet.

Prinzipiell besteht, wie aufgezeigt,[75] eine sehr hohe Argumentationslast zur Bejahung 30
eines Kontrahierungszwangs.[76] Diese wird in Bezug auf den Zugang zum Online-Banking nicht erreicht. Denn das Online-Banking stellt **kein risikoloses Massengeschäft** dar, sondern basiert auf der Zuverlässigkeit des Kunden, da eine persönliche Kontrolle der Vorgänge durch die Mitarbeiter der Bank prinzipiell nicht möglich ist.[77] Der Nutzer erhält durch seine Kontonummer und Online-Banking-Zugangsdaten den Zugang zu einem automatisierten System. Abhängig von der technischen Ausgestaltung erfolgt dabei eine Echtzeit-Bearbeitung durch das Banksystem, so dass Dispositionen durch die Bank allenfalls

[73] Begr. RegE BR-Drs. 537/15, 101: „Kontoführungsgebühren im Basistarif, die faktisch darauf hinauslaufen, dass das Ziel des Kontozugangs auch für einkommensschwache Personen nicht erreicht werden kann, sind nicht mehr angemessen im Sinne der gesetzlichen Regelung".

[74] Wie hier OLG Frankfurt/M. ZIP 2015, 1967; BankR-HdB/*Maihold* § 55 Rn. 45; Bunte/Zarthe/*Zarthe* AGB-Banken, VI. Sonderbedingungen für das Online-Banking, Vorbemerkungen Rn. 14 b; *Wiesgickl* WM 2000, 1039 (1040); *Werner* K&R 2001, 433 (435); wohl auch Palandt/*Sprau* § 675f Rn. 3 aE.

[75] → Rn. 28.

[76] Vgl. zu diesem nur MüKoBGB/*Busche* Vor § 145 Rn. 12 ff.

[77] Tendenziell für eine Bejahung bei risikolosen Massengeschäften Palandt/*Sprau* § 675f Rn. 3.

nur noch sehr begrenzt erfolgen (können). Gerade diese unmittelbare und zeitnahe Ausführung eines Auftrags des Nutzers ohne Eingreifen eines Bankmitarbeiters erfordert eine ganz besondere Zuverlässigkeit des Kunden. Auch der Wahrung der Sorgfaltspflichten durch den Nutzer kommt besondere Bedeutung zu.[78] Die Haftungsregeln des § 675v BGB[79] kompensieren die hiermit mögliche Einwirkung in die Sphäre des Dienstleisters nicht hinreichend. Dem Kontrahierungszwang im Bereich des Online-Bankings steht damit entscheidend entgegen, dass der Zahlungsdienstleister nicht verpflichtet werden kann, seine eigene Schädigung zu ermöglichen und sodann auf einen Ausgleich zu hoffen.

31 Eine Online-Banking-Abrede ist des Weiteren auch **keine unabdingbare Voraussetzung,** um angemessen am modernen Rechts- und Zahlungsverkehr teilzunehmen. Eine übermäßige Erschwerung für den Kunden ist mit der Filialnutzung nicht verbunden, wenn man die Verbreitung von Banking-Terminals bedenkt, an denen regelmäßig 24 Stunden am Tag die für den Zahlungsdienstnutzer zentralen Bankgeschäfte mit einer Kundenkarte abgewickelt werden können.

32 Auch die **allgemeine Erklärung des ZKA** reicht im Rahmen des Online-Bankings erst recht nicht aus, um eine Selbstverpflichtung zum Abschluss dieses Zahlungsdiensterahmenvertrages, mithin zum Angebot des Online-Bankings an jeden zu begründen. Eine Pflicht zum Abschluss einer Online-Banking-Abrede folgt auch nicht aus **Diskriminierungsverboten.**

33 Freilich kann sich der **Zahlungsdienstleister,** zB in der Konto-Abrede, **selbst verpflichten,** ohne weitere Voraussetzungen oder unter bestimmten Voraussetzungen auf Verlangen des Zahlungsdienstnutzers eine Online-Banking-Abrede mit ihm abzuschließen und auf deren Grundlage sodann den Zugang zum Online-Banking zu gewähren.

34 Das **Diskriminierungsverbot des § 19 Abs. 1 AGG ist nicht einschlägig.** Ein den Anwendungsbereich eröffnendes Massengeschäft (§ 19 Abs. 1 Nr. 1 Alt. 1 AGG) liegt nicht vor, weil bei der Online-Banking-Abrede eine individuelle Bonitätsprüfung dem Vertragsabschluss vorausgeht.[80] Die Online-Banking-Abrede unterfällt auch nicht dem gleichgestellten Geschäft nach § 19 Abs. 1 Nr. 1 Alt. 2 AGG.[81] Denn bei diesen Rechtsgeschäften hat das Ansehen der Person nur eine nachrangige Bedeutung. Dies trifft angesichts der aufgezeigten Einwirkungsmöglichkeiten des Nutzers beim Online-Banking nicht zu. Vielmehr ist die besondere Zuverlässigkeit des Kunden Voraussetzung der Zulassung zum Online-Banking. Hinzu tritt, dass nach vorzugswürdiger Auslegung aus § 21 AGG kein Anspruch auf Abschluss des Vertrages folgt, sondern sich ein solcher Kontrahierungszwang nur aus den allgemeinen Grundsätzen mit der entsprechend hohen Begründungslast ergeben kann.[82] Ein solcher allgemeiner Kontrahierungszwang scheidet aber jedenfalls dann aus, wenn für den Benachteiligten eine Ausweichmöglichkeit auf dem Markt besteht. Dies wird vielfach der Fall sein, so dass der Kunde auf einen anderen Zahlungsdienstleister mit einem anderen Risikoprofil ausweichen kann. Zudem ist eine angemessene Teilnahme am modernen Rechts- und Zahlungsverkehr ohne übermäßige Erschwerung für den Kunden auch ohne Online-Banking angesichts der Verbreitung von Banking-Terminals möglich, an denen regelmäßig 24 Stunden am Tag die für den Zahlungsdienstnutzer zentralen Bankgeschäfte mit einer Kundenkarte abgewickelt werden können. Daher ist auch diese Nutzung der Zahlungsdienste als angemessene Ausweichmöglichkeit anzuerkennen.

35 Angesichts dessen ist auch ein **Kontrahierungszwang** des Zahlungsdienstleisters hinsichtlich der Online-Banking-Abrede **gegenüber politischen Parteien aus § 5 PartG abzulehnen.**[83] Neben der Nutzung der Banking-Terminals können Zahlungsaufträge auch per Post übersandt bzw. in den Hausbriefkasten einer Filiale eingeworfen werden.

---

78 → Kap. 2 § 675v Rn. 27 ff.

79 → Kap. 2 § 675v Rn. 7 ff.

80 Zu diesem Kriterium vgl. MüKoBGB/*Thüsing* § 19 AGG Rn. 17 f.

81 Gegen eine Einordnung von Giro-, Überweisungs- und Kleinkreditverträgen hierunter auch *Schürnbrand* BKR 2007, 305; **aA** MüKoBGB/*Thüsing* § 19 AGG Rn. 26; *Bachmann* ZBB 2006, 257 (266).

82 Wie hier Palandt/*Grüneberg* § 21 AGG Rn. 7.

83 Den Kontrahierungszwang hinsichtlich eines Girokontos bejaht OVG Berlin NJW 2004, 3585.

Bei einer **Online-Bank**[84] fallen die Problemkreise des Kontrahierungszwangs bei einem Girokonto und beim Abschluss einer Online-Banking-Abrede zusammen. Dabei besteht der Kontrahierungszwang im Rahmen des Basiskontos im aufgezeigten Umfang. 36

6. Der vereinbarte Umfang der Nutzungsberechtigung

Der **Umfang der Pflichten des Zahlungsdienstleisters** bestimmt sich nach dem Inhalt des Zahlungsdiensterahmenvertrages unter Berücksichtigung der einbezogenen AGB.[85] Die Bank entscheidet mit ihrem Vertragsangebot gegenüber dem konkreten Kunden über den Umfang, in dem dieser das **Konto** nutzen kann. Dabei kann der Zahlungsdienstleister auch eine abgestufte Nutzungsberechtigung innerhalb der Nutzer vorsehen. 37

Entsprechendes gilt beim Online-Banking (s. a. Ziff. 1.1 Online-Banking-Bedingungen). Ein Kontrahierungszwang hinsichtlich des mit dem Kunden zu vereinbarenden **Umfangs der möglichen Nutzung des Online-Bankings** besteht nicht. Der Zahlungsdienstleister kann die Nutzung abstufen. Er kann dem potentiellen Nutzer nur besondere Informationen im Online-Banking anbieten (zB Börsenkurse) oder auch die Möglichkeit, Zahlungsvorgänge online auszulösen. Weiterhin kann der Zahlungsdienstleister eine Nutzungsberechtigung für Bevollmächtigte ablehnen und die Ausgabe von Identifikationsmerkmalen auf den Kontoinhaber beschränken.[86] Alternativ kann der Anbieter die Handlungsmöglichkeiten Dritter darauf beschränken, dass diese ihre Identifikationsmerkmale nur zusammen mit dem Kontoinhaber für die Auslösung eines Zahlungsvorgangs nutzen können. 38

III. Das Verhältnis von Rahmenverträgen zueinander (Abs. 2 S. 2)

Nach § 675f Abs. 2 S. 2 BGB kann ein Zahlungsdiensterahmenvertrag auch Bestandteil eines sonstigen Vertrags sein oder mit einem anderen Vertrag, also auch einem weiteren Rahmenvertrag, zusammenhängen. Paradigmatisch für **verbundene Rahmenverträge** sind die Konto-Abrede über die Führung eines Girokontos und die mit dieser verbundene Abrede über die Möglichkeit zur Kartenzahlung.[87] Die Abgrenzung folgt richtigerweise danach, ob **selbstständige oder unselbstständige zusätzliche Vereinbarungen** vorliegen, mit anderen Worten kann ein Vertrag vorliegen, der neben den Elementen des Zahlungsdiensterahmenvertrags weitere vertragliche Elemente umfasst, die ebenfalls dem Zahlungsdiensterahmenvertrag oder aber anderen Vertragstypen[88] zuzuordnen sind. Beispiel für ersteres ist eine Girokontoabrede, in die die Online-Banking-Abrede integriert ist (zB Online-Bank), für letzteres darlehensvertragliche Elemente (auch außerhalb des § 1 Abs. 1 S. 2 Nr. 4 ZAG) sowie Scheck- und Wechselinkasso (vgl. § 2 Abs. 1 Nr. 6 ZAG). Es ist kein sachlich-rechtfertigender Grund ersichtlich, die Grundsätze der gemischttypischen Verträge[89] nicht auf Zahlungsdiensterahmenverträge anzuwenden. 39

Die Konto-Abrede kann auch mit einer Online-Banking-Abrede als weiterem Zahlungsdiensterahmenvertrag verbunden sein. Es handelt sich insoweit um **eigenständige, wenngleich verbundene Abreden.**[90] Die Konto-Abrede wird durch die Online-Banking-Abrede ergänzt, indem diese den elektronischen Zugang zum laufenden Konto, die hierzu notwendigen Authentifizierungsinstrumente, die Möglichkeit zur Erteilung von Online-Weisungen sowie des Online-Abrufs von Informationen regelt. Diese weitere Abrede kann zeitgleich mit dem Konto-Rahmenvertrag geschlossen werden oder diesem Vertrag zeitlich 40

---

[84] Zur näheren Bestimmung → Kap. 5 Rn. 1.
[85] Vgl. zu letzterem → Rn. 19 ff.
[86] So auch BankR-HdB/*Maihold* § 55 Rn. 45, 117.
[87] Vgl. nur Palandt/*Sprau* § 675f Rn. 7.
[88] So auch BankR-HdB/*Schmieder* § 47 Rn. 1b; Palandt/*Sprau* § 675f Rn. 7; MüKoBGB/*Casper* § 675f Rn. 22; **aA** BeckOGK BGB/*Foerster* § 675f Rn. 42.
[89] Ausf. zu diesen BeckOGK BGB/*Herresthal* § 311 Rn. 84 ff.
[90] Wie hier Erman/*v. Westphalen* § 675f Rn. 29; **aA** BeckOGK BGB/*Foerster* § 675f Rn. 42.

nachfolgen. Möglich ist auch eine eigenständige Beendigung nur der Online-Banking-Abrede als Rahmenvertrag, zB aufgrund des Missbrauchs der Legitimationskennzeichen.[91]

41 Die Online-Banking-Abrede tritt bei gleichzeitiger und bei nachfolgender Vereinbarung als **eigenständiger, aber nicht unverbundener Zahlungsdiensterahmenvertrag** zur Konto-Abrede hinzu. Der Wortlaut des § 675f Abs. 2 S. 2 BGB ist insoweit treffend („zusammenhängen"). Dies bedeutet, dass die Verträge nicht unverbunden nebeneinander stehen, sondern die Online-Banking-Abrede auf die Konto-Abrede bezogen ist, ohne Teil dieser zu sein. Die Online-Banking-Abrede als Rahmenvertrag ist daher selbständig kündbar (vgl. § 675h BGB), Pflichtverletzungen einer Partei im Rahmen einer Abrede wirken sich prinzipiell nur auf diese Abrede aus.

42 Gleichwohl können daneben die **Regeln der Vertragsverbindung**[92] einschlägig sein, die zu einer Erstreckung der auf einen Vertrag begrenzten Rechtsfolgen auf den anderen Vertrag führen. So kann zB die Kontoabrede unter der Bedingung geschlossen werden, dass ein Online-Banking-Zugang gewährt, also eine Online-Banking-Abrede abgeschlossen wird.

IV. Die Pflichten der Parteien (Abs. 2, 5)

1. Die Pflichten des Zahlungsdienstleisters

43 **a) Die Hauptpflichten des Zahlungsdienstleisters. aa) Die Hauptpflichten bei der Konto-Abrede.** Die Hauptpflicht des Zahlungsdienstleisters ist die Leistung der versprochenen Dienste (Abs. 2 S. 1), insbesondere die **Ausführung der Zahlungsvorgänge** auf Weisung des Nutzers in den Grenzen der §§ 675j ff. BGB (vgl. zur Schadensersatzpflicht bei abgelehntem Zahlungsauftrag jüngst AG München BKR 2020, 51 = ZIP 2019, 1418). Auch die **Dokumentation der Buchungen** zählt zu den Hauptpflichten des Zahlungsdienstleisters;[93] er trägt das Risiko der Ordnungsmäßigkeit und des materiellen Bestehens der Buchungen.[94] Mit jeder Buchung, die einen Zahlungsvorgang betrifft, hat der Zahlungsdienstleister dem Nutzer die Informationen nach Art. 248 § 7 EGBGB zu geben.

44 Sofern vereinbart, hat der Zahlungsdienstleister ein **Zahlungskonto für den Nutzer zu führen.**[95] Diese Pflicht kann von den Parteien als Element eines Zahlungsdiensterahmenvertrages vereinbart werden. Regelmäßig wird sie in Giroverträgen und Kartenverträgen vereinbart. Inhalt dieser Pflicht ist die ordnungsgemäße Verbuchung aller Zahlungsvorgänge sowie die Rechnungslegung durch Kontoauszüge. Zudem hat der Dienstleister einen periodischen Rechnungsabschluss auf der Grundlage einer automatisch eintretenden Verrechnung vorzunehmen, die wiederum auf einer vertraglichen Abrede basiert; sie enthält ein Saldoanerkenntnis des Dienstleisters und ist auf ein solches des Nutzers gerichtet. Zudem ist der Zahlungsdienstnutzer berechtigt, unter den Voraussetzungen des Abs. 3 einen **Zahlungsauslösedienst oder einen Kontoinformationsdienst** zu nutzen; hiermit korrespondiert eine entsprechende Pflicht des Zahlungsdienstleisters, dies dem Kunden zu ermöglichen.

45 Richtigerweise ist der Zahlungsdienstleister auch verpflichtet, dem Nutzer **Zweitschriften** zu erstellen, wenn der Kunde den Verlust der Kontoauszüge glaubhaft macht.[96] Zumeist wird zudem ein glaubhaft gemachtes „berechtigtes Interesse des Kunden" verlangt.

[91] → Rn. 41 f.

[92] Vgl. zur Zusammenfassung mehrerer Verträge durch die Parteien in der Weise, dass sie eine rechtliche Einheit bilden, MüKoBGB/*Emmerich* § 311 Rn. 33; zur Maßgeblichkeit des Parteiwillens in diesen Fällen vgl. nur BGHZ 104, 18 (22 f.) = NJW 1988, 1781 (1781 f.); BGH NJW-RR 1990, 340.

[93] Palandt/*Sprau* § 675f Rn. 34.

[94] BGH NJW 2001, 453.

[95] Vgl. zum Begriff und zu den Kontenarten → Kap. 2 § 675f Rn. 7 ff.; sa OLG Frankfurt/M. ZIP 2015, 1967 zum Pflichtenumfang.

[96] So auch BGH NJW 2001, 1486; OLG Hamm WM 1992, 1100; MüKoBGB/*Casper* § 675f Rn. 32.

Indes ist diese Beschränkung des Anspruchs zum Schutz des Kreditinstituts weder erforderlich noch wertungspräzise, denn die Bank ist zur Erstellung nur verpflichtet, sofern die Unterlagen bei der Bank nach der gesetzlichen Aufbewahrungsfrist noch vorhanden sind (§ 257 HGB) und sie kann für die Anfertigung und Herausgabe einen pauschalierten Aufwendungsersatz als Entgelt verlangen.

bb) Die Hauptpflichten bei der Online-Banking-Abrede. Die jeweiligen Pflichten der Parteien hängen mangels insofern einheitlichen Leistungsangebotes vom konkreten Leistungsangebot und dessen Annahme durch den Kunden ab. Die Hauptpflichten des Zahlungsdienstleisters im Rahmen des Online-Bankings umfassen ua die Verschaffung des **Online-Zugangs zum Konto**[97] und der vereinbarten Inhalte (Informationen) sowie die **Möglichkeit, Bankgeschäfte vorzunehmen,** Weisungen für Zahlungsvorgänge zu erteilen, Kontoauszüge abzurufen sowie die Kontounterlagen einzusehen. Hinsichtlich der Rechnungslegung durch Kontoauszüge kann vereinbart werden, dass diese online abgerufen werden können. Auch der **zeitliche Nutzungsrahmen** ist durch Auslegung zu bestimmen. Der BGH nahm mangels abweichender Vereinbarung an, dass der Online-Zugriff grundsätzlich unbeschränkt, dh 24h an sieben Tagen gewährleistet sein muss.[98] Maßgeblich ist insoweit die Auslegung der Abrede (§§ 133, 157 BGB). Dabei ist zu berücksichtigen, dass die Möglichkeit zur Vornahme von Bankgeschäften „rund um die Uhr" regelmäßig nachgerade der Vertragszweck einer Online-Banking-Abrede ist. Zugleich hat auch der durchschnittliche Bankkunde die Möglichkeit kurzzeitiger Störungen auf dem Kommunikationsweg sowie der Bank-Computer ebenso zu gewärtigen wie notwendige Wartungs- und Aktualisierungsarbeiten am Computersystem der Bank. Am Maßstab der Erreichbarkeit 24/7 „kurzzeitige" Störungen, auch aus dem Bereich der Bank, sind daher noch vertragskonform. Im Übrigen ist im Einzelfall zu entscheiden, ob Häufigkeit und/oder Dauer der konkreten Störungen bereits den genannten Zweck der Abrede gefährden. Vor dem Hintergrund der grundsätzlich dauerhaften Verfügbarkeit des Online-Bankings besteht aber eine Pflicht der Bank, vorhersehbare Nutzungsbeschränkungen (zB durch Wartungsarbeiten am System), etwa auf der Homepage, rechtzeitig anzukündigen und auf das notwenige Maß zu beschränken.[99] 46

In Bezug auf Art und Inhalt der Weisungen kann in diesem Rahmenvertrag vereinbart werden, ob Weisungen im Rahmen des Online-Bankings nur unter Nutzung der vereinbarten Legitimationskennzeichen oder auch anderweitig entgegengenommen werden; der mögliche Inhalt der Weisungen im Online-Banking betrifft ua die Frage, welche Weisungen nur persönlich erteilt werden können (Überweisungen, Daueraufträge, Wertpapiertransaktionen).[100] Als Voraussetzung für die Ausführung einer Weisung im Online-Banking kann u. a. die Kontodeckung vereinbart werden. 47

b) Die Nebenpflichten des Zahlungsdienstleisters. aa) Die Nebenpflichten bei der Konto-Abrede. Die Nebenpflichten des Zahlungsdienstleisters bei der Konto-Abrede umfassen die **Informationspflichten nach § 675d Abs. 1 BGB iVm Art. 248 §§ 3–11 EGBGB** über vorvertragliche Informationen und Vertragsbedingungen. Zudem muss der Dienstleister bestimmte Informationen während der Laufzeit dieses Rahmenvertrages mitteilen.[101] 48

Hinzu treten weitere **spezifische Pflichten des Zahlungsdiensterechts.** So hat der Dienstleister **Sorgfaltspflichten** (§§ 675k Abs. 2 S. 2, 5, 6, 675m BGB), die **Pflicht zur** 49

---

[97] Vgl. Ziff. 3 Online-Banking-Bedingungen zur Konkretisierung der Voraussetzungen des Zugangs.
[98] BGHZ 146, 138 = NJW 2001, 751 = WM 2001, 196; krit. BuB/*Werner* Rn. 19/390.
[99] So auch Bunte/Zahrte/*Zahrte* 4. Teil VI. AGB-Banken, Rn. 38.
[100] So können zB Wertpapiertransaktionen im Rahmen des Online-Bankings bei Konten Minderjähriger ausgeschlossen werden.
[101] → Kap. 2 § 675d Rn. 77.

Unterrichtung bei Ablehnung von Zahlungsaufträgen (§ 675o Abs. 1 BGB) sowie eine **Nachforschungspflicht** (§ 675y Abs. 7 BGB).[102]

50 Über § 675c Abs. 1 BGB sind zudem die **allgemeinen Pflichten im Rahmen eines Geschäftsbesorgungsvertrages** einschlägig. Diese Pflichten umfassen neben der **Anzeigepflicht** (§§ 663, 665 S. 2 BGB), der **Herausgabepflicht** (§ 667 BGB) und der **Fortführungspflicht** (§ 672 BGB) auch die **Rechenschaftspflicht** (§ 666 BGB) einschließlich einer **Auskunftspflicht.** Auf § 666 BGB geht der selbstständige Auskunftsanspruch des Kontoinhabers auf Erteilung von Kontoauszügen und Rechnungsabschlüssen zurück. Die Auskunftspflicht verpflichtet den Dienstleister zur Auskunft, zB hinsichtlich weiterer Transaktionsdaten, sofern der Nutzer diese Informationen zur Überprüfung einer Transaktion, zur Prüfung der Richtigkeit von Berechnungen, zum Nachweis einer Transaktion gegenüber Dritten[103] oder zur Sachstandsermittlung[104] berechtigterweise benötigt. Sofern die Information beim Kunden verloren gegangen ist, hat der Zahlungsdienstleister erneut Auskunft zu geben.[105] Diese weiteren Auskünfte müssen aber ggf. nur gegen Entgelt erteilt werden,[106] wenn sie mit einem besonderen Aufwand verbunden sind; dem Dienstleister steht dann ein Aufwendungsersatzanspruch gemäß § 670 BGB nur in den Grenzen des § 675d Abs. 4 BGB zu.

51 Hinzu tritt die nach allgemeinen Grundsätzen bestehende **Schutzpflicht gem. § 241 Abs. 2 BGB,** nach der sich der Zahlungsdienstleister so zu verhalten hat, dass die Interessen, Rechte und Rechtsgüter des Nutzers nicht verletzt werden.[107] Die Konkretisierung dieser Schutzpflicht muss aber berücksichtigen, dass Zahlungsdienstleistungen des bargeldlosen Zahlungsverkehrs einen Massenverkehr darstellen, der Zahlungsdienstleister nur zum Zweck der vereinfachten und schnellen Abwicklung der Zahlungsvorgänge tätig werden und sich daher nicht mit den weiteren Interessen der Nutzer, die diese mit der Zahlung verbinden, befassen kann und muss.

52 Eine Pflicht des Dienstleisters gegenüber dem Kunden zur allgemeinen Überwachung der Kontobewegungen ohne besondere Anhaltspunkte besteht nicht; Gleiches gilt für die Pflicht, den Zahlungsvorgang in Bezug auf Risiken für die Beteiligten zu prüfen.[108] Aus diesem Grund kommen **Schutzpflichten,** dh Warn- und Hinweispflichten des Zahlungsdienstleisters gegenüber dem Nutzer zu dessen Schutz vor Schaden, **nur in sehr engen Grenzen** in Betracht.[109]

52a Eine Schutzpflicht besteht ausnahmsweise, wenn unklar ist, ob die erteilte Weisung fortbesteht[110] sowie, wenn sich der Verdacht des Missbrauchs der Vertretungsmacht bzw. der Legitimationskennzeichen nachgerade aufdrängt.[111] Sie kann auch bejaht werden, wenn massive Anhaltspunkte für den Verdacht bestehen, dass ein Kunde bei der Teilnahme am bargeldlosen Zahlungsverkehr durch eine Straftat einen anderen Kunden schädigen will.[112]

---

[102] Vgl. jeweils → Kap. 2 § 675k Rn. 3 ff., → Kap. 2 § 675o Rn. 3 ff., → Kap. 2 § 675y Rn. 24.

[103] BGH NJW 1985, 2699; zu Angaben zur Identität eines Scheckeinlösers vgl. BGH NJW 1997, 2528.

[104] So OLG Frankfurt WM 2013, 1351 (1353) (bei nicht innerstaatlichen Zahlungsdienstleistungen in anderen EWR-Währungen, bei denen die verlängerte Ausführungsfrist des § 675s Abs. 1 S. 2 BGB gilt, sowie bei Überweisungen außerhalb des Euro-Raumes).

[105] Vgl. BGH DB 2001, 1143 (1144).

[106] Ausf. dazu → Rn. 62 ff.

[107] Vgl. nur BGHZ 157, 256 (266) = NJW-RR 2004, 481; BGH NJW 2008, 2245 f. mwN (zum Girovertrag); zur Wahrung des Bankgeheimnisses BGHZ 27, 241; zum Schutz vor vermeidbaren Schäden OLG Celle WM 2007, 810 f.

[108] BGH WM 2010, 1393 Rn. 18; NJW 2008, 2245 (2246) (zum Girovertrag).

[109] So auch BGH WM 2010, 1393 Rn. 18; BGHZ 176, 281 = NJW 2008, 2245 (2246); NJW-RR 2004, 481 (zum Girovertrag).

[110] BGHZ 113, 48 = NJW 1991, 487; BGHZ 176, 281 = NJW 2008, 2245 (2246).

[111] Vgl. jüngst OLG Schleswig NJW-RR 2014, 741 (Verdacht evidenten Missbrauchs elterlicher Vertretungsmacht bei Überweisung eines höheren Betrags vom Konto des minderjährigen Kindes); s. a. BGHZ 176, 281 = NJW 2008, 2245 (2246); WM 1976, 474; die Rspr. zusammenfassend BGH NJW 2012, 2422 Rn. 32.

[112] BGH WM 2010, 1393 Rn. 18; BGHZ 176, 281 = NJW 2008, 2245 (2246) (massive Verdachtsmomente für eine Untreue).

Allerdings besteht keine allgemeine Nachforschungspflicht, sondern die Pflicht des Zahlungsdienstleisters entsteht, wenn er im Rahmen der normalen Bearbeitung eines Zahlungsvorganges den Verdacht einer Straftat aufgrund der objektiven Evidenz massiver Verdachtsmomente schöpft.[113]

Eine etwaige Schutzpflicht des Dienstleisters, den Nutzer beim Überweisungsverkehr darauf hinzuweisen, dass der wirtschaftliche Zusammenbruch des Empfängers oder der Empfängerbank des Dienstleisters ersichtlich bevorsteht, ist im Rahmen der Kontoabrede als Rahmenvertrag zu verorten.[114] **53**

Grundsätzlich kommt diesen begrenzten Schutzpflichten des Zahlungsdienstleisters im Zahlungsdiensterahmenvertrag **keine Schutzwirkung zugunsten Dritter** zu.[115] Denn eine bestimmungsgemäße, gegenständliche oder unmittelbare Leistungsberührung des Dritten mit den vertraglichen Leistungen des Dienstleisters im Verhältnis zum Zahlungsdienstnutzer fehlt. Prinzipiell kommt der Dritte gerade nicht bestimmungsgemäß oder unmittelbar mit der Pflicht des Dienstleisters bzw. der Gefahr einer Schutzpflichtverletzung in Kontakt. Jedenfalls ist ein berechtigtes Interesse an einer Einbeziehung des Dritten zu verneinen. Denn der Zahlungsdienstleister wird im bargeldlosen Zahlungsverkehr nur zum Zweck der technisch einwandfreien, schnellen und einfachen Abwicklung tätig und muss nicht die weiteren Interessen des Zahlungsdienstnutzers im Blick haben. Eine Erweiterung über die begrenzten Schutzpflichten in ihren unmittelbaren Kundenbeziehungen hinaus ist abzulehnen.[116] **54**

bb) Die Nebenpflichten bei einer Online-Banking-Abrede. Die Nebenpflichten bei einer Online-Banking-Abrede entsprechen prinzipiell jenen bei der Konto-Abrede. Mit Blick auf eine etwaige Pflicht des Dienstleisters gegenüber dem Kunden **zur allgemeinen Überwachung der Kontobewegungen ohne besondere Anhaltspunkte** sowie eine etwaige **Pflicht, den Zahlungsvorgang in Bezug auf Risiken für die Beteiligten zu prüfen,** ist zu bedenken, dass die Verfahren beim Online-Banking weitgehend automatisiert sind, woraus eine weitere Begrenzung der Pflicht auf die technisch einwandfreie Abwicklung der Zahlungen folgt. Denn beim Online-Banking erfolgt eine formale, automatisierte Prüfung, ob der Auftrag nach äußerem Erscheinungsbild in Ordnung ist. Dieses reduziert zugleich die Möglichkeit zur Identifikation von Verdachtsfällen (kein Überweisungsformular, keine Handschrift, sondern Legitimationskennzeichen). **55**

Auch im Rahmen der Online-Banking-Abrede besteht **keine allgemeine Nachforschungspflicht,** so dass der Zahlungsdienstleister – über die aus den Regelungen zur Vermeidung von Geldwäsche hinaus – nicht gegenüber dem Zahlungsdienstnutzer verpflichtet ist, Programme, Suchroutinen oä zur Identifikation potentiell gefälschter Weisungen zu verwenden.[117] **56**

Der Dienstleister muss aber ein technisch sicheres System nach dem jeweils aktuellen Stand der Technik bereitstellen.[118] **Stand der Technik im Online-Banking** sind ua das **57**

---

[113] BGHZ 176, 281 = NJW 2008, 2245 (2246).

[114] → Kap. 2 § 675f Rn. 14.

[115] Gegen eine Drittwirkung der Schutzpflichten im Giroverhältnis der am bargeldlosen Zahlungsverkehr beteiligten Banken ausf. BGH NJW 2008, 2245 (2247 f.) mwN auch zur früheren, abweichenden Rspr.; allg. gegen Schutzpflichten zu Gunsten Dritter im bargeldlosen Zahlungsverkehr BankR-HdB/*Ellenberger* § 58 Rn. 216; *van Gelder* WM 1995, 1253; BuB/*Krepold,* Rn. 6/333 ff.; *Dahm* Die dogmatischen Grundlagen und tatbestandlichen Voraussetzungen des Vertrages mit Schutzwirkung für Dritte S. 95 ff.; *Keitel* Rechtsgrundlage und systematische Stellung des Vertrages mit Schutzwirkung für Dritte S. 139 ff.; *Haegltrum* Der Vertrag mit Schutzwirkung für Dritte S. 203 ff.; *Bauer* WM 1981, 1186; *Hadding* FS Werner, 1984, 165 (193 ff.); *Hüffer* ZHR 151 (1987), 93 (101 f., 105 f.).

[116] Tendenziell auch BGH NJW 2008, 2245 (2248) (grds. keine vertragliche Schutzwirkung für Dritte im bargeldlosen Zahlungsverkehr).

[117] Sofern er sie aber zum eigenen Schutz einsetzt, können Treu und Glauben gebieten, etwaige Erkenntnisse auch dem Nutzer mitzuteilen.

[118] Vgl. KG WM 2011, 493 (Mitverschulden der Bank aufgrund Pflichtverletzung durch Einsatz des herkömmlichen PIN/TAN-Verfahrens); s. a. *Spindler* FS Nobbe, 2009, 215 (224); *Kind/Werner* CR 2006, 353 (359).

PhotoTAN-Verfahren sowie das Verfahren unter Einsatz eines TAN-Generators (eTAN) und das Verfahren, bei dem die zu verwendende TAN von dem Kreditinstitut an das Mobiltelefon gesendet wird (mTAN bzw. smsTAN).[119] Gleiches gilt für Verfahren mit HBCI, dh mit Chipkarte und elektronischer Signatur.[120]

58 Der Zahlungsdienstleister hat aber angesichts der Missbrauchs- und Haftungsrisiken eine **Erläuterungspflicht** gegenüber dem Nutzer dahingehend, wie der Online-Service sachgerecht, dh unter Minimierung der Missbrauchsrisiken, genutzt werden kann. Dies schließt eine Erläuterung der konkreten Missbrauchsrisiken ein.[121] Die Erläuterung erfolgt idR durch „Sicherheitshinweise der Bank zum Online-Banking" (vgl. auch Ziff. 7.2 Abs. 3 Online-Banking-Bedingungen).

59 Schließlich ist auch beim Online-Banking als Rahmen der Durchführung des bargeldlosen Zahlungsverkehrs eine **Drittwirkung etwaiger Schutzpflichten abzulehnen.** Der Dienstleister hat im Massengeschäft des elektronischen bargeldlosen Zahlungsverkehrs nur sehr eingeschränkte Prüfungsmöglichkeiten und zudem keine Prüfungspflichten hinsichtlich der den Transaktionen zugrundeliegenden Geschäftsvorfälle.

2. Die Pflichten des Zahlungsdienstnutzers

60 **a) Die Hauptpflichten des Zahlungsdienstnutzers. aa) Die Hauptpflichten bei einer Konto-Abrede.** Die Hauptpflicht des Zahlungsdienstnutzers ist die **Pflicht zur Zahlung des** für die Erbringung der jeweiligen Zahlungsdienste **vereinbarten Entgelts** (§ 675f Abs. 5 S. 1 BGB). Der Zahlungsdienste(rahmen)vertrag ist ein gegenseitiger, entgeltlicher Vertrag. Freilich kann auch die Unentgeltlichkeit der Zahlungsdienste vereinbart sein.[122]

61 In Bezug auf zu zahlende Entgelte bestehen **Informationspflichten des Dienstleisters.**[123] Sofern der Nutzer vorvertraglich über etwaige Entgelte für die Nutzung des Kontos informiert wurde und sodann den Vertrag ohne Widerspruch hiergegen abschließt, liegt nach §§ 133, 157 BGB auch eine Zustimmung zur Entgeltlichkeit vor. Für die §§ 612, 632 BGB bleibt demnach insoweit nur noch ein geringer Anwendungsbereich.

62 Für die **Vereinbarung des Entgelts** gelten die allgemeinen gesetzlichen Grenzen der Privatautonomie. Besondere Grenzen folgen aus der VO (EG) Nr. 924/2009 (Entgelte für Zahlungsvorgänge und Verfügbarkeit von Lastschriften). Zudem dürfen für grenzüberschreitende Zahlungen innerhalb des EWR keine höheren Gebühren verlangt werden, als für vergleichbare Zahlungsvorgänge im Inland.[124] Als Art des Entgelts kann eine zeitabhängige (zB monatliche) Pauschale oder ein postenabhängiges Entgelt (zB pro Überweisung) vereinbart sein. Die Höhe der vereinbarten Entgelte muss den Vorgaben dieser Verordnung genügen, insbesondere darf die Summe der im Rahmen der Konto-Abrede vereinbarten Entgelte bei einem konkreten Zahlungsvorgang nicht die in der Verordnung enthaltene Grenze übersteigen. Soweit der Vertrag als Geschäftsbesorgungsvertrag mit dienstvertraglichen Elementen eingeordnet wird, ist das Entgelt auch zu zahlen, wenn die Dienstleistung erfolglos war. Eine Klausel, nach der die **Führung eines Kontos als P-Konto** eine im Vergleich zu anderen Girokonten deutlich höhere Kontoführungsgebühr auslöst, wurde als unwirksam erachtet.[125] Die Bepreisung von Barauszahlungen am Bank-

[119] IE auch Ellenberger/Findeisen/Nobbe/*Nobbe* § 675v BGB Rn. 113.

[120] Vgl. dazu *Spindler* FS Nobbe, 2009, 215 (225); *Gößmann/Bredenkamp* FS Nobbe, 2009, 93 (99).

[121] Wie hier Langenbucher/Gößmann/Werner/*Koch/Vogel* § 4 Rn. 148; BankR-HdB/*Maihold* § 55 Rn. 55.

[122] Vgl. Schulze/*Schulte-Nölke* § 675f Rn. 7; Begr. RegE BT-Drs. 16/11643, 102.

[123] Vor Vertragsschluss § 675d Abs. 1 BGB, Art. 248 § 4 Abs. 1 Nr. 3 lit. a EGBGB, nach Vertragsschluss auf Verlangen vor Ausführung über anfallende Entgelte (Art. 248 § 6 Nr. 2.3 EGBGB), nach Ausführung über angefallene Entgelte (Art. 248 § 7 Nr. 3, § 8 Nr. 3 EGBGB).

[124] Vgl. VO (EG) 924/2009 v. 16.9.2009 über grenzüberschreitende Zahlungen in Euro.

[125] BGH NJW 2013, 3163 Rn. 19 ff. = WM 2013, 1796; NJW 2013, 995 (999) = WM 2012, 2381 (2386); OLG Frankfurt WM 2012, 1908; OLG Schleswig WM 2012, 1914 f.; KG WM 2012, 267.

automaten mit der Kreditkarte eines anderen Unternehmens ist als Bepreisung einer Hauptleistungspflicht wirksam (zutr. OLG Bamberg ZIP 2019, 2003). Das klauselmäßige Entgelt für Bareinzahlungen und Barauszahlungen am Schalter ist ebenfalls als Bepreisung einer Hauptleistung wirksam (vgl. BGH WM 2019, 2153 Rn. 23 ff., freilich mit unzutreffendem Rückgriff auf die allg. Regeln, ua § 312a IV Nr. 2 BGB). Die Aussetzung eines Dauerauftrags ist eine die ursprüngliche Weisung des Zahlers modifizierende neue Weisung und als solche ein eigenständig bepreisbarer Zahlungsauftrag iSd Abs. 4 S. 2 und kein (gem. § 675j Abs. 2 BGB nicht bepreisbarer Widerruf.[126]

Bei der **Vereinbarung von Entgelten für die Erfüllung von Nebenpflichten,** auch in AGB, ist zu unterscheiden: 63

Nach § 675f Abs. 5 S. 2 Hs. 1 BGB, der Art. 62 Abs. 1 PSD II umsetzt, darf der Zahlungsdienstleister im Grundsatz[127] **kein Entgelt für die Erfüllung von gesetzlichen Nebenpflichten nach den §§ 675c–676c BGB** verlangen. Ausnahmen sind nur möglich, wenn (1; → Rn. 65) das Gesetz ein Entgelt zulässt und (2; → Rn. 66) ein solches zwischen den Parteien vereinbart wurde. Im Umkehrschluss gilt für **vertraglich vereinbarte Nebenpflichten** Abs. 5 S. 1, so dass Entgelte insoweit grundsätzlich zulässig vereinbart werden können. 64

Entsprechende **gesetzliche Öffnungsklauseln (1)** finden sich in den § 675d Abs. 4 BGB (überobligatorische Unterrichtung durch den Zahlungsdienstleister; näher → Rn. 71a); § 675e Abs. 4 BGB (Dispositivität des § 675f Abs. 5 S. 2 BGB bei Verträgen zwischen Zahlungsdienstleister und unternehmerischem Zahlungsdienstnutzer), § 675o Abs. 1 S. 4 BGB (Entgelt für die berechtigte Ablehnung der Ausführung eines Zahlungsauftrags), § 675p Abs. 4 S. 3 BGB (Bearbeitung eines Widerrufs nach Ablauf der gesetzlichen Widerrufsfrist), § 675y Abs. 5 S. 5 BGB (Bemühungen um die Wiederbeschaffung eines Zahlungsbetrags nach einer fehlerhaften Ausführung eines Zahlungsvorgangs wegen vom Nutzer fehlerhaft angegebener Kundenkennung). 65

Die **erforderliche Vereinbarung (2)** muss im Zahlungsdiensterahmenvertrag, also der Konto-Abrede erfolgen, auch durch AGB. Der Zahlungsdienstnutzer ist **über die Höhe des Entgelts** in der angestrebten Abrede über die Entgeltlichkeit dieser Nebenpflichten **vorvertraglich zu unterrichten** (Art. 248 § 4 Abs. 1 Nr. 3 lit. a EGBGB). Einer stillschweigenden Vereinbarung, auch gem. §§ 611, 632 BGB steht die Verletzung dieser Informationspflicht nicht entgegen; freilich löst sie aber einen Schadensersatzanspruch auf Freistellung von der Zahlungspflicht mit einer (widerleglichen) Vermutung aufklärungsrichtigen Verhaltens aus. Eine Pflichtverletzung scheidet hingegen u. a. aus, wenn die Informationen zwar erteilt, aber die klauselmäßige Entgeltabrede nicht in den Vertrag einbezogen wurde. Nimmt der Kunde in diesem Fall die gewusst entgeltliche Leistung in Anspruch, kommt ebenfalls eine konkludente Abrede über eine Entgeltpflicht zustande. 66

Die **Höhe des vereinbarten Entgelts** für die Erfüllung dieser gesetzlichen Nebenpflichten muss nach § 675f Abs. 5 S. 2 Hs. 2 BGB **angemessen und an den tatsächlichen Kosten des Zahlungsdienstleisters ausgerichtet** sein. Parallel zu § 675d Abs. 4 S. 2 BGB[128] beinhaltet die Norm eine Inhaltsprüfung der Entgeltabrede, die im Rahmen ihres Anwendungsbereichs den §§ 138 Abs. 1, 307 Abs. 1 BGB hinsichtlich des Ob und der Höhe des Entgelts vorgeht.[129] Danach darf der Dienstleister die Höhe des Entgelts für die Erfüllung der gesetzlichen Nebenpflichten nach den §§ 675c–676c BGB im Rahmen der Konto-Abrede an den entstehenden Verbindungs-/Portokosten und einem etwaigen Personalmehraufwand orientieren (Personalkosten anerkennend, aber ablehnend zur Berücksichtigung von Gemeinkosten, die nicht der Erfüllung der Unterrichtungspflicht 67

[126] Vgl. LG Frankfurt a. M. WM 2014, 1956.
[127] Zur Sonderregel bei der Erfüllung von Informationspflichten → Kap. 2 § 675d Rn. 12.
[128] → Kap. 2 § 675d Rn. 13.
[129] Ausf. BGH ZIP 2017, 1992 = WM 2017, 2013 ua zu Entgelten bei einer berechtigten Ablehnung von Lastschrift, Überweisung und Einzugsermächtigung; die judikative Kontrolle der Entgelthöhe ist ein Fremdkörper in einer wettbewerbsverfassten Marktwirtschaft; krit. zu Recht auch *Bitter* WM 2010, 1773 (1781).

dienen BGH ZIP 2017, 1992). Ausweislich des Wortlauts („ausgerichtet"; wortgleich Art. 62 Abs. 1 S. 2 Hs. 2 PSD II) kann das vereinbarte Entgelt auch höher sein als der tatsächliche Mehraufwand, zB um die Rundung auf einen „glatten" Betrag zu ermöglichen oder „Berechnungsunschärfen" bei der Bestimmung des Personalmehraufwands auszugleichen (so auch BGH ZIP 2017, 1992). Die Entgelthöhe bei anderen Kreditinstituten ist insoweit unerheblich. **Rechtsfolge eines unangemessen hohen Entgelts** ist richtigerweise nicht die Nichtigkeit der Entgeltklausel.[130] Immerhin handelt es sich bei der judikativen Überprüfung der (auch individual-!)vertraglich vereinbarten Entgelthöhe um einen Fremdkörper im Privatrecht einer wettbewerbsverfassten Marktwirtschaft. Hinzu tritt die Vagheit der Norm („ausgerichtet"), mit der sich ein nicht unerheblicher judikativer Bewertungsspielraum verbindet. Schließlich ist auch der Sanktionsgedanke, der beim sog. Verbot der geltungserhaltenden Reduktion im AGB-Recht herangezogen wird, bei dieser Norm, die immerhin auch Individualabreden erfasst, nicht angemessen. Richtigerweise ist daher ausnahmsweise eine judikative geltungserhaltende Reduktion auf eine angemessene Entgelthöhe vorzunehmen.[131] Eine **angemessene Beweislastverteilung** wird durch eine abgestufte Darlegungs- und Beweislast erreicht, so dass das Kreditinstitut (nur) auf einen hinreichend konkreten Tatsachenvortrag durch den Nutzer seinerseits Tatsachen zur Angemessenheit des Entgelts darlegen und beweisen muss.[132]

68 Für das **Verhältnis des § 675f Abs. 5 S. 2 Hs. 2 BGB zur AGB-Kontrolle** nach den §§ 305 ff. BGB ist entscheidend, dass § 675f Abs. 5 S. 2 Hs. 2 BGB *auch* auf Individualabreden anwendbar ist. Die besonderen Einbeziehungsvoraussetzungen bei AGB (§ 305 Abs. 2 BGB) sowie die Regelungen zu überraschenden oder mehrdeutigen Entgeltklauseln (§ 305c BGB) bleiben daher bei entsprechenden Entgeltklauseln in den AGB des Rahmenvertrages anwendbar.[133] Hinsichtlich der Inhaltskontrolle ist festzuhalten, dass die Entgeltklauseln für die genannten Nebenpflichten keine Preisnebenabreden bzw. kontrollfähige Entgelte für Nebenleistungen sind,[134] sondern auch unter Zugrundelegung dieser Unterscheidung als Entgeltbestimmungen für Leistungen im Interesse des Verwendungsgegners der Inhaltskontrolle gem. § 307 Abs. 3 BGB entzogen sind. In jedem Fall ist die Inhaltskontrolle nach § 675f Abs. 5 S. 2 Hs. 2 BGB hinsichtlich des Ob und der Höhe des Entgelts für die Erfüllung dieser gesetzlichen Nebenpflichten aber vorrangig (wohl a. A. nun BGH ZIP 2017, 1992 und BGH WM 2019, 2153 Rn. 50 ff.). Hierfür spricht, dass § 675f Abs. 5 S. 2 Hs. 2 BGB, wie auch die Richtlinienvorgabe, gerade nicht zwischen Individualabreden und AGB-Klauseln unterscheidet und in der Praxis AGB-Klauseln insoweit bei weitem überwiegen. Die Norm liefe daher weitgehend leer, wenn entsprechende Entgeltklauseln daneben noch einer strengeren AGB-Kontrolle unterlägen. Demnach können gesetzliche Nebenpflichten, die nach Abs. 5 S. 2 kostenfrei zu erbringen sind, auch nicht qua AGB-Klausel entgeltlich ausgestaltet werden. Umgekehrt liegt ein neues AGB-rechtliches Leitbild vor, wenn ein Entgelt für eine bestimmte Nebenpflicht durch Abrede gestattet wird.

69 Schließlich soll nach den Vorstellungen der Gesetzesverfasser der **Ersatz von Fremdaufwendungen (Aufwendungsersatz),** die im Zusammenhang mit diesen gesetzlichen Nebenpflichten entstanden sind, ausgeschlossen sein, sofern ein Entgelt vereinbart wurde. Der Dienstleister müsse diese in das Entgelt des Rahmenvertrages oder in das für die

---

[130] **AA** BGH NJW 2014, 922 Rn. 27; MüKoBGB/*Casper* § 675f Rn. 55 aE (Darlegungs- und Beweislast bei Kreditinstitut).

[131] **AA** BGH NJW 2014, 922 Rn. 27, freilich insoweit ohne jede Begründung und mit bloßem Verweis auf das – hier allein gerade nicht zielführende – Verbot geltungserhaltender Reduktion bei AGB als stRspr.

[132] Zu weit MüKoBGB/*Casper* § 675f Rn. 65 aE (Darlegungs- und Beweislast bei Kreditinstitut).

[133] Die Entgelte werden in der Regel durch Verweise in den AGB auf die Preis- und Leistungsverzeichnisse vereinbart (vgl. Ziff. 12 AGB-Banken; Ziff. 17 AGB-Sparkassen).

[134] Zur Kontrollfähigkeit von Preisnebenabreden MüKoBGB/*Wurmnest* § 307 Rn. 17, 20; BGHZ 114, 330 (333) = NJW 1991, 1953; BGHZ 116, 117 = NJW 1992, 688; BGHZ 124, 254 (256) = NJW 1994, 318 (Kontrollfähigkeit der Entgelte für Ein- und Auszahlungen); zu Entgelten für Nebenleistungen auch BGH NJW 2009, 2051; NJW 2005, 1275; krit. dazu *Canaris* AcP 200 (2000), 273 (327).

Nebenpflicht vereinbarte Entgelt einpreisen und könne es nicht neben dem Entgelt verlangen.[135] Ein solches Verständnis legt der Wortlaut der Richtlinie nicht nahe, der vom Entgelt spricht, das an der Höhe der Kosten ausgerichtet sein soll; Aufwendungsersatz ist indes auf die Höhe der Aufwendungen festgelegt. Auch würde die zwangsweise Integration des Aufwendungsersatzes den Dienstleister mit einem großen Prognoserisiko belasten, müsste er doch die Höhe der Aufwendungen recht präzise absehen können, um das Entgelt nicht unzulässig hoch zu vereinbaren. Auch der Zweck der Richtliniennorm, die Vergleichbarkeit der Anbieter dieser Dienstleistungen sicherzustellen, rechtfertigt kein abweichendes Verständnis, denn die Höhe der zu ersetzenden Aufwendungen betrifft nicht die Leistung des Dienstleisters. Indem die vollharmonisierende Richtlinienvorgabe den Aufwendungsersatz somit nicht ausschließt, darf das nationale Recht hiervon nicht zugunsten des Dienstnutzers abweichen; der entsprechende Wille des nationalen Gesetzgebers kann sich daher nicht im Rahmen der Auslegung durchsetzen. Somit erfasst der Ausschluss nicht die Erstattung von Auslagen, die der Dienstleister für die Inanspruchnahme Dritter zur Erfüllung der Nebenpflicht gesondert zu zahlen hat.[136]

Abweichendes gilt für ein **Entgelt für die Erfüllung sonstiger gesetzlicher Nebenpflichten**[137] sowie ein **Entgelt für die Erfüllung vertraglicher Nebenpflichten.** Diese können in den allgemeinen Grenzen, welche die AGB-Kontrolle einschließen, frei vereinbart werden. Freilich greift insoweit die restriktive **judikative Kontrolle von Bankentgelten** am Maßstab der §§ 307 ff. BGB.[138] Insofern wurden unlängst Entgeltklauseln bei Nachforschung und Reklamation von Zahlungsaufträgen[139] sowie für die Sperrung einer EC-Karte[140] verworfen. In beiden Konstellationen kann der Dienstleister zudem Aufwendungsersatz verlangen. 70

Weitere vertragswesentliche Pflichten sind die **Vorschussleistung** (§§ 669, 675c Abs. 1 BGB), der **Ersatz von Aufwendungen** (§§ 670, 675c Abs. 1 BGB) sowie der **Ersatz von Aufwendungen bei nachträglicher Genehmigung** (§§ 683 S. 1, 670 BGB). 71

Die frühere Rechtsprechung, wonach klauselmäßig für den Zahlungsvorgang „Barauszahlung" keine gesonderte Vergütung verabredet werden konnte,[141] ist überholt. Der Zahlungsdienstleister kann für die **Nacherstellung von Kontoauszügen** als Unterrichtung nach § 675d Abs. 4 S. 1 Nr. 1 BGB mit dem Zahlungsdienstnutzer ein Entgelt vereinbaren. Die Nachinformation ist ebenso umfasst wie die überobligatorische Erstinformation.[142] Das Entgelt muss nach dem Vorstehenden angemessen sein und sich an den tatsächlichen Kosten ausrichten. Dies soll bei 15 EUR pro nacherstelltem Auszug nicht der Fall sein.[143] 71a

bb) Die Hauptpflichten bei einer Online-Banking-Abrede. Die **Hauptpflichten des Zahlungsdienstnutzers** bei der Online-Banking-Abrede entsprechen allgemein jenen bei Rahmenverträgen. In Bezug auf die Pflicht zur **Zahlung des Entgelts** ist indes zu berücksichtigen, dass ein solches bei Online-Banking-Abreden vielfach nicht geschuldet wird, da der Zahlungsdienstleister substantielle Kostenvorteile durch den elektronischen bargeldlosen Zahlungsverkehr hat und daher einen Anreiz zur Nutzung dieses Kommuni- 72

135 Begr. RegE BT-Drs. 16/11643, 102 f.; zust. MüKoBGB/*Casper* § 675f BGB Rn. 60, 66.

136 IE auch Ellenberger/Findeisen/Nobbe/*Pfeifer* § 675d BGB Rn. 25; **aA** BeckOK BGB/*Schmalenbach* § 675f Rn. 111; sofern die entgegengesetzte Ansicht den Aufwendungsersatz unter den Entgeltbegriff der Richtlinie subsumiert, muss sie zugleich zulassen, dass vertraglich (vgl. § 12 Abs. 6, 7 AGB-Banken) deren Ersatz vereinbart wird. Die Vereinbarung des Aufwendungsersatzes entspricht dann den Vorgaben der Richtlinie, da dann das „Entgelt" der Höhe der Kosten entspricht.

137 Vgl. den Wortlaut des § 675f Abs. 5 S. 2 BGB „nach diesem Untertitel".

138 Dazu ausf. → Kap. 1 Rn. 171.

139 OLG Frankfurt WM 2013, 1351.

140 OLG Düsseldorf NJOZ 2013, 702.

141 Vgl. nur BGHZ 124, 254, 258.

142 Unstr. BGH ZIP 2014, 259 = WM 2014, 253 Rn. 16 f.; MüKoBGB/*Casper* § 675f Rn. 32; *Kropf/Habl* BKR 2013, 103 (104).

143 BGH ZIP 2014, 259 = WM 2014, 253 Rn. 18 f.

kationsweges für die potentiellen Nutzer seiner Dienstleistungen schaffen will. Möglich ist aber auch, dass die Nutzung des Online-Bankings oder bestimmter Funktionen nur gegen Entgelt erbracht werden.

73 Hinsichtlich der Entgelte für die Erfüllung von Nebenpflichten müssen diese durch das Gesetz zugelassen und in der Online-Banking-Abrede vereinbart worden sein (vgl. ausf. → Rn. 63 ff.).

74 Für die Höhe des Entgelts gelten die allgemeinen Regeln (→ Rn. 67 ff.). Dabei ist insbesondere der automatisierte Ablauf des Online-Bankings zu bedenken, weshalb für die Erfüllung der gesetzlichen Nebenpflichten nach den §§ 675c–676c BGB im Rahmen der Online-Banking-Abrede aufgrund des großen Personalmehraufwandes bei im übrigen automatisiertem Ablauf erhebliche Kosten entstehen können.

75 **b) Die Nebenpflichten des Zahlungsdienstnutzers.** Die Nebenpflichten des Zahlungsdienstnutzers umfassen ua eine **Sorgfaltspflicht** in Bezug auf die überlassenen Zahlungsinstrumente (§ 675l BGB) und die **Unterrichtungspflicht** bei fehlerhaften Zahlungsvorgängen (§ 676b BGB).

76 Weitere vertraglich vereinbarte Nebenpflichten folgen aus den AGB-Banken und aus den Online-Banking-Bedingungen, die die gesetzlichen Nebenpflichten konkretisieren.

77 Nach **Ziff. 7.1. Online-Banking-Bedingungen** ist der Teilnehmer verpflichtet, die **technische Verbindung zum Online-Banking** nur über die vom Betreiber mitgeteilten Online-Banking-Zugangsdaten, zB die Internetadresse, herzustellen.

78 **Ziff. 7.2 Online-Banking-Bedingungen** enthält **Geheimhaltungspflichten** hinsichtlich der personalisierten Sicherheitsmerkmale und Aufbewahrungspflichten in Bezug auf das Authentifizierungsinstrument. Danach hat der Teilnehmer am Online-Banking ua die personalisierten Sicherheitsmerkmale geheim zu halten und nur über die von der Bank mitgeteilten Zugangskanäle zu übermitteln. Authentifizierungsinstrumente sind vor dem Zugriff Dritter zu schützen. Diese Pflichten werden, ua im Hinblick auf bekannte Angriffsformen, in Ziff. 7.2 Abs. 2 weiter konkretisiert. Diese Konkretisierungen betreffen ua die Verwahrung bzw. Speicherung der PIN/TAN sowie die Nutzung von PIN und TAN. So darf zB nicht mehr als eine TAN zur Erteilung eines Auftrages eingegeben werden und beim mTAN-Verfahren das Gerät, mit dem die TAN empfangen wird, nicht gleichzeitig für das Online-Banking genutzt werden.

79 Nach **Ziff. 7.4 Online-Banking-Bedingungen** hat der Nutzer die Nebenpflicht, **Bestätigungen des Zahlungsauftrages** durch die Bank, wie den übermittelten, noch nicht ausgeführten Auftrag, der im System registriert wurde, **auf Richtigkeit und Vollständigkeit** zu überprüfen. Diese Bestätigungen werden entweder unmittelbar am Bildschirm angezeigt oder beim mTAN-Verfahren auf das Mobiltelefon des Nutzers zusammen mit der mTAN übermittelt.

V. Die Nutzung von Zahlungsauslöse- und Kontoinformationsdiensten (Abs. 3)

1. Die Voraussetzungen der Nutzung

79a In Abs. 3 S. 1 ist die Nutzung von Zahlungsauslösediensten und Kontoinformationsdiensten durch den Zahlungsdienstnutzer bei Zahlungskonten geregelt, die online zugänglich sind. Die Norm setzt Art. 66 Abs. 1, 67 Abs. 1 PSD II um. Nach Abs. 3 S. 2 ist dem kontoführenden Zahlungsdienstleister untersagt, die Nutzung entsprechender Dienste durch den Zahlungsdienstnutzer vom Abschluss eines Vertrags des Zahlungsauslösedienstleisters oder des Kontoinformationsdienstleisters mit dem Zahlungsdienstleister abhängig zu machen (vgl. Art. 66 Abs. 5, 67 Abs. 4 PSD II). Als Voraussetzung für den Anspruch muss zwischen dem Zahlungsdienstnutzer und dem Zahlungsdienstleister ein **Zahlungsdiensterahmenvertrag** abgeschlossen sein, nach dem der Zahlungsdienstleister verpflichtet ist, für den Zahlungsdienstnutzer **ein Zahlungskonto zu führen.** Bei einem Einzelzahlungsvertrag besteht der Anspruch nach Abs. 3 nicht.[144] Das Zahlungskonto ist in § 1 Abs. 17 ZAG legal definiert.

Darüber hinaus muss zwischen den Parteien ein **Online-Zugang zum Zahlungskonto** des Zahlungsdienstnutzers **vereinbart** sein. Das Zahlungskonto ist „online zugänglich", wenn es zB über die Website des Zahlungsdienstleisters unter Nutzung von Legitimationskennzeichen vom Zahlungsdienstnutzer erreicht werden kann. Gleiches gilt, wenn das Konto über die Banking-App des Zahlungsdienstleisters entsprechend erreichbar ist oder über die Online-Banking-Schnittstelle. Das bloße Vorhandensein der technischen Schnittstelle beim Zahlungsdienstleister reicht nicht aus, um den Anspruch auszulösen.[145] Nach dem Wortlaut besteht der Anspruch nach Abs. 3 S. 1, „es sei denn …", das Konto ist nicht online zugänglich. Der Zahlungsdienstleister ist mithin für diesen anspruchshindernden Umstand darlegungs- und beweispflichtig, sollte er behaupten, dass ein Online-Zugang zum Konto für den konkreten Zahlungsdienstnutzer nicht besteht.[146] **79b**

2. Die Pflichten des Zahlungsdienstleisters

Als Rechtsfolge hat der Zahlungsdienstleister dem Zahlungsdienstnutzer die **Nutzung** des Zahlungsauslösedienstes oder des Kontoinformationsdienstes **zu ermöglichen.** Diese Pflicht ist nicht dispositiv.[147] Zudem darf der Zahlungsdienstleister die Nutzung dieser Drittanbieter nicht anderweitig durch Umgehungstatbestände verhindern.[148] Das Rechtsverhältnis zwischen kontoführendem Zahlungsdienstleister und Zahlungsauslösedienstleister oder Kontoinformationsdienstleister bei der Nutzung der Drittanbieter durch den Zahlungsdienstnutzer wird von den §§ 48–52 ZAG geregelt.[149] Zur Umsetzung des Anspruchs hat der Zahlungsdienstleister dem Kontoinformationsdienstleister Zugang zu den Kontodaten des Zahlungsdienstnutzers über eine technische Schnittstelle zu gewähren. **79c**

Darüber hinaus darf der Zugang zu diesen Drittanbietern vom Zahlungsdienstleister nicht davon abhängig gemacht werden, dass der Zahlungsauslösedienstleister oder der Kontoinformationsdienstleister einen Vertrag mit ihm abschließt. In der Folge kann der Zahlungsdienstleister **nicht bestimmte Zahlungsauslösedienstleister** oder Kontoinformationsdienstleister von der Nutzung durch den Zahlungsdienstenutzer **ausschließen.** Etwas anderes gilt, wenn diese Drittanbieter über die vom Zahlungsdienstnutzer gewährte Einwilligung hinaus auf das Konto und die Kontoinformationen zugreifen und zB unberechtigt Daten des Kontoinhabers verwenden oder auf Daten zugreifen, die für die Erbringung der mit ihnen vereinbarten Dienstleistung nicht erforderlich sind. **79d**

VI. Die Definition von Zahlungsvorgang und Zahlungsauftrag (Abs. 4)

1. Der Zahlungsvorgang

§ 675f Abs. 4 S. 1 BGB definiert den von Art. 4 Nr. 5 PSD II vorgeschriebenen Begriff des Zahlungsvorgangs für den Anwendungsbereich im deutschen Recht. Indem der Normtext auf die Bereitstellung, Übermittlung oder Abhebung eines Geldbetrags, unabhängig von der zugrunde liegenden Rechtsbeziehung zwischen Zahler und Zahlungsempfänger, abstellt, wird die tatsächliche buchhalterisch (nach)vollzogene Verschiebung eines Geldbetrages in Form von Bar- oder Buchgeld erfasst.[150] Das zugrunde liegende Rechtsver- **80**

[144] **AA** MüKoBGB/*Casper* § 675f Rn. 42.

[145] Begr. RegE. BT-Drs. 18/11495, 154.

[146] Vgl. Begr. RegE. BT-Drs. 18/11495, 154.

[147] Begr. RegE. BT-Drs. 18/11495, 154.

[148] Vgl. Erwägungsgrund Nr. 69 S. 2 PSD II, wonach der Zahlungsdienstleister seine AGB nicht so abfassen darf, dass der Zahlungsdienstnutzer von der Nutzung der Drittanbieter abgehalten wird.

[149] Vgl. zum Inkrafttreten Art. 15 Abs. 1 G zur Umsetzung der 2. Zahlungsdienste-Richtlinie, BGBl I 2017, 2446 (2494).

[150] Wohl unstr.; vgl. Begr. RegE. BT-Drs. 16/11643, 102; MüKoBGB/*Casper* § 675f Rn. 39.

hältnis bleibt bei der Qualifikation unbeachtet. Dieses Rechtsverhältnis kann auch fehlen. Der Terminus umfasst damit nicht nur Vorgänge (Zahlungen), die auf einem Zahlungsauftrag basieren, sondern auch solche, bei denen es an der Autorisierung fehlt, so zB missbräuchlich veranlasste Zahlungen. Auch eine schlichte Fehlbuchung ohne (missbräuchliche) Veranlassung ist umfasst, da der Zahlungsvorgang gerade „unabhängig" von einem Rechtsverhältnis, also auch ohne ein solches, und unabhängig von dem vermeintlichen Bestehen des Rechtsverhältnisses bestimmt werden soll.[151] Eine Regelung zu **Entgelten** bei Zahlungsvorgängen findet sich in § 675q BGB. Nach § 675r BGB besteht die Möglichkeit, den Zahlungsvorgang anhand einer **Kundenkennung** auszuführen; die **Ausführungsfrist** ist in § 675s BGB geregelt.

81 Die Definition unterscheidet **drei Fallgruppen,** das Bereitstellen, die Übermittlung sowie die Abhebung eines Geldbetrags. Das **Bereitstellen** eines Geldbetrages in Form von Bargeld ist dessen Einzahlung und die Auszahlung auf Weisung. Die **Übermittlung** erfasst nur Buchgeld (im Umkehrschluss zu § 2 Abs. 1 Nr. 3 ZAG). Im Zentrum steht die Umbuchung des Buchgeldes von einem Zahlungskonto auf ein anderes, zB bei einer Überweisung oder einer Kartenzahlung. Auch die Umbuchung zwischen zwei Konten des Kunden wird umfasst, da die Identität von Zahler und Zahlungsempfänger ausweislich der umfassten Auszahlung unerheblich ist und das zugrunde liegende Rechtsverhältnis ebenfalls als unbeachtlich qualifiziert wird. Das **Abheben** erfasst va die Barauszahlung.

2. Der Zahlungsauftrag

82 **a) Inhalt und Rechtsnatur.** § 675f Abs. 4 S. 2 BGB definiert den Zahlungsauftrag als Auftrag, den ein Zahler seinem Zahlungsdienstleister zur Ausführung eines Zahlungsvorgangs entweder unmittelbar oder mittelbar über einen Zahlungsauslösedienstleister oder den Zahlungsempfänger erteilt (s. a. Art. 4 Nr. 13 PSD II). Dieser Auftrag ist ein **Sonderfall der Weisung** im Auftragsrecht (§ 665 BGB);[152] seine Grundlage bildet der Zahlungsvertrag, vielfach ist dieser ein Zahlungsdiensterahmenvertrag, namentlich die Kontoabrede. Es handelt sich der **Rechtsnatur** nach um eine einseitige, empfangsbedürftige Willenserklärung mit dem Inhalt einer Weisung des Zahlers an seine Bank, mit der diese verpflichtet wird, einen Zahlungsvorgang auszulösen. Es ist kein Grund ersichtlich, bei dieser neuen Definition vom gesicherten Erkenntnisstand abzuweichen, nachdem es sich um die Ausübung eines durch den Zahlungsdienste(rahmen)vertrag begründeten Gestaltungsrechts handelt.[153] Der Zahlungsauftrag wird gem. § 675n Abs. 1 S. 1 BGB mit **Zugang** beim Zahlungsdienstleister wirksam. Das Gesetz enthält keine formalen Vorgaben für die Erteilung des Zahlungsauftrags. Demnach kann dies durch die vertragliche Abrede der Parteien geregelt werden. Die Stellvertretung bei der Erteilung des Zahlungsauftrags ist gesetzlich nicht ausgeschlossen; eine abweichende vertragliche Regelung durch die Parteien ist ebenfalls möglich. Dem Zahlungsdienstleister sind die für die Ausführung des Zahlungsauftrags erforderlichen Daten mitzuteilen, namentlich Zahler, Zahlungsempfänger, Zeitpunkt sowie Zahlungskonto, wenn auf ein solches zurückgegriffen werden soll. Regelmäßig wird auch der Betrag angegeben (vgl. aber § 675x Abs. 1 S. 1 BGB).

83 Die **begrenzte Widerruflichkeit** der Weisung ist in § 675p BGB speziell geregelt. § 675o BGB legt die Konstellationen fest, in denen die Weisung ausnahmsweise **zurückgewiesen** werden darf. In diesen Fällen ist der Zahlungsdienstnutzer gem. § 675o Abs. 1 BGB hierüber zu unterrichten.

---

[151] Wie hier MüKoBGB/*Casper* § 675f Rn. 49; Palandt/*Sprau* § 675f Rn. 14.

[152] So auch die hLit vgl. *Nobbe* WM 2011, 962 (963); *Werner* BKR 2010, 353; *Köndgen* JuS 2011, 481 (485 f.); MüKoBGB/*Casper* § 651f Rn. 42; Ellenberger/Findeisen/Nobbe/*Walz* Rn. 9; *Danwerth* Das Finanztransfergeschäft als Zahlungsdienst, 2017, 152; nach eigener Darstellung **aA** BeckOGK BGB/*Foerster* § 675f Rn. 84.

[153] Vgl. schon *Canaris* Bankvertragsrecht Rn. 321 mit Nachw. zum älteren Schrifttum (ausfüllende Gestaltungserklärung); *Köndgen* JuS 2011, 481 (485 f.); MüKoBGB/*Casper* § 675f Rn. 52.

Der Zahlungsauftrag weist stets einen **Bezug zu einem Zahlungsdienste(rahmen) vertrag** auf. Er kann diesem zeitlich nachfolgen, so va bei Zahlungsdiensterahmenverträgen; er kann aber auch zeitgleich mit einem Einzelzahlungsvertrag erfolgen. Gleiches gilt beim Einzelzahlungsvertrag. Auch bei diesem ist der Zahlungsauftrag eine Weisung, die den Einzelzahlungsvertrag konkretisiert. Regelmäßig wird die Weisung mit dem Abschluss des Einzelzahlungsvertrags erteilt; sie kann ihm aber auch nachfolgen. 84

Mit der Ausführung des Zahlungsvorgangs erfüllt der Zahlungsdienstleister den mit der Gestaltungserklärung konkretisierten Zahlungsdienste(rahmen)vertrag. Ausnahmsweise kann die Gestaltungserklärung der Ausführung als Genehmigung nachfolgen. 85

b) Das Verhältnis des Zahlungsauftrags zur Autorisierung. Nach § 675j Abs. 1 S. 1 BGB ist ein Zahlungsvorgang gegenüber dem Zahler nur wirksam, wenn der Zahler dem Zahlungsvorgang zugestimmt hat (Autorisierung). Diese **Autorisierung nach § 675j Abs. 1 BGB** ist **nicht** mit dem **Zahlungsauftrag,** dh der Weisung, identisch; freilich erfolgen beide in der Praxis zumeist zeitgleich. Paradigmatisch ist insofern die Überweisung. Der Zahlungsauftrag verpflichtet den Zahlungsdienstleister in Erfüllung des Zahlungsdienste(rahmen)vertrags, einen Zahlungsvorgang auszuführen. Hingegen darf die Bank das Zahlungskonto des Kunden mit dem hieraus resultierenden Aufwendungsersatzanspruch nur belasten, wenn eine Autorisierung nach § 675j Abs. 1 BGB vorliegt. Dieser Dualismus liegt dem Gesetz nicht nur terminologisch, sondern auch inhaltlich zugrunde, wie § 675j Abs. 2 S. 1 BGB zeigt, der die Widerrufsmöglichkeiten bei einer Autorisierung jenen bei dem Zahlungsauftrag nach § 675p BGB angleicht.[154] 86

Demnach kann ein **Zahlungsauftrag ohne Autorisierung** erteilt werden, da zwei Erklärungen vorliegen müssen. Freilich wird, mangels abweichender Anhaltspunkte im Sachverhalt, mit einem Zahlungsauftrag prinzipiell auch eine, in der Regel konkludente, Autorisierung einhergehen. Eine Autorisierung kann auch isoliert erteilt werden und mit dieser geht nicht stets ein Zahlungsauftrag einher (→ Kap. 2 § 675j Rn. 2).[155] 87

§ 675g Änderung des Zahlungsdiensterahmenvertrags

(1) **Eine Änderung des Zahlungsdiensterahmenvertrages auf Veranlassung des Zahlungsdienstleisters setzt voraus, dass dieser die beabsichtigte Änderung spätestens zwei Monate vor dem vorgeschlagenen Zeitpunkt ihres Wirksamwerdens dem Zahlungsdienstnutzer in der in Artikel 248 §§ 2 und 3 des Einführungsgesetzes zum Bürgerlichen Gesetzbuche vorgesehenen Form anbietet.**

(2) [1]**Der Zahlungsdienstleister und der Zahlungsdienstnutzer können vereinbaren, dass die Zustimmung des Zahlungsdienstnutzers zu einer Änderung nach Absatz 1 als erteilt gilt, wenn dieser dem Zahlungsdienstleister seine Ablehnung nicht vor dem vorgeschlagenen Zeitpunkt des Wirksamwerdens der Änderung angezeigt hat.** [2]**Im Fall einer solchen Vereinbarung ist der Zahlungsdienstnutzer auch berechtigt, den Zahlungsdiensterahmenvertrag vor dem vorgeschlagenen Zeitpunkt des Wirksamwerdens der Änderung fristlos zu kündigen.** [3]**Der Zahlungsdienstleister ist verpflichtet, den Zahlungsdienstnutzer mit dem Angebot zur Vertragsänderung auf die Folgen seines Schweigens sowie auf das Recht zur kostenfreien und fristlosen Kündigung hinzuweisen.**

(3) [1]**Änderungen von Zinssätzen oder Wechselkursen werden unmittelbar und ohne vorherige Benachrichtigung wirksam, soweit dies im Zahlungsdiensterahmenvertrag vereinbart wurde und die Änderungen auf den dort vereinbarten Referenzzinssätzen oder Referenzwechselkursen beruhen.** [2]**Referenzzinssatz ist der Zinssatz, der bei der Zinsberechnung zugrunde gelegt wird und aus einer öffentlich zugänglichen und für beide Parteien eines Zahlungsdienstevertrags überprüfbaren Quelle stammt.** [3]**Refe-**

[154] Krit. zu diesem Dualismus *Köndgen* JuS 2011, 481 (486).
[155] **AA,** aber nicht überzeugend, MüKoBGB/*Casper* § 675f Rn. 55 f.

renzwechselkurs ist der Wechselkurs, der bei jedem Währungsumtausch zugrunde gelegt und vom Zahlungsdienstleister zugänglich gemacht wird oder aus einer öffentlich zugänglichen Quelle stammt.

(4) **Der Zahlungsdienstnutzer darf durch Vereinbarungen zur Berechnung nach Absatz 3 nicht benachteiligt werden.**

Übersicht

I. Inhalt und Normzweck

1 In Umsetzung des Art. 54 PSD II regelt die Norm die **Änderung von Zahlungsdiensterahmenverträgen.** Die Abs. 1 und 2 beinhalten besondere Anforderungen an die rechtsgeschäftliche Abrede zur Änderung von Rahmenverträgen; die Abs. 3, 4 stellen Voraussetzungen für die Koppelung von Zinssätzen und Wechselkursen in diesen Rahmenverträgen an Referenzzinssätze bzw. Referenzwechselkurse auf. Die Norm ist **zu § 312a Abs. 3 BGB vorrangig,** da die Verpflichtung des Verbrauchers zur Zahlung entgeltpflichtiger Nebenleistungen des Unternehmers hier speziell für das Zahlungsdiensterecht geregelt wird.[1]

II. Rechtsgeschäftliche Änderung des Rahmenvertrages auf Veranlassung des Zahlungsdienstleisters (Abs. 1)

1. Voraussetzungen einer Vertragsänderung auf Angebot des Dienstleisters

2 § 675g Abs. 1 BGB regelt die rechtsgeschäftliche Änderung des Inhaltes des Rahmenvertrages, also ua der Konto-Abrede und Online-Banking-Abrede. Nach allgemeinen Grundsätzen bedarf die rechtsgeschäftliche Änderung eines Schuldverhältnisses der Zustimmung beider Parteien (§ 311 Abs. 1 BGB). Der Nutzer kann ein **Änderungsangebot des Dienstleisters** annehmen mit der Folge, dass die Konto-Abrede oder Online-Banking-Abrede nach den allgemeinen Grundsätzen der Rechtsgeschäftslehre entsprechend geändert wird (vgl. zur Zustimmungsfiktion nach Abs. 2 → Rn. 14 ff.). Lehnt er das Angebot ab oder gibt er keine Willenserklärung ab, bleibt der Rahmenvertrag unverändert. Die Norm erfasst Individualabreden ebenso wie Formularverträge. Zu unterscheiden hiervon ist die vertragliche Vereinbarung eines einseitigen Rechts zur Vertragsänderung, zB durch den

[1] Vgl. BeckOK BGB/*Schmalenbach* § 675g Rn. 2a; BeckOGK BGB/*Foerster* § 675g Rn. 6; sa Begr. RegE BT-Drs. 17/12637, 53.

Zahlungsdienstleister; ein solches Recht muss, sofern klauselmäßig vereinbart, den Anforderungen der §§ 305 ff. BGB genügen.

3 Abs. 1 hat **Vertragsänderungen des Rahmenvertrages** einschließlich Entgeltabreden für den Zahlungsdienst, die nicht unter Abs. 3 fallen, zum Gegenstand. Eine solche Änderung erfordert zwei korrespondierende Willenserklärungen, dh der Nutzer muss der Änderung ausdrücklich oder konkludent zustimmen.[2] Die Anwendung des § 675g BGB ist unabhängig davon, ob **Gegenstand der Vertragsänderung** die Zahlungsdienstleistung selbst ist. Auch eine hiervon unabhängige Änderung des Inhalts des Rahmenvertrages wird erfasst. Für dieses Verständnis spricht der weitgefasste Wortlaut sowohl der Richtlinienregel als auch der nationalen Umsetzungsnorm. Auch der Zweck weist in diese Richtung, soll die Norm doch sicherstellen, dass der Zahlungsdienstnutzer bei Änderungen des Vertrags auf Veranlassung der Gegenseite zwei Monate Gelegenheit hat, um alternative Angebote zu prüfen. Ein irgendwie gearteter sachlicher Grund des Dienstleisters für die Änderung ist nicht erforderlich.

4 Bei mit dem Rahmenvertrag **verbundenen Verträgen** (§ 675f Abs. 2 S. 2 BGB) kann die verbundene Abrede, die nicht als Zahlungsdiensterahmenvertrag zu qualifizieren ist (zB eine Scheckabrede), nach allgemeinen Grundsätzen einverständlich geändert werden. Entscheidend dabei ist, ob eine weitere, selbständige Abrede vorliegt.[3] Falls die Regelungen Inhalt des Rahmenvertrages, also der Konto- oder Online-Banking-Abrede sind, ist § 675g BGB einschlägig.[4] Nicht erfasst wird die (Teil-)Kündigung allein einer Zusatzvereinbarung, die selbst unter § 1 Abs. 1 S. 2 ZAG fällt; insofern handelt es sich um eine (Teil-)Kündigung eines sonstigen Vertrags nach den für diesen geltenden Regelungen.[5]

5 Die **Änderung** muss **auf Veranlassung des Zahlungsdienstleisters** erfolgen, mithin – unabhängig von der konkreten rechtsgeschäftlichen Konstruktion – auf dessen *Initiative* zurückgehen.[6] Regelmäßig wird ein Vertragsangebot zur Änderung der Abrede vom Dienstleister vorliegen. Bei einer solchen Vertragsänderung auf Initiative des Dienstleisters greift die besondere Regel der Rechtsgeschäftslehre in Abs. 1. Auch eine Änderungskündigung durch den Dienstleister ist umfasst, stellt diese doch eine Kündigung des Dauerschuldverhältnisses (§ 675h Abs. 2 BGB) sowie ein Angebot (auf Initiative des Dienstleisters) zur vertraglichen Änderung des Vertrags dar. Nicht erfasst werden Änderungsangebote durch den Nutzer[7] sowie gemeinsame Initiativen von Dienstleister und Nutzer zur Vertragsänderung nach § 311 Abs. 1 BGB.

6 Bei den von § 675g Abs. 1 BGB erfassten Änderungen ist die **besondere Form** gem. Art. 248 § 3 EGBGB vorgeschrieben, mithin der dauerhafte Datenträger.[8] Dieser wird von § 126b S. 2 BGB bestimmt (s. a. Art. 4 Nr. 35 PSD II). Ausreichend ist, dass der Zahlungsdienstnutzer die ihm elektronisch übermittelte Erklärung speichern und ausdrucken kann. Zudem muss gem. Art. 248 § 2 EGBGB die **vereinbarte Sprache** gewählt werden und die Vertragsänderung den Anforderungen an die **Verständlichkeit des Vertragsinhaltes** („klar und verständlich") genügen.

6a Die geforderte **„Mitteilung" des Angebots**[9] erfordert nach der Gesetzesbegründung, dass das Angebot auf Änderung zB der Konto- oder der Online-Banking-Abrede dem Zahlungsdienstnutzer in der Form des Art. 248 §§ 2, 3 EGBGB mitgeteilt werden muss.[10]

---

[2] Zur Abdingbarkeit → Rn. 14 ff.

[3] Zust. BeckOGK BGB/*Foerster* § 675g Rn. 6.

[4] Unklar insoweit Palandt/*Sprau* § 675g Rn. 1 (bei Zusatzvereinbarungen ist § 675g BGB entspr. anwendbar, wenn der Zahlungsdienstevertrag den Schwerpunkt bildet).

[5] LG Düsseldorf BeckRS 2018, 8336 Rn. 29; LG Hagen BeckRS 2014, 12404 Rn. 69.

[6] IE auch Staub/*Grundmann* Bankvertragsrecht 3. Teil Rn. 181; MüKoBGB/*Casper* § 675g BGB Rn. 4; Ellenberger/Findeisen/Nobbe/*Schindele* § 675g Rn. 8; BeckOGK BGB/*Foerster* § 675g BGB Rn. 13.

[7] Wie hier Palandt/*Sprau* § 675g Rn. 1.

[8] Ausf. dazu → Kap. 2 § 675d Rn. 26; eine entspr. Regelung findet sich in § 1 Abs. 2 AGB-Banken, wonach die elektronische Kommunikation gewählt wird, falls auch eine Online-Banking-Abrede vereinbart wurde.

[9] → Kap. 2 § 675d Rn. 29.

[10] Begr. RegE BT-Drs. 16/11643, 103.

Erforderlich ist der Zugang beim Zahlungsdienstleister. Sofern die Parteien beim Online-Banking eine elektronische Postbox vereinbart haben, führt die Einstellung in diese regelmäßig zum Zugang der Erklärung. Ein darüber hinaus gehender Abruf durch den Zahlungsdienstenutzer ist nicht erforderlich.[11] Dies folgt schon daraus, dass bei entsprechender Vereinbarung die Postbox zum Machtbereich des Nutzers zählt. Mit der Möglichkeit der Kenntnisnahme ist mit Tagesablauf jedenfalls dann zu rechnen, wenn dem Nutzer eine Nachricht (SMS; E-Mail) an sein allgemeines Postfach übermittelt wurde mit dem Hinweis, dass in die Postbox eine neue Information eingestellt wurde (→ Kap. 2 § 675d Rn. 7).

7 Zudem sieht die Norm eine **besondere Frist für die Änderung der Abrede** vor. Das Angebot zur Änderung muss einen Zeitpunkt für die Wirksamkeit der Vertragsänderung[12] benennen, der mindestens **zwei Monate nach dem Zugang des Änderungsangebotes** liegt.[13] Die Berechnung der zweimonatigen Frist erfolgt nach §§ 187 Abs. 1, 188 Abs. 2, 3 BGB; sie beginnt mit Zugang des Angebots auf Abschluss der Änderungsabrede. Das Risiko eines verspäteten Zugangs trägt nach allgemeinen Grundsätzen das Kreditinstitut. Freilich kann zB bei technischen Änderungen der Zahlungsdienstleister ggf. einen konkreten Zeitpunkt der Änderung in der Zukunft noch nicht benennen. Sofern dieser Zeitpunkt, an dem die Vertragsänderung wirksam werden soll, zum Zeitpunkt des Zugangs des Änderungsangebotes noch mindestens zwei Monate in der Zukunft liegt, ist es mit dem Zweck der Norm vereinbar, den konkreten Zeitpunkt nach Ablauf der zweimonatigen Frist gem. § 315 BGB dem Zahlungsdienstleister vorzubehalten und ihn zu einer unverzüglichen Information des Zahlungsdienstnutzers nach Bestimmbarkeit des konkreten Termins zu verpflichten.

2. Die Rechtsfolgen eines Verstoßes

8 Hinsichtlich der **Rechtsfolgen eines Verstoßes** durch den Zahlungsdienstleister ist zu unterscheiden. Die Regelung enthält zum einen ein **spezielles Wirksamkeitshindernis.**[14] Dabei erweist sich der Wortlaut der nationalen Norm („setzt voraus", § 675g Abs. 1 BGB) als zulässige Konkretisierung der Richtlinienregel („schlägt … vor", Art. 54 UAbs. 1 S. 1 PSD II); die nationale Norm geht nicht über die Richtlinienvorgabe hinaus.[15] Ein Verstoß gegen die vorgeschriebene Form bzw. das Transparenzgebot führt damit – vorbehaltlich einer Abbedingung (→ Rn. 14 ff.) – zur **Nichtigkeit des Angebotes.**

9 Etwas anderes gilt hinsichtlich der **Fristen.** Eine zu kurze Frist setzt entsprechend den allgemeinen Grundsätzen eine angemessene Frist in Gang; die Nichtigkeit des Änderungsangebotes würde insoweit eine überschießende und damit unverhältnismäßige Rechtsfolge bedeuten.[16] Hierfür spricht eine teleologische Auslegung der nationalen Norm, soll diese doch dem Nutzer eine angemessene Prüfung von Konkurrenzangeboten ermöglichen. Auch die Richtlinienregel fordert nach Wortlaut und Zweck keine Nichtigkeit; ihrem Zweck ist auch durch eine Verschiebung des Zeitpunktes genügt.

10 Sofern das Angebot zur **Vertragsänderung als AGB** zu qualifizieren ist, sind die §§ 305 Abs. 2, 3, 306, 307 ff. BGB nach allgemeinen Grundsätzen neben § 675g BGB anwendbar. Denn die spezifischen Gründe der AGB-Kontrolle werden von § 675g BGB nicht erfasst.[17]

11 In Bezug auf die **Abdingbarkeit der Norm** ist zu unterscheiden. Eine **Abbedingung zugunsten des Zahlungsdienstnutzers** (Vereinbarung einer längeren Frist oder strenge-

---

[11] So aber NK-BGB/*Beesch* § 675g Rn. 5.

[12] Vgl. den Wortlaut von Art. 54 UAbs. 1 S. 1 PSD II („geplanter Zeitpunkt ihrer Anwendung").

[13] Wie hier BeckOGK BGB/*Foerster* § 675g Rn. 14; Palandt/*Sprau* § 675g Rn. 5; Soergel/*Werner* § 675g Rn. 8.

[14] So auch Palandt/*Sprau* § 675g Rn. 2; BeckOK BGB/*Schmalenbach* § 675g Rn. 1; MüKoBGB/*Casper* § 675g Rn. 7.

[15] **AA** BeckOK BGB/*Schmalenbach* § 675g Rn. 1; Gebauer/Wiedmann/*Schinkels* Kap. 16 Rn. 25.

[16] **AA** Palandt/*Sprau* § 675g Rn. 5 (Nichtigkeit, ggf. aber wirksame Abbedingung der Norm); **aA** wohl auch Ellenberger/Findeisen/Nobbe/*Schindele* § 675g BGB Rn. 17.

[17] Zur Zulässigkeit im Rahmen der Dispositivität auch Begr. RegE BT-Drs. 16/11643, 100.

ren Form von Änderungsangeboten) kann in der Konto-Abrede wie auch in der Online-Banking-Abrede ausdrücklich oder konkludent in den allgemeinen Grenzen rechtsgeschäftlicher Abreden erfolgen; § 675e BGB steht dem nicht entgegen.

Darüber hinaus ist eine **teleologische Reduktion** der Richtlinienregel sowie der nationalen Norm bei Informationen bzw. Inhalten geboten, die für den Nutzer von **vollkommen untergeordneter Bedeutung** sind. Anderenfalls droht eine übermäßige Erschwerung für den Dienstleister, der kein korrespondierendes Interesse des Nutzers gegenübersteht. 12

Eine **Abbedingung zu Lasten des Nutzers** wird durch § 675e BGB begrenzt. Sofern der Zahlungsdienstnutzer nicht Verbraucher ist, kann diese Abbedingung des § 675g Abs. 1 BGB konkludent erfolgen, zB durch eine ausdrückliche oder konkludente Vereinbarung einer abweichenden Form oder Frist in der Konto-Abrede für Änderungen auch zu Lasten des Nutzers oder eine ausdrückliche oder konkludente Abbedingung der Frist und/oder Form durch Annahme eines nicht form-/fristgerechten Angebots zur Änderung der Online-Banking-Abrede. 13

III. Vereinfachte Änderung des Rahmenvertrages durch Anzeige (Abs. 2)

1. Die rechtsgeschäftliche Änderung durch Schweigen mit Erklärungswirkung

Die Änderung des Zahlungsdiensterahmenvertrages, ua einer Konto- oder Online-Banking-Abrede, erfordert nach allgemeinen Grundsätzen die Annahme des Änderungsangebots durch den Nutzer. Abs. 1 stellt besondere formale Anforderungen an eine Änderung auf Initiative des Zahlungsdienste Abs. 2 enthält eine **für den Dienstleister erleichterte vertragliche Änderung.**[18] 14

Diese setzt eine **Vereinbarung zwischen den Parteien über die Erklärungswirkung des Schweigens** des Zahlungsdienstnutzers voraus.[19] Sie kann individualvertraglich oder in den AGB des Rahmenvertrages getroffen werden (vgl. Ziff. 1 Abs. 2 AGB-Banken; Nr. 2 Abs. 2 AGB-Sparkassen). Inhaltlich muss die Abrede vorsehen, dass die Zustimmung des Nutzers zu einer vom Zahlungsdienstleister angetragenen Änderung als erteilt gilt, wenn dieser dem Dienstleister seine Ablehnung nicht vor dem vorgeschlagenen Zeitpunkt des Wirksamwerdens der Änderung anzeigt. Die Norm ist *lex specialis* zu § 308 Nr. 5 BGB und § 307 BGB.[20] 15

Die erforderliche **Mitteilung der Änderung** durch den Dienstleister ist ein Angebot zur Vertragsänderung nach Abs. 1. Zudem darf **keine Ablehnung durch den Nutzer** vorliegen. Eine solche hindert die Erklärungswirkung des Schweigens, wenn sie vor dem vorgeschlagenen Zeitpunkt des Wirksamwerdens der Änderung **zugeht** (Ausschlussfrist), mithin spätestens am Tag zuvor. Aufgrund der (hier vom Gesetz ermöglichten) einseitigen Abstandnahme von der im Vertrag zuvor vereinbarten Erklärungswirkung des Schweigens handelt es sich um eine rechtsgeschäftsähnliche Erklärung des Zahlungsdienstnutzers, die dem Zahlungsdienstleister (fristgerecht) zugehen muss.[21] Der Vertrag besteht dann unverändert fort. Der Zahlungsdienstleister kann diesen dann nur nach den allgemeinen Regeln kündigen (§ 675h Abs. 2 BGB). Das Angebot zur Änderung der AGB kann auch **mit** 16

[18] Die Zulässigkeit dieses Verfahrens für gewerbliche und genossenschaftliche Banken *obiter* bejahend OLG Naumburg ZIP 2012, 1119 (1120).

[19] Mit abw., aber nicht überzeugender dogmatischer Konstruktion („Zustimmungsfiktion") BeckOGK BGB/*Foerster* § 675g Rn. 18.

[20] Vgl. Begr. RegE BT-Drs. 16/11643, 103; MüKoBGB/*Casper* § 675g Rn. 8; Staub/*Grundmann* Bankvertragsrecht 2. Teil Rn. 292, 340; BeckOGK BGB/*Foerster* § 675g Rn. 20; s. a. LG Berlin ZIP 2019, 1367 (1368) (Berufung anhängig KG Berlin, Az. 23 U 9/19); dazu *Homberger* EWiR 2019, 227.

[21] Wie hier Erman/*v. Westphalen* § 675g Rn. 5; MüKoBGB/*Casper* § 675g Rn. 10; **aA** BeckOGK BGB/*Foerster* § 675g Rn. 21 (bloße Anzeigepflicht).

einer Änderungskündigung für den Fall der Nichtannahme des Angebotes im Sinne eines Stufenverhältnisses **verbunden** werden.[22] Insoweit handelt es sich um ein eigenständiges Recht des Zahlungsdienstleisters, dass dieser auch bei einer Potestativbedingung bedingt ausüben kann. Der Nutzer ist in seiner Entscheidung über die Annahme der Änderung weiterhin frei bzw. muss ohnehin mit einer Kündigung durch den Zahlungsdienstleister bei einer Ablehnung des Angebotes rechnen.

17 Als **Rechtsfolge** kommt dem **Schweigen des Nutzers Erklärungswirkung** zu (gewillkürte Erklärungswirkung). Kraft der vorausgehenden rechtsgeschäftlichen Abrede gilt das Schweigen als Zustimmung zur Änderung des Zahlungsdiensterahmenvertrages mit dem vom Dienstleister angetragenen Inhalt. Die Änderung erfolgt zu dem mitgeteilten Zeitpunkt. Einer weiteren Mitteilung durch den Zahlungsdienstleister bedarf es nicht. Die konkrete Änderung des Rahmenvertrags unter Einbezug der Erklärungswirkung des Schweigens bedarf nach § 311 Abs. 1 BGB keiner sachlichen Rechtfertigung; allerdings muss sie die allgemeinen Wirksamkeitsvoraussetzungen wahren.

18 Erforderlich ist ein **Hinweis des Dienstleisters auf die Folgen des Schweigens und das Sonderkündigungsrecht**[23] **(§ 675g Abs. 2 S. 3 BGB).** Dieser Hinweis muss mit dem Angebot zur Vertragsänderung erfolgen, ist zur Wirksamkeit der Vertragsänderung aber *nicht* erforderlich.[24] Zum einen handelt es sich nach dem Wortlaut um eine Hinweispflicht, zum anderen folgt die Erklärungswirkung des beredeten Schweigens aus der vorausgehenden vertraglichen Abrede der Parteien (und nicht aus dem Änderungsangebot). Auch systematisch folgt Abs. 2 S. 3 erst im weiteren Verlauf der Norm und ist gerade nicht zu einem Element der in Abs. 2 S. 1 geregelten Vertragsänderung erhoben. Insoweit greifen aber die allgemeinen Grundsätze der Informationspflichtverletzung, ua die Haftung auf das negative Interesse aus §§ 280 Abs. 1, 241 Abs. 2 iVm 311 Abs. 2 BGB sowie der Ausschluss des § 122 BGB bei einer Verletzung der Informationspflicht, wenn das beredte Schweigen vom Nutzer angefochten wird.

19 Sofern der **Nutzer der Änderung** innerhalb der im Angebot genannten Mindestfrist **widerspricht,** gilt der Zahlungsdiensterahmenvertrag mit unverändertem Inhalt fort. Der Widerspruch muss innerhalb der Frist, also bis zum Ablauf des im Angebot genannten Tages beim Zahlungsdienstleister zugegangen sein. Den Zugang hat der Nutzer nach allgemeinen Grundsätzen zu beweisen. Der Zahlungsdienstleister kann in diesem Fall den Rahmenvertrag nach § 675h Abs. 2 BGB ordentlich kündigen, wenn dieser auf unbestimmte Zeit geschlossen war und für diese Fälle ein Kündigungsrecht vereinbart wurde (§ 675h Abs. 2 S. 1 BGB).

2. Das außerordentliche Kündigungsrecht des Nutzers (Abs. 2 S. 2)

20 Zugleich steht dem Nutzer *ex lege* ein **außerordentliches Recht zur Kündigung des Rahmenvertrages** nach § 675g Abs. 2 S. 2 BGB zu.[25] Mit diesem kann er den konkret betroffenen Rahmenvertrag, also die Konto-Abrede oder die Online-Banking-Abrede, nicht aber weitere, verbundene Rahmenverträge kündigen; eine Erstreckung auf letztere ist nur über die Regeln der Vertragsverbindung möglich. Sofern mithin eine Änderung der Online-Banking-Abrede gem. § 675g Abs. 1 BGB das außerordentliche Kündigungsrecht auslöst, erfasst dieses prinzipiell nicht auch die Konto-Abrede.

21 Die außerordentliche Kündigung muss **fristlos und kostenfrei** möglich sein. Art. 54 Abs. 1 UAbs. 2 S. 2 PSD II und § 675g Abs. 2 S. 2 BGB sind dahingehend auszulegen, dass zu Gunsten des Nutzers eine Kündigung auch zu einem späteren, aber vor dem

[22] Wie hier iE BeckOK BGB/*Schmalenbach* § 675g Rn. 8; *Nobbe* WM 2011, 961 (962); BeckOGK BGB/*Foerster* § 675g Rn. 22; **aA** MüKoBGB/*Casper* § 675g Rn. 10.

[23] Dieser tritt zu der vorvertraglichen Information nach Art. 248 § 4 Abs. 1 Nr. 6 lit. a EGBGB hinzu.

[24] **AA** BeckOK BGB/*Schmalenbach* § 675g Rn. 6; wohl auch Palandt/*Sprau* § 675g BGB Rn. 7 (Einordnung unter Voraussetzungen der Vertragsänderung).

[25] Zur vorvertraglichen Informationspflicht über dieses Recht vgl. Art. 248 § 4 Abs. 1 Nr. 3 lit. c EGBGB.

Zeitpunkt der anvisierten Vertragsänderung liegenden Zeitpunkt erfolgen kann. Dies entspricht den Interessen beider Parteien, da eine fristlose Kündigung des Rahmenvertrages, zB einer Konto-Abrede, beide Seiten erheblich beeinträchtigen kann.

Das Recht zur außerordentlichen Kündigung entsteht mit Zugang des Änderungsange- 22
botes und erlischt an dem vom Zahlungsdienstleister vorgeschlagenen **Zeitpunkt der Vertragsänderung** (**Ausschlussfrist**[26]). Die Kündigung muss dem Zahlungsdienstleister nach allgemeinen Grundsätzen innerhalb der Frist zugehen; der Zugang ist vom Nutzer darzulegen und zu beweisen. Wird die Frist versäumt, kann der Nutzer nach § 675h Abs. 1 BGB das Vertragsverhältnis ordentlich kündigen. Der Kunde hat demnach nach Zugang eines Änderungsangebotes bei vereinbarter Erklärungswirkung des Schweigens die Wahl, den Rahmenvertrag unmodifiziert fortzuführen, das Änderungsangebot anzunehmen oder den Vertrag außerordentlich zu kündigen.

IV. AGB-Klauseln zur Vertragsänderung

Die in den **AGB der Banken bzw. Sparkassen** vorgesehene Möglichkeit zur Vertrags- 22a
änderung[27] **entspricht § 675g.** Entsprechend dieser Norm sowie den Vorgaben in Art. 52 Nr. 6a, 54 Abs. 1 UAbs. 2 S. 1 PSD II können die Parteien vereinbaren, dass das Angebot des Zahlungsdienstleisters auf Abschluss einer Vertragsänderung durch den Zahlungsdienstenutzer mittels Zustimmungsfiktion angenommen wird. Die vollharmonisierende Richtlinie sieht über die entsprechende Vereinbarung einer Zustimmungsfiktion hinaus **keine weiteren *inhaltlichen* oder formalen Voraussetzungen** vor. Dem entspricht § 675g Abs. 1, 2. Darüber hinausgehende Anforderungen dürfen aufgrund des vollharmonisierenden Charakters der Richtlinienvorgabe auch nicht aus dem allgemeinen nationalen Vertragsrecht abgeleitet werden. Freilich folgen die **allgemeinen Voraussetzungen** eines wirksamen Vertragsschlusses, dh das Vorliegen korrespondierender Willenserklärungen sowie die Abwesenheit etwaiger Wirksamkeitshindernisse, aus dem nationalen Recht. Den Mitgliedstaaten ist allerdings nach den Vorgaben der vollharmonisierenden Richtlinie untersagt, für eine wirksame Zustimmungsfiktion nach Maßgabe der genannten Richtlinienvorgaben weitere formale oder inhaltliche Anforderungen an die Vertragsänderung durch vorab vereinbarte Zustimmungsfiktion aufzustellen.[28]

Richtigerweise ist **§ 675g BGB speziell zu § 307 Abs. 3 BGB,** sofern die entspre- 22b
chende **Änderung eines Zahlungsdiensterahmenvertrags** im Wege der vereinbarten Zustimmungsfiktion betroffen ist. Weder für § 307 BGB noch für § 305c BGB ist neben § 675g BGB Raum.[29] Etwas anderes gilt, sofern entsprechende AGB-Klauseln auch **Abreden erfassen, die nicht Zahlungsdiensterahmenverträge** sind. Insofern greift die vorrangige Regelung in § 675g BGB nicht unmittelbar. Allerdings ist bei der dann gebotenen Anwendung der §§ 305 ff. BGB das Leitbild zu berücksichtigen, das § 675g Abs. 1, 2 BGB zu entnehmen ist. In der Folge besteht eine Ausgangsvermutung, dass eine Regelung, die § 675g Abs. 1, 2 BGB im Verhältnis zwischen Zahlungsdienstleister und Zahlungsdienstenutzer entspricht, keine unangemessene Benachteiligung im Sinne von § 307 Abs. 1 S. 1, Abs. 2 BGB des Zahlungsdienstenutzers bedeutet. Dies entspricht auch dem Willen des nationalen Gesetzgebers.[30] Auch § 308 Nr. 5 BGB führt zu keinem anderen Ergebnis. Darüber hinaus ist die Aufnahme von Genehmigungsfiktionen in AGB

[26] AllgM., vgl. BeckOK BGB/*Schmalenbach* § 675g Rn. 10; Palandt/*Sprau* § 675g Rn. 8.

[27] Ziff. 1 Abs. 2 UAbs. 1 S. 4, 5 AGB-Banken; Ziff. 1 Abs. 2 S. 1, 2 AGB-Sparkassen.

[28] Unzutreffend daher ÖstOGH v. 27.5.2015 – 8 Ob 58/14h, 30 sowie ÖstOGH v. 24.9.2015 – 9 Ob 26/15m, 20, wonach Anlass und Ausmaß etwaiger Änderungen in der Vereinbarung der Fiktionswirkung zu konkretisieren seien und eine Änderung des Äquivalenzverhältnisses zugunsten der Bank im Wege der Fiktion nicht möglich sein dürfe.

[29] Vgl. LG Berlin ZIP 2019, 1367, mit Berufung anhängig KG Berlin Az. 23 U 9/19; *Schmidt-Kessel/Rank* WM 2018, 2205.

[30] Vgl. Begr. RegE BT-Drs. 16/11643, 103.

keine Besonderheit, sondern kann sich aus einem besonderen Verwenderinteresse gerade bei Massengeschäften rechtfertigen.[31] Schließlich mangelt es entsprechenden AGB-Klauseln auch nicht an einer hinreichenden Transparenz im Sinne von § 307 Abs. 1 S. 2 BGB. Denn die entsprechende Regelung ist vergleichsweise klar und verständlich. Der Kern der Kritik hieran geht dahin, dass die zukünftig möglichen Änderungen im Wege der Zustimmungsfiktion nicht thematisch oder gegenständlich beschränkt werden. Indessen wird hiermit die Entwicklungsoffenheit von Dauerschuldverhältnissen verkannt, die mit entsprechenden Änderungsmöglichkeiten einhergehen muss; dies anerkennt das Gesetz in § 675g BGB im Grundsatz.

V. Die Änderung von Zinssätzen und Wechselkursen (Abs. 3, 4)

1. Die Änderung von Zinssätzen und Wechselkursen der Konto-Abrede

23 Die speziellen Regelungen zur **Änderung von Zinssätzen und Wechselkursen** beziehen sich (in Umsetzung von Art. 54 Abs. 2, 3 PSD II) auf Zinssätze und Wechselkurse, die im Zahlungsdiensterahmenvertrag für dessen Durchführung vereinbart wurden. Paradigmatisch sind **Habenzinsen** auf ein Konto-Guthaben. **Sollzinsen** im Rahmen einer Kontoabrede, zB im Rahmen eines eingeräumten Überziehungskredits oder einer geduldeten Überziehung, sind speziell geregelt (vgl. §§ 493 Abs. 3, 504 Abs. 1 S. 3, 505 BGB, Art. 247 §§ 15, 17 EGBGB).[32] Nach Abs. 3 S. 2 (vgl. Art. 4 Nr. 28 PSD II) der **Referenzzinssatz** jener Zinssatz, der bei der Zinsberechnung zugrunde gelegt wird und aus einer öffentlich zugänglichen und für beide Parteien des Zahlungsdienstevertrags überprüfbaren Quelle stammt. Diese Voraussetzung ist nicht gegeben, wenn der Zahlungsdienstleister den Zinssatz eigenständig festlegen kann.[33] Die Regelung eröffnet kein einseitiges Leistungsbestimmungsrecht des Zahlungsdienstleisters. Der **Referenzwechselkurs** (Abs. 3 S. 2; vgl. Art. 4 Nr. 27 PSD II) ist jener Wechselkurs, der bei jedem Währungsumtausch zugrundegelegt und vom Zahlungsdienstleister zugänglich gemacht wird oder aus einer öffentlich zugänglichen Quelle stammt. Auch die Wechselkurse können nicht durch den Zahlungsdienstleister einseitig festgesetzt werden, sondern müssen von dritter Seite (zB Börsen) stammen. Ausreichend ist, dass der Referenzwechselkurs nachträglich zugänglich gemacht wird.[34]

24 Die Regelung erfasst nur **Zinssätze und Wechselkurse, die auf einen Referenzwert** (§ 675g Abs. 3 S. 2, 3 BGB) **Bezug nehmen.** Gem. § 675g Abs. 3 S. 1 BGB werden diese vertraglich vereinbarten Zinssätze (und Wechselkurse) geändert, sofern diese Änderung auf eine Änderung eines Referenzzinssatzes zurückgeht und eine solche Änderung in der Konto-Abrede vereinbart wurde. Voraussetzung ist demnach, dass die Parteien einen den Regelungen des Abs. 3 S. 2, 3 entsprechenden **Referenzwert im Zahlungsdiensterahmenvertrag individualvertraglich oder klauselmäßig vereinbart** haben. Des Weiteren müssen die Parteien, individualvertraglich oder klauselmäßig, vereinbart haben, dass sich **Änderungen des Referenzwertes unmittelbar** auf den Vertragszins bzw. Vertragswechselkurs **auswirken** sollen. Schließlich muss sich der konkrete **Referenzwert geändert** haben.[35]

24a Nach dem Wortlaut des Abs. 3 S. 1 (wie auch von Art. 248 § 4 Abs. 1 Nr. 3b EGBGB) ist richtigerweise die **Einhaltung der vorvertraglichen Informationspflicht** nach Art. 248 § 4 Abs. 1 Nr. 3b EGBGB **kein Wirksamkeitserfordernis** der Änderung.

---

[31] Vgl. BGHZ 200, 121 Rn. 22 ff. (Genehmigungsfiktion beim Saldoabschluss).

[32] Wie hier Palandt/*Sprau* § 675g BGB Rn. 9.

[33] So auch MüKoBGB/*Casper* § 675g Rn. 15; **aA** Ellenberger/Findeisen/Nobbe/*Schindele* § 675g BGB Einf. Rn. 30.

[34] MüKoBGB/*Casper* § 675g Rn. 15; Ellenberger/Findeisen/Nobbe/*Schindele* § 675g BGB Rn. 31.

[35] Die Berechnung von Zinssätzen und Wechselkursen ist gem. Art. 248 § 4 Abs. 1 Nr. 3 lit. b EGBGB mitzuteilen.

Allerdings besteht ggf ein Schadensersatzanspruch des Zahlungsdienstnutzers aufgrund der Verletzung der vorvertraglichen Informationspflicht durch den Zahlungsdienstleister (§§ 311 Abs. 2, 280 Abs. 1 BGB). Nichts anderes folgt aus der Richtlinie. Diese verlangt zwar in Art. 54 Abs. 2 S. 1 PSD II, dass die Änderungen der Zinssätze bzw. Wechselkurse auf den gemäß Art. 52 Nr. 3b oder c PSD II *vereinbarten* Referenzzinssätzen oder-Wechselkursen beruhen. Insofern wird aber darauf abgestellt, dass die „Methode für die Berechnung der tatsächlichen Zinsen" sowie der „maßgebliche Stichtag" und der „maßgebliche Index" oder die „maßgebliche Grundlage für die Bestimmung des Referenzzinssatzes bzw. -wechselkurses" vereinbart sein müssen. In der Kontoabrede müssen allerdings, soll sich die Änderung des Referenzwertes unmittelbar auswirken, jener Referenzwert genannt werden, ohnehin die Methode für die Berechnung der tatsächlich geschuldeten Zinsen (zB Referenzzinssatz plus ein Prozent) sowie der maßgebliche Stichtag der Anpassung (zB jeweils zum Quartalsbeginn) klauselmäßig oder individuell vereinbart sein. Für eine richtlinienkonforme Auslegung dahingehend, dass die vorvertraglichen Informationspflichten insofern (ebenfalls) umfassend erfüllt sein müssen, besteht mithin kein Anlass.[36]

Als **Rechtsfolge** wird der vertraglich vereinbarte Zinssatz bzw. Wechselkurs bei Ände- 25
rung des Referenzwertes zu Lasten wie auch zu Gunsten des Nutzers[37] unmittelbar geändert. Bei einer Änderung des Zinssatzes *zu Lasten des Nutzers* besteht eine Pflicht zur unverzüglichen Information durch den Dienstleister (Art. 248 § 9 Nr. 2 EGBGB).[38] Insofern können die Parteien aber eine abweichende Häufigkeit oder Form vereinbaren (Art. 248 § 10 S. 1 EGBGB).

2. Die Änderung von Zinssätzen und Wechselkursen der Online-Banking-Abrede

§ 675g Abs. 3 BGB ist bei der Online-Banking-Abrede nur dann relevant, wenn der 26
Zinssatz oder der Wechselkurs **Vertragsgegenstand gerade dieser Abrede** und nicht der zugrundeliegenden Konto-Abrede ist. Denkbar ist dies bei Zinssätzen und Wechselkursen, wahrscheinlich aber nur bei ersteren. So kann der Zahlungsdienstleister seine Kostenvorteile durch die Teilnahme des Kunden am Online-Banking durch einen besonderen Zinssatz weiterreichen. Zu denken ist an einen höheren Guthabenzins auf das nur via Online-Banking geführte Girokonto oder einen Zinsbonus beim nur online geführten Spar- bzw. Tagesgeldkonto.

Erforderlich ist daher insoweit die **Vereinbarung** eines Referenzzinssatzes bzw. -wech- 27
selkurses in der Online-Banking-Abrede entsprechend der Vorgaben des Abs. 3 S. 2, 3. Zudem muss in dieser Abrede vereinbart sein, dass Änderungen dieses Referenzkurses sich unmittelbar auf das Vertragsverhältnis auswirken (Art. 248 § 4 Nr. 3 lit. c EGBGB). Schließlich muss sich der Referenzkurs geändert haben.

Als **Folge** wird der in der Online-Banking-Abrede vertraglich vereinbarte Zinssatz bzw. 28
Wechselkurs bei Änderung des Referenzwertes unmittelbar geändert.

Das spezielle Benachteiligungsverbot des Abs. 4 gilt auch bei der Online-Banking- 29
Abrede in Bezug auf die Berechnung des Zinssatzes bzw. des Wechselkurses in Abhängigkeit von einem Referenzkurs.

VI. Das spezielle Benachteiligungsverbot (Abs. 4)

Abs. 4 enthält ein **spezielles Benachteiligungsverbot** (vgl. Art. 54 Abs. 3 PSD II). 30
Eine individualvertragliche sowie klauselmäßige Abrede in der Konto-Abrede über die

[36] BeckOGK BGB/*Foerster* § 675g Rn. 28; MüKoBGB/*Casper* § 675g Rn. 14; unklar Palandt/*Sprau* § 675g Rn. 10.

[37] Begr. RegE BT-Drs. 16/11643, 104.

[38] Im Falle einer Verletzung der Informationspflicht sind die allg. Rechtsfolgen einschlägig, namentlich der Schadensersatzanspruch nach § 280 Abs. 1 BGB.

Berechnung des Zinssatzes bzw. des Wechselkurses in Abhängigkeit von einem bestimmten Referenzkurs muss beide Parteien des Rahmenvertrages gleich behandeln, zB hinsichtlich etwaiger Relevanzschwellen für eine Anpassung, des zeitlichen Aspekts der Anpassung, des Umfangs der Anpassung etc. Dies wird vom weiten Umfang der Norm („Vereinbarungen zur Berechnung") umfasst. Eine Abweichung *zum Nachteil des Nutzers* ist unzulässig; zu seinen Gunsten kann hingegen von der Gleichbehandlung abgewichen werden.

31 Ein **Verstoß** gegen das Benachteiligungsverbot führt zur **Nichtigkeit einer entsprechenden Abrede** nach Abs. 4, wobei der Vertrag im Übrigen aufrechterhalten bleibt. In der Folge entspricht eine gegen Abs. 4 verstoßende Berechnung selbst entweder nicht der vertraglichen Abrede oder basiert – wenn die Abrede diese Berechnung ermöglicht – auf einer nichtigen Abrede. Neben diesem speziellen Gleichbehandlungsgebot greift die allgemeine AGB-Kontrolle. Allerdings enthält die Norm keine Vorgabe dahingehend, dass Soll- und Habenzinssätze übereinstimmen müssten.

VII. Die Änderungen vorvertraglicher Informationen

32 Nach Art. 54 Abs. 1 PSD II sind Änderungen jener Umstände, über die in der vorvertraglichen Information gem. Art. 248 § 4 Abs. 1 Nr. 1 EGBGB zu informieren ist, in der von § 675g Abs. 1, 2 BGB vorgesehenen Art und Weise möglich. Nach Art. 248 § 9 Nr. 1 EGBGB ist der Nutzer unverzüglich über Änderungen dieser Umstände zu unterrichten.

33 Der deutsche Gesetzgeber hat zutreffend die **Richtlinienvorgabe teleologisch reduziert.** Richtigerweise ist der Kern des Verweises auf jene, dem § 675g Abs. 1, 2 BGB zugrunde liegenden Richtlinienvorgaben, dass der Nutzer ein berechtigtes Interesse an der Kenntnis einer entsprechenden Änderung hat und während einer Übergangsfrist Vertrauensschutz genießen sollte. Hingegen werden die in der Richtlinienregel genannten Informationen teilweise gar nicht Vertragsbestandteil, so dass eine „Änderung" der Konto-Abrede weder erforderlich noch geeignet ist.[39] Insbesondere die Änderung der Geschäftsadresse oder einer Registerkennung ist daher auch ohne das Verfahren nach § 675g Abs. 1, 2 BGB möglich. In diesen Fällen reicht es aus, dass der Nutzer über die Änderung informiert wird und sich die neuen Informationen, zB geänderte Adresse, während der zweimonatigen Frist nicht entgegenhalten lassen muss.[40]

§ 675h Ordentliche Kündigung eines Zahlungsdiensterahmenvertrags

(1) **[1] Der Zahlungsdienstnutzer kann den Zahlungsdiensterahmenvertrag, auch wenn dieser für einen bestimmten Zeitraum geschlossen ist, jederzeit ohne Einhaltung einer Kündigungsfrist kündigen, sofern nicht eine Kündigungsfrist vereinbart wurde. [2] Die Vereinbarung einer Kündigungsfrist von mehr als einem Monat ist unwirksam.**

(2) **[1] Der Zahlungsdienstleister kann den Zahlungsdiensterahmenvertrag nur kündigen, wenn der Vertrag auf unbestimmte Zeit geschlossen wurde und das Kündigungsrecht vereinbart wurde. [2] Die Kündigungsfrist darf zwei Monate nicht unterschreiten. [3] Die Kündigung ist in der in Artikel 248 §§ 2 und 3 des Einführungsgesetzes zum Bürgerlichen Gesetzbuche vorgesehenen Form zu erklären.**

(3) **[1] Im Fall der Kündigung sind regelmäßig erhobene Entgelte nur anteilig bis zum Zeitpunkt der Beendigung des Vertrags zu entrichten. [2] Im Voraus gezahlte Entgelte, die auf die Zeit nach Beendigung des Vertrags fallen, sind anteilig zu erstatten.**

---

[39] Vgl. Begr. RegE BT-Drs. 16/11643, 103 f.; BeckOK BGB/*Schmalenbach* § 675g Rn. 11.

[40] Gegen ein Kündigungsrecht des Nutzers bei der Änderung informationspflichtiger Tatsachen auch MüKoBGB/*Casper* Art. 248 § 4 I EGBGB Rn. 17.

(4) **Der Zahlungsdienstleister darf mit dem Zahlungsdienstnutzer für die Kündigung des Zahlungsdiensterahmenvertrags kein Entgelt vereinbaren.**

Übersicht

I. Inhalt und Normzweck der Regelung

1 In Umsetzung von Art. 55 PSD II regelt § 675h BGB das **Recht der Parteien zur ordentlichen Kündigung des Zahlungsdiensterahmenvertrages.** Die Norm soll nach ihrem **Zweck** den Wettbewerb der Zahlungsdienstleister ausweiten und dem Nutzer eine unentgeltliche und vergleichsweise kurzfristige Möglichkeit zum Wechsel des Zahlungsdienstleisters eröffnen (s. a. Erwägungsgrund 62 PSD II). Der Zweck korrespondiert mit den §§ 20 f. ZKG.[1] Abs. 2 trägt dem Umstand Rechnung, dass der Zahlungsdienstnutzer idR auf den Zahlungsdiensterahmenvertrag angewiesen ist, so dass – vorbehaltlich einer umfassenden Abbedingung im B2B-Bereich – die ordentliche Kündigung durch den Zahlungsdienstleister mit gesteigerten (formalen) Anforderungen verbunden ist.[2] Für die Einordnung in die nationale Rechtsgeschäftslehre ist entscheidend, dass Art. 55 Abs. 5 PSD II das Recht der Parteien, den Rahmenvertrag als aufgehoben oder nichtig zu erklären, unberührt lässt. Zudem enthält die Richtlinienregel eine weite Öffnungsklausel (Abs. 6) für nationale Regelungen, die für die Nutzer vorteilhafter sind als die Richtlinienvorgabe (bloße Mindestharmonisierung).

2 Hinsichtlich der **Abdingbarkeit des § 675h BGB** ist zu unterscheiden: Zu Lasten des Nutzers ist nach § 675e BGB eine Abbedingung nur ausnahmsweise möglich, va bei Verträgen zwischen Unternehmern. In diesen Fällen ist dann aber – wie der Wortlaut des § 675e BGB nahelegt –, die Norm ganz oder teilweise, also auch hinsichtlich des § 675h Abs. 1 S. 2 BGB sowie hinsichtlich der Kündigungsfrist des Dienstleisters nach § 675h Abs. 2 S. 2 BGB (auch klauselmäßig[3]) abdingbar.[4] Auch aus der Richtlinie folgt nichts anderes. Zu Gunsten des Nutzers ist die Regelung in den allgemeinen Grenzen abdingbar.

II. Die Möglichkeiten zur Beendigung des Rahmenvertrages

3 Die Konto-Abrede wie auch die Online-Banking-Abrede als Zahlungsdiensterahmenverträge können jederzeit durch eine neue vertragliche Abrede beendet werden (vgl. Art. 55 Abs. 5 PSD II). Eine solche **einvernehmliche Vertragsaufhebung** kann auch in der Zustimmung des Nutzers zu einer (auch unwirksamen) Kündigung durch den Zahlungsdienstleister liegen.

[1] Vgl. dazu näher *Herresthal* BKR 2016, 221 ff.
[2] Abw. auf den Verbraucherschutz rekurrierend BeckOGK BGB/*Foerster* § 675h Rn. 3.
[3] Begr. RegE BT-Drs. 16/11643, 100.
[4] **AA,** aber ohne Begründung, Palandt/*Sprau* § 675h Rn. 2, 3.

4 Zudem können beide Seiten dieses Dauerschuldverhältnis **aus wichtigem Grund kündigen** (§§ 313 Abs. 3 S. 2, 314, 626 BGB).[5] Nach Art. 55 Abs. 5 PSD II bleiben insoweit die nationalen Vorschriften weiter maßgeblich. Erforderlich sind mithin grundsätzlich ein wichtiger Grund und die Kündigung innerhalb einer angemessenen Frist nach Kenntnis des Kündigungsgrunds. Ein besonderes **gesetzliches Sonderkündigungsrecht** des Nutzers folgt aus § 675g Abs. 2 S. 2 BGB. Eine vertragliche Konkretisierung findet sich in Ziff. 19 Abs. 3 AGB-Banken.

5 Auch über die **Regeln der Vertragsverbindung** kann der Zahlungsdiensterahmenvertrag enden, wenn die Kontoverbindung wirksam beendet wurde und der zusätzliche Rahmenvertrag, zB die Online-Banking-Abrede, mit dieser verbunden war. Denn bei der Beendigung einer Konto-Abrede enden prinzipiell alle Sondervereinbarungen und Rahmenverträge ebenfalls, die eine Kontoführung als solche voraussetzen;[6] paradigmatisch ist die Online-Banking-Abrede. Umgekehrt erfasst § 675h BGB nur den Zahlungsdiensterahmenvertrag, nicht den mit diesem verbundenen weiteren Vertrag. Für letzteren gelten dessen ggf. spezielle Regeln sowie die Regeln der Vertragsverbindung.

6 Die **ordentliche Kündigung** ist in § 675h BGB als *lex specialis* zu § 627 BGB[7] geregelt; sie wird von einer Informationspflicht begleitet (Art. 248 § 4 Abs. 1 Nr. 6 lit. c EGBGB). Eine Teilkündigung ist grundsätzlich ausgeschlossen.[8]

7 Der **Tod des Zahlungsdienstnutzers** lässt gem. § 1922 BGB den Vertrag unberührt (s. a. § 5 AGB-Banken).

8 Die **Eröffnung des Insolvenzverfahrens** über das Vermögen des Nutzers beendet die Rahmenverträge, insbesondere einen Girovertrag (§ 116 S. 1, § 115 Abs. 1 InsO).[9] Zugleich wird die Kontokorrentabrede beendet und ein sofort fälliger Anspruch auf den Überschuss ausgelöst, der kein Anerkenntnis erfordert.[10] Die Eröffnung des Insolvenzverfahrens über das Vermögen des Zahlungsdienstleisters lässt die Verträge unberührt.

III. Die ordentliche Kündigung durch den Zahlungsdienstnutzer (Abs. 1)

9 Die Richtlinie soll dem Zahlungsdienstnutzer den Wechsel von einem Zahlungsdienstleister zum anderen erleichtern.[11] Sie gewährt dem Nutzer das **Recht zur ordentlichen Kündigung,** um eine Konto- oder Online-Banking-Abrede zu beenden. Dies gilt auch, wenn eine bestimmte Vertragsdauer vereinbart wurde.[12] Das Recht zur außerordentlichen Kündigung durch den Zahlungsdienstenutzer besteht daneben; die praktische Bedeutung wird angesichts der kurzen maximalen Kündigungsfrist bei der ordentlichen Kündigung allerdings sehr gering sein. Nach Art. 248 § 4 Abs. 1 Nr. 6c EGBGB ist der Zahlungsdienstenutzer vor Vertragsschluss über sein Kündigungsrecht **zu informieren.** Auf ein **Basiskonto** (§ 30 Abs. 1 ZKG) findet § 675h Abs. 1 BGB Anwendung (§ 44 S. 1 ZKG).

10 Eine **Kündigungsfrist** muss der Nutzer nur einhalten, wenn sie individualvertraglich oder in AGB vereinbart wurde.[13] Eine vereinbarte Kündigungsfrist, die **einen Monat**

[5] Zur Konkretisierung vgl. Ziff. 18 Abs. 2, 19 Abs. 3 AGB-Banken; Ziff. 26 Abs. 2 AGB-Sparkassen; s. a. Art. 55 Abs. 5 PSD II; Erwägungsgrund Nr. 62 PSD II.

[6] Wie hier Palandt/*Sprau* § 675h Rn. 2.

[7] So auch Palandt/*Sprau* § 675h Rn. 1.

[8] Vgl. zB BGH NJW 2006, 430 (430 f.).

[9] Vgl. BGH WM 2008, 1442 Rn. 11; **aA** *Mülbert* FS Kümpel, 2003, 395 (400 f., 408 f.).

[10] So die hM, vgl. BGH WM 2004, 517 (519).

[11] Vgl. Erwägungsgrund Nr. 62 S. 1 PSD II; Begr. RegE BT-Drs. 16/11643, 104.

[12] Die Rspr. zum konkludenten Ausschluss des Rechts zur ordentlichen Kündigung bei einer festen Vertragslaufzeit von Dienstverträgen (vgl. dazu nur MüKoBGB/*Hesse* § 620 Rn. 11) ist demnach nicht einschlägig.

[13] Die AGB-Banken (Ziff. 18 Abs. 1) und AGB-Sparkassen (Ziff. 26 Abs. 1 S. 1) enthalten eine solche indes nicht.

überschreitet, ist (vollständig) unwirksam (Abs. 1 S. 2); diese Anordnung ist zwingend und *lex specialis* zu § 675e BGB.[14]

11 Die **Kündigungserklärung** des Nutzers kann ausdrücklich oder konkludent erfolgen; sie bedarf keiner Begründung. Auch ein Kündigungsgrund ist nicht erforderlich ist. Ausreichend ist, dass gem. §§ 133, 157 BGB der Wille des Zahlungsdienstnutzers erkennbar ist, sich vom Rahmenvertrag zu lösen. Für die Erklärung der Kündigung kann (individualvertraglich oder in AGB) die Textform vereinbart werden.

12 Als **Rechtsfolge** endet der Zahlungsdiensterahmenvertrag, dh die Konto-Abrede bzw. die Online-Banking-Abrede, *ex nunc* mit Ablauf einer etwaigen Kündigungsfrist, anderenfalls mit Zugang der Kündigung mit Wirkung für die Zukunft. Die Kündigung erfasst den gesamten Rahmenvertrag; eine bloße **Teilkündigung** bedarf einer dahingehenden vertraglichen Abrede.[15] Die Kündigung der Kontoabrede erfasst indes auch jene Rahmenverträge, die eine Fortführung des Zahlungskontos voraussetzen.[16] Die Kontoführung wird beendet und die Funktion des Kontos als Zahlungsverkehrskonto endet; das verbleibende Saldo-Guthaben ist dem Nutzer auszuzahlen, ein etwaiges Soll, dh ein Anspruch des Zahlungsdienstleisters gegen ihn, ist von diesem auszugleichen. Zur Ausführung von Zahlungsdienstleistungen ist der Dienstleister nicht mehr verpflichtet. Nach der **Beendigung des Zahlungsdiensterahmenvertrags eingehende Zahlungen** darf der Dienstleister aber weiterhin entgegennehmen und verbuchen bzw. an den Inhaber auskehren. Der Herausgabeanspruch des Nutzers folgt dann aus § 675c Abs. 1 iVm § 667 BGB. Mit einem noch nicht ausgeglichenen Soll-Saldo kann der Dienstleister entsprechende eingehende Zahlungen verrechnen.[17] Etwas anderes gilt freilich, wenn das Insolvenzverfahren über das Vermögen des Zahlungsdienstnutzers eröffnet wurde; dann greift das Verrechnungsverbot des § 96 Abs. 1 Nr. 1 InsO, zuvor kann die Verrechnung gem. § 96 Abs. 1 Nr. 3 InsO nach Stellung des Eröffnungsantrags unzulässig sein.[18] Nach der Kündigung der Online-Banking-Abrede ist der Nutzer nicht mehr nur Nutzung des Online-Bankings berechtigt; er kann hierüber keine wirksamen Weisungen mehr erteilen.

13 Nach allgemeinen Grundsätzen trägt der Zahlungsdienstnutzer die **Darlegungs- und Beweislast** für den Zugang seiner Kündigung. Die **Kündigung mit zu kurzer Frist** ist als Kündigung des Zahlungsdienstnutzers zum nächsten zulässigen Termin auszulegen.

IV. Die ordentliche Kündigung durch den Zahlungsdienstleister (Abs. 2)

1. Die ordentliche Kündigung gem. § 675h Abs. 2 BGB

14 **a) Voraussetzungen und Rechtsfolgen.** Eine ordentliche Kündigung des Rahmenvertrages durch den Zahlungsdienstleister ist nur möglich, wenn der Vertrag, zB die Konto-Abrede, **auf unbestimmte Zeit geschlossen** wurde und ein solches **Kündigungsrecht des Dienstleisters vereinbart** wurde.[19]

15 Die **Vereinbarung des Kündigungsrechts** in der Konto-Abrede bzw. einer Online-Banking-Abrede ist in den allgemeinen Grenzen (§§ 134, 138 BGB)[20] individualvertraglich oder in AGB möglich (vgl. § 19 Abs. 1 AGB-Banken). Aus § 675h Abs. 2 S. 1 BGB folgt die prinzipielle Zulässigkeit eines solchen Kündigungsrechts der Geschäftsbanken auch in AGB, sofern die Voraussetzungen dieser Norm gewahrt sind.

---

[14] IE auch BeckOK BGB/*Schmalenbach* § 675h Rn. 2; Palandt/*Sprau* § 675h Rn. 2; **aA** MüKoBGB/*Casper* § 675h Rn. 6 (Rückgriff auf § 675e Abs. 4 BGB bei Nicht-Verbrauchern).

[15] Vgl. auch BGH NJW 2006, 430 Rn. 12.

[16] Etwas anderes folgt auch nicht aus Ziff. 18 Abs. 1 AGB-Banken.

[17] Vgl. BGHZ 170, 121 Rn. 12 = NJW 2007, 914; WM 2008, 1442 Tz. 12; krit. *v. Sethe* BKR 2008, 16; BankR-HdB/*Schmieder* § 47 Rn. 36a; MüKoBGB/*Casper* § 675h Rn. 21.

[18] Vgl. BGH WM 2008, 1442 Rn. 20; krit. MüKoBGB/*Casper* § 675h Rn. 21 f.

[19] Ausf. dazu auch *Herresthal* WM 2013, 773 ff.

[20] Zur Ablehnung einer Kontrahierungspflicht im Online-Banking → Kap. 2 § 675f Rn. 29.

15a Besonderes gilt aber bei **Sparkassen,** die einem Kontrahierungszwang unterliegen[21] und daher auch in ihrer Möglichkeit zur ordentlichen Kündigung beschränkt sind. Nach der Rechtsprechung dürfen Sparkassen nach Art. 3 Abs. 1 GG den Zugang zu ihren Einrichtungen nicht ohne sachgerechten Grund willkürlich beschneiden. Eine ordentliche Kündigung durch die Sparkasse, die eines sachgerechten Grundes entbehre, verstoße daher gegen Art. 3 Abs. 1 GG und sei gem. § 134 BGB nichtig.[22] Damit ist das deutsche Recht zu Gunsten des Zahlungsdienstenutzers strenger als die Richtlinienvorgabe in Art. 55 Abs. 3 PSD II. Dies ist aber unschädlich, da die Richtlinie nach Art. 55 Abs. 6 PSD II für den Nutzer vorteilhaftere Regelungen zulässt. Nr. 26 der AGB-Sparkassen (Fassung v. 1.11.2009) sah das Recht der Sparkassen zur ordentlichen Kündigung vor, „sofern keine zwingenden Vorschriften entgegenstehen". Damit war die ordentliche Kündigung entgegen der aus Art. 3 Abs. 1 GG abgeleiteten Beschränkung nicht von einem sachlichen Grund abhängig.[23] Zu beachten ist aber in diesem Zusammenhang, dass die Ablehnung einer Änderung des Zahlungsdiensterahmenvertrags im Falle seiner Änderung gem. § 675g BGB einen sachlich rechtfertigenden Grund für eine Kündigung auch durch eine Sparkasse darstellt.[24]

16 Die **Kündigungsfrist** muss von den Parteien (individualvertraglich oder in AGB) vereinbart werden; sie darf **zwei Monate nicht unterschreiten** (§ 675h Abs. 2 S. 2 BGB). Die Vereinbarung einer zu kurzen Frist führt nicht zum vollständigen Ausschluss des Kündigungsrechts des Zahlungsdienstleisters, sondern die zu kurze, unwirksame Frist wird durch eine Zweimonatsfrist ersetzt. Denn die Frist soll dem Nutzer die Eröffnung eines neuen Kontos und die Umstellung seines Zahlungsverkehrs auf dieses ermöglichen. Die Vereinbarung eines Kündigungsrechts und bloße Wahrung der Frist bei seiner Erklärung berechtigt indes nicht zur Kündigung.[25] Die Frist wird gem. § 191 BGB bzw. §§ 187 Abs. 1, 188 BGB berechnet. Die AGB-Banken (Ziff. 19 Abs. 1 S. 1) rekurrieren indes bei der Kündigung der gesamten Geschäftsverbindung auf eine angemessene Frist, während die AGB-Sparkassen (Ziff. 26 I 1) keine Frist nennen.[26] Sofern die Kündigung der gesamten Geschäftsverbindung als Kündigung aller Einzelverträge auch einen Zahlungsdiensterahmenvertrag erfasst, gilt § 675h Abs. 2 S. 2 BGB. Indes verstoßen diese AGB-Regelungen nicht gegen § 675h Abs. 2 BGB, denn sie erfassen erkennbar unterschiedliche Verträge und Vertragskonstellationen, bei denen auch gesetzliche Fristen gelten können und dann „angemessen" iSd Regelung sind. Eine Dispositivität der Norm besteht nur gegenüber Nicht-Verbrauchern. Sofern eine abweichende Ausgestaltung in AGB erfolgt, ist der Leitbildcharakter der Regelung zu beachten, dh ein vollständiger Verzicht auf eine Kündigungsfrist kann klauselmäßig nicht vereinbart werden.[27]

17 Die **Kündigungserklärung** bedarf der **Textform** (§ 126b BGB) und muss in der vereinbarten Sprache erfolgen (vgl. den Verweis auf Art. 248 §§ 2, 3 EGBGB). Die **Angabe eines Kündigungsgrundes** ist, soweit nicht anders vereinbart, nicht erforderlich.[28] In den Grenzen der Textform ist die Kündigung auch konkludent möglich, wenn man berücksichtigt, dass jede Kündigungserklärung konkludent ist, in der nicht der Umstand der Kündigung explizit genannt wird. Die AGB des Zahlungsdienstleisters können

---

[21] → Kap. 2 § 657f Rn. 28.

[22] BGH NJW 2015, 2412 Rn. 12; BGHZ 154, 146 (149 ff.) = NJW 2003, 1658; BGH NJW 2004, 1031; zu einem wichtigen Grund LG Berlin BeckRS 2017, 112414 (Kündigung Spendenkonto für Unterstützung von Strafvereitelung).

[23] Vgl. BGH NJW 2015, 2412 Rn. 12 (Verwerfung der Klausel allerdings wegen Intransparenz).

[24] **AA** OLG Naumburg ZIP 2012, 1119 (Kündigung des Girokontos nur aus wichtigem Grund möglich, keine Kündigung zur Anpassung der Vertragskonditionen; zu § 5 Abs. 1 SpkVO LSA und unter besonderer Betonung des Wortlauts dieser Norm).

[25] *Herresthal* WM 2013, 773 (774) mwN.

[26] Ausf. zu diesem Themenkreis *Hadding* FS Hopt, 2010, 1893 (1899 f.).

[27] Vgl. auch Begr. RegE BT-Drs. 16/11643, 104.

[28] BGH NJW 2013, 1530 Rn. 15; BeckOK BGB/*Schmalenbach* § 675h Rn. 4; MüKoBGB/*Casper* § 675h Rn. 10.

zugunsten des Nutzers **weitere Voraussetzungen** der wirksamen ordentlichen Kündigung bestimmen. Ziff. 26 Abs. 1 UAbs. 1 S. 2 AGB-Sparkassen enthält die Rücksichtnahme auf die berechtigten Belange des Kunden und das Verbot der Kündigung zur Unzeit als weitere Einschränkungen; Ziff. 19 Abs. 1 S. 2 AGB-Banken fordert die Rücksichtnahme auf die berechtigten Interessen des Kunden. Diese Vorgaben führen ausnahmsweise zur Unwirksamkeit der Kündigung, wenn der Zahlungsdienstenutzer durch die Kündigung zum intendierten Zeitpunkt erheblich mehr belastet wird als in der Regel durch die Beendigung des Zahlungsdiensterahmenvertrages.[29]

Hinsichtlich der **Rechtsfolgen der Kündigung** kann auf die Folgen der Kündigung durch den Nutzer verwiesen werden (→ Rn. 12). Eine Kündigung nur der Online-Banking-Abrede als Rahmenvertrag ist möglich mit der Folge, dass die Konto-Abrede fortbesteht, denn es handelt sich um selbständige, wenngleich nicht unverbundene Rahmenverträge.[30] Eine **Teilkündigung** setzt eine dahingehende vertragliche Abrede voraus. **Änderungskündigungen** durch den Zahlungsdienstleister sind zulässig.[31] Angesichts der identischen Voraussetzungen droht hierbei keine Umgehung der Tatbestandsvoraussetzungen des § 675g BGB. Zudem wahrt auch eine Änderungskündigung, mithin eine durch die Annahme eines Vertragsänderungsangebotes auflösend bedingte Kündigung, die privatautonome Gestaltungsfreiheit des Zahlungsdienstnutzers. Dieser kann entscheiden, ob er dem geänderten Vertragsinhalt zustimmt oder die Kündigung wirksam wird. Die **Kündigung der gesamten Geschäftsverbindung** (vgl. Ziff. 19 Abs. 1 AGB-Banken, Ziff. 26 Abs. 1 AGB-Sparkassen) ist als Zusammenfassung der Kündigungen aller zwischen dem Kreditinstitut und dem konkreten Kunden bestehenden Einzelverträge auszulegen. Die Rechtsfigur eines allgemeinen Bankvertrages, der mit einer solchen Erklärung beendet würde, ist abzulehnen.[32] Nach allgemeinen Grundsätzen trägt der Zahlungsdienstleister die **Darlegungs- und Beweislast** für den Zugang der Kündigung. 18

b) Ausschluss der Kündigung in Sonderkonstellationen. Die **Kündigung** ist ausnahmsweise **ausgeschlossen,** wenn sie gegen §§ 134, 138, 242 BGB verstößt oder missbräuchlich ist.[33] In jüngerer Zeit ist insbesondere die sog. Kündigung zur Unzeit umstritten. Insofern ist fraglich, ob der Zahlungsdienstleister ausnahmsweise in seiner Kündigungsmöglichkeit nach § 138 BGB bzw. § 242 BGB beschränkt ist, weil der Zahlungsdienstnutzer auf den Vertrag angewiesen ist, zB aufgrund der Weigerung anderer Zahlungsdienstleister, mit diesem eine Geschäftsverbindung zu begründen, oder aufgrund der gravierenden Nachteile für den Geschäftsbetrieb des Zahlungsdienstnutzers bei einer Beendigung der Geschäftsverbindung.[34] Nach dem Grundsatz der (negativen) Privatautonomie steht es dem Zahlungsdienstleister frei, die Vertragsverbindung zu einzelnen/mehreren Zahlungsdienstenutzern zu beenden, ohne durch eine mittelbare Drittwirkung des Art. 3 Abs. 1 GG iVm § 242 BGB beschränkt zu werden. Die Kündigung eines **Basiskontos** durch den Zahlungsdienstleister regeln §§ 42 f. ZKG.[35] 19

Ein **Kontrahierungszwang** würde eine ordentliche Kündigung ebenfalls ausschließen. Indes ist ein solcher im Regelfall bei privaten Banken abzulehnen.[36] Aufgrund des Kontrahierungszwangs von Sparkassen[37] folgt eine Beschränkung des Rechts zur ordentlichen Kündigung aus eben dieser Pflicht (§ 242 BGB). Allerdings reicht die Pflicht nur soweit der 20

[29] Weitergehend *Hadding* FS Hopt, 2010, 1893 (1898) (sachlicher Grund bei Kündigung durch Sparkassen grundsätzlich erforderlich).

[30] IE auch Palandt/*Sprau* § 675h Rn. 3.

[31] Wie hier MüKoBGB/*Casper* § 675h Rn. 9.

[32] Zu letzterem nur BGHZ 152, 114 (118 ff.); *Canaris* Bankvertragsrecht Rn. 2 ff.; **aA** BankR-HdB/*Bunte* § 2 Rn. 1; ausf. zur Kündigung der Geschäftsbeziehung *Hadding* FS Hopt, 2010, 1893 (1896 ff.).

[33] Ausf. auch *Herresthal* WM 2013, 773 (780 f.).

[34] Vgl. BGH NJW 2013, 1519 Rn. 30; aus der Instanzrechtsprechung vgl. LG Hamburg BeckRS 2018, 32419 (Berufung anh. OLG Hamburg Az. 13 U 53/18).

[35] Näher dazu *Herresthal* BKR 2016, 133 (140 f.).

[36] Dazu ausf. → Kap. 2 § 675f Rn. 27 ff.

[37] → Kap. 2 § 675f Rn. 28.

Kontrahierungszwang besteht, dh sofern der Kunde ein Konto über das anzubietende Basiskonto hinaus hat, kann die Sparkasse dieses bei gleichzeitigem Angebot eines Basiskontos ordentlich kündigen.[38] Sofern ein Grund für die Verweigerung des Abschlusses eines Basiskontos besteht (vgl. Ziff 26 Abs. 2 AGB-Sparkassen), ist dessen ordentliche Kündigung ebenfalls nicht ausgeschlossen.[39]

21 Sonderregeln gelten nach der Rechtsprechung auch für die **Kündigung von Konten einer politischen Partei,** die nach Ansicht des Kreditinstituts verfassungsfeindliche Ziele verfolgt. Private Banken können die Vertragsverbindung zu politischen Parteien gem. § 675h Abs. 2 ordentlich kündigen.[40] Sparkassen und staatlich beherrschte Kreditinstitute werden von der Rechtsprechung weitreichend dem Willkürverbot des Art. 3 Abs. 1 GG unterworfen, so dass Ihnen die Kündigung einer Kontoabrede nur aus sachlichem Grund möglich ist. Angesichts des Parteienprivilegs in Art. 21 Abs. 1 S. 2 GG eigne die Verfassungsfeindlichkeit der Partei nur dann als sachlicher Grund, wenn sie vom BVerfG festgestellt ist.[41]

22 Im Falle einer **Kontenpfändung** ist das Recht zur ordentlichen **Kündigung privater Banken** prinzipiell nicht beschränkt.[42] Auch insoweit kommt eine Beschränkung nach § 242 BGB prinzipiell nur in Betracht, wenn man einen Kontrahierungszwang der Bank unzutreffend[43] bejaht. Insoweit hat die Einführung des § 850k ZPO zu keinem anderen Ergebnis geführt. Freilich kann sich im Einzelfall ausnahmsweise etwas anderes aus Ziff. 19 Abs. 1 S. 2 AGB-Banken ergeben, mithin ein besonderes berechtigtes Interesse des Bankkunden am Fortbestand der Kontoverbindung vorliegen.[44] Richtigerweise kann der Zahlungsdienstleister auch den Antrag des Zahlungsdienstnutzers, gem. § 850k Abs. 7 S. 2 f. ZPO das konkrete Zahlungskonto als Pfändungsschutzkonto nach § 850k ZPO zu führen, zum Anlass nehmen, die Kontoverbindung zu kündigen. Denn aus der gesetzlichen Regelung folgt nicht, dass Pfändungsschutzkonten umfassend aus der Möglichkeit des Zahlungsdienstleisters, den Zahlungsdiensterahmenvertrag nach Abs. 2 ordentlich zu kündigen, ausgenommen sind.[45] Die Einführung des Basiskontos nach §§ 30 ff. ZKG sowie des Anspruchs auf dieses hat die Bedeutung dieser Frage aber reduziert. Bei **Sparkassen** ist erneut eine Parallele zum spezialgesetzlichen Kontrahierungszwang zu ziehen. Sofern der jeweilige Landesgesetzgeber einen solchen normiert und damit eine besondere Bedeutung der Sparkassen für die Teilhabe von Kunden am bargeldlosen Zahlungsverkehr, die keine Ausweichmöglichkeit zu anderen Banken haben, der gesetzlichen Regelung zugrunde legt, entspricht es dem Telos einer solchen spezialgesetzlichen Regelung, mangels abweichender besonderer Umstände im Einzelfall, die Pfändung als solche nicht als sachlichen Grund für eine ordentliche Kündigung des Kontos durch die Sparkasse anzuerkennen.[46]

2. Die ordentliche Kündigung nach allgemeinen Regeln

23 Daneben ist eine **ordentliche Kündigung durch den Zahlungsdienstleister mit angemessener Frist** nach allgemeinen Regeln **anzuerkennen.**[47] Dem widerspricht der

[38] **AA** MüKoBGB/*Casper* § 675h Rn. 13.
[39] Vgl. zum Themenkreis unlängst auch *Hadding* FS Hopt, 2010, 1893 (1901 f.).
[40] LG Dortmund BeckRS 2018, 38703; mittelbar dazu BGHZ 154, 146 (152) unter Bezugnahme auf den Imageschaden für das Kreditinstitut.
[41] BGHZ 154, 146 (149 ff.); BGH WM 2004, 317 (zur Postbank).
[42] Wie hier MüKoBGB/*Casper* § 675h Rn. 16.
[43] → Kap. 2 § 675f Rn. 27 ff.
[44] Bejaht von AG Frankfurt ZVI 2003, 85; ausf. dazu Bunte/Zahrte/*Bunte,* 2. Teil AGB-Banken 2. Teil Rn. 405.
[45] Vgl. KG NJW 2012, 395 (396); LG Leipzig ZIP 2016, 207 (210); ausf. schon *Herresthal* WM 2013, 773 (778 ff.); *Günther* WM 2014, 1369 (1371); Bunte/Zahrte/*Bunte* AGB-Banken, 2. Teil Rn. 398.
[46] OLG Naumburg BKR 2012, 260 (262).
[47] Palandt/*Sprau* § 675h Rn. 3; NK-BGB/*Beesch* § 675h Rn. 5; ähnlich Schulze/*Schulte-Nölke* § 675h BGB Rn. 3 (§ 314 BGB mit Kündigungsfrist des § 675h Abs. 2 BGB); **aA** Ellenberger/Findeisen/Nobbe/*Schindele* § 675h BGB Rn. 16.

Wille der Gesetzesverfasser[48] nur auf den ersten Blick, da sich diese Aussage auf das Zahlungsdiensterecht und wohl befristete Zahlungsdiensterahmenverträge bezieht; weitere Regelungen des BGB werden nicht berücksichtigt. Paradigmatisch ist das besondere Interesse des Dienstleisters an einer ordentlichen Kündigung des Rahmenvertrages, wenn der Nutzer einer **Änderung der AGB** nicht zustimmt und der Vertrag daher unverändert und mit erheblichem Verwaltungsmehraufwand fortgelten würde.[49]

V. Weitere Rechtsfolgen der Kündigung (Abs. 3)

Die Regelungen des Abs. 3 (vgl. Art. 55 Abs. 4 PSD II) haben im Wesentlichen **klarstellende Bedeutung.** Nach ihnen hat eine zeitanteilige Berechnung der vom Nutzer geschuldeten Entgelte bei Beendigung des Vertrages durch eine Kündigung des Zahlungsdiensterahmenvertrages, gleich durch welche Seite und gleich ob im Voraus geleistet oder nachträglich erhoben, zu erfolgen (pro rata temporis). Die Norm betrifft regelmäßige Entgelte, also va zeitabhängig geschuldete Entgelte für die Kontoführung oder den Zugang zum Online-Banking, nicht aber vorgangsabhängige Entgelte. Paradigmatisch sind monatliche Entgelte für die Kontoführung sowie monatliche Entgelte für die Nutzung des Online-Bankings. 24

Bei einer im Voraus erhobenen Monats- oder Jahresgebühr ist jenes Entgelt zu erstatten, das auf den Zeitrahmen nach Beendigung des Vertrages fällt; § 675h Abs. 3 S. 2 BGB enthält insofern einen **eigenständigen Erstattungsanspruch,** der mit Wirksamwerden der Kündigung fällig wird. Bei einer Endfälligkeit des Entgelts kann der Dienstleister nur einen anteiligen Betrag für die ungekündigte Dauer der Vertragslaufzeit verlangen. 25

VI. Entgeltfreiheit der Kündigung (Abs. 4)

Angesichts des modifizierten Art. 55 Abs. 2 PSD II wurde Abs. 4 vom Gesetzgeber mit dem Gesetz zur Umsetzung der Zweiten Zahlungsdiensterichtlinie eingefügt. Die Norm hat klarstellende Bedeutung. Die Ausübung des gesetzlichen Kündigungsrechts soll nach nationalem Recht **keinen Entgeltanspruch** des Dienstleisters auslösen.[50] Dies schließt sowohl eine Gebühr für die Kontoauflösung als auch den Ersatz etwaiger regelmäßiger Aufwendungen im Zusammenhang mit der Auflösung von Konten nach dem Willen des Gesetzgebers aus.[51] Die PSD II enthält hingegen die Möglichkeit, Entgelte zu vereinbaren, die angemessen und an den Kosten des Dienstleisters ausgerichtet sind, soweit noch keine zwölf Monate Vertragsdauer verstrichen sind. Diese Besserstellung des Nutzers durch die nationale Regelung ist gem. Art. 55 Abs. 6 PSD II zulässig. Die Regelung korrespondiert mit § 26 Abs. 3 Nr. 3 ZKG, wonach ein Entgelt oder die Erstattung von Kosten für die Schließung des beim Zahlungsdienstleister, der das Konto des Verbrauchers überträgt, geführten Kontos nicht vereinbart werden darf. 25a

§ 675i Ausnahmen für Kleinbetragsinstrumente und E-Geld

(1) **¹Ein Zahlungsdienstevertrag kann die Überlassung eines Kleinbetragsinstruments an den Zahlungsdienstnutzer vorsehen. ²Ein Kleinbetragsinstrument ist ein Mittel,**

[48] Begr. RegE BT-Drs. 16/11643, 104, wonach ein Zahlungsdiensterahmenvertrag ohne entsprechende Vereinbarung „vom Zahlungsdienstleister nicht ordentlich gekündigt werden" kann.

[49] Vgl. nur MüKoBGB/*Basedow* § 305 Rn. 86–89.

[50] Palandt/*Sprau* § 675h Rn. 6; Schulze/*Schulte-Nölke* § 675h Rn. 2.

[51] Vgl. schon Begr. RegE BT-Drs. 16/11643, 104, wonach „die vom Zahlungsdienstnutzer ausgeübte Kündigung immer auch ´kostenlos´„ sei. Nach dem Willen der Gesetzesverfasser soll die Ausübung eines gesetzlich gewährten Kündigungsrechts „keinen Entgeltanspruch begründen können"; zur Klarstellung angesichts der PSD II, vgl. Begr. RegE BT-Drs. 18/11495, 155.

1. mit dem nur einzelne Zahlungsvorgänge bis höchstens 30 Euro ausgelöst werden können,
2. das eine Ausgabenobergrenze von 150 Euro hat oder
3. das Geldbeträge speichert, die zu keiner Zeit 150 Euro übersteigen.

[3]In den Fällen der Nummern 2 und 3 erhöht sich die Betragsgrenze auf 200 Euro, wenn das Kleinbetragsinstrument nur für inländische Zahlungsvorgänge genutzt werden kann.

(2) **Im Fall des Absatzes 1 können die Parteien vereinbaren, dass**
1. der Zahlungsdienstleister Änderungen der Vertragsbedingungen nicht in der in § 675g Abs. 1 vorgesehenen Form anbieten muss,
2. § 675l Absatz 1 Satz 2, § 675m Absatz 1 Satz 1 Nummer 3 und 5 sowie Satz 2 und § 675v Absatz 5 nicht anzuwenden sind, wenn das Kleinbetragsinstrument nicht gesperrt oder eine weitere Nutzung nicht verhindert werden kann,
3. die §§ 675u, 675v Absatz 1 bis 3 und 5, die §§ 675w und 676 nicht anzuwenden sind, wenn die Nutzung des Kleinbetragsinstruments keinem Zahlungsdienstnutzer zugeordnet werden kann oder der Zahlungsdienstleister aus anderen Gründen, die in dem Kleinbetragsinstrument selbst angelegt sind, nicht nachweisen kann, dass ein Zahlungsvorgang autorisiert war,
4. der Zahlungsdienstleister abweichend von § 675o Abs. 1 nicht verpflichtet ist, den Zahlungsdienstnutzer von einer Ablehnung des Zahlungsauftrags zu unterrichten, wenn die Nichtausführung aus dem Zusammenhang hervorgeht,
5. der Zahler abweichend von § 675p den Zahlungsauftrag nach dessen Übermittlung oder nachdem er dem Zahlungsempfänger seine Zustimmung zum Zahlungsauftrag erteilt hat, nicht widerrufen kann, oder
6. andere als die in § 675s bestimmten Ausführungsfristen gelten.

(3) **[1]Die §§ 675u und 675v sind für E-Geld nicht anzuwenden, wenn der Zahlungsdienstleister des Zahlers nicht die Möglichkeit hat, das Zahlungskonto, auf dem das E-Geld gespeichert ist, oder das Kleinbetragsinstrument zu sperren. [2]Satz 1 gilt nur für Zahlungskonten, auf denen das E-Geld gespeichert ist, oder Kleinbetragsinstrumente mit einem Wert von höchstens 200 Euro.**

Übersicht

I. Regelungszweck

1 Die Regelung setzt Art. 63 sowie zum Teil Art. 42 PSD II um. Sie eröffnet in Abs. 2 unter bestimmten Voraussetzungen die **Möglichkeit, bei Kleinbetragsinstrumenten Abweichungen von einzelnen Regelungen der §§ 675c ff. BGB zu vereinbaren.** Kleinbetragsinstrumente sind in Abs. 1 S. 2 legal definiert (in der Terminologie der PSD II: Kleinbetragszahlungsinstrumente). Diese Instrumente für Kleinbetragszahlungen sollen ins-

besondere bei niedrigpreisigen Waren und Dienstleistungen, zB Fahrkarten, als kostengünstige und nutzerfreundliche Alternative in Konkurrenz zu den etablierten Zahlungsmethoden, namentlich zur Barzahlung, treten.[1] Der Einsatz dieser Instrumente soll erleichtert werden. Da das Verlust- und Missbrauchsrisiko für den Zahlungsdienstnutzer angesichts der Betragshöchstgrenzen (vgl. Abs. 1) begrenzt ist, werden für Kleinbetragsinstrumente sowie bestimmte Produkte des E-Geldes die gesetzlichen Anforderungen gelockert. Für Produkte mit besonders ausgeprägter Bargeldersatzfunktion wird daher das Verlust- und Missbrauchsrisiko entsprechend dem Einsatz von Bargeld dem Nutzer des Produkts zugewiesen.[2] Auch die Informationspflichten werden beschränkt. Abs. 2 erweitert daher den Gestaltungsspielraum der Parteien bei der Ausgestaltung der Vertragsbedingungen für das Kleinbetragsinstrument und nennt jene Normen des Zahlungsdiensterechts, von denen bei diesen Instrumenten rechtsgeschäftlich abgewichen werden kann. Das Gesetz zur Umsetzung der Zweiten Zahlungsdiensterichtlinie[3] führte bei § 675i BGB weitestgehend nur zu redaktionellen Anpassungen.

Abs. 3 trifft **Sonderregelungen für E-Geld.** Danach finden die Vorschriften über die 2
Haftung bei nicht autorisierten Zahlungsvorgängen (§§ 675u, 675v BGB) keine Anwendung auf E-Geld mit einem Wert bis zu 200 EUR, wenn für den Zahlungsdienstleister des Zahlers keine Möglichkeit besteht, das Zahlungsinstrument oder das Zahlungskonto zu sperren. Das (begrenzte) Verlust- und Missbrauchsrisiko trägt daher in diesen Fällen, parallel zum Bargeld, der Zahlungsdienstnutzer.

Die **Abbedingung der Norm** ist nicht möglich. 3

II. Die erweiterte Gestaltungsfreiheit bei Kleinbetragsinstrumenten

1. Voraussetzungen

a) Der Abschluss eines Zahlungsdienstevertrags. Nach Abs. 1 S. 1 bildet ein Zah- 4
lungsdienstevertrag (§ 675f BGB) die Grundlage für die Überlassung eines Kleinbetragsinstrumentes; dies wird regelmäßig ein Zahlungsdiensterahmenvertrag sein.[4]

b) Überlassung von Kleinbetragsinstrumenten. Die Regelung enthält in Abs. 1 S. 2 5
die **Legaldefinition des Kleinbetragsinstruments.** Es handelt sich hierbei um ein Zahlungsinstrument (§ 1 Abs. 20 ZAG; vgl. auch Abs. 1 und Art. 4 Nr. 14 PSD II)[5] mit besonderen Merkmalen. Umfasst sind Zahlungsinstrumente, mit denen (1) nur einzelne Zahlungsvorgänge bis 30 EUR ausgelöst werden können, die (2) eine Ausgabenobergrenze von 150 EUR haben oder (3) Geldbeträge speichern, die 150 EUR nicht übersteigen.

Ausweislich des ausdrücklichen Wortlauts sind diese **betragsmäßigen Beschränkun-** 6
gen alternativ, [6] so dass die Vereinbarung einer *einzelnen* ausreicht, um den Anwendungsbereich der Regelung zu eröffnen. Die betragsmäßigen Beschränkungen sind weitgehend selbsterklärend. Nach dem Zweck der Norm, der Begrenzung des konkreten Verlust- und Missbrauchsrisikos, ist bei Nr. 2 und 3 zu berücksichtigen, dass sie der Möglichkeit zur erneuten Nutzung, zB einer möglichen Wiederaufladung, nicht entgegenstehen, solange auf dem Zahlungsmittel jeweils nur Geldbeträge bis maximal 150 EUR gespeichert werden können. Nr. 2 und 3 unterscheiden sich in ihrer Zielrichtung; während Nr. 2 einen Höchstbetrag bei serverbasierten Zahlungsmitteln festlegt, erfasst Nr. 3 kartenbasierte Zahlungsmittel.

[1] Vgl. Begr. RegE BT-Drs. 16/11643, 104; s. a. Erwägungsgrund 81 PSD II.
[2] Vgl. Begr. RegE BT-Drs. 16/11643, 105; → Kap. 2 § 675i Rn. 17.
[3] BGBl. I 2017, 2446.
[4] Ellenberger/Findeisen/Nobbe/*Schindele* § 675i BGB Rn. 3; weitergehend Art. 42 Abs. 1, 63 Abs. 1 PSD II: stets Rahmenvertrag; daher für eine richtlinienkonforme Auslegung BeckOGK BGB/*Foerster* § 675i Rn. 6; zu den Rahmenverträgen → Kap. 2 § 675f Rn. 3.
[5] Ausf. dazu → Kap. 5 § 675j Rn. 9.
[6] Wohl unstr., vgl. nur MüKoBGB/*Casper* Rn. 4; BeckOK BGB/*Schmalenbach* § 675 Rn. 4.

7 Umstritten ist bei **Abs. 1 S. 2 Nr. 1,** ob das Zahlungsinstrument nur einen Zahlungsvorgang bis zu max. 30 EUR zulässt, mehrere Zahlungsvorgänge bis zu jeweils 30 EUR oder mehrere Zahlungsvorgänge bis zu insgesamt 30 EUR. Die restriktive Ansicht, wonach nur ein Zahlungsvorgang bis zu insgesamt 30 EUR je Zahlungsinstrument gemeint ist,[7] vermag nicht zu überzeugen. Angesichts des zwecks der Norm liegt es näher, insofern auf mehrere Zahlungsvorgänge bis zu insgesamt 30 EUR zu rekurrieren. Dies begrenzt bei prepaid- Gestaltungen das Risiko des Nutzers angemessen. Gleiches gilt bei postpaid-Gestaltungen, wenn die Nutzung des Zahlungsinstruments bis zu einem insgesamt ausstehenden Betrag von 30 EUR auf diese Weise begrenzt ist.[8] Die **maßgebende Betragsgrenze für die Nr. 2 und 3 ist 200 EUR,** wenn das **Kleinbetragsinstrument nur für inländische Zahlungsvorgänge** genutzt werden kann, Abs. 1 S. 3. Diese Regelung macht von der entsprechenden Option in Art. 63 II 1 PSD II Gebrauch. Grund ist, dass das Zahlungsvolumen der bereits vorhandenen E-Geld-Produkte, namentlich der Geldkarte, zuvor auf 200 EUR beschränkt war.[9] Ein **inländischer Zahlungsvorgang** liegt vor, wenn sich Zahler und Zahlungsempfänger zum Zeitpunkt der Zahlung in der Bundesrepublik Deutschland befinden. Grenzüberschreitende Zahlungsvorgänge werden nicht erfasst.[10] Grenzüberschreitende Zahlungsvorgänge dürfen mit dem Zahlungsinstrument nicht möglich sein.[11] Hierfür spricht bereits der Wortlaut der Norm, der zudem Art. 63 PSD II entspricht. Die Qualifikation als „inländischer“ Zahlungsvorgang kann den Ort des Zahlungsempfängers nicht unberücksichtigt lassen. Auch spricht die Bargeldersatzfunktion der Kleinbetragsinstrumente gegen eine besondere Privilegierung des grenzüberschreitenden Einsatzes. Das Missbrauchsrisiko, das bei diesen Instrumenten begrenzt werden soll, spricht ebenfalls gegen einen Einbezug von grenzüberschreitenden Transaktionen.

8 Umfasst werden alle **Zahlungsmittel,** mit denen **Zahlungen unbar** geleistet werden können, die den genannten Beschränkungen unterfallen, da sich dann das Missbrauchsrisiko für die Zahlungsdienstnutzer in Grenzen hält. Umfasst werden somit Zahlungsmittel, die vom Zahlungsdienstnutzer vor **(„prepaid“) sowie** solche, die nach der Inanspruchnahme **(„postpaid“)** erworben werden.[12] Paradigmatisch ist die sog. „Geldkarte“, bei der auf dem Karten-Chip ein Guthaben gespeichert wird, das zur Zahlung genutzt werden kann (parallel wird ein Verrechnungskonto geführt). Umfasst werden auch prepaid-Karten mit universeller Einsatzmöglichkeit (nicht aber Kundenkarten mit Einsatzmöglichkeit nur beim Emittenten). Sog. Telefonkarten ermöglichen keinen Zahlungsdienst und zählen nicht hierzu.[13] Die Bindung des Zahlungsmittels an ein Konto ist gleichgültig.[14] Auch E-Geld[15] wird innerhalb der Höchstbetragsgrenze umfasst (vgl. Abs. 3 S. 2).[16] Kartenbasiertes E-Geld sieht typischerweise einen maximalen Speicherbetrag entsprechend der Nr. 3 vor; auch serverbasiertes E-Geld hat regelmäßig die von Nr. 2 geforderte Ausgabenobergrenze.

2. Rechtsfolgen

9 Nach Abs. 2 werden Kleinbetragsinstrumente dadurch privilegiert, dass über die halbzwingenden Regelungen des § 675e Abs. 1, 4 BGB hinaus von den gesetzlichen Regelungen über die Erbringung von Zahlungsdienstleistungen durch vertragliche Vereinbarung abgewichen werden kann. Abs. 2 bestimmt den Umfang der **Erweiterung der Gestal-**

---

[7] BeckOGK BGB/*Foerster* § 675i Rn. 9 ff.

[8] Weitergehend MüKoBGB/*Casper* § 675i Rn. 5.

[9] Begr. RegE BT-Drs. 16/11643, 105.

[10] Wie hier Ellenberger/Findeisen/Nobbe/*Schindele* § 675i BGB Rn. 8; **aA** BeckOK BGB/*Schmalenbach* § 675i Rn. 5 (Auslösung des Zahlungsvorgangs im Inland; Sitz des Zahlungsempfängers gleichgültig).

[11] Begr. RegE BT-Drs. 16/11643, 100.

[12] Begr. RegE BT-Drs. 16/11643, 105; Ellenberger/Findeisen/Nobbe/*Schindele* § 675i BGB Rn. 5; BeckOK BGB/*Schmalenbach* § 675i Rn. 4.

[13] Vgl. nur Palandt/*Sprau* § 675i Rn. 2.

[14] Begr. RegE BT-Drs. 16/11643, 105.

[15] Dazu *Borges* in Kap. 8.

[16] Begr. RegE BT-Drs. 16/11643, 105; Ellenberger/Findeisen/Nobbe/*Schindele* § 675i BGB Rn. 5.

Emittenten, der gegen Zahlung eines Geldbetrages ausgestellt wird, um damit Zahlungsvorgänge iSd § 675f Abs. 4 S. 1 BGB durchzuführen, und der auch von anderen natürlichen oder juristischen Personen als dem Emittenten angenommen wird (§ 1 Abs. 2 S. 3 ZAG). Dies entspricht der Richtlinie 2009/110/EG.[20] E-Geld ist ein besonders ausgestaltetes Buchgeld, das **kartenbasiert** (zB Geldkarte) **oder serverbasiert** (zB Netzgeld) gespeichert sein kann. Zentrales Charakteristikum des E-Geldes ist die Speicherung von Geldbeträgen (vgl. § 1 Abs. 2 Satz 3 ZAG). E-Geld kann demnach auch auf einem Kleinbetragsinstrument gespeichert werden.

Zudem darf **keine Sperrmöglichkeit für den Zahlungsdienstleister** des Zahlers hinsichtlich des Zahlungsinstruments oder des Zahlungskontos bestehen. Umfasst werden hiervon die **rechtliche sowie die tatsächliche Unmöglichkeit zur Sperre.**[21] Rechtlich besteht eine Sperrmöglichkeit nach § 675k Abs. 2 S. 1 BGB nur, wenn eine solche vereinbart wurde oder die Sperre im Einvernehmen zwischen Zahler und Zahlungsdienstleister erfolgt. Bereits der Wortlaut umfasst beide Konstellationen. Nach Sinn und Zweck der Regelung soll zudem dem Zahlungsdienstnutzer bei E-Geld das begrenzte Verlust- und Missbrauchsrisiko zugewiesen werden. Auch die Bargeldersatzfunktion als Zweck spricht hierfür, denn für diese ist es gleichgültig, ob die Sperre rechtlich oder bei entsprechendem E-Geld tatsächlich nicht möglich ist. In beiden Fällen kann derjenige, der eine Zahlung mit dem E-Geld akzeptiert, darauf vertrauen, dass die Zahlung tatsächlich erfolgt. Etwas anderes folgt auch nicht aus der Richtlinienvorgabe. Art. 63 Abs. 3 S. 1 PSD II hat den gleichen Wortlaut wie § 675i Abs. 3 S. 1 BGB, so dass auch der Richtlinienwortlaut richtigerweise beides umfasst. Der Umstand, dass im Laufe des Gesetzgebungsverfahrens der Richtlinie die zunächst auf die technische Möglichkeit der Sperre abstellende Vorgängerregelung geändert wurde, indem der Begriff „technisch" gestrichen wurde,[22] spricht nur gegen eine Verengung der Norm auf die nur technische Möglichkeit der Sperre, nicht aber gerade für deren nun umfassenden Ausschluss und die Beschränkung auf eine nur rechtliche Möglichkeit der Sperre. Dieses zum ursprünglichen Entwurf vollkommen entgegengesetzte Normverständnis hätte der europäische Gesetzgeber mit einer Aufnahme des Begriffes „rechtlich" in den Normtext anzeigen müssen. 20

Erforderlich für die Nichtanwendbarkeit der Haftungsvorschriften auf E-Geld ist des Weiteren, dass das Zahlungskonto oder das Kleinbetragsinstrument **höchstens einen Wert von 200 EUR** aufweisen. Diese Maximalsumme bezeichnet den **maximal möglichen Aufladewert,** nicht nur den Verfügungswert einer konkret streitigen Verfügung.[23] Für dieses Normverständnis streitet schon der Wortlaut, der auf entsprechende Instrumente „mit einem Wert von höchstens 200 Euro" abstellt, mithin auf den maximalen Wert des Instruments und nicht die konkrete Verfügung, die im Wortlaut noch nicht einmal erwähnt wird. Diese Regelungstechnik, das Abstellen auf das Instrument, entspricht systematisch zudem Abs. 1 S. 2 Nr. 2 und 3, wo ebenfalls nach zutreffendem Verständnis auf den maximalen Speicherwert abgestellt wird. Die Norm macht das ausnahmsweise Abstellen auf die konkrete Verfügung hinreichend deutlich (vgl. Abs. 1 S. 2 Nr. 1: „einzelne Zahlungsvorgänge"). Auch Sinn und Zweck dieser konkreten Regelung streiten für dieses Verständnis, denn die Betragsgrenze beschreibt das maximale Verlust- und Missbrauchsrisiko, dass dem Nutzer auferlegt wird. Dieses soll gerade begrenzt 21

[20] RL 2009/110/EG des Europäischen Parlaments und des Rates v. 16.9.2009 über die Aufnahme, Ausübung und Beaufsichtigung der Tätigkeit von E-Geld-Instituten, zur Änderung der RL 2005/60/EG und 2006/48/EG sowie zur Aufhebung der RL 2000/46/EG, ABl. EG Nr. L 267 v. 10.10.2009, S. 7.

[21] Begr. RegE BT-Drs. 16/11643, 105; BeckOK BGB/*Schmalenbach* § 675i Rn. 8; Ellenberger/Findeisen/Nobbe/*Schindele* § 675i BGB Rn. 19; MüKoBGB/*Casper* § 675i Rn. 16; s. a. BeckOGK BGB/*Foerster* § 675i Rn. 32 f.

[22] Vgl. Dok.-Nr. A6–0298/2006 (Bericht des MdEP *Jean-Paul Gauzès* v. 20.9.2006 über den Vorschlag für die PSD) sowie die Interinstitutionellen Dossiers 2005/0245 (COD) des Ratsvorsitzes an den Rat v. 22.3.2007 und v. 23.3.2007, Dok. Nr. 7665/07 und 7666/07.

[23] Wie hier Ellenberger/Findeisen/Nobbe/*Schindele* § 675i BGB Rn. 21; zust. BeckOGK BGB/*Foerster* § 675i Rn. 35.

werden[24] und wäre aber bei einem Abstellen auf die jeweils konkrete Verfügung angesichts der möglichen Pluralität missbräuchlicher Verfügungen ganz erheblich höher.

22 **Beispiele** für entsprechende Produkte sind (Prepaid-)Produkte, die es ermöglichen, ohne Unterschrift oder andere personalisierte Sicherheitsmerkmale (zB PIN) Zahlungsvorgänge auszulösen und zu autorisieren, u. a. die weit verbreitete sog. **GeldKarte.**

3. Rechtsfolgen

23 Als Rechtsfolge sind die **Vorschriften über die Haftung bei nicht autorisierten Zahlungsvorgängen (§§ 675u, 675v BGB) nicht anwendbar (§ 675i Abs. 3 S. 1 BGB).** In der Folge trägt der jeweilige Inhaber bzw. Verwender bei diesen E-Geld-Produkten parallel zum Bargeld das Verlust- und Missbrauchsrisiko.

24 Die Unanwendbarkeit des § 675u BGB führt dazu, dass unabhängig von den Voraussetzungen des § 670 BGB ein Aufwendungsersatzanspruch auch in der Konstellation des (behaupteten) Missbrauchs bzw. Verlusts besteht. Dies folgt schon daraus, dass die Vorschrift des § 670 BGB umfassend von § 675u BGB verdrängt wird und im Fall der ausnahmsweisen Unanwendbarkeit des § 675u BGB nach § 675i Abs. 3 S. 1 BGB auch nicht aufgrund des Sinn und Zwecks des § 675i Abs. 3 S. 1 BGB wieder auflebt.

[24] Begr. RegE BT-Drs. 16/11643, 105.

3. Kapitel: Konto; Online-Banking – §§ 675j–676c BGB

Literatur: *Bauer/Glos,* Die zweite Zahlungsdiensterichtlinie – Regulatorische Antwort auf Innovation im Zahlungsverkehrsmarkt, DB 2016, 456; *Bartel,* Aktuelle Rechtsfragen des Bildschirmtextes, DB 1982, 1097; *Becker,* Empirische Evidenz zu Eigenschaften von Online- bzw. Mobile-Banking-Kunden in Deutschland, ZBB 2019, 42; *Bender,* Aktuelle Entwicklung der Haftung beim Phishing, WM 2008, 2049; *Bertelmann,* Das BGB-Zahlungsdiensterecht im Kontext der Single Euro Payments Area, 2011; *Birkelbach,* Sicheres Homebanking – Ist der Kunde zukünftig das Hauptrisiko?, WM 1996, 2099; *Bitter,* Problemschwerpunkte des neuen Zahlungsdiensterechts, Teil I – Überweisung und Lastschrift, WM 2010, 1725, Teil II – Kreditkartenzahlung und allgemeine Prinzipien, WM 2010, 1773; *Böger,* Neue Rechtsregeln für den Zahlungsverkehr – Zahlungskontengesetz und Zahlungsdiensterichtlinie II, Bankrechtstag 2016, 2017, 193; *Borges,* Rechtsfragen des Phishing – Ein Überblick, NJW 2005, 3313; *Borges,* Haftung für Identitätsmissbrauch im Online-Banking, NJW 2012, 2385; *Borges,* Identitätsmissbrauch im Online-Banking und die neue Zahlungsdiensterichtlinie (PSD2), ZBB 2016, 249; *Borsum/Hoffmeister,* Bildschirmtext und Bankgeschäfte, BB 1983, 1441; *Brückner,* Online Banking – Sphärenhaftung, Rechtsscheinhaftung, Verschuldenshaftung, 2002; *Budde,* Das Vertragsrecht der Zahlungsdienste, 2017; *Burgard,* Der Vorschlag der Kommission für eine Richtlinie über Zahlungsdienste im Binnenmarkt, WM 2006, 2065; *Casper,* Die fehlgeleitete Überweisung wegen falscher Kontonummer, FS Nobbe, 2009, 4; *Casper/Pfeifle,* Missbrauch der Kreditkarte im Präsenz- und Mail-Order-Verfahren nach neuem Recht, WM 2009, 2343; *Derleder,* Die vollharmonisierende Europäisierung des Rechts der Zahlungsdienste und des Verbraucherkredits, NJW 2009, 3195; *Dünnwald,* Sicheres Online-Banking mit HBCI, B. Bl. 1999, 456; *Eul,* Telebanking, Risiken für Bank und Nutzer und Lösungsmöglichkeiten, RDV 1997, 67; *Escher,* Bankrechtsfragen des elektronischen Geldes im Internet, WM 1997, 1173; *Erfurth,* Haftung für Missbrauch von Legitimationsdaten durch Dritte beim Online-Banking, WM 2006, 2198; *Franck/Massari,* Die Zahlungsdiensterichtlinie: Günstigere und schnellere Zahlungen durch besseres Vertragsrecht?, WM 2009, 1117; *Gajek/Schwenk/Wegener,* Identitätsmissbrauch im Onlinebanking, DuD 2005, 639; *Gößmann,* Phishing, Vishing, Spoofing, Pharming oder Sniffing, FS Nobbe, 2009, 93; *Götting,* Anwendbares Aufsichtsrecht bei Finanzdienstleistungen im Internet, CR 2000, 528; *Grundmann,* Das neue Recht des Zahlungsverkehrs – Teil I – Grundsatzüberlegungen und Überweisungsrecht, WM 2009, 1109; *Grundmann,* Das neue Recht des Zahlungsverkehrs – Teil II – Lastschrift, Kartenzahlung und Ausblick, WM 2009, 1157; *Hadding,* Zur „Kundenkennung" im neuen Recht der Zahlungsvorgänge, FS Schneider, 2011, 443; *Hadding,* Zur verspäteten Ausführung eines Überweisungsauftrags oder eines Lastschriftmandats, WM 2014, 2065; *Hafner,* Die Bank der Zukunft, WM 1997, 810; *Herresthal,* Anscheinsbeweis und Rechtsscheinhaftung beim Online-Banking, JZ 2017, 28; *Herresthal,* Die SEPA Instant-Überweisung (SCT Inst), ZIP 2019, 895; *Herwig,* Zugang und Zustellung in elektronischen Medien, MMR 2001, 145; *Hofmann,* Haftung im Zahlungsverkehr, BKR 2014, 105; *Hoffmann,* Kundenhaftung unter der Neufassung der Zahlungsdiensterichtlinie, VuR 2016, 243; *Hofmann,* Das neue Haftungsrecht im Zahlungsverkehr, BKR 2018, 62; *Hoeren/Kairies,* Der Anscheinsbeweis im Bankenbereich, WM 2015, 549; *Hoeren/Kairies,* Anscheinsbeweis und chipTAN, ZBB 2015, 35; *Hofmann,* Haftung im Zahlungsverkehr, BKR 2014, 105; *Hossenfelder,* Onlinebanking und Haftung, CR 2009, 790; *Kahler/Werner,* Electronic Banking und Datenschutz, 2008; *Karper,* Sorgfaltspflichten beim Online-Banking – Der Bankkunde als Netzwerkprofi?, DuD 2006, 215; *Kind/Werner,* Rechte und Pflichten im Umgang mit PIN und TAN, CR 2006, 353; *Körbich,* Phishing 2.0, VuR 2015, 9; *Köndgen,* Jenseits des Relativitätsprinzips: Haftungsstrukturen im neuen Zahlungsdiensterecht, ZBB 2018, 141; *Kunst,* Rechtliche Risiken des Internetbankings, MMR-Beilage 9/2001, 23; *M. Koch,* Missbrauch von Zahlungsauthentifizierungsinstrumenten, 2012; *Koch/Vogel,* in: *Langenbucher/Gößmann/Werner* (Hrsg.), Zahlungsverkehr, 2004, § 4 C; *Koch/Maurer,* Rechtsfragen des Online-Vertriebs von Bankprodukten – behindern gesetzliche Regelungen den elektronischen Geschäftsverkehr?, Teil I, WM 2002, 2443, Teil II, WM 2002, 2481; *Koch,* Bankgeheimnis im Online- und Internet-Banking, Auswirkungen auf den Vertrieb von Bankprodukten, MMR 2002, 504; *M. Koch,* Missbrauch von Zahlungsauthentifizierungsinstrumenten, 2011; *Köndgen,* Jenseits des Relativitätsprinzips: Haftungsstrukturen im neuen Zahlungsdienstrecht, ZBB 2018, 141; *Korbich,* Phishing 2.0, VuR 2015, 9; *Krüger/Bütter,* Elektronische Willenserklärungen im Bankgeschäftsverkehr – Risiken des Online-Bankings, WM 2001, 221; *Laitenberger,* Das Einzugsermächtigungslastschriftverfahren nach Umsetzung der Richtlinie über Zahlungsdienste im Binnenmarkt, NJW 2010, 192; *Linardatos,* Die Rechtscheinhaftung im Zahlungsdienstrecht, BKR 2015, 96; *Löhnig/Würdinger,* Zum Phishingrisiko: Bereicherungsausgleich und Stornierungsrecht nach Nr. 8 Abs. 1 AGB-Banken, WM 2007, 961; *Lohmann/Koch,* Richtlinie des europäischen Parlaments und des Rates über Zahlungsdienste im Binnenmarkt, WM 2008, 57; *Mack,* Die „rechtsscheinbare" Autorisierung von Zahlungsvorgängen – Rechtsscheingrundsätze im europarechtlich determinierten Zahlungsdiensterecht, 2018; *Maihold,* BankR-HDB/ (Hrsg.), Bankrechts-Handbuch, 5. Aufl. 2017, § 55 Bankgeschäfte online; *Mack,* Die „rechtsscheinbare" Autorisierung von Zahlungsvorgängen, 2018; *Neumann/Bock,* Zahlungsverkehr im Internet, 2004; *Omlor,* Zahlungsentgelte unter dem Einfluss von Verbraucherrechte- und Zahlungsdienste-Richtlinie, NJW 2014, 1703; *Omlor,* Online-Banking unter Geltung der Zweiten Zahlungsdiensterichtlinie (PSD II), BKR 2019, 105; *Omlor,* Die zweite Zahlungsdiensterichtlinie: Revolution oder Evolution im Bankvertragsrecht?, ZIP 2016, 558; *Pichler,* Rechtsnatur, Rechtsbeziehungen und zivilrechtliche Haftung beim elektronischen Zahlungsverkehr im Internet, 1998; *Piekenbrock,* Das Recht der Zahlungsdienstleistungen zwischen Unions- und nationalem Recht, WM 2015, 797; *Prisille,* Via HBCI zur Multikanalplattform, B. Bl. 1999, 459; *Recktenwald,* Der Schadenfall bei EC-Karte und Netz – Anscheinsbeweis quo vadis?, AnwBl. 2009, 265; *Reymann,* Das Recht der Zahlungsdienste – Eine Zwischenbilanz auf dem Weg zur SEPA, DStR 2011, 1959; *Roßnagel,* Das neue Recht elektronischer Signaturen, NJW 2001, 1817; *Rösler/Werner,* Erhebliche Neuerungen im zivilen Bankrecht: Umsetzung von Verbraucherkredit- und Zahlungsdiensterichtlinie, Überblick über den Umsetzungsbedarf in der Bankpraxis anhand der vorliegenden Gesetzentwürfe, BKR 2009, 1; *Scheibengruber,* Zur Zulässigkeit und Sinnhaftigkeit der Verlagerung des Missbrauchsrisikos bei Zahlungsdiensten auf die Nutzer, Ein Beitrag zur Analyse der Umsetzung der Zahlungsdiensterichtlinie in das BGB und die AGB der Banken, BKR 2010, 15; *Scheibengruber,* Unzulässige AGB-Klauseln in den neuen Bedingungen für Zahlungskarten und Onlinebanking, NJOZ 2010, 1366; *Schleicher,* E-Commerce im Bankbereich, 2007; *Schnauder,* Die Sonderrechtsprechung zum Bereicherungsausgleich im neuen Zahlungsdiensterecht, JZ 2016, 603; *Schulte am Hülse/Klabunde,* Abgreifen von Bankzugangsdaten im Online-Banking, Vorgehensweise der Täter und neue zivilrechtliche Haftungsfragen, BKR 2010, 84; *Schulte am Hülse/Kraus,* Das Abgreifen von Zugangsdaten zum Online-Banking, MMR 2016, 435; *Schulte am Hülse/Welchering,* Der Anscheinsbeweis bei missbräuchlicher Bargeldabhebung an Geldautomaten mit Karte und Geheimzahl, NJW 2012, 1262; *Schröter,* Rechtssicherheit im elektronischen Geschäftsverkehr, WM 2000, 2134; *Söbbing,* Mobile Zahlungssysteme – Die rechtlichen Herausforderungen bei Zahlungen via Smartphone, Tablet, Watch etc., WM 2016, 1066; *Sorg,* Die zivilrechtliche Haftung im bargeldlosen Zahlungsverkehr, 2015; *Spitzer,* Gesetz zur Umsetzung der Zweiten Zahlungsdiensterichtlinie – Die Neuregelungen im Zivilrecht zum Verbraucherschutz bei der Erbringung von Zahlungsdiensten, MDR 2018, 561; *Stockhausen,* Die Einführung des HBCI-Standards aus bankrechtlicher Sicht, WM 2001, 605; *Stockhausen/Warner,* Zivilrechtliche Umsetzung der Zahlungsdiensterichtlinie/Finanzmarktkrise und Umsetzung der Verbraucherkreditrichtlinie, Bericht über den Bankrechtstag am 26. Juni 2009 in Frankfurt a. M., WM 2009, 1548; *Sorg,* Die zivilrechtliche Haftung im bargeldlosen Zahlungsverkehr, 2015; *Spindler,* Internet-Banking und Haftungsverteilung zwischen Bank und Kunden, FS Nobbe, 2009, 215; *Spitzer,* Gesetz zur Umsetzung der Zweiten Zahlungsdiensterichtlinie, MDR 2018, 561; *Terlau,* Die zweite Zahlungsdiensterichtlinie – zwischen technischer Innovation und Ausdehnung des Aufsichtsrechts, ZBB 2016, 212; *van Gelder,* Phisher, Pharmer & Co, Angriffe und Haftung beim Online-Banking – aus der Praxis eines Ombudsmannes, FS Nobbe, 2009, 55; *von Rottenburg,* Rechtsprobleme beim Direktbanking, WM 1997, 2381; *Werner,* Beweislastverteilung und Haftungsrisiken im elektronischen Zahlungsverkehr, MMR 1998, 232; *Werner,* Anscheinsbeweis und Sicherheit des ec-PIN-Systems im Lichte der neueren Rechtsprechung, WM 1997, 1516; *Werner,* Wesentliche Änderungen des Rechts der Zahlungsdienste durch Umsetzung der Zweiten EU-Zahlungsdiensterichtlinie in deutsches Recht, WM 2018, 449; *Werner,* Neue Möglichkeiten für Zahlungsdienstnutzer im Recht der Zahlungsdienste nach Umsetzung der PSD II, ZBB 2018, 345; *Werner,* Wesentliche Änderungen des Rechts der Zahlungsdienste durch Umsetzung der Zweiten EU-Zahlungsdienste-Richtlinie in deutsches Recht, WM 2018, 449; *Zahrte,* Neuerungen im Zahlungsdiensterecht, NJW 2018, 337; *Wiesgickl,* Rechtliche Aspekte des Online-Banking, WM 2000, 1039; *Zahrte,* Aktuelle Entwicklungen beim Pharming – Neue Angriffsmethoden auf das Online-Banking, MMR 2013, 207; *Zahrte,* Zur Natur des Dauerauftrags vor dem Hintergrund des neuen Zahlungsdiensterechts, BKR 2012, 12; *Zahrte,* Die „zweite Stufe" der PSD-2-Umsetzung – Änderungen der Sonderbedingungen für Online- und Kartenzahlungen zum 14.9.2019, BKR 2019, 484.

Übersicht

Vorbemerkung vor §§ 675j–676c BGB

Übersicht

I. Online-Banking, Homebanking und Internetbanking

1. Die weiterhin uneinheitliche Terminologie

Unter dem Terminus **Online-Banking im weiteren Sinn** lassen sich alle Dienstleistungen der Kreditinstitute auf der Grundlage einer bestehenden Kontoverbindung zugunsten von Bankkunden über elektronische Medien ohne unmittelbaren persönlichen, physischen Kundenkontakt zusammenfassen. 1

Allerdings bedarf es zur Begründung von Kontoverbindungen ohne unmittelbaren persönlichen Kontakt eines Systems, mit dem die **Identität des Kunden** sichergestellt wird, um den Legitimationsanforderungen des § 154 Abs. 2 AO nebst Anwendungserlass zu § 154 AO (AEAO) sowie dem § 10 GwG zu genügen, die aufgrund des Gebots der Kontenwahrheit „Gewissheit über die Person des Kontoinhabers und seine Anschrift" fordern.[1] Die BaFin, die Deutsche Kreditwirtschaft und das BMF – Bundesministerium der Finanzen – haben gemeinsame Auslegungsgrundsätze hierzu aufgestellt.[2] Eine solche Legitimationsprüfung kann auch auf Dritte ausgelagert werden, so dass das sog. **Postident-Verfahren**[3] der *Deutschen Post AG* ein solches Verfahren zur Identitätsfeststellung ist. Mittlerweile ist auch die Kontoeröffnung mittels **Videoidentifikation** anerkannt. Mit Schreiben vom 10.4.2017[4] hat die BaFin die Anforderungen an die Nutzung von Videoidentifizierungsverfahren aktualisiert. Unter Bezugnahme auf das Rundschreiben 1/2014 des BMF v. 5.3.2014 und die in Bezug genommene Auslegung zum Geltungsbereich der erhöhten Sorgfaltspflichten in Fällen einer Fernidentifizierung gemäß § 6 Abs. 2 Nr. 2 GwG aF wird die Übereinstimmung mit 4. EU-Geldwäsche-RL 2015/849 festgestellt, da diese Richtlinie Fälle von Fernidentifizierungen nicht mehr grundsätzlich als erhöhtes Risiko ansehe (vgl. nun § 13 Abs 1 Nr. 2 GwG). Auch in diesen Konstellationen richte sich die Identifikation nach den allgemeinen Identifizierungspflichten 2

[1] Vgl. zum Geldwäscherecht im Wettlauf mit dem technischen Fortschritt *von Drathen/Moelge* WPg 2019, 1108.

[2] Vgl. die Auslegungs- und Anwendungshinweise der Deutschen Kreditwirtschaft zur Verhinderung von Geldwäsche, Terrorismusfinanzierung und „sonstigen strafbaren Handlungen" v. 1.2.2014; vgl. dazu Rundschreiben 1/2014 (GW), Verdachtsmeldung nach §§ 11, 14 GwG, Gz. GW 1-GW 2001–2008/0003 v. 5.3.2014, zuletzt geändert am 10.11.2014, unter Ziff. IV.

[3] Vgl. zu diesem näher *Möller* NJW 2005, 1605.

[4] Vgl. Rundschreiben 3/2017 (GW) – Videoidentifizierungsverfahren, GZ: GW 1-GW 2002–2009/0002 v. 10.4.2017.

in Bezug auf natürliche Personen. Danach liegt die erforderliche „persönlichen Anwesenheit" auch bei einer Videoidentifikation, mithin dann vor, wenn die Identität des Bankkunden per Bildtelefon erfolgt. Dabei ist der Prüfablauf von der BaFin detailreich hinsichtlich der technischen und organisatorischen Anforderungen, der zulässigen Ausweisdokumente, der Überprüfung des Ausweisdokuments sowie der identifizierten Person vorgegeben.[5] Darüber hinaus erhält der Bankkunde eine TAN per Email oder SMS, die er danach online eingeben muss.[6] Dokumentierte Missbrauchsfälle beruhen va auf Täuschungen über den Anlass der Videoidentifikation. Allgemein gilt, dass Banken auch beim Online-Banking bei Vorliegen verdächtiger Tatsachen zu einer *Geldwäscheverdachtsmeldung* (§ 11 Abs. 1 S. 1 GWG) verpflichtet sind.

3 Hinsichtlich der weiteren Untergliederung des Online-Bankings besteht weiterhin eine **uneinheitliche Terminologie.**[7]

4 Als **Telefonbanking** wird zumeist das Banking mit direktem Kundenkontakt durch persönliche Kommunikation oder durch eine Kommunikation zwischen Kunde und Berater oder Telefoncomputer der Bank bezeichnet.[8] Das **Online-Banking im engeren Sinn** bezeichnet die Kommunikation zwischen Bank und Kunde im privaten (Home Banking) wie auch im gewerblichen Bereich (Homeoffice Banking) mittels PC oder Telefon.[9] Das sog. **Direktbanking**[10] erfasst auch die Kommunikation zwischen Kreditinstitut und Kunde via Brief. Entsprechend dieser Unterscheidung nach dem Kommunikationsmedium werden als **Telebanking** jene Formen des Direktbankings bezeichnet, die sich der neuen Kommunikationsmedien bedienen. Insgesamt weist die Tendenz auf eine weitere Automatisierung der Kommunikation zwischen Kreditinstitut und Kunde, v. a. durch Telefoncomputer sowie Online- bzw. Internetbanking.

5 Der Terminus **Electronic Banking** wird va in der Bankpraxis in Bezug auf das Online- bzw. Internetbanking verwendet und kennzeichnet den Umstand, dass die Parteien die Vertragsanbahnung, den Vertragsschluss und die Auftragserteilung online vollziehen.

6 Im Folgenden wird, der Terminologie der Online-Banking-Bedingungen folgend, der Begriff **Online-Banking als Oberbegriff** für die Durchführung von Bankgeschäften am eigenen PC oder Smartphone/Tablet unter Anschluss an ein öffentliches Telefon- bzw. Datennetz bezeichnet.

7 **a) Das Online-Banking über geschlossene Netze.** Technisch erfolgte beim Online-Banking über geschlossene Netze die Abwicklung, indem Online-Dienste den **Zugriff auf die Bankrechner über ein geschlossenes Netz** ermöglichten. Der Kunde musste sich dabei mit einer individuellen Zugangsberechtigung identifizieren, um in das geschlossene Computernetzwerk des Providers zu gelangen (früher va Btx; danach zB T-Online-Netz). Die Identifikation des Teilnehmers erfolgte durch eine Zugangskennung, Teilnehmerkennung und ein persönliches Kennwort. Der Netzbetreiber stellte sicher, dass durch die Voraussetzungen der Anschlusskennung und des Passworts nur eindeutig identifizierte Personen Zugang zum geschlossenen Netz hatten.

8 Diese Form des Online-Bankings hat mittlerweile **keine nennenswerte praktische Bedeutung** mehr.[11] Vielmehr dominiert der Zugang der Kunden über offene Netze (Internet) oder Banking Apps (→ Rn. 12).

---

[5] Der Kunde muss u. a. Vorder- und dann Rückseite des Ausweises in die Kamera halten, dann das Dokument leicht kippen, damit der Bankmitarbeiter das Hologramm sehen und die Echtheit so überprüfen kann. Zudem ist die Ausweisnummer vorzulesen.

[6] Rundschreiben 3/2017 (GW) – Videoidentifizierungsverfahren, GZ: GW 1-GW 2002–2009/0002 v. 10.4.2017, lit. B.

[7] Vgl. nur BankR-HdB/*Bunte* § 5 Rn. 18a; Langenbucher/Gößmann/Werner/*Koch/Vogel* § 4 C Rn. 117 –123; *Wiesgickl* WM 2000, 1039 (1040).

[8] Zur Anwendbarkeit des TMG in diesen Fällen → Rn. 18 ff.

[9] Die Anfänge liegen in der Zeit der Kommunikation via Btx, vgl. dazu *Bartel* DB 1982, 1097; *Borsum-Hoffmeister* BB 1983, 1441; *Hellner* FS Werner, 1984, 251.

[10] Dazu ausf. *v. Rottenburg* WM 1997, 2381.

[11] Vgl. dazu noch → 2 Aufl. 2013, Rn. 7 ff.; BankR-HdB/*Gößmann*, 3. Aufl., § 55 Rn. 12 ff.

b) Das Internet-Banking. Beim Internet-Banking erfolgen die **Bankgeschäfte über das Internet,** also ein offenes Netz. Zu diesem Netz wird nicht nur ein begrenzter, konkret individualisierter Kreis durch den Netzbetreiber zugelassen; eine Vorabidentifikation durch den Provider muss nicht erfolgen. Die Kommunikation erfolgt zwischen unabhängigen Rechnernetzen. Der Bankkunde benötigt zur Teilnahme am Internet-Banking einen **Zugang zum Internet über einen Provider** sowie einen Computer mit Browser zur Darstellung der Inhalte des Internets. Zudem muss die Bank das Konto für das Internet-Banking freischalten. Der Zugang erfolgt dann mit dem Internetbrowser über die Website der Bank oder unter Einsatz einer Finanz- oder Bankingsoftware, die auch offline die Eingabe von Zahlungsaufträgen ermöglicht und danach erst bei Bedarf eine Internetverbindung zum Bankrechner herstellt, um die Transaktionsdaten zu übertragen. 9

Das konkrete **Leistungsangebot im Online-Banking** hängt vom jeweiligen Kreditinstitut ab.[12] Es obliegt der Entscheidung des Kreditinstituts, den Umfang der online angebotenen Dienstleistungen zu bestimmen. Regelmäßig wird ein umfassendes Informationsangebot mit allgemeinen sowie vertragsspezifischen Informationen, zB Abfrage des Kontostandes, sowie im Bereich des Zahlungsverkehrs die Vornahme von Überweisungen, die Einrichtung und Änderung von Daueraufträgen, die Erteilung von Lastschriftaufträgen angeboten. Diese Erklärungen werden zumeist direkt in das EDV-System des Kreditinstituts eingegeben. Grundsätzlich weisen die im Online-Banking angebotenen Dienstleistungen hinsichtlich ihrer rechtlichen Einordnung keine Besonderheiten zum Bankverkehr mit physischer Präsenz des Kunden in der Filiale auf. Sofern sich aus der Vereinbarung des Online-Bankings keine zeitlichen Nutzungsbeschränkungen ergeben, ist dem Kunden grundsätzlich ein **unbeschränkter Online-Zugriff auf den Computer der Bank** zu ermöglichen.[13] Etwaige klauselmäßige Zugangsbeschränkungen sind daher eine nach den §§ 305 ff. BGB kontrollfähige Modifikation dieses umfassenden Zugangs- bzw. Nutzungsanspruchs. Ein Haftungsausschluss für sämtliche – technisch oder betrieblich bedingte – vorübergehende Störungen des Zugangs zum Online-Banking ist nach § 309 Nr. 7 BGB unwirksam. Die Bank hat vielmehr aufgrund der vertraglichen Abrede durch geeignete Vorkehrungen für die Funktionsfähigkeit und Betriebssicherheit des Online-Bankings in ihrem Einwirkungsbereich zu sorgen.[14] 10

Mit diesem Verfahren verbindet sich ein **ungleich höheres Risiko für Angriffe auf den Kommunikationsprozess.** Diesem wird durch den Einsatz von Verschlüsselungstechniken zumindest teilweise begegnet. Möglichkeiten sind ein sicherer Dialog (Secure Dialog/https) und sog. JAVA-Applets[15] oder ActiveX-Controls.[16] Es wird dabei eine ssl-Verbindung mit einer 40Bit Verschlüsselung hergestellt. Anschließend wird ein sog. JAVA-applet vom bankseitigen Computer gesendet, wodurch die Übertragung weiterer Daten mit einer 128-Bit-Verschlüsselung erfolgt. Das Internetbanking ist – trotz steigender Anteile des Mobile Bankings – bislang die am weitesten verbreitete Form des elektronischen Bankings. 11

c) Das Mobile Banking. Mobile Banking (auch mBanking genannt) liegt vor, wenn der Bankkunde ein mobiles Endgerät (Smartphone, Tablet) als Zugang zum Internet und Online-Banking nutzt. Dabei erfolgt der Zugang zum Computer der Bank über das Mobilfunknetz oder WLAN und sodann entweder über das Internet mittels Internetbrowser und 12

[12] S. a. Nr. I Online-Banking-Bedingungen.
[13] BGH NJW 2001, 751 (752).
[14] BGH NJW 2001, 751 (753); *Hellner* FS Werner, 1984, 251 (277); *Borsum/Hoffmeister* BB 1983, 1441 (1444).
[15] Dies sind in der Programmiersprache Java erstellte Computerprogramme, die in einem Webbrowser ausgeführt werden. Sie laufen im Webbrowser des Kunden ab und ermöglichen die Interaktion mit dem Kunden, ohne Daten über die Leitung zum Server zu versenden.
[16] Dies sind vorkompilierte Software-Komponenten, die als aktiver Inhalt eingesetzt werden können, um statische Webseiten um dynamische Bereiche zu erweitern. Hierdurch können u. a. Interaktionen mit dem Anwender durchgeführt werden.

allgemeiner Homepage der Bank, die allerdings – wie Homepages regelmäßig – insofern bei einem mobilen Zugang hinsichtlich der Darstellung auf kleineren Displays optimiert ist. Alternativ hierzu bieten Banken spezielle Applikationen, sog. Banking Apps an, d. h. spezielle Programme für das Smartphone bzw. Tablet, mit denen der Zugang (nur) zu einer bestimmten Bank ermöglicht wird. Der Umfang der angebotenen Bankdienstleistungen schwankt bei letzteren noch. Während regelmäßig der Zugang zum Girokonto und Sparkonto eröffnet wird, finden sich auch Möglichkeiten zum mobilen Zugang zur Depotverwaltung sowie zusätzliche Informationsdienste per SMS oder Push-Dienst (zB Zahlungseingänge, Kontostände). Allerdings entsprechen die Informations- und Handlungsmöglichkeiten noch nicht stets jenem Leistungsumfang, der beim Zugang über das Internet zur allgemeinen Homepage der Bank ermöglicht wird.

13 Die Vorteile des Mobile Bankings liegen auf der Hand (Ortsunabhängigkeit; jederzeitige Verfügbarkeit). Allerdings verbinden sich mit dem Mobile Banking weiterhin **Sicherheitsdefizite** als Nachteile. Diese folgen zunächst aus dem technischen Umfeld, denn anders als bei Desktop- und Notebook-Computern ist das Bewusstsein für die Notwendigkeit aktueller Virenschutzprogramme bei Smartphones und Tablet-PCs etc. noch unzureichend entwickelt.[17] Zudem ist das Risiko eines Geräteverlusts ungleich höher. Auch wurden in regelmäßigen Abständen bislang Sicherheitsdefizite von *Online-Banking-Apps* bekannt, die bisweilen keinen ausreichenden Schutz gegen das Ausspähen der personalisierten Sicherheitsmerkmale boten.[18] Weiterhin sind sichere Authentifizierungsverfahren noch unzureichend entwickelt. So scheiden Verfahren zur Authentifizierung mit Chipkarte oder TAN-Generator aus Gründen der Praktikabilität aus. Die Nutzung des mTAN-Verfahrens war aufgrund der früher vorgeschriebenen Trennung zwischen Empfangs- und Sendegerät ausgeschlossen, sofern der Bankkunde nicht zwei Mobilgeräte mit unterschiedlichen SIM-Karten mitführte.[19] Das PIN/TAN-Verfahren ist nicht vollständig sicher und war zudem in der Form des iTAN-Verfahrens durch Mitnahme einer TAN-Liste unpraktikabel. In jüngerer Zeit setzen Banken verstärkt auf die sog. Foto-TAN. Bei dieser Legitimationsmethode kann ein einziges Smartphone verwendet werden. Auf diesem wird zusätzlich zur Banking App noch eine FotoTAN-App installiert. Nach Eingabe zB der Überweisungsdaten in der Banking App und der Wahl der Foto-TAN als Legitimationsverfahren werden die Auftragsdaten in der Foto-TAN App sowie eine spezielle Grafik angezeigt. Zugleich wird eine TAN erzeugt, die in die Banking App übernommen wird. Die Nutzung dieser Legitimationsverfahrens setzt zumeist die Vereinbarung von besonderen AGB voraus.[20]

2. Die wesentlich gesteigerte praktische Bedeutung

14 Das Online-Banking hat mittlerweile eine **ganz erhebliche praktische Bedeutung.**[21] Die Bedeutungssteigerung erfolgte parallel zur Ausstattung der Privathaushalte mit einem Internetanschluss und zur Ausweitung der Rechtsgeschäfte über das Internet im Allgemeinen. Eine weitere Bedeutungssteigerung folgt aus dem Zugang zum Internet mittels sog. Smartphones und der hiermit verbundenen Möglichkeit des Mobile-Bankings. Zudem ist eine Änderung der Marktstruktur auch insoweit erfolgt, als das Internet ein vielfach genutzter neuer Vertriebsweg für frühere Filialbanken sowie für neue filiallose Institute ist.

15 Die **Vorteile des Online-Bankings** für den Kunden bestehen in einem jederzeitigen Zugang zu den Dienstleistungen der Bank und einem geringeren Zeitaufwand für die Inanspruchnahme der Dienstleistungen. Hinzu treten Standardisierungsmöglichkeiten bei

---

[17] Vgl. näher zur Haftung → Kap. 3 § 675v Rn. 17 ff.

[18] Vgl. zu erheblichen Sicherheitsrisiken *Kokert/Gampe* BaFin Journal 08/2015, 15 (19).

[19] Vgl. auch → Kap. 3 § 675v Rn. 21.

[20] Vgl. die „Sonderbedingungen für die Nutzung des photoTAN-Verfahrens" der Deutschen Bank Privat- und Geschäftskunden AG.

[21] Vgl. DeSTATIS, Erhebung über die private Nutzung v. Informations- und Kommunikationstechniken (IKT), wonach 2018 51 % der Bevölkerung insgesamt, 78 % der 25–44-jährigen und 55 % der 45–64-jährigen Bundesbürger Online-Banking genutzt haben.

den Geschäftsvorfällen, zB Überweisungsvorlagen. Die Vorteile für das Kreditinstitut sind v. a. Kostensenkungseffekte durch die Reduktion von Personal- und Sachkosten.

II. Die anwendbaren Regelungen

1. Gesetzliche Vorschriften

a) IuKDG. Das IuKDG[22] soll **einheitliche wirtschaftliche Rahmenbedingungen** für das Angebot und die Nutzung von **Informations- und Kommunikationsdiensten** gewährleisten, dabei aber die Beteiligten weitgehend von einer zu strikten Reglementierung verschonen.[23] Neben anderen Regelungsgegenständen soll ein funktionsfähiger Wettbewerb durch den freien Zugang zu Netzen gewährleistet und sollen die Bedürfnisse der Kunden, u. a. der Verbraucherschutz, sowie öffentliche Interessen gewahrt werden.[24] 16

Für Bankgeschäfte ist das TMG maßgeblich und zwar unabhängig davon, ob das PIN/TAN-Verfahren oder HBCI verwendet wird. Beim Online-Banking über HBCI gilt zudem noch das SigG,[25] das die Signaturrichtlinie[26] umsetzt. 17

b) TMG. Bei der Anbahnung und beim Abschluss von Bankgeschäften online gilt das TMG. Durch das TMG wurden das TDG, der MDStV und das TDDSG zusammengeführt, um die komplexe Abgrenzung zwischen Tele- und Mediendiensten durch die Einführung des einheitlichen Begriffs Telemedien entbehrlich zu machen. 18

Der **sachliche Anwendungsbereich** umfasst **Telemedien,** also elektronische Informations- und Kommunikationsdienste, soweit sie nicht Telekommunikationsdienste, telekommunikationsgestützte Dienste oder Rundfunk sind (§ 1 I TMG). Dieser Oberbegriff erfasst elektronische Informations- und Kommunikationsdienste einschließlich der bisherigen Tele- und Mediendienste, die für eine individuelle Nutzung von kombinierbaren Daten (Zeichen, Bilder, Töne) bestimmt sind und denen eine Übermittlung mittels Telekommunikation zu Grunde liegt. Das Telebanking wurde in § 2 Abs. 2 Nr. 1 TDG a. F. als Beispiel eines Teledienstes genannt; eine abweichende Einordnung des Online-Bankings durch das TMG ist nicht ersichtlich.[27] 19

Der **persönliche Anwendungsbereich** ist beim Online-Banking ebenfalls eröffnet. Die Bank ist Diensteanbieter (§ 2 S. 1 Nr. 1 TMG), der Kunde ist Nutzer (§ 2 S. 1 Nr. 3 TMG). 20

Der **zentrale Regelungsgegenstand** des TMG ist die **Verantwortlichkeit des Diensteanbieters** (§§ 7–10 TMG). Die §§ 7–10 TMG beschränken die nach allgemeinen Rechtsvorschriften bestehende Verantwortlichkeit bzw. schließen diese teilweise aus. So ist der Diensteanbieter nur für seine eigenen Informationen verantwortlich, die er zur Nutzung bereithält (§ 7 Abs. 1 TMG); für fremde Informationen haftet er nur begrenzt (§ 8 TMG).[28] 21

Zudem haben die Banken beim Online-Banking die in § 5 Abs. 1 TMG genannten Informationen leicht erkennbar, unmittelbar erreichbar und ständig verfügbar zu halten **(Anbieterkennzeichnung).** Die Verletzung der Informationspflicht ist bußgeldbewehrt 22

---

[22] Gesetz zur Regelung der Rahmenbedingungen für Informations- und Kommunikationsdienste v. 22.7.1997, BGBl. I 1997, 1870; Gesetzesbegründung BT-Drs. 13/7385.

[23] Vgl. dazu Langenbucher/Gößmann/Werner/*Koch/Vogel* § 4 Rn. 135–142; *v. Rottenburg* WM 1997, 2381 (2384).

[24] BT-Drs. 13/7385, 16.

[25] Gesetz über Rahmenbedingungen für elektronische Signaturen (Signaturgesetz – SigG) v. 16.5.2001, BGBl I 2001, 876; zugleich wurde die SigV neu gefasst, vgl. VO zur elektronischen Signatur (Signaturverordnung – SigV) v. 16.11.2001, BGBl. I 2001, 3074; vgl. dazu *Roßnagel* NJW 2001, 1817.

[26] RL 1999/93/EG des Europäischen Parlaments und des Rates v. 13.12.1999 über gemeinschaftliche Rahmenbedingungen für elektronische Signaturen, ABl. EG Nr. L 13, S. 12 v. 19.1.2000.

[27] Wie hier Spindler/Schuster/*Spindler/Nink* Recht der elektronischen Medien § 1 TMG Rn. 12; MüKoBGB/*Martiny* § 3 TMG Rn. 8.

[28] Vgl. allg. zur Haftung BGH WM 2004, 635 (zur Vorgängernorm § 5 TDG aF).

(§ 16 Abs. 2 TMG). Die Informationen müssen auf der Homepage leicht auffindbar sein[29] und umfassen Namen und Anschrift, unter der der Diensteanbieter niedergelassen ist, bei juristischen Personen auch Name und ladungsfähige Anschrift des Vertretungsberechtigten. Erforderlich sind zudem Angaben, mit denen eine schnelle elektronische Kontaktaufnahme mit dem Diensteanbieter möglich ist.[30] Hinzu treten Angaben zur zuständigen Aufsichtsbehörde, also der Bundesanstalt für Finanzdienstleistungsaufsicht (BaFin). Die weiteren Informationen umfassen das Handelsregister oder Genossenschaftsregister, in dem der Anbieter eingetragen ist, und die Registernummer. Informationspflichten nach anderen Gesetzen, v. a. nach dem Fernabsatzrecht,[31] bleiben unberührt (§ 5 Abs. 2 TMG).

23 Hinzu treten **datenschutzrechtliche Pflichten bei personenbezogenen Daten,** namentlich personenbezogene Bestands- (§ 14 TMG), Nutzungs- (§ 15 TMG) und Abrechnungsdaten (§ 15 TMG). Personenbezogen sind alle Daten, die bei der Nutzung des Dienstes auf irgendeine Weise entstehen und die den Bezug auf eine bestimmbare (natürliche) Person ermöglichen. Für sie gelten das Einwilligungserfordernis sowie technische und organisatorische Anforderungen (§ 13 TMG).

24 Sog. **Inhaltsdaten** werden im TMG nicht ausdrücklich genannt. Inhalts- bzw. Bankgeschäftsdaten sind u. a. Daten, die im Rahmen einer Überweisung anfallen (Name des Empfängers, Kontonummer, Bankleitzahl). Sie werden vom BDSG# erfasst, denn sie sind keine personenbezogenen Daten des Nutzers und ermöglichen auch nicht die Inanspruchnahme von Telemedien. Überschneidungen gibt es freilich bei Inhaltsdaten des Nutzers. So fallen bei Zahlungsgeschäften (zB Überweisung) Daten über den Zeitpunkt der Nutzung des Online-Bankings an. Dies sind Nutzungsdaten, bei denen das TMG einschlägig ist. Der Zeitpunkt der Nutzung ist zudem für die Kontoabrede bzw. Online-Banking-Abrede von Bedeutung und daher auch als Inhaltsdaten zu qualifizieren. Daher hat die Bank bei diesen Daten die Pflichtenkanons des TMG und des BDSG zu beachten. Hierfür spricht schon der unterschiedliche Schutzzweck beider Normkomplexe.[32]

25 **c) Bürgerliches Recht. aa) Die fernabsatzrechtlichen Sonderregeln.** Bei Verträgen, die im Wege des Fernabsatzes, u. a. also auch über das Internet, geschlossen werden, sind die besonderen Regelungen für Fernabsatzverträge (§§ 312c–312g BGB) zu beachten. Sie dienen nunmehr der Umsetzung der Verbraucherrechte-[33] sowie der Finanzdienstleistungsfernabsatz-Richtlinie.[34]

26 Nach § 312 Abs. 5 S. 1 BGB finden die **Regelungen über Verbraucherverträge** auch auf **Finanzdienstleistungen** Anwendung. Diese sind in wortlautgetreuer Umsetzung von Art. 2 Ziff. 12 der Verbraucherrechterichtlinie definiert als „*Bankdienstleistungen* sowie Dienstleistungen im Zusammenhang mit einer Kreditgewährung, Versicherung, Altersversorgung von Einzelpersonen, Geldanlage oder Zahlung". Der Begriff der Finanzdienstleistung kann allein unter Rückgriff auf die Fernabsatzfinanzdienstleistungen-Richtlinie konkretisiert werden; anderen Definitionen im nationalen Recht, namentlich § 1 Abs. 1a

---

[29] Zu den Gestaltungspflichten nach dem regelungsgleichen § 6 S. 1 TDG a. F. *Woitke* NJW 2003, 871; *Koch/Maurer* WM 2002, 2443; *Kaestner/Tews* WRP 2002, 1011; s. a. Spindler/Schuster/*Micklitz/Schirmbacher* Recht der elektronischen Medien § 6 TMG Rn. 15–81; *Müller-Broich* TMG, 1. Aufl. 2012, § 6 Rn. 2 ff.

[30] Dieses schließt eine Adresse für elektronische Post ein, vgl. *Müller-Broich* TMG, 1. Aufl. 2012, § 5 Rn. 7.

[31] → Rn. 25–31.

[32] Wie hier Spindler/Schuster/*Spindler/Nink* Recht der elektronischen Medien § 11 TMG Rn. 10; Roßnagel/*Eul* DatenschutzR-HdB Kap. 7.2 Rn. 82 f.; aA *Schaar* RDV 2003, 59 (64) (nur Inhaltsdaten).

[33] RL 2011/83/EU des Europäischen Parlaments und des Rates v. 25.10.2011 über die Rechte der Verbraucher, zur Abänderung der RL 93/13/EWG des Rates und der RL 1999/44/EG des Europäischen Parlaments und des Rates sowie zur Aufhebung der RL 85/577/EWG des Rates und der RL 97/7/EG des Europäischen Parlaments und des Rates, ABl. EU Nr. L 304 v. 22.11.2011, S. 64.

[34] RL 2002/65/EG des Europäischen Parlaments und des Rates v. 23.9.2002 über den Fernabsatz von Finanzdienstleistungen an Verbraucher und zur Änderung der RL 90/619/EWG des Rates und der RL 97/7/EG und 98/27/EG, ABl. EG Nr. L 271 v. 9.10.2002, S. 16.

S. 2 KWG kommt insoweit keine eigenständige Bedeutung zu.[35] Bei der Auslegung der Richtlinie kann auch die Auflistung in Art. 2 lit. b des ersten Kommissionsvorschlags vom 19.11.1998[36] herangezogen werden. Denn die endgültige Richtlinienfassung wurde mit der Vermeidung von Auslegungszweifeln,[37] nicht aber mit einer inhaltlichen Abwendung von dieser Aufzählung begründet.

Gegenüber Verbrauchern erbrachte **Bankdienstleistungen,** bei denen im Falle des Online-Bankings die fernabsatzrechtlichen Regeln Anwendung finden, umfassen das Einlagengeschäft, das Geldkreditgeschäft, das Girogeschäft und sonstige Finanztransfergeschäfte, d. h. die Durchführung von Zahlungsaufträgen, das Sortengeschäft, das Diskontgeschäft und das E-Geld-Geschäft. Auch die gewerbsmäßige Übernahme von Bürgschaften, Garantien oder sonstigen Gewährleistungen für andere zählen hierzu.[38] Wertpapierdienstleistungen werden jedenfalls von dem Begriff „Dienstleistungen im Zusammenhang mit einer Geldanlage" erfasst. Die fernabsatzrechtlichen Regeln sind bei diesen Bankdienstleistungen unabhängig davon einschlägig, ob der konkrete Unternehmer sich als Bank bezeichnet oder als solche angesehen wird. 27

Von den fernabsatzrechtlichen Regelungen werden zudem **Dienstleistungen im Zusammenhang mit einer Kreditgewährung** erfasst, mit Blick auf das hier kommentierte Online-Banking sind dies im Wesentlichen Bankdienstleistungen wie die gewerbsmäßige Gewährung von Gelddarlehen.[39] Die Formulierung „im Zusammenhang mit" erstreckt die Regeln auf die Kreditvermittlung. Auch die Kreditberatung wird erfasst, wenn sie auf einen Kreditvertrag, der den Regeln unterfallen würde, bezogen ist. 28

Auch Dienstleistungen, die mit der **Geldanlage** im Zusammenhang stehen, zählen zu den Finanzdienstleistungen. Die Richtlinie will hiermit ausschließlich Finanzinstrumente als Anlageobjekt erfassen, also insbesondere Wertpapiere, Anteile an Anlagegesellschaften, Geldmarktinstrumente und Derivate. Die erfassten Dienstleistungen reichen vom Anlagehandel über das Kommissionsgeschäft bis zum Depotgeschäft, zur Anlagevermittlung und -beratung. 29

Schließlich sind auch **Dienstleistungen im Zusammenhang mit Zahlungen** erfasst. Vielfach handelt es sich dabei aber schon um Bankdienstleistungen, paradigmatisch ist der bargeldlose Zahlungsverkehr. Diese Alternative umfasst daher v. a. das Kreditkartengeschäft mit der Ausgabe und der Verwaltung der Karten. 30

Die fernabsatzrechtlichen Regelungen führen zum einen zu **besonderen Informationspflichten** (§ 312d Abs. 2 BGB i. V. m. Art. 246b §§ 1, 2 EGBGB). Des Weiteren besteht ein **fernabsatzrechtliches Widerrufsrecht** (§§ 312g, 356, 357, 357a BGB). Die **Bedeutung der Qualifikation als Finanzdienstleistungen** im Rahmen der fernabsatzrechtlichen Regelungen folgt aus der Anwendbarkeit der **Sonderregelungen für Finanzdienstleistungen** in den §§ 312 Abs. 5, 312a Abs. 2, 312d Abs. 2, 312f Abs. 4, 312g Abs. 2 Nr. 8, 13, 312j Abs. 5, 356 Abs. 3, 4, 357a, 358 BGB.[40] 31

bb) Die elektronisch übermittelte Willenserklärung und der Vertragsschluss. Beim Online-Banking werden regelmäßig **elektronisch übermittelte Willenserklärungen** ausgetauscht, so bei der Erteilung eines Zahlungsauftrages, zB der Überweisungsauftrag. Dabei kommen die allgemeinen Regeln über (elektronisch übermittelte) Willenserklärungen und über den Vertragsschluss zur Anwendung.[41] 32

---

[35] *Felke/Jordans* WM 2004, 166; MüKoBGB/*Wendehorst* § 312 Rn. 96.

[36] ABl. EG Nr. C 385 S. 10.

[37] Vgl. die Begründung KOM 1999(385) endg., S. 4.

[38] MüKoBGB/*Wendehorst* § 312 Rn. 98; aA OLG Dresden OLGR 2009, 521 (522); diff. Staudinger/*Thüsing* § 312b Rn. 22; *Dörrie* ZBB 2005, 121 (122).

[39] Zu weiteren, hier nicht interessierenden Anwendungsfällen vgl. nur MüKoBGB/*Wendehorst* § 312 Rn. 102–105.

[40] Vgl. zum Fernabsatz von Finanzdienstleistungen auch *Finke* Der Fernabsatz von Finanzdienstleistungen an Verbraucher 2004; *Härting/Schirmbacher* DB 2003, 1777.

[41] Ausf. dazu *Thalmair* NJW 2011, 14.

33 **(1) Verkörperte Willenserklärungen unter Abwesenden.** Die im Wege des Online-Bankings übermittelten Willenserklärungen sind **verkörperte Willenserklärungen unter Abwesenden.**[42] Die **Verkörperung,** also jenes körperliche Substrat, das ihrer Flüchtigkeit entgegensteht, ist die Speicherung beim Absender und beim Empfänger. Dies bestätigt die wertende Betrachtung, denn die in ein Online-Formular eingegebene oder per Email übermittelte Erklärung steht dem Brief näher als dem (flüchtigen) gesprochenen Wort. Sie ist gerade nicht flüchtig, sondern speicherbar, wiederholt abrufbar und unschwer in tradierte Formen der Verkörperung (zB durch Ausdruck) zu überführen. Auch wenn die Erklärung nicht verkörpert übermittelt wird, ist sie doch speicherbar, dauerhaft lesbar und dauerhaft überprüfbar, weil das auf einem Datenträger vorhandene Dokument jederzeit aufgerufen und gelesen oder ausgedruckt werden kann.[43]

34 Die Erklärung erfolgt **nicht unter Anwesenden,** da ihre Abgabe nicht unmittelbar mit der Kenntnisnahme durch die Gegenseite zusammenfällt. Dies gilt auch bei einer Dialogführung des Kunden in einem interaktiven System. In der Folge ist § 130 BGB einschlägig, nicht § 147 BGB. Die Annahme der Erklärung unter Abwesenden durch die Gegenseite, regelmäßig die Annahme durch die Bank, ist dem Grundsatz nach daher „unverzüglich", nicht aber „sofort" erforderlich.[44]

35 **(2) Abgabe und Zugang der elektronisch übermittelten Willenserklärung.** Eine elektronisch übermittelte Willenserklärung unterliegt den allgemeinen Regeln der Rechtsgeschäftslehre nach den §§ 130 ff. BGB; dies schließt nicht aus, dass die Inhalte der allgemeinen Regelungen vor dem Hintergrund des spezifisch technischen Ablaufs zu konkretisieren sind.

36 Die **Abgabe der elektronisch übermittelten Willenserklärung** ist ihre willentliche Entäußerung in den Rechtsverkehr durch die Freigabe der Dateneingabe, das Absenden oder die Betätigung des Bestätigungsbuttons auf dem Eingabeformular durch den Bankkunden.

37 Die Willenserklärung wird wirksam mit **Zugang,** also mit dem Eintritt in den Machtbereich des Empfängers – regelmäßig der Bank – in der Weise, dass nach dem regelmäßigen Verlauf mit Kenntnisnahme zu rechnen ist **(räumliches Moment)** und die Möglichkeit der Kenntnisnahme nach der Verkehrsanschauung besteht **(zeitliches Moment).**[45] Maßgeblich ist jener Inhalt der Willenserklärung, der dem Empfänger zugeht.

38 Zum **Machtbereich des Empfängers** zählt ein elektronischer Briefkasten der Bank oder des Providers, dessen sich die Bank bedient (Empfangsbote), ebenso der Server der Bank, auf dem die in die Datenmaske eingegebenen Daten abgelegt werden.[46]

39 **Zeitlich** ist im Allgemeinen die Möglichkeit der Kenntnisnahme durch den Empfänger nach der Verkehrsanschauung maßgeblich (vgl. § 130 BGB: gewöhnliche Umstände). Danach sind elektronisch übermittelte Erklärungen während der Geschäftszeiten bereits kurze Zeit nach Einlegen in das Postfach bzw. Eingabe in die Datenmaske und Absendung zugegangen, da die Bank laufend mit dem Eingang derartiger Erklärungen rechnen muss, die Bearbeitung der elektronisch übermittelten Willenserklärungen regelmäßig automatisiert erfolgt und anderenfalls die von den Parteien mit der Nutzung des Mediums intendierten Vorteile, u. a. die Nutzung für zeitkritische Vorgänge, konterkariert würden.[47] Im Falle des Eintritts in den Machtbereich außerhalb der Geschäftszeiten erfolgt dem Grundsatz

---

[42] Wie hier BankR-HdB/*Gößmann,* 3. Aufl. 2007, § 55 Rn. 5; aA *Fritzsche/Malzer* DNotZ 1995, 3 (11) (unter Anwesenden).

[43] Auch § 126b BGB legt die Verkörperung dieser Erklärungen zugrunde.

[44] Hiermit korrespondiert die Pflicht nach § 675o Abs. 1 BGB, die Ablehnung eines Zahlungsauftrages unverzüglich zu erklären (→ Kap. 3 § 675o Rn. 12).

[45] Vgl. auch → Kap. 3 § 675n BGB Rn. 4–9 zum Zugang von Zahlungsaufträgen.

[46] Vgl. Spindler/Schuster/*Spindler* BGB § 130 Rn. 4; BuB/*Werner* Rn. 19/60a.

[47] Diese Erwartung kann auch Ziff. 5 I Online-Banking-Bedingungen nicht zerstören, da dort nur von der „jeweiligen Auftragsart" und den „bekannt gegebenen Geschäftstagen" die Rede ist, nicht aber ausdrücklich, dass die Bearbeitung im Online-Banking zeitlich parallel zu den Papier-Formular-Aufträgen erfolgt.

nach der Zugang erst mit Beginn des kommenden Bankgeschäftstages. Abweichendes gilt, wenn die Parteien ausdrücklich oder konkludent weitergehende Geschäftszeiten der Bank vereinbaren, zB beim Online-Banking eine Bearbeitung der Aufträge 24h am Tag, zB bei SEPA Instant Überweisungen. Dies ist eine Frage der Auslegung der Parteiabreden, insbesondere der Bedingungen des Online-Bankings. Beim **Zugang von Zahlungsaufträgen** greifen **vorrangige Sonderregeln (§ 675n Abs. 1, 2 BGB),**[48] die an der vorstehenden allgemeinen Bestimmung des Zugangs anknüpfen.

Nach den allgemeinen Grundsätzen der **Verteilung des Übermittlungsrisikos,** also des Risikos der Verzögerung, Verstümmelung oder Vernichtung der elektronisch übermittelten Erklärung, trägt der Kunde dieses Risiko bis zum Zugang der Erklärung und zwar unabhängig davon, ob die Eingabe der Erklärung in eine Eingabemaske erfolgt oder eine E-Mail übersandt wird. Bis zum Erreichen des Machtbereichs der Bank, d. h. des elektronischen Postfachs der Bank bzw. ihres Rechners sind der Netzbetreiber und der Provider des Kunden dessen Erklärungsboten.[49] Der Machtbereich der Bank und damit die Risikozuweisung zur Bank beginnen mit dem Rechner/Netz der Bank oder des von ihr beauftragten Dritten. Spätestens ab Einlegen der Nachricht in das elektronische Postfach der Bank bzw. Speicherung der in die Datenmaske eingegebenen Daten auf dem Computer der Bank oder im Cloud-Speicher der Bank beginnt der Risikobereich der Bank; Übermittlungsstörungen aufgrund von Hard- und Softwarefehlern gehen danach zu ihren Lasten.[50] **40**

Sofern technische Störungen den Empfang einer Erklärung durch die Bank verhindern, zB störungsbedingter Ausfall eines Servers; überfülltes E-Mail-Postfach) greifen die **Grundsätze der (fahrlässigen) Zugangsvereitelung.** Danach muss der Empfänger, der aufgrund bestehender oder angebahnter vertraglicher Beziehungen mit dem Zugang rechtserheblicher Erklärungen rechnen muss, geeignete Vorkehrungen treffen, damit ihn diese Erklärungen erreichen.[51] Im Falle einer, regelmäßig vorliegenden, fahrlässig gegen vorvertragliche oder vertragliche Pflichten verstoßenden Zugangsvereitelung muss der Erklärende alles Erforderliche und Zumutbare unternehmen, damit seine Erklärung den Adressaten erreichen kann. Hierzu zählt in der Regel auch, nach Kenntniserlangung vom gescheiterten Zugang unverzüglich einen neuen Versuch zu unternehmen, die Erklärung erneut in den Machtbereich des Empfängers zu übermitteln.[52] Der Empfänger muss sich nach dem erfolgreichen erneuten Versuch der Übermittlung gem. § 242 BGB so behandeln lassen, als habe ihn bereits die erste Erklärung erreicht.[53] **41**

Denn die Bank ist aufgrund der Online-Banking-Abrede verpflichtet, die **Abwicklung der online erhaltenen Erklärungen funktionsfähig bereitzuhalten,**[54] denn ein anderer Zugang zu den Kontofunktionen sowie eine anderweitige Übermittlung der Zahlungsaufträge sind bei Online-Banking-Konten vielfach nur erschwert möglich. Daher wird mit **42**

---

[48] → Kap. 3 § 675n Rn. 4 ff.

[49] Vgl. auch § 120 BGB: zur Übermittlung verwendete „Einrichtung".

[50] Paradigmatisch LG Nürnberg-Fürth WM 2000, 1005 (unterbliebene Weiterleitung einer Wertpapierorder nach Eintritt in den Machtbereich der Bank und Zuteilung der Bestätigungsordernummer aufgrund Unterdimensionierung des Systems).

[51] Vgl. nur MüKoBGB/*Einsele* § 130 Rn. 34 f.; BGH NJW 1998, 976 (977).

[52] BGH NJW 1998, 976 (977).

[53] Im Falle einer arglistigen Zugangsvereitelung ist ein erneuter Übermittlungsversuch entbehrlich. Eine solche läge allenfalls vor, wenn die Bank die Überlastung des Systems beim Online-Banking billigend in Kauf nimmt.

[54] S. a. Ziff. 3 Online-Banking-Bedingungen, wonach der Teilnehmer Zugang „erhält" und Informationen abrufen und Aufträge erteilen kann, wenn die Zugangsvoraussetzungen erfüllt sind. Zudem ist die Bank nach Ziff. 2.2. der Richtlinie zur Konkretisierung der Organisationspflichten von Wertpapierdienstleistungsunternehmen gemäß § 33 Abs. 1 WpHG vom 25.10.1999, Bundesanzeiger Nr. 210 v. 6.11.1999, S. 18 453 verpflichtet, für eine ordnungsgemäße Durchführung der Wertpapierdienstleistungen notwendige Mittel und Verfahren vorzuhalten. Zu diesen zählen Vorkehrungen, um bei Systemausfällen und -störungen Verzögerungen bei der Auftragsausführung oder -weiterleitung möglichst gering zu halten; aA noch BankR-HdB/*Gößmann*, 3. Aufl. 2007, § 55 Rn. 10 (Obliegenheit).

diesen Grundsätzen das zeitliche Zugangsrisiko auf die Bank verlagert und die Bank muss sich so behandeln lassen, als wäre ihr der Kundenauftrag rechtzeitig zugegangen,[55] sofern der Kunde nach erkanntem Scheitern (Fehlermeldung des Systems; Bestreiten des Zahlungsauftrages durch die Bank) den Zugang der Erklärung erneut und diesmal erfolgreich herbeiführt.

43 Den **Beweis des Zugangs einer elektronisch übermittelten Erklärung** muss der Absender erbringen; er trägt die Darlegungs- und Beweislast für den Zugang. Ein Beweis des ersten Anscheins ist beim Zugang von Emails und bei einer Eingabe in ein Online-Formular nicht gerechtfertigt, da die technischen Abläufe nicht hinreichend sicher sind. Auch der Sendebericht einer Email erbringt nicht den Beweis ihres Empfangs. Zur Beweisführung geeignet sind aber eine Empfangsbestätigung durch die Bank oder ein die Transaktion individualisierendes Kennzeichen (Ordernummer).[56]

44 **(3) Vertragsschluss.** Der **Vertragsschluss im Online-Banking** folgt den allgemeinen Regeln. Nachdem nunmehr die Zahlungsaufträge vielfach keine weitere vertragliche Abrede mehr darstellen, zB eine Überweisung, stehen beim Vertragsschluss der Abschluss der Online-Banking-Abrede sowie etwaige Erwerbs- oder Kommissionsgeschäfte im Rahmen des Online-Bankings im Mittelpunkt. Der Vertragsschluss bestimmt sich nach den §§ 145 ff. BGB und weist auch bei elektronisch ausgetauschten Willenserklärungen insoweit keine Besonderheiten auf.

45 Ein **Widerrufsrecht des Kunden** kann aus dem fernabsatzrechtlichen Widerrufsrecht gem. § 312g BGB resultieren; dabei ist aber der Ausnahmetatbestand des § 312g Abs. 2 S. 1 Nr. 8 BGB zu bedenken.

46 Hinsichtlich der **Anfechtung der elektronisch übermittelten Willenserklärung** gelten die allgemeinen Grundsätze. Die Anfechtung von Willenserklärungen im Rahmen des Online-Bankings richtet sich nach den §§ 119 Abs. 1, 2, 123 BGB. Ein Erklärungsirrtum liegt zB bei der fehlerhaften Eingabe („Vertippen"), bei einem Bedienungsfehler oder einer vorschnellen Datenfreigabe vor.[57] Zu beachten ist allerdings der Vorrang des § 675j BGB hinsichtlich der Zustimmung und ihres Widerrufs bei einem Zahlungsvorgang.

47 Sofern die dem Kunden von der Bank zur Verfügung gestellte Software oder die Verschlüsselungstechnik zu einem abweichenden Erklärungsinhalt führt, gilt nach dem maßgebenden objektivem Empfängerhorizont dieser abweichende Erklärungsinhalt (§§ 133, 157 BGB). Denn die Grundsätze des § 242 BGB, wonach der tatsächlich gewollte Inhalt der Erklärung gilt, wenn ein Umstand aus der Sphäre des Empfängers zur Verfälschung des Erklärungsinhaltes führt, kommen nicht zur Anwendung, wenn und soweit der gewollte Erklärungsinhalt für die Bank nicht erkennbar ist, weil der Fehler der Software oder der Verschlüsselungstechnik für die Bank nicht auflösbar ist. Freilich kann der Kunde die fehlerhaft übermittelte Erklärung nach § 119 Abs. 1 Alt. 1 BGB innerhalb der Frist des § 121 BGB anfechten. Ein Anspruch der Bank aus § 122 BGB scheidet gleichwohl aus, da der Fehler aus ihrer Sphäre resultiert.[58]

2. Die Regelwerke der Kreditwirtschaft als vertraglicher Rahmen

48 **a) Die begrenzte Dispositivität des Zahlungsdiensterechts.** Die AGB-Banken[59] und die Online-Banking-Bedingungen[60] sind AGB im Sinne der §§ 305 ff. BGB. Regelungsgegenstand der **Online-Banking-Bedingungen** sind im Grundsatz nicht die Inhalte

[55] IE auch BGH WM 1982, 1408; BGH NJW 2001, 751; BGH WM 1983, 1408; OLG Karlsruhe WM 1998, 1178.
[56] Vgl. zu deren Notwendigkeit → Kap. 3 § 675d Rn. 70.
[57] Vgl. zur Risikotragung → Kap. 3 § 675r Rn. 8.
[58] Auch nach *Heun* CR 1994, 595 (597), trägt der Kunde nicht das Risiko der falschen Erklärung.
[59] Stand 11/2009, vgl. Anh. Nr. 1.
[60] Stand 11/2009, vgl. Anh. Nr. 2.

der mittels Online-Banking abgeschlossenen Rechtsgeschäfte, sondern die aus der Abwicklung im Online-Banking-Verfahren resultierenden Besonderheiten und Modifikationen der allgemeinen Regelungen. Hinzu treten zulässige Konkretisierungen der aus den §§ 675c–676c BGB entspringenden Pflichten der Parteien gerade in Bezug auf die Vornahme des Rechtsgeschäfts im Wege des Online-Bankings.

Sofern diese rechtsgeschäftlichen Regelungen von zwingenden gesetzlichen Vorgaben abweichen, sind sie unwirksam; die Dispositivität der §§ 675c–676c BGB wird somit für die Wirksamkeit entscheidend. Die §§ 675c ff. BGB sind prinzipiell halbzwingend im Verhältnis der Bank zum Verbraucher nach § 13 BGB (§ 675e Abs. 1 BGB), während im Verhältnis der Bank zum Unternehmer (§ 14 BGB) zusätzliche (begrenzte) Gestaltungsmöglichkeiten bestehen (§ 675e Abs. 4 BGB). 49

Des Weiteren haben die standardisierten Vertragsbedingungen die Aufgabe, den gesetzlichen Rahmen der §§ 675c ff. BGB vertraglich auszugestalten, zB die sog. Cut-off-Zeiten[61] zu vereinbaren. Zudem wird ein Teil der Informationspflichten nach § 675d BGB, Art. 248 EGBGB mit den Inhalten der AGB erfüllt. 50

Sofern die Normen der §§ 675c ff. BGB dispositiv sind oder einen Konkretisierungsrahmen für die vertragliche Konkretisierung beschreiben, ist die Klauselkontrolle nach den §§ 305 ff. BGB grundsätzlich anwendbar. Im Rahmen der Klauselkontrolle ist aber das gesetzliche Leitbild der §§ 675c–676c zu berücksichtigen.[62] 51

b) Die Einbeziehung der AGB-Klauselwerke in den Vertrag. Der Einbezug von AGB im Online-Banking, mithin der AGB-Banken als auch der Online-Banking-Bedingungen, bestimmt sich nach § 305 Abs. 2 BGB. Die Beweislast für die Erfüllung der dort genannten Voraussetzungen trifft die Bank, wenn sie sich auf die wirksame Einbeziehung ihrer AGB beruft.[63] 52

Sofern die **Kontoeröffnung mit der Abrede über das Online-Banking zeitlich zusammenfällt,** ergaben sich früher keine Besonderheiten bei der Einbeziehung der AGB, da die Banken die Möglichkeit nicht anboten, ein Konto über das Internet ohne weiteren brieflichen und/oder persönlichen Kontakt zu eröffnen.[64] Der Antrag auf Kontoeröffnung per Brief, E-Mail oder Online-Formular auf der Homepage der Bank war ein Angebot zum Abschluss dieser Verträge. Die Bank sendete sodann regelmäßig die Unterlagen und Informationen per Post dem Kunden zu, schon um die Identität des Kunden zu überprüfen. Sowohl § 154 Abs. 2 AO als auch § 2 Abs. 1 GwG verlangen eine sichere Gewissheit über die Person des Kontoinhabers. Allerdings haben sich insofern die aufsichtsrechtlichen Vorgaben geändert, so dass nunmehr auch ein Vertragsschluss online mit einem bestimmten Verfahren durch ein geschultes Personal möglich ist und in kontinuierlich steigendem Umfang erfolgt.[65] Sofern der Kontovertrag und die Online-Banking-Abrede online abgeschlossen werden, muss die Bank sicherstellen, dass die AGB bei Vertragsschluss gem. § 305 Abs. 2 BGB dem Kunden vorliegen. Denn die gewählte Art des Vertragsschlusses ist keine Art, bei der ein ausdrücklicher Hinweis nur unter Schwierigkeiten möglich ist. Die zumutbare Möglichkeit der Kenntnisnahme lässt sich durch vorausschauende oder zumindest gleichzeitige Übersendung der AGB per Email erreichen. 53

Abweichendes gilt, wenn eine **bereits bestehende Kontoverbindung für das Online-Banking freigeschaltet** werden soll. Da die AGB-Banken in diesen Konstellationen bereits in die Kontoabrede einbezogen und die Anforderungen des know your customer-Prinzips gewahrt sein werden, sind die AGB-Banken und die Online-Banking-Bedingungen nur in die Online-Banking-Abrede einzubeziehen. Dabei können die Voraussetzungen 54

---

[61] → Kap. 3 § 675n Rn. 16 ff.

[62] Näher zur Bestimmung des Leitbildes der Inhaltskontrolle *Herresthal* FS Coester-Waltjen, 2015, 1109 (1113 ff.).

[63] Ein Empfangsbekenntnis über die Aushändigung der AGB führt zur Umkehr der Beweislast und ist als Bestandteil von AGB wiederum grds. unwirksam, vgl. nur BGH WM 1988, 607 (610).

[64] Vgl. zu den Gründen näher → Rn. 1.

[65] → Rn. 1.

des § 305 Abs. 2 BGB auf elektronischem Weg gewahrt werden. Erforderlich ist insoweit ein **ausdrücklicher Hinweis auf die AGB.** Dieser Hinweis kann durch die Integration der AGB in das Online-Formular, mit dem das Online-Banking vom Kunden beantragt wird, oder durch unmittelbare Voranstellung vor dieses Formular erreicht werden. Die Verbindung zwischen Online-Formular und den entsprechenden AGB kann durch einen Link hergestellt werden, durch den der Kunde auf eine Seite mit den AGB geführt wird. Nicht ausreichend ist hingegen ein bloßer Hinweis auf die auf der Homepage der Bank befindlichen AGB, da dann der innere Zusammenhang zwischen Vertragsschluss und AGB fehlt. Auch die Übersendung der AGB-Banken (und auch weiterer AGB) bereits bei der Kontoeröffnung reicht nicht aus, um diese in die erst später geschlossene Online-Banking-Abrede einzubeziehen. Für die Einbeziehung ist ein zeitlicher Zusammenhang zwischen der Möglichkeit zur Kenntnisnahme und Vertragsschluss erforderlich.

55 Die **Möglichkeit zumutbarer Kenntnisnahme vom Inhalt der AGB** ist online möglich.[66] Insoweit sind die Möglichkeit zur Anzeige der AGB auf dem Bildschirm und die Möglichkeit zur Speicherung der AGB auf dem Computer des Kunden notwendig, aber auch ausreichend. Dabei spielt der Umfang der AGB insofern keine Rolle, als der Text (vielfach in Form einer pdf-Datei mit Hinweis auf die kostenlos im Internet verfügbaren Programme zur Anzeige entsprechender Dateien) auf der Festplatte oder einem anderen Speichermedium vom Kunden gespeichert werden kann. Auch eine Anzeige am Bildschirm ist möglich, wobei ein umfangreicher Text durchgeblättert werden kann. Schließlich ist der Ausdruck dieser Texte möglich.

III. Die Authentifizierungsverfahren

1. Die starke Kundenauthentifizierung

55a Die **Authentifizierung** (§ 1 Abs. 23 ZAG) des Kunden stellt sicher, dass beim Online-Banking nur der Berechtigte die Bankgeschäfte veranlasst. Hierzu werden technische Verfahren eingesetzt, um sicherzustellen, dass nur der Berechtigte entsprechenden Zugang hat.

55b Die **frühere Rechtslage** war u. a. durch die am 31.1.2013 veröffentlichten verpflichtenden **Richtlinien der EZB**[67] geprägt, Nach diesen mussten alle Finanzdienstleister innerhalb der Gruppe der Payment-Server-Provider bis 1.2.2015 eine **„strong authentication"** verlangen. Grundlage war das Zusammentreffen mindestens zweier Elemente; eines war wissensbasiert, das andere besitzorientiert. Zudem mussten beide Elemente unabhängig voneinander sein. Die **EBA** hatte vergleichbare Richtlinien verabschiedet.[68] Die **BaFin** hatte zudem im Jahr 2015 technische Mindeststandards beschrieben, die Zahlungsdienstleister in Deutschland zu beachten hatten.[69] Diese hat (nur) noch für Altfälle Bedeutung.

55c **Seit dem 14.9.2019**[70] werden entsprechende Standards in § 55 ZAG gesetzlich vorgeschrieben. Dieser wird durch die Art. 4 ff. VO (EU) 2018/389 näher konkretisiert. Dabei wird bei bestimmten Transaktionen, die als vergleichsweise risikoreich angesehen werden, eine sog. **„starke Kundenauthentifizierung"** (§ 1 Abs. 24 ZAG) vorgeschrieben („strong customer authentification").[71] Dabei müssen Elemente aus zwei von drei Kategorien aus den Kategorien Besitz, Wissen und Inhärenz verlangt werden, wobei die Elemente voneinander unabhängig sein müssen, um eine erfolgreiche Authentifizierung zu ermögli-

---

66 Vgl. BGH NJW 2006, 211 (212), zu Streitfragen über die inhaltlichen Anforderungen, insbes. zur Transparenz, zur Möglichkeit, die Informationen in AGB zu integrieren und zur Abrufmöglichkeit der AGB.

67 ECB, Recommendations for the Security of Internet Payments.

68 EZB „Leitlinien zur Sicherheit von Internetzahlungen", EBA/GL/2014/12_Rev1.

69 BaFin Rundschreiben 4/2015 (BA), Mindestanforderungen an die Sicherheit von Internetzahlungen (MaSI); dazu *Zahrte* ZBB 2015, 410.

70 Die Frist erklärt sich durch Art. 115 Abs. 4 PSD II, wonach diese Anforderung achtzehn Monate nach Inkrafttreten der VO (EU) 2018/389 greift.

71 Dazu *Borges* ZBB 2016, 249 (256); *Bauer/Glos* DB 2016, 456 (460); *Hoffmann* VuR 2016, 243 (248 f.); MüKoHGB/*Linardatos,* 4. Aufl. 2019, K Rn. 28 f.

chen. Zum Wissen zählen u. a. Passwörter, PIN, TAN, Benutzernamen, nicht aber Geburtsdaten oder Adressen. Dem Besitz sind Karten, Token, Smartcards, individualisierte Chips zur TAN-Berechnung, Smartphones zuzurechnen. Die Inhärenz betrifft dauerhafte Merkmale des Zahlungsdienstnutzers wie u. a. Fingerabdrücke, die Iris oder seine Stimme. Folge ist eine abgestufte Sicherheitsarchitektur: Für Transaktionen, die keiner sog. starken Kundenauthentifizierung bedürfen (§ 55 ZAG), ist eine Authentifizierung durch Eingabe der Kontonummer/ Depotnummer sowie der persönlichen Identifikationsnummer (PIN; personalisiertes Sicherheitsmerkmale im Sinn von § 675l S. 1) ausreichend. Daher kann der Kunde – sofern von der Bank so vorgesehen – mit diesen Sicherheitsmerkmalen Zugang zum Online-Banking erhalten und Transaktionen vornehmen, die keiner starken Kundenauthentifizierung bedürfen. Dies sind zum einen Transaktionen, die Nicht-Zahlungskonten betreffen und daher nicht in den Anwendungsbereich des ZAG fallen, zum anderen Transaktionen mit Bezug zum Zahlungsdiensterecht, die allerdings in den Art. 10 ff. VO (EU) 2018/389 als risikoarm bewertet werden. Sofern eine starke Kundenauthentifizierung verlangt wird, weil der Anwendungsbereich des § 55 ZAG eröffnet ist oder die Bank aufgrund ihrer individuellen Risikoausgestaltung diese auch beim Zugang zum Online-Banking als solches voraussetzt, bedarf es noch eines weiteren Authentifizierungselements. Bei Fernzahlungsvorgängen verlangt § 55 Abs. 2 ZAG iVm Art. 5 VO (EU) 2018/389 einen Transaktionsbezug. Diesen gewährleisten TAN-Verfahren der sog. 3. Generation (→ Rn. 57). Dabei haben nach Art. 5 VO (EU) 2018/389 jedenfalls der Zahlungsbetrag und der Zahlungsempfänger in den Algorithmus zur Berechnung der Einmal-TAN einzugehen.

Auch die **EBA** hat 2018 „Leitlinien zu Sicherheitsmaßnahmen bezüglich der operationellen und sicherheitsrelevanten Risiken von Zahlungsdiensten gemäß der Richtlinie (EU) 2015/2366 (PSD2)" herausgegeben. **55d**

2. Die Formen des PIN/TAN-Verfahrens

Paradigmatisches Informationselement, das nur der Nutzer kennt, sind Passwörter, TAN oder PIN. Das Besitzelement wird zB durch eine SmartCard erfüllt. Zumindest eines der beiden Elemente darf nicht wiederverwendbar oder kopierbar sein; zudem muss ausgeschlossen sein, dass es über das Internet gestohlen werden kann. Am weitesten verbreitet ist die Kombination von PIN und TAN. Die Legitimation des Bankkunden bei einem Zahlungsauftrag erfolgt im Grundsatz durch eine **PIN (Persönliche-Identifikations-Nummer)** und **TAN (Transaktionsnummer).** **55e**

Die **PIN** ist 5stellig und kann aus Buchstaben und Ziffern bestehen. Die erste PIN des Kunden wird von dem Kreditinstitut vorgegeben. Sodann hat der Kunde eine neue PIN zu wählen und kann diese jederzeit durch eine elektronische Erklärung gegenüber der Bank ändern. Die **TAN** dient der Identifikation der einzelnen Transaktion. Sie ist daher prinzipiell nur einmalig verwendbar und wird durch das Kreditinstitut zugeteilt. Über die TAN-Pflicht eines Vorgangs, zB die Einrichtung eines Limits für Zahlungsaufträge, entscheidet das Kreditinstitut nach Maßgabe der gesetzlichen Vorgaben (vgl. Ziff. 3 II Online-Banking-Bedingungen). Nach der Eingabe der TAN wird der in der Bildschirm-Maske eingegebene Geschäftsvorfall an den Bankrechner übermittelt. Bei den **früheren PIN/TAN-Verfahren** wurden dem Kunden die TAN normalerweise per Brief in Blöcken zu ca. 50 Stück übermittelt; aus diesen musste er pro TAN-pflichtigem Vorgang eine auswählen. Dieses Verfahren ist bei der Mehrzahl der Institute nicht mehr im Einsatz, denn Schwachpunkt dieses Verfahrens war, dass jede TAN für eine beliebige Transaktion verwendet werden konnte. In der Folge konnte das Ausspähen einer oder mehrerer TAN durch Dritte für eine erfolgreiche Transaktion zulasten des Berechtigten verwendet werden.[72] An dessen Stelle trat ua das **iTAN-Verfahren** (indiziertes TAN-Verfahren).[73] Bei diesem kann der **56**

[72] Vgl. KG WM 2011, 493 (Pflichtverletzung der Bank bei Einsatz des einfachen PIN/TAN-Verfahrens).
[73] *Köbrich* VuR 2015, 9.

Kunde die TAN bei einem konkreten Vorgang nicht frei wählen, sondern er muss eine bestimmte TAN aus einer durchnummerierten Liste auswählen. Bei jeder Autorisierung fordert der Server der Bank eine bestimmte der nummerierten TAN an, die zum Ausführen des Auftrags genutzt werden muss und auch nur einmal verwendet werden kann. Hierdurch konnte das Missbrauchsrisiko erheblich reduziert werden, da das Ausspähen einer oder mehrerer TAN keine missbräuchliche Transaktion ermöglichte, wenn der Bankcomputer eine abweichende TAN vorgab. Allerdings verband sich mit dem Abhandenkommen der gesamten TAN-Liste weiterhin ein erhebliches Missbrauchsrisiko.[74] Auch versagt das iTAN-Verfahren beim sog. Man-in-the-Middle-Angriff (→ Rn. 64). Denn mit der vom Bankcomputer angeforderten iTAN kann auch ein durch den Angreifer in der Mitte verfälschter Zahlungsauftrag bestätigt werden, ohne dass diese Verfälschung der Bank bzw. dem Kunden vor der Bestätigung auffallen musste.[75]

57 Die aktuellen **TAN-Verfahren der sog. 3. Generation** verzichten vollständig auf TAN-Listen, sondern erstellen eine TAN, wenn der Kunde einen Auftrag erteilt. Dies entspricht Art. 4 Abs. 1 S. 1 VO (EU) 2018/389, wonach ein Authentifizierungscode (zB eine TAN) zu generieren ist, woraus geschlossen werden kann, dass die TAN im Zuge der Transaktion zu erfolgen hat. Dabei wird die individuell erstellte TAN auf einem gesonderten Kommunikationskanal dem Kunden übermittelt. Dieser muss sie zur Bestätigung des Auftrags eingeben. Die Verfahren werden durch die sog. Transaktionsbindung der TAN charakterisiert, d. h. dem Kunden wird eine Zahl übermittelt, die auf einem Algorithmus basiert, in den die Transaktionsdaten eingehen, namentlich der Betrag und die Nummer des Empfängerkontos. In der Folge kann eine solche TAN nur den konkreten individuellen Auftrag freischalten, für den sie berechnet wurde. Die Daten des Auftrags, die in die Berechnung eingingen, werden dabei dem Kunden mit der TAN nochmals übermittelt. Auf diese Weise soll der Man-in-the-middle-Angriff (→ Rn. 64) ausgeschlossen werden, da der Kunde eine Verfälschung der Auftragsdaten nach seiner Eingabe anhand der abweichenden Transaktionsdaten, die ihm mit der TAN übermittelt werden, unschwer erkennen kann. Daher ist der Bankkunde nach der Rechtsprechung beim Online-Banking verpflichtet, die ihm per SMS übermittelten Daten vor der Eingabe sorgfältig zu überprüfen.[76] Sofern hingegen der Auftrag nach Übermittlung der TAN manipuliert würde, wäre die TAN zur Freigabe des manipulierten Auftrags mit geänderten Auftragsdaten nicht geeignet. Dies entspricht Art. 9 VO (EU) 2018/389, in dem die Unabhängigkeit der beiden Faktoren konkretisiert wird. Erforderlich ist hiernach, dass die Kompromittierung eines Elements die Wirksamkeit des anderen Elements unberührt lässt. Hieraus wird grundsätzlich eine Trennung der Übermittlungskanäle abgeleitet bei Verfahren, die mit einer Informationsübertragung arbeiten. Dieses Erfordernis schließt gleichwohl nicht die Nutzung eines Smartphones, Tablets etc. aus, wenn die Vorgaben des Art. 9 Abs. 2 u. 3 VO (EU) 2018/389 beachtet werden.

58 Am weitesten verbreitet ist insofern das **mTAN-Verfahren** (mobile TAN-Verfahren; auch sms-TAN). Bei diesem erhält der Bankkunde nach Eingabe und Übermittlung seiner Transaktion eine TAN zusammen mit den Transaktionsdaten auf sein Mobiltelefon übermittelt. Sofern diese Daten mit der vom Kunden gewollten Transaktion übereinstimmen, gibt er die Transaktion durch Eingabe der übermittelten TAN frei, wobei die übermittelte TAN nur für diese eine Transaktion gültig ist. Die Sicherheit dieses TAN-Verfahrens folgt daraus, dass ein Angreifer zum einen die Zugangsdaten zum Online-Banking des Kunden ausspähen muss und darüber hinaus auch Zugang zu seinem Mobiltelefon haben muss, um eine missbräuchliche Transaktion erfolgreich auszuführen. Freilich haben sich in der jüngeren Vergangenheit Angriffe insofern als in deutlich steigendem Umfang erfolgreich erwiesen, bei denen eine Ersatz-SIM-Karte beim Mobilfunkprovider erschlichen wurde, um

[74] Gleichwohl entsprach das Verfahren der iTAN im Jahr 2008 noch dem Stand der Technik, so BGH BKR 2012, 254 f.

[75] Für ein Bsp. aus der Praxis vgl. OLG München BKR 2012, 475.

[76] OLG Oldenburg MMR 2019, 390.

sodann unter Nutzung des übernommenen Mobilfunkanschlusses auch die Zugangsdaten zum Online-Banking auszuspähen (→ Rn. 66c). Darüber hinaus basiert die (Rest-) Sicherheit des Verfahrens auf dem Einsatz sowohl des Mobiltelefons als auch das Online-Banking über PC. Sofern das Smartphone hingegen für das Online-Banking genutzt wird, verbieten die Nutzungsbedingungen den Empfang einer sms-TAN auf demselben Gerät.[77]

Beim **eTAN-Verfahren, smart-TAN-Verfahren oder chipTAN-Verfahren** erhält der Kunde einen TAN-Generator.[78] Zur Vornahme von Bankgeschäften meldet sich der Kunde im Internet zunächst über die Homepage der Bank durch Eingabe einer Kundennummer sowie einer PIN-Nummer an. Danach werden am Bildschirm zB die Überweisungsdaten in eine Maske eingegeben. Zur Autorisierung verwendet der Bankkunde sodann ein ihm von der Bank zur Verfügung gestelltes gesondertes Karten-Lesegerät mit Display (sog. TAN-Generator). Teilweise muss vor der Transaktion zunächst die ec-Karte eingeführt werden. An den TAN-Generator werden die auf der Bildschirmmaske eingegebenen Überweisungsdaten übermittelt; dies erfolgt durch eine optische Schnittstelle (Grafik) auf dem PC-Bildschirm des Bankkunden, vor die der TAN-Generator gehalten wird (Datenübertragung durch Lichtsignale, sog. Flickering oder QR-Code). Alternativ kann der Bankkunde die Überweisungsdaten manuell in den TAN-Generator eingeben. Nach optischer oder manueller Übermittlung der Überweisungsdaten an den TAN-Generator werden die Überweisungsdaten auf dessen Display angezeigt. Der Kunde muss diese Daten am TAN-Generator bestätigen. Sodann errechnet dieser aus den Daten unter Berücksichtigung der von der ec-Karte ausgelesenen Chipkartennummer und Kundenkontonummer eine auf die konkrete Überweisung bezogene TAN. Diese ist in die Überweisungsmaske auf dem PC-Bildschirm einzugeben. Das Online-Banking-System der Bank nimmt eine identische Berechnung zur Ermittlung der auftragsbezogenen TAN vor. Stimmen beide TAN überein, wird die Transaktion von dem Online-Banking-System ausgeführt. Dieses TAN-Verfahren weist eine weiterhin hohe Sicherheit auf. Nach der Bewertung in der Rechtsprechung aus dem Jahr 2014,[79] soll es so gut wie ausgeschlossen sein, dass eine entsprechend autorisierte Transaktion nicht vom Bankkunden selbst vorgenommen wurde. Sofern ein Man-in-the-middle-Angriff (→ Rn. 64) behauptet wird, ist zu berücksichtigen, dass dem Kunden mit der individuell erstellten TAN die zugrunde gelegten Transaktionsdaten ebenfalls angezeigt werden, sodass der Kunde unschwer deren Manipulation erkennen und die Freigabe des Auftrags unterlassen kann. Eine Manipulation nach Freigabe der TAN scheidet aus, da die TAN den manipulierten Auftrag mit abweichenden Daten nicht autorisierten kann. **59**

Als Unterfall kann das sog. **FotoTAN-Verfahren** verstanden werden. Hierzu wird dem Kunden auf dem Bildschirm im Online-Banking eine Grafik angezeigt, aus der mithilfe einer FotoTAN-App eine TAN errechnet wird. Dabei wird die App für das konkrete Mobilgerät freigeschaltet. Die TAN wird transaktionsbezogen errechnet und zusammen mit den Transaktionsdaten in der App angezeigt. Der Kunde übernimmt die angezeigte TAN in das Online-Banking und autorisiert hiermit den Auftrag. Eine etwaige zwischenzeitliche Manipulation des Auftrags kann er an abweichenden angezeigten Auftragsdaten unschwer erkennen. Eine Manipulation nach Eingabe der TAN scheitert, da diese auftragsbezogen errechnet wird. Im Vergleich zu den übrigen TAN-Verfahren dieser Gruppe wird der Einsatz eines weiteren Lesegeräts entbehrlich. Darüber hinaus ermöglicht dieses Verfahren auch die Ersetzung der physischen Trennung der Übermittlungskanäle (→ Rn. 13) durch eine logische Trennung. Denn die TAN wird verschlüsselt der FotoTAN-App über- **59a**

[77] Vgl. zu einer Nutzungsbeschränkung Ziff. 7.2 III Online-Banking-Bedingungen, wonach das Gerät, zB Mobiltelefon, mit dem die TAN empfangen wird, nicht gleichzeitig für das Online-Banking genutzt werden darf; BuB/*Werner* Rn. 19/64g; ausf. zum Verfahren sowie zu den Angriffsformen *Verheyen/Elgert* KuR 2015, 440; s.a *Schulte am Hülse/Kraus* MMR 2016, 435.

[78] Vgl. für eine Beschreibung LG Darmstadt WM 2014, 2323; ausf. auch MüKoHGB/*Linardatos* Rn. K 38; *Hoeren/Kairies* WM 2015, 549 (551); *Hoeren/Kairies* ZBB 2015, 35.

[79] LG Darmstadt WM 2014, 2323.

mittelt. Sofern auf dem Smartphone zugleich die BankingApp installiert ist, wird das mBanking mit diesem Smartphone möglich, da das Erfordernis eines zweiten Mobilgeräts zur Trennung der Kanäle entbehrlich wird.

59b Beim sog. **pushTAN-Verfahren** der Sparkassen-Finanzgruppe wird das Erfordernis der physischen Trennung der Übermittlungskanäle (eigenes Mobilgerät zur Übermittlung der TAN, → Rn. 13) durch eine logische Trennung ersetzt.[80] Demnach wird die TAN verschlüsselt an eine eigenständige App auf jenem Smartphone übermittelt, auf dem auch die BankingApp installiert ist. Der Nutzer muss die TAN-App mit einem Sicherheitsmerkmal (PIN; Fingerabdruck) öffnen. Auf diese Weise ist es letztlich möglich, dass smsTAN-Verfahren beim mBanking zum Einsatz zu bringen, da auf diese Weise das Erfordernis eines zweiten Mobilgeräts zur Trennung der Kanäle (Auftragsdaten; TAN) entbehrlich wird.

3. Die Verfahren HBCI und FinTS

60 Das **Homebanking Computer Interface (HBCI)** ist ein offener Standard für den Bereich des Electronic-Bankings.[81] HBCI bezeichnet eine standardisierte Schnittstelle für das Homebanking; die Standardisierung umfasst Übertragungsprotokolle, Nachrichtenformate und Sicherheitsverfahren. Der von der Deutschen Kreditwirtschaft entwickelte Kommunikationsstandard soll Transaktionen im Online-Banking/Internet-Banking zwischen PC-basierten Kundensystemen und Bankrechnern ermöglichen. Er definiert hierzu einen offenen Standard hinsichtlich Form, Aufbau und Gliederung der zwischen dem Bank-Computer und dem PC des Kunden ausgetauschten Daten. Dies umfasst auch die Sicherheitsverfahren, die auch bei dem offenen Netz (Internet) eine sichere Kommunikation zwischen Kreditinstitut und Kunde gewährleisten sollen, indem sie den Kommunikationsprozess gegen das Ausspähen und etwaige Manipulation abschirmen. Diese Sicherheitsverfahren sind unabhängig vom Sicherheitsstandard des konkreten Online-Diensteanbieters. Das HBCI sieht hierbei mehrere Möglichkeiten der Authentifizierung vor, u. a. die Digitale Signatur.[82] Bei dieser signiert der Kunde eine Prüfsumme seiner Transaktionsdaten mit seinem geheimen, auf einer Chipkarte oder USB-Memory-Stick abgespeicherten Schlüssel, weshalb der Kunde ggf. einen Chip-Kartenleser benötigt. Das elektronische Dokument wird dabei von der Software verschlüsselt und signiert. Der private Signierschlüssel ist auf einer Chipkarte oder dem USB-Stick gespeichert. Die Daten der Transaktion, zB einer Überweisung, werden komprimiert und ein sog. HASH-Wert gebildet, mithin eine Prüfziffer ähnlich einer Quersumme. Dieser HASH-Wert wird sodann mit dem privaten Schlüssel des Kunden signiert; der sich hieraus ergebende Wert bedeutet die elektronische Signatur. Sie wird mit dem Inhalt der Erklärung und dem öffentlichen Schlüssel des Kreditinstituts dann verknüpft und zur Bank übertragen. Bei dieser werden die Daten der Transaktion komprimiert, um einen Vergleichs-HASH-Wert zu ermitteln. Der HASH-Wert des Kunden wird aus der übermittelten elektronischen Signatur mittels des öffentlichen Schlüssels der Bank ermittelt. Sofern beide HASH-Werte übereinstimmen, wurde der Inhalt der Transaktion während der Übermittlung nicht verändert; die Transaktion wird sodann bankseitig verarbeitet.

61 Das **FinTS-Verfahren (Financial Transaction Services-Verfahren)** kann ebenfalls als Verfahren zur Abwicklung von Bankgeschäften bei einer Vielzahl von Banken genutzt werden; zugleich unterstützen zahlreiche Computer-Programme zum Online-Banking diesen Standard. Der frühere HBCI-Standard wurde zum FinTS-Verfahren weiterentwickelt. Der Kunde benötigt zur Nutzung des Verfahrens eine spezielle FinTS-fähige Zahlungsverkehrssoftware und gegebenenfalls ein Chipkartenlesegerät. Denn FinTS beinhaltet Sicherheitsverfahren mit elektronischer Signatur. Es handelt sich um ein Baukastensystem, das u. a. unterschiedliche Legitimationsverfahren, Geschäftsvorfälle und Finanz-

---

[80] MüKoHGB/*Linardatos* Rn. K 39.
[81] Zu Details auch *Stockhausen* WM 2001, 605 (613); BankR-HdB/*Maihold* § 55 Rn. 21–23.
[82] Dazu *v. Rottenburg* WM 1997, 2381 (2390 f.).

datenformate erfassen kann. Auch wenn diese Verfahren wohl die höchste Sicherheit boten, blieb die Verbreitung begrenzt. Dies kann u. a. auf dem Erfordernis eines Speichermediums und ggf. eines Chipkartenlesegeräts beruhen; hinzutritt, dass bei einem fremden PC der Einsatz zumindest die Installation der Software erfordert. Schließlich waren die ersten Einsätze von Signaturkarten und Chipkartenlesegeräten durch Banken in der Praxis recht störungsanfällig, was Kunden und andere Anbieter abgeschreckt haben dürfte.

Umstritten ist, ob ein Sicherheitsverfahren, das auf einer Digitalen Signatur basiert, den **gesetzlichen Anforderungen an eine Starke Kundenauthentifizierung** genügt. Dies betrifft sowohl die grundsätzliche Möglichkeit, den privaten Signaturschlüssel zu kopieren, als auch den Umstand, dass dem Kunden vor der Auftragsbestätigung Transaktionsdaten zur Kontrolle angezeigt werden müssen. Zudem könnte das Verfahren der Digitalen Signatur im Grundsatz nicht an die konkrete Transaktion gebunden sein, d. h. der elektronische Schlüssel wird nicht unter Einbezug der Transaktionsdaten errechnet. Freilich lässt sich die Anzeige der Transaktionsdaten zur Kontrolle technisch umsetzen und lässt sich argumentieren, dass die Berechnung des maßgeblichen Hash-Wertes sehr wohl transaktionsbezogen erfolgt. Zudem sollte die zugrunde liegende Protokollstruktur ermöglichen, auch TAN-basierte Verfahren wie u. a. die chipTAN-Verfahren sowie die mTAN-Verfahren zur Authentifizierung einzusetzen. 61a

4. Die Angriffsformen und das Fehlen einer Warnpflicht der Bank

Als wesentliche Angriffsversionen auf die Daten des Kunden des Online-Bankings sind das sog. **Phishing,** der **Man-in-the-middle-Angriff,** das **Pharming** und das **Keylogging** zu unterscheiden.[83] Jüngeren Datums sind **Social Engineering Angriffe, CEO-Fraud** und **Sim-Card-Fraud.** Die EU hat hierzu einen Vorschlag zur Bekämpfung von Betrug und Fälschung im Zusammenhang mit unbaren Zahlungsmitteln vorgelegt (COM (2017) 0489). 62

Beim **Phishing** erhält der Kunde eine E-Mail, die dem mehr oder weniger authentischen äußeren Anschein nach von seiner Bank versendet wurde. Der Text der E-Mail fordert den Kunden auf, aus behaupteten technischen Gründen PIN und TAN, vielfach auch mehrere, auf einer bestimmten Homepage einzugeben oder anderweitig zu übermitteln.[84] Dieser Angriff zielte v. a. auf das klassische PIN/TAN-Verfahren mit TAN-Listen bzw. iTAN-Listen. Die Eingabe der TAN war eine Pflichtverletzung des Kunden, der die PIN bzw. TAN nicht außerhalb des angegebenen Zugangs weitergeben durfte.[85] Die technische Qualität der E-Mails und der enthaltenen Texte divergierte stark, bisweilen waren diese aber „professionell“ gestaltet, dass auch kritische Kunden sie nicht auf den ersten Blick als Fälschung erkennen können. Die ermittelten PIN/TAN wurden genutzt, um Beträge auf Konten Dritter zu überweisen. Nicht selten wurden hierzu im Inland „Finanzagenten“ angeworben, mit denen gegen ein Entgelt die Weiterleitung auf ihrem Konto eingehender Beträge vereinbart war.[86] Das iTAN-Verfahren schloss entsprechende Phishing-Attacken weitreichend, aber doch nicht völlig[87] aus. 63

[83] Vgl. zu diesen *Borges* u. a. Identitätsdiebstahl und Identitätsmissbrauch im Internet, 2011, S. 25 ff.; *Schulte am Hülse/Klabunde* BKR 2010, 84; *Erfurth* WM 2006, 2198 (2199); *Borges* NJW 2005, 3313; *Zahrte* MMR 2013, 207; *Zahrte* BKR 2016, 315; MüKoBGB/*Jungmann*, § 675l Rn. 29 ff.; *Müller-Brockhausen* Haftung für den Missbrauch von Zugangsdaten im Internet 2014; s.a BKA, Cybercrime Bundeslagebild 2018, 2019, S. 17 f. (zu weiterhin rückläufigen Fallzahlen beim Missbrauch).

[84] BGH NJW 2012, 2422 (2424).

[85] Vgl. Ziff. 7.2 II Online-Banking-Bedingungen (keine Weitergabe von PIN/TAN außerhalb des angegebenen Zugangs zum Online-Banking); zu den Folgen der Pflichtverletzung des Bankkunden → Kap. 3 § 675v Rn. 17 ff.

[86] Zur Haftung dieser sog. Finanzagenten aus § 823 Abs. 2 BGB, § 261 Abs. 2 Nr. 1, Abs. 5 StGB sowie zur Entreicherungseinrede nach § 818 Abs. 3 BGB vgl. OLG München WM 2015, 676; s. a. BGH NJW 2013, 1158 (Haftung für „vermietetes“ Girokonto aus § 823 Abs. 2 BGB, § 261 StGB).

[87] Vgl. den Sachverhalt von OLG München BKR 2012, 475 (Eingabe *aller* erhaltener iTAN nach Aufforderung auf einer gefälschten Internetseite trotz aufkommender Zweifel).

64 Der **Man-in-the-middle-Angriff** beruht darauf, dass der Angreifer die Kommunikation zwischen zwei Internetnutzern manipuliert, indem er abgefangene, zB in die Eingabemaske auf dem Bildschirm eingegebene Daten verfälscht an die Bank als Empfänger weiterleitet. Bei passiven Angriffen werden die ausgespähten Informationen zeitlich später eingesetzt, bei aktiven Angriffen wird die verfälschte Information unmittelbar weitergeleitet. Der Kunde des Online-Bankings wird in diesen Fällen nicht auf den Bank-Server, sondern auf den Server des Angreifers umgeleitet. Die dortige Homepage ist dem Online-Portal der Bank zum Verwechseln ähnlich nachgebildet. Sofern der Kunde auf diesem nachgebildeten Portal PIN und TAN eingibt, verfügt der Angreifer über diese und kann sie missbräuchlich nutzen. Er kann dann u. a. die Daten der vom Kunden eingegebenen Überweisung ändern und die von der Bank nachfolgend abgefragte TAN verwenden.[88] Zur Verbesserung der Täuschung über eine vermeintliche Verbindung des Bankkunden mit seiner eigenen Bank stellt der Server des Angreifers vielfach eine Verbindung mit dem Bankserver her und erfragt von dort den aktuellen Kontostand, der auf der nachgebildeten Homepage dem Kunden mitgeteilt wird. Die besondere Gefährlichkeit dieser Angriffe liegt in dem Umstand, dass sogar Schutzmaßnahmen jüngeren Datums, namentlich das iTAN- und das mTAN-Verfahren überwunden werden können. Beispielhaft ist die verfälschte Weiterleitung des Auftrags des Kunden an die Bank in der Hoffnung, dass der Kunde die Wiedergabe der Transaktionsdaten bei der Übermittlung der mTAN nicht genau liest, die Verfälschung nicht erkennt und die Bestätigungs-mTAN eingibt.[89] Nach der Rechtsprechung ist der Bankkunde beim Online-Banking allerdings verpflichtet, die ihm per SMS übermittelten Daten vor der Eingabe sorgfältig zu überprüfen.[90]

65 Beim **Pharming** bzw. **DNS-Spoofing** werden DNS-Anfragen von Webbrowsern manipuliert und der Bankkunde wird auf gefälschte Webseiten umgeleitet.[91] Dabei gelingt es dem Angreifer, ein Computerprogramm (Trojaner) auf dem Computer des Bankkunden zu installieren. Paradigmatisch ist die Übersendung einer E-Mail, deren Anhang, für den Bankkunden nicht erkennbar, bei Öffnung ein solches Programm auf dem Computer installiert, wenn keine aktuelle Anti-Viren-Software installiert ist.[92] Dieser Trojaner manipuliert dann die lokale Host-Datei (lokale Zuordnungstabelle, auf deren Eintragungen der Browser zunächst zugreift), die Domains den numerischen IP-Adressen von Websites zuordnet, mit der Konsequenz, dass von diesem System gezielt gefälschte Websites angezeigt werden, obwohl die Adresse korrekt eingegeben wurde. Der Trojaner ergänzt die Hosts auf dem Computer um einen veränderten Eintrag für das Online-Banking-Portal. Beim Aufrufen des Online-Banking-Portals wird der Kunde dann auf den Server des Angreifers weitergeleitet. Dieser kann dann wie bei einem Man-in-the-middle-Angriff (→ Rn. 64) fortfahren.

66 Das **Key-logging** als weitere Modifikation setzt ebenfalls auf Trojaner auf dem Rechner des Kunden. Dieses Verfahren zur Erschleichung von Passwörtern basiert auf der Protokollierung aller Tastatureingaben des Kunden und die Blockade der Übermittlung der TAN an den Bankcomputer durch das Trojaner-Programm. Die protokollierten Daten werden dann an den Angreifer gesandt, wodurch dieser Kenntnis der PIN und noch nicht genutzter TAN erhalten kann.

66a Eine Angriffsform jüngeren Datums mit eigenständigen rechtlichen Problemstellungen sind sog. **Social Engineering Trojaner.** Diese Trojaner bilden die Online-Banking-Umgebung des Kunden nach und spiegeln ihm vor, er habe auf seinem Konto irrtümlich einen hohen Zahlungseingang erhalten.[93] Zudem wird eine Meldung generiert, die optisch

---

[88] Zu den Grenzen der Pflichtverletzung des Bankkunden in diesen Fällen → Kap. 3 § 675v Rn. 17.

[89] Zu Fällen aus der Praxis vgl. AG Bonn MMR 2015, 477; LG Darmstadt WM 2014, 2323 = ZIP 2014, 1972; s.a AG München, 16.1.2019, 122 C 19127/18 (zum Online-Support-Betrug).

[90] OLG Oldenburg MMR 2019, 390.

[91] BGH NJW 2012, 2422 (2424).

[92] Zu den Grenzen der Pflichtverletzung des Kunden in diesen Fällen → Kap. 3 § 675v Rn. 17.

[93] Vgl. den ähnlichen Sachverhalt von AG Köln BKR 2013, 482 = ZIP 2014, 367; AG Potsdam MMR 2016, 394; ausf. zu den Angriffsformen auf das mTAN-Verfahren *Verheyen/Elgert* KuR 2015, 440; *Schulte am Hülse/Kraus* MMR 2016, 435.

der Mitteilung der Bank des Kunden entspricht, in der der Kunde gebeten wird, den irrtümlich erhaltenen Betrag zurück zu überweisen. Durch die Imitierung der Online-Banking-Umgebung des Kunden erscheint der vermeintliche Zahlungseingang neben den tatsächlichen Umsätzen des Kunden. Dies sowie die fehlenden sprachlichen Auffälligkeiten der Mitteilung lassen den Kunden die Meldung für echt halten. Er löst dann eine Überweisung des vermeintlich empfangenen Betrags auf das angegebene Konto des Angreifers aus („Rücküberweisung"). Die Besonderheit dieser Konstellation liegt darin, dass der Kunde eine Überweisung tätigt und in der Folge eine autorisierte Zahlung vorliegt. Die Anfechtung dieser Willenserklärung gem. § 123 BGB scheitert an § 123 Abs. 2 BGB, eine Anfechtung nach § 119 BGB ist ausgeschlossen, da es sich um einen Motivirrtum handelt. Auch ein Schadensersatzanspruch gegen die Bank scheidet regelmäßig mangels Pflichtverletzung der Bank aus. Zu den weiteren Angriffsformen dieser Fallgruppe zählen Missbrauchsverfahren, die gerade am Faktor Mensch beim Online Banking ansetzen und sich das Vertrauen, die Neugier, den Respekt vor Autorität oder auch Hilfsbereitschaft der Kunden zunutze machen, um den Zahlungsdienstnutzer dazu zu bewegen, unter Außerachtlassung der Sicherungsmechanismen und der gebotenen Sorgfalt beim Online Banking zu handeln. Gemeinsam ist diesen Angriffsformen, dass die Angreifer mit vermeintlichem Insiderwissen auftreten (Kenntnis der Bankverbindung, etwaiger Passwörter, der Mobilfunknummer sowie etwaigen Gewohnheiten des Zahlungsdienstnutzers). Sodann werden die Zahlungsdienstnutzer zB von einem angeblichen Bankmitarbeiter kontaktiert und unter Vorspiegelung falscher Tatsachen und unter Einsatz der Insiderinformationen dazu bewegt, entweder ebenfalls einen vermeintlich zu Unrecht erhaltenen Betrag zurück zu überweisen (Rücküberweisung-Trojaner) oder eine bestimmte Überweisung testweise vorzunehmen, um den Online Banking-Zugang zu testen bzw. weiter nutzen zu können (Freischaltungs-Trojaner). Stets wird der Zahlungsvorgang dabei durch den Zahlungsdienstnutzer selbst mit der zutreffenden TAN ausgelöst.

In der jüngeren Vergangenheit wurden diese Angriffsformen auf Unternehmen erstreckt, **66b** da im unternehmerischen Geschäftsverkehr deutlich höhere Geldbeträge transferiert werden (können). Beim sog. **CEO-Fraud**[94] kontaktiert der Angreifer einen Firmenmitarbeiter und spiegelt diesem vor, ein Mitglied der Geschäftsleitung zu sein. Sodann wird ein Szenario aufgebaut, wonach einerseits zeitnah ein hoher Geldbetrag transferiert werden muss, andererseits eine besondere Verschwiegenheit des Mitarbeiters geboten ist. Paradigmatisch ist die Vorspiegelung, als Mitglied der Geschäftsleitung im Ausland unterwegs zu sein und für eine zeitlich drängende Investition von besonderer Wichtigkeit für das Unternehmen den großen Geldbetrag zu benötigen, wobei eine besondere Verschwiegenheit erforderlich ist, um die Investition nicht zu gefährden. Die Ausnutzung der „Eitelkeit" der Mitarbeiter, von der Geschäftsleitung ins Vertrauen einbezogen zu sein und andererseits der Angst, durch einen Fehler Transaktion zu gefährden, haben dazu geführt, dass in zahlreichen Fällen Unternehmen in Höhe von siebenstelligen Beträgen geschädigt wurden. Freilich handelt es sich hierbei nicht um einen spezifischen Angriff auf das Online Banking, die Angreifer machen sich aber gleichwohl die Distanzkommunikation des Kunden mit der Bank zu Nutze.

Eine weitere Angriffsform jüngeren Datums bezieht beim mTAN-System (→ Kap. 3 **66c** § 675 f Rn. 57) auch den Mobilfunkanbieter mit ein **(Sim-Card-Fraud; Identitätsdiebstahl von Mobilfunknummern).** Die Angreifer geben sich dabei mit den ausgespähten Handy-Daten bei den Mobilfunkgesellschaften als der Kunde aus und beantragten eine

[94] Vgl. LG Düsseldorf BKR 2019, 154; LG Karlsruhe BKR 2019, 151; LG Heilbronn BeckRS 2015, 17463; *Zahrte* BKR 2019, 126; s. a. LAG Sachsen v. 13.6.2017, BeckRS 2017, 127707 (Verurteilung einer leitenden Mitarbeiterin, die auf einen CEO Fraud hereinfiel und € 400.000 zulasten des Unternehmens auf das Konto des Angreifers transferierte, zur Erstattung von € 150.000,-); *Raif/Swidersky* ArbRAktuell 2018, 173 (zur Arbeitnehmerverantwortung bei CEO-Fraud); *Fritzsche* CB 2017, 403; zu international-privatrechtlichen Qualifikation des Rückzahlungsanspruchs vgl. Commercial Court (England and Wales) v. 10.7.2015, ZEuP 2018, 250.

neue Sim-Karte. Vielfach verschafften sich die Angreifer mit einer Spähsoftware Zugang zum Computer der Kunden und spähten den Zugang zum Onlinebanking-Konto aus. Zugleich verschafften sie sich die Mobilfunknummer der Kunden. Teilweise gaben sie sich gegenüber dem Telefonanbieter als Mitarbeiter eines Mobilfunk-Shops aus und meldeten im Namen des Kunden den angeblichen Verlust einer SIM-Karte, um zugleich eine Ersatzkarte aktivieren zu wollen. Mit dieser Sim-Karte fingen sie die SMS mit der TAN ab und konnten auf diesem Weg Zahlungen im Onlinebanking zu eigenen Gunsten auslösen (vgl. LG Kiel BKR 2018, 528). Die Mobilfunkunternehmen haben teilweise mit einer Verschärfung der Kundenauthentifizierung bei der Bestellung einer neuen Sim-Karte, Händleridentifikation und/oder Adressänderung reagiert.

66d Grundsätzlich besteht **keine Warnpflicht der Bank;** sie muss den Kunden nicht vor bestimmten Schadsoftware-Attacken allgemein oder aktuell warnen. Nach stRspr bestehen im Zahlungsverkehr nur ausnahmsweise Warn- oder Hinweispflichten der Kreditinstitute zum Schutz ihrer Kunden vor drohenden Schäden.[95] Die Bank muss danach weder generell prüfen, ob die Abwicklung eines konkreten Zahlungsvorgangs Risiken für einen Beteiligten begründet, noch Kontobewegungen des Kunden ohne besondere Anhaltspunkte überwachen. Eine Warnpflicht besteht nach der Rechtsprechung erst, wenn die Bank ohne nähere Prüfung i. R. d. normalen Bearbeitung eines Zahlungsverkehrsvorgangs auf Grund einer auf massiven Verdachtsmomenten beruhenden objektiven Evidenz den Verdacht einer Veruntreuung schöpft.[96]

Kommentierung der §§ 675j bis 676c BGB: Das Recht des Kontos und des Online-Bankings

1 Die §§ 675j ff. enthalten **Rechtsgeschäftstypus übergreifende Regelungen,** die entsprechend der Phasen einer Zahlung untergliedert sind, also nach der Einleitung, Autorisierung und Ausführung unterscheiden. Sie sind auf das jeweilige Zahlungsverfahren anzuwenden.

2 Sinn und Zweck dieser Normen, die auf die vollharmonisierende PSD II zurückgehen, ist die Schaffung eines EU-weit **einheitlichen normativen Rahmens für Zahlungsdienste.** Dieser Rahmen soll EU-weit einheitliche Wettbewerbsbedingungen für die erfassten Zahlungssysteme gewährleisten[1] und so einen Binnenmarkt für diese ermöglichen.

3 Die unionsweite Harmonisierung hat beim Online-Banking insofern eine besondere Bedeutung, als die mit dem Online-Banking verbundene Loslösung von einer örtlichen Repräsentanz der Bank die grenzüberschreitende Nachfrage nach Zahlungsdienstleistungen wesentlich erleichtert. Vergleichbar mit dem Online-Handel kann dem Online-Banking damit eine Vorreiterfunktion bei der **Errichtung eines unionsweiten Binnenmarktes für Bank- und Zahlungsdienstleistungen** zukommen.

4 Bei der **Anwendung der §§ 675j bis 676c BGB auf das Online-Banking** ist zu bedenken, dass es sich beim Online-Banking nicht um einen Rechtsgeschäftstypus, wie zB der Überweisung als Zahlungsauftrag, handelt, sondern um eine spezifische Kommunikationsform, mit der verschiedene Rechtsgeschäfte vorgenommen werden. Bei der Anwen-

[95] Vgl. BGHZ 176, 281 Rn. 14 f. (bejaht dem Dritten gegenüber bei massiven Anhaltspunkten für den Verdacht, dass der Kunde bei der Teilnahme am bargeldlosen Zahlungsverkehr durch eine Straftat diesen Dritten schädigen will); BGH NJW 2012, 2422 Rn. 32.

[96] BGH NJW 2012, 2422 Rn. 32 mwN.; vgl. aber LG Düsseldorf BKR 2019, 154 (hälftiges Mitverschulden der Bank bei einer unautorisierten Anweisung und ausnahmsweiser Akzeptanz einer vermeintlichen Anweisung per Fax; fragl.); LG Karlsruhe BKR 2019, 151 (Fälschungsrisiko beim Zahlungsdienstleister bei Zahlung mit gefälschter Unterschrift; bei Vereinbarung des Erfordernisses der Originalunterschrift und Überweisungsträger mit gefälschter Unterschrift per E-Mail als PDF-Anhang muss Zahlungsdienstleister Ausführung ablehnen).

[1] Vgl. PSD II EG Nr. 1–5.

dung der §§ 675j bis 676c BGB auf das Online-Banking[2] gilt es demnach, jene Regelungsanordnungen und Besonderheiten zu identifizieren, die sich aus der elektronischen Abwicklung dieser Rechtsgeschäfte über elektronische Netze ergeben. Die Vollharmonisierung durch die PSD II hat zur Folge, dass – vorbehaltlich einer Öffnungsklausel in der Richtlinie[3] – das Recht der Zahlungsdienste auch bei seiner Anwendung auf das Online-Banking nicht zugunsten oder zulasten der Bank oder des Bankkunden von der Vorgabe im Unionsrecht abweichen darf.

Der **zeitliche Anwendungsbereich** der §§ 675j bis 676c BGB erfasst gem. Art. 229 5
§ 22 Abs. 1 EGBGB Zahlungsvorgänge ab dem 31.10.2009.[4] Vor diesem Datum besteht auch keine Verpflichtung zur richtlinienkonformen Auslegung des nationalen Rechts, denn nach ihrem Art. 94 Abs. 1 musste die Zahlungsdiensterichtlinie aF erst bis zum 1.11.2009 in das nationale Recht umgesetzt werden. Allerdings ist eine richtlinienorientierte Auslegung zuvor angezeigt, d. h. die Richtlinienvorgabe ist gewichtiges Rechtsgewinnungskriterium. Freilich ist es im Wege der richtlinienorientierten Auslegung nicht möglich, die detailreichen Regelungen der Richtlinienvorgabe, die z. T. substantiell von dem früher geltenden Recht abweichen, in das nationale Recht zu übernehmen. Eine Berücksichtigung grundlegender Wertungen der Richtlinienvorgabe ist aber möglich. Die Änderungen durch die Umsetzung der PSD II traten zum 13.1.2018 in Kraft.[5]

§ 675j Zustimmung und Widerruf der Zustimmung

(1) **[1]Ein Zahlungsvorgang ist gegenüber dem Zahler nur wirksam, wenn er diesem zugestimmt hat (Autorisierung). [2]Die Zustimmung kann entweder als Einwilligung oder, sofern zwischen dem Zahler und seinem Zahlungsdienstleister zuvor vereinbart, als Genehmigung erteilt werden. [3]Art und Weise der Zustimmung sind zwischen dem Zahler und seinem Zahlungsdienstleister zu vereinbaren. [4]Insbesondere kann vereinbart werden, dass die Zustimmung mittels eines bestimmten Zahlungsinstruments erteilt werden kann.**

(2) **[1]Die Zustimmung kann vom Zahler durch Erklärung gegenüber dem Zahlungsdienstleister so lange widerrufen werden, wie der Zahlungsauftrag widerruflich ist (§ 675p). [2]Auch die Zustimmung zur Ausführung mehrerer Zahlungsvorgänge kann mit der Folge widerrufen werden, dass jeder nachfolgende Zahlungsvorgang nicht mehr autorisiert ist.**

Übersicht

[2] Zur allg. Anwendbarkeit → Kap. 3 § 675f Rn. 3; zur Qualifikation des Online-Bankings als Zahlungsdiensterahmenvertrag näher → Kap. 3 § 675f Rn. 14.
[3] → Kap. 3 § 675e Rn. 6.
[4] So auch KG WM 2011, 493.
[5] Vgl. Art. 15 des Gesetzes zur Umsetzung der Zweiten Zahlungsdiensterichtlinie v. 17.7.2017, BGBl. I 2017, 2446.

I. Inhalt und Normzweck

1 Die Norm regelt die **Zustimmung des Zahlers zu einem Zahlungsvorgang (Autorisierung)** und den **Widerruf dieser Zustimmung.** Sie setzt Art. 64 Abs. 1, 2, 3, 4 sowie einen Teil des Art. 68 Abs. 1 PSD II um. Die Regel ist zu Lasten des Bankkunden nur im Rahmen des § 675e BGB abdingbar, zu seinen Gunsten hingegen in den Grenzen der allgemeinen Regelungen.

1a Nach der **Systematik des Zahlungsdiensterechts** ist zwischen der Erteilung eines Zahlungsauftrags und der Autorisierung des Zahlungsvorgangs sowie dem Widerruf des Zahlungsauftrags und dem Widerruf der Autorisierung des Zahlungsvorgangs zu unterscheiden. Insofern ist § 675j BGB die **Zentralregelung,**[1] der die **maßgebliche Begriffsprägung** zu entnehmen ist. Hinzu treten die §§ 675p und 675u BGB. Die Norm regelt die **Autorisierung des Zahlungsvorgangs** im Sinn von § 675f Abs. 4 S. 1 BGB, mithin die Autorisierung des tatsächlichen Geldflusses. Der Zahlungsdienstleister wird als **Rechtsfolge** ermächtigt, das Zahlungskonto mit dem resultierenden Aufwendungsersatzanspruch zu belasten, denn regelmäßig handelt es sich um den Transfer von Buchgeld vom Konto des Zahlers zum Konto des Zahlungsempfängers. Die Autorisierung des Zahlungsvorgangs ist für die Frage der Haftung und der Risikoverteilung bei dem Zahlungsvorgang entscheidend. Sofern eine Autorisierung vorliegt, erhält der Zahlungsdienstleister des Zahlers durch den Zahlungsvorgang einen Aufwendungsersatzanspruch (§§ 675, 675c, 670 BGB). Zugleich wird in § 675u S. 1 BGB ausdrücklich festgehalten, dass bei einer fehlenden Autorisierung dieser Aufwendungsersatzanspruch nicht entsteht.[2] Die Darlegungs- und Beweislast für die Autorisierung des Zahlungsvorgangs trägt in diesem Fall der Zahlungsdienstleister (vgl. auch § 675w BGB für Zahlungsvorgänge, die durch ein Zahlungsinstrument autorisiert wurden).

II. Die Autorisierung des Zahlungsvorgangs (Abs. 1)

1. Die Rechtsnatur der Autorisierung

2 Ein Zahlungsvorgang im Rahmen der Konto-Abrede, d. h. die Bereitstellung, Übermittlung oder Abhebung von Buch- oder Bargeld, also zB die Überweisung eines Betrags auf das Konto eines Dritten, ist dem Kunden gegenüber nur wirksam, wenn er diesen autorisiert hat. Ein **Zahlungsauftrag** ist der Auftrag eines Zahlers zur Ausführung eines Zahlungsvorgangs im Sinne des § 675f Abs. 4 S. 1 BGB (§ 675f Abs. 4 S. 2 BGB). Seine Wirksamkeit setzt eine Autorisierung durch den Zahler voraus; der Aufwendungsersatzanspruch des Zahlungsdienstleisters (§ 675u BGB) entsteht ebenfalls nur bei einer Autorisierung durch den Zahler. Die Autorisierung ist nach der **Legaldefinition** in Abs. 1 S. 1 die Zustimmung zum Zahlungsvorgang (näher zum Verhältnis zum Zahlungsauftrag vgl. → Kap. 3 § 675g Rn. 54). Die Rechtsnatur der Zustimmung folgt aus der systematischen Verortung des Zahlungsdiensterechts entsprechend § 684 S. 2 BGB.[3] Es handelt sich um ein **rechtsgeschäftliches Einverständnis mit dem tatsächlichen Zahlungsvorgang;**[4] die §§ 182, 184 BGB sind entsprechend anwendbar.[5] Gleiches gilt für § 675j Abs. 2 BGB (anstelle von § 183 BGB).[6]

---

1 IE auch BGH NJW 2015, 3093 (3095).
2 Zur wertstellungsneutralen Rückabwicklung einer Belastungsbuchung BGH NJW 2015, 3093 (3095).
3 Wie hier Palandt/*Sprau* § 675j Rn. 3; aA Schulze/*Schulte-Nölke* § 675j Rn. 1.
4 LG Darmstadt WM 2014, 2323 (2324); LG Aachen ZIP 2018, 1538 (1539).
5 So auch Ellenberger/Findeisen/Nobbe/*Frey* § 675j Rn. 6; krit., aber nicht überzeugend Gebauer/Wiedmann/*Schinkels* Kap. 16 Rn. 32, unter Hinweis auf Art. 64 I Zahlungsdiensterichtlinie.
6 So auch Ellenberger/Findeisen/Nobbe/*Frey* Rn. 6.

2a Die Zustimmung ist eine **einseitige empfangsbedürftige Willenserklärung,**[7] soll sie doch eine Ermächtigungswirkung entfalten. Auf diese finden die Regeln über Willenserklärungen, zB zum Zugang der Erklärung und zur Stellvertretung[8] einschließlich der Rechtsscheinvollmachten Anwendung, sofern und soweit die Stellvertretung zulässig ist und Vertretungsmacht besteht. Nach der wohl überwiegenden Ansicht sollen die Grundsätze über die Duldungs- und Anscheinsvollmacht hinsichtlich der Zustimmung iSv § 675j BGB keine Anwendung finden.[9] Dies ist (nur) insofern zutreffend, als die Tatbestände dieser Rechtsscheinvollmachten idR nicht vorliegen, da von einem Dritten bei der Verwendung der Zugangskennung des Berechtigten der Eindruck erweckt wird, der Berechtigte zu sein und gerade nicht, von diesem bevollmächtigt zu sein. Allerdings mangelt es insofern bislang an der Herausbildung eines eigenen **Rechtsscheintatbestandes beim Missbrauch von Legitimationskennzeichen.**[10] § 675v BGB steht dem nicht entgegen, allerdings kann der Haftungsmaßstab der auszudifferenzierenden Rechtsscheinhaftung mit dessen Vorgaben harmonisiert werden. Nach der Rechtsprechung[11] liegt somit das Missbrauchsrisiko grundsätzlich beim Zahlungsdienstleister.

2b Etwaige **Wirksamkeitshindernisse** können aus den §§ 104 ff., 134, 138 BGB folgen, sofern sich aus dem Recht der Zahlungsdienste, zB § 675j Abs. 2 BGB, nichts Abweichendes ergibt. Dementsprechend kann eine Autorisierung auch ausdrücklich oder konkludent erteilt werden. Sofern nach allgemeinen Regeln auf ein Erklärungsbewusstsein bei Willenserklärungen dann verzichtet wird,[12] wenn eine Erklärungsfahrlässigkeit des Erklärenden vorliegt, gelten auch diese Grundsätze bei der Autorisierung durch den Zahler. Die Anwendung der §§ 119, 123 BGB ist bekanntlich umstritten.[13] Richtigerweise sind die Widerrufsvorschriften des Zahlungsdiensterechts insofern speziell und lassen sich diese Anfechtungsgründe nicht mit dem Massenzahlungsgeschäft der Überweisung vereinbaren.[14] Dies gilt erst recht bei einer Instant-Überweisung, bei der die Geltendmachung eines Erklärungsirrtums durch den Zahler aufgrund der sofortigen Ausführung durchaus gesteigerte praktische Relevanz erlangt und in der Folge das Zahlungsgeschäft beeinträchtigen könnte.

2c Mangels abweichender Abrede ist die Bank der **Adressat** der Autorisierung. Die Autorisierung muss dem Adressaten **zugehen** (§ 130). Aus Art. 80 Abs. 1 PSD II folgt nichts anderes.[15] Das dortige Erfordernis des „Eingangs" des Zahlungsauftrags wird zum einen in der Richtlinie nicht näher in einer Weise konkretisiert, die mit dem Verständnis des Zugangs unter dem BGB nicht vereinbar wäre, zum anderen ist die Funktion jenes Begriffs rein zeitlich auf die Begrenzung des Widerrufs gerichtet, während mit dem Zugang der Autorisierung über die Verteilung des Verlust-, Verzögerungs- und Verstümmelungsrisikos entschieden wird.

---

[7] LG Darmstadt WM 2014, 2323 (2324); MüKoBGB/*Jungmann* § 675j Rn. 12; Staub/*Grundmann* BankvertragsR 3. Teil Rn. 225; Erman/*v. Westphalen* § 675j Rn. 2; aA noch MüKoBGB/*Casper,* 6. Aufl. 2012, § 675j Rn. 6 (rechtsgeschäftsähnliche Handlung); ähnlich *Köbrich* VuR 2015, 9 (11).

[8] Vgl. für einen Fall des Verdachts des evidenten Missbrauchs der elterlichen Vertretungsmacht bei der Überweisung eines höheren Betrags vom Konto des minderjährigen Kindes OLG Schleswig NJW-RR 2014, 741; ausf. *Mack* Die „rechtsscheinbare" Autorisierung von Zahlungsvorgängen 2018, 122 ff.

[9] BGH NJW 2016, 2024 (2029 f.); NJW 2015, 3093 (3095); Palandt/*Sprau* Rn. 2; MüKoHGB/*Linardatos* K Rn. 62 ff.; krit auch Ellenberger/Findeisen/Nobbe/*Frey* Rn. 6.

[10] Ausf. zu Anscheinsbeweis und Rechtsscheinhaftung beim Online-Banking *Herresthal* JZ 2017, 28; *Herresthal* K&R 2008, 705.

[11] Vgl. va BGH NJW 2015, 3093 (3095).

[12] Vgl. dazu nur *Grigoleit/Herresthal,* BGB AT, 2014, Rn. 10.

[13] Vgl. dazu allg. MüKoBGB/*Armbrüster* § 119 Rn. 22; MüKoBGB/*Jungmann* § 675p Rn. 9.

[14] Vgl. auch OLG Brandenburg NJW-RR 2018, 733 (734); AG Bonn MMR 2015, 477 (478); Palandt/*Sprau* Rn. 3; aA BankR-HdB/*Schmieder* § 49 Rn. 20; *Hellner* BuB 6/197; Zahrte BKR 2016, 315 (317); LG Bonn VuR 2015, 264; LG Köln BKR 2016, 350 (351).

[15] Gebauer/Wiedmann EuropZivilR/*Schinkels* Kap. 16 Rn. 32.

2. Arten der Autorisierung

3 Die Autorisierung kann im Voraus oder im Nachhinein erfolgen. Die Autorisierung als **vorausgehendes Einverständnis** ist eine **Einwilligung.** Paradigmatisch ist die Erteilung eines Zahlungsauftrages im Online-Banking durch Eingabe in die entsprechende Online-Banking-Maske (vgl. Ziff. 4.1. Online-Banking-Bedingungen), zB eine Online-Überweisung,[16] als Weisung gem. § 665 BGB. Gleiches gilt bei Pull-Zahlungen, bei denen der Zahlungsvorgang über den Zahlungsempfänger ausgelöst wird, da die Zustimmung zur Ausführung des Zahlungsvorgangs dann über den Zahlungsempfänger erteilt wird, ohne dass sich an der Qualifikation des Zahlers als Auslöser des Zahlungsvorgangs etwas ändert. Die Einwilligung kann auch pauschal vorab erfolgen (vgl. § 675x Abs. 1 S. 1 BGB).[17] Die erteilte Einwilligung kann durch einen Widerruf (Abs. 2 S. 1, § 675p) beseitigt werden. Das **nachfolgende Einverständnis** ist eine **Genehmigung,** wobei aber die Möglichkeit einer solchen im Voraus, d. h. vor der Erteilung der Genehmigung, individualvertraglich oder auch in AGB zwischen den Parteien vereinbart werden muss.[18] Dies erfolgt idR im Zahlungsdiensterahmenvertrag und muss zum Schutz des Zahlers grundsätzlich vor dem Zahlungsvorgang getroffen worden sein. Die Genehmigung kann dann ausdrücklich oder konkludent erteilt werden[19] und wirkt entsprechend dem Rechtsgedanken des § 184 S. 1 BGB auf den Zeitpunkt der Vornahme des Zahlungsvorganges zurück (ex tunc-Wirkung).

4 Darüber hinaus kann die Autorisierung mit oder ohne Zahlungsinstrument erfolgen. Sie kann zudem mit einer Authentifizierung geschehen sowie mit einer starken Kundenauthentifizierung.

3. Vereinbarungen über die erforderliche Art der Zustimmung (Abs. 1 S. 3, 4)

5 Die Zulassung einer **Vereinbarung über die erforderliche Art und Weise der Zustimmung** in Abs. 1 S. 3, 4 ist deklaratorisch; ihre Möglichkeit folgt bereits aus der Privatautonomie. Eine Vereinbarung der Art und Weise zwischen den Parteien kann festlegen, wie die Zustimmung des Kunden bei einem bestimmten Zahlungsinstrument erfolgt. Diese Vereinbarung ist individualvertraglich und in AGB möglich;[20] die Kontrolle einer klauselmäßigen Abrede gem. §§ 305 ff. BGB ist möglich, da § 675j Abs. 1 BGB insoweit keine spezielle Regelung enthält.[21] Insbesondere kann vereinbart werden, dass die Genehmigung auch stillschweigend oder umgekehrt nur ausdrücklich oder nur in einer bestimmten Form erteilt werden kann. Auch Genehmigungsfiktionen können vereinbart werden. Insbesondere im B2B-Bereich finden sich entsprechende Vereinbarungen, zB dahingehend, dass per Fax oder E-Mail übermittelte Zahlungsvorgänge als autorisiert gelten sollen.[22] Nach Abs. 1 S. 4 kann auch eine Zustimmung mittels eines bestimmten Zahlungsinstruments vereinbart werden. Die klarstellende Regelung[23] zeigt, dass die Zustimmung des Zahlers auch durch Boten, mithin die in der Zahlungskette beteiligten weiteren Personen, übermittelt werden kann. So wird zB bei der Debitkarte die Autorisierung über den Vertragshändler und zwischengeschaltete Dienstleister an die kartenausgebende Bank geleitet.

---

[16] Details dazu oben in Kap. 1.

[17] S. a. *Grundmann* WM 2009, 1157 (1158) (Einwilligung ohne genaue Betragsangabe).

[18] Vgl. zur Zulässigkeit klauselmäßiger Abreden auch *Laitenberger* NJW 2010, 192 (193). Die von BeckOK BGB/*Schmalenbach* § 675j Rn. 7 vorgeschlagene, nicht überzeugende „teleologische Aufhebung der Norm" müsste auch auf die Richtlinienvorgabe angewandt werden; sie widerspricht indes dem eindeutigen Willen des Sekundärrechtsgesetzgebers.

[19] Zu letzterem vgl. BGH NJW 2011, 2499; ausf. oben in Kap. 2.

[20] Begr. RegE BT-Drs. 16/11643, 106.

[21] Begr. RegE BT-Drs. 16/11643, 104.

[22] Für ein Bsp aus der Praxis LG Karlsruhe BKR 2019, 151; LG Heilbronn BeckRS 2015, 17463.

[23] Begr. RegE BT-Drs. 16/11643, 106.

Sofern die Parteien keine besondere Vereinbarung über die Art und Weise der Autorisierung getroffen haben, gelten die allgemeinen Grundsätze für rechtgeschäftliche Erklärungen. Sie kann daher ausdrücklich und konkludent erfolgen. Vorbehaltlich abweichender Vereinbarungen gelten mangels entsprechender Vorgaben in der PSD II bzw. im nationalen Recht der Zahlungsdienste die allgemeinen Regeln der nationalen Rechtsgeschäftslehre subsidiär. Nach diesen kann die Zustimmung gerade auch **formlos und konkludent** erteilt werden. Die Bank hat dem Kunden die **vereinbarte Art und Weise mitzuteilen** (Art 248 § 4 Abs. 1 Nr. 2 lit. c EGBGB). **5a**

Die **Zustimmung** hat in der **vereinbarten Art und Weise** zu erfolgen, sofern eine solche Vereinbarung besteht. Sie kann der Bank des Zahlers direkt und bei entsprechender Vereinbarung auch indirekt über den Zahlungsempfänger bzw. dessen Bank übermittelt werden. Paradigmatisch ist die schriftliche Zustimmung des Kunden unter Nutzung des Bankformulars. Beim Einzugsermächtigungsverfahren gilt die Genehmigung sechs Wochen nach Rechnungsabschluss als stillschweigend erteilt (vgl. Ziff. 2.4 Bedingungen für Zahlungen mittels Lastschrift im Einzugsermächtigungsverfahren). Die Genehmigung kann stillschweigend nach Mitteilung der Kontoauszüge als erteilt gelten.[24] Beim Online-Banking ist die Zustimmung im Wege der elektronischen Kommunikation unter Verwendung eines Zahlungsinstruments zu erklären, zB die Einwilligung in einen Zahlungsvorgang (Überweisung, SEPA-Lastschrift, Abbuchungsauftragsverfahren) unter Verwendung von PIN/TAN. **6**

Praktische Bedeutung haben Konstellationen erlangt, in denen beim Smart-TAN-Verfahren bzw. beim Einsatz von TAN-Generatoren mittels eines **Man-in-the middle-Angriffs** (→ Rn. 64) die vom Kunden eingegebenen **Daten des Zahlungsauftrags verändert** werden (zB verfälschte Überweisungsdaten) und der Kunde die veränderten, vom TAN-Generator wiedergegebenen Daten nicht wahrgenommen hatte, bevor er die übermittelte TAN eingegeben hat. Teilweise wird in diesen Konstellationen ein Erklärungsirrtum bejaht und eine (irrtumsbehaftete) Zustimmung des Kunden angenommen,[25] teilweise wird eine Haftung des Kunden nach Rechtsscheingrundsätzen entsprechend den Rechtsscheinvollmachten bejaht.[26] Richtigerweise ist zu unterscheiden: Sofern der Kunde die Freigabe des Zahlungsauftrags unmittelbar auf der Homepage der Bank vornimmt, liegt eine irrtumsbehaftete Zustimmung des Kunden vor. Allerdings ist für die Regeln der Anfechtung insofern kein Raum (→ Rn. 66a). Sofern hingegen auch die Bestätigungs-TAN über die Homepage des Angreifers geleitet und von diesem an die Bank weitergeleitet wird, ist ein Rückgriff auf die Grundsätze der Rechtsscheinhaftung beim Missbrauch von Legitimationskennzeichen geboten (→ Rn. 2a). **6a**

Sofern hingegen im Rahmen eines **Social Engineering Trojaners** (→ Rn. 66a) der Kunde zu einer Überweisung veranlasst wird, liegt i. d. R. eine wirksame, wenngleich mit einem Motivirrtum behaftete Zustimmung zur konkreten Überweisung vor.[27] **6b**

Der Kunde muss **zustimmungsberechtigt** sein, d. h. über das Konto verfügen dürfen bzw. muss im Rahmen des Online-Bankings nutzungs- und verfügungsberechtigt sein. Hieran mangelt es u. a. beim Zugriff nur eines einzelnen Kunden auf ein Und-Konto mit mehreren nur gemeinsam Verfügungsberechtigten. **7**

Rechtsfolge der Autorisierung ist die Berechtigung der Bank, den Aufwendungsersatzanspruch (§§ 675, 675c, 670 BGB) durchzusetzen (vgl. § 675u S. 1 BGB). Die Bank kann daher das Zahlungskonto mit dem resultierenden Aufwendungsersatzanspruch belasten. **7a**

---

[24] Dazu auch → Kap. 4 Rn. 19 f.

[25] Vgl. AG Bonn MMR 2015, 477.

[26] So LG Darmstadt WM 2014, 2323 (2326) = ZIP 2014, 1972 (entsprechende Anwendung der Regeln der Anscheinsvollmacht); krit. dazu *Linardatos* BKR 2015, 96, wobei indes die von diesem vertretene umfassende Verdrängung der Rechtsscheingrundsätze durch die §§ 675c ff. BGB nicht zu überzeugen vermag.

[27] Vgl. AG Köln BKR 2013, 482 (483) = ZIP 2014, 367 (wirksame Autorisierung der Überweisung).

8 Beim **Fehlen der wirksamen Zustimmung** muss der Bankkunde den Zahlungsvorgang nicht gegen sich gelten lassen. Seine Rechte folgen aus § 675u BGB (Haftung der Bank bis zur Grenze des § 676b Abs. 2 BGB).

III. Die Qualifikation als Zahlungsinstrument

9 Nach § 675c Abs. 3 BGB sind die Definition des ZAG für das BGB maßgeblich. Danach ist das Zahlungsinstrument in § 1 Abs. 20 ZAG, die Authentifizierung in § 1 Abs. 23 ZAG und die starke Kundenauthentifizierung in § 1 Abs. 24 ZAG sowie die personalisierten Sicherheitsmerkmale in § 1 Abs. 25 ZAG legal definiert. Ein **Zahlungs*instrument*** (vgl. Abs. 1 S. 4) ist danach „jedes personalisierte Instrument oder Verfahren, dessen Verwendung zwischen dem Zahlungsdienstnutzer und dem Zahlungsdienstleister vereinbart wurde und das zur Erteilung eines Zahlungsauftrags verwendet wird". Der frühere Begriff „Zahlungsauthentifizierungsinstrument" wurde mit Umsetzung der PSD II ersetzt, womit sich im Wesentlichen nur eine terminologische Änderung verbindet. Entscheidend für die Qualifizierung eines Mediums ist die konkrete Verwendung, mithin ob bei dieser ein personalisiertes Sicherheitsmerkmal eingesetzt wird. Nunmehr ist zwischen dem Zahlungsinstrument und der **Authentifizierung** zu unterscheiden. Der Zahlungsvorgang kann durch ein Zahlungsinstrument autorisiert werden, ohne dass er zugleich authentifiziert wird. Die Authentifizierung ist nach § 1 Abs. 23 ZAG ein Verfahren, mit dessen Hilfe der Zahlungsdienstleister die Identität eines Zahlungsdienstnutzers oder die berechtigte Verwendung eines bestimmten Zahlungsinstruments, einschließlich der Verwendung der personalisierten Sicherheitsmerkmale des Nutzers, überprüfen kann.[28] Diese ist auf eine nachprüfbare Zuordnung der Willenserklärung zu einem konkreten Zahler gerichtet, so dass eine höhere Gewähr dafür besteht, dass der konkrete Zahler den Zahlungsvorgang autorisiert hat. Die **starke Kundenauthentifizierung** setzt nach § 1 Abs. 24 ZAG eine bestimmte Authentifizierung voraus, d. h. es müssen mindestens zwei der voneinander unabhängigen Elemente „Wissen", „Besitz" und „Inhärenz" verwendet werden. Die Gewährleistung für eine Autorisierung durch den Zahler ist hier am höchsten.

10 Die **personalisierten Sicherheitsmerkmale** werden nur teilweise konkretisiert. Personalisierte Sicherheitsmerkmale sind in § 1 Abs. 25 ZAG legal definiert. Es handelt sich danach um personalisierte Merkmale, die der Zahlungsdienstleister einem Zahlungsdienstenutzer zum Zwecke der Authentifizierung bereitstellt. Die Delegierte VO (EU) 2018/389 setzt den Begriff der personalisierten Sicherheitsmerkmale voraus. Die Materialien zu § 1 Abs. 25 ZAG sind für eine Konkretisierung wenig ergiebig. Die Gesetzesmaterialien zu § 1 Abs. 5 ZAG a. F.[29] führten Beispiele auf. Zu diesen zählten die **PIN und die TAN im Online Banking.** Damit sind nicht alle personenbezogenen Daten (zB Kontonummer), sondern nur solche Merkmale erfasst, die eine Authentifizierung ermöglichen, namentlich PIN und TAN.[30] Es handelt sich um personalisierte Merkmale, deren Verwendung aufgrund ihrer Kenntnis bzw. Verwendbarkeit nur durch den Inhaber mit hinreichender Sicherheit auf dessen Handeln schließen lassen. Demnach sind personalisierte Sicherheitsmerkmale solche, die geheim sind oder nicht reproduziert werden können.[31] Diese Voraussetzungen erfüllen jedenfalls nur dem konkreten Kunden bekannte, weil vom Zahlungsdienstleister nur ihm mitgeteilte, Datenschlüssel, Codes oder Zeichenfolgen.[32] Die Berechtigung des Inhabers wird aber auch durch weitere personalisierte Legitimationskennzeichen signalisiert, das gewichtigste im Rechtsverkehr ist die **Unterschrift.** Hinzu treten biome-

[28] Vgl. zur Funktion der Authentifizierung schon Begr. RegE BT-Drs. 16/11613, 36; krit. *Oechsler* WM 2010, 1381.
[29] Begr. RegE BT-Drs. 16/11613, 36, s. a. BGH NJW 2017, 3222 (3224); LG Kiel BeckRS 2018, 12792.
[30] Begr. RegE BT-Drs. 16/11643, 106.
[31] Vgl. schon *Scheibengruber* BKR 2010, 15 (17).
[32] Vgl. nur Ellenberger/Findeisen/Nobbe/*Findeisen* § 1 ZAG Rn. 411; Palandt/*Sprau* § 675j Rn. 7.

trische Merkmale wie der Fingerabdruck.[33] Die Fälschungsmöglichkeit, zB der Unterschrift, steht dieser Qualifikation nicht entgegen, entspricht die Qualifikation der Unterschrift als Legitimationskennzeichen doch nachgerade dem Kern des Bürgerlichen Rechts, das die Unterschrift als primäres Mittel zur Gewährleistung der Identifikation anerkennt. Diese Grundwertung des BGB hat auch im Zahlungsdiensterecht Bestand. Die Gegenansicht, nach der personalisierte Sicherheitsmerkmale geeignet und bestimmt sein müssen, geheim gehalten zu werden, und daher die Unterschrift als ein solches Merkmal ausscheide, vermag daher nicht zu überzeugen.[34]

Paradigmatisch für personalisierte Sicherheitsmerkmale sind beim **Online-Banking** die 11
von der Bank dem Kunden zugeteilten und nur diesem bekannten PIN und TAN (vgl. Ziff. 2.2 Online-Banking-Bedingungen),[35] eine etwaige elektronische Signatur sowie individuelle Kenn- und Passwörter.[36] Die Unterschrift unter schriftliche Weisungen im Rahmen der **Konto-Abrede** zählt nach dem Vorstehenden (→ Rn. 10) ebenfalls hierzu.[37]

Zwischen Bank und Kunde muss eine **Vereinbarung über die Nutzung des Instruments** geschlossen werden.[38] In der Folge haben die Bank und der Kunde besondere Pflichten nach den §§ 675k–m BGB, der Zahlungsempfänger nach Art. 248 § 17 EGBGB. Dritte haben die Pflicht aus Art. 248 § 18 EGBGB. Haftungs- und beweisrechtlich sind die §§ 675k, 675w BGB einschlägig. 12

IV. Der Widerruf der Zustimmung (Abs. 2)

Die **Zustimmung** (Autorisierung) zu einem Zahlungsvorgang im Rahmen der Konto- 12a
abrede (Dauerauftrag, SEPA-Lastschrift, Abbuchungsauftragsverfahren[39]) ist (nur) dem Normtext nach **grundsätzlich widerruflich** (S. 1). Hinsichtlich der Normkonkurrenz ist § 675j *lex specialis* zum Widerruf nach § 183 BGB. Etwas anderes gilt, wenn die Zustimmung in einer unmittelbar der Bank gegenüber erklärten Genehmigung liegt (vgl. zur Unwiderruflichkeit § 675x Abs. 3, 6 BGB). Auch die Anfechtung der Zustimmung gem. §§ 119, 120, 123 BGB ist durch § 675j BGB verdrängt (→ Kap. 3 § 675j Rn. 2b).[40] Dies folgt schon daraus, dass § 675j BGB mit dem Widerruf eine grund- und begründungslose Möglichkeit zur Beseitigung der Autorisierung bereitstellt, diese aber einer festen zeitlichen Grenze unterwirft. Eine Anwendung der §§ 119 ff. ließe diese – zeitlich kurz bemessene (vgl. Rn. 13) – Möglichkeit weitgehend leerlaufen. In die gleiche Richtung weist eine richtlinienkonforme Auslegung. Denn Art. 80 PSD II will einen Eingriff in den autorisierten und damit ausgelösten Zahlungsvorgang weitestgehend verhindern. Die nationale Qualifikation dieses Eingriffs als Rücktritt, Widerruf oder Anfechtung ist insoweit gleichgültig.

Der **Widerruf** ist eine Willenserklärung des Kunden, die an die Bank zu richten ist; die 13
allgemeinen Regeln über Willenserklärungen, zB zum Zugang, finden Anwendung. Dieser Widerruf ist **formfrei,** soweit nichts anderes vereinbart wurde (s. a. Art. 248 § 4 Abs. 1 Nr. 2 lit. c EGBGB). Er kann beim Online-Banking ebenfalls elektronisch erfolgen. Es ist aber nicht erforderlich, dass er auf dem gleichen Kommunikationsweg wie die ursprüngliche Erklärung erfolgt. **Zeitliche Grenze** ist die Unwiderruflichkeit des Zahlungsauftrages

[33] Tendenziell mit einem weiten Verständnis wie hier MüKoBGB/*Jungmann* § 675j Rn. 42 f.
[34] So aber *Hofmann* BKR 2018, 62 (65); Palandt/*Sprau* Rn. 7; BeckOK BGB/*Schmalenbach* 675j Rn. 3.
[35] Vgl. RegE ZAG BT-Drs. 16/11613, 36.
[36] So auch Palandt/*Sprau* § 675j Rn. 6; Schulze/*Schulte-Nölke* § 675m Rn. 1.
[37] So die ganz hM MüKoBGB/*Jungmann* § 675j Rn. 43; *Scheibengruber* BKR 2010, 15 (17); Ellenberger/Findeisen/Nobbe/*Frey* § 675l Rn. 5; Staudinger/*Omlor* § 675v Rn. 4; *Linardatos* Das Haftungssystem im bargeldlosen Zahlungsverkehr nach Umsetzung der Zahlungsdiensterichtlinie 2013, S. 317 f.; aA *Hofmann* BKR 2014, 105 (107 f.); unentschieden Palandt/*Sprau* § 675j Rn. 7.
[38] Zu einer solchen vgl. Ziff. 2 Online-Banking-Bedingungen.
[39] Vgl. zu diesen → Kap. 4 Rn. 4.
[40] Wie hier AG Bonn MMR 2015, 477 f. (zu § 119 Abs. 1 BGB); MüKoBGB/*Jungmann* § 675p Rn. 9 (zu § 119 Abs. 1 BGB).

mit Zugang beim Zahlungsdienstleister nach § 675p BGB. Im Kern parallelisiert die Norm daher die Widerruflichkeit der Zustimmung durch den Kunden mit der **grundsätzlichen Unwiderruflichkeit des Zahlungsauftrages** (§ 675p BGB). In der Folge ist **materiell** die Widerruflichkeit der Zustimmung **weitgehend beschränkt (Grundsatz der Unwiderruflichkeit).** Dies entspricht dem Ziel der besonderen Schnelligkeit der modernen Bezahlverfahren.[41] Die Konstellationen, in denen auch die Zustimmung längere Zeit widerruflich ist, folgen somit mittelbar aus § 675p BGB.

14 Als **Rechtsfolge des Widerrufs** fehlt dem Zahlungsdienstleister ex tunc die Berechtigung zur Vornahme des Zahlungsvorganges im Rahmen der Konto-Abrede und damit auch die Grundlage für den Erstattungsanspruch nach § 675u S. 1 BGB gegen den Kunden.[42] Im Falle einer Zustimmung zu mehreren Zahlungsvorgängen im Zuge der Konto-Abrede (zB Einrichtung eines Dauerauftrages) wirkt der Widerruf ggf. nur für die zukünftigen Zahlungsvorgänge.[43] Nach § 675p Abs. 2 S. 1 BGB ist die Zustimmung für die zukünftigen Zahlungsvorgänge, also bei Zugang des Widerrufs noch nicht ausgeführte Vorgänge, widerruflich.

15 Die **Sonderregel in Abs. 2 S. 2** erfasst Konstellationen, in denen sich eine **Autorisierung** antizipiert auf eine **Vielzahl von Zahlungsvorgängen** erstreckt, denn in diesen Fällen ist Zahlungsauftrag auf eine Vielzahl von Zahlungsvorgängen gerichtet. Mehrere Zahlungsvorgänge setzen mindestens zwei Zahlungsvorgänge voraus. Die Norm hat v. a. Bedeutung bei Daueraufträgen und SEPA-Lastschriften, wenn diese auf mehrere Zahlungsvorgänge gerichtet sind.[44] Die Norm betrifft den Widerruf der Autorisierung dieser Zahlungsvorgänge, die zB im Dauerauftrag enthalten sind. Im Ausgangspunkt hat die Norm eine Klarstellungsfunktion. Danach können auch jene Zustimmungen zu Zahlungsvorgängen, die für die Zukunft erteilt werden, durch eine einzige Erklärung des Zahlers widerrufen werden. Ob der Zahler nur eine oder alle für die Zukunft erteilten Zustimmungen zu Zahlungsvorgängen mit seiner Erklärung widerrufen möchte, ist eine Frage der Auslegung gemäß §§ 133, 157 BGB. Darüber hinaus ist der Norm eine **(widerlegliche) Vermutungsregel** dahingehend zu entnehmen, dass der Zahler mit dem Widerruf der zukünftigen Zahlungsvorgänge nicht nur den folgenden, sondern alle zukünftigen Zahlungsvorgänge widerruft. Dies folgt schon aus dem Wortlaut der Norm, die auf den (einzelnen) Widerruf abstellt, dessen Folgen aber auf alle zukünftigen Zahlungsvorgänge erstreckt. Auch entspricht diese Vermutung dem regelmäßigen Willen des Zahlers. Darüber hinaus ist ihm unschwer möglich, einen abweichenden Willen (Widerruf nur das folgenden Zahlungsauftrags) hinreichend deutlich kundzutun. Sofern zum Zeitpunkt des Widerrufs bereits der nächste Zahlungsauftrag unwiderruflich ist, erstreckt die Vermutungsregel den Widerruf auf alle noch widerruflichen Zahlungsvorgänge.

§ 675k Begrenzung der Nutzung eines Zahlungsinstruments; Verweigerung des Zugangs zum Zahlungskonto

(1) **In Fällen, in denen die Zustimmung mittels eines Zahlungsinstruments erteilt wird, können der Zahler und der Zahlungsdienstleister Betragsobergrenzen für die Nutzung dieses Zahlungsinstruments vereinbaren.**

(2) [1] **Zahler und Zahlungsdienstleister können vereinbaren, dass der Zahlungsdienstleister das Recht hat, ein Zahlungsinstrument zu sperren, wenn**

1. sachliche Gründe im Zusammenhang mit der Sicherheit des Zahlungsinstruments dies rechtfertigen,

---

[41] Vgl. jüngst zu SEPA-Echtzeitüberweisungen *Herresthal* ZIP 2019, 895 (901).
[42] Ausf. dazu Kap. 1; zu einem Anwendungsfall BGH NJW 2010, 1546 Rn. 19.
[43] Vgl. nur Begr. RegE, BT-Drs. 16/11643 106.
[44] Vgl. daher → Kap. 3 § 675j Rn. 12a, → Kap. 4 § 675j Rn. 27.

2. der Verdacht einer nicht autorisierten oder einer betrügerischen Verwendung des Zahlungsinstruments besteht oder
3. bei einem Zahlungsinstrument mit Kreditgewährung ein wesentlich erhöhtes Risiko besteht, dass der Zahler seiner Zahlungspflicht nicht nachkommen kann.

[2]In diesem Fall ist der Zahlungsdienstleister verpflichtet, den Zahler über die Sperrung des Zahlungsinstruments möglichst vor, spätestens jedoch unverzüglich nach der Sperrung zu unterrichten. [3]In der Unterrichtung sind die Gründe für die Sperrung anzugeben. [4]Die Angabe von Gründen darf unterbleiben, soweit der Zahlungsdienstleister hierdurch gegen gesetzliche Verpflichtungen verstoßen würde. [5]Der Zahlungsdienstleister ist verpflichtet, das Zahlungsinstrument zu entsperren oder dieses durch ein neues Zahlungsinstrument zu ersetzen, wenn die Gründe für die Sperrung nicht mehr gegeben sind. [6]Der Zahlungsdienstnutzer ist über eine Entsperrung unverzüglich zu unterrichten.

(3) [1]Hat der kontoführende Zahlungsdienstleister einem Zahlungsauslöse- oder Kontoinformationsdienstleister den Zugang zum Zahlungskonto des Zahlungsdienstnutzers verweigert, ist er verpflichtet, den Zahlungsdienstnutzer in einer im Zahlungsdiensterahmenvertrag zu vereinbarenden Form über die Gründe zu unterrichten. [2]Die Unterrichtung muss möglichst vor, spätestens jedoch unverzüglich nach der Verweigerung des Zugangs erfolgen. [3]Die Angabe von Gründen darf unterbleiben, soweit der kontoführende Zahlungsdienstleister hierdurch gegen gesetzliche Verpflichtungen verstoßen würde.

Übersicht

I. Inhalt und Normzweck der Regelung

In Umsetzung von Art. 68 PSD II regelt die Norm die **Nutzung des Zahlungsinstruments**[1] **va hinsichtlich vereinbarter Nutzungsgrenzen.** Die Norm ist halbzwingend (ausf. → Rn. 20 ff.) und erfuhr bei der Umsetzung der PSD II im Jahr 2018 nur sprachliche Anpassungen sowie die Einfügung des Abs. 3. Die Begrenzung der Nutzung zielt insbesondere auf die Einschränkung der Missbrauchsmöglichkeiten Dritter.[2] Dies schützt den Zahlungsdienstleister, der bei einem nicht autorisierten Zahlungsvorgang kein Anspruch gegen den Zahlungsdienstnutzer hat (§ 675u S. 1 BGB). Nachdem der Zahler gem. § 675v BGB für eine unrechtmäßige Nutzung des Zahlungsinstruments haftet, dient die Betragsobergrenze auch seinem Schutz, da diese Haftung im Missbrauchsfall auf die vereinbarte Betragsobergrenze begrenzt ist. Zudem werden die Anforderungen an eine Sperre des Zahlungsinstruments durch die Bank (Abs. 2) und die Pflicht zur Entsperrung beim Wegfall der Gründe für die Sperre (Abs. 2 S. 5) geregelt. Die Norm erfasst Zahlungsvorgänge, die 1

[1] Zu diesem → Kap. 3 § 675j Rn. 5.
[2] Begr. RegE BT-Drs. 16/11643, 10.

mit einem Zahlungsinstrument autorisiert werden, wobei gleichgültig ist, ob die Autorisierung als Authentifizierung bzw. starke Kundenauthentifizierung erfolgt ist.

2 Diese Nutzungsgrenzen werden idR im Rahmen des Zahlungsdiensterahmenvertrags vereinbart, ua. in der Online-Banking-Abrede. Die **Online-Banking-Bedingungen** sind AGB[3] und daher unwirksam, sofern sie zu Lasten des Kunden von dieser Norm abweichen. Sofern die Online-Banking-Bedingungen den Normtext wiedergeben, sind sie – mangels abweichender Anhaltspunkte im Einzelfall – entsprechend der Auslegung des Normtextes zu verstehen. Hierfür sprechen der Zweck einer solchen deklaratorischen Wiedergabe des Gesetzestextes, die erforderliche (§ 675k Abs. 2 BGB) Vereinbarung der Gründe für eine Sperre des Online-Bankings und die Verhinderung einer etwaigen Unwirksamkeit einer zu Lasten des Kunden vom Normtext abweichenden Formulierung. Zugleich werden etwaige Informationspflichten durch die AGB erfüllt.

II. Die Vereinbarung von Betragsobergrenzen (Abs. 1)

3 Die Parteien können **Betragsobergrenzen** für die Nutzung eines Zahlungsinstruments **vereinbaren.** Dies wirkt sich aus, wenn die Zustimmung des Kunden mittels eines Zahlungsinstruments erfolgt. Die Parteien können die **Art der Begrenzung und Höhe der Grenze** vereinbaren. Möglich sind u. a. Obergrenzen für ein bestimmtes Instrument (zB maximal 1000,- € pro online-Überweisung) und seine Nutzung, auch nach der Art der Nutzung differierend (Nutzung im Inland, Nutzung im Ausland), Betragsobergrenzen für Zahlungsaufträge innerhalb eines bestimmten Zeitraumes (zB maximal 1500,- € pro Tag) sowie eine Kombination beider.[4] Die Regelung ist deklaratorisch, denn den Parteien steht nach § 311 Abs. 1 ohnehin frei, privatautonom eine solche Abrede zu treffen; die Bank hat aber eine **Informationspflicht** hinsichtlich der Möglichkeit einer solchen Vereinbarung (Art. 248 § 4 Abs. 1 Nr. 2 lit. f EGBGB). Der Vorschrift kommt allerdings ein eigenständiger Regelungsgehalt insofern zu, als die Art der Regelung durch die Parteien nicht auf Individualabreden beschränkt wird. Folglich ist eine solche Vereinbarung von Betragsgrenzen auch in AGB möglich[5] und stellt als solche keine unangemessene Benachteiligung des Kunden dar.

4 Im **Online-Banking** betrifft eine solche Abrede über eine **Betragsobergrenze** das PIN/TAN-Verfahren sowie die digitale Signatur als Zahlungsinstrumente. Die Parteien können eine Obergrenze für den Zahlungsbetrag (§ 675q Abs. 1 BGB) oder eine Summe der Beträge vereinbaren, die mit der PIN/TAN autorisiert werden können (Ziff. 1 II S. 1 Online-Banking-Bedingungen). Dabei kann es sich um ein periodisches Limit (zB Tageslimit), ein Limit pro Transaktion per PIN/TAN oder eine grundsätzliche Beschränkung des Online-Bankings mit PIN/TAN durch eine Obergrenze handeln. Ziel einer solchen Abrede ist, das Missbrauchsrisiko für beide Seiten hierdurch zu begrenzen. Möglich ist auch, das Kontoguthaben und einen eingeräumten Kredit als finanzielle (kontobezogene) Nutzungsgrenze zu vereinbaren.[6] Zu den Betragsobergrenzen im Sinne der Norm zählen auch **individuelle Transaktionslimits,** d. h. Vereinbarungen, wonach der Kunde im Rahmen des ihm eingeräumten Verfügungsrahmens die Betragsobergrenze nach der vertraglichen Abrede *selbst* festlegen kann, zB Modifikation der Betragsobergrenze durch den Kunden beim Onlinebanking durch PIN/TAN innerhalb eines vertraglich festgelegten Rahmen.[7] Hiervon abzugrenzen sind sog. **finanzielle Nutzungsgrenzen** („Verfügungsrahmen"; „Dispositionsrahmen"; s. a. Art. 69 Abs. 1 lit. a PSD II). Diese werden typischer-

---

[3] Vgl. dazu → Vorb. Kap. 3 Rn. 52 ff.

[4] In der Praxis häufig sind Tageslimits, vgl. Palandt/*Sprau* § 675k Rn. 2.

[5] Wie hier Palandt/*Sprau* § 675k Rn. 2.

[6] Bei einer Vereinbarung der Sperre resultiert hieraus auch eine vertragliche Pflicht in der Online-Banking-Abrede, sofern der Kunde nicht nur über das Konto im Rahmen der Deckung bzw. eines Kredits verfügt (vgl. Nr. 1 III Online-Banking-Bedingungen).

[7] Zustimmend MüKoBGB/*Jungmann* § 675k Rn. 14.

weise im Emissionsvertrag bei der Debit- bzw. Kreditkarte festgelegt. Sie sind aber nicht auf diese Zahlungsinstrumente beschränkt. Inhaltlich wird der Zahler (Karteninhaber) hierdurch verpflichtet, nur im Rahmen des Kontoguthabens bzw. der Kreditlinie das Zahlungsinstrument einzusetzen. Diese finanziellen Nutzungsgrenzen fallen nicht in den Anwendungsbereich des § 675k BGB.

Sofern der **Zahlungsdienstnutzer** eine Zahlungsvorgang autorisiert und dabei, gleich aus welchem Grund, die **vereinbarte Betragsobergrenze überschritten** wird, steht dem Zahlungsdienstleister der Aufwendungsersatz in *voller* Höhe zu.[8] Dies folgt schon aus dem Zweck der Regelung, die den Zahlungsdienstenutzer nur, aber immerhin, durch die Betragsgrenzen beim Missbrauch des Zahlungsinstruments schützen soll (→ Rn. 1). Es ist kein sachlich-rechtfertigender Grund ersichtlich, den Zahlungsdienstnutzer, der zB aufgrund einer technischen Störung, beim Online Banking einen Zahlungsvorgang autorisierten kann, der das vereinbarte Betragslimit überschreitet, von einem Aufwendungsersatzanspruch ganz oder nur hinsichtlich der die grenzüberschreitende Höhe freizustellen oder den Zahlungsdienstleister insoweit nur auf gesetzliche Ansprüche zu verweisen.[9] Dies gilt auch, wenn der Grund der Möglichkeit zur Betragsüberschreitung in die Sphäre des Zahlungsdienstleisters fällt (zB ein technischer Defekt), denn der Zahlungsdienstenutzer hat den entsprechenden Zahlungsvorgang gleichwohl autorisiert und zwar im Widerspruch zur vertraglich vereinbarten Höhe. Etwas anderes gilt im Missbrauchsfall. Sofern einem Dritten beim missbräuchlichen Einsatz des Zahlungsinstruments gelingt, die vereinbarte Obergrenze zu überschreiten, folgt aus § 675v iVm § 675k Abs. 1, dass der Zahlungsdienstenutzer insofern nicht haftet. 4a

III. Der Einsatz von Zugangssperren (Abs. 2 S. 1–4)

1. Die Zulässigkeit einer Zugangssperre

a) Die vertragliche Grundlage. Die Norm regelt die **Voraussetzungen und zulässigen Konstellationen einer *einseitigen* Sperre durch den Zahlungsdienstleister.** Die Sperrung ist eine einseitige Maßnahme des Zahlungsdienstleisters, aufgrund derer das Zahlungsinstruments vom Zahlungsdienstnutzer nicht mehr zur Auslösung eines Zahlungsvorgangs genutzt werden kann. Der nur vorübergehende Ausschluss der Möglichkeit, das Zahlungsinstruments zu nutzen, weil die vereinbarten Betragsobergrenzen erreicht sind, zB das vereinbarte Tageslimit beim Online Banking, fällt nicht hierunter. Auf eine Sperre durch den Zahlungsdienstnutzer ist die Norm nicht anwendbar (→ Rn. 4). Die Verpflichtung, die Bedingungen der Sperrung durch den Zahlungsdienstleister dem Kunden mitzuteilen (Art. 248 § 4 Abs. 1 Nr. 5 lit. c EGBGB), dient (nur) der Erhöhung der Transparenz, da ohnehin eine vertragliche Vereinbarung dieser Bedingungen erforderlich ist. Beim **Online-Banking** wird im Falle einer Sperre die Auslösung von Zahlungsvorgängen mittels PIN/TAN bzw. digitaler Signatur von der Bank technisch verhindert (zur Sperre des Zugangs vgl. Ziff. 3 Online-Banking-Bedingungen). Nach der Rechtsprechung[10] darf für die Sperrung des Zahlungsinstruments als solche vom Zahlung Dienstleister **kein Entgelt** verlangt werden; eine entsprechende (klauselmäßige) Abrede ist unwirksam. Dies wird damit begründet, dass ein solcher Entgelttatbestand den Zahler von der Befolgung seiner Anzeigepflicht aus § 675l Abs. 1 S. 2 BGB abhalten könnte, die zudem ohne Entgelt möglich sein muss (§ 675m Abs. 1 S. 1 Nr. 4 BGB). Allerdings kann ein Entgelt für den Ersatz eines Zahlungsinstruments vereinbart werden (→ Kap. 3 § 675l Rn. 24 ff.). 5

---

[8] Wie hier Baumbach/Hopt/*Hopt* BankGesch. Rn. F/5; MüKoBGB/*Jungmann* § 675k Rn. 9; aA MüKoHGB/*Linardatos* G Rn. 194; BeckOGK/*Köndgen* § 675k Rn. 7.

[9] So Staudinger/*Omlor*, 2012, § 675k Rn. 4.

[10] OLG Frankfurt BeckRS 2016, 06051; OLG Düsseldorf ZIP 2012, 1748.

6 Unabhängig von den Voraussetzungen des § 675k BGB ist eine **einvernehmliche Sperre** aufgrund einer rechtsgeschäftlichen Abrede stets möglich, so zB wenn der Kunde um die Sperre seines Online-Zugangs nachsucht, da er dessen Missbrauch durch Dritte (zB frühere Mitarbeiter) befürchtet (vgl. zur Sperranzeige auch die Online-Banking-Bedingungen Nr. 9.1 iVm Nr. 8.1).

7 Ebenfalls zulässig ist eine Sperre durch die Bank wegen **Entfallens der vertraglichen Grundlagen,** zB im Falle der Kündigung der Online-Banking-Abrede.[11] Daher verstößt Nr. 9.2 I Alt. 1 Online-Banking-Bedingungen nicht gegen § 675k Abs. 2 BGB. Vielmehr ist die Sperre des Zugangs bei einem Recht zur Kündigung aus wichtigem Grund als konkludente Kündigung des Rahmenvertrages aus wichtigem Grund auszulegen, wenn und soweit die Form des § 675h Abs. 2 BGB gewahrt ist.[12] Mit dieser Kündigung entfällt die Online-Banking-Abrede als vertragliche Grundlage. Es ist kein sachlich-rechtfertigender Grund ersichtlich, bei Vorliegen eines wichtigen Grundes eine ausdrückliche Kündigung zu verlangen.

7a Sofern die Bank durch den **Zahlungsvorgang gegen eine gesetzliche Pflicht verstoßen** würde, ist ebenfalls eine Sperre zulässig.[13] Dies folgt aus Abs. 2 S. 4, der einen solchen **ungeschriebenen Grund** implizit voraussetzt. Paradigmatisch ist ein Verstoß gegen die Geldwäscheregelungen durch die Nutzung des Zahlungsinstruments.

8 **b) Der numerus clausus der Gründe.** Im Übrigen ist eine Sperre nur zulässig, wenn das einseitige Beendigungsrecht der Bank, in der Regel im Zahlungsdiensterahmenvertrag, **vertraglich vereinbart** wurde (vgl. den Wortlaut „können vereinbaren") und einer der zulässigen Sperrgründe vorliegt. § 675k Abs. 2 BGB nennt einen *numerus clausus*[14] möglicher Gründe.

9 Nach **Nr. 1** reichen **sachliche Gründe im Zusammenhang mit der Sicherheit des Zahlungsinstruments.** Diese Konstellation wird wörtlich von Nr. 9.2 I Alt. 2 Online-Banking-Bedingungen wiedergegeben. Gemeint sind objektive Anhaltspunkte, die den Sicherheitsstandard des Instruments in relevantem Maße reduzieren, v. a. technische Aspekte (zB aktuelle Sicherheitsbedenken in Bezug auf den eingesetzten Mechanismus durch Angriffe Dritter) sowie Verhaltensaspekte (zB eine schwerwiegende oder wiederholte Verletzung der Sorgfaltspflichten durch den Kunden[15]). Die Zuweisung der Gründe in die Risikosphäre des Zahlungsdienstleisters oder sogar auch ein Vertretenmüssen des Zahlungsdienstleisters hinsichtlich der Gründe zB der Sicherheitsbedenken schließen die Sperre nicht aus.

10 Nach **Nr. 2** kann der **Verdacht einer nicht autorisierten oder einer betrügerischen Verwendung** als Grund für das Recht zur einseitigen Sperre vereinbart werden. Nr. 9.2 I Alt. 3 Online-Banking-Bedingungen gibt dieses wörtlich wieder. Ein Verdacht ist eine auf konkreten Tatsachen basierende, objektiv nachvollziehbare Vermutung.[16] Die (vermutete) nicht autorisierte Verwendung des Legitimationskennzeichens setzt zB die Weitergabe der Zugangsdaten (PIN/TAN) an Dritte oder deren Nutzung durch Dritte nach einem Verlust der PIN/TAN voraus. Die Sperre kann zum Schutz beider Parteien durch eine rasche Umsetzung automatisiert werden,[17] zB bei einer dreimaligen fehlerhaften PIN- oder TAN-

[11] AllgM., vgl. BeckOK BGB/*Schmalenbach* § 675k Rn. 4; Ellenberger/Findeisen/Nobbe/*Frey* § 675k Rn. 14; Bunte/Zahrte/*Zahrte*, Teil 4 II Rn. 56.

[12] IE auch Bunte/Zahrte/*Zahrte* 4. Teil Rn. 56; ähnlich auch noch MüKoBGB/*Casper*, 6. Aufl. 2012 § 675k Rn. 11 (Sperre mit Absenden der Kündigungserklärung möglich); weitergehend Ellenberger/Findeisen/Nobbe/*Frey* § 675k Rn. 14 (Sperrmöglichkeit auch bei bloßem Recht zur außerordentlichen Kündigung); enger Baumbach/Hopt/*Hopt* BankGesch. Rn. F/6 (Sperre nach § 675k Abs. 2 nicht schon bei wichtigem Grund zur Kündigung, sondern nach dieser); MüKoBGB/*Jungmann* § 675k Rn. 29 (erst nach Ausspruch der Kündigung).

[13] Wie hier MüKoBGB/*Jungmann* § 675k Rn. 30; BeckOK BGB/*Schmalenbach* § 675k Rn. 4.

[14] Zust. MüKoBGB/*Jungmann* Rn. 21; s. a. BGH NJW 2016, 560 (561).

[15] IE auch Palandt/*Sprau* § 675k Rn. 4; zu den Sorgfaltspflichten des Zahlers → Kap. 3 § 675v Rn. 17 ff.

[16] So auch MüKoBGB/*Jungmann* § 675k Rn. 22; Palandt/*Sprau* § 675k Rn. 4.

[17] So auch Palandt/*Sprau* § 675k Rn. 4.

Eingabe als Grundlage für den Verdacht der nicht autorisierten Nutzung des Zahlungsinstruments, einem dreimaligen falschen Nutzungscode für die elektronische Signatur oder den TAN-Generator (Nr. 9.4 I, II Online-Banking-Bedingungen). Auch die Anzeige des Zahlers nach § 675l Abs. 1 S. 2 BGB kann Grundlage eines entsprechenden Verdachts sein. Mit einer solchen Anzeige kommt der Zahler zunächst seiner Pflicht nach § 675l Abs. 1 S. 2 BGB nach. Diese Pflicht besteht schon bei der bloßen Gefahr einer unautorisierten Nutzung des Zahlungsinstruments. Es ist daher eine Frage der Auslegung im Einzelfall, ob der Zahler mit einer entsprechenden Anzeige zugleich konkludent vom Zahlungsdienstleister beantragt, das Zahlungsinstrument zu sperren, wodurch die Sperre unabhängig von den Gründen des § 675k Abs. 2 BGB wird.

Schließlich kann nach **Nr. 3** eine **Sperrmöglichkeit für das Zahlungsinstrument vereinbart** werden, wenn dieses Instrument mit einer Kreditgewährung verbunden ist und **ein wesentlich erhöhtes Risiko** besteht, dass der Kunde seiner Zahlungspflicht nicht nachkommen kann. Wesentlich erhöht ist das Risiko, wenn das Ausfallrisiko der Bank substantiell vergrößert wurde, zB durch die Höhe der Verbindlichkeit bei einem debitorischen, qua Online-Banking geführten Girokonto. Ein solches erhöhtes Risiko müssen aber objektive Umstände nahelegen; die bloße Änderung der subjektiven Einschätzung durch die Bank reicht nicht aus. 11

c) Die Folge einer Sperre. Nach einer **Sperre des Zahlungsinstruments** als Maßnahme der Bank kann das Instrument nicht mehr zur Auslösung eines Zahlvorgangs genutzt werden.[18] Eine Sperre ist somit eine einseitige Maßnahme der Bank mit dieser Folge.[19] Sofern eine Sperre erfolgt, ohne dass die Voraussetzungen vorliegen, kommt eine Haftung des Zahlungsdienstleisters nach § 280 Abs. 1 BGB in Betracht. 11a

2. Die Pflicht zur Information über die Sperre und deren Grund

Nach Abs. 2 S. 2 ist der Zahlungsdienstenutzer über die Sperre des Zahlungsinstruments und die maßgeblichen Gründe zu **unterrichten.** Diese Pflicht wird wörtlich in Nr. 9.2 II Online-Banking-Bedingungen wiedergegeben. Die in den Online-Banking-Bedingungen (Nr. 9.4 III) dem Kunden zugleich eingeräumte Möglichkeit, sich nach der automatischen Sperre eines chip-basierten Zahlungsinstruments „mit der Bank in Verbindung zu setzen, um die Nutzungsmöglichkeit“ wiederherzustellen, ändert nichts an der gesetzlichen Informationspflicht der Bank. 12

Inhaltlich sind zB die Sperre als solche, zB des Onlinezugangs (PIN) oder der TAN-Liste, und der Grund der Sperre, zB dreimalige falsche Eingabe einer PIN oder verschiedener TAN, mitzuteilen. Darüber hinaus sind aufgrund des Massenverkehrs sowie der berechtigten Interessen des Zahlungsdienstleisters hinsichtlich der Geheimhaltung der technischen Grundlagen keine weiteren Informationen erforderlich, also auch keine konkreten Details zu (möglichen) Lücken im Onlinebanking-System öä. Von dieser Pflicht besteht eine Ausnahme (Abs. 2 S. 4), wenn der Zahlungsdienstleister durch die Angabe der Gründe selbst „gegen gesetzliche Verpflichtungen verstoßen“ würde.[20] Für die geschuldete **Art der Informationsmitteilung** ist zunächst eine etwaige (auch klauselmäßige[21]) Abrede der Parteien über die Art der Kommunikation der Informationen nach Art. 248 EGBGB maßgeblich (vgl. zur Möglichkeit der Vereinbarung Art. 68 Abs. 3 PSD II). Im Übrigen entzieht sich der Terminus der Unterrichtung der Dichotomie des Art. 248 EGBGB, der zwischen der Mitteilung und dem Zur-Verfügung-Stellen der Informationen unterscheidet (→ Kap. 3 § 675d Rn. 29f). Angesichts der Bedeutung der Information über die Sperre für den Nutzer ist das Unterrichten als Mitteilen der 13

---

[18] Vgl. Palandt/*Sprau* § 675k Rn. 3; RegE Begr. BT-Drs. 16/11643, 106.
[19] Vgl. RegE Begr. BT-Drs. 16/11643, 106.
[20] Dies soll Fälle des Geldwäscheverdachts sowie der Terrorismusfinanzierung betreffen, vgl. Begr. RegE BT-Drs. 16/11643, 106.
[21] Begr. RegE BT-Drs. 16/11643, 106; aA MüKoHGB/*Linardatos* Rn. 182.

Information auszulegen,[22] d. h. der Zugang der Information beim Kunden ist erforderlich, freilich ohne dass die Mitteilung insoweit einer besonderen Form nach Art. 248 § 3 EGBGB bedarf.

14 Die Information muss **zeitlich** möglichst vor der Sperre, jedenfalls aber unverzüglich (§ 121 Abs. 1 BGB) nach dieser erfolgen und inhaltlich den Umstand der Sperre sowie die maßgebenden Gründe für diese mitteilen, sofern nicht die Ausnahme des Abs. 2 S. 4 greift. Angesichts der gesetzlichen Vorgaben hinsichtlich der möglichst frühzeitigen Unterrichtung ist der Zahlungsdienstleister auch verpflichtet, sofern möglich, zumindest die Information über die Sperrung als solches vor der Sperrung bzw. spätestens bei der Sperrung zu erteilen und die Gründe für die Sperrung sodann unverzüglich nachzureichen.

15 Bei einer **Verletzung dieser Informationspflicht** haftet die Bank nach den allgemeinen Regeln, insbesondere kommt ein Schadensersatzanspruch nach § 280 Abs. 1 BGB in Betracht.[23]

3. Die Pflicht des Dienstleisters zur Entsperrung (Abs. 2 S. 5, 6)

16 Des Weiteren besteht eine gesetzliche (Neben-)**Pflicht des Zahlungsdienstleisters zur Entsperrung oder Ersetzung durch ein neues Zahlungsinstrument,** wenn der Grund für die Sperre entfallen ist, zB nachdem eine neue PIN übermittelt wurde. Diese Pflicht folgt aus der vertraglichen Abrede über die Nutzung des Zahlungsinstruments, zB des Online-Bankings, und der vertraglichen Vereinbarung der möglichen Gründe für eine Sperre (vgl. Nr. 9.3 Online-Banking-Bedingungen). Die in Abs. 2 S. 5 enthaltene gesetzliche Nebenpflicht ist insoweit deklaratorisch. **Entsperren** ist die Beseitigung der zumeist technischen Blockade des Einsatzes des Zahlungsinstruments. Dies kann auch eine Ersetzung des Instruments gebieten, wenn dessen technische Freigabe nicht möglich ist, zB bei einer gesperrten PIN oder das Instrument abhandengekommen ist (zB verlorener TAN-Generator). Der Zahlungsdienstleister hat insofern die Wahlmöglichkeit.

17 Bedeutung kommt der Qualifikation dieser Pflicht als (deklaratorische) gesetzliche Nebenpflicht insoweit zu, als die Bank ein Entgelt bei diesen gesetzlich geregelten Pflichten gem. § 675f Abs. 5 S. 2 BGB nur verlangen darf, wenn das Gesetz ein solches ausdrücklich zulässt *und* eine entsprechende Vereinbarung zwischen den Parteien vorliegt. § 675f Abs. 5 S. 2 BGB erfasst nach Wortlaut, Sinn und Zweck auch gesetzliche Nebenpflichten, die vertragliche Pflichten im Übrigen deklaratorisch wiederholen. Gesetzlich ist aber **kein Entgelt für die Entsperrung** des Zugangs vorgesehen.[24]

18 Allerdings ist zu unterscheiden: Die **Reichweite des Entgeltverbots** erfasst nur die gesetzliche Nebenpflicht, die Sperre *aufzuheben,* zB die Wiederherstellung des Online-Zugangs als technische Möglichkeit, Zahlungsvorgänge online wieder auslösen zu können. Nicht erfasst werden hiervon aber etwaige Kosten in jenen Konstellationen, in denen durch die *Ermöglichung* einer erneuten Nutzung Kosten anfallen, zB bei der Ermöglichung der Nutzung des Online-Zugangs, die Übersendung einer neuen PIN oder TAN-Generators.[25] Nach § 675l Abs. 1 S. 3 BGB kann nunmehr für den **Ersatz** eines verlorenen, gestohlenen, missbräuchlich verwendeten oder sonst nicht autorisiert genutzten Zahlungsinstruments vom Zahlungsdienstleister mit dem Zahlungsdienstnutzer ein Entgelt vereinbart werden, das allenfalls die ausschließlich und unmittelbar mit dem Ersatz verbundenen Kosten abdeckt. Zudem soll nach dem Willen der Gesetzesverfasser ein **Aufwendungsersatzanspruch nach §§ 670, 667 BGB** ausgeschlossen sein.[26] Dies vermag nicht zu über-

[22] IE auch Begr. RegE BT-Drs. 16/11643, 106; Ellenberger/Findeisen/Nobbe/*Frey* § 675k Rn. 15; MüKoBGB/*Jungmann* § 675k Rn. 32, MüKoBGB/*Jungmann* § 675o Rn. 26.

[23] Palandt/*Sprau* § 675k Rn. 5.

[24] Wie hier Begr. RegE BT-Drs. 16/11643, 106; MüKoBGB/*Jungmann* § 675k Rn. 41; BGH NJW 2016, 560 (561), zugleich gegen eine Differenzierung nach Verantwortungsbereichen; abw. BeckOGK/*Köndgen* § 675k Rn. 35.

[25] IE auch Ellenberger/Findeisen/Nobbe/*Frey* § 675k Rn. 19.

[26] Vgl. BT-Drs. 16/11643, 103.

zeugen. Auslagen für Leistungen, die die Bank zur Erfüllung ihrer Nebenpflicht gesondert in Anspruch nimmt, sind ersatzfähig.[27] Zudem können (auch klauselmäßig) Entgelte für darüber hinausgehende Leistungen des Zahlungsdienstleisters vereinbart werden.

Über die Entsperrung ist der Zahler[28] ebenfalls **unverzüglich zu unterrichten** (Abs. 2 S. 6); vertraglich folgt diese Pflicht aus Nr. 9.3 S. 2 Online-Banking-Bedingungen. Die gesetzliche Nebenpflicht ist bedeutsam für die Möglichkeit eines Entgelts (§ 675d Abs. 4 BGB), schließt sie doch eine entsprechende Entgeltabrede aus. Inhaltlich entspricht die Unterrichtung dem Abs. 1 (→ Rn. 3). Die Verletzung dieser Pflicht kann einen Anspruch des Kunden aus § 280 Abs. 1 BGB auslösen. 19

4. Halbzwingender Charakter

Die Regelung hat halbzwingenden Charakter. **Zu Gunsten des Zahlungsdienstnutzers** kann sie in den allgemeinen Grenzen abbedungen werden. Strengere Anforderungen zu seinen Gunsten zB an eine Sperre des Online-Zugangs bzw. des Zahlungsinstruments sind daher zulässig, zB „begründeter Verdacht“ oder „Nachweis des Missbrauchs“. 20

Zu Lasten des Zahlungsdienstleisters kann die Norm nur in den Grenzen des § 675e Abs. 1 BGB[29] abbedungen werden. Insbesondere gegenüber dem Verbraucher-Kunden können daher zB keine weiteren Gründe „zugunsten“ der Bank vereinbart werden, bei deren Vorliegen diese den Online-Zugang sperren darf. Zu berücksichtigen ist indes, dass die Nr. 1 („sachliche Gründe im Zusammenhang mit der Sicherheit“; wörtlich in Nr. 9.2 I Alt. 2 Online-Banking-Bedingungen) sehr weit gefasst ist, so dass sicherheitsrelevante Aspekte regelmäßig hierunter subsumiert werden können. 21

Ausnahmen vom halbzwingenden Charakter bestehen nur in Bezug auf Zahlungsdienste in Drittstaatenwährung bzw. mit Drittstaatenbezug gem. § 675d Abs. 6 iVm § 675e Abs. 2 Nr. 2 BGB. 22

IV. Die Unterrichtung bei einer Verweigerung gegenüber Zahlungsauslöse- oder Kontoinformationsdiensten (Abs. 3)

Der Zahlungsdienstnutzer ist nach der Neuregelung 2018 berechtigt, einen **Zahlungsauslösedienst bzw. einen Kontoinformationsdienst** zu nutzen (§ 675f Abs. 3 S. 1 BGB). Der Zahlungsdienstleister ist verpflichtet, diesen Dienstleistern einen **Zugang zum Zahlungskonto** zu gewähren (§ 50 Abs. 1 ZAG). Diesen Zugang kann der kontoführende Zahlungsdienstleister aber **verweigern,** wenn spezifische Gründe dies im Zusammenhang mit einem nicht autorisierten oder betrügerischen Zugang der Dienstleister zum Zahlungskonto, einschließlich der nicht autorisierten oder betrügerischen Auslösung eines Zahlungsvorgangs, eine entsprechende Verweigerung rechtfertigen (§ 52 Abs. 1 ZAG). Erforderlich sind allerdings objektive und gebührend nachgewiesene Gründe. Hieran knüpft Abs. 3 an (vgl. Art. 68 Abs. 5 PSD II). Denn nach der Regelung ist bei einer entsprechenden Verweigerung des Zugangs zum Konto der kontoführende Zahlungsdienstleister verpflichtet, den Zahlungsdienstnutzer über die Gründe der Zugangsverweigerung zu unterrichten. Der Zweck der Normen zielt mithin darauf, den Zahler umgehend darüber in Kenntnis zu setzen, dass die Auslösung des Zahlungsvorgangs über den Dritten unterblieb, sodass er etwaige Nachteile im Valutaverhältnis aufgrund der unterbliebenen Zahlung gegebenenfalls durch eine nochmalige/anderweitige Zahlung soweit als noch möglich verhindern kann. 23

Der Zahlungsdienstleister ist verpflichtet, den Zahlungsdienstnutzer **in der vereinbarten Form** über die Gründe der Verweigerung des Kontozugangs für den Kontoinformati- 24

---

27 Ausf. dazu → Kap. 3 § 675f Rn. 69.

28 Vgl. BeckOK BGB/*Schmalenbach* § 675k Rn. 7.

29 → Kap. 3 § 675e Rn. 1 ff.

onsdienst bzw. Zahlungsauslösedienstleister **zu unterrichten.** Erforderlich ist mithin eine Vereinbarung im Zahlungsdiensterahmenvertrag in Bezug auf die Form der Unterrichtung. Angesichts der Bedeutung einer unterbliebenen Zahlung aufgrund des verweigerten Zugangs zum Konto sind sinnvollerweise jene Formen der Unterrichtung zu vereinbaren, die eine zeitnahe Kenntnis des Zahlungsdienstnutzers hiervon erreichen. Zu denken ist an SMS-Nachrichten, sog. Push-Nachrichten über die Banking-App sowie E-Mails. Allerdings enthält die Norm keine ausdrücklichen inhaltlichen Vorgaben für den Inhalt der entsprechenden Vereinbarung.

25 **Adressat der Pflicht** zur Benachrichtigung nach Abs. 3 ist der kontoführende Zahlungsdienstleister. Der Zahlungsauslösedienstleister bzw. Kontoinformationsdienstleister wird durch die Norm nicht verpflichtet. Allerdings kann dieser nach der vertraglichen Abrede mit dem Zahlungsdienstnutzer verpflichtet sein, ihn über die Verweigerung des Zugangs zum Zahlungskonto zu unterrichten. Darüber hinaus kommt eine Pflicht dieser Dienstleister nach dem allgemeinen Schuldrecht (§ 241 Abs. 2 BGB) in Betracht.

26 Hinsichtlich des **Zeitpunkts der Unterrichtung** entspricht Abs. 3 S. 2 den Vorgaben in Abs. 2 S. 2 (→ Rn. 12). Angesichts des Zwecks der Regelung in Abs. 3 kommt der zeitnahen Unterrichtung des Zahlungsdienstnutzers hier eine mindestens ebenso große Bedeutung zu. Auch hinsichtlich des Inhaltes der Unterrichtung entspricht Abs. 3 der Regelung in Abs. 2 S. 3 (→ Rn. 13). Auch hier darf die Angabe der Gründe unterbleiben, wenn der Zahlungsdienstleister durch deren Mitteilung gegen gesetzliche Verpflichtungen verstoßen würde.

27 Der kontoführende Zahlungsdienstleister hat dem Zahlungsauslösedienst bzw. Kontoinformationsdienst nach dem **Wegfall der Gründe** für die Verweigerung des Kontozugangs diese wieder zu gewähren (§ 52 Abs. 3 ZAG). Abs. 3 sieht insofern **keine weitere Informationspflicht** des kontoführenden Zahlungsdienstleisters gegenüber dem Zahlungsdienstnutzer vor. Auch fehlt es an einer zu der Sperre des Zahlungsinstruments (Abs. 2) identischen Bedeutung für den Zahlungsdienstnutzer. Auch systematisch zeigt die Auslegung der Norm, dass der Gesetzgeber – anders als in Abs. 2 S. 6 – gerade keine Informationspflicht insofern vorgesehen hat.[30]

28 Die Verletzung der Pflicht nach Abs. 3 kann zu einer **Schadensersatzpflicht des kontoführenden Zahlungsdienstleisters** gemäß § 280 Abs. 1 führen. Als Schaden des Zahlungsdienstnutzers kommen insofern Nachteile in Betracht, die dieser aufgrund einer (kenntnislosen) unterbliebenen/verspäteten Zahlung im Valutaverhältnis erleidet.

§ 675l Pflichten des Zahlungsdienstnutzers in Bezug auf Zahlungsinstrumente

[1]Der Zahlungsdienstnutzer ist verpflichtet, unmittelbar nach Erhalt eines Zahlungsinstruments alle zumutbaren Vorkehrungen zu treffen, um die personalisierten Sicherheitsmerkmale vor unbefugtem Zugriff zu schützen. [2]Er hat dem Zahlungsdienstleister oder einer von diesem benannten Stelle den Verlust, den Diebstahl, die missbräuchliche Verwendung oder die sonstige nicht autorisierte Nutzung eines Zahlungsinstruments unverzüglich anzuzeigen, nachdem er hiervon Kenntnis erlangt hat. [3]Für den Ersatz eines verlorenen, gestohlenen, missbräuchlich verwendeten oder sonst nicht autorisiert genutzten Zahlungsinstruments darf der Zahlungsdienstleister mit dem Zahlungsdienstnutzer ein Entgelt vereinbaren, das allenfalls die ausschließlich und unmittelbar mit dem Ersatz verbundenen Kosten abdeckt.

(2) **Eine Vereinbarung, durch die sich der Zahlungsdienstnutzer gegenüber dem Zahlungsdienstleister verpflichtet, Bedingungen für die Ausgabe und Nutzung eines**

[30] Abw. MüKoBGB/*Jungmann* 675k Rn. 53; BeckOGK/*Köndgen* 675k Rn. 43, jeweils mit einer Analogie zu Abs. 2 S. 6.

Zahlungsinstruments einzuhalten, ist nur insoweit wirksam, als diese Bedingungen sachlich, verhältnismäßig und nicht benachteiligend sind.

Übersicht

I. Inhalt und Normzweck

In Umsetzung des Art. 69 Abs. 1 lit. b, Abs. 2 PSD II beinhaltet die Norm eine **gesetzliche Sorgfaltspflicht des Kunden;** mit dieser korrespondiert die Pflicht der Bank in § 675m BGB. Beide Regelungen zusammen grenzen die **Verantwortungsbereiche von Bank und Kunden** ab und zwar nach dem Grundsatz der Verantwortung für die jeweils eigene Risikosphäre. Namentlich ist der Zahlungsdienstnutzer zu einem Schutz von Zahlungsinstrument und personalisierten Sicherheitsmerkmalen gegen unbefugten Zugriff (Abs. 1 S. 1) sowie zu einer Anzeigepflicht bei der Gefahr oder Kenntnis einer nicht autorisierten Nutzung (Abs. 1 S. 2) verpflichtet. Dabei sind seit dem 14.9.2019 die Inhalte der Delegierten VO (EU) 2018/389 zu berücksichtigen. Die Regelung ist auch auf das **Online-Banking anwendbar,** da die Bank bei diesem ein Zahlungsinstrument[1] ausgibt. Hinzu treten weitere Pflichten des Kunden aus den vertraglichen Vereinbarungen mit der Bank (vgl. Art. 69Abs. 1 lit. a PSD II). 2018 wurden Abs. 1 S. 3 und Abs. 2 eingefügt. Dabei hat Abs. 1 S. 3 Entgeltfragen beim Ersatz von Zahlungsinstrumenten und Abs. 2 eine Beschränkung der Gestaltungsmöglichkeiten der Ausgabe- und Nutzungsbedingungen bei Zahlungsinstrumenten zum Gegenstand. 1

Die Norm ist weitgehend zwingend. Eine **Abdingbarkeit der Regelung** zu Lasten des Zahlungsdienstnutzers ist auch bei unternehmerischen Kunden ausgeschlossen (§ 675e Abs. 4 BGB). Nur nach § 675d Abs. 6 S. 1 Nr. 1 und Nr. 2 BGB sind Abweichungen zum Nachteil des Zahlungsdienstnutzers zulässig. Zu Gunsten des Kunden sind zB durch einen milderen Sorgfaltsmaßstab, in den allgemeinen Grenzen Abweichungen möglich (§ 675e Abs. 2 BGB). 2

II. Die Sorgfaltspflicht des Zahlers (Abs. 1 S. 1)

1. Schutz vor unbefugtem Zugriff

Nach Erhalt des Zahlungsinstruments (§ 675c Abs. 3 BGB iVm § 1 Abs. 5 ZAG) ist der Kunde zum **Schutz personalisierter Sicherheitsmerkmale vor unbefugtem Zugriff Dritter** verpflichtet. Er hat hierzu „alle zumutbaren Vorkehrungen" zu treffen. **Personali-** 3

[1] Vgl. zur Def. → Kap. 3 § 675j Rn. 9.

sierte Sicherheitsmerkmale sind weder in der Richtlinie noch im BGB definiert. Es handelt sich um jene Komponente des Zahlungsinstruments, die dem Kunden oder seinem Bevollmächtigten von der Bank zugeteilt wurde, nur diesem bekannt ist und eine Authentifizierung eines Zahlungsauftrages erlaubt.[2] Mithin ist diese Komponente ein Teil des Zahlungsinstruments. Zu diesen Komponenten zählen die PIN und die TAN im Online-Banking sowie Kenn- und Passwörter zum Online-Zugang zum Konto über das Internet (vgl. Ziff. 2.1 Online-Banking-Bedingungen).[3] Gleiches gilt für die Unterschrift sowie biometrische Merkmale.[4] Nicht hierunter fallen sonstige personenbezogene Daten wie die Kontonummer oder eine Kartennummer.

4 Der **Zugriff ist unbefugt,** wenn er nicht mehr von der Verfügungsbefugnis gedeckt ist, die in der Online-Banking-Abrede oder der Konto-Abrede vertraglich vereinbart wurde. Mangels einer ausdrücklichen Regelung ist jede Verwendung unbefugt, die ohne bzw. gegen den Willen des Inhabers des Zahlungsinstruments erfolgt und somit zur Auslösung eines nicht autorisierten Zahlungsvorgangs führt. Die Parteien des Zahlungsdiensterahmenvertrags können jene Personen bestimmen, die berechtigten Zugang zum Zahlungsinstrument bzw. personalisierten Sicherheitsmerkmal haben. In der Praxis ist grundsätzlich nur der Zahlungsdienstnutzer berechtigt, das Zahlungsinstrument zu nutzen. Dessen Einsatz durch Dritte bedarf ohne Ansehung der Person der Zustimmung des Zahlungsdienstleisters. Hierzu zählt zB die Nutzung von PIN/TAN durch einen vertraglich nicht als Vertreter des Kunden zugelassenen Dritten.[5]

5 Die Pflicht, die „personalisierten Sicherheitsmerkmale" vor unbefugtem Zugriff zu schützen, umfasst grundsätzlich auch die **Pflicht zum sorgfältigen Umgang mit dem Zahlungsinstrument** selbst, da beide Pflichten zumeist untrennbar miteinander verknüpft sind.[6] Auch wenn der Wortlaut auf den Schutz der personalisierte Sicherheitsmerkmale vor unbefugtem Zugriff beschränkt, erfasst die Sorgfaltspflicht auch den Umgang mit dem Zahlungsinstrument selbst. Denn die Regelung zielt auf die Begrenzung des Risikos unrechtmäßiger Verwendung des Zahlungsinstruments, sodass eine Beschränkung der Pflichten allein auf die personalisierten Sicherheitsmerkmale schon hinter dem Normzweck zurückbliebe. Die Regelung unterscheidet gerade nicht nach Zahlungsinstrumenten, bei denen die Qualifikation als Zahlungsinstrument abhängig von der jeweiligen Verwendung ist. Auch die Anzeigepflicht in Abs. 1 S. 2 knüpft am Verlust des Zahlungsinstruments an, sodass es nur konsequent ist, auch die Sorgfaltspflichten nach Abs. 1 S. 1 auf das Zahlungsinstrument zu beziehen. Schließlich nimmt auch die Neuregelung in Abs. 2 die vertragliche Regelung der Ausgabe- und Nutzungsbedingungen in Bezug auf Zahlungsinstrumente in Blick. Auch dies rechtfertigt die erweiternde Auslegung von Abs. 1 S. 1. Bestätigt wird dieses Verständnis durch § 675v Abs. 1 BGB, der die Haftung bei verloren gegangenen, gestohlenen oder sonst abhandengekommenen Zahlungsinstrumenten oder bei deren missbräuchlichen Verwendung regelt. Auch diese Norm bezieht die Sorgfaltspflichten nicht nur auf die personalisierten Sicherheitsmerkmale, sondern das Zahlungsinstruments insgesamt. Die systematische und die teleologische Auslegung weisen demnach hinreichend deutlich auf ein entsprechend erweiterndes Verständnis der Norm.

---

[2] Vgl. Begr. RegE BT-Drs 16/11643, 106; s. a. Ellenberger/Findeisen/Nobbe/*Frey* § 675l Rn. 5 (alle Informationen, die aufgrund ihrer Vertraulichkeit im Regelfall eine nachvollziehbare Identifikation eines Nutzers ermöglichen).

[3] Palandt/*Sprau* § 675l Rn. 2.

[4] Wie hier Gebauer/Wiedmann/*Schinkels* Kap. 16 Rn. 36; *Scheibengruber* BKR 2010, 15 (17); aA BeckOK BGB/*Schmalenbach* § 675l Rn. 3.

[5] Zur Möglichkeit eines Bevollmächtigten vgl. auch Ziff. 1 II Online-Banking-Bedingungen.

[6] So die hL, vgl. MüKoBGB/*Jungmann* § 675l Rn. 10 f.; *Danwerth* ZBB 2015, 119 (134); Ellenberger/Findeisen/Nobbe/*Frey* Rn. 7; *Hofmann* BKR 2014, 105 (106); *Linardatos* Das Haftungssystem im bargeldlosen Zahlungsverkehr nach Umsetzung der Zahlungsdiensterichtlinie 2013, 205 f.; MüKoHGB/*Linardatos,* K Rn. 114; s. a. die fehlende Differenzierung in Begr. RegE BT-Drs. 16/11643, 106; aA Staudinger/*Omlor,* 2012, § 675l Rn. 3; MüKoHGB/*Haertlein,* E Rn. 87.

2. Die Reichweite der Sorgfaltspflicht

a) Grundlagen. Der **Inhalt der Sorgfaltspflicht** fordert vom Kunden, **alle zumutbaren Vorkehrungen zum Schutz gegen unbefugten Zugriff zu treffen.** Unbefugt ist der Zugriff, wenn er nach den Bedingungen der Konto-Abrede oder Online-Banking-Abrede nicht zulässig ist. Hierunter fällt die Sorgfalt bei der Verwahrung und der Verwendung des Zahlungsinstruments sowie der persönlichen Sicherheitsmerkmale. Die **konkreten zumutbaren**[7] **Anforderungen** sind vom jeweiligen Instrument bzw. Merkmal sowie der konkreten Situation des Einzelfalles abhängig. Dem entsprechend ist bei der Sorgfalt zwischen einem bloßen Passwort, der PIN, einer TAN-Liste sowie einer Karte mit digitaler Signatur zu unterscheiden. Die Situationsabhängigkeit fordert u. a. besondere Maßnahmen, wenn eine Gefährdung festgestellt wird bzw. sich die tatsächlichen Rahmenbedingungen verschieben. **6**

Der Inhalt ist der **vertraglichen Ausgestaltung der Sorgfaltspflicht,** ua in Abhängigkeit vom konkreten Instrument, zugänglich.[8] Hierfür spricht neben dem konkretisierungsbedürftigen Wortlaut („zumutbaren Vorkehrungen") und der mit einer vertraglichen Ausgestaltung gesteigerten Rechtssicherheit auch die unionsrechtliche Vorgabe (Art. 56 Abs. 1 lit. a, Abs. 2 Zahlungsdiensterichtlinie; s. a. deren Erwägungsgrund Nr. 33). Auch die Erfassung verschiedenster Zahlungsinstrumente spricht dafür, gerade zum Schutz auch des Kunden vor den Folgen unzureichender Sorgfalt, die jeweils angemessene Sorgfalt zu konkretisieren. Eine klauselmäßige Ausgestaltung der Sorgfaltspflicht unterliegt freilich der Inhaltskontrolle nach allgemeinen Regeln, va §§ 305 ff. BGB. Dabei ist die Haftung nach den §§ 675u–675w BGB zu berücksichtigen,[9] wonach zudem bei einer nicht autorisierten Nutzung des Instruments keine Erhöhung der Beweislast gegenüber den gesetzlichen Vorgaben und keine Verringerung der Beweislast für die ausgebende Stelle wirksam vereinbart werden kann.[10] **7**

Grenzen der Sorgfaltspflichten resultieren aus einer wesentlichen Beeinträchtigung der praktischen Nutzbarkeit des konkreten Instruments[11] sowie einem weitreichenden Einschnitt in die persönliche Lebensführung des Kunden.[12] Die Konkretisierung der geschuldeten Sorgfaltspflicht hat einerseits das Interesse der Bank an der Vermeidung missbräuchlicher Nutzung des Zahlungsinstruments sowie andererseits das Interesse des Bankkunden an einer Nutzung des konkreten Instruments ohne erhebliche Erschwerung der eigenen Lebensführung und ohne Entwertung der Praktikabilität des Instruments zu berücksichtigen.[13] Die Anforderungen sind dem Kunden von der Bank mitzuteilen (Art. 248 § 4 Nr. 5 lit. a EGBGB). **8**

Die Sorgfaltspflicht beginnt nach dem Wortlaut unmittelbar mit **Erhalt des Zahlungsinstruments,** dh ab Eintritt des Instruments in den Machtbereich des Bankkunden trifft diesen die Sorgfaltspflicht (vgl. Art. 56 Abs. 2 Zahlungsdiensterichtlinie). Dabei ist der Wortlaut insofern unpräzise, als der Eintritt des Instruments selbst in den Machtbereich nicht erforderlich ist („Erhalt"), sondern der vorausgehende **Zugang der personalisierten Sicherheitsmerkmale** ausreicht.[14] Mithin beginnen die Pflichten des Zahlungsdienstleister zu jenem Zeitpunkt, zu dem ihm das Zahlungsinstrument selbst oder die personalisierten Sicherheitsmerkmale zugehen, dh diese in seinen Machtbereich eingetreten sind und mit einer Kenntnisnahme gerechnet werden musste. Paradigmatisch ist die Einlegung **9**

---

[7] Vgl. Art. 56 Abs. 2 Zahlungsdiensterichtlinie.
[8] Wie hier Begr. RegE BT-Drs. 16/11643, 106 f.; *Bunte*/Zahrte/*Bunte* 3. Teil Nr. 20; aA Ellenberger/Findeisen/Nobbe/*Frey* § 675l Rn. 3; wohl auch Palandt/*Sprau* § 675l Rn. 1.
[9] Begr. RegE BT-Drs. 16/11643, 107.
[10] Vgl. Erwägungsgrund Nr. 33 Zahlungsdiensterichtlinie; Begr. RegE BT-Drs. 16/11643, 107.
[11] IE auch *Scheibengruber* BKR 2010, 15 (20); Palandt/*Sprau* § 675l Rn. 2.
[12] ZB bei einem Verbot, die PIN zu notieren.
[13] IE auch Palandt/*Sprau* § 675l Rn. 2; Ellenberger/Findeisen/Nobbe/*Frey* § 675l Rn. 7.
[14] Zutr. BeckOK BGB/*Schmalenbach* § 675l Rn. 4; Ellenberger/Findeisen/Nobbe/*Frey* § 675l Rn. 8.

des Briefs mit der PIN bzw. mit einem Passwort in den Briefkasten des Kunden oder die Übermittlung in den Online-Briefkasten und sein Zugang nach angemessener Frist. Zuvor trifft den Zahlungsdienstleister die Sorgfaltspflicht zur angemessenen Versendung des Zahlungsinstruments und der personalisierten Sicherheitsmerkmale (zB zur angemessenen Versendung von PIN-Briefen sowie zur sicheren online Übermittlung; § 675m Abs. 2 BGB). Hieraus folgt ohne weiteres, dass die Sorgfaltspflichten in Bezug auf das Zahlungsinstrument und die personalisierten Sicherheitsmerkmale zu unterschiedlichen Zeitpunkten entstehen können. Sofern beim Online-Banking das mTAN-Verfahren zum Einsatz kommt, beginnen die Sorgfaltspflichten in Bezug auf das Zahlungsinstruments Smartphone mit Installation und Registrierung der Banking-App, während das personalisierte Sicherheitsmerkmal (die jeweilige TAN) erst dann von der Sorgfaltspflicht erfasst wird, wenn der Zahlungsdienstnutzer diese erhält. Hinsichtlich des **Beweises des Erhalts** der Instrumente bzw. der persönlichen Sicherheitsmerkmale sind die Regelungen über den Zugang von Willenserklärungen entsprechend anwendbar.

10 **Folgen einer Pflichtverletzung des Kunden** sind ein Anspruch der Bank auf Schadensersatz (§ 675v BGB) sowie eine Sperrung des Instruments (§ 675k BGB).

11 **b) Sorgfaltspflichten beim Onlinebanking. Beispiele** für Sorgfaltspflichten beim Konto und beim Online-Banking[15] ist die Vorbeugung vor einem Missbrauch von PIN/TAN.[16] Sofern die PIN bzw. weitere Legitimationskennzeichen vom Zahlungsdienstnutzer selbst festgelegt werden können, gebietet die Sorgfalt, das nicht einfachste Ziffernfolgen („1234"; „0000") verwendet werden. Sofern neben Ziffern auch Zeichen verwendet werden können, ist zumindest eine Kombination aus Ziffern und Zeichen zu wählen. Der Kunde hat die PIN für das Online-Banking geheim zu halten[17] und PIN und TAN sicher[18] und getrennt[19] zu verwahren. Die **Mitteilung von PIN/TAN an Dritte** ist eine Sorgfaltspflichtverletzung. Die PIN ist geheim zu halten. Sie darf keinem Dritten mitgeteilt werden. Beim Einsatz der PIN konform der Nutzungsbedingungen, zB Eingabe am Zahlungsterminal der Bank, ist die Eingabe gegen das Ausspähen durch Dritte im Rahmen des vernünftigerweise Gebotenen abzuschirmen, gegebenenfalls sind Dritte auf einen angemessenen Diskretionsabstand hinzuweisen. Der Zahlungsdienstnutzer muss unter Zugrundelegung des typischen Wissens und der gebotenen Sorgfalt zudem wissen, dass die vollständige PIN sowie entsprechende Legitimationskennzeichen von den Zahlungsdienstleistern oder ihren Mitarbeitern nicht (per E-Mail, SMS am Telefon oder in sonstiger Weise) abgefragt werden.[20] Die Übermittlung dieser Legitimationskennzeichen auf diese Weise verstößt mithin gegen § 675l Abs. 1 S. 1 BGB. Gleiches gilt, wenn die PIN auf „verdächtige" Weise abgefragt wird, zB schon beim Öffnen der Homepage der Bank über den normalen Internet-Browser.

11a Hinzu tritt eine Pflicht zur **Sicherung der technischen Infrastruktur.**[21] Maßstab ist der durchschnittlichen Computer- und Smartphone-Nutzer,[22] wobei angesichts der Üblichkeit des Online-Bankings,[23] der Verbreitung der Angriffe, der Warnungen durch die Zahlungsdienstleister sowie die Berichte in allgemeinen Medien keine zu geringen An-

[15] Dazu auch Lorenz DuD 2013, 220 ff.; Zahrte BKR 2016, 315 (318 ff.); MüKoHGB/*Linardatos* K Rn. 40 ff.

[16] *Kind/Werner* CR 2006, 353.

[17] Vgl. OLG Hamm NJW-RR 1998, 561; LG Köln NJW-RR 2001, 1340; *Gößmann* WM 1998, 1264 (1269) (jeweils zur Kredit- bzw. ec-Karte mit PIN).

[18] Vgl. KG MDR 2000, 1022 (Karte und PIN offen in Wohnung verwahrt); LG Rottweil WM 1999, 1934 (Liegenlassen einer Karte an allg. zugänglichem Ort).

[19] Vgl. BGHZ 145, 337 (getrennte Verwahrung von Karte und PIN).

[20] *Zahrte* BKR 2016, 315 (318); → Kap. 7 § 675v Rn. 50a.

[21] Ausf. dazu *Hossenfelder* Pflichten von Internetnutzern zur Abwehr von Malware und Phishing in Sonderverbindungen, 2013, 189 ff.

[22] LG Köln WM 2008, 354 (357 f.); AG Wiesloch MMR 2008, 626 (628); Erfurt WM 2006, 2198 (2201 ff.).

[23] Dazu jüngst *Becker* ZBB 2019, 42 (52).

forderungen gestellt werden dürfen. Dies ist auch beim Bezug auf ältere Entscheidungen aus der Rechtsprechung und älteren Stimmen aus der Literatur zu bedenken. Stand das Online Banking im Jahr 2006 noch am Anfang, wird es heute von über 50 % der Zahlungsdienstnutzer eingesetzt. Eine Pflicht, eine spezielle Online-Banking-Software zu nutzen, besteht nicht. Auch wenn die Verschlüsselungsstandards bei diesen Programmen deutlich höher sind, kann der Zahlungsdienstnutzer die Website des Zahlungsdienstleisters unter Einsetzung eines Browsers zum Online Banking ebenso nutzen wie die Banking-App des Zahlungsdienstleisters.[24] Allgemein ist ein **Verbot, eine PIN bzw. eine Zugangskennung zu notieren,** abzulehnen, denn das Notieren der PIN ist angesichts der möglichen und von der Bank zu berücksichtigenden Vielzahl der vom Kunden möglicherweise verwendeten Passwörter und Zugangskennungen erforderlich, die zudem verstärkt eine Kombination von Zahlen und Buchstaben verlangen und bisweilen nur selten benutzt werden.[25] Entsprechendes sehen die Sonderbedingungen daher auch nicht mehr vor. Auch die unterlassene **Vernichtung der PIN-Mitteilung** ist demnach kein Verstoß, sofern der PIN-Brief hinreichend sicher verwahrt wird.[26] Die korrespondierenden hohen Anforderungen an die Aufbewahrung der PIN bzw. ihre Sicherung gegen den unbefugten Zugriff Dritter fordern ua, dass die PIN an einem **nur schwer auffindbaren Ort** verwahrt wird. Hinsichtlich des Mobile Bankings mit dem Smartphone ist ebenfalls geboten, dass die PIN und sonstige Legitimationskennzeichen hinreichend gesichert sind. Dies verlangt allerdings nicht zwingend, dass diese Kennzeichen nicht auf dem Gerät gespeichert werden dürfen.[27] Denn der Schutz des Smartphones mit einer Bildschirmsperre und die Forderung, entsprechende Zugangsdaten nur mit einer weiteren Sicherung versehen (zB Passwortmanager) auf dem Smartphone zu speichern, stellen einen ausreichenden Schutz gegen den Zugriff Dritter dar. Etwaige Sonderbedingungen der Zahlungsdienstleister, die eine elektronische Speicherung des personalisierten Sicherheitsmerkmals untersagen, überspannen daher die Sorgfaltsanforderungen. Freilich sind die Umstände des Einzelfalls zu berücksichtigen. Der auf diese Weise erreichbare hinreichende Schutz ist u. a. dann nicht gegeben, wenn die Bildschirmsperre sowie der Passwortmanager jeweils mit einfachsten Kombinationen („1234"; „0000"), zudem gegebenenfalls noch identischen Kombinationen, „gesichert" werden.

Der zum Online-Banking genutzte Computer ist daher gegen das Ausspähen der Informationen durch **Virenschutzprogramme auf dem PC** zu sichern.[28] Der Einsatz von Virensoftware und deren regelmäßige Aktualisierung können erwartet werden, immerhin ist eine solche Software sogar kostenlos verfügbar, ohne große technische Kenntnisse zu installieren und ihre Aktualisierung leicht durchzuführen, wenn nicht ohnehin automatisch eine regelmäßige Aktualisierung voreingestellt ist.[29] Nicht zu überzeugen vermag daher der Hinweis in der höchstrichterlichen Rechtsprechung, wonach der Vorwurf fahrlässigen Ver- 11b

---

[24] S. a. *Hossenfelder* Pflichten von Internetnutzern zur Abwehr von Malware und Phishing in Sonderverbindungen, 2013, 195 f.

[25] Wie hier *Scheibengruber* BKR 2010, 15, 20; BankR-HdB/*Maihold* § 55 Rn. 115; Ellenberger/Findeisen/Nobbe/*Nobbe* § 675v Rn. 48; für eine Pflichtverletzung noch BGH NJW 2001, 286 (287).

[26] IE auch BGHZ 145, 337; zur mangelnden Zumutbarkeit, sich die PIN mehrerer Zahlungskarten zu merken, auch Ellenberger/Findeisen/Nobbe/*Nobbe* § 675v Rn. 48.

[27] So aber *Rammos* CR 2014, 67 (70); MüKoBGB/*Jungmann* § 675l Rn. 54.

[28] Dies entspricht den allg. Anforderungen an den durchschnittlichen Internetnutzer, vgl. nur *Werner* K&R 2008, 554 (555); *Spindler* JZ 2004, 1128 (1129); *Hossenfelder* CR 2009, 790 (791) mwN; *Dienstbach/Mühlenbrock* K&R 2008, 151 (154); *Ernst* CR 2006, 590 (593 f.); wie hier auch MüKoBGB/*Jungmann* § 675l Rn. 43; *Borges* NJW 2012, 2385; *Müller-Brockhausen* Haftung für den Missbrauch von Zugangsdaten im Internet, 2014, Rn. 691 f.; s. a. LG Berlin MMR 2010, 137; LG Köln MMR 2008, 259 (261); aA, wenngleich nicht überzeugend *Omlor* BKR 2019, 105 (111).

[29] Vgl. dazu *Bender* WM 2008, 2049; *Schulte am Hülse/Klabunde* MMR 2010, 84 (87); Palandt/*Sprau*, 76. Aufl. 2017, § 675l Rn. 3 („im Rahmen des Üblichen"); *Oechsler* WM 2010, 1381 (1385); s. a. LG Köln WM 2008, 354 (357) (aktuelle Antivirensoftware und regelmäßige Updates erforderlich); AG Wiesloch WM 2008, 1648 (1651 f.); LG Nürnberg-Fürth BeckRS 2008, 26304 (Virenschutzprogramme, Firewalls und regelmäßige Updates erforderlich); weitergehend *Hossenfelder* CR 2009, 790 (793) (kostenpflichtige Schutzsoftware mit erweiterten Funktionen zumutbar).

haltens nicht auf dem Umstand gründe, dass der Kunde Opfer eines Pharming-Angriffs geworden ist, da ein solcher Angriff im Regelfall schwer zu erkennen sei.[30] Freilich ist der Vorwurf nicht darauf gerichtet, dass nicht (nachträglich) erkannt wurde, dass ein Pharming-Angriff erfolgt ist, der Fahrlässigkeitsvorwurf folgt aber aus der Ermöglichung eines solchen Angriffs beim Unterbleiben des Einsatzes aktueller Virenschutzsoftware. Zumindest seit Inkrafttreten des Zahlungsdiensterechts ist eine allgemeine Kenntnis der verschiedenen Betrugsformen beim Online-Banking als bekannt vorauszusetzen.[31] Darüber hinaus hat der Zahlungsdienstnutzer die Nutzung des Online Banking abzubrechen, wenn ungewöhnliche Umstände auftreten.[32] Dies können die Unterbrechung des Browsers sein, ungewöhnliche Reaktionen der (vermeintlichen) Homepage der Bank oder auch ungewöhnliche Eingabefelder. Paradigmatisch ist der Wechsel des Browsers von der sicheren https-Seite auf eine weniger sichere, „normale" http-Seite beim Besuch der Bankhomepage. Nicht erforderlich ist, dass der Zahlungsdienstnutzer bereits einen Angriff eines Dritten oder gar eine illegale Tätigkeit erkennen kann. Darüber hinaus ist als allgemein bekannt vorauszusetzen, dass von Seiten des Zahlungsdienstleisters personalisierte Sicherheitsmerkmale nicht außerhalb des Autorisierungsverfahrens abgefragt werden, zB per E-Mail.

11c Bei **Smartphones** ist zu unterscheiden: Sofern Antiviren-Apps für das Betriebssystem nicht verfügbar sind bzw. nicht laufen, besteht keine Pflicht des Zahlungsdienstnutzers, eine entsprechende App zu installieren. Darüber hinaus ist es richtigerweise geboten, ein Antivirenprogramm auch auf dem Smartphone zu installieren.[33] Der Hinweis auf die Virenscanner der offiziellen App-Store-Betreiber geht insofern fehl, als das Virenprogramm nicht notwendig in einer App enthalten sein muss, sondern auch als Datei-Anhang über E-Mail-Programme bzw. soziale Netzwerke das Gerät erreichen kann. Dies gilt umso mehr, als die jüngsten Angriffsformen gerade an der mTAN ansetzen (→ Rn. 57). Darüber hinaus darf der Zahlungsdienstnutzer die Einstellungen des Smartphones nicht in einer Weise verändern, die gegen die Nutzungsbedingungen des Smartphones als Zahlungsinstrument verstößt. Diese Pflicht umfasst auch, dass er sicherzustellen hat, dass entsprechende Veränderungen nicht von Dritten vorgenommen werden, d. h. das Smartphone ist gegen einen entsprechenden Zugriff Dritter zu sichern. Die Pflicht, Apps nur aus offiziellen Stores des jeweiligen Smartphone-Herstellers zu beziehen,[34] geht zu weit; insofern reicht die Pflicht zur Installation eines aktuellen Virenschutzprogramms aus. Sofern die Zugangsdaten zum Kontozugang mittels Smartphone auf diese gespeichert werden, muss diese Speicherung hinreichend sicher erfolgen, zB in einem besonders gesicherten Passwortmanager. Darüber hinaus ist beim Einsatz des Smartphones als Zahlungsinstrument zu fordern, dass das Smartphone durch eine **Displaysperre** vor der unbefugten Verwendung durch Dritte geschützt wird. Eine entsprechende Sperre ist bei den überwiegenden Betriebssystemen standardmäßig verfügbar und unschwer zu aktivieren; teilweise ist die Aktivierung sogar voreingestellt. Zudem ist das Smartphone, das zur Authentifizierung von Zahlungsvorgängen eingesetzt wird, als Zahlungsinstrument entsprechend sicher zu verwahren.

11d Das unterhaltene **WLAN-Netzwerk** ist durch ein Passwort gegen unberechtigten Zugriff Dritter zu sichern.[35] Etwaigen aktuellen Warnungen der Bank ist Beachtung zu schenken. Bei Nutzung der Zugangskennung an einem **öffentlichen** (Internetcafé) bzw. Dritten zugänglichen (Büro) **Computer** sind PIN und TAN gegen das Ausspähen Dritter abzuschirmen und sicherzustellen, dass der Browser-Verlauf nach der Nutzung gelöscht ist,

---

[30] So BGH WM 2012, 983 Rn. 28; s. a. in diese Richtung *Borges* NJW 2005, 3313 (3315); *Erfurth* WM 2006, 2198 (2202, 2206); *Schulte am Hülse/Klabunde* MMR 2010, 84 (87).

[31] IE auch AG Köln BKR 2014, 307 (ab Jahr 2013).

[32] LG Köln WM 2008, 354 (357); *van Gelder* FS Nobbe, 2009, 55 (62); aA noch *Kind/Werner* CR 2006, 353 (356); weniger weitgehend *Spindler* FS Nobbe, 2009, 215 (230);

[33] Wie hier *Danwerth* ZBB 2015, 119 (135); aA MüKoBGB/*Jungmann* § 675l Rn. 47; krit. auch *Zahrte* BKR 2016, 315 (319).

[34] So in der Tat MüKoBGB/*Jungmann* § 675l Rn. 48.

[35] OLG Düsseldorf MMR 2008, 256.

sich in diesem also kein gespeichertes Passwort befindet. Bei der Nutzung eines WLAN ist sicherzustellen, dass eine verschlüsselte Übertragung gewählt wurde.

Hinsichtlich der **Nutzung von TAN-Verfahren** gilt: Sofern der Zahlungsdienstleister verschiedene TAN-Verfahren anbietet, kann der Zahlungsdienstnutzer zwischen diesen frei wählen, ohne gegen § 675l Abs. 1 S. 1 BGB zu verstoßen. Dies gilt auch, wenn eines der angebotenen Verfahren weniger sicher sein sollte als andere. Der Zahlungsdienstnutzer ist verpflichtet, die TAN geheim zu halten und keinem Dritten mitzuteilen.[36] Diese Pflicht gilt unbedingt und ist unabhängig von dem konkreten TAN-Verfahren, mithin auch bei den TAN-Verfahren der dritten Generation. Auch wenn beim mTAN-Verfahren bzw. SMS-TAN-Verfahren[37] die TAN jeweils individuell für den zu autorisierten Zahlungsvorgang generiert wird, ist eine Weitergabe an Dritte gleichwohl pflichtwidrig. Das Missbrauchsrisiko ist bei diesem Verfahren zwar deutlich reduziert, allerdings auch nicht vollständig ausgeschlossen. Darüber hinaus hat der Zahlungsdienstnutzer die zusammen mit der TAN übermittelten Daten des Zahlungsauftrags daraufhin zu überprüfen, ob diese mit der ausgelösten Zahlung übereinstimmen.[38] Sofern er insofern Abweichungen feststellt, hat er die Transaktion abzubrechen und die TAN nicht zu verwenden. Andernfalls liegt ein Verstoß gegen § 675l Abs. 1 S. 1 BGB vor. Seit der Änderung des Zahlungsdienste Rechts im Jahr 2018 dürfen TAN auch an Zahlungsauslösedienst übermittelt werden. Dies war zuvor umstritten. 12

Grundsätzlich ist die Verwendung der TAN konform mit den vereinbarten Nutzungsbedingungen nicht pflichtwidrig. Die nur abstrakte Gefahr von Angriffen Dritter auf den Kommunikationsprozess steht dem nicht entgegen. Sofern der Zahlungsdienstnutzer bei Anwendung der im Verkehr erforderlichen Sorgfalt allerdings erkennen muss, dass der **konkrete Kommunikationsprozess Gegenstand eines Angriffs** Dritter sein kann (zB ungewöhnliche Eingabemasken, Wechsel von https zu http, ungewöhnliches Verhalten des Browsers), ist die allgemeine Sorgfaltspflicht situationsspezifisch zu konkretisieren. Der Zahlungsdienstnutzer hat daher in der Folge entsprechender Indizien den konkreten Zahlungsvorgang abzubrechen, die konkrete TAN nicht zu nutzen und gegebenenfalls weitere Maßnahmen (Installation eines Virenscanners usw.) zu unternehmen, um eine Pflichtverletzung im Sinne von § 675l Abs. 1 S. 1 BGB zu vermeiden. Die Reichweite der Pflicht zur Prüfung, ob ein Angriff Dritter auf den Kommunikationsprozess aktuell stattfindet, ist nach den Umständen des Einzelfalls zu bestimmen. Jedenfalls die Eingabe mehrerer TAN zur Auslösung einer Zahlung stellt einen entsprechenden Pflichtenverstoß dar,[39] da beim normalen Ablauf der Autorisierung mittels TAN nur eine TAN erfragt wird. Sofern eine Fehlermeldung nach der Eingabe der TAN generiert wird, hat der Zahlungsdienstnutzer ebenfalls zu prüfen, ob Indizien dafür erkennbar sind, dass der Kommunikationsprozess Gegenstand eines Eingriffs ist. 12a

3. Die Rechtsfolge eines Verstoßes gegen die Sorgfaltspflicht

Ein Verstoß des Kunden gegen diese Sorgfaltspflichten aus § 675l BGB kann die Bank zur **Sperre des Zahlungsinstruments** berechtigen (§ 675k Abs. 2 S. 1 Nr. 1 BGB). Hinzu tritt die **Haftung des Kunden** bei einer missbräuchlichen Nutzung des Instruments nach § 675v Abs. 3 Nr. 2 lit. a BGB. Die Anzeige nach § 675l Abs. 1 S. 2 BGB schließt 12b

---

[36] Aus der Rspr. AG Düsseldorf BeckRS 2015, 05137; AG München WM 2017, 2021; s. a. BGH NJW 2016, 2024 (2025).

[37] Zu Entgelten bei diesen BGH NJW 2017, 3222.

[38] AG Bonn BKR 2014, 304; LG Darmstadt WM 2014, 2323 (2326); *Omlor* BKR 2019, 105 (112); weitergehend eine wirksame Autorisierung nach Rechtsscheingrundsätzen bejahend hingegen LG Darmstadt WM 2014, 2323 (2325 f.) = ZIP 2014, 1972.

[39] BGH NJW 2012, 2422 (10 TAN); OLG München BKR 2012, 475 (Eingabe der iTAN-Liste); KG MMR 2011, 338; LG Berlin NJW-RR 2012, 570; AG Düsseldorf BeckRS 2015, 05032 und LG Düsseldorf BeckRS 2015, 05137; AG Krefeld BKR 2012, 480.

nach § 675v Abs. 5 BGB die Haftung des Kunden für missbräuchliche Verfügungen aus, die *nach* der Anzeige erfolgen.

III. Die Anzeigepflicht des Zahlers bei einem Missbrauch (Abs. 1 S. 2)

13 Der Kunde hat der Bank oder einer von dieser benannten Stelle (vgl. Art. 248 § 4 Abs. 1 Nr. 5 lit. a EGBGB) einen etwaigen **Missbrauch des Zahlungsinstruments anzuzeigen.**[40] Ziel ist es, dem Zahlungsdienstleister die sofortige Verhinderung einer weiteren missbräuchlichen Nutzung des Instruments zu ermöglichen. Nach erfolgter Anzeige hat der Zahlungsdienstleister die weitere Nutzung des Zahlungsinstruments zu unterbinden (§ 675m Abs. 1 Nr. 5 BGB). Den Zahlungsdienstnutzer trifft zudem dann keine Haftungsgefahr mehr aufgrund einer Ermöglichung der nicht autorisierten Nutzung bzw. missbräuchlichen Verwendung (§ 675v Abs. 5 S. 1 BGB).

1. Die anzeigepflichtigen Konstellationen

14 **Anzeigepflichtige Konstellationen** sind der Verlust, der Diebstahl und das sonstige Abhandenkommen, die missbräuchliche Verwendung oder die sonstige nicht autorisierte Nutzung eines Zahlungsinstruments, zB der Online-Banking PIN oder einer TAN. Ausreichend ist der Verlust des Zahlungsinstruments; das personalisierte Sicherheitsmerkmal muss nicht ebenfalls verloren gegangen etc sein.

15 Ein **Verlust eines Zahlungsinstruments** liegt vor, wenn der Kunde nicht mehr die (alleinige) Verfügungsgewalt über das verkörperte Zahlungsinstrument, zB den Online-Banking-PIN-Brief, hat, da hieraus mit Blick auf den Normzweck bereits eine hinreichend große Gefährdung resultiert. Insoweit bietet sich eine Orientierung an den zu § 965 BGB entwickelten Grundsätzen an.[41] Das Instrument muss somit nicht mehr im Besitz des Kunden sein, ohne dass es herrenlos sein muss. Eine vorübergehende Lockerung der Besitzbeziehung genügt nicht. Das Instrument ist nicht verloren, wenn es nur in der eigenen Wohnung verlegt worden ist (zB der PIN-Brief), es sei denn, dass das Instrument völlig aus dem Blickfeld des Kunden verschwunden und eine Ausübung der Sachherrschaft nicht mehr möglich ist. Anders als bei § 965 BGB schließt aber ein Besitzwechsel, d. h. der Erwerb des Besitzes durch einen Dritten, den Verlust des Instruments nicht aus. Ob bereits die Gefahr eines Verlustes oder eines Diebstahls die Anzeigepflicht des Zahlungsdienstenutzers begründet,[42] kann dahinstehen, da aus der dann bestehenden Unsicherheit des Zahlungsdienstnutzers hinsichtlich des Zahlungsinstruments und der Sachherrschaft über dieses auf jeden Fall eine Gefahr einer unautorisierten Nutzung des Zahlungsinstruments besteht und diese die Anzeigepflicht auslöst (→ Rn. 19).

16 Ein **Diebstahl** liegt vor, wenn das verkörperte Zahlungsinstrument gestohlen wurde, mithin die Sachherrschaft dem Besitzer gegen seinen Willen durch einen Dritten entzogen wurde. Die Tatbestandsvariante ist entbehrlich, da der Wechsel der Besitzverhältnisse maßgeblich ist und dieser bereits durch die Alternative des Verlusts erfasst wird. Die übrigen Voraussetzungen des § 242 StGB müssen nicht vorliegen.[43] Maßgeblich ist der Verlust der tatsächlichen Sachherrschaft, sodass der Diebstahl nur stellvertretend für auch den Raub, die räuberische Erpressung oder die sonstige Nötigung zur Übertragung des Besitzes steht.[44] Grenze ist die freiwillige, wenn gleich täuschungsbedingte Weggabe des Zahlungsinstruments, die von dieser Regelungsalternative nicht erfasst wird.

---

[40] S. a. Nr. 8.1 I, 8.2 Online-Banking-Bedingungen der privaten Banken, der Sparkassen und der Genossenschaftsbanken.
[41] Palandt/*Sprau* § 675l Rn. 4.
[42] Bejahend Erman/*v. Westphalen* § 675l Rn. 12; a. A. MüKoBGB/*Jungmann* § 675l Rn. 73.
[43] Vgl. nur MüKoBGB/*Jungmann* § 675l Rn. 72; aA MüKoHGB/*Haertlein* Kap. E Rn. 92.
[44] Vgl. auch BeckOGK/*Hofmann* Rn. 115; vgl. *Casper/Pfeifle* WM 2009, 2343 (2346).

Nach zutreffendem Verständnis[45] ist auch das **sonstige Abhandenkommen,** mithin der Verlust des unmittelbaren Besitzes ohne oder gegen den Willen des Bankkunden anzeigepflichtig. Hierfür spricht eine systematische Auslegung im Zusammenhang mit § 675v Abs. 1 S. 1 BGB. 17

Die **nicht autorisierte Nutzung,** deren wichtigster Unterfall die **missbräuchliche Verwendung** ist,[46] ist eine Nutzung durch Dritte ohne Zustimmung des berechtigten Kunden, also die Nutzung von PIN bzw. TAN ohne oder gegen den Willen des berechtigten Kunden. Dritte sind jene, die nach dem Inhalt des konkreten Zahlungsdiensterahmenvertrags nicht zur Nutzung des konkreten Zahlungsinstruments berechtigt sind. Umfasst ist auch die weisungswidrige Verwendung durch Dritte, auch durch Dritte, denen der Kunde die PIN bzw. TAN (unberechtigt) überlassen hat (zB den Mitarbeitern in seinem Sekretariat). Denn die resultierende Haftung auf das positive bzw. negative Interesse des Bankkunden bei einer Überlassung der PIN/TAN an Dritte[47] ändert nichts an der fortbestehenden Pflicht des Zahlungsdienstnutzers zur Anzeige des Missbrauchs, um einen weiteren Missbrauch durch Dritte zu verhindern.[48] Zudem löst auch ein auf Tatsachen gründender **Verdacht** einer dieser Konstellationen richtigerweise die Anzeigepflicht aus.[49] Entsprechende Klauseln in den Nutzungsbedingungen von privaten Banken, Sparkassen und Genossenschaftsbanken bei einzelnen Zahlungsinstrumenten oder personalisierten Sicherheitsmerkmalen[50] verstoßen demnach nicht gegen die gesetzliche Vorgabe und halten auch der Inhaltskontrolle am Maßstab der §§ 305 ff. BGB stand. 18

Richtigerweise löst auch eine **bloße Gefahr einer nicht autorisierten Verwendung** die Anzeigepflicht aus,[51] auch wenn der Wortlaut der Norm insoweit nicht eindeutig ist, weil er auf den „Verlust" des Instruments oder eine sonstige nicht autorisierte „Nutzung" verweist. Indes bedeutet auch ein (bloßer) Verlust des Instruments iE nur die Gefahr seines Missbrauchs. Während die Möglichkeit des Verlusts aber an der Körperlichkeit des Instruments ansetzt, sind andere Instrumente, zB Passwörter oder die PIN, bereits durch eine bloße Kenntnis Dritter gefährdet, ohne dass sie abhandenkommen müssen. In teleologischer Extension der Richtlinienvorgabe und auch der nationalen Regel lösen Gefährdungen der nicht autorisierten Verwendung daher ebenfalls die Anzeigepflicht aus. Die Kenntnis der PIN durch einen Dritten aufgrund des Ausspähens sowie der Erhalt eines geöffneten oder manipulierten PIN-Briefs verpflichtet den Bankkunden demnach zur Anzeige. Gleiches gilt für den Diebstahl des Computers mit einem darauf gespeicherten Passwort oder mit privater Finanzsoftware einschließlich der Passwörter. Entscheidend ist insoweit das Telos der Norm, das auf die Verhinderung der missbräuchlichen Nutzung zielt. Zudem wird der Zahlungsdienstnutzer hierdurch nicht übermäßig belastet, muss die Sperre doch kostenfrei möglich sein. Erforderlich sind hierzu hinreichend konkrete Tatsachen, die bei objektiver Würdigung auf eine entsprechende Gefahr schließen lassen. 19

2. Adressat, Zeitpunkt und Form

Die Anzeige durch den Kunden hat **unverzüglich nach Kenntnis** (§ 121 Abs. 1 S. 1 BGB) zu erfolgen. Letzteres erfordert positive Kenntnis vom Verlust, Diebstahl oder Abhandenkommen oder das **bewusste Verschließen vor der Einsicht** dieser Tatsachen.[52] 20

---

[45] Vgl. MüKoBGB/*Jungmann* § 675l Rn. 65.
[46] Palandt/*Sprau* Rn. 5; Ellenberger/Findeisen/Nobbe/*Frey* Rn. 17; BeckOK BGB/*Schmalenbach* Rn. 5.
[47] → Kap. 3 § 675v Rn. 50.
[48] AA *Mülbert* FS Canaris, 2007, 271 (284).
[49] So auch Ellenberger/Findeisen/Nobbe/*Nobbe* § 675v Rn. 81; Ellenberger/Findeisen/Nobbe/*Frey* § 675l Rn. 19; unklar BuB/*Werner* Rn. 19/70b und 70d.
[50] Vgl. Nr. 8.1 III Online-Banking-Bedingungen der Sparkassen.
[51] Wie hier MüKoBGB/*Jungmann* § 675l Rn. 78; Ellenberger/Findeisen/Nobbe/*Frey* Rn. 18; aA Langenbucher/Bliesener/Spindler/*Langenbucher* Kap. 3 § 675l Rn. 12; BeckOK BGB/*Schmalenbach* § 675l Rn. 6; unentschieden Palandt/*Sprau* § 675l Rn. 6.
[52] Vgl. OLG Frankfurt WM 2001, 1898; restriktiver OLG Frankfurt WM 2002, 1055 (1057).

Das bloße **Kennenmüssen** des Zahlungsdienstnutzers reicht nicht aus.[53] Demnach mangelt es an der erforderlichen Kenntnis, wenn der Kunde noch davon ausgeht, dass sich das Instrument weiterhin in seiner Verfügungsgewalt befindet, also zB nur verlegt, nicht aber verloren wurde, oder kein Missbrauch vorliegt, sondern eine berechtigte Nutzung erfolgt ist. Eine Nachforschungspflicht begründet die Norm nicht;[54] bei hinreichend gewichtigen Indizien bzw. einem gewichtigen Verdacht kann aber auf einen bedingten Vorsatz geschlossen werden. Ausreichend ist auch das **positive Wissen um die *Gefahr* einer missbräuchlichen Verwendung.**[55] Da richtigerweise auch die Gefahr einer nichtautorisierten Verwendung die Informationspflicht auslöst (→ Kap. 3 § 675m Rn. 14), muss insofern auch die positive Kenntnis hiervon ausreichen. Denn der Missbrauch der Instrumente ist regelmäßig einfach und schnell möglich. **Unverzüglich** ist die Anzeige bei vorhandenem Zugang zu einem Telefon nur innerhalb einer sehr kurzen Frist.[56] Der Kunde muss – nach sehr kurzer Abwägung der Handlungsoptionen und ggf Suche nach dem Zahlungsinstrument – durch eine schnelle Recherche die Kontaktdaten des Zahlungsdienstleisters ermitteln und prinzipiell die nächste Gelegenheit nutzen, die Anzeige mittels geeigneter Kommunikationsmittel zu übermitteln. Besondere Bedeutung erlangt hierbei die praktisch jederzeitige Verfügbarkeit eines privaten Mobiltelefons. Zudem ist der Zahlungsdienstleister verpflichtet, eine „jederzeit" mögliche Anzeige nach § 675l Abs. 1 S. 2 BGB zu gewährleisten (§ 675m Abs. 1 Nr. 3 BGB). Die telefonische Sperrannahme ist daher 24h/sieben Tage in der Woche besetzt und die bundesweit einheitliche Rufnummer von den Banken bekanntgemacht und leicht über das Internet oder eine Auskunft zu erfragen. Tendenziell ist daher das Zuwarten von über einer Stunde nach Kenntnis mangels besonderer Umstände nicht mehr unverzüglich.

21 Die **Form der Anzeige** ist nicht vorgegeben. Allerdings muss sie in einer Weise kommuniziert werden, welche die Pflicht zur unverzüglichen Anzeige nicht verletzt, mithin telefonisch, per E-Mail, Fax, SMS, Eingabe auf einer Bank-Website oder in der Banking App, nicht aber mit einem normalen Brief (vgl. auch die Informationspflicht in Art. 248 § 4 Abs. 1 Nr. 5 lit. a EGBGB).[57] Die Anzeige soll die Bank in die Lage versetzen, künftigen Missbrauch rasch zu verhindern und bereits stattfindenden zu unterbinden. Die AGB können die Form der Anzeige ausgestalten, sofern nicht der Beschleunigungsgrundsatz oder die Kostenfreiheit beschränkt werden. Sofern die Anzeige nicht bei der kontoführenden Stelle, sondern einer benannten Stelle erfolgt, muss sie unter Angabe der IBAN erfolgen.[58] Die Anzeige wird mit Zugang wirksam.

22 Daneben sind das Abhandenkommen und der Missbrauch eines Zahlungsinstruments und eines persönlichen Sicherheitsmerkmals auch unverzüglich **bei der Polizei anzuzeigen.**[59]

[53] S. aber OLG Bamberg WM 1994, 194 (196).

[54] Auch ist nicht in periodischen Abständen der Besitz der PIN zu überprüfen, zutr. Ellenberger/Findeisen/Nobbe/*Nobbe* § 675v Rn. 72 (zur Karte); s. a. weitergehend Palandt/*Sprau* Rn. 7 (Nachforschungspflichten des Zahlungsdienstnutzers beim bloßen Verdacht eines meldepflichtigen Umstands).

[55] Wie hier Ellenberger/Findeisen/Nobbe/*Frey* § 675l Rn. 19; aA BeckOK BGB/*Schmalenbach* § 675k Rn. 6, der aber auf den Schluss aus den Umständen auf eine positive Kenntnis des Zahlers verweist und eine insoweit strenge Auslegung fordert; Palandt/*Sprau* § 675k Rn. 4.

[56] Vgl. OLG Hamm WM 1997, 1203 (1207) (verneint nach 1,5h); OLG Frankfurt NJW-RR 2004, 206 (207) (verneint nach 1,5h); großzügiger aber OLG Düsseldorf BKR 2008, 41 (42); s. a. AG Regensburg WM 2006, 91 (92) (verneint nach 45 Min).

[57] Zu weitgehend LG Frankfurt NJW-RR 2004, 206 (max. 1,5h).

[58] Vgl. Nr. 6.4 I Online-Banking Bedingungen der privaten Banken, Sparkassen und Genossenschaftsbanken.

[59] Nr. 8.1 II Online-Banking-Bedingungen der privaten Banken, Sparkassen und der Genossenschaftsbanken; zust. BuB/*Werner* Rn. 70e.

3. Entgelte für Anzeige oder Sperre

Die **Anzeige** nach Abs. 1 S. 2 muss dem Zahlungsdienstnutzer **kostenfrei** ermöglicht werden (§ 675m Abs. 1 S. 1 Nr. 4 BGB). Damit kann auch für die „Bearbeitung der Anzeige" nach Abs. 1 S. 2 kein Entgelt vertraglich wirksam vereinbart werden. **22a**

Das in Preis- und Leistungsverzeichnissen bisweilen klauselmäßig vereinbarte **Entgelt für die Sperre** verstößt ebenfalls gegen § 307 Abs. 2 Nr. 1 BGB.[60] Nach § 675f Abs. 5 S. 2 BGB sind die Nebenpflichten dieses Abschnittes von der Bank kostenfrei zu erbringen. Freilich handelt es sich bei der Pflicht in § 675l Abs. 1 S. 2 BGB um eine Pflicht des Bankkunden. Der Zweck der Anzeigepflicht, die Beschleunigung der Verhinderung missbräuchlicher Nutzung, würde auch nicht durch ein geringes Entgelt konterkariert, da das Haftungsrisiko des Kunden, das bis zur ordnungsgemäßen Anzeige besteht (→ Kap. 3 § 675v Rn. 56 ff.) wesentlich höher ist. Allerdings ist die Bank nach § 675m Abs. 1 S. 1 Nr. 5 BGB zur Sperre des Zahlungsinstruments nach einer Anzeige verpflichtet. Für diese Sperre darf sie mangels gesetzlicher Grundlage (→ Kap. 3 § 675f Rn. 74 ff.) kein Entgelt verlangen, wie aus § 675f Abs. 5 S. 2 BGB folgt. **23**

IV. Das Entgelt für den Ersatz eines Zahlungsinstruments (Abs. 1 S. 3)

Seit der Umsetzung der PSD II im Jahr 2018 (vgl. Art. 70 Abs. 1 lit. d PSD II) ermöglicht Abs. 1 S. 3 den Parteien, ein Entgelt für die Ausstellung eines Ersatz-Zahlungsinstruments zu vereinbaren.[61] Dies erfasst Konstellationen, in denen der Zahlungsdienstnutzer den Austausch des Zahlungsinstruments zu verantworten hat, nicht zu verantworten hat oder ohne einen besonderen Anlass, der seinen Grund im Zahlungsdiensterahmenvertrag hat, eine Neuausstellung des Zahlungsinstruments wünscht.[62] Erforderlich ist, dass der Ersatz aus einem der von der Norm genannten Gründe beruht (***numerus clausus* der Ersatzgründe**), mithin der Ersatz eines „verlorenen, gestohlenen, missbräuchlich verwendeten oder sonst nicht autorisiert genutzten" Zahlungsinstruments. In anderen Konstellationen ist eine entsprechende Entgeltabrede nicht möglich (§ 675f Abs. 5 S. 2 BGB). **24**

Für den **Ersatz des Zahlungsinstruments aus anderen Gründen** kann kein Entgelt wirksam vereinbart werden. Die teilweise vorgeschlagene[63] **einschränkende Auslegung der Norm** in Konstellationen, in denen der Zahlungsdienstleister jene Umstände, die zur Sperre und zum Ersatz des Zahlungsinstruments geführt haben, zu vertreten hat bzw. ihm diese Umstände zuzurechnen sind, vermag **nicht vollständig zu überzeugen.** Richtig ist insofern, dass das **Vertretenmüssen des Zahlungsdienstleisters** einschließlich der Zurechnung des Vertretenmüssens seiner Erfüllungsgehilfen nach allgemeinen Grundsätzen einen Entgeltanspruch ausschließt. In jedem Fall besteht insofern ein Schadensersatzanspruch des Zahlungsdienstnutzers. Insofern können entsprechende Konstellationen bereits aus der gesetzlichen Regelung des Entgelttatbestandes nach dessen Zweck herausgenommen werden. Allerdings kann bis zum Vorliegen einer entsprechenden, gefestigten höchstrichterlichen Rechtsprechung vom Zahlungsdienstleister nicht verlangt werden, den klauselmäßigen Entgelttatbestand unter Berücksichtigung dieser Ausnahme zu fassen bzw. das Risiko der vollständigen Unwirksamkeit des Entgelttatbestandes für den Fall zu gewärtigen, dass dieser eine solche Ausnahme nicht enthält. Nicht zu überzeugen vermag aber, Konstellationen mit dem Argument aus dem gesetzlichen Entgelttatbestand auszugliedern, dass dem Zahlungsdienstleister die zugrundeliegenden Umstände zuzurechnen sind, namentlich dass die im Zahlungsinstrument enthaltenen **Sicherheitsmerkmale nicht** mehr den **aktuellen Anforderungen** entsprechen. Gegen eine solche Ausnahme spricht, dass **25**

---

[60] *Scheibengruber* BKR 2010, 15 (19 f.); MüKoBGB/*Jungmann* § 675l Rn. 79.
[61] Vgl. zur früheren Rechtslage BGH NJW 2016, 560 (562).
[62] Näher zur Neuregelung u. a. *Werner* ZBB 2017, 345 (353); *Omlor* WM 2018, 937 (940).
[63] MüKoBGB/*Jungmann* § 675l Rn. 89.

der Entgelttatbestand in Abs. 1 S. 3 immerhin von der Möglichkeit der missbräuchlichen Verwendung bzw. nicht autorisierten Nutzung durch Dritte ausgeht, sodass nicht schon aus dieser als solche die Ungeeignetheit/Überholung des Zahlungsinstruments bzw. der Sicherheitsmerkmale geschlossen werden kann. Darüber hinaus ist die Zuweisung des Verantwortungsbereichs zum Zahlungsdienstleister unter Hinweis auf „nicht aktuelle Anforderungen" an die Sicherheitsmerkmale deutlich zu vage. So lässt sich ein Zeitpunkt, ab dem zB iTAN-Listen nicht mehr diesen entsprachen, wenn überhaupt, nur schwer fixieren. Darüber hinaus besteht die Gefahr, dass mittelbar über den Entgelttatbestand die Sicherheitsanforderungen in der Rückschau übermäßig hoch formuliert werden.

26 Die **Darlegungs- und Beweislast** hinsichtlich dieser Voraussetzungen liegen beim Zahlungsdienstleister. Er trägt mithin das Risiko, diese Voraussetzung nicht nachweisen zu können mit der Folge, dass der Entgelttatbestand nicht verwirklicht ist. Paradigmatisch ist die Sperre des Zahlungsinstruments aufgrund der Anzeige der bloßen Gefahr einer unautorisierten Nutzung durch den Zahlungsdienstnutzer (→ Rn. 18). Sofern der Verlust oder Diebstahl des Zahlungsinstruments ausscheidet, zB beim Verdacht das Ausspähen der PIN zum Online Banking Zugang, ist der Entgelttatbestand nur verwirklicht, wenn der Zahlungsdienstleister die missbräuchliche Verwendung der PIN nachweist

27 **Vertragliche (auch klauselmäßige) Abreden,** die in weiteren, über die Norm hinausgehenden Konstellationen ein Entgelt des Zahlungsdienstnutzers für die Ausstellung eines Ersatz-Zahlungsinstruments vorsehen, sind unwirksam. Bei klauselmäßigen Abreden wird insofern vielfach der sog. blue pencil-Test dazu führen, dass nur jene weitergehenden Konstellationen als unwirksam aus der im übrigen wirksamen Klausel gestrichen werden.

28 Das Entgelt darf hinsichtlich der **Entgelthöhe** „allenfalls die ausschließlich und unmittelbar mit dem Ersatz verbundenen Kosten" abdecken. Die Norm setzt – aufgrund europäischer Vorgabe – die jüngere, wenig praktikable und den Grundlagen des Privatrechts zuwiderlaufende Tendenz der Preiskontrolle fort. Auch mit ihr verbinden sich aufgrund des Tatbestandsmerkmals der mit dem Ersatz „verbundenen" Kosten sowie der wenig trennscharfen Anforderung einer „unmittelbaren" Verbindung Elemente der Rechtsunsicherheit. Die Höhe des Entgelts muss sich danach an den „ausschließlich und unmittelbar" mit dem Ersatz des Zahlungsinstruments verbundenen Kosten orientieren. Zu entsprechenden **Kosten** zählen u. a. die Kosten für den Versand des neuen Zahlungsinstruments, zB des neuen PIN-Briefs bzw. des Briefs mit den Zugangsdaten zum Online Banking. Gleiches gilt hinsichtlich der Kosten von Dritt-Dienstleistern, denen Ersatzausstellung übertragen wurde. Richtigerweise sind auch die Kosten von Mitarbeitern und Personal erfasst, wenn und soweit sie sich beim Zahlungsdienstleister ausschließlich mit dem Ersatz von Zahlungsinstrumenten befassen. Sofern der Zahlungsdienstleister den prozentualen Anteil jener Fälle erfasst, in denen eine Ersatzausstellung des Zahlungsinstruments aus den im Entgelttatbestand der Norm genannten Gründen erfolgt, können die Sach- und Personalkosten der entsprechenden Abteilung anteilig auf die entsprechenden Ersatzausstellungen umgelegt werden.

29 In dem „allenfalls" jene Kosten verlangt werden dürfen, handelt es sich um eine **kostenorientierte Obergrenze** für entsprechende Entgeltabreden. Damit wird ein etwaiger Gewinnsaufschlag durch den Zahlungsdienstleister ausgeschlossen. Berechnungsunschärfen dürfen hingegen richtigerweise durch Abrundung oder Aufrundung aufgefangen werden. Ein abweichendes Verständnis der Norm unterstellt dem Gesetzgeber eine nachgerade naive Vorstellung von der Möglichkeit die entsprechenden Kosten auf den Cent genau im Unternehmen zu ermitteln. Sofern mithin die Berechnung dazu führt, dass die Übersendung eines Ersatz-PIN-Briefs einschließlich Porto und sonstiger ersatzfähiger Kosten 98,3 Cent kostet, darf der Zahlungsdienstleister durchaus die Ausstellung des Ersatz-Zahlungsinstruments mit 1,– Euro bepreisen. Auch hiermit stellt er nach einer wirtschaftlichen Betrachtung (Berechnungsunschärfen) und teleologischen Auslegung der Norm nur die „Kosten" der Ersatzausstellung in Rechnung.

Etwaige **Kosten für die Anzeige** nach Abs. 1 S. 2 **sowie die Sperrung des Zahlungsinstruments** als solche sind **nicht** ersatzfähig. Auch die Entsperrung des Zahlungsinstruments als solche wird nicht erfasst. **30**

V. Die Vereinbarung zur Einhaltung der Ausgabe- und Nutzungsbedingungen (Abs. 2)

Abs. 2 bestimmt (deklaratorisch), dass der Zahlungsdienstleister und der Zahlungsdienstnutzer (auch klauselmäßig) **Vereinbarungen über die Ausgabe und Nutzung** von Zahlungsinstrumenten treffen können. Darüber hinaus enthält die Regelung **Voraussetzungen für die Wirksamkeit** dieser vertraglichen (auch klauselmäßigen) Abreden. Die Norm setzt Art. 69 Abs. 1 PSD II um, wonach die Bedingungen für die Ausgabe und Nutzung eines Zahlungsinstruments „objektiv, nichtdiskriminierend und verhältnismäßig" sein müssen. Dies greift Abs. 2 auf und fordert, dass die Bedingungen für die Ausgabe und Nutzung „sachlich, verhältnismäßig und nicht benachteiligend" sein müssen.[64] **31**

Inhaltlich gibt Abs. 2 nur einen **sehr groben Rahmen** vor.[65] Dies ist angesichts der Vielfältigkeit der Zahlungsinstrumente und der schnellen technischen Weiterentwicklung vollkommen sachgerecht. Mit der Regelung verbinden sich mithin keine grundlegenden Änderungen zur bisherigen Rechtslage, jedenfalls sofern klauselmäßige Abreden betroffen sind. Wie bisher ist eine Interessenabwägung erforderlich, bei der insbesondere das Interesse des Zahlungsdienstleisters (und des Zahlungsdienstnutzers), nicht autorisierte Nutzungen des Zahlungsinstruments zu verhindern, sowie das Interesse des Zahlungsdienstnutzers an einer hinreichenden Praktikabilität des Zahlungsinstruments zu berücksichtigen sind. **32**

Das **Gebot einer sachlichen Regelung** fordert eine Beschränkung auf die Regelung von Ausgabe und Nutzung (keine Regelungen nur „anlässlich" der Ausgabe/Nutzung des Zahlungsinstruments). Darüber hinaus müssen die Regelungen an objektiven Umständen anknüpfen.[66] Die **Verhältnismäßigkeit** fordert, dass die Nutzungsmöglichkeiten für den Zahlungsdienstnutzer nicht übermäßig beschränkt werden und nicht vollkommen fernliegende Risiken zum Anlass für weitgehende Einschränkungen der Nutzung genommen werden. Mit der Verhältnismäßigkeit verbindet sich im Grundsatz auch eine Korrespondenz von Vorteil und Risiko des Einsatzes des Zahlungsinstruments durch den Zahlungsdienstnutzer. Insofern ist auch von Belang, inwieweit der Zahlungsdienstleister selbst das Missbrauchsrisiko steuern kann und gesteuert hat. Das **Verbot benachteiligender Bedingungen** zielt im Kern auf einen Gleichbehandlungsgrundsatz, dh ohne sachliche Rechtfertigung dürfen bestimmten (Kreisen von) Zahlungsdienstnutzern keine abweichenden, namentlich strengeren Pflichten auferlegt werden.[67] Darüber hinaus wird dem Gebot entnommen, dass die tradierten Zahlungsdienste keine Privilegierung gegenüber Zahlungsauslösediensten und Kontoinformationsdiensten erfahren dürfen.[68] **33**

Bei einem **Verstoß gegen Abs. 2** sollen nach einer Ansicht im Schrifttum[69] die jeweiligen Regelungen **insgesamt unwirksam** sein. Dies vermag nicht zu überzeugen. Hiergegen spricht schon die Vagheit der Vorgabe, die mit einer Nichtigkeitsfolge umfassend zulasten des Zahlungsdienstleisters wirken würde und zudem die Pflichten des Zahlungsdienstnutzers unter das angemessene Niveau sinken ließen. Diese Pflichten bestehen aber gerade auch im Interesse der Zahlungsdienstnutzer an einem funktionierenden Zahlungsdienstesystem und der Begrenzung des Missbrauchs von Zahlungsinstrumenten Darüber hinaus greift auch die Ablehnung der geltungserhaltenden Reduktion im AGB-Recht **34**

---

[64] Dazu auch *Spitzer* MDR 2018, 561.
[65] Mit einer unberechtigten Kritik daran *Hofmann* BKR 2018, 62 (67).
[66] Palandt/*Sprau* Rn. 4; MüKoHGB/*Linardatos* K Rn. 117; MüKoBGB/*Jungmann* § 675l Rn. 23.
[67] Begr. RegE BT-Drs. 18/11495, 157.
[68] BeckOK BGB/*Schmalenbach* § 675l Rn. 7; Palandt/*Sprau* Rn. 8.
[69] *Omlor* BKR 2019, 105 (111); MüKoBGB/*Jungmann*§ 675l Rn. 21.

gerade dann nicht, wenn eine überschießende Rechtsfolge das Ergebnis der Nichtigkeit ist. Dies ist aber der Fall, wenn in der Folge des festgestellten Verstoßes gegen die Vorgaben für Ausgabe- und Nutzungsbedingungen nach Abs. 2 die entsprechenden Bedingungen vollständig entfielen. In Parallele zur Lösung bei der AGB-Kontrolle ist daher – legt man diese Rechtsprechung zugrunde – auch hier eine **ergänzende Vertragsauslegung** nach § 157 BGB zur Schließung der resultierenden Lücke in der vertraglichen Abrede durch eine angemessene Vertragsbedingung angezeigt und geboten.

§ 675m Pflichten des Zahlungsdienstleisters in Bezug auf Zahlungsinstrumente; Risiko der Versendung

(1) [1] **Der Zahlungsdienstleister, der ein Zahlungsinstrument ausgibt, ist verpflichtet,**

1. **unbeschadet der Pflichten des Zahlungsdienstnutzers gemäß § 675l Absatz 1 sicherzustellen, dass die personalisierten Sicherheitsmerkmale des Zahlungsinstruments nur der zur Nutzung berechtigten Person zugänglich sind,**
2. **die unaufgeforderte Zusendung von Zahlungsinstrumenten an den Zahlungsdienstnutzer zu unterlassen, es sei denn, ein bereits an den Zahlungsdienstnutzer ausgegebenes Zahlungsinstrument muss ersetzt werden,**
3. **sicherzustellen, dass der Zahlungsdienstnutzer durch geeignete Mittel jederzeit die Möglichkeit hat, eine Anzeige gemäß § 675l Absatz 1 Satz 2 vorzunehmen oder die Aufhebung der Sperrung gemäß § 675k Abs. 2 Satz 5 zu verlangen,**
4. **dem Zahlungsdienstnutzer eine Anzeige gemäß § 675l Absatz 1 Satz 2 kostenfrei zu ermöglichen und**
5. **jede Nutzung des Zahlungsinstruments zu verhindern, sobald eine Anzeige gemäß § 675l Absatz 1 Satz 2 erfolgt ist.**

[2] **Hat der Zahlungsdienstnutzer den Verlust, den Diebstahl, die missbräuchliche Verwendung oder die sonstige nicht autorisierte Nutzung eines Zahlungsinstruments angezeigt, stellt sein Zahlungsdienstleister ihm auf Anfrage bis mindestens 18 Monate nach dieser Anzeige die Mittel zur Verfügung, mit denen der Zahlungsdienstnutzer beweisen kann, dass eine Anzeige erfolgt ist.**

(2) **Die Gefahr der Versendung eines Zahlungsinstruments und der Versendung personalisierter Sicherheitsmerkmale des Zahlungsinstruments an den Zahlungsdienstnutzer trägt der Zahlungsdienstleister.**

(3) **Hat ein Zahlungsdienstleister, der kartengebundene Zahlungsinstrumente ausgibt, den kontoführenden Zahlungsdienstleister des Zahlers um Bestätigung ersucht, dass ein für die Ausführung eines kartengebundenen Zahlungsvorgangs erforderlicher Betrag auf dem Zahlungskonto verfügbar ist, so kann der Zahler von seinem kontoführenden Zahlungsdienstleister verlangen, ihm die Identifizierungsdaten dieses Zahlungsdienstleisters und die erteilte Antwort mitzuteilen.**

Übersicht

I. Inhalt und Zweck der Regelung

Zur Umsetzung des Art. 70, 65 Abs. 5 PSD II konkretisiert die Norm die allgemeine **Pflicht der Bank,** erforderliche und zumutbare Maßnahmen zu unternehmen, um einen **Missbrauch des Zahlungsinstruments zu verhindern.**[1] Eine solche Pflicht der Bank bestand bereits auf der Grundlage des früheren Rechts.[2] Im Zuge der Umsetzung der PSD II im Jahr 2018 wurden – neben redaktionellen Änderungen – Abs. 1 Nr. 4 sowie Abs. 3 eingefügt. Die Norm enthält nunmehr **fünf gesetzliche Konkretisierungen** dieser Pflicht. Weitere vertragliche (auch klauselmäßige) Konkretisierungen der Sorgfaltspflicht sind zulässig und regelmäßig auch erforderlich.[3] Die korrespondierenden Pflichten des Zahlungsdienstnutzers in Bezug auf Zahlungsinstrumente und personalisierte Sicherheitsmerkmale finden sich in § 675l Abs. 1 BGB. 1

Die **Darlegungs- und Beweislast** für die Pflichtverletzung der Bank trägt dem Grundsatz nach der Kunde.[4] Allerdings greifen auch hier die Grundsätze der gestuften Darlegungs- und Beweislast, so dass die Bank die sekundäre Darlegungs- und Beweislast trifft zB hinsichtlich der Frage, ob der Zahlungsauftrag zum Zeitpunkt der Anzeige noch im Zugriffsbereich der Bank befand. Eine Umkehr der Beweislast ist trotz der etwaigen Beweisschwierigkeiten des Kunden abzulehnen.[5] Die Bank kann ihre sekundäre Darlegungs- und Beweislast u. a. mit Journalstreifen oder anderen Dokumentationen im Bankenverkehr erfüllen.[6] 1a

Die Regelung normiert eine gesetzliche Nebenpflicht. Für diese darf mangels gesetzlicher Ermächtigung (vgl. § 675f Abs. 5 BGB) **kein Entgelt** verlangt bzw. vereinbart werden. Mithin müssen zB die Sperrung einer PIN ebenso unentgeltlich sein[7] wie die Sperrung einer Debitkarte.[8] 2

Die **Abdingbarkeit der Norm** folgt allgemeinen Regeln, d. h. der halbzwingenden Norm sind Abweichungen zulasten des Zahlungsdienstnutzers grundsätzlich nicht zulässig. Allerdings finden sich zum einen Ausnahmen in Bezug auf Zahlungsvorgänge mit Drittstaatenbezug oder in Drittstaatenwährung (§ 675d Abs. 2 S. 1 Nr. 1, 2, § 675i Abs. 2 BGB) sowie für Kleinbeträge Instrumente (§ 675i Abs. 2 Nr. 2 BGB). Zugunsten des Zahlungsdienstnutzers können Abweichungen in den allgemeinen Grenzen erfolgen. 3

II. Die enumerativen Pflichten des Zahlungsdienstleisters (Abs. 1)

1. Sicherung der personalisierten Sicherheitsmerkmale (Nr. 1)

Die Bank muss den **Zugang zu personalisierten Sicherheitsmerkmalen (Nr. 1)** so beschränken, dass dieser nur dem Berechtigten möglich ist. Hierzu zählt v. a. eine angemessene Form der **Übermittlung** jener Kennungen **zum Zahlungsdienstnutzer,** die für das Online-Banking benötigt werden. Diese Pflicht ist anhand der jeweiligen Art des personalisierten Sicherheitsmerkmales und der Übermittlung zu konkretisieren. So muss ein Brief mit der PIN ohne Hinweis auf den Inhalt oder die Bank als Absender übersandt werden. 4

---

[1] Vgl. auch Erwägungsgrund 49 der Zahlungsdiensterichtlinie (wirksame Betrugsprävention und gemeinschaftsweite Bekämpfung des Betrugs im Zahlungsverkehr); zum Zahlungsauthentifizierungsinstrument vgl. → Kap. 3 § 675j Rn. 9.

[2] Vgl. jüngst LG Hamburg BKR 2006, 296 (zur Pflicht des Kunden, ein per Post gesandtes Zahlungsauthentifizierungsinstrument, dort Kreditkarte, gegen den Zugriff der Lebensgefährtin zu sichern).

[3] BeckOK BGB/*Schmalenbach* § 675m Rn. 2.

[4] Vgl. zu Substantiierungsvoraussetzungen LG München I BeckRS 2017, 123679.

[5] So auch AG Bonn MMR 2015, 477 (478); s. allg. zu den strengen Anforderungen an eine Beweislastumkehr BGH NJW 2010, 1816.

[6] Zum Beweiswert dieser Unterlagen vgl. BGH MMR 2012, 225 Rn. 18.

[7] So auch *Scheibengruber* BKR 2010, 15 (20).

[8] So auch OLG Düsseldorf NJOZ 2013, 702.

Eine Kenntnis des Inhalts ohne Öffnung (zB Durchleuchtung) muss ausgeschlossen werden. Manipulationen am Brief und seinem Inhalt müssen leicht feststellbar sein. Hingegen ist eine Übersendung per (Einwurf-)Einschreiben nicht erforderlich, da dieses in Bezug auf die Kenntnisnahme des Inhalts nicht sicherer ist als ein normaler Brief.[9] Im Falle der Online-Übermittlung der Kennungen ist der Einsatz einer gesicherten Verbindung erforderlich; zudem sind Verschlüsselungen zB von Emails mittlerweile leicht verfügbar, so dass eine getrennte Übermittlung des Sicherheitsmerkmals und des Schlüssels unschwer möglich sind. Aufgrund der Vervielfachung der Kommunikationswege sind auch Zwei-Faktor-Systeme sinnvoll, so dass die übermittelten personalisierten Sicherheitsmerkmale „freigeschaltet" werden müssen, d. h. der berechtigte Zahlungsdienstnutzer den Empfang dem Zahlungsdienstleister bestätigen muss (zB per Email oder Eingabe in der Banking App).

4a Auch die **Übermittlung** der Kennungen **zum Zahlungsdienstleister,** dh die Nutzung der personalisierten Sicherheitsmerkmale, muss eine gesicherte Verbindung vorsehen.[10] Die technische Abwicklung muss in Bezug auf die Sicherheitsanforderungen dem Stand der Technik entsprechen. Die konkrete Pflicht des Zahlungsdienstleisters ist insofern einzelfallbezogen mit Blick auf die technischen Eigenarten des Zahlungsvorgangs und der personalisierten Sicherheitsmerkmale sowie dem Weg der Übermittlung zu bestimmen. Beim Online Banking besteht die Pflicht zur Vorhaltung einer verschlüsselten Übertragung der Daten.[11]

4b Im **Unternehmen des Zahlungsdienstleisters** selbst bzw. bei von ihm eingesetzten Drittanbietern muss dieser gewährleisten, dass Mitarbeiter von der *gesamten* Kennung eines Kunden nur dann Kenntnis erlangen, wenn dieses zwingend erforderlich ist.[12] Auch die Sicherheitsvorkehrungen der Bank beim Einsatz des personalisierten Sicherheitsmerkmales müssen dem Stand der Technik entsprechen.[13]

4c Infolge der Umsetzung der PSD II im Jahr 2018 ist der Zahlungsdienstleister nach § 55 Abs. 1 ZAG verpflichtet, eine **starke Kundenauthentifizierung** (§ 1 Abs. 24 ZAG; ausf → Vorbem. Kap. 3 Rn. 55c) zu verlangen, wenn der Zahlungsdienstnutzer online auf sein Zahlungskonto zugreift, einen elektronischen Zahlungsvorgang auslöst oder über eine Fernzugang einer Handlung vornimmt, die das Risiko eines Betrugs im Zahlungsverkehr oder eines anderen Missbrauchs beinhaltet. Nach der Delegierten VO (EU) 2018/389 werden zudem **spezifische Anforderungen an die Kategorien** der starken Kundenauthentifizierung gestellt. So hat der Zahlungsdienstleister das Risiko zu mindern, dass jene Elemente, die in die Kategorie Wissen fallen, von Dritten aufgedeckt oder diesen gegenüber offengelegt werden. Elemente, die in die Kategorie Besitz fallen, sind gegen eine unbefugte Verwendung durch Dritte zu schützen, zB in dem ihre Nachbildung verhindert wird. Hinsichtlich der Elemente, die in die Kategorie Inhärenz fallen, schreibt die Verordnung spezifische Anforderungen an die zu ihrer Ermittlung verwendeten Geräte und Software vor.

2. Keine unaufgeforderte Zusendung von Zahlungsinstrumenten (Nr. 2)

5 Eine Zusendung der Zahlungsinstrumente darf nur auf Anforderung, dh bei Vorliegen einer **Willenserklärung des Bankkunden,** wonach er die Übersendung wünscht, erfolgen. Auch auf **personalisierte Sicherheitsmerkmale** ist die Norm entsprechend zu erstrecken.[14] Damit werden auch nicht verkörperte personalisierte Sicherheitsmerkmale des Online-Bankings erfasst. Dies schützt den Zahlungsdienstnutzer vor den Sorgfaltspflichten

[9] AA Palandt/*Sprau* § 675m Rn. 2; BeckOK BGB/*Schmalenbach* § 675m Rn. 3; Ellenberger/Findeisen/Nobbe/*Frey* § 675m Rn. 7.

[10] *Schulte am Hülse/Klabunde* MMR 2010, 84 (88); MüKoBGB/*Jungmann* § 675m Rn. 11.

[11] HL, vgl. nur Staudinger/*Omlor,* 2012, § 675m Rn. 6; Palandt/*Sprau* § 675m Rn. 2; MüKoBGB/*Jungmann* § 675m Rn. 14.

[12] Zust. MüKoBGB/*Jungmann* § 675m Rn. 15.

[13] Ellenberger/Findeisen/Nobbe/*Frey* Rn. 7.

[14] Wie hier nun auch MüKoBGB/*Jungmann* § 675m Rn. 38.

aus § 675l Abs. 1 bzw. den vertraglich vereinbarten Pflichten in Bezug auf weitere Zahlungsinstrumente. Die Norm unterscheidet nicht danach, ob das unaufgefordert übersandte Zahlungsinstrumente noch einer Freischaltung/Aktivierung unter Mitwirkung des Zahlungsdienstnutzers bedarf. Nicht erfasst wird nach dem Zweck der Norm aber die Zusendung von Werbung des Zahlungsdienstleisters für Zahlungsinstrumente.[15] Etwas anderes gilt freilich, wenn ein **Ersatz des Instruments erforderlich** ist (Nr. 2 Hs. 2). Letzteres meint den Ersatz aus berechtigten Gründen, also u. a. den Ersatz einer gesperrten PIN. Dies umfasst auch Zahlungsinstrumente bzw. personalisierte Sicherheitsmerkmale, die einen höheren Schutz gewähren, wenn und soweit die bisherigen Instrumente/personalisierte Sicherheitsmerkmale in gesteigertem Umfang missbrauchsanfällig geworden sind. Denn die Norm soll den Kunden vor den Sorgfaltspflichten nach § 675l BGB in Bezug auf unerwünscht übersandte Zahlungsinstrumente schützen, während in diesen Konstellationen das Gesetz eine typisierte Zustimmung des Zahlungsdienstnutzers unterstellt.

3. Einrichtungen zur Anzeige des Missbrauchs sowie zur Aufhebung einer Sperre (Nr. 3)

Der Zahlungsdienstleister muss Einrichtungen zur Anzeige des Missbrauchs eines Zahlungsinstruments sowie zur Aufhebung einer Sperre (Nr. 3) schaffen bzw. vorhalten. Der Zahlungsdienstleister kann diese Einrichtungen selbst vorhalten oder einen Dritten (Service-Provider) einschalten. Diese Einrichtungen müssen es dem Kunden ermöglichen, jederzeit, d. h. an sieben Tagen in der Woche, 24h am Tag, also auch außerhalb der Bankarbeitstage, eine Anzeige nach § 675l Abs. 1 S. 2 BGB vorzunehmen sowie die Aufhebung der Sperrung (vgl. § 675k Abs. 2 S. 5 BGB) zu verlangen. Paradigmatisch ist ein rund um die Uhr besetztes Callcenter. Alternativ können elektronische Mitteilungen (E-Mail, Homepage, Banking App) ermöglicht werden. Allerdings ist wegen der ganz besonderen Verfügbarkeit von Telefonen und der hiermit weiterhin am einfachsten und für die breitesten Kreise mögliche Mitteilung ein CallCenter (noch) erforderlich. 6

Nach Art. 248 § 4 Abs. 1 Nr. 5 EGBGB hat die Bank dem Kunden den Adressaten der Anzeige, dessen Kontaktdaten, den notwendigen Anzeigeninhalt und die Form der Anzeige **mitzuteilen.** 6a

Bei einer **Verletzung dieser Pflicht** des Zahlungsdienstleisters besteht keine Ersatzpflicht des Kunden (vgl. § 675v Abs. 5 S. 2 BGB). Der Zahlungsdienstleister hat daher keinen verschuldensunabhängigen Anspruch auf Schadensersatz nach § 675v Abs. 1 BGB gegen den Zahlungsdienstnutzer, wobei umstritten ist, ob die Pflichtverletzung für den Schaden ursächlich sein muss.[16] Der Schadensersatzanspruch gemäß § 675v Abs. 3 BGB aufgrund eines grob fahrlässigen Verstoßes gegen die Pflichten des Zahlungsdienstnutzers wird hingegen durch § 675v Abs. 5 S. 2 BGB nicht ausgeschlossen.[17] Auch der Schadensersatzanspruch gegen den Zahlungsdienstnutzer, der in betrügerischer Absicht handelt (§ 675v Abs. 5 S. 3 BGB) besteht gleichwohl. 6b

4. Kostenfreie Anzeige (Nr. 4)

Die im Jahr 2018 eingefügte Regelung verpflichtet den Zahlungsdienstleister, dem Zahlungsdienstnutzer die kostenfreie Anzeige des Verlusts, Diebstahls, der missbräuchlichen Verwendung oder einer sonst nicht autorisierten Nutzung des Zahlungsinstruments zu ermöglichen (vgl. auch Art. 70 Abs. 1 lit. d PSD II). Der Zahlungsdienstleister darf mithin für die Entgegennahme der Anzeige nach § 675l Abs. 1 S. 2 BGB keinen finanziellen Vorteil vom Zahlungsdienstnutzer verlangen. Eine entsprechende Entgeltvereinbarung ist nach § 675**l** Abs. 1 unzulässig. Die Regelung **steht** mithin zB kostenpflichtigen Telefon- 6c

[15] BGH NJW 2011, 3159 (3160).
[16] Ausf. dazu → Kap. 3 § 675v Rn. 64 f.
[17] Abw., aber nicht überzeugend *Hofmann* BKR 2018, 62 (67).

Hotlines **entgegen,** bei denen zusätzliche, von den Telekommunikationskosten des anrufenden Zahlungsdienstnutzers unabhängige Kosten anfallen.

6d Freilich hat der deutsche Gesetzgeber in den **Materialien** formuliert, dass dem Zahlungsdienstnutzer durch die Anzeige „auch in tatsächlicher Hinsicht keine Kosten entstehen" dürfen.[18] Dies betrifft allerdings nur den Organisationsbereich des Zahlungsdienstleisters. Ob der Zahlungsdienstnutzer die Anzeige in der nächsten Bankfiliale (mit hierfür anfallenden Fahrtkosten), auf der Homepage der Bank (mit Kosten des Zahlungsdienstnutzers für den eigenen Internetzugang) oder telefonisch (mit Kosten für die Verbindung aus dem Festnetz bzw. Mobilfunkkosten) unternimmt, bleibt dem Zahlungsdienstnutzer freigestellt. Entsprechende Kosten werden nicht von Abs. 1 S. 1 Nr. 4 erfasst und sind erst recht nicht dem Zahlungsdienstnutzer zu erstatten. Konsequenterweise ist der Zahlungsdienstleister somit auch nicht verpflichtet, eine kostenlose Telefonhotline („0800-Nr") einzurichten, vielmehr reicht eine Telefon-Hotline mit einer deutschen Ortsvorwahl aus, auch wenn für den anrufenden Zahlungsdienstnutzer zB bei der Nutzung des Festnetzes aufgrund des von ihm gewählten Telefontarifs oder bei Nutzung des Mobiltelefons aufgrund des gewählten Minutentarifs Kosten anfallen.

5. Verhinderung der Nutzung nach Anzeige (Nr. 5)

7 Schließlich hat der Zahlungsdienstleister **„jede Nutzung" des Zahlungsinstruments nach einer Anzeige zu verhindern (Nr. 5).** Er muss demnach die Nutzung des Instruments sowie der personalisierten Sicherheitsmerkmale so schnell wie objektiv möglich unterbinden. Diese Pflicht verlangt freilich nur zumutbare Maßnahmen und betrifft nur die von dem Zahlungsdienstleister beherrschbare Sphäre.[19] Der konkrete Inhalt der Pflicht, v. a. die erforderliche Art und Weise der Unterbindung einer weiteren Nutzung, ist abhängig von der Art des Zahlungsinstruments. Ein Online-Account ist demnach zu sperren, eine PIN ist zu sperren, ein Passwort zu blockieren.[20] Eine Verhinderung der Nutzung setzt aber voraus, dass sich der Zahlungsauftrag noch im Zugriffsbereich der Bank befindet, also noch nicht an eine andere inländische oder ausländische Bank weitergegeben wurde.[21] Dies kann beim elektronischen Banking u. U. bereits nach wenigen Sekunden nicht mehr der Fall sein.[22] Dem Umstand, dass der Zahlungsdienstnutzer bereits ab dem Zeitpunkt des Eingangs der Anzeige nach § 675l Abs. 1 S. 2 BGB (unabhängig vom Zeitpunkt der nachfolgenden Sperrung) von seiner Haftung gem. § 675v Abs. 5 S. 1 BGB frei wird, kommt mit Blick auf das Konto und das Online Banking sinkende Bedeutung zu.

6. Rechtsfolgen einer Pflichtverletzung

7a Bei den aufgezählten Pflichten des Zahlungsdienstleisters in Bezug auf Zahlungsinstrumente handelt es sich um (grundsätzlich **zwingende**) **gesetzliche Pflichten** deren Verletzung grundsätzlich ein **Schadensersatzanspruch des Zahlungsdienstnutzers** gemäß § 280 Abs. 1, § 249 ff. BGB auslöst. Freilich setzt ein solcher Schadensersatzanspruch einen Schaden des Zahlungsdienstnutzers voraus. Darüber hinaus kann die Verletzung einzelner Pflichten **weitere Auswirkungen** zeitigen. So kann die Haftung des Zahlungsdienstnutzers entfallen, wenn sein Zahlungsdienstleister in Verletzung von Abs. 1 S. 1 Nr. 1 eine gesetzlich vorgeschriebene starke Kundenauthentifizierung nicht verlangt (vgl. § 675v Abs. 4 BGB).

---

[18] Begr. RegE BT-Drs. 18/11495, 157.

[19] AllgM Schulze/*Schulte-Nölke* § 675m Rn. 7; Palandt/*Sprau* § 675m Rn. 3; BeckOK BGB/*Schmalenbach* § 675m Rn. 5; MüKoBGB/*Jungmann* § 675m Rn. 26.

[20] Vgl. zu Zahlungskarten OLG Frankfurt BeckRS 2016, 06051.

[21] Vgl. AG Bonn MMR 2015, 477 (478).

[22] Vgl. zu den wenigen Sekunden bis zur Weiterleitung bei einer SEPA Instant Überweisung *Herresthal* ZIP 2019, 895; s. a. AG Bonn MMR 2015, 477.

III. Die Pflicht zur Bestätigung einer Anzeige (Abs. 1 S. 2)

Nach der Anzeige des Verlusts etc. des Zahlungsinstruments durch den Zahlungsdienstnutzer hat dieser einen Anspruch gegen den Zahlungsdienstleister auf **Ausstellung einer Bestätigung der Verlustanzeige** bzw. der entsprechenden Anzeige nach § 675l Abs. 1 S. 2 BGB vor. Der Anspruch ist stets gegen den Zahlungsdienstleister des Zahlungsdienstnutzers gerichtet und zwar unabhängig davon, ob er die Entgegennahme entsprechender Anzeigen auf Dritte (Service-Provider) ausgelagert hat. Dem Kunden ist demnach ein Mittel zum Nachweis der Anzeige zu verschaffen. Dies geschieht durch eine Bestätigung der Anzeige mit dem Datum und Uhrzeit des Zugangs der Anzeige. Nicht umfasst sind Informationen darüber, wie die Sperre des Zahlungsinstruments bzw. der personalisierte Sicherheitsmerkmale vom Zahlungsdienstleister umgesetzt wurde. Denn die bereitzustellenden „Mittel" sollen dem Zahlungsdienstnutzer nur ermöglichen, nachzuweisen, dass „die Anzeige erfolgt ist". Sofern vom Zahlungsdienstnutzer verlangt, ist die Bestätigung zumindest in Textform (§ 126b BGB) zu übermitteln, da dies dem Nachweiszweck der Bestätigung entspricht. 8

Diese Pflicht besteht aber nur **auf Verlangen des Zahlungsdienstnutzers.** Freilich ist eine freiwillige umgehende Bestätigung jeder Sperrung eines Zahlungsinstruments bzw. personalisierte Sicherungsmerkmale zulässig und wohl auch üblich. Die Behauptung einer weitergehenden impliziten Beweislastumkehr, wonach die *substantiierte Behauptung einer Verlustanzeige* durch den Zahlungsdienstnutzer den Zahlungsdienstleister zum Beweis des Nichteingangs der Anzeige verpflichten soll,[23] entspricht weder dem Zweck der Norm noch findet diese weitreichende Belastung des letzteren auch nur ansatzweise eine Stütze im Gesetz. Eine solche wäre aber bei einer weitreichenden Beweislastumkehr angezeigt. Für den Anspruch besteht eine Ausschlussfrist von 18 Monaten, die mit der Anzeige beginnt. 8a

Die **Rechtsfolge einer Pflichtverletzung** richtet sich nach §§ 280 Abs. 1, 249 ff. BGB. Die verschuldensabhängige Haftung des Bankkunden nach § 675v Abs. 1 BGB ist nicht ausgeschlossen. Im Wege der schadensrechtlichen Rekonstruktion ist der Nutzer aber so zu stellen, wie er mit fristgerecht erfolgter Bestätigung stünde. In diesem Fall könnte er den Zeitpunkt der Anzeige nachweisen und die Haftung nach diesem Zeitpunkt erfolgreich abwehren. Richtigerweise wird eine prozessual vergleichbare Lage durch den Verzicht auf Beweiserleichterungen zugunsten der Bank erreicht, wenn diese also den Vollbeweis des schuldhaften Verhaltens des Kunden erbringen muss. 9

IV. Die Zuweisung des Versendungsrisikos zum Dienstleister (Abs. 2)

Bei Zahlungsinstrumenten und personalisierten Sicherheitsmerkmalen trägt der Zahlungsdienstleister nach Abs. 2 die **Gefahr der Versendung,** mithin die Folgen eines zufälligen, also weder vom Zahlungsdienstnutzer noch vom Zahlungsdienstleister zu vertretenen Missbrauchs des Zahlungsinstruments bzw. Sicherheitsmerkmals durch Dritte, die sich das abhandengekommene Instrument oder die ebenfalls umfassten persönlichen Sicherheitsmerkmale verschafft haben. Erfasst werden sowohl die erstmalige Versendung wie auch die Ersetzung eines Zahlungsinstruments auf Verlangen des Zahlungsdienstnutzers oder aufgrund Erforderlichkeit. Der Terminus „Versendung" umfasst jede Form der Übermittlung unter Abwesenden unabhängig davon, ob diese elektronisch erfolgt.[24] 10

Die **zeitliche Grenze dieser Haftungszuweisung** ist der **Zugang,** also der Eintritt des Instruments bzw. der Sicherheitsmerkmale in den Machtbereich des Empfängers, dh des 11

---

[23] So BeckOK BGB/*Schmalenbach* § 675m Rn. 7.
[24] Vgl. LG Kiel BeckRS 2018, 12792.

Zahlungsdienstnutzers, und der Ablauf einer angemessenen Zeit zur Kenntnisnahme. Der Machtbereich ist entsprechend den Regelungen des Zugangs von Willenserklärungen zu bestimmen.[25] Ein PIN-Brief erreicht die Sphäre beim Einlegen in den Briefkasten des Bankkunden, eine E-Mail mit Erreichen der Mailbox des Empfängers. Zeitlich ist mit der Leerung des Briefkastens sowie einer Mailbox bei Privaten am Abend eines Kalendertages zu rechnen.

12 Diese gesetzlich angeordnete Gefahrtragung steht einer **Sorgfaltspflicht des Zahlungsdienstnutzers** nicht entgegen, der Bank alsbald mitzuteilen, dass ihn das angekündigte Instrument oder Sicherheitsmerkmal im üblichen zeitlichen Rahmen nicht erreicht hat.[26] Eine solche Pflicht ist keine Besonderheit des Zahlungsdiensterechts, sondern folgt aus § 241 Abs. 2 BGB. Es ist kein Grund ersichtlich, die Zuweisung des Versendungsrisikos zum Zahlungsdienstleister zum Anlass zu nehmen, die allgemeine Pflicht aus § 241 Abs. 2 BGB, die auch den Zahlungsdienstnutzer im Zahlungsdiensterahmenvertrag trifft, ohne sachliche Rechtfertigung und ohne gesetzliche Grundlage erheblich zu reduzieren.

V. Die Mitteilung von Betätigungsersuchen Dritter (Abs. 3)

13 Die Regelung in Abs. 3 wurde im Zuge der Umsetzung der PSD II im Jahr 2018 ergänzt. Sie setzt Art. 65 Abs. 5 PSD II um. Nach ihr kann der Zahlungsdienstnutzer vom kontoführenden Zahlungsdienstleister die Identifizierungsdaten jenes kartenausgebenden Zahlungsdienstleisters verlangen, der beim kontoführenden Zahlungsdienstleister nach der Verfügbarkeit eines bestimmten Betrags auf dem Zahlungskonto angefragt hat, sowie die diesem Dritten erteilte Auskunft. Hintergrund ist, dass nach §§ 45, 46 ZAG Drittemittenten von Zahlungskarten vom kontoführenden Zahlungsdienstleister unter bestimmten Voraussetzungen erfragen können, ob ein hinreichender Betrag auf dem Online-Konto des Zahlungsdienstnutzers verfügbar ist. Denn der Aufwendungsersatzanspruch des Drittemittenten ist nur in diesem Fall hinreichend werthaltig. Der kontoführende Zahlungsdienstleister hat den Drittemittenten entsprechend zu informieren („Ja" oder „Nein").

14 Nach Abs. 3[27] kann der Zahlungsdienstnutzer vom kontoführenden Zahlungsdienstleister sodann verlangen, ihm die Daten zur Identifizierung des anfragenden Zahlungsdienstleisters und die diesem Dritten erteilte Antwort mitzuteilen. Die Regelung betrifft nur das **Rechtsverhältnis zwischen kontoführendem Zahlungsdienstleister und Zahlungsdienstnutzer;** sie bezweckt, den Zahlungsdienstnutzer darüber zu informieren, ob und wann Drittemittenten eine entsprechende Anfrage an den kontoführenden Zahlungsdienstleister gerichtet haben und wie diese beantwortet wurde. Der Zahlungsdienstnutzer kann hieraus ermitteln, ob Drittemittenten auf sein Konto zugreifen, ob entsprechende kartengebundene Zahlungsvorgänge ausgelöst wurden oder aufgrund einer negativen Antwort durch den kontoführenden Zahlungsdienstleister verweigert wurden.[28] Zudem können nichtautorisierte Zahlungsvorgänge mit diesen Informationen früher erkannt werden.

15 Die genannten **Informationen** sind dem Zahlungsdienstnutzer **„mitzuteilen".** Eine bloße Zurverfügungstellung reicht mithin nicht aus, sondern die Informationen sind dem Zahlungsdienstnutzer zu übermitteln. Allerdings finden sich weder Formanforderungen noch eine Beschränkung der Kommunikationswege. Möglich und ausreichend ist daher die Übermittlung per E-Mail, push-Nachricht durch die Banking App sowie die Einstellung in ein elektronisches Postfach mit Mitteilung hierüber an den Zahlungsdienstnutzer. Nach dem Sinn und Zweck der Regelung sind Kommunikationsmittel vorzugswürdig, durch die der Zahlungsdienstnutzer zeitnah von der Übermittlung der Informationen Kenntnis erlangt.

---

[25] IE auch Palandt/*Sprau* § 675m Rn. 4 und § 675l Rn. 2.

[26] Palandt/*Sprau* § 675m Rn. 4; Ellenberger/Findeisen/Nobbe/*Frey* § 675m Rn. 19; s. a. zum früheren Recht KG NJW 2006, 381 (382); zu restriktiv hingegen BeckOGK/*Hofmann* § 675m Rn. 45 f.

[27] Näher *Zahrte* BKR 2019, 484 (485); *Werner* WM 2018, 449 (452).

[28] BT-Drs. 18/11495, 158.

Die Regelung knüpft an einem **Verlangen des Zahlungsdienstnutzers** an („kann verlangen"). Ein solches Verlangen ist eine geschäftsähnliche Handlung. Es kann konkret auf einen bestimmten Zahlungsvorgang bezogen sein oder aber allgemein, d.h. jede Informationsübermittlung durch den Zahlungsdienstnutzer erfassen. Sofern die Parteien im Zahlungsdiensterahmenvertrag eine entsprechende Informationsübermittlung allgemein oder nur für bestimmte Konstellationen (Betragsgrenzen, Anzahl der Verfügungen, Auslandsverfügungen usw.) vereinbart, liegt ein entsprechendes Verlangen vor. Darüber hinaus sind weitergehende vertragliche (auch klauselmäßige) Abreden über die Art und Weise der Information, zB das zu wählende Kommunikationsmittel, möglich. 16

Der **Zeitpunkt der Mitteilung** durch den kontoführenden Zahlungsdienstleister ist in der Norm nicht näher bestimmt. Er steht daher einer vorrangigen vertraglichen (auch klauselmäßige) Ausgestaltung durch die Parteien des Zahlungsdiensterahmenvertrags offen (zB zeitnah nach einer Anfrage, täglich, wöchentlich usw.). Sofern eine solche vertragliche Abrede fehlt, hat die Information unverzüglich (§ 121 Abs. 1 BGB) zu erfolgen, da sie andernfalls (zB bei monatlicher Zusammenfassung) die genannten Zwecke nicht erfüllen kann. 17

Die Mitteilung hat grundsätzlich **unentgeltlich** zu erfolgen, mit Verbrauchern kann auch kein Entgelt im Zahlungsdiensterahmenvertrag vereinbart werden. Abweichendes gilt für unternehmerische Zahlungsdienstnutzer. Mit diesen kann ein Entgelt für die Mitteilung vereinbart werden. 18

§ 675n Zugang von Zahlungsaufträgen

(1) [1]**Ein Zahlungsauftrag wird wirksam, wenn er dem Zahlungsdienstleister des Zahlers zugeht.** [2]**Fällt der Zeitpunkt des Zugangs nicht auf einen Geschäftstag des Zahlungsdienstleisters des Zahlers, gilt der Zahlungsauftrag als am darauf folgenden Geschäftstag zugegangen. Der Zahlungsdienstleister kann festlegen, dass Zahlungsaufträge, die nach einem bestimmten Zeitpunkt nahe am Ende eines Geschäftstags zugehen, für die Zwecke des § 675s Abs. 1 als am darauf folgenden Geschäftstag zugegangen gelten.** [3]**Geschäftstag ist jeder Tag, an dem der an der Ausführung eines Zahlungsvorgangs beteiligte Zahlungsdienstleister den für die Ausführung von Zahlungsvorgängen erforderlichen Geschäftsbetrieb unterhält.**

(2) [1]**Vereinbaren der Zahlungsdienstnutzer, der einen Zahlungsvorgang auslöst oder über den ein Zahlungsvorgang ausgelöst wird, und sein Zahlungsdienstleister, dass die Ausführung des Zahlungsauftrags an einem bestimmten Tag oder am Ende eines bestimmten Zeitraums oder an dem Tag, an dem der Zahler dem Zahlungsdienstleister den zur Ausführung erforderlichen Geldbetrag zur Verfügung gestellt hat, beginnen soll, so gilt der vereinbarte Termin für die Zwecke des § 675s Abs. 1 als Zeitpunkt des Zugangs.** [2]**Fällt der vereinbarte Termin nicht auf einen Geschäftstag des Zahlungsdienstleisters des Zahlers, so gilt für die Zwecke des § 675s Abs. 1 der darauf folgende Geschäftstag als Zeitpunkt des Zugangs.**

Übersicht

I. Inhalt und Normzweck

1 Zur Umsetzung der Art. 4 Nr. 37, Art. 78 PSD II regelt die Norm den **Zugang von Zahlungsaufträgen** (PSD II: „Eingang"). Die **Folgen des Zugangs** ergeben sich aus § 675p Abs. 1 BGB (Unwiderruflichkeit) und § 675s Abs. 1 S. 1 BGB (Beginn der Ausführungsfristen); auch die Möglichkeit zur Ablehnung des Zahlungsauftrags (§ 675o Abs. 1 S. 1 BGB) knüpft am Zugang an.[1] Zudem findet sich in Abs. 1 S. 4 eine Legaldefinition des Tatbestandsmerkmals „Geschäftstag". Die Regelung ist für die Ausführungsfristen nach § 675s BGB sowie weitere Normen, die am Zugang des Zahlungsauftrags (zumindest mittelbar) anknüpfen, so u. a. der Widerruf (§ 675p BGB sowie die Ablehnung (§ 675o BGB). Der Zeitpunkt des Zugangs ist dem Kunden abstrakt mitzuteilen; die **Informationspflicht des Dienstleisters** folgt aus Art. 248 § 4 Abs. 1 Nr. 2 lit. d EGBGB.

2 Indem der Zeitpunkt des Zugangs festgelegt und der Geschäftstag konkretisiert wird, legt das Gesetz den **Beginn der kurzen Ausführungsfristen** bei Zahlungsaufträgen fest. Gleichzeitig wird ein „Ausweichen" des Zahlungsdienstleisters durch seine verzögerte Annahme des Zahlungsauftrags verhindert. Hierdurch wird die Schnelligkeit des Zahlungsverkehrs abgesichert. Die Interessen des Zahlungsdienstleisters werden durch die Möglichkeit des individuellen Cut-Off-Zeitpunktes zumindest teilweise berücksichtigt.

3 Die Regelung knüpft mit der Bestimmung des Zugangs an den **Zahlungsaufträgen gemäß § 675f Abs. 4 S. 2 BGB** an. Eine weitere Einschränkung unternimmt die Regelung nicht. Damit ist es gleichgültig, ob dem Zahlungsdienstleister der Zahlungsauftrag unmittelbar durch den Zahler oder mittelbar durch den Zahlungsempfänger erteilt wird, ob dieser auf einem Zahlungsdienste Rahmenvertrag oder einem Einzelzahlungsvertrag beruht. Inkassoaufträge werden weder unmittelbar noch analog erfasst.[2] Sofern andere Normen bereits den Zugang des Zahlungsauftrags ausschließen, geht die Regelung ins Leere (vgl. § 675o Abs. 3 BGB für den Fall der berechtigten Ablehnung der Ausführung des Zahlungsauftrags).

3a Die Norm ist zugunsten des Zahlungsdienstnutzers in den Grenzen der allgemeinen Regeln **abdingbar,** zu seinen Lasten nur gem. § 675e BGB. Hinzu treten einzelne Normen, die eine abweichende Regelung hinsichtlich der Wirkungen des Zugangs ermöglichen (u. a. § 675n Abs. 1 S. 3 BGB). Allerdings ist dem Zahlungsdienstleister nach § 675n Abs. 1 S. 3 BGB möglich, in bestimmten Grenzen eine sog. Cut-off-Regelung zu treffen. In der Folge beginnen die Ausführungsfristen (§ 675s BGB) später zu laufen. Von Abs. 2 wird die Möglichkeit von Vereinbarungen hinsichtlich termingebundener Zahlungsaufträge eröffnet. Entsprechende Vereinbarungen sind nicht auf solche zum Vorteil des Zahlungsdienstnutzers beschränkt.

II. Der Zugang des Zahlungsauftrages (Abs. 1)

1. Der Begriff des Zugangs

4 Die **Erteilung des Zahlungsauftrags** ist eine empfangsbedürftige Willenserklärung, gleich über welches Medium dieser erteilt wird. Der Zugang wird in der Richtlinie nicht näher definiert („eingeht"), so dass Raum für die **allgemeinen Grundsätze des Wirksamwerdens von Willenserklärungen (Zugang) nach nationalem Recht** ist, sofern nicht explizit oder implizit etwas anderes aus der PSD II und ihrer Umsetzung in den §§ 675c ff. BGB folgt.

[1] Vgl. auch Erwägungsgrund 37 Zahlungsdiensterichtlinie 2007, nach dem Verbraucher und Unternehmer für ihre Finanzplanung und fristgerechte Erfüllung von Zahlungsverpflichtungen genau wissen müssen, wie lange es dauert, bis ein Zahlungsauftrag ausgeführt wird.

[2] Vgl. nur Begr. RegE BT-Drs. 16/11643, 107.

a) Die Elemente des Zugangs. Der **Zugang** soll nach Wortlaut der Norm und nach dem Willen des Gesetzgebers maßgeblich sein.[3] Dies meint den Zugang iSv § 130 BGB.[4] Hinweise auf ein abweichendes Verständnis des Zugangsbegriffs finden sich auch nicht in den Materialien zur Umsetzung der PSD II im Jahr 2018. Er erfordert den Eintritt des Zahlungsauftrages in den Machtbereich des Zahlungsdienstleisters *und* die Möglichkeit zur Kenntnisnahme unter den normalen Umständen.[5] Ersteres liegt nach **Erreichen der Empfangsvorrichtung** vor, d. h. der Briefkasten der Bankfiliale, das E-Mail-Account der Bank, der Online-Server der Bank bei Übertragung zu diesem nach Online-Eingabe in eine Datenmaske. Die Vorbefassung durch die Bank, zB die Prüfung des Passwortes, der TAN bzw. PIN beim Login, ändert nicht das Erfordernis des Eintritts der Erklärung selbst in den Machtbereich des Empfängers.[6] Die Parteien können zudem über den Zugang und seine Voraussetzungen weiter konkretisierende Vereinbarungen treffen, insbesondere den Zugangszeitpunkt auf einen früheren Moment (zB Einlegung in den Briefkasten) vorverschieben oder bestimmte inhaltliche Anforderungen treffen. 5

Erforderlich ist zudem die **Möglichkeit der Kenntnisnahme.**[7] Während der regulären Bankarbeitszeit ist die Bank verpflichtet, „manuell" geleerte Postfächer mehrfach am Tag zu kontrollieren.[8] Die Möglichkeit zur Ausführung des Auftrags muss nicht bestehen. Sofern eine elektronische Verarbeitung erfolgt und der Auftrag unmittelbar im System verarbeitet wird, besteht die Möglichkeit zur Kenntnisnahme während Zeiten einer aktiven Weiterleitung unmittelbar. Die Möglichkeit zur Kenntnisnahme besteht bei einer grundsätzlich automatisierten Verarbeitung der Zahlungsaufträge nicht erst, wenn ein Mitarbeiter zB der Kontoführung in die automatisierte Verarbeitung eingreifen und ein abweichendes Ergebnis herbeiführen könnte. Vielmehr reicht die Möglichkeit der automatisierten Verarbeitung als solche aus. Denn der Zahlungsdienstleister als Empfänger der Erklärung hat mit der Möglichkeit der automatisierten Verarbeitung gerade Möglichkeit von deren Inhalt Kenntnis zu erlangen. Wenn er dies an eine automatisierte Verarbeitung delegiert, ist es vor dem Hintergrund der Funktion des Zugangs, der Zuweisung des Verlust-, Verzögerung- und Verstümmelungsrisikos, sachgerecht, auf diesem Zeitpunkt abzustellen. 6

Insoweit enthält **Abs. 1 S. 2** zudem eine Sonderregelung für den Fall, dass die **Erklärung außerhalb eines Geschäftstages** in den Machtbereich der Bank eintritt und zugeht. Der Zugang ist auch außerhalb eines Geschäftstages möglich; maßgeblich sind nur die allg. Zugangskriterien. Dann gilt die Erklärung als am folgenden Geschäftstag, also zu dessen Beginn, zugegangen. Bei einem Zugang während oder außerhalb eines Geschäftstages verschiebt Abs. 1 S. 2 den Zeitpunkt. Allerdings weist die Norm auf den Geschäftstag iSv Abs. 1 S. 4 und damit dessen besondere Bestimmung im Zahlungsdiensterecht hin. Zudem besteht die **Möglichkeit einer abweichenden Regelung (cut-off-Regelung)** bei Eintritt in den Machtbereich „nahe am Ende des Geschäftstages".[9] Von dieser Regelung ist eine abweichende Vereinbarung zugunsten des Zahlungsdienstnutzers möglich. Eine solche findet sich, wenn dem Zahlungsdienstnutzer die **SEPA Instant Überweisung** angeboten wird,[10] da diese durchgehend (365/24/7) auszuführen ist. Beim Zugang eines Zahlungsauftrags als SEPA Instant Überweisung ist daher ein Zugang des Zahlungsauftrags nach den allgemeinen Regeln auch außerhalb des Geschäftstag des Zahlungsdienstleisters des Zahlers zu bejahen. Auch darüber hinaus kann der Zahlungsdienstleister mit dem Zahler eine **durchgehende Bearbeitung der Zahlungsaufträge** zB innerhalb bestimmter Betrags- 6a

---

[3] Begr. RegE BT-Drs. 16/11643, 107.

[4] Vgl. nur Baumbach/Hopt/*Hopt* BankGesch. Rn. C/38; MüKoHGB/*Häuser* B Rn. 102; Palandt/*Sprau* Rn. 2; *Jungmann* BKR 2019, 355; offen aber BGH NJW 2019, 2469 (2470).

[5] Wie hier Palandt/*Sprau* § 675n Rn. 2; BeckOK BGB/*Schmalenbach* § 657n Rn. 2 f.; *Bunte*/Zahrte/*Zahrte* 4. Teil IV Rn. 50.

[6] Begr. RegE BT-Drs. 16/11643, 108.

[7] Wie hier *Bunte*/Zahrte/*Zahrte,* 4. Teil IV Rn. 50; s.a. BGH NJW 2019, 2469.

[8] BuB/*Werner* Rn. 19/60a.

[9] → Rn. 16 ff.

[10] Ausf. zur SEPA Instant Überweisung *Herresthal* ZIP 2019, 895.

grenzen und/oder bei inländischen Zahlungsempfängern vereinbaren, sodass dann ebenfalls der Zugang auch außerhalb des Geschäftstages Zahlungsdienstleisters zu bejahen ist. Der Anwendungsbereich der Norm ist nicht auf den Zweck einer bestimmten Norm beschränkt.[11]

7 Eine **richtlinienkonforme Auslegung der Norm** führt zu keinem anderen Ergebnis.[12] Ausgangspunkt der entgegengesetzten Ansicht, die die Möglichkeit der Kenntnisnahme als richtlinienwidriges nationales Element des Zugangsbegriffs qualifiziert, ist Art. 78 Abs. 1 S. 1 PSD II, wonach als „Zeitpunkt des Eingangs der Zeitpunkt gilt, zu dem der … Zahlungsauftrag beim Zahlungsdienstleister des Zahlers eingeht". Zudem laufe Art. 78 Abs. 1 S. 2 der Richtlinie anderenfalls leer. Indes ist bereits der Befund des Wortlauts der Richtlinie mehrdeutig und enthält daher nur einen durch das nationale Recht ausfüllungsbedürftigen unbestimmten Rechtsbegriff. So ist die deutsche Fassung (Eingang als Zeitpunkt des Eingehens) wenig aussagekräftig, der Wortlaut der englischen Fassung ist ebenfalls auslegungsfähig („time of receipt", „is received"). Im Erwägungsgrund 37 der Richtlinie ist vom Erhalten des Zahlungsauftrages und von dessen Zugehen die Rede. Teleologisch soll der zu definierende Zeitpunkt jenen Moment festlegen, ab dem die Rechte und Pflichten gelten (Erwägungsgrund Nr. 34). Dabei zeigt die Richtlinie durch Art. 78 Abs. 1 S. 2 gerade, dass die Folgen des Eingangs nicht ohne Berücksichtigung der Möglichkeit der Kenntnisnahme eintreten sollen. Die nationale Konkretisierung des unbestimmten Rechtsbegriffs darf freilich nicht die praktische Wirksamkeit der Richtlinienvorgabe durch eine zu lange Frist zwischen Eintritt in den Machtbereich und den Wirkungen des Zugehens aufgrund der Möglichkeit der Kenntnisnahme konterkarieren. Dies ist bei den kurzen Fristen in Bezug auf die Möglichkeit der Kenntnisnahme nach dem deutschen Recht indes nicht der Fall.

8 **b) Der regelmäßige Zugang beim Online-Banking.** Beim **Online-Banking** und bei einer elektronischen Übermittlung des Zahlungsauftrages ist bei der Übermittlung während eines Geschäftstages in der Regel ein **sofortiger Zugang** der Willenserklärung anzunehmen, dh wenn der Auftrag – wie üblich – in eine Datenmaske eingegeben und freigeschaltet[13] oder – soweit vertraglich vereinbart – er per E-Mail übersandt wird *und* das System zum Zeitpunkt des Eintritts in den Machbereich mit der elektronischen Verarbeitung beginnen kann. (Nur) sofern indes das System zu diesem Zeitpunkt keine elektronische Verarbeitung vornimmt,[14] zB bei nächtlichen Zeiten der Speicherung, dann erfolgt der Zugang erst mit Ende dieses Zeitraums.

9 Die allgemeinen, aber ungeschriebenen **Regelungen der Zugangsvereitelung**[15] sowie die Pflicht des Zahlungsdienstleisters, beim Online-Banking die **Erreichbarkeit der Zugangseinrichtungen zu gewährleisten,**[16] werden von der Norm nicht abweichend geregelt und sind daher anwendbar.

2. Der Geschäftstag des Zahlungsdienstleisters (Abs. 1 S. 4)

10 Der Geschäftstag des Zahlungsdienstleisters ist für eine Vielzahl von Regelungen von Bedeutung (vgl. ua §§ 675p Abs. 2, 3, 675s Abs. 1, 675t Abs. 1, 2, 675x Abs. 5 BGB). Die größte Bedeutung kommt ihm bei der Bestimmung des Fristbeginns bei Ausführungsfristen sowie bei dem Zeitpunkt der Wertstellung zu. Die bedeutendste Änderung im Vergleich

[11] BGH NJW 2019, 2469.

[12] Wie hier Palandt/*Sprau* § 675n Rn. 2; MüKoBGB/*Jungmann* § 675n Rn. 13.; Schulze/*Schulte-Nölke* § 675n Rn. 2; Bamberger/Roth/*Schmalenbach* § 675n Rn. 2; aA, aber ohne überzeugende Begründung Gebauer/Wiedmann/*Schinkels* Kap. 16 Rn. 38; dazu auch BGH NJW 2019, 2469.

[13] Für einen Anwendungsfall vgl. AG Bonn MMR 2015, 477.

[14] Vgl. aber zur durchgehenden (365/24/7) Verarbeitung von SEPA Instant Überweisungen näher *Herresthal* ZIP 2019, 895.

[15] → Vorb. Rn. 41.

[16] → Vorb. Rn. 42.

mit dem bislang im nationalen Recht herangezogenen Bankgeschäftstag ist die individuelle, an der konkreten Filiale und Zahlstelle anknüpfende Bestimmung durch Abs. 1 S. 4. Nach Art. 248 § 4 Nr. 2 lit. d EGBGB ist dem Zahlungsdienstnutzer jener Zeitpunkt, ab dem ein Zahlungsauftrag nach § 675n Abs. 1 als zugegangen gilt, vorvertraglich mitzuteilen.

Für die Bestimmung eines Kalendertages als Geschäftstag sind die **Geschäftszeiten des „beteiligten Zahlungsdienstleisters“** maßgeblich, also konkret jener Stelle zB einer Bank, die das Konto des Zahlungsdienstnutzers führt[17] und den *konkreten* Zahlungsauftrag ausführt. In der Folge können die Geschäftstage auch je nach Art der Zahlungsaufträge variieren; einen institutsübergreifenden, objektiven Beginn der Ausführungsfristen sieht das Gesetz nicht (mehr) vor. Im Falle einer Überweisung ist dies die Stelle der kontoführenden Bank des Kunden; bei einer Gutschrift ist die kontoführende Stelle der Bank des Empfängers maßgeblich. Entscheidend ist mithin, welcher Zahlungsdienstleiser den Zahlungsauftrag ausführt. Sofern Zweigstellen die maßgebende kontoführende Stelle sind, erlangen auch regionale Feiertage Bedeutung. 11

Geschäftstage iSv Abs. 1 S. 4 sind jene zeitlichen Ausschnitte aus Kalendertagen, an denen die so bestimmte Stelle den zur Ausführung des konkreten Zahlungsauftrags **erforderlichen Geschäftsbetrieb** unterhält.[18] Hierfür ist entscheidend, ob die für die konkrete Zahlungsdienstleistung erforderlichen sachlichen und personellen Vorkehrungen (planmäßig) vorgehalten werden, so dass insoweit keine Verzögerung bei der Ausführung eintritt. Der Geschäftstag einer Filiale eines Zahlungsdienstleisters kann mithin hinsichtlich verschiedener Arten von Zahlungsaufträgen unterschiedlich sein. Die Überwachungsfunktionen umfassen die Einleitung und Durchführung des Zahlungsvorgangs, ua eine vorbehaltene Genehmigung der Zahlung, die sachliche Bearbeitung des Zahlungsvorgangs ab einer bestimmten Höhe etc. (Zahlungsverkehrsabteilung; individuelle Disposition von Zahlungsaufträgen). Geschäftstage sind daher grundsätzlich Ausschnitte aus Werktagen ohne Samstag, zudem auch nicht Sonn- und Feiertage sowie nicht solche Tage, an denen gewöhnlich nicht gearbeitet wird (zB Sylvester, Heiligabend). Die Einzelheiten ergeben sich aus dem jeweiligen „Preis- und Leistungsverzeichnis“ der konkreten Bank(filiale). Sofern die Bearbeitung des Zahlungsauftrages, wie zumeist bei beleggebundenen Zahlungsvorgängen, nicht nur in der Filiale stattfindet, sondern auch in zentral ausgelagerten Abteilungen (zB Rechenzentren; Umwandlung in elektronischen Datensatz), ist auch deren Betriebszeit für die Bestimmung des Geschäftstages relevant. 12

Nach der **jüngsten Rechtsprechung des BGH**[19] schließt hingegen § 675n Abs. 1 S. 2 BGB den Zugang eines Zahlungsauftrags an einem Tag, der nach den AGB des Zahlungsdienstleisters kein Geschäftstag ist, nicht aus. Zudem sollen Geschäftstage im Sinne des § 675n Abs. 1 S. 2 der (volle) Kalendertag sein. Hierfür werden v. a. systematische Erwägungen angeführt, dh der Begriff werde auch in den § 675s, § 675t und § 675x BGB verwendet. Zudem werde in § 675t der „Geschäftstag“ letztlich so behandelt, als wäre die Übereinstimmung von „Geschäftstag“ und „Kalendertag“ zugrunde gelegt. Zudem seien die hier bezeichneten Unterschiede in § 675s BGB bedeutungslos. Hingegen bleiben der Wortlaut und insbesondere das Telos des Abs. 1 S. 4 (iVm Abs. 1 S. 3 BGB) vom Gerichtshof weitgehend unberücksichtigt. 12a

Im Falle eines **online geführten Kontos** ist maßgeblich, ob die genannten Überwachungs- und Durchführungsfunktionen (ausnahmsweise nur) durch eine Zweigstelle/Filiale wahrgenommen werden.[20] Dann sind deren Geschäftstage entscheidend. Anderen- 13

---

[17] Begr. RegE BT-Drs. 16/11643, 108; Palandt/*Sprau* § 675n Rn. 4.

[18] Begr. RegE BT-Drs. 16/11643, 108; BeckOK BGB/*Schmalenbach* § 675n Rn. 6; BeckOGK/*Zahrte* § 675n Rn. 28; *Jungmann* BKR 2019, 355 ff.; *Schürmann* Bankrechtstag 2009, 2010, 11 (38 f.); *Herresthal* NZM 2011, 833 (834) mwN.

[19] BGH ZIP 2019, 1060 mkrit Analyse *Jungmann* BKR 2019, 355 ff. und *Pickenbrock* EWiR 2019, 419; *Jungmann* BKR 2019, 355; s. a. BGH NJW 2018, 299.

[20] Zur Mitteilung dieser Geschäftstage auf der Online-Banking-Seite der Bank oder im Preis- und Leistungsverzeichnis vgl. Ziff. 5 I Online-Banking-Bedingungen.

falls sind die Zentrale bzw. die Zahlungsverkehrsabteilung lokal maßgeblich. Entsprechendes gilt für **Online-Banken.** Lokal maßgeblich ist dann der Sitz der Bank. Auch insoweit sind Geschäftstage anzuerkennen, denn auch bei diesen Banken kann der Zahlungsvorgang durch Personal vorbereitet oder begleitet werden, so zB bei einer manuellen Kontrolle von Überweisungen größerer Beträge, bei einem auffälligen Empfänger im Ausland, der Häufigkeit von Zahlungen zB in das Ausland etc. Sofern sie an allen Kalendertagen die für den einzelnen Zahlungsdienst erforderlichen sachlichen und personellen Vorkehrungen vorhält, ist von sieben Geschäftstagen auszugehen, anderenfalls, wenn also Zahlungsaufträge zwar an sieben Tagen, 24 Stunden am Tag (telefonisch oder online) entgegengenommen, aber nicht bearbeitet werden, entsprechend weniger. Schließlich kommt auch eine **abweichende Vereinbarung** hinsichtlich bestimmter Zahlungsaufträge in Betracht, für die eine durchgehende Verarbeitung vereinbart wird (→ Rn. 6a).

13a Für das **Abheben von Bargeld am Geldausgabeautomaten** ist die Bereitstellung des Automaten sowie die Zutrittsgewährung zu diesem, falls dieser sich in einem nicht durchgehend zugänglichen Raum befindet, maßgeblich.[21] Hieraus bestimmt sich der Geschäftsbetrieb zur Ausführung dieser konkreten Zahlungsaufträge. Die konkreten Öffnungszeiten der Filiale, zu der der Geldausgabeautomat zählt, sind ebenso irrelevant wie jene der kontoführenden Filiale. Mit der Auszahlung des Geldes (Ausgabe im Geldausgabefach) ist der Zahlungsauftrag beim Geldabheben ausgeführt und wird im Anschluss verbucht.

3. Der Zugang außerhalb eines Geschäftstages

14 Sofern der Eintritt eines Zahlungsauftrages in den Machtbereich der konkreten Bank außerhalb eines Geschäftstages erfolgt, mangelt es an der Möglichkeit der zeitnahen Kenntnisnahme der Erklärung. Nach Abs. 1 S. 2 gilt die Erklärung dann **am folgenden Geschäftstag** als zugegangen.

15 Dies gilt auch beim **Online-Banking.** Weder macht der Wortlaut insoweit eine generelle Ausnahme, noch rechtfertigt der Zweck, den Zugang u. a. mit der Folge des Beginns der Ausführungsfristen zu bejahen, wenn eine Veranlassung oder Überwachung durch Personal der Bank nicht möglich ist. Freilich ist eine automatisierte Bearbeitung möglich und überwiegt auch, dies ändert indes nichts an der Möglichkeit der Veranlassung und Kontrolle. Zudem sind die Geschäftstage der konkreten Bank entscheidend, bei deren Bestimmung auch die Angaben der Bank heranzuziehen sind, u. a. die Werbung gerade mit der Möglichkeit des Bankings rund um die Uhr. Darüber hinaus sind abweichende Vereinbarungen in Bezug auf bestimmte Zahlungsaufträge zu berücksichtigen (vgl. zur SEPA Instant Überweisung → Rn. 6a). Zudem wird der Kunde ausreichend durch die Informationspflicht der Bank über seine Geschäftstage geschützt (vgl. Art. 248 § 4 Abs. 1 Nr. 2 EGBGB).

4. Die sog. Cut-off-Zeitpunkte (Abs. 1 S. 3)

16 Die Regelung in Abs. 1 S. 3 ermöglicht eine einseitig festgelegte Ausnahme vom Fristbeginn am Geschäftstag des Zugangs. Der Zahlungsdienstleister kann bestimmen, dass „nahe am Ende des Geschäftstages" zugegangene Zahlungsaufträge als am nächsten Geschäftstag zugegangen gelten **(sog. cut-off-Zeit; Annahmefrist).**[22] Die Norm ermöglicht dem Zahlungsdienstleister durch diese einseitige Verschiebung des Zugangszeitpunktes für innerhalb eines bestimmten Zeitraums nach allgemeinen Regeln zugegangene Zahlungsaufträge die **einheitliche Bearbeitung der an einem Tag eingegangenen Zahlungsaufträge.** Aus diesem Grund kann er den Geschäftstag vorzeitig beenden, um die eingegangenen Zahlungsaufträge noch am gleichen Tag abzuarbeiten. Ihm werden so der geschäftstägliche Abschluss seines Rechnungswesens und die Erstellung eines Tagesausweises ermöglicht.[23]

---

[21] BGH NJW 2018, 299 (300).
[22] Vgl. Begr. RegE BT-Drs. 16/11643, 107 f.
[23] Vgl. Begr. RegE BT-Drs. 16/11643, 107; Palandt/*Sprau* § 675n Rn. 5.

Das vorzeitige Ende des Geschäftstages kann durch den Zahlungsdienstleister **einseitig festgelegt** (und geändert) werden;[24] er hat den Zahlungsdienstnutzer über die Festlegung (sowie eine etwaige Änderung) zu unterrichten (Art. 248 § 4 Abs. 1 Nr. 2 lit. d EGBGB).[25] Dies gilt sowohl im Rahmen der allgemeinen **Konto-Abrede** als auch beim **Online-Banking,** denn auch bei letzterem kann aufgrund der aufgezeigten (→ Rn. 13) Möglichkeit der Veranlassung oder Überwachung der Zahlungsaufträge durch Mitarbeiter des Zahlungsdienstleisters hierfür Bedarf bestehen. Allerdings kann der Zahlungsdienstleister den Zeitpunkt des cut-off nicht beliebig im Tagesablauf nach vorne schieben, sondern der festgelegte Zeitpunkt bedarf einer sachlichen Rechtfertigung. Er kann damit auch nach der Art der Einreichung des Zahlungsauftrages (beleggebunden, online) variieren. Denn die Bearbeitung von elektronischen Zahlungsaufträgen kann einen kürzeren Zeitraum in Anspruch nehmen und der tageseinheitliche Rechnungsabschluss daher ggf. auch mit späteren Buchungen erreicht werden. Sofern der cut-off-Zeitpunkt auf einen zu frühen, weil sachlich nicht gerechtfertigten Zeitpunkt gelegt wird, ist die entsprechende Klausel in AGB nach § 307 Abs. 1 BGB unangemessen.[26] Dann bleibt das Ende des konkreten Geschäftstages (zB dieser Filiale) maßgeblich. Durch vertragliche Abrede können die Parteien auch bestimmen, dass für bestimmte Zahlungsaufträge kein cut-off-Zeitpunkt greift (zB SEPA Instant Überweisungen → Rn. 6a). 17

Das Tatbestandsmerkmal des Zugangs **„nahe am Ende des Geschäftstages"** ist an dem aufgezeigten Zweck der Norm orientiert auszulegen. Gemeint ist die Nähe zu den üblichen Schließungszeiten für den physischen Publikumsverkehr, also den Geschäftstag i. S. der Norm;[27] sie können an den verschiedenen Kalendertagen differieren. Zudem kann die Bank ihren individuellen Abläufen Rechnung tragen. Jedenfalls eine über zwei Stunden hinausgehende Vorverlegung des cut-off-Zeitpunkts überschreitet den gesetzgeberisch eingeräumten Gestaltungsspielraum. Folge der Festlegung eines zulässigen vorzeitigen Endes des Geschäftstages ist die **Fiktion**[28] **des Zugangs am folgenden Geschäftstag** (nur) bei der Berechnung der Ausführungsfrist (§ 675s Abs. 1 BGB). 18

Die **übrigen Wirkungen des Zugangs,** u. a. der Beginn der Ablehnungs- und Widerrufsfristen und der Wertstellung, werden von dieser Fiktion nach ihrem Sinn und Zweck **nicht erfasst.** Auch für das Recht zum Widerruf des Zahlungsauftrags hat die Festlegung eines Cut-off-Zeitpunkts eines Zahlungsauftrags keine Bedeutung. Erfolgt der Zugang des Zahlungsauftrags iSv § 675n BGB aufgrund der Fiktion des cut-off-Zeitpunkte nach Abs. 1 S. 3 erst zum folgenden Geschäftstag, ist der Zahlungsauftrag für den Zahler gleichwohl schon zu jenem Zeitpunkt unwiderruflich geworden, zu dem der Zugang nach allgemeinen Regeln vorliegt.[29] 18a

Dies gilt auch beim **Online-Banking,** da der vorstehend genannte Zweck auch bei diesem einschlägig ist.[30] Auch bei diesem werden Zahlungsaufträge grundsätzlich nicht rund um die Uhr bearbeitet und muss die Möglichkeit eines Tagesausweises und des geschäftstäglichen Abschlusses des Rechnungswesens für den Zahlungsdienstleister bestehen. Entscheidend ist aber auch hier der jeweilige Geschäftstag, der bei einer Online-Bank nicht von den Schließungszeiten für den physischen Publikumsverkehr abhängt, sondern von der bekanntgemachten (vgl. → Rn. 15 aE) Dauer der Geschäftstage. Dabei können unterschiedliche Zeitpunkte für unterschiedliche Instrumente bzw. unterschiedliche Art und Weisen der Zahlungsaufträge festgelegt werden (beleggebunden/beleglos. Telefon-Bankings/Online-Banking/Banking-Terminal/Eingabe in eine Datenmaske), an denen der 19

[24] HL, wie hier Palandt/*Sprau* Rn. 5; Erman/*v. Westphalen* Rn. 4; MüKoBGB/*Jungmann* § 675n Rn. 41.

[25] Vgl. zur Zulässigkeit solcher Annahmefristen nach früherem Recht MüKoBGB/*Casper*, 5. Aufl. 2009, § 676a Rn. 15.

[26] IE auch BuB/*Werner* Rn. 19/60a (mit dem Bsp. des frühen Vormittags).

[27] Begr. RegE BT-Drs. 16/11643, 107.

[28] Zust. *Jungmann* BKR 2019, 355.

[29] BGH NJW 2019, 2469 (2471).

[30] So auch Begr. RegE BT-Drs. 16/11643, 107; BeckOK BGB/*Schmalenbach* § 675n Rn. 5; MüKoBGB/*Jungmann* § 675n Rn. 36.

Geschäftsabschluss für den jeweiligen Geschäftstag erstellt wird. Zudem kann der Zahlungsdienstleister auf einen entsprechenden Zeitpunkt bei bestimmten Zahlungsinstrumenten verzichten (→ Rn. 6a).

III. Der vereinbarte Ausführungstermin (Abs. 2)

20 Abs. 2 ermöglicht den Parteien, einen späteren Fristbeginn zu vereinbaren, so dass nach dem Willen der Parteien der Zahlungsauftrag (einer Push- oder Pull-Zahlung) erst zu einem späteren Zeitpunkt ausgeführt werden soll. Nach dieser Norm sind Terminüberweisungen und Daueraufträge, auch im Online-Banking, möglich. Die **Erteilung des Zahlungsauftrages** und die **Anforderungen an seinen Zugang** richten sich weiterhin nach Abs. 1; ergänzend können die Parteien den Beginn der Ausführungsfrist bzw. der Ausführung sodann abweichend vom tatsächlichen Zugangszeitpunkt vereinbaren.

21 Nach der Regelung gilt der so **vereinbarte Tag als Tag des Zugangs des Zahlungsauftrags (Zugangsfiktion);**[31] an diesem Tag beginnt somit die Ausführungsfrist (iSv § 675s Abs. 1 BGB), womit sich mittelbar auch Folgen für die Haftung des Zahlungsdienstleisters verbinden (gem. §§ 675y, 675z BGB). Abs. 2 eröffnet insoweit den Parteien die Möglichkeit, einen bestimmten Tag (zB Erster des Monats, 15. eines Monats), das Ende eines bestimmten Zeitraums (10 Tage nach Zugang des Auftrags beim Zahlungsdienstleister) oder den Eingang des erforderlichen Geldbetrages (zB bei hinreichender Kontodeckung) als Beginn der Ausführungsfrist zu wählen.

22 Voraussetzung ist eine, auch in AGB mögliche, **Vereinbarung zwischen Zahlungsdienstleister und Zahlungsdienstnutzer.** Diese kann auch im **Online-Banking** erfolgen, zB durch die Eingabe eines Ausführungstermins in die Datenmaske auf der Homepage oder App. Das Angebot zu einer entsprechenden Abrede ist dabei in der Nutzung der entsprechenden Funktion auf der Homepage/in der App durch den Zahlungsdienstnutzer zu sehen, also der Maske für die Erteilung des Zahlungsauftrags (zB Ausführungstermin für eine Überweisung; Einrichtung eines monatlichen Dauerauftrags; Einrichtung eines Dauerauftrages zu einem bestimmten Tag im Monat bzw. am Ende des Monats). Möglich bleibt auch die Abrede, ein etwaiges Guthaben auf dem Konto zum Monatsende auf ein anderes Konto (zB ein Sparkonto) zu übertragen. Erforderlich ist zudem, dass ein **späterer Termin als der tatsächliche Zugang des Zahlungsauftrags** als maßgeblich vereinbart wird. Schließlich muss der **tatsächliche Zugang des Zahlungsauftrags** vor dem so vereinbarten Termin beim Zahlungsdienstleister erfolgen.

§ 675o Ablehnung von Zahlungsaufträgen

(1) **[1]Lehnt der Zahlungsdienstleister die Ausführung oder Auslösung eines Zahlungsauftrags ab, ist er verpflichtet, den Zahlungsdienstnutzer hierüber unverzüglich, auf jeden Fall aber innerhalb der Fristen gemäß § 675s Abs. 1 zu unterrichten. [2]In der Unterrichtung sind, soweit möglich, die Gründe für die Ablehnung sowie die Möglichkeiten anzugeben, wie Fehler, die zur Ablehnung geführt haben, berichtigt werden können. [3]Die Angabe von Gründen darf unterbleiben, soweit sie gegen sonstige Rechtsvorschriften verstoßen würde. [4]Der Zahlungsdienstleister darf mit dem Zahlungsdienstnutzer im Zahlungsdiensterahmenvertrag ein Entgelt für den Fall vereinbaren, dass er die Ausführung eines Zahlungsauftrags berechtigterweise ablehnt.**

(2) **Der Zahlungsdienstleister des Zahlers ist nicht berechtigt, die Ausführung eines autorisierten Zahlungsauftrags abzulehnen, wenn die im Zahlungsdiensterahmenver-**

[31] Wohl allgM, vgl. nur Palandt/*Sprau* § 675n Rn. 6; PWW/*Fehrenbacher* § 675n Rn. 6; MüKoBGB/*Jungmann* § 675n Rn. 51.

trag festgelegten Ausführungsbedingungen erfüllt sind und die Ausführung nicht gegen sonstige Rechtsvorschriften verstößt.

(3) **Für die Zwecke der §§ 675s, 675y und 675z gilt ein Zahlungsauftrag, dessen Ausführung berechtigterweise abgelehnt wurde, als nicht zugegangen.**

Übersicht

I. Inhalt und Normzweck

1 Zur Umsetzung des Art. 79 PSD II regelt die Norm die **Ablehnung von Zahlungsaufträgen (§ 675f Abs. 4 BGB) durch den Zahlungsdienstleister.** Die Regelung präzisiert die Pflichten des Zahlungsdienstleisters gegenüber dem Zahlungsdienstnutzer in diesen Fällen und steht somit im Zusammenhang insbesondere mit den § 675f Abs. 2 BGB, Abs. 3 und § 675n. Die Modifikationen durch die Einfügung der PSD II in das Gesetz im Jahr 2018 waren gering, insbesondere wurden Zahlungsauslösedienstleister einbezogen. Zudem ist der Zahlungsdienstnutzer nunmehr auch über die abgelehnte Auslösung eines Zahlungsauftrags zu unterrichten, d.h. bei der Erteilung der Zustimmung zu einem Zahlungsvorgang über einen Zahlungsauslösedienstleister. Die Norm bezweckt Transparenz und Rechtssicherheit hinsichtlich der Ausführung des Zahlungsauftrags und der etwaigen Gründe ihrer Ablehnung. Die unberechtigte Ablehnung führt zu Schadensersatzansprüchen des Zahlungsdienstnutzers (§§ 675y, 675z BGB).

2 Abgesehen von Zahlungsaufträgen mit Drittstaaten- oder Drittstaatenwährungsbezug ist die Norm zu Lasten des Zahlungsdienstnutzers nur in den Grenzen des § 675e BGB, zu seinen Gunsten in den allgemeinen Grenzen **abdingbar.**

II. Ausführungspflicht und Ablehnung eines Zahlungsauftrages (Abs. 2)

3 Nach § 675f Abs. 2 S. 1 BGB hat der Zahlungsdienstleister die **Pflicht** aus dem Rahmenvertrag, dh der Konto-Abrede bzw. der Online-Banking-Abrede, ihm erteilte **Zahlungsaufträge auszuführen, sofern kein Ablehnungsgrund** vorliegt.[1] Diese primär vertragliche Pflicht wird von § 675o Abs. 2 BGB deklaratorisch bestätigt und erfasst sowohl Push- als auch Pull-Zahlungen und ist damit unabhängig davon, ob der Zahlungsauftrag vom Zahler, vom Zahlungsempfänger oder über den Zahlungsempfänger ausgelöst wurde. Nach §§ 675c Abs. 1 iVm 663 BGB kann die Ausführung eines Zahlungsauftrags durch den Zahlungsdienstleister abgelehnt werden; § 675o Abs. 2 BGB stellt hierfür aber das **Erfordernis eines Ablehnungsgrundes** auf und nennt zwei Ablehnungsgründe.[2] Diese Regelung ist *lex specialis* zu § 663 BGB. Bei einer unberechtigten Ablehnung eines Zahlungsauftrags haftet der Zahlungsdienstleister nach §§ 675y, 675z BGB.

---

[1] Vgl. Ziff. 5 II Online-Banking-Bedingungen.

[2] Die ungerechtfertigte Ablehnung der Ausführung eines Zahlungsauftrags führt zur Haftung des Dienstleisters gem. §§ 675y, 675z BGB.

1. Fehlen der vertraglichen Voraussetzungen

4 **Erster Ablehnungsgrund** ist das **Fehlen von vertraglich festgelegten Voraussetzungen.** Dies ist der Fall, wenn die im Zahlungsdiensterahmenvertrag, v. a. der Konto-Abrede und den Sonderbedingungen für bestimmte Zahlungsaufträge (wie zB Bedingungen für den Überweisungsverkehr, für Zahlungen mittels Lastschrift im SEPA-Basislastschriftverfahren bzw. im SEPA-Firmenlastschriftverfahren), festgelegten Bedingungen nicht erfüllt sind. Mögliche Ablehnungsgründe sind fehlende Angaben zum Empfänger, die fehlende Kundenkennung (§ 675r BGB) oder der fehlende Zahlungsbetrag.[3] Bei der SEPA Instant Überweisung müssen zB weitere spezielle Ausführungsvoraussetzungen wie die entsprechende Erreichbarkeit des Zahlungsempfängers vorliegen.[4] Sofern der Zahlungsdienstleister die Ergänzung fehlender Angaben fordert, liegt eine Ablehnung des Zahlungsauftrags vor, nicht zuletzt, weil regelmäßig die Frist zur Ausführung (§ 675s BGB) nicht mehr eingehalten werden kann. Das gesetzestechnisch nicht gelungene Erfordernis eines Ablehnungsgrundes schränkt die Vertragsfreiheit der Parteien gleichwohl nur geringfügig ein, da die Parteien über die Formulierung von (weiteren) vertragsmäßigen Voraussetzungen des Zahlungsauftrages das Entfallen des Ausführungsanspruchs und zugleich einen Ablehnungsgrund schaffen können.

5 Beim **Online-Banking** müssen sowohl die Bedingungen der Konto-Abrede als auch jene im Online-Banking-Rahmenvertrag erfüllt sein. Im Online-Banking können zB die Beschränkung des Online-Bankings auf Überweisungen in Euro, die ausreichende Deckung des Kontos oder eine zutreffende TAN als Bedingungen der Ausführung einschlägig sein. Eine Ablehnung erfolgt in diesen Fällen vielfach bereits unmittelbar nach Eingabe in die Daten-Maske des Online-Bankings. Die Parteien können weitere Ablehnungsgründe vereinbaren, so zB keine Zahlungen in Drittstaaten, Summengrenzen pro Tag oder für den einzelnen Auftrag beim Online-Banking.

6 Allerdings nur ein Recht, aber **keine *Pflicht* des Zahlungsdienstleisters,** einen auf der Grundlage der vertraglichen Abrede unzureichenden Zahlungsauftrag **abzulehnen,** er kann vielmehr selbst die fehlenden Angaben ergänzen,[5] eine etwaige fehlende Kontodeckung ignorieren[6] oder weitere Verstöße gegen vertragliche Abreden im Online-Banking-Rahmenvertrag, zB Überweisungen online nur in Euro, ignorieren.

2. Entgegenstehende Rechtsvorschriften

7 Als **zweiten Ablehnungsgrund** nennt die Regelung in Umsetzung von Art. 79 Abs. 1 PSD II („sonstiges einschlägiges Recht") den **Verstoß gegen sonstige Rechtsvorschriften,** u. a. der Gesetzesverstoß (vgl. § 11 Abs. 1 S. 2 GeldwäscheG). Nach der Rechtsprechung des BSG (Gr. Sen.) ist einem Zahlungsdienstleister der Kenntnis vom Tod des Zahlungsdienstnutzers hat, vor der Ausführung weiterer Zahlungsaufträge das Konto des Zahlungsdienstnutzers daraufhin zu prüfen, ob auf diesem Konto **Rentengutschriften** vorhanden sind, die kraft Gesetzes als unter Vorbehalt erbracht gelten (§ 118 Abs. Abs. 3 S. 2 SGB VI). Dies sei erforderlich, um zu beurteilen, in welchem Umfang weitere Verfügungen zu Lasten des Kontos noch auszuführen sind.[7] Weiterhin sind die **§ 64 GmbHG, § 92 Abs. 2 AktG, § 130a HGB** entsprechende Rechtsvorschriften.[8] Denkbar sind auch Normen des **KWG,** das **AWG** und die **AVV** (Außenwirtschaftsverordnung).[9] Hinzuweisen

---

[3] OLG Schleswig NJW-RR 2014, 741 (Verdacht eines Missbrauchs der Vertretungsmacht).

[4] Ausf. *Herresthal* ZIP 2019, 895 (900 f.)

[5] Vgl. OLG München WM 2019, 1301 (1304).

[6] Vgl. zur geduldeten Überziehung BGH ZIP 2007, 435.

[7] BSG Gr. Sen. WM 2019, 821; zuvor BSG WM 2016, 1220; abw. BSG WM 2016, 2256; ausf. dazu *Escher-Weingart* WM 2018, 1577.

[8] So schon *Obermüller* ZInsO 2010, 8 (10).

[9] Für ein Bsp. aus der Praxis: AG München ZIP 2019, 1418 (VO (EU) Nr. 208/2014 des Rates v. 5.3.2014 über restriktive Maßnahmen gegen bestimmte Personen, Organisationen und Einrichtungen angesichts der Lage in der Ukraine).

ist insofern auf die sog. **Embargo-Listen** (EU-Sanktionslisten, OFAC-Datei, Bundesanzeiger-Datei) zur Benennung jeder Personen bzw. Organisationen, die von Sanktionsnormen betroffen sind. Aus dem Unionsrecht ist auch die **VO (EU) 2015/847** des Europäischen Parlaments und des Rates vom 20. Mai 2015 über die Übermittlung von Angaben bei Geldtransfers und zur Aufhebung der Verordnung (EU) Nr. 1781/2006 eine entsprechende Rechtsvorschrift. Dem Zahlungsdienstleister kann zudem eine Leistung durch **Maßnahmen der Zwangsvollstreckung** nach § 309 Abs. 1 AO, § 829 Abs. ZPO untersagt sein. Schließlich darf der Zahlungsdienstleister nach der **Eröffnung des Insolvenzverfahrens** über das Vermögen des Zahlers den Zahlungsauftrag nicht mehr ausführen. Zahlungsaufträge, die nach Eröffnung dieses Insolvenzverfahrens eingehen, unterfallen § 115 Abs. 3 S. 1 InsO. Vor der Eröffnung des Insolvenzverfahrens ist der Zahlungsdienstleister hingegen trotz Kenntnis von der Zahlungsunfähigkeit des Zahlers nicht berechtigt, einen Zahlungsauftrag nicht auszuführen. Sofern ein entsprechendes Kontoguthaben oder eine eingeräumte Kreditlinie besteht, greift die Pflicht nach Abs. 2.[10]

3. Allgemeine Grenzen der Pflicht

Unberührt, weil außerhalb des Regelungsbereichs der PSD II und des § 675o liegend bleiben die **allgemeinen gesetzlichen Gründe für ein Unterbleiben einer vertraglichen Pflicht,** v. a. § 275 BGB (Unmöglichkeit). Insofern ist auch auf § 675r Abs. 3 BGB hinzuweisen, wonach der Zahlungsdienstleister des Zahlers diese unverzüglich zu informieren hat, wenn die verwendete Kundenkennung erkennbar keinem Zahlungsempfänger/Zahlungskonto zugeordnet werden kann. Die Pflicht den Zahlungsbetrag gegebenenfalls an den Zahler wieder herauszugeben umfasst das Recht des Zahlungsdienstleisters des Zahlers, den Zahlungsauftrag abzulehnen. Regelmäßig wird hier allerdings schon eine Abweichung von den Ausführungsbedingungen vorliegen (→ Rn. 4). 8

III. Die Pflicht zur Unterrichtung und Begründung bei einer Ablehnung (Abs. 1)

1. Die Ablehnung des Zahlungsauftrags

Der **Zahlungsdienstleister** ist nach Abs. 1 verpflichtet, den Zahlungsdienstnutzer unverzüglich über die Ablehnung des Auftrags zu unterrichten. Die Norm konkretisiert die entsprechende Pflicht aus §§ 663, 665, 666, 242 und § 362 HGB und ist unabhängig davon, ob die Ablehnung zu recht erfolgt ist. **Normadressat** ist der Zahlungsdienstleister (auch Zahlungsauslösedienstleister) des Zahlers. Sofern eine zwischengeschaltete Stelle die Ausführung zB des Überweisungsauftrags ablehnt, trifft diese keine entsprechende Pflicht gegenüber dem Zahler. **Anspruchsberechtigt** ist der Zahlungsdienstnutzer, der den Zahlungsvorgang ausgelöst bzw. die Auslösung des Zahlungsvorgangs über einen Zahlungsauslösedienstleister veranlasst hat. Bei Push-Zahlungen ist der Zahler zu unterrichten. Bei Pull-Zahlungen ist der Zahler durch seinen Zahlung Dienstleister zu informieren, wenn die Ursache im Deckungsverhältnis liegt (zB keine hinreichende Kontodeckung). Sofern die Ursache für die Ablehnung im Inkassoverhältnis verortet ist, ist der Zahlungsempfänger zu informieren. 9

Unterrichten meint eine Mitteilung der Ablehnung und der Gründe durch die Bank in der vertraglich vereinbarten Weise (vgl. Art. 79 Abs. 1 PSD II: „anzeigen"). Sofern keine anderweitige Abrede über das Kommunikationsmittel getroffen wurde, muss der Zahlungsdienstleister die Informationen mitteilen und nicht nur zur Verfügung stellen, wobei er jeden verfügbaren und angemessenen Kommunikationsweg wählen kann, zB per Post, Telefon, Email. Nach Abs. 1 S. 3 kann die Mitteilung bei einem Rechtsverstoß unter- 9a

[10] BGH NZI 2013, 249; NZI 2013, 896 (897).

bleiben. Allerdings können die Parteien (auch klauselmäßig) vereinbaren, dass die Information nur zur Verfügung gestellt werden muss (zB durch Information auf dem Kontoauszug bzw. Einstellen in die online-Postbox); hiervon hat die Praxis breitflächig Gebrauch gemacht.

10 Beim **Online-Banking** kann eine solche Information auch unmittelbar bei/nach der Eingabe des Zahlungsauftrags in die Datenmaske erfolgen, zB durch ein Informationsfenster mit dem Hinweis auf fehlende oder unvollständige Daten[11] oder die Unausführbarkeit der SEPA Instant Überweisung, weil der Zahlungsdienstleister des Empfängers an diesem Verfahren nicht teilnimmt.[12] Zudem reicht bei der entsprechenden Vereinbarung auch eine Einstellung der Ablehnung in das Online-Postfach.[13]

11 **Inhaltlich** muss die Mitteilung des Zahlungsdienstleisters („soweit möglich") die Tatsache der Ablehnung, den Grund der Ablehnung (zB unzutreffende IBAN) sowie eine etwaige Möglichkeit zur Abhilfe (zB erneute Überweisung) umfassen (Abs. 1 S. 2). Die Anforderungen an den Inhalt dürfen gerade vor dem Hintergrund des elektronischen Massenverkehrs nicht überspannt werden. Sofern die Voraussetzungen des Abs. 1 S. 3 erfüllt sind, mithin die **Begründung einen Verstoß gegen sonstige Rechtsvorschriften** darstellt, darf die Begründung unterbleiben.[14] So ist dem Zahlungsdienstleister untersagt, den Auftraggeber von der Geldwäsche-Verdachtsmeldung in Kenntnis zu setzen (§ 12 Abs. 1 S. 1 GwG). Auch das Bankgeheimnis[15] ist und die sonstigen Rechtsvorschriften zu subsumieren.

12 Zeitlich muss die **Unterrichtung unverzüglich,** d. h. ohne schuldhaftes Zögern nach der Entscheidung über die Ablehnung des Auftrages erfolgen (§ 121 Abs. 1 S. 1 BGB),[16] spätestens aber innerhalb der Frist des § 675s Abs. 1 BGB. Die Bank muss zur Einhaltung dieser Frist während ihres Laufs zumutbare Maßnahmen ergreifen, um den Kunden auf dem vereinbarten bzw. von ihm gewählten Weg schnellstmöglich zu unterrichten.[17] Ausreichend ist eine Absendung der Mitteilung innerhalb dieser Frist, der Zugang während des Fristlaufs ist nicht erforderlich.[18] Im Online-Banking erfolgt die Fristwahrung vielfach durch die unmittelbare Ablehnung des Zahlungsauftrages bei einer unzureichenden/fehlerhaften Dateneingabe, Legitimation oder Kontodeckung durch einen entsprechenden Hinweis auf dem Bildschirm bzw. in der Eingabemaske.

13 Verletzt die Bank diese Pflicht zur Unterrichtung, kann der Bankkunde einen aufgrund der fehlerhaften, unterbliebenen, verspäteten oder inhaltlich unzureichenden Mitteilung kausal verursachten Schaden im Wege des **Schadensersatzanspruchs aus § 280 Abs. 1** liquidieren. Schäden kommen insofern v. a. aus Nachteilen für den Zahler im Valutaverhältnis in Betracht. Nach allgemeinen Grundsätzen ist § 254 BGB anwendbar, wenn ein kausales Mitverschulden des Zahlungsdienstnutzers vorliegt. Die **Beweislast** für die ordnungsgemäße Unterrichtung trägt die Bank (§ 675d Abs. 3 BGB).[19]

---

[11] Wie hier Palandt/*Sprau* § 675o Rn. 4 (unmittelbar bei Erteilung des Auftrages möglich).

[12] *Herresthal* ZIP 2019, 895 (900 f.).

[13] Vgl. Begr. RegE BT-Drs. 16/11643, 108; *Bunte* AGB-Banken, Sonderbedingungen für das Online-Banking Rn. 67.

[14] Begr RegE BT-Drs. 16/11643, 108.

[15] Ausf. MüKoHGB/*Herresthal,* VI, A Rn. 380 ff.

[16] S. a. Zahlungsdienstleistungsrichtlinie 2007 Erwägungsgrund Nr. 37 aE, wonach der Zahlungsdienstleister den Zahlungsdienstnutzer so rasch wie möglich informieren muss.

[17] RegE BT-Drs. 16/11643, 173.

[18] RegE BT-Drs. 16/11643, 108; Palandt/*Sprau* § 675o Rn. 4; MüKoBGB/*Jungmann* § 675o Rn. 42; s. a. Ellenberger/Findeisen/Nobbe/*Burghardt* § 675o Rn. 3; bei einer Unterrichtung auf dem Postweg kann der Nutzer aufgrund der Postlaufzeiten die Informationen daher auch erst nach Ablauf der Frist des § 675s Abs. 1 BGB erhalten.

[19] Vgl. auch AG München ZIP 2019, 1418 (1419).

2. Entgelte für die Ablehnung des Zahlungsauftrags

Nach Abs. 1 S. 4 „darf" – in Abweichung von § 675f Abs. 5 S. 2 – mit dem Zahlungsdienstnutzer im Zahlungsdiensterahmenvertrag ein Entgelt für den Fall **vereinbart** werden, dass der Zahlungsdienstleister die Ausführung eines **vom Zahler autorisierten Zahlungsauftrags berechtigterweise ablehnt.** Seit der Umsetzung von Art. 79 PSD II im Jahr 2018 kann ein solches Entgelt für die Ablehnung des Zahlungsauftrags als solche vereinbart werden. Die vorausgehende oder begleitende Benachrichtigung des Zahlungsdienstnutzers über die Nichtausführung des Zahlungsauftrags ist keine Voraussetzung hierfür (mehr). 14

Ein solches Entgelt für eine Ablehnung des Zahlungsauftrages kann **individualvertraglich und klauselmäßig** vereinbart werden (S. 4 i. V. m. § 675f Abs. 3 S. 1, 2 BGB). Früher wurden diese Abreden nach § 307 Abs. 2 Nr. 1 BGB als unwirksam bewertet.[20] Diese Rechtsprechung ist im Anwendungsbereich der Norm veraltet. Nach § 675f Abs. 5 S. 2 HS 2 BGB muss dieses Entgelt der **Höhe** nach unabhängig von der Art der Vereinbarung „**angemessen** und an den **tatsächlichen Kosten** des Zahlungsdienstleisters **ausgerichtet** sein" (vgl. auch Art. 79 Abs. 1 PSD II). Zu dem Bearbeitungsaufwand zählen zum einen Kommunikationskosten (Porto usw.)[21] sowie die Kosten, die die konkrete Bearbeitung des abgelehnten Zahlungsauftrags auslöst. Mithin sind die Personalkosten jener Mitarbeiterinnen und Mitarbeiter, die sich ausschließlich mit entsprechenden Ablehnungen eines Zahlungsauftrags oder der Überprüfung der Ablehnung befassen, sowie die zugehörigen Sachkosten anteilig auf die einzelne Ablehnung umzulegen. Gleiches gilt für Kosten Dritter, namentlich von Serviceprovidern, die bei der Kommunikation usw. vom Zahlungsdienstleister eingeschaltet werden.[22] Auch eine Rundung des errechneten Betrags (4,50 € anstelle von 4,27 €) sowie eine Pauschalierung/Zusammenfassung von kostenähnlichen Konstellationen (4,50 € für Konstellationen, die Kosten von 4,27 € bis 4,80 € verursachen) sind zulässig. Die Gemeinkosten des Zahlungsdienstleisters sowie ein angemessener Gewinn sollen hingegen nicht von dem Kostenerstattungsanspruch umfasst sein.[23] Der **BGH**[24] hat auf der Grundlage der bis 2018 geltenden Rechtslage entscheiden, dass entsprechende klauselmäßige Entgeltabreden unwirksam sind, wenn in die Berechnung des Entgelts auch Einzelkosten des Zahlungsdienstleisters eingeflossen sind, die nicht unmittelbar der Unterrichtung des Zahlungsdienstnutzers zugeordnet werden können sowie mit dieser nicht in einem ursächlichen Zusammenhang stehen. Zudem müsse das Entgelt an den tatsächlichen Kosten der Bank ausgerichtet sein. Kosten, die für die Entscheidung über die Ausführung eines Zahlungsauftrags angefallen sind, müssen nach dem BGH daher außer Betracht bleiben. 14a

Vorzugswürdig ist es auch, die für die Ablehnung verlangten Entgelte hinsichtlich des durch die Ablehnung des Zahlungsauftrags typisiert veranlassten Aufwands zu unterscheiden. Sollten sich mithin einzelne Zahlungsaufträge oder Gruppe von Zahlungsaufträge identifizieren lassen, bei denen der Aufwand bei der Ablehnung bzw. Kommunikation dieser Ablehnung deutlich höher oder geringer (zB beim Online Banking, wenn Prüfung und Ablehnung automatisiert erfolgen) ist, so ist es – in Anerkennung des von der Rechtsprechung bislang zu Unrecht negierten **Veranlassungsgedankens** – sachgerecht, jene Konstellation mit einem höheren bzw. niedrigeren Entgelt zu bepreisen. 14b

Auch bei dieser Regelung ist der Behauptung, dass Ausnahmevorschriften stets eng auszulegen seien[25] und nicht analogiefähig seien[26], in dieser Allgemeinheit entgegenzutre- 14c

[20] Vgl. BGHZ 146, 377, 382 = WM 2001, 563; zur bisherigen Rspr. auch *Nobbe* WM 2008, 185 (188 ff.).
[21] Ohne überzeugenden Grund zweifelnd *Werner* WM 2018, 449 (455).
[22] S. a. Begr. RegE BT-Drs. 11/11495, 158 (Orientierung an den tatsächlich entstandenen Verwaltungskosten).
[23] So MüKoBGB/*Jungmann* § 675o Rn. 51 mwN.
[24] BGH NJW 2017, 3649; ausf. zur Themenstellung auch *Zahrte* NJW 2018, 337.
[25] So BGH NJW 2017, 3649 (3651).
[26] So MüKoBGB/*Jungmann* § 675o Rn. 53.

ten. Freilich darf der Grundsatz des § 675f Abs. 5 S. 2 HS 1 nicht über eine generell **analoge Anwendung** von § 675o Abs. 1 S. 4 ausgehebelt werden. Sofern ein vergleichbarer Sachverhalt vorliegt, gebietet allerdings Art. 3 Abs. 1 GG eine entsprechende analoge Anwendung. Auch ist kein sachlich-rechtfertigender Grund ersichtlich, diese Norm bei der Bestimmung des gesetzlichen Leitbildes für die AGB Kontrolle im Zahlungsdiensterecht unberücksichtigt zu lassen.

14d **Zahlungsauslösedienstleister** werden von § 675o Abs. 1 S. 4 BGB nicht erfasst. Zum einen adressiert das Gesetz Zahlungsauslösedienstleister regelmäßig als solche, zudem kann ein Entgelt für die Ablehnung der *Ausführung* eines Zahlungsauftrags und nicht auch die Ablehnung der *Auslösung* eines Zahlungsauftrags vereinbart werden. Hieraus zu schließen, dass eine entsprechende Entgeltabrede zwischen Zahlungsdienstenutzer und einem Zahlungsauslösedienstleister nach § 675f Abs. 5 S. 2 BGB unwirksam wäre, vermag indes nicht vollständig zu überzeugen, da das Gesetz die Zahlungsauslösedienstleister als solche ausdrücklich adressiert und dies in § 675f Abs. 5 S. 2 BGB unterbleibt.[27]

IV. Die Fiktion unterbliebenen Zugangs (Abs. 3)

15 Im Übrigen stellt die Norm in Abs. 3 klar, dass der Auftrag bei einer berechtigten Ablehnung **keine Ausführungsfrist** (§ 675s BGB) auslöst und **keine Haftung für fehlerhafte Ausführung** (§§ 675y, 675z BGB) nach sich zieht. Da der Zahlungsdienstleister bei einer berechtigten Ablehnung des Zahlungsauftrags nicht zu dessen Ausführung verpflichtet ist, kommt Abs. 3 insofern nur eine Klarstellungsfunktion zu. In dem Abs. 3 den nicht erfolgten Zugang des fehlerhaften Zahlungsauftrags fingiert, steht zugleich fest, dass mangels Wirksamwerdens dieses Rechtsgeschäft seiner Heilung ebenfalls ausscheidet. Vielmehr ist ein neuer Zahlungsauftrag erforderlich. Als solcher ist auch nach §§ 133, 157 BGB eine etwaige „Korrektur" oder „Bestätigung" des abgelehnten Zahlungsauftrags mit nunmehr vertragsgemäßem Inhalt auszulegen. Der Zahlungsdienstleister hat den auf diese Weise erfolgten (fehlerfreien) Zahlungsauftrag dann auszuführen.

§ 675p Unwiderruflichkeit eines Zahlungsauftrags

(1) **Der Zahlungsdienstnutzer kann einen Zahlungsauftrag vorbehaltlich der Absätze 2 bis 4 nach dessen Zugang beim Zahlungsdienstleister des Zahlers nicht mehr widerrufen.**

(2) **[1] Wurde der Zahlungsvorgang über einen Zahlungsauslösedienstleister, vom Zahlungsempfänger oder über diesen ausgelöst, so kann der Zahler den Zahlungsauftrag nicht mehr widerrufen, nachdem er dem Zahlungsauslösedienstleister die Zustimmung zur Auslösung des Zahlungsvorgangs oder dem Zahlungsempfänger die Zustimmung zur Ausführung des Zahlungsvorgangs erteilt hat. [2] Im Fall einer Lastschrift kann der Zahler den Zahlungsauftrag jedoch unbeschadet seiner Rechte gemäß § 675x bis zum Ende des Geschäftstags vor dem vereinbarten Fälligkeitstag widerrufen.**

(3) **Ist zwischen dem Zahlungsdienstnutzer und seinem Zahlungsdienstleister ein bestimmter Termin für die Ausführung eines Zahlungsauftrags (§ 675n Abs. 2) vereinbart worden, kann der Zahlungsdienstnutzer den Zahlungsauftrag bis zum Ende des Geschäftstags vor dem vereinbarten Tag widerrufen.**

(4) **[1] Nach den in den Absätzen 1 bis 3 genannten Zeitpunkten kann der Zahlungsauftrag nur widerrufen werden, wenn der Zahlungsdienstnutzer und der jeweilige Zahlungsdienstleister dies vereinbart haben. [2] In den Fällen des Absatzes 2 ist zudem die Zustimmung des Zahlungsempfängers zum Widerruf erforderlich. [3] Der Zahlungs-**

[27] Mit Zweifeln auch Palandt/*Sprau* § 675o Rn. 4.

dienstleister darf mit dem Zahlungsdienstnutzer im Zahlungsdiensterahmenvertrag für die Bearbeitung eines solchen Widerrufs ein Entgelt vereinbaren.

(5) **Der Teilnehmer an Zahlungsverkehrssystemen kann einen Auftrag zugunsten eines anderen Teilnehmers von dem in den Regeln des Systems bestimmten Zeitpunkt an nicht mehr widerrufen.**

Übersicht

I. Inhalt, Zweck und Konkurrenzen

Zur Umsetzung von Art. 80 PSD II sowie Art. 5 Finalitätsrichtlinie[1] regelt die Norm den **Zeitpunkt, bis zu dem ein Zahlungsauftrag[2] sowie ein Auftrag in einem Zahlungssystem[3] widerrufen werden** kann. Dabei wird dem Grundsatz nach die Unwiderruflichkeit des Zahlungsauftrages ab Zugang beim Zahlungsdienstleister festgelegt und hiermit im Vergleich mit früheren gesetzlichen Regelungen erheblich vorverlegt. Diese Vorverlegung steht nicht zuletzt zur Wahrung der Interessen des Zahlungsdienstleisters in unmittelbarem Zusammenhang mit den stark verkürzten Ausführungsfristen und der hierdurch angestoßenen und weiter geförderten Automatisierung des Zahlungsverkehrs.[4] Manuelle Eingriffe sollen daher weitgehend reduziert werden. Jüngste Entwicklung der raschen Zahlungsabwicklung sind die SEPA Instant Überweisungen.[5] Nach § 675x BGB hat der Zahler einen Anspruch auf Erstattung, der den Zahlungsauftrag nicht beseitigt und die Autorisierung des Zahlungsvorgangs unberührt lässt. 1

Darüber hinaus können die Parteien privatautonom auch noch nach der Unwiderruflichkeit, aber vor Vollendung des Zahlungsvorgangs rechtsgeschäftlich **vereinbaren,** dass der Zahlungsauftrag nicht ausgeführt wird.[6] Denkbar sind Konstellationen, in denen der Zahlungsdienstleister dem Zahlungsdienstnutzer mitteilt, dass der Kundenkennung kein Zahlungskonto entspricht, oder die Bank das Auseinanderfallen von Name und Empfängerkonto erkennt und mitteilt. Über § 675j Abs. 2 S. 1 BGB ist die Regelung mittelbar auch für den Widerruf der Zustimmung zum Zahlungsvorgang von Bedeutung. Die Gesetzesänderung im Jahr 2018 führte nur zu begrenzten Erweiterungen in Abs. 2 und Abs. 4, insbesondere ist nun auch die Auslösung von Zahlungsvorgängen über Zahlungsauslösedienstleister berücksichtigt. 1a

---

[1] RL 98/26/EG des europäischen Parlaments und des Rats v. 19.5.1998 über die Wirksamkeit von Abrechnungen in Zahlungs- sowie Wertpapierliefer- und -abrechnungssystemen, ABl. EG 1998 L 166, 45.

[2] → Kap. 3 § 675c Rn. 4.

[3] → Kap. 3 § 675c Rn. 3 f.

[4] OLG Köln BKR 2016, 349 (350), gegen die Pflicht des Zahlungsdienstleisters, einen Zahlungsauftrag nach Mitteilung von Verdachtsmomenten durch den Zahler anzuhalten.

[5] Ausf. *Herresthal* ZIP 2019, 895 ff.

[6] Zu einem Anwendungsfall vgl. BGH WM 2015, 1631 (1632) (Vereinbarung über Unterbleiben der Ausführung einer zunächst gescheiterten Überweisung).

1b Umstritten ist mittlerweile, ob die **Regeln des Anfechtungsrechts (§§ 119, 123 BGB)** durch die Möglichkeit des (zeitlich sehr begrenzten) Widerrufs des Zahlungsauftrags **verdrängt** werden. Dies betrifft zum einen ein etwaiges Verschreiben beim Zahlungsauftrag (§ 119 Abs. 1 BGB) sowie auch einen Zahlungsauftrag, der aufgrund einer arglistigen Täuschung (§ 123 BGB) abgegeben wurde. Gegen eine Anwendung des Anfechtungsrechts in Bezug auf die Autorisierung eines Zahlungsvorgangs und für einen Vorrang der Widerrufsmöglichkeit spricht das ausdifferenzierte System des Zahlungsdiensterechts mit seinen engen Fristen. Die gebotene Schnelligkeit und Sicherheit des Zahlungsverkehrs kann zum Schutze aller Systemteilnehmer nicht unter den Vorbehalt einer rückwirkenden Anfechtung gestellt werden. Dies entspricht auch Art. 80 Abs. 1 PSD II, wonach allgemein ein Eingriff des Zahlers in den ausgelösten Zahlungsvorgang ausgeschlossen werden soll, ohne dass insofern die nationale Einordnung als Rücktritt, Widerruf oder Anfechtung relevant wäre. Richtigerweise umfasst dieser Vorrang des zahlungstechnischen Widerrufs vor der Anfechtung sowohl § 119[7] als auch die Anfechtung nach § 123[8].

2 Die Norm ist – über die von Abs. 4 eröffnete Dispositionsbefugnis hinaus (→ Rn. 10a) – zu Lasten des Zahlungsdienstnutzers in den Grenzen des § 675e BGB, zu seinen Gunsten in den allgemeinen Grenzen **abdingbar.** Danach kann gem. § 675e Abs. 4 zugunsten wie zu Lasten des Zahlungsdienstnutzers abgewichen werden, wenn der Zahlungsdienstnutzer nicht Verbraucher ist. Darüber hinaus greifen die allgemeinen Ausnahmen bei einem Bezug zu Drittstaaten oder Drittwährungen.

II. Der Widerruf des Zahlungsauftrages (Abs. 1)

1. Rechtsnatur und Voraussetzungen

3 Nach allgemeinen Grundsätzen ist ein **Zahlungsauftrag grundsätzlich widerruflich;** dies legt auch Abs. 1 trotz der in die entgegengesetzte Richtung weisenden Formulierung zugrunde (s. a. → Rn. 8a). Es entspricht der Widerruflichkeit von Weisungen bis zur Ausführung (§ 665 BGB), denn der Zahlungsauftrag ist eine Weisung in einem Zahlungsdiensterahmenvertrag (Konto-Abrede oder Online-Banking-Abrede). Der Zahlungsdienstnutzer kann den Auftrag widerrufen.

4 Ein solcher Widerruf ist eine Gegenweisung („*actus contrarius*“[9]) zum Zahlungsauftrag und zwar unabhängig davon, ob der Zahlungsauftrag als Weisung im Rahmen eines Zahlungsdiensterahmenvertrags oder durch Abschluss eines Einzelzahlungsvertrags erteilt wurde. Es ist eine **einseitige, empfangsbedürftige Willenserklärung,** auf die die allgemeinen Regeln des nationalen Rechts Anwendung finden. Der Erklärende muss der Zahler sein; eine Stellvertretung ist nach allgemeinen Grundsätzen zulässig. Der Widerruf muss dem Zahlungsdienstleister zugehen.[10] Der Zugang des Widerrufs ist nach den allgemeinen Grundsätzen zu bestimmen. Beim Online-Banking ist zu berücksichtigen, dass vielfach keine weitere menschliche Überwachungs- oder Durchführungsleistung erforderlich ist, so dass der Zugang unmittelbar nach dem Eintritt in den Machtbereich der Bank zu bejahen ist. Paradigmatisch ist das Löschen eines Dauerauftrages im Online-Banking.

---

[7] Wie hier OLG Brandenburg NJW-RR 2018, 733 (734); AG Bonn MMR 2015, 477 (478); Palandt/*Sprau* § 675j Rn. 3 mwN; MüKoBGB/*Jungmann* § 675p Rn. 11; s. a. schon *Herresthal* ZIP 2019, 895 (900) zur SEPA Instant Überweisung; aA *Linardatos* Das Haftungssystem im bargeldlosen Zahlungsverkehr nach Umsetzung der Zahlungsdiensterichtlinie, 2013, 406 ff.; *Belling/Belling* JZ 2010, 708 (710); *Zahrte* BKR 2016, 315 (317); LG Bonn VuR 2015, 264.

[8] *Herresthal* ZIP 2019, 895 (900) zur SEPA Instant Überweisung; aA Erman/*v. Westphalen* § 675p Rn. 4; MüKoBGB/*Jungmann* § 675p Rn. 11; tendenziell OLG Brandenburg NJW-RR 2018, 733 (734 f.).

[9] MüKoBGB/*Jungmann* Rn. 54.

[10] Wie hier Palandt/*Sprau* § 675o Rn. 2; aA Gebauer/Wiedmann/*Schinkels* Zivilrecht unter europäischem Einfluss Kap. 16 Rn. 42.

Adressat des Widerrufs ist der Vertragspartner, mithin der Zahlungsdienstleister.[11] Ein direkter Widerruf gegenüber weiteren, am Zahlungsvorgang beteiligten (zwischengeschalteten) Dienstleistern ist ausgeschlossen; auch Abs. 4 geht von einer Vereinbarung zwischen Zahlungsdienstnutzer und Zahlungsdienstleister aus.[12] Sofern der Zahlungsauftrag über einen Zahlungsauslösedienstleister vom Zahler ausgelöst wurde, ist dieser Dienstleister Adressat des Widerrufs. 5

Form des Widerrufs und die zu verwendenden Formulare können die Parteien, auch in AGB, vereinbaren. Im **Online-Banking** können ebenfalls bestimmte Funktionen und Formulare vereinbart werden. Hierdurch kann der Widerruf, zB eines Dauerauftrages, über das Formular „allgemeine Mitteilungen an die Bank" ausgeschlossen werden. Nach Ziff. 4.2 S. 2 Online-Banking-Bedingungen ist ein Widerruf eines Online-Banking-Auftrages, vorbehaltlich einer abweichenden ausdrücklichen Erklärung der Bank, nur außerhalb des Online-Bankings möglich. Eine solche abweichende Erklärung stellt ein gleichwohl vorhandenes Widerrufsformular in der Online-Banking-Maske dar. Der Zahlungsdienstleister hat eine **Informationspflicht;** er ist verpflichtet, die Art und Weise des Widerrufs dem Zahlungsdienstnutzer vor Abschluss des Zahlungsdiensterahmenvertrags mitzuteilen (Art. 248 § 4 Abs. 1 Nr. 2 lit. c EGBGB). 6

2. Die strenge zeitliche Beschränkung

Eine **wesentliche (zeitliche) Beschränkung** folgt daraus, dass nach Abs. 1 der Widerruf zeitlich **nur bis zum tatsächlichen Zugang des Zahlungsauftrages beim Zahlungsdienstleister** möglich ist.[13] Die Besonderheiten des § 675n Abs. 1 S. 2, 3 BGB bleiben für die Frage der Widerruflichkeit außer Betracht;[14] der tatsächliche Zugang ist damit auch trotz Überschreiten des cut-off-Zeitpunktes maßgeblich. Sofern der Zahlungsvorgang vom Zahlungsempfänger oder aber auch über diesen ausgelöst wird, der Zugang beim Zahlungsdienstleister des Zahlers erforderlich. Sofern die Auslösung über einen Zahlungsauslösedienstleister erfolgt, ist der Zugang der Zustimmung durch den Zahler bei diesem Dienstleister maßgeblich. Auf die Weiterleitung zum Zahlungsdienstleister und auf den Zugang bei diesem kommt es in diesen Konstellationen gerade nicht an. Damit sind online erteilte Zahlungsaufträge im **Online-Banking** bei Eingabe in eine Datenmaske oder Übermittlung per Email faktisch nicht widerruflich, da der Zugang hier prinzipiell jeweils sehr zeitnah nach dem Eintritt in den Machtbereich erfolgt.[15] Diese Wirkung entspricht dem Regelungsziel, denn die Norm soll der Automatisierung der Zahlungsvorgänge Rechnung tragen[16] und zugleich berücksichtigen, dass die Ausführungsfristen für die Bank sehr knapp bemessen sind (§ 675s BGB).[17] **Ausnahmen** von der (zeitlich) beschränkten Widerruflichkeit finden sich in den Abs. 2–4. 7

Sofern ein Zahlungsauftrag **mehrere Zahlungsvorgänge** auslöst (zB Dauerauftrag[18]), ist auch dieser Auftrag nach Zugang nicht mehr widerruflich. Aber der Kunde kann die zukünftigen, noch nicht erfolgten Zahlungsvorgänge nach Abs. 3 widerrufen.[19] Dies wird 8

[11] Wie hier Palandt/*Sprau* § 675p Rn. 2; Schulze/*Schulte-Nölke* § 675p Rn. 2; aA *Werner* BKR 2010, 353; s. a. zum alten Recht BGHZ 103, 143 (145).

[12] Zu einer Ausnahme, wenn eine Widerrufsmöglichkeit gem. Abs. 4 einschließlich der Möglichkeit zum Direktwiderruf explizit vereinbart wurde → Rn. 1a.

[13] Dies bestätigt Ziff. 4.2 S. 1 Online-Banking-Bedingungen auch für Zahlungsaufträge im Online-Banking; deren Widerruf richtet sich ebenfalls nach den für die jeweilige Auftragsart geltenden Sonderbedingungen.

[14] Vgl. BGH NJW 2019, 2469 (2471).

[15] Weitergehend MüKoBGB/*Casper,* 8. Aufl. 2020, § 675p Rn. 13 (Widerruf grundsätzlich ausgeschlossen).

[16] Begr. RegE BT-Drs. 16/11643, 109.

[17] Vgl. Erwägungsgrund Nr. 38 f. Zahlungsdiensterichtlinie, wonach die zeitliche Begrenzung der Widerrufsfrist mit den vollautomatisierten Zahlungssystemen begründet wird, in denen Zahlungen mit hoher Geschwindigkeit abgewickelt werden und ein Widerruf vielfach kostenintensive manuelle Eingriffe erfordert.

[18] Mit dieser Qualifikation auch LG Frankfurt a. M. WM 2014, 1956; *Zahrte* BKR 2012, 12.

von § 675j Abs. 2 S. 2 BGB vorausgesetzt. Bei in einem Sammelauftrag zusammengefassten Zahlungsaufträgen sind diese ab Zugang des Sammelauftrags alle unwiderruflich; Abweichendes gilt nur für Terminaufträge, die nach Abs. 3 zu beurteilen sind.

3. Rechtsfolgen

8a Der Widerruf ist unter den Voraussetzungen des Abs. 2 bis Abs. 4 **wirksam.** Für seine Wirksamkeit ist hingegen das Valutaverhältnis und die Widerrufsmöglichkeit dort gleichgültig. Auch ein Verstoß gegen Art. 248 § 4 Abs. 1 Nr. 2 lit. c EGBGB durch den Zahlungsdienstleister des Zahlers schließt den Widerruf nicht aus. Die **Rechtsfolgen** des Widerrufs bestimmen sich auch beim Widerruf eines Zahlungsauftrags nach den allgemeinen Grundsätzen. Die mit der Erteilung des Zahlungsauftrags resultierende Verpflichtung des Zahlungsdienstleisters des Zahlers wird durch den Widerruf beseitigt. Er darf den Zahlungsauftrag nicht mehr ausführen. Ein Entgelt kann für die Durchführung des Widerrufs grundsätzlich nicht verlangt werden, sofern nicht eine Konstellation des Abs. 4 S. 3 vorliegt.

III. Die Auslösung vom oder über den Zahlungsempfänger; Zahlungsauslösedienstleister (Abs. 2)

9 Die Sonderregelung des Widerrufes in Abs. 2 S. 1 betrifft die vom Zahlungsempfänger ausgelöste Zahlung (sog. Pull-Zahlung), v. a. Lastschriften[20] und Zahlungskarten.[21] Die Regelung des Abs. 2 S. 2 hat Lastschriften zum Gegenstand.[22] Eine Neuregelung befasst sich seit 2018 mit dem Widerruf des Zahlungsauftrags bei **Einschaltung von Zahlungsauslösedienstleistern.** Auch in diesem Fall gilt der Grundsatz nach Abs. 1, wonach Zahlungsvorgänge nur in zeitlich sehr engen Grenzen widerruflich sind. Auch bei Einschaltung eines Zahlungsauslösedienstleisters muss der Zahlungsempfänger alsbald Gewissheit über die Endgültigkeit des Zahlungsvorgangs haben. Auch wenn der Zahlungsauslösedienstleister den Zahlungsauftrag an den kontoführenden Zahlungsdienstleister weiterleitet, ist der Widerruf des Zahlungsauftrags bereits dann nicht mehr möglich, wenn die **Zustimmung des Zahlungsdienstnutzers** zur Auslösung des Zahlungsvorgangs **beim Zahlungsauslösedienstleister zugegangen** ist.[23] In der Folge sind Zahlungsaufträge, die über den Zahlungsauslösedienstleister ausgelöst werden, zeitlich parallel alsbald endgültig wie bei einer direkten Auslösung über den kontoführenden Zahlungsdienstleister.

IV. Der vereinbarte Ausführungstermin (Abs. 3)

10 In den Fällen des § 675n Abs. 2 BGB[24] ist der Widerruf des Zahlungsauftrages bis zum Ende des Geschäftstages (§ 675n Abs. 1 S. 4 BGB)[25] möglich, der vor dem **vereinbarten Ausführungstermin** liegt (Abs. 3). Größere praktische Bedeutung hat die Norm bei Daueraufträgen, sofern ein bestimmter Termin zur Ausführung vereinbart ist.[26]

---

[19] BGH NJW 2017, 3649 (3653).
[20] Vgl. dazu oben Kap. 2.
[21] Vgl. dazu unten Kap. 5.
[22] Dazu oben Kap. 2.
[23] Begr. RegE BT-Drs. 18/11495, 159.
[24] → Kap. 3 § 675n Rn. 20 ff.
[25] Vgl. dazu → Kap. 3 § 675n Rn. 10.
[26] Begr. RegE BT-Drs. 16/11643, 109.

V. Die vereinbarte Widerruflichkeit (Abs. 4)

Über die (beschränkten) gesetzlichen Möglichkeiten des Widerrufs hinaus können die Parteien **verlängerte Widerrufsfristen (auch in AGB) vereinbaren.** Nach Abs. 4 S. 1 können seit der Ergänzung des Normtextes im Jahr 2018 der Zahlungsdienstnutzer und der Zahlungsdienstleister eine abweichende Widerrufsfrist vereinbaren (vgl. auch Art. 80 Abs. 5 PSD II). Gegenstand ist hier die Verlängerung des Widerrufsrechts. Eine etwaige Verkürzung wird durch § 675e BGB erfasst. Die Vereinbarung muss vor dem Zugang des Zahlungsauftrags geschlossen sein und ist nur für jenen Zahlungsdienstleister verbindlich, der Partei der entsprechenden Abrede ist; möglich und ggf erforderlich sind entsprechende Vereinbarungen mit mehreren Zahlungsdienstleistern. Das vertraglich vereinbarte längere Widerrufsrecht kann unter die aufschiebende oder auflösende (Frage des Einzelfalls) Bedingung gestellt werden, dass der Zahlungsdienstleister die Zahlung noch stoppen kann. Paradigmatisch ist Nr. 1.5 Abs. 3 Bedingungen für den Überweisungsverkehr idF von 2018. Besonderes gilt bei SEPA Instant Überweisungen.[27] Sofern eine Pull-Zahlung vorliegt, muss der Zahlungsempfänger zustimmen (Abs. 4 S. 2; → Rn. 10a). 10a

Die absolute **Grenze der Widerrufsmöglichkeit** folgt bei der Überweisung (vgl. zu pull-Zahlungen → Rn. 9) aus der Wertung von § 675y Abs. 1 S. 5 BGB. Dies betrifft jenen Zeitpunkt, zudem die Zahlung dem Zahlungsdienstleister des Empfängers auf dessen Eingangskonto gutgeschrieben ist, sodass dieser Zahlungsdienstleister dem Zahlungsempfänger den Zahlungsbetrag zur Verfügung stellen kann. 10b

Abweichend vom allgemeinen Grundsatz der Unentgeltlichkeit können die Parteien für die **Bearbeitung eines vereinbarten Widerrufs** im Sinne des Abs. 4 (auch in AGB) ein **Entgelt vereinbaren.**[28] Dies folgt aus einer richtlinienkonformen Auslegung der Norm, da Art. 80 Abs. 5 S. 3 PSD II nach seinem Wortlaut dieses Ergebnis hinreichend deutlich nahelegt. Damit ist auch die vereinbarte Aufhebung eines unwiderruflichen Zahlungsauftrages bepreisbar.[29] Die Fälle des Abs. 2, 3 werden nicht von der Entgeltmöglichkeit erfasst. 11

Die Beschränkung des Entgelttatbestands auf **Konstellationen des erfolgreichen Widerrufs** kann der Regelung *nicht* entnommen werden. Dies ist sachgerecht, da das Entgelt sich durch den besonderen, zusätzlichen Aufwand bzw. die zusätzlichen Kosten für den Zahlungsdienstleister rechtfertigt, der/die unabhängig davon ist/sind, ob der Widerruf erfolgreich war oder nicht.[30] Die **Höhe der Vergütung** wird nun durch § 675f Abs. 5 S. 2 BGB in zweifacher Hinsicht begrenzt (s. a. Art. 62 Abs. 1 PSD II). So muss die Höhe angemessen und an den tatsächlichen Kosten des Aufwandes des Zahlungsdienstleisters ausgerichtet sein. 11a

Auch wenn die Vereinbarung der Widerrufsmöglichkeiten nach Abs. 4 im Rahmen des Zahlungsdiensterahmenvertrags erfolgt ist, kann eine entsprechende Entgeltabrede als **Individualabrede** auch **nachträglich** vereinbart werden. Dies setzt gerade keine Änderung des Zahlungsdiensterahmenvertrags und seiner allgemeinen Regeln nach § 675g mit der Zweimonatsfrist nach § 675g Abs. 1 voraus.[31] Vielmehr besteht nach der Vertragsfreiheit gem. § 311 Abs. 1 die Möglichkeit einer zusätzlichen, punktuellen Individualabrede der Parteien. 11b

---

[27] Dazu näher *Herresthal* ZIP 2019, 895 (905).

[28] Wie hier BeckOK BGB/*Schmalenbach* § 675p Rn. 10; MüKoBGB/*Jungmann* § 675p Rn. 47.

[29] Die bisherige Rspr. zur Unentgeltlichkeit der Gegenweisung an die Bank ist überholt, vgl. zu dieser BGH WM 1992, 49; *Nobbe* WM 2008, 185 (190, 192).

[30] Wie hier Erman/*v. Westphalen* Rn. 16; Staudinger/*Omlor*, 2012, § 675p Rn. 14; aA BankR-HdB/*Schmieder* § 49 Rn. 23.

[31] AA MüKoBGB/*Jungmann* § 675p Rn. 49.

VI. Die freiwillige Beachtung des Widerrufs

11c Nach der Vertragsfreiheit (§ 311 Abs. 1) können Zahlungsdienstleister und Zahlungsdienstnutzer über die Regelung des § 675p BGB hinaus weitere **Vereinbarungen über die Widerruflichkeit** treffen,[32] nach denen eine weitergehende Aufhebung des Zahlungsauftrags durch den Zahlungsdienstnutzer möglich ist.[33]

11d Zudem ist der Zahlungsdienstleister des Zahlers berechtigt, aber nicht verpflichtet, einen etwaigen **Widerruf** des Zahlungsauftrags trotz Unwiderruflichkeit nach gesetzlichen Maßstab **freiwillig zu beachten.** Eine solche freiwillige Berücksichtigung eines an sich verfristeten Widerrufs beeinträchtigt die Interessen des Zahlungsempfängers nicht. Denn in jedem Fall ist auch die freiwillige Beachtung ausgeschlossen, wenn der Zahlungsauftrag bereits an ein Zahlungsverkehrssystem bzw. eine zwischengeschaltete Stelle weitergeleitet wurde. Denn diese Stelle trifft keine Verpflichtung, den konkreten Zahlungsvorgang anzuhalten. Erst recht gilt dies, wenn der überwiesene Betrag bereits den Zahlungsdienstleister des Zahlungsempfängers erreicht hat. Sofern mit der Ausführung des an sich nicht mehr widerruflichen Zahlungsauftrags noch nicht begonnen wurde und die freiwillige Beachtung des Widerrufs für den Zahlungsdienstleister des Zahlers keinen relevanten Aufwand bedeutet, wird diese regelmäßig freiwillig erfolgen. Für einen Rechtsmissbrauch durch Geltendmachung des gesetzlichen Grundsatzes der Unwiderruflichkeit durch den Zahlungsdienstleister des Zahlers[34] müssen hingegen gewichtige weitere Umstände hinzutreten, da anderenfalls die gesetzliche Wertung konterkariert wird.

VII. Widerruf im Zahlungsverkehrssystem (Abs. 5)

11e Nach Abs. 5 kann ein Teilnehmer an einem Zahlungsverkehrssystem einen Auftrag zugunsten eines anderen Teilnehmers nach jenem Zeitpunkt nicht mehr wiederrufen, den die Regeln des Systems bestimmen. Nach diesem Zeitpunkt besteht die Pflicht zur unbedingten Ausführung des Zahlungsauftrags. Damit ist Abs. 5 eine **eigenständige Regelung für Zahlungsverkehrssysteme;** die Regelungen in Abs. 1 bis Abs. 4 sind insofern bei diesen nicht einschlägig. Die Norm betrifft Zahlungsaufträge und Überträge iSd Art. 2 lit. i Finalitäts-RL.[35] Zahlungsauftrag ist danach „eine Weisung eines Teilnehmers, einem Endbegünstigten einen bestimmten Geldbetrag mittels Verbuchung auf dem Konto eines Kreditinstituts, einer Zentralbank oder einer Verrechnungsstelle zur Verfügung zu stellen, oder um eine Weisung, die die Übernahme oder Erfüllung einer Zahlungsverpflichtung im Sinne der Regeln des Systems nach sich zieht." Auch dies entspricht nicht § 675f Abs. 4 S. 2 bzw. der PSD II.

§ 675q Entgelte bei Zahlungsvorgängen

(1) **Der Zahlungsdienstleister des Zahlers sowie sämtliche an dem Zahlungsvorgang beteiligte zwischengeschaltete Stellen sind verpflichtet, den Betrag, der Gegenstand des Zahlungsvorgangs ist (Zahlungsbetrag), ungekürzt an den Zahlungsdienstleister des Zahlungsempfängers zu übermitteln.**

(2) **[1] Der Zahlungsdienstleister des Zahlungsempfängers darf ihm zustehende Entgelte vor Erteilung der Gutschrift nur dann von dem übermittelten Betrag abziehen, wenn dies mit dem Zahlungsempfänger vereinbart wurde. [2] In diesem Fall sind der**

[32] OLG Köln BKR 2016, 349 (350).
[33] Vgl. auch BGH NJW 2015, 3093.
[34] Vgl. Baumbach/Hopt/*Hopt* BankGesch. Rn. C/36.
[35] Zur Maßgeblichkeit von Abs. 5 für SEPA-Instant Überweisungen *Herresthal* ZIP 2019, 895 (904).

vollständige Betrag des Zahlungsvorgangs und die Entgelte in den Informationen gemäß Artikel 248 §§ 8 und 15 des Einführungsgesetzes zum Bürgerlichen Gesetzbuche für den Zahlungsempfänger getrennt auszuweisen.

(3) **Zahlungsempfänger und Zahler tragen jeweils die von ihrem Zahlungsdienstleister erhobenen Entgelte, wenn sowohl der Zahlungsdienstleister des Zahlers als auch der Zahlungsdienstleister des Zahlungsempfängers innerhalb des Europäischen Wirtschaftsraums belegen ist.**

(4) **Wenn einer der Fälle des § 675d Absatz 6 Satz 1 Nummer 1 vorliegt,**

1. ist § 675q Absatz 1 auf die innerhalb des Europäischen Wirtschaftsraums getätigten Bestandteile des Zahlungsvorgangs nicht anzuwenden und

2. kann von § 675q Absatz 2 für die innerhalb des Europäischen Wirtschaftsraums getätigten Bestandteile des Zahlungsvorgangs abgewichen werden.

Übersicht

I. Inhalt und Normzweck der Regelung

Die Regelungen dienen der Umsetzung von Art. 81 Abs. 1, 2, 62 Abs. 2 PSD II. Die 1
Regelungen beinhalten für jede Seite die **Pflicht, etwaige anfallende Entgelte selbst zu tragen** und begrenzen die Abzugsmöglichkeiten des Zahlungsdienstleisters in Bezug auf angefallene Entgelte. Ziel der Vorschrift ist, dass die Zahlung den Empfänger möglichst vollständig erreichen soll.[1] Anderenfalls drohen etwaige Nachteile für den Zahler im Valutaverhältnis zum Empfänger, wenn der vom Zahler geschuldete Betrag aufgrund eines für den Zahler unerkennbaren Abzugs von Entgelten durch die Zahlungsdienstleister nicht den Empfänger vollständig erreicht. Darüber hinaus soll dem Zahlungsempfänger die Zuordnung der Zahlungsbeträge erleichtert werden. Entgegen der missglückten amtlichen Überschrift regelt die Norm nicht die Frage des Ob und Wie von Entgeltansprüchen des Zahlungsdienstleisters (vgl. dazu § 675f Abs. 5 BGB iVm dem Preis- und Leistungsverzeichnis des Zahlungsdienstleisters).

Der **Anwendungsbereich** der Norm umfasst **Push- und Pull-Zahlungen** unabhängig 1a
davon, ob ihnen jeweils ein Zahlungsauftrag zugrunde liegt. Der wichtigste Anwendungsfall bleibt aber die Überweisung. Eine Ausnahme für institutsinterne Zahlungsvorgänge enthält die Norm nicht. Abs. 4 wurde im Jahr 2018 in Umsetzung der PSD II ergänzt. Die Norm erklärt sich daraus, dass Art. 81 Abs. 1, 2 PSD II nicht auf Zahlungsvorgänge in Drittstaatenwährungen und auch nicht auf Transaktionen anwendbar ist, bei denen nur einer der beteiligten Zahlungsdienstleister im EWR belegen ist Nach Abs. 4 Nr. 1 sind daher diese Fälle (§ 675 Abs. 6 S. 1 Nr. 1 BGB) vom Anwendungsbereich des Abs. 1 auch hinsichtlich der innerhalb des EWR getätigten Bestandteile des Zahlungsvorgangs ausgenommen. Von Abs. 2 kann zudem insofern für die innerhalb des EWR getätigten Bestandteile des Zahlungsvorgangs abgewichen werden (Abs. 4 Nr. 2).

Die **Abdingbarkeit der Regel** wird bei einer Abbedingung zu Lasten des Zahlungs- 2
dienstnutzers durch § 675e BGB begrenzt; zu seinen Gunsten kann die Norm in den allgemeinen Grenzen abbedungen werden.

[1] Vgl. Zahlungsdiensterichtlinie Erwägungsgrund Nr. 40, wonach im Interesse einer automatisierten Abwicklung von Zahlungen und der Rechtssicherheit der vom Zahler transferierte Betrag dem Zahlungsempfänger in voller Höhe gutgeschrieben werden soll.

II. Das Verbot des Abzugs durch Dienstleister des Zahlers (Abs. 1)

3 Abs. 1 normiert das **Verbot des Entgeltabzugs** durch alle an dem Zahlungsvorgang beteiligten Zahlungsdienstleister mit Ausnahme jener des Empfängers (Gebot vollständiger, ungekürzter Weiterleitung des Zahlungsbetrags); letztere wird von Abs. 2 erfasst. **Zahlungsbetrag** ist dabei nach der Legaldefinition der Betrag, der Gegenstand des Zahlungsvorgangs ist, also dem Konto des Zahlungsempfängers gutgeschrieben werden soll, zB der Überweisungsbetrag, der Betrag des Dauerauftrages. Eine Unterscheidung nach push- oder pull-Zahlungen erfolgt nicht. Die Legaldefinition wirkt sich bei §§ 675r Abs. 2, 675s Abs. 1 und 675t Abs. 1 BGB aus.

3a **Adressaten der Norm** sind die **kontoführende Stelle des Zahlers** sowie zwischengeschaltete Dienstleister (Interbankenverhältnis), die im Auftrag des vom Zahlungsdienstnutzers beauftragten Zahlungsdienstleister eine Zahlung weiterleiten. Diese haben den Zahlungsbetrag ungekürzt, also ohne Kürzung um eigene Entgelte oder um einen Aufwendungsersatz zu übermitteln. Auch die **zwischengeschalteten Stellen** sind verpflichtet, den Zahlungsbetrag ungekürzt bis zum Zahlungsdienstleister des Zahlungsempfängers weiterzuleiten. Sofern sich der Zahlungsvorgang vom Zahlungsdienstleister des Zahlers über eine Kette verschiedener Zahlungsdienstleister vollzieht, sind diese jeweils durch Geschäftsbesorgungsverträge mit werkvertraglichen Elementen verbunden.[2] Sie sind nach Abs. 1 nicht nur zur Weiterleitung, sondern zur ungekürzten Weiterleitung an die nächste Stelle in der Zahlungskette verpflichtet. Freilich ist das Zahlungsdiensterecht der §§ 675c ff. BGB nicht auf das Interbankenverhältnis anwendbar (§ 2 Abs. 1 Nr. 7 ZAG; § 2 Nr. 12 ZAG).

4 Eine **Kürzung** liegt vor, wenn der Betrag vermindert wird und hinter der ursprünglichen Angabe durch den Zahler (im Überweisungsformular, Lastschriftformular) zurückbleibt. Ob diese Kürzung bewusst oder unbewusst durch den Zahlungsdienstleister erfolgt oder dieser eine Anspruch auf diese Kürzung hat, ist gleichgültig.

4a Abweichendes gilt, wenn der Zahler und sein Zahlungsdienstleister den **Betrag einvernehmlich ändern,** zB herabsetzen, um die Ausführung des Zahlungsauftrags im Rahmen der Kontodeckung zu ermöglichen. Dies ist ua der Fall, wenn die Online-Überweisung mangels hinreichender Deckung zurückgewiesen und dem Zahler die Änderung der Eingaben ermöglicht wird. Regelmäßig handelt sich hierbei um die Erteilung eines neuen Zahlungsauftrags, in jedem Fall liegt keine Kürzung im Sinne von Abs. 1 vor. Der Anspruch des Zahlungsdienstleisters des Zahlers auf ein Entgelt für die Durchführung des Zahlungsvorgangs bestimmt sich nach der vertraglichen Abrede. Abs. 1 trifft insofern keine Regelung. Allerdings ordnet Abs. 1 an, dass ein Aufwendungsersatz und entsprechende Entgelte nach dem Normzweck gesondert in Rechnung zu stellen sind (§ 675f Abs. 5 S. 1 BGB). Die Verrechnung durch den Zahlungsdienstleister des Zahlers ist ausgeschlossen.

4b Sofern im Widerspruch zu den Vorgaben der Regelung der **Zahlungsbetrag gekürzt** wird, folgt die **Haftung** bei Push-Zahlungen aus § 675y Abs. 1 S. 3 BGB (verschuldensunabhängige Haftung des Zahlungsdienstleisters des Zahlers) und bei Pull-Zahlungen aus § 675y Abs. 2 S. 3 (verschuldensunabhängige Haftung des Zahlungsdienstleisters des Zahlungsempfängers). Danach ist der Kürzungsbetrag kostenfrei und unverzüglich zu übermitteln bzw. dem Empfänger verfügbar zu machen. Gleiches gilt bei einer Kürzung durch eine zwischengeschaltete Stelle.

III. Das Verbot des Abzugs durch Dienstleister des Empfängers (Abs. 2)

5 Abs. 2 betrifft das Inkassoverhältnis zwischen dem Zahlungsempfänger und Zahlungsdienstleister. Der Zahlungsdienstleister des Empfängers hat danach den **Zahlungsbetrag**

[2] Ausf. MüKoHGB/*Herresthal* A Rn. 106 ff.

ungekürzt gutzuschreiben (§ 675t Abs. 1 BGB). **Entgelte** darf er von diesem Betrag nur **abziehen,** wenn insoweit eine **Vereinbarung,** auch in AGB,[3] mit dem Zahlungsempfänger besteht. Da im Falle einer solchen Abrede der Abzug durch den Empfänger konsentiert ist, wird der einleitend genannte Zweck der Norm hierdurch nicht beeinträchtigt. Auch kann ein solcher Abzug nicht dem Zahler zugerechnet werden, so dass im Valutaverhältnis mit der nur um das Entgelt gekürzten Gutschrift gleichwohl Erfüllung einer etwaigen Verbindlichkeit des Zahlers gegenüber dem Empfänger eintritt.

Allerdings besteht eine **Mitteilungspflicht des Zahlungsdienstleisters** im Fall des Abzugs (Art. 248 § 8 Nr. 2, 3 sowie Art. 248 § 15 Nr. 2, 3 EGBGB); er muss das Entgelt dabei getrennt gegenüber dem Empfänger ausweisen.[4] Werden mehrere Entgeltposten abgezogen, sind diese hiernach einzeln auszuweisen. Der Empfänger soll hierdurch in die Lage versetzt werden, die eingehenden Beträge einer konkreten Schuld aus dem Valutaverhältnis zuzuordnen. Die Mitteilung muss entgeltfrei erfolgen (vgl. § 675f Abs. 5 S. 2 BGB). 6

Ein **Verstoß gegen die Pflicht** zur Unterrichtung löst einen Schadensersatzanspruch (§ 280 Abs. 1 BGB) auf Ersatz eines etwaigen kausalen Schadens des Zahlungsempfängers aus. Ein Verstoß gegen die Pflicht zur ungekürzten Gutschrift führt dazu, dass nach § 675t BGB der zu Unrecht gekürzte Betrag unverzüglich mit der Wertstellung des Eingangs beim Zahlungsdienstleister des Zahlungsempfängers gutzuschreiben ist. Darüber hinaus kann auch dieser Pflichtenverstoß Grundlage eines Schadensersatzanspruchs des Empfängers nach § 280 Abs. 1 BGB sein. 6a

IV. Die Zuordnung des Entgelts (Abs. 3)

Nach Abs. 3 tragen bei Zahlungsvorgängen, bei denen der Zahlungsdienstleister des Zahlers und der Zahlungsdienstleister des Zahlungsempfängers innerhalb des EWR belegen sind, die Zahlungsdienstnutzer die Entgelte ihres Zahlungsdienstleisters sowie die von ihm geltend gemachten Aufwendungen für die Dienste eingeschalteter Zahlungsdienstleister. Dies entspricht den sog. **SHARE-Zahlungen,** bei denen die Parteien im Valutaverhältnis vereinbaren, dass sie jeweils die bei ihren Banken anfallenden Kosten tragen. Abweichend von der bis zum Jahr 2018 geltenden Fassung ist nunmehr gleichgültig, in welcher Währung der EU der Zahlungsvorgang ausgeführt wird und eine Währungsumrechnung erfolgt. Diese Entgeltteilung nach Sphären wird so zum gesetzlichen Regelfall für alle Zahlungsvorgänge, bei denen der Zahlungsdienstleister des Zahlers und der Zahlungsdienstleister des Zahlungsempfängers innerhalb des EWR belegen sind. Die Vorgaben der Abs. 1, 2 sind gleichwohl zu beachten. Abs. 3 ist zudem keine Regelung der Entgelthöhe zu entnehmen. Die Zulässigkeit entsprechender Entgelte sowie ihre zulässige Höhe folgt aus anderen Regelungen. 7

Der Gesetzgeber hat im Jahr 2018 nicht die Formulierung des 62 Abs. 2 PSD II übernommen, nach der ein **Zahlungsvorgang innerhalb der EU** bzw. innerhalb des EWR vorliegen muss, da diese Voraussetzung erfüllt sei, wenn alle beteiligten Zahlungsdienstleister aus den jeweiligen Ländern kommen.[5] Hingegen ist die SHARE-Klausel außerhalb der EU unüblich. Der Gesetzgeber hat daher – wie auch die Richtlinie – die Regelung des Abs. 3 nicht auf Zahlungsvorgänge erstreckt, bei denen nur einer der beteiligten Zahlungsdienstleister innerhalb des EWR belegen ist.[6] 7a

Die Norm richtet sich an die **Parteien des Valutaverhältnisses.** Im Falle einer Überweisung muss hiernach der Zahler ein etwaiges Entgelt für die Ausführung der Über- 7b

[3] MüKoBGB/*Jungmann* § 675q Rn. 23.

[4] Hierdurch soll der Zahlungsempfänger eingehende Geldbeträge einer konkreten Schuld leichter zuordnen können, vgl. Begr. RegE BT-Drs. 16/11643, 110.

[5] Begr. RegE BT-Drs. 18/11495, 159.

[6] Begr RegE BT-Drs. 18/11495, 159.

weisung und der Empfänger muss ein etwaiges Entgelt für den Zahlungseingang selbst tragen. Bereits aus dem Wortlaut wird deutlich, dass neben vereinbarten Entgelten (§ 675f Abs. 5 S. 1 BGB) für die Ausführung einzelner Zahlungsaufträge keine Entgelte erhoben werden dürfen.[7]

8 Nach dem Wortlaut der Norm („tragen") sowie dem Willen des historischen Gesetzgebers[8] ist die Norm **auch bei Nicht-Verbrauchern** als Zahlungsdienstnutzer **zwingend.**[9] Etwas anderes, zB BEN oder OUR-Klauseln,[10] kann nur dann vereinbart werden, wenn einer der beteiligten Zahlungsdienstleister außerhalb des EWR belegen ist.[11] Der deutsche Gesetzgeber sah sich aufgrund seines Verständnisses der Richtlinienvorgabe zu einer zwingenden Ausgestaltung dieser Lösung durch die Richtlinie verpflichtet. Dieses Verständnis der Richtlinie trifft zu. Art. 52 Abs. 2 Zahlungsdienstleistungsrichtlinie und Art. 62 Abs. 2 PSD II sprechen in der deutschen Fassung davon, dass die Mitgliedsstaaten diese Lösung „vorschreiben". Auch die englischsprachige Fassung führt zu keinem anderen Ergebnis, denn das verwendete „shall" require wird im juristischen Kontext als Verpflichtung verstanden. Die französische Fassung spricht von „exigent que" und entspricht demnach auch einer zwingenden Vorgabe („verlangen"). Die mit der Norm verbundene durchaus tiefgreifende Beschränkung der Privatautonomie erfolgt demnach bereits durch die Richtlinie. Allerdings überschreitet die Beschränkung gerade noch nicht jene Grenze, jenseits derer eine primärrechtskonforme Auslegung der Richtlinie unter Heranziehung der Privatautonomie als europäisches Grundrecht angezeigt ist, da eine sachliche Rechtfertigung aus der Ermöglichung unionsweit einheitlicher Zahlungsdienste trotz substantieller früherer Unterschiede der mitgliedsstaatlichen Lösungen erreicht werden soll. Allerdings ist der Unionsgesetzgeber aufgefordert, bei einer Überarbeitung der Richtlinie die fortbestehende Notwendigkeit eines derart tiefgreifenden Eingriffs in die Privatautonomie streng zu prüfen; im Rahmen der PSD II ist diese Prüfung nicht hinreichend intensiv erfolgt.

9 Anders als im früheren Recht (vgl. § 676a Abs. 1 S. 2 BGB aF) besteht demnach prinzipiell **keine Möglichkeit einer abweichenden Vereinbarung.**[12] In der Folge sind SHARE-Klauseln als solche unproblematisch, da sie der gesetzlichen Vorgabe entsprechen. Freilich sind die Anforderungen der Abs. 1, 2 dabei zu beachten.

10 Sofern sich der Zahler im Valutaverhältnis verpflichtet, alle Kosten (Entgelte und Aufwendungen) zu tragen **(OUR-Klausel),** stellt seine Bank ihm diese in Rechnung (§ 675f Abs. 5 S. 1 BGB). Eine solche Klausel ist nur jenseits des Anwendungsbereichs des Abs. 3 möglich, da nach dieser Klausel ist der Zahler sämtliche Entgelte abweichend von der Norm zu tragen hat. Die Abrede, nach der der Zahlungsempfänger die mit der Zahlung verbundenen Kosten trägt **(BEN-Zahlungen),** sind ebenfalls nur zulässig, sofern § 675q BGB nicht anwendbar ist, mithin beim Drittstaatenbezug. Im Anwendungsbereich des § 675q Abs. 3 BGB sind sie ebenfalls nicht zulässig.

11 Freilich bleibt den Parteien des Valutaverhältnisses unbenommen, die OUR- oder BEN-Klauseln wirtschaftlich durch eine **Regelung im Valutaverhältnis** nachzubilden, zB indem der Zahler sich zur Erstattung der anfallenden Entgelte/Kosten verpflichtet oder die zu erwartenden Entgelte bereits auf den Vertragspreis aufgeschlagen werden (OUR). Alternativ müsste der Vertragspreis um die zu erwartenden Entgelte vorab gekürzt werden und derart reduziert gleichwohl erfüllungstauglich sein (BEN).

---

[7] Vgl. Begr. RegE BT-Drs. 16/11643, 110.

[8] Vgl. Begr. RegE BT-Drs. 16/11643, 110 (ausdrückliche Betonung der zwingenden Geltung), 168 sowie die Kritik des Bundesrates BR-Drs. 848/1/08 v. 9.12.2008, S. 18 = BT-Drs. 16/11643, 158.

[9] Wie hier Palandt/*Sprau* § 675q Rn. 1, 4; MüKoBGB/*Jungmann* § 675q Rn. 34 ff.; Erman/*v. Westphalen* § 675q Rn. 8; PWW/*Fehrenbacher* Rn. 4; aA BeckOK BGB/*Schmalenbach* § 675q Rn. 9; Ellenberger/Findeisen/Nobbe/*Burghardt* § 675q Rn. 11 f.

[10] Zu diesen MüKoHGB/*Herresthal* A Rn. 106 ff.

[11] Abw. zu OUR-Klauseln Langenbucher/Bliesener/Spindler/*Langenbucher* Kap. 3 § 675q Rn. 6.

[12] Zur Abdingbarkeit vgl. → Rn. 2.

§ 675r Ausführung eines Zahlungsvorgangs anhand von Kundenkennungen

(1) [1] **Die beteiligten Zahlungsdienstleister sind berechtigt, einen Zahlungsvorgang ausschließlich anhand der von dem Zahlungsdienstnutzer angegebenen Kundenkennung auszuführen.** [2] **Wird ein Zahlungsauftrag in Übereinstimmung mit dieser Kundenkennung ausgeführt, so gilt er im Hinblick auf den durch die Kundenkennung bezeichneten Zahlungsempfänger als ordnungsgemäß ausgeführt.**

(2) **Eine Kundenkennung ist eine Abfolge aus Buchstaben, Zahlen oder Symbolen, die dem Zahlungsdienstnutzer vom Zahlungsdienstleister mitgeteilt wird und die der Zahlungsdienstnutzer angeben muss, damit ein anderer am Zahlungsvorgang beteiligter Zahlungsdienstnutzer oder dessen Zahlungskonto für einen Zahlungsvorgang zweifelsfrei ermittelt werden kann.**

(3) **Ist eine vom Zahler angegebene Kundenkennung für den Zahlungsdienstleister des Zahlers erkennbar keinem Zahlungsempfänger oder keinem Zahlungskonto zuzuordnen, ist dieser verpflichtet, den Zahler unverzüglich hierüber zu unterrichten und ihm gegebenenfalls den Zahlungsbetrag wieder herauszugeben.**

Übersicht

I. Inhalt, Normzweck und Anwendungsbereich

Die Regelung setzt Art. 88 Abs. 1 PSD II iVm Art. 4 Nr. 33 PSD II um. Nach dem kodifizierten Grundsatz sind **Zahlungsaufträge,** die **in Übereinstimmung mit der sog. Kundenkennung** (→ Rn. 2) durchgeführt werden, vom Zahlungsdienstleister des Zahlers wie auch vom Zahlungsdienstleister des Zahlungsempfängers **ordnungsgemäß** erfolgt **(Maßgeblichkeit der Kundenkennung).**[1] Die zugrundeliegende Problematik besteht aus der Frage, ob der Zahlungsauftrag von den Zahlungsdienstleistern ordnungsgemäß ausgeführt wurde, wenn der Zahler den Zahlungsbetrag nicht dem tatsächlichen Zahlungsempfänger, auf den sich die vom Zahler verwendete Kundenkennung bezieht sondern einem Dritten, dem beabsichtigten Zahlungsempfänger, zukommen lassen will. Die Regelung in § 675r erfasst diese fehlgeleiteten Zahlungsvorgänge und qualifiziert sie als ordnungsgemäße Ausführung des Zahlungsauftrags. 1

Die Regelung in Abs. 1 S. 2 ist im **Zusammenhang mit § 675y Abs. 5 S. 1 BGB** zu lesen. Nach dieser ist der Zahlungsdienstleister des Zahlers nicht zum Schadensersatz nach § 675y Abs. 1 BGB verpflichtet, wenn der Zahlungsauftrag ordnungsgemäß im Sinne von § 675r Abs. 1, d. h. in Übereinstimmung mit der vom Zahler angegebenen Kundenkennung des Zahlungsempfängers ausgeführt worden ist, auch wenn der Zahler einen anderen Empfänger intendierte. 1a

Infolge der **Neuregelung im Jahr 2018** kann der Zahler in diesen Konstellationen allerdings nach § 675y Abs. 5 S. 2 BGB von seinem Zahlungsdienstleister verlangen, dass dieser sich **um einen Rückerhalt des Zahlungsbetrags bemüht.** In Umsetzung von 1b

[1] Zu letzterem unlängst EuGH WM 2019, 1006.

Art. 88 Abs. 3 PSD II ist der Zahlungsdienstleister des Zahlungsempfängers nach § 675y Abs. 5 S. 3, 4 BGB verpflichtet, dem Zahlungsdienstleister des Zahlers jene Informationen mitzuteilen, die für die Wiedererlangung des Zahlungsbetrages erforderlich sind. Sofern der Zahlungsbetrag in der Folge nicht wiedererlangt werden kann, hat der Zahlungsdienstleister des Zahlers dem Zahler auf dessen schriftlichen Antrag alle verfügbaren Informationen mitzuteilen, damit dieser seinen Anspruch auf Erstattung des Zahlungsbetrags gegenüber dem Zahlungsempfänger geltend machen kann.

1c Ergänzend hinzu tritt § 675r Abs. 3 BGB. Dieser verpflichtet den Zahlungsdienstleister des Zahlers, vor der Ausführung des Zahlungsauftrags zu **überprüfen,** ob die vom Zahler **angegebene Kundenkennung erkennbar keinem Zahlungsempfänger** oder keinem Zahlungskonto beim Zahlungsempfänger **zugeordnet** ist. Ein hierdurch erkannter Fehler des Zahlers ist diesem mitzuteilen; ggf ist der (angehaltene) Zahlungsbetrag wieder an den Zahler herauszugeben. Die Regelung entspricht keiner unionsrechtlichen Vorgabe; nach dem Erwägungsgrund 88 S. 3 PSD II kann der nationale Gesetzgeber aber eine entsprechende Regelung in das nationale Recht aufnehmen. Die Regelung soll fehlgeleitete Zahlungsvorgänge weiter reduzieren. Allerdings verpflichtet Abs. 3 nur zur **Prüfung der Kundenkennung auf Kohärenz.** Sofern eine tatsächlich bestehende, aber einem vom Zahler nicht als Zahlungsempfänger intendierten Dritten zugeordnete Kundenkennung verwendet wird, führt die von Abs. 3 vorgeschriebene Kohärenzprüfung zu keinem negativen Ergebnis. Der Zahlungsauftrag ist daher ordnungsgemäß nach Abs. 1 S. 2, wenn er nach Maßgabe der angegebenen Kundenkennung ausgeführt wird.

1d Der **Zweck der Regelung** folgt aus dem Ziel des europäischen Gesetzgebers, und nachfolgend des nationalen Gesetzgebers, die **Automatisierung im Zahlungsdiensterecht** voranzutreiben und insbesondere die Abwicklung von Zahlungsaufträgen soweit als möglich ohne manuelles Eingreifen automatisiert ablaufen zu lassen. Angesichts dessen bedarf es einer technisch unschwer handhabbaren Zuordnung zum – nach Maßgabe nur des Zahlungsauftrags – „richtigen" Zahlungsempfängers (Kundenkennung). Darüber hinaus sind Konstellationen des manuellen Eingreifens bzw. der manuellen Überprüfung der Kennung des Zahlungsempfängers soweit als möglich auszuschließen. Der von der überwiegenden Ansicht hergestellte Zusammenhang mit den kurzen Ausführungsfristen[2] und einem hiermit korrespondierenden adäquaten Maß an Rechtsschutz für den Zahler ist nur eine mittelbare Folge der intendierten Automatisierung des Zahlungsdiensterechts.

1e In der Folge wird nach § 675r BGB eine vergleichsweise klare und weitreichende Regelung hinsichtlich der **Ordnungsgemäßheit der Ausführung des Zahlungsauftrags** im Hinblick auf den Zahlungsempfänger getroffen. Die frühere „formale Auftragsstrenge" mit einer Maßgeblichkeit des Namens des Zahlungsempfängers bei nicht „passender" zugeordneter Kontonummer würde das Ziel der Automatisierung des Zahlungsdiensterechts erheblich beeinträchtigen. Daher erfasst die Norm **institutsinterne wie auch institutsexterne Zahlungsaufträge.** Ihr kommt bei der Überweisung besondere Bedeutung zu und dies erst recht bei der SEPA Instant Überweisung.[3]

1f Die **Abdingbarkeit der Norm** richtet sich nach § 675e BGB, so dass sie zu Lasten des Kunden nicht abdingbar ist, zu seinen Gunsten im Rahmen der allgemeinen Regeln.

II. Die Legaldefinition der Kundenkennung (Abs. 2)

1. Die Anforderungen an eine Kundenkennung

2 Die Regelung in Abs. 2 greift den von der Richtlinie vorgegebenen „Kundenidentifikator" und seine Definition in § 4 Nr. 33 PSD II auf. Die Kundenkennung ermöglicht die Identifikation des an einem Zahlungsvorgang beteiligten Bankkunden und seines im Rah-

[2] BankR-HdB/*Schmieder* § 49 Rn. 73; PWW/*Fehrenbacher* Rn. 1; Erman/*v. Westphalen* § 675r Rn. 4.
[3] Zu dieser *Herresthal* ZIP 2019, 49.

men der Transaktion benutzten Kontos. Eine Kundenkennung erfordert eine **Abfolge aus Buchstaben und/oder Zahlen und/oder Symbolen,** die eine eindeutige Zuordnung der Transaktion zum konkreten Bankkunden und seinem Konto erlauben. Die Kundenkennung eines konkreten Kunden kann bei den verschiedenen Zahlungsinstrumenten variieren.[4] Sofern die Kundenkennung maschinenlesbar ist, ermöglicht sie die vom Gesetzgeber intendierte vollautomatisierte Abwicklung von Zahlungsvorgängen. Weitergehende Anforderungen enthält die Norm nicht ausdrücklich. Allerdings folgt aus dem Zweck der Norm sowie der unionsrechtlichen Vorgabe, dass die Zeichen/Buchstaben/Zahlen unionsweite Verwendung finden müssen. Darüber hinaus dürften Zeichen ausscheiden, die auf Computern/Smartphones nur schwer einzugeben und bei handschriftlichen Zahlungsaufträge mit erheblicher Verwechslungsgefahr/Gefahr einer fehlerhaften Ausführung verbunden sind, namentlich Sonderzeichen.

Darüber hinaus muss die Kundenkennung dem Zahlungsdienstenutzer von seinem Zahlungsdienstleister **„mitgeteilt"** worden sein. Mithin muss die Kundenkennung vom Zahlungsdienstleister zugeteilt werden. Nicht ausgeschlossen ist hierdurch aber, dass der Zahlungsdienstenutzer seine Kundenkennung (in einem vom Zahlungsdienstleister vorgegebenen Rahmen) selbst bestimmt, zB eine leicht zu merkende Kontonummer mit der Folge einer Vereinfachung der Kundenkennung (zB IBAN). Die **Art und Struktur der Kundenkennung** werden zumeist im Interbankenverhältnis durch eine Vereinbarung der beteiligten Banken festgelegt, um eine weitgehende Vereinheitlichung zu erreichen. Nach Art. 248 § 4 Abs. 1 Nr. 2 lit. b EGBGB ist der Zahlungsdienstleister zur **Information** über die zugeteilte Kundenkennung verpflichtet. 3

Mit der Kundenkennung müssen sich **Zahlungsdienstnutzer bzw. Konto zweifelsfrei ermitteln lassen.** Ein Zahlungsvorgang muss demnach im Rahmen eines Systems eindeutig zu einem Zahlungsdienstnutzer bzw. zu seinem Zahlungskonto zuzuordnen sein, wenn der Zahlungsvorgang über dieses abgewickelt wird. In der Regel legt die Bank die Art, den Inhalt und die Struktur der Kundenkennung fest und weist sie dem jeweiligen Kunden zu. Prinzipiell orientiert er sich dabei an dem von ihm gewählten Zahlungsverfahren. Die Struktur der Kundenkennung gibt das Gesetz nicht näher vor, allerdings verpflichtet es zu einer Struktur, die eine einfache automatische Vorabprüfung der Kennung und ihrer Zuordnung zu einem bestimmten Konto/Zahlungsdienstnutzer ermöglicht. Dem entspricht die PSD II, die auf die unionsweite Automatisierung des Zahlungsverkehrs zielt.[5] 4

Zudem muss die Kundenkennung eine sog. **Prüfziffer** umfassen, die der Bank die Prüfung des Auftrags nach Abs. 3 und die Mitteilung eines negativen Ergebnisses an den Kunden ermöglicht.[6] Denn die Struktur der Kundenkennung muss die nach Abs. 3 erforderliche Kohärenzprüfung ermöglichen. Die Zahlen-/Buchstaben-/Symbol-Abfolge muss daher einen Prüfmechanismus beinhalten, mit dem diese **Kohärenzprüfung** auch bei einer automatisierten Abwicklung des Zahlungsverkehrs möglich ist. Darüber hinaus muss das Verfahren dem Zahlungsdienstenutzer ermöglichen, eine fehlerhafte Eingabe der Kundenkennung (vertippen; Verkürzung; Verlängerung) regelmäßig unschwer zu erkennen. Denn es bestehen bei einer Abwicklung von Zahlungsvorgängen allein anhand der Kundenkennung erhebliche Risiken für den Bankkunden. Auf ihn werden die Risiken einer unzutreffenden Kennung verlagert, wenn die Bank die Kennung nicht prüft bzw. nicht prüfen kann. 4a

2. Einzelne Kundenkennungen

Die **IBAN** (International Bank Account Number) ist eine solche Kundenkennung; sie ist europaweit einheitlich und kann von jedem Zahlungsdienstleister, der am Zahlungsvorgang 5

[4] Begr. RegE BT-Drs. 16/11643, 110.

[5] S. a. Begr. RegE BT-Drs. 16/11643, 177.

[6] Vgl. auch *Rauhut* ZBB 2009, 32 (43); *Scheibengruber/Breidenstein* WM 2009, 1393; *Frank/Massari* WM 2009, 1117 (1120); *Bitter* WM 2010, 1725 (1729 f.) (Schutzpflicht der Bank aus § 241 Abs. 2 BGB); Palandt/*Sprau* § 675r Rn. 2; BeckOK BGB/*Schmalenbach* § 675r Rn. 6.

beteiligt ist, überprüft werden.[7] Sie enthält eine Prüfzahl aus zwei Ziffern, die (automatisiert) dem Kunden bei einer unzutreffenden Eingabe die erkennbare fehlende Zuordnung der eingegebenen Ziffer zu einem Kunden in der großen Vielzahl der Fälle saufzeigen kann.

6 Die **Kombination aus Bankleitzahl und Kontonummer** ist **keine Kundenkennung.**[8] Denn diesen mangelt es an einer hinreichenden Prüfziffer.[9] Aufgrund der Risiken für den Bankkunden sind diese Kundenkennungen daher nach § 307 Abs. 2 Nr. 2 BGB nicht ausreichend.[10] Hieran ändert auch nichts, dass die Kreditinstitute bei nationalen Kontonummern ein **individuelles Prüfzifferberechnungsverfahren** aufgrund des Abkommens zum Überweisungsverkehr mit Stand 01/2014 (Ziff. 5) durchführen und überprüfen, ob die angeführte Kontonummer der Bank des Empfängers anhand einer Prüfzifferberechnungsmethode möglich ist. Denn die überweisende Bank kennt zwar den der Deutschen Bundesbank bekannt zu machenden Prüfziffermechanismus der Empfängerbank (vgl. Ziff. 2 Abs. 4 Abkommen zum Überweisungsverkehr), gleichwohl sieht das Verfahren nach Ziff. 5 des Abkommens vor, dass die Bank des Zahlers die Überweisung an die Empfängerbank mit einem Prüfauftrag weiterleitet. Diese Bank muss nach einer Bestätigung der negativen Prüfung die Überweisung mit dem Hinweis der unzutreffenden Kontonummer zurückleiten (Ziff. 6). Somit trägt der Zahler immerhin das Insolvenzrisiko der Empfängerbank und das Verlustrisiko hinsichtlich der mit unzutreffender Kennung versehenen Überweisung. Zudem liegt mit dem Hinweis nach der Rücküberweisung gerade keine vom Zweck der Norm gewollte unverzügliche Unterrichtung des Kunden vor. Eine solche muss bei der Eingabe der Kundenkennung erfolgen, damit der Kunde den Fehler noch erkennen und zeitnah korrigieren kann und keine Folgenachteile aus der längerfristigen Fehlleitung der Zahlung tragen muss. Auch nach dem Erwägungsgrund Nr. 48 der Zahlungsdiensterichtlinie muss eine Kundenkennung ein Sicherheitsmerkmal oder einen Kontrollmechanismus enthalten.

7 Etwas anderes wäre aber der Fall, wenn der Bankkunde beim **Online-Banking** das negative Ergebnis dieser Prüfung nach Ziff. 5 des Abkommens bei der Eingabe von Kontonummer und Bankleitzahl als Fehlerhinweis angezeigt bekäme. Zwar beinhaltet die Kundenkennung selbst dann keine Prüfziffer, deren Sinn und Zweck würde aber durch die sofortige Fehlermeldung bei Eingabe einer nicht möglichen Kombination von Kontonummer und Bankleitzahl erreicht. In diesem Fall könnte dem Kunden die Wahl einer gleichwohl vorzunehmenden Ausführung oder einer unmittelbaren Korrektur eröffnet werden.

III. Die Ausführung eines Zahlungsauftrages nach Maßgabe der Kundenkennung (Abs. 1)

8 Die beteiligten Banken dürfen den Zahlungsvorgang ausschließlich anhand der **Kundenkennung von Zahler und Empfänger** ausführen. Nach der Ausführung der Zahlung ist die Kennung Zahler und Empfänger mitzuteilen (Art. 248 § 7 Nr. 1, § 8 Nr. 1 EGBGB).

---

7 AllgM vgl. RegE BT-Drs. 16/11643, 110; *Casper* FS Nobbe, 2009, 3 (17); Ellenberger/Findeisen/Nobbe/*Burghardt* § 675r Rn. 6; Palandt/*Sprau* Rn. 3; *Schürmann* Bankrechtstag 2009, 2010, 11 (43); *Hoffmann* WM 2016, 1110 (1111).

8 *Bitter* WM 2010, 1725 (1729); *Hadding* FS Schneider, 2011, 443 (448); *Rauhut* ZBB 2009, 32 (44); krit. auch Palandt/*Sprau* Rn. 3; BankR-HdB/*Mayen,* 4. Aufl. 2011, § 49 Rn. 75.

9 Nach Erwägungsgrund Nr. 48 S. 3 Zahlungsdiensterichtlinie 2007 können die Mitgliedstaaten ein solches vorgeben.

10 AA *Nobbe* WM 2011, 961 (964); Schulze/*Schulte-Nölke* § 675r Rn. 3; Kümpel/Mülbert/Früh/Seyfried/*Werner* Rn. 4.262 ff; *Casper* FS Nobbe, 2009, 3 (17); *Rösler/Werner* BKR 2009, 1 (8); *Frey/Schindele* Bankpraktiker 2009, 338 (340); *Einsele* FS Reuter, 2010, 53 (53); *Scheibengruber/Breidenstein* WM 2009, 1393 (1400 f.).

Bereits früher galt freilich der **Grundsatz der formalen Auftragsstrenge.**[11] Zudem war im beleggebundenen Überweisungsverkehr beim Auseinanderfallen von Kontobezeichnung und Kontonummer die Angabe des Empfängernamens maßgeblich.[12] Der Name sei vorrangiges Individualisierungsmerkmal und ermögliche auch eine sichere Individualisierung des Begünstigten. Bei beleglosen Überweisungsaufträgen war die Erforderlichkeit eines Abgleichs streitig.[13] 9

Nach Abs. 1 BGB besteht **keine Pflicht der Bank zum Abgleich von Kundenkennung und Empfängername.** Sofern also neben der Kundenkennung, die den o. g. Vorgaben entsprechen muss, ein weiteres Identifizierungsmerkmal, zB der Name des Empfängers, vom Kunden bei der Überweisung angegeben wird, und die Bank hätte erkennen können, dass Kundenkennung und Name nicht auf denselben Empfänger verweisen, liegt bei einer gleichwohl erfolgten Ausführung durch die Bank keine Pflichtverletzung vor. Die Bank darf den Zahlungsvorgang durchführen; freilich ist sie bei erkannter Diskrepanz nicht zur Ausführung des Zahlungsvorgangs verpflichtet. 10

Dieser **Grundsatz der Maßgeblichkeit der Kundenkennung,** der nunmehr auch vom EuGH für die PSD I bestätigt wurde, beruht auf dem Ziel der Richtlinie, eine rasche Ausführung des Zahlungsvorgangs zu erreichen. Die deutlich verkürzten Ausführungsfristen können bei einer vollständig automatisierten Bearbeitung ohne manuelle Eingriffe im Regelfall eingehalten werden.[14] Aus diesem Grund ist die Kundenkennung allein maßgeblich. 11

In der Folge trägt der Kunde das **Risiko des Verschreibens, Vertippens sowie der Irrung** hinsichtlich der Kundenkennung des Empfängers.[15] Dieses Risiko wird aber durch das Erfordernis einer Prüfziffer bei der Kundenkennung (→ Rn. 4 ff.) angemessen begrenzt. 12

Sofern die Bank den Zahlungsauftrag entsprechend einer fehlerhaften Kundenkennung, weil die Kennung einem anderen Empfänger und/oder einem anderen Konto zugeordnet werden kann, ausführt, so gilt die Ausführung zwischen Kunde und dessen Bank sowie zwischen Empfänger und dessen Bank in Bezug auf den Empfänger als **ordnungsgemäße Ausführung.**[16] Dies gilt auch, wenn die Bank die Diskrepanz zwischen dem Inhaber der Kundenkennung und dem vom Kunden intendierten Empfänger aufgrund weiterer Angaben des Kunden, zB den Namen des Empfängers, hätte erkennen können (Art. 74 Abs. 3 Zahlungsdiensterichtlinie). Eine entsprechende Regelung in den AGB zur Konto-Abrede hält der Inhaltskontrolle am Maßstab der §§ 307 ff. BGB demnach stand, da sie nur den materiell-rechtlichen Inhalt der unionsrechtlichen Vorgabe und der nationalen Umsetzungsnorm wiedergibt. 13

Aufgrund der **Fiktion einer ordnungsgemäßen Ausführung des Zahlungsauftrages** besteht kein Anspruch des Kunden gegen seine Bank aufgrund einer mangelhaften Ausführung des Zahlungsauftrages; der Auftrag gilt als ordnungsgemäß ausgeführt (§ 675y Abs. 5 sowie § 675r Abs. 1 S. 2 BGB). Auch ein Anspruch aus § 280 Abs. 1 BGB gegen die Bank scheidet aus. 14

Der **Kunde** ist somit auf einen **Bereicherungsanspruch gegen den tatsächlichen Empfänger** angewiesen.[17] **Analog § 675y Abs. 7 BGB** hat er zudem einen **Anspruch gegen die eigene Bank.**[18] In Betracht kommt auch ein Anspruch auf Abtretung etwaiger 15

---

[11] BGH NJW 2004, 2517.

[12] Vgl. nur BGH WM 1991, 1912.

[13] Bejahend BankR-HdB/*Mayen,* § 49 Rn. 72; OLG Thüringen WM 2001, 2005; verneinend BGH WM 2006, 28 (Unternehmer); OLG Dresden WM 2007, 1023 (elektronischer Zahlungsverkehr).

[14] Vgl. Begr. RegE BT-Drs. 16/11643, 110; EuGH ZIP 2019, 654 Rn. 21 ff.; s.a. OG WM 2015, 1235.

[15] Nach früherem Recht war der obj. Erklärungswert für die ordnungsgemäße Ausführung des Zahlungsauftrages maßgeblich; sofern Konto- und Empfängerbezeichnung auseinanderfielen, war grds. letztere maßgeblich, vgl. BGH NJW 2006, 503; *Scheibengruber/Breidenstein* WM 2009, 1393.

[16] Vgl. nur BeckOK BGB/*Schmalenbach* § 675r Rn. 2.

[17] Ausf. zur Problematik *Rauhut* ZBB 2009, 32 (42 ff.); *Bartels* WM 2010, 1828 ff.; *Hoffmann* WM 2016, 1110.

[18] So auch Palandt/*Sprau* § 675r Rn. 5; BeckOK BGB/*Schmalenbach* § 675r Rn. 7.

Ansprüche der Bank gegen die Bank des Empfängers.[19] Hingegen ist die Bank des tatsächlichen Empfängers nicht ohne weitere Abreden zur Geltendmachung des Anspruchs des Zahlers aus § 812 BGB gegenüber dem tatsächlichen Empfänger berechtigt und sie hat auch kein Stornorecht gegenüber diesem. Allerdings besteht eine Pflicht der Bank des tatsächlichen Empfängers aus § 241 Abs. 2 BGB im Interbankenverhältnis, Auskunft über den tatsächlichen Empfänger zu geben.

IV. Die unterbliebene Ausführung eines Zahlungsauftrages (Abs. 3)

1. Die negative Kohärenzprüfung

16 Nach Abs. 3 ist der Bankkunde geschützt, wenn die Kohärenzprüfung negativ ist, dh die im Zahlungsauftrag angegebene Kundenkennung vom Zahlungsdienstleister keinem Empfänger oder keinem Konto zugeordnet werden kann. Der Zahlungsvorgang ist dann vom Zahlungsdienstleister abzubrechen. Voraussetzung ist zunächst die **Unmöglichkeit der Zuordnung,** d. h. die vom Zahlungsdienstnutzer angegebene Kennung ermöglicht dem Zahlungsdienstleister nach einem objektiven Empfängerhorizont keine eindeutige Zuordnung zu einem Empfänger oder zu einem Konto.[20] Paradigmatisch sind Konstellationen, in denen die Prüfzahl der IBAN anzeigt, dass die angegebene Ziffern-/Buchstabenfolge unzutreffend sein muss.

17 Entscheidend ist die **Erkennbarkeit der Unmöglichkeit einer Zuordnung** für den Zahlungsdienstleister des Zahlers. Sie liegt vor, wenn die Zuordnung zu einem konkreten Empfänger(konto) als Ergebnis einer automatisierten Überprüfung durch den Zahlungsdienstleister nicht möglich ist und auch eine weitere Überprüfung technisch nicht möglich und/oder nicht zumutbar ist.[21] Eine manuelle Nachkontrolle oä ist nicht geboten; sie würde dem Bestreben der Automatisierung des Zahlungsverkehrs durch das Unionsrecht widersprechen. Die Erkennbarkeit liegt somit vor, wenn die IBAN anhand der Prüfzahl als unzutreffend erkannt wurde. Gleiches würde gelten, wenn beim Prüfzifferberechnungsverfahren aufgrund des Abkommens zum Überweisungsverkehr[22] die Fehlermeldung bei der Bank des Zahlers diesem bekannt gegeben würde und die Möglichkeit zur Nichtausführung der Zahlung für die Bank des Zahlers bestünde, sofern nicht der Zahler ausdrücklich auf eine gleichwohl zu unternehmende Ausführung besteht. Indes sieht Ziff. 5 des Abkommens eine andere Vorgehensweise vor, die nicht zur zunächst unterbleibenden Ausführung führt.

17a Von der Kohärenzprüfung ist beim **Online Banking** die **automatische Prüfung der IBAN bei der Eingabe** durch den Zahler zu unterscheiden (s. a. → Rn. 7). Dabei wird noch vor der Autorisierung des Zahlungsvorgangs durch den Zahler die Ausfüllung des online-Formulars unterbrochen und die Autorisierung durch den Zahler durch eine entsprechende Fehlermeldung des Formulars verhindert. Diese zusätzliche Prüfung ist zwar gesetzlich nicht vorgeschrieben, ohne Weiteres aber zulässig. In diesen Konstellationen kommt es mangels Möglichkeit zur Autorisierung des (fehlerhaften) Zahlungsauftrags nicht zur eigentlichen Kohärenzprüfung, sodass die Pflichten nach Abs. 3 nicht ausgelöst werden. Dies ist unschädlich, da die vorgelagerte automatisierte Prüfung den Zahler in der Regel ebenfalls über die unzutreffende Kundenkennung informieren wird.

---

[19] Eine Grundlage für letztere kann sich aus der Pflicht des Kreditinstituts des Empfängers ergeben, Fehlleitungen von Überweisungen durch entsprechende Maßnahmen bei einer Neuvergabe bereits früher einmal vergebener Kontonummern zu vermeiden, vgl. BGH WM 1983, 834 f.

[20] Vgl. Erwägungsgrund Nr. 48 Zahlungsdiensterichtlinie, wonach die Mitgliedstaaten auch nach Inkrafttreten der Richtlinie dem Zahlungsdienstleister des Zahlers die Pflicht zur Information bei einer Unmöglichkeit der Ausführung auferlegen können; Begr. RegE BT-Drs. 16/11643, 111.

[21] Vgl. Begr. RegE BT-Drs. 16/11643, 110 (ein manuelles Eingreifen des Zahlungsdienstleisters zur Überprüfung ist nicht erforderlich).

[22] Vgl. dazu → Rn. 6.

2. Die Pflicht zur Unterrichtung und Herausgabe des Zahlungsbetrags

18 Der Zahlungsdienstleister hat nach Abs. 3 die Pflicht, den Zahler **über die Nichtausführbarkeit** des Zahlungsauftrages **zu unterrichten** und zwar unverzüglich, d. h. ohne schuldhaftes Zögern (§ 131 Abs. 1 BGB). Dabei ist zu berücksichtigen, dass eine solche Unterrichtung automatisch und in einer Kommunikationsform geschehen sollte, die den Zahler alsbald in Kenntnis setzt. Sie kann mit der Ablehnung des Zahlungsauftrags verbunden werden (§ 675o). Vorrangig ist die vertraglich vorgesehene Weise der Unterrichtung[23], die sich aber ebenfalls an dem Zweck der Unterrichtung orientieren soll. Zugleich ist der Zahlungsdienstleister berechtigt, den Zahlungsauftrag abzulehnen. Er kann dem Zahler die erforderliche Korrektur der Angaben aufzeigen. In jedem Fall liegt die Ablehnung des erteilten Zahlungsauftrags aufgrund der inkohärenten Kundenkennung vor. Sofern der Zahler die Kundenkennung berichtigt, liegt ein neuer Zahlungsauftrag vor, der die Ausführungsfristen neu auslöst. Eine eigenständige Korrektur der Kundenkennung im Zahlungsauftrag durch den Zahlungsdienstleister ohne Rückmeldung an und Einverständnis des Zahlers ist nicht zulässig.[24] Der Zahlungsdienstleister und der Zahler können aber zB privatautonom vereinbaren, dass der Zahlungsauftrag mit anderen (korrigierten) Daten erneut ausgeführt wird. Ein **Entgelt** kann hierfür nicht verlangt werden (§ 675f Abs. 4 S. 2 BGB).

18a Verletzt der Zahlungsdienstleister diese Pflicht, ist der dem Zahler zum **Schadensersatz** verpflichtet (§ 280 Abs. 1 BGB). Als Schaden kommt ua ein im Valutaverhältnis eingetretener Verzug mit einer Pflicht des Zahlers zur Leistung von Schadensersatz bzw. eine Pflicht des Zahlers zum Ersatz der Verzugszinsen in Betracht.

19 Zudem hat der Zahlungsdienstleister den **Zahlungsbetrag herauszugeben,** wenn das Konto des Zahlers bereits belastet wurde, d. h. die Buchung auf dessen Konto bereits erfolgt ist. In diesem Fall hat eine **Gutschrift auf das Konto** zu erfolgen. Hingegen bezieht sich das Unverzüglichkeitsgebot nach dem hinreichend deutlichen Wortlaut der Norm nicht auch auf die Herausgabe des Zahlungsbetrags durch den Zahlungsdienstleister. Auch § 675s BGB ist nicht einschlägig. Die Regelung in Abs. 3 ordnet zudem keine rückwirkende Stornierung der Belastung, dh keine Gutschrift mit der Valuta der Belastungsbuchung, an,[25] denn der Fehler, die fehlerhafte Kundenkennung, entspringt der Sphäre des Kunden.

20 Richtigerweise besteht eine weitergehende (über die automatisierte Prüfung hinausgehende) Pflicht des Zahlungsdienstleisters bei der positiven **Kenntnis eines Fehlers des Zahlers** hinsichtlich der Bezeichnung des Empfängers, mithin wenn dem Zahlungsdienstleister das **Auseinanderfallen von Kundenkennung und Empfängername** auffällt oder sie, zB durch eine Mitteilung von der Empfängerbank, davon erfährt. Paradigmatisch ist das Auseinanderfallen von Empfängername und eingegebener Kundenkennung.[26] Sie hat (nur) dann nach § 241 Abs. 2 BGB die Pflicht, den Kunden von der (möglicherweise) fehlerhaften Bezeichnung des Empfängers zu unterrichten. Mögliche Folge dieser Unterrichtung kann die erneute Ausführung des korrigierten Zahlungsauftrags oder auch die rechtsgeschäftliche Vereinbarung zwischen Zahler und Zahlungsdienstleister über die Stornierung des Zahlungsauftrags sein.[27] Eine Nachforschungspflicht sowie eine solche Pflicht bereits bei grob fahrlässiger Unkenntnis besteht nicht.

21 **Unterlässt** der Zahlungsdienstleister die **Kohärenzprüfung,** so liegt ebenfalls eine Pflichtverletzung vor. In der Folge hat der Zahler einen **Schadensersatzanspruch (§ 280**

[23] Wie hier MüKoBGB/*Jungmann* § 675r Rn. 25; aA – jedes sachgerechte Mittel – PWW/*Fehrenbacher* Rn. 4.

[24] Zutr. MüKoBGB/*Jungmann* § 675r Rn. 26; nicht überzeugend Ellenberger/Findeisen/Nobbe/*Burghardt* Rn. 10.

[25] Vgl. Begr. RegE BT-Drs. 16/11643, 111.

[26] So auch Palandt/*Sprau* § 675r Rn. 8; *Gebauer/Wiedmann/Schinkels* Kap. 16 Rn. 48; BeckOK BGB/*Schmalenbach* § 675r Rn. 3; für einen Anwendungsfall vgl. BGH WM 2015, 1631.

[27] So auch BGH WM 2015, 1631 (1632).

Abs. 1 BGB), sofern der Zahlungsauftrag trotz der nicht möglichen Zuordnung der Kundenkennung ausgeführt wird. § 675y Abs. 1 BGB ist insoweit nicht einschlägig.[28] Denn nur ein wirksam erteilter und nicht zulässigerweise widerrufener Zahlungsauftrag kann fehlerhaft iS dieser Norm ausgeführt werden. Mangels unzutreffender Kundenkennung und objektiver Unmöglichkeit der Zuordnung des Zahlungsauftrags zu einem Zahler bzw. Zahlungskonto mangelt es an einem wirksam erteilten Zahlungsauftrag. Auch teleologisch ist die Anwendung von § 280 Abs. 1 BGB und nicht des § 675y Abs. 1 sachgerecht, denn die Angabe der unzutreffenden Kundenkennung entspringt der Sphäre des Zahlers. Der Schaden des Zahlers ist die Belastung seines Kontos mit dem Zahlungsbetrag, ohne dass im Valutaverhältnis zum tatsächlichen Gläubiger Erfüllung eingetreten wäre. Mithin kann der Zahler vom Zahlungsdienstleister die Gutschrift des Zahlungsbetrags Zug um Zug gegen die Abtretung des Bereicherungsanspruchs gegen den tatsächlichen Zahlungsempfänger verlangen.

§ 675s Ausführungsfrist für Zahlungsvorgänge

(1) [1]**Der Zahlungsdienstleister des Zahlers ist verpflichtet sicherzustellen, dass der Zahlungsbetrag spätestens am Ende des auf den Zugangszeitpunkt des Zahlungsauftrags folgenden Geschäftstags beim Zahlungsdienstleister des Zahlungsempfängers eingeht.** [2]**Für Zahlungsvorgänge innerhalb des Europäischen Wirtschaftsraums, die nicht in Euro erfolgen, können ein Zahler und sein Zahlungsdienstleister eine Frist von maximal vier Geschäftstagen vereinbaren.** [3]**Für in Papierform ausgelöste Zahlungsvorgänge können die Fristen nach Satz 1 um einen weiteren Geschäftstag verlängert werden.**

(2) [1]**Bei einem vom oder über den Zahlungsempfänger ausgelösten Zahlungsvorgang ist der Zahlungsdienstleister des Zahlungsempfängers verpflichtet, den Zahlungsauftrag dem Zahlungsdienstleister des Zahlers innerhalb der zwischen dem Zahlungsempfänger und seinem Zahlungsdienstleister vereinbarten Fristen zu übermitteln.** [2]**Im Fall einer Lastschrift ist der Zahlungsauftrag so rechtzeitig zu übermitteln, dass die Verrechnung an dem vom Zahlungsempfänger mitgeteilten Fälligkeitstag ermöglicht wird.**

(3) [1]**Wenn einer der Fälle des § 675d Absatz 6 Satz 1 Nummer 1 vorliegt, ist § 675s Absatz 1 Satz 1 und 3 auf die innerhalb des Europäischen Wirtschaftsraums getätigten Bestandteile des Zahlungsvorgangs nicht anzuwenden.** [2]**Wenn ein Fall des § 675d Absatz 6 Satz 1 Nummer 1 Buchstabe a vorliegt,**

1. ist auch § 675s Absatz 1 Satz 2 auf die innerhalb des Europäischen Wirtschaftsraums getätigten Bestandteile des Zahlungsvorgangs nicht anzuwenden und

2. kann von § 675s Absatz 2 für die innerhalb des Europäischen Wirtschaftsraums getätigten Bestandteile des Zahlungsvorgangs abgewichen werden.

Übersicht

[28] AA MüKoBGB/*Jungmann* § 675r Rn. 29.

I. Inhalt und Zweck der Regelung

Die Norm setzt die Art. 82 Abs. 2 S. 2, Art. 83 PSD II, zT auch Art. 84 PSD II um; sie bestimmt die maximale Frist für die Ausführung bzw. Übermittlung eines Zahlungsauftrages bei interinstitutionellen Aufträgen. Hintergrund der Norm ist das Ziel der Richtlinie, **Zahlungsvorgänge** in der EU insbesondere durch eine Automatisierung **zu beschleunigen** und bei Zahlungsvorgängen unter Beteiligung mehrerer Banken die zeitliche Planbarkeit zu erhöhen.[1] Verpflichtet wird der Zahlungsdienstleisters **des Zahlers** im Verhältnis zu diesem; weitere zwischengeschaltete Stellen werden nicht verpflichtet; allerdings hat der Zahlungsdienstleister des Zahlers für deren Verzögerungen im Rahmen der §§ 675y, 675z BGB einzustehen. 1

Der **Zeitpunkt der Gutschrift** ist die Wertstellung, § 675t BGB.[2] Der Zahlungsdienstleister des Zahlers ist nach § 675f Abs. 2 BGB verpflichtet, dem Zahlungsdienstleister des Zahlungsempfängers den Zahlungsbetrag zur Verfügung zu stellen. Die maximale **Ausführungsfrist** für die einzelnen Zahlungsdienste ist **dem Kunden mitzuteilen** (Art. 248 § 4 Abs. 1 Nr. 2 lit. e EGBGB). 2

Die **Abdingbarkeit der Norm** folgt dem allgemeinen Grundsatz. Zu Gunsten des Zahlungsdienstnutzers ist sie in den allgemeinen Grenzen abdingbar, zu Lasten des Zahlungsdienstnutzers nur im Rahmen der Dispositionsmöglichkeit des § 675e BGB. Eine bedeutende Abweichung enthält die SEPA-Instant Überweisung, bei der § 675s BGB zum Vorteil des Zahlungsdienstnutzers abbedungen ist, da der Zahlungsbetrag nach 10 Sekunden auf dem Konto des Zahlungsempfängers sein soll.[3] 3

1. Der Anwendungsbereich

Die Norm erfasst **alle Arten von Zahlungsvorgängen** (nicht nur Zahlungsaufträge) und legt eine **Pflicht des Zahlungsdienstleisters zur fristgerechten Ausführung** zugrunde (vgl. §§ 675f, 675s BGB.). Regelungsgegenstand ist die Rechtzeitigkeit der Ausführung durch die Bank auf Seiten des Zahlers, wenn eine Zahlungspflicht besteht und keine zulässige vorrangige privatautonome Vereinbarung greift. Sie ist auf alle Zahlungsaufträge unabhängig vom Auslöser des Zahlungsvorgangs anwendbar, mithin auf push- wie auch pull-Zahlungen.[4] Zudem werden auch Finanztransfergeschäfte (§ 1 Abs. 1 S. 2 Nr. 6 ZAG) erfasst.[5] Von einer Kontoabrede sind die Vorgaben unabhängig; weder Zahler noch Empfänger müssen bei der jeweiligen Bank ein Konto unterhalten. 4

Ausgenommen vom Anwendungsbereich sind **Zahlungsvorgänge in Drittstaatenwährungen,** wenn an diesem nur Zahlungsdienstleister beteiligt sind, die außerhalb des EWR ansässig sind. Gleiches gilt für die Konstellationen des § 675d Abs. 6 S. 1 Nr. 1 BGB. Nach Abs. 3 S. 1 folgt dieses Ergebnis für die im EWR vorgenommenen Bestandteile dieser Zahlungsvorgänge. Die außerhalb des EWR unternommenen Bestandteile von Zahlungsvorgängen sind nach § 675e Abs. 2 Nr. 1 ausgeschlossen. Damit ist in diesen Konstellationen kein dispositives, subsidiär anwendbares Recht verfügbar.[6] Auch wenn die Richtlinie die Beachtung der Fristen der Richtlinie auch außerhalb ihres Anwendungsbereichs als sinnvolle Lösung aufzeigt,[7] ändert dies hieran nichts. Richtigerweise kommt den Regelungen auch außerhalb ihres Anwendungsbereichs keine Leitbildfunktion im Rahmen der AGB-Kontrolle zu. Zudem ist nach Abs. 3 S. 2 bei Zahlungsvorgängen in 4a

[1] Vgl. Erwägungsgrund Nr. 82, 85 PSD II.
[2] Bei institutsinternen Zahlungsvorgängen ist die Norm nicht anwendbar und steht der Zahlungsbetrag mit der Abbuchung vom Konto des Zahlers zur Gutschrift bereit; vgl. Begr. RegE BT-Drs. 16/11643, 111.
[3] *Herresthal* ZIP 2019, 895 (901).
[4] *Franck/Massari* WM 2009, 1117 (1120).
[5] Vgl. Begr. RegE BT-Drs. 16/11643, 111.
[6] Begr. RegE BT-Drs. 18/11495, 160.
[7] Erwägungsgrund 83 PSD II („gute Praxis").

Drittstaatenwährungen, bei denen nur innerhalb des EWR ansässige Zahlungsdienstleister beteiligt sind (vgl. § 675d Abs. 6 S. 1 Nr. 1 lit. a) Abs. 1 S. 2 nicht auf die innerhalb des EWR vorgenommenen Bestandteile von Zahlungsvorgängen anwendbar. Zudem ist Abs. 2 in diesen Konstellationen dispositiv, Abs. 3 S. 2 Nr. 2. Auf die außerhalb des EWR unternommenen Bestandteile der Zahlungsvorgänge sind nach § 675e Abs. 2 die Regelungen in Abs. 1 S. 2 und Abs. 2 nicht anwendbar.

2. Die Dispositionsmöglichkeiten in Sonderkonstellationen

5 Maßgebend für die Fristberechnung sind die **Geschäftstage der Bank des Zahlers.** Entsprechende Vereinbarungen sind auch in AGB möglich. Über diese ist der Kunde zu informieren (Art. 248 § 4 Abs. 1 Nr. 2 lit. d EGBGB).

6 Bei **Zahlungsvorgängen in EUR innerhalb des EWR** gilt ebenfalls der Grundsatz des S. 1, d. h. das Ende der Frist fällt auf das Ende des auf den Fristbeginn folgenden Geschäftstages. Bei Zahlungsvorgängen innerhalb des EWR, die nicht in EUR, aber in einer EWR-Währung erfolgen, kann eine Frist vereinbart werden, die längstens bis zum Ende des auf den Zugang folgenden vierten Geschäftstages dauert. Für Zahlungsvorgänge außerhalb des EWR gilt Abs. 1 nicht.

7 Bei **in Papierform ausgelösten Zahlungsvorgängen** kann nach S. 3 im Falle einer entsprechenden Vereinbarung das Ende der Frist auf den zweiten Geschäftstag nach Zugang festgelegt werden (→ Rn. 9c).

8 Entsprechende Vereinbarungen über die Länge der Zahlungsfristen finden sich im jeweiligen „Preis- und Leistungsverzeichnis“ (vgl. Ziff. 2.2.1 Bedingungen für den Überweisungsverkehr).

II. Ausführungsfristen für den Zahlungsdienstleister des Zahlers (Abs. 1)

1. Die Länge der Frist

9 Nach § 675s Abs. 1 S. 1 BGB gilt prinzipiell eine maximale[8] **Frist von einem Geschäftstag** und zwar unabhängig davon, ob die Zahlung per Überweisung, Dauerauftrag oder Lastschrift erfolgt. Der Zahlungsbetrag muss grundsätzlich **am Ende des auf den Zugang des Zahlungsauftrags folgenden Geschäftstags** die Bank des Zahlungsempfängers erreichen, und zwar unabhängig von der Zahl etwaiger zwischengeschalteter Institute. Innerhalb dieser Fristen gibt es keine weitere normative Vorgabe für eine Beschleunigung im Sinne einer unverzüglichen oder möglichst baldigen Ausführung. Die Maximalfristen können mithin vom Zahlungsdienstleister ausgeschöpft werden, sofern der Zahlungsvorgang im Ergebnis fristgerecht ausgeführt wird. Zulässig ist selbstverständlich eine Ausführung der Zahlungen schneller als die Maximalfristen erlauben. Paradigmatisch ist die SEPA-Echtzeitüberweisung (SEPA Instant Credit Transfer (SCT Inst), mit der Zahlungen bis zunächst 15.000 EUR (ab 1.7.2020 100.000 EUR) innerhalb von 10 Sekunden dem Empfängerkonto gutgeschrieben werden.[9]

9a Nach der **Ausnahme** in Abs. 1 S. 2 ist bei **Zahlungen innerhalb des EWR,** die nicht in Euro (aber in einer EWER-Währung) erfolgen, eine Fristverlängerung auf bis zu vier Tagen möglich. Bei Zahlungen in Drittstaatenwährungen außerhalb des EWR gelten die Fristen von § 675s BGB nicht (Abs. 3 S. 2). Ein grenzüberschreitender Zahlungsvorgang ist nicht erforderlich. Paradigmatisch sind Zahlungsvorgänge zwischen Fremdwährungskonten.

9b Nach der zweiten Ausnahme in Abs. 1 S. 3 können bei einem **Zahlungsauftrag, der in Papierform** erteilt wird, die Ausführungsfristen um einen Tag verlängert werden. Bei

---

[8] Begr. RegE BT-Drs. 16/11643, 111: „maximale Ausführungszeiten“.
[9] Ausf. dazu *Herresthal* ZIP 2019, 895 ff.

einem Zahlungsauftrag innerhalb der EWR in Euro erfolgt so eine Verlängerung der Ausführungsfrist auf zwei Geschäftstage. Zahlungsaufträge in Papierform sind alle beleggebundenen Zahlungsvorgänge, sofern sie zunächst durch einen manuellen Eingriff in einen Datensatz überführt werden müssen. Dabei ist der Normtext (Papierform) zu eng. Nach dem Normzweck, der die ausnahmsweise Verlängerung der allgemeinen kurzen, weil an der automatisierten Ausführung orientierten Ausführungsfrist zum Gegenstand hat, sind auch Zahlungsvorgänge in Form einer **E-Mail, SMS oder Telefax** von der Verlängerung erfasst. Gleiches gilt für online erteilte Zahlungsaufträge, die nicht in eine **online-Maske** eingegeben werden, die sodann eine automatisierte Ausführung ermöglicht, sondern die in sonstigen Textfeldern eingegeben und übermittelt und ausnahmsweise ausgeführt werden. Diese Unterscheidung ist auch auf mündliche/fernmündliche Zahlungsaufträge zu übertragen. Sofern der **mündliche/fernmündliche Zahlungsauftrag** einem Telefon-Computer übermittelt wird, der den Zahlungsauftrag unmittelbar automatisiert ausführt, ist eine Verlängerung der Ausführungsfrist nicht geboten. Abweichendes gilt, wenn der Zahlungsauftrag einem Mitarbeiter (fern-) mündlich übermittelt wird und dieser den Zahlungsauftrag zunächst in einen Datensatz überführen muss, zB durch Eingabe in das Computersystem der Filiale.

Allerdings erfordert die Verlängerung der Ausführungsfristen nach Abs. 1 S. 2, S. 3 eine **9c** (auch klauselmäßige) **Vereinbarung der Parteien.** Auch wenn der Wortlaut insofern nicht eindeutig ist, soll eine Kumulation der Verlängerungsoptionen nach Abs. 1 S. 2 und S. 3 nach dem insoweit deutlichen Willen des historischen Gesetzgebers nicht möglich sein.[10] Nach Art. 248 Abs. 4 Nr. 2 lit. e EGBGB ist der Zahlungsdienstnutzer über die maximale Ausführungsfrist bzw. die maximalen Ausführungsfristen für die zu erbringenden Zahlungsdienste **zu informieren.**

2. Wahrung der Frist

Die Bank des Zahlers hat den **Eingang des Zahlungsbetrages bei dem Zahlungsdienstleister des Zahlungsempfängers** sicherzustellen. Dieser Eingang ist erfolgt, wenn **10** der Zahlungsbetrag auf dem Eingangskonto des Empfängerinstituts eingegangen ist.[11] Eine Gutschrift auf dem konkreten Konto des Zahlungsempfängers ist nicht erforderlich; sie ist Aufgabe des Empfängerinstituts (vgl. § 675t BGB). Auch die Verfügbarkeit des Zahlungsbetrages für den Empfänger ist für den Eingang im Sinne der Norm nicht erforderlich (vgl. § 675t BGB). Gleichgültig ist ebenfalls, ob der Empfänger bei dem Empfängerinstitut ein Konto führt oder den Betrag bar ausbezahlt bekommt.[12] Auch ist unerheblich, ob der Zahlungsempfänger bereits über den Betrag verfügen kann oder nicht.[13]

Die Norm ist nur auf **institutsübergreifende Zahlungsvorgänge** anwendbar.[14] Denn **10a** bei einer Identität von Bank des Zahlers und Empfängerbank steht der Betrag bereits mit der Belastungsbuchung zur Verfügung.[15] Als nicht erfasste institutsinterne Zahlungsvorgänge sind solche zu kategorisieren, bei denen der Zahler und der Zahlungsempfänger jeweils das maßgebende Konto bei demselben Kreditinstitut haben. Bei den erfassten institutsübergreifenden Zahlungsvorgängen kann der Zahlungsdienstleister des Zahlers den Transportweg frei wählen.[16] Maßgeblich ist allein, dass die Ausführungsfrist nach Abs. 1 gewahrt wird. Mithin kann der Zahlungsdienstleister des Zahlers zwischen einer Kontoverbindung

[10] Begr. RegE BT-Drs. 16/11643, 111.

[11] Palandt/*Sprau* § 675s Rn. 2; MüKoBGB/*Jungmann* § 675s Rn. 16; *Köndgen* ZBB 2018, 141 (144); s. a. *Grundmann* WM 2000, 2267, 2278 (einschließlich Wertstellung).

[12] Demnach werden auch Finanztransfergeschäfte erfasst, vgl. nur Begr. RegE BT-Drs. 16/11643, 111; Palandt/*Sprau* § 675s Rn. 2.

[13] Palandt/*Sprau* § 675s Rn. 2 mwN.

[14] Begr. RegE BT-Drs. 16/11643, 111; *Hadding* WM 2014, 2065.

[15] Bei institutsinternen Zahlungsvorgängen ist § 675t BGB entscheidend.

[16] Ausf. zu den Zahlungsverkehrssystemen MüKoHGB/*Herresthal* VI ZahlungV A Rn. 108 ff.

zum Zahlungsdienstleister des Zahlungsempfängers, der Wahl eines Zahlungsverkehrssystems oder die Zwischenschaltung sonstiger Zahlungsdienstleister wählen.

11 Die **Frist beginnt** mit Zugang des Zahlungsauftrages beim Zahlungsdienstleister des Zahlers im Falle einer bestehenden Ausführungspflicht (S. 1). Der Zugang richtet sich nach § 675n BGB (auch hinsichtlich des Zugangs nach cut-off-Zeitpunkten sowie an Tagen, die nicht Geschäftstage sind).[17] Der Geschäftstag ist in § 675n Abs. 1 S. 4 BGB legal definiert. Sofern der Zahlungsdienstleister den Zahlungsauftrag als unvollständig zurückweist (§ 675o BGB), läuft die Frist nach § 675s BGB nicht. Bei Einreichung des vom Zahler vervollständigten/berichtigten Zahlungsauftrags liegt ein neuer Zahlungsauftrag vor und die Frist für diese beginnt eigenständig zu laufen. Sofern der **Zahlungsauftrag zu einem bestimmten Termin** ausgeführt werden soll (zB bei einer Terminüberweisung; Dauerauftrag), gilt der Auftrag als an diesem Termin zugegangen, sofern er vor diesem Termin tatsächlich zugegangen ist (§ 675n Abs. 2 S. 1 BGB). Im Falle einer Fristüberschreitung ist § 675y BGB einschlägig.

12 Die **Frist ist gewahrt,** wenn der Zahlungsbetrag bei der Bank des Zahlungsempfängers innerhalb der Frist, also spätestens am Ende des auf den Zugangszeitpunkt des Zahlungsauftrags folgenden Geschäftstags eingegangen ist. Maßgeblich ist der **Geschäftstag beim Zahlungsdienstleister des Zahlers.** Weder ist auf den Geschäftstag beim Zahlungsdienstleister des Zahlungsempfängers abzustellen noch auf die bei beiden Zahlungsdienstleister kongruent bestehenden Geschäftstage. Freilich ist der Wortlaut von Abs. 1 insofern nicht eindeutig. Allerdings adressiert Abs. 1 die Frist für den vom Zahlungsdienstleistern des Zahlers geschuldeten Erfolg (Zugang beim Zahlungsdienstleister des Zahlungsempfängers). Die Maßgeblichkeit eines anderen Geschäftstages als jene des Zahlungsdienstleisters des Zahlers würde diesen Dienstleister mit erheblichen Nachforschungspflichten belasten. Auch orientiert sich das Gesetz an dem typischen Bezugspunkt des Rechtsverkehrs. Insofern wird der Zahler – sofern ihm überhaupt möglich – nicht die Geschäftstage des Zahlungsdienstleisters des Zahlungsempfängers ermitteln. Im Sonderfall einer nicht hinreichenden Deckung des Kontos beginnt die Frist, wenn sich die Bank für die Ausführung trotz dieser Unterdeckung gleichwohl entscheidet[18] und sich dies objektiv erkennbar manifestiert.

3. Rechtsfolge eines Verstoßes

12a Verstößt der Zahlungsdienstleister des Zahlers gegen die von Abs. 1 vorgeschriebene Ausführungsfrist, kann der **Zahlungsauftrag gleichwohl ausgeführt** werden. Es handelt sich bei diesem nicht um ein absolutes Fixgeschäft. Der Zahlungsdienstnutzer hat bei der am Maßstab des Abs. 1 verspäteten Ausführung des Zahlungsvorgangs einen Anspruch auf **Ersatz eines etwaigen Zinsschadens** (§ 675y Abs. 3 BGB) sowie einen Anspruch auf **Ersatz etwaiger Folgeschäden** (§ 675z Abs. 1 S. 2 BGB).

12b Die **Rechtsfolgen im Valutaverhältnis** bestimmen sich aus dem insofern einschlägigen Leistungsstörungsrecht. In diesem Verhältnis darf der Zahler allerdings von der Einhaltung der Fristen nach Abs. 1 durch seinen Zahlungsdienstleister ausgehen. Eine taggleiche Übermittlung des Zahlungsbetrags darf er angesichts der Fristen nach Abs. 1 nicht zugrunde legen. Dies gilt erst recht angesichts der breiten Verfügbarkeit der SEPA Instant Überweisung.[19] Der Empfänger muss in Ausnahmekonstellationen (Aneinanderreihung von Feiertagen) mit einer Nichteinhaltung der Fristen nach Abs. 1 durch den Zahlungsdienstleister des Zahlers rechnen.[20]

---

17 → Kap. 3 § 675n Rn. 4 ff.

18 Palandt/*Sprau* § 675s Rn. 2.

19 Dazu näher *Herresthal* ZIP 2019, 895.

20 So BGH NJW-RR 2016, 511 (Überweisung von 50.000 € am 28.12. noch nicht am 2.1. des Folgejahres gutgeschrieben).

III. Ausführungsfristen bei vom oder über den Zahler ausgelösten Zahlungsvorgängen (Abs. 2)

Die Regelung in Abs. 2 erfasst nur **Pull-Zahlungen.** Sie hat jene Übermittlungsfristen des Zahlungsdienstleisters des Zahlungsempfängers zum Gegenstand, die sich nach der Vereinbarung der Parteien im Inkassoverhältnis richten (ausf. in Kap. 2). 13

§ 675t Wertstellungsdatum und Verfügbarkeit von Geldbeträgen; Sperrung eines verfügbaren Geldbetrags

(1) [1]**Der Zahlungsdienstleister des Zahlungsempfängers ist verpflichtet, dem Zahlungsempfänger den Zahlungsbetrag unverzüglich verfügbar zu machen, nachdem der Betrag auf dem Konto des Zahlungsdienstleisters eingegangen ist, wenn dieser**

1. keine Währungsumrechnung vornehmen muss oder

2. nur eine Währungsumrechnung zwischen dem Euro und einer Währung eines Vertragsstaates des Abkommens über den Europäischen Wirtschaftsraum oder zwischen den Währungen zweier Vertragsstaaten des Abkommens über den Europäischen Wirtschaftsraum vornehmen muss.

[2]**Sofern der Zahlungsbetrag auf einem Zahlungskonto des Zahlungsempfängers gutgeschrieben werden soll, ist die Gutschrift, auch wenn sie nachträglich erfolgt, so vorzunehmen, dass der Zeitpunkt, den der Zahlungsdienstleister für die Berechnung der Zinsen bei Gutschrift oder Belastung eines Betrags auf einem Zahlungskonto zugrunde legt (Wertstellungsdatum), spätestens der Geschäftstag ist, an dem der Zahlungsbetrag auf dem Konto des Zahlungsdienstleisters des Zahlungsempfängers eingegangen ist.** [3]**Satz 1 gilt auch dann, wenn der Zahlungsempfänger kein Zahlungskonto unterhält.**

(2) [1]**Zahlt ein Verbraucher Bargeld auf ein Zahlungskonto bei einem Zahlungsdienstleister in der Währung des betreffenden Zahlungskontos ein, so stellt dieser Zahlungsdienstleister sicher, dass der Betrag dem Zahlungsempfänger unverzüglich nach dem Zeitpunkt der Entgegennahme verfügbar gemacht und wertgestellt wird.** [2]**Ist der Zahlungsdienstnutzer kein Verbraucher, so muss dem Zahlungsempfänger der Geldbetrag spätestens an dem auf die Entgegennahme folgenden Geschäftstag verfügbar gemacht und wertgestellt werden.**

(3) [1]**Eine Belastung auf dem Zahlungskonto des Zahlers ist so vorzunehmen, dass das Wertstellungsdatum frühestens der Zeitpunkt ist, an dem dieses Zahlungskonto mit dem Zahlungsbetrag belastet wird.** [2]**Das Zahlungskonto des Zahlers darf nicht belastet werden, bevor der Zahlungsauftrag seinem Zahlungsdienstleister zugegangen ist.**

(4) [1]**Unbeschadet sonstiger gesetzlicher oder vertraglicher Rechte ist der Zahlungsdienstleister des Zahlers im Fall eines kartengebundenen Zahlungsvorgangs berechtigt, einen verfügbaren Geldbetrag auf dem Zahlungskonto des Zahlers zu sperren, wenn**

1. der Zahlungsvorgang vom oder über den Zahlungsempfänger ausgelöst worden ist und

2. der Zahler auch der genauen Höhe des zu sperrenden Geldbetrags zugestimmt hat.

[2]**Den gesperrten Geldbetrag gibt der Zahlungsdienstleister des Zahlers unbeschadet sonstiger gesetzlicher oder vertraglicher Rechte unverzüglich frei, nachdem ihm entweder der genaue Zahlungsbetrag mitgeteilt worden oder der Zahlungsauftrag zugegangen ist.**

(5) **Wenn ein Fall des § 675d Absatz 6 Satz 1 Nummer 1 Buchstabe a vorliegt,**

1. kann von § 675t Absatz 1 Satz 3 für die innerhalb des Europäischen Wirtschaftsraums getätigten Bestandteile des Zahlungsvorgangs abgewichen werden und

2. ist § 675t Absatz 2 auf die innerhalb des Europäischen Wirtschaftsraums getätigten Bestandteile des Zahlungsvorgangs nicht anzuwenden.

Übersicht

I. Inhalt und Normzweck

1 Die Regelung basiert auf Art. 84 (Abs. 1 S. 1 und 3), 85, 87 Abs. 1 S. 1 und 2, Abs. 3 PSD II. In Abs. 1 und Abs. 2 wird vor allem der sog. **Anspruch auf Gutschrift,** hier auf **unverzügliche Gutschrift** formuliert. Der Zahlungsempfänger hat gegen seinen Zahlungsdienstleister mithin den Anspruch, dass dieser eingegangene Zahlungsbeträge dem Zahlungskonto des Zahlungsempfängers gutschreibt. Dabei wird eine Unterscheidung zwischen unbaren Zahlungseingängen (Abs. 1) sowie Bareinzahlungen (Abs. 2) getroffen. Die Norm ist zu den §§ 667, 675 BGB speziell. Über diese Normen hinaus enthält § 675t BGB die Pflicht des Zahlungsdienstleisters zur **unverzüglichen Wertstellung** der bar oder unbar eingegangenen Zahlungsbeträge. Zugleich wird der Zahlungsdienstleister (des Zahlers) verpflichtet, die **Wertstellung bei Belastungsbuchungen** nicht auf einen Termin zu legen, der vor dem Abfluss der für den Zahlungsvorgang maßgeblichen Mittel liegt und seit der Gesetzesänderung im Jahr 2018 sind auch Belastungsbuchungen, die zeitlich vor dem Zugang des Zahlungsauftrags liegen untersagt (Abs. 3). Nach Art. 248 § 7 Nr. 5 EGBGB sowie Art. 248 § 8 Nr. 5 EGBGB sind der Zahler und der Zahlungsempfänger über das jeweilige Wertstellungsdatum zu informieren.

1a Zusammen mit § 675s BGB, der vor allem die Pflichten des Zahlungsdienstleisters des Zahlers konkretisiert, gewährleistet § 675t BGB somit insbesondere die **schnelle Durchführung von Zahlungsvorgängen.** Ein weiterer **Normzweck** folgt aus der Sicherstellung der Kongruenz jeweils von Mittelzufluss und Datum der Wertstellung einerseits sowie Mittelabfluss und Datum der Wertstellung andererseits **(Deckungszuflussprinzip und Deckungsabflussprinzip).** Diese Prinzipien sollen verhindern, dass die an der Zahlungstransaktion beteiligten Zahlungsdienstleister sich durch die Festlegung von Zeitpunkten der Wertstellung, die vom Mittelzufluss bzw. Mittelabfluss abweichen, nicht gerechtfertigte Zinsvorteile verschaffen, ein Regelungszweck der in Zeiten sogenannter Negativzinsen geringere Bedeutung hat.

1b Hinsichtlich der **Konkurrenzen** ist zu berücksichtigen, dass eine Verletzung der Pflicht aus § 675t BGB zugleich Ansprüche nach § 280 Abs. 1 BGB auslösen kann. § 675z S. 2 BGB ist nicht anwendbar, da die Bank des Empfängers bei der Gutschrift keinen Zahlungsauftrag ausführt.[1]

[1] Wie hier Palandt/*Sprau* § 675t Rn. 1; aA *Grundmann* WM 2009, 1109 (1117).

Hinsichtlich des **Anwendungsbereichs** gilt: Nach Abs. 5 Nr. 1 ist **Abs. 1 S. 3** bei Zahlungsvorgängen mit Drittwährungskonstellationen (§ 675d Abs. 6 S. 1 Nr. 1 lit. a BGB für jene Bestandteile, die innerhalb des EWR getätigt werden) **abdingbar.** Nach § 675e Abs. 3 BGB können der Zahlungsdienstenutzer und der Zahlungsdienstleister zudem vereinbaren, dass Abs. 1 S. 3 (auch nur zum Teil) nicht auf jene Zahlungsvorgänge anwendbar ist, die nicht in Euro erfolgen.[2] Nach Abs. 5 Nr. 2 sind Zahlungsvorgänge mit Drittwährungskonstellationen im Sinn von § 675d Abs. 6 S. 1 Nr. 1a BGB vom **Anwendungsbereich des Abs. 2** ausgeschlossen. Gemäß § 675e Abs. 2 Nr. 1 BGB wird die Unanwendbarkeit von Abs. 2 zudem auf Fälle von § 675d Abs. 6 S. 1 Nr. 1 und Nr. 2 BGB erstreckt. Nach § 675e Abs. 3 BGB kann bei Einzahlungen in einer Währung eines EWR-Staates, die nicht in Euro erfolgen, von Abs. 2 vertraglich abgewichen werden. 1c

II. Die Verfügbarkeit und Wertstellung des Betrags bei der Zahlung auf ein Konto

1. Die Verfügbarkeit des Betrags (Abs. 1 S. 1, 3)

a) Anspruch auf Gutschrift. § 675t Abs. 1 BGB kodifiziert die Pflicht des Zahlungsdienstleisters des Empfängers einer Zahlung, diesem den Zahlungsbetrag „verfügbar zu machen", wenn eine Zahlung für den Empfänger auf dem Verrechnungskonto der Bank eingeht. Dieser Anspruch ersetzt den früheren **„Anspruch auf Gutschrift"** (§ 667f BGB a. F.) und verdrängt entsprechende allgemeine Ansprüche aus §§ 675 Abs. 1, 667 BGB.[3] Denn es ist richtigerweise weiterhin zwischen dem Anspruch auf Gutschrift von Zahlungseingängen sowie dem Anspruch aus der Gutschrift als Anspruch des Zahlungsempfängers auf Auszahlung zu unterscheiden. Abs. 1 hat nur den Anspruch auf Gutschrift zum Gegenstand.[4] Ziel des Anspruchs ist es, den eingezahlten oder überwiesenen Betrag durch den Zahlungsdienstleister des Empfängers in die Vermögenssphäre des Zahlungsempfängers weiterzuleiten. Der Anspruch entsteht mit Erhalt des Zahlungsbetrags durch den Zahlungsdienstleister des Zahlungsempfängers. Der Anspruch aus der Gutschrift folgt aus den §§ 781, 780 BGB. Das abweichende Verständnis, das auch den Anspruch aus der Gutschrift umfasst sieht, vermag die Dispositionsbefugnis der Parteien über diesen Anspruch nicht zu erklären. Denn der Anspruch aus der Gutschrift wird üblicherweise in ein Kontokorrent eingestellt, kann allerdings auch Zurückbehaltungsrechten und Aufrechnungsmöglichkeiten zugrunde liegen. Darüber hinaus vermag diese Ansicht die gleichwohl erfolgende Qualifikation der Gutschrift als abstraktes Schuldversprechen/Schuldanerkenntnis nicht zu bewältigen. Die Pflicht des Zahlungsdienstleisters besteht bei **institutsinternen und institutsübergreifenden Transaktionen.** 2

Die Ergänzung von Abs. 1 S. 1 im Jahr 2018 stellt sicher, dass der Kreis der Sachverhalte, auf den die Norm anwendbar ist, nicht erweitert wird. Mit der rechtsästhetisch fragwürdigen Ergänzung wird somit der bisherige Anwendungsbereich fortgeschrieben. Hierzu regelt Abs. 1 S. 1, dass **Zahlungsvorgänge, die mit einer Währungsumrechnung** verbunden sind, nicht erfasst werden, es sei denn, die Währungsumrechnung erfolgt zwischen Euro und einer EWR-Währung oder zwischen zwei EWR-Währungen. 2a

Dem Anspruch des Zahlungsdienstnutzers (Kontoinhaber) auf Gutschrift korrespondiert eine Pflicht des Zahlungsdienstleisters des Zahlungsempfängers zur Gutschrift (§ 675t Abs. 1 BGB). Richtigerweise geht mit dieser Pflicht des Zahlungsdienstleisters auch dessen 2b

[2] Begr. RegE BT-Drs. 18/11495, 162.

[3] Zum Fall, dass die Zahlung nicht auf ein Konto des Empfängers folgt (zB Finanztransfer), vgl. Palandt/*Sprau* § 675t Rn. 7.

[4] *Schürmann* Bankrechtstag 2009, 11 (45); MüKoHGB/*Herresthal* VI ZahlungsV A Rn. 337; Staudinger/*Omlor*, 2012, Rn. 3; BeckOK BGB/*Schmalenbach* § 675t Rn. 2; Palandt/*Sprau* § 675t Rn. 4; PWW/*Fehrenbacher* § 675t BGB Rn. 2; iE Baumbach/Hopt/*Hopt* BankGesch. Rn. C/68; unzutreffend auf beide abstellend *Köndgen* JuS 2011, 481 (487); MüKoBGB/*Jungmann* § 675t Rn. 17.

Recht zur Gutschrift einher. Dies ist u. a. von Bedeutung, wenn die Bank bei einem debitorischen Konto ein Interesse an der Rückführung des Sollsaldos hat[5] oder aber am Pfandrecht gem. Nr. 14 Abs. 1 S. 2 AGB-Banken und Nr. 21 Abs. 1 S. 3 AGB-Sparkassen bei einem Habensaldo. Ein **Zurückweisungsrecht des Zahlungsempfängers** besteht **nicht.**[6] Auch wenn der Zahlungsempfänger die Gutschrift des bei seinem Zahlungsdienstleister eingegangenen Betrags auf sein debitorisches Konto nicht wünscht und/oder der Zahler im Valutaverhältnis zum Zahlungsempfänger nicht berechtigt war, auf dieses (debitorische) Konto den Betrag zu überweisen/einzuzahlen, ist ein Zurückweisungsrecht des Zahlungsempfängers abzulehnen.[7] Denn aus dem Girovertrag als Zahlungsdiensterahmenvertrag folgt ein konkludentes vertragliches Einverständnis des Zahlungsempfängers bzw. Kontoinhabers mit der Gutschrift eingehender Beträge bei seinem Zahlungsdienstleister. Mithin können die Parteien im Girovertrag Abweichendes vereinbaren, zB eine Anzeigepflicht der Bank und vor der Buchung eine erforderliche Zustimmung des Zahlungsempfängers. Mangels entsprechender Vereinbarung besteht aber kein einseitiges Zurückweisungsrecht des Zahlungsempfängers. Eine Analogie zu § 333 BGB vermag nicht zu überzeugen.[8] Die Rechtsposition des Zahlungsempfängers entspricht nicht der eines Dritten iSv § 333 BGB, da dem Zahlungsempfänger aufgrund der vertraglichen Abrede im Girovertrag keine Forderung vom eigenen Zahlungsdienstleister aufgedrängt wird. Vielmehr besteht gerade eine vertragliche Abrede der Parteien dahingehend, entsprechende Zahlungseingänge beim Zahlungsdienstleister des Zahlungsempfängers auf dem Konto zu verbuchen. Auch ein Ähnlichkeitsvergleich, der eine Analogie rechtfertigen könnte, greift nicht. Denn aufgrund der vertraglichen Abrede im Girovertrag ist es mitnichten so, dass dem Zahlungsempfänger typisiert – wie bei § 328 BGB – eine vielfach unerwünschte Rechtsposition aufgedrängt wird.

3 **b) Unverzügliche Bereitstellung des Betrags.** Dem Empfänger ist die eingehende Zahlung **unverzüglich (§ 121 Abs. 1 S. 1 BGB) nach ihrem Eingang** auf dem Eingangskonto des Zahlungsdienstleisters des Zahlungsempfängers verfügbar zu machen **(institutsübergreifende Zahlung).** Nicht ausreichend ist die Gutschrift auf dem Konto des Zahlungsdienstleisters des Empfängers bei einem dritten Zahlungsdienstleister, den der Zahlungsdienstleister des Empfängers mit der Entgegennahme beauftragt hat. Auch der Eingang eines bloßen Avis (Ankündigung des Zahlungseingangs durch den erst beauftragten Zahlungsdienstleister oder Zahler) reicht nicht. Dem Eingang entspricht bei **institutsinternen Zahlungen** die Abbuchung vom Konto des Zahlers, so dass ab diesem Zeitpunkt der Anspruch des Empfängers auf das Verfügbarmachen der Zahlung besteht. Unverzüglich meint im Regelfall die taggleiche Gutschrift, so dass nach dem sog. Deckungszuflussprinzip die Wertstellung von Zahlungseingängen auf Girokonten im Grundsatz am Tag des Zahlungseingangs zu erfolgen hat.[9]

3a Aus § 675n BGB ist allerdings zu schließen, dass das berechtigte Interesse des Zahlungsdienstleisters und auch des Zahlungsempfängers, die Buchführung an einem bestimmten Zeitpunkt des Geschäftstags abschließen zu können **(Buchungsschnitt)** von der gesetzlichen Regelung anerkannt wird. Ebenso wie Zahlungsaufträge nach dem sog. cut-off-Zeitpunkt auf den nächsten Geschäftstag verschoben werden dürfen, muss entsprechendes bei Gutschriften von Zahlungseingängen möglich sein. Eine praktikable Lösung ist daher, dass die taggleiche Gutschrift dann nicht erforderlich ist, wenn sie zu einem Zeitpunkt zugeht,

[5] Vgl. BGHZ 150, 122 (127) = WM 2002, 951.

[6] Wie hier BGHZ 128, 135 = NJW 1995, 520; MüKoBGB/*Jungmann* § 675t Rn. 30; s. a. Begr. RegE BT-Drs. 11643, 112.

[7] Vgl. zur lediglich weisungswidrigen Überweisung des Schuldners BGHZ 128, 135 (139) = WM 1995, 149; OLG Oldenburg WM 1991, 1333 (1335); krit. *Häuser* ZIP 1995, 89.

[8] So aber *Canaris* ZIP 1986, 1021 (1025 ff.); *Canaris* BankvertragsR Rn. 473; *Hadding/Häuser* WM 1989, 589 (591); *Hoffmann* WM 2016, 1110 (1113 ff.); (nur) iErg auch *Einsele* FS Reuter, 2010, 53 (61 ff.).

[9] Vgl. schon BGH NJW 1997, 3168.

auf den ein entsprechender Zahlungsauftrag aufgrund des bereits erfolgten Buchungsschnitts auf den nächsten Geschäftstag verschoben werden dürfte.[10]

Die Bank muss den **Betrag für eine Verfügung durch den Empfänger bereitstellen.** 4
Verfügen über das Konto kann der Empfänger u. a. durch das Abheben des Betrages oder eine Überweisung, so dass grundsätzlich die Gutschrift des Zahlungsbetrags von der Norm angeordnet wird. Die Bank muss quantitativ den Betrag bereitstellen, den sie selbst von der Drittbank oder im Rahmen der Verrechnung im Zahlungssystem erhalten hat (§ 675q Abs. 1 BGB). Etwaige Entgelte oder Aufwendungen darf die von dem eingegangenen Betrag nur bei einer entsprechenden Vereinbarung mit dem Zahlungsempfänger abziehen (Anspruch auf ungekürzte Gutschrift). Abweichendes gilt, wenn und soweit der Verfügung durch den Empfänger ein rechtliches Hindernis entgegensteht.

Die Bank erfüllt diese Pflicht auch durch eine **Gutschrift unter einer Bedingung** 5
(insbesondere die Gutschrift „eV", dh Eingang vorbehalten),[11] wenn sie bei der Gutschrift eines Betrages aus einer Lastschrift mit einem Erstattungsanspruch der anderen Bank oder des Zahlers rechnen muss (§ 675x BGB)[12] und ein Stornierungsrecht mit dem Empfänger vereinbart hat. Der Anspruch auf Gutschrift ist mithin mit jenen Einwendungen und Einreden behaftet, die der Zahlungsdienstleister des Zahlers dem Zahlungsdienstleister des Zahlungsempfängers entgegenhalten kann. Entsprechendes gilt bei einem Zurückbehaltungsrecht des Zahlungsdienstleisters des Zahlungsempfängers, der Einstellung des Betrages in ein Kontokorrent oder der Gutschrift auf ein debitorisches Konto.[13] Auch dann besteht die gesetzlich vorgeschriebene Verfügungsmöglichkeit des Zahlungsempfängers und wurde der Anspruch auf Gutschrift erfüllt. Das Recht des Zahlungsdienstleisters des Empfängers zu Storno-, Berichtigungs- bzw. Korrekturbuchungen wird durch Abs. 1 S. 1 nicht berührt.[14]

Anspruchsberechtigter ist der Zahlungsempfänger, also der jeweilige Kontoinhaber. 6
Bei einer Zahlung nach Maßgabe einer Kundenkennung (§ 675r Abs. 1 BGB; v. a. IBAN) ist der Inhaber dieser Kennung anspruchsberechtigt.[15] Bei sogenannten Oder-Konten ist jeder Kontoinhaber eigenständig anspruchsberechtigt. Möglich ist aber eine vertragliche, auch klauselmäßige Vereinbarung zwischen Bank und Kontoinhaber, wonach die Bank einen unzutreffend gutgeschriebenen Betrag ggf. stornieren und dem Konto des tatsächlich benannten Empfängers gutschreiben darf.[16]

Sofern der Empfänger **mehrere Konten bei der Bank** unterhält, entscheidet die 7
Kundenkennung über das Konto, auf dem der Betrag bereitzustellen ist. Aufgrund der Maßgeblichkeit der Kundenkennung scheidet ein Wahlrecht des Zahlungsdienstleisters bei mehreren Konten des Empfängers ohne entsprechende vertragliche Abrede aus. Abweichendes kann individualvertraglich zwischen Bank und Empfänger vereinbart werden. Eine formularmäßig erteilte Befugnis der Bank zur Gutschrift auf einem anderen Konto des Empfängers ist hingegen unwirksam.[17]

Die **mangelnde Abtretbarkeit** des Anspruchs auf Gutschrift folgt jedenfalls aus dem 7a
konkludenten Abtretungsverbot, das in der Kontokorrentabrede der Parteien enthalten ist. **Pfandrechte und Zurückbehaltungsrechte** des Zahlungsdienstleisters können aber rechtsgeschäftlich vereinbart werden.[18] Auch Forderungen, die der Zahlungsempfänger

[10] Vgl. MüKoBGB/*Jungmann* § 675t Rn. 25.
[11] *Laitenberger* NJW 2010, 192 (195); s. a. Nr. 9 I AGB-Banken; Nr. 9 Abs. 1 AGB-Sparkassen.
[12] Vgl. dazu oben Kap. 2.
[13] Vgl. Begr. RegE BT-Drs. 16/11643, 112.
[14] Vgl. Nr. 8 AGB-Banken 2018; Nr. 8 AGB-Sparkassen.
[15] Die frühere Problematik bei Konstellationen, in denen die angegebene Kontonummer nicht mit der Bezeichnung des Empfängers übereinstimmte, hat hiernach an praktischer Bedeutung verloren; vgl. nur BGH NJW 1991, 3208, wonach der frühere Anspruch auf Gutschrift grundsätzlich dem bezeichneten Empfänger zustand; für den beleglosen Datenträgeraustausch ebenso *Pauli* NJW 2008, 2229 (2230); aA *Escher-Weingart* WM 2008, 2281 (2284).
[16] Palandt/*Sprau* § 675t Rn. 6.
[17] BGHZ 98, 24.
[18] Für ein Bsp. Nr. 14 AGB-Banken 2018; Nr. 21 AGB-Sparkassen.

dem Zahlungsdienstleister abgetreten hat, kann der Zahlungsdienstleister einbehalten.[19] Der Anspruch auf Gutschrift ist **pfändbar.**[20] Diese Pfändung zielt auf die tatsächliche Gutschrift auf dem Konto des Schuldners (Hilfspfändung). Die Pfändung des Anspruchs auf Gutschrift führt zur Möglichkeit zur Pfändung des sich hieraus ergebenden Anspruchs aus der Gutschrift. Letztere erfolgt regelmäßig mit der Pfändung des Anspruchs auf Gutschrift.

7b **c) Anspruch aus der Gutschrift.** Der Anspruch aus der Gutschrift ist auf die **Auszahlung des Zahlungsbetrags** gerichtet. Dieser Anspruch folgt richtigerweise (auch unter Geltung des Zahlungsdiensterechts) **aus den §§ 780, 781 BGB.**[21] Denn § 675t Abs. 1 BGB enthält schon keine nähere Konkretisierung des Verfügbarmachens. Richtigerweise ist das Verfügbarmachen iS der Norm schon mit dem Anspruch *auf* Gutschrift erfolgt. Denn der Zahlungsbetrag steht dem Empfänger dann für Verfügungen über das Konto im tatsächlichen Wortsinn „zur Verfügung". In § 675t Abs. 1 S. 1 BGB ist dieser Anspruch richtigerweise nicht verankert. Die Gegenansicht vermag das Verhältnis von § 675t Abs. 1 S. 1 BGB zu den §§ 780, 781 BGB nicht zu erklären. Der Anspruch aus der Gutschrift setzt einen wirksamen Zahlungsdiensterahmenvertrag (Girokontoabrede) zwischen dem Zahlungsempfänger und seinem Zahlungsdienstleister voraus.[22] Zudem müssen beide Parteien vereinbart haben, dass der Zahlungsdienstenutzer über den jeweiligen Tagessaldo verfügen kann. Hingegen ist das abstrakte Schuldversprechen aus §§ 780, 781 BGB unabhängig vom Valutaverhältnis, vom Deckungsverhältnis und auch vom Interbankenverhältnis des Zahlungsdienstleisters zu den in der Zahlungskette vorausgehenden Zahlungsdienstleistern. Der Anspruch entsteht in jenem Moment, in dem der Zahlungsdienstleister des Zahlungsempfängers die **Gutschrift** des eingegangenen Zahlungsbetrags **verlautbart.**

7c Das **abstrakte Schuldversprechen bzw. Schuldanerkenntnis** ist ein Vertrag; es wird im Girovertrag aufschiebend bedingt und global vereinbart und durch eine einseitige Gestaltungserklärung dem Inhalt und der Höhe nach von dem Zahlungsdienstleister konkretisiert. Der Zahlungsdienstenutzer (Kontoinhaber) hat auf den Zugang dieser Gestaltungserklärung konkludent verzichtet. Diese einseitige Gestaltungserklärung ist jedenfalls eine geschäftsähnliche Handlung, auf die die Regeln über Willenserklärungen grundsätzlich entsprechend angewendet werden können.[23] Mithin muss bei diesen analog zum Rechtsbindungswillen bei einer Willenserklärung aus der Perspektive des Empfängers bzw. eines objektiven Dritten (analog § 151 S. 1 BGB) ein entsprechender Gestaltungswille gegeben sein. Diese Gestaltungserklärung wird vom Zahlungsdienstleister regelmäßig konkludent abgegeben.[24] Bei einer **manuellen Buchung** ist der Buchungsvorgang selbst das Erklärungszeichen, die nachfolgende Erstellung eines Kontoauszugs hat keinen Erklärungswert.[25] Sofern der **Buchungsvorgang vollautomatisiert** erfolgt, liegt ein hinreichender Rechtsbindungswille des Zahlungsdienstleisters dann vor, wenn die automatisierte Buchung nach außen erkennbar, dh **für den Zahlungsempfänger erkennbar** ist. Dies ist der Fall, wenn die **Abrufpräsenz der Gutschrift** hergestellt wurde, dh die Daten der Buchung vom Kunden – gleich auf welchem technischen Weg – mit dem Willen des Zahlungsdienstleisters abgerufen werden können.[26] Nicht ausreichend ist die bloße Übertragung der Daten der Kontobelastung ohne Zutun und ohne Überprüfungsmöglichkeit der Bank in ihren

---

[19] Palandt/*Sprau* § 675t Rn. 4.
[20] BGHZ NJW 1985, 1218 (1219); MüKoHGB/*Herresthal* VI ZahlungsV A Rn. 345.
[21] So auch BGH WM 2013, 1793 = WuB VI A § 129 InsO 1.13 *Weber;* zuvor schon *Einsele* FS Reuter, 2010, 53 (56f.); *Knobbe* WM 2001 Beilage Nr. 4, S. 16; Staudinger/*Omlor,* 2012, § 675t Rn. 5; s. zur früheren Rechtslage auch BGHZ 161, 273 (278ff.) = WM 2005, 325; BGH WM 1991, 1152; BGH WM 2005, 1019 = WuB I D 1 – 2.05 *Schinkels;* BGHZ 105, 263 (269) = WM 1988, 1717.
[22] So auch BankR-HdB/*Schmieder* § 47 Rn. 11; wohl zweifelnd MüKoBGB/*Habersack* § 780 Rn. 43; aA *Canaris* BankvertragsR Rn. 462.
[23] Vgl. *Canaris* BankvertragsR Rn. 417: einseitiges Rechtsgeschäft; abw. BGHZ 103, 143 (146) = WM 1988, 321; BGH WM 2005, 325 (326): keine empfangsbedürftige Willenserklärung.
[24] Vgl. BGHZ 103, 143 (148f.) = WM 1988, 321; BGH WM 2000, 25 = WuB I D 1 – 3.00 *Hellner.*
[25] BGHZ 103, 143 (146) = WM 1988, 321; vgl. schon BGH NJW 1951, 437.
[26] BankR-HdB/*Schmieder* § 47 Rn. 14a (Freischaltung der Daten).

Datenbestand, während eine Kontobelastung im Wege der Nachdisposition ausreicht, wenn die Überweisung bzw. die Gutschrift beim Zahlungsdienstleister des Zahlungsempfängers im Wege des elektronischen Datenverkehrs erfolgt.[27] Ausreichend ist auch, wenn die Daten der Buchung für den Zahlungsdienstenutzer elektronisch für einen Abruf über den Kontoauszugsdrucker oder über das Online-Banking eingestellt wurden.[28] Gleiches gilt für die Übersendung eines Tagesauszugs durch die Bank.[29] Teilweise wird aber die bloße **Anzeige** eines erhöhten Kontostandes **am Computerbildschirm** oder auf dem Display eines Smartphones als *nicht* hinreichender Hinweis auf einen entsprechenden Zahlungseingang und eine entsprechende Willenserklärung der Bank qualifiziert.[30] Hiergegen spricht schon, dass auch beim Verzicht auf den Zugang der Erklärung durch den Zahlungsdienstenutzer aus der Perspektive eines objektiven Dritten zu entscheiden ist, ob die Gestaltungserklärung der Bank erfolgt ist. Die §§ 133, 157 BGB sind insoweit entsprechend heranzuziehen. Nach dem objektiven Empfängerhorizont ist die vorbehaltslose Anzeige eines entsprechend erhöhten Kontostandes am Computerbildschirm oder auf dem Smartphone-Display indes so zu verstehen, dass dieser Betrag vom Zahlungsdienstleister des Zahlungsempfängers verbucht wurde. Der Zahlungsdienstleister kann diesen objektiven Eindruck unschwer vermeiden, indem er zB zwischen den bereits gebuchten Zahlungseingängen/-ausgängen und den nur eingegangenen, aber noch nicht verbuchten Zahlungen für den Empfänger hinreichend deutlich unterschiedet. Dies ist auf allen Bildschirmen unschwer möglich, zB durch einen Hinweis zum angezeigten Betrag, dass dieser ggf. noch nicht gebuchte Zahlungseingänge enthält oder durch die Anzeige zweier Beträge. Sofern ein solcher Hinweis fehlt, ist nach §§ 133, 157 BGB von einer Gestaltungserklärung der Bank auszugehen.

Nach Nr. 8 Abs. 1 AGB-Banken 1/2018 (ähnlich Nr. 8 Abs. 1 AGB-Sparkassen 1/2018) **7d**
hat die Bank ein **Stornorecht** für den Fall einer **rechtsgrundlosen Überweisung.** Dieses Stornorecht ist ein vertraglich vereinbartes, einseitiges Widerrufsrecht der Bank in Bezug auf das abstrakte Schuldanerkenntnis, das der Gutschrift zu Grunde liegt.[31] Neben diesem vertraglichen Stornorecht besteht im Fall einer rechtsgrundlosen Überweisung ein **Anspruch** des Zahlungsdienstleisters gegen den Kontoinhaber **aus § 812 Abs. 1 S. 1 Alt. 1 BGB.** Danach kann der Zahlungsdienstleister die dem Zahlungsempfänger erteilte Gutschrift kondizieren. Dieses materielle Rückforderungsrecht ist insofern von Bedeutung, als das vertraglich vereinbarte Widerrufsrecht unter dem Vorbehalt steht, dass das Kreditinstitut materiell zur (bereicherungsrechtlichen) Rückforderung der fehlerhaften Buchung berechtigt ist. Nach Nr. 8 Abs. 1 AGB-Banken 1/2018 ist der Einwand der Entreicherung (§ 818 Abs. 3 BGB) dem Zahlungsempfänger versagt. Zeitlich ist das vertragliche Stornorecht bis zu jenem Rechnungsabschluss begrenzt, der auf die fehlerhafte Buchung erfolgt. Nach diesem Rechnungsabschluss besteht nur noch ein Recht zur Berichtigung der Buchung. Dieses setzt die Kondiktion des unrichtigen Saldoanerkenntnisses um. Auch wenn die Berichtigungsbuchung technisch der Stornobuchung entspricht, hat das Kreditinstitut den im Wege der Berichtigungsbuchung zurückgebuchten Betrag dem Kontoinhaber wieder gutzuschreiben, wenn dieser der Berichtigung der Buchung widerspricht. In diesem Fall ist die Bank auf eine gesonderte Geltendmachung des Kondiktionsanspruchs gegenüber dem Kontoinhaber verwiesen. Bei dieser gesonderten Geltendmachung ist dem Zahlungsdienstnutzer/Kontoinhaber allerdings der Einwand der Entreicherung nicht abgeschnitten.

d) Mitteilungspflicht und abweichende Vereinbarungen. Den Zahlungseingang hat **8**
die Bank **dem Empfänger mitzuteilen** (Art. 248 §§ 8, 15 EGBGB).

[27] Vgl. zu diesem Vorbehalt BGH NJW 2005, 1771 (1772) = WM 2005, 1019.
[28] Vgl. BGH NJW 2005, 1771 = WM 2005, 1019; NJW 2000, 804 = WM 2000, 25: „autorisierte Abrufpräsenz".
[29] Vgl. BGH NJW 2000, 804; BGH NJW 2005, 1771; BGHZ 103, 143 (146 ff.) = NJW 1988, 1320; MüKoBGB/*Jungmann* § 675t Rn. 39.
[30] Vgl. LG Rostock BeckRS 2013, 08138; MüKoBGB/*Jungmann* § 675t Rn. 40.
[31] BGHZ 72, 9 (11) = NJW 1978, 2149; MüKoBGB/*Jungmann* § 675t Rn. 43.

9 Nach dem Willen der Gesetzesverfasser sind **abweichende Vereinbarungen** von Abs. 1 S. 1 **zu Lasten des Zahlungsempfängers** im Übrigen nicht zulässig.[32] Nach § 675e Abs. 1 BGB ist grundsätzlich keine abweichende Vereinbarung zulässig, wobei in den Konstellationen des § 675d Abs. 6 S. 1 Nr. 1, 2 BGB ausnahmsweise Vereinbarungen zum Nachteil des Zahlungsdienstnutzers getroffen werden dürfen (§ 675e Abs. 2 Nr. 2 BGB). Das Paradigma für eine Abweichung **zugunsten des Zahlungsempfängers** sind **SEPA-Instant-Überweisungen.** Sofern die Erreichbarkeit des Zahlungskontos für entsprechende SEPA-Überweisungen im Zahlungsdiensterahmenvertrag oder durch Vereinbarung entsprechender Sonderbedingungen vereinbart wurde, ist der Zahlungsdienstleister des Empfängers verpflichtet, zu gewährleisten, dass der Zahlungsbetrag maximal 10 Sekunden nach dem Zeitstempel auf dem Konto des Zahlungsempfängers gutgeschrieben ist.[33]

9a **e) Anspruch ohne Zahlungskonto des Empfängers (Abs. 1 S. 3).** Nach Abs. 1 S. 3 gilt Abs. 1 S. 1 auch dann, wenn der **Empfänger kein Zahlungskonto** beim Zahlungsdienstleister unterhält. Demnach hat er gleichwohl einen **Anspruch gegen den Zahlungsdienstleister** darauf, dass dieser den Zahlungsbetrag ihm verfügbar macht. Dies ist hier die Barauszahlung. Eine Gutschrift auf einem Konto erfolgt hier nicht; für den Anspruch auf Gutschrift ist kein Raum. Mithin folgt aus Abs. 1 S. 3 ein gesetzlicher Anspruch auf Auszahlung.[34] Sofern der Zahlungsempfänger und der Zahlungsdienstleister vor Eingang des Zahlungsbetrags bei Letzterem eine Abrede über den Umgang mit den Zahlungsbetrag getroffen haben, ist Abs. 1 einschlägig. Auch dieser Anspruch besteht auf unverzügliche Verfügbarmachung (→ Rn. 3); etwaige Gegenrechte des Zahlungsdienstleisters entsprechen Abs. 1 (→ Rn. 7a). Hinsichtlich des Erfüllungsortes gilt § 269 BGB, sodass ohne besondere Abrede § 269 Abs. 1 einschlägig ist.

2. Wertstellung (Abs. 1 S. 2; Valutierung)

10 Die **Wertstellung** ist jener Zeitpunkt einer Kontobuchung, ab dem ein gebuchter Betrag zu verzinsen ist oder zinsmindernd (bei positivem Saldo) auf die Zinspflicht der Bank bzw. auf die Zinszahlungspflicht des Bankkunden (bei negativem Saldo) wirkt.[35] Sie ist nur bei Zahlungsvorgängen im Zusammenhang mit einem Konto einschlägig. Die Wertstellung ist von der Gutschrift des Betrages sowie der Belastungsbuchung zu unterscheiden, die zeitgleich mit der Wertstellung erfolgen können, aber nicht müssen.

11 Nach Abs. 1 S. 2 muss die Wertstellung bei einer Gutschrift spätestens mit Wirkung für jenen Geschäftstag erfolgen, an dem die Zahlung auf dem Verrechnungskonto der Bank des Empfängers eingegangen ist[36] **(Grundsatz taggleicher Wertstellung).**[37] Bei einem **Geldeingang nach Ablauf des Geschäftstags,** der nicht mit dem Kalendertag identisch sein muss, hat die Wertstellung mithin nicht mehr an diesem abgelaufenen (Bank-)Geschäftstag zu erfolgen. Der Wortlaut ist insofern eindeutig („an dem" Geschäftstag). Sofern ein Zahlungsbetrag beim Zahlungsdienstleister des Zahlungsempfängers *nach* diesem (Bank-) Geschäftstag eingeht, zB nach einem sog. Buchungsschnitt, ist der Betrag mithin nicht *an* diesem (Bank-)Geschäftstag eingegangen. Auch teleologisch soll die Norm zwar verhindern, dass das Kreditinstitut ungerechtfertigte Zinsgewinne mit eingegangenen Gutschriften erzielt. Dies verpflichtet allerdings nicht dazu, alle am *Kalendertag* eingegangenen Gutschriften noch dem zurückliegenden Geschäftstag zuzurechnen; anderenfalls müsste die Norm auf den Kalendertag abstellen. Mangels anderweitig erkennbarem rechtssicherem Zeitpunkt ist daher auf den (Bank-)Geschäftstag des Zahlungsdienstleisters des Zahlungs-

[32] Vgl. Begr. RegE BT-Drs. 16/11643, 112, 168 f.
[33] Ausf. *Herresthal* ZIP 2019, 895 (901 f).
[34] Palandt/*Sprau* § 675t Rn. 7.
[35] S. a. Art. 4 Nr. 26 PSD II zur Legaldefinition des „Wertstellungsdatums".
[36] Auch bei Eingang unter Vorbehalt, vgl. *Laitenberger* NJW 2010, 192 (196); dazu → Rn. 5.
[37] Dies entspricht im Wesentlichen dem früher geltenden Recht, vgl. BGH NJW 1997, 2402; NJW 1997, 3168.

empfängers abzustellen. Geht die Gutschrift bei diesem nach diesem Termin ein, ist der nächste Geschäftstag des Zahlungsdienstleisters als Wertstellungsdatum geschuldet.[38]

Maßgebender Zeitpunkt ist der Eingang des Zahlungsbetrags. Bei **Überweisung** ist dies der Moment, in dem der Zahlungsdienstleister des Zahlungsempfängers den Betrag auf seinem Eingangskonto gutgeschrieben erhält. Sofern Fremdwährungen auf einem Euro-Konto eingehen, erfolgt der Eingang erst mit vollzogener Währungsumrechnung.[39] Sofern der Betrag bei einer zwischengeschalteten Stelle, die der Zahlungsdienstleister des Zahlungsempfängers beauftragt hat, eingeht, ist ein Eingang iSv § 675t Abs. 1 BGB noch nicht gegeben. Sofern diese zwischengeschaltete Stelle den Betrag nicht dem Eingangskonto des Zahlungsdienstleisters des Zahlungsempfängers gutschreibt, sondern die Ein- und Ausgänge der Zahlungsdienstleister saldiert und nur noch den Saldo überträgt, entspricht die Saldierung dem Zeitpunkt des Eingangs des Zahlungsbetrags. 11a

Eine **abweichende Vereinbarung** zu Lasten des Kontoinhabers ist nach dem Wortlaut nicht zulässig; nach § 675e Abs. 1 sind Abweichungen zugunsten des Zahlungsdienstnutzers möglich. Bei **unternehmerischen Kunden** sind nach dem Wortlaut Abweichungen zu ihren Lasten ebenfalls nicht zulässig. Allerdings erlaubt Art. 107 Abs. 3 S. 2 PSD II der Bank, den Kunden „günstigere Konditionen" einzuräumen. Weder Wortlaut noch Sinn und Zweck dieser Richtlinienregel fokussieren den Günstigkeitsvergleich auf eine einzelne Norm. Richtigerweise sind auch Kompensationslösungen unter Einbezug mehrerer Regelungen im Wege eines **Gesamtgünstigkeitsvergleichs** möglich.[40] Möglich ist demnach eine **Valutakompensation,** dh das Angebot des Zahlungsdienstleisters, durch eine besondere, von § 675t Abs. 1 BGB zu Lasten des unternehmerischen Bankkunden abweichende Valutierung üblicherweise für bestimmte Zahlungsdienstleistungen erhobene Entgelte (zB für die Buchungsvorgänge oder die Kontoführung) zu kompensieren. Dies betrifft auch abweichende Vereinbarungen in Bezug auf sog. Sammellastschriften. Dies ist jedenfalls dann zulässig, wenn die Gegenleistung des unternehmerischen Kunden hierdurch insgesamt geringer ausfällt, richtigerweise aber auch dann, wenn bereits diese Abwicklung für den Kunden va aufgrund geringeren Verwaltungsaufwandes etc. günstiger als eine taggleiche Wertstellung ist. Der Nachweis einer für den Bankkunden günstigeren Gestaltung muss als erbracht gelten, wenn dem unternehmerischen Kunden beide Alternativen zur freien Wahl gestellt wurden und er die Valutakompensation wählt. 12

III. Verfügbarkeit und Wertstellung bei Barzahlung (Abs. 2)

Nach Abs. 2 ist die Bank gegenüber dem Kontoinhaber verpflichtet, bei einer Bareinzahlung auf das Konto den Betrag **unverzüglich verfügbar zu machen und wertzustellen.** Diese Pflicht ist unabhängig davon, ob die Bareinzahlung durch den Kontoinhaber oder durch Dritte erfolgt ist.[41] 13

Die Regelung erfasst alle Einzahlungen auf ein Konto des Einzahlers oder eines Dritten. Im letzten Fall wird allerdings nur die **Bareinzahlung beim Zahlungsdienstleister des Zahlungsempfängers** umfasst, mithin muss das Konto des Dritten jedoch bei dem Zahlungsdienstleister geführt werden, bei dem die Bareinzahlung erfolgt ist. 14

Die **vertragliche Zulässigkeit der Bareinzahlung** auf das Konto ist der Norm vorgelagert. Dies folgt schon aus dem Wortlaut („zahlt ein") und aus dem begrenzten Normzweck (Regelung von Verfügbarkeit und Wertstellung). Ein **Anspruch auf Bareinzah-** 15

---

[38] AA MüKoBGB/*Jungmann* § 675t Rn. 50 f.

[39] Vgl. Begr. RegE BT-Drs. 16/11643, 169.

[40] Wie hier Ellenberger/Findeisen/Nobbe/*Burghardt* § 675t BGB Rn. 9 ff.; BeckOGK BGB/*Zahrte* § 675r Rn. 80 ff.; Palandt/*Sprau* Rn. 8; Staudinger/*Omlor*, 2012, § 675t Rn. 2; BeckOK BGB/*Schmalenbach* § 675t Rn. 11; *Schürmann* Bankrechtstag 2009, 11 (46); aA Erman/*v. Westphalen* § 675t Rn. 9 Baumbach/Hopt/*Hopt* BankGesch. (7) Rn. C/49.

[41] Zur früheren Rspr. vgl. BGH WM 1989, 126 f. (Bareinzahlung auf Girokonto); BGH WM 1997, 1192; WM 1997, 1661.

lung auf ein Konto folgt mithin nicht aus der Vorschrift. Dies betrifft zB nur im Online-Banking geführte Konten, Zahlungskonten von Direktbanken für die bloße Abwicklung unbarer Zahlungsvorgänge, aber auch Konten, die vertraglich nicht zum allgemeinen Zahlungsverkehr genutzt werden dürfen (zB Tagesgeldkonten). Auch die klauselmäßige Abrede, nach der auf **Fremdwährungskonten** keine Bareinzahlungen und -auszahlungen vorgenommen werden können (Nr. 10 I AGB-Banken),[42] ist zulässig.

16 Sofern ein **Verbraucher Einzahler** des Betrages auf sein eigenes Konto ist, muss der eingezahlte Betrag ohne schuldhaftes Zögern (§ 121 Abs. 1 S. 1 BGB), also alsbald nach Entgegennahme des Betrages durch die Bank für den Empfänger verfügbar sein und valutiert werden. Grundsätzlich muss hiernach der Betrag am Geschäftstag der Einzahlung wertgestellt werden und verfügbar sein (taggleiche Wertstellung).[43] Zahlt ein **Unternehmer** auf sein eigenes Konto ein, müssen die Wertstellung und Verfügbarkeit des Betrags am nächsten Tag gegeben sein.

17 Die Unterscheidung zwischen Verbraucher und Unternehmer anhand des Einzahlers ist auch dann maßgeblich, wenn eine **Dritteinzahlung,** also eine Bareinzahlung auf ein fremdes Konto erfolgt.[44] Der Verbraucher wird durch die zeitnahe Wertstellung beim Empfänger vor etwaigen nachteiligen Folgen einer verzögerten Zahlung besonders geschützt.

IV. Die Wertstellung bei einer Belastung des Kontos (Abs. 3)

18 Nach Abs. 3 darf der belastete Betrag bei Belastungsbuchungen auf einem Zahlungskonto frühestens zum Zeitpunkt des Mittelabflusses valutiert werden. Eine Belastung mit einer Wertstellung des Betrages *vor* dem tatsächlichen Abfluss, mithin ein Vorschuss zugunsten der Bank, ist ausgeschlossen (Deckungsabflussprinzip).[45] Der Abfluss darf sodann nicht vor Zugang des Zahlungsauftrags beim Zahlungsdienstleister des Zahlers erfolgen (Abs. 3 S. 2). Die Regelung in Abs. 3 erfasst alle Belastungsbuchungen auf Zahlungskonten.

18a Aufgrund dieses begrenzten Zwecks ist die Norm, wie auch die entsprechende Richtlinienvorgabe, in Konstellationen, in denen der Kontoinhaber den **Gegenwert der Transaktion bereits vor der Belastungsbuchung** erhält, mithin der Deckungsabfluss bei der Bank vor der Belastungsbuchung auf dem Konto erfolgt, teleologisch zu reduzieren und ausnahmsweise eine Valutierung vor Buchung zum Datum des Deckungsabflusses zuzulassen.[46] Der Zweck, Valutavorteile zu Lasten des Kontoinhabers zu verhindern, ist in diesen Konstellationen nicht einschlägig, sofern die Valutierung erst zum Zeitpunkt des Mittelabflusses erfolgt.

18b Abs. 3 S. 2 (vgl. Art. 78 Abs. 1 S. 2 PSD II) bestimmt seit dem Jahr 2018, dass das **Zahlungskonto** des Zahlers **nicht belastet** werden darf, **bevor der Zahlungsauftrag** seinem Zahlungsdienstleister zugegangen ist. Mit dem Zugang des Zahlungsauftrags wird dieser gemäß § 675n Abs. 1 S. 1 BGB wirksam.[47] Andernfalls könnte der Zahler vor Zugang seines Zahlungsauftrags bei seinem Zahlungsdienstleister nicht mehr in der Höhe des Zahlungsbetrags über das eigene Konto verfügen. Zugleich könnte der Zeitpunkt für die Berechnung von (Soll-) Zinsen auf einem Zeitpunkt vor dem Zugang des Zahlungsauftrags beim Zahlungsdienstleister liegen. Auch bei Zahlungsaufträgen, die unter In-

---

[42] Dazu BankR-HdB/*Bunte* § 15 Rn. 5.
[43] Palandt/*Sprau* § 675t Rn. 8.
[44] AA Palandt/*Sprau* § 675t Rn. 9.
[45] Vgl. zur früheren Rspr. BGH WM 1997, 1661 (1663); WM 1997, 1192 (1194) (Deckungsabflussprinzip).
[46] HL; ähnlich *Schürmann* Bankrechtstag 2009, 11 (46 f.); Ellenberger/Findeisen/Nobbe/*Burghardt* § 675t BGB Rn. 17; *Linardatos* Das Haftungssystem im bargeldlosen Zahlungsverkehr nach Umsetzung der Zahlungsdiensterichtlinie, 2013, 96; BeckOK BGB/*Schmalenbach* § 675t Rn. 9; ähnlich *Grundmann* WM 2009, 1157 (1161) (zur Geldkarte); aA BeckOGK BGB/*Zahrte* § 675 Rn. 57.
[47] Begr. RegE BT-Drs. 18/11495, 161.

anspruchnahme eines Zahlungsauslösedienstleisters erfolgt sind, bleibt der Zugang des Zahlungsauftrags bei dem Zahlungsdienstleister maßgeblich, der das Zahlungskonto führt. Bei Terminaufträgen oder Deckungsanfragen ist ebenfalls eine vorherige Belastung nicht möglich.

Allerdings verbietet Abs. 3 nicht **Vorschüsse** (§ 675c Abs. 1, § 669 BGB).[48] Insofern gilt allerdings die Regelungsanordnung entsprechend, d. h. auch der Vorschuss darf nicht vor Mittelabfluss und Zugang beim Zahlungsdienstleister des Zahlers valutieren. So kann die Belastungsbuchung der Überweisung im Zeitraum nach Mittelabfluss und vor Eingang auf dem Eingangskonto des Zahlungsdienstleister Zahlungsempfängers als Vorschuss qualifiziert werden. 18c

Nach dem Willen der Gesetzesverfasser sind **abweichende Vereinbarungen** von dieser Regelung nicht zulässig.[49] 19

V. Haftung bei Pflichtverletzungen; Haftungsbegrenzung

Die Verletzung einer Pflicht aus § 675t Abs. 1–3 BGB durch den Zahlungsdienstleister des Zahlungsempfängers führt zu dessen **Haftung gegenüber dem Zahlungsempfänger** gemäß § 280 Abs. 1 BGB.[50] Nach einer Ansicht im Schrifttum kann diese Haftung analog § 675z S. 2 BGB (auch klauselmäßig) **begrenzt** werden, wobei dies aus jenen Anforderungen folge, die an das Massengeschäft Zahlungsverkehr zu stellen seien.[51] Dem ist insofern zuzustimmen, als es sich um eine – vom Gesetzgeber nicht näher bedachte – Parallele zur Regelung in § 675z S. 2 BGB handelt. Auch der drohende Schaden ist im Wesentlichen parallel, sodass kein sachlich-rechtfertigen Grund gibt, eine entsprechende analoge Anwendung der Vorschrift nicht vorzunehmen. 20

VI. Die Sperrung von Geldbeträgen auf dem Zahlungskonto (Abs. 4)

In Umsetzung von Art. 75 PSD II enthält die Regelung in Abs. 4 Vorgaben für die Möglichkeit, einen verfügbaren **Geldbetrag auf dem Zahlungskonto zu „sperren"**. Dies betrifft die Reservierung eines Geldbetrags auf dem Zahlungskonto für eine zukünftige, hinsichtlich der Höhe noch nicht genau feststehende Belastungsbuchung. Paradigmatisch ist eine entsprechende Sperre bei Hotelübernachtungen, bei denen die Kreditkarte als Zahlungsinstrument verwendet werden soll. Die Regelung des Abs. 4 bezieht sich auf kartengebundene Zahlungsvorgänge, dh ua Zahlungen mit Kreditkarte und mit Girocard (näher daher → Kap. 6 § 675t Rn. 2). 21

§ 675u Haftung des Zahlungsdienstleisters für nicht autorisierte Zahlungsvorgänge

[1] Im Fall eines nicht autorisierten Zahlungsvorgangs hat der Zahlungsdienstleister des Zahlers gegen diesen keinen Anspruch auf Erstattung seiner Aufwendungen. [2] Er ist verpflichtet, dem Zahler den Zahlungsbetrag unverzüglich zu erstatten und, sofern der Betrag einem Zahlungskonto belastet worden ist, dieses Zahlungskonto wieder auf den Stand zu bringen, auf dem es sich ohne die Belastung durch den nicht autorisierten Zahlungsvorgang befunden hätte. [3] Diese Verpflichtung ist unverzüglich, spätestens jedoch bis zum Ende des Geschäftstags zu erfüllen, der auf den Tag folgt, an welchem dem Zahlungsdienstleister angezeigt wurde, dass der Zahlungsvorgang nicht

---

[48] *Fornasier* AcP 212 (2012), 410 (417 f.); Baumbach/Hopt/*Hopt* BankGesch. (7) Rn. C/49;
[49] Begr. RegE BT-Drs. 16/11643,113.
[50] BeckOK BGB/*Schmalenbach* Rn. 14; BeckOGK BGB/*Zahrte* § 675t Rn. 86.
[51] MüKoBGB/*Jungmann* Rn. 69; s. a. BeckOGK BGB/*Zahrte* § 675t Rn. 87.

autorisiert ist, oder er auf andere Weise davon Kenntnis erhalten hat. [4] Hat der Zahlungsdienstleister einer zuständigen Behörde berechtigte Gründe für den Verdacht, dass ein betrügerisches Verhalten des Zahlers vorliegt, schriftlich mitgeteilt, hat der Zahlungsdienstleister seine Verpflichtung aus Satz 2 unverzüglich zu prüfen und zu erfüllen, wenn sich der Betrugsverdacht nicht bestätigt. [5] Wurde der Zahlungsvorgang über einen Zahlungsauslösedienstleister ausgelöst, so treffen die Pflichten aus den Sätzen 2 bis 4 den kontoführenden Zahlungsdienstleister.

Übersicht

I. Inhalt und Zweck der Regelung

1 Die Regelung setzt Art. 73 Abs. 1, Abs. 2 UAbs. 1 PSD II um. Bei einer **autorisierten Zahlung** (§ 675j BGB) kann der Zahlungsdienstleister vom Zahlungsdienstnutzer Erstattung der Aufwendungen gem. § 675f BGB verlangen. Im Fall **fehlender Autorisierung** des Zahlungsvorgangs steht dem Zahlungsdienstleister kein Erstattungsanspruch zu.[1] § 675u S. 1 BGB bestätigt dieses deklaratorisch, denn dies folgt bereits aus dem allgemeinen Auftragsrecht (§§ 675c, 675, 670 BGB). Zudem gewährt die Norm einen **Rückerstattungsanspruch des Zahlungsdienstnutzers gegen den Zahlungsdienstleister,** sofern das Konto des Zahlungsdienstnutzers trotz fehlendem Erstattungsanspruch vom Zahlungsdienstleister bereits belastet wurde (S. 2; Anspruch auf valutagerechte Stornobuchung).[2] Bei fehlender Autorisierung ist der Zahlungsdienstleister somit auf § 675v BGB beschränkt; er trägt das Risiko einer nicht autorisierten Zahlung. Darüber hinaus wird der vermeintliche Zahler in die Rückabwicklung der nicht autorisierten Zahlung, soweit als möglich, nicht einbezogen.

1a Zur Umsetzung von Art. 73 Abs. 1, Abs. 2 UAbs. 1 PSD II wurden die **S. 3–5 im Jahr 2018 eingefügt.** S. 3 bestimmt, dass der Erstattungsanspruch bis spätestens zum Ende des folgenden Geschäftstags nach Kenntniserlangung zu erfüllen ist. Diese Höchstfrist ist objektiv (verschuldensunabhängig).[3] Hiervon bestimmt S. 4 eine Ausnahme, wenn der Zahlungsdienstleister berechtigte Gründe für den Verdacht hat, dass ein betrügerisches Verhalten des Zahlers vorliegt und der Zahlungsdienstleister diese Gründe einer zuständigen Behörde schriftlich darlegt.[4] Sofern sich der entsprechende Verdacht nicht bestätigt, hat er den Anspruch unverzüglich zu erfüllen. Im Fall der Inanspruchnahme eines Zahlungsaus-

[1] Zur identischen früheren Rechtslage vgl. BVerfG WM 2010, 208 (209).
[2] Vgl. zur früheren, weitgehend identischen Rechtslage § 676h BGB aF.
[3] Begr. RegE BT-Drs. 18/11495, 163.
[4] Begr. RegE BT-Drs. 18/11495, 163.

lösedienstleisters ist der kontoführende die Zahlungsdienstleister nach den S. 1–4 verpflichtet (vgl. S. 5).

Der Anwendungsbereich der Norm erfasst **alle Zahlungsvorgänge.**[5] Die Regelung erfasst nach ihrem Wortlaut aber nur das **Deckungsverhältnis.** Anordnungen für das Interbankenverhältnis und das Inkassoverhältnis enthält sie nicht. 1b

Der Zahlungsdienstleister hat eine **Informationspflicht über die eigene Haftung** (Art. 248 § 4 Abs. 1 Nr. 5 lit. e EGBGB). 2

Die **Abdingbarkeit** der Norm ist begrenzt und zwar auch bei Unternehmern als Zahlungsdienstnutzer. Zu Lasten des Zahlungsdienstnutzers ist sie nur im Rahmen des § 675e Abs. 2 BGB abdingbar, mithin für Zahlungsvorgänge im Sinn von § 675d Abs. 6 S. 1 BGB, d. h. mit Drittstaatenbezug oder in einer Drittstaatenwährung. Nach § 675i Abs. 2 Nr. 3 BGB besteht die Möglichkeit zu abweichenden Vereinbarungen bei sogenannten Kleinbetragsinstrumenten. 3

Bei der Abbedingung zu Gunsten des Kunden gelten die allgemeinen Grenzen.

Nicht anwendbar ist die Norm auf Zahlungskonten, auf denen E-Geld gespeichert sowie Kleinbetragsinstrumente mit einem Wert von höchstens 200 Euro E-Geld, wenn der Zahlungsdienstleister des Zahlers nicht die Möglichkeit hat, das Zahlungskonto, auf dem das E-Geld gespeichert ist, oder das Kleinbetragsinstrument zu sperren (§ 675i Abs. 3 BGB). 4

II. Der Ausschluss eines Erstattungsanspruchs (S. 1)

1. Das Fehlen einer Autorisierung

Entscheidend für die Regelungsanordnung der Norm in S. 1 ist die **fehlende Autorisierung des Zahlungsvorgangs.** Die Autorisierung fehlt, wenn die Ausführung des Zahlungsvorgangs ohne wirksame Zustimmung des Kunden vorgenommen wurde (§ 675j Abs. 1 S. 1 BGB). Eine Zustimmung kann durch Einwilligung oder Genehmigung erfolgen.[6] 5

Ein **Saldoanerkenntnis** durch den Kontoinhaber im Girovertrag (Zahlungsdiensterahmenvertrag, § 675f BGB) enthält *keine* Genehmigung der dem Saldo zugrunde liegenden nicht autorisierten Zahlungsvorgänge.[7] Das Saldoanerkenntnis selbst kann vielmehr bei einer fehlenden Autorisierung des Zahlungsvorgangs aufgrund des dann fehlenden Rechtsgrundes für die Einstellung der Forderung in das Kontokorrent ebenfalls kondiziert werden (§ 812 Abs. 1 S. 1 Alt. 1, Abs. 2 BGB). 6

Sofern die **Autorisierung wirksam widerrufen** wurde (§§ 675j Abs. 2, 675p Abs. 2–4 BGB), fehlt ebenfalls eine wirksame Autorisierung des Zahlungsvorgangs. Gleiches gilt, wenn der Zahlungsdienstenutzer bei einer Autorisierung durch einen Vertreter nicht wirksam vertreten wurde. Eine **Rechtsscheinvollmacht** reicht für eine wirksame Autorisierung aus. Allerdings mangelt es an einer solchen Anscheins- oder Duldungsvollmacht bei einem missbräuchlich ausgelösten Zahlungsverkehrsvorgang im Rahmen des Online-Bankings. Richtigerweise scheiden Anscheins- und Duldungsvollmacht dort aus, da nicht der Rechtsschein eines berechtigt handelnden Vertreters erzeugt wird, sondern der Zahlungsdienstleister in diesen Konstellationen vielmehr ein Handeln des berechtigten Kontoinhabers selbst annimmt.[8] Die Rechtsprechung hat bislang einen von den Rechtsscheinvollmachten zu unterscheidenden **eigenständigen Rechtsscheintatbestand** beim Miss- 7

[5] Zur Ausnahme bei elektronischem Geld vgl. § 675i Abs. 3 BGB.
[6] Vgl. zur Genehmigung beim Lastschriftverfahren oben Kap. 2.
[7] So auch Ellenberger/Findeisen/Nobbe/*Nobbe* § 675u BGB Rn. 21.
[8] Zutr. *Spindler* FS Nobbe, 2009, 215 (218 f.); Ellenberger/Findeisen/Nobbe/*Nobbe,* § 675u BGB Rn. 13; aA *Gößmann/Bredenkamp* FS Nobbe, 2009, 93 (104); ausf. zur Rechtsscheinproblematik beim Missbrauch von Legitimationskennzeichen *Herresthal* K&R 2008, 705 ff. mwN.; *Herresthal* JZ 2011, 1171 ff.

brauch von Legitimationskennzeichen unzutreffend abgelehnt und dessen Konturierung unterlassen.[9]

8 Ein (gegebenenfalls sogar unerkannter) **Mangel im Deckungsverhältnis** zwischen Zahlungsdienstleister und Zahlungsdienstnutzer steht einer wirksamen Autorisierung dann nicht entgegen, wenn sich der Mangel auf den regelmäßig als Zahlungsdiensterahmenvertrag zu qualifizierenden Vertrag im Deckungsverhältnis beschränkt. Der Zahlungsauftrag (zB Überweisung) kann dann als ein Einzelvertrag zu qualifizieren und die Autorisierung wirksam sein. Etwas anderes gilt, wenn auch die Autorisierung an jenem Mangel leidet, zB bei einer Geschäftsunfähigkeit bei Abschluss des Zahlungsdiensterahmenvertrag und der nachfolgenden Autorisierung (Überweisung). Die nicht autorisierte Zahlung wird neben § 675u BGB auch von § 675v BGB erfasst; ergänzend treten die §§ 675z, 676b und 676c BGB hinzu.

2. Beispiele

9 An einer Zustimmung des Kontoinhabers mangelt es zum **Beispiel,** wenn kein wirksamer Überweisungsauftrag von ihm vorliegt,[10] der Auftrag von der Bank an den falschen Empfänger[11] oder doppelt ausgeführt wurde.[12] Sofern der Kontoinhaber einen Überweisungsauftrag oder Dauerauftrag rechtzeitig widerrufen hat (§§ 675j Abs. 2, 675p Abs. 1–4 BGB),[13] die zeitliche Befristung des Dauerauftrages abgelaufen oder eine Terminüberweisung rechtzeitig widerrufen wurde, ist der Zahlungsvorgang ebenfalls nicht autorisiert.[14] Unter der früheren Rechtslage wurde die Zuvielüberweisung wie eine widerrufene Überweisung behandelt.[15] Gleiches gilt, wenn der Auftrag im **Online-Banking** gefälscht oder auch nur verfälscht wurde.[16] Sofern der Kontoinhaber die Daten beim Online-Banking zB aufgrund der Täuschung im Rahmen eines Phishing-Angriffs einem Dritten preisgegeben hat, liegt ebenfalls keine Autorisierung vor.[17] Die Grundsätze der Anscheins- oder Duldungsvollmacht greifen hier richtigerweise nicht, sondern ein eigenständiger Rechtsscheintatbestand beim Missbrauch von Legitimationskennzeichen. Schließlich kommt auch ein Widerruf durch eine (Individual-)Vereinbarung zwischen Zahlungsdienstleister und Zahlungsdienstnutzer in Betracht mit dem zB eine fehlgeschlagene Überweisung widerrufen wird (§ 675p Abs. 4 BGB).[18]

10 Die **Autorisierung fehlt nicht** bei einer vom Kontoinhaber veranlassten Zahlung, die zu einer vertragswidrigen nicht genehmigten Überziehung des Kontos führt.

3. Der Ausschluss des Erstattungsanspruchs als Rechtsfolge

11 S. 1 ordnet (deklaratorisch) an, dass im Fall eines nicht autorisierten Zahlungsvorgangs der Zahlungsdienstleister **keinen Aufwendungsersatzanspruch** hat.[19] Gleiches gilt für den Anspruch auf einen Vorschuss,[20] § 669 BGB, (zur Sperre von Bereicherungsansprüchen

[9] Vgl. BGH WM 2011, 1148 (zu Ebay); abw. aber LG Darmstadt WM 2014, 2323 = ZIP 2014, 1972; für einen solchen Rechtsscheintatbestand auch *Herresthal* K&R 2008, 705 ff.; *Herresthal* JZ 2011, 1171 ff.

[10] Vgl. BGH WM 1990, 1531; OLG Frankfurt ZIP 2017, 1559.

[11] BGH WM 1976, 708.

[12] Vgl. LG Hannover ZIP 2011, 1407 (doppelte Ausführung); zum früheren Recht OLG Hamm ZIP 2003, 662 (663); BGH WM 2010, 1218 = NJW 2011, 66 Rn. 36.

[13] Freilich ist die Überweisung grds. nicht widerruflich (§ 675p Abs. 1 BGB).

[14] BGH WM 1983, 907; WM 1983, 908; WM 1984, 423; WM 2008, 1118.

[15] Vgl. BGH WM 2010, 1218 = NJW 2011, 66 Rn. 34.

[16] Zur (Ver-)Fälschung vgl. BGH WM 1990, 1280, 1281; WM 2005, 1564, 1566; WM 1994, 1420, 1421; s. a. *Spindler* FS Nobbe, 2009, 215 (217 f.); *Borges* BKR 2009, 85.

[17] Vgl. *Spindler* FS Nobbe, 2009, 215 (218 f.); Ellenberger/Findeisen/Nobbe/*Nobbe* § 675u BGB Rn. 16; Derleder/Knops/Bamberger/*Borges* Handbuch zum deutschen und europäischen Bankrecht § 9 Rn. 287; aA *Gößmann/Bredenkamp* FS Nobbe, 2009, 93 (104 f.).

[18] BGH ZIP 2015, 1622 Rn. 2, 15.

[19] Vgl. auch BVerfG WM 2010, 208 (209) (zur früheren Rechtslage).

[20] OLG Dresden BeckRS 2018, 14727 Rn. 33; Palandt/*Sprau* § 675u Rn. 3.

des Zahlungsdienstleisters gegen den Zahler, falls die nicht autorisierte Zahlung gleichwohl im Valutaverhältnis zwischen Zahler und Zahlungsempfänger zum Erlöschen einer Verbindlichkeit des Zahlers und damit zu dessen Bereicherung geführt hat → Rn. 22).

III. Der Erstattungsanspruch des Zahlers (S. 2)

1. Tatbestandsvoraussetzungen

Besteht aufgrund mangelnder Autorisierung durch den Bankkunden (S. 1) kein Erstattungsanspruch der Bank und hat er einen solchen gleichwohl bereits geltend gemacht und das Konto des Kunden belastet, gewährt S. 2 dem Kunden einen Erstattungsanspruch.[21] Der **Tatbestand** des Erstattungsanspruchs nach S. 2 erfordert mithin einen **nicht autorisierten Zahlungsvorgang;** zudem muss der Zahlungsdienstleister des Zahlers den **Zahlungsbetrag erhalten** haben. Möglich sind insofern u. a. eine Belastungsbuchung oder ein Erhalten auf sonstige Weise, zB durch eine Aufrechnung oder eine Barzahlung des Zahlers. Eine etwaige zwischenzeitliche, dh nach dem nicht autorisierten Zahlungsvorgang, vorgenommene Beendigung der Kontoabrede bzw. der Online-Banking-Abrede als Zahlungsdiensterahmenvertrag schließt diesen gesetzlichen Anspruch nicht aus.[22] 12

2. Rechtsfolge und Anspruchsinhalt

Als Rechtsfolge hat der Zahlungsdienstleister die **Pflicht zur unverzüglichen (§ 121 Abs. 1 S. 1 BGB) Erstattung des Zahlungsbetrages** an den Zahler. Bei der Konkretisierung des normativen Begriffs „unverzüglich" ist dem Zahlungsdienstleister die Möglichkeit zur angemessenen Überprüfung des Rückerstattungsanspruchs, v. a. zur Prüfung der fehlenden Autorisierung, einzuräumen. In S. 3 ist nunmehr eine Höchstfrist vorgesehen (→ Rn. 26). Nr. 8 Abs. 1 AGB-Banken ist insofern nicht betroffen; die in dieser Regelung enthaltene Berechtigung zur Stornobuchung erfasst nur rechtsgrundlose Gutschriften. 13

Der **Anspruchsinhalt** divergiert. Der Begriff Erstattung umfasst die Stornobuchung, aber auch die Auszahlung: Sofern der Zahler den Aufwendungsersatz besonders geleistet hat (zB durch Bareinzahlung) oder die Kontobeziehung mittlerweile beendet wurde, ist ihm diese Leistung zu erstatten, d. h. der entsprechende **Betrag auszuzahlen.**[23] Sofern bei der ausnahmsweisen Bareinzahlung eine Kontobeziehung besteht, ist der Zahlungsdienstleister berechtigt, die Erstattung auch durch eine Gutschrift auf das Konto erfüllen; der Norm weder nach ihrem Wortlaut, noch nach ihrem Zweck ist keine Pflicht zur artkongruenten Rückabwicklung, sondern zur Erstattung zu entnehmen. An der Gutschrift kann der Zahlungsdienstleister dann ein Interesse haben, wenn das Konto im Soll und unterhalb der offenen Kreditlinie ist. Im Regelfall ist bereits eine Belastungsbuchung durch den Zahlungsdienstleister erfolgt, die in das Kontokorrent eingestellt worden ist; dann ist der Zahler durch eine **Berichtigungsbuchung** so zu stellen, als sei diese Belastungsbuchung nicht eingestellt worden. Die Belastungsbuchung mit der erfolgten Wertstellung ist rückwirkend auf den Belastungszeitpunkt zu stornieren (**Pflicht zur valutamäßigen Buchung**[24]). In der Folge sind auch etwaige gezahlte Sollzinsen des Kunden und diesem entgangene Habenzinsen zu erstatten. Ein Anspruch auf Auszahlung des Erstattungsbetrages besteht gleichwohl nicht, wenn sich das Konto im Debet befindet.[25] Sofern die Konto- 14

---

[21] Zur Belastungsbuchung ohne Anspruch des Kreditinstituts vgl. BGH WM 1992, 1915 (1916); WM 1989, 807; s. a. *Schulte am Hülse/Klabunde* MMR 2010, 84 (86).

[22] Vgl. Palandt/*Sprau* § 675u Rn. 4; LG Darmstadt WM 2014, 2323 (2324) = ZIP 2014, 1972; s. a. BGH WM 1991, 1915 (1916).

[23] LG Darmstadt WM 2014, 2323 (2324) = ZIP 2014, 1972.

[24] Vgl. Ellenberger/Findeisen/Nobbe/*Nobbe* § 675u BGB Rn. 43, Palandt/*Sprau* § 675u Rn. 5; PWW/*Fehrenbacher* § 675u BGB Rn. 5; BeckOK BGB/*Schmalenbach* Rn. 3; LG Köln WM 2019, 1922; zur früheren Rechtslage so schon BGH WM 2008, 2331 Rn. 26.

[25] BGH WM 2009, 958 (959 Rn. 13).

abrede bzw. Online-Banking-Abrede als Zahlungsdiensterahmenvertrag zwischenzeitlich beendet ist, richtet sich der Anspruch auf Erstattung auf eine Barauszahlung. Auch diese muss valutakongruent erfolgen, mithin etwaige Zinsnachteile bzw. entgangene Zinsvorteile umfassen. Der Anspruch auf Erstattung kann zudem auch durch Gutschrift auf einem anderen Zahlungskonto des Zahlers beim Zahlungsdienstleister oder einem Dritten Zahlungsdienstleister vom Anspruchsverpflichteten erfüllt werden.[26]

15 Das Bestehen eines **Auszahlungsanspruchs des Kontoinhabers** nach der erfolgten Stornobuchung bestimmt sich nach allgemeinen Grundsätzen, mithin nach Maßgabe des zugrundeliegenden Zahlungsdiensterahmenvertrags (Kontoabrede). Erforderlich sind dafür grundsätzlich ein Habensaldo des Zahlungsdienstnutzers bzw. eine nicht ausgeschöpfte Kreditlinie. Maßgeblicher Zeitpunkt für die Beurteilung ist der Zeitpunkt des Auszahlungsverlangens.

16 **Anspruchsverpflichtet** ist der **kontoführende Zahlungsdienstleister** des Zahlers.[27] Hierdurch soll der Zahler Rechtssicherheit hinsichtlich des richtigen Anspruchsgegners bei einer nicht autorisierten Zahlung erhalten.

3. Ausschluss und Gegenrechte

17 Ein **Ausschluss des Anspruchs** kommt bei einer **gesetzlichen Pflicht des Zahlungsdienstleisters** zur Vornahme der unautorisierten Zahlung in Betracht (§ 676c Nr. 2 BGB). Paradigmatisch ist die Pfändung des Kontos und Überweisung des Zahlungsbetrages an den Pfändungsgläubiger. Zudem ist der Anspruch nach § 676b Abs. 2 S. 1 BGB ausgeschlossen, wenn der Zahlungsdienstleister nicht innerhalb einer **Frist von 13 Monaten** nach der nicht autorisierten Belastungsbuchung den Zahlungsdienstleister informiert, dass die Belastungsbuchung ein nicht autorisierter Zahlungsvorgang ist. Dieser Ausschluss setzt voraus, dass der Zahlungsdienstleister den Zahlungsdienstnutzer nach Art. 248 §§ 7, 10, 14 EGBGB auf diese Frist sowie die Rechtsfolgen einer Fristversäumung hingewiesen hat (§ 676b Abs. 2 S. 2 BGB). Nach § 676c Nr. 1 BGB ist der Anspruch ausgeschlossen, wenn die den Anspruch begründenden Umstände auf einem **ungewöhnlichen und unvorhersehbaren Ereignis** beruhen, auf das der Zahlungsdienstleister keinen Einfluss hat, und dessen Folgen trotz Anwendung der gebotenen Sorgfalt nicht hätten vermieden werden können.

18 Ausnahmsweise steht dem Anspruch eine **Einrede aus § 242** BGB entgegen, wenn die weisungswidrige Durchführung durch die Bank gleichwohl dem Zweck des Zahlers entsprochen hat.[28] Zudem ist eine **Einrede aus § 273 BGB** möglich. Sie kann aber nicht auf den bereicherungsrechtlichen Gegenanspruch der Bank gestützt werden.[29] Entsprechendes gilt für einen Schadensersatzanspruch der Bank aus § 675v Abs. 3 BGB im Falle einer nicht autorisierten Zahlung. Richtigerweise hat der Dienstleister die Valuta der nicht autorisierten Zahlung wieder gutzuschreiben, dh das „Zahlungskonto wieder auf den Stand" zu bringen. Er kann sodann seinen Schadensersatzanspruch, der vielfach im Abfluss der Valuta bestehen wird, separat in das Kontokorrent einstellen.[30] In der Rechtsprechung wird teilweise auch eine Einrede aus **§ 254 BGB analog** auf den Anspruch angewendet.[31]

19 Die **Darlegungs- und Beweislast** für die Tatbestandsvoraussetzungen des Erstattungsanspruchs trägt nach allgemeinen Regeln der Kontoinhaber als Anspruchssteller. Im Wege der sekundären Beweislast ist dem Kreditinstitut aber aufgegeben, darzulegen, auf welche Umstände dieses seine Autorisierung stützt.[32] Erfolgte die Autorisierung mit einem Zah-

---

[26] Ausf. zur Erfüllung durch bargeldlose Zahlung MüKoHGB/*Herresthal,* VI, ZahlungsV A Rn. 45.

[27] Begr. RegE BT-Drs. 18/11495, 164.

[28] Vgl. BGH NJW 2006, 294 (296).

[29] Vgl. oben Fn. 13.

[30] Vgl. BGHZ 160, 308 (312) = WM 2004, 2309.

[31] Vgl. OLG Frankfurt a. M. BeckRS 2015, 09135.

[32] Ellenberger/Findeisen/Nobbe/*Nobbe* § 675u BGB Rn. 36; OLG Dresden BeckRS 2018, 14727 Rn. 33; abw. OLG Frankfurt BKR 2017, 526 (527) mit Hinweis auf BGH NJW 1995, 1683.

lungsinstrument (§ 651j BGB), dann trägt das Kreditinstitut im Umfang des § 675w S. 3 die Beweislast.

4. Normenkonkurrenz; insbes. Bereicherungsausgleich

Hinsichtlich der **Normenkonkurrenz** ist diese Regelung **abschließend** (§ 675z S. 1 BGB). Weitere Ansprüche des Zahlungsdienstnutzers im Deckungsverhältnis zum Zahlungsdienstleister aufgrund der unautorisierten Ausführung einer Zahlung, u. a. aus §§ 812 ff. BGB, werden durch die Norm dem Grundsatz nach verdrängt.[33] Abweichendes gilt für Ansprüche auf **Ersatz etwaiger Folgeschäden** aufgrund der Ausführung der nicht autorisierten Zahlung, zB aufgrund der Missachtung des Widerrufs. **20**

Hiermit ist aber noch keine Aussage zur **Bereicherungshaftung des Kunden** im Falle eines Rechtsscheintatbestandes (**widerrufener Dauerauftrag**[34]; **widerrufene Überweisung**[35]) getroffen.[36] Sofern eine (Termin-)Überweisung oder ein Dauerauftrag rechtzeitig widerrufen wurden, ist der Zahlungsauftrag vom Kunden nicht autorisiert iSv § 675j BGB, da seine Zustimmung zum Zahlungsvorgang fehlt. Als Folge hat der Zahlungsdienstleister gem. § 675u S. 1 BGB keinen Anspruch gegen den Kunden auf Erstattung seiner Aufwendungen und steht dem Kunden gegen sein Zahlungsinstitut ein Erstattungsanspruch gemäß § 675u S. 2 BGB zu, wenn der Betrag bereits auf dem Konto gebucht wurde und zwar auch dann, wenn dem Kunden der Zahlungsvorgang zurechenbar ist.[37] Gleichgültig, ob eine Anweisung des Kunden völlig fehlt oder widerrufen wurde, mangels zwingend erforderlicher Autorisierung zur Wirksamkeit des Zahlungsauftrags erhält der Zahlungsdienstleister keinen Anspruch gegen seinen Kunden auf Erstattung seiner Aufwendungen; ein gleichwohl belasteter Betrag ist gem. § 675u S. 2 BGB zu erstatten. IE wird der bislang bestehende Bereicherungsanspruch des Kunden gegen seine Bank bei einer nicht autorisierten Zahlung durch einen **gesetzlichen Erstattungsanspruch** ersetzt.[38] **21**

Umstritten ist freilich, wie sich die Regelung auf **(bereicherungsrechtliche) Ansprüche der Bank gegen den Zahler** auswirkt. Richtigerweise ist die **Fortgeltung der bisherigen Grundsätze** (auch) im Verhältnis Zahlungsdienstleister/Zahler zu bejahen.[39] Die mittlerweile hM sieht dies anders.[40] Richtigerweise wurde nur der Ausgleichsanspruch des Kunden gegen die Bank abschließend in § 675u BGB geregelt. Weder ein Bereicherungsausgleich zwischen beiden noch die übrigen Rechtsbeziehungen zwischen Bank und Empfänger sowie zwischen Zahler und Empfänger werden von der Regelung erfasst. Auch die bisherigen bereicherungsrechtlichen Grundsätze gelten fort, so dass ein Bereicherungsanspruch der Bank (Zahlungsdienstleister) gegen ihren Kunden (Zahlungsdienstnutzer) zusteht, wenn diesem die Zahlung zurechenbar ist. Hierfür spricht, dass auch die Gesetz- **22**

[33] Begr. RegE, BT-Drs. 16/11643, 113; LG Berlin WM 2015, 376 (377); Palandt/*Sprau* § 675u Rn. 4; *Grundmann* WM 2010, 1109 (1116).

[34] Vgl. BGH NJW 1984, 1348 (1349 f.).

[35] BGHZ 87, 246.

[36] Die bisherige Rspr. zusammenfassend BGH WM 2015, 1631 (1632 f.).

[37] Auch nach der früheren Rechtslage konnte der Kunde – ungeachtet einer bereicherungsrechtlichen Zahlungspflicht – von seiner Bank die erneute Gutschrift der unberechtigten Belastungsbuchung (zunächst) verlangen, vgl. nur BankR-HdB/*Mayen* § 47 Rn. 11.

[38] Vgl. BankR-HdB/*Schmieder* § 50 Rn. 23.

[39] Wie hier AG Hamburg-Harburg ZIP 2013, 1517; *Grundmann* WM 2009, 1109 (1117); Ellenberger/Findeisen/Nobbe/*Nobbe* § 675u BGB Rn. 30; *Rademacher* NJW 2011, 2169 (2171); *Müller* WM 2010, 1293 (1296); *Diekmann* WM 2015, 14 (16 f.); *Fornasier* AcP 212 (2012), 410; *Hadding* WuB 2015, 1631; *Müller* WM 2010, 1293 (1296); *Kiehnle* Jura 2012, 895 (900 f.); *Omlor* ZIP 2016, 558 (563); *Piekenbrock* WM 2015, 797 f.; *Schnauder* JZ 2016, 603 (603 ff.).

[40] BGH WM 2015, 1631 (1633 f.); offenlassend noch BGH ZIP 2015, 1477 (1478); eine Bereicherungshaftung umfassend abl. LG Berlin WM 2015, 376 = BKR 2015, 130; LG Hannover ZIP 2011, 1406; *Belling/Belling* JZ 2010, 708 (710 f.); *Bartels* WM 2010, 1828 (1832); *Winkelhaus* BKR 2010, 441 (445); Erman/*v. Westphalen* § 675u Rn. 12; Palandt/*Sprau* § 675u Rn. 3; MüKoBGB/*Zetsche* § 675u Rn. 24 ff.; *Dieckmann* BKR 2018, 276 (280 f.); *Hauck* JuS 2014, 1066 (1070); *Kropf* WM 2016, 67 (70 ff.); *Linardatos* BKR 2013, 375 (376).

gebungsmaterialien davon ausgehen, dass durch § 675u BGB nur bestehendes Recht kodifiziert wird. Der Norm komme nur klarstellende Funktion zu.[41] Hinzu tritt, dass dieser gesetzgeberische Wille auch im engen Wortlaut der Norm widergespiegelt wird, denn § 675u BGB schreibt nur die Rückabwicklung der Belastungsbuchung mittels eines vertraglichen Erstattungsanspruchs vor. Bereicherungsansprüche des Kontoinhabers gegen den Zahlungsempfänger sowie Bereicherungsansprüche des Zahlungsdienstleisters gegen seinen Kunden werden nicht ausdrücklich gesperrt. Auch teleologisch folgt kein anderes Ergebnis, denn § 675u BGB ordnet nur die Rückgängigmachung der Belastungsbuchung vor, nicht jedoch, dass der Zahler ggf. um die Befreiung von einer Verbindlichkeit bereichert bleiben soll. Dem Zahlungsdienstleister ist daher in einem solchen Fall ein Bereicherungsanspruch gegen den Zahler aus § 812 Abs. 1 S. 1 Alt. 1 BGB zu gewähren.[42] Die Rückgängigmachung der Belastungsbuchung schließt einen Bereicherungsausgleich gerade nicht aus. Dem steht auch die Vorgabe der Richtlinie nicht entgegen, denn die Richtlinie hat ausweislich des Erwägungsgrundes Nr. 47 nur *vertragliche* Verpflichtungen zwischen dem Zahlungsdienstnutzer und dem Zahlungsdienstleister zum Gegenstand; *bereicherungsrechtliche* Ansprüche werden demnach nicht gesperrt.[43] Die Gegenmeinung, die den Bereicherungsanspruch der Bank gegen ihren Kunden sperrt, bedarf indes keiner Kondiktionssperre aus § 675u BGB, denn sofern nach der Gegenansicht aufgrund des § 675u BGB widerrufene Zahlungen dem Kontoinhaber nicht zuzurechnen sind, bedarf es keiner Kondiktionssperre im Verhältnis zwischen Bank und Kontoinhaber, da Letzterer durch die widerrufswidrige Zahlung mangels Zurechenbarkeit nichts erlangen würde.[44] Auch ermöglicht ein Festhalten an den bisherigen Grundsätzen eine parallele Behandlung mit Sachverhalten außerhalb des Anwendungsbereichs des Zahlungsdiensterechts. Zu denken ist an den Widerruf einer Anweisung, der nicht von einem Zahlungsdienstleister iSv § 675c Abs. 3 BGB, § 1 Abs. 1 S. 1 ZAG, sondern von einer sonstigen Einrichtung oder Person übersehen wird.[45]

23 Der **BGH**[46] hat mit großen Worten („dieses Ergebnis ist auch gerecht…"[47]) und sehr dünner Begründung **differenziert:** Die Rechtsprechung, nach der ein unmittelbarer Bereicherungsanspruch aus § 812 Abs. 1 S. 1 Fall 2 BGB gegen den Zuwendungsempfänger (Zahlungsempfänger) besteht, wenn eine **wirksame Anweisung fehlt** und zwar unabhängig davon, ob der Empfänger das Fehlen einer wirksamen Anweisung im Zeitpunkt der Zuwendung kannte oder nicht kannte, gelte fort. Sie werde durch das Zahlungsdiensterecht und die Wertungen der §§ 675j, 675u BGB nicht berührt. Dies betrifft Konstellationen der Zahlung durch die Bank aufgrund einer Fälschung oder Verfälschung des Überweisungsauftrages, Schecks oder Wechsels, bei einer Geschäftsunfähigkeit des Anweisenden sowie wenn für den Anweisenden ein geschäftsunfähiger bzw. nur gesamtvertretungsberechtigter Vertreter gehandelt hat. Sofern hingegen die angewiesene Bank den **Widerruf eines Dauerauftrages oder einer Überweisung** nicht beachtet hat oder eine **irrtümliche Zuvielüberweisung** vorliege, will der Gerichtshof nicht an den früheren Grundsätzen festhalten, die einen Bereicherungsausgleich im Valutaverhältnis zwischen Zahler und Empfänger vorsahen, sofern nicht der Empfänger den Widerruf bzw. die Zuvielüberweisung kannte.

24 Für letztere werden in der (kurzen) Begründung zwei tragende Überlegungen angeführt: Zum ersten werde eine „Abkehr vom Horizont des Zahlungsempfängers als maßgebendem Wertungskriterium" durch § 675j Abs. 1 S. 1 BGB vollzogen. Entscheidend sei nun eine **Autorisierung durch den Zahler;** diese sei ein nur sehr eingeschränkt abdingbares

---

[41] Vgl. Begr. RegE BT-Drs. 16/11643, 113.
[42] BankR-HdB/*Mayen,* 4. Aufl. 2011, § 50 Rn. 25; s. a. *Grundmann* WM 2009, 1109 (1117).
[43] BankR-HdB/*Mayen,* 4. Aufl. 2011, § 50 Rn. 27; s. a. *Winkelhaus* BKR 2010, 441 (445).
[44] *Rademacher* NJW 2011, 2169 (2171).
[45] *Rademacher* NJW 2011, 2169 (2171).
[46] BGH WM 2015, 1631 Rn. 16 ff.
[47] BGH WM 2015, 1631 Rn. 25.

Zurechnungskriterium für die Gültigkeit der Belastungsbuchung. Fehle diese, sei der Zahlungsbetrag unverzüglich wertungsneutral zu erstatten. Allerdings blendet der Gerichtshof hier den Umstand aus, das zwischen der Belastungsbuchung und ihrer Rückgängigmachung bei fehlender Autorisierung einerseits und einem Bereicherungsausgleich andererseits gerade kein zwingender Konnex besteht. Nicht zuletzt war auch nach der bisherigen Rechtsprechung die Belastungsbuchung rückgängig zu machen und hat sich der Bereicherungsausgleich sodann daneben vollzogen.[48] Dies spricht dafür, dass die Autorisierung als Zurechnungsgrundlage und Wertungskriterium dem Grundsatz nach auf den Zahlungsdiensterahmenvertrag, d. h. die Kontoabrede (Online-Banking-Abrede) beschränkt ist und sich nicht auf einen etwaigen Bereicherungsausgleich erstreckt. Das zweite wesentliche Argument der Begründung des Gerichtshofs ist das **Fehlen einer ungerechtfertigten Bereicherung** des Zahlers. Diese läge vor, wenn der Zahler die Erstattung des Zahlungsbetrages von der Bank verlangen kann und die irrtümliche Leistung der Bank an den Empfänger zu einer Erfüllung im Valutaverhältnis führte. An einer solchen Bereicherung soll es indes fehlen, da die Zahlung dem Zahler mangels Autorisierung nicht als Leistung zugerechnet werden könne, so dass keine Erfüllung eintrete. Die Möglichkeit eines Rechtsscheintatbestandes wirksamer Autorisierung sowie dessen Voraussetzungen, Folgen und Unionsrechtskonformität werden vom Gerichtshof allerdings nicht diskutiert. Letztlich werden hiermit die von der Dogmatik gewonnenen Erkenntnisse substantiell zurückgedreht, denn eine wirksame Anweisung war auch bislang Zurechnungsvoraussetzung. Nur wurde, auch vom BGH, anerkannt, dass der Rechtsschein einer wirksamen Anweisung dieser unter bestimmten Voraussetzungen gleichzustellen ist. § 675j Abs. 1 S. 1 BGB entnimmt der Gerichtshof somit die negative Regelungsanordnung, dass ein Rechtsschein wirksamer Autorisierung nicht möglich ist. Dies findet im Gesetz, seiner Genese und Systematik indes keine Grundlage. Schließlich steht auch die contra-legem-Grenze im Raum, da der deutsche Gesetzgeber von einer bloß klarstellenden Funktion und keiner Änderungswirkung des § 675u BGB ausging[49] und dieser gesetzgeberische Wille mit dem Wortlaut der Norm auch vereinbar ist. Der Gerichtshof lässt hingegen das historische Argument vollkommen unberücksichtigt. Zugleich lässt er aber auch dahinstehen, ob das Unionsrecht, nach dem immerhin ein Wille des deutschen Gesetzgebers unbeachtlich sein könnte, wenn dieser auf einer Anschauungslücke beruht,[50] die Abkehr von der bisherigen Rechtsprechung gebietet. Damit gelangt er zu einem Normverständnis, dass von dem vom Wortlaut der Norm umfassten Willen des historischen Gesetzgebers abweicht.

IV. Die Frist zur Erstattung (S. 3, 4)

S. 2, 3 setzen Art. 73 Abs. 1, 2 UAbs. 1 PSD II nahezu wörtlich um; mit dieser Norm wird eine **unionsweit einheitliche Höchstfrist** vorgeschrieben. Nach Art. 73 Abs. 3 PSD II darf das nationale Recht zudem finanzielle Entschädigungen vorsehen, die über die Erstattung hinausgehen. Entsprechende Regelungen finden sich in S. 2 Hs. 2 und § 675z BGB. 25

1. Die objektive Höchstfrist

Nach S. 3 beträgt die **Höchstfrist** für die Erstattung **zwei Geschäftstage** nach Anzeige des nicht autorisierten Zahlungsvorgangs oder anderweitiger Kenntniserlangung durch den Zahlungsdienstleister. Damit ist der Zahlungsdienstleister zur unverzüglichen Erstattung (§ 121 Abs. 1 S. 1 BGB) nach Kenntnis verpflichtet, wobei eine objektive Höchstgrenze für diese Frist vorgesehen ist. Die Frist von zwei Geschäftstagen läuft **ab Zugang der** 26

[48] Vgl. BankR-HdB/*Mayen*, 4. Aufl. 2011 § 50 Rn. 25.
[49] Vgl. zB BGH NJW 2006, 1965.
[50] Ausf. dazu *Herresthal* JuS 2014, 289 ff.

Anzeige bzw. anderweitiger Kenntniserlangung. Letzteres betrifft zB das Erkennen der fehlenden Vertretungsmacht. Die Frist ist gewahrt, wenn der geschuldete **Erfolg der Erstattung** innerhalb dieser Eintritt, zB die Gutschrift des Betrags. Dies entspricht der Vorgabe in der PSD II.[51]

2. Die Ausnahme des Betrugsverdachts (S. 4)

27 Nach S. 4 hat der Zahlungsdienstleister **berechtigte Gründe** für den **Verdacht eines betrügerischen Verhaltens des Zahlers**[52] und diese Gründe der zuständigen Behörde schriftlich mitgeteilt, so muss er seine Verpflichtung aus S. 2 unverzüglich prüfen und erfüllen, wenn sich der Betrugsverdacht nicht bestätigt.[53] Die objektive Höchstfrist für die Erstattung nach S. 3 ist dann nicht einschlägig. **Berechtigte Gründe für einen Verdacht** liegen vor, wenn die dem Zahlungsdienstleister vorliegenden Informationen/Tatsachen aus der Perspektive eines objektiven Dritten ein entsprechendes betrügerisches Verhalten als *möglich* erscheinen lassen. Weder muss eine überwiegende noch eine große Wahrscheinlichkeit vorliegen. So spricht der Wortlaut nur von „berechtigten Gründen" sowie einem bloßen „Verdacht". Auch ist die Beeinträchtigung des Zahlers begrenzt, da er ggf. nur die Verzögerung der (valutakongruenten) Erstattung gewärtigen muss. Maßgeblich ist der Verdacht eines **betrügerischen Verhaltens des Zahlers.** Mithin muss es nach Maßgabe der objektiven Umstände als möglich erscheinen, dass zB der Zahler, der nun die Autorisierung der Zahlung bestreitet, diese tatsächlich autorisiert hat. Das betrügerische Verhalten erfasst nicht nur den Betrug (§ 263 StGB), sondern alle Vermögensdelikte zum Nachteil des Zahlungsdienstleisters im Zusammenhang mit der Zahlung sowie hiermit verbundene Vortaten. Der bloße Versuch reicht ebenso aus[54] wie die Anstiftung oder Beihilfe des Zahlers zur entsprechenden Tat eines Dritten. Angesichts der begrenzten Belastung des Zahlers durch die Verzögerung der Erstattung und der Notwendigkeit eines adäquaten Schutzes des Zahlungsdienstleisters vor vermögensschädigenden Straftaten, nicht zuletzt zum Schutz des automatisierten Zahlungsverkehrs insgesamt, ist die Regelung weit auszulegen. Aus S. 4 Hs. 2 folgt nichts anderes, da die dortige Formulierung „Betrugsverdacht" nur den „Verdacht eines betrügerischen Verhaltens" mit einer anderen, kürzeren Formulierung aufgreift.

28 Dieser Verdacht muss der **zuständigen Behörde schriftlich mitgeteilt** werden. Die **zuständige Behörde** bestimmt sich nach allgemeinen Grundsätzen. Mithin kommt eine Anzeige bei der Polizei sowie der Staatsanwaltschaft ebenso in Betracht wie bei der BaFin. Hinreichend und erforderlich ist die rechtzeitige Absendung der Anzeige innerhalb der Höchstfrist des S. 3 durch den Zahlungsdienstleister bzw. auf dessen Veranlassung.

29 Nach S. 4 Hs. 2 hat der Zahlungsdienstleister, sofern sich der **„Betrugsverdacht" nicht bestätigt,** seine Pflicht aus S. 2 „unverzüglich zu prüfen und zu erfüllen". Erforderlich ist danach, dass der Zahlungsdienstleister den Verdacht der Handlung unter objektiver Bewertung der (auch neuen) Tatsachen nicht mehr aufrechterhalten kann. Grund hierfür können neue Tatsachen sein, die dem Zahlungsdienstleister zB vom Zahler bekannt gegeben werden. Möglichst auch, dass die Prüfung des Sachverhalts durch die zuständige Behörde den Verdacht nicht bestätigt. Der Norm ist weder nach Wortlaut noch nach Zweck zu entnehmen, dass eine unverzügliche Prüfung durch den Zahlungsdienstleister erforderlich oder gar geschuldet ist.[55] Vielmehr bezieht sich die Unverzüglichkeit der Prüfung auf den Zeitpunkt *nach* Wegfall des Betrugsverdachts, denn dann hat er Zahlungsdienstleister seine Pflicht aus S. 2 „unverzüglich zu prüfen" und ggf. zu erfüllen. Der Zahlungsdienstleister kann mithin auch auf das Ergebnis der Prüfung durch die zuständige Stelle abwarten, wenn und soweit ihm keine weiteren Erkenntnismöglichkeiten zur Verfügung stehen. Eine eigene

---

[51] Vgl. Erwägungsgrund 71 PSD II („Wertstellung").
[52] Vgl. Begr. RegE BT-Drs. 18/11495, 163.
[53] Dazu auch *Spitzer* MDR 2018, 561 (565).
[54] Begr. RegE BT-Drs. 18/11495, 163.
[55] AA, aber nicht überzeugend *Spitzer* MDR 2018, 561 (565); MüKoBGB/*Zetzsche* Rn. 44.

Nachforschungspflicht des Zahlungsdienstleisters besteht nicht. Nach Wegfall des Verdachts greift wiederum die Pflicht aus S. 2, deren Bestehen der Zahlungsdienstleister nach dem Wegfall unverzüglich zu prüfen und ggf. zu erfüllen hat.

Sofern sich der **Verdacht** eines betrügerischen Verhaltens **bestätigt,** besteht kein Erstattungsanspruch des Zahlers.[56] Vielmehr ist in diesem Fall die Zahlung an den Dritten autorisiert, so zB wenn eine Autorisierung durch den Zahler vorliegt, dieser sodann aber die Autorisierung bestreitet und eine Authorisierung Dritter unzutreffend behauptet. 30

V. Die Auslösung über einen Zahlungsauslösedienstleister

Der **kontoführende Zahlungsdienstleister** bleibt nach S. 5 auch dann gemäß S. 2–4 **verpflichtet,** wenn der Zahlungsvorgang über einen Zahlungsauslösedienstleister ausgelöst wurde. Er ist mithin zur Erstattung des Zahlungsbetrags verpflichtet. Auch die Frist nach S. 3 und die Ausnahme nach S. 4 bleiben auf den kontoführenden Zahlungsdienstleister anwendbar. Mithin ist für die Pflicht des kontoführenden Zahlungsdienstleisters gleichgültig, ob die Ursache für die nicht autorisierte Zahlung in seinem Bereich oder im Bereich des Zahlungsauslösedienstleisters liegt. Hierdurch wird der Zahler geschützt, vermag er doch regelmäßig nicht zu erkennen, in welchen Verantwortungsbereich die Verursachung der nicht autorisierten Zahlung fällt.[57] 31

Die entsprechende Regelung in der PSD II ist vollharmonisierend. Mithin kann das nationale Recht aufgrund des Ausschlusses eines entsprechenden Anspruchs **gegen den Zahlungsauslösedienstleister** durch die Richtlinie **keinen gesetzlichen Anspruch auf Erstattung** oder einen inhaltsgleichen gesetzlichen Schadensersatzanspruch vorsehen.[58] Dies schließt allerdings nicht aus, dass eine Vertragsverletzung durch den Zahlungsauslösedienstleister im Verhältnis zum Zahler vorliegt mit der Folge eines **verschuldensabhängigen Anspruchs aus §§ 280 ff BGB.** Auch werden von der Richtlinie keine „darüber hinausgehenden" Ansprüche auf Ersatz von Folgeschäden ausgeschlossen (Art. 73 Abs. 3 PSD II). Dies betrifft neben den vertraglichen Ansprüchen ggf. auch bereicherungsrechtliche Ansprüche und deliktische Schadensersatzansprüche. 32

Sofern die **Ursache im Verantwortungsbereich des Zahlungsauslösedienstleisters** liegt, haftet der kontoführende Zahlungsdienstleister mithin für den Zahlungsauslösedienstleister. Hinsichtlich des gesetzlichen Anspruchs aus § 675u S. 5, S. 2 BGB trägt er mithin das Insolvenzrisiko sowie das Risiko der Nichtleistung des Zahlungsauslösedienstleisters.[59] Diese gesetzliche Regelung ist unabhängig davon, ob **zwischen beiden Dienstleistern eine vertragliche Beziehung** besteht (vgl. auch § 675f Abs. 3 S. 2 BGB). Der kontoführende Zahlungsdienstleister ist auf den gesetzlichen Rückgriffsanspruch aus § 676a Abs. 1 BGB verwiesen. 33

Die **unterbliebene Erwähnung von S. 1 in S. 5** ist unschädlich, da in S. 1 keine von S. 5 adressierten Pflichten geregelt wird, sondern der allgemeine Grundsatz, nach dem bei einem nicht autorisierten Zahlungsvorgang kein Erstattungsanspruch des Zahlungsdienstleisters des Zahlers besteht. Denn auch die über den Zahlungsauslösedienstleister ausgelöste, nicht autorisierte Zahlung wird vom Regelungsinhalt des S. 1 erfasst. Ein Erstattungsanspruch besteht demnach (auch dann) nicht. Das **Innenverhältnis** zwischen Zahlungsdienstleister und Zahlungsauslösedienstleister wird von § 676a Abs. 1, Abs. 2 BGB erfasst. 34

Hinsichtlich des **Bereicherungsausgleichs** zwischen den am Zahlungsvorgang Beteiligten ändert sich richtigerweise durch die Auslösung der Zahlung über den Zahlungsauslösedienstleister nichts; es verbleibt damit bei den allgemeinen Regeln (→ Rn. 22 ff.). 35

---

[56] Begr. RegE BT-Drs. 18/11495, 163.
[57] Begr. RegE BT-Drs. 18/11495, 80 f.
[58] Begr. RegE BT-Drs. 18/11495, 164.
[59] Begr. RegE BT-Drs. 18/11495, 164.

§ 675v Haftung des Zahlers bei missbräuchlicher Nutzung eines Zahlungsinstruments

(1) [1]**Beruhen nicht autorisierte Zahlungsvorgänge auf der Nutzung eines verloren gegangenen, gestohlenen oder sonst abhandengekommenen Zahlungsinstruments oder auf der sonstigen missbräuchlichen Verwendung eines Zahlungsinstruments, so kann der Zahlungsdienstleister des Zahlers von diesem den Ersatz des hierdurch entstandenen Schadens bis zu einem Betrag von 50 Euro verlangen.**

(2) **Der Zahler haftet nicht nach Absatz 1, wenn**

1. es ihm nicht möglich gewesen ist, den Verlust, den Diebstahl, das Abhandenkommen oder eine sonstige missbräuchliche Verwendung des Zahlungsinstruments vor dem nicht autorisierten Zahlungsvorgang zu bemerken, oder

2. der Verlust des Zahlungsinstruments durch einen Angestellten, einen Agenten, eine Zweigniederlassung eines Zahlungsdienstleisters oder eine sonstige Stelle, an die Tätigkeiten des Zahlungsdienstleisters ausgelagert wurden, verursacht worden ist.

(3) **Abweichend von den Absätzen 1 und 2 ist der Zahler seinem Zahlungsdienstleister zum Ersatz des gesamten Schadens verpflichtet, der infolge eines nicht autorisierten Zahlungsvorgangs entstanden ist, wenn der Zahler**

1. in betrügerischer Absicht gehandelt hat oder

2. den Schaden herbeigeführt hat durch vorsätzliche oder grob fahrlässige Verletzung

a) einer oder mehrerer Pflichten gemäß § 675l Absatz 1 oder

b) einer oder mehrerer vereinbarter Bedingungen für die Ausgabe und Nutzung des Zahlungsinstruments.

(4) [1]**Abweichend von den Absätzen 1 und 3 ist der Zahler seinem Zahlungsdienstleister nicht zum Schadensersatz verpflichtet, wenn**

1. der Zahlungsdienstleister des Zahlers eine starke Kundenauthentifizierung im Sinne des § 1 Absatz 24 des Zahlungsdiensteaufsichtsgesetzes nicht verlangt oder

2. der Zahlungsempfänger oder sein Zahlungsdienstleister eine starke Kundenauthentifizierung im Sinne des § 1 Absatz 24 des Zahlungsdiensteaufsichtsgesetzes nicht akzeptiert.

[2]**Satz 1 gilt nicht, wenn der Zahler in betrügerischer Absicht gehandelt hat. 3Im Fall von Satz 1 Nummer 2 ist derjenige, der eine starke Kundenauthentifizierung nicht akzeptiert, verpflichtet, dem Zahlungsdienstleister des Zahlers den daraus entstehenden Schaden zu ersetzen.**

(5) [1]**Abweichend von den Absätzen 1 und 3 ist der Zahler nicht zum Ersatz von Schäden verpflichtet, die aus der Nutzung eines nach der Anzeige gemäß § 675l Absatz 1 Satz 2 verwendeten Zahlungsinstruments entstanden sind.** [2]**Der Zahler ist auch nicht zum Ersatz von Schäden im Sinne des Absatzes 1 verpflichtet, wenn der Zahlungsdienstleister seiner Pflicht gemäß § 675m Abs. 1 Nr. 3 nicht nachgekommen ist.** [3]**Die Sätze 1 und 2 sind nicht anzuwenden, wenn der Zahler in betrügerischer Absicht gehandelt hat.**

Übersicht

I. Inhalt und Zweck der Regelung

Die Regelung setzt Art. 74 PSD II um und verteilt das Risiko nicht autorisierter Zahlungsvorgänge aufgrund einer missbräuchlichen Nutzung eines Zahlungsinstruments. Sie wurde mit Wirkung ab 13.1.2018 grundlegend neu gefasst.[1] Die Regelung ist der Kern der **Risikoverteilung bei einer missbräuchlichen Verwendung** eines Zahlungsinstruments. Bei einem nicht autorisierten Zahlungsvorgang hat die Bank keinen Aufwendungsersatzanspruch gegen den Karteninhaber (§ 675u S. 1 BGB). Sofern die nicht autorisierte 1

[1] G v. 17.7.2017, BGBl. I 2017, 2446.

Zahlung aber auf eine missbräuchliche Verwendung eines Zahlungsinstruments zurückgeht, folgt aus § 675v BGB ggf. ein Schadensersatzanspruch des Zahlungsdienstleisters.

2 Nach **Abs. 1** hat der Zahlungsdienstleister des Zahlers einen **verschuldensunabhängigen Schadensersatzanspruch** gegen diese i. H. v. 50,– €, sofern das Zahlungsinstrument verloren gegangen, gestohlen oder sonst abhandengekommen ist oder sonst missbräuchlich verwendet wurde. Hiernach hat der Zahler unabhängig von einem eigenen Verschulden einen (sehr geringen) Anteil des wirtschaftlichen Schadens bei einer missbräuchlichen Verwendung zu tragen. Grund ist die Nutzung dieser risikobehafteten Instrumente durch den Bankkunden sowie die Anreizfunktion einer (begrenzten) Haftung im Falle des Abhandenkommens, die eine sichere Verwahrung des Instruments und die unverzügliche Anzeige des Abhandenkommens fördern soll. Ob dies mit der nunmehr (reduzierten) Haftungssumme und den weitreichenden Rückausnahmen noch erreicht werden kann, ist überaus fraglich.

3 Auch diese sehr begrenzte **Beteiligung des Zahlers am wirtschaftlichen Nachteil entfällt** nach **Abs. 2 Nr. 1,** wenn der Zahler die missbräuchliche Verwendung (bzw. die tatbestandsmäßigen Konkretisierungen nach Abs. 1) nicht bemerken konnte; gleiches gilt, wenn der Verlust des Zahlungsinstruments durch Personen im Verantwortungsbereich des Zahlungsdienstleisters verursacht wurde (Abs. 2 Nr. 2).

4 Bei einem **Handeln des Zahlers in betrügerischer Absicht** sowie einer **vorsätzlichen oder grob fahrlässigen Verletzung** der gesetzlichen oder vertraglichen Sorgfaltspflichten durch den Zahler haftet dieser nach **Abs. 3** unbeschränkt.

5 Eine **umfassende Rückausnahme** zu den Abs. 1–3 formuliert **Abs. 4.** Danach schuldet der Zahler keinen Schadensersatz, wenn der Zahlungsdienstleister des Zahlers auf eine starke Kundenauthentifizierung (§ 1 Abs. 24 ZAG) verzichtet hat (Nr. 1) oder der Zahlungsempfänger oder dessen Dienstleister keine starke Kundenauthentifizierung akzeptiert (Nr. 2). Zudem ordnet Abs. 4 eine Schadensausgleich an.

6 Nach **Abs. 5** ist die **Haftung des Zahlers ausgeschlossen,** sobald dieser seine **Anzeigepflicht** gemäß § 675l S. 2 BGB erfüllt hat oder der Zahlungsdienstleister des Zahlers seiner Pflicht zur Vorhaltung einer entsprechenden Meldestelle (§ 675m Abs. 1 Nr. 3 BGB) nachgekommen ist. Eine Ausnahme von dieser Rückausnahme sieht Abs. 3 S. 3 für Fälle vor, in denen der Zahler in betrügerischer Absicht gehandelt hat. Mit der weitreichende Begrenzung der Haftung des Zahlers nach der Anzeige des Abhandenkommens, soll dieser dazu angehalten werden, den Diebstahl oder Verlust eines Zahlungsinstruments unverzüglich anzuzeigen.

7 Der Zahlungsdienstleister hat eine **Informationspflicht** über die Haftung und den Haftungshöchstbetrag (Art. 248 § 4 Abs. 1 Nr. 5 lit. d EGBGB).

8 **Beweisbelastet** ist der Zahlungsdienstleister hinsichtlich der Pflichtverletzung des Kunden sowie für den Zugang des Zahlungsinstruments beim Kunden. Der Nachweis der fehlenden Autorisierung und der schuldhaften Pflichtverletzung durch den Zahlungsdienstnutzer wird von § 675w BGB erfasst. Der Zahlungsdienstnutzer hat die erfolgte Sperranzeige ebenso zu beweisen wie ein etwaiges Mitverschulden des Zahlungsdienstleisters.

II. Anwendungsbereich und Dispositivität

9 Die Norm regelt nur das **Deckungsverhältnis zwischen Zahlungsdienstleister und Zahlungsdienstnutzer.** Die Norm erfasst **alle Zahlungsinstrumente.** (§ 1 Abs. 5 ZAG).[2] Deren Verkörperung ist nur für die ersten drei Missbrauchsalternativen von Bedeutung.

10 § 675v BGB regelt die **Haftung des Zahlers** gegenüber dem Zahlungsdienstleister bei einer missbräuchlichen Verwendung eines Zahlungsinstruments **abschließend.** Ein Rückgriff auf § 675u BGB ist im Anwendungsbereich des § 675v BGB nicht möglich.[3] Schadens-

[2] Zu Ausnahmen bei elektronischem Geld aufgrund seiner Bargeldersatzfunktion und der resultierenden Risikoverteilung gem. § 675i Abs. 3 BGB vgl. unten Kap. 6.

[3] Palandt/*Sprau* § 675v Rn. 1.

ersatzansprüche aus den §§ 280 ff. BGB aufgrund einer Pflichtverletzung, die zu einer missbräuchlichen Nutzung des Zahlungsinstruments führen, werden durch diese speziellere Norm mithin (nur) insoweit verdrängt.[4] Bei der **Verletzung sonstiger Pflichten** des Zahlers bleibt die Haftung nach allgemeinen Regeln allerdings anwendbar. Umstritten ist, ob die Regelungen von § 675v BGB auch auf **Hilfsmittel zur Erteilung von Zahlungsaufträgen,** die nicht Zahlungsinstrumente sind (zB vorcodierte Überweisungsformulare[5]) analog angewendet werden und in der Folge die Haftung aus §§ 280 ff. BGB bei einer Pflichtverletzung des Zahlers verdrängen.[6] Gegen die analoge Anwendung spricht schon das Fehlen einer Regelungslücke, denn die Haftung nach den allgemeinen Regelungen (§§ 280 ff. BGB) umfasst jene Konstellationen, in denen keine spezielle Regelung einschlägig ist. Auch vermag die Gleichstellung von sonstigen Hilfsmitteln und Zahlungsinstrumenten nicht zu überzeugen. Denn § 675v BGB enthält ein – nach Ansicht des Gesetzgebers – austariertes System von Haftungstatbeständen, die gerade auf die besonderen Risiken von Zahlungsinstrumenten zugeschnitten sind. Darüber hinaus ist die Haftung nach § 280 ff. BGB gerade nicht weitergehend, immerhin setzt sie den Nachweis eines Verschuldens und eines Schadens voraus und kann die Verschuldensvermutung widerlegt werden.

Zeitlich reicht der Anwendungsbereich **vom Zugang des Zahlungsinstruments** 11
beim Zahlungsdienstnutzer bis zur Anzeige des Verlusts durch den Zahlungsdienstnutzer (§ 675l BGB). In diesem Zeitraum richtet sich die Haftung des Zahlungsdienstnutzers nach Abs. 1, 3, 5 S. 1 bis 3. Der Zugang des Instruments meint den Eintritt in den Herrschaftsbereich und die Möglichkeit der Kenntnisnahme durch den Kunden.[7] Die Gefahr während des Transports trägt der Zahlungsdienstleister.[8] Aus der Regelung selbst folgt keine Pflicht des Zahlers, der um den Versand des Zahlungsinstruments weiß, sich **nach dessen Verbleib** beim Zahlungsdienstleister **zu erkundigen.** Allerdings folgt eine solche **Pflicht aus § 241 Abs. 2 BGB,** der auch auf den Zahlungsdiensterahmenvertrag (Konto-Abrede; Online-Banking-Abrede) anwendbar ist. Sofern mithin der Zahlungsdienstleister dem Zahlungsdienstnutzer den Versand des Zahlungsinstruments angekündigt hat („… folgt mit separatem Schreiben…"), ist der Zahlungsdienstnutzer aufgrund des beim Abhandenkommen eines Zahlungsinstruments erheblichen Missbrauchsrisikos nach einem angemessenen Zeitraum verpflichtet, sich nach dem Verbleib zu erkundigen.[9] Sofern der Zahlungsdienstnutzer das Zahlungsinstrument erhalten hat, es allerdings mangels Interesse in den Hausbriefkasten des Zahlungsdienstleisters wirft und auf diese Weise einen Missbrauch ermöglicht, folgt die Haftung des Zahlungsdienstnutzers schon daraus, dass der Zugang des Zahlungsinstruments erfolgt ist.[10]

Die Norm findet **keine Anwendung** auf **elektronisches Geld** mit einem Wert von 12
höchstens 200,– EUR unter den Voraussetzungen des § 675i Abs. 3 BGB.

Die **Abdingbarkeit der Norm** folgt dem allgemeinen Grundsatz. **Zu Gunsten des** 13
Zahlers ist sie in den allgemeinen Grenzen abdingbar. Vertragliche Abreden über die Haftung, die über § 675v BGB zugunsten des Kunden hinausgehen, zB die Haftung des Kontoinhabers ausschließen oder den Höchstbetrag von 50,– EUR weiter reduzieren, können im Rahmen der allgemeinen Grenzen fortbestehen.[11] Eine Abbedingung ermöglichen zudem § 675i Abs. 2 Nr. 2 und 3 BGB bei **Kleinbetragsinstrumenten** unter bestimmten Voraussetzungen.[12] Eine **Abweichung zulasten des Zahlers** ist bei Nicht-

[4] Begr. RegE BT-Drs. 16/11643, 113; Ellenberger/Findeisen/Nobbe/*Nobbe* § 675v BGB Rn. 8 f.; *Casper/Pfeifle* WM 2009, 2343 (2346); *Schulte am Hülse/Klabunde* MMR 2010, 84 (87).

[5] Bsp. von MüKoBGB/*Zetzsche* Rn. 8.

[6] So tendenziell BankR-HdB/*Schmieder* § 49 Rn. 125; MüKoBGB/*Zetzsche* § 675v Rn. 8.

[7] Zur Beweislast des Kreditinstituts vgl. BVerfG WM 2010, 208 (209).

[8] Vgl. nur BGH WM 1991, 1110; *Casper/Pfeifle* WM 2009, 2343 (2346); *Rühl* DStR 2009, 2256 (2258).

[9] So zum früheren Recht KG WM 2006, 381 (382); iE wie hier auch Palandt/*Sprau* § 675 m Rn. 4; aA BankR-HdB/*Maihold* § 54 Rn. 56.

[10] Vgl. zur früheren Rechtslage OLG Hamm NJW-RR 1998, 561.

[11] Für einen Überblick vgl. *Scheibengruber* BKR 2010, 15 (18); s. a. *Grundmann* WM 2009, 1157 (1163 f.).

[12] Vgl. dazu → Kap. 3 § 675i Rn. 8 ff.

Verbrauchern gemäß § 675e Abs. 4 BGB möglich (zu Debitkarten vgl. ausf. → Kap. 7 § 675v Rn. 3 ff.). Eine unbeschränkte Haftung wird im unternehmerischen Verkehr insbesondere für Konstellationen vereinbart, in denen der Zahler seine Sorgfaltspflichten hinsichtlich eines Zahlungsinstruments verletzt.[13] Paradigmatisch sind die Regelungen in den AGB, die bei einer entsprechenden Pflichtverletzung im **Online-Banking** eine unbeschränkte Haftung vorsehen.[14] Bei Verbrauchern setzt die Abweichung zu Lasten des Zahlers eine Drittstaatenbeziehung voraus (§ 675i Abs. 2 S. 2 iVm § 675d Abs. 1 S. 2 BGB).

III. Die beschränkte, verschuldensunabhängige Haftung des Zahlers (Abs. 1)

1. Die Voraussetzungen der Haftung

14 Mit der **Neuregelung im Jahr 2018** zur Umsetzung der PSD II wurde zunächst der Betrag der verschuldensunabhängigen Haftung auf 50,– € herabgesetzt. Zudem wird nun von der allgemeinen Regelung der verschuldensunabhängigen Haftung neben dem Verlust, dem Diebstahl und dem sonstigen Abhandenkommen auch die sonstige missbräuchliche Verwendung erfasst. Die frühere Sonderregelung für eine missbräuchliche Verwendung wurde aufgegeben. Mit der sonstigen missbräuchlichen Verwendung werden (jedenfalls nunmehr) auch nicht verkörperte Zahlungsinstrumente erfasst, während dies früher mit Blick auf das Abhandenkommen und dessen Ausprägungen aufgrund der Anknüpfung an eine Verkörperung streitig war. Paradigmatisch war das Abhandenkommen der PIN oder TAN. Ausgelöst wurde hierdurch die Frage, ob an den Verlust entsprechender personalisierter Sicherheitsmerkmale rechtsgeschäftlich (klauselmäßig) eine Haftung des Zahlers geknüpft werden konnte. Diese Fragestellungen verlagern sich nach der Gesetzesänderung 2018 in das Tatbestandsmerkmal der sonstigen missbräuchlichen Verwendung.

15 Die **Voraussetzungen der Haftung nach Abs. 1** umfassen das Erfordernis eines **Zahlungsinstruments.** Zudem muss dieses Zahlungsinstrument **missbräuchlich verwendet** worden sein. Ein **nicht autorisierter Zahlungsvorgang** muss zu einem Schaden geführt haben. Dieser Schaden muss **kausal** auf dem abhandengekommenen Zahlungsinstrument beruhen. Schließlich darf die Haftung **nicht nach Abs. 2, 4 oder 5 ausgeschlossen** sein. Ein Verschulden des Zahlers ist nicht erforderlich. Der Haftungstatbestand umfasst als gesetzliche Garantiehaftung das schuldhafte und nicht schuldhafte Verhalten des Kunden.[15]

16 **a) Das Zahlungsinstrument. Zahlungsinstrumente** sind in § 1 Abs. 20 ZAG legaldefiniert (s. a. Art. 2 Nr. 14 PSD II). Zahlungsinstrument ist danach **jedes personalisierte Instrument oder Verfahren,** dessen Verwendung zwischen dem Zahlungsdienstnutzer und dem Zahlungsdienstleister vereinbart wurde und das zur Erteilung eines Zahlungsauftrags verwendet wird. Die Personalisierung ist gegeben, wenn dem Zahlungsdienstleister die Überprüfung möglich ist, dass der Zahlungsauftrag von einem konkreten, hierzu berechtigten Nutzer erteilt wurde.[16] Paradigmatisch sind die Zahlungskarte[17] sowie beim Online-Banking Chipkarten mit Signaturfunktion,[18] aber auch die Kundenkennnummer zusammen mit einer PIN. Darüber hinaus folgert der **EuGH**[19] aus dem **Vorhandensein nicht personalisierter Zahlungsinstrumente,** dass der Art. 4 Nr. 23 PSD II definierte

[13] Vgl. zu Nr. 13.1 III Bedingungen privater Banken für Debitkarten unten Kap. 5; s. a. *Einsele* ZIP 2011, 1741 (1750).

[14] Vgl. jeweils Nr. 10.2.1 III Online-Banking-Bedingungen der privaten Banken, Sparkassen und Genossenschaftsbanken.

[15] Wie hier *Casper/Pfeifle* WM 2009, 2343 (2346); Palandt/*Sprau,* 76. Aufl. 2017, § 675v Rn. 3.

[16] EuGH WM 2015, 813 Rn. 33.

[17] Zu dieser unten Kap. 5.

[18] *Scheibengruber* BKR 2010, 15 (17).

[19] EuGH WM 2015, 813 Rn. 35.

Begriff des Zahlungsinstruments einen nicht personalisierten Verfahrensablauf erfassen kann, der zwischen dem Nutzer und dem Zahlungsdienstleister vereinbart wurde und der vom Nutzer eingesetzt werden kann, um einen Zahlungsauftrag zu erteilen. Er verweist insofern auf Art. 53 Abs. 1 lit. b PSD II. Demnach handelt es sich sowohl bei dem Verfahren zur Erteilung eines Überweisungsauftrags durch einen vom Zahler eigenhändig unterschriebenen Zahlschein als auch bei dem Verfahren zur Erteilung eines Überweisungsauftrags im Online-Banking um Zahlungsinstrumente im Sinne der PSD II. Im Wege der **richtlinienkonformen Auslegung** gilt dies auch jedenfalls für § 675v BGB; auf eine Personalisierung kommt es mithin insofern nicht an. Ausreichend ist mithin auch eine per Fax oder E-Mail beauftragten Überweisung;[20] jedenfalls reichen insofern Unterschrift bzw. Absenderkennung als Personalisierung im Rahmen von § 675v BGB aus.[21] Freilich bleibt zu berücksichtigen, dass in diesen Konstellationen ein Haftungsausschluss des Zahlers nach Abs. 4 Nr. 1 möglich ist, weil der Zahlungsdienstleister keine starke Kundenauthentifizierung (§ 1 Abs. 24 ZAG) vorgesehen hat. Der Haftung nach § 675v BGB und einem etwaigen Ausschluss nach Abs. 4 Nr. 1 ist allerdings die Frage vorgelagert, ob eine Autorisierung der Zahlung gegeben ist, da § 675v BGB nur nicht autorisierte Zahlungen erfasst.

b) Missbräuchliche Verwendung. Nach Abs. 1 muss der nicht autorisierte Zahlungsvorgang entweder auf der Nutzung eines Zahlungsinstruments beruhen, dass „verloren gegangen, gestohlen oder sonst abhandengekommen" ist oder auf einer „sonstigen missbräuchlichen Verwendung" des Zahlungsinstruments. 17

aa) Verlust; Diebstahl. Der (unfreiwillige) **Verlust (Abs. 1 Alt. 1)** meint den Untergang der tatsächlichen Sachherrschaft des Inhabers; dieser führt zum zumindest vorübergehenden Besitzverlust. Der **Diebstahl (Abs. 1 Alt. 2)** eines Zahlungsinstruments ist die Herbeiführung eines Besitzwechsels durch einen Dritten gegen oder ohne den Willen des Inhabers.[22] Hingegen müssen für diese Fallkonstellation nicht alle Tatbestandsvoraussetzungen des § 242 StGB erfüllt sein.[23] Erfasst sind auch Konstellationen, in denen eine bloße Gewahrsamslockerung vorliegt und ein Dritter ohne bzw. gegen den Willen des Inhabers des Zahlungsinstruments den Gewahrsamswechsel herbeiführt. Dies erfasst Konstellationen, in denen sich der Dritte das nur verlegte Zahlungsinstrument aneignet.[24] 18

Die beiden Alternativen erfassen nach dem Wortlaut nur körperliche Zahlungsinstrumente. Richtigerweise sind aber auch Verkörperungen von Zahlungsinstrumenten umfasst, da diese ebenfalls Gegenstand eines Verlusts oder Diebstahls werden können. **Verkörperungen** wie elektronische TAN-Generatoren werden von der Regelung zudem erfasst, da nach § 1 Abs. 20 ZAG Zahlungsinstrumente ausdrücklich auch personalisierte Verfahren sein können. Es gibt keinen sachlich-rechtfertigenden Grund, diese Art von Instrumenten abweichend als bloße Speichermedien einzustufen, sofern und soweit das personalisierte Verfahren eine Verkörperung zB in einem PIN-Brief oder einem TAN-Generator erfahren hat.[25] Auch der Wortlaut der Regelung, der den Verlust oder Diebstahl fordert, lässt sich unschwer auf die Verkörperung solcher Verfahren anwenden. Materiell ist dies gerechtfertigt, denn in Bezug auf die adäquate Risikozuweisung besteht kein Unterschied, ob eine Chipkarte mit Signaturfunktion oder der TAN-Generator abhandengekommen ist. 19

bb) Sonstiges Abhandenkommen. Das **sonstige Abhandenkommen (Abs. 1 Alt. 3)** ist ein Auffangtatbestand. Es ist der gesetzliche Oberbegriff für den unfreiwilligen Verlust 20

[20] Abw. LG Düsseldorf BKR 2019, 154 Rn. 14; LG Karlsruhe BKR 2019, 151 Rn. 10.

[21] Vgl. *Zahrte* BKR 2019, 126 (130); MüKoBGB/*Zetzsche* § 675v Rn. 17; LG Heilbronn BeckRS 2015, 17463.

[22] Vgl. OLG Düsseldorf NJW 2012, 3381 (3382); OLG Dresden ZIP 2014, 766.

[23] AA Ellenberger/Findeisen/Nobbe/*Nobbe* § 675v BGB Rn. 24.

[24] Ellenberger/Findeisen/Nobbe/*Nobbe* § 675v BGB Rn. 23.

[25] Wie hier Bunte/Zahrte/*Zahrte,* 4. Teil VI Rn. 46; wohl auch *Schulte am Hülse/Klabunde* BKR 2010, 84 (86); aA *Scheibengruber* BKR 2010, 15 (17); diesem folgend Ellenberger/Findeisen/Nobbe/*Nobbe* § 675v BGB Rn. 18 ff.

des unmittelbaren Besitzes eines verkörperten Zahlungsinstruments durch den Inhaber oder, wenn dieser nur mittelbarerer Besitzer war, durch den unmittelbaren Besitzer. Es soll Konstellationen erfassen, die nicht schon vom Verlust oder Diebstahl umfasst werden.[26] Auch die **Unterschlagung** des Zahlungsinstruments durch den unmittelbar besitzenden Dritten ist eine sonstiges Abhandenkommen.[27] Nach dem gesetzgeberischen Willen soll auch der **Raub und die räuberische Erpressung** vom Auffangtatbestand Abs. 1 Alt. 3 erfasst werden.[28]

21 Das Abhandenkommen ist richtigerweise weit auszulegen. Umfasst wird auch die Übergabe des Zahlungsinstruments aufgrund einer Täuschung oder eines Irrtums des Inhabers an einen Dritten.[29] Eine Beschränkung auf den unfreiwilligen Verlust des unmittelbaren Besitzes (§ 935 Abs. 1 S. 2 BGB) ist abzulehnen.[30] Dies folgt aus der grundlegend abweichenden Zweckrichtung des § 675v Abs. 1 BGB. Anders als § 935 BGB regelt § 675v BGB Abs. 1 BGB Konstellationen, in denen eine (in der Höhe sehr begrenzte) verschuldensunabhängige Haftung des Zahlers gerechtfertigt ist. Durch diese Haftung soll er zudem mittelbar zu besonderer Sorgfalt beim Umgang mit dem Zahlungsinstrument sowie zur rechtzeitigen Anzeige eines etwaigen Abhandenkommens veranlasst werden. Die Überlassung des Instruments an einen Dritten ist aufgrund des Missbrauchsrisikos grundsätzlich kritisch zu sehen, so dass ein – im Vergleich mit § 935 BGB – weites Verständnis überaus sachgerecht ist. Die Belastung des Zahlers mit der verschuldensunabhängigen Haftung ist aufgrund der weitreichenden Begrenzung auf 50 € gering. Mit dem hier vertretenen Verständnis erreicht die Norm aber immerhin eine wertungsgerechte Verhaltenssteuerung. Problematischen Konstellationen kann mit einer teleologischen Auslegung begegnet werden. Dies betrifft u. a. die Übergabe des Zahlungsinstruments durch einen Geschäftsunfähigen, gegenüber dem der genannte Zweck nicht greift. **Beispiele** sind der Raub einer Karte oder eines TAN-Generators.[31] Paradigmatisch ist der Diebstahl von Zahlungskarten, zB Debitkarten und Kreditkarten.[32]

22 **cc) Sonstige missbräuchliche Verwendung.** Die sonstige missbräuchliche Verwendung des Zahlungsinstruments ist jede Verwendung durch einen Dritten gegen oder ohne den Willen des Zahlers, die nicht unter eine der beiden anderen Alternativen fällt. Diese Tatbestandsalternative soll nach historischer Auslegung jedenfalls zwei Konstellationen erfassen. Zum einen sollen **nicht verkörperte Zahlungsinstrumente** erfasst werden, dies betrifft insbesondere das Online-Banking. Zudem soll die **missbräuchliche Verwendung verkörperter Zahlungsinstrumente,** die **nicht abhandengekommen** sind, umfasst werden.[33] Dies betrifft insbesondere die Verwendung der Daten der Debitkarte, ohne dass diese selbst abhandengekommen ist und das Erstellen einer Kartenkopie verbunden mit der Nutzung der PIN (Verwendung einer Kartendoublette mit nicht sicher verwahrter PIN).[34] Die **Kritik** hieran[35] stützte sich va auf den Wortlaut der früheren Gesetzesfassung und hat sich mit der Neufassung nicht zuletzt angesichts des hinreichend deutlichen Willens des Normgebers nunmehr überholt. Auch teleologisch ist kein sachlich-rechtfertigender Grund

---

[26] Zur Einfügung auf Initiative des Rechtsausschusses vgl. Bericht Rechtsausschuss BT-Drs. 16/13669, 124.

[27] Wohl aA Ellenberger/Findeisen/Nobbe/*Nobbe* § 675 BGB Rn. 23.

[28] Bericht des Rechtsausschusses BT-Drs. 16/13669, 124.

[29] AA Ellenberger/Findeisen/Nobbe/*Nobbe* § 675v BGB Rn. 24; für die Erfassung der räuberischen Erpressung auch BankR-HdB/*Maihold* § 54 Rn. 60.

[30] Palandt/*Sprau* § 675v Rn. 3; BeckOK BGB/*Schmalenbach* § 675v Rn. 3; Ellenberger/Findeisen/Nobbe/*Nobbe* § 675v BGB Rn. 23; unklar MüKoBGB/*Zetzsche* § 675v Rn. 20 f. (einerseits Parallele zu § 935 Abs. 1 S. 2, andererseits weite Auslegung).

[31] BR-Drs. 848/08, 15 f.

[32] Dazu unten Kap. 4 und 5.

[33] Begr. RegE BT-Drs. 16/11643, 113.

[34] Wie hier zutreffend bereits zur früheren Fassung der Norm *Scheibengruber* BKR 2010, 15 (16); BankR-HdB/*Maihold* § 54 Rn. 65; Ellenberger/Findeisen/Nobbe/*Nobbe* § 675v BGB Rn. 47.

[35] *Hofmann* BKR 2014, 105 (109 f.).

ersichtlich, diese Konstellationen von der Haftung des Zahlers auszunehmen. Mit Blick auf das **Online-Banking** erfasst die Alternative den Verlust der Zugangsdaten durch den Zahler (zB PIN, Kundenkennung, va durch eine Bekanntgabe an Dritte als Folge einer Täuschung zB durch sog. Phishing-Mails, Verlust der Karte mit Kartenlesegeräte und PIN) sowie das Ausspionieren der Zugangsdaten durch Angriffe auf den Computer des Zahlers oder der Kommunikation zwischen Zahler und Zahlungsdienstleister (→ Rn. 34 ff.).

c) Beruhen eines autorisierten Zahlungsvorgangs. Der *nicht autorisierte Zahlungsvorgang muss auf dem Abhandenkommen bzw. der missbräuchlichen Verwendung des Zahlungsinstruments beruhen.* Erforderlich ist zunächst ein **nicht autorisierter Zahlungsvorgang,** der mit dem Zahlungsinstrument ausgelöst wurde, dh ein Zahlungsvorgang, bei dem der Inhaber des Instruments seine Zustimmung zu dem Zahlungsvorgang nicht iSd § 675j Abs. 1 S. 1, 2 BGB erteilt hat. Beim Online-Banking ist dies ua die Auslösung einer Überweisung mittels der ausgespähten PIN. 23

Nach dem Wortlaut des Abs. 1 muss der nicht autorisierte Zahlungsvorgang auf der Nutzung des abhandengekommenen Zahlungsinstruments oder der sonstigen missbräuchlichen Verwendung des Zahlungsinstruments **„beruhen".** Die somit erforderliche **Kausalität** zwischen dem Abhandenkommen des Zahlungsinstruments bzw. seiner missbräuchlichen Verwendung und dem nicht autorisierten Zahlungsvorgang bestimmt sich nach allgemeinen Grundsätzen. Das Zahlungsinstrument, zB die Chipkarte mit PIN, muss genutzt oder verwendet worden sein, um den nicht autorisierten Zahlungsvorgang auszulösen. Umfasst sind Konstellationen, bei denen das Zahlungsinstrument mit personalisierten Sicherheitsmerkmalen zum Einsatz kommt, erforderlich ist dies aber nicht. Umfasst ist auch der Einsatz des Zahlungsinstruments ohne diese. Die Unterschrift ist richtigerweise ein personalisiertes Sicherheitsmerkmal, allerdings ist diese Qualifikation für Abs. 1 nicht mehr erforderlich. Ausreichend ist zB ein unter Verwendung erspähter PIN missbräuchlicher Zahlungsauftrag im Online-Banking. 24

Hinsichtlich der Kausalität zwischen Abhandenkommen bzw. missbräuchlicher Verwendung und der nicht autorisierten Zahlung („beruhen") ist richtigerweise ein **Anscheinsbeweis**[36] zu bejahen.[37] Denn sofern nach dem Abhandenkommen des Zahlungsinstruments bzw. seiner missbräuchlichen Verwendung ein nicht autorisierter Zahlungsvorgang vorliegt, handelt es sich um einen typischen Geschehensablauf mit Blick auf den Einsatz des Instruments. Nach der Lebenserfahrung ist in entsprechenden Konstellationen die nicht autorisierte Zahlung auf das Abhandenkommen bzw. die missbräuchliche Verwendung der Debitkarte zurückzuführen. Der konkrete Nachweis, dass es auch im konkreten Einzelfall zu diesem Ablauf gekommen ist, braucht mithin dann nicht geführt zu werden, wenn keine konkreten Anhaltspunkte für einen abweichenden, atypischen Verlauf vorliegen. 25

d) Kein Ausschluss der Haftung. Die Haftung nach Abs. 1 darf schließlich nicht nach Abs. 2 (→ Rn. 30 ff.), Abs. 4 (→ Rn. 75 ff.) oder Abs. 5 (→ Rn. 84 f.) ausgeschlossen sein. 26

2. Rechtsfolge

Als Rechtsfolge hat der Zahlungsdienstleister gegen den Zahler einen Anspruch auf Ersatz des durch den nicht autorisierten Zahlungsvorgang kausalen Schadens gemäß §§ 249 ff. BGB. Vorrangig ist daher eine **Schadensberechnung nach allgemeinen Grundsätzen (§§ 249 ff. BGB).** Erforderlich ist ein kausaler Schaden, der nach diesen Regeln ersatzfähig ist. Die Regeln des **Mitverschuldens nach § 254 BGB** sind anwendbar. Ein solches kommt bei einer vereinbarten Begrenzung des Verfügungsrahmens eines Zahlungsinstruments in Betracht. Überschreitet die missbräuchliche Verwendung des Instruments diesen, so haftet der Kunde nur bis zum Erreichen der Grenze, auch wenn die 27

[36] BGH NJW-RR 2014, 1115 Rn. 9; NJW 2013, 2901 Rn. 27.

[37] Weitergehend *Oechsler* WM 2010, 1381 (1383): unwiderlegliche Vermutung; MüKoBGB/*Zetzsche* § 675v Rn. 25 (widerlegliche Vermutung).

Bank die (missbräuchliche) Zahlung zB aus Kulanz trotz Überschreiten der Höhenbegrenzung ausführt. Paradigmatisch ist eine Höhenbegrenzung für Transaktionen im Online-Banking, die bei der missbräuchlichen Nutzung der Bank nicht beachtet wird. Als ersatzfähiger Schadensposten des Zahlungsdienstleisters kommt zB der Abfluss der Valuta an den unberechtigt handelnden Dritten in Betracht.

28 Der Schaden ist auf einen **„Betrag von 50 €" begrenzt.** Dies ist eine Höchstgrenze. Nach Wortlaut („Zahlungsvorgänge"; hierdurch entstandenen „Schadens") und Systematik des Abs. 1 (Bezug der Höchstgrenze auf den Schaden und nicht die jeweilige Pflichtverletzung) gilt diese Begrenzung auf 50,– EUR auch bei einem mehrmaligen Einsatz des abhandengekommenen Zahlungsinstruments, zB der mehrmaligen Nutzung der ausgespähten PIN.[38] Führt mit anderen Worten die mehrmalige missbräuchliche Verwendung des Zahlungsinstruments zu einem Schaden von 5x100,- EUR, dann haftet der Zahler verschuldensunabhängig nach Abs. 1 insgesamt nur in Höhe von 50,– EUR. Der Gesetzgeber hat im Wege des typisierten Interessenausgleichs die garantiemäßig ausdifferenzierte Haftung im Falle eines Abhandenkommens summenmäßig insgesamt beschränkt.

29 Etwas anderes gilt bei **Unternehmer-Kunden,** wenn die Bedingungen des Zahlungsinstruments, wie in der Regel, von der Dispositionsmöglichkeit nach § 675e Abs. 4 BGB Gebrauch machen und dem Unternehmer-Kunden die Haftung für den gesamten Schaden bereits bei einer fahrlässigen Verletzung seiner Sorgfalts- und Mitwirkungspflichten beim Umgang mit dem Zahlungsinstrument auferlegen.[39] Eine unangemessene Benachteiligung ist hiermit nicht verbunden.[40] Zum einen eröffnet § 675e Abs. 4 BGB gerade die Möglichkeit abweichender Abreden mit Unternehmern, zum anderen wird mit einer solchen Abrede nur der allgemeine Grundsatz des allgemeinen Privatrechts, nach dem die aus einer schuldhaften Pflichtverletzung resultierenden Schäden zu ersetzen sind, wieder hergestellt.

IV. Haftungsausschluss nach Abs. 2

30 Nach Abs. 2 ist die (überaus begrenzte) Haftung nach Abs. 1 in zwei Konstellationen ausgeschlossen:

1. Mangelnde rechtzeitige Erkennbarkeit des Missbrauchs (Abs. 2 Nr. 1)

31 **a) Der gesetzliche Maßstab.** Nach Nr. 1 haftet der Zahler nicht, wenn es „ihm nicht möglich gewesen ist", das Abhandenkommen oder die missbräuchliche Verwendung des Zahlungsinstruments „vor dem nicht autorisierten Zahlungsvorgang zu bemerken". Maßgeblich sind insofern die **subjektiven Umstände des konkreten Zahlers,** da die Regelung nach Wortlaut („ihm") und Zweck (Ausschluss der Haftung des konkreten Zahlers) auf die Erkenntnismöglichkeiten in der konkreten Situation des jeweiligen Zahlers abstellt.[41] Aus der Richtlinienvorgabe folgt nichts anderes, da Art. 74 Abs. 1 UAbs. 2 lit. a PSD II mit diesen subjektiven Umständen harmoniert („nicht bemerkbar war"). Allerdings ist ausgehend von diesen objektiven Umständen erforderlich, dass es dem Zahler „möglich" war, die missbräuchliche Nutzung des Zahlungsinstruments zu bemerken. Insofern ist ein **objektivierter Maßstab** anzulegen (Rechtsgedanke des § 276 BGB). Mithin ist entscheidend, ob der konkrete Zahler das Abhandenkommen bzw. den Missbrauch des Zahlungsinstruments unter Anlegung eines objektivierten Maßstabs in der konkreten Situation bzw. unter den konkreten Umständen bemerken konnte.

---

[38] Ganz hL, vgl. *Casper/Pfeifle* WM 2009, 2343 (2347); Palandt/*Sprau* § 675v Rn. 4; *Oechsler* WM 2010, 1381 (1383); Baumbach/Hopt/*Hopt* BankGesch. (7) C/60; SBL/*Maihold* BankR-HdB § 54 Rn. 61; Ellenberger/Findeisen/Nobbe/*Nobbe* § 675v BGB Rn. 62; s. a. BGH ZIP 2012, 218 (221), zu einer parallelen vertraglichen Abrede (noch zum früheren Recht).

[39] Vgl. A. II.12.1 Abs. 3 Bedingungen Sparkassencard; A. II.13.1 Abs. 3 Bedingungen Bank-Card.

[40] Wie hier *Einsele* ZIP 2011, 1741 (1750).

[41] Wie hier MüKoBGB/*Zetzsche* § 675v Rn. 33; aA *Hoffmann* VuR 2016, 243 (244).

Mit diesem Maßstab umfasst die Regelung ein **Verschuldenselement,** das am Maßstab des § 276 BGB zu konkretisieren ist.[42] Der Karteninhaber muss im konkreten Umgang mit dem Zahlungsinstrument die **objektiv erforderliche Sorgfalt** an den Tag legen, die besonnene und gewissenhafte Angehörige des jeweiligen Verkehrskreises (zB Inhaber von Online-Banking-Konten) zu beachten haben. Diese Pflicht des Zahlers entspringt dem Innenverhältnis zum Zahlungsdienstleister (vgl. § 675l BGB als Konkretisierung von § 241 Abs. 2 BGB).[43] Die Sorgfaltspflichten des Zahlers werden in etwaigen Zusatzabreden (Online Banking Bedingungen) konkretisiert, wobei sich freilich die Konkretisierung im Rahmen der §§ 307 ff. BGB halten muss. Daher dürfen die Vorgaben den Zahler nicht unangemessen benachteiligen und die Brauchbarkeit des Zahlungsinstruments nicht unzumutbar beeinträchtigen. Die Konkretisierung durch AGB ist nicht abschließend.[44] 32

b) Beispiele für Haftungskonstellationen. An der mangelnden rechtzeitigen Erkennbarkeit fehlt es, wenn dem Zahler eine fahrlässige Sorgfaltspflichtverletzung durch eine **nicht sichere Aufbewahrung des Zahlungsinstruments** vorzuwerfen ist. Die Sorgfaltspflichten des Bankkunden können in AGB im Rahmen der §§ 305 ff. BGB konkretisiert werden. Dabei dürfen die Vorgaben nicht unangemessen sein und die Brauchbarkeit des Zahlungsinstruments darf nicht unzumutbar beeinträchtigt werden.[45] **Beispiele für eine Pflichtverletzung des Zahlers** umfassen ua das Unterlassen der erforderlichen und zumutbaren Vorkehrungen, um personalisierte Sicherungsmerkmale vor einem unbefugten Zugriff Dritter unmittelbar nach Erhalt zu schützen. Dem Missbrauch von PIN ist vorzubeugen. Paradigmatisch für eine Pflichtverletzung sind das unsichere Notieren der PIN und die folgende Kenntnis eines Dritten von dieser aufgrund nachlässiger Verwahrung. 33

Hinsichtlich der **Beispiele für eine Pflichtverletzung beim Online-Banking** ist zunächst festzuhalten, dass die allgemeinen Regeln auch auf das Online-Banking anwendbar sind. Weitere Konkretisierungen der Sorgfaltspflichten finden sich in den Online-Banking-Bedingungen. Dabei besteht in der Rechtsprechung wie auch in der Literatur durchaus die Tendenz, auch an die Teilnehmer des Online-Banking hohe Sorgfaltsanforderungen zu stellen, um va das **Ausspähen von PIN und TAN durch Schadprogramme** zu verhindern.[46] An einer Pflichtverletzung in Bezug auf die Überlassung des Authentifizierungsinstruments selbst fehlt es zwar, wenn die PIN beim Online-Banking von Dritten mittels Schadprogrammen in Erfahrung gebracht werden.[47] Als Angriffsversionen sind insoweit ua das Pharming und Phishing zu unterscheiden.[48] Allerdings kann dem Bankkunden insoweit eine Pflichtverletzung hinsichtlich der Nutzung des Computers vorzuwerfen sein, die diesen Angriff ermöglicht hat. 34

Nach **Ziff. 7.1 Online-Banking-Bedingungen** ist der Teilnehmer verpflichtet, die technische Verbindung zum Online-Banking nur über die von der Bank mitgeteilten Online-Banking-Zugangskanäle, zB die mitgeteilte Internet-Adresse, herzustellen. Der Kunde soll hiermit auf die vom Kreditinstitut als sicher eingestuften Zugangskanäle festgelegt werden. Hält er sich nicht an diese Vorgaben, so liegt eine Sorgfaltspflichtverletzung vor, zB wenn der Kunde im Rahmen eines Angriffs auf seine Zugangsdaten auf eine in der Adresszeile bei gebotener Sorgfalt erkennbar hiervon abweichende Internetadresse geleitet wird und dort seine Zugangsdaten eingibt.[49] 35

Nach **Nr. 7.2 Abs. 1 Online-Banking-Bedingungen** der privaten Banken, Sparkassen und Genossenschaftsbanken muss der Teilnehmer die PIN, TAN und den Code für die 36

---

[42] Begr. RegE BT-Drs. 18/11495, 165; s. a. Palandt/*Sprau* § 675v Rn. 5.
[43] IE auch Palandt/*Sprau* § 675v Rn. 5; MüKoBGB/*Zetzsche* § 675v Rn. 34.
[44] Wie hier *Hofmann* WM 2005, 441 (443); MüKoHGB/*Haertlein* ZahlungsV E Rn. 56.
[45] Zudem besteht nach Art. 248 § 4 Abs. 1 Nr. 5 lit. a EGBGB eine Unterrichtungspflicht.
[46] Vgl. LG Köln WM 2008, 354 (357).
[47] Dazu *Schulte am Hülse/Klabunde* MMR 2010, 84 (87); s. a. *Borges* NJW 2005, 3313 (3314); *Gößmann/Bredenkamp* FS Nobbe, 2009, 93 (95).
[48] Ausf. dazu → Vorb. Rn. 62.
[49] Zustimmend Bunte/Zahrte/*Zahrte* 4. Teil IV Rn. 72; iE auch BuB/*Werner* Rn. 19/64a.

elektronische Signatur geheim halten und vor dem Zugriff anderer Personen sicher verwahren. Ihre Übermittlung darf nur über den mitgeteilten Online-Banking-Zugangskanal erfolgen.

37 Nach **Ziff. 7.2 Abs. 2 Online-Banking-Bedingungen** privater Banken ist der Teilnehmer am Online-Banking zudem verpflichtet, das personalisierte Sicherheitsmerkmal nicht elektronisch zu speichern. Diese Pflicht stellt angesichts der mittlerweile vom Kunden zu verwaltenden PIN und Geheimnummern eine unverhältnismäßige Beschränkung dar, verpflichtet sie ihn doch zum Notieren der personalisierten Sicherheitsmerkmale in klassischer Weise. Es ist nicht ersichtlich, dass zB passwortgesicherte Passwort-Manager auf Smartphones oder Tablets eine unsicherere Speicherform sind. Jedenfalls hat der Kunde sicherzustellen, dass andere Personen dieses personalisierte Sicherheitsmerkmal bei der Eingabe nicht ausspähen können. Auch wird eine Eingabe des personalisierten Sicherheitsmerkmals außerhalb der vereinbarten Internetseiten erfasst, paradigmatisch sind Internetseiten von Online-Händlern oder anderen Intermediären wie Unternehmen, die als Zwischenstellen fungieren und eine sofortige Überweisung sicherstellen sollen. Erfasst wird aber auch die Eingabe auf einer Seite, die aus der Aufforderung per Email resultiert, einem Link zum Online-Banking der Bank zu folgen und dort persönliche Zugangsdaten einzugeben. Die Weitergabe des personalisierten Sicherheitsmerkmals außerhalb des Online-Banking-Verfahrens ist ebenfalls untersagt. Dies betrifft ua die Weitergabe per E-Mail, wenn eine solche die PIN/TAN des Bankkunden erfragt, aber auch die Weitergabe an Dritte einschließlich weiterer Familienmitglieder. Anfragen außerhalb der angegebenen Zugangswege zu PIN, TAN, Geheimzahl oder Passwort dürfen nicht beantwortet werden. Erfasst wird auch die Eingabe einer TAN auf der vermeintlichen Startseite des Online-Bankings. PIN und der Nutzungscode für die elektronische Signatur dürfen zudem nicht zusammen mit dem Authentifizierungsinstrument verwahrt werden. Auch darf der Teilnehmer zur Autorisierung jeweils nur eine TAN verwenden.[50]

38 Nach **Nr. 7.2 Abs. 2 Online-Banking-Bedingungen** der privaten Banken, Sparkassen und Genossenschaftsbanken darf das Mobiltelefon, mit dem TAN per SMS empfangen werden, nicht für Online-Banking verwendet werden.[51]

39 Eine Pflichtverletzung des Bankkunden kommt in Betracht, wenn der für das Online-Banking benutzte **Computer nicht gegen Schadprogramme hinreichend gesichert** ist. Angesichts der Verbreitung dieser Schadprogramme, ihrer Diskussion in allgemein zugänglichen Medien sowie der kostengünstigen bis hin zur kostenlosen und leichten Verfügbarkeit von Schutzprogrammen liegt eine Pflichtverletzung vor, wenn der Kunde kein regelmäßig aktualisierbares und aktualisiertes Virenschutzprogramm auf dem zum Online-Banking genutzten Computer installiert hat.[52] Diesem entsprechen **Ziff. 7.3 Online-Banking-Bedingungen** privater Banken, wonach der Teilnehmer die Sicherheitshinweise zum Online-Banking, insbesondere die Maßnahmen zum Schutz der eingesetzten Hard- und Software beachten muss, sowie **Ziff. 7.2 Abs. 2 Online-Banking-Bedingungen,** wonach bei der Eingabe des personalisierten Sicherheitsmerkmals sicherzustellen ist, dass andere Personen dieses nicht ausspähen können. Hiernach hat der Teilnehmer am Online-Banking vor dem jeweiligen Zugang zum Online-Banking sicherzustellen, dass auf seinem Rechner aktuelle Sicherheitssysteme wie **Firewall und Anti-Viren-Software** installiert sind.

---

[50] Vgl. den Sachverhalt von KG WM 2011, 493 (Eingabe von vier unverbrauchten TAN bei Phishing-Angriff).

[51] Abweichendes kann sich insoweit aber aus der Vereinbarung des Foto-TAN-Verfahrens ergeben, vgl. dazu → Vorb. Rn. 59.

[52] So auch LG Köln WM 2008, 354 (357); LG Hamburg MMR 2007, 131 (132); LG Nürnberg-Fürth v. 28.4.2008 – 10 O 11391/07, BeckRS 2008, 26 304; *Libertus* MMR 2005, 507 (510); *Koch* CR 2009, 485 (487 f.); *van Gelder* FS Nobbe, 2009, 55 (66); *Schulte am Hülse/Klabunde* MMR 2010, 84 (87); Ellenberger/Findeisen/Nobbe/*Nobbe* § 675v BGB Rn. 59 f.; BuB/*Werner* Rn. 19/68l (aktuelle Virenschutzsoftware und regelmäßige Sicherheitsupdates des Betriebssystems); weitergehend Bunte/Zahrte/*Zahrte* 4. Teil VI Rn. 119 (grobe Fahrlässigkeit bejahend); aA *Erfurth* CR 2008, 604 (606); *Spindler* FS Nobbe, 2009, 215 (229).

Entsprechendes gilt beim Zugriff auf das **Online-Banking mittels Mobilfunkgeräten** (Smartphones) und entsprechender Anwendungsprogramme („Apps").[53] Die Verantwortlichkeit für die Sicherheit des Mobilfunkgerätes, dh seine Sicherung gegen Angriffe Dritter zur Ausspähung der Daten, obliegt dem Kunden. Dies betrifft zunächst die Einstellungen des Gerätes in einer Weise, dass Dritte keinen unbefugten Zugriff auf das Gerät zB über das Funkverfahren Bluetooth erhalten. Hinsichtlich des Schutzes vor Schadprogrammen kommt es auf das verwendete Betriebssystem und die Verbreitung entsprechender Angriffe auf entsprechende Mobilfunkgeräte an. Sofern entsprechende Angriffe bei einigen Betriebssystemen noch überaus selten sind, braucht der Kunde keine weiteren Schutzmaßnahmen unternehmen, insbesondere keine Anti-Viren-Software installieren. Bei einzelnen Betriebssystemen ist allerdings mittlerweile eine deutlich gesteigerte Verbreitung von Schadprogrammen zu konstatieren, die auch in den allgemein zugänglichen Medien thematisiert wird. Für diese Betriebssysteme sind zudem zahlreiche, kostengünstige Anti-Viren-Programme erhältlich, so dass deren Einsatz zur Vermeidung der Ausspähung der Daten durch Dritte sorgfaltskonform ist. 40

Die Ansicht, dass es an der **Kausalität** des unterlassenen Einsatzes entsprechender Sicherheitsprogramme auch beim Online-Banking über das Internet vielfach mangeln wird, weil die verwendeten Schadprogramme von Virenschutzprogrammen erst mit einer gewissen Zeitverzögerung erkannt werden,[54] trifft nicht zu. Zwar steht es dem Kunden frei, diesen Einwand zu behaupten und zu beweisen, um die Kausalität seines Unterlassens zu widerlegen. Die Update-Zeiträume der Anti-Viren-Programme und die Reaktion der Hersteller dieser Programme auf neue Schadprogramme mit aktuellen Updates sind aber mittlerweile so kurz, dass dieser Nachweis bei einem zutreffend eingestellten täglichen Aktualisierungsintervall bzw. einem Aktualisierungsintervall bei bestehender Online-Verbindung[55] selten gelingen wird. 41

Nach **Ziff. 7.4 Online-Banking-Bedingungen** hat der Kunde eine angezeigte Bestätigung des Auftrags durch die Bank mit dem vom System registrierten Inhalt zu prüfen. 42

Nach **Nr. 10.2.1 Abs. 4 Online-Banking-Bedingungen** der privaten Banken, Sparkassen und Genossenschaftsbanken ist bei den vorgenannten Pflichtverletzungen eine grobe Fahrlässigkeit möglich. 43

Weitere Pflichtverletzungen sind das Notieren der Online-Banking-PIN auf einem Zettel, der an einem für Dritte leicht zugänglichen Ort verwahrt wird. 44

c) Beweislast. Die **Beweislast für die fehlende Autorisierung und die Pflichtverletzung** trägt nach § 675w BGB die Bank. Sofern die Schadensursache im Gefahrenbereich des Inhabers des Zahlungsinstruments liegt, hat er nach allgemeinen Grundsätzen die Darlegungslast dafür, dass ihm keine Pflichtverletzung vorzuwerfen ist. 45

2. Zurechenbarkeit des Verlusts zum Zahlungsdienstleister (Abs. 2 Nr. 2)

Nach Nr. 2 ist die Haftung des Zahlers gemäß Abs. 1 ausgeschlossen, wenn der **Verlust** des Zahlungsinstruments **durch Mitarbeiter des Zahlungsdienstleisters oder ihm zuzurechnende Dritte** „verursacht worden ist". Die Norm ist lex specialis zu §§ 254, 278 BGB, denn der (zurechenbare) Verursachungsbeitrag des Geschädigten führt nicht zu einer verhältnismäßigen Kürzung seines Schadensersatzanspruchs qua Mitverschulden, sondern zum Ausschluss der Haftung des Zahlers. Die Zurechnung des Verhaltens eingeschalteter Dritter (Agenten, Zweigniederlassung, sonstige Auslagerungsstelle) entspricht im Ausgangspunkt der Wertung von § 278 BGB. Die Norm ist an dem Gedanken der abstrakten Gefahrbeherrschung hinsichtlich des eigenen Verantwortungsbereichs orientiert, 46

[53] Der Zugriff auf das Online-Banking mittels Mobilfunkgerät ist grds. möglich und zulässig und wird von Ziff. 7.2 II Online-Banking-Bedingungen auch vorausgesetzt.

[54] So Ellenberger/Findeisen/Nobbe/*Nobbe* § 675v BGB Rn. 61 aE; *Schulte am Hülse/Kabunde* MMR 2010, 84 (88).

[55] Zurückhaltender *Meder/Blissenbach* EWiR 2008, 243 f. (wöchentliche Aktualisierung).

bleibt aber mit der Alles-oder-Nichts-Lösung hinter der wertungsgerechteren Norm des § 254 BGB zurück.

47 Erforderlich ist für Nr. 2 ein **„Verlust des Zahlungsinstruments"**. Dieser Begriff ist – hier wenig systemkonform – als Oberbegriff für das Abhandenkommen des Instruments zu verstehen. Denn ein sachlich-rechtfertigender Grund für eine Unterscheidung zwischen diesem und dem sonstigen Abhandenkommen des Instruments sowie einem von den Mitarbeitern ermöglichten Diebstahl nicht ersichtlich ist.[56] Die missbräuchliche Verwendung wird vom Wortlaut allerdings nicht umfasst. Aufgrund der dahingehend deutlichen Unterscheidung sowohl in Abs. 1 als auch in Abs. 2 Nr. 1 ist insoweit ein Umkehrschluss zu diesen Regelungen geboten und der Ausschluss entspricht dem Willen des Gesetzgebers.

48 Die Verhaltenszurechnung umfasst als **Personenkreis** nach dem Wortlaut Angestellte, Agenten (§ 1 Abs. 9 ZAG), Zweigniederlassungen des Zahlungsdienstleisters (§ 1 Abs. 5 ZAG) sowie sonstige Stellen, an welche dieser Tätigkeiten ausgelagert hat (§ 26 ZAG). Der Bezug auf „Angestellte" ist nicht im arbeitsrechtlichen Verständnis auszulegen, sondern erfasst alle Personen, die auf Weisung oder im Interesse der Bank auf der Grundlage einer rechtsgeschäftlichen Abrede tätig werden. Dies können neben Arbeitsverträgen auch Dienstverträge oder Werkverträge sein. Vor dem Hintergrund des genannten Zwecks der Regelung ist eine Unterscheidung dahingehend nicht wertungsgerecht. Aufgrund der eigenständigen Regelung in Nr. 2 ist ein Rückgriff auf § 278 BGB weder erforderlich noch geboten. Etwaige Beschränkungen der Zurechnung nach § 278 BGB (zB die – umstrittene – Herausnahme von Schadenszufügung nur bei Gelegenheit der Verrichtung[57]) sind in Nr. 2 daher nicht zu übernehmen.

49 Dieser Verlust muss durch das dem Zahlungsdienstleister zuzurechnende Verhalten **„verursacht"** worden sein. Entsprechend der Funktion der Regelung (Haftungsausschluss) und in Parallele zu den Grundsätzen des § 254 BGB ist erforderlich, dass ein adäquat kausaler und vom Schutzzweck der Nr. 2 umfasster Verursachungsbeitrag vorliegt.

V. Die unbeschränkte Haftung des Nutzers (Abs. 3)

1. Normzweck

50 Nach Abs. 3 haftet der Zahler **unbeschränkt** für den Ersatz des Schadens durch den nicht autorisierten Zahlungsvorgang, wenn er bei diesem in **betrügerischer Absicht** gehandelt hat (Nr. 1) oder den Schaden durch eine **vorsätzliche oder grob fahrlässige Verletzung seiner Pflichten** aus § 675l Abs. 1 BGB bzw. aus der Kontoabrede, Online-Banking-Abrede oder den vereinbarten Sonderbedingungen zur Nutzung des Zahlungsinstruments herbeigeführt hat (Nr. 2). Nach dem Wortlaut („zum Ersatz… verpflichtet") sowie der Systematik des § 675v BGB (vgl. Abs. 4 mit einer Abweichung von den „Absätzen 1 und 3") enthält Abs. 3 eine **eigene Anspruchsgrundlage.**[58]

51 Nach den **unionsrechtlichen Vorgaben** (Art. 61 Abs. 3 PSD II) können die Mitgliedstaaten die beschränkte sowie die unbeschränkte Haftung milder ausgestalten, sofern keine betrügerische Absicht oder vorsätzliche Pflichtverletzung des Karteninhabers vorlag. Hiervon hat der deutsche Gesetzgeber abgesehen und zB keine Haftungsdeckelung bei einer „nur" groben Fahrlässigkeit des Zahlers vorgesehen. Freilich steht es den Parteien offen, (auch klauselmäßig) eine solche Beschränkung zu vereinbaren, da hierdurch der Zahler bessergestellt wird.[59]

---

[56] Abw. MüKoBGB/*Zetzsche* § 675v Rn. 36.
[57] Vgl. dazu nur MüKoBGB/*Grundmann* § 278 Rn. 47 ff..
[58] MüKoBGB/*Zetzsche* § 675v Rn. 39.
[59] Vgl. nur A. II. 13.1 Abs. 6 SB girocard.

2. Handeln des Zahlers in betrügerischer Absicht (Abs. 3 Nr. 1)

Für ein Handeln in betrügerischer Absicht ist erforderlich, dass der Zahler sich oder einem Dritten durch eine **Täuschung des Zahlungsdienstleisters** beim missbräuchlichen Einsatz eines Zahlungsinstruments einen **unberechtigten Vermögensvorteil zulasten der Bank** verschaffen will.[60] Die Norm entspricht § 675u S. 4 BGB, allerdings ist in Abs. 3 Nr. 1 entscheidend, dass der Zahler an den von § 675u BGB umfassten Taten als Täter oder Teilnehmer beteiligt war. Paradigmatisch ist die Überlassung der Kontozugangsdaten (PIN) zur Auslösung eines Zahlungsvorgangs an einen Dritten und die Behauptung eines nicht autorisierten Zahlungsvorgangs gegenüber dem kontoführenden Institut.[61] 52

Ausreichend ist, dass der Zahler **in betrügerischer Absicht „gehandelt** hat". Mithin ist nicht erforderlich, dass er den nicht autorisierten Zahlungsvorgang selbst kausal herbeigeführt hat. Damit werden auch Fälle erfasst, in denen er Zahler das Abhandenkommen oder die missbräuchliche Verwendung des Zahlungsinstruments (zB der Kontozugangsdaten und der PIN) erst nachträglich erkennt und hieraus sodann Vorteile erstrebt.[62] Dies ist zB bei einem nach missbräuchlichem Einsatz der Kontozugangsdaten bösgläubig gewordenen Zahler der Fall, der mit dem Dritten sodann zulasten der Bank kollusiv zusammenwirkt.[63] 53

Die **Absicht des Zahlers** muss sich nicht auf die Schadenszufügung bei der Bank gerichtet sein. Die umfassende Erfüllung des Tatbestandes des § 263 StGB bzw. § 826 BGB ist keine Tatbestandsvoraussetzung. 54

Mit dem Anspruch aus Abs. 3 Nr. 1 können **weitere Ansprüche** zB aus § 823 Abs. 2 BGB, § 263 StGB sowie § 826 BGB konkurrieren. 55

3. Schuldhafte Pflichtverletzung (Abs. 3 Nr. 2)

Der zweite Tatbestand des Abs. 3 knüpft an einer **schuldhaften Pflichtverletzung des Zahlers** an. 56

a) Die Verletzung einer Pflicht aus § 675l BGB. Die Verletzung einer Pflicht aus § 675l Abs. 1 BGB umfasst zum einen die Pflicht, unmittelbar nach Erhalt des Zahlungsinstruments alle zumutbaren Vorkehrungen zu treffen, um die personalisierten Sicherheitsmerkmale vor unbefugtem Zugriff zu schützen. Zudem hat er dem Zahlungsdienstleister oder einer von diesem benannten Stelle den Verlust, den Diebstahl, die missbräuchliche Verwendung oder die sonstige nicht autorisierte Nutzung eines Zahlungsinstruments unverzüglich anzuzeigen, nachdem er hiervon Kenntnis erlangt hat. Mithin ist eine relevante Pflichtverletzung auch das **Unterlassen der Anzeige** nach § 675l Abs. 1 S. 2.[64] Denn durch die unterbliebene Anzeige wird die Sperre des Zahlungsinstruments verhindert und der Schaden möglicherweise ausgeweitet. Zudem erfordert die effektive Ausgestaltung der Anzeigepflicht diese Haftungsfolge. 57

Die Pflichtverletzung muss für den nicht-autorisierten Zahlungsvorgang und den aus diesem resultierenden Schaden der kartenausgebenden Bank **kausal** sein. 58

b) Die Verletzung der Bedingungen für die Ausgabe und Nutzung des Zahlungsinstruments. Nr. 2 lit. b betrifft die vorsätzliche oder fahrlässige Verletzung **vereinbarter Pflichten in Bezug auf Ausgabe und Nutzung des Zahlungsinstruments.**[65] Die konkrete vertragliche Pflicht, deren Verletzung die Haftung auslöst, muss 59

[60] Mit Unterschieden in der Formulierung Palandt/*Sprau* § 675v Rn. 8; MüKoBGB/*Zetzsche* § 675v Rn. 34.

[61] AllgM, vgl. Ellenberger/Findeisen/Nobbe/*Nobbe*/Schwinlavski Rn. 107; BankR-HdB *Maihold* § 54 Rn. 72; *Schwintowski* BankR § 9 Rn. 331.

[62] Begr. RegE BT-Drs. 18/11495, 166.

[63] Begr. RegE BT-Drs. 18/11495, 166.

[64] Wie hier BeckOK BGB/*Schmalenbach* § 675v Rn. 10; Palandt/*Sprau* § 675v Rn. 9; so auch schon zur früheren, weniger klaren Normfassung OLG Dresden ZIP 2014, 766.

[65] Vgl. dazu → Kap. 3 § 675l Rn. 3 ff.

dabei eine zulässige Ausgestaltung des § 675l BGB sein. Die Pflichten des Kunden werden u. a. in der Konto-Abrede, den AGB hierzu sowie den **Online-Banking-Bedingungen** konkretisiert.[66] Erforderlich ist aber, dass die konkrete Pflicht (klauselmäßig) wirksam vereinbart wurde.

60 **c) Verschuldensmaßstab. aa) Vorsatz.** Maßgebend sind hinsichtlich des Vorsatzes die allgemeinen Grundsätze des Privatrechts, da die PSD II die Ausfüllung dieser Begriffe den Mitgliedsstaaten belässt. Vorsätzlich handelt der Zahler, wenn er um den pflichtwidrigen Erfolg weiß und diesen auch will, mithin den Schaden bzw. Nachteil des Zahlungsdienstleisters erkennt und zumindest billigend in Kauf nimmt. Zudem muss das Bewusstsein der Rechtswidrigkeit vorliegen. Ein Irrtum über tatsächliche Umstände sowie ein Rechtsirrtum schließen den Vorsatz aus.[67]

61 **bb) Grobe Fahrlässigkeit. (1) Der Maßstab der groben Fahrlässigkeit.** Der **Maßstab** der groben Fahrlässigkeit bestimmt sich nach nationalem Recht.[68] Erforderlich ist hiernach, dass der Bankkunde die verkehrserforderliche Sorgfalt in besonderes gravierendem Maße verletzt und auch einfachste, nahe liegende Überlegungen nicht anstellt und jenes unbeachtet lässt, was jedem hätte einleuchten müssen.[69] Dabei sind nach der Rechtsprechung auch subjektive, in der Person des Bankkunden begründete Umstände zu berücksichtigen.[70] Beim **Online-Banking** erlangt daher die Erfahrung des Kunden im Umgang mit dem Computer Bedeutung bei der Konkretisierung.[71] Die **Beispiele in den Nutzungsbedingungen** für eine grobe Fahrlässigkeit (vgl. Ziff. 10.2.1 V Online-Banking-Bedingungen) sind weder abschließend noch zwingend.[72] Eine grobe Fahrlässigkeit kann auch in anderen Konstellationen der Pflichtverletzung des Kunden vorliegen. Umgekehrt ersetzt die beispielhafte Aufzählung nicht die Wertung im konkreten Einzelfall, die durchaus dazu kommen kann, dass eine solche im konkreten Fall nicht vorliegt. Gleichwohl verstößt die Aufzählung nicht gegen die §§ 305 ff. BGB, denn sie schränkt weder die dahingehende Rechtsposition des Kunden ein noch ist sie intransparent („kann insbesondere…"). Vielmehr verdeutlicht sie dem Kunden nochmals seine Pflichten und die Möglichkeit einer Haftung im Falle der grob fahrlässigen Verletzung. Zudem ist die Bank nach Art. 248 § 4 Abs. 1 Nr. 5 lit. d EGBGB zur Information über die Haftung verpflichtet und zu dieser Information gehört auch, den möglichen Haftungstatbestand aufzuzeigen.

62 **(2) Beispiele für eine grobe Fahrlässigkeit.** Die **bisherige Rechtsprechung** zum früheren Recht, u. a. zur Verletzung der vertraglichen Pflichten bei dem Umgang mit Zahlungskarten,[73] zur schuldhaften Ermöglichung des Missbrauchs von PIN und TAN durch den Kontoinhaber[74] sowie zur grob fahrlässigen unzureichenden Sicherung der PIN bzw. TAN gegen Phishing oder das Ausspähen des Zahlungsinstruments,[75] bleibt weiterhin aktuell.[76] Der Maßstab der groben Fahrlässigkeit sowie die Maßgeblichkeit der Umstände des Einzelfalles wurden vom Zahlungsdiensterecht nicht modifiziert.

---

[66] Vgl. auch → Rn. 23 ff.

[67] Zu letzterem vgl. nur BGH WM 2007, 487; WM 1992, 1379.

[68] Vgl. Erwägungsgrund 72 PSD II.

[69] Vgl. nur BGH NJW 2007, 2988 (2989); WM 2005, 382 (384); NJW 2001, 2092 (2093).

[70] BGH NJW 2007, 2988 (2989); WM 2005, 382 (384).

[71] Wie hier *Schulte am Hülse/Klabunde* MMR 2010, 84 (87); Ellenberger/Findeisen/Nobbe/*Nobbe* § 675v BGB Rn. 87.

[72] IE auch, wenngleich in der Bewertung weitergehend BuB/*Werner* Rn. 19/79k (Regelbeispiele, die „üblicherweise" grobe Fahrlässigkeit begründen).

[73] Vgl. dazu unten Kap. 5.

[74] Vgl. *Kind/Werner* CR 2006, 353.

[75] *Bender* WM 2008, 2049; *Borges* NJW 2005, 3313.

[76] Zur weiteren Verwertbarkeit der bisherigen Rspr. auch Begr. RegE BT-Drs. 16/11643, 114; krit. zu dieser, wenngleich nicht überzeugend, weil das Missbrauchsrisiko im Online-Banking nicht hinreichend gewichtend *Franck/Massari* WM 2009, 1117 (1123 f.); vgl. zum Missbrauchsrisiko auch *Derleder* NJW 2009, 3195 (3198) („beträchtliche Kriminalitätslast des bargeldlosen Zahlungsverkehrs") sowie BuB/*Werner* Rn. 19/

Beispiele[77] für zumindest **grob fahrlässige Verletzungen der Vertragspflichten im Online-Banking** sind die **bewusste Mitteilung einer TAN an Dritte.**[78] Hierzu zählt auch die Mitteilung der TAN an sog. Online-Bezahlverfahren durch Unternehmen außerhalb der eigenen Bank des Zahlers; abweichendes gilt insofern für Zahlungsauslösedienstleister. Grobe Fahrlässigkeit liegt auch vor, wenn der Kunde trotz bestehender Sicherheitshinweise der Bank auf eine nicht von der Bank herrührende Aufforderung hin Zahlenkombinationen in den TAN-Generator eingibt, bestätigt und damit eine Überweisung auslöst,[79] sowie wenn er entgegen den Bedingungen für das Online-Banking nicht die Empfänger-Kontonummer, den Überweisungsbetrag und den Start-Code abgleicht, bevor er diese am **TAN-Generator bestätigt.**[80] **63**

Grobe Fahrlässigkeit liegt auch vor, wenn der Bankkunde **nach *Entdeckung* eines Phishing- oder Pharming-Angriffs** keine weiteren Maßnahmen unternimmt und nachfolgend nicht autorisierte Verfügungen Dritter erfolgen.[81] Gleiches gilt richtigerweise, wenn der Kunde dem in einer Spam-Mail enthaltenen Link folgt und dort ***mehrere* unverbrauchte TAN preisgibt.**[82] Im Falle der **Mitteilung nur der PIN und *einer* TAN an Dritte** im Rahmen eines solchen Angriffs liegt eine Pflichtverletzung vor, die angesichts des Hinweises in Ziff. 7.2 II Online-Banking-Bedingungen grundsätzlich auch *fahrlässig* ist. Angesichts der aus dieser Regelung der Online-Banking-Bedingungen sehr deutlichen Pflicht, keine Authentifizierungsinstrumente zu übermitteln, der regelmäßigen Berichterstattung über Phishing-Angriffe auf Bankkunden in den allgemein zugänglichen Medien und der entsprechenden häufigen, vielfach dauerhaften Hinweise der Banken ua im Bereich des Online-Bankings, dass derartige Aufforderungen nicht versandt werden, wird man bei weiteren Aspekten des Einzelfalles, zB mehrfaches Erhalten derselben E-Mail, sprachliche Auffälligkeiten im Text der E-Mail, offenkundig vorgeschobener Grund („technische Gründe"; „drohende Sperre Ihres Kontos"), durchaus erkennbar gefälschtes Logo, auch eine grobe Fahrlässigkeit bejahen können. Der Wandel im Bewusstsein des allgemeinen Rechtsverkehrs durch die regelmäßigen Berichte über derartige Angriffe in den Medien und der Umstand, dass die Bank mit ihren Kunden nicht in dieser Weise in Kontakt tritt,[83] können von der Rechtsanwendung bei der Konkretisierung des Sorgfaltsmaßstabes nicht auf Dauer unberücksichtigt bleiben.[84] **64**

Grobe Fahrlässigkeit kommt auch in Betracht, wenn der Kunde beim Online-Banking nicht erkennt, dass er sich **nicht auf der Internetseite der Bank,** sondern auf einer **65**

383 (ohne Anscheinsbeweis wird es dem Kreditinstitut nahezu unmöglich sein, die Voraussetzungen für einen Aufwendungsersatzanspruch nachzuweisen).

[77] Vgl. unlängst auch *Mack* Die „rechtsscheinbare" Autorisierung von Zahlungsvorgängen, 2018, passim.

[78] Dazu *Borges* BKR 2009, 85 (86); *Schulte am Hülse/Klabunde* MMR 2010, 84 (87); AG München WM 2017, 2021; abw. zur unbewussten Preisgabe LG Berlin MMR 2010, 137.

[79] AG Köln BKR 2014, 307.

[80] AG Bonn BKR 2014, 304; LG Köln WM 2014, 2372; OLG Oldenburg, 21.8.2018, 8 U 163/17.

[81] IE auch KG WM 2011, 493; *Borges* NJW 2005, 3313 (3315); Ellenberger/Findeisen/Nobbe/*Nobbe* § 675v BGB Rn. 104; Bunte/Zahrte/*Zahrte* 4. Teil VI Rn. 120a.

[82] Vgl. OLG München BKR 2012, 475 (Eingabe aller erhaltener iTAN nach Aufforderung auf einer gefälschten Internetseite trotz aufkommender Zweifel); LG Berlin NJW-RR 2012, 570 (Eingabe von PIN und 40 TAN im Rahmen eines Phishing-Angriffs); AG Krefeld BKR 2012, 480 (Eingabe diverser TAN unmittelbar nach dem Log-in); zurückhaltender BGH WM 2012, 983 (Billigung der Annahme einfacher Fahrlässigkeit durch das Berufungsgericht, wenn Bankkunde, der im Online-Banking Opfer eines Pharming-Angriffs wird, beim Log-In-Vorgang trotz ausdrücklichen Warnhinweises gleichzeitig zehn TAN eingibt; allerdings noch zum früheren Recht); s. a. den Sachverhalt von KG WM 2011, 493 (Eingabe von vier TAN, jedenfalls einfache Fahrlässigkeit); LG Berlin MMR 2010, 137 (Fahrlässigkeit bei Eingabe von vier iTAN; zum alten Recht); Bunte/Zahrte/*Zahrte* 4. Teil VI Rn. 119 (massive Verdachtsmomente); MüKoBGB/*Jungmann* § 675l Rn. 65; restriktiver noch MüKoBGB/*Casper,* 6. Aufl. 2012, § 675l Rn. 18 (Eingabe zweiter TAN nicht sorgfaltswidrig).

[83] S. a. MüKoBGB/*Casper,* 6. Aufl. 2012, § 675l Rn. 45 (Einstellung der Nutzung bei sehr zweifelhaften Umständen); s.a. LG Köln MMR 2020, 258 (telefonische Mitteilung der TAN an Dritten); LG Kiel BKR 2018, 528 (Sim-Card Fraud).

[84] I. E. ähnlich BuB/*Werner* Rn. 19/68k (keine Erschütterung des Anscheinsbeweises).

nachgeahmten Seite eingeloggt hat. Maßgeblich sind insoweit die Umstände des Einzelfalles, ua die unzureichende sprachliche oder sonstige abweichende Gestaltung der Seite sowie die Erkennbarkeit in der Adresszeile (http://- anstelle https://-Adresse).[85] Das bloße Verkennen dieser Adresse in der Statuszeile bzw. des fehlenden Schlüsselsymbols, das eine sichere Verbindung aufzeigt, genügt allerdings nicht zur Bejahung einer *groben* Fahrlässigkeit.[86] Die höchstrichterliche Rechtsprechung hat indes bei fehlenden optischen Auffälligkeiten der Online-Banking-Maske, aber bei einem Warnhinweis und der während des Log-In-Vorgangs erfolgten Anforderung zur gleichzeitigen Eingabe von zehn TAN, mithin „trotz massiver Anhaltspunkte und Warnungen im Einzelfall" und trotz Ignorierens von Verdachtsmomenten nur eine einfache Fahrlässigkeit bejaht.[87] Auch die Weiterleitung durch eine Mail auf eine Drittseite fällt hierunter.[88] Die Eingabe einer PIN ohne Vornahme einer Überweisung kann ebenfalls hierzu zählen.[89] Auch die Untätigkeit nach **unterbliebener Mitteilung einer BEN** kann als grob fahrlässig gewertet werden, wenn weitere Umstände hinzutreten. Grob fahrlässig kann auch eine PIN-Eingabe bei deutlich abweichendem Zugang sein.[90] Gleiches gilt für den **Vermerk der PIN** auf dem Authentifizierungsinstrument.[91] **Mobile Zahlungssysteme** weisen bislang geringere Sicherheitsstandards auf und sind daher hinsichtlich der Rechtsgrundsätze zumindest dem Online-Banking gleichzustellen, wenn dabei Zahlungsinstrumente verwendet werden.[92]

66 Als relevantes Verhalten kommt auch die **Nutzung der Online-Banking-Zugangsdaten an einem öffentlichen Computer** ohne Rücksetzung des Browsers nach Beendigung oder ohne Maßnahmen gegen Ausspähung (Verdecken der Tastatur) in Betracht. Gleiches gilt für das Unterlassen, aktuelle Virenschutzsoftware zu verwenden sowie regelmäßig Sicherheitsupdates für das Betriebssystem und die verwendete Software zu installieren.[93]

67 Die **Sonderbedingungen für das Online-Banking** zählen in Ziff. 10.2.1 Abs. 3 **Konstellationen** auf, in denen ein grob fahrlässiges Verhalten des Kunden vorliegen kann. Danach kann grobe Fahrlässigkeit insbesondere dann vorliegen, wenn der Kunde den Verlust oder Diebstahl des Authentifizierungsinstruments oder die missbräuchliche Nutzung des Authentifizierungsinstruments oder des personalisierten Sicherheitsmerkmals der Bank nicht unverzüglich anzeigt, nachdem er hiervon Kenntnis erlangt hat, das personalisierte Sicherheitsmerkmal im Kundensystem gespeichert hat, es einer anderen Person mitgeteilt hat und der Missbrauch dadurch verursacht wurde, es erkennbar außerhalb der gesondert vereinbarten Internetseiten eingegeben hat, das Merkmal außerhalb des Online-Banking-Verfahrens, beispielsweise per E-Mail, weitergegeben oder auf dem Authentifizierungsinstrument vermerkt oder zusammen mit diesem verwahrt hat, mehr als eine TAN zur Autorisierung eines Auftrags verwendet oder beim mobileTAN-Verfahren das Gerät, mit dem die TAN empfangen werden, auch für das Online-Banking nutzt. In diesen Konstellationen muss im Einzelfall keine grobe Fahrlässigkeit vorliegen („kann"); auch sind die genannten Konstellationen nicht abschließend („insbesondere"). Erforderlich ist auch angesichts dieser Aufzählung die **Wertung anhand der Umstände des Einzelfalles.** Zugleich

[85] Vgl. LG Bonn BKR 2007, 519 (520 f.); LG Köln WM 2008, 354 (357); AG Köln BKR 2014, 307 (allg. bekannte Gefahr und erkennbar vom normalen Erscheinungsbild abweichende Homepage); Ellenberger/Findeisen/Nobbe/*Nobbe* § 675v Rn. 103; BeckOK BGB/*Schmalenbach* § 675v Rn. 12; wohl auch MüKo-BGB/*Jungmann* § 675l Rn. 54; aA: *Hossenfelder* CR 2009, 790 (793).

[86] So auch *Spindler* FS Nobbe, 2009, 215 (230); *Borges* MMR 2008, 262 (264); Ellenberger/Findeisen/Nobbe/*Nobbe* § 675v BGB Rn. 103; aA wohl LG Köln WM 2008, 354 (357).

[87] Vgl. BGH 2012, 983 Rn. 28; s. a. LG Berlin BeckRS 2012, 01462; KG Berlin WM 2011, 493 (494 f.); vgl. auch *Bender* WM 2008, 2049 (2057); BankR-HdB/*Maihold* § 55 Rn. 120.

[88] OLG München BKR 2012, 475; OLG Hamm GWR 2015, 433.

[89] LG Köln BeckRS 2015, 15385.

[90] AG Köln BKR 2014, 307.

[91] Bunte/Zahrte/*Zahrte* 4. Teil IV Rn. 122

[92] Dazu *Danwerth* ZBB 2015, 133 f.; *Söbbing* WM 2016, 1066 (1069).

[93] So schon LG Köln MMR 2008, 259; zurückhaltend aber LG Kiel BKR 2018, 528.

verdeutlichen diese Konstellationen dem Kunden die Bedeutung der Einhaltung seiner jeweils genannten Pflichten für die Begrenzung seines Haftungsrisikos.[94]

Hinsichtlich der **Beweislast** anerkennt der BGH unter deutlich zu engen Voraussetzungen den **Anscheinsbeweis auch beim Online Banking.**[95] Hierzu müssen „auf Grundlage aktueller Erkenntnisse die allgemeine praktische Unüberwindlichkeit des eingesetzten Sicherungsverfahrens sowie dessen ordnungsgemäße Anwendung und fehlerfreie Funktion im konkreten Einzelfall feststehen."[96] Allerdings soll es nach dem BGH keinen , Anscheinsbeweis rechtfertigenden Erfahrungssatz (geben), dass bei einem Missbrauch des Online-Bankings, wenn die Nutzung eines Zahlungsinstruments korrekt aufgezeichnet worden und die Prüfung der Authentifizierung beanstandungsfrei geblieben ist, eine grob fahrlässige Pflichtverletzung des Zahlungsdienstleisters nach § 675v Abs. 2 BGB vorliegt". Sofern ausnahmsweise die Voraussetzungen eines Anscheinsbeweises gegeben sind, reicht es, wenn der Zahlung Dienstnutzer zur Erschütterung des Anscheinsbeweises sich auch auf Umstände stützt, die außerhalb des Sicherungssystems des Zahlungsdienstleisters liegen, aber für einen nicht autorisierten Zahlungsvorgang sprechen.[97] 68

Die Entscheidung des BGH stellt **weitestreichende Anforderungen an die technische Ausgestaltung der Authentifizierungsverfahren** mit erheblichen (auch Kosten-) Folgen für das Online-Banking, soll der Anscheinsbeweis der Nutzung durch den Berechtigten ausgelöst werden können.[98] Die Möglichkeit der Erschütterung dieses Anscheinsbeweises ist dann aber fraglich. Zugleich versäumt der Gerichtshof Tatbestände der Rechtsscheinhaftung beim Missbrauch von Legitimationskennzeichen zu formulieren. Die Ablehnung eines Anscheinsbeweises für eine grob fahrlässige Pflichtverletzung durch den BGH vermag ebenfalls nicht zu überzeugen. Insgesamt erreicht der BGH keine angemessene Risikoverteilung durch seine Entscheidung.[99] Abgesehen davon, dass die Missbrauchsanfälligkeit des Online-Bankings durch die Grundsätze der BGH-Entscheidung ausgeweitet werden kann, steht zugleich die Frage im Raum, ob diese weitreichenden (Kosten-)Folgen nicht am eigentlichen aktuellen Kernproblem der Missbrauchsfälle im Online-Banking vorbeigehen. Denn die jüngsten Angriffe im Online-Banking richten sich zunehmend gegen den Zahlungsdienstnutzer, der sich als „Schwachstelle" des Systems erweist,[100] wie namentlich die Konstellationen des sog. Social-Engineering und der Echtzeitmanipulation[101] zeigen. Auch gegen sog. „Man-in-the-Middle-Angriffe" sind die von der vorstehenden Entscheidung letztlich nur akzeptierten Chip-TAN-Verfahren nicht geschützt.[102] Angesichts dessen ist es durchaus fragwürdig, über die Anforderungen an den Anscheinsbeweis kostenintensive Verfahrensänderungen vorzugeben, wenn auch bei diesen Konstellationen der zunehmende Angriff auf den Faktor „Mensch" nicht erfasst werden kann.[103] 69

d) Umfang der Haftung. Nach Abs. 3 haftet der Zahler auf **Ersatz des gesamten kausalen Schadens** gem. §§ 249 ff BGB. Die Haftung ist in der Höhe dem Grundsatz nach nicht begrenzt. 70

---

94 Mit einer ähnlichen Qualifikation Bunte/Zahrte/*Zahrte* 4. Teil VI Rn. 118 f.

95 BGH NJW 2016, 2024 m. krit. Analyse *Herresthal* JZ 2017, 28 ff; s.a. LG Kiel BKR 2018, 528.

96 BGH NJW 2016, 2024 m. krit. Analyse *Herresthal* JZ 2017, 28 ff.

97 BGH NJW 2016, 2024 m. krit. Analyse *Herresthal* JZ 2017, 28 ff.

98 Ausf. die Kritik bei *Herresthal* JZ 2017, 28 ff.

99 Vgl. zum Missbrauchsrisiko auch *Derleder* NJW 2009, 3195 (3198) („beträchtliche Kriminalitätslast des bargeldlosen Zahlungsverkehrs"); *Werner* Bankrecht und Bankpraxis, 81. Lfg., Rn. 19/168, nach dem ohne Anscheinsbeweis das Online-Banking-Angebot unter wirtschaftlichen Gesichtspunkten kaum sinnvoll sei.

100 BSI, Die Lage der IT-Sicherheit in Deutschland 2015, S. 25; *Zahrte* BKR 2016, 315 (320).

101 Dazu *Hoeren/Kairies* ZBB 2015, 35 (37 f.); vgl. zum Social Engineering auch OLG Köln BKR 2016, 349; LG Köln BKR 2016, 350; OLG Hamm GWR 2015, 433; LG Karlsruhe BKR 2015, 86; LG Bonn VuR 2015, 264.

102 Vgl. zu den Restrisiken beim chipTAN-Verfahren auch *Hoeren/Kairies* ZBB 2015, 35 (37 f.); s. a. LG Darmstadt WM 2014, 2323.

103 Mit entsprechender Bewertung auch *Zahrte* BKR 2016, 315 (320); s. a. *Hoeren/Kairies* ZBB 2015, 35 (38) zu den Restrisiken durch den Nutzer.

71 Ein **Mitverschulden des Kreditinstituts** ist haftungsmindernd zu berücksichtigen (§ 254 BGB). Ein Mitverschulden kann in der unterlassenen Durchsetzung eines Bereicherungsanspruchs gegen den Empfänger des ohne wirksame Anweisung übermittelten Betrags aus § 812 I 1 Alt. 2 BGB durch Rückbuchung des Betrages (Ziff. 8 I AGB-Banken: Stornorecht bei fehlerhaften Gutschriften bis zum nächsten Rechnungsabschluss) liegen. Ein **Mitverschulden gem § 254 Abs. 2 BGB** des Zahlungsdienstleisters ist abzulehnen, wenn mit der unautorisierten Zahlung das Guthaben auf dem Konto bzw. das Kreditlimit überschritten wird, ohne dass der mit dem Zahler vereinbarte Verfügungsrahmen überschritten wird. Denn die Bank ist nicht verpflichtet, Zahlungen zurückzuweisen, welche die **finanzielle Nutzungsgrenze des Kontos überschreiten.** Sofern die Zahlung aber den vereinbarten **Verfügungsrahmen überschreitet,** hat die Bank die Entstehung des Schadens ermöglicht gem. § 254 Abs. 2 BGB.[104]

72 Beim **Online-Banking** kann ein solches Mitverschulden auch aus der mangelnden Systemsicherheit resultieren. Die Bank muss ein technisch sicheres System nach dem jeweils aktuellen Stand der Technik bereitstellen.[105] **Stand der Technik im Online-Banking** sind Verfahren unter Einsatz eines TAN-Generators (eTAN) sowie Verfahren, bei denen die zu verwendende TAN von dem Kreditinstitut an das Mobiltelefon gesendet wird (mTAN).[106] Gleiches gilt für Verfahren mit HBCI, d. h. mit Chipkarte und elektronischer Signatur.[107]

73 Allerdings kann eine leichte Fahrlässigkeit der Bank hinter dem groben Verschulden des Karteninhabers weitgehend oder sogar vollständig nach allgemeinen Grundsätzen zurücktreten.

4. Haftungsausschlüsse

74 Haftungsausschlüsse für die Haftung aus Abs. 3 finden sich bei einer **unzureichenden Kundenauthentifizierung (Abs. 4)** sowie nach einer Anzeige durch den Zahlungsdienstnutzer bzw. die **mangelnde Ermöglichung der Anzeige (Abs. 5).**

VI. Haftungsausschluss bei unzureichender starker Kundenauthentifizierung (Abs. 4)

75 Abs. 4 enthält **Rückausnahmen zu den Anspruchsgrundlagen der Abs. 1 und 3,** wenn die emittierende Bank keine starke Kundenauthentifizierung (§ 1 Abs. 24 ZAG) eingesetzt hat oder der Empfänger der Zahlung bzw. dessen Dienstleister keine solche akzeptiert hat. Die Regelung setzt Art. 74 Abs. 2 PSD II um. **Zweck** der Regelung ist es, die Zahlungsdienstleister sowohl auf Seiten des Karteninhabers als auch auf Seiten des Zahlungsempfängers bei Meidung des Haftungsausschlusses zur Einrichtung einer starken Kundenauthentifizierung anzuhalten.

1. Starke Kundenauthentifizierung

76 **a) Grundsatz.** Die Haftung des Zahlers setzt voraus, dass der Zahlungsdienstleister eine starke Kundenauthentifizierung *verlangt.* Bereits nach dem Wortlaut der Norm, erst recht nach ihrem Zweck ist das bloße Vorhandensein der starken Kundenauthentifizierung nicht ausreichend, sondern müssen diese Verfahren auch tatsächlich zur Anwendung gebracht

[104] HL, vgl. SBL/*Maihold* BankR-HdB § 54 Rn. 98; MüKoBGB/*Zetzsche* § 675v Rn. 57; vgl. noch zum früheren Recht auch BGH ZIP 2012, 217 Rn. 27 ff.; vgl. Nr. 10.2.1 Online-Banking-Bedingungen der privaten Banken, Sparkassen und Genossenschaftsbanken.

[105] Vgl. KG WM 2011, 493 (Mitverschulden der Bank aufgrund Pflichtverletzung durch Einsatz des herkömmlichen PIN/TAN-Verfahrens); s. a. *Spindler* FS Nobbe, 2009, 215 (224); *Kind/Werner* CR 2006, 353 (359).

[106] IE auch Ellenberger/Findeisen/Nobbe/*Nobbe* § 675v BGB Rn. 113.

[107] Vgl. dazu *Spindler* FS Nobbe, 2009, 215 (225); *Gößmann/Bredenkamp* FS Nobbe, 2009, 93 (99).

werden, um den Ausschlussgrund der Haftung zu vermeiden. Die **starke Kundenauthentifizierung** ist in § 1 Abs. 24 ZAG legal definiert. Sie setzt voraus, dass zum einen die Vertraulichkeit der Authentifizierungsdaten geschützt ist. Dies ist bei der als personalisiertes Sicherheitsmerkmal anerkannten PIN der Fall. Zudem muss sich die Authentifizierung aus mindestens zwei Elementen zusammensetzen, die den drei Kategorien Wissen, Besitz und Inhärenz entspringen.

b) Delegierte Verordnung. Mit einer delegierten Verordnung 2018/389 hat die EU-Kommission die technischen Anforderungen an die Authentifizierung sowie und an eine starke Kundenauthentifizierung geregelt.[108] Die Verordnung ist **seit dem 14.9.2019** in den Mitgliedsstaaten **anwendbar.** Die Delegierte Verordnung verlangt, dass die auf zumindest zwei Elementen beruhende Authentifizierung durch den Karteninhaber zur **Generierung eines Authentifizierungscodes** führen muss. Mit Wirkung ab 14.9.2019 ist dies Anforderung bei der **Auslösung eines elektronischen Zahlungsvorgangs.** Nach Art. 97 Abs. 1 lit. b PSD II sowie § 55 Abs. 1 Nr. 2 ZAG gilt diese Anforderung für jeden elektronischen Zahlungsvorgang. Nach Art. 8 Abs. 2 Del VO 2018/389 muss der Zahlungsdienstleister mit Maßnahmen sicherstellen, dass die Geräte und die Software „bei einem unbefugten Zugriff auf sie die unbefugte Verwendung der Elemente nicht zulassen", er ist mithin verpflichtet, unter Berücksichtigung des jeweils aktuellen Wissensstandes den technisch möglichen Standard einzusetzen, wobei zu berücksichtigen ist, dass es sich um ein Massengeschäft handelt und das angemessene Maß an Praktikabilität ebenfalls gewährleistet sein muss. 77

2. Konstellationen des Haftungsausschlusses

a) Fehlendes Verlangen beim Zahlungsdienstleister des Karteninhabers (Abs. 4 S. 1 Nr. 1). Nach Abs. 4 S. 1 Nr. 1 muss der Zahlungsdienstleister das Missbrauchsrisiko tragen, wenn er **keine starke Kundenauthentifizierung verlangt,** obwohl nach § 55 ZAG eine entsprechende Obliegenheit besteht. Das Unterbleiben der Anforderung einer starken Kundenauthentifizierung soll haftungsrechtlich nicht zu Lasten des Kunden gehen und zwar unabhängig davon, ob diese ausnahmsweise zulässig war oder der Missbrauch des Zahlungsinstruments durch eine grob fahrlässige oder vorsätzliche Verletzung der Schutzpflichten durch den Karteninhaber ermöglicht oder erleichtert wurde.[109] Grenze ist erst das betrügerische Handeln des Zahlers (→ Rn. 81). Der Tatbestand ist erfüllt, wenn der Zahlungsdienstleister des Zahlers die starke Authentifizierung nicht verlangt. Für den Haftungsausschluss ist gleichgültig, ob der Zahlungsdienstleister Möglichkeiten der Zahlung mit und ohne starke Authentifizierung anbietet oder bei diesem Zahler aufgrund der früher verlangten starken Kundenauthentifizierung auf eine solche bei der missbräuchlichen Transaktion verzichtet, solange die konkrete Transaktion ohne entsprechende Authentifizierung erfolgt. 78

b) Fehlende Akzeptanz beim Zahlungsempfänger oder dessen Zahlungsdienstleister (Abs. 4 S. 1 Nr. 2). Die Haftung ist auch ausgeschlossen, wenn der Zahlungsempfänger die **starke Kundenauthentifizierung nicht akzeptiert,** der Zahler gegenüber dem Empfänger oder dessen Dienstleister aber das Zahlungsinstrument gleichwohl zur Zahlungsauslösung verwendet. Die Norm stellt dem Verhalten des Zahlungsempfängers das seines Dienstleisters gleich. Der Tatbestand unterscheidet nicht danach, ob die Akzeptanz aufgrund einer ausdrücklichen Ablehnung basiert oder konkludent, namentlich durch das Nichtvorhandensein der technischen Vorrichtungen für die starke Authentifizierung erfolgt. 79

---

[108] Delegierte VO (EU) 2018/389 der Kommission v. 27.11.2017 zur Ergänzung der PSD II durch technische Regulierungsstandards für eine starke Kundenauthentifizierung und für sichere Standards für die Kommunikation, ABl. EU 2018 Nr. L 69, 23.

[109] *Hoffmann* VuR 2016, 243 (248).

3. Rechtsfolge

80 **a) Haftungsausschluss.** Rechtsfolge der Regelung ist, dass die **Haftung** des Zahlers **nach Abs. 1 bzw. Abs. 3 entfällt.**

81 **b) Ausnahme bei betrügerischer Absicht des Zahlers.** Auf den Haftungsausschluss kann sich der Zahler nicht berufen, wenn er bei der Auslösung des Zahlungsvorgangs in betrügerischer Absicht gehandelt hat. Erforderlich ist für die Rückausnahme der **Nachweis einer betrügerischen Absicht.** Dabei entspricht das Absichtserfordernis dem Vorsatzerfordernis. Erforderlich ist mithin der Nachweis, dass der Zahler den Vorsatz hatte, sich durch die Auslösung der Zahlung einen rechtswidrigen Vermögensvorteil zu verschaffen. Der Eintritt des Erfolgs dieser Handlung ist nicht erforderlich. Maßgebender Zeitpunkt für das Vorliegen des Vorsatzes ist die Auslösung der Zahlung.

82 Der Zahlungsdienstleister, der sich auf die Rückausnahme (ausnahmsweise Haftung des Zahlers trotz fehlender starker Kundenauthentifizierung) beruft, muss deren **Voraussetzungen beweisen.** Dies wird auch durch die negative Formulierung als Rückausnahme deutlich. Demnach trägt der der Zahlungsdienstleister die Darlegungs- und Beweislast für die Voraussetzungen der Norm.[110] Er muss im Bestreitensfall zur Überzeugung des Gerichts – idR durch Indizien – beweisen, dass der Zahler bei der Zahlungsauslösung einen entsprechenden Vorsatz hatte.

83 **c) Der Ausgleichsanspruch des Zahlungsdienstleisters (Abs. 4 S. 3).** Nach Abs. 4 S. 3 besteht in den Konstellationen des Abs. 4 S. 1 Nr. 2, wenn mithin der Zahlungsempfänger oder der dessen Zahlungsdienstleister die starke Kundenauthentifizierung nicht akzeptieren (→ Rn. 79), ein **Anspruch des Zahlungsdienstleisters des Zahlers** gegen denjenigen, der die starke Kundenauthentifizierung nicht akzeptiert hat. Letzterer ist verpflichtet, dem Zahlungsdienstleister des Zahlers den daraus entstehenden Schaden zu ersetzen.

VII. Der Ausschluss der Haftung des Zahlers (Abs. 5)

1. Die zeitliche Grenze der Anzeige (Abs. 5 S. 1)

84 Sobald der Zahler seine **Anzeigepflicht aus § 675l Abs. 1 S. 2 BGB erfüllt** hat, ist seine **Haftung nach Abs. 1 und Abs. 2 ausgeschlossen** (vgl. Ziff. 10.2.3 Online-Banking-Bedingungen). Insofern besteht eine zeitliche Grenze. Nach ihr haftet der Zahler nicht für Schäden, die aus der Nutzung des Zahlungsinstruments nach einer Anzeige gem. § 675l S. 2 BGB entstanden sind. Der Haftungsausschluss erfordert die ordnungsgemäße Anzeige durch den Karteninhaber beim kartenausgebenden Institut oder der von diesem benannten Stelle, zB einer zentralen Stelle zur Sperre von Zahlungsinstrumenten. Dem Kreditinstitut muss aufgrund der Anzeige die elektronische Sperre des Passwortes, des Codes der elektronischen Signatur oder einer Kennnummer möglich sein.

85 Da S. 1 ohne weitere Konkretisierung auf den Zeitpunkt „nach der Anzeige" abstellt, sind die allgemeinen Grundsätze einschlägig, dh maßgeblich ist der **Zugang der Anzeige,** nicht der Zeitpunkt der sodann tatsächlichen Sperre im System. Anderenfalls würde der Zahler mit etwaigen organisatorischen Defiziten des Zahlungsdienstleisters hinsichtlich der Umsetzung der Anzeige belastet.[111] Das Zahlungsinstrument muss daher zeitlich nach dem Zugang der Anzeige genutzt worden sein. Ausreichend ist, wenn das Instrument eine logische Sekunde nach dem Zugang der Anzeige genutzt wird, zB der Zugriff im Online-Banking unmittelbar nach der Anzeige erfolgt. Diese Typisierung durch das Gesetz weist – wie jede typisierte Risikozuordnung – Unschärfen im Grenzbereich auf, so zB wenn die

[110] Wohl unstr., vgl. RegE BT-Drs. 18/11495, 166; MüKoBGB/*Zetzsche* § 675v Rn. 68.
[111] IE wie hier Baumbach/Hopt/*Hopt* BankGesch. (7) C/64.

Bank die Nutzung in dem kurzen Zeitraum zwischen Anzeige und Nutzung technisch nicht verhindern konnte. Die Typisierung ist gleichwohl angemessen, da die technischen Entwicklungen den zur Sperrung des Zahlungsinstruments nach Zugang der Anzeige erforderlichen Zeitraum kontinuierlich reduzieren. Zudem wird auf diese Weise eine vergleichsweise rechtssichere Fixierung des maßgeblichen Zeitpunktes erreicht.

2. Die mangelnde Ermöglichung der Anzeige (Abs. 5 S. 2)

Die Haftung des Zahlers nach Abs. 1 ist auch dann **ausgeschlossen,** wenn der Zahlungsdienstleister seiner **Pflicht aus § 675m Abs. 1 Nr. 3 BGB** (→ Kap. 3 § 675m Rn. 6 ff.) **nicht nachgekommen** ist, mithin keine jederzeitige Anzeigemöglichkeit eröffnet hat. 86

Die **Pflichtverletzung des Kreditinstituts** muss für den Schaden **ursächlich** sein. Nicht ausreichend für einen Ausschluss der Haftung des Kunden ist demnach, dass trotz der Pflichtverletzung der Bank eine Anzeige möglich gewesen wäre, der Kunde aber gleichwohl den Versuch der Anzeige unterlassen hat. Für dieses Verständnis spricht schon, dass der Haftungsausschluss an der konkreten Ersatzpflicht nach Abs. 1, 3 anknüpft. Systematisch haben die Regelungen des § 675v BGB zudem stets die konkrete Ersatzpflicht zum Gegenstand, d. h. den Ersatz des konkret entstandenen Schadens, der ggf. auf eine bestimmte Höhe begrenzt wird. Das Abstellen auf die Kausalität der konkreten Pflichtverletzung ist demnach systematisch konsequent. Das Fehlen eines ausdrücklichen Kausalitätserfordernisses im Wortlaut ist insoweit unschädlich als es sich hierbei um eine allgemeine Voraussetzung der Haftung handelt und dies auch keine nationale Besonderheit ist, so dass auch die Richtlinie keinen Anlass für ein solches explizites Tatbestandsmerkmal hatte. Zudem würde ein anderes Verständnis den Haftungsausschluss zu einem Zufallsgeschenk für den Kunden mutieren lassen.[112] Entsprechende Regelungen in den AGB der Kreditwirtschaft verstoßen demnach nicht gegen § 307 Abs. 1 BGB.[113] 87

3. Die Rückausnahme bei betrügerischer Absicht (Abs. 5 S. 3)

Eine Rückausnahme von dem Ausschluss der Haftung nach S. 1 und S. 2 besteht, wenn der Zahler in betrügerischer Absicht gehandelt hat (Abs. 5 S. 3). Abs. 5 S. 3 trifft insoweit die Wertung, dass der Zahler zur Anzeige des Verlusts angehalten und der Bank die technisch mögliche umgehende Sperrung ermöglicht werden soll, um einen Schaden möglichst zu verhindern bzw. zu begrenzen. Zu diesem Zweck wird das gleichwohl bestehende Schadensrisiko nach einer Anzeige grundsätzlich der (hinsichtlich der Schadensverursachung *nicht* schuldhaft handelnden) Bank zugewiesen, wenn sie die Pflicht zur Ermöglichung einer Anzeige verletzt. Diese Zuweisung ist indes wertungsmäßig nicht gerechtfertigt, wenn der Zahler in betrügerischer Absicht handelt.[114] Dann hat er den resultierenden Schaden richtigerweise ohne Möglichkeit der Haftungsbefreiung, denn wenn er wissentlich und willentlich einen Schadensverlauf in Gang setzt, verdient er auch dann keine *umfassende* Befreiung von der Haftung, wenn die Bank die Möglichkeit zur Schadensvermeidung bzw. -begrenzung in Verletzung der Pflicht aus § 675m Abs. 1 Nr. 3 BGB nicht bereitstellt. 88

4. Der Ausschluss von Einwendungen nach 13 Monaten

Die Einwendungen des Zahlers aus Abs. 5 S. 1 und Abs. 5 S. 2 sind nach § 676b Abs. 2 BGB ausgeschlossen, wenn dieser der Zahlungsdienstleister nicht bis 13 Monate ab dem 89

[112] Wie hier Bunte/Zahrte/*Zahrte* 4. Teil VI Rn. 135; aA Palandt/*Sprau* § 675v Rn. 12; BankR-HdB/*Maihold* § 54 Rn. 100; Ellenberger/Findeisen/Nobbe/*Nobbe* § 675v BGB Rn. 121, 123; Erman/*v. Westphalen* § 675v Rn. 21.

[113] Vgl. ua Nr. 10.2.1 IV Online-Banking-Bedingungen der privaten Banken, Sparkassen und Genossenschaftsbanken.

[114] Nicht nachvollziehbar insoweit *Hofmann* BKR 2014, 105 (111) (sinnwidrige Beschränkung).

Tag der Belastung mit einem nicht autorisierten oder fehlerhaft ausgeführten Zahlungsvorgang hiervon unterrichtet hat (ausf. → Kap. 3 § 676b Rn. 11 ff.).

VIII. Konkurrenzen

90 Die Haftung des Zahlers gegenüber dem Zahlungsdienstleister bei einer **missbräuchlichen Verwendung des Zahlungsinstruments** ist in § 675v BGB abschließend geregelt. Ein Rückgriff auf die §§ 280 ff. BGB in Bezug auf eine Pflichtverletzung des Zahlers, die zur missbräuchlichen Nutzung des Zahlungsinstruments führt, ist ausgeschlossen. Jenseits des Anwendungsbereichs des § 675v kann eine **sonstige Pflichtverletzung des Zahlers** allerdings zu einer Haftung nach §§ 280 ff. BGB führen. Ob § 675v Abs. 3 BGB auf solche Ansprüche entsprechend anzuwenden ist, bestimmt sich danach, ob anderenfalls ein gravierender Wertungswiderspruch daraus droht, dass hinsichtlich der Haftung für die missbräuchliche Verwendung des Zahlungsinstruments nur für Vorsatz und grobe Fahrlässigkeit gehaftet wird. Ein solcher Wertungswiderspruch ist nicht generell zu bejahen,[115] da die resultierende Haftungsmilderung nach Abs. 2 gerade aus der besonderen Missbrauchsanfälligkeit von Zahlungsinstrumenten und der resultierenden Risikoteilung gerechtfertigt sein kann.

IX. Prozessuales

91 Nach **allgemeinen Grundsätzen** hat jede Partei die ihr günstigen Tatsachen darzulegen und im Bestreitensfall zu beweisen.[116] Die Tatbestandsvoraussetzungen der Ansprüche des Zahlungsdienstleisters gegen den Zahler aus § 675v Abs. 1 BGB und § 675v Abs. 3 BGB hat daher das Institut nachzuweisen. Dabei ist die **Sonderregelung des § 675w BGB** zu berücksichtigen, sofern das **Vorliegen eines nicht autorisierten Zahlungsvorgangs,** einer Handlung des Zahlers in **betrügerischer Absicht** sowie einer **schuldhaften Pflichtverletzung** des Zahlers nach Abs. 3 umstritten ist. Nach der Rechtsprechung ist auch hinsichtlich des Zugangs des Zahlungsinstruments und damit die Eröffnung des Anwendungsbereichs des § 675v BGB nicht der von der Rechtsprechung entwickelte Anscheinsbeweis beim Missbrauch der Debitkarte anwendbar.[117]

92 Nach den allgemeinen Grundsätzen ist der Zahler für die **Tatbestandsvoraussetzungen nach Abs. 2, 4 und 5** darlegungs- und beweispflichtig, für die **Rückausnahme des Abs. 4 S. 2** hingegen der Zahlungsdienstleister (→ Rn. 82).

93 **Umstritten** ist, ob der **Zugang der Anzeige nach § 675l Abs. 1 S. 2** ebenfalls von den allgemeinen Grundsätzen erfasst wird mit der Folge, dass der Zahler diese zu beweisen hat. Dies ist grundsätzlich der Fall.[118] Allerdings greift insofern die sekundäre Beweislast, dh sofern der Zahler hinreichend konkret den Anrufzeitpunkt und die Umstände des Anrufs darlegt und beweist, hat der Zahlungsdienstleister bzw. die von ihm benannte zentrale Sperrstelle konkret darzulegen und zu beweisen, dass der Anruf von der vom Zahler zum Anruf behauptet benutzten Telefonnummer nicht oder zu einem späteren Zeitpunkt eingegangen ist. Dies kann insbesondere durch Vorlage des Telefoneingangsprotokolls erfolgen. Parallel ist hinsichtlich Abs. 5 S. 2 zu entscheiden. Auch insofern ist der Karteninhaber grundsätzlich beweisbelastet und muss ggf. nachweisen, dass die **Sperrannahme für ihn nicht erreichbar** war. Der Zahlungsdienstleister hat sodann zu beweisen, dass diese hingegen allgemein erreichbar war.

[115] Zu weitgehend daher MüKoBGB/*Zetzsche* § 675v Rn. 8.

[116] Vgl. nur LG Kiel BKR 2018, 528 (529).

[117] Vgl. BVerfG WM 2010, 208; zust. Palandt/*Sprau* § 675v Rn. 13; Ellenberger/Findeisen/Nobbe/*Nobbe* § 675v BGB Rn. 29, 128.

[118] Wie hier Palandt/*Sprau* § 675v Rn. 13; MüKoBGB/*Zetzsche* § 675u Rn. 73; Ellenberger/Findeisen/Nobbe/*Nobbe* § 675v BGB Rn. 128; BeckOK BGB/*Schmalenbach* § 675w Rn. 10.

§ 675w Nachweis der Authentifizierung

[1]Ist die Autorisierung eines ausgeführten Zahlungsvorgangs streitig, hat der Zahlungsdienstleister nachzuweisen, dass eine Authentifizierung erfolgt ist und der Zahlungsvorgang ordnungsgemäß aufgezeichnet, verbucht sowie nicht durch eine Störung beeinträchtigt wurde. [2]Eine Authentifizierung ist erfolgt, wenn der Zahlungsdienstleister die Nutzung eines bestimmten Zahlungsinstruments, einschließlich seiner personalisierten Sicherheitsmerkmale, mit Hilfe eines Verfahrens überprüft hat. [3]Wurde der Zahlungsvorgang mittels eines Zahlungsinstruments ausgelöst, reicht die Aufzeichnung der Nutzung des Zahlungsinstruments einschließlich der Authentifizierung durch den Zahlungsdienstleister und gegebenenfalls einen Zahlungsauslösedienstleister allein nicht notwendigerweise aus, um nachzuweisen, dass der Zahler

1. den Zahlungsvorgang autorisiert,
2. in betrügerischer Absicht gehandelt,
3. eine oder mehrere Pflichten gemäß § 675l Absatz 1 verletzt oder
4. vorsätzlich oder grob fahrlässig gegen eine oder mehrere Bedingungen für die Ausgabe und Nutzung des Zahlungsinstruments verstoßen

hat. [4]Der Zahlungsdienstleister muss unterstützende Beweismittel vorlegen, um Betrug, Vorsatz oder grobe Fahrlässigkeit des Zahlungsdienstnutzers nachzuweisen.

Übersicht

I. Inhalt und Zweck der Norm

Die Norm setzt Art. 72 PSD II nahezu wörtlich um. Sie hat den **Nachweis der Autorisierung** des Zahlungsvorgangs hinsichtlich der Verteilung der Darlegungs- und Beweislast im Deckungsverhältnis zum Gegenstand. Dieser Nachweis ist ua für einen etwaigen Aufwendungsersatzanspruch (§ 675u BGB) sowie den Anspruch auf Schadensersatz (§ 675v BGB) von Bedeutung. Zudem regelt die Norm die **Definition der Authentifizierung** und den **Nachweis der Authentifizierung** bei einer vereinbarten Autorisierung mittels eines Zahlungsinstruments, sofern die Authentifizierung oder eine Pflichtverletzung streitig sind.[1] 1

Die **Beweislast** wird von dieser Norm **nicht umfassend und nicht abschließend geregelt.** Sie stellt nur zum einen Mindestanforderungen an den Nachweis der Authentifizierung auf (S. 1, 2) und legt die Grenze der Beweislastverteilung zu Lasten des Kunden fest (S. 3). Hinzu tritt seit 2018 das Gebot unterstützender Beweismittel bei dem Nachweis von Betrug, Vorsatz oder grober Fahrlässigkeit (S. 4). 2

Der **Anwendungsbereich der Norm** erfasst nur das Deckungsverhältnis zwischen dem Kunden und seiner Bank. Zudem setzt die Norm voraus, dass ein Zahlungsvorgang unter Einsatz eines Zahlungsinstruments erfolgt ist oder erfolgen sollte. Außerhalb des Anwendungsbereichs der Norm gelten die allgemeinen Beweislastregeln des nationalen Rechts. 3

[1] Zu Anwendungsbereich und Abdingbarkeit vgl. Zahlungsverkehr → Kap. 3 § 675w Rn. 1 ff.

4 Eine **Abweichung zu Lasten des Zahlers** bzw. eine Abbedingung der Normen ist nach § 675e Abs. 4 BGB gegenüber Unternehmern in den allgemeinen Dispositionsgrenzen, insbesondere den §§ 305 ff. BGB, zulässig. Zudem eröffnet § 675i Abs. 2 S. 2, § 675d Abs. 1 S. 2 BGB in Konstellationen mit Drittstaaten- und Drittwährungsbezug eine Dispositionsmöglichkeit. Die **Abweichung zugunsten des Zahlers** ist nach allgemeinen Regelungen möglich.

II. Der Nachweis der Autorisierung (S. 1)

5 Die Regelung legt die **Mindestanforderungen für den Nachweis der Autorisierung** eines Zahlungsvorgangs nach § 675j Abs. 1 S. 1 BGB durch den Zahler im Deckungsverhältnis fest, wenn der Zahlungsvorgang mittels eines Zahlungsinstruments erfolgt ist oder erfolgen soll (vgl. Art. 72 PSD II sowie Erwägungsgrund Nr. 72). Damit sind zugleich die Voraussetzungen des Aufwendungsersatzanspruchs (§§ 675c Abs. 1, 670 BGB) erfasst. S. 3 beschreibt die Grenzen der Beweiskraft für den Nachweis des Aufwendungsersatzanspruchs und den Schadensersatzanspruch aus § 675v BGB. Die Regelung in S. 1 erfasst alle Konstellationen der Autorisierung eines Zahlungsvorganges, sofern ein Zahlungsinstrument eingesetzt wurde. Nach der allgemeinen Beweislastverteilung hat der Zahler die Erteilung des Zahlungsauftrags und der Zahlungsdienstleister dessen Erfüllung und die Autorisierung zu beweisen. Sofern diese **Autorisierung streitig** ist, hat der Zahlungsdienstleister den **Nachweis der Autorisierung** zu erbringen, indem sie die **Authentifizierung** und die **ordnungsgemäße Abwicklung des Zahlungsvorgangs** bei der Bank nachweist, also dass der Zahlungsvorgang ordnungsgemäß aufgezeichnet, verbucht und nicht durch eine Störung beeinträchtigt wurde.[2] Streitig ist die Autorisierung ua, wenn eine missbräuchliche Verwendung einer PIN vorgetragen wurde, so dass eine Beweisaufnahme notwendig wird.[3] Während Art. 72 PSD II nun darauf abhebt, dass der Zahlungsvorgang nicht „durch eine technische Panne oder einen anderen Mangel des von dem Zahlungsdienstleister erbrachten Dienstes beeinträchtigt" worden sein darf, verwendet § 675w S. 1 BGB weiterhin den Terminus „Störung". Dies soll klarstellen, dass sich die Beweislast des Dienstleisters auf die Abwesenheit technischer Mängel beschränkt und der geänderte Richtlinienwortlaut auf einem Übersetzungsdefizit beruht.[4]

6 Art. 72 PSD II konkretisiert die **Störung des Zahlungsvorgangs** als Beeinträchtigung des Zahlungsvorgangs durch eine technische Panne oder einen technischen Zusammenbruch. Der Zahlungsvorgang darf danach nicht „durch eine technische Panne oder einen anderen Mangel des von dem Zahlungsdienstleister erbrachten Dienstes beeinträchtigt" worden sein. Der Nachweis der ordnungsgemäßen Abwicklung ist von der Bank erbracht, wenn sie darlegt und beweist, dass der Zahlungsvorgang nach den vertraglichen Vereinbarungen durchgeführt wurde und im Übrigen ein normaler Verlauf vorliegt. Die **ordnungsgemäße Aufzeichnung** kann durch Vorlage aussagekräftiger **Transaktionsprotokolle,** ua der Server, belegt werden, wenn sich aus diesen ergibt, dass der Zahlungsvorgang nicht durch einen technischen Zusammenbruch oder eine andere Komplikation beeinträchtigt wurde.[5] Das Fehlen einer technischen Störung im System wird durch ein lückenloses Protokoll nachgewiesen, die ordnungsgemäße Verbuchung durch die betreffenden Buchungsunterlagen.

7 Sofern eine der genannten drei Voraussetzungen (ordnungsgemäße Aufzeichnung, Verbuchung und Fehlen einer Störung) fehlt bzw. der Nachweis der Authentifizierung nicht geführt ist, wurde als **Rechtsfolge** der **Nachweis der Autorisierung durch den Zahler**

[2] Näher zur Störung des Zahlungsvorgangs Zahlungsverkehr → Kap. 3 § 675w Rn. 6.
[3] Vgl. OLG Dresden ZIP 2014, 766; Erman/*v. Westphalen* Rn. 3, 4.
[4] RegE BT-Drs. 18/11495, 198 f.
[5] LG Darmstadt WM 2014, 2323 (2325) = ZIP 2014, 1972.

nicht geführt.[6] Die Gegenansicht,[7] die einen abschließenden Charakter der Anforderungen des S. 1 ablehnt, diese als bloße, nicht stets notwendige Mindestanforderungen kennzeichnet und auf den Grundsatz der freien Beweiswürdigung gemäß § 286 ZPO abhebt, vermag vor dem Hintergrund des Art. 72 PSD II nicht zu überzeugen. Danach schreiben die Mitgliedsstaaten vor, dass der Zahlungsdienstleister beim Bestreiten der Autorisierung „nachweisen muss, dass der Zahlungsvorgang authentifiziert war, ordnungsgemäß aufgezeichnet und verbucht und nicht durch eine technische Panne oder einen anderen Mangel des von dem Zahlungsdienstleister erbrachten Dienstes beeinträchtigt wurde." In der Tat sind dies vollharmonisierende Mindestanforderungen, während Beweismaß und die Anwendung etwaiger Beweiserleichterungen bei diesen Beweisthemen den Mitgliedsstaaten überantwortet bleiben.

Die Regelung rechtfertigt **keinen Umkehrschluss,** wonach der Nachweis der in S. 1 genannten Voraussetzungen stets ausreicht, um den Nachweis der Autorisierung durch die Bank zu führen (vgl. S. 3). Es handelt sich mithin um Mindestvoraussetzungen. In welchem Umfang Tatsachen zur Erbringung des Beweises nachzuweisen sind, ist eine Frage des nationalen Rechts.[8] Demnach können die in der nationalen Rechtsprechung entwickelten Beweisregeln einschließlich des Anscheinsbeweises fortgeführt werden.[9] 8

III. Die Authentifizierung (S. 2)

Die Regelung beinhaltet die **Legaldefinition der Authentifizierung;** Authentifizierung ist nach S. 2 ein Verfahren, mit dem der Zahlungsdienstleister die Nutzung eines bestimmten Zahlungsinstruments, *einschließlich* seiner personalisierten Sicherheitsmerkmale überprüft. Allerdings erscheint die Definition in Art. 4 Nr. 29 PSD II weiter, da hier hinsichtlich der Authentifizierung auf ein Verfahren abgestellt wird, mit dessen Hilfe der Dienstleister die Identität eines Nutzers *oder* die berechtigte Verwendung eines bestimmten Zahlungsinstruments, einschließlich der Verwendung der personalisierten Sicherheitsmerkmale des Nutzers, überprüfen kann. Entsprechendes ordnen die § 675c Abs. 3 BGB iVm § 1 Abs. 23 ZAG an. Denn in § 1 Abs. 20 ZAG wird das Zahlungsinstrument definiert als „jedes personalisierte Instrument oder Verfahren, dessen Verwendung zwischen dem Zahlungsdienstnutzer und dem Zahlungsdienstleister vereinbart wurde und das zur Erteilung eines Zahlungsauftrags verwendet wird…". Nach dem erfolgreichen Durchlaufen des Verfahrens ist eine **Authentifizierung erfolgt** und S. 1 einschlägig. Die Norm erfasst als zwischen Zahler und Zahlungsdienstleisters vereinbarte oder durch Gesetz angeordnete Authentifizierung sowohl die starke Authentifizierung (§ 1 Abs. 24 ZAG) wie auch die sonstige Authentifizierung (§ 1 Abs. 23 ZAG). Die Authentifizierung ist danach nicht mit der Autorisierung gleichzusetzen. 9

In den sog. CEO-Fraud-Fällen ist die Norm nicht einschlägig. Insofern mangelt es schon an der Einhaltung des vereinbarten Verfahrens zwischen dem Zahlungsdienstleister und dem Zahler bzw. dessen Vertreter. Diese Konstellation unterfällt daher weiterhin nicht der Beweislastverteilung nach § 675w BGB, sondern der Zahler muss die Erteilung des Zahlungsauftrags und der Zahlungsdienstleister die Erfüllung bzw. Autorisierung beweisen. Auch die Vorschrift in Art. 4 Nr. 29 PSD II iVm Art. 72 Abs. 1 PSD II stellt nicht die Identität des Nutzers beweisrechtlich auf eine Ebene mit dem Zahlungsinstrument. Insofern bleibt die in diesen Konstellationen fragliche Identität des Nutzers, mit dem ein abweichendes Verfahren vereinbart werden kann, außerhalb der unionsrechtlichen Vorgabe. 10

---

[6] Wie hier Ellenberger/Findeisen/Nobbe/*Nobbe* § 675w BGB Rn. 16; Baumbach/Hopt/*Hopt* BankGesch. (7) C/68; Staudinger/*Omlor,* 2012, § 675w Rn. 4 f.; s. a. BGH NJW 2016, 2024 Rn. 15.

[7] So nun, wenngleich ohne hinreichende Berücksichtigung der RL, BankR-HdB/*Maihold* § 54 Rn. 45 (allg. Nachweis einer Zustimmung des Zahlers zu dem Zahlungsvorgang nach § 675j Abs. 1 BGB mithilfe anderer Beweismittel bleibt möglich) sowie MüKoBGB/*Zetzsche* § 675w Rn. 6 f.

[8] Reg. Begr. BT-Drucks. 16/11643, 114.

[9] Wie hier Reg. Begr. BT-Drucks. 16/11643, 115; a. A. *Franck/Massari* WM 2009, 1117, 1124.

11 **Beispiele** sind beim **Online-Banking** die formalisierte Prüfung anhand einer Kundenkennung mit zugehörigem Kennwort, Keycard und sonstiger Schlüssel oder PIN;[10] beim Telefonbanking sind die Kundenkennung, Kennworte, PIN sowie persönliche Sicherheitsmerkmale umfasst. Diese kann die Bank u. a. durch Vorlage des Nachweis-Protokolls der SEPA-Aufträge darlegen und beweisen, sofern aus dem Protokoll ersichtlich ist, dass diese Nachweise überprüft wurden und Grundlage der Transaktion waren. Sofern das Authentifizierungsverfahren mehrgliedrig ist, ist der Nachweis der Nutzung aller Elemente erforderlich.

IV. Die Beweiswürdigung (S. 3)

1. Das Verbot der unwiderleglichen Vermutung und die Regel der Beweiswürdigung

12 Sofern ein Zahlungsvorgang mittels eines Zahlungsinstruments ausgelöst wurde, enthält S. 3 **(negative) Beweisvermutungen.**[11] Danach dürfen die ordnungsgemäße Aufzeichnung der Nutzung des Zahlungsinstruments und der Authentifizierung „nicht notwendigerweise" als alleiniger Anknüpfungspunkt für eine unwiderlegliche Beweisvermutung zum Nachteil des Zahler für den Nachweis der ausdrücklich genannten Umstände gewählt werden. Im Rahmen der Beweislast können mithin weitere Umstände des Einzelfalles heranzuziehen sein, um den Nachweis der ausdrücklich genannten Umstände zu erbringen.[12]

13 Als Folge ist eine **Abwägung der Umstände des Einzelfalls** erforderlich bzw. sind ggf. **weitere Tatsachen** vom mitgliedstaatlichen Recht zu identifizieren, deren Darlegung und Beweis erforderlich ist, um im Einzelfall die genannten Umstände zu beweisen.[13] Allerdings folgt aus der Norm nicht, dass *stets* weitere Umstände heranzuziehen sind. Auch können die Grundsätze zum Anscheinsbeweis fortgeführt werden. Beides stellt schon die Gesetzesbegründung zur Vorgängerfassung zutreffend fest.[14] Die Regelung stellt somit nur, aber immerhin sicher, dass der gem. § 675w S. 1 BGB vom Zahlungsdienstleister zu erbringende Nachweis, dass eine Authentifizierung des streitigen Zahlungsvorgangs erfolgt und der Zahlungsvorgang ordnungsgemäß aufgezeichnet, verbucht sowie nicht durch eine Störung beeinträchtigt wurde, nicht umgehend zu einer unwiderlegbaren Beweisvermutung führt. Für den Zahler soll die Möglichkeit bestehen, durch Darlegung und Nachweis besonderer Umstände den so von dem Zahlungsdienstleister geführten Beweis zu widerlegen. Nach seinem Sinn und Zweck soll die Norm aber nur jene Konstellationen erfassen, in denen ein *Dritter* das Zahlungsinstrument durch Übermittlung an den Zahlungsdienstleister genutzt hat, nicht aber in Konstellationen, in denen nachweislich der Kunde selbst das – (zB durch einen Man-in-the-middle-Angriff) auch verfälschte – Instrument nachweislich eingesetzt hat.[15]

14 Die **relevanten Umstände,** für die „nicht notwendigerweise" eine unwiderlegliche Beweisvermutung besteht, sind die Autorisierung des Zahlungsvorgangs durch den Zahler

[10] Vgl. aus der Rspr. LG Darmstadt WM 2014, 2323 (2324 f.).

[11] S. a. Erwägungsgrund Nr. 33 Zahlungsdiensterichtlinie.

[12] Begr. RegE BT-Drs. 16/11643, 114; vgl. aus der Rspr. LG Mannheim WM 2008, 2015; AG Wiesloch WM 2008, 1648; AG Krefeld BKR 2012, 480, wonach jeweils die Verwendung der korrekten Daten des Kontoinhabers nicht den Nachweis des ersten Anscheins für die Berechtigung erbringe.

[13] Vgl. RegE BT-Drs. 18/11495, 198; s. a. schon RegE BT-Drs. 16/11643, 114 zur Vorgängernorm.

[14] Vgl. BR-Drs. 848/08, 187, 188, wonach die in Art. 59 Zahlungsdiensterichtlinie statuierten und im deutschen Recht in § 675w BGB umgesetzten Mindestanforderungen die bestehenden nationalen Grundsätze der Beweislastverteilung unberührt lassen („Letztendlich spiegelt Art. 59 der Zahlungsdiensterichtlinie in Grundsätzen die bisherige Praxis der Gerichte im Fall von Kartenmissbräuchen mittels Eingabe einer PIN wider, so dass die gesetzliche Regelung in § 675w BGB keine grundlegende Änderung mit sich bringt"); so auch Bunte/Zahrte/*Zahrte* 4. Teil IV Rn. 129d.

[15] So auch AG Bonn MMR 2015, 477 f.

(Nr. 1), sein Handeln in betrügerischer Absicht (Nr. 2), die Verletzung einer oder mehrerer Pflichten nach § 675l BGB durch den Zahler (Nr. 3) sowie der vorsätzliche oder grob fahrlässige Verstoß des Zahlers gegen eine oder mehrere Bedingungen für die Ausgabe und Nutzung des Zahlungsinstruments (Nr. 4).

In Umsetzung von Art. 72 Abs. 2 PSD II, der Konstellationen erfasst, an denen ein **Zahlungsauslösedienstleister** an dem nicht autorisierten Zahlungsvorgang beteiligt war, nennt S. 3 im Regressverhältnis zwischen Zahler und Zahlungsdienstleister auch den Zahlungsauslösedienstleister nun durch eine Einfügung. Diese ordnet an, dass die Darlegungs- und Beweislastregeln der S. 3 und S. 4 auch gelten, wenn ein Zahlungsauslösedienstleister eingeschaltet war. Im Haftungsprozess zwischen Zahler und kontoführenden Zahlungsdienstleister ist daher auch die Aufzeichnung der Nutzung des Zahlungsinstruments durch den Zahlungsauslösedienstleister nicht stets allein ausreichend, um die drei genannten Umstände nachzuweisen. Der Zahlungsdienstleister muss mithin auch zu Umständen vortragen und gegebenenfalls Beweis erbringen, die dem Verantwortungsbereich des Zahlungsauslösedienstleisters zuzuordnen sind. 15

2. Das Gebot ergänzender Beweismittel (S. 4)

Mit Wirkung ab 2018 wurde S. 4 eingefügt; die Norm setzt Art. 72 Abs. 2 S. 2 PSD II um. Nach ihr muss der Zahlungsdienstleister **„unterstützende Beweismittel"** vorlegen, um **Betrug, Vorsatz oder grobe Fahrlässigkeit** nachzuweisen. Damit bezieht sich S. 4 auf die von S. 3 Nr. 2–4 umfassten Konstellationen. Der Inhalt der Regelung erschließt sich durch den Vergleich mit dem Regelungsgehalt von S. 3. Nach Letzterem reichen „Aufzeichnung der Nutzung des Zahlungsinstruments einschließlich der Authentifizierung durch den Zahlungsdienstleister"… „allein nicht notwendigerweise" um die in den dort Nr. 1–4 genannten Konstellationen nachzuweisen. S. 4 ergänzt dies dahingehend, dass für den Nachweis von „Betrug, Vorsatz oder grober Fahrlässigkeit" *in jedem Fall* „unterstützende Beweismittel" erforderlich sind. Demnach reicht hier die Aufzeichnung der Nutzung des Zahlungsinstruments einschließlich der Authentifizierung durch den Zahlungsdienstleister nicht aus, um den Beweis bei diesen Beweisthemen zu erbringen. Dies bestätigt zum einen die Auslegung des S. 3, wonach es auf die Umstände des Einzelfalls ankommt und die Formulierung „nicht notwendig" nur sicherstellt, dass nicht stets aus dem Nachweis dieser Umstände auf die in S. 3 Nr. 1–4 geregelten Konstellationen geschlossen wird. Zugleich ist für den Nachweis von Betrug, Vorsatz oder grober Fahrlässigkeit zumindest erforderlich, dass der Zahlungsdienstleister „unterstützende" Beweismittel in den Prozess einführt.[16] Der Schluss allein von den in S. 3 genannten Beweismitteln (Aufzeichnung) auf Betrug, Vorsatz oder grobe Fahrlässigkeit ist mithin ausgeschlossen. Unterstützend ist jedes weitere Beweismittel. S. 4 konkretisiert mithin – wie S. 3 – die Mindestanforderungen an die Darlegungs- und Beweislast des Zahlungsdienstleisters in Bezug auf spezifische Konstellationen bzw. Beweisthemen. Der **Anscheinsbeweis beim Online-Banking** (→ Rn. 17 ff.), wird hierdurch freilich **nicht ausgeschlossen** oder grundlegend eingeschränkt. 16

3. Der Anscheinsbeweis beim Online-Banking und Telefon-Banking

Des Weiteren lässt die Regelung eine Würdigung durch den Tatrichter zu, ob seitens des Kunden, eine fahrlässige, grob fahrlässige oder vorsätzliche Pflichtverletzung oder eine betrügerische Absicht vorliegt. Die Richtlinie anerkennt insoweit die mitgliedstaatlichen Beweiswürdigungsregeln.[17] Die **Beweislastregeln des nationalen Rechts,** namentlich die **Regelungen des Anscheinsbeweises,** können hiernach weiter angewendet werden, 17

[16] Vgl. RegE BT-Drs. 18/11495, 198 f; krit. zur Normgeschichte und zum Norminhalt *Linardatos* NJW 2017, 2145 (Fortgeltung des Anscheinsbeweises); *Werner* WM 2018, 449; *Hoffmann* BKR 2018, 62; *Zahrte* NJW 2018, 337.

[17] Vgl. Begr. RegE BT-Drs. 16/11643, 114; Begr. RegE BT-Drs. 18/11495, 198.

wenn und soweit der Kunde die Möglichkeit hat, konkrete Umstände vorzutragen und zu beweisen, die die Anwendung der Beweislastregel im konkreten Einzelfall ausschließen.[18] In Bezug auf die Regelungen des Anscheinsbeweises folgt dies bereits aus dem Wortlaut des Art. 72 Abs. 2 PSD II („nicht notwendigerweise"). Auch wird die praktische Wirksamkeit der Richtlinienvorgabe mit diesen Regelungen nicht konterkariert, vielmehr verhindert der Anscheinsbeweis gerade den Missbrauch der elektronischen Zahlungen und stärkt das Vertrauen in die Sicherheit des unbaren Zahlungsverkehrs.

18 Beim **Online-Banking und Telefon-Banking** wurde ein **Anscheinsbeweis** bei der Verwendung der PIN, des Kennwortes und einer TAN beim einfachen PIN-TAN-Verfahren in der Rechtsprechung der deutschen Instanzgerichte *nicht* anerkannt.[19] Der Zahlungsdienstleister musste demnach darlegen und beweisen, dass der Kunde seine Pflicht verletzt hat und ein kausaler Schaden eingetreten ist. Bei den **verbesserten Identifizierungsverfahren** ist ein solcher Anscheinsbeweis richtigerweise anzuerkennen.[20] Im Schrifttum ist die Anerkennung eines Anscheinsbeweises **beim Online-Banking umstritten.**[21] Richtigerweise ist bei einem Zahlungsvorgang mit dem Zahlungsinstrument und PIN der Beweis des ersten Anscheins gerechtfertigt, dass der Nutzer selbst verfügt hat oder zumindest nach Abs. 2 grob fahrlässig gehandelt hat. Die Diskussion blendet allerdings weitgehend aus, dass ein Anscheinsbeweis bei der Verwendung der Debitkarte mit der PIN auch an einer automatisierten Kasse (POS-Terminal) dahingehend bejaht wird, dass der Inhaber selbst gehandelt hat oder grob fahrlässig Karte und PIN verwahrt hat.[22] Auch in dieser Konstellation bestehen aber am POS sowie bei der Kommunikation über das Telefonnetz und den Bankcomputer prinzipiell zahlreiche Angriffspunkte für Dritte, richtigerweise ohne dass dieses den Anscheinsbeweis hindert. Beim Online-Banking werden die letztlich identischen Kommunikationsrisiken regelmäßig als Ausschlussgrund eines Anscheinsbeweises postuliert.[23] Zudem greifen die einen Anscheinsbeweis tragenden Argumente, dass die Nutzung der PIN/TAN in der Sphäre des Kunden erfolgt und das Kreditinstitut den Verfügenden nicht kennt, so dass der Nachweis einer erfolgten Autorisierung den Anscheinsbeweis vielfach erfordert. Auch ist die Gefahr des Missbrauchs ohne Anscheinsbeweis im **Online-Banking** ebenfalls deutlich erhöht.

19 Der **BGH** verlangt für die **Anwendung der Grundsätze der Anscheinsvollmacht und eines Handelns unter fremdem Namen** bei einem Missbrauch des Online Banking neben den §§ 675j Abs. 1 S. 4, 675u, 675v BGB, dass „auf Grundlage aktueller Erkenntnisse die allgemeine praktische Unüberwindbarkeit des eingesetzten Sicherungsverfahrens sowie

---

[18] Wie hier *Casper/Pfeifle* WM 2009, 2343 (2347); *Grundmann* WM 2009, 1157 (1163); *Lohmann/Koch* WM 2008, 57 (63); *Rösler/Werner* BKR 2009, 1 (9); BuB/*Werner* Stand 07/2009, Rn. 19/97; MüKoHGB/*Linardatos* VI ZahlungsV K Rn. 248; Bunte/Zahrte/*Zahrte* 4. Teil VI Rn. 129d; aA *Scheibengruber* BKR 2010, 15 (20); *Franck/Massari* WM 2008, 1117 (1126 f.).

[19] Vgl. KG ZIP 2011, 1048 (1050); LG Mannheim BKR 2009, 84 (85); LG Köln WM 2008, 354 (357 f.); LG Bonn CR 2004, 218 (229); AG Krefeld BKR 2012, 480 (Verwendung von PIN und TAN lässt keinen Rückschluss zu aufgrund Vielzahl krimineller Abfragen); offengelassen von LG Berlin MMR 2010, 137 und AG Wiesloch WM 2008, 1648 (letzteres zum einfachen TAN-Verfahren); AG Köln BKR 2014, 307 (mangels hinreichend konkretem Vortrag zum Vorgang des Online-Bankings); für eine Anwendung hingegen LG Köln WM 2014, 2372 (Grad der Sicherheit des jeweils angewandten TAN-Verfahrens entscheidend und bei mTAN zu bejahen).

[20] Vgl. LG Oldenburg MMR 2016, 450; OLG Düsseldorf ZIP 2012, 2244 (2245); OLG Dresden ZIP 2014, 766 (768); LG Darmstadt ZIP 2014, 1972 (chipTAN-Verfahren); *Herresthal* JZ 2017, 28; *Hoeren/Kairies* ZBB 2015, 35 (38).

[21] Bejahend wie hier MüKoHGB/*Linardatos* VI ZahlungsV K Rn. 248 f.; *Weber* Recht des Zahlungsverkehrs, 2004, S. 304; *v. Rottenburg* WM 1997, 2381 (2391); BuB/*Werner* Rn. 19/68i ff., 19/383 ff.; *Bender* WM 2008, 2049 (2058); *van Gelder* FS Nobbe, 2009, 55 (66 ff.); *Gößmann/Bredenkamp* FS Nobbe, 2009, 93 (110 ff.); Ebenroth/Boujong/Joost/Strohn/*Grundmann* HGB, II. Zahlungsverkehr, Rn. II 39; abl. hingegen MüKoBGB/*Zetsche* § 675w Rn. 27 ff.; *Borges* BKR 2009, 85 (87); *Spindler* FS Nobbe, 2009, 215 (232); *Schulte am Hülse/Klabunde* MMR 2010, 84 (87); für einen Anscheinsbeweis im Rahmen des Bildschirmtextsystems (Btx) vgl. OLG Oldenburg NJW 1993, 1404; OLG Köln VersR 1993, 840; krit. aus der Rspr.: KG WM 2011, 493 (495); LG Mannheim WM 2008, 2015; AG Wiesloch WM 2008, 1648 (1650).

[22] Vgl. nur BGH WM 2004, 2309; WM 2007, 67; gebilligt durch BVerfG WM 2010, 208 (209 f.).

[23] Paradigmatisch KG ZIP 2011, 1048 (1050) (Angriff auf Zentralrechner denkbar).

dessen ordnungsgemäße Anwendung und fehlerfreie Funktion im konkreten Einzelfall feststehen."[24] Nicht zu überzeugen vermag insbesondere die Anforderung einer „allgemeinen praktischen Sicherheit" des Authentifizierungsverfahrens durch den BGH. Nach dem Gerichtshof[25] liegt ein solches Verfahren vor, wenn es von einer Kompromittierung der (zur Übermittlung der Überweisungsdaten) eingesetzten Geräte nicht berührt wird ein Unberechtigter nicht auf den Übertragungsweg zugreifen kann, die dynamische TAN an den konkreten Zahlungsvorgang gebunden ist und der Zahlungsdienstenutzer den vollständigen, unverfälschten Zahlungsauftrag vor seiner Freigabe überprüfen kann. Mit diesen überaus detailreichen Anforderungen an ein sicheres Authentifizierungssystem paraphrasiert der BGH letztlich nur die in einer vereinzelten, aus der Perspektive des Senats aber sicher prominenten Fundstelle im Schrifttum formulierten überaus restriktiven Anforderungen an ein Authentifizierungsverfahren, welche die Auslösung des Anscheinsbeweises rechtfertigen.[26] Nach dieser einzelnen Stimme aus dem Schrifttum haben sich „die im Online-Banking zurzeit tatsächlich eingesetzten Verfahren… überwiegend als missbrauchsanfällig erwiesen".[27] Das überwiegende Schrifttum[28] und auch die Instanzgerichte[29] waren zuvor – bei allen Unterschieden im Detail – abweichender Ansicht und bejahten die Legitimität des Anscheinsbeweises jenseits dieser überaus restriktiven Anforderungen an das Authentifizierungssystem, nach denen letztlich nur ein aktuelles Verfahren den Anscheinsbeweis auslöst. Vor dem Hintergrund einer fehlenden quantitativen Rechtfertigung und empirischen Rückbindung der überaus restriktiven Anforderungen an ein Authentifizierungssystem, das den Anscheinsbeweis auszulösen vermag, ist die Kostenrelevanz dieser weitreichenden judikativen Vorgaben durchaus kritisch zu bewerten. Immerhin legt die vorstehende Entscheidung für die Praxis eine weitreichende Änderung der technischen Authentifizierungsverfahren und in der Folge eine Änderung der Einsatzgewohnheiten der Nutzer nahe,[30] ohne dass dies (erkennbar) quantitativ gerechtfertigt wird. Auch angesichts der weiterhin durchaus begrenzten Fallzahlen des Missbrauchs im Online-Banking,[31] die zudem in steigendem Maße am Faktor „Mensch" ansetzen,[32] ist die ökonomische Rechtfertigung fraglich.[33]

Allerdings erfordert eine **Haftung des Bankkunden,** dass ihm ein grob fahrlässiger Sorgfaltsverstoß angelastet werden kann. Insoweit wird man die Besonderheiten des Online-Bankings hinsichtlich der subtilen Angriffsmöglichkeiten (Phishing, DNS-Spoofing, Pharming)[34] berücksichtigen müssen, so dass zwar vielfach ein fahrlässiges, nicht aber ein 20

[24] BGH NJW 2016, 2024 mit Kritik von *Herresthal* JZ 2017, 28; s. a. OLG Schleswig WM 2019, 206 (209).

[25] BGH Urt. v. 26.1.2016, XI ZR 91/14, Rn. 35.

[26] Vgl. BankR-HdB/*Maihold* § 55 Rn. 19 (Fn. 7), und va Rn. 85 mit den identischen Anforderungen; die Hinweise in der aktuellen Entscheidung des BGH auf *Hoeren/Kairies* ZBB 2015, 35 (36 f.) und *dies.* WM 2015, 549 (552) tragen die im Urteil ausdifferenzierten strengen Anforderungen nicht, da dort nur jeweils für die Anwendung des Anscheinsbeweises beim chipTAN-Verfahren optiert wird, nicht aber dessen Eigenschaften als notwendige Voraussetzungen des Anscheinsbeweises verallgemeinert werden.

[27] Vgl. BankR-HdB/*Maihold* § 55 Rn. 85 (Fn. 7).

[28] Vgl. nur Derleder/Knops/Bamberger/*Borges* Handbuch zum deutschen und europäischen Bankrecht, 2. Aufl., Rn. 157; *ders.* BKR 2009, 85; MüKoBGB/*Casper* § 675w Rn. 20; *van Gelder,* FS Nobbe, 2009, S. 55 (67); *Gößmann/Bredenkamp,* FS Nobbe, 2009, 93 (111); *Werner* MMR 1998, 232 (235); Kümpel/Wittig/Früh/Seyfried/*Werner* Bank- und Kapitalmarktrecht, 4. Aufl. 2011, Rn. 7.774.

[29] LG Köln WM 2014, 2372 f.

[30] Vgl. BankR-HdB/*Maihold* § 55 Rn. 19 aE (Fn. 7), zum bislang nur seltenen Einsatz entsprechender Verfahren in der Praxis.

[31] Vgl. oben Fn. 3.

[32] Vgl. den Nachweis oben Fn. 25.

[33] Darüber hinaus ist zu fragen, ob jener Sachverhalt, welcher der Entscheidung zugrunde liegt, tatsächlich zeigt, dass die Risikoallokation im Zahlungsdiensterecht und die Handhabung des Anscheinsbeweises einer fundamentalen judikativen Revision harrten. Immerhin wurden dort nur für kurze Zeit auf das Konto des Zahlungsdienstnutzers durch die Bank fehlgeleitete 235.000 € in diesem kurzen Zeitraum an einen Rechtsanwalt überwiesen, der eine Weisung des Zahlungsdienstenutzers zur Weiterleitung auf ein anderes Konto hatte und sich dann auf seine anwaltliche Schweigepflicht berief. Beide Tatsacheninstanzen haben der Klage der Bank stattgegeben.

[34] Zu den Angriffsformen ausf. → Vorb. Kap. 3 Rn. 62.

grob fahrlässiges Verhalten des Kunden vorliegt und der Anscheinsbeweis für letzteres daher zu verneinen ist (s. a. → Kap. 3 § 675v Rn. 68). Vorzugwürdig ist es daher, nur bei eTAN und mTAN einen solchen Anscheinsbeweis anzunehmen, da diese mit Blick auf die TAN und ihre Übermittlung an den Kunden eine besondere Sicherheit gewährleisten, das Verfahren dem Bankkunden die gebotene besondere Sorgfaltspflicht beim Umgang mit TAN vor Augen führen und die Angriffsmöglichkeiten Dritter zur Erlangung der TAN, die zu einer nur fahrlässigen Pflichtverletzung des Bankkunden führen, deutlich reduzieren.

§ 675y Haftung der Zahlungsdienstleister bei nicht erfolgter, fehlerhafter oder verspäteter Ausführung eines Zahlungsauftrags; Nachforschungspflicht

(1) [1] **Wird ein Zahlungsvorgang vom Zahler ausgelöst, kann dieser von seinem Zahlungsdienstleister im Fall einer nicht erfolgten oder fehlerhaften Ausführung des Zahlungsauftrags die unverzügliche und ungekürzte Erstattung des Zahlungsbetrags verlangen. [2] Wurde der Betrag einem Zahlungskonto des Zahlers belastet, ist dieses Zahlungskonto wieder auf den Stand zu bringen, auf dem es sich ohne den fehlerhaft ausgeführten Zahlungsvorgang befunden hätte. [3] Wird ein Zahlungsvorgang vom Zahler über einen Zahlungsauslösedienstleister ausgelöst, so treffen die Pflichten aus den Sätzen 1 und 2 den kontoführenden Zahlungsdienstleister. [4] Soweit vom Zahlungsbetrag entgegen § 675q Abs. 1 Entgelte abgezogen wurden, hat der Zahlungsdienstleister des Zahlers den abgezogenen Betrag dem Zahlungsempfänger unverzüglich zu übermitteln. [5] Weist der Zahlungsdienstleister des Zahlers nach, dass der Zahlungsbetrag ungekürzt beim Zahlungsdienstleister des Zahlungsempfängers eingegangen ist, entfällt die Haftung nach diesem Absatz.**

(2) [1] **Wird ein Zahlungsvorgang vom oder über den Zahlungsempfänger ausgelöst, kann dieser im Fall einer nicht erfolgten oder fehlerhaften Ausführung des Zahlungsauftrags verlangen, dass sein Zahlungsdienstleister diesen Zahlungsauftrag unverzüglich, gegebenenfalls erneut, an den Zahlungsdienstleister des Zahlers übermittelt. [2] Weist der Zahlungsdienstleister des Zahlungsempfängers nach, dass er die ihm bei der Ausführung des Zahlungsvorgangs obliegenden Pflichten erfüllt hat, hat der Zahlungsdienstleister des Zahlers dem Zahler gegebenenfalls unverzüglich den ungekürzten Zahlungsbetrag entsprechend Absatz 1 Satz 1 und 2 zu erstatten. [3] Soweit vom Zahlungsbetrag entgegen § 675q Abs. 1 und 2 Entgelte abgezogen wurden, hat der Zahlungsdienstleister des Zahlungsempfängers den abgezogenen Betrag dem Zahlungsempfänger unverzüglich verfügbar zu machen.**

(3) [1] **Wird ein Zahlungsvorgang vom Zahler ausgelöst, kann dieser im Fall einer verspäteten Ausführung des Zahlungsauftrags verlangen, dass sein Zahlungsdienstleister gegen den Zahlungsdienstleister des Zahlungsempfängers den Anspruch nach Satz 2 geltend macht. [2] Der Zahlungsdienstleister des Zahlers kann vom Zahlungsdienstleister des Zahlungsempfängers verlangen, die Gutschrift des Zahlungsbetrags auf dem Zahlungskonto des Zahlungsempfängers so vorzunehmen, als sei der Zahlungsvorgang ordnungsgemäß ausgeführt worden. [3] Wird ein Zahlungsvorgang vom Zahler über einen Zahlungsauslösedienstleister ausgelöst, so trifft die Pflicht aus Satz 1 den kontoführenden Zahlungsdienstleister. [4] Weist der Zahlungsdienstleister des Zahlers nach, dass der Zahlungsbetrag rechtzeitig beim Zahlungsdienstleister des Zahlungsempfängers eingegangen ist, entfällt die Haftung nach diesem Absatz.**

(4) [1] **Wird ein Zahlungsvorgang vom oder über den Zahlungsempfänger ausgelöst, kann dieser im Fall einer verspäteten Übermittlung des Zahlungsauftrags verlangen, dass sein Zahlungsdienstleister die Gutschrift des Zahlungsbetrags auf dem Zahlungskonto des Zahlungsempfängers so vornimmt, als sei der Zahlungsvorgang ordnungsgemäß ausgeführt worden. [2] Weist der Zahlungsdienstleister des Zahlungsempfängers nach, dass er den Zahlungsauftrag rechtzeitig an den Zahlungsdienstleister des Zahlers übermittelt hat, ist der Zahlungsdienstleister des Zahlers verpflichtet, dem Zahler**

gegebenenfalls unverzüglich den ungekürzten Zahlungsbetrag nach Absatz 1 Satz 1 und 2 zu erstatten. [3]Dies gilt nicht, wenn der Zahlungsdienstleister des Zahlers nachweist, dass der Zahlungsbetrag lediglich verspätet beim Zahlungsdienstleister des Zahlungsempfängers eingegangen ist. [4]In diesem Fall ist der Zahlungsdienstleister des Zahlungsempfängers verpflichtet, den Zahlungsbetrag entsprechend Satz 1 auf dem Zahlungskonto des Zahlungsempfängers gutzuschreiben.

(5) **[1]Ansprüche des Zahlungsdienstnutzers gegen seinen Zahlungsdienstleister nach Absatz 1 Satz 1 und 2 sowie Absatz 2 Satz 2 bestehen nicht, soweit der Zahlungsauftrag in Übereinstimmung mit der vom Zahlungsdienstnutzer angegebenen fehlerhaften Kundenkennung ausgeführt wurde. [2]In diesem Fall kann der Zahler von seinem Zahlungsdienstleister jedoch verlangen, dass dieser sich im Rahmen seiner Möglichkeiten darum bemüht, den Zahlungsbetrag wiederzuerlangen. [3]Der Zahlungsdienstleister des Zahlungsempfängers ist verpflichtet, dem Zahlungsdienstleister des Zahlers alle für die Wiedererlangung des Zahlungsbetrags erforderlichen Informationen mitzuteilen. [4]Ist die Wiedererlangung des Zahlungsbetrags nach den Sätzen 2 und 3 nicht möglich, so ist der Zahlungsdienstleister des Zahlers verpflichtet, dem Zahler auf schriftlichen Antrag alle verfügbaren Informationen mitzuteilen, damit der Zahler einen Anspruch auf Erstattung des Zahlungsbetrags geltend machen kann. [5]Der Zahlungsdienstleister kann mit dem Zahlungsdienstnutzer im Zahlungsdiensterahmenvertrag ein Entgelt für Tätigkeiten nach den Sätzen 2 bis 4 vereinbaren.**

(6) **Ein Zahlungsdienstnutzer kann von seinem Zahlungsdienstleister über die Ansprüche nach den Absätzen 1 und 2 hinaus die Erstattung der Entgelte und Zinsen verlangen, die der Zahlungsdienstleister ihm im Zusammenhang mit der nicht erfolgten oder fehlerhaften Ausführung des Zahlungsvorgangs in Rechnung gestellt oder mit denen er dessen Zahlungskonto belastet hat.**

(7) **Wurde ein Zahlungsauftrag nicht oder fehlerhaft ausgeführt, hat der Zahlungsdienstleister desjenigen Zahlungsdienstnutzers, der einen Zahlungsvorgang ausgelöst hat oder über den ein Zahlungsvorgang ausgelöst wurde, auf Verlangen seines Zahlungsdienstnutzers den Zahlungsvorgang nachzuvollziehen und seinen Zahlungsdienstnutzer über das Ergebnis zu unterrichten.**

(8) **Wenn ein Fall des § 675d Absatz 6 Satz 1 Nummer 1 Buchstabe b vorliegt, ist § 675y Absatz 1 bis 4 auf die innerhalb des Europäischen Wirtschaftsraums getätigten Bestandteile des Zahlungsvorgangs nicht anzuwenden.**

Übersicht

I. Inhalt und Normzweck der Regelung

1 Die Norm hat die **Haftung des Dienstleisters für die fehlerhafte Ausführung des Zahlungsauftrages** gegenüber dem Zahlungsdienstenutzer zum Gegenstand (Abs. 1 S. 1, Abs. 2 S. 1, Abs. 7).[1] Es handelt sich mit der Nichtleistung, Schlechtleistung und dem Verzug um das Leistungsstörungsrecht hinsichtlich eines Zahlungsauftrags. Abs. 1 setzt Art. 89 Abs. 1 PSD II, Abs. 1 S. 3 Art. 90 Abs. 1 PSD II und Abs. 1 S. 4 Art. 81 Abs. 3 PSD II um. Abs. 2 setzt Art. 89 Abs. 2 PSD II und Abs. 1 S. 3 den Art. 81 Abs. 3 PSD II um. Abs. 3 und 4 setzen die Art. 89 Abs. 1 UAbs. 6 PSD II, Art. 89 Abs. 2 UAbs. 2 PSD II um. Abs. 3 S. 3 hat Art. 90 Abs. 1 PSD II und Abs. 5 den Art. 88 Abs. 1–4 PSD II zum Gegenstand. In Abs. 6 findet sich Art. 89 Abs. 3 PSD II, Abs. 7 der Art. 89 Abs. 1 UAbs. 7 PSD sowie Art. 89 Abs. 2 UAbs. 7 PSD II. Abs. 8 betrifft Art. 2 Abs. 4 PSD II. In Abs. 1 und Abs. 2 wird die nicht erfolgte bzw. fehlerhafte Ausführung des Zahlungsvorgangs geregelt, wobei die Push-Zahlung in Abs. 1 und die Pull-Zahlung in Abs. 2 adressiert wird. Die verspätete Ausführung des Zahlungsauftrags regeln die Abs. 3 und 4, wobei wiederum die Differenzierung zwischen Push-und Pull-Zahlungen erfolgt. In den Abs. 5, 6 erfolgen Ergänzungen zu den Ansprüchen nach Abs. 1 und Abs. 2. Dabei sieht Abs. 5 S. 1 einen Haftungsausschluss vor (Übereinstimmung mit der Kundenkennung), während Abs. 6 die Erstattung von Entgelten und Zinsen konkretisiert. Nach Abs. 7 wird die Durchsetzung der Ansprüche nach Abs. 1 bzw. Abs. 2 erleichtert, indem der Zahlungsdienstleister verpflichtet wird, den Zahlungsvorgang nachzuvollziehen und seinen Nutzer hierüber zu unterrichten. Abs. 8 enthält einen Ausschluss für Zahlungsvorgänge mit Drittstaatenbezug.

2 Erfasste **Vertragsstörungen** sind die fehlerhafte Ausführung (gekürzte, verspätete oder unterbliebene Weiterleitung zum Empfänger) sowie die nicht erfolgte oder gescheiterte Ausführung (unterbliebene Ausführung und Verlust des Zahlungsbetrages bei der Ausführung). Die Vorschrift weist dem Zahlungsdienstleister das Risiko einer verzögerten, fehlerhaften oder unterbliebenen Ausführung des Zahlungsvorgangs zu. Die Rechtsbehelfe des Zahlers sind verschuldensunabhängig und umfassen den Erstattungsanspruch gemäß Abs. 1 S. 1 bzw. Abs. 2 S. 1, Abs. 6, einen Nachzahlungsanspruch aus Abs. 1 S. 4, Abs. 2 S. 3, den Anspruch auf Gutschrift (Gleichstellung mit ordnungsgemäßer Ausführung des Zahlungsvorgangs) gemäß Abs. 3 S. 2, Abs. 4 S. 1, den Anspruch auf Wiederbeschaffung aus Abs. 5 S. 2 und schließlich den Auskunftsanspruch/nach Verfolgungsanspruch nach Abs. 7.

3 Die Haftung für diese Vertragsstörungen ist **verschuldensunabhängig** ausgestaltet und hinsichtlich der erfassten Schadenspositionen **abschließend** (§ 675z S. 1 BGB). Ein Rückgriff auf die allgemeinen Regeln nach §§ 280 ff. BGB scheidet insoweit aus. Weitere, nicht von den Regelungen des § 675y BGB erfasste Schadensposten (Folgeschäden) können hingegen mit den allgemeinen (verschuldensabhängigen) Anspruchsgrundlagen geltend gemacht werden; § 675z S. 2 BGB ermöglicht aber die Beschränkung auch dieser Ansprüche.

4 Der Anwendungsbereich umfasst sowohl das **Deckungsverhältnis** zwischen Zahler und seinem Zahlungsdienstleister als auch das **Inkassoverhältnis** zwischen dem Zahlungsempfänger und seinem Zahlungsdienstleister. Die Regelung erfasst alle Zahlungsvorgänge, denen ein Zahlungsauftrag zugrunde liegt. Nicht autorisierte Zahlungsvorgänge werden von den §§ 675u, 675v BGB erfasst. Nach Abs. 8 werden die in den Abs. 1–4 geregelten Ansprüche für jene Zahlungsvorgänge ausgeschlossen, die eine Drittstaaten- oder Drittwährungsbezug (vgl. § 675d Abs. 6 S. 1 Nr. 1, 2 BGB) aufweisen. Die **Informationspflicht der Bank** über die Haftung folgt aus Art. 248 § 4 Abs. 1 Nr. 5 lit. f EGBGB.

5 Abs. 8 ordnet für **Konstellationen des § 675d Abs. 6 S. 1 Nr. 1b BGB** an, dass die **Abs. 1–4** für die im EWR getätigten Bestandteile des Zahlungsvorgangs **nicht anzuwen-**

---

[1] Sofern dem Zahlungsvorgang kein Zahlungsauftrag zugrunde liegt, ist die Norm nicht einschlägig und die allgemeinen Leistungsstörungsrechte anwendbar.

den sind. Dies meint grenzüberschreitende Transaktionen, bei denen nur ein Teil der Transaktion im Raum des EWR erfolgt. In der Folge bleiben die allgemeinen Regeln des Geschäftsbesorgungsrechts und Auftragsrechts und damit auch das allgemeine Leistungsstörungsrecht gemäß § 675c Abs. 1 BGB insoweit anwendbar. Dies wird mit der Überlegung begründet, dass die Zahlungsdienstleister, die in dem Bereich des EWR ansässig sind, nach den Vorschriften von § 675y Abs. 1–4 BGB nur schwer, wenn überhaupt, Regress bei jenen Zahlungsdienstleistern nehmen könnten, die außerhalb des vom harmonisierten Zahlungsdiensterechts erfassten Bereichs ansässig und diesem damit nicht unterworfen sind. Entsprechendes folgt bereits aus § 675e Abs. 2 BGB. Die **Abs. 5–7 bleiben anwendbar,** nach § 675e Abs. 2 Nr. 2 BGB kann jedoch auch zum Nachteil des Zahlungsziels Nutzers von diesem abgewichen werden.

Die **Abdingbarkeit** zu Gunsten des Zahlers ist in den allgemeinen Grenzen, zu seinen Lasten hingegen nur in den Grenzen des § 675e BGB möglich. Bei Zahlungsvorgängen in Drittstaatenwährung bzw. bei Drittstaatenbezug (§ 675i Abs. 2 S. 2 HS 1, § 675d Abs. 1 S. 2 BGB) besteht hingegen eine Dispositionsmöglichkeit. Allerdings schließt § 675i Abs. 2 S. 1 BGB zum Teil die Anwendung der Abs. 1, 2 aus. Darüber hinaus eröffnet § 675e Abs. 4 BGB Dispositionsmöglichkeiten in den allgemeinen Grenzen bei Zahlungsdienstnutzern, die nicht Verbraucher im Sinn von § 13 BGB sind. 6

II. Ansprüche des Zahlers bei einer Push-Zahlung (Abs. 1)

Diese Ansprüche bestehen bei einer **vom Zahler ausgelösten Zahlung.**[2] Es handelt sich bei Abs. 1 um eine verschuldensunabhängige (garantieähnliche) Haftung des Zahlungsdienstleisters. 7

1. Die Haftung bei nicht erfolgter oder fehlerhafter Ausführung (Abs. 1 S. 1, 2)

a) Tatbestand. Die Haftung betrifft die Ausführung von **Zahlungsaufträgen, die unmittelbar vom Zahler ausgelöst** wurden. Das Paradigma ist die Überweisung. Voraussetzung der Haftung ist ein Zahlungsauftrag des Zahlers[3] und ein Mangel der Ausführung des Zahlungsvorgangs, mithin eine unterbliebene oder fehlerhafte Ausführung durch den Zahlungsdienstleister (Abs. 1). Nach dem **Grundsatz** der Norm haftet jede Bank für Störungen in ihrem Verantwortungsbereich. Der Mangel des Zahlungsauftrages kann bei der Übermittlung durch die Bank des Empfängers an den Zahler vorliegen sowie beim Zahlungsvorgang selbst.[4] 8

Der Zahlungsdienstleister des Zahlers schuldet den rechtzeitigen und vollständigen Eingang des Betrages bei der Bank des Empfängers. Die Beweislast für den Eingang des Betrages bei dieser Bank trägt der Zahlungsdienstleister (Abs. 1 S. 5). Erforderlich ist ein **wirksamer Zahlungsauftrag;**[5] dieser darf mithin nicht vom Zahlungsdienstleister abgelehnt (§ 675o BGB) oder rechtzeitig widerrufen (§ 675p Abs. 2–4 BGB) worden sein. 9

Als **Mängel des Zahlungsauftrages** kommen die nicht erfolgte Ausführung und die fehlerhafte Ausführung in Betracht. Der Grund für diese ist unbeachtlich, mithin auch, ob der Betrag beim Zahlungsdienstleister des Zahlers oder nachfolgend bei einer zwischengeschalteten Bank verloren ging; gleiches gilt für ein Verschulden des Zahlungsdienstleisters des Zahlers. 10

---

[2] Zu den Ansprüchen des Bankkunden im Falle einer vom oder über den Empfänger ausgelösten Zahlung vgl. → Kap. 4 Rn. 9 ff.

[3] Ohne diesen greift die allg. Haftung bei weisungslosem Handeln, vgl. nur Ellenberger/Findeisen/Nobbe/*Ellenberger* § 675y BGB Rn. 1 f.

[4] Vgl. auch Art. 75 Zahlungsdiensterichtlinie zu dieser Unterscheidung.

[5] Anderenfalls sind die §§ 675u, 675v BGB einschlägig.

11 Eine **nicht erfolgte Ausführung** liegt vor, wenn die Ausführung schon unterblieben oder gescheitert ist, mithin ein Versuch der Ausführung des Zahlungsauftrages bereits unterlassen wurde, der Versuch der Ausführung gescheitert ist oder der Zahlungsbetrag innerhalb der Zahlungskette verloren geht **(verlorene Zahlung).** Entscheidend ist, dass die Buchung des Zahlungsbetrags auf dem Eingangskonto des Zahlungsdienstleisters des Empfängers unterbleibt.

12 Die **fehlerhafte Ausführung** des Zahlungsauftrages ist eine nicht ordnungsgemäße Ausführung, dh der Zahlungsbetrag kommt nicht wie geschuldet beim Zahlungsdienstleister des Empfängers an, zB weil der Zahlungsbetrag bei der Bank des Empfängers gekürzt ankommt **(gekürzte Ausführung)** oder an den falschen Adressaten übermittelt wird **(fehlgeleitete Ausführung).** Möglich ist auch die vorzeitige Ausführung bei einem zukünftigen Ausführungstermin. Abs. 1 S. 1 ist auch einschlägig, wenn nur ein Teil der zu übermittelnden Daten, insbesondere der Verwendungszweck, nicht oder nicht hinreichend vollständig übermittelt werden, der Zahlungsbetrag selbst aber beim Zahlungsdienstleister des Empfängers eingeht. Insofern besteht die Möglichkeit, dass der Zahlungsempfänger den Zahlungsbetrag falsch zuordnet und der Zahler gegebenenfalls bereicherungsrechtlich den Betrag zurückverlangen muss. Auch dies soll Abs. 1 S. 1 gerade verhindern. Für den Fall der **unberechtigten Kürzung** durch den Abzug von Entgelten ist S. 3 speziell. Gleiches gilt für die **Verspätung der Zahlung;** insofern sind die Abs. 3, 4 speziell.

13 **Beweisbelastet** ist nach allgemeinen Regeln der Zahler für das Vorliegen eines Zahlungsauftrags und dessen Zugang bei der Bank. Hinsichtlich der mangelhaften Ausführung der Zahlung besteht nach § 676 BGB zugunsten des Zahlers eine Beweislastumkehr, falls die ordnungsgemäße Aufzeichnung und Verbuchung oder störungsfreie Ausführung betroffen sind. Im Übrigen ist der Zahler ebenfalls beweisbelastet.

14 **b) Rechtsfolgen.** Dem **Grundsatz** nach kann der Kunde von seiner Bank die ungekürzte und unverzügliche (§ 121 Abs. 1 S. 1 BGB) **Erstattung des tatsächlich gezahlten Betrages** (Abs. 1 S. 1) verlangen. Sofern die Belastungsbuchung bereits auf dem Konto des Zahlers erfolgt ist, hat er auch einen Anspruch auf eine **valutamäßige Rückbuchung** (Abs. 1 S. 2). Der Zahler kann nach seiner Wahl die Auszahlung des Zahlungsbetrags in bar oder durch Gutschrift bzw. Überweisung verlangen. In Bezug auf das Erfordernis der Unverzüglichkeit ist zu berücksichtigen, dass der Zahlungsdienstleister gegebenenfalls eine etwas umfangreichere Prüfung unternehmen muss, wenn der Zahlungsbetrag bereits an bzw. über ein weiteres Zahlungsinstitut weitergeleitet wurde. Die Norm fordert insofern, dass diese Prüfung ohne schuldhaftes Zögern erfolgt und nach ihrem Sinn und Zweck unter Verwendung von Kommunikationsmitteln erfolgt, die für eine zeitnahe Klärung sorgen.

15 Bei der Wiedergutschrift des Betrages nach S. 2 ist das Zahlungskonto durch **rückwirkende Wertstellung** in den Zustand zu bringen, in dem es sich ohne den fehlerhaft ausgeführten Zahlungsvorgang befunden hätte. Hiernach hat der Zahlungsdienstleister den Zahler wirtschaftlich so zu stellen, als ob der Zahlungsbetrag nicht vom Zahlungskonto abgeschrieben wurde, etwaige Soll-Zinsen, die auf den Zahlungsbetrag entfallen, sind zu erstatten, etwaige Habenzinsen sind dem Zahler ebenfalls rückwirkend zu gewähren. Die Stornobuchung muss somit mit derselben Valuta wie die Belastungsbuchung erfolgen.[6] Da S. 2 die Regelung des S. 1 ergänzt, gilt auch insofern das Unverzüglichkeitsgebot und das Gebot der ungekürzten Erstattung. Mit dem Erstattungsverlangen entfällt der Zahlungsauftrag mit Wirkung *ex nunc.*[7] Die Autorisierung besteht fort, allerdings ist der Zahlungsauftrag nicht mehr als Rechtsgrund für den Aufwendungsersatzanspruch des Zahlungsdienstleisters geeignet.

16 Nach dem BGH[8] soll die Regelung einer **klauselmäßigen Abrede über ein Buchungspostenentgelt** in AGB auch im unternehmerischen Verkehr gem. § 307 Abs. 1,

[6] Begr. RegE BT-Drs. 16/11643, 116.
[7] IE auch Begr. RegE BT-Drs. 16/11643, 117 (gilt als „aufgehoben").
[8] Vgl. BGH ZIP 2015, 1720.

Abs. 2 Nr. 1 BGB entgegenstehen. Denn eine solche Klausel erfasse nach ihrem Wortlaut auch Bepreisungen von Buchungen, die bei einer fehlerhaften Ausführung eines Zahlungsauftrages anfallen. Dies weiche von § 675u S. 2, § 675y Abs. 1 S. 2, Abs. 2 S. 2, Abs. 6 BGB ab. Indes vermag bereits die Einordnung des Buchungspostenentgelts als Preisnebenabrede nicht zu überzeugen, sofern man überhaupt diese Unterscheidung als tragfähig erachtet.[9] Es handelt sich vielmehr um eine nicht kontrollfähige Preisabrede im Rahmen der Preisgestaltung für das Konto. Auch § 675y Abs. 6 BGB setzt entsprechende wirksame Entgeltabreden voraus, sonst müsste die Norm nicht deren Rechtsfolge bei einem unautorisierten Zahlungsauftrag anordnen. Zudem ergibt eine interessengerechte Auslegung des Buchungspostenentgelts – zumindest im unternehmerischen Verkehr –, dass das Entgelt bei fehlerhaften oder nicht autorisierten Ausführungen des Zahlungsauftrags nicht geschuldet ist. Der anderenfalls bei klauselmäßigen Entgeltabreden stets erforderliche Vorbehalt, nach dem das Entgelt bei einem vertragswidrigen, sogar vom Klauselgegner nicht veranlassten Tätigwerden nicht geschuldet werde, ist lebensfremd. Auch Abs. 6 ordnet hiermit übereinstimmend nur die Erstattung des nicht geschuldeten Betrags an.

Nach Abs. 1 S. 5 ist das **Erstattungsverlangen** (S. 1, S. 2) **ausgeschlossen,** wenn der Zahlungsdienstleister des Zahlers nachweist, dass der Zahlungsbetrag ungekürzt beim Zahlungsdienstleister des Empfängers eingegangen ist. Ein rechtzeitiger Eingang ist nicht erforderlich, da die Verspätung von Abs. 3, 4 erfasst wird. Insofern handelt es sich um einen Haftungsausschluss, was schon aus dem Wortlaut der Norm in seiner Funktion im Zusammenspiel mit Abs. 1 S. 1 folgt.[10] Weitere **Ausschlussgründe** sind die Verwendung einer fehlerhaften Kundenkennung (Abs. 5), eine unterbliebene Anzeige nach § 676b Abs. 2 BGB sowie höhere Gewalt (§ 676c BGB). 17

Eine **Mit*verursachung* der Vertragsstörung** durch den Kunden ist nach dem Gedanken der spiegelbildlichen Haftung von Schuldner und Gläubiger nach dem Rechtsgedanken des § 254 BGB zu berücksichtigen.[11] 18

Beweisbelastet hinsichtlich dieser Ausschlusstatbestände ist der Zahlungsdienstleister des Zahlers. 19

Zudem hat die Bank alle **Entgelte sowie Zinsen des Kunden** zu erstatten, zB Sollzinsen bei einer Überziehung des Kontos nach der fehlerhaften Ausführung. Nach dem Wortlaut sind nur Beträge zu erstatten, nicht aber entgangene (Haben)Zinsen zu ersetzen; letztere werden durch den Anspruch auf eine valutamäßige Rückbuchung ausgeglichen. 20

c) Auslösung über Zahlungsauslösedienstleister. Die Einfügung von Abs. 1 S. 3 geht auf die Umsetzung der PSD II (Art. 90 Abs. 1 UAbs. 1). Die **Pflichten aus den S. 1, 2** als Folge einer nicht erfolgten oder fehlerhaften Ausführung einer Zahlung treffen danach auch dann nur den **kontoführenden Zahlungsdienstleister,** wenn der Zahlungsvorgang vom Zahler über einen **Zahlungsauslösedienstleister** ausgelöst wurde. Mithin ist der kontoführende Zahlungsdienstleister zur Erstattung und Korrektur des Kontos verpflichtet. Zu Recht wird auf ein Redaktionsversehen dahingehend hingewiesen, dass bei einer nicht erfolgten Ausführung des Zahlungsauftrags, dh der unterbliebenen Weiterleitung durch den Zahlungsauslösedienstleister, eine Erstattung mangels Abfluss der Zahlung vom Konto nicht in Betracht kommt.[12] Auch bei Einschaltung eines Zahlungsauslösedienstleister und Verortung der Ursache der fehlerhaften Ausführung des Zahlungsauftrags in dessen Sphäre bleibt der kontoführende Zahlungsdienstleister verpflichtet. Hierdurch soll der Zahler insofern geschützt werden, als er vielfach nicht erkennen bzw. nachweisen könne, in 21

[9] Vgl. zur Kritik *Herresthal* FS Coester-Waltjen, 2015, 1109 ff. mwN.
[10] Ellenberger/Findeisen/Nobbe/*Ellenberger* § 675y BGB Rn. 9; PWW/*Fehrenbacher* § 675y BGB Rn. 5.
[11] Wie hier *Hadding* WM 2014, 2065 (2068 f.); BeckOK BGB/*Schmalenbach* § 675y Rn. 4; aA Palandt/*Sprau* § 675y Rn. 6; *Einsele* WM 2015, 1125 (1128).
[12] *Köndgen* ZBB 2018, 141 (149).

welchem Verantwortungsbereich (kontoführender Zahlungsdienstleister oder Zahlungsauslösedienstleister) die Ursache für die Leistungsstörung gesetzt wurde.[13]

22 Der kontoführende Zahlungsdienstleister ist auf den Regressanspruch gegen den Zahlungsauslösedienstleister nach § 676a Abs. 1 BGB verwiesen.[14] Dabei trägt er das **Ausfallrisiko des Zahlungsauslösedienstleisters**, obwohl er sich diese nicht als Vertragspartner ausgesucht hat und den Zugriff auf die Konto Informationen gewähren muss (§ 48 ZAG). Dabei darf das Ausfallrisiko des Zahlungsauslösedienstleisters nicht gering geschätzt werden, handelt es sich doch regelmäßig um junge Unternehmen mit begrenzter Kapitalausstattung, die vom europäischen Gesetzgeber gerade gefördert werden sollen. Als Folge der Zuweisung der Verantwortung zum kontoführenden Zahlungsdienstleister hat zudem der Zahler keinen Anreiz, sich mit der Solvenz und Seriosität des Zahlungsauslösedienstleisters in Bezug auf ein etwaiges Ausfallrisiko auseinanderzusetzen.

23 Nach dem Willen der Normverfasser soll eine Haftungskonzentration beim kontoführenden Zahlungsdienstleister erfolgen. In der Folge soll ein **Anspruch des Zahlers gegen den Zahlungsauslösedienstleister** aufgrund der nicht erfolgten oder fehlerhaften (zur verspäteten vgl. § 675y Abs. 3 S. 3 BGB) Zahlung ausgeschlossen sein. Weitere Ansprüche nach allgemeinem Leistungsstörungsrecht sollen verdrängt sein.[15] Allerdings reicht die Sperrwirkung nur im Umfang der Rechtsfolgen des § 675y BGB (ungekürzte Erstattung). Richtigerweise kann der Zahler daher vom Zahlungsauslösedienstleister nach allgemeinem (verschuldensabhängigen) Leistungsstörungsrecht aufgrund einer schuldhaften Pflichtverletzung des Zahlungsauslöse-Vertrags Schadensersatz in Bezug auf etwaige Folgeschäden verlangen.

24 Sofern der Zahler nach Abs. 1 Erstattung fordert, ist der Zahlungsvorgang beendet und die Rechtsfolge des Abs. 1 tritt ein. Bei einer gleichwohl erfolgten, aber **verspäteten Ausführung (Gutschrift) nach dem wirksamen Erstattungsverlangen** schuldet der Zahler seinem Zahlungsdienstleister gemäß §§ 675c, 670 BGB keinen Aufwendungsersatz. Die Gutschrift ist eine rechtsgrundlose Leistung zugunsten des Empfängers. Sofern eine Erfüllung der Verbindlichkeit des Zahlers aus dem Valutaverhältnis erfolgt (aufgrund der Auslegung der Leistung aus der Empfängerperspektive), erlischt die Verbindlichkeit des Zahlers und dieser ist hierdurch bereichert. Folge ist eine Leistungskondiktion des Zahlungsdienstleisters des Zahlers gegen den Zahler. Sofern die Erfüllung der Forderung aus dem Valutaverhältnis ausbleibt (zB weil die Forderung bereits anderweitig erfüllt wurde), ist der Zahlungsempfänger um den Zahlungsbetrag bereichert und ein bereicherungsrechtlicher Ausgleich mit diesem erforderlich.

2. Die um Entgelte verkürzte Leistung (Abs. 1 S. 4)

25 Bei einer um Entgelte verkürzten Zahlung, dh wenn der Zahlungsbetrag vom Zahlungsdienstleister um Entgelte gekürzt wurde, ohne dass eine entsprechende Vereinbarung zugrunde liegt, verpflichtet Abs. 1 S. 4 den Zahlungsdienstleister, den abgezogenen Betrag unverzüglich dem Zahlungsempfänger zu übermitteln. Nach seinem Wortlaut erfasst der Tatbestand nur den **Abzug von Entgelten,** nicht aber sonstige Kürzungen des Zahlungsbetrags, letztere werden von Abs. 1 S. 1, 2 erfasst. Ein Abzug von Entgelten wird allerdings auch dann erfasst, wenn dieser durch zwischengeschaltete Banken oder den Dienstleister des Empfängers erfolgt.

26 Als **Rechtsfolge** hat der Zahler einen Anspruch gegen den kontoführenden Zahlungsdienstleister auf unverzügliche Übermittlung des abgezogenen Betrags an den Empfänger. Auch insofern ist eine angemessene Frist zur Überprüfung zu gewähren („unverzüglich"). Allerdings ist dem Verweis auf § 121 Abs. 1 S. 1 BGB nicht zu entnehmen, dass die Nachübertragung des Betrags innerhalb der Ausführungsfrist des § 675s BGB erfolgen

[13] Begr. RegE BT-Drs. 18/11495, 171.
[14] Begr. RegE BT-Drs. 18/11495, 171.
[15] Begr. RegE BT-Drs. 18/11495, 171.

muss. Der Zahler kann nur die Übermittlung des abgezogenen Betrags an den Empfänger verlangen. Ein Wahlrecht zwischen der Erstattung nach Abs. 1 S. 1 und der Nachübermittlung nach S. 4 besteht nicht. Die historische Auslegung der Vorschrift ist insofern durchgreifend.[16] Sofern der Zahler den aufgrund des unberechtigten Abzugs von Entgelten fehlenden Betrag bereits dem Empfänger auf anderem Weg (Barzahlung, weitere Überweisung usw.) hat zukommen lassen, ist von einer Zweckerreichung (§ 275 Abs. 1 BGB) auszugehen.[17] Der Anspruch aus Abs. 1 S. 4 ist demnach ausgeschlossen. An seine Stelle tritt ein Schadensersatzanspruch des Zahlers gegen den kontoführenden Zahlungsdienstleister aus § 280 Abs. 1, 3, § 283 BGB auf Schadensersatz. Im Fall einer Kürzung um Entgelte durch zwischengeschaltete Institute ist § 675z S. 3 BGB einschlägig (Zurechnung).

3. Die verspätete Ausführung der Zahlung (Abs. 3)

a) Die Erfassung der verspäteten Zahlung. Aufgrund der Neuregelung in Art. 89 PSD II ist nun auch die verspätete Ausführung eines Zahlungsauftrags Gegenstand der unionsrechtlichen Vorgabe. Die Umsetzung in nationales Recht weist darauf hin, dass die verspätete Ausführung der Zahlung ein eigener Tatbestand und kein Unterfall der fehlerhaften Ausführung darstellt; auch die Rechtsfolgen sind eigenständig geregelt. Ein solches **exklusives Verständnis der Leistungsstörung „verspätete Ausführung"** ist mit dem Problem verbunden, dass Art. 89 Abs. 1 UAbs. 6 PSD II nur eine begrenzte Regelung enthält. Danach hat der Zahlungsdienstleister des Zahlungsempfängers den Zahlungsbetrag rückwirkend auf dem Kontowert zu stellen (valutamäßige Buchung). Weitere Rechtsfolgen schreibt das Unionsrechts nicht vor; Art. 91 PSD II verweist insofern auf das nationale Recht. Denkbar sind weitere Schäden beim Zahlungsempfänger, die trotz rückwirkender Wertstellung des Zahlungsbetrags bestehen bleiben. Entsprechende Schäden hat der Zahler dem Zahlungsempfänger zu ersetzen, wenn im Valutaverhältnis ein Haftungstatbestand verwirklicht ist. Diesen Haftungsschaden kann der Zahler dann nach allgemeinen Regelungen (§§ 280 Abs. 1, 675z BGB) gegenüber seinem Zahlungsdienstleister geltend machen. **27**

Abs. 3 nimmt Konstellationen in den Blick, bei denen der Zahlungsdienstleister des Zahlers dem Zahlungsdienstleister des Zahlungsempfängers den **Zahlungsbetrag erst verspätet übermittelt.** In diesen Konstellationen kann der Zahlungsdienstleister des Zahlers von jenem des Empfängers verlangen, die Gutschrift auf dem Zahlungskonto des Empfängers so vorzunehmen, als sei der Zahlungsvorgang ordnungsgemäß ausgeführt worden (S. 2). Nach S. 1 hat der Zahler gegen seinen Zahlungsdienstleister einen Anspruch, den Anspruch aus S. 2 geltendzumachen. In der Folge entfällt ein etwaiger Schaden bzw. Verzug im Valutaverhältnis durch die Wertstellung wie bei ordnungsgemäßer Ausführung des Zahlungsauftrags. Nach Abs. 3 S. 3 bleibt der Zahlungsdienstleister des Zahlers auch dann zur Geltendmachung seines Anspruchs gegenüber dem Zahlungsdienstleister des Empfängers verpflichtet, wenn ein Zahlungsauslösedienstleister zwischengeschaltet war. Das Telos der Norm zielt darauf, dem Zahler einen Anspruchsgegner (eigener Zahlungsdienstleister) zuzuweisen unabhängig davon, ob der eigene Zahlungsdienstleister oder zwischengeschaltete Stellen die verspätete Ausführung des Zahlungsauftrags verursacht haben. **28**

Die Ausführung des Zahlungsauftrags ist **„verspätet"**, wenn der konkrete Zahlungsbetrag auf dem Zahlungskonto des Zahlungsempfängers verspätet eingeht, mithin nach jenem Zeitpunkt, der von §§ 675s Abs. 1, 675t BGB bezeichnet wird.[18] Sofern es nicht zum Eingang des gesamten Zahlungsbetrags kommt, liegt eine fehlerhafte Ausführung vor. Sofern die Wertstellung noch nicht erfolgt ist, kann der Zahler den dann verspäteten Eingang der Zahlung abwarten, um den Anspruch nach Abs. 3 geltendzumachen. Er kann **29**

[16] Begr. RegE BT-Drs. 16/11643, 116.

[17] Vgl. aber Begr. RegE BT-Drs. 16/11643, 116, mit Zweifeln an dem tatbestandlichen Auftreten dieser Konstellationen.

[18] Begr. RegE BT-Drs. 18/11495, 172.

allerdings auch vor der Wertstellung den Erstattungsanspruch nach Abs. 1 geltendmachen und in der Folge die Erstattung des Zahlungsbetrags erlangen. Diese Rechtsposition ist letztlich die konsequente Folge der Ungewissheit des Verbleibs der Zahlung bis zur (verspäteten) Wertstellung; sie resultiert aus der dem Zahlungsdienstleister bzw. seinem Verantwortungsbereich zuzuweisenden Pflichtverletzung und erweist sich nicht als Widerspruch zur nur begrenzten Möglichkeit, den Zahlungsauftrag zu widerrufen.

30 **b) Der Anspruch des Zahlungsdienstleisters des Zahlers (S. 2).** Nach Abs. 3 S. 2 kann der **Zahlungsdienstleister des Zahlers** vom Zahlungsdienstleister des Empfängers **verlangen,** dass der Zahlungsbetrag auf dem Zahlungskonto des Empfängers in einer Weise wertgestellt wird, die bei korrekter Ausführung des Zahlungsauftrags erfolgt wäre. Ein etwaiger Schaden des Empfängers aus der verspäteten Wertstellung sowie korrespondierende Schadensersatzansprüche des Empfängers gegen den Zahler im Valutaverhältnis werden auf diese Weise verhindert. Das geschuldete Wertstellungsdatum der Gutschrift ist spätestens jener Zeitpunkt, zudem der Zahlungsbetrag auf dem Zahlungskonto des Empfängers eingegangen wäre, wenn der Zahlungsauftrag ordnungsgemäß ausgeführt worden wäre. Der Anspruch nach Abs. 3 S. 2 besteht, wenn ein autorisierter Zahlungsauftrag vorliegt, der Zahlungsvorgang vom Zahler ausgelöst wurde, der Zahlungseingang beim Zahlungsdienstleister des Zahlungsempfängers verspätet ist und dieser verspätete Eingang auf den Zahlungsdienstleister des Zahlers bzw. zwischengeschaltete Zahlungsdienstleister zurückzuführen ist.

31 Der **Zahlungsdienstleister des Empfängers** kann vom Zahlungsdienstleister des Zahlers nach § 676a Abs. 1 BGB **Ausgleich des etwaigen Schadens** durch die rückwirkende Wertstellung des Zahlungsbetrags verlangen. Denn die rückwirkende Wertstellung führt dazu, dass der Empfänger etwaige zusätzliche Habenzinsen oder zu viel gezahlte Soll-Zinsen vom Zahlungsdienstleister erstattet verlangen kann. Durch die Wertstellung zum hypothetischen ordnungsgemäßen Zahlungseingang beim Empfänger werden Ersatzansprüche des Empfängers gegen den Zahler im Valutaverhältnis verhindert.

32 Der **Zahler** kann **vom Zahlungsdienstleister nach S. 1 verlangen,** dass dieser gegenüber dem Zahlungsdienstleister des Empfängers den **Anspruch aus S. 2 geltend macht.** Die Gesetzesbegründung ist insofern unglücklich, als ausgeführt wird, dass der Zahlungsdienstleister des Zahlers insofern „für den Zahler auftritt".[19] Dies meint nur, dass der Zahlungsdienstleister des Zahlers infolge der Konzentrationswirkung der Norm insofern eine Anspruchskette vorsieht. Mitnichten handelt es sich bei Abs. 3 S. 1, 2 um eine gesetzliche Vertretungsbefugnis oder gar gesetzliche Prozessstandschaft des Zahlungsdienstleisters des Zahlers.[20] Dies folgt schon daraus, dass der Zahler im Fall einer verspäteten Ausführung des Zahlungsauftrags durch seinen Zahlungsdienstleister oder durch einen diesem zuzurechnenden zwischengeschalteten Dienstleister keinen unmittelbaren Anspruch gegen den Zahlungsdienstleister des Empfängers auf veränderte Wertstellung der Gutschrift hat. In der Folge ist der Anspruch in Abs. 3 S. 2 ein konstitutiver Anspruch des Zahlungsdienstleisters des Zahlers. Letzterem wird wiederum ein Anspruch gegen den eigenen Zahlungsdienstleister auf Durchsetzung des Anspruchs aus S. 2 zugesprochen. Diese Konstruktion ist dogmatisch fragwürdig, führt aber jedenfalls nicht zu einer gesetzlichen Vertretungsbefugnis. Sofern der **Zahlungsdienstleister des Zahlers** dem Anspruch aus Abs. 3 S. 1 nicht nachkommt, liegt eine **Pflichtverletzung** vor, die nach den allgemeinen Grundsätzen (§§ 280 ff. BGB) den Zahlungsdienstleister zum Schadensersatz verpflichtet.

33 In Abs. 3 S. 3 setzt die gesetzliche Neuregelung konsequent, wenngleich dogmatisch fragwürdig, in Konstellationen fort, in denen der Zahler einen **Zahlungsauslösedienstleister eingeschaltet** hat und die über diesen ausgelöste Zahlung verspätet ist. Danach besteht der **Anspruch des Zahlers gegen den kontoführenden Zahlungsdienstleister** nach S. 1 auch dann, wenn die Zahlung auf diesem Weg ausgelöst wurde (vgl. auch Art. 90

[19] Begr. RegE BT-Drs. 18/11495, 172.
[20] Vgl. MüKoBGB/*Zetzsche* § 675y Rn. 46 f. mwN.

Abs. 1 UAbs. 1 PSD II). Das Abstellen auf den „kontoführenden Zahlungsdienstleister" ist eine – unschädliche – sprachliche Abweichung von S. 1, da bei den in Abs. 3 geregelten Push-Zahlungen der Zahlungsdienstleister des Zahlers und der kontoführende Zahlungsdienstleister regelmäßig identisch sein werden. Teleologisch soll die Norm gewährleisten, dass die **Bündelung der Auseinandersetzung** bei Pflichtverletzungen hinsichtlich der Ausführung eines Zahlungsauftrags zwischen Zahler und seinem Zahlungsdienstleister auch bei Einschaltung eines Zahlungsauslösedienstleisters erfolgt. Dies rechtfertigt sich ua daraus, dass der Zahler nicht erkennen kann, ob die Pflichtverletzung im Verantwortungsbereich des Zahlungsauslösedienstleisters oder des (kontoführenden) Zahlungsdienstleisters verortet ist. Im Innenverhältnis zwischen dem kontoführenden Zahlungsdienstleister und dem Zahlungsauslösedienstleister besteht allerdings ein **Regressanspruch gemäß § 676a BGB.**

Auch **Abs. 3 S. 4** enthält einen **Haftungsausschluss** für den Fall, dass der Zahlungsdienstleister des Zahlers nachweisen kann, dass der **Zahlungsbetrag „rechtzeitig" beim Zahlungsdienstleister des Zahlungsempfängers** eingegangen ist. Damit besteht bei einem solchen Nachweis der Anspruch aus Abs. 3 S. 2 nicht.[21] Sofern der Zahlungsbetrag beim Dienstleister des Empfängers rechtzeitig eingegangen ist, liegt ein etwaiger Verursachungsbeitrag bei diesem, wenn es gleichwohl zu einer verzögerten Zahlungsgutschrift gekommen ist. In diesem Fall muss der Zahlungsempfänger sich an seinen Zahlungsdienstleister halten. 34

Sofern der Zahler bei einer verspäteten Ausführung die **Gutschrift beim Empfänger** abwartet, folgen die **Rechtsfolgen für das Deckungsverhältnis** aus Abs. 3. Die Wertstellung beim Empfänger hat Erfüllungswirkung und der Zahlungsdienstleister des Zahlers einen Aufwendungsersatzanspruch nach §§ 675c, 670 BGB. Allerdings ergänzt Abs. 3 Rechtsfolgen. 35

III. Die Ansprüche bei einer Pull-Zahlung (Abs. 2, 4)

Bei der Ausführung eines Zahlungsauftrages und einer Auslösung des Zahlungsauftrages vom oder über den Zahlungsempfänger bestehen ebenfalls Ersatzansprüche.[22] 36

IV. Die fehlerhafte Kundenkennung (Abs. 5)

1. Der Anspruchsausschluss (S. 1)

Im Falle einer **vom Kunden fehlerhaft angegebenen Kundenkennung**[23] schließt Abs. 5 S. 1 (früher Abs. 3 S. 1) die Erstattungsansprüche nach Abs. 1 S. 1, 2 und Abs. 2 S. 1 für eine fehlerhafte oder nicht erfolgte Ausführung aus, sofern der Zahlungsauftrag mit einer eindeutig zuordenbaren Kundenkennung nach § 675r BGB ausgeführt wird. Diese Regelung ist deklaratorisch, denn § 675r Abs. 1 S. 2 BGB fingiert die Ordnungsmäßigkeit des anhand einer vom Kunden angegebenen Kundenkennung ausgeführten Zahlungsauftrages.[24] Folglich ist bereits aufgrund dieser Fiktion die Mangelhaftigkeit der Ausführung ausgeschlossen mit Ausnahme des § 675r Abs. 3 BGB und in der Folge sind auch die genannten Ansprüche ausgeschlossen. Grenze dieser Regelung ist § 242 BGB, so dass die Ausführung einer wissentlich fehlerhaft angegebenen Kundenkennung nicht zu einem Anspruchsausschluss führt. 37

Allerdings wird die Fiktionswirkung des § 675r BGB und des Abs. 5 auf die **vom Zahler fehlerhaft angegebene Kundenkennung** begrenzt. Sofern Mängel des Zah- 38

[21] Begr. RegE BT-Drs. 18/11495, 173.
[22] Vgl. dazu → Kap. 4 § 675y Rn. 4 ff.
[23] Vgl. zu dieser näher → Kap. 3 § 675r Rn. 2 ff.
[24] Vgl. nur Palandt/*Sprau* § 675y Rn. 16; BankR-HdB/*Mayen* § 49 Rn. 57.

lungsauftrages hierüber hinausgehen, bestehen die Ansprüche (Wortlaut: „soweit"). Denkbar ist ua eine Kürzung des an den Inhaber der Kennung übermittelten Betrags durch die Bank.

2. Die Pflicht zur Unterstützung bei der Wiederbeschaffung (S. 2, 3)

39 Der Zahlungsdienstleister des Zahlers ist nach S. 2, 3 verpflichtet, sich **„im Rahmen seiner Möglichkeiten" um die Wiedererlangung des Betrages zu bemühen,** der aufgrund einer vom Zahler angegebenen fehlerhaften, dh nicht dem intendierten Empfänger, sondern einem Dritten zuzuordnenden Kennung übertragen wurde. Der Inhalt der Bemühenspflicht des Zahlungsdienstleisters ist im konkreten Einzelfall zu bestimmen;[25] er umfasst ua die Mitteilung nach Kenntnis der fehlerhaften Übertragung an den Zahlungsdienstleister des tatsächlichen Empfängers an den Kunden zur Auslösung einer Stornierung, soweit möglich, bzw. das Ersuchen um Rückleitung des Betrages durch den tatsächlichen Empfänger. Der Zahlungsdienstleister trägt der Bemühenspflicht hinreichend Rechnung, wenn er **geeignete und zumutbare Mittel** nutzt, um die Wiedererlangung des Zahlungsbetrags zu erreichen.[26] Eine erfolgreiche Wiedererlangung schuldet er nicht. Auch Art. 88 Abs. 3 PSD II und der Erwägungsgrund Nr. 88 der PSD II Stellen auf das Kriterium der Zumutbarkeit ab. Dies gilt ungeachtet der Tatsache, dass der deutsche Gesetzgeber aufgrund der strengen Vorprägung des Zumutbarkeitsbegriffs (vgl. § 275 Abs. 3, § 313 Abs. 1 BGB) auf Übernahme dieses Begriffs verzichtet hat.[27] Dabei ist zu berücksichtigen, dass eine Zahlung in Übereinstimmung mit der (fehlerhaften) Kundenkennung auch im Interbankenverkehr als ordnungsgemäß gewertet wird, sodass dem Zahlungsdienstleister keine Rückerstattungsansprüche gegen den Zahlungsdienstleister des Empfängers zustehen.

40 Ein **Auskunftsanspruch des Kunden nach Abs. 7** besteht hingegen nicht, da es an einer „fehlerhaften" oder unterbliebenen Ausführung mangelt, wenn der Zahlungsauftrag nach Maßgabe der Kundenkennung ausgeführt wurde. Die Bank ist vielmehr verpflichtet, sich selbst um die Wiedererlangung zu bemühen, also nicht nur den Zahler bei der Wiedererlangung zu unterstützen. Sofern der Bank die unmittelbare Wiedererlangung nicht gelingt, umfasst die Bemühenspflicht zumindest die Auskunft gegenüber dem Zahler, damit dieser seinen Bereicherungsanspruch selbst durchsetzen kann.

3. Die Erlangung von Informationen über den tatsächlichen Empfänger (S. 3, 4)

41 In Umsetzung von Art. 88 Abs. 3 PSD II wird der **Zahlungsdienstleister des Empfängers** an der Wiederbeschaffung des Zahlungsbetrags in den Sätzen 3, 4 beteiligt. Nach S. 3 besteht ein **Anspruch des Zahlungsdienstleisters des Zahlers** gegen den Zahlungsdienstleister des Empfängers auf Mitteilung „aller" für die Wiedererlangung des Betrags erforderlichen Informationen. Der **Zahler** wiederum hat einen **Anspruch gegen seinen Zahlungsdienstleister,** ihm „alle verfügbaren Informationen" mitzuteilen, damit er seinen Anspruch auf Erstattung geltend machen kann (S. 4). Dies meint insbesondere Informationen über die Einschaltung weiterer Zahlungsdienstleister und/oder die Information über den tatsächlichen Zahlungsempfänger.[28] Das Bankgeheimnis[29] als vertragliche Abrede zwischen Zahlungsempfänger und seinem Zahlungsdienstleister kann diesem gesetzlichen Anspruch nicht entgegengehalten werden.[30] Auch der Datenschutz steht bei der Erfüllung einer gesetzlichen Pflicht einer Weitergabe persönlicher Daten durch den Zahlungsdienst-

[25] Dabei ist die Zumutbarkeitsgrenze der Richtlinienvorgabe zu beachten, vgl. Begr. RegE BT-Drs. 16/11643, 117.

[26] Zu weit MüKoBGB/*Zetzsche* § 675y Rn. 62 (Rückholpflicht vor Gutschrift)

[27] Vgl. Begr. RegE BT-Drs. 16/11643, 117.

[28] Begr. RegE BT-Drs. 18/11495, 175 (Adresse des Empfängers).

[29] MüKoHGB/*Herresthal,* VI, ZahlungsV A Rn. 380 ff.

[30] Krit. *Hoffmann* WM 2016, 1110.

leister des Empfängers nicht entgegen. Dieser Anspruch besteht, wenn die Bemühungen um Rückerstattung durch den Zahlungsdienstleister des Zahlers (Abs. 5 S. 2, 3) nicht zur Wiedererlangung des Zahlungsbetrags führen. Voraussetzung ist ein schriftlicher Antrag des Zahlers auf Mitteilung der verfügbaren Informationen. Die Informationen müssen erforderlich sein, damit dieser seinen Anspruch auf Erstattung geltend machen kann.

4. Das Entgelt für die Tätigkeiten (S. 5)

In Umsetzung von Art. 88 Abs. 4 PSD II enthält Abs. 5 S. 5 eine Ausnahme von der Regelung in § 675f Abs. 4 S. 2 BGB. Danach kann der Zahlungsdienstleister des Zahlers (auch klauselmäßig) ein **Entgelt für die Tätigkeiten nach Abs. 5 S. 2–4 vereinbaren.** Weder aus dem Wortlaut noch aus dem Zweck der Norm wird an den Erfolg der Wiederbeschaffung des Entgelts angeknüpft. Vielmehr stellt der Wortlaut auf die **„Tätigkeiten"** ab. Dies ist sachgerecht, da der besondere Aufwand des Zahlungsdienstleisters gerade aus dieser Tätigkeit folgt und unabhängig vom Erfolg der Wiedererlangung des Betrags ist. Auch ist die Anknüpfung an den Begriff Tätigkeit im Gesetz konsequent, schuldet der Zahlungsdienstleister nach Abs. 3 doch nur das Bemühen. Nach § 675f Abs. 5 BGB muss das Entgelt angemessen sein und sich an den üblichen Kosten ausrichten. 42

V. Erstattung von Entgelten und Zinsen (Abs. 6)

Abs. 6 dient der Umsetzung von Art. 75 Abs. 3 PSD II. Das Erstattungsverlangen nach Abs. 1 S. 1 wird von der Regelung insofern ergänzt, als auch die „Erstattung der Entgelte und Zinsen" verlangt werden kann, die vom Zahlungsdienstleister „im Zusammenhang mit der nicht erfolgten oder fehlerhaften Ausführung des Zahlungsvorgangs" dem Zahlungsdienstnutzer in Rechnung gestellt wurden. Die Norm erweist sich als Spezialregelung zu § 326 Abs. 1 S. 1 BGB. Die Regelung des Abs. 6 betrifft das **Deckungsverhältnis sowie das Inkassoverhältnis.** Mit Wegfall der Pflicht zur Erfüllung des Zahlungsauftrags durch das Erstattungsverlangen entfällt nach dieser Regelung auch der Anspruch auf das Entgelt bzw. auf Zinsen hierfür. Erforderlich ist das **Erstattungsverlangen nach Abs. 1 S. 1.** Darüber hinaus müssen **Entgelte** vorliegen. Die Norm grenzt diese nicht weiter ein, sodass alle Entgelte erfasst werden, die im Zusammenhang mit der Ausführung des Zahlungsvorgangs stehen. Beim Zahler sind dies insbes. Buchungsposten-Entgelte, Entgelte für die Umrechnung von Währungen sowie Bearbeitungsentgelte. Die Qualifikation als Bepreisung einer Haupt- oder Nebenleistung ist gleichgültig. Nicht im Zusammenhang stehen zeitabhängige Entgelte bzw. Pauschalentgelte (monatliches Entgelt für Kontoführung). In teleologischer Extension der Norm sind auch etwaige **Freiposten wiederherzustellen,** da es nach dem Telos der Norm kein Unterschied macht, ob der beeinträchtigte Zahlungsvorgang noch unterhalb der Postenfreigrenze liegt oder darüber. 43

Vollkommen zu Recht verweist Abs. 6 nicht auf Abs. 3. Denn bei einer **Durchführung des Zahlungsauftrags,** wenn auch **verspätet,** ist die Aufrechterhaltung des Entgeltanspruchs für die Durchführung des Zahlungsvorgangs grundsätzlich sachgerecht. Etwas anderes gilt nur, wenn das Entgelt gerade für die schnelle bzw. fristgerechte Ausführung des Zahlungsauftrags geschuldet wird (zB Entgelt für Instant-Überweisung oder für Termin-Überweisung). In diesem Fall ist die Erstattung des Entgelts analog Abs. 6 sachgerecht. 44

Die von Abs. 6 ebenfalls umfassten **Zinsen** sind vor allem Soll-Zinsen, die für den abgeschlossenen Zahlungsbetrag auf dem Zahlungskonto geschuldet werden (zB Soll-Zinsen für Kontoüberziehung). Dem Zahler entgangene Habenzinsen werden vom Wortlaut des Abs. 6 nicht erfasst (Erstattung; Zahlungskonto belastet). In Bezug auf die ersparten Habenzinsen kommt ein Bereicherungsausgleich in Betracht. 45

Sofern der verspätete oder nicht ausgeführte Zahlungsvorgang **im Valutaverhältnis** Entgelte, Vertragsstrafen oder Verzugszinsen auslöst, werden diese nicht von Abs. 6 erfasst. 46

Vielmehr sind diese nach den §§ 675z, 280 BGB als etwaiger **Folgeschaden** geltend zu machen.[31]

VI. Nachforschungspflicht des Dienstleisters (Abs. 7)

47 Sofern die Ausführung eines Zahlungsauftrages fehlerhaft war oder unterblieben ist, besteht eine **Nachforschungspflicht des Zahlungsdienstleisters** ua gegenüber dem auslösenden Zahlungsdienstnutzer. Hierzu hat der Zahlungsdienstleister den Zahlungsvorgang nachzuvollziehen und den Kunden vom Ergebnis der Nachforschung zu unterrichten. Mit dieser Pflicht wird das Verlangen nach Wiederbeschaffung (Abs. 5 S. 2) bzw. ein etwaiger Schadensersatzanspruch des Zahlungsdienstenutzers (§ 280, § 675z BGB) gestärkt. Aktivlegitimiert ist der Zahlungsdienstnutzer, der den Zahlungsvorgang ausgelöst hat. Passivlegitimiert ist der korrespondierende Zahlungsdienstleister des Anspruchsinhabers.

48 Das Nachvollziehen umfasst die **Nachforschung nach dem Verbleib der Zahlung** bei den zwischengeschalteten Stellen und bei der Bank des Empfängers der Zahlung. Die im Zuge der Nachforschung erhaltenen Informationen hat die Bank in angemessenem Umfang auf ihre Plausibilität und etwaige Auffälligkeiten **zu überprüfen.** Dementsprechend ist der Zahlungsdienstleister zunächst zur Nachforschung hinsichtlich des Zahlungsvorgangs verpflichtet. Inhaltlich ist der Zahlungsdienstleister verpflichtet, – sofern möglich – die Stelle und Ursache der Störung der Zahlung zu ermitteln. Die im Zuge der Nachforschung erhaltenen Informationen sind zu prüfen und in die weitere Nachforschung einzubeziehen. Neben dem Anspruch besteht der Anspruch aus § 675c, § 666 BGB und § 677 Alt. 2 BGB. Dies folgt schon aus der tatbestandlichen Beschränkung der Norm auf den Nachvollzug des Zahlungsvorgangs. Rechtsfolge ist ein Auskunftsanspruch über das Ergebnis des Nachvollzugs des Zahlungsvorgangs. Der Zahlungsdienstnutzer ist mithin **über das Ergebnis zu unterrichten.** Eine **Form** ist nicht ausdrücklich vorgeschrieben.[32]

49 Die **Verletzung der Pflicht aus Abs. 7** führt zu einer Haftung nach §§ 280 ff. BGB. Richtigerweise ist § 675z S. 2 BGB **(Haftungsbeschränkung)** auf diesen Anspruch **anwendbar.** Dies folgt aus einer teleologischen Extension der Haftungsbeschränkung, da diese weitgehend leerlaufen würde, wenn die Haftung für die Störung des Zahlungsvorgangs der Höhe nach beschränkt werden kann, während die Haftung für die unterbliebene Nachforschung unbegrenzt bestünde. Denn vielfach werden die Schäden kausal auch auf einer etwaigen unterbliebenen Nachforschung beruhen. Freilich ist der Anspruch aus § 280, § 675y Abs. 7 BGB verschuldensabhängig. Angesichts der Verschuldensvermutung besteht allerdings kein sachlich-rechtfertigender Grund, von einer vollständig abweichenden und daher nicht zu begrenzenden Haftung auszugehen.

50 Die Pflicht nach Abs. 7 ist **ohne Entgelt** zu erbringen. Dies folgt zum einen aus der unionsrechtlichen Vorgabe (vgl. Art. 89 Abs. 1 UAbs. 7 S. 2 PSD II; Art. 89 Abs. 2 UAbs. 7 S. 2 PSD II) sowie aus der historischen Auslegung, da der Gesetzgeber das Verbot der Vereinbarung und Erhebung eines Entgelts in § 675f Abs. 5 S. 2 BGB als einschlägig bewertete.[33] Die Abgrenzung zu Abs. 5 S. 4 folgt nach Maßgabe des Tatbestandes des Abs. 5. Denn dieser setzt voraus, dass der Zahlungsauftrag in Übereinstimmung mit der vom Nutzer angegebenen, fehlerhaften Kundenkennung erfolgte. Da Abs. 7 an der fehlerhaften Ausführung bzw. unterbliebenen Ausführung des Zahlungsauftrags anknüpft, besteht insofern keine Schnittfläche.

---

[31] Wohl unstr., vgl. nur Begr. RegE BT-Drs. 16/11643, 118; BeckOK BGB/*Schmalenbach* § 675y Rn. 22; PWW/*Fehrenbacher* § 675y BGB Rn. 13; Palandt/*Sprau* § 675y Rn. 17.

[32] Wie hier Ellenberger/Findeisen/Nobbe/*Ellenberger* § 675y BGB Rn. 22; aA Palandt/*Sprau* § 675y Rn. 18; PWW/*Fehrenbacher* § 675y BGB Rn. 14.

[33] Begr. RegE BT-Drs. 18/11495, 175.

§ 675z Sonstige Ansprüche bei nicht erfolgter, fehlerhafter oder verspäteter Ausführung eines Zahlungsauftrags oder bei einem nicht autorisierten Zahlungsvorgang

[1] Die §§ 675u und 675y sind hinsichtlich der dort geregelten Ansprüche eines Zahlungsdienstnutzers abschließend. [2] Die Haftung eines Zahlungsdienstleisters gegenüber seinem Zahlungsdienstnutzer für einen wegen nicht erfolgter, fehlerhafter oder verspäteter Ausführung eines Zahlungsauftrags entstandenen Schaden, der nicht bereits von § 675y erfasst ist, kann auf 12.500 Euro begrenzt werden; dies gilt nicht für Vorsatz und grobe Fahrlässigkeit, den Zinsschaden und für Gefahren, die der Zahlungsdienstleister besonders übernommen hat. [3] Zahlungsdienstleister haben hierbei ein Verschulden, das einer zwischengeschalteten Stelle zur Last fällt, wie eigenes Verschulden zu vertreten, es sei denn, dass die wesentliche Ursache bei einer zwischengeschalteten Stelle liegt, die der Zahlungsdienstnutzer vorgegeben hat. [4] In den Fällen von Satz 3 zweiter Halbsatz haftet die von dem Zahlungsdienstnutzer vorgegebene zwischengeschaltete Stelle anstelle des Zahlungsdienstleisters des Zahlungsdienstnutzers. [5] § 675y Abs. 5 Satz 1 ist auf die Haftung eines Zahlungsdienstleisters nach den Sätzen 2 bis 4 entsprechend anzuwenden. [6] Wenn ein Fall des § 675d Absatz 6 Satz 1 Nummer 1 Buchstabe b vorliegt, ist § 675z Satz 3 auf die innerhalb des Europäischen Wirtschaftsraums getätigten Bestandteile des Zahlungsvorgangs nicht anzuwenden.

Übersicht

I. Inhalt und Normzweck

Die Regelung setzt Art. 60 Abs. 2, 76, 86 Abs. 1 der Zahlungsdiensterichtlinie 2007[1] um und bestimmt das **Verhältnis der §§ 675u, 675y BGB zur Haftung nach allgemeinen Grundsätzen.** Die Umsetzung der PSD II im Jahr 2018 führte zur Ergänzung um die Änderung des § 675y BGB, der nun auch die Rechtsfolgen von verspätet ausgeführten Zahlungsaufträgen explizit nennt (§ 675y Abs. 3, 4 BGB). Zudem wurde der S. 6 ergänzt, nachdem S. 3 auf sog. one-leg-transactions nicht anwendbar ist.[2] 1

Zum **Regelungsinhalt:** Während S. 1 entsprechend der Vollharmonisierung durch die PSD II (Art. 107 Abs. 1) die Ansprüche aus §§ 675u, 675y BGB als abschließend qualifiziert, regeln die S. 2–4 eine verschuldensabhängige Haftung für weitergehende Schäden. Dies entspricht der Öffnungsklausel in der PSD II (Art. 91, 73 Abs. 3), nach der das nationale Recht weitergehende Ansprüche gewähren kann, die auf dem Recht basieren, das auf den Vertrag zwischen Zahlungsdienstnutzer und Zahlungsdienstleister anwendbar ist.[3] Damit ist auch eine Haftung auf Ersatz etwaiger Folgeschäden möglich, die nicht von den Ansprüchen in §§ 675u, 675y BGB erfasst sind. Dies erfasst seit der Integration der Zahlungsauslösedienstleister auch etwaige von diesen verursachte Folgeschäden.[4] Nach S. 2 kann diese Haftung auf 12.500 € begrenzt werden, wofür die Normen wiederum Aus- 2

[1] S. a. die Erwägungsgründe 46–48 Zahlungsdiensterichtlinie 2007.
[2] Vgl. Art. 3 Nr. 23 G v. 17.7.2017, BGBl. I 2017, 2446.
[3] Begr. RegE BT-Drs. 18/11495, 176.
[4] Begr. RegE BT-Drs. 18/11495, 176.

nahmen, insbesondere für Vorsatz und grobe Fahrlässigkeit vorsieht. Das Verschulden zwischengeschalteter Stellen wird nach S. 3 HS 1 – vergleichbar § 278 BGB – dem jeweiligen Zahlungsdienstleister zugerechnet. S. 3 HS 2 macht hiervon eine Rückausnahme für den Fall, dass der Zahlungsdienstenutzer eine zwischengeschaltete Stelle konkret vorgegeben hat und diese die wesentliche Ursache gesetzt hat. Für diese Konstellation folgt aus S. 4 einen Anspruch des Zahlungsdienstnutzers gegen die von ihm vorgegebene, zwischengeschaltete Stelle, obwohl zwischen beiden grundsätzlich kein Vertrag besteht. Nach S. 5 wird der Haftungsausschluss des § 675y Abs. 5 S. 1 BGB (Haftungsbeschränkung bei fehlerhafter Kundenkennung) auf die Haftung des Zahlungsdienstleisters nach den S. 2–4 erstreckt. Bei den sog. one-leg-transactions (§ 675d Abs. 6 S. 1 Nr. 1b BGB) ist nach S. 6 die Anwendung von S. 3 (Verschuldenszurechnung zwischengeschalteter Zahlungsdienstleister) ausgeschlossen.

3 Die **Abdingbarkeit der Regelung** zu Gunsten des Nutzers ist in den allgemeinen Grenzen möglich; zu Lasten des Nutzers begrenzt § 675e BGB die Abbedingung. Dispositionsmöglichkeiten bestehen nach § 675e Abs. 2 S. 2 bei Zahlungsvorgängen mit Drittstaatenbezug (§ 675d Abs. 1 S. 2 HS 2 BGB) und bei Zahlungsvorgängen in Drittstaatenwährungen (§ 675d Abs. 1 S. 2 HS 1 BGB). S. 3 ist zudem nach § 675i Abs. 2 S. 1 HS 1 BGB in jedem Fall in diesen Konstellationen nicht anwendbar. Dies betrifft zudem konsequenterweise auch S. 4, der an S. 3 anknüpft. Sofern der Zahlungsdienstleister kein Verbraucher im Sinne von § 13 BGB ist, kann nach § 675e Abs. 4 BGB die Regelung in § 675z BGB umfassend abbedungen werden. Freilich greifen auch insofern die allgemeinen Grenzen der Dispositionsfreiheit, namentlich die §§ 305 ff. BGB.

II. Die Konkurrenzregelung (S. 1)

4 Die §§ 675u, 675y BGB sind **abschließende Haftungsregeln** für die von ihnen erfassten Zahlungsvorgänge und -aufträge (S. 1). Die Ansprüche nach §§ 675u, 675y BGB schließen weitere Ansprüche aus, die auf die **gleiche**[5] **Rechtsfolge** gerichtet sind. Letzteres ist der Fall, wenn der geltend gemachte Schadensposten bzw. das konkrete Anspruchsziel bereits von den §§ 675u, 675y BGB „erfasst" (S. 2) wird, also dem Grundsatz nach durch diese Norm ersatzfähig ist, unabhängig davon, ob die Haftung im konkreten Fall durchgreift. Die vorrangig und ausschließlich über die §§ 675u, 675y BGB ersatzfähigen Schadensposten sind in jedem Fall die **Erstattung des Zahlungsbetrages** sowie die **Erstattung von Zinsen und Entgelten.** Gleiches gilt für die Auskunft und die Nachverfolgung (vgl. § 675y Abs. 5 BGB) sowie die Wiederbeschaffung bzw. Mitwirkung an der Wiederbeschaffung (vgl. § 675y Abs. 3 BGB). Die insoweit verdrängten (Schadensersatz-, Bereicherungs-, Herausgabe-) Ansprüche umfassen u. a. §§ 280 ff., §§ 670, 683, §§ 812 ff., 823 ff. BGB, wobei deren etwaige Verschuldensabhängigkeit gleichgültig ist.[6] Etwaige Ansprüche aus einer sittenwidrigen Schädigung gemäß § 826 BGB, zB bei einem kollusiven Zusammenwirken, sollen nicht ausgeschlossen sein.[7]

5 **Nicht ausgeschlossen** sind die genannten und weitere Ansprüche hingegen, soweit der Ersatz von Schadensposten bzw. Anspruchszielen betroffen ist/sind, die nicht von den §§ 675u, 675y BGB „erfasst" werden. Paradigmatisch sind **Folgeschäden des Zahlungsdienstnutzers,**[8] wie zB die Ersatzpflicht im Valutaverhältnis (Verzugszinsen; Schadensersatz; Vertragsstrafe) sowie ein kausaler entgangener Gewinn aufgrund des Scheiterns des Valutaverhältnisses. Entsprechend der Anwendung der allgemeinen Regeln auch für den Fall des Einbezugs eines Zahlungsauslösedienstleisters, sind auch Folgeschäden, die

[5] Begr. RegE BT-Drs. 16/11643, 118.
[6] S. a. Begr. RegE BT-Drs. 16/11643, 118; BeckOK BGB/*Schmalenbach* § 675z Rn. 2.
[7] Ellenberger/Findeisen/Nobbe/*Nobbe* § 675z BGB Rn. 2; *Grundmann* WM 2009, 1109 (1116).
[8] Begr. RegE BT-Drs. 16/11643, 118; Palandt/*Sprau* § 675z Rn. 3; Ellenberger/Findeisen/Nobbe/*Ellenberger* § 675z BGB Rn. 3; BankR-HdB/*Schmieder* § 49 Rn. 62.

von diesem verursacht wurden, ersatzfähig. Insofern kommt eine Haftung ua aus Vertrag, Bereicherungsrecht sowie Delikt in Betracht.[9] Auch die **allgemeinen Grundsätze der Schadensberechnung** bleiben hinsichtlich etwaiger Folgeschäden anwendbar. Dies betrifft u. a. die **Drittschadensliquidation** als normative Korrektur der schadensrechtlichen Differenzhypothese. Sofern daher der Zahlungsempfänger im Valutaverhältnis das Risiko des verspäteten Geldeingangs trägt, ist eine solche Drittschadensliquidation zu erwägen.[10]

III. Die Begrenzung der Haftung im Übrigen (S. 2)

Soweit Ansprüche aufgrund der **unterbliebenen, fehlerhaften oder verspäteten Ausführung des Zahlungsauftrags** nach anderen Anspruchsgrundlagen neben §§ 675u, 675y BGB bestehen, kann diese **Haftung durch Vereinbarung der Parteien auf einen Betrag von 12.500, – EUR begrenzt** werden. Als Anspruchsgrundlagen kommen grundsätzlich die §§ 280 ff. BGB i. V. m. dem Vertragsverhältnis, insbesondere dem Zahlungsdiensterahmenvertrag, in Betracht. Hinzutritt das Auftragsrecht. Ansprüche aus Bereicherungsrecht und Deliktsrecht sind ebenfalls denkbar. Die Norm betrifft nur Ansprüche eines Zahlungsdienstnutzers, insofern allerdings den Nutzer auf Zahlerseite wie auch Empfängerseite. Als Verpflichtete kommen Zahlungsdienstleister auf Zahlerseite wie auch auf Empfängerseite in Betracht („gegenüber seinem Zahlungsdienstleister"). Die Regelung erfasst richtigerweise auch Zahlungsauslösedienstleister, da es sich insofern ebenfalls um (spezifische) Zahlungsdienstleister handelt (vgl. § 675c Abs. 3 BGB iVm § 1 Abs. 1 S. 2 Nr. 7 ZAG). Die Norm eröffnet die Möglichkeit, die Haftung des Zahlungsdienstleisters hinsichtlich der weitergehenden, über die §§ 675u, 675y hinausgehenden Ansprüche auf 12.500 EUR zu begrenzen. Die Regelung zieht einer (individualvertraglichen sowie klauselmäßigen) weitergehende Begrenzung der Haftung des Zahlungsdienstleisters somit Grenzen. Nicht autorisierte Zahlungsvorgänge werden nicht erfasst.[11] Einer analogen Anwendung des S. 2 steht vielfach die abweichende Interessenlage hinsichtlich sonstiger Ansprüche entgegen. 6

Zur **Haftungsbegrenzung** erforderliche Vereinbarung kann individualvertraglich oder **auch klauselmäßig** erfolgen.[12] Die Regelung ist *lex specialis* zu den §§ 305 ff. BGB hinsichtlich der Höhenbegrenzung und der Erfassung des Vertretenmüssens unterhalb der Schwelle des Hs. 2. Daher ist eine Inhaltskontrolle am Maßstab der §§ 307 ff. BGB nicht angezeigt, da § 675z S. 2 BGB gerade eine solche Haftungsbeschränkung ohne weitere Abwägung der Parteiinteressen als zulässig erklärt. 7

Die Regelung ist **in dreifacher Hinsicht begrenzt** (S. 2 Hs. 2). Der Haftungsdeckel ist bei einer Haftung für Vertretenmüssen (§§ 276, 278 BGB) bei einem **vorsätzlichen oder grob fahrlässigen Verhalten des Zahlungsdienstleisters** ausgeschlossen. Hierbei sind Vorsatz und grobe Fahrlässigkeit nach allgemeinen Regeln zu bestimmen. Gleichgültig ist, ob es sich um ein eigenes Verschulden des Zahlungsdienstleisters oder ein nach S. 3 zugerechnetes Verschulden handelt.[13] Zum zweiten ist der Haftungsdeckel hinsichtlich eines **Zinsschadens ausgeschlossen.** Dies umfasst alle Zinsschäden und Schäden, die als Zinsen im Rechtssinne zu qualifizieren sind. Letzteres betrifft ein entgangenes Skonto sowie ein Disagio. Sofern der Schuldner im Valutaverhältnis Verzugszinsen (§ 288 Abs. 1–3 BGB) zu zahlen hat, greift mithin keine Haftungsbegrenzung. Zum Dritten scheidet eine Haftungsbegrenzung hinsichtlich jener **Gefahren** aus, die **der Zahlungsdienstleister „besonders übernommen hat".** Richtigerweise handelt es sich hierbei nicht um eine 8

[9] Begr. RegE BT-Drs. 18/11495, 176.
[10] Vgl. BGH NJW 2017, 1596 (1600).
[11] *Einsele* ZIP 2011, 1741 (1743); s. a. Begr. RegE BT-Drs. 16/11643, 118.
[12] Palandt/*Sprau* § 675z Rn. 4; vgl. AGB-Überweisungen 2.3.3.
[13] Palandt/*Sprau* § 675z Rn. 4; BeckOK BGB/*Schmalenbach* § 675z Rn. 6.

Garantie im engeren Sinne[14], vielmehr reicht schon nach dem Wortlaut und dem Zweck die Übernahme der Gefahr. Erforderlich ist mithin nicht, dass der Zahlungsdienstleister versprochen hat, für ein konkretes Risiko gegebenenfalls verschuldensunabhängig einstehen zu wollen, sondern ausreichend ist, dass die vertragliche Abrede zwischen Zahlungsdienstenutzer und Zahlungsdienstleister dem Zahlungsdienstleister das Risiko einer bestimmten Gefahr ausdrücklich („besonders") zuweist. Nicht ausreichend ist, wenn der Zahlungsdienstleister einen Zahlungsvorgang in Kenntnis seiner besonderen Dringlichkeit ausführt.[15] Abweichendes gilt, wenn die vertragliche Abrede insofern hinsichtlich der Beschleunigung eine besondere vertragliche Abrede (Eilüberweisung) sowie gegebenenfalls besondere Entgelte enthält.

9 Die Regelung erfasst nach ihrem Wortlaut nicht die Haftung aufgrund **nicht autorisierter Ausführung eines Zahlungsauftrages.** In Bezug auf die klauselmäßige Beschränkung dieser Haftung, sofern sie über § 675u BGB hinausgeht, gelten demnach die §§ 305 ff. BGB.

IV. Die Zurechnung des Verhaltens zwischengeschalteter Stellen (S. 3)

10 Nach S. 3 hat sich der Zahlungsdienstleister ein **Verhalten und Verschulden** der zwischengeschalteten Stelle zuzurechnen lassen. Insofern ist also gleichgültig, ob diese Stelle Erfüllungsgehilfe des Zahlungsdienstleisters (§ 278 BGB) ist. Materiell soll die Norm eine Auftragserfüllung mit Einschaltung Dritter im Wege der haftungsbefreienden Substitution (§ 664 Abs. 1 S. 2 BGB) verhindern. Allerdings ist diese Substitution weiterhin zulässig, wenn der Zahlungsdienstenutzer nicht Verbraucher im Sinne von § 13 BGB ist (vgl. § 675e Abs. 4 BGB). Mit der Regelung wird die Grundkonzeption des Zahlungsdiensterechts, die Konzentration der Auseinandersetzung im Rechtsverhältnis zwischen dem Zahlungsdienstenutzer und seinem Zahlungsdienstleister fortgeschrieben. Die Regelung verdrängt § 278 BGB; dessen personale Voraussetzungen für die Haftungszurechnung sind mithin nicht zu prüfen. Mangels weitergehender Regelung in S. 3 und teleologisch identischer Situation sind die **übrigen Streitfragen des § 278 BGB** bei S. 3 ebenfalls zu thematisieren und im Grundsatz ebenso zu entscheiden wie bei § 278. Die Regelung in § 278 bleibt anwendbar, wenn S. 3 vom Zahlungsdiensterecht für unanwendbar erklärt wird, dies betrifft namentlich Zahlungsvorgänge mit Drittstaatenbezug (§ 675d Abs. 1 S. 2 BGB), vgl. § 675e Abs. 2 S. 1 Hs. 1 BGB.

11 Eine ausdrückliche **Grenze der Verhaltens- und Verschuldenszurechnung** liegt nach S. 3 Hs. 2 von der Zurechnungsregel in Hs. 1 vor, wenn der Zahlungsdienstnutzer eine **zwischengeschaltete Stelle selbst „vorgegeben"** hat **und** die **wesentliche Ursache** der Leistungsstörung bei dieser liegt. Eine entsprechende Vorgabe durch den Zahlungsdienstnutzer liegt bei einer Weisung an den Zahlungsdienstleister im Rahmen des Zahlungsauftrags vor.[16] Die bezeichnete Stelle muss zudem den entscheidenden Kausalbeitrag für die Leistungsstörung gesetzt haben. Dies ist bei einem Alleinvertretenmüssen jedenfalls erfüllt. Ausreichend ist aber auch, dass der Kausalbeitrag des bezeichneten Zahlungsdienstleisters so gewichtig ist, dass die gegebenenfalls hinzutretenden Kausalbeiträge anderer Zahlungsdienstleister mit hinreichender Deutlichkeit in ihrer Bedeutung für die Leistungsstörung dahinter zurücktreten.[17]

---

[14] So wohl Erman/*v. Westphalen* § 675z Rn. 8; BankR-HdB/*Schmieder* § 49 Rn. 50.
[15] Palandt/*Sprau* § 675z Rn. 4.
[16] PWW/*Fehrenbacher* § 675z BGB Rn. 4.
[17] BankR-HdB/*Schmieder* § 49 Rn. 140; PWW/*Fehrenbacher* § 675z BGB Rn. 4.

V. Die direkte Haftung der zwischengeschalteten Stelle (S. 4)

Die Norm enthält eine Regelung für die Konstellationen, in denen der Zahlungsdienstnutzer dem Zahlungsdienstleister eine zwischengeschaltete Stelle vorgegeben hat, und diese sodann eine wesentliche Ursache für die Nichtausführung oder fehlerhafte Ausführung des Zahlungsauftrages gesetzt hat (S. 3 HS. 2). Das Verhalten und Verschulden dieser zwischengeschalteten Stelle ist dem Zahlungsdienstleister nicht zurechenbar (S. 3 HS. 2). Die Norm ordnet daher die **unmittelbare Haftung dieser zwischengeschalteten Stelle gegenüber dem Zahlungsdienstnutzer** an. Sie enthält eine eigenständige Anspruchsgrundlage mit gesetzlicher Haftungsregelung.[18] **Voraussetzung der Haftung** ist, dass eine entsprechende Weisung des Zahlungsdienstleister vorlag, diese zwischengeschaltete Stelle einzubinden, diese Stelle eine wesentliche Ursache für die Leistungsstörung gesetzt hat und der Zahlungsdienstenutzer ohne den Haftungsausschluss des S. 3 HS 2 einen Anspruch gegen seinen Zahlungsdienstleister hätte. 12

Bei dem Anspruch handelt sich um ein **gesetzliches Schuldverhältnis** zwischen dem Zahlungsdienstleister und der zwischengeschalteten, von ihm vorgegebenen Stelle. Dieser Anspruch ist das Korrelat dazu, dass die zwischengeschaltete Stelle hinsichtlich der Verhaltenszurechnung und Haftung aufgrund der Weisung des Zahlungsdienstenutzers nach S. 3 HS 1 ausgegliedert wurde. Dieser Ausgliederung erfolgt allerdings nur, wenn dieser zwischengeschaltete Zahlungsdienstleister einen wesentlichen Ursachenbeitrag für die Leistungsstörung gesetzt hat. Daher wäre es wertungswidersprüchlich, ihn von der Haftung vollkommen freizustellen bzw. den Zahlungsdienstenutzer mangels unmittelbarer vertraglicher Bindung auf abgeleitete Ansprüche zu verweisen. Auch spricht das Konzept der Haftungsfokussierung zwischen Zahlungsnutzer und Zahlungsdienstleister hiergegen. In der Folge ist es sachgerecht, dem Zahlungsdienstnutzer einen unmittelbaren gesetzlichen Anspruch zuzuerkennen. 13

VI. Der allgemeine Grundsatz bei fehlerhafter Kundenkennung (S. 5)

Nach § 675r Abs. 1 S. 2 BGB ist ein Zahlungsvorgang, der nach Maßgabe einer vom Kunden angegebenen Kundenkennung ausgeführt wird, im Hinblick auf den Inhaber der Kennung ordnungsgemäß ausgeführt (vgl. → Kap. 3 § 675r Rn. 8 ff.). Dies gilt auch, wenn der Kunde eine falsche Kennung angegeben hat, die aber einem konkreten Empfänger zugeordnet werden kann. Die Regelung in S. 5 schreibt diesen allgemeinen Grundsatz des Zahlungsdiensterechts deklaratorisch[19] auch für den Anwendungsbereich der Sätze 2–4 fest. 14

VII. Drittstaatenbezug (S. 6)

Nach S. 6 ist S. 3 in Bezug auf sog. one-leg-transactions (§ 675d Abs. 6 S. 1 Nr. 1b BGB) für die **innerhalb des EWR getätigten Bestandteile** des Zahlungsvorgangs **nicht anwendbar.** Die von S. 3 verschärfte Gehilfenhaftung soll in diesen Konstellationen aufgrund der begrenzten Regressaussichten hinsichtlich einer zwischengeschalteten Stelle mit Sitz außerhalb des EWR nicht sachgerecht sein.[20] Aus § 675e Abs. 2 Nr. 1 BGB folgt dies für die außerhalb des EWR getätigten Elemente des Zahlungsvorgangs. Als Folge der Regelung des S. 6 gilt das allgemeine Auftragsrecht bzw. Geschäftsbesorgungsrecht und die 15

[18] Unentschieden Ellenberger/Findeisen/Nobbe/*Ellenberger* § 675z BGB Rn. 7.

[19] Palandt/*Sprau* Rn. 7; Ellenberger/Findeisen/Nobbe/*Ellenberger* § 675z BGB Rn. 9; BeckOGKBGB/*Köndgen* § 675z Rn. 47.

[20] Ausf. Begr. RegE BT-Drs. 18/11495, 176.

insofern bestehende Vertragsfreiheit. Der deutsche Gesetzgeber sah sich hinsichtlich der Regelung in S. 3 nicht durch die Vorgaben der vollharmonisierenden PSD II begrenzt, da es sich insofern um eine nationale Regelung handele (vgl. zur Zulässigkeit Art. 73 Abs. 3, Art. 91 PSD II).

§ 676 Nachweis der Ausführung von Zahlungsvorgängen

Ist zwischen dem Zahlungsdienstnutzer und seinem Zahlungsdienstleister streitig, ob der Zahlungsvorgang ordnungsgemäß ausgeführt wurde, muss der Zahlungsdienstleister nachweisen, dass der Zahlungsvorgang ordnungsgemäß aufgezeichnet und verbucht sowie nicht durch eine Störung beeinträchtigt wurde.

Übersicht

I. Inhalt und Normzweck

1 Die Regelung setzt Art. 72 Abs. 1 PSD II um. Sie enthält eine **Beweislastregel** mit Mindestanforderungen an die Beweislast für jene Normen, die an eine „ordnungsgemäße Ausführung des Zahlungsauftrages" anknüpfen (zB §§ 675y, 675z S. 2 BGB); zu den beweisrechtlichen Mindestanforderungen für den Anspruch auf Aufwendungsersatz nach § 675c Abs. 1, § 670 BGB vgl. § 675w Abs. 1 S. 1 BGB, → Kap. 3 § 675w Rn. 5. Die ordnungsgemäße Ausführung meint die rechtzeitige Übermittlung des ungekürzten Zahlungsbetrages an den bezeichneten Empfänger. Nach der Regelung muss der Zahlungsdienstleister nachweisen, dass der Zahlungsvorgang ordnungsgemäß aufgezeichnet und verbucht sowie nicht durch eine Störung beeinträchtigt wurde. Die Regelung entspricht damit im Wortlaut den Vorgaben von § 675w S. 1 letzter HS BGB (→ Kap. 3 § 675w Rn. 5 ff.). Sofern eine Kundenkennung verwendet wurde, um den Empfänger zu bezeichnen, ist § 675r BGB vorrangig.[1]

II. Abdingbarkeit

2 Der **Anwendungsbereich** umfasst Push- wie auch Pull-Zahlungen; die Norm gilt im Inkasso- wie auch im Deckungsverhältnis. Eine **Abweichung** zugunsten des Zahlungsdienstenutzers ist im Rahmen der allgemeinen Regelungen zulässig. Die Abweichung zulasten des Zahlungsdienstenutzers nach § 675e Abs. 4 BGB nur im Rechtsverkehr mit Unternehmen, nach § 675i Abs. 2 Nr. 2, § 675d Abs. 6 BGB (Bezug zu Drittstaaten bzw. zu Drittwährungen) sowie schließlich bei Kleinbetragsinstrumenten (§ 675i Abs. 2 Nr. 3 BGB) möglich.

III. Der Umfang des Nachweises durch den Zahlungsdienstleister

3 Die Beweislast im Zahlungsdiensterecht folgt dem Grundsatz nach den allgemeinen Regeln des nationalen Rechts. Die Norm enthält eine ergänzende punktuelle Regelung zum **Nachweis der ordnungsgemäßen Ausführung** durch die Bank. Als *lex specialis* ordnet sie an, dass die Bank zum Nachweis dieser ordnungsgemäßen Ausführung mindes-

[1] AA, bei erkanntem Auseinanderfallen Ellenberger/Findeisen/Nobbe/*Ellenberger* § 676 BGB Rn. 2.

tens den Nachweis erbringen muss, dass der Vorgang ordnungsgemäß aufgezeichnet und verbucht sowie nicht durch Störung beeinträchtigt wurde. Sie verpflichtet den Zahlungsdienstleister einschließlich etwaiger Zahlungsauslösedienstleister,

Die **ordnungsgemäße Ausführung** meint die rechtzeitige Übermittlung des ungekürzten Zahlungsbetrages an den bezeichneten Empfänger.[2] Bei der Verwendung einer Kundenkennung findet sich in § 675r eine Sonderregelung *(lex specialis)*. Der Zahlungsdienstleister muss nachweisen, dass der Zahlungsvorgang ordnungsgemäß aufgezeichnet und verbucht sowie nicht durch eine Störung beeinträchtigt wurde. Dieser Nachweis bezieht sich auf die Durchführung entsprechend der vertraglichen Vereinbarung und den Nachweis, dass beim technischen Ablauf dieser Zahlung keinerlei Besonderheiten verglichen mit sonstigen Vorgängen aufgetreten sind.[3] Sofern diese Elemente nicht nachgewiesen sind, darf der Nachweis der ordnungsgemäßen Ausführung nicht als erbracht angesehen werden. Allerdings ist bei der Bewertung, ob ein störungsfreier Zahlungsvorgang vorliegt, zu berücksichtigen, dass es Störungen gibt, die für den Zahlungsvorgang irrelevant sind.[4] Dies betrifft insbesondere technische Auffälligkeiten, die nicht zu einer Überschreitung der Ausführungsfristen bzw. zu einer Kürzung des Zahlungsbetrags führten. Der Zahlungsdienstleister hat alle geeigneten und zumutbaren Nachweismittel auszuschöpfen.[5] 4

Nach dem Gesetzgeber handelt es sich bei diesen Elementen um **„Mindestanforderungen".**[6] Gleichwohl ist der Nachweis der ordnungsgemäßen Ausführung bei Nichtvorliegen einer der genannten Voraussetzungen mit anderen Beweismitteln möglich.[7] Die Ausführung gilt mithin nicht stets als nicht ordnungsgemäß. 5

§ 676b Anzeige nicht autorisierter oder fehlerhaft ausgeführter Zahlungsvorgänge

(1) **Der Zahlungsdienstnutzer hat seinen Zahlungsdienstleister unverzüglich nach Feststellung eines nicht autorisierten oder fehlerhaft ausgeführten Zahlungsvorgangs zu unterrichten.**

(2) [1]**Ansprüche und Einwendungen des Zahlungsdienstnutzers gegen den Zahlungsdienstleister nach diesem Unterkapitel sind ausgeschlossen, wenn dieser seinen Zahlungsdienstleister nicht spätestens 13 Monate nach dem Tag der Belastung mit einem nicht autorisierten oder fehlerhaft ausgeführten Zahlungsvorgang hiervon unterrichtet hat.** [2]**Der Lauf der Frist beginnt nur, wenn der Zahlungsdienstleister den Zahlungsdienstnutzer über die den Zahlungsvorgang betreffenden Angaben gemäß Artikel 248 §§ 7, 10 oder § 14 des Einführungsgesetzes zum Bürgerlichen Gesetzbuche unterrichtet hat; anderenfalls ist für den Fristbeginn der Tag der Unterrichtung maßgeblich.**

(3) **Für andere als die in § 675z Satz 1 genannten Ansprüche des Zahlungsdienstnutzers gegen seinen Zahlungsdienstleister wegen eines nicht autorisierten oder fehlerhaft ausgeführten Zahlungsvorgangs gilt Absatz 2 mit der Maßgabe, dass der Zahlungsdienstnutzer diese Ansprüche auch nach Ablauf der Frist geltend machen kann, wenn er ohne Verschulden an der Einhaltung der Frist verhindert war.**

(4) [1]**Wurde der Zahlungsvorgang über einen Zahlungsauslösedienstleister ausgelöst, sind Ansprüche und Einwendungen des Zahlungsdienstnutzers gegen seinen kontoführenden Zahlungsdienstleister ausgeschlossen, wenn der Zahlungsdienstnutzer den kontoführenden Zahlungsdienstleister nicht spätestens 13 Monate nach dem Tag der**

[2] Ellenberger/Findeisen/Nobbe/*Ellenberger* § 676 BGB Rn. 2.
[3] BeckOGKBGB/*Zahrte* § 676 Rn. 7; Erman/*v. Westphalen* § 676 Rn. 4 (Störung entspricht technischer Panne).
[4] Vgl. dazu BeckOGKBGB/*Zahrte* § 676 Rn. 8.
[5] MüKoBGB/*Zetzsche* § 676 Rn. 5.
[6] Begr. RegE BT-Drs. 16/11643, 118.
[7] Wie hier BankR-HdB/*Maihold* § 54 Rn. 38; Erman/*v. Westphalen* § 676 Rn. 5; BeckOGKBGB/*Zahrte* § 676 Rn. 10.

Belastung mit einem nicht autorisierten oder fehlerhaften Zahlungsvorgang hiervon unterrichtet hat. [2]Der Lauf der Frist beginnt nur, wenn der kontoführende Zahlungsdienstleister den Zahlungsdienstnutzer über die den Zahlungsvorgang betreffenden Angaben gemäß Artikel 248 §§ 7, 10 oder § 14 des Einführungsgesetzes zum Bürgerlichen Gesetzbuche unterrichtet hat; anderenfalls ist für den Fristbeginn der Tag der Unterrichtung durch den kontoführenden Zahlungsdienstleister maßgeblich.

(5) **Für andere als die in § 675z Satz 1 genannten Ansprüche des Zahlungsdienstnutzers gegen seinen kontoführenden Zahlungsdienstleister oder gegen den Zahlungsauslösedienstleister wegen eines nicht autorisierten oder fehlerhaft ausgeführten Zahlungsvorgangs gilt Absatz 4 mit der Maßgabe, dass**

1. **die Anzeige an den kontoführenden Zahlungsdienstleister auch zur Erhaltung von Ansprüchen und Einwendungen des Zahlungsdienstnutzers gegen den Zahlungsauslösedienstleister genügt und**
2. **der Zahlungsdienstnutzer seine Ansprüche gegen den kontoführenden Zahlungsdienstleister oder gegen den Zahlungsauslösedienstleister auch nach Ablauf der Frist geltend machen kann, wenn er ohne Verschulden an der Einhaltung der Frist verhindert war.**

Übersicht

I. Inhalt und Zweck der Norm

1 Die Norm hat **Informationspflichten/-obliegenheiten des Zahlungsdienstnutzers** und etwaige Rechtsfolgen ihrer Verletzung zum Gegenstand. Sie erfasst alle nicht autorisierten oder fehlerhaft ausgeführten Zahlungsvorgänge. Nicht autorisierte Zahlungen sind in den §§ 675u–675w BGB, fehlerhafte Zahlungen werden in den §§ 675x–676a BGB geregelt. Die Regelungen in Abs. 1, 2 setzen Art. 71 Abs. 1 PSD II um. Nach Art. 73 Abs. 3 PSD II und Art. 91 PSB II war der deutsche Gesetzgeber frei, eine Abs. 3 entsprechende Regelung in das Gesetz aufzunehmen. Die Abs. 4, 5 wurden in Umsetzung der PSD II neueingefügt (vgl. Art. 71, 73 Abs. 3 PSD II). Sie erstrecken die Informationspflichten auf Konstellationen, in denen Zahlungsauslösedienstleister eingeschaltet wurden.

2 Nach seinem **Normzweck** soll § 676b BGB für die an einem Zahlungsvorgang Beteiligten den zeitlichen Rahmen festlegen, innerhalb dessen feststehen soll, ob Ansprüche aufgrund der fehlenden Autorisierung oder fehlerhaften Ausführung eines Zahlungsvorgangs zu gewärtigen sind. So soll der Zahlungsdienstleister zum einen etwaige Korrekturbuchungen bei entsprechenden Zahlungsvorgängen zeitnah vornehmen; zugleich soll er die Möglichkeit haben, etwaige Ansprüche gegen Dritte (§ 676a BGB) geltend zu machen. Nach der PSD II (Erwägungsgrund Nr. 31) sollen mit der zeitlichen Grenze die Risiken und Folgen von nicht autorisierten oder fehlerhaften Zahlungsvorgängen begrenzt werden. In der Folge dient die Vorschrift auch der Rechtssicherheit der Beteiligten.

3 Nach **Abs. 1** hat der Zahlungsdienstenutzer die Obliegenheit, nicht autorisierte oder fehlerhaft ausgeführte Zahlungsvorgänge unverzüglich nach Feststellung seinem Zahlungsdienstleister anzuzeigen. Nach **Abs. 2** wird eine Ausschlussfrist von 13 Monaten festgelegt, nach deren Ablauf der Zahlungsdienstenutzer etwaige Ansprüche und Einwendungen gemäß §§ 675u–675z BGB gegenüber dem Zahlungsdienstleister verliert. Nach **Abs. 3** gilt für andere als die in § 675z S. 1 BGB genannten Ansprüche diese Ausschlussfrist nur, wenn

der Zahlungsdienstenutzer ohne Verschulden an der Frist Einhaltung gehindert war. **Abs. 4** sieht eine entsprechende Regelung für Konstellationen vor, in denen der Zahlungsvorgang über einen Zahlungsauslösedienstleister ausgelöst wurde. **Abs. 5** erstreckt die Regelung des Abs. 4 unter bestimmten Bedingungen auf andere als die in § 675z S. 1 BGB genannten Ansprüche.

Eine **Abweichung von § 676b BGB zulasten des Nutzers** ist grundsätzlich nicht möglich (§ 675e Abs. 1 BGB). Abweichendes gilt nur bei Drittstaaten- bzw. Drittwährungssachverhalten (§ 675d Abs. 1 S. 2 BGB), vgl. § 675e Abs. 2 S. 2 BGB. Im Rechtsverkehr mit Zahlungsdienstenutzern, die nicht Verbraucher (§ 13 BGB) sind, eröffnet § 675e Abs. 4 BGB die Möglichkeit, eine andere als von Abs. 2 vorgesehenen Frist zu vereinbaren. Abweichungen **zugunsten des Zahlungsdienstnutzers** sind innerhalb der allgemeinen Dispositionsgrenzen möglich. 4

II. Unterrichtungspflicht des Nutzers (Abs. 1)

Nach Abs. 1 hat der Zahlungsdienstnutzer die mit ihm vertraglich verbundene Bank **unverzüglich** (§ 121 Abs. 1 S. 1 BGB) **zu unterrichten,** wenn er einen nicht autorisierten[1] oder fehlerhaft ausgeführten[2] Zahlungsvorgang feststellt. Der Zahlungsdienstleister hat die Unterrichtung an jenen Zahlungsdienstleister als **Adressat** zu richten, mit dem er vertraglich verbunden ist, sofern der konkret betroffene Zahlungsvorgang diesem Vertrag zuzuordnen ist. Der jeweilige Dienstleister ist so über die nicht autorisierten bzw. fehlerhaft ausgeführten Zahlungsvorgänge zu unterrichten. Dieses **Unterrichten** meint eine Mitteilung in der vertraglich vereinbarten Weise. Sofern eine vertragliche Festlegung folgt, kann der Nutzer jede geeignete Form wählen. 5

Diese Mitteilung ist erforderlich, wenn der Bankkunde **positive Kenntnis** jener Umstände hat, aus denen die Fehlerhaftigkeit der Transaktion folgt.[3] Eine auch grob fahrlässige Unkenntnis reicht nicht aus. Diese Kenntnis kann aus den Angaben auf den Kontoauszügen oder aber aus der Kommunikation mit dem Empfänger resultieren. Die bloße Möglichkeit, jene Umstände zu ermitteln, aus denen sich die Fehlerhaftigkeit der Transaktion ergibt, mithin eine schuldhafte Verkennung der Fehlerhaftigkeit, reicht nach dem Wortlaut nicht aus. Allerdings trifft die Beweislast für die Voraussetzungen der Präklusion den Dienstleister. 6

Materiell handelt es sich um eine **Obliegenheit des Bankkunden.** Freilich weisen der Wortlaut der Norm und der Wille des historischen nationalen Gesetzgebers auf eine echte Rechtspflicht des Bankkunden.[4] Indes sieht der Wortlaut des Art. 71 Abs. 1 PSD II nur eine Obliegenheit des Kunden vor, so dass eine richtlinienkonforme Auslegung der Norm geboten ist, denn die vollharmonisierende Richtlinie untersagt ein strengeres Regime des nationalen Rechts.[5] 7

Als **Rechtsfolge der Obliegenheitsverletzung** ist demnach die weitere Haftung der Bank für jene Schäden des Kunden ausgeschlossen, die nach der Verletzung der Obliegenheit durch den Kunden eintreten. Hingegen kann die Bank keine eigenen Ansprüche auf die unterlassene Anzeige stützen. Die Rechtsfolge einer Verletzung der Obliegenheit nach Abs. 1, dh der **Rechtsverlust** des Zahlungsdienstenutzers, tritt dem Grundsatz nach **mit der Obliegenheitsverletzung** ein, dh wenn der Zahlungsdienstenutzer nicht unverzüglich (§ 121 Abs. 1 BGB) nach der Feststellung des nicht autorisierten oder fehlerhaft ausgeführten Zahlungsvorgangs den Zahlungsdienstleister nicht unterrichtet. Abs. 2 enthält 8

---

[1] Vgl. dazu → Kap. 3 § 675u Rn. 5.
[2] → Kap. 3 § 675y Rn. 9.
[3] Vgl. LG Berlin WM 2010, 1121.
[4] Vgl. Begr. RegE BT-Drs. 16/11643, 119.
[5] Wie hier Ellenberger/Findeisen/Nobbe/*Nobbe* § 676b BGB Rn. 8 f.; BeckOK BGB/*Schmalenbach* § 676b Rn. 3; PWW/*Fehrenbacher* § 676b BGB Rn. 2; Erman/*v. Westphalen* § 676b Rn. 2; BankR-HdB/*Maihold* § 54 Rn. 54; aA (Rechtspflicht) Soergel/*Werner* § 676b Rn. 2; BeckOGKBGB/*Zahrte* § 676b Rn. 11.

hiernach eine zeitliche Höchstgrenze, die unabhängig von einer Kenntnis des Zahlungsdienstnutzers zu einem Ausschluss der umfassten Ansprüche und Einwendungen führt. Hierfür spricht Art. 71 Abs. 1 PSD II, wonach der Nutzer nur dann „eine Korrektur durch den Zahlungsdienstleister erwirken (kann), wenn er unverzüglich nach Feststellung … jedoch spätestens 13 Monate nach dem Tag der Belastung seinen Zahlungsdienstleister hiervon unterrichtet…“. Aufgrund der Vollharmonisierung durch die PSD II Bt den Mitgliedstaaten eine Besserstellung des Zahlungsdienstenutzers im nationalen Recht nicht gestattet. Auch zu § 675x Abs. 4 BGB besteht kein Widerspruch, da es durchaus sachgerecht ist, vom Zahlungsdienstleister bei einem Zahlungsvorgang ohne Autorisierung oder sogar ohne jegliche eigene Beteiligung eine unverzügliche, dh wesentlich zeitnähere Reaktion nach Feststellung eines solchen Zahlungsvorgangs zu verlangen, damit der Zahlungsdienstleister den Betrag gegebenenfalls noch zurückholen bzw. Ansprüche gegen Dritte geltend machen kann. Freilich steht es den Zahlungsdienstleistern frei, in einer vertraglichen (auch klauselmäßigen) Abrede mit den Nutzern eine längere Frist als Unverzüglichkeit zugunsten des Nutzers zu vereinbaren. Hierfür spricht in der Rechtspraxis die rechtssichere und einfachere Handhabung entsprechender objektiver Fristen (zB sechs Wochen nach Rechnungsabschluss). Eine entsprechende vertragliche Abrede zugunsten des Nutzers ist sowohl mit Verbrauchern als auch Unternehmern möglich.

9 Die Bank hat eine **Informationspflicht** über das Erfordernis und die Frist für eine Mitteilung bei Kenntnis eines nicht autorisierten oder fehlerhaft ausgeführten Zahlungsvorgangs (Art. 248 § 4 Abs. 1 Nr. 5 lit e und § 13 EGBGB).

10 Sofern ein **Zahlungsauslösedienstleister eingeschaltet** war und die Zahlung ausgelöst hat, ist die Unterrichtung nach Abs. 1 ebenfalls an den kontoführenden Zahlungsdienstleister zu richten.[6] Denn auch in diesen Konstellationen hat der Nutzer die Korrektur des nicht autorisierten oder fehlerhaft ausgeführten Zahlungsvorgangs beim kontoführenden Zahlungsdienstleister durchzusetzen. Dies ist insofern konsequent, als der Zahlungsdienstenutzer nur gegen den kontoführenden Zahlungsdienstleister (nicht gegen den Zahlungsauslösedienstleister) einen Anspruch auf Erstattung des Zahlungsbetrags sowie gegebenenfalls Korrektur des belasteten Zahlungskontos hat. Der kontoführende Zahlungsdienstleister ist demnach auch der Adressat für die Anzeige nach Abs. 1, mit der der Zahlungsdienstenutzer seine Ansprüche und Einwendungen behält. Eine (gleichzeitige) Anzeige auch an den Zahlungsauslösedienstleister ist nicht erforderlich, aber unschädlich. Etwas anderes gilt, wenn der Zahlungsauslösedienstleister Bote oder Stellvertreter für den kontoführenden Zahlungsdienstleister ist, mithin wenn er hinsichtlich der Unterrichtung nach Abs. 1 als empfangsberechtigt anzusehen ist.

III. Die Ausschlussfrist (Abs. 2)

11 Abs. 2 enthält eine **Ausschlussfrist für Ansprüche und Einwendungen des Bankkunden** gegen seine Bank, wenn dieser einen nicht autorisierten oder fehlerhaft ausgeführten Zahlungsvorgang nicht binnen 13 Monaten ab dem Tag der Belastungsbuchung mitteilt. Die Regelung dient der Rechtssicherheit; sie ist unabhängig von einem Verschulden des Nutzers und setzt auch eine Kenntnis des Nutzers vom Mangel des Zahlungsvorgangs nicht voraus.[7]

12 Die **maßgebende Frist** beträgt 13 Monate; ihre Berechnung bestimmt sich nach den §§ 187 Abs. 1, 188 Abs. 2, 3 BGB. Der **Beginn der Frist** ist der Tag der Belastung des Kontos (Belastungsbuchung, § 187 Abs. 1 BGB), wenn der Zahlungsdienstleister die Informationspflicht aus Art. 248 §§ 7, 10, 14 EGBGB erfüllt hat. Anderenfalls beginnt die Frist erst am Tag der Unterrichtung über diese Frist. Bei einer nicht ordnungsgemäßen Unterrichtung läuft die Frist nicht. Sie beginnt dann erst, wenn der Zahlungsdienstleister die

[6] Vgl. Begr. RegE BT-Drs. 18/11495, 178; s. a. Art. 71 Abs. 2 PSD II.
[7] Vgl. auch BeckOGKBGB/*Zahrte* § 676b Rn. 24

geschuldete Information vollständig nachgeholt hat. Zu berücksichtigen ist, dass die Parteien gemäß Art. 248 § 10 EGBGB eine vertragliche Regelung hinsichtlich der Information treffen können, zB dahingehend, dass die Information jeweils zum Ende eines Kalendermonats erfolgt. In diesem Fall läuft die Frist gleichwohl ab dem Zeitpunkt der Belastungsbuchung. Dies ist von der Möglichkeit einer vertraglichen Abrede durch die Parteien umfasst und auch der Wortlaut von § 676b Abs. 2 S. 2 BGB verlangt nicht, dass die Information vor der Belastungsbuchung erfolgen muss.

Die Fristberechnung erfolgt nach allgemeinen Grundsätzen (§§ 187 ff. BGB). Danach ist die **Frist gewahrt,** wenn der Kunde der Bank die unterbliebene oder fehlerhafte Ausführung vollständig und ordnungsgemäß mitteilt und der Bank diese Mitteilung spätestens am letzten Tag der Frist zugeht (§§ 187 Abs. 1, 188 Abs. 2, 3 BGB); § 193 BGB ist anwendbar. **13**

Als **Rechtsfolge** nach Ablauf der Frist (§ 188 Abs. 2 BGB) sind die erfassten Ansprüche und Einwendungen des Bankkunden ausgeschlossen, d. h. die **Ansprüche erlöschen und die Einwendungen bestehen nicht mehr.**[8] Die Regelung erfasst **Ansprüche aus §§ 675u S. 2 BGB und § 675y BGB sowie die Einwendungen**[9] **aus § 675u S. 1 BGB und § 675v Abs. 5 BGB.** Erfasst werden auch Ansprüche aus allgemeinen Anspruchsgrundlagen, die auf das wirtschaftlich identische Ziel gerichtet sind.[10] Paradigmatisch ist die Kondiktion eines Schuldanerkenntnisses durch Schweigen auf einen Rechnungsabschluss durch den Zahlungsdienstnutzer.[11] Ansprüche des Zahlungsdienstleisters gegen den Zahlungsdienstleister aus den §§ 675–675z BGB, die nicht an einem nicht autorisierten oder fehlerhaften Zahlungsvorgang anknüpfen, werden von der Norm nicht erfasst (vgl. aber § 675x Abs. 4 BGB). Zudem erfasst die Regelung nur Ansprüche des Zahlungsdienstnutzers gegen den Zahlungsdienstleister, mithin nicht solche des Nutzers gegen Dritte, zB aus dem Valutaverhältnis, sowie nicht Ansprüche des Zahlungsdienstleisters gegen den Zahlungsdienstnutzer. **14**

Rechtsfolge der Präklusionswirkung ist das **Erlöschen der entsprechenden Ansprüche und Einwendungen** („sind ausgeschlossen"). Beides ist von Amts wegen zu berücksichtigen. Die unbeanstandet gebliebenen unautorisierten oder fehlerhaft ausgeführten Zahlungsvorgänge können demnach nicht mehr rückabgewickelt werden; auch eine bereicherungsrechtliche Korrektur ist ausgeschlossen. Mangels Anordnung in der Richtlinie sind die Vorschriften über die Hemmung der Verjährung und über den Neubeginn nicht entsprechend anwendbar. Einzig § 242 BGB kann im Einzelfall eine Korrektur ermöglichen.[12] **15**

Eine **AGB-Klausel, nach der eine Buchung als genehmigt gilt,** wenn der Bankkunde diese nicht binnen einer bestimmten Frist nach Rechnungsabschluss rügt,[13] verstößt nicht gegen Abs. 2.[14] Die ungünstigere Beweislastverteilung zu Lasten des Kunden bei einem Saldoanerkenntnis im Rahmen des §§ 675w iVm 675e Abs. 1 BGB verstößt nicht unmittelbar gegen Abs. 2. Denn der Zweck der Norm dient nur der Erhaltung der Rechte des Kunden gegenüber dem Kreditinstitut; sie soll aber weitergehende Prüfungs- und Rügeobliegenheiten sowie -pflichten des Kunden nicht ausschließen. Eine solche Pflicht **16**

[8] So auch Ellenberger/Findeisen/Nobbe/*Nobbe* § 676b BGB Rn. 25; s. BGH NJW 2006, 903 (904).

[9] Begr. RegE BT-Drs. 16/11643, 119.

[10] BeckOK BGB/*Schmalenbach* § 676b Rn. 8; MüKoBGB/*Zetzsche* § 676b Rn. 23; Palandt/*Sprau* § 676b Rn. 5; Erman/*v. Westphalen* Rn. 7.

[11] Vgl. nur BeckOK BGB/*Schmalenbach* § 676b Rn. 8.

[12] So auch Ellenberger/Findeisen/Nobbe/*Nobbe* § 676b BGB Rn. 24.

[13] Vgl. Nr. 7 Abs. 2 AGB-Banken bzw. Nr. 7 Abs. 3 AGB-Sparkassen; hiernach gilt eine nicht unverzügliche Geltendmachung von Einwendungen gegenüber Rechnungsabschlüssen als Genehmigung (Saldoanerkenntnis).

[14] Verneinend auch Begr. RegE BT-Drs. 16/11643, 119; BankR-HdB/*Schmieder* § 47 Rn. 80 ff.; HK-BGB/Schulte-Nölke/*Schulze* § 676b BGB Rn. 3; Ellenberger/Findeisen/Nobbe/*Nobbe* § 676b BGB Rn. 7 f.; *Grundmann* WM 2009, 1109 (1113); Palandt/*Sprau* § 676b Rn. 4; MüKoBGB/*Zetzsche* § 676b Rn. 26; aA zum Quartalsabschluss BeckOK BGB/*Schmalenbach* § 676b Rn. 13.

aus der AGB-Klausel kann auch eine Haftung des Kunden nach den §§ 280 ff. BGB auslösen. Abs. 2 erlangt damit insbesondere in Konstellationen Bedeutung, auf die sich die klauselmäßige Genehmigung nicht erstreckt.

IV. Der Ausschluss sonstiger Ansprüche (Abs. 3)

17 Abs. 3 erstreckt den Ausschluss des Anspruchs und der Einwendungen nach Fristablauf gem. Abs. 2 auch auf **andere Ansprüche des Bankkunden** gegen seinen Zahlungsdienstleister. Die Regelung erfasst Ansprüche wegen eines nicht autorisierten oder fehlerhaft ausgeführten Zahlungsvorgangs, also solche, die nicht den §§ 675u ff. BGB entspringen. Dieses betrifft insbesondere Ansprüche auf Ersatz von Folgeschäden, zB auf Ersatz des Verzugsschadens im Valutaverhältnis oder eines entgangenen Gewinns.

18 Die Richtlinie enthält insofern eine Öffnungsklausel für die nationalen Rechte (Art. 73 Abs. 3 PSD II, Art. 92 Abs. 2 PSD II). Der deutsche Gesetzgeber hat in der Folge die Möglichkeit gehabt, die Präklusion nach Abs. 2 auch auf diese Ansprüche zu erstrecken. Er hat dies mit der Modifikation unternommen, dass der Nutzer ohne Verschulden an der Einhaltung der Frist verhindert war. Dieser Ausschluss greift mithin dann nicht ein, wenn und solange der Kunde **ohne Verschulden** an der **Einhaltung der Frist gehindert** war. Dies betrifft Konstellationen, in denen der Schaden erst nach Ablauf der Frist eingetreten ist oder der Zahlungsdienstnutzer erst nach Fristablauf von dem Schaden Kenntnis erlangt hat und seine Unkenntnis nicht verschuldet war.[15]

V. Die Auslösung durch Zahlungsauslösedienstleister (Abs. 4, 5)

19 Mit der Aufnahme der Zahlungsauslösedienstleister durch die PSD II und deren Umsetzung in das nationale Recht, wurde die Präklusion nach § 676b BGB um die Abs. 4, 5 ergänzt. Diese bestimmen die Anwendung der Ausschlussfrist in jenen **Konstellationen,** in denen der **Zahlungsvorgang über einen Zahlungsauslösedienstleister ausgelöst** wurde. Nach der gesetzlichen Konzeption ist auch in diesen Fällen eine Konzentration der Ansprüche des Zahlungsdienstenutzers aufgrund der nicht autorisierten oder fehlerhaft ausgeführten Zahlungsvorgänge im Rechtsverhältnis zum kontoführenden Zahlungsdienstleister vorgesehen. Auch bei der Auslösung des Zahlungsvorgangs über den Zahlungsauslösedienstleister ist daher eine Unterrichtung des kontoführenden Zahlungsdienstleisters durch den Zahlungsdienstnutzer nach Abs. 1 erforderlich. Diese sind für den Fristlauf in diesem Verhältnis maßgebend.

20 **Abs. 4** setzt Art. 71 Abs. 2 PSD II um. Inhaltlich entspricht die Regelung – abgesehen von der Integration der **Auslösung des Zahlungsvorgangs über einen Zahlungsauslösedienstleister** – der Norm in **Abs. 2;** die jeweiligen S. 1 und 2 sind weitgehend parallel. Allerdings beginnt nach Abs. 4 S. 2 der Fristlauf nur dann, wenn der kontoführende Zahlungsdienstleister den Zahlungsdienstnutzer entsprechend Art. 248 §§ 7, 10 oder § 14 EGBGB den Zahlungsvorgang betreffend unterrichtet hat. Die eigenständige Unterrichtung durch den Zahlungsauslösedienstleister ist nicht vorgesehen. Allerdings kann letzterer nach allgemeinen Grundsätzen Stellvertreter oder Bote des kontoführenden Zahlungsdienstleisters sein. Nach dem Zweck der Norm ist mithin die Unterrichtung durch den kontoführenden Zahlungsdienstleister, nicht aber eine direkte Kontaktaufnahme zwischen beiden erforderlich.

21 **Abs. 5** enthält eine **Parallelregelung zu Abs. 3** für den Fall, dass der **Zahlungsvorgang über einen Zahlungsauslösedienstleister** ausgelöst wurde. Die Norm hat wie Abs. 3 die Erhaltung sonstiger Ansprüche des Zahlungsdienstnutzers zum Gegenstand.

---

[15] Begr. RegE BT-Drs. 16/11643, 119; PWW/*Fehrenbacher* § 676b BGB Rn. 5; HK-BGB/Schulte-Nölke/*Schulze* § 676b BGB Rn. 4.

Dabei reicht nach Nr. 1 eine Anzeige an den kontoführenden Zahlungsdienstleister aus, um auch etwaige Ansprüche und Einwendungen des Zahlungsdienstleisters im Verhältnis gegen den Zahlungsauslösedienstleister zu erhalten. Auf diese Weise bestimmt die gesetzliche Regelung den kontoführenden Zahlungsdienstleister zum Empfangsboten des Zahlungsauslösedienstleisters. Eine ausdrückliche Pflicht des kontoführenden Zahlungsdienstleisters zur Weiterleitung der entsprechenden Anzeige enthält die Norm nicht; hinzutritt, dass die beiden Parteien nicht vertraglich verbunden sein müssen (§ 675f Abs. 3 S. 2 BGB). Gleichwohl besteht zwischen dem Zahlungsauslösedienstleister und dem kontoführenden Zahlungsdienstleister ein gesetzliches Schuldverhältnis aufgrund der gesetzlichen Pflicht des kontoführenden Zahlungsdienstleisters zur Informationsweitergabe (vgl. § 311 Abs. 2 Nr. 2 BGB). In diesem gesetzlichen Schuldverhältnis bestehen die Pflichten nach § 241 Abs. 2 BGB, ua die Pflicht zur Interessenwahrung, sodass hieraus eine Pflicht des kontoführenden Zahlungsdienstleisters zur Weiterleitung der entsprechenden Anzeige resultiert. Als Besonderheit ist festzuhalten, dass die Verletzung der Informationspflicht (Abs. 4 S. 2) aufgrund des Verweises in Abs. 5 sowohl die Frist in Bezug auf die Ansprüche gegen den kontoführenden Zahlungsdienstleister als auch in Bezug auf die Ansprüche gegen den Zahlungsauslösedienstleister nicht laufen lässt. Umgekehrt verliert der Zahlungsdienstnutzer mit Ablauf der Frist von 13 Monaten sowohl die Ansprüche gegen den kontoführenden Zahlungsdienstleister als auch gegen den Zahlungsauslösedienstleister. Nr. 2 erstreckt die Regelung des Abs. 3, wonach eine Präklusion nicht eintritt, wenn der Zahlungsdienstnutzer ohne Verschulden an der Einhaltung der Frist verhindert war, auch auf seine Ansprüche gegen den Zahlungsauslösedienstleister.

§ 676c Haftungsausschluss

Ansprüche nach diesem Kapitel sind ausgeschlossen, wenn die einen Anspruch begründenden Umstände

1. auf einem ungewöhnlichen und unvorhersehbaren Ereignis beruhen, auf das diejenige Partei, die sich auf dieses Ereignis beruft, keinen Einfluss hat, und dessen Folgen trotz Anwendung der gebotenen Sorgfalt nicht hätten vermieden werden können, oder

2. vom Zahlungsdienstleister auf Grund einer gesetzlichen Verpflichtung herbeigeführt wurden.

Übersicht

I. Inhalt und Normzweck

Die Norm setzt Art. 93 PSD II um und enthält einen **Ausschlusstatbestand** für die **alle Ansprüche** aus diesem Kapitel (§§ 675j–676a BGB) für den Fall, dass die sie begründenden Umstände auf einem ungewöhnlichen und unvorhergesehenen Ereignis beruhen oder vom Dienstleister aufgrund einer gesetzlichen Verpflichtung herbeigeführt wurden. Nicht erfasst werden hingegen allgemeine Ansprüche außerhalb des Zahlungsdiensterechts. Nicht erfasst werden Ansprüche aus §§ 280 ff. BGB, die an einer Verletzung einer Pflicht anknüpfen, die in den §§ 675j ff. BGB normiert ist.[1] Allerdings wird bei diesen Ansprüchen vielfach das erforderliche Vertretenmüssen des Schuldners in den Konstellationen fehlen, 1

[1] Wie hier ua BeckOK BGB/*Schmalenbach* § 676c Rn. 2.

die § 676c BGB regelt. Die **Aktivlegitimation** bei diesen Ansprüchen ist gleichgültig, dh sie erfasst Ansprüche des Zahlungsdienstleisters, des Zahlungsdienstnutzers sowie Dritter (zB Zahlungsauslösedienstleister).[2]

2 Nach § 675e Abs. 1 BGB ist eine **Abbedingung** zugunsten des Zahlungsdienstnutzers möglich, dh der Zahlungsdienstleister kann (auch klauselmäßig) vereinbaren, die Regelung in § 676c BGB ganz oder teilweise nicht geltend zu machen.[3] Zulasten des Zahlungsdienstnutzers ist eine Abweichung auch im unternehmerischen Verkehr grundsätzlich nicht möglich (§ 675e Abs. 4 BGB). Etwas Anderes gilt nur bei Zahlungen mit Drittstaatenbezug (§ 675e Abs. 2 Nr. 2 iVm § 675d Abs. 6 S. 1 BGB).

II. Ungewöhnliches und unvorhersehbares Ereignis (Nr. 1)

3 Die erste Alternative des Ausschlusstatbestandes setzt voraus, dass jene Umstände, die den Anspruch begründen, zB die unterbliebene Ausführung der Überweisung durch die Bank, auf einem **ungewöhnlichen und unvorhersehbaren Ereignis** beruhen, auf das die Partei keinen Einfluss hat und dessen Folgen trotz gebotener Sorgfalt nicht hätten vermieden werden können.[4] Diese Regelung enthält einen eigenständigen Maßstab des Zahlungsdienstleistungsrechts, der wörtlich aus der Richtlinie übernommen wurde (Art. 93 PSD II). Er normiert einen gegenüber der höheren Gewalt milderen Maßstab, führt also unterhalb der Schwelle der höheren Gewalt bereits zu einem Ausschluss der Ansprüche. Dabei ist der Haftungsausschluss schon einschlägig, wenn das Ereignis bei Anwendung der „gebotenen Sorgfalt" nicht hätte vermieden werden können. Eine äußerste Sorgfalt, die bei höherer Gewalt gefordert wird, nicht erforderlich. Der Ausschluss greift mithin dann nicht, wenn bei Anwendung objektiv pflichtgemäßen Verhaltens die Folgen des eingetretenen Ereignisses hätten vermieden werden können. Entsprechende Beispiele enthalten die Nr. 3 Abs. 3 AGB-Banken bzw. Nr. 19 Abs. 3 AGB-Sparkassen. Sie stellen ua auf Aufruhr, Kriegsereignisse, unabwendbare Naturereignissen, Streik, Verkehrsstörungen und willkürliche staatliche Beschlagnahmeverfügungen ab.

4 Eine (gute) **Fälschung einer Unterschrift** ist kein ungewöhnliches Ereignis im Sinne von § 676c BGB.[5] Dabei ist gleichgültig, ob die Unterschrift gut oder sehr gut nachgezeichnet ist und ob elektronische Möglichkeiten bestanden, entsprechende Fälschungen im Massenverkehr zu identifizieren. Vielmehr handelt es sich bei einem Eingriff Dritter in Zahlungsvorgänge weder bei deren technischen noch bei der traditionellen, papiergebundenen Abwicklung um ein „ungewöhnliches und unvorhersehbares Ereignis". Vielmehr sind entsprechende Angriffe nachgerade gewöhnlich und muss die adäquate Risikoverteilung zwischen Zahlungsdienstnutzer und Zahlungsdienstleister im materiellen Zahlungdiensterecht gefunden werden. Der ausnahmsweise Haftungsausschluss aufgrund eines ungewöhnlichen Ereignisses kann mithin allenfalls ausnahmsweise einschlägig sein. Gleiches gilt demnach grundsätzlich für **Angriffe auf die digitale Kommunikation** oder die eingesetzten Endgeräte des Zahlungsdienstnutzers (Computer; Smartphone). Freilich ist auch insofern eine Einzelfallbetrachtung erforderlich. Auch insofern ist allerdings § 676c BGB nicht die richtige Norm, um die Risiken, die mit dem Online Banking aufgrund möglicher Angriffe Dritter verbunden sind, grundsätzlich zwischen den Parteien zu verorten. Auf **Seiten des Zahlungsdienstenutzers** kommt ein entsprechendes Ereignis u. a. bei schweren Gewalttaten (Erpressung; Anwendung von physischer Gewalt) in Betracht. Denn die Regelung setzt nicht voraus, dass für das ungewöhnliche und unvorhersehbare

[2] Palandt/*Sprau* § 676c Rn. 1; BeckOK BGB/*Schmalenbach* § 676c Rn. 2; OLG Schleswig ZIP 2019, 455 Rn. 56.

[3] MüKoBGB/*Zetzsche* § 676c Rn. 2; Palandt/*Sprau* § 676c Rn. 1.

[4] Vgl. jüngst OLG Schleswig ZIP 2019, 455.

[5] OLG Frankfurt NJW-RR 2017, 1329; OLG Schleswig ZIP 2019, 455 Rn. 62; Erman/*v. Westphalen* § 676c Rn. 3; abw. LG Dessau BeckRS 2014, 05109 Rn. 13 sowie tendenziell auch MüKoBGB/*Zetzsche* § 676c Rn. 11.

Ereignis die Verantwortlichkeit eines Dritten auszuschließen ist. Freilich ist auch insofern die Anwendung der gebotenen Sorgfalt zu prüfen, zB hinsichtlich der Vermeidung der Situation.

Die **Beweislast für das Ereignis** trägt derjenige, der sich auf das Ereignis und dessen Ausschlusswirkung für die Haftung beruft. Dieser hat darzulegen und zu beweisen, dass jene Handlung, die den Anspruch begründet, auf ein außerhalb seines Einflussbereichs liegendes und auch bei Anwendung der objektiv gebotenen Sorgfalt unvermeidbares Ereignis zurückgeht. 5

III. Gesetzliche Pflicht des Dienstleisters (Nr. 2)

Der Ausschluss der Ansprüche nach diesem Kapitel greift auch, wenn der Vorgang für den Zahlungsdienstnutzer nachteilig ist, aber von dem Zahlungsdienstleister aufgrund einer **gesetzlichen Pflicht** vorgenommen wurde. Der Haftungsausschluss erfasst sowohl kontoführende Zahlungsdienstleister als auch Zahlungsauslösedienstleister. Die Regelung betrifft alle Zahlungsvorgänge, die für den Zahlungsdienstenutzer nachteilig sind und vom Zahlungsdienstleister aufgrund einer gesetzlichen Verpflichtung unternommen wurden. Eine solche Verpflichtung kann dem nationalen Recht wie auch dem Unionsrecht entspringen. Neben der Kontenpfändung betrifft dies ua Transaktionsverbote im Rahmen der Terrorismusbekämpfung. 6

Anhänge zum 3. Kapitel

Anhang 1
Quelle: Bank-Verlag GmbH (Vordruck 40.000)
Allgemeine Geschäftsbedingungen (Stand 07/18)

Grundregeln für die Beziehung zwischen Kunde und Bank

1. Geltungsbereich und Änderungen dieser Geschäftsbedingungen und der Sonderbedingungen für einzelne Geschäftsbeziehungen

(1) Geltungsbereich

Die Allgemeinen Geschäftsbedingungen gelten für die gesamte Geschäftsverbindung zwischen dem Kunden und den inländischen Geschäftsstellen der Bank (im folgenden Bank genannt). Daneben gelten für einzelne Geschäftsbeziehungen (zum Beispiel für das Wertpapiergeschäft, den Zahlungsverkehr und für den Sparverkehr) Sonderbedingungen, die Abweichungen oder Ergänzungen zu diesen Allgemeinen Geschäftsbedingungen enthalten; sie werden bei der Kontoeröffnung oder bei Erteilung eines Auftrages mit dem Kunden vereinbart. Unterhält der Kunde auch Geschäftsverbindungen zu ausländischen Geschäftsstellen, sichert das Pfandrecht der Bank (Nummer 14 dieser Geschäftsbedingungen) auch die Ansprüche dieser ausländischen Geschäftsstellen.

(2) Änderungen

Änderungen dieser Geschäftsbedingungen und der Sonderbedingungen werden dem Kunden spätestens zwei Monate vor dem vorgeschlagenen Zeitpunkt ihres Wirksamwerdens in Textform angeboten. Hat der Kunde mit der Bank im Rahmen der Geschäftsbeziehung einen elektronischen Kommunikationsweg vereinbart (zum Beispiel das Online-Banking), können die Änderungen auch auf diesem Wege angeboten werden. Der Kunde kann den Änderungen vor dem vorgeschlagenen Zeitpunkt ihres Wirksamwerdens entweder zustimmen oder sie ablehnen. Die Zustimmung des Kunden gilt als erteilt, wenn er seine Ablehnung nicht vor dem vorgeschlagenen Zeitpunkt des Wirksamwerdens der Änderungen angezeigt hat. Auf diese Genehmigungswirkung wird ihn die Bank in ihrem Angebot besonders hinweisen.

Werden dem Kunden Änderungen von Bedingungen zu Zahlungsdiensten (zum Beispiel Überweisungsbedingungen) angeboten, kann er den von der Änderung betroffenen Zahlungsdiensterahmenvertrag vor dem vorgeschlagenen Zeitpunkt des Wirksamwerdens der Änderungen auch fristlos und kostenfrei kündigen. Auf dieses Kündigungsrecht wird ihn die Bank in ihrem Angebot besonders hinweisen.

2. Bankgeheimnis und Bankauskunft

(1) Bankgeheimnis

Die Bank ist zur Verschwiegenheit über alle kundenbezogenen Tatsachen und Wertungen verpflichtet, von denen sie Kenntnis erlangt (Bankgeheimnis). Informationen über den Kunden darf die Bank nur weitergeben, wenn gesetzliche Bestimmungen dies gebieten oder der Kunde eingewilligt hat oder die Bank zur Erteilung einer Bankauskunft befugt ist.

(2) Bankauskunft

Eine Bankauskunft enthält allgemein gehaltene Feststellungen und Bemerkungen über die wirtschaftlichen Verhältnisse des Kunden, seine Kreditwürdigkeit und Zahlungsfähigkeit; betragsmäßige Angaben über Kontostände, Sparguthaben, Depot- oder sonstige der Bank anvertraute Vermögenswerte sowie Angaben über die Höhe von Kreditinanspruchnahmen werden nicht gemacht.

(3) Voraussetzungen für die Erteilung einer Bankauskunft

Die Bank ist befugt, über juristische Personen und im Handelsregister eingetragene Kaufleute Bankauskünfte zu erteilen, sofern sich die Anfrage auf ihre geschäftliche Tätigkeit bezieht. Die Bank erteilt jedoch keine Auskünfte, wenn ihr eine anders lautende Weisung des Kunden vorliegt. Bankauskünfte über andere Personen, insbesondere über Privatkunden und Vereinigungen, erteilt die Bank nur dann, wenn diese generell oder im Einzelfall ausdrücklich zugestimmt haben. Eine Bankauskunft wird nur erteilt, wenn der Anfragende ein berechtigtes Interesse an der gewünschten Auskunft glaubhaft dargelegt hat und kein Grund zu der Annahme besteht, dass schutzwürdige Belange des Kunden der Auskunftserteilung entgegenstehen.

(4) Empfänger von Bankauskünften

Bankauskünfte erteilt die Bank nur eigenen Kunden sowie anderen Kreditinstituten für deren Zwecke oder die ihrer Kunden.

3. Haftung der Bank; Mitverschulden des Kunden

(1) Haftungsgrundsätze

Die Bank haftet bei der Erfüllung ihrer Verpflichtungen für jedes Verschulden ihrer Mitarbeiter und der Personen, die sie zur Erfüllung ihrer Verpflichtungen hinzuzieht. Soweit die Sonderbedingungen für einzelne Geschäftsbeziehungen oder sonstige Vereinbarungen etwas Abweichendes regeln, gehen diese Regelungen vor. Hat der Kunde durch ein schuldhaftes Verhalten (zum Beispiel durch Verletzung der in Nr.11 dieser Geschäftsbedingungen aufgeführten Mitwirkungspflichten) zu der Entstehung eines Schadens beigetragen, bestimmt sich nach den Grundsätzen des Mitverschuldens, in welchem Umfang Bank und Kunde den Schaden zu tragen haben.

(2) Weitergeleitete Aufträge

Wenn ein Auftrag seinem Inhalt nach typischerweise in der Form ausgeführt wird, dass die Bank einen Dritten mit der weiteren Erledigung betraut, erfüllt die Bank den Auftrag dadurch, dass sie ihn im eigenen Namen an den Dritten weiterleitet (weitergeleiteter Auftrag). Dies betrifft zum Beispiel die Einholung von Bankauskünften bei anderen Kreditinstituten oder die Verwahrung und Verwaltung von Wertpapieren im Ausland. In diesen Fällen beschränkt sich die Haftung der Bank auf die sorgfältige Auswahl und Unterweisung des Dritten.

(3) Störung des Betriebs

Die Bank haftet nicht für Schäden, die durch höhere Gewalt, Aufruhr, Kriegs- und Naturereignisse oder durch sonstige von ihr nicht zu vertretende Vorkommnisse (zum Beispiel Streik, Aussperrung, Verkehrsstörung, Verfügungen von hoher Hand im In- oder Ausland) eintreten.

4. Grenzen der Aufrechnungsbefugnis des Kunden, der kein Verbraucher ist

Ein Kunde, der kein Verbraucher ist, kann gegen Forderungen der Bank nur aufrechnen, wenn seine Forderungen unbestritten oder rechtskräftig festgestellt sind. Diese Aufrechnungsbeschränkung gilt nicht für eine vom Kunden zur Aufrechnung gestellte Forderung, die ihren Rechtsgrund in einem Darlehen oder einer Finanzierungshilfe gemäß §§ 513, 491 bis 512 BGB hat.

5. Verfügungsberechtigung nach dem Tod des Kunden

Nach dem Tod des Kunden hat derjenige, der sich gegenüber der Bank auf die Rechtsnachfolge des Kunden beruft, der Bank seine erbrechtliche Berechtigung in geeigneter Weise nachzuweisen.

Wird der Bank eine Ausfertigung oder eine beglaubigte Abschrift der letztwilligen Verfügung (Testament, Erbvertrag) nebst zugehöriger Eröffnungsniederschrift vorgelegt, darf die Bank denjenigen, der darin als Erbe oder Testamentsvollstrecker bezeichnet ist, als Berechtigten ansehen, ihn verfügen lassen und insbesondere mit befreiender Wirkung an ihn leisten. Dies gilt nicht, wenn der Bank bekannt ist, dass der dort Genannte (zum Beispiel nach Anfechtung oder wegen Nichtigkeit des Testaments) nicht verfügungsberechtigt ist oder wenn ihr dies infolge Fahrlässigkeit nicht bekannt geworden ist.

6. Maßgebliches Recht und Gerichtsstand bei kaufmännischen und öffentlich-rechtlichen Kunden

(1) Geltung deutschen Rechts

Für die Geschäftsverbindung zwischen dem Kunden und der Bank gilt deutsches Recht.

(2) Gerichtsstand für Inlandskunden

Ist der Kunde ein Kaufmann und ist die streitige Geschäftsbeziehung dem Betriebe seines Handelsgewerbes zuzurechnen, so kann die Bank diesen Kunden an dem für die kontoführende Stelle zuständigen Gericht oder bei einem anderen zuständigen Gericht verklagen; dasselbe gilt für eine juristische Person des öffentlichen Rechts und für öffentlich-rechtliche Sondervermögen. Die Bank selbst kann von diesen Kunden nur an dem für die kontoführende Stelle zuständigen Gericht verklagt werden.

(3) Gerichtsstand für Auslandskunden

Die Gerichtsstandsvereinbarung gilt auch für Kunden, die im Ausland eine vergleichbare gewerbliche Tätigkeit ausüben, sowie für ausländische Institutionen, die mit inländischen juristischen Personen des öffentlichen Rechts oder mit einem inländischen öffentlich-rechtlichen Sondervermögen vergleichbar sind.

Kontoführung

7. Rechnungsabschlüsse bei Kontokorrentkonten (Konten in laufender Rechnung)

(1) Erteilung der Rechnungsabschlüsse

Die Bank erteilt bei einem Kontokorrentkonto, sofern nicht etwas anderes vereinbart ist, jeweils zum Ende eines Kalenderquartals einen Rechnungsabschluss; dabei werden die in diesem Zeitraum entstandenen beiderseitigen Ansprüche (einschließlich der Zinsen und Entgelte der Bank) verrechnet. Die Bank kann auf den Saldo, der sich aus der Verrechnung ergibt, nach Nummer 12 dieser Geschäftsbedingungen oder nach der mit dem Kunden anderweitig getroffenen Vereinbarung Zinsen berechnen.

(2) Frist für Einwendungen; Genehmigung durch Schweigen

Einwendungen wegen Unrichtigkeit oder Unvollständigkeit eines Rechnungsabschlusses hat der Kunde spätestens vor Ablauf von sechs Wochen nach dessen Zugang zu erheben; macht er seine Einwendungen in Textform geltend, genügt die Absendung innerhalb der Sechs-Wochen-Frist. Das Unterlassen rechtzeitiger Einwendungen gilt als Genehmigung. Auf diese Folge wird die Bank bei Erteilung des Rechnungsabschlusses besonders hinweisen. Der Kunde kann auch nach Fristablauf eine Berichtigung des Rechnungsabschlusses verlangen, muss dann aber beweisen, dass zu Unrecht sein Konto belastet oder eine ihm zustehende Gutschrift nicht erteilt wurde.

8. Storno- und Berichtigungsbuchungen der Bank

(1) Vor Rechnungsabschluss

Fehlerhafte Gutschriften auf Kontokorrentkonten (zum Beispiel wegen einer falschen Kontonummer) darf die Bank bis zum nächsten Rechnungsabschluss durch eine Belastungsbuchung rückgängig machen, soweit ihr ein Rückzahlungsanspruch gegen den Kunden zusteht (Stornobuchung); der Kunde kann in diesem Fall gegen die Belastungsbuchung nicht einwenden, dass er in Höhe der Gutschrift bereits verfügt hat.

(2) Nach Rechnungsabschluss

Stellt die Bank eine fehlerhafte Gutschrift erst nach einem Rechnungsabschluss fest und steht ihr ein Rückzahlungsanspruch gegen den Kunden zu, so wird sie in Höhe ihres Anspruchs sein Konto belasten (Berichtigungsbuchung). Erhebt der Kunde gegen die Berichtigungsbuchung Einwendungen, so wird die Bank den Betrag dem Konto wieder gutschreiben und ihren Rückzahlungsanspruch gesondert geltend machen.

(3) Information des Kunden; Zinsberechnung

Über Storno- und Berichtigungsbuchungen wird die Bank den Kunden unverzüglich unterrichten. Die Buchungen nimmt die Bank hinsichtlich der Zinsberechnung rückwirkend zu dem Tag vor, an dem die fehlerhafte Buchung durchgeführt wurde.

9. Einzugsaufträge

(1) Erteilung von Vorbehaltsgutschriften bei der Einreichung

Schreibt die Bank den Gegenwert von Schecks und Lastschriften schon vor ihrer Einlösung gut, geschieht dies unter dem Vorbehalt ihrer Einlösung, und zwar auch dann, wenn diese bei der Bank selbst zahlbar sind. Reicht der Kunde andere Papiere mit dem Auftrag ein, von einem Zahlungspflichtigen einen Forderungsbetrag zu beschaffen (zum Beispiel Zinsscheine), und erteilt die Bank über den Betrag eine Gutschrift, so steht diese unter dem Vorbehalt, dass die Bank den Betrag erhält. Der Vorbehalt gilt auch dann, wenn die Schecks, Lastschriften und anderen Papiere bei der Bank selbst zahlbar sind. Werden Schecks oder Lastschriften nicht eingelöst oder erhält die Bank den Betrag aus dem Einzugsauftrag nicht, macht die Bank die Vorbehaltsgutschrift rückgängig. Dies geschieht unabhängig davon, ob in der Zwischenzeit ein Rechnungsabschluss erteilt wurde.

(2) Einlösung von Lastschriften und vom Kunden ausgestellter Schecks

Lastschriften sowie Schecks sind eingelöst, wenn die Belastungsbuchung nicht spätestens am zweiten Bankarbeitstag[1] – bei SEPA-Firmenlastschriften nicht spätestens am dritten Bankarbeitstag – nach ihrer Vornahme rückgängig gemacht wird. Barschecks sind bereits mit Zahlung an den Scheckvorleger eingelöst. Schecks sind auch schon dann eingelöst, wenn die Bank im Einzelfall eine Bezahltmeldung absendet. Schecks, die über die Abrechnungsstelle der Bundesbank vorgelegt werden, sind eingelöst, wenn sie nicht bis zu dem von der Bundesbank festgesetzten Zeitpunkt zurückgegeben werden.

10. Fremdwährungsgeschäfte und Risiken bei Fremdwährungskonten

(1) Auftragsausführung bei Fremdwährungskonten

Fremdwährungskonten des Kunden dienen dazu, Zahlungen an den Kunden und Verfügungen des Kunden in fremder Währung bargeldlos abzuwickeln. Verfügungen über Guthaben auf Fremdwährungskonten (zum Beispiel durch Überweisungen zu Lasten des Fremdwährungsguthabens) werden unter Einschaltung von Banken im Heimatland der Währung abgewickelt, wenn sie die Bank nicht vollständig innerhalb des eigenen Hauses ausführt.

(2) Gutschriften bei Fremdwährungsgeschäften mit dem Kunden

Schließt die Bank mit dem Kunden ein Geschäft (zum Beispiel ein Devisentermingeschäft) ab, aus dem sie die Verschaffung eines Betrages in fremder Währung schuldet, wird sie ihre Fremdwährungsverbindlichkeit durch Gutschrift auf dem Konto des Kunden in dieser Währung erfüllen, sofern nicht etwas anderes vereinbart ist.

(3) Vorübergehende Beschränkung der Leistung durch die Bank

Die Verpflichtung der Bank zur Ausführung einer Verfügung zu Lasten eines Fremdwährungsguthabens (Absatz 1) oder zur Erfüllung einer Fremdwährungsverbindlichkeit (Absatz 2) ist in dem Umfang und solange ausgesetzt, wie die Bank in der Währung, auf die das Fremdwährungsguthaben oder die Verbindlichkeit lautet, wegen politisch bedingter Maßnahmen oder Ereignisse im Lande dieser Währung nicht oder nur eingeschränkt verfügen kann. In dem Umfang und solange diese Maßnahmen oder Ereignisse andauern, ist die Bank auch nicht zu einer Erfüllung an einem anderen Ort außerhalb des Landes der Währung, in einer anderen Währung (auch nicht in Euro) oder durch Anschaffung von Bargeld verpflichtet. Die Verpflichtung der Bank zur Ausführung einer Verfügung zu Lasten eines Fremdwährungsguthabens ist dagegen nicht ausgesetzt, wenn sie die Bank vollständig im eigenen Haus ausführen kann. Das Recht des Kunden und der Bank, fällige gegenseitige Forderungen in derselben Währung miteinander zu verrechnen, bleibt von den vorstehenden Regelungen unberührt.

(4) Wechselkurs

Die Bestimmung des Wechselkurses bei Fremdwährungsgeschäften ergibt sich aus dem „Preis- und Leistungsverzeichnis". Bei Zahlungsdiensten gilt ergänzend der Zahlungsdiensterahmenvertrag.

Mitwirkungspflichten des Kunden

11. Mitwirkungspflichten des Kunden

(1) Mitteilung von Änderungen

Zur ordnungsgemäßen Abwicklung des Geschäftsverkehrs ist es erforderlich, dass der Kunde der Bank Änderungen seines Namens und seiner Anschrift sowie das Erlöschen oder die Änderung einer gegenüber der Bank erteilten Vertretungsmacht (insbesondere einer Vollmacht) unverzüglich mitteilt. Diese Mitteilungspflicht besteht auch dann, wenn die Vertretungsmacht in ein öffentliches Register (zum Beispiel in das Handelsregister) eingetragen ist und ihr Erlöschen oder ihre Änderung in dieses Register eingetragen wird. Darüber hinaus können sich weitergehende gesetzliche Mitteilungspflichten, insbesondere aus dem Geldwäschegesetz, ergeben.

(2) Klarheit von Aufträgen

Aufträge müssen ihren Inhalt zweifelsfrei erkennen lassen. Nicht eindeutig formulierte Aufträge können Rückfragen zur Folge haben, die zu Verzögerungen führen können. Vor allem hat der Kunde bei Aufträgen auf die Richtigkeit und Vollständigkeit seiner Angaben, insbesondere der Kontonummer und Bankleitzahl oder IBAN[2] und BIC[3] sowie der Währung zu achten. Änderungen, Bestätigungen oder Wiederholungen von Aufträgen müssen als solche gekennzeichnet sein.

(3) Besonderer Hinweis bei Eilbedürftigkeit der Ausführung eines Auftrags

Hält der Kunde bei der Ausführung eines Auftrags besondere Eile für nötig, hat er dies der Bank gesondert mitzuteilen. Bei formularmäßig erteilten Aufträgen muss dies außerhalb des Formulars erfolgen.

(4) Prüfung und Einwendungen bei Mitteilungen der Bank

Der Kunde hat Kontoauszüge, Wertpapierabrechnungen, Depot- und Erträgnisaufstellungen, sonstige Abrechnungen, Anzeigen über die Ausführung von Aufträgen sowie Informationen über erwartete Zahlungen und Sendungen (Avise) auf ihre Richtigkeit und Vollständigkeit unverzüglich zu überprüfen und etwaige Einwendungen unverzüglich zu erheben.

(5) Benachrichtigung der Bank bei Ausbleiben von Mitteilungen

Falls Rechnungsabschlüsse und Depotaufstellungen dem Kunden nicht zugehen, muss er die Bank unverzüglich benachrichtigen. Die Benachrichtigungspflicht besteht auch beim Ausbleiben anderer Mitteilungen, deren Eingang der Kunde erwartet (Wertpapierabrechnungen, Kontoauszüge nach der Ausführung von Aufträgen des Kunden oder über Zahlungen, die der Kunde erwartet).

---

[1] Bankarbeitstage sind alle Werktage außer: Sonnabende, 24. und 31. Dezember.
[2] International Bank Account Number (Internationale Bankkontonummer)
[3] Bank Identifier Code (Bank-Identifizierungs-Code)

Kosten der Bankdienstleistungen

12. Zinsen, Entgelte und Aufwendungen

(1) Zinsen und Entgelte im Geschäft mit Verbrauchern

Die Höhe der Zinsen und Entgelte für die üblichen Bankleistungen, die die Bank gegenüber Verbrauchern erbringt, einschließlich der Höhe von Zahlungen, die über die für die Hauptleistung vereinbarten Entgelte hinausgehen, ergeben sich aus dem „Preisaushang – Regelsätze im standardisierten Privatkundengeschäft" und aus dem „Preis- und Leistungsverzeichnis".

Wenn ein Verbraucher eine dort aufgeführte Hauptleistung in Anspruch nimmt und dabei keine abweichende Vereinbarung getroffen wurde, gelten die zu diesem Zeitpunkt im „Preisaushang" oder „Preis- und Leistungsverzeichnis" angegebenen Zinsen und Entgelte.

Eine Vereinbarung, die auf eine über das vereinbarte Entgelt für die Hauptleistung hinausgehende Zahlung des Verbrauchers gerichtet ist, kann die Bank mit dem Verbraucher nur ausdrücklich treffen, auch wenn sie im „Preisaushang" oder im „Preis- und Leistungsverzeichnis" ausgewiesen ist.

Für die Vergütung der nicht im „Preisaushang" oder im „Preis- und Leistungsverzeichnis" aufgeführten Leistungen, die im Auftrag des Verbrauchers erbracht werden und die, nach den Umständen zu urteilen, nur gegen eine Vergütung zu erwarten sind, gelten, soweit keine andere Vereinbarung getroffen wurde, die gesetzlichen Vorschriften.

(2) Zinsen und Entgelte im Geschäft mit Kunden, die keine Verbraucher sind

Die Höhe der Zinsen und Entgelte für die üblichen Bankleistungen, die die Bank gegenüber Kunden, die keine Verbraucher sind, erbringt, ergeben sich aus dem „Preisaushang – Regelsätze im standardisierten Privatkundengeschäft" und aus dem „Preis- und Leistungsverzeichnis", soweit der „Preisaushang" und das „Preis- und Leistungsverzeichnis" übliche Bankleistungen gegenüber Kunden, die keine Verbraucher sind (zum Beispiel Geschäftskunden), ausweisen.

Wenn ein Kunde, der kein Verbraucher ist, eine dort aufgeführte Bankleistung in Anspruch nimmt und dabei keine abweichende Vereinbarung getroffen wurde, gelten die zu diesem Zeitpunkt im „Preisaushang" oder „Preis- und Leistungsverzeichnis" angegebenen Zinsen und Entgelte.

Im Übrigen bestimmt die Bank, sofern keine andere Vereinbarung getroffen wurde und gesetzliche Bestimmungen dem nicht entgegenstehen, die Höhe von Zinsen und Entgelten nach billigem Ermessen (§ 315 des Bürgerlichen Gesetzbuchs).

(3) Nicht entgeltfähige Leistungen

Für eine Leistung, zu deren Erbringung die Bank kraft Gesetzes oder aufgrund einer vertraglichen Nebenpflicht verpflichtet ist oder die sie im eigenen Interesse wahrnimmt, wird die Bank kein Entgelt berechnen, es sei denn, es ist gesetzlich zulässig und wird nach Maßgabe der gesetzlichen Regelung erhoben.

(4) Änderung von Zinsen; Kündigungsrecht des Kunden bei Erhöhung

Die Änderung der Zinsen bei Krediten mit einem veränderlichen Zinssatz erfolgt aufgrund der jeweiligen Kreditvereinbarung mit dem Kunden. Die Bank wird dem Kunden Änderungen von Zinsen mitteilen. Bei einer Erhöhung kann der Kunde, sofern nichts anderes vereinbart ist, die davon betroffene Kreditvereinbarung innerhalb von sechs Wochen nach der Bekanntgabe der Änderung mit sofortiger Wirkung kündigen. Kündigt der Kunde, so werden die erhöhten Zinsen für die gekündigte Kreditvereinbarung nicht zugrunde gelegt. Die Bank wird zur Abwicklung eine angemessene Frist einräumen.

(5) Änderungen von Entgelten bei typischerweise dauerhaft in Anspruch genommenen Leistungen

Änderungen von Entgelten für Bankleistungen, die von Kunden im Rahmen der Geschäftsverbindung typischerweise dauerhaft in Anspruch genommen werden (zum Beispiel Konto- und Depotführung), werden dem Kunden spätestens zwei Monate vor dem vorgeschlagenen Zeitpunkt ihres Wirksamwerdens in Textform angeboten. Hat der Kunde mit der Bank im Rahmen der Geschäftsbeziehung einen elektronischen Kommunikationsweg vereinbart (zum Beispiel das Online-Banking), können die Änderungen auch auf diesem Wege angeboten werden. Der Kunde kann den Änderungen vor dem vorgeschlagenen Zeitpunkt ihres Wirksamwerdens entweder zustimmen oder sie ablehnen.

Die Zustimmung des Kunden gilt als erteilt, wenn er seine Ablehnung nicht vor dem vorgeschlagenen Zeitpunkt des Wirksamwerdens der Änderung angezeigt hat. Auf diese Genehmigungswirkung wird ihn die Bank in ihrem Angebot besonders hinweisen. Werden dem Kunden die Änderungen angeboten, kann er den von der Änderung betroffenen Vertrag vor dem vorgeschlagenen Zeitpunkt des Wirksamwerdens der Änderung auch fristlos und kostenfrei kündigen. Auf dieses Kündigungsrecht wird ihn die Bank in ihrem Angebot hinweisen. Kündigt der Kunde, wird das geänderte Entgelt für die gekündigte Geschäftsbeziehung nicht zugrunde gelegt.

Die vorstehende Vereinbarung gilt gegenüber Verbrauchern nur dann, wenn die Bank Entgelte für Hauptleistungen ändern will, die vom Verbraucher im Rahmen der Geschäftsverbindung typischerweise dauerhaft in Anspruch genommen werden. Eine Vereinbarung über die Änderung eines Entgelts, das auf eine über die Hauptleistung hinausgehende Zahlung des Verbrauchers gerichtet ist, kann die Bank mit dem Verbraucher nur ausdrücklich vereinbaren.

(6) Ersatz von Aufwendungen

Ein möglicher Anspruch der Bank auf Ersatz von Aufwendungen richtet sich nach den gesetzlichen Vorschriften.

(7) Besonderheiten bei Verbraucherdarlehensverträgen und Zahlungsdiensteverträgen mit Verbrauchern für Zahlungen

Bei Verbraucherdarlehensverträgen und Zahlungsdiensteverträgen mit Verbrauchern für Zahlungen richten sich die Zinsen und die Kosten (Entgelte, Auslagen) nach den jeweiligen vertraglichen Vereinbarungen und Sonderbedingungen sowie ergänzend nach den gesetzlichen Vorschriften. Die Änderung von Entgelten von Zahlungsdiensterahmenverträgen (z. B. Girovertrag) richtet sich nach Absatz 5.

Sicherheiten für die Ansprüche der Bank gegen den Kunden

13. Bestellung oder Verstärkung von Sicherheiten

(1) Anspruch der Bank auf Bestellung von Sicherheiten

Die Bank kann für alle Ansprüche aus der bankmäßigen Geschäftsverbindung die Bestellung bankmäßiger Sicherheiten verlangen, und zwar auch dann, wenn die Ansprüche bedingt sind (zum Beispiel Aufwendungsersatzanspruch wegen der Inanspruchnahme aus einer für den Kunden übernommenen Bürgschaft). Hat der Kunde gegenüber der Bank eine Haftung für Verbindlichkeiten eines anderen Kunden der Bank übernommen (zum Beispiel als Bürge), so besteht für die Bank ein Anspruch auf Bestellung oder Verstärkung von Sicherheiten im Hinblick auf die aus der Haftungsübernahme folgende Schuld jedoch erst ab ihrer Fälligkeit.

(2) Veränderung des Risikos

Hat die Bank bei der Entstehung von Ansprüchen gegen den Kunden zunächst ganz oder teilweise davon abgesehen, die Bestellung oder Verstärkung von Sicherheiten zu verlangen, kann sie auch später noch eine Besicherung fordern. Voraussetzung hierfür ist jedoch, dass Umstände eintreten oder bekannt werden, die eine erhöhte Risikobewertung der Ansprüche gegen den Kunden rechtfertigen. Dies kann insbesondere der Fall sein, wenn

– sich die wirtschaftlichen Verhältnisse des Kunden nachteilig verändert haben oder sich zu verändern drohen oder
– sich die vorhandenen Sicherheiten wertmäßig verschlechtert haben oder zu verschlechtern drohen.

Der Besicherungsanspruch der Bank besteht nicht, wenn ausdrücklich vereinbart ist, dass der Kunde keine oder ausschließlich im Einzelnen benannte Sicherheiten zu bestellen hat. Bei Verbraucherdarlehensverträgen besteht der Anspruch auf die Bestellung oder Verstärkung von Sicherheiten nur, soweit die Sicherheiten im Kreditvertrag angegeben sind. Übersteigt der Nettodarlehensbetrag 75.000 Euro, besteht der Anspruch auf Bestellung oder Verstärkung auch dann, wenn in einem vor dem 21. März 2016 abgeschlossenen Verbraucherdarlehensvertrag oder in einem ab dem 21. März 2016 abgeschlossenen Allgemein-Verbraucherdarlehensvertrag im Sinne von § 491 Abs. 2 BGB keine oder keine abschließenden Angaben über Sicherheiten enthalten sind.

(3) Fristsetzung für die Bestellung oder Verstärkung von Sicherheiten

Für die Bestellung oder Verstärkung von Sicherheiten wird die Bank eine angemessene Frist einräumen. Beabsichtigt die Bank, von ihrem Recht zur fristlosen Kündigung nach Nr. 19 Absatz 3 dieser Geschäftsbedingungen Gebrauch zu machen, falls der Kunde seiner Verpflichtung zur Bestellung oder Verstärkung von Sicherheiten nicht fristgerecht nachkommt, wird sie ihn zuvor hierauf hinweisen.

14. Vereinbarung eines Pfandrechts zugunsten der Bank

(1) Einigung über das Pfandrecht

Der Kunde und die Bank sind sich darüber einig, dass die Bank ein Pfandrecht an den Wertpapieren und Sachen erwirbt, an denen eine inländische Geschäftsstelle im bankmäßigen Geschäftsverkehr Besitz erlangt hat oder noch erlangen wird. Die Bank erwirbt ein Pfandrecht auch an den Ansprüchen, die dem Kunden gegen die Bank aus der bankmäßigen Geschäftsverbindung zustehen oder künftig zustehen werden (zum Beispiel Kontoguthaben).

(2) Gesicherte Ansprüche

Das Pfandrecht dient der Sicherung aller bestehenden, künftigen und bedingten Ansprüche, die der Bank mit ihren sämtlichen in- und ausländischen Geschäftsstellen aus der bankmäßigen Geschäftsverbindung gegen den Kunden zustehen. Hat der Kunde gegenüber der Bank eine Haftung für Verbindlichkeiten eines anderen Kunden der Bank übernommen (zum Beispiel als Bürge), so sichert das Pfandrecht die aus der Haftungsübernahme folgende Schuld jedoch erst ab ihrer Fälligkeit.

(3) Ausnahmen vom Pfandrecht

Gelangen Gelder oder andere Werte mit der Maßgabe in die Verfügungsgewalt der Bank, dass sie nur für einen bestimmten Zweck verwendet werden dürfen (zum Beispiel Bareinzahlung zur Einlösung eines Wechsels), erstreckt sich das Pfandrecht der Bank nicht auf diese Werte. Dasselbe gilt für die von der Bank selbst ausgegebenen Aktien (eigene Aktien) und für die Wertpapiere, die die Bank im Ausland für den Kunden verwahrt. Außerdem erstreckt sich das Pfandrecht nicht auf die von der Bank selbst ausgegebenen eigenen Genussrechte/Genussscheine und nicht auf die verbrieften und nicht verbrieften nachrangigen Verbindlichkeiten der Bank.

(4) Zins- und Gewinnanteilscheine

Unterliegen dem Pfandrecht der Bank Wertpapiere, ist der Kunde nicht berechtigt, die Herausgabe der zu diesen Papieren gehörenden Zins- und Gewinnanteilscheine zu verlangen.

15. Sicherungsrechte bei Einzugspapieren und diskontierten Wechseln

(1) Sicherungsübereignung

Die Bank erwirbt an den ihr zum Einzug eingereichten Schecks und Wechseln im Zeitpunkt der Einreichung Sicherungseigentum. An diskontierten Wechseln erwirbt die Bank im Zeitpunkt des Wechselankaufs uneingeschränktes Eigentum; belastet sie diskontierte Wechsel dem Konto zurück, so verbleibt ihr das Sicherungseigentum an diesen Wechseln.

(2) Sicherungsabtretung

Mit dem Erwerb des Eigentums an Schecks und Wechseln gehen auch die zugrunde liegenden Forderungen auf die Bank über; ein Forderungsübergang findet ferner statt, wenn andere Papiere zum Einzug eingereicht werden (zum Beispiel Lastschriften, kaufmännische Handelspapiere).

(3) Zweckgebundene Einzugspapiere

Werden der Bank Einzugspapiere mit der Maßgabe eingereicht, dass ihr Gegenwert nur für einen bestimmten Zweck verwendet werden darf, erstrecken sich die Sicherungsübereignung und die Sicherungsabtretung nicht auf diese Papiere.

(4) Gesicherte Ansprüche der Bank

Das Sicherungseigentum und die Sicherungsabtretung dienen der Sicherung aller Ansprüche, die der Bank gegen den Kunden bei Einreichung von Einzugspapieren aus seinen Kontokorrentkonten zustehen oder die infolge der Rückbelastung nicht eingelöster Einzugspapiere oder diskontierter Wechsel entstehen. Auf Anforderung des Kunden nimmt die Bank eine Rückübertragung des Sicherungseigentums an den Papieren und der auf sie übergegangenen Forderungen an den Kunden vor, falls ihr im Zeitpunkt der Anforderung keine zu sichernden Ansprüche gegen den Kunden zustehen oder sie ihn über den Gegenwert der Papiere vor deren endgültiger Bezahlung nicht verfügen lässt.

16. Begrenzung des Besicherungsanspruchs und Freigabeverpflichtung

(1) Deckungsgrenze

Die Bank kann ihren Anspruch auf Bestellung oder Verstärkung von Sicherheiten so lange geltend machen, bis der realisierbare Wert aller Sicherheiten dem Gesamtbetrag aller Ansprüche aus der bankmäßigen Geschäftsverbindung (Deckungsgrenze) entspricht.

(2) Freigabe

Falls der realisierbare Wert aller Sicherheiten die Deckungsgrenze nicht nur vorübergehend übersteigt, hat die Bank auf Verlangen des Kunden Sicherheiten nach ihrer Wahl freizugeben, und zwar in Höhe des die Deckungsgrenze übersteigenden Betrages; sie wird bei der Auswahl der freizugebenden Sicherheiten auf die berechtigten Belange des Kunden und eines dritten Sicherungsgebers, der für die Verbindlichkeiten des Kunden Sicherheiten bestellt hat, Rücksicht nehmen. In diesem Rahmen ist die Bank auch verpflichtet, Aufträge des Kunden über die dem Pfandrecht unterliegenden Werte auszuführen (zum Beispiel Verkauf von Wertpapieren, Auszahlung von Sparguthaben).

(3) Sondervereinbarungen

Ist für eine bestimmte Sicherheit ein anderer Bewertungsmaßstab als der realisierbare Wert oder ist eine andere Deckungsgrenze oder ist eine andere Grenze für die Freigabe von Sicherheiten vereinbart, so sind diese maßgeblich.

17. Verwertung von Sicherheiten

(1) Wahlrecht der Bank

Wenn die Bank verwertet, hat die Bank unter mehreren Sicherheiten die Wahl. Sie wird bei der Verwertung und bei der Auswahl der zu verwertenden Sicherheiten auf die berechtigten Belange des Kunden und eines dritten Sicherungsgebers, der für die Verbindlichkeiten des Kunden Sicherheiten bestellt hat, Rücksicht nehmen.

(2) Erlösgutschrift nach dem Umsatzsteuerrecht

Wenn der Verwertungsvorgang der Umsatzsteuer unterliegt, wird die Bank dem Kunden über den Erlös eine Gutschrift erteilen, die als Rechnung für die Lieferung der als Sicherheit dienenden Sache gilt und den Voraussetzungen des Umsatzsteuerrechts entspricht.

Kündigung

18. Kündigungsrechte des Kunden

(1) Jederzeitiges Kündigungsrecht

Der Kunde kann die gesamte Geschäftsverbindung oder einzelne Geschäftsbeziehungen (zum Beispiel den Scheckvertrag), für die weder eine Laufzeit noch eine abweichende Kündigungsregelung vereinbart ist, jederzeit ohne Einhaltung einer Kündigungsfrist kündigen.

(2) Kündigung aus wichtigem Grund

Ist für eine Geschäftsbeziehung eine Laufzeit oder eine abweichende Kündigungsregelung vereinbart, kann eine fristlose Kündigung nur dann ausgesprochen werden, wenn hierfür ein wichtiger Grund vorliegt, der es dem Kunden, auch unter Berücksichtigung der berechtigten Belange der Bank, unzumutbar werden lässt, die Geschäftsbeziehung fortzusetzen.

(3) Gesetzliche Kündigungsrechte

Gesetzliche Kündigungsrechte bleiben unberührt.

19. Kündigungsrechte der Bank

(1) Kündigung unter Einhaltung einer Kündigungsfrist

Die Bank kann die gesamte Geschäftsverbindung oder einzelne Geschäftsbeziehungen, für die weder eine Laufzeit noch eine abweichende Kündigungsregelung vereinbart ist, jederzeit unter Einhaltung einer angemessenen Kündigungsfrist kündigen (zum Beispiel den Scheckvertrag, der zur Nutzung von Scheckvordrucken berechtigt). Bei der Bemessung der Kündigungsfrist wird die Bank auf die berechtigten Belange des Kunden Rücksicht nehmen. Für die Kündigung eines Zahlungsdiensterahmenvertrages (zum Beispiel laufendes Konto oder Kartenvertrag) und eines Depots beträgt die Kündigungsfrist mindestens zwei Monate.

(2) Kündigung unbefristeter Kredite

Kredite und Kreditzusagen, für die weder eine Laufzeit noch eine abweichende Kündigungsregelung vereinbart ist, kann die Bank jederzeit ohne Einhaltung einer Kündigungsfrist kündigen. Die Bank wird bei der Ausübung dieses Kündigungsrechts auf die berechtigten Belange des Kunden Rücksicht nehmen.

Soweit das Bürgerliche Gesetzbuch Sonderregelungen für die Kündigung eines Verbraucherdarlehensvertrages vorsieht, kann die Bank nur nach Maßgabe dieser Regelungen kündigen.

(3) Kündigung aus wichtigem Grund ohne Einhaltung einer Kündigungsfrist

Eine fristlose Kündigung der gesamten Geschäftsverbindung oder einzelner Geschäftsbeziehungen ist zulässig, wenn ein wichtiger Grund vorliegt, der der Bank deren Fortsetzung auch unter Berücksichtigung der berechtigten Belange des Kunden unzumutbar werden lässt. Ein wichtiger Grund liegt insbesondere vor,

- wenn der Kunde unrichtige Angaben über seine Vermögensverhältnisse gemacht hat, die für die Entscheidung der Bank über eine Kreditgewährung oder über andere mit Risiken für die Bank verbundene Geschäfte (zum Beispiel Aushändigung einer Zahlungskarte) von erheblicher Bedeutung waren; bei Verbraucherdarlehen gilt dies nur, wenn der Kunde für die Kreditwürdigkeitsprüfung relevante Informationen wissentlich vorenthalten oder diese gefälscht hat und dies zu einem Mangel der Kreditwürdigkeitsprüfung geführt hat oder
- wenn eine wesentliche Verschlechterung der Vermögensverhältnisse des Kunden oder der Werthaltigkeit einer Sicherheit eintritt oder einzutreten droht und dadurch die Rückzahlung des Darlehens oder die Erfüllung einer sonstigen Verbindlichkeit gegenüber der Bank – auch unter Verwertung einer hierfür bestehenden Sicherheit – gefährdet ist oder
- wenn der Kunde seiner Verpflichtung zur Bestellung oder Verstärkung von Sicherheiten nach Nummer 13 Absatz 2 dieser Geschäftsbedingungen oder aufgrund einer sonstigen Vereinbarung nicht innerhalb der von der Bank gesetzten angemessenen Frist nachkommt.

Besteht der wichtige Grund in der Verletzung einer vertraglichen Pflicht, ist die Kündigung erst nach erfolglosem Ablauf einer zur Abhilfe bestimmten angemessenen Frist oder nach erfolgloser Abmahnung zulässig, es sei denn, dies ist wegen der Besonderheiten des Einzelfalles (§ 323 Absätze 2 und 3 des Bürgerlichen Gesetzbuches) entbehrlich.

(4) Kündigung von Verbraucherdarlehensverträgen bei Verzug

Soweit das Bürgerliche Gesetzbuch Sonderregelungen für die Kündigung wegen Verzuges mit der Rückzahlung eines Verbraucherdarlehensvertrages vorsieht, kann die Bank nur nach Maßgabe dieser Regelungen kündigen.

(5) Kündigung eines Basiskontovertrages

Einen Basiskontovertrag kann die Bank nur nach den zwischen der Bank und dem Kunden auf Grundlage des Zahlungskontengesetzes getroffenen Vereinbarungen und den Bestimmungen des Zahlungskontengesetzes kündigen.

(6) Abwicklung nach einer Kündigung

Im Falle einer Kündigung ohne Kündigungsfrist wird die Bank dem Kunden für die Abwicklung (insbesondere für die Rückzahlung eines Kredits) eine angemessene Frist einräumen, soweit nicht eine sofortige Erledigung erforderlich ist (zum Beispiel bei der Kündigung des Scheckvertrages die Rückgabe der Scheckvordrucke).

Schutz der Einlagen

20. Einlagensicherungsfonds

(1) Schutzumfang

Die Bank ist dem Einlagensicherungsfonds des Bundesverbandes deutscher Banken e.V. angeschlossen. Der Einlagensicherungsfonds sichert gemäß seinem Statut – vorbehaltlich der darin vorgesehenen Ausnahmen – Einlagen, d.h. Guthaben, die sich im Rahmen von Bankgeschäften aus Beträgen, die auf einem Konto verblieben sind, oder aus Zwischenpositionen ergeben und die nach den geltenden Bedingungen von der Bank zurückzuzahlen sind.

Nicht gesichert werden unter anderem die zu den Eigenmitteln der Bank zählenden Einlagen, Verbindlichkeiten aus Inhaber- und Orderschuldverschreibungen sowie Einlagen von Kreditinstituten im Sinne des Art. 4 Abs. 1 Nr. 1 der Verordnung (EU) Nr. 575/2013, Finanzinstituten im Sinne des Art. 4 Abs. 1 Nr. 26 der Verordnung (EU) Nr. 575/2013, Wertpapierfirmen im Sinne des Art. 4 Abs. 1 Nr. 1 der Richtlinie 2004/39/EG und Gebietskörperschaften.

Einlagen von anderen Gläubigern als natürlichen Personen und rechtsfähigen Stiftungen werden nur geschützt, wenn

(i) es sich bei der Einlage um keine Verbindlichkeit aus einer Namensschuldverschreibung oder einem Schuldscheindarlehen handelt und

(ii) die Laufzeit der Einlage nicht mehr als 18 Monate beträgt. Auf Einlagen, die bereits vor dem 01. Januar 2020 bestanden haben, findet die Laufzeitbeschränkung keine Anwendung. Nach dem 31. Dezember 2019 entfällt der Bestandsschutz nach vorstehendem Satz, sobald die betreffende Einlage fällig wird, gekündigt werden kann oder anderweitig zurückgefordert werden kann, oder wenn die Einlage im Wege einer Einzel- oder Gesamtrechtsnachfolge übergeht.

Verbindlichkeiten der Banken, die bereits vor dem 1. Oktober 2017 bestanden haben, werden nach Maßgabe und unter den Voraussetzungen der bis zum 1. Oktober 2017 geltenden Regelungen des Statuts des Einlagensicherungsfonds gesichert. Nach dem 30. September 2017 entfällt der Bestandsschutz nach dem vorstehenden Satz, sobald die betreffende Verbindlichkeit fällig wird, gekündigt oder anderweitig zurückgefordert werden kann, oder wenn die Verbindlichkeit im Wege einer Einzel- oder Gesamtrechtsnachfolge übergeht.

(2) Sicherungsgrenzen

Die Sicherungsgrenze je Gläubiger beträgt bis zum 31. Dezember 2019 20%, bis zum 31. Dezember 2024 15% und ab dem 1. Januar 2025 8,75% der für die Einlagensicherung maßgeblichen Eigenmittel der Bank im Sinne von Art. 72 der Verordnung (EU) Nr. 575/2013. Für Einlagen, die nach dem 31. Dezember 2011 begründet oder prolongiert werden, gelten, unabhängig vom Zeitpunkt der Begründung der Einlage, die jeweils neuen Sicherungsgrenzen ab den vorgenannten Stichtagen. Für Einlagen, die vor dem 31. Dezember 2011 begründet wurden, gelten die alten Sicherungsgrenzen bis zur Fälligkeit der Einlage oder bis zum nächstmöglichen Kündigungstermin.

Diese Sicherungsgrenze wird dem Kunden von der Bank auf Verlangen bekannt gegeben. Sie kann auch im Internet unter www.bankenverband.de abgefragt werden.

(3) Geltung des Statuts des Einlagensicherungsfonds

Wegen weiterer Einzelheiten der Sicherung wird auf § 6 des Statuts des Einlagensicherungsfonds verwiesen, das auf Verlangen zur Verfügung gestellt wird.

(4) Forderungsübergang

Soweit der Einlagensicherungsfonds oder ein von ihm Beauftragter Zahlungen an einen Kunden leistet, gehen dessen Forderungen gegen die Bank in entsprechender Höhe mit allen Nebenrechten Zug um Zug auf den Einlagensicherungsfonds über.

(5) Auskunftserteilung

Die Bank ist befugt, dem Einlagensicherungsfonds oder einem von ihm Beauftragten alle in diesem Zusammenhang erforderlichen Auskünfte zu erteilen und Unterlagen zur Verfügung zu stellen.

Beschwerdemöglichkeiten/ Ombudsmannverfahren

21. Beschwerde- und Alternative Streitbeilegungsverfahren

Der Kunde hat folgende außergerichtliche Möglichkeiten:

- Der Kunde kann sich mit einer Beschwerde an die im „Preis- und Leistungsverzeichnis" genannte Kontaktstelle der Bank wenden. Die Bank wird Beschwerden in geeigneter Weise beantworten, bei Zahlungsdiensteverträgen erfolgt dies in Textform (zum Beispiel mittels Brief, Telefax oder E-Mail).
- Die Bank nimmt am Streitbeilegungsverfahren der Verbraucherschlichtungsstelle „Ombudsmann der privaten Banken" (www.bankenombudsmann.de) teil. Dort hat der Verbraucher die Möglichkeit, zur Beilegung einer Streitigkeit mit der Bank den Ombudsmann der privaten Banken anzurufen. Betrifft der Beschwerdegegenstand eine Streitigkeit über einen Zahlungsdienstevertrag (§ 675f des Bürgerlichen Gesetzbuches), können auch Kunden, die keine Verbraucher sind, den Ombudsmann der privaten Banken anrufen. Näheres regelt die „Verfahrensordnung für die Schlichtung von Kundenbeschwerden im deutschen Bankgewerbe", die auf Wunsch zur Verfügung gestellt wird oder im Internet unter www.bankenverband.de abrufbar ist.
  Die Beschwerde ist in Textform (z. B. mittels Brief, Telefax oder E-Mail) an die Kundenbeschwerdestelle beim Bundesverband deutscher Banken e. V., Postfach 04 03 07, 10062 Berlin, Fax: (030) 1663-3169, E-Mail: ombudsmann@bdb.de, zu richten.
- Ferner besteht für den Kunden die Möglichkeit, sich jederzeit schriftlich oder zur dortigen Niederschrift bei der Bundesanstalt für Finanzdienstleistungsaufsicht, Graurheindorfer Straße 108, 53117 Bonn, über Verstöße der Bank gegen das Zahlungsdiensteaufsichtsgesetz (ZAG), die §§ 675c bis 676c des Bürgerlichen Gesetzbuches (BGB) oder gegen Artikel 248 des Einführungsgesetzes zum Bürgerlichen Gesetzbuche (EGBGB) zu beschweren.
- Die Europäische Kommission hat unter http://ec.europa.eu/consumers/odr/ eine Europäische Online-Streitbeilegungsplattform (OS-Plattform) errichtet. Die OS-Plattform kann ein Verbraucher für die außergerichtliche Beilegung einer Streitigkeit aus Online-Verträgen mit einem in der EU niedergelassenen Unternehmen nutzen.

Anhang 2
Quelle: Bank-Verlag Medien GmbH (Vordruck 47.000)
Bedingungen für das Online-Banking (Stand 09/2019)

1 Leistungsangebot

(1) Der Kunde und dessen Bevollmächtigte können Bankgeschäfte mittels Online Banking in dem von der Bank angebotenen Umfang abwickeln. Zudem können sie Informationen der Bank mittels Online Banking abrufen. Des Weiteren sind sie gemäß § 675f Absatz 3 BGB berechtigt, Zahlungsauslösedienste und Kontoinformationsdienste gemäß § 1 Absätze 33 und 34 Zahlungsdiensteaufsichtsgesetz (ZAG) zu nutzen. Darüber hinaus können sie von ihnen ausgewählte sonstige Drittdienste nutzen.

(2) Kunde und Bevollmächtigte werden einheitlich als „Teilnehmer", Konto und Depot einheitlich als „Konto" bezeichnet, es sei denn, dies ist ausdrücklich anders bestimmt.

(3) Zur Nutzung des Online Banking gelten die mit der Bank gesondert vereinbarten Verfügungslimite.

2 Voraussetzungen zur Nutzung des Online Banking

(1) Der Teilnehmer kann das Online Banking nutzen, wenn die Bank ihn authentifiziert hat.

(2) Authentifizierung ist das mit der Bank gesondert vereinbarte Verfahren, mit dessen Hilfe die Bank die Identität des Teilnehmers oder die berechtigte Verwendung eines vereinbarten Zahlungsinstruments, einschließlich der Verwendung des personalisierten Sicherheitsmerkmals des Teilnehmers überprüfen kann. Mit den hierfür vereinbarten Authentifizierungselementen kann der Teilnehmer sich gegenüber der Bank als berechtigter Teilnehmer ausweisen, auf Informationen zugreifen (siehe Nummer 3 dieser Bedingungen) sowie Aufträge erteilen (siehe Nummer 4 dieser Bedingungen).

(3) Authentifizierungselemente sind
- Wissenselemente, also etwas, das nur der Teilnehmer weiß (z.B. persönliche Identifikationsnummer (PIN)),
- Besitzelemente, also etwas, das nur der Teilnehmer besitzt (z.B. Gerät zur Erzeugung oder zum Empfang von einmal verwendbaren Transaktionsnummern (TAN), die den Besitz des Teilnehmers nachweisen, wie die girocard mit TAN-Generator oder das mobile Endgerät), oder
- Seinselemente, also etwas, das der Teilnehmer ist (Inhärenz, z.B. Fingerabdruck als biometrisches Merkmal des Teilnehmers).

(4) Die Authentifizierung des Teilnehmers erfolgt, indem der Teilnehmer gemäß der Anforderung der Bank das Wissenselement, den Nachweis des Besitzelements und/oder den Nachweis des Seinselements an die Bank übermittelt.

3 Zugang zum Online Banking

(1) Der Teilnehmer erhält Zugang zum Online Banking der Bank, wenn
- er seine individuelle Teilnehmerkennung (z.B. Kontonummer, Anmeldename) angibt und
- er sich unter Verwendung des oder der von der Bank angeforderten Authentifizierungselemente(s) ausweist und
- keine Sperre des Zugangs (siehe Nummern 8.1 und 9 dieser Bedingungen) vorliegt.

Nach Gewährung des Zugangs zum Online Banking kann auf Informationen zugegriffen oder können nach Nummer 4 dieser Bedingungen Aufträge erteilt werden.

(2) Für den Zugriff auf sensible Zahlungsdaten im Sinne des § 1 Absatz 26 Satz 1 ZAG (z.B. zum Zweck der Änderung der Anschrift des Kunden) fordert die Bank den Teilnehmer auf, sich unter Verwendung eines weiteren Authentifizierungselements auszuweisen, wenn beim Zugang zum Online Banking nur ein Authentifizierungselement angefordert wurde. Der Name des Kontoinhabers und die Kontonummer sind für den vom Teilnehmer genutzten Zahlungsauslösedienst und Kontoinformationsdienst keine sensiblen Zahlungsdaten (§ 1 Absatz 26 Satz 2 ZAG).

4 Aufträge

4.1 Auftragserteilung

Der Teilnehmer muss einem Auftrag (zum Beispiel Überweisung) zu dessen Wirksamkeit zustimmen (Autorisierung). Auf Anforderung hat er hierzu Authentifizierungselemente (zum Beispiel Eingabe einer TAN als Nachweis des Besitzelements) zu verwenden.

Die Bank bestätigt mittels Online Banking den Eingang des Auftrags.

4.2 Widerruf von Aufträgen

Die Widerrufbarkeit eines Auftrags richtet sich nach den für die jeweilige Auftragsart geltenden Sonderbedingungen (zum Beispiel Bedingungen für den Überweisungsverkehr). Der Widerruf von Aufträgen kann nur außerhalb des Online Banking erfolgen, es sei denn, die Bank sieht eine Widerrufsmöglichkeit im Online Banking ausdrücklich vor.

5 Bearbeitung von Aufträgen durch die Bank

(1) Die Bearbeitung der Aufträge erfolgt an den für die Abwicklung der jeweiligen Auftragsart (zum Beispiel Überweisung) auf der Online-Banking-Seite der Bank oder im „Preis- und Leistungsverzeichnis" bekannt gegebenen Geschäftstagen im Rahmen des ordnungsgemäßen Arbeitsablaufes. Geht der Auftrag nach dem auf der Online-Banking-Seite der Bank oder im „Preis- und Leistungsverzeichnis" angegebenen Zeitpunkt (Annahmefrist) ein oder fällt der Zeitpunkt des Eingangs nicht auf einen Geschäftstag gemäß Online-Banking-Seite der Bank oder „Preis- und Leistungsverzeichnis" der Bank, so gilt der Auftrag als am darauf folgenden Geschäftstag zugegangen. Die Bearbeitung beginnt erst an diesem Geschäftstag.

(2) Die Bank wird den Auftrag ausführen, wenn folgende Ausführungsbedingungen vorliegen:
- Der Teilnehmer hat den Auftrag autorisiert (vgl. Nummer 4.1 dieser Bedingungen).
- Die Berechtigung des Teilnehmers für die jeweilige Auftragsart (zum Beispiel Wertpapierorder) liegt vor.
- Das Online-Banking-Datenformat ist eingehalten.
- Das gesondert vereinbarte Online-Banking-Verfügungslimit ist nicht überschritten (vgl. Nummer 1 Absatz 3 dieser Bedingungen).
- Die weiteren Ausführungsbedingungen nach den für die jeweilige Auftragsart maßgeblichen Sonderbedingungen (zum Beispiel ausreichende Kontodeckung gemäß den Bedingungen für den Überweisungsverkehr) liegen vor.

Liegen die Ausführungsbedingungen nach Satz 1 vor, führt die Bank die Aufträge nach Maßgabe der Bestimmungen der für die jeweilige Auftragsart geltenden Sonderbedingungen (zum Beispiel Bedingungen für den Überweisungsverkehr, Bedingungen für das Wertpapiergeschäft) aus.

(3) Liegen die Ausführungsbedingungen nach Absatz 2 Satz 1 nicht vor, wird die Bank den Auftrag nicht ausführen. Sie wird den Teilnehmer hierüber mittels Online Banking eine Information zur Verfügung stellen und soweit möglich dabei die Gründe und die Möglichkeiten nennen, mit denen Fehler, die zur Ablehnung geführt haben, berichtigt werden können.

6 Information des Kunden über Online-Banking-Verfügungen

Die Bank unterrichtet den Kunden mindestens einmal monatlich über die mittels Online Banking getätigten Verfügungen auf dem für Kontoinformationen vereinbarten Weg.

7 Sorgfaltspflichten des Teilnehmers

7.1 Schutz der Authentifizierungselemente

(1) Der Teilnehmer hat alle zumutbaren Vorkehrungen zu treffen, um seine Authentifizierungselemente (siehe Nummer 2 dieser Bedingungen) vor unbefugtem Zugriff zu schützen. Ansonsten besteht die Gefahr, dass das Online Banking missbräuchlich verwendet oder in sonstiger Weise nicht autorisiert genutzt wird (vergleiche Nummer 3 und 4 dieser Bedingungen).

(2) Zum Schutz der einzelnen Authentifizierungselemente hat der Teilnehmer vor allem Folgendes zu beachten:

(a) Wissenselemente, wie z.B. die PIN, sind geheim zu halten; sie dürfen insbesondere
- nicht mündlich (z.B. telefonisch oder persönlich) mitgeteilt werden,
- nicht außerhalb des Online Banking in Textform (z.B. per E-Mail, Messenger-Dienst) weiter gegeben werden,
- nicht ungesichert elektronisch gespeichert (z.B. Speicherung der PIN im Klartext im Computer oder im mobilen Endgerät) werden und
- nicht auf einem Gerät notiert oder als Abschrift zusammen mit einem Gerät aufbewahrt werden, das als Besitzelement (z.B. girocard mit TAN-Generator, mobiles Endgerät, Signaturkarte) oder zur Prüfung des Seinselements (z.B. mobiles Endgerät mit Anwendung für das Online Banking und Fingerabdrucksensor) dient.

(b) Besitzelemente, wie z.B. die girocard mit TAN-Generator oder ein mobiles Endgerät, sind vor Missbrauch zu schützen, insbesondere
- sind die girocard mit TAN-Generator oder die Signaturkarte vor dem unbefugten Zugriff anderer Personen sicher zu verwahren,
- ist sicherzustellen, dass unberechtigte Personen auf das mobile Endgerät des Teilnehmers (z.B. Mobiltelefon) nicht zugreifen können,
- ist dafür Sorge zu tragen, dass andere Personen die auf dem mobilen Endgerät (z.B. Mobiltelefon) befindliche Anwendung für das Online Banking (z.B. Online-Banking-App, Authentifizierungs-App) nicht nutzen können,

- ist die Anwendung für das Online Banking (z.B. Online-Banking-App, Authentifizierungs-App) auf dem mobilen Endgerät des Teilnehmers zu deaktivieren, bevor der Teilnehmer den Besitz an diesem mobilen Endgerät aufgibt (z.B. durch Verkauf oder Entsorgung des Mobiltelefons),
- dürfen die Nachweise des Besitzelements (z.B. TAN) nicht außerhalb des Online Banking mündlich (z.B. per Telefon) oder in Textform (z.B. per E-Mail, Messenger-Dienst) weiter gegeben werden und
- muss der Teilnehmer, der von der Bank einen Code zur Aktivierung des Besitzelements (z.B. Mobiltelefon mit Anwendung für das Online Banking) erhalten hat, diesen vor dem unbefugten Zugriff anderer Personen sicher verwahren; ansonsten besteht die Gefahr, dass andere Personen ihr Gerät als Besitzelement für das Online Banking des Teilnehmers aktivieren.

(c) Seinselemente, wie z.B. Fingerabdruck des Teilnehmers, dürfen auf einem mobilen Endgerät des Teilnehmers für das Online Banking nur dann als Authentifizierungselement verwendet werden, wenn auf dem mobilen Endgerät keine Seinselemente anderer Personen gespeichert sind. Sind auf dem mobilen Endgerät, das für das Online Banking genutzt wird, Seinselemente anderer Personen gespeichert, ist für das Online Banking das von der Bank ausgegebene Wissenselement (z.B. PIN) zu nutzen und nicht das auf dem mobilen Endgerät gespeicherte Seinselement.

(3) Beim mobileTAN-Verfahren darf das mobile Endgerät, mit dem die TAN empfangen wird (zum Beispiel Mobiltelefon), nicht gleichzeitig für das Online Banking genutzt werden.

(4) Die für das mobile-TAN-Verfahren hinterlegte Telefonnummer ist zu löschen oder zu ändern, wenn der Teilnehmer diese Telefonnummer für das Online Banking nicht mehr nutzt.

(5) Ungeachtet der Schutzpflichten nach den Absätzen 1 bis 4 darf der Teilnehmer seine Authentifizierungselemente gegenüber einem von ihm ausgewählten Zahlungsauslösedienst und Kontoinformationsdienst sowie einem sonstigen Drittdienst verwenden (siehe Nummer 1 Absatz 1 Sätze 3 und 4 dieser Bedingungen). Sonstige Drittdienste hat der Teilnehmer mit der im Verkehr erforderlichen Sorgfalt auszuwählen.

7.2 Sicherheitshinweise der Bank

Der Teilnehmer muss die Sicherheitshinweise auf der Online-Banking-Seite der Bank, insbesondere die Maßnahmen zum Schutz der eingesetzten Hard- und Software (Kundensystem), beachten.

7.3 Prüfung der Auftragsdaten mit von der Bank angezeigten Daten

Die Bank zeigt dem Teilnehmer die von ihr empfangenen Auftragsdaten (zum Beispiel Betrag, Kontonummer des Zahlungsempfängers, Wertpapierkennnummer) über das gesondert vereinbarte Gerät des Teilnehmers an (zum Beispiel mittels mobilem Endgerät, Chipkartenlesegerät mit Display). Der Teilnehmer ist verpflichtet, vor der Bestätigung die Übereinstimmung der angezeigten Daten mit den für den Auftrag vorgesehenen Daten zu prüfen.

8 Anzeige- und Unterrichtungspflichten

8.1 Sperranzeige

(1) Stellt der Teilnehmer
- den Verlust oder den Diebstahl eines Besitzelements zur Authentifizierung (z.B. girocard mit TAN-Generator, mobiles Endgerät, Signaturkarte) oder
- die missbräuchliche Verwendung oder die sonstige nicht autorisierte Nutzung eines Authentifizierungselements

fest, muss der Teilnehmer die Bank hierüber unverzüglich unterrichten (Sperranzeige). Der Teilnehmer kann eine solche Sperranzeige jederzeit auch über die gesondert mitgeteilten Kommunikationskanäle abgeben.

(2) Der Teilnehmer hat jeden Diebstahl oder Missbrauch eines Authentifizierungselements unverzüglich bei der Polizei zur Anzeige zu bringen.

(3) Hat der Teilnehmer den Verdacht einer nicht autorisierten oder betrügerischen Verwendung eines seiner Authentifizierungselemente, muss er ebenfalls eine Sperranzeige abgeben.

8.2 Unterrichtung über nicht autorisierte oder fehlerhaft ausgeführte Aufträge

Der Kunde hat die Bank unverzüglich nach Feststellung eines nicht autorisierten oder fehlerhaft ausgeführten Auftrags hierüber zu unterrichten.

9 Nutzungssperre

9.1 Sperre auf Veranlassung des Teilnehmers

Die Bank sperrt auf Veranlassung des Teilnehmers, insbesondere im Fall der Sperranzeige nach Nummer 8.1 dieser Bedingungen,
- den Online-Banking-Zugang für ihn oder alle Teilnehmer oder
- seine Authentifizierungselemente zur Nutzung des Online-Banking.

9.2 Sperre auf Veranlassung der Bank

(1) Die Bank darf den Online-Banking-Zugang für einen Teilnehmer sperren, wenn
- sie berechtigt ist, den Online-Banking-Vertrag aus wichtigem Grund zu kündigen,
- sachliche Gründe im Zusammenhang mit der Sicherheit der Authentifizierungselemente des Teilnehmers dies rechtfertigen oder
- der Verdacht einer nicht autorisierten oder einer betrügerischen Verwendung eines Authentifizierungselements besteht.

(2) Die Bank wird den Kunden unter Angabe der hierfür maßgeblichen Gründe möglichst vor, spätestens jedoch unverzüglich nach der Sperre auf dem vereinbarten Weg unterrichten. Die Angabe von Gründen darf unterbleiben, soweit die Bank hierdurch gegen gesetzliche Verpflichtungen verstoßen würde.

9.3 Aufhebung der Sperre

Die Bank wird eine Sperre aufheben oder die betroffenen Authentifizierungselemente austauschen, wenn die Gründe für die Sperre nicht mehr gegeben sind. Hierüber unterrichtet sie den Kunden unverzüglich.

9.4 Automatische Sperre eines chip-basierten Besitzelements

(1) Eine Chipkarte mit Signaturfunktion sperrt sich selbst, wenn dreimal in Folge der Nutzungscode für die elektronische Signatur falsch eingegeben wird.

(2) Ein TAN-Generator als Bestandteil einer Chipkarte, der die Eingabe eines eigenen Nutzungscodes erfordert, sperrt sich selbst, wenn dieser dreimal in Folge falsch eingegeben wird.

(3) Die in Absätzen 1 und 2 genannten Besitzelemente können dann nicht mehr für das Online Banking genutzt werden. Der Teilnehmer kann sich mit der Bank in Verbindung setzen, um die Nutzungsmöglichkeiten des Online Banking wiederherzustellen.

9.5 Zugangssperre für Zahlungsauslösedienst und Kontoinformationsdienst

Die Bank kann Kontoinformationsdienstleistern oder Zahlungsauslösedienstleistern den Zugang zu einem Zahlungskonto des Kunden verweigern, wenn objektive und gebührend nachgewiesene Gründe im Zusammenhang mit einem nicht autorisierten oder betrügerischen Zugang des Kontoinformationsdienstleisters oder des Zahlungsauslösedienstleisters zum Zahlungskonto, einschließlich der nicht autorisierten oder betrügerischen Auslösung eines Zahlungsvorgangs, es rechtfertigen. Die Bank wird den Kunden über eine solche Zugangsverweigerung auf dem vereinbarten Weg unterrichten. Die Unterrichtung erfolgt möglichst vor, spätestens jedoch unverzüglich nach der Verweigerung des Zugangs. Die Angabe von Gründen darf unterbleiben, soweit die Bank hierdurch gegen gesetzliche Verpflichtungen verstoßen würde. Sobald die Gründe für die Verweigerung des Zugangs nicht mehr bestehen, hebt die Bank die Zugangssperre auf. Hierüber unterrichtet sie den Kunden unverzüglich.

10 Haftung

10.1 Haftung der Bank bei Ausführung eines nicht autorisierten Auftrags und eines nicht, fehlerhaft oder verspätet ausgeführten Auftrags

Die Haftung der Bank bei einem nicht autorisierten Auftrag und einem nicht, fehlerhaft oder verspätet ausgeführten Auftrag richtet sich nach den für die jeweilige Auftragsart vereinbarten Sonderbedingungen (zum Beispiel Bedingungen für den Überweisungsverkehr, Bedingungen für das Wertpapiergeschäft.)

10.2 Haftung des Kunden bei missbräuchlicher Nutzung seiner Authentifizierungselemente

10.2.1 Haftung des Kunden für nicht autorisierte Zahlungsvorgänge vor der Sperranzeige

(1) Beruhen nicht autorisierte Zahlungsvorgänge vor der Sperranzeige auf der Nutzung eines verlorengegangenen, gestohlenen oder sonst abhanden gekommenen Authentifizierungselements oder auf der sonstigen missbräuchlichen Verwendung eines Authentifizierungselements, haftet der Kunde für den der Bank hierdurch entstehenden Schaden bis zu einem Betrag von 50 Euro, ohne dass es darauf ankommt, ob den Teilnehmer ein Verschulden trifft.

(2) Der Kunde ist nicht zum Ersatz des Schadens nach Absatz 1 verpflichtet, wenn
- es ihm nicht möglich gewesen ist, den Verlust, den Diebstahl, das Abhandenkommen oder eine sonstige missbräuchliche Verwendung des Authentifizierungselements vor dem nicht autorisierten Zahlungsvorgang zu bemerken, oder
- der Verlust des Authentifizierungselements durch einen Angestellten, einen Agenten, eine Zweigniederlassung eines Zahlungsdienstleisters oder eine sonstige Stelle, an die Tätigkeiten des Zahlungsdienstleisters ausgelagert wurden, verursacht worden ist.

(3) Kommt es vor der Sperranzeige zu nicht autorisierten Zahlungsvorgängen und hat der Teilnehmer in betrügerischer Absicht gehandelt oder seine Sorgfalts- und Anzeigepflichten nach diesen Bedingungen vorsätzlich oder grob fahrlässig verletzt, trägt der Kunde abweichend von den Absätzen 1 und 2 den hierdurch entstandenen Schaden in vollem Umfang. Grobe Fahrlässigkeit des Teilnehmers kann insbesondere vorliegen, wenn er eine seiner Sorgfaltspflichten nach
- Nummer 7.1 Absatz 2,
- Nummer 7.1 Absatz 4,
- Nummer 7.3 oder
- Nummer 8.1 Absatz 1

dieser Bedingungen verletzt hat.

(4) Abweichend von den Absätzen 1 und 3 ist der Kunde nicht zum Schadensersatz verpflichtet, wenn die Bank vom Teilnehmer eine starke Kundenauthentifizierung im Sinne des § 1 Absatz 24 ZAG nicht verlangt hat. Eine starke Kundenauthentifizierung erfordert insbesondere die Verwendung von zwei voneinander unabhängigen Authentifizierungselementen aus den Kategorien Wissen, Besitz oder Sein (siehe Nummer 2 Absatz 3 dieser Bedingungen).

(5) Die Haftung für Schäden, die innerhalb des Zeitraums, für den das Verfügungslimit gilt, verursacht werden, beschränkt sich jeweils auf das vereinbarte Verfügungslimit.

(6) Der Kunde ist nicht zum Ersatz des Schadens nach Absatz 1 und 3 verpflichtet, wenn der Teilnehmer die Sperranzeige nach Nummer 8.1

dieser Bedingungen nicht abgeben konnte, weil die Bank nicht die Möglichkeit zur Entgegennahme der Sperranzeige sichergestellt hatte.

(7) Die Absätze 2 und 4 bis 6 finden keine Anwendung, wenn der Teilnehmer in betrügerischer Absicht gehandelt hat.

(8) Ist der Kunde kein Verbraucher, gilt ergänzend Folgendes:

- Der Kunde haftet für Schäden aufgrund von nicht autorisierten Zahlungsvorgängen über die Haftungsgrenze von 50 Euro nach Absatz 1 und 3 hinaus, wenn der Teilnehmer fahrlässig oder vorsätzlich gegen seine Anzeige- und Sorgfaltspflichten nach diesen Bedingungen verstoßen hat.
- Die Haftungsbeschränkung in Absatz 2 erster Spiegelstrich findet keine Anwendung.

10.2.2 Haftung des Kunden bei nicht autorisierten Verfügungen außerhalb von Zahlungsdiensten (z.B. Wertpapiertransaktionen) vor der Sperranzeige

Beruhen nicht autorisierte Verfügungen außerhalb von Zahlungsdiensten (z.B. Wertpapiertransaktionen) vor der Sperranzeige auf der Nutzung eines verlorengegangenen oder gestohlenen Authentifizierungselements oder auf der sonstigen missbräuchlichen Nutzung des Authentifizierungselements und ist der Bank hierdurch ein Schaden entstanden, haften der Kunde und die Bank nach den gesetzlichen Grundsätzen des Mitverschuldens.

10.2.3 Haftung ab der Sperranzeige

Sobald die Bank eine Sperranzeige eines Teilnehmers erhalten hat, übernimmt sie alle danach durch nicht autorisierte Online-Banking-Verfügungen entstehenden Schäden. Dies gilt nicht, wenn der Teilnehmer in betrügerischer Absicht gehandelt hat.

10.2.4 Haftungsausschluss

Haftungsansprüche sind ausgeschlossen, wenn die einen Anspruch begründenden Umstände auf einem ungewöhnlichen und unvorhersehbaren Ereignis beruhen, auf das diejenige Partei, die sich auf dieses Ereignis beruft, keinen Einfluss hat, und dessen Folgen trotz Anwendung der gebotenen Sorgfalt von ihr nicht hätten vermieden werden können.

4. Kapitel: Überweisung – §§ 675j-676c BGB

Schrifttum: *Baumann,* Die Umsetzung der Payment Services Directive 2 – Chance oder Risiko für Finanzdienstleister?, GWR 2017, 275; *Belling/Belling,* Zahlungsdiensterecht und Bereicherungsausgleich bei nicht autorisierten Zahlungsvorgängen, JZ 2010, 708; *Bender,* Aktuelle Entwicklung der Haftung bei Phishing, WM 2008, 2049; *Bitter,* Problemschwerpunkte des neuen Zahlungsdiensterechts, WM 2010, 1725; *Borges,* Rechtsfragen des Phishing – ein Überblick, NJW 2005, 3313; *ders.,* Haftung bei Phishing-Attacken, Anm. zu LG Köln, Urt. v. 5.12.2007 – 9 S 195/07, MMR 2008, 259; *ders.,* Sorgfaltspflichten beim Online-Banking zur Vermeidung von Phishing-Attacken – Anm. zu KG, Urt. v. 29.11.2010 – 26 U 159/09, EWiR 2011, 335; *ders.,* Identitätsmissbrauch im Online-Banking und die neue Zahlungsdiensterichtlinie (PSD2), ZBB 2016, 249; *Bunte,* AGB-Banken und Sonderbedingungen, 4. Aufl., 2015; *Casper,* Die fehlgeleitete Überweisung wegen falscher Kontonummer, FS Nobbe, 2009, S. 3 ff.; *ders./Pfeifle,* Missbrauch der Kreditkarte im Präsenz- und Mail-Order-Verfahren nach neuem Recht, WM 2009, 2343; *Conreder,* Neue Zahlungsdienste nach dem Entwurf des neuen Zahlungsdiensteaufsichtsgesetzes und deren Ausnahmen – Wen geht es an?, BKR 2017, 226; *ders./Schneider/Hausemann,* Gesetz zur Umsetzung der Zweiten Zahlungsdiensterichtlinie – Besonderheiten und Stolpersteine für Unternehmen, DStR 2018, 1722; *Dieckmann,* Die Echtzeit-Überweisung – Paradigmenwechsel im Recht des Zahlungsverkehrs, BKR 2018, 276; *Einsele,* Die bereicherungsrechtliche Rückabwicklung von Zahlungen wegen falscher Kontoangabe, FS Reuter, 2010, S. 53 ff.; *dies.,* Die Rechtsstellung von Unternehmen im Zahlungsverkehr, ZIP 2011, 1741; dies, Der Erstattungsanspruch des Zahlers, WM 2015, 1125; *Escher-Weingart,* Bank, Mensch und Technik – eine brisante Mischung für die Rechtsanwendung, WM 2008, 2281; *Faust,* Rechtzeitigkeit der Leistung bei Geldschulden, JuS 2009, 81; *Franck/Massari,* Die Zahlungsdiensterichtlinie: Günstigere und schnellere Zahlungen durch besseres Vertragsrecht?, WM 2009, 1117; *Freitag,* Die Geldschuld im europäischen Privatrecht, AcP 213 (2013), 128; *Gebauer/Wiedmann,* Zivilrecht unter europäischem Einfluss, 2. Aufl., 2010; *Gösele,* Erfüllung und Verzug bei Banküberweisungen, FS Nobbe, 2009, S. 75 ff.; *Grundmann,* Das neue Recht des Zahlungsverkehrs, WM 2009, 1109; *Grüneberg,* Aktuelle Rechtsprechung des XI. Zivilsenats des Bundesgerichtshofs, WM 2017, 61; *Gsell,* Rechtzeitigkeit der Zahlung per Banküberweisung und Verzugsrichtlinie, GPR 2008, 165; *Hadding,* Drittschadensliquidation und „Schutzwirkung für Dritte" im bargeldlosen Zahlungsverkehr, FS Werner, 1984, S. 165 ff.; *ders.,* Anm. zu BGH, Urt. v. 25.9.1986 – VII ZR 349/85, WuB I D 1. Überweisungsverkehr 1.87; *ders.,* Zur „Kundenkennung" im neuen Recht der Zahlungsvorgänge, FS U. H. Schneider, 2011, S. 443 ff.; *Hellmich/Hufen,* Datenschutz bei mobilen Bezahlsystemen (Mobile Payment), DSRITB 2015, 347; *Herresthal,* Das Ende der Geldschuld als sog. qualifizierte Schickschuld, ZGS 2008, 259; *ders.,* Die SEPA Instant-Überweisung (SCT Inst), ZIP 2019, 895; *Hofmann,* Das neue Haftungsrecht im Zahlungsverkehr, BKR 2018, 62; *Hoffmann,* Kundenhaftung unter der Neufassung der Zahlungsdiensterichtlinie, VuR 2016, 243; *Jünemann,* Neuheiten im elektronischen Zahlungsverkehr, DB 2017, 1952; *Kind/Werner,* Rechte und Pflichten im Umgang mit PIN und TAN, CR 2006, 353; *Koch,* Umsetzung des zivilrechtlichen Teils der Zahlungsdiensterichtlinie, 2009; *Köndgen,* Das Recht des neuen Zahlungsverkehrs, JuS 2011, 481; *Langenbucher/Adolff,* Zur Zulässigkeit der Direktliquidation im Dreipersonenverhältnis, FS Canaris, Bd. I, 2007, S. 679 ff.; *Langenbucher,* Sein und Schein im Überweisungsrecht - zur Geltung von Rechtsscheingrundsätzen bei der Autorisierung des Überweisungsauftrags sowie im Bereicherungsausgleich, FS Köndgen, 2016, S. 383 ff.; *dies.,* Digitales Finanzwesen - Vom Bargeld zu virtuellen Währungen, AcP 218 (2018) 385; *Lohmann/Koch,* Richtlinie des Europäischen Parlaments und des Rates über Zahlungsdienste im Binnenmarkt – Wesentliche Inhalte, Bewertung und mögliche Auswirkungen auf den europäischen Zahlungsverkehrsmarkt, WM 2008, 57; *Linardatos,* Der Kommissionsvorschlag für eine Zahlungsdiensterichtlinie II – Ein Überblick zu den haftungsrechtlichen Reformvorhaben, WM 2014, 300; *ders.,* Von Anscheinsbeweisen im Zahlungsdiensterecht und fehlgeleiteten Gesetzgebern, NJW 2017, 2145; *Meder,* Annahme durch Schweigen bei Überweisungsvertrag und Gutschrift, JZ 2003, 443; *Mülbert,* Was Kreditinstitute für erforderlich halten dürfen – Risikoverteilung zwischen Kreditinstitut und Kunde bei Zahlung an betrügerische Dritte, FS Canaris, Bd. II, 2007, S. 271 ff.; *Oechsler,* Die Haftung nach § 675v BGB im kreditkartengeschützten Mailorderverfahren, WM 2010, 1381; *Omlor,* Entgelte im Zahlungsverkehr nach Umsetzung der Zweiten Zahlungsdiensterichtlinie (PSD II), WM 2018, 937; *ders.,* Online-Banking unter Geltung der Zweiten Zahlungsdiensterichtlinie (PSD II), BKR 2019, 105; *Rauhut,* Fehlüberweisung wegen falscher Kontodaten – Zu den Folgen unterlassener Kontoanrufüberprüfung nach Überweisungsgesetz und Zahlungsdiensterichtlinie, ZBB 2009, 32; *Rösler/Werner,* Erhebliche Neuerungen im zivilen Bankrecht: Umsetzung von Verbraucherkredit- und Zahlungsdiensterichtlinie – Überblick über den Umsetzungsbedarf in der Bankpraxis anhand der vorliegenden Gesetzesentwürfe, BKR 2009, 1; *Rühl,* Weitreichende Änderungen im Verbraucherdarlehensrecht und Recht der Zahlungsverhältnisse, DStR 2009, 2256; *Scheibengruber/Breidenstein,* SEPA – eine Zumutung für Verbraucher? Ein Beitrag zur Analyse der Veränderung der Verteilung des Rückerlangungsrisikos bei fehlgeleiteten Überweisungen durch die Zahlungsdiensterichtlinie, WM 2009, 1393; *Scheibengruber,* Zur Zulässigkeit und Sinnhaftigkeit der Verlagerung des Missbrauchsrisikos auf die Nutzer – ein Beitrag zur Analyse der Umsetzung der Zahlungsdiensterichtlinie in das BGB und die AGB der Banken, BKR 2010, 15; *ders.,*

Unzulässige AGB-Klauseln in den neuen Bedingungen für Zahlungskarten und Onlinebanking, NJOZ 2010, 1366; *Scheuren-Brandes,* EuGH kürt Geldschuld bei Banküberweisung zur Bringschuld?, ZIP 2008, 1463; *K. Schmidt,* Aufrechnung mit Berechtigungsanspruch nach Überweisung auf ein unerwünschtes Konto, JuS 2012, 169; *Schön,* Prinzipien des bargeldlosen Zahlungsverkehrs, AcP 198 (1988), 401; *Schulte am Hülse/Klabunde,* Abgreifen von Bankzugangsdaten im Onlinebanking – Vorgehensweise der Täter und neue zivilrechtliche Haftungsfragen des BGB, MMR 2010, 84; *Schürmann*, Das neue Recht der Zahlungsdiensteverträge - ein Überblick, Bankrechtstag 2009, 11; *Staudinger,* Eckpfeiler des Zivilrechts, 6. Aufl., 2018; *Spindler,* Internet-Banking und Haftungsverteilung zwischen Bank und Kunden, FS Nobbe, 2009, S. 215 ff.; *ders./Zahrte*, Zum Entwurf für eine Überarbeitung der Zahlungsdiensterichtlinie (PSD II), BKR 2014, 265; *Spitzer,* Gesetz zur Umsetzung der Zweiten Zahlungsdiensterichtlinie, MDR 2018, 561; *Sprau,* Die Haftung bei fehlerhaften Zahlungsvorgängen - Anmerkungen aus der Sicht eines unbefangenen Kommentators, Bankrechtstag 2009, 107; *Terlau,* Die Umsetzung der aufsichtsrechtlichen Vorgaben der Zweiten Zahlungsdiensterichtlinie in deutsches Recht, DB 2017, 1697; *van Gelder,* Schutzpflichten zugunsten Dritter im Zahlungsverkehr, WM 1995, 1253; *von Dücker,* Erfüllung einer Geldschuld durch Banküberweisung, WM 1999, 1257; *Werner,* Das Weisungsrecht im Überweisungsrecht, BKR 2010, 353; *ders.*, Neue Möglichkeiten für Zahlungsdienstnutzer im Recht der Zahlungsdienste nach Umsetzung der PSD II, ZBB 2017, 345; *ders.,* Wesentliche Änderungen des Rechts der Zahlungsdienste durch Umsetzung der Zweiten EU-Zahlungsdiensterichtlinie in deutsches Recht, WM 2018, 449; *Zahrte,* Neuerungen im Zahlungsdiensterecht, NJW 2018, 337.

Vorbemerkung vor § 675j BGB – Überweisung

Übersicht

I. Systematischer Überblick

1 Das Privatrecht des Zahlungsverkehrs ist in seinen Grundzügen durch die Zahlungsdiensterichtlinie vom 13.11.2007[1] (PSD I) europarechtlich vorgeformt. Dabei wurde ein **vollharmonisierender** Ansatz gewählt, Art. 86 Abs. 1 PSD I; die Mitgliedstaaten dürfen mithin über die Vorgaben der Richtlinie nicht hinausgehen.

2 In ihrem privatrechtlichen Teil zerfällt die **Zahlungsdiensterichtlinie** in zwei Titel. Titel III betrifft die „Transparenz der Vertragsbedingungen und Informationspflichten für Zahlungsdienste"; Titel IV die „Rechte und Pflichten bei der Erbringung und Nutzung von Zahlungsdiensten". In Titel III geht es primär um die Bereitstellung von Informationen. Dabei schreibt die Richtlinie den Inhalt der geforderten Informationen ebenso vor wie die Art und Weise der Informationserbringung, und zwar getrennt nach Einzelzahlungen, Art. 35 ff. PSD I, und Rahmenverträgen, Art. 40 ff. PSD I. Titel IV schreibt einen „Allgemeinen Teil" des Rechts der Zahlungsdienste vor. Dazu zählen Entgeltregelungen, Art. 52 f. PSD I, insbesondere aber detaillierte Vorgaben zur Autorisierung von Zahlungsvorgängen, Art. 54 ff. PSD I, und zur Ausführung von Zahlungsvorgängen, Art. 64 ff. PSD I, sowie zu Datenschutz und zu außergerichtlichen Beschwerdeverfahren und Streitbeilegungsverfahren, Art. 79 ff. PSD I.

3 Das **deutsche Recht** hat die Vorgaben der Richtlinie in einem eigenen Untertitel über Zahlungsdienste, §§ 675c ff. BGB, meist wortlautgetreu umgesetzt. Dieser Untertitel ist in drei Kapitel aufgeteilt. Im ersten Kapitel finden sich allgemeine Vorschriften, die im Wesentlichen die Erteilung von Informationen betreffen, §§ 675c ff. BGB; das zweite Kapitel regelt den Zahlungsdienstevertrag, §§ 675f ff. BGB; das dritte Kapitel betrifft die

[1] RL 2007/64/EG des Europäischen Parlaments und des Rates v. 13.11.2007 über Zahlungsdienste im Binnenmarkt, zur Änderung der RL 97/7/EG, 2002/65/EG, 2005/60/EG und 2006/48/EG sowie zur Aufhebung der RL 97/5/EG (ABl. 2007 L 319/1).

Erbringung und Nutzung von Zahlungsdiensten, §§ 675j ff. BGB. Das zuletzt genannte Kapitel enthält drei Unterkapitel: Sie ordnen die Autorisierung von Zahlungsvorgängen, §§ 675j ff. BGB, die Ausführung von Zahlungsvorgängen, §§ 675n ff. BGB, sowie einzelne Haftungsnormen, §§ 675u ff. BGB, an.

4 Mit dieser Regelungstechnik geht einher, dass die **einzelnen Zahlungsinstrumente** nicht in separaten Kapiteln erfasst wurden. Stattdessen formulieren die §§ 675j ff. BGB allgemeine Regeln, die für sämtliche Zahlungsinstrumente gelten.

5 Modifikationen[2] haben die Regelungen zur Überweisung durch die **Zahlungsdiensterichtlinie II (PSD II)** vom 25.11.15[3] erfahren. Ziel der PSD II ist es, den durch die PSD I geschaffenen europäischen Binnenmarkt für unbare Zahlungen fortzuentwickeln und hierdurch ein *level playing field* zu fördern.[4] Zugleich spiegeln die Regelungen der PSD II die seit dem Erlass der PSD I erfolgten technischen Neuerungen auf dem Gebiet der Karten-, Internet- und mobilen Zahlungen wider.[5] Wie bereits die PSD I setzt sich die PSD II aus einem zivil- und einem aufsichtsrechtlichen Teil zusammen. Art. 107 PSD II sieht ebenso wie die PSD I zwar eine **Vollharmonsierung** vor, ist aber nicht abschließend.[6] Die PSD II hebt die PSD I auf.

Die Umsetzung der europarechtlichen Vorgaben der PSD II erfolgte durch das Gesetz zur Umsetzung der Zweiten Zahlungsdiensterichtlinie vom 17.7.2017[7] (PSD II-UG). Wesentliche Neuerungen des PSD II-UG sind die Neufassung des Zahlungsdiensteaufsichtsgesetzes (ZAG), Anpassungen im BGB (Neueinführung des § 270a BGB und Neuregelungen der §§ 675c ff. BGB) sowie Änderungen der Informationspflichten in Art. 248 EGBGB. Besonders hervorzuheben sind die Neuregelungen betreffend die Sicherheit von Zahlungsabwicklungen, bspw. durch eine starke **Kundenauthentifizierung**[8] bei elektronischen Transaktionen, sowie die Erweiterung des Kreises der Zahlungsdienste um sog. **Zahlungsauslöse-**[9] **und Kontoinformationsdienste**[10].[11] Ferner verbessert das PSD II-UG die Rechtsstellung des Zahlers bei nicht autorisierten Zahlungen und den Verbraucherschutz bei Zahlungsvorgängen in Drittwährungen.[12] Die BaFin hat jedoch in einer Pressemitteilung[13] vom 21.8.2019 mitgeteilt, dass sie die Beanstandung von Teilen der Pflichten, welche Normadressaten ab dem 14.9.2019 durch die Umsetzung der PSD II treffen, aussetzen wird. Konkret betrifft dies die vorgeschriebene starke Kundenauthentifizierung bei Online-Zahlungen. Hiernach reicht es bei Kreditkartenzahlungen nicht mehr aus, sich durch Eingabe der Kreditkartennummer und Prüfziffer zu legitimieren, vielmehr ist ab diesem Zeitpunkt zusätzlich die Eingabe bspw. einer TAN und eines Passworts erforderlich. Da die BaFin jedoch die potenziellen Empfänger solcher Zahlungen nicht ausreichend vorbereitet sieht, dürfen Zahlungsdienstleister mit Sitz in Deutschland Kreditkartenzahlungen im Internet vorerst auch ohne starke Kundenauthentifizierung ausführen.

---

[2] S. a. hierzu *Omlor* WM 2018, 937, der von einer „Evolution" und keiner „Revolution" spricht.

[3] RL (EU) 2015/2366 des Europäischen Parlaments und des Rates v. 25.11.2015 über Zahlungsdienste im Binnenmarkt, zur Änderung der RL 2002/65/EG, 2009/110/EG und 2013/36/EU und der VO (EU) Nr. 1093/2010 sowie zur Aufhebung der RL 2007/64/EG.

[4] Baumbach/Hopt/*Hopt* HGB (7) BankGesch. Rn. C/2.

[5] *Spitzer* MDR 2018, 561.

[6] Palandt/*Sprau* Einf. v § 675c Rn. 10.

[7] BGBl. I 2017, 2446; s. hierzu etwa *Jünemann* DB 2017, 1952; *Terlau* DB 2017, 1697; *Spitzer* MDR 2018, 561; *Conreder/Schneider/Hausemann* DStR 2018, 1722; *Omlor* BKR 2019, 105; *ders.* WM 2018, 937; *Werner* ZBB 2017, 345; *ders.* WM 2018, 449; *Zahrte* NJW 2018, 337.

[8] Vgl. § 1 Abs. 24 ZAG; hierzu auch *Borges* ZBB 2016, 249 (256); *Hoffmann* VuR 2016, 243 (248); *Werner* ZBB 2017, 345 (350 f.); *Baumann* GWR 2017, 275 (277); *Spindler/Zahrte* BKR 2014, 265 (270).

[9] Vgl. § 1 Abs. 33 ZAG; hierzu auch *Conreder* BKR 2017, 226 (227); *Hellmich/Hufen* DSRITB 2015, 347 (353); *Linardatos* WM 2014, 300; *Spindler/Zahrte* BKR 2014, 265 (267).

[10] Vgl. § 1 Abs. 34 ZAG; hierzu auch *Spindler/Zahrte* BKR 2014, 265 (268); *Terlau* ZBB 2016, 122 (136); *Werner* ZBB 2017, 345 (348); *Omlor* ZIP 2016, 558 (562).

[11] *Conreder/Schneider/Hausemann* DStR 2018, 1722; *Conreder* BKR 2017, 226 (227).

[12] Palandt/*Sprau* Einf. v § 675c Rn. 10.

[13] Vgl. https://www.bafin.de/SharedDocs/Veroeffentlichungen/DE/Pressemitteilung/2019/pm_190821_PSD2_Kundenauthentifizierung.html (zuletzt abgerufen am 15.7.2020).

Hierdurch sollen Störungen vermieden und ein reibungsloser Übergang ermöglicht werden.

II. Die SEPA-Überweisung[14]

Als „SEPA-Überweisung" bezeichnet man eine Überweisung, die auf der Basis der SEPA-Verordnung[15] und des SEPA Credit Transfer Scheme Rulebook durchgeführt wird.[16] Dieses Rulebook liegt einem multilateralen Vertrag im Interbankenverhältnis zugrunde, mit dem die Befolgung bestimmter Verfahren für die Durchführung einer Überweisung vereinbart wird. Anwendbar ist belgisches Recht. Das Regelwerk berücksichtigt die PSD I und II.[17] **6**

Weder Überweisender noch Zahlungsempfänger sind Parteien der SEPA-Vereinbarungen; für die Kundenbeziehung finden sich im SEPA-Regelwerk nur insoweit Vorgaben, als die beteiligten Zahlungsdienstleister die im Verhältnis zum Kunden verwendeten AGB anpassen sollen.[18] Für das Valutaverhältnis zwischen Überweisendem und Zahlungsempfänger gilt Entsprechendes.[19] **6a**

Neu eingefügt wurde im Gefolge der PSD II **§ 270a S. 1 BGB,** wonach für eine SEPA-Überweisung kein Entgelt verlangt werden darf (**Surcharging-Verbot**). Mit der systematischen Verortung der Norm im allgemeinen Schuldrecht wollte der Gesetzgeber klarstellen, dass es nicht um das Verhältnis zwischen Überweisendem und Zahlungsdienstleister, sondern um das **Valutaverhältnis** geht.[20] Die Vorschrift tritt neben § 312a Abs. 4 BGB. **6b**

Das **SEPA-Regelwerk** sieht innerhalb von zehn Bankgeschäftstagen für versehentlich doppelt ausgeführte Überweisungsaufträge, für technische Fehler, die zu fehlerhaften Zahlungsdatenträgern führen und für betrügerisch erteilte Zahlungsaufträge eine Rückrufmöglichkeit („recall") vor, Nr. 4.4 SEPA-Regelwerk. Bei derartigen „recall-Aufträgen" darf die Bank des Überweisungsempfängers ein Entgelt verlangen und dieses von dem zurückgeleiteten Betrag abziehen. **6c**

III. Die SEPA Instant-Überweisung

Seit dem 21.11.2017 ist die SEPA Instant-Überweisung als weiteres Zahlungsverfahren verfügbar.[21] Basierend auf dem SEPA-Standard soll hierdurch ein einheitliches Instantzahlungssystem auf dem europäischen Markt etabliert werden. Vorläufer waren mehrere unterschiedliche Instantzahlungssysteme.[22] Während klassische SEPA-Überweisungen im elektronischen Massenzahlungsverkehr der Bundesbank (EMZ) gebündelt und während eines Bankarbeitstages mehrfach zu bestimmten Zeitpunkten zwischen den Banken über den SEPA-Clearer der Bundesbank verrechnet werden, ermöglicht die SEPA Instant-Überweisung einen Transfer innerhalb von 10 Sekunden. Verfügbar ist das Verfahren derzeit für Überweisungen bis zu einer Höhe von maximal 15.000 EUR. Überweisungen sind national sowie grenzüberschreitend in den SEPA-Mitgliedstaaten möglich. Die Abwicklung erfolgt vollautomatisiert und zwar zu jeder Tages- und Nachtzeit.[23] Bei der SEPA Instant- **7**

14 Hierzu detailliert *Rigler* in → 2. Aufl. Kap. 11 Rn. 62 ff.

15 VO (EU) Nr. 260/2012 des Europäischen Parlaments und des Rates v. 14.3.2012 zur Festlegung der technischen Vorschriften und der Geschäftsanforderungen für Überweisungen und Lastschriften in Euro und zur Änderung der VO (EG) Nr. 924/2009.

16 Aktuell ist die Version 1.3 v. 22.11.2018, wirksam seit 1.1.2019.

17 Aber → Rn. 8.

18 Ellenberger/Findeisen/Nobbe/*Dippel* SEPA-Überweisung Rn. 20 ff., 56 f.

19 Ellenberger/Findeisen/Nobbe/*Dippel* SEPA-Überweisung Rn. 59.

20 BT-Drs. 18/11495, 146.

21 S. hierzu *Herresthal* ZIP 2019, 895 ff.

22 *Herresthal* ZIP 2019, 895.

23 *Herresthal* ZIP 2019, 895 (897) mit einer umfassenden Darstellung des Ablaufs.

Überweisung handelt es sich um eine Überweisung iSd Zahlungdiensterechts. Es finden mithin die §§ 675c ff. BGB ebenso Anwendung wie die AGB-Banken bzw. Sparkassen.[24]

IV. SEPA-Regelwerk

8 Das SEPA-Regelwerk vom 4.3.2015 erläutert in seinen ersten drei Teilen die Ziele von SEPA sowie die Rolle der einzelnen Akteure. Kapitel 4 beschreibt die innerhalb von SEPA verwandten Datensätze (4.5) sowie den Ablauf des SEPA-Systems. Hier finden sich etwa Vorschriften zu **Cut-off-Zeiten** (4.2.2) und Ausführungsfristen (4.2.3). Kapitel 5 fasst Rechte und Pflichten der SEPA-Teilnehmer zusammen. Dabei geht es zunächst um die Teilnahmefähigkeit einer Institution (5.4) und deren Aufnahme als Teilnehmer (5.5.). Nr. 5.7 und 5.8 schreiben Rechte und Pflichten der Zahlungsdienstleister des Zahlers bzw. des Empfängers fest. Nr. 5.9 stellt die zentrale Haftungsvereinbarung dar. Es fällt auf, dass **Nr. 5.9.2** mit § 676a BGB derzeit nicht befriedigend abgestimmt ist. In Nr. 5.9.2 wird eine Haftungsbeschränkung des Teilnehmers angeordnet, die selbst dann greift, wenn der verantwortliche Zahlungsdienstleister bzw. seine Angestellten oder Vertreter grob fahrlässig gehandelt haben. Der Höhe nach ist die Haftung in sämtlichen Fällen auf den Überweisungsbetrag begrenzt. Wegen der zwingenden Vorgaben des § 675z S. 2 BGB würde diese Regelung im Interbankenverhältnis dazu führen, dass dem jeweils vom Kunden in Anspruch genommenen Zahlungsdienstleister immer dann der Regress verwehrt bleibt, wenn das SEPA-Regelwerk eine Haftung ausschließt, der korrespondierende Haftungsausschluss gegenüber dem Kunden aber unzulässig ist. In diesem Umfang dürfte Nr. 5.9.2 des SEPA-Regelwerks unwirksam sein.

V. Der Rechtszustand vor dem 31.10.2009

9 Das Vertragsmodell der Überweisung ist durch die Umsetzung der PSD I aufgegeben worden.[25] Auf vor dem 31.10.2009 durchgeführte Zahlungsvorgänge sind die neuen Normen nicht anwendbar; eine richtlinienkonforme Auslegung der alten Normen kommt im Grundsatz ebenso wenig in Betracht wie eine Vorwirkung der Richtlinie.[26] Nach Art. 229 § 22 Abs. 1 S. 2 EGBGB ist der Beginn der Abwicklung eines Zahlungsvorgangs entscheidend für die Frage, ob altes oder neues Recht zur Anwendung gelangt. Liegt dieser Zeitpunkt vor dem 31.10.2009, wird der Streitfall noch unter Geltung des alten Rechts behandelt.

§ 675j Zustimmung und Widerruf der Zustimmung

(1) [1]**Ein Zahlungsvorgang ist gegenüber dem Zahler nur wirksam, wenn er diesem zugestimmt hat (Autorisierung).** [2]**Die Zustimmung kann entweder als Einwilligung oder, sofern zwischen dem Zahler und seinem Zahlungsdienstleister zuvor vereinbart, als Genehmigung erteilt werden.** [3]**Art und Weise der Zustimmung sind zwischen dem Zahler und seinem Zahlungsdienstleister zu vereinbaren.** [4]**Insbesondere kann vereinbart werden, dass die Zustimmung mittels eines bestimmten Zahlungsinstruments erteilt werden kann.**

(2) [1]**Die Zustimmung kann vom Zahler durch Erklärung gegenüber dem Zahlungsdienstleister so lange widerrufen werden, wie der Zahlungsauftrag widerruflich ist (§ 675p).** [2]**Auch die Zustimmung zur Ausführung mehrerer Zahlungsvorgänge kann**

[24] *Herresthal* ZIP 2019, 895 (900).

[25] *Grundmann* WM 2009, 1109 (1112 f.).

[26] KG WM 2011, 493 (495) = EWiR 2011, 335 mAnm *Borges* (zum Haftungsmaßstab bei Phishing-Angriff).

mit der Folge widerrufen werden, dass jeder nachfolgende Zahlungsvorgang nicht mehr autorisiert ist.

Übersicht

I. Regelungsgegenstand und Regelungszweck

§ 675j Abs. 1 BGB setzt Art. 64 PSD II um, welcher den materiellen Regelungsgehalt der Art. 54 Abs. 1, 2 und 4 sowie teilweise des Art. 55 PSD I weiterführt. Durch das PSD II-UG wurde die Vorschrift **redaktionell angepasst,** indem in § 675j Abs. 1 S. 1 BGB der Begriff des Zahlungsauthentifizierungsinstruments durch den Begriff des Zahlungsinstruments ersetzt worden ist. 1

Die Norm regelt die **Autorisierung und den Widerruf** der Autorisierung eines Zahlungsvorgangs durch den Zahler. Sie stellt klar, dass ein nicht autorisierter Zahlungsvorgang den Überweisenden nicht bindet, und hängt auf diese Weise mit § 675u BGB zusammen. Auf das Valutaverhältnis zum Überweisungsempfänger wirkt sie sich nicht aus.[1] 2

Eine abweichende Regelung zugunsten des Zahlungsdienstnutzers ist stets zulässig. Eine Abweichung zulasten des Zahlungsdienstnutzers ist nur im Rahmen von § 675e Abs. 2 Nr. 2 BGB möglich: (1) bei Zahlungsdiensten in **Fremdwährungen** (§ 675e Abs. 2 Nr. 2 BGB iVm § 675d Abs. 6 S. 1 Nr. 1 lit. a) BGB); (2) bei Beteiligung mehrerer Zahlungsdienstleister an dem Zahlungsvorgang, wenn von diesen Zahlungsdienstleistern mindestens einer innerhalb und mindestens einer außerhalb des Europäischen Wirtschaftsraums belegen ist und (3) bei Zahlungsvorgängen, bei denen keiner der beteiligten Zahlungsdienstleister innerhalb des Europäischen Wirtschaftsraums belegen ist (one-leg-Transaktion bzw. **Drittstaatendienstleister,** § 675e Abs. 2 Nr. 2 BGB iVm § 675d Abs. 6 S. 1 Nr. 1 lit. b) und Nr. 2 BGB), sowie (4) unabhängig von der Währung bezüglich des Widerrufs, wenn der Zahlungsdienstnutzer **kein Verbraucher** (§ 13 BGB) ist (§ 675e Abs. 4 BGB). Eine Abbedingung durch AGB unterliegt zudem den Grenzen der §§ 305 ff. BGB.[2] 3

II. Autorisierung, § 675j Abs. 1 BGB

1. Terminologie

Das Gesetz unterscheidet zwischen der Autorisierung und der Authentifizierung eines Zahlungsauftrags. Die **Autorisierung** definiert § 675j Abs. 1 S. 1 BGB als Zustimmung zu 4

[1] BankR-HdB/*Schmieder* § 49 Rn. 10 f., 15 ff., 21.
[2] Palandt/*Sprau* § 675j Rn. 1; *Herresthal* in → Kap. 2 BGB § 675e Rn. 12.

einem Zahlungsvorgang. Die **Authentifizierung** beschreibt nach § 1 Abs. 23 ZAG ein Verfahren, mit dessen Hilfe der Zahlungsdienstleister die Identität eines Zahlungsdienstnutzers oder die berechtigte Verwendung eines bestimmten Zahlungsinstruments überprüfen kann. Bei der Überweisung fallen Zahlungsauftrag und Autorisierung im Überweisungsauftrag grundsätzlich zusammen.[3] Die Autorisierung erfolgt als Einwilligung, § 675j Abs. 1 S. 2 Alt. 1 BGB,[4] ausnahmsweise als Genehmigung, § 675j Abs. 1 S. 2 Alt. 2 BGB.[5] Für die Authentifizierung können die Parteien unterschiedliche Verfahren vereinbaren (s. unten → Rn. 16 ff.). Die sprachliche Trennung zwischen Zahlungsmittel und Authentifizierung soll dabei eine technologieneutrale Lösung ermöglichen.[6]

2. Wirksame Autorisierung, § 675j Abs. 1 S. 1 BGB

5 **a) Rechtsnatur.** Bei der Autorisierung handelt es sich nach ganz überwiegender Meinung um eine Willenserklärung.[7] Damit finden die allgemeinen Vorschriften über Abgabe, Zugang, Willensmängel und Wirksamkeitshindernisse bei Willenserklärungen unmittelbare Anwendung.[8]

6 Folgende Besonderheiten sind zu beachten: § 181 BGB ist weder direkt noch analog einschlägig, wenn der Vertreter eine Überweisung auf sein eigenes Konto veranlasst, vielmehr ist in derartigen Konstellationen ein Missbrauch der Vertretungsmacht zu untersuchen.[9] Für den Überweisungsauftrag ist gesetzlich keine bestimmte Form vorgesehen, die Abgabe eines konkludenten Überweisungsauftrags ist möglich.[10] In AGB ist die Vereinbarung einer bestimmten Form zulässig.[11] § 183 BGB tritt als *lex generalis* hinter § 675j Abs. 2 BGB zurück.[12] § 675r Abs. 1 S. 2 BGB schließt für den Zahlungsauftrag die Anfechtbarkeit in bestimmten Fällen aus.[13]

7 Die Autorisierung kann durch den Überweisenden selbst erfolgen. Sofern nicht anders vereinbart, ist außerdem im Rahmen der §§ 164 ff. BGB eine Autorisierung durch **Dritte** möglich. Zulässig ist insbesondere die Erteilung eines Überweisungsauftrags durch einen **Zahlungsauslösedienst,** einige Banken haben ihre Überweisungsbedingungen dahingehend angepasst (→ Kap. 4 BGB § 675p Rn. 7).[14]

7a Die Autorisierung ist **zugegangen,** wenn sie so in den Bereich des Empfängers gelangt ist, dass dieser unter normalen Verhältnissen die Möglichkeit der Kenntnisnahme hat (Nr. 1.4 (1) **AGB-Überweisung**).[15]

---

[3] MüKoBGB/*Jungmann* § 675j Rn. 23; *Köndgen* JuS 2011, 481 (486); BankR-HdB/*Schmieder* § 49 Rn. 2; Staudinger/*Omlor* § 675j Rn. 3 f.

[4] Dauner-Lieb/Langen/*Beesch* § 675j Rn. 4; Ellenberger/Findeisen/Nobbe/*Frey* § 675j Rn. 13; Erman/*Graf von Westphalen* § 675j Rn. 5.

[5] Kümpel/Mülbert/Früh/Seyfried/*Werner* Rn. 4.127.

[6] BT-Drs. 18/11495, 110.

[7] Hierfür *Einsele* WM 2015, 1125; *Herresthal* in → Kap. 3 BGB § 675j Rn. 2; MüKoBGB/*Jungmann* § 675j Rn. 12; **aA** noch MüKoBGB/*Casper*, 6. Aufl. 2012, § 675j Rn. 6.

[8] BankR-HdB/*Schmieder* § 49 Rn. 16 ff.; BeckOK BGB/*Schmalenbach* § 675j Rn. 2; Erman/*Graf von Westphalen* § 675j Rn. 2.

[9] BankR-HdB/*Schmieder* § 49 Rn. 17.

[10] Prütting/Wegen/Weinreich/*Fehrenbacher* § 675j Rn. 2; Ellenberger/Findeisen/Nobbe/*Frey* § 675j Rn. 10; BankR-HdB/*Schmieder* § 49 Rn. 4; Staudinger/*Omlor* § 675j Rn. 6.

[11] Staub/*Grundmann* Bankvertragsrecht 3. Teil Rn. 228 f.; BankR-HdB/*Schmieder* § 49 Rn. 4 ff.

[12] Ellenberger/Findeisen/Nobbe/*Frey* § 675j Rn. 6; Palandt/*Sprau* § 675j Rn. 3.

[13] Vgl. dazu auch Palandt/*Sprau* § 675r Rn. 4.

[14] S. zB Bedingungen für den Überweisungsverkehr v. 13.1.2018 der Hamburg Commercial Bank, abrufbar unter https://www.hcob-bank.de/media/pdf_3/produkte_2/transaction_banking_2/cash_management/credittransfer/bedingungen_ueberweisungsverkehr.pdf (zuletzt aufgerufen am 15.7.2020); Bedingungen für den Überweisungsverkehr von 10/2018 der Deutschen Bank, abrufbar unter https://www.deutsche-bank.de/pfb/data/docs/ser-agb-bedingungen-ueberweisungsverkehr_ag.pdf (zuletzt abgerufen am TBD); Bedingungen für den Überweisungsverkehr von 6/2018 der Sparkasse Hannover, abrufbar unter https://www.sparkasse-hannover.de/content/dam/myif/spk-hannover/work/dokumente/pdf/vertragsbedingungen/bedingungen-ueberweisungsverkehr.pdf?n=true (zuletzt abgerufen am 15.7.2020).

[15] → Kap. 4 BGB § 675n Rn. 3 ff.

b) Folgen wirksamer Autorisierung. Die wirksame Autorisierung ist eine Weisung iSd § 665 BGB.[16] Sie führt bei der Überweisung zu den Pflichten des Zahlungsdienstleisters nach §§ 675n ff. BGB sowie zu einem Aufwendungsersatzanspruch. Die Beweislast trägt nach § 675w S. 1 BGB der Zahlungsdienstleister. 8

3. Fehler der Autorisierung

Eine Überweisung ist nicht autorisiert, wenn überhaupt kein Überweisungsauftrag abgegeben wurde oder wenn sich ein Erklärungs- oder ein Missbrauchsrisiko verwirklicht hat. Zu den **Erklärungsrisiken** lassen sich grundsätzlich das Vorliegen von Zwang, Irrtümern oder Mängeln des Erklärungsbewusstseins sowie der Geschäftsfähigkeit[17] bei der Abgabe des Überweisungsauftrags rechnen. Soweit es um die Anfechtung eines irrtümlich erteilten Überweisungsauftrags geht, gelten verschiedene Sonderregeln.[18] **Missbrauchsrisiken** entstehen bei Fälschung oder Verfälschung eines Überweisungsauftrags und beim Handeln eines Vertreters ohne Vertretungsmacht.[19] 9

a) Fehlende Autorisierung. Fehlt der Überweisungsauftrag vollständig, weil kein auf die **konkrete Überweisung** gerichteter Überweisungsauftrag vorliegt, mangelt es an einer Autorisierung. Das ist bspw. bei der **Zuvielüberweisung** und der **versehentlichen Doppeltüberweisung** der Fall.[20] 10

b) Erklärungsrisiken. Gibt der Überweisende einen Überweisungsauftrag unter **Zwang** *(vis compulsiva)* ab oder fehlt ihm die **Geschäftsfähigkeit,** liegt keine wirksame Autorisierung vor. Die Abgabe eines Überweisungsauftrags durch **beschränkt Geschäftsfähige** ist ein einseitiges Rechtsgeschäft nach § 111 BGB. Wirksam ist es daher nur bei Vorliegen einer Einwilligung des gesetzlichen Vertreters.[21] § 180 BGB findet allerdings nach überwiegender Ansicht analoge Anwendung.[22] Fehlt dem Überweisenden bei Erteilung des Überweisungsauftrags das **Erklärungsbewusstsein,** bindet ihn die hM an die abgegebene Erklärung, räumt ihm jedoch die Möglichkeit ein, den Überweisungsauftrag anzufechten. Für die **Anfechtung** eines Überweisungsauftrags gelten im Grundsatz die §§ 119 ff. BGB, auch die Ersatzpflicht aus § 122 BGB.[23] Ein Erklärungsirrtum bei der Eingabe der Kundenkennung des Überweisungsempfängers berechtigt allerdings nach § 675r Abs. 1 BGB nicht zur Anfechtung des erteilten Auftrags. Kein Fall des fehlenden Erklärungsbewusstseins, sondern ein unbeachtlicher Motivirrtum, liegt vor, wenn der Überweisende infolge einer **Phishing-Attacke** davon ausgeht, seine Bank habe ihn zur Vornahme einer Überweisung aufgefordert.[24] 11

c) Missbrauchsrisiken. Das Risiko der **Fälschung** und der **Verfälschung** eines Überweisungsauftrags trägt stets der Zahlungsdienstleister. Nutzt ein Dritter ein Zahlungsinstrument[25] ohne oder gegen den Willen des (angeblich) Überweisenden, fehlt es im Grundsatz an einer wirksamen Autorisierung.[26] Handelt ein **Vertreter ohne Vertretungsmacht,** 12

[16] *Einsele* § 6 Rn. 125; *Grundmann* WM 2009, 1109 (1114); Staub/*Grundmann* Bankvertragsrecht 3. Teil Rn. 228; BankR-HdB/*Schmieder* § 49 Rn. 2.

[17] BGHZ 115, 38 (Unwirksamkeit der Einstandspflicht des Kunden für nach Vertragsabschluss auftretende Mängel in der Geschäftsfähigkeit).

[18] → Kap. 4 BGB § 675u Rn. 15 ff.

[19] LG Hannover ZIP 2011, 1407; → Kap. 4 BGB § 675u Rn. 21.

[20] BGHZ 111, 145 (149); BGH WM 2010, 1218; → Kap. 4 BGB § 675u Rn. 24.

[21] Staub/*Grundmann* Bankvertragsrecht 3. Teil Rn. 231; BankR-HdB/*Schmieder* § 49 Rn. 19.

[22] *Canaris* Bankvertragsrecht Rn. 374; BankR-HdB/*Schmieder* § 49 Rn. 19.

[23] Geprüft in LG Karlsruhe BKR 2015, 86; zum Streit um deren Anwendbarkeit: *Canaris* Bankvertragsrecht Rn. 377 f.; für bedeutungslos gehalten von Staub/*Grundmann* Bankvertragsrecht 3. Teil Rn. 231.

[24] LG Karlsruhe BKR 2015, 86; AG Köln WM 2014, 354 f.; zur Frage, ob ein Rechtsschein gesetzt werden kann → Rn. 12a f.

[25] Zum Begriff → Rn. 18–20.

[26] Ellenberger/Findeisen/Nobbe/*Frey* § 675k Rn. 10.

fehlt die Autorisierung ebenfalls.[27] Eine Heilung ist unter den Voraussetzungen des § 180 S. 2 BGB denkbar.

12a Umstritten sind die Einzelheiten der **Rechtsscheinhaftung zulasten des Überweisenden.** Praktisch relevant geworden sind dabei Fälle des **Handelns unter fremdem Namen.** Tritt ein Unbefugter unter dem Namen des Kontoinhabers auf, kommt es dem Zahlungsdienstleister erkennbar darauf an, mit dem Namensträger, also dem Kontoinhaber, zu kontrahieren. Folglich gelangen die §§ 164 ff. BGB analog zur Anwendung.[28] Fehlt es an einer Vollmachtserteilung durch den Kontoinhaber, wie insbesondere bei **Phishing-Angriffen,** haben verschiedene Untergerichte auf die Grundsätze zur Anscheinsvollmacht zurückgegriffen. Das Handeln des unbefugten „Angreifers" wäre hiernach zuzurechnen, wenn der Kontoinhaber den betreffenden „Angriff" leicht fahrlässig hätte erkennen und verhindern können.[29] In der Literatur hat man hierin eine Unstimmigkeit mit Blick auf die Systematik der Richtlinie erblickt.[30] Zwar regelt die Richtlinie die Abgabe von Willenserklärungen nicht.[31] Ihr liegen aber doch von der deutschen Systematik der Rechtsscheinhaftung zum Teil gedanklich abweichende Überlegungen zugrunde. Das zeigt sich sowohl mit Blick auf die anreizorientierte verschuldensunabhängige Haftung des Kontoinhabers als auch was die Haftungsbegrenzung auf Vorsatz und grobe Fahrlässigkeit betrifft.[32] Einfach fahrlässiges Handeln führt nach den Vorgaben der Richtlinie zwar zur Haftung. Diese ist aber der Höhe nach begrenzt. Jenseits dessen haftet der Kontoinhaber nicht.

12b Der **BGH**[33] hat sich in einem das Online-Banking betreffenden Sachverhalt im Kern für eine **prozedurale Lösung** entschieden. Der Zahlungsdienstleister trägt nach § 675w S. 1 BGB bekanntlich die Beweislast für die Autorisierung. S. 3 Nr. 1 der Vorschrift enthält hierfür erhöhte Anforderungen, wenn der Vorgang mit einem Zahlungsinstrument ausgelöst wurde (→ Kap. 4 BGB § 675w Rn. 6 ff.). Je großzügiger man in dieser Situation zugunsten des Zahlungsdienstleisters einen Anscheinsbeweis zulässt, desto eher weicht man in der Sache von dem beschriebenen Zusammenspiel aus verschuldensunabhängiger, aber der Höhe nach begrenzter Haftung ab. Das Gericht wählt einen Mittelweg. Zwar ist die Anwendung der Grundsätze des Anscheinsbeweises zugunsten des Zahlungsdienstleisters nicht ausgeschlossen.[34] Es gelten aber **besondere Anforderungen,** um auszuschließen, dass es im Ergebnis zu einer Beweislastumkehr kommt.[35] Vorausgesetzt wird im Einzelnen ein Sicherheitssystem, welches praktisch nicht zu überwinden, im konkreten Fall ordnungsgemäß angewendet worden ist und fehlerfrei funktioniert hat.[36] Die Anwendung der Grundsätze der **Anscheinsvollmacht** streift der BGH nur noch, zeigt sich aber zu Recht skeptisch.[37]

13 **d) Fehlende Autorisierungsbefugnis.** Fehlt dem Zahler die Autorisierungsbefugnis, insbesondere wegen der Einleitung eines **Insolvenzverfahrens,**[38] hat er nicht wirksam zugestimmt.[39]

---

[27] Ellenberger/Findeisen/Nobbe/*Nobbe* § 675u Rn. 13; BankR-HdB/*Schmieder* § 49 Rn. 16a, 19.

[28] BGH NJW 2004, 1328.

[29] KG WM 2011, 493 (494); LG Darmstadt WM 2014, 2323 (2326); LG Köln WM 2014, 2372; ähnlich AG Bonn MMR 2015, 477.

[30] *Langenbucher* FS Köndgen, 2016, 383 (386 ff.); BankR-HdB/*Maihold* § 55 Rn. 67 f.

[31] *Langenbucher* FS Köndgen, 2016, 383 (387); insoweit zutreffend *Grundmann* WM 2009, 1109 (1114); BankR-HdB/*Schmieder* § 49 Rn. 30; *Mülbert* FS Canaris, 2007, Bd. 2, 271 (284); in der Sache hierfür auch Ellenberger/Findeisen/Nobbe/*Nobbe* § 675u Rn. 11.

[32] *Langenbucher* FS Köndgen, 2016, 383 (387); BankR-HdB/*Maihold* § 55 Rn. 67 f.; so auch BGH BKR 2016, 433 (438) Rn. 58.

[33] Vgl. BGH BKR 2016, 433.

[34] Vgl. BGH BKR 2016, 433 (435) Rn. 24.

[35] Vgl. BGH BKR 2016, 433 (435) Rn. 26.

[36] Vgl. BGH BKR 2016, 433 (434) Rn. 19 (435) Rn. 27 ff.

[37] Vgl. BGH BKR 2016, 433 (439) Rn. 63 ff.

[38] Zum alten Recht BGH NJW-RR 2009, 981.

[39] Ellenberger/Findeisen/Nobbe/*Frey* § 675j Rn. 6; BankR-HdB/*Schmieder* § 49 Rn. 17; Palandt/*Sprau* § 675j Rn. 2.

e) Folgen fehlender Autorisierung. Das Fehlen einer Autorisierung führt zur Unwirksamkeit des Zahlungsvorgangs. Das gilt unabhängig davon, ob der (angeblich) Überweisende den Zahlungsvorgang mit veranlasst hat.[40] Für die Wirksamkeit der Autorisierung ist weiter irrelevant, ob gegenüber dem Zahlungsempfänger der **Rechtsschein** entstanden ist, er dürfe den eingegangenen Betrag behalten, etwa weil ihm eine offene Forderung gegenüber dem (angeblich) Überweisenden zustand.[41] Fehlt die Autorisierung, entsteht im Zusammenhang mit dem Zahlungsvorgang **kein Aufwendungsersatzanspruch** des Zahlungsdienstleisters, § 675u S. 1 BGB, und die erfolgte Buchung ist unverzüglich zu **korrigieren,** § 675u S. 2 BGB.[42] Andere Ansprüche des Zahlungsdienstleisters richten sich nach den §§ 675v ff. BGB.[43] 14

4. Vorherige Autorisierung, § 675j Abs. 1 S. 2 BGB

Bei der Überweisung erfolgt die Autorisierung regelmäßig vor der Durchführung des Zahlungsvorgangs. Dabei kann es sich um eine Einzelweisung oder um einen Dauerauftrag handeln. Der **Dauerauftrag** stellt einen eigenen Zahlungsdiensterahmenvertrag dar, kombiniert mit einer antizipierten Weisung an den Zahlungsdienstleister.[44] 15

5. Art und Weise der Autorisierung, § 675j Abs. 1 S. 3, 4 BGB

Die **Art und Weise der Autorisierung** können Zahler und Zahlungsdienstleister zwar im Grunde frei vereinbaren. Gängig ist aber die Verwendung von SEPA-Kennungen, also die „IBAN". Vor diesem Hintergrund wurde Nr. 1.2 **AGB-Überweisung** für AGB-rechtlich bedenklich gehalten, denn die Verwendung von Kontonummer plus BLZ als Kundenkennung enthielt keinen mit der IBAN vergleichbaren Prüfmechanismus.[45] Die herkömmliche Kombination aus Kontonummer und Bankleitzahl darf nicht mehr angeboten, alte Überweisungsformulare dürfen nicht mehr bearbeitet werden. Für Unternehmen, Behörden und Vereine gilt das seit dem 1.8.2014, für Privatpersonen seit dem 1.2.2016.[46] Die Autorisierung ist formlos und stillschweigend möglich, falls nichts Abweichendes vereinbart wurde.[47] Der Zahlungsdienstleister hat dem Zahler im Rahmen seiner vorvertraglichen Informationspflichten die Art und Weise der Autorisierung mitzuteilen, Art. 248 § 4 Abs. 1 Nr. 2 lit. c ggf. iVm § 13 Abs. 1 S. 2 EGBGB. Neu eingeführt hat die PSD II außerdem die **starke Kundenauthentifizierung.** Sie wird in § 1 Abs. 24 ZAG definiert und verlangt mindestens zwei voneinander unabhängige Elemente aus den Kategorien **Wissen,** etwa ein Passwort, **Besitz,** etwa eine Karte, und **Inhärenz,** etwa ein Fingerabdruck.[48] 16

Das Ausfüllen eines **beleggebundenen Überweisungsträgers** subsumiert die hM nicht unter die §§ 675j ff. BGB.[49] Das überzeugt in der Sache wegen eines teleologischen Gesichtspunktes: Die §§ 675k, 675l, 675v BGB ordnen strenge Sorgfaltspflichten für den 16a

[40] Zu Rechtsscheinvollmachten → Rn. 12a.

[41] → Kap. 4 BGB § 675u Rn. 14; richtig *Belling/Belling* JZ 2010, 708 (709).

[42] → Kap. 4 BGB § 675u Rn. 6; BT-Drs. 16/11643, 105; Palandt/*Sprau* § 675j Rn. 2.

[43] → Kap. 4 Kap. 4 BGB § 675v Rn. 1 ff.

[44] MüKoBGB/*Jungmann* § 675j Rn. 52.

[45] *Bitter* WM 2010, 1725 (1729); BankR-HdB/*Schmieder* § 49 Rn. 75; Palandt/*Sprau* § 675r Rn. 2; *Sprau* Bankrechtstag 2009, 107 (124 f.); trotz Schutzpflicht gegen Unwirksamkeit *Bunte* AGB-Banken SB Üb Rn. 37 unter Verweis auf Nr. 5 Abs. 1 Überweisungsabkommen; jetzt Staudinger/*Omlor* § 675r Rn. 21 f.

[46] Art. 5 Abs. 1c SEPA-VO; https://www.bundesregierung.de/breg-de/aktuelles/aus-fuer-kontonummer-und-bankleitzahl-397566 (zuletzt abgerufen am 15.7.2020); https://bankenverband.de/newsroom/presse-infos/iban-jetzt-wirds-ernst/ (zuletzt abgerufen am 15.7.2020); s. a. Schimansky/Bunte/Lwowski/*Haug* BankR-Hdb § 51 Rn. 29.

[47] BT-Drs. 16/11643, 105; Ellenberger/Findeisen/Nobbe/*Frey* § 675j Rn. 10; *Grundmann* WM 2009, 1109 (1114); Palandt/*Sprau* § 675j Rn. 5.

[48] BT-Drs. 18/11495, 81.

[49] *Casper/Pfeifle* WM 2009, 2343; *Grundmann* WM 2009, 1109 (1114); Palandt/*Sprau* § 675j Rn. 7; *Sprau* Bankrechtstag 2009, 107 (115); undeutlich BT-Drs. 16/11613, 36 (Gegenüberstellung von „Überweisung" und „Online-Banking").

Umgang mit personalisierten Sicherheitsmerkmalen an. Je höher aber die Fälschungsgefahr, desto weniger passt deren Telos. Den Einsatz eines bloßen Formulars, insbesondere eines beleggebundenen Überweisungsträgers, der mit einer einfachen Unterschrift versehen wird, grenzt die hM deshalb im Ergebnis zu Recht aus dem Anwendungsbereich der §§ 675j ff. BGB aus.[50]

17 § 675j Abs. 1 S. 4 BGB hebt die **Autorisierung mittels eines Zahlungsinstruments** ausdrücklich hervor. Seit der Umsetzung der PSD II spricht der deutsche Gesetzgeber nicht mehr von Zahlungsauthentifizierungsinstrumenten, sondern – entsprechend dem Richtlinienwortlaut – von Zahlungsinstrumenten.

18–20 Unter einem **Zahlungsinstrument** ist nach § 1 Abs. 20 ZAG „jedes personalisierte Instrument oder Verfahren" zu verstehen, „dessen Verwendung zwischen dem Zahlungsdienstnutzer und dem Zahlungsdienstleister vereinbart wurde und das zur Erteilung eines Zahlungsauftrags verwendet wird". Hinsichtlich der Ausgestaltung des Zahlungsinstruments sind unterschiedliche Möglichkeiten denkbar. In den Gesetzesmaterialien finden beispielhaft Passwörter, TAN, PIN, Unterschrift, Nahfelderkennung sowie maschinell lesbare Codes Erwähnung.[51]

21–22 **Personalisiert** sind Verfahren, die mittels eines Merkmals, welches nur dem Zahler eigen oder nur ihm bekannt ist, durchgeführt werden müssen.[52] Unter personalisierten Instrumenten darf man sich einen körperlichen Gegenstand[53] vorstellen. **Personalisierte Sicherheitsmerkmale** sind gem. § 1 Abs. 25 ZAG personalisierte Merkmale, die der Zahlungsdienstleister einem Zahlungsdienstnutzer zum Zwecke der Authentifizierung bereitstellt.

23 Bei der Überweisung kommen primär „personalisierte Verfahren" zum Einsatz. So sind die Online-Überweisung unter Angabe von Codes wie **PIN, TAN** oder einer **elektronischen Signatur** sowie das Telefonbanking mit Angabe eines Passworts typische Verfahren in diesem Sinne.[54] PIN oder TAN sind dann das personalisierte Sicherheitsmerkmal. Dasselbe gilt für die Angabe eines Codewortes beim Telefonbanking.[55]

24 Der im Zuge der Umsetzung der PSD II neu gefasste § 675p Abs. 2 S. 1 BGB verlagert den Zeitpunkt der Unwiderruflichkeit der Zahlung nach vorn. Ein Widerruf ist schon dann nicht mehr ausgeschlossen, wenn der Zahler seine Zustimmung gegenüber einem Zahlungsauslösedienstleister oder gegenüber dem Zahlungsempfänger erteilt hat. Die Zustimmung ist erteilt, wenn sie gegenüber dem Zahlungsauslösedienst durch Zugang gem. § 130 Abs. 1 BGB wirksam geworden ist.[56] Die Norm betrifft sog. „Pull-Zahlungen",[57] insbesondere die Lastschrift aber auch die meisten Kartenzahlungen. Die **analoge Anwendung des § 675p Abs. 2 S. 1 BGB** wird für garantierte „Push-Zahlungen" sowie für den Fall diskutiert, dass sich der Zahler im Valutaverhältnis zur Unwiderrulichkeit verpflichtet.[58] Für die Überweisung scheidet die Einordnung als garantierte „Push-Zahlung" von vornherein aus. Besteht im Valutaverhältnis eine Abrede über die Unwiderruflichkeit der Zahlung, kann ein Verstoß hiergegen nur Folgen im Valutaverhältnis auslösen. An einer planwidrigen Regelungslücke, welche durch Analogie zu schließen wäre, fehlt es deshalb.[59]

25 Personalisierte **Instrumente** sind nach heutigem Stand der Technik bei der Überweisung selten. Insbesondere ist nicht schon jedes Speichermedium ein „personalisiertes Instrument". Deshalb ist weder der TAN-Brief noch ein elektronischer TAN-Generator oder ein Mobilfunktelefon ein personalisiertes Verfahren und damit auch kein Zahlungsauthentifi-

[50] In diese Richtung Palandt/*Sprau* § 675j Rn. 7.
[51] BT-Drs. 18/11495, 110.
[52] Palandt/*Sprau* § 675j Rn. 7; s. a. BT-Drs. 16/11613, 36.
[53] *Borges* in → Kap. 8 BGB § 675j Rn. 5.
[54] *Scheibengruber* BKR 2010, 15 (17); Palandt/*Sprau* § 675j Rn. 7.
[55] BT-Drs. 16/11643, 106; *Scheibengruber* BKR 2010, 15 (17); Palandt/*Sprau* § 675l Rn. 7.
[56] BT-Drs. 18/11495, 159.
[57] Palandt/*Sprau* § 675f Rn. 15.
[58] Ellenberger/Findeisen/Nobbe/*Burghardt* § 675p Rn. 12; MüKoBGB/*Jungmann* § 675p Rn. 25.
[59] BeckOK BGB/*Schmalenbach* § 675p Rn. 6 will das aus Abs. 4 herauslesen.

zierungsinstrument.[60] Ein „personalisiertes Instrument" in diesem Sinne kann aber ein speziell für eine elektronische Überweisung ausgerüstetes Speichermedium sein, etwa eine **Chipkarte mit online auslesbarer Signaturfunktion.**[61]

Abzugrenzen sind die Zahlungsverfahren von den **Zahlungsmitteln** wie **Bargeld** oder **Scheck.**[62] Diese sind weder Zahlungsverfahren noch Zahlungsinstrument. 26

III. Widerruf, § 675j Abs. 2 BGB

Die Autorisierung eines laufenden Überweisungsvorgangs ist widerruflich, solange der zugrunde liegende Überweisungsauftrag nach § 675p BGB widerrufen werden kann, § 675j Abs. 2 S. 1 BGB.[63] Wird die Erteilung eines **Dauerauftrags** widerrufen, fehlt sämtlichen Überweisungen, die zum Zeitpunkt des Zugangs des Widerrufs noch nicht ausgeführt waren, die Autorisierung, § 675j Abs. 2 S. 2 BGB.[64] Möglich ist auch der Widerruf nur für einen bestimmten Termin.[65] Der Widerruf ist mangels abweichender Vereinbarung **formfrei.** Er muss gegenüber dem Zahlungsdienstleister erklärt werden, § 675j Abs. 2 S. 1 BGB.[66] Der Zahlungsdienstleister hat dem Zahler im Rahmen seiner vorvertraglichen Informationspflichten die Art und Weise der Autorisierung mitzuteilen (Art. 248 § 4 Abs. 1 Nr. 2 lit. c ggf. iVm § 13 Abs. 3 EGBGB). 27

§ 675k Begrenzung der Nutzung eines Zahlungsinstruments; Verweigerung des Zugangs zum Zahlungskonto

(1) **In Fällen, in denen die Zustimmung mittels eines Zahlungsinstruments erteilt wird, können der Zahler und der Zahlungsdienstleister Betragsobergrenzen für die Nutzung dieses Zahlungsinstruments vereinbaren.**

(2) **[1] Zahler und Zahlungsdienstleister können vereinbaren, dass der Zahlungsdienstleister das Recht hat, ein Zahlungsinstrument zu sperren, wenn**

1. sachliche Gründe im Zusammenhang mit der Sicherheit des Zahlungsinstruments dies rechtfertigen,

2. der Verdacht einer nicht autorisierten oder einer betrügerischen Verwendung des Zahlungsinstruments besteht oder

3. bei einem Zahlungsinstrument mit Kreditgewährung ein wesentlich erhöhtes Risiko besteht, dass der Zahler seiner Zahlungspflicht nicht nachkommen kann.

[2] In diesem Fall ist der Zahlungsdienstleister verpflichtet, den Zahler über die Sperrung des Zahlungsinstruments möglichst vor, spätestens jedoch unverzüglich nach der Sperrung zu unterrichten. [3] In der Unterrichtung sind die Gründe für die Sperrung anzugeben. [4] Die Angabe von Gründen darf unterbleiben, soweit der Zahlungsdienstleister hierdurch gegen gesetzliche Verpflichtungen verstoßen würde. [5] Der Zahlungsdienstleister ist verpflichtet, das Zahlungsinstrument zu entsperren oder dieses durch ein neues Zahlungsinstrument zu ersetzen, wenn die Gründe für die Sperrung nicht mehr gegeben sind. [6] Der Zahlungsdienstnutzer ist über eine Entsperrung unverzüglich zu unterrichten.

[60] *Scheibengruber* BKR 2010, 15 (18).

[61] *Scheibengruber* BKR 2010, 15 (16); ihm folgend Ellenberger/Findeisen/Nobbe/*Nobbe* § 675v Rn. 18.

[62] BT-Drs. 16/11613, 36.

[63] → Kap. 4 BGB § 675p Rn. 11; Dauner-Lieb/Langen/*Beesch* § 675j Rn. 22; Staub/*Grundmann* Bankvertragsrecht 3. Teil Rn. 227; Staudinger/*Omlor* § 675j Rn. 10 ff.; BeckOK BGB/*Schmalenbach* § 675j Rn. 14 ff.; Erman/*Graf von Westphalen* § 675j Rn. 8 ff.

[64] BT-Drs. 16/11643, 106; Prütting/Wegen/Weinreich/*Fehrenbacher* § 675j Rn. 5; Ellenberger/Findeisen/Nobbe/*Frey* § 675j Rn. 23 f.

[65] MüKoBGB/*Jungmann* § 675j Rn. 71.

[66] Ellenberger/Findeisen/Nobbe/*Frey* § 675j Rn. 22; zum Bereicherungsausgleich → Kap. 4 BGB § 675u Rn. 10.

(3) [1]**Hat der kontoführende Zahlungsdienstleister einem Zahlungsauslöse- oder Kontoinformationsdienstleister den Zugang zum Zahlungskonto des Zahlungsdienstnutzers verweigert, ist er verpflichtet, den Zahlungsdienstnutzer in einer im Zahlungsdiensterahmenvertrag zu vereinbarenden Form über die Gründe zu unterrichten.** [2]**Die Unterrichtung muss möglichst vor, spätestens jedoch unverzüglich nach der Verweigerung des Zugangs erfolgen.** [3]**Die Angabe von Gründen darf unterbleiben, soweit der kontoführende Zahlungsdienstleister hierdurch gegen gesetzliche Verpflichtungen verstoßen würde.**

Übersicht

I. Regelungsgegenstand und Regelungszweck

1 § 675k BGB soll Risiken, die sich aus der unbefugten Verwendung von Zahlungsinstrumenten ergeben, minimieren und der Höhe nach begrenzen. Abs. 1 sieht zum Schutz gegen Missbrauch die Vereinbarung von Betragsobergrenzen vor. Abs. 2 regelt die Sperre von Zahlungsinstrumenten. Der im Gefolg der PSD II neu eingefügte Abs. 3 regelt die zivilrechtlichen Folgen der gem. § 52 ZAG bestehenden Befugnis des kontoführenden Zahlungsdienstleisters, einem dritten Zahlungsdienstleister den Zugang zum Konto zu verwehren. Die Anpassungen gehen auf Art. 68 Abs. 1 bis 4 PSD II zurück, der neue Abs. 3 auf Art. 68 Abs. 5 PSD II, sowie auf Art. 68 Abs. 2 PSD II.

2 Eine abweichende Regelung zugunsten des Zahlungsdienstnutzers ist stets zulässig; eine Abweichung zulasten des Zahlungsdienstnutzers dagegen nur im Rahmen des § 675e BGB: (1) bei Zahlungsdiensten in **Fremdwährungen** (§ 675e Abs. 2 Nr. 2 iVm § 675d Abs. 6 S. 1 Nr. 1 lit. a BGB), (2) bei Beteiligung mehrerer Zahlungsdienstleister an dem Zahlungsvorgang, wenn von diesen Zahlungsdienstleistern mindestens einer innerhalb und mindestens einer außerhalb des Europäischen Wirtschaftsraums belegen ist, und (3) bei Zahlungsvorgängen, bei denen keiner der beteiligten Zahlungsdienstleister innerhalb des Europäischen Wirtschaftsraums belegen ist (one-leg-Transaktionen bzw. **Drittstaatendienstleister**), § 675e Abs. 2 Nr. 2 BGB iVm § 675d Abs. 6 S. 1 Nr. 1 lit. b und Nr. 2 BGB). Eine Abbedingung durch AGB unterliegt zudem der Grenze der §§ 305 ff. BGB.

II. Die Vereinbarung von Betragsobergrenzen, § 675k Abs. 1 BGB

3 Die Vereinbarung von Betragsobergrenzen dürfte im Überweisungsverkehr selten sein. Soll eine Betragsobergrenze vereinbart werden, bietet sich die Bezugnahme auf Zeiträume an, etwa einzelne Tage, Wochen oder Monate.[1] Der Zahlungsdienstleister hat dem Über-

[1] MüKoBGB/*Jungmann* § 675k Rn. 11.

weisenden im Rahmen der vorvertraglichen Informationspflichten mitzuteilen, ob die Möglichkeit zur Vereinbarung von Betragsobergrenzen für die Nutzung eines Zahlungsinstruments besteht (Art. 248 § 4 Abs. 1 Nr. 2 lit. f EGBGB).

III. Die Sperrung von Zahlungsinstrumenten, § 675k Abs. 2 BGB

Der Überweisende und sein Zahlungsdienstleister können vereinbaren, dass der Zahlungsdienstleister gem. § 675k Abs. 2 S. 1 Nr. 1–3 BGB das Recht hat, ein Zahlungsinstrument zu sperren, mithin für die Auslösung eines Zahlungsvorgangs untauglich zu machen.[2] Der Zahlungsdienstleister hat den Überweisenden nach Art. 248 § 4 Abs. 1 Nr. 5 lit. c EGBGB hierüber zu informieren. 4

1. Zulässigkeit einer Sperrung

Zur Sperre berechtigen bei dahingehender Vereinbarung insbesondere sachliche Gründe im Zusammenhang mit der Sicherheit des Zahlungsinstruments (Nr. 1), der Verdacht einer nicht autorisierten Verwendung dieses Zahlungsinstruments (Nr. 2) oder die Gefahr, dass der Überweisende nicht die erforderliche Deckung bzw. Kreditlinie vorhält (Nr. 3).[3] 5

a) Nr. 1. § 675k Abs. 2 S. 1 Nr. 1 BGB setzt objektiv nachprüfbare Zweifel mit Blick auf die Sicherheit des Zahlungsinstruments voraus.[4] Das umfasst sowohl technische Bedenken hinsichtlich der Sicherheit des Zahlungsinstruments als auch Risiken, die mit dem Verhalten des Überweisenden in der Vergangenheit zusammenhängen, insbesondere eine Häufung von Sorgfaltspflichtverstößen,[5] aber auch eine Häufung nicht autorisierter Zahlungsvorgänge, ohne dass ein Sorgfaltspflichtverstoß nachgewiesen werden kann. 6

b) Nr. 2. Der Verdacht nicht autorisierter Verwendung[6] setzt eine durch konkrete und belegbare Anhaltspunkte begründete Annahme voraus, das Zahlungsinstrument sei unbefugt eingesetzt worden.[7] Die betrügerische Verwendung wird in vielen Fällen eine Untergruppe der nicht autorisierten Verwendung sein.[8] Eigenständige Bedeutung mag dieser Alternative zukommen, wenn Dritter und Kontoinhaber kollusiv zusammenwirken, dh der Kontoinhaber keine Autorisierung erteilt, das Vorgehen des Dritten aber veranlasst oder jedenfalls bewusst geschehen lässt und zwecks Erlangung eines Vermögensvorteils duldet. 7

c) Nr. 3. § 675k Abs. 2 S. 1 Nr. 3 BGB greift bei einer vertraglich eingeräumten oder üblicherweise geduldeten Kreditgewährung, wenn der Zahlungsdienstleister aufgrund konkreter Anhaltspunkte befürchten muss, dass sich die Vermögenslage des Überweisenden so verschlechtert, dass er seiner Zahlungspflicht nicht wird nachkommen können.[9] 8

d) Andere Sperrgründe. Der Zahlungsdienstleister kann die Sperrgründe wegen § 675e Abs. 1 BGB nicht erweitern.[10] Sperrt er ohne zulässigen Sperrgrund, kann er sich nach § 280 Abs. 1 BGB schadensersatzpflichtig machen.[11] Ist die Nutzungsbefugnis des Überweisenden entfallen, etwa weil die zugrunde liegende Vertragsbeziehung nicht mehr besteht, darf ein dem Überweisenden noch zur Verfügung stehendes Zahlungsinstrument 9

[2] *Herresthal* in → Kap. 3 BGB § 675k Rn. 5 ff.; BT-Drs. 16/11643, 106; Ellenberger/Findeisen/Nobbe/*Frey* § 675k Rn. 8.
[3] Ellenberger/Findeisen/Nobbe/*Frey* § 675k Rn. 8 ff.
[4] Ellenberger/Findeisen/Nobbe/*Frey* § 675k Rn. 9; Staudinger/*Omlor* § 675k Rn. 7.
[5] Ellenberger/Findeisen/Nobbe/*Frey* § 675k Rn. 9; Palandt/*Sprau* § 675k Rn. 4.
[6] Zum Begriff der nicht autorisierten Verwendung → Kap. 4 BGB § 675j Rn. 9 ff.
[7] Ellenberger/Findeisen/Nobbe/*Frey* § 675k Rn. 10; Palandt/*Sprau* § 675k Rn. 4.
[8] Ellenberger/Findeisen/Nobbe/*Frey* § 675k Rn. 10.
[9] Ellenberger/Findeisen/Nobbe/*Frey* § 675k Rn. 11; Staudinger/*Omlor* § 675k Rn. 9.
[10] MüKoBGB/*Jungmann* § 675k Rn. 21; Ellenberger/Findeisen/Nobbe/*Frey* § 675k Rn. 12.
[11] MüKoBGB/*Jungmann* § 675k Rn. 32.

gesperrt werden.[12] Das Vorliegen eines wichtigen Grundes außerhalb des § 675k Abs. 2 S. 1 BGB, welches zur Kündigung des zugrunde liegenden Vertrages berechtigt, genügt hingegen für eine Sperrung solange nicht, als die Kündigung nicht tatsächlich ausgesprochen und der Zahlungsdiensterahmenvertrag beendet wurde.[13] Mit Blick auf § 675k Abs. 2 S. 4 BGB soll eine Sperre auch dann zulässig sein, wenn der Zahlungsdienstleister mit der Ausführung des Zahlungsvorgangs gegen eine gesetzliche Pflicht verstoßen würde.[14] § 675k Abs. 2 S. 4 BGB betrifft freilich nur die Herstellung von Transparenz über Sperrgründe.[15] Droht bei der Durchführung eines einzelnen Zahlungsvorgangs ein gesetzlicher Verstoß, ist dessen Durchführung abzulehnen, § 675o BGB.[16]

10 **e) „Sperrung" durch den Überweisenden.** Die „Sperrung" durch den Überweisenden stellt sich als Weisung an den Zahlungsdienstleister dar, die künftig unter Nutzung eines bestimmten Zahlungsinstruments eingehenden Überweisungsaufträge nicht mehr zu bearbeiten. Als solche ist sie ohne Weiteres zulässig.[17]

2. Unterrichtungspflicht

11 Erfolgt eine Sperrung, hat der Zahlungsdienstleister den Überweisenden hiervon unverzüglich zu **unterrichten,** § 675k Abs. 2 S. 2 BGB. Darunter ist im Regelfall die Mitteilung der Sperre zu verstehen; die bloße Zurverfügungstellung der Information zum Abruf bedarf einer dahingehenden Abrede.[18] In dieser Unterrichtung hat er die Gründe für die Sperrung anzugeben, § 675k Abs. 2 S. 3 BGB. Hiervon darf er absehen, sofern er durch deren Angabe gegen gesetzliche Vorschriften, etwa zur Bekämpfung von Geldwäsche oder Terrorismus, verstoßen würde, § 675k Abs. 2 S. 4 BGB.

3. Entsperrung

12 Sind die Gründe für die Sperrung weggefallen, hat der Zahlungsdienstleister das Zahlungsinstrument zu entsperren oder durch ein neues Zahlungsinstrument zu ersetzen. Ein **Entgelt** darf hierfür wegen § 675f Abs. 4 S. 2 BGB nicht verlangt werden.[19] Über die Entsperrung ist nach dem Gesetzeswortlaut der Zahlungsdienstnutzer unverzüglich zu unterrichten, § 675k Abs. 2 S. 6 BGB. Der Begriff erfasst nach § 675f Abs. 1 BGB Zahler und Zahlungsempfänger. Vorliegend ist der Zahler gemeint.[20] Er kann eine Entsperrung nach § 675m Abs. 1 S. 1 Nr. 3 BGB verlangen.[21] Geht ein Entsperrungsverlangen beim Zahlungsdienstleister ein, ist diesem eine angemessene Zeit für die Prüfung der Voraussetzungen für eine Entsperrung einzuräumen.[22]

IV. Unterrichtung bei Zugangsverweigerung, § 675k Abs. 3 BGB

13 Gem. § 48 Abs. 1 Nr. 2 ZAG und § 50 Abs. 1 Nr. 2 ZAG ist der Zahlungsdienstleister gegenüber dem Zahlungsdienstnutzer verpflichtet, einem Zahlungsauslöse- oder Konto-

---

[12] MüKoBGB/*Jungmann* § 675k Rn. 30; Ellenberger/Findeisen/Nobbe/*Frey* § 675k Rn. 14; Palandt/*Sprau* § 675k Rn. 4.

[13] MüKoBGB/*Jungmann* § 675k Rn. 30; **aA** Ellenberger/Findeisen/Nobbe/*Frey* § 675k Rn. 14.

[14] BeckOK BGB/*Schmalenbach* § 675k Rn. 4; im Anschluss hieran auch MüKoBGB/*Jungmann* § 675k Rn. 31.

[15] → Rn. 4.

[16] → Kap. 4 BGB § 675o Rn. 1 ff.

[17] Wohl auch Ellenberger/Findeisen/Nobbe/*Frey* § 675k Rn. 13.

[18] BT-Drs. 16/11643, 106; Ellenberger/Findeisen/Nobbe/*Frey* § 675k Rn. 15; BeckOK BGB/*Schmalenbach* § 675k Rn. 5.

[19] BT-Drs. 16/11643, 106; MüKoBGB/*Jungmann* § 675k Rn. 41; **aA** Ellenberger/Findeisen/Nobbe/*Frey* § 675k Rn. 19; enger auch *Herrestahl* in → Kap. 3 BGB § 675k Rn. 17 f.

[20] MüKoBGB/*Jungmann* § 675k Rn. 39 ff.

[21] → Kap. 4 BGB § 675m Rn. 5; Staub/*Grundmann* Bankvertragsrecht 3. Teil Rn. 263.

[22] Ellenberger/Findeisen/Nobbe/*Frey* § 675m Rn. 12.

informationsdienstleister den Zugang zum Konto zu gewähren.[23] Allerdings hat er unter den engen Voraussetzungen des § 52 ZAG das Recht, diesen Zugang zu verwehren. Wenn der Zahlungsdienstleister von diesem Recht Gebrauch macht, löst dies die Informationspflicht gem. § 675k Abs. 3 BGB aus. Die Information hat nach § 675k Abs. 3 S. 2 BGB möglichst vor der Verweigerung, dh vor dem Zugang der Verweigerungserklärung beim betreffenden Dienstleister, zu erfolgen.[24]

§ 675l Pflichten des Zahlungsdienstnutzers in Bezug auf Zahlungsinstrumente

(1) [1]**Der Zahlungsdienstnutzer ist verpflichtet, unmittelbar nach Erhalt eines Zahlungsinstruments alle zumutbaren Vorkehrungen zu treffen, um die personalisierten Sicherheitsmerkmale vor unbefugtem Zugriff zu schützen.** [2]**Er hat dem Zahlungsdienstleister oder einer von diesem benannten Stelle den Verlust, den Diebstahl, die missbräuchliche Verwendung oder die sonstige nicht autorisierte Nutzung eines Zahlungsinstruments unverzüglich anzuzeigen, nachdem er hiervon Kenntnis erlangt hat.** [3]**Für den Ersatz eines verlorenen, gestohlenen, missbräuchlich verwendeten oder sonst nicht autorisiert genutzten Zahlungsinstruments darf der Zahlungsdienstleister mit dem Zahlungsdienstnutzer ein Entgelt vereinbaren, das allenfalls die ausschließlich und unmittelbar mit dem Ersatz verbundenen Kosten abdeckt.**

(2) **Eine Vereinbarung, durch die sich der Zahlungsdienstnutzer gegenüber dem Zahlungsdienstleister verpflichtet, Bedingungen für die Ausgabe und Nutzung eines Zahlungsinstruments einzuhalten, ist nur insoweit wirksam, als diese Bedingungen sachlich, verhältnismäßig und nicht benachteiligend sind.**

Übersicht

I. Regelungsgegenstand und Regelungszweck

§ 675l BGB geht auf Art. 56 Abs. 1 lit. b und Abs. 2 PSD I zurück. Durch das PSD II- 1
UG wurden Abs. 1 S. 1 und 2 inhaltlich modifiziert, sowie ein neuer Abs. 1 S. 3 und ein Abs. 2 hinzugefügt. Diese Neuerungen finden ihre europarechtliche Grundlage in Art. 69, 70 PSD II. Die Vorschrift dient wie § 675k BGB der Beherrschung von Missbrauchsrisiken. Sie fasst die gesetzlichen Pflichten des Zahlers zusammen und enthält ein doppeltes Anforderungsprofil: Zum einen eine **Sorgfaltspflicht** mit Blick auf personalisierte Sicherheitsmerkmale, zum anderen eine **Anzeigepflicht** bei missbräuchlicher Verwendung eines

[23] BeckOK BGB/*Schmalenbach* § 675k Rn. 8.
[24] Palandt/*Sprau* § 675k Rn. 7.

Zahlungsinstruments.[1] Hat sich ein Risiko bereits vor dem Eintreffen eines Zahlungsinstruments im Herrschaftsbereich des Überweisenden verwirklicht, weist § 675m BGB die relevanten Risiken dem Zahlungsdienstleister zu.[2] § 675l BGB ist nicht abschließend; Zahler und Zahlungsdienstleister können deshalb vertraglich ein zusätzliches Pflichtenprogramm vereinbaren.[3] Die **Rechtsfolgen** einer Pflichtverletzung regeln die §§ 675k,[4] 675v BGB;[5] Rechtsfolge einer erfolgten Anzeige ist außerdem die **Sperre** des Zahlungsinstruments, § 675m Abs. 1 S. 1 Nr. 5 BGB.[6]

2 Eine abweichende Regelung zugunsten des Zahlungsdienstnutzers ist stets zulässig; eine Abweichung zulasten des Zahlungsdienstnutzers dagegen nur im Rahmen der §§ 675e, 675i BGB: (1) bei Zahlungsdiensten in **Fremdwährungen** (§ 675e Abs. 2 Nr. 2 BGB iVm § 675d Abs. 6 S. 1 Nr. 1 lit. a BGB, (2) bei Beteiligung mehrerer Zahlungsdienstleister an dem Zahlungsvorgang, wenn von diesen Zahlungsdienstleistern mindestens einer innerhalb und mindestens einer außerhalb des Europäischen Wirtschaftsraums belegen ist, (3) bei Zahlungsvorgängen, bei denen keiner der beteiligten Zahlungsdienstleister innerhalb des Europäischen Wirtschaftsraums belegen ist (one-leg-Transaktionen bzw. **Drittstaatendienstleister,** § 675e Abs. 2 Nr. 2 BGB iVm § 675d Abs. 6 S. 1 Nr. 1 lit. b und Nr. 2 BGB), sowie bzgl. der Anzeigepflicht (§ 675l Abs. 1 S. 2 BGB) (4) auch bei **Kleinbetragsinstrumenten** (§ 675i Abs. 2 Nr. 2 BGB).[7] Eine nähere Bestimmung durch **AGB** ist zulässig, unterliegt aber der Grenze der §§ 305 ff. BGB, die sich an den §§ 675c ff. BGB zu orientieren hat.[8]

II. Sorgfaltspflicht, § 675l Abs. 1 S. 1 BGB

1. Schutzobjekt

3 Der Überweisende hat die **personalisierten Sicherheitsmerkmale** (zum Begriff → Kap. 4 BGB § 675j Rn. 21–22) vor unbefugtem Zugriff zu schützen.[9] Diese sind nicht etwa deckungsgleich mit den Zahlungsinstrumenten iSd §§ 1 Abs. 20 ZAG, 675j BGB.[10] Wird bspw. online überwiesen, ist dieser Vorgang ein personalisiertes Verfahren und damit ein Zahlungsinstrument, § 1 Abs. 20 ZAG. Fragt der Zahlungsdienstleister im Rahmen der Online-Überweisung eine PIN ab, die bspw. über das Mobiltelefon einzugeben ist, handelt es sich hierbei um ein personalisiertes Sicherheitsmerkmal iSd § 1 Abs. 25 ZAG.[11] Die persönliche Unterschrift oder ein biometrischer Fingerabdruck fielen nach alter Rechtslage unter dieses Merkmal. Mit Blick auf § 1 Abs. 25 ZAG dürfte man diese aber nicht mehr als „bereitgestellte" personalisierte Sicherheitsmerkmale einordnen können.[12] Die Kontroverse, ob darüber hinaus auch verkörperte Komponenten eines Zahlungsinstruments zu schützen sind,[13] ist bei der Überweisung bislang nicht relevant geworden.

---

1 Zum Begriff → Kap. 4 BGB § 675j Rn. 17 ff.
2 → Kap. 4 BGB § 675m Rn. 8.
3 BT-Drs. 16/11643, 107.
4 → Kap. 4 BGB § 675k Rn. 4 ff.
5 → Kap. 4 BGB § 675v Rn. 1 ff.
6 → Kap. 4 BGB § 675m Rn. 7.
7 Zum Zahlungsdienstevertrag *Herresthal* in → Kap. 2 BGB § 675e Rn. 6 ff.
8 MüKoBGB/*Jungmann* § 675l Rn. 8; *Herresthal* in → Kap. 2 BGB § 675e Rn. 6 ff.
9 Zum Begriff des Zahlungsinstruments → Kap. 4 BGB § 675j Rn. 17.
10 → Kap. 4 BGB § 675j Rn. 18–20 ff.
11 Palandt/*Sprau* § 675j Rn. 7.
12 *Herresthal* in → Kap. 3 BGB § 675l Rn. 3; *Scheibengruber* BKR 2010, 15 (17); → Kap. 4 BGB § 675j Rn. 18–20.
13 Hierzu MüKoBGB/*Jungmann* § 675l Rn. 10 ff.; Ellenberger/Findeisen/Nobbe/*Frey* § 675l Rn. 7.

2. Unbefugt

Unbefugt ist ein nicht iSd § 675j Abs. 1 S. 1 BGB autorisierter Zugriff, dh ein Zugriff, der weder durch den Zahler selbst noch durch einen legitimierten Dritten durchgeführt wird. Legitimiert ist der Dritte, wenn er nach den §§ 164 ff. BGB befugt ist und Zahler und Zahlungsdienstleister keine abweichende Vereinbarung getroffen haben.[14] Im Regelfall konkretisieren vertragliche Nutzungsbedingungen diesen Begriff.[15] 4

3. Pflichtenmaßstab

Der Zahlungsdienstnutzer hat alle **zumutbaren** Vorkehrungen zu treffen. Eine Definition des Begriffs der Zumutbarkeit findet sich weder im Gesetz noch in der Richtlinie. Bei seiner Konkretisierung wird man je nach eingesetztem Zahlungsinstrument eine Einzelfallabwägung zwischen den Anforderungen, die vernünftigerweise an den Zahlungsdienstnutzer gestellt werden können, den Kosten, der Möglichkeit eines praktikablen Einsatzes des angebotenen Zahlungsverfahrens, ggf. der Informationsbereitstellung und der Versicherbarkeit durch den Zahlungsdienstleister anzustellen haben.[16] Die Einzelheiten zum Pflichtenmaßstab sind der Ausformung durch AGB zugänglich. Der Zahlungsdienstleister hat dem Überweisenden im Rahmen seiner vorvertraglichen Informationspflichten die ihn treffenden Schutzpflichten mitzuteilen (Art. 248 § 4 Abs. 1 Nr. 5 lit. a EGBGB). 5

4. Einzelfälle[17]

Die Beurteilung von Einzelfällen kann sich im Grundsatz an der bislang ergangenen Rechtsprechung orientieren. Zu beachten ist, dass es für § 675l BGB nicht auf grobe, sondern auf einfache Fahrlässigkeit ankommt.[18] Persönliche Sicherheitsmerkmale dürfen hiernach an einem sicheren Ort aufbewahrt werden, dh sie müssen **nicht auswendig gelernt** und vernichtet werden,[19] vgl. Nr. 7.2 **AGB Online-Banking.**[20] Gemeinsam einzugebende Merkmale, etwa Zugangscode und TAN, sind **getrennt aufzubewahren.**[21] Der unverschlüsselte Hinweis in einem Notiz- oder Adressbuch, welches dem Diebeszugriff ohne weitere Hindernisse (wie zB Safe) ausgesetzt ist, wird man als Fahrlässigkeit einordnen können.[22] Zulässig ist hingegen sowohl das kodierte „Verstecken" einer PIN in derartigen Notizbüchern[23] als auch die Speicherung personalisierter Sicherheitsmerkmale auf einem elektronischen Medium, etwa in einem gesicherten oder kodiert benannten Ordner des eigenen PCs.[24] Das dahingehende Verbot in Nr. 7.2 (2) (a) **AGB Online-** 6

[14] → Kap. 4 BGB § 675j Rn. 7; *Herresthal* in → Kap. 3 BGB § 675l Rn. 4; vgl. *Langenbucher* S. 144 ff. nur vertragliche Vereinbarung entscheidend.

[15] MüKoBGB/*Jungmann* § 675l Rn. 18; Prütting/Wegen/Weinreich/*Fehrenbacher* § 675l Rn. 2; BeckOK BGB/*Schmalenbach* § 675l Rn. 4; Palandt/*Sprau* § 675l Rn. 2.

[16] Ellenberger/Findeisen/Nobbe/*Frey* § 675l Rn. 11; Staub/*Grundmann* Bankvertragsrecht 3. Teil Rn. 265; Staudinger/*Omlor* § 675l Rn. 7; Palandt/*Sprau* § 675l Rn. 2; Erman/*Graf von Westphalen* § 675l Rn. 3, 5.

[17] Zu den Einzelfällen beim Online-Banking *Herresthal* in → Kap. 3 BGB § 675l Rn. 11 ff.; Überblick auch bei *Schulte am Hülse/Klabunde* MMR 2010, 84.

[18] MüKoBGB/*Jungmann* § 675l Rn. 53 Fn. 74; § 675v Abs. 2 BGB greift hingegen nur bei grober Fahrlässigkeit; Staub/*Grundmann* Bankvertragsrecht 3. Teil Rn. 266.

[19] Dauner-Lieb/Langen/*Beesch* § 675m Rn. 6; MüKoBGB/*Jungmann* § 675l Rn. 53; Staub/*Grundmann* Bankvertragsrecht 3. Teil Rn. 266; *Herresthal* in → Kap. 3 BGB § 675l Rn. 11a; Palandt/*Sprau* § 675l Rn. 9; Erman/*Graf von Westphalen* § 675l Rn. 5; zum bisherigen Recht aber BGHZ 145, 337 (341) (einfache Fahrlässigkeit bei Aufbewahrung für ec-Karte bejaht); s. noch LG Köln WM 2001, 853 (855) (für ec-Karte).

[20] *Herresthal* in → Kap. 3 BGB § 675v Rn. 36.

[21] Dauner-Lieb/Langen/*Beesch* § 675m Rn. 10; MüKoBGB/*Jungmann* § 675l Rn. 16; Staub/*Grundmann* Bankvertragsrecht 3. Teil Rn. 266; Ellenberger/Findeisen/Nobbe/*Nobbe* § 675v Rn. 50; Erman/*Graf von Westphalen* § 675l Rn. 6.

[22] MüKoBGB/*Jungmann* § 675l Rn. 55; zur alten Rechtslage AG Kassel WM 1994, 2110.

[23] MüKoBGB/*Jungmann* § 675l Rn. 55; **aA** wohl Dauner-Lieb/Langen/*Beesch* § 675m Rn. 10.

[24] **AA** Ellenberger/Findeisen/Nobbe/*Nobbe* § 675v Rn. 55.

Banking ist daher nur bei enger Auslegung wirksam.[25] Den zur Erteilung von Überweisungsaufträgen verwendeten **PC** hat der Zahler im Rahmen des Üblichen gegen Ausspähen zu sichern und kostenlose automatische Updates zu installieren.[26] Weist ihn der Zahlungsdienstleister hierauf im Rahmen der Installation der für Überweisungen zu nutzenden Software nicht hin, wird ein etwaiger Schadensersatzanspruch nach § 675v BGB im Regelfall wegen Mitverschuldens zu mindern sein.[27] Bietet der Zahlungsdienstleister für die Durchführung von Überweisungen Apps für den Einsatz auf **Smartphones** oder **Tablets** an, kann dem Zahlungsdienstnutzer nicht die erhöhte Unsicherheit von Mobilfunknetzen als solche entgegengehalten werden.[28] Für zulässig wird hingegen die Vereinbarung gehalten, zum Empfang von TAN per SMS ein anderes mobiles Gerät vorhalten zu müssen als für das Online-Banking, Nr. 7.2 **AGB Online-Banking.**[29]

III. Anzeigepflicht, § 675l Abs. 1 S. 2 BGB

7 Der Zahlungsdienstnutzer hat ein Missbrauchsrisiko, welches sich bei der Nutzung eines Zahlungsinstruments verwirklicht, unverzüglich nach Kenntniserlangung anzuzeigen. Das gilt unabhängig davon, ob zugleich eine Sorgfaltspflichtverletzung vorliegt.[30] Die Verpflichtung durch AGB zur Erstattung einer Anzeige bei der Polizei ist zulässig.[31]

1. Verlust und Diebstahl

8 Verlust setzt den Untergang jeder Sachherrschaft voraus; Diebstahl liegt bei einem Wechsel in der Sachherrschaft ohne oder gegen den Willen des Berechtigten vor.[32] Im Übrigen dürfte es auf die strafrechtliche Terminologie nicht ankommen, vielmehr wird jeder unfreiwillige Verlust des unmittelbaren Besitzes unter § 675l Abs. 1 S. 2 BGB zu subsumieren sein.[33] § 675l Abs. 1 S. 2 Alt. 1 BGB betrifft notwendig nur solche Zahlungsinstrumente, bei denen ein **„Instrument"** zum Einsatz gelangt ist, weil nur ein körperliches Element abhandenkommen kann.[34] Im Rahmen der Überweisung ist der Einsatz körperlicher Elemente derzeit unüblich. Das mag sich ändern; in der Literatur ist bereits auf Chipkarten mit Signaturfunktion über einen Kartenleser hingewiesen worden.[35] Zweifelhaft ist, ob auch der **Verlust eines verkörperten personalisierten Sicherheitsmerkmals,**[36] etwa der Verlust einer TAN-Liste, zur Anzeige verpflichtet. Dafür spricht auf den ersten Blick, dass diese Merkmale Bestandteil der Untergruppe „Verfahren" der Zahlungsinstrumente sein können (also zB die TAN Bestandteil des Online-Bankings). Bezieht sich die Anzeigepflicht auf den Oberbegriff „Zahlungsinstrument", so könnte man meinen, sie erfasse auch deren einzelne Bestandteile, jedenfalls wenn diese verkörpert und damit dem Verlust zugänglich sind. Die hM spricht sich gleichwohl zu Recht dagegen

---

[25] Für zulässig gehalten aber von MüKoBGB/*Jungmann* § 675l Rn. 55.

[26] MüKoBGB/*Jungmann* § 675l Rn. 43; *Herresthal* in → Kap. 3 BGB § 675l Rn. 11b; Ellenberger/Findeisen/Nobbe/*Nobbe* § 675v Rn. 59 ff.; Staudinger/*Omlor* § 675l Rn. 10; Palandt/*Sprau* § 675l Rn. 9; allg. hierzu BGH NJW 2009, 1960 – Halzband; BGH NJW 2010, 2061 – Sommer unseres Lebens; *Bender* WM 2008, 2049; einschränkend *Spindler* FS Nobbe, 2009, 215 (229 f.).

[27] → Kap. 4 BGB § 675v Rn. 21 f.

[28] Enger aber *Herresthal* in → Kap. 3 BGB § 675v Rn. 40.

[29] Ellenberger/Findeisen/Nobbe/*Nobbe* § 675v Rn. 56; Online-Banking *Herresthal* in → Kap. 3 BGB § 675v Rn. 38.

[30] Prütting/Wegen/Weinreich/*Fehrenbacher* § 675l Rn. 5.

[31] Ellenberger/Findeisen/Nobbe/*Nobbe* § 675v Rn. 79.

[32] MüKoBGB/*Jungmann* § 675l Rn. 71 f.

[33] MüKoBGB/*Jungmann* § 675l Rn. 71 ff.; Erman/*Graf von Westphalen* § 675l Rn. 13; anders Staudinger/*Omlor* § 675l Rn. 16 (Besitzentziehung sowie Eintritt von Besitzlosigkeit).

[34] *Casper/Pfeifle* WM 2009, 2343 (2344).

[35] *Scheibengruber* BKR 2010, 15 (18).

[36] Zum Begriff → Kap. 4 BGB § 675j Rn. 21-22.

aus.[37] Begründen lässt sich das für manche Verfahren, indem auf den „ideellen" Gehalt des personalisierten Sicherheitsmerkmals abgestellt wird (also: die reine Nummernfolge einer TAN-Liste), dem gegenüber die Verkörperung (also: die ausgedruckte Liste) nur akzidentielles Speichermedium ist.[38] Nicht zu verkennen ist freilich, dass dieses Argumentationsmuster stark vom Einzelfall und von dem jeweiligen technischen Verfahren abhängig ist.

Einzelfälle. Nicht unter § 675l Abs. 1 S. 2 BGB fallen deshalb der **Brief,** mit welchem TANs oder PINs versandt werden, oder ein elektronischer **TAN-Generator.**[39] Auch beim elektronischen **Ausspähen** einer TAN oder PIN, etwa durch **Trojaner,** liegt kein Verlust oder Diebstahl vor, dies schon deshalb, weil der Überweisende bei einem solchen **„Phishing"** im Besitz der relevanten Daten bleibt.[40] 9

2. Missbräuchliche Verwendung oder sonstige nicht autorisierte Nutzung

Der Regelfall einer Überweisung dürfte der Einsatz eines **personalisierten Verfahrens** sein, etwa die Online-Überweisung. Ein Verfahren kann naturgemäß nicht iSd § 675l Abs. 1 S. 2 Alt. 1 BGB abhandenkommen, wohl aber nach § 675l Abs. 1 S. 2 Alt. 2 BGB ohne Autorisierung verwendet werden. **Nicht autorisiert** ist jeder Einsatz des Zahlungsinstruments ohne oder gegen den Willen des Überweisenden.[41] Für den Einsatz Dritter bei einer Autorisierung gelten mangels abweichender Vereinbarung die §§ 164 ff. BGB.[42] Handlungen eines Vertreters ohne Vertretungsmacht stellen deshalb eine nicht autorisierte Verwendung iSd § 675l Abs. 1 S. 2 Alt. 2 BGB dar. Das Entstehen eines Rechtsscheins ersetzt die fehlende Autorisierung nach hier vertretener Ansicht nicht.[43] Die **missbräuchliche Verwendung** fällt im Regelfall mit der fehlenden Autorisierung zusammen.[44] Anders kann dies sein, wenn eine Autorisierung in Form der Erteilung von Vertretungsmacht vorliegt, diese aber missbraucht wird. Liegt ein nach den allgemeinen Grundsätzen beachtlicher Missbrauch der Vertretungsmacht vor,[45] ist trotz Autorisierung eine missbräuchliche Verwendung iSd § 675l BGB gegeben.[46] Die missbräuchliche Verwendung lässt sich hingegen nicht ausschließlich auf den Zahlungsdienstnutzer selbst beziehen, [47] zumal sonst eine „Selbstanzeige" gefordert wäre.[48] 10

Einzelfälle. Missbräuchlich sind insbesondere alle Verwendungen, die auf kriminellen Handlungen Dritter gründen (**Ausspähen, Phishing,** Entwendung des **TAN-Briefs** samt relevanter Kontodaten und dgl.), daneben auch die genannten Fälle des Missbrauchs einer Autorisierung.[49] 11

3. Erhöhte Missbrauchswahrscheinlichkeit

Das noch nicht verwirklichte Missbrauchsrisiko erfasst der Wortlaut der Norm nicht. Darum geht es bspw., wenn ein verkörpertes personalisiertes Sicherheitsmerkmal abhan- 12

[37] Palandt/*Sprau* § 675l Rn. 4, zweifelnd aber unter Rn. 6; *Scheibengruber* BKR 2010, 15 (20); **aA** *Herresthal* in → Kap. 3 BGB § 675l Rn. 15.

[38] So die Argumentation von *Scheibengruber* BKR 2010, 15 (20).

[39] *Scheibengruber* BKR 2010, 15 (18, 20).

[40] *Schulte am Hülse/Klabunde* MMR 2010, 84 (86); zu den einzelnen Formen eines Angriffs *Herresthal* in → Kap. 3 Vorb. Rn. 62 ff.

[41] → Kap. 4 BGB § 675j Rn. 9 ff.; Staudinger/*Omlor* § 675 Rn. 17.

[42] → Kap. 4 BGB § 675j Rn. 7.

[43] → Kap. 4 BGB § 675j Rn. 12a.

[44] BeckOK BGB/*Schmalenbach* § 675l Rn. 5; Ellenberger/Findeisen/Nobbe/*Frey* § 675l Rn. 17; **aA** MüKoBGB/*Jungmann* § 675l Rn. 68.

[45] Vgl. MüKoBGB/*Schubert* § 164 Rn. 213 ff.; Palandt/*Ellenberger* § 164 Rn. 13 ff.; Staudinger/*Schilken* § 167 Rn. 91 ff.

[46] So wohl auch Ellenberger/Findeisen/Nobbe/*Frey* § 675l Rn. 17 mit Fn. 26; Palandt/*Sprau* § 675l Rn. 5.

[47] So aber MüKoBGB/*Jungmann* § 675l Rn. 75.

[48] Dafür wohl in der Tat MüKoBGB/*Jungmann* § 675l Rn. 76.

[49] Zu den einzelnen Formen eines Angriffs *Herresthal* in → Kap. 3 Vorb. Rn. 62 ff.

dengekommen oder der zum Einsatz von Überweisungen verwendete PC von einem Virus betroffen oder gestohlen worden ist. Eine teleologische Extension kommt nicht in Betracht.[50] Das gilt schon wegen der Sperrwirkung der Richtlinie, die in Art. 69 Abs. 1b PSD II die nur erhöhte Missbrauchswahrscheinlichkeit nicht adressiert und von der nicht zulasten des Zahlers abgewichen werden darf. Die wortlautgetreue Auslegung liegt auch sachlich nahe, denn es ist zweifelhaft, ob der Gesetzgeber die einschneidende Sanktion insbesondere des § 675v Abs. 2 BGB schon bei nur erhöhter Missbrauchsgefahr hat anordnen wollen. Zulässig ist allerdings eine dahingehende Verpflichtung in AGB.[51]

4. Anzeige

13 Die Anzeige kann **formlos** erfolgen; abweichende Abreden sind zulässig.[52] Sie ist **unverzüglich nach Kenntniserlangung** gegenüber dem Zahlungsdienstleister vorzunehmen, vgl. Nr. 1.9 **AGB-Überweisung.** § 121 Abs. 1 S. 1 BGB ist anwendbar.[53] Bloßes Kennenmüssen begründet keine Anzeigepflicht, anders ist ausnahmsweise bei schwerwiegenden Verdachtsmomenten zu entscheiden.[54] Der Zahlungsdienstleister kann eine andere Stelle benennen, der gegenüber die Anzeige zu erfolgen hat.[55] Er hat dem Zahlungsdienstnutzer im Rahmen seiner vorvertraglichen Informationspflichten den Adressaten der Anzeige, dessen Kontaktdaten, den notwendigen Anzeigeinhalt und die erforderliche Form der Anzeige mitzuteilen (Art. 248 § 4 Abs. 1 Nr. 5 lit. a EGBGB).

IV. Kostenersatz, § 675l Abs. 1 S. 3 BGB

14 Den Kostenersatz mit Blick auf nicht autorisiert verwendete Zahlungsinstrumente regelt seit der PSD II ein neu eingefügter S. 3, der Art. 70 Abs. 1 lit. d PSD II umsetzt. Die dort vorgesehene Möglichkeit des Überweisenden, den Verlust, den Diebstahl, die missbräuchliche Verwendung oder die sonstige nicht autorisierte Nutzung eines Zahlungsinstruments kostenlos anzuzeigen, setzt der deutsche Gesetzgeber in § 675m Abs. 1 S. 1 Nr. 4 BGB um. § 675l Abs. 1 S. 3 BGB betrifft demgemäß nur die direkt mit dem Zahlungsinstrument verbundenen Ersatzkosten. Deren Ersatz ist gem. § 675f Abs. 5 S. 2 BGB als zugelassenes Entgelt einzuordnen.[56] § 675l Abs. 1 S. 3 BGB ist hierzu allerdings *lex specialis.*[57] Verlangt ist nämlich nicht nur die „Ausrichtung" der Höhe des Entgelts an den Kosten. Stattdessen wird ein Maximalbetrag festgesetzt: Das Entgelt darf höchstens die ausschließlich und unmittelbar mit dem Ersatz des Zahlungsinstruments verbundenen Kosten abdecken.[58]

V. Vertragliche Vereinbarung, § 675l Abs. 2 BGB

15 Bereits vor dem Erlass des PSD II-UG ging der Gesetzgeber davon aus, dass die in § 675l BGB aF normierten Pflichten durch vertragliche Vereinbarungen, die einen an das jeweilige

---

[50] Ellenberger/Findeisen/Nobbe/*Nobbe* § 675v Rn. 81; Staudinger/*Omlor* § 675l Rn. 18; zweifelnd auch Palandt/*Sprau* § 675l Rn. 6; **aA** MüKoBGB/*Jungmann* § 675l Rn. 78; Ellenberger/Findeisen/Nobbe/*Frey* § 675l Rn. 18 (Anzeigepflicht schon bei Missbrauchsgefahr).

[51] MüKoBGB/*Jungmann* § 675l Rn. 78; Ellenberger/Findeisen/Nobbe/*Nobbe* § 675v Rn. 81.

[52] MüKoBGB/*Jungmann* § 675l Rn. 85.

[53] MüKoBGB/*Jungmann* § 675l Rn. 82; OLG Frankfurt a. M. NJW-RR 2004, 206 (für Kreditkarte): 1,5 Stunden nach Entdeckung des Verlusts ist zu spät; dagegen zu Recht krit. *Herresthal* in → Kap. 3 BGB § 675l Rn. 20; OLG Hamm WM 1997, 1203 (1207); OLG Düsseldorf BKR 2008, 41 (42) (ec-Karte); Ellenberger/Findeisen/Nobbe/*Nobbe* § 675v Rn. 75.

[54] Ellenberger/Findeisen/Nobbe/*Nobbe* § 675v Rn. 77; Staub/*Grundmann* Bankvertragsrecht 3. Teil Rn. 267 ff.

[55] MüKoBGB/*Jungmann* § 675l Rn. 81; Prütting/Wegen/Weinreich/*Fehrenbacher* § 675l Rn. 5.

[56] JurisPK/*Schwintowski* 9. Aufl. 2020, § 675l Rn. 27; Begr. RegE, BT-Drs. 18/11495, 157.

[57] BeckOK BGB/*Schmalenbach* BGB § 675l Rn. 9.

[58] BT-Drs. 18/11495, 157.

Zahlungsinstrument angepassten Pflichtenkatalog enthalten, ergänzt werden können.[59] Diese vertragliche Ausgestaltungsmöglichkeit wird durch den neu eingefügten § 675l Abs. 2 BGB begrenzt, indem dort vorgeschrieben wird, dass die Vereinbarungen sachlich, verhältnismäßig und nicht benachteiligend sein müssen. Genügt eine zwischen den Parteien getroffene Vereinbarung diesen Anforderungen nicht, ist sie unwirksam.[60] Als nicht sachlich sind solche Bedingungen zu qualifizieren, die nicht auf objektiven Umständen beruhen, die eine derartige Vereinbarung nahelegen.[61] Verhältnismäßigkeit ist gegeben, wenn Umfang und Schwere der dem Zahlungsdienstnutzer auferlegten Einschränkungen in einem angemessenen Verhältnis zu Umfang und Wahrscheinlichkeit des Schadens stehen.[62] Die Vereinbarungen sind benachteiligend, wenn dem Zahlungsdienstnutzer ohne sachlichen Grund strengere Anforderungen auferlegt werden, als den übrigen Zahlungsdienstnutzern.[63] Genügt eine zwischen den Parteien getroffene Vereinbarung diesen Anforderungen nicht, ist sie unwirksam.[64] Nach dem Rechtsgedanken des § 306 BGB finden in diesem Fall die allgemeinen Grundsätze des § 675l Abs. 1 S. 1 BGB Anwendung.[65]

§ 675m Pflichten des Zahlungsdienstleisters in Bezug auf Zahlungsinstrumente; Risiko der Versendung

(1) [1] **Der Zahlungsdienstleister, der ein Zahlungsinstrument ausgibt, ist verpflichtet,**

1. **unbeschadet der Pflichten des Zahlungsdienstnutzers gemäß § 675l Absatz 1 sicherzustellen, dass die personalisierten Sicherheitsmerkmale des Zahlungsinstruments nur der zur Nutzung berechtigten Person zugänglich sind,**
2. **die unaufgeforderte Zusendung von Zahlungsinstrumenten an den Zahlungsdienstnutzer zu unterlassen, es sei denn, ein bereits an den Zahlungsdienstnutzer ausgegebenes Zahlungsinstrument muss ersetzt werden,**
3. **sicherzustellen, dass der Zahlungsdienstnutzer durch geeignete Mittel jederzeit die Möglichkeit hat, eine Anzeige gemäß § 675l Absatz 1 Satz 2 vorzunehmen oder die Aufhebung der Sperrung gemäß § 675k Absatz 2 Satz 5 zu verlangen,**
4. **dem Zahlungsdienstnutzer eine Anzeige gemäß § 675l Absatz 1 Satz 2 kostenfrei zu ermöglichen und**
5. **jede Nutzung des Zahlungsinstruments zu verhindern, sobald eine Anzeige gemäß § 675l Absatz 1 Satz 2 erfolgt ist.**

[2] **Hat der Zahlungsdienstnutzer den Verlust, den Diebstahl, die missbräuchliche Verwendung oder die sonstige nicht autorisierte Nutzung eines Zahlungsinstruments angezeigt, stellt sein Zahlungsdienstleister ihm auf Anfrage bis mindestens 18 Monate nach dieser Anzeige die Mittel zur Verfügung, mit denen der Zahlungsdienstnutzer beweisen kann, dass eine Anzeige erfolgt ist.**

(2) **Die Gefahr der Versendung eines Zahlungsinstruments und der Versendung personalisierter Sicherheitsmerkmale des Zahlungsinstruments an den Zahlungsdienstnutzer trägt der Zahlungsdienstleister.**

(3) **Hat ein Zahlungsdienstleister, der kartengebundene Zahlungsinstrumente ausgibt, den kontoführenden Zahlungsdienstleister des Zahlers um Bestätigung ersucht, dass ein für die Ausführung eines kartengebundenen Zahlungsvorgangs erforderlicher Betrag auf dem Zahlungskonto verfügbar ist, so kann der Zahler von seinem konto-**

[59] RegE BT-Drs. 16/11643, 107; s. a. BeckOK BGB/*Schmalenbach* § 675l Rn. 7; zur Rechtslage vor dem Erlass der PSD II vgl. *Hofmann* BKR 2014, 105 ff.
[60] Begr. RegE BT-Drs. 18/11495, 157.
[61] BeckOK BGB/*Schmalenbach* § 675l Rn. 7; Palandt/*Sprau* § 675l Rn. 8.
[62] Palandt/*Sprau* § 675l Rn. 8.
[63] Begr. RegE BT-Drs. 18/11495, 157.
[64] Begr. RegE BT-Drs. 18/11495, 157.
[65] Palandt/*Sprau* § 675l Rn. 8.

führenden Zahlungsdienstleister verlangen, ihm die Identifizierungsdaten dieses Zahlungsdienstleisters und die erteilte Antwort mitzuteilen.

Übersicht

I. Regelungsgegenstand und Regelungszweck

1 Die Norm dient wie bereits § 675k BGB der Beherrschung von Missbrauchsrisiken. Sie komplementiert § 675l BGB, der das Pflichtenprogramm des Zahlungsdienstnutzers regelt, indem sie die Pflichten des Zahlungsdienstleisters ausformt. Die Vorschrift ist nicht abschließend;[1] der Richtliniengeber der PSD I hat insbesondere auf die fortbestehenden Pflichten von Zahlungsdienstleistern bezüglich der technischen Sicherheit ihrer Produkte hingewiesen.[2] Durch das PSD II-UG wurden Abs. 1 Nr. 4 und Abs. 3 hinzugefügt. Abs. 1 und 2 setzen Art. 70 PSD II, Abs. 3 Art. 65 Abs. 5 PSD II um.

2 Eine abweichende Regelung zugunsten des Zahlungsdienstnutzers ist stets zulässig; eine Abweichung zulasten des Zahlungsdienstnutzers dagegen nur im Rahmen der §§ 675e, 675i BGB: (1) bei Zahlungsdiensten in **Fremdwährungen** (§ 675e Abs. 2 Nr. 2 BGB iVm § 675d Abs. 6 S. 1 Nr. 1 lit. a BGB), (2) bei Beteiligung mehrerer Zahlungsdienstleister an dem Zahlungsvorgang, wenn von diesen Zahlungsdienstleistern mindestens einer innerhalb und mindestens einer außerhalb des Europäischen Wirtschaftsraums belegen ist, (3) bei Zahlungsvorgängen, bei denen keiner der beteiligten Zahlungsdienstleister innerhalb des Europäischen Wirtschaftsraums belegen ist (one-leg-Transaktionen bzw. **Drittstaatendienstleister,** § 675e Abs. 2 Nr. 2 iVm § 675d Abs. 6 S. 1 Nr. 1 lit. b und Nr. 2 Hs. 2 BGB), und (4) bezüglich der Anzeigemöglichkeit (Abs. 1 S. 1 Nr. 3), der Nutzungsverhinderung (Abs. 1 S. 1 Nr. 5) sowie bezüglich der Bestätigungspflicht (Abs. 1 S. 2) auch bei **Kleinbetragsinstrumenten** (§ 675i Abs. 2 Nr. 2 BGB).[3] Eine Abbedingung durch AGB unterliegt zudem der Grenze der §§ 305 ff. BGB.

II. Sorgfaltspflichten, § 675m Abs. 1 BGB

1. Zugänglichkeit, § 675m Abs. 1 S. 1 Nr. 1 BGB

3 Der Zahlungsdienstleister hat zu verhindern, dass die personalisierten Sicherheitsmerkmale[4] anderen als den zur Nutzung berechtigten Personen zugänglich sind. Das betrifft zunächst die **Übermittlung** dieser Merkmale vom Zahlungsdienstleister an den Zahlungsdienstnutzer. Wird per Post übersandt, ist etwa der Vermerk „persönlich" aufzunehmen. Umstritten ist, ob der Versand per Einschreiben zu erfolgen hat.[5] Beim Versand von E-

[1] Prütting/Wegen/Weinreich/*Fehrenbacher* § 675m Rn. 2; Palandt/*Sprau* § 675m Rn. 2.

[2] Erwägungsgrund 32 PSD I.

[3] Ellenberger/Findeisen/Nobbe/*Frey* § 675m Rn. 2.

[4] Zum Begriff → Kap. 4 BGB § 675j Rn. 21–22.

[5] Dagegen: MüKoBGB/*Jungmann* § 675m Rn. 13; Erman/*Graf von Westphalen* § 675m Rn. 2; dafür: Ellenberger/Findeisen/Nobbe/*Frey* § 675m Rn. 7; Palandt/*Sprau* § 675m Rn. 2; BeckOK BGB/*Schmalenbach* § 675m Rn. 3; Staub/*Grundmann* Bankvertragsrecht, 3. Teil, Rn. 276 („wohl iar").

Mails oder SMS wird man eine Empfangsbestätigung fordern dürfen.[6] Sorgfaltspflichten des Zahlungsdienstleisters bestehen außerdem bei der Ausgestaltung des technischen Rahmens für den **Zahlungsvorgang.** Bei der Überweisung betrifft das vor allem die Sicherheit des Online-Bankings unter Nutzung der jeweils aktuellsten technischen Verfahren.[7] Die **BaFin** hat die Mindestanforderungen an die Sicherheit von Internetzahlungen (MaSi) durch **Rundschreiben** vom 5.11.2015[8] konkretisiert.[9] Das Rundschreiben enthält Handlungsanweisungen an Zahlungsdienstleister, die das Vertrauen von Verbrauchern in den Internetzahlungsverkehr stärken und Missbrauchsszenarien vorbeugen sollen.[10] Das Rundschreiben ist norminterpretierendes Verwaltungshandeln.[11] Zuletzt bestehen Sorgfaltspflichten auch **im Unternehmen** des Zahlungsdienstleisters. Dort ist durch organisatorische Vorkehrungen im Rahmen des Zumutbaren sicherzustellen, dass personalisierte Sicherheitsmerkmale der Kunden nicht von den Mitarbeitern des Zahlungsdienstleisters unbefugt ausgespäht und verwendet werden können.[12]

2. Unaufgeforderte Zusendung, § 675m Abs. 1 S. 1 Nr. 2 BGB

Der Zahlungsdienstleister darf Zahlungsinstrumente nicht unaufgefordert übersenden, 4
sofern es sich nicht um den Ersatz eines bereits ausgegebenen Zahlungsinstruments handelt.

3. Anzeige, § 675m Abs. 1 S. 1 Nr. 3 BGB

Der Zahlungsdienstleister muss sicherstellen, dass der Überweisende jederzeit die Mög- 5
lichkeit hat, eine Missbrauchsanzeige vorzunehmen[13] oder die Aufhebung einer Sperre zu verlangen. Dazu gehört die Benennung eines Adressaten sowie dessen Erreichbarkeit in deutscher Sprache rund um die Uhr an sämtlichen Tagen des Jahres.[14] Der Zahlungsdienstleister hat dem Zahler den Adressaten der Anzeige, dessen Kontaktdaten, den notwendigen Anzeigeinhalt und die erforderliche Form der Anzeige mitzuteilen (vgl. die Informationspflicht des Zahlungsdienstleisters nach Art. 248 § 4 Abs. 1 Nr. 5 lit. a EGBGB). Verstößt der Zahlungsdienstleister hiergegen, tritt die Ersatzpflicht des Überweisenden nach § 675v Abs. 1 f. BGB nicht ein, § 675v Abs. 5 S. 2 BGB.

4. Kostenfreie Verlustanzeige, § 675m Abs. 1 S. 1 Nr. 4 BGB

Der Zahlungsdienstleister ist nach § 675m Abs. 1 S. 1 Nr. 4 BGB verpflichtet, dem 6
Zahlungsdienstnutzer eine Anzeige gem. § 675l Abs. 1 S. 2 BGB kostenfrei zu ermöglichen. Die Neuerung setzt Art. 70 Abs. 1 lit. d PSD II um. Ausweislich der Regierungsbegründung dürfen dem Zahlungsdienstnutzer durch die Anzeige auch in tatsächlicher Hinsicht keine Kosten entstehen.[15] Hiernach wäre es bspw. unzulässig, für die telefonische Übermittlung der Anzeige eine kostenpflichtige Hotline einzurichten.[16] Das wirkt der

---

[6] Weitere Einzelfälle bei *Herresthal* in → Kap. 3 BGB § 675m Rn. 4.

[7] → Kap. 4 BGB § 675l Rn. 5.

[8] Geschäftszeichen BA 57-K 3142-2013/0017, abrufbar unter http://www.bafin.de/SharedDocs/Veroeffentlichungen/DE/Rundschreiben/2015/rs_1504_ba_MA_Internetzahlungen.html (zuletzt abgerufen am 15.7.2020).

[9] S. hierzu *Zahrte* ZBB 2015, 410 ff.

[10] Anschreiben zum BaFin-Rundschreiben, abrufbar unter http://www.bafin.de/SharedDocs/Veroeffentlichungen/DE/Anschreiben/sc_150504_ba_anschreiben_rs1504.html?nn=2818068 (zuletzt abgerufen am 15.7.2020).

[11] S. allg. zur rechtlichen Einordung von BaFin-Rundschreiben MüKoVVG/*Sasserath-Alberti* 100. Versicherungsaufsichtsrecht, Rn. 104.

[12] Staub/*Grundmann* Bankvertragsrecht 3. Teil Rn. 276.

[13] → Kap. 4 BGB § 675l Rn. 13.

[14] Dauner-Lieb/Langen/*Beesch* § 675m Rn. 19; Prütting/Wegen/Weinreich/*Fehrenbacher* § 675m Rn. 3; Staub/*Grundmann* Bankvertragsrecht 3. Teil Rn. 278; Palandt/*Sprau* § 675m Rn. 2.

[15] Begr. RegE BT-Drs. 18/11495, 157.

[16] Begr. RegE BT-Drs. 18/11495, 157.

rationalen Apathie potentiell Geschädigter entgegen, die bspw. bei Streuschäden mit besonders niedrigen Einzelschäden zu beobachten ist. Dem Zahlungsdienstnutzer sollen keine rechtlichen oder tatsächlichen Hindernisse entgegenstehen, wenn er sich im Fall eines nicht autorisierten Zahlungsvorgangs gem. § 675v Abs. 5 S. 1 BGB von seiner Haftung befreien will.[17] Aus der Vorschrift kann jedoch keine Kostenerstattungspflicht des Zahlungsdienstleisters hergeleitet werden.[18]

5. Sperre, § 675m Abs. 1 S. 1 Nr. 5 BGB

7 Der Zahlungsdienstleister ist verpflichtet, die weitere Nutzung des Zahlungsinstruments zu verhindern, sobald eine Anzeige erfolgt ist. Auf welche Weise der Zahlungsdienstleister die Sperre bewirkt, steht in seinem Ermessen. Zugleich hat der Zahlungsdienstleister sicherzustellen, dass der Überweisende die Möglichkeit hat, eine Aufhebung der Sperrung zu verlangen.[19] Auf Anfrage ermöglicht der Zahlungsdienstleister dem Zahler 18 Monate lang den Beweis, dass eine Anzeige erfolgt ist, § 675m Abs. 1 S. 2 BGB.

III. Versendungsgefahr, § 675m Abs. 2 BGB

8 Die Gefahr der Versendung von Zahlungsinstrumenten sowie von personalisierten Sicherheitsmerkmalen weist das Gesetz dem Zahlungsdienstleister zu. Das betrifft die Eingrenzung von Risiken auf dem Postweg bzw. der elektronischen Übermittlung. Ohne explizite Vereinbarung trifft den Zahler keine Pflicht, im Anschluss an eine Ankündigung seines Zahlungsdienstleisters seinen Posteingang daraufhin zu überwachen, ob die Zusendung tatsächlich erfolgt.[20] Die Gefahr der Versendung weist das Gesetz gerade nicht dem Zahler zu; seine Pflichten gem. § 675l BGB entstehen erst mit Zugang des Zahlungsinstruments.[21] Manche wollen dies sogar erst mit bewusster Entgegennahme des Zahlungsinstruments annehmen.[22] Sind bei dem betreffenden Kunden bereits mehrfach Unregelmäßigkeiten in der Zustellung aufgetreten, können Schadensersatzansprüche entstehen. So ist in der Rechtsprechung die Hinweispflicht eines Kunden bejaht worden, der seinen Zahlungsdienstleister nicht darüber informiert hatte, dass eine ec-Karte nicht eingegangen war.[23]

§ 675n Zugang von Zahlungsaufträgen

(1) [1]**Ein Zahlungsauftrag wird wirksam, wenn er dem Zahlungsdienstleister des Zahlers zugeht.** [2]**Fällt der Zeitpunkt des Zugangs nicht auf einen Geschäftstag des Zahlungsdienstleisters des Zahlers, gilt der Zahlungsauftrag als am darauf folgenden Geschäftstag zugegangen.** [3]**Der Zahlungsdienstleister kann festlegen, dass Zahlungsaufträge, die nach einem bestimmten Zeitpunkt nahe am Ende eines Geschäftstags zugehen, für die Zwecke des § 675s Absatz 1 als am darauf folgenden Geschäftstag zugegangen gelten.** [4]**Geschäftstag ist jeder Tag, an dem der an der Ausführung eines Zahlungsvorgangs beteiligte Zahlungsdienstleister den für die Ausführung von Zahlungsvorgängen erforderlichen Geschäftsbetrieb unterhält.**

(2) [1]**Vereinbaren der Zahlungsdienstnutzer, der einen Zahlungsvorgang auslöst oder über den ein Zahlungsvorgang ausgelöst wird, und sein Zahlungsdienstleister, dass die**

---

[17] Begr. RegE BT-Drs. 18/11495, 157.
[18] BeckOK BGB/*Schmalenbach* § 675m Rn. 6.
[19] → Kap. 4 BGB § 675k Rn. 12.
[20] **AA** Ellenberger/Findeisen/Nobbe/*Frey* § 675m Rn. 19; Palandt/*Sprau* § 675m Rn. 4; strenger wohl auch Dauner-Lieb/Langen/*Beesch* § 675m Rn. 18; wie hier aber Ellenberger/Findeisen/Nobbe/*Nobbe* § 675v Rn. 29.
[21] Hierzu *Herresthal* in → Kap. 3 BGB § 675m Rn. 11.
[22] Kümpel/Mülbert/Früh/Seyfried/*Werner* Rn. 4.136.
[23] KG NJW 2006, 381.

Ausführung des Zahlungsauftrags an einem bestimmten Tag oder am Ende eines bestimmten Zeitraums oder an dem Tag, an dem der Zahler dem Zahlungsdienstleister den zur Ausführung erforderlichen Geldbetrag zur Verfügung gestellt hat, beginnen soll, so gilt der vereinbarte Termin für die Zwecke des § 675s Absatz 1 als Zeitpunkt des Zugangs. [2] Fällt der vereinbarte Termin nicht auf einen Geschäftstag des Zahlungsdienstleisters des Zahlers, so gilt für die Zwecke des § 675s Absatz 1 der darauf folgende Geschäftstag als Zeitpunkt des Zugangs.

Übersicht

I. Regelungsgegenstand und Regelungszweck

§ 675n BGB setzt Art. 78 PSD II um und, mit der Bestimmung des Geschäftstags, zugleich Art. 4 Nr. 37 PSD II. Die Norm fixiert den Zeitpunkt, zu dem ein Zahlungsauftrag zugeht. Damit schafft sie die Voraussetzung für den Lauf der Ablehnungs- bzw. der Ausführungsfristen der §§ 675o, 675s BGB. 1

Eine abweichende Regelung zugunsten des Zahlungsdienstnutzers ist stets zulässig; eine Abweichung zulasten des Zahlungsdienstnutzers dagegen grundsätzlich nur im Rahmen von § 675e Abs. 2 BGB:[1] (1) bei Zahlungsdiensten in **Fremdwährungen** (§ 675e Abs. 2 Nr. 2 iVm § 675d Abs. 6 S. 1 Nr. 1 lit. a BGB), (2) bei Beteiligung mehrerer Zahlungsdienstleister an dem Zahlungsvorgang, wenn von diesen Zahlungsdienstleistern mindestens einer innerhalb und mindestens einer außerhalb des Europäischen Wirtschaftsraums belegen ist, und (3) bei Zahlungsvorgängen, bei denen keiner der beteiligten Zahlungsdienstleister innerhalb des Europäischen Wirtschaftsraums belegen ist (one-leg-Transaktion bzw. **Drittstaatendienstleister,** § 675e Abs. 2 Nr. 2 iVm § 675d Abs. 6 S. 1 Nr. 1 lit. b und Nr. 2 BGB). Abweichende Regelungen zulasten des Zahlungsdienstnutzers können außerdem bzgl. des **Fristbeginns** (Abs. 1 S. 3, Abs. 2) und des **Widerrufs** vereinbart werden (§ 675p Abs. 4 BGB). Eine Abbedingung durch AGB unterliegt weiter der allgemeinen Grenze der §§ 305 ff. BGB. 2

II. Zugang des Zahlungsauftrags, § 675n Abs. 1 BGB

1. Zugang, § 675n Abs. 1 S. 1 BGB

Der Zahlungsauftrag iSd § 675f Abs. 4 S. 2 BGB leitet den Zahlungsvorgang ein.[2] Er wird mit Zugang bei dem Zahlungsdienstleister wirksam, § 675n Abs. 1 S. 1 BGB. Die Auslegung dieses Begriffs ist umstritten. Die PSD II spricht von „Eingang", vgl. Art. 78. Dem entspricht Nr. 1.4 (1) **AGB-Überweisung.** Dort werden Empfangsvorrichtungen der Bank benannt, etwa die Abgabe in den Geschäftsräumen[3] oder den Eingang auf dem Online-Banking-Server.[4] Die Benennung solcher Empfangsvorrichtungen ist ohne weiteres 3

[1] Palandt/*Sprau* § 675n Rn. 1.
[2] Zur Terminologie und zum Verhältnis zur Autorisierung → Kap. 4 BGB § 675j Rn. 4.
[3] BankR-HdB/*Schmieder* § 49 Rn. 15.
[4] Zum Zugang beim Online-Banking *Herresthal* in → Kap. 3 BGB § 675n Rn. 5.

zulässig.[5] Ob auf „Zugang“ oder „Eingang“ abzustellen ist, ist damit aber noch nicht entschieden.[6] Abweichende Ergebnisse kann das in zweierlei Richtungen zeitigen. Auf einen früheren Zeitpunkt kann es nach der herkömmlichen Definition des „Zugangs“ ankommen, weil im deutschen Recht auf die Möglichkeit der Kenntnisnahme, mithin einem vor „Eingang“ liegenden Zeitpunkt, abgestellt wird und auch die frühere, vor dem „Eingang“ liegende tatsächliche Kenntnisnahme Zugang bewirkt. Später kann der Zeitpunkt liegen, wenn zwar „Eingang“ vorliegt, aber unter normalen Umständen nicht mit Kenntnisnahme zu rechnen war.

4 Die hM in der Literatur greift für die Definition des Zugangs auf § 130 BGB zurück.[7] Eine abweichende Ansicht verlangt die richtlinienkonforme Interpretation des Begriffs.[8] Das überzeugt schon mit Blick auf deren Bindungswirkung, aber auch wegen der hierdurch intendierten einheitlichen und rechtssicheren Abwicklung im europäischen Zahlungsverkehrsraum. Die frühere tatsächliche Kenntnisnahme bewirkt deshalb keinen Zugang, die fehlende Möglichkeit der Kenntnisnahme trotz Eingangs schließt den „Zugang“ nicht aus.

4a War der Zahlungsdienstleister vor dem Zugang des Zahlungsauftrags bereits auf andere Weise in den Überweisungsprozess eingeschaltet, bspw. durch die Prüfung der Kontodeckung oder aufgrund von Auskünften über Überweisungsmodalitäten, ändert das nichts am Zeitpunkt des Zugangs gem. § 675n Abs. 1 S. 1 BGB.[9]

2. Zugang an Nicht-Geschäftstag, § 675n Abs. 1 S. 2 BGB

4b § 675n Abs. 1 S. 2 BGB fingiert den Zugang von Zahlungsaufträgen, die an einem Tag eingehen, der nicht Geschäftstag iSd § 675n Abs. 1 S. 4 BGB ist. Sie gelten als am folgenden Geschäftstag zugegangen, vgl. Nr. 1.4 (2) **AGB-Überweisung.** Der Gesetzgeber wollte hiermit die Richtlinienbestimmung klarstellend wiederholen.[10] Der BGH hat entschieden, dass § 675n Abs. 1 S. 2 BGB den Zugang eines Zahlungsauftrags an einem Tag, der nach den Allgemeinen Geschäftsbedingungen des Zahlungsdienstleisters kein Geschäftstag ist, nicht ausschließt.[11]

3. „Cut-off“-Zeitpunkt

5 § 675n Abs. 1 S. 3 BGB eröffnet für Zahlungsdienstleister Spielraum zur einseitigen[12] Festlegung einer „Schalteröffnungszeit“. Gehen Zahlungsaufträge nach dem dort fixierten Zeitpunkt ein, gelten sie als am darauf folgenden Geschäftstag zugegangen, allerdings nur, soweit es um den Beginn des Laufs der Ausführungsfrist nach § 675s BGB geht.[13] Für den Widerruf einer Überweisung hat der **Cut-off-Zeitpunkt** hingegen keine Bedeutung.[14] Der Wortlaut der Norm stellt auf einen Zeitpunkt nahe am Ende eines Geschäftstages ab, vgl. Nr. 1.4 (3) **AGB-Überweisung.**[15] Damit sollen der geschäftstägliche Abschluss des Rechnungswesens und die Erstellung des Tagesausweises ermöglicht werden und zwar auch im Rahmen des Online-Bankings.[16] Einen **Cut-off-Zeitpunkt** gegen 15.00 Uhr wird

---

[5] *Herresthal* in → Kap. 3 BGB § 675n Rn. 5; *Schürmann* Bankrechtstag 2009, 11 (38).

[6] Offen gelassen von BGH WM 2019, 1017 (1019) Rn. 23.

[7] Staudinger/*Omlor* § 675n Rn. 5; BeckOK BGB/*Schmalenbach* § 675n Rn. 2 f.; Erman/*Graf von Westphalen* § 675n Rn. 2.

[8] Gebauer/Wiedmann/*Schinkels* Kap. 16 Rn. 38; möglicherweise auch Fischer/Klanten/*Koch* Rn. 10.66.

[9] BT-Drs. 16/11643, 107; Prütting/Wegen/Weinreich/*Fehrenbacher* § 675n Rn. 5; BankR-HdB/*Schmieder* § 49 Rn. 15a; Palandt/*Sprau* § 675n Rn. 2.

[10] BT-Drs. 16/11643, 107.

[11] BGH BKR 2019, 349.

[12] MüKoBGB/*Jungmann* § 675n Rn. 41.

[13] MüKoBGB/*Jungmann* § 675n Rn. 47; BankR-HdB/*Schmieder* § 49 Rn. 15a.

[14] MüKoBGB/*Jungmann* § 675n Rn. 47; BankR-HdB/*Schmieder* § 49 Rn. 15a; *Schürmann* Bankrechtstag 2009, 11 (40).

[15] *Bunte* AGB-Banken SB Üb Rn. 54; Prütting/Wegen/Weinreich/*Fehrenbacher* § 675n Rn. 4; Staub/*Grundmann* Bankvertragsrecht 3. Teil Rn. 286; Palandt/*Sprau* § 675n Rn. 5.

[16] BT-Drs. 16/11643, 107; *Schürmann* Bankrechtstag 2009, 11 (40).

man jedenfalls für beleghaft erteilte Überweisungsaufträge deshalb akzeptieren können.[17] Darüber hinaus wollte der Gesetzgeber insbesondere für lange Wochenenden und Feiertage aber auch zum Jahres- oder Monatsultimo die Vereinbarung von **Cut-off-Zeiten** deutlich vor Ende des Geschäftstages nicht ausschließen.[18]

4. Geschäftstag

§ 675n Abs. 1 S. 4 BGB definiert den Begriff des Geschäftstages. Die Norm stellt nicht mehr auf den „Bankgeschäftstag" ab, sondern auf den konkret „beteiligten Zahlungsdienstleister". Das entspricht Art. 4 Nr. 37 PSD II. Die Information des Kunden stellt Art. 248 § 4 Abs. 1 Nr. 2 lit. d EGBGB sicher.[19] Wer in diesem Sinne „beteiligt" ist, muss im Zusammenhang des konkreten Abschnitts eines Zahlungsvorgangs, dh ggf. mit Blick auf die konkret beauftragte Zweigstelle des Zahlungsdienstleisters, entschieden werden.[20] Der für die Ausführung von Zahlungsvorgängen **erforderliche Geschäftsbetrieb** setzt nicht nur die Verfügbarkeit von Empfangsvorrichtungen, sondern auch die Möglichkeit sachlicher Bearbeitung voraus, sofern dies für den konkreten Zahlungsvorgang erforderlich ist.[21] Soweit zur Bearbeitung zwei Stellen, etwa die Entgegennahme des Auftrags und dessen – ausgelagerte – Weiterbearbeitung erforderlich sind, sind die Öffnungszeiten beider Stellen entscheidend.[22] **Keine Geschäftstage** sind deshalb bei Fehlen einer vertraglichen Abrede im Regelfall Samstage, Sonn- und Feiertage, Heiligabend, Silvester und regionale Feiertage.[23] 6

5. SEPA Instant-Überweisung

§ 675n Abs. 1 BGB gilt auch für die SEPA Instant-Überweisung. Im zugrunde liegenden Zahlungsdiensterahmenvertrag wird allerdings vereinbart, dass ein Überweisungsauftrag an 365 Tagen im Jahr und zu jeder Uhrzeit zugehen kann. Ausgeschlossen sind damit eine Beschränkung auf Bankgeschäftstage oder ein cut-off Zeitpunkt.[24] 6a

III. Terminüberweisungen, § 675n Abs. 2 BGB

Bei der Vereinbarung einer Terminüberweisung bestimmen Zahler und Zahlungsdienstleister einen bestimmten Zeitpunkt, an welchem eine Überweisung einmalig (zB bestimmtes Datum, Eingang von Deckung) oder wiederkehrend (zB zum Monatsersten) ausgeführt werden soll. Ist der Auftrag zur Durchführung einer Terminüberweisung als solcher zugegangen, kann es für die Bestimmung der Ausführungsfrist des § 675s BGB nicht auf den Zeitpunkt der Vereinbarung des Termins ankommen, sondern nur auf den Termin selbst. § 675n Abs. 2 S. 1 BGB fingiert deshalb, dass der vereinbarte Termin als Tag des Zugangs gilt. Fällt er nicht auf einen Geschäftstag, bezieht sich die Fiktion auf den darauf folgenden Geschäftstag, § 675n Abs. 2 S. 2 BGB. 7

---

[17] Ellenberger/Findeisen/Nobbe/*Burghardt* § 675n Rn. 9; MüKoBGB/*Jungmann* § 675n Rn. 46; Fischer/Klanten/*Koch* Rn. 10.68.

[18] BT-Drs. 16/11643, 107; *Bunte* AGB-Banken SB Üb Rn. 54; MüKoBGB/*Jungmann* § 675n Rn. 46; *Koch* Umsetzung des zivilrechtlichen Teils der ZDRL, S. 86; Palandt/*Sprau* § 675n Rn. 5.

[19] MüKoBGB/*Jungmann* § 675n Rn. 24.

[20] *Bunte* AGB-Banken SB Üb Rn. 56; MüKoBGB/*Jungmann* § 675n Rn. 27; Staub/*Grundmann* Bankvertragsrecht 3. Teil Rn. 285; BankR-HdB/*Schmieder* § 49 Rn. 15; Palandt/*Sprau* § 675n Rn. 4; Erman/*Graf von Westphalen* § 675n Rn. 6.

[21] MüKoBGB/*Jungmann* § 675n Rn. 30; *Herresthal* in → Kap. 3 BGB § 675n Rn. 12; Ellenberger/Findeisen/Nobbe/*Burghardt* § 675n Rn. 5 f.

[22] MüKoBGB/*Jungmann* § 675n Rn. 31.

[23] Palandt/*Sprau* § 675n Rn. 4; diff. Staub/*Grundmann* Bankvertragsrecht 3. Teil Rn. 285.

[24] *Herresthal* ZIP 2019, 895 (900).

§ 675o Ablehnung von Zahlungsaufträgen

(1) [1]**Lehnt der Zahlungsdienstleister die Ausführung oder Auslösung eines Zahlungsauftrags ab, ist er verpflichtet, den Zahlungsdienstnutzer hierüber unverzüglich, auf jeden Fall aber innerhalb der Fristen gemäß § 675s Absatz 1 zu unterrichten.** [2]**In der Unterrichtung sind, soweit möglich, die Gründe für die Ablehnung sowie die Möglichkeiten anzugeben, wie Fehler, die zur Ablehnung geführt haben, berichtigt werden können.** [3]**Die Angabe von Gründen darf unterbleiben, soweit sie gegen sonstige Rechtsvorschriften verstoßen würde.** [4]**Der Zahlungsdienstleister darf mit dem Zahlungsdienstnutzer im Zahlungsdiensterahmenvertrag ein Entgelt für den Fall vereinbaren, dass er die Ausführung eines Zahlungsauftrags berechtigterweise ablehnt.**

(2) **Der Zahlungsdienstleister des Zahlers ist nicht berechtigt, die Ausführung eines autorisierten Zahlungsauftrags abzulehnen, wenn die im Zahlungsdiensterahmenvertrag festgelegten Ausführungsbedingungen erfüllt sind und die Ausführung nicht gegen sonstige Rechtsvorschriften verstößt.**

(3) **Für die Zwecke der §§ 675s, 675y und 675z gilt ein Zahlungsauftrag, dessen Ausführung berechtigterweise abgelehnt wurde, als nicht zugegangen.**

Übersicht

I. Regelungsgegenstand und Regelungszweck

1 § 675o BGB setzt Art. 79 PSD II um, welcher das Regelungskonzept des Art. 65 PSD I fortsetzt. Die Vorschrift bestimmt Fälle, in denen ein Zahlungsdienstleister berechtigt ist, die Ausführung von Zahlungsaufträgen abzulehnen und konkretisiert die Folgen berechtigter Ablehnung. Ihre Prämisse ist die Bindung des Zahlungsdienstleisters an Überweisungsaufträge **(Ausführungspflicht).**[1]

2 Eine abweichende Regelung zugunsten des Zahlungsdienstnutzers ist stets zulässig; eine Abweichung zulasten des Zahlungsdienstnutzers dagegen grundsätzlich nur im Rahmen der §§ 675e, 675i BGB: (1) bei Zahlungsdiensten in **Fremdwährungen** (§ 675e Abs. 2 Nr. 2 iVm § 675d Abs. 6 S. 1 Nr. 1 lit. a BGB), (2) bei Beteiligung mehrerer Zahlungsdienstleister an dem Zahlungsvorgang, wenn von diesen Zahlungsdienstleistern mindestens einer innerhalb und mindestens einer außerhalb des Europäischen Wirtschaftsraums belegen ist; (3) bei Zahlungsvorgängen, bei denen keiner der beteiligten Zahlungsdienstleister innerhalb des Europäischen Wirtschaftsraums belegen ist (one-leg-Transaktionen bzw. **Drittstaatendienstleister,** § 675e Abs. 2 Nr. 2 iVm § 675d Abs. 6 S. 1 Nr. 1 lit. b und Nr. 2 BGB) und (4) bezüglich der Mitteilungspflicht (Abs. 1) auch bei **Kleinbetrags-**

[1] Prütting/Wegen/Weinreich/*Fehrenbacher* § 675o Rn. 6; *Grundmann* WM 2009, 1109 (1114); BankR-HdB/*Schmieder* § 49 Rn. 3.

instrumenten (§ 675i Abs. 2 Nr. 4 BGB).[2] Eine Abbedingung durch AGB unterliegt der allgemeinen Grenze der §§ 305 ff. BGB.

II. Unterrichtung von der Ablehnung von Zahlungsaufträgen, § 675o Abs. 1 BGB

Die Ablehnung eines Zahlungsauftrags hat der Zahlungsdienstleister dem Überweisenden mitzuteilen. Davon ist die Ablehnung der Ausführung ebenso erfasst wie die Ablehnung der Auslösung eines Zahlungsauftrags, der über einen Zahlungsauslösedienstleister erfolgt.[3] Dies gilt unabhängig davon, ob die Ablehnung berechtigt oder unberechtigt war und entspricht der allgemeinen Regelung in § 663 BGB. 3

1. Zeitpunkt

Die Mitteilung muss grundsätzlich unverzüglich gem. § 121 Abs. 1 S. 1 BGB erfolgen, spätestens aber innerhalb der Fristen des § 675s Abs. 1 BGB, vgl. Nr. 1.7 (1) **AGB-Überweisung.**[4] Der Zahlungsdienstleister hat die Unterrichtungspflicht im Grundsatz mit **Absendung der Mitteilung** erfüllt.[5] Das setzt freilich voraus, dass die Mitteilung überhaupt zugeht. 4

2. Geschuldete Handlung

Unterrichten bedeutet im Regelfall die Mitteilung der Ablehnung an den Überweisenden durch den Zahlungsdienstleister.[6] Die Art und Weise der Mitteilung kann vereinbart werden; auch die bloße Abrufbarkeit der Information ist mit dahingehender Vereinbarung zulässig.[7] In der Unterrichtung sind, soweit möglich, die **Gründe für die Ablehnung** sowie **Hinweise zur Fehlerberichtigung** anzugeben, § 675s Abs. 1 S. 2 BGB. Darin dürfte eine den Zahlungsdienstleister treffende Nebenpflicht liegen, dem Kunden Vorschläge zur Fehlerberichtigung zu machen.[8] Werden Hinweise zur Fehlerberichtigung gemacht, liegt darin eine Ablehnung des fehlerhaften Auftrags, verbunden mit der Aufforderung, einen neuen Auftrag vorzulegen.[9] Würde die Begründung gegen Rechtsvorschriften verstoßen, darf sie unterbleiben, § 675s Abs. 1 S. 3 BGB. Gedacht ist etwa an § 11 Abs. 5 GwG oder auch an § 12 GwG.[10] 5

3. Schuldner

Die Mitteilungspflicht trifft den Zahlungsdienstleister, mithin den Vertragspartner des Überweisenden. Lehnt eine Zwischenbank die Bearbeitung des Zahlungsauftrags ab, ist § 675o Abs. 1 BGB nicht einschlägig.[11] Kommt es infolge der Ablehnung durch eine Zwischenbank zur Nichtausführung, richten sich die Rechtsfolgen nach den §§ 675y, 675z BGB. Lehnt der Zahlungsdienstleister den Überweisungsauftrag nicht ab, ist er zur Durchführung verpflichtet.[12] 6

---

[2] *Herresthal* in → Kap. 2 BGB § 675e Rn. 6 ff.

[3] BT-Drs. 18/11495, 158.

[4] *Bunte* AGB-Banken SB Üb Rn. 67, 71; Prütting/Wegen/Weinreich/*Fehrenbacher* § 675o Rn. 3; HK-BGB/*Schulte-Nölke* § 675o Rn. 3.

[5] BT-Drs. 16/11643, 108; MüKoBGB/*Jungmann* § 675o Rn. 42; *Koch* Umsetzung des zivilrechtlichen Teils der ZDRL, S. 90; Fischer/Klanten/*Koch* Rn. 10.71; Palandt/*Sprau* § 675o Rn. 4.

[6] BT-Drs. 16/11643, 108.

[7] BT-Drs. 16/11643, 108; MüKoBGB/*Jungmann* § 675o Rn. 27; Ellenberger/Findeisen/Nobbe/*Burghardt* § 675o Rn. 4.

[8] *Bunte* AGB-Banken SB Üb Rn. 69.

[9] BankR-HdB/*Schmieder* § 49 Rn. 35 f.

[10] *Bunte* AGB-Banken SB Üb Rn. 70; Dauner-Lieb/Langen/*Beesch* § 675o Rn. 3; BeckOK BGB/*Schmalenbach* § 675o Rn. 5; Erman/*Graf von Westphalen* § 675o Rn. 8.

[11] **AA** offenbar Palandt/*Sprau* § 675o Rn. 4.

[12] Palandt/*Sprau* § 675o Rn. 3.

4. Entgelt

7 Für die berechtigte Ablehnung der Ausführung eines Zahlungsauftrags darf abweichend von § 675f Abs. 5 S. 2 BGB im Zahlungsdiensterahmenvertrag ein Entgelt vereinbart werden, § 675s Abs. 1 S. 4 BGB, vgl. 1.7 (3) **AGB-Überweisung.** Für Zahlungsauslösedienstleister hat das keine Relevanz, weil dieser Dienstleistung ein Einzelzahlungsvertrag zugrunde liegt.[13] Eine Abweichung vom Rechtszustand vor Umsetzung der PSD II liegt darin, dass nicht mehr die Unterrichtung kostenpflichtig gemacht werden darf, sondern es heute auf die Ablehnung ankommt.[14] Das vereinbarte Entgelt muss weiterhin mit Blick auf die tatsächlich anfallenden Kosten angemessen sein, § 675f Abs. 5 S. 2, Hs. 2 BGB.[15] Soweit die Rechtsprechung dahingehende Klauseln unter altem Recht für unwirksam gehalten hat, ist sie überholt.[16]

5. Rechtsfolge verspäteter Benachrichtigung

8 Die verspätete Benachrichtigung kann den Zahlungsdienstleister nach § 280 Abs. 1 BGB zum Schadensersatz verpflichten.[17] Ein Mitverschulden des Überweisenden, der nicht für Deckung gesorgt hat, ist im Einzelfall anspruchsmindernd, nicht aber von vornherein anspruchsausschließend zu berücksichtigen.[18]

III. Unberechtigte Ablehnung von Zahlungsaufträgen, § 675o Abs. 2 BGB

1. Annahmepflicht

9 Abweichend von § 665 BGB darf der Zahlungsdienstleister den Überweisungsauftrag im Grundsatz nicht ablehnen, wenn die im Zahlungsdiensterahmenvertrag festgelegten Ausführungsbedingungen erfüllt sind. Das sind typischerweise die Angabe der zur Ausführung erforderlichen Informationen unter Nutzung der hierzu vereinbarten Kommunikationsmittel, die Autorisierung des Zahlungsvorgangs sowie ausreichende Deckung, vgl. Nr. 1.6 (1) **AGB-Überweisung.**[19] Berechtigt ist eine Ablehnung etwa, wenn zur Ausführung notwendige Angaben fehlen, die Autorisierung nicht erfolgt ist oder die erforderliche Deckung auf dem Konto fehlt.[20] Ist die vom Überweisenden angegebene Kundenkennung für den Zahlungsdienstleister erkennbar keinem Zahlungsempfänger zuzuordnen, gilt § 675r Abs. 3 BGB.[21]

2. Ausnahmsweise Ablehnung

10 Eine Ablehnung ist ausnahmsweise geboten, wenn sonstige Rechtsvorschriften den Zahlungsvorgang untersagen, etwa § 11 Abs. 1 GwG oder Bestimmungen auf der Grundlage des § 11 AWG sowie im Falle von Verstößen gegen die Außenwirtschaftsverordnung (AWV), das KWG oder die Geldtransferverordnung (EU) 2015/547.[22] Schließen andere Normen oder Umstände (zB Unmöglichkeit) die Durchführung des Zahlungsvorgangs aus,

[13] BT-Drs. 18/11495, 157.
[14] BT-Drs. 18/11495, 158.
[15] BT-Drs. 18/11495, 158.
[16] *Herresthal* in → Kap. 3 BGB § 675o Rn. 14a; Ellenberger/Findeisen/Nobbe/*Burghardt* § 675o Rn. 12; BankR-HdB/*Schmieder* § 49 Rn. 122; anders noch BGHZ 146, 377 (382).
[17] Ellenberger/Findeisen/Nobbe/*Burghardt* § 675o Rn. 6; MüKoBGB/*Jungmann* § 675o Rn. 44.
[18] Kümpel/*Werner* Rn. 4.210.
[19] *Bunte* AGB-Banken SB Üb Rn. 61 ff.
[20] *Bunte* AGB-Banken SB Üb Rn. 67.
[21] → Kap. 4 BGB § 675r Rn. 12.
[22] BT-Drs. 16/11643, 108; MüKoBGB/*Jungmann* § 675o Rn. 23.

steht § 675o Abs. 2 BGB einer Ablehnung ebenfalls nicht entgegen.[23] **Warnpflichten,** etwa bei Insolvenznähe des Instituts des Überweisungsempfängers, kennt das Gesetz hingegen nicht.[24]

3. Ausführung trotz Ablehnungsgrund

Der Zahlungsdienstleister ist trotz Vorliegens eines Ablehnungsgrundes zur Ablehnung nicht verpflichtet. Er darf fehlende Informationen selbst beschaffen sowie eine Kontoüberziehung zur Ausführung der Überweisung dulden.[25] **11**

IV. Berechtigte Ablehnung, § 675o Abs. 3 BGB

Lehnt der Zahlungsdienstleister die Ausführung berechtigt ab, behandelt das Gesetz den Überweisungsauftrag als nicht zugegangen. Die Haftungsfolgen der §§ 675y, 675z BGB treten folglich nicht ein.[26] Eine darüber hinausgehende Anordnung für die von vornherein unwirksame Weisung dürfte sich dem Gesetz nicht entnehmen lassen.[27] **12**

§ 675p Unwiderruflichkeit eines Zahlungsauftrags

(1) **Der Zahlungsdienstnutzer kann einen Zahlungsauftrag vorbehaltlich der Absätze 2 bis 4 nach dessen Zugang beim Zahlungsdienstleister des Zahlers nicht mehr widerrufen.**

(2) **1 Wurde der Zahlungsvorgang über einen Zahlungsauslösedienstleister, vom Zahlungsempfänger oder über diesen ausgelöst, so kann der Zahler den Zahlungsauftrag nicht mehr widerrufen, nachdem er dem Zahlungsauslösedienstleister die Zustimmung zur Auslösung des Zahlungsvorgangs oder dem Zahlungsempfänger die Zustimmung zur Ausführung des Zahlungsvorgangs erteilt hat. 2 Im Fall einer Lastschrift kann der Zahler den Zahlungsauftrag jedoch unbeschadet seiner Rechte gemäß § 675x bis zum Ende des Geschäftstags vor dem vereinbarten Fälligkeitstag widerrufen.**

(3) **Ist zwischen dem Zahlungsdienstnutzer und seinem Zahlungsdienstleister ein bestimmter Termin für die Ausführung eines Zahlungsauftrags (§ 675n Absatz 2) vereinbart worden, kann der Zahlungsdienstnutzer den Zahlungsauftrag bis zum Ende des Geschäftstags vor dem vereinbarten Tag widerrufen.**

(4) **1 Nach den in den Absätzen 1 bis 3 genannten Zeitpunkten kann der Zahlungsauftrag nur widerrufen werden, wenn der Zahlungsdienstnutzer und der jeweilige Zahlungsdienstleister dies vereinbart haben. 2 In den Fällen des Absatzes 2 ist zudem die Zustimmung des Zahlungsempfängers zum Widerruf erforderlich. 3 Der Zahlungsdienstleister darf mit dem Zahlungsdienstnutzer im Zahlungsdiensterahmenvertrag für die Bearbeitung eines solchen Widerrufs ein Entgelt vereinbaren.**

(5) **Der Teilnehmer an Zahlungsverkehrssystemen kann einen Auftrag zugunsten eines anderen Teilnehmers von dem in den Regeln des Systems bestimmten Zeitpunkt an nicht mehr widerrufen.**

---

23 Palandt/*Sprau* § 675o Rn. 2.

24 → Kap. 4 BGB § 675y Rn. 7.

25 BGH NJW 2007, 1357; *Bunte* AGB-Banken SB Üb Rn. 68; MüKoBGB/*Jungmann* § 675o Rn. 14; Prütting/Wegen/Weinreich/*Fehrenbacher* § 675o Rn. 2; BankR-HdB/*Schmieder* § 49 Rn. 85; Palandt/*Sprau* § 675o Rn. 3.

26 Prütting/Wegen/Weinreich/*Fehrenbacher* § 675o Rn. 7; Palandt/*Sprau* § 675o Rn. 5.

27 MüKoBGB/*Jungmann* § 675o Rn. 46.

Übersicht

I. Regelungsgegenstand und Regelungszweck

1 § 675p Abs. 1–4 BGB setzt Art. 80 PSD II um; § 675p Abs. 5 BGB den Art. 5 der Finalitätsrichtlinie.[1] Die Norm ordnet den **Grundsatz der Unwiderruflichkeit** des Überweisungsauftrags an. Durch das knapp bemessene Zeitfenster soll die Automatisierung beim Zahlungsdienstleister erleichtert, den engen Ausführungsfristen Rechnung getragen[2] und die Beschleunigung des Zahlungsverkehrs vorangetrieben werden.[3] Der Grundsatz steht unter dem Vorbehalt abweichender Vereinbarung, im Falle des § 675p Abs. 4 S. 2 BGB ist hierfür außerdem die Zustimmung des Zahlungsempfängers erforderlich.

2 Eine abweichende Regelung zugunsten des Zahlungsdienstnutzers ist stets zulässig; eine Abweichung zulasten des Zahlungsdienstnutzers dagegen grundsätzlich nur im Rahmen der §§ 675e, 675i BGB: (1) bei Zahlungsdiensten in **Fremdwährungen** (§ 675e Abs. 2 Nr. 2 iVm § 675d Abs. 6 S. 1 Nr. 1 lit. a BGB), (2) bei Beteiligung mehrerer Zahlungsdienstleister an dem Zahlungsvorgang, wenn von diesen Zahlungsdienstleistern mindestens einer innerhalb und mindestens einer außerhalb des Europäischen Wirtschaftsraums belegen ist; (3) bei Zahlungsvorgängen, bei denen keiner der beteiligten Zahlungsdienstleister innerhalb des Europäischen Wirtschaftsraums belegen ist (one-leg-Transaktionen bzw. **Drittstaatendienstleister,** § 675e Abs. 2 Nr. 2 iVm § 675d Abs. 6 S. 1 Nr. 1 lit. a und Nr. 2 BGB) sowie (4) bei **Kleinbetragsinstrumenten** (§ 675i Abs. 2 Nr. 5 BGB).[4] Eine Abbedingung durch AGB unterliegt zudem der allgemeinen Grenze der §§ 305 ff. BGB.

II. Grundsatz der Unwiderruflichkeit, § 675p Abs. 1 BGB

1. Unwiderruflichkeit ab Zugang beim Zahlungsdienstleister

3 Die Erteilung eines Überweisungsauftrags ist bereits dann unwiderruflich, wenn dieser nach § 675n Abs. 1 BGB beim Zahlungsdienstleister zugegangen ist.[5] Die Anordnung weicht von der Regelung im Auftragsrecht ab; dort sind Weisungen bis zur Ausführung widerruflich.[6] Sie stellt auch keine Regelung der Unmöglichkeit dar, denn die Unwider-

---

[1] RL 98/26/EG (Abl. EG 1998 L 166/45), geändert durch RL 2009/44/EG (ABl. EG 2009 L 146/37).
[2] BT-Drs. 16/11643, 109; MüKoBGB/*Jungmann* § 675p Rn. 6; *Rösler/Werner* BKR 2009, 1 (8).
[3] Vgl. OLG Köln BKR 2016, 349 (350).
[4] *Herresthal* in → Kap. 2 BGB § 675e Rn. 6 ff.
[5] Prütting/Wegen/Weinreich/*Fehrenbacher* § 675p Rn. 2; Fischer/Klanten/*Koch* Rn. 10.72; BankR-HdB/*Schmieder* § 49 Rn. 23; den Grundsatz der Widerruflichkeit vor diesem Zeitpunkt betonend MüKoBGB/*Jungmann* § 675p Rn. 14.
[6] Palandt/*Sprau* § 665 Rn. 4.

ruflichkeit gilt auch in Fällen, in denen ein manueller Eingriff den Gang der Überweisung noch unterbrechen könnte.[7] Aus demselben Grund kann nach Zugang des Überweisungsauftrags beim Zahlungsdienstleister keine Unterbrechung des Zahlungsvorgangs, etwa über eine Zwischenbank, erreicht werden **(kein Direktwiderruf).**[8] Umstritten ist, ob die Unwiderruflichkeit des autorisierten Zahlungsvorgangs die Anfechtung eines irrtümlich erteilten Zahlungsauftrages ausschließt.[9] Nach überwiegender Ansicht in der Literatur ist eine Anfechtung nach § 119 BGB in Bezug auf die Autorisierung von Zahlungsvorgängen ausgeschlossen.[10] Hierfür spricht, dass Art. 66 Abs. 1 PSD I einen Eingriff in den bereits ausgelösten Zahlungsvorgang verhindern will, was nicht davon abhängig ist, wie die Erklärung nach nationalem Recht einzuordnen ist.[11] Die auf europarechtlichen Vorgaben basierende Regelung des § 675p BGB regelt die Unwiderruflichkeit abschließend, was durch die Zulässigkeit der Anfechtung konterkariert werden wird.[12] Nach anderer Ansicht steht das zahlungsrechtliche Vollharmonisierungsgebot aus Art. 86 Abs. 1 PSD einer Anfechtbarkeit nicht entgegen, denn der BGH lege die Reichweite der Vollharmonisierung traditionell eng aus und die allgemeinen Regeln der Wirksamkeit von Willenserklärungen seien nicht zahlungsverkehrsspezifisch und an keiner Stelle Gegenstand der PSD I.[13]

Entscheidend ist im Regelfall der **tatsächliche Zugangszeitpunkt,** § 675n Abs. 1 S. 1 BGB.[14] Bei der **SEPA Instant-Überweisung** wird wegen des innerhalb von zehn Sekunden durchzuführenden Zahlungsvorgangs ein Widerruf kaum in Betracht kommen (zum SEPA Instant Recall aber → Rn. 11b).[15] 4

2. Art und Weise des Widerrufs

Der Widerruf ist eine Willenserklärung, so dass die allgemeinen Regeln gelten, insbesondere § 130 BGB. Adressat des Widerrufs ist der Zahlungsdienstleister als Vertragspartner des Überweisenden, vgl. Nr. 1.5 (1) **AGB-Überweisung.**[16] Die Art und Weise des Widerrufs kann in AGB vereinbart werden. 5–6

III. Frühere Unwiderruflichkeit bei Einschaltung eines Zahlungsauslösedienstleisters, § 675p Abs. 2 BGB

Der im Zuge der Umsetzung der PSD II neu gefasste § 675p Abs. 2 S. 1 BGB verlagert den Zeitpunkt der Unwiderruflichkeit der Zahlung nach vorn, wenn ein Zahlungsauslösedienstleister eingeschaltet wird. Das hängt mit dem Geschäftsmodell von Zahlungsauslösedienstleistern zusammen, dem Zahlungsempfänger möglichst rasch Gewissheit über die Zahlung zu verschaffen.[17] Ein Widerruf ist aus diesem Grund nicht erst mit Zugang beim Zahlungsdienstleister, sondern schon dann ausgeschlossen, wenn der Zahler seine Zustimmung gegenüber einem Zahlungsauslösedienstleister oder gegenüber dem Zahlungsempfänger erteilt hat. Die Zustimmung ist erteilt, wenn sie gegen- 7

[7] BT-Drs. 16/11643, 109.

[8] Staub/*Grundmann* Bankvertragsrecht 3. Teil Rn. 306; BankR-HdB/*Schmieder* § 49 Rn. 23a; Palandt/*Sprau* § 675p Rn. 2; HK-BGB/*Schulte-Nölke* § 675p Rn. 1; *Werner* BKR 2010, 353 (357 f.); zu einer einvernehmlichen Einigung aber BGH WM 2015, 1631 (1632).

[9] Dafür AG Bonn, MMR 2015, 477; dagegen OLG Köln WM 2016, 1781.

[10] AG Bonn MMR 2015, 477 (478); vgl. auch Palandt/*Sprau* § 675j Rn. 3 mwN; MüKoBGB/*Jungmann* § 675p Rn. 11.

[11] MüKoBGB/*Jungmann* § 675p Rn. 11.

[12] AG Bonn MMR 2015, 477 (478).

[13] *Zahrte* BKR 2016, 315 (317).

[14] Palandt/*Sprau* § 675p Rn. 2; **aA** bei tatsächlicher Kenntnisnahme außerhalb des Geschäftstages MüKoBGB/*Jungmann* § 675p Rn. 12.

[15] *Herresthal* ZIP 2019, 895 (901).

[16] MüKoBGB/*Jungmann* § 675p Rn. 13; Palandt/*Sprau* § 675p Rn. 2; HK-BGB/*Schulte-Nölke* § 675p Rn. 1; *Werner* BKR 2010, 353 (357).

[17] BT-Drs. 18/11495, 159.

über dem Zahlungsauslösedienst durch Zugang gem. § 130 Abs. 1 BGB wirksam geworden ist.[18]

8–9 Die Norm betrifft zunächst **„Pull-Zahlungen"**, insbesondere die Lastschrift aber auch die meisten Kartenzahlungen. [19] Es ist freilich technisch ohne Weiteres möglich, auch die Auslösung eines Überweisungsauftrags, mithin eine **„Push-Zahlung"**, über einen Zahlungsauslösedienstleister vorzunehmen. Erwägungsgrund 27 der PSD II spricht das ausdrücklich an und die Überweisungsbedingungen einiger Banken sehen es bereits vor. Die, sprachlich nicht zweifelsfreie, Aufzählung in § 675p Abs. 2 S. 1 BGB ist deshalb als drei Alternativen umfassend zu verstehen: Der Zahlungsvorgang kann (i) über einen Zahlungsauslösedienstleister *oder* (ii) vom *oder* (iii) über den Zahlungsempfänger ausgelöst worden sein, so ist auch die Vorgabe in Art. 80 Abs. 2 PSD II formuliert. § 675p Abs. 2 S. 1 BGB ist deshalb nicht analog, sondern unmittelbar auch auf die Push-Zahlung anwendbar. [20]

IV. Modifizierte Unwiderruflichkeit bei Terminüberweisung, § 675p Abs. 3 BGB

10 Ist eine Terminüberweisung nach § 675n Abs. 3 BGB vereinbart, kann der Überweisende den Zahlungsauftrag bis zum Ende des Geschäftstages vor dem vereinbarten Termin widerrufen, vgl. Nr. 1.5 (2) **AGB-Überweisung.**[21] Ein Widerruf bezieht sich im Regelfall nicht nur auf eine einzelne Ausführung, sondern auf den gesamten Dauerauftrag, vgl. Nr. 1.5 (2) **AGB-Überweisung.** Er führt deshalb dazu, dass auf der Grundlage dieses Auftrags überhaupt keine Überweisungen mehr ausgeführt werden dürfen. Wird ausdrücklich nur die Ausführung des Dauerauftrags an einem bestimmten Datum widerrufen, ist dies zu beachten.

V. Abweichende Vereinbarung, § 675p Abs. 4 BGB

1. Erweiterung von Widerrufsrechten durch Vereinbarung

11 Ein Überweisungsauftrag ist ausnahmsweise widerruflich, wenn der Überweisende und der jeweilige Zahlungsdienstleister dies vereinbart haben.[22] Die Klarstellung, dass es sich um den „jeweiligen" Zahlungsdienstleister handelt, mithin andere Zwischenbanken hierdurch nicht gebunden werden können, ist im Rahmen der Umsetzung der PSD II erfolgt.[23] Auch die einvernehmliche Aufhebung eines Zahlungsvorgangs zwischen dem Überweisenden und seiner Bank hat der BGH in einer vor Umsetzung der PSD II ergangenen Entscheidung zugelassen.[24] Abweichendes muss aber künftig gem. § 675p Abs. 4 S. 2 BGB gelten, falls ein Zahlungsauslösedienst eingeschaltet wurde (→ Rn. 7 ff.).

11a Eine Vereinbarung zwischen Zahler und Zahlungsdienstleister wirft allerdings **Folgeprobleme** auf. Die Zustimmung des Zahlungsempfängers gem. § 675p Abs. 2 S. 2, Abs. 4 S. 2 BGB ist bei der Überweisung ohne Einschaltung eines Zahlungsauslösedienstleisters zwar entbehrlich. Der Zahlungsempfänger hat aber einen zwingenden Anspruch aus § 675t Abs. 1 BGB gegen seinen eigenen Zahlungsdienstleister, den überwiesenen Betrag verfügbar zu machen, sobald er auf dem Konto des Zahlungsdienstleisters eingegangen ist. Die wirksame Vereinbarung weitergehender Widerrufsrechte zwischen dem Zahler und dessen

[18] BT-Drs. 18/11495, 159.
[19] Palandt/*Sprau* § 675f Rn. 15.
[20] Unter alter Rechtslage wurde die analoge Anwendung diskutiert, hierzu: Ellenberger/Findeisen/Nobbe/*Burghardt* § 675p Rn. 12; MüKoBGB/*Jungmann* § 675p Rn. 25; BeckOK BGB/*Schmalenbach* § 675p Rn. 6.
[21] Fischer/Klanten/*Koch* Rn. 10.73.
[22] *Grundmann* WM 2009, 1109 (1115); *Werner* BKR 2010, 353 (357 f.).
[23] BT-Drs. 18/11495, 159.
[24] BGH NJW 2015, 3093.

Zahlungsdienstleister setzt deshalb voraus, dass hiermit entsprechende Einschränkungen des Anspruchs des Zahlungsempfängers auf Wertstellung und Gutschrift korrespondieren.[25]

Das der **SEPA Instant-Überweisung** zugrunde liegende Rulebook[26] sieht in Nr. 4.3.2.2 eine eigenständige Rückrufmöglichkeit im Interbankenverhältnis vor **(Instant Recall).** Das Recht zur Initiierung eines solchen Recall hat ausschließlich die Bank des Überweisenden.[27] Das Rückrufrecht setzt das Vorliegen eines von drei abschließend im Rulebook aufgezählten Rückrufgründen voraus, nämlich (1) Doppelüberweisung, (2) technische Probleme, die zu einer oder mehreren irrtümlichen Zahlungsaufträgen geführt haben, oder (3) ein betrügerischer Überweisungsauftrag. In sämtlichen Fallkonstellationen fehlt es an einer wirksamen Autorisierung.[28] In diesem Fall muss der Zahlungsdienstleister des Überweisenden einen Recall innerhalb von zehn Bankgeschäftstagen nach der Durchführung der betreffenden Transaktion vornehmen. Die Empfängerbank darf ein Entgelt verlangen. Sie ist verpflichtet, innerhalb von 15 Bankgeschäftstagen nach Empfang des Recall zu antworten. Daneben sieht das Rulebook in Nr. 4.3.2.3 eine Nachfragebitte vor **(Request for Recall).** Eine solche kann die Überweiserbank initiieren, wenn der Überweisende eine Rückabwicklung des Zahlungsvorgangs aus anderen Gründen wünscht. In diesem Fall hängt die Durchführung der Rückabwicklung von der Zustimmung des Überweisungsempfängers ab. **11b**

Die Durchsetzung eines erweiterten Widerrufsrechts kommt außerdem dann in Betracht, wenn der Anspruch des Überweisungsempfängers aus § 675t BGB noch gar nicht entstanden, mithin der Zahlungsbetrag auf dem Konto seines Zahlungsdienstleisters noch nicht eingegangen ist. In solchen Fällen gestattet Nr. 9 des Überweisungsabkommens einen **Direktwiderruf** des Zahlungsdienstleisters des Überweisenden bei der Bank des Überweisungsempfängers.[29] Eine unzuträgliche Asymmetrie entsteht freilich, wenn in Interbankenabkommen ein Rückruf nur ermöglicht wird, ohne diesen verpflichtend auszugestalten.[30] Hat sich nämlich der Zahlungsdienstleister des Überweisenden entschlossen, diesem ein über § 675p BGB hinausgehendes Widerrufsrecht einzuräumen, liegt es letztlich in der Hand von Zwischenbanken, ob sie dem Direktwiderruf des Zahlungsdienstleisters Folge leisten wollen. **11c**

2. Zustimmung des Zahlungsempfängers, § 675p Abs. 4 S. 2 BGB

Wurde die Überweisung gem. § 675p Abs. 2 S. 1 BGB über einen Zahlungsauslösedienstleister ausgelöst, hat der Zahlungsempfänger nach § 675p Abs. 4 S. 2 BGB dem Widerruf zuzustimmen. Vor Umsetzung der PSD II bezog sich diese Bestimmung nur auf diejenigen Zahlungen, welche von oder über den Zahlungsempfänger ausgelöst wurden. Im Zuge der neu hinzugekommenen Berücksichtigung der Zahlungsauslösedienste in § 675p Abs. 2 S. 1 BGB wurde die Vorschrift unverändert beibehalten. Daraus ist zu schließen, dass auch im Falle der über einen Zahlungsauslösedienstleister gestarteten Überweisung die Vereinbarung eines späteren Widerrufszeitpunkts unter dem Vorbehalt der Zustimmung des Zahlungsempfängers steht. **11d**

---

[25] *Werner* BKR 2010, 353 (357).

[26] SEPA Instant Credit IT Transfer (SCT INST) Scheme Rulebook, abrufbar unter https://www.europeanpaymentscouncil.eu/sites/default/files/kb/file/2018-11/EPC004-16%202019%20SCT%20Instant%20Rulebook%20v1.0.pdf (zuletzt abgerufen am 15.7.2020).

[27] So dürfte auch *Herresthal* ZIP 2019, 895 (904) zu verstehen sein.

[28] *Herresthal* ZIP 2019, 895 (905).

[29] *Werner* BKR 2010, 353 (358); das Überweisungsabkommen gilt gem. Nr. 1 Abs. 1 nur für Überweisungen, die gemäß Clearingabkommen im DTA-Format abgewickelt werden, nach Nr. 1 Abs. 2 hingegen nicht für Zahlungen, die gemäß SEPA Rulebook abgewickelt werden.

[30] Vgl. Nr. 9 Überweisungsabkommen 2011; hierzu *Werner* BKR 2010, 353 (357) (für Verpflichtung zur Beachtung eines Rückrufs); zu einer vergleichbaren Asymmetrie im Recht der Kreditkartenzahlung *Langenbucher* S. 272 ff.

3. Entgelt

12 Für die Bearbeitung eines Widerrufs darf abweichend von § 675f Abs. 5 S. 2 BGB (nur in diesen Fällen[31]) im Zahlungsdiensterahmenvertrag ein Entgelt vereinbart werden. Hiervon macht Nr. 1.5 (3) **AGB-Überweisung** Gebrauch. Undeutlich ist, ob das Entgelt – wie von § 675p Abs. 4 S. 3 BGB vorgesehen – bereits für die Bearbeitung des Widerrufs oder nur für den erfolgreichen Widerruf erhoben werden soll. Bei kundenfreundlicher Auslegung ist von der zuletzt genannten Alternative auszugehen.[32]

VI. Zahlungsverkehrssysteme, § 675p Abs. 5 BGB

13 § 675p Abs. 5 BGB regelt einen Aspekt des **Binnenverhältnisses von Zahlungsverkehrssystemen.**[33] Hierfür bestimmt der Gesetzgeber, dass für die Wirksamkeit eines Widerrufs innerhalb des Systems die internen Vereinbarungen an die Stelle des Zugangs eines Zahlungsauftrags treten.

1. Zahlungsverkehrssysteme

14 Ein Zahlungsverkehrssystem ist nach § 1 Abs. 16 KWG eine schriftliche Vereinbarung zwischen den Teilnehmern eines auf Verarbeitung, Clearing und Settlement ausgerichteten Systems, welches von der Deutschen Bundesbank oder der zuständigen Stelle eines anderen Mitgliedstaats oder Vertragsstaats des Europäischen Wirtschaftsraums der Kommission der Europäischen Gemeinschaften gemeldet wurde.[34] Systeme aus Drittstaaten stehen den in § 1 Abs. 16 S. 1 KWG genannten Systemen gleich, sofern sie im Wesentlichen den in Art. 2 lit. a der Richtlinie 98/26/EG angeführten Voraussetzungen entsprechen. Zahlungsverkehrssysteme lassen sich grob vereinfachend in Brutto- und Nettoverfahren aufteilen.[35] **Bruttoverfahren** zeichnen sich dadurch aus, dass die Abwicklung von Zahlungsvorgängen zwischen den Teilnehmern je einzeln und ihrer ganzen Höhe nach erfolgt. Ein solches Bruttozahlungssystem ist bspw. TARGET2, das Echtzeit-Brutto-Clearingsystem des Eurosystems.[36] Die Teilnehmer dieses Systems können grenzüberschreitende Zahlungen auf einer einheitlichen Abrechnungsplattform verrechnen, die von der Deutschen Bundesbank, der Banca d'Italia und der Banque de France betrieben wird. Die Abwicklung erfolgt in Zentralbankgeld und erleichtert dadurch die Integration des Euro-Geldmarktes. Im Rahmen von **Nettoverfahren** werden Zahlungen nicht je einzeln gebucht; vielmehr gelangen gegenläufige Zahlungen zur Verrechnung. Im Laufe eines Tages kommt es mithin zur Verrechnung zahlreicher Zahlungsaufträge. Gerade in Nettoverfahren beschränken sich die Wirkungen eines erfolgreichen Widerrufs nicht auf das Verhältnis eines Überweisenden zu einem Zahlungsdienstleister, sondern erfassen nicht selten alle Systemteilnehmer.

2. Endgültigkeit der Abrechnung innerhalb eines Zahlungsverkehrssystems

15 Mit Blick auf die enormen Volumina, die täglich in Zahlungsverkehrssystemen zur Abrechnung gelangen, ist die privat- und insolvenzrechtliche Bestandskraft der Abreden

[31] Die Vereinbarung eines Entgelts in anderen Widerrufsfällen ist unwirksam, vgl. BGH WM 2017, 2013.

[32] *Schürmann* Bankrechtstag 2009, 11 (39 f.).; MüKoBGB/*Jungmann* § 675p Rn. 50; Staudinger/*Omlor* § 675p Rn. 14; **aA** (auch für Bearbeitung) BeckOK BGB/*Schmalenbach* § 675p Rn. 11; Erman/*Graf von Westphalen* § 675p Rn. 16.

[33] MüKoBGB/*Jungmann* § 675p Rn. 60.

[34] BankR-HdB/*Schmieder* § 46 Rn. 16 ff.

[35] Überblick bei BankR-HdB/*Schmieder* § 46 Rn. 9 ff.; *Langenbucher* S. 340 ff.

[36] Zum Folgenden Schimansky/Bunte/Lwowski/*Papathanassiou* BankR-HdB § 134 Rn. 109 ff.; s. a. *Einsele* § 6 Rn. 121.

innerhalb dieser Systeme sowie ggf. die Verwertbarkeit von Sicherheiten zentrales Anliegen der Finalitäts- und der Finanzsicherheitenrichtlinie.[37] Art. 3 Abs. 1 der Finalitätsrichtlinie[38] gibt deshalb die rechtliche Verbindlichkeit von Zahlungsaufträgen innerhalb eines Systems iSd Art. 2 lit. a Finalitätsrichtlinie vor; Art. 5 Abs. 1 der Finalitätsrichtlinie schließt den Widerruf nach dem innerhalb des Systems fixierten Zeitpunkt aus. Bei interoperablen Systemen iSd Art. 2 lit. o Finalitätsrichtlinie,[39] d. h. vertraglich vernetzten Systemen unterschiedlicher Systembetreiber, legt zwar jeder Systembetreiber den Zeitpunkt der Unwiderruflichkeit selbst fest. Es ist aber darauf zu achten, dass die Regeln aller beteiligten Systeme aufeinander abgestimmt sind, Art. 3 Abs. 3 Finalitätsrichtlinie.[40]

§ 675q Entgelte bei Zahlungsvorgängen

(1) **Der Zahlungsdienstleister des Zahlers sowie sämtliche an dem Zahlungsvorgang beteiligte zwischengeschaltete Stellen sind verpflichtet, den Betrag, der Gegenstand des Zahlungsvorgangs ist (Zahlungsbetrag), ungekürzt an den Zahlungsdienstleister des Zahlungsempfängers zu übermitteln.**

(2) **1 Der Zahlungsdienstleister des Zahlungsempfängers darf ihm zustehende Entgelte vor Erteilung der Gutschrift nur dann von dem übermittelten Betrag abziehen, wenn dies mit dem Zahlungsempfänger vereinbart wurde. 2 In diesem Fall sind der vollständige Betrag des Zahlungsvorgangs und die Entgelte in den Informationen gemäß Artikel 248 §§ 8 und 15 des Einführungsgesetzes zum Bürgerlichen Gesetzbuche für den Zahlungsempfänger getrennt auszuweisen.**

(3) **Zahlungsempfänger und Zahler tragen jeweils die von ihrem Zahlungsdienstleister erhobenen Entgelte, wenn sowohl der Zahlungsdienstleister des Zahlers als auch der Zahlungsdienstleister des Zahlungsempfängers innerhalb des Europäischen Wirtschaftsraums belegen ist.**

(4) **Wenn einer der Fälle des § 675d Absatz 6 Satz 1 Nummer 1 vorliegt,**

1. ist § 675q Absatz 1 auf die innerhalb des Europäischen Wirtschaftsraums getätigten Bestandteile des Zahlungsvorgangs nicht anzuwenden und

2. kann von § 675q Absatz 2 für die innerhalb des Europäischen Wirtschaftsraums getätigten Bestandteile des Zahlungsvorgangs abgewichen werden.

Übersicht

[37] RL 98/26/EG (ABl. EG 1998 L 166/45), geändert durch RL 2009/44/EG (ABl. EG 2009 L 146/37); RL 2002/47/EG (ABl. EG 2002 L 168/43), geändert durch RL 2009/44/EG (ABl. EG 2009 L 146/37).

[38] In der Fassung der RL 98/26/EG (ABl. EG 1998 L 166/45), geändert durch RL 2009/44/EG (ABl. EG 2009 L 146/37).

[39] RL 98/26/EG (ABl. EG 1998 L 166/45), geändert durch RL 2009/44/EG (ABl. EG 2009 L 146/37).

[40] In der Fassung der 2009/44/EG (ABl. EG 2009 L 146/37).

I. Regelungsgegenstand und Regelungszweck

1 § 675q Abs. 1, 2 BGB setzt Art. 81 PSD II um; § 675q Abs. 3 BGB den Art. 62 Abs. 2 lit. f PSD II. Die Vorschrift ordnet ein zwingendes Abzugsverbot bei der Weiterleitung von Zahlungsvorgängen an; für den Empfang von Zahlungen gilt Abweichendes. Zugleich wird festgesetzt, dass Überweisender und Überweisungsempfänger die jeweils von ihrem Zahlungsdienstleister erhobenen Entgelte zu tragen haben. Die Norm soll Transparenz mit Blick auf die vollständige Erfüllung von Forderungen im Valutaverhältnis herstellen.[1]

2 Eine abweichende Regelung zugunsten des Zahlungsdienstnutzers ist stets zulässig; zulasten des Zahlungsdienstnutzers dagegen grundsätzlich nur im Rahmen des § 675e BGB: (1) bei Zahlungsdiensten in **Fremdwährungen** (§ 675e Abs. 2 Nr. 2 iVm § 675d Abs. 6 S. 1 Nr. 1 lit. a BGB) oder (2) bei Beteiligung eines Drittstaatendienstleisters greift § 675q Abs. 4 BGB, wonach § 675q Abs. 1 BGB auf die innerhalb des Europäischen Wirtschaftsraums getätigten Bestandteile des Zahlungsvorgangs nicht anzuwenden ist (§ 675q Abs. 4 Nr. 1 BGB) und von § 675q Abs. 2 BGB für die innerhalb des Europäischen Wirtschaftsraums getätigten Bestandteile des Zahlungsvorgangs abgewichen werden kann (§ 675q Abs. 4 Nr. 1 BGB)[2].[3] Eine Abbedingung durch AGB unterliegt zudem der allgemeinen Grenze der §§ 305 ff. BGB.

II. Ungekürzte Weiterleitung, § 675q Abs. 1 BGB

1. Kürzung

3 Ein wirksam angewiesener Zahlungsbetrag, welchen der Zahlungsdienstleister nicht gem. § 675o BGB abgelehnt hat, ist ungekürzt an den Zahlungsdienstleister des Überweisungsempfängers weiterzuleiten. Die Höhe des **Zahlungsbetrags** ergibt sich aus dem Überweisungsauftrag.[4] Ob eine Kürzung vorliegt, ist objektiv zu ermitteln. Jede negative Abweichung zwischen dem Überweisungsauftrag und dem tatsächlich übermittelten Betrag stellt eine Kürzung dar.[5] Die Durchführung einer Teilüberweisung bedarf einer erneuten Abrede zwischen Überweisendem und Zahlungsdienstleister.

2. Adressat

4 Die Norm verpflichtet sowohl den Zahlungsdienstleister des Überweisenden als auch die in den Überweisungsvorgang eingeschalteten Zwischenbanken bzw. Zahlungsverkehrssysteme.[6]

3. Rechtsfolge bei Verstoß

5 Erfolgt die Weiterleitung entgegen § 675q BGB nicht ungekürzt, liegt eine fehlerhafte Ausführung des Zahlungsauftrags vor, § 675y BGB.[7]

4. Abweichende Vereinbarungen

6 Weder der Zahlungsdienstleister des Überweisenden noch Zwischenbanken dürfen Entgeltforderungen oder andere Aufwendungsersatzansprüche vom Zahlungsbetrag abzie-

---

[1] Zum Valutaverhältnis → Kap. 4 BGB § 675y Rn. 17.
[2] → Rn. 9.
[3] *Herresthal* in → Kap. 2 BGB § 675e Rn. 6 ff.
[4] Prütting/Wegen/Weinreich/*Fehrenbacher* § 675q Rn. 2; Palandt/*Sprau* § 675q Rn. 2.
[5] MüKoBGB/*Jungmann* § 675q Rn. 17.
[6] MüKoBGB/*Jungmann* § 675q Rn. 20 f.
[7] → Kap. 4 BGB § 675y Rn. 6.

hen.[8] (Nur) unter Beachtung des Anwendungsbereichs des § 675q Abs. 3 BGB weiterhin zulässig ist die **OUR**-Entgeltabrede, wonach der Zahler sämtliche Entgelte trägt.[9] Soll hingegen außerhalb des Anwendungsbereichs des § 675q Abs. 3 BGB der Zahlungsempfänger die Kosten der Überweisung tragen **(BEN),** lässt sich dies zweifelsfrei nur durch eine dahingehende Vereinbarung im Valutaverhältnis erreichen.[10]

III. Kürzungen bei der Gutschrift, § 675q Abs. 2 BGB

Das Abzugsverbot endet mit dem Eingang der Zahlung bei dem Zahlungsdienstleister des 7
Überweisungsempfängers.[11] Dieser darf mit dem Überweisungsempfänger einen Abzug vereinbaren, muss dann allerdings den vollständigen Betrag und das abgezogene Entgelt getrennt ausweisen, § 675q Abs. 2 S. 2 BGB, Art. 248 §§ 8, 15 EGBGB.[12] Das dient der Vermeidung unnötiger Mahnungen für vermeintlich nicht vollständige Zahlungen.[13] Auf das Valutaverhältnis wirkt sich eine derartige Vereinbarung nicht aus.[14] Folglich liegt auch bei einem Abzug durch den Zahlungsdienstleister des Zahlungsempfängers, soweit der Zahlungsbetrag dem im Valutaverhältnis geschuldeten Betrag entspricht, eine vollständige Erfüllung vor.[15]

IV. SHARE-Regelung, § 675q Abs. 3 BGB

Wenn sowohl der Zahlungsdienstleister des Zahlers als auch der Zahlungsdienstleister des 8
Zahlungsempfängers innerhalb des Europäischen Wirtschaftsraums belegen ist, tragen Zahlungsempfänger und Zahler jeweils die von ihrem Zahlungsdienstleister erhobenen Entgelte. Ein Zahlungssystem ist ein System zur Übertragung von Geldbeträgen auf der Grundlage von formalen und standardisierten Regeln und einheitlichen Vorschriften für die Verarbeitung, das Clearing oder die Verrechnung von Zahlungsvorgängen. Die insoweit im Zuge der Umsetzung der PSD II modifizierte Share-Regelung gilt für vollständig innerhalb des EWR abgewickelte Zahlungsvorgänge.[16] Auf den EWR wird abgestellt, weil die bevorstehende Übernahme der PSD II in den EWR-acquis vorweggenommen werden sollte.[17] Außerhalb des EWR sind Entgeltaufteilungen nach dem Vorbild des § 675q Abs. 3 BGB weitgehend unüblich. Der Gesetzgeber hat deshalb die Anwendung auf innereuropäische Zahlungsvorgänge begrenzt, mithin „one-leg-transactions", bei welchen nur einer der am Zahlungsvorgang beteiligten Zahlungsdienstleister innerhalb des EWR belegen ist, explizit ausgeschlossen.[18] Bei der Überweisung trägt somit der Überweisende die Entgelte seines Zahlungsdienstleisters sowie sämtlicher Zwischenbanken, wenn mit dem Zahlungsdienstleister eine dahingehende Abrede getroffen wurde. Für Zahlungen in EUR oder in Währungen eines EWR-Staates ist diese Anordnung zwingend, § 675e Abs. 1 und 4 BGB, und zwar auch im unternehmerischen Verkehr.[19] Sie betrifft allerdings nur das Verhältnis

---

[8] Dauner-Lieb/Langen/*Beesch* § 675q Rn. 3; MüKoBGB/*Jungmann* § 675q Rn. 32; *Herresthal* in → Kap. 3 BGB § 675q Rn. 3; Staudinger/*Omlor* § 675q Rn. 4; BeckOK BGB/*Schmalenbach* § 675q Rn. 2; Erman/*Graf von Westphalen* § 675q Rn. 4; Palandt/*Sprau* § 675q Rn. 2.

[9] Ellenberger/Findeisen/Nobbe/*Burghardt* § 675q Rn. 3, 6.

[10] Ellenberger/Findeisen/Nobbe/*Burghardt* § 675q Rn. 3; weitergehend MüKoBGB/*Jungmann* § 675q Rn. 36.

[11] BeckOK BGB/*Schmalenbach* § 675q Rn. 5.

[12] Prütting/Wegen/Weinreich/*Fehrenbacher* § 675q Rn. 3; *Rösler/Werner* BKR 2009, 1 (8).

[13] BT-Drs. 16/11643, 110.

[14] → Kap. 4 BGB § 675y Rn. 11.

[15] MüKoBGB/*Jungmann* § 675q Rn. 29.

[16] BeckOK BGB/*Schmalenbach* § 675q Rn. 10.

[17] Begr. RegE BT-Drs. 18/11495, 159.

[18] Begr. RegE BT-Drs. 18/11495, 159.

[19] BT-Drs. 16/11643, 110; MüKoBGB/*Jungmann* § 675q Rn. 34; **aA** Ellenberger/Findeisen/Nobbe/*Burghardt* § 675q Rn. 11.

zum jeweiligen Zahlungsdienstleister, dh das Deckungs- und das Zuwendungsverhältnis. Im Valutaverhältnis zwischen Überweisendem und Überweisungsempfänger kann eine abweichende Entgeltaufteilung vereinbart werden.[20] Ein auf der Grundlage einer Abrede im Valutaverhältnis entstehender Abzugsposten ist entweder direkt vom angewiesenen Überweisungsbetrag abzusetzen oder nachträglich zu überweisen. Die Norm verlangt die Forderung eines Entgelts für die Durchführung von Zahlungsvorgängen nicht; sie gestattet diese.[21]

V. Zahlungsvorgänge mit Drittstaatenbezug, § 675q Abs. 4 BGB

9 Die Regelung des § 675q Abs. 4 BGB ist Folge der Erweiterung des Anwendungsbereichs des Zahlungsdiensterechts über rein innereuropäische Zahlungen hinaus. Von dieser Erweiterung nimmt nämlich Art. 81 Abs. 1, 2 PSD II die Entgeltregelungen, die in § 675q Abs. 1, 2 BGB umgesetzt werden, ausdrücklich aus. § 675q Abs. 4 Nr. 1 BGB schließt deshalb die Anwendung der in Abs. 1 geregelten Verpflichtung zur ungekürzten Weiterleitung für Fremdwährungszahlungen innerhalb des EWR und für sog. one-leg-Transaktionen aus.[22] An deren Stelle tritt das über § 675c Abs. 1 BGB anwendbare allgemeine Geschäftsbesorgungs- und Auftragsrecht.[23] § 675q Abs. 4 Nr. 2 BGB gestattet für Fremdwährungszahlungen innerhalb des EWR und für one-leg-Transaktionen auch dann Vereinbarungen über den Abzug von Entgelten vor Erteilung der Gutschrift zu treffen, wenn es um die innerhalb des EWR getätigten Bestandteile des Zahlungsvorgangs geht. Es gilt mithin dispositives Recht.[24] Für die außerhalb des EWR getätigten Bestandteile der Zahlungen können ohnehin abweichende Vereinbarungen getroffen werden, vgl. § 675e Abs. 2 Nr. 2 BGB.

§ 675r Ausführung eines Zahlungsvorgangs anhand von Kundenkennungen

(1) [1]**Die beteiligten Zahlungsdienstleister sind berechtigt, einen Zahlungsvorgang ausschließlich anhand der von dem Zahlungsdienstnutzer angegebenen Kundenkennung auszuführen.** [2]**Wird ein Zahlungsauftrag in Übereinstimmung mit dieser Kundenkennung ausgeführt, so gilt er im Hinblick auf den durch die Kundenkennung bezeichneten Zahlungsempfänger als ordnungsgemäß ausgeführt.**

(2) **Eine Kundenkennung ist eine Abfolge aus Buchstaben, Zahlen oder Symbolen, die dem Zahlungsdienstnutzer vom Zahlungsdienstleister mitgeteilt wird und die der Zahlungsdienstnutzer angeben muss, damit ein anderer am Zahlungsvorgang beteiligter Zahlungsdienstnutzer oder dessen Zahlungskonto für einen Zahlungsvorgang zweifelsfrei ermittelt werden kann.**

(3) **Ist eine vom Zahler angegebene Kundenkennung für den Zahlungsdienstleister des Zahlers erkennbar keinem Zahlungsempfänger oder keinem Zahlungskonto zuzuordnen, ist dieser verpflichtet, den Zahler unverzüglich hierüber zu unterrichten und ihm gegebenenfalls den Zahlungsbetrag wieder herauszugeben.**

Übersicht

[20] → Kap. 4 BGB § 675y Rn. 17; Staub/*Grundmann* Bankvertragsrecht 3. Teil Rn. 318.
[21] BT-Drs. 16/11643, 110.
[22] BT-Drs. 16/11643, 160; BeckOK BGB/*Schmalenbach* § 675q Rn. 11.
[23] BT-Drs. 16/11643, 160.
[24] BT-Drs. 16/11643, 160.

I. Regelungsgegenstand und Regelungszweck

1 § 675r BGB setzt Art. 88 PSD II um, welcher weitgehend den Regelungsgehalt von Art. 74 PSD I weiterführt. Die Vorschrift ordnet zur Erleichterung der Vollautomatisierung des Zahlungsverkehrs die Maßgeblichkeit der Kundenkennung an und definiert diese.[1] Den Begriff der Kundenkennung gibt der europäische Gesetzgeber in Art. 4 Nr. 33 PSD II vor, in der amtlichen Übersetzung wird diese als „Kundenidentifikation" bezeichnet. Das Risiko der fehlerhaften Eingabe der Kundenkennung trägt der Überweisende.

2 Eine abweichende Regelung zugunsten des Zahlungsdienstnutzers ist stets zulässig; eine Abweichung zulasten des Zahlungsdienstnutzers dagegen grundsätzlich nur im Rahmen des § 675e BGB: (1) bei Zahlungsdiensten in **Fremdwährungen** (§ 675e Abs. 2 Nr. 2 iVm § 675d Abs. 6 S. 1 Nr. 1 lit. a BGB), (2) bei Beteiligung mehrerer Zahlungsdienstleister, wenn an dem Zahlungsvorgang von diesen Zahlungsdienstleistern mindestens einer innerhalb und mindestens einer außerhalb des Europäischen Wirtschaftsraums belegen ist, und (3) bei Zahlungsvorgängen, bei denen keiner der beteiligten Zahlungsdienstleister innerhalb des Europäischen Wirtschaftsraums belegen ist (one-leg-Transaktionen bzw. **Drittstaatendienstleister,** § 675e Abs. 2 Nr. 2 iVm § 675d Abs. 6 S. 1 Nr. 1 lit. a und Nr. 2 BGB).[2] Eine Abbedingung durch AGB unterliegt zudem der allgemeinen Grenze der §§ 305 ff. BGB.

II. Maßgeblichkeit der Kundenkennung, § 675r Abs. 1 BGB

1. Voraussetzungen, § 675r Abs. 1 S. 1 BGB

3 Eine Überweisung ist korrekt ausgeführt, wenn der angewiesene Betrag demjenigen Zahlungsempfänger übermittelt wird, dem die vom Überweisenden angegebene Kundenkennung zugeordnet ist.[3] Damit entfällt jede Notwendigkeit manueller Überprüfung, insbesondere der Kontonummer-Namensvergleich. Das gilt für sämtliche am Über-

[1] MüKoBGB/*Jungmann* § 675r Rn. 10 f.
[2] *Herresthal* in → Kap. 2 BGB § 675e Rn. 6 ff.
[3] Zur Kundenkennung *Herresthal* in → Kap. 3 BGB § 675r Rn. 2 ff.

weisungsvorgang beteiligten Institute,[4] auch für das Empfängerinstitut.[5] Der im ehemaligen Überweisungsabkommen noch vorgeschriebene Kontonummer-Namensvergleich ist im **Überweisungsabkommen 2011** entfallen. Stattdessen führt der Zahlungsdienstleister des Überweisenden eine Prüfzifferberechnung durch, Nr. 5 Überweisungsabkommen 2011.[6] **Ausnahmen** gelten nur, wenn der Zahlungsdienstleister die Fehlerhaftigkeit der Kundenkennung erkannt hat und sich gleichwohl rechtsmissbräuchlich auf die Maßgeblichkeit der Kundenkennung beruft.[7] Hierfür bedarf es keiner teleologischen Reduktion der Norm, denn weder diese noch die Richtlinie schließen den Einwand rechtsmissbräuchlichen Verhaltens aus.[8] Wünschen die beteiligten Zahlungsdienstleister hingegen eine Überprüfung, ist diese möglich. Anders formuliert: Der Zahlungsdienstleister bleibt berechtigt, eine manuelle Überprüfung durchzuführen und den Zahlungsvorgang ggf. abzulehnen, ist hierzu aber nicht verpflichtet.[9] Auch der Zahlungsdienstleister des Empfängers ist zu einer Überprüfung in den Grenzen des § 675t BGB berechtigt.[10] Überdies hat der EuGH in der Rechtssache Tecnoservice Int. entschieden, dass jedenfalls eine Haftung des Zahlungsdienstleisters des Zahlungsempfängers für eine fehlerhafte Überweisung bei Angabe einer falschen IBAN durch den Zahler nicht in Betracht kommt.[11]

2. Rechtsfolgen, § 675r Abs. 1 S. 2 BGB

4 § 675r Abs. 1 S. 2 BGB betrifft die Ausführung eines Zahlungsauftrags entsprechend der vom Überweisenden angegebenen Kundenkennung. Die Vorschrift fingiert die ordnungsgemäße Ausführung des Zahlungsauftrags und zwar auch, wenn dem Überweisenden dabei ein Erklärungsirrtum unterläuft. Wird der Betrag einem vom Überweisenden nicht intendierten Zahlungsempfänger gutgeschrieben, dem die fehlerhaft eingegebene Kundenkennung zugeordnet ist, kann der Überweisende seinen Zahlungsauftrag deshalb nicht etwa anfechten.

5 **a) Bereicherungsanspruch des Überweisenden gegen den fehlerhaft bezeichneten Empfänger.** Wird an einen durch die Kundenkennung identifizierten Empfänger überwiesen, geht dies aber auf die fehlerhafte Eingabe der Kundenkennung durch den Zahler zurück, so steht dem Überweisenden ein Bereicherungsanspruch gegen den Zahlungsempfänger zu, § 812 Abs. 1 S. 1 Alt. 2 BGB.[12] Der Anspruch richtet sich auf Wertersatz in Höhe der erlangten Gutschrift, § 818 Abs. 2 BGB. Dessen Geltendmachung wird seit der Umsetzung der PSD II dadurch erleichtert, dass nicht nur der Zahlungsdienstleister des Zahlers zur Unterstützung verpflichtet ist, sondern gem. § 675y Abs. 5 S. 3 BGB auch der Zahlungsdienstleister des Empfängers Informationen liefern muss (→ Kap. 4 BGB

[4] BT-Drs. 16/11643, 110; Dauner-Lieb/Langen/*Beesch* § 675r Rn. 2; *Bunte* AGB-Banken SB Üb Rn. 36; Ellenberger/Findeisen/Nobbe/*Burghardt* § 675r Rn. 5; *Einsele* FS Reuter, 2010, 53 (54); Prütting/Wegen/Weinreich/*Fehrenbacher* § 675r Rn. 2; *Grundmann* WM 2009, 1109 (1114); Staub/*Grundmann* Bankvertragsrecht 3. Teil Rn. 329; *Herresthal* in → Kap. 3 BGB § 675r Rn. 10; Fischer/Klanten/*Koch* Rn. 10.75; BankR-HdB/*Schmieder* § 49 Rn. 57, 73 ff.; Staudinger/*Omlor* § 675r Rn. 12; BeckOK BGB/*Schmalenbach* § 675r Rn. 3; Erman/*Graf von Westphalen* § 675r Rn. 3; *Rösler/Werner* BKR 2009, 1 (8); HK-BGB/*Schulte-Nölke* § 675r Rn. 2.

[5] EuGH Urt. v. 21.3.2019 – C-245/18 = WM 2019, 1006 (1007) Rn. 25; **aA** noch *Hadding* FS U. H. Schneider, 2011, 443 (454).

[6] Nr. 2 (4), 5 (1) Überweisungsabkommen 2011.

[7] → Kap. 4 BGB § 675y Rn. 6; Staub/*Grundmann* Bankvertragsrecht 3. Teil Rn. 331; Staudinger/*Omlor* § 675r Rn. 14; Palandt/*Sprau* § 675r Rn. 8.

[8] S. a. EuGH Urt. v. 21.2.2006 – C-255/02, I-1655, Rn. 69, 72 f. – Halifax et al. v Commissioners of Customs/Excise; EuGH Urt. v. 22.11.2017 – C-251/16 Rn. 44 ff., 79 – Edward Cussens v T. G. Brosnan.

[9] BGH WM 2015, 1631 (1632); MüKoBGB/*Jungmann* § 675r Rn. 23; *Herresthal* in → Kap. 3 BGB § 675r Rn. 10.

[10] → Kap. 4 BGB § 675t Rn. 11.

[11] EuGH Urt. v. 21.3.2019 – Rs C-245/18 = ZIP 2019, 654.

[12] Dauner-Lieb/Langen/*Beesch* § 675r Rn. 9; MüKoBGB/*Jungmann* § 675r Rn. 46; *Einsele* FS Reuter, 2010, 53 (56); BankR-HdB/*Schmieder* § 49 Rn. 81; BeckOK BGB/*Schmalenbach* § 675r Rn. 7; Staudinger/*Omlor* § 675r Rn. 15.

§ 675y Rn. 14b). Dass die hM keinen direkten Auskunftsanspruch des Überweisenden gegen den ihm nicht vertraglich verbundenen Zahlungsdienstleister des Empfängers anerkennt,[13] sondern der „Umweg" über den eigenen Zahlungsdienstleister beschritten werden muss, wiegt deshalb nicht mehr ganz so schwer.

b) Stornobuchung gegenüber dem fehlerhaft bezeichneten Empfänger. Der Zahlungsdienstleister desjenigen Zahlungsempfängers, dem der Betrag infolge der fehlerhaft angegebenen Kundenkennung gutgeschrieben wurde, ist regelmäßig zur Stornierung der Buchung berechtigt.[14] Das ist unumstritten, soweit der Empfänger hiermit einverstanden ist und ihm die Verfügungsbefugnis über sein Konto zusteht.[15] Ohne Einverständnis des Zahlungsempfängers hängt das Recht der Bank zur Vornahme einer Stornobuchung im Umfang der Nr. 8 Abs. 1 **AGB-Banken** bzw. der Nr. 8 Abs. 1 **AGB-Sparkassen** davon ab, ob man ihr einen Rückzahlungsanspruch zugestehen will. Immerhin wird sich der Zahlungsempfänger auf seinen Anspruch aus § 675t Abs. 1 S. 1 BGB berufen können. Eine sich formierende Ansicht in der Literatur geht deshalb davon aus, dass es bei der materiell unrichtigen Buchung bleiben muss.[16] Nach hier vertretener Ansicht darf die Bank hingegen die Stornobuchung vornehmen.[17] 6–7

c) Valutaverhältnis zwischen Überweisendem und materiell Berechtigtem. § 675r Abs. 1 S. 2 BGB bezieht sich nicht auf das Valutaverhältnis. Geht die Überweisung bei dem falschen Empfänger ein, hat der Überweisende nicht erfüllt[18] und gerät im Regelfall in Verzug. Anderes gilt nur, wenn der Überweisungsempfänger selbst für die Mitteilung der unzutreffenden Kontonummer verantwortlich ist.[19] 8

d) Keine Ansprüche des eigentlich intendierten Zahlungsempfängers gegen den Zahlungsdienstleister des versehentlich bezeichneten Empfängers. Die Maßgeblichkeit der Kundenkennung könnte sich auch auf das Verhältnis des Zahlungsdienstleisters des versehentlich bezeichneten Empfängers zu dem eigentlich vom Zahler intendierten Empfänger auswirken. Der Zahlungsdienstleister des versehentlich bezeichneten Empfängers darf diesem den für dessen Kundenkennung eingegangenen Betrag ohne Vornahme eines Kontonummer-Namensabgleichs gutschreiben. Verpflichtet ist er hierzu allerdings nicht.[20] Erkennt er nämlich, dass eine Fehlbezeichnung vorliegt, darf er die Buchung unterlassen. Das ergibt sich bereits aus der Symmetrie zur Stornobuchung. 9

Darüber hinausgehend wird in der Literatur ein Anspruch des **eigentlich berechtigten Kunden auf Gutschrift** bejaht.[21] Das kommt von vornherein nur in Betracht, wenn der Fehler in der Kundenkennung lediglich das Konto, nicht aber den Zahlungsdienstleister betrifft. Auch für diese Konstellation, wenn mithin die unzutreffende Kundenkennung innerhalb eines Instituts zur Gutschrift bei einem materiell nicht berechtigten Kunden führt, ist das Bestehen eines solchen Anspruchs wegen des europarechtlich verankerten Vorrangs der Kundenkennung aber zweifelhaft. Überzeugen dürfte diese Ansicht nur in Ausnahmefällen, etwa wenn auf der Seite des Zahlungsdienstleisters rechtsmissbräuchliches Verhalten vorliegt. 9a

[13] Dauner-Lieb/Langen/*Beesch* § 675r Rn. 10; *Bunte* AGB-Banken SB Üb Rn. 38.

[14] *Bunte* AGB-Banken SB Üb Rn. 38; BankR-HdB/*Schmieder* § 49 Rn. 81.

[15] Zur Problematik bei gepfändetem Konto des Zahlungsempfängers *Einsele* FS Reuter, 2010 53 (58, 61 f.) (für Zurückweisungsrecht des Zahlungsempfängers).

[16] *Bitter* WM 2010, 1725 (1728); gegen eine Lösung über das Stornorecht *Einsele* FS Reuter, 2010, 53 (59 ff.).

[17] → Kap. 4 BGB § 675t Rn. 11.

[18] MüKoBGB/*Jungmann* § 675r Rn. 45; Staudinger/*Omlor* § 675r Rn. 15. Zum Valutaverhältnis → Kap. 4 BGB § 675y Rn. 17c.

[19] *Bunte* AGB-Banken SB Üb Rn. 39.

[20] → Kap. 4 BGB § 675t Rn. 10.

[21] Ellenberger/Findeisen/Nobbe/*Burghardt* § 675r Rn. 12; auch BankR-HdB/*Schmieder* § 49 Rn. 80; **aA** *Bitter* WM 2010, 1725 (1728).

III. Festlegung der Kundenkennung, § 675r Abs. 2 BGB

1. Begriff

10 § 675r Abs. 2 BGB definiert den Begriff der Kundenkennung als Abfolge aus Buchstaben, Zahlen oder Symbolen, welche die Identifizierung eines Kontoinhabers zweifelsfrei erlaubt. **Zweifelsfrei** kann ein Kontoinhaber schon ermittelt werden, wenn innerhalb des jeweils eingesetzten Zahlungssystems keine Verwechslungen möglich sind.[22] Die Kundenkennung wird dem Überweisungsempfänger von seinem Zahlungsdienstleister mitgeteilt. Im Zuge der Umsetzung der PSD II wurde die Definition der Kundenkennung an die europarechtlichen Vorgaben aus Art. 4 Nr. 33 PSD II, welcher geringfügige Abweichungen zur Vorgängerregelung des Art. 4 Nr. 21 PSD I aufweist, angepasst. Insoweit handelt es sich jedoch um eine rein begriffliche Anpassung ohne inhaltliche Änderung.[23]

2. Festlegung der Kundenkennung

11 Die Anforderungen, die an die Zuteilung einer Kundenkennung zu stellen sind, sind umstritten. Das Gesetz enthält über die Identifizierbarkeit hinaus keine Anforderungen. Manche gehen von einer Art Schutzpflicht des Zahlungsdienstleisters aus, die sich auf die Berücksichtigung von Prüfmechanismen richtet, die Zahlendreher uÄ aufdecken können, wie dies etwa bei der IBAN der Fall ist.[24] Seit dem 1.2.2014 ist für Unternehmen, Vereine und öffentliche Stellen und seit dem 1.2.2016 für Privatpersonen die **IBAN** zwingend vorgeschrieben, wenn die Überweisung auf Euro lautet, innerhalb der EU vorgenommen wird sowie der Zahlungsdienstleister des Zahlers und des Zahlungsempfängers innerhalb der EU ansässig sind, Art. 5 Abs. 1 lit. a, c SEPA-VO. Sie enthält eine Prüfziffer, die Eingabefehler des Überweisenden – und damit einen Erklärungsirrtum – verhindern soll. Aufgedeckt werden einzelne Zahlendreher mit einer Wahrscheinlichkeit von über 99 vH und auch sonstige Fehler.[25]

IV. Kundenkennung nicht zuzuordnen, § 675r Abs. 3 BGB

1. Keine Zuordnung möglich

12 Der Zahlungsdienstleister des Überweisenden überprüft bei der Hereinnahme des Überweisungsauftrags, ob die angegebene Kundenkennung des Empfängers plausibel ist. Die hierfür erforderlichen Daten der jeweiligen Empfängerbank werden offengelegt, Nr. 2 (4) **Überweisungsabkommen 2011.** Lässt sich die vom Überweisenden angegebene Kundenkennung auf der Basis einer Plausibilitätsüberprüfung weder einem Zahlungskonto noch einem Zahlungsempfänger zuordnen, muss der Zahlungsdienstleister den Überweisenden hiervon unverzüglich unterrichten.[26] Ein **Entgelt** darf für die Unterrichtung erhoben werden, § 675f Abs. 5 S. 2 BGB, Nr. 1.7 Abs. 3 **AGB-Überweisung.**[27] Die Norm betrifft Fehler bei der Eingabe einer Kundenkennung, wenn die fehlerhaft eingegebene Kennung keinem Zahlungsempfänger zuzuordnen ist (hierin liegt der Unterschied zu § 675r Abs. 1 BGB), aber auch Unleserlichkeit und ähnliche Fälle.

---

[22] Palandt/*Sprau* § 675r Rn. 2 f.
[23] Begr. RegE BT-Drs. 18/11495, 160.
[24] *Bunte* AGB-Banken SB Üb Rn. 33; MüKoBGB/*Jungmann* § 675r Rn. 17; BankR-HdB/*Schmieder* § 49 Rn. 75; Staudinger/*Omlor* § 675r Rn. 21; Palandt/*Sprau* § 675r Rn. 2 f.; *Rauhut* ZBB 2009, 32 (44); *Scheibengruber/Breidenstein* WM 2009, 1393 (1398 f.).
[25] *Scheibengruber/Breidenstein* WM 2009, 1393 (1398 f.); *Bunte* AGB-Banken SB Üb Rn. 35.
[26] BGH WM 2015, 1631 (1632); *Bunte* AGB-Banken SB Üb Rn. 36.
[27] *Bunte* AGB-Banken SB Üb Rn. 75.

2. Erkennbarkeit

Die Vorschrift setzt voraus, dass die fehlende Zuordnung für den Zahlungsdienstleister erkennbar ist. Das bedeutet, eine vollautomatisierte Überprüfung kann dieses Ergebnis erbringen. Das **Überweisungsabkommen 2011** trägt dem in Nr. 2 Abs. 4, Nr. 5 Abs. 1 Rechnung.[28] Verzichtet der Zahlungsdienstleister auf den Einsatz einer solchen Prüfungsschleife, bleibt die Unmöglichkeit der Zuordnung gleichwohl objektiv erkennbar. Ist die Unmöglichkeit der Zuordnung hingegen nur im Rahmen eines manuellen Eingriffs zu ermitteln, fehlt es an der Erkennbarkeit iSd § 675r Abs. 3 BGB.[29] 13

3. Rechtsfolgen

a) Erstattung bei nicht ausgeführter Überweisung. Hat der Zahlungsdienstleister des Überweisenden mangels Zuordnungsmöglichkeit der Kundenkennung die Überweisung nicht ausgeführt, ist ein gleichwohl angewiesener Zahlungsbetrag dem Überweisenden unverzüglich zu erstatten. Die Formulierung in § 675r Abs. 3 BGB, der Betrag sei „gegebenenfalls" zu erstatten bedeutet: falls das Konto des Überweisenden überhaupt belastet wurde. Eine valutarische Korrektur, dh eine mit Blick auf die Wertstellung rückwirkende Stornierung, hält der Gesetzgeber mit der Erwägung nicht für erforderlich, der Überweisende habe selbst die Ursache für den Vorgang gesetzt.[30] 14

b) Unterrichtung des Überweisenden von der Nichtausführung. Unterlässt der Zahlungsdienstleister die Unterrichtung des Überweisenden, kann er sich nach § 280 Abs. 1 BGB schadensersatzpflichtig machen.[31] 15

c) Ermittlung der Kundenkennung durch den Zahlungsdienstleister. Der Zahlungsdienstleister ist zur Prüfung, ob unter Rückgriff auf den namentlich benannten Zahlungsempfänger eine Zuordnung möglich ist, und zur Durchführung der Überweisung bei positivem Ergebnis dieser Abfrage berechtigt.[32] 16

d) Erstattung bei einer Überweisung, die durchgeführt wurde, obgleich eine Zuordnung objektiv nicht möglich war. Ist eine Kundenkennung erkennbar nicht zuzuordnen, führt der Zahlungsdienstleister die Überweisung aber gleichwohl „auf eigene Faust" aus, ist die Überweisung fehlerhaft ausgeführt, § 675y BGB. Der Zahlungsdienstleister ist in diesem Fall nach § 675y Abs. 1 S. 1 BGB zur Erstattung und zur valutarischen Korrektur verpflichtet. Die Erstattung „gegebenenfalls" in § 675r Abs. 3 BGB hat für diese Fallgruppe keine Bedeutung.[33] 17

§ 675s Ausführungsfrist für Zahlungsvorgänge

(1) [1]**Der Zahlungsdienstleister des Zahlers ist verpflichtet sicherzustellen, dass der Zahlungsbetrag spätestens am Ende des auf den Zugangszeitpunkt des Zahlungsauftrags folgenden Geschäftstags beim Zahlungsdienstleister des Zahlungsempfängers eingeht.** [2]**Für Zahlungsvorgänge innerhalb des Europäischen Wirtschaftsraums, die nicht in Euro erfolgen, können ein Zahler und sein Zahlungsdienstleister eine Frist von maximal vier Geschäftstagen vereinbaren.** [3]**Für in Papierform ausgelöste Zah-**

---

[28] *Bunte* AGB-Banken SB Üb Rn. 37.
[29] BT-Drs. 16/11643, 111; *Bunte* AGB-Banken SB Üb Rn. 37.
[30] BT-Drs. 16/11643, 111; Staudinger/*Omlor* § 675r Rn. 18; BeckOK BGB/*Schmalenbach* § 675r Rn. 10; Palandt/*Sprau* § 675r Rn. 6; krit. *Bunte* AGB-Banken SB Üb Rn. 74, allerdings offenbar für den hier unter → Rn. 17 behandelten Fall.
[31] Palandt/*Sprau* § 675r Rn. 7.
[32] Ellenberger/Findeisen/Nobbe/*Burghardt* § 675r Rn. 11.
[33] Anders offenbar *Bunte* AGB-Banken SB Üb Rn. 74.

lungsvorgänge können die Fristen nach Satz 1 um einen weiteren Geschäftstag verlängert werden.

(2) [1]**Bei einem vom oder über den Zahlungsempfänger ausgelösten Zahlungsvorgang ist der Zahlungsdienstleister des Zahlungsempfängers verpflichtet, den Zahlungsauftrag dem Zahlungsdienstleister des Zahlers innerhalb der zwischen dem Zahlungsempfänger und seinem Zahlungsdienstleister vereinbarten Fristen zu übermitteln.** [2]**Im Fall einer Lastschrift ist der Zahlungsauftrag so rechtzeitig zu übermitteln, dass die Verrechnung an dem vom Zahlungsempfänger mitgeteilten Fälligkeitstag ermöglicht wird.**

(3) [1]**Wenn einer der Fälle des § 675d Absatz 6 Satz 1 Nummer 1 vorliegt, ist § 675s Absatz 1 Satz 1 und 3 auf die innerhalb des Europäischen Wirtschaftsraums getätigten Bestandteile des Zahlungsvorgangs nicht anzuwenden.** [2]**Wenn ein Fall des § 675d Absatz 6 Satz 1 Nummer 1 Buchstabe a vorliegt,**
1. ist auch § 675s Absatz 1 Satz 2 auf die innerhalb des Europäischen Wirtschaftsraums getätigten Bestandteile des Zahlungsvorgangs nicht anzuwenden und
2. kann von § 675s Absatz 2 für die innerhalb des Europäischen Wirtschaftsraums getätigten Bestandteile des Zahlungsvorgangs abgewichen werden.

Übersicht

I. Regelungsgegenstand und Regelungszweck

1 § 675s BGB setzt Art. 83 PSD II um und führt so das Regelungskonzept der Art. 68 Abs. 2 S. 2, Art. 69 PSD I fort. Die Vorschrift setzt zur Beschleunigung des Zahlungsverkehrs maximale Ausführungsfristen für Überweisungen innerhalb des EWR fest. Die Sanktionen einer Fristüberschreitung bestimmt § 675y BGB.[1]

2 Eine abweichende Regelung zugunsten des Zahlungsdienstnutzers ist stets zulässig; eine Abweichung zulasten des Zahlungsdienstnutzers dagegen grundsätzlich nur im Rahmen von § 675s Abs. 1 S. 1 Hs. 2 sowie nach §§ 675e, 675i BGB.

2a Im Einzelnen gilt: Grundsätzlich sind die Vorschriften der PSD II sowohl auf Zahlungsvorgänge in einer Drittstaatenwährung als auch auf one-leg-Transaktionen anwendbar, bei welchen nur einer der beteiligten Zahlungsdienstleister im EWR belegen ist. Auf den EWR wird dabei abgestellt, um die Übernahme der PSD II in den EWR-acquis bereits vorwegzunehmen. Hiervon ist allerdings die kurze Ausführungsfrist sowie die Fristverlängerungsoption bei beleggebundenen Überweisungen ausgenommen, das ordnet **§ 675s Abs. 3 S. 1 BGB** an.[2] In Ermangelung einer Abrede gilt das Geschäftsbesorgungs- und Auftragsrecht, § 675c Abs. 1 BGB.[3]

---

[1] → Kap. 4 BGB § 675y Rn. 13a ff.
[2] BT-Drs. 18/11495, 160.
[3] BT-Drs. 18/11495, 160.

Eine weitere Einschränkung für Zahlungen in einer Drittstaatenwährung kodifiziert **§ 675s Abs. 3 S. 2 BGB** für Zahlungsvorgänge in **Fremdwährung,** die innerhalb des EWR von dort ansässsigen Zahlungsdienstleistern getätigt werden. Die Begrenzung der Ausführungsfrist für Fremdwährungszahlungen auf maximal vier Geschäftstage ist unanwendbar. Die zugelassene Abweichung von der Fristenregelung des § 675s Abs. 2 BGB betrifft nur vom oder über den Zahlungsempfänger ausgelöste Zahlungsvorgänge. 2b

Bei **Kleinbetragsinstrumenten** (§ 675i Abs. 2 Nr. 6 BGB) kann zulasten des Zahlungsdienstnutzers von § 675s BGB abgewichen werden.[4] Eine Abbedingung durch AGB unterliegt zudem der allgemeinen Grenze der §§ 305 ff. BGB. 2c

II. Ausführungsfrist, § 675s Abs. 1 BGB

1. Begriff

Als Ausführungsfrist wird die Zeitspanne zwischen dem Zugang des Überweisungsauftrags und dem Eingang des Überweisungsbetrages bei der Bank des Empfängers bezeichnet. **Eingang** bedeutet, dass der Zahlungsdienstleister des Überweisungsempfängers über den Betrag verfügen kann.[5] Die Ausführungsfrist ist von der Wertstellung zu unterscheiden, § 675t BGB. Sind das Institut des Überweisenden und das Institut des Überweisungsempfängers identisch **(Hausüberweisung),** entfällt der Bedarf für eine Ausführungsfrist. In diesem Fall ist allein § 675t BGB einschlägig.[6] 3

2. Fristen

Grundsätzlich sind Überweisungen baldmöglichst durchzuführen. § 675s BGB legt Maximalfristen fest. Bestehen bleibt die Pflicht, eine Überweisung früher durchzuführen, wenn dies im Einzelfall möglich ist.[7] 4

a) Beginn. Fristbeginn ist der Zugang des Zahlungsauftrags beim Zahlungsdienstleister des Überweisenden gem. § 675n BGB,[8] vgl. Nr. 2.2.2. (1) **AGB-Überweisung.** Auf die Frage, ob der Zahlungsdienstleister zur Ausführung des konkreten Auftrags verpflichtet ist, kommt es nach wohl hM nicht an.[9] Diese Regel gilt auch für Überweisungsaufträge in einer vom Konto des Kunden abweichenden Währung, vgl. Nr. 2.2.2. (3) **AGB-Überweisung.** Bei **Daueraufträgen** oder **Terminüberweisungen** entspricht der im Überweisungsauftrag fixierte Termin dem Eingang des Zahlungsauftrags, vgl. Nr. 2.2.2. (2) **AGB-Überweisung.** 5

b) Dauer. Die Fristdauer bestimmt sich nach § 675s Abs. 1 BGB. 6

aa) Geschäftstage. Umstritten ist, ob die Frist ausschließlich auf der Basis der Geschäftstage des Zahlungsdienstleisters des Überweisenden zu berechnen oder zusätzlich auf die Geschäftstage der Bank des Zahlungsempfängers abzustellen ist. Für die zuerst genannte Ansicht streitet zunächst der Wortlaut der Norm.[10] Die Richtlinie definiert freilich den Geschäftstag mit Blick auf beide Institute, sofern diese nur „an der Ausführung beteiligt sind".[11] Gute Gründe dürften deshalb dafür sprechen, den Fristlauf auf der Basis der Schnittmenge der Geschäftstage des Zahlungsdienstleisters des Überweisenden und der 7

---

[4] *Herresthal* in → Kap. 2 BGB § 675e Rn. 6 ff.

[5] Palandt/*Sprau* § 675s Rn. 2.

[6] BT-Drs. 16/11643, 111; MüKoBGB/*Jungmann* § 675s Rn. 20; Palandt/*Sprau* § 675s Rn. 2.

[7] BankR-HdB/*Schmieder* § 49 Rn. 41; europarechtliche Bedenken bei *Grundmann* WM 2009, 1109 (1115).

[8] → Kap. 4 BGB § 675n Rn. 3 ff.

[9] BankR-HdB/*Schmieder* § 49 Rn. 42; Staudinger/*Omlor* § 675s Rn. 6; **aA** Palandt/*Sprau* § 675s Rn. 3.

[10] BankR-HdB/*Schmieder* § 49 Rn. 43; Palandt/*Sprau* § 675s Rn. 3.

[11] Art. 4 Nr. 27 RL 2007/64/EG (ABl. 2007 L 319/1).

Empfängerbank zu berechnen. Fehlt es nämlich an einem Geschäftstag des Zahlungsdienstleisters des Überweisenden, kann er den Auftrag nicht ausführen; fehlt es am Geschäftstag der Empfängerbank, kann dort kein Eingang bewirkt werden.[12]

8 **bb) Grundsatz.** Im Grundsatz ist die Überweisung am Ende des Geschäftstags des Zahlungsdienstleisters auszuführen, der auf den Zugang des Überweisungsauftrags folgt, § 675s Abs. 1 S. 1 BGB. Diese Grundregel wird durch eine Reihe von Ausnahmevorschriften ergänzt.

9 **c) Ausnahmen, § 675s Abs. 1 S. 2, 3 BGB.** Bis zum 31.12.2011 durften Zahlungsdienstleister und Überweisender eine Frist von bis zu drei Geschäftstagen vereinbaren, § 675s Abs. 1 S. 1 Hs. 2 BGB aF, dieser Halbsatz wurde in Umsetzung der PSD II als gegenstandslos gestrichen.[13] Für Zahlungen innerhalb des EWR, die nicht in EUR erfolgen, kann eine Ausführungsfrist von bis zu vier Geschäftstagen vereinbart werden, § 675s Abs. 1 S. 2 BGB. Für Zahlungen, die in Papierform ausgelöst werden, darf die Frist nach S. 1 um einen weiteren Geschäftstag verlängert werden, § 675s Abs. 1 S. 3 BGB. Das betrifft sowohl den beleggebundenen Überweisungsauftrag als auch gefaxte oder gemailte Überweisungsaufträge. Telefonisch übermittelte Aufträge stehen dem gleich, soweit sie institutsintern nicht elektronisch erfasst (Online-Banking), sondern manuell weiterverarbeitet werden müssen.[14]

10 **d) Ende.** Der Eingang des überwiesenen Betrages beim Zahlungsdienstleister des Empfängers muss vor Fristende bewirkt sein. Bei einer **Filialüberweisung** ist § 675t BGB einschlägig.[15]

11 **e) Rechtsfolge bei Verstoß.** Eine verspätete Ausführung ist iSd § 675y BGB fehlerhaft.[16]

§ 675t Wertstellungsdatum und Verfügbarkeit von Geldbeträgen; Sperrung eines verfügbaren Geldbetrags

(1) [1]**Der Zahlungsdienstleister des Zahlungsempfängers ist verpflichtet, dem Zahlungsempfänger den Zahlungsbetrag unverzüglich verfügbar zu machen, nachdem der Betrag auf dem Konto des Zahlungsdienstleisters eingegangen ist, wenn dieser**

1. **keine Währungsumrechnung vornehmen muss oder**
2. **nur eine Währungsumrechnung zwischen dem Euro und einer Währung eines Vertragsstaates des Abkommens über den Europäischen Wirtschaftsraum oder zwischen den Währungen zweier Vertragsstaaten des Abkommens über den Europäischen Wirtschaftsraum vornehmen muss.**

[2]**Sofern der Zahlungsbetrag auf einem Zahlungskonto des Zahlungsempfängers gutgeschrieben werden soll, ist die Gutschrift, auch wenn sie nachträglich erfolgt, so vorzunehmen, dass der Zeitpunkt, den der Zahlungsdienstleister für die Berechnung der Zinsen bei Gutschrift oder Belastung eines Betrags auf einem Zahlungskonto zugrunde legt (Wertstellungsdatum), spätestens der Geschäftstag ist, an dem der Zahlungsbetrag auf dem Konto des Zahlungsdienstleisters des Zahlungsempfängers eingegangen ist.** [3]**Satz 1 gilt auch dann, wenn der Zahlungsempfänger kein Zahlungskonto unterhält.**

---

[12] **AA** nunmehr MüKoBGB/*Jungmann* § 675s Rn. 34; wie hier wohl Erman/*Graf von Westphalen* § 675s Rn. 5.

[13] BT-Drs. 18/11495, 160.

[14] MüKoBGB/*Jungmann* § 675s Rn. 25.

[15] HK-BGB/*Schulte-Nölke* § 675s Rn. 3.

[16] → Kap. 4 BGB § 675y Rn. 13a ff.

(2) [1]**Zahlt ein Verbraucher Bargeld auf ein Zahlungskonto bei einem Zahlungsdienstleister in der Währung des betreffenden Zahlungskontos ein, so stellt dieser Zahlungsdienstleister sicher, dass der Betrag dem Zahlungsempfänger unverzüglich nach dem Zeitpunkt der Entgegennahme verfügbar gemacht und wertgestellt wird.** [2]**Ist der Zahlungsdienstnutzer kein Verbraucher, so muss dem Zahlungsempfänger der Geldbetrag spätestens an dem auf die Entgegennahme folgenden Geschäftstag verfügbar gemacht und wertgestellt werden.**

(3) [1]**Eine Belastung auf dem Zahlungskonto des Zahlers ist so vorzunehmen, dass das Wertstellungsdatum frühestens der Zeitpunkt ist, an dem dieses Zahlungskonto mit dem Zahlungsbetrag belastet wird.** [2]**Das Zahlungskonto des Zahlers darf nicht belastet werden, bevor der Zahlungsauftrag seinem Zahlungsdienstleister zugegangen ist.**

(4) [1]**Unbeschadet sonstiger gesetzlicher oder vertraglicher Rechte ist der Zahlungsdienstleister des Zahlers im Fall eines kartengebundenen Zahlungsvorgangs berechtigt, einen verfügbaren Geldbetrag auf dem Zahlungskonto des Zahlers zu sperren, wenn**

1. **der Zahlungsvorgang vom oder über den Zahlungsempfänger ausgelöst worden ist und**
2. **der Zahler auch der genauen Höhe des zu sperrenden Geldbetrags zugestimmt hat.**

[2]**Den gesperrten Geldbetrag gibt der Zahlungsdienstleister des Zahlers unbeschadet sonstiger gesetzlicher oder vertraglicher Rechte unverzüglich frei, nachdem ihm entweder der genaue Zahlungsbetrag mitgeteilt worden oder der Zahlungsauftrag zugegangen ist.**

(5) **Wenn ein Fall des § 675d Absatz 6 Satz 1 Nummer 1 Buchstabe a vorliegt,**

1. **kann von § 675t Absatz 1 Satz 3 für die innerhalb des Europäischen Wirtschaftsraums getätigten Bestandteile des Zahlungsvorgangs abgewichen werden und**
2. **ist § 675t Absatz 2 auf die innerhalb des Europäischen Wirtschaftsraums getätigten Bestandteile des Zahlungsvorgangs nicht anzuwenden.**

Übersicht

I. Regelungsgegenstand und Regelungszweck

§ 675t BGB wurde im Zuge der Umsetzung der PSD II in Abs. 1 S. 1, Abs. 2 S. 2 sowie Abs. 4 und 5 neu gefasst. Die europarechtlichen Vorgaben der Norm finden sich in Art. 75, 78 PSD II und Art. 87 PSD II. 1

Die Vorschrift regelt zum einen den Zeitpunkt, zu welchem dem Überweisungsempfänger eine auf seinem Konto eingegangene Gutschrift zur Verfügung zu stellen und die 2

Belastung auf dem Konto des Überweisenden vorzunehmen ist. Sie ist *lex specialis* zu den §§ 675 Abs. 1, 667 BGB.[1] Ihr Ziel ist die Vermeidung von Wertstellungsgewinnen.[2] Für Verletzung ihrer Pflichten haftet die Bank nach den allgemeinen Regeln des Leistungsstörungsrechts, §§ 280, 286 BGB.[3] Seit der Umsetzung der PSD II regelt die Vorschrift zum anderen die Voraussetzungen, unter denen der Zahlungsdienstleister bei Kartenzahlungen berechtigt ist, einen verfügbaren Geldbetrag auf dem Zahlungskonto des Zahlers zu sperren (*Jungmann* in → Kap. 6 BGB § 675t Rn. 2).[4]

3 Eine abweichende Regelung zugunsten des Zahlungsdienstnutzers ist stets zulässig; eine Abweichung zulasten des Zahlungsdienstnutzers dagegen nur im Rahmen der § 675e Abs. 2 Nr. 1 und Abs. 3 BGB.[5]

3a Weiterhin ist die im Zuge der Umsetzung der PSD II neu eingefügte Vorschrift des **§ 675t Abs. 5 BGB** zu beachten, nach welcher, wenn ein Fall des § 675d Abs. 6 S. 1 Nr. 1 lit. a BGB vorliegt, von § 675t Abs. 1 S. 3 BGB für die innerhalb des Europäischen Wirtschaftsraums getätigten Bestandteile des Zahlungsvorgangs abgewichen werden kann (Nr. 1) und § 675t Abs. 2 BGB auf die innerhalb des Europäischen Wirtschaftsraums getätigten Bestandteile des Zahlungsvorgangs nicht anzuwenden ist (Nr. 2).

II. Wertstellung und Verfügbarkeit auf dem Konto des Überweisungsempfängers, § 675t Abs. 1 BGB

1. Terminologie

4 **a) Wertstellungsdatum.** Unter dem Wertstellungsdatum **(Valutierung)** ist der Zeitpunkt zu verstehen, der für die zinswirksame Erfassung der Gutschrift auf dem Konto des Überweisungsempfängers zugrunde gelegt wird, Art. 4 Nr. 26 der PSD II, § 675t Abs. 1 S. 1 BGB.

5 **b) Buchung.** Von der Wertstellung ist die Buchung des Geldeingangs durch einen Organisationsakt des Zahlungsdienstleisters **(Gutschrift)** zu unterscheiden.[6] Sie kann dem Wertstellungsdatum nachfolgen, das heißt, sie muss nicht innerhalb der Frist des § 675t Abs. 1 S. 2 BGB erfolgen.[7]

6 **c) Verfügbarmachung.** Herkömmlich wurde zwischen dem **Anspruch auf die Gutschschrift** und dem **Anspruch aus der Gutschrift** unterschieden.[8] Der in § 667 BGB begründete Anspruch **auf** die Gutschrift bedeutet, dass der Zahlungsdienstleister des Überweisungsempfängers verpflichtet ist, diesem den Zugriff auf den Betrag in dem rechtlichen Umfang zu eröffnen, in welchem er selbst ihn erhalten hat.[9] Der Anspruch **aus** der Gutschrift betrifft den Zugriff des Überweisungsempfängers. Dieser ist eröffnet, sobald der Zahlungsdienstleister die einer Gutschrift zugrunde liegenden Daten dem Kunden vorbehaltlos zugänglich macht **(autorisierte Abrufpräsenz).**[10] Zeitlich kann der zuletzt genannte Anspruch später entstehen, soweit ein Überweisungsbetrag zwar eingegangen ist, aber bspw. noch unter einer Bedingung des Rückrufs steht. Dogmatisch handelt es sich dabei um ein abstraktes Schuldversprechen.[11] Der Gesetzgeber hat diese Unterschei-

---

[1] Palandt/*Sprau* § 675t Rn. 4.
[2] Prütting/Wegen/Weinreich/*Fehrenbacher* § 675t Rn. 1.
[3] *Einsele* § 6 Rn. 153.
[4] Begr. RegE BT-Drs. 18/11495, 161.
[5] *Herresthal* in → Kap. 2 BGB § 675e Rn. 6 ff.
[6] Palandt/*Sprau* § 675f Rn. 37.
[7] BT-Drs. 16/11643, 112: „kann noch am folgenden Geschäftstag erfolgen"; MüKoBGB/*Jungmann* § 675t Rn. 24 f.; Prütting/Wegen/Weinreich/*Fehrenbacher* § 675t Rn. 3.
[8] MüKoBGB/*Jungmann* § 675t Rn. 1, 15 ff.; BankR-HdB/*Schmieder* § 47 Rn. 10.
[9] BT-Drs. 16/11643, 112; Ellenberger/Findeisen/Nobbe/*Burghardt* § 675t Rn. 6.
[10] BGH NJW 1988, 1320; NJW 2005, 1771; Palandt/*Sprau* § 675f Rn. 37; *Meder* JZ 2003, 443 (444).
[11] MüKoBGB/*Jungmann* § 675t Rn. 2, 36; Palandt/*Sprau* § 675f Rn. 37.

dung bei der Umsetzung der PSD I nicht übernommen. Ihre praktische Relevanz sinkt, weil Widerrufsrechte, die einen laufenden Überweisungsvorgang noch unterbrechen könnten, abnehmen.[12]

2. Die Verfügbarkeit hindernde Rechte

Unberührt bleibt die Vereinbarung von Pfand-, Zurückbehaltungs- und Aufrechnungsrechten an der beim Zahlungsdienstleister eingegangenen Gutschrift.[13] Dasselbe gilt für das Stornorecht sowie das Recht auf Vornahme einer Berichtigungsbuchung gem. Nr. 8 **AGB-Banken** bzw. Nr. 8 **AGB-Sparkassen.** Auch die Gutschrift auf einem **debitorisch geführten Konto,** die zur Reduktion eines Überziehungskredits führt, erfüllt den Anspruch auf Verfügbarmachung.[14] **7**

3. Frist zur Verfügbarmachung

Der Zahlungsdienstleister des Überweisungsempfängers ist verpflichtet, diesem den eingegangenen Betrag **unverzüglich** nach Eingang bei jenem verfügbar zu machen, § 121 BGB. Unverzüglich ist eine Gutschrift, die spätestens am auf den Eingang folgenden Geschäftstag erfolgt.[15] Die Frist wird mit fortschreitender Technologie weiter verkürzt werden. So geht Erwägungsgrund 82 S. 5 PSD II ersichtlich davon aus, dass zukünftig Gutschriften am selben Tag erforderlich werden, was heute bereits bei Echtzeit-Überweisungen[16] der Fall ist.[17] Entscheidend ist der Eingang auf dem Konto der Empfängerbank.[18] Hat das Empfängerinstitut selbst noch keine Deckung erhalten, bleibt die Bedingung „Eingang vorbehalten" („E. v.") zulässig.[19] Bei der Überweisung dürfte dies freilich ein Ausnahmefall sein. Vor dem Hintergrund des erweiterten Anwendungsbereichs der PSD II gem. Art. 2 Abs. 4 PSD II auf innerhalb der EU getätigte Bestandteile von Zahlungsvorgängen in allen Währungen, bei denen nur einer der beteiligten Zahlungsdienstleister innerhalb der EU belegen ist, ist die aus Art. 73 Abs. 1 UAbs. 2 PSD I folgende Pflicht des Zahlungsdienstleister des Zahlungsempfängers zur unverzüglichen Verfügbarmachung jedenfalls dann nicht mehr ohne Weiteres gerechtfertigt, wenn eine Währungsumrechnung erforderlich wird.[20] Dementsprechend sieht der neu gefasste § 675t Abs. 1 BGB vor, dass die Verfügbarmachung nur dann unverzüglich zu erfolgen hat, wenn entweder gar keine Umrechnung erforderlich ist (Nr. 1), oder lediglich eine Währungsumrechnung zwischen dem Euro und einer Währung eines Vertragsstaates des EWR oder zwischen den Währungen zweier Vertragsstaaten des EWR vorgenommen wird (Nr. 2).[21] **8**

4. Wertstellungsfrist, § 675t Abs. 1 S. 2 BGB

Die Valutierung einer Gutschrift hat zwingend **taggleich** zu erfolgen.[22] Unerheblich ist, ob Valutierung und ausgewiesenes Guthaben auseinanderfallen.[23] **9**

[12] Dauner-Lieb/Langen/*Beesch* § 675t BGB Rn. 12.

[13] BT-Drs. 16/11643, 112; Ellenberger/Findeisen/Nobbe/*Burghardt* § 675t Rn. 163; MüKoBGB/*Jungmann* § 675t Rn. 30; Staub/*Grundmann* Bankvertragsrecht 3. Teil Rn. 398; *Rühl* DStR 2009, 2256 (2258); Palandt/*Sprau* § 675t Rn. 4.

[14] BT-Drs. 16/11643, 112; MüKoBGB/*Jungmann* § 675t Rn. 22.

[15] Palandt/*Sprau* § 675t Rn. 4; BeckOK BGB/*Schmalenbach* § 675t Rn. 4.

[16] S. zu diesen SEPA Instant Credit Transfers *Dieckmann* BKR 2018, 276.

[17] BeckOK BGB/*Schmalenbach* § 675t Rn. 4.

[18] BankR-HdB/*Schmieder* § 49 Rn. 163, 167 f.

[19] MüKoBGB/*Jungmann* § 675t Rn. 21; BankR-HdB/*Schmieder* § 49 Rn. 168 f.

[20] Begr. RegE BT-Drs. 18/11495, 161.

[21] Begr. RegE BT-Drs. 18/11495, 161.

[22] BT-Drs. 16/11643, 112; MüKoBGB/*Jungmann* § 675t Rn. 50 f.; Prütting/Wegen/Weinreich/*Fehrenbacher* § 675t Rn. 3; Staub/*Grundmann* Bankvertragsrecht 3. Teil Rn. 399; Erman/*Graf von Westphalen* § 675t Rn. 10.

[23] OLG Celle NJW-RR 2004, 1346; Palandt/*Sprau* § 675t Rn. 8.

5. Gläubiger

10 **a) Zweifelhafte Zuordnung des Empfängers.** Der Anspruch aus § 675t BGB steht dem Zahlungsempfänger zu. Das ist der Inhaber des Kontos, auf welchem der Geldeingang erfolgt.[24] Das Empfängerinstitut ist ebenso wenig wie der Zahlungsdienstleister des Überweisenden verpflichtet, einen **Kontonummer-Namensabgleich** durchzuführen, das folgt bereits aus § 675r Abs. 1 S. 1 BGB.[25] Das **Überweisungsabkommen 2011** hat eine dahingehende Pflicht im Interbankenverhältnis konsequent gestrichen.[26]

11 **b) Überprüfung von Zahlungseingängen: Recht, aber keine Pflicht.** Zweifelhaft ist die Rechtslage, wenn für den Zahlungsdienstleister Unklarheiten über die Zuordnung des eingegangenen Zahlungsbetrags bestehen. Dabei ist zwischen dem Recht, Zahlungseingänge zu untersuchen, und einer dahingehenden Pflicht zu differenzieren.[27] Wünscht der Zahlungsdienstleister, den intendierten Empfänger zu ermitteln, bspw. wenn die Empfängerkennzeichnung unkenntlich, unleserlich usw. ist, ist er hierzu berechtigt, aber nicht verpflichtet.[28] Hat der Zahlungsdienstleister des Überweisungsempfängers Grund zu der Annahme, es liege ein Irrtum des Überweisenden bei der Empfängerbezeichnung vor, insbesondere weil dieser oder dessen Zahlungsdienstleister dies behaupten, geht die wohl hM zu Recht davon aus, der Zahlungsdienstleister des Empfängers sei berechtigt, die Buchung erst gar nicht vorzunehmen.[29] Umstritten ist, ob man dem Zahlungsdienstleister des Empfängers darüber hinaus gestatten darf, sein Stornorecht geltend zu machen.[30] Nr. 8 (1) 2, 4 **Überweisungsabkommen** scheinen dieses Recht vorauszusetzen. Dem steht nicht entgegen, dass die Überweisung gem. § 675r Abs. 1 S. 2 BGB als ordnungsgemäß ausgeführt gilt.[31] Diese Vorschrift berechtigt den Zahlungsdienstleister zwar zur vollautomatisierten Durchführung, verpflichtet ihn aber nicht, wider besseren Wissens einen Überweisungsbetrag dem falschen Überweisungsempfänger zukommen zu lassen.[32] Auch ein Anspruch des unrichtig bezeichneten Kontoinhabers aus § 675t BGB auf Gutschrift des Betrages lässt sich dem folglich nicht entgegenhalten.[33] Folgt man der hier vorgetragenen Argumentation, entsteht die Folgefrage, inwieweit den Zahlungsdienstleister des Empfängers darüber hinaus eine Pflicht trifft, jedenfalls nicht ohne erneute Rückfrage gutzuschreiben, wenn er den Irrtum erkannt hat.[34]

12 **c) Mehrere Konten.** Unterhält der Zahlungsempfänger verschiedene Konten bei seinem Zahlungsdienstleister, ist der Zahlungsbetrag grundsätzlich auf dem im Überweisungsauftrag angegebenen Konto gutzuschreiben. Liegt nur der Empfängername, nicht aber die Kontonummer vor, bzw. erlaubt die angegebene Kundenkennung nur die Identifikation

---

[24] MüKoBGB/*Jungmann* § 675t Rn. 27; BankR-HdB/*Schmieder* § 49 Rn. 164, 166; zur Rückabwicklung bei Überweisung auf ein aufgelöstes Girokonto OLG Karlsruhe ZIP 2011, 1705.

[25] → Kap. 4 BGB § 675r Rn. 9 f.; Staudinger/*Omlor* § 675t Rn. 10.

[26] Zur Vorgängerfassung BankR-HdB/*Mayen*, 4. Aufl. 2011, § 49 Rn. 165.

[27] Gegen eine dahingehende Differenzierung *Hadding* FS U. H. Schneider, 2011, 443 (454).

[28] → Kap. 4 BGB § 675r Rn. 3; *Bunte* AGB-Banken SB Üb Rn. 68; Staudinger/*Omlor* § 675t Rn. 10.

[29] MüKoBGB/*Jungmann* § 675r Rn. 39; *Einsele* FS Reuter, 2010, 53 (63); BeckOK BGB/*Schmalenbach* § 675t Rn. 6.

[30] → Kap. 4 BGB § 675r Rn. 6–7; dafür wohl Palandt/*Sprau* § 675t Rn. 5; ähnlich BankR-HdB/*Schmieder* § 49 Rn. 81; diff. *Casper* FS Nobbe, 2009, 3 (22) (Gutschrift darf abgelehnt werden, aber Stornobuchung unzulässig); wie hier aber MüKoBGB/*Jungmann* § 675r Rn. 44; gegen eine Lösung unter Rückgriff auf das Stornorecht *Einsele* FS Reuter, 2010, 53 (59 ff.).

[31] So aber *Hadding* FS U. H. Schneider 2011, 443 (454); ähnlich *Casper* FS Nobbe, 2009, 3 (22); **aA** auch *Bitter* WM 2010, 1725 (1728) (freilich mit diametral entgegengesetztem Ergebnis).

[32] Ebenso Ellenberger/Findeisen/Nobbe/*Burghardt* § 675r Rn. 12.

[33] MüKoBGB/*Jungmann* § 675r Rn. 39 ff.; *Einsele* FS Reuter, 2010, 53 (63); BankR-HdB/*Schmieder* § 49 Rn. 164, 166; **aA** *Bitter* WM 2010, 1725 (1728).

[34] Einen Anspruch des nach dem Valutaverhältnis materiell berechtigten Kunden anerkennend Ellenberger/Findeisen/Nobbe/*Burghardt* § 675r Rn. 12; nach BankR-HdB/Schmieder § 49 Rn. 80 aE darf der Zahlungsvorgang bei positiver Kenntnis von Unstimmigkeiten nicht ohne Rückfrage ausgeführt werden; zust. MüKoBGB/*Jungmann* § 675t Rn. 28; § 675r Rn. 42; zust. jedenfalls mit Blick auf den Zahlungsdienstleister des Zahlers Staudinger/*Omlor* § 675r Rn. 14.

des Empfängers, ist die Zielsetzung des Überweisungsauftrags zu ermitteln.[35] In AGB ist die Vereinbarung einer Befugnis, eingehende Beträge nach Wahl des Zahlungsdienstleisters auf einem Konto des Empfängers gutzuschreiben, unwirksam.[36]

III. Wertstellung auf dem Konto des Überweisenden, § 675t Abs. 3 BGB

Abweichend von § 669 BGB hat die Wertstellung[37] der Belastung auf dem Konto des Überweisenden nicht vor dem Zeitpunkt zu erfolgen, zu dem der tatsächliche Mittelabfluss stattfindet. Die Vorschrift ist zwingend.[38] Die Valutierung einer Vorschusszahlung gem. § 669 BGB vor dem Mittelabfluss ist damit nicht mehr zulässig.[39] Gemäß des im Zuge der Umsetzung des Art. 78 Abs. 1 UAbs. 2 S. 2 PSD II neu eingefügten § 675t Abs. 3 S. 2 BGB darf das Zahlungskonto des Zahlers nicht belastet werden, bevor der Zahlungsauftrag seinem Zahlungsdienstleister zugegangen ist. Die Vorschrift hat nur klarstellende Bedeutung.[40] Bereits nach den allgemeinen Vorschriften würde eine vor Eingang eines Zahlungsauftrags vorgenommene Belastungsbuchung rechtsgrundlos erfolgen.[41] 13

§ 675u Haftung des Zahlungsdienstleisters für nicht autorisierte Zahlungsvorgänge

[1] Im Fall eines nicht autorisierten Zahlungsvorgangs hat der Zahlungsdienstleister des Zahlers gegen diesen keinen Anspruch auf Erstattung seiner Aufwendungen. [2] Er ist verpflichtet, dem Zahler den Zahlungsbetrag unverzüglich zu erstatten und, sofern der Betrag einem Zahlungskonto belastet worden ist, dieses Zahlungskonto wieder auf den Stand zu bringen, auf dem es sich ohne die Belastung durch den nicht autorisierten Zahlungsvorgang befunden hätte. [3] Diese Verpflichtung ist unverzüglich, spätestens jedoch bis zum Ende des Geschäftstags zu erfüllen, der auf den Tag folgt, an welchem dem Zahlungsdienstleister angezeigt wurde, dass der Zahlungsvorgang nicht autorisiert ist, oder er auf andere Weise davon Kenntnis erhalten hat. [4] Hat der Zahlungsdienstleister einer zuständigen Behörde berechtigte Gründe für den Verdacht, dass ein betrügerisches Verhalten des Zahlers vorliegt, schriftlich mitgeteilt, hat der Zahlungsdienstleister seine Verpflichtung aus Satz 2 unverzüglich zu prüfen und zu erfüllen, wenn sich der Betrugsverdacht nicht bestätigt. [5] Wurde der Zahlungsvorgang über einen Zahlungsauslösedienstleister ausgelöst, so treffen die Pflichten aus den Sätzen 2 bis 4 den kontoführenden Zahlungsdienstleister.

Übersicht

[35] OLG Schleswig WM 1984, 549; Palandt/*Sprau* § 675t Rn. 6.
[36] BGHZ 98, 24; Palandt/*Sprau* § 675t Rn. 6.
[37] Zum Begriff → Kap. 4 BGB § 675t Rn. 4.
[38] BT-Drs. 16/11643, 112; Prütting/Wegen/Weinreich/*Fehrenbacher* § 675t Rn. 6.
[39] MüKoBGB/*Jungmann* § 675t Rn. 68.
[40] Begr. RegE BT-Drs. 18/11495, 161.
[41] BeckOK BGB/*Schmalenbach* § 675t Rn. 10.

I. Regelungsgegenstand und Regelungszweck

1 § 675u BGB setzt Art. 73 Abs. 1 PSD II um, im Zuge der Umsetzung der PSD II wurde die Norm um die S. 3–5 erweitert. Die Vorschrift schreibt den Grundsatz fest, dass der Kontoinhaber an einen nicht autorisierten Überweisungsauftrag nicht gebunden ist. Die Risiken der Durchführung eines nicht autorisierten Zahlungsvorgangs trägt somit der Zahlungsdienstleister des Überweisenden. Die Beweislast bestimmt sich nach § 675w BGB. Für die geregelten Ansprüche ist die Vorschrift **abschließend,** § 675z S. 1 BGB.[1] Die Norm differenziert nicht danach, ob das verwirklichte Risiko dem Überweisenden zurechenbar ist oder nicht.[2] Verschulden des Zahlungsdienstleisters wird ebensowenig vorausgesetzt.[3] Die Ausschlussfrist nach § 676b Abs. 2 BGB sowie der Haftungsausschluss nach § 676c BGB sind zu beachten. Die Vorschrift gilt auch im unternehmerischen Verkehr.

2 Eine abweichende Regelung zugunsten des Zahlungsdienstnutzers ist stets zulässig; zulasten des Zahlungsdienstnutzers dagegen nur im Rahmen der §§ 675e, 675i BGB: (1) bei Zahlungsdiensten in **Fremdwährungen** (§ 675e Abs. 2 Nr. 2 iVm § 675d Abs. 6 S. 1 Nr. 1 lit. a BGB), (2) bei Beteiligung mehrerer Zahlungsdienstleister an dem Zahlungsvorgang, wenn von diesen Zahlungsdienstleistern mindestens einer innerhalb und mindestens einer außerhalb des Europäischen Wirtschaftsraums belegen ist, (3) bei Zahlungsvorgängen, bei denen keiner der beteiligten Zahlungsdienstleister innerhalb des Europäischen Wirtschaftsraums belegen ist (one-leg-Transaktionen bzw. **Drittstaatendienstleister,** § 675e Abs. 2 Nr. 2 iVm § 675d Abs. 6 S. 1 Nr. 1 lit. a und Nr. 2 BGB), sowie (4) bei **Kleinbetragsinstrumenten** (§ 675i Abs. 2 Nr. 3 BGB).[4] Eine Abbedingung durch AGB unterliegt zudem den Grenzen der §§ 305 ff. BGB.

3 Über die Haftung bei nicht autorisierten Zahlungsvorgängen hat der Zahlungsdienstleister den Zahlungsdienstnutzer vorvertraglich zu informieren (Art. 248 § 4 Abs. 1 Nr. 5 lit. e, § 13 Abs. 2 EGBGB).

---

[1] Zu nicht abgedeckten Schadenspositionen → Kap. 4 BGB § 675z Rn. 3 f.; Prütting/Wegen/Weinreich/*Fehrenbacher* § 675u Rn. 3.
[2] Zu den Folgen für den Bereicherungsausgleich → Kap. 4 BGB § 675u Rn. 23.
[3] Prütting/Wegen/Weinreich/*Fehrenbacher* § 675u Rn. 5.
[4] *Herresthal* in → Kap. 2 BGB § 675e Rn. 6 ff.

II. Nicht autorisierter Zahlungsvorgang

4 Eine Überweisung ist nicht autorisiert, wenn sich ein Fehler der Autorisierung iSd § 675j BGB verwirklicht hat.[5]

1. Kein Aufwendungsersatz des Zahlungsdienstleisters, § 675u S. 1 BGB

5 Bei fehlender oder unwirksamer Autorisierung kann der Zahlungsdienstleister des Überweisenden keinen Aufwendungsersatz für den übermittelten Betrag verlangen und zwar weder nach § 670 BGB noch nach § 812 BGB, vgl. Nr. 2.3.1 **AGB-Überweisung.**[6] Schadensersatzansprüche schließt die Vorschrift nicht aus.[7]

2. Rückerstattungsanspruch des Überweisenden und Wiederherstellung des *status quo ante,* § 675u S. 2 BGB

6 **a) Anspruchsinhalt.** Ist das Konto des Überweisenden bereits belastet worden, gewährt § 675u S. 2 BGB einen Anspruch auf **Rückerstattung,** vgl. 2.3.1 **AGB-Überweisung,** sowie auf **Berichtigung** einer Kontobelastung. Die Norm ist **abschließend,** soweit es um die Erstattung der Belastung geht.[8] Der Anspruch richtet sich auf die unverzügliche Herstellung des *status quo ante.* Das bedeutet insbesondere, dass mit Blick auf die Wertstellung die erfolgte Belastung *ex tunc* zu stornieren ist. Das erfasst auch eine etwa erfolgte Belastung mit Sollzinsen sowie etwa entgangene Habenzinsen.[9] Ist der Kontostand negativ, hat der irrtümlich belastete Überweisende keinen Anspruch auf Auszahlung des unzulässig belasteten Betrags.[10] Ist das Zahlungsdienstverhältnis beendet, erlischt der einmal entstandene Anspruch nicht.[11] § 676b Abs. 2 S. 1 BGB ordnet ein Erlöschen des Anspruchs nach Ablauf von 13 Monaten an, wenn der Überweisende seinen Zahlungsdienstleister nicht unterrichtet hat.[12]

6a **b) Unverzüglichkeit, § 675u S. 3 BGB.** Die unverzügliche Erfüllung verlangt die Vornahme der Anspruchsprüfung ohne schuldhaftes Zögern. In einfachen Sachverhalten wird der Anspruch deshalb schon vor Ablauf von zwei Geschäftstagen fällig sein. Der im Zuge der Umsetzung der PSD II neu eingefügte § 675u S. 3 BGB bestimmt deshalb nur eine **objektive Höchstfrist,** die unabhängig von der Frage eingreift, ob schuldhaftes Zögern vorliegt.[13] Der Rückerstattungsanspruch des Überweisenden ist hiernach spätestens an dem auf die Anzeige des Kunden folgenden Geschäftstages zu erfüllen.

7 **c) Betrugsverdacht, § 675u S. 4 BGB.** Die in S. 3 genannte Höchstfrist gilt nicht, wenn der Zahlungsdienstleister berechtigte Gründe für den Verdacht hat, dass Betrug vorliegt und er diese der zuständigen Behörde schriftlich mitgeteilt hat. **Berechtigte Gründe** setzen konkrete objektive Anhaltspunkte für den Verdacht voraus, dass in Bezug auf die Autorisierung ein betrügerisches Verhalten des Zahlers vorliegt.[14] Hierunter fällt

[5] → Kap. 4 BGB § 675j Rn. 9.
[6] LG Hannover ZIP 2011, 1407 (Doppelüberweisung); Prütting/Wegen/Weinreich/*Fehrenbacher* § 675u Rn. 3; Fischer/Klanten/*Koch* Rn. 10.84; Palandt/*Sprau* § 675u Rn. 3; Palandt/*Sprau* § 812 Rn 107a.
[7] Palandt/*Sprau* § 675u Rn. 3.
[8] LG Berlin WM 2015, 376 (377); Prütting/Wegen/Weinreich/*Fehrenbacher* § 675u Rn. 3; Staub/*Grundmann* Bankvertragsrecht 3. Teil Rn. 409.
[9] MüKoBGB/*Zetzsche* § 675u Rn. 21; Palandt/*Sprau* § 675u Rn. 5.
[10] BGH WM 2009, 958 (Lastschrift); Palandt/*Sprau* § 675u Rn. 5.
[11] Palandt/*Sprau* § 675u Rn. 5.
[12] → Kap. 4 BGB § 676b Rn. 7.
[13] BT-Drs. 18/11495, 163.
[14] Palandt/*Sprau* § 675u Rn. 6.

sowohl ein versuchter, als auch ein vollendeter Betrug.[15] Erfasst ist nur betrügerisches Verhalten des Überweisenden selbst, das folgt aus Erwägungsgrund 71 PSD II.[16]

7a Bestehen bleibt die Pflicht, den Betrugsverdacht unverzüglich, also ohne schuldhaftes Zögern zu prüfen.[17] Fällig wird der Erstattungsanspruch erst, wenn diese Prüfung erfolgt ist und sich der Betrugsverdacht nicht erhärtet, dh kein hinreichender Tatverdacht im strafprozessualen Sinn vorliegt.[18] Gelingt es dem Zahlungsdienstleister hingegen, betrügerisches Verhalten nachzuweisen, scheidet der Anspruch aus § 675u S. 2 BGB von vornherein aus.[19]

7b Die Information der zuständigen Behörde ist nach § 675u S. 4 BGB möglich. Eine Verpflichtung hierzu trifft den Zahlungsdienstleister nicht. Es liegt eine bloße **Obliegenheit** vor, bei deren Verletzung der Erstattungsanspruch des Zahlers nach spätestens zwei Geschäftstagen fällig wird.[20]

8 **d) Rückerstattungsanspruch bei Einschaltung eines Zahlungsauslösedienstleisters, § 675u S. 5 BGB.** Der in Umsetzung von Art. 73 Abs. 2 UAbs. 1 PSD II eingeführte § 675u S. 5 BGB betrifft den Rückerstattungsanspruch im Fall der Einschaltung eines Zahlungsauslösedienstes. Zur Erstattung verpflichtet ist in diesen Fällen nur der kontoführende Zahlungsdienstleister. Es kommt mit Blick auf den angestrebten hohen Schutzstandard zugunsten der Verbraucher nicht darauf an, ob der kontoführende Zahlungsdienstleister oder der Zahlungsauslösedienst für die nicht autorisierte Zahlung verantwortlich ist.[21] Für den Überweisenden ist es in der Regel nicht erkennbar, in wessen Verantwortungsbereich die nicht autorisierte Zahlung fällt und die Möglichkeit seiner Bank, ihn an den Zahlungsauslösedienstleister zu verweisen, würde den intendierten Schutzstandard nicht gewährleisten.[22] Für einen Ausgleich im Innenverhältnis bleibt der Zahlungsdienstleister auf den Regressanspruch gem. § 676a BGB verwiesen (→ Kap. 4 BGB § 676a Rn. 5 ff.). Dessen Durchsetzung ist gem. § 16 ZAG über eine Pflichtversicherung zu gewährleisten.

8a Der **kontoführende Zahlungsdienstleister** bleibt zu denselben Bedingungen verpflichtet, wie es ohne Einschaltung eines Zahlungsauslösedienstes der Fall wäre.[23] Das gilt für Fristlauf und Fristbeginn sowie für die Möglichkeit, betrügerisches Verhalten geltend zu machen.[24] Eine strengere Haftung trifft den Zahlungsdienstleister, trotz des uneindeutigen Wortlauts des Art. 73 Abs. 2 PSD II nicht.[25] Wegen der vollharmonisierend vorgegebenen Haftung nur des Zahlungsdienstleisters, sind inhaltsgleiche Ansprüche des Überweisenden gegen den **Zahlungsauslösedienster** ausgeschlossen, das umfasst Erstattungs- und inhaltsgleiche Schadensersatzansprüche.[26] Darüber hinausgehende Ansprüche auf den Ersatz von Folgeschäden lässt Art. 73 Abs. 3 PSD II zu.

9 **e) Entgegenstehende Einrede aus § 242 BGB.** Die deutsche Rechtsprechung hat im Einzelfall in der Geltendmachung eines Erstattungsanspruchs auf Kontoberichtigung einen Verstoß gegen § 242 BGB erblickt, wenn die Überweisung zwar weisungswidrig erfolgte, in der Sache aber dem intendierten Zweck entsprach. Das ist insbesondere bejaht worden, wenn der mit der Überweisung verfolgte Zweck eingetreten ist, etwa eine Schuld im

---

[15] BT-Drs. 18/11495, 163.
[16] BT-Drs. 18/11495, 163.
[17] Palandt/*Sprau* § 675u Rn. 6.
[18] BT-Drs. 18/11495, 163.
[19] BT-Drs. 18/11495, 163; anders wohl *Spitzer* MDR 2018, 561 (565).
[20] BT-Drs. 18/11495, 163.
[21] HK-BGB/*Schulte-Nölke* § 675u Rn. 4.
[22] BT-Drs. 18/11495, 164.
[23] BT-Drs. 18/11495, 164.
[24] BT-Drs. 18/11495, 164.
[25] BT-Drs. 18/11495, 164.
[26] BT-Drs. 18/11495, 164.

Valutaverhältnis erfüllt wurde.[27] Europarechtlich dürfte das nur noch für Ausnahmefälle weiterhin zulässig sein.[28] Zwar hat der EuGH die Berufung auf einen nach nationalem Recht beachtlichen Rechtsmissbrauchseinwand auch dann zugelassen, wenn dadurch in der Sache ein aus einer Richtlinie erwachsendes Recht nicht zur Anwendung gelangte.[29] Ob dieser Spielraum für das nationale Recht verbleibt, hängt freilich entscheidend vom Regelungsumfang und Zweck der jeweiligen Richtlinie ab. Die vollharmonisierende PSD II gewährt nicht nur besonders wenig Spielraum für Abweichungen im nationalen Recht. Art. 73 Abs. 1 PSD II garantiert die Rückerstattung eines nicht autorisierten Betrages; darüber hinausgehende vertragliche Ansprüche sind nach Art. 73 Abs. 3 PSD II zulässig. Eine Einschränkung des garantierten Anspruchs sieht die Richtlinie nicht vor. Hinzu kommt ein teleologisches Argument. Der genannten Regelungssystematik wird man nämlich entnehmen müssen, dass die Entscheidung des (angeblich) Überweisenden, eine Schuld im Valutaverhältnis (noch) nicht (vollständig) zu erfüllen, zu respektieren ist.[30] Im Regelfall greifen deshalb die Grundsätze vom Bereicherungsausgleich bei der nicht autorisierten Überweisung. Diese führen zu einer Direktkondiktion des Zahlungsdienstleisters beim Empfänger der nicht autorisierten Überweisung.[31]

III. Bereicherungsausgleich bei der nicht autorisierten Überweisung

Nach der Abkehr des Gesetzgebers vom Vertragsmodell der Überweisung in den §§ 676a ff. BGB aF folgt der Bereicherungsausgleich auf den ersten Blick wieder dem Modell der Anweisungsfälle. Wegen der Kodifikation des Anspruchs aus § 675u BGB ohne Rücksicht auf die Frage, ob ein Rechtsscheintatbestand zur Entstehung gelangt ist, sind allerdings einige Besonderheiten zu beachten.[32] **10**

1. Grundmodell der Anweisungsfälle

Die fehlerfreie Durchführung einer Überweisung führt nach hM in mindestens drei Kausalverhältnissen zu einer Leistung: (i) Der Zahlungsdienstleister des Überweisenden erfüllt seine Pflicht zur Durchführung eingehender Überweisungsaufträge aus dem Zahlungsdiensterahmenvertrag und bringt gleichzeitig – in Höhe des Überweisungsbetrages – einen Auszahlungsanspruch des Zahlers zum Erlöschen; (ii) der Zahlungsdienstleister des Überweisungsempfängers erfüllt seine Pflicht aus § 675t BGB; (iii) der Überweisende leistet auf eine Schuld im Valutaverhältnis. Mehr als drei Kausalverhältnisse sind betroffen, wenn der Weg der Überweisung über Zwischenbanken erfolgt. **11**

Ob die dogmatische Konstruktion als Dreipersonenverhältnis auch angesichts von SEPA **Echtzeit-Überweisungen** (und vergleichbaren privaten Zahlungsdiensten) noch überzeugen kann, ist umstritten. Dagegen wird vorgebracht, heutzutage sei die Einordnung des Zahlungsdienstleisters sowie etwaiger Zwischenbanken als Erfüllungsgehilfen des Zahlers jedenfalls für Echtzeit-Zahlungssysteme sachgerechter.[33] Abgestellt wird dabei für die Beziehung zwischen Zahler und Zahlungsdienstleister ausschließlich auf die Pflicht zur Auszahlung von Buchgeld. Letztere soll offenbar kein Leistungsverhältnis begründen. Der **11a**

[27] BGH NJW 2006, 294 (296); NJW-RR 2006, 261 (263); NJW 2005, 3213 (3215); NJW 1991, 3208 (3209); NJW 1969, 320 (320 f.); Prütting/Wegen/Weinreich/*Fehrenbacher* § 675u Rn. 5; *Herresthal* in → Kap. 3 BGB § 675u Rn. 18; BankR-HdB/*Schmieder* § 49 Rn. 90; Palandt/*Sprau* § 675u Rn. 4; abl. LG Hannover ZIP 2011, 1407.

[28] LG Hannover ZIP 2011, 1407 (1408).

[29] EuGH Urt. v. 12.5.1998 – Rs C-367/96, Slg. 1998, I-2843 = EuZW 1999, 56 (58) – Kefalas ua/Griechenland u. a Rn. 20 ff.; EuGH Urt. v. 23.3.2000 – Rs C-373/97, Slg. 2000, I-1705 = NZG 2000, 534 (535) – Polymeles Protodikeio Athen Rn. 33 ff.; Staub/*Grundmann* Bankvertragsrecht 3. Teil Rn. 410.

[30] → Kap. 4 BGB § 675u Rn. 1; **aA** Staub/*Grundmann* Bankvertragsrecht 3. Teil Rn. 410.

[31] → Kap. 4 BGB § 675u Rn. 15 ff.

[32] *Langenbucher* S. 173 ff.

[33] *Dieckmann* BKR 2018, 276 (281); *Herresthal* ZIP 2019, 895 (906).

„Verlust" eines Auszahlungsanspruchs des Zahlers in Höhe des übermittelten Betrages sei vielmehr bloße „Nebenfolge" der durchgeführten Überweisung.[34]

11b Die noch hM lehnt das zu Recht ab.[35] Die Beschreibung der Kette, die vom Zahlungsdienstleister über etwaige Zwischenbanken bis zur Empfängerbank reicht, bleibt ohne Rückgriff auf die Dogmatik einer Leistungsbeziehung ebenso metaphorisch wie die Einordnung des dem Buchgeld zugrunde liegenden Anspruchs des Zahlers gegen seinen Zahlungsdienstleister. [36] Als Erfüllungs- (oder Zuwendungs-)gehilfen[37] lassen sich die beteiligten Banken nur mit Blick auf das Valutaverhältnis begreifen.[38]

2. Mängel in den einzelnen Kausalverhältnissen

12 Mängel, die sich auf ein Kausalverhältnis beschränken, führen zur Kondiktion in dem jeweils mangelbehafteten Kausalverhältnis.[39]

13 **a) Mängel im Valutaverhältnis.** Sie begründen eine Leistungskondiktion des Überweisenden gegen den Überweisungsempfänger. Soweit es um die Rückabwicklung einer Zahlung geht, die ohne rechtlichen Grund erfolgt ist, hat der Überweisende mithin einen Anspruch auf Rückerstattung des geleisteten Betrages aus § 812 Abs. 1 S. 1 Alt. 1 BGB.

14 **b) Mängel im Deckungsverhältnis.** Sie sind daraufhin zu überprüfen, ob ein Mangel des Kausalverhältnisses (zB unwirksamer Zahlungsdienstevertrag) oder ein Mangel der Anweisung vorliegt (zB gefälschter Überweisungsauftrag). Mängel des Kausalverhältnisses führen zur Rückabwicklung zwischen Überweisendem und Zahlungsdienstleister. Das bedeutet: Dem Zahlungsdienstleister steht ein Anspruch aus Leistungskondiktion gegen den Überweisenden zu. Führt deshalb der Zahlungsdienstleister eine Überweisung durch, obgleich er hierzu nicht verpflichtet ist, ist die Durchführung des Überweisungsvorgangs rückabzuwickeln. Der Zahlungsdienstleister kann von dem Überweisenden die Herausgabe eines erlangten Etwas iSd § 812 Abs. 1 S. 1 Alt. 1 BGB verlangen. Dabei mag es sich ausnahmsweise um eine Gutschrift auf einem eigenen Konto des Überweisenden handeln. Geht es hingegen, wie regelmäßig, um eine Überweisung an Dritte, kann Erfüllung einer Verbindlichkeit eingetreten sein, wenn dem Überweisungsempfänger (mitunter zufällig) eine offene Forderung zustand. Fehlt es auch hieran, bleibt ein Anspruch des Überweisenden gegen den Dritten aus § 812 BGB, welchen der Zahlungsdienstleister kondizieren kann.

3. Mängel der Anweisung

15 Von Mängeln im Valutaverhältnis zwischen Überweisendem und Zahlungsdienstleister sind Mängel des Zahlungsauftrags scharf zu trennen. Der Grund hierfür liegt in der mangelnden Bindung des Überweisenden durch die Einleitung einer nicht autorisierten Überweisung, § 675u S. 1 BGB. Aus dieser Wertung folgt das Grundprinzip, dass der Überweisende von sämtlichen Folgen eines nicht autorisierten Zahlungsvorgangs freizuhalten ist. Konsequent unterscheidet sich bei Mängeln des Überweisungsauftrags die Rückabwicklung von den Fällen einfacher Mängel des Kausalverhältnisses zwischen Überweisendem und Zahlungsdienstleister. In bereicherungsrechtlicher Terminologie liegt ein „Mangel der Anweisung" vor.

16 **a) Grundsatz der Direktkondiktion.** Mängel der Anweisung verhindern einen Aufwendungsersatzanspruch des Zahlungsdienstleisters beim Überweisenden, § 675u

---

[34] *Dieckmann* BKR 2018, 276 (281).

[35] *Herresthal* ZIP 2019, 895 (907 f.).

[36] Krit. auch *Herresthal* ZIP 2019, 895 (907).

[37] Diesen Begriff bevorzugt *Dieckmann* BKR 2018, 276 (281).

[38] *Herresthal* ZIP 2019, 895 (907 f.).

[39] *Belling/Belling* JZ 2010, 708 (710); Staub/*Grundmann* Bankvertragsrecht 3. Teil Rn. 413; *Langenbucher* S. 174 f.

S. 1 BGB. In Betracht kommen allerdings Schadensersatzansprüche des Zahlungsdienstleisters gegen den angeblich überweisenden Kontoinhaber nach § 675v BGB sowie ggf. gegen deliktisch handelnde Dritte.[40] Dem entspricht es, dass die hM für diese Fälle vom Grundsatz der Direktkondiktion des Zahlungsdienstleisters gegen den Empfänger des nicht autorisierten Betrages auf der Grundlage des § 812 Abs. 1 S. 1 Alt. 2 BGB ausgeht. Im Einzelnen bedeutet das:

aa) Direktkondition der Überweiserbank beim Überweisungsempfänger. Der Zahlungsdienstleister des Überweisenden hat einen Anspruch aus Nichtleistungskondiktion, § 812 Abs. 1 S. 1 Alt. 2 BGB, gegen den Empfänger der Zahlung.[41] Eine Leistungskondiktion, § 812 Abs. 1 S. 1 Alt. 1 BGB, scheidet aus, weil der Zahlungsdienstleister nicht an den Zahlungsempfänger leisten will, sondern an den (angeblich) Überweisenden.[42] 17

bb) Keine Leistung des (angeblich) Überweisenden an den Zahlungsempfänger. Der (angeblich) Überweisende leistet nicht an den Zahlungsempfänger, und zwar unabhängig von der Frage, ob im Verhältnis zu diesem Zahlungsempfänger ein Valutaverhältnis mit einer offenen Schuld besteht.[43] Existiert eine solche offene Valutaforderung, wird diese durch die nicht autorisierte Überweisung nicht erfüllt.[44] 18

cc) Keine Kondiktion des Zahlungsdienstleisters beim (angeblich) Überweisenden. Gegen den (angeblich) Überweisenden hat dessen Zahlungsdienstleister schon deshalb keinen Kondiktionsanspruch, weil jener durch den Zahlungsvorgang nichts erlangt hat. Einen Erstattungsanspruch schließt § 675u BGB aus.[45] 19

dd) Keine Kondiktion des (angeblich) Überweisenden beim Überweisungsempfänger. Der (angeblich) Überweisende hat keinen Bereicherungsanspruch gegen den Zahlungsempfänger.[46] Eine Leistungskondiktion scheidet mangels einer bewussten und zweckgerichteten Vermögensmehrung aus. Die Nichtleistungskondiktion scheitert am Merkmal „auf dessen Kosten": Der (angeblich) Überweisende bleibt nach der Wertung des § 675u S. 1 BGB von der erfolgten Vermögensbewegung unberührt. Die Bereicherung des Zahlungsempfängers entsteht damit „auf Kosten" des Zahlungsdienstleisters. Die Rechtsprechung hat allerdings im Einzelfall einen Schadensersatzanspruch des (angeblich) Überweisenden aus § 826 BGB bei einer gefälschten Überweisung anerkannt, welche Zahlungsempfänger und Bankangestellter im kollusiven Zusammenwirken herbeigeführt hatten. Dieser Anspruch richtet sich auf den Ersatz von Schäden, die daraus entstehen, dass der Zahlungsdienstleister den unzutreffenden Kontostand (noch) nicht korrigiert hat.[47] Hat umgekehrt der (angeblich) Überweisende die mangelnde Autorisierung zu verantworten, haftet er dem Zahlungsdienstleister (nur) gem. § 675v Abs. 3 BGB auf Schadensersatz.[48] Bei der Berechnung des dem Zahlungsdienstleister entstandenen Schadens kann der (angeblich) Überweisende in diesem Fall die Abtretung des Bereicherungsanspruchs der Bank nach den Regeln der Vorteilsausgleichung verlangen.[49] 20

Einzelfälle. In die Fallgruppe „Mängel der Anweisung" gehören nach der Rechtsprechung alle Fälle, in denen eine wirksame Anweisung von vornherein fehlt oder ein 21

[40] → Kap. 4 BGB § 675v Rn. 1 ff.
[41] Vgl. auch BGH BKR 2015, 471; s. a. *Landschein* BKR 2016, 457; so für Echtzeitzahlungen auch *Dieckmann* BKR 2018, 276 (282).
[42] BankR-HdB/*Schmieder* § 50 Rn. 11 ff.; LG Hannover ZIP 2011, 1407 (1408); LG Berlin WM 2015, 376 (377).
[43] BGH NJW 1994, 2357 (2358); LG Hannover ZIP 2011, 1407 (1408); ebenso für Echtzeitüberweisungen *Dieckmann* BKR 2018, 276 (283).
[44] LG Hannover ZIP 2011, 1407 (1408); LG Berlin WM 2015, 376 (377); wohl auch *Grundmann* WM 2009, 1109 (1116); zur Erfüllung → Kap. 4 BGB § 675y Rn. 17 ff.
[45] → Rn. 16; LG Berlin WM 2015, 376 (377).
[46] BGH NJW 1994, 2357 (2358).
[47] BGH NJW 1994, 2357 (2359).
[48] → Kap. 4 BGB § 675v Rn. 14 ff.
[49] → Kap. 4 BGB § 675v Rn. 19; BGH WM 1990, 1280 (1281).

absolutes Zurechungshindernis besteht. Das sind die Abgabe eines Überweisungsauftrags durch einen **Geschäftsunfähigen,**[50] die **Fälschung/Verfälschung,**[51] der versehentlich **doppelt** ausgeführte Überweisungsauftrag,[52] das Handeln eines **Vertreters ohne Vertretungsmacht**[53] sowie das **völlige Fehlen** einer Anweisung („Scheinanweisung").[54] Zur Fallgruppe des völligen Fehlens der Anweisung zählt auch das **Phishing,** mithin das kriminelle Abgreifen von Kontozugangsdaten, mittels derer Überweisungen von einem fremden Konto in Gang gesetzt werden.[55] Auf die Frage, ob aus der Sicht des Überweisungsempfängers der Eindruck einer Leistung des (angeblich) Überweisenden entstanden sein könnte, kommt es nicht an.[56]

22 **ee) SEPA-Recall.** Das **SEPA-Regelwerk** sieht innerhalb von zehn Bankgeschäftstagen für versehentlich doppelt ausgeführte Überweisungsaufträge, für technische Fehler, die zu fehlerhaften Zahlungsdatenträgern führen und für betrügerisch erteilte Zahlungsaufträge eine Rückrufmöglichkeit („recall") vor, Nr. 4.4 SEPA-Regelwerk. Bei derartigen „recall-Aufträgen" darf die Bank des Überweisungsempfängers ein Entgelt verlangen und dieses von dem zurückgeleiteten Betrag abziehen.

23 **b) Keine Ausnahmen bei zurechenbar gesetztem Rechtsschein.** Ausnahmen vom Grundsatz der Direktkondiktion erkannte die frühere Rechtsprechung an, wenn der (angeblich) Überweisende den Überweisungsvorgang zwar nicht autorisiert, aber doch mit veranlasst und zugleich gegenüber dem Überweisungsempfänger zurechenbar einen Rechtsscheintatbestand gesetzt hat.[57] Von dieser Ansicht hat der BGH zu Recht[58] Abstand genommen.[59] Die §§ 675j, 675u BGB gebieten die Abkehr vom Horizont des Zahlungsempfängers. In den Vordergrund, auch der bereicherungsrechtlichen Betrachtung, rückt die Autorisierung durch den Zahler. Dem ist zuzustimmen. § 675u BGB schließt für nicht autorisierte Zahlungsvorgänge einen Aufwendungsersatzanspruch aus und verpflichtet den Zahlungsdienstleister zur unverzüglichen Rückbuchung der erfolgten Belastung. Eine „nicht autorisierte" Überweisung liegt auch dann vor, wenn der (angeblich) Überweisende diese iSd aufgegebenen Rechtsprechung mit veranlasst und/oder gegenüber dem Zahlungsempfänger einen Rechtsschein zum Behaltendürfen gesetzt hat.[60] Belastet man den Anspruch des (angeblich) Überweisenden aus § 675u S. 2 BGB mit einer Aufrechnungslage bzw. mit einem Zurückbehaltungsrecht, fehlt es an einer effektiven Richtlinienumsetzung.[61] Zentral ist, dass Art. 73 Abs. 1 PSD II und § 675u BGB verbindlich anordnen, der (angeblich) Überweisende sei nicht mit den Folgen einer nicht autorisierten Zahlung zu belasten.[62] Auch in Konstellationen, in denen im Valutaverhältnis gegenüber dem Zahlungsempfänger eine offene Schuld besteht bzw. dies behauptet wird, ist die Entscheidung des (angeblich) Überweisenden, diese nicht zu begleichen, zu respektieren.[63] Existiert im Valutaverhältnis überhaupt keine Schuld und wird dies auch nicht behauptet, fehlt es von

---

[50] BGH WM 2015, 1631 (1631); NJW 2008, 2331 (2332); BGHZ 111, 382.
[51] BGH WM 2015, 1631 (1633); NJW 2008, 2331 (2332); NJW 1994, 2357; WM 1990, 1280 (1281).
[52] BGHZ 72, 9; BGH WM 1990, 1280 (1281) unter Verweis auf OLG München NJW-RR 1988, 1391 (1392); zur neuen Rechtslage LG Hannover ZIP 2011, 1407.
[53] BGH WM 2015, 1631 (1633); NJW 2015, 2725; NJW 2008, 2331 (2332); NJW 2004, 1315; 2001, 1855.
[54] BGH NJW 2003, 582.
[55] OLG Zweibrücken MMR 2010, 346; LG Köln MMR 2008, 259 mAnm *Borges* MMR 2008, 262; OLG Hamburg MMR 2006, 749 (zur Stornobuchung durch das Kreditinstitut); → Kap. 4 BGB § 675v Rn. 6.
[56] BGH NJW 2008, 2331 (2332).
[57] Zusammenfassend BGHZ 176, 234; OLG Hamm NJW-RR 1987, 882; BankR-HdB/*Mayen* § 50 Rn. 23; *Hadding* WuB I D 1. Überweisungsverkehr 1.87.
[58] S. bereits frühere LG Hannover ZIP 2011, 1406 (1407); LG Berlin WM 2015, 376 (377); *Bartels* WM 2010, 1828 ff.; *Belling/Belling* JZ 2010, 708 (709 ff.); *Langenbucher* FS Köndgen, 383 (387 ff).
[59] BGH WM 2015, 1631 (1633); krit. Anm. *Hadding* WuB 2015, 488; *Jansen* JZ 2015, 952.
[60] → Kap. 4 BGB § 675j Rn. 12a.
[61] LG Berlin WM 2015, 376 (377); *Belling/Belling* JZ 2010, 708 (711).
[62] → Kap. 4 BGB § 675u Rn. 1.
[63] → Kap. 4 BGB § 675u Rn. 9.

vornherein an einer Legitimation, den Überweisungsempfänger zu schützen. Damit gilt das bei → Rn. 17 ff. Ausgeführte: Der Zahlungsdienstleister des Überweisenden hat einen Anspruch aus Nichtleistungskondiktion gegen den Empfänger der Zahlung. Der (angeblich) Überweisende leistet nicht an den Zahlungsempfänger und zwar unabhängig von der Frage, ob im Verhältnis zu dem Zahlungsempfänger ein Valutaverhältnis mit einer offenen Schuld besteht. Existiert eine offene Valutaforderung, wird diese durch die nicht autorisierte Überweisung nicht erfüllt.[64] Gegen den (angeblich) Überweisenden hat dessen Zahlungsdienstleister schon deshalb keinen Kondiktionsanspruch, weil jener durch den Zahlungsvorgang nichts erlangt hat. Der (angeblich) Überweisende hat keinen Bereicherungsanspruch gegen den Zahlungsempfänger. Eine Leistungskondiktion scheidet mangels einer bewussten und zweckgerichteten Vermögensmehrung aus. Das Interesse des Zahlungsempfängers, der sich darauf verlassen hat, die eingegangene Zahlung behalten zu dürfen, ist im Verhältnis zum (angeblich) Überweisenden zu berücksichtigen. Ist diesem eine Pflichtverletzung vorzuwerfen, weil er schuldhaft den Eindruck beim Zahlungsempfänger hervorgerufen hat, dieser dürfe sich auf den Zahlungseingang verlassen, haftet er nach § 280 Abs. 1 BGB auf Schadensersatz, der auch etwaige Folgeschäden erfasst. Eine etwaige Mitverantwortung des (angeblich) Überweisenden für die Auslösung des Zahlungsvorgangs ist im Verhältnis zum Zahlungsdienstleister (nur) gem. § 675v Abs. 2 BGB beachtlich.

c) Einzelfälle der früher abweichenden Rechtsprechung. Zu der soeben besprochenen Fallgruppe gehören nach bisheriger Rechtsprechung die Ausführung eines **gekündigten Dauerauftrags,**[65] die Ausführung eines Überweisungsauftrags trotz wirksamen **Widerrufs**[66] und die **Zuvielüberweisung.**[67] In sämtlichen Fällen überwiegt nach bisheriger Rechtsprechung der Schutz des Zahlungsempfängers jedenfalls dann die Interessen des (angeblich) Überweisenden, wenn dieser einen Rechtsscheintatbestand gesetzt hatte. Ein solcher ist bejaht worden, wenn die Überweisung dem Empfänger angekündigt war und dieser den Widerruf nicht kannte.[68] Guter Glaube setzte nach der Rechtsprechung weiter voraus, dass eine offene Schuld im Valutaverhältnis mindestens in Höhe des zu viel überwiesenen Betrages besteht und der Zahlungsempfänger darauf vertrauen durfte, den überwiesenen Betrag behalten zu dürfen. Kannte der Empfänger hingegen den Widerruf des Überweisungsauftrags oder durfte er aus anderen Gründen nicht darauf vertrauen, die Leistung behalten zu dürfen,[69] war er nach der Rechtsprechung nicht schutzwürdig und es verblieb bei der Grundregel der Direktkondiktion durch den Zahlungsdienstleister.[70] Es steht zu erwarten, dass künftig sämtliche Fälle entlang des unter → Rn. 15 ff. vorgezeichneten Weges abzuwickeln sein werden. 24

§ 675v Haftung des Zahlers bei missbräuchlicher Nutzung eines Zahlungsinstruments

(1) **Beruhen nicht autorisierte Zahlungsvorgänge auf der Nutzung eines verloren gegangenen, gestohlenen oder sonst abhandengekommenen Zahlungsinstruments oder auf der sonstigen missbräuchlichen Verwendung eines Zahlungsinstruments, so kann der Zahlungsdienstleister des Zahlers von diesem den Ersatz des hierdurch entstandenen Schadens bis zu einem Betrag von 50 Euro verlangen.**

---

[64] *Belling/Belling* JZ 2010, 708 (711); **aA** *Grundmann* WM 2009, 1109 (1117).

[65] BGHZ 87, 246; wie hier dagegen LG Berlin WM 2015, 376 (377).

[66] BGHZ 87, 246.

[67] BGH NJW 2008, 2331 (2333); NJW 1987, 185.

[68] BGHZ 87, 246.

[69] BGH NJW 2001, 2880 (2881); NJW 1987, 185 (187); NJW 1976, 1845 (Wechseleinlösung nach bekanntem Konkurs); 1976, 1448 (nicht unterzeichneter Scheck); 1976, 1449 (bekannte Falschüberweisung).

[70] BGHZ 87, 393.

(2) **Der Zahler haftet nicht nach Absatz 1, wenn**

1. es ihm nicht möglich gewesen ist, den Verlust, den Diebstahl, das Abhandenkommen oder eine sonstige missbräuchliche Verwendung des Zahlungsinstruments vor dem nicht autorisierten Zahlungsvorgang zu bemerken, oder

2. der Verlust des Zahlungsinstruments durch einen Angestellten, einen Agenten, eine Zweigniederlassung eines Zahlungsdienstleisters oder eine sonstige Stelle, an die Tätigkeiten des Zahlungsdienstleisters ausgelagert wurden, verursacht worden ist.

(3) **Abweichend von den Absätzen 1 und 2 ist der Zahler seinem Zahlungsdienstleister zum Ersatz des gesamten Schadens verpflichtet, der infolge eines nicht autorisierten Zahlungsvorgangs entstanden ist, wenn der Zahler**

1. in betrügerischer Absicht gehandelt hat oder

2. den Schaden herbeigeführt hat durch vorsätzliche oder grob fahrlässige Verletzung

a) einer oder mehrerer Pflichten gemäß § 675l Absatz 1 oder

b) einer oder mehrerer vereinbarter Bedingungen für die Ausgabe und Nutzung des Zahlungsinstruments.

(4) **[1] Abweichend von den Absätzen 1 und 3 ist der Zahler seinem Zahlungsdienstleister nicht zum Schadensersatz verpflichtet, wenn**

1. der Zahlungsdienstleister des Zahlers eine starke Kundenauthentifizierung im Sinne des § 1 Absatz 24 des Zahlungsdiensteaufsichtsgesetzes nicht verlangt oder

2. der Zahlungsempfänger oder sein Zahlungsdienstleister eine starke Kundenauthentifizierung im Sinne des § 1 Absatz 24 des Zahlungsdiensteaufsichtsgesetzes nicht akzeptiert.

Satz 1 gilt nicht, wenn der Zahler in betrügerischer Absicht gehandelt hat. [2] Im Fall von Satz 1 Nummer 2 ist derjenige, der eine starke Kundenauthentifizierung nicht akzeptiert, verpflichtet, dem Zahlungsdienstleister des Zahlers den daraus entstehenden Schaden zu ersetzen.

(5) **[1] Abweichend von den Absätzen 1 und 3 ist der Zahler nicht zum Ersatz von Schäden verpflichtet, die aus der Nutzung eines nach der Anzeige gemäß § 675l Absatz 1 Satz 2 verwendeten Zahlungsinstruments entstanden sind. [2] Der Zahler ist auch nicht zum Ersatz von Schäden im Sinne des Absatzes 1 verpflichtet, wenn der Zahlungsdienstleister seiner Pflicht gemäß § 675m Absatz 1 Nr. 3 nicht nachgekommen ist. [3] Die Sätze 1 und 2 sind nicht anzuwenden, wenn der Zahler in betrügerischer Absicht gehandelt hat.**

Übersicht

I. Regelungsgegenstand und Regelungszweck

Die Vorschrift regelt **abschließend** bestimmte Missbrauchsrisiken (nämlich Verlust, Diebstahl, Abhandenkommen, sonstige misbräuchliche Verwendung[1]) beim Einsatz eines Zahlungsinstruments.[2] **Abs. 1** ordnet eine **verschuldensunabhängige** Haftung des Überweisenden an, die der Höhe nach auf EUR 50 begrenzt ist.[3] **Abs. 2** enthält Ausnahmen zugunsten eines Überweisenden, der die missbräuchliche Verwendung nicht bemerken konnte (Nr. 1) oder dessen Schaden durch Dritte verursacht wurde (Nr. 2). Genau umgekehrt verschärft **Abs. 3** die Haftung des Überweisenden, der betrügerisch handelt oder dem eine Pflichtverletzung vorzuwerfen ist. **Abs. 4** verknüpft die Haftung des Überweisenden mit der starken Kundenauthentifizierung. **Abs. 5** begrenzt die Haftung zeitlich vom Erhalt des Zahlungsinstruments[4] bis zur Verlustanzeige. Insgesamt soll die Vorschrift zur zügigen Erstattung von Verlustanzeigen beitragen und den sorgfältigen Umgang mit verkörperten Zahlungsinstrumenten prämieren. Beides dient der **Schadensprävention.** 1

Durch die Umsetzung des Art. 74 PSD II wurde § 675v BGB erheblich umgestaltet. Neben einer Neufassung des Abs. 1 wurde Abs. 2 und Abs. 4 neu eingefügt, aus dem früheren Abs. 2 wurde mit entsprechenden Anpassungen Abs. 3. Die Regelung des Abs. 3 aF findet sich nun, ebenfalls mit redaktioneller Anpassung, in Abs. 5 wieder. 1a

Eine abweichende Regelung zugunsten des Zahlungsdienstnutzers ist stets zulässig; zulasten des Zahlungsdienstnutzers dagegen nur im Rahmen der §§ 675e, 675i BGB: (1) bei Zahlungsdiensten in **Fremdwährungen** (§ 675e Abs. 2 Nr. 2 iVm § 675d Abs. 6 S. 1 Nr. 1 lit. a BGB), (2) bei Beteiligung mehrerer Zahlungsdienstleister an dem Zahlungsvorgang, wenn von diesen Zahlungsdienstleistern mindestens einer innerhalb und mindestens einer außerhalb des Europäischen Wirtschaftsraums belegen ist, und bei (3) Zahlungsvorgängen, bei denen keiner der beteiligten Zahlungsdienstleister innerhalb des Europäischen Wirtschaftsraums belegen ist (one-leg-Transaktionen bzw. **Drittstaatendienstleister,** § 675e Abs. 2 Nr. 2 iVm § 675d Abs. 6 S. 1 Nr. 1 lit. b und Nr. 2 BGB), (4) sowie unabhängig von der Währung, wenn der Zahlungsdienstnutzer **kein Verbraucher** (§ 13 BGB) ist (§ 675e Abs. 4 BGB), (5) ferner bei **Kleinbetragsinstrumenten** (§ 675i Abs. 2 Nr. 2, 3 BGB).[5] Eine Abbedingung durch AGB unterliegt zudem den allgemeinen Grenzen der §§ 305 ff. BGB. 2

Über die Haftung hat das Zahlungsdiensteunternehmen den Zahlungsdienstnutzer vorvertraglich zu informieren (Art. 248 § 4 Abs. 1 Nr. 5 lit. c EGBGB). 3

[1] BT-Drs. 16/11643, 113. Für die Überweisung sind nach derzeitigem Stand der Technik vor allem die Formen missbräuchlicher Verwendung einschlägig, § 675v Abs. 1 BGB.
[2] *Langenbucher* S. 4 f. und 140.
[3] Unter der Rechtslage vor Umsetzung der PSD II war die Haftungshöchstsumme noch 150 EUR. Durch die Absenkung auf 50 EUR sollte ein verbesserter Schutz des Zahlungsdienstnutzers erreicht werden, vgl. BT-Drs. 18/11495, 165.
[4] Den Zeitraum vor Eingang des Zahlungsauthentifizierungsinstruments erfassen die §§ 675l, 675m Abs. 2 BGB, → Kap. 4 BGB § 675m Rn. 8.
[5] *Herresthal* in → Kap. 2 BGB § 675e Rn. 6 ff.

II. § 675v Abs. 1 BGB

1. Nutzung eines Zahlungsinstruments

4 Die Norm setzt einen Zahlungsvorgang unter Nutzung eines Zahlungsinstruments voraus. Damit muss entweder ein unter den Begriff des Zahlungsinstruments subsumierbares „Verfahren" oder „Instrument" zum Einsatz gelangt sein.[6]

5 **a) § 675v Abs. 1 Alt. 1 BGB.** Die in § 675v Abs. 1 Alt. 1 BGB adressierte Alternative betrifft notwendig nur solche Zahlungsinstrumente, bei welchen ein **„Instrument"** zum Einsatz gelangt ist, weil nur dieses abhandenkommen kann.[7] Der Gesetzgeber ging jedenfalls bei der Umsetzung der PSD I davon aus, dass diese Alternative für die Überweisung von vornherein ausscheidet, weil Überweisungen stets auf „Verfahren" beruhen.[8] Das mag sich ändern; in der Literatur ist bereits auf Chipkarten mit Signaturfunktion über einen Kartenleser hingewiesen worden.[9] Kein „Instrument" in diesem Sinne sind jedenfalls die personalisierten Sicherheitsmerkmale gem. § 675l BGB[10] und auch nicht die zur Speicherung solcher Merkmale verwendeten Medien.[11]

6 **Einzelfälle:**[12] Nicht unter § 675v Abs. 1 Alt. 1 BGB fallen deshalb der **Brief,** mit welchem TANs oder PINs versandt werden, oder ein elektronischer **TAN-Generator.**[13] Auch beim elektronischen **Ausspähen** einer TAN oder PIN, etwa durch **Trojaner,** liegt kein Verlust oder Diebstahl vor, dies schon deshalb, weil der Überweisende ebenso wie bei einem solchen **„Phishing"** im Besitz der relevanten Daten bleibt.[14] Abweichende Bestimmungen in **AGB Online-Banking** sind unwirksam.[15]

7 **b) § 675v Abs. 1 Alt. 2 BGB.** Der Regelfall einer Überweisung dürfte der Einsatz eines personalisierten **„Verfahrens"**, etwa die Online-Überweisung, sein. Dieses kann nicht iSd § 675v Abs. 1 Alt. 1 BGB abhandenkommen, wohl aber nach § 675v Abs. 1 Alt. 2 BGB missbräuchlich verwendet werden. Bei „schlichten" Zahlungsvorgängen wie der Überweisung findet § 675v BGB keine Anwendung, da in diesen Fällen kein Zahlungsinstrument verwendet wird.[16]

8 **Missbräuchlich** ist jede nicht autorisierte Überweisung.[17] Handlungen eines Vertreters ohne Vertretungsmacht und Handlungen unter Missbrauch existierender Vertretungsmacht[18] stellen deshalb eine missbräuchliche Verwendung iSd § 675v Abs. 1 Alt. 2 BGB dar. In der **Weitergabe von PIN oder TAN** liegt im Regelfall zugleich die Erteilung von Vertretungsmacht.[19] Die Weitergabe von PIN oder TAN ist allerdings in der Regel durch AGB ausgeschlossen und folglich missbräuchlich (→ Rn. 10). Kommt das aufgrund der einschlägigen AGB nicht in Betracht oder liegt ein Fall eines beachtlichen Missbrauchs von Vertretungsmacht vor, liegt hierin typischerweise ein Verstoß gegen § 675l BGB, soweit die Weitergabe nicht gestattet war.[20]

---

[6] Zur Terminologie → Kap. 4 BGB § 675j Rn. 18-20.

[7] → Kap. 4 BGB § 675l Rn. 8; Ellenberger/Findeisen/Nobbe/*Nobbe* § 675v Rn. 19; *Scheibengruber* BKR 2010, 15 (18 f.).

[8] BT-Drs. 16/11643, 113.

[9] *Scheibengruber* BKR 2010, 15 (18); → Kap. 4 BGB § 675l Rn. 8.

[10] Zum Begriff → Kap. 4 BGB § 675l Rn. 3.

[11] → Kap. 4 BGB § 675l Rn. 8.

[12] → Kap. 4 BGB § 675l Rn. 9.

[13] *Scheibengruber* BKR 2010, 15 (18, 20); **aA** *Herresthal* in → Kap. 3 BGB § 675v Rn. 19.

[14] *Schulte am Hülse/Klabunde* MMR 2010, 84 (86); zu den einzelnen Formen eines Angriffs *Herresthal* in → Kap. 3 Vorb. Rn. 62 ff.

[15] Ellenberger/Findeisen/Nobbe/*Nobbe* § 675v Rn. 21; *Scheibengruber* BKR 2010, 15 (20).

[16] LG Karlsruhe BKR 2019, 151.

[17] → Kap. 4 BGB § 675j Rn. 12 ff.

[18] Hierzu Palandt/*Ellenberger* § 164 Rn. 13; MüKoBGB/*Schubert* § 164 Rn. 213 ff.

[19] LG Berlin MMR 2010, 137.

[20] Ellenberger/Findeisen/Nobbe/*Nobbe* § 675v Rn. 52.

2. Verschulden

9 Die verschuldensunabhängige Haftung des Zahlers setzt seit Umsetzung der PSD II zwar weder voraus, dass personalisierte Sicherheitsmerkmale nicht sicher vom Zahler aufbewahrt worden sind noch überhaupt Verschulden des Zahlers nachgewiesen wird, § 675v Abs. 1 Alt. 2 BGB.[21] Weil sich der Überweisende aber gem. Abs. 2 entlasten kann, hängt seine Haftung im Ergebnis doch von einem Verschuldenselement ab (→ Rn. 11a).[22]

3. Haftungsbegrenzung

10 Die **Haftungsbegrenzung der Höhe nach** gilt für die Gesamtheit aller Zahlungsvorgänge, die unter missbräuchlicher Verwendung des Zahlungsinstruments eingeleitet wurden.[23] Hat sich ein Dritter deshalb Zugang zu einer TAN-Liste verschafft, erfasst die Haftungsbegrenzung sämtliche Zahlungsvorgänge, die auf der Grundlage dieser Liste ausgelöst wurden, dh, der (scheinbar) Überweisende haftet nach § 675v Abs. 1 BGB maximal einmalig auf 50 EUR. Im unternehmerischen Verkehr gilt die Regelung nicht zwingend; in einigen **AGB Online-Banking** ist das berücksichtigt.[24] Durch Kontroll- und Rügepflichten in AGB kann dieses System nicht ausgehebelt werden.[25]

III. Haftungsbegrenzung, § 675v Abs. 2 BGB

1. Fehlende Pflichtverletzung, § 675v Abs. 2 Nr. 1 BGB

11 Der Zahler haftet nicht nach § 675v Abs. 1 BGB, wenn es ihm nicht möglich gewesen ist, den Verlust, den Diebstahl, das Abhandenkommen oder eine sonstige missbräuchliche Verwendung des Zahlungsinstruments vor dem nicht autorisierten Zahlungsvorgang zu bemerken, vgl. § 675v Abs. 2 Nr. 1 BGB. Dabei kommt es auf jeden Einzelfall gesondert an, insbesondere können im Zeitablauf strengere Anforderungen gelten.[26]

11a Eine nähere Definition der **Bemerkbarkeit** findet sich weder in der PSD II, noch in den Gesetzesmaterialien.[27] Die Umsetzung durch den deutschen Gesetzgeber weicht in diesem Punkt von der Richtlinienvorgabe ab, denn die Richtlinie spricht davon, dass das Abhandenkommen bzw. die missbräuchliche Verwendung „nicht bemerkbar war“, was eine objektive Auslegung der Bemerkbarkeit nahelegt. Eine solche Auslegung ergibt sich auch aus Erwägungsgrund 71 der PSD II, wonach der Zahler sich nur auf den Ausschluss berufen kann, wenn er in seiner konkreten Situation objektiv „nicht in der Lage“ war, den drohenden Missbrauch festzustellen.[28] In diese Richtung weist auch die englische Sprachfassung, welche die Formulierung „non detectable“ verwendet, was auf fehlende „Feststellbarkeit“ und somit auf einen objektiven Maßstab hinweist.[29] Allerdings erfordert die Haftung nach Abs. 1 ausweislich der aus der Gesetzesbegründung ersichtlichen Ansicht des Gesetzgebers stets ein Verschulden des Zahlers iSv § 276 BGB.[30] Aus einer systematischen Abgrenzung zu § 675v Abs. 3 BGB ergibt sich, dass die Schwelle des Vorwurfs für Untätigkeit trotz Bemerkbarkeit unterhalb der positiven Kenntnis liegen muss, da ansonsten die

[21] Palandt/*Sprau* § 675v Rn. 3; BeckOK BGB/*Schmalenbach* § 675v Rn. 4.
[22] BT-Drs. 18/11495, 165.
[23] *Herresthal* in → Kap. 3 BGB § 675v Rn. 28; *Casper/Pfeifle* WM 2009, 2343 (2347); *Oechsler* WM 2010, 1381 (1383); Palandt/*Sprau* § 675v Rn. 4.
[24] Nr. 10.2.1. Abs. 3 Sonderbedingungen für das Online-Banking; Ellenberger/Findeisen/Nobbe/*Nobbe* § 675v Rn. 63.
[25] → Kap. 4 BGB § 676b Rn. 3 f.
[26] BT-Drs. 18/11495, 165.
[27] *Hofmann* BKR 2018, 62 (63).
[28] *Hoffmann* VuR 2016, 243 (244).
[29] *Hoffmann* VuR 2016, 243 (244).
[30] BT-Drs. 18/11495, 165.

nach den Rechtsfolgen differenzierende Unterscheidung zwischen § 675v Abs. 2 BGB und § 675v Abs. 3 BGB keinen Sinn ergeben würde.[31]

12 Unterschiedlich bewertet wird die Frage, welche Aufmerksamkeit das Gesetz vom Zahlungsdienstnutzer in Bezug auf das Zahlungsinstrument oder die personalisierten Sicherheitsmerkmale verlangt. Nach teilweise vertretener Ansicht dürfen mit Blick auf das Ziel der PSD II, Zahlungsinstrumente weit zu verbreiten (Erwägungsgrund 67), keine Anforderungen aufgestellt werden, welche die Verwendungsbereitschaft übermäßig beschränken.[32] Eine über die in den Ausgabebedingungen vereinbarten Schutzpflichten hinausgehende anlasslose Überprüfung, ob sich das Zahlungsinstrument noch im unmittelbaren Besitz befindet oder ob die fortgesetzte Vertraulichkeit des persönlichen Sicherheitsmerkmals noch gewährleistet ist, kommt nach dieser Ansicht zu Recht nicht in Betracht.[33] Andere Stimmen fordern hingegen regelmäßige Kontrollen.[34] Solche sollen den Zahlungsdienstnutzer nicht über Gebühr in Anspruch nehmen, da bei einer Zuwiderhandlung lediglich eine Haftung in Höhe von 50 EUR in Betracht kommt und die Annahme weniger strenger Pflichten mit dem Gesetzeszweck, den Zahlungsdienstnutzer dazu anzuhalten, eigenverantwortlich an der Verminderung des Risikos nicht-autorisierter Zahlungsvorgänge mitzuwirken, in Konflikt gerate.

2. Verlust im Verantwortungsbereich des Zahlungsdienstleisters, § 675v Abs. 2 Nr. 2 BGB

13 Eine Haftung des Zahlers nach § 675v Abs. 1 BGB entfällt, wenn der Verlust des Zahlungsinstruments durch einen Angestellten, einen Agenten, eine Zweigniederlassung eines Zahlungsdienstleisters oder eine sonstige Stelle, an die Tätigkeiten des Zahlungsdienstleisters ausgelagert wurden, verursacht worden ist. Für die Überweisung ist der Haftungsausschluss nur dann einschlägig, wenn der zutreffenden Ansicht in der Literatur gefolgt wird, die eine analoge Anwendung der Vorschrift für die Offenbarung personalisierter Sicherheitsmerkmale im Verantwortungsbereich des Zahlungsdienstleisters annimmt.[35] Werden bspw. personalisierte Sicherheitsmerkmale vom Server des Zahlungsdienstleisters im Wege eines Datendiebstahls gestohlen und kommt es in der Folge zu einem nicht autorisierten Zahlungsvorgang, kann der Zahler dem Zahlungsdienstleister kaum gem. § 675v Abs. 1 BGB haften. Dieses Ergebnis ist notwendige Folge der in § 675v Abs. 2 BGB zum Ausdruck kommenden Abgrenzung nach Risikosphären.

IV. Betrug und grob fahrlässiges Handeln, § 675v Abs. 3 BGB

14 Liegt einer der in Abs. 3 genannten Fälle vor, haftet der Überweisende auf den gesamten entstandenen Schaden, dh auch den 50 EUR übersteigenden Teil. § 675v Abs. 3 BGB idF des PSD II-UG entspricht im Wesentlichen dem früheren Abs. 2.

1. Betrügerische Absicht

15 Seit der Umsetzung der PSD II ist Voraussetzung für die Haftung des Überweisenden nicht mehr, dass dieser den nicht autorisierten Zahlungsvorgang in betrügerischer Absicht **kausal** herbeigeführt hat. Stattdessen haftet er bereits, wenn er überhaupt betrügerisch handelt, bspw. nach Bemerken eines Missbrauchs kollusiv mit einem Dritten zusammenwirkt.[36] Die für einen Betrug erforderliche Täuschung liegt im missbräuchlichen Einsatz

[31] *Hofmann* BKR 2018, 62 (64).
[32] BeckOK BGB/*Schmalenbach* § 675v Rn. 6.
[33] BeckOK BGB/*Schmalenbach* § 675v Rn. 6.
[34] *Hoffmann* BKR 2018, 62 (64).
[35] BeckOK BGB/*Schmalenbach* § 675v Rn. 7.
[36] BT-Drs. 18/11495, 166.

des Zahlungsinstruments. Der Irrtum entsteht beim Zahlungsdienstleister, der von einem ordnungsgemäßen Überweisungsauftrag ausgeht. Die Vermögensverfügung liegt in der Durchführung eines Zahlungsvorgangs. Der Vermögensvorteil entsteht bei dem Empfänger der Überweisung.[37]

2. Vorsätzliche oder grob fahrlässige Pflichtverletzung

Die Haftungsbegrenzung des § 675v Abs. 1 BGB entfällt auch bei einem vorsätzlichen oder grob fahrlässigen Verstoß gegen eine der in § 675l BGB aufgeführten Pflichten.[38] Die Ausgestaltung der für fahrlässiges Verhalten geltenden Grundsätze obliegt den Mitgliedstaaten;[39] der deutsche Gesetzgeber hat insoweit auf die bisherige Rechtsprechung verwiesen. Hiernach ist nicht jedes unsachgemäße oder sorgfaltswidrige Verhalten des Überweisenden grob fahrlässig. Der Begriff setzt voraus, dass die im Verkehr erforderliche Sorgfalt in ungewöhnlich hohem Maße verletzt wurde, dh ganz naheliegende Überlegungen nicht angestellt oder beiseite geschoben wurden und somit dasjenige unbeachtet geblieben ist, was sich im gegebenen Fall jedem aufgedrängt hätte.[40] Bei der Beurteilung grober Fahrlässigkeit sind subjektive Umstände mit zu berücksichtigen.[41] Das gilt insbesondere für die Frage, welche Anforderungen an die Installation von Schutzsoftware gestellt werden können. 16

Einzelfälle: Die Gesetzesbegründung zur Umsetzung der PSD I hatte auf ein Urteil des BGH zur **getrennten Verwahrung** einer Zahlungskarte und zugehöriger Geheimnummer verwiesen.[42] Für die Überweisung mag man hieraus folgern können, dass die getrennte Aufbewahrung von PINs oder ähnlichen Zugangscodes sowie TAN-Listen nicht die Voraussetzungen der groben Fahrlässigkeit erfüllt, wohl aber die Aufbewahrung sämtlicher für eine Überweisung erforderlichen Unterlagen an einem Ort.[43] Das gilt auch, wenn die Unterlagen zwar nicht gemeinsam aufbewahrt werden, aber **offen sichtbar** in der Wohnung zugänglich sind.[44] Eine Frage des Einzelfalles ist, ob die mehrfach hintereinander erfolgte **Eingabe von TANs** grob fahrlässig ist.[45] Dasselbe gilt für die Frage, inwieweit der Überweisende erkennen muss, mit einer **falschen Internetseite** verbunden zu sein.[46] Nähere Grundsätze zur **Beweislast** finden sich in § 675w BGB.[47] 17

3. Verstoß gegen Ausgabebedingungen

Der Verstoß gegen die Ausgabebedingungen erfasst wirksam vereinbarte vertragliche Sorgfaltspflichten, insbesondere die Geheimhaltung von Zahlungsinstrumenten.[48] 18

---

[37] MüKoBGB/*Zetzsche* § 675v Rn. 41; Palandt/*Sprau* § 675v Rn. 8.
[38] *Scheibengruber* BKR 2010, 15 (16).
[39] Erwägungsgrund 33 PSD I.
[40] BT-Drs. 16/11643, 114 unter Bezugnahme auf Palandt/*Heinrichs* § 277 Rn. 5; im Anschluss auch MüKoBGB/*Zetzsche* § 675v Rn. 42; Prütting/Wegen/Weinreich/*Fehrenbacher* § 675v Rn. 4.
[41] BGHZ 10, 14 (17); 89, 153 (161); Ellenberger/Findeisen/Nobbe/*Nobbe* § 675v Rn. 41.
[42] BT-Drs. 16/11643, 114 unter Bezugnahme auf BGHZ 145, 337.
[43] Vgl. BGHZ 145, 337 (ec-Karte); Prütting/Wegen/Weinreich/*Fehrenbacher* § 675v Rn. 4; *Scheibengruber* BKR 2010, 15 (20).
[44] KG MDR 2000, 1022; LG Rottweil WM 1999, 1934; für verschlossenen Pkw auch LG Hamburg NJW-RR 2002, 264; für Wohnwagen im Urlaub LG Frankfurt NJW-RR 2002, 692; LG Mainz WM 2003, 1172; nicht allg. zugängliches Büro LG Bonn NJW-RR 2005, 1645; LG Düsseldorf BKR 2008, 41; PIN-Eingabe: LG Halle WM 2001, 1298; hierzu krit. *Haertlein* WuB I D 5b-3.01: keine grobe Fahrlässigkeit bei unterlassener Vernichtung von PIN; zur Überweisung *Kind/Werner* CR 2006, 353; zum „Phishing" *Bender* WM 2008, 2049; *Borges* NJW 2005, 3313.
[45] Bejahend BGH BKR 2012, 254 (256), Rn. 24 ff. (zum früheren Recht, bei dem einfache Fahrlässigkeit genügte); KG MMR 2011, 338 (339); LG Berlin MMR 2010, 137.
[46] Für grobe Fahrlässigkeit Ellenberger/Findeisen/Nobbe/*Nobbe* § 675v Rn. 103.
[47] → Kap. 4 BGB § 675w Rn. 6 ff.
[48] *Scheibengruber* BKR 2010, 15 (18); *Scheibengruber* NJOZ 2010, 1366.

4. Schaden

19 Der Überweisende hat seinem Zahlungsdienstleister den entstandenen Schaden gem. §§ 249 ff. BGB zu ersetzen. Im Rahmen der Vorteilsausgleichung kann die Abtretung eines Kondiktionsanspruchs des Zahlungsdienstleisters gegen den Zahlungsempfänger[49] verlangt werden.[50]

V. Haftungsausschluss bei fehlender starker Kundenauthentifizierung, § 675v Abs. 4 BGB

20 Im Fall einer Haftung nach Abs. 1 und 3 kommt seit der Umsetzung der PSD II ein weiterer Haftungsausschluss gem. § 675v Abs. 4 S. 1 BGB in Betracht, wenn der Zahlungsdienstleister des Zahlers eine starke Kundenauthentifizierung iSd § 1 Abs. 24 ZAG nicht verlangt (§ 675v Abs. 4 S. 1 Nr. 1 BGB) oder der Zahlungsempfänger oder sein Zahlungsdienstleister eine starke Kundenauthentifizierung iSd § 1 Abs. 24 ZAG nicht akzeptiert. Eine Haftung kommt daher nur noch infrage, wenn der Zahlungsdienstleister eine starke Kundenidentifizierung (→ Rn. 1) verwendet. Die Vorschrift zielt darauf ab, Zahlungsdienstleister dazu anzuhalten, ein möglichst sicheres Authentifizierungsverfahren zu verwenden.[51] Keine Anwendung findet der Haftungsausschluss jedoch in Betrugsfällen, vgl. § 675v Abs. 4 S. 2 BGB. Hierfür trägt der Zahlungsdienstleister die Darlegungs- und Beweislast.[52]

VI. Mitverschulden und Haftungsausschluss nach § 675v Abs. 5 BGB

1. Mitverschulden

21 § 254 BGB ist bei fahrlässiger Mitverursachung des Schadens durch den Zahlungsdienstleister anwendbar.

22 **Einzelfälle:** Mitverschulden des Zahlungsdienstleisters kommt in Betracht, wenn auf die Notwendigkeit der Installation kostenloser bzw. vom Zahlungsdienstleister bereitgestellter **Virenschutzsoftware** nicht im Rahmen der Installation des für Online-Überweisungen vorgesehenen Programms hingewiesen wird.[53] Dasselbe gilt, wenn der Zahlungsdienstleister in Überschreitung eines vereinbarten **Verfügungsrahmens** zurechenbar die Entstehung eines höheren Schadens ermöglicht hat[54] oder die hinreichende, an den jeweils aktuellen Stand der Technik angepasste **Systemsicherheit** nicht gewährleistet wird.[55] Besteht die Möglichkeit, nach Auslösung eines nicht autorisierten Zahlungsvorgangs den angewiesenen Betrag im Interbankenverhältnis zu stornieren bzw. zurückzuholen, verletzt der Zahlungsdienstleister seine Schadensminderungspflicht, wenn er diese Möglichkeit nicht nutzt.[56]

2. Haftungsausschluss nach Anzeige

23 Die Haftungstatbestände der Abs. 1 und 3 scheiden aus, soweit der geltend gemachte Schaden nach Eingang der Anzeige gem. § 675l Abs. 1 S. 2 BGB entstanden ist.[57] Die

[49] → Kap. 4 BGB § 675u Rn. 17.
[50] BGH WM 1990, 1280 (1281).
[51] *Hoffmann* BKR 2018, 62 (65).
[52] BT-Drs. 18/11495, 166.
[53] → Kap. 4 BGB § 675l Rn. 6.
[54] Ellenberger/Findeisen/Nobbe/*Nobbe* § 675v Rn. 120; Palandt/*Sprau* § 675v Rn. 7.
[55] KG WM 2011, 493 (495 f.) (keine Anpassung von TAN an iTAN); Ellenberger/Findeisen/Nobbe/*Nobbe* § 675v Rn. 110 ff.; *Spindler* FS Nobbe, 2009, 215 (225).
[56] Ellenberger/Findeisen/Nobbe/*Nobbe* § 675v Rn. 115; *Schulte am Hülse/Klabunde* MMR 2010, 84 (88).
[57] Ellenberger/Findeisen/Nobbe/*Nobbe* § 675v Rn. 121.

Beweislast für die Vornahme der Anzeige trägt der Überweisende.[58] Dasselbe gilt, wenn der Zahlungsdienstleister seiner Pflicht aus § 675m Abs. 1 Nr. 3 BGB nicht nachgekommen ist, eine Sperre jederzeit zu ermöglichen.[59] **Kausalität** verlangt die Norm nicht, dh der Anspruch ist auch dann ausgeschlossen, wenn der Überweisende sich ohnehin nicht um eine Sperre bemüht hat.[60] Entgegenstehende Regelungen in den **AGB** sind unwirksam.[61]

3. Handeln in betrügerischer Absicht

§ 675v Abs. 5 S. 3 BGB enthält eine Unterausnahme: Hat der Überweisende in betrügerischer Absicht gehandelt, haftet er unabhängig von der Verwirklichung der genannten Ausnahmetatbestände. 24

4. Ungewöhnliche Ereignisse

§ 676c BGB schließt die Haftung aus § 675v BGB aus.[62] 25

VII. Anspruchskonkurrenzen

Die Norm ist für die angesprochenen Fallgestaltungen abschließend.[63] Außerhalb dieses Anwendungsbereichs, insbesondere wenn es am Einsatz eines Zahlungsinstruments fehlt, etwa im **beleggebundenen Überweisungsverkehr,** kommt ein Schadensersatzanspruch des Zahlungsdienstleisters gem. § 280 BGB in Betracht.[64] Unberührt bleiben auch Ansprüche im Valutaverhältnis sowie deliktische Ansprüche bei Fehlen eines Valutaverhältnisses. Bei der Bestimmung der Schadenshöhe ist der Vorrang des § 675u BGB sowie der bereicherungsrechtlichen Rückabwicklung zu beachten. Der Schaden des (angeblich) überweisenden Kontoinhabers liegt zunächst einmal in den Folgen einer unzutreffenden – deklaratorischen – Buchung, welche Folgeschäden wegen eines Liquiditätsmangels ebenso wie Rechtsverfolgungskosten umfasst.[65] Ein darüber hinausgehender Schaden kommt in Betracht, soweit der deliktisch geschädigte Kontoinhaber selbst gem. § 675v BGB verantwortlich ist. 26

§ 675w Nachweis der Authentifizierung

[1]Ist die Autorisierung eines ausgeführten Zahlungsvorgangs streitig, hat der Zahlungsdienstleister nachzuweisen, dass eine Authentifizierung erfolgt ist und der Zahlungsvorgang ordnungsgemäß aufgezeichnet, verbucht sowie nicht durch eine Störung beeinträchtigt wurde. [2]Eine Authentifizierung ist erfolgt, wenn der Zahlungsdienstleister die Nutzung eines bestimmten Zahlungsinstruments, einschließlich seiner personalisierten Sicherheitsmerkmale, mit Hilfe eines Verfahrens überprüft hat. [3]Wurde der Zahlungsvorgang mittels eines Zahlungsinstruments ausgelöst, reicht die Aufzeichnung der Nutzung des Zahlungsinstruments einschließlich der Authentifizierung durch den Zahlungsdienstleister und gegebenenfalls einen Zahlungsauslösedienstleister allein nicht notwendigerweise aus, um nachzuweisen, dass der Zahler

---

[58] Palandt/*Sprau* § 675v Rn. 7.
[59] Zu den Einzelfällen *Herresthal* in → Kap. 3 BGB § 675m Rn. 6.
[60] Ellenberger/Findeisen/Nobbe/*Nobbe* § 675v Rn. 120; Palandt/*Sprau* § 675v Rn. 6.
[61] Ellenberger/Findeisen/Nobbe/*Nobbe* § 675v Rn. 121.
[62] → Kap. 4 BGB § 676c Rn. 1.
[63] BT-Drs. 16/11643, 113; Palandt/*Sprau* § 675v Rn. 2; offen *Grundmann* WM 2009, 1109 (1114).
[64] BankR-HdB/*Schmieder* § 49 Rn. 125; wohl auch *Grundmann* WM 2009, 1109 (1114); zum Schadensersatzanspruch des Zahlungsdienstleisters BGH WM 1990, 1280 (1281); für eine Analogie zu § 675v: *Sprau* Bankrechtstag 2009, 107 (119).
[65] OLG Zweibrücken MMR 2010, 346; *Borges* MMR 2008, 262 (263).

1. den Zahlungsvorgang autorisiert,
2. in betrügerischer Absicht gehandelt,
3. eine oder mehrere Pflichten gemäß § 675l Absatz 1 verletzt oder
4. vorsätzlich oder grob fahrlässig gegen eine oder mehrere Bedingungen für die Ausgabe und Nutzung des Zahlungsinstruments verstoßen

hat. [4]Der Zahlungsdienstleister muss unterstützende Beweismittel vorlegen, um Betrug, Vorsatz oder grobe Fahrlässigkeit des Zahlungsdienstnutzers nachzuweisen.

Übersicht

I. Regelungsgegenstand und Regelungszweck

1 § 675w BGB regelt Grundsätze der Beweislastverteilung bei der Autorisierung von Zahlungsvorgängen, wenn ein Zahlungsnstrument zum Einsatz kommt.[1] Sie setzt Art. 72 PSD II um. Für den belegebundenen Überweisungsverkehr ist sie nicht einschlägig.[2]

2 Eine abweichende Regelung zugunsten des Zahlungsdienstnutzers ist stets zulässig; eine Abweichung zulasten des Zahlungsdienstnutzers dagegen nur im Rahmen der §§ 675e, 675i BGB: (1) bei Zahlungsdiensten in **Fremdwährungen** (§ 675e Abs. 2 Nr. 2 iVm § 675d Abs. 6 S. 1 Nr. 1 lit. a BGB), (2) bei Beteiligung mehrerer Zahlungsdienstleister an dem Zahlungsvorgang, wenn von diesen Zahlungsdienstleistern mindestens einer innerhalb und mindestens einer außerhalb des Europäischen Wirtschaftsraums belegen ist, (3) bei Zahlungsvorgängen, bei denen keiner der beteiligten Zahlungsdienstleister innerhalb des Europäischen Wirtschaftsraums belegen ist (one-leg-Transaktionen bzw. **Drittstaatendienstleister,** § 675e Abs. 2 Nr. 2 iVm § 675d Abs. 6 S. 1 Nr. 1 lit. a und Nr. 2 BGB), (4) unabhängig von der Währung, wenn der Zahlungsdienstnutzer **kein Verbraucher** (§ 13 BGB) ist (§ 675e Abs. 4 BGB), ferner (5) bei **Kleinbetragsinstrumenten** (§ 675i Abs. 2 Nr. 3 BGB).[3] Eine Abbedingung durch AGB unterliegt zudem den allgemeinen Grenzen der §§ 305 ff. BGB.

II. Störungsfreie Authentifizierung, § 675w S. 1, 2 BGB

3 § 675w S. 1 und 2 BGB stellen notwendige, aber nicht durchweg hinreichende Bedingungen für den Nachweis der Authentifizierung durch den Zahlungsdienstleister auf. Dieser hat zu zeigen, dass eine Authentifizierung erfolgt ist und der Zahlungsvorgang im Übrigen ordnungsgemäß aufgezeichnet und verbucht wurde sowie störungsfrei abgelaufen ist. Nach S. 4 hat der Zahlungsdienstleister unterstützende Beweismittel vorzulegen, falls Betrug, Vorsatz oder grobe Fahrlässigkeit nachgewiesen werden sollen.

4 Unter einer Authentifizierung ist gem. § 1 Abs. 23 ZAG ein Verfahren zu verstehen, mit dessen Hilfe der Zahlungsdienstleister die Identität eines Zahlungsdienstnutzers oder die berechtigte Verwendung eines bestimmten Zahlungsinstruments, einschließlich der Verwendung der personalisierten Sicherheitsmerkmale des Nutzers, überprüfen kann. Bei der Über-

[1] Weiter *Sprau* Bankrechtstag 2009, 107 (115 f.): auch im beleggebundenen Überweisungsverkehr; anders jetzt wohl Palandt/*Sprau* § 675w BGB Rn. 2.

[2] → Kap. 4 BGB § 675j Rn. 16a; Ellenberger/Findeisen/Nobbe/*Nobbe* § 675w Rn. 8.

[3] *Herresthal* in → Kap. 2 BGB § 675e Rn. 6 ff.

weisung sind das derzeit die korrekte Angabe etwaiger Daten, um sich in das eigene Konto einzuloggen, sowie ggf. der Kundenkennung, der erforderlichen PIN und TAN.[4] Die maßgeblichen technischen Vorgaben und Anforderungen werden in der gesamten Europäischen Union durch die Regulatory Technical Standards (RTS) festgelegt (Art. 98 PSD II).

5 Der im Übrigen **störungsfreie Ablauf** ist gegeben, wenn der Zahlungsvorgang in der Folge technisch unauffällig abgelaufen ist.[5]

III. Reichweite der Beweisregel

1. Die Modifikation der Beweisregel beim Einsatz von Zahlungsinstrumenten, § 675w S. 3, 4 BGB

6 Mit dem Einsatz technischer Verfahren steigt die Bedeutung von Beweisregeln. Stellt man allein auf den Nachweis störungsfreier Authentifizierung ab, könnte der **Zahlungsdienstleister** der ihm obliegenden Beweispflicht gem. § 675w S. 2 BGB schon dadurch nachkommen, dass er selbst das reibungslose Funktionieren des jeweils verwendeten Zahlungsinstruments belegt. Das schließt § 675w **S. 3** BGB für bestimmte Fallgruppen im Grundsatz aus, nämlich für den Nachweis der Autorisierung (Nr. 1), das Handeln in betrügerischer Absicht (Nr. 2), das Vorliegen einer Pflichtverletzung gem. § 675l Abs. 1 BGB (Nr. 3) oder den vorsätzlichen oder grob fahrlässigen Verstoß gegen Ausgabe- oder Nutzungsbedingungen (Nr. 4).[6] Stattdessen sind die Umstände des Einzelfalles ergänzend zu berücksichtigen, § 286 Abs. 1 ZPO.[7] Insbesondere soll dem Zahler die Möglichkeit offen stehen, sich auf die missbräuchliche Verwendung von Zahlungsinstrumenten zu berufen.[8] Um Betrug, Vorsatz oder grobe Fahrlässigkeit des Überweisenden nachzuweisen, muss der der Zahlungsdienstleister unterstützende Beweismittel vorlegen, das ordnet § 675w **S. 4** BGB an. In AGB kann hiervon nicht abgewichen werden.

6a Die Regelung gilt auch mit Blick auf denjenigen Teil eines Zahlungsvorgangs, welchen ein **Zahlungsauslösedienstleister** verantwortet, § 675w **S. 3.** BGB.[9] Der Zahlungsdienstleister muss deshalb auch zu Umständen aus dessen Bereich vortragen.[10] Der Gesetzgeber hat in dieser Situation auf eine Streitverkündung, § 68 ZPO, hingewiesen, die mit Blick auf § 676a Abs. 1 BGB zulässig ist (→ Kap. 4 BGB § 676a Rn. 5).

2. Modifizierte Anwendbarkeit des Anscheinsbeweises

7 Die Modifikation der Art und Weise, wie der Beweis beim Einsatz eines Zahlungsinstruments zu führen ist, steht unter dem Vorbehalt „nicht notwendigerweise", § 675w S. 3 BGB. Wegen dieser einigermaßen undeutlichen Formulierung ist streitig, ob der Nachweis des störungsfreien Ablaufs jedenfalls einen Anscheinsbeweis begründen kann.[11] Die überwiegende Ansicht geht davon aus, dass die Grundsätze vom Anscheinsbeweis herangezogen werden dürfen, solange eine sorgfältige Einzelfallwürdigung erfolgt.[12] Der

[4] Ellenberger/Findeisen/Nobbe/*Nobbe* § 675w Rn. 21; Palandt/*Sprau* § 675w Rn. 3.
[5] BT-Drs. 16/11643, 114; LG Darmstadt WM 2014, 2323 (2325); Palandt/*Sprau* § 675w Rn. 2
[6] BT-Drs. 16/11643, 114; Fischer/Klanten/*Koch* Rn. 10.89; Ellenberger/Findeisen/Nobbe/*Nobbe* § 675w Rn. 23; *Scheibengruber* BKR 2010, 15 (20); Palandt/*Sprau* § 675w Rn. 4.
[7] LG Darmstadt WM 2014, 2323 (2325); LG Köln, WM 2014, 2372 f.
[8] BT-Drs. 18/11495, 167.
[9] BT-Drs. 18/11495, 168.
[10] BT-Drs. 18/11495, 168.
[11] Zur Entstehung der Richtlinienbestimmung *Schürmann* Bankrechtstag 2009, 11 (48 f.).
[12] *Casper/Pfeifle* WM 2009, 2343 (2347); Prütting/Wegen/Weinreich/*Fehrenbacher* § 675w Rn. 4 f.; *Herresthal* in → Kap. 3 BGB § 675w Rn. 17; Fischer/Klanten/*Koch* Rn. 10.90; *Rühl* DStR 2009, 2256 (2259); Ellenberger/Findeisen/Nobbe/*Nobbe* § 675w Rn. 27; Palandt/*Sprau* § 675w Rn. 4; *Lohmann/Koch* WM 2008, 57 (63); *Sprau* Bankrechtstag 2009, 107 (116 f.); Kümpel/Mülbert/Früh/Seyfried/*Werner* Rn. 4.157 f.; für eine europarechtskonforme Konstruktion MüKoBGB/*Zetsche* § 675w Rn. 27; offen *Rösler/Werner* BKR 2009, 1 (9).

BGH hat sich in einer Entscheidung, die zwar zur alten Rechtslage, aber bereits nach dem Erlass der PSD II erging, dafür ausgesprochen, einen Anscheinsbeweis zuzulassen.[13] Die Entscheidung betrifft nur § 675w S. 3 Nr. 1 BGB, kann nach in der Literatur vertretener Ansicht jedoch auf Nr. 2–4 ausgedehnt werden.[14] Die Anwendbarkeit der Grundsätze des Anscheinsbeweises setzt nach Ansicht des BGH über die Anforderungen nach S. 1 hinaus voraus, dass der Zahlungsdienstleister nachweist, dass zum einen aufgrund aktueller Erkenntnisse die allgemeine praktische Sicherheit des eingesetzten Sicherungsverfahrens und zum anderen die ordnungsgemäße Anwendung und fehlerfreie Funktion im konkreten Einzelfall feststeht.[15] Die Anwendung dürfe letztlich keiner Beweislastumkehr gleichkommen.[16] Die hM überträgt diesen Gedanken auch auf die Rechtslage nach Erlass der PSD II.[17]

8 Ist die Autorisierung streitig, genügt zum Nachweis der Authentifizierung und ordnungsgemäßen Abwicklung gem. § 675w S. 1 und 2 BGB die Vorlage geeigneter Dokumentation durch den Zahlungsdienstleister (Umsatzaufstellungen, Transaktionsdokumentationen).[18] Den hierdurch hervorgerufenen Anscheinsbeweis kann der Zahler nicht durch die Behauptung erschüttern, er habe seine PIN stets im Kopf gehabt und nicht schriftlich fixiert bzw. er habe seine PIN auswendig gelernt und nur zu Hause im Tresor verschlossen aufbewahrt.[19]

§ 675y Haftung der Zahlungsdienstleister bei nicht erfolgter, fehlerhafter oder verspäteter Ausführung eines Zahlungsauftrags; Nachforschungspflicht

(1) **[1]Wird ein Zahlungsvorgang vom Zahler ausgelöst, kann dieser von seinem Zahlungsdienstleister im Fall einer nicht erfolgten oder fehlerhaften Ausführung des Zahlungsauftrags die unverzügliche und ungekürzte Erstattung des Zahlungsbetrags verlangen. [2]Wurde der Betrag einem Zahlungskonto des Zahlers belastet, ist dieses Zahlungskonto wieder auf den Stand zu bringen, auf dem es sich ohne den fehlerhaft ausgeführten Zahlungsvorgang befunden hätte. [3]Wird ein Zahlungsvorgang vom Zahler über einen Zahlungsauslösedienstleister ausgelöst, so treffen die Pflichten aus den Sätzen 1 und 2 den kontoführenden Zahlungsdienstleister. [4]Soweit vom Zahlungsbetrag entgegen § 675q Absatz 1 Entgelte abgezogen wurden, hat der Zahlungsdienstleister des Zahlers den abgezogenen Betrag dem Zahlungsempfänger unverzüglich zu übermitteln. [5]Weist der Zahlungsdienstleister des Zahlers nach, dass der Zahlungsbetrag ungekürzt beim Zahlungsdienstleister des Zahlungsempfängers eingegangen ist, entfällt die Haftung nach diesem Absatz.**

(2) **[1]Wird ein Zahlungsvorgang vom oder über den Zahlungsempfänger ausgelöst, kann dieser im Fall einer nicht erfolgten oder fehlerhaften Ausführung des Zahlungsauftrags verlangen, dass sein Zahlungsdienstleister diesen Zahlungsauftrag unverzüglich, gegebenenfalls erneut, an den Zahlungsdienstleister des Zahlers übermittelt. [2]Weist der Zahlungsdienstleister des Zahlungsempfängers nach, dass er die ihm bei der Ausführung des Zahlungsvorgangs obliegenden Pflichten erfüllt hat, hat der Zahlungsdienstleister des Zahlers dem Zahler gegebenenfalls unverzüglich den ungekürzten Zahlungsbetrag entsprechend Absatz 1 Satz 1 und 2 zu erstatten. [3]Soweit vom Zahlungsbetrag entgegen § 675q Absatz 1 und 2 Entgelte abgezogen wurden, hat der**

[13] BGH NJW 2016, 2024 Tz 23; s. a. *Grüneberg* WM 2017, 61 ff.; *Herresthal* JZ 2017, 28 ff.; *Hoffmann/Haupert/Freiling* ZHR 181 (2017), 780 ff.
[14] Palandt/*Sprau* § 675w Rn. 4.
[15] BGH NJW 2016, 2024 Tz. 39 ff.
[16] BGH NJW 2016, 2024 Tz. 24.
[17] *Linardatos* NJW 2017, 2145; *Hofmann* BKR 2018, 62 (69); Palandt/*Sprau* § 675w Rn. 4.
[18] AG Freudenstadt, ZBB 2017, 128.
[19] AG Freudenstadt, ZBB 2017, 128.

Zahlungsdienstleister des Zahlungsempfängers den abgezogenen Betrag dem Zahlungsempfänger unverzüglich verfügbar zu machen.

(3) [1] **Wird ein Zahlungsvorgang vom Zahler ausgelöst, kann dieser im Fall einer verspäteten Ausführung des Zahlungsauftrags verlangen, dass sein Zahlungsdienstleister gegen den Zahlungsdienstleister des Zahlungsempfängers den Anspruch nach Satz 2 geltend macht.** [2] **Der Zahlungsdienstleister des Zahlers kann vom Zahlungsdienstleister des Zahlungsempfängers verlangen, die Gutschrift des Zahlungsbetrags auf dem Zahlungskonto des Zahlungsempfängers so vorzunehmen, als sei der Zahlungsvorgang ordnungsgemäß ausgeführt worden.** [3] **Wird ein Zahlungsvorgang vom Zahler über einen Zahlungsauslösedienstleister ausgelöst, so trifft die Pflicht aus Satz 1 den kontoführenden Zahlungsdienstleister.** [4] **Weist der Zahlungsdienstleister des Zahlers nach, dass der Zahlungsbetrag rechtzeitig beim Zahlungsdienstleister des Zahlungsempfängers eingegangen ist, entfällt die Haftung nach diesem Absatz.**

(4) [1] **Wird ein Zahlungsvorgang vom oder über den Zahlungsempfänger ausgelöst, kann dieser im Fall einer verspäteten Übermittlung des Zahlungsauftrags verlangen, dass sein Zahlungsdienstleister die Gutschrift des Zahlungsbetrags auf dem Zahlungskonto des Zahlungsempfängers so vornimmt, als sei der Zahlungsvorgang ordnungsgemäß ausgeführt worden.** [2] **Weist der Zahlungsdienstleister des Zahlungsempfängers nach, dass er den Zahlungsauftrag rechtzeitig an den Zahlungsdienstleister des Zahlers übermittelt hat, ist der Zahlungsdienstleister des Zahlers verpflichtet, dem Zahler gegebenenfalls unverzüglich den ungekürzten Zahlungsbetrag nach Absatz 1 Satz 1 und 2 zu erstatten.** [3] **Dies gilt nicht, wenn der Zahlungsdienstleister des Zahlers nachweist, dass der Zahlungsbetrag lediglich verspätet beim Zahlungsdienstleister des Zahlungsempfängers eingegangen ist.** [4] **In diesem Fall ist der Zahlungsdienstleister des Zahlungsempfängers verpflichtet, den Zahlungsbetrag entsprechend Satz 1 auf dem Zahlungskonto des Zahlungsempfängers gutzuschreiben.**

(5) [1] **Ansprüche des Zahlungsdienstnutzers gegen seinen Zahlungsdienstleister nach Absatz 1 Satz 1 und 2 sowie Absatz 2 Satz 2 bestehen nicht, soweit der Zahlungsauftrag in Übereinstimmung mit der vom Zahlungsdienstnutzer angegebenen fehlerhaften Kundenkennung ausgeführt wurde.** [2] **In diesem Fall kann der Zahler von seinem Zahlungsdienstleister jedoch verlangen, dass dieser sich im Rahmen seiner Möglichkeiten darum bemüht, den Zahlungsbetrag wiederzuerlangen.** [3] **Der Zahlungsdienstleister des Zahlungsempfängers ist verpflichtet, dem Zahlungsdienstleister des Zahlers alle für die Wiedererlangung des Zahlungsbetrags erforderlichen Informationen mitzuteilen.** [4] **Ist die Wiedererlangung des Zahlungsbetrags nach den Sätzen 2 und 3 nicht möglich, so ist der Zahlungsdienstleister des Zahlers verpflichtet, dem Zahler auf schriftlichen Antrag alle verfügbaren Informationen mitzuteilen, damit der Zahler einen Anspruch auf Erstattung des Zahlungsbetrags geltend machen kann.** [5] **Der Zahlungsdienstleister kann mit dem Zahlungsdienstnutzer im Zahlungsdiensterahmenvertrag ein Entgelt für Tätigkeiten nach den Sätzen 2 bis 4 vereinbaren.**

(6) **Ein Zahlungsdienstnutzer kann von seinem Zahlungsdienstleister über die Ansprüche nach den Absätzen 1 und 2 hinaus die Erstattung der Entgelte und Zinsen verlangen, die der Zahlungsdienstleister ihm im Zusammenhang mit der nicht erfolgten oder fehlerhaften Ausführung des Zahlungsvorgangs in Rechnung gestellt oder mit denen er dessen Zahlungskonto belastet hat.**

(7) **Wurde ein Zahlungsauftrag nicht oder fehlerhaft ausgeführt, hat der Zahlungsdienstleister desjenigen Zahlungsdienstnutzers, der einen Zahlungsvorgang ausgelöst hat oder über den ein Zahlungsvorgang ausgelöst wurde, auf Verlangen seines Zahlungsdienstnutzers den Zahlungsvorgang nachzuvollziehen und seinen Zahlungsdienstnutzer über das Ergebnis zu unterrichten.**

(8) **Wenn ein Fall des § 675d Absatz 6 Satz 1 Nummer 1 Buchstabe b vorliegt, ist § 675y Absatz 1 bis 4 auf die innerhalb des Europäischen Wirtschaftsraums getätigten Bestandteile des Zahlungsvorgangs nicht anzuwenden.**

Übersicht

I. Regelungsgegenstand und Regelungszweck

1 § 675y BGB enthält eine umfassende Regelung unterschiedlicher Leistungsstörungen. **Abs. 1 S. 1** betrifft die nicht erfolgte oder fehlerhafte Ausführung einer Überweisung, die einen Erstattungsanspruch begründet, **S. 2** komplettiert den Anspruch mit Blick auf die Wertstellung und **Abs. 6** für Zinsen und Entgelte. In **Abs. 1 S. 4** geht es um die Erstattung zu Unrecht abgezogener Entgelte. **Abs. 3** erfasst seit der Umsetzung der PSD II die verspätete Überweisung. **Abs. 5 S. 2** verpflichtet die Bank des Überweisenden, sich um Wiedererlangung eines Betrages zu bemühen, der infolge der Angabe einer fehlerhaften Kundenkennung einem nicht intendierten Empfänger gutgeschrieben wurde. **S. 4** gibt einen Anspruch auf Weiterleitung von Informationen, wenn die Wiedererlangung scheitert. Unterrichtung über den fehlgeschlagenen Zahlungsvorgang kann der Überweisende außerdem im Fall des **Abs. 7** verlangen. Die Norm setzt Art. 81 Abs. 3, 88, 89 PSD II um.

1a Für die geregelten Ansprüche ist die Vorschrift **abschließend,** § 675z S. 1 BGB. Zahlungsvorgänge mit Drittstaatenbezug erfassen Abs. 1 bis 4 der Vorschrift nicht, § 675e Abs. 2 Nr. 1 BGB.[1] Der Anwendungsbereich ist nicht auf Überweisungen einer bestimmten Größe beschränkt;[2] im **unternehmerischen Verkehr** gestattet § 675e Abs. 4 BGB für Abs. 1 bis 5 freilich Einschränkungen.[3] § 675y **Abs. 2** BGB regelt Zahlungsvorgänge, die vom oder über den Zahlungsempfänger angestoßen wurden und ist damit für die Über-

---

[1] BT-Drs. 16/11643, 116.

[2] Anders noch die ursprüngliche Version, in der nur Überweisungen bis zu 50.000 EUR erfasst sein sollten, vgl. *Franck/Massari* WM 2009, 1117 (1121).

[3] → Kap. 4 BGB § 675y Rn. 13; einschränkend *Einsele* ZIP 2011, 1741 (1744).

weisung nicht relevant. Gleiches gilt für den im Zuge der Umsetzung der PSD II neu eingeführten § 675y **Abs. 4** BGB.

Eine abweichende Regelung zugunsten des Zahlungsdienstnutzers ist stets zulässig; eine 2
Abweichung zulasten des Zahlungsdienstnutzers nur im Rahmen des § 675e BGB: (1) bei Zahlungsdiensten in **Fremdwährungen** (§ 675e Abs. 2 Nr. 2 iVm § 675d Abs. 6 S. 1 Nr. 1 lit. a) BGB), (2) bei Zahlungsvorgängen, bei denen keiner der beteiligten Zahlungsdienstleister innerhalb des Europäischen Wirtschaftsraums belegen ist (**Drittstaatendienstleister,** § 675e Abs. 2 Nr. 2 iVm § 675d Abs. 6 S. 1 Nr. 2 BGB), sowie (3) unabhängig von der Währung, wenn der Zahlungsdienstnutzer **kein Verbraucher** (§ 13 BGB) ist (§ 675e Abs. 4 BGB).[4] Für Fälle des § 675d Abs. 6 S. 1 Nr. 1 lit. b BGB (one-leg-Transaktionen) sind gem. § 675y Abs. 8 die Abs. 1 bis 4 nicht anzuwenden. Eine Abbedingung durch AGB unterliegt zudem den allgemeinen Grenzen der §§ 305 ff. BGB.

Über die Haftung nach § 675y BGB hat der Zahlungsdienstleister den Zahlungsdienst- 3
nutzer vorab zu informieren (Art. 248 § 4 Abs. 1 Nr. 5 lit. f EGBGB).

II. Erstattungsanspruch, § 675y Abs. 1 S. 1 BGB

1. Art der Leistungsstörung

Der Erstattungsanspruch nach § 675y Abs. 1 BGB setzt voraus, dass die Überweisung 4
überhaupt nicht oder fehlerhaft durchgeführt wurde. Das ist **abzugrenzen** von dem in § 675y Abs. 3 BGB erfassten Anspruch mit Blick auf eine verspätete Durchführung der Überweisung (→ Rn. 13a). Rechte bei nicht autorisierten Zahlungsvorgängen beurteilen sich nach § 675u BGB (→ Kap. 4 BGB § 675u Rn. 1, 4). Warnpflichten bei Überweisungen, die für den Zahler risikoreich sein könnten, kodifiziert das Gesetz abgesehen von § 675o Abs. 2 BGB nicht.[5]

a) Nichtausführung. Der Zahlungsdienstleister schuldet dem Überweisenden die ord- 5
nungsgemäße Ausführung der Überweisung, mithin einen **Erfolg,** das stellt Art. 89 Abs. 1 PSD II klar. Eine Leistungsstörung liegt deshalb vor, wenn die Überweisung von vornherein überhaupt nicht ausgeführt wird, wenn ein Versuch scheitert oder die Überweisung „verloren geht".[6]

b) Fehlerhafte Ausführung. Eine fehlerhafte Ausführung der Überweisung liegt vor, 6
wenn ein vertragswidrig gekürzter Betrag übermittelt wird oder die Gutschrift zugunsten des falschen Empfängers erfolgt.[7] Keine Gutschrift zugunsten des falschen Empfängers liegt vor, wenn der Zahlungsauftrag in Übereinstimmung mit der vom Überweisenden angegebenen Kundenkennung durchgeführt wurde, § 675y Abs. 5 S. 1 BGB.[8] Fehlerfrei ist die Ausführung auch dann, wenn die Gutschrift auf einem Konto erfolgt, das – nach der Kündigung des Girovertrags seitens des Zahlungsempfängers – durch die Empfängerbank intern noch weitergeführt worden ist.[9] Hat der Zahlungsdienstleister **positive Kenntnis von der Fehlerhaftigkeit der Kundenkennung,** kann seiner Berufung auf deren Maßgeblichkeit ausnahmsweise der Einwand rechtsmissbräuchlichen Verhaltens entgegengesetzt werden (→ Kap. 4 BGB § 675u Rn. 9).[10]

---

[4] *Herresthal* in → Kap. 2 BGB § 675e Rn. 6 ff.

[5] → Kap. 4 BGB § 675o Rn. 10 und → Kap. 4 BGB § 675y Rn. 7.

[6] Ellenberger/Findeisen/Nobbe/*Ellenberger* § 675y Rn. 4; Prütting/Wegen/Weinreich/*Fehrenbacher* § 675y Rn. 2.

[7] Ellenberger/Findeisen/Nobbe/*Ellenberger* § 675y Rn. 4; Prütting/Wegen/Weinreich/*Fehrenbacher* § 675y Rn. 2; Palandt/*Sprau* § 675y Rn. 3.

[8] → Kap. 4 BGB § 675r Rn. 12.

[9] Vgl. BGHZ 170, 121 ff. mAnm *Einsele* LMK 2007, 216709; BFH ZIP 2012, 513 ff.

[10] Vgl. Ellenberger/Findeisen/Nobbe/*Ellenberger* § 675y Rn. 17; BankR-HdB/*Schmieder* § 49 Rn. 58, 74 (darüber hinaus für Warnpflicht); zur europarechtlichen Zulässigkeit des Einwands rechtsmissbräuchlichen Verhaltens: EuGH Urt. v. 12.5.1998 – Rs C-367/96, Slg. 1998, I-2843 = EuZW 1999, 56 (58) – Kefalas ua/

7 **c) Warnpflichten.** Das Gesetz sieht keine Verpflichtung der Bank vor, den Überweisenden vor „risikoreichen" Überweisungen zu warnen.[11] Bestand dürfte weiterhin die ältere Rechtsprechung haben, wonach in Ausnahmefällen – wenn etwa dem Zahlungsdienstleister bekannt ist, dass das Institut des Empfängers kurz vor dem wirtschaftlichen Zusammenbruch steht – eine Warnpflicht in Betracht kommt.[12] Dasselbe gilt für die Fortgeltung allgemeiner zivilrechtlicher Grundsätze, etwa zum Missbrauch der Vertretungsmacht.[13] Im automatisierten Massenverkehr sind freilich hohe Anforderungen zu stellen, wenn über die Frage zu entscheiden ist, wann sich ein Missbrauch dem Zahlungsdienstleister des Überweisenden hätte aufdrängen müssen.

2. Einschaltung eines Zahlungsauslösedienstleisters, § 675y Abs. 1 S. 3 BGB

7a Der Anspruch des Überweisenden richtet sich auch dann gegen seinen Zahlungsdienstleister, wenn ein Zahlungsauslösedienstleister in den Zahlungsvorgang eingeschaltet ist.[14] Das belastet jenen mit der Haftung für einen ihm nicht vertraglich oder auf andere Weise verbundenen Dritten, die PSD II sah hierin den effektivsten Schutz für Verbraucher. Dem Interesse des Zahlungsdienstleisters wird durch den Regressanspruch gem. § 676a Abs. 1 BGB Rechnung getragen, dessen Durchsetzung ist überdies durch eine Haftpflichtversicherung zu sichern, § 16 ZAG.

7b Mit Blick auf die vollharmonisierende Wirkung der PSD II hält der Gesetzgeber Ansprüche des Zahlers gegen den Zahlungsauslösedienstleister für ausgeschlossen.[15] Das umfasst Ansprüche auf Erstattung und auf Schadensersatz gleichermaßen. Möglich bleiben aber Ansprüche auf den Ersatz von Folgeschäden, § 675z S. 1 BGB.

3. Beweislastumkehr, § 675y Abs. 1 S. 5 BGB

8 Der Erstattungsanspruch scheidet aus, wenn der Zahlungsdienstleister nachweist, dass der angewiesene Betrag ungekürzt beim Zahlungsdienstleister des Überweisungsempfängers eingegangen ist, § 675y Abs. 1 S. 5 BGB.[16] Auf den rechtzeitigen Eingang kommt es in Umsetzung der PSD II nicht mehr an, denn die Folgen verspäteter Ausführung sind nunmehr in Abs. 3 geregelt.

4. Haftungsausschluss, § 675y Abs. 5 S. 1 BGB

9 Der Erstattungsanspruch entfällt, soweit die Überweisung in Übereinstimmung mit der vom Überweisenden angegebenen **Kundenkennung** ausgeführt wurde, § 675y Abs. 5 S. 1 BGB. Das folgt bereits daraus, dass die Überweisung in diesem Fall als ordnungsgemäß ausgeführt gilt, § 675r Abs. 1 S. 2 BGB.[17] Fehler, die hiermit nichts zu tun haben, zB die Überweisung in falscher Höhe, verpflichten weiterhin zum Ersatz.[18]

9a Die Haftung kann außerdem aus **anderen Gründen** ausgeschlossen oder gemindert sein: Bei nicht rechtzeitiger Anzeige schließt § 676b Abs. 2 BGB, bei höherer Gewalt § 676c BGB den Anspruch aus.[19] Darüber hinaus sehen weder der Wortlaut des Gesetzes noch der Wortlaut der PSD I einen Abzug wegen Mitverschuldens des Überweisenden,

---

Griechenland u. a Rn. 20 ff.; EuGH Urt. v. 23.3.2000 – Rs C-373/97, Slg. 2000, I-1705 = NZG 2000, 534 (535) – Polymeles Protodikeio Athen Rn. 33 ff.

[11] S. bereits BGH NJW 1987, 317 (318); Kümpel/Mülbert/Früh/Seyfried/*Werner* Rn. 4.218.

[12] BGH NJW 1987, 317 (318); BankR-HdB/*Schmieder* § 49 Rn. 93; Kümpel/Mülbert/Früh/Seyfried/*Werner* Rn. 4.219 ff.

[13] BankR-HdB/*Schmieder* § 49 Rn. 68.

[14] BT-Drs. 18/11495, 171.

[15] BT-Drs. 18/11495, 171.

[16] Zum Valutaverhältnis → Rn. 18.

[17] BT-Drs. 16/11643, 117; Palandt/*Sprau* § 675y Rn. 16.

[18] Palandt/*Sprau* § 675y Rn. 16.

[19] → Kap. 4 BGB § 676b Rn. 7 und → Kap. 4 BGB § 676c Rn. 1.

etwa analog § 254 BGB, vor. Ein solcher ist entgegen einer sich formierenden Ansicht[20] im Grundsatz auch nicht anzuerkennen, weil Beiträge des Überweisenden in § 675v Abs. 2 BGB abschließend erfasst sind. Für Rechtsmissbrauchsfälle mag man im Ausnahmefall anders entscheiden.[21]

5. Rechtsfolgen

a) Fallgruppe 1: Nicht erfolgte und teilweise erfolgte Überweisung, § 675y Abs. 1 S. 1, 2 BGB. Der Anspruch richtet sich auf die unverzügliche und ungekürzte Erstattung des angewiesenen Betrages, § 675y Abs. 1 S. 1 BGB, vgl. Nr. 2.3.2. (1) **AGB-Überweisung.** Eine gleichwohl erfolgte Kontobelastung ist valutagerecht, dh mit Rückwirkung für die Wertstellung, zu stornieren, § 675y Abs. 1 S. 2 BGB.[22] Entgangene Habenzinsen sind zu erstatten; eine Belastung mit Sollzinsen ist zu stornieren, Nr 2.3.2. (2) **AGB-Überweisung.**[23] Mit dem Erstattungsverlangen entfällt der Zahlungsauftrag, soweit er nicht bereits durchgeführt ist.[24] 10

b) Fallgruppe 2: Unzulässige Abzüge, § 675y Abs. 1 S. 4 BGB. Ist der Überweisungsvorgang fehlerhaft, weil der Zahlungsdienstleister oder eine zwischengeschaltete Stelle entgegen § 675q BGB Abzüge vorgenommen haben, kann der Überweisende keine Erstattung verlangen, denn der Zahlungsauftrag ist bereits durchgeführt, wenn auch fehlerhaft. Der Zahlungsdienstleister des Überweisenden hat dem Überweisungsempfänger unverzüglich den Fehlbetrag zu übermitteln, § 675y Abs. 1 S. 4 BGB. Der Überweisende kann nicht wahlweise Erstattung der zu Unrecht abgezogenen Entgelte an sich selbst verlangen.[25] Erfolgt der Abzug durch den Zahlungsdienstleister des Empfängers, hat der Überweisende keinen Anspruch gegen seinen Zahlungsdienstleister. Im Valutaverhältnis tritt mit der Gutschrift beim Zahlungsdienstleister des Empfängers Erfüllung ein.[26] Zugunsten des Überweisungsempfängers greift § 675t BGB. 11

c) Zinsen und Entgelte, § 675y Abs. 6 BGB. Hat der Zahlungsdienstleister in Zusammenhang mit der mangelhaft oder überhaupt nicht durchgeführten Überweisung Entgelte oder Zinsen erhoben, sind diese zu erstatten, § 675y Abs. 6 BGB.[27] Zum Valutaverhältnis trifft die Vorschrift keine Anordnung, insbesondere können keine hier anfallenden Zinsen verlangt werden.[28] 12

6. Unternehmerische Kunden

In Nr. 2.3.4 **AGB-Überweisung** wird der Erstattungsanspruch bei nicht erfolgter oder fehlerhafter Ausführung einer Überweisung beschränkt.[29] Unberührt bleiben Ansprüche aus den §§ 667, 812 ff. BGB.[30] 13

[20] *Grundmann* WM 2009, 1109 (1115); BankR-HdB/*Schmieder* § 49 Rn. 129 f.; Palandt/*Sprau* § 675y Rn. 16.
[21] *Grundmann* WM 2009, 1109 (1115) unter Verweis auf EuGH Urt. v. 16.12.1997 – C-104/96, Slg. 1997, I-7219 – Coöperatieve Rabobank, dort wurde freilich bereits der Anwendungsbereich der RL verneint.
[22] Palandt/*Sprau* § 675y Rn. 5; Kümpel/Mülbert/Früh/Seyfried/*Werner* Rn. 4.164.
[23] BT-Drs. 16/11643, 116.
[24] Prütting/Wegen/Weinreich/*Fehrenbacher* § 675y Rn. 7.
[25] BT-Drs. 16/11643, 116; Palandt/*Sprau* § 675y Rn. 5.
[26] → Rn. 19 ff.
[27] Palandt/*Sprau* § 675y Rn. 17.
[28] Prütting/Wegen/Weinreich/*Fehrenbacher* § 675y Rn. 18.
[29] Krit. *Einsele* ZIP 2011, 1741 (1746); MüKoBGB/*Zetzsche* § 675y Rn. 26.
[30] Krit. *Einsele* § 6 Rn. 142.

III. Ansprüche bei verzögerter Gutschrift

1. Rückwirkende Wertstellung, § 675y Abs. 3 S. 1, 2 BGB

13a In Umsetzung der PSD II regelt § 675y Abs. 3 BGB die verspätete Überweisung als eigenständige Kategorie der Leistungsstörung.[31] Diese Konstellation war nach der bislang hM von § 675y Abs. 1 BGB erfasst.[32] Mit der Neuregelung soll klargestellt werden, dass der Überweisende kein Recht auf Erstattung hat, wenn der Überweisungsbetrag letztlich eingeht, aber eine Verspätung zu beklagen ist.[33] Zu einem verspäteten Eingang auf dem Konto des Überweisungsempfängers kann es aus unterschiedlichen Gründen kommen:[34] weil der Zahlungsdienstleister des Überweisungsempfängers verspätet gutschreibt, weil die Überweiserbank verspätet übermittelt, weil eine oder mehrere Zwischenbanken verspätet übermitteln oder weil sich eine oder mehrere dieser Verspätungen kumulieren. Ging der Überweisungsbetrag rechtzeitig beim Zahlungsdienstleister des Überweisungsempfängers ein, wurde diesem aber verspätet verfügbar gemacht, greift § 675t Abs. 1 S. 2 BGB (→ Kap. 4 BGB § 675t Rn. 9 ff.).

13b Ging der Überweisungsbetrag verspätet bei der Bank des Überweisungsempfängers ein, greift der in Umsetzung der PSD II neu gefasste § 675y Abs. 3 S. 2 BGB. Der Anspruch ist unabhängig davon, in wessen Verantwortungsbereich die Verzögerung fällt, er erfasst mithin Verzögerungen, welche die Überweiserbank verursacht hat, ebenso wie Verzögerungen, welche eine oder mehrere Zwischenbanken verursacht haben.[35] Die Regelung erfolgt über einen Umweg: § 675y Abs. 3 S. 1 BGB begründet einen Anspruch des Überweisenden gegen seinen Zahlungsdienstleister, eine auf den Erfüllungszeitpunkt **rückwirkende valutarische Gutschrift** *vom Zahlungsdienstleister des Zahlungsempfängers* zu verlangen. Diesen Anspruch der Überweiser- gegen die Empfängerbank kodifiziert dann S. 2. Die Empfängerbank trägt folglich das Verzögerungsrisiko des gesamten Zahlungsvorgangs, unter Einschluss von Zwischenbanken.[36] Sie muss ggf. bei der Überweiserbank und/oder bei Zwischenbanken gem. § 676a Abs. 1 BGB Regress nehmen.[37] Erfüllt die Empfängerbank den Anspruch gem. § 675y Abs. 3 S. 2 BGB nicht, ist die Überweiserbank verpflichtet, diesen ggf. gerichtlich durchzusetzen.[38] Kommt sie dem nicht nach, kann eine Schadenersatzpflicht nach § 280 Abs. 1 BGB eingreifen.[39]

2. Ausschluss des Anspruchs, § 675y Abs. 3 S. 4 BGB

13c Der Anspruch entfällt, wenn der Zahlungsdienstleister des Überweisenden nachweist, dass der Zahlungsbetrag **rechtzeitig** beim Zahlungsdienstleister des Zahlungsempfängers eingegangen ist, § 675y Abs. 3 S. 4 BGB. Soweit dieser Nachweis gelingt, verbleiben nur Ansprüche des Zahlungsempfängers gegen seinen Zahlungsdienstleister gem. § 675t Abs. 1 BGB.[40] Dem Zahler steht dann weder ein Anspruch gegen seinen eigenen Zahlungsdienstleister noch ein Anspruch gegen den Zahlungsdienstleister des Empfängers zu.

---

[31] BT-Drs. 18/11495, 171.
[32] Vgl. zum Stand der Diskussion bis zur PSD II MüKoBGB/*Zetzsche* § 675y Rn. 36 ff. mwN.
[33] BT-Drs. 18/11495, 171.
[34] BT-Drs. 18/11495, 172.
[35] BT-Drs. 18/11495, 172; Palandt/*Sprau* § 675y Rn. 11.
[36] BT-Drs. 18/11495, 172.
[37] BT-Drs. 18/11495, 172.
[38] BeckOK BGB/*Schmalenbach* § 675y Rn. 16.
[39] BeckOK BGB/*Schmalenbach* § 675y Rn. 16.
[40] Palandt/*Sprau* § 675y Rn. 11.

3. Weitere Ansprüche

Die Regelung in § 675y Abs. 3 BGB ist fragmentarisch und schließt deshalb weitere Ansprüche nach nationalem Recht nicht aus.[41] Bestimmte Schäden des mit einer verspäteten Überweisung konfrontierten Gläubigers vermag die Durchsetzung des auf rückwirkende Wertstellung gerichteten Anspruchs aus § 675y Abs. 3 S. 1, 2 BGB auszugleichen.[42] Für **Folgeschäden,** die durch eine rückwirkende Wertstellung nicht erfasst werden können, haftet der Überweisende seinem Gläubiger nach den allgemeinen Regeln (→ Rn. 20d ff. zur hier vertretenen Ansicht, dass der Geldschuldner im Verhältnis zu seinem Gläubiger das Verzögerungsrisiko im Rahmen einer modifizierten Bringschuld trägt).[43] Regress nehmen kann der Überweisende bei seinem Zahlungsdienstleister nach den §§ 280 Abs. 1, 675z BGB.[44] **13d**

IV. Nachforschungs- und Informationspflichten bei fehlerhafter Kundenkennung, § 675y Abs. 5 S. 2, 3, 4 BGB

Ein in Übereinstimmung mit der Kundenkennung durchgeführter Überweisungsauftrag gilt gem. § 675r Abs. 2 BGB auch dann als ordnungsgemäß, wenn der Zahler die falsche Kundenkennung angegeben hatte, der Betrag mithin einen nicht intendierten Empfänger erreicht (s. oben → Kap. 4 BGB § 675r Rn. 4). Bei der gemäß Bereicherungsrecht durchzuführenden Rückabwicklung (s. oben → BGB § 675r Rn. 5) ist der Zahler auf die Mithilfe der beteiligten Zahlungsdienstleister angewiesen. § 675y Abs. 5 S. 2, 3 und 4 BGB regeln für diese Situation zwei unterschiedliche Ansprüche des Zahlers, ihn hierbei zu unterstützen: S. 2 kodfiiziert den Wiedererlangungsanspruch, der durch eine Informationspflicht der Empfängerbank gem. S. 3 unterstützt wird. S. 4 ordnet einen Auskunftsanspruch an. **14**

§ 675y Abs. 5 S. 2 BGB betrifft den Anspruch des Überweisenden gegen seinen Zahlungsdienstleister, sich um die **Wiedererlangung** des Zahlungsbetrages zu bemühen. Das gilt nur **im Rahmen seiner Möglichkeiten.** Die Richtlinie stellt diesen Anspruch unter den Vorbehalt, dass dies dem Zahlungsdienstleister „vernünftigerweise zugemutet werden kann". Der deutsche Gesetzgeber folgt dieser Terminologie unter Hinweis darauf, dass die „Unzumutbarkeit" im deutschen Recht eine zu hohe Schwelle bezeichnet, den Zahlungsdienstleister mithin über Gebühr belasten würde, nicht. Der Anspruch aus § 675y Abs. 5 S. 2 BGB solle bereits im Vorfeld der so verstandenen Unzumutbarkeit ausscheiden. **14a**

Seit der Umsetzung der PSD II wird dieser Anspruch gem. § 675y Abs. 5 S. 3 BGB durch eine **Informationspflicht** des Zahlungsdienstleisters des Zahlungsempfängers flankiert. Die Kodifikation erfolgt wieder auf einem Umweg (→ Rn. 14d): S. 3 bestimmt eine Pflicht der Empfängerbank, der Überweiserbank alle für die Wiedererlangung des Zahlungsbetrags erforderlichen Informationen mitzuteilen. Angesprochen ist dabei der Zahlungsdienstleister des tatsächlichen, nicht des intendierten Empfängers.[45] Für den Überweisenden soll das die Erfolgsaussichten der Durchsetzung seines Anspruchs gegen seine eigene Bank erleichtern. **14b**

Naheliegend ist, dass sich der Zahlungsdienstleister des Überweisenden um eine Mitteilung an den Zahlungsdienstleister des Empfängers bemüht, um auf diese Weise die Möglichkeit einer **Stornobuchung** zu eröffnen, ggf. auch eine freiwillige Erstattung durch den Zahlungsempfänger zu ermöglichen (zum SEPA Request for Recall s. → BGB § 675p **14c**

[41] BT-Drs. 18/11495, 171.
[42] BT-Drs. 18/11495, 173.
[43] BT-Drs. 18/11495, 171.
[44] BT-Drs. 18/11495, 171.
[45] Palandt/*Sprau* § 675y Rn. 16.

Rn. 11b).[46] Nr. 8 (1) Überweisungsverkehrsabkommen 2011 regelt die **Direkt-Nachfrage** des Zahlungsdienstleisters des Überweisenden bei dem Zahlungsdienstleister des Zahlungsempfängers. Bei der Angabe einer fehlerhaften Kundenkennung durch den Überweisenden ist dort zusätzlich die Möglichkeit des Zahlungsdienstleisters des Überweisenden vorgesehen, eine Rücküberweisung zu erbitten. Beides kann ohne Preisgabe der persönlichen Daten des Zahlungsempfängers erfolgen, soweit dieser kooperiert.[47] Die Eröffnung dieser Möglichkeit dürfte sich allerdings kaum zu einem Anspruch verdichten, dessen Abtretung der Überweisende im Wege der Drittschadensliquidation verlangen kann.[48]

14d Nach § 675y Abs. 5 S. 4 BGB hat der Zahler einen **Auskunftsanspruch** gegen seinen Zahlungsdienstleister auf Mitteilung aller ihm zur Verfügung stehenden Informationen, was sich auch auf die von einem anderen Zahlungsdienstleister nach § 675y Abs. 5 S. 3 BGB erhaltenen Informationen bezieht. Der Anspruch besteht nur, wenn die Wiedererlangung des Zahlungsbetrags nach den S. 2 und 3 nicht möglich ist. Der Informationsanspruch soll dem Zahler die Geltendmachung eines Bereicherungsanspruchs unmittelbar gegen den Zahlungsempfänger ermöglichen.[49] Einem solchen Auskunftsanspruch steht nach Ansicht der Regierungsbegründung das Bankgeheimnis nicht entgegen.[50]

15 Für die erfolgreiche Wiederbeschaffung und die Informationsbereitstellung darf im Zahlungsdiensterahmenvertrag in Abweichung von § 675f Abs. 5 S. 2 BGB ein **Entgelt** vereinbart werden, § 675y Abs. 5 S. 5 BGB.[51]

V. Nachverfolgungsanspruch bei nicht oder fehlerhaft ausgeführter Überweisung, § 675y Abs. 7 BGB

16 Hat der Zahlungsdienstleister den Überweisungsauftrag mangelhaft erfüllt, kann der Überweisende verlangen, dass der Zahlungsdienstleister den Zahlungsvorgang nachvollzieht und den Überweisenden über das Ergebnis unterrichtet, § 675y Abs. 7 BGB, Nr. 2.3.2. (4) **AGB-Überweisung.**[52]

VI. Erfüllung im Valutaverhältnis

1. Erfüllung durch Bargeld oder Buchgeld

17 Geldschulden sind nach der Konzeption des historischen Gesetzgebers grundsätzlich in bar zu erfüllen. Abweichende Parteivereinbarungen werden seit jeher getroffen und akzeptiert.[53] Mit dem Fortschreiten automatisierter Zahlungssysteme sind Rufe laut geworden, den Grundsatz der Barzahlung auf die Buchgeldzahlung auszuweiten. Hierbei ist sorgfältig zwischen unterschiedlichen Fallkonstellationen zu differenzieren: Relevant ist zum einen, ob eine die Art der Zahlung betreffende Erfüllungszweckabrede – ausdrücklich oder konkludent – getroffen wurde. Regelmäßig ist das der Fall, so dass die Buchgeldzahlung ohne Weiteres erfüllungstauglich ist. Zum anderen ist danach zu unterscheiden, ob ein Recht oder eine Pflicht zur Buchgeldzahlung in Rede steht.[54]

---

[46] BT-Drs. 16/11643, 117; Prütting/Wegen/Weinreich/*Fehrenbacher* § 675y Rn. 16; datenschutzrechtliche Bedenken bei *Schürmann* Bankrechtstag 2009, 11 (42).

[47] *Einsele* FS Reuter, 2010, 53 (70).

[48] In diese Richtung aber BankR-HdB/*Schmieder* § 49 Rn. 156.

[49] BeckOK BGB/*Schmalenbach* § 675y Rn. 19.

[50] BT-Drs. 18/11459, 175.

[51] MüKoBGB/*Zetzsche* § 675y Rn. 66.

[52] Palandt/*Sprau* § 675y Rn. 18.

[53] BGH WM 1993, 2237 (2239); Baumbach/Hopt/*Hopt* BankGesch. (7) Rn. C/106; Staudinger/*Lugani* Eckpfeiler des Zivilrechts, G. Rn. 40; Erman/*Buck-Heeb* § 362 Rn. 8.

[54] Zum Folgenden *Langenbucher* AcP 218 (2018), 385 (397 ff.).

Das **Europarecht** (siehe Art. 128 Abs. 1 S. 3 AEUV, Art. 10 S. 2, Art. 11 S. 2 der Euro-Einführungs-Verordnung, VO (EG) Nr. 974/98) schreibt die Qualität von Euro-Scheinen und Münzen als gesetzliches Zahlungsmittel und damit einen primärrechtlichen Annahmezwang fest, angenommen werden müssen (nur) bis zu 50 Euromünzen je Zahlung.[55] Zur Frage der Erfüllungstauglichkeit von Bar- oder Buchgeld lässt sich dem hingegen nichts entnehmen.[56] Die EU-Kommission empfiehlt zwar eine „verpflichtende Annahme", das steht aber unter dem Vorbehalt abweichender Parteiabrede.[57] **17a**

Ein **Recht zur Erfüllung mittels Buchgeldzahlung** wird sich regelmäßig aus einer dahingehenden Erfüllungszweckabrede ergeben. Bei der Auslegung entsprechender Vertragsklauseln ist großzügig zu verfahren. Für diesen **Auslegungsgrundsatz** spricht die heute nahezu unbestrittene Gleichwertigkeit von Bar- und Buchgeld. **17b**

Für die Erfüllungstauglichkeit einer Buchgeldzahlung kann deshalb bereits die **Angabe der Kontonummer** auf Vertragsformularen, auf Rechnungen oder auf der Homepage des Unternehmens sprechen.[58] Eine dahingehende Übung reicht ebenfalls aus.[59] Die widerspruchslose Annahme einer Überweisung ist als Einverständnis zu werten, mangels anderer Abrede auch für künftige Zahlungen.[60] Die überwiegende Ansicht betrachtet sogar die bloße Errichtung eines Bankkontos als ausreichende Einverständniserklärung.[61] Eine **Barzahlungsklausel** weist auf die Vereinbarung sofortiger Zahlung, nicht auf den Ausschluss bargeldloser Zahlung hin.[62] Gibt der Gläubiger ein bestimmtes **Zielkonto** vor, hat nur eine Überweisung auf dieses Konto Erfüllungswirkung.[63] Das erteilte Einverständnis ist bis zum Erfüllungszeitpunkt frei widerruflich.[64] In der **Angabe eines neuen Bankkontos** liegt regelmäßig ein konkludenter Widerruf des Einverständnisses, Zahlungen auf das ehemalige Konto als Erfüllung anzuerkennen.[65] Die **Angabe einer falschen Kontoverbindung** fällt in den Risikobereich des Gläubigers. Zugunsten des Überweisenden entsteht ein dem Gläubiger zurechenbarer Rechtsschein. Auf die Frage, ob die fehlerhafte Angabe schuldhaft erfolgt ist, kommt es nicht an.[66] **17c**

Ein theoretischer Ausnahmefall ist vor diesem Hintergrund das Fehlen einer – ausdrücklichen oder konkludenten – Erfüllungsweckabrede, mit anderen Worten ein **versteckter Dissens** mit Blick auf die Erfüllungstauglichkeit von Buchgeld. Das ist gegeben, wenn sich die Parteien ausschließlich auf eine *Geldzahlung* geeinigt haben, der Schuldner mit Buchgeld erfüllen möchte, der Gläubiger aber auf Barzahlung besteht und sich der Vertragsabschlussituation ausnahmsweise keine Hinweise darauf entnehmen lassen, dass – wie üblich – auch bargeldlos erfüllt werden kann. In dieser Situation lehnt die noch hM das **Recht des Schuldners, bargeldlos zu zahlen,** und damit einen Annahmezwang zulasten des Gläubigers mit Blick auf Einwendungs- und Insolvenzrisiken des Zahlungsdienstleisters ab, auch wenn diese in der deutschen Praxis vernachlässigenswert sein mögen.[67] **17d**

Um die umgekehrte Fragestellung geht es, wenn das Bestehen einer **Pflicht, bargeldlos zu zahlen,** in Rede steht. Das ist teilweise gesetzlich angeordnet, vgl. § 224 Abs. 3 **17e**

---

[55] MüKoBGB/*Grundmann* § 245 Rn. 50.
[56] MüKoBGB/*Grundmann* § 245 Rn. 50.
[57] Nr. 1a der Empfehlung der Kommission v. 22.3.2010 über den Geltungsbereich und die Auswirkungen des Status der Euro-Banknoten und Münzen als gesetzliches Zahlungsmittel (2010/191/EU).
[58] BGHZ 98, 30; BGH WM 2004, 1219; Baumbach/Hopt/*Hopt* BankGesch. (7) Rn. C/106; *Langenbucher* S. 461; Staudinger/*Lugani* Eckpfeiler des Zivilrechts, G. Rn. 40.
[59] *Canaris* Bankvertragsrecht Rn. 468.
[60] BGH WM 1955, 1476; BankGesch. (7) Rn. C/106.
[61] Baumbach/Hopt/*Hopt* BankGesch. (7) Rn. C/106; diff. BankR-HdB/*Schmieder* § 49 Rn. 181; **aA** BGH NJW 1955, 897; *Canaris* Bankvertragsrecht Rn. 470.
[62] Baumbach/Hopt/*Hopt* § 346 Rn. 40 „Zahlung"; BankGesch (7) Rn. C/106.
[63] Baumbach/Hopt/*Hopt* BankGesch. (7) Rn. C/106; Langenbucher/Gößmann/Werner/*Langenbucher* § 1 Rn. 128.
[64] Baumbach/Hopt/*Hopt* BankGesch. (7) Rn. C/106.
[65] BGH WM 2004, 1219; Baumbach/Hopt/*Hopt* BankGesch. (7) Rn. C/106.
[66] *Canaris* Bankvertragsrecht Rn. 472.
[67] *Langenbucher* AcP 218 (2018), 385 (400) mwN.

S. 1 AO. Gegen eine dahingehende Satzungsregelung[68] bestehen ebensowenig Bedenken wie gegen eine Abrede in AGB. Anders ist dies zu beurteilen, wenn die einzige in AGB vorgesehene Möglichkeit, zu bezahlen, für den Schuldner nur unter Verstoß gegen die mit seiner kontoführenden Bank vereinbarten AGB möglich ist. So liegt es bei dem Bezahldienst der **„Sofortüberweisung".**[69] In Ermangelung dessen ist wieder auf Parteivereinbarungen zurück zu greifen. Das Schulbeispiel der Bezahlung einer hohen Geldschuld mit Münzen regeln Art. 11 S. 3 Euro-Einführungs-VO und § 3 Abs. 1 S. 2 MünzG, wonach nur 50 Münzen pro Zahlungsvorgang angenommen werden müssen. Liegt trotz alledem ein versteckter **Dissens** vor und ging der Gläubiger von Buchgeld-, der Schuldner hingegen von Bargeldzahlung aus, ist auf die Verkehrssitte des betreffenden Geschäfts zurückzugreifen.[70]

2. Erfüllung nach § 362 BGB

18 Haben sich Schuldner und Gläubiger des Valutaverhältnisses über die Erfüllungstauglichkeit einer Überweisung geeinigt („Erfüllungszweckabrede"), bewirkt der **bestimmungsgemäße Abschluss der Überweisung** die Erfüllung der Grundforderung. Das erfolgt im Regelfall nach § 362 Abs. 1 BGB, nicht erfüllungshalber oder an Erfüllungs statt.[71]

18a **Einzelfälle:** Hat der Überweisende die **Empfängerbezeichnung unrichtig angegeben,** hat er nicht alles aus seiner Sicht Erforderliche getan, so dass schon aus diesem Grund keine Erfüllungswirkung eintritt, wenn der Betrag bei dem Empfängerinstitut eintrifft.[72] Auf Abreden im Verhältnis des Überweisungsempfängers zu dessen Bank kommt es ebensowenig an wie auf das Insolvenzrisiko der Bank des Überweisungsempfängers.[73] Die genannten Grundsätze gelten auch, wenn der Schuldner auf ein **debitorisches Konto** zahlt: Es liegt im Risikobereich des Gläubigers, Konten, deren Details er im geschäftlichen Verkehr angegeben hat, erfüllungsbereit zu halten.[74] Entsprechendes gilt, wenn der Gläubiger mit seiner Bank gem. § 675y BGB die Zulässigkeit eines **Abzugs von Gebühren** vereinbart. Zur Erfüllung führt außerdem die im Rahmen der getroffenen Erfüllungszweckabrede liegende Überweisung auf ein **Oder-Konto.**[75] Erfüllung durch Überweisung auf ein **Sparkonto** wird eine Erfüllungszweckabrede im Zweifel nicht erfassen.[76] Die Überweisung auf ein **Drittkonto,** zB Notaranderkonto, führt nur bei wirksamer Erfüllungszweckabrede zum Eintritt der Erfüllungswirkung.[77] Sieht die Erfüllungszweckabrede vor, dass ausschließlich auf ein Anderkonto gezahlt werden soll, bewirkt die Überweisung auf ein anderes Konto des Gläubigers keine Erfüllung. Gegen den fortbestehenden Erfüllungsanspruch des Gläubigers kann der Schuldner jedoch mit dem Bereicherungsanspruch (§ 812 Abs. 1 S. 1 Alt. 1 BGB) aus der Überweisung auf das unerwünschte Konto aufrechnen.[78] Keine Erfüllungswirkung kommt der Überweisung auf ein **aufgelöstes Bankkonto** zu.[79]

---

[68] OLG Stuttgart Beschl. v. 8.6.2017 – 19 VA 17/16 = BeckRS 2017, 115030; s. in diesem Zusammenhang jedoch auch den Vorlagebeschluss des BVerwG EuZW 2019, 604.

[69] BGH ZIP 2017, 1945.

[70] BankR-HdB/*Schmieder* § 49 Rn. 181.

[71] Baumbach/Hopt/*Hopt* BankGesch. (7) Rn. C/107; *Langenbucher* S. 462; Langenbucher/Gößmann/Werner/*Langenbucher* § 1 Rn. 129; wohl auch BGH WM 1999, 11; **aA** BGHZ 58, 109; *Canaris* Bankvertragsrecht Rn. 467; Jauernig/*Stürner* BGB, 17. Aufl., Anm. zu den §§ 364, 365 Rn. 9; Erman/*Buck-Heeb* § 364 Rn. 10; Prütting/Wegen/Weinreich/*Pfeiffer* § 364 Rn. 19; offen gelassen von BGH BKR 2018, 123 (124) Rn. 18.

[72] Zu dieser Fallkonstellation *Escher-Weingart* WM 2008, 2281 (2283).

[73] *Langenbucher* S. 463; für Insolvenzrisiko auch Baumbach/Hopt/*Hopt* BankGesch. (7) Rn. C/109.

[74] Langenbucher/Gößmann/Werner/*Langenbucher* § 1 Rn. 128.

[75] Baumbach/Hopt/*Hopt* BankGesch. (7) Rn. C/107; s. a. BGH NJW 2018, 2632.

[76] OLG Hamm NJW 1987, 70; Baumbach/Hopt/*Hopt* BankGesch. (7) Rn. C/107.

[77] BGH NJW 1999, 210; BGHZ 87, 164; Baumbach/Hopt/*Hopt* BankGesch. (7) Rn. C/107; *von Dücker* WM 1999, 1257.

[78] Vgl. OLG Hamburg NJW 2011, 3524 ff. mAnm *K. Schmidt* JuS 2012, 169 ff.

[79] OLG Karlsruhe WM 2018, 516.

3. Erfüllungszeitpunkt: Gutschrift auf dem Empfängerkonto

Die Frage, wann die per Überweisung bezahlte Geldschuld erlischt, ist umstritten. Relevant ist das für eine ganze Reihe von Fragen. Dazu zählt das Schicksal der Forderung, wenn Rückbelastungsrechte vereinbart sind (zur Recall-Rechten bei der SEPA Instant-Überweisung → Kap. 4 BGB § 675p Rn. 11b),[80] der Eintritt bzw. die Beendigung des Verzugs, Wechselkursänderungen, Vertragsstrafen und dgl.[81] Die **hM** geht davon aus, dass Erfüllung mit vorbehaltloser Gutschrift auf dem Konto des Empfängers eintritt. Nach **hier vertretener Ansicht** kommt es für die Entscheidung dieser Frage zunächst einmal auf die Parteivereinbarung in Gestalt der Erfüllungszweckabrede an. Nur wenn sich dieser nichts entnehmen lässt, ist aus dem gesetzlichen Systemzusammenhang eine *Default*-Regelung abzuleiten. **19**

Diese *Default*-Regelung erblicken Rechtsprechung und hM,[82] im Einklang mit einer zur Zahlungsverzugsrichtlinie[83] ergangenen Entscheidung des EuGH[84] in der **vorbehaltlosen Gutschrift auf dem Empfängerkonto.** Dieses Ergebnis wird auf der Basis von Art. 3 Abs. 1 lit. b Ziff. i Zahlungsverzugsrichtlinie gewonnen, wonach der Gläubiger zur Forderung von Verzugszinsen berechtigt ist, wenn er selbst erfüllt, die Geldleistung aber nicht rechtzeitig „erhalten" hat. „Erhalten" in diesem Sinne setzt für das Gericht voraus, dass der Gläubiger über den Betrag „verfügt". Das sei bei der Banküberweisung mit der Gutschrift auf dem Gläubigerkonto der Fall.[85] Erst zu diesem Zeitpunkt soll der geschuldete Betrag dem Gläubiger sicher zur Verfügung stehen.[86] **20**

Mit Blick auf § 675t Abs. 1 BGB sprechen nach **hier vertretener Ansicht** – abweichend von der Rechtsprechung und der hM – die besseren Argumente dafür, als *Default*-Regelung von einem „Bewirken" der Leistung iSd § 362 BGB schon mit dem Eintreffen der Valuta bei der Bank des Überweisungsempfängers und nicht erst bei der erfolgten Gutschrift auf seinem Konto auszugehen.[87] Bereits ab diesem Moment entsteht zugunsten des Überweisungsempfängers der Anspruch aus § 675t Abs. 1 S. 1 BGB. Er besitzt eine gesicherte Rechtsposition, die ihm nur noch aus Gründen entzogen oder vorenthalten werden kann, welche in seinem Risikobereich liegen.[88] Spiegelbildlich haftet der Zahlungsdienstleister des Überweisenden diesem nicht, wenn er den fristgerechten Eingang bei der Bank des Empfängers nachweisen kann, § 675y Abs. 1 S. 5 BGB. Bei Störungen der Gutschrift durch die Bank des Überweisungsempfängers stehen dem Überweisenden folglich keine Rechte zu. Kann er auf die Gutschrift keinen Einfluss nehmen, ist nicht ersichtlich, warum ihm dieses Risiko gleichwohl über die Definition des Erfüllungszeitpunkts zugewiesen werden soll. Das überzeugt zuletzt auch in der Sache, denn die Risiken seines eigenen Zahlungsdienstleisters hat der Überweisungsempfänger zu tragen. **20a**

Für die Verwendung des Zahlungsdienstes **PayPal** haben der BGH und die ganz hM die Formel von der vorbehaltlosen Gutschrift auf das virtuelle PayPal-Konto übertragen. Hiernach sei die geschuldete Leistung bewirkt, wenn der vom Käufer geschuldete Betrag dem virtuellen PayPal-Konto des Verkäufers vorbehaltlos gutgeschrieben wird, so dass dieser den Zahlbetrag endgültig zur freien Verfügung erhält.[89] Insbesondere sei nicht auf Überweisung **20b**

---

[80] Vgl. beispielhaft den Sachverhalt von BGH BKR 2018, 123.

[81] Baumbach/Hopt/*Hopt* BankGesch. (7) Rn. C/108.

[82] BGHZ 186, 269 (280) Rn. 22 f.; 212, 140 (146) Rn. 23; BGH BKR 2018, 123 (124) Rn. 19.

[83] RL 2000/35/EG (ABl. 2000 L 200/35).

[84] EuGH NJW 2008, 1935.

[85] EuGH NJW 2008, 1935 (1936) Rn. 23.

[86] EuGH NJW 2008, 1935 (1936) Rn. 26.

[87] So auch *Herresthal* ZGS 2008, 259 (265); *Freitag* AcP 213 (2013), 128 (142 ff.); *Brechtel* WM 2016, 1057 (1060 ff.); BeckOK BGB/*Lorenz* § 270 Rn. 18; **aA** die Rspr. BGH BKR 2018, 123 (124) Rn. 19 und die hL *Gösele* FS Nobbe, 2009, 75 (81); Palandt/*Grüneberg* § 362 Rn. 10; MüKoBGB/*Fetzer* § 362 Rn. 24 f.; BeckOK BGB/*Dennhardt* § 362 Rn. 26.

[88] Langenbucher/Gößmann/Werner/*Langenbucher* § 1 Rn. 129.

[89] BGH BKR 2018, 123 (124) Rn. 15.

auf das Bankkonto des Gläubigers abzustellen, weil die Parteien insoweit Abweichendes vereinbart haben.[90] Diesem Primat der Erfüllungsabrede zwischen den Parteien ist zuzustimmen.

20c Haben die Parteien ein Zahlungssystem gewählt, welches **Rückbelastungsrechte** vorsieht, ist zu entscheiden, wie sich die Inanspruchnahme eines solchen Rückbelastungsrechts auf die Erfüllung auswirkt. Bei der Überweisung bestehen nur im Einzelfall Rückbelastungsrechte, immerhin mag man aber an **SEPA Instant Recall** oder an aus anderen Gründen bestehende Anfechtungs- oder Rücktrittsrechte denken. In der PayPal-Entscheidung ging der BGH für einen nicht formgebundenen Vertrag von einer **stillschweigenden Wiederbegründung der getilgten Schuld** aus.[91] Eine Bedingung lehnt der BGH, abweichend von der Ansicht des Berufungsgerichts, ab.[92]

4. Eintritt von Verzug – Schickschuld oder Bringschuld

20d Von dem Zeitpunkt des Erfüllungseintritts (nach hM: vorbehaltlose Gutschrift auf dem Empfängerkonto → Rn. 19) ist derjenige Zeitpunkt zu unterscheiden, in welchem der Überweisende die letzte geschuldete Leistungshandlung vorgenomen hat. Auch dies ist umstritten. Die hM ging lange Zeit von einer qualifizierten Schickschuld aus, auf dem Vormarsch ist allerdings inzwischen die abweichende Ansicht, die eine modifizierte Bringschuld zugrunde legt.

20e Die bislang hM ging davon aus, dass die Geldschuld eine **qualifizierte Schickschuld**[93] ist.[94] Auf der Basis dieser Ansicht hat der Überweisende schon dann rechtzeitig geleistet, wenn er den Überweisungsbetrag zum Fälligkeitstermin,[95] oder jedenfalls so rechtzeitig angewiesen hat, dass mit dem fristgerechten Eintreffen des Betrages bei der Empfängerbank gerechnet werden kann.[96] Man beruft sich hierfür auf §§ 270 Abs. 4, 269 Abs. 1 BGB, wonach „die Vorschriften über den Leistungsort unberührt bleiben". Aus dieser Vorschrift wird gefolgert, der Schuldner sei – sofern der Leistungserfolg überhaupt eintrete – nur zur Absendung des Geldes verpflichtet. Wird der Überweisungsauftrag rechtzeitig abgegeben und trifft die Valuta überhaupt beim Zahlungsempfänger ein, ist hiernach rechtzeitig geleistet.

20f Der **EuGH** hat festgestellt, dass mangels Verantwortlichkeit iSd Art. 3 Abs. 1 lit. b Ziff. i Zahlungsverzugsrichtlinie kein Verzug eintritt, wenn der Schuldner die Banküberweisung unter Beachtung der üblicherweise geltenden Fristen rechtzeitig abgeschickt hat.[97] Die Entscheidung ist für die deutschen Gerichte jedenfalls im Anwendungsbereich der Zahlungsverzugsrichtlinie bindend, auch darüber hinaus empfiehlt sich eine einheitliche Auslegung.[98] Spätestens in der Folge dieser Entscheidung wird man sich derjenigen Ansicht anzuschließen haben, wonach die Geldschuld eine modifizierte Bringschuld ist.[99] Hiernach

---

[90] BGH BKR 2018, 123 (124) Rn. 20.

[91] BGH BKR 2018, 123 (125) Rn. 23 ff.

[92] BGH BKR 2018, 123 (125) Rn. 29).

[93] Zum Begriff: *Canaris* Bankvertragsrecht Rn. 479; **krit.** *Langenbucher* S. 42 ff.; Langenbucher/Gößmann/Werner/*Langenbucher* § 1 Rn. 130 f.

[94] Baumbach/Hopt/*Hopt* BankGesch. (7) Rn. C/27 (allerdings Bringschuld im Valutaverhältnis); BankR-HdB/*Schmieder* § 49 Rn. 197 f. (differenzierend, je nach dem ob Verbraucher beteiligt sind, nur dann qualifizierte Schickschuld, in allen anderen Fällen modifizerte Bringschuld); *Scheuren-Brandes* ZIP 2008, 1463; BeckOK BGB/*Lorenz* § 270 Rn. 16; wohl auch *Grundmann* WM 2009, 1109 (1116); **aA** *Gsell* GPR 2008, 165 (166 f.) (richtlinienkonforme Auslegung möglich, Ansicht von der modifizierten Bringschuld gleichwohl vorzugswürdig); s. a. *Herresthal* ZGS 2008, 259; Jauernig/*Stadler* § 270 Rn. 7 (Geldschulden sollen mit Blick auf richtlinienkonforme Auslegung grds. modifizierte Bringschuld sein).

[95] BGH NJW 1998, 1302 (Skontofrist).

[96] *Canaris* Bankvertragsrecht Rn. 480.

[97] EuGH NJW 2008, 1935.

[98] *Freitag* AcP 213 (2013), 129 (150); *Gsell* GPR 2008, 165 (169); Jauernig/*Stadler* § 270 Rn. 7; BeckOK BGB/*Lorenz* § 270 Rn. 16; **aA** *Faust* JuS 2009, 81 (83); Palandt/*Grüneberg* § 270 Rn. 5 f.

[99] OLG Karlsruhe WM 2014, 1422 (1424), hierfür *Langenbucher* S. 43 ff., 451; *Schön* AcP 198 (1998), 401 (445); so im Gefolge der EuGH-Entscheidung auch *Freitag* AcP 213 (2013), 129 (162 ff.); *Gösele* FS Nobbe,

hat der Geldschuldner die Valuta auf seine Gefahr und Kosten dem Gläubiger zu übermitteln. Die Bedeutung der §§ 270 Abs. 4, 269 Abs. 1 BGB erschöpft sich nach dieser Meinung in einer Normierung des für den Gerichtsstand und die anzuwendenden Handelsbräuche relevanten Ortes.[100] Anders als bei der echten Bringschuld richtet sich dieser Ort bei der Überweisung nicht nach dem Sitz des Gläubigers.[101] Die Risiken der fristgerechten Übermittlung des geschuldeten Geldbetrages trägt mangels abweichender Vereinbarung im Grundsatz der Schuldner.[102]

§ 675z Sonstige Ansprüche bei nicht erfolgter, fehlerhafter oder verspäteter Ausführung eines Zahlungsauftrags oder bei einem nicht autorisierten Zahlungsvorgang

[1]Die §§ 675u und 675y sind hinsichtlich der dort geregelten Ansprüche eines Zahlungsdienstnutzers abschließend. [2]Die Haftung eines Zahlungsdienstleisters gegenüber seinem Zahlungsdienstnutzer für einen wegen nicht erfolgter, fehlerhafter oder verspäteter Ausführung eines Zahlungsauftrags entstandenen Schaden, der nicht bereits von § 675y erfasst ist, kann auf 12 500 Euro begrenzt werden; dies gilt nicht für Vorsatz und grobe Fahrlässigkeit, den Zinsschaden und für Gefahren, die der Zahlungsdienstleister besonders übernommen hat. [3]Zahlungsdienstleister haben hierbei ein Verschulden, das einer zwischengeschalteten Stelle zur Last fällt, wie eigenes Verschulden zu vertreten, es sei denn, dass die wesentliche Ursache bei einer zwischengeschalteten Stelle liegt, die der Zahlungsdienstnutzer vorgegeben hat. [4]In den Fällen von Satz 3 zweiter Halbsatz haftet die von dem Zahlungsdienstnutzer vorgegebene zwischengeschaltete Stelle anstelle des Zahlungsdienstleisters des Zahlungsdienstnutzers. [5]§ 675y Absatz 5 Satz 1 ist auf die Haftung eines Zahlungsdienstleisters nach den Sätzen 2 bis 4 entsprechend anzuwenden. [6]Wenn ein Fall des § 675d Absatz 6 Satz 1 Nummer 1 Buchstabe b vorliegt, ist § 675z Satz 3 auf die innerhalb des Europäischen Wirtschaftsraums getätigten Bestandteile des Zahlungsvorgangs nicht anzuwenden.

Übersicht

I. Regelungsgegenstand und Regelungszweck

1 Die Vorschrift umreißt den Rahmen, innerhalb dessen Ansprüche über die §§ 675u, 675y BGB hinaus geltend gemacht werden können. Für solche weitergehenden Ansprüche bleibt eine vertragliche Haftungsbegrenzung im Grundsatz zulässig. Verschulden zwischen-

2009, 75 (90); *Herresthal* ZGS 2008, 259 (260, 264 f.); **aA** BeckOK BGB/*Lorenz* § 270 Rn. 16; für echte Bringschuld *Einsele* § 6 Rn. 129; offen gelassen von BGH WM 2011, 285.

[100] BeckOK BGB/*Lorenz* § 270 Rn. 16.

[101] Langenbucher/Gößmann/Werner/*Langenbucher* § 1 Rn. 131.

[102] *Langenbucher* S. 463; iErg auch *Einsele* § 6 Rn. 129; nach der gesetzlichen Neuregelung jetzt auch BankR-HdB/*Schmieder* § 49 Rn. 198.

geschalteter Stellen hat im Regelfall die Bank des Zahlungsdienstleisters zu vertreten. § 675z BGB setzt die Art. 73 Abs. 3, 91 PSD II um.

2 Eine abweichende Regelung zugunsten des Zahlungsdienstnutzers ist stets zulässig; eine Abweichung zulasten des Zahlungsdienstnutzers nur im Rahmen des § 675e BGB: (1) bei Zahlungsdiensten in **Fremdwährungen** (§ 675e Abs. 2 Nr. 2 iVm § 675d Abs. 6 S. 1 Nr. 1 lit. a BGB), (2) bei Zahlungsvorgängen, bei denen keiner der beteiligten Zahlungsdienstleister innerhalb des Europäischen Wirtschaftsraums belegen ist (**Drittstaatendienstleister,** § 675e Abs. 2 Nr. 2 iVm § 675d Abs. 6 S. 1 Nr. 2 BGB), sowie (3) unabhängig von der Währung, wenn der Zahlungsdienstnutzer **kein Verbraucher** (§ 13 BGB) ist (§ 675e Abs. 4 BGB).[1] Eine Sonderreglung trifft § 675z S. 6 BGB für Fälle des § 675d Abs. 6 S. 1 Nr. 1 lit. b BGB (one-leg-Transaktionen), wonach § 675z S. 3 BGB auf die innerhalb des Europäischen Wirtschaftsraums getätigten Bestandteile des Zahlungsvorgangs nicht anzuwenden ist. Eine Abbedingung durch AGB unterliegt zudem den allgemeinen Grenzen der §§ 305 ff. BGB.

II. Spezialität der §§ 675u, 675y BGB

3 Ansprüche, die sich auf dieselbe Rechtsfolge wie die §§ 675u, 675y BGB richten, treten hinter diese Normen zurück. Das betrifft Ansprüche auf die Erstattung des Überweisungsbetrages, auf die Erstattung von Zinsen und Entgelten[2] sowie auf Wiederbeschaffung und Nachverfolgung gem. § 675y BGB. **Folgeschäden** aus nicht erfolgten, fehlerhaften oder verspäteten Überweisungen kann der Überweisende geltend machen, soweit sie (i) nicht von den §§ 675u, 675y BGB erfasst oder (ii) nicht im Verhältnis des Überweisenden zum Zahlungsdienstleister, sondern bspw. im Valutaverhältnis entstanden sind. Das gilt auch, wenn ein **Zahlungsauslösedienstleister** beteiligt war und den Folgeschaden verursacht hat.[3] Anspruchsgrundlage hierfür können insbesondere die §§ 280 ff., 812 ff., 823 ff. BGB sein,[4] Schuldner sowohl der Zahlungsdienstleister des Überweisenden als auch der Zahlungsauslösedienstleister.[5]

4 **Einzelfälle:** Die zum bisherigen Recht bejahten Ansprüche aus § 826 BGB bei kollusivem Zusammenwirken von Bank und Fälscher eines Überweisungsauftrags auf Ersatz solcher Schäden, die sich aus der (noch) nicht erfolgten Korrekturbuchung ergeben, bleiben nach neuem Recht ebenfalls einschlägig.[6]

III. Vertragliche Haftungsbegrenzung, § 675z S. 2 BGB

5 Die Vorschrift gestattet im Grundsatz die vertragliche Haftungsbegrenzung für Schäden wegen nicht erfolgter, fehlerhafter oder verspäteter Überweisung außerhalb des § 675y BGB auf 12.500 EUR. Sie enthält eine Reihe von Ausnahmen, die eine Haftungsbegrenzung doch ausschließen: Unzulässig ist eine Haftungsbegrenzung für Vorsatz und grobe Fahrlässigkeit, für Zinsschäden und für Gefahren, die der Zahlungsdienstleister besonders übernommen hat, vgl. Nr. 2.3.3. (2) **AGB-Überweisung.**[7]

---

[1] *Herresthal* in → Kap. 2 BGB § 675e Rn. 6 ff.

[2] BT-Drs. 16/11643, 118.

[3] BT-Drs. 18/11495, 176.

[4] BT-Drs. 16/11643, 118; MüKoBGB/*Zetzsche* § 675z Rn. 5; BankR-HdB/*Schmieder* § 49 Rn. 48; Staudinger/*Omlor* § 675z Rn. 5; *Rühl* DStR 2009, 2256 (2260).

[5] BT-Drs. 18/11495, 176.

[6] *Grundmann* WM 2009, 1109 (1116).

[7] BT-Drs. 16/11643, 118; für Unwirksamkeit einer Haftungsbegrenzung für Folgeschäden bei nicht autorisierter Überweisung im unternehmerischen Verkehr *Einsele* ZIP 2011, 1741 (1743).

IV. Verschulden zwischengeschalteter Stellen, § 675z S. 3, 4 und 6 BGB

1. Zurechnung des Verschuldens von Zwischenbanken

Zwischengeschaltete Stellen gelten als Erfüllungsgehilfen desjenigen Zahlungsdienstleisters, in dessen Pflichtenkreis die Pflichtverletzung fällt, § 675z S. 3 BGB.[8] Damit ist § 664 Abs. 1 S. 2 BGB unanwendbar.[9] Nr. 3 Abs. 2 **AGB-Banken** bzw. **AGB-Sparkassen** erfasst nicht Überweisungen, bei welchen Zwischenbanken eingeschaltet werden. Eine dahingehende Haftungsreduzierung in AGB wäre unzulässig.[10] Eine Ausnahme von diesem Grundsatz gilt, wenn die wesentliche Ursache für die Schadensentstehung von einer Zwischenbank gesetzt wurde, welche der Überweisende ausdrücklich vorgegeben hat. 6

Eine **Sonderregelung** trifft außerdem § 675z S. 6 BGB für Fälle des § 675d Abs. 6 S. 1 Nr. 1 lit. b BGB (one-leg-Transaktionen), wonach § 675z S. 3 BGB auf die innerhalb des Europäischen Wirtschaftsraums getätigten Bestandteile des Zahlungsvorgangs nicht anzuwenden ist. Der Grund hierfür ist, dass die Aussichten für die Überweiserbank, einen Regress gegen einen außerhalb des EWR belegenen Zahlungsdienstleister zu realisieren, gering sind.[11] Haben die Parteien nichts anderes vereinbart, gilt § 664 Abs. 1 S. 2 BGB. 6a

2. Direktansprüche des Überweisenden gegen eine Zwischenbank

Hat der Überweisende die in eine Überweisung eingeschaltete Zwischenbank ausdrücklich vorgegeben, haftet diese anstelle des Zahlungsdienstleisters des Überweisenden aus einem besonderen gesetzlich begründeten Schuldverhältnis, § 675z S. 4 BGB.[12] Sieht man von diesem Fall ab, normiert das Gesetz keinen derartigen Direktanspruch. Relevant wird sein Bestehen insbesondere, soweit Haftungsbeschränkungen zulässig sind. Zur früheren Rechtslage ging die hM von der Existenz derartiger Ansprüche nach den Grundsätzen der Drittschadensliquidation[13] (andere auf der Grundlage eines Vertrages mit Schutzwirkung für Dritte)[14] aus. Das dürfte, jedenfalls soweit wegen einer Haftungsbeschränkung Haftungslücken entstehen, trotz der vollharmonisierenden Wirkung der Richtlinie weiterhin zulässig sein.[15] Die Bejahung eines dahingehenden Anspruchs aus Vertrag mit Schutzwirkung für Dritte bzw. die Zulassung einer Drittschadensliquidation dürfte freilich künftig auf Ausnahmefälle beschränkt bleiben, die jeweils daraufhin zu untersuchen sind, ob die europarechtlichen Vorgaben einem zusätzlichen Schadensersatzanspruch entgegenstehen. 7

3. Unternehmerischer Verkehr

Nr. 2.3.4 **AGB-Überweisung** schließt die Zurechnung des Verschuldens zwischengeschalteter Stellen im unternehmerischen Verkehr aus, soweit diese sorgfältig ausgewählt wurden.[16] 8

[8] Ellenberger/Findeisen/Nobbe/*Ellenberger* § 675z Rn. 7; BankR-HdB/*Schmieder* § 49 Rn. 139; Palandt/*Sprau* § 675z Rn. 5; für Echtzeit-Überweisung eingehend *Dieckmann* BKR 2018, 276.

[9] Palandt/*Sprau* § 675z Rn. 5.

[10] Vgl. BankR-HdB/*Schmieder* § 49 Rn. 139.

[11] BT-Drs. 18/11495, 176.

[12] MüKoBGB/*Zetzsche* § 675z Rn. 27; BankR-HdB/*Schmieder* § 49 Rn. 140; Staudinger/*Omlor* § 675z Rn. 14; Palandt/*Sprau* § 675z Rn. 6.

[13] BGHZ 176, 281 unter Aufgabe von BGHZ 69, 85; *van Gelder* WM 1995, 1253; *Einsele* § 6 Rn. 150; *Hadding* FS Werner, 1984, 165 (193 ff.); MüKoHGB/*Häuser* BankvertragsR I Rn. B 464.

[14] *Canaris* Rn. 25 f., 395, 617 ff.; *Langenbucher* S. 100 ff.; *Langenbucher/Adolff* FS Canaris, 2007, Bd. I, S. 679 ff.; Staudinger/*Omlor* § 675z Rn. 17.

[15] BankR-HdB/*Schmieder* § 49 Rn. 153.

[16] Für Unwirksamkeit *Einsele* § 6 Rn. 143.

V. Fehlerhafte Kundenkennung, § 675z S. 5 BGB

9 Die Ausführung einer Überweisung gemäß der vom Überweisenden angegebenen Kundenkennung stellt keine Pflichtverletzung dar, §§ 675r Abs. 1 S. 1, 675y Abs. 5 S. 1 BGB. Diesen Grundsatz wiederholt § 675z S. 5 BGB.

§ 676 Nachweis der Ausführung von Zahlungsvorgängen

Ist zwischen dem Zahlungsdienstnutzer und seinem Zahlungsdienstleister streitig, ob der Zahlungsvorgang ordnungsgemäß ausgeführt wurde, muss der Zahlungsdienstleister nachweisen, dass der Zahlungsvorgang ordnungsgemäß aufgezeichnet und verbucht sowie nicht durch eine Störung beeinträchtigt wurde.

Übersicht

I. Regelungsgegenstand und Regelungszweck

1 § 676 BGB setzt Art. 72 Abs. 1 PSD II um, welcher den Regelungsgehalt des Art. 59 PSD I ohne materielle Änderungen fortführt. Die Vorschrift regelt die Beweislast mit Blick auf die ordnungsgemäße Ausführung eines Überweisungsvorgangs.

2 Eine abweichende Regelung zugunsten des Zahlungsdienstnutzers ist stets zulässig; eine Abweichung zulasten des Zahlungsdienstnutzers nur im Rahmen des § 675e BGB: (1) bei Zahlungsdiensten in **Fremdwährungen** (§ 675e Abs. 2 Nr. 2 iVm § 675d Abs. 6 S. 1 Nr. 1 lit. a BGB), (2) bei Beteiligung mehrerer Zahlungsdienstleister an dem Zahlungsvorgang, wenn von diesen Zahlungsdienstleistern mindestens einer innerhalb und mindestens einer außerhalb des Europäischen Wirtschaftsraums belegen ist, (3) bei Zahlungsvorgängen, bei denen keiner der beteiligten Zahlungsdienstleister innerhalb des Europäischen Wirtschaftsraums belegen ist (one-leg-Transaktionen bzw. **Drittstaatendienstleister,** § 675e Abs. 2 Nr. 2 iVm § 675d Abs. 6 S. 1 Nr. 1 lit. a und Nr. 2 BGB), sowie (4) unabhängig von der Währung, wenn der Zahlungsdienstnutzer **kein Verbraucher** (§ 13 BGB) ist (§ 675e Abs. 4 BGB), ferner (5) bei **Kleinbetragsinstrumenten** (§ 675i Abs. 2 Nr. 3 BGB).[1] Eine Abbedingung durch AGB unterliegt zudem den allgemeinen Grenzen der §§ 305 ff. BGB.

II. Umfang der Zuweisung der Beweislast zum Zahlungsdienstleister

3 Der Zahlungsdienstleister des Überweisenden hat nachzuweisen, dass der Überweisungsvorgang ordnungsgemäß aufgezeichnet und verbucht wurde sowie dass keine Störung diesen beeinträchtigt hat. **Ordnungsgemäß** ist der Überweisungsvorgang erfolgt, wenn er iSd § 675y Abs. 1 S. 4 BGB rechtzeitig und ungekürzt bei dem Zahlungsdienstleister des Überweisungsempfängers eingegangen ist.[2] **Störungsfrei** ist der Überweisungsvorgang, wenn keine technischen oder sonstigen Auffälligkeiten vorgekommen sind.[3]

---

[1] *Herresthal* in → Kap. 2 BGB § 675e Rn. 6 ff.
[2] Palandt/*Sprau* § 676 Rn. 1.
[3] Palandt/*Sprau* § 676 Rn. 2.

§ 676a Ausgleichsanspruch

(1) **Liegt die Ursache für die Haftung eines Zahlungsdienstleisters gemäß den §§ 675u, 675y und 675z im Verantwortungsbereich eines anderen Zahlungsdienstleisters, eines Zahlungsauslösedienstleisters oder einer zwischengeschalteten Stelle, so kann der Zahlungsdienstleister von dem anderen Zahlungsdienstleister, dem Zahlungsauslösedienstleister oder der zwischengeschalteten Stelle den Ersatz des Schadens verlangen, der ihm aus der Erfüllung der Ansprüche eines Zahlungsdienstnutzers gemäß den §§ 675u, 675y und 675z entsteht.**

(2) **Ist zwischen dem kontoführenden Zahlungsdienstleister des Zahlers und einem Zahlungsauslösedienstleister streitig, ob ein ausgeführter Zahlungsvorgang autorisiert wurde, muss der Zahlungsauslösedienstleister nachweisen, dass in seinem Verantwortungsbereich eine Authentifizierung erfolgt ist und der Zahlungsvorgang ordnungsgemäß aufgezeichnet sowie nicht durch eine Störung beeinträchtigt wurde.**

(3) **Ist zwischen dem kontoführenden Zahlungsdienstleister des Zahlers und einem Zahlungsauslösedienstleister streitig, ob ein Zahlungsvorgang ordnungsgemäß ausgeführt wurde, muss der Zahlungsauslösedienstleister nachweisen, dass**
1. der Zahlungsauftrag dem kontoführenden Zahlungsdienstleister gemäß § 675n zugegangen ist und
2. der Zahlungsvorgang im Verantwortungsbereich des Zahlungsauslösedienstleisters ordnungsgemäß aufgezeichnet sowie nicht durch eine Störung beeinträchtigt wurde.

Übersicht

I. Regelungsgegenstand und Regelungszweck

1 § 676a BGB setzt Art. 92 PSD II iVm Art. 73 Abs. 2 UAbs. 2 PSD II und Art. 90 PSD II um. Weil die PSD II der Überweiserbank im Verhältnis zum Überweisenden die Verantwortung für eingeschaltete Zahlungsdienstleister auferlegt, sieht die Norm einen korrespondierenden Regressanspruch des vom Überweisenden in Anspruch genommenen Zahlungsdienstleisters gegenüber zwischengeschalteten Stellen vor.[1] Dessen Durchsetzung ist gem. § 16 ZAG über eine Pflichtversicherung zu gewährleisten. Im Zuge der Umsetzung der PSD II wurde die Vorschrift um die Abs. 2 und 3 ergänzt, außerdem wurde die Regelung in Abs. 1 auf Zahlungsauslösedienstleister erstreckt. Der Zahlungsdienstleister hat zwar gegenüber dem Überweisenden für Fehlverhalten zwischengeschalteter Stellen oder Zahlungsauslösedienstleistern einzustehen, soll aber bei diesen Regress nehmen können.

2 Da die Vorschrift das Verhältnis zwischen Zahlungsdienstleistern (Interbankenverhältnis) betrifft, findet die Beschränkung der Abdingbarkeit aus § 675e BGB grundsätzlich keine Anwendung.[2] Insoweit besteht Vertragsfreiheit. Anderes gilt nur, wenn einer der Zahlungsdienstleister selbst Zahlungsdienstnutzer ist.

[1] BT-Drs. 16/11643, 118.
[2] *Herresthal* in → Kap. 2 BGB § 675e Rn. 12 f.

II. Das Interbankenverhältnis

1. Keine Regelung des Interbankenverhältnisses

3 Die §§ 675j ff. BGB regeln das Interbankenverhältnis allenfalls rudimentär. So lassen sich die Geschäftsbesorgungsverhältnisse entlang einer Girokette unter § 675f BGB subsumieren.[3] § 676a BGB enthält einen isolierten Ersatzanspruch. In der Praxis gelten umfangreiche Vereinbarungen, insbesondere das **Abkommen zum Überweisungsverkehr 2011** und das SEPA-Regelwerk.[4] Diese Abkommen berechtigen nur deren Teilnehmer, dagegen weder den Überweisenden noch den Überweisungsempfänger. Für die in den §§ 675y, 675z BGB erfassten Ansprüche war dem Richtliniengeber trotz der Existenz dieser Abkommen daran gelegen, einen Regress zwingend festzuschreiben, vgl. Erwägungsgrund 47 der PSD I.

2. Überweisungsabkommen

4 Das **Überweisungsabkommen 2011** betrifft ausschließlich Überweisungen, die im DTA-Format abgewickelt werden, nicht die SEPA-Überweisung. Es begründet Rechte und Pflichten nur zwischen den beteiligten Zahlungsdienstleistern, Nr. 1 (5). Für diese wird der technische Ablauf einer Überweisung vorgezeichnet sowie Transparenz hinsichtlich der verwendeten Prüfzifferberechnungsmethode gefordert. Der Zahlungsdienstleister des Zahlers hat eine Prüfzifferkontrolle des Verwendungszwecks, Nr. 4 (3), sowie der Kontonummer des Empfängers, Nr. 5, durchzuführen. Nr. 6 formalisiert eine Rückgabe von Überweisungen. Nr. 7 erwartet von dem Zahlungsdienstleister des Empfängers die Rückfrage beim Zahlungsdienstleister des Überweisenden, wenn gegen die Ordnungsmäßigkeit einer Überweisung, die 15.000 EUR überschreitet, Bedenken bestehen. Hierbei handelt es sich nicht um eine schadensersatzbewehrte Verpflichtung; eine Schutzwirkung zugunsten des Überweisenden wird nicht begründet.[5] Korrespondierend regelt Nr. 8 eine (Ketten-)Nachfrage des Zahlungsdienstleisters des Überweisenden sowie die Bitte auf Rücküberweisung bei fehlerhafter Angabe der Kontonummer durch den Überweisenden. Nr. 9 regelt das Vorgehen bei einem Rückruf einer Überweisung, mit deren Ausführung bereits begonnen wurde. Ist eine Rücküberweisung nicht möglich, verpflichtet Nr. 9 (2) den Zahlungsdienstleister des Empfängers zur Mitteilung von Namen und Anschrift derjenigen Person, welcher der Betrag zu Unrecht gutgeschrieben wurde. Nr. 10 weist demjenigen Zahlungsdienstleister, der Daten fehlerhaft erfasst hat, die haftungsrechtliche Verantwortung zu; Nr. 10 (4) sieht eine standardisierte Schadensteilung im Verhältnis $1/5$ zu $4/5$ vor, wenn der Zahlungsdienstleister des Zahlungsempfängers vorsätzlich oder grob fahrlässig gehandelt hat. Nr. 10 (8) schließt die Haftung für Folgeschäden aus, soweit der Zahlungsdienstleister des Zahlers diese im Verhältnis zum Überweisenden hätte beschränken können.

III. Der Ersatzanspruch, § 676a Abs. 1 BGB

5 Die Unsicherheiten, die sich im deutschen Recht bei der Abwicklung von Schäden in Vertragsketten ergeben, vermeidet das europarechtlich vorgegebene Recht der Zahlungsdienste, indem § 676a Abs. 1 BGB einen verschuldensunabhängigen Direktanspruch gegen die jeweils verantwortliche Zwischenstelle normiert („Sprungregress“).[6] Der Anspruch setzt voraus, dass der Zahlungsdienstleister des Überweisenden auf der Grundlage der

[3] Kümpel/Mülbert/Früh/Seyfried/*Werner* Rn. 4.185.
[4] *Rigler* in → Aufl. 2 Kap. 11 BGB § 676a Rn. 48 ff.; Überblick bei *Werner* WM 2014, 243.
[5] BGH NJW 2000, 2503 (2504).
[6] Palandt/*Sprau* § 676a Rn. 1.

§§ 675y, 675z BGB in Anspruch genommen wird und die Ursache hierfür im Verantwortungsbereich einer zwischengeschalteten Stelle liegt. Eine vertragliche Beziehung zwischen den Instituten ist nicht erforderlich.[7]

1. Begriff der Ursache

6 Für die Konkretisierung der Frage, wann die Ursache von einer zwischengeschaltetenen Stelle gesetzt wurde, gibt das Gesetz keinerlei Anhaltspunkte. Insbesondere ist nicht ersichtlich, ob eine teilweise Schadenszurechnung denkbar ist, wenn der vom Überweisenden beauftragte Zahlungsdienstleister zur Schadensentstehung beigetragen hat. Wegen der Verschuldensunabhängigkeit des Anspruchs kommt § 254 BGB jedenfalls nicht unmittelbar zur Anwendung. Erwägenswert ist aber eine wertende Anlehnung an den dort kodifizierten Grundsatz.[8] Mehrere beteiligte Zahlungsdienstleister haften als Gesamtschuldner.[9]

2. Umfang des Ersatzanspruchs

7 Der Zahlungsdienstleister kann auf der Grundlage des § 676a Abs. 1 BGB den Haftungsschaden liquidieren. Einen darüber hinausgehenden Eigenschaden adressiert die Norm nicht.[10] Ansprüche auf Ersatz solcher Schäden können sich aus dem Vertragsverhältnis zwischen den eingeschalteten Zahlungsdienstleistern bzw. zwischen Zahlungsdienstleister und zwischengeschalteter Stelle ergeben.[11]

IV. Besondere Beweislastregeln im Innenverhältnis

8 § 676a Abs. 2 und 3 BGB enthalten besondere Regelungen für das Innenverhältnis zwischen dem kontoführenden Zahlungsdienstleister und einem **Zahlungsauslösedienstleister.** Etabliert wird eine Beweislastregelung nach Risikosphären. So muss im Fall eines **nicht autorisierten Zahlungsvorgangs** gem. § 676a Abs. 2 BGB der Zahlungsdienstleister nachweisen, dass in seinem Verantwortungsbereich eine Authentifizierung erfolgt ist und der Zahlungsvorgang ordnungsgemäß aufgezeichnet, sowie nicht durch eine technische Störung beeinträchtigt wurde.

9 § 676a Abs. 3 BGB betrifft hingegen nicht den Fall einer nicht ordnungsgemäßen Authentifizierung, sondern einer **nicht ordnungsgemäßen Ausführung,** mithin die nicht erfolgte, verspätete oder fehlerhafte Ausführung. In diesen Fällen muss der Zahlungsauslösedienstleister nachweisen, dass der Zahlungsauftrag dem kontoführenden Zahlungsdienstleister gem. § 675n BGB zugegangen ist (§ 676a Abs. 3 Nr. 1 BGB) und der Zahlungsvorgang im Verantwortungsbereich des Zahlungsauslösedienstleisters ordnungsgemäß aufgezeichnet sowie nicht durch eine Störung beeinträchtigt wurde (§ 676a Abs. 3 Nr. 2 BGB). Folge des Nachweises ist die Freistellung des Zahlungsauslösedienstleisters von etwaigen Regresszahlungen. Gem. Art. 72, 90 PSD II fällt unter den in § 676a Abs. 2 und Abs. 3 BGB gewählten Begriff der Störung der Nachweis einer „technischen Panne“ oder eines „anderen Mangels“, der freilich ebenfalls technischer Art ist.[12]

---

[7] BankR-HdB/*Schmieder* § 49 Rn. 143.
[8] BankR-HdB/*Schmieder* § 49 Rn. 145.
[9] BankR-HdB/*Schmieder* § 49 Rn. 145.
[10] Prütting/Wegen/Weinreich/*Fehrenbacher* § 676a Rn. 3; BankR-HdB/*Schmieder* § 49 Rn. 149.
[11] Prütting/Wegen/Weinreich/*Fehrenbacher* § 676a Rn. 4.
[12] JurisPK/*Schwintowksi* 9. Aufl. 2020, § 676a Rn. 7; BT-Drs. 18/11495, 178.

§ 676b Anzeige nicht autorisierter oder fehlerhaft ausgeführter Zahlungsvorgänge

(1) **Der Zahlungsdienstnutzer hat seinen Zahlungsdienstleister unverzüglich nach Feststellung eines nicht autorisierten oder fehlerhaft ausgeführten Zahlungsvorgangs zu unterrichten.**

(2) [1] **Ansprüche und Einwendungen des Zahlungsdienstnutzers gegen den Zahlungsdienstleister nach diesem Unterkapitel sind ausgeschlossen, wenn dieser seinen Zahlungsdienstleister nicht spätestens 13 Monate nach dem Tag der Belastung mit einem nicht autorisierten oder fehlerhaft ausgeführten Zahlungsvorgang hiervon unterrichtet hat.** [2] **Der Lauf der Frist beginnt nur, wenn der Zahlungsdienstleister den Zahlungsdienstnutzer über die den Zahlungsvorgang betreffenden Angaben gemäß Artikel 248 §§ 7, 10 oder § 14 des Einführungsgesetzes zum Bürgerlichen Gesetzbuche unterrichtet hat; anderenfalls ist für den Fristbeginn der Tag der Unterrichtung maßgeblich.**

(3) **Für andere als die in § 675z Satz 1 genannten Ansprüche des Zahlungsdienstnutzers gegen seinen Zahlungsdienstleister wegen eines nicht autorisierten oder fehlerhaft ausgeführten Zahlungsvorgangs gilt Absatz 2 mit der Maßgabe, dass der Zahlungsdienstnutzer diese Ansprüche auch nach Ablauf der Frist geltend machen kann, wenn er ohne Verschulden an der Einhaltung der Frist verhindert war.**

(4) [1] **Wurde der Zahlungsvorgang über einen Zahlungsauslösedienstleister ausgelöst, sind Ansprüche und Einwendungen des Zahlungsdienstnutzers gegen seinen kontoführenden Zahlungsdienstleister ausgeschlossen, wenn der Zahlungsdienstnutzer den kontoführenden Zahlungsdienstleister nicht spätestens 13 Monate nach dem Tag der Belastung mit einem nicht autorisierten oder fehlerhaften Zahlungsvorgang hiervon unterrichtet hat.** [2] **Der Lauf der Frist beginnt nur, wenn der kontoführende Zahlungsdienstleister den Zahlungsdienstnutzer über die den Zahlungsvorgang betreffenden Angaben gemäß Artikel 248 §§ 7, 10 oder § 14 des Einführungsgesetzes zum Bürgerlichen Gesetzbuche unterrichtet hat; anderenfalls ist für den Fristbeginn der Tag der Unterrichtung durch den kontoführenden Zahlungsdienstleister maßgeblich.**

(5) **Für andere als die in § 675z Satz 1 genannten Ansprüche des Zahlungsdienstnutzers gegen seinen kontoführenden Zahlungsdienstleister oder gegen den Zahlungsauslösedienstleister wegen eines nicht autorisierten oder fehlerhaft ausgeführten Zahlungsvorgangs gilt Absatz 4 mit der Maßgabe, dass**

1. **die Anzeige an den kontoführenden Zahlungsdienstleister auch zur Erhaltung von Ansprüchen und Einwendungen des Zahlungsdienstnutzers gegen den Zahlungsauslösedienstleister genügt und**
2. **der Zahlungsdienstnutzer seine Ansprüche gegen den kontoführenden Zahlungsdienstleister oder gegen den Zahlungsauslösedienstleister auch nach Ablauf der Frist geltend machen kann, wenn er ohne Verschulden an der Einhaltung der Frist verhindert war.**

Übersicht

I. Regelungsgegenstand und Regelungszweck

§ 676b Abs. 1 bis 3 BGB gehen auf Art. 58 PSD I zurück, § 676 Abs. 4 und 5 BGB 1
setzten Art. 71 PSD II um. Die Vorschrift ordnet eine Ausschlussfrist für Ansprüche und Einwendungen mit Blick auf eine nicht autorisierte oder fehlerhaft ausgeführte Überweisung an.

Eine abweichende Regelung zugunsten des Zahlungsdienstnutzers ist stets zulässig; eine 2
Abweichung zulasten des Zahlungsdienstnutzers dagegen nur im Rahmen des § 675e BGB: (1) bei Zahlungsdiensten in **Fremdwährungen** (§ 675e Abs. 2 Nr. 2 iVm § 675d Abs. 6 S. 1 Nr. 1 lit. a BGB), (2) bei Beteiligung mehrerer Zahlungsdienstleister an dem Zahlungsvorgang, wenn von diesen Zahlungsdienstleistern mindestens einer innerhalb und mindestens einer außerhalb des Europäischen Wirtschaftsraums belegen ist, (3) bei Zahlungsvorgängen, bei denen keiner der beteiligten Zahlungsdienstleister innerhalb des Europäischen Wirtschaftsraums belegen ist (one-leg-Transaktionen bzw. **Drittstaatendienstleister,** § 675e Abs. 2 Nr. 2 iVm § 675d Abs. 6 S. 1 Nr. 1 lit. a und Nr. 2 BGB), sowie (4) unabhängig von der Währung, wenn der Zahlungsdienstnutzer **kein Verbraucher** (§ 13 BGB) ist (§ 675e Abs. 4 BGB).[1] Eine Abbedingung durch AGB unterliegt zudem den allgemeinen Grenzen der §§ 305 ff. BGB.

II. Obliegenheit zur Unterrichtung, § 676b Abs. 1 BGB

1. Obliegenheit

Der Überweisende ist gehalten, seinen Zahlungsdienstleister unverzüglich zu unterrich- 3
ten, nachdem er einen nicht autorisierten oder fehlerhaft ausgeführten Zahlungsvorgang festgestellt hat, Nr. 1.9 **AGB-Überweisung.** Auf der Basis der Richtlinie handelt es sich hierbei um eine Obliegenheit, Art. 71 PSD II, deren Nichtbeachtung einen Anspruchsausschluss nach § 676b Abs. 2 BGB zur Folge hat.[2] Die Formulierung des deutschen Gesetzgebers weist darüber hinaus. So wird der Überweisende verpflichtet,[3] seinen Zahlungsdienstleister nach Feststellung eines nicht autorisierten oder eines fehlerhaft ausgeführten Zahlungsvorgangs zu unterrichten. Verletzt er diese Pflicht, würde sich konsequent eine Haftung des Überweisenden aus § 280 Abs. 1 BGB anschließen, wie die zum alten Recht ergangene Rechtsprechung angenommen hat.[4] Ob eine dahingehende Auslegung angesichts des vollharmonisierenden Charakters der Richtlinie zulässig ist, ist umstritten.[5] Der Streit wirkt sich insbesondere auf die Wirksamkeit von **Kontroll- und Rügepflichten in AGB** aus.

[1] *Herresthal* in → Kap. 2 BGB § 675e Rn. 6 ff.
[2] MüKoBGB/*Zetzsche* § 676b Rn. 3, 6; Prütting/Wegen/Weinreich/*Fehrenbacher* § 676b Rn. 2; *Herresthal* in → Kap. 3 BGB § 676b Rn. 7 f.; Ellenberger/Findeisen/Nobbe/*Nobbe* § 676b Rn. 8; Palandt/*Sprau* § 676b Rn. 2.
[3] So ausdrücklich BT-Drs. 18/11495, 178.
[4] Eine Haftung des Überweisungsempfängers abl. *Bunte* AGB-Banken SB Üb Rn. 81.
[5] Abl. *Herresthal* in → Kap. 3 BGB § 676b Rn. 7 f.; Palandt/*Sprau* § 676b Rn. 3; für echte Rechtspflicht aber *Bunte* AGB-Banken SB Üb Rn. 80.

4 **a) Nr. 11 Abs. 4 und 5 AGB-Banken, Nr. 20 Abs. 1 lit. g und h AGB-Sparkassen.** Die genannten AGB verpflichten den Bankkunden, Kontoauszüge unverzüglich auf Richtigkeit und Vollständigkeit zu überprüfen sowie den Zahlungsdienstleister bei Ausbleiben von Mitteilungen zu benachrichtigen. Unproblematisch stellt sich die beschriebene Streitfrage für diejenigen Autoren dar, die bislang von einer Einordnung als Obliegenheit ausgegangen sind, die nicht zu einer Schadensersatzpflicht des Kunden führt.[6] Hiernach scheidet ein Schadensersatzanspruch der Bank bei Verletzung von Rüge- und Kontrollpflichten des Kunden ohnehin aus. Wer hingegen bislang vom Bestehen einer echten Rechtspflicht ausging, mithin für einen Schadensersatzanspruch der Bank bei Verletzung der Kontrollpflicht des Bankkunden plädierte, muss entscheiden, ob § 676b BGB dem entgegensteht.[7] Der Gesetzgeber hält die Klausel nach wie vor für wirksam.[8] Dafür spricht, dass die Frage, inwieweit allgemeine Prüfungs- und Rügepflichten des Kunden bestehen, in der PSD I nicht adressiert sein dürfte.[9] Bei der Bemessung eines etwa entstandenen Schadens wird man freilich die Sperrwirkung der Richtlinie zu beachten haben. Zwingend vorgegeben ist nicht nur, dass die Nichtunterrichtung des Zahlungsdienstleisters trotz positiver Kenntnis von einer nicht autorisierten oder fehlerhaften Buchung zu einem Anspruchsausschluss führt, § 676b Abs. 1 BGB. Zu beachten sind zusätzlich die in § 675l Abs. 1 S. 2 BGB verankerte Anzeigepflicht sowie die Haftungshöchstgrenze des § 675v Abs. 1 BGB und die Konkretisierung des Pflichtenmaßstabs in § 675v Abs. 2 bis 5 BGB. Im Anwendungsbereich dieser Normen kann deshalb die Ersatzpflicht des Überweisenden nicht durch AGB zu seinen Ungunsten ausgedehnt werden.[10]

5 **b) Nr. 7 Abs. 2 AGB-Banken bzw. Nr. 7 Abs. 3 AGB-Sparkassen.** Diese AGB verpflichten den Kunden, Einwendungen wegen Unrichtigkeit oder Unvollständigkeit eines Rechnungsabschlusses spätestens sechs Wochen nach dessen Zugang zu erheben. Das Unterlassen rechtzeitiger Einwendungen gilt als Genehmigung **(Saldoanerkenntnis).** Verlangt der Kunde auf der Basis bereicherungsrechtlicher Grundsätze eine Berichtigung, trägt er die Beweislast. Mit Blick auf diese Pflicht, dürfte kein Konflikt mit der PSD I entstehen. Die Richtlinie betrifft einzelne Buchungen; das Saldoanerkenntnis hingegen den Rechnungsabschluss als solchen.[11]

2. Die Unterrichtung

6 Die Obliegenheit, nicht autorisierte und fehlerhaft ausgeführte Zahlungsvorgänge anzuzeigen, trifft den Überweisenden bei Feststellung der Buchung, mithin bei positiver Kenntnis.[12] Der Zahlungsdienstleister hat den Kunden im Rahmen seiner vorvertraglichen Informationspflichten vor dem Abschluss eines Zahlungsdiensterahmenvertrages bzw. eines Einzelzahlungsvertrages darüber zu informieren, wie und innerhalb welcher Frist der Kunde die Anzeige eines nicht autorisierten oder fehlerhaft ausgeführten Zahlungsvorgangs zu erstatten hat (Art. 248 §§ 4 Abs. 1 Nr. 5 lit. e 13 EGBGB).

---

[6] Derleder/Knops/Bamberger/*Casper* § 4 Rn. 71, 77; **aA** (Rechtspflicht) BGH WM 1979, 419; *Bunte* AGB-Banken Nr. 11 Rn. 231; Baumbach/Hopt/*Hopt* (8) AGB-Banken (11) Rn. 9.

[7] Für fortbestehenden Schadensersatzanspruch *Bunte* AGB-Banken Nr. 11 Rn. 231; iErg auch Ellenberger/Findeisen/Nobbe/*Nobbe* § 676b Rn. 9; zweifelnd BankR-HdB/*Schmieder* § 49 Rn. 128; abl. Palandt/*Sprau* § 676b Rn. 4.

[8] BT-Drs. 16/11643, 119.

[9] Ellenberger/Findeisen/Nobbe/*Nobbe* § 676b Rn. 8; *Schürmann* Bankrechtstag 2009, 11 (54).

[10] → Kap. 4 BGB § 675v Rn. 2; →Kap. 4 BGB § 675y Rn. 2.

[11] MüKoBGB/*Zetzsche* § 676b Rn. 26; *Schürmann* Bankrechtstag 2009, 11 (54); **aA** *Sprau* Bankrechtstag 2009, 107 (117 f.).

[12] Palandt/*Sprau* § 676b Rn. 3.

III. Ausschlussfrist, § 676b Abs. 2, 3 BGB

1. Verschuldensunabhängiger Ausschluss von Ansprüchen, § 676 Abs. 2 BGB

Hat der Überweisende die Unterrichtung nicht spätestens 13 Monate nach dem Tag der Belastung seines Kontos mit einer nicht autorisierten Überweisung durchgeführt, sind Ansprüche nach den §§ 675u–675z BGB gegen den Zahlungsdienstleister aus der nicht autorisierten Überweisung ausgeschlossen. Dasselbe gilt für Einwendungen gegen den Überweisungsvorgang.[13] Auf **schuldhaftes Handeln** kommt es für den Ausschluss des Anspruchs ebenso wenig an wie überhaupt auf **Kenntnis.**[14] 7

2. Verschuldensabhängiger Ausschluss von Ansprüchen, § 676 Abs. 3 BGB

Ansprüche außerhalb der §§ 675u, 675y BGB fallen im Grundsatz ebenfalls unter die Ausschlussfrist. Sie können aber noch nach Ablauf der Ausschlussfrist geltend gemacht werden, wenn der Überweisende die Einhaltung der Frist schuldlos versäumt hat.[15] 8

3. Sonstige Ansprüche

Ausgeschlossen sind auch Ansprüche, die wegen des abschließenden Charakters der §§ 675u–675z BGB selbst bei Außerachtlassung der Ausschlussfrist nicht hätten geltend gemacht werden können, etwa aus § 812 BGB.[16] Ansprüche gegen Dritte (siehe aber für Zahlungsauslösedienstleister → Rn. 12) betrifft die Vorschrift dagegen ebenso wenig wie Ansprüche des Zahlungsdienstleisters gegen den Überweisenden.[17] Nicht unter die Ausschlussfrist fallen auch solche Ansprüche, die mit der mangelnden Autorisierung bzw. der fehlerhaften Ausführung nicht zusammenhängen, etwa aus § 675x BGB.[18] 9

4. Fristlauf

Die Frist beginnt mit dem Tag der Kontobelastung zu laufen. Voraussetzung für den Beginn des Fristlaufs ist, dass der Überweisende gem. Art. 248 §§ 7, 10, 14 EGBGB **informiert** wurde. Erfolgt die Unterrichtung später, beginnt die Frist an diesem Tag zu laufen.[19] Die Frist dauert 13 Monate, § 676b Abs. 2 S. 1 BGB. Für die Berechnung sind § 187 Abs. 1 und § 188 Abs. 2 und 3 BGB maßgeblich.[20] 10

IV. Ausschluss von Rechten bei Einschaltung eines Zahlungsauslösedienstleisters

1. Verschuldensunabhängiger Anspruchsausschluss, § 676 Abs. 4 BGB

§ 676b Abs. 4 und 5 BGB regeln fast wortgleich mit § 676b Abs. 2 und 3 BGB die Anzeigepflicht im Fall der Einschaltung eines Zahlungsauslösedienstes. Auch in diesem Fall muss der Zahlungsdienstnutzer die **Anzeige gegenüber seinem kontoführenden Zah-** 11

[13] *Bunte* AGB-Banken SB Üb Rn. 77; Prütting/Wegen/Weinreich/*Fehrenbacher* § 676b Rn. 5; Ellenberger/Findeisen/Nobbe/*Nobbe* § 676b Rn. 14.
[14] Ellenberger/Findeisen/Nobbe/*Nobbe* § 676b Rn. 26; *Schürmann* Bankrechtstag 2009, 11 (53).
[15] *Bunte* AGB-Banken SB Üb Rn. 77; Ellenberger/Findeisen/Nobbe/*Nobbe* § 676b Rn. 28.
[16] MüKoBGB/*Zetzsche* § 676b Rn. 23; Prütting/Wegen/Weinreich/*Fehrenbacher* § 676b Rn. 5; Palandt/*Sprau* § 676b Rn. 5.
[17] Ellenberger/Findeisen/Nobbe/*Nobbe* § 676b Rn. 18; Palandt/*Sprau* § 676b Rn. 5.
[18] Palandt/*Sprau* § 676b Rn. 5.
[19] Palandt/*Sprau* § 676b Rn. 6.
[20] Ellenberger/Findeisen/Nobbe/*Nobbe* § 676b Rn. 23; Palandt/*Sprau* § 676b Rn. 6.

lungsdienstleister vornehmen. Die Anzeige allein gegenüber dem Zahlungsauslösedienstleister genügt zum Anspruchserhalt nicht,[21] § 676b Abs. 2 BGB (BGB § 676b Rn. 7).

2. Verschuldensabhängiger Anspruchsausschluss, § 676b Abs. 5 BGB

12 Durch die Anzeige gegenüber dem Zahlungsdienstleister sichert sich der Zahlungsdienstnutzer in den nicht von § 675z S. 1 BGB erfassten Fällen auch den Anspruch gegenüber dem Zahlungsauslösedienst, § 676b Abs. 5 Nr. 2 BGB. Wie in § 676b Abs. 3 BGB können andere als die in § 675z S. 1 BGB genannten Ansprüche auch nach Fristablauf geltend gemacht werden, wenn der Überweisende ohne Verschulden an der Einhaltung der Frist gehindert war.

§ 676c Haftungsausschluss

Ansprüche nach diesem Kapitel sind ausgeschlossen, wenn die einen Anspruch begründenden Umstände

1. **auf einem ungewöhnlichen und unvorhersehbaren Ereignis beruhen, auf das diejenige Partei, die sich auf dieses Ereignis beruft, keinen Einfluss hat, und dessen Folgen trotz Anwendung der gebotenen Sorgfalt nicht hätten vermieden werden können, oder**
2. **vom Zahlungsdienstleister auf Grund einer gesetzlichen Verpflichtung herbeigeführt wurden.**

Übersicht

I. Regelungsgegenstand und Regelungszweck

1 § 676c BGB setzt Art. 93 PSD II um. Die Vorschrift schließt das Entstehen von Ansprüchen nach den §§ 675j ff. BGB aus, wenn die sie begründenden Umstände auf „höhere Gewalt" beruhen oder vom Zahlungsdienstleister aufgrund einer Rechtspflicht herbeigeführt wurden.[1]

2 Eine abweichende Regelung zugunsten des Zahlungsdienstnutzers ist stets zulässig; eine Abweichung zulasten des Zahlungsdienstnutzers dagegen nur im Rahmen des § 675e BGB: (1) bei Zahlungsdiensten in **Fremdwährungen** (§ 675e Abs. 2 Nr. 2 iVm § 675d Abs. 6 S. 1 Nr. 1 lit. a BGB), (2) bei Beteiligung mehrerer Zahlungsdienstleister an dem Zahlungsvorgang, wenn von diesen Zahlungsdienstleistern mindestens einer innerhalb und mindestens einer außerhalb des Europäischen Wirtschaftsraums belegen ist, und (3) bei Zahlungsvorgängen, bei denen keiner der beteiligten Zahlungsdienstleister innerhalb des Europäischen Wirtschaftsraums belegen ist (one-leg-Transaktionen bzw. **Drittstaatendienstleister,** § 675e Abs. 2 Nr. 2 iVm § 675d Abs. 6 S. 1 Nr. 1 lit. a und Nr. 2 BGB).[2] Eine Abbedingung durch AGB unterliegt zudem den allgemeinen Grenzen der §§ 305 ff. BGB.

---

[21] BT-Drs. 18/11495, 178.
[1] BT-Drs. 16/11643, 119.
[2] *Herresthal* in → Kap. 2 BGB § 675e Rn. 6 ff.

II. Anwendungsbereich

Der Ausschluss betrifft sämtliche in den §§ 675j–676a BGB genannten Ansprüche; unberührt bleiben Ansprüche hinsichtlich derer diese Vorschriften nicht abschließend sind.[3] **3**

III. Ungewöhnliches/unvermeidbares Ereignis

Erfasst sind Fälle „höherer Gewalt". Wegen des uneinheitlichen Begriffsverständnisses in **4** den Mitgliedstaaten hat der Gesetzgeber die Bezugnahme auf diesen Begriff bewusst vermieden.[4] Stattdessen wird auf ein ungewöhnliches und unvorhersehbares Ereignis Bezug genommen. Das sind Ereignisse, mit denen nicht zu rechnen war, deren Eintritt von der Partei, die sich hierauf beruft, nicht beeinflussbar war, **Nr. 1,** und nicht hätte vermieden werden können, **Nr. 2.** Fälle höherer Gewalt iSd § 206 BGB genügen diesem Maßstab.[5] Die Vorschrift geht aber über diese Fälle hinaus. Einige Beispiele sind in Nr. 3 Abs. 3 **AGB-Banken** bzw. Nr. 19 Abs. 3 **AGB-Sparkassen** aufgeführt.[6] Nur in Ausnahmefällen, etwa einem überraschenden Zusammenbruch des gesamten Finanzsystems, kann die Insolvenz einer Zwischenbank ein in diesem Sinne ungewöhnliches Ereignis darstellen.[7] Zweifelhaft ist, ob der Zusammenbruch einer EDV-Anlage ein ungewöhnliches Ereignis ist. Im Regelfall wird jedenfalls die Funktionsfähigkeit der eigenen Anlage zum Risikobereich des Zahlungsdienstleisters zählen.[8]

IV. Gesetzliche Verpflichtung

Keine Ansprüche kann der Überweisende aus Zahlungsvorgängen herleiten, die vom **5** Zahlungsdienstleister auf Grund einer gesetzlichen Verpflichtung, etwa im Rahmen einer Kontopfändung oder einer hoheitlichen Beschlagnahme, durchgeführt wurden.[9]

---

[3] → Kap. 4 BGB § 675z Rn. 3 f.; Palandt/*Sprau* § 676c Rn. 1.
[4] BT-Drs. 16/11643, 119.
[5] Ellenberger/Findeisen/Nobbe/*Nobbe* § 676c Rn. 2.
[6] Palandt/*Sprau* § 676c Rn. 2.
[7] *Einsele* § 6 Rn. 139 f.
[8] Weiter *Einsele* § 6 Rn. 139.
[9] Palandt/*Sprau* § 676c Rn. 3.

5. Kapitel: Lastschrift – §§ 675a-675y BGB

Schrifttum: *Albrecht,* Biometrie zum Nutzen der Verbraucher, DuD 2000, 332; *Bauer,* Der Widerspruch des Zahlungspflichtigen im Lastschriftverfahren, WM 1981, S. 1186; *ders.,* Der Zeitpunkt der Einlösung von Lastschriften und Scheck, WM 1983, 198; *Bitter,* Problemschwerpunkte des neuen Zahlungsdiensterechts – Teil I – Überweisung und Lastschrift, WM 2010, 1725; *Bundschuh,* Die Widerspruchsfrist im Einzugsermächtigungsverfahren, in: Lutter/Mertens/Ulmer, FS für Stimpel, 1992, 1039; *Canaris,* Bankvertragsrecht, 3. Aufl., 1988; *ders.,* Der Bereicherungsausgleich im bargeldlosen Zahlungsverkehr, WM 1980, 353; *Böger,* Neue Rechtsregeln für den Zahlungsverkehr, Bankrechtstag 2016, 193; *Caspar/Terlau,* ZAG – Zahlungsdiensteaufsichtsgesetz, 2. Aufl. 2020; *Denck,* Der Mißbrauch des Widerspruchsrechts im Lastschriftverfahren, ZHR 144 (1980), 171; *Engel,* Rechtsprobleme um das Lastschriftverfahren, 1966; *Escher,* Bankrechtsfragen des elektronischen Geldes im Internet, WM 1997, 1173; *Fallscheer-Schlegel,* Das Lastschriftverfahren, Entwicklung und Rechtsprobleme, 1977; *Franke,* Rechtsfragen im Bereich des Lastschriftverfahrens, DB 1973, 1055; *van Gelder,* Fragen des sogenannten Widerspruchs- und des Rückgabeentgelts im Einzugsermächtigungsverfahren, WM 2002, 101; *Godefroid,* E-Commerce aus der Sicht des deutschen Vertragsrecht, DStR 2001, 400; *Gößmann,* Recht des Zahlungsverkehrs, Überweisung-Lastschrift-Scheck-Zahlungssysteme, 3. Aufl., 1997; *Grzimek,* Moderne Inkassoverfahren, 1961; *ders.,* Rationalisierung der Debitorenbuchhaltung durch Bankquittungsverfahren, DB 1961, 173; *Hadding,* Zur „Kundenkennung" im neuen Recht der Zahlungsvorgänge, FS für Uwe H. Schneider, 2011, 443; *ders.,* Herkömmliche Einzugsermächtigungslastschrift – Fortbestand nach Umsetzung der EU-Zahlungsdiensterichtlinie oder Wegfall nach europäischem Interbankenabkommen (SEPA-Rulebook)?, FS für Hüffer, 2009, 273; *ders.,* Aktuelle rechtliche Entwicklungen zum Lastschriftverkehr, ZBB 2012, 149 ff.; *Hadding/Häuser,* Zur Neufassung des Abkommens über den Lastschriftverkehr, WM Sonderbeilage 1/1983; *dies.* Rechtsfragen des Giroverhältnisses, ZHR 195 (1981), 138; *dies.* Gutschrift und Widerruf des Überweisungsauftrags im Giroverhältnis, WM 1988, 1149; *dies.* Rechtsfragen des Lastschriftverfahrens, RWS-Skript 103, 1981; *Häde,* Die Zahlung mit Kredit- und Scheckkarten, rechtliche Aspekte des „Plastikgeldes" und seine Auswirkungen auf die Währung, ZBB 1994, 33; *Harbeke,* Die POS-Systeme der deutschen Kreditwirtschaft – eine Darstellung unter rechtlichen Aspekten, WM-Sonderbeilage 1/1994; *Häuser,* Zur Erfüllung der Geldschuld durch Inkasso einer Einzugsermächtigungslastschrift, WM 1991, 1; *Hegel* Lastschriftverfahren und Widerspruchsrecht, Die Bank, 1981, 611; *Hennig* Zahlungsverkehrsabkommen der Spitzenverbände in der Kreditwirtschaft, 1991; *Hingst/Lösing* Zahlungsdiensteaufsichtsrecht, 2015; *Hoeren,* Grundzüge des Internetrechts: E-Commerce, Domains, Urheberrecht, 2001; *Hoeren/Sieber/Holznagel,* Handbuch Multimedia Recht, Stand: Oktober 2019; *Hopt,* Vertrags- und Formularbuch, 4. Aufl., 2013; *Hellner/Steuer,* Bankrecht und Bankpraxis, Stand: 2/2020; *Köhler/Arndt,* Recht des Internet, 3. Aufl., 2001; *Kreifels* Das Widerspruchsrecht des Lastschriftschuldners uns seine missbräuchliche Ausübung gegenüber der Gläubigerbank, 1983; *Krepold/Fischbeck/Kropf/Werner,* Bankrecht, 2. Aufl. 2018; *Kümpel,* Das Stornorecht der Kreditinstitute, WM 1979, 379; *Kümpel*/Mülbert/Früh/Seyfried, Bank- und Kapitalmarktrecht, 5. Aufl. 2019; *Kupisch,* Banküberweisung und Bereicherungsausgleich, WM-Sonderbeilage 3/1979; *Lang/Assies/Werner,* Schuldrechtsmodernisierung in der Bankpraxis, 2002; *Langenbucher,* Die Risikozuordnung im bargeldlosen Zahlungsverkehr, 2001; *Linardatos,* Der Kommissionsvorschlag für eine Zahlungsdiensterichtlinie II, WM 2014, 306; *Moritz/Dreier,* Rechts-Handbuch zum E-Commerce, 2002; *Nobbe,* Neuregelungen im Zahlungsverkehrsrecht, WM 2011, 961; *Neumann,* Bargeldlose Zahlungen über Mobilfunknetze, BKR 2002, 157; *Omlor,* Die neue Einzugsermächtigungslastschrift – von der Genehmigungs- zur Einwilligungstheorie, NJW 2012, 2150 ff.; *ders.,* Die zweite Zahlungsdiensterichtlinie: Revolution oder Evolution im Bankvertragsrecht?, ZIP 2016, 558; *Reusch,* Schriftformerfordernis beim Abschluss von Versicherungsverträgen über das Internet, NVersZ 1999, 110; *Roßnagel,* Das neue Recht elektronischer Signaturen – Neufassung des Signaturgesetzes und Änderungen des BGB und der ZPO, NJW 2001, 1819; *Rüßmann,* Haftungsfragen und Risikoverteilung bei ec-Kartenmißbrauch, DuD 1998, 395; *Sandberger,* Grundlagen und Grenzen des Widerspruchsrechts beim Lastschriftverfahren, JZ 1977, 285; *Schacht,* Das neue Lastschriftrecht, 2012; *Schmidt,* Rationalisierung und Privatrecht, AcB 166 (1966), 1; *Schneider,* Das Lastschriftverfahren im Internet, BKR 2002, 384; *Schnepp,* Der Bereicherungsanspruch einer Bank bei irrtümlicher Durchführung eines widerrufenen Auftrags, WM 1985, 1249; *Schönle,* Wiederaufleben des Einzugsverfahrens, ZuB 29, 77; *Spindler,* Bankrecht und E-Commerce – Sicherheit im Rechtsverkehr, in: Entgeltklauseln in der Kreditwirtschaft und E-Commerce von Kreditinstituten – Bankrechtstag 2001, 2002; *Terlau,* Die zweite Zahlungsdiensterichtlinie – zwischen technischer Innovation und Ausdehnung des Aufsichtsrechts, ZBB 2016, 122; *Spindler/Zahrte,* Zum Entwurf für eine Überarbeitung der Zahlungsdiensterichtlinie (PSD II), BKR 2014, 265; *Terpitz,* Lastschriftverfahren ohne Abbuchungsauftrag, NJW 1981, S. 1649; *ders.,* Benachrichtigungspflicht der Kreditinstitute im Falle der Nichteinlösung von Lastschriften, NJW 1989, 2740; *Weber,* Zahlungsverfahren im Internet – Zahlungen mittels Kreditkarte, Lastschrift und Geldkarte, 2002; *Weimar,* Ist eine Verpflichtungsermächtigung oder -genehmigung nach § 185 möglich?, JR 1973, 494; *Werner,* Das Lastschriftverfahren im Internet, BKR 2002, S. 11; *ders.,* Replik auf Schneider, BKR 2002, S. 384, BKR 2002, 387; *ders.,* Geldverkehr im Internet – ein Praxisleitfaden, 2002; *ders.,* Mailorderverfahren: Verschuldensunabhängige Rückbelastungsklausel in

AGB von Kreditkartenunternehmen ist unwirksam – zugleich eine Anmerkung zum Urteil des BGH vom 16.4.2002, Aktenzeichen: XI ZR 375/00, BB 2002, 1384, BB 2002, 1382 ff.; *ders.*, Anscheinsbeweis und Sicherheit des ec-PIN-Systems im Lichte der neueren Rechtsprechung, WM 1997, 1516; *ders.*, Beweislastverteilung und Haftungsrisiken im elektronischen Zahlungsverkehr, MMR 1998, 338; *ders.*, Zivilrechtliche Neuerungen im Recht der Lastschrift – insbesondere im Einziehungsermächtigungsverfahren, BKR 2012, 221 ff.; *ders.*, Neue Möglichkeiten für Zahlungsdienstenutzer im Recht der Zahlungsdienste nach Umsetzung der PSD II, ZBB 2017, 345; *ders.*, Wesentliche Änderungen des Rechts der Zahlungsdienste durch Umsetzung der Zweiten EU-Zahlungsdiensterichtlinie in deutsches Recht, WM 2018, 449; *Wiewer*, Rechtsprobleme des ec-Geldautomatensystems, WM-Sonderbeilage Nr. 6/1987; *Zschoche*, Zur dogmatischen Einordnung des Lastschriftverfahrens unter besonderer Berücksichtigung der Vertrauensstrukturen, 1981.

Übersicht

I. Die dogmatische Einordnung der Lastschriftzahlung

Hinsichtlich der dogmatischen Einordnung der Lastschriftzahlung war seit 1.2.2014 in tatsächlicher und seit 2. August 2014 auch in rechtlicher Hinsicht nur noch zwischen drei verschiedenen Lastschriftverfahren – dem Einziehungsermächtigungsverfahren, dem SEPA-Basis- und dem SEPA-Firmenlastschriftverfahren – zu unterscheiden. Das Abbuchungsauftragsverfahren wird bereits seit 1. Februar 2014 von der deutschen Kreditwirtschaft nicht mehr angeboten. Das Einziehungsermächtigungsverfahren gab es vom 2.8.2014 bis 1. Februar 2016 nur noch für Elektronische Lastschriftverfahren i. S. d. § 7c Abs. 1 ZAG a. F. Die beiden **Lastschriftabkommen,** bei denen es sich um ein Interbankenabkommen handelte bzw. noch handelt,[1] regeln die verschiedenen Lastschriftverfahren, die unterschiedliche rechtliche Grundstrukturen aufweisen. Das Lastschriftabkommen in der vom 1.2.2014 bis zum 15.4 2016 geltenden Fassung regelte dabei nur noch das **Einziehungsermächtigungs-Lastschriftverfahren,** während den beiden **SEPA-Verfahren** – dem SEPA-Basislastschriftverfahren und dem SEPA-Firmenlastschriftverfahren – das **Abkommen über die SEPA-Inlandslastschrift** in der ebenfalls seit 21.11.2016 geltenden Fassung zugrunde liegt, soweit es sich dabei um entsprechende Lastschriften mit Inlandsbezug handelt. Grundlagen der beiden SEPA-Verfahren bilden auf EU-Ebene das **„SEPA Core Direct Debit Scheme Rulebook"** für das Basis- und das **„SEPA Business to Business Direct Debit Scheme Rulebook"** für das Firmenlastschriftverfahren. Beide „Rulebooks" sind vom **„European Payments Council"** erlassen worden. 1

[1] Das – mittlerweile außer Kraft getretene – Lastschriftabkommen ist abgedruckt in BuB/*Krepold* Rn. 6/311 f., und BankR-HdB/*Ellenberger* Anh. zu §§ 56–59; zu den beiden früheren Lastschriftverfahren vgl. MüKo HGB/*Omlor*, Bd. 6, C Rn. 122 ff.

2 Das bis 1. Februar 2016 nur noch für Elektronische Lastschriftverfahren zulässige **„Einzugsermächtigungs-Verfahren"** wurde mittlerweile durch ein auf dem Basis-SEPA-Lastschriftverfahren aufbauendem Verfahren, dem SEPA-ELV, ersetzt.[2]

3 Das Lastschriftverfahren ist ein **Zahlungsdienst** gem. § 1 Abs. 2 Nr. 5 ZAG und kein Bankgeschäft gem. § 1 KWG mehr. Folglich bedarf derjenige, der Zahlungen im Lastschriftverfahren als Zahlungsdienst anbietet, einer **Lizenz als Zahlungsdienstleister** gem. § 8 ZAG, um an der Durchführung des bargeldlosen Zahlungsverkehrs teilnehmen zu können.[3] Allerdings benötigt diese Erlaubnis nur derjenige, der die Zahlungen abwickelt. Der Einreicher und der Lastschriftschuldner brauchen keine Erlaubnis.

4 Zum 9.7.2012 war im Zuge der Entscheidung des XI. Zivilsenats des BGH vom 20.7.2010[4] von der darin behandelten Möglichkeit Gebrauch gemacht worden, das Einziehungsermächtigungsverfahren so umzugestalten, dass es hinsichtlich der Autorisierung einer Zahlung im SEPA-Basis-Lastschriftverfahren nachgebildet wurde. Dies hatte zur Folge, dass die **Einziehungsermächtigung** nicht nur eine Ermächtigung des Zahlungsempfängers zum Einzug des Lastschriftbetrags, sondern gleichzeitig auch eine Weisung an die Zahlstelle darstellte, die Lastschrift einzulösen. Allerdings enthielt das **überarbeitete Lastschriftabkommen** – das seit 2.8.2014 nur noch für das Elektronische Lastschriftverfahren bis zum 15.4.2016 galt – eine Regelung, wonach der Zahlungspflichtige innerhalb eines Zeitraums von acht Wochen nach der Belastung die Erstattung des Lastschriftbetrags verlangen konnte. Es handelte sich dabei jedoch nicht um ein Widerspruchsrecht gegen die Belastung, sondern um einen gem. § 675x Abs. 2 und Abs. 4 BGB zwischen dem Zahler und seinem Zahlungsinstitut zu vereinbarenden **Erstattungsanspruch,** der weder voraussetzte noch dazu führte, dass die Belastung ohne Rechtsgrund erfolgte. Da es sich dabei um einen eigenständigen Anspruch[5] und nicht um ein Widerspruchsrecht handelte, kann die Gutschrift auch mit Valuta des Buchungstags und musste nicht mit der Valuta der ursprünglichen Belastung erfolgen.[6]

5 In höchstrichterlichen Urteilen des IX. und XI. Zivilsenats haben beide BGH-Senate in den jeweiligen Entscheidungen vom 20.7.2010[7] zunächst versucht, ihre jeweilige frühere Rechtsprechung zum Widerspruchsrecht des Lastschriftschuldners im Einziehungsermächtigungslastschriftverfahren, insbesondere des Insolvenzverwalters, einander anzunähern und die Folgen der „Genehmigungstheorie"[8] einzuschränken.[9] Während jedoch der XI. Zivilsenat in seinen Urteilen versuchte, den Anwendungsbereich der Genehmigung auch und insbesondere durch konkludentes Verhalten des Lastschriftschuldners auszuweiten, kommt

[2] Vgl. Krepold/Fischbeck/Kropf/*Werner,* S. 100; MüKOHGB Omlor, C. Lastschriftverkehr, Rn. 122 ff.

[3] Vgl. Ellenberger/Findeisen/Nobbe/*Böger/Walz* ZAG § 8 Rn. 1 ff.; *Hingst/Lösing* Zahlungsdiensteaufsichtsrechte, 2015, § 6 Rn. 49 ff.

[4] Vgl. BGH WM 2010, 1546.

[5] Palandt/*Sprau* § 675x Rn. 2; Staudinger/*Omlor* § 675x Rn. 1; Soergel/*Werner* § 675x Rn. 1 ff.

[6] **AA** aber Ellenberger/Findeisen/Nobbe/*Böger/Ellenberger* § 675x Rn. 26 f., der davon ausgeht, dass auch bei Ausübung des Erstattungsanspruchs das Konto wertberichtigt wieder auf den Stand vor der Belastungsbuchung zu bringen sei, da der Aufwendungsersatzanspruch der Zahlstelle bei einer autorisierten Lastschrift gem. § 158 Abs. 2 BGB auflösend bedingt entstanden sei, der durch die Bedingung Begünstigte habe jedoch ein Anwartschaftsrecht auf die Wiederherstellung des früheren Zustands. Wird der Erstattungsanspruch innerhalb der Frist von acht Wochen geltend gemacht, soll danach die Bedingung für den Aufwendungsersatzanspruch entfallen. Mit Zeitablauf soll die Bedingung nicht mehr eintreten können und der Schwebezustand beendet werden.

[7] Vgl. BGH WM 2010, 1543 (Urteil des IX. Zivilsenats) und BGH WM 2010, 1546 (Urteil des XI. Zivilsenats).

[8] S. dazu ua BGH WM 1989, 520 (521); 2000, 1577; 2004, 2482; 2005, 874; 2006, 1001; 2007, 2246; 2008, 1963; 2009, 1073; vgl. dazu zusammenfassend MüKo HGB/*Omlor,* Bd. 6, C Rn. 17.

[9] Vgl. zu dieser neueren Rspr. die weiteren Urteile des IX. Zivilsenats WM 2010, 2023 und des XI. Zivilsenats 26.10.2010 – XI ZR 562/07, Rn. 11 ff.; 23.11.2010 – XI ZR 370/08, Rn. 13 ff.; 25.1.2011 – XI ZR 171/09, Rn. 11 ff.; 22.2.2011 – XI ZR 261/09, Rn. 10 ff.; 1.3.2011 – XI ZR 320/09, Rn. 12 ff.; 3.5.2011 – XI ZR 152/09, Rn. 9 ff.; 10.5.2010 – XI 391/09, Rn. 14 ff.; 26.7.2011 – XI ZR 197/10, Rn. 10 ff.; 27.9.2011 – XI ZR 328/09, Rn. 12 ff. = WM 2011, 2254 = WuB I D 2.-1.12/*Krepold* und WM 2011, 2316.

eine Entscheidung des IX Zivilsenats vom 13.10.2011[10] in einem *obiter dictum* zu dem Ergebnis, dass dann, wenn zwar ein Abbuchungsauftrag erteilt wurde, ein Widerspruch des Lastschriftschuldners beachtlich ist, soweit der Einzug im Einziehungsermächtigungsverfahren erfolgt worden ist.[11] Mit Wirksamwerden neuer Regelungen im Lastschriftabkommen zum Einziehungsermächtigungsverfahren zum 9.7.2012, wonach die Einziehungsermächtigung als „Autorisierung" anzusehen war, hatte sich die „Genehmigungstheorie" des BGH endgültig erledigt.[12]

Auch das Abbuchungsauftragsverfahren ist mit Wirkung zum 1.2.2014 eingestellt worden. 6

1. Die SEPA-Lastschriftverfahren

Die schon im Vorgriff auf die (erste) EU-ZDRL von der europäischen Kreditwirtschaft entwickelten **SEPA-Lastschriftverfahren** folgen eigenen Regelwerken, die unabhängig von der jeweiligen Umsetzung der EU-ZDRL entwickelt worden sind, gleichwohl aber den Vorgaben der Richtlinie genügen und folglich auch in Übereinstimmung mit den jeweiligen nationalen Umsetzungsgesetzen stehen. Es ist dabei zu unterscheiden zwischen dem SEPA-Basis- und dem SEPA-Firmenkundenverfahren.[13] 7

a) Der Ablauf der SEPA-Lastschriftverfahren

Die Besonderheit der SEPA-Lastschriftverfahren ergibt sich daraus, dass der gesamte Prozess am **Belastungstag** („Due Date") ausgerichtet ist, während es sich bei den klassischen Verfahren um **„Sichtverfahren"** handelt, dh, die Belastung erfolgt mit Vorlage der Lastschrift. Die SEPA-Verfahren sehen dagegen vor, dass der Lastschrifteinreicher ein konkretes Belastungs- und damit Fälligkeitsdatum (Due Date –„D") vorgibt. An diesem Tag muss die Belastung erfolgen, weshalb das Fälligkeitsdatum, das Settlement-Datum und das Belastungsdatum identisch sein müssen. 8

Der Zahlungspflichtige erteilt – ähnlich wie im derzeitigen Einziehungsermächtigungsverfahren bzgl. der Einziehungsermächtigung – seinem Gläubiger und Lastschrifteinreicher ein **„Mandat"**, bei dem es sich um die Autorisierung zur Belastung des Schuldnerkontos mittels Lastschrift handelt. Sofern zwischen dem Lastschriftgläubiger und dem -schuldner nichts Abweichendes vereinbart worden ist, hat dieser jenen zwei Wochen vor dem Fälligkeitsdatum („D-14") zu unterrichten, dass er dessen Konto belasten werde, wobei diese Erklärung auch in einer anderen Erklärung – zB einer Rechnung – enthalten sein kann. 9

Außerdem muss die Lastschrift mit einer eindeutigen **Identifizierung** („Creditor Identifier", CI) des Zahlungsempfängers versehen werden, damit der Zahlungspflichtige die Belastung zuordnen kann. 10

Zwar wird auch bei der SEPA-Lastschrift der Zahlungsempfänger ermächtigt, eine Zahlung vom Konto des Zahlungspflichtigen einzuziehen, das dafür in papierhafter, der Papierform gem. § 127 Abs. 2 BGB gleichgestellter oder elektronischer Form zu erstellende **Mandat** geht jedoch insofern über die frühere Einziehungsermächtigung hinaus, als es gleichzeitig auch das Zahlungsinstitut des Zahlungspflichtigen autorisiert, sein Konto zu belasten, sodass dieses das Konto des Zahlungspflichtigen mit dessen Genehmigung belastet. Damit handelt es sich bei dem Mandat nicht um eine nachträgliche Genehmigung gem. § 675j Abs. 1 S. 2 BGB, sondern um eine **Vorautorisierung,** sodass sich die Probleme im Zusammenhang mit der nachträglichen Genehmigung – wie bei der früheren Einziehungs- 11

[10] BGH 13.10.2011 – IX ZR 115/10, Rn. 8 ff.

[11] Unter ausdrücklicher Aufgabe der Rspr. des ursprünglich für diese Rechtsfrage zuständigen II. Zivilsenats in seiner Entscheidung vom 19.10.1978, WM 1979, 194.

[12] Vgl. dazu WuB F D-2.1.12/*Krepold*.

[13] Vgl. MüKo HGB C. Lastschriftverkehr, Rn. 45 und Rn. 117 ff.; Kümpel/Mülbert/Früh/Seyfried/*Werner* IR 1 4.423 ff.; vgl. dazu MüKo HGB Bd. 6, C Rn. 23 f.

ermächtigungslastschrift – nicht stellen. Das Mandat wird in elektronische Datensätze überführt und an die Zahlstelle als Teil der Lastschrifteinreichung übermittelt.

12 Der Lastschriftgläubiger hat das Mandat, das ihn autorisiert, die Lastschrift anzustoßen sowie gleichzeitig die Zahlstelle ermächtigt, das Konto des Lastschriftschuldners zu belastenentsprechend den gesetzlichen Vorgaben **aufzubewahren.** Ihren Inhalt muss er in elektronische Datensätze überführen und unter Einschaltung einer oder mehrerer Inkassostellen der Zahlstelle übermitteln.

13 Der Lastschriftgläubiger hat danach bei Durchführung der Belastung verschiedene **Fristen** zu beachten: Zwei Wochen vor der Belastung des Kontos des Lastschriftschuldners muss der Lastschriftgläubiger diesem, sofern nichts Abweichendes vereinbart wurde, eine Vorabinformation übermitteln („D-14"). Danach kann der Lastschriftgläubiger bei seiner Bank, der ersten Inkassostelle, die Lastschrift anstoßen.

14 Sofern es sich um eine **erste oder einmalige Lastschrift** handelt, muss sie mindestens fünf Tage vor der Belastung des Schuldnerkontos bei der ersten Inkassostelle eingereicht werden („D-5"); im „B2B-Bereich" ist diese Frist auf einen Tag verkürzt. Bei wiederkehrenden Lastschriften verkürzt sich diese Frist auf zwei Tage („D-2"). Allerdings muss der Einreicher – damit eine Unterscheidung überhaupt möglich wird – die Lastschrift entsprechend als einmalige, erstmalige oder wiederkehrende kennzeichnen. Die erste Inkassostelle reicht danach die Lastschrift unter Nutzung des Clearing-&-Settlement-Mechanismus an die bezogene Bank weiter. Dabei muss sichergestellt werden, dass die Lastschriftdateien für die Belastungsbuchung innerhalb der genannten Fristen von fünf bzw. zwei Tagen beim bezogenen Institut eingehen. Aus Abschn. III Abs. 2 des „Abkommens über die SEPA-Inlandslastschrift" i. V. m. Kap. 4.3.4 des „SEPA Core Direct Debit Scheme Rulebook" folgt im Übrigen, dass die Vorlage für SEPA-Basislastschriften bis auf einen „Inter-Bank Business Day" verkürzt werden können.

15 Innerhalb der Vorlauffristen kann das bezogene Institut bei seinem Kunden eine Vorabgenehmigung einholen, obwohl es dieser auf der Grundlage, dass das Mandat bereits eine Einwilligung darstellt, nach den gesetzlichen Regelungen nicht zwingend bedürfte. Allerdings hat die Vorabgenehmigung gem. § 675x Abs. 3 BGB die Wirkung, dass der Lastschriftschulder den ihm gem. § 675x Abs. 2 und Abs. 4 BGB zustehenden Erstattungsanspruch, der innerhalb von acht Wochen nach der Belastungsbuchung geltend gemacht werden kann, nicht mehr ausüben darf. Während nach § 675x Abs. 2 BGB a. F. der Erstattungsanspruch zwischen dem Zahler und seinem Zahlungsdienstleister vereinbart werden konnte, aber nicht zwingend war, sieht § 675x Abs. 2 BGB in der seit 13.1.2018 geltenden Fassung vor, dass der Erstattungsanspruch bei SEPA-Lastschriftverfahren obligatorisch ist und gem. § 675e Abs. 4 BGB nur mit Zahlungsdienstnutzern, die keine Verbraucher gem. § 13 BGB sind, abbedungen werden können[14]. Im „B2B-Bereich" dagegen darf eine Belastung des Kontos des Zahlers erst dann erfolgen, wenn das Institut des Schuldners von diesem die Bestätigung über die Erteilung des Mandats erhalten hat. Außerdem ist die Schuldnerbank gehalten, ihre „B2B-Kunden" in den Bedingungen zu verpflichten, sie unverzüglich darüber zu unterrichten, wenn ein Mandat unwirksam werden sollte.

16 Die Belastung hat aber in jedem Fall an dem in der Lastschrift **vorgegebenen Tag** („Due Date") zu erfolgen.

17 Das Regelwerk zu den SEPA-Lastschriften („SEPA Direct Debit Scheme Rulebook") räumt dem Zahler die Möglichkeit ein, sein Konto **gegen SEPA-Lastschriften sperren** zu lassen.

---

[14] Vgl. Baas/Buck-Heeb/Werner/*Böger* Anleger-Schutzgesetze § 675x BGB Rn. 10; Kümpel/Mülbert/Früh/Seyfried/*Werner*, Rn. 4.432.

b) Lastschriftrückgabe in den SEPA-Verfahren

Die **Rückgabe von SEPA-Lastschriften** kommt aus verschiedenen Gründen in Betracht und wird über das „Exception Handling – Rückgabe der Lastschrift" – ein spezielles Verfahren – abgewickelt: 18

- Technische Gründe,
- mangelnde technische Fähigkeit des bezogenen Instituts, Lastschriften entgegen zu nehmen,
- Widerspruch des Lastschriftschuldners innerhalb von acht Wochen, ohne dass die Angabe von Gründen erforderlich ist, auch wenn durch das „Mandat" sein Zahlungsdienstleister berechtigt worden ist, das Konto zu belasten – dies entspricht § 675x Abs. 1, Abs. 2, Abs. 4 S. 1 und Abs. 5 BGB. Im „B2B-Bereich" gilt es diese Frist von acht Wochen nicht. Dies widerspricht nicht deutschem Recht, da § 675e Abs. 4 BGB bei SEPA-Lastschriften Zahler und Zahlungsdienstleister die Möglichkeit haben, den Erstattungsanspruch gem. § 675x Abs. 4 BGB aufgrund von § 675e Abs. 4 BGB auszuschließen, wenn es sich beim Zahlungsdienstnutzer nicht um einen Verbraucher gem. § 13 BGB handelt

Sofern der Lastschriftschuldner nachweisen kann, dass der **Einzug zu Unrecht** erfolgt ist, kann eine Belastung während eines Zeitraums von bis zu dreizehn Monaten zurückgegeben werden. Dies gilt auch für den „B2B-Bereich"; der Zahler muss darlegen, dass die Belastung nicht durch ein „Mandat" gedeckt ist. § 676b Abs. 2 BGB setzte die entsprechenden Anforderungen der ersten EU-Zahlungsdiensterichtlinie um, die auch durch die Zweite EU-Zahlungsdiensterichtlinie nicht verändert worden sind. Während allerdings beim SEPA-Basislastschriftverfahren der Zahlungsdienstleister des Zahlers der Inkassostelle die Beträge zurückbelasten kann, die sie dem Zahler aus den vorstehend dargelegten Gründen erstattet hat, steht ihr ein solches Recht im „B2B-Bereich" nicht zu. Ebenso gibt es für den „B2B-Bereich" – im Gegensatz zum Basis-Lastschriftverfahren – keine ausdrücklichen Regelungen innerhalb des SEPA-Regelwerks, die dem Zahlungsinstitut des Zahlungsempfängers das Recht einräumen würden, den ursprünglichen Zahlungsempfänger mit den Erstattungsbeträgen zurück zu belasten. Dies schließt entsprechende Ansprüche außerhalb des SEPA-Verfahrens aber nicht aus. 19

Insgesamt gibt es nach dem Rulebook für das „Direct-Debit-Vefahren" im Verhältnis zum Verbraucher sieben Rückgabeprozesse – als „R-Transaktionen" bezeichnet. 20

Vor Settlement gibt es folgende Rückgabegründe (als „Reject" bezeichnet): 21

- Technische Gründe,
- Rückruf durch den Lastschrifteinreicher („Revocation"), sofern der Rückruf vor der Annahme durch die erste Inkassostelle erfolgt,
- „Request for Cancellation", wenn der Rückruf durch die erste Inkassostelle erfolgt, bevor die Lastschrift in den Clearing & Settlement Mechanismus überführt worden ist,
- Widerspruch des Lastschriftschuldners („Refusal"), wobei im „B2B-Bereich" dieser Widerspruch vor Settlement zwingend beachtet und vorrangig bearbeitet werden muss, während ansonsten eine nur eine vorrangige Beachtung in Betracht kommen soll, aber nicht muss, da es ggf. noch den „Return" gibt.

Nach Settlement kommen folgende Rückgabegründe in Betracht: 22

- Rückgabe durch das bezogene Institut („Return"),
- Rückgabe der Lastschrift durch den Lastschriftschuldner nach Kontobelastung („Refund"), entsprechend des derzeitigen Widerspruchs,
- „Reversal", dh Rückgabe durch den Lastschrifteinreicher nach Akzeptanz durch die erste Inkassostelle, jedoch spätestens innerhalb von zwei Tagen nach Settlement, sofern die erste Inkassostelle ein Reversal-Verfahren anbietet, wozu sie jedoch nicht verpflichtet ist.

2. Umsetzung der Anforderungen der beiden EU-Zahlungsdiensterichtlinien an Lastschriften in deutsches Recht

a) Die Überführung der nationalen Verfahren in die SEPA-Verfahren aufgrund der (ersten) EU-Zahlungsdiensterichtlinie

23 Diskutiert wurde, wie das frühere Einziehungsermächtigungslastschriftverfahren in das **SEPA-Verfahren** überführt werden konnte, denn die überkommenen Lastschriftverfahren widersprachen den auf der EU-Zahlungsdiensterichtlinie beruhnenden gesetzlichen Anforderungen nicht, auch wenn es sich bei ihnen lediglich um **nationale Zahlungsverfahren** handelte, die den Intentionen der EU, einen **einheitlichen Zahlungsverkehrsraum** zu schaffen, zuwider liefen. Die entsprechend zum 9.7.2012 **überarbeiteten Bedingungen für den Lastschrifteinzug** sahen deshalb in Ziff. 4.4.2 der aktuellen Fassung vor, dass der Lastschrifteinreicher eine Einziehungsermächtigung als SEPA-Mandat nutzen konnte. Voraussetzungen dafür waren ua die Schriftform der Erklärung, das Vorliegen bestimmter Autorisierungsdaten sowie eine Unterrichtung des Lastschriftschuldners in Textform, bevor der erste Einzug im SEPA-Lastschriftverfahren erfolgte. Dieser, auf einer ursprünglich als Einziehungsermächtigung abgegebenen Erklärung beruhende, erste Einzug im SEPA-Basislastschriftverfahren wurde wie ein Ersteinzug im SEPA-Basislastschriftverfahren behandelt. Eine Überführung des Einziehungsermächtigungsverfahrens in das SEPA-Firmenlastschriftverfahren aufgrund einer Entscheidung des Lastschrifteinreichers war dagegen nicht vorgesehen, was auch damit zusammenhing, dass es im SEPA-Basislastschriftverfahren – ebenso wie im Einziehungsermächtigungsverfahren in der ab 9.7.2012 gültigen Fassung – einen **achtwöchigen Erstattungsanspruch** iSd § 675x Abs. 2 und Abs. 4 BGB gab, den es im Firmenlastschriftverfahren von Anfang an nicht gab, auch wenn sich die Rechtsgrundlage dafür geändert hat. Aus dem gleichen Grund kam auch eine Überführung der Abbuchungsauftragslastschrift in ein SEPA-Verfahren nicht in Betracht, da es in diesem Verfahren keinen achtwöchigen Erstattungsanspruch gab, nicht einmal den gesetzlichen nach § 675x Abs. 1 BGB, denn dieser setzt voraus, dass der Zahlungsvorgang von dem oder über den Zahlungsempfänger ausgelöst wird, während im eingestellten Abbuchungsauftragsverfahren der Zahlstelle vom Zahler ein **Abbuchungsauftrag** erteilt wurde, sodass der Zahlungsvorgang – ebenso wie im SEPA-Lastschriftverfahren – zumindest *auch* über den Zahler ausgelöst wurde und § 675x Abs. 1 BGB damit, wie sich aus § 675x Abs. 3 BGB ergibt, nicht anwendbar war. Flankiert wurden die Änderungen der Bedingungen für den Lastschrifteinzug durch entsprechende **Änderungen** in den **Bedingungen für Zahlungen mittels Lastschrift im Einzugsermächtigungsverfahren,** die in Nr. 2 der alten Fassung Regelungen enthielten, durch die die Einziehungsermächtigung dem – vorautorisierten – Mandat (weitestgehend) gleichgestellt wurde, und den **Änderungen** der **Bedingungen für Zahlungen mittels Lastschrift im SEPA-Basislastschriftverfahren,** die in Nr. 2.2.2 a. F. regelten, wie die Einziehungsermächtigung als Mandat zu behandeln war.

24 Die Europäische Kommission hat am 1.4.2012 die „Verordnung des Europäischen Parlaments und des Rates zur Festlegung der technischen Vorschriften für Überweisungen und Lastschriften in EUR und zur Änderung der Verordnung (EG) Nr. 924/2009" erlassen, durch die die **SEPA-Migration** gesetzlich umgesetzt werden sollte. Die Verordnung ist zum 31.3.2012 in Kraft getreten und sah als Migrationstermin zunächst den 1.2.2014 vor. Nachträglich ist diese Frist durch eine ergänzende EU-Verordnung bis zum 2.8.2014 verlängert worden. Bis zu diesem Termin sollten alle nationalen Zahlungsverfahren durch EU-/EWR-weite Verfahren ersetzt und danach nicht mehr angeboten werden. Zwar ergab sich aus der Verordnung keine automatische gesetzliche Überführung der bestehenden nationalen Lastschriftverfahren – und hier insbesondere des Einziehungsermächtigungsverfahrens – in ein SEPA-Verfahren, jedoch sah die **Verordnung in Art. 7** vor, dass bestehen-

de Einziehungsermächtigungen weiter verwendet werden durften. Da nach dem 9.7.2012 das Einziehungsermächtigungsverfahren so ausgestaltet war, dass es sich hinsichtlich seiner rechtlichen Wirkungen nicht mehr vom SEPA-Basislastschriftverfahren unterschied und deshalb auch unter den Voraussetzungen, die in den Bedingungen für den Lastschrifteinzug festgelegt wurden, vom Lastschrifteinreicher in das SEPA-Basislastschriftverfahren überführt werden konnte, wurde zumindest hinsichtlich des Einziehungsermächtigungsverfahrens eine **Überführung** rechtlich sichergestellt. Offen war, ob und wie das Abbuchungsauftragsverfahren in ein SEPA-Verfahren überführt werden konnte. Da dieses den achtwöchigen Erstattungsanspruch des Lastschriftschuldners nicht vorsah, kam eine Überführung in das SEPA-Basislastschriftverfahren nicht in Betracht, ohne in die Rechtsposition des Lastschrifteinreichers einzugreifen, da das SEPA-Basislastschriftverfahren diesen Anspruch zwingend vorsieht. Anders verhielt es sich mit dem SEPA-Firmenlastschriftverfahren: Da es hier den achtwöchigen Erstattungsanspruch auch für den Fall der Autorisierung nicht gab (und nicht gibt), wäre eine Überführung durch den Lastschrifteinreicher sicherlich möglich gewesen. Eine Überführung erfolgte dennoch nicht, das Abbuchungsauftragsverfahren wurde ersatzlos mit Ablauf des 31.1.2014 eingestellt, d. h. Lastschrifteinreicher, die Zahlungen über dieses Verfahren eingezogen haben, mussten mit ihren Schuldnern ein neues Verfahren vereinbaren. Das **elektronische Lastschriftverfahren des Handels,** dh die Nutzung von Kontodaten aus einer Zahlungskarte zur Generierung von Einziehungsermächtigungslastschriften, durfte dagegen noch weiter genutzt werden, da Deutschland als Mitgliedsstaat von der diesbezüglichen, in den Übergangsvorschriften in Art. 16 (4) der Migrationsverordnung eingeräumten Möglichkeit Gebrauch gemacht und eine entsprechende Regelung in § 7c ZAG a. F. eingeführt hatte[15]. Hinsichtlich der Überführung von Einziehungsermächtigungen in SEPA-Mandate im SEPA-Basislastschriftverfahren gab es dagegen keine rechtliche Regelung. Hier musste eine Änderung über die entsprechenden Lastschriftbedingungen herbeigeführt werden. Als rechtliche Grundlage dafür dienten die Anforderungen aus der Entscheidung des XI. Zivilsenats des BGH vom 20.7.2010[16].

Die Kreditwirtschaft hatte auf dieser Grundlage ein Modell entwickelt, das in dem am 9.7.2012 in Kraft getretenen Lastschriftabkommen umgesetzt worden war; durch eine entsprechende Änderung sowohl des Lastschriftabkommens als auch der Lastschriftbedingungen, Zahlungen im Einziehungsermächtigungsverfahren in gem. § 675j Abs. 1 BGB **vorautorisierte Zahlungen** zu überführen, wobei bereits vor Änderung des Verfahrens erteilten Einziehungsermächtigungen die Autorisierungswirkung rückwirkend zukommen sollte, erfolgte eine entsprechende Überführung. Gleichzeitig war es dadurch auch möglich, das Einziehungsermächtigungsverfahren in das **SEPA-Basislastschriftverfahren** zu überführen, in dem bereits erteilte Einziehungsermächtigungen als Mandat behandelt werden konnten. 25

Die entsprechenden rechtlichen **Änderungen** sind ohne aktives Zutun des Zahlers eingetreten. Zu diesem Zweck war der Einziehungsermächtigung eine zusätzliche rechtliche Wirkung, die Vorautorisierung, zugeordnet worden. Es lag dann in der Entscheidungsbefugnis des Lastschrifteinreichers, ob eine entsprechende Erklärung zunächst noch als Einziehungsermächtigung oder bereits als Mandat behandelt werden sollte, da der Einreicher darüber entscheiden durfte, ob er den Einzug entsprechender Lastschriften im Einziehungsermächtigungs- oder im SEPA-Lastschriftverfahren vornehmen wollte. Bei **Dauer-Einziehungsermächtigungen** konnte es folglich während des Zeitraums, in dem sie zum Einzug von Forderungen verwendet wurden, ohne Mitwirkung des Lastschriftschuldners zu einer **Änderung des Charakters der Erklärung** von der Einziehungsermächtigung zum Mandat kommen. Um diese Wirkungen herbeiführen zu können, mussten Einziehungsermächtigungs- und SEPA-Lastschriftverfahren eng aneinander ange- 26

[15] Vgl. Caspar/Terlau/*Zahrte,* 1. Aufl., § 7c ZAG Rn. 4 ff.
[16] BGH NJW 2010, 3510 = WM 2010, 1546.

lehnt und angeglichen werden. Mit Wirkung zum 2.8.2014 – der Einstellung des Einziehungsermächtigungsverfahrens, soweit es sich nicht um ein elektronisches Lastschriftverfahren handelte – sind alle Einziehungsermächtigungen, die von den Einreichern nicht rechtzeitig in ein SEPA-Mandat überführt worden sind, wirkungslos geworden.

27 Zunächst einmal bestanden jedoch gravierende Unterschiede zwischen der **Einziehungsermächtigung** und dem **SEPA-Mandat.** Während die Einziehungsermächtigung auf der Grundlage der **Genehmigungstheorie** keine an die Zahlstelle gerichtete Weisung enthielt, sind im SEPA-Mandat zwei Erklärungen enthalten: Zum einen – wie bei der Einziehungsermächtigung – die Ermächtigung des Zahlungsempfängers, eine Zahlung per SEPA-Lastschrift einzuziehen, zum anderen aber auch eine Weisung an das Zahlungsinstitut des Zahlers, die entsprechende Lastschrift einzulösen. Das SEPA-Mandat hat folglich die Wirkung einer **„Doppelweisung".**

28 Um zu vermeiden, dass zumindest in den Fällen der Dauerlastschriften neue Erklärungen eingeholt werden mussten, um auf das SEPA-Verfahren umzustellen, war der in der BGH-Entscheidung vom 20.7.2010[17] vorgezeichnete Weg beschritten und sind die auf Seiten des Zahlers für den Einzug von Lastschriften verwendeten Bedingungen angepasst worden.

29 Zunächst waren dazu die zum 9.7.2012 wirksamen **„Bedingungen für Zahlungen mittels Lastschrift im Einzugsermächtigungsverfahren"**, die der Geschäftsbeziehung zwischen Zahler und Zahlstelle zugrunde gelegt wurden, dahingehend angepasst worden, dass die Einziehungsermächtigung nicht nur den Zahlungsempfänger ermächtigte, Forderungen vom Konto des Zahlers einzuziehen, sondern auch eine Weisung an die Zahlstelle enthielt, die Lastschrift bei Vorlage einzulösen. Dies hatte zur Folge, dass Einziehungsermächtigungslastschriften als **vorautorisiert** galten. Daraus ergab sich für Dauerlastschriften aus § 675x Abs. 1 BGB das Recht des Zahlers gegenüber der Zahlstelle, innerhalb von acht Wochen einen Erstattungsanspruch geltend zu machen. Bei Einmal-Lastschriften folgte dieses Recht aus den Bedingungen, die gem. § 675x Abs. 2 und Abs. 2 BGB in Anlehnung an die SEPA-Regelungen dem Lastschriftschuldner dieses Recht einräumten. Gem. § 675p Abs. 2 BGB stand dem Lastschriftschuldner außerdem das Recht zu, die Lastschrift bis zum Ende des dem Fälligkeitstag vorhergehenden Geschäftstags zu widerrufen. Über die Bedingungen wurde er darüber gem. § 675d BGB a. F. iVm Art. 248 § 4 Nr. 2c EGBGB a. F. informiert. Zwar ergibt sich aus § 675p Abs. 2 BGB nur eine Widerrufsmöglichkeit des Zahlers gegenüber der Zahlstelle, sodass ein **Widerruf** gegenüber dem Zahlungsempfänger unbeachtlich wäre, da aber sowohl nach dem seinerzeit geltenden Lastschriftabkommen als auch dem SEPA-Regelwerk der Zahlungsempfänger sein Recht, Zahlungen mittels Lastschrift einzuziehen, verlor, wenn die Ermächtigung ihm gegenüber widerrufen wurde, musste sich die Zahlstelle den gegenüber dem Zahlungsempfänger erklärten Widerruf insofern zurechnen lassen, als sie danach kein Recht mehr hatte, eine Lastschrift einzuziehen. Dies schloss aber ihre Ansprüche gegen die Inkassostelle nicht aus, da diese im Verhältnis zu ihr nach dem Widerruf der Ermächtigung zu Unrecht den Lastschriftbetrag eingezogen hatte. Folglich hatte der Zahler nach den entsprechenden Bedingungen das Recht, die Ermächtigung sowohl gegenüber der Zahlstelle als auch dem Empfänger zu widerrufen.

30 Im Gegensatz zum früheren Widerspruchsrecht des Zahlers gegen nicht genehmigte Lastschriften gibt es ein solches nach den seit 9.7.2012 geltenden Bedingungen aufgrund der Vorautorisierung nicht mehr. Stattdessen wird dem Zahler aber ein **Erstattungsanspruch** gem. § 675x Abs. 2 und Abs. 4 BGB eingeräumt. Danach steht ihm das Recht zu, innerhalb von acht Wochen ohne Angabe von Gründen und unabhängig davon, ob er ein Mandat erteilt hat oder nicht, die Erstattung des Belastungsbetrags zu verlangen. Aufgrund der Zweiten EU-Zahlungsdiensterichtlinie ist durch die neu gefasste Regelung in § 675x Abs. 1 S. 2 BGB klargestellt worden, dass bei einem Erstattungsverlangen die Gutschrift mit der Wertstellung der ursprünglichen Belastung zu erfolgen hat.

[17] BGH WM 2010, 1546 ff.

Eine Einziehungsermächtigung, die aufgrund der Änderungen des Lastschriftabkommens den Charakter einer **„Doppelweisung"** enthielt, galt nach den SEPA-Basislastschriftbedingungen auch als Mandat, da sie den Anforderungen an ein Mandat nach den Vorgaben des SEPA-Basisregelwerk genügte. Allerdings setzte die Verwendung einer entsprechenden Ermächtigung als Mandat voraus, dass der Lastschrifteinreicher den Zahlungsempfänger mindestens vierzehn Tage vor dem ersten SEPA-Basislastschrifteinzug über den Wechsel unter Angabe der für ein Mandat erforderlichen Daten, wie die Gläubiger-Identifikationsnummer und die Mandatsreferenz, in Textform über die andere Art der Verwendung unterrichtete. 31

Voraussetzung für die Änderung des Charakters der Einziehungsermächtigung in den Bedingungswerken war eine entsprechende **Änderung des Lastschriftabkommens.** Die Frist, innerhalb deren die Lastschrift im Verhältnis der Banken untereinander zurückgegeben werden konnte, ist zum 9.7.2012 von sechs auf acht Wochen verlängert worden, damit die Zahlstelle, der gegenüber der Lastschriftschuldner seinen Erstattungsanspruch geltend macht, die Lastschrift auch an die Inkassostelle zurück geben konnte und nicht das Risiko zu tragen hatte, den Lastschriftbetrag gegenüber dem Einreicher, mit dem sie in der Regel in keiner unmittelbaren Vertragsbeziehung stand, außerhalb des Lastschriftverfahrens geltend machen zu müssen. Allerdings kam es für die Rückgabe nicht darauf an, ob der Lastschriftschuldner den Erstattungsanspruch geltend machte oder sonstige Einwände gegen die Belastung erhob. Innerhalb von acht Wochen musste die Inkassostelle die Lastschrift in jedem Fall wieder aufnehmen. Nur nach Ablauf der Achtwochenfrist kam es auf die Rückgabegründe des Zahlers an: Er konnte den **Erstattungsanspruch** dann nicht mehr geltend machen, weshalb auch die Inkassostelle nicht zur Wiederaufnahme gegenüber der Zahlstelle verpflichtet war. Lag ein **unberechtigter Lastschrifteinzug** nach Ablauf dieser Frist vor, musste die Inkassostelle die Lastschrift zwar nicht wieder aufnehmen, gleichwohl war sie aber ggf. der Zahlstelle gegenüber gem. Abschn. I Nr. 5 des Lastschriftabkommens schadenersatzpflichtig, wenn es zu unberechtigten Lastschrifteinzügen gekommen war. 32

In den **Bedingungen für den Lastschrifteinzug,** die zwischen dem Lastschrifteinreicher und der Inkassostelle vereinbart wurden, wurde der Einreicher verpflichtet, keine Einziehungsermächtigungslastschriften mehr einzuziehen, wenn die Einziehungsermächtigung ihm oder der Zahlstelle gegenüber widerrufen worden war. Im Falle eines Widerrufs gegenüber der Zahlstelle wurde er durch die Rücklastschrift entsprechend darüber unterrichtet. Gleiches gilt für den Fall des Widerrufs eines SEPA-Mandats. Außerdem legten diese Bedingungen die Voraussetzungen fest, unter denen eine Einziehungsermächtigung auch als Mandat genutzt werden konnte. Dazu gehörte auch, dass der Zahler mit seinem Zahlungsdienstleister die Nutzung der Einziehungsermächtigung als Mandat vereinbart hatte. Wollte der Lastschrifteinreicher eine Einziehungsermächtigung zukünftig als Mandat nutzen, musste er vor dem ersten SEPA-Basislastschrifteinzug den Zahler darüber in Textform gem. § 126b BGB informieren. Zwar war keine ausdrückliche Zustimmung des Zahlers erforderlich; sein Recht zum Widerruf des Mandats gem. §§ 675j Abs. 2, 675p BGB blieb davon jedoch unberührt. Wurde eine Dauer-Einziehungsermächtigung oder eine einmalige Einziehungsermächtigung vor dem (ersten) Einzug in ein Mandat überführt, musste der Zahlungsempfänger – wie dies für SEPA-Basislastschriften vorgesehen ist – den Zahler spätestens vierzehn Kalendertage vor Fälligkeit über den Einzug informieren, wobei diese Unterrichtung zB auch in einer Rechnung erfolgen konnte. Bei wiederkehrenden Lastschrifteinzügen genügte eine einmalige Unterrichtung des Zahlers vor dem ersten Einzug, sofern auch die Fälligkeitstermine mitgeteilt wurden. Diese Verpflichtung muss erfüllt werden, wobei dann, wenn die Unterrichtungsfristen über den Wechsel von der Einziehungsermächtigung in das Mandat nicht kürzer waren als die Ankündigungsfristen im SEPA-Basislastschriftverfahren, die fristgerechte Unterrichtung innerhalb der Wechselfrist auch den Anforderungen an die Ankündigung genügte. Außerdem konnte die Ankündigungsfrist bzgl. des Einzugs auch verkürzt werden, da die vierzehntägige Frist nicht zwingend war. 33

34 Die Überführung der Einziehungsermächtigung in ein SEPA-Mandat war ohne flankierende gesetzgeberische Maßnahmen nicht unproblematisch. Während das Einholen eines vom Zahler ausdrücklich erteilten SEPA-Mandats bei bestehenden Dauerschuldverhältnisses aufgrund eines hohen Bearbeitungs- und Kontrollaufwands sowie einer geringen Rücklaufquote wenig praktikabel war, bestand bei einer Lösung, die auf Änderungen der Interbankenabkommen und der dem Lastschriftverfahren zugrunde liegenden Bedingungswerken beruhte, das Risiko der **Unwirksamkeit** des aus einer ursprünglichen Einziehungsermächtigung abgeleiteten Mandats. Dies hätte zur Folge haben können, dass, solange die sich aus § 676b Abs. 2 BGB ergebende **Ausschlussfrist** von dreizehn Monaten noch nicht abgelaufen war, der Zahler die Rückgängigmachung der Belastung geltend machen konnte. Aufgrund des von der höchstrichterlichen Rechtsprechung[18] vorgezeichneten Wegs konnte jedoch davon ausgegangen werden, dass die Überführung einer bereits erteilten Einziehungsermächtigung in die einem Mandat rechtlich gleichgestellte Erklärung wirksam ist. Mittlerweile dürfte jedoch in allen Fällen der Überführung einer Einziehungsermächtigung in ein SEPA-Mandat die Ausschlussfrist von dreizehn Monaten abgelaufen sein, sodass sich die Frage nicht mehr stellt.

b) Die rechtlichen Rahmenbedingungen für SEPA-Lastschriftverfahren

35 Um die rechtlichen Anforderungen an SEPA-Lastschriften umzusetzen, gibt es spezielle Bedingungswerke, die die deutsche Kreditwirtschaft inhaltlich weitgehend einheitlich anbietet. Es handelt sich dabei um die **„Bedingungen für Zahlungen mittels SEPA-Basislastschrift"** und die **„Bedingungen für Zahlungen mittels SEPA-Firmenkundenlastschrift"**. Diese sind gem. § 675d Abs. 1 BGB iVm Art. 248 § 4 Nr. 2a EGBGB insoweit erforderlich, als den Zahlern vorvertraglich die Beschreibung des Zahlungsdienstes zur Verfügung gestellt werden muss. Im Verhältnis zu Unternehmern iSd § 14 BGB kann diese Verpflichtung gem. §§ 675e Abs. 4, 675d Abs. 1 BGB aber abbedungen werden. Gleichwohl gelten auch im Verhältnis zu diesen die entsprechenden Bedingungswerke, auch wenn diesen kaum eine informatorische Bedeutung zukommen dürfte. Nach den SEPA-Bedingungswerken setzt die Zahlung in diesen Verfahren voraus, dass diese sowohl vom Zahlungsempfänger als auch seinem Dienstleister genutzt werden und der Zahlungspflichtige dem Zahlungsempfänger ein SEPA-Lastschrift-Mandat erteilt. Das Mandat muss den Namen und die Adresse des Zahlungspflichtigen, den Namen und die BIC von dessen Zahlungsinstitut sowie die IBAN enthalten. Durch die Vorautorisierung erfolgt die Belastung aufgrund eines Mandats mit Zustimmung des Zahlers, obwohl es beim Zahlungsempfänger bleibt und nicht an die Zahlstelle weitergeleitet wird.

36 Die Bedingungen enthaltenen Regelungen zum **Widerruf des Mandats** und zum **Erstattungsverlangen** entsprechend den weiter oben dargestellten Änderungen der „Bedingungen für Zahlungen mittels Lastschrift im Einziehungsermächtigungsverfahren." Allerdings gibt es den achtwöchigen Erstattungsanspruch im Bereich des SEPA-Firmenkundenlastschriftverfahrens nicht. Hier kann mit Einlösung die Belastungsbuchung nicht mehr rückgängig gemacht werden. Für das SEPA-Basislastschriftverfahren war ursprünglich der sich aus § 675x Abs. 2 und Abs. 4 BGB a. F. ergebende rechtliche Rahmen genutzt worden, der es erlaubte, dem Zahler im Lastschriftverfahren ein Recht auf Erstattung des Zahlungsbetrags auch für den Fall einzuräumen, dass ein solches nicht zwingend erforderlich war. Aus der Neufassung des § 675x Abs. 2 BGB aufgrund der Umsetzung der Zweiten EU-Zahlungsdiensterichtlinie ist diese Option für SEPA-Lastschriftverfahren zwingend und kann gem. § 675e Abs. 4 BGB für Verbraucher gem. § 14 BGB uach nicht abbedungen werden. Wird von dem Erstattungsanspruch Gebrauch gemacht, muss der Zahlungsdienstleister gem. § 675x Abs. 5 BGB den Betrag innerhalb von zehn Tagen nach dem Verlangen erstatten oder die Gründe für die Ablehnung mitteilen. Wie sich aus § 675x

[18] BGH WM 2010, 1543 ff. und BGH WM 2010, 1546 ff.

Abs. 1 S. 2 BGB ergibt, ist die Erstattung mit der Wertstellung der ursprünglichen Belastung vorzunehmen.

Entsprechend § 676b Abs. 2 S. 1 BGB beträgt die Frist für die Ausübung des **Rückerstattungsverlangens,** das ein fehlendes oder unwirksames Mandat voraussetzt, 13 Monate, sofern der Zahler den Zahlungsempfänger nicht innerhalb dieses Zeitraums davon unterrichtet hat, dass er kein Lastschriftmandat erteilt, ein erteiltes Mandant vor Einreichung widerrufen oder das Mandat seine Gültigkeit verloren hat, weil es zB nicht innerhalb einer bestimmten vereinbarten Frist verwendet worden ist. Sollte innerhalb dieses Zeitraums eine entsprechende Unterrichtung erfolgen, findet die Ausschlussfrist keine Anwendung. Diese reicht, eine gerichtliche Geltendmachung ist nach dem Wortlaut des Gesetzes nicht erforderlich, da die „Unterrichtung" genügt. 37

Im Falle einer **unterlassenen** oder **fehlerhaften Lastschrift** hat das Zahlungsinstitut des Zahlers diesem den abgebuchten Zahlungsbetrag gem. § 675y Abs. 2 S. 2 BGB zurück zu erstatten, sofern die Einlösevoraussetzungen nicht vorgelegen haben. Sollte die Zahlstelle daran keine grobe Fahrlässigkeit oder Vorsatz treffen, kann ihre Haftung für Folgeschäden gem. § 675z BGB auf 12.500,00 EUR je Lastschrift begrenzt werden. Ansonsten haftet es – ebenso wie für Gefahren, die sie besonders übernommen hat – unbegrenzt, wobei es sich das Verschulden einer Zwischenbank wie eigenes Verschulden zurechnen lassen muss, sofern das wesentliche Verschulden nicht bei einer vom Zahler vorgegeben Zwischenbank liegt. Entsprechende Ansprüche bestehen aber dann nicht, wenn die Zahlung gem. § 675r BGB mit der im Lastschriftdatensatz angegebenen Kundenkennung (Kontonummer bzw. IBAN des Zahlungsempfängers) erfolgt. Im Falle einer **verspäteten Zahlungsauslösung** kann der Zahlungsempfänger gem. § 675y Abs. 4 BGB verlangen, so gestellt zu werden, wie er gestanden hätte, wenn der Zahlungsvorgang ordnungsgemäß ausgeführt worden wäre. 38

Hat der Zahler kein Mandat erteilt, ist die Zahlstelle gem. § 675u BGB verpflichtet, den Zahlungsdienstnutzer so zustellen, wie er ohne die unzulässige Abbuchung gestanden hätte. 39

II. Das Lastschriftverfahren im Internet

1. Die Vorteile des Lastschriftverfahrens im Internet

Werden Dienstleistungen über das Internet angeboten, besteht ein Problem darin, dass die unmittelbare Leistungserbringung und die Abrechnung des dafür zu zahlenden Entgelts zeitlich auseinanderfallen können und derjenige, der die Leistung anbietet, die Entscheidung treffen muss, wer das daraus resultierende Risiko zu tragen hat. Da Leistungen über das Internet häufig entgeltlich erbracht werden, besteht das Problem, dass die Dienstanbieter idR keine Möglichkeit haben, erst die Zahlung entgegen zu nehmen und im unmittelbaren Anschluss daran die Leistung zu erbringen, da der Zahlungsvorgang üblicherweise einen längeren Zeitraum in Anspruch nimmt. Sollte der Konsument die Internetleistung nach Inanspruchnahme mittels Überweisung zahlen, bedeutet dies für den Dienstleister, dass er das Zahlungsrisiko zu tragen hat. Da er in der Regel die Adresse des Zahlungspflichtigen nicht überprüfen kann, ist mit einem nicht unerheblichen Ausfall zu rechnen, abgesehen davon, dass für **Internet-Dienstleistungen,** die nur geringe Beträge kosten, die Zahlung mittels Überweisung auch zu teuer sein kann. Hier ist das SEPA-Basislastschriftverfahren von Vorteil, da der Zahlungsempfänger selbst die Initiative zum Einzug übernimmt und weniger Kosten als beim Kreditkartenverfahren anfallen. Aber auch bei der Bestellung von Waren bietet das SEPA-Lastschriftverfahren den Vorteil, dass der Zahlungsempfänger selbst die Initiative zur Zahlungsauslösung ergreifen kann und nicht darauf angewiesen ist, dass sein Kunde entweder mittels Vorkasse oder er – wie bei Zahlung gegen Rechnung – eine Vorleistung erbringen muss. Im Zuge der Umsetzung der Zweiten EU-Zahlungsdiensterichtlinie ist zwar dieses Risiko auch dadurch reduziert worden, dass 40 gem. § 675f Abs. 3 BGB vom Zahlungsdienstnutzer ein Zahlungsauslösedienst zwischengeschaltet wird, der dafür Sorge trägt, dass eine Zahlung erst dann ausgelöst wird, wenn der Zahlungsempfänger alles für seine Leistungserbringung erforderliche getan hat, andererseits dann aber auch tatsächlich eine Zahlungsauslösung erfolgt. Gleichwohl dürfte das Lastschriftverfahren im Internet durch solche Drittdienste nicht obsolet werden, denn nicht jeder Zahler wird bereit sein, einen Dritten mit der Auslösung seiner Zahlung zu beauftragen. Darüber hinaus erlaubt die Lastschriftzahlung gem. § 675x Abs. 2 und Abs. 4 BGB innerhalb von acht Wochen ohne Angabe von Gründen einen Erstattungsanspruch geltend zu machen.

41 Folglich ist es dem Händler möglich, seine Leistungen gegen **Zurverfügungstellung der Kontodaten** des Verbrauchers zu erbringen und danach den Zahlungsvorgang selbst anzustoßen. Damit wird die Möglichkeit ausgeschlossen, dass der Zahlungspflichtige die Zahlung vergisst. Unverändert bleibt das Risiko, dass derjenige, der eine Dienstleistung in Anspruch nimmt, falsche Kontodaten übermittelt und damit die Lastschrift ins Leere geht. Ebenso hat der Lastschrifteinreicher den Nachteil zu tragen, dass der Zahlungspflichtige nicht über die für die Einlösung erforderliche Liquidität verfügt oder bei der SEPA-Basislastschrift den Erstattungsanspruch gem. § 675x Abs. 2 und Abs. 4 BGB innerhalb von acht Wochen nach der Belastung geltend macht. Allerdings muss im SEPA-Basislastschriftverfahren zwischen der Ankündigung der Zahlung und dem Einzug eine Frist von vierzehn Kalendertagen eingehalten werden, sofern die Parteien zulässigerweise keine kürzere Frist vereinbart haben. Bei Zahlungen im Internet dürfte aber davon auszugehen sein, dass eine deutlich kürzere Frist als vierzehn Tage vereinbart wird.

42 Insbesondere von Vorteil ist das Lastschriftverfahren für wiederkehrende Zahlungen mit schwankenden Beträgen oder im Zusammenhang mit Rahmenverträgen über das Zurverfügungstellen verschiedener Leistungen, da mit Eingehen einer entsprechenden Vereinbarung der Lastschriftschuldner seine Kontendaten beim Lastschrifteinreicher hinterlegt und dieser aufgrund des für eine unbeschränkte Zahl an Zahlungsvorgängen erteilten **Mandats** für jedes Geschäft den entsprechenden Zahlungsbetrag ohne weiteres Zutun des Lastschriftschuldners einziehen kann.

2. Schriftformerfordernis und Internet

43 Der Nutzung des mittlerweile eingestellten **Einziehungsermächtigungs-Lastschriftverfahrens** für Zahlungen im **Internet** stand entgegen, dass gem. Abschnitt I. Nr. 1a des früheren Lastschriftabkommens für die Einziehungsermächtigung die **Schriftform** gem. §§ 126 Abs. 1, 127 Abs. 1 BGB vorgeschrieben war. Das **Schriftformerfordernis** konnte jedoch über das Internet nicht gewahrt werden, da es nicht möglich war, eine handschriftliche Namensunterschrift auf einer Einziehungsermächtigung über das Internet im Original zu übermitteln. Auch das **SEPA-Mandat** muss nach den Anforderungen in den SEPA-Regelwerken in schriftlicher Form erteilt werden. Zwar kann die Schriftform auch durch ein elektronisches **E-Mandat** substituiert werden, doch muss dieses dann den in den SEPA-Regelwerken festgelegten Anforderungen genügen und kann folglich nicht durch eine beliebige Erklärung ersetzt werden.

44 Damit gehen die SEPA-Regelwerke über die gesetzlichen Anforderungen hinaus, da gem. § 675j Abs. 1 S. 3 BGB der Zahler und sein Zahlungsdienstleister Art und Weise der Zustimmung vereinbaren dürfen. Deshalb erlaubt Nr. 2.2.1 der Bedingungen für Zahlungen mittels SEPA-Basislastschrift Art und Weise des SEPA-Mandats zu vereinbaren. Da die SEPA-Regelwerke jedoch nur im Verhältnis der angeschlossenen Zahlungsdienstleister untereinander Bindungswirkungen entfalten können, ist es grundsätzlich zulässig und wirksam, wenn der Zahlungsdienstnutzer und sein Zahlungsdienstleister eine andere Form vereinbaren.

45 Zunächst könnte daran gedacht werden, die Zahlungen über das Internet, die speziell in den **„Bedingungen für die Zulassung nicht-schriftlich erteilter Einzugsermächtigungen“** geregelt worden waren, auch für entsprechende SEPA-Mandate zu vereinbaren, jedoch waren die Voraussetzungen dafür – sofern die Anforderungen für nicht schriftlich erteilte Einziehungsermächtigungen überhaupt analog auf SEPA-Mandate übertragbar wären – so restriktiv gefasst, dass dieses Verfahren nicht generell geeignet war, das Lastschriftverfahren für das Internet nutzbar zu machen.

46 Durch die **Gleichstellung** der **gesetzlichen Schriftform** mit der **elektronischen Form** gem. § 126a BGB sowie der gewillkürten Schriftform mit der **telekommunikativen Form** in § 127 Abs. 2 BGB und der **Textform** gem. § 126b BGB ist die zivilrechtliche Möglichkeit geschaffen worden, **SEPA-Mandate** auch über das Internet erteilen zu können. Die zivilrechtliche Wirksamkeit entsprechender Erklärungen lässt jedoch die Frage unberührt, ob dies auch nach den SEPA-Regelwerken zulässig ist

47 Es könnte auch die **Ersetzung der Schriftform** des Mandats durch eine rechtlich vergleichbare Form in Betracht kommen, ohne dass es einer gesonderten Vereinbarung bedarf. Zunächst könnte die digitale Signatur, die den Anforderungen des Signaturgesetzes genügt, als Substitut die gewillkürte Schriftform gem. §§ 126 Abs. 1, 127 BGB ersetzen. Durch das „Gesetz zur Anpassung der Formvorschriften des Privatrechts und anderer Vorschriften an den modernen Rechtsverkehr“ vom 13.7.2001[19] ist § 126a BGB über die Anerkennung der elektronischen Form als Äquivalent zur gesetzlichen und § 127 Abs. 2 BGB als Äquivalent zur gewillkürten Schriftform in das BGB eingeführt worden. Gem. § 126a BGB ist die **elektronische Signatur,** die den Anforderungen an eine qualifizierte elektronische Signatur genügt, geeignet, die gesetzliche Schriftform zu ersetzen[20]; gemäß § 127 Abs. 2 BGB kann die gewillkürte Schriftform durch die telekommunikative Übermittlung ersetzt werden. Alternativ kann auch statt der Schriftform die Textform gem. § 126b BGB vereinbart werden.

48 Durch die **Gleichstellung der gesetzlichen Schriftform** mit der elektronischen Form gem. § 126a BGB sowie der gewillkürten Schriftform mit der telekommunikativen Form in § 127 Abs. 2 BGB und der Textform gem. § 126b BGB ist die zivilrechtliche Möglichkeit geschaffen worden, SEPA-Mandate auch über das Internet zu erteilen. Die zivilrechtliche Wirksamkeit entsprechender Erklärungen lässt jedoch die Frage unberührt, ob dies auch nach den SEPA-Regelwerken zulässig ist. Da die Schriftform des Mandats auf einer Vereinbarung zwischen dem Zahlungsdienstnutzer und seinem Zahlungsdienstleister beruht, liegt gewillkürte Schriftform gem. § 127 BGB vor, die gem. § 127 Abs. 2 BGB auch durch eine telekommunikative Übermittlung gewahrt werden kann, sofern kein anderer Wille anzunehmen ist. Da auch eine E-Mail[21] diesem Formerfordernis genügt, ist zur Erteilung eines entsprechenden Mandats in keine Vereinbarung zwischen den Parteien über die Abweichung von der Schriftform erforderlich.[22] Aus den SEPA-Regelwerken kann auch kein davon abweichender Wille abgeleitet werden. Selbst wenn diese so zu verstehen wären, dass mit Schriftform die eigenhändige Unterschrift und als Alternative nur die elektronische Form gemeint wären, hätte dies keine Auswirkungen auf das Verhältnis zwischen dem Zahler und seinem Institut. Da danach die Freiheit besteht, eine Vereinbarung über die Abweichung von der Schriftform zu treffen und keine zulässigen Alternativen vorgegeben werden, folgt daraus kein Wille, der eine Substituierung durch die telekommunikative Übermittlung nicht erlauben würde.

49 Die Teilnehmer des Deutschen SEPA-Rates vertreten die Ansicht, dass es derzeit ohne Einhaltung besonderer Formvorschriften möglich ist, Mandate im Internet zu erteilen. Allerdings soll die Europäische Kreditwirtschaft mittelfristig eine europaweite Lösung zur beweissicheren elektronischen Erteilung von Lastschriftmandaten entwickeln. Bis dahin ist

[19] BGBl. I 2001, 1541.
[20] Vgl. *Roßnagel* NJW 2001, 1825.
[21] Vgl. Palandt/*Ellenberger* § 127 Rn. 2.
[22] Vgl. Kümpel/Mülbert/Früh/Seyfried/*Werner*, Rn. 4.427.

aber die formlose und bisher bereits auch entsprechend praktizierte Erteilung über das Internet zulässig[23]. Im übrigen hat nicht nur der Deutsche SEPA-Rat die Formfreiheit des Lastschriftmandats und damit die Möglichkeit der Erteilung über das Internet bejaht, sondern auch der Finanzausschuss des Deutschen Bundestags hat zum **SEPA-Begleitgesetz** festgestellt, dass sich aus der MigrationsVO keine gesetzlichen Formvorschriften für das Lastschriftmandat ergeben, sodass neben der gewillkürten Schriftform die Textform gem. § 126b BGB in Betracht käme[24]. Auch die Bundesregierung hat im Rahmen einer „Kleinen Anfrage" eine entsprechende Ansicht vertreten[25]. Allerdings ändert dies nichts daran, dass der Zahlungsempfänger im Streitfall den Nachweis führen muss, dass der Zahler ein entsprechendes wirksames Mandat hat, denn § 371a ZPO – die Beweiskraft elektronischer Dokumente – ist nicht anwendbar, da die Erklärung nicht mit der dafür erforderlichen qualifizierten elektronischen Signatur abgegeben wird.

III. Elektronische Lastschriftverfahren

1. Verfahrensablauf

50 Ein einheitlich geregeltes elektronisches Lastschriftverfahren gab es nicht; es beruhte auf dem früheren Lastschriftabkommen, nachdem das **POZ** („Point-of-Sale ohne Zahlungsgarantie")-Verfahren[26] zum 31.12.2006 eingestellt worden ist. **EL (Elektronisches Lastschrift)-Verfahren**[27] und **Lastschriftverfahren im Internet**[28] waren normale Lastschriftverfahren, deren Rechtsgrundlage – neben den gesetzlichen Regelungen – das Lastschriftabkommen bildete. Mit Einstellung des Einziehungsermächtigungslastschriftverfahrens können beide Zahlungsmöglichkeiten nicht mehr in der bisherigen Form angeboten werden.

2. EL-Verfahren

51 Neben dem von der deutschen Kreditwirtschaft bis zum 31.12.2006 angebotenen POZ-Verfahren waren im Bereich des Handels eigenständige **„elektronische Lastschriftverfahren (ELV)"** oder auch **„wilde POS-Verfahren"** entwickelt worden, die auf dem Einziehungsermächtigungs-Lastschriftverfahren basierten, für die es jedoch – außer dem Lastschriftabkommen – kein spezielles Interbankenabkommen gibt. Diese elektronischen Lastschriftverfahren stellten eine Reaktion des Handels auf das electronic-cash-Verfahren dar, da dieses mit Kosten für die Autorisierung verbunden ist. Der Handel hatte deshalb ein Verfahren eingeführt, aus dem Magnetstreifen der früheren ec-Karte oder einer Kundenkarte Kundendaten elektronisch herauszulesen und mit deren Hilfe eine Lastschrift inklusive Einziehungsermächtigung elektronisch zu generieren. Diese Einziehungsermächtigung wurde nach Erstellung vom Karteninhaber unterzeichnet und wie bei jeder normalen Lastschrift verarbeitet.[29] Das frühere POZ-Verfahren der Kreditwirtschaft war letztlich eine Reaktion auf derartige wilde POS-Verfahren, die gegenüber dem POZ-Verfahren den wirtschaftlichen Vorteil hatten, dass die obligatorische Sperrdateiabfrage, für die ein Entgelt in Höhe von 0,05 EUR pro Abfragevorgang berechnet wurde, entfiel. Zwar gab es bei den

---

[23] So unter TOP 3a das Protokoll der 8. Sitzung des Deutschen SEPA-Rates am 21.8.2013 im Haus der Deutschen Bundesbank.
[24] BT-Drs. 17/11395, 11 f.
[25] BT-Drs.17/14757, 4 ff.
[26] Zum früheren POZ-Verfahren vgl. BankR-HdB/*Gößmann* § 68 Rn. 12 ff., 3. Aufl. 2007; *Häde* ZBB 1994, 33 f.; *Harbeke* WM-Sonderbeilage Nr. 1/1994, 14; BuB/*Werner* Rn. 6/1598 ff.
[27] Vgl. *Werner* Geldverkehr im Internet – ein Praxisleitfaden S. 26; *Langenbucher* S. 211.
[28] Vgl. dazu *Schneider* BKR 2002, 384 ff.; *Werner* BKR 2002, 11 ff.
[29] Zum ELV-Verfahren vgl. *Häde* ZBB 1990, 41; *Harbeke* WM-Sonderbeilage 1/1994, 12.

ELV keine von der Kreditwirtschaft gepflegte und verwaltete Sperrdatei; offensichtlich war diese dem Handel aber nicht die Kosten für die Abfrage wert.

Die elektronischen Lastschriftverfahren sahen weiterhin vor, dass der Kunde durch Unterzeichnung einer Einziehungsermächtigung die Erklärung abgab, dass dem Händler im Falle der **Nichteinlöslichkeit** der Lastschrift Namen und Anschrift des Karteninhabers mitgeteilt wurden. Allerdings war das kartenemittierende Institut nicht verpflichtet, dem Händler Namen und Anschrift des Karteninhabers zur Verfügung zu stellen, wie dies im POZ-Verfahren vorgesehen war, da die Erklärung des Karteninhabers den Kartenemittent zwar vom Bankgeheimnis entpflichtete und er damit auch berechtigt war, diese Daten weiterzugeben, es bestand jedoch keine Verpflichtung des kartenemittierenden Instituts, Namen und Anschrift an den Händler weiter zu geben. Das Zahlungsinstitut war deshalb berechtigt, die Auskunft auch ohne ausdrücklichen Widerruf des Kunden zu verweigern.[30] 52

Die elektronischen Lastschriftverfahren waren deshalb mit deutlich **höheren Risiken** für die Händler verbunden als das **frühere POZ-Verfahren** der deutschen Kreditwirtschaft, da es weder eine Sperrdateiabfrage gab, noch die kartenemittierenden Institute aufgrund der Einwilligungserklärung verpflichtet war, Namen und Anschrift des Schuldners bekannt zu geben. Dagegen ergab sich aus der früheren Vereinbarung zum POZ-Verfahren eine entsprechende Verpflichtung, auch war darin der Aufbau einer Sperrdatei sowie die Befugnis zur Sperrdateiabfrage geregelt. 53

Die **elektronischen Lastschriftverfahren** unterschieden sich, – bis auf die Generierung einer elektronischen Lastschrift aus den im Magnetstreifen einer ec- oder Bankkunden-Karte gespeicherten Daten – nicht vom normalen Einziehungsermächtigungs-Lastschriftverfahren und unterlagen zunächst auch weiterhin den Regelungen des Lastschriftabkommens, das für das „normale" Einziehungsermächtigungsverfahren mit Wirkung zum 2.8.2014 außer Kraft getreten ist. Die Fortgeltung des Einziehungsermächtigungslastschriftverfahren für das ELV beruhte auf § 7c Abs. 1 ZAG a. F., der im Zuge der Umsetzung der MigrationsVO in das ZAG eingeführt worden war. Aufgrund dessen war es zulässig, das Einziehungsermächtigungsverfahren für das ELV noch bis zum 29.1.2016 zu verwenden. Die zum 9.7.2012 wirksam gewordenen Änderungen des Einziehungsermächtigungsverfahrens, durch die die Einziehungsermächtigung die Wirkung einer Vorautorisierung erlangt hatte, galt auch für das ELV. An die Stelle des früheren ELV ist das SEPA-ELV getreten, bei dem das SEPA-Mandat genutzt wird. Während normalerweise bei SEPA-Basislastschriften der Einzug des Zahlungsbetrags erst erfolgen darf, nachdem der Lastschrifteneinreicher dem Zahler den Einzug unter Beachtung einer Frist von vierzehn Kalendertagen, wie sich diese aus den Bedingungen für den Lastschrifteinzug ergibt, angekündigt hat, ist bei diesen Verfahren die Frist auf einen Tag verkürzt. Die Ankündigung kann zB in einer Rechnung oder einem Kassenzettel erfolgen. In jedem Fall kann der Einzug nur dann unmittelbar im Anschluss an den Einsatz der Karte im SEPA-ELV erfolgen, wenn eine entsprechende Vereinbarung vor dem Einzug erfolgt ist. Bei dem auf dem SEPA-Basislastschriftverfahren beruhenden kartenbasierten SEPA-ELV handelt es sich juristisch um ein ganz normales SEPA-Basislastschriftverfahren, bei dem der Zahlungsempfänger die mit dem Verfahren verbundenen Risiken, wie zB den des achtwöchigen Erstattungsanspruchs, zu tragen hat. 54

3. Das Lastschriftverfahren im Internet

Ein von der deutschen Kreditwirtschaft angebotenes, **spezielles Lastschriftverfahren im Internet** existiert nicht. Deshalb sind auf die im Internet angebotenen Lastschriftverfahren die allgemeinen Regelungen anwendbar, insbesondere gilt auch für diese das Ab- 55

[30] Vgl. LG Wuppertal WM 1998, 122 ff.

kommen über die SEPA-Inlandslastschrift, das zwischen den Spitzenverbänden der deutschen Kreditwirtschaft vereinbart wurde, in seiner aktuellen Fassung.[31]

Kommentierung

§ 675a Informationspflichten

Wer zur Besorgung von Geschäften öffentlich bestellt ist oder sich dazu öffentlich erboten hat, stellt für regelmäßig anfallende standardisierte Geschäftsvorgänge (Standardgeschäfte) unentgeltlich Informationen über Entgelte und Auslagen der Geschäftsbesorgung in Textform zur Verfügung, soweit nicht eine Preisfestsetzung nach § 315 erfolgt oder die Entgelte und Auslagen gesetzlich verbindlich geregelt sind.

1 § 675a BGB in der bis zum 31.10.2009 geltenden Fassung ging zurück auf die Überweisungsrichtlinie Nr. 97/5/EG vom 27.1.1997.[1] Die **Zahlungsdiensterichtlinie** Nr. 2007/64 EG vom 13.11.2007[2] hat die Überweisungsrichtlinie ersetzt und erfasst die von den Zahlungsdienstleistern zu erbringenden Informationspflichten. Sie bezieht sich nicht nur auf Überweisungen, sondern auf alle in der Richtlinie geregelten Zahlungsdienste und damit auch auf Lastschriften. Sie ist auch nicht durch die **Zweite EU-Zahlungsdiensterichtlinie** Nr. 2015/2366 vom 25.11.2015[3] geändert worden. Eine Änderung ergibt sich lediglich daraus, dass die Regelung ursprünglich die schriftliche oder elektronische Form für die Information vorsah und jetzt die „Textform" gem. § 126b BGB vorsieht. Diese Änderung erfolgte aufgrund Gesetzes vom 17.2.2016[4] mit Wirkung zum 24.2.2016. Der deutsche Gesetzgeber hat die von einem Zahlungsdienstleister zu erfüllenden Informationspflichten abschließend in Art. 248 §§ 1 bis 12, 13 Abs. 1, 3 bis 5 und §§ 14 bis 16 EGBGB geregelt. Die Kommentierungen zu den anderen Zahlungsdiensten gelten deshalb für das SEPA-Lastschriftverfahren entsprechend. Besonderheiten gibt es keine.

§ 675c Zahlungsdienste und elektronisches Geld

(1) **Auf einen Geschäftsbesorgungsvertrag, der die Erbringung von Zahlungsdiensten zum Gegenstand hat, sind die §§ 663, 665 bis 670 und 672 bis 674 entsprechend anzuwenden, soweit in diesem Untertitel nichts Abweichendes bestimmt ist.**

(2) **Die Vorschriften dieses Untertitels sind auch auf einen Vertrag über die Ausgabe und Nutzung von elektronischem Geld anzuwenden.**

(3) **Die Begriffsbestimmungen des Kreditwesengesetzes und des Zahlungsdiensteaufsichtsgesetzes sind anzuwenden.**

(4) **Die Vorschriften dieses Untertitels sind mit Ausnahme von § 675d Absatz 2 Satz 2 sowie Absatz 3 nicht auf einen Vertrag über die Erbringung von Kontoinformationsdiensten anzuwenden.**

---

[31] Vgl. dazu *Weber* Zahlungsverfahren im Internet S. 187; zur Einbindung des Lastschriftverfahren im Internet in das Lastschriftabkommen s. a. *Schneider* BKR 2002, 385 ff. sowie *Werner* Geldverkehr im Internet – ein Praxisleitfaden S. 37 ff.

[1] ABl. 1997 L 43/25.

[2] ABl. 2007 L 319/1.

[3] ABL 2015 L337/35.

[4] Gesetz zur Verbesserung der zivilrechtlichen Durchsetzung von verbraucherschützenden Vorschriften des Datenschutzrechts, BGBl I 2016, 233.

Übersicht

I. Bedeutung der Regelungen zu den Zahlungsdiensten

1 Da die Verweisung auf die auftragsrechtlichen Regelungen alle Zahlungsdienste erfasst, finden folglich auch auf die Lastschriftverfahren die allgemeinen Regelungen zum Auftrag und zur Geschäftsbesorgung Anwendung, sofern keine speziellen Vorschriften existieren, die diesen Zahlungsdienst erfassen.

II. Klarstellungen

2 Aus Abs. 3 folgt, dass die Begriffsbestimmungen aus dem KWG und dem ZAG auch für die zivilrechtlichen Normen zu den Zahlungsdiensten gelten. Die Definition des Zahlungsdienstes ergibt sich deshalb aus § 1 Abs. 1 Satz 2 Nr. 1 bis Nr. 8 ZAG, wobei § 1 Abs. 1 Satz 2 Nr. 3a) ZAG das Lastschriftgeschäft ausdrücklich als Zahlungsdienst bestimmt.

§ 675f Zahlungsdienstevertrag

(1) **Durch einen Einzelzahlungsvertrag wird der Zahlungsdienstleister verpflichtet, für die Person, die einen Zahlungsdienst als Zahler, Zahlungsempfänger oder in beiden Eigenschaften in Anspruch nimmt (Zahlungsdienstnutzer), einen Zahlungsvorgang auszuführen.**

(2) **[1] Durch einen Zahlungsdiensterahmenvertrag wird der Zahlungsdienstleister verpflichtet, für den Zahlungsdienstnutzer einzelne oder aufeinander folgende Zahlungsvorgänge auszuführen sowie gegebenenfalls für den Zahlungsdienstnutzer ein auf dessen Namen oder die Namen mehrerer Zahlungsdienstnutzer lautendes Zahlungskonto zu führen. [2] Ein Zahlungsdiensterahmenvertrag kann auch Bestandteil eines sonstigen Vertrags sein oder mit einem anderen Vertrag zusammenhängen.**

(3) **[1] Der Zahlungsdienstnutzer ist berechtigt, einen Zahlungsauslösedienst oder einen Kontoinformationsdienst zu nutzen, es sei denn, das Zahlungskonto des Zahlungsdienstnutzers ist für diesen nicht online zugänglich. [2] Der kontoführende Zahlungsdienstleister darf die Nutzung dieser Dienste durch den Zahlungsdienstnutzer nicht davon abhängig machen, dass der Zahlungsauslösedienstleister oder der Kontoinformationsdienstleister zu diesem Zweck einen Vertrag mit dem kontoführenden Zahlungsdienstleister abschließt.**

(4) **[1] Zahlungsvorgang ist jede Bereitstellung, Übermittlung oder Abhebung eines Geldbetrags, unabhängig von der zugrunde liegenden Rechtsbeziehung zwischen Zahler und Zahlungsempfänger. [2] Zahlungsauftrag ist jeder Auftrag, den ein Zahler seinem Zahlungsdienstleister zur Ausführung eines Zahlungsvorgangs entweder unmittelbar oder mittelbar über einen Zahlungsauslösedienstleister oder den Zahlungsempfänger erteilt.**

(5) **[1] Der Zahlungsdienstnutzer ist verpflichtet, dem Zahlungsdienstleister das für die Erbringung eines Zahlungsdienstes vereinbarte Entgelt zu entrichten. [2] Für die Erfüllung von Nebenpflichten nach diesem Untertitel hat der Zahlungsdienstleister nur dann einen Anspruch auf ein Entgelt, sofern dies zugelassen und zwischen dem Zahlungsdienstnutzer und dem Zahlungsdienstleister vereinbart worden ist; dieses Entgelt muss angemessen und an den tatsächlichen Kosten des Zahlungsdienstleisters ausgerichtet sein.**

(6) **In einem Zahlungsdiensterahmenvertrag zwischen dem Zahlungsempfänger und seinem Zahlungsdienstleister darf das Recht des Zahlungsempfängers, dem Zahler für die Nutzung eines bestimmten Zahlungsinstruments eine Ermäßigung oder einen anderweitigen Anreiz anzubieten, nicht ausgeschlossen werden.**

Übersicht

I. Allgemeines

1 Der **Zahlungsdienstevertrag** gem. § 675f BGB ist ein aufgrund der (ersten) EU-Zahlungsdiensterichtlinie zum 31.10.2009 in das BGB eingefügter Vertragstypus, der – mit Ausnahme von Scheck und Wechsel – auf alle Arten von Zahlungsdiensten Anwendung findet. Er unterteilt sich in den Zahlungsdiensteeinzelvertrag gem. Abs. 1 und den Zahlungsdiensterahmenvertrag gem. Abs. 2. Der einzelne Zahlungsvorgang wird angestoßen durch den Zahlungsauftrag gem. Abs. 4 S. 2. Es handelt sich um einen Vertragstyp, der seinem Wesen nach als Geschäftsbesorgungsvertrag mit werkvertraglichen, manchmal auch dienstvertraglichen Elementen charakterisiert werden kann.[1] Außerdem wird durch § 675f Abs. 3 BGB, der mit Wirkung zum 13.1.2018 aufgrund der Zweiten EU-Zahlungsdiensterichtlinie eingeführt worden ist, klargestellt, dass der Zahlungsdienstnutzer Drittdienste beauftragen darf. Da es sich bei dem **Zahlungsauslösedienst** gem. § 1 Abs. 1 S. 2 Nr. 7 ZAG und beim **Kontoinformationsdienst** gem. § 1 Abs. 1 S. 2 Nr. 8 ZAG um Zahlungsdienste handelt, fallen auch entsprechende Verträge zwischen dem Zahlungsdienstnutzer und den Drittdiensten um Zahlungsdiensteverträge.

II. Regelungsgegenstand

1. Rechtsnatur und Inhalt des Zahlungsdienstevertrags

2 Der Zahlungsdienstevertrag ist als ein auf die Ausführung von Zahlungsdiensten gerichteter Vertrag ausgestaltet worden. Da die konkrete Verfügung durch einen Zahlungsauftrag gem. § 675f Abs. 4 S. 2 BGB ausgelöst wird, könnte angenommen werden, dass nicht der Erfolg, sondern nur eine Dienstleistung geschuldet wird. Gleichwohl ist nicht nur ein Bemühen um die fehlerfreie und fristgerechte Ausführung des für eine Zahlung konkret erteilten Auftrages geschuldet, denn aus den Haftungsregelungen in § 675y BGB folgt, dass auch hier ein Erfolg geschuldet wird, weil sonst der Zahler gegenüber seinem Zahlungsdienstleister keinen Anspruch auf ungekürzte Erstattung des Zahlungsbetrags oder auf Ausgleich der Verspätungsfolgen hätte, sofern die Zahlung nicht, fehlerhaft oder verspätet ausgeführt wird. Für durch den Zahler initiierte Zahlungsvorgänge folgt dies aus § 675y Abs. 1 und Abs. 3 BGB, für vom oder über den Zahlungsempfänger ausgelöste aus § 675y Abs. 2 und Abs. 4 BGB. Der Zahlungsdienstevertrag ist zwar nicht ausschließlich auf die Herbeiführung eines Erfolgs ausgerichtet, weshalb es sich grundsätzlich um einen **Geschäftsbesorgungsvertrag** mit dienstvertraglichem Charakter handelt; er hat vielmehr auch **werkvertragliche Elemente,** insofern auf die Ausführung von Zahlungsvorgängen § 675y BGB anwendbar ist.[2]

---

[1] *Rösler/Werner* BKR 2009, 1 (7); Palandt/*Sprau* § 675f Rn. 1.
[2] Palandt/*Sprau* § 675f Rn. 1; *Rösler/Werner* BKR 2009, 1 (7).

Da der einzelne Zahlungsvorgang durch einen Zahlungsauftrag gem. § 675f Abs. 4 S. 2 BGB ausgelöst wird, setzt er einen Zahlungsdienstevertrag – meist in der Form eines Zahlungsdiensterahmenvertrags – voraus. Der Zahlungsauftrag ist an keine gesetzliche Form gebunden. Es ist grundsätzlich möglich, ihn zB mündlich, telefonisch oder mittels Telefax an das Zahlungsinstitut zu übermitteln; er bedarf nicht der Schriftform.[3] Bei der Erteilung von Zahlungsaufträgen im Lastschriftverfahren müssen jedoch die besonderen Anforderungen an die Form der Auftragserteilung beachtet werden, die sich aus den **SEPA-Regelwerken** ergeben können. Die Annahme eines Zahlungsauftrags erfolgt nicht notwendig ausdrücklich, sondern meist durch Ausführung der Zahlung. Im Falle einer Ablehnung des Zahlungsauftrags muss das Zahlungsinstitut dies dem Zahlungsdienstnutzer unverzüglich mitteilen. Die zeitlichen Obergrenzen für die Ablehnung ergeben sich dabei aus § 675s Abs. 1 BGB. Da die Ablehnung „unverzüglich" erfolgen muss, dürfen die sich aus § 675s Abs. 1 BGB ergebenden Fristen nicht ausgenutzt werden; vielmehr bilden sie die absolute zeitliche Obergrenze, die nicht beliebig ausgenutzt werden darf. 3

Aus der Abstraktheit des Zahlungsauftrags folgt für das Valutaverhältnis, dass dessen Unwirksamkeit nicht auch die Unwirksamkeit des Auftrags zur Folge hat. 4

Für fristgebundene Lastschriften gilt im Hinblick auf eine vorzeitige **Beendigung des Auftrags** gem. § 675p Abs. 2 S. 2 BGB eine Sonderregelung, wonach der Widerruf bis zum Ende des Geschäftstags vor dem vereinbarten Fälligkeitstermin zulässig ist, sodass dem Zahlungsempfänger die Möglichkeit genommen wird, durch eine frühere Belastung auch den Zeitpunkt des Endes der Widerrufsfrist vorzuverlegen. 5

2. Lastschriftverfahren als Zahlungsdienst

Unter die Definitionen der Zahlungsdienste gem. § 1 Abs. 2 Nr. 3 ZAG a. F. (entspricht § 1 Abs. 1 S. 2 Nr. 3a ZAG der aktuellen Fassung) und der Lastschrift gem. § 1 Abs. 4 ZAG a. F. (entspricht § 1 Abs. 21 ZAG der aktuellen Fassung) fielen auch die **Lastschriftverfahren,** die in ihren nationalen Ausprägungen in den sechziger Jahren von der deutschen Kreditwirtschaft als Verfahren zur bargeldlosen Zahlung entwickelt worden waren. Diese früheren Lastschriftverfahren in Form des Einziehungsermächtigungs- und des Abbuchungsverfahrens widersprachen den den gesetzlichen Anforderungen nach Umsetzung der EU-Zahlungsdiensterichtlinie nicht und konnten auch als rein **nationale Verfahren** fortgeführt werden.[4] Mit Umsetzung der (ersten) EU-Zahlungsdiensterichtlinie in den Rechtsordnungen der EWR-Staaten sollte jedoch eine rechtliche Basis für ein einheitliches, EWR-weites Lastschriftverfahren geschaffen worden, das seine rechtliche Grundlage in einem europäischen Regelwerk der kreditwirtschaftlichen Verbände, dem **Single Euro Payment Area-Rulebook (SEPA-Rulebook),** haben sollte.[5] Dies gelang jedoch zunächst nicht, weshalb der EU-Gesetzgeber den nationalen Lastschriftverfahren –ebenso wie den nationalen Überweisungsverfahren – die Grundlage durch die unmittelbar in den Nationalstaaten geltende EU-MigrationsVO[6] entzogen hat. 6

Während beim Überweisungsverfahren der Zahlungspflichtige den Zahlungsvorgang auslöst, wird beim Lastschriftverfahren der Zahlungsvorgang vom Zahlungsempfänger angestoßen. Beim **Lastschriftverfahren** wird aus der Geldschuld eine **Holschuld,**[7] weil 7

[3] Vgl. Palandt/*Sprau* § 675f Rn. 17; BankR-HdB/*Schmieder* § 49 Rn. 4.

[4] Zu den neuen rechtlichen Regelungen vgl. *Hadding* FS Hüffer, 2009, 273 ff. und *Werner* BKR 2010, 1 (9 ff.).

[5] *Hadding* FS Hüffer, 2009, 273 (280 ff.); *Werner* BKR 2010, 9 (13 ff.).

[6] VO (EU) Nr. 260/2012 des Europäischen Parlaments und des Rates v. 14.3.2012 zur Festlegung der technischen Vorschriften under der Geschäftsanforderungen für Überweisungen und Lastschriften in Euro und zur Änderung der VO (EG) Nr. 924/2009, ABl. L 94/22 v. 30.3.2012, Umsetzungsfrist verlängert durch VO (EU) Nr. 248/2014 des Europäischen Parlaments und des Rates v. 26.2.2014 zur Änderung der Verordnung (EU) Nr. 260/2012 in Bezug auf die Umstellung auf unionsweite Überweisungen und Lastschriften, ABl. L 84/1 v. 20.3.2014.

[7] BGH WM 1985, 461 (462); Bankrechts-HdB/*Ellenberger* § 58 Rn. 181 f.

der Zahlungsempfänger seinem Zahlungsinstitut den Einzugsauftrag erteilt, welches diesen dann ggf. unter Zwischenschaltung weiterer Institute an das Institut des Zahlungspflichtigen weiterleitet. Das Lastschriftverfahren wird deshalb auch als »rückläufige« Überweisung bezeichnet.[8] Zwischen dem Lastschriftgläubiger bzw. dem Lastschriftschuldner und den jeweiligen kontoführenden Instituten bestehen ebenso wie zwischen den am Lastschrifteinzug mitwirkenden Instituten jeweils Girovertragsverhältnisse, bei denen es sich um Zahlungsdiensterahmenverträge gem. § 675f Abs. 2 S. 1 BGB handelt, soweit nicht eine Ausnahme nach § 2 Abs. 1 Nr. 7 ZAG – die Abwicklung innerhalb eines Zahlungssystems – vorliegt.

3. Die SEPA-Lastschriftverfahren

8 Neben den nationalen Lastschriftverfahren hatten die europäischen Bankverbände auf der Grundlage der Zahlungsdiensterichtlinie und bereits im Vorgriff auf deren jeweilige nationale Umsetzung EU-/EWR-weit einsetzbare **SEPA-Lastschriftverfahren** entwickelt. Die SEPA-Verfahren sind zunächst neben die beiden nationalen Lastschriftverfahren – das Einziehungsermächtigungs- und das Abbuchungsauftragsverfahren – getreten und ergänzten diese; mit Einstellung der nationalen Lastschriftverfahren aufgrund der MigrationsVO werden in Deutschland für Lastschriftzahlungen nur noch die beiden SEPA-Lastschriftverfahren angeboten. Dabei handelt es sich um das **„SEPA-Basislastschriftverfahren"** und das **„SEPA-Firmenlastschriftverfahren"**. Die europäischen Bankverbände haben ihre Anforderungen an diese Verfahren im „SEPA Direct Debit Scheme Rulebook" und – für den reinen Geschäftsverkehr – im „SEPA Business to Business Direct Debit Scheme Rulebook" des European Payments Council (EPC) niedergelegt. Bei der EPC handelt es sich um eine Vereinigung europäischer Banken, die unter der Federführung der europäischen Bankenverbände im Jahre 2002 gegründet worden ist, um die Schaffung eines einheitlichen europäischen Zahlungsverkehrsraums voranzutreiben. Voraussetzung zur Teilnahme eines Instituts an den SEPA-Verfahren ist der Beitritt zum „SEPA Core Direct Debit Scheme", das über das „European Payments Council (EPC)" angeboten wird.

9 Die SEPA-Lastschriftverfahren sind auf den **Belastungstag** *(„Due Date")* ausgerichtet, während es sich bei den beiden nationalen Verfahren, dem Einziehungsermächtigungs- und dem Abbuchungsauftragslastschriftverfahren, um **„Sichtverfahren"** handelt, bei denen die Belastung mit Vorlage der Lastschrift erfolgt, gibt der Lastschrifteinreicher in den SEPA-Verfahren ein konkretes Belastungs- und Fälligkeitsdatum vor (*„Due Date" – „D"*). Fälligkeitsdatum, *Settlement*-Datum und Belastungsdatum sind folglich identisch. Der Zahlungspflichtige erteilt dem Lastschrifteinreicher vor Belastung ein „Mandat", das eine Autorisierung zur Belastung des Schuldnerkontos gem. § 675j Abs. 1 S. 2 BGB gegenüber seinem Zahlungsdienstleister umfasst und das die Qualität eines Zahlungsauftrags gem. § 675f Abs. 4 S. 2 BGB hat, der mittelbar über den Zahlungsempfänger erteilt wird.

10 Der Lastschriftgläubiger muss – sofern nichts Abweichendes vereinbart wurde – den Lastschriftschuldner zwei Wochen vor dem **Fälligkeitstermin** *(„D-14")* über die kommende Kontobelastung unterrichten, wobei die Erklärung auch in einer anderen Erklärung enthalten sein kann, zB in einer Rechnung. Um die Belastung zuordnen zu können, ist die Lastschrift mit einer eindeutigen Identifizierung des Zahlungsempfängers (*„Creditor Identifier" – „CI"*) zu versehen. Die in den Zahlungsvorgang eingebundenen Zahlungsdienstleister haben ihre vertraglichen Leistungen erfüllt, wenn sie die Zahlung anhand einer Kundenkennung iS des § 675r BGB weitergeleitet haben. Das in papierhafter, elektronischer oder in einer sonstigen, zulässigerweise vereinbarten Form erteilte Mandat stellt eine Ermächtigung des Gläubigers dar, seine Forderung vom Konto des Zahlungspflichtigen einzuziehen. Das Mandat ermächtigt nicht nur den Zahlungsempfänger zum Einzug des Zahlungsbetrags, sondern auch das Zahlungsinstitut des Zahlungspflichtigen, dessen

[8] BGH WM 1977, 1042; 1977, 1196 (1197); *Hadding/Häuser* WM-Sonderbeilage 1/1983, 6.

Konto zu belasten. Bei dem Mandat handelt es sich nicht um eine nachträgliche Genehmigung gem. § 675j Abs. 1 S. 2 BGB, sondern um eine vorherige Einwilligung zur Belastung gem. § 675j Abs. 1 S. 2 BGB, diese wird vorautorisiert. Der Lastschriftgläubiger muss das elektronisch oder manuell erteilte Mandat, das ihn autorisiert, die Lastschrift anzustoßen und das die Zahlstelle ermächtigt, das Konto des Lastschriftschuldners zu belasten, nach den gesetzlichen Vorgaben aufbewahren. Wurde die zwischen dem Institut des Zahlers und dem Zahler vereinbarte Form für ein Mandat nicht eingehalten, hat dies nicht die Unwirksamkeit des Mandats zur Folge, denn die entsprechende Regelung verfolgt nur Beweiszwecke: Durch die **Schriftform** oder die **elektronische Form** soll lediglich sichergestellt werden, dass im Zweifel das Institut des Zahlers gegenüber diesem den Nachweis führen kann, dass die Zahlung von ihm (vor-)autorisiert worden ist. Die fehlende Form hat die Unwirksamkeit jedoch nicht zur Folge[9]. Zwar sieht § 125 S. 2 BGB vor, dass auch der Mangel der durch Rechtsgeschäft bestimmten Form im Zweifel die Nichtigkeit zur Folge hat, jedoch ist bei der vereinbarten Form zwischen konstitutiver und deklaratorischer Wirkung zu unterscheiden; Inhalt und Tragweite der Vereinbarung einer bestimmten Form sind durch Auslegung zu ermitteln[10]. Wird dabei berücksichtigt, dass das **Formerfordernis** im Verhältnis zwischen dem Zahler und seinem Institut vereinbart wird, die Zahlung mittels Lastschrift und die Mandatserteilung jedoch Gegenstand des Vertrags zwischen Zahler und Zahlungsempfänger sind, kann die Regelung im ersten Vertrag nicht zur Folge haben, dass die Vereinbarung über die Zahlungsweise im Valutaverhältnis unwirksam wird; die Absprache über das Formerfordernis in den Lastschriftbedingungen, die nur zwischen Zahler und seinem kontoführenden Institut abgeschlossen werden, wäre sonst eine (unwirksame) Regelung zu Lasten Dritter, da die in diesem Rechtsverhältnis vereinbarte **Schriftform** zur Folge hätte, dass der darin nicht eingebundene Zahlungsempfänger eine unwirksames Mandat erhalten hätte. Insgesamt wäre dann die Wirksamkeit des Mandats gegenüber dem Zahlungsempfänger von den Absprachen zwischen dem Zahler und seinem Institut, der ersten Inkassostelle abhängt. Daraus kann nur geschlossen werden, dass es bei der Vereinbarung über die Form gerade nicht auf die Wirksamkeit ankommen soll, sondern lediglich auf die Beweisbarkeit. Dieses Risiko kann der Zahlungsempfänger auch beherrschen. Verzichtet er im Valutaverhältnis auf die Schriftform des Mandats, trägt er auch am Ende das aus der Nicht-Erweislichkeit der Erklärung resultierende Risiko.

Der Lastschriftgläubiger hat nach den Regelungen im Rulebook vor der Ausführung **11** einer Belastung verschiedene Fristen zu beachten. Zwei Wochen vor der Belastung des Kontos des Lastschriftschuldners muss er diesem eine **Vorabinformation über die Belastung**(*„D-14"*) zukommen lassen, sofern keine andere Frist vereinbart worden ist. Danach darf der Lastschriftgläubiger bei der ersten Inkassostelle den Lastschrifteinzug einleiten. Bei einer einmaligen oder einer ersten Lastschrift muss die Vorabinformation mindestens fünf Tage vor der Belastung des Kontos des Zahlers bei der ersten Inkassostelle eingereicht werden (*„D-5"*). Im „*B2B*-Bereich" ist diese Frist auf einen Tag verkürzt. Es ist allerdings gem. Abschn. III (2) des Abschnitts über die SEPA-Inlandslastschrift für das SEPA-Basislastschriftverfahren zulässig, bei in Deutschland geführten Konten von Zahlern und Zahlungsempfängern die Vorlagefrist auf einen Bank-Geschäftstag zu verkürzen. Bei wiederkehrenden Lastschriften beträgt die Frist zwei Tage (*„D-2"*). Innerhalb der Vorlauffristen kann die Zahlstelle bei dem Zahler die vorherige Einwilligung zur Belastung einholen. Die Rulebooks beruhen auf den jetzt für Basis-Lastschriften zwingenden Regelung, wonach gem. § 675x Abs. 1, Abs. 2, Abs. 4 und Abs. 5 BGB der Lastschriftschuldner das Recht hat, ohne Angabe von Gründen innerhalb eines Zeitraums von acht Wochen nach Belastung einen Erstattungsanspruch geltend zu machen. Ist jedoch gem. § 675x Abs. 3 1. HS BGB eine vorherige Einwilligung zu der Belastungsbuchung erteilt worden, ist die Geltendma-

[9] Vgl. Baas/Buck-Heeb/Werner/*Böger* Anlegerschutzgesetze III. Teil Kap. 2 § 675f Rz. 12 ; Palandt/*Sprau* § 675f Rn. 44 mwN.

[10] Vgl. Palandt/*Ellenberger* § 125 BGB Rn. 17.

chung dieses Erstattungsanspruchs ausgeschlossen. Im „*B2B*-Bereich" darf eine Belastung des Kontos des Zahlers erst erfolgen, wenn dessen Institut von ihm die Bestätigung über die Erteilung des Mandats erhalten hat und entweder die erforderliche Deckung vorhanden oder eine die Belastung abdeckende Kreditlinie eingeräumt worden ist. Außerdem informiert die Zahlstelle seine, dem SEPA-Firmenlastschriftverfahren unterfallenden Zahler, wie sich aus den Bedingungen für Zahlungen mittels Lastschrift im SEPA-Firmenlastschriftverfahren ergibt, darüber, wenn ein Mandat unwirksam geworden ist. Dies ergibt sich aus den Bedingungen für Zahlungen mittels Lastschrift im SEPA-Firmenlastschriftverfahren. Allerdings existiert im B2B-Bereich der achtwöchige Erstattungsanspruch nicht. Gem. § 675e Abs. 4 BGB kann dieser im Verhältnis zu Zahlungsdienstnutzern, die keine Verbraucher sind, gem. § 675e Abs. 4 BGB ausgeschlossen werden.

12 Nach den Festlegungen im Rulebook kommen für die Rückgabe von SEPA-Lastschriften verschiedene Gründe in Betracht: Insbesondere technische Gründe, so die mangelnde technische Fähigkeit des bezogenen Instituts, Lastschriften entgegen zu nehmen, sowie die Geltendmachung von Erstattungsansprüchen des Lastschriftschuldners innerhalb der **Fristen** zur Geltendmachung des **Erstattungsanspruchs.** Im „*B2B*-Bereich" gibt es diesen Erstattungsanspruch dagegen nicht. Gem. § 675x Abs. 2 BGB steht sowohl bei SEPA-Basislastschriften als auch SEPA-Firmenlastschriften dem Zahler gegenüber seinem Zahlungsdienstleister das Recht zu, innerhalb des Zeitraums von acht Wochen gem. § 675x Abs. 4 BGB einen Erstattungsanspruch für den Fall auszuübenden, dass keine Vorabgenehmigung gem. § 675x Abs. 3 BGB erteilt worden ist. Allerdings erlaubt § 675e Abs. 4 BGB mit Kunden, die keine Verbraucher gem. § 13 BGB sind, § 675x BGB und damit auch den Erstattungsanspruch abzubedingen. Im SEPA-Basis-Lastschriftverfahren ist deshalb vorgesehen, dass das Institut des Zahlers der Inkassostelle die Beträge zurückbelasten kann, die dieses dem Zahler erstattet hat, während im SEPA- Firmenlastschriftverfahren der Erstattungsanspruch des Zahlers gegen die Zahlstelle ausdrücklich in Ziff. 2.5 der Musterbedingungen des Bankverlags für Zahlungen mittels Lastschrift im **SEPA-Firmenlastschriftverfahren** ausgeschlossen wird. Zwar sind die einzelnen Institute daran nicht gebunden. Da jedoch das SEPA Business to Business Direct Debit Scheme Rulebook keine Verpflichtung der Inkassostelle vorsieht, eine aufgrund eines Erstattungsanspruchs zurückgegebene Lastschrift wieder aufzunehmen, hätte eine Zahlstelle das Risiko zu tragen, dass sich daraus ergibt, dass die Inkassostelle bei einem Erstattungsanspruch die Lastschrift nicht wieder aufnehmen muss. Außerdem würde die Zahlstelle dadurch gegen die SEPA-Regularien verstoßen. Es besteht auch kein Erfordernis, für das SEPA-Firmenlastschriftverfahren einen Erstattungsanspruch vorzusehen, denn es steht der Zahlstelle frei, auch mit Kunden, die Unternehmer gem. § 14 BGB sind, Zahlungen im SEPA-Basis-Lastschriftverfahren zu vereinbaren. Der Zahler muss allerdings darauf achten, dass er bei einer konkreten Zahlung dem Zahlungsempfänger ein Mandat im SEPA-Basis- und nicht im SEPA-Firmenlastschriftverfahren erteilt

13 Sofern der Zahler nachweisen kann, dass der Einzug zu Unrecht erfolgt ist, kann eine Belastung gem. § 676b Abs. 2 BGB innerhalb eines Zeitraums von bis zu **dreizehn Monaten** zurückgegeben werden. Diese Frist gilt im Übrigen auch für alle anderen Lastschriftverfahren.

14 Für das SEPA-Basis-Lastschriftverfahren sind im SEPA-Rulebook verschiedene **Rückgabeprozesse** vorgesehen. Vor dem „Settlement" kommen zB in Betracht: Technische Gründe; der Rückruf durch den Lastschrifteinreicher *(„Revocation"),* sofern er vor der Annahme durch die erste Inkassostelle erfolgt; *„Request for Cancellation",* wenn er durch die erste Inkassostelle erfolgt, bevor die Lastschrift in den *Clearing & Settlement*-Mechanismus überführt worden ist; der Widerspruch des Lastschriftschuldners („Refusal"). Nach dem „Settlement" kommen die Rückgabe durch das bezogene Institut *(„Return"),* die Rückgabe der Lastschrift durch den Lastschriftschuldner nach Kontobelastung („Refund") und möglicherweise der *„Reversal"* in Betracht, dh die Rückgabe durch den Lastschrifteinreicher nach Annahme durch die erste Inkassostelle, jedoch innerhalb von maximal zwei Tagen nach dem *„Settlement"*, sofern die erste Inkassostelle ein *Reversal*-Verfahren anbietet.

III. Verfahrensbesonderheiten

Um im Lastschriftverfahren zahlen zu können, ist eine besondere Vereinbarung zwischen Gläubiger und Schuldner erforderlich – die sog Lastschriftabrede. Sie kann auch konkludent geschlossen werden.[11] Liegt eine entsprechende Absprache vor, ist die Zahlung mittels Lastschrift eine Leistung im Sinne des § 362 Abs. 1 BGB und nicht nur eine Leistung an Erfüllungs statt.[12] Außerdem wird die Geldschuld von einer bisherigen „qualifizierten Schickschuld" (§ 270 Abs. 1 BGB) dadurch zur „Holschuld".[13] Der Zahler hat deshalb, wenn er auf seinem Konto ausreichende Deckung vorhält, das zur Erfüllung seiner Schuld seinerseits Erforderliche getan.[14] Für eine verzögerte Vorlage der Lastschrift und einer sich daraus ergebenden verspäteten Zahlung hat nach einer **Lastschriftabrede** nicht mehr der Schuldner einzustehen, wenn er alles für den Einzug Erforderliche getan hat. Mit der Einlösung der Lastschrift durch die Zahlstelle geht die Verlustgefahr auf den Gläubiger über.[15] Unterbleibt die Vorlage einer Lastschrift bei Fälligkeit und weist das Schuldnerkonto die notwendige Deckung auf (vgl. § 297 BGB), kommt der Gläubiger in Annahmeverzug. Ein gesondertes Leistungsangebot des Schuldners ist dazu nicht erforderlich.[16] Die Vereinbarung über den Lastschrifteinzug begründet für den Zahlungspflichtigen die Einrede, dass der Gläubiger aufgrund der getroffenen Erfüllungsvereinbarung aus der Forderung keine Leistung außerhalb des Lastschriftverfahrens verlangen kann. Diese Einrede erlischt, wenn das Schuldnerinstitut die Einlösung verweigert oder wenn feststeht, dass die Einlösung nicht erfolgen kann.[17] Um die Einlösung sicherzustellen, muss der Schuldner auf dem Girokonto für ausreichende Deckung sorgen.[18] Weiter darf er keine Weisung zur Nichteinlösung der Lastschrift erteilen, wenn er im Valutaverhältnis dazu nicht berechtigt ist.[19] 15

Im Einzugsermächtigungsverfahren war fraglich, ob bereits mit Einlösung der Lastschrift auf dem Schuldnerkonto eine Erfüllung im Sinne des § 362 BGB eingetreten war. Der XI. Zivilsenat hatte angedeutet, dass möglicherweise mit Gutschrift auf dem Konto des Lastschrifteinreichers auch im Einziehungsermächtigungsverfahren der Gläubiger alles erhalten haben könne, was er nach der Parteivereinbarung als Erfüllung erhalten solle. Dann könne im Valutaverhältnis Erfüllung eingetreten sein. Die Widerspruchsmöglichkeit im Deckungsverhältnis betreffe dann nicht die Parteivereinbarung; die Genehmigung der Belastungsbuchung sei nur erforderlich, damit die Zahlstelle den **Aufwendungsersatzanspruch** gem. § 670 BGB geltend machen könne.[20] Gleiches dürfte auch für den seit 9.7.2012 in Betracht kommenden Erstattungsanspruch gelten. 16

§ 675h Ordentliche Kündigung eines Zahlungsdiensterahmenvertrags

(1) ¹**Der Zahlungsdienstnutzer kann den Zahlungsdiensterahmenvertrag, auch wenn dieser für einen bestimmten Zeitraum geschlossen ist, jederzeit ohne Einhaltung einer**

[11] BankR-HdB/*Ellenberger* § 58 Rn. 176.
[12] BankR-HdB/*Ellenberger* § 58 Rn. 174.
[13] BGH WM 1984, 163 (164) = NJW 1984, 871 f.; 1985, 461 (462); *Canaris* Rn. 629; *Schwarz* ZIP 1989, 1442 (1446).
[14] BGH WM 1985, 461 (462).
[15] *Canaris* Rn. 641; BuB/*Reiser/Krepold* Rn. 6/366.
[16] BankR-HdB/*Ellenberger* § 58 Rn. 188.
[17] BankR-HdB/*Ellenberger* § 58 Rn. 186 ff.
[18] BGH WM 1985, 461 (462).
[19] OLG Düsseldorf NJW-RR 2001, 557.
[20] BGH WM 2008, 1963 (1966) = WuB I D 2.-1.09 mAnm *Werner.*

Kündigungsfrist kündigen, sofern nicht eine Kündigungsfrist vereinbart wurde. [2] Die Vereinbarung einer Kündigungsfrist von mehr als einem Monat ist unwirksam.

(2) **[1] Der Zahlungsdienstleister kann den Zahlungsdiensterahmenvertrag nur kündigen, wenn der Vertrag auf unbestimmte Zeit geschlossen wurde und das Kündigungsrecht vereinbart wurde. [2] Die Kündigungsfrist darf zwei Monate nicht überschreiten. [3] Die Kündigung ist in der in Artikel 248 §§ 2 und 3 des Einführungsgesetzes zum Bürgerlichen Gesetzbuche vorgesehenen Form zu erklären.**

(3) **[1] Im Fall der Kündigung sind regelmäßig erhobene Entgelte nur anteilig bis zum Zeitpunkt der Beendigung des Vertrags zu entrichten. [2] Im Voraus gezahlte Entgelte, die auf die Zeit nach Beendigung des Vertrags fallen, sind anteilig zu erstatten.**

(4) **Der Zahlungsdienstleister darf mit dem Zahlungsdienstnutzer für die Kündigung des Zahlungsdienstrahmenvertrags kein Entgelt vereinbaren.**

1 Die Regelung erfasst nicht den einzelnen Zahlungsvorgang, sondern die Rahmenvereinbarung. Da einem einzelnen Zahlungsvorgang ein Zahlungsauftrag zugrunde liegt, kommt eine **Kündigung** des Zahlungsvorgangs nicht in Betracht. Hier gibt es nur den Widerruf gem. § 675p BGB, der aber zeitlichen Befristungen unterliegt. Die Regelung erfasst Rahmenverträge, die sich auf alle Arten von Zahlungsdiensten beziehen und damit auch die Rahmenverträge zu den Lastschriften. Sie erfasst aber nur die ordentliche, nicht die außerordentliche Kündigung.[1] Da jedoch die **Lastschriftbedingungen** weder auf der Zahlerseite noch auf der Einreicherseite besondere Kündigungsregelungen enthalten, kann sich ein Kündigungsrecht nur aus den jeweils anwendbaren Allgemeinen Geschäftsbedingungen der Kreditinstitute ergeben, die auf die einzelnen Geschäftsbeziehungen Anwendung finden. Folglich gibt es hinsichtlich der die Kündigung von Lastschriftzahlungen erfassenden Rahmenvereinbarungen keine Besonderheiten gegenüber der Kündigung entsprechender Rahmenverträge, die andere Zahlungsdienste erfassen.

2 Von der Kündigung des Rahmenvertrags zu unterscheiden ist die **Beendigung** der aus einem Mandat folgenden Befugnis zum Einzug von – auch wiederholten – Zahlungen. Sie erfolgt jedoch im Wege des **Widerrufs** gem. § 675p BGB und lässt die Rahmenvereinbarung unberührt.

§ 675j Zustimmung und Widerruf der Zustimmung

(1) **[1] Ein Zahlungsvorgang ist gegenüber dem Zahler nur wirksam, wenn er diesem zugestimmt hat (Autorisierung). Die Zustimmung kann entweder als Einwilligung oder, sofern zwischen dem Zahler und seinem Zahlungsdienstleister vereinbart, als Genehmigung erteilt werden. [2] Art und Weise der Zustimmung sind zwischen dem Zahler und seinem Zahlungsdienstleister zu vereinbaren. [3] Insbesondere kann vereinbart werden, dass die Zustimmung mittels eines bestimmten Zahlungsinstruments erteilt werden kann.**

(2) **[1] Die Zustimmung kann vom Zahler durch Erklärung gegenüber dem Zahlungsdienstleister so lange widerrufen werden, wie der Zahlungsauftrag widerruflich ist (§ 675p). [2] Auch die Zustimmung zur Ausführung mehrerer Zahlungsvorgänge kann mit der Folge widerrufen werden, dass jeder nachfolgende Zahlungsvorgang nicht mehr autorisiert ist.**

Übersicht

[1] Palandt/*Sprau,* 79. Aufl., § 675h Rn. 1.

I. Anwendungsbereich

Die Vorschrift regelt die Zustimmung zu einem Zahlungsvorgang, welche als **„Autorisierung"** definiert wird. Es handelt sich dabei um einen zusätzlichen Akt zum Zahlungsauftrag. Ist eine entsprechende Zustimmung nicht erteilt worden, ist der Zahlungsvorgang gegenüber dem Zahler unwirksam, sodass dessen Konto nicht belastet werden darf und eine bereits erfolgte Belastung valutengerecht gem. § 675u BGB storniert werden muss. In der Regel stellt freilich ein wirksam erteilter Zahlungsauftrag zugleich eine Autorisierung der Zahlung dar.[1] 1

II. Zustimmung

Die Zustimmung kann in zwei Formen erteilt werden: Als **vorherige Einwilligung,** als **Vorautorisierung,** und als **nachträgliche Genehmigung.**[2] Die nachträgliche Genehmigung spielt vor allem bei den Zahlungsverfahren eine Rolle, bei denen der Zahlungsvorgang nicht vom Zahler, sondern vom Zahlungsempfänger ausgelöst wird. Im SEPA-Lastschriftverfahren wirddie Zahlung auch den Empfänger durch Erteilung eines „Mandats" angestoßen, das die Qualität einer vorherigen Zustimmung hat.[3] 2

III. Widerruflichkeit

Abs. 2 regelt die grundsätzliche **Widerruflichkeit** der Zustimmung zu einer Zahlung. Anknüpfungspunkt ist die gem. § 675p BGB bestehende Widerrufsmöglichkeit von Aufträgen. Deshalb bestimmt die Vorschrift, dass sich die Widerruflichkeit einer Zustimmung an der Widerruflichkeit eines Zahlungsauftrags orientiert. Zu richten ist der Widerruf der Zustimmung gem. § 675j Abs. 2 BGB an den Zahlungsdienstleister, der für die Ausführung des Auftrags verantwortlich ist[4]. Dies gilt auch dann, wenn der Zahlungsauftrag – wie bei der Lastschrift – über den Zahlungsempfänger erteilt worden ist. Maßgeblich für die **Rechtzeitigkeit des Widerrufs** der Zustimmung ist aber, dass dieser innerhalb des Zeitraums erfolgt ist, in dem der Zahlungsauftrag gem. § 675p BGB widerruflich ist. Für Lastschriften folgt dabei aus § 675p Abs. 2 BGB, dass der Widerruf ausgeschlossen ist, sobald die Zustimmung zur Zahlungsauslösung dem Zahlungsempfänger mitgeteilt worden ist. Liegt dieser Zugang vor dem Widerrufszeitpunkt gegenüber der Zahlstelle vor, muss diese den Widerruf nicht mehr beachten, kann dies aber, da es dem Zahler und seinem Institut frei steht, eine abweichende Vereinbarung über den Widerrufszeitpunkt zu treffen, wie dies § 675p Abs. 4 S. 1 BGB für den Widerruf von Aufträgen vorsieht[5]. Im zu spät erfolgten Widerruf ist dann ein Angebot des Zahlers an seinen Zahlungsdienstleister zu sehen, eine entsprechende abweichende Vereinbarung gem. § 675p Abs. 4 S. 1 BGB zu sehen. Allerdings setzt die Wirksamkeit einer entsprechenden Vereinbarung beim Widerruf eines im SEPA-Lastschriftverfahren erteilten Zahlungsauftrags voraus, dass der Zahlungsempfänger dem Widerruf zustimmt. Auch wenn der Anspruch des Zahlungsempfängers auf die Gutschrift gem. § 675t Abs. 1 S. 1 BGB noch nicht entstanden ist, weil der Zahlungsbetrag noch nicht bei seinem Zahlungsdienstleister zur unverzüglichen Verfügbarmachung an ihn eingegangen ist, hat er doch bereits aufgrund seiner Mitwirkung an der Zahlungsauslösung ein schutzwürdiges Vertrauen auf die Ausführung, wenn der **Widerrufszeit-** 3

[1] *Grundmann* WM 2009, 1157 (1162); *Schürmann* Bankrechtstag 2009 S. 11, 36.
[2] *Grundmann* WM 2009, 1157 (1162); *Schürmann* Bankrechtstag 2009 S. 11, 36; Palandt/*Sprau* § 675j Rn. 4.
[3] Vgl. dazu *Hadding* FS Hüffer, 2009, 273 ff.; *Hartmann* Bankrechtstag 2009 S. 61 ff.
[4] Vgl. Baas/Buck-Heeb/Werner/*Böger* Anlegerschutzgesetze III. Teil Kap. 3 § 675j BGB Rn. 18.
[5] Vgl. Baas/Buck-Heeb/Werner/*Böger* Anlegerschutzgesetze III. Teil Kap. 3 § 675j BGB Rn. 19.

punkt verstrichen ist, sodass seine Zustimmung zur Wirksamkeit des Widerrufs erforderlich ist[6]. Da sich der Zeitraum der Widerruflichkeit der Zustimmung gem. § 675j Abs. 2 S. 1 BGB nach dem Zeitpunkt des Widerrufs des Zahlungsauftrags gem. § 675p BGB richtet, wie sich aus der entsprechenden Verweisung ergibt, ist die Widerrufsregelung gem. § 675p Abs. 4 S. 2 BGB auch auf die Zustimmung anwendbar, sodass eine Vereinbarung über die Wirksamkeit des Widerrufs nach dem spätesten Widerrufszeitpunkt nur Wirkungen entfalten kann, wenn der Zahlungsempfänger dem zustimmt.

4 In den beiden SEPA-Lastschriftverfahren gibt es keinen über die sich aus §§ 675j und 675p BGB ergebenden Befugnisse hinausgehende Widerrufsmöglichkeit, da ein wirksames Mandat eine wirksame Autorisierung der Zahlung darstellt; jedoch hat der Zahler im **SEPA-Basis-Lastschriftverfahren** die Möglichkeit, trotz Autorisierung innerhalb von acht Wochen nach Belastung einen Erstattungsanspruch geltend zu machen.[7] Grundlage für diesen Erstattungsanspruch ist § 675x Abs. 2 und Abs. 4 BGB. Ein Widerrufsrecht besteht ansonsten nur bis zu dem sich aus §§ 675j Abs. 2, 675p Abs. 2 und Abs. 3 BGB ergebenden Zeitpunkt. Insofern unterscheiden sich die SEPA-Lastschriftverfahren nicht von den anderen Zahlungsverfahren. Im SEPA-Lastschriftverfahren hat die dem Zahlungsempfänger gegebene Erklärung auch rechtliche Wirkungen gegenüber dem kontoführenden Institut des Zahlers, der Zahlstelle,, da das sog „Mandat", eine Einwilligung des Zahlungspflichtigen zur Belastung seines Kontos gegenüber der Zahlstelle umfasstund ein Widerruf nach dem sich aus § 675p Abs. 2 und Abs. 3 ergebenden Zeitpunkt ausgeschlossen ist.[8] Dem Zahler steht dann ein Erstattungsanspruch gem. § 675x Abs. 2 und Abs. 4 BGB zu, den der Zahler gegenüber seinem Zahlungsdienstleister innerhalb von acht Wochen nach Kenntnismöglichkeit von der Belastungsbuchung geltend machen kann. Dieser **Erstattungsanspruch** setzt aber die Wirksamkeit des Mandats voraus. Ohne wirksames Mandat steht dem Zahler dieser Anspruch nicht zu. Er kann im Falle einer Belastung dann aber den Erstattungsanspruch gem. § 675u BGB aufgrund der Haftung des Zahlungsdienstleisters aufgrund einer fehlenden Autorisierung geltend machen.

§ 675n Zugang von Zahlungsaufträgen

(1) **[1]Ein Zahlungsauftrag wird wirksam, wenn er dem Zahlungsdienstleister des Zahlers zugeht. [2]Fällt der Zeitpunkt des Zugangs nicht auf einen Geschäftstag des Zahlungsdienstleister des Zahlers, gilt der Zahlungsauftrag am darauf folgenden Geschäftstag zugegangen. [3]Der Zahlungsdienstleister kann festlegen, dass Zahlungsaufträge, die nach einem bestimmten Zeitpunkt nahe am Ende eines Geschäftstags zugehen, für die Zwecke des § 675s Abs. 1 als am darauf folgenden Geschäftstag zugegangen gelten. [4]Geschäftstag ist jeder Tag, an dem der an der Ausführung eines Zahlungsvorgangs beteiligte Zahlungsdienstleister den für die Ausführung von Zahlungsvorgängen erforderlichen Geschäftsbetrieb unterhält.**

(2) **[1]Vereinbaren der Zahlungsdienstnutzer, der einen Zahlungsvorgang auslöst oder über den ein Zahlungsvorgang ausgelöst wird, und sein Zahlungsdienstleister, dass die Ausführung des Zahlungsauftrags an einem bestimmten Tag oder am Ende eines bestimmten Zeitraums oder an dem Tag, an dem der Zahler dem Zahlungsdienstleister den zur Ausführung erforderlichen Geldbetrag zur Verfügung gestellt hat, beginnen soll, so gilt der vereinbarte Termin für die Zwecke des § 675s Abs. 1 als Zeitpunkt des Zugangs. [2]Fällt der vereinbarte Termin nicht auf einen Geschäftstag des Zahlungsdienstleisters des Zahlers, so gilt für die Zwecke des § 675s Abs. 1 der darauf folgende Geschäftstag als Zeitpunkt des Zugangs.**

---

[6] Vgl. Baas/Buck-Heeb/Werner/*Böger* Anlegerschutzgesetze III. Teil Kap. 3 § 675p BGB Rn. 20, und Staudinger/*Omlor,* 2020, § 675p BGB Rn. 13.

[7] Vgl. dazu BGH ZIP 2010, 1556 (1560); *Obermüller/Kuder* ZIP 2010, 349 (353).

[8] *Werner* BKR 2010, 9 (13 f.); BGH ZIP 2010, 1556 (1560).

Übersicht

I. Allgemeines

1 Die Vorschrift regelt den **Zugang von Zahlungsaufträgen** als Bedingung für deren Wirksamwerden. Sie ist deshalb sowohl für den Beginn der **Ausführungs-** und **Ablehnungsfristen** von Zahlungsaufträgen nach den §§ 675s, 675o BGB[1] als auch für den Widerrufszeitpunkt gem. § 675p Abs. 1 BGB[2] von Bedeutung. Aus Art. 248 § 4 Abs. 1 Nr. 2d EGBGB folgt die Verpflichtung des Zahlungsdienstleisters, dem Zahlungsdienstnutzer den Zeitpunkt mitzuteilen, zu dem der Zahlungsauftrag zugegangen ist. Die Regelung erfasst alle Arten von Zahlungsaufträgen gem. § 675f Abs. 4 S. 2 BGB, mithin auch aufgrund von Lastschriften,[3] vorausgesetzt, dass ihnen ein wirksamer Zahlungsauftrag zugrunde liegt. Nicht erfasst wurde daher das Einziehungsermächtigungsverfahren in seiner bis zum 8.7.2012 geltenden Form, weil auf der Grundlage der Genehmigungstheorie in der Einziehungsermächtigung gerade kein Auftrag und also auch keine Autorisierung der Zahlstelle zu sehen sein sollte. Dadurch, dass das **SEPA-Mandat** als „Vorautorisierung" der Zahlung gilt, finden die Regelungen über den Zugang von Zahlungsaufträgen darauf Anwendung.

II. Regelungsgegenstand

2 Der Zahlungsauftrag wird vom Zahlungsdienstnutzer erteilt und ist gem. § 675f Abs. 4 S. 2 BGB an dessen Zahlungsdienstleister adressiert – auch bei einer Lastschrift. Zwar wird in diesem Fall der Zahlungsvorgang über den Zahlungsempfänger ausgelöst; gleichwohl wird der vom Zahlungspflichtigen seinem Institut erteilte Auftrag über den Zahlungsempfänger unter Einschaltung seines Instituts an die Zahlstelle und damit das Institut des Zahlers weitergeleitet.[4] Bei einem Zahlungsauftrag handelt es sich um eine Willenserklärung des Zahlers, die dem von ihm mit der Zahlung beauftragten Zahlungsdienstleister zugehen muss. Für den Zugang gelten die in § 130 BGB geregelten allgemeinen Grundsätze über den Zugang von Willenserklärungen. Sollten die Erklärungen – wie bei der Lastschrift – nicht direkt vom Zahler an die Zahlstelle weitergeleitet werden, erfolgt die Weiterleitung regelmäßig unter **Einschaltung von Boten.** Im Falle der Lastschrift gehört dazu das Institut des Zahlungsempfängers.[5] Entscheidend für das Wirksamwerden des Auftrags ist der Zugang beim Zahlungsdienstleister des Zahlers. Erfolgt der Zugang nicht an einem Geschäftstag des Zahlungsdienstleisters, gilt der Auftrag erst am nächsten Geschäftstag als zugegangen; wobei es auf die individuell festgelegten Öffnungszeiten ankommt. Die Zustellung erfolgt deshalb auch dann erst am nächsten Geschäftstag, wenn der Tag selbst zwar zum **Zugangszeitpunkt** noch nicht zu Ende ist, wohl aber der Geschäftsbetrieb nach den festgelegten Öffnungszeiten.[6] Folglich setzt der **wirksame Zugang** voraus, dass der Geschäftsbetrieb des konkret betroffenen Zahlungsdienstleisters auch tatsächlich geöffnet hat,[7] wobei es örtlich auf die kontoführende Stelle ankommt.[8]

---

[1] Ellenberger/Findeisen/Nobbe/*Böger/Burghardt* § 675n Rn. 1.
[2] Palandt/*Sprau* § 675n Rn. 1.
[3] Palandt/*Sprau* § 675n Rn. 1; Ellenberger/Findeisen/Nobbe/*Böger/Burghardt* § 675n Rn. 2.
[4] Vgl. dazu *Werner* BKR 2010, 9 (13 f.); Ellenberger/Findeisen/Nobbe/*Böger/Burghardt* § 675n Rn. 2.
[5] Vgl. dazu Palandt/*Sprau* § 675n Rn. 2.
[6] Palandt/*Sprau* § 675n Rn. 4; Ellenberger/Findeisen/Nobbe/*Böger/Burghardt* § 675n Rn. 4.
[7] Ellenberger/Findeisen/Nobbe/*Böger/Burghardt* § 675n Rn. 4; Palandt/*Sprau* § 675n Rn. 4.
[8] BT-Drs. 16/11643, 172.

3 Abs. 1 S. 3 räumt dem Zahlungsdienstleister das Recht ein, einen **Zeitpunkt festzulegen,** nach dessen Verstreichen Zahlungseingänge erst am nächsten Geschäftstag als zugegangen gelten, auch wenn der Geschäftstag zum Zeitpunkt des Eingangs noch nicht abgelaufen ist. Es ist folglich zulässig, Annahmefristen – sog „*Cut-off*-Zeiten" – festzulegen, bis zu denen Zahlungsaufträge zur gleichtägigen Verarbeitung eingehen müssen.[9] Dadurch soll es dem Zahlungsdienstleister ermöglicht werden, sowohl einen einheitlichen Rechnungsabschluss je Geschäftstag als auch eine einheitliche Bearbeitung sicherzustellen. Den Zeitpunkt kann der Zahlungsdienstleister einseitig festlegen; auch kann er ihn während einer laufenden Geschäftsbeziehung ändern. Der Zahlungsdienstleister ist gem. Art. 248 § 4 Abs. 1 Nr. 2d BGB lediglich verpflichtet, über den konkreten Zeitpunkt rechtzeitig zu unterrichten. Für das Lastschriftverfahren ist diese Regelung aber von geringer Bedeutung, weil der Zahler die Zahlstelle nicht unmittelbar, sondern nur mittelbar über den Zahlungsempfänger beauftragt.

4 Abs. 2 betrifft den Fall, dass auf Wunsch des Zahlers ein Zahlungsauftrag erst zu **einem bestimmten Termin ausgeführt** werden soll. Folglich legt die Regelung fest, dass der Zugangszeitpunkt zwar unberührt bleibt; der Beginn der aus § 675s BGB folgenden Ausführungsfristen sich jedoch nach den Vereinbarungen der Parteien und nicht nach dem tatsächlichen Zugang richtet.[10] S. 1 bestimmt dabei, dass für die Parteien bei Zahlungen, die zu einem späteren Termin oder erst nach Eintritt bestimmter Bedingungen ausgeführt werden sollen, der vereinbarte Termin als der Zeitpunkt des Zugangs gilt, der für den Beginn der Ausführungsfrist maßgeblich ist. Abs. 2 S. 1 legt nur den Zugangszeitpunkt für den Zahlungsauftrag und damit den Beginn der Ausführungsfristen in Abweichung zu Abs. 1 fest, nicht jedoch den Zeitpunkt, bis zu dem die Ausführung erfolgt sein muss.[11] Abs. 2 S. 2 stellt nur klar, was bereits in Abs. 1 S. 2 für den Zahlungsauftrag geregelt ist: Sollte der Zugang nicht auf einen Geschäftstag fallen, beginnt die Ausführungsfrist am darauffolgenden Geschäftstag.

§ 675o Ablehnung von Zahlungsaufträgen

(1) **[1]Lehnt der Zahlungsdienstleister die Ausführung oder Auslösung eines Zahlungsauftrags ab, ist er verpflichtet, den Zahlungsdienstnutzer hierüber unverzüglich, auf jeden Fall aber innerhalb der Fristen gemäß § 675s Abs. 1 zu unterrichten. [2]In der Unterrichtung sind, soweit möglich, die Gründe für die Ablehnung sowie die Möglichkeiten anzugeben, wie Fehler, die zur Ablehnung geführt haben, berichtigt werden können. [3]Die Angabe von Gründen darf unterbleiben, soweit sie gegen sonstige Rechtsvorschriften verstoßen würde. [4]Der Zahlungsdienstleister darf mit dem Zahlungsdienstnutzer im Zahlungsdiensterahmenvertrag ein Entgelt für den Fall vereinbaren, dass er die Ausführung eines Zahlungsauftrags berechtigterweise ablehnt.**

(2) **Der Zahlungsdienstleister des Zahlers ist nicht berechtigt, die Ausführung eines autorisierten Zahlungsauftrags abzulehnen, wenn die im Zahlungsdiensterahmenvertrag festgelegten Ausführungsbedingungen erfüllt sind und die Ausführung nicht gegen sonstige Rechtsvorschriften verstößt.**

(3) **Für die Zwecke der §§ 675s, 675y und 675z gilt ein Zahlungsauftrag, dessen Ausführung berechtigterweise abgelehnt wurde, als nicht zugegangen.**

Übersicht

[9] Ellenberger/Findeisen/Nobbe/*Böger/Burghardt* § 675n Rn. 8; Palandt/*Sprau* § 675n Rn. 5.
[10] Vgl. dazu Ellenberger/Findeisen/Nobbe/*Böger/Burghardt* § 675n Rn. 10.
[11] Vgl. Palandt/*Sprau* § 675n Rn. 6.

I. Allgemeines

1 Abs. 1 bestimmt, wann und wie ein Zahlungsdienstleister die Ausführung oder Auslösung eines **Zahlungsauftrag ablehnen** kann, ohne dass freilich die Voraussetzungen für das Recht zur Ablehnung festgelegt werden. Abs. 2 dagegen legt in allgemeiner Form fest, wann der Zahlungsdienstleister des Zahlers entsprechende Aufträge ablehnen darf. Auch diese Bestimmung ist im Rahmen des § 675e BGB nur eingeschränkt abdingbar. Zugunsten des Zahlungsdienstnutzers kann die Regelung gem. § 675e Abs. 1 BGB gegebenenfalls im vollen Umfang ausgeschlossen werden; zu seinen Lasten nur bei Zahlungsvorgängen mit Drittstaatenbezug gem. §§ 675e Abs. 2 S. 2, § 675d Abs. 6 S. 1 Nr. 1 BGB.

II. Regelungsgehalt

2 Die Regelung legt die **Mitteilungspflichten** fest, die ein Zahlungsdienstleister zu erfüllen hat, sofern er einen Zahlungsauftrag nicht ausführt oder auslöst. Die Mitteilung der Ablehnung hat an den Zahlungsdienstnutzer zu erfolgen, wobei damit sowohl der Zahler als auch der Zahlungsempfänger gemeint sein können.[1] Nach § 675f Abs. 4 S. 2 BGB kann ein Zahlungsauftrag zwar nur vom Zahler erteilt werden, erfolgt dies jedoch unter Einschaltung des und über den Zahlungsempfänger, wie im Lastschriftverfahren, ist die Inkassostelle gegenüber seinem Zahlungsdienstnutzer, also dem Lastschrifteinreicher, gem. Abs. 1 zur Mitteilung der Ablehnung verpflichtet. Bei der Lastschrift erfolgt die Mitteilung über die Nichtausführung eines Zahlungsauftrags nicht gegenüber dem Zahler, sondern dem Zahlungsempfänger. Der Gesetzeswortlaut bestimmt nicht, dass die Mitteilung über die Ablehnung der Ausführung eines Zahlungsauftrags an den Zahler zu erfolgen hat, der den Zahlungsauftrag erteilt hat, sondern nur, dass der Zahlungsdienstleister den Zahlungsdienstnutzer unterrichten muss. Im Falle des Inkassoauftrags ist deshalb der Zahlungsdienstnutzer zu unterrichten, der den **Auftrag zur Einleitung des Zahlungsvorgangs** gegenüber seinem Zahlungsdienstleister erteilt hat. Das aber ist in diesem Fall der Lastschrifteinreicher. Dies folgt auch aus § 675s Abs. 2 S. 1 BGB, der davon ausgeht, dass der über den Empfänger erteilte Zahlungsauftrag durch den Zahlungsdienstleister des Zahlungsempfängers weiterzuleiten ist.[2]

III. Die Mitteilungspflicht gem. Abs. 1

3 Der Zahlungsdienstleister muss seinem Zahlungsdienstnutzer **mitteilen,** dass er den **Zahlungsauftrag** bzw. dessen **Auslösung ablehnt.** Der Zahlungsdienstleister hat zur Erfüllung dieser Pflicht dem Zahlungsdienstnutzer eine entsprechende Information zu übermitteln. In welcher Form dies zu geschehen hat, hängt davon ab, wie die entsprechende Informationsübermittlung rechtskonform erfolgen kann. Eine gesetzliche Formvorgabe gibt es dazu nicht, da die Mitteilung der Ablehnung in § 675d Abs. 1 S. 1 BGB i. V. mit Art. 248 §§ 1bis 12, § 13 Abs. 1, 3 bis 5 und §§ 14 bis 16 EGBGB nicht ausdrücklich genannt. Ist ein „Unterrichten“ vorgeschrieben, hat der Zahlungsdienstleister dem Zahlungsdienstnutzer die maßgeblichen Informationen zu übermitteln.[3] In welcher Form dies geschehen kann, hängt von den Vereinbarungen zwischen den Parteien ab, sodass die Information auch über den Kontoauszugsdrucker oder die Einstellung in ein Online-Banking-Postfach erfolgen kann.[4]

[1] Ellenberger/Findeisen/Nobbe/*Böger/Burghardt* § 675o Rn. 1.
[2] BT-Drs. 16/11643, 173; Palandt/*Sprau* § 675s Rn. 4.
[3] Vgl. dazu Palandt/*Sprau* § 675d Rn. 2.
[4] BT-Drs. 16/11463, 173, dazu Ellenberger/Findeisen/Nobbe/*Böger/Burghardt* § 675o Rn. 4; Palandt/*Sprau* § 675o Rn. 4; Staudinger/*Omlor,* 2020, § 675o BGB Rn. 12.

4 Die **Unterrichtung hat unverzüglich,** also ohne schuldhaftes Zögern, zu erfolgen, und innerhalb der sich aus § 675s Abs. 1 BGB ergebenden Fristen.[5] Im Lastschriftverfahren scheidet ein Fristbeginn aus, wenn der Zahlungsauftrag über den Zahlungsdienstleister des Empfängers an den Zahlungsdienstleister des Zahlers weitergeleitet werden soll, aber bereits vom Zahlungsdienstleister des Empfängers nicht mehr weitergeleitet wird. Die Fristen beziehen sich nur auf die Absendung der Mitteilung, sodass der Zahlungsdienstleister seine Pflichten erfüllt hat, wenn er innerhalb der zeitlichen Vorgaben alles zur Einhaltung der vertraglich vereinbarten Frist getan hat.[6]

5 Zwar hat die Mitteilung grundsätzlich gegenüber dem Zahler zu erfolgen, sollte jedoch – wie in den Lastschriftverfahren – ein in dem Zahlungsvorgang zwischengeschalteter Zahlungsdienstleister die weitere Bearbeitung eines Zahlungsauftrags ablehnen, hat dieser seinen Vertragspartner zu unterrichten.[7] Inhaltlich müssen sich für den Zahlungsdienstnutzer aus der Benachrichtigung eindeutig die **Gründe** ergeben, warum der **Zahlungsauftrag abgelehnt** worden ist, damit er die Möglichkeit hat, den Fehler zu beheben.[8] Die Unterrichtung darf jedoch oder muss ggf. sogar unterbleiben, wenn dadurch gegen „sonstige" Rechtsvorschriften verstoßen würde. Dabei ist insbesondere an Rechtsvorschriften des Gemeinschaftsrechts und an nationales Recht zu denken, wie zB an § 11 Abs. 1, 2 und 5 GwG.[9]

6 Gem. Abs. 1 S. 4 ist der Zahlungsdienstleister berechtigt, ein **Entgelt für die** die **berechtigte Ablehnung** des Zahlungsauftrags zu verlangen, sofern die Ablehnung mit Rechtsgrund erfolgt. Da das Mandat, das dem Zahlungsempfänger erteilt wird, als Auftrag gem. § 675f Abs. 4 S. 2 BGB und Autorisierung gem. § 675j BGB anzusehen ist, handelt es sich dabei um einen wirksamen Auftrag,[10] der nur abgelehnt werden darf, wenn berechtigte Ablehnungsgründe vorliegen; dann darf die Ablehnung aber auch bepreist werden. Folglich ist das Institut des Lastschrifteinreichers bei allen berechtigt, mit diesem ein Entgelt für die **Ablehnung** einer Lastschrift zu vereinbaren.[11] Aber auch das Institut des Zahlers ist berechtigt, ein Entgelt für die Ablehnung einer Lastschriftbelastung dem Zahler in Rechnung zu stellen, denn es erhält ja in den SEPA-Lastschriftverfahren über den Lastschrifteinreicher autorisierte Aufträge zur Zahlungsausführung Mit dieser gesetzlichen Regelung ist die Rechtsprechung über die Unzulässigkeit der Erhebung von Entgelten für die Benachrichtigung über die Nichteinlösung von Einziehungsermächtigungslastschriften[12] hinfällig geworden, da es bei diesen vor der Angleichung des Einziehungsermächtigungslastschriftverfahrens an das SEPA-Basislastschriftverfahren an einer wirksamen Autorisierung mangelte.[13] Im Zuge der Umsetzung der Zweiten EU-Zahlungsdiensterichtlinie ist die Regelung aber dahingehend geändert worden, dass die Fassung vom 13.1.2018 nicht mehr eine **Bepreisung der Unterrichtung** über die Ablehnung, sondern die Ablehnung selbst erlaubt. Fraglich ist dabei, ob Ablehnung auch die Unterrichtung über die Ablehnung umfasst. Die Mitteilung über die Ablehnung jedenfalls darf nicht mehr gesondert bepreist werden.[14] Zu überlegen wäre jedoch, dass die Unterrichtung über die berechtigte Ablehnung auch die Unterrichtung umfasst. Wird jedoch berücksichtigt, dass die aktuelle restriktive höchstrichterliche Rechtsprechung Entgelte für Informationen nur erlaubt, wenn dies ausdrücklich zugelassen ist,[15] sprechen gute Gründe dafür, dass die Kosten für die

[5] Palandt/*Sprau* § 675o Rn. 4.
[6] BT-Drs. 16/11463, 173.
[7] Palandt/*Sprau* § 675o Rn. 4; BT-Drs. 16/11463, 173.
[8] BT-Drs. 16/11463, 173; Ellenberger/Findeisen/Nobbe/*Böger/Burghardt* § 675o Rn. 2; Palandt/*Sprau* § 675o Rn. 4.
[9] BT-Drs. 16/11463, 173.
[10] *Werner* WM 2010, 9 (13); BGH WM 2010, 1546 (1550).
[11] BT-Drs. 16/11463, 173 zu entspr. Entgelten für die Unterrichtung über die Nichteinlösung einer Lastschrift.
[12] Vgl. dazu BGH WM 2001, 563 ff.; *Nobbe* WM 2006, 186 (188); BKR 2012, 384 (385 f.).
[13] Zur früheren Rechtslage bei der Einziehungsermächtigung → 2. Aufl. 2016, Kap. 4 A. Rn. 74.
[14] Vgl. *Werner,* WM 2018, 449 (455), und ZBB 2017, 345 (353).
[15] Vgl. BGH ZIP 2017, 1992, Rn. 34; BGH ZIP 2012, 1387, dazu EWiR 2012, 447 *(Omlor)*.

Information über die Ablehnung in die Preiskalkulation nicht miteinbezogen werden dürfen, zumal es sich dabei kaum um tatsächliche Kosten für die Bearbeitung der Ablehnung handeln dürfte, wie § 675f Abs. 5 S. 2, letzter HS, dies verlangt.[16]

IV. Ablehnungsgründe gem. Abs. 2

Ein Zahlungsdienstleister ist nicht zur Ablehnung eines Zahlungsauftrags berechtigt, wenn die im Zahlungsdiensterahmenvertrag vereinbarten Voraussetzungen für die Ausführung vorliegen. Möchte der Zahlungsdienstleister einen Zahlungsauftrag ablehnen, muss er zuvor mit dem Zahlungsdienstnutzer vereinbaren, dass ihn der entsprechende **Umstand zur Ablehnung** berechtigt, weil er andernfalls die Ausführung nicht verweigern darf. Ansonsten kommt die Ablehnung einer Zahlung nur in Betracht, wenn gesetzliche Hinderungsgründe vorliegen, wie zB Unmöglichkeit, oder wenn die Ausführung gegen gesetzliche Vorschriften verstoßen würde, wie zB gegen Gesetze zur Geldwäsche- oder Terrorismusbekämpfung oder Embargen. Liegen Ablehnungsgründe vor, verpflichtet das den Zahlungsdienstleister nicht zwingend zur Ablehnung, vielmehr darf er den Zahlungsauftrag auch dann ausführen, soweit dem kein ausdrückliches, insbesondere gesetzliches Verbot entgegen steht. 7

Abs. 3 legt fest, dass bei der berechtigten Ablehnung eines Zahlungsauftrags weder die sich aus § 675s BGB ergebenden Ausführungsfristen beginnen, noch sich der Zahlungsdienstleister gem. §§ 675y, 675z BGB wegen der Nichtausführung ersatzpflichtig machen kann. Ein abgelehnter Zahlungsauftrag gilt auch nicht als gem. § 675n BGB zugegangen.[17] Bei der Lastschrift erfolgt die Ablehnung durch die Nichteinlösung einer Lastschriftbelastung durch den Zahlungsdienstleister des Zahlers oder durch **Ablehnung der Weiterleitung** eines entsprechenden Auftrags an die Zahlstelle durch die Inkassostelle, sofern diese mit dem Lastschrifteinreicher Ausführungsvoraussetzungen festgelegt hat.. 8

§ 675p Unwiderruflichkeit eines Zahlungsauftrags

(1) **Der Zahlungsdienstnutzer kann einen Zahlungsauftrag vorbehaltlich der Absätze 2 bis 4 nach dessen Zugang beim Zahlungsdienstleister des Zahlers nicht mehr widerrufen.**

(2) [1]**Wurde der Zahlungsvorgang über einen Zahlungsdienstleister, vom Zahlungsempfänger oder über diesen ausgelöst, so kann der Zahler den Zahlungsauftrag nicht mehr widerrufen, nachdem er dem Zahlungsauslösedienstleister die Zustimmung zur Auslösung des Zahlungsvorgangs oder dem Zahlungsempfänger die Zustimmung zur Ausführung des Zahlungsvorgangs erteilt hat.** [2]**Im Fall einer Lastschrift kann der Zahler den Zahlungsauftrag jedoch unbeschadet seiner Rechte gem. § 675x bis zum Ende des Geschäftstags vor dem vereinbarten Fälligkeitstag widerrufen.**

(3) **Ist zwischen dem Zahlungsdienstnutzer und seinem Zahlungsdienstleister ein bestimmter Termin für die Ausführung eines Zahlungsauftrags (§ 675n Abs. 2) vereinbart worden, kann der Zahlungsdienstnutzer den Zahlungsauftrag bis zum Ende des Geschäftstags vor dem vereinbarten Tag widerrufen.**

(4) [1]**Nach den in den Absätzen 1 bis 3 genannten Zeitpunkten kann der Zahlungsauftrag nur widerrufen werden, wenn der Zahlungsdienstnutzer und der jeweilige Zahlungsdienstleister dies vereinbart haben.** [2]**In den Fällen des Absatzes 2 ist zudem die Zustimmung des Zahlungsempfängers zum Widerruf erforderlich.** [3]**Der Zahlungs-**

[16] **AA** aber Baas/Buck-Heeb/Werner/*Böger* Anlagerschutzgesetze III. Teil Kap. 3 § 675o BGB Rn. 14 f.

[17] Vgl. Palandt/*Sprau* § 675o Rn. 5 zur Klarstellungsfunktion der Regelung; Ellenberger/Findeisen/Nobbe/*Böger*/*Burghardt* § 675o Rn. 14, hält die Regelung für überflüssig.

dienstleister darf mit dem Zahlungsdienstnutzer im Zahlungsdiensterahmenvertrag für die Bearbeitung eines solchen Widerrufs ein Entgelt vereinbaren.

(5) **Der Teilnehmer an Zahlungsverkehrssystemen kann einen Auftrag zugunsten eines anderen Teilnehmers von dem in den Regeln des Systems bestimmten Zeitpunkt nicht mehr widerrufen.**

Übersicht

I. Allgemeines

1 Der Widerruf erfasst alle Arten von Zahlungsdiensten und damit auch Aufträge, die im Lastschriftverfahren erteilt werden.[1] Gem. § 675e Abs. 4 BGB kann § 675p BGB **abbedungen** werden, soweit der Zahlungsdienstnutzer kein Verbraucher iSd § 13 BGB ist. Da die Vorschrift jedoch aufgrund der engen Widerrufsmöglichkeiten eher von Nachteil denn von Vorteil ist, bedeutet dies nicht, dass die Widerrufsfristen länger sein können – dies erlaubt bereits Abs. 1 –, sondern im Gegenteil, dass die Widerruflichkeit ganz abbedungen werden kann.

II. Zeitpunkt und Zulässigkeit des Widerrufs

2 Der **Widerruf** ist – sofern zwischen den Vertragsparteien nichts anderes vereinbart wird – vom Zahlungsdienstleister nur **zu beachten,** wenn er bei diesem eingeht, bevor er den Zahlungsauftrag oder die Zustimmung des Zahlers zur Ausführung des Zahlungsvorgangs erhalten hat. Allerdings sind – wie sich aus Abs. 1 i. V. mit Abs. 3 S. 1 ergibt – davon abweichende Vereinbarungen zulässig. Aufgrund dessen steht dem Zahlungsempfänger auch nach dem Zugang des Auftrags beim Zahlungsdienstleister noch kein Anspruch auf Gutschrift zu. Dieser wird erst in dem Augenblick begründet, in dem der Zahlungsdienstleister des Empfängers den Betrag gem. § 675t Abs. 1 S. 1 BGB auf dessen Konto gutgeschrieben hat, um ihn dem Zahlungsempfänger unverzüglich verfügbar zu machen. Da es hier für den Widerruf nur darauf ankommt, dass der Zahlungsauftrag beim Zahlungsdienstleister noch nicht eingegangen ist, ist es unerheblich, ob auch die Voraussetzungen für die Ausführung des Auftrags vorliegen. Wie und in welcher **Form** ein Widerruf zu erfolgen hat, muss der Zahlungsdienstleister dem Zahlungsdienstnutzer gem. Art. 248 § 4 Abs. 1 Nr. 2c EGBGB vor Vertragsabschluss mitteilen. Dabei dürfen Regelungen über die Art und Weise des Widerrufs nicht so ausgestaltet werden, dass dadurch das Widerrufsrecht praktisch ausgeschlossen würde. Ein **Teilwiderruf** mehrerer Zahlungsvorgänge ist möglich, soweit für die jeweiligen Zahlungen der Zeitpunkt gem. Abs. 1 S. 1 noch nicht abgelaufen ist. Soweit sich der entsprechende Zahlungsauftrag auf mehrere gleichlautende Zahlungen bezieht, ist ein Widerruf gem. Abs. 3 bis zum Ende des Geschäftstags vor dem **vereinbarten Ausführungstermin** möglich. Gem. § 675j Abs. 2 BGB kann in diesem Fall auch die Zustimmung zu nachfolgenden Zahlungen widerrufen werden.

3 Wird der Zahlungsvorgang – wie bei den Lastschriften – von dem oder über den Empfänger ausgelöst, verlegt Abs. 2 die letzte Widerrufsmöglichkeit auf den Zeitpunkt vor, bis zu dem der Zahlungsauftrag oder die Zustimmung zu diesem gem. § 675j BGB an den Zahlungsempfänger übermittelt werden kann. Damit muss der Zahlungsauftrag **bis zur Unwiderruflichkeit** nicht einmal bei dem Zahlungsdienstleister des Zahlers eingegangen

[1] Vgl. dazu Ellenberger/Findeisen/Nobbe/*Böger/Burghardt* § 675p Rn. 1.

sein. Für Lastschriften besteht ein Widerrufsrecht bis zum Ende des Geschäftstags vor dem vereinbarten Fälligkeitstermin, unabhängig von dem **Erstattungsanspruch,** der sich aus § 675x BGB ergeben und der ggf. noch nach Ausführung der Zahlung geltend gemacht werden kann. Der Hinweis auf § 675x BGB trägt den Besonderheiten der Zahlung mittels Lastschrift Rechnung und führt nicht zur Erweiterung der Widerrufsmöglichkeiten, sondern stellt nur klar, dass ein möglicher Erstattungsanspruch das Widerrufsrecht unberührt lässt.

III. Die Widerruflichkeit in den verschiedenen Lastschriftverfahren

4 Handelt es sich bei dem Lastschriftverfahren um einen gem. § 1 Abs. 21 ZAG über den Zahler ausgelösten Zahlungsvorgang zur Belastung des Kontos des Zahlers, gilt hinsichtlich des Widerrufs bei den **SEPA-Lastschriftverfahren** folgendes:

5 Das **SEPA-Lastschriftverfahren,** das sich in das **SEPA-Basis**- und das **SEPA-Firmenlastschriftverfahren** untergliedert, wird in seinen verschiedenen Ausprägungen in „Rulebooks" geregelt, die schon vor Umsetzung der Zahlungsdiensterichtlinie in nationales Recht Regeln für das SEPA-Lastschriftverfahren in seinen beiden Formen festgelegt haben, die den späteren Anforderungen der Richtlinie genügten.[2] Die SEPA-Lastschriftverfahren erlauben **grenzüberschreitende Lastschrifteinzüge** in Euro.[3] Mit den Lastschriftteilnehmern, die als Zahlungspflichtige an dem Verfahren teilnehmen, werden spezielle Bedingungen für den Einzug von Lastschriften im SEPA-Verfahren vereinbart: Im Verhältnis zu Verbrauchern gem. § 13 BGB gelten die Bedingungen für Zahlungen mittels Lastschrift im SEPA-Basislastschriftverfahren; im Verhältnis zu Unternehmern iS des § 14 BGB die Bedingungen für Zahlungen mittels Lastschrift im SEPA-Firmenlastschriftverfahren.[4] Auch wenn sich das SEPA-Basislastschriftverfahren auf den ersten Blick hinsichtlich des Ablaufs kaum vom früheren Einziehungsermächtigungsverfahren unterscheidet, weil auch hier der Zahler eine Willenserklärung, in Form des „Mandats" statt einer „Einziehungsermächtigung", nur gegenüber dem Zahlungsempfänger abgibt, bestanden hinsichtlich der rechtlichen Wirkungen erhebliche Unterschiede zwischen der Einziehungsermächtigung in der bis 8.7.2012 geltenden Form und dem Mandat. Bei dem Mandat handelt es sich um eine „Doppelermächtigung", durch die einerseits der Lastschriftschuldner dem Lastschrifteinreicher gestattet, Zahlungen zu Lasten seines Kontos einzuziehen, und andererseits sein kontoführendes Institut, die Zahlstelle, ermächtigt, das Konto mit dem Lastschriftbetrag zu belasten,[5], die Zahlung wird folglich „vorautorisiert". Im Gegensatz zur früheren Einziehungsermächtigung, die der Zahlstelle zunächst nicht das Recht einräumte, das Konto des Zahlers zu belasten, stellt das Mandat eine Ermächtigung oder Vollmacht des Zahlungsempfängers dar, einen Zahlungsauftrag sowie die Zustimmung zur Belastung an die Zahlstelle weiterzuleiten.[6] Erst mit Umstellung der Einziehungsermächtigung durch die zum 9.7.2012 wirksam gewordene Neufassung des Lastschriftabkommens war die Einziehungsermächtigung in rechtlicher Hinsicht an das Mandat angeglichen worden und hatte die Wirkungen einer Vorautorisierung.

6 Aus § 675j Abs. 1 S. 3 BGB folgt, dass Art und Weise einer Autorisierung der Vereinbarung zwischen dem Zahler und seinem Zahlungsdienstleister bedürfen. Deshalb sieht Ziff. 2.2.1 der Bankverlag-Musterbedingungen für Zahlungen mittels Lastschrift im SEPA-Basislastschriftverfahren vor, dass der Lastschriftschuldner mit Erteilung eines Mandats nicht nur den Zahlungsempfänger ermächtigt, Zahlungen zu Lasten seines Kontos einzuziehen,

[2] *Werner* BKR 2010, 9.
[3] BuB/*Lohmann* Rn. 20/78 ff.
[4] Vgl. dazu Ellenberger/Findeisen/Nobbe/*Böger/Burghardt* § 675p Rn. 31 ff.
[5] Vgl. dazu Ellenberger/Findeisen/Nobbe/*Böger/Burghardt* § 675p Rn. 29; BuB/*Lohmann* Rn. 20/92; *Werner* BKR 2010, 9 (13 f.).
[6] Vgl. dazu Ellenberger/Findeisen/Nobbe/*Böger/Burghardt* § 675p Rn. 30.

sondern gleichzeitig auch sein Institut, die Zahlstelle, autorisiert, diese Lastschriften einzulösen. Das Mandat, das entweder schriftlich, gem § 127 Abs. 2 BGB durch telekommunikative Übermittlung oder in einer vereinbarten Form und damit ggf. auch in Textform oder elektronisch erteilt werden kann, stellt die **Zustimmung zum Zahlungsvorgang** dar, sodass – im Gegensatz zum früheren Einziehungsermächtigungsverfahren – die Belastung mit Rechtgrund erfolgt und keiner nachträglichen Genehmigung bedarf. Da es sich bei einer SEPA-Lastschrift in der Regel nicht um eine bei Sicht fällige Lastschrift handelt, auf die im Falle eines Widerspruchs § 675p Abs. 2 S. 1 BGB anzuwenden wäre, sondern für diese ein bestimmter Fälligkeitstermin vereinbart wurde,[7] unterfällt sie § 675p Abs. 2 S. 2 BGB, wonach ein Widerruf bis zum Ende des Geschäftstages möglich ist, der dem vereinbarten Fälligkeitstag vorhergeht. Maßgeblich sind dafür die Geschäftstage der Zahlstelle, über die der Zahlungspflichtige von seinem Institut – zB im Preis- und Leistungsverzeichnis – informiert werden muss – wie sich dies aus Ziff. 2.2.2 der Musterbedingungen des Bankverlags für Zahlungen mittels Lastschrift im SEPA-Basislastschriftverfahren ergibt.[8] Auch wenn gem. Ziff. 2.4.1 Abs. 2 und 2.4.2 der Musterbedingungen eine Belastungsbuchung spätestens am zweiten Geschäftstag nach ihrer Vornahme noch rückgängig gemacht werden kann, folgt daraus nicht, dass bis zu diesem Zeitpunkt auch ein **Widerruf** möglich wäre. Aus Ziff. 2.2.2 und 2.2.3 ergibt sich vielmehr, dass ein Widerruf oder eine Zurückweisung nur bis zu dem mit dem Zahler vereinbarten Termin zulässig ist, der sich wiederum nach der aus § 675p Abs. 2 S. 2 folgenden Frist richtet.[9] Von dieser Widerrufsmöglichkeit zu unterscheiden ist der dem Zahler in Ziff. 2.5 eingeräumte und auf § 675x Abs. 1, 2 und 4 BGB beruhende Erstattungsanspruch, den der Zahler innerhalb von acht Wochen nach der Belastung seines Kontos gegen seinen Zahlungsdienstleister – die Zahlstelle – geltend machen kann. Diese Möglichkeit hat aber nichts mit der Widerrufsmöglichkeit zu tun und gilt (nur) für autorisierte Zahlungen. Wird – wie beim **SEPA-ELV** – keine spezielle Fälligkeit vereinbart, endet das Widerrufsrecht des Zahlers gem. § 675p Abs. 2 S. 1 BGB in dem Augenblick, in dem er dem Zahlungsempfänger unter Einsatz seiner Debitkarte ein Mandat zum Einzug des geschuldeten Betrags erteilt hat.

7 Für die **SEPA-Firmenlastschrift** gelten hinsichtlich der **Widerrufsmöglichkeit** die gleichen Regelungen wie für die SEPA-Basislastschrift. Eine Ausnahme besteht jedoch insoweit, als hier der Zahler und sein Zahlungsdienstleister vereinbaren können, dass eine Zurückweisung der Lastschrift gem. Ziff. 2.2.4 Abs. 2 der Bankverlag-Musterbedingungen für Zahlungen mittels Lastschrift im SEPA-Firmenlastschriftverfahren auch noch am Tag der Belastungsbuchung möglich ist. Diese Regelung ist dem Umstand geschuldet, dass im SEPA-Firmenlastschriftverfahren gem. Ziff. 2.5 der Bedingungen keine Erstattungsansprüche bestehen, die gem. §§ 675x Abs. 4 und 675e Abs. 4 BGB ausgeschlossen sind.[10]

8 Während im früherem Recht die **Gegenweisung** zur Verhinderung einer Zahlung grundsätzlich unentgeltlich war und **nicht „bepreist"** werden durfte,[11] erlaubt § 675p Abs. 4 S. 3 BGB, ein Entgelt für die Aufhebung unwiderruflicher Zahlungsaufträge zu erheben, sofern im Zahlungsdiensterahmenvertrag ein solches vereinbart worden ist. Allerdings darf ein Entgelt nicht für die Bearbeitung jeglichen Widerrufs vereinbart und berechnet werden, sondern nur für einen solchen Widerruf, der zu anderen als den in den Abs. 1–3 geregelten Zeitpunkten erfolgt.[12] Diese Regelung gilt auch für Lastschriften, wobei der Widerruf einer Belastungsbuchung im früheren Einziehungsermächtigungsverfahren vor Erteilung einer Genehmigung nicht bepreist werden durfte, da die Zahlstelle zur Belastung zunächst nicht berechtigt war.

---

[7] Vgl. dazu *Werner* BKR 2010, 9 (14).
[8] Vgl. dazu Ellenberger/Findeisen/Nobbe/*Böger/Burghardt* § 675p Rn. 32.
[9] Vgl. dazu Ellenberger/Findeisen/Nobbe/*Böger/Burghardt* § 675p Rn. 34.
[10] Vgl. dazu Ellenberger/Findeisen/Nobbe/*Böger/Burghardt* § 675p Rn. 36.
[11] BGHZ 118, 126 ff.; *Nobbe* WM 2008, 186 (190, 192).
[12] Vgl. dazu Ellenberger/Findeisen/Nobbe/*Böger/Burghardt* § 675p Rn. 37.

§ 675u Haftung des Zahlungsdienstleisters für nicht autorisierte Zahlungsvorgänge

[1]Im Fall eines nicht autorisierten Zahlungsvorgangs hat der Zahlungsdienstleister des Zahlers gegen diesen keinen Anspruch auf Erstattung seiner Aufwendungen. [2]Er ist verpflichtet, dem Zahler den Zahlungsbetrag unverzüglich zu erstatten und, sofern der Betrag einem Zahlungskonto belastet worden ist, dieses Zahlungskonto wieder auf den Stand zu bringen, auf dem es sich ohne die Belastung durch den nicht autorisierten Zahlungsvorgang befunden hätte. Diese Verpflichtung ist unverzüglich, spätestens jedoch bis zum Ende des Geschäftstags zu erfüllen, der auf den Tag folgt, an welchem dem Zahlungsdienstleister angezeigt wurde, dass der Zahlungsvorgang nicht autorisiert ist, oder er auf andere Weise davon Kenntnis erhalten hat. Hat der Zahlungsdienstleister einer zuständigen Behörde berechtigte Gründe für den Verdacht, dass ein betrügerisches Verhalten des Zahlers vorliegt, schriftlich mitgeteilt, hat der Zahlungsdienstleister seine Verpflichtung aus Satz 2 unverzüglich zu prüfen und zu erfüllen, wenn sich der Betrugsverdacht nicht bestätigt. Wurde der Zahlungsvorgang über einen Zahlungsauslösedienstleister ausgelöst, so treffen die Pflichten aus den Sätzen 2 bis 4 den kontoführenden Zahlungsdienstleister.

Übersicht

I. Allgemeines

Die Regelung legt die **Haftung des Zahlungsdienstleisters** gegenüber dem Zahlungsdienstnutzer dahingehend fest, dass der Zahlungsdienstleister für nicht autorisierte Zahlungen grundsätzlich haftet. Die Regelung hat letztlich nur **deklaratorische Bedeutung,** da bereits aus § 670 BGB folgt, dass ein Aufwendungsersatzanspruch nur begründet ist, wenn der Beauftragte auch tatsächlich Aufwendungen für den Auftraggeber gemacht hat.[1] Bei einem Handeln des Zahlungsdienstleisters ohne (wirksamen) Zahlungsauftrag besteht ein solcher Anspruch jedoch nicht. Hat der Zahlungsdienstleister gleichwohl einen entsprechenden Anspruch geltend gemacht, muss er den entsprechenden Betrag wieder erstatten, d. h. eine evtl. Kontobelastung valutengerecht korrigieren. 1

Die Bestimmung ist zu Lasten des Zahlungsdienstnutzers nur eingeschränkt abdingbar. 2
Für Lastschriften kann § 675e Abs. 2 Nr. 2 BGB von Bedeutung sein, der **Abweichungen** von den gesetzlichen Regelungen nur bei Geschäften mit Drittstaatenbezug gem. § 675d Abs. 6 S. 1 Nr. 1 BGB zulässt.[2] Auch in Zahlungsdiensterahmenverträgen mit Unternehmern gem. § 14 BGB kann der Erstattungsanspruch nicht zu Lasten des Zahlungsdienstnutzers eingeschränkt oder abbedungen werden, wie sich daraus ergibt, dass § 675u BGB in § 675e Abs. 4 BGB nicht unter den abdingbaren Vorschriften genannt wird. Zugunsten des Zahlungsdienstnutzers sind Abweichungen dagegen ohne Einschränkungen möglich.[3]

Die Regelung erfasst nur das **Rechtsverhältnis** zwischen dem **Zahlungsdienstleister** 3
und seinem **Zahlungsdienstnutzer.** Unberührt bleiben sowohl die Rechtsverhältnisse zwischen den verschiedenen Zahlungsdienstleistern als auch das zwischen dem Zahler und dem Zahlungsempfänger.[4] Die Vorschrift legt in S. 1 fest, dass der Zahlungsdienstleister

[1] Ellenberger/Findeisen/Nobbe/*Böger/Nobbe* § 675u Rn. 2.
[2] Baas/Buck-Heeb/Werner/*Böger* Anlegerschutzgesetze III. Teil Kap. 3 § 675u BGB Rn. 36.
[3] Palandt/*Sprau* § 675u Rn. 2; Ellenberger/Findeisen/Nobbe/*Böger/Nobbe* § 675u Rn. 7.
[4] Ellenberger/Findeisen/Nobbe/*Böger/Nobbe* § 675u Rn. 3; *Grundmann* WM 2009, 1109 (1116); Palandt/*Sprau* § 675u Rn. 1.

keinen Aufwendungsersatzanspruch gem. §§ 670, 675c Abs. 1 BGB geltend machen kann, wenn die Zahlung nicht autorisiert ist, und gibt dem Zahler in S. 2 einen Anspruch auf Erstattung bzw. – soweit der Betrag einem Zahlungskonto belastet wurde – auf Korrektur der Buchung. Darin ist eine abschließende Regelung zu sehen, sodass kein Raum mehr für Ansprüche aus ungerechtfertigter Bereicherung gem. §§ 812 ff. BGB oder aus Geschäftsführung ohne Auftrag gem. §§ 677 ff. BGB bleibt.[5] Bei Lastschriftzahlungen kommt eine Haftung gem. § 675u BGB nur in Betracht, wenn ein **Mandat nicht vorliegt** oder **unwirksam** ist. Davon zu unterscheiden ist allerdings der Erstattungsanspruch gem. § 675x Abs. 2 und Abs. 4 BGB, der gerade eine wirksame Autorisierung voraussetzt. Da § 675u BGB nur Erstattungsansprüche erfasst, bleiben Ansprüche auf Ersatz von Folgeschäden oder aus der Verletzung sonstiger Pflichten aus dem Zahlungsdienstevertrag gem. § 675f Abs. 1 BGB von der Regelung unberührt.[6]

II. Regelungsgegenstand

4 Da es sich bei der Belastungsbuchung nur um einen Realakt mit deklaratorischer Wirkung handelt,[7] scheidet eine Genehmigung der Belastung durch das **Verstreichenlassen der Einwendungsfrist** nach Übersendung des Rechnungsabschlusses aus. Allerdings kann sich der Zahler gegenüber dem Institut schadensersatzpflichtig machen, wenn er seinen sich zB aus Nr. 11 Abs. 3 der AGB-Banken ergebenden Mitwirkungspflichten nicht nachkommt, Kontoauszüge und Abrechnungen unverzüglich zu überprüfen und Einwendungen zu erheben; vorausgesetzt, dem Zahlungsdienstleister entsteht ein Schaden, weil er zB durch die Verspätung nicht mehr in der Lage ist, einen fälschlich weitegeleiteten Betrag zurückzuerlangen.[8] Im Zuge der Umsetzung der rechtlichen Anforderungen der Zweiten EU-Zahlungsdiensterichtlinie ist die Vorschrift um die Sätze 3 bis 5 erweitert worden. Danach muss im Falle einer entsprechenden Reklamation das kontoführende Institut des Zahlers entscheiden, ob es den **Zahlungsbetrag** unverzüglich, spätestens bis zum Ende des der Anzeige nachfolgenden Geschäftstags **erstattet,** oder **Anzeige wegen Betrugsverdachts** bei der zuständigen Behörde erstattet. Damit hat das Institut keine Möglichkeit mehr, die Erstattung bis zum Abschluss eigener Ermittlungen zu verweigern.[9]

5 Die **Beweislast** für die Voraussetzungen des **Aufwendungsersatzanspruchs** trägt der Zahlungsdienstnutzer, sodass er ggf. die Tatsachen darlegen und beweisen muss, aus denen sich die Autorisierung der Zahlung durch den Zahler ergibt.[10] Bei Lastschriften muss die Zahlstelle also den Nachweis eines wirksamen Mandats oder Abbuchungsauftrags.

§ 675w Nachweis der Authentifizierung

[1] Ist die Autorisierung eines ausgeführten Zahlungsvorgangs streitig, hat der Zahlungsdienstleister nachzuweisen, dass eine Authentifizierung erfolgt ist und der Zahlungsvorgang ordnungsgemäß aufgezeichnet, verbucht, sowie nicht durch eine Störung beeinträchtigt wurde. [2] Eine Authentifizierung ist erfolgt, wenn der Zahlungsdienstleister die Nutzung eines bestimmten Zahlungsinstruments, einschließlich seiner personalisierten Sicherheitsmerkmale, mit Hilfe eines Verfahrens überprüft hat. [3] Wurde der Zahlungsvorgang mittels eines Zahlungsinstruments ausgelöst, reicht die Auf-

[5] Ellenberger/Findeisen/Nobbe/*Böger/Nobbe* § 675u Rn. 4; *Grundmann* WM 2009, 1109 (1116).

[6] Ellenberger/Findeisen/Nobbe/*Böger/Nobbe* § 675u Rn. 5 f.

[7] BGH WM 1988, 1717; 1989, 807; 1992, 1915 (1916); *Schulte am Hülse/Klabunde* MMR 2010, 84 (86); Ellenberger/Findeisen/Nobbe/*Böger/Nobbe* § 675u Rn. 29.

[8] BGH WM 1978, 998 (999); 1996, 335 (338); KG WM 1995, 2182 (2183); BuB/*Sonnenhol* Rn. 1/310.

[9] Vgl. *Werner,* ZBB 2017, 345 (351); Baas/Buck-Heeb/Werner/*Böger* Anlegerschutzgesetze III. Teil Kap. 3 § 675u Rn. 24 f.

[10] BVerfG WM 2010, 208 (209); BGH WM 1984, 1213; 2000, 2421; 2004, 2309; 2001, 1515; 2001, 1712 (1713); 2001, 1605 (1606).

zeichnung der Nutzung des Zahlungsinstruments einschließlich der Authentifizierung durch den Zahlungsdienstleister und gegebenenfalls einen Zahlungsauslösedienstleister allein nicht notwendigerweise aus, um nachzuweisen, dass der Zahler

1. den Zahlungsvorgang autorisiert,
2. in betrügerischer Absicht gehandelt,
3. eine oder mehrere Pflichten gemäß § 675l verletzt oder
4. vorsätzlich oder grob fahrlässig gegen eine oder mehrere Bedingungen für die Ausgabe und Nutzung des Zahlungsinstruments verstoßen

hat. Der Zahlungsdienstleister muss unterstützende Beweismittel vorlegen, um Betrug, Vorsatz oder grobe Fahrlässigkeit des Zahlungsdienstnutzers nachzuweisen.

Übersicht

I. Anwendungsbereich auf die Lastschriftverfahren

1 Für das Lastschriftverfahren gelten keine anderen **Beweislastregelungen** als im Übrigen deutschen Zivilrecht. Folglich hat derjenige, der sich eines Anspruchs berühmt, die tatsächlichen Voraussetzungen für die Begründung eines solchen darzulegen und im Zweifelsfalle auch zu beweisen. § 675w BGB ist deshalb insoweit irrelevant als auch bei den elektronischen Lastschriftverfahren und den Lastschriftverfahren im Internet kein spezielles Zahlungsinstrument eingesetzt werden muss. Allenfalls beim E-Mandat im SEPA-Lastschriftverfahren oder wenn die Unterschrift unter eine Einziehungsermächtigung elektronisch erbracht werden soll, könnte § 675w BGB eine Rolle spielen, das aber ist nicht die Regel.

II. Die Beweisregeln in den Lastschriftverfahren

2 Der Beweislast kann eine besondere Bedeutung zukommen, wenn ein Mandat nicht handschriftlich erteilt wird, da dann § 416 ZPO über die **Beweiskraft von Privaturkunden** keine Anwendung findet, denn nur die Unterschrift unter einem Mandat begründet den vollen Beweis dafür, dass der Zahlungspflichtige auch die entsprechende Erklärung zum Einzug der Forderung und der (Vor-)Autorisierung der Zahlstelle abgegeben hat.

3 Wird ein Mandat nicht mittels handschriftlicher Unterschrift, sondern in elektronischer Form gem. § 126a BGB erteilt, findet § 416 ZPO keine Anwendung, jedoch ist für die **elektronische Form** gem. § 126a BGB eine eigene Regelung in § 371a ZPO geschaffen worden. Danach begründet eine qualifizierte elektronische Signatur die gleiche Beweiskraft wie die handschriftliche Unterzeichnung privater Urkunden. Gem. § 371a Abs. 1 S. 2 ZPO kann dieser Beweis nur durch Tatsachen erschüttert werden, die ernsthafte Zweifel daran begründen, dass die Erklärung vom Signaturschlüsselinhaber abgegeben worden ist. Für die Tatsachen, aus denen sich Zweifel daran ergeben können, dass nicht der Inhaber der elektronischen Signatur gehandelt hat, ist dieser darlegungs- und beweispflichtig. Die elektronische Signatur, die den Anforderungen des § 126a BGB genügt, begründet eine Vermutung für die Sicherheit dieses Verfahrens.

4 Wird ein Mandat in Form der **telekommunikativen Übermittlung** bzw. einer anderen **elektronischen Form** gem. § 127 Abs. 2 oder Abs. 3 BGB erteilt, finden weder die Regelungen über den Urkundenbeweis gem. § 416 ZPO noch über die Beweiskraft elektronischer Signaturen gem. § 371a ZPO Anwendung.[1] Über § 371a ZPO fingiert der

[1] Vgl. zur Vorgängerregelung in § 292a ZPO aF Moritz/Dreier/*Miedbrodt* Rechts-Handbuch zum E-Commerce F Rn. 106 ff.

Gesetzgeber nur die Sicherheit der qualifizierten elektronischen Signatur gem. § 126a BGB, so dass derjenige, der sich einer solchen bedient, nicht mehr den Nachweis führen muss, dass keine Sicherheitslücken bestehen.[2] In anderen Verfahren, in denen keine elektronische Signatur iSd § 126a BGB eingesetzt wird, muss derjenige, der sich auf die Sicherheit des Legitimationsverfahrens beruft, die tatsächlichen Voraussetzungen dafür nachweisen. Sollte dieser Nachweis nicht gelingen, führen Zweifel an der Sicherheit des Legitimationsverfahrens dazu, dass die Grundsätze zum Anscheinsbeweis keine Anwendung finden.[3] Aus § 371a ZPO folgt, dass evtl. Zweifel an Sicherheit der qualifizierten elektronischen Signatur gem. § 126a BGB nicht zum Entfall der sich aus § 371a ZPO ergebenden Beweiskraft elektronischer Dokumente führen, dem Beweisgegner aber die Möglichkeit eingeräumt wird, diese Beweiskraft zu erschüttern, ohne dass er den Vollbeweis der mangelnden Echtheit des entsprechenden Dokuments, das mit einer qualifizierten elektronischen Signatur versehen ist, zu führen hat. Damit kann sich aber im Grundsatz derjenige, der sich auf die Beweiskraft elektronischer Dokumente beruft, darauf verlassen, dass der Gesetzgeber für eine qualifizierte elektronische Signatur nach dem SiG einen Standard definiert hat, dessen Sicherheit nicht grundsätzlich in Zweifel gezogen werden kann.[4]

5 Andererseits geht die in § 371a ZPO geregelte **Beweiskraft** jedoch nicht so weit wie die für Privaturkunden in § 416 ZPO geregelte. Aus § 371a ZPO folgt, dass der Nachweis der Echtheit einer mit einer qualifizierten elektronischen Signatur versehenen Willenserklärung durch Tatsachen erschüttert werden kann, die ernstliche Zweifel daran begründen, dass die Erklärung auch tatsächlich mit dem Willen des Signaturschlüsselinhabers abgegeben worden ist. Stellt der Signaturschlüssel-Inhaber einen Sachverhalt dar, aus dem sich schlüssig und ggf. auch nachweisbar ergibt, wie es zur Nutzung seines Signaturschlüssels durch einen Dritten hat kommen können, ist die Beweiskraft des elektronischen Dokuments erschüttert. Eine Zurechnung findet selbst dann nicht mehr statt, wenn sich aus der Darstellung des Signaturschlüsselinhabers ein Verhalten ergibt, das seine Sorgfaltspflichtverletzung begründet. Es kann dann allenfalls eine Haftung unter Rechtsscheingesichtspunkten in Betracht kommen.

6 Gleichwohl wird in derartigen Fällen aber eine **Haftung des Signaturschlüsselinhabers** unter dem Gesichtspunkt der „Blankettfälschung" in Betracht kommen können.[5] Sollte das Mandat gem. § 127 Abs. 2 BGB telekommunikativ übermittelt oder in einer vereinbarten elektronischen Form gem. § 127 Abs. 3 BGB erteilt worden sein, findet § 371a ZPO keine Anwendung, da dieser ausdrücklich an die elektronische Form gem. § 126a BGB anknüpft. Für die telekommunikative Übermittlung ist kein besonderes Sicherheitsniveau einzuhalten. Es genügt eine Fax- oder auch eine E-Mail-Mitteilung, ausgeschlossen sind nur fernmündliche Erklärungen.[6] Da bei einer unverschlüsselten E-Mail weder die Authentizität noch die Urheberschaft der Email zweifelsfrei feststehen, ist das Sicherheitsniveau hier niedrig. Folglich können darauf die Grundsätze zum Anscheinsbeweis keine Anwendung finden.[7] Soweit ein Mandat mittels telekommunikativer Übermittlung gem. § 127 Abs. 2 BGB erteilt wird und dabei nicht die Anforderungen an eine qualifizierte elektronische Signatur eingehalten werden,[8] trägt der Lastschrifteinreicher gegenüber seinem Zahlungsinstitut und dieses wiederum gegenüber der Zahlstelle die volle Beweislast dafür, dass der Lastschriftschuldner ein wirksames Mandat erteilt hat. Sollte der

---

[2] Vgl. dazu *Albrecht* DuD 2000, 333 ff.; Moritz/Dreier E-Commerce-HdB/*Miedbrodt* F Rn. 108.

[3] Vgl. OLG Hamm NJW 1997, 1711; *Rüßmann* DuD 1998, 395 ff.; *Werner* WM 1997, 1516 ff.; LG Darmstadt WM 2000, 911 ff.; AG Bremen WM 2000, 1639 ff.

[4] § 292a ZPO aF als Vorgängernorm zu § 371a ZPO krit. beleuchtend Moritz/Dreier E-Commerce-HdB/*Miedbrodt* F Rn. 106 ff.

[5] Zur Blanketfälschung im Wechsel-, Scheck- und Lastschriftverkehr vgl. *Langenbucher* S. 32, 73 f. u. 216 f.

[6] Vgl. Palandt/*Ellenberger* § 127 Rn. 2.

[7] Vgl. *Spindler* Entgeltklauseln in der Kreditwirtschaft und E-Commerce von Kreditinstituten, Bankrechtstag 2001, 2002, S. 233.

[8] Dies bejahend *Schneider* BKR 2002, 385.

Lastschriftschuldner eine solche bestreiten, dürfte der Lastschrifteinreicher seine Forderungen nicht im Lastschriftverfahren durchsetzen können, da er bei einem lediglich telekommunikativen Kontakt mit dem Lastschriftschuldner keine Möglichkeit hat, den Nachweis zu führen, das dieser auch die tatsächlich die Erklärung abgegeben hat.

Sollte ein Mandat mittels einer vereinbarten **elektronischen Signatur** gem. 127 Abs. 3 BGB erteilt werden, bei der es sich jedoch um keine qualifizierte gem. § 126a BGB handelt, hängt es von der Qualität dieser elektronischen Signatur ab, ob die Grundsätze zum Anscheinsbeweis Anwendung finden können oder ob der Lastschrifteinreicher im Zweifel den Vollbeweis wird führen müssen. Erreicht diese ein Sicherheitsniveau, das so hoch ist, dass davon ausgegangen werden kann, dass es mit einem vertretbaren technischen oder wirtschaftlichen Aufwand nicht zu überwinden ist,[9] sprechen gute Gründe dafür, in diesem Fall die Grundsätze zum Anscheinsbeweis anzuwenden. Allerdings ist sowohl für die Sicherheitsqualität als auch dafür, dass der Nutzer der elektronischen Signatur auf den sorgfältigen Umgang verpflichtet wurde, der Lastschrifteinreicher beweispflichtig.[10] Auch aus § 675w BGB folgt nichts anderes, denn diese Vorschrift schließt weder die Anwendung der Grundsätze zum Anscheinsbeweis aus, noch wird dieser durch Einsatz eines Zahlungsinstruments gem. § 1 Abs. 20 ZAG automatisch begründet. Die Regelung legt lediglich die Mindestanforderungen für den Nachweis einer Autorisierung eines Zahlungsvorgangs fest.[11] 7

Die **Beweislastregeln** spielen jedoch nicht nur eine Rolle für den Nachweis, dass ein wirksames Mandat erteilt worden ist, sondern auch dafür, ob der Lastschrifteinreicher, der sich eines Anspruchs gegen den Lastschriftschuldner berühmt, beweisen kann, ob mit dem Lastschriftschuldner überhaupt ein Vertrag zustande gekommen ist. Auch wenn die Frage der Nachweisbarkeit, ob überhaupt ein wirksames Mandat vorliegt, vor dem Hintergrund unerheblich ist, dass der Lastschriftschuldner im Deckungsverhältnis auch bei berechtigten Mandaten den befristeten Erstattungsanspruch geltend machen kann, spielt die Nachweisbarkeit zumindest eine Rolle, wenn nur unter Zuhilfenahme des Mandats die Möglichkeit besteht nachzuweisen, dass der Lastschriftschuldner mit dem Lastschrifteinreicher kontrahiert hat. Sollte ein schriftliches Mandat vorliegen, begründet dies in vielen Fällen den Beweis, zumindest jedoch ein starkes Indiz dafür, dass der Lastschriftschuldner auch tatsächlich einen Vertrag mit dem Lastschrifteinreicher abgeschlossen hat. Sollte das Mandat in einer weniger beweiskräftigen Formen erteilt worden sein, reduziert dies auch die Chancen des Nachweises, dass ein Vertrag zustande gekommen ist. Die Beweislastrisiken im Zusammenhang mit dem Mandat schlagen in einem solchen Fall auf die Nachweisbarkeit der Verpflichtung des Lastschriftschuldners gegenüber dem Lastschrifteinreicher durch, soweit der Abschluss des Vertrags nicht auf andere Weise nachgewiesen werden kann. Gleichwohl sind der Vertrag zwischen Zahler und Zahlungsempfänger sowie die Erteilung eines Zahlungsauftrags unter Nutzung eines **Mandats** im Verhältnis zwischen Zahlungsdienstnutzer und seinem Zahlungsdienstleister voneinander zu trennen. Valuta- und Deckungsverhältnis sind in der Regel voneinander unabhängig, sodass die Unwirksamkeit des einen die Wirksamkeit des anderen unberührt lässt.[12] 8

Die Teilnehmer des Deutschen SEPA-Rates vertreten die Ansicht, dass es derzeit ohne Einhaltung besonderer Formvorschriften möglich ist, Mandate im Internet zu erteilen. Allerdings soll die Europäische Kreditwirtschaft mittelfristig eine europaweite Lösung zur beweissicheren elektronischen Erteilung von Lastschriftmandaten entwickeln. Bis dahin ist die bisher bereits praktizierte formlose Erteilung, insbesondere über das Internet, als zulässig 9

---

[9] Vgl. zu den Anforderungen an den Anscheinsbeweis im Online-Banking BGH WM 2016, 691.

[10] Zum Anscheinsbeweis vgl. *Werner* WM 1997, 1516 ff. und *ders.* MMR 1998, 338 ff.

[11] Vgl. dazu Ellenberger/Findeisen/Nobbe/*Nobbe* § 675w Rn. 13.

[12] Vgl. dazu *Werner* in Langenbucher/Gößmann/Werner, Zahlungsverkehr, Rn. 45; BGHZ 74, 352; BGHZ 79, 381, 385f.; sämtliche Quellen zwar zu den zwischenzeitlich eingestellten nationalen Lastschriftverfahren, allerdings spielt es für die Trennung von Valuta- und Deckungsverhältnis keiner Rolle, in welchem Zahlungsverfahren eine Zahlung erfolgt.

anzusehen[13]. Allerdings hat nicht nur der Deutsche SEPA-Rat die **Formfreiheit des Lastschriftmandats** und damit die Möglichkeit der Erteilung über das Internet bejaht, sondern auch der Finanzausschuss des Deutschen Bundestags hat zum SEPA-Begleitgesetz festgestellt, dass sich aus der MigrationsVO keine gesetzlichen Formvorschriften für das Lastschriftmandat ergebe, sodass neben der gewillkürten Schriftform auch die Textform gem. § 126b BGB in Betracht käme[14]. Die Bundesregierung hat im Rahmen einer „Kleinen Anfrage" ebenfalls eine entsprechende Ansicht vertreten[15]. Dies ändert jedoch nichts daran, dass der Zahlungsempfänger im Streitfall den Nachweis führen muss, dass der Zahler ein entsprechendes wirksames Mandat erteilt hat, denn § 371a ZPO – die Beweiskraft elektronischer Dokumente – ist nicht anwendbar, da die Erklärung nicht mit der dafür erforderlichen qualifizierten elektronischen Signatur abgegeben wird.

10 Durch § 55 ZAG, der in bestimmten Fallkonstellationen eine **„starke Kundenauthentifizierung"** gem. § 1 Abs. 24 ZAG verlangt, ändert sich daran nichts. § 55 Abs. 1 ZAG setzt eine starke Kundenauthentifizierung nur voraus, wenn der Zahlungsdienstnutzer gegenüber seinem Zahlungsdienstleister eine Zahlung auslöst. Im Falle einer Lastschrift wird die Zahlung jedoch nicht – wie sich zB aus den Differenzierungen in § 675y Abs. 1 und Abs. 2 BGB ergibt, vom Zahler, sondern vom oder über den Zahlungsempfänger ausgelöst, da nur ihm gegenüber das Mandat erteilt wird.[16] Die EBA hat zwar die Ansicht vertreten, dass bei einem über das Internet erteilten Mandats eine „starke Kundenauthentifizierung" erforderlich sei[17], doch dürfte sie dabei lediglich das eMandate gemeint haben, da nur bei diesem die Zahlung (auch) unmittelbar über den Zahlungsdienstleister des Zahlers ausgelöst wird.[18] Die BaFin hat deshalb klargestellt, dass bei einem im Internet erteilten SEPA-Lastschriftmandat keine starke Kundenauthentifizierung gem. § 55 Abs. 1 ZAG erforderlich ist, da die genannte Fallkonstellation von § 55 Abs. 1 Nr. 2 ZAG nicht erfasst wird.[19]

§ 675x Erstattungsanspruch bei einem vom oder über den Zahlungsempfänger ausgelösten autorisierten Zahlungsvorgang

(1) [1]**Der Zahler hat gegen seinen Zahlungsdienstleister einen Anspruch auf Erstattung eines belasteten Zahlungsbetrags, der auf einem autorisierten, vom oder über den Zahlungsempfänger ausgelösten Zahlungsvorgang beruht, wenn**

1. **bei der Autorisierung der genaue Betrag nicht angegeben wurde und**
2. **der Zahlungsbetrag den Betrag übersteigt, den der Zahler entsprechend seinem bisherigen Ausgabeverhalten, den Bedingungen des Zahlungsdiensterahmenvertrags und den jeweiligen Umständen des Einzelfalls hätte erwarten können; mit einem etwaigen Währungsumtausch zusammenhängende Gründe bleiben außer**

---

[13] So unter TOP 3a das Protokoll der 8. Sitzung des Deutschen SEPA-Rates am 21.8.2013 im Haus der Deutschen Bundesbank.

[14] BT-Drs. 17/11395, 11 f.

[15] BT-Drs.17/14757, 4 ff.

[16] Vgl. EBA/RTS/2017/02 Final Report – Draft Regulatory Technical Standards on Strong Customer Authentification and common and secure communication under Article 98 of Directive 2015/2366 (PSD2) vom 23. Februar 2017 Ziff. 2.2 Nr. 13; vgl. auch Casper/Terlau/*Zahrte*, § 55 ZAG Rn. 42 f.

[17] EBA Single Rulebook Q & A Question ID 2018_4359 vom 26. Februar 2019.

[18] So unter Ziff. 4.3.3 Comment 272 des EBA/RTS/2017/02 Final Report – Draft Regulatory Technic Standards on Strong Customer Authentification and common and secure communication under Article 98 of Directive 2015/2366 (PSD2) vom 23. Februar 2017.

[19] BaFin Mitteilung „PSD2/ZAG – Anwendung der Starken Kundenauthentifizierung bei Lastschriften im Internet" für Verbraucher vom 17. April 2019, veröffentlicht auf https://www.bafin.de/SharedDocs/Veroeffentlichungen/DE/Verbrauchermitteilung/weitere/2019/meldung_1904_17_PSD2_ZAG_Kundenauthentifizierung.html.

Betracht, wenn der zwischen den Parteien vereinbarte Referenzwechselkurs zugrunde gelegt wurde.

[2]Ist der Zahlungsbetrag einem Zahlungskonto belastet worden, so ist die Gutschrift des Zahlungsbetrags auf diesem Zahlungskonto so vorzunehmen, dass das Wertstellungsdatum spätestens der Geschäftstag der Belastung ist. [3]Auf Verlagen seines Zahlungsdienstleisters hat der Zahler nachzuweisen, dass die Voraussetzungen des Satzes 1 Nummer 1 und 2 erfüllt sind.

(2) **Unbeschadet des Absatzes 3 hat der Zahler bei SEPA-Basislastschriften und SEPA-Firmenlastschriften ohne Angabe von Gründen auch dann einen Anspruch auf Erstattung gegen seinen Zahlungsdienstleister hat, wenn die Voraussetzungen für eine Erstattung nach Absatz 1 nicht erfüllt sind.**

(3) **Der Zahler kann mit seinem Zahlungsdienstleister vereinbaren, dass er keinen Anspruch auf Erstattung hat, wenn er seine Zustimmung zur Ausführung des Zahlungsvorgangs direkt seinem Zahlungsdienstleister erteilt hat und er, sofern vereinbart, über den anstehenden Zahlungsvorgang mindestens vier Wochen vor dem Fälligkeitstermin vom Zahlungsdienstleister oder vom Zahlungsempfänger unterrichtet wurde.**

(4) **Ein Anspruch des Zahlers auf Erstattung ist ausgeschlossen, wenn er ihn nicht innerhalb von acht Wochen ab dem Zeitpunkt der Belastung des betreffenden Zahlungsbetrags gegenüber seinem Zahlungsdienstleister geltend macht.**

(5) **[1]Der Zahlungsdienstleister ist verpflichtet, innerhalb von zehn Geschäftstagen nach Zugang eines Erstattungsverlangens entweder den vollständigen Betrag des Zahlungsvorgangs zu erstatten oder dem Zahler die Gründe für die Ablehnung der Erstattung mitzuteilen. [2]Im Fall der Ablehnung hat der Zahlungsdienstleister auf die Beschwerdemöglichkeiten gemäß den §§ 60 bis 62 des Zahlungsdiensteaufsichtsgesetzes und auf die Möglichkeit, eine Schlichtungsstelle gemäß § 14 des Unterlassungsklagegesetzes anzurufen, hinzuweisen. [3]Das Recht des Zahlungsdienstleisters, eine innerhalb der Frist nach Absatz 4 geltend gemachte Erstattung abzulehnen, erstreckt sich nicht auf den Fall nach Absatz 2.**

(6) **Wenn ein Fall des § 675d Absatz 6 Satz 1 Nummer 1 Buchstabe b vorliegt,**

1. **ist 675x Abs. 1 auf die innerhalb des Europäischen Wirtschaftsraums getätigten Bestandteile des Zahlungsvorgangs nicht anzuwenden und**
2. **kann von § 675x Absatz 2 bis 5 für die innerhalb des Europäischen Wirtschaftsraums getätigten Bestandteile des Zahlungsvorgangs abgewichen werden.**

Übersicht

I. Allgemeines

1. Anwendungsbereich

1 Der **Anwendungsbereich** des § 675x BGB erfasst nur Zahlungen die von oder über den Zahlungsempfänger ausgelöst werden.[1] Es handelt sich folglich um solche Vorgänge, bei denen der Zahler der Zahlung zwar bereits zugestimmt hat, die Auslösung des Zahlungsvorgangs bzw. die Übermittlung der dafür erforderlichen Erklärung an das Zahlungsinstitut des Zahlers aber dem Zahlungsempfänger überlässt und folglich den Zeitpunkt der Zahlung nicht mehr selbst bestimmt. Dazu gehören nicht zuletzt Zahlungen mittels Lastschrift.[2] Die Abs. 1 und 2 gewähren dabei dem Zahler unter den angegebenen Voraussetzungen einen Erstattungsanspruch gegen seinen Zahlungsdienstleister. Gerichtet ist er – sofern die Belastung zu Lasten des Kontos des Zahlers bereits ausgeführt worden sein sollte – auf Wiedergutschrift des belasteten Betrags. Das gilt selbst für den Fall der Autorisierung.[3] Durch die Umsetzung der Zweiten EU-Zahlungsdiensterichtlinie ist Abs. 1 Satz 2 dahingehend abgeändert worden, dass bei Ausübung des **Erstattungsanspruchs** die Wiedergutschrift mit der Valuta der ursprünglichen Erstattung zu erfolgen hat. Da der Erstattungsanspruch nicht mehr – wie bei der vorhergehenden Fassung des § 675x Abs. 2 BGB – gesondert vereinbart werden muss, sondern kraft Gesetzes gilt und gem. § 675e Abs. 4 BGB auch nur für Lastschriftvereinbarungen, die nicht mit Verbrauchern abgeschlossen werden, abbedungen werden kann, ist es folgerichtig die Gutschrift des Erstattungsanspruchs mit der Valuta der ursprünglichen Belastung vorzunehmen, obwohl der Erstattungsanspruch ja gerade nicht eine nicht autorisierte Belastung korrigieren soll, sondern eine Autorisierung ja gerade voraussetzt. Über die Voraussetzungen des Erstattungsanspruchs muss der Zahlungsdienstleister den Zahler gem. Art. 248 § 4 Abs. 1 Nr. 5g EGBGB vor Abschluss des Zahlungsdienstevertrags unterrichten.[4]

2. Abdingbarkeit

2 Sollte es sich beim Zahler um einen Unternehmer iSd § 14 BGB handeln, folgt aus § 675e Abs. 4 BGB die **Abdingbarkeit** der Regelung.[5] Im Übrigen ergibt sich aus § 675d Abs. 6 S. 1 Nr. 1 und 2, § 675e Abs. 2 Nr. 2 BGB, dass bei Zahlungsvorgängen, die einen Drittstaaten-Bezug haben die gesamte Regelung, inklusive des Erstattungsanspruchs abbedungen werden kann.[6]

3. Deckungsverhältnis

3 Die Regelungen erfassen allein das **Deckungsverhältnis** zwischen dem Zahler und seinem Dienstleister gem. § 675f BGB; sie begründen keine Rechte des Zahlers gegenüber dem Zahlungsempfänger.[7]

---

[1] Ellenberger/Findeisen/Nobbe/*Böger/Ellenberger* § 675x Rn. 1; Palandt/*Sprau* § 675x Rn. 1; *Schürmann* Bankrechtstag 2009 S. 11, 49.

[2] *Schürmann* Bankrechtstag 2009 S. 11, 49.

[3] Ellenberger/Findeisen/Nobbe/*Böger/Ellenberger* § 675x Rn. 1; BT-Drs. 16/11643, 115.

[4] Vgl. dazu Palandt/*Sprau* EGBGB Art. 248 § 4 Rn. 3.

[5] Krit. zu dieser Abdingbarkeit bei Unternehmern Ellenberger/Findeisen/Nobbe/*Ellenberger* § 675x Rn. 11.

[6] S. dazu Baas/Buck-Heeb/Werner/*Böger* Anlegerschutzgesetze III. Teil Kap. 3 § 675x BGB Rn. 22 ff.

[7] Ellenberger/Findeisen/Nobbe/*Böger/Ellenberger* § 675x Rn. 2.

II. Die SEPA-Lastschriftverfahren

1. Grundlagen der SEPA-Lastschriftverfahren

Die europäischen Bankverbände haben ihre Anforderungen an ein europäisches Lastschriftverfahren, das den Anforderungen an die beiden Zahlungsdienste-Richtlinien genügt und europaweit eingesetzt werden kann, durch die **SEPA-Lastschriftverfahren** umgesetzt. Geregelt werden diese Verfahren im „SEPA Direct Debit Scheme Rulebook" (für das SEPA-Basislastschriftverfahren)und im „SEPA Business to Business Direct Debit Scheme Rulebook" (für das SEPA-Firmenlastschriftverfahren) des European Payments Council (EPC),[8] einer „Non-Profit-Vereinigung" nach belgischem Recht mit Sitz in Brüssel.[9] 4

Bei den früheren **nationalen Verfahren,** dem Einziehungsermächtigungs- und dem Abbuchungsauftragslastschriftverfahren, handelte es sich um „Sichtverfahren", dh, die Belastung des Kontos des Zahlungspflichtigen erfolgte erst nach Vorlage der Lastschrift. Die SEPA-Verfahren sehen dagegen vor, dass der Lastschrifteinreicher ein konkretes Belastungsund damit Fälligkeitsdatum (*„Due Date" – „D"*) vorgibt. An diesem Tag muss die Belastung erfolgen, weshalb das Fälligkeitsdatum, das sog. „*Settlement*-Datum", und das Belastungsdatum gleich sein müssen. 5

2. Zahlungsablauf

In den SEPA-Lastschriftverfahren erteilt der Zahlungspflichtige dem Gläubiger ein **„Mandat",** bei dem es sich um eine Autorisierung gem. § 675j Abs. 1 S. 1 BGB zur Belastung des Schuldnerkontos mittels Lastschrift handelt. Sofern zwischen dem Lastschriftgläubiger und dem -schuldner nichts Abweichendes vereinbart worden ist, hat der Lastschriftgläubiger den Lastschriftschuldner zwei Wochen vor dem Fälligkeitsdatum darüber zu unterrichten, dass er dessen Konto belasten wird, wobei diese Erklärung auch in einer anderen Erklärung – zB einer Rechnung – enthalten sein kann. Außerdem muss die Lastschrift mit einer eindeutigen Identifizierung (*„Creditor Identifier" – „CI"*) des Zahlungsempfängers versehen werden, damit der Zahlungspflichtige die Belastung zuordnen kann. 6

Bei der SEPA-Lastschrift wird der Zahlungsempfänger ermächtigt, eine Zahlung vom Konto des Zahlungspflichtigen einzuziehen. Das dafür in papierhafter, elektronischer oder einer sonstigen vereinbarten oder zugelassenen Form erteilte Mandat ermächtigt das Zahlungsinstitut des Zahlungspflichtigen – die Zahlstelle –, dessen Konto zu belasten, sodass die Belastung des Kontos des Zahlungspflichtigen aufgrund einer **Autorisierung** erfolgt. Damit handelt es sich bei dem Mandat um eine vorherige Einwilligung gem. § 675j Abs. 1 S. 2 Fall 1 BGB, so dass die Belastung zu ihrer Wirksamkeit keiner nachträglichen Genehmigung mehr bedarf. Das Mandat, das elektronisch oder manuell signiert sein sollte, aber nicht zwingend muss, wird in elektronische Datensätze überführt und an die Zahlstelle als Teil der Lastschrifteinreichung übermittelt. Der Lastschriftgläubiger hat das Mandat, das ihn autorisiert, die Lastschrift anzustoßen und die Zahlstelle ermächtigt, das Konto des Lastschriftschuldners zu belasten, entsprechend den gesetzlichen Vorgaben aufzubewahren. 7

Die erste Inkassostelle reicht die Lastschrift unter Nutzung des **Clearing & Settlement Mechanismus** an das bezogene Zahlungsinstitut weiter. Dabei muss sichergestellt werden, dass die Lastschriftdateien für die Belastungsbuchung innerhalb einer Frist von fünf Tagen bei einer erst- oder einmaligen Belastung sowie von zwei Tagen bei regelmäßigen Lastschrifteinzügen beim bezogenen Institut eingehen; seit November 2012 ist auch eine Vorlauffrist von einem Tag zulässig. 8

---

[8] Zum EPC s. Kommentierung zu → Kap. 5 BGB § 675j Rn. 17.

[9] Vgl. zu den SEPA-Verfahren *Nobbe* WM 2011, 961 (964 ff.); *Bitter* WM 2010, 1725 (1730 ff.); *Hadding* FS Hüffer, 2009, 273 (280 ff.).

9 Innerhalb dieser Fristen kann das bezogene Institut bei seinem Kunden eine **Vorabgenehmigung** als Zustimmung i. S. d. § 675x Abs. 3 BGB einholen, auch wenn eine solche nach den gesetzlichen Regelungen nicht mehr erforderlich wäre, weil das Mandat bereits eine Einwilligung darstellt. Dadurch wird aber dem Umstand Rechnung getragen, dass im SEPA-Basislastschriftverfahren, das mit Verbrauchern gem. § 13 BGB vereinbart werden kann, aus Abs. 2 und Abs. 4 folgt, dass der Zahler innerhalb eines Zeitraums von acht Wochen einen **Erstattungsanspruch** gegen sein Institut geltend machen kann, unabhängig davon, ob er dazu aus dem Valutaverhältnis mit dem Zahlungsempfänger berechtigt ist. Es handelt sich bei Ausübung dieses Rechts nicht um einen Widerspruch, sondern um die Geltendmachung der Erstattung eines im Deckungsverhältnis mit Rechtsgrund belasteten Betrags. Will die Zahlstelle das Risiko der Geltendmachung des Erstattungsanspruchs ausschließen, muss sie die Vorabgenehmigung gem. § 675x Abs. 3 S. 1 BGB einholen, durch die der Erstattungsanspruch ausgeschlossen wird. Im „B2B-Bereich", also dem Bereich der Vereinbarung des Zahlungsverfahrens auf der Seite des Zahlers mit einem Unternehmer gem. § 14 BGB, gibt es diesen Erstattungsanspruch gem. § 675x Abs. 1, 2 und 4 BGB hingegen nicht, da er gem. § 675e Abs. 4 BGB abbedungen worden ist. Danach darf und muss eine Belastung des Kontos des Zahlers erst dann erfolgen, wenn die erforderliche Deckung vorhanden oder eine für die Zahlung erforderliche Kreditlinie eingeräumt worden ist und das Institut des Schuldners von ihm die Bestätigung über die Erteilung des Mandats erhalten hat, wobei es hinsichtlich einer evtl. fehlenden Deckung auf der Grundlage einer gem. § 675o Abs. 2 BGB getroffenen Vereinbarung im Ermessen des Zahlungsinstituts liegt, ob es die Zahlung gleichwohl zulässt; es ist, wenn die als Zahlungsvoraussetzung gem. § 675x Abs. 2 BGB vereinbarte Deckung fehlt oder eine entsprechend eingeräumte Kreditlinie überschritten würde, gem. § 675o BGB berechtigt, aber nicht verpflichtet, die Zahlung abzulehnen. Fehlt jedoch die wirksame Autorisierung, erfolgt eine Belastung zu Unrecht. Beim SEPA-Firmenlastschriftverfahren und beim SEPA-Basislastschriftverfahren nach Vorabgenehmigung gem. § 675x Abs. 3 S. 1 BGB ist der Erstattungsanspruch ausgeschlossen. Möglich ist dann nur ein **Widerruf** gem. § 675p BGB, der jedoch mit Zugang des Zahlungsauftrags beim Zahlungsempfänger ausgeschlossen ist, der in der Regel im Falle des § 675x Abs. 3 S. 1 BGB selten kaum später als die Vorabgenehmigung übermittelte werden wird. Nur bei vereinbarten Fälligkeitstagen bleibt dann dem Lastschriftschuldner trotz ausgeschlossenen Erstattungsanspruchs die Widerrufsmöglichkeit gem. § 675p Abs. 3 BGB bis zum Ende des Geschäftstags vor dem vereinbarten Fälligkeitstag. Außerdem ist das Schuldnerinstitut gehalten, seine „B2B-Kunden" in den Bedingungen zu verpflichten, sie unverzüglich darüber zu unterrichten, wenn ein Mandat unwirksam sein oder geworden sein sollte. Eine Belastung hat aber in jedem Fall an dem in der Lastschrift vorgegebenen Tag *(„Due Date")* zu erfolgen.

10 Die **Regelwerke zu den SEPA-Lastschriften** („SEPA Core Direct Debit Scheme Rulebook" und „SEPA Business to Business Direct Debit Scheme Rulebook") räumen dem Zahler die Möglichkeit ein, sein Konto gegen SEPA-Lastschriften **sperren zu lassen.** Entsprechend finden sich solche Regelungen in den Muster-Bedingungungen zB des Bankverlags zum SEPA-Lastschriftverfahren, wie den „Bedingungen für Zahlungen mittels Lastschrift im SEPA-Basislastschriftverfahren" unter Ziff. 2.2.4 und den „Bedingungen für Zahlungen mittels Lastschrift im SEPA-Firmenlastschriftverfahren" unter Ziff. 2.2.4, die von den Zahlungsinstituten, welche dem SEPA-Verfahren angeschlossenen sind, mit ähnlichem Inhalt herausgegeben werden.

11 Für die **Rückgabe einer SEPA-Lastschrift** kommen verschiedene Gründe in Betracht: Technische Gründe oder die mangelnde Fähigkeit des bezogenen Instituts, SEPA-Lastschriften entgegen zu nehmen; ferner die Geltendmachung des Erstattungsanspruchs im SEPA-Basislastschriftverfahren durch den Lastschriftschuldner innerhalb von acht Wochen. Sofern der Lastschriftschuldner nachweisen kann, dass der Einzug zu Unrecht erfolgt ist, kann eine Belastung gem. § 676b Abs. 2 BGB innerhalb eines Zeitraums von bis zu dreizehn Monaten zurückgegeben werden. Im Grundsatz gilt dies auch für den „B2B-Bereich": Der Zahler muss auch hier darlegen, dass die Belastung nicht durch ein „Mandat"

gedeckt ist, wenn er den Erstattungsanspruch gem. § 675u BGB geltend macht. Während allerdings im SEPA-Basislastschriftverfahren vorgesehen ist, dass das Zahlungsinstitut des Zahlers dem Gläubigerinstitut die Beträge zurückbelasten kann, die es dem Zahler aus den vorstehend dargelegten Gründen erstattet hat, steht diesem Zahlungsinstitut ein solches Recht im Anwendungsbereich des SEPA-Firmenlastschriftverfahrens nicht zu. Ebenso gibt es für diesen Bereich – im Gegensatz zu dem Basisverfahren – keine ausdrücklichen Regelungen, die dem Zahlungsinstitut des Zahlungsempfängers das Recht einräumen, den Zahlungsempfänger mit den Erstattungsbeträgen zurück zu belasten. Dies schließt entsprechende Ansprüche außerhalb des SEPA-Verfahrens aber nicht aus.

Das entsprechende Rulebook für das SEPA-Basislastschriftverfahren sieht im Verhältnis 12 zum Verbraucher **sieben Rückgabeprozesse** vor. Dabei wird zwischen zwei Phasen unterschieden:

Vor Settlement gibt es folgende Rückgabegründe, die entsprechende Prozesse auslösen: 13 Technische Gründe; der Rückruf durch den Lastschrifteinreicher **(„Revocation“),** sofern der Rückruf vor der Annahme durch die erste Inkassostelle erfolgt; der **„Request for Cancellation“,** wenn der Rückruf durch die erste Inkassostelle erfolgt, bevor die Lastschrift in den Clearing & Settlement Mechanismus überführt worden ist; der Widerspruch des Lastschriftschuldners **(„Refusal“),** wobei im „B2B-Bereich“ dieser Widerspruch vor Settlement zwingend beachtet und vorrangig bearbeitet werden muss, während ansonsten eine nur eine vorrangige Beachtung in Betracht kommen soll, aber nicht muss, da es ggf. noch den Erstattungsanspruch gibt.

Nach Settlement kommen folgende Rückgabegründe in Betracht: Rückgabe durch das 14 bezogene Institut **(„Return“),** Rückgabe der Lastschrift durch den Lastschriftschuldner nach Kontobelastung **(„Refund“)** oder **„Reversal“** (optional). „Reversal“ bedeutet Rückgabe durch den Lastschrifteinreicher nach Akzeptanz durch die erste Inkassostelle, jedoch spätestens innerhalb von zwei Tagen nach Settlement, sofern die erste Inkassostelle optional ein solches Verfahren anbietet.

Der **Erstattungsanspruch,** der sich aus § 675x Abs. 1, 2 und 4 BGB ergibt, ist vom 15 Widerruf gem. § 675p BGB zu unterscheiden. § 675p Abs. 2 BGB regelt ein zeitlich befristetes Widerrufsrecht, das vom sich aus § 675x BGB ergebenden Erstattungsanspruch unberührt bleibt. Gem. § 675x Abs. 2 iVm Abs. 4 BGB hat der Zahler auch für die Zeit nach Ablauf der Widerrufsfrist eine Rückerstattungsanspruch für einen Zeitraum von acht Wochen, soweit dieser nicht gem. § 675e Abs. 4 BGB im Verhältnis zu einem Unternehmer gem. § 14 BGB ausdrücklich ausgeschlossen ist. Der Erstattungsanspruch muss nicht begründet werden. Dann kann die Erstattung ohne Angabe von Gründen in einem Zeitraum von acht Wochen nach der Belastung geltend gemacht werden. Davon zu unterscheiden ist der Erstattungsanspruch aus § 675u BGB, der dann in Betracht kommt, wenn der Auftrag zur Zahlung gem. § 675p Abs. 2 BGB wirksam widerrufen worden ist.

III. Ausschluss des Erstattungsanspruchs gem. Abs. 3

Abs. 3 erlaubt einen **Ausschluss** des sich aus Abs. 1 und Abs. 2 in Verbindung mit 16 Abs. 4 ergebenden Erstattungsanspruch unter engen Voraussetzungen. Zunächst einmal ist erforderlich, dass der Zahler die Autorisierung des Zahlungsvorgangs unmittelbar gegenüber seinem Zahlungsdienstleister erteilt. Es genügt nicht, dass die Autorisierung diesem über den Zahlungsempfänger oder das Empfängerinstitut zugeleitet wird. Folglich ist die Erteilung eines Mandats nicht geeignet, diese Voraussetzung zu erfüllen, weil hier die Autorisierung über einen Mittler an den Zahlungsdienstleister des Zahlers übermittelt wird. Soll bei einem Basis-Lastschriftverfahren der Erstattungsanspruch ausgeschlossen werden, setzt dies voraus, dass der Zahler zusätzlich zum Mandat gegenüber seinem Zahlungsdienstleister die Belastung direkt genehmigt und die weiteren, sich aus § 675x Abs. 3 BGB ergebenden Voraussetzungen erfüllt werden. Beim SEPA-Firmenlastschrifverfahrens bedarf es des Abs. 3 nicht, da hier der Erstattungsanspruch von Anfang an ausgeschlossen worden ist, wie sich aus Ziff. 2.5 der Musterbedingungen des Bankverlags für Zahlungen mittels Lastschrift im SEPA-Firmenlastschriftverfahren ergibt. Außerdem kann für die Wirksamkeit einer unmittelbaren Autorisierung zusätzlich gem. Abs. 3 noch vereinbart werden, dass der Zahler mindestens vier Wochen vor Fälligkeit über den Zahlungsvorgang durch seinen Zahlungsdienstleister oder den Zahlungsempfänger unterrichtet werden muss. Die Frist beginnt mit Zugang der Unterrichtung und berechnet sich gem. §§ 187 Abs. 1, 188 Abs. 2 BGB. Diese Frist ist aber nicht zwingend, sondern bedarf der zusätzlichen Vereinbarung, sodass die beiden Voraussetzungen nicht kumulativ vorliegen müssen. Wenn aber die Frist vereinbart wurde, muss sie zwingend zur vorherigen Zustimmung hinzutreten.[10] Die Regelung ist für alle **vorautorisierten Lastschriftverfahren** von Bedeutung, bei denen ein entsprechender Auftrag zum Einzug erteilt worden ist, der sich auf nicht feststehende Beträge bezieht, wie zB die Einzüge von Energieversorgern oder Telefongesellschaften.

IV. Ausschlussfrist gem. Abs. 4

17 Aus Abs. 4 ergibt sich eine **Ausschlussfrist** für die Geltendmachung des Erstattungsanspruchs. Diese Frist erfasst sowohl den Erstattungsanspruch gem. Abs. 1 als auch den gem. Abs. 2. Beginn der achtwöchigen Frist ist der Zeitpunkt der Belastungsbuchung und nicht etwa der der Wertstellung. Die Frist berechnet sich auch hier nach §§ 187 Abs. 1, 188 Abs. 2 S. 1 BGB.[11] Ein ergebnisloses Verstreichenlassen der Frist bewirkt, dass der Erstattungsanspruch erlischt. Insofern liegt eine auch im Prozess zu berücksichtigende Ausschlussfrist vor.[12] Die Beweislast für einen möglichen Ausschluss trägt das Zahlungsinstitut des Zahlungsdienstnutzers.[13]

18 Die **achtwöchige Frist** gem. Abs. 4 erfasst aber nur den Erstattungsanspruch im Falle einer autorisierten Kontobelastung. Fehlt die Autorisierung, findet § 676b Abs. 2 S. 1 BGB und damit ein Frist von dreizehn Monaten Anwendung. Dies kann zB der Fall sein, wenn kein Mandat erteilt worden ist. Dann beträgt die Frist für das Rückerstattungsverlangen gem. § 675u BGB dreizehn Monate, sofern der Zahler seinen Zahlungsdienstleister nicht innerhalb dieser Frist davon unterrichtet hat, dass er den entsprechenden Zahlungsvorgang nicht ausgeführt hat oder dieser nicht ordnungsgemäß ausgeführt worden ist.

V. Erstattungsfrist gem. Abs. 5

19 Die Regelung bestimmt zunächst einmal, dass der Zahlungsdienstleister innerhalb von zehn Geschäftstagen auf das **Erstattungsverlangen** des Zahlers reagieren muss. Innerhalb dieser Frist hat er den geltend gemachten Betrag zu erstatten oder dem Zahler mitzuteilen, warum er die Erstattung ablehnt. Allerdings gewährt die Vorschrift dem Zahlungsdienstleister kein Ablehnungsrecht, denn wenn die Voraussetzungen des Erstattungsanspruchs vorliegen, muss der Zahlungsdienstleister erstatten. Sollten Gründe für die Ablehnung vorliegen, müssen diese innerhalb von zehn Geschäftstagen angegeben werden. Das aus einer falschen Annahme von Ablehnungsgründen resultierende Risiko hat der Zahlungsdienstleister zu tragen. Aus einer Verspätung können sich Ersatzansprüche wegen Verzugs ergeben. Im Fall einer Ablehnung ist der Zahlungsdienstleister verpflichtet, auf die Möglichkeit der Beschwerde gem. § 60 bis 62 ZAG und § 14 UKlaG hinzuweisen. Satz 3 stellt klar, dass in den Fällen des Erstattungsanspruchs gem. Abs. 2 dieser Anspruch innerhalb der Acht-Wochen-Frist nicht abgelehnt werden kann, da dieser voraussetzungslos ist und

---

[10] Vgl. dazu Palandt/*Sprau* § 675x Rn. 9.
[11] Vgl. Ellenberger/Findeisen/Nobbe/*Böger/Ellenberger* § 675x Rn. 67, Palandt/*Sprau* § 675x Rn. 6.
[12] Vgl. Ellenberger/Findeisen/Nobbe/*Böger/Ellenberger* § 675x Rn. 67, Palandt/*Sprau* § 675x Rn. 6.
[13] Vgl. Ellenberger/Findeisen/Nobbe/*Böger/Ellenberger* § 675x Rn. 67.

lediglich ein aufgrund eines wirksamen Mandats ausgeführte Zahlung voraussetzt. Allerdings ist die Reichweite des Abs. 5 unklar, da die Vorschrift auch so verstanden werden kann, als habe der Zahlungsdienstleister möglicherweise ein Recht, das Erstattungsverlangen abzulehnen. Eine entsprechende Entscheidungsfreiheit steht ihm jedoch nicht zu.[14]

VI. Ausschluss des Anwendungsbereichs des Erstattungsanspruchs gem. Abs. 6

Die Regelung stellt klar, dass der Erstattungsanspruch gem. Abs. 1 gem. § 675d Abs. 6 **20**
S. 1 Nr. 1b) BGB keine Anwendung auf die Bestandeile von Zahlungsvorgängen innerhalb des EWR haben, sofern es sich um **grenzüberschreitende Zahlungen** handelt, bei denen mindestens ein beteiligtes Institut seinen Sitz innerhalb und mindestens eines außerhalb des EWR hat und im Übrigen von den weiteren Regelungen zum Erstattungsanspruch selbst dann abgewichen werden kann, wenn es sich beim Zahler um einen Verbraucher gem. § 13 BGB handelt.

§ 675y Haftung der Zahlungsdienstleister bei nicht erfolgter, fehlerhafter oder verspäteter Ausführung eines Zahlungsauftrags; Nachforschungspflicht

(1) [1]**Wird ein Zahlungsvorgang vom Zahler ausgelöst, kann dieser von seinem Zahlungsdienstleister im Fall einer nicht erfolgten oder fehlerhaften Ausführung des Zahlungsauftrags die unverzügliche und ungekürzte Erstattung des Zahlungsbetrags verlangen. [2]Wurde der Betrag einem Zahlungskonto des Zahlers belastet, ist dieses Zahlungskonto wieder auf den Stand zu bringen, auf dem es sich ohne den fehlerhaft ausgeführten Zahlungsvorgang befunden hätte. Wird ein Zahlungsvorgang vom Zahler über einen Zahlungsauslösedienstleister ausgelöst, so treffen die Pflichten aus den Sätzen 1 und 2 den kontoführenden Zahlungsdienstleister Soweit vom Zahlungsbetrag entgegen § 675q Abs. 1 Entgelte abgezogen wurden, hat der Zahlungsdienstleister des Zahlers den abgezogenen Betrag dem Zahlungsempfänger unverzüglich zu übermitteln. [4]Weist der Zahlungsdienstleister des Zahlers nach, dass der Zahlungsbetrag rechtzeitig und ungekürzt beim Zahlungsdienstleister des Zahlungsempfängers eingegangen ist, entfällt die Haftung nach diesem Absatz.**

(2) [1]**Wird ein Zahlungsvorgang vom oder über den Zahlungsempfänger ausgelöst, kann dieser im Fall einer nicht erfolgten oder fehlerhaften Ausführung des Zahlungsauftrags verlangen, dass sein Zahlungsdienstleister diesen Zahlungsauftrag unverzüglich, gegebenenfalls erneut, an den Zahlungsdienstleister des Zahlers übermittelt. [2]Weist der Zahlungsdienstleister des Zahlungsempfängers nach, dass er die ihm bei der Ausführung des Zahlungsvorgangs obliegenden Pflichten erfüllt hat, hat der Zahlungsdienstleister des Zahlers dem Zahler gegebenenfalls unverzüglich den ungekürzten Zahlungsbetrag nach Absatz 1 Satz 1 und 2 zu erstatten. [3]Soweit vom Zahlungsbetrag entgegen § 675q Abs. 1 und 2 Entgelte abgezogen wurden, hat der Zahlungsdienstleister des Zahlungsempfängers den abgezogenen Betrag dem Zahlungsempfänger unverzüglich verfügbar zu machen.**

(3) [1]**Wird ein Zahlungsvorgang vom Zahler ausgelöst, kann dieser im Fall einer verspäteten Ausführung des Zahlungsauftrags verlangen, dass sein Zahlungsdienstleister gegen den Zahlungsdienstleister des Zahlungsempfängers den Anspruch nach Satz 2 geltend macht. [2]Der Zahlungsdienstleister des Zahlers kann vom Zahlungsdienstleister des Zahlungsempfängers verlangen, die Gutschrift des Zahlungsbetrags auf dem Zahlungskonto des Zahlungsempfängers so vorzunehmen, als sei der Zahlungsvorgang ordnungsgemäß ausgeführt worden. [3]Wird ein Zahlungsvorgang vom**

[14] Vgl. dazu Palandt/*Sprau* § 675x Rn. 7.

Zahler über einen Zahlungsauslösedienstleister ausgelöst, so trifft die Pflicht aus Satz 1 den kontoführenden Zahlungsdienstleister. [4]Weist der Zahlungsdienstleister des Zahlers nach, dass der Zahlungsbetrag rechtzeitig beim Zahlungsdienstleister des Zahlungsempfängers eingegangen ist, entfällt die Haftung nach diesem Absatz.

(4) **[1]Wird ein Zahlungsvorgang vom oder über den Zahlungsempfänger ausgelöst, kann dieser im Fall einer verspäteten Übermittlung des Zahlungsauftrags verlangen, dass sein Zahlungsdienstleister die Gutschrift des Zahlungsbetrags auf dem Zahlungskonto des Zahlungsempfängers so vornimmt, als sei der Zahlungsvorgang ordnungsgemäß ausgeführt worden. [2]Weist der Zahlungsdienstleister des Zahlungsempfängers nach, dass er den Zahlungsauftrag rechtzeitig an den Zahlungsdienstleister des Zahlers übermittelt hat, ist der Zahlungsdienstleister des Zahlers verpflichtet, dem Zahler gegebenenfalls unverzüglich den ungekürzten Zahlungsbetrag entsprechend Absatz 1 Satz 1 und 2 zu erstatten. [3]Dies gilt nicht, wenn der Zahlungsdienstleister des Zahlers nachweist, dass der Zahlungsbetrag lediglich verspätet beim Zahlungsdienstleister des Zahlungsempfängers eingegangen ist. [4]In diesem Fall ist der Zahlungsdienstleister des Zahlungsempfängers verpflichtet, den Zahlungsbetrag entsprechend Satz 1 auf dem Zahlungskonto des Zahlungsempfängers gutzuschreiben.**

(5) **[1]Ansprüche des Zahlungsdienstnutzers gegen seinen Zahlungsdienstleister nach Absatz 1 Satz 1 und 2 sowie Absatz 2 Satz 2 bestehen nicht, soweit der Zahlungsauftrag in Übereinstimmung mit der vom Zahlungsdienstnutzer angegebenen fehlerhaften Kundenkennung ausgeführt wurde. [2]In diesem Fall kann der Zahler von seinem Zahlungsdienstleister jedoch verlangen, dass dieser sich im Rahmen seiner Möglichkeiten darum bemüht, den Zahlungsbetrag wiederzuerlangen. [3]Der Zahlungsdienstleister des Zahlungsempfängers ist verpflichtet, dem Zahlungsdienstleister des Zahlers alle für die Wiedererlangung des Zahlungsbetrags erfroderlichen Informationen mitzuteilen. [4]Ist die Wiedererlangung des Zahlungsbetrags nach den Sätzen 2 und 3 nicht möglich, so ist der Zahlungsdienstleister des Zahlers verpflichtet, dem Zahler auf schriftlichen Antrag alle verfügbaren Informationen mitzuteilen, damit der Zahler einen Anspruch auf Erstattung des Zahlungsbetrags geltend machen kann. [5]Der Zahlungsdienstleister kann mit dem Zahlungsdienstnutzer im Zahlungsdiensterahmenvertrag ein Entgelt für die Tätigkeiten nach den Sätzen 2 bis 4 vereinbaren.**

(6) **Ein Zahlungsdienstnutzer kann von seinem Zahlungsdienstleister über die Ansprüche nach den Absätzen 1 und 2 hinaus die Erstattung der Entgelte und Zinsen verlangen, die der Zahlungsdienstleister ihm im Zusammenhang mit der nicht erfolgten oder fehlerhaften Ausführung des Zahlungsvorgangs in Rechnung gestellt oder mit denen er dessen Zahlungskonto belastet hat.**

(7) **Wurde ein Zahlungsauftrag nicht oder fehlerhaft ausgeführt, hat der Zahlungsdienstleister desjenigen Zahlungsdienstnutzers, der einen Zahlungsvorgang ausgelöst hat oder über den ein Zahlungsvorgang ausgelöst wurde, auf Verlangen seines Zahlungsdienstnutzers den Zahlungsvorgang nachzuvollziehen und seinen Zahlungsdienstnutzer über das Ergebnis zu unterrichten.**

(8) **Wenn ein Fall des § 675d Absatz 6 Satz 1 Nummer 1 Buchstabe b vorliegt, ist § 675y Absatz 1 bis 4 auf die innerhalb des Europäischen Wirtschaftsraums getätigten Bestandteile des Zahlungsvorgangs nicht anzuwenden.**

Übersicht

I. Allgemeines

Die Regelung erfasst sowohl **Leistungsstörungen im Deckungsverhältnis** als auch im **Inkassoverhältnis.**[1] Nicht erfasst werden Ansprüche aus dem Valutaverhältnis, also dem Rechtsverhältnis zwischen Zahler und Zahlungsempfänger aufgrund dessen der Zahlungsvorgang ausgeführt wird, weil dieses mit dem eigentlichen Zahlungsvorgang in keinem unmittelbaren Zusammenhang steht. Ebenfalls nicht erfasst werden Ansprüche zwischen den in einen Zahlungsvorgang eingeschalteten Zahlungsdienstleistern.[2] Die Vorschrift bezieht sich aber auf alle Fälle, in denen ein Zahlungsvorgang nicht, verspätet, unvollständig oder an den falschen Empfänger ausgeführt wird. Die Regelung stellt eine **eigenständige und abschließende Anspruchsgrundlage** des Zahlungsdienstnutzers gegen den mit der Zahlung beauftragten Zahlungsdienstleister dar. Auf Folgeschäden findet § 675z S. 2 BGB Anwendung. Die Vorschrift setzt allerdings einen Zahlungsauftrag voraus. Liegt ein solcher nicht vor, kommen Ansprüche nur nach den sonstigen zivilrechtlichen Regelungen in Betracht. Fehlt eine Autorisierung, ist § 675u BGB die zutreffende Anspruchsgrundlage. 1

II. Anwendung auf das Lastschriftverfahren

1. Anstoß des Zahlungsvorgangs

Auf **Zahlungen in einem Lastschriftverfahren** sind Abs. 2 und Abs. 4 anwendbar. Sie regeln die Haftung bei Zahlungsvorgängen, die vom oder über den Zahlungsempfänger angestoßen worden sind. Die Regelungen knüpfen daran an, dass beim Zahlungsempfänger der von diesem angeforderte Zahlungsbetrag nicht, fehlerhaft oder verspätet eingegangen ist. Aus der Regelung in Abs. 2 folgt zunächst einmal, dass der Zahlungsdienstleister des Empfängers der Verpflichtung zur Weiterleitung des Auftrags an den Zahler unverzüglich nachkommen muss. Soweit er dies bereits getan hat, ist ggf. eine neuerliche Anforderung des Zahlungsbetrags erforderlich, wenn der Einzug nicht erfolgt ist. Kann der Zahlungsdienstleister des Empfängers diesem gegenüber jedoch den Nachweis führen, dass er all seine Pflichten im Hinblick auf die Ausführung des Zahlungsvorgangs erfüllt hat, die Zahlung aber gleichwohl nicht oder fehlerhaft ausgeführt worden ist, steht dem Zahler gegen seinen Dienstleister ein Anspruch auf Erstattung des Zahlungsbetrags gem. Abs. 2 S. 2 zu. Die Haftung für die Ordnungsmäßigkeit der Zahlung trifft den Zahlungsdienstleister des Zahlers in gleichem Umfang wie bei über ihn ausgelösten Zahlungsvorgängen, was sich aus dem Verweis auf Abs. 1 S. 1 und S. 2 ergibt. Damit kommt eine Haftung des Zahlungsdienstleisters des Zahlungsempfängers erst ab dem Zeitpunkt in Betracht, ab dem der Zahlungsbetrag bei ihm eingegangen ist. Zuvor liegt das Risiko beim Zahlungsdienstleister des Zahlers, selbst wenn der Zahlungsdienstleister des Empfängers aufgrund fehlerhafter Angaben eine fehlerhafte Ausführung des Auftrags verursacht hat. Sollte die Haftung des Instituts des Zahlungsempfängers auf einen Fehler des Instituts des Zahlers oder einer zwischengeschalteten Stelle zurückzuführen sein, steht dem Institut des Zahlungsempfängers ein Ersatzanspruch gegen das Institut des Zahlers oder der zwischengeschalteten Stelle aus § 676a BGB zu.[3] 2

Allerdings ergibt sich aus Abs. 2 S. 3, dass es von der Regelung, wonach grundsätzlich das Institut des Zahlers für die Ordnungsmäßigkeit der Zahlung einzustehen hat, eine Ausnahme gibt, wenn ohne entsprechende Grundlage **Abzüge vom Zahlungsbetrag** vorgenommen worden sind. In diesem Fall hat der Zahlungsdienstleister des Zahlungsempfängers dem Zahlungsempfänger die in Abzug gebrachten Beträge gem. § 675t Abs. 1 3

---

[1] Vgl. dazu Ellenberger/Findeisen/Nobbe/*Böger/Ellenberger* § 675y Rn. 1; Palandt/*Sprau* § 675y Rn. 1.
[2] Vgl. Ellenberger/Findeisen/Nobbe/*Böger/Ellenberger* § 675y Rn. 1; Palandt/*Sprau* § 675y Rn. 1.
[3] Ellenberger/Findeisen/Nobbe/*Böger/Ellenberger* § 675y Rn. 13.

BGB wieder verfügbar zu machen, unabhängig davon, ob er die Abzüge (mit-)veranlasst oder von diesen etwas erhalten hat. Aus § 676a BGB folgt weiterhin, dass dem Zahlungsdienstleister des Empfängers gegen den Zahlungsdienstleister, der den Abzug vorgenommen hat, ein Ausgleichsanspruch zusteht. Da Abs. 2 den Fall regelt, dass die Zahlung über den Zahlungsempfänger ausgelöst wird, ist Abs. 2 S. 3 – also der Anspruch des Zahlungsempfängers gegen seinen Dienstleister auf Erstattung der in Abzug gebrachten Beträge – als Spezialregelung zu Abs. 1 S. 3 anzusehen, also dem Anspruch des Zahlers gegen sein Institut auf Nachüberweisung der in Abzug gebrachten Entgelte.[4]

4 Im Zuge der Umsetzung der Zweiten EU-Zahlungsdiensterichtlinie ist mit dem neuen Absatz 4 eine Regelung in die Vorschrift eingefügt geworden, die sich mit der **verspäteten Ausführung** befasst. Die erste Zahlungsdiensterichtlinie regelte fehlerhafte und nicht ausgeführte Zahlungen, nicht aber verspätete, weshalb umstritten war, welche Regelungen bei verspäteten Zahlungen gelten sollten; es sollte hier Rückgriff auf das allgemeine Leistungsstörungsrecht genommen werden oder darin eine fehlerhafte Ausführung zu sehen sein.[5] Diese Lücke ist durch die Einfügung der neuen Absätze 3 und 4 geschlossen worden. Während Abs. 3 die vom Zahler ausgelösten Zahlungsvorgänge[6] erfasst, wie insbesondere die Überweisung, bezieht sich Absatz 4 auf vom oder über den Zahlungsempfänger ausgelöste Zahlungen und damit insbesondere auch die Lastschrift.[7] Da bei diesen „Pull-Zahlungen" Ausführung oder Auslösung über den Empfänger erfolgen, werden die Folgen einer im Verantwortungsbereich des Zahlungsdienstleister des Zahlungsempfängers liegenden verspäteten Ausführung geregelt,[8] der im Falle einer Lastschrift seinem Kunden, dem Lastschrifteinreicher, haftet, sofern er den Auftrag zum Einzug einer Lastschrift nicht rechtzeitig an die Inkassostelle übermittelt oder seinem Kunden den erhaltenen Zahlungsbetrag nicht rechtzeitig verfügbar macht. Im Verhältnis zum Lastschrifteinreicher hat die Inkassostelle selbst dann für die Verspätung einzustehen, wenn diese durch das Zahlungsinstitut des Zahlers verursacht worden ist.[9] In diesem Fall steht der Inkassostelle ggf. ein Ausgleichsanspruch gem. § 676a Abs. 1 BGB gegen die Zahlstelle oder ein anderes, in die Zahlung eingeschaltetes Zahlungsinstitut zu, wenn dieses für die verspätete Ausführung verantwortlich ist. Das Zahlungsinstitut des Zahlers, die Zahlstelle, haftet nur dann gegenüber dem Zahler direkt, wenn trotz des rechtzeitig übermittelten Zahlungsauftrags der Zahlungsbetrag nicht an die Inkassostelle gezahlt worden ist.[10]

2. Beweislast

5 Die **Beweislast** für die Erteilung eines Zahlungsauftrags sowie für die Weiterleitung über das Institut des Zahlungsempfängers trägt das Empfängerinstitut, sofern es daraus Ansprüche geltend machen möchte. Bezogen auf die Lastschriftverfahren bedeutet dies, dass das Empfängerinstitut den Nachweis eines (wirksamen) Mandats führen muss. Sofern es zu einer fehlerhaften Ausführung gekommen sein sollte, muss der Zahlungsdienstleister des Empfängers gem. § 676 BGB den Nachweis führen, dass der Vorgang ordnungsgemäß aufgezeichnet, verbucht und nicht durch eine Störung beeinträchtigt worden ist, d. h. das Institut des Lastschrifteinreichers. Bestreitet dagegen der Zahler gegenüber seinem Institut die Erteilung eines wirksamen Mandats, muss dieses ihm gegenüber den entsprechenden Nachweis führen, wobei das Empfängerinstitut wiederrum dem Zahlerinstitut gegenüber den Nachweis führen muss, dass ihm ein wirksames Mandat vorlag. Ist dies zweifelhaft muss

[4] Ellenberger/Findeisen/Nobbe/*Böger/Ellenberger* § 675y Rn. 13; Palandt/*Sprau* § 675y Rn. 7; *Schürmann* Bankrechtstag 2009 S. 11, 51.

[5] Vgl. dazu Baas/Buck-Heeb/Werner/*Böger* Anlegerschutzgesetze III. Teil Kap. 3 § 675y BGB Rn. 25 mwN., insbes. in Fn. 38.

[6] Baas/Buck-Heeb/Werner/*Böger* Anlegerschutzgesetze III. Teil Kap. 3 § 675y BGB Rn. 24.

[7] Baas/Buck-Heeb/Werner/*Böger* Anlegerschutzgesetze III. Teil Kap. 3 § 675y BGB Rn. 52.

[8] Dazu Begr. Reg-Entw., BT-DRS 18/11495, S. 173.

[9] Vgl. Baas/Buck-Heeb/Werner/*Böger* Anlegerschutzgesetze III. Teil Kap. 3 § 675y BGB Rn. 52.

[10] Vgl. Baas/Buck-Heeb/Werner/*Böger* Anlegerschutzgesetze III. Teil Kap. 3 § 675y BGB Rn. 52.

das Inkassoinstitut sich von seinem Kunden, dem Lastschrifteinreicher nachweisen lassen, dass vom Zahler ein Mandat zum Einzug der entsprechenden Forderung im Lastschriftverfahren erteilt worden ist.

3. Kundenkennung

Abs. 5 regelt die Fälle, in denen es zu einer fehlerhaften Ausführung aufgrund einer **fehlerhaften Kundenkennung** gekommen ist. Er stellt zunächst klar, dass der Zahlungsdienstleister des Zahlungsdienstnutzers nicht für eine fehlerhafte oder nicht erfolgte Ausführung eines Zahlungsbetrags haftet, wenn sie auf eine fehlerhafte Angabe der Kundenkennung zurückzuführen ist und der Zahlungsvorgang eben anhand der fehlerhaften Angaben ausgeführt worden ist.[11] Wie der Verweis in Absatz 5 auf Absatz 2 Satz 2 zeigt, findet diese Regelung nicht nur Anwendung auf „Push-Zahlungen", wie die Überweisung, sondern auch auf „Pull-Zahlungen" und damit die Lastschrift. Bezüglich einer Lastschrift sind die Konsequenzen unübersichtlich geregelt. Erhält der Zahlungsempfänger nachdem er den Zahlungsauftrag über sein Institut, die Inkassostelle, an die Zahlstelle weitergeleitet hat, den Zahlungsbetrag nicht, steht ihm ein Anspruch auf erneuten Einzug zu. Diesem Ansinnen muss die Inkassostelle nicht nachkommen, wenn sie den Auftrag nachweislich ordnungs- und fristgemäß an die Zahlstelle zum Einzug weitergeleitet hat. Sollte die Zahlstelle den Zahler bereits belastet, den Zahlungsbetrag aber nicht ordnungsgemäß weitergeleitet haben, ist sie verpflichtet, dem Zahler den Betrag wieder zu vergüten. Dieser Wiedervergütungsanspruch besteht aber dann nicht, wenn der Zahlungsdienstleister des Zahlers den Zahlungsbetrag verspätet an das Zahlungsempfängerinstitut weiterleitet. In diesem Fall liegt lediglich eine verspätete Zahlung vor, die Ansprüche nach Abs. 4 auslösen kann. Die Fallgruppen des Abs. 2 S. 2 iVm Abs. 5 sind nur schwer zu erfassen. Hat der Zahlungsempfänger an das Inkassoinstitut ein Mandat mit einer falschen Kundenkennung des Zahlers eingereicht und wird dadurch der falsche Zahler belastet, kann die Regelung nur bedeuten, dass der Zahlungsempfänger gegen sein Institut keinen Anspruch darauf hat, das Mandat erneut zum Einzug vom Konto des Inhabers der dann richtigen Kundenkennung einzuziehen. Dazu wäre ggf. ein neues Mandat erforderlich. Die Konsequenz aus der Bearbeitung anhand der im Mandat angegeben **Kundenkennung** kann jedoch nicht zur Folge haben, dass der Inhaber der irrtümlich als Kundenkennung des Zahlungspflichtigen angegebenen Kennung keinen Erstattungsanspruch gegen sein Institut nach Abs. 2 S. 2 hätte, denn bei dieser Fallkonstellation hätte der Belastete ja nicht zur Belastung seines Kontos beigetragen. Mangels Autorisierung stünde ihm deshalb ein Erstattungsanspruch aus § 675u BGB und § 675y Abs. 2 S. 2 BGB zu. Dieser Anspruch kann nicht dadurch ausgeschlossen werden, dass alle in den Zahlungseinzug involvierten Institute den Einzug anhand einer entweder vom „richtigen" Zahler oder vom Zahlungsempfänger angegebenen fehlerhaften Kundenkennung des vermeintlichen Zahlers bearbeitet haben. Deshalb kann sich hier der Ausschluss von Ansprüchen nur auf einen Anspruch des Zahlungsempfängers auf erneute Weiterleitung des Zahlungsauftrags an die Inkassostelle beziehen. Sollte das Mandat dagegen eine falsch Gläubigeridentifikationsnummer enthalten, und aufgrund dessen der Zahlungsbetrag nicht dem Lastschrifteinreicher gutgeschrieben worden sein, hätte Abs. 5 S. 2 zur Folge, dass dem Zahlungsempfänger gegen sein Institut, die Inkassostelle, weder ein Anspruch auf erneute Weiterleitung des Lastschriftbetrags noch evtl. auf Gutschrift des eingezogenen, aber aufgrund der **fehlerhaften Kundenkennung** einem falschen Empfänger gutgeschriebenen Betrags zustände. In diesem Fall stünde dem Zahler gegen sein Institut, die Zahlstelle, kein Anspruch auf Erstattung nach Abs. 2 S. 2 und/oder § 675u BGB zu, denn in diesem Fall hätte der Zahler das Mandat ja in der vorliegenden Form erteilt und der Auftrag wäre ordnungsgemäß ausgeführt worden. Die fehlerhafte Angabe der Gläubigeridentifikation würde ja das Valuta- und nicht das Deckungsverhältnis 6

[11] BT-Drs. 16/11643, 117.

betreffen. Nur dann, wenn der Zahlungsdienstleister die Fehlerhaftigkeit der Angaben erkannt hat, würde er sich ggf. gegenüber seinem Nutzer haftbar machen.[12] Allerdings setzt diese Haftung voraus, dass die Fehlerhaftigkeit der Zahlung auch tatsächlich auf einer falschen Kundenkennung beruht und der Zahlungsdienstleister von der Fehlerhaftigkeit der Kundenkennung positive Kenntnis hatte, denn aus § 675r BGB folgt, dass kein an der Zahlung beteiligter Zahlungsdienstleister verpflichtet ist, die Ordnungsmäßigkeit der Kundenkennung zu überprüfen, sodass selbst eine grob fahrlässige Unkenntnis der Fehlerhaftigkeit nicht zur **Haftungsbegründung** genügt. Wie sich aus § 675r Abs. 3 BGB ergibt, kann eine Überprüfungspflicht allenfalls dann bestehen, wenn die Kundenkennung erkennbar weder einem Zahlungsempfänger noch einem Zahlungskonto zugeordnet ist.[13] Da auch die Lastschrifteinzüge anhand von Kundenkennungen bearbeitet werden, gilt dies auch für die verschiedenen Lastschriftverfahren.

7 Absatz 5 Sätze 3 und 4 regeln jetzt, dass und unter welchen Voraussetzungen dem Zahler im Falle einer vom Zahlungsdienstnutzer angegeben **fehlerhaften Kundenkennung** ein Anspruch gegen sein Institut zusteht, dass dieses ihm über das Institut des Zahlungsempfängers die Daten des falschen Empfängers mitteilt. Im Falle einer Lastschrift sind solche Konstellationen, in denen der Zahler für die falsche Kundenkennung des Empfängers verantwortlich ist, jedoch kaum denkbar, sodass er nicht das **Risiko der Fehleitung** der Zahlung wird tragen müssen. Bei Lastschriften besteht das Interesse an den Empfängerdaten bei der vorliegenden Fallkonstellation eher beim berechtigten Zahlungsempfänger, dem aber ein entsprechender Anspruch nach den gesetzlichen Regelungen kaum zustehen wird. Bei diesen Konstellationen wäre lediglich denkbar, dass der Zahler seine Auskunftsansprüche gegen die Zahlstelle abtritt, die wiederrum ihren Anspruch gegen die Inkassostelle gem. Absatz 5 Satz 3 an den Zahlungsempfänger abtritt, sodass dieser direkt bei seinem Institut die Daten erfragen kann. Freilich muss er sich auch den Erstattungsanspruch des Zahlers abtreten lassen, da ihm die Informationen über den Zahlungsempfänger nichts nützen. Ob der Zahler gegenüber dem Zahlungsempfänger aus dem Valutaverhältnis verpflichtet ist, seine Ansprüche aus dem Deckungsverhältnis abzutreten, wird von den konkreten Umständen abhängen.

4. Kosten und Entgeltlichkeit

8 Der Zahlungsdienstleister des Zahlers ist berechtigt, für die Leistungen bzgl. der Nachforschung gem. Abs. 5 S. 2 bis 4 gem. Abs. 5 S. 5 ein **Entgelt** zu berechnen, soweit er ein solches vorher mit dem Zahler im Zahlungsdiensterahmenvertrag vereinbart hat. Da es jedoch keinen Unterschied machen kann, ob dem Zahlungsvorgang ein Zahlungsdiensterahmen- oder nur ein Zahlungsdiensteeinzelvertrag zugrunde liegt, muss es auch ausreichen, wenn eine entsprechende Vereinbarung im Einzelvertrag getroffen wird. Entscheidend ist nur, dass die Absprache vor der Erteilung des Zahlungsauftrags in dem zugrundeliegenden Zahlungsdienstevertrag erfolgt ist. Das Entgelt gem. Abs. 5 S. 5 kann aber nur im Verhältnis zwischen Zahler und seinem Institut, der Zahlstelle, vereinbart werden, denn es kann nur der Zahler, nicht aber der Zahlungsempfänger, geltend machen, dass der ihm belastete Betrag wiederbeschafft werden soll. Beim Lastschriftverfahren sind jedoch kaum Konstellationen denkbar, in denen der Zahlungsauftrag ordnungsgemäß abgewickelt wird und dem Zahler dennoch ein Erstattungsanspruch zusteht, denn das Empfängerkonto wird vom Lastschrifteinreicher angegeben, sodass dann, wenn er den Einzug zu Lasten eines falschen Kontos vornehmen lässt, der fälschlich Belastete einen Anspruch gegen den Empfänger hat, nicht aber der Zahler auf Nachforschung. Ansonsten kommen nur die weiter oben dargestellten Konstellationen in Betracht, in denen eine **falsche Gläubigerkennung** eingegeben worden ist und der Zahler dann die ihm zustehenden

---

[12] BGHZ 176, 281, dazu Ellenberger/Findeisen/Nobbe/*Böger/Ellenberger* § 675y Rn. 15.
[13] Vgl. dazu *Bitter* WM 2010, 1725 (1728 ff.).

Forderungen entweder im Interesse des Zahlungsempfängers geltend macht oder seine Ansprüche an diesen abtritt.

9 Nach Abs. 6 steht dem Zahlungsdienstnutzer gegen seinen Zahlungsdienstleister ein Anspruch auf **Erstattung aller Entgelte und Zinsen** zu, die im Zusammenhang mit dem fehlerhaften Zahlungsvorgang erhoben worden sind. Soweit es jedoch zB um Verzugszinsen oder Entgelte im Valutaverhältnis gehen sollte, besteht darauf kein Anspruch aus § 675y Abs. 6 BGB, sondern ggf. aus §§ 675z, 280 Abs. 1 BGB, also der Haftung für Folgeschäden.[14] Das gilt auch dann, wenn die Inkassostelle keinen ordnungsgemäßen Einzug entsprechend des Auftrags des Lastschrifteinreichers vorgenommen hat.

5. Auskunftsanspruch

10 Abs. 7 begründet einen Anspruch des Zahlungsdienstnutzers, der einen Zahlungsvorgang angestoßen hat, gegen seinem Zahlungsdienstleister, **Auskunft über den Verlauf des fehlerhaften oder nicht erfolgen Zahlungsvorgangs** zu erteilen. Diese Regelung gibt auch dem Lastschrifteinreicher einen Anspruch auf Auskunft.

6. Drittstaatenbezug

11 Schließlich bestimmt Absatz 8, dass die Regelungen in Absatz 1 bis 4 zu den nicht, fehlerhaft oder verspätet ausgeführten Zahlungen bei **Zahlungen mit Drittstaatenbezug** auch für die Bestandteile des Zahlungsvorgangs nicht gelten, die innerhalb des EWR ausgeführt worden sind. Hier gelten für Lastschriftzahlungen aber keine Besonderheiten gegenüber den sonstigen Zahlungen.

[14] Palandt/*Sprau* § 675y Rn. 9; Ellenberger/Findeisen/Nobbe/*Böger*/*Ellenberger* § 675y Rn. 19.

6. Kapitel: Kreditkarte – §§ 675f-676c BGB

Schrifttum: *Barnert,* Kreditkartengeschäft und AGB-Kontrolle, WM 2003, 1153 ff.; *Bitter,* Kreditkarten: Risikoverteilung bei Mängeln des Valutaverhältnisses, ZBB 1996, 104 ff.; *ders.,* Zum Widerruf der Anweisung im Kreditkartenverfahren, BB 1997, 480 ff.; *ders.,* Bankpraxis zwischen Recht und Wirtschaft – Bankentgelte, Kreditkartenverfahren und weitergeleiteter Auftrag in juristisch-ökonomischer Betrachtung, ZBB 2007, 237 ff.; *ders.,* Problemschwerpunkte des neuen Zahlungsdiensterechts, Teil 1, WM 2010, 1735 ff. und Teil 2, WM 2010, 1773 ff.; *Buchmüller/Burke,* Zahlungsmittelentgelte im E-Commerce – Neuerungen durch die Umsetzung der Zweiten Zahlungsdiensterichtlinie ab Januar 2018, MMR 2017, 728 ff.; *Burkard/Lambrecht,* Haftung von Arbeitnehmern bei Firmenkreditkarten, NZI 2011, 96 ff.; *Casper/Pfeifle,* Missbrauch der Kreditkarte im Präsenz- und Mail-Order-Verfahren nach neuem Recht, WM 2009, 2343 ff.; *Danwerth,* Mobile Payment – Innovation des Zahlungsverkehrs oder unkalkulierbares Risiko?, ZBB 2015, 119 ff.; *Doser,* Die Einführung der starken Kundenauthentifizierung gem. PSD2, K&R 2019, 617 ff.; *Eggers/Goerth,* Die Haftung des Bankkunden für unbefugte Abhebungen mittels ec-Karte und PIN – BGH, NJW 2004, 3623, JuS 2005, 492 ff.; *Einsele,* Der bargeldlose Zahlungsverkehr – Anwendungsfall des Garantievertrags oder abstrakten Schuldversprechens?, WM 1999, 1801 ff.; *dies.,* Die Rechtsstellung von Unternehmen im Zahlungsverkehr, ZIP 2011, 1741 ff.; *dies.,* Der Erstattungsanspruch des Zahlers, WM 2015, 1125 ff.; *Eisele,* Payment Card Crime: Skimming, CR 2011, 131 ff.; *Elteste,* Update Zahlungsdiensterecht 2019, Überblick zur Entwicklung anlässlich des Inkrafttretens der letzten Vorschriften zur Umsetzung der II. Zahlungsdiensterichtlinie am 14.9.2019, CR 2019, 663 ff.; *Feldhusen,* Zustimmungsfiktionen in den AGB-Banken und AGB-Sparkassen im Spannungsfeld zwischen Praktikabilität und Vertragsfreiheit, WM 2020, 397 ff. (Teil 1) und WM 2020, 441 ff. (Teil 2); *Franck/Massari,* Die Zahlungsdiensterichtlinie: Günstigere und schnellere Zahlungen durch besseres Vertragsrecht?, WM 2009, 1117 ff.; *Freitag,* Rechtsprobleme bei der Rückabwicklung von Kreditkartengeschäften, WM 2000, 2185 ff.; *ders.,* Vom Forderungskauf zum abstrakten Schuldanerkenntnis und die Verteilung des Missbrauchsrisikos im Kreditkartengeschäft, ZBB 2002, 322 ff.; *Gößmann,* Aspekte der ec-Karten-Nutzung, WM 1998, 1264 ff.; *Grundmann,* Das neue Recht des Zahlungsverkehrs, Teil I (Grundsatzüberlegungen und Überweisungsrecht), WM 2009, 1109 ff. und Teil II (Lastschrift, Kartenzahlungen und Ausblick), WM 2009, 1157 ff.; *Haack,* Kreditkartenzahlung – Zulässigkeit eines nachträglichen Widerrufs, MDR 2000, 1419 ff.; *Habersack,* AGB-Rechtskonformität des Mechanismus zur Änderung der AGB der Kreditwirtschaft, BKR 2020, 53 ff.; *Hadding,* Zahlung mittels Universalkreditkarte, in: FS Pleyer, 1986, 17 ff.; *ders.,* Risikoverteilung bei der Kreditkartenzahlung im Telephone- oder Mailorderverfahren nach der Rechtsprechung des Bundesgerichtshofs, DRiZ 2006, 355 ff.; *Häde,* Die Zahlung mit Kredit- und Scheckkarten – Rechtliche Aspekte des „Plastikgeldes" und seine Auswirkungen auf die Währung, ZBB 1994, 33 ff.; *Hammann,* Die Universalkreditkarte: Ein Mittel des bargeldlosen Zahlungsverkehrs, 1991; *Hasselbach,* Europarechtliche Unzulässigkeit von Sonderentgelten für den Auslandseinsatz von Kreditkarten, ZIP 1996, 1457 ff.; *Heermann,* Zur Rechtsnatur des Vertragsverhältnisses zwischen Kreditkartenunternehmen und Vertragsunternehmen, JZ 2002, 1170 ff.; *Heese,* Risikozuweisung beim Kartenzahlungsverkehr in Europa und den USA, AcP 210 (2010), 251 ff.; *Herresthal,* Die Neustimmung der Kreditkartenzahlung und die Reichweite der Haftung des Acquirers beim Missbrauch der Kreditkarte, ZBB 2019, 353 ff.; *Hoffmann,* Haftungsrisiken beim Plastikgeld, ZfV 2010, 186 ff.; *ders.,* Kundenhaftung unter der Neufassung der Zahlungsdiensterichtlinie, VuR 2016, 243 ff.; *Hoffmann/Petrick,* Von Fehlzitaten und Umsetzungsdefiziten – § 676h BGB und die Fernabsatzrichtlinie, ZBB 2003, 343 ff.; *Hoffmann/Haupert/Freiling,* Anscheinsbeweis und Kundenhaftung beim Online-Banking, ZHR 181 (2017), 780 ff.; *Hofmann,* Die Zahlungsverpflichtung des Kartenemittenten gegenüber dem Unternehmer – ec-Karte, Geldkarte und Kreditkarte im Vergleich, BKR 2003, 321 ff.; *ders.,* Forderung nach mehr Sicherheit im Mailorderverfahren bei Kreditkarten in jüngster Rechtsprechung des Bundesgerichtshofs, ZBB 2004, 405 ff.; *ders.,* Schadensverteilung bei Missbrauch der ec-Karte, WM 2005, 441 ff.; *ders.,* Haftung im Zahlungsverkehr, BKR 2014, 105 ff.; *ders.,* Das neue Haftungsrecht im Zahlungsverkehr, BKR 2018, 62 ff.; *Joeres,* Kreditkartenmissbrauch im Fernabsatz, in: FS Nobbe, 2009, 119 ff.; *Jünemann,* Neuheiten im elektronischen Zahlungsverkehr, DB 2017, 1952 ff.; *Jungmann,* Die Verteilung des Missbrauchsrisikos beim Einsatz von Kreditkarten im E-Commerce, WM 2005, 1351 ff.; *ders.,* Missbrauch von ec-Karten bei PIN-basierten Transaktionen – Rechtfertigung, Grenzen und Zukunft des von der Rechtsprechung entwickelten Beweises des ersten Anscheins, in: Jahrbuch Junger Zivilrechtswissenschaftler 2007, 2008, 329 ff.; *ders.,* Das System der Haftung beim missbräuchlichen Kreditkarteneinsatz ohne starke Kundenauthentifizierung – Ein Beitrag zum Verständnis von § 675w Abs. 4 BGB, ZBB 2020, 1 ff.; *Kienholz,* Die Zahlung mit Kreditkarte im Nah- und Fernabsatz, 2000; *Knöfel,* Gift Cards (Geschenkkarten) im Einzelhandel, WM 2017, 833 ff.; *Kollrus,* Missbräuchliche Abhebung von Bargeld an Geldautomaten, MDR 2012, 377 ff.; *Kunz,* Rechtliche Rahmenbedingungen für Mobile Payment – Ein Blick auf die Anforderungen zur starken Kundenauthentifizierung, CB 2018, 393 ff.; *Langenbucher,* Die Risikozuordnung im bargeldlosen Zahlungsverkehr, 2001; *dies.,* Die Verteilung des Risikos des Kreditkartenmissbrauchs bei Distanzgeschäften, BKR 2002, 119 ff.; *dies.,* Zusatzkreditkarten – Haftungsrisiko ohne Ende? – Zur dogmatischen Einordnung von „Partnerkarten", NJW 2004, 3522 ff.; *dies.,* Sein und Schein im Überweisungsrecht – Zur Geltung von

Rechtsscheingrundsätzen bei der Autorisierung des Überweisungsauftrags sowie im Bereicherungsausgleich, in: FS Köndgen, 2016, 383 ff.; *Lehmann/Rettig,* Rechtliche Vorgaben für Kunden-Online-Postfächer, NJW 2020, 569 ff.; *Linardatos,* Das Haftungssystem im bargeldlosen Zahlungsverkehr nach Umsetzung der Zahlungsdiensterichtlinie, 2013; *ders.,* Die Rechtscheinhaftung im Zahlungsdiensterecht, BKR 2015, 96 ff.; *ders.,* Rollende Kreditkarten – zahlungsdiensterechtliche Fragen bei In-Car-Payments, RdZ 2020, 36 ff.; *Lohmann/Koch,* Richtlinie des Europäischen Parlaments und des Rates über Zahlungsdienste im Binnenmarkt – Wesentliche Inhalte, Bewertung und mögliche Auswirkungen auf den europäischen Zahlungsverkehrsmarkt, WM 2008, 57 ff.; *Lutz,* Regulatorische Herausforderungen von Bezahlsystemen: PayPal & Co, ZVglRWiss 116 (2017), 177 ff.; *Martinek,* Vom Forderungskauf zum abstrakten Schuldversprechen – Die Bekehrung der Rechtsprechung zu Walther Haddings Kreditkartentheorie, in: FS Hadding, 2004, 967 ff.; *Meder,* Die bargeldlose Zahlung. Ein rechtshistorischer Beitrag zur dogmatischen Einordnung des Kreditkartenverfahrens, 1996; *ders.,* Führt die Kreditkartennutzung im Ausland zu einer Fremdwährungsschuld gemäß § 244 BGB?, WM 1996, 2085 ff.; *ders.,* Die Kreditkartenzahlung als Anweisungsgeschäft, AcP 198 (1998) 72 ff.; *ders.,* Kreditkartenmissbrauch – Die Verteilung des Haftungsrisikos im Telephone-Order-, Mail-Order- und Internet-Verfahren, ZBB 2000, 89 ff.; *ders.,* Kreditkartenmissbrauch im Fernabsatz, NJW 2002, 2215 ff.; *ders.,* Die Kreditkartenzahlung im Internet und Mail-Order-Verfahren, WM 2002, 1993 ff.; *ders.,* Kritische Präjudizientreue im Anschluss an die neue BGH-Rechtsprechung zum Kreditkartenmissbrauch im Fernabsatz, ZIP 2002, 2112 ff.; *Meiske,* Steht das Co-Branding-Geschäft vor dem Aus?, die bank 2018, 18 ff.; *Nobbe,* Bereicherungsausgleich bei Zahlungen mittels Universalkreditkarte, in: FS Hadding, 2004, 1007 ff.; *ders.,* Neuregelungen im Zahlungsverkehrsrecht – Ein kritischer Überblick, WM 2011, 961 ff.; *ders.,* Die Rechtsprechung des Bundesgerichtshofs zu Kartenzahlungen und die neuere Rechtsprechung des Bundesgerichtshofs zum Wechsel- und Scheckrecht, WM 2012, Sonderbeilage 2 (zu Nr. 41), S. 1 ff.; *Oechsler,* Die Haftung nach § 675v BGB im kreditkartengestützten Mailorderverfahren, WM 2010, 1381 ff.; *ders.,* Ein neuer wettbewerblicher Ordnungsrahmen für das Kreditkartengeschäft – MIF-VO, Zahlungsdiensterichtlinie 2 und die Mastercard-Entscheidung des EuGH, WM 2016, 537 ff.; *ders.,* Der Schutz der wettbewerblichen Preisbildung im Kreditkartengeschäft vor Antisteering Provisions – Kritisches zur Anwendung der Lehre vom Two-sided Market durch den U. S. Supreme Court, WM 2019, 2045 ff.; *Omlor,* Risikoallokation bei Kreditkartenmissbrauch in den USA und Deutschland, ZfRV 2013, 80 ff.; *ders.,* Zahlungsauftrag, Zahlungsinstrument, Zahlungsauthentifizierungsinstrument und personalisiertes Sicherheitsmerkmal – eine begriffliche Quadratur des Kreises?, GPR 2014, 282 ff.; *ders.,* E-Geld im reformierten Zahlungsdiensterecht, ZIP 2017, 1836 ff.; *ders.,* Entgelte im Zahlungsverkehr nach Umsetzung der Zweiten Zahlungsdiensterichtlinie, WM 2018, 937 ff.; *ders.,* Online-Banking unter Geltung der Zweiten Zahlungsdiensterichtlinie (PSD II), BKR 201, 105 ff.; *ders.,* Starke Kundenauthentifizierung zwischen BGB, ZAG und RTS, RdZ 2020, 20 ff.; *Pamp,* Entgeltklauseln für die Ausstellung einer Ersatzkarte bei Beschädigung oder Verlust der Kreditkarte, WM 2002, 573 ff. *Piekenbrock,* Die richterliche Preiskontrolle im Bankbereich aus europäischer Sicht, GPR 2014, 26 ff.; *ders.,* Das Recht der Zahlungsdienste zwischen Unions- und nationalem Recht, WM 2015, 797 ff.; *Pressel,* Die zivilrechtlichen Grundlagen des Kreditkartengeschäfts, Jura 2010, 321 ff.; *Reifner,* Die Deregulierung der Kreditkartenkredite in Deutschland, VuR 2009, 170 ff.; *Rammos,* The future is near … field communication? – Rechtliche Rahmenbedingungen bei kontaktlosen Zahlungen mittels mobiler Endgeräte, CR 2014, 67 ff.; *Reinfeld,* Rechtsfragen des Interchange-Kreditkartensystems am Beispiel von VISA und EUROCARD, WM 1994, 1505 ff.; *Reymann,* Das Recht der Zahlungsdienste – Eine Zwischenbilanz auf dem Weg zur SEPA, DStR 2011, 1959 ff.; *Rock,* Pflichten der Zahlungsdienstleister beim Online-Glücksspiel, RdZ 2020, 1[illegible]5 ff.; *Rösler/Werner,* Erhebliche Neuerungen im zivilen Bankrecht: Umsetzung von Verbraucher- und Zahlungsdiensterichtlinie, BKR 2009, 1 ff.; *Scheibengruber,* Zur Zulässigkeit und Sinnhaftigkeit der Verlagerung des Missbrauchsrisikos bei Zahlungsdiensten auf die Nutzer – Ein Beitrag zur Analyse der Umsetzung der Zahlungsdiensterichtlinie in das BGB und die AGB der Banken, BKR 2010, 15 ff.; *Schmidt-Kessel/Rank,* Bedingungsanpassungsklauseln und Preisanpassungsklauseln im allgemeinen Bankvertragsrecht und im Zahlungsdiensterecht – Überlegungen zu Nr. 2 Abs. 1 und 2 sowie Nr. 17 Abs. 6 der AGB-Sparkassen, WM 2018, 2205 ff.; *dies.,* Änderungen von Zahlungsdiensterahmenverträgen – Neues zum Mehrebenenproblem der Kollision von EU-Richtlinien, GPR 2018, 266 ff.; *Schnauder,* Risikozuordnung bei unbefugter Kreditkartenzahlung, NJW 2003, 849 ff.; *Schön,* Prinzipien des bargeldlosen Zahlungsverkehrs, AcP 198 (1998), 401 ff.; *Schulte am Hülse/Welchering,* Der Anscheinsbeweis bei missbräuchlicher Bargeldabhebung mit Karte und Geheimzahl, NJW 2012, 1262 ff.; *Schürmann,* Das neue Recht der Zahlungsaufträge – ein Überblick, in: Bankrechtstag 2009, 2010, 11 ff.; *Schur/Schur,* Kreditkartenzahlungen – eine zivil- und strafrechtliche Betrachtung, JA 2017, 739 ff.; *Söbbing,* Mobile Zahlungssysteme – Die rechtlichen Herausforderungen bei Zahlungen via Smartphone, Tablet, Watch etc, WM 2016, 1066 ff.; *Spitzer,* Gesetz zur Umsetzung der Zweiten Zahlungsdiensterichtlinie – Die Neuregelungen im Zivilrecht zum Verbraucherschutz bei der Erbringung von Zahlungsdiensten, MDR 2018, 561 ff.; *Voigt,* Die Rückabwicklung von Kartenzahlungen – Auswirkungen der Existenz oder Ausübung von Vertragslösungsrechten des Karteninhabers gegenüber dem Vertragsunternehmen auf Kredit- und EC-Kartentransaktionen, 2007; *Volmar,* Ohio v. American Express – Der US Supreme Court entscheidet zur Marktabgrenzung bei mehrseitigen Plattformen, WuW 2019, 11 ff.; *Wand,* Die Zulässigkeit der Erhebung eines isolierten Entgeltes für den Auslandseinsatz einer Kreditkarte, WM 1996, 289 ff.; *Werner,* Mailorderverfahren: Verschuldensunabhängige Rückbelastungsklausel in AGB von Kreditkartenunternehmen ist unwirksam, BB 2002, 1382 ff.; *ders.,* Wesentliche Änderungen des Rechts der Zahlungsdienste durch Umsetzung der Zweiten EU-Zahlungsdiensterichtlinie in deutsches Recht, WM 2018, 449 ff.; *ders.,* Neue Möglichkeiten für Zahlungsdienstnutzer im Recht der Zahlungsdienste nach Umsetzung der

PSD II, ZBB 2018, 345 ff.; *Zahrte,* Neuerungen im Zahlungsdiensterecht, NJW 2018, 337 ff.; *ders.,* Die „zweite Stufe" der PSD-2-Umsetzung – Änderungen der Sonderbedingungen für Online- und Kartenzahlungen zum 14.9.2019, BKR 2019, 484 ff.; *Zwade/Mühl,* Der Aufwendungs- und Schadensersatzanspruch im Kreditkartengeschäft – unter besonderer Berücksichtigung der Beweislastverteilung und -führung, WM 2006, 1225 ff.

Übersicht

Vorbemerkungen vor §§ 675f ff. BGB – Kreditkarte

Übersicht

I. Grundlagen und Terminologie

1 Im Jahr 2018 wurden in Deutschland ca. 1,4 Milliarden Zahlungen mittels einer Kreditkarte getätigt, es gab weit mehr als 1 Million Akzeptanzstellen, und das Gesamttransaktionsvolumen im Kreditkartengeschäft lag bei deutlich über 100 Milliarden Euro.[1] Dabei ist die **Bedeutung von Kreditkartenzahlungen** immer **weiter zunehmend,** was auch an den gesunkenen Kosten für die Akzeptanz von Kreditkartenzahlungen, der wachsenden gesellschaftlichen Akzeptanz der bargeldlosen Zahlung auch kleinerer Beträge und der zunehmend erleichterten Einsetzbarkeit von Kreditkartenzahlungen in technischer Hinsicht liegt.

2 Ungleich komplexer sind die bei solchen Transaktionen zwischen den beteiligten Personen bestehenden **vertraglichen Beziehungen:** Sie sind **multipolar**[2] und lassen sich in eine Reihe von einzelnen Vertragsverhältnissen aufspalten, die sich teilweise gegenseitig beeinflussen, für die nicht dieselben (zivil- und/oder aufsichtsrechtlichen) Regeln gelten und auf die auch technische Entwicklungen unterschiedlich einwirken. Diese Multipolarität zu berücksichtigen, war und ist insbesondere wichtig, wenn über missbräuchliche Verwendungen von Kreditkarten und die in solchen Fällen maßgebliche Risikoverteilung zu urteilen ist.[3]

3 Für nahezu alle anderen Zwecke lässt sich das Kreditkartengeschäft ungeachtet der Multipolarität der Vertragsverhältnisse aber **auf ein Drei-Personen-Verhältnis reduzieren,** nämlich auf das Verhältnis von Karteninhaber, Kartenaussteller und Vertragsunternehmen: Durch den Einsatz seiner Kreditkarte beim Vertragsunternehmen (entweder im Präsenz- oder im Distanzgeschäft; dazu noch → Rn. 56 ff.) begleicht der Karteninhaber eine Forderung. Der Kartenaussteller erstattet dem Vertragsunternehmen den entsprechenden Betrag (abzüglich eines Entgelts/*Disagios*) und erhält ihn schließlich vom Karteninhaber zurück. In Deutschland beträgt der mittels Kreditkarte gezahlte Betrag durchschnittlich zwischen ca. 60 Euro *(Credit Cards)* und ca. 80 Euro *(Charge Cards)*.[4]

1. Terminologie des Kreditkartenrechts

4 **a) Emittent/*Issuer* der Kreditkarte.** Wäre das Kreditkartengeschäft tatsächlich durch ein Drei-Personen-Verhältnis geprägt, wäre Kartenaussteller diejenige Vertragspartei, die mit dem Karteninhaber den Emissionsvertrag (auch: Kreditkartenvertrag/Rahmenvertrag) schließt, die Kreditkarte ausstellt (Emittent/*Issuer* bzw. Kartenaussteller im engeren Sinne) und mit den Vertragsunternehmen den Akquisitionsvertrag (auch: Händlervertrag/Akzeptanzvereinbarung) schließt.

5 Diese Beschreibung des Kreditkartengeschäfts als ein **Drei-Parteien-System** hatte allenfalls in den Anfangszeiten der Kreditkarte und auch nur bei sog. geschlossenen Systemen – wie damals bei den Kreditkartenorganisationen American Express und Diners Club – ihre Berechtigung. Kreditkartenorganisationen wie VISA und Mastercard lassen sich nur als ein Vier-Personen-Verhältnis beschreiben (offenes System), weil diese ihre Karten nicht selbst herausgeben, sondern an Kreditinstitute Lizenzen vergeben, um Kreditkarten mit dem VISA- oder Mastercard-Logo auszustellen.[5] In einem solchen **Vier-Parteien-System** sind die lizensierten Kreditinstitute im Rechtssinne Emittenten/*Issuer* der Kreditkarte.[6] In der

[1] Deutsche Bundesbank, Zahlungsverkehrs- und Wertpapierabwicklungsstatistiken in Deutschland 2014–2018 (Stand: Juli 2019).
[2] *Jungmann* WuB 2018, 267 (270).
[3] Ausführlich *Jungmann* WM 2005, 1351 ff.; vgl. auch *Herresthal* ZBB 2019, 353 ff.
[4] Deutsche Bundesbank, Zahlungsverkehrs- und Wertpapierabwicklungsstatistiken in Deutschland 2014–2018 (Stand: Juli 2019)/eigene Berechnungen.
[5] Vgl. *Jungmann* WM 2005, 1351 (1353 f.); MüKoHGB/*Linardatos* Zahlungsverkehr Rn. G 19; zu den Anfängen der sog. Interchange-Systeme vgl. *Reinfeld* WM 1994, 1505 ff.
[6] Zu den damit einhergehenden Netzwerkeffekten vgl. *Oechsler* WM 2016, 537 ff.; *Oechsler* WM 2019, 2045 ff.

heutigen Praxis vergeben auch die Kreditkartenorganisationen American Express und Diners Club zur Ausgabe ihrer Kreditkarten ganz überwiegend Lizenzen an andere Zahlungsdienstleister oder geben ihre Kreditkarten gemeinsam mit einem Co-Branding-Partner (→ Rn. 7) oder mittels eines Vertreters heraus.[7] Dies berücksichtigt beispielsweise auch die Verordnung (EU) 2015/751 des Europäischen Parlaments und des Rates vom 29. April 2015 über Interbankenentgelte für kartengebundene Zahlungsvorgänge **(MIF-Verordnung),** die über Art. 1 Abs. 5 MIF-Verordnung Drei-Parteien-Systeme in den vorgenannten Fällen den Vier-Parteien-Systemen in vielerlei Hinsicht – so etwa in Bezug auf die Begrenzung von Interbankenentgelten (→ Rn. 49) – gleichstellt. Ohnehin sind die hinter dem Begriff „Kartenaussteller" stehenden und nachfolgend dargestellten Rechtsbeziehungen zwischen den am Einsatz von Kreditkarten Beteiligten im Kartellrecht von besonderer Bedeutung. Im Bereich der Vier-Parteien-Systeme sind insofern drei Märkte zu beleuchten: der „intersystemische Markt" (Wettbewerb der unterschiedlichen Kartensysteme), der „Issuing-Markt" (Wettbewerb der Issuing-Processing-Unternehmen um die Karteninhaber) und der „Acquiring-Markt" (Wettbewerb der Acquiring-Unternehmen um die Vertragsunternehmen).[8]

6 **b) Kreditkartenorganisation.** Auch der Begriff „Kreditkartenorganisation" ist schwer zu fassen, denn die Strukturen innerhalb dieser Organisationen sind weit verzweigt.[9] So ist zum Beispiel die „Kreditkartenorganisation Mastercard" eine Gruppe von verbundenen Unternehmen. Obergesellschaft ist Mastercard Incorporated, eine Aktiengesellschaft US-amerikanischen Rechts; sie ist Holding-Gesellschaft von Mastercard Worldwide Inc. Das Europa-Geschäft von Mastercard wird von einer hundertprozentigen Tochter abgewickelt, der Mastercard Europe SA (Aktiengesellschaft belgischen Rechts). In Deutschland ist die EURO Kartensysteme GmbH zuständig, ein Gemeinschaftsunternehmen der deutschen Banken und Sparkassen mit den wesentlichen privaten Banken und unter anderem dem Deutsche Sparkassen- und Giroverband als Gesellschaftern. Die EURO Kartensysteme GmbH ist Lizenznehmerin *(Principal Member)* von Mastercard Incorporated und zur Ausgabe von Mastercard-Kreditkarten und zur Vergabe von Unterlizenzen an Banken und Sparkassen in Deutschland berechtigt.[10] Somit ist nicht die EURO Kartensysteme GmbH Kartenemittentin; vielmehr sind es Kreditinstitute in Deutschland, die über die von der EURO Kartensysteme GmbH vergebene Unterlizenz und nach einer formalen Bestätigung durch Mastercard Incorporated den Status eines *Affiliate Licensee* in der Mastercard-Organisation erwerben. Damit werden die **lizensierten Kreditinstitute** zum Kartenaussteller im engeren Sinne bzw. zum **Emittenten/*Issuer.*** Recht ähnlich verhält es sich bei VISA, wohingegen Diners Club und American Express zwar ebenfalls über Holdingstrukturen und regionale Lizenznehmer verfügen, häufig aber keine deutschen Kreditinstitute als Emittent/*Issuer,* sondern eigene, regionale Tochtergesellschaften unterlizensieren.

7 Wenig Einfluss auf die rechtliche Bewertung der Rechtsverhältnisse beim Einsatz einer Kreditkarte hat das sog. ***Co-Branding.***[11] Hier setzt ein Unternehmen wie zum Beispiel Lufthansa, die Deutsche Bahn oder der ADAC sein Logo auf die Kreditkarte und verbindet, teilweise in Abhängigkeit vom tatsächlichen Einsatz der Kreditkarte, besondere Leistungen mit der Kreditkarte (zum Beispiel die Gutschrift von Prämienmeilen im Vielfliegerprogramm von Lufthansa, von Prämienpunkten beim bahn.bonus-Programm der Deutschen Bahn oder die Gewährung eines Tank-Rabatts durch den ADAC), um einen besonderen Anreiz zum Einsatz der Kreditkarte zu setzen (sog. Loyalty-Ansatz).

---

[7] Vgl. *Jungmann* WuB 2018, 267 (271).

[8] Vgl. EuGH WM 2020, 773 (778) = BeckRS 2020, 4841.

[9] Vgl. schon *Jungmann* WM 2005, 1351.

[10] Vgl. auch die Sachverhaltsdarstellung in EuGH WM 2015, 1510 = BeckRS 2014, 81847; vgl. ferner Staub/*Grundmann* BankvertragsR 3. Teil Rn. 58 f.

[11] Einzelheiten bei *Meiske* die bank 2018, 21 ff.; Überblick auch bei BankR-HdB/*Martinek*/*Omlor* Bd. I, § 67 Rn. 5.

In den meisten Fällen wird der Eindruck erweckt, als werde das Unternehmen Kartenaussteller, insbesondere weil die Antragsbearbeitung, die Beantwortung von Fragen etc über Adressen/Service-Telefonnummern dieser Unternehmen abgewickelt wird. Emittent/*Issuer* der Kreditkarte bleibt rechtlich gesehen aber fast immer ein Kreditinstitut. Normalerweise liegt ein Kooperationsverhältnis zwischen diesem und dem *Co-Branding*-Unternehmen vor (so zum Beispiel zwischen der Deutschen Kreditbank (DKB) und Lufthansa, der Commerzbank und der Deutschen Bahn oder der Landesbank Berlin und dem ADAC); in Ausnahmefällen gründen die Unternehmen eigene Tochtergesellschaften, die Bankgeschäfte betreiben, oder erbringen die Zahlungsdienste (als Zahlungsdienstleister, ggf. als Zahlungsinstitut iSv § 1 Abs. 1 S. 1 Nr. 1 ZAG) auch tatsächlich selbst. 8

c) Issuing-Processing-Unternehmen. Die **technische Abwicklung der Ausgabe** der Kreditkarte (Erstellung und Versand), des Ersatzkartenservices, der periodischen Abrechnung, der Bearbeitung von Zahlungsreklamationen usw haben die lizensierten Kreditinstitute bzw. Tochtergesellschaften auf sog. *Issuing-Processing*-Unternehmen (auch: *Member Service Provider*) verlagert.[12] Über diese wird regelmäßig auch die Anfrage nach einer Genehmigung eines bestimmten Umsatzes durch die Vertragsunternehmen abgewickelt. Das Vertragsverhältnis zwischen Karteninhaber und lizensiertem Kreditinstitut bzw. Tochtergesellschaft (→ Rn. 25 ff.) wird durch all dies nicht berührt. Letztere bleiben rechtlich Emittent/*Issuer* der Kreditkarten. 9

d) *Acquiring*-Unternehmen. Die lizensierten Kreditinstitute bzw. Tochtergesellschaften selbst schließen nicht die Akquisitionsverträge mit den Vertragsunternehmen. Vielmehr wird diese Aufgabe *Merchant-Acquiring*-Unternehmen (kurz: *Acquiring*-Unternehmen oder auch *Acquirer*) übertragen. Diese sind mit der jeweiligen Kreditkartenorganisation über Lizenzvereinbarungen und Rahmenverträge verbunden. Mit den lizensierten Kreditinstituten bzw. Tochtergesellschaften mögen Kooperationsabkommen existieren,[13] rechtlich besteht zwischen den *Acquiring*-Unternehmen und den lizensierten Kreditinstituten bzw. Tochtergesellschaften jedoch **lediglich** ein **Abrechnungsverhältnis** (auch: *Clearing*-Verhältnis). In der heutigen Realtität des Kreditkartengeschäfts hat die Bedeutung der Rolle der *Acquiring*-Unternehmen enorm zugenommen; auch das darf bei der rechtlichen Beurteilung kreditkartenrechtlicher Fragen – insbesondere bei der Zuweisung von Haftungsrisiken – nicht unberücksichtigt bleiben.[14] 10

e) Kartenaussteller als zusammenfassender Begriff. Ungeachtet der Unterschiede zwischen den Drei- und Vier-Parteien-Systemen, ungeachtet auch der Vielgliedrigkeit und gesellschaftsrechtlichen Strukturen der Kreditkartenorganisationen selbst und ungeachtet der Bedeutung von *Issuing-Processing*- und *Acquiring*-Unternehmen lassen sich **Kreditkartenorganisation, *Issuing-Processing*-Unternehmen, Emittent/*Issuer* und** auch immer noch ***Acquiring*-Unternehmen** für nahezu alle Fälle des privaten Bankrechts[15] **zusammenfassend als „Kartenaussteller"** bezeichnen. Dieser Terminologie wird in der folgenden Darstellung – sofern nicht, gerade mit Blick auf Haftungsfragen, ausdrücklich anders deutlich gemacht – durchgängig gefolgt; die **Kommentierung beschränkt** die Terminologie des Kreditkartenrechts damit **auf die Begriffe Karteninhaber, Kartenaussteller und Vertragsunternehmen.** 11

2. Terminologie des Zahlungsdiensterechts

a) Zahlungsdienstleister, Zahlungsdienstnutzer und Zahlungsdiensterahmenverträge. Der Systematik der §§ 675c ff. BGB folgend, finden sich die kreditkartenbezogenen Begriffe Karteninhaber, Kartenaussteller und Vertragsunternehmen im Gesetz nicht 12

[12] Vgl. Baumbach/Hefermehl/*Casper* Kartenzahlungen Rn. 86.
[13] Vgl. BankR-HdB/*Martinek*/*Omlor* Bd. I, § 67 Rn. 2.
[14] Ausf. *Herresthal* ZBB 2019, 353 ff.
[15] Für das Insolvenz(anfechtungs)recht vgl. BGH NJW-RR 2015, 178 (179); zum Kartellrecht vgl. → Rn. 5.

wieder. Dieses stellt vor allem auf Zahlungsdienstleister und Zahlungsdienstnutzer – entweder als Zahler oder als Zahlungsempfänger – ab. Die §§ 675c ff. BGB regeln im Wesentlichen nur das Verhältnis zwischen Karteninhaber und Kartenaussteller **(Deckungsverhältnis)** und, deutlich detailreicher, das Verhältnis von Kartenaussteller und Vertragsunternehmen **(Zuwendungsverhältnis).** Das Verhältnis zwischen Karteninhaber und Vertragsunternehmen **(Valutaverhältnis)** sowie die Rechtsbeziehungen der hier unter dem Begriff „Kartenaussteller" zusammengefassten Vertragsparteien (also die Lizenzvereinbarungen und das Abrechnungsverhältnis) werden nur sehr fragmentarisch geregelt.[16]

13 Im Deckungsverhältnis ist der Kartenaussteller Zahlungsdienstleister und der Karteninhaber Zahlungsdienstnutzer. Im Zuwendungsverhältnis ist der Kartenaussteller abermals Zahlungsdienstleister und das Vertragsunternehmen Zahlungsdienstnutzer. Im Valutaverhältnis ist der Karteninhaber Zahler und das Vertragsunternehmen Zahlungsempfänger. Zahlungsdiensterahmenverträge bestehen im Deckungs- und im Zuwendungsverhältnis.[17]

14 Die traditionelle Terminologie des Kreditkartengeschäfts und die Terminologie des Zahlungsdiensterechts zusammenfassend lässt sich das Kreditkartengeschäft wie folgt schematisch darstellen.[18]

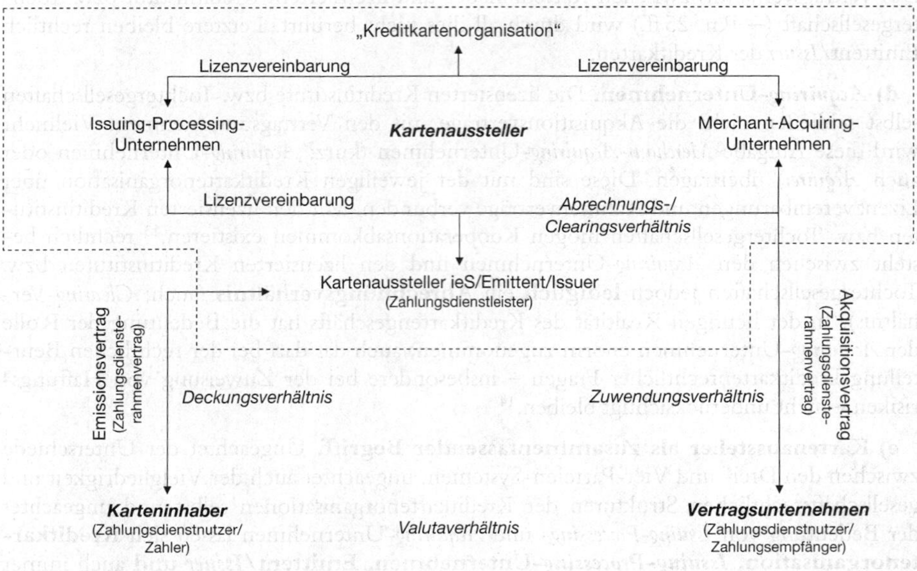

15 **b) Kreditkartendaten, Zahlungsinstrument und personalisierte Sicherheitsmerkmale.** Die Kreditkarte enthält drei wesentliche Daten **(Kreditkartendaten):** die **Kreditkartennummer,** das **Gültigkeitsdatum** und den **Namen des Karteninhabers.** Diese Daten sind auf dem EMV-Chip auf der Vorderseite gespeichert, meistens – insbesondere zum Zwecke des Einsatzes der Kreditkarte im Ausland – zusätzlich auch auf dem Magnetstreifen auf der Rückseite der Kreditkarte.[19] Bei der überwiegenden Mehrzahl der heute noch ausgegebenen Karten sind die Kreditkartendaten hochgeprägt; die Tendenz wird zu Karten ohne hochgeprägte Angaben gehen. **Nicht** zu den Kreditkartendaten gehört die auf der Kreditkarte zusätzlich (oftmals auf der Rückseite) aufgedruckte drei- oder vierstellige **Prüfziffer.** Diese ist nicht im auf dem EMV-Chip gespeicherten Datensatz

[16] Vgl. auch *Grundmann* WM 2009, 1157 (1161).
[17] Vgl. Kümpel/Mülbert/Früh/Seyfried/*Werner* Rn. 4.823 f.
[18] Vgl. ferner die Übersichten bei MüKoHGB/*Linardatos* Zahlungsverkehr Rn. G 18 f. mwN; auffallend ähnlich wie hier und wie in den Vorauflagen die Übersicht bei *Schur/Schur* JA 2017, 739 (740).
[19] Vgl. auch *Jungmann* WM 2005, 1351 (1354).

enthalten (und nicht hochgeprägt). Auf dem EMV-Chip ist auch keine PIN (oÄ) gespeichert.[20]

Das Zahlungsdiensterecht des BGB stellt – in Bezug auf Kreditkarten insbesondere von Bedeutung in §§ 675j, 675k, 675l, 675m, 675v und 675w BGB – auf den Begriff „Zahlungsinstrument" ab, ohne ihn selbst zu definieren. Über § 675c Abs. 3 BGB ist die in § 1 Abs. 20 ZAG enthaltene Definition maßgeblich; die **Kreditkarte** ist ein **Zahlungsinstrument** in diesem Sinne (→ Kap. 6 BGB § 675j Rn. 14). 16

Da das seit 2018 geltende Zahlungsdiensterecht den Begriff „Zahlungsauthentifizierungsinstrument"[21] nicht mehr kennt, ist das Medium Zahlungsinstrument vom Vorgang der Authentifizierung eines Zahlungsvorgangs (begrifflich wie rechtlich) entkoppelt.[22] Die Authentifizierung (vgl. die Legaldefinition in § 1 Abs. 23 ZAG; vgl. im Übrigen → Kap. 6 BGB § 675j Rn. 15 ff.) stellt eine Verknüpfung zum **Begriff „personalisierte Sicherheitsmerkmale"** her. Dieser Begriff ist in § 1 Abs. 25 ZAG definiert: Personalisierte Sicherheitsmerkmale sind danach personalisierte Merkmale, die der Zahlungsdienstleister einem Zahlungsdienstnutzer zum Zwecke der Authentifizierung bereitstellt. Auf diese Definition stellt nicht nur das Zahlungsdiensterecht des BGB, sondern auch die Delegierte VO (EU) 2018/389 ab. 17

Daraus leitet die herrschende Meinung zu Recht ab: Personalisierte Sicherheitsmerkmale sind entweder geheim oder nicht reproduzierbar.[23] Personalisierte Sicherheitsmerkmale sind damit etwa Datenschlüssel, Zeichenabfolgen oder Codewörter, die dem Zahlungsdienstnutzer durch den Zahlungsdienstleister exklusiv zur Kenntnis gebracht werden, sodass das Innehaben dieser Informationen gegenüber dem Zahlungsdienstleister oder anderen Zahlungsinstituten die Berechtigung indiziert.[24] 18

Danach sind **personalisierte Sicherheitsmerkmale bei der Kreditkarte** die **PIN** (etwa beim Einsatz der Kreditkarte an Zahlungsterminals oder auch Bargeldautomaten) und die **Unterschrift.**[25] Ferner gehören zu den personalisierten Sicherheitsmerkmalen im Kreditkartengeschäft **TANs, Passwörter, Antworten auf Sicherheitsfragen** etc, die im Rahmen von Verfahren wie „Mastercard Identity Check"- oder „Visa Secure"-Verfahren (→ Rn. 60) verwendet werden. 19

Die Gegenansicht fasst den Begriff „personalisierte Sicherheitsmerkmale" enger und verlangt, dass diese zum einen geeignet sein müssen, den Zahler zu authentifizieren, und zum anderen dazu geeignet und bestimmt sein müssen, geheim gehalten zu werden.[26] Aus diesem Grund wird teilweise die Unterschrift bei der Kreditkarte nicht zu den personalisierten Sicherheitsmerkmalen gezählt.[27] Überzeugend ist dies nicht, denn es geht nicht um die Unterschrift, mit der sich der Kunde bei der Zahlung mit der Kreditkarte legitimiert (und die in der Tat nicht geheim gehalten wird), sondern um die auf der Kreditkarte vermerkte Unterschrift. Diese kann der Karteninhaber sehr wohl zusammen mit der Kreditkarte sicher verwahren und dadurch den Anforderungen gerecht werden, die § 675l Abs. 1 S. 2 BGB in Bezug auf personalisierte Sicherheitsmerkmale aufstellt; das unterscheidet die Unterschrift auch von der Kartenprüfnummer, die im Distanzgeschäft übermittelt wird.[28] Auch ein Rückgriff auf den Wortlaut von § 1 Abs. 25 ZAG stützt die Gegenansicht 20

[20] Vgl. *Eisele* CR 2011, 131; AG Freudenstadt WM 2017, 472 (474) = BeckRS 2016, 112290.

[21] Vgl. insofern noch → 2. Aufl. 2016, Kap. 6 BGB Vor §§ 675f ff. Rn. 12 ff. *(Jungmann)* zur Kreditkarte als „abstraktem Zahlungsauthentifizierungsinstrument".

[22] MüKoBGB/*Jungmann* § 675j Rn. 39.

[23] *Scheibengruber* BKR 2010, 15 (17).

[24] MüKoBGB/*Jungmann* § 675j Rn. 39; vgl. auch Palandt/*Sprau* § 675j Rn. 7.

[25] Überzeugend MüKoBGB/*Casper* § 675c Rn. 10; *Danwerth* ZBB 2015, 119 (124); Staudinger/*Omlor* Vorb. zu §§ 675c–676c Rn. 162.

[26] *Hofmann* BKR 2014, 105 (107 f.); BeckOGK BGB/*Hofmann* § 675l Rn. 38 ff.

[27] *Hofmann* BKR 2014, 105 (107 f.); *Hofmann* BKR 2018, 62 (65); Schwintowski Bankrecht/*Hofmann* Kap. 10 Rn. 100 f.; BeckOGK BGB/*Hofmann* § 675l Rn. 38 ff.; diesem folgend Palandt/*Sprau* § 675j Rn. 7; BeckOK BGB/*Schmalenbach* § 675f Rn. 3; mind. sympathisierend auch BeckOGK BGB/*Köndgen* § 675j Rn. 63 ff.

[28] MüKoBGB/*Jungmann* § 675j Rn. 49.

im Ergebnis nicht, denn mit „Bereitstellen" ist nicht etwa gemeint, dass der Kartenaussteller die (individuelle) Unterschrift (an sich) vorgibt, sondern dass der Einsatz der Unterschrift zum Zwecke der Autorisierung des Kreditkarteneinsatzes vom Kartenaussteller vorgesehen ist. Insofern unterscheidet sich die Unterschrift nicht von vom Karteninhaber wählbaren PINs oder Antworten auf Sicherheitsfragen.

21 Unstreitig **nicht zu den personalisierten Sicherheitsmerkmalen zählen** die Kreditkartendaten (→ Rn. 15);[29] sie sind einfach ablesbar und werden im Übrigen (ganz oder teilweise) beim Vertragsunternehmen gespeichert. Ähnliches gilt für die sog. Prüfziffer; wird sie beim Einsatz der Kreditkarte übermittelt, stellt dies keine Authentifizierung des Zahlungsvorgangs dar.[30]

22 **c) Aufsichtsrechtliche Terminologie.** Der Einsatz von Kreditkarten stellt allgemein ein **Zahlungskartengeschäft** iSv § 1 Abs. 1 S. 2 Nr. 3b) ZAG dar; bei *Charge Cards* (→ Rn. 34) und *Credit Cards* (→ Rn. 35) handelt es sich um ein Zahlungskartengeschäft mit Kreditgewährung iSv § 1 Abs. 1 S. 2 Nr. 4 ZAG. Gleichzeitig stehen, da bei Akzeptanz der Kreditkarte Zahlungsvorgänge angenommen und abgerechnet werden und da mit der Kreditkarte ein Zahlungsinstrument (→ Kap. 6 BGB § 675j Rn. 14) ausgegeben wird, **Akquisitionsgeschäfte** iSv § 1 Abs. 1 S. 2 Nr. 5 ZAG in Rede.

23 **d) Zahlungsvorgang und Zahlungsauftrag beim Kreditkartengeschäft, Auslösung des Zahlungsvorgangs über das Vertragsunternehmen.** Das Zahlungsdiensterecht trennt zwischen Zahlungsvorgängen und Zahlungsaufträgen (§ 675f Abs. 4 BGB). Der Zahlungsauftrag hat Verpflichtungswirkung, die Autorisierung des Zahlungsvorgangs (§ 675j BGB) hat Ermächtigungswirkung.[31] Folge dieser differenzierenden Systematik – die beim Kreditkartengeschäft mitunter schwer erkennbar sein kann, weil Erteilung des Zahlungsauftrags und Autorisierung des Zahlungsvorgangs häufig zeitgleich erfolgen – sind die unterschiedlichen Regelungen für den Widerruf: Der Widerruf des Zahlungsauftrags ist in § 675p BGB, der Widerruf der Autorisierung des Zahlungsvorgangs ist in § 675j Abs. 2 BGB geregelt.

24 Bei der Kreditkarte wird die **Erklärung, die den Zahlungsvorgang auslöst, mittelbar über das Vertragsunternehmen abgegeben**[32] („***Pull*-Zahlung**").[33] Deshalb wird der Zahlungsvorgang in der Terminologie des Zahlungsdiensterechts **„über den Zahlungsempfänger ausgelöst"**;[34] der Zahler/Karteninhaber ist also – auch wenn er die den Zahlungsvorgang in Gang bringende Erklärung (über das Vertragsunternehmen) abgibt – nicht „Auslöser" des Zahlungsvorgangs.

II. Die einzelnen Vertragsverhältnisse

1. Deckungsverhältnis

25 Das Deckungsverhältnis ist das Verhältnis zwischen dem Kartenaussteller – für diesen Zweck genauer: des lizensierten Kreditinstituts bzw. der lizensierten Tochtergesellschaft (Emittent/*Issuer* der Kreditkarte) – und dem Karteninhaber. Zwischen ihnen wird ein **Emissionsvertrag** (auch: Kreditkartenvertrag oder Rahmenvertrag) geschlossen. Dabei handelt es sich um einen (regelmäßig entgeltlichen) Geschäftsbesorgungsvertrag (mit nach

[29] BT-Drs. 16/11643, 113.

[30] *Hofmann* BKR 2014, 105 (107); Palandt/*Sprau* § 675j Rn. 7; BeckOGK BGB/*Köndgen* § 675j Rn. 58 mwN; **aA** (aber vor Einführung der Legaldefinition von personalisierten Sicherheitsmerkmalen) *Oechsler* WM 2010, 1381 f.

[31] Vgl. *Köndgen* JuS 2011, 481 (486); dazu auch noch → Kap. 6 BGB § 675f Rn. 5 f.

[32] Vgl. *Köndgen* JuS 2011, 481 (486); Erman/*Graf von Westphalen* § 675p Rn. 7.

[33] Vgl. BT-Drs. 16/11643, 102; MüKoHGB/*Linardatos* Zahlungsverkehr Rn. G 40; vgl. auch Schwintowski Bankrecht/*Hofmann* Kap. 10 Rn. 27.

[34] BT-Drs. 16/11643, 102; Palandt/*Sprau* § 675f Rn. 52.

herrschender Auffassung werkvertraglichem Charakter).[35] Der Bundesgerichtshof betont mit Blick auf die Prüfung des Inhalts des Emissionsvertrags nach AGB-Recht, dass dieser keinem gesetzlichen Leitbild folge.[36] Für den Vertragsschluss gelten die allgemeinen schuldrechtlichen Grundsätze, dementsprechend auch die §§ 305 ff. BGB zur Einbeziehung von Allgemeinen Geschäftsbedingungen.[37] Bei Änderungen des Emissionsvertrags sind die mit § 675g BGB einhergehenden Besonderheiten zu berücksichtigen.

Die Laufzeit des Emissionsvertrags ist nicht durch das auf der Kreditkarte aufgedruckte Gültigkeitsdatum begrenzt; maßgeblich sind § 675h BGB und die in diesem Rahmen möglichen vertraglichen Bestimmungen über Kündigungsmöglichkeiten, automatische Verlängerungen etc.[38] **26**

Bestandteil des Emissionsvertrags ist stets ein **Zahlungsdiensterahmenvertrag.**[39] In der Praxis sind häufig auch **Nebenleistungen** Bestandteil des Emissionsvertrags („***Assistance*-Leistungen**", zum Beispiel Versicherungsverträge und/oder Verträge über die Nutzung bestimmter Einrichtungen oder Serviceangebote);[40] es können auch separate Verträge geschlossen werden. Diese Verträge unterliegen anderen gesetzlichen (zB versicherungsrechtlichen) Regelungen, was andere Maßstäbe bei der AGB-Kontrolle zur Folge hat.[41] **27**

Beim Abschluss dieser Verträge wird der Kartenaussteller regelmäßig entweder als Vertreter fungieren oder – davon ist in der Mehrheit der Fälle auszugehen – sogar nur bloßer Vermittler der angebotenen *Assistance*-Leistungen sein. Je nach vertraglicher Gestaltung kann der Kartenaussteller aber auch selbst zum Schuldner der Pflichten aus den Nebenleistungsverträgen werden.[42] Manche Nebenleistungsvereinbarungen (zum Beispiel die Einräumung der Möglichkeit, die Kreditkarte zur Abhebung an Geldautomaten einzusetzen) können als weiterer Zahlungsdiensterahmenvertrag gestaltet werden.[43] **28**

a) Hauptpflichten und sonstige Pflichten im Deckungsverhältnis. Hauptleistungspflicht des Karteninhabers ist die **Zahlung der Jahresgebühr.** Die Höhe der Jahresgebühr, die Entgelt iSv § 675f Abs. 5 BGB ist, variiert in der Praxis (auch in Abhängigkeit von den von der Kreditkarte erfassten Nebenleistungen); auf die Erhebung einer Jahresgebühr kann auch – ohne dass dies Auswirkung auf den bestehenden Pflichtenkanon im Übrigen hätte – ganz oder für bestimmte Zeiträume verzichtet werden. Typischerweise (aber nicht zwingend) ist die Jahresgebühr jährlich zu zahlen,[44] und zwar normalerweise im Voraus. Bei einer unterjährigen Vertragsbeendigung durch Kündigung erfolgt eine zeitanteilige Erstattung (§ 675h Abs. 3 BGB). **29**

Der Karteninhaber ist, wie sich mittelbar auch aus § 675u Abs. 1 BGB ergibt, zur Begleichung der durch den (autorisierten) Karteneinsatz entstehenden **Aufwendungsersatzansprüche des Kartenausstellers** (§§ 675, 675c, 670 BGB) verpflichtet.[45] Wann und in welcher Höhe die Aufwendungsersatzansprüche zu befriedigen sind, unterscheidet sich bei *Debit Cards, Charge Cards* und *Credit Cards* (→ Rn. 33). Die Pflicht zur Begleichung der Aufwendungsersatzansprüche ist keine Entgeltkomponente. Sie ist **nicht Hauptpflicht** **30**

---

[35] BGHZ 91, 221 (223) = NJW 1984, 2460; Baumbach/Hefermehl/*Casper* Kartenzahlungen Rn. 90; Staudinger/*Omlor* Vorb. zu §§ 675–676c Rn. 135; *Bitter* ZBB 1996, 104 (105); *Nobbe* WM 2012, Sonderbeilage 2 (zu Nr. 41), S. 6.

[36] BGHZ 114, 238 (241) = NJW 1991, 1886 (1887); BGHZ 137, 27 (30) = NJW 1998, 383.

[37] Einzelheiten bei Wolf/Lindacher/Pfeiffer AGB-Recht/*Pamp* Rn. K72 f.

[38] Baumbach/Hopt/*Hopt* Bankgeschäfte Rn. F/36.

[39] BGH NJW-RR 2015, 178 (179); vgl. auch noch → Kap. 6 BGB § 675f Rn. 2.

[40] Vgl. BankR-HdB/*Martinek*/*Omlor* Bd. I, § 67 Rn. 19; Baumbach/Hefermehl/*Casper* Kartenzahlungen Rn. 86; Staudinger/*Omlor* Vorb. zu §§ 675c–676c Rn. 151.

[41] Vgl. Wolf/Lindacher/Pfeiffer AGB-Recht/*Pamp* Rn. K113.

[42] Vgl. aber MüKoHGB/*Linardatos* Zahlungsverkehr Rn. G 73 mit dem Hinweis auf § 164 Abs. 2 BGB.

[43] Vgl. Kümpel/Mülbert/Früh/Seyfried/*Werner* Rn. 4.812 f.

[44] Vgl. auch Kümpel/Mülbert/Früh/Seyfried/*Werner* Rn. 4.827.

[45] BGHZ 91, 221 (223 f.) = NJW 1984, 2460; BGH NJW-RR 2015, 178 (179); *Nobbe* WM 2012, Sonderbeilage 2 (zu Nr. 41), S. 7; Baumbach/Hopt/*Hopt* Bankgeschäfte Rn. F/41.

des Karteninhabers und auch nicht Nebenpflicht iSv § 675f Abs. 5 S. 2 BGB (→ Kap. 6 BGB § 675f Rn. 10).

31 Die **Hauptpflicht des Kartenausstellers** (→ Kap. 6 BGB § 675f Rn. 8 zu Entgeltfragen) besteht darin, den vom Karteninhaber durch den Einsatz der Kreditkarte beabsichtigten Zahlungsauftrag auszuführen (vgl. § 675o Abs. 2 BGB) und die Verbindlichkeiten des Karteninhabers bei den Vertragsunternehmen zu tilgen.[46] Dem Karteninhaber ist also die Möglichkeit einzuräumen, bei Vertragsunternehmen (im Präsenzgeschäft) durch Vorlage der Kreditkarte und Unterschreiben eines Belastungsbelegs/Eingabe der PIN bzw. durch Nutzung von Terminals zum „kontaktlosen Bezahlen" (→ Rn. 57) oder (im Distanzgeschäft) durch Zurverfügungstellung der Kreditkartendaten (und heute regelmäßig zusätzlich durch Verwendung von personalisierten Sicherheitsmerkmalen) Waren oder Dienstleistungen zu bezahlen (→ Rn. 58 ff.).

32 Für die entsprechenden Beträge geht der Kartenaussteller gegenüber dem Vertragsunternehmen in Vorleistung und stellt sie sodann dem Karteninhaber in Rechnung. Je nachdem, wie schnell und in welcher Höhe der Karteninhaber gegenüber dem Kartenaussteller erstattungspflichtig ist, gliedern sich die allgemein zusammenfassend als Kreditkarte bezeichneten Zahlungsinstrumente in *Debit Cards, Charge Cards* und *Credit Cards.*[47]

33 **b) Die Unterscheidung zwischen Debit Cards, Charge Cards und Credit Cards. aa) Kreditkarten mit Sofortausgleich (Debit Cards).** Bei *Debit Cards* verlangt der Kartenaussteller unmittelbar nach Einsatz der Kreditkarte eine Erstattung vom Karteninhaber. Es tritt zwischen dem Zahlungsvorgang und der Belastung des Kontos des Karteninhabers lediglich eine abwicklungstechnischen Gründen geschuldete Verzögerung ein.[48] Da darin keine Kreditgewährung liegt, ist die Verwendung des Begriffs „Kreditkarte" eigentlich unpassend.

34 **bb) Kreditkarten mit periodischem Vollausgleich (Charge Cards).** Kreditkarten in der Form von *Charge Cards* – vereinzelt auch: „unechte Kreditkarten" oder „Delayed Debit Cards" – ähneln in ihrer Funktion den *Debit Cards,* allerdings wird dem Karteninhaber nicht nach jedem Einsatz der Karte, sondern nur periodisch – typischerweise monatlich – eine Rechnung erteilt. Diese berücksichtigt alle in der Rechnungsperiode aufgelaufenen Zahlungsvorgänge und verlangt einen Vollausgleich der Gesamtsumme.[49]

35 **cc) Kreditkarten mit Rahmenkreditabrede (Credit Cards).** Im Emissionsvertrag wird dem Karteninhaber für die mit der Karte getätigten Umsätze mitunter ein Rahmenkredit eingeräumt, dessen monatlicher Saldo am Ende eines Abrechnungsmonats nicht wie bei den *Charge Cards* in voller Höhe, sondern in beliebigen Raten zurückzuzahlen ist;[50] typischerweise ist dabei allerdings eine (prozentuale oder absolute) Mindestsumme vorgesehen.[51] Kreditkarten mit einer solchen Rahmenkreditvereinbarung werden auch „echte Kreditkarten" genannt. Die Zinssätze für die auf diese Weise vergebenen revolvierenden Kredite sind typischerweise deutlich höher als bei sonstigen (Raten-)Krediten und häufig sogar höher als bei eingeräumten Überziehungsmöglichkeiten/geduldeten Überziehungen eines Girokontos.[52]

---

[46] So BGHZ 91, 221 (223 f.) = NJW 1984, 2460; BGHZ 152, 75 (78) = NJW 2002, 3698.

[47] Vgl. auch BankR-HdB/*Jungmann* Bd. I § 81 Rn. 36 ff.; *Heese* AcP 210 (2010), 251 (254 ff.).

[48] BGH NJW-RR 2015, 178 (179); FG Rheinland-Pfalz DStRE 2014, 652 (653); vgl. auch Schwintowski Bankrecht/*Hofmann* Kap. 10 Rn. 13 (wenn auch nicht spezifisch zu *Debit Cards*).

[49] Zur Frage der Saldenbestätigung – insbes. durch Regelungen in den AGB – vgl. Wolf/Lindacher/Pfeiffer AGB-Recht/*Pamp* Rn. K86.

[50] Vgl. MüKoHGB/*Linardatos* Zahlungsverkehr Rn. G 236; vgl. BGHZ 125, 343 = NJW 1994, 1532 zur Unzulässigkeit von pauschalen Überziehungsgebühren.

[51] Vgl. OLG Oldenburg ZIP 2011, 1139 zu unwirksamen Klauseln zum Beginn der Zinspflicht und zur Zinsanpassung.

[52] Vgl. zu dieser Praxis *Reifner* VuR 2009, 170 (172 f.); vgl. ferner Schwintowski Bankrecht/*Hofmann* Kap. 10 Rn. 16; zum erforderlichen Maß an Transparenz der Angaben über Zinssätze etc noch → Kap. 6 BGB § 675f Rn. 11.

dd) Verbreitung der unterschiedlichen Kartenarten. In Deutschland beherrschen *Debit Cards* (inkl. girocards) das Bild der insgesamt fast 150 Millionen ausgegebenen Karten mit Zahlungsfunktion. Darunter sind nur etwas über 30 Millionen *Charge Cards* und sogar nur unter 6 Millionen *Credit Cards.*[53] *Credit Cards* werden am häufigsten von VISA und Mastercard herausgegeben, wohin American Express primär auf *Charge Cards* setzt.[54] Insgesamt wächst die Bedeutung der Zahlung mittels Karte/Kreditkarte in Deutschland jedoch, und der Anteil von *Credit Cards* – die beispielsweise in Großbritannien und in den USA schon länger weitaus verbreiteter sind – nimmt zu.[55] 36

c) Bedeutung des Verbraucherdarlehensrechts für den Emissionsvertrag. Der **Emissionsvertrag** unterliegt bei *Debit Cards* und *Charge Cards* **regelmäßig** – und unabhängig vom Vorliegen der in § 491 Abs. 2 S. 2 Nr. 3 BGB (ggf. iVm. § 506 Abs. 4 S. 1 BGB) genannten Ausnahmevoraussetzungen – **nicht den besonderen Vorschriften** des Rechts der **Verbraucherdarlehensverträge** (§§ 491 ff. BGB): Bei den *Debit Cards* wird schon kein Darlehen gewährt bzw. kein Zahlungsaufschub ermöglicht, und bei den *Charge Cards* gibt es zwar durch die monatliche Abrechnung einen Zahlungsaufschub[56] (ggf. auch einen weiteren Zahlungsaufschub, wenn für den Rechnungsbetrag ein Zahlungsziel gesetzt wird),[57] doch fehlt es am Merkmal der Entgeltlichkeit,[58] weil die Jahresgebühr (sofern überhaupt erhoben) nicht das Entgelt für den (eher Abwicklungsgründen geschuldeten) Zahlungsaufschub ist.[59] Denn die Jahresgebühr fällt umsatzunabhängig an und kann – je nach Ausgestaltung des Emissionsvertrags – bei höheren Umsatzvolumina sogar sinken. 37

Bei *Credit Cards,* bei der für die Inanspruchnahme des Rahmenkredites ein gesondertes Entgelt (regelmäßig in Form von Zinsen) verlangt wird, sind die §§ 491 ff. BGB grundsätzlich anwendbar. Anderes gilt nur, wenn die Tatbestandsvoraussetzungen der Ausnahmevorschrift des § 491 Abs. 2 S. 2 Nr. 3 BGB vorliegen. Für das Eingreifen dieser Ausnahmevorschrift kommt es darauf an, ob der Rahmenkredit auf einen Zeitraum von drei Monaten beschränkt ist; außerdem muss das Merkmal „geringe Kosten" erfüllt sein In der Praxis wird die Dreimonatsfrist regelmäßig überschritten. Zudem haben *Credit Cards* häufig so hohe Zinssätze, dass durch den effektiven Jahreszins Kosten auf den Verbraucher zukommen, die nicht mehr als „gering" iSv § 491 Abs. 2 S. 2 Nr. 3 BGB zu qualifizieren sind, sodass die Höhe der Jahresgebühr (sofern überhaupt erhoben) letztlich unmaßgeblich ist.[60] Daher muss der Emissionsvertrag über eine *Credit Card* den Formvorschriften (insbesondere einschließlich aller Informationsgebote) der §§ 491 ff. BGB genügen.[61] Kann eine *Charge Card* auf Wunsch des Karteninhabers in eine *Credit Card* umgewandelt werden (etwa durch die Option, nur einen Teilbetrag des Monatssaldos sofort zu bezahlen), gilt das Vorstehende auch schon für den Emissionsvertrag über die *Charge Card*. 38

d) Zusatzkarten. Zusatzkarten (typischerweise in den Unterarten Familien- bzw. Partnerkarten und Firmenkarten) weisen lediglich im Deckungsverhältnis Besonderheiten auf. Der Kartenaussteller schließt mit Einverständnis des (Haupt-)Karteninhabers einen Emissionsvertrag mit einer weiteren Person (zum Beispiel mit einem Verwandten oder mit einem Angestellten des Hauptkarteninhabers); auch dieser Emissionsvertrag hat einen 39

---

[53] Deutsche Bundesbank, Zahlungsverkehrs- und Wertpapierabwicklungsstatistiken in Deutschland 2014–2018 (Stand: Juli 2019).

[54] Vgl. *Volmar* WuW 2019, 11.

[55] Vgl. *Meiske* die bank 2018, 18; vgl. auch schon *Reifner* VuR 2009, 170 (173 f.).

[56] MüKoHGB/*Linardatos* Zahlungsverkehr Rn. G 230; *Pressel* Jura 2010, 321; in der Sache wohl **aA** Kümpel/Mülbert/Früh/Seyfried/*Werner* Rn. 4.818 f., der zwar von einem Zahlungsaufschub, aber nicht von einer Kreditgewährung ausgeht.

[57] Vgl. Baumbach/Hefermehl/*Casper* Kartenzahlungen Rn. 93.

[58] MüKoBGB/*Schürnbrand/Weber* § 506 Rn. 16; Staub/*Grundmann* BankvertragsR 3. Teil Rn. 173 (mit Fn. 353); ausführlich BankR-HdB/*Jungmann* Bd. I § 81 Rn. 38 ff.; Kümpel/Mülbert/Früh/Seyfried/*Werner* Rn. 4.819; **aA** *Bülow/Artz* Verbraucherkreditrecht § 491 Rn. 103.

[59] Insofern zutreffend Kümpel/Mülbert/Früh/Seyfried/*Werner* Rn. 8.819.

[60] Vgl. BankR-HdB/*Jungmann* Bd. I § 81 Rn. 46.

[61] Vgl. auch BankR-HdB/*Martinek/Omlor* Bd. I § 67 Rn. 49 f.

Zahlungsdiensterahmenvertrag als Bestandteil.[62] Der Hauptkarteninhaber haftet für alle durch den Einsatz einer Zusatzkarte entstehenden Verbindlichkeiten.

40 Einige wenige Emissionsverträge – praktisch relevant wohl nur bei Firmenkreditkarten[63] – sehen die alleinige Haftung des Hauptkarteninhabers vor;[64] typisch ist jedoch die **gesamtschuldnerische Haftung** von Hauptkarteninhaber und Zusatzkarteninhaber.[65] Letzterer setzt seine Karte – ungeachtet der Haftungsverhältnisse, aber vorbehaltlich explizit anderer Regelungen im Emissionsvertrag – im eigenen Namen ein, weswegen eine Mithaftungsregelung in den AGB des Emissionsvertrags auch nicht überraschend ist.[66] Die Bereitschaft der Kartenaussteller, Zusatzkarten auszugeben, hängt daher entweder gar nicht oder doch wenigstens weit weniger von der Bonität des Zusatzkarteninhabers als von der Bonität des Hauptkarteninhabers ab.[67]

41 All dies macht deutlich, dass die Haftung des Hauptkarteninhabers für die Zahlungsverpflichtungen des Zusatzkarteninhabers gleichsam systemimmanent ist. Es handelt sich um einen **antizipierten Schuldbeitritt des Hauptkarteninhabers** (Konsequenz: Gesamtschuldnerschaft),[68] der auch in AGB wirksam vereinbart werden kann.[69] Hingegen hält der umgekehrte Fall einer AGB-Kontrolle nicht stand, denn eine Bestimmung, nach welcher der Zusatzkarteninhaber für die Verbindlichkeiten des Hauptkarteninhabers haftet, ist überraschend iSv § 305c Abs. 1 BGB; im Übrigen benachteiligt sie den Zusatzkarteninhaber unangemessen iSv § 307 BGB.[70]

42 In der Vergangenheit hatten einige Oberlandesgerichte zum Schutz des Kartenausstellers Bestimmungen in den AGB des Emissionsvertrags für zulässig erachtet, nach denen die (alleinige oder gesamtschuldnerische) Haftung des Hauptkarteninhabers erst mit der Rückgabe der Zusatzkarte an den Kartenaussteller endet.[71] Diese Rechtsprechung ist seit Jahren durch § 675h BGB überholt (→ Kap. 6 BGB § 675h Rn. 4).[72] Insbesondere ist der Fall der (im Verhältnis zum Hauptkarteninhaber) unbefugten Weiterverwendung der Zusatzkarte nicht mit dem Abhandenkommen der Zusatzkarte gleichzustellen;[73] § 675v BGB findet daher keine Anwendung (→ Kap. 6 BGB § 675v Rn. 9).

43 Von Haftungsfragen sind die **Abrechnungsmodalitäten** zu unterscheiden. Sie variieren in der Praxis erheblich: Bei *Charge Cards* und *Credit Cards* werden regelmäßig alle Umsätze von Haupt- und Zusatzkarteninhaber, getrennt ausgewiesen nach Haupt- und Zusatzkarte, in einer Rechnung zusammengefasst und dem Hauptkarteninhaber in Rechnung gestellt; dieser ist dann im Verhältnis zum Kartenaussteller für den Gesamtbetrag zahlungspflichtig.[74] Mitunter erhalten Haupt- und Zusatzkarteninhaber aber auch separate Rechnungen mit einer Auflistung der von ihnen getätigten Umsätze. Teilweise (insbesondere bei Firmenkreditkarten) sind die Auflistungen eher informatorischer Natur, teilweise ist in solchen Fällen, solange kein Regress bei dem Hauptkarteninhaber notwendig wird, nur der Zusatz-

---

[62] Kümpel/Mülbert/Früh/Seyfried/*Werner* Rn. 4.825.

[63] Vgl. Wolf/Lindacher/Pfeiffer AGB-Recht/*Pamp* Rn. K112.

[64] Vgl. dazu etwa OLG Koblenz NJW 2004, 3563; vgl. auch *Langenbucher* NJW 2004, 3522.

[65] Vgl. dazu etwa OLG Oldenburg NJW 2004, 2907; Staudinger/*Omlor* Vorb. zu §§ 675c–676c Rn. 171; ausführlich zur gesamtschuldnerischen Haftung von Arbeitnehmern bei Firmenkreditkarten *Burkhard/Lambrecht* NZI 2011, 96 ff.

[66] Vgl. OLG Frankfurt a. M. NJW-RR 1989, 1523; teilweise anders in Bezug auf Firmenkarten Schwintowski Bankrecht/*Hofmann* Kap. 10 Rn. 119.

[67] Vgl. OLG Oldenburg NJW 2004, 2907.

[68] MüKoHGB/*Linardatos* Zahlungsverkehr Rn. G 53. – Vgl. aber die Einwände von *Langenbucher* NJW 2004, 3522 f. in Fällen, in denen ausschließlich der Hauptkarteninhaber haftet; sehr ähnlich Baumbach/Hefermehl/*Casper* Kartenzahlungen Rn. 94.

[69] Baumbach/Hefermehl/*Casper* Kartenzahlungen Rn. 94.

[70] BankR-HdB/*Martinek/Omlor* Bd. I, § 67 Rn. 54; MüKoHGB/*Linardatos* Zahlungsverkehr Rn. G 54; Staudinger/*Omlor* Vorb. zu §§ 675c–676c Rn. 172.

[71] OLG Köln WM 1993, 369 (370); OLG Oldenburg NJW 2004, 2907; weitgehend ähnlich OLG Koblenz NJW 2004, 3563.

[72] Ausführlicher und mwN noch → 2. Aufl. 2016, Kap. 6 BGB Vor §§ 675f ff. Rn. 31 *(Jungmann)*.

[73] OLG Koblenz NJW 2004, 3563.

[74] So BankR-HdB/*Martinek/Omlor* Bd. I, § 67 Rn. 53.

karteninhaber zahlungspflichtig. Bei *Debit Cards* ist, unabhängig davon, ob die Haupt- oder die Zusatzkarte eingesetzt wurde, die sofortige Belastung des Girokontos des Hauptkarteninhabers absolut vorherrschend.

e) Besondere Abreden im Deckungsverhältnis. Das Deckungsverhältnis kann eine Reihe von Zusatzabreden enthalten. Diese können sich auf die Art und Weise des Einsatzes der Kreditkarte – zum Beispiel in Form von Betragsobergrenzen iSv § 675k Abs. 1 BGB, also (bonitätsabhängigen und teilweise sicherheitsstandardabhängigen) monatlichen Kreditlinien,[75] Obergrenzen für den einzelnen Zahlungsvorgang oder Abreden über die Verwendung der Kreditkarte an Geldautomaten[76] – beziehen, aber auch auf die *Assistance*-Leistungen (→ Rn. 27). 44

2. Zuwendungsverhältnis

Das Zuwendungsverhältnis (mitunter auch: Akquisitions- oder Vollzugsverhältnis) ist das Verhältnis zwischen dem „Kartenaussteller" und dem Vertragsunternehmen. Insofern ist die hier gewählte Terminologie (→ Rn. 4 ff.) zu präzisieren: Die vertraglichen Beziehungen bestehen zwischen dem *Acquiring*-Unternehmen und dem Vertragsunternehmen.[77] Zwischen dem Emittenten/*Issuer* der Kreditkarte und dem Vertragsunternehmen gibt es keine rechtlichen Beziehungen, regelmäßig ebenso wenig zwischen der Kreditkartenorganisation und dem Vertragsunternehmen.[78] Zwischen dem *Acquiring*-Unternehmen und dem Emittenten/*Issuer* der Kreditkarte besteht das Abrechnungs-/*Clearing*-Verhältnis.[79] 45

a) Akquisitionsvertrag. Der Akquisitionsvertrag (Händlervertrag/Akzeptanzvereinbarung) im Zuwendungsverhältnis ist ein Rahmenvertrag.[80] Mit dem Rahmenvertrag entsteht ein **Dauerschuldverhältnis eigener Art.** Auch wenn dessen Bestandteil ein **Zahlungsdiensterahmenvertrag** ist (→ Kap. 6 BGB § 675f Rn. 4), lässt sich der Akquisitionsvertrag als Rahmenvertrag nicht in die Reihe der gesetzlich geregelten Vertragstypen einordnen.[81] 46

Nach heute gefestigter Rechtsprechung des Bundesgerichtshofs begründet der Akquisitionsvertrag ein **abstraktes Schuldversprechen iSv § 780 BGB.**[82] Dem folgt die heute herrschende Meinung in der Literatur.[83] Die zunächst der ehemaligen Auffassung der Rechtsprechung, nach der es sich um einen Forderungskauf handelte, entgegengehaltene Ansicht, der Kartenaussteller gebe eine Garantie ab,[84] wird auch heute noch dem herrschenden Verständnis des Akquisitionsvertrags gegenübergestellt.[85] Die besseren dogmati- 47

---

[75] *Grundmann* WM 2009, 1157 (1162); vgl. auch OLG Köln WM 1995, 1914.

[76] Palandt/*Sprau* § 675f Rn. 52; vgl. auch noch BankR-HdB/*Martinek/Omlor* Bd. I, § 67 Rn. 24 f.; vgl. ferner BGH NJW 2012, 1277.

[77] Deutlich jetzt auch *Herresthal* ZBB 2019, 353 (356).

[78] Vgl. aber Baumbach/Hefermehl/*Casper* Kartenzahlungen Rn. 110 zur Möglichkeit, dass *Acquiring*-Unternehmen als Vertreter der Kreditkartenorganisation auftreten.

[79] Vgl. dazu *Herresthal* ZBB 2019, 353 (357).

[80] BankR-HdB/*Martinek/Omlor* Bd. I, § 67 Rn. 58; Baumbach/Hefermehl/*Casper* Kartenzahlungen Rn. 111; Baumbach/Hopt/*Hopt* Bankgeschäfte Rn. F/52; ausf. zu den Inhalten von Akquisitionsverträgen *Herresthal* ZBB 2019, 353 (359 f.).

[81] Baumbach/Hefermehl/*Casper* Kartenzahlungen Rn. 111; vgl. auch MüKoHGB/*Linardatos* Zahlungsverkehr Rn. G 197.

[82] BGHZ 150, 286 = NJW 2002, 2234; BGHZ 152, 75 (80) = NJW 2002, 3698; BGHZ 157, 256 = NJW-RR 2004, 481; vgl. auch BGH NJW-RR 2005, 780; 2005, 1570; 2015, 178; vgl. aus jüngerer Zeit etwa noch LG Berlin BeckRS 2019, 12147.

[83] BankR-HdB/*Martinek/Omlor* Bd. I, § 67 Rn. 66; Baumbach/Hefermehl/*Casper* Kartenzahlungen Rn. 114 ff.; Baumbach/Hopt/*Hopt* Bankgeschäfte Rn. F/53; MüKoHGB/*Linardatos* Zahlungsverkehr Rn. G 210 (jeweils mwN); *Casper/Pfeifle* WM 2009, 2343 (2348) (ausdrücklich auch für das Distanzgeschäft); *Grundmann* WM 2009, 1157 (1164); ausf. und umfassend *Martinek* FS Hadding, 2004, 967 ff.; im Hinblick auf die heutigen technischen Rahmenbedingungen, die gestiegene Bedeutung der Rolle der *Acquiring*-Unternehmen und die Folgen der Einführung der starken Kundenauthentifizierung bereits zweifelnd MüKoHGB/*Herresthal* Zahlungsverkehr Rn. A 59; ausf. dann *Herresthal* ZBB 2019, 353 (362 ff.): Anspruch gegen das *Acquiring*-Unternehmen auf Herausgabe des vom Kartenunternehmen erlangten Betrags.

[84] *Bitter* ZBB 1996, 104 (119); ebenso *Schön* AcP 198 (1998), 401 (410 f.).

[85] So namentlich *Bitter* WuB I D 5a. 2.02; *Bitter* WM 2010, 1773 (1775) (insbes. in Fn. 129).

schen Gründe[86] sprechen wohl in der Tat dafür, von einer Garantie auszugehen.[87] Doch diese Position ist für die Praxis, in welcher zwar mitunter wahrscheinlich eher untechnisch von „Garantie" gesprochen wird,[88] nicht maßgeblich.[89] Ohnehin wiegen die praktischen Unterschiede nicht sonderlich schwer, da nach beiden Auffassungen feststeht, dass der Kartenaussteller zur Leistung an das Vertragsunternehmen unabhängig von der Wirksamkeit des Valutaverhältnisses verpflichtet ist.[90]

48 **b) Hauptleistungspflichten im Zuwendungsverhältnis. aa) Hauptleistungspflicht des Vertragsunternehmens.** Die Hauptleistungspflicht des Vertragsunternehmens besteht zum einen darin, die Kreditkarte als Mittel zur Begleichung von im ordnungsgemäßen Geschäftsgang entstandenen Forderungen zu akzeptieren.[91] In dieser Hinsicht ist der Akquisitionsvertrag ein **Vertrag zugunsten Dritter gemäß § 328 BGB,** nämlich zugunsten der Inhaber der vom Kartenaussteller herausgegebenen Kreditkarten.[92] Diesen gegenüber hat sich das Vertragsunternehmen im Akquisitionsvertrag mit der Form der Leistung erfüllungshalber (§ 364 Abs. 2 BGB)[93] einverstanden erklärt.

49 Zum anderen ist es eine Hauptleistungspflicht des Vertragsunternehmens, den umsatzabhängigen **Entgeltanspruch des Kartenausstellers** zu erfüllen. Früher konnte dieser Entgeltanspruch flächendeckend zwei bis vier Prozent der mit der Kreditkarte gezahlten Summe ausmachen oder sogar – gerade bei fixen (Mindest-)Transaktionsentgelten – höher liegen.[94] Heute begrenzt Art. 4 der MIF-Verordnung (→ Rn. 5) die Höhe von **multilateralen Standard-Interbankenentgelten** (*Multilateral Interchange Fees;* kurz: Interbankenentgelte), die früher zwischen 1,0 Prozent und 1,75 Prozent betragen haben sollen[95] – bei Verbraucherkreditkarten auf 0,3 Prozent des Transaktionswerts.[96] Auch wenn die MIF-Verordnung die Höhe des Entgeltanspruchs des Kartenausstellers gerade nicht regelt,[97] liegen die Entgeltansprüche heute niedriger als früher, weil sie wesentlich durch die Höhe der Interbankenentgelte beeinflusst wurden und werden.[98] Sie liegen aber immer noch über der Höhe der Kosten, die den Kartenausstellern durch die Erbringung ihrer Dienstleistungen gegenüber den Vertragsunternehmen entstehen.[99]

50 Der Entgeltanspruch des Kartenausstellers ist ein **eigenständiger Anspruch,**[100] nämlich ein Entgeltanspruch iSv § 675f Abs. 5 BGB (→ Kap. 6 BGB § 675f Rn. 15), auch wenn er nicht isoliert geltend gemacht, sondern **mit dem Anspruch des Vertragsunternehmens aus § 780 BGB** (→ Rn. 47) **verrechnet** wird ***(Disagio).***[101] Dieser Verrechnung steht

---

[86] Vgl. heute insbes. Kümpel/Mülbert/Früh/Seyfried/*Werner* Rn. 4.843 ff. (mwN).

[87] Vgl. auch *Jungmann* WuB I D 5a. Kreditkarte – 2.04.

[88] Vgl. OLG Bamberg WM 2019, 633 = BeckRS 2019, 5138 (Sachverhaltsdarstellung).

[89] So auch MüKoHGB/*Linardatos* Zahlungsverkehr Rn. G 213.

[90] Baumbach/Hefermehl/*Casper* Kartenzahlungen Rn. 115; vgl. auch Staub/*Grundmann* BankvertragsR 3. Teil Rn. 369.

[91] Wolf/Lindacher/Pfeiffer AGB-Recht/*Pamp* Rn. K123.

[92] Vgl. *Hadding* FS Pleyer, 1986, 17 (22); BankR-HdB/*Martinek/Omlor* Bd. I, § 67 Rn. 71; Kümpel/Mülbert/Früh/Seyfried/*Werner* Rn. 4.824; Staudinger/*Omlor* Vorb. zu §§ 675c–676c Rn. 173 und Rn. 188; Staub/*Grundmann* BankvertragsR 3. Teil Rn. 117 mwN.

[93] Vgl. Kümpel/Mülbert/Früh/Seyfried/*Werner* Rn. 4.810; Baumbach/Hopt/*Hopt* Bankgeschäfte Rn. F/66; ausführlich *Hammann* Die Universalkreditkarte, 1991, S. 31 f.

[94] Vgl. auch noch Staub/*Grundmann* BankvertragsR 3. Teil Rn. 179 zu Staffelungen der Prozentbeträge nach Umsatz und Länge des Zahlungsaufschubs.

[95] *Oechsler* WM 2016, 537 (541) mwN.

[96] Vgl. insofern BankR-HdB/*Martinek/Omlor* Bd. I, § 67 Rn. 4; allgemein zu *Interchange Fees* vgl. *Godschalk* RdZ 2020, 142.

[97] Zutreffend MüKoBGB/*Casper* § 675f Rn. 120.

[98] Schwintowski Bankrecht/*Hofmann* Kap. 10 Rn. 49; *Oechsler* WM 2016, 537 (538); zur wettbewerbsbeschränkenden Wirkung von Interbankenentgelten EuGH WM 2015, 1510 = BeckRS 2014, 81847; EuGH WM 2020, 773 = BeckRS 2020, 4841.

[99] *Oechsler* WM 2019, 2045 (2046).

[100] *Schön* AcP 198 (1998), 401 (417 f.); Baumbach/Hefermehl/*Casper* Kartenzahlungen Rn. 111.

[101] BankR-HdB/*Martinek/Omlor* Bd. I, § 67 Rn. 69; Erman/*Graf von Westphalen* § 675f Rn. 107; zur Zulässigkeit nach § 675q BGB vgl. *Jungmann* WuB 2018, 267 (270). – Zur Verrechnung des *Disagios* (unter Berücksichtigung der Interbankenentgelte) im Zuwendungsverhältnis vgl. *Oechsler* WM 2016, 537 (538).

§ 675q BGB nicht entgegen, weil der Akquisitionsvertrag einen entsprechenden Abzug vorsieht (vgl. § 675q Abs. 2 BGB); deswegen stellt der Abzug des Disagio auch keine Schlechtleistung iSv § 675y Abs. 2 BGB dar (→ Kap. 6 BGB § 675y Rn. 9). Zudem steht ungeachtet des Abzugs des *Disagios* außer Frage, dass der Karteninhaber gegenüber dem Vertragsunternehmen von seiner Zahlungsverpflichtung vollständig befreit wird. Sofern das Vertragsunternehmen sich im Akquisitionsvertrag zur Zahlung einer Jahresgebühr an den Kartenaussteller verpflichtet hat, ist auch dies Hauptleistungspflicht.

Der Akquisitionsvertrag – zur Nutzungsbegrenzung im Deckungsverhältnis (über Bestimmungen im Emissionsvertrag) vgl. § 675k Abs. 1 BGB – kann vorsehen, dass das Vertragsunternehmen, allgemein oder in besonderen Situationen, zu einer Rückfrage beim Kartenaussteller verpflichtet ist, bevor es die Kreditkarte akzeptiert **(Rückfrageklausel).**[102] Gerade im Distanzgeschäft sind solche Klauseln üblich. Typischerweise wird eine solche Rückfrageklausel vorsehen, dass der Kartenaussteller Zahlungsforderungen des Vertragsunternehmens nur erfüllen wird, wenn deren Gesamtbetrag nicht einen bestimmten Höchstbetrag überschreitet oder wenn der Kartenaussteller der Überschreitung auf Nachfrage zugestimmt hat. Solche Klauseln sind im Allgemeinen zulässig;[103] sie halten auch einer Überprüfung nach AGB-Recht stand.[104] Sie haben den Zweck, dem Kartenaussteller ein Mittel an die Hand zu geben, den Einsatz der Kreditkarte im Rahmen der Leistungsfähigkeit des Karteninhabers zu überprüfen und gestohlenen oder gesperrten (vgl. § 675k Abs. 2 BGB) Kreditkarten auf die Spur zu kommen.[105] 51

Hält sich ein Vertragsunternehmen nicht an die Rückfrageklausel, steht ihm – ebenso wie in anderen Fällen, in denen die im Akquisitionsvertrag vorgesehenen Bedingungen nicht eingehalten werden – entgegen einer vielfach vertretenen Auffassung kein Zahlungsanspruch gegen den Kartenaussteller zu,[106] auch nicht etwa in Höhe von vereinbarten Betragsobergrenzen.[107] Erfolgt die Zahlung – wie in der Praxis wegen der Automatisierung der Zahlungsvorgänge nicht unüblich[108] – irrtümlicherweise dennoch, so kann der Kartenaussteller den Betrag vom Vertragsunternehmen freilich erst dann zurückfordern, wenn er den Versuch unternommen hat, den Betrag beim Karteninhaber einzuziehen.[109] Gescheitert ist dieser Versuch, wenn vom Karteninhaber keine Erstattung zu erlangen ist (etwa weil sein Girokonto keine Deckung hat).[110] Anspruchsgrundlage für den Rückzahlungsanspruch gegen das Vertragsunternehmen ist § 812 BGB; neben diesen Anspruch können Schadensersatzansprüche aus § 280 Abs. 1 BGB treten.[111] 52

bb) Hauptleistungspflicht des Kartenausstellers. Hauptleistungspflicht des Kartenausstellers ist es, die **Zahlungsverpflichtung des Karteninhabers gegenüber dem Vertragsunternehmen zu übernehmen.** Das Vertragsunternehmen hat also einen entsprechenden Anspruch (nach hM abstraktes Zahlungsversprechen gem. § 780 BGB; → Rn. 47) gegen den Kartenaussteller. Schon aufgrund der Rechtsnatur des Anspruchs lässt sich nicht von einem Entgelt iSv § 675f Abs. 5 BGB sprechen; zudem ist das Vertragsunternehmen nicht Zahlungsdienstleister. 53

---

[102] Ausführlich zu Rückfrageklauseln BankR-HdB/*Martinek/Omlor* Bd. I, § 67 Rn. 75 ff

[103] OLG Frankfurt a. M. NJW-RR 1991, 1465; Staudinger/*Omlor* Vorb. zu §§ 675c–676c Rn. 192; Baumbach/Hopt/*Hopt* Bankgeschäfte Rn. F/58.

[104] BankR-HdB/*Martinek/Omlor* Bd. I, § 67 Rn. 75.

[105] MüKoBGB/*Casper* § 675f Rn. 126; Baumbach/Hefermehl/*Casper* Kartenzahlungen Rn. 129; vgl. OLG Frankfurt a. M. NJW-RR 1991, 1465.

[106] **AA** BankR-HdB/*Martinek/Omlor* Bd. I, § 67 Rn. 78; Baumbach/Hefermehl/*Casper* Kartenzahlungen Rn. 129 („kann die Zahlung nicht … verweigert werden") und Rn. 130; MüKoBGB/*Casper* § 675f Rn. 126.

[107] Insofern iE wohl wie hier BankR-HdB/*Martinek/Omlor* Bd. I, § 67 Rn. 79.

[108] Vgl. Baumbach/Hefermehl/*Casper* Kartenzahlungen Rn. 130.

[109] Zutreffend MüKoBGB/*Casper* § 675f Rn. 126.

[110] OLG Köln WM 1995, 1914.

[111] Vgl. Baumbach/Hefermehl/*Casper* Kartenzahlungen Rn. 130.

54 **cc) Einwendungen und Einreden.** Dem Anspruch des Vertragsunternehmens im Zuwendungsverhältnis können **grundsätzlich**[112] **keine Einwendungen und Einreden** entgegengehalten werden – weder aus dem Valutaverhältnis, noch aus dem Deckungsverhältnis.[113] Das bedeutet: Wenn das Vertragsunternehmen ordnungsgemäße Belastungsbelege einreicht, darf der Kartenaussteller die **Zahlung an das Vertragsunternehmen** grundsätzlich für **erforderlich** halten; er ist nicht gehalten, zu prüfen, ob dem Vertragsunternehmen eine wirksame Forderung gegen den Karteninhaber zusteht.[114] Dies gilt umso mehr, wenn ein Zahlungsvorgang mittels Kreditkarte (aufgrund einer entsprechenden Beauftragung durch den Karteninhaber) von einem Zahlungsauslösedienstleister ausgelöst wird.[115] Eine Ausnahme kann der Einwand des Rechtsmissbrauchs darstellen. Eine solche rechtsmissbräuchliche Inanspruchnahme des Kartenausstellers durch das Vertragsunternehmen kann gegeben sein, wenn das Vertragsunternehmen seine formale Rechtsposition ersichtlich treuwidrig ausnutzt, etwa wenn es „offensichtlich oder liquide beweisbar" ist, dass dem Vertragsunternehmen im Valutaverhältnis keine Forderung gegen den Karteninhaber zusteht.[116] Unter diesen engen Voraussetzungen kann das Kreditkartenunternehmen zur Zahlungsverweigerung nicht nur berechtigt, sondern sogar verpflichtet sein.[117] Im Regelfall rechtfertigt allerdings allein der Umstand, dass ein Karteninhaber seine Kreditkarte nutzt, um bei **Anbietern von (illegalen) Glücksspielen** Guthaben zu erhalten, noch keine Zahlungsverweigerung.[118] Ob diese Grundsätze zur Anwendung kommen, wenn Kreditkartenzahlungen durch Zahlungsauslösedienstleister ausgelöst werden, ist fraglich; selbst wenn dies der Fall ist, wird Zahlungsauslösedienstleister nur in ganz besonderen Sachverhaltskonstellationen eine Pflicht zur Überprüfung und Überwachung von Zahlungsvorgängen treffen.[119]

3. Valutaverhältnis

55 Das Valutaverhältnis ist das Verhältnis zwischen Karteninhaber und Vertragsunternehmen. Zwischen diesen beiden wird regelmäßig ein gegenseitiger Vertrag geschlossen, wodurch ein Zahlungsanspruch des Vertragsunternehmens entsteht. Typisch sind Kauf-, Werk-, Miet-, Reise- und auch Dienstverträge; letztlich ist die Einordnung des Vertrags im Valutaverhältnis jedoch irrelevant.

56 **a) Der Einsatz der Kreditkarte im Distanz- und im Präsenzgeschäft.** Die Kreditkarte lässt sich sowohl im Präsenzgeschäft als auch im Distanzgeschäft einsetzen.[120] Im **Präsenzgeschäft** ist die tatsächliche Vorlage der Karte erforderlich; die bloße Nennung der Kreditkartennummer etc genügt nicht. Früher wurden die (hochgeprägten) Kreditkartendaten (→ Rn. 15) noch stets mittels eines *„Imprinters"* auf den Leistungsbeleg durchgedrückt (manuelle Transaktion). Heute ist die nicht-manuelle Transaktion, bei der die (auf

[112] Ausnahmen können sich, sofern zulässig, aus abweichenden vertraglichen Vereinbarungen ergeben (vgl. BGHZ 152, 75 = NJW 2002, 3698).

[113] Vgl. zu diesem Grundsatz nur MüKoHGB/*Linardatos* Zahlungsverkehr Rn. G 215 ff.; BankR-HdB/*Martinek/Omlor* Bd. I, § 67 Rn. 73 f.

[114] BGHZ 152, 75 (81) = NJW 2002, 3698 (3699); OLG München BeckRS 2019, 17375.

[115] Vgl. OLG München WM 2020, 736 = BeckRS 2020, 6100.

[116] BGHZ 152, 75 = NJW 2002, 3698; BGH NJW-RR 2005, 780 (781); AG Berlin-Mitte BeckRS 2019, 12146; Wolf/Lindacher/Pfeiffer AGB-Recht/*Pamp* Rn. K94; vgl. Staudinger/*Omlor* Vorb. zu §§ 675c–676c Rn. 160; Baumbach/Hopt/*Hopt* Bankgeschäfte Rn. F/54; Staub/*Grundmann* BankvertragsR 3. Teil Rn. 375.

[117] Vgl. BGHZ 152, 75 (82) = NJW 2002, 3698 (3699); LG Düsseldorf WM 2020, 740 = BeckRS 2019, 24433; AG Berlin-Mitte BeckRS 2019, 12146; LG Ulm WM 2020, 742 (747) = BeckRS 2019, 34329.

[118] Vgl. dazu (und zur diesbezüglichen Bedeutung des bei der Transaktion verwendeten *„Merchant Category Code"* (MCC)) OLG München BeckRS 2019, 17375; LG Düsseldorf WM 2020, 740 = BeckRS 2019, 2433; LG Berlin BeckRS 2019, 2147; vgl. aber auch AG Leverkusen WM 2019, 1304 (1305) = BeckRS 2019, 4309; ausführlich *Rock* RdZ 2020, 115 (120 f.).

[119] OLG München WM 2020, 736 = BeckRS 2020, 6100; vgl. auch LG Wuppertal BeckRS 2019, 35514.

[120] Ausführlich MüKoBGB/*Jungmann* § 675j Rn. 59 ff.

dem Magnetstreifen und/oder EMV-Chip gespeicherten) Kreditkartendaten mittels eines Kartenterminals eingelesen und auf einem gedruckten Leistungsbeleg ausgegeben werden, absolut vorherrschend (vgl. §§ 675j, 675w BGB zur Autorisierung/Authentifizierung).[121] Sofern keine PIN-Eingabe erfolgte, muss der Leistungsbeleg dann vom Kreditkarteninhaber unterschrieben werden; das Vertragsunternehmen hat die Übereinstimmung der vor Ort geleisteten Unterschrift mit der Unterschrift des Karteninhabers auf der Kartenrückseite zu überprüfen. Bei nicht-manuellen Transaktionen wird häufig – insofern vergleichbar mit dem Distanzgeschäft (→ Rn. 59) – auf elektronischem Wege geprüft, ob eine Karte mit den entsprechenden Daten ausgegeben wurde und ob sie nicht gesperrt ist (vgl. insofern auch Art. 2 Abs. 2 VO (EU) 2018/389).

In den letzten Jahren haben Verfahren für das **„kontaktlose Bezahlen"** (nach den ISO/ IEC 14443-Normenreihen für Chipkarten, welche Größe und physikalische Eigenschaften der Karten, Radiowellenfrequenz und Signalbeschaffenheit, Details zur Datenübertragung und die Beschaffenheit der Datenübertragungsprotokolle regeln) in Deutschland stark an Bedeutung gewonnen. Sie firmieren zum Beispiel unter „paypass" (Mastercard), „paywave" (VISA) oder „American Express Kontaktlos". Dabei muss der Karteninhaber die mit einem Chip ausgestattete Kreditkarte nur noch an ein Zahlungsterminal (Kartenlesegerät) halten, damit die Kreditkartendaten (typischerweise durch Near Field Communication[122]) erfasst werden; Unterschrift oder PIN-Eingabe sind unter Umständen nicht erforderlich: Die aufsichtsrechtlichen Vorgaben (vgl. Art. 11 ff. VO (EU) 2018/389) privilegieren diese Verfahren bei kleineren Beträgen und in besonderen Situationen (etwa bei Zahlung eines „Verkehrsnutzungsentgelts" oder einer Parkgebühr an unbeaufsichtigten Zahlungsterminals; zu Einzelheiten → Kap. 6 BGB § 675j Rn. 20 f.). **57**

Im für das Kreditkartengeschäft immer stärkere Bedeutung gewinnenden **Distanzgeschäft** (sog. Card-Not-Present-Geschäft/CNP-Geschäft – E-Commerce; früher mitunter auch noch: Mailorderverfahren) fehlt es an der Vorlage der Kreditkarte. Das Vertragsunternehmen liest daher die Kreditkartendaten nicht selbst ein, sondern übernimmt die vom Karteninhaber übermittelten – denkbar sind alle Übermittlungsformen: per Brief, Fax, Telefon, E-Mail, Eingabe in Internetformularen via Computer, Tablet oder Smartphone etc – Daten.[123] **58**

Das Vertragsunternehmen startet dann auf elektronischem Wege eine Anfrage beim *Acquiring*-Unternehmen. Diese Anfrage wird an die jeweilige Kreditkartenorganisation weitergeleitet, die ein weltweites *Clearing*-Netzwerk unterhält.[124] Die Kreditkartenorganisation fungiert gleichsam als Weichensteller, identifiziert anhand der Kreditkartennummer den Emittenten/*Issuer* der Kreditkarte und überträgt an diesen die erhaltenen Daten. So kommt es zu einem Abgleich der übermittelten Daten mit den tatsächlichen Kreditkartendaten. Allerdings beschränkt sich dieser Datenabgleich auf die Prüfung, ob die Kreditkarte nicht gesperrt, ob der dem Karteninhaber eingeräumte Verfügungsrahmen noch nicht ausgeschöpft ist[125] und ob der Name des Karteninhabers korrekt übermittelt wurde. Eine tatsächliche Identitätsprüfung wird nicht durchgeführt.[126] **59**

Heute kommen im Distanzgeschäft **regelmäßig zusätzliche Prüfverfahren** zum Einsatz. Dann wird zum Beispiel die Eingabe von TANs erforderlich oder es werden – im Rahmen von **„Mastercard Identity Check"**, **„Visa Secure"** (den „EMV 3D-Secure 2.0"-basierten Nachfolgeverfahren zu „MasterCard Secure Code" bzw. „Verified by Visa"[127], welche nicht den Anforderungen, die heute an eine starke Kundenauthentifizie- **60**

[121] Ähnlich MüKoBGB/*Casper* § 675f Rn. 126.
[122] Dazu *Rammos* CR 2014, 67 ff.
[123] Vgl. OLG München WM 2019, 1301 (1303).
[124] *Jungmann* WM 2005, 1351 (1354).
[125] *Langenbucher* Die Risikozuordnung im bargeldlosen Zahlungsverkehr, 2001, S. 264 f.; vgl. noch → Kap. 6 BGB § 675k Rn. 2 ff.
[126] *Freitag* ZBB 2002, 322 (329); *Jungmann* WM 2005, 1351 (1354) (dort auch zum sog. *Behavioural Scoring;* vgl. dazu noch → Kap. 6 BGB § 675x Rn. 8).
[127] Vgl. dazu noch *Jungmann* WM 2005, 1351 (1355); *Casper/Pfeifle* WM 2009, 2343 (2349).

rung (→ Kap. 6 BGB § 675j Rn. 17 ff.) zu stellen sind, gerecht wurden[128]) oder anderen globalen Authentifizierungsverfahren – für den jeweiligen Zahlungsvorgang spezifische Codes generiert, wissensbasierte Merkmale abgefragt oder sogar biometrische Prüfungen vorgenommen. Die Tendenz geht insofern zu Authentifizierungsverfahren, die nicht bzw. nicht ausschließlich auf „statische" wissensbasierte Merkmale (wie traditionelle Passwörter) setzen.

61 Damit ist es zur **Ausnahme** geworden, dass zusätzlich zur Übermittlung der Kreditkartendaten **nur noch** die Eingabe der (drei- oder vierstelligen) **Prüfziffer** verlangt wird. Damit wird nämlich lediglich – und zwar durch Prüfung der Kombination von Prüfziffer und Kartennummer – ein Kohärenzabgleich ermöglicht. Aufsichtsrechtlich unproblematisch ist ein solches Vorgehen heute in der Praxis nur noch in den von den Ausnahmeregelungen in Art. 13, 14, 16 und 18 ff. VO (EU) 2018/389) erfassten Situationen, also beim Einsatz der Kreditkarte zur Leistung einer Zahlung an im Vorfeld festgelegt „vertrauenswürdige Empfänger", im Rahmen von wiederkehrenden Zahlungsvorgängen sowie bei Kleinstbetragszahlungen und Zahlungen, die nach Transaktionsrisikoanalyse unbedenklich sind (zu Einzelheiten → Kap. 6 BGB § 675j Rn. 20 f.).

62 **b) Der Anspruch auf Zahlung mittels Kreditkarte.** Der Karteninhaber hat gegenüber dem Vertragsunternehmen einen Anspruch darauf, im ordnungsgemäßen Geschäftsgang begründete Verbindlichkeiten mit der Kreditkarte zu begleichen (sog. **Akzeptanzpflicht**). Dafür bedarf es keiner gesonderten (vertraglichen) Abrede im Valutaverhältnis.[129] Denn aufgrund des zwischen Vertragsunternehmen und Kartenaussteller geschlossenen Akquisitionsvertrags, der hinsichtlich der Modalitäten, wie noch zu begründende Ansprüche des Vertragsunternehmens befriedigt werden können, ein Vertrag zugunsten Dritter (§ 328 BGB) ist (→ Rn. 48), ist das **Vertragsunternehmen** im Valutaverhältnis von vornherein **verpflichtet, die Kreditkarte** anstelle von Bargeld **zu akzeptieren.**[130] Für Verbraucherkreditkarten ist darüber hinaus Art. 10 Abs. 2 MIF-Verordnung zu beachten, wonach Vertragsunternehmen, die sich zum Beispiel dem Mastercard-System angeschlossen haben, Mastercards unabhängig davon akzeptieren müssen, welches Kreditinstitut im Rechtssinne Emittent/*Issuer* (→ Rn. 5) ist.[131]

63 **Betragsuntergrenzen** für Akzeptanz von Kreditkarten sind nur zulässig, wenn dies auch im Akquisitionsvertrag so vorgesehen ist;[132] dies wird in der Praxis häufig (vertragswidrig) anders gehandhabt.

64 Das Anbringen der Logos der Kreditkartenorganisationen hat keine rechtsgeschäftliche Bedeutung, sondern ist ein schlichter Hinweis auf das Bestehen des Akquisitionsvertrags.[133] Ist dieser wirksam gekündigt, erlischt der Anspruch des Karteninhabers auf Zahlung mittels Kreditkarte, auch wenn Logos oder sonstige Hinweise auf die Akzeptanz von Kreditkarten noch sichtbar sind.

65 Akzeptiert das Vertragsunternehmen trotz Bestehen des Akquisitionsvertrags die Kreditkarte nicht anstelle von Bargeld, hat der Karteninhaber den Anspruch auf **Ersatz des** ihm so entstehenden **Schadens** (§§ 280 Abs. 1, Abs. 3, 281 BGB).[134] Dieser Schaden kann zum Beispiel darin bestehen, dass er für die Bargeldbeschaffung Gebühren bezahlen muss oder (im Ausland) Bargeld nur zu einem schlechteren Wechselkurs erhält.

---

[128] Zutreffend *Hofmann* BKR 2018, 62 (66); vgl. auch *European Banking Authority,* „Opinion of the European Banking Authority on the elements of strong customer authentication under PSD2" (EBA-Op-2019-06) v. 21.6.2019, Rn. 23.

[129] Etwas missverständlich Baumbach/Hefermehl/*Casper* Kartenzahlungen Rn. 10 und Rn. 132.

[130] Vgl. zu entsprechenden Klauseln in den Akquisitionsverträgen *Bitter* WM 2010, 1773 (1775) (in Fn. 120).

[131] Schwintowski Bankrecht/*Hofmann* Kap. 10 Rn. 36 f.; vgl. ferner (auch zu den Besonderheiten bei Firmenkreditkarten) BankR-HdB/*Martinek/Omlor* Bd. I, § 67 Rn. 70a.

[132] Vgl. Wolf/Lindacher/Pfeiffer AGB-Recht/*Pamp* Rn. K123.

[133] MüKoHGB/*Linardatos* Zahlungsverkehr Rn. G 224.

[134] Vgl. MüKoHGB/*Linardatos* Zahlungsverkehr Rn. G 228.

Der im Valutaverhältnis geschuldete Betrag kann nach richtiger Auffassung auch **von einem Dritten** mittels Kreditkarte gezahlt werden.[135] Insofern ist nämlich allein von Bedeutung, ob die Forderung im ordnungsgemäßen Geschäftsgang entstanden ist, also auch vom Vertragspartner mittels Kreditkarte hätte beglichen werden können. Wohl herrschend ist zwar die gegenteilige Ansicht,[136] doch kann dieser nur gefolgt werden, wenn der Akquisitionsvertrag auf eine Identität zwischen dem Kunden des Vertragsunternehmens und dem Kreditkarteninhaber abstellt. In allen anderen Fällen vermag das Zahlungsdiensterecht die Bestimmungen des allgemeinen Schuldrechts (§§ 267, 268 BGB) nicht zu verdrängen. Dass der Dritte – ja gerade ebenso wie der Karteninhaber – bei einer Zahlung mit seiner Kreditkarte nur erfüllungshalber leistet (→ Rn. 48; → Rn. 67), ist in diesem Zusammenhang irrelevant; insbesondere ist das Vertragsunternehmen nicht schutzwürdig. **66**

c) Die Bargeldersatzfunktion der Kreditkarte. Die Zahlung mittels Kreditkarte ist nach ganz herrschender Meinung eine **Leistung erfüllungshalber** (§ 364 Abs. 2 BGB; → Rn. 48);[137] allerdings besteht die Besonderheit, dass der Karteninhaber einen Anspruch auf Zahlung mit Kreditkarte hat (→ Rn. 62 ff.). Der Karteninhaber hat mit Autorisierung (§ 675j BGB) des Kreditkarteneinsatzes – durch Unterschreiben des Leistungsbelegs etc – seinerseits alles Erforderliche getan, um den Leistungserfolg herbeizuführen.[138] Deswegen erlischt der Zahlungsanspruch des Vertragsunternehmens gegen den Karteninhaber, wenn sein aus dem Karteneinsatz resultierender Anspruch gegen den Kartenaussteller befriedigt wird, in vollem Umfang. Dies gilt auch dann, wenn – was zulässig (vgl. § 675f Abs. 6 BGB), aber ungewöhnlich ist – der Einsatz der Kreditkarte mit einem Preisnachlass verbunden war. **67**

Herkömmlich wird aus all diesem in der Rechtsprechung heute auf die Bargeldersatzfunktion der Kreditkarte geschlossen, weil der Anspruch des Vertragsunternehmens gegen den Kartenaussteller wirtschaftlich betrachtet ebenso werthaltig sein müsse wie der im Valutaverhältnis begründete Anspruch, da das Vertragsunternehmen in diesem Verhältnis in Vorleistung gehe und insbesondere auf sein Zurückbehaltungsrecht (§ 320 BGB) verzichte.[139] Die hM folgt diesem Verständnis,[140] es finden sich aber auch namenhafte Gegenstimmen.[141] **68**

In Bezug auf bankrechtliche Fragestellungen im engeren Sinne ließ sich früher noch konstatieren, dass die Frage, ob die Kreditkarte Bargeld „ersetzen" können soll, für die **Beurteilung des Valutaverhältnisses** an sich **irrelevant** ist, weil den §§ 675c ff. BGB keine Antwort auf diese Frage zu entnehmen ist.[142] Für Fragen des Zahlungsdiensterechts erlangt sie in der Tat auch erst bei der Verteilung des Risikos missbräuchlich verwendeter Kreditkarten Bedeutung; dennoch sind wohl Einschränkungen geboten.[143] Denn der **69**

[135] So auch Staub/*Grundmann* BankvertragsR 3. Teil Rn. 117.

[136] LG Düsseldorf NJW-RR 1991, 310; Kümpel/Mülbert/Früh/Seyfried/*Werner* Rn. 4.841; BankR-HdB/*Martinek/Omlor* Bd. I, § 67 Rn. 70; weitere Nachweise auch bei Schwintowski Bankrecht/*Hofmann* Kap. 10 Rn. 40 ff.

[137] Vgl. Baumbach/Hopt/*Hopt* Bankgeschäfte Rn. F/66; BankR-HdB/*Martinek/Omlor* Bd. I, § 67 Rn. 71; *Herresthal* ZBB 2019, 353 (358) mwN; ausführlich schon *Hammann* Die Universalkreditkarte 1991, S. 31 f.

[138] Vgl. FG Rheinland-Pfalz DStRE 2014, 652 (653).

[139] BGHZ 150, 286 (291 f.) = NJW 2002, 2234 (2235); BGHZ 152, 75 (80) = NJW 2002, 3698 (3699); BGHZ 157, 256 (262 f.) = NJW-RR 2004, 481 (482); mit Auswirkungen auf das Insolvenzanfechtungsrecht auch BGH NJW-RR 2015, 178.

[140] Vgl. nur BankR-HdB/*Martinek/Omlor* Bd. I, § 67 Rn. 65; MüKoBGB/*Casper* § 675f Rn. 171 und Rn. 121; Palandt/*Sprau* § 675f Rn. 49; *Oechsler* WM 2010, 1381 (1985 f.); inzident auch Kümpel/Mülbert/Früh/Seyfried/*Werner* Rn. 4.832; ältere Nachweise bei *Bitter* ZBB 1996, 104 (108); *Bitter* WM 2010, 1773 (1774) (in Fn. 118).

[141] *Langenbucher* BKR 2002, 119 (121); *Heermann* JZ 2002, 1170 (1171); *Heese* AcP 210 (2010), 251 (253); vgl. für das Distanzgeschäft auch *Bitter* WM 2010, 1773 (1775 ff.); *Herresthal* ZBB 2019, 353 (364).

[142] Zutreffend *Bitter* WM 2010, 1773 (1774 f.). – Auch § 675f Abs. 6 BGB gibt keinen Aufschluss (*Oechsler* WM 2010, 1381 (1385); **aA** *Casper/Pfeifle* WM 2009, 2343 (2344 f.)).

[143] Vgl. schon *Jungmann* WuB 2015, 119 (121 f.).

Insolvenzrechtssenat des Bundesgerichtshofs hat aus dem Dogma der Bargeldersatzfunktion inzwischen für das Valutaverhältnis die Schlussfolgerung gezogen, dass sich in der Insolvenz des Kreditkarteninhabers ein Anspruch aus Deckungsanfechtung (§ 130 InsO) nicht gegen den Kartenaussteller, sondern gegen das Vertragsunternehmen richtet.[144]

70 Ungeachtet dieser – im Ergebnis richtigen – insolvenzrechtlichen Ableitung, kann aus der deduktiv gewonnenen Bargeldersatzthese aber weiterhin nur mit größter Vorsicht etwas geschlussfolgert werden.[145] Dies gilt insbesondere in Anbetracht der Tatsache, dass die eigentliche Bedeutung des Einsatzes von Kreditkarten heute im Distanzgeschäft liegt, die Bargeldersatzthese aber in Bezug auf das Präsenzgeschäft entwickelt wurde.[146]

III. Kreditkarten und digitale Zahlverfahren

71 Das Zahlungsgeschäft und damit auch das Kreditkartengeschäft haben durch kontaktlose Bezahlverfahren wie **Apple Pay oder Google Pay** – noch tendenziell eher außerhalb Europas auch WeChat-Pay oder Alipay – schon Veränderungen erfahren. Zukünftige Trends[147] werden unter globalem Druck noch weiter gehen, nämlich hin zu *„zero click"*- bzw. *„invisible payment"*-Verfahren, bei denen die Autorisierung von Zahlungsvorgängen (Schlagwort: *„smile to pay"*) unter Einsatz von Gesichtserkennungs- oder Fingerabdrucklesegeräten nur noch aufgrund biometrischer Daten erfolgt oder der Automatisierungsgrad (Schlagwort: *„smart living"* mit zB selbständig Zahlungsvorgänge auslösenden Geräten wie Kühlschränken) sogar noch höher ist.

72 Bei all diesen Verfahren besteht eine Verknüpfung zu einem Zahlungskonto. Insofern können auch die Kreditkartendaten (→ Rn. 15) „hinterlegt" sein. Sind diese – wie etwa bei Apple Pay oder Google Pay – in einem Smartphone gespeichert, dann wird dieses – anstelle der Kreditkarte – an das Zahlungsterminal gehalten. Auf diese Weise werden (regelmäßig durch Near Field Communication)[148] die Daten des Zahlers – allerdings nicht seine eigentlichen Kreditkartendaten, sondern (im *Host Card Emulation*-Verfahren) zusätzlich generierte „Repräsentationsdaten" (bei Apple Pay: „Unique Device Account"-Nummern) – übertragen.[149] Typischerweise ist es anschließend – ggf. nach Bestätigung des Zahlbetrags – erforderlich, den Zahlungsvorgang entweder durch einen vom Smartphone erkannten Fingerabdruck oder durch Gesichtserkennung mittels Smartphone abzuschließen. Damit ist der **Zahlungsvorgang** im Sinne des Zahlungsdiensterechts **autorisiert** (§ 675j BGB) und regelmäßig auch authentifiziert; je nach eingesetzter Technologie kommt es auch zur starken Kundenauthentifizierung.

73 Die eigentliche Innovation im Bereich der modernen digitalen Zahlverfahren kommt von FinTechs. Allerdings sind auch Kreditkartenorganisationen wie VISA und Mastercard gezwungen, auf diese Trends zu reagieren und verstärkt selbst im Bereich der Abwicklung von Zahlungsvorgängen aktiv zu werden. Sie müssen sich dafür in Konkurrenz zu den *Issuing-Processing*-Unternehmen (→ Rn. 9) – also auch zu den von ihnen für das Kreditkartengeschäft lizensierten Kreditinstituten – begeben. Zu erwarten ist nämlich, dass Kreditkartenorganisationen mittelfristig kein Geld mehr damit verdienen können, dass ihre Kreditkarten in digitalen Zahlverfahren die hinterlegten Zahlungsmittel sind.

---

[144] BGH NJW-RR 2015, 178.

[145] Vgl. zum begrenzten Nutzen der Bargeldersatzthese auch *Langenbucher* Risikozuordnung im bargeldlosen Zahlungsverkehr, 2001, S. 275; *Linardatos* Das Haftungssystem im bargeldlosen Zahlungsverkehr nach Umsetzung der ZDRL, 2013, S. 103 ff.

[146] Vgl. auch *Herresthal* ZBB 2019, 353 (355).

[147] Vgl. etwa *Linardatos* RdZ 2020, 36 ff. zu In-Car-Payments.

[148] Vgl. insofern noch *Lutz* ZVglRWiss 116 (2017), 177 (179) zu Tokenization- und Blockchain-basierten Übertragungsverfahren; vgl. ferner *Kunz* CB 2018, 393 (394).

[149] *Söbbing* WM 2016, 1066 (1067).

§ 675f Zahlungsdienstevertrag

(1) **Durch einen Einzelzahlungsvertrag wird der Zahlungsdienstleister verpflichtet, für die Person, die einen Zahlungsdienst als Zahler, Zahlungsempfänger oder in beiden Eigenschaften in Anspruch nimmt (Zahlungsdienstnutzer), einen Zahlungsvorgang auszuführen.**

(2) [1] **Durch einen Zahlungsdiensterahmenvertrag wird der Zahlungsdienstleister verpflichtet, für den Zahlungsdienstnutzer einzelne und aufeinander folgende Zahlungsvorgänge auszuführen sowie gegebenenfalls für den Zahlungsdienstnutzer ein auf dessen Namen oder die Namen mehrerer Zahlungsdienstnutzer lautendes Zahlungskonto zu führen.** [2] **Ein Zahlungsdiensterahmenvertrag kann auch Bestandteil eines sonstigen Vertrags sein oder mit einem anderen Vertrag zusammenhängen.**

(3) [1] **Der Zahlungsdienstnutzer ist berechtigt, einen Zahlungsauslösedienst oder einen Kontoinformationsdienst zu nutzen, es sei denn, das Zahlungskonto des Zahlungsdienstnutzers ist für diesen nicht online zugänglich.** [2] **Der kontoführende Zahlungsdienstleister darf die Nutzung dieser Dienste durch den Zahlungsdienstnutzer nicht davon abhängig machen, dass der Zahlungsauslösedienstleister oder der Kontoinformationsdienstleister zu diesem Zweck einen Vertrag mit dem kontoführenden Zahlungsdienstleister abschließt.**

(4) [1] **Zahlungsvorgang ist jede Bereitstellung, Übermittlung oder Abhebung eines Geldbetrags, unabhängig von der zugrunde liegenden Rechtsbeziehung zwischen Zahler und Zahlungsempfänger.** [2] **Zahlungsauftrag ist jeder Auftrag, den ein Zahler seinem Zahlungsdienstleister zur Ausführung eines Zahlungsvorgangs entweder unmittelbar oder mittelbar über einen Zahlungsauslösedienstleister oder den Zahlungsempfänger erteilt.**

(5) [1] **Der Zahlungsdienstnutzer ist verpflichtet, dem Zahlungsdienstleister das für die Erbringung eines Zahlungsdienstes vereinbarte Entgelt zu entrichten.** [2] **Für die Erfüllung von Nebenpflichten nach diesem Untertitel hat der Zahlungsdienstleister nur dann einen Anspruch auf ein Entgelt, sofern dies zugelassen und zwischen dem Zahlungsdienstnutzer und dem Zahlungsdienstleister vereinbart worden ist; dieses Entgelt muss angemessen und an den tatsächlichen Kosten des Zahlungsdienstleisters ausgerichtet sein.**

(6) **In einem Zahlungsdiensterahmenvertrag zwischen dem Zahlungsempfänger und seinem Zahlungsdienstleister darf das Recht des Zahlungsempfängers, dem Zahler für die Nutzung eines bestimmten Zahlungsinstruments eine Ermäßigung oder einen anderweitigen Anreiz anzubieten, nicht ausgeschlossen werden.**

Übersicht

I. Zahlungsdienstevertrag und Zahlungsdiensterahmenvertrag (Abs. 1 und Abs. 2)

1 In den multipolaren Beziehungen der beim Einsatz einer Kreditkarte beteiligten Personen lassen sich **zwei Zahlungsdiensterahmenverträge** iSv § 675f Abs. 2 BGB ausmachen: zum einen zwischen dem Karteninhaber und dem Kartenaussteller, zum anderen zwischen dem Kartenaussteller und dem Vertragsunternehmen (vgl. § 675f Abs. 6 BGB; vgl. noch → Rn. 17 ff.). Ein Einzelzahlungsvertrag iSv § 675f Abs. 1 BGB ist im Kreditkartengeschäft nicht (bzw. nur höchst theoretisch) vorstellbar.

1. Der Zahlungsdiensterahmenvertrag im Deckungsverhältnis

2 Der Zahlungsdiensterahmenvertrag zwischen Kartenaussteller und Karteninhaber ist (vgl. § 675f Abs. 2 S. 2 BGB) **Bestandteil des** zwischen diesen beiden Parteien geschlossenen **Emissionsvertrags.**[1] Kartenaussteller (auch: Emittent/*Issuer*) ist – ungeachtet der technischen Abwicklung über *Issuing-Processing*-Unternehmen (→ BGB Vor §§ 675f ff. Rn. 9) – das Kreditinstitut;[2] dieses ist zugleich Zahlungsdienstleister iSv § 1 Abs. 1 ZAG.

3 Unter Umständen können **mehrere Zahlungsdiensterahmenverträge** im Deckungsverhältnis bestehen; dies ist eine Frage der Gestaltung des Emissionsvertrags und der darin mitvereinbarten Nebenleistungen („*Assistance*-Leistungen"; → Kap. 6 BGB Vor §§ 675f ff. Rn. 27). Zum Beispiel kann die Vereinbarung, dass mit der Kreditkarte auch Bargeld an Geldautomaten abgehoben werden kann, als zusätzlicher – und dann ggf. isoliert änder- und kündbarer – Zahlungsdiensterahmenvertrag konzipiert sein.

2. Der Zahlungsdiensterahmenvertrag im Zuwendungsverhältnis

4 Der Zahlungsdiensterahmenvertrag zwischen Kartenaussteller und Vertragsunternehmen ist **Bestandteil des** zwischen diesen beiden Parteien geschlossenen **Akquisitionsvertrags.**[3]

II. Zahlungsvorgang und Zahlungsauftrag (Abs. 4)

5 **Zahlungsvorgang** iSv § 675f Abs. 4 S. 1 BGB meint den **tatsächlichen Geldfluss,** bei der Kreditkarte also regelmäßig den Transfer von Buchgeld.[4] Dabei ist sowohl im Zuwendungsverhältnis ein Zahlungsvorgang – nämlich der Transfer des Zahlungsbetrags (abzüglich des *Disagios*; vgl. → BGB Vor §§ 675f ff. Rn. 50) vom Kartenaussteller zum Vertragsunternehmen – als auch im Deckungsverhältnis – nämlich der Transfer des Zahlungsbetrags (ggf. zuzüglich von Entgelten, etwa für den Auslandseinsatz; vgl. → Rn. 11) vom Karteninhaber zum Kartenaussteller – auszumachen. Diese beiden Transfers können zusammenfassend als Zahlungsvorgang im weiteren Sinne bezeichnet werden.[5]

6 **Zahlungsauftrag** iSv § 675f Abs. 4 S. 2 BGB meint die **rechtliche Erklärung** des Karteninhabers einschließlich der erforderlichen Zahlungsinformationen, **die den Zahlungsvorgang (iwS) auslöst.** Dazu gehören die Kreditkartendaten (→ BGB Vor §§ 675f ff. Rn. 15) sowie Angaben zum Betrag, zur Person des Karteninhabers und zum

[1] BGH NJW-RR 2015, 178 (179); OLG München WM 2019, 1301 (1303); vgl. auch *Nobbe* WM 2012, Sonderbeilage 2 (zu Nr. 41), S. 6; Palandt/*Sprau* § 675f Rn. 52; vgl. auch Baumbach/Hopt/*Hopt* Bankgeschäfte Rn. F/35; vgl. allg. auch *Schürmann*, Bankrechtstag 2009, 2010, S. 11 (24 f.).

[2] *Jungmann* WM 2005, 1351 (1353). – Bei Einschaltung von Kooperationsunternehmen im Fall des *Co-Branding* von Kreditkarten (→ Kap. 6 BGB Vor §§ 675f ff. Rn. 7) kommt es auf die konkrete Ausgestaltung im Einzelfall an, ob die Kooperationsunternehmen selbst Zahlungsdienstleister sind.

[3] Kümpel/Mülbert/Früh/Seyfried/*Werner* Rn. 4.840; *Herresthal* ZBB 2019, 353 (362).

[4] Vgl. BT-Drs. 16/11643, 102.

[5] Vgl. Palandt/*Sprau* § 675f Rn. 18.

Vertragsunternehmen. Bei der Kreditkarte wird diese **Erklärung mittelbar über das Vertragsunternehmen abgegeben**[6] und der Zahlungsvorgang damit **„über den Zahlungsempfänger ausgelöst“.** Der Zahlungsauftrag ist eine vom Vertragsunternehmen angestoßene „***Pull*-Zahlung**“ (→ Kap. 6 BGB Vor §§ 675f ff. Rn. 24).[7] Im Präsenzgeschäft stellt zum Beispiel die Unterzeichnung des Belastungsbelegs bzw. die PIN-Eingabe die Erteilung eines Zahlungsauftrags dar,[8] im Distanzgeschäft zum Beispiel das Absenden eines online-Formulars nach Eingabe der Kreditkartendaten.

III. Entgeltfragen (Abs. 5)

Abs. 5 hat beim Kreditkartengeschäft einen **doppelten Anwendungsbereich:** zum einen den Zahlungsdiensterahmenvertrag im **Deckungsverhältnis** und zum anderen den Zahlungsdiensterahmenvertrag im **Zuwendungsverhältnis.** Die Aussage des Bundesgerichtshofs, Abs. 5 betreffe ausschließlich das Verhältnis zwischen dem Kreditkartenunternehmen und dem Vertragsunternehmen,[9] muss korrigierend so verstanden werden, dass Abs. 5 keine Aussage über das Valutaverhältnis trifft. In allen Fällen bestehen die **Informationspflichten** des Zahlungsdienstleisters nach § 675d Abs. 1 BGB iVm Art. 248 §§ 1–12, 13 Abs. 1, 3 bis 5 und §§ 14–16 EGBGB; freilich ist Abs. 5 S. 2 im Zuwendungsverhältnis regelmäßig abdingbar (§ 675e Abs. 4 BGB). 7

Abs. 5 S. 1 hat im Kern klarstellende Funktion[10] und bezieht sich auf **Hauptleistungspflichten.** Im Rahmen eines Zahlungsdiensterahmenvertrages handelt es sich dabei um die vom Zahlungsdienstleister zu erbringenden Zahlungsdienste. Dafür kann dem Grunde nach ein Entgelt verlangt werden.[11] Aber Abs. 5 S. 1 enthält kein zahlungsdiensterechtliches Verbot der Kontrolle der Höhe von Entgelten.[12] 8

Im Gegensatz dazu regelt **Abs. 5 S. 2** die Unentgeltlichkeit bzw. Entgeltlichkeit der Erfüllung von Nebenpflichten.[13] Damit sind **gesetzliche Nebenpflichten** gemeint; für vertragliche Nebenpflichten gilt das zwischen Zahlungsdienstleister und Zahlungsdienstnutzer Vereinbarte ohne die Einschränkungen nach Abs. 5 S. 2.[14] Für die Erfüllung gesetzlicher Nebenpflichten kann überhaupt nur dann ein Entgelt verlangt werden, wenn das Gesetz dies vorsieht (wie etwa in § 675o Abs. 1 S. 3 BGB für die berechtigte Ablehnung eines Zahlungsauftrags oder in § 675p Abs. 4 S. 3 BGB für die Bearbeitung des Widerrufs eines Zahlungsauftrags). Zusätzlich bedarf es einer vertraglichen Vereinbarung über die Entgeltlichkeit, und das Entgelt muss angemessen und an den tatsächlichen Kosten des Kartenausstellers ausgerichtet sein. Fehlt es (wie etwa bei § 675k Abs. 2 S. 5 BGB für die Entsperrung einer Kreditkarte) an einer gesetzlichen Regelung über die Möglichkeit, ein Entgelt zu vereinbaren, ist die Nebenpflicht unentgeltlich zu erfüllen.[15] 9

1. Bedeutung im Deckungsverhältnis

Entgelte iSv Abs. 5 sind im Deckungsverhältnis die **Jahresgebühr**[16] und alle **Entgelte für den Einsatz** der Kreditkarte zur **Bargeldabhebung an Geldautomaten**[17] sowie bei 10

[6] *Köndgen* JuS 2011, 481 (486); vgl. auch *Grundmann* WM 2009, 1157 (1164).
[7] Vgl. BT-Drs. 16/11643, 102.
[8] Kümpel/Mülbert/Früh/Seyfried/*Werner* Rn. 4.831.
[9] BGHZ 185, 359 (370) = NJW 2010, 2719 (2722).
[10] Vgl. BT-Drs. 16/11643, 102.
[11] BGHZ 222, 240 (246 f.) = NJW 2019, 3771 (3772).
[12] BGHZ 222, 240 (259) = NJW 2019, 3771 (3776).
[13] OLG Bamberg WM 2019, 633 = BeckRS 2019, 5138.
[14] Palandt/*Sprau* § 675f Rn. 22; vgl. *Grundmann* WM 2009, 1157 (1161).
[15] Vgl. BGHZ 207, 176 (186) = NJW 2016, 560 (561 f.).
[16] Vgl. *Grundmann* WM 2009, 1157 (1161).
[17] OLG Bamberg WM 2019, 633 = BeckRS 2019, 5138.

Zahlungen im Ausland,[18] für die außerhalb des Euro-Raums von vielen Kartenausstellern ein prozentualer Aufschlag erhoben wird.[19] Bei *Credit Cards* (→ BGB Vor §§ 675f ff. Rn. 35) stellt auch der **Zinssatz** ein Entgelt iSv Abs. 5 dar. – **Nicht** als Entgelt zu qualifizieren ist dagegen der **Aufwendungsersatzanspruch** des Kartenausstellers nach §§ 675, 675c, 670 BGB.

11 In Bezug auf die Entgelte iSv Abs. 5 treffen den Kartenaussteller **Informationspflichten:** Vor Abschluss des Emissionsvertrags muss der Karteninhaber nach § 675d Abs. 1 BGB iVm Art. 248 § 4 Abs. 1 Nr. 3 EGBGB **über Entgelte, über Zinsen und über** die Maßgeblichkeit bzw. Berechnung von **Wechselkursen** informiert werden. In Bezug auf Zahlungen mittels Kreditkarte im Ausland ist daher eine Unterrichtung über den der Umrechnung zugrunde zu legenden Umrechnungskurs (bzw. die Umrechnungskurse, wenn von einer Währung zum Beispiel zuerst in eine Referenzwährung wie US-Dollar und sodann in Euro umgerechnet wird) erforderlich.[20] Sofern (wie bei *Credit Cards*) nicht der gesamte Monatssaldo ausgeglichen wird, muss auch über den Zinssatz informiert werden.

12 Da der Einsatz der Kreditkarte keinen „vom Zahler ausgelösten Zahlungsvorgang" darstellt (→ Kap. 6 BGB Vor §§ 675f ff. Rn. 24), kann der Karteninhaber vom Kartenaussteller vor dem Einsatz seiner Karte nicht Informationen nach § 675d Abs. 1 BGB iVm Art. 248 § 6 EGBGB verlangen.

13 Spätestens die (monatliche) **Kreditkartenabrechnung** muss dann die **Informationen** nach § 675d Abs. 1 BGB iVm Art. 248 § 7 EGBGB enthalten, für den Entgeltanspruch also auch – einzeln für jeden Einsatz der Kreditkarte – die Entgelte (etwa für den Auslandseinsatz) und die zugrunde gelegten Wechselkurse.

14 Die **Prüfung der Angemessenheit** (§ 307 BGB) eines nach Abs. 5 S. 2, 1. Hs. zulässigen Entgelts für eine Nebenleistung orientiert sich an Abs. 5 S. 2, 2. Hs. (ggf. iVm § 675d Abs. 4 S. 2 BGB).

2. Bedeutung im Zuwendungsverhältnis

15 **Entgelt iSv Abs. 5** ist im Zuwendungsverhältnis der **Betrag, den der Kartenaussteller** vom Vertragsunternehmen **für jede Akzeptanz der Kreditkarte verlangen kann;** sofern im Akquisitionsvertrag im Einzelfall entsprechend vereinbart, gehören auch Jahresgebühren, Gebühren für die Nutzung von Zahlungsterminals etc hierher. Das auf den Einsatz der Kreditkarte bezogene Entgelt ist in der Regel ein prozentualer Anteil des mittels Kreditkarte gezahlten Betrags (ggf. zuzüglich eines Transaktionsentgelts in fixer Höhe), häufig mindestens ein Sockelbetrag.[21]

16 Auch insofern greifen (vor Vertragsschluss) die **Informationspflichten** nach § 675d Abs. 1 BGB iVm Art. 248 § 4 Abs. 1 Nr. 3 EGBGB über die Höhe des Entgelts (Angabe des Prozent- und ggf. des Mindestbetrags pro Transaktion). Zudem sind nach Vertragsschluss die zahlungsvorgangsspezifischen Informationspflichten nach § 675d Abs. 1 BGB iVm Art. 248 § 8 EGBGB zu beachten. Im Zuwendungsverhältnis ist Abs. 4 S. 2 regelmäßig gemäß § 675e Abs. 4 BGB **abdingbar.**

[18] Baumbach/Hefermehl/*Casper* Kartenzahlungen Rn. 91; BGHZ 137, 27 = NJW 1998, 383.

[19] Vgl. in diesem Zusammenhang Art. 3 Abs. 1 der VO (EG) Nr. 924/2009 über grenzüberschreitende Zahlungen, wonach Zahlungsdienstleister für grenzüberschreitende Zahlungen bis zu einem Betrag von 50.000 EUR nur die gleichen Entgelte wie für Inlandszahlungen verlangen dürfen.

[20] Zur AGB-rechtlichen Zulässigkeit solcher Auslandsentgelte vgl. *Piekenbrock* GPR 2014, 26 (33 f.).

[21] Zur Eigenständigkeit dieses Anspruchs und zur Verrechnung mit dem Anspruch des Vertragsunternehmens aus § 780 Abs. 1 BGB → Kap. 6 BGB Vor §§ 675f ff. Rn. 50; zum Einfluss der Begrenzung der Interbankenentgelte durch die MIF-Verordnung auf diesen Anspruch → Kap. 6 BGB Vor §§ 675f ff. Rn. 49.

IV. Preisauf- und -abschläge für den Einsatz von Kreditkarten (Abs. 6)

Abs. 6 beschränkt die Möglichkeiten, den Zahlungsdiensterahmenvertrag zwischen Kartenaussteller (vgl. zur Terminologie → Kap. 6 BGB Vor §§ 675f ff. Rn. 4 ff.) und Vertragsunternehmen zu gestalten. Die Regelung selbst gilt **ausschließlich** im **Zuwendungsverhältnis** (→ Rn. 19); sie bezieht sich auf die Kreditkarte als Zahlungsinstrument iSv § 1 Abs. 20 ZAG und ist damit – das sollte nach heutiger Rechtslage unstreitig sein – im Präsenz- wie auch im Distanzgeschäft (in allen seinen Erscheinungsformen) anwendbar.[22] Abs. 6 muss im Zusammenhang mit **§ 270a BGB und § 312a Abs. 4 BGB** betrachtet werden; das Zusammenspiel dieser Normen wirkt sich auf das **Valutaverhältnis** aus. Hingegen trifft Abs. 6 keine Aussage über Vereinbarungen zwischen Zahlungsdienstleistern (also im Interbankenverhältnis etwa in Bezug auf den Einsatz von Kreditkarten zur Bargeldabhebung an Automaten).[23] 17

1. Preisabschlagsverbote

Preisabschlagsverbote sind aufgrund von Abs. 6 **unzulässig:** Im Akquisitionsvertrag darf dem Vertragsunternehmen nicht die Möglichkeit genommen werden, dem Karteninhaber für den Einsatz eines bestimmten Zahlungsinstruments eine Ermäßigung oder einen anderweitigen Anreiz anzubieten.[24] Eine Ermäßigung bzw. ein entsprechender anderweitiger Anreiz – ggf. auch indirekt über Rückerstattungen oÄ – kann für Vertragsunternehmen zum Beispiel im Fall des *Co-Branding* von Kreditkarten (→ Kap. 6 BGB Vor §§ 675f ff. Rn. 7) sinnvoll sein. Entgegenstehende Gestaltungen im Akquisitionsvertrag sind nach § 134 BGB nichtig.[25] 18

2. Preisaufschlagsverbote *(Surcharging)*

a) Zuwendungsverhältnis. Abs. 6 selbst verbietet kein Surcharging im Zuwendungsverhältnis[26] (vgl. aber noch → Rn. 25 zu mittelbaren Einflüssen). Die **Vereinbarung von Preisaufschlagsverboten** ist im Zuwendungsverhältnis jedoch **zulässig:** Der Akquisitionsvertrag kann (wie auch schon vor Inkrafttreten von § 675f Abs. 5 BGB aF im Jahr 2009 und vor dessen redaktioneller Modifikation durch die Umsetzung der Zweiten Zahlungsdiensterichtlinie in Abs. 6 im Jahr 2018) ein Preisaufschlagsverbot (auch: Zahlungsaufschlagsverbot oder Verbot des *Surcharging*) vorsehen.[27] 19

Gemeint sind damit vertragliche Regelungen, die es dem Vertragsunternehmen verbieten, vom Karteninhaber bei Nutzung der Kreditkarte ein Zusatzentgelt in Form von prozentualen oder absoluten Preisaufschlägen zu verlangen. Vertragsunternehmen können an einem solchen *Surcharging* Interesse haben, weil sie so das an die Kreditkartenorganisation für jede Kreditkartentransaktion zu zahlende Entgelt auf die mit Kreditkarte zahlenden Kunden abwälzen können. Kreditkartenorganisationen versuchen dies zu verhindern, damit das Zahlungsmittel Kreditkarte für den Karteninhaber nicht weniger 20

[22] MüKoBGB/*Casper* § 675f Rn. 71.
[23] Palandt/*Sprau* § 675f Rn. 24.
[24] In Bezug auf das Kreditkartengeschäft in den USA ist eine andere Tendenz auszumachen: Der U. S. Supreme Court (Ohio v. American Express Co., 138 S. Ct. 2274 (2018)) hat sog. *Anti-Steering*-Bestimmungen der Kartenaussteller in den Akquisitionsverträgen für wirksam erachtet, wodurch es Vertragsunternehmen untersagt ist, Karteninhabern unter Hinweis auf die durch den Einsatz der jeweiligen Kreditkarte verursachten Kosten ein anderes Zahlungsmittel zu empfehlen (ausführlich – und krit. – dazu *Oechsler* WM 2019, 2045 ff.; vgl. ferner *Volmar* WuW 2019, 11 ff.).
[25] Palandt/*Sprau* § 675f Rn. 24.
[26] *Omlor* WM 2018, 937 (940).
[27] MüKoBGB/*Casper* § 675f Rn. 67; zu den Begriffen *„Surcharging"* bzw. *„Surcharge Fee"* vgl. *Grohé* RdZ 2020, 142.

attraktiv als zum Beispiel die Zahlung mit Bargeld oder mit Bankkarten (etwa mit einer girocard) ist.

21 Mit dem Ziel der Förderung des Wettbewerbs unter den Zahlungsmitteln[28] und der Bereitstellung von möglichst effizienten Zahlungsinstrumenten hatte der deutsche Gesetzgeber in § 675f Abs. 5 BGB aF von einer Öffnungsklausel in der Ersten Zahlungsdiensterichtlinie Gebrauch gemacht und so *Surcharging*-Verbote ermöglichen wollen;[29] damit hatte der Gesetzgeber keine Entscheidung über die wettbewerbsrechtliche Zulässigkeit von Preisaufschlagsverboten getroffen.

22 **b) Valutaverhältnis.** Mit der Zweiten Zahlungsdiensterichtlinie kam es zu einem **Paradigmenwechsel in den europarechtlichen Vorgaben** zum Zahlungsdiensterecht, die unmittelbare Auswirkungen auf das Valutaverhältnis haben. Denn nach Art. 62 Abs. 4 ZDRL ist sicherzustellen, dass die Vertragsunternehmen keine Entgelte für die Nutzung von Kreditkarten verlangen, für welche die MIF-Verordnung Regelungen über Interbankenentgelte festlegt; das bedeutet in der Sache ein **Surcharging-Verbot im Valutaverhältnis** beim Einsatz von Verbraucherkreditkarten.

23 Die europarechtlichen Vorgaben hat der deutsche Gesetzgeber in **§ 270a BGB** umgesetzt, wonach eine Vereinbarung unwirksam ist, durch die der Karteninhaber verpflichtet wird, ein Entgelt für die Nutzung einer Kreditkarte zu entrichten. Dies gilt zwar nur dann, wenn der Karteninhaber ein Verbraucher und auf die eingesetzte Kreditkarte Art. 4 der MIF-Verordnung anwendbar ist. Letzteres ist bei Vier-Parteien-Systemen aber immer[30] und in der Praxis auch bei den Drei-Parteien-Systemen American Express und Diners Club der Fall (→ Kap. 6 BGB Vor §§ 675f ff. Rn. 5), weil sie über Art. 1 Abs. 5 MIF-Verordnung im Regelfall den Vier-Parteien-Systemen gleichgestellt sind.[31] Dass Vertragsunternehmen in Bezug auf Preisaufschläge im Verhältnis zum Karteninhaber nach der Rechtsnatur der konkret eingesetzten Karte differenzieren, ist in der Praxis nicht auszumachen. Das mag auch daran liegen, dass neben der Differenzierung nach Kreditkartenarten wegen Art. 62 Abs. 5 ZDRL – wonach Mitgliedstaaten Surcharging auch für Karten, auf die Art. 4 der MIF-Verordnung nicht anwendbar ist, verbieten können – auch noch eine geografische Differenzierung erforderlich wäre.[32] Damit erlangt das im Valutaverhältnis bestehende Surcharging-Verbot des § 270a BGB faktisch für alle gängigen Kreditkarten Bedeutung.[33]

24 Zudem ist – seit Inkrafttreten von § 270a BGB von nachgelagerter Bedeutung – in den Fällen, in denen der Karteninhaber ein Verbraucher ist, **§ 312a Abs. 4 BGB** zu beachten.[34] Danach sind im Valutaverhältnis Vereinbarungen unwirksam, durch die ein Verbraucher als Kreditkarteninhaber verpflichtet wird, ein Entgelt dafür zu zahlen, dass er zur Erfüllung seiner vertraglichen Pflichten seine Kreditkarte einsetzt, sofern für ihn keine gängige und zumutbare unentgeltliche Zahlungsmöglichkeit besteht (§ 312a Abs. 4 Nr. 1 BGB). Als „gängige und zumutbare unentgeltliche Zahlungsmöglichkeit" wird in der Praxis des E-Commerce häufig die Zahlung im Wege des SEPA-Lastschriftverfahrens angeboten; in diesen Fällen wäre *allein nach § 312a Abs. 4 BGB* Surcharging für den Einsatz der Kreditkarte grundsätzlich auch gegenüber Verbrauchern zulässig.

---

[28] Vgl. dazu *Langenbucher* BKR 2002, 119 (122).

[29] Vgl. BT-Drs. 13/13669, 124 sowie *Omlor* NJW 2014, 1703 (1705); vgl. auch noch *Oechsler* WM 2016, 537 (540).

[30] Ausdrücklich in Bezug auf Mastercard- und Visa-Kreditkarten LG Berlin BKR 2020, 207 (208).

[31] Vgl. EuGH WM 2018, 314 = BeckRS 2018, 825; *Jungmann* WuB 2018, 267 (272); ausführlich (auch zu den wenigen Ausnahmefällen) BeckOGK BGB/*Foerster* § 270a Rn. 57 ff.; **aA** (Drei-Parteien-Systeme nicht erfasst) *Buchmüller/Burke* MMR 2017, 728 (729); noch weitergehend (Kreditkarten überhaupt nicht von § 270a BGB erfasst) *Werner* ZBB 2017, 345 (352).

[32] *Jünemann* DB 2017, 1952 (1956).

[33] Vgl. auch schon *Jungmann* WuB 2018, 267 (272). – Zur Zulässigkeit von *Surcharging* bei Zahlungen mittels PayPal o.ä. (wohl auch wenn das PayPal-Konto mittels einer Kreditkarte aufgeladen wurde), vgl. OLG München BKR 2020, 204.

[34] Vgl. dazu *Omlor* NJW 2014, 1703 (1705 ff.).

Die das Valutaverhältnis betreffenden Vorgaben des heutigen europäischen Zahlungsdiensterechts haben **mittelbare Auswirkungen auf das Zuwendungsverhältnis.**[35] Denn auch wenn Surcharging im Zuwendungsverhältnis untersagt werden kann, es aber dort kein gesetzliches Surcharging-Verbot gibt (→ Rn. 19), werden Kartenaussteller im Zuwendungsverhältnis kaum Regelungen vorsehen, welche die Vertragsunternehmen im Valutaverhältnis, wo ein weitreichendes Surcharging-Verbot besteht, nicht umsetzen können. Damit ist der faktische Regelungsgehalt von Abs. 6 gering.[36] 25

Abs. 6 ist – auch im Zusammenspiel mit § 270a BGB und § 312a Abs. 4 Nr. 1 BGB und nicht anders als schon § 675f Abs. 5 BGB aF – ohnehin nur **von beschränkter Effektivität:** Weil Vertragsunternehmen aufgrund des Preisabschlagsverbots (→ Rn. 18) die nicht durch den Zahlungsdiensterahmenvertrag einschränkbare Möglichkeit bleibt, denjenigen Kunden Preisnachlässe zu gewähren, die ein bestimmtes Zahlungsinstrument benutzen, könnte – gerade im Fernabsatz oder in Branchen, in denen Barzahlungen eher unüblich sind – etwa der Verkaufspreis um das an die Kreditkartenorganisation zu zahlende Entgelt generell erhöht werden und Kunden, die zum Beispiel mit einer girocard zahlen, eine Ermäßigung um eben diesen Betrag gewährt werden.[37] 26

Immerhin ist aufgrund von § 270a BGB für Verbraucher der Maximalpreis hinreichend transparent erkennbar. Negative Überraschungen in Form von Zuschlägen beim Einsatz einer Kreditkarte sind ausgeschlossen. Möglich bleiben positive Überraschungen bei der Wahl bestimmter Verfahren des bargeldlosen Zahlungsverkehrs.[38] Damit schafft Abs. 6 aber **keine** Grundlage für eine **unzulässige Umgehung** von § 270a BGB[39]: Denn es darf nicht etwa mit (nur) für Barzahlungen „ermäßigten" Preisen geworben oder diese im Internetauftritt in den Vordergrund gestellt werden.[40] 27

§ 675g Änderung des Zahlungsdiensterahmenvertrags

(1) **Eine Änderung des Zahlungsdiensterahmenvertrags auf Veranlassung des Zahlungsdienstleisters setzt voraus, dass dieser die beabsichtigte Änderung spätestens zwei Monate vor dem vorgeschlagenen Zeitpunkt ihres Wirksamwerdens dem Zahlungsdienstnutzer in der in Artikel 248 §§ 2 und 3 des Einführungsgesetzes zum Bürgerlichen Gesetzbuche vorgesehenen Form anbietet.**

(2) **[1]Der Zahlungsdienstleister und der Zahlungsdienstnutzer können vereinbaren, dass die Zustimmung des Zahlungsdienstnutzers zu einer Änderung nach Absatz 1 als erteilt gilt, wenn dieser dem Zahlungsdienstleister seine Ablehnung nicht vor dem vorgeschlagenen Zeitpunkt des Wirksamwerdens der Änderung angezeigt hat. [2]Im Fall einer solchen Vereinbarung ist der Zahlungsdienstnutzer auch berechtigt, den Zahlungsdiensterahmenvertrag vor dem vorgeschlagenen Zeitpunkt des Wirksamwerdens der Änderung fristlos zu kündigen. [3]Der Zahlungsdienstleister ist verpflichtet, den Zahlungsdienstnutzer mit dem Angebot zur Vertragsänderung auf die Folgen seines Schweigens sowie auf das Recht zur kostenfreien und fristlosen Kündigung hinzuweisen.**

(3) **[1]Änderungen von Zinssätzen oder Wechselkursen werden unmittelbar und ohne vorherige Benachrichtigung wirksam, soweit dies im Zahlungsdiensterahmenvertrag vereinbart wurde und die Änderungen auf den dort vereinbarten Referenzzinssätzen**

[35] MüKoBGB/*Casper* § 675f Rn. 69; BeckOGK BGB/*Foerster* § 675f Rn. 117 (allerdings sehr weitgehend mit der Ansicht, § 270a BGB greife als gesetzliches Verbot iSv § 134 BGB in das Zuwendungsverhältnis ein).

[36] Ähnlich *Omlor* WM 2018, 937 (940).

[37] Vgl. schon *Casper/Pfeifle* WM 2009, 2343 (2345); vgl. aber LG Berlin BKR 2020, 207: unzulässige Umgehung von § 270a BGB.

[38] Dazu und zu den damit einhergehenden Wettbewerbsanreizen BeckOGK BGB/*Foerster* § 675f Rn. 118 f.; vgl. auch *Werner* ZBB 2017, 345 (352).

[39] Vgl. BT-Drs. 18/11495, 146.

[40] LG Berlin Urt. v. 21.3.2019 – 52 O 243/18; ausführlich (wenn auch nicht kreditkartenspezifisch) MüKoHGB/*Haertlein* Zahlungsverkehr Rn. E 271.

oder Referenzwechselkursen beruhen. [2]Referenzzinssatz ist der Zinssatz, der bei der Zinsberechnung zugrunde gelegt wird und aus einer öffentlich zugänglichen und für beide Parteien eines Zahlungsdienstevertrags überprüfbaren Quelle stammt. [3]Referenzwechselkurs ist der Wechselkurs, der bei jedem Währungsumtausch zugrunde gelegt und vom Zahlungsdienstleister zugänglich gemacht wird oder aus einer öffentlich zugänglichen Quelle stammt.

(4) **Der Zahlungsdienstnutzer darf durch Vereinbarungen zur Berechnung nach Absatz 3 nicht benachteiligt werden.**

Übersicht

I. Anwendungsbereich und praktische Bedeutung

1 Die Vorschrift findet sowohl auf den im Deckungs- als auch auf den im Zuwendungsverhältnis geschlossenen Zahlungsdiensterahmenvertrag Anwendung, hat aber **vor allem im Deckungsverhältnis** zwischen Kartenaussteller und Karteninhaber praktische **Bedeutung.** Im Zuwendungsverhältnis zwischen Vertragsunternehmen und Kartenaussteller[1] sind nach § 675e Abs. 4 BGB regelmäßig abweichende Vereinbarungen möglich; solche Vereinbarungen dominieren in der Praxis.

2 § 675g BGB betrifft ausschließlich **Änderungen der Zahlungsdiensterahmenverträge auf Veranlassung des Kartenausstellers.**[2] Die Änderung muss sich konkret auf den Bestandteil des Emissionsvertrags (bzw. des Akquisitionsvertrags) beziehen, der den Zahlungsdiensterahmenvertrag ausmacht. Besonderheiten gelten nach Abs. 3 für Änderungen von Zinssätzen oder Wechselkursen.

3 **Änderungen der übrigen Bestandteile des Emissionsvertrags** unterliegen den allgemeinen Vorschriften des Vertragsrechts.[3] Dies gilt insbesondere auch für die Bedingungen der Nebenleistungsverträge („*Assistance*-Leistungen"; → Kap. 6 BGB Vor §§ 675f ff. Rn. 27); die AGB des Emissionsvertrags sehen typischerweise besondere Regelungen für die Änderung der „*Assistance*-Leistungen" vor. Allerdings kann die **Abgrenzung** mitunter schwierig sein: Typischerweise legt der Emissionsvertrag nämlich eine einheitliche Jahresgebühr fest. Werden zum Beispiel bestimmte Versicherungsleistungen nicht länger angeboten, bleibt die Jahresgebühr aber gleich, so erhöht sich prozentual „das für die Erbringung eines Zahlungsdienstes vereinbarte Entgelt" iSv § 675f Abs. 5 S. 1 BGB. Dies ist dann (auch) eine Änderung des Zahlungsdiensterahmenvertrags.

4 Für alle Änderungen, die der Karteninhaber initiiert, gelten die §§ 305 ff. BGB ohne die Besonderheiten des § 675g BGB.[4] Aufgrund der standardisierten Emissionsverträge sind solche Konstellationen selten; denkbar ist aber zum Beispiel das Begehren des Karteninhabers, eine für die Karte vereinbarte Betragsobergrenze iSv § 675k Abs. 1 BGB zu erhöhen. Dies ist ein „Angebot" im Sinne des Vertragsrechts, das an keine Form gebunden ist und das vom Kartenaussteller nach allgemeinen Regeln angenommen werden kann.

---

[1] Hier genauer: *Merchant-Acquiring*-Unternehmen; vgl. zur Terminologie → BGB Vor §§ 675f ff. Rn. 4 ff.
[2] Erman/*Graf von Westphalen* § 675h Rn. 2.
[3] Ähnlich – wenn auch nicht in Bezug auf Emissionsverträge im Kreditkartengeschäft – LG Berlin ZIP 2019, 1367 (1368).
[4] Vgl. Palandt/*Sprau* § 675g Rn. 1.

II. Form und Frist

Eine vom Kartenaussteller initiierte Änderung des Emissionsvertrags bedarf nach § 675g Abs. 1 BGB iVm Art. 248 § 3 EGBGB der **Textform** (§ 126b BGB). Unproblematisch formwahrend ist daher, wenn das Angebot auf Vertragsänderung der monatlich per Post übersandten Kreditkartenabrechnung beigefügt wird. Erfolgt die Rechnungszustellung elektronisch, so ist zu differenzieren: In jedem Fall formwahrend sind – wenn solche Kommunikationswege mit dem Kreditkarteninhaber vereinbart wurden – etwa die Übersendung des Änderungsangebots per E-Mail und das Einstellen des Angebots auf Vertragsänderung ins Internet zum Download, wenn der Download auch tatsächlich erfolgt. Ob anderes gilt, wenn es am tatsächlichen Download fehlt,[5] ist umstritten. Da der Bundesgerichtshof eine Kreditkartenabrechnung als mit Einstellung in das elektronische Postfach des Kunden zugegangen angesehen hat, wenn der Kunde am online-Banking teilnimmt,[6] dürfte auch in Bezug auf § 675g BGB der tatsächliche Download durch den Kreditkarteninhaber irrelevant sein.[7] **5**

§ 675g BGB verlangt, dass das Änderungsangebot dem Karteninhaber **zwei Monate vor Wirksamwerden der beabsichtigten Änderung** zugeht. Wird die Frist nicht gewahrt, kann die Annahme des Angebots nicht nach den besonderen Bestimmungen des § 675g BGB, sondern nur noch nach allgemeinen Regeln erfolgen. Das wird in der Praxis des Kreditkartengeschäfts zwar kaum vorkommen. Dass aber eine einvernehmliche Änderung eines Zahlungsdiensterahmenvertrags ohne Einhaltung der in 675g Abs. 1 BGB genannten Form- und Fristvoraussetzungen nicht möglich sein soll,[8] ist weder den europarechtlichen Vorgaben (vgl. Art. 54 ZDRL) noch den Gesetzgebungsmaterialien zu deren Umsetzung zu entnehmen. Insofern bleibt es bei der allgemeinen Vertragsfreiheit. **6**

III. Stillschweigende Annahme des Änderungsangebots und Folgen eines Widerspruchs

Der Emissionsvertrag enthält typischerweise eine Regelung, wonach die **Zustimmung** des Karteninhabers zu Änderungen des Vertragsbestandteils Zahlungsdiensterahmenvertrag **als erteilt gilt,** wenn der Karteninhaber nicht vor dem Zeitpunkt, zu dem die Vertragsänderung wirksam werden soll, seinen Widerspruch erklärt. Dass eine solche **Zustimmungsfiktion** (ggf. nur) **in den AGB des Emissionsvertrags** erfolgt, begegnet keinen Bedenken.[9] **7**

Zusätzlich muss nach Abs. 2 S. 3 **das Angebot auf Vertragsänderung selbst** – ein allgemeiner Hinweis in Allgemeinen Geschäftsbedingungen genügt nicht[10] – **zwei Hinweise** enthalten: erstens den nochmaligen (vgl. § 675d Abs. 1 BGB iVm Art. 248 § 4 Abs. 1 Nr. 6a) EGBGB) Hinweis, dass das Schweigen des Karteninhabers als Einverständnis mit der Änderung gewertet wird, und zweitens den Hinweis, dass der Karteninhaber den Emissionsvertrag[11] bis zu dem Tag, zu dem die Änderung wirksam werden sollte, fristlos kündigen kann, ohne dass ihm dadurch Kosten entstehen. Diese Möglichkeit ist aufgrund von Abs. 2 gegeben, der lex specialis zu § 308 Nr. 5 BGB ist.[12] Die in der Praxis ver- **8**

---

[5] So Palandt/*Ellenberger* § 126b Rn. 3; Staudinger/*Omlor* § 675h Rn. 4; BGH NJW 2010, 3566 (3567 f.) mwN; vgl. auch EuGH NJW 2012, 2637.

[6] BGH WM 2010, 1121.

[7] Zutreffend BeckOGK BGB/*Foerster* § 675g Rn. 15. – Vgl. insofern auch noch EuGH NJW 2017, 871; *Zahrte* BKR 2017, 279 ff. sowie allgemein zu rechtlichen Vorgaben für elektronische Postfächer *Lehmann*/*Retting* NJW 2020, 569 ff.

[8] In diese Richtung *Habersack* BKR 2020, 53 (54 f.).

[9] *Habersack* BKR 2020, 53 (55) mwN.

[10] LG Berlin WM 2018, 1693 = BeckRS 2018, 20810.

[11] Die Kündigung erfasst – sofern nicht im Ausnahmefall eine Teilung der Vertragsverhältnisse sinnvoll ist – den gesamten Emissionsvertrag (vgl. auch BeckOK BGB/*Schmalenbach* § 675h Rn. 10).

[12] Erman/*Graf von Westphalen* § 675h Rn. 11.

wendeten „Bedingungen für Kreditkarten" enthalten typischerweise Bestimmungen, die den Regelungsgehalt von § 675g BGB widerspiegeln[13] und damit eher „deklaratorischen" Charakter haben.[14] Trotz diesbezüglich teilweise geäußerter Bedenken[15] ist an der Wirksamkeit entsprechender Bestimmungen in allgemeinen Geschäftsbedinungen, solange sie nicht materiell von § 675g BGB abweichen, nicht zu zweifeln.[16] Art. 54 ZDRL und damit § 675g BGB haben einen zahlungsdiensterechtspezifischen Informations- und Transparenzstandard geschaffen, der auf der Ebene des europäischen Rechts den Bestimmungen der Richtlinie 93/13/EWG des Rates vom 5. April 1993 über mißbräuchliche Klauseln in Verbraucherverträgen und auf der Ebene des deutschen Rechts den in §§ 307 ff. BGB enthaltenen Regelungen vorgeht.[17]

9 **Widerspricht** der Karteninhaber den vorgeschlagenen Änderungen, bleibt der Emissionsvertrag mit den ursprünglichen Konditionen bestehen.[18] Da die Emissionsverträge typischerweise ein Recht zur Kündigung durch den Kartenaussteller vorsehen, wird der Kartenaussteller in einem solchen Fall regelmäßig gemäß § 675h Abs. 2 BGB kündigen. Die Rechtsfolgen der Kündigung, sei es durch den Kartenaussteller, sei es durch den Karteninhaber, ergeben sich aus § 675h Abs. 3 BGB.

IV. Änderung von (Referenz-)Wechselkursen (Abs. 3 und Abs. 4)

10 Der Karteninhaber muss schon vor Abschluss des Emissionsvertrags über die Wechselkurse und Referenzwechselkurse informiert werden, die der Umrechnung von Umsätzen in ausländischer Währung in Euro zugrunde liegen (→ Kap. 6 BGB § 675f Rn. 11). Diese Umrechnungsmethoden werden (ggf. durch Verweisung auf das Preis- und Leistungsverzeichnis des Kartenausstellers) dann Bestandteil des Emissionsvertrags.

11 Typischerweise erfolgt die Umrechnung einer Fremdwährungsschuld auf der Grundlage des tagesaktuellen Wechselkurses. Es liegt in der Natur der Sache, dass sich Wechselkurse ändern und deshalb für Kreditkartenumsätze an verschiedenen Tagen unterschiedliche Wechselkurse maßgeblich sind. Abs. 3 stellt klar, dass **Änderungen von Wechselkursen** im Verhältnis zum Karteninhaber **unmittelbar und ohne vorherige Benachrichtigung wirksam** werden.

12 Abs. 4 verbietet in diesem Zusammenhang die Benachteiligung des Karteninhabers, untersagt zum Beispiel also Gestaltungen im Emissionsvertrag, nach denen bei Umrechnungen von Fremdwährungen in Euro Rundungsdifferenzen zulasten des Karteninhabers gehen. Ändern sich nicht lediglich die Wechselkurse, sondern möchte der Kartenaussteller andere (Referenz-)Wechselkurse maßgeblich werden lassen, werden also die Umrechnungsmodalitäten geändert, so gelten nicht Abs. 3 und Abs. 4, sondern Abs. 1 und Abs. 2.

13 Die in Abs. 3 ebenfalls genannten Zinssätze haben für das Kreditkartengeschäft eine untergeordnete Bedeutung. Die bei *Credit Cards* (→ Kap. 6 BGB Vor §§ 675f ff. Rn. 35) maßgeblichen Zinssätze sind keine Zinssätze iSv Abs. 3.

§ 675h Ordentliche Kündigung eines Zahlungsdiensterahmenvertrags

(1) [1]**Der Zahlungsdienstnutzer kann den Zahlungsdiensterahmenvertrag, auch wenn dieser für einen bestimmten Zeitraum geschlossen ist, jederzeit ohne Einhaltung einer**

---

[13] Vgl. etwa Ziff. II („Änderungen der Geschäftsbedingungen") der Bedingungen für Kreditkarten der Deutsche Bank AG (Stand: 9/2019).

[14] Vgl. (wenngleich nicht kreditkartenspezifisch) *Habersack* BKR 2020, 53 (60).

[15] *Feldhusen* WM 2020, 397 ff. und WM 2020, 441 ff.; zum österreichischen Recht vgl. etwa OGH Urt. v. 11.4.2013 – 1 Ob 210/12g; OGH Urt. v. 24.9.2015 – 9 Ob 26/15m; OGH Urt. v. 20.7.2016 – 6 Ob 120/15p.

[16] OLG Köln BKR 2020, 101; LG Berlin BKR 2020, 103; ausführlich *Schmidt-Kessel/Rank* WM 2018, 2205 ff.; *Habersack* BKR 2020, 53 ff.; **aA** *Feldhusen* WM 2020, 397 ff. und WM 2020, 441 ff.

[17] *Schmidt-Kessel/Rank* WM 2018, 2205 (2212 f.); *Schmidt-Kessel/Rank* GPR 2018, 266 (268 ff.).

[18] *Habersack* BKR 2020, 53 (54).

Kündigungsfrist kündigen, sofern nicht eine Kündigungsfrist vereinbart wurde. [2]Die Vereinbarung einer Kündigungsfrist von mehr als einem Monat ist unwirksam.

(2) **[1]Der Zahlungsdienstleister kann den Zahlungsdiensterahmenvertrag nur kündigen, wenn der Vertrag auf unbestimmte Zeit geschlossen wurde und das Kündigungsrecht vereinbart wurde. [2]Die Kündigungsfrist darf zwei Monate nicht unterschreiten. [3]Die Kündigung ist in der in Artikel 248 §§ 2 und 3 des Einführungsgesetzes zum Bürgerlichen Gesetzbuche vorgesehenen Form zu erklären.**

(3) **[1]Im Fall der Kündigung sind regelmäßig erhobene Entgelte nur anteilig bis zum Zeitpunkt der Beendigung des Vertrags zu entrichten. [2]Im Voraus gezahlte Entgelte, die auf die Zeit nach Beendigung des Vertrags fallen, sind anteilig zu erstatten.**

(4) **Der Zahlungsdienstleister darf mit dem Zahlungsdienstnutzer für die Kündigung des Zahlungsdiensterahmenvertrags kein Entgelt vereinbaren.**

Übersicht

I. Anwendungsbereich und praktische Bedeutung

Die Regelungen des § 675h BGB betreffen die **ordentliche Kündigung** eines Zahlungsdiensterahmenvertrags. Sie gelten auch in Bezug auf die Vertragsverhältnisse beim Kreditkartengeschäft;[1] dort sind sie sowohl auf den im Deckungs- als auch auf den im Zuwendungsverhältnis geschlossenen Zahlungsdiensterahmenvertrag (vgl. → Kap. 6 BGB § 675f Rn. 1 ff.) anwendbar. Allerdings werden sie im Zuwendungsverhältnis typischerweise nach § 675e Abs. 4 BGB abbedungen sein. Ist dies im Verhältnis von Kartenaussteller und Vertragsunternehmen der Fall, behält auch § 675h Abs. 1 S. 2 BGB, wonach eine Kündigungsfrist von mehr als einem Monat nicht wirksam vereinbart werden kann, keine Bedeutung mehr,[2] auch nicht über § 307 Abs. 2 Nr. 1 BGB; für eine absolute Wirkung von § 675h Abs. 1 S. 2 bzw. Abs. 2 S. 2 BGB findet sich kein hinreichender Anhaltspunkt, und eine entsprechende Notwendigkeit besteht im unternehmerischen Verkehr nicht. Damit sind die **Kündigungsregelungen** des § 675h BGB **praktisch nur im Deckungsverhältnis** zwischen Kartenaussteller und Karteninhaber **relevant.** Der in diesem Verhältnis geschlossene Zahlungsdiensterahmenvertrag ist typischerweise unbefristet; eine Befristung ergibt sich insbesondere nicht aus der Gültigkeitsdauer der Kreditkarte.[3] 1

§ 675h BGB gilt **nur für den Zahlungsdiensterahmenvertrag** selbst. Sofern der im Deckungsverhältnis geschlossene Emissionsvertrag andere Bestandteile enthält, die auch ohne den Zahlungsdiensterahmenvertrag eine selbständige Bedeutung haben, richtet sich die Kündigung des Emissionsvertrags nach allgemeinen Vorschriften. Typischerweise wird die Kündigung des Zahlungsdiensterahmenvertrags aber den Emissionsvertrag insgesamt beenden. Für die isolierte „Kündigung" von Nebenleistungen („*Assistance*-Leistungen") können von § 675h BGB abweichende Kündigungsregelungen getroffen werden, sofern die Nebenleistungsvereinbarung nicht ihrerseits einen Zahlungsdiensterahmenvertrag darstellt.[4] Für entsprechende Regelungen in Allgemeinen Geschäftsbedingungen ist aber auf eine hinreichend transparente Differenzierung[5] zu achten. 2

---

[1] Erman/*Graf von Westphalen* § 675h Rn. 3.
[2] **AA** Palandt/*Sprau* § 675h Rn. 2.
[3] Wolf/Lindacher/Pfeiffer AGB-Recht/*Pamp* Rn. K106.
[4] Vgl. insofern BGH NJW 2006, 430 und → Kap. 6 BGB § 675f Rn. 3.
[5] Vgl. diesbezüglich BGHZ 205, 220 = NJW 2015, 2412.

II. Kündigung durch den Karteninhaber (Abs. 1)

3 Die Kündigung durch den Karteninhaber ist, vorbehaltlich der Vereinbarung einer maximal einmonatigen Kündigungsfrist, jederzeit möglich und nicht von einer bestimmten Form oder von einer besonderen Begründung abhängig.[6] Auch andere **Erschwerungen der Kündigung** sind **unzulässig,**[7] wenn sie einem Formerfordernis gleichkommen. So kann die Wirksamkeit der Kündigung nicht etwa davon abhängig gemacht werden, dass die Kreditkarte an den Kartenaussteller zurückgeschickt wird oder dass ihr Verlust angezeigt wird. Die Vereinbarung der schuldrechtlichen Verpflichtung in den AGB des Emissionsvertrags, dass die Karte nach Kündigung zurückzugeben ist oder dass sie zu vernichten (und dies dem Kartenaussteller gegenüber zu bestätigen) ist, ist hingegen zulässig. Ferner können die AGB bestimmen, dass die kommentarlose Rücksendung einer Kreditkarte als Kündigung des Zahlungsdiensterahmenvertrags anzusehen ist. Das Kündigungsrecht des Karteninhabers besteht auch bei – in der Praxis weniger üblichen (→ Rn. 1) – befristeten Zahlungsdiensterahmenverträgen.

4 All dies gilt auch für **Zusatzkarten** (→ Kap. 6 BGB Vor §§ 675f ff. Rn. 39 ff.). Die Zahlungsdiensterahmenverträge für die Zusatzkarte können sowohl vom Hauptkarteninhaber als auch vom Zusatzkarteninhaber gekündigt werden, und zwar auch ohne Kündigung des Zahlungsdiensterahmenvertrags für die Hauptkarte. Ohne Bedeutung[8] ist aufgrund von § 675h BGB im heutigen Recht der Zahlungsdienste die ältere Rechtsprechung einiger Oberlandesgerichte,[9] wonach die Haftung des Hauptkarteninhabers für mit der Zusatzkarte getätigte Umsätze trotz Kündigung des Zahlungsdiensterahmenvertrags für die Zusatzkarte erst endet, wenn die Zusatzkarte an den Kartenaussteller zurückgesendet worden ist (vgl. schon → BGB Vor §§ 675f ff. Rn. 42).

5 Eine **Kündigungsfrist** muss vertraglich vereinbart werden. Sie kann maximal einen Monat betragen. Die Vereinbarung einer längeren Kündigungsfrist ist *ipso iure* unwirksam und hat das jederzeitige Kündigungsrecht des Karteninhabers zur Folge. Auch bei Vereinbarung einer Kündigungsfrist bleibt das Recht des Karteninhabers zur Kündigung aus wichtigem Grund unberührt; das gleiche gilt für die außerordentliche Kündigungsmöglichkeit des Karteninhabers nach § 675g Abs. 2 S. 2 BGB.

III. Kündigung durch den Kartenaussteller (Abs. 2)

6 **Emissionsverträge** werden **typischerweise auf unbestimmte Zeit geschlossen.** Wenn dies der Fall ist und eine **mindestens zweimonatige Kündigungsfrist** vereinbart wurde, kann der Kartenaussteller den Zahlungsdiensterahmenvertrag unter Einhaltung dieser Frist jederzeit **kündigen.** Es ist **nicht erforderlich,** dass ein **Kündigungsgrund** vorliegt[10] (oder genannt wird[11]). Für die Kündigung gilt **Textform** (§§ 675h Abs. 2 S. 3, 126b BGB iVm Art. 248 § 3 EGBGB).

7 Daneben hat der Kartenaussteller das Recht zur **außerordentlichen Kündigung.** Die Emissionsverträge sehen diese Möglichkeit insbesondere vor, wenn der Karteninhaber bei Abschluss des Vertrags unwahre Angaben über seine Vermögensverhältnisse bzw. über sein Einkommen gemacht hat, wenn eine wesentliche Verschlechterung der Vermögensverhältnisse des Karteninhabers eintritt oder wenn der Karteninhaber bezüglich eines nicht unwesentlichen Teils der offenen Forderungen des Kartenausstellers im Verzug ist. Eine

[6] Palandt/*Sprau* § 675h Rn. 2.
[7] Vgl. BeckOK BGB/*Schmalenbach* § 675h Rn. 9.
[8] Ebenso MüKoHGB/*Linardatos* Zahlungsverkehr Rn. G 169.
[9] Vgl. OLG Köln WM 1993, 369 (370); OLG Oldenburg NJW 2004, 2907; weitgehend ähnlich OLG Koblenz NJW 2004, 3563.
[10] Vgl. LG Dortmund BeckRS 2018, 38703.
[11] Vgl. BGH NJW 2013, 1519.

Klausel im Emissionsvertrag, nach der die außerordentliche Kündigung auch ohne Vorliegen eines wichtigen Grundes erklärt werden kann, ist unwirksam.[12] In jedem Fall bedarf es einer Kündigung(serklärung); Vereinbarungen in Allgemeinen Geschäftsbedingungen, nach denen der Zahlungsdiensterahmenvertrag beim Eintritt bestimmter Ereignisse automatisch beendet wird, sind mit § 675h BGB nicht in Übereinklang zu bringen.[13]

IV. Wirkungen der Kündigung des Zahlungsdiensterahmenvertrags

Die Kündigung des Zahlungsdiensterahmenvertrags wirkt zum **Kündigungszeitpunkt** 8 *ex nunc.* Der Karteninhaber ist bis zum Zeitpunkt, in dem die Kündigung wirksam wird, weiter berechtigt, die Kreditkarte einzusetzen. Nach Wirksamwerden der Kündigung kann der Kartenaussteller jederzeit die Rückgabe der Kreditkarte verlangen.[14] Dieser Anspruch kann auf einer entsprechenden Vereinbarung im Emissionsvertrag beruhen;[15] im Übrigen wird er sich regelmäßig aus § 985 BGB ergeben, weil das Eigentum an der Kreditkarte typischerweise beim Kartenaussteller verbleibt (zur Kostentragung → Rn. 11).

Trotz der Kündigung des Emissionsvertrags ist der Karteninhaber weiterhin verpflichtet, 9 erst **später erfolgende Belastungen** seiner Kreditkarte auszugleichen. Das gilt sowohl für Belastungsbuchungen, die sich auf vor der Kündigung erfolgte Kreditkarteneinsätze beziehen, aber – aufgrund der Verzögerungen durch die technischen Abläufe beim Einsatz einer Kreditkarte – erst später abgerechnet werden, als auch für Belastungsbuchungen, die sich auf den (unrechtmäßigen) Einsatz der Kreditkarte (durch den Karteninhaber) nach der Kündigung beziehen. Werden dem Kreditkartenkonto nach Beendigung des Emissionsvertrags noch Beträge gutgeschrieben, hat der Zahlungsdienstleister diese an den Karteninhaber zu erstatten (§ 667 BGB). Für diese Zwecke kann das Kreditkartenkonto „intern" noch weitergeführt werden;[16] eine entsprechende Pflicht trifft den Zahlungsdienstleister nicht.[17]

Die typischerweise im Voraus gezahlte **Jahresgebühr** für die Kreditkarte ist bei einer 10 Beendigung des Emissionsvertrags durch Kündigung **zeitanteilig zu erstatten.**[18] Abs. 3 ist eigenständige Anspruchsgrundlage.

Für die Kündigung des Zahlungsdiensterahmenvertrags darf **kein Entgelt** – auch nicht 11 auf der Grundlage einer vertraglichen Vereinbarung – erhoben werden (Abs. 4). Ebenso wenig kann der Ersatz von Auslagen verlangt werden, die dem Zahlungsdienstleister infolge der Kündigung entstanden sind.[19] Aus Abs. 4 lässt sich jedoch kein Anspruch des Karteninhabers auf Freistellung oder Ersatz von Kosten ableiten, die ihm in Folge der Erfüllung nachvertraglicher oder gesetzlicher Pflichten – etwa durch die Rücksendung der Kreditkarte (→ Rn. 8) – entstehen.

§ 675i Ausnahmen für Kleinbetragsinstrumente und E-Geld

(1) [1]Ein Zahlungsdienstevertrag kann die Überlassung eines Kleinbetragsinstruments an den Zahlungsdienstnutzer vorsehen. [2]Ein Kleinbetragsinstrument ist ein Mittel,

1. mit dem nur einzelne Zahlungsvorgänge bis höchstens 30 Euro ausgelöst werden können,
2. das eine Ausgabenobergrenze von 150 Euro hat oder
3. das Geldbeträge speichert, die zu keiner Zeit 150 Euro übersteigen.

[12] BGHZ 125, 343 = NJW 1994, 1532; Staudinger/*Omlor* Vorb. zu §§ 675c–676c Rn. 153.
[13] Vgl. auch LG Düsseldorf BeckRS 2018, 8336.
[14] MüKoBGB/*Casper* § 675h Rn. 20.
[15] Vgl. MüKoHGB/*Linardatos* Zahlungsverkehr Rn. G 171.
[16] Vgl. BGHZ 170, 121 = NJW 2007, 914; BeckOGK BGB/*Foerster* § 675h Rn. 24; krit. MüKoBGB/*Casper* § 675h Rn. 21 f.
[17] Erman/*Graf von Westphalen* § 675h Rn. 9.
[18] Erman/*Graf von Westphalen* § 675h Rn. 8: 360 Tage-Regel.
[19] BeckOK BGB/*Schmalenbach* § 675h Rn. 9; MüKoBGB/*Casper* § 675h Rn. 25.

[3] **In den Fällen der Nummern 2 und 3 erhöht sich die Betragsgrenze auf 200 Euro, wenn das Kleinbetragsinstrument nur für inländische Zahlungsvorgänge genutzt werden kann.**

(2) **Im Fall des Absatzes 1 können die Parteien vereinbaren, dass**

1. **der Zahlungsdienstleister Änderungen der Vertragsbedingungen nicht in der in § 675g Abs. 1 vorgesehenen Form anbieten muss,**
2. **§ 675l Absatz 1 Satz 2, § 675m Absatz 1 Satz 1 Nummer 3 und 5 sowie Satz 2 und § 675v Absatz 5 nicht anzuwenden sind, wenn das Kleinbetragsinstrument nicht gesperrt oder eine weitere Nutzung nicht verhindert werden kann,**
3. **die §§ 675u, 675v Absatz 1 bis 3 und 5, die §§ 675w und 676 nicht anzuwenden sind, wenn die Nutzung des Kleinbetragsinstruments keinem Zahlungsdienstnutzer zugeordnet werden kann oder der Zahlungsdienstleister aus anderen Gründen, die in dem Kleinbetragsinstrument selbst angelegt sind, nicht nachweisen kann, dass ein Zahlungsvorgang autorisiert war,**
4. **der Zahlungsdienstleister abweichend von § 675o Abs. 1 nicht verpflichtet ist, den Zahlungsdienstnutzer von einer Ablehnung des Zahlungsauftrags zu unterrichten, wenn die Nichtausführung aus dem Zusammenhang hervorgeht,**
5. **der Zahler abweichend von § 675p den Zahlungsauftrag nach dessen Übermittlung oder nachdem er dem Zahlungsempfänger seine Zustimmung zum Zahlungsauftrag erteilt hat, nicht widerrufen kann, oder**
6. **andere als die in § 675s bestimmten Ausführungsfristen gelten.**

(3) [1] **Die §§ 675u und 675v sind für E-Geld nicht anzuwenden, wenn der Zahlungsdienstleister des Zahlers nicht die Möglichkeit hat, das Zahlungskonto, auf dem das E-Geld gespeichert ist, oder das Kleinbetragsinstrument zu sperren.** [2] **Satz 1 gilt nur für Zahlungskonten, auf denen das E-Geld gespeichert ist, oder Kleinbetragsinstrumente mit einem Wert von höchstens 200 Euro.**

1 Die Vorschrift hat **praktisch keine Relevanz für Kreditkarten.** Insbesondere ist nicht zu erwarten, dass es Banken gelingen wird, in Bezug auf Kreditkartentransaktionen im Wege des kontaktlosen Bezahlens (→ BGB Vor §§ 675 f ff. Rn. 17 ff.) unter Hinweis auf § 675i BGB (bzw. Art. 63 Abs. 1b) ZDRL) das Missbrauchsrisiko auf die Karteninhaber abzuwälzen. Dazu müssen sie nachweisen, dass es für sie – unter Beachtung der europarechtlichen Vorgaben, die Sicherheit von Kreditkartenzahlungen zu gewährleisten – technisch unmöglich ist, die von ihnen ausgegebenen Kreditkarten (bzw. deren NFC-Funktion) zu sperren.[1] Die in § 675i BGB erwähnten **Ausnahmen** (sowie die Ausnahmen nach Art. 248 § 11 EGBGB) können **allenfalls für Prepaid-Kreditkarten** Bedeutung erlangen, und dies auch nur dann, wenn die in Abs. 1 bzw. Abs. 3 genannten Höchstgrenzen nicht überschritten werden. Prepaid-Kreditkarten mit einer maximalen „Aufladungsmöglichkeit“ von 150 Euro bzw. 200 Euro stellen eine Ausnahme dar.

2 Dessen ungeachtet können Prepaid-Kreditkarten **Kleinbetragsinstrumente** iSv Abs. 1 S. 2 sein, sodass Vereinbarungen mit den in Abs. 2 genannten Inhalten möglich sind.[2]

3 Prepaid-Kreditkarten (nicht jedoch „Gutscheinkarten“ im Zwei-Personen-Verhältnis[3]) können auch **E-Geld** iSv Abs. 3 darstellen. E-Geld ist gemäß § 1 Abs. 2 S. 3 ZAG jeder elektronisch (oder auch magnetisch) gespeicherte monetäre Wert in Form einer Forderung an den Emittenten, der gegen Zahlung eines Geldbetrags ausgestellt wird, um damit Zahlungsvorgänge im Sinne des § 675f Abs. 4 S. 1 BGB durchzuführen, und der auch von anderen natürlichen oder juristischen Personen als dem Emittenten angenommen wird.[4] Auf Prepaid-Kreditkarten, für die dies – wie im Regelfall[5] – zutrifft und die einen Wert

---

[1] Vgl. EuGH GA ZIP 2020, 1006 (1011) = BeckRS 2020, 7135 (Schlussanträge v. 30.4.2020 – Rs C-287/19).

[2] Vgl. zum Erfordernis einer starken Kundenauthentifizierung beim Einsatz von Kleinbetragsinstrumenten – auch mit Blick auf § 25i KWG – noch *Doser* K&R 2019, 617 (620).

[3] Vgl. *Knöfel* WM 2017, 833 (835).

[4] Ausführlich *Omlor* ZIP 2017, 1836 ff.

[5] Ausführlich BankR-HdB/*Terlau* Bd. I, § 55a Rn. 19 ff.

von höchstens 200 Euro haben, sind nach Abs. 3 die §§ 675u und 675v BGB auch ohne entsprechende Vereinbarung nicht anzuwenden, wenn der Kartenaussteller keine Möglichkeit hat, die Karte zu sperren, und wenn sie – wie etwa im Distanzgeschäft oder beim kontaktlosen Bezahlen – ohne Unterschrift oder andere personalisierte Sicherheitsmerkmale (→ BGB Vor §§ 675f ff. Rn. 17 ff.) eingesetzt werden.

§ 675j Zustimmung und Widerruf der Zustimmung

(1) [1]**Ein Zahlungsvorgang ist gegenüber dem Zahler nur wirksam, wenn er diesem zugestimmt hat (Autorisierung).** [2]**Die Zustimmung kann entweder als Einwilligung oder, sofern zwischen dem Zahler und seinem Zahlungsdienstleister zuvor vereinbart, als Genehmigung erteilt werden.** [3]**Art und Weise der Zustimmung sind zwischen dem Zahler und seinem Zahlungsdienstleister zu vereinbaren.** [4]**Insbesondere kann vereinbart werden, dass die Zustimmung mittels eines bestimmten Zahlungsinstruments erteilt werden kann.**

(2) [1]**Die Zustimmung kann vom Zahler durch Erklärung gegenüber dem Zahlungsdienstleister so lange widerrufen werden, wie der Zahlungsauftrag widerruflich ist (§ 675p).** [2]**Auch die Zustimmung zur Ausführung mehrerer Zahlungsvorgänge kann mit der Folge widerrufen werden, dass jeder nachfolgende Zahlungsvorgang nicht mehr autorisiert ist.**

Übersicht

I. Normzweck und Systematik

Die Vorschrift ist der „Dreh- und Angelpunkt" des Zahlungsdiensterechts[1] und regelt die **Wirksamkeit des Einsatzes der Kreditkarte im Verhältnis zum Karteninhaber.** 1
Wirksam iSv § 675j BGB eingesetzt ist die Kreditkarte nur, wenn der Karteninhaber den Zahlungsvorgang autorisiert (und diese Autorisierung nicht widerrufen) hat. Durch die Autorisierung erklärt der Karteninhaber sein Einverständnis mit dem Zahlungsvorgang als tatsächliches Ereignis.[2] Fehlt es an der Autorisierung, so hat der Kartenaussteller keinen Aufwendungsersatzanspruch nach §§ 675, 675c, 670 BGB (§ 675u S. 1 BGB)[3] bzw. hat der Karteninhaber die Rechte nach § 675u S. 2 BGB gegen den Kartenaussteller. Nicht autorisierte Zahlungsvorgänge muss der Kartenaussteller dem Karteninhaber unverzüglich mitteilen (§ 676b Abs. 1 BGB). Ebenso hat der Karteninhaber den Kartenaussteller unverzüg-

[1] BGHZ 205, 377 (385) = NJW 2015, 3093 (3095).
[2] LG Darmstadt WM 2014, 2323; LG Aachen ZIP 2018, 1538 (1539) = BeckRS 2018, 634.
[3] Vgl. insofern auch BGHZ 206, 305 (316 f.) = NJW 2015, 3025 (3027).

lich zu informieren, wenn er von der nicht autorisierten Nutzung seiner Kreditkarte erfährt (§ 675l Abs. 1 S. 2 BGB).

2 Die **Autorisierung** eines Zahlungsvorgangs kann auch **in Form der Authentifizierung/starken Kundenauthentifizierung** erfolgen (→ Rn. 15 ff.). Auswirkungen auf die Qualität der Autorisierung hat dies nicht, wohl aber auf die Beweisbarkeit der Autorisierung (vgl. insofern noch § 675w BGB) und Haftungsfragen (vgl. insofern noch § 675v BGB). Der Karteninhaber muss nach Art. 248 § 4 Abs. 1 Nr. 2c) EGBGB schon vor Abschluss des Emissionsvertrags darüber informiert werden, auf welche Weise er einen Zahlungsvorgang autorisieren kann.

3 § 675j BGB ist Ausdruck der in §§ 675c ff. BGB angelegten **Systematik, zwischen** dem **Zahlungsauftrag** – mit der Verpflichtungswirkung – **und** der **Autorisierung des Zahlungsvorgangs** – mit der Ermächtigungswirkung – zu **differenzieren.**[4] Damit geht einher, dass sich im Gesetz auch unterschiedliche Regelungen für den Widerruf finden: § 675p BGB regelt den Widerruf des Zahlungsauftrags, § 675j Abs. 2 BGB den Widerruf der Autorisierung des Zahlungsvorgangs.

4 Diese systematische Unterscheidung ist beim Kreditkartengeschäft weitgehend bedeutungslos, da die Autorisierung des Zahlungsvorgangs mit dem Zahlungsauftrag typischerweise einhergeht und da beim Kreditkartengeschäft der Zahlungsauftrag daher gemäß § 675p Abs. 2 BGB nicht widerrufen werden kann.[5] Dies ist auch der Grund, warum der Widerruf einer Autorisierung im Kreditkartengeschäft nicht – bzw. nur bei Vorabautorisierungen zukünftiger Zahlungsvorgänge in der Variante „Blanko-Belastungen" (→ Rn. 9 ff.; → Kap. 6 BGB § 675p Rn. 5 f.) – von nennenswerter praktischer Bedeutung ist (→ Rn. 28 ff.).

5 Der Begriff **„Zahlungsvorgang"** in § 675j BGB darf **nicht zu eng** verstanden werden (vgl. zum Begriff des Zahlungsvorgangs → Kap. 6 BGB § 675f Rn. 5). Auch wenn § 675j BGB nur das Deckungsverhältnis regelt, ist mit „Zahlungsvorgang" nicht lediglich der Buchgeldtransfer vom Karteninhaber zum Kartenaussteller gemeint. Vielmehr ist im Fall fehlender Zustimmung auch im Zuwendungsverhältnis ein Zahlungsvorgang nicht autorisiert, denn die Autorisierung bezieht sich auf alle durch den Zahlungsvorgang ausgelösten Zahlungsvorgänge; dies kann für die Ansprüche von Kartenaussteller und Vertragsunternehmen untereinander von Bedeutung sein.

II. Die Autorisierung des Zahlungsvorgangs

1. Arten und Formen der Autorisierung

6 **a) Die Autorisierung im Regelfall.** Die Autorisierung erteilt der Karteninhaber. Sie kann nach Abs. 1 S. 2 durch Einwilligung oder Genehmigung erfolgen. Praktische Bedeutung hat **im Kreditkartengeschäft** allein die Autorisierung **in Form der Einwilligung,** also die den Zahlungsvorgängen vorangehende Zustimmung,[6] wobei die Willenserklärung des Karteninhabers vom Vertragsunternehmen entgegengenommen und als Bote (regelmäßig über ein *Acquiring*-Unternehmen) an den Kartenaussteller weitergeleitet wird.[7] Die AGB der Emissionsverträge sehen die Möglichkeit der Genehmigung – zum Beispiel in Form einer fernmündlichen Erklärung des Karteninhabers gegenüber dem Kartenaussteller – häufig dennoch vor.[8]

7 Die **Zustimmung** erklärt der Karteninhaber **zeitgleich mit der Erteilung des Zahlungsauftrags.**[9] Art und Weise der Zustimmung sind in den AGB des Emissionsvertrags

---

[4] Vgl. MüKoBGB/*Jungmann* § 675j Rn. 1 und → Kap. 6 BGB § 675f Rn. 5 f.; krit. *Köndgen* JuS 2011, 481 (486).

[5] Vgl. MüKoBGB/*Jungmann* § 675p Rn. 22 ff.; *Köndgen* JuS 2011, 481 (486).

[6] Vgl. Staudinger/*Omlor* § 675j Rn. 4.

[7] *Herresthal* ZBB 2019, 353 (356).

[8] Vgl. insofern noch Staub/*Grundmann* BankvertragsR 3. Teil Rn. 246.

[9] Vgl. Baumbach/Hopt/*Hopt* Bankgeschäfte Rn. F/37.

geregelt. Damit ist die **Autorisierung** eines Zahlungsvorgangs im Kreditkartengeschäft **stark formalisiert,** aber dennoch mannigfaltig: Im Präsenzgeschäft erfolgt sie durch Unterzeichnung des Belastungsbelegs, durch Eingabe der PIN, kontaktlos durch bloßes Vorhalten der Kreditkarte an ein Zahlungsterminal, durch Drücken eines Knopfes bzw. Berühren eines Touch-Screens an einem Automaten (oder Zahlungsterminal). Im Distanzgeschäft wird ein Zahlungsvorgang etwa durch Absenden eines Online-Formulars oder auch durch Versenden eines Faxes bzw. Abschicken einer E-Mail autorisiert. Auch wenn ein *„zero click"*- bzw. *„invisible payment"*-Verfahren zur Anwendung kommt, muss der Zahlungsvorgang autorisiert sein; zum Beispiel kann die Autorisierung durch das Auflegen eines Fingers auf ein Fingerabdrucklesegerät oder durch ein Lächeln (*„smile to pay"*) erfolgen (vgl. auch schon → Kap. 6 BGB Vor §§ 675f ff. Rn. 71.)

Aufgrund dieser Formalisierung sind **konkludente Autorisierungen** schwer vorstellbar;[10] allenfalls beim Einsatz der Kreditkarte während eines Telefongesprächs kann es Auslegungsfrage sein, ob eine Autorisierung beabsichtigt war. 8

b) Vorabautorisierungen. Die Autorisierung eines Zahlungsvorgangs kann auch in Form der Vorabautorisierung erfolgen. Insofern ist seit 2018 aufgrund der Einfügung von § 675t Abs. 4 BGB zwischen **zwei Varianten** zu unterscheiden: zwischen **„Blanko-Belastungen"** (Vorabautorisierungen, bei denen der Betrag nicht festgelegt wird; zur Zulässigkeit vgl. § 675x Abs. 1 S. 1 BGB) und **„Sperrautorisierungen"** (Vorabautorisierungen, bei denen der Kreditkarteninhaber der genauen Höhe des Betrags zugestimmt hat). 9

Beide Varianten kommen etwa in Betracht, wenn für einen Mietwagen über die Kreditkarte eine Kaution hinterlegt wird oder wenn die Kreditkarte bei Hotelübernachtungen auch Ausgaben aus der Minibar etc sichern soll. Ferner können auch Telekommunikationsverträge (ggf. auch Zeitschriftenabonnements, Mitgliedschaftsbeiträge oÄ) monatlich oder jährlich über die Kreditkarte abgerechnet werden. 10

Blankobelastungen verlieren – jedenfalls im Inland – grundsätzlich an Bedeutung, gerade weil bei ihnen keine Möglichkeit zur „Sperrung eines verfügbaren Geldbetrags" iSv § 675t Abs. 4 BGB geschaffen wird (→ Kap. 6 BGB § 675t BGB Rn. 2 ff.), weil der Widerruf der Autorisierung bei zukünftigen Zahlungsvorgängen, bei denen kein Geldbetrag gesperrt ist, nach § 675p Abs. 3 BGB möglich bleibt (→ Kap. 6 BGB § 675p Rn. 5 ff.) und weil der Karteninhaber unter Umständen einen Erstattungsanspruch nach § 675x Abs. 1 BGB hat (→ Kap. 6 BGB § 675x Rn. 2). Allerdings könnten Blankobelastungen durch moderne Erscheinungsformen des bargeldlosen Zahlungsverkehrs mit besonders hohem Automatisierungsgrad – wie bei *„in car payments"*[11] oder im Bereich des *„smart living"* (→ Kap. 6 BGB Vor §§ 675f ff. Rn. 71) – eine gewisse Renaissance erleben. 11

Von einer Vorabautorisierung abzugrenzen ist das bloße Hinterlegen der Kreditkartendaten (→ Kap. 6 BGB Vor §§ 675f ff. Rn. 15) in einem „Kundenkonto" (zum Beispiel bei einem Transportunternehmen oder einem Online-Händler). Dies dient lediglich der vereinfachten Veranlassung der (noch erforderlichen) Autorisierung eines Zahlungsvorgangs in der Zukunft. 12

2. Autorisierung und Authentifizierung eines Kreditkarteneinsatzes

Die **AGB der Emissionsverträge** sehen typischerweise mehrere **Möglichkeiten** vor, die Kreditkarte einzusetzen und dementsprechend **Zahlungsvorgänge zu autorisieren.** Die **Autorisierung** kann auch **durch den Einsatz eines Zahlungsinstruments** erfolgen (Abs. 1 S. 4). 13

a) Die Kreditkarte als Zahlungsinstrument. Der Begriff „Zahlungsinstrument" ist in § 1 Abs. 20 ZAG als „jedes personalisierte Instrument oder Verfahren, dessen Verwendung zwischen dem Zahlungsdienstnutzer und dem Zahlungsdienstleister vereinbart wurde und 14

[10] Vgl. *Grundmann* WM 2009, 1157 (1162); zurückhaltend auch *Linardatos* RdZ 2020, 36 (38).
[11] Dazu *Linardatos* RdZ 2020, 36 ff.

das zur Erteilung eines Zahlungsauftrags verwendet wird", definiert. Unstreitig stellt die **Kreditkarte ein Zahlungsinstrument** in diesem Sinne dar.[12]

15 **b) Autorisierung in Form der Authentifizierung.** Wird ein Zahlungsvorgang durch ein Zahlungsinstrument autorisiert, kann er auch authentifiziert sein. Authentifizierung ist – nach § 1 Abs. 23 ZAG und bezogen auf das Kreditkartengeschäft – ein Verfahren, mit dessen Hilfe der Zahlungsdienstleister die berechtigte Verwendung einer Kreditkarte, einschließlich der Verwendung der personalisierten Sicherheitsmerkmale des Karteninhabers, überprüfen kann (vgl. auch § 675w S. 2 BGB). Eine Authentifizierung des Zahlungsvorgangs „Einsatz der Kreditkarte" ist also auf die **nachprüfbare Urheberschaft der Willenserklärung des Karteninhabers,** den Einsatz der Kreditkarte zu autorisieren, gerichtet.[13]

16 Im Fall der Authentifizierung des Zahlungsvorgangs ist in höherem Maße gewährleistet, dass er tatsächlich autorisiert iSv § 675j BGB wurde. Im Präsenzgeschäft ist das **Standardbeispiel** für die Autorisierung eines Kreditkarteneinsatzes in Form der Authentifizierung die **Unterschrift auf dem Leistungsbeleg.**[14]

17 **c) Autorisierung in Form der starken Kundenauthentifizierung.** Die Authentifizierung kann auch in der **Sonderform** der „starken Kundenauthentifizierung" (oder auch: Zwei-Faktor-Authentifizierung) erfolgen; dadurch wird eine „mehrstufige Sicherheit" angestrebt. Die Authentifizierung muss dafür (vgl. § 1 Abs. 24 ZAG) in einer Art und Weise vorgenommen werden, bei der die Vertraulichkeit der Authentifizierungsdaten geschützt ist und unter Heranziehung von **mindestens zwei** der in dem Sinne voneinander unabhängigen **Elemente** „Wissen", „Besitz" und „Inhärenz" erfolgt, dass die Nichterfüllung eines Kriteriums die Zuverlässigkeit der anderen nicht in Frage stellt (vgl. auch Art. 9 VO (EU) 2018/389). Das bedeutet unter anderem auch, dass die Kombination von zwei Elementen aus derselben Kategorie nicht den an eine starke Kundenauthentifizierung zu stellenden Anforderungen genügt.[15]

Zusätzlich muss bei der Autorisierung eines elektronischen Zahlungsvorgangs (→ Rn. 22) in der Form eines elektronischen Fernzahlungsvorgang (vgl. § 1 Abs. 19 ZAG) der Bezug auf ein bestimmtes Vertragsunternehmen und einen konkreten Betrag hergestellt werden (vgl. § 55 Abs. 2 ZAG).[16] Schließlich gelten für die starke Kundenauthentifizierung eine ganze Reihe von weiteren technischen Vorgaben, die im Einzelnen in der Delegierten VO (EU) 2018/389 geregelt sind.[17]

18 **Kreditkartenspezifische Beispiele** für das Element „Wissen" sind vor allem (statische) Passwörter, Antworten auf Sicherheitsfragen und PINs, nicht hingegen die Adresse des Karteninhabers oder die auf der Kreditkarte aufgedruckte Prüfziffer der Kreditkarte[18] oder die Kreditkartendaten.[19] Im Bereich der Kreditkartenzahlungen ist neben der Karte selbst[20] – dies gilt jedenfalls dann, wenn die Kreditkarte über einen dynamischen Code verfügt, der

---

[12] Baumbach/Hopt/*Hopt* Bankgeschäfte Rn. F/37; BeckOGK BGB/*Hofmann* § 675l Rn. 24; BeckOGK BGB/*Köndgen* § 675j Rn. 49; MüKoHGB/*Linardatos* Zahlungsverkehr Rn. G 34. – Anders als in Bezug auf den seit 2018 im Gesetz nicht mehr verwendeten Begriff „Zahlungsauthentifizierungsinstrument" kommt es insofern nicht mehr darauf an, wie die Kreditkarte im konkreten Fall eingesetzt wird und ob dies unter Verwendung von personalisierten Sicherheitsmerkmalen geschieht (*Jungmann,* ZBB 2020, 1 (2); vgl. zur vormaligen Rechtslage noch → 2. Aufl. 2016, Kap. 6 BGB Vor §§ 675f ff. Rn. 12 ff. (*Jungmann*)).

[13] Vgl. MüKoBGB/*Jungmann* § 675j Rn. 40 f.; BT-Drs. 18/11495, 110.

[14] *Jungmann* ZBB 2020, 1 (2); anders muss die Bewertung ausfallen, wenn man (Nachweise bei → BGB Vor §§ 675f ff. Rn. 20) die Unterschrift nicht als personalisiertes Sicherheitsmerkmal begreift.

[15] *European Banking Authority,* „Opinion of the European Banking Authority on the implementation of the RTS on SCA and CSC" (EBA-Op-2018-04) v. 13.6.2018, Rn. 33; **aA** *Omlor* RdZ 2020, 20.

[16] Dazu ausführlich *Omlor* RdZ 2020, 20 (23 f.).

[17] Vgl. dazu etwa *Doser* K&R 2019, 617 (619 f.).

[18] Vgl. auch *European Banking Authority,* „Opinion of the European Banking Authority on the elements of strong customer authentication under PSD2" (EBA-Op-2019-06) v. 21.6.2019, Rn. 36.

[19] *European Banking Authority,* „Opinion of the European Banking Authority on the implementation of the RTS on SCA and CSC" (EBA-Op-2018-04) v. 13.6.2018, Rn. 35.

[20] Palandt/*Sprau* § 675v Rn. 10; MüKoHGB/*Linardatos* Zahlungsverkehr Rn. G 25.

nicht auf der Karte aufgedruckt ist, aber elektronisch eingelesen werden kann – vor allem das Smartphone ein Beispiel für das Element „Besitz“,[21] während Fingerabdrücke, die Stimme und biometrische (Gesichts-)Daten des Karteninhabers zum Element „Inhärenz“ – das ist ein ständiges Merkmal des Karteninhabers – zählen.[22]

Auch wenn es sich bei der Unterschrift nach zutreffender Auffassung um ein personalisiertes Sicherheitsmerkmal handelt (→ Kap. 6 BGB Vor §§ 675f ff. Rn. 17 ff.), erfüllt die **Unterschrift** nicht die Anforderungen, die an die Elemente „Wissen“, „Besitz“ und „Inhärenz“ im Sinne einer starken Kundenauthentifizierung zu stellen sind.[23] Das Unterschreiben eines Leistungsbelegs hat daher – wenngleich es zur Authentifizierung kommt (→ Rn. 15 f.) – **keine Autorisierung eines Zahlungsvorgangs in Form der starken Kundenauthentifizierung** zur Folge. 19

Aufsichtsrechtliche Ausnahmen zum Erfordernis einer starken Kundenauthentifizierung sind in der Delegierten VO (EU) 2018/389 geregelt (vgl. Art. 10 ff. VO (EU) 2018/389).[24] Für den Einsatz der Kreditkarte im **Präsenzgeschäft** von besonderer Bedeutung ist, dass das **kontaktlose Bezahlen kleinerer Beträge** (vgl. Art. 11 VO (EU) 2018/389) auch aufsichtsrechtlich problemlos möglich ist. Gleiches gilt nach Art. 12 VO (EU) 2018/389 für die Verwendung einer Kreditkarte an unbeaufsichtigten Terminals zur Zahlung von „Verkehrsnutzungsentgelten“ und Parkgebühren bzw. nach Art. 16 VO (EU) 2018/389 zur Begleichung von Kleinstbeträgen im Allgemeinen. 20

Auch im **Distanzgeschäft** können Erleichterungen zum Tragen kommen. Im Bereich des Kreditkartenrechts sind insofern insbesondere Art. 16 VO (EU) 2018/389 (Kleinstbetragszahlungen) und Art. 18 ff. VO (EU) 2018/389 (Zahlungen, die nach Transaktionsrisikoanalyse unbedenklich sind) von Bedeutung.[25] Grundsätzlich denkbar ist auch – was insbesondere für die Vorabautorisierung zukünftiger Zahlungsvorgänge (→ Rn. 9 ff.) relevant sein kann – das Eingreifen der Ausnahmen nach Art. 13, 14 VO (EU) 2018/389 bei Zahlungen an im Vorfeld festgelegte „vertrauenswürdige Empfänger“ (White Listing) bzw. im Rahmen von wiederkehrenden Zahlungsvorgängen; diese im Ausgangspunkt eher auf Überweisungen zugeschnittenen Ausnahmen sind auch auf Kreditkartenzahlungen anwendbar. Doch gilt es insofern zu bedenken, dass nur der Karteninhaber „vertrauenswürdige Empfänger“ festlegen kann – und Vertragsunternehmen sich gerade nicht auf „card on file“-Konstellationen berufen können[26] – und dass bei wiederkehrenden Zahlungsvorgängen der Betrag identisch sein muss; das führt dazu, dass die praktische Bedeutung von Art. 13, 14 VO (EU) 2018/389 für Kreditkartentransaktionen gering bleiben wird. 21

Ferner ist aufsichtsrechtlich eine starke Kundenauthentifizierung nur erforderlich, wenn es sich beim Einsatz der Kreditkarte um einen „elektronischen Zahlungsvorgang“ iSv § 55 Abs. 1 S. 1 Nr. 2 ZAG handelt. Keinen solchen Vorgang stellen „manuelle“ Kreditkartentransaktionen (also bei Verwendung eines *Imprinters*; vgl. → Kap. 6 BGB Vor §§ 675f ff. Rn. 56) dar; dem sind Fälle gleichzustellen, in denen ein (elektronisches) Zahlungsterminal nur dem Einlesen der Kreditkartendaten dient.[27] Das bedeutet, dass beim 22

[21] Vgl. auch *Jungmann* ZBB 2020, 1 (3).

[22] *European Banking Authority*, „Opinion of the European Banking Authority on the elements of strong customer authentication under PSD2“ (EBA-Op-2019-06) v. 21.6.2019, Rn. 22; vgl. auch *Kunz* CB 2018, 393 (396) zur technischen Ausgestaltung der entsprechenden Prüfmechanismen.

[23] *Omlor* RdZ 2020, 20 (22); insofern auch noch zutreffend *Hofmann* BKR 2018, 62 (65 f.).

[24] Ausführlich BeckOGK BGB/*Hofmann* § 675v Rn. 117 ff.; *Doser* K&R 2019, 617 (620 ff.); *Omlor* RdZ 2020, 20 (24 f.); vgl. auch *Zahrte* BKR 2019, 484 (486 f.); *Jünemann* DB 2017, 1952 (1955 f.); *Jungmann* ZBB 2020, 1 (4 f.).

[25] Vgl. *Jungmann* ZBB 2020, 1 (4 f.).

[26] *European Banking Authority*, „Opinion of the European Banking Authority on the implementation of the RTS on SCA and CSC“ (EBA-Op-2018-04) v. 13.6.2018, Rn. 45.

[27] Überzeugend MüKoHGB/*Linardatos* Zahlungsverkehr Rn. G 29; ebenso *Jungmann* ZBB 2020, 1 (3 f.). – Die European Banking Authority scheint indes anderer Auffassung zu sein (*European Banking Authority*, „Final Report – Draft Regulatory Technical Standards on Strong Customer Authentication and common and secure communication under Article 98 of Directive 2015/2366 (PSD2)“ (EBA/RTS/2017/02) v. 23.2.2017, S. 143 (Ziff. 2 zu „Comment 272“)).

„klassischen“ Einsatz der Kreditkarte – **Einsatz im Präsenzgeschäft durch Unterschrift auf einem Belastungsbeleg**[28] – eine starke Kundenauthentifizierung aufsichtsrechtlich nicht geboten ist.

23 **d) Praktische Bedeutung der Form der Autorisierung.** Bei der Verwendung der Kreditkarte (und damit bei der Autorisierung der entsprechenden Zahlungsvorgänge) ist **jedenfalls im Präsenzgeschäft** die Autorisierung in Form der **Authentifizierung** wohl noch immer der **praktische Regelfall:** Wird ein Leistungsbeleg unterschrieben oder die PIN eingegeben, erfolgt die Autorisierung nämlich in Form der Authentifizierung.

24 Anderes gilt allerdings beim Einsatz der Kreditkarte an Automaten oder Zahlungsterminals, bei denen die Kreditkarte einfach nur eingeschoben wird, ohne dass weitere Daten eingegeben werden. Zudem gewinnt im Präsenzgeschäft das **„kontaktlose Bezahlen“** (→ Kap. 6 BGB Vor §§ 675f ff. Rn. 57) insbesondere kleinerer Beträge immer weiter an Bedeutung. Die Autorisierung erfolgt in diesen Fällen zwar auch jeweils durch ein Zahlungsinstrument, der Zahlungsvorgang ist aber **nicht authentifiziert.**[29]

25 Im **Distanzgeschäft** kann es **nur dann** zu einer Autorisierung in Form der **Authentifizierung** kommen, wenn über die von der Kreditkarte ablesbaren Informationen – das sind die Kreditkartendaten und die Prüfziffer – Passwörter, Geheimzahlen, TANs etc zum Einsatz gelangen. Geschieht dies, wie in der Praxis immer regelmäßiger der Fall, im Rahmen von Verfahren wie **„Mastercard Identity Check“ oder „Visa Secure“** (→ Kap. 6 BGB Vor §§ 675f ff. Rn. 60), sind zugleich auch die an starke Kundenauthentifizierungen zu stellenden Anforderungen erfüllt.[30]

26 **e) Rechtliche Bedeutung der Form der Autorisierung.** Die **Autorisierung** eines Kreditkarten-Zahlungsvorgangs in Form der Authentifizierung/starken Kundenauthentifizierung hat im Kreditkartengeschäft **an sich keine andere Rechtsqualität** als jede andere Autorisierung eines Zahlungsvorgangs. Allerdings gelten besondere Regelungen für den Nachweis der Authentifizierung, wenn ein Zahlungsvorgang mit dem Zahlungsinstrument Kreditkarte autorisiert wurde (§ 675w BGB).

27 Ferner – und für das Kreditkartengeschäft viel entscheidender – differenzieren die Regeln über die Haftung des Karteninhabers bei missbräuchlicher Verwendung der Kreditkarte danach, ob beim Einsatz der Kreditkarte eine starke Kundenauthentifizierung eingefordert wurde. Das ist stimmig, da das Missbrauchsrisiko deutlich sinkt, wenn eine starke Kundenauthentifizierung zum Einsatz kommt.[31] Werden Kreditkarteneinsätze nicht in Form der starken Kundenauthentifizierung autorisiert, führt § 675v Abs. 4 BGB zur vollständigen Haftungsfreistellung der (nicht in betrügerischer Absicht handelnden) Karteninhaber (→ Kap. 6 BGB § 675v Rn. 36 ff.).

III. Der Widerruf des Zahlungsvorgangs (Abs. 2)

1. Grundsatz

28 Die **Autorisierung** eines Zahlungsvorgangs ist **widerruflich.** Die Erklärung des Widerrufs, die an den Kartenaussteller zu richten ist, ist – vorbehaltlich anderer Vereinbarungen im Emissionsvertrag – nicht an eine besondere Form gebunden.[32] **Rechtsfolge eines**

[28] Wenn die Unterschrift nicht „physisch“ auf einem (papiernen) Belastungsbeleg, sondern „elektronisch“ auf dem Display des Zahlungsterminals erfolgt, gilt anderes (*Jungmann* ZBB 2020, 1 (4)).

[29] MüKoBGB/*Jungmann* § 675j Rn. 61.

[30] MüKoBGB/*Jungmann* § 675j Rn. 62 ff.; vgl. auch *European Banking Authority,* „Opinion of the European Banking Authority on the elements of strong customer authentication under PSD2“ (EBA-Op-2019-06) v. 21.6.2019, Rn. 23.

[31] *Jungmann* ZBB 2020, 1 (3); *Herresthal* ZBB 2019, 353 (366).

[32] Palandt/*Sprau* § 675j Rn. 8; vgl. auch BeckOGK BGB/*Köndgen* § 675j Rn. 95 f. (mit der zutreffenden Differenzierung zwischen faktischer und rechtlicher Unwiderruflichkeit).

Widerrufs ist, dass der Zahlungsvorgang nicht autorisiert ist. Mit dem Widerruf werden also die Rechtsfolgen der Autorisierung aufgehoben.

Weil die Widerrufsmöglichkeit aber nur solange besteht, wie auch der Zahlungsauftrag widerruflich ist (Abs. 2), und weil Autorisierung und Zahlungsauftrag beim Kreditkarteneinsatz regelmäßig zusammenfallen und der Zahlungsauftrag deshalb nach § 675p Abs. 2 BGB seinerseits unwiderruflich ist (→ Kap. 6 BGB § 675p Rn. 2), spielt der **Widerruf** eines Zahlungsvorgangs **in der Praxis** des Kreditkartengeschäfts **keine sonderlich große Rolle.**[33] **29**

2. Ausnahmen bei zukünftigen Zahlungsvorgängen

Etwas anderes kann bei „zukünftigen Zahlungsvorgängen" gelten, wenn für diese kein bestimmter Betrag festgelegt wurde, es sich also um eine **Blanko-Belastung** (→ Rn. 9) handelt. Sofern nicht lediglich Kreditkartendaten in einem „Kundenkonto" hinterlegt wurden (→ Rn. 12), kann es einer Autorisierung iSv § 675j Abs. 1 BGB in Form der Vorabautorisierung ohne Sperrung eines Geldbetrags iSv § 675t Abs. 4 BGB gekommen sein. Weil sich die Zulässigkeit des Widerrufs des Zahlungsauftrags in einem solchen Fall nach § 675p Abs. 3 BGB bestimmt (→ Kap. 6 BGB § 675p Rn. 5 ff.), bleibt ein **Widerruf** des Zahlungsvorgangs **möglich.** Würde das Vertragsunternehmen nach dem Widerruf des Zahlungsvorgangs noch eine Belastung der Kreditkarte vornehmen, so stünde ein nicht autorisierter Zahlungsvorgang im Raum und der Karteninhaber hätte gegen den Kartenaussteller die Rechte nach § 675u BGB. **30**

Anderes gilt bei einer **Sperrautorisierung** (→ Rn. 9), bei der es durch die Vorabautorisierung zur Sperrung eines Geldbetrags iSv § 675t Abs. 4 BGB gekommen ist. Dann ist der **Widerruf** des zukünftigen Zahlungsvorgangs **ausgeschlossen** (→ Kap. 6 BGB § 675t BGB Rn. 5). **31**

§ 675k Begrenzung der Nutzung eines Zahlungsinstruments; Verweigerung des Zugangs zum Zahlungskonto

(1) **In Fällen, in denen die Zustimmung mittels eines Zahlungsinstruments erteilt wird, können der Zahler und der Zahlungsdienstleister Betragsobergrenzen für die Nutzung dieses Zahlungsinstruments vereinbaren.**

(2) [1] **Zahler und Zahlungsdienstleister können vereinbaren, dass der Zahlungsdienstleister das Recht hat, ein Zahlungsinstrument zu sperren, wenn**

1. **sachliche Gründe im Zusammenhang mit der Sicherheit des Zahlungsinstruments dies rechtfertigen,**
2. **der Verdacht einer nicht autorisierten oder einer betrügerischen Verwendung des Zahlungsinstruments besteht oder**
3. **bei einem Zahlungsinstrument mit Kreditgewährung ein wesentlich erhöhtes Risiko besteht, dass der Zahler seiner Zahlungspflicht nicht nachkommen kann.**

[2] **In diesem Fall ist der Zahlungsdienstleister verpflichtet, den Zahler über die Sperrung des Zahlungsinstruments möglichst vor, spätestens jedoch unverzüglich nach der Sperrung zu unterrichten.** [3] **In der Unterrichtung sind die Gründe für die Sperrung anzugeben.** [4] **Die Angabe von Gründen darf unterbleiben, soweit der Zahlungsdienstleister hierdurch gegen gesetzliche Verpflichtungen verstoßen würde.** [5] **Der Zahlungsdienstleister ist verpflichtet, das Zahlungsinstrument zu entsperren oder dieses durch ein neues Zahlungsinstrument zu ersetzen, wenn die Gründe für die Sperrung nicht mehr gegeben sind.** [6] **Der Zahlungsdienstnutzer ist über eine Entsperrung unverzüglich zu unterrichten.**

---

[33] Vgl. *Herresthal* ZBB 2019, 353 (357); Palandt/*Sprau* § 675p Rn. 3; Baumbach/Hopt/*Hopt* Bankgeschäfte Rn. F/38; vgl. ferner Kümpel/Mülbert/Früh/Seyfried/*Werner* Rn. 4.831 f.

(3) [1] **Hat der kontoführende Zahlungsdienstleister einem Zahlungsauslöse- oder Kontoinformationsdienstleister den Zugang zum Zahlungskonto des Zahlungsdienstnutzers verweigert, ist er verpflichtet, den Zahlungsdienstnutzer in einer im Zahlungsdiensterahmenvertrag zu vereinbarenden Form über die Gründe zu unterrichten.** [2] **Die Unterrichtung muss möglichst vor, spätestens jedoch unverzüglich nach der Verweigerung des Zugangs erfolgen. Die Angabe von Gründen darf unterbleiben, soweit der kontoführende Zahlungsdienstleister hierdurch gegen gesetzliche Verpflichtungen verstoßen würde.**

Übersicht

I. Anwendungsbereich

1 § 675k BGB hat **nur im Deckungsverhältnis Bedeutung.** In diesem Verhältnis zielt die Norm – neben Transparenz – auf (technischen) Schutz, und zwar letztlich aller beim Einsatz einer Kreditkarte beteiligten Personen.[1] Da Kreditkarten stets Zahlungsinstrumente sind (→ Kap. 6 BGB § 675j Rn. 14), sind § 675k Abs. 1 und Abs. 2 BGB für das Kreditkartengeschäft unabhängig vom konkreten Einsatz der Kreditkarte anwendbar.[2] Der 2018 neu eingefügte § 675k Abs. 3 BGB ist im Kreditkartenrecht ohne Bedeutung.

II. Betragsobergrenzen

2 Emissionsverträge enthalten typischerweise eine Vereinbarung über finanzielle Nutzungsgrenzen (untechnisch oft: „Kreditlimit", „Umsatzlimit" oder „Verfügungsrahmen" etc); sie unterliegen der AGB-Kontrolle[3]. Die Angaben über Vermögens- und Einkommensverhältnisse, die der Kartenaussteller vor Abschluss des Emissionsvertrags verlangt, dienen unter anderem dem Zweck, diese finanziellen Nutzungsgrenzen festzulegen.

3 Regelmäßig werden so auch **monatliche Betragsobergrenzen** iSv § 675k Abs. 1 BGB bestimmt.[4] Auch sie hängen hauptsächlich von der Bonität des Karteninhabers ab, können aber auch auf einer allgemeinen Risikoeinschätzung des Kartenausstellers beruhen und der generellen Missbrauchsprävention dienen. Aus diesen Gründen kann es – meistens relevant nur für Abhebungen von Bargeld an Geldautomaten – auch Betragsobergrenzen in Form von **Tageslimits** geben; schließlich können Betragsobergrenzen für den Einsatz der Kreditkarte im Ausland vereinbart werden.[5] Über die Möglichkeit, Betragsobergrenzen zu vereinbaren, ist der Karteninhaber schon vor Abschluss des Emissionsvertrags zu informieren (Art. 248 § 4 Nr. 2 f) EGBGB).[6]

---

[1] Vgl. MüKoBGB/*Jungmann* § 675k Rn. 3.

[2] Vgl. zur Anwendbarkeit von § 675k BGB vor Abschaffung des Begriffs „Zahlungsauthentifizierungsinstrument" BGHZ 207, 176 (185 f.) = NJW 2016, 560 (561).

[3] Einzelheiten bei Wolf/Lindacher/Pfeiffer AGB-Recht/*Pamp* Rn. K74.

[4] Zur Abgrenzung von finanziellen Nutzungsgrenzen und Betragsobergrenzen vgl. MüKoBGB/*Jungmann* § 675k Rn. 10 ff. mwN.

[5] Vgl. BeckOK BGB/*Schmalenbach* § 675k Rn. 2.

[6] Zur Zulässigkeit der Vereinbarung solcher Nutzungsgrenzen in AGB vgl. Wolf/Lindacher/Pfeiffer AGB-Recht/*Pamp* Rn. K74.

Die **Vereinbarung von Betragsobergrenzen** schafft **Verpflichtungen** (bzw. Obliegenheiten) **und Rechte:** Sie verpflichtet den Karteninhaber, die Betragsobergrenzen zu beachten, und berechtigt (→ Kap. 6 BGB § 675o Rn. 2) und verpflichtet die anderen am Einsatz der Kreditkarte Beteiligten, Zahlungsvorgänge nicht auszuführen, durch die Betragsobergrenzen überschritten würden.[7] Ferner besteht insofern die Obliegenheit des Kartenausstellers, die (technischen) Voraussetzungen dafür zu schaffen, dass die Einhaltung von Betragsobergrenzen kontrolliert wird. **4**

Werden, wie heute üblich, die Kreditkartendaten mittels eines Zahlungsterminals eingelesen (→ Kap. 6 BGB Vor §§ 675f ff. Rn. 56), so erfolgt regelmäßig eine Online-Anfrage, ob bei dem konkreten Zahlungsvorgang eine Betragsobergrenze überschritten würde bzw. ob die Karte gesperrt ist (sog. **Kartenumsatzanfrage,** teilweise auch: Genehmigungsanfrage;[8] → Kap. 6 BGB § 675o Rn. 4); denkbar ist auch eine telefonische Anfrage des Vertragsunternehmens beim Kartenaussteller. Eine solche Anfrage – technisch wird sie regelmäßig vom *Issuing-Processing*-Unternehmen (→ Kap. 6 BGB Vor §§ 675f ff. Rn. 9) bearbeitet – kann die folgenden Antworten liefern: Genehmigung des Umsatzes *(Approval),* Ablehnung des Umsatzes *(Decline),* Aufforderung zur Übersendung weiterer Informationen zum Zwecke der Legitimationsprüfung *(Call Referral bzw. Referral Response)* oder Aufforderung zum Karteneinzug.[9] Auch beim Einsatz der Kreditkarte an Geldautomaten erfolgt eine Anfrage; hier kann Ergebnis der Anfrage auch sein, dass die Karte einbehalten wird. **5**

Über die Kartenumsatzanfrage wurde schon seit Längerem von einigen *Issuing-Processing*-Unternehmen beobachtet, für welche Arten von Geschäften, in welchen Ländern und für welche Beträge der Karteninhaber seine Kreditkarte einzusetzen pflegt. Mittels dieses sog. *Behavioural Scorings* (auch: *Credit Scorings*) sollte unter anderem geprüft werden, ob der Einsatz der Kreditkarte im Einzelfall vom üblichen Verhaltensmuster des Karteninhabers abwich.[10] Heute ist *Behavioural Scoring* nicht mehr nur ein freiwillig installiertes Schutzinstrument der Kartenaussteller, sondern ein wichtiges Mittel, um Erstattungsansprüchen des Karteninhabers nach § 675x Abs. 1 BGB vorzubeugen. Zudem kann *Behavioural Scoring* dem Kartenaussteller das Recht zur Sperrung der Karte nach Abs. 2 Nr. 2 geben. **6**

Erfolgt eine **zur Überschreitung von Betragsobergrenzen führende Autorisierung** eines Kreditkarteneinsatzes durch den Karteninhaber und wird dieser Zahlungsvorgang – aus welchen (technischen) Gründen auch immer – ausgeführt, behält der Kartenaussteller seinen Aufwendungsersatzanspruch gegen den Karteninhaber.[11] Dass der Karteninhaber insofern pflichtwidrig (→ Rn. 4) gehandelt hat, kann nicht zum Nachteil des Kartenausstellers gereichen, auch wenn dieser eigentlich hätte sicherstellen sollen, dass der Zahlungsvorgang nicht ausgeführt werden kann. **7**

Bei **missbräuchlicher Nutzung** der Kreditkarte (vgl. § 675v BGB) **schützen** die vereinbarten **Betragsobergrenzen den Kreditkarteninhaber.** Dessen Haftung kann dann über die sonstigen Bestimmungen des § 675v BGB hinaus auf die vereinbarte Betragsobergrenze limitiert sein, wenn die Mechanismen versagt haben, die eine Überschreitung von Betragsobergrenzen verhindert sollten.[12] **8**

III. Sperrung der Kreditkarte

Abs. 2 regelt das **einseitige Recht des Kartenausstellers zur Sperrung der Kreditkarte.** Erforderlich ist eine entsprechende Vereinbarung im Emissionsvertrag, welche der AGB-Kontrolle unterliegt, wobei Abs. 2 als gesetzliches Leitbild dient. Nicht von Abs. 2 **9**

---

[7] Vgl. BeckOGK BGB/*Köndgen* § 675k Rn. 16.

[8] Vgl. auch Kümpel/Mülbert/Früh/Seyfried/*Werner* Rn. 4.801 f.; *Herresthal* ZBB 2019, 353 (359).

[9] *Jungmann* WM 2005, 1351 (1352) (in Fn. 15).

[10] *Jungmann* WM 2005, 1351 (1354).

[11] Zutreffend BeckOGK/*Köndgen* BGB § 675k Rn. 16; **aA** MüKoHGB/*Linardatos* Zahlungsverkehr Rn. G 180.

[12] BGH NJW 2012, 1277.

erfasst ist das Recht des Kartenausstellers, die Karte mit Beendigung des Emissionsvertrags – auch bei Kündigung aus wichtigem Grund (→ Kap. 6 BGB § 675h Rn. 7) – zu sperren. Ebenfalls nicht geregelt ist die Sperrung der Karte mit Einverständnis des Karteninhabers; eine solche Sperrung ist jederzeit möglich. Zeigt der Karteninhaber dem Kartenaussteller an, dass die Kreditkarte verloren, gestohlen oder missbräuchlich verwendet wurde (Verlustanzeige, vgl. § 675l Abs. 1 S. 2 BGB), so trifft den Kartenaussteller nach § 675m Abs. 1 S. 1 Nr. 5 BGB sogar die Pflicht, die weitere Nutzung der Kreditkarte zu verhindern; diese Pflicht wird er insbesondere durch Sperrung der Karte zu erfüllen versuchen.[13] Die Sperrung der Kreditkarte – ob einseitig durch den Kartenaussteller oder ob in Absprache mit dem Karteninhaber – ist möglich, ohne dass der Emissionsvertrag gekündigt werden muss.[14]

1. Folgen einer Kartensperrung

10 Die **Sperrung** der Kreditkarte verfolgt das **Ziel,** hat aber nicht automatisch zur Folge, dass mit der Karte keine Zahlungsvorgänge mehr autorisiert werden können. Dies kann selbst dann gelten, wenn die Autorisierung in Form der Authentifizierung erfolgt, nämlich in Fällen, in denen das Vertragsunternehmen – zum Beispiel, wenn die Kreditkartendaten nicht mittels eines Terminals eingelesen werden – auf eine Kartenumsatzanfrage verzichtet.

11 Sperrung der Karte bedeutet nicht, dass der Emissionsvertrag gekündigt ist; dies zeigt sich schon an der Möglichkeit der Entsperrung der Karte nach Abs. 2 S. 5 und S. 6. Aber die Sperrung der Kreditkarte berechtigt den Kartenaussteller, vom Karteninhaber die Rücksendung der gesperrten Karte zu verlangen.[15]

12 Für die **Sperrung der Kreditkarte** dürfen die AGB des Emissionsvertrags **kein Entgelt** vorsehen.[16] Dies ergibt sich – anders als die Unentgeltlichkeit der Entsperrung (→ Rn. 26) – zwar nicht aus § 675f Abs. 5 S. 2 BGB, jedoch aus § 307 Abs. 2 Nr. 1 BGB.[17] Im Übrigen würde ein Entgelt für die Kartensperrung den Karteninhaber möglicherweise von einer missbrauchsverhindernden Anzeige des Abhandenkommens der Karte nach § 675l Abs. 1 S. 2 BGB abhalten[18] (zur Zulässigkeit, ein Entgelt für die Zusendung einer Ersatzkreditkarte zu vereinbaren, vgl. § 675l Abs. 1 S. 3 BGB).

2. Recht des Kartenausstellers zur Kartensperrung

13 Der Kartenaussteller ist zur Sperrung der Karte aus den in Abs. 2 S. 1 Nr. 1–3 genannten Gründen berechtigt, wenn diese im Emissionsvertrag genannt sind. Der Emissionsvertrag kann keine weiteren einseitigen Rechte des Kartenausstellers zur Kartensperrung vorsehen (§ 675e Abs. 1 BGB). Allerdings kann die Kreditkarte auch gesperrt werden, wenn der für die Kreditkarte maßgebliche Emissionsvertrag keine Gültigkeit mehr hat.[19] – Eine **unberechtigte Sperrung** der Kreditkarte führt zu **Schadensersatzansprüchen** des Karteninhabers nach § 280 Abs. 1 BGB[20] (vgl. auch noch → Rn. 22).

14 Abs. 2 S. 1 Nr. 1 erlaubt die Kartensperrung, wenn diese aus sachlichen Gründen im Zusammenhang mit der **Sicherheit der Kreditkarte** gerechtfertigt ist. Diese sachlichen Gründe können in der Kreditkarte selbst wurzeln, aber auch in der Person des Karten-

---

[13] Palandt/*Sprau* § 675k Rn. 4 und § 675m Rn. 2; vgl. auch OLG Düsseldorf ZIP 2012, 1748 (in Bezug auf girocards).
[14] *Grundmann* WM 2009, 1157 (1162).
[15] MüKoHGB/*Linardatos* Zahlungsverkehr Rn. G 181.
[16] *Scheibengruber* BKR 2010, 15 (20); MüKoBGB/*Jungmann* § 675k Rn. 20; ebenso für Fälle, in denen der Kartenaussteller zur Sperre verpflichtet ist, Palandt/*Sprau* § 675m Rn. 2 und (in Bezug auf girocards) OLG Düsseldorf ZIP 2012, 1748.
[17] Zutreffend schon Wolf/Lindacher/Pfeiffer AGB-Recht/*Pamp* Rn. K96.
[18] *Scheibengruber* BKR 2010, 15 (20).
[19] MüKoBGB/*Jungmann* § 675k Rn. 30 mwN.
[20] BeckOK BGB/*Schmalenbach* § 675k Rn. 4.

inhabers.[21] Es gilt ein **objektiver Maßstab;** nicht ausreichend sind ein bloßer Verdacht oder subjektive Bedenken.

15 Nach Abs. 2 S. 1 Nr. 2 genügt hingegen der (begründete) **Verdacht einer nicht autorisierten oder betrügerischen Verwendung der Kreditkarte,** um diese sperren zu dürfen. Insofern geht es um den Verdacht einer Nutzung der Kreditkarte durch Dritte (nicht autorisierte Verwendung) bzw. den Verdacht des Missbrauchs der Kreditkarte durch den Karteninhaber selbst (betrügerische Verwendung); die beiden in Abs. 2 S. 1 Nr. 2 genannten Voraussetzungen haben also keinen inhaltlichen Überschneidungsbereich.[22]

16 In der Sache fallen unter Abs. 2 S. 1 Nr. 2 zum Beispiel die mehrfache Falscheingabe der PIN oder die Möglichkeit, dass die zur Kreditkarte gehörige PIN ausgespäht wurde. Auch der Umstand, dass das *Behavioural Scoring* Auffälligkeiten ergeben hat, oder die Tatsache, dass Strafverfolgungsbehörden oder Kreditinstitute ungewöhnliche Umstände gemeldet haben, können einen Verdacht iSv Abs. 2 S. 1 Nr. 2 begründen.

17 Da Kreditkarten in Form von *Charge Cards* (→ Kap. 6 BGB Vor §§ 675 f ff. Rn. 34) und *Credit Cards* (→ Kap. 6 BGB Vor §§ 675 f ff. Rn. 35) eine Kreditgewährungskomponente innewohnt (vgl. auch § 1 Abs. 1 S. 2 Nr. 4 ZAG; → Kap. 6 BGB Vor §§ 675 f ff. Rn. 22), kann der Emissionsvertrag nach Abs. 2 S. 1 Nr. 3 das Recht zur Sperrung der Karte auch für den Fall vorsehen, dass ein **wesentlich erhöhtes Risiko** besteht, dass der **Karteninhaber** seiner **Zahlungspflicht** – monatlicher Vollausgleich bzw. vereinbarte Teilrückführung des aufgelaufenen Gesamtbetrags – **nicht nachkommen** kann.

18 Ein solches Risiko kann gegeben sein, wenn sich die Einkommens- und/oder Vermögensverhältnisse des Karteninhabers nachhaltig ändern. Da der Kartenaussteller in einem solchen Fall typischerweise ein Recht zur außerordentlichen Kündigung hat (und mit der Kündigung die Karte sperren lassen darf), hat Abs. 2 S. 1 Nr. 3 im Kreditkartengeschäft keine große praktische Bedeutung. Von der Möglichkeit, ein Recht zur Kartensperrung nach Abs. 2 S. 1 Nr. 3 vorzusehen, macht eine Reihe von Emissionsverträgen aus diesem Grund keinen Gebrauch.

19 Anders als von der herrschenden Meinung[23] angenommen, kann für Kreditkarten in Form von *Debit Cards* kein Kartensperrungsrecht nach Abs. 2 S. 1 Nr. 3 vereinbart werden, da im Verhältnis von Kartenaussteller und Karteninhaber kein Kredit gewährt wird.[24] Unerheblich ist, ob der (sofortige) Ausgleich des Kartenkontos über ein Girokonto erfolgt, für das eine Überziehungsmöglichkeit eingeräumt wurde.[25] Dies gilt auch, wenn Kartenaussteller und kontoführendes Kreditinstitut personenidentisch sind.

3. Information des Karteninhabers über Kartensperrungen

20 Nach Abs. 2 S. 2–4 ist der Karteninhaber möglichst vor, spätestens unverzüglich nach der Sperrung der Kreditkarte unter Angabe der Gründe über die Sperrung zu informieren. Es muss sich **grundsätzlich** um eine tatsächliche **Mitteilung über die Sperrung etc an sich** handeln; allerdings kann nach richtiger Auffassung – auch in AGB – vereinbart werden, dass es zum Beispiel genügt, den Karteninhaber durch eine SMS oder E-Mail darüber zu informieren, dass im Online-Bereich seines Kreditkartenkontos eine Nachricht eingestellt wurde.[26]

---

[21] Palandt/*Sprau* § 675k Rn. 4.

[22] So bereits Staudinger/*Omlor,* 2012, Rn. 8; ebenso MüKoBGB/*Jungmann* § 675k Rn. 25; **aA** (Ober- und Unterbegriff) etwa *Langenbucher* → Kap. 3 BGB § 675k Rn. 7; BeckOK BGB/*Schmalenbach* § 675k Rn. 4.

[23] Palandt/*Sprau* § 675k Rn. 4; Staudinger/*Omlor,* 2012, § 675k Rn. 9; ausführlich BeckOGK BGB/*Köndgen* § 675k Rn. 30 ff.

[24] MüKoBGB/*Jungmann* § 675k Rn. 28; grds. auch Erman/*Graf von Westphalen* § 675k Rn. 7.

[25] Insofern **aA** Erman/*Graf von Westphalen* § 675k Rn. 7; zu pauschal Palandt/*Sprau* § 675k Rn. 4.

[26] MüKoBGB/*Jungmann* § 675k Rn. 33; **aA** MüKoHGB/*Linardatos* Zahlungsverkehr Rn. G 182; Erman/*Graf von Westphalen* § 675k Rn. 12.

21 Würde die Nennung der Gründe für die Sperrung der Karte gegen Gesetze oder sonstige zwingende Rechtsvorschriften verstoßen, dürfen die Gründe ungenannt bleiben; über die Sperrung an sich ist der Karteninhaber dennoch zu informieren. Diese Regelung bezieht sich auf Fälle, in denen der Verdacht von Geldwäsche oder Terrorismusfinanzierung besteht.[27] Sie ist ein Fremdkörper im Recht der Zahlungsdienste und – ähnlich wie § 499 Abs. 2 S. 3 BGB[28] – wenig durchdacht, weil derjenige Karteninhaber, dem keine Gründe mitgeteilt werden, genau weiß, dass man ihn einer Straftat, einer terroristischen Handlung oÄ verdächtigt.

22 Kommt der Kartenaussteller seiner Unterrichtungspflicht nicht nach, ohne dass die Voraussetzungen von Abs. 2 S. 4 erfüllt sind, kann der Karteninhaber nach § 280 Abs. 1 BGB berechtigt sein, **Schadensersatz** zu verlangen, wenn ihm finanzielle Nachteile dadurch entstanden sind, dass er auf die Möglichkeit, die Kreditkarte – etwa auf einer Auslandsreise – nutzen zu können, vertraut hat.[29]

IV. Entsperrung der Kreditkarte

23 Wenngleich die Sperrung der Karte nicht automatisch die Beendigung/Kündigung des Emissionsvertrags zur Folge hat, bedeutet sie für den Karteninhaber, die wichtigste im Emissionsvertrag versprochene Leistung nicht nutzen zu können. Folgerichtig sieht Abs. 2 S. 5 daher vor, dass der Kartenaussteller verpflichtet ist, die Sperrung aufzuheben bzw. dem Karteninhaber eine neue Kreditkarte zuzusenden, wenn die zur Sperrung nach Abs. 2 S. 1 Nr. 1–3 berechtigenden Gründe nicht mehr vorliegen.

24 Dass der Karteninhaber eine solche Entsperrung verlangen kann, ist damit eine Selbstverständlichkeit, wird aber durch § 675m Abs. 1 Nr. 3 BGB nochmals explizit bestätigt. Danach muss dem Karteninhaber jederzeit die Möglichkeit gegeben werden, die Entsperrung der Kreditkarte zu verlangen (→ Kap. 6 BGB § 675m Rn. 8).

25 Der Karteninhaber ist **über die Entsperrung** unverzüglich zu **unterrichten** (Abs. 2 S. 6). Die Zusendung einer neuen Kreditkarte ohne vorherige Unterrichtung kann – da das Erstellen der Ersatzkarte naturgemäß etwas Zeit in Anspruch nimmt – bedeuten, dass der Unterrichtungspflicht verzögert nachgekommen wurde.

26 § 675f Abs. 5 S. 2 BGB macht deutlich, dass für die **Entsperrung der Kreditkarte** – anderes gilt seit 2018 gemäß § 675l Abs. 1 S. 3 BGB für die Ausstellung einer Ersatzkarte (→ Kap. 6 BGB § 675l Rn. 24 ff.) – **kein Entgelt** verlangt werden darf,[30] auch nicht verdeckt über Entgelte für die Sperrung der Karte (→ Rn. 12).

§ 675l Pflichten des Zahlungsdienstnutzers in Bezug auf Zahlungsinstrumente

(1) [1]**Der Zahlungsdienstnutzer ist verpflichtet, unmittelbar nach Erhalt eines Zahlungsinstruments alle zumutbaren Vorkehrungen zu treffen, um die personalisierten Sicherheitsmerkmale vor unbefugtem Zugriff zu schützen.** [2]**Er hat dem Zahlungsdienstleister oder einer von diesem benannten Stelle den Verlust, den Diebstahl, die missbräuchliche Verwendung oder die sonstige nicht autorisierte Nutzung eines Zahlungsinstruments unverzüglich anzuzeigen, nachdem er hiervon Kenntnis erlangt hat. Für den Ersatz eines verlorenen, gestohlenen, missbräuchlich verwendeten oder sonst nicht autorisiert genutzten Zahlungsinstruments darf der Zahlungsdienstleister mit**

---

[27] Vgl. BT-Drs. 16/11643, 106.
[28] Vgl. dazu BankR-HdB/*Jungmann* Bd. I, § 81 Rn. 566.
[29] Palandt/*Sprau* § 675k Rn. 5; MüKoHGB/*Linardatos* Zahlungsverkehr Rn. G 181 f.
[30] Vgl. BT-Drs. 16/11643, 106; MüKoBGB/*Jungmann* § 675k Rn. 41 f.; vgl. auch (allerdings zur Rechtslage vor Inkrafttreten von § 675l Abs. 1 S. 3 BGB) BGHZ 207, 176 (186) = NJW 2016, 560 (561 f.).

dem Zahlungsdienstnutzer ein Entgelt vereinbaren, das allenfalls die ausschließlich und unmittelbar mit dem Ersatz verbundenen Kosten abdeckt.

(2) **Eine Vereinbarung, durch die sich der Zahlungsdienstnutzer gegenüber dem Zahlungsdienstleister verpflichtet, Bedingungen für die Ausgabe und Nutzung eines Zahlungsinstruments einzuhalten, ist nur insoweit wirksam, als diese Bedingungen sachlich, verhältnismäßig und nicht benachteiligend sind.**

Übersicht

I. Anwendungsbereich und Normzweck

Die in § 675l BGB geregelten Pflichten des Karteninhabers in Bezug auf die Kreditkarte bestehen nur gegenüber dem Kartenaussteller, haben also **Bedeutung nur im Deckungsverhältnis.** Sie greifen, wie sich mittelbar aus § 675m BGB ergibt, **ab dem Zeitpunkt,** zu dem die **Kreditkarte** dem Karteninhaber **zugegangen** ist.[1] Die Verletzung dieser Pflichten hat Konsequenzen vor allem in Bezug auf den Umfang der Haftung des Karteninhabers, wenn die Kreditkarte missbräuchlich verwendet wird (vgl. § 675v BGB).[2] – Zu den korrespondierenden Pflichten des Kartenausstellers vgl. § 675m BGB. 1

II. Vorkehrungen zum Schutz vor Missbrauch der Kreditkarte

§ 675l BGB gibt den Pflichten des Kreditkarteninhabers, die vor Inkrafttreten der §§ 675c ff. BGB nahezu ausschließlich im Emissionsvertrag begründet wurden und sich ergänzend aus Rechtsprechungsrecht ergaben, einen gesetzlichen Rahmen. Der **Emissionsvertrag konkretisiert** auch heute noch typischerweise die in Abs. 1 S. 1 enthaltenen generellen **Sorgfaltspflichten** – dogmatisch richtiger: Obliegenheiten – für die Kreditkarte,[3] deren nähere Ausgestaltung seit 2018 mit Einfügung von Abs. 2 reglementiert ist. Die Zulässigkeit solcher näheren Beschreibungen ergibt sich darüber hinaus mittelbar auch aus Art. 248 § 4 Abs. 1 Nr. 5a) EGBGB, wonach der Kartenaussteller schon vor Abschluss des Emissionsvertrags verpflichtet ist, dem Karteninhaber eine Beschreibung zukommen zu lassen, wie dieser die Kreditkarte „sicher aufbewahrt". 2

Die konkrete Ausgestaltung des Emissionsvertrags in Bezug auf die Missbrauchsprävention muss den Karteninhaber nach all dem seine Pflichten vor Augen führen, darf ihn nicht unangemessen benachteiligen und muss den in § 675l Abs. 2 BGB aufgestellten Anforderungen genügen. Allgemein gilt, dass nicht dergestalt überzogene Anforderungen aufgestellt werden dürfen, dass ein vernünftiger und doch praktisch handhabbarer Umgang mit der Kreditkarte verhindert wird; insbesondere muss es möglich bleiben, die Kreditkarten in allen Erscheinungsformen des modernen und immer mehr auf Digitalisierung setzenden Zahlungsverkehrs einzusetzen. Das Gesetz verlangt insofern – ohne dass damit eine wirklich 3

[1] Palandt/*Sprau* § 675l Rn. 2.
[2] Systematische Kritik der Aufsplittung von Sorgfaltspflichten (§ 675l BGB) und Haftungsvoraussetzungen (§ 675v BGB) bei *Hofmann* BKR 2014, 105.
[3] Vgl. *Hofmann* BKR 2014, 105 (105 f.).

zielführende Eingrenzung einherginge – in § 675l Abs. 2 BGB, dass die vereinbarten Bedingungen für die Ausgabe und Nutzung der Kreditkarte sachlich, verhältnismäßig und nicht benachteiligend sind.[4] Zum einen hat das Auswirkungen auf den Umfang der Haftung bei der missbräuchlichen Nutzung der Kreditkarte (→ Kap. 6 BGB § 675v Rn. 26 f.), und zum anderen lässt § 675l Abs. 2 BGB erkennen, dass Gerichte Zurückhaltung darin üben sollten, selbst neue Sorgfaltspflichten zu kreieren.[5]

4 Abs. 1 S. 1 spricht lediglich von Vorkehrungen zum Schutz der personalisierten Sicherheitsmerkmale. Wie sich aus dem Zusammenspiel mit der Überschrift von § 675l BGB und mit Abs. 1 S. 2 ergibt, ist damit jedoch auch der Schutz der Kreditkarte selbst, dem Zahlungsinstrument, gemeint. Die AGB der Emissionsverträge sollten auf einer ersten Ebene zwischen kartenbezogenen (oder allgemeiner: zahlungsinstrumentbezogenen) Sorgfaltspflichten und sicherheitsmerkmalbezogenen Sorgfaltspflichten und auf einer zweiten Ebene dann jeweils zwischen der Art der Autorisierung von Zahlungsvorgängen differenzieren. Einer solchen Differenzierung – die in Bezug auf § 675v BGB um eine dritte Ebene (einfacher vs. qualifizierter Sorgfaltspflichtverstoß) zu ergänzen ist – sollte auch jede rechtliche Analyse des Verhaltens von Zahlungsdienstnutzern folgen.[6] Ungeachtet dessen lässt sich ein **einprägsamer Grundsatz** formulieren: Zum einen hat der Karteninhaber sowohl die Kreditkarte als auch die PIN vor dem unbefugten Zugriff durch Dritte zu schützen, und zum anderen muss der Karteninhaber auf wahrnehmbare Abweichungen von den regulären Abläufen bei der Erteilung von Zahlungsaufträgen achten und den beabsichtigten Vorgang ggf. abbrechen.[7]

5 Zu den typischerweise im Emissionsvertrag beschriebenen **kartenbezogenen Sorgfaltspflichten** gehören zum Beispiel: sichere Verwahrung der Kreditkarte, sofortige Rücknahme der Karte nach einem Einsatz, regelmäßige Vergewisserung, dass sich die Karte noch im Besitz des Karteninhabers befindet etc. Inwieweit es mit dem durch § 675l Abs. 1 S. 2 BGB definierten Sorgfaltsmaßstab vereinbar ist, eine Kreditkarte unbeaufsichtigt in einem Kraftfahrzeug aufzubewahren, hängt von den Umständen des Einzelfalls ab. Ohne Zweifel ist die Aufbewahrung in einem abgeschlossenen Fahrzeug, das auf einem Strandparkplatz steht, sicherer als etwa in der Badetasche am Strand.[8]

6 In jedem Fall zulässig ist aber der übliche vertragsgemäße Einsatz eines Zahlungsinstruments, beispielsweise die Aushändigung einer Kreditkarte an das Personal in einem Restaurant, auch wenn das (stationäre) Zahlungsterminal in einem Nebenraum steht, oder durch Eingabe der Kreditkartendaten (→ Kap. 6 BGB Vor §§ 675f ff. Rn. 15) im Distanzgeschäft.

7 **Sicherheitsmerkmalbezogene Sorgfaltspflichten** sind zum Beispiel, dass die Kreditkarte unmittelbar nach deren Erhalt zu unterschreiben ist, dass Unterlagen über die PIN zu vernichten bzw. sicher und getrennt von der Karte aufzubewahren sind, dass die PIN nicht auf der Kreditkarte notiert oder sonst in einer Weise gespeichert wird, die es einfach ermöglicht, sie mit der Karte in Verbindung zu bringen etc.[9]

8 Die sich auf die Rechtslage vor Inkrafttreten der §§ 675c ff. BGB beziehende Rechtsprechung zu kreditkartenbezogenen Sorgfaltspflichten ist heute weitgehend bedeutungslos. Zum einen war die Kasuistik alles andere als einheitlich;[10] klare Leitlinien waren schwer auszumachen. Zum anderen fehlte es an einer Unterscheidung zwischen kartenbezogenen und sicherheitsmerkmalbezogenen Sorgfaltspflichten, obwohl diese Differenzierung der

---

[4] Einzelheiten und nähere Aufgliederungen etwa bei *Omlor* BKR 2019, 105 (110 f.); MüKoBGB/*Jungmann* § 675l Rn. 20 ff.; *Hoffmann* VuR 2016, 243 (247 f.); vgl. auch BeckOGK BGB/*Hofmann* § 675l Rn. 129 f.

[5] *Jungmann* WuB 2020, 5, (7 f.); viel zu weitgehend daher AG Frankfurt WM 2019, 2058 = BeckRS 2019, 17499.

[6] Grundlegend zu dieser Systematisierung MüKoBGB/*Jungmann* § 675l Rn. 27 ff.; vgl. aber auch schon Staudinger/*Omlor* § 675l Rn. 6.

[7] *Jungmann* WuB 2020, 5 (8).

[8] BeckOGK BGB/*Hofmann* § 675l Rn. 58; vgl. auch OLG Frankfurt NJW-RR 2002, 692.

[9] Weitere Einzelheiten – auch zu TANs, die zur Autorisierung von Zahlungen mittels Kreditkarte im Distanzgeschäft eingesetzt werden – MüKoBGB/*Jungmann* § 675l Rn. 51 ff.

[10] Vgl. dazu etwa noch *Jungmann* Jahrbuch Junger Zivilrechtswissenschaftler 2007, 2008, S. 329 (331).

Sache nach auch schon vor Inkrafttreten der §§ 675c ff. BGB vorzunehmen war.[11] Gleiches gilt mit Blick auf im Rahmen einer starken Kundenauthentifizierung eingesetzte personalisierte Sicherheitsmerkmale, insbesondere in Bezug auf solche, die den Elementen „Wissen" und „Besitz" zuzuordnen sind (→ Rn. 15 ff.). Neue Rechtsprechungslinien müssen sich erst noch entwickeln; dabei müssen die Gerichte heute aber insbesondere auch Abs. 2 beachten und dürfen nicht Sorgfaltspflichten nicht vorschnell neu kreieren.[12]

III. Anzeigepflicht

9 Der Karteninhaber hat nach § 675l Abs. 1 S. 2 BGB den Verlust, den Diebstahl, die missbräuchliche Verwendung oder eine andere nicht autorisierte Nutzung der Kreditkarte (vgl. insofern auch § 676b Abs. 1 BGB) anzuzeigen **(„Verlustanzeige")**. Der Kartenaussteller hat dann gemäß § 675m Abs. 1 S. 1 Nr. 5 BGB die Pflicht, die weitere Nutzung der Kreditkarte zu verhindern. Dazu wird er sie typischerweise sperren (vgl. dazu § 675k Abs. 2 BGB). Entstehen Schäden durch den Einsatz der Kreditkarte nach dem Zeitpunkt der Anzeige nach Abs. 1 S. 2, kann der Karteninhaber dafür nicht haftbar gemacht werden (§ 675v Abs. 5 S. 1 BGB). Verletzt der Karteninhaber seine Anzeigepflicht vorsätzlich oder grob fahrlässig, haftet er unter Umständen nach § 675v Abs. 3 Nr. 2 BGB.[13]

1. Inhalt der Anzeigepflicht

10 Die Anzeige ist an den Kartenaussteller oder an eine von ihm benannte Stelle zu richten. Sie ist grundsätzlich in jeder **Form** möglich, die eine unverzügliche Anzeige sicherstellt: Telefon, Telefax, E-Mail, Nutzung eines Internetformulars (vgl. aber noch → Rn. 12 zu den Vorgaben im Emissionsvertrag). Die Anzeige allein mittels Briefs ist regelmäßig nicht ausreichend, insbesondere nicht aus dem Ausland. In diesem Zusammenhang ist es nach § 675m Abs. 1 Nr. 3 BGB Aufgabe des Kartenausstellers, dem Karteninhaber jederzeit die Möglichkeit zu geben, die Verlustanzeige vorzunehmen (→ Kap. 6 BGB § 675m Rn. 7).

11 Die Pflicht zur Anzeige besteht ab dem Zeitpunkt, zu dem der Karteninhaber **positive Kenntnis** vom Verlust etc der Karte hat. Ein Kennenmüssen genügt nicht,[14] kann allerdings zu Nachforschungen verpflichten.[15] Die (ältere) Rechtsprechung stellte zum Teil sehr strikte Anforderungen an das Tatbestandsmerkmal „unverzüglich".[16] **Zeitliche Höchstgrenzen** lassen sich nicht allgemein festlegen, weil es auf den Einzelfall ankommt. Sofern die technischen Voraussetzungen gegeben sind, dass der Kartenaussteller kontaktiert werden kann, darf aber nicht mehr Zeit vergehen, als für ein kurzes Nachdenken über Handlungsoptionen (ggf. der Suche nach der Kreditkarte) und die schnelle Recherche der Kontaktdaten des Kartenausstellers erforderlich ist. Damit die nicht rechtzeitige Verlustanzeige nach § 675v Abs. 3 Nr. 2 BGB zu einer nicht summenmäßig beschränkten **Haftung** führt, ist grob fahrlässiges Handeln erforderlich. Deshalb ist ältere Rechtsprechung zur unverzüglichen Verlustanzeige nur bedingt aussagekräftig.

12 Wie die Anzeigepflicht zu erfüllen ist, kann in den AGB des Emissionsvertrags festgelegt werden. Über die **Modalitäten** ist der Karteninhaber schon vor Abschluss des Emissionsvertrags zu unterrichten (Art. 248 § 4 Abs. 1 Nr. 5a) EGBGB). Aufgrund des Erfordernisses der unverzüglichen Anzeige und weil der Kartenaussteller auf die Anzeige schnell reagieren können muss (was bei Anzeige per Telefax oder E-Mail nicht sichergestellt ist), kann in den AGB des Emissionsvertrags auch wirksam die Pflicht vereinbart werden, dass ausschließlich eine **telefonische Benachrichtigung** vorzunehmen ist. Wenn im Emis-

[11] Ausführlich *Hofmann* BKR 2014, 105 (110 f.).
[12] Sehr bedenklich daher AG Frankfurt WM 2019, 2058 = BeckRS 2019, 17499.
[13] Vgl. auch *Oechsler* WM 2010, 1381 (1385).
[14] Vgl. nur Schwintowski Bankrecht/*Hofmann* Kap. 10 Rn. 85 mwN.
[15] Zutreffend Palandt/*Sprau* § 675l Rn. 7.
[16] OLG Frankfurt a. M. NJW-RR 2004, 206.

sionsvertrag eine andere Stelle benannt ist, ist das Informieren dieser Stelle ausreichend (womit auch der Anzeigeobliegenheit aus § 676b Abs. 1 BGB Genüge getan ist); daneben genügt aber immer auch die Anzeige beim Kartenaussteller selbst.

13 Ein Kontaktieren des auch für Kreditkarten zuständigen **Sperr-Notrufs** unter der Telefonnummer **116116** ersetzt die Anzeige beim Kartenaussteller nur dann, wenn die Bestimmungen des Emissionsvertrags dies so vorsehen. Denn es handelt sich beim Sperrnotruf lediglich um eine Vermittlungsstelle, über die Karteninhaber und Kartenaussteller zusammengeführt werden. Ohne entsprechende Regelung im Emissionsvertrag bleibt die tatsächliche Information des Kartenausstellers (oder der von ihm benannten Stelle) erforderlich, für die der Karteninhaber allein verantwortlich ist.

2. Voraussetzungen der Pflicht zur Verlustanzeige

14 § 675l Abs. 1 S. 2 BGB nennt, sprachlich wenig geschickt, mehrere die Anzeigepflicht begründende Umstände.

15 Ein **Verlust** kann sich nur auf die **Kreditkarte** (als körperlicher Gegenstand) **selbst** beziehen, nicht zum Beispiel auf die zur Kreditkarte gehörige PIN; der Verlust von persönlichen Sicherheitsmerkmalen stellt keinen Verlust iSv § 675l Abs. 1 S. 2 BGB dar.[17] Von einem Verlust lässt sich erst sprechen, wenn sich der Karteninhaber an den Ort, an dem sich die Karte befindet, nicht mehr erinnert, und er auch keine realistischen Vorstellungen darüber hat, wo die Karte sein könnte und wo sie sich deshalb durch Suchen finden lassen könnte.[18] Die Gefahr eines Verlustes begründet – anders als die Gefahr einer unautorisierten Nutzung der Karte – somit keine Anzeigepflicht.

16 Ob der Verlust der Kreditkarte durch Mitwirkung Dritter entstanden ist, ist – wie sich aus der eigentlich überflüssigen Variante „Diebstahl"[19] ergibt – unerheblich. Ebenso ist es **irrelevant,** ob den Karteninhaber am Verlust ein **Verschulden** trifft. Die Anzeigepflicht besteht daher auch, wenn die Karte geraubt[20] oder wenn der Karteninhaber zur Herausgabe genötigt wurde. Aus teleologischen Gründen ist der Karteninhaber hingegen nicht zur Anzeige verpflichtet, wenn die Karte – zum Beispiel durch einen Brand – (sicher) **physisch vernichtet** wurde bzw. wenn sie so verloren wurde, dass niemand sie in Besitz nehmen kann. Denn in diesen Fällen ist ein Missbrauch der Karte nicht denkbar.

17 Verloren können auch nur Kreditkarten sein, die der Karteninhaber schon einmal in seinem Gewahrsam hatte. Eine Pflicht zur Verlustanzeige besteht daher nicht, wenn eine vom Kartenaussteller versendete (Ersatz-)Karte nicht beim Karteninhaber ankommt. Bestätigt wird dies durch § 675m Abs. 1 S. 1 Nr. 1 und Abs. 2 BGB, wonach der Versand einer Karte in den Risikobereich des Kartenausstellers fällt. Nur in sehr besonders gelagerten Fällen – nicht aber schon allgemein unter dem Gesichtspunkt einer Schadenminderungspflicht nach § 254 BGB – kann unter Umständen die vertragliche Nebenpflicht bestehen, das Nichteintreffen einer erwarteten Kreditkarte dem Kartenaussteller zu melden.[21]

18 Die **Nutzung** der Kreditkarte ist nur **nicht autorisiert** iSv § 675l Abs. 1 S. 2 BGB, wenn sie durch einen (im Verhältnis zum Karteninhaber nicht berechtigten)[22] Dritten – auch durch das Vertragsunternehmen – vorgenommen wurde, nicht schon wenn es sonst an der Autorisierung eines Zahlungsvorgangs durch den Karteninhaber iSv § 675j Abs. 1 BGB fehlt (zum Beispiel wenn der Karteninhaber vergisst, den Belastungsbeleg zu unterschreiben) oder wenn der Karteninhaber selbst beim Einsatz seiner Kreditkarte gegen die Bestimmungen des Emissionsvertrags verstößt (zum Beispiel indem er Betragsobergrenzen

---

[17] Palandt/*Sprau* § 675l Rn. 4.

[18] Palandt/*Sprau* § 675l Rn. 4.

[19] Vgl. insofern (und auch zur Unerheblichkeit des Vorliegens der in § 242 StGB genannten Voraussetzungen) noch MüKoBGB/*Jungmann* § 675l Rn. 72.

[20] Vgl. *Casper/Pfeifle* WM 2009, 2343 (2346).

[21] Vgl. KG NJW 2006, 381 (allerdings zum überkommenen Recht).

[22] Die Berechtigung im Verhältnis zum Karteninhaber kann auch nachträglich entfallen, zB wenn der Karteninhaber dem Dritten die weitere Nutzung untersagt.

iSv § 675k Abs. 1 BGB überschreitet oder indem er einem Dritten erlaubt, die Kreditkarte im Namen des Karteninhabers einzusetzen).[23]

Um Sinn und Zweck der Anzeigepflicht gerecht zu werden und um für eine sachgerechte Verteilung des Missbrauchsrisikos zu sorgen, ist der Karteninhaber – so inzwischen auch die herrschende Meinung – über den Wortlaut der Norm hinaus auch dann zu einer Verlustanzeige nach § 675l Abs. 1 S. 2 BGB verpflichtet, wenn (lediglich) die **konkrete und begründete Gefahr** besteht, dass die **Karte unautorisiert eingesetzt werden könnte;**[24] auch vom Bestehen einer solchen Gefahr muss der Karteninhaber positive Kenntnis haben. Eine Gefahr in diesem Sinne ist etwa gegeben, wenn ein Dritter Kenntnis der PIN oder eines Passworts oÄ erlangt hat, das bei Verfahren wie „Mastercard Identity Check" oder „Visa Secure" (→ Kap. 6 BGB Vor §§ 675f ff. Rn. 60) genutzt wird, allerdings noch nicht bei einer (unspezifischen) „Funktionsstörung" des zum Empfang von TANs verwendeten Mobiltelefons.[25] 19

Denn damit ist es im Distanzgeschäft jedem, der Kenntnis von den sonstigen Kreditkartendaten (→ Kap. 6 BGB Vor §§ 675f ff. Rn. 15) hat, möglich, Zahlungsvorgänge auszulösen, die den Anschein haben, vom Karteninhaber – sogar durch eine starke Kundenauthentifizierung – autorisiert zu sein. Das Missbrauchsrisiko ist somit erheblich höher als beim bloßen Verlust der Kreditkarte; die Anzeigepflicht auf die weniger risikoreiche Situation zu beschränken, ergibt wenig Sinn. 20

Eine Kreditkarte kann nur durch den Karteninhaber selbst **„missbräuchlich verwendet"** werden, also durch den abredewidrigen Einsatz der Kreditkarte (vgl. insofern → Kap. 6 BGB § 675k Rn. 15). Anders als bei § 675k Abs. 2 S. 1 Nr. 2 BGB hat diese Variante im Kreditkartengeschäft in Bezug auf die Pflicht zur Verlustanzeige keine wirkliche Bedeutung. 21

IV. Folgen einer Verlustanzeige

1. Haftungs- und Informationspflichten

Der **Karteninhaber** ist, solange er nicht in betrügerischer Absicht handelt, dem Kartenaussteller nach § 675v Abs. 5 S. 1 BGB **nicht zum Schadensersatz** verpflichtet, wenn Schäden aus der (missbräuchlichen) Nutzung der Kreditkarte nach dem Zeitpunkt der Verlustanzeige resultieren (zur Haftung wegen grob fahrlässig nicht oder nicht unverzüglich erstatteter Verlustanzeige vgl. noch → Kap. 6 BGB § 675v Rn. 25 ff.) 22

Der **Kartenaussteller** ist nach Eingang einer Verlustanzeige verpflichtet, die Nutzung der Kreditkarte – insbesondere durch deren Sperrung – zu verhindern (§ 675m Abs. 1 S. 1 Nr. 5 BGB). Außerdem muss er dem Karteninhaber nach Maßgabe des § 675m Abs. 1 S. 2 BGB die Mittel zur Verfügung stellen, mittels derer der Karteninhaber beweisen kann, dass die Anzeige erfolgt ist. 23

2. Kostenfolgen und Ausstellung einer neuen Kreditkarte

Seit 2018 ist es gemäß **§ 675l Abs. 1 S. 3 BGB** möglich, eine Vereinbarung zu treffen, nach welcher ein **Entgelt für die Ausstellung einer Ersatzkreditkarte** verlangt werden kann, selbst wenn der Karteninhaber es nicht zu verantworten hat, dass seine Kreditkarte verloren gegangen ist, gestohlen wurde oder missbräuchlich verwendet bzw. nicht auto- 24

[23] Vgl. Palandt/*Sprau* § 675l Rn. 5.

[24] Staudinger/*Omlor* § 675l Rn. 18; *Herresthal* → Kap. 7 BGB § 675l Rn. 27; MüKoBGB/*Jungmann* § 675l Rn. 78; BeckOGK BGB/*Hofmann* § 675l Rn. 121; tendenziell ebenso Staub/*Grundmann* BankvertragsR 3. Teil Rn. 268 f.; sehr zurückhaltend dagegen Palandt/*Sprau* § 675l Rn. 7; **aA** BeckOK BGB/*Schmalenbach* § 675l Rn. 6; Schwintowski Bankrecht/*Schwintowski* Kap. 9 Rn. 190.

[25] Vgl. LG Kiel BKR 2018, 528.

risiert genutzt wurde. Ebenso kann im Emissionsvertrag vereinbart werden, dass die Ausstellung von Ersatzkreditkarten kostenfrei erfolgt.

25 In jedem Fall ist die **Höhe des Entgelts** für die Ausstellung einer Ersatzkreditkarte **begrenzt.** In Rechnung gestellt werden dürfen „allenfalls" diejenigen Kosten, die ausschließlich und unmittelbar mit dem Ersatz des Zahlungsinstruments verbunden sind.[26] In der Sache geht es um die Kosten für die Herstellung und den Versand einer neuen Kreditkarte.[27]

26 § 675l Abs. 1 S. 3 BGB ist **doppelt einschränkend auszulegen:** Erstens kann kein Entgelt verlangt werden, wenn der Kartenaussteller die zur Sperre und nachfolgend zur Ausgabe der Ersatzkreditkarte führenden Gründe selbst zu vertreten hat, etwa indem er gehalten ist, neue Sicherheitsstandards einzuführen. Zweitens muss die Ausstellung der Ersatzkreditkarte auch tatsächlich auf einem der in Abs. 1 S. 3 genannten Gründe beruhen. Wurde eine Verlustanzeige (nur) wegen der Gefahr, die Kreditkarte könnte unautorisiert eingesetzt werden, abgegeben (→ Rn. 19) und hat sich der Kartenaussteller zur Sperrung entschlossen, ohne nachweisen zu können, dass ein Fall einer verlorenen, gestohlenen, missbräuchlich verwendeten oder sonst nicht autorisiert genutzten Kreditkarte auch tatsächlich vorliegt, kann er kein Entgelt für die Ausstellung der Ersatzkreditkarte verlangen.

27 Die Erstattung der Verlustanzeige selbst muss dem Karteninhaber gemäß § 675m Abs. 1 S. 1 Nr. 4 BGB **kostenfrei** möglich sein (→ Kap. 6 BGB § 675m Rn. 9). Ferner darf weder für die Bearbeitung der Verlustanzeige noch für die Sperrung der Kreditkarte (→ Kap. 6 BGB § 675k Rn. 12) noch für deren Entsperrung (→ Kap. 6 BGB § 675k Rn. 26) ein Entgelt verlangt werden.

§ 675m Pflichten des Zahlungsdienstleisters in Bezug auf Zahlungsinstrumente; Risiko der Versendung

(1) [1] **Der Zahlungsdienstleister, der ein Zahlungsinstrument ausgibt, ist verpflichtet,**

1. unbeschadet der Pflichten des Zahlungsdienstnutzers gemäß § 675l Absatz 1 sicherzustellen, dass die personalisierten Sicherheitsmerkmale des Zahlungsinstruments nur der zur Nutzung berechtigten Person zugänglich sind,

2. die unaufgeforderte Zusendung von Zahlungsinstrumenten an den Zahlungsdienstnutzer zu unterlassen, es sei denn, ein bereits an den Zahlungsdienstnutzer ausgegebenes Zahlungsinstrument muss ersetzt werden,

3. sicherzustellen, dass der Zahlungsdienstnutzer durch geeignete Mittel jederzeit die Möglichkeit hat, eine Anzeige gemäß § 675l Absatz 1 Satz 2 vorzunehmen oder die Aufhebung der Sperrung gemäß § 675k Absatz 2 Satz 5 zu verlangen,

4. dem Zahlungsdienstnutzer eine Anzeige gemäß § 675l Absatz 1 Satz 2 kostenfrei zu ermöglichen und

5. jede Nutzung des Zahlungsinstruments zu verhindern, sobald eine Anzeige gemäß § 675l Absatz 1 Satz 2 erfolgt ist.

[2] **Hat der Zahlungsdienstnutzer den Verlust, den Diebstahl, die missbräuchliche Verwendung oder die sonstige nicht autorisierte Nutzung eines Zahlungsinstruments angezeigt, stellt sein Zahlungsdienstleister ihm auf Anfrage bis mindestens 18 Monate nach dieser Anzeige die Mittel zur Verfügung, mit denen der Zahlungsdienstnutzer beweisen kann, dass eine Anzeige erfolgt ist.**

(2) **Die Gefahr der Versendung eines Zahlungsinstruments und der Versendung personalisierter Sicherheitsmerkmale des Zahlungsinstruments an den Zahlungsdienstnutzer trägt der Zahlungsdienstleister.**

(3) **Hat ein Zahlungsdienstleister, der kartengebundene Zahlungsinstrumente ausgibt, den kontoführenden Zahlungsdienstleister des Zahlers um Bestätigung ersucht, dass ein für die Ausführung eines kartengebundenen Zahlungsvorgangs erforderlicher**

---

[26] Ausführlich MüKoBGB/*Jungmann* § 675l Rn. 90 f.

[27] Vgl. Palandt/*Sprau* § 675k Rn. 6.

Betrag auf dem Zahlungskonto verfügbar ist, so kann der Zahler von seinem kontoführenden Zahlungsdienstleister verlangen, ihm die Identifizierungsdaten dieses Zahlungsdienstleisters und die erteilte Antwort mitzuteilen.

Übersicht

I. Normzweck und Anwendungsbereich

Die Vorschrift findet auf die Kreditkarte unabhängig von der konkreten Art ihres Einsatzes Anwendung. Sie regelt die Pflichten des Kartenausstellers[1] in Bezug auf die Kreditkarte und hat damit **allein im Deckungsverhältnis Bedeutung.** Auswirkungen auf die Ansprüche im Zuwendungsverhältnis haben Verletzungen der in § 675m BGB genannten Pflichten nicht. 1

Der **Pflichtenkatalog** des § 675m BGB ist **nicht abschließend;**[2] insbesondere ergeben sich aus der Delegierten VO (EU) 2018/389 eine ganze Reihe von die beteiligten Zahlungsdienstleister treffenden Pflichten, die Vertraulichkeit und Integrität der personalisierten Sicherheitsmerkmale des Karteninhabers zu schützen (vgl. Art. 22 ff. VO (EU) 2018/389).[3] § 675m BGB zielt darauf ab, eine missbräuchliche Verwendung der Kreditkarte zu erschweren und damit Schäden weniger wahrscheinlich zu machen. Eine Verletzung der in § 675m BGB geregelten (und der sonstigen) (Neben-)Pflichten des Kartenausstellers kann über § 254 BGB zur Folge haben, dass die Haftung des Kreditkarteninhabers nach § 675v BGB für Schäden, die durch die missbräuchliche Nutzung der Kreditkarte entstehen, nur in einem geringeren Umfang besteht oder sogar ausgeschlossen ist. Bei einer Verletzung der in § 675m Abs. 1 S. 1 Nr. 3 BGB normierten Pflicht ist der Karteninhaber explizit von der Haftung befreit (§ 675v Abs. 5 S. 2 BGB); insofern ist § 254 BGB verdrängt (→ Kap. 6 BGB § 675v Rn. 34). 2

II. Die Pflichten des Kartenausstellers im Einzelnen

Die Pflicht, sicherzustellen, dass die **personalisierten Sicherheitsmerkmale** der Kreditkarte nur dem Karteninhaber zugänglich sind **(Abs. 1 S. 1 Nr. 1),** kann sich nur auf personalisierte Sicherheitsmerkmale wie PINs oder beim **„Mastercard Identity Check"- oder „Visa Secure"-Verfahren** (→ Kap. 6 BGB Vor §§ 675f ff. Rn. 60) auf Passwörter, Antworten auf Sicherheitsfragen, TANs etc beziehen. Aus Art. 22 VO (EU) 2018/389 ergibt sich etwa, dass die PIN bei Eingabe an einem Zahlungsterminal nicht im Klartext zu sehen sein darf.[4] 3

Für die Sicherheit des personalisierten Sicherheitsmerkmals **Unterschrift** (→ Kap. 6 BGB Vor §§ 675f ff. Rn. 19 f.) hat der Karteninhaber selbst zu sorgen; aus diesem Grund wird er in Übereinstimmung mit § 675l Abs. 1 S. 1 BGB in den AGB des Emissions- 4

[1] Weitergehend Staub/*Grundmann* BankvertragsR 3. Teil Rn. 272, der § 675m BGB angesichts dessen europarechtlichen Hintergrunds auch Sorgfaltspflichten des Vertragsunternehmens entnimmt. Jedenfalls seit Einfügung von § 675v Abs. 4 BGB im Jahr 2018 (→ Kap. 6 BGB § 675v Rn. 36 ff.) hat diese Sichtweise sowohl an Überzeugungskraft als auch an praktischer Bedeutung verloren.

[2] BeckOK BGB/*Schmalenbach* § 675m Rn. 2; MüKoBGB/*Jungmann* § 675m Rn. 3.

[3] Vgl. insofern auch *Linardatos* RdZ 2020, 36 (40 ff.).

[4] Vgl. *Doser* K&R 2019, 617 (620).

vertrags regelmäßig verpflichtet, die Karte unmittelbar nach Erhalt zu unterschreiben (→ Kap. 6 BGB § 675l Rn. 7). Auch der Schutz personalisierter Sicherheitsmerkmale, die bei der starken Kundenauthentifizierung zum Element „Inhärenz" gehören – das sind insbesondere **biometrische Merkmale** – (→ Kap. 6 BGB § 675j Rn. 18), fällt allein in die Sphäre des Karteninhabers.[5]

5 Der Kartenaussteller darf den **Versand von** Postsendungen, welche **PINs oder Passwörter** als personalisierte Sicherheitsmerkmale enthalten, ausschließlich an vom Karteninhaber bestätigte Adressen vornehmen und muss sichtgeschützte Umschläge verwenden. Geeignetes Sicherungsmittel ist zum Beispiel auch, dass eine neue Karte oder eine PIN/ein Passwort erst nach einem Anruf des Karteninhabers beim Kartenaussteller aktiviert wird. Erhalten Unbefugte Kenntnis von PIN oder Passwort, bevor die Karte dem Karteninhaber zugegangen ist, hat der Kartenaussteller nach Abs. 2 die Konsequenzen zu tragen. Beim **Versand unkörperlicher personalisierter Sicherheitsmerkmale** (etwa TANs per SMS) ist auf gesicherte Übertragungswege zu achten (vgl. auch § 55 Abs. 1 S. 2 ZAG);[6] ist es Dritten möglich, per SMS versendete TANs abzufangen, fällt dies nicht in den Verantwortungsbereich des Karteninhabers.[7]

6 Die in **Abs. 1 S. 1 Nr. 2** konstituierte Pflicht, **Kreditkarten nicht unaufgefordert zu versenden,** hat für die Praxis in Deutschland wenig Bedeutung. Werbemaßnahmen/Vertriebsformen dieser Art waren in Deutschland – anders als teilweise im Ausland – traditionell unüblich.[8] Ohnehin ausgenommen ist der Versand von Ersatzkarten, entweder nach Sperrung der Karte oder nach Ablauf ihrer Gültigkeit; Zweit- bzw. Zusatzkreditkarten sind hingegen erfasst.[9] Abs. 1 S. 1 Nr. 2 bezieht sich nicht auf das Zusenden personalisierter Sicherheitsmerkmale.[10]

7 Damit der Karteninhaber seiner in § 675l Abs. 1 S. 2 BGB geregelten Pflicht nachkommen kann, einen Verlust etc der Kreditkarte dem Kartenaussteller anzuzeigen (Verlustanzeige), muss der Kartenaussteller für ein **geeignetes Verfahren zur** jederzeitigen **Bearbeitung** solcher **Verlustanzeigen** sorgen **(Abs. 1 S. 1 Nr. 3).** Dazu gehört die Einrichtung eines technischen Empfangssystems, das stets erreichbar ist.[11] Am besten dazu geeignet ist die Benennung einer ausschließlich für die Entgegennahme von Anzeigen nach § 675l BGB reservierten Telefonnummer. Dies kann, wenn die Bestimmungen des Emissionsvertrags das entsprechend regeln, die in Deutschland kostenfrei erreichbare Telefonnummer 116116 (Sperr-Notruf; → Kap. 6 BGB § 675l Rn. 13) sein. Allein das Vorhalten von Meldesystemen im Internet oder die Einrichtung einer besonderen E-Mail-Adresse wird den Anforderungen des Abs. 1 S. 1 Nr. 3 kaum genügen; sie können aber zusätzlich angeboten werden.

8 Ferner muss dem Karteninhaber die Möglichkeit gegeben werden, die Aufhebung der Sperrung gemäß § 675k Abs. 2 S. 5 BGB (→ Kap. 6 BGB § 675k Rn. 24) zu verlangen.

9 Seit 2018 ergibt sich aus **Abs. 1 S. 1 Nr. 4** explizit, dass es dem Karteninhaber möglich sein muss, die **Verlustanzeige** nach § 675l Abs. 1 S. 2 BGB **kostenfrei** zu erstatten. Damit ist gemeint, dass der Kartenaussteller durch die Entgegennahme von Verlustanzeigen keinerlei Einnahmen erzielt. Kostenpflichtige Hotlines (zum Beispiel Service-Rufnummern mit der Vorwahl 01805) sind daher keine geeigneten Verfahren zur Entgegennahme von Verlustanzeigen, Hotlines mit einer deutschen Vorwahl hingegen schon. Wenn dem Kar-

[5] MüKoBGB/*Jungmann* § 675m Rn. 9; in der Sache ebenso (wenn auch mit der unzutreffenden Schlussfolgerung, biometrische Merkmale stellten keine personalisierten Sicherheitsmerkmale dar) *Omlor* BKR 2019, 105 (107).

[6] MüKoBGB/*Jungmann* § 675m Rn. 13.

[7] Vgl. LG Kiel BKR 2018, 528.

[8] Tendenziell anderer Befund bei Erman/*Graf von Westphalen* § 675m Rn. 3. – Ein Verstoß gegen Abs. 1 S. 1 Nr. 2 hat nach BGH NJW 2011, 3159 (3160) keine indizielle Wirkung für ein wettbewerbswidriges Verhalten des Kartenausstellers, weil die Vorschrift nicht den Schutz von Verbrauchern vor Belästigungen bezwecke (vgl. auch Schwintowski Bankrecht/*Hofmann* Kap. 10 Rn. 31 f.).

[9] Staudinger/*Omlor* § 675m Rn. 10; MüKoBGB/*Jungmann* § 675m Rn. 37.

[10] Staudinger/*Omlor* § 675m Rn. 9.

[11] Vgl. auch Staudinger/*Omlor* § 675m Rn. 12.

teninhaber durch das Anwählen einer solchen Rufnummer – beispielsweise auch aus dem Ausland – oder durch die Nutzung des Internets zur Abgabe einer Verlustanzeige per E-Mail oÄ Kosten entstehen, stellt dies keinen Verstoß gegen Abs. 1 S. 1 Nr. 4 dar.[12] Es besteht auch keine Pflicht, solche Kosten zu ersetzen.[13]

Die Pflicht nach **Abs. 1 S. 1 Nr. 5,** die Voraussetzungen zu schaffen, dass die Kreditkar- **10** te nicht mehr genutzt werden kann, nachdem der Karteninhaber ihren Verlust oÄ angezeigt hat (Verlustanzeige, § 675l Abs. 1 S. 2 BGB), wird nur durch eine **Sperrung der Karte** erfüllt.[14] Aber auch eine Sperre kann die Nutzung der Kreditkarte nicht völlig verhindern, denn sie kann nur Erfolg haben, wenn vor einem Zahlungsvorgang eine Kartenumsatzanfrage (→ Kap. 6 BGB § 675k Rn. 5 f.) erfolgt. Für den Karteninhaber ist es weitgehend bedeutungslos, ob der Kartenaussteller Vorkehrungen schafft, die seiner Pflicht aus Abs. 1 S. 1 Nr. 5 genügen, denn der Karteninhaber haftet für Schäden, die nach seiner Verlustanzeige entstehen, gemäß § 675v Abs. 5 S. 1 BGB grundsätzlich ohnehin nicht.

III. Pflicht des Kartenausstellers zur Bestätigung der Verlustanzeige

Um dem Karteninhaber – insbesondere zur Regelung von Haftungsfragen bei der miss- **11** bräuchlichen Nutzung der Kreditkarte – die Möglichkeit zu geben, die Tatsache, dass er seine Pflicht aus § 675l Abs. 1 S. 2 BGB erfüllt hat, und den Zeitpunkt der Verlustanzeige zu beweisen, ist der Kartenaussteller nach Abs. 1 S. 2 zur Überlassung einer entsprechenden Bestätigung verpflichtet. Zur Bestätigung **verpflichtet ist** stets der **Kartenaussteller,** auch wenn die Anzeige bei einer anderen von ihm benannten Stelle erfolgte;[15] der Kartenaussteller kann sich aber anderer Personen bedienen. Die Bestätigung kann (und sollte) freiwillig/automatisch erteilt werden. Eine entsprechende Pflicht besteht nur, wenn der Karteninhaber einen (formlosen) Antrag innerhalb von achtzehn Monaten nach der Anzeige gestellt hat. Für die Bestätigung darf **kein Entgelt** verlangt werden (§ 675f Abs. 5 S. 2 BGB).

IV. Versendungsrisiko

§§ 675u–675w BGB, aber auch § 675l BGB gelten erst ab dem Zeitpunkt, zu dem die **12** Kreditkarte (bzw. das personalisierte Sicherheitsmerkmal) dem Karteninhaber zugegangen ist. Dies macht Abs. 2 deutlich, der das **Versendungsrisiko** dem **Kartenaussteller** zuweist; eine abweichende Vereinbarung ist unwirksam.[16] Die Vorschrift ist auf die **erstmalige Ausstellung** einer Kreditkarte ebenso wie auf die **Ausstellung einer Ersatzkarte** (nach Sperrung) oder Folgekarte (nach Ablauf der Gültigkeit) anzuwenden. Regelmäßig besteht keine Pflicht des Karteninhabers, das Nichteintreffen einer erwarteten Kreditkarte dem Kartenaussteller zu melden (vgl. bereits → Kap. 6 BGB § 675l Rn. 17).

V. Besonderheiten bei Drittemittenten von Kreditkarten

Der 2018 eingefügte Abs. 3 betrifft den in der heutigen Praxis des Kreditkartengeschäfts **13** noch kaum relevanten Fall,[17] dass der Kartenaussteller für den Karteninhaber kein Zahlungskonto führt; damit sind sog. **Drittemittenten von Kreditkarten** gemeint.[18] Diese

[12] Ausführlich MüKoBGB/*Jungmann* § 675m Rn. 30 ff.
[13] BeckOK BGB/*Schmalenbach* § 675m Rn. 6.
[14] BGHZ 207, 176 (187) = NJW 2016, 560 (562).
[15] Palandt/*Sprau* § 675m Rn. 3.
[16] Vgl. auch Wolf/Lindacher/Pfeiffer AGB-Recht/*Pamp* Rn. K83: keine Auferlegung unbeherrschbarer Risiken.
[17] *Zahrte* BKR 2019, 484 (485); vgl. auch schon *Spindler/Zahrte* BKR 2014, 265 (268).
[18] Vgl. insofern MüKoHGB/*Linardatos* Zahlungsverkehr Rn. G 14 f.; *Werner* ZBB 2017, 345 (349 f.).

tragen das Risiko, den gegen den Karteninhaber bestehenden Aufwendungsersatzanspruch nicht realisieren zu können, wenn das bei einem anderen Zahlungsdienstleister geführte Zahlungskonto des Karteninhabers keine hinreichende Deckung aufweist.[19]

14 Drittemittenten von Kreditkarten sind nach **§ 45 ZAG** berechtigt, vom kontoführenden Zahlungsdienstleister des Karteninhabers Auskunft – in Form einer „Ja"- oder „Nein"-Antwort – darüber zu verlangen, ob der für die Ausführung einer Kartenzahlung erforderliche Betrag auf dem Konto des Karteninhabers verfügbar ist; Voraussetzung ist dafür nach § 45 Abs. 1 ZAG allerdings unter anderem die vorherige Zustimmung des Karteninhabers. Über § 675m Abs. 3 BGB ist dann sichergestellt, dass der Karteninhaber von seinem kontoführenden Zahlungsdienstleister Informationen über solche Anfragen erlangen kann.

15 **Praktische Bedeutung** wird all dies wohl auch in der Zukunft allenfalls bei Kreditkarten in der Form von *Debit Cards* (→ Kap. 6 BGB Vor §§ 675f ff. Rn. 33) erlangen. Denn nur dann kommt es für den Kartenaussteller in Bezug auf einen konkreten Zahlungsvorgang auf die Kenntnis an, ob auf dem Zahlungskonto des Karteninhabers hinreichende Deckung besteht.[20]

16 Bei Kreditkarten in Form von *Charge Cards* und erst recht in Form von *Credit Cards* führt der Kartenaussteller für den Karteninhaber ein Kreditkartenkonto, dessen (monatlicher) Saldo dann (ganz oder teilweise) vom (Giro-)Konto des Karteninhabers eingezogen wird. Für den Einzug dieses Saldos – typischerweise in Form eine SEPA-Lastschrift – ist aber weder § 45 ZAG noch § 675m Abs. 3 BGB relevant. Der Kartenaussteller hätte auch kaum etwas von einer (mit „Ja" beantworteten) Anfrage zu einem Zeitpunkt vor Einzug des (monatlichen) Kreditkartensaldos. Denn der kontoführende Zahlungsdienstleister ist nicht berechtigt, auf dem (Giro-)Konto des Karteninhabers einen Betrag zugunsten des Drittemittenten – ggf. auch noch für geraume Zeit oder für mehrere angefragte Beträge kumuliert – zu sperren.[21] Insofern ist die vor Überlassung einer Kreditkarte und insbesondere bei der Festlegung von Betragsobergrenzen vorgenommene Prüfung der Bonität des Karteninhabers viel wichtiger.

17 Selbst wenn in Bezug auf einen konkreten Zahlungsvorgang die Antwort des kontoführenden Zahlungsdienstleisters „Nein" lauten würde, hat das bei *Charge Cards* und *Credit Cards* nur beschränkte Aussagekraft, wenn bis zum Einzug des monatlichen Saldos noch Zeit vergeht und bis dahin mit Gehaltseingängen etc zu rechnen ist. Unter Umständen hat der Karteninhaber sogar genau aus diesem Grund die Kreditkarte verwendet.

18 Ob der sich gegen seinen kontoführenden Zahlungsdienstleister richtende Auskunftsanspruch des Karteninhabers für diesen von Bedeutung ist, muss bezweifelt werden: Dies ist bei ordnungsgemäß ausgeführten Zahlungsvorgängen augenfällig, und bei abgelehnten Zahlungsvorgängen bestehen ohnehin die – allerdings den Kartenaussteller treffenden – Informationspflichten nach § 675o BGB.[22]

§ 675o Ablehnung von Zahlungsaufträgen

(1) [1] **Lehnt der Zahlungsdienstleister die Ausführung oder Auslösung eines Zahlungsauftrags ab, ist er verpflichtet, den Zahlungsdienstnutzer hierüber unverzüglich, auf jeden Fall aber innerhalb der Fristen gemäß § 675s Abs. 1 zu unterrichten.** [2] **In der Unterrichtung sind, soweit möglich, die Gründe für die Ablehnung sowie die Möglichkeiten anzugeben, wie Fehler, die zur Ablehnung geführt haben, berichtigt werden können.** [3] **Die Angabe von Gründen darf unterbleiben, soweit sie gegen sonstige Rechtsvorschriften verstoßen würde.** [4] **Der Zahlungsdienstleister darf mit dem Zah-**

[19] Vgl. Kümpel/Mülbert/Früh/Seyfried/*Werner* Rn. 4.910.

[20] Vgl. auch BeckOGK BGB/*Hofmann* § 675m Rn. 46.

[21] Vgl. *Zahrte* BKR 2019, 484 (485); *Spitzer* MDR 2018, 561 (564); *Werner* ZBB 2017, 345 (349); MüKoBGB/*Jungmann* § 675m Rn. 53.

[22] Zutreffend MüKoHGB/*Linardatos* Zahlungsverkehr Rn. G 118 f.

lungsdienstnutzer im Zahlungsdiensterahmenvertrag ein Entgelt für den Fall vereinbaren, dass er die Ausführung eines Zahlungsauftrags berechtigterweise ablehnt.

(2) **Der Zahlungsdienstleister des Zahlers ist nicht berechtigt, die Ausführung eines autorisierten Zahlungsauftrags abzulehnen, wenn die im Zahlungsdiensterahmenvertrag festgelegten Ausführungsbedingungen erfüllt sind und die Ausführung nicht gegen sonstige Rechtsvorschriften verstößt.**

(3) **Für die Zwecke der §§ 675s, 675y und 675z gilt ein Zahlungsauftrag, dessen Ausführung berechtigterweise abgelehnt wurde, als nicht zugegangen.**

Aus dem Emissionsvertrag ergibt sich, dass der Kartenaussteller verpflichtet ist, einen Zahlungsauftrag, der auf einem vom Karteninhaber autorisierten Zahlungsvorgang beruht, auszuführen und die Verbindlichkeiten des Karteninhabers bei den Vertragsunternehmen zu tilgen (→ Kap. 6 BGB Vor §§ 675f ff. Rn. 31). Dies stellt Abs. 2 klar. **1**

Gleichzeitig wird anhand von § 675o BGB mittelbar deutlich, dass eine **Ausführungspflicht** nur besteht, soweit die Kreditkarte nicht berechtigterweise gesperrt ist und die im Emissionsvertrag festgelegten Bedingungen eingehalten werden. Dazu gehört neben dem vereinbarungsgemäßen Einsatz der Karte im Präsenz- bzw. Distanzgeschäft insbesondere auch, durch einen Zahlungsauftrag Betragsobergrenzen iSv § 675k Abs. 1 BGB nicht zu überschreiten und die Karte nicht in einem vereinbarungsgemäß ausgeschlossenen geografischen Gebiet einzusetzen.[1] **2**

Abs. 2 gibt dem Kartenunternehmen ein **Recht zur Ablehnung eines Zahlungsauftrags,** konstituiert **aber keine** (etwa noch mit Nachforschungserfordernissen einhergehende) **Ablehnungspflicht.**[2] Unberechtigte Ablehnungen von Zahlungsaufträgen machen den Kartenaussteller schadensersatzpflichtig (§ 280 BGB); § 254 BGB ist anwendbar. **3**

Im Kreditkartengeschäft gibt es **zwei Arten der Ablehnung eines Zahlungsauftrags** (Abs. 1): die sofortige und die nachträgliche. Die **sofortige Ablehnung** erfolgt nach einer Kartenumsatzanfrage, wenn deren Ergebnis – entweder unmittelbar oder nach Aufforderung zur Übersendung weiterer Informationen zum Zwecke der Legitimationsprüfung (*Call Referral* bzw. *Referral Response*) – die Ablehnung des beabsichtigten Umsatzes *(Decline)* ist (→ Kap. 6 BGB § 675k Rn. 5). In diesem Fall wird der Karteninhaber noch beim Vertragsunternehmen (Präsenzgeschäft) oder während eines Telefonats bzw. während der Nutzung des Internets (Distanzgeschäft) unterrichtet. Im Interesse des Karteninhabers, bestimmte Informationen nicht auch an das Vertragsunternehmen zu geben, kann es erforderlich sein, die Gründe für die Ablehnung gesondert mitzuteilen. Dies hat unverzüglich (§ 121 Abs. 1 S. 1 BGB), in jedem Fall aber innerhalb der Fristen des § 675s Abs. 1 BGB zu geschehen. Die Frist beginnt mit der endgültigen Entscheidung über die Ablehnung, spätestens mit deren tatsächlicher Umsetzung, zu laufen; es handelt sich um eine Höchstfrist.[3] **4**

Die **nachträgliche Ablehnung** kann erfolgen, wenn keine Kartenumsatzanfrage stattfindet oder wenn sich erst später herausstellt, dass der Karteninhaber die Kreditkarte in einer Art und Weise eingesetzt hat, die gegen die Bedingungen des Emissionsvertrags verstößt. Dies ist beispielsweise denkbar, wenn der Kartenaussteller erfährt, dass die Kreditkarte verwendet wurde, um von einem Vertragsunternehmen Bargeld für eine als Einkauf oder Dienstleistung bezeichnete Nutzung ausgezahlt zu bekommen. Bei der nachträglichen Ablehnung sind die Gründe der Ablehnung regelmäßig in der Unterrichtung enthalten. **5**

Wer **Adressat der Unterrichtung** ist, bestimmt sich beim Kreditkartengeschäft danach, in welchem Rechtsverhältnis der zur Ablehnung berechtigende Grund liegt. Ergibt er sich aus dem Deckungsverhältnis, ist der Karteninhaber, ergibt er sich aus dem Inkassoverhältnis, **6**

---

[1] BeckOGK BGB/*Zahrte* § 675o Rn. 21. – Geoblocking in dieser Form ist auch im Geltungsbereich der Geoblocking-VO (EU) 2018/302 zulässig.

[2] OLG München WM 2019, 1301 (1304) (zum Kreditkarteneinsatz beim unerlaubten Glücksspiel).

[3] MüKoBGB/*Jungmann* § 675o Rn. 41.

ist das Vertragsunternehmen zu informieren. Eine Pflicht, das Vertragsunternehmen zu informieren, kann – unabhängig von § 675o BGB – auch im Akquisitionsvertrag vorgesehen sein.[4]

7 Für eine **berechtigte Ablehnung** der Ausführung eines Zahlungsauftrags – Voraussetzung ist dafür, dass der Zahlungsvorgang vom Karteninhaber autorisiert war – kann im Emissionsvertrag ein **Entgelt** vorgesehen werden (Abs. 1 S. 4); dieses muss angemessen sein und sich an den tatsächlichen Kosten orientieren, die dem Kartenaussteller entstehen (§ 675f Abs. 5 S. 2 BGB). Dazu zählen die vorgangsspezifischen Kosten für die Bearbeitung des Falls, inkl. Porto[5] und sonstiger Auslagen für die anlassbezogene Inanspruchnahme von Dienstleistungen Dritter,[6] nicht aber Gemeinkosten.[7]

§ 675p Unwiderruflichkeit eines Zahlungsauftrags

(1) **Der Zahlungsdienstnutzer kann einen Zahlungsauftrag vorbehaltlich der Absätze 2 bis 4 nach dessen Zugang beim Zahlungsdienstleister des Zahlers nicht mehr widerrufen.**

(2) [1]**Wurde der Zahlungsvorgang über einen Zahlungsauslösedienstleister, vom Zahlungsempfänger oder über diesen ausgelöst, so kann der Zahler den Zahlungsauftrag nicht mehr widerrufen, nachdem er dem Zahlungsauslösedienstleister die Zustimmung zur Auslösung des Zahlungsvorgangs oder dem Zahlungsempfänger die Zustimmung zur Ausführung des Zahlungsvorgangs erteilt hat.** [2]**Im Fall einer Lastschrift kann der Zahler den Zahlungsauftrag jedoch unbeschadet seiner Rechte gemäß § 675x bis zum Ende des Geschäftstags vor dem vereinbarten Fälligkeitstag widerrufen.**

(3) **Ist zwischen dem Zahlungsdienstnutzer und seinem Zahlungsdienstleister ein bestimmter Termin für die Ausführung eines Zahlungsauftrags (§ 675n Abs. 2) vereinbart worden, kann der Zahlungsdienstnutzer den Zahlungsauftrag bis zum Ende des Geschäftstags vor dem vereinbarten Tag widerrufen.**

(4) [1]**Nach den in den Absätzen 1 bis 3 genannten Zeitpunkten kann der Zahlungsauftrag nur widerrufen werden, wenn der Zahlungsdienstnutzer und der jeweilige Zahlungsdienstleister dies vereinbart haben.** [2]**In den Fällen des Absatzes 2 ist zudem die Zustimmung des Zahlungsempfängers zum Widerruf erforderlich.** [3]**Der Zahlungsdienstleister darf mit dem Zahlungsdienstnutzer im Zahlungsdiensterahmenvertrag für die Bearbeitung eines solchen Widerrufs ein Entgelt vereinbaren.**

(5) **Der Teilnehmer an Zahlungsverkehrssystemen kann einen Auftrag zugunsten eines anderen Teilnehmers von dem in den Regeln des Systems bestimmten Zeitpunkt an nicht mehr widerrufen.**

Übersicht

[4] MüKoBGB/*Jungmann* § 675o Rn. 39 f.
[5] Tendenziell **aA** *Werner* ZBB 2017, 345 (353); mind. zweifelnd *Werner* WM 2018, 449 (455).
[6] Baumbach/Hopt/*Hopt* Bankgeschäfte Rn. C/50.
[7] Vgl. insofern auch BGHZ 215, 359 (374) = NJW 2017, 3649 (3651).

I. Der Grundsatz der Unwiderruflichkeit des Zahlungsauftrags im Kreditkartengeschäft

1 §§ 675c ff. BGB differenzieren zwischen dem Zahlungsauftrag (und dessen Widerruf) und der Autorisierung des Zahlungsvorgangs (und deren Widerruf).[1] Während § 675j Abs. 2 BGB den Widerruf der Autorisierung des Zahlungsvorgangs regelt, bestimmt sich der Widerruf des Zahlungsauftrags nach § 675p BGB. In dieser Norm geht es **primär** (vgl. aber Abs. 5) um das **Deckungsverhältnis,** also um den Widerruf durch den Karteninhaber. Dem Grundsatz nach hat der Karteninhaber kein Widerrufsrecht (Abs. 1), doch lassen Abs. 2 bis Abs. 4 Ausnahmen zu.

2 Von größerer praktischer Bedeutung sind diese Ausnahmen im Kreditkartengeschäft nicht;[2] insofern besteht eine Parallele zum Widerruf der Autorisierung eines Zahlungsvorgangs (→ Kap. 6 BGB § 675j Rn. 28 f.). Grund hierfür ist, dass beim Einsatz einer Kreditkarte der Zahlungsvorgang zwar vom Zahler, aber über das Vertragsunternehmen als Zahlungsempfänger ausgelöst wird (Abs. 2 S. 1), weil die Erklärung des Karteninhabers, die den Zahlungsvorgang (iwS) auslöst (→ Kap. 6 BGB § 675f Rn. 6), mittelbar über das Vertragsunternehmen abgegeben wird;[3] der **Zahlungsauftrag** ist damit nach hM eine vom Vertragsunternehmen angestoßene „***Pull***-**Zahlung**" (vgl. schon → Kap. 6 BGB Vor §§ 675f ff. Rn. 24).

3 Sobald eine Kreditkarte eingesetzt wurde – im Präsenzgeschäft durch Unterschreiben des Belastungsbelegs, durch Eingabe der PIN oder auch kontaktlos – wurde der Zahlungsvorgang autorisiert und damit über das Vertragsunternehmen als Zahlungsempfänger ausgelöst. Nach Abs. 2 S. 1 – maßgeblich ist die Erteilung der Zustimmung zur Ausführung des Zahlungsvorgangs an das Vertragsunternehmen als Zahlungsempfänger[4] – ist der **Zahlungsauftrag** damit **unwiderruflich** geworden. Diese Unwiderruflichkeit war vom Gesetzgeber für Zahlungen mittels Kreditkarte erkennbar gewollt.[5] Sie gilt im Präsenz- wie im Distanzgeschäft[6] und unabhängig von einer Autorisierung des Zahlungsvorgangs in Form der Authentifizierung/starken Kundenauthentifizierung.

4 Aufgrund von Abs. 1 S. 1 gibt es **keine** auf § 358 BGB gestützten **Einwendungsdurchgriffe.**[7] Nur **ausnahmsweise** – Leistungsstörungen reichen nicht aus – ist an einen auf **§ 242 BGB** gestützten Einwendungsdurchgriff zu denken,[8] etwa bei Geschäftsunfähigkeit, Sittenwidrigkeit oder Betrug.[9] Aber dafür müssen diese (im Valutaverhältnis bestehenden) Mängel schwer, offenkundig und liquide nachweisbar sein. Ob sich ein solcher Einwendungsdurchgriff in Form eines Widerrufs des Zahlungsauftrags technisch/zeitlich umsetzen lässt, ist eine andere Frage.[10]

II. Ausnahmen bei „zukünftigen Zahlungsvorgängen" (Abs. 3)

5 Eine Möglichkeit zum Widerruf eines Zahlungsauftrags kann nach Abs. 3 bei **„zukünftigen Zahlungsvorgängen"** bestehen (vgl. auch schon → Kap. 6 BGB § 675j Rn. 30 f.).

---

[1] Vgl. *Köndgen* JuS 2011, 481 (486); vgl. bereits → Kap. 6 BGB § 675j Rn. 3.

[2] Zu eng allerdings Staudinger/*Omlor* § 675p Rn. 9; vgl. aber noch *Herresthal* ZBB 2019, 353 (367).

[3] Vgl. *Köndgen* JuS 2011, 481 (486); Erman/*Graf von Westphalen* § 675p Rn. 7.

[4] Baumbach/Hopt/*Hopt* Bankgeschäfte Rn. F/38; BeckOGK BGB/*Zahrte* § 675p Rn. 39; unrichtig BankR-HdB/*Martinek/Omlor* Bd. I, § 67 Rn. 34: Übermittlung an das Kartenunternehmen.

[5] BT-Drs. 16/11643, 109.

[6] *Nobbe* WM 2011, 961 (967); MüKoBGB/*Jungmann* § 675p Rn. 24; Erman/*Graf von Westphalen* § 675p Rn. 7; Baumbach/Hopt/*Hopt* Bankgeschäfte Rn. F/38; krit. für das Distanzgeschäft *Bitter* WM 2010, 1773 (1775 ff.); dem folgend MüKoHGB/*Linardatos* Zahlungsverkehr Rn. G 61 ff.

[7] MüKoBGB/*Jungmann* § 675p Rn. 23.

[8] MüKoBGB/*Jungmann* § 675p Rn. 26; iErg auch BankR-HdB/*Martinek/Omlor* Bd. I, § 67 Rn. 34.

[9] Vgl. bspw. OLG Köln NJW-RR 2002, 620 (621) mwN; Baumbach/Hopt/*Hopt* Bankgeschäfte Rn. F/38.

[10] Vgl. die Zweifel bei Kümpel/Mülbert/Früh/Seyfried/*Werner* Rn. 4.833.

Bei zukünftigen Zahlungsvorgängen kann das Vertragsunternehmen zu einem vereinbarten oder sich aus den Umständen ergebenden Zeitpunkt eine in der Zukunft fällig werdende Forderung gegen den Karteninhaber über die Kreditkarte abrechnen. Der in der Zukunft liegende Zahlungsvorgang ist dann autorisiert in Form der Vorabautorisierung, und zwar entweder als Blanko-Belastung oder als Sperrautorisierung (→ Kap. 6 BGB § 675j Rn. 9 ff.). Vorabautorisiert in diesem Sinne können sowohl einmalige Belastungen (Standardbeispiel: Mietwagenkaution) als auch wiederkehrenden Belastungen sein. Letzteres betrifft typischerweise Dauerschuldverhältnisse, bei denen turnusmäßig (monatlich, quartalsweise oder jährlich) fällig werdende Beträge wie Mitgliedschaftsbeiträge oder Versicherungsprämien über die Kreditkarte abgerechnet werden.

6 Handelt es sich, weil der mittels der Kreditkarte zu zahlende Betrag nicht feststeht, dabei um **Blanko-Belastungen** (zur Zulässigkeit vgl. § 675x Abs. 1 S. 1 BGB), bestimmt sich die Zulässigkeit des Widerrufs des Zahlungsauftrags nach Abs. 3 BGB, weshalb auch ein **Widerruf** des Zahlungsvorgangs **möglich** bleibt. Zwar stellt Abs. 3 auf einen „bestimmten Zeitpunkt" ab. Doch damit ist nicht ein fest vereinbarter oder konkreter Termin gemeint; ausreichend ist, wenn hinreichend klar ist, dass der Termin in der Zukunft liegen soll und wie er bestimmbar ist.

7 Bei **Sperrautorisierungen,** bei denen es infolge der Vorabautorisierung zur Sperrung eines Betrags iSv § 675t Abs. 4 BGB kommt, ist ein **Widerruf** nach Abs. 3 BGB hingegen **ausgeschlossen.** Vor dem Hintergrund von § 675t Abs. 4 BGB und Sinn und Zweck des Einsatzes von Kreditkarten ist der Anwendungsbereich von Abs. 3 insofern teleologisch zu reduzieren.[11] Denn in jedem Fall besteht die Möglichkeit, einen Zahlungsauftrag bei zukünftigen Zahlungsvorgängen zu widerrufen, nur so lange, bis der Zahlungsvorgang ausgelöst wurde. Danach kann – und überhaupt nur bei Blanko-Belastungen – allenfalls ein **Erstattungsanspruch nach § 675x Abs. 1 BGB** in Betracht kommen.

III. Andere Vereinbarungen über Widerrufsmöglichkeiten

8 Keine Bedeutung für das Kreditkartengeschäft haben Abs. 2 S. 2 und Abs. 4. Vereinbarungen über verlängerte Widerrufsmöglichkeiten werden in den Emissionsverträgen nicht getroffen;[12] sie würden zum Zahlungsmittel Kreditkarte und dessen Bargeldersatzfunktion (→ Kap. 6 BGB Vor §§ 675f ff. Rn. 67 ff.) nicht passen und zu einer unsachgemäßen Risikoverteilung führen.[13] Voraussetzung für die Wirksamkeit solcher Vereinbarungen wäre nach Abs. 4 S. 1 aE und S. 2 ohnehin die Zustimmung des Vertragsunternehmens.[14]

9 Abs. 2 S. 2 ist auf das Lastschriftverfahren zugeschnitten und kann nicht (auch nicht entsprechend) auf das Kreditkartengeschäft angewendet werden, auch nicht bei „wiederkehrenden Belastungen".

10 Vom Vorstehenden zu trennen ist die Möglichkeit, einen in Auftrag gegebenen, aber noch nicht vollendeten Zahlungsvorgang aufgrund einer späteren Einigung zwischen den Beteiligten nicht auszuführen.[15] Eine solche Vereinbarung lässt die Vertragsfreiheit auch im formalisierten Kreditkartengeschäft zu; ob und wie sie technisch umsetzbar ist, steht auf einem anderen Blatt.

---

[11] Vgl. auch schon MüKoBGB/*Jungmann* § 675p Rn. 36. – In der Begründung ähnlich, aber weitergehend für einen allg. Ausschluss der Widerrufsmöglichkeit nach Abs. 3 bei Kreditkartenzahlungen BeckOGK BGB/*Zahrte* § 675p Rn. 85.

[12] *Bitter* WM 2010, 1773 (1774 und 1776); vgl. in diesem Zusammenhang aber noch *Grundmann* WM 2009, 1157 (1164), Staub/*Grundmann* BankvertragsR 3. Teil Rn. 310 ff. und MüKoHGB/*Linardatos* Zahlungsverkehr Rn. G 64, die von entsprechenden Bestimmungen in einigen AGB-Werken berichten.

[13] Anders (für eine Einzelfallbetrachtung) im Distanzgeschäft *Linardatos* Das Haftungssystem im bargeldlosen Zahlungsverkehr nach Umsetzung der ZDRL, 2013, S. 116 ff.

[14] Vgl. Wolf/Lindacher/Pfeiffer AGB-Recht/*Pamp* Rn. K92. – Zweifel an der Zulässigkeit solcher Vereinbarungen auch bei allseitiger Zustimmung Erman/*Graf von Westphalen* § 675f Rn. 118.

[15] BGHZ 205, 377 = NJW 2015, 3093.

Abs. 5 – eine vollständig eigenständige Regelung für Zahlungsverkehrssysteme[16] – betrifft allein das Verhältnis der am Kreditkartengeschäft beteiligten Zahlungsdienstleister untereinander. Der Zeitpunkt, bis zu dem ein Zahlungsauftrag in diesem Abrechnungs-/*Clearing*-Verhältnis widerrufen werden kann, bestimmt sich insbesondere nach den zwischen den *Acquiring*-Unternehmen und dem jeweiligen Emittenten/*Issuer* vereinbarten Bedingungen. Im Regelfall ist dort keine Widerrufsmöglichkeit vorgesehen im Übrigen können im Zuwendungsverhältnis regelmäßig von Abs. 5 abweichende Regelungen getroffen werden (§ 675e Abs. 4 BGB). 11

§ 675s Ausführungsfrist für Zahlungsvorgänge

(1) [1] **Der Zahlungsdienstleister des Zahlers ist verpflichtet sicherzustellen, dass der Zahlungsbetrag spätestens am Ende des auf den Zugangszeitpunkt des Zahlungsauftrags folgenden Geschäftstags beim Zahlungsdienstleister des Zahlungsempfängers eingeht.** [2] **Für Zahlungsvorgänge innerhalb des Europäischen Wirtschaftsraums, die nicht in Euro erfolgen, können ein Zahler und sein Zahlungsdienstleister eine Frist von maximal vier Geschäftstagen vereinbaren.** [3] **Für in Papierform ausgelöste Zahlungsvorgänge können die Fristen nach Satz 1 um einen weiteren Geschäftstag verlängert werden.**

(2) [1] **Bei einem vom oder über den Zahlungsempfänger ausgelösten Zahlungsvorgang ist der Zahlungsdienstleister des Zahlungsempfängers verpflichtet, den Zahlungsauftrag dem Zahlungsdienstleister des Zahlers innerhalb der zwischen dem Zahlungsempfänger und seinem Zahlungsdienstleister vereinbarten Fristen zu übermitteln.** [2] **Im Fall einer Lastschrift ist der Zahlungsauftrag so rechtzeitig zu übermitteln, dass die Verrechnung an dem vom Zahlungsempfänger mitgeteilten Fälligkeitstag ermöglicht wird.**

(3) [1] **Wenn einer der Fälle des § 675d Absatz 6 Satz 1 Nummer 1 vorliegt, ist § 675s Absatz 1 Satz 1 und 3 auf die innerhalb des Europäischen Wirtschaftsraums getätigten Bestandteile des Zahlungsvorgangs nicht anzuwenden.** [2] **Wenn ein Fall des § 675d Absatz 6 Satz 1 Nummer 1 Buchstabe a vorliegt,**

1. ist auch § 675s Absatz 1 Satz 2 auf die innerhalb des Europäischen Wirtschaftsraums getätigten Bestandteile des Zahlungsvorgangs nicht anzuwenden und
2. kann von § 675s Absatz 2 für die innerhalb des Europäischen Wirtschaftsraums getätigten Bestandteile des Zahlungsvorgangs abgewichen werden.

Die Vorschrift ist **nicht auf das Kreditkartengeschäft zugeschnitten.** Sie zielt darauf ab, die durch den Zahlungsauftrag ausgelösten Zahlungsvorgänge zu beschleunigen. Im Kreditkartengeschäft kann sie **allein im Zuwendungsverhältnis Bedeutung** haben. Im Valutaverhältnis hat der Karteninhaber mit dem ordnungsgemäßen Einsatz der Kreditkarte alles getan; etwaige Verzögerungen der Ausführungen seines Zahlungsauftrags im Zuwendungsverhältnis ändern daran nichts.[1] Im Deckungsverhältnis kann der Kartenaussteller seinen Aufwendungsersatzanspruch (§§ 675, 675c, 670 BGB) gegen den Karteninhaber unmittelbar geltend machen (durch sofortige Belastung des Kontos bei *Debit Cards* bzw. durch Einstellen in die monatliche Abrechnung bei *Charge Cards* und *Credit Cards*), wenn er selbst im Zuwendungsverhältnis in Anspruch genommen wurde. Verzögerungen, die hierbei entstehen, rühren aus der Sphäre des Kartenausstellers. Die sich daraus ergebenden Nachteile hat der Kartenaussteller zu tragen; sie berühren den Karteninhaber naturgemäß nicht. 1

Auch im Zuwendungsverhältnis passt § 675s BGB im Kreditkartengeschäft nicht wirklich. Da der Einsatz einer Kreditkarte ein „über den Zahlungsempfänger ausgelöster 2

[16] Vgl. MüKoBGB/*Jungmann* § 675p Rn. 62 mwN.
[1] Vgl. auch MüKoBGB/*Jungmann* § 675s Rn. 44.

Zahlungsvorgang" ist, also eine *„Pull"*-Zahlung vorliegt (→ Kap. 6 BGB Vor §§ 675fff. Rn. 24), sind – unter Berücksichtigung von Abs. 3[2] – zwar **sowohl Abs. 1 als auch Abs. 2 anwendbar.**[3] Wäre dabei insgesamt aber nur ein Zahlungsdienstleister – also nur „der Kartenaussteller" als Zahlungsdienstleister des Karteninhabers und als Zahlungsdienstleister des Vertragsunternehmens – beteiligt, wäre § 675t Abs. 1 BGB vorrangig anzuwenden.[4] Insofern kann die in dieser Darstellung in den Vordergrund gestellte vereinfachte Struktur des Kreditkartengeschäfts (→ Kap. 6 BGB Vor §§ 675fff. Rn. 14) jedoch nicht maßgeblich sein. Es kommt vielmehr auf die tatsächlich beteiligten Emittenten/*Issuer* und *Acquiring*-Unternehmen an. Danach ist stets mehr als nur ein Zahlungsdienstleister auszumachen. § 675s BGB kann schon deswegen beim Kreditkartengeschäft nicht von § 675t Abs. 1 BGB verdrängt werden; im Übrigen passt § 675t BGB – mit Ausnahme von § 675t Abs. 4 – nicht zum Kreditkartengeschäft (dazu → Kap. 6 BGB § 675t Rn. 1).

3 Die Tatsache, dass § 675s BGB auf das Kreditkartengeschäft anwendbar (und auch nicht zulasten des Vertragsunternehmens abdingbar) ist, zwingt zu entsprechenden **Vereinbarungen** im Akquisitionsvertrag und auch im Emissionsvertrag. Denn Abs. 1 verpflichtet den Zahlungsdienstleister des Karteninhabers sicherzustellen, dass der Zahlungsbetrag – dies ist der um das *Disagio* gekürzte Anspruch des Vertragsunternehmens aus § 780 BGB (→ Kap. 6 BGB Vor §§ 675fff. Rn. 47) – innerhalb der dort genannten Frist beim Zahlungsdienstleister des Vertragsunternehmens eingeht. Weil insofern der Zugang des Zahlungsauftrags beim Zahlungsdienstleister des Karteninhabers maßgeblich ist, findet sich in den **Emissionsverträgen** regelmäßig eine Vereinbarung darüber, was als Zugangsdatum gilt.

4 Darüber hinaus findet sich eine Vereinbarung regelmäßig auch in den **Akquisitionsverträgen;** diese zielen auf Abs. 2 ab. Eine entsprechende Vereinbarung betrifft die Frist, innerhalb derer das Vertragsunternehmen den Zahlungsauftrag an den Zahlungsdienstleister des Karteninhabers zu übermitteln hat.

§ 675t Wertstellungsdatum und Verfügbarkeit von Geldbeträgen; Sperrung eines verfügbaren Geldbetrags

(1) [1]**Der Zahlungsdienstleister des Zahlungsempfängers ist verpflichtet, dem Zahlungsempfänger den Zahlungsbetrag unverzüglich verfügbar zu machen, nachdem der Betrag auf dem Konto des Zahlungsdienstleisters eingegangen ist, wenn dieser**

1. **keine Währungsumrechnung vornehmen muss oder**
2. **nur eine Währungsumrechnung zwischen dem Euro und einer Währung eines Vertragsstaates des Abkommens über den Europäischen Wirtschaftsraum oder zwischen den Währungen zweier Vertragsstaaten des Abkommens über den Europäischen Wirtschaftsraum vornehmen muss.**

[2]**Sofern der Zahlungsbetrag auf einem Zahlungskonto des Zahlungsempfängers gutgeschrieben werden soll, ist die Gutschrift, auch wenn sie nachträglich erfolgt, so vorzunehmen, dass der Zeitpunkt, den der Zahlungsdienstleister für die Berechnung der Zinsen bei Gutschrift oder Belastung eines Betrags auf einem Zahlungskonto zugrunde legt (Wertstellungsdatum), spätestens der Geschäftstag ist, an dem der Zahlungsbetrag auf dem Konto des Zahlungsdienstleisters des Zahlungsempfängers eingegangen ist.** [3]**Satz 1 gilt auch dann, wenn der Zahlungsempfänger kein Zahlungskonto unterhält.**

(2) [1]**Zahlt ein Verbraucher Bargeld auf ein Zahlungskonto bei einem Zahlungsdienstleister in der Währung des betreffenden Zahlungskontos ein, so stellt dieser Zahlungsdienstleister sicher, dass der Betrag dem Zahlungsempfänger unverzüglich nach dem Zeitpunkt der Entgegennahme verfügbar gemacht und wertgestellt wird.**

[2] Vgl. insofern MüKoBGB/*Jungmann* § 675s Rn. 11 f.
[3] Erman/*Graf von Westphalen* § 675s Rn. 3.
[4] Vgl. BT-Drs. 16/11643, 111.

²Ist der Zahlungsdienstnutzer kein Verbraucher, so muss dem Zahlungsempfänger der Geldbetrag spätestens an dem auf die Entgegennahme folgenden Geschäftstag verfügbar gemacht und wertgestellt werden.

(3) **¹Eine Belastung auf dem Zahlungskonto des Zahlers ist so vorzunehmen, dass das Wertstellungsdatum frühestens der Zeitpunkt ist, an dem dieses Zahlungskonto mit dem Zahlungsbetrag belastet wird. ²Das Zahlungskonto des Zahlers darf nicht belastet werden, bevor der Zahlungsauftrag seinem Zahlungsdienstleister zugegangen ist.**

(4) **¹Unbeschadet sonstiger gesetzlicher oder vertraglicher Rechte ist der Zahlungsdienstleister des Zahlers im Fall eines kartengebundenen Zahlungsvorgangs berechtigt, einen verfügbaren Geldbetrag auf dem Zahlungskonto des Zahlers zu sperren, wenn**

1. der Zahlungsvorgang vom oder über den Zahlungsempfänger ausgelöst worden ist und

2. der Zahler auch der genauen Höhe des zu sperrenden Geldbetrags zugestimmt hat.

²Den gesperrten Geldbetrag gibt der Zahlungsdienstleister des Zahlers unbeschadet sonstiger gesetzlicher oder vertraglicher Rechte unverzüglich frei, nachdem ihm entweder der genaue Zahlungsbetrag mitgeteilt worden oder der Zahlungsauftrag zugegangen ist.

(5) **Wenn ein Fall des § 675d Absatz 6 Satz 1 Nummer 1 Buchstabe a vorliegt,**

1. kann von § 675t Absatz 1 Satz 3 für die innerhalb des Europäischen Wirtschaftsraums getätigten Bestandteile des Zahlungsvorgangs abgewichen werden und

2. ist § 675t Absatz 2 auf die innerhalb des Europäischen Wirtschaftsraums getätigten Bestandteile des Zahlungsvorgangs nicht anzuwenden.

§ 675t BGB ist – mit Ausnahme von Abs. 4 – **für das Kreditkartengeschäft bedeutungslos.** Denn in § 675t BGB wird das schnelle „Verfügbarmachen" von Zahlungsbeträgen geregelt. Damit könnte die Norm im Kreditkartengeschäft überhaupt nur im Zuwendungsverhältnis Bedeutung erlangen; aber auch insofern passt sie nicht, weil der Kartenaussteller dem Vertragsunternehmen nicht Beträge zur Verfügung stellt, die bei ihm eingegangen sind, sondern einen eigenständigen Anspruch (§ 780 BGB) gegen den Karteninhaber hat. 1

Anders verhält es sich mit dem im Zuge der Umsetzung der zweiten Zahlungsdiensterichtlinie – systematisch deplatziert[1] – eingefügten **Abs. 4,** der einen **eigenständigen Regelungsgegenstand** hat und Bestimmungen über die Möglichkeiten enthält, einen verfügbaren Geldbetrag zu „sperren". Insofern geht es um die Blockierung/Reservierung eines bestimmten Geldbetrags für eine zukünftige, aber der Höhe nach noch nicht feststehende Zahlung mit der Kreditkarte. 2

Dabei wird ein bestimmter Betrag vorab zur Zahlung mit der Kreditkarte autorisiert (**Sperrautorisierung;** → Kap. 6 BGB § 675j Rn. 9): als Kaution bei der Entgegennahme eines Mietwagens, für bestimmte Nebenleistungen eines Hotels, ggf. auch für Telekommunikationsverträge, Zeitschriftenabonnements oder Mitgliedschaftsbeiträge etc. Die an eine Vorabautorisierung in Form der starken Kundenauthentifizierung zu stellenden Anforderungen ergeben sich aus Art. 5 Abs. 3 VO (EU) 2018/389. 3

Damit der Karteninhaber nicht im Unklaren darüber bleibt, in welcher Höhe sich der für seine Kreditkarte geltende Verfügungsrahmen bei den vorgenannten Vorgängen reduziert, sind Vorabautorisierungen nach Abs. 4 nur zulässig, wenn der Karteninhaber seine **Zustimmung** nicht nur in Bezug auf die spätere Ausführung des Zahlungsvorgangs an sich, sondern **konkret** auch **in Bezug auf die genaue Höhe des zu sperrenden Geldbetrags** erteilt hat. Dies gilt unabhängig davon, ob der vorabautorisierte Betrag einen in jedem Fall 4

[1] Zutreffend BeckOGK BGB/*Zahrte* § 675t Rn. 64.

zu zahlenden Betrag beinhaltet oder ob der Zahlungsdienstnutzer zum einen einen in jedem Fall zu zahlenden Betrag autorisiert und zum anderen einen weiteren Betrag vorabautorisiert.[2]

5 **Rechtsfolge einer Sperrung** iSv Abs. 4 S. 1 ist, dass eine (in der Regel aufschiebend bedingte) Belastung des Kreditkartenkontos mit der Folge vorgenommen werden darf, dass der Verfügungsrahmen als in dieser Höhe ausgeschöpft gilt.[3] Ein Widerruf des in dieser Weise vorabautorisierten Zahlungsvorgangs ist auch nach § 675p Abs. 3 BGB nicht mehr möglich (→ Kap. 6 BGB § 675j Rn. 31; → Kap. 6 BGB § 675p Rn. 7); ferner steht dem Karteninhaber kein Erstattungsanspruch nach § 675x Abs. 1 BGB zu (→ Kap. 6 BGB § 675x Rn. 3). Trotz Sperrung darf sich der Karteninhaber aber nicht darauf verlassen, dass durch die Sperrung dauerhaft für eine hinreichende Deckung gesorgt ist.

6 Eine **Freigabe des gesperrten Geldbetrags** ist gemäß Abs. 4 S. 2 unverzüglich vorzunehmen, wenn dem Kartenaussteller entweder der genaue Zahlungsbetrag mitgeteilt worden oder der Zahlungsauftrag zugegangen ist. Der dem Karteninhaber eingeräumte Verfügungsrahmen erhöht sich wieder in Höhe des freigegebenen Betrags (Differenz zwischen vorabautorisiertem Betrag und genauem Zahlungsbetrag). Anknüpfungspunkt für das **Unverzüglichkeitskriterium** (vgl. § 121 Abs. 1 S. 1 BGB) ist die Kenntnis des Kartenausstellers vom genauen Zahlungsbetrag; Verzögerungen in der Übermittlung des genauen Zahlungsbetrags durch das Vertragsunternehmen berühren lediglich das Valutaverhältnis zwischen Vertragsunternehmen und Karteninhaber.[4]

7 In Abs. 4 ist klargestellt, dass **sonstige gesetzliche oder vertragliche Rechte** durch § 675t BGB **nicht eingeschränkt** werden. Daher bleiben Sperrungen und Freigaben von Beträgen aus anderen – insbesondere außerhalb des Zahlungsdiensterechts liegenden – Rechtsgründen (zB AGB-Pfandrechte, Aufrechnungs- bzw. Zurückbehaltungsrechte nach BGB und/oder HGB) zulässig.[5]

§ 675u Haftung des Zahlungsdienstleisters für nicht autorisierte Zahlungsvorgänge

[1] Im Fall eines nicht autorisierten Zahlungsvorgangs hat der Zahlungsdienstleister des Zahlers gegen diesen keinen Anspruch auf Erstattung seiner Aufwendungen. [2] Er ist verpflichtet, dem Zahler den Zahlungsbetrag unverzüglich zu erstatten und, sofern der Betrag einem Zahlungskonto belastet worden ist, dieses Zahlungskonto wieder auf den Stand zu bringen, auf dem es sich ohne die Belastung durch den nicht autorisierten Zahlungsvorgang befunden hätte. [3] Diese Verpflichtung ist unverzüglich, spätestens jedoch bis zum Ende des Geschäftstags zu erfüllen, der auf den Tag folgt, an welchem dem Zahlungsdienstleister angezeigt wurde, dass der Zahlungsvorgang nicht autorisiert ist, oder er auf andere Weise davon Kenntnis erhalten hat. [4] Hat der Zahlungsdienstleister einer zuständigen Behörde berechtigte Gründe für den Verdacht, dass ein betrügerisches Verhalten des Zahlers vorliegt, schriftlich mitgeteilt, hat der Zahlungsdienstleister seine Verpflichtung aus Satz 2 unverzüglich zu prüfen und zu erfüllen, wenn sich der Betrugsverdacht nicht bestätigt. [5] Wurde der Zahlungsvorgang über einen Zahlungsauslösedienstleister ausgelöst, so treffen die Pflichten aus den Sätzen 2 bis 4 den kontoführenden Zahlungsdienstleister.

---

[2] MüKoBGB/*Jungmann* § 675p Rn. 75.
[3] Palandt/*Sprau* § 675t Rn. 11.
[4] Ähnlich wohl BeckOGK BGB/*Zahrte* § 675t Rn. 70.
[5] BT-Drs. 18/11495, 162.

Übersicht

I. Anwendungsbereich und Regelungsgehalt

§ 675u BGB enthält **nur für das Deckungsverhältnis** Regelungen (vgl. aber noch → Rn. 10 ff. zum Zuwendungsverhältnis).[1] Im Deckungsverhältnis hat jeder ordnungsgemäße Einsatz der Kreditkarte zur Folge, dass der Kartenaussteller einen Aufwendungsersatzanspruch nach §§ 675, 675c, 670 BGB gegen den Karteninhaber hat.[2] Bei einem ordnungsgemäßen Einsatz der Kreditkarte wird der Zahlungsvorgang vom Karteninhaber autorisiert. Eine solche Autorisierung ist gegeben, wenn der Karteninhaber dem Zahlungsvorgang zugestimmt hat und wenn die Zustimmung nicht widerrufen wurde. Maßgeblich ist die tatsächliche Autorisierung iSv § 675j BGB durch den Karteninhaber: Nur weil eine „Originalkarte" verwendet und die richtige PIN eingegeben wurde, liegt noch keine Autorisierung vor.[3] 1

Vermutet der Karteninhaber, dass ein Zahlungsvorgang nicht autorisiert war, trifft ihn nach § 676b BGB die Obliegenheit, dem Kartenaussteller diesen Umstand anzuzeigen. Hierüber ist der Karteninhaber schon vor Abschluss des Emissionsvertrags ebenso zu informieren wie über die Haftung des Kartenausstellers nach § 675u BGB (Art. 248 § 4 Abs. 1 Nr. 5e) EGBGB). Wenn die Autorisierung eines Zahlungsvorgangs zwischen Kartenaussteller und Karteninhaber streitig ist, muss der Kartenaussteller nachweisen, dass eine Authentifizierung erfolgt ist und der Zahlungsvorgang ordnungsgemäß aufgezeichnet, verbucht sowie nicht durch eine Störung beeinträchtigt wurde (§ 675w BGB; zum Nachweis der Autorisierung bei nicht authentifizierten Zahlungsvorgängen → Kap. 6 BGB § 675w Rn. 4 f.). Dies hat Auswirkungen auf die Geltendmachung des Erstattungsanspruchs nach Satz 2: Der Karteninhaber als Anspruchsinhaber kann vom Kartenaussteller verlangen, dass dieser die Umstände darlegt, auf die er die Annahme stützt, der Vorgang sei autorisiert (sekundäre Beweislast).[4] 2

II. Ausschluss des Aufwendungsersatzanspruchs bei nicht autorisierten Zahlungsvorgängen

§ 675u S. 1 BGB hält fest, dass der Kartenaussteller bei nicht autorisierten Zahlungsvorgängen keinen Aufwendungsersatzanspruch hat. Dies hat zum einen **klarstellende Funktion,** denn in einem solchen Fall liegen die Voraussetzungen von §§ 675, 675c, 670 BGB schon nicht vor.[5] Zum anderen verdeutlicht § 675u S. 2 BGB aber, dass der Kartenaussteller auch **keine anderen Ansprüche** gegen den Karteninhaber hat, die inhaltlich und wirtschaftlich einem Aufwendungsersatzanspruch entsprechen; jedenfalls im Kreditkar- 3

[1] Palandt/*Sprau* § 675u Rn. 2; BeckOGK BGB/*Zimmermann* § 675u Rn. 48.
[2] BGHZ 91, 221 (223 f.) = NJW 1984, 2460; AG Hamburg-Harburg BKR 2013, 393 (395); vgl. im Übrigen → Kap. 6 BGB Vor §§ 675f ff. Rn. 30.
[3] So aber AG Frankfurt WM 2019, 2058 = BeckRS 2019, 17499; dazu *Jungmann* WuB 2020, 5 ff.
[4] Zutreffend OLG Frankfurt NJW-RR 2017, 1329 (1330); Palandt/*Sprau* § 675w Rn. 6.
[5] Vgl. BeckOK BGB/*Schmalenbach* § 675u Rn. 2; vgl. auch noch BGHZ 206, 305 (316 f.) = NJW 2015, 3025 (3027).

tengeschäft gilt das auch für Bereicherungsansprüche.[6] **Allerdings** kann nach Maßgabe von § 675v BGB ein **Schadensersatzanspruch** des Kartenausstellers wegen der missbräuchlichen Nutzung der Kreditkarte gegeben sein.[7]

III. Erstattungsanspruch des Karteninhabers (Satz 2)

4 Die Automatisierung der Zahlungsvorgänge kann zur Folge haben, dass eine Belastung des Kontos des Karteninhabers auch aufgrund von nicht autorisierten Zahlungsvorgängen erfolgt – und damit ohne dass ein Aufwendungsersatzanspruch nach §§ 675, 675c, 670 BGB besteht. In diesen Fällen ist der Kartenaussteller nach Satz 2 (über Satz 5 auch bei Einschaltung von Zahlungsauslösedienstleistern) verpflichtet, dem Karteninhaber den Zahlungsbetrag nach Maßgabe von Satz 3 und Satz 4 (→ Rn. 8 f.) unverzüglich zu erstatten.

4a **Satz 2** ist **eigenständige Anspruchsgrundlage. Inhaltsgleiche Ansprüche,** etwa aus Bereicherungsrecht, sind neben Satz 2 **ausgeschlossen** (§ 675z BGB).[8] Dies gilt allerdings nicht für Ansprüche, die Folgeschäden eines nicht autorisierten Zahlungsvorgangs darstellen und ihrer Art nach nicht von Satz 2 abgedeckt sind.[9] Eine Kürzung des Anspruchs aus Satz 2 auf der Grundlage von § 254 BGB ist möglich.[10]

1. Der Inhalt des Anspruchs

5 Der Inhalt des Anspruchs richtet sich nach der Art der Kreditkarte und nach dem Umstand, ob der Karteninhaber seine (monatliche) Abrechnung schon beglichen hatte. Wurde bei *Charge Cards* und *Credit Cards* (→ Kap. 6 BGB Vor §§ 675f ff. Rn. 34 ff.) noch keine Abrechnung erstellt, wird der Anspruch aus Satz 2 dadurch erfüllt, dass der Kartenaussteller eine **Korrekturbuchung** im Kreditkartenkonto vornimmt. Diese muss dasselbe Wertstellungsdatum wie die (nicht autorisierte) Belastungsbuchung aufweisen **(wertstellungsneutrale Erstattung).**[11]

6 Angesichts der Stundungsfunktion von periodischen Abrechnungen ist dies allerdings irrelevant. War die Abrechnung schon erstellt, ergibt sich aus Satz 2 eine **echte Zahlungspflicht** des Kartenausstellers. Dieser Zahlungsanspruch des Karteninhabers kann aber auch durch Gutschrift auf dem Kreditkartenkonto erfüllt werden (vgl. aber noch → Rn. 7); anderes gilt freilich, wenn es bereits zur Beendigung des Vertragsverhältnisses zwischen Karteninhaber und Kartenaussteller gekommen ist.[12] Bei *Debit Cards* ist Inhalt des Anspruchs nach Satz 2 stets eine Zahlungsverpflichtung des Kartenausstellers.

7 Die sich aus Satz 2 ergebende Pflicht zur valutamäßigen Wertstellung beim Einstellen des Erstattungsanspruchs des Karteninhabers läuft – sofern der Kartenaussteller nicht dasjenige Kreditinstitut ist, bei dem der Karteninhaber auch sein Girokonto unterhält, das mit den Kreditkartenumsatz- bzw. den Kreditkartenrechnungsbeträgen belastet wird – bei *Debit Cards* stets und bei *Charge Cards* und *Credit Cards* dann leer, wenn das Girokonto des Karteninhabers belastet wurde. Denn der Kartenaussteller kann dann das Girokonto regelmäßig nicht wieder auf den Stand bringen, auf dem es sich ohne die Belastung durch den nicht autorisierten Zahlungsvorgang befunden hätte. Erleidet der Karteninhaber dadurch einen Schaden, steht ihm ein **neben Satz 2 tretender Schadensersatzanspruch** nach

---

[6] Vgl. zu den – im Allgemeinen umstrittenen – Auswirkungen von § 675u S. 1 BGB auf einen Bereicherungsausgleich etwa BeckOGK BGB/*Zimmermann* § 675u Rn. 38 ff.; MüKoBGB/*Zetzsche* § 675u Rn. 25 ff. (jeweils mwN).

[7] BT-Drs. 16/11643, 113; LG Düsseldorf BKR 2019, 154 (155); vgl. auch Staudinger/*Omlor* § 675u Rn. 17.

[8] MüKoBGB/*Zetzsche* § 675u Rn. 22 mwN.

[9] Zutreffend Palandt/*Sprau* § 675z Rn. 3; BeckOGK BGB/*Köndgen* § 675z Rn. 24.

[10] Vgl. (in Bezug auf den Überweisungsverkehr) LG Düsseldorf BKR 2019, 154 (156).

[11] Vgl. BGHZ 205, 377 (385) = NJW 2015, 3093 (3095).

[12] Vgl. insofern OLG Frankfurt NJW-RR 2017, 1329 (1330); AG Aachen BKR 2017, 395 (396).

§ 280 Abs. 1 BGB zu,[13] der auch nicht durch § 675z BGB ausgeschlossen ist. Der Schaden des Karteninhabers kann beispielsweise dadurch entstehen, dass ihm auf seinem Girokonto Habenzinsen entgehen oder dass er Sollzinsen zahlen muss; der Eintritt eines solchen Schadens ist seit Inkrafttreten von Satz 4 (→ Rn. 9) wahrscheinlicher geworden.

2. Frist zur Erfüllung des Anspruchs

Der Anspruch gemäß Satz 2 ist **„unverzüglich"** zu erfüllen. Seit 2018 gilt insofern **8** nicht allein der Maßstab von § 121 Abs. 1 BGB, sondern aufgrund von Satz 3 und Satz 4 eine differenzierte Regelung in Bezug auf die Frist zur Erfüllung des Anspruchs, also in Bezug auf die Zeit, innerhalb derer es zur Korrekturbuchung (bzw. Zahlung) gekommen sein muss. **Satz 3** sieht für den **Regelfall** eine **Höchstfrist von zwei Geschäftstagen** nach Anzeige eines nicht autorisierten Zahlungsvorgangs bzw. nach Kenntniserlangung vor.

Nach Maßgabe von **Satz 4** kann es zu einer erheblichen **Fristverlängerung** kommen. **9** Es geht um Fälle, in denen der Kartenaussteller ein vermutetes **„betrügerisches Verhalten" des Karteninhabers** tatsächlich[14] schriftlich einer zuständigen Behörde zur Anzeige bringt. Dabei müssen „berechtigte Gründe" für die entsprechende Vermutung sprechen, also konkrete und objektive Anhaltspunkte gegeben sein.[15] Maßgeblich ist insofern nur das Verhalten des Karteninhabers selbst, wobei dieses keine Erfolgskomponente haben muss.[16] Bei Vorliegen dieser Voraussetzungen ist der Kartenaussteller zur Prüfung und Erfüllung seiner nach Satz 2 bestehenden Pflicht erst verpflichtet, wenn sich der „Betrugsverdacht" nicht bestätigt; dies hat dann ohne schuldhaftes Zögern (§ 121 Abs. 1 BGB) zu erfolgen, ohne dass die Höchstfrist des Satz 3 eine Bedeutung hat. Es bleibt bei der Pflicht zur wertstellungsneutralen Erstattung (→ Rn. 5).

IV. Die Haftung von Kartenaussteller und Vertragsunternehmen beim missbräuchlichen Einsatz der Kreditkarte

Zur Verteilung des Missbrauchsrisikos zwischen Kartenaussteller und Vertragsunternehmen **10** trafen die §§ 675c ff. BGB vor 2018 keine Aussage. Auch heute noch ist § 675u BGB für das Zuwendungsverhältnis in Bezug auf die „Rückabwicklung" unautorisierter Zahlungsvorgänge ohne Erklärungswert.[17] Doch mit Umsetzung von Art. 74 Abs. 2 ZDRL durch § 675v Abs. 4 S. 3 BGB (und § 675v Abs. 4 S. 1 Nr. 2 BGB) ist eine weichenstellende Aussage für das Zuwendungsverhältnis getroffen worden: Im Regelfall trägt der Kartenaussteller das Missbrauchsrisiko, das Vertragsunternehmen nur im von § 675v Abs. 4 S. 3 BGB erfassten Ausnahmefall, dass es keine starke Kundenauthentifizierung akzeptiert (→ Rn. 14; Einzelheiten bei → Kap. 6 BGB § 675v Rn. 36 ff.).

Die Thematik der Risikoverteilung im Zuwendungsverhältnis spielte im **Präsenzgeschäft** keine nennenswerte Rolle, weil das Vertragsunternehmen bei unautorisierten **11** Zahlungsvorgängen typischerweise in einer Art und Weise gegen die im Akquisitionsvertrag geregelten Pflichten (zum Beispiel fehlende Kontrolle, ob der Belastungsbeleg unterschrieben war) verstoßen hat, die es sachgerecht erscheinen lässt, dem Vertragsunternehmen das Missbrauchsrisiko aufzuerlegen. Fehlt es an einem solchen Verstoß, realisiert sich das dem Kreditkartengeschäft immanente Risiko, das die Kartenaussteller in ihr Geschäftsmodell (über die Entgelte im Verhältnis zum Karteninhaber und vor allem zum Vertragsunternehmen) eingepreist haben und das sie daher auch tragen müssen. Ohne Auswirkungen ist die Einfügung von § 675v Abs. 4 BGB aber auch im Präsenzgeschäft nicht geblieben, da dort,

[13] Vgl. Staub/*Grundmann* BankvertragsR 3. Teil Rn. 408 mwN.
[14] Vgl. BT-Drs. 18/11495, 163 f.; BeckOGK BGB/*Zimmermann* § 675u Rn. 27.
[15] Palandt/*Sprau* § 675u Rn. 6.
[16] BT-Drs. 18/11495, 163.
[17] *Linardatos* BKR 2013, 395 (396).

wenn die Autorisierung durch Unterschrift auf einem Belastungsbeleg erfolgt, eine starke Kundenauthentifizierung aufsichtsrechtlich nicht erforderlich ist (→ Kap. 6 BGB § 675j Rn. 22).

12 Deutlich praxisrelevanter war die Frage der Risikoverteilung lange Zeit beim Einsatz der Kreditkarte im **Distanzgeschäft.** Der **Bundesgerichtshof** hatte früher übliche Rückforderungsklauseln (auch: *charge back*-Klauseln) in den Akquisitionsverträgen für unwirksam erachtet, nach denen der Kartenaussteller berechtigt ist, bereits an das Vertragsunternehmen geleistete Zahlungen zurückzufordern, wenn der Karteninhaber behauptet, die Kreditkarte nicht eingesetzt zu haben und das Vertragsunternehmen nicht das Gegenteil beweisen kann. Nach dieser Rechtsprechung konnte das Missbrauchsrisiko nicht allein den Vertragsunternehmen aufgebürdet werden; möglich blieben hingegen **Rückforderungsklauseln mit einer sachgerechten Aufteilung des Missbrauchsrisikos.**[18]

13 Dies führte in Bezug auf **Rückforderungsansprüche** des Kartenausstellers gegen das Vertragsunternehmen im Fall der missbräuchlichen Verwendung der Kreditkarte zu einer **dreistufigen Prüfung:**[19] Erstens war es zulässig, dass der Kartenaussteller den Anspruch des Vertragsunternehmens aus § 780 BGB an (aufschiebende) Bedingungen knüpfte, bei deren Nichteintritt den Kartenaussteller keine Zahlungsverpflichtung traf bzw. Zahlungen nach Bereicherungsrecht zurückzuerstatten waren. Zweitens konnte das Vertragsunternehmen einem solchen bereicherungsrechtlichen Rückzahlungsanspruch des Kartenausstellers einen Schadensersatzanspruch aus § 280 Abs. 1 BGB entgegenhalten, wenn der Kartenaussteller keine hinreichenden Kontrollverfahren für das Distanzgeschäft geschaffen hatte. Drittens konnte dieser Gegenanspruch wiederum nach § 254 BGB durch ein Mitverschulden des Vertragsunternehmens etwa aufgrund leichtfertiger Akzeptanz der Kreditkarten bei zu Zweifeln zwingenden Anhaltspunkten gemindert oder gänzlich ausgeschlossen sein.

14 Diese Rechtsprechung hatte neben Zustimmung viel – unberechtigte – Kritik erfahren.[20] Sie setzte schon vor der Zweiten Zahlungsdiensterichtlinie und vor der Delegierten VO (EU) 2018/389 richtige Anreize, geeignete Kontrollverfahren für das Distanzgeschäft zu schaffen. Heute stehen weiterentwickelte technische Verfahren zur Verfügung, die den Anforderungen an die starke Kundenauthentifizierung gerecht werden. Damit diese auch tatsächlich zum Einsatz kommen, bestehen einerseits (in weiten Teilen) aufsichtsrechtliche Pflichten und andererseits – nämlich aufgrund von § 675v Abs. 4 S. 1 und S. 3 BGB – ein sinnvolles zivilrechtliches Anreizsystem; letzteres ist gerade auch dann sinnvoll, wenn aufsichtsrechtlich eine starke Kundenauthentifizierung nicht erforderlich ist.[21] Das vom europäischen Gesetzgeber vorgegebene Konzept der **angemessenen Risikoverteilung** (zu Einzelheiten → Kap. 6 BGB § 675v Rn. 36 ff.) hat das von der Rechtsprechung entwickelte damit ersetzt.

§ 675v Haftung des Zahlers bei missbräuchlicher Nutzung eines Zahlungsinstruments

(1) **Beruhen nicht autorisierte Zahlungsvorgänge auf der Nutzung eines verloren gegangenen, gestohlenen oder sonst abhandengekommenen Zahlungsinstruments oder auf der sonstigen missbräuchlichen Verwendung eines Zahlungsinstruments, so kann der Zahlungsdienstleister des Zahlers von diesem den Ersatz des hierdurch entstandenen Schadens bis zu einem Betrag von 50 Euro verlangen.**

[18] BGHZ 150, 286 = NJW 2002, 2234; BGHZ 157, 256 = NJW-RR 2004, 481; BGH NJW-RR 2004, 1122; vgl. zur Zulässigkeit solcher Rückbelastungsklauseln in der Realität des heutigen Kreditkartengeschäfts *Herresthal* ZBB 2019, 353 (365 f.).

[19] Vgl. zu dieser Prüfung bereits *Jungmann* WuB I D 5a. Kreditkarte – 2.04.

[20] Eingehende aktuelle Darstellung (und krit. Würdigung) etwa bei Schwintowski Bankrecht/*Hofmann* Kap. 10 Rn. 68 ff.; vgl. im Übrigen bereits *Jungmann* WM 2005, 1351 ff. sowie noch → 2. Aufl. 2016, Kap. 6 BGB § 675u Rn. 7 ff. *(Jungmann)* mwN.

[21] *Jungmann* ZBB 2020, 1 (8 f.).

(2) **Der Zahler haftet nicht nach Absatz 1, wenn**

1. es ihm nicht möglich gewesen ist, den Verlust, den Diebstahl, das Abhandenkommen oder eine sonstige missbräuchliche Verwendung des Zahlungsinstruments vor dem nicht autorisierten Zahlungsvorgang zu bemerken, oder

2. der Verlust des Zahlungsinstruments durch einen Angestellten, einen Agenten, eine Zweigniederlassung eines Zahlungsdienstleisters oder eine sonstige Stelle, an die Tätigkeiten des Zahlungsdienstleisters ausgelagert wurden, verursacht worden ist.

(3) **Abweichend von den Absätzen 1 und 2 ist der Zahler seinem Zahlungsdienstleister zum Ersatz des gesamten Schadens verpflichtet, der infolge eines nicht autorisierten Zahlungsvorgangs entstanden ist, wenn der Zahler**

1. in betrügerischer Absicht gehandelt hat oder

2. den Schaden herbeigeführt hat durch vorsätzliche oder grob fahrlässige Verletzung

a) einer oder mehrerer Pflichten gemäß § 675l Absatz 1 oder

b) einer oder mehrerer vereinbarter Bedingungen für die Ausgabe und Nutzung des Zahlungsinstruments.

(4) [1] **Abweichend von den Absätzen 1 und 3 ist der Zahler seinem Zahlungsdienstleister nicht zum Schadensersatz verpflichtet, wenn**

1. der Zahlungsdienstleister des Zahlers eine starke Kundenauthentifizierung im Sinne des § 1 Absatz 24 des Zahlungsdiensteaufsichtsgesetzes nicht verlangt oder

2. der Zahlungsempfänger oder sein Zahlungsdienstleister eine starke Kundenauthentifizierung im Sinne des § 1 Absatz 24 des Zahlungsdiensteaufsichtsgesetzes nicht akzeptiert.

[2] **Satz 1 gilt nicht, wenn der Zahler in betrügerischer Absicht gehandelt hat.** [3] **Im Fall von Satz 1 Nummer 2 ist derjenige, der eine starke Kundenauthentifizierung nicht akzeptiert, verpflichtet, dem Zahlungsdienstleister des Zahlers den daraus entstehenden Schaden zu ersetzen.**

(5) [1] **Abweichend von den Absätzen 1 und 3 ist der Zahler nicht zum Ersatz von Schäden verpflichtet, die aus der Nutzung eines nach der Anzeige gemäß § 675l Absatz 1 Satz 2 verwendeten Zahlungsinstruments entstanden sind.** [2] **Der Zahler ist auch nicht zum Ersatz von Schäden im Sinne des Absatzes 1 verpflichtet, wenn der Zahlungsdienstleister seiner Pflicht gemäß § 675m Abs. 1 Nr. 3 nicht nachgekommen ist.** [3] **Die Sätze 1 und 2 sind nicht anzuwenden, wenn der Zahler in betrügerischer Absicht gehandelt hat.**

Übersicht

I. Normzweck und Normstruktur

1 Autorisierte Zahlungsvorgänge begründen einen Aufwendungsersatzanspruch (§§ 675, 675c, 670 BGB) des Kartenausstellers gegen den Karteninhaber. Für nicht autorisierte Zahlungsvorgänge kann der Karteninhaber grundsätzlich nicht haftbar gemacht werden (§ 675u S. 1 BGB). Ist die Kreditkarte allerdings verloren gegangen, gestohlen oder sonst abhandengekommen bzw. ist die Kreditkarte in sonstiger Weise missbräuchlich verwendet worden, bedarf es einer Regelung zur **Verteilung des Haftungsrisikos bei der missbräuchlichen Nutzung der Kreditkarte.**[1]

2 Damit gibt § 675v BGB dem das ganze Zahlungsdiensterecht prägenden (und auch in § 675u BGB besonders deutlich werdenden) **Grundsatz,** dass das Risiko eines Drittmissbrauchs von Zahlungsinstrumenten (bis auf den nach § 675v Abs. 1 BGB vom Zahler ggf. zu tragenden Betrag von 50 Euro) im Ausgangspunkt stets dem Zahlungsdienstleister – im Kreditkartengeschäft also dem **Kartenaussteller** – zugewiesen ist (zur „Abwälzung" dieses Risikos auf die Vertragsunternehmen → Rn. 51 ff.)[2], greifbare Konturen: Unter Berücksichtigung von Pflichtverstößen und Sphärenverantwortlichkeiten werden interessengerechte und die richtigen Anreize setzende **Ausnahmen** statuiert.

3 Die in § 675v BGB **enthaltenen Regelungen sind abschließend.**[3] Das Gesamtgefüge darf insbesondere nicht über eine unzulässig extensive Anwendung von § 676c Nr. 1 BGB ausgehebelt werden.[4] Alle in § 675v BGB enthaltenen Regelungen gelten erst ab dem Zeitpunkt, zu dem die Kreditkarte dem Karteninhaber zugegangen ist;[5] das Risiko missbräuchlicher Verwendung vor diesem Zeitpunkt trägt stets der Kartenaussteller (§ 675m Abs. 2 BGB).

4 **Abs. 1 bis Abs. 3 sowie Abs. 5** betreffen ausschließlich, **Abs. 4** unter anderem das **Deckungsverhältnis;** insofern spielt die Abdingbarkeit gemäß § 675e Abs. 4 BGB keine nennenswerte Rolle. Im Deckungsverhältnis regelt § 675v BGB **vier Haftungsszenarien:** Im Grundsatz gilt für Fälle, in denen der Karteninhaber für unautorisierte Zahlungsvorgänge haftet, eine verschuldensunabhängige **Haftungshöchstgrenze** (Abs. 1). Zum vollständigen **Entfallen der Haftung** führen Situationen, in denen den Karteninhaber kein Verschulden trifft (Abs. 2). Hingegen kommt es zur **unbegrenzten Haftung** des Karteninhabers, wenn er bestimmte Pflichten vorsätzlich oder grob fahrlässig verletzt oder in betrügerischer Absicht handelt (Abs. 3). Die **Haftung** kann – selbst bei vorsätzlicher oder grob fahrlässiger Pflichtverletzung, nicht allerdings bei betrügerischer Absicht – aber auch **gänzlich ausgeschlossen** sein, nämlich wenn eine starke Kundenauthentifizierung „nicht eingefordert" (speziell dazu → Rn. 38 ff.) wurde (Abs. 4) oder wenn der Karteninhaber den Verlust etc der Kreditkarte rechtzeitig angezeigt hat bzw. wenn der Kartenaussteller nicht die Möglichkeit geschaffen hat, dass eine solche Anzeige erfolgen kann (Abs. 5).

5 Auch unter den Voraussetzungen des § 676c BGB ist die Haftung des Karteninhabers ausgeschlossen (vgl. aber schon → Rn. 3). Eine **Kürzung** des Anspruchs aus § 675v BGB kann sich aus **§ 254 BGB** ergeben, wenn der Kartenaussteller für den Schaden mitverantwortlich ist; dies gilt sowohl mit Blick auf Abs. 1 als auch mit Blick auf Abs. 3.[6]

---

[1] Vgl. zu einer rechtsvergleichenden Analyse des US-amerikanischen und des deutschen Rechts insofern in Bezug auf Kreditkarten *Omlor* ZfRV 2013, 80 ff. (insbesondere auch in Bezug auf (den heutigen) § 675v Abs. 3 BGB).

[2] *Langenbucher* FS Köndgen, 2016, 383 (386); MüKoBGB/*Zetzsche* § 675u Rn. 22; BeckOGK BGB/*Köndgen* § 676c Rn. 26 mwN; vgl. auch *Jungmann* EWiR 2019, 225 (226); Staub/*Grundmann* BankvertragsR 3. Teil Rn. 280.

[3] BT-Drs. 16/11643, 113; vgl. auch *Nobbe* WM 2012, Sonderbeilage 2 (zu Nr. 41), S. 8.

[4] *Jungmann* EWiR 2019, 225 (226); vgl. auch noch → Kap. 6 BGB § 676c Rn. 3.

[5] Palandt/*Sprau* § 675v Rn. 2; BeckOK BGB/*Schmalenbach* § 675v Rn. 2.

[6] Zutreffend Palandt/*Sprau* § 675v Rn. 4 und Rn. 7; *Nobbe* WM 2012, Sonderbeilage 2 (zu Nr. 41), S. 8 f.

Der im Jahr 2018 in Kraft getretene **Abs. 4**[7] trifft weichenstellende Aussagen, in welchem Umfang das Vertragsunternehmen (insbesondere im Distanzgeschäft) mit einem Missbrauchsrisiko belastet wird (→ Rn. 36 ff.; vgl. auch schon → Kap. 6 BGB § 675u Rn. 10 ff.), und zielt damit auch auf das **Zuwendungsverhältnis.** 6

II. Summenmäßig begrenzte Haftung des Karteninhabers (Abs. 1)

Die Haftung des Karteninhabers für die missbräuchliche Nutzung der Kreditkarte ist – vorbehaltlich der in Abs. 3 enthaltenen Ausnahmen – auf **höchstens 50 Euro** (bis 2018 noch 150 Euro) begrenzt. Dabei handelt es sich um eine absolute Höchstgrenze für alle durch die ein- oder mehrfache missbräuchliche Nutzung entstandenen Schäden, nicht etwa um eine Höchstsumme pro Missbrauchsfall.[8] 7

Der Emissionsvertrag kann eine **niedrigere Höchstsumme** vorsehen oder eine Haftung des Karteninhabers ganz ausschließen.[9] Abs. 1 erfasst den Verlust, den Diebstahl und das sonstige Abhandenkommen der Kreditkarte sowie deren missbräuchliche Verwendung; diese Fälle werden (seit 2018) einheitlich behandelt.[10] 8

Mit **Verlust, Diebstahl und sonstigem Abhandenkommen** ist der **Verlust des unmittelbaren Besitzes an der Kreditkarte** (als körperlichem Gegenstand) gemeint.[11] Deshalb kann auch nicht von einem Abhandenkommen iSv Abs. 1 S. 1 gesprochen werden, wenn der Inhaber einer Zusatzkreditkarte diese weiter verwendet, obwohl ihm der Hauptkarteninhaber dies untersagt hat.[12] 9

Abs. 1 findet aber auch Anwendung, wenn es nicht um den Einsatz der Kreditkarte als körperlichen Gegenstand geht. Das wird anhand der Variante der **sonstigen missbräuchlichen Verwendung der Kreditkarte** in Abs. 1 deutlich. Das ist jeder sonstige Kreditkarteneinsatz, der gegen oder ohne den Willen des Karteninhabers erfolgt.[13] Ein solcher ist etwa denkbar, wenn die Kreditkartendaten (→ Kap. 6 BGB Vor §§ 675f ff. Rn. 15) ausgespäht wurden und die Kreditkarte im Distanzgeschäft – ggf. sogar zusammen mit zusätzlich ausspionierten personalisierten Sicherheitsmerkmalen – eingesetzt wird.[14] Auch im Präsenzgeschäft ist eine sonstige missbräuchliche Verwendung der Kreditkarte möglich, etwa wenn Kartendubletten verwendet werden.[15] 10

Abs. 1 unterscheidet nicht danach, wie nach dem Verlust, dem Diebstahl oder dem sonstigen Abhandenkommen bzw. im Rahmen einer missbräuchlichen Verwendung der Kreditkarte der Zahlungsvorgang ausgelöst wird. Die Begrenzung der Haftung auf 50 Euro im Deckungsverhältnis gilt also unabhängig davon, ob es auch zu einer Authentifizierung des Zahlungsvorgangs (ggf. in Form der starken Kundenauthentifizierung) gekommen ist.[16] 11

Die Haftung nach Abs. 1 ist in Bezug auf alle vorgenannten Varianten **verschuldensunabhängig.**[17] Die für eine Haftung nach Abs. 1 erforderliche **Kausalität** zwischen der missbräuchlichen Nutzung der Kreditkarte und dem Vorliegen einer der vorgenannten Varianten wird **widerleglich vermutet.**[18] 12

[7] Ausführlich dazu *Jungmann* ZBB 2020, 1 ff.

[8] Überzeugend *Casper/Pfeifle* WM 2009, 2343 (2347); ebenso *Nobbe* WM 2012, Sonderbeilage 2 (zu Nr. 41), S. 6; ähnlich auch BGH NJW 2012, 1277 (1279) = BKR 2012, 128 (131) (zu einer summenmäßigen Haftungsbeschränkung in AGB).

[9] BT-Drs. 16/11643, 114; Überblick (bezogen auf Bankkarten wie girocards) bei *Scheibengruber* BKR 2010, 15 (18); vgl. auch *Einsele* ZIP 2011, 1741 (1750).

[10] BT-Drs. 18/11495, 165. – Zu den vor 2018 noch erforderlichen Differenzierungen vgl. → 2. Aufl. 2016, Kap. 6 BGB § 675v Rn. 6 ff. *(Jungmann)*.

[11] Palandt/*Sprau* § 675v Rn. 3; OLG Düsseldorf NJW 2012, 3381 (3382) (in Bezug auf girocards).

[12] Vgl. OLG Koblenz NJW 2004, 3563.

[13] MüKoBGB/*Zetzsche* § 675v Rn. 23.

[14] Vgl. *Hofmann* BKR 2018, 62 (63); MüKoHGB/*Linardatos* Zahlungsverkehr Rn. G 126.

[15] BeckOGK BGB/*Hofmann* § 675v Rn. 35.

[16] Zutreffend BeckOGK BGB/*Hofmann* § 675v Rn. 39.

[17] BT-Drs. 18/11495, 165; MüKoHGB/*Linardatos* Zahlungsverkehr Rn. G 121.

[18] MüKoBGB/*Zetzsche* § 675v Rn. 25.

III. Ausschluss der Haftung des Karteninhabers (Abs. 2)

13 Nach Maßgabe von Abs. 2 kann die Haftung des Karteninhabers vollständig entfallen. Es handelt sich um eine **Entlastungsmöglichkeit für den Karteninhaber.** Es obliegt – auch wenn dies aus normsystematischen Gründen und vor dem Hintergrund der europarechtlichen Vorgaben nicht eindeutig ist – dem Karteninhaber, den **Nachweis** für das Vorliegen der ihn entlastenden Umstände iSv Abs. 2 zu führen; jedenfalls wirken verbleibende Zweifel zulasten des Karteninhabers.[19]

1. Keine Bemerkbarkeit der haftungsbegründenden Vorgänge für den Karteninhaber

14 Zur Entlastung des Karteninhabers kommt es nach **Abs. 2 Nr. 1,** wenn es dem Karteninhaber unmöglich war, die nach Abs. 1 haftungsbegründenden Vorgänge zu bemerken. Anknüpfungspunkt ist die Bemerkbarkeit in der Zeit bis zur Durchführung des jeweiligen nicht-autorisierten Zahlungsvorgangs.[20]

15 Eindeutig ist, dass es in Bezug auf die Bemerkbarkeit nicht auf positive Kenntnis des Karteninhabers ankommen kann. Denn Abs. 2 Nr. 1 ist im Zusammenhang mit der Pflicht zur Erstattung einer Verlustanzeige iSv § 675l Abs. 1 S. 2 BGB zu sehen. Jene Pflicht entsteht erst bei positiver Kenntnis des Karteninhabers; verstößt er vorsätzlich oder grob fahrlässig gegen sie, haftet er unbegrenzt nach Abs. 3 (→ Rn. 26). Eine Bemerkbarkeit, die lediglich dazu führt, dass es nicht zum Entfallen der Haftung nach Abs. 2 kommen kann, sondern dass es bei der Haftungsbegrenzung von Abs. 1 bleibt, muss also deutlich weniger als positive Kenntnis sein.[21]

16 Das Gesetz stellt darauf ab, ob es *dem Zahler* „nicht möglich gewesen ist, … zu bemerken". Das spricht für ein (auch) **subjektives Verständnis des Bemerkbarkeitskriteriums** in Abs. 2 Nr. 1. Der Gesetzgeber wollte mit dem Bemerkbarkeitskriterium ein Verschuldenselement einfügen;[22] auch das streitet für ein subjektives Element in Bezug auf die Bemerkbarkeit. Damit zeigt sich, dass es in der Sache auch dann zum Ausschluss der Haftung kommen soll, wenn der jeweilige Karteninhaber in der konkreten Situation nicht ohne gesteigerte Aufmerksamkeit die realistische Chance hatte, den haftungsbegründenden Vorgang als solchen tatsächlich wahrzunehmen.[23]

2. Verlust der Kreditkarte im Verantwortungsbereich des Kartenausstellers

17 Beim Haftungsausschluss gemäß **Abs. 2 Nr. 2** geht es nur um die Variante „Verlust" der Kreditkarte (als körperlichen Gegenstand). Liegt der Grund für den Verlust, wobei jede kausale Mitverantwortung ausreicht,[24] im Verantwortungsbereich des Kartenausstellers, ist die Haftung des Karteninhabers ausgeschlossen.

18 Beim Kreditkartengeschäft erfasst der Verantwortungsbereich des Kartenausstellers unter anderem auch die ***Issuing-Processing*-Unternehmen** (→ Kap. 6 BGB Vor §§ 675f ff. Rn. 9), deren sich der Kartenaussteller bedient; sie sind „sonstige Stellen" iSv Abs. 2 Nr. 2.[25] Gleiches gilt für weitere – etwa zu Zwecken des *Co-Branding* – **eingeschaltete (lizensierte) Kreditinstitute und Tochterunternehmen.** Der Begriff „Angestellte" ist, wie sich auch durch die

---

[19] Ausführlich BeckOGK BGB/*Hofmann* § 675v Rn. 52 ff.
[20] BT-Drs. 18/11495, 165.
[21] *Hofmann* BKR 2018, 62 (63 f.).
[22] BT-Drs. 18/11495, 165.
[23] Recht ähnlich Palandt/*Sprau* § 675v Rn. 5; MüKoBGB/*Zetzsche* § 675v Rn. 33 f.; wohl noch etwas „karteninhaberfreundlicher" BeckOGK BGB/*Hofmann* § 675v Rn. 46 ff.; tendenziell „kartenausstellerfreundlicher" hingegen *Hoffmann* VuR 2016, 243 (244 f.).
[24] *Hoffmann* VuR 2016, 243 (246); MüKoBGB/*Zetzsche* § 675v Rn. 38 mwN.
[25] Palandt/*Sprau* § 675v Rn. 6.

Bezugnahme auf „Agenten“ ergibt, weit (und insbesondere nicht im arbeitsrechtlichen Sinne nur als Arbeitnehmer) zu verstehen; auch Dienstleister können erfasst sein.

IV. Unbegrenzte Haftung des Karteninhabers (Abs. 3)

19 Abs. 3 hebt sowohl die Haftungshöchstgrenze des Abs. 1 als auch den Haftungsausschluss nach Abs. 2 auf, wenn der Karteninhaber in betrügerischer Absicht gehandelt hat (Abs. 3 Nr. 1) oder bestimmte Pflichten vorsätzlich oder grob fahrlässig verletzt hat (Abs. 3 Nr. 2).

1. Handeln in betrügerischer Absicht (Abs. 3 Nr. 1)

20 Die Variante „Handeln in betrügerischer Absicht“ hat **kaum eigenständige Bedeutung.** Ein solches Handeln des Karteninhabers wird nämlich häufig mit einer Autorisierung des Zahlungsvorgangs einhergehen, etwa wenn der Karteninhaber seine Karte – ggf. in Kenntnis der Tatsache, dass bei manchen Vertragsunternehmen eine Kartenumsatzanfrage nicht durchgeführt wird oder werden kann – einsetzt, obwohl er weiß, dass sie gesperrt ist, dass er mit dem Einsatz die vereinbarte monatliche Betragsobergrenze überschreitet oder dass er zur Erfüllung des Aufwendungsersatzanspruchs des Kartenausstellers finanziell nicht in der Lage ist.

21 Selbst wenn der Karteninhaber aber seine Karte und ggf. personalisierte Sicherheitsmerkmale wie die PIN oder Passwörter/Geheimzahlen (unter Verstoß gegen die im Emissionsvertrag geregelten Sorgfaltspflichten) einem Dritten überlässt, lässt sich noch von einem autorisierten Zahlungsvorgang sprechen, wenn der Dritte im Einverständnis mit dem Karteninhaber oder nach dessen Weisungen handelt.[26]

22 All diese Fälle bedürfen keines Rückgriffs auf § 675v BGB, weil aufgrund der Autorisierung der Aufwendungsersatzanspruch des Kartenausstellers nach §§ 675, 675c, 670 BGB besteht. Daher kann auch ein Haftungsausschluss nach Abs. 5 von vornherein nicht in Betracht kommen.[27]

23 Nur wenn der Karteninhaber einen Zahlungsvorgang nicht autorisiert hat, aber von der geplanten Transaktion wusste und die Absicht hatte, den Kartenaussteller oder das Vertragsunternehmen zu täuschen, um sich selbst oder einem Dritten einen Vermögensvorteil zukommen zu lassen, kann überhaupt Raum für einen Schadensersatzanspruch nach § 675v BGB sein, für den die Haftungshöchstgrenze des Abs. 1 nicht gilt.[28] Weil der Karteninhaber in diesen Fällen aber zugleich vorsätzlich seine Pflicht nach § 675l Abs. 1 S. 1 BGB (Anzeige wegen der Gefahr einer missbräuchlichen Nutzung der Kreditkarte; vgl. → Kap. 6 BGB § 675l Rn. 19) verletzt hat, ist die in Abs. 3 Nr. 1 enthaltene Variante „Handeln in betrügerischer Absicht“ praktisch ohne eigenständigen Regelungsgehalt.

2. Vorsätzliche oder grob fahrlässige Pflichtverletzung (Abs. 3 Nr. 2)

24 Bei der Variante „vorsätzliche oder grob fahrlässige Pflichtverletzung“ zeigt sich die enge Verzahnung des Haftungsregimes der §§ 675u ff. BGB mit den **Bestimmungen im Emissionsvertrag.**

25 Nach § 675l Abs. 1 S. 1 BGB trifft den Karteninhaber die Pflicht, unmittelbar nach Erhalt der Kreditkarte alle zumutbaren Vorkehrungen zum Schutz der personalisierten Sicherheitsmerkmale zu treffen. Diese Pflicht wird im Emissionsvertrag typischerweise konkretisiert. Darüber hinaus hat der Karteninhaber den Verlust, den Diebstahl, die missbräuchliche Verwendung und sonstige nicht autorisierte Nutzungen der Kreditkarte nach § 675l Abs. 1 S. 2 BGB anzuzeigen (Pflicht zur Verlustanzeige); auch über die Erfüllung dieser Pflicht gibt der Emissionsvertrag typischerweise Auskunft. Schließlich legt der Emis-

---

[26] Vgl. auch *Spitzer* MDR 2018, 561 (566).
[27] Ähnlich Staudinger/*Omlor* § 675v Rn. 20.
[28] IErg auch BT-Drs. 18/11495, 166.

sionsvertrag die Bedingungen zur Nutzung der Karte fest; regelmäßig werden explizit erlaubte und untersagte Nutzungsarten genannt.[29]

26 Eine Verletzung all dieser Pflichten kann nach Abs. 3 zu einer unbegrenzten Haftung des Karteninhabers für nicht autorisierte Zahlungsvorgänge führen. Voraussetzung ist jedoch jeweils, dass die in den Emissionsverträgen vorgesehenen Bedingungen wirksam sind. Seit 2018 bestimmt § 675l Abs. 2 BGB, dass die § 675l Abs. 1 S. 2 BGB konkretisierenden Bestimmungen nur insoweit wirksam sind, als sie sachlich, verhältnismäßig und nicht benachteiligend sind (→ Kap. 6 BGB § 675l Rn. 3). Ein Verstoß gegen nach diesem Maßstab unwirksame Vereinbarungen im Emissionsvertrag kann – selbst bei grober Fahrlässigkeit bzw. Vorsatz – nicht zur unbegrenzten Haftung des Karteninhabers nach Abs. 3 führen.[30]

27 Ferner müssen die Regelungen im Emissionsvertrag der AGB-Kontrolle standhalten. Bei der über § 675l Abs. 2 BGB hinausgehenden Prüfung ist zwischen kartenbezogenen Obliegenheiten (sicherer Umgang mit der Karte) und sicherheitsmerkmalbezogenen Obliegenheiten (sicherer Umgang mit personalisierten Sicherheitsmerkmalen) zu unterscheiden, um zu sachgerechten Ergebnissen zu kommen (dazu und zur weitergehenden Systematisierung → Kap. 6 BGB § 675l Rn. 4 ff.).

28 Die vor Inkrafttreten der §§ 675c ff. BGB zu diesen Fragen ergangene Rechtsprechung kann nur mit Vorsicht auf § 675v BGB übertragen werden (→ Kap. 6 BGB § 675l Rn. 8). Zudem können andere Zahlungsformen betreffende Entscheidungen nicht in jedem Fall auf das Kreditkartenrecht übertragen werden. Beispielsweise muss nicht jede Sorgfaltspflicht, die für die Nutzung des online-Banking am heimischen Computer sachgerecht erscheint, auch beim Einsatz einer Kreditkarte in einem entlegenen Teil der Welt bestehen.

29 Für die Begriffe **Vorsatz und grobe Fahrlässigkeit** gelten die Regeln des allgemeinen Schuldrechts.[31] Voraussetzung ist also jedenfalls ein besonders schwerer Verstoß gegen die objektiv erforderliche Sorgfalt. Das heißt, dass es mindestens um die Verletzung elementarster Sorgfaltspflichten gehen muss, weshalb jeweils ein nicht nachvollziehbares Außerachtlassen nahe liegender, unschwer zu ergreifender Sicherheitsvorkehrungen bzw. ganz nahe liegender Überlegungen zu verlangen ist.[32] Werden die in Abs. 3 genannten Pflichten nur leicht fahrlässig verletzt, haftet der Karteninhaber nicht unbegrenzt, sondern nur nach Abs. 1.

30 Sowohl bei der Definition der Sorgfaltspflichten als auch bei der Feststellung des Verschuldensgrads sind die Gerichte gehalten, sich mit den für den jeweiligen Fall relevanten technischen Erscheinungsformen des modernen Zahlungsverkehrs konkret auseinanderzusetzen und zu verstehen, was beim Einsatz der Kreditkarte technisch möglich ist, was – insofern ist an die Involvierung von Zahlungsauslösediensten und Drittemittenten von Kreditkarten und die insofern notwendigerweise erforderliche Preisgabe von Informationen zu denken – nach Vorstellung des (europäischen) Gesetzgebers sogar gefördert werden soll und was Kreditkarteninhabern insofern abverlangt werden kann.[33]

31 Gleichzeitig dürfen Karteninhaber sich aber nicht sorglos und ohne jedes Verständnis für sachgerechte Sicherheitsvorkehrungen und für mögliche Angriffe auf die Sicherheitssysteme auf die modernen Verfahren im Kreditkartengeschäft einlassen. Auch modernste und scheinbar unüberwindbare Authentifizierungsverfahren sind kein Freibrief für leichtfertiges Verhalten von Karteninhabern.

V. Der Ausschluss der Haftung (Abs. 5)

32 Abs. 5 S. 1 schafft einen **Haftungsausschluss *sui generis,*** der für eine sachgerechte Risikosteuerung (nämlich eine Risikoteilung nach dem Gesichtspunkt der Beherrschbar-

[29] Vgl. auch noch *Oechsler* WM 2010, 1381 (1383 f.) zur pflichtwidrigen Verwendung der Kreditkarte als Altersverifikationsmittel.

[30] BT-Drs. 18/11495, 166.

[31] BT-Drs. 16/11643, 114.

[32] Einzelheiten und Nachweise etwa bei MüKoBGB/*Grundmann* § 276 Rn. 94.

[33] *Jungmann* WuB 2020, 5 (8).

keit der eigenen Sphären) sorgt und der vernünftige Anreize setzt: Für alle nicht autorisierten Zahlungsvorgänge, die nach dem Zeitpunkt stattfinden, zu dem die Verlustanzeige nach § 675l Abs. 1 S. 2 BGB getätigt wurde, haftet der Karteninhaber überhaupt nicht, sofern er nicht in betrügerischer Absicht handelt (Abs. 5 S. 3).

Der Haftungsausschluss erstreckt sich sowohl auf die summenmäßig begrenzte Haftung nach Abs. 1 als auch auf die unbegrenzte Haftung nach Abs. 3.[34] Die Privilegierung wird den Karteninhaber zu einer frühzeitigen Verlustanzeige bewegen, und der Kartenaussteller ist so frühzeitig in der Lage, für eine Kartensperre zu sorgen (und damit seiner Pflicht nach § 675m Abs. 1 S. 1 Nr. 5 BGB gerecht zu werden). Damit wird die missbräuchliche Nutzung der Karte weitgehend verhindert, was dazu führt, dass Haftungsfragen gar nicht erst aufkommen. **33**

Weil aber manche Kartenumsätze trotz Verlustanzeige und darauf folgender Sperrung der Karte aus technischen Gründen nicht verhindert werden können und weil die daraus resultierenden Schäden der Kartenaussteller trägt, liegt es unter Umständen nicht im Interesse des Kartenausstellers, dass Verlustanzeigen einfach und zeitnah entgegengenommen und verarbeitet werden. Deshalb ist es sinnvoll, dass Abs. 5 S. 2 – als eine insofern abschließende Spezialvorschrift zu § 254 BGB – vorsieht, dass die Haftung des Karteninhabers auch ausgeschlossen ist, wenn der Kartenaussteller entgegen § 675m Abs. 1 S. 1 Nr. 3 BGB nicht sichergestellt hat, dass der Karteninhaber jederzeit die Möglichkeit zu einer Verlustanzeige oder zur Veranlassung einer Kartensperre hat. **34**

Der Karteninhaber hat den **Beweis** zu führen, dass und wann er die Verlustanzeige getätigt hat.[35] Der Kartenaussteller muss dem Karteninhaber auf dessen Antrag nach § 675m Abs. 1 S. 2 BGB eine entsprechende Bestätigung zukommen lassen. **35**

VI. Die besondere Haftungsverteilung nach Abs. 4 bei fehlender starker Kundenauthentifizierung

Die besondere Regelung zur Haftungsverteilung für nicht autorisierte Zahlungsvorgänge ohne starke Kundenauthentifizierung nach § 675v Abs. 4 BGB ist erst im Jahre 2018 in das Recht der Zahlungsdienste eingefügt worden und stellt die weitestreichende Änderung von § 675v BGB im Zuge der Umsetzung der Zweiten Zahlungsdiensterichtlinie dar. Für das Recht der Kreditkarten waren die damit verbundenen Konsequenzen im Deckungs- und insbesondere im Zuwendungsverhältnis folgenreich.[36] **36**

1. Grundzüge der Haftungsverteilung

§ 675v Abs. 4 S. 1 BGB enthält für den Kreditkarteninhaber – außer, er handelt in betrügerischer Absicht (§ 675v Abs. 4 S. 2 BGB) – eine vollständige Befreiung vom Risiko der Haftung bei missbräuchlichen Nutzungen seiner Kreditkarte, wenn bei deren Einsatz eine starke Kundenauthentifizierung (→ Kap. 6 BGB § 675j Rn. 17 ff.) entweder vom Kartenaussteller „nicht verlangt“ (§ 675v Abs. 4 S. 1 Nr. 1 BGB) oder vom Vertragsunternehmen „nicht akzeptiert“ (§ 675v Abs. 4 S. 1 Nr. 2 BGB) wird. **37**

Mit dieser sprachlich zweifelhaften Differenzierung meint das Gesetz im Ergebnis zusammenfassend für beide Varianten des § 675v Abs. 4 S. 1 BGB: Die beteiligten Zahlungsdienstleister haben **keine starke Kundenauthentifizierung eingefordert**.[37] Gegenüber dem Karteninhaber geht es – entgegen dem Wortlaut des nach der Zweiten Zahlungsdiensterichtlinie eigentlich überflüssigen § 675v Abs. 4 S. 1 Nr. 2 BGB – nicht darum, ob die starke Kundenauthentifizierung „nicht akzeptiert“ wurde; es ist nicht etwa gemeint, **38**

---

[34] *Hofmann* BKR 2014, 105 (111); *Hofmann* BKR 2018, 62 (67) mwN; Palandt/*Sprau* § 675v Rn. 12.
[35] Palandt/*Sprau* § 675v Rn. 13.
[36] Ausführlich *Jungmann* ZBB 2020, 1 ff.
[37] BeckOK BGB/*Schmalenbach* § 675v Rn. 13; *Jungmann* ZBB 2020, 1 (5 f.); ähnlich, aber nicht weitgehend genug MüKoBGB/*Zetzsche* § 675v Rn. 67.

dass es erst dann zur Haftungsfreistellung kommt, wenn der Karteninhaber die starke Kundenauthentifizierung angeboten hat, dieses Angebot aber vom Vertragsunternehmen ausgeschlagen worden ist. In der Gesetzbegründung heißt es nämlich – sprachlich ebenfalls ungeschickt, aber immerhin noch richtiger als im Gesetz –, dass es in § 675v Abs. 4 S. 1 Nr. 2 BGB darum gehe, ob die starke Kundenauthentifizierung „nicht abgefragt" wurde.

39 Ob die starke Kundenauthentifizierung „nicht akzeptiert" wurde, wird erst (vgl. auch Art. 74 Abs. 2 S. 2 ZDRL) in Bezug auf **§ 675v Abs. 4 S. 3 BGB** und damit in Bezug auf die Frage relevant, ob das Vertragsunternehmen (bzw. dessen Zahlungsdienstleister) oder der Kartenaussteller untereinander für die missbräuchliche Nutzung der Kreditkarte haften. Auch insofern könnte die deutsche Fassung der Zweiten Zahlungsdiensterichtlinie und dementsprechend die vom deutschen Gesetzgeber gewählte Formulierung[38] zu Fehlschlüssen verleiten. Sinn und Zweck von § 675v Abs. 4 BGB entspricht es, wie folgt zu differenzieren: Hat der Kartenaussteller die von ihm ausgegebene Kreditkarte gar nicht mit der Möglichkeit ausgestattet, dass mit ihr – etwa wenn ihr keine PIN zugeordnet ist – eine starke Kundenauthentifizierung durchgeführt werden kann, dann hat der Zahlungsdienstleister des Zahlers – der Kartenaussteller – eine starke Kundenauthentifizierung „nicht verlangt". Dies hat zur Folge, dass der Anwendungsbereich von § 675v Abs. 4 S. 3 BGB gar nicht eröffnet ist, weil ein Fall von § 675v Abs. 4 S. 1 Nr. 1 BGB (aber eben nicht von § 675v Abs. 4 S. 1 Nr. 2 BGB) vorliegt.

40 In den anderen Fällen ist bei der *im Rahmen der Prüfung von § 675v Abs. 4 S. 3 BGB* zu entscheidenden Frage, ob der Zahlungsempfänger – das Vertragsunternehmen – eine starke Kundenauthentifizierung „nicht akzeptiert" iSv § 675v Abs. 4 S. 1 Nr. 2 BGB hat, allein darauf abzustellen, ob **eine starke Kundenauthentifizierung letztlich zum Einsatz** kam. Ist dies nicht der Fall, haftet das Vertragsunternehmen im Verhältnis zum Kartenaussteller. Ob das Vertragsunternehmen gar keine Verfahren mit starker Kundenauthentifizierung zur Autorisierung von Kreditkartenzahlungen zur Verfügung gestellt hat, ob der Karteninhaber ein solches verlangt hatte, aber vom Vertragsunternehmen auf ein anderes verwiesen wurde oder ob das Vertragsunternehmen den Karteninhaber zwischen Verfahren mit und ohne starke Kundenauthentifizierung hat wählen lassen, ist irrelevant.

41 Die **Beweislast** für das Einfordern der starken Kundenauthentifizierung bei § 675v Abs. 4 S. 1 BGB[39] bzw. für das Nichtvorliegen der starken Kundenauthentifizierung bei § 675v Abs. 4 S. 3 BGB liegt beim anspruchsstellenden Zahlungsdienstleister.

2. Unerheblichkeit der aufsichtsrechtlichen Anforderungen (inkl. der Ausnahmetatbestände der Delegierten VO (EU) 2018/389)

42 Die vorgenannten Grundsätze kommen nach zutreffender Auffassung auch bei Zahlungsvorgängen zur Anwendung, bei denen aufsichtsrechtlich auf eine starke Kundenauthentifizierung verzichtet werden darf.

43 Eine starke Kundenauthentifizierung ist zum einen nicht erforderlich, wenn es sich beim Einsatz der Kreditkarte nicht um einen „elektronischen Zahlungsvorgang" iSv § 55 Abs. 1 S. 1 Nr. 2 ZAG handelt. Das betrifft vor allem den immer noch sehr häufigen **Einsatz der Kreditkarte im Präsenzgeschäft durch Unterschrift auf einem Belastungsbeleg** (→ Kap. 6 BGB § 675j Rn. 22).[40]

44 Zum anderen sieht die Delegierte VO (EU) 2018/389 für den Einsatz von Kreditkarten relevante Ausnahmetatbestände in Art. 11 ff. VO (EU) 2018/389 vor, etwa bei der Verwendung einer Kreditkarte beim kontaktlosen Bezahlen, zur Zahlung von „Verkehrsnutzungsentgelten" oder zur Begleichung von Kleinstbeträgen (zu Einzelheiten → Kap. 6 BGB § 675j Rn. 20 f.).

[38] Vgl. dazu auch MüKoHGB/*Linardatos* Zahlungsverkehr Rn. G 147.

[39] Ausführlich insofern BeckOGK BGB/*Hofmann* § 675v Rn. 138; vgl. auch *Omlor* RdZ 2020, 20 (26), der § 675v Abs. 4 S. 1 BGB als Obliegenheit einordnet.

[40] Vgl. auch MüKoHGB/*Linardatos* Zahlungsverkehr Rn. G. 29; *Jungmann* ZBB 2020, 1 (3 f.).

Teilweise wird insofern zwar die Meinung vertreten, eine Haftungsverlagerung nach § 675v Abs. 4 BGB sei ausgeschlossen, wenn aufsichtsrechtlich keine Pflicht zu einer starken Kundenauthentifizierung bestehe.[41] Richtig ist jedoch das Gegenteil: Wenn ein beteiligter Zahlungsdienstleister, etwa um Kosten zu sparen oder um den Einsatz der Kreditkarte einfacher und damit für Nutzer attraktiver erscheinen zu lassen, sich für einen **Verzicht auf eine starke Kundenauthentifizierung** entscheidet, darf das **dem Karteninhaber nicht zum Nachteil** gereichen.[42] Insofern ist Art. 74 Abs. 2 S. 1 ZDRL auch eindeutig: „Verlangt der Zahlungsdienstleister des Zahlers keine starke Kundenauthentifizierung, so trägt der Zahler einen finanziellen Verlust nur, wenn der Zahler in betrügerischer Absicht gehandelt hat." **45**

Die Zweite Zahlungsdiensterichtlinie nimmt insofern nicht – auch nicht über Art. 98 ZDRL – Bezug auf die technischen Regulierungsstandards (*Regulatory Technical Standards* – RTS) nach der Delegierten VO (EU) 2018/389 und die darin vorgesehenen Ausnahmen. Die technischen Regulierungsstandards zielen gemäß Art. 98 Abs. 2a) ZDRL zwar auch auf die „Sicherstellung eines angemessenen Sicherheitsniveaus", sodass man § 675v Abs. 4 BGB durchaus *auch* einen „überindividuellen Systemschutz"[43] als Normzweck beimessen kann. Die technischen Regulierungsstandards sollten aber auch die Entwicklung „benutzerfreundlicher, allgemein zugänglicher und innovativer Zahlungsmittel" ermöglichen. Darauf zielen viele der in der Delegierten VO (EU) 2018/389 enthaltenen Ausnahmen – und zwar gerade auch in Bezug auf den Einsatz von Kreditkarten – ab. **46**

Dass das Risiko einer solchen Entwicklung den Kreditkarteninhabern (bzw. allgemein den Zahlungsdienstnutzern) aufgebürdet werden sollte, lässt sich nicht ausmachen. Wenn – was als Prämisse richtig ist – der mit § 675v Abs. 4 BGB verknüpfte „zivilrechtliche Anreiz" bei den beteiligten Zahlungsdienstleistern die Wirkung haben soll, die Systemsicherheit durch Verfahren mit starker Kundenauthentifizierung zu steigern,[44] dann ist es nicht nur sachgerecht, sondern sogar zwingend erforderlich, dass ein Verzicht auf die starke Kundenauthentifizierung den beteiligten Zahlungsdienstleistern zum Nachteil gereicht. **47**

In der Tat sollen drohende Missbrauchs- und Schadensrisiken beim Einsatz von Zahlungsinstrumenten ökonomisch sinnvoll verteilt werden. Aber dadurch werden nicht die an eine starke Kundenauthentifizierung zu stellenden Anforderungen,[45] sondern die Vorschriften über die Haftungsverteilung beeinflusst.[46] Das Aufsichtsrecht lässt Ausnahmen in Fällen zu, in denen der „überindividuelle Systemschutz" nicht in Gefahr ist. Deswegen hat es auch nichts mit einer dem europäischen Recht fremden Differenzierung zwischen Zivil- und Aufsichtsrecht zu tun, wenn § 675v Abs. 4 BGB unabhängig von zum Beispiel nach der Delegierten VO (EU) 2018/389 möglichen Ausnahmen interpretiert wird;[47] vielmehr geht es um eine systemstimmige Beachtung der den europarechtlichen Vorgaben zu entnehmenden Regelungszwecke. **48**

3. Konsequenzen für das Deckungsverhältnis

Beim **Kreditkarteneinsatz ohne starke Kundenauthentifizierung** gibt es daher – außer, der Karteninhaber handelt in betrügerischer Absicht (§ 675v Abs. 4 S. 2 BGB) – **niemals** eine **Haftung des Karteninhabers** für von ihm nicht autorisierte Zahlungs- **49**

---

[41] *Omlor* BKR 2019, 105 (113); *Omlor* RdZ 2020, 20 (26 f.); MüKoHGB/*Linardatos* Zahlungsverkehr Rn. G 147; tendenziell wohl auch *Werner* ZBB 2017, 345 (350) (allerdings vor Veröffentlichung der VO (EU) 2018/389).

[42] *Hoffmann* VuR 2016, 243 (250); BeckOK BGB/*Schmalenbach* § 675v Rn. 13; Palandt/*Sprau* § 675v Rn. 11; MüKoBGB/*Zetzsche* § 675v Rn. 63; *Jungmann* ZBB 2020, 1 (8 f.).

[43] *Omlor* BKR 2019, 105 (113); vgl. auch *Omlor* RdZ 2020, 20 (26).

[44] *Omlor* BKR 2019, 105 (112 f.); sehr ähnlich *Hofmann* BKR 2018, 62 (68).

[45] So der Fehlschluss bei MüKoHGB/*Linardatos* Zahlungsverkehr Rn. G 147.

[46] *Jungmann* ZBB 2020, 1 (8 f.).

[47] **AA** *Omlor* BKR 2019, 105 (113); MüKoHGB/*Linardatos* Zahlungsverkehr Rn. G 147 („überkommenes Säulendenken").

vorgänge, wenn der Kartenaussteller die starke Kundenauthentifizierung nicht verlangt oder das Vertragsunternehmen bzw. dessen Zahlungsdienstleister diese nicht akzeptiert.

50 Diese Zahlungsdienstleister entscheiden schließlich darüber, ob es zur starken Kundenauthentifizierung kommt. Vor allem sie tragen die Vorteile einer solchen Entscheidung; sie tragen dann nach § 675v Abs. 4 S. 1 BGB aber auch die Nachteile.[48] Genau das fördert Innovation und Wettbewerb unter den Zahlungsmitteln[49] und allokiert Chancen und Risiken im Deckungsverhältnis in ökonomisch sinnvoller Weise.[50]

4. Konsequenzen für das Zuwendungsverhältnis

51 Gleiches gilt für das Zuwendungsverhältnis, das durch § 675v Abs. 4 S. 3 BGB geregelt wird. Derjenige Zahlungsdienstleister, der auf eine starke Kundenauthentifizierung verzichtet, ist – sowohl im Präsenz- als auch im Distanzgeschäft – der **„ultimate risk bearer"**. In der Praxis des Kreditkartengeschäfts, in der § 675v Abs. 4 S. 1 Nr. 2 BGB – auch wenn in Art. 74 Abs. 2 ZDRL nur implizit vorausgesetzt – die maßgeblichere der beiden in § 675v Abs. 4 S. 1 BGB aufgeführten Varianten ist,[51] ist das regelmäßig das **Vertragsunternehmen.**[52] Das ist auch ökonomisch sinnvoll, weil letztlich das Vertragsunternehmen von den Vorteilen des Kreditkarteneinsatzes bei Verfahren mit geringeren Sicherheitsstandards am meisten profitiert: Ist das Bezahlen schnell und einfach, vereinfachen und verbilligen sich betriebliche Abläufe und steigt die Kundenzufriedenheit, was wiederum zu mehr Umsatz führen kann.[53]

52 § 675v Abs. 4 BGB stellt für das Verhältnis unter den beteiligten Zahlungsdienstleistern eine **abschließende Regelung** dar. Ein Ausgleichsanspruch nach § 676a BGB ist daneben nicht möglich.[54] Theoretisch denkbar ist ein Haftungsausschluss nach § 676c BGB.

53 Aus genau diesen Gründen setzt **§ 675v Abs. 4 BGB** auch einen **begrüßenswerten** gesetzgeberischen **Schlussstrich unter die** bislang durch Rechtsprechungsmaximen geprägte **Diskussion um die Verteilung des Risikos des missbräuchlichen Einsatzes von Kreditkarten** (insbesondere) im Distanzgeschäft zwischen Kartenaussteller und Vertragsunternehmen (schon → Kap. 6 BGB § 675u Rn. 14).[55]

§ 675w Nachweis der Authentifizierung

[1] Ist die Autorisierung eines ausgeführten Zahlungsvorgangs streitig, hat der Zahlungsdienstleister nachzuweisen, dass eine Authentifizierung erfolgt ist und der Zahlungsvorgang ordnungsgemäß aufgezeichnet, verbucht sowie nicht durch eine Störung beeinträchtigt wurde. [2] Eine Authentifizierung ist erfolgt, wenn der Zahlungsdienstleister die Nutzung eines bestimmten Zahlungsinstruments, einschließlich seiner personalisierten Sicherheitsmerkmale, mit Hilfe eines Verfahrens überprüft hat. [3] Wurde der Zahlungsvorgang mittels eines Zahlungsinstruments ausgelöst, reicht die Aufzeichnung der Nutzung des Zahlungsinstruments einschließlich der Authentifizierung durch den Zahlungsdienstleister und gegebenenfalls durch einen Zahlungsauslösedienstleister allein nicht notwendigerweise aus, um nachzuweisen, dass der Zahler

[48] Sehr ähnlich BeckOK BGB/*Schmalenbach* § 675v Rn. 13.

[49] Zu dieser – allg. – Zielsetzung im heutigen Zahlungsdiensterecht vgl. Erwägungsgrund 52 und Erwägungsgrund 67 ZDRL sowie BT-Drs. 18/11495, 131; vgl. ferner *Lutz* ZVglRWiss 116 (2017), 177 (181) zu den sich aus dem Zusammenspiel von Innovation, Wettbewerb und Sicherheit ergebenden Herausforderungen für die Regulierung des Zahlungsverkehrsrechts.

[50] *Jungmann* ZBB 2020, 1 (8).

[51] Vgl. auch (wenngleich nicht kreditkartenspezifisch) *Zahrte* NJW 2018, 337 (340).

[52] Vgl. insofern auch *Herresthal* ZBB 2019, 353 (365).

[53] *Jünemann* DB 2017, 1952 (1955).

[54] **AA** *Werner* ZBB 2017, 345 (350).

[55] *Jungmann* ZBB 2020, 1 (9).

1. den Zahlungsvorgang autorisiert,
2. in betrügerischer Absicht gehandelt,
3. eine oder mehrere Pflichten gemäß § 675l Absatz 1 verletzt oder
4. vorsätzlich oder grob fahrlässig gegen eine oder mehrere Bedingungen für die Ausgabe und Nutzung des Zahlungsinstruments verstoßen

hat. [4]Der Zahlungsdienstleister muss unterstützende Beweismittel vorlegen, um Betrug, Vorsatz oder grobe Fahrlässigkeit des Zahlungsdienstnutzers nachzuweisen.

Übersicht

I. Anwendungsbereich

Der Kartenaussteller hat nur dann einen Aufwendungsersatzanspruch nach §§ 675, 675c, 670 BGB gegen den Karteninhaber, wenn dieser den entsprechenden Zahlungsvorgang autorisiert hat (vgl. auch § 675u S. 1 BGB). Als anspruchsbegründende Tatsache hat der **Kartenaussteller** die **Autorisierung zu beweisen.**[1] Dafür genügt es nicht, auf die Verwendung einer „Originalkarte" und die korrekte Eingabe der dazugehörigen PIN abzustellen (vgl. auch noch → Rn. 6), weil dies allein nicht belegt, dass es der Karteninhaber war, der die Autorisierung vorgenommen hat.[2] 1

Vielmehr legt **§ 675w BGB** für den Beweis einer Autorisierung in Form der Authentifizierung **Mindeststandards** fest. Diese gelten **nur im Deckungsverhältnis** und haben – auch wenn mit Zahlungsvorgang beim Kreditkartengeschäft der Zahlungsvorgang iwS gemeint ist (→ Kap. 6 BGB § 675f Rn. 6) –dementsprechend keine Auswirkungen etwa auf das Bestehen des Anspruchs des Vertragsunternehmens aus § 780 BGB gegen den Kartenaussteller. § 675w BGB ist regelmäßig (vgl. § 675e Abs. 4 BGB) **nicht** zulasten des Karteninhabers **abdingbar.** 2

Die Mindestanforderungen an den Beweis nach Satz 1 gelten dem Wortlaut nach in jedem Fall, in dem die Autorisierung eines Zahlungsvorgangs streitig ist und die Kreditkarte eingesetzt wurde; gleiches gilt in Bezug auf die eingeschränkten Beweisvermutungen nach Satz 3 und Satz 4. Für authentifizierte Zahlungsvorgänge (auch in Form der starken Kundenauthentifizierung) passt der Wortlaut auch zu Sinn und Zweck von § 675w BGB. 3

Jedoch wurde bei Aufgabe des Begriffs „Zahlungsauthentifizierungsinstrument" in § 675w BGB im Jahr 2018 (→ Kap. 6 BGB Vor §§ 675f ff. Rn. 17) offenbar ein Problem nicht bedacht, das sich unter Geltung von § 675w BGB aF nicht stellte, weil die Norm sich in ihrer alten, an den Einsatz der Kreditkarte als Zahlungsauthentifizierungsinstrument anknüpfenden Fassung nicht auf die **Autorisierung von nicht authentifizierten Zahlungsvorgängen** beziehen konnte: Auch im Kreditkartengeschäft können – etwa beim kontaktlosen Bezahlen (→ Kap. 6 BGB Vor §§ 675f ff. Rn. 57) – Zahlungsvorgänge mittels des Zahlungsinstruments Kreditkarte autorisiert sein, ohne dass sie auch authentifiziert sind (→ Kap. 6 BGB § 675j Rn. 24). 4

Ist die Autorisierung eines nicht authentifizierten Zahlungsvorgangs streitig, gilt – weil nur so unbillige Ergebnisse vermieden werden können –: Es ist dem Kartenaussteller in 5

[1] Baumbach/Hopt/*Hopt* Bankgeschäfte Rn. F/49; LG Düsseldorf BKR 2019, 154 (155).
[2] Unrichtig AG Frankfurt WM 2019, 2058 = BeckRS 2019, 17499; dazu *Jungmann* WuB 2020, 5 ff.

diesem Fall[3] nicht verwehrt, den **Beweis der Autorisierung des Zahlungsvorgangs auf andere Weise** zu führen. Freilich ergibt sich aus Sinn und Zweck von § 675w BGB, dass dann mit der Aufzeichnung eines Zahlungsvorgangs (erst recht) keinerlei Beweisvermutungen verbunden sind. Zu denken ist stattdessen an Aussagen von Mitarbeitern des Vertragsunternehmens als Zeugen und an Aufzeichnungen von Überwachungskameras.[4]

II. Mindestbeweisanforderungen (Satz 1 und Satz 2)

6 Um zu beweisen, dass ein authentifizierter Zahlungsvorgang vom Karteninhaber autorisiert war, muss der Kartenaussteller nach Satz 1 nachweisen, dass eine Authentifizierung (wie in Satz 2 definiert) erfolgt ist, dass der Zahlungsvorgang ordnungsgemäß aufgezeichnet und verbucht wurde und dass er nicht durch eine Störung beeinträchtigt wurde. Wie sich jedoch aus Satz 3 Nr. 1 ergibt, bedarf es ggf. **weiterer Elemente in der Beweiskette,** um die Autorisierung tatsächlich zu beweisen. So ist es insbesondere erforderlich, die Identität des Karteninhabers nachzuweisen, weil dies Voraussetzung für die berechtigte Verwendung der Kreditkarte ist.[5] Insofern verbleibt es beim allgemeinen Beweisrecht nach der Zivilprozessordnung.

7 Eine **Authentifizierung** ist nach Satz 2 ein Verfahren, durch das der Kartenaussteller überprüfen kann, ob die personalisierten Sicherheitsmerkmale eingesetzt wurden. Der Kartenaussteller muss also kontrollieren können, ob der Belastungsbeleg unterschrieben oder ob die PIN korrekt eingegeben (Präsenzgeschäft) wurde bzw. ob das richtige Passwort oder die richtige Geheimzahl verwendet wurde (Distanzgeschäft).[6] Wird die Kreditkarte zum Beispiel beim kontaktlosen Zahlen oder ohne zusätzliche Prüfverfahren im Distanzgeschäft eingesetzt, kann es keine Authentifizierung iSv Satz 2 geben (zum in diesem Fall möglichen Beweis der Autorisierung auf andere Weise → Rn. 4 f.).

III. Eingeschränkte Beweisvermutungen (Satz 3 und Satz 4)

8 Satz 3 macht deutlich, dass allein die Aufzeichnung der Nutzung des Zahlungsinstruments Kreditkarte, nicht ausreicht, um den Beweis zu führen, dass der Karteninhaber den Zahlungsvorgang autorisiert, in betrügerischer Absicht gehandelt, gegen in § 675l Abs. 1 BGB genannte Pflichten verstoßen oder vorsätzlich oder grob fahrlässig gegen die für die Kreditkarte vereinbarten Ausgabe- und Nutzungsbedingungen verstoßen hat. Der 2018 eingefügte Satz 4 geht noch weiter und verlangt dem Kartenaussteller ab, „unterstützende Beweismittel" vorzulegen, um Betrug, Vorsatz oder grobe Fahrlässigkeit des Karteninhabers nachzuweisen.

1. Anscheinsbeweis nach Inkrafttreten von Satz 3 im Jahr 2009

9 Schon Satz 3 führte dazu, dass die vor Inkrafttreten der §§ 675c ff. BGB entwickelten Rechtsprechungsgrundsätze[7], nach denen allzu schnell ein Beweis des ersten Anscheins für eine Pflichtverletzung des Karteninhabers angenommen und die Anforderungen an die

[3] Davon zu trennen ist die von der hM (allerdings zu Unrecht) verneinte Frage, ob auch bei authentifizierten Zahlungsvorgängen ein Rückgriff auf andere Beweismethoden zulässig ist (vgl. insofern etwa Staudinger/*Omlor* § 675w Rn. 3).

[4] BeckOGK BGB/*Hofmann* § 675w Rn. 18; MüKoBGB/*Zetzsche* § 675w Rn. 5.

[5] MüKoBGB/*Zetzsche* § 675w Rn. 8; *Jungmann* WuB 2020, 5 (6).

[6] Erman/*Graf von Westphalen* § 675w Rn. 5.

[7] Vgl. insbes. noch BGHZ 160, 308 = NJW 2004, 3623 (für die girocard); BGHZ 170, 18 (30) = NJW 2007, 593 (596); vgl. aber auch noch BGH NJW 2012, 1277; dazu noch → 2. Aufl. 2016, Kap. 6 BGB § 675w Rn. 8 f. *(Jungmann)*. – Ausführlich zur Kritik dieser Rechtsprechungsgrundsätze unter Geltung des überkommenen Rechts *Jungmann* Jahrbuch Junger Zivilrechtswissenschaftler 2007, 2008, S. 329 ff.; vgl. ferner *Schulte am Hülse/Welchering* NJW 2012, 1262 (1263 ff.).

Erschütterung eines solchen Anscheinsbeweises überspannt wurden, nach zutreffender, sich aber nur schrittweise durchsetzender Meinung seit 2009 überholt waren[8]. Sie blendeten die Realität der technischen Sicherheitsstandards an Geldautomaten und Zahlungsterminals sowie die immer „professioneller" werdenden Angriffe auf (damals) als sicher geltende Autorisierungs-/Authentifizierungsverfahren vollständig aus.[9]

In seiner **Grundsatzentscheidung** aus dem Jahr 2016 hat auch der **Bundesgerichtshof**[10] erkannt, dass es keinen einen Anscheinsbeweis rechtfertigenden Erfahrungssatz gibt, nach dem schon die korrekte Aufzeichnung der Nutzung eines Zahlungsinstruments und die beanstandungsfrei gebliebene Prüfung der Authentifizierung auf eine konkrete grob fahrlässige Pflichtverletzung des Zahlungsdienstnutzers iSd (heutigen) § 675v Abs. 3 BGB schließen lässt. 10

Damit wird deutlich: **§ 675w S. 3 BGB schließt die Anwendung eines Anscheinsbeweises** (oder anderer zivilprozessualer Grundsätze) zwar **nicht aus.** Aus dieser Norm ließ und lässt sich jedoch das Gebot ableiten, die Voraussetzungen, bei deren Vorliegen von einem Beweis des ersten Anscheins ausgegangen werden kann, vollständig neu zu definieren: Insofern muss heute – und zwar auf der Grundlage der jeweils aktuellen Erkenntnisse – feststehen, dass das eingesetzte Sicherheitssystem allgemein praktisch unüberwindbar ist und dass es im konkreten Einzelfall ordnungsgemäß angewendet wurde und fehlerfrei funktioniert hat.[11] 11

Schließlich muss dem Zahlungsdienstnutzer/Karteninhaber die Erschütterung der für die Autorisierung eines Zahlungsauftrags sprechenden Umstände auch faktisch möglich sein. Zur Erschütterung muss er keinen konkreten und erfolgreichen Angriff gegen das Sicherheitssystem vortragen und beweisen. Vielmehr kann es ausreichen, sich auch auf außerhalb des eingesetzten Sicherheitssystems liegende Umstände zu stützen, die für einen nicht autorisierten Zahlungsvorgang sprechen.[12] 12

Diese Grundsätze sind zwar in Bezug auf das online-Banking entwickelt worden, gelten jedoch auch für das Kreditkartengeschäft.[13] Sie stehen in Übereinklang mit § 675w S. 3 BGB, weil sie schematischen Begründungsstrukturen eine Absage erteilen, die gerade in der Rechtsprechung der Instanzgerichte häufig auf „anachronistischer Technikgläubigkeit"[14] und einem nahezu unerschütterlichen Glauben an die Aussagen der Zahlungsdienstleister über die Sicherheit der von diesen eingesetzten Sicherheitssysteme beruhten. 13

Die aktuelle BGH-Rechtsprechung verlangt stattdessen die Berücksichtigung des technischen Fortschritts zur Überwindung von Schutzmechanismen und betont darüber hinaus, dass allein das Vorliegen der in § 675w S. 3 BGB genannten technischen Merkmale nicht zu einer faktischen Beweislastumkehr führen darf. Die **Anwendung eines Anscheinsbeweises** stand damit schon seit dem Grundsatzurteil des Bundesgerichtshofs im Jahr 2016 vor **hohen Hürden.**[15] 14

---

[8] Zutreffend bereits *Franck/Massari* WM 2009, 1117 (1127); vgl. ferner *Scheibengruber* BKR 2010, 15 (20 f.) und auch *Hofmann* BKR 2014, 105 (112) (jeweils nicht kreditkartenspezifisch). Umfangreiche weitere Nachweise – insbesondere auch zur gegenteiligen Auffassung – etwa bei MüKoBGB/*Zetzsche* § 675w Rn. 22 f. und MüKoHGB/*Linardatos* Zahlungsverkehr Rn. G 164 f.

[9] Vgl. auch schon die Zurückhaltung in BGH NJW 2012, 1277 (1279); dazu zutreffend *Hofmann* BKR 2014, 105 (112).

[10] BGHZ 208, 331 = NJW 2016, 2024; dem folgend etwa OLG Schleswig NJW-RR 2019, 680.

[11] BGHZ 208, 331 = NJW 2016, 2024; zu den Anforderungen an die „allgemeine praktische Unüberwindbarkeit" vgl. *Hoffmann/Haupert/Freiling* ZHR 181 (2017), 780 (793 ff.).

[12] BGHZ 208, 331 = NJW 2016, 2024; vgl. auch AG Kleve NJW-RR 2020, 749; ausführlich zu den verschiedenen Möglichkeiten der Erschütterung des Anscheinsbeweises *Hoffmann/Haupert/Freiling* ZHR 181 (2017), 780 (804 ff.); vgl. ferner MüKoBGB/*Zetzsche* § 675w Rn. 31 ff.

[13] MüKoHGB/*Linardatos* Zahlungsverkehr Rn. G 168; vgl. auch (mit sachgerechter Differenzierung zwischen Präsenz- und Distanzgeschäft) MüKoBGB/*Zetzsche* § 675w Rn. 29 ff. und Rn. 37 ff.

[14] *Knops* NJW 2016, 2032.

[15] *Omlor* BKR 2019, 105 (109); ähnlich MüKoBGB/*Zetzsche* § 675w Rn. 39.

2. Anscheinsbeweis seit Inkrafttreten von Satz 4 im Jahr 2018

15 Trotz Einfügung von § 675w S. 4 BGB zur Umsetzung von Art. 72 Abs. 2 ZDRL im Jahre 2018 haben die vom BGH im Jahr 2016 aufgestellten Grundsätze nach zutreffender Auffassung ihre Berechtigung behalten.[16] Die **Anwendung eines Anscheinsbeweises** bleibt **weiterhin möglich.** Tendenziell führt Satz 4 aber dazu, dass die **Anforderungen** an die Anwendung des Anscheinsbeweises noch weiter **gestiegen** und die Anforderungen an dessen Erschütterung gesunken sind.

16 Satz 4 verdeutlicht, dass die Instanzgerichte nicht zu pauschal mit den Vorgaben des Bundesgerichtshofs umgehen dürfen. Sie können sich nicht die Mühe ersparen, die immer ausdifferenzierteren Sicherheitssysteme und die diesbezüglichen Angriffsmethoden auch in technischer Hinsicht wirklich zu verstehen, und müssen die Integrität der Sicherheitssysteme im konkreten Einzelfall kritisch hinterfragen.[17] Dazu gehört auch, das zur Erschütterung des Anscheinsbeweises Vorgetragene unter Berücksichtigung der vom Kartenaussteller gemäß Satz 4 vorgelegten unterstützenden Beweismittel sachgerecht zu würdigen.

17 Bei der abschließenden Einzelfallentscheidung – verallgemeinerungsfähige Leitaussagen lassen sich angesichts der Mannigfaltigkeit der Realitäten im modernen Zahlungsverkehr schwerlich aufstellen – sind der systematische Zusammenhang von Satz 3 und Satz 4 sowie der europarechtliche Hintergrund von Satz 4[18] im Blick zu behalten: Beim Einsatz von Kreditkarten streiten **Satz 3 und Satz 4** für eine **tendenziell „karteninhaberfreundliche" Verteilung des Missbrauchsrisikos.**[19] Damit zeigt sich im deutschem Recht heute wieder ein Beweislastverteilungsregime, das den großen Kreditkartenorganisationen aus ihrer Heimatjurisdiktion gut bekannt ist, denn das US-Recht gewährt dem Kartenaussteller viel weniger weitreichende Beweiserleichterungen.[20]

3. Anscheinsbeweis seit Inkrafttreten der Delegierten VO (EU) 2018/389

18 Auch das Inkrafttreten der Delegierten VO (EU) 2018/389 im September 2019 an sich hat die grundsätzliche Anwendbarkeit von Anscheinsbeweisen nicht ausgeschlossen. Die diesbezüglichen **Anforderungen** haben sich aber eher **nochmals verschärft.** Zwar haben die Inhalte der VO (EU) 2018/389 primär Bedeutung für § 675l BGB, für § 675m BGB und vor allem für § 675v BGB. Dennoch ist eindeutig, dass der europäische Gesetzgeber das Missbrauchsrisiko insgesamt noch weiter in die Sphäre der Zahlungsdienstleister verschoben sehen möchte.[21] Das strahlt letztlich auch auf die Anforderungen aus, die an den Beweis der Autorisierung eines Zahlungsvorgangs zu stellen sind. Vor allem begründet allein der Umstand, dass eine den Anforderungen der VO (EU) 2018/389 gerecht werdende starke Kundenauthentifizierung verwendet wurde, noch keinen Beweis des ersten Anscheins dafür, dass ein Zahlungsvorgang vom Zalungsdienstnutzer autorisiert worden ist; die an einen diesbezüglichen Anscheinsbeweis zu stellenden Anforderungen liegen höher.[22]

---

[16] Ausführlich *Linardatos* NJW 2017, 2145 ff.; ebenso MüKoBGB/*Zetzsche* § 675w Rn. 26 f.; *Hofmann* BKR 2018, 62 (69 f.); *Omlor* BKR 2019, 105 (110); *Zahrte* NJW 2018, 337 (340).
[17] Vgl. BeckOGK BGB/*Hofmann* § 675w Rn. 74; *Jungmann* WuB 2020, 5 (7).
[18] Insofern krit. *Linardatos* NJW 2017, 2145 ff.
[19] Zutreffend MüKoBGB/*Zetzsche* § 675w Rn. 26.
[20] Vgl. schon *Omlor* ZfRV 2013, 80 (84 ff.).
[21] BeckOGK BGB/*Hofmann* § 675v Rn. 116.
[22] *Omlor* RdZ 2020, 20 (27).

§ 675x Erstattungsanspruch bei einem vom oder über den Zahlungsempfänger ausgelösten autorisierten Zahlungsvorgang

(1) [1]Der Zahler hat gegen seinen Zahlungsdienstleister einen Anspruch auf Erstattung eines belasteten Zahlungsbetrags, der auf einem autorisierten, vom oder über den Zahlungsempfänger ausgelösten Zahlungsvorgang beruht, wenn

1. bei der Autorisierung der genaue Betrag nicht angegeben wurde und

2. der Zahlungsbetrag den Betrag übersteigt, den der Zahler entsprechend seinem bisherigen Ausgabeverhalten, den Bedingungen des Zahlungsdiensterahmenvertrags und den jeweiligen Umständen des Einzelfalls hätte erwarten können; mit einem etwaigen Währungsumtausch zusammenhängende Gründe bleiben außer Betracht, wenn der zwischen den Parteien vereinbarte Referenzwechselkurs zugrunde gelegt wurde.

[2]Ist der Zahlungsbetrag einem Zahlungskonto belastet worden, so ist die Gutschrift des Zahlungsbetrags auf diesem Zahlungskonto so vorzunehmen, dass das Wertstellungsdatum spätestens der Geschäftstag der Belastung ist. Auf Verlangen seines Zahlungsdienstleisters hat der Zahler nachzuweisen, dass die Voraussetzungen des Satzes 1 Nummer 1 und 2 erfüllt sind.

(2) Unbeschadet des Absatzes 3 hat der Zahler bei SEPA-Basislastschriften und SEPA-Firmenlastschriften ohne Angabe von Gründen auch dann einen Anspruch auf Erstattung gegen seinen Zahlungsdienstleister, wenn die Voraussetzungen für eine Erstattung nach Absatz 1 nicht erfüllt sind.

(3) Der Zahler kann mit seinem Zahlungsdienstleister vereinbaren, dass er keinen Anspruch auf Erstattung hat, wenn er seine Zustimmung zur Ausführung des Zahlungsvorgangs direkt seinem Zahlungsdienstleister erteilt hat und er, sofern vereinbart, über den anstehenden Zahlungsvorgang mindestens vier Wochen vor dem Fälligkeitstermin vom Zahlungsdienstleister oder vom Zahlungsempfänger unterrichtet wurde.

(4) Ein Anspruch des Zahlers auf Erstattung ist ausgeschlossen, wenn er ihn nicht innerhalb von acht Wochen ab dem Zeitpunkt der Belastung des betreffenden Zahlungsbetrags gegenüber seinem Zahlungsdienstleister geltend macht.

(5) [1]Der Zahlungsdienstleister ist verpflichtet, innerhalb von zehn Geschäftstagen nach Zugang eines Erstattungsverlangens entweder den vollständigen Betrag des Zahlungsvorgangs zu erstatten oder dem Zahler die Gründe für die Ablehnung der Erstattung mitzuteilen. [2]Im Fall der Ablehnung hat der Zahlungsdienstleister auf die Beschwerdemöglichkeiten gemäß den §§ 60 bis 62 des Zahlungsdiensteaufsichtsgesetzes und auf die Möglichkeit, eine Schlichtungsstelle gemäß § 14 des Unterlassungsklagengesetzes anzurufen, hinzuweisen. [3]Das Recht des Zahlungsdienstleisters, eine innerhalb der Frist nach Absatz 4 geltend gemachte Erstattung abzulehnen, erstreckt sich nicht auf den Fall nach Absatz 2.

(6) Wenn ein Fall des § 675d Absatz 6 Satz 1 Nummer 1 Buchstabe b vorliegt,

1. ist § 675x Absatz 1 auf die innerhalb des Europäischen Wirtschaftsraums getätigten Bestandteile des Zahlungsvorgangs nicht anzuwenden und

2. kann von § 675x Absatz 2 bis 5 für die innerhalb des Europäischen Wirtschaftsraums getätigten Bestandteile des Zahlungsvorgangs abgewichen werden.

Übersicht

I. Bedeutung und Anwendungsbereich von § 675x BGB

1 Die Einführung von § 675x BGB im Jahre 2009 stellte eine **echte Neuerung im Kreditkartengeschäft** dar: Seitdem wird dem Kreditkarteninhaber trotz Autorisierung eines Zahlungsvorgangs unter bestimmten Voraussetzungen ein **eigenständiger Erstattungsanspruch** gegen den Kartenaussteller zugestanden. Die Vorschrift bezieht sich **nur** auf das **Deckungsverhältnis,** weswegen die Abdingbarkeit nach § 675e BGB keine praktische Bedeutung hat. Ob der Erstattungsanspruch besteht, hat insbesondere keinen Einfluss auf die im Valutaverhältnis maßgeblichen Ansprüche.

2 Im Kreditkartengeschäft hat lediglich ein Erstattungsanspruch nach Abs. 1 Bedeutung. Abs. 2 bezieht sich nur auf SEPA-Lastschriften, und Abs. 3 ist nicht auf das Kreditkartengeschäft anwendbar.[1]

3 § 675x Abs. 1 BGB kommt im Kreditkartengeschäft nur bei Zahlungsvorgängen zur **Anwendung,** die ursprünglich ein vorabautorisierter zukünftiger Zahlungsvorgang in der Variante der **Blanko-Belastung** (→ Kap. 6 BGB § 675j Rn. 9 ff.) waren, bei denen bei der Autorisierung der genaue Betrag also nicht angegeben war (Abs. 1 S. 1 Nr. 1). Da der Einsatz der Kreditkarte stets ein „über den Zahlungsempfänger" ausgelöster Zahlungsvorgang ist (→ Kap. 6 BGB Vor §§ 675f ff. Rn. 24), ist die Norm bei solchen Blanko-Belastungen im Kreditkartengeschäft anwendbar.[2]

4 Bei zukünftigen Zahlungsvorgängen in der Variante der **Sperrautorisierung** (→ Kap. 6 BGB § 675j Rn. 9), bei welcher sich die Autorisierung ja gerade auf einen festen Betrag beziehen muss, damit eine Sperrung iSv § 675t Abs. 4 BGB möglich ist, ist die **Geltendmachung eines Erstattungsanspruchs** nach § 675x BGB **ausgeschlossen.**

5 Ist beim Einsatz der Kreditkarte keiner der beteiligten Zahlungsdienstleister innerhalb des Europäischen Wirtschaftsraums belegen, ist Abs. 1 nicht anzuwenden (§ 675e Abs. 2 Nr. 1 BGB iVm § 675d Abs. 6 S. 1 Nr. 2 BGB). Ist mindestens einer der Zahlungsdienstleister innerhalb und mindestens einer außerhalb des Europäischen Wirtschaftsraums belegen, gilt dasselbe in Bezug auf die innerhalb des Europäischen Wirtschaftsraums getätigten Bestandteile des Kreditkarteneinsatzes (§ 675x Abs. 6 Nr. 1 iVm § 675d Abs. 6 S. 1 Nr. 1b) BGB).

II. Voraussetzungen des Erstattungsanspruchs

6 Wichtigste Voraussetzung des Erstattungsanspruchs ist, dass der **Zahlungsvorgang** auch **autorisiert und nicht** – was bei Blankobelastungen ja gerade möglich ist (→ Kap. 6 BGB § 675j Rn. 30; → Kap. 6 BGB § 675p Rn. 6) – **widerrufen** wurde;[3] fehlt es an einer dieser Voraussetzungen, bestimmen sich die Rechte des Karteninhabers nach § 675u BGB.

7 Nach Abs. 1 S. 1 Nr. 2 ist weitere Voraussetzung für einen Erstattungsanspruch, dass der Zahlungsbetrag den Betrag überschreitet, den der Karteninhaber entsprechend seinem bisherigen Ausgabeverhalten, den Bedingungen des Emissionsvertrags und den jeweiligen Umständen des Einzelfalls hätte erwarten können **(unerwartet hoher Zahlungsbetrag).**

8 Damit gewinnt das von einigen Kartenausstellern (insofern genauer: von den *Issuing-Processing*-Unternehmen; → Kap. 6 BGB Vor §§ 675f ff. Rn. 9) praktizierte ***Behavioural Scoring*** Bedeutung. Früher war *Behavioural Scoring* ein freiwillig installiertes Schutzinstrument der Kartenaussteller, mit dem Missbrauch aufgespürt und der Karteninhaber (zum Beispiel durch die Aufforderung zur Übersendung weiterer Informationen zum Zwecke der Legitimationsprüfung (*Call Referral* bzw. *Referral Response*) bei einer Kartenumsatzanfrage) geschützt werden sollte (→ Kap. 6 BGB § 675k Rn. 5 f.). Heute können sich

[1] Staudinger/*Omlor* § 675x Rn. 9.
[2] Vgl. auch BeckOGK BGB/*von Olshausen* § 675x Rn. 12.
[3] Vgl. auch MüKoHGB/*Linardatos* Zahlungsverkehr Rn. G 66 f.

Kartenaussteller veranlasst sehen, im Rahmen des datenschutzrechtlich Zulässigen Ausgabenprofile der Karteninhaber zu erstellen, um unberechtigten Erstattungsansprüchen nach § 675x BGB vorzubeugen. Rechtlich verpflichtet zur Erstellung solcher Profile sind die Kartenaussteller nicht.[4]

Ob das Erstattungsverlangen berechtigt ist, ob also ein Zahlungsbetrag unerwartet hoch iSv Abs. 1 S. 1 Nr. 2 ist, bleibt letztlich **Frage des Einzelfalls** und ist nur unter Berücksichtigung aller konkreten Umstände – Auswirkungen von Wechselkursänderungen bleiben außer Betracht, wenn der im Emissionsvertrag vereinbarte Referenzwechselkurs (→ Kap. 6 BGB § 675g Rn. 10 ff.) zugrunde gelegt wurde – zu entscheiden. Die **Beweislast** liegt **beim Karteninhaber.** 9

III. Geltendmachung und Inhalt des Anspruchs

Der Erstattungsanspruch ist innerhalb einer **Ausschlussfrist von acht Wochen** ab dem Datum, an dem die Belastung gebucht wurde, geltend zu machen. Dies gilt auch bei *Charge Cards* und *Credit Cards,* was zur Folge haben kann, dass der Karteninhaber, wenn er von der Belastungsbuchung erst über die monatliche Abrechnung erfährt, deutlich weniger als acht Wochen Zeit hat, den Anspruch geltend zu machen. Erforderlich ist eine fristgerechte **Erklärung gegenüber dem Kartenaussteller.** 10

Der Kartenaussteller muss ab Zugang des Erstattungsverlangens reagieren (Abs. 5 S. 1). Geht auch der Kartenaussteller vom Vorliegen der in § 675x Abs. 1 BGB genannten Voraussetzungen aus, **erstattet** er den **Zahlungsbetrag vollständig,** also nicht nur den überhöhten Betrag.[5] 11

Seit Einfügung von § 675x Abs. 1 S. 2 BGB im Jahr 2018 muss eine **valutarische Rückbuchung** vorgenommen werden.[6] Damit besteht heute eine Parallele zu § 675u S. 2 BGB. Wie dort (→ Kap. 6 BGB § 675u Rn. 5 ff.) ist im Recht der Kreditkarten auch bezüglich der Erfüllung des Anspruchs aus § 675x Abs. 1 BGB zwischen *Debit Cards* einerseits und *Charge Cards* und *Credit Cards* andererseits (allgemein dazu → Kap. 6 BGB Vor §§ 675f ff. Rn. 33 ff.) zu differenzieren: Wenn der Anspruch nach § 675x Abs. 1 BGB nicht (mehr) durch eine **Korrekturbuchung** im Kreditkartenkonto vorgenommen werden kann, besteht die Pflicht des Kartenausstellers zur **Erstattung des Betrags** auf das Girokonto des Karteninhabers, über welches die Kreditkartenumsätze abgerechnet werden. Unter Umständen führt das zu einem weitergehenden Anspruch des Karteninhabers in Form eines Zahlungsanspruchs (vgl. auch insofern die Parallele zu § 675u S. 2 BGB; → Kap. 6 BGB § 675u Rn. 7). 12

Lehnt der Kartenaussteller das Erstattungsverlangen des Karteinhabers ab, teilt er diesem die Gründe dafür mit. Außerdem muss er dann auf die Beschwerdemöglichkeiten gemäß §§ 60–62 ZAG und auf die Möglichkeit hinweisen, eine Schlichtungsstelle gemäß § 14 des UKlaG anzurufen. 13

---

[4] *Behavioural Scoring* ist darüber hinaus von Bedeutung für die in Art. 18 ff. VO (EU) 2018/389 geregelte Transaktionsrisikoanalyse: Zahlungsdienstleister, die elektronische Fernzahlungsvorgänge aufgrund ihres niedrigen Risikos von der starken Kundenauthentifizierung ausnehmen wollen, müssen nämlich „ungewöhnliche Zahlungsmuster des Zahlungsdienstnutzers im Vergleich zu seiner Zahlungsvorgangshistorie" erkennen können (Art. 18 Abs. 3d) VO (EU) 2018/389).

[5] Palandt/*Sprau* § 675x Rn. 5.

[6] MüKoBGB/*Zetzsche* § 675w Rn. 32; Palandt/*Sprau* § 675x Rn. 5.

§ 675y Haftung der Zahlungsdienstleister bei nicht erfolgter, fehlerhafter oder verspäteter Ausführung eines Zahlungsauftrags; Nachforschungspflicht

(1) [1] **Wird ein Zahlungsvorgang vom Zahler ausgelöst, kann dieser von seinem Zahlungsdienstleister im Fall einer nicht erfolgten oder fehlerhaften Ausführung des Zahlungsauftrags die unverzügliche und ungekürzte Erstattung des Zahlungsbetrags verlangen.** [2] **Wurde der Betrag einem Zahlungskonto des Zahlers belastet, ist dieses Zahlungskonto wieder auf den Stand zu bringen, auf dem es sich ohne den fehlerhaft ausgeführten Zahlungsvorgang befunden hätte.** [3] **Wird ein Zahlungsvorgang vom Zahler über einen Zahlungsauslösedienstleister ausgelöst, so treffen die Pflichten aus den Sätzen 1 und 2 den kontoführenden Zahlungsdienstleister.** [4] **Soweit vom Zahlungsbetrag entgegen § 675q Abs. 1 Entgelte abgezogen wurden, hat der Zahlungsdienstleister des Zahlers den abgezogenen Betrag dem Zahlungsempfänger unverzüglich zu übermitteln.** [5] **Weist der Zahlungsdienstleister des Zahlers nach, dass der Zahlungsbetrag ungekürzt beim Zahlungsdienstleister des Zahlungsempfängers eingegangen ist, entfällt die Haftung nach diesem Absatz.**

(2) [1] **Wird ein Zahlungsvorgang vom oder über den Zahlungsempfänger ausgelöst, kann dieser im Fall einer nicht erfolgten oder fehlerhaften Ausführung des Zahlungsauftrags verlangen, dass sein Zahlungsdienstleister diesen Zahlungsauftrag unverzüglich, gegebenenfalls erneut, an den Zahlungsdienstleister des Zahlers übermittelt.** [2] **Weist der Zahlungsdienstleister des Zahlungsempfängers nach, dass er die ihm bei der Ausführung des Zahlungsvorgangs obliegenden Pflichten erfüllt hat, hat der Zahlungsdienstleister des Zahlers dem Zahler gegebenenfalls unverzüglich den ungekürzten Zahlungsbetrag entsprechend Absatz 1 Satz 1 und 2 zu erstatten.** [3] **Soweit vom Zahlungsbetrag entgegen § 675q Abs. 1 und 2 Entgelte abgezogen wurden, hat der Zahlungsdienstleister des Zahlungsempfängers den abgezogenen Betrag dem Zahlungsempfänger unverzüglich verfügbar zu machen.**

(3) [1] **Wird ein Zahlungsvorgang vom Zahler ausgelöst, kann dieser im Fall einer verspäteten Ausführung des Zahlungsauftrags verlangen, dass sein Zahlungsdienstleister gegen den Zahlungsdienstleister des Zahlungsempfängers den Anspruch nach Satz 2 geltend macht.** [2] **Der Zahlungsdienstleister des Zahlers kann vom Zahlungsdienstleister des Zahlungsempfängers verlangen, die Gutschrift des Zahlungsbetrags auf dem Zahlungskonto des Zahlungsempfängers so vorzunehmen, als sei der Zahlungsvorgang ordnungsgemäß ausgeführt worden.** [3] **Wird ein Zahlungsvorgang vom Zahler über einen Zahlungsauslösedienstleister ausgelöst, so trifft die Pflicht aus Satz 1 den kontoführenden Zahlungsdienstleister.** [4] **Weist der Zahlungsdienstleister des Zahlers nach, dass der Zahlungsbetrag rechtzeitig beim Zahlungsdienstleister des Zahlungsempfängers eingegangen ist, entfällt die Haftung nach diesem Absatz.**

(4) [1] **Wird ein Zahlungsvorgang vom oder über den Zahlungsempfänger ausgelöst, kann dieser im Fall einer verspäteten Übermittlung des Zahlungsauftrags verlangen, dass sein Zahlungsdienstleister die Gutschrift des Zahlungsbetrags auf dem Zahlungskonto des Zahlungsempfängers so vornimmt, als sei der Zahlungsvorgang ordnungsgemäß ausgeführt worden.** [2] **Weist der Zahlungsdienstleister des Zahlungsempfängers nach, dass er den Zahlungsauftrag rechtzeitig an den Zahlungsdienstleister des Zahlers übermittelt hat, ist der Zahlungsdienstleister des Zahlers verpflichtet, dem Zahler gegebenenfalls unverzüglich den ungekürzten Zahlungsbetrag nach Absatz 1 Satz 1 und 2 zu erstatten.** [3] **Dies gilt nicht, wenn der Zahlungsdienstleister des Zahlers nachweist, dass der Zahlungsbetrag lediglich verspätet beim Zahlungsdienstleister des Zahlungsempfängers eingegangen ist.** [4] **In diesem Fall ist der Zahlungsdienstleister des Zahlungsempfängers verpflichtet, den Zahlungsbetrag entsprechend Satz 1 auf dem Zahlungskonto des Zahlungsempfängers gutzuschreiben.**

(5) [1] **Ansprüche des Zahlungsdienstnutzers gegen seinen Zahlungsdienstleister nach Absatz 1 Satz 1 und 2 sowie Absatz 2 Satz 2 bestehen nicht, soweit der Zahlungsauf-**

trag in Übereinstimmung mit der vom Zahlungsdienstnutzer angegebenen fehlerhaften Kundenkennung ausgeführt wurde. [2] In diesem Fall kann der Zahler von seinem Zahlungsdienstleister jedoch verlangen, dass dieser sich im Rahmen seiner Möglichkeiten darum bemüht, den Zahlungsbetrag wiederzuerlangen. [3] Der Zahlungsdienstleister des Zahlungsempfängers ist verpflichtet, dem Zahlungsdienstleister des Zahlers alle für die Wiedererlangung des Zahlungsbetrags erforderlichen Informationen mitzuteilen. [4] Ist die Wiedererlangung des Zahlungsbetrags nach den Sätzen 2 und 3 nicht möglich, so ist der Zahlungsdienstleister des Zahlers verpflichtet, dem Zahler auf schriftlichen Antrag alle verfügbaren Informationen mitzuteilen, damit der Zahler einen Anspruch auf Erstattung des Zahlungsbetrags geltend machen kann. [5] Der Zahlungsdienstleister kann mit dem Zahlungsdienstnutzer im Zahlungsdiensterahmenvertrag ein Entgelt für Tätigkeiten nach den Sätzen 2 bis 4 vereinbaren.

(6) **Ein Zahlungsdienstnutzer kann von seinem Zahlungsdienstleister über die Ansprüche nach den Absätzen 1 und 2 hinaus die Erstattung der Entgelte und Zinsen verlangen, die der Zahlungsdienstleister ihm im Zusammenhang mit der nicht erfolgten oder fehlerhaften Ausführung des Zahlungsvorgangs in Rechnung gestellt oder mit denen er dessen Zahlungskonto belastet hat.**

(7) **Wurde ein Zahlungsauftrag nicht oder fehlerhaft ausgeführt, hat der Zahlungsdienstleister desjenigen Zahlungsdienstnutzers, der einen Zahlungsvorgang ausgelöst hat oder über den ein Zahlungsvorgang ausgelöst wurde, auf Verlangen seines Zahlungsdienstnutzers den Zahlungsvorgang nachzuvollziehen und seinen Zahlungsdienstnutzer über das Ergebnis zu unterrichten.**

(8) **Wenn ein Fall des § 675d Absatz 6 Satz 1 Nummer 1 Buchstabe b vorliegt, ist § 675y Absatz 1 bis 4 auf die innerhalb des Europäischen Wirtschaftsraums getätigten Bestandteile des Zahlungsvorgangs nicht anzuwenden.**

Übersicht

I. Bedeutung der Norm im Kreditkartengeschäft

§ 675y BGB regelt die Ansprüche von Karteninhabern und Vertragsunternehmen in Fällen von **Leistungsstörungen** (Nichtleistung, Schlechtleistung und verspätete Leistung) **bei der Ausführung des Zahlungsauftrags.** Die Vorschrift ist zwar (in Teilen) auf das Kreditkartengeschäft anwendbar,[1] passt aber – ähnlich wie § 675r BGB und § 675s BGB sowie weite Teile von § 675t BGB – eher zu Überweisungen und SEPA-Lastschriften, weil Zahlungsbeträge nicht weitergeleitet werden, sondern der Einsatz der Kreditkarte das Entstehen des eigenständigen Zahlungsanspruchs (§ 780 BGB) des Vertragsunternehmens gegen den Kartenaussteller zur Folge hat.[2] 1

Da die Kreditkartenzahlung in der Terminologie des Zahlungsdiensterechts einen „über den Zahlungsempfänger" ausgelösten Zahlungsvorgang darstellt (→ Kap. 6 BGB Vor §§ 675ff. Rn. 24), können die entsprechenden **Haftungsansprüche** im Kreditkartengeschäft **nur nach Maßgabe von Abs. 2 und Abs. 4** (sowie Abs. 6) bestehen. Ansprüche des Karteninhabers gegen den Kartenaussteller im Deckungsverhältnis bestimmen sich nach Abs. 2 S. 2[3] und Abs. 4 S. 2, Ansprüche des Vertragsunternehmens gegen den Kartenaussteller nach Abs. 2 S. 1 und Abs. 4 S. 1. 2

[1] Erman/*Graf von Westphalen* § 675y Rn. 18.
[2] *Einsele* WM 2015, 1125 (1130 f.).
[3] Zur Abdingbarkeit gegenüber Unternehmern vgl. *Einsele* ZIP 2011, 1741 (1750).

3 Diese Ansprüche sind **verschuldensunabhängig** ausgestaltet. Sie betreffen nur mangelhaft ausgeführte **Zahlungsaufträge** (§ 675f Abs. 4 S. 2 BGB), **bei denen die Zahlungsvorgänge** (§ 675f Abs. 4 S. 1 BGB) **autorisiert** iSv § 675j BGB **sind;** für nicht autorisierte Zahlungsvorgänge gilt § 675u BGB.

4 **§ 675y BGB** ist im **Deckungs- und** im **Zuwendungsverhältnis abschließend** (§ 675z BGB), berührt aber weder das Abrechnungs-/*Clearing*-Verhältnis (vgl. dazu § 676a BGB) noch das Valutaverhältnis. Trotz des abschließenden Charakters können Folgeschäden (etwa nach § 280 BGB) geltend gemacht werden,[4] wofür nach § 675z S. 2 BGB eine Begrenzung auf 12.500 Euro vorgesehen sein kann. Die Haftung aus § 675y BGB kann – praktisch ist dies allerdings kaum relevant – nach § 676c BGB ausgeschlossen sein.

5 Die Ausschlussgründe in Abs. 5 haben im Kreditkartengeschäft kaum praktische Bedeutung, weil sich das Problem der fehlerhaften Kundenkennung allenfalls im Zuwendungsverhältnis stellt und auch das nur eine theoretische Möglichkeit ist: Zwar wird die Identifikation des Vertragsunternehmens gegenüber dem Kartenaussteller anhand von Kundenkennungen geschehen; diese sind aber stets die gleichen. Würde das Vertragsunternehmen allerdings tatsächlich seine eigene Kundenkennung falsch übermitteln, wäre eine Zahlung des Kartenausstellers an ein anderes Vertragsunternehmen kein fehlerhafter ausgeführter Zahlungsauftrag iSv Abs. 1 und Abs. 5, sondern aufgrund von § 675r Abs. 1 S. 2 BGB ein ordnungsgemäß ausgeführter.[5] Eine Haftung des Kartenausstellers wegen mangelhafter Ausführung wäre dann nach § 675y Abs. 5 BGB ausgeschlossen.

6 § 675y Abs. 2 BGB nennt als Leistungsstörungen bei der Ausführung des Zahlungsauftrags die nicht erfolgte und die fehlerhafte Ausführung. Die Ausführung eines Zahlungsauftrags ist nicht erfolgt, wenn sie gar nicht erst begonnen wurde oder gescheitert ist **(Nichtleistung).** Sie ist fehlerhaft, wenn der Zahlungsbetrag entweder beim falschen Empfänger oder zwar beim richtigen Empfänger, dort aber nicht vollständig (vgl. § 675q BGB) angekommen ist **(Schlechtleistung);** zu letzterem gehört auch ein nach § 675p BGB unzulässiger Abzug eines Entgelts (zum Disagio im Kreditkartengeschäft vgl. aber noch → Rn. 9). § 675y Abs. 4 BGB regelt Leistungsstörungen, bei denen der Zahlungsbetrag zwar beim richtigen Empfänger, dort aber verspätet (vgl. § 675s BGB) angekommen ist **(verspätete Leistung).**

7 Ist beim Einsatz der Kreditkarte keiner der beteiligten Zahlungsdienstleister innerhalb des Europäischen Wirtschaftsraums belegen, sind Abs. 1–4 nicht anzuwenden (§ 675e Abs. 2 Nr. 1 BGB iVm § 675d Abs. 6 S. 1 Nr. 2 BGB). Ist mindestens einer der Zahlungsdienstleister innerhalb und mindestens einer außerhalb des Europäischen Wirtschaftsraums belegen, gilt dasselbe in Bezug auf die innerhalb des Europäischen Wirtschaftsraums getätigten Bestandteile des Kreditkarteneinsatzes (§ 675y Abs. 8 iVm § 675d Abs. 6 S. 1 Nr. 1b) BGB).

II. Ansprüche im Zuwendungsverhältnis

8 Besteht die Leistungsstörung bei der Ausführung des Zahlungsauftrags in einer **Nichtleistung,** kann das Vertragsunternehmen vom Kartenaussteller verlangen, den **Zahlungsauftrag** unverzüglich, also ohne schuldhaftes Zögern (§ 121 Abs. 1 BGB), **erneut zu übermitteln** (Abs. 2 S. 1).

9 Im Fall der **Schlechtleistung** besteht in Bezug auf zu Unrecht abgezogene Entgelte ein **Zahlungsanspruch des Vertragsunternehmens** gegen den Kartenaussteller nach Abs. 2 S. 3. Die Kürzung des Anspruchs des Vertragsunternehmens aus § 780 BGB um den bei jedem Kreditkarteneinsatz entstehenden, umsatzabhängigen Entgeltanspruch des Kartenausstellers (Disagio; → BGB Vor §§ 675 ff. Rn. 50) erfolgt entsprechend den Bestimmun-

[4] Palandt/*Sprau* § 675y Rn. 1; Erman/*Graf von Westphalen* § 675y Rn. 5.

[5] Zur Maßgeblichkeit von § 675r Abs. 1 BGB in Bezug auf alle beteiligten Zahlungsdienstleister EuGH WM 2019, 1006 = BeckRS 2019, 3846; vgl. insofern auch *Jungmann* WuB 2019, 328 ff.

gen des Akquisitionsvertrags und in Übereinstimmung mit § 675p BGB; dieses Entgelt ist also nicht zu Unrecht iSv Abs. 2 S. 3 abgezogen.[6]

Im Fall der **verspäteten Leistung** (vgl. § 675s BGB) kann das Vertragsunternehmen nach Abs. 4 S. 1 vom Kartenaussteller verlangen, dass die Gutschrift so vorgenommen wird, als sei die Zahlung fristgerecht erfolgt. Dieser Anspruch kann den Ausgleich von vom Vertragsunternehmen gezahlten Sollzinsen umfassen.[7] 10

Da der selbständige Anspruch des Vertragsunternehmens aus § 780 BGB unabhängig davon entsteht, ob der Zahlungsauftrag vom Kartenaussteller ausgeführt wurde, ist die praktische Bedeutung von Abs. 2 und Abs. 4 bei Störungen im Zuwendungsverhältnis gering. Zudem ist § 675y BGB im Zuwendungsverhältnis regelmäßig abdingbar (§ 675e Abs. 4 BGB). 11

Das Vertragsunternehmen kann nach **Abs. 7** verlangen, dass der Kartenaussteller den Zahlungsvorgang nachvollzieht und ihn über das Ergebnis unterrichtet. Dieser Anspruch kann von Bedeutung sein, um die Gründe für die Leistungsstörungen bei der Ausführung des Zahlungsauftrags zu erkennen und ggf. für die Zukunft abzustellen. 12

III. Ansprüche im Deckungsverhältnis

Ansprüche für die nicht erfolgte, fehlerhafte oder verspätete Ausführung des Zahlungsauftrags nach § 675y BGB können im Deckungsverhältnis nur bestehen, wenn der Kartenaussteller im Zuwendungsverhältnis seine Pflichten erfüllt hat, Ansprüche nach Abs. 2 S. 1 bzw. Abs. 4 S. 1 also nicht gegeben sind. Ähnlich wie in Fällen der unautorisierten Zahlung (§ 675u S. 2 BGB) kann die Automatisierung der Zahlungsvorgänge zur Folge haben, dass eine Belastung des Kontos des Karteninhabers mit dem Zahlungsbetrag trotz der Leistungsstörungen bei der Ausführung des Zahlungsauftrags erfolgt, also obwohl der Aufwendungsersatzanspruch des Kartenausstellers nach §§ 675, 675c, 670 BGB nicht oder nicht in dieser Höhe besteht. Der Kartenaussteller ist dann nach Abs. 2 S. 2 bzw. Abs. 4 S. 2 zur **Erstattung des Zahlungsbetrags verpflichtet.** 13

Der **Inhalt des Erstattungsanspruchs** ist weitgehend identisch mit dem Inhalt des Erstattungsanspruchs nach § 675u S. 2 BGB (und seit 2018 auch nach § 675x Abs. 1 S. 2 BGB), variiert also bei *Charge Cards/Credit Cards* und *Debit Cards* (→ Kap. 6 BGB § 675u Rn. 5 ff.); allerdings stellt Abs. 6 einen eigenständigen Anspruch für zu Unrecht gezahlte Zinsen und Entgelte dar. 14

§ 675z Sonstige Ansprüche bei nicht erfolgter, fehlerhafter oder verspäteter Ausführung eines Zahlungsauftrags oder bei einem nicht autorisierten Zahlungsvorgang

[1]Die §§ 675u und 675y sind hinsichtlich der dort geregelten Ansprüche eines Zahlungsdienstnutzers abschließend. [2]Die Haftung eines Zahlungsdienstleisters gegenüber seinem Zahlungsdienstnutzer für einen wegen nicht erfolgter, fehlerhafter oder verspäteter Ausführung eines Zahlungsauftrags entstandenen Schaden, der nicht bereits von § 675y erfasst ist, kann auf 12.500 Euro begrenzt werden; dies gilt nicht für Vorsatz und grobe Fahrlässigkeit, den Zinsschaden und für Gefahren, die der Zahlungsdienstleister besonders übernommen hat. [3]Zahlungsdienstleister haben hierbei ein Verschulden, das einer zwischengeschalteten Stelle zur Last fällt, wie eigenes Verschulden zu vertreten, es sei denn, dass die wesentliche Ursache bei einer zwischengeschalteten Stelle liegt, die der Zahlungsdienstnutzer vorgegeben hat. [4]In den Fällen von Satz 3 zweiter Halbsatz haftet die von dem Zahlungsdienstnutzer vorgegebene zwischen-

[6] Ebenso MüKoHGB/*Linardatos* Zahlungsverkehr Rn. G 44.
[7] Vgl. MüKoBGB/*Zetzsche* § 675y Rn. 55.

geschaltete Stelle anstelle des Zahlungsdienstleisters des Zahlungsdienstnutzers. [5] § 675y Absatz 5 Satz 1 ist auf die Haftung eines Zahlungsdienstleisters nach den Sätzen 2 bis 4 entsprechend anzuwenden. [6] Wenn ein Fall des § 675d Absatz 6 Satz 1 Nummer 1 Buchstabe b vorliegt, ist § 675z Satz 3 auf die innerhalb des Europäischen Wirtschaftsraums getätigten Bestandteile des Zahlungsvorgangs nicht anzuwenden.

1 Mit **§§ 675u, 675y BGB** sollte ein weitgehend **abschließendes Regelungssystem** für alle Ansprüche von Karteninhaber und Vertragsunternehmen gegen den Kartenaussteller geschaffen werden – auch soweit es um die Erstattung von Entgelten und Zinsen geht.[1] Neben diesen beiden Vorschriften sind daher nach Satz 1 alle Ansprüche – unabhängig von ihrer Rechtsqualität und von ihrer Abhängigkeit von weiteren Voraussetzungen – ausgeschlossen, welche auf dieselbe Rechtsfolge gerichtet sind. Im Zuwendungsverhältnis können regelmäßig von § 675z BGB abweichende Regelungen getroffen werden (§ 675e Abs. 4 BGB).

2 Nicht vom Ausschluss nach § 675z BGB erfasst sind hingegen, wie sich aus Satz 2 ergibt, **Ansprüche auf Ersatz von Folgeschäden,** die eine nur mittelbare Folge von nicht autorisierten Zahlungsvorgängen oder von nicht, fehlerhaft oder verspätet ausgeführten Zahlungsaufträgen sind, also nicht unmittelbar im Verhältnis zum Kartenaussteller entstanden sind. Solche Ansprüche stellen die Ausnahme dar,[2] sind im Kreditkartengeschäft aber etwa dann denkbar, wenn die Erstattungsansprüche des Karteninhabers nach § 675u S. 2 BGB, § 675x Abs. 1 S. 2 BGB oder § 675y Abs. 2 S. 2 BGB erst zu einem Zeitpunkt entstehen, zu dem das (bei einem anderen Zahlungsdienstleister geführte) Girokonto des Karteninhabers bereits belastet war (→ Kap. 6 BGB § 675u Rn. 7; → Kap. 6 BGB § 675x Rn. 12; → Kap. 6 BGB § 675y Rn. 14).

3 Für Ansprüche dieser Art können die AGB des Emissionsvertrags bzw. des Akquisitionsvertrags eine **Begrenzung auf 12.500 Euro** vorsehen; von dieser Möglichkeit macht die Praxis Gebrauch.[3] Nicht zulässig ist diese Begrenzung bei vorsätzlichem oder grob fahrlässigem Handeln, für den Zinsschaden und für Gefahren, die der Kartenaussteller besonders übernommen hat. Zudem kann die summenmäßige Begrenzung in den AGB nicht wirksam für die Verletzung von Leben, Körper und Gesundheit vorgenommen werden; dies ist mehr für eine wirksame Vertragsgestaltung als für tatsächliche Haftungssituationen von Bedeutung.

4 In **Satz 3** und **Satz 4** sind das Verschulden und die Haftung zwischengeschalteter Stellen geregelt. Insofern ergeben sich für das **Abrechnungs-/*Clearing*-Verhältnis** keine kreditkartenspezifischen Besonderheiten. Die in Satz 5 enthaltene Haftungsregelung bezieht sich auf Zahlungsaufträge, bei denen Kundenkennungen fehlerhaft waren; es handelt sich eher um eine Klarstellung.[4] Im Kreditkartengeschäft hat diese Regelung keine praktische Bedeutung, weil aus falschen Kundenkennungen resultierende Probleme allenfalls im Zuwendungsverhältnis entstehen können und auch dort eher theoretischer Natur sind (→ Kap. 6 BGB § 675y Rn. 5).

§ 676 Nachweis der Ausführung von Zahlungsvorgängen

Ist zwischen dem Zahlungsdienstnutzer und seinem Zahlungsdienstleister streitig, ob der Zahlungsvorgang ordnungsgemäß ausgeführt wurde, muss der Zahlungsdienstleister nachweisen, dass der Zahlungsvorgang ordnungsgemäß aufgezeichnet und verbucht sowie nicht durch eine Störung beeinträchtigt wurde.

[1] BT-Drs. 16/11643, 118.
[2] BeckOGK BGB/*Köndgen* § 675z Rn. 24.
[3] Vgl. auch BeckOGK BGB/*Köndgen* § 675z Rn. 26.
[4] Palandt/*Sprau* § 675z Rn. 7; MüKoBGB/*Zetzsche* § 675z Rn. 30.

§ 676 BGB enthält eine **Beweislastverteilung** für das **Deckungs- und Zuwendungsverhältnis;** im Zuwendungsverhältnis ist aber eine abweichende Regelung regelmäßig möglich (§ 675e Abs. 4 BGB). Die Vorschrift hat insbesondere Auswirkungen auf die Beweisführungschancen von Karteninhabern und Vertragsunternehmen bei der Geltendmachung von Ansprüchen nach §§ 675u S. 2, 675y Abs. 2 und § 675z S. 2 BGB gegen den Kartenaussteller. 1

§ 676 BGB betrifft den Streit um einen ordnungsgemäß ausgeführten Zahlungsvorgang (iSv § 675f Abs. 4 S. 1 BGB). Zwar ist damit beim Kreditkartengeschäft der **Zahlungsvorgang iwS** (→ Kap. 6 BGB § 675f Rn. 5) – also sowohl der Transfer des Zahlungsbetrags (abzüglich des *Disagios*) vom Kartenaussteller zum Vertragsunternehmen als auch der Transfer des Zahlungsbetrags vom Karteninhaber zum Kartenaussteller – gemeint, nicht aber – wie in § 675y BGB – der Zahlungsauftrag (iSv § 675f Abs. 4 S. 2 BGB). Ein **Zahlungsvorgang** ist nur dann **ordnungsgemäß** ausgeführt, wenn der Transfer des Zahlungsbetrags gemäß dem Vereinbarten vollständig, fristgerecht und an den richtigen Empfänger erfolgte. 2

Im **Streitfall** muss der **Kartenaussteller** sowohl gegenüber dem Karteninhaber als auch gegenüber dem Vertragsunternehmen **nachweisen,** dass der Zahlungsvorgang ordnungsgemäß aufgezeichnet und verbucht sowie nicht durch eine Störung beeinträchtigt wurde. Damit zeigt sich eine Parallele zu Fällen, in denen die Autorisierung eines ausgeführten Zahlungsvorgangs streitig ist (§ 675w BGB). Auch insofern hat der Zahlungsdienstleister nachzuweisen, dass der Zahlungsvorgang ordnungsgemäß aufgezeichnet, verbucht sowie nicht durch eine Störung beeinträchtigt wurde; zusätzlich muss er dann aber darlegen, dass eine Authentifizierung erfolgt ist. 3

So wenig wie durch § 675w BGB (→ Kap. 6 BGB § 675w Rn. 11), so wenig ist durch § 676 BGB ausgeschlossen, auf § 286 ZPO und die insofern entwickelten Grundsätze der tatrichterlichen Beweiswürdigung zurückzugreifen und die Umstände des Einzelfalls zu berücksichtigen.[1] Der **Nachweis** der ordnungsgemäßen Ausführung **mit anderen Mitteln** ist **möglich.** Es gibt also gerade keine unwiderlegliche Vermutung, dass keine ordnungsgemäße Ausführung erfolgt ist, wenn der Kartenaussteller nicht nachweisen kann, dass der Zahlungsvorgang ordnungsgemäß aufgezeichnet und verbucht sowie nicht durch eine Störung beeinträchtigt wurde.[2] 4

§ 676a Ausgleichsanspruch

(1) **Liegt die Ursache für die Haftung eines Zahlungsdienstleisters gemäß den §§ 675u, 675y und 675z im Verantwortungsbereich eines anderen Zahlungsdienstleisters, eines Zahlungsauslösedienstleisters oder einer zwischengeschalteten Stelle, so kann der Zahlungsdienstleister von dem anderen Zahlungsdienstleister, dem Zahlungsauslösedienstleister oder der zwischengeschalteten Stelle den Ersatz des Schadens verlangen, der ihm aus der Erfüllung der Ansprüche eines Zahlungsdienstnutzers gemäß den §§ 675u, 675y und 675z entsteht.**

(2) **Ist zwischen dem kontoführenden Zahlungsdienstleister des Zahlers und einem Zahlungsauslösedienstleister streitig, ob ein ausgeführter Zahlungsvorgang autorisiert wurde, muss der Zahlungsauslösedienstleister nachweisen, dass in seinem Verantwortungsbereich eine Authentifizierung erfolgt ist und der Zahlungsvorgang ordnungsgemäß aufgezeichnet sowie nicht durch eine Störung beeinträchtigt wurde.**

(3) **Ist zwischen dem kontoführenden Zahlungsdienstleister des Zahlers und einem Zahlungsauslösedienstleister streitig, ob ein Zahlungsvorgang ordnungsgemäß ausgeführt wurde, muss der Zahlungsauslösedienstleister nachweisen, dass**

[1] BeckOGK BGB/*Zahrte* § 676 Rn. 9; MüKoBGB/*Zetzsche* § 676 Rn. 6.

[2] So aber Palandt/*Sprau* § 676 Rn. 2; BeckOK BGB/*Schmalenbach* § 676 Rn. 2; im Ergebnis ebenso (aber dogmatisch unzutreffend von einer Fiktion ausgehend) Staudinger/*Omlor* § 676 Rn. 3.

1. der Zahlungsauftrag dem kontoführenden Zahlungsdienstleister gemäß § 675n zugegangen ist und
2. der Zahlungsvorgang im Verantwortungsbereich des Zahlungsauslösedienstleisters ordnungsgemäß aufgezeichnet sowie nicht durch eine Störung beeinträchtigt wurde.

1 § 676a BGB betrifft allein das Verhältnis zwischen mehreren am Kreditkartengeschäft beteiligten Zahlungsdienstleistern, also das **Abrechnungs-/*Clearing*-Verhältnis.** Die Norm hat nur für die explizit genannten § 675u BGB, § 675y BGB und § 675z BGB Bedeutung. Im Bereich von § 675v BGB stellt § 675v Abs. 4 BGB die abschließende Regelung dar.

2 Im Anwendungsbereich von § 676a BGB kommt es darauf an, welche Beteiligten in welcher Rolle an der nicht erfolgten oder fehlerhaften Ausführung eines Zahlungsauftrags bzw. an einem nicht autorisierten Zahlungsvorgang beteiligt waren (zu den Rechtspositionen der Beteiligten → Kap. 6 BGB Vor §§ 675f ff. Rn. 12 ff.). Davon abgesehen ergeben sich aus § 676a BGB, der die Regressmöglichkeiten im Abrechnungs-/*Clearing*-Verhältnis deutlich vereinfacht,[1] **keine** besonders herausstellungswürdigen **kreditkartenspezifischen Besonderheiten.**

3 Durch § 676a BGB erreicht bzw. erleichtert werden soll unter Berücksichtigung der im Vergleich zu den mittels Kreditkarte gezahlten Beträgen mitunter hohen Transaktionskosten im Verhältnis der beteiligten Zahlungsdienstleister untereinander eine **sachgerechte Allokation der Risiken des Kreditkartengeschäfts** und eine abgestufte Verantwortlichkeit für dieselben.[2]

§ 676b Anzeige nicht autorisierter oder fehlerhaft ausgeführter Zahlungsvorgänge

(1) **Der Zahlungsdienstnutzer hat seinen Zahlungsdienstleister unverzüglich nach Feststellung eines nicht autorisierten oder fehlerhaft ausgeführten Zahlungsvorgangs zu unterrichten.**

(2) [1] **Ansprüche und Einwendungen des Zahlungsdienstnutzers gegen den Zahlungsdienstleister nach diesem Unterkapitel sind ausgeschlossen, wenn dieser seinen Zahlungsdienstleister nicht spätestens 13 Monate nach dem Tag der Belastung mit einem nicht autorisierten oder fehlerhaft ausgeführten Zahlungsvorgang hiervon unterrichtet hat.** [2] **Der Lauf der Frist beginnt nur, wenn der Zahlungsdienstleister den Zahlungsdienstnutzer über die den Zahlungsvorgang betreffenden Angaben gemäß Artikel 248 §§ 7, 10 oder § 14 des Einführungsgesetzes zum Bürgerlichen Gesetzbuche unterrichtet hat; anderenfalls ist für den Fristbeginn der Tag der Unterrichtung maßgeblich.**

(3) **Für andere als die in § 675z Satz 1 genannten Ansprüche des Zahlungsdienstnutzers gegen seinen Zahlungsdienstleister wegen eines nicht autorisierten oder fehlerhaft ausgeführten Zahlungsvorgangs gilt Absatz 2 mit der Maßgabe, dass der Zahlungsdienstnutzer diese Ansprüche auch nach Ablauf der Frist geltend machen kann, wenn er ohne Verschulden an der Einhaltung der Frist verhindert war.**

(4) [1] **Wurde der Zahlungsvorgang über einen Zahlungsauslösedienstleister ausgelöst, sind Ansprüche und Einwendungen des Zahlungsdienstnutzers gegen seinen kontoführenden Zahlungsdienstleister ausgeschlossen, wenn der Zahlungsdienstnutzer den kontoführenden Zahlungsdienstleister nicht spätestens 13 Monate nach dem Tag der Belastung mit einem nicht autorisierten oder fehlerhaften Zahlungsvorgang hiervon unterrichtet hat.** [2] **Der Lauf der Frist beginnt nur, wenn der kontoführende Zahlungsdienstleister den Zahlungsdienstnutzer über die den Zahlungsvorgang betreffenden**

[1] Vgl. auch *Grundmann* WM 2009, 1109 (1116).
[2] Überzeugend BeckOGK BGB/*Köndgen* § 676a Rn. 5.

Angaben gemäß Artikel 248 §§ 7, 10 oder 14 des Einführungsgesetzes zum Bürgerlichen Gesetzbuche unterrichtet hat; anderenfalls ist für den Fristbeginn der Tag der Unterrichtung durch den kontoführenden Zahlungsdienstleister maßgeblich.

(5) **Für andere als die in § 675z Satz 1 BGB genannten Ansprüche des Zahlungsdienstnutzers gegen seinen kontoführenden Zahlungsdienstleister oder gegen den Zahlungsauslösedienstleister wegen eines nicht autorisierten oder fehlerhaft ausgeführten Zahlungsvorgangs gilt Absatz 4 mit der Maßgabe, dass**

1. **die Anzeige an den kontoführenden Zahlungsdienstleister auch zur Erhaltung von Ansprüchen und Einwendungen des Zahlungsdienstnutzers gegen den Zahlungsauslösedienstleister genügt und**
2. **der Zahlungsdienstnutzer seine Ansprüche gegen den kontoführenden Zahlungsdienstleister oder gegen den Zahlungsauslösedienstleister auch nach Ablauf der Frist geltend machen kann, wenn er ohne Verschulden an der Einhaltung der Frist verhindert war.**

§ 676b Abs. 1 BGB stellt die **Obliegenheit von Karteninhaber** und **Vertragsunternehmen** auf, den Kartenaussteller unverzüglich, also ohne schuldhaftes Zögern (§ 121 Abs. 1 BGB), nach Feststellung eines nicht autorisierten oder fehlerhaft ausgeführten Zahlungsvorgangs zu informieren. Zu beachten sind insofern die **Informationspflichten des Kartenausstellers** bei einzelnen Zahlungsvorgängen und nach Zugang eines Zahlungsauftrags gemäß Art. 248 §§ 7, 10, 14 EGBGB. 1

Neben dieser Obliegenheit besteht für den **Karteninhaber** nach **§ 675l Abs. 1 S. 2 BGB** die **Pflicht zur Verlustanzeige;** er muss also den Verlust, den Diebstahl, die missbräuchliche Verwendung oder die sonstige nicht autorisierte Nutzung der Kreditkarate unverzüglich anzeigen, nachdem er hiervon Kenntnis erlangt hat. Erfüllt der Karteninhaber seine Pflicht aus § 675l Abs. 1 S. 2 BGB, wird er im Regelfall auch seiner Anzeigeobliegenheit nach Abs. 1 nachgekommen sein; dies gilt auch, wenn die Verlustanzeige nach § 675l Abs. 1 S. 2 BGB nicht gegenüber dem Kartenaussteller, sondern gegenüber einer von ihm benannten Stelle erfolgt. 2

Ähnlich wie bei § 675l Abs. 1 BGB (→ Kap. 6 BGB § 675l Rn. 19) besteht über den Wortlaut von § 676b BGB hinaus die Anzeigeobliegenheit auch dann, wenn (lediglich) die konkrete und begründete **Gefahr** besteht, dass ein **Zahlungsvorgang nicht autorisiert oder fehlerhaft ausgeführt** worden ist. 3

Konsequenzen der Verletzung der Anzeigeobliegenheit können sich, in Form eines **Rechtsverlusts** des Karteninhabers bzw. des Vertragsunternehmens, nur in Bezug auf Ansprüche (und Einwendungen) aus § 675u bis § 676c BGB ergeben (Abs. 2). Diese sind – vorbehaltlich einer fehlenden oder fehlerhaften Unterrichtung nach Art. 248 §§ 7, 10, 14 EGBGB – ausgeschlossen, wenn der Kartenaussteller nicht innerhalb einer grundsätzlich **verschuldensunabhängigen** (vgl. aber noch Abs. 3) **Ausschlussfrist** von dreizehn Monaten nach dem Tag der Belastung mit einem nicht autorisierten oder fehlerhaft ausgeführten Zahlungsvorgang unterrichtet worden ist. Vom **Ausschluss** erfasst sind, wie sich mittelbar auch aus § 675z BGB ergibt, auch **inhaltsgleiche Ansprüche,** die auf anderen Anspruchsgrundlagen fußen;[1] dies gilt auch für Ansprüche aus Bereicherungsrecht.[2] 4

Die Ausschlussfrist von dreizehn Monaten ist nicht immer verschuldensunabhängig. **Abs. 3** erlaubt für andere als die in § 675z S. 1 BGB genannten Ansprüche – also alle nicht in § 675u und § 675y BGB geregelten Ansprüche und auch Ansprüche auf den Ersatz von Folgeschäden –, dass sie auch noch später geltend gemacht werden können, wenn der Karteninhaber bzw. das Vertragsunternehmen die Frist ohne Verschulden hat verstreichen lassen. 5

---

[1] Ebenso Palandt/*Sprau* § 676b Rn. 5; iE wohl auch *Grundmann* WM 2009, 1109 (1116).
[2] Vgl. OLG Schleswig NJW-RR 2016, 1245.

6 Dass es möglich sein soll, die Ausschlussfrist von dreizehn Monaten durch Bestimmungen in den AGB zu verkürzen,[3] erscheint zweifelhaft. Im Zuwendungsverhältnis hingegen kann regelmäßig eine andere Frist vereinbart werden (§ 675e Abs. 4 BGB).

7 **Abs. 4 und Abs. 5** regeln die Anwendung von Abs. 2 und Abs. 3 bei Einschaltung eines Zahlungsauslösedienstleisters. Diese werden im Leistungsstörungsrecht des Zahlungsdiensterechts gleichsam ausgeblendet. Die anspruchs- und einwendungserhaltende Unterrichtung des Karteninhabers nach Abs. 1 muss also stets den Kartenaussteller (bzw. eine von diesem benannte Stelle) erreichen; freilich kann ein Zahlungsauslösedienstleister zur Entgegennahme der Unterrichtung ermächtigt sein (vgl. auch schon → Rn. 2).[4] Dies stellt aber keine kreditkartenspezifische Besonderheit dar.

§ 676c Haftungsausschluss

Ansprüche nach diesem Kapitel sind ausgeschlossen, wenn die einen Anspruch begründenden Umstände

1. **auf einem ungewöhnlichen und unvorhersehbaren Ereignis beruhen, auf das diejenige Partei, die sich auf dieses Ereignis beruft, keinen Einfluss hat, und dessen Folgen trotz Anwendung der gebotenen Sorgfalt nicht hätten vermieden werden können, oder**
2. **vom Zahlungsdienstleister auf Grund einer gesetzlichen Verpflichtung herbeigeführt wurden.**

1 § 676c BGB schafft einen **eigenständigen Haftungsausschluss** für alle in §§ 675j–676a BGB normierten Ansprüche, unabhängig von der Person des Anspruchsinhabers oder -gegners und unabhängig von etwaigen Verschuldenserfordernissen; Nr. 2 kann allerdings nur Umstände betreffen, die der Kartenaussteller herbeigeführt hat. Im Kreditkartengeschäft findet die Norm damit im **Deckungs-**, im **Zuwendungs- und** im **Abrechnungs-/*Clearing*-Verhältnis** Anwendung; das Valutaverhältnis lässt sie unberührt. Nach dem Telos der Vorschrift sind auch Ansprüche wegen Folgeschäden (→ Kap. 6 BGB § 675z Rn. 2) von § 676c BGB erfasst.

2 Der Ausschlussgrund nach **Nr. 1** ist gegeben, wenn **kumulativ**[1] die folgenden **Voraussetzungen** vorliegen: Das Ereignis muss ungewöhnlich und unvorhersehbar gewesen sein; die Partei, die sich darauf beruft, darf auf das Eintreten des Ereignisses keinen Einfluss gehabt haben, und die Folgen des Ereignisses wären auch bei Beachtung der gebotenen Sorgfalt eingetreten.

3 § 676c Nr. 1 BGB ist **restriktiv** auszulegen;[2] dies gilt insbesondere, wenn es um einen Haftungsausschluss zugunsten des Kartenausstellers geht. Im Kern erfasst sind Vorkommnisse wie Bombendrohungen, Kriege, Streiks, Unwetter etc, die in der Sache unter den (in § 676c BGB allerdings bewusst nicht verwendeten) Begriff „höhere Gewalt" zu fassen sind.[3] Zwar können auch weniger gewichtige Ereignisse unter Nr. 1 fallen.[4] Doch durch Nr. 1 lässt sich nicht der im Bereich des Zahlungsdiensterechts unbestrittene Grundsatz, dass das Risiko eines Drittmissbrauchs (bis auf den nach § 675v Abs. 1 BGB vom Zahler ggf. zu tragenden Betrag von 50 €) stets dem Zahlungsdienstleister zugewiesen ist,[5] aus-

---

[3] So Staub/*Grundmann* BankvertragsR 3. Teil Rn. 538.
[4] Vgl. MüKoBGB/*Zetzsche* § 676b Rn. 17 f.

[1] Staudinger/*Omlor* § 676c Rn. 3; **aA** (in Bezug auf die letzte Voraussetzung) BeckOGK BGB/*Köndgen* § 676c Rn. 18.
[2] *Jungmann* EWiR 2019, 225 (226); sehr ähnlich MüKoBGB/*Zetzsche* § 676c Rn. 11.
[3] *Jungmann* EWiR 2019, 225 (226).
[4] Palandt/*Sprau* § 676c Rn. 2.
[5] Vgl. *Langenbucher* FS Köndgen, 2016, 383 (386).

hebeln.[6] Insofern ist der Anwendungsbereich von § 675c Nr. 1 BGB teleologisch zu reduzieren.[7]

Entscheidend sind letztlich stets die Umstände des Einzelfalls, und zwar auch aus Sicht des Karteninhabers: So kann, wenn die Kreditkarte zum Beispiel bei einem Raubüberfall entwendet wurde, die (summenmäßig begrenzte) Haftung des Karteninhabers nach § 675v Abs. 1 BGB gemäß § 676c BGB ausgeschlossen sein; je nach Ort und Zeit des Überfalls und je nach Verhalten des Karteninhabers kann – unter Berücksichtigung von § 675v Abs. 2 BGB – aber auch das Gegenteil der Fall sein.[8] **4**

Wurde der anspruchsbegründende Umstand vom Kartenaussteller aufgrund einer gesetzlichen Verpflichtung herbeigeführt, findet der **Ausschlussgrund** nach **Nr. 2** Anwendung. Er greift beispielsweise, wenn ein Gläubiger des Karteninhabers einen Anspruch des Karteninhabers gegen den Kartenaussteller gepfändet hat oder wenn die Kreditkarte aufgrund einer behördlichen Anordnung gesperrt wurde. Nicht anspruchsbezogene Parallelbestimmungen zu Nr. 2 finden sich in § 675k Abs. 2 S. 4 BGB und in § 675o Abs. 1 S. 3 BGB. **5**

[6] Zutreffend LG Düsseldorf BKR 2019, 154 (155); vgl. auch OLG Frankfurt BKR 2017, 526; MüKoHGB/*Linardatos* Zahlungsverkehr Rn. G 46.; bedenklich hingegen OLG Schleswig NJW-RR 2019, 680.
[7] BeckOGK BGB/*Köndgen* § 676c Rn. 26; *Jungmann* EWiR 2019, 225 (226).
[8] Vgl. auch MüKoBGB/*Zetzsche* § 676c Rn. 15.

7. Kapitel: Debitkarte (Bankkarte; Zahlungskarte) – §§ 675f–675y BGB

Literatur: *Aepfelbach/Cimiotti,* Zur Sicherheit des ec-Kartensystems, WM 1998, 1218; *Ahlers,* Die neuen Bedingungen für ec-Karten, WM 1995, 601; *Ahrens,* Wertpapiere in Zahlungssystemen, 1997; *Balzer,* Bankkunden-Karten (Debitkarten), in: *Horn/Heymann* (Hrsg.), HGB, 2. Aufl. 2005, Anhang § 372. Bankgeschäfte, Rn. V/152 ff.; *Baumbach/Hefermehl/Casper* (Hrsg.), Wechselgesetz und Scheckgesetz, Recht der kartengestützten Zahlungen, 23. Aufl. 2008, S. 627 ff.; *Bautsch/Zahrte,* Die „SEPA-Migrationsverordnung“, BKR 2012, 229; *Bertelmann,* Das BGB-Zahlungsdienstrecht im Kontext der Single Euro Payments Area, Diss. Saarbrücken 2011; *Bertrams,* Point-of-Sale: Das Zahlungssystem der Zukunft?, ZIP 1985, 963; *Bieber,* Rechtsprobleme des ec-Geldautomatengeschäfts, WM 1987, Sonderbeil. 6; *Bröcker,* Funktion und Begründung des abstrakten Schuldversprechens bei Giroüberweisung, Kreditkartengeschäft und POS-System, WM 1995, 468; *Brockmeier,* Das POS-System des deutschen Kreditgewerbes, 1991; *Bucher,* Die Risikoverteilung bei der Benutzung moderner elektronischer kartengesteuerter Zahlungssysteme, 1992; *Canaris,* Bankvertragsrecht, 3. Aufl. 1988; *Deider,* Mißbrauch von Scheckkarte und Kreditkarte durch den berechtigten Karteninhaber, 1989; *Eggers/Goerth,* Die Haftung des Bankkunden für unbefugte Abhebungen mittels ec-Karte und PIN, JuS 2005, 492; *Einsele,* Bank- und Kapitalmarktrecht, 4. Aufl. 2018, § 6 B III; *Einsele,* Der bargeldlose Zahlungsverkehr – Anwendungsfall des Garantievertrags oder abstrakten Schuldversprechens?, WM 1999, 1801; *Eisele,* Payment Card Crime: Skimming, CR 2011, 131; *Escher,* Bankrechtsfragen des elektronischen Geldes im Internet, WM 1997, 1173; *Fischer,* EG-Empfehlungen zum kartengesteuerten Zahlungsverkehr, WM 1989, 397; *Gößmann,* Aspekte der ec-Karten-Nutzung, WM 1998, 1264; *Gößmann,* Rechtsfragen neuer Techniken des bargeldlosen Zahlungsverkehrs (Geldkarte, Kreditkarte), in: Horn/Schimansky (Hrsg.), RWS-Forum Bankrecht 1998, 1998, S. 145; *Gößmann,* Zustandekommen der Zahlungsgarantie im elektronischen Zahlungsverkehr, FS Schimansky, 1999, 145; *Gößmann/Bredenkamp,* Phishing, Vishing, Spoofing, Pharming oder Sniffing, FS Nobbe, 2009, 93; *Groß,* Rechtliche Aspekte zum System „Geldkarte“, FS Schimansky, 1999, 165; *Grundmann,* Die ec-Karte als selbständiges Zahlungsinstrument mit Ausnahme der elektronischen Geldbörse, in: Bankrechtstag 1998, 1999, S. 37; *Günther,* Beweiserschütterung und -vereitelung beim Bankkarten-Anscheinsbeweis, WM 2013, 496; *Günther,* Bankkarten: Anscheinsbeweis quo vadis?, BankPraktiker 2011, 300; *Hanau,* Handeln unter fremder Nummer, Diss. Köln 2004; *Hanau,* Handeln unter fremder Nummer, VersR 2005, 1215; *Harbeke,* Die POS-Systeme der deutschen Kreditwirtschaft, WM 1994, Sonderbeil. 1, S. 3–15; *Harbeke,* Die vertragliche Grundlage zwischen Bank und Kunde für die Verwendung der Eurocheque-Karte, WM 1989, 1709; *Harbeke,* Neue Bedingungen für die Verwendung der ec-Karte, ZIP 1995, 250; *Heermann,* Geld und Geldgeschäfte, 2003, § 15; *Hess,* Kontrahierungszwang und Preiskontrolle bei der Geldautomatennutzung?, WM 2010, 1971; *Hoeren,* Die neuen „Bedingungen für den ec-Service“, NJW 1995, 2473; *Hoeren/Kairies,* Der Anscheinsbeweis im Bankbereich – aktuelle Entwicklungen, WM 2015, 549; *Hofmann,* Die ec-/maestro-Karte als Rektapapier, WM 2005, 1305; *Hofmann,* Schadensverteilung bei Missbrauch der ec-Karte, WM 2005, 441; *Hofmann,* Haftung im Zahlungsverkehr, BKR 2014, 105; *Hönn,* Kartellrechtliche Probleme moderner Zahlungssysteme, ZBB 1991, 6; *Kaiser,* Die Barabhebung vom laufenden Konto in der Bundesrepublik Deutschland und Großbritannien unter besonderer Berücksichtigung des Geldautomaten, 1990; *Koller,* Missbräuchliche Verwendung von Zahlungskarten und „moral hazard“ im Lichte des § 676h BGB, FS Kümpel, 2003, 315; *Koch,* ec-Kassen und POS-System (Point-of-Sale). Geldkarte, in: *Schimansky/Bunte/Lwowski* (Hrsg.), Bankrechts-Handbuch, 5. Aufl. 2017, § 68; *Koch,* Zahlungsverkehr, in: *Fischer/Klanten* (Hrsg.), Bankrecht, 4. Aufl. 2010, Kap. 10; *Kollrus,* Missbräuchliche Abhebung von Bargeld an Geldautomaten, MDR 2012, 377; *Kümpel/Mühlbert/Früh/Seyfried,* Bank- und Kapitalmarktrecht, 5. Aufl. 2019; *Langenbucher,* Die Risikozuordnung im bargeldlosen Zahlungsverkehr, 2001; *Linardatos,* Das Haftungssystem im bargeldlosen Zahlungsverkehr nach Umsetzung der ZDRL, 2013; *Metz,* Kreditkartenmissbrauch und Systemsicherheit von Geldautomaten – Anscheinsbeweis und grobe Fahrlässigkeit, BKR 2003, 512; *Fandrich,* Bankkartenbedingungen, in: *Graf v. Westphalen/Thüsing* (Hrsg.), Vertragsrecht und AGB-Klauselwerke, 44. Aufl. 2020; *Pleyer,* Materiellrechtliche und Beweisfragen bei der Nutzung von EC-Geldausgabeautomaten, FS Baumgärtel, 1990, 439; *Recktenwald,* Der Schadensfall bei EC-Karte und Netz, AnwBl. 2009, 265; *Reiser,* Die Rechtsgrundlagen für das POS-System der deutschen Kreditwirtschaft („electronic cash“), WM-Sonderbeil. 3/1989; *Rodewald,* Der Business Case für elektronische Kartenzahlungssysteme, WM 1997, 1520; *Russenschuck,* Die Auszahlung von Bargeld an Automaten nach deutschem Zivilrecht, 2002; *Scheibengruber,* Zur Zulässigkeit der Verlagerung des Missbrauchsrisikos bei Zahlungsdiensten auf die Nutzer, BKR 2010, 15; *Scheibengruber,* Unzulässige AGB-Klauseln in den neuen Bedingungen für Zahlungskarten und Onlinebanking, NJOZ 2010, 1366; *Schinkels,* Die Verteilung des Haftungsrisikos für Drittmissbrauch von Medien des bargeldlosen Zahlungsverkehrs, 2001; *Schinkels,* Zur Rechtsnatur der Debitkarte – Zugleich Erwiderung auf Ahrens und Hofmann, WM 2006, 841; *Scholtyssek,* Die ec-Karte, in: *Theewen* (Hrsg.), Bank- und Kapitalmarktrecht, 2010, Kontoverbindung und Zahlungsverkehr, C; *Schröter,* Die neuen Bedingungen für ec-Karten, ZBB 1995, 395; *Schulte am Hülse/Welchering,* Der Anscheinsbeweis bei missbräuchlicher Bargeldabhebung an Geldautomaten mit Karte und Geheimzahl, NJW 2012, 1262; *Schulte am Hülse/*

Klabunde, Abgreifen von Bankzugangsdaten im Onlinebanking, MMR 2010, 84; *Spindler,* Haftungsrisiken und Beweislast bei ec-Karten, BB 2004, 2766; *Strube,* Haftungsrisiken der ec-Karte, WM 1998, 1210; *Strube,* Richter und Technik – Zur Sicherheit der PIN Systeme von Banken, BKR 2004, 497; *Wand,* Die neuen Bedingungen der privaten Banken für ec-Karten und den Scheckverkehr, ZIP 1996, 214; *Werner,* Anscheinsbeweis und Sicherheit des ec-PIN-Systems im Lichte der neueren Rechtsprechung, WM 1997, 1516; *Werner,* Der Anscheinsbeweis und die ec Karte, BKR 2004, 502; *Werner,* Kartengesteuerte Zahlungssysteme, in: *Kümpel/u. a.* (Hrsg.), Bank- und Kapitalmarktrecht, 5. Aufl. 2019, Teil 4, 7. Abschnitt.

Vorbemerkung vor § 675f ff. BGB

Übersicht

I. Der multifunktionale Einsatz der Debitkarte

1 Die Debitkarte hat sich als **Karte mit multifunktionalen Einsatzmöglichkeiten** aus dem sog. **eurocheque-Verfahren (ec-Kartenverfahren)** entwickelt.[1] Entscheidende Besonderheit des eurocheques war eine Garantiehaftung der bezogenen Bank gegenüber dem Schecknehmer. Hierzu musste bei der Ausstellung des Schecks die Nummer der ec-Karte auf der Rückseite des im Übrigen formgültigen Schecks eingetragen werden und der Name der bezogenen Bank sowie Kontonummer und Unterschriften auf dem eurocheque mit jenen auf der ec-Karte übereinstimmen. Die hierdurch ausgelöste Garantiehaftung der bezogenen Bank war zeitlich durch die Garantiefrist und in der Höhe von zuletzt DM 400,– begrenzt.

2 Dieses papiergebundene Verfahren trat mit der Ausweitung des bargeldlosen Zahlungsverkehrs kontinuierlich in den Hintergrund. In Reaktion hierauf wurde nach einer Änderung der Bedingungen des eurocheque-Verfahrens mit Ablauf des 31.12.2001 keine Garantie mehr von den bezogenen Banken übernommen.

3 (Faktischer) Nachfolger des eurocheque wurde im Zuge der Ausweitung des bargeldlosen Zahlungsverkehrs die **Debitkarte als Multifunktionskarte** (va die sog. *girocard*).[2] Sie bietet zahlreiche Verwendungsmöglichkeiten mit und ohne Eingabe einer Persönlichen Identifikationsnummer (PIN).[3] Es handelt sich bei der Debitkarte um eine Bankkarte mit Magnetstreifen, die zusammen mit einer PIN an den Bankkunden ausgegeben wird. Sie ist eine Zahlungskarte gem. § 1 Abs. 1 S. 2 Nr. 3b ZAG; zusammen mit der PIN ist die Karte ein Zahlungsinstrument iSd § 1 Abs. 20 ZAG. Freilich besteht eine **Uneinheitlichkeit der Terminologie.**[4]

4 Die **wesentlichen Einsatzmöglichkeiten** der Debitkarte sind **Bargeldabhebungen** am institutseignen wie am institutsfremden Geldautomaten[5] sowie die Nutzung der Funktionen von Selbstbedienungsterminals des kartenausgebenden Instituts (Bargeldeinzahlun-

[1] Zu diesem ausführlich MüKoHGB/*Haertlein* ZahlungsV E Rn. 1 ff.; MüKoBGB/*Casper* § 675f Rn. 128–136; BuB/*Werner* Rn. 6/1303 ff.

[2] Baumbach/Hopt/*Hopt* BankGesch. (7) Rn. F/2.

[3] Zu diesen auch *Ahlers* WM 1995, 601, 603; MüKoHGB/*Haertlein* ZahlungsV E Rn. 3.

[4] Vgl. Kümpel/ua/*Werner* Bank- und Kapitalmarktrecht Rn. 4.630 (Zahlungskarte); Baumbach/Hefermehl/Casper/*Casper* Kartenzahlungen Rn. 15 (Debitkarte); BankR-HdB/*Koch* § 68 Rn 1 (Debitkarte); BuB/*Werner* Rn. 6/1421 (ec-Karte); MüKoHGB/*Haertlein* ZahlungsV E Rn. 2f (Bankkarte); *Einsele* Bank- und Kapitalmarktrecht § 6 Rn. 185 ff. (Debitkarte).

[5] → Kap. 7 § 675f Rn. 32 ff.

gen, Überweisungen, Daueraufträge, Abruf von Kontoauszügen etc.). Hinzu tritt der **bargeldlose Zahlungsverkehr** an entsprechend ausgestatteten Kassen im sog. Point-of-Sale-Verfahren (POS-Verfahren mit Zahlungsgarantie) unter Einsatz der PIN.[6] Die Zahlung erfolgt im Inland im Rahmen des sog. electronic-cash-Systems, international im Rahmen des maestro-Systems. Hierbei wird der im Valutaverhältnis (→ Rn. 5) zu entrichtende Betrag unmittelbar nach dem Clearing dem Konto des Karteninhabers belastet (pay-now-Zahlung). Weiterhin ist der Einsatz der Debitkarte ohne Eingabe der PIN im **elektronischen Lastschriftverfahren** (ELV) möglich.[7] Sofern die Debitkarte mit einem entsprechenden Chip ausgestattet ist, kann sie auch als **Geldkarte** verwendet werden.[8] Zudem kann der Zahlungsdienstleister eine kontaktlose Nutzung der Debitkarte ermöglichen, bei der bei geringen Beträgen (idR bis 25 Euro) keine Eingabe der PIN erforderlich ist (zB girocard kontaktlos; dazu → Rn. 52). Die Authentifizierungsdaten iSv § 675w S. 2 BGB werden hierbei kontaktlos ausgelesen.

4a Die Debitkarte kann mit einem multifunktionalen Chip ausgestattet sein, den Handels- und Dienstleistungsunternehmen als Speichermedium für sog. **unternehmensbezogene Zusatzanwendungen** nutzen können. Der Kartenemittent (kartenausgebende Bank) stellt dabei nur den Chip als technische Plattform zur Speicherung der Zusatzanwendungen des Unternehmens zur Verfügung. Die Verantwortung für den Inhalt der Zusatzanwendung liegt beim Unternehmen. Zudem ist es verpflichtet, die Zusatzanwendung gesetzeskonform auszugestalten. Umfang und Inhalt der unternehmensbezogenen Zusatzanwendung bestimmt sich allein nach dem Rechtsverhältnis zwischen Karteninhaber und Unternehmen. Bei der Speicherung und Nutzung der Zusatzanwendung wird die PIN des Karteninhabers nicht benötigt. Grundlage der unternehmensbezogenen Zusatzanwendungen ist eine Vereinbarung der zuständigen Spitzenverbände der Kreditwirtschaft über die Rahmenbedingungen der Kartennutzung. Nach dieser ist die Nutzung des Chips für entsprechende Zusatzanwendungen nur nach den „Bedingungen für die Implementierung unternehmensbezogenener Zusatzanwendungen auf Chipkarten der Kreditwirtschaft (Händlerbedingungen)" möglich. Aus dieser folgt u. a. die Vorgabe zur Verwendung eines Sicherheitsmoduls durch das Unternehmen. In den „Bedingungen für die girocard (Debitkarte)"sind ergänzende Bestimmungen für entsprechende Zusatzanwendungen enthalten.

II. Die Rechtsverhältnisse bei der Debitkarte

5 Die Rechtsverhältnisse, die bei Zahlungsvorgängen unter Verwendung einer Debitkarte zu unterscheiden sind, umfassen zunächst das Rechtsverhältnis zwischen kartenausgebendem Institut (Kartenemittenten) und Bankkunde **(Deckungsverhältnis).** Dieses entsteht mit Abschluss des Zahlungsdiensterahmenvertrages über die Bereitstellung und Nutzungsmöglichkeiten der Debitkarte.[9] Hinzu tritt das Rechtsverhältnis zwischen kartenausgebender Bank und Vertragsunternehmen, also dem Händler bzw. Dienstleister **(Abwicklungsverhältnis)** zB beim Point-of-Sale-Einsatz der Karte.[10] Dieses Rechtsverhältnis verpflichtet das Vertragsunternehmen u. a. zur Aufstellung eines automatisierten Kassenterminals, das den standardisierten technischen Vorgaben des Systembetreibers entspricht, sowie zur Abwicklung der Zahlungsvorgänge nach Maßgabe der vorgegebenen Standards. Regelmäßig wird zudem ein Netzbetreiber in das Abwicklungsverhältnis eingeschaltet. Beim Point-of-Sale-Einsatz der Debitkarte besteht zudem ein Rechtsverhältnis **(Valutaverhältnis)** zwischen Karteninhaber und Vertragsunternehmen (Händler/Dienstleister). Dieses ist

[6] → Kap. 7 § 675f Rn. 43 ff.

[7] → Kap. 7 § 675f Rn. 58 ff.; das verfahrensähnliche elektronische Lastschriftverfahren (POZ-Verfahren = Point-of-Sale-Verfahren ohne Zahlungsgarantie) wurde Ende 2006 eingestellt.

[8] Vgl. zu diesen unten Kap. 6.

[9] Vgl. zu dieser Qualifikation → Kap. 7 § 675f Rn. 1.

[10] Dazu näher → Kap. 7 § 675f Rn. 43 f.

zumeist ein Kauf- oder Dienstvertrag und folgt den allgemeinen schuldrechtlichen Regeln für diese Vertragsverhältnisse.

III. Die Rechtsnatur der Debitkarte

Die Debitkarte ist ein **Zahlungsinstrument.**[11] 6

Daneben ist die **Qualifikation der Debitkarte als Wertpapier** umstritten. Richtigerweise ist die Debitkarte ein Wertpapier, weil sie den Inhaber immerhin grundsätzlich (zusammen mit der PIN) gegenüber dem kartenausgebenden Institut sowie gegenüber anderen automatenbetreibenden Instituten als abhebungsbefugt ausweist.[12] Die entgegenstehende Ansicht, die eine Wertpapiereigenschaft verneint,[13] vermag nicht zu überzeugen. Freilich ist die praktische Bedeutung des Meinungsstreits gering. 7

Erhebliche praktische Bedeutung hat hingegen die **Qualifikation** der Debitkarte **als „über die Forderung vorhandene Urkunde" (§ 836 Abs. 3 S. 1 ZPO).** Denn in der Folge kann der Gläubiger nach einer erfolgreichen Pfändung des Kontos die Herausgabe der Debitkarte vom Schuldner verlangen. Für diese Einordnung spricht, dass der Schuldner die Debitkarte anderenfalls weiterhin einsetzen und in der Folge Aufwendungsersatzansprüche (§§ 670, 675, 675c Abs. 1 BGB) des kartenausgebenden Instituts auslösen kann, die durch vorrangige AGB-Pfandrechte des Instituts (vgl. Nr. 14 AGB-Banken) gesichert sind.[14] Die **Gegenansicht der Rechtsprechung**[15] vermag nicht zu überzeugen. Sie betont die Möglichkeit des Vollstreckungsgläubigers, die gepfändete Forderung des Kontoinhabers gegen die Bank auch ohne die Karte durchzusetzen. Zudem soll die Urkunden-Herausgabevollstreckung nach § 836 Abs. 3 ZPO nicht die Funktion haben, das Pfändungspfandrecht gegenüber einem vertraglichen Pfandrecht durchzusetzen, zumal der Gläubiger hinreichend über die § 829 Abs. 1 S. 1, 2 ZPO sowie §§ 135, 136 BGB geschützt sei. Dabei wird verkannt, dass § 836 Abs. 3 ZPO Urkunden erfasst, die den Gläubiger als zum Empfang der Leistung berechtigt legitimieren;[16] dies ist bei der Debitkarte der Fall. Dabei ist auch zu bedenken, dass nach Art. 11 VO(EU) 2018/389 eine Zahlung iHv 50,– EUR nur mit Karte ohne PIN möglich ist. Nach dem Zweck des § 836 Abs. 3 S. 1 ZPO verpflichtet die Regelung den Schuldner, den Gläubiger zur Rechtsverfolgung im eigenen Namen gegenüber dem Drittschuldner, zu der die Überweisung der Forderung den Gläubiger legitimiert, in Stand zu setzen.[17] Dieser Zweck umfasst die Herausgabe der Debitkarte, zumal die Norm auf den schnellsten und sichersten Weg zielt, um die Geltendmachung des gepfändeten Anspruchs zu ermöglichen.[18] 8

Die Debitkarte ist **höchstpersönlich** und **nicht vererblich.**[19] Im Übrigen sind die **Rechte aus der Karte nicht abtretbar** (§ 399 BGB) und **nicht pfändbar** (§ 851 ZPO); Abweichendes gilt freilich für ein etwaiges Kontoguthaben. 9

---

[11] Dazu näher → Kap. 7 § 675l Rn. 1.

[12] Vgl. *Ahrens* Wertpapiere in bargeldlosen Zahlungssystemen 1997 S. 125 f.; Heymann/Horn/*Balzer* HGB § 372 Anh. Bankgeschäfte Rn. V/156; *Canaris* Bankvertragsrecht Rn. 527b f.; *Hoffmann* WM 2005, 1305 ff.; Langenbucher/Gößmann/Werner/*Koch/Vogel* § 5 Rn. 79 (zur Geldkarte).

[13] So ua MüKoHGB/*Haertlein,* ZahlungsV Rn. E 23; Baumbach/Hefermehl/Casper/*Casper* Kartenzahlungen Rn. 9, 77; *Pfeifer* NJW 1997, 1036, 1037 (zur Geldkarte); *Schinkels* WM 2006, 841 ff.; BuB/*Werner* Rn. 6/1313.

[14] LG Dortmund DGVZ 1992, 188; Baumbach/Hefermehl/Casper/*Casper* Kartenzahlungen Rn. 76; s. a. Langenbucher/Gößmann/Werner/*Neumann* § 6 Rn. 34 (bei der Pfändung des Anspruchs auf Rückzahlung des Ladebetrages).

[15] BGH WM 2003, 625; zuvor schon LG Stuttgart RPfleger 2000, 506.

[16] BGH NJW 2003, 1256.

[17] MüKoZPO/*Smid,* § 836 Rn. 11.

[18] Vgl. auch Musielak/*Becker* ZPO, 8. Aufl. 2011, § 836 Rn. 7 (zur Auskunftserteilung nach dieser Regelung); zu den Voraussetzungen einer Pflicht zur Herausgabe von Kontoauszügen vgl. BGH NJW 2006, 217.

[19] Vgl. BuB/*Werner* Rn. 6/1319; MüKoHGB/*Haertlein,* ZahlungsV E Rn. 16.

IV. Die Klauselwerke der Kreditinstitute

10 Im Rechtsverhältnis zwischen Karteninhaber und kartenausgebendem Institut sind zusätzlich zu den AGB-Banken und AGB-Sparkassen als Teil des Zahlungsdiensterahmenvertrages[20] über die Bereitstellung und Nutzung einer Debitkarte die „Bedingungen für die Girocard" der privaten Kreditinstitute (Stand 13.1.2018), die Bedingungen für die SparkassenCard (Stand 09/2019), die Sonderbedingungen für die VR-BankCard (Stand 04/2019) einschlägig.

V. Das Rechtsverhältnis zwischen den am Einsatz der Debitkarte beteiligten Kreditinstituten

11 Die **relevanten Klauselwerke zwischen den beteiligten Kreditinstituten** umfassen die „Vereinbarung über ein institutsübergreifendes System zur bargeldlosen Zahlung an automatisierten Kassen (electronic cash-System)" mit Stand 1.2.2015 als Abkommen der Spitzenverbände der deutschen Kreditwirtschaft. In diesem werden die Rechtsverhältnisse der Kreditinstitute zu ihren Kunden im Rahmen des electronic cash-Systems geregelt.[21] Zudem wurden mit der **Verordnung (EU) 2015/751 über Interbankenentgelte für kartengebundene Zahlungsvorgänge** v. 19.5.2015 die Interbankenentgelte geregelt. Die Verordnung trat am 8.6.2015 in Kraft mit Ausnahme der Artikel 3, 4, 6 und 12, die seit dem 9.12.2015 gelten, und der Artikel 7, 8, 9 und 10, die seit dem 9.6.2016 gelten. Die Verordnung begrenzt Interbankenentgelte für grenzüberschreitende Transaktionen bei Privatkunden-Debitkarten generell auf 0,2 % des Transaktionswerts. Zudem hat sie die Gebührentransparenz erhöht. Bei inländischen Debitkartentransaktionen können die Mitgliedstaaten entweder eine Obergrenze für das prozentuale Interbankenentgelt pro Transaktion festlegen, die unter 0,2 % liegt, und einen festen Höchstbetrag zur Beschränkung des Entgelts vorschreiben, das sich aufgrund des anwendbaren Prozentsatzes ergibt, oder den Zahlungsdienstleistern gestatten, ein Interbankenentgelt pro Transaktion von höchstens 0,05 EUR zu erheben, wobei dieser Wert alle fünf Jahre angepasst wird. Da diese Interbankenentgelte in die in der Regel vom Verkäufer/Dienstleister an seine Bank zu entrichtende Gebühren für eine Transaktion eingepreist werden und letztlich über die Endverbraucherpreise vom Verkäufer/Dienstleister wieder erwirtschaftet werden müssen, erwartete die EU-Kommission erhebliche Einsparungen für die Verbraucher als Folge der Verordnung.[22]

12 Hinzu tritt die **„Vereinbarung über das ‚Deutsche Geldautomaten-System'"** (Stand 20.11.2014) nebst Anlagen.[23] Diese rechtsgeschäftliche Abrede zwischen den im zentralen Kreditausschuss zusammengeschlossenen Spitzenverbänden der deutschen Kreditwirtschaft ist als GbR im Sinne einer BGB-Innengesellschaft zu qualifizieren.[24] Die Verbindlichkeit des Inhaltes dieser zwischen den Spitzenverbänden geschlossenen Vereinbarung wird auch für jene den Spitzenverbänden angeschlossenen Kreditinstitute (vgl. Nr. 1 Vereinbarung-Geldautomaten-System) jeweils durch verbandsinterne Regelungen erreicht.[25] Die Überarbeitung vor dem Hintergrund der SEPA-Anforderungen soll Abhebungen auch

---

[20] Zu dieser Qualifikation → Kap. 7 § 675f Rn. 1.

[21] Ausf. zu deren zahlreichen Änderungen MüKoHGB/*Haertlein* ZahlungsV E Rn. 13.

[22] Vgl. den Kommissionsvorschlag KOM(2013), 550 endg.

[23] Vgl. zu den (technischen) Details BuB/*Werner* Rn. 6/1422–1422 d.

[24] *Canaris* Bankvertragsrecht Rn. 527 y; *Einsele* Bank- und Kapitalmarktrecht § 6 Rn. 219; *Russenschuck* Die Auszahlung von Bargeld an Automaten nach deutschem Zivilrecht 2002, S. 50 f.; Kümpel/ua/*Werner* Bank- und Kapitalmarktrecht Rn. 4.743 f.; **aA** Rahmenvertrag mit dienst- und werkrechtlichen Elementen, so ua Langenbucher/Gößmann/Werner/*Koch*/*Vogel* § 5 Rn. 4.

[25] Vgl. nur *Einsele* Bank- und Kapitalmarktrecht § 6 Rn. 212; Langenbucher/Gößmann/Werner/*Koch*/*Werner* § 5 Rn. 4; BuB/*Werner* Rn. 6/1424.

mittels garantierter Debit-Karten von Instituten aus anderen EWR-Ländern ermöglichen. Daher ist das deutsche Geldautomaten-System mit den weiteren, ebenfalls PIN-gestützten und garantierten Debitkartenzahlungssystemen der EAPS (Euro Alliance of Payments Schemes) verknüpft worden.

Inhaltlich verpflichtet die Abrede zum **Betrieb des deutschen Geldautomatensystems** und dessen Fortentwicklung für die Kunden der angeschlossenen Kreditinstitute (Nr. 1a) Vereinbarung-Geldautomaten-System). Die Vertragspartner der Vereinbarung sind verpflichtet, ein System von Geldausgabeautomaten zu betreiben und fortzuentwickeln; die angeschlossenen Institute sind über ihre Bindung durch den Spitzenverband hierzu verpflichtet. Die aufgestellten Geldausgabeautomaten sind den Karteninhabern der angeschlossenen Institute institutsübergreifend zugänglich zu machen (Nr. 3 S. 1 Vereinbarung-Geldautomaten-System). Ausländische Karten sind zuzulassen, wenn sie im Rahmen des Maestro- oder des Cirrus-Systems zugelassen sind (Nr. 3 S. 3 Vereinbarung-Geldautomaten-System). 13

Das aufstellende Institut ist nach der Abrede berechtigt, vom kartenausgebenden den ausgegebenen Betrag als **Aufwendungsersatz** zu verlangen. Ein **Entgelt für die Nutzung** des Geldausgabeautomaten kann von dem kartenausgebenden Institut nicht mehr verlangt werden (vgl. Nr. 7a Abs. 1 S. 6 Vereinbarung Geldautomaten-System). Nach dieser Vereinbarung ist der automatenbetreibende Zahlungsdienstleister berechtigt, mit dem Inhaber einer Karte eines anderen Zahlungsdienstleisters für die Auszahlung des Verfügungsbetrages an seinem Geldautomaten ein individuelles, direktes Entgelt zu vereinbaren. Das automatenaufstellende Institut erhebt ein etwaiges Nutzungsentgelt somit nunmehr unmittelbar vom Kunden, der über die Höhe des Entgelts am Automaten vor Abschluss der Transaktion informiert wird und bei Fortsetzen der Transaktion dem Entgelt zustimmt. Die früheren Interbankenentgelte bei der Geldausgabe am Automaten wurden 2010 abgeschafft; ein Entgeltanspruch des automatenaufstellenden Instituts gegen das kartenausgebende ist bei einer Entgeltvereinbarung mit dem Karteninhaber ausgeschlossen (vgl. Nr. 7a Abs. 1 S. 6 Vereinbarung Geldautomaten-System). Die konkrete Höhe des vom Kunden für den Einsatz einer in- oder ausländischen Karte verlangten Entgelts ist in der „Geldautomaten-Gebührenübereinkunft" näher geregelt.[26] Nach der Übereinkunft bestand keine umfassende Vereinbarung über Maximalentgelte. Die Privatbanken hatten sich allerdings im Jahr 2011 noch auf eine Obergrenze von 1,95 EUR/Abhebung für Fremdkunden geeinigt; diese Abrede wurde aber im Sommer 2015 von zahlreichen beteiligten Privatbanken gekündigt. Der Kartenemittent darf vom Karteninhaber für die Fremdabhebung kein zusätzliches Entgelt erheben (vgl. Nr. 7a Abs. 1 S. 7 Vereinbarung Geldautomaten-System); unberührt bleiben freilich Entgelte für weitergehende Leistungen wie eine eingeräumte oder geduldete Überziehung (vgl. § 504 f. BGB). 14

Der **Zahlungsausgleich zwischen den beteiligten Instituten** ist ebenfalls in der Vereinbarung über das Geldautomaten-System geregelt (vgl. Anlage 3 Nr. 3.7 Vereinbarung-Geldautomaten-System). Danach ermächtigen beteiligte Institute durch die Ausgabe der Debitkarte die übrigen Institute zur Einziehung sowohl des als Bargeld an den Karteninhaber ausgegebenen Betrages als auch des vom Kunden erhobenen Entgelts für die Nutzung des Geldausgabeautomaten. 15

Die **Einziehung des Gesamtbetrags** erfolgt als beleglose Einziehung **per Lastschrift im Einzugsermächtigungsverfahren.** Das kartenausgebende Institut ist dabei verpflichtet, die Lastschrift unverzüglich einzulösen, wenn die Verfügung beim Karteneinsatz autorisiert wurde und das automatenaufstellende Institut seine Prüfpflichten bei der Auszahlung erfüllt hat. Eine Rückgabe der Lastschrift aufgrund einer fehlenden Deckung des Kontos, eines Widerspruchs des Kontoinhabers sowie aus anderen Gründen ist ausgeschlossen. In 15a

[26] Vgl. Langenbucher/Gößmann/Werner/*Koch/Vogel* § 5 Rn. 6; OLG Karlsruhe ZIP 2006, 1718 (zum Bankcard-Service-Netz); die Vereinbarung über die Höchstgebühr bei der Nutzung institutsfremder Geldausgabeautomaten ist 1997 ausgelaufen.

der Folge entsteht mit der Autorisierung der Auszahlung durch das kartenausstellende Institut ein **abstraktes Schuldversprechen** (**§§ 780 f. BGB**) gegenüber dem automatenbetreibenden Institut.[27] Hierfür sprechen insbesondere die Interessenlage des automatenaufstellenden Instituts sowie der Wortlaut und der Zweck der Abrede über die Verrechnung der Verfügungsbeträge.

16 Vom Geldausgabeautomaten **eingezogene Debitkarten** sind unverzüglich und entgeltfrei an das kartenausgebende Institut mit banküblicher Sorgfalt, aber auf dessen Gefahr zu übermitteln (Ziff. 3.4.3 Anlage 3 Vereinbarung-Geldautomaten-System). Möglich ist zudem die Aushändigung der Karten an den Karteninhaber innerhalb zweier Arbeitstage, sofern der Einzug der Karte nur auf einer Fehlfunktion des Automaten beruht.

17 Nach Nr. 6 Vereinbarung-Geldautomatensystem ist der Arbeitsstab Geldautomaten als Teil des Betriebswirtschaftlichen Arbeitskreises der Spitzenverbände der Kreditwirtschaft auch zuständig für alle **Fragen, die im Zusammenhang mit dem deutschen Geldausgabeautomaten-System** und der Vereinbarung zwischen den Instituten auftreten. Diese Abrede ist aber – im Gegensatz zur früheren Fassung – nicht als Schiedsvereinbarung iSv § 1032 Abs. 1 ZPO zu qualifizieren.[28]

Kommentierung der §§ 675f ff. BGB

§ 675f Zahlungsdienstevertrag

(1) **Durch einen Einzelzahlungsvertrag wird der Zahlungsdienstleister verpflichtet, für die Person, die einen Zahlungsdienst als Zahler, Zahlungsempfänger oder in beiden Eigenschaften in Anspruch nimmt (Zahlungsdienstnutzer), einen Zahlungsvorgang auszuführen.**

(2) **[1] Durch einen Zahlungsdiensterahmenvertrag wird der Zahlungsdienstleister verpflichtet, für den Zahlungsdienstnutzer einzelne und aufeinander folgende Zahlungsvorgänge auszuführen sowie gegebenenfalls für den Zahlungsdienstnutzer ein auf dessen Namen oder die Namen mehrerer Zahlungsdienstnutzer lautendes Zahlungskonto zu führen. [2] Ein Zahlungsdiensterahmenvertrag kann auch Bestandteil eines sonstigen Vertrags sein oder mit einem anderen Vertrag zusammenhängen.**

(3) **[1] Der Zahlungsdienstnutzer ist berechtigt, einen Zahlungsauslösedienst oder einen Kontoinformationsdienst zu nutzen, es sei denn, das Zahlungskonto des Zahlungsdienstnutzers ist für diesen nicht online zugänglich. [2] Der kontoführende Zahlungsdienstleister darf die Nutzung dieser Dienste durch den Zahlungsdienstnutzer nicht davon abhängig machen, dass der Zahlungsauslösedienstleister oder der Kontoinformationsdienstleister zu diesem Zweck einen Vertrag mit dem kontoführenden Zahlungsdienstleister abschließt.**

(4) **[1] Zahlungsvorgang ist jede Bereitstellung, Übermittlung oder Abhebung eines Geldbetrags, unabhängig von der zugrunde liegenden Rechtsbeziehung zwischen Zahler und Zahlungsempfänger. [2] Zahlungsauftrag ist jeder Auftrag, den ein Zahler seinem Zahlungsdienstleister zur Ausführung eines Zahlungsvorgangs entweder unmittelbar oder mittelbar über einen Zahlungsauslösedienstleister oder den Zahlungsempfänger erteilt.**

(5) **[1] Der Zahlungsdienstnutzer ist verpflichtet, dem Zahlungsdienstleister das für die Erbringung eines Zahlungsdienstes vereinbarte Entgelt zu entrichten. [2] Für die Erfüllung von Nebenpflichten nach diesem Untertitel hat der Zahlungsdienstleister nur dann einen Anspruch auf ein Entgelt, sofern dies zugelassen und zwischen dem**

[27] Wie hier *Einsele* Bank- und Kapitalmarktrecht § 6 Rn. 218; Baumbach/Hefermehl/Casper/*Casper* Kartenzahlungen Rn. 43; **aA** MüKoHGB/*Haertlein* ZahlungsV E Rn. 165; **aA** (Garantie) *Bitter* ZBB 2007, 246; *Schön* AcP 198 (1998), 401 (439); *Ahlers* WM 1995, 601 (605).

[28] MüKoHGB/*Haertlein* ZahlungsV E Rn. 230.

Zahlungsdienstnutzer und dem Zahlungsdienstleister vereinbart worden ist; dieses Entgelt muss angemessen und an den tatsächlichen Kosten des Zahlungsdienstleisters ausgerichtet sein.

(6) **In einem Zahlungsdiensterahmenvertrag zwischen dem Zahlungsempfänger und seinem Zahlungsdienstleister darf das Recht des Zahlungsempfängers, dem Zahler für die Nutzung eines bestimmten Zahlungsinstruments eine Ermäßigung anzubieten, nicht ausgeschlossen werden.**

Übersicht

I. Der Kartenvertrag als Zahlungsdiensterahmenvertrag

1 Der Debitkartenvertrag ist eine **Vereinbarung** zwischen Zahlungsdienstleister und Zahlungsdienstnutzer über bestimmte Zahlungsverfahren mit wiederkehrenden Zahlungsvorgängen.[1] Er ist daher als **Zahlungsdiensterahmenvertrag** im Sinne des § 675f Abs. 2 BGB zu qualifizieren.[2] Nach dem Wortlaut der Norm kann ein solcher Rahmenvertrag die Kontoführung umfassen, ohne dass dies zwingend ist.[3] Ein entsprechender Rahmenvertrag liegt daher auch dann vor, wenn die Abrede die Ausführung mehrerer Zahlungsvorgänge regelt, also Gegenstand des Vertrages die Art und Weise der Beauftragung der Zahlungsvorgänge mittels eines besonderen Mediums sind, dh der elektronische Informationsaustausch sowie die Auftragsübermittlung. Diese Elemente umfasst der Debitkartenvertrag; zudem weist er ein werkrechtliches Element und den Charakter als **Dauerschuldverhältnis** auf.

2 Der Debitkartenvertrag ist in der Praxis regelmäßig ein **rechtlich selbständiger Rahmenvertrag,** mithin nicht nur eine bloße Nebenabrede als Bestandteil der Kontoabrede.[4]

[1] Ausf. dazu → Vorb. Rn. 1 ff.
[2] Zustimmend BGH NJW 2013, 3163 Rn. 42; wie hier auch MüKoBGB/*Casper* § 675f Rn. 132.
[3] Dazu Zahlungsdienstevertrag → Kap. 2 § 675f Rn. 3 ff.
[4] Vgl. BGH NJW 2013, 3163 Rn. 42; OLG Köln WM 2014, 1338 (1339); zum früheren Recht schon BGH WM 2006, 179; BankR-HdB/*Maihold* § 54 Rn. 15; *Gößmann* WM 1998, 1264 (1265); Langen-

Darüber hinaus kann die Abrede über die Debitkarte auch Bestandteil eines schon bestehenden Zahlungsdiensterahmenvertrags sein, der auf die Führung des Kontos gerichtet ist und um die Debitkartenabrede ergänzt wird.[5] Das Zahlungsdiensterecht zwingt insofern nicht zu einer Beschränkung der Privatautonomie in der Weise, dass stets zwei oder stets nur ein Vertrag vorliegt. Die Beendigung der Kontoabrede geht zwar in der Regel mit der Beendigung des Debitkartenvertrages einher, zwingend ist dies aber nicht. Dies zeigt die – in der Praxis freilich selten genutzte – Möglichkeit, Debitkarten an Nichtkunden auszugeben. Zudem erfüllt der Debitkartenvertrag nach der Struktur des neuen Zahlungsdiensterechts die Voraussetzungen eines Zahlungsdiensterahmenvertrages, sodass er der Kontoabrede selbständig hinzugefügt und unabhängig von dieser auch beendet werden kann. Der Debitkartenvertrag ist in der Praxis prinzipiell **zeitlich nicht begrenzt.**[6]

3 Die **Haftung bei einer mangelhaften Ausführung von Zahlungsaufträgen** bestimmt sich nach den §§ 675u – 676c BGB, die Vertragsänderung nach § 675g BGB und die Kündigung des Vertrages nach § 675h BGB.

1. Der Abschluss des Debitkartenvertrages

4 **a) Der Abschluss mit dem Kontoinhaber.** Der Abschluss des Debitkartenvertrages als Zahlungsdiensterahmenvertrag richtet sich nach der allgemeinen Rechtsgeschäftslehre. Regelmäßig wird eine ***invitatio ad offerendum*** **des kartenausgebenden Instituts** vorliegen und in Reaktion hierauf das **Vertragsangebot durch den Zahlungsdienstnutzer** abgegeben werden. Dieses Angebot wird von der kartenemittierenden Bank als Zahlungsdienstleister angenommen. Dabei ist eine etwaige Erklärungswirkung des Schweigens gem. § 362 HGB zu berücksichtigen. Eine konkludente Annahme ist die Aushändigung bzw. das Zusenden einer Debitkarte an den Bankkunden oder an dessen Kontobevollmächtigten nach einem vorausgehenden Angebot des Kunden zum Abschluss einer Debitkartenabrede.

5 Ohne ein Vertragsangebot des Kunden liegt in der Übergabe bzw. Übersendung der Karte nur ein **Vertragsangebot der Bank.** Der Kunde nimmt dieses Angebot spätestens mit dem ersten Einsatz der Debitkarte an, sofern nicht im konkreten Einzelfall eine als Annahme zu bewertende Handlung über die bloße Entgegennahme der Debitkarte hinaus (zB Unterschrift auf dieser) bereits zuvor erfolgt.

6 **b) Die Ausstellung der Debitkarte auf einen Kontobevollmächtigten.** Die **Ausstellung der Karte** kann auf den **Kontoinhaber oder einen Kontobevollmächtigten** erfolgen.[7] Im zuletzt genannten Fall ist der **Kontobevollmächtigte der Vertragspartner** der Bank bei diesem Zahlungsdiensterahmenvertrag. Hierfür spricht schon, dass die vertraglichen Pflichten des Debitkartenvertrages sich vielfach ausdrücklich an den Karteninhaber richten, so u. a. die Pflicht, nur im Rahmen des Kontoguthabens bzw. im Rahmen des Dispositionskredits zu disponieren.[8] In der Folge richtet sich die Haftung bei einer mangelhaften Ausführung von Zahlungsaufträgen nach den §§ 675u bis 676c BGB, eine etwaige Vertragsänderung nach § 675g BGB und die Kündigung nach § 675h BGB. Auch haftet der Karteninhaber, wenn er gegen die vertraglichen Pflichten im Umgang mit der Karte oder einer PIN verstößt. Dies entspricht der schon unter dem früheren Recht bejahten Haftung des Kontobevollmächtigten neben dem Kontoinhaber, wenn er über die

---

bucher/Gößmann/Werner/*Koch*/*Vogel* § 5 Rn. 13; BuB/*Werner* Rn. 6/1307; **aA** BeckOGK/*Foerster* § 675f Rn. 31 (stets Integration in Kontoabrede).

[5] So auch MüKoBGB/*Casper* § 675f Rn. 132.

[6] Zum alten Recht so schon BGH NJW 2006, 430.

[7] Zu letzterem vgl. Ziff. A II 1 Bedingungen girocard; Nr. A II 1 Bedingungen Sparkassencard und Sonderbedingungen VR-BankCard; Nr. A II 1 Bedingungen Postbank Card.

[8] Vgl. Nr. A II 2 Bedingungen girocard; Nr. A II 2 Bedingungen Sparkassencard und Sonderbedingungen VR-BankCard; Nr. A II 2 Bedingungen Postbank Card.

Verfügungsgrenze hinaus eine Debitkarte einsetzt.[9] Dem steht nicht entgegen, den **Kontoinhaber** und nicht den Inhaber der Zusatzkarte **als Zahler** zu qualifizieren,[10] denn diese Qualifikation betrifft nur das Deckungsverhältnis und nicht das Valutaverhältnis. Auch wird das Konto des Kontoinhabers mit dem Aufwendungsersatzanspruch aus dem Karteneinsatz durch den Kontobevollmächtigten belastet.

Der Zahlungsdiensterahmenvertrag mit einem Kontobevollmächtigten ist zumindest konkludent **auflösend bedingt durch den Fortbestand der Kontovollmacht.** Hinzu tritt eine (konkludente) Abrede im Debitkarten-Vertrag, dass ein Aufwendungsersatz nach §§ 670, 675c Abs. 1 BGB nur vom Kontoinhaber geschuldet wird, sofern die Karte durch den Kontobevollmächtigten vertragsgemäß eingesetzt wurde. Diese Abrede weicht zwar von § 675c Abs. 1 BGB ab, ist als Abweichung zugunsten des Zahlungsdienstnutzers aber nach § 675e BGB zulässig. 7

Nach dem **Widerruf der Kontovollmacht** ist der Kontoinhaber dafür verantwortlich, dass die Debitkarte vom Kontobevollmächtigten (Zahlungsdienstnutzer) an die Bank zurückgegeben wird.[11] Den Zahlungsdienstleister trifft hingegen die Pflicht, die Karte so zu sperren, dass sie nicht mehr eingesetzt werden kann (zB im POS-System), vgl. auch § 675k Abs. 2 BGB.[12] Bei einer Verletzung dieser vertraglichen Pflicht haftet der Zahlungsdienstleister nach § 280 Abs. 1 BGB, §§ 249 ff. BGB; der Kontoinhaber kann die Freistellung von jener Aufwendungsersatzpflicht verlangen, die bei einer pflichtgemäßen Sperre der Debitkarte durch den Zahlungsdienstleister verhindert worden wäre. Trotz einer solche Sperre können unternehmensspezifische Zusatzanwendungen gegebenenfalls aber weiter vorgenommen werden.[13] 8

Die **Haftung des Kontoinhabers** richtet sich nach § 675v BGB.[14] 9

Im **Valutaverhältnis zwischen Kontobevollmächtigtem und Händler** bzw. Dienstleister, zB bei der Verwendung der Debitkarte an einer POS-Kasse, ist das allgemeine Vertragsrecht einschlägig. Der Vertragspartner des Händlers bzw. Dienstleisters ist nach diesem, insbes. nach den Regeln der Stellvertretung und den Grundsätzen des unternehmensbezogenen Geschäfts zu bestimmen. Nur wenn die Voraussetzungen einer wirksamen Stellvertretung vorliegen, wird der Kontoinhaber durch den kontobevollmächtigten Karteninhaber im Valutaverhältnis wirksam verpflichtet und berechtigt. Dazu muss grundsätzlich das Erfordernis der Offenkundigkeit erfüllt sein. Dazu ist nicht als solches ausreichend, dass die Bankverbindung der Debitkarte auf den Kontoinhaber lautet.[15] 10

2. Die Einbeziehung von AGB in den Rahmenvertrag

Die Sonderbedingungen für die Girocard und die Sparkassencard sind **AGB im Sinne des § 305 Abs. 1 S. 1 BGB.** Für ihre Einbeziehung in den Vertrag und ihre Wirksamkeit gelten die allgemeinen Voraussetzungen der §§ 305 ff. BGB. Hinzu treten bei Verbrauchern die Sonderregeln nach § 310 Abs. 3 BGB. Für einen Einbezug der AGB in den Zahlungsdiensterahmenvertrag verlangt § 305 Abs. 2 BGB einen ausdrücklichen Hinweis auf die AGB bei Vertragsschluss, u. U. durch einen deutlich sichtbaren Aushang, die Möglichkeit für den Zahlungsdienstnutzer zur Kenntnisnahme sowie sein Einverständnis mit deren Geltung. 11

[9] So zum früheren Recht OLG Celle WM 1988, 150; BuB/*Werner* Rn. 6/1330; sa zur gegenwärtigen Rechtslage MüKoHGB/*Haertlein* ZahlungsV E Rn. 49.

[10] Vgl. MüKoBGB/*Casper* § 675f Rn. 12.

[11] Vgl. Nr. A II 1 Bedingungen girocard; Nr. A II 1 Bedingungen Sparkassencard und Sonderbedingungen VR-BankCard; Nr. A II 1 Bedingungen Postbank Card.

[12] Vgl. Nr. A II 1 Bedingungen girocard; Nr. A II 1 Bedingungen Sparkassencard und Sonderbedingungen VR-BankCard; Nr. A II 1 Bedingungen Postbank Card.

[13] Vgl. Nr. A II 1 Bedingungen girocard; Nr. A II 1 Bedingungen Sparkassencard und Sonderbedingungen VR-BankCard; Nr. A II 1 Bedingungen Postbank Card.

[14] → Kap. 7 § 675v Rn. 3 ff.

[15] Zutr. BGH WM 1976, 1398; BuB/*Werner* Rn. 6/1331.

12 Bei einem **Neukunden,** bei dem der Abschluss des Debitkartenvertrages zeitlich mit dem Abschluss der Kontoabrede zusammenfällt, erfolgt vielfach ein zumindest brieflicher Kontakt mit dem Kunden.[16] Die Sonderbedingungen können auf diese Weise vor Vertragsschluss auf traditionellem Weg übermittelt und in der Folge auch einbezogen werden.

13 Bei einer erstmaligen Vereinbarung der Sonderbedingungen über Debitkarten mit **Bestandskunden,** also beim Abschluss des Debitkartenvertrages in Ergänzung zu einer bereits bestehenden Kontoabrede, kann der Einbezug der Sonderbedingungen im Sinne von § 305 Abs. 2 BGB durch deren Übersendung per Post oder aber auf elektronischem Weg erfolgen.[17]

14 Den Regelungen des Zahlungsdiensterahmenvertrages kommt **Leitbildfunktion für die AGB-Kontrolle** nach § 307 Abs. 2 Nr. 1 BGB auch bei diesen Sonderbedingungen zu.[18]

3. Die Wirksamkeitshindernisse

15 Einem Zahlungsdiensterahmenvertrag wie der Debitkartenabrede kann aufgrund der **allgemeinen Wirksamkeitshindernisse** die Wirksamkeit versagt werden.

16 So bedarf der Bankkartenvertrag des nur **beschränkt geschäftsfähigen Zahlungsdienstnutzers,** vorbehaltlich des § 112 BGB, der Zustimmung des gesetzlichen Vertreters; alternativ muss der beschränkt Geschäftsfähige beim Vertragsschluss durch diesen vertreten werden (§§ 107 f. BGB). Denn der Kontoinhaber kann mit der Debitkarte Aufwendungs- sowie Schadensersatzansprüche auslösen. Allerdings bedarf es zur Gewährung von Kredit in jeglicher Form (auch Kontokorrentkredit, Gestattung oder Duldung der Kontoüberziehung) an einen Minderjährigen einer Genehmigung durch das Vormundschaftsgericht (§§ 1643 Abs. 1, 1822 Nr. 8 BGB); die Zustimmung der gesetzlichen Vertreter reicht nicht aus. Sofern technisch (zB durch spezielle Kundenkarten mit Beschränkung auf Verfügungen im Rahmen des Guthabens) nicht sichergestellt werden kann, dass der Minderjährige die Debitkarte nicht zu Kontoüberziehungen etc. nutzen kann, muss der Debitkartenvertrag als Zahlungsdiensterahmenvertrag mithin durch das Vormundschaftsgericht genehmigt werden.[19] Wenn und soweit der Bankkartenvertrag ein eigenständiger Zahlungsdiensterahmenvertrag ist, erstreckt sich das Einverständnis des gesetzlichen Vertreters mit dem Abschluss der Kontoabrede nicht stets auch auf den Abschluss des Bankkartenvertrages.[20] Im Falle der Überlassung einer Bankkarte an den Minderjährigen kann eine Einstandspflicht der Bank wegen des durch die Karte begründeten Rechtsscheins bestehen.[21]

17 Der Abschluss des Kartenvertrages als Zahlungsdiensterahmenvertrag ist nach § 675f Abs. 2 BGB **formfrei möglich.** Ein begrenzter Formzwang folgt aber bei diesen Abreden aus den vom Zahlungsdienstleister geschuldeten **formgerechten Informationen** gem. Art. 248 § 3 EGBGB.[22]

4. Kein Anspruch auf Abschluss eines Zahlungsdiensterahmenvertrages

18 Der Zahlungsdienstnutzer hat nach allgemeinen Grundsätzen keinen Anspruch auf Abschluss einer Kontoabrede als Zahlungsdiensterahmenvertrag.[23] Dem entsprechend besteht

---

[16] Vgl. dazu Zahlungsdienstevertrag → Kap. 2 § 675f Rn. 19.

[17] Vgl. zu letzterem Zahlungsdienstevertrag → Kap. 2 § 675f Rn. 19.

[18] Näher zur Bestimmung des maßgeblichen Leitbildes bei der AGB-Kontrolle im Bankvertragsrecht *Herresthal* FS Coester-Waltjen, 2015, 1109 (1113 ff.).

[19] Vgl. BaFin, Verlautbarung zum Thema „Bankgeschäfte mit Minderjährigen" v. 22.3.1995, Ziff. II 2b bb (3); abgedruckt in ZIP 1995, 691; *Vortmann* WM 1994, 965; dies betrifft die Ausgabe von Girokarten mit vollem Funktionsumfang, bei denen zB durch das Fehlen einer Beschränkung auf inländischen Einsatz eine Kontoüberziehung nicht sicher verhindert werden kann.

[20] BuB/*Werner* Rn. 6/1327; MüKoHGB/*Haertlein* ZahlungsV E Rn. 46.

[21] So *Canaris* Bankvertragsrecht Rn. 840; MüKoHGB/*Haertlein* ZahlungsV E Rn. 46 aE.

[22] Vgl. Palandt/*Sprau* § 675f Rn. 4; BuB/*Werner* Rn. 6/1326; MüKoHGB/*Haertlein* ZahlungsV E Rn. 42.

[23] Vgl. Zahlungsdienstevertrag → Kap. 2 § 675f Rn. 27 f.

auf Abschluss eines Debitkartenvertrages **kein Anspruch des Bankkunden,**[24] unabhängig davon, ob bereits eine Kontoabrede zwischen dem Zahlungsdienstnutzer und der Bank besteht. Hierfür spricht bereits das Kreditrisiko der Bank durch Aushändigung der Debitkarte, da durch Abhebung am Geldausgabeautomat bzw. durch die Nutzung der Karte im POS-System ggf. eine Möglichkeit zur Kontoüberziehung besteht, wenn und soweit beim Einsatz der Debitkarte nur die Sperrdatei und der Karten-Verfügungsrahmen online abgefragt werden, nicht aber die ausreichende Kontodeckung. Dieses Risikos muss der Zahlungsdienstleister eigenverantwortlich durch eine Bonitätsprüfung des Zahlungsdienstnutzers vor dem Abschluss des Debitkartenvertrages beschränken können. Darüber hinaus ist die Debitkarte kein unverzichtbares Element eigenverantwortlicher Lebensführung, da der Einsatz von Bargeld weiterhin weitüberwiegend verbreitet ist und ggf. andere unbare Zahlungsmöglichkeiten (zB Geldkarte) bestehen können. Der weitreichende Eingriff in die negative Privatautonomie der Bank durch einen Kontrahierungszwang wäre daher nicht gerechtfertigt.

Die vorstehende Bewertung präjudiziert die Reichweite **des Anspruchs auf Abschluss** 18a **eines Basiskontos** aus § 31 Abs. 1 ZKG. Danach hat das verpflichtete Kreditinstitut mit einem berechtigten Verbraucher einen Basiskontovertrag abzuschließen. Dieser muss nach § 38 Abs. 2 Nr. 2c auch die Möglichkeit zur „Ausführung von Zahlungsvorgängen mittels einer Zahlungskarte oder eines ähnlichen Zahlungsinstruments **(Zahlungskartengeschäft)**" umfassen. Allerdings muss das Basiskonto nur das Zahlungsgeschäft, nicht das Kreditgeschäft umfassen. Eine Kontoführung auf Guthabenbasis ist ausreichend; die Überziehung und die hiermit verbundene Kreditgewährung sind ebenso wenig umfasst wie das Kreditkarten- und Scheckgeschäft.[25] In der Folge muss das Basiskonto nur Kartenzahlungen umfassen, die auf das Kontoguthaben beschränkt sind; dies kann u. a. eine Bank-Kundenkarte gewährleisten. Wenn und soweit eine Kontoüberziehung durch eine Teilnahme mit einer Debitkarte am POS nicht sicher vermieden werden kann, muss eine solche nicht vom Basiskonto umfasst sein.

5. Der vereinbarte Umfang der Nutzungsberechtigung

Der **Umfang der Pflichten des Zahlungsdienstleisters** aus dem Debitkartenvertrag 19 bestimmt sich primär nach dem Inhalt dieses Zahlungsdiensterahmenvertrages unter Berücksichtigung der einbezogenen AGB, dh den jeweiligen Sonderbedingungen. Die Bank entscheidet mit ihrem Vertragsangebot gegenüber dem konkreten Kunden bzw. ihrer *invitatio* über den konkreten Umfang ihrer eigenen vertraglich übernommenen Pflichten. Mit der Debitkartenabrede werden die Dispositionsmöglichkeiten des Zahlungsdienstnutzers nach der Kontoabrede erweitert. Der Zahlungsdienstleister wird u. a. verpflichtet, den Karteninhaber zum Zahlungssystem zuzulassen, ihm den Zugang zu den Systemeinrichtungen zu ermöglichen und die im Rahmen der zulässigen Kartennutzung veranlassten Verfügungen abzuwickeln.

II. Die Pflichten der Parteien aus dem Bankkartenvertrag (Abs. 1, 4)

1. Die Pflichten des kartenausgebenden Instituts als Zahlungsdienstleister

Die **Hauptpflicht der kartenausgebenden Bank** als Zahlungsdienstleister ist die 20 Leistung der versprochenen Dienste (Abs. 2 S. 1), insbesondere die Ausführung der Zahlungsvorgänge auf Weisung des Karteninhabers in den Grenzen der §§ 675j ff.

[24] Wie hier MüKoHGB/*Haertlein* ZahlungsV E Rn. 44; MüKoBGB/*Casper* § 675f Rn. 30; Baumbach/Hefermehl/Casper/*Casper* Kartenzahlungen Rn. 19; *Canaris* Bankvertragsrecht Rn. 527b; *Gößmann* WM 1998, 1264 (1265, 1272); Langenbucher/Gößmann/Werner/*Koch/Vogel* § 5 Rn. 15; BuB/*Werner* Rn. 6/1459; zur parallelen Fragestellung bei der Geldkarte vgl. unten Kap. 8.

[25] Bülow/Artz/*Bülow* ZKG § 38 Rn. 8.

BGB.[26] Erteilt der Karteninhaber mit dem Einsatz der Debitkarte und seiner PIN eine entsprechende Weisung an das kartenausgebende Institut, so hat dieses die Weisung auszuführen.

21 **a) Die Hauptpflichten der kartenausgebenden Bank.** Aufgrund des Debitkartenvertrages hat die kartenausgebende Bank als Zahlungsdienstleister eine (zeitlich begrenzt gültige[27]) **Debitkarte auszustellen, zu belassen** und den Karteninhaber **zu den maßgeblichen Systemen zuzulassen,** ihm mithin den Bargeldbezug am institutseigenen und an den angeschlossenen institutsfremden Geldausgabeautomaten und die Zahlung im POS-System zu ermöglichen. Die Karte ist in der Regel konto- und personengebunden,[28] dh die Ausstellung der Karte erfolgt auf den Kontoinhaber oder auf einen Kontobevollmächtigten.[29] Mit der Ausstellung der Karte verbindet sich die Berechtigung über das auf der Karte angegebene Konto zu verfügen.[30] Inhaber der Debitkarte kann nur eine natürliche Person sein. Dies folgt schon aus dem Erfordernis der eigenhändigen Unterschrift auf der Karte.[31] Sofern der Kontoinhaber eine juristische Person ist, wird die Debitkarte auf die Person des vertretungsberechtigten Organs ausgestellt.

22 **b) Die Nebenpflichten der kartenausgebenden Bank.** Die Nebenpflichten umfassen die **besonderen und allgemeinen Nebenpflichten eines Zahlungsdienstleisters.**[32] Zu diesen zählen u. a. die **Informationspflicht nach § 675d BGB i. V. m. Art. 248 §§ 1 bis 10 EGBGB** sowie **spezifische Pflichten des Zahlungsdiensterechts** (Sorgfaltspflichten, § 675k Abs. 2 S. 2, 5, 6 BGB, § 675m BGB; Pflicht zur Ablehnung von Zahlungsaufträgen, § 675o BGB; Nachforschungspflicht § 675y Abs. 5 BGB).[33]

23 Über § 675c Abs. 1 BGB sind zudem die **allgemeinen Pflichten im Rahmen eines Geschäftsbesorgungsvertrags** einschlägig.[34] Sie umfassen die **Anzeigepflicht** (§§ 663, 665 S. 2 BGB), die **Herausgabepflicht** (§ 667 BGB), die **Fortführungspflicht** (§ 672 BGB) und die **Rechenschaftspflicht** (§ 666 BGB) einschließlich einer **Auskunftspflicht.** Hinzu tritt die nach allgemeinen Grundsätzen im Rahmen einer vertraglichen Sonderbindung bestehende **Schutzpflicht nach § 241 Abs. 2 BGB** (zB zu Präventivsperrungen bei Hinweisen auf missbräuchlichen Karteneinsatz).

24 Den Zahlungsdienstleister trifft zudem die **Pflicht, ein funktionsfähiges Geldausgabeautomatensystem zu installieren bzw. aufrechtzuerhalten** sowie Maßnahmen zu unternehmen, dass etwaige Störungen des Systems – soweit möglich und zumutbar – vermieden und eingetretene Störungen zeitnah beseitigt werden.[35]

2. Die Pflichten des Karteninhabers als Zahlungsdienstnutzer

25 **a) Die Hauptpflichten des Karteninhabers.** Hauptpflicht des Karteninhabers ist die **Pflicht zur Zahlung des für die Erbringung des jeweiligen Zahlungsdienstes vereinbarten Entgelts** (§ 675f Abs. 5 S. 1 BGB). Freilich kann auch die Unentgeltlichkeit

[26] Ausf. dazu Zahlungsdienstevertrag → Kap. 2 § 675f Rn. 43 ff.

[27] Vgl. Nr. A II 4 Bedingungen girocard; Nr. A II 4 Bedingungen Sparkassencard und Sonderbedingungen VR-BankCard; Nr. A II 4 Bedingungen Postbank Card.

[28] Vgl. nur MüKoHGB/*Haertlein* ZahlungsV E Rn. 48.

[29] Zu letzterem vgl. Nr. A II 1 Bedingungen girocard; Nr. A II 1 Bedingungen Sparkassencard und Sonderbedingungen VR-BankCard; Nr. A II 1 Bedingungen Postbank Card.

[30] Vgl. Nr. A II 1 Bedingungen girocard; Nr. A II 1 Bedingungen Sparkassencard und Sonderbedingungen VR-BankCard (zur Verfügung über weitere angegebene Konten vgl. ebenfalls Nr. A II 1); Nr. A II 1 Bedingungen Postbank Card.

[31] BuB/*Werner* Rn. 6/1320; *Harbeke* WM 1989, 1709, 1711; vgl. zu diesem Erfordernis Nr. A II 6.1 Bedingungen girocard; Nr. A II 6.1 Bedingungen Sparkassencard und Sonderbedingungen VR-BankCard; Nr. A II 6.1 Bedingungen Postbank Card.

[32] Ausf. dazu Zahlungsdienstevertrag → Kap. 2 § 675f Rn. 48 ff.

[33] Vgl. jeweils → Kap. 7 § 675k Rn. 3 ff.; → Kap. 7 §675q Rn. 1 ff.

[34] Zu diesen näher Zahlungsdienstevertrag → Kap. 2 § 675c Rn. 11.

[35] Zur Haftung im Fall einer Pflichtverletzung → Kap. 7 § 675y Rn. 5.

des Zahlungsdienstes vereinbart sein.[36] Dies ist bei Debitkarten, anders als bei Kreditkarten, regelmäßig der Fall, denn mit Debitkarten verbindet sich keine Kreditierung. Die Vorteile des Karteneinsatzes für die Bank folgen unmittelbar aus der unbaren, automatisierten und damit kostenreduzierten Abwicklung des Zahlungsverkehrs, so dass diese ein großes Interesse am Einsatz der Debitkarten hat. Daher werden Debitkarten in der Regel unentgeltlich angeboten. Eine etwaige Entgelthöhe wird in den AGB-Banken und dem Preisaushang festgelegt. Hierzu zählt auch das Entgelt für die Nutzung institutseigener Automaten des kartenausgebenden Instituts.[37]

Zudem hat der Karteninhaber die **Pflicht zum Ersatz von Aufwendungen** (§§ 670, 675c Abs. 1 BGB). Der Karteninhaber erteilt bei Nutzung der Debitkarte Weisungen, zB beim Einsatz der Karte am Geldausgabeautomat oder an einer POS-Kasse. Der Zahlungsdienstleister hat in der Folge einen Ersatzanspruch in Bezug auf jene Aufwendungen, die er den Umständen nach für erforderlich halten durfte, namentlich für weisungsgemäß verauslagte Zahlungsbeträge. Er macht den Aufwendungsersatzanspruch geltend, indem er den angewiesenen Betrag in das girovertragliche Kontokorrent durch die Belastung des Kontos einstellt. Der Aufwendungsersatzanspruch aus §§ 670, 675c Abs. 1 BGB entsteht mit der Zahlung an einer POS-Kasse oder dem Abheben von Bargeld an einem institutsfremden Geldausgabeautomaten,[38] also mit der auf elektronischem Weg automatisiert übermittelten Autorisierung der Transaktion. In der Folge entsteht zu diesem Zeitpunkt auch ein etwaiges Vertragspfandrecht am Kontoguthaben. Aufwendungsersatzansprüche, die aus dem Einsatz einer Debitkarte nach einer Kontenpfändung resultieren, sind keine Ansprüche im Sinne des § 357 S. 2 HGB, da solche Ansprüche „neuen Geschäften" (§ 357 S. 1 HGB) entspringen. Mit der Aushändigung der Debitkarte an den Zahlungsdienstnutzer ist keine Rechtsmacht des Kunden verbunden, die dem Einfluss der Bank entzogen ist. 26

Entgelte, die der kartenausgebende Zahlungsdienstleister **für die Nutzung** an das automatenbetreibende Institut zu leisten hat (vgl. Ziff. 7 Vereinbarung-Geldautomatensystem), sind Aufwendungen, die er vom Karteninhaber ersetzt verlangen kann.[39] 26a

Die **Einstellung des** am Geldausgabeautomaten bezogenen Bargeldbetrages **in das Kontokorrent** ist zugleich die Dokumentation der Erfüllung des Auszahlungsanspruchs des Zahlungsdienstleisters (institutseigener Geldausgabeautomat) bzw. die Geltendmachung des Aufwendungsersatzanspruchs (§§ 675c Abs. 1, 670 Abs. 1 BGB; institutsfremder Geldausgabeautomat). 27

Der Kontoinhaber haftet für die Aufwendungen der Bank durch die Nutzung der mit seiner Zustimmung auf den Namen eines Kontobevollmächtigten ausgestellten Debitkarte; dieser handelt insoweit als Vertreter des Kontoinhabers.[40] 28

b) Die Nebenpflichten des Karteninhabers. Die Nebenpflichten des Karteninhabers umfassen u. a. die **Sorgfaltspflicht** in Bezug auf das überlassene Zahlungsinstrument, dh die Debitkarte (§ 675l BGB) sowie die **Unterrichtungspflicht** bei fehlerhaften Zahlungsvorgängen (§ 676b BGB). Weitere vertraglich vereinbarte Nebenpflichten folgen aus den Sonderbedingungen zur Debitkarte, mithin den AGB des Zahlungsdienstleisters, in denen die gesetzlichen Nebenpflichten konkretisiert werden. 29

Der Karteninhaber schuldet die **Beachtung der finanziellen Nutzungsgrenzen**[41] und bei deren Überschreiten Überziehungszinsen mit erhöhtem Zinssatz (§ 505 Abs. 1 BGB).[42] Diese Überschreitung stellt eine geduldete Überziehung im Sinne von § 505 BGB dar, 30

[36] Vgl. mit Nachw. Zahlungsdienstevertrag → Kap. 2 § 675c Rn. 60 ff.
[37] Unter der früheren Gesetzeslage BGH WM 1996, 1080; BuB/*Werner* Rn. 6/1494.
[38] So auch zum früheren Recht BGH WM 2003, 625.
[39] Vgl. BuB/*Werner* Rn. 6/1495.
[40] So auch BuB/*Werner* Rn. 6/1330; MüKoHGB/*Haertlein* ZahlungsV E Rn. 49.
[41] → Kap. 7 § 675k Rn. 4.
[42] Vgl. Nr. A II 2 Bedingungen girocard; Nr. A II 2 Bedingungen Sparkassencard und Sonderbedingungen VR-BankCard; Nr. A II 2 Bedingungen Postbank Card.

nicht aber einen Überziehungskredit nach § 504 BGB.[43] Das Überschreiten der finanziellen Nutzungsgrenze durch einen kontobevollmächtigten Karteninhaber löst ebenfalls Aufwendungsersatzansprüche des Zahlungsdienstleisters aus; für diese haften der Kontoinhaber und der kontobevollmächtigte Karteninhaber gesamtschuldnerisch.[44] Daneben muss der Karteninhaber den **Verfügungsrahmen einhalten.**[45] Zudem darf die Karte nach den Vereinbarungen nicht einem Dritten überlassen werden; für Dritte werden eigene Karten ausgestellt.

31 Der Karteninhaber ist zur **unverzüglichen Rückgabe der Debitkarte** mit Aushändigung einer neuen bzw. mit Ablauf der Gültigkeit der Karte verpflichtet. Gleiches gilt, wenn zuvor die Berechtigung zur Nutzung der Karte endet, zB durch Beendigung des Debitkartenvertrages oder durch Widerruf der Kontovollmacht des Dritten.[46] Etwaige unternehmensbezogene Zusatzanwendungen (→ Rn. 4a) auf der Karte sind in diesem Fall unverzüglich zu entfernen.[47]

31a Hinzu können **Entgeltpflichten** des Karteninhabers treten, wenn diese wirksam vereinbart wurden. Entgeltabreden dürfen insoweit aber nicht eine gesetzliche Nebenpflicht nach diesem Untertitel betreffen (§ 675f Abs. 5 S. 2 BGB). Ein etwaiges Entgelt für die **Sperrung der Karte** darf daher nicht im Fall der gesetzlichen Nebenpflicht des § 675l S. 2 i. V. m. § 675m Abs. 1 Nr. 4 BGB ausgelöst werden.[48] Nicht ausgeschlossen ist indes die Abrede über eine Entgeltpflicht des Karteninhabers für die **Ersatzausstellung** einer Debitkarte, die nicht auf ein Verschulden der Bank (zB bei Beschädigung oder Verlust) zurückzuführen ist und nicht auf einer berechtigten Sperrung der Karte auf der Grundlage der vereinbarten Konstellationen des § 675k Abs. 2 S. 1 Nr. 1–3 BGB beruht.[49]

III. Die wesentlichen Einsatzmöglichkeiten der Debitkarte

1. Der Bargeldbezug am Geldausgabeautomaten

32 **a) Der Bargeldbezug und die Übereignung der Geldzeichen.** Der Bargeldbezug an institutseigenen und institutsfremden Geldausgabeautomaten[50] erfolgt mittels **Debitkarte** und **Eingabe der PIN.** Die Echtheit der Karte wird bei inländischen Automaten anhand des MM-Merkmales geprüft. Nach Eingabe der PIN wird diese über die Autorisierungszentrale ebenfalls errechnet und mit der eingegebenen verglichen. Zugleich wird die Sperrdatei abgefragt und geprüft, ob der Verfügungsrahmen der Karte bereits erschöpft ist.[51]

---

[43] Wie hier *Gößmann* WM 1998, 1264, 1266; BuB/*Werner* Rn. 6/1384; MüKoHGB/*Haertlein* ZahlungsV E Rn. 70; s. a. Nr. A II 2 Bedingungen girocard; Nr. A II 2 Bedingungen Sparkassencard und Sonderbedingungen VR-BankCard; Nr. A II 2 Bedingungen Postbank Card; **aA** Langenbucher/Gößmann/Werner/*Koch/Vogel* § 5 Rn. 20 (Krediteinräumung bei fehlendem unverzüglichen Verlangen des Kreditinstituts nach Rückführung).

[44] Vgl. zum Aufwendungsersatzanspruch gegen den Kontoinhaber in dieser Konstellation auch BuB/*Werner* Rn. 6/1384; MüKoHGB/*Haertlein* ZahlungsV E Rn. 49.

[45] → Kap. 7 § 675k Rn. 7.

[46] → Kap. 7 § 675h Rn. 9 ff.

[47] Vgl. Nr. A II 1, 5 IV Bedingungen girocard; Nr. A II 1, 5 IV Bedingungen Sparkassencard und Sonderbedingungen VR-BankCard; Nr. A II 1, 5 IV Bedingungen Postbank Card.

[48] Zur Unwirksamkeit einer klauselmäßigen Entgeltabrede insoweit vgl. OLG Düsseldorf NJOZ 2013, 702; für die Zulässigkeit der Bepreisung der Ersatzausstellung, wenn die Notwendigkeit der Ausstellung der Ersatzkarte ihre Ursache nicht im Verantwortungsbereich der Bank hat, hingegen OLG Köln WM 2014, 1338.

[49] Ausf. → Kap. 7 § 675k Rn. 17; weitergehend OLG Köln WM 2014, 1338.

[50] Vgl. Nr. A I 1 lit. a, 2 lit. a Bedingungen girocard; Nr. A I 1 lit. a, 2 lit. a Bedingungen Sparkassencard und Sonderbedingungen VR-BankCard; Nr. A I 1 Sp. Str. 1, 2 Sp. Str. 1 Bedingungen Postbank Card; ausf. zum Abhebungsvorgang Baumbach/Hefermehl/Casper/*Casper* Kartenzahlungen Rn. 17, 24, 42; MüKoBGB/*Casper,* § 675f Rn. 74 f.; *Russenschuck* Die Auszahlung von Bargeld an Automaten nach deutschem Zivilrecht 2002 S. 96 ff.; MüKoHGB/*Haertlein* ZahlungsV E Rn. 179 ff.

[51] Vgl. Nr. A III 1.1 Bedingungen girocard; Nr. A III 1.1 Bedingungen Sparkassencard und Sonderbedingungen VR-BankCard; Nr. A III 1.1 Bedingungen Postbank Card.

Beim Bargeldbezug am institutseigenen Geldausgabeautomaten erfolgt zudem eine Kontodeckungsprüfung.[52]

Sofern diese Abfragen zu einem negativen Ergebnis führen, wird die **Zahlung autorisiert** und die Auszahlung im Tagesjournal registriert. Diese Registrierung umfasst die Zeit der Auszahlung, den Betrag der Abhebung und weitere Angaben.[53] Bei institutsfremdem Automaten wird sodann eine Lastschrift über den Auszahlungsbetrag und ein etwaiges Entgelt für die Auszahlung erstellt und beim kartenemittierenden Institut eingezogen.[54] 33

Mit Blick auf die **Übereignung der Geldscheine an den Nutzer des Geldausgabeautomaten**[55] ist die Identifikation der konstituierenden Willenserklärungen für die Übereignung nach § 929 S. 1 BGB umstritten. Richtigerweise[56] ist bereits das Aufstellen eines funktionsfähigen Geldausgabeautomaten als ein konkludentes **Angebot des automatenaufstellenden Unternehmens** auszulegen (§§ 133, 157 BGB), Geldzeichen an jenen zu übereignen, der eine Debitkarte an diesem Automaten berechtigt und funktionskonform nutzt.[57] Die ausreichende Kontodeckung bzw. eine hinreichende Kreditlinie sowie die Nutzung der Karte innerhalb des Verfügungsrahmens sind hingegen keine Bedingungen der Übereignung.[58] Die ausreichende Kontodeckung ist vielmehr ein vertragsinterner Aspekt zwischen Karteninhaber und kartenausgebendem Institut. Letzteres entscheidet darüber, ob es eine Überschreitung des finanziellen Einsatzrahmens der Debitkarte duldet oder unterbindet. Auch im Falle der Duldung muss der Karteninhaber das Eigentum an den Geldzeichen erwerben und darf nicht gem. § 246 StGB kriminalisiert werden. Mit Blick auf den Verfügungsrahmen hat das automatenaufstellende Institut schon keinen Bedarf für eine entsprechende Bedingung im Rahmen der dinglichen Einigung, erfolgt doch vor Freigabe des Bargeldes eine automatisierte Überprüfung, ob der Verfügungsrahmen erschöpft ist. 34

Die **Annahme der Übereignung** der Geldzeichen durch den Kartennutzer erfolgt durch die Entgegennahme des Bargeldes. Der Automatenaufsteller hat dabei auf den Zugang dieser Willenserklärung nach § 151 BGB konkludent verzichtet. 35

Das konkludente Angebot zur Übereignung der Geldzeichen durch das Aufstellen des funktionsfähigen Geldausgabeautomaten richtet sich nicht an den **nicht berechtigten Kartennutzer,** dh an den Dieb oder Finder der Karte, der auch die PIN kennt. Der zivilrechtliche Unterschied, der hieraus folgt, ist freilich gering, da auch bei einem fehlenden Angebot zur Übereignung der nicht berechtigte Kartennutzer zumeist nach § 948 BGB Eigentum an den vom Geldausgabeautomaten ausgegebenen Geldzeichen erwirbt. Strafrechtlich resultiert hieraus indes eine Unterschlagung (§ 246 StGB).[59] 36

b) Die Rechtsverhältnisse bei der Nutzung von Geldausgabeautomaten. Beim Bezug von Bargeld aus einem **institutseigenen Geldausgabeautomaten** besteht nur das Rechtsverhältnis zwischen kartenausgebendem Institut, das zugleich den genutzten Automaten aufgestellt hat, und dem Karteninhaber. 37

Beim Bezug von Bargeld am **institutsfremden Bargeldausgabeautomaten** sind drei Rechtsverhältnisse zu unterscheiden.[60] Diese betreffen das Verhältnis zwischen kartenaus- 38

---

[52] Vgl. Nr. A III 1.1 Bedingungen girocard; Nr. A III 1.1 Bedingungen Sparkassencard und Sonderbedingungen VR-BankCard; Nr. A III 1.1 Bedingungen Postbank Card.

[53] Vgl. BankR-HdB/*Maihold* § 54 Rn. 10; s. a. AG Freudenstadt WM 2017, 472 (mit Sachverständigengutachten zum Fehlen von Manipulationsmöglichkeiten).

[54] Dazu auch → Vorb. Rn. 14.

[55] Ausf. auch MüKoHGB/*Haertlein* ZahlungsV E Rn. 182 ff.

[56] Wie hier im Wesentlichen die hM; vgl. *Einsele* Bank- und Kapitalmarktrecht § 6 Rn. 221; MüKoHGB/*Haertlein* ZahlungsV E Rn. 183 f.; ausf. auch *Canaris* Bankvertragsrecht Rn. 527e.

[57] Die alternative Ansicht, die ein Angebot des Kartenverwenders zugrunde legt, das vom Automatenaufsteller mit der Freigabe des Geldes angenommen werde, vermag den Zugang des Angebotes nicht zu erklären und gelangt damit auf dem Boden der Rechtsgeschäftslehre nicht zu einer wirksamen Übereignung.

[58] **AA** Langenbucher/Gößmann/Werner/*Koch*/*Vogel* § 5 Rn. 14.

[59] Zutr. BGH NJW 2018, 245; *Gößmann* WM 1998, 1264, 1273; **aA** noch BGHSt 38, 120.

[60] Vgl. allg. → Vorb. Rn. 11 ff.

gebendem Institut und dem Karteninhaber, zwischen dem Karteninhaber und dem automatenaufstellenden Institut sowie zwischen den beiden Kreditinstituten. Das **Rechtsverhältnis zwischen beiden Instituten** ist im Wesentlichen durch die Vereinbarung Deutsches Geldautomaten-System geprägt.[61] Das **Rechtsverhältnis zwischen Karteninhaber und automatenaufstellendem Institut** ist kein *vertragliches* Rechtsverhältnis.[62] Die Vereinbarung Geldautomaten-System ist kein echter Vertrag zugunsten Dritter (§ 328 BGB), sodass der Karteninhaber nicht nach Ziff. 3 der GA-Vereinbarung die Nutzung eines konkreten institutsfremden Geldausgabeautomaten verlangen kann.[63] Die GA-Vereinbarung ist auch kein Vertrag mit Schutzwirkung zugunsten Dritter, dh zugunsten des Karteninhabers anderer Institute.[64] Als Folge erstrecken sich die Schutzpflichten (§ 241 Abs. 2 BGB) des automatenaufstellenden Instituts aus der GA-Vereinbarung auch nicht auf institutsfremde Karteninhaber. Allerdings kommt eine Haftung des automatenaufstellenden Instituts aufgrund einer Schutzpflichtverletzung (§ 241 Abs. 2 BGB) im Rahmen der rechtsgeschäftsähnlichen Sonderbindung, einem Vertrauensverhältnisses gem. § 311 Abs. 2 Nr. 3 BGB, zwischen diesem Institut und dem Karteninhaber bei dessen Nutzung des Automaten in Betracht.[65] Schließlich besteht das **Deckungsverhältnis zwischen Karteninhaber und kartenausgebendem Institut.**

39 Das **Abheben von Geld am Geldausgabeautomaten** ist ein Zahlungsauftrag (§ 675f Abs. 4 S. 2 BGB) des Bankkunden. Sofern die Abhebung an einem institutsfremden Geldautomaten erfolgt, wird der Zahlungsauftrag vom automatenaufstellenden Institut als Bote der kartenausstellenden Bank zugeleitet. Der Zahlungsauftrag wird sodann vom kartenausstellenden Institut als Zahlungsdienstleister (§ 1 Abs. 1 ZAG, § 675c Abs. 3 BGB) ausgeführt. Der ausgelöste Zahlungsvorgang (§ 675f Abs. 4 S. 1 BGB) ist wirksam, wenn er vom Karteninhaber autorisiert wurde (§ 675j Abs. 1 S. 1 BGB). Die Möglichkeit des Bargeldbezuges am Geldautomaten ist eine besondere Dienstleistung des kartenausgebenden Instituts,[66] sodass die Auszahlung eine Aufwendung der Bank ist, für die diese Ersatz verlangen kann (§§ 675 Abs. 1, 670, 675c Abs. 1 BGB).[67]

40 Umstritten ist mit Blick auf das Deckungsverhältnis zwischen Karteninhaber und kartenausgebenden Institut die **schuldrechtliche Qualifikation der Auszahlung** beim Bargeldbezug am *institutseigenen* Automaten. Dabei stellt der Einsatz von Karte und PIN durch den Karteninhaber ein bloßes Erfüllungsverlangen in Bezug auf den girovertraglichen Auszahlungsanspruch auf das Tagesguthaben (§§ 488 Abs. 1 S. 2, 700 BGB) bzw. den Abruf der eingeräumten Kreditlinie (§ 504 BGB) dar.[68] Beim Bargeldbezug am institutsfremden Automaten ist das automatenaufstellende Institut Erfüllungsgehilfe (§ 278 BGB) des kartenausgebenden Instituts bei der Bewirkung der geschuldeten Zahlung.[69]

41 **c) Sonderfragen: Beweislast und Aufwendungsersatz bei Fehlfunktion.** Die **Darlegungs- und Beweislast hinsichtlich der Ausgabe der Geldzeichen** bei der Nutzung der Debitkarte am **institutseigenen Automaten** trägt dem Grundsatz nach das Kreditinstitut. Dieser Darlegungs- und Beweislast kommt aufgrund der Ausgabe der Geldzeichen

[61] → Vorb. Rn. 12 ff.

[62] AG Frankfurt WM 1994, 1879; *Einsele* Bank- und Kapitalmarktrecht § 6 Rn. 220; abweichend, aber nicht überzeugend MüKoHGB/*Haertlein* ZahlungsV E Rn. 233 (schuldrechtliche Vertragsbeziehung).

[63] Wie hier ua *Einsele* Bank- und Kapitalmarktrecht § 6 Rn. 220; *Weber* Recht des Zahlungsverkehrs S. 269; **aA** *Hofmann* WM 2005, 1305 (1309).

[64] IE auch AG Frankfurt WM 1994, 1879; MüKoHGB/*Haertlein* ZahlungsV E Rn. 234.

[65] Vgl. zur Haftung des Zahlungsdienstleisters bei Funktionsfehlern des Geldausgabeautomaten → Kap. 7 § 675y Rn. 1 ff.

[66] BGH WM 1996, 1080.

[67] Vgl. Langenbucher/Gößmann/Werner/*Koch/Vogel* § 5 Rn. 13; BuB/*Werner* Rn. 6/1490, 1508; *Russenschuck* Das Auszahlung von Bargeld an Automaten nach deutschem Zivilrecht 2002 S. 70 f.

[68] Baumbach/Hefermehl/Casper/*Casper* Kartenzahlungen Rn. 22; *Canaris* Bankvertragsrecht Rn. 527d; BankR-HdB/*Maihold* § 54 Rn. 32.

[69] So BankR-HdB/*Maihold* § 54 Rn. 35; *Gößmann* WM 1998, 1264, 1272 f.; *Einsele* Bank- und Kapitalmarktrecht § 6 Rn. 217; **aA** Kümpel/Mülbert/Früh/Seyfried/*Werner* Bank-/KapitalmarktR Rn. 4.762.

als Grundlage der Erfüllung des Auszahlungsanspruchs des Zahlungsdienstnutzers große Bedeutung zu. Sie aktualisiert sich, wenn der Karteninhaber den Erhalt von Bargeld am Geldausgabeautomat substantiiert bestreitet, indem er vorträgt, der Automat habe kein Bargeld, zu wenig Bargeld oder Falschgeld im Ausgabefach nach dem funktionskonformen Einsatz der Debitkarte freigegeben. Vollkommen zu Recht wird der situativen Erschwerung der Darlegungs- und Beweislast der Bank aufgrund der Anwesenheit nur des Karteninhabers beim Bargeldbezug und der ganz erheblichen Missbrauchsgefahr durch einen unzutreffenden Vortrag mit einer Gefährdung des Gesamtsystems Debitkarte mit **Beweiserleichterungen zugunsten des automatenaufstellenden Instituts** abgeholfen. So greift zutreffend ein Anscheinsbeweis hinsichtlich der **Echtheit der Geldzeichen** zugunsten der Bank, wenn sie den Automaten mit Bargeld bestückt hat, das sie von der Bundesbank bezogen hat,[70] denn diese prüft Geldscheine vor dem Inverkehrbringen auf ihre Echtheit. Hinzu tritt ein Anscheinsbeweis zugunsten der Bank in Bezug auf das **technisch ordnungsgemäße Funktionieren des Automaten** und eine Geldentnahme durch den Kunden,[71] wenn Automatenaufzeichnungen belegen, dass eine Authentifizierung erfolgt ist und der Zahlungsvorgang ordnungsgemäß aufgezeichnet, verbucht sowie nicht durch eine Störung beeinträchtigt wurde.[72]

Beim Einsatz der Debitkarte an einem **institutsfremden Geldausgabeautomaten** hat das automatenaufstellende Institut einen **Aufwendungsersatzanspruch.**[73] Dieser wird per Lastschrift beim kartenausgebenden Institut eingezogen. Das kartenausgebende Institut stellt den verauslagten Betrag sodann in das Kontokorrent des Kunden ein und macht hiermit den eigenen **Aufwendungsersatzanspruch aus §§ 675, 670 BGB, 675c BGB** gegen den Karteninhaber geltend. Der Aufwendungsersatzanspruch besteht aufgrund der Weisung des Karteninhabers durch den Karteneinsatz und die Eingabe der PIN am Geldausgabeautomaten. Er weist hiermit das kartenausgebende Institut zum Ausgleich des angeforderten Abhebungsbetrags an; das kartenausgebende Institut darf die Aufwendung auch für erforderlich halten. Dies gilt auch, wenn **kein Bargeld, zu wenig Bargeld oder Falschgeld** im Ausgabefach des Geldausgabeautomaten liegt. Der Karteninhaber hat aufgrund der Autorisierung der Zahlung kein Widerrufsrecht (§ 675p BGB). Eine Anfechtung der Autorisierung scheidet mangels relevanten Irrtums grundsätzlich aus. Die Ausgabe echten Bargelds in gewähltem Umfang ist keine (konkludente) Bedingung der Autorisierung durch den Kunden (§ 158 BGB), vielmehr ist eine solche Annahme eine bloße (unzulässige) Fiktion. Mangels vertraglicher Beziehungen zum automatenaufstellenden Institut[74] stehen dem Karteninhaber in diesem Fall auch keine vertraglichen Ersatzansprüche gegen dieses zu. Auch ein unmittelbarer Bereicherungsanspruch gegen das automatenaufstellende Institut scheidet aus; eine Direktkondiktion des Karteninhabers bei dem automatenaufstellenden Institut ist abzulehnen, da dieses den Aufwendungsersatz qua prinzipiell vorrangiger Leistungsbeziehung vom kartenausgebenden Institut erhalten hat. Gem. §§ 667, 675 Abs. 1, 675c BGB hat der Karteninhaber daher einen Anspruch auf Abtretung des Kondiktionsanspruchs aus § 812 Abs. 1 S. 1 Alt. 1 BGB des kartenausgebenden Instituts gegen das automatenaufstellende Institut. Daneben kommt eine Haftung des automatenaufstellenden Instituts aufgrund einer Schutzpflichtverletzung (§ 241 Abs. 2 BGB) im Rahmen der rechtsgeschäftsähnlichen Sonderbindung, Vertrauensverhältnis gem. § 311 42

[70] So auch Baumbach/Hefermehl/Casper/*Casper* Kartenzahlungen Rn. 25; MüKoHGB/*Haertlein* ZahlungsV E Rn. 220.

[71] So auch unter der früheren Gesetzeslage AG Aschaffenburg WM 1989, 1166; AG Nürnberg WM 1987, 9; AG Burgdorf WM 1993, 2122; BuB/*Werner* Rn. 6/1487; Baumbach/Hefermehl/Casper/*Casper* Kartenzahlungen Rn. 25; s. a. AG Freudenstadt WM 2017, 472 (Sachverständigengutachten zur Unmöglichkeit der Manipulation zur Akzeptanz aller PIN bei EMV-Chip); AG Aachen VuR 2017, 464 (kein Nachweis ordnungsgem. Funktionierens ohne Vorlage des lokalen GA-Protokolls).

[72] → Kap. 7 § 675w BGB Rn. 9 ff.

[73] Vgl. nur BuB/*Werner* Rn. 6/1455; BankR-HdB/*Maihold* § 54 Rn. 15.

[74] BankR-HdB/*Maihold,* § 54 Rn. 31; AG Frankfurt WM 1994, 1879; → Rn. 38.

Abs. 2 Nr. 3 BGB, zwischen diesem und dem Karteninhaber bei der Nutzung des Automaten in Betracht.

2. Die Nutzung der Debitkarte im POS-Verfahren mit Zahlungsgarantie

43 **a) Der Ablauf des Zahlungsvorgangs.** Die Nutzung der Debitkarte mit PIN zur bargeldlosen Zahlung an einer POS-Kasse[75] erfolgt inländisch in der Regel im Rahmen des *electronic-cash*-Systems (ec-System), während international das *maestro*-System[76] überwiegt. Die **rechtgeschäftliche Grundlage** dieses Karteneinsatzes ist die „Vereinbarung über ein institutsübergreifendes System zur bargeldlosen Zahlung an automatisierten Kassen (electronic cash-System)", Stand 1.2.2015. Hinzu treten die „Händlerbedingungen für die Teilnahme am electronic cash-System der deutschen Kreditwirtschaft", Stand 06/2016. Das Ziel des Zahlungssystems ist die Ermöglichung einer bargeldlosen Zahlung durch die Karteninhaber bei einem Vertragsunternehmen (Händler oder Dienstleister). Nach Abschluss des Zahlungsvorgangs hat das Vertragsunternehmen eine sichere Position in Bezug auf die Zahlung durch das kartenausgebende Institut.

44 Bei einer **Zahlung an einem inländischen ec-Terminal** legitimiert der Karteninhaber den angezeigten Betrag durch die Einführung der Karte und die nachfolgende Eingabe der PIN. Hierin liegen eine unwiderrufliche Erteilung eines Zahlungsauftrages (§ 675f Abs. 4 S. 2 BGB) sowie eine Autorisierung der Zahlung (§ 675j Abs. 1 S. 1 BGB) an das kartenausgebende Institut, die Forderung im Valutaverhältnis zu begleichen und das der Karte zugeordnete Konto zu belasten. Die Daten der Karte und die PIN werden verschlüsselt durch die POS-Kasse an die Autorisierungsstelle des kartenausgebenden Instituts übermittelt. Entsprechende Autorisierungsstellen betreibt u. a. die *First Data Deutschland GmbH.* Die Autorisierungsstelle prüft die Kartendaten und die Eingabe einer korrekten PIN, das Vorliegen etwaiger Kartensperren sowie die etwaige Ausschöpfung des Verfügungsrahmens. Nach der Prüfung autorisiert die Stelle die Zahlung oder verweigert die Autorisierung. Die Autorisierung enthält das abstrakte Zahlungsversprechen (§§ 780 f. BGB) des kartenausgebenden Instituts gegenüber dem Vertragsunternehmen.

45 Zudem werden die Kartendaten gespeichert und der autorisierte Betrag per **Lastschrift im Einzugsermächtigungsverfahren** beim kartenausgebenden Institut eingezogen. Dabei greift die Besonderheit, dass nach der erfolgreichen Autorisierung eine Rückgabe dieser Lastschrift durch das kartenausgebende Institut aufgrund eines Widerspruchs oder aufgrund fehlender Deckung nicht mehr möglich ist.

46 **b) Die Rechtsverhältnisse.** Das **Deckungsverhältnis zwischen Karteninhaber und kartenausgebendem Institut** wird durch den Bankkartenvertrag als Zahlungsdiensterahmenvertrag (§ 675f Abs. 2 BGB) geprägt. In diesem muss eine Abrede über die Teilnahme am POS-Service enthalten sein.[77] Zugleich wird ein Verfügungsrahmen festgelegt (vgl. dazu → Kap. 7 § 675k Rn. 5) sowie die Notwendigkeit einer Autorisierung durch eine PIN (vgl. § 651j Abs. 1 S. 2 BGB). Der Einsatz der Debitkarte unter Eingabe der PIN durch den Karteninhaber führt zu einer Autorisierungsanfrage. Grundlage ist die Weisung des Karteninhabers an das kartenausgebende Institut (§ 675f Abs. 4 S. 2 BGB), den Forderungsbetrag an das Vertragsunternehmen zu leisten.[78] Diese Weisung ist ab ihrem Zugang beim kartenausgebenden Institut unwiderruflich (vgl. § 675p BGB).[79] Gleichzeitig gibt der

---

[75] Vgl. dazu Baumbach/Hefermehl/Casper/*Casper* Kartenzahlungen Rn. 44 f.; Langenbucher/Gößmann/Werner/*Koch/Vogel* § 5 Rn. 34.

[76] Vgl. Nr. A I 2 Bedingungen girocard; Nr. A I 2 Bedingungen Sparkassencard und Sonderbedingungen VR-BankCard; Nr. A I 2 Bedingungen Postbank Card.

[77] Vgl. Nr. A I 1 lit. b, 2 lit. b Bedingungen girocard; Nr. A I 1 lit. b, 2 lit. b Bedingungen Sparkassencard und Sonderbedingungen VR-BankCard; Nr. A I 1 Sp. Str. 2, 2 Sp. Str. 2 Bedingungen Postbank Card.

[78] *Einsele* Bank- und Kapitalmarktrecht § 6 Rn. 188; Langenbucher/Gößmann/Werner/*Koch/Vogel* § 5 Rn. 43; BuB/*Werner* Rn. 6/1565; Baumbach/Hefermehl/*Casper* Kartenzahlungen Rn. 48.

[79] Gleiches galt unter der früheren Gesetzeslage aufgrund des Zahlungsversprechens des kartenausgebenden Instituts, vgl. nur Baumbach/Hefermehl/Casper/*Casper* Kartenzahlungen Rn. 48.

Karteninhaber eine Autorisierung in Gestalt einer Einwilligungserklärung ab, die über das Vertragsunternehmen und etwaige weitere Dienstleister zum kartenausgebenden Institut weitergeleitet wird. Mit der Autorisierung der Zahlung entsteht ein Zahlungsversprechen des kartenausgebenden Instituts (vgl. Ziff. 5 POS-Händlerbedingungen). Die resultierende Zahlung an das Vertragsunternehmen ist eine ersatzfähige Aufwendung des kartenausgebenden Instituts (§§ 670, 675 Abs. 1, 675c Abs. 1 BGB). Das Institut macht den resultierenden Aufwendungsersatzanspruch durch seine Einstellung des Betrags in das girovertragliche Kontokorrent geltend. Etwaige Einwendungen und Einreden aus dem Valutaverhältnis, dh dem Verhältnis zwischen Karteninhaber und Vertragsunternehmen, können dem kartenausgebenden Institut aufgrund der Relativität der Schuldverhältnisse nicht entgegengesetzt werden.[80]

Dem **Valutaverhältnis zwischen Karteninhaber und Vertragsunternehmen** entspringt die Zahlungsverpflichtung des Karteninhabers gegenüber dem Vertragsunternehmen für die Lieferung von Waren oder die Erbringung von Dienstleistungen. Diese Zahlungsverpflichtung ist die Grundlage der POS-Zahlung. Das Rechtsverhältnis kann ein Kauf-, Werk-, Dienstvertrag etc. sein. In diesen Verträgen ist die Barzahlungspflicht bei einer Geldschuld der Regelfall.[81] Die Kartenzahlung ist daher eine Leistung analog § 364 Abs. 2 BGB erfüllungshalber.[82] Ihre Grundlage bildet eine (rechtsgeschäftliche) Erfüllungsvereinbarung zwischen den Parteien des Valutaverhältnisses im Moment der Leistungsbewirkung oder als Ergänzung oder Änderung bereits des ursprünglichen Leistungsinhalts.[83] Der Karteninhaber gibt hinsichtlich der Zahlung das Angebot ab, die Geldschuld mittels Kartenzahlung im POS-System zu erfüllen. Der Händler ist zur Annahme des Angebotes durch seine Teilnahme am POS-System verpflichtet.[84] Das Vertragsunternehmen erwirbt mit der autorisierten Kartenzahlung einen Zahlungsanspruch gegen das kartenausgebende Institut (vgl. Nr. 5 Händlerbedingungen-POS). In der Folge ist es vom Risiko der fehlenden Kontodeckung beim Karteninhaber befreit. Das dem Vertragsunternehmen verbleibende Risiko ist das Insolvenzrisiko des kartenausgebenden Instituts. Nicht zuletzt aus diesem Grund hat das Vertragsunternehmen kein Interesse, auf den ursprünglichen Zahlungsanspruch gegen den Karteninhaber zu verzichten, sondern will typischerweise nur eine weitere vorrangige Befriedigungsmöglichkeit erhalten. 47

Das Vertragsunternehmen hat daher **vorrangig die Befriedigung aus dem Zahlungsanspruch** gegen die kartenausgebende Bank zu suchen; für diese Zeit ist der Zahlungsanspruch gegen den Karteninhaber gestundet. Sofern das Vertragsunternehmen eine vorbehaltlose Gutschrift des Zahlungsbetrages auf seinem Konto erhält, erlischt der Zahlungsanspruch gegen den Karteninhaber nach § 362 Abs. 1 BGB durch Erfüllung. Bis dahin ist der Barzahlungsanspruch gestundet. Sofern die Befriedigung aus dem Zahlungsversprechen des kartenausgebenden Instituts misslingt, kann das Vertragsunternehmen auf den Zahlungsanspruch gegen den Karteninhaber zurückgreifen, um von diesem Befriedigung zu erlangen. 48

Das Vertragsunternehmen ist **verpflichtet,** die von den kartenausgebenden Instituten ausgegebenen **Karten an der POS-Kasse zu akzeptieren.** Die Händlerbedingungen sind insoweit ein echter Vertrag zugunsten Dritter (§ 328 BGB).[85] Aus dem Karteneinsatz folgt 49

[80] Vgl. nur Baumbach/Hefermehl/Casper/*Casper* Kartenzahlungen Rn. 49; MüKoHGB/*Haertlein* ZahlungsV E Rn. 247; Nr. A III 1.3 Bedingungen girocard; Nr. A III 1.3 Bedingungen Sparkassencard und Sonderbedingungen VR-BankCard; Nr. A III 1.3 Bedingungen Postbank Card.

[81] Vgl. nur MüKoBGB/*Grundmann* § 245 Rn. 111; *Canaris* Bankvertragsrecht Rn. 303 f., 466; BuB/*Werner* Rn. 6/1563.

[82] So auch MüKoHGB/*Haertlein* ZahlungsV E Rn. 241; Baumbach/Hefermehl/Casper/*Casper,* Kartenzahlungen Rn. 10 f.; *Einsele* Bank- und Kapitalmarktrecht § 6 Rn. 198; *Schinkels* WM 2006, 841 (842); BuB/*Werner* Rn. 6/1563; **aA** *Gößmann* WM 1998, 1264 (1270 f.) (Leistung an Erfüllungs statt, § 364 Abs. 1 BGB).

[83] Vgl. BGHZ 89, 126, 133 = NJW 1984, 429.

[84] Nr. 2 Händlerbedingungen POS.

[85] So die hLit, vgl. nur BuB/*Werner* Rn. 6/1563, 1568; BankR-HdB/*Koch* § 68 Rn. 8 f.; *Schinkels* WM 2006, 841 (843); Baumbach/Hefermehl/Casper/*Casper* Kartenzahlungen Rn. 10, 50; *Einsele* Bank- und Kapitalmarktrecht § 6 Rn. 197.

aber kein Kontrahierungszwang zu Lasten des Händlers hinsichtlich des Hauptvertrags, dem die Verbindlichkeit entspringt. Das frühere sog. Preisaufschlagsverbot, nach dem das Vertragsunternehmen keinen Preisaufschlag für den Karteneinsatz vom Karteninhaber verlangen durfte, wurde nicht zuletzt auf Druck des Bundeskartellamtes mit Wirkung zum 1.11.2014 aufgegeben. Nach Ziff. 2 der Händlerbedingungen bleibt es den Vertragsunternehmen nun unbenommen, beim Einsatz der Debitkarte Rabatte zu gewähren (vgl. auch § 675f Abs. 6 BGB, wonach dies nicht untersagt werden darf) oder einen Aufschlag auf den Barzahlungspreis vorzunehmen. Auf diesen Aufschlag ist aber auf geeignete Weise hinzuweisen. Zudem wird der Aufschlag nur von Karteninhabern geschuldet, wenn er Teil der vertraglichen Abrede geworden ist. Der Aufschlag muss nach Ziff. 2 angemessen und an den tatsächlichen Kosten des Unternehmens ausgerichtet sein. Diese vertragliche Pflicht des Vertragsunternehmens, die nach § 328 BGB auch gegenüber dem Karteninhaber besteht, wird durch eine unangemessene Höhe des Aufschlages verletzt. Sofern der Vertragshändler gegen das Verbot unangemessen hoher Preisaufschläge verstößt, erfolgt die Zahlung des überhöhten Aufschlags gleichwohl nicht rechtsgrundlos. Vielmehr wird im Grundgeschäft oder in der Erfüllungsabrede ein solches Entgelt zwischen den Parteien wirksam (auch konkludent) vereinbart. Aufgrund der Rechtsnatur der Händlerbedingungen als echter Vertrag zugunsten Dritter besteht aber ein vertraglicher Anspruch des Karteninhabers gegen das Vertragsunternehmen aus §§ 328, 280 Abs. 1, 249 ff. BGB aufgrund der Verletzung einer Pflicht aus den Händlerbedingungen POS (Nr. 2; Verbot überhöhter Aufschläge).

50 Nach Nr. 8 Händlerbedingungen-POS muss das Vertragsunternehmen sicherstellen, dass **die PIN nur vom Karteninhaber selbst** eingegeben wird. Auch insoweit sind die Händlerbedingungen ein echter Vertrag zugunsten Dritter (§ 328 BGB), sodass eine vertragliche Pflicht des Vertragsunternehmens gegenüber dem Karteninhaber besteht. Wird diese Pflicht durch das Vertragsunternehmen oder seine Erfüllungsgehilfen (§ 278 BGB) verletzt, besteht ein Schadensersatzanspruch des Karteninhabers (§§ 328, 280 Abs. 1, 249 ff. BGB). Paradigmatisch sind das Ausspähen und der nachfolgende Missbrauch von PIN und Karteninhalt durch einen „hilfsbereiten" Mitarbeiter, der dem Karteninhaber bei der Eingabe der PIN „behilflich" ist. Der Haftungsschaden des Karteninhabers gegenüber dem kartenausgebenden Unternehmen kann in diesen Fällen auf das Vertragsunternehmen weitergeleitet werden.[86]

51 Das **Abwicklungsverhältnis zwischen Vertragsunternehmen und kartenausgebendem Institut** findet seine Grundlage in den „Bedingungen für die Teilnahme am electronic-cash-System der deutschen Kreditwirtschaft (Händlerbedingungen)" nebst deren „Technischem Anhang".[87] Insoweit handelt es sich um einen Vertrag zwischen dem einzelnen Vertragshändler und allen kartenausgebenden Instituten, die der Vereinbarung über das electronic-cash-System[88] beigetreten sind.[89] Die Vermittlung des Vertragsschlusses erfolgt durch den jeweiligen Netzbetreiber, der das ec-Terminal des Vertragshändlers nur an das ec-Netz anschließt, wenn mit diesem die Händlerbedingungen vereinbart wurden. Nach Ziff. 10 Netzbetreibervertrag ist der Netzbetreiber gegenüber den kartenausgebenden Instituten verpflichtet, nur jene Unternehmen an das ec-Netz anzuschließen, mit denen die Händlerbedingungen vereinbart wurden.

52 Der **Inhalt der Händlerbedingungen-POS** umfasst den Anspruch auf Teilnahme am ec-System (Nr. 1), die Pflicht des Händlers, auf die eigene Teilnahme am System hinzuweisen (Nr. 12) sowie seine Pflicht zur Akzeptanz der Debitkarte an der POS-Kasse

---

[86] IE ebenso, wenngleich eine Geheimhaltungspflicht des Vertragsunternehmens unmittelbar der rechtsgeschäftlichen Abrede im Valutaverhältnis nach § 241 Abs. 2 BGB entnehmend, MüKoHGB/*Haertlein* ZahlungsV E Rn. 248.

[87] → Rn. 43.

[88] → Vorb. Rn. 12 ff.

[89] Zum Folgenden und zu weiteren Details vgl. auch BuB/*Werner* Rn. 6/1520 ff.; *Einsele* Bank- und Kapitalmarktrecht § 6 Rn. 192.

(Nr. 2). In der Fassung 06/2016 sehen die Bedingungen zudem eine Regelung für die Auszahlung von Bargeld durch das Vertragsunternehmen vor (Nr. 13). Für etwaige Änderungen der Händlerbedingungen-POS sieht deren Nr. 14 ein besonderes Verfahren vor. Danach sind die Vertragsunternehmen über die Änderung schriftlich zu benachrichtigen mit der Folge einer Genehmigungsfiktion, sofern sie der Änderung nicht binnen sechs Wochen widersprechen. Die Teilnahme am POS-System ist entgeltpflichtig für das Vertragsunternehmen (Nr. 6 Händlerbedingungen-POS); das Entgelt ist von der Umsatzhöhe abhängig. Die Ermittlung und Einziehung der Entgelte übernimmt der Netzbetreiber (Nr. 13 Netzbetreibervertrag).

Zentral für das Vertragsunternehmen ist das **Zahlungsversprechen des kartenausgebenden Instituts** in Höhe des autorisierten Betrages bei einer Autorisierung der Anfrage (Nr. 5 Händlerbedingungen POS). Der Anspruch entsteht, wenn der Händler ein zugelassenes ec-Terminal einsetzt, dieses nach dem mit dem Netzbetreiber vereinbarten Verfahren betrieben wird, die übrigen technischen Anforderungen durch das Vertragsunternehmen beachtet wurden und der ec-Umsatz im Inland an das Inkasso innerhalb von acht Tagen eingereicht wird. Das **Zahlungsversprechen der kartenausgebenden Bank** ist ein abstraktes Schuldversprechen (§ 780 BGB).[90] Dies folgt aus der Bargeldersatzfunktion der Debitkarte.[91] Das Zahlungsversprechen soll das Vertragsunternehmen von den systemtypischen Risiken befreien. In der Folge kann das Zahlungsversprechen nicht subsidiär sein, sondern muss vom zugrunde liegenden Valutaverhältnis vollständig gelöst sein. Der Abschluss dieses Vertrages erfolgt durch ein Vertragsangebot des kartenausgebenden Instituts in der Autorisierungsmitteilung, wobei auf den Zugang der Annahme durch das Vertragsunternehmen nach § 151 BGB verzichtet wird. Dieses Angebot steht unter der Bedingung, dass das Vertragsunternehmen die ec-Systemanforderungen beachtet hat.[92] Es wird vom Vertragsunternehmen durch die weitere Abwicklung des Zahlungsvorgangs mittels Debitkarte konkludent angenommen.[93] Die rechtzeitige Einreichung (Nr. 5 Händlerbedingungen-POS) ist eine aufschiebende Bedingung;[94] Gleiches gilt für das Unterbleiben einer Stornierung des Umsatzes. 53

Das abstrakte Schuldanerkenntnis des kartenausgebenden Instituts entsteht auch, wenn die **Debitkarte durch einen Dritten missbraucht**[95] oder eine **gefälschte Karte (Doublette)** verwendet wird[96] (vgl. Nr. 13 Vereinbarung über das electronic-cash-System). 54

Sofern der **Karteninhaber** beim Einsatz der Debitkarte **nicht voll geschäftsfähig** war, ist seine Weisung (§ 675f Abs. 4 S. 2 BGB) an das kartenausgebende Institut nichtig (§ 105, § 111 BGB). Im Deckungsverhältnis entsteht in der Folge kein Erstattungsanspruch des Kreditinstituts nach §§ 670, 675 Abs. 1, 675c Abs. 1 BGB (vgl. auch § 675u S. 1 BGB). Zudem wird in diesen Konstellationen auch das Rechtsgeschäft im Valutaverhältnis aufgrund der zumindest beschränkten Geschäftsfähigkeit des Karteninhabers (schwebend) unwirksam sein (§§ 105, 107 BGB). Folge ist ein Bereicherungsausgleich entlang der Leistungskette, mithin zwischen kartenausgebendem Institut und Vertragsunternehmen.[97] Das abstrakte Schuldversprechen des kartenausgebenden Instituts ist in diesen Konstellationen rechtsgrundlos erfolgt; der Zweck des Schuldversprechens, die Erfüllung einer Ver- 55

[90] Wie hier Baumbach/Hefermehl/Casper/*Casper* Kartenzahlungen Rn. 54 f.; BankR-HdB/*Koch* § 68 Rn. 11; *Gößmann* WM 1998, 1264 (1267); Langenbucher/Gößmann/Werner/*Koch/Vogel*, § 5 Rn. 41; BuB/*Werner* Rn. 6/1584; MüKoHGB/*Haertlein* ZahlungsV E Rn. 253; *Einsele* Bank- und Kapitalmarktrecht § 6 Rn. 194 ff.; **aA** Kümpel/Mülbert/Früh/Seyfried/*Werner* Bank-/KapitalmarktR Rn. 4.715 (Garantie).

[91] Zur abweichenden Qualifikation bei der Kreditkarte vgl. *Herresthal* ZBB 2020 (im Erscheinen).

[92] Zutr. MüKoHGB/*Haertlein* ZahlungsV E Rn. 253; eine Bedingung iSd § 158 BGB nehmen hingegen an BuB/*Werner* Rn. 6/1585; BankR-HdB/*Koch* § 68 Rn. 12.

[93] Baumbach/Hefermehl/Casper/*Casper* Kartenzahlungen Rn. 56.

[94] BuB/*Werner* Rn. 6/1585; BankR-HdB/*Koch* § 68 Rn. 12; Baumbach/Hefermehl/Casper/*Casper* Kartenzahlungen Rn. 56.

[95] BankR-HdB/*Koch* § 68 Rn. 11.

[96] BuB/*Werner* Rn. 6/1587; MüKoHGB/*Haertlein* ZahlungsV E Rn. 254.

[97] BankR-HdB/*Mayen* § 50 Rn. 5 ff.

bindlichkeit, dh der Verbindlichkeit des Karteninhabers gegenüber dem Vertragsunternehmen, wird nicht erreicht.[98]

56 Der **Einzug der Beträge zugunsten des Vertragsunternehmens** bei den kartenausgebenden Instituten erfolgt in der Regel durch ein Inkassounternehmen, zumeist die Hausbank des Vertragsunternehmens.[99] In diesem Rechtsverhältnis zwischen der Inkassobank des Vertragsunternehmens und dem kartenausgebenden Institut wird der autorisierte Betrag per Lastschrift im Einzugsermächtigungsverfahren eingezogen. Das kartenausgebende Institut hat andere Kreditinstitute ermächtigt, jene Umsätze auf diese Weise einzuziehen, die durch den Karteneinsatz am ec-Terminal getätigt wurden (Nr. 11 Vereinbarung über das electronic-cash-System). Die Rückgabe dieser Lastschrift aufgrund fehlender Deckung des Kontos ist ebenso ausgeschlossen wie die Rückgabe aufgrund eines Widerspruchs des Karteninhabers oder aus anderen Gründen. Grund hierfür ist das abstrakte Zahlungsversprechen des kartenausgebenden Instituts, das wiederum der Bargeldersatzfunktion der Kartenzahlung dient. Das kartenausgebende Institut ist daher zur unverzüglichen Einlösung der Lastschrift verpflichtet.

57 Grundlage der **Tätigkeit des Netzbetreibers** ist der „Vertrag über die Zulassung als Netzbetreiber im electronic-cash-System der deutschen Kreditwirtschaft" (Stand 06/2016). Die dort geregelten Pflichten umfassen ua die Bereitstellung des Kassenterminals, die Datenübertragung zwischen Terminal und kartenausgebendem Institut bzw. dessen Autorisierungszentrale sowie die Gewährleistung der Systemsicherheit (Nr. 1 ec-Netzbetreibervertrag).

3. Die Nutzung der Debitkarte im ELV und POZ-Verfahren

58 Beim sog. POZ-Verfahren wird eine **Lastschrift mit Einzugsermächtigung** am ec-Terminal erstellt (früher sog. „wilde Lastschriften"[100]). Die Debitkarte kommt hierbei als Hilfsmittel zum Einsatz, indem auf ihre Daten zurückgegriffen wird. Die PIN muss nicht eingegeben werden und eine Autorisierung durch das kartenausgebende Institut erfolgt nicht. Das Verfahren ist als Alternative zum POS-System[101] entstanden, um die vom Vertragsunternehmen dort zu zahlenden Entgelte zu vermeiden. Hinzu traten Differenzen über die technische Abwicklung im POS-System. Das Verfahren wird seit ca. 1990 angewandt und wurde vom Handel zunächst ohne Mitwirkung der Kreditwirtschaft entwickelt.

59 Beim **Einsatz der Debitkarte** an der Kasse werden die Kartendaten vom ec-Terminal ausgelesen und Lastschriften mit Einzugsermächtigung aus diesen Daten (Kontonummer und Bankleitzahl) erstellt. Name und Anschrift des Karteninhabers werden zur raschen Abwicklung des Zahlungsvorgangs nicht erfragt. Nach dem Ausdruck der Lastschrift, der Einzugsermächtigung und einer Einverständniserklärung in Bezug auf die Nennung von Name und Anschrift durch das kartenausgebende Institut im Fall der Rückgabe der Lastschrift unterschreibt der Kunde diese. In der Folge unternimmt der Händler/Dienstleister den Versuch, die **Lastschrift im Einzugsermächtigungsverfahren** einzuziehen. Sofern dieser Versuch aufgrund einer mangelnden Deckung oder eines Widerspruchs des Kontoinhabers scheitert, greift der Händler auf die Einverständniserklärung zurück. Mit ihr hat der Kunde eingewilligt, dass der Händler von der kartenausgebenden Bank Name und Anschrift des Karteninhabers erhält, um die Forderung direkt gegenüber dem Kunden durchzusetzen.

60 Abweichend vom POS-Verfahren erhält der Händler **keine Zahlungssicherheit** und hat zunächst **keine Kenntnis vom Kunden.** Hinzu kommt eine weitere Unsicherheit,

[98] **AA** MüKoHGB/*Haertlein* ZahlungsV E Rn. 250 (Rechtsgrund besteht; Anfechtung erforderlich).

[99] Zum Folgenden auch Baumbach/Hefermehl/Casper/*Casper* Kartenzahlungen Rn. 57; MüKoHGB/*Haertlein* ZahlungsV E Rn. 261 f.; BankR-HdB/*Koch* § 68 Rn. 16.

[100] Zum Verfahren näher BuB/*Werner* Rn. 6/1598 ff.; MüKoHGB/*Haertlein* ZahlungsV E Rn. 274 f.

[101] → Rn. 43 ff.

denn dessen Einwilligung berechtigt das kartenausgebende Institut zwar zur Nennung von Name und Adresse, verpflichtet ist das Kreditinstitut hierzu indes nicht. Der Händler hat keinen Anspruch gegen die Bank auf Nennung von Name und Anschrift.[102] Zudem kann der Karteninhaber diese Einwilligung in die Namens-/Adressnennung jederzeit und auch gegenüber der Bank widerrufen.[103] Schließlich trägt der Händler das Missbrauchsrisiko. Bei einer missbräuchlichen Nutzung der Karte liegt keine wirksame Einzugsermächtigung vor. Auch eine wirksame Einwilligung in die Datenübermittlung durch das kartenausgebende Institut des Karteninhabers fehlt dann.

In Reaktion auf dieses Verfahren hatte die Kreditwirtschaft 1993 ein eigenes **POZ-Verfahren (Point-of-Sale ohne Zahlungsgarantie)**[104] eingeführt. Grundlage bildete eine „Vereinbarung zum POZ-System". Auch dieses zum Ende des Jahres 2006 aufgrund geringer Nachfrage eingestellte Verfahren war ein kartengestütztes Lastschriftverfahren. Vertragliche Grundlage der Teilnahme der Händler waren die „Bedingungen über die Teilnahme am POZ-System". Der Ablauf des Verfahrens entsprach im Wesentlichen dem POZ-Verfahren vor Beteiligung der Kreditwirtschaft (→ Rn. 58 ff.). Zentraler Unterschied war die Sperrdateiabfrage beim Einlesen der Kartendaten; auf sie konnte der Händler bei geringen Umsätzen (bis 30,68 EUR) verzichten. Zudem verpflichtete sich das kartenausgebende Institut, Name und Anschrift des Karteninhabers den Händlern zu übermitteln, sofern der Karteninhaber in diese Übermittlung wirksam eingewilligt hat, die Sperrdatei abgefragt wurde und dem kartenausgebenden Institut bislang kein Verlust der Karte gemeldet war. Die Sperrdateiabfrage sollte das sonst vom Händler zu tragende Missbrauchsrisiko senken. Nachteile des Verfahrens waren die Entgeltpflicht bei einer Sperrdateiabfrage sowie die fortbestehende freie Widerruflichkeit der Einwilligung des Karteninhabers in die Namens-/Adressmitteilung. 61

Als Weiterentwicklung wird nun das **ELV – Elektronisches Lastschriftverfahren** 62
angeboten.[105] Dabei wird die Debitkarte vom Händler ausgelesen und der Karteninhaber erteilt dem Händler unter Vorlage der Debitkarte eine Einziehungsermächtigung, indem der Händler einen Leistungsbeleg mit den in der Karte gespeicherten Daten erstellt und der Zahler diesen Beleg unterschreibt. Seit dem 1.2.2016 müssen die erstellten Lastschriften SEPA-Basislastschriften sein, dh der Lastschrifttext muss u. a. den SEPA-Vorgaben entsprechen. Neben dem Mandat wird die Bank vom Kunden ermächtigt, dem Händler bei Nichteinlösung der Lastschrift unter Befreiung vom Bankgeheimnis seine persönlichen Daten (Name, Adresse) mitzuteilen. Bei diesem Verfahren ist die Debitkarte kein Zahlungsinstrument, sondern bloßer Datenträger für die auszulesenden und in das Lastschriftformular zu übernehmenden Informationen. Auch erhält der Händler kein abstraktes Schuldversprechen von der kartenausgebenden Bank, sondern es handelt sich um eine „normale" SEPA-Basislastschrift. Der Händler trägt somit das Risiko, dass die Lastschrift von der Bank des Zahlers nicht eingelöst wird. In Bezug auf die Erfüllung der Verbindlichkeit aus dem Valutaverhältnis ist die weitere Forderung eine Leistung des Zahlers erfüllungshalber; der Händler versucht zunächst, die Lastschrift einzulösen. Erfüllung tritt in diesem Fall erst mit der vorbehaltlosen Gutschrift auf dem Händler-Konto ein. Vielfach wird die Forderung aus dem Valutaverhältnis nach einer Rückgabe der Lastschrift durch das kartenausgebende Institut vom Händler an ein Inkassounternehmen verkauft und abgetreten. Die Durchsetzung der abgetretenen Forderung erfolgt sodann durch das Inkassounternehmen im eigenen Namen und auf eigene Rechnung. Durch eine kontinuierlich verbesserte Sperrdatei, die bei einigen Anbietern abgefragt wird, soll das Risiko für den Händler begrenzt

---

[102] Vgl. nur LG Wuppertal WM 1998, 122; MüKoHGB/*Haertlein* ZahlungsV E Rn. 275; Langenbucher/Gößmann/Werner/*Koch/Vogel* § 5 Rn. 62; BuB/*Werner* Rn. 6/1652; **aA** mit ausf. Begründung Baumbach/Hefermehl/Casper/*Casper* Kartenzahlungen Rn. 63; MüKoBGB/*Casper* § 675 f. Rn. 134.

[103] Zutr. BuB/*Werner* Rn. 6/1652; diff. Baumbach/Hefermehl/Casper/*Casper* Kartenzahlungen Rn. 64.

[104] Zum Verfahren vgl. auch LG Wuppertal WM 1998, 122; Langenbucher/Gößmann/*Werner*, § 5 Rn. 47 ff.; BuB/*Werner* Rn. 6/1598 ff.

[105] Vgl. MüKoHGB/*Haertlein* ZahlungsV E Rn. 278 ff.

werden. Nachteile des Verfahrens für den Händler sind die unbekannte Identität des Karteninhabers sowie die Widerruflichkeit der Einwilligung. Der Anspruch des Händlers gegen das kartenausgebende Institut auf Übermittlung von Name und Adresse umstritten; richtigerweise ist ein Anspruch abzulehnen.[106]

§ 675h Ordentliche Kündigung eines Zahlungsdiensterahmenvertrags

(1) **[1]Der Zahlungsdienstnutzer kann den Zahlungsdiensterahmenvertrag, auch wenn dieser für einen bestimmten Zeitraum geschlossen ist, jederzeit ohne Einhaltung einer Kündigungsfrist kündigen, sofern nicht eine Kündigungsfrist vereinbart wurde. [2]Die Vereinbarung einer Kündigungsfrist von mehr als einem Monat ist unwirksam.**

(2) **[1]Der Zahlungsdienstleister kann den Zahlungsdiensterahmenvertrag nur kündigen, wenn der Vertrag auf unbestimmte Zeit geschlossen wurde und das Kündigungsrecht vereinbart wurde. [2]Die Kündigungsfrist darf zwei Monate nicht unterschreiten. [3]Die Kündigung ist in der in Artikel 248 §§ 2 und 3 des Einführungsgesetzes zum Bürgerlichen Gesetzbuche vorgesehenen Form zu erklären.**

(3) **[1]Im Fall der Kündigung sind regelmäßig erhobene Entgelte nur anteilig bis zum Zeitpunkt der Beendigung des Vertrags zu entrichten. [2]Im Voraus gezahlte Entgelte, die auf die Zeit nach Beendigung des Vertrags fallen, sind anteilig zu erstatten.**

(4) **Der Zahlungsdienstleister darf mit dem Zahlungsdienstnutzer für die Kündigung des Zahlungsdiensterahmenvertrags kein Entgelt vereinbaren.**

Übersicht

I. Die Möglichkeiten zur Beendigung des Kartenvertrags

1 Nach § 675h BGB haben die Parteien das Recht zur ordentlichen Kündigung eines Zahlungsdiensterahmenvertrages.[1] Daneben bestehen die Möglichkeit zur **einvernehmlichen Vertragsaufhebung und damit auch des Debitkartenvertrages,** zur **Kündigung aus wichtigem Grund** (§§ 313 Abs. 3, 314, 626 BGB) sowie das **gesetzliche Sonderkündigungsrecht des Nutzers** aus § 675g Abs. 2 S. 2 BGB. Auch über die **Regeln der Vertragsverbindung** kann der Rahmenvertrag enden.[2]

2 Die **ordentliche Kündigung** ist in § 675h BGB als *lex specialis* zu § 627 BGB[3] geregelt; sie wird von einer Informationspflicht begleitet (Art. 248 § 4 Abs. 1 Nr. 6 lit. c EGBGB).

3 Der **Tod des Karteninhabers** führt zum Fortfall des berechtigten Karteninhabers; die Debitkarte ist höchstpersönlich, also nicht übertragbar und nicht vererblich.[4] Sofern der Karteninhaber nicht der Kontoinhaber, sondern nur kontobevollmächtigt ist, führt der Tod

---

106 LG Wuppertal WM 1998, 122; Langenbucher/Gößmann/Werner/*Koch/Vogel* § 5 Rn. 52, 62; **aA** MüKoBGB/*Casper* § 675f Rn. 134.

1 Zu Inhalt, Normzweck und Abdingbarkeit vgl. Zahlungsdienstevertrag → Kap. 2 BGB § 675h Rn. 3 ff.

2 Vgl. allg. zu diesen Beendigungsmöglichkeiten Zahlungsdienstevertrag → Kap. 2 BGB § 675h Rn. 23.

3 So auch Palandt/*Sprau* § 675h BGB Rn. 1.

4 Vgl. BuB/*Werner* Rn. 6/1319; MüKoHGB/*Haertlein* ZahlungsV E Rn. 16, 26.

des Kontoinhabers nicht zur Beendigung oder Pflicht zur Rückgabe der Debitkarte. Die erteilte Kontovollmacht besteht grundsätzlich fort (§§ 168, 675, 672 BGB).[5]

Die **Eröffnung des Insolvenzverfahrens** über das Vermögen des Kontoinhabers beendet den Kartenvertrag als Rahmenvertrag (§§ 116, 115 InsO).[6] Das kartenausgebende Institut kann daher die Karte sperren und umgehend zurückverlangen.[7] Sofern der Karteninhaber noch vor der Eröffnung des Insolvenzverfahrens über sein Vermögen an institutsfremden Geldausgabeautomaten Bargeld bezogen oder die Karte mit PIN im POS-System eingesetzt hat, greift die Einstandspflicht des kartenausgebenden Kreditinstituts gegenüber den Vertragsunternehmen und dem automatenaufstellenden Institut. Den Anspruch auf Aufwendungsersatz nach §§ 670, 675, 675c Abs. 1 BGB kann es nach § 82 InsO mit einem Guthaben des Kontoinhabers als Gemeinschuldner verrechnen, wenn dem kartenausgebenden Institut bei der Begleichung die Insolvenzeröffnung bekannt war. 4

Sofern das Konto des Gemeinschuldners in diesen Konstellationen debitorisch ist, wird der Aufwendungsersatzanspruch zur Insolvenzforderung.[8] 5

II. Die Kündigung durch den Karteninhaber (Abs. 1)

Der Karteninhaber kann den Kartenvertrag als Rahmenvertrag **ordentlich kündigen;** dies gilt auch, wenn eine bestimmte Vertragsdauer vereinbart wurde. Eine **Kündigungsfrist** muss der Karteninhaber nur einhalten, wenn sie individualvertraglich oder in AGB vereinbart wurde. Eine Kündigungsfrist, die einen Monat überschreitet, ist unwirksam (Abs. 1 S. 2). Die **Kündigungserklärung** kann ausdrücklich oder konkludent erfolgen; sie bedarf keiner Begründung. Als **Rechtsfolge** endet der Kartenvertrag mit Wirkung für die Zukunft. Zur Ausführung von Zahlungsdienstleistungen, die durch die Karte mit der PIN veranlasst wurden, ist der Dienstleister nach Ablauf der Kündigungsfrist nicht mehr verpflichtet.[9] 6

Die Kündigung des Kartenvertrags mit zu kurzer Frist ist als Kündigung zum nächsten zulässigen Termin auszulegen. Die Ausübung des gesetzlichen Kündigungsrechts soll nach nationalem Recht **keinen Entgeltanspruch** auslösen.[10] Während die PSD II die Möglichkeit enthält, Entgelte zu vereinbaren, die angemessen und an den Kosten ausgerichtet sind, soweit noch keine zwölf Monate Vertragsdauer verstrichen sind, sieht das nationalen Gesetz insoweit kein Entgelt vor.[11] Diese Besserstellung des Karteninhabers ist gem. Art. 55 Abs. 6 PSD II zulässig. 7

Nach der Beendigung des Debitkartenvertrages durch eine wirksame Kündigung muss der Karteninhaber die **Karte** dem ausgebenden Institut **unverzüglich zurückgeben.**[12] Zudem hat er etwaige Aufwendungen der Bank, die sie aufgrund der **Weiterbenutzung der Karte** nach wirksamer Beendigung des Kartenvertrages tätigt, nach dem Rechtsgedanken der §§ 170, 172 BGB zu erstatten.[13] 8

---

[5] BuB/*Werner* Rn. 6/1310.

[6] Wie hier BuB/*Werner* Rn. 6/1310; MüKoHGB/*Haertlein* ZahlungsV E Rn. 176.

[7] Vgl. Nr. A II 5 (1) Bedingungen girocard; Nr. A II 5 (1) Bedingungen Sparkassencard und Sonderbedingungen VR-BankCard; Nr. A II 5 (1) Bedingungen Postbank Card.

[8] Vgl. BGHZ 93, 71, 79 = BGH WM 1985, 78.

[9] Vgl. allg. zum Vorstehenden Zahlungsdienstevertrag → Kap. 2 § 675h Rn. 12.

[10] Palandt/*Sprau* § 675h BGB Rn. 6; Schulze/*Schulte-Nölke* § 675h BGB Rn. 2.

[11] Vgl. Begr. RegE BT-Drs. 15/11643, 104, wonach „die vom Zahlungsdienstnutzer ausgeübte Kündigung immer auch ‚kostenlos' ", sei. Nach dem Willen der Gesetzesverfasser soll die Ausübung eines gesetzlich gewährten Kündigungsrechts „keinen Entgeltanspruch begründen können".

[12] Vgl. Nr. A II 4 Bedingungen girocard; Nr. A II 4 Bedingungen Sparkassencard und Sonderbedingungen VR-BankCard; Nr. A II 4 Bedingungen Postbank Card.

[13] So MüKoHGB/*Haertlein* ZahlungsV E Rn. 173; *Schröter* ZBB 1995, 395, 397.

III. Die Kündigung durch das kartenausgebende Institut (Abs. 2)

1. Die ordentliche Kündigung gem. § 675h Abs. 2 BGB

9 Eine ordentliche Kündigung der Kartenabrede durch das kartenausgebende Institut ist nur möglich, wenn der Kartenvertrag **auf unbestimmte Zeit** geschlossen wurde und ein solches **Kündigungsrecht des Instituts vereinbart** wurde. Der **Debitkartenvertrag** ist grundsätzlich unbefristet; aus der begrenzten Gültigkeitsdauer der Debitkarte folgt keine (konkludente) Befristung dieses Rahmenvertrages. Vielmehr erfolgt die Befristung der Gültigkeitsdauer der Karte aus Gründen der Sicherheit.[14] Die **Vereinbarung des Kündigungsrechts** erfolgt, wie in der Regel, in den AGB, namentlich den Sonderbedingungen.[15] Die vereinbarte **Kündigungsfrist** darf **zwei Monate nicht unterschreiten;** die Frist wird gem. §§ 187 Abs. 1, 188 BGB berechnet. Die **Kündigungserklärung** bedarf der **Textform** (§ 126b BGB).[16] Die **Rechtsfolgen der Kündigung** entsprechen jener der Kündigung durch den Karteninhaber (→ Rn. 8).

10 Die **Kündigung nur der Debitkartenabrede** als Rahmenvertrag ist möglich, denn es handelt sich bei der Kartenabrede und Kontoabrede regelmäßig um selbständige, wenngleich nicht unverbundene Rahmenverträge. Als Folge besteht die Konto-Abrede fort.

11 Die **Kündigung** der Kartenabrede ist ausnahmsweise **ausgeschlossen,** wenn sie gegen §§ 134, 138 BGB verstößt oder missbräuchlich ist. Dabei ist freilich zu bedenken, dass die Debitkarte eine besondere Missbrauchsanfälligkeit aufweist und zur angemessenen Nutzung eines Girokontos keinesfalls zwingend erforderlich ist. Eine Mißbräuchlichkeit der beiderseitigen Kündigung ist daher nur ausnahmsweise anzunehmen.

2. Die ordentliche Kündigung nach allgemeinen Regeln

12 Daneben ist eine ordentliche Kündigung durch die kartenausgebende Bank mit angemessener Frist nach allgemeinen Regeln anzuerkennen.[17]

IV. Weitere Rechtsfolgen der Kündigung (Abs. 3)

13 Die Regelungen des Abs. 3 haben im Wesentlichen **klarstellende Bedeutung.** Nach ihnen hat eine **zeitanteilige Berechnung** der vom Nutzer geschuldeten Entgelte bei Beendigung des Vertrages durch eine Kündigung gleich durch welche Seite zu erfolgen. Die Norm betrifft regelmäßige Entgelte, also va zeitabhängig geschuldete Entgelte für die Nutzung einer Debitkarte. Freilich ist deren Nutzung aufgrund der Rationalisierungsvorteile für das Kreditinstitut in der Regel kostenfrei.

§ 675k Begrenzung der Nutzung eines Zahlungsinstruments; Verweigerung des Zugangs zum Zahlungskonto

(1) **In Fällen, in denen die Zustimmung mittels eines Zahlungsinstruments erteilt wird, können der Zahler und der Zahlungsdienstleister Betragsobergrenzen für die Nutzung dieses Zahlungsinstruments vereinbaren.**

(2) [1] **Zahler und Zahlungsdienstleister können vereinbaren, dass der Zahlungsdienstleister das Recht hat, ein Zahlungsinstrument zu sperren, wenn**

---

[14] Wie hier BGH WM 2006, 179; OLG Köln WM 1996, 150; MüKoHGB/*Haertlein* ZahlungsV E Rn. 169.

[15] Vgl. Ziff. 18 (1) AGB-Banken.

[16] Näher zur Kündigungserklärung → Rn. 6.

[17] Dazu Zahlungsdienstevertrag → Kap. 2 § 675h Rn. 23.

1. sachliche Gründe im Zusammenhang mit der Sicherheit des Zahlungsinstruments dies rechtfertigen,
2. der Verdacht einer nicht autorisierten oder einer betrügerischen Verwendung des Zahlungsinstruments besteht oder
3. bei einem Zahlungsinstrument mit Kreditgewährung ein wesentlich erhöhtes Risiko besteht, dass der Zahler seiner Zahlungspflicht nicht nachkommen kann.

[2] In diesem Fall ist der Zahlungsdienstleister verpflichtet, den Zahler über die Sperrung des Zahlungsinstruments möglichst vor, spätestens jedoch unverzüglich nach der Sperrung zu unterrichten. [3] In der Unterrichtung sind die Gründe für die Sperrung anzugeben. [4] Die Angabe von Gründen darf unterbleiben, soweit der Zahlungsdienstleister hierdurch gegen gesetzliche Verpflichtungen verstoßen würde. [5] Der Zahlungsdienstleister ist verpflichtet, das Zahlungsinstrument zu entsperren oder dieses durch ein neues Zahlungsinstrument zu ersetzen, wenn die Gründe für die Sperrung nicht mehr gegeben sind. [6] Der Zahlungsdienstnutzer ist über eine Entsperrung unverzüglich zu unterrichten.

(3) **[1] Hat der kontoführende Zahlungsdienstleister einem Zahlungsauslöse- oder Kontoinformationsdienstleister den Zugang zum Zahlungskonto des Zahlungsdienstnutzers verweigert, ist er verpflichtet, den Zahlungsdienstnutzer in einer im Zahlungsdiensterahmenvertrag zu vereinbarenden Form über die Gründe zu unterrichten. [2] Die Unterrichtung muss möglichst vor, spätestens jedoch unverzüglich nach der Verweigerung des Zugangs erfolgen. [3] Die Angabe von Gründen darf unterbleiben, soweit der kontoführende Zahlungsdienstleister hierdurch gegen gesetzliche Verpflichtungen verstoßen würde.**

Übersicht

I. Inhalt und Zweck der Regelung

1 In Umsetzung von Art. 68 PSD II regelt die Norm die **Nutzung des Zahlungsinstruments,**[1] va hinsichtlich vereinbarter **Nutzungsgrenzen.** Die Norm ist halbzwingend.[2] Sie ist zusammen mit Art. 2, 4 Del VO (EU) 2018, 389[3] auf die Vermeidung von Missbrauch und Betrug durch nichtberechtigte Dritte bei der Erteilung von Zahlungsaufträgen bzw. Zahlungsautorisierungen gerichtet. Insbesondere der Missbrauch von verlorenen, gestohlenen oder kopierten Zahlungsinstrumenten soll verhindert werden. Nach § 675k BGB können die Parteien des Deckungsverhältnisses zum einen die Festlegung eines betragsmäßigen Limits vereinbaren (Abs. 1), zum anderen kann der Zahlungsdienstleister bei einer Gefährdung der Sicherheit des Zahlungsinstruments dessen Missbrauch durch eine Sperre vermeiden (Abs. 2).

2 Die **Debitkarten-Bedingungen** der Kreditinstitute sind AGB.[4] Sie sind daher unwirksam, sofern sie zu Lasten des Nutzers von der gesetzlichen Regelung abweichen. Sofern sie

[1] Zu diesem Konto → Kap. 3 BGB § 675j Rn. 9.
[2] Ausf. zum Konto → Kap. 3 BGB § 675k Rn. 20.
[3] Del VO (EU) 2018/389 der Kommission v. 27.11.2017 zur Ergänzung der RL (EU) 2015/2366 durch technische Regulierungsstandards für eine starke Kundenauthentifizierung und für sichere offene Standards für die Kommunikation, ABl. EU 2018 Nr. L 69, S. 23.
[4] → Vorb. Rn. 10.

indes nur den Normtext wiedergeben, sind sie – mangels abweichender Anhaltspunkte im Einzelfall – entsprechend der zutreffenden Auslegung des Normtextes zu verstehen. Hierfür spricht der Zweck einer solchen Wiedergabe des Normtextes, die erforderliche (§ 675k BGB Abs. 2 BGB) Vereinbarung der Gründe für eine Sperre der Debitkarte und die Verhinderung einer etwaigen Unwirksamkeit einer zu Lasten des Nutzers vom Normtext abweichenden Formulierung. Zugleich werden hierdurch etwaige Informationspflichten der kartenausgebenden Bank erfüllt.

II. Die Vereinbarung von Betragsobergrenzen (Abs. 1)

3 Die Parteien können **Betragsobergrenzen** für die Nutzung eines Zahlungsinstruments, also auch der Debitkarte, vereinbaren. Diese Grenze wirkt sich aus, wenn die Zustimmung des Nutzers mittels Zahlungsinstrument erfolgt. Die Parteien können die **Art der Begrenzung und die Höhe der Grenze** vereinbaren.[5] Eine einseitige Festsetzung entsprechender Grenzen (zB nach Vertragsschluss) durch den Zahlungsdienstleister ist nicht möglich. Auch die klauselmäßige Verabredung dieser Grenzen als solcher und die einseitige Ausgestaltung durch den Zahlungsdienstleister ist nicht zulässig. Der Zahlungsdienstleister hat eine **Informationspflicht** hinsichtlich der Möglichkeit einer solchen Vereinbarung (Art. 248 § 4 Abs. 1 Nr. 2 lit. f EGBGB). Eine solche Vereinbarung ist ohne weiteres auch in AGB möglich.

4 Demnach ist der Karteninhaber zur **Einhaltung des vereinbarten Verfügungsrahmens,** einer Betragsobergrenze iSv Abs. 1, verpflichtet. Der Verfügungsrahmen wird mit dem Nutzer für den Bargeldbezug am Geldausgabeautomaten und für den Einsatz der Karte im POS-System vertraglich vereinbart.[6] Er ist in der Regel zeitlich als Tages- und/oder Wochenlimit ausgestaltet. Hinzu können Grenzen für die einzelne Zahlung treten. Möglich ist auch die Unterscheidung nach Nutzungsarten. So kann beim Einsatz der Debitkarte zwischen einem Einsatz im Inland und einem Einsatz im Ausland hinsichtlich der Betragsobergrenzen unterschieden werden. Entsprechendes gilt für die Unterscheidung zwischen einem Einsatz beim kartenemittierenden Institut sowie sonstigen Instituten. Auch können Zusatzkarten mit unterschiedlichen Betragsobergrenzen versehen werden oder die Betragsobergrenzen sich auf alle Karten beziehen, sodass die Autorisierung von Zahlungen mit den Karten beispielsweise in einem bestimmten Zeitraum zusammengerechnet werden (zB im Hinblick auf das Tageslimit). Der Verfügungsrahmen kann auch nach Überlassung der Debitkarte an den Karteninhaber nachträglich durch Vereinbarung zwischen Inhaber und Institut geändert werden.[7]

5 Das kartenausgebende Institut ist berechtigt und verpflichtet, ein Auszahlungsverlangen zurückzuweisen, das den vereinbarten Verfügungsrahmen überschreitet. Sofern der **Verfügungsrahmen** durch den Einsatz der Debit-Karte gleichwohl **überschritten** wird, hat die kartenausgebende Bank vom Karteninhaber für entsprechend autorisierte Zahlungsvorgänge grundsätzlich einen Aufwendungsersatzanspruch in voller Höhe (→ Rn. 26). Der Zahlungsdienstnutzer, der mittels der Debitkarte einen Zahlungsvorgang auslösen kann, der die vereinbarten Betragsobergrenzen übersteigt, ist nach dem zugrundeliegenden Zahlungsdiensterahmenvertrag (Debitkartenvertrag) wie stets zum Aufwendungsersatz verpflichtet.[8] Zweck des Verfügungsrahmens ist der Schutz bei missbräuchlichen Kartennutzungen durch Dritte zur Autorisierung von Zahlungsvorgängen (§ 675v BGB), nicht der Schutz des Karteninhabers vor sich selbst. (Nur) bei einer missbräuchlichen Nutzung durch

[5] Näher dazu Konto → Kap. 3 BGB § 675k Rn. 3 ff.

[6] Nr. A III 1.1 Bedingungen girocard; Nr. A III 1.1 Bedingungen Sparkassencard und Sonderbedingungen VR-BankCard; Nr. A III 1.1 Bedingungen Postbank Card.

[7] Nr. A III 1.1 Bedingungen girocard; Nr. A III 1.1 Bedingungen Sparkassencard und Sonderbedingungen VR-BankCard; Nr. A III 1.1 Bedingungen Postbank Card.

[8] Wie hier Baumbach/Hopt/*Hopt* BankGesch. (7) Rn. F/5; MüKoBGB/*Jungmann* § 675k Rn. 9; **aA** MüKoHGB/*Linardatos,* G Rn. 194; Staudinger/*Omlor,* 2012, § 675k Rn. 4.

einen Dritten aktualisiert sich somit die Pflicht des Zahlungsdienstleisters zur Zurückweisung von autorisierten Zahlungsvorgängen oberhalb des Verfügungsrahmens mit der Begrenzung der Haftung des Karteninhabers aus § 675v BGB auf die Obergrenze.

Des Weiteren ist der Karteninhaber bei der Nutzung der Debitkarte zur **Beachtung** 6 **einer vereinbarten finanziellen Nutzungsgrenze** (auch „Deckungsrahmen") verpflichtet.[9] Er darf danach autorisierte Zahlungen mittels Nutzung der Debitkarte nur im Rahmen des Kontoguthabens sowie im Rahmen eines für das Konto etwaigen eingeräumten Kredits vornehmen. Die Pflichten des Karteninhabers werden insofern mit seinen Pflichten als Kontoinhaber parallelisiert.[10] Diese Grenze wird daher auch als Teil der Nutzungsbedingungen der Debitkarte vertraglich vereinbart, denn die kartenausgebende Bank ist im Außenverhältnis verpflichtet, die Zahlung vorzunehmen, wenn die Karte im Rahmen des POS-Systems mit PIN verwendet wurde.[11] Mit der elektronischen Autorisierungsnachricht der kartenausgebenden Bank entsteht ein abstraktes Zahlungsversprechen der Bank (§ 780 BGB) gegenüber dem Vertragsunternehmen.[12] Dieses Zahlungsversprechen ist unabhängig von der tatsächlichen Kontodeckung, denn nach Sinn und Zweck des POS-Systems soll das Risiko mangelnder Deckung, zB aufgrund mangelnder Kontodeckung, gerade vom Gläubiger des Valutaverhältnisses auf die kartenausgebende Bank verlagert werden. Der Karteninhaber kann somit die Bank zu Zahlungen verpflichten, auch wenn das Konto nicht die entsprechende Deckung aufweist.[13] Bei einer elektronischen Abfrage werden nur die Sperrdatei und der Verfügungsrahmen der Karte (zB Tageslimit) abgefragt. Entsprechendes gilt bei einem Bargeldbezug an einem institutsfremden Geldausgabeautomaten.[14] Auch hier entsteht eine entsprechende Zahlungspflicht der kartenausgebenden Bank.

Bei einer **Überschreitung der finanziellen Nutzungsgrenze** haftet der Karteninhaber 7 daher der kartenausgebenden Bank nach §§ 280 Abs. 1, 249 ff. BGB auf Schadensersatz.[15] Dieser Anspruch tritt neben den Aufwendungsersatzanspruch der kartenausgebenden Bank (→ Rn. 26). Bei einer vertragswidrigen Verwendung der Debitkarte im POS-System kann zudem eine Haftung aus § 823 Abs. 2 BGB iVm § 266b StGB hinzu treten.[15] Allerdings ist nicht jede Vertragswidrigkeit auch insofern tatbestandsmäßig iSv § 266b StGB.

III. Der Einsatz von Zugangssperren (Abs. 2)

1. Die Zulässigkeit einer Zugangssperre

Nach einer **Sperre der Debitkarte** als Maßnahme der kartenausgebenden Bank kann die 8 Karte nicht mehr zur Auslösung eines Zahlvorgangs genutzt werden.[17] Dies umfasst neben der Sperre der konkreten Debitkarte im System auch deren physische Einziehung (zB am Geldausgabeautomat). Von der Sperre ist zu unterscheiden, dass die Debitkarte vorübergehend nicht mehr zur Autorisierung von Zahlungsvorgängen genutzt werden kann, weil der Verfügungsrahmen (Betragsobergrenze iSv Abs. 1) erreicht ist. Für die Sperrung der Debitkarte als solche darf nach der Rechtsprechung kein Entgelt verlangt werden,[18] da ein

[9] Vgl. Nr. A II 2 Bedingungen girocard; Nr. A II 2 Bedingungen Sparkassencard und Sonderbedingungen VR-BankCard; Nr. A II 2 Bedingungen Postbank Card; dazu auch MüKoBGB/*Casper* § 675k Rn. 12.

[10] Vgl. BuB/*Werner* Rn. 6/1383.

[11] → Kap. 7 § 675f Rn. 43 ff.

[12] Zu diesem näher → Kap. 7 § 675f Rn. 53.

[13] Vgl. MüKoHGB/*Haertlein* ZahlungsV E Rn. 68; BuB/*Werner* Rn. 6/1383.

[14] Vgl. zur Zahlungspflicht des kartenausgebenden Instituts auch Nr. A III 1.3 Bedingungen girocard; Nr. A III 1.3 Bedingungen Sparkassencard und Sonderbedingungen VR-BankCard; Nr. A III 1.3 Bedingungen Postbank Card.

[15] Sa OLG Celle WM 1988, 150 (Haftung aus § 678 BGB).

[16] BuB/*Werner* Rn. 6/1383.

[17] Palandt/*Sprau* § 675k Rn. 3; Begr. RegE BT-Drs. 16/11643, 106.

[18] OLG Düsseldorf ZIP 2012, 1748; OLG Frankfurt BeckRS 2016, 06051.

solches Entgelt den Zahler davon abhalten könnte, seiner Anzeigepflicht nach § 675l Abs. 1 S. 2 BGB nachzukommen; zudem muss diese Anzeigemöglichkeit kostenfrei sein § 675m Abs. 1 S. 1 Nr. 4 BGB). Die **einvernehmliche Sperre** aufgrund einer rechtsgeschäftlichen Abrede ist bei einer Debitkarte stets möglich.

9 Zulässig ist auch eine Sperre der Karte durch den Zahlungsdienstleister wegen **Entfallens der vertraglichen Grundlagen,** zB der Kündigung des Debitkartenvertrages.[19] Daher verstoßen AGB-Klauseln, nach denen die Sperre der Karte bei einem **Recht zur Kündigung des Bankkartenvertrages** aus wichtigem Grund erfolgen kann,[20] nicht gegen § 675k Abs. 2 BGB. Die Sperre der Karte ist in diesem Fall als konkludente Kündigung des Rahmenvertrages aus wichtigem Grund auszulegen, sofern eine solche Kündigung nicht schon erklärt wurde.[21] Mit dieser Kündigung entfällt der Kartenvertrag als vertragliche Grundlage der Nutzung der Debitkarte. Gleiches gilt, wenn die Vollmacht an den Inhaber einer Zusatzkarte widerrufen wurde. Nach einem logischen Schluss aus Abs. 2 S. 4 muss eine Sperrung der Debitkarte auch dann ohne gesonderte Vereinbarung zulässig sein, wenn der Zahlungsdienstleister (kartenemittierende Bank) mit der Durchführung des Zahlungsvorgangs **gegen eine gesetzliche Pflicht verstoßen** würde. Ob nur der einzelne Zahlungsvorgang gemäß § 675o BGB abzulehnen ist oder die Debitkarten als Zahlungsinstrumente insgesamt nach Abs. 2 S. 1 zu sperren ist, bestimmt sich nach dem Inhalt der gesetzlichen Pflicht des Zahlungsdienstleisters, gegen die dieser verstoßen würde. So kann ein Verstoß gegen Embargovorschriften idR durch die Ablehnung des Zahlungsauftrags unterbunden werden; bei einem Geldwächeverdacht kann ggf. die Sperre der Debitkarte erforderlich sein.

10 Im Übrigen ist eine Sperre nur zulässig, wenn das ***einseitige*** **Beendigungsrecht der kartenausgebenden Bank,** in der Regel im Debitkartenvertrag, **vertraglich vereinbart** wurde (vgl. den Wortlaut „können vereinbaren") und der entsprechend vereinbarte Grund der Sperre tatsächlich vorliegt. § 675k Abs. 2 BGB nennt einen *numerus clausus* möglicher Gründe, die wirksam vereinbart werden können.[22]

11 Nach **Nr. 1** reichen **sachliche Gründe** im Zusammenhang mit der **Sicherheit der Debitkarte** aus. Diese sachlichen Gründe müssen objektiv nachprüfbar sein und können sowohl aus dem Einsatz der Karte durch den Kunden resultieren als auch aus der technischen Gestaltung der Karte. Letzteres ist zB der Fall, wenn der verwendete technische Sicherheitsstandard sich aufgrund neuerer Entwicklungen als unsicher erweist. Ob der sachliche Grund vom Kunden, von der emittierenden Bank oder von Dritten herrührt, ist gleichgültig.[23]

12 Nach **Nr. 2** kann der **Verdacht einer nicht autorisierten oder einer betrügerischen Verwendung der Karte** als Grund für das Recht zur einseitigen Sperre der Karte vereinbart werden. Ein solcher Verdacht ist eine auf konkreten Tatsachen basierende, objektiv nachvollziehbare Vermutung. Eine nicht autorisierte Verwendung ist der Versuch Dritter, die Debitkarte zu nutzen; die betrügerische Verwendung meint den Missbrauch der Karte durch den Karteninhaber selbst. Eine nicht autorisierte Verwendung der Karte liegt u. a. bei einer Weitergabe der Zugangsdaten (PIN) an einen Dritten oder die Nutzung der Karte durch den Dritten nach einem Verlust der Karte mit PIN voraus. Die Sperre kann automatisiert werden,[24] zB bei einer dreimaligen aufeinanderfolgenden fehlerhaften PIN-Eingabe, nach der die Karte nicht mehr im POS-System und an Geldausgabeautomaten

[19] Wohl unstr., vgl. MüKoBGB/*Jungmann* § 675k Rn. 30.

[20] Nr. A II 5 (1) Bedingungen girocard; Nr. A II 5 (1) Bedingungen Sparkassencard und Sonderbedingungen VR-BankCard; Nr. A II 5 (1) Bedingungen Postbank Card.

[21] Wie hier Ellenberger/Findeisen/Nobbe/*Frey* § 675k Rn. 14; Erman/*v. Westphalen* § 675k Rn. 9; **aA** MüKoBGB/*Jungmann* § 675k Rn. 29; Baumbach/Hopt/*Hopt* BankGesch (7) Rn. F/6, wonach eine Sperre erst nach der Kündigung möglich sein soll.

[22] S. a. BGH NJW 2016, 560 (561); ausf. zu diesen Konto → Kap. 3 BGB § 675k Rn. 5 ff.

[23] Wie hier MüKoBGB/*Jungmann* § 675k Rn. 22, wonach auch die Bank den technischen Fehler selbst verschuldet haben kann.

[24] Dazu Konto → Kap. 3 BGB § 675k Rn. 10.

genutzt werden kann.[25] Auch die Anzeige des Karteninhabers nach § 675l Abs. 1 S. 2 BGB kann zu einem entsprechenden Verdacht führen und eine Sperrung nach Nr. 2 ermöglichen. Sofern die Anzeige den konkludenten Antrag des Karteninhabers enthält (Frage der Auslegung im Einzelfall[26]), die Karte zu sperren, bedarf es nicht der Prüfung der Voraussetzungen der Nr. 2.

Schließlich kann nach **Nr. 3** eine **Sperrmöglichkeit für die Debitkarte vereinbart** werden, wenn diese mit einer Kreditgewährung verbunden ist und **ein wesentlich erhöhtes Risiko** besteht, dass der Karteninhaber seiner Zahlungspflicht nicht nachkommen kann. Richtigerweise fallen Debitkarten in den Anwendungsbereich der Nr. 3, wenn der Zahlungsbetrag einem Kontokorrentkonto mit eingeräumter Überziehungsmöglichkeit belastet werden soll.[27] Voraussetzung hierfür ist eine Abrede zwischen kartenemittierender, kontoführender Bank und dem Karteninhaber, nach der ein etwaiger Aufwendungsersatzanspruch der Bank als Vereinbarungsdarlehen geschuldet oder die Kreditlinie des Kontokorrents belastet wird, wenn das Konto durch die Belastungsbuchung in das Soll gerät bzw. das Soll hierdurch ausgeweitet wird. Die Debitkarte ist insofern ein „Zahlungsinstrument mit Kreditgewährung“, dh der Wortlaut der Norm umfasst diese Konstellationen und die Funktion ist wirtschaftlich mit einer zweifelsohne umfassten Kreditkarte mit periodischem Vollausgleich oder mit Rahmenkreditabrede identisch. Auch der Zweck dieser Sperrmöglichkeit ist einschlägig. Die Kreditwürdigkeit des Karteninhabers muss sich nach der Vereinbarung der Kartenabrede erheblich verschlechtert haben. Dies setzt veränderte tatsächliche Umstände voraus. Die bloße Neu-/Andersbewertung des Risikos durch die kartenemittierende Bank reicht nicht aus. Die Verschlechterung muss auf objektive Umstände gestützt werden. Die mögliche Sperrung der Karte nach Nr. 3 tritt ggf. neben eine Möglichkeit der kartenemittierenden Bank, den verbundenen Zahlungsdiensterahmenvertrag (Kontoabrede) aufgrund einer Vermögensverschlechterung zu kündigen.[28] 13

2. Die Pflicht zur Information über die Sperre und deren Grund

Nach Abs. 2 S. 2 ist der Karteninhaber über die Sperre der Debitkarte und die maßgeblichen Gründe zu **unterrichten.**[29] Die Unterrichtung entspricht Art. 248 EGBGB, dh die Sperre muss grundsätzlich mitgeteilt werden; eine Zurverfügungstellung der Information reicht nicht. Jedoch kann (auch klauselmäßig) die bloße Zurverfügungstellung vereinbart werden. Nach Abs. 2 S. 3 umfasst die Pflicht zur Unterrichtung auch die **Angabe der Gründe** der Sperrung. Ausreichend ist insofern, dass diese Nennung einem der gesetzlich normierten Gründe (→ Rn. 11 ff.) zugeordnet werden kann und auf hierfür relevante Tatsachen Bezug genommen wird. Vor dem Hintergrund des Massenverkehrs, der berechtigten Interessen des Zahlungsdienstleisters sowie dem Schwerpunkt des Informationsinteresses des Kunden an der Sperrung als solcher reichen insofern wenige entscheidende Tatsachen aus (zB mehrfache Falscheingabe der PIN; Saldenentwicklung des Girokontos bei Sperrung nach Nr. 3). Nach Abs. 2 S. 4 sind die **Gründe nicht** anzugeben, wenn deren Angabe einen **Verstoß gegen gesetzliche Verpflichtungen** durch den Zahlungsdienstleister bedeuten würde. Die Gesetzesmaterialien nennen insofern den Verdacht der Geldwäsche und der Terrorismusfinanzierung.[30] 14

Die Information muss **zeitlich** möglichst vor der Sperre, jedenfalls aber unverzüglich (§ 121 Abs. 1 S. 1 BGB) nach dieser erfolgen. Hiernach besteht im Grundsatz („mög- 14a

---

[25] Nr. A III 1.2 Bedingungen girocard; Nr. A III 1.2 Bedingungen Sparkassencard und Sonderbedingungen VR-BankCard; Nr. A III 1.2 Bedingungen Postbank Card.

[26] S. a. BGH NJW 2016, 560 (562).

[27] Wie hier Ellenberger/Findeisen/Nobbe/*Frey* § 675k BGB Rn. 11; Palandt/*Sprau* § 675k BGB Rn. 4; Erman/v. *Westphalen* § 675k BGB Rn. 7; BeckOGKBGB/*Köndgen* § 675k Rn. 30 ff.; **aA** aber MüKoBGB/*Jungmann* § 675k Rn. 28.

[28] Für die Parallelität beider Rechte auch MüKoBGB/*Jungmann* § 675k Rn. 29.

[29] Zu den Folgen der Verletzung dieser Informationspflicht vgl. Konto → Kap. 3 BGB § 675k Rn. 15.

[30] Begr. RegE BT-Drs. 16/11643, 106.

lichst“) die Pflicht, den Kunden **vor der Sperre** zu informieren, wenn und sofern dies dem emittierenden Institut möglich ist. Andernfalls hat die Unterrichtung unverzüglich nach der Sperre zu erfolgen. Angesichts der Gründe für eine Sperrung (zB Missbrauch der Karte), der möglichst raschen Sperrung teilweise sogar im Interesse beider Parteien und der Automatisierung im Massenverkehr kann es geboten sein, allenfalls nur die Information über die Sperre vor oder zeitlich mit dieser mitzuteilen und die Gründe sodann unverzüglich nachzureichen. Paradigmatisch ist der Einzug der Debitkarte am Geldausgabeautomaten aufgrund der vielfachen Fehleingabe der PIN bei gleichzeitiger Mitteilung der Kartensperre über das Display. Dem Karteninhaber kann sodann unverzüglich nach dieser Sperre der Grund für die Sperre mitgeteilt werden. Die schuldhafte Verletzung der Pflicht zur Unterrichtung führt zu einem **Schadensersatzanspruch des Kunden** (§ 280 Abs. 1 BGB).[31]

3. Die Pflicht zur Entsperrung (Abs. 2 S. 5, 6)

15 Des Weiteren besteht eine Pflicht des kartenausgebenden Instituts zur Entsperrung der Karte oder Ersetzung durch eine neue Debitkarte, wenn der Grund für die Sperre entfallen ist. Die **Entsperrung** wird im digitalisierten Massenverkehr idR durch die Aufhebung der technischen Verhinderung der Zahlungsauslösung durch die konkrete Debitkarte oder durch die Übersendung einer Ersatzkarte erreicht. Die emittierende Bank kann **zwischen beiden Arten wählen,** sofern diese beide möglich sind.[32] Auf diese Weise kann zB die Ausstellung einer Ersatzkarte gewählt werden, weil deren Sicherheitsmerkmale weiterentwickelt sind. Beim Abhandenkommen der Debitkarte oder einer technisch nicht möglichen Entsperrung bleibt nur der Ersatz.

16 Gesetzlich ist **kein Entgelt für die Entsperrung** vorgesehen.

17 Die **Ersetzung** der bisherigen, gesperrten Karte **durch eine neue Karte** ist in den Fällen des Abs. 2 S. 5 ebenfalls **nicht bepreisbar,** denn die Bank ist nach S. 5 verpflichtet, das Zahlungsinstrument durch ein neues Zahlungsinstrument zu ersetzen, wenn die Gründe für die Sperrung nicht mehr gegeben sind. Eine gesetzliche Regelung, die ein Entgelt für diese Nebenpflicht vorsieht, besteht nicht (§ 675f Abs. 5 S. 2 BGB). Eine Bepreisung ist daher nicht möglich.[33] Entsprechende Klauseln, die für die Neuausstellung einer Debitkarte ein Entgelt vorsehen, müssen daher die Konstellationen des § 675k Abs. 2 BGB von der Bepreisung ausnehmen.[34] Nicht ausreichend ist insoweit eine Klausel, nach der ein Entgelt für die Ausstellung einer Ersatzkarte nur zu entrichten ist, wenn die Notwendigkeit der Ausstellung der Ersatzkarte ihre Ursache nicht im Verantwortungsbereich der Bank hat. Denn die sachlichen Gründe in Bezug auf die Sicherheit des Zahlungsinstruments (Abs. 2 S. 1 Nr. 1) können ihre Grundlage auch in einem Verhalten des Kunden oder eines Dritten haben, gleichwohl besteht die (nicht bepreisbare) gesetzliche Pflicht, ein Ersatzinstrument nach deren Wegfall bereitzustellen.[35] **Bepreisbar** ist somit die **Entsperrung einer Debitkarte,** die nicht auf ein Vertretenmüssen der Bank (zB bei Beschädigung oder Verlust) zurückzuführen ist und nicht auf einer berechtigten Sperrung der Karte auf der Grundlage der vereinbarten Konstellationen des Abs. 2 S. 1 Nr. 1–3 beruht. Dann liegt eine bepreisbare Leistung der Bank vor.[36] Möglich ist zudem ein Schadensersatzanspruch der Bank aus § 280 Abs. 1 gegen den Karteninhaber bei einem Ersatz der Karte aufgrund einer vom Karteninhaber verschulde-

[31] Vgl. nur MüKoBGB/*Jungmann* § 675k Rn. 38.

[32] IE auch, wenngleich mit Beschränkung auf sachlich-rechtfertigende Gründe für die Wahl einer entgeltpflichtigen Ausstellung einer Ersatzkarte MüKoHGB/*Linardatos,* 4. Teil VI G Rn. 184.

[33] Wie hier BGHZ 207, 176 (186) = NJW 2016, 560 (561); vgl. schon BT-Drs. 16/11643, 106; Bunte/Zahrte/*Zahrte* AGB-Banken, Rn. 100a.

[34] BGHZ 207, 176 (186) = NJW 2016, 560 (561); abweichend noch die Vorinstanz OLG Köln WM 2014, 1338.

[35] Vgl. zur Ablehnung einer Bepreisung nach Verantwortungsbereichen auch BGHZ 207, 176 (186) = NJW 2016, 560 (561).

[36] Vgl. OLG Köln WM 2016, 354.

ten Sperrung. Hinsichtlich der **Bepreisbarkeit des Ersatzes der Debitkarte** sieht § 675l Abs. 1 S. 3 in Umsetzung der PSD II nun die Möglichkeit der Vereinbarung eines Entgelts für die Ausstellung einer Ersatz-Debitkarte vor (→ Kap. 7 § 675l Rn. 309).

Über eine Entsperrung der Debitkarte ist der Karteninhaber[37] **unverzüglich zu unterrichten** (Abs. 2 S. 6). Dies Unterrichtung hat unentgeltlich zu erfolgen. Die schuldhafte Verletzung dieser Pflicht führt zu einer Haftung nach allgemeinen Grundsätzen (§ 280 Abs. 1 BGB). 18

4. Halbzwingender Charakter

Die Regelung hat halbzwingenden Charakter. **Zu Gunsten des Karteninhabers** kann sie in den allgemeinen Grenzen, namentlich der §§ 305 ff. BGB bei AGB, abbedungen werden. Strengere Anforderungen an eine Sperre der Debitkarte im Zahlungsdiensterahmenvertrag sind daher zulässig, zB die Vereinbarung einer Sperre nur bei einem „begründeten Verdacht" oder beim „Nachweis des Missbrauchs der Karte". 19

Zu Lasten des Karteninhabers kann die Norm nur in den Grenzen des § 675e Abs. 1 BGB[38] abbedungen werden. Insbesondere gegenüber dem Verbraucher-Karteninhaber können daher zB keine weiteren Gründe „zugunsten" der kartenausgebenden Bank vereinbart werden, bei deren Vorliegen die Bank die Debitkarte sperren darf. Dabei ist zu berücksichtigen, dass hinsichtlich der Ausgabe von Zahlungsinstrumenten im unternehmerischen Geschäftsverkehr § 675i Abs. 4 BGB – wie bei Verbrauchern – keine Vertragsgestaltungsfreiheit vorsieht. Zu berücksichtigen ist aber, dass die Nr. 1 („sachliche Gründe im Zusammenhang mit der Sicherheit" der Karte) sehr weit gefasst ist, sodass zumindest alle sicherheitsrelevanten Aspekte regelmäßig hierunter subsumiert werden können. 20

§ 675l Pflichten des Zahlungsdienstnutzers in Bezug auf Zahlungsinstrumente

(1) Der Zahlungsdienstnutzer ist verpflichtet, unmittelbar nach Erhalt eines Zahlungsinstruments alle zumutbaren Vorkehrungen zu treffen, um die personalisierten Sicherheitsmerkmale vor unbefugtem Zugriff zu schützen. 2 Er hat dem Zahlungsdienstleister oder einer von diesem benannten Stelle den Verlust, den Diebstahl, die missbräuchliche Verwendung oder die sonstige nicht autorisierte Nutzung eines Zahlungsinstruments unverzüglich anzuzeigen, nachdem er hiervon Kenntnis erlangt hat. 3 Für den Ersatz eines verlorenen, gestohlenen, missbräuchlich verwendeten oder sonst nicht autorisiert genutzten Zahlungsinstruments darf der Zahlungsdienstleister mit dem Zahlungsdienstnutzer ein Entgelt vereinbaren, das allenfalls die ausschließlich und unmittelbar mit dem Ersatz verbundenen Kosten abdeckt.

(2) **Eine Vereinbarung, durch die sich der Zahlungsdienstnutzer gegenüber dem Zahlungsdienstleister verpflichtet, Bedingungen für die Ausgabe und Nutzung eines Zahlungsinstruments einzuhalten, ist nur insoweit wirksam, als diese Bedingungen sachlich, verhältnismäßig und nicht benachteiligend sind.**

Übersicht

[37] Vgl. BeckOK BGB/*Schmalenbach* § 675k Rn. 7.
[38] Dazu Konto → Kap. 3 BGB § 675k Rn. 20 f.

I. Inhalt und Normzweck

1 In Umsetzung des Art. 69 Abs. 1, 2 PSD II regelt die Norm eine **gesetzliche Sorgfaltspflicht des Karteninhabers;** mit dieser korrespondiert die Pflicht des kartenausgebenden Instituts in § 675m BGB.[1] Dies ist ein möglichst guter, zweckangemessener Schutz gegen den unbefugten Zugriff Dritter. Die Norm ist auf Debitkarten anwendbar; diese sind zusammen mit der PIN ein Zahlungsinstrument.[2] Hinzu treten weitere Pflichten des Karteninhabers aus der vertraglichen Abrede über die Nutzung der Debitkarte. Die Regelung wurde mit Wirkung ab dem 13.1.2018[3] ua um Abs. 1 S. 3 (→ Rn. 30b ff.) und Abs. 2 (→ Rn. 30i ff.) ergänzt. Seit dem 14.9.2019 sind zudem die Inhalte der Delegierten VO (EU) 2018/389 ergänzend zu berücksichtigen.

2 Die **Abdingbarkeit** der Regelung ist zu Gunsten des Karteninhabers, zB durch einen milderen Sorgfaltsmaßstab, stets in den allgemeinen Grenzen möglich, zu seinen Lasten nur im Rahmen des § 675e BGB. Danach ist § 675l BGB auch im unternehmerischen Geschäftsverkehr insofern zwingend (§ 675e Abs. 4 BGB), als nicht zu Lasten des Zahlungsdienstenutzers abgewichen werden kann. Ausnahmen folgen nur aus des § 675d Abs. 6 S. 1 Nr. 1, 2 BGB.

II. Die Sorgfaltspflicht des Karteninhabers (Abs. 1 S. 1)

1. Schutz vor unbefugtem Zugriff

3 Nach Erhalt der Debitkarte (§ 675c Abs. 3 BGB i. V. m. § 1 Abs. 5 ZAG) ist der Karteninhaber zum **Schutz personalisierter Sicherheitsmerkmale vor unbefugtem Zugriff Dritter** verpflichtet. **Personalisiertes Sicherheitsmerkmal** ist jene Komponente eines Zahlungsinstruments, die dem Zahler oder seinem Bevollmächtigten vom Dienstleister zugeteilt wurde, nur diesem bekannt ist und eine Authentifizierung eines Zahlungsauftrages erlaubt.[4] Hierzu zählt die zur Debitkarte ausgegebene, nur dem jeweiligen Karteninhaber bekannte PIN,[5] nicht aber zB das auf der Karte aufgedruckte Gültigkeitsdatum. Die Sorgfaltspflichten beziehen sich nach dem Zweck der Vorschrift auf die **personalisierten Sicherheitsmerkmale und** auf das **Zahlungsinstrument** selbst, dh neben der PIN auch die Debitkarte als körperlicher Gegenstand.[6] Dies zeigt schon die Gefahr des Missbrauchs der Karte beim kontaktlosen Zahlen von Kleinbeträgen.

4 Der **Zugriff ist unbefugt,** wenn er nicht von der (regelmäßig auch klauselmäßig) vereinbarten Verfügungsbefugnis in Bezug auf das konkrete Zahlungsinstrument gedeckt ist

[1] Ausf. zu den Tatbestandselementen der Regelung Konto → Kap. 3 BGB § 675l Rn. 3 ff.
[2] Vgl. zur Definition Konto → Kap. 3 BGB § 675j Rn. 9.
[3] BGBl. I 2018, 2446.
[4] Vgl. Begr. RegE BT-Drs. 16/11643, 106; s. a. Ellenberger/Findeisen/Nobbe/*Frey* Rn. 5.
[5] Wie hier MüKoBGB/*Jungmann* § 675l Rn. 51; s. a. BGH MMR 2017, 400.
[6] Ganz hM, vgl. *Danwerth* ZBB 2015, 119 (134); MüKoBGB/*Jungmann* § 675l Rn. 31 ff.; Ellenberger/Findeisen/Nobbe/*Frey* § 675l Rn. 7; *Hofmann* BKR 2014, 105 (106); MüKoHGB/*Linardatos,* K Rn. 114; wohl auch Begr RegE BT-Drs. 16/11643, 106; **aA** noch Staudinger/*Omlor,* 2012, § 675l Rn. 3.

(vgl. die jeweiligen Sonderbedingungen für die Debitkarte). Da die Debitkarte nur vom Karteninhaber befugt genutzt und die PIN Dritten nicht mitgeteilt werden darf,[7] ist jede Nutzung der Debitkarte durch Dritte, auch durch Familienangehörige, ein solcher unbefugter Zugriff.[8]

2. Die Reichweite der Sorgfaltspflicht bei der Debitkarte

a) Allgemeines. Der **Inhalt der Sorgfaltspflicht** fordert vom Karteninhaber **alle zumutbaren Vorkehrungen zum Schutz gegen unbefugten,** also nach den Bedingungen des Debitkartenvertrages nicht zulässigen, **Zugriff** zu treffen. Hierunter fallen die Sorgfalt bei der Verwahrung und bei der Verwendung der Debitkarte und der PIN. Die **konkreten zumutbaren**[9] **Anforderungen** an das Verhalten des Karteninhabers sind situationsbezogen zu bestimmen. Die Norm steht in einem unmittelbaren Zusammenhang mit § 675v BGB (Haftung des Zahlers bei missbräuchlicher Nutzung eines Zahlungsinstruments). 5

Der Inhalt der geschuldeten Sorgfaltspflicht ist der **vertraglichen Ausgestaltung** zugänglich.[10] Diese vertragliche Ausgestaltung der Sorgfaltspflicht unterliegt der Inhaltskontrolle nach allgemeinen Regeln, va den §§ 307 ff. BGB bei der regelmäßigen klauselmäßigen Ausgestaltung. Bei der Formulierung des gesetzlichen Leitbildes sind aber Abs. 2 und die §§ 675c ff. BGB sowie § 675l Abs. 1 S. 1 BGB heranzuziehen.[11] Da diese bereits vor Inkrafttreten des reformierten Zahlungsdiensterechts in AGB erfolgten, die das damals unmittelbar einschlägige Geschäftsbesorgungsrecht ergänzten, kann auf die frühere Rechtsprechung im Grundsatz und vorbehaltlich abweichender Regelungen im Zahlungsdiensterecht (weiter) zurückgegriffen werden. Allerdings kommt es bei § 675l BGB – anders als unter dem früheren Recht – nicht auf die Frage der groben Fahrlässigkeit an. Dabei ist die Haftung nach den §§ 675u–675w BGB zu berücksichtigen,[12] wonach zudem bei einer nicht autorisierten Nutzung der Karte keine Erhöhung der Beweislast gegenüber den gesetzlichen Vorgaben und keine Erleichterung der Beweislast für die kartenausgebende Bank wirksam vereinbart werden kann.[13] 6

Grenzen der Sorgfaltspflichten des Karteninhabers resultieren aus einer wesentlichen Beeinträchtigung der praktischen Nutzbarkeit der Debitkarte im Falle ihrer Beachtung[14] sowie bei resultierenden weitreichenden Einschnitten in die persönliche Lebensführung des Karteninhabers.[15] 7

Der **Beginn der Sorgfaltspflicht** liegt unmittelbar beim „Erhalt des Zahlungsinstruments", bei der Debitkarte meint dies nach dem Zweck (→ Rn. 3) den Erhalt der Karte selbst wie auch den Erhalt der PIN (PIN-Brief). Mithin beginnen die Sorgfaltspflichten des Karteninhabers ab dem Eintritt der Debitkarte bzw. des PIN-Briefs in seinen Machtbereich, zB Einlegen des Briefs in den Briefkasten, Aushändigung des Briefs mit Karte oder PIN an den Karteninhaber oder einen Empfangsboten etc. Eine darüber hinausgehende Gleichsetzung des „Erhalts" mit dem Zugang vermag nicht zu überzeugen,[16] da das weitere 8

[7] Vgl. Nr. A II 6.3 Bedingungen girocard; Nr. A II 6.3 Bedingungen Sparkassencard und Sonderbedingungen VR-BankCard; Nr. A II 6.3 Bedingungen Postbank Card; sa BGH MMR 2017, 400.

[8] Abw. MüKoBGB/*Jungmann* § 675l Rn. 19 (Nutzung ohne oder gegen den Willen des Karteninhabers, zugleich aber mit einem Hinweis auf die Maßgeblichkeit der Ausgestaltung durch die jeweiligen Sonderbedingungen).

[9] Vgl. Art. 56 Abs. 2 Zahlungsdiensterichtlinie.

[10] Begr. RegE BT-Drs. 16/11643, 106 f.; vgl. zum Verbot der Überlassung der Karte an Dritte nach dem Vertrag BGH MMR 2017, 400.

[11] Vgl. schon Begr. RegE BT-Drs. 16/11643, 107 sowie zur Bestimmung des Leitbildes und zum modifizierten Leitbild *Herresthal* FS Coester-Waltjen, 1109 (1115 ff.).

[12] Begr. RegE BT-Drs. 16/11643, 107.

[13] Vgl. Erwägungsgrund Nr. 33 Zahlungsdiensterichtlinie; Begr. RegE BT-Drs. 16/11643, 107.

[14] IE auch *Scheibengruber* BKR 2010, 15 (20); Palandt/*Sprau* § 675l BGB Rn. 2.

[15] ZB bei einem umfangreichen Verbot, die PIN zu notieren.

[16] So aber MüKoBGB/*Jungmann* § 675l Rn. 16.

Zugangselement, die Möglichkeit zur Kenntnisnahme, auf Erklärungen bezogen und hinsichtlich der Sorgfaltspflichten ungeeignet ist. Entscheidend ist vielmehr, dass der Karteninhaber mit denen in seinem Machtbereich befindlichen Zahlungsinstrumente sorgfältig umgeht, mit anderen Worten ist der erkennbar unverschlossene Briefkasten bereits mit Einlegen des PIN-Briefes sorgfaltswidrig und nicht erst ab jenem Zeitpunkt, ab dem üblicherweise mit der Kenntnis von eingelegten Briefen zu rechnen ist.

9 **Folgen einer Pflichtverletzung** sind ein Anspruch der kartenausgebenden Bank auf Schadensersatz (§ 675v BGB) sowie eine Sperrung der Karte (§ 675k BGB). Umgekehrt führt eine ordnungsgemäße Anzeige durch den Karteninhaber dazu, dass er für der Anzeige nachfolgende missbräuchliche Nutzungen der Karte nicht mehr haftet (§ 675v Abs. 5 S. 1 BGB).

10 **b) Die Pflicht zur sorgfältigen Aufbewahrung der Debitkarte.** Die Pflicht zur sorgfältigen Aufbewahrung der Karte[17] ist entsprechend der **Umstände des Einzelfalles** zu konkretisieren. Maßgebend ist, ob der Karteninhaber die Karte hinreichend gegen einen unbefugten Zugriff Dritter im Rahmen des Vorhersehbaren und ihm Zumutbaren geschützt hat. Der Schutz gegen jeden, zumal *ex post,* erdenklichen Zugriff Dritter auf die Karte wird nicht geschuldet. Denn die Debitkarte ist ein Zahlungsinstrument für den täglichen Gebrauch und soll den Karteninhaber gerade von der Mitführung von Bargeld befreien. Die Sorgfaltsanforderungen an den Karteninhaber dürfen demnach nicht so ausufernd sein, dass die von den Parteien der Debitkartenabrede zugrunde gelegte zweckkonforme Nutzung der Karte als Bargeldersatz weitgehend konterkariert würde. Die aufgezeigte Zwecksetzung der Debitkarte bedingt daher die Möglichkeit eines jederzeitigen Zugriffs des Karteninhabers auf die Karte, anderenfalls wird ihre Funktion substantiell und im Widerspruch zum vertraglich vereinbarten Zweck der Karte beschränkt.[18] Umgekehrt sind durchaus hohe Sorgfaltsanforderungen aufgrund der Bargeldersatzfunktion der Karte und ihrer Missbrauchsanfälligkeit gerechtfertigt und für den Karteninhaber ohne weiteres nachvollziehbar. In diesem Spannungsverhältnis bewegt sich die Einzelfallbetrachtung.

11 Hinsichtlich der **Aufbewahrung der Debitkarte** ist es nicht erforderlich, dass die Karte entweder am Körper getragen oder in einem Tresor verwahrt wird.[19] Allerdings ist bei der **Verwahrung in der Jackentasche** darauf zu achten, dass die Karte nicht unbemerkt beim Herausnehmen von Bargeld, Schlüsseln oÄ vom Karteninhaber verloren werden kann.[20] Eine unbeaufsichtigte **Aufbewahrung im Kfz** ist ein Sorgfaltsverstoß.[21]

12 Bei der **Verwahrung der Debitkarte in einer Wohnung** wird die Sorgfaltspflicht verletzt, wenn die Karte nach dem Verlassen der Wohnung offen auf dem Tisch liegt[22] oder während einer Auslandsreise in einem unverschlossenen Behältnis in der Wohnung verwahrt wird.[23] Darüber hinaus sollen Debitkarte und PIN in der Wohnung nicht in räumlicher Nähe zueinander aufbewahrt werden.[24] Maßgebend soll dabei sein, ob ein

---

[17] Vgl. Ziff. A II 6.2 Bedingungen girocard; Nr. A II 6.2 Bedingungen Sparkassencard und Sonderbedingungen VR-BankCard; Nr. A II 6.2 Bedingungen Postbank Card.

[18] *Hofmann* WM 2005, 441 (443); BuB/*Werner* Rn. 6/1383; MüKoHGB/*Haertlein* ZahlungsV E Rn. 88.

[19] Zutr. LG Essen WM 1988, 493; LG München I WM 1987, 1453; iE auch *Hofmann* WM 2005, 441 (443).

[20] Vgl. LG Halle WM 2001, 1298.

[21] So unter der früheren Rechtslage OLG Düsseldorf BKR 2008, 41; LG Mainz WM 2003, 1172; LG Essen WM 1993, 546; LG Köln WM 1988, 160; LG Saarbrücken WM 1988, 377; LG Koblenz WM 1988, 1315 (1316); AG Nürnberg WM 2002, 1060; AG Spandau WM 2001, 856; aus der Lit. vgl. BuB/*Werner* Rn. 6/1394; MüKoHGB/*Haertlein* ZahlungsV E Rn. 88; **aA** MüKoBGB/*Jungmann,* § 675l Rn. 32 (Umstände des Einzelfalls); vgl. Ziff. A II 6.2 Bedingungen girocard; Nr. A II 6.2 Bedingungen Sparkassencard und Sonderbedingungen VR-BankCard; Nr. A II 6.2 Bedingungen Postbank Card.

[22] Vgl. BuB/*Werner* Rn. 6/1392; Ellenberger/Findeisen/Nobbe/*Nobbe* § 675v BGB Rn. 51.

[23] BGHZ 145, 337 = WM 2000, 2421.

[24] BGHZ 145, 337; LG Köln NJW-RR 2001, 1340, 1341; a. A. *Hofmann* BKR 2014, 105, 109 (grob unverhältnismäßig), aber ohne tragfähige Begründung.

Unbefugter Karte und Geheimnummer mit einem Zugriff erlangen kann und nicht nach dem Auffinden eines von beiden nach der anderen weiter suchen muss. Erforderlich ist daher, dass beide in einiger Entfernung von einander und nicht offen verwahrt werden. Für die PIN ist zudem zu fordern, dass ein nur schwer auffindbarer Ort gewählt wird.[25]

Bei der **Aufbewahrung der Debitkarte im Büro** soll die Verwahrung der Karte in der Jacke mit Brieftasche gegen die Sorgfaltspflicht verstoßen, wenn der Karteninhaber zeitweilig abwesend war und die Jacke offen oder in einem unverschlossenen Schrank in dem unverschlossenen, aber nicht für jedermann erreichbaren Büro hing.[26] Gleiches wurde bejaht, wenn die Karte in einem Portemonnaie in einem Rucksack verwahrt wird und sich dieser im verschlossenen Bürotrakt einer Bibliothek befindet.[27] Keine Pflichtwidrigkeit liegt nach der Rechtsprechung vor, wenn in einem Büro, das zwar von anderen Mitarbeitern benutzt wird, in dem aber kein freier Publikumsverkehr stattfindet, die Karte in einer Handtasche verwahrt wird, die sich wiederum in einem Aktenkoffer befindet.[28] Eine Pflichtverletzung wurde auch verneint, wenn die Karte in einem verschlossenen Garderobenschrank in einem unverschlossenen Büro verwahrt wird, das nicht für jedermann frei zugänglich ist.[29] 13

Am **Urlaubsort** sind alternative Verwahrungsmöglichkeiten abzuwägen. So soll keine Pflichtverletzung vorliegen, wenn die Karte im unbewachten Wohnmobil versteckt verwahrt wird, da die Mitnahme der Karte an den Strand ein höheres Risiko berge.[30] 14

In **personaler Hinsicht** sind gegenüber Familienmitgliedern, mit denen der Karteninhaber in häuslicher Gemeinschaft lebt, bei einer intakten familiären Gemeinschaft keine besonderen Vorsichtsmaßnahmen geboten. Abweichendes gilt aber, wenn besondere Umstände, zB vorausgehende Entwendung der Karte zB durch Kinder, Vorsichtsmaßnahmen gebieten. In Wohngemeinschaften ohne familiäre Bindung ist hingegen einer etwaigen Entwendung der Karte durch weitere Maßnahmen zu begegnen.[31] 15

c) Die Pflicht zur Geheimhaltung der PIN. Zudem muss der Karteninhaber dafür Sorge tragen, dass **Dritte keine Kenntnis von der PIN** erlangen,[32] mithin durch Anwendung der im Verkehr erforderlichen Sorgfalt die Geheimhaltung der PIN gewährleisten. Dies bedeutet freilich nicht, dass der Karteninhaber das Bekanntwerden der PIN unter allen Umständen zu vermeiden hat. Vielmehr müssen auch hier Inhalt und Umfang der Pflicht, die erforderlichen und zumutbaren Maßnahmen zur Vermeidung der Kenntnis Dritter zu unternehmen, vor dem Hintergrund des Zwecks der Karte mit PIN derart konkretisiert werden, dass der Einsatz der Karte nicht faktisch vereitelt bzw. als solcher bereits zum Sorgfaltsverstoß wird. Umgekehrt rechtfertigt der Zweck der PIN durchaus strenge Sorgfaltsanforderungen, soll diese doch verhindern, dass bereits der bloße Besitz der Debitkarte deren Missbrauch erlaubt. Die strenge Ausgestaltung der Haftung in den AGB der Zahlungsdienstleister verstößt demnach nicht gegen § 307 BGB.[33] 16

Der Karteninhaber hat hiernach die **Pflicht zur getrennten Aufbewahrung von PIN und Karte.** Die PIN darf insbesondere nicht auf der Karte vermerkt oder in anderer Form mit ihr zusammen (zB in einer Kartenhülle) verwahrt werden; die Entwendung der Karte darf nicht zugleich auch zur Kenntnis der PIN führen. Indes darf die PIN, auch in 17

---

[25] MüKoBGB/*Jungmann,* § 675l Rn. 54; Ellenberger/Findeisen/Nobbe/*Nobbe* § 675v BGB Rn. 48, 86.

[26] Vgl. OLG Köln NJW-RR 1996, 619; AG Hannover WM 1996, 2013 (2014); BuB/*Werner* Rn. 6/1392; **aA** AG Aachen WM 1993, 291.

[27] OLG Düsseldorf BKR 2008, 41.

[28] So OLG Hamm WM 1997, 1203.

[29] LG Bonn NJW-RR 2005, 1645, 1647.

[30] So OLG Frankfurt WM 2002, 1055; zustimmend *Hofmann* WM 2005, 441, 443 f.; zweifelnd hingegen MüKoHGB/*Haertlein* ZahlungsV E Rn. 88.

[31] Vgl. MüKoHGB/*Haertlein* ZahlungsV E Rn. 88.

[32] Vgl. Ziff. A II 6.3 Bedingungen girocard; Nr. A II 6.3 Bedingungen Sparkassencard und Sonderbedingungen VR-BankCard; Nr. A II 6.3 Bedingungen Postbank Card.

[33] So auch OLG Köln WM 2003, 124; LG Köln WM 2001, 853; MüKoHGB/*Haertlein* ZahlungsV E Rn. 89.

verkörperter Form, zeitgleich mit der Karte mitgeführt werden.[34] Eine Pflicht zum Auswendiglernen bei gleichzeitigem Verbot jeglicher Speicherung ist angesichts der Vielzahl von Passwörtern und Kennungen im digitalen Zeitalter abzulehnen.[35] Die Zulässigkeit der Verkörperung bzw. hinreichend gesicherten Speicherung der PIN, zB in einem Smartphone, folgt schon aus jener Grenze, welche die angemessene Nutzbarkeit der Debitkarte der Sorgfaltspflicht zieht. Angesichts der Vervielfachung von PIN und Zugangscodes, die vielfach aus einer Zahlen- und Buchstabenkombination bestehen oder eine bestimmte Mindestlänge aufweisen müssen, ist eine Verkörperung der PIN zulässig, namentlich ihre Speicherung, sofern sie nicht unmittelbar der Debitkarte zugeordnet werden kann. Dies kann auch durch eine Verschleierung oder Verschlüsselung erfolgen.[36] Anderenfalls würde der Einsatz der Debitkarte übermäßig erschwert. Allerdings müssen Karte und PIN jedenfalls räumlich getrennt mitgeführt werden.[37]

18 Im Übrigen darf die **Entwendung der Debitkarte nicht zugleich zur Verfügung über die PIN** führen (Leitbild). Ausreichend ist daher eine Verwahrung beider in unterschiedlichen Taschen eines Kleidungsstückes oder in unterschiedlichen Schubladen verschlossener Möbelstücke, wobei es sich um dasselbe Möbelstück, aber auch um verschiedene Möbelstücke handeln kann.[38] Als Sorgfaltsverstoß ist hingegen zu werten, wenn Karte und verkörperte PIN im selben Gepäckstück oder beide in der Handtasche aufbewahrt werden.[39] Gleiches gilt für die Verwahrung von Karte und verkörperter PIN im gleichen Ordner mit den persönlichen Unterlagen.[40]

19 Ob ein **Eintrag der PIN im Notizbuch oder Telefonverzeichnis** als vermeintliche Telefonnummer die Sorgfaltspflicht verletzt, hängt von den Umständen des Einzelfalles ab. Maßgeblich ist va die leichte oder nur sehr schwere Erkennbarkeit der PIN für einen Dritten, der in den Besitz des Telefonbuchs bzw. -verzeichnisses gelangt ist,[41] zB das Vorhandensein mehrerer PIN.

20 Die **Weitergabe der PIN an Familienmitglieder** verletzt die Pflicht zur Geheimhaltung.[42] Eine Pflicht, aktiv Maßnahmen zur Geheimhaltung im engsten Familienkreis zu treffen, besteht nicht, solange keine konkreten Umstände Abweichendes gebieten.[43]

21 Bei der **Eingabe der PIN** an einer POS-Kasse sowie am Geldausgabeautomaten ist diese gegen eine Einsichtnahme durch Dritte abzuschirmen.[44] Auch insoweit sind die Grenzen des Zumutbaren nach den Möglichkeiten vor Ort zu bestimmen. So kann es ausreichen, die Tastatur von weiteren Kunden wegzudrehen oder mit der freien Hand abzuschirmen; gegebenenfalls sind weitere Kunden sowie Mitarbeiter des Vertragsunternehmens auf den gebotenen Abstand hinzuweisen.

22 **d) Die Pflicht zu Vorkehrungen zum Erkennen von Verlust und Diebstahl.** Der Karteninhaber muss zudem im Rahmen des Möglichen und Zumutbaren auch Vorkehrun-

---

[34] Vgl. dazu BGHZ 160, 308 = BGH WM 2004, 2309, 2310; BGHZ 145, 337 = BGH WM 2000, 2421 (2422).

[35] So bereits zum früheren Recht BGHZ 145, 337, 341 f. = NJW 2001, 286; wie hier zum reformierten Recht auch Ellenberger/Findeisen/Nobbe/*Frey* § 675v Rn. 48; MüKoBGB/*Jungmann* § 675l Rn. 53.

[36] Wie hier MüKoBGB/*Casper* § 675l Rn. 49; **aA** BuB/*Werner* Rn. 6/1470.

[37] Vgl. LG Köln NJW-RR 2001, 1340, 1341; Ellenberger/Findeisen/Nobbe/*Nobbe* § 675v BGB Rn. 50.

[38] Vgl. BGHZ 145, 337 = BGH WM 2000, 2421 (2422).

[39] KG WM 1992, 729; AG Kassel WM 1994, 2110.

[40] OLG Nürnberg WM 1989, 405.

[41] Vgl. aus der Rspr. LG Bonn WM 1999, 1921; AG Kassel WM 1993, 2110 (beide eine Pflichtverletzung bejahend); tendenziell für eine Pflichtverletzung auch *Gößmann* WM 1998, 1264 (1269); Langenbucher/Gößmann/Werner/*Koch/Vogel* § 5 Rn. 25; BuB/*Werner* Rn. 6/1470; differenzierend nach den Umständen des Einzelfalles ua MüKoHGB/*Haertlein* ZahlungsV E Rn. 90; Baumbach/Hefermehl/Casper/*Casper* Kartenzahlungen Rn. 32.

[42] Wie hier *Gößmann* WM 1998, 1264, 1269; Langenbucher/Gößmann/Werner/*Koch/Vogel* § 5 Rn. 25; BuB/*Werner* Rn. 6/1467 f.; MüKoHGB/*Haertlein* ZahlungsV E Rn. 90; Baumbach/Hefermehl/Casper/*Casper* Kartenzahlungen Rn. 25; **aA** *Hofmann* WM 2005, 441 (444); *Reifner* BB 1989, 1912 (1918).

[43] Wie hier MüKoHGB/*Haertlein* ZahlungsV E Rn. 90; **aA** LG Halle WM 2001, 1298.

[44] LG Halle WM 2001, 1298; AG Charlottenburg WM 2003, 1174 (1175 f.); BuB/*Werner* Rn. 6/1469.

gen treffen, um einen etwaigen **Verlust, Diebstahl oder Missbrauch der Debitkarte zeitnah zu bemerken.** So ist der Karteninhaber als Kontoinhaber verpflichtet, die Kontoauszüge regelmäßig zu überprüfen.[45] Diese Überprüfung dient auch dem Erkennen einer etwaigen missbräuchlichen Verwendung der Debitkarte. Hinreichend konkreten Umständen, die eine ernsthafte Möglichkeit eines Diebstahles oder eines Verlusts der Debitkarte nahelegen, ist vom Karteninhaber nachzugehen, um sich über den Verbleib der Karte zu versichern.[46]

23 Eine allgemeine Pflicht des Karteninhabers, sich **periodisch über den Verbleib der Karte zu versichern,**[47] besteht nur dann nicht, wenn der Karteninhaber die Karte sicher vor dem Zugriff Dritter (Safe) verwahrt hat und daher mit dieser angemessenen Verwahrung seine Sorgfaltspflicht auf Dauer erfüllt hat. Im übrigen ist angemessene Periode in Wochen zu bemessen. Sofern die Debitkarte über einen Zeitraum von einem Monat regelmäßig missbräuchlich verwendet wird, ohne dass sich der Karteninhaber über den Verbleib der Karte versichert hat, liegt daher eine Sorgfaltspflichtverletzung vor.[48] Indes muss der Karteninhaber, der die Debitkarte außer Haus mit sich geführt hat, nach seiner Rückkehr nicht *stets* deren Vorhandensein überprüfen; auch dies folgt aus der Bargeldersatzfunktion, denn es ist nicht üblich, nach jeder Rückkehr nach Hause das mitgeführte Bargeld zu sichten.[49] Diese Reichweite der Sorgfaltspflicht würde auch zu tief in die Lebensführung des Karteninhabers eingreifen und die Funktion der Debitkarte substantiell entwerten.

III. Die Anzeigepflicht bei einem Missbrauch (Abs. 1 S. 2)

24 Der Karteninhaber hat der kartenausgebenden Bank oder einer von dieser benannten Stelle (vgl. Art. 248 § 4 Abs. 1 Nr. 5 lit. a, b EGBGB) den Verlust, Diebstahl, eine missbräuchliche Verwendung oder die sonstige nicht autorisierte Nutzung der Debitkarte unverzüglich nach Kenntnis anzuzeigen.[50] **Anzeigepflichtige Konstellationen** sind somit der Verlust, der Diebstahl, die missbräuchliche Verwendung oder die sonstige nicht autorisierte Nutzung der Karte. Ein **Verlust der Karte** liegt vor, wenn der Karteninhaber unfreiwillig nicht mehr die (alleinige) unmittelbare Sachgewalt über diese hat (unfreiwilliger Verlust der Sachherrschaft). **Diebstahl** ist ein hiervon erfasster Unterfall, da es insoweit zu einem Gewahrsamsbruch kommen muss; die Tatbestandsvoraussetzungen des § 242 StGB müssen nicht erfüllt sein.[51] Erfasst werden auch sonstige Formen des Abhandenkommens („Verlust"), mithin der Raub der Debitkarte, ihre Weggabe in Folge räuberischer Erpressung oder qualifizierter Nötigungshandlungen.[52] Die freiwillige Weggabe der Sachherrschaft über die Debitkarte unterfällt mithin nicht dem Verlust; sie kann aber die Gefahr der nicht autorisierten Nutzung der Karte begründen. Ausreichend ist der Verlust nur der Debitkarte, mithin auch ohne Verlust bzw. Bekanntwerden der PIN.[53] Erforderlich ist zudem die Abgrenzung des Verlusts von einem bloßen Verlegen der Karte. Ein Verlust liegt jedenfalls dann vor, wenn sich der Karteninhaber nicht mehr an den Ort erinnert, an dem die Karte aufbewahrt wird und eine *zeitnahe* Suche mit einer realistischen Chance, die

45 Vgl. Ziff. 7 (2) AGB-Banken.

46 **AA** OLG Frankfurt WM 2002, 1055.

47 Für diese auch OLG Frankfurt a. M. BeckRS 2015, 09135 (von Zeit zu Zeit über das Vorhandensein der Bankkarten vergewissern); gegen diese aber OLG Bamberg WM 1994, 194; Baumbach/Hefermehl/Casper/*Casper* Kartenzahlungen Rn. 36.

48 Zutr. OLG Zweibrücken WM 1991, 67; **aA** *Hofmann* WM 2005, 441 (445).

49 So aber LG Halle WM 2001, 1398.

50 Ausf. zu den Tatbestandselementen der Norm Konto → Kap. 3 BGB § 675l Rn. 13 ff.; s. a. Ziff. A II 6.4 (1) Bedingungen girocard; Nr. A II 6.4 (1) Bedingungen Sparkassencard und Sonderbedingungen VR-BankCard; Nr. A II 6.4 (1) Bedingungen Postbank Card.

51 MüKoBGB/*Jungmann* § 675l Rn. 72; **aA** MüKoHGB/*Haertlein*, E Rn. 92.

52 S. a. Ellenberger/Findeisen/Nobbe/*Frey* § 675l BGB Rn. 16.

53 Wie hier MüKoBGB/*Jungmann* § 675l Rn. 72.

Karte zu finden, ausscheidet, sei es, weil der Karteninhaber keinen sinnvollen Ort zur Suche mehr weiß, sei es, dass eine solche Suche zeitnah nicht möglich ist (Annahme auf einer Reise, die Karte sei zu Hause liegen geblieben).[54] Ein Verlust ist nicht die physische Vernichtung der Karte, da hier die Gefahr des Missbrauchs ausscheidet.

25 Nach dem Wortlaut der Regelung bezieht sich die Anzeigepflicht nur auf das Zahlungsinstrument, mithin die Debitkarte, sodass das **„Abhandenkommen" der PIN,** dh. des personalisierten Sicherheitsmerkmales, nach einem engen Verständnis der Norm nicht umfasst wäre.[55] Dies vermag nicht zu überzeugen, zumal auch bei dem zutreffenden Verständnis der Sorgfaltspflichten diese nach dem Zweck der Norm auf die Debitkarte und die PIN als personalisiertes Sicherheitsmerkmal bezogen werden (→ Rn. 3). Nicht zuletzt gelangt die Gegenansicht über die (gleichfalls zutreffende) Einbeziehung der bloßen Gefährdung der missbräuchlichen Verwendung (→ Rn. 27 ff.) dazu, dass eine solche Gefährdung des Missbrauchs der Debitkarte beim „Abhandenkommen" der PIN bejaht wird,[56] sodass die praktischen Unterschiede gering sind. Relevant ist auch der Verlust (nur) des PIN-Briefs.

26 Die **nicht autorisierte Nutzung der Karte,** deren Unterfall ihre **missbräuchliche Verwendung** ist,[57] ist eine Nutzung der Karte durch Dritte ohne Zustimmung des Karteninhabers, also die Nutzung von Karte und PIN *ohne oder gegen den Willen des Inhabers.*[58] Dritter ist jeder, der nach den Bedingungen des Zahlungsdiensterahmenvertrags (Debitkarten-Vertrag) nicht zur Nutzung der Debitkarte befugt ist. Dabei ist gleichgültig, ob der Karteninhaber die Debitkarte dem Dritten überlassen hat, da deren Nutzung durch bzw. Überlassung an Dritte vertraglich ausgeschlossen ist.[59]

27 Auch der auf Tatsachen gründende **Verdacht** des Vorliegens einer dieser Konstellationen löst die Anzeigepflicht aus. Richtigerweise löst auch eine **bloße Gefahr einer nicht autorisierten Verwendung** der Karte (→ Rn. 26) die Anzeigepflicht des Karteninhabers aus.[60] Erforderlich, aber auch hinreichend sind insofern konkrete Tatsachen, die bei objektiver Betrachtung eine solche Gefahr nahelegen. Diese Reichweite der Auslegung wird durch den Zweck der Regelung gerechtfertigt; entsprechende (klauselmäßige) vertragliche Abreden sind demnach nicht unverhältnismäßig. Die Belastung des Karteninhabers mit der Pflicht zur Anzeige entsprechender Gefahren ist zudem vergleichsweise gering, muss diese Anzeige doch kostenfrei möglich sein (§ 675m Abs. 1 S. 1 Nr. 4 BGB), die resultierende Sperrung der Karte hat unentgeltlich zu erfolgen und die Karte ist bei einer Sperrung aufgrund der Gefahr unautorisierter Nutzung unentgeltlich zu ersetzen. Auch die Kenntnis der PIN durch einen Dritten aufgrund des Ausspähens sowie der Erhalt eines geöffneten oder manipulierten PIN-Briefs verpflichten den Karteninhaber aus diesem Grund zur Anzeige gegenüber dem kartenausgebenden Institut. Gleiches gilt für den Diebstahl des Computers mit der darauf abgespeicherten PIN.

28 **Zeitlich** hat die Anzeige unverzüglich nach Kenntnis (§ 121 Abs. 1 S. 1 BGB) zu erfolgen.[61] Letzteres erfordert positive Kenntnis vom Verlust, Diebstahl oder Abhanden-

---

[54] Weniger streng Palandt/*Sprau* § 675l Rn. 4, 6.

[55] So in der Tat Palandt/*Sprau* Rn. 4; MüKoBGB/*Jungmann* Rn. 68.

[56] MüKoBGB/*Jungmann* § 675l Rn. 68, kommt somit zu einer „Bedeutung" der Anzeigepflicht in Bezug auch auf die PIN.

[57] Wohl hLit, vgl. BeckOK BGB/*Schmalenbach* § 675l Rn. 5; BeckOGKBGB/*Hofmann* § 675l Rn. 116; Palandt/*Sprau* Rn. 5; s. a. Ellenberger/Findeisen/Nobbe/*Frey* § 675l BGB Rn. 17; abw. MüKoBGB/*Jungmann* § 675l Rn. 75 („Missbrauch" erfolgt durch Karteninhaber selbst; Selbstanzeige).

[58] Zustimmend insoweit MüKoBGB/*Jungmann* § 675l Rn. 76.

[59] Sa BGH NJW 2016, 2024 (2029); vgl. auch BGH MMR 2016, 16 zum Betrug bei einer missbräuchlichen Verwendung von Karte und PIN durch einen Dritten; BGH MMR 2017, 400 zum Computerbetrug in diesen Fällen.

[60] Wohl hLit vgl. Ellenberger/Findeisen/Nobbe/*Frey* § 675l BGB Rn. 18; *Jungmann* in → Kap. 6 § 675l Rn. 16; MüKoBGB/*Jungmann* Rn. 78; zurückhaltend Palandt/*Sprau* § 675l Rn. 6; **aA** BeckOK BGB/*Schmalenbach* § 675l Rn. 6; s. a. Ziff. A II 6.4 (2) Bedingungen girocard; Nr. A II 2.6 (2) Bedingungen Sparkassencard und Sonderbedingungen VR-BankCard; Nr. A II 2.6 (2) Bedingungen Postbank Card.

[61] Näher dazu Konto → Kap. 3 BGB § 675l Rn 20.

kommen der Debitkarte oder das bewusste Verschließen vor der Einsicht dieser Tatsachen.[62] Das bloße Kennenmüssen, dh das sorgfaltswidrige Nichtwissen, reicht nicht aus.[63] Ausreichend ist allerdings das positive Wissen um die *Gefahr* einer missbräuchlichen Verwendung der Karte.[64] Die allgemeinen Grundsätze der Wissenszurechnung (§ 166 BGB) sind anwendbar. Das Erfordernis der unverzüglichen Mitteilung ist aufgrund der sehr großen Missbrauchsgefahr bei der Debitkarte und dem letztlich korrespondierenden Interesse beider Parteien, einen Missbrauch zu unterbinden, sehr streng auszulegen. Insofern sind die Umstände des Einzelfalls maßgebend. Freilich kann der Karteninhaber über den Verbleib der Karte nachdenken und gegebenenfalls nach der Karte (kurz) suchen. Auch muss er die Kontaktdaten der emittierenden Bank bzw. des zentralen Sperr-Notrufs ermitteln. Regelmäßig setzt die rechtzeitige Anzeige allerdings voraus, dass diese **innerhalb der folgenden Stunde nach Bekanntwerden** des Verlusts erfolgt. Nach den Umständen des Einzelfalls kann diese Frist ganz erheblich kürzer sein (zB beim Entdecken des Fehlens des Portemonnaies mit der Debitkarte auf einer Messe, einem Weihnachtsmarkt, bei einer Stadtbesichtigung). Eine begrenzte Verlängerung der Frist kommt in Betracht, wenn der Karteninhaber aktuell keine Möglichkeit zur telefonischen Anzeige des Verlusts hat, zB bei der Entdeckung des Verlusts während eines Fluges (aber nicht vor diesem). Die Anzeige hat telefonisch zu erfolgen; eine Anzeige per Brief ist nach dem Zweck der Anzeige unter Berücksichtigung der Postlaufzeiten nicht unverzüglich.

Die Sorgfaltspflicht des Karteninhabers umfasst auch **Vorkehrungen,** damit ein etwaiger **28a**
Verlust oder Diebstahl der Karte zeitnah bemerkt wird.

Sofern die Anzeige nicht bei der kartenausgebenden Bank als **Adressat der Anzeige,** **28b**
sondern einer vertraglich benannten Stelle erfolgt, muss sie unter Angabe der Kartennummer erfolgen.[65] Die Anzeige hat beim kartenausgebenden Institut oder bei dem Zentralen Sperrannahmedienst zu erfolgen (vgl. die zentrale Nummer für telefonische Sperren von Debitkarten: 116 116). Daneben sind das Abhandenkommen und der Missbrauch der Karte und der PIN als persönliches Sicherheitsmerkmal nach zahlreichen (klauselmäßigen) Abreden auch unverzüglich zur **Anzeige bei der Polizei** zu bringen.[66] Dies gilt zutreffend auch, wenn der Missbrauch durch einen Familienangehörigen erfolgt sein kann.[67]

Die **Form der Anzeige** ist nicht vorgegeben. Die Form kann (auch klauselmäßig) **29**
vertraglich vereinbart werden, allerdings darf eine vereinbarte Form nicht dem Beschleunigungsgrundsatz bei der Anzeige widersprechen. Nach § 675m Abs. 1 S. 1 Nr. 4 BGB darf mit der Anzeige keine Kostenpflicht des Karteninhabers verbunden sein. In Betracht kommen Anzeigen per Telefon, SMS, E-Mail sowie Telefax; möglich ist auch die Eingabe in einer Maske auf einer Website oder in einer App.[68] Maßgebend ist, ob das Beschleunigungsinteresse, das Interesse an einer unkomplizierten Anzeige einerseits und die Gefahr der missbräuchlichen Anzeige durch Dritte andererseits zu einem angemessenen Ausgleich gebracht werden. Mit **Zugang** wird die Anzeige wirksam (vgl. § 675m Abs. 1 S. 2 BGB für eine Bestätigung der Anzeige auf Anfrage).

Die Anzeige soll das kartenausgebende Institut in die Lage versetzen, künftigen Miss- **30**
brauch der Karte zu verhindern und bereits stattfindenden zu unterbinden. In der **Folge der Anzeige** hat die emittierende Bank die weitere missbräuchliche Nutzung der Debitkarte zu unterbinden (§ 675m Abs. 1 Nr. 5 BGB); den Karteninhaber trifft zudem gem. § 675v Abs. 5 S. 1 BGB nach der Anzeige keine Haftung mehr aufgrund einer Ermögli-

---

[62] Vgl. OLG Frankfurt WM 2001, 1898; restriktiver OLG Frankfurt WM 2002, 1055 (1057).
[63] S. aber OLG Bamberg WM 1994, 194 (196).
[64] → Rn. 30d.
[65] Vgl. Nr. 6.4 I Bedingungen der privaten Banken, Sparkassen und Genossenschaftsbanken.
[66] Für eine Wirksamkeit wie hier *Langenbucher* in → Kap. 3 § 675l Rn. 7; MüKoBGB/*Jungmann* § 675l Rn. 81.
[67] Vgl. LG Osnabrück WM 1990, 1740; zustimmend MüKoHGB/*Haertlein* ZahlungsV E Rn. 93.
[68] Für letzteres auch MüKoBGB/*Jungmann* § 675l Rn. 85.

chung einer nicht autorisierten Nutzung bzw. missbräuchlichen Verwendung der Debitkarte.

30a Die Anzeige muss gemäß § 675m Abs. 1 S. 1 Nr. 4 BGB **kostenfrei** möglich sein; auch die Bearbeitung der Anzeige darf nicht bepreist werden. Eine entsprechende (auch klauselmäßige) Vereinbarung eines Entgelts ist unwirksam. Die Sperrung der Debitkarte darf ebenfalls nicht mit einem Entgelt versehen sein. Sinn und Zweck dieser Entgeltfreiheit ist es, keinen Anreiz für den Karteninhaber zu setzen, von der Erfüllung seiner Pflicht zur Anzeige nach § 675l Abs. 1 S. 2 BGB abzusehen.

IV. Das Entgelt für den Ersatz der Debitkarte (Abs. 1 S. 3)

30b In Umsetzung von Art. 70 Abs. 1 lit. d PSD II kann mit Wirkung ab 13.1.2018[69] nach Abs. 1 S. 3 eine Vereinbarung (auch klauselmäßig) getroffen werden, wonach vom Karteninhaber ein **Entgelt für die Ausstellung einer Ersatzkarte** zu entrichten ist, auch wenn der Karteninhaber den Austausch der Karte nicht zu verantworten hat.

1. Erfasste Gründe des Kartenersatzes

30c Allerdings muss der Ersatz auf einem der in Abs. 1 S. 3 **abschließend angeführten Gründe** (numerus clausus) beruhen. Umfasst ist nach dem Wortlaut der Ersatz der „verlorenen, gestohlenen, missbräuchlich verwendeten oder sonst nicht autorisiert genutzten" Debitkarte. Bei dem Ersatz der Karte aus anderen als diesen genannten Gründen ist Abs. 1 S. 3 nicht einschlägig.

30d Umstritten ist, ob zu den abschließend aufgeführten Gründen auch die **Gefahr der unautorisierten Nutzung** der Debitkarte bzw. der bloße Verdacht des Verlustes bzw. Diebstahls zählt. In beiden Konstellationen ist der Karteninhaber zur Anzeige verpflichtet (→ Rn. 26 und → Rn. 27). Ebenso wie die Anzeigepflicht nach Abs. 1 S. 2 ist auch die Möglichkeit zur Vereinbarung eines Entgelts für die Ausstellung einer Ersatz-Debitkarte in Abs. 1 S. 3 dahingehend auszulegen, dass der pflichtgemäß angezeigte Verdacht bzw. die pflichtgemäß angezeigte Gefahr zu einer bepreisbaren Ausstellung einer Ersatz-Karte führen. Hierfür spricht schon, dass die Regelung in Abs. 1 S. 3 offenkundig die Konstellationen von Abs. 1 S. 2 wieder aufgreift. Hieraus folgt die Vermutung, dass alle von Abs. 1 S. 2 erfassten Konstellationen, auch jene in teleologischer Extension umfassten, auch unter Abs. 1 S. 3 zu zählen sind. Auch der Zweck der Anzeige sowie der Bepreisung nach Abs. 1 S. 3 sprechen dafür, in diesen Konstellationen die Möglichkeit der Vereinbarkeit eines Entgelts zu eröffnen. Schließlich drohen anderenfalls rechtssicher kaum zu bewältigende Abgrenzungsprobleme bei dem Entgeltverlangen dahingehend, ob die Debitkarte tatsächlich gestohlen wurde oder nur der Verdacht eines Diebstahls vorlag, ob sie verloren wurde oder nur ein dahingehender Verdacht bestand. Sofern der Nachweis für jeweils ersteres dem emittierenden Institut auferlegt würde, liefe die Bepreisungsmöglichkeit letztlich leer. Gleiches gilt für die Gefahr der nicht autorisierten Nutzung der Debitkarte als Grund der Anzeige.

30e Von der Bepreisung sind auch Konstellationen umfasst, in denen die emittierende **Bank** die **Gründe für die Sperre** der Debitkarte **zu vertreten** hat bzw. ihr diese Gründe zuzurechnen sind, sofern einer der in Abs. 1 S. 3 genannten Gründe vorliegt. Zu denken ist an die nicht autorisierte Nutzung der Debitkarte mit resultierender Ersatzkarte aufgrund unzureichender Geheimhaltung der Sicherheitsmerkmale durch die emittierende Bank bzw. ihr zuzurechnende Dritte. Richtigerweise besteht in diesen Konstellationen ein Anspruch des Karteninhabers auf Schadensersatz gegen die emittierende Bank aufgrund ihrer Pflichtverletzung (§ 280 Abs. 1 BGB). Dieser Schadensersatzanspruch ist nach § 249 Abs. 1

[69] Vgl. Gesetz v. 17.7.2017, BGBl. I 2017, 2446.

BGB auf die Aufhebung der Entgeltforderung der Bank gegen den Karteninhaber gerichtet.[70]

Nicht umfasst werden Konstellationen, in denen der Karteninhaber eine **neue Debitkarte,** zB mit einem abweichenden Wunschmotiv, **ohne Grund für eine Sperre** anfordert. Diese Konstellationen sind keine Ausstellung einer Ersatzkarte iSv Abs. 1 S. 3. Für diese Konstellationen kann nach allgemeinen Grundsätzen ein Entgelt vereinbart werden. **30f**

2. Zulässige Entgelthöhe

Nach Abs. 1 S. 3 aE ist die Höhe des Entgelts begrenzt, das für die Ausstellung der Ersatz-Debitkarte in den genannten Konstellationen vereinbart werden kann. Die Parteien können nur ein Entgelt wirksam vereinbaren, das „allenfalls die **ausschließlich und unmittelbar mit dem Ersatz verbundenen Kosten** abdeckt". Die Norm setzt damit die unionsrechtlich induzierte, systemfremde Preiskontrolle fort. Mit ihr verbinden sich – wie stets – Abgrenzungsprobleme hinsichtlich der Zuordnung von Kosten. Sicher umfasst sind die **Produktionskosten** der neuen Debitkarte sowie die **Kosten für den Versand** der neuen Karte. Gleiches gilt für sonstige **Aufwendungen.** Sofern von der Bank ein Drittunternehmen als Dienstleister eingeschaltet wird, sind die von ihm (nur) für die Ausstellung von Ersatz-Debitkarten in Rechnung gestellten Beträge (einschließlich des Gewinns des Dritten) bei der Bank ebenfalls unmittelbar und ausschließlich hierdurch veranlasst. Einen Aufschlag für den **eigenen Gewinn der Bank** erlaubt die Regelung nicht.[71] Hingegen sind **Aufrundungen** zur Erfassung von Berechnungsunschärfen ebenso zulässig wie Durchschnittsbeträge zB bei den Versandkosten (keine Unterscheidung zwischen Versand auf deutsche Inseln und Festland). Vom Wortlaut umfasst sind zudem die **Personal- und Sachkosten** der Ausstellung von Ersatz-Debitkarten. Auch die Lohnkosten jener Mitarbeiter, die nur für die Veranlassung der Ausstellung einer Ersatzkarte und deren Versand zuständig sind, sind Kosten, die ausschließlich und unmittelbar mit dem Ersatz verbunden sind. Gleiches gilt streng genommen für die Sachkosten, die mit dieser Tätigkeit verbunden sind. **30g**

Der aus diesen Kosten resultierende Betrag ist die **Obergrenze** („allenfalls") für eine wirksame Vereinbarung eines Entgelts für eine Ersatzkarte in den genannten Konstellationen. Die emittierende Bank kann aber auch nur einen Teil der Kosten über die Vereinbarung der Entgelthöhe weiterreichen. Auch kann sie von einer Bepreisung bei bestimmten Kontoarten oder Kartenarten, zB in Abhängigkeit von dem jeweils vereinbarten jährlichen Entgelt für diese, von der Vereinbarung eines weiteren Entgelts für eine Ersatz-Debitkarte (auch nur teilweise) absehen. **30h**

V. Die Bedingungen für Ausgabe und Nutzung (Abs. 2)

Nach Abs. 2 muss eine Vereinbarung, durch die sich der Karteninhaber gegenüber der Bank verpflichtet, Bedingungen für die Ausgabe und Nutzung der Debitkarte einzuhalten, Bedingungen vorsehen, die sachlich, verhältnismäßig und nicht benachteiligend sind. Während Abs. 1 S. 1 die Pflichten des Karteninhabers festlegt, stellt Abs. 2 somit zunächst **deklaratorisch** klar, dass die emittierende Bank sowie der Karteninhaber **Vereinbarungen über die Ausgabe und Nutzung der Debitkarte** treffen können. Die Norm wurde mit Wirkung ab 13.1.2018 eingefügt.[72] **30i**

Darüber hinaus enthält Abs. 2 die Wirksamkeitsvoraussetzung für entsprechende **Vereinbarungen,** dh diese müssen **sachlich, verhältnismäßig und nicht benachteiligend** **30j**

[70] Abw. MüKoBGB/*Jungmann* § 675l Rn. 89 mit einer einschränkenden Auslegung des Abs. 1 S. 3, ohne dass hierfür ein Bedarf besteht.

[71] *Werner* WM 2018, 449 (455).

[72] Vgl. Gesetz v. 17.7.2017, BGBl. I 2017, 2446.

sein. Die Regelung setzt Art. 69 Abs. 1 PSD II um. Letztlich kodifiziert die Norm mit Blick auf die Nutzung der Debitkarte das oben (→ Rn. 10) beschriebene Spannungsverhältnis, wonach einerseits der Karteninhaber mit der Karte sehr sorgfältig umgehen aufgrund ihrer (bei Kenntnis der PIN) bargeldgleichen Bedeutung muss und andererseits der Zweck dieses Zahlungsinstruments gerade die Befreiung von der Mitführung von Bargeld ist, sodass die Sorgfaltsanforderungen nicht die Mitführung und den Einsatz der Debitkarte vollkommen übermäßig erschweren dürfen. Aus diesem Grund verbindet sich mit der Einführung des Abs. 2 keine grundlegende Neuerung.

30k Im Einzelnen verpflichtet Abs. 2 die Parteien auf **sachliche Bedingungen** der Ausgabe und Nutzung der Debitkarte; die vertragliche Abrede muss daher Bedingungen enthalten, die nur die Ausgabe und die Nutzung erfassen. Zudem müssen die Bedingungen jeweils an objektiven Umständen anknüpfen.[73] Ob Regelungen, durch welche die Nutzung der Debitkarte übermäßig eingeschränkt wird, zB indem völlig fernliegenden Risiken begegnet werden soll, als unsachlich (vor dem Hintergrund des Zwecks der Debitkarte) oder unverhältnismäßig qualifiziert werden, ist aufgrund der identischen Rechtsfolge gleichgültig.

30l Das **Gebot der Verhältnismäßigkeit** soll dem genannten (→ Rn. 10) Umstand Rechnung tragen, dass die Debitkarte für den Karteninhaber bargeldanalog nutzbar sein soll, dh die Bedingungen sind vor dem Hintergrund des zweckkonformen Einsatzes der Debitkarte zu formulieren.[74] Vom Verhältnismäßigkeitsgebot umfasst ist zudem eine Gegenüberstellung der Sorgfaltsanforderungen an den Karteninhaber und der von der emittierenden Bank verwendeten Sicherheitsstandards. Mit anderen Worten kann die emittierende Bank nicht eigene niedrige Sicherheitsstandards durch überaus weitreichende Sorgfaltsanforderungen an den Karteninhaber kompensieren. Dem Verhältnismäßigkeitsgrundsatz ist damit insofern auch der Gedanke der adäquaten Adressierung der Missbrauchsrisiken teilweise immanent.

30m Schließlich enthält Abs. 2 das Gebot, dass die Ausgabe- und Nutzungsbedingungen **nicht benachteiligend** sein dürfen. Dies entspricht letztlich dem Gleichbehandlungsgebot, dh einzelnen Karteninhabern bzw. Gruppen von Karteninhabern dürfen nur bei sachlich-rechtfertigenden Gründen strengere Pflichten als anderen auferlegt werden.[75] Nach dem Erwägungsgrund Nr. 72 PSD II sollen zudem Ausgabe- und Nutzungsbedingungen, die für den Verbraucher eine Erhöhung der Beweislast oder für den Zahlungsdienstleister eine Verringerung der Beweislast zur Folge hätten, nichtig sein.[76]

30n **Rechtsfolge eines Verstoßes** gegen Abs. 2 ist, dass die entsprechenden Bedingungen **nach §§ 134 iVm 675l Abs. 2 BGB unwirksam** sind. Allerdings vermag der vorschnelle Verweis[77] auf die Anwendung des aus dem AGB-Recht bekannten **Verbots geltungserhaltender Reduktion** nicht zu überzeugen. Dabei wird verkannt, dass nach § 134 BGB die Nichtigkeit dem Grundsatz nach auf die Reichweite des Verstoßes gegen das gesetzliche Verbot beschränkt ist, wenn sich nicht aus dem Gesetz etwas anderes ergibt. Erforderlich ist mithin die Auslegung des Verbotsgesetzes.[78] So dürfte schon nicht streitig sein, dass bei einem Verstoß gegen Abs. 2 nicht der Zahlungsdiensterahmenvertrag, dh die Abrede über die Debitkarte, im ganzen nichtig ist, sondern allenfalls die nach Abs. 2 untersagte Regelung der Sorgfaltspflichten. Darüber hinaus handelt es sich bei der Debitkarte um ein bargeldgleiches Zahlungsinstrument, dessen sorgfältige Verwahrung usw. im Interesse beider Parteien ist. Richtigerweise führen nach Abs. 2 unwirksame Sorgfaltsanforderungen mithin nicht dazu, dass die konkreten Sorgfaltspflichten umfassend entfallen. Jedenfalls bleiben die Pflichten nach Abs. 1 bestehen. Darüber hinaus ist auch der sog. Blue-pencil-Test der AGB-Kontrolle heranzuziehen, sodass eine nach Abs. 2 übermäßige Bedingung zu strei-

---

[73] Vgl. MüKoHGB/*Linardatos*, K Rn. 117; Palandt/*Sprau* § 675l Rn. 4.
[74] Allg. Ellenberger/Findeisen/Nobbe/*Frey* § 675l BGB Rn. 11; MüKoBGB/*Jungmann* § 675l Rn. 24.
[75] Begr RegE BT-Drs. 18/11495, 157.
[76] Vgl. *Spitzer* MDR 2018, 561 (564).
[77] So MüKoBGB/*Jungmann* § 675l Rn. 21 und *Omlor* BKR 2019, 105 (111).
[78] Gleiches gilt, wenn man § 134 BGB nicht heranzieht und den Hinweis auf die Wirksamkeit in Abs. 2 als Indiz für das Vorliegen einer Verbotsnorm mit angeordneter Nichtigkeitsfolge ausreichen lässt.

chen ist und die übrigen Bedingungen, wenn ohne Umformulierung möglich, fortbestehen.

Vgl. zu den **Sorgfaltspflichten des Karteninhabers** bei der Debitkarte im Einzelnen → Rn. 5 ff. 30o

VI. Die Rechtsfolge eines Verstoßes gegen die Pflichten des Karteninhabers

Ein Verstoß des Karteninhabers gegen diese Sorgfaltspflichten aus § 675l BGB kann das kartenausgebende Institut zur **Sperre der Karte** berechtigen (§ 675k Abs. 2 S. 1 Nr. 1 BGB). Hinzu tritt die **Haftung des Karteninhabers** bei einer missbräuchlichen Nutzung der Karte nach § 675v Abs. 3 Nr. 2 BGB. Die Anzeige nach § 675l Abs. 1 S. 2 BGB schließt nach § 675v Abs. 5 S. 1 BGB die Haftung des Karteninhabers für missbräuchliche Verfügungen mittels der Karte aus, die *nach* der Anzeige erfolgen. 31

§ 675u Haftung des Zahlungsdienstleisters für nicht autorisierte Zahlungsvorgänge

[1] Im Fall eines nicht autorisierten Zahlungsvorgangs hat der Zahlungsdienstleister des Zahlers gegen diesen keinen Anspruch auf Erstattung seiner Aufwendungen. [2] Er ist verpflichtet, dem Zahler den Zahlungsbetrag unverzüglich zu erstatten und, sofern der Betrag einem Zahlungskonto belastet worden ist, dieses Zahlungskonto wieder auf den Stand zu bringen, auf dem es sich ohne die Belastung durch den nicht autorisierten Zahlungsvorgang befunden hätte. [3] Diese Verpflichtung ist unverzüglich, spätestens jedoch bis zum Ende des Geschäftstags zu erfüllen, der auf den Tag folgt, an welchem dem Zahlungsdienstleister angezeigt wurde, dass der Zahlungsvorgang nicht autorisiert ist, oder er auf andere Weise davon Kenntnis erhalten hat. [4] Hat der Zahlungsdienstleister einer zuständigen Behörde berechtigte Gründe für den Verdacht, dass ein betrügerisches Verhalten des Zahlers vorliegt, schriftlich mitgeteilt, hat der Zahlungsdienstleister seine Verpflichtung aus Satz 2 unverzüglich zu prüfen und zu erfüllen, wenn sich der Betrugsverdacht nicht bestätigt. [5] Wurde der Zahlungsvorgang über einen Zahlungsauslösedienstleister ausgelöst, so treffen die Pflichten aus den Sätzen 2 bis 4 den kontoführenden Zahlungsdienstleister.

Übersicht

I. Normzweck und Haftungsgrundsätze

In den §§ 675u-675w BGB wird die **Haftung bei nicht autorisierten Zahlungen** auch mittels Debitkarte geregelt. Bei einer solchen ist der **Erstattungsanspruch** des kartenausgebenden Instituts gegen den Karteninhaber **grundsätzlich ausgeschlossen** (§ 675u S. 1 BGB). Im Grundsatz hat damit das kartenausgebende Institut die **Missbrauchsrisiken des Debitkartensystems** zu tragen und damit zu beherrschen. Etwas anderes gilt bei Nutzung einer verlorenen, gestohlenen oder sonst abhandengekommenen Debitkarte in sehr begrenztem Umfang (§ 675v Abs. 1 BGB). Sofern diese Nutzung nach 1 den Tatbeständen des § 675v Abs. 2 BGB vom Karteninhaber nicht zu verantworten ist, entfällt auch diese sehr begrenzte Haftung. Umgekehrt ist die Haftung des Karteninhabers bei einem betrügerischen Handeln bzw. einer zumindest grob fahrlässigen Verletzung grundlegender Pflichten der Höhe nach nicht begrenzt (§ 675v Abs. 3 BGB). Spezifische Haftungsausschlüsse bei fehlender starker Kundenauthentifizierung (§ 675v Abs. 4 BGB) und nach einer Verlustanzeige (§ 675v Abs. 5 BGB) begrenzen die Haftung.

2 § 675u BGB regelt das **Deckungsverhältnis.**[1] Nach S. 1 hat das kartenausgebende Institut nur dann einen Anspruch auf Aufwendungsersatzanspruch gegen den Karteninhaber, wenn dieser den **Zahlungsvorgang autorisiert** hat. Nach § 675j BGB ist die Autorisierung eine vorherige Einwilligung bzw. nachträgliche Genehmigung des konkreten Zahlungsvorgangs. Die Regelung dient der **Klarstellung,**[2] denn auch aus allgemeinem Auftragsrecht folgt schon der Grundsatz, dass das kartenausgebende Institut ohne Auftrag des Karteninhabers, d. h. Weisung iSv § 665, keinen Anspruch auf Ersatz der Aufwendungen gegen diesen durch die nicht autorisierte Zahlung hat, §§ 675c, 675, 670 BGB. Das Risiko eines nicht autorisierten Zahlungsvorgangs wird daher dem kartenausgebenden Institut zugewiesen. S. 2 sichert diesen Zweck durch einen Rückzahlungsanspruch ab, wobei S. 3–5 für diesen ua bestimmte Fristen vorsehen. S. 2 setzt Art. 73 Abs. 1 PSD II, S. 3–4 setzen Art. 73 Abs. 1, 2 UAbs. 1 PSD II um.

3 Nach § 675e Abs. 4 BGB ist § 675u BGB **zwingend;** die Norm kann auch nicht zu Lasten des unternehmerischen Karteninhabers abbedungen werden. Eine abweichende Vereinbarung zu Lasten des Karteninhabers ist nur bei Zahlungsvorgängen mit Drittstaatenbezug oder in einer Drittstaatenwährung (vgl. § 675d Abs. 6 S. 1 BGB) möglich, vgl. § 675e Abs. 2 BGB. Sofern die Debitkarte auch eine Geldkartenfunktion hat, ist (nur) insofern § 675i Abs. 2 Nr. 3 BGB zu beachten, wonach bei sog. Kleinbetragsinstrumenten in den genannten Grenzen abweichende Vereinbarungen möglich sind.

II. Ausschluss des Aufwendungsersatzanspruchs (S. 1)

4 Nach S. 1 ist ein **Anspruch auf Aufwendungsersatz** bei einer **fehlenden Autorisierung des Zahlungsvorgangs** durch den Debitkarten-Inhaber **ausgeschlossen.** Die Verwendung der Debitkarte ist nicht autorisiert, wenn die Karte ohne oder gegen den Willen des Karteninhabers eingesetzt wird. Die Autorisierung fehlt mithin, wenn der Karteninhaber keine Zustimmung zum Zahlungsvorgang (§ 675j Abs. 1 S. 1, 2 BGB) erteilt hat. Entscheidend ist, dass dem kartenausgebenden Institut keine Autorisierung zugegangen ist. Nach §§ 675j Abs. 2 iVm 675p Abs. 2–4 BGB fehlt die Autorisierung auch, wenn diese wirksam widerrufen wurde. Dies scheidet bei dem Einsatz der Debitkarte am POS bzw. am Geldausgabeautomaten regelmäßig aus, da die Autorisierung mit Übermittlung der PIN zugegangen und damit nicht widerruflich ist. Die Frage der Vertretung stellt sich nicht, da der Karteninhaber die Debitkarte keinem Dritten überlassen darf.[3] In der Folge besteht kein Aufwendungsersatzanspruch und auch kein Anspruch auf einen Vorschuss (§ 669 BGB).[4]

III. Erstattungsanspruch des Karteninhabers (S. 2)

5 Nach S. 2 ist das kartenausgebende Institut in Umsetzung von Art. 73 Abs. 1 PSD II verpflichtet, dem Karteninhaber den **Zahlungsbetrag** aus dem nicht autorisierten Zahlungsvorgang, der dem Konto des Karteninhabers belastet wurde, bzw. den das Institut auf

[1] Wie hier ua Ellenberger/Findeisen/Nobbe/*Nobbe* § 675u BGB Rn. 4.

[2] AllgM., RegE BT-Drs. 16/11643, 113; BeckOK BGB/*Schmalenbach* Rn. 2; Schwintowski/*Schwintowski* BankR Kap. 9 Rn. 289.

[3] Vgl. → Kap. 7 § 675l Rn. 4.

[4] MüKoBGB/*Zetzsche* § 675u Rn. 17; **aA** Palandt/*Sprau* § 675u Rn. 3.

sonstige Weise (Barzahlung; Aufrechnung) erhalten hat, **dem Karteninhaber zu erstatten.** Dieser ist im Grundsatz auf eine **valutagerechte Stornobuchung** gerichtet (S. 2 Hs. 2).

Nach allgemeinen Grundsätzen trägt der Karteninhaber die **Darlegungs- und Beweislast** für das Vorliegen der Autorisierung. Allerdings fehlt dem Karteninhaber die Möglichkeit, Umstände aus dem Verantwortungsbereich des kartenausgebenden Instituts zu beweisen, sodass eine sekundäre Darlegung- und Beweislast sachgerecht ist.[5] Sofern die Autorisierung durch ein Zahlungsinstrument erfolgte (zB Debitkarte), konkretisiert § 675w S. 3 BGB als Beweislastregel die Beweisanforderungen. 6

Rechtsfolge ist nach S. 2 Hs. 1 ein Erstattungsanspruch. Auch wenn die Erstattung die Auszahlung und Stornobuchung umfasst, hat der Karteninhaber bei der Debitkarte regelmäßig ein Zahlungskonto beim kartenausgebenden Institut, sodass eine **Stornobuchung als Erstattung** angemessen ist. Anspruchsverpflichtet ist der kontoführende Zahlungsdienstleister, dh in der Regel das kartenausgebende Institut bei der Debitkarte. Auf diesem Weg soll Rechtssicherheit hinsichtlich des Anspruchsgegners für den Karteninhaber angesichts dessen Unsicherheit hinsichtlich der Beteiligten bei dem Zahlungsvorgang erreicht werden.[6] 7

Sofern der Zahlungsbetrag des nicht autorisierten Zahlungsvorgangs dem Konto des Karteninhabers belastet wurde, ist das kartenausgebende Institut nach S. 2 Hs. 2 zur **unverzüglichen Stornobuchung** verpflichtet.[7] Der belastete Zahlungsbetrag ist mithin gutzuschreiben. **Unverzüglich** bestimmt sich nach § 121 Abs. 1 S. 1 BGB die in S. 3 enthaltene Höchstfrist ist einzuhalten. Vom Anspruch auf Stornobuchung ist die **Pflicht zur Korrektur der Valuta** umfasst. Die Stornobuchung muss zinsneutral sein, dh mit derselben Valuta erfolgen wie die Belastungsbuchung.[8] Sofern der Zahlungsdiensterahmenvertrag bereits beendet ist, richtet sich der Anspruch auf Barauszahlung oder Veranlassung einer entsprechenden Gutschrift auf einem neuen Konto, gegebenenfalls bei einem anderen Dienstleister. 8

Der Erstattungsanspruch des Karteninhabers ist nach § 676b Abs. 2 S. 1 **ausgeschlossen,** wenn er nicht binnen einer **Frist von 13 Monaten nach der Belastungsbuchung** das kartenausgebende Institut darüber informiert, dass der Belastungsbuchung ein nicht autorisierter Zahlungsvorgang zugrunde liegt. Allerdings beginnt die Frist nur zu laufen, wenn der Zahlungsdienstleister den Zahlungsdienstnutzer über die den Zahlungsvorgang betreffenden Informationen nach Art. 248 §§ 7, 10 oder 14 EGBGB unterrichtet hat (§ 676b Abs. 2 S. 2 BGB). Nach § 676c Nr. 1 BGB ist der Anspruch ausgeschlossen, wenn jene Umstände, die den Anspruch begründen, auf einem **ungewöhnlichen, unvorhersehbaren Ereignis** beruhen. Auf dieses darf die kartenausgebende Bank keinen Einfluss haben, obwohl sie die objektiv gebotenen Sorgfalt angewendet hat. Schließlich scheidet der Erstattungsanspruch nach § 676c Nr. 2 BGB aus, wenn die kartenausgebende Bank den Zahlungsvorgang ohne Autorisierung aufgrund einer gesetzlichen Verpflichtung durchgeführt hat. 9

Der Anspruch nach S. 2 ist **abschließend,** sodass der Karteninhaber nicht noch einen bereicherungsrechtlichen Anspruch gegen das kartenausgeben Institut hat.[9] Hingegen sind 10

[5] OLG Dresden Beck RS 2018, 14727 Rn. 33; Ellenberger/Findeisen/Nobbe/*Nobbe* Rn. 31; BeckOGK/*Zimmermann* § 675u Rn. 24; **aA** Palandt/*Sprau* § 675u Rn. 8 (Beweislast für Authorisierung liegt beim Zahlungsdienstleister); s. aber OLG Frankfurt BKR 2017, 526 (527) zur Beweislast hinsichtlich der Echtheit einer Unterschrift.

[6] RegE BT-Drs. 18/11495, 164.

[7] Nr. 8 Abs. 1 AGB-Banken erfasst diese Konstellation nicht, sondern bezieht sich nur auf rechtsgrundlose Gutschriften.

[8] Vgl. nur Ellenberger/Findeisen/Nobbe/*Nobbe* § 675u BGB Rn. 43; BeckOK BGB/*Schmalenbach* § 675u Rn. 3.

[9] RegE BT-Drs. 16/11643, 113; s.a. LG Berlin WM 2015, 376, (377), zu Fehlüberweisungen; Ellenberger/Findeisen/Nobbe/*Nobbe* Rn. 5.

weitergehende Schadenersatzansprüche, die aus einer pflichtwidrigen Ausführung des nicht autorisierten Zahlungsvorgangs resultieren können, nicht ausgeschlossen.

IV. Frist zur Erfüllung (S. 3, 4)

11 Nach S. 3 hat die Erstattung **unverzüglich** zu erfolgen (vgl. Art. 73 Abs. 1, 2 UAbs. 1 PSD II); zudem beträgt die **Höchstfrist** für die Erstattung zwei Bankgeschäftstage nach der Anzeige oder anderweitigen Kenntniserlangung des nicht autorisierten Zahlungsvorgangs. Entscheidend ist dabei der Erstattungserfolg.

12 Nach S. 4 kann die kontoführende Bank bei **berechtigten Gründen für den Verdacht,** dass im Hinblick auf die Autorisierung durch den Karteninhaber ein **betrügerisches Verhalten** vorliegt, diesen Verdacht der zuständigen Behörde anzeigen, um die Höchstfrist des S. 3 zu ersetzen. Maßgeblich ist dann die unverzügliche Prüfung und Erstattung nach Beseitigung des Verdachts durch den Zahlungsdienstleister. Erfasst werden Konstellationen, in denen der Karteninhaber die Autorisierung der Kartennutzung bestreitet, indes die Zahlung allerdings selbst oder durch einen Dritten hat auslösen lassen. Erforderlich sind **berechtigte Gründe für einen entsprechenden Verdacht.** Diese setzen keinen Anfangsverdacht im Sinne von § 152 Abs. 2 StPO voraus, sind im Falle eines solchen aber jedenfalls gegeben. Ausreichend sind auch konkrete Anhaltspunkte, die bei objektiver Würdigung eine entsprechenden Verdacht rechtfertigen. Das **betrügerische Verhalten** umfasst sowohl den Betrug (§ 263 StGB) als auch andere Vermögensdelikte zum Nachteil der kartenausgebenden Bank. Hinsichtlich der Beteiligung kann sich der Verdacht auf eine Täterschaft oder aber auch auf eine Teilnahme des Karteninhabers beziehen; auch der Versuch reicht aus. Ausreichend ist, dass die Anzeige der kartenausgebenden Bank innerhalb der Höchstfrist an die **zuständige Behörde** abgesandt wurde.

V. Beteiligung eines Zahlungsauslösedienstleisters (S. 5)

13 S. 5 bestimmt, dass die **Pflichten nach den S. 2–4** auch dann den **kontoführenden Zahlungsdienstleister** treffen, wenn ein Zahlungsauslösedienstleister eingeschaltet war. Auch in diesem Fall schuldet der kontoführende Zahlungsdienstleister die **Erstattung bzw. Gutschrift des Zahlungsbetrags.** Auch die übrigen Regelungsinhalte der S. 2–4 werden in Bezug genommen. Damit kann der Zahler diese Anspruchsinhalte gegen den kontoführenden Zahlungsdienstleister geltend machen unabhängig davon, ob der nicht autorisierte Zahlungsvorgang durch eine Handlung im Bereich der Verantwortung des Zahlungsdienstleisters oder des Zahlungsauslösedienstleisters ausgelöst wurde. Grund ist, dass der Zahler regelmäßig nicht erkennen kann, ob die Auslösung der nicht autorisierten Zahlung vom kontoführende Zahlungsdienstleister oder vom Zahlungsauslösedienstleister zu verantworten ist.[10]

14 Folge ist, dass der kontoführende Zahlungsdienstleister ggf. vom Zahler in Anspruch genommen wird, obwohl der Zahlungsauslösedienstleister die nicht autorisierte Zahlung zu verantworten hat. Er haftet mithin gegenüber dem Zahler für das Fehlverhalten eines Dritten und übernimmt somit das **Insolvenzrisiko/Risiko der Nichtleistung des Zahlungsauslösedienstleisters.** Dies ist unabhängig davon, ob zwischen dem kontoführenden Dienstleister und den Zahlungsauslösedienstleister ein Vertrag zustande gekommen ist, da die Norm hieran nicht anknüpft und der kontoführende Zahlungsdienstleister nach § 675f Abs. 3 S. 2 BGB den Zugriff des Zahlungsauslösedienstleisters auf das Konto des Zahlers auch nicht vom Abschluss eines Vertrags mit ihm abhängig machen darf. Ihm bleibt der **Regressanspruch nach § 676a Abs. 1 BGB.** Ansprüche auf Erstattung bzw. Korrektur stehen dem Zahler nicht gegen den Zahlungsauslösedienstleister zu. Gleiches gilt für einen

[10] RegE BT-Drs. 18/11495, 164; s. a. Erwägungsgrund Nr. 73 PSD II.

hierauf gerichteten Schadensersatzanspruch, allerdings können weitergehende Schäden vom Zahler geltend gemacht werden.[11]

Der **fehlende Verweis auf S. 1 in S. 5** ist unschädlich. Denn die Anordnung des S. 1, wonach der kontoführende Zahlungsdienstleister bei einer nicht autorisierten Zahlung keinen Anspruch auf Erstattung seiner Aufwendungen hat, hat auch bei einer (nicht autorisierten) Auslösung über einen Zahlungsauslösedienstleister bestand. Auch in diesem Fall liegt eine nicht autorisierte Zahlung vor und scheidet der Aufwendungsersatzanspruch des kontoführenden Zahlungsdienstleisters gemäß S. 1 aus. 15

§ 675v Haftung des Zahlers bei missbräuchlicher Nutzung eines Zahlungsinstruments

(1) [1]**Beruhen nicht autorisierte Zahlungsvorgänge auf der Nutzung eines verlorengegangenen, gestohlenen oder sonst abhanden gekommenen Zahlungsinstruments oder auf der sonstigen missbräuchlichen Verwendung eines Zahlungsinstruments, so kann der Zahlungsdienstleister des Zahlers von diesem den Ersatz des hierdurch entstandenen Schadens bis zu einem Betrag von 50 Euro verlangen.**

(2) **Der Zahler haftet nicht nach Absatz 1, wenn**

1. **es ihm nicht möglich gewesen ist, den Verlust, den Diebstahl, das Abhandenkommen oder eine sonstige missbräuchliche Verwendung des Zahlungsinstruments vor dem nicht autorisierten Zahlungsvorgang zu bemerken, oder**
2. **der Verlust des Zahlungsinstruments durch einen Angestellten, einen Agenten, eine Zweigniederlassung eines Zahlungsdienstleisters oder eine sonstige Stelle, an die Tätigkeiten des Zahlungsdienstleisters ausgelagert wurden, verursacht worden ist.**

(3) **Abweichend von den Absätzen 1 und 2 ist der Zahler seinem Zahlungsdienstleister zum Ersatz des gesamten Schadens verpflichtet, der infolge eines nicht autorisierten Zahlungsvorgangs entstanden ist, wenn der Zahler**

1. **in betrügerischer Absicht gehandelt hat oder**
2. **den Schaden herbeigeführt hat durch vorsätzliche oder grob fahrlässige Verletzung**
   a) **einer oder mehrerer Pflichten gemäß § 675l Absatz 1 oder**
   b) **einer oder mehrerer vereinbarter Bedingungen für die Ausgabe und Nutzung des Zahlungsinstruments.**

(4) [1]**Abweichend von den Absätzen 1 und 3 ist der Zahler seinem Zahlungsdienstleister nicht zum Schadensersatz verpflichtet, wenn**

1. **der Zahlungsdienstleister des Zahlers eine starke Kundenauthentifizierung im Sinne des § 1 Absatz 24 des Zahlungsdiensteaufsichtsgesetzes nicht verlangt oder**
2. **der Zahlungsempfänger oder sein Zahlungsdienstleister eine starke Kundenauthentifizierung im Sinne des § 1 Absatz 24 des Zahlungsdiensteaufsichtsgesetzes nicht akzeptiert.**

[2]**Satz 1 gilt nicht, wenn der Zahler in betrügerischer Absicht gehandelt hat.** [3]**Im Fall von Satz 1 Nummer 2 ist derjenige, der eine starke Kundenauthentifizierung nicht akzeptiert, verpflichtet, dem Zahlungsdienstleister des Zahlers den daraus entstehenden Schaden zu ersetzen.**

(5) [1]**Abweichend von den Absätzen 1 und 2 ist der Zahler nicht zum Ersatz von Schäden verpflichtet, die aus der Nutzung eines nach der Anzeige gemäß § 675l Absatz 1 S. 2 verwendeten Zahlungsinstruments entstanden sind.** [2]**Der Zahler ist auch nicht zum Ersatz von Schäden im Sinne des Absatzes 1 verpflichtet, wenn der Zahlungsdienstleister seiner Pflicht gemäß § 675m Abs. 1 Nr. 3 nicht nachgekommen ist.** [3]**Die Sätze 1 und 2 sind nicht anzuwenden, wenn der Zahler in betrügerischer Absicht gehandelt hat.**

[11] RegE BT-Drs. 18/11495, 164.

Übersicht

I. Inhalt und Zweck

1 Die Regelung des § 675v BGB setzt Art. 74 PSD II um und verteilt das Risiko bei nicht autorisierten Zahlungsvorgängen aufgrund einer missbräuchlichen Nutzung auch der De-

bitkarte.[1] Sie wurde mit Wirkung ab 13.1.2018 grundlegend neu gefasst.[2] Die Regelung ist der Kern der **Risikoverteilung bei einer missbräuchlichen Verwendung** der Debitkarte. Bei einem nicht autorisierten Zahlungsvorgang hat die Bank keinen Aufwendungsersatzanspruch gegen den Karteninhaber (§ 675u S. 1 BGB). Der wirtschaftliche Nachteil (Schaden) der missbräuchlichen Auslösung eines Zahlungsvorgangs mittels missbräuchlichen Nutzung der Karte fällt mithin bei der emittierenden Bank an. Diese hat aber unter den Voraussetzungen des § 675v BGB ggf. einen Schadensersatzanspruch gegen den Karteninhaber.

Die Norm regelt nur das Rechtsverhältnis zwischen dem kartenausgebenden Kreditinstitut und dem Karteninhaber **(Deckungsverhältnis);** sie erfasst **sachlich** auch die Debitkarte sowie die PIN als Zahlungsinstrument.[3] **Zeitlich** ist § 675v BGB ab dem Eintritt der Debitkarte bzw. der PIN (personalisiertes Sicherheitsmerkmal; PIN-Brief) in den Machtbereich des Karteninhabers anwendbar. Zuvor trägt die kartenausgebende Bank das Risiko einer missbräuchlichen Nutzung der Karte (§ 675m Abs. 2 BGB), zB bei einem Verlust auf dem Postweg. Sofern der Karteninhaber um den (zB per E-Mail oder SMS angezeigten) Versand der Karte bzw. des PIN-Briefs weiß, diese allerdings nicht während der üblichen Postlaufzeiten eintreffen, ist er nach § 241 Abs. 2 BGB verpflichtet, sich nach dem Verbleib von Karte oder PIN zu erkundigen.[4] Eine Verletzung dieser Pflicht kann zu Haftung nach §§ 280 ff. BGB führen. Nach Art. 248 § 4 Abs. 1 Nr. 5 lit. c EGBGB ist der Karteninhaber über die Haftung einschließlich der Nennung des Höchstbetrags **zu informieren.** 2

Zugunsten des Karteninhabers, Verbraucher oder Unternehmer, sind im Rahmen der allgemeinen Grenzen abweichende Vereinbarungen zulässig. Eine **Abweichung zulasten von Unternehmern** ist nur im Rahmen von § 675e Abs. 4 BGB sowie bei **Verbrauchern** in Bezug auf Drittstaatenbeziehungen (§ 675e Abs. 2 S. 2 BGB i. V. m. § 675d Abs. 1 S. 2 BGB) zulässig. Im Übrigen ist die Norm zwingend. Eine Abbedingung der Beschränkungen durch § 675v BGB ist nach § 675e Abs. 4 BGB bei Verträgen mit Unternehmern möglich. Dies ist breitflächig geschehen.[5] Auf diese Weise können die Haftungsgrenzen erhöht sowie eine in der Summe nicht begrenzte Haftung bei einer einfachen Fahrlässigkeit des Karteninhabers vereinbart werden.[6] Freilich gelten die allgemeinen Grenzen der Privatautonomie bei entsprechenden Klauseln. 3

Bei **Zahlungsvorgängen mit Bezug zu Drittstaaten bzw. Währungen von Drittstaaten** kann nach dem Wortlaut von § 675e Abs. 2 Nr. 2 BGB, § 675d Abs. 6 S. 1 Nr. 1 und 2 BGB umfassend von der Regelung in § 675v BGB abgewichen werden. In der Folge kann (auch klauselmäßig) insbesondere eine summenmäßig nicht begrenzte Haftung bereits bei leichter Fahrlässigkeit des Karteninhabers im Hinblick auf die Verletzung seiner Sorgfaltspflichten vereinbart werden.[7] § 307 Abs. 2 Nr. 1 BGB steht entsprechenden Abreden richtigerweise nicht entgegen.[8] Zum einen eröffnet § 675e Abs. 2 Nr. 2 BGB ausdrücklich die Möglichkeit gerade auch zum Nachteil des Karteninhabers in diesen Konstellationen von § 675v BGB abzuweichen, sodass die gesetzliche Regelung konterkariert wird, wenn entsprechende Abweichungen sodann – sofern klauselmäßig – umfassend unter Verweis auf das Leitbild des Zahlungsdiensterechts im Allgemeinen und § 675v BGB im Besonderen verworfen werden. Vielmehr spricht eine angemessene Risikoverteilung dafür, gerade im Ausland den Karteninhaber zu besonderer Sorgfalt im Umgang mit der Debitkarte anzuhal- 4

[1] Ausf. zu den Voraussetzungen der Norm → Kap. 7 § 675v Rn. 7 ff.
[2] Gesetz v. 17.7.2017, BGBl. I 2017, 2446.
[3] Ausf. zu diesen Konto → Kap. 3 § 675j Rn. 9.
[4] IE wohl auch Ellenberger/Findeisen/Nobbe/*Nobbe* § 675v BGB Rn. 29; BankR-HdB/*Maihold* § 54 Rn. 56; Palandt/*Sprau* § 675m Rn. 4.
[5] Vgl. A. II.14.1 Abs. 3 SB girocard.
[6] *Einsele* ZIP 2011, 1741 (1750).
[7] Vgl. A. II.14.1. Abs. 3 SB girocard.
[8] Ellenberger/Findeisen/Nobbe/*Nobbe* § 675v BGB Rn. 11; **aA** *Scheibengruber* BKR 2010, 15 (19); offen BankR-HdB/*Maihold* § 54 Rn. 64.

ten, da dort das Missbrauchsrisiko bei einem Abhandenkommen besonders groß ist und die kartenausgebende Bank dieses Risiko schlechter steuern kann als im Euroraum. Hinzutritt, dass beim Einsatz von Debitkarten in entsprechenden Drittstaaten nicht immer identische Sicherheitsstandards eingehalten werden, weshalb die Einhaltung der geschuldeten Sorgfalt in besonderem Maße erforderlich ist.

II. Die beschränkte, verschuldensunabhängige Haftung des Karteninhabers (Abs. 1)

5 Nach Abs. 1 hat die emittierende Bank gegen den Karteninhaber einen **verschuldensunabhängigen Schadensersatzanspruch i. H. v. max. 50 €,** sofern die Debitkarte bzw. die PIN verlorengegangen, gestohlen oder sonst abhandengekommen ist oder anders missbräuchlich verwendet wurde. Auf diese Weise ist der Karteninhaber – unabhängig von seinem Verschulden – an dem aus der missbräuchlichen Verwendung der Debitkarte resultierenden Schaden in letztlich sehr begrenztem Umfang beteiligt. Unter den Voraussetzungen des Abs. 2 entfällt sogar auch diese begrenzte Haftung. Mit Wirkung ab 13.1.2018 (→ Rn. 1) wurde auch die „sonstige missbräuchliche Verwendung eines Zahlungsinstruments" eingefügt. In der Folge hat sich die frühere Problematik erledigt, ob bei einem Abhandenkommen (nur) der Mitteilung der PIN die Haftung aus Abs. 1 S. 1 a. F. ausgelöst wird und welche Haftung stattdessen ggf. vereinbart werden kann.[9]

6 Der **Haftungstatbestand nach Abs. 1** setzt demnach ein Zahlungsinstrument voraus (→ Rn. 7). Dieses muss missbräuchlich verwendet worden sein (→ Rn. 8 ff.). Darüber hinaus muss der Schaden auf einem nicht autorisierten Zahlungsvorgang beruhen (→ Rn. 12 ff.), der wiederum auf das abhandengekommene Zahlungsinstrument zurückzuführen ist (→ Rn. 13). Schließlich darf die Haftung nicht nach den Abs. 2, 4 oder 5 ausgeschlossen sein (→ Rn. 15 ff.). Ein Verschulden des Karteninhabers hinsichtlich der Ermöglichung des Abhandenkommens oder der missbräuchlichen Verwendung in Bezug auf seinen Umgang mit der Debitkarte oder der PIN ist nicht erforderlich.

1. Der Haftungstatbestand (Abs. 1)

7 **a) Debitkarte als Zahlungsinstrument.** Die von der Norm genannten Zahlungsinstrumente sind in § 1 Abs. 20 ZAG legal definiert; paradigmatisch sind **Debitkarten** beim Einsatz mit PIN.[10]

8 **b) Missbräuchliche Verwendung der Debitkarte.** Nach Abs. 1 muss der nicht autorisierte Zahlungsvorgang entweder auf der Nutzung eines Zahlungsinstruments beruhen, dass „verloren gegangen, gestohlen oder sonst abhandengekommen" ist oder auf einer „sonstigen missbräuchlichen Verwendung" des Zahlungsinstruments. **Verlorenen gegangen (Abs. 1 Alt. 1)** ist die der Debitkarte, wenn der Karteninhaber keine tatsächliche Sachherrschaft mehr über diese hat, ohne dass ein Dritter den Besitzerwechsel ohne oder gegen den Willen des Karteninhabers herbeigeführt hat. Die Karte muss nach dem Verlieren hingegen nicht besitzlos sein, da sie an einem Ort verloren werden kann, an dem ein genereller Besitzwillen eines Dritten besteht (zB in einem Geschäft).

9 Der **Diebstahl (Abs. 1 Alt. 2)** einer Debitkarte ist die Herbeiführung eines Besitzwechsels durch einen Dritten gegen oder ohne den Willen des Karteninhabers.[11] Hingegen müssen nicht alle Tatbestandsvoraussetzungen des § 242 StGB erfüllt sein.[12] Die Besitzergreifung an einer vom Karteninhaber nur verlegten Debitkarte wird ebenfalls vom Tat-

---

[9] Vgl. dazu noch *Oechsler* WM 2010, 1381 (1382); Ellenberger/Findeisen/Nobbe/*Nobbe* § 675v BGB Rn. 19; BankR-HdB/*Maihold* § 54 Rn. 58.

[10] Zu deren Funktionsweise → Kap. 7 § 675f Rn. 32 ff.

[11] Vgl. OLG Düsseldorf NJW 2012, 3381 (3382); OLG Dresden ZIP 2014, 766.

[12] **AA** Ellenberger/Findeisen/Nobbe/*Nobbe* § 675v BGB Rn. 24.

bestandsmerkmal des Diebstahls erfasst, da beim bloßen Verlegen noch keine Besitz- und Gewahrsamsaufgabe die Folge ist. Ausreichend ist, wenn Debitkarte selbst verloren oder gestohlen wird, die PIN muss nicht auch betroffen sein.

Das **sonstige Abhandenkommen (Abs. 1 Alt. 3)** ist ein Auffangtatbestand und soll Konstellationen erfassen, die nicht schon vom Verlust oder Diebstahl umfasst werden.[13] Auch die Unterschlagung der Debitkarte durch den unmittelbar besitzenden Dritten ist eine sonstiges Abhandenkommen.[14] Das Abhandenkommen in Abs. 3 Alt. 3 ist richtigerweise weit auszulegen. Umfasst wird auch die Übergabe der Debitkarte aufgrund einer Täuschung oder eines Irrtums des Karteninhabers an einen Dritten.[15] Eine Beschränkung auf den unfreiwilligen Verlust des unmittelbaren Besitzes in Übereinstimmung mit § 935 Abs. 1 S. 2 ist abzulehnen.[16] Dies folgt schon aus der grundlegend abweichenden Zweckrichtung des § 675v Abs. 1 BGB. Anders als § 935 BGB, der die Grenzen des gutgläubigen Erwerbs des Eigentums steuert, regelt § 675v Abs. 1 Konstellationen, in denen eine (in der Höhe sehr begrenzte) verschuldensunabhängige Haftung des Karteninhabers gerechtfertigt ist. Durch diese Haftung soll der Karteninhaber zudem mittelbar auch zu besonderer Sorgfalt beim Umgang mit der Debitkarte sowie zur rechtzeitigen Anzeige eines etwaigen Abhandenkommens veranlasst werden. Die Überlassung der Debitkarte an einen Dritten ist vor dem Hintergrund des Missbrauchsrisikos grundsätzlich kritisch zu sehen, so dass ein – im Vergleich mit § 935 BGB – weites Verständnis überaus sachgerecht ist. Erfasst werden somit auch Konstellationen des Raubes sowie der räuberischen Erpressung sowie solche, in denen der Karteninhaber aufgrund einer Täuschung oder eines Irrtums über den Gegenüber oder den Grund die Karte aus der Hand gibt. Auch in diesen Konstellationen ist geboten, den Karteninhaber zu besonderer Sorgfalt anzuhalten und zudem unverzüglich nach Erkennen des Irrtums oder der Täuschung das Abhandenkommen der Karte anzuzeigen. Die Belastung des Karteninhabers mit der verschuldensunabhängigen Haftung ist aufgrund der weitreichenden Begrenzung auf 50 € gering. Mit dem hier vertretenen Verständnis erreicht die Norm aber immerhin eine wertungsgerechte Verhaltenssteuerung. Problematischen Konstellationen kann mit einer teleologischen Auslegung begegnet werden. Dies betrifft u. a. die Übergabe der Karte durch einen Geschäftsunfähigen gegenüber dem der genannte Zweck nicht greift. 10

Die **sonstige missbräuchliche Verwendung** (Abs. 1 Alt. 4) der Debitkarte ist jede Verwendung der Debitkarte durch einen Dritten gegen oder ohne den Willen des Karteninhabers, die nicht bereits durch die anderen Alternativen erfasst wird. Die Alternative soll nach historischer Auslegung jedenfalls zwei Konstellationen erfassen. Zum einen sollen nicht verkörperte Zahlungsinstrumente erfasst werden, zum anderen die missbräuchliche Verwendung verkörperter Zahlungsinstrumente einschließlich der Debitkarte, die nicht abhandengekommen sind.[17] Dies betrifft insbesondere die Verwendung der Daten der Debitkarte, ohne dass diese selbst abhandengekommen ist und das Erstellen einer Kartenkopie verbunden mit der Nutzung der PIN (Verwendung einer Kartendoublette mit nicht sicher verwahrter PIN).[18] Die Kritik hieran[19] stützte sich va auf den Wortlaut der früheren Gesetzesfassung und hat sich mit der Neufassung nicht zuletzt angesichts des hinreichend 11

---

[13] Zur Einfügung auf Initiative des Rechtsausschusses vgl. Bericht Rechtsausschuss BT-Drs 16/13669, 124.

[14] Wohl **aA** Ellenberger/Findeisen/Nobbe/*Nobbe* § 675v BGB Rn. 23.

[15] **AA** Ellenberger/Findeisen/Nobbe/*Nobbe* § 675v BGB Rn. 24; für die Erfassung der räuberischen Erpressung auch BankR-HdB/*Maihold* § 54 Rn. 60.

[16] Ellenberger/Findeisen/Nobbe/*Nobbe* § 675v BGB Rn. 23; unklar MüKoBGB/*Zetzsche* § 675v Rn. 20f. (einerseits Parallele zu § 935 Abs. 1 S. 2, andererseits weite Auslegung); **aA** BeckOK BGB/*Schmalenbach* § 675v Rn. 3; Palandt/*Sprau* § 675v Rn. 3, der die von Var. 3 nicht erfolgten Fälle unter Var. 4 subsumiert,

[17] Begr. RegE BT-Drs. 16/11643, 113.

[18] Wie hier zutreffend bereits zur früheren Fassung der Norm *Scheibengruber* BKR 2010, 15 (16); BankR-HdB/*Maihold* § 54 Rn. 65; Ellenberger/Findeisen/Nobbe/*Nobbe* § 675v BGB Rn. 47.

[19] *Hofmann* BKR 2014, 105 (109f.).

deutlichen Willens des Normgebers nunmehr überholt. Auch teleologisch ist kein sachlichrechtfertigender Grund ersichtlich, diese Konstellationen von der Haftung des Karteninhabers auszunehmen.

12 **c) Beruhen eines nicht autorisierten Zahlungsvorgangs.** Der *nicht autorisierte Zahlungsvorgang muss auf dem Abhandenkommen bzw. der missbräuchlichen Verwendung beruhen.* Erforderlich ist zunächst ein **nicht autorisierter Zahlungsvorgang** mittels der Debitkarte, dh ein Zahlungsvorgang, bei dem der Karteninhaber keine Zustimmung zu dem Zahlungsvorgang iSd § 675j Abs. 1 S. 1, 2 BGB erteilt hat. Dies umfasst das Abheben von Bargeld am institutseigenen/-fremden Geldausgabeautomaten wie auch das Nutzen der Debitkarte im POS-System mit PIN ohne Zustimmung des Karteninhabers.

13 Nach dem Wortlaut des Abs. 1 muss der nicht autorisierte Zahlungsvorgang auf der Nutzung des abhandengekommenen Zahlungsinstruments oder seiner sonstigen missbräuchlichen Verwendung **„beruhen"**. Die somit erforderliche **Kausalität** zwischen dem Abhandenkommen der Debitkarte bzw. ihrer missbräuchlichen Verwendung einerseits und dem nicht autorisierten Zahlungsvorgang andererseits ist nach allgemeinen Grundsätzen zu prüfen. Mithin muss die Debitkarte genutzt oder verwendet worden sein, um den nicht autorisierten Zahlungsvorgang auszulösen. Paradigmatisch ist das Abheben von Bargeld mit der Debitkarte am institutseigenen oder institutsfremden Geldausgabeautomaten.[20] Auch der Einsatz der Debitkarte am POS-Terminal unterfällt diesem. Jeweils kommt dabei die PIN als personalisierte Sicherheitsmerkmale zum Einsatz, ohne dass dieses vom Wortlaut gefordert wird. Umfasst ist auch der Einsatz der Debitkarte bei einer Barauszahlung am Bankschalter. Insofern liegt ein (nicht autorisierter) Zahlungsvorgang vor. Die Unterschrift ist richtigerweise ein personalisiertes Sicherheitsmerkmal, allerdings ist diese Qualifikation für Abs. 1 nicht mehr erforderlich. Schließlich ist auch der Einsatz der Debitkarte im SEPA-Lastschriftverkehr umfasst, da nach dem Wortlaut die Nutzung des Zahlungsinstruments ausreicht.

14 Hinsichtlich der Kausalität zwischen Abhandenkommen bzw. missbräuchlicher Verwendung einerseits und der nicht autorisierten Zahlung andererseits („beruhen") ist richtigerweise ein **Anscheinsbeweis**[21] zu bejahen.[22] Denn sofern nach dem Abhandenkommen einer Debitkarte bzw. ihrer missbräuchlichen Verwendung ein nicht autorisierter Zahlungsvorgang vorliegt, handelt es sich um einen typischen Geschehensablauf. Nach der Lebenserfahrung ist in entsprechenden Konstellationen die nicht autorisierte Zahlung auf das Abhandenkommen bzw. die missbräuchliche Verwendung der Debitkarte zurückzuführen. Der konkrete Nachweis, dass auch im konkreten Einzelfall zu diesem Ablauf gekommen ist, braucht mithin dann nicht geführt zu werden, wenn keine konkreten Anhaltspunkte für einen abweichenden, atypischen Verlauf vorliegen.

15 **d) Kein Haftungsausschluss.** Die Haftung nach Abs. 1 scheidet aus, wenn ein Haftungsausschluss gemäß Abs. 2 (→ Rn. 19 ff.), Abs. 4 (→ Rn. 46 ff.) oder Abs. 5 (→ Rn. 62 ff.) eingreift.

16 **e) Anspruch auf Schadensersatz als Rechtsfolge.** Als Rechtsfolge hat die kartenausgebende Bank gegen den Karteninhaber einen Anspruch auf Ersatz des durch die nicht autorisierte Zahlung kausalen Schadens gemäß §§ 249 ff. BGB. Vorrangig ist daher eine **Schadensberechnung nach allgemeinen Grundsätzen (§§ 249 ff. BGB)** durchzuführen. Erforderlich ist ein kausaler Schaden, der nach diesen Regeln ersatzfähig ist. Die Regeln des **Mitverschuldens nach § 254 BGB** sind anwendbar. Als ersatzfähiger Schadensposten der kartenausgebenden Bank kommt zB der Abfluss der Valuta an das Vertragsunternehmen beim POS in Betracht.

[20] Ellenberger/Findeisen/Nobbe/*Nobbe* § 675v BGB Rn. 26.
[21] BGH NJW-RR 2014, 1115 Rn. 9; NJW 2013, 2901 Rn. 27.
[22] Weitergehend *Oechsler* WM 2010, 1381 (1383): unwiderlegliche Vermutung; MüKoBGB/*Zetzsche* § 675v Rn. 25 (widerlegliche Vermutung).

Der Schaden ist auf einen **„Betrag von 50 €" begrenzt.** Nach Wortlaut („Zahlungsvorgänge"; hierdurch entstandenen „Schadens") und Systematik des Abs. 1 (Bezug der Höchstgrenze auf den Schaden und nicht die jeweilige Pflichtverletzung) gilt diese Begrenzung auf 50,– EUR auch bei einem mehrmaligen Einsatz der abhandengekommenen Debitkarte, zB der mehrmaligen Nutzung der Karte im POS-System durch einen nicht berechtigten Dritten oder einem mehrmaligen Bargeldbezug am Geldausgabeautomaten.[23] Führt mit anderen Worten die mehrmalige missbräuchliche Verwendung der Debitkarte zu einem Schaden von 5x100,- Euro, dann haftet der Karteninhaber verschuldensunabhängig nach Abs. 1 insgesamt nur in Höhe von 50,- Euro. **17**

Etwas anderes gilt bei **Unternehmer-Kunden,** wenn die Zahlungskarten-Bedingungen, wie in der Regel, von der Dispositionsmöglichkeit nach § 675e Abs. 4 BGB Gebrauch machen und dem Unternehmer-Kunden die Haftung für den gesamten Schaden bereits bei einer fahrlässigen Verletzung seiner Sorgfalts- und Mitwirkungspflichten beim Umgang mit der Karte bzw. der PIN auferlegen.[24] Eine unangemessene Benachteiligung ist hiermit nicht verbunden.[25] Zum einen eröffnet § 675e Abs. 4 BGB gerade die Möglichkeit abweichender Abreden mit Unternehmern, zum anderen wird mit einer solchen Abrede nur der allgemeine Grundsatz des allgemeinen Privatrechts, nach dem die aus einer schuldhaften Pflichtverletzung resultierenden Schäden zu ersetzen sind, wieder hergestellt. **18**

2. Der zugeordnete Haftungsausschluss (Abs. 2)

Der Ausschlusstatbestand nach Abs. 2 ersetzt das nach der alten Fassung zum Teil erforderliche Verschulden des Karteninhabers als Voraussetzung der Haftung (vgl. Abs. 1 S. 2 a. F.) durch einen Haftungsausschluss für den verschuldensunabhängigen Anspruch aus Abs. 1. Der Ausschlusstatbestand umfasst alle Ansprüche nach Abs. 1. **19**

a) Unmögliche Erkennbarkeit des Missbrauchs (Abs. 2 Nr. 1). Nach Nr. 1 haftet der Karteninhaber nicht, wenn es ihm „nicht möglich gewesen ist", das Abhandenkommen oder die missbräuchliche Verwendung der Debitkarte vor dem nicht autorisierten Zahlungsvorgang „zu bemerken". Maßgeblich ist insofern ein **subjektives Verständnis der Möglichkeit,** da die Regelung nach Wortlaut („ihm") und Zweck (Ausschluss der Haftung des konkreten Karteninhabers) auf den jeweiligen Karteninhaber abstellt.[26] Aus der Richtlinienvorgabe folgt nichts anderes, da Art. 74 Abs. 1 UAbs. 2 lit. a PSD II mit einem solchen subjektiven Verständnis harmoniert („nicht bemerkbar war"). Allerdings ist mit Blick auf die konkreten Umstände des jeweiligen Karteninhabers (subjektives Verständnis) hinsichtlich der Möglichkeit, die missbräuchliche Nutzung der Debitkarte zu bemerken, ein objektivierter Maßstab anzulegen (Rechtsgedanke des § 276 BGB). Mithin ist entscheidend, ob der konkrete Karteninhaber das Abhandenkommen bzw. den Missbrauch unter Anlegung eines objektivierten Maßstabs in der konkreten Situation bzw. unter den konkreten Umständen bemerken konnte und musste oder ob ihm dies nicht möglich war. **20**

Mit diesem Maßstab umfasst die Regelung ein **Verschuldenselement,** das am Maßstab des § 276 BGB zu konkretisieren ist. Der Karteninhaber muss im konkreten Umgang mit der Debitkarte die **objektiv erforderliche Sorgfalt** an den Tag legen, die besonnene und gewissenhafte Angehörige des jeweiligen Verkehrskreises (Debitkarte-Inhaber) zu beachten haben. Diese Pflicht des Karteninhabers entspringt dem Innenverhältnis zur Karten ausgebenden Bank (vgl. § 675l als Konkretisierung von § 241 Abs. 2 BGB).[27] Die Sorgfaltspflichten des Karteninhabers werden in den Zusatzabreden über die Debitkarten konkreti- **21**

[23] Ganz hLit vgl. *Casper/Pfeifle* WM 2009, 2343 (2347); Palandt/*Sprau* § 675v BGB Rn. 4; *Oechsler* WM 2010, 1381 (1383); Baumbach/Hopt/*Hopt* (7) BankGesch. C/60; BankR-HdB/*Maihold* § 54 Rn. 61; Ellenberger/Findeisen/Nobbe/*Nobbe* § 675v BGB Rn. 62.

[24] Vgl. A. II.12.1 Abs. 3 Bedingungen Sparkassencard; A. II.13.1 Abs. 3 Bedingungen Bank-Card.

[25] Wie hier *Einsele* ZIP 2011, 1741 (1750).

[26] Wie hier MüKoBGB/*Zetzsche* Rn. 33; **aA** *Hoffmann* VuR 2016, 243 (244).

[27] IE auch Palandt/*Sprau* § 675v Rn. 5; MüKoBGB/*Zetzsche* § 675v Rn. 34.

siert, wobei sich freilich die Konkretisierung im Rahmen der §§ 307 ff. BGB halten muss. Daher dürfen die Vorgaben den Karteninhaber nicht unangemessen benachteiligen und die Brauchbarkeit der Karte nicht unzumutbar beeinträchtigen. Die Konkretisierung durch AGB ist nicht abschließend.[28]

22 **b) Zurechenbarkeit des Verlusts zur kartenausgebenden Bank (Abs. 2 Nr. 2).** Nach Nr. 2 ist die Haftung des Zahlers gemäß Abs. 1 ausgeschlossen, wenn der **Verlust** der Debitkarte **durch Mitarbeiter der kartenausgebenden Bank oder ihr zuzurechnende Dritte** „verursacht worden ist". Die Norm ist lex specialis zu §§ 254, 278 BGB, denn der (zurechenbare) Verursachungsbeitrag des Geschädigten führt nicht zu einer verhältnismäßigen Kürzung seines Schadensersatzanspruchs qua Mitverschulden, sondern zum Ausschluss der Haftung. Die Zurechnung des Verhaltens eingeschalteter Dritter (Agenten, Zweigniederlassung, sonstige Auslagerungsstelle) entspricht im Ausgangspunkt der Wertung von § 278 BGB. Erforderlich ist für Nr. 2 ein **Verlust der Debitkarte.** Dieser Begriff ist – hier wenig systemkonform – als Oberbegriff für das Abhandenkommen der Debitkarte zu verstehen, da ein sachlich-rechtfertigender Grund für eine Unterscheidung zwischen diesem und dem sonstigen Abhandenkommen sowie einem ermöglichten Diebstahl nicht ersichtlich ist. Die missbräuchliche Verwendung ist vom Wortlaut nicht umfasst. Aufgrund der dahingehend deutlichen Unterscheidung sowohl in Abs. 1 als auch in Abs. 2 Nr. 1 ist insoweit ein Umkehrschluss zu diesen Regelungen geboten.

23 Die Verhaltenszurechnung umfasst als **Personenkreis** nach dem Wortlaut Angestellte, Agenten (§ 1 Abs. 9 ZAG), Zweigniederlassungen der kartenausgebenden Bank (§ 1 Abs. 5 ZAG) sowie sonstige Stellen, an welche die Bank Tätigkeiten ausgelagert hat (§ 26 ZAG). Der Bezug auf „Angestellte" ist nicht im arbeitsrechtlichen Verständnis auszulegen, sondern erfasst alle Personen, die auf Weisung oder im Interesse der Bank auf der Grundlage einer rechtsgeschäftlichen Abrede tätig werden. Dies können neben Arbeitsverträgen auch Dienstverträge oder Werkverträge sein. Vor dem Hintergrund des genannten Zwecks der Regelung ist eine Unterscheidung dahingehend nicht wertungsgerecht. Aufgrund der eigenständigen Regelung in Nr. 2 ist ein Rückgriff auf § 278 BGB weder erforderlich noch geboten. Etwaige Beschränkungen der Zurechnung nach § 278 BGB (zB die – umstrittene – Herausnahme von Schadenszufügung nur bei Gelegenheit der Verrichtung[29]) sind in Nr. 2 daher nicht zu übernehmen.

24 Dieser Verlust muss durch das der Bank zuzurechnende Verhalten **„verursacht"** worden sein. Entsprechend der Funktion der Regelung (Haftungsausschluss) und in Parallele zu den Grundsätzen des § 254 BGB ist erforderlich, dass ein adäquat kausaler und vom Schutzzweck der Nr. 2 umfasster Verursachungsbeitrag vorliegt.

3. Weitere Haftungsausschlüsse

25 Weitere Haftungsausschlüsse für die Haftung aus Abs. 1 finden sich bei einer **unzureichenden Kundenauthentifizierung (Abs. 4)** sowie nach einer Anzeige durch den Karteninhaber bzw. die **mangelnde Ermöglichung der Anzeige (Abs. 5).** Auch in **besonders gelagerten Konstellationen** unterhalb der Schwelle der höheren Gewalt kann die Haftung nach **§ 676c BGB** ausgeschlossen sein. Allerdings darf die verschuldensunabhängige Haftung nach Abs. 1 nicht über eine weite Auslegung des § 676c BGB konterkariert werden.[30]

[28] Wie hier *Hofmann* WM 2005, 441 (443); MüKoHGB/*Haertlein* ZahlungsV E Rn. 85.
[29] Vgl. dazu nur MüKoBGB/*Grundmann,* § 278 Rn. 42 ff.
[30] Wohl hLit, vgl. Ellenberger/Findeisen/Nobbe/*Nobbe* § 675v BGB Rn. 126; MüKoBGB/*Zetzsche* § 675v Rn. 71.

III. Die unbeschränkte Haftung des Karteninhabers (Abs. 3)

1. Normzweck

26 Nach Abs. 3 haftet der Karteninhaber **unbeschränkt** für den Ersatz des Schadens durch den nicht autorisierten Zahlungsvorgang, wenn er bei diesen in **betrügerischer Absicht** gehandelt hat (Nr. 1) oder den Schaden durch eine **vorsätzliche oder grob fahrlässige Verletzung seiner Pflichten** aus § 675l Abs. 1 BGB bzw. aus den vereinbarten Debitkarten-Bedingungen herbeigeführt hat (Nr. 2). Nach dem Wortlaut („zum Ersatz… verpflichtet") sowie der Systematik des § 675v BGB (vgl. Abs. 4 mit einer Abweichung von den „Absätzen 1 und 3") enthält Abs. 3 eine **eigene Anspruchsgrundlage.**[31]

27 Nach den **unionsrechtlichen Vorgaben** in Art. 61 Abs. 3 PSD II können die Mitgliedstaaten die beschränkte sowie die unbeschränkte Haftung milder ausgestalten, sofern keine betrügerische Absicht oder vorsätzliche Pflichtverletzung des Karteninhabers vorlag. Hiervon hat der deutsche Gesetzgeber abgesehen und zB keine Haftungsdeckelung bei einer bloßen groben Fahrlässigkeit des Debitkarten-Inhabers vorgesehen. Freilich steht es den Parteien offen, (auch klauselmäßig) eine solche Beschränkung zu vereinbaren, da hierdurch der Karteninhaber bessergestellt wird.[32]

2. Handeln des Karteninhabers in betrügerischer Absicht (Abs. 3 Nr. 1)

28 Für ein Handeln in betrügerischer Absicht ist erforderlich, dass der Karteninhaber sich oder einem Dritten durch eine **Täuschung der kartenausgebenden Bank** beim missbräuchlichen Einsatz der Karte einen **unberechtigten Vermögensvorteil zulasten der Bank** verschaffen will.[33] Die Norm entspricht § 675u S. 4 BGB, allerdings ist in Abs. 3 Nr. 1 entscheidend, dass der Karteninhaber an den von § 675u BGB umfassten Taten als Täter oder Teilnehmer beteiligt war. Paradigmatisch ist die Überlassung von Karte und PIN zur Auslösung eines Zahlungsvorgangs an einen Dritten und die Behauptung eines nicht autorisierten Zahlungsvorgangs gegenüber dem kartenausgebenden Kreditinstitut.[34] Ausreichend ist zudem, dass der Karteninhaber **in betrügerischer Absicht „gehandelt** hat". Mithin ist nicht erforderlich, dass der Karteninhaber den nicht autorisierten Zahlungsvorgang selbst kausal herbeigeführt hat. Damit werden Fälle erfasst, in denen der Karteninhaber das Abhandenkommen oder die missbräuchliche Verwendung der Karte erst nachträglich erkennt und hieraus sodann Vorteile erstrebt.[35] Dies ist zB bei einem nach Entwendung der Karte bzw. Missbrauch der Karte bösgläubig gewordenen Karteninhaber der Fall, der mit dem Dritten sodann zulasten der kartenausstellenden Bank kollusiv zusammenwirkt. Die **Absicht des Karteninhabers** muss nicht auf die Schadenszufügung bei der Bank gerichtet sein. Die umfassende Erfüllung des Tatbestandes des § 263 StGB bzw. § 826 ist keine Tatbestandsvoraussetzung. Mit dem Anspruch aus Abs. 3 Nr. 1 können **weitere Ansprüche** zB aus § 823 Abs. 2 BGB, § 263 StGB sowie § 826 konkurrieren.

3. Schuldhafte Pflichtverletzung (Abs. 3 Nr. 2)

29 **a) Die Verletzung einer Pflicht aus § 675l BGB.** Der Karteninhaber muss eine gesetzliche Pflicht aus § 675l Abs. 1 BGB verletzt haben. Dies schließt **Sorgfaltspflichten** sowohl in Bezug auf die Debitkarte als auch die PIN als personalisiertes Sicherheitsmerk-

[31] MüKoBGB/*Zetzsche* § 675v Rn. 34.

[32] Vgl. nur A. II. 13.1 Abs. 6 SB girocard.

[33] Mit unterschieden in der Formulierung Palandt/*Sprau* § 675v BGB Rn. 8; MüKoBGB/*Zetzsche* § 675v BGB Rn. 34.

[34] AllgM, vgl. Ellenberger/Findeisen/Nobbe/*Nobbe* § 675v BGB Rn. 107; BankR-HdB/*Maihold* § 54 Rn. 72; Schwintowski/*Schwintowski* BankR, Kap. 9 Rn. 331.

[35] Begr. RegE BT-Drs. 18/11495, 166.

male ein. Eine relevante Pflichtverletzung ist auch das **Unterlassen der Anzeige** nach § 675l Abs. 1 S. 2 BGB.[36] Die Pflichtverletzung muss für den nicht autorisierten Zahlungsvorgang und den aus diesem resultierenden Schaden der kartenausgebenden Bank kausal sein.

30 **b) Verletzung der Bedingungen für Ausgabe und Nutzung der Debitkarte.** Hiernach sind alle Sorgfaltspflichten des Karteninhabers in Bezug auf die Debitkarte und die PIN als personalisiertes Sicherheitsmerkmal erfasst, die von den Parteien **wirksam (auch klauselmäßig) vertraglich vereinbart** wurden.[37] Bei der Debitkarte haben sich drei Fallgruppen herausgebildet, die in den Sonderbedingungen regelmäßig adressiert werden. Zu diesen zählen die verspätete Anzeige nach § 675l Abs. 1 S. 2 BGB, das Verwahren der PIN in einem räumlichen Zusammenhang mit der Debitkarte sowie die unberechtigte Weitergabe der PIN an Dritte.

31 **c) Verschuldensmaßstab. aa) Vorsatz.** Maßgebend sind insoweit die allgemeinen Grundsätze des Privatrechts, da die PSD II die Ausfüllung dieser Begriffe belässt.[38] Vorsätzlich handelt der Karteninhaber, wenn er um den pflichtwidrigen Erfolg weiß und diesen auch will, mithin den Schaden bzw. Nachteil des kartenausgebenden Kreditinstituts erkennt und zumindest billigend in Kauf nimmt. Zudem muss das Bewusstsein der Rechtswidrigkeit vorliegen. Ein Irrtum über tatsächliche Umstände sowie ein Rechtsirrtum schließen den Vorsatz aus.[39]

32 **bb) Grobe Fahrlässigkeit. (1) Der Maßstab der groben Fahrlässigkeit.** Der Maßstab der groben Fahrlässigkeit bestimmt sich ebenfalls nach nationalem Recht.[40] Erforderlich ist hiernach, dass der Karteninhaber die verkehrserforderliche Sorgfalt in besonderes gravierendem Maße verletzt und auch einfachste, naheliegende Überlegungen nicht anstellt und jenes unbeachtet lässt, was jedem in dieser Situation hätte einleuchten müssen. Dabei sind nach der Rechtsprechung auch subjektive, in der Person des Karteninhabers begründete Umstände zu berücksichtigen.[41] Richtigerweise reicht auch der **grob fahrlässige Umgang nur mit der Karte** für eine Haftung hiernach aus. Denn der Wortlaut der Norm stellt nur auf den nicht autorisierten Zahlungsvorgang und den pflichtwidrigen Umgang mit dem Zahlungsinstrument ab. Entsprechende Sorgfaltspflichten für den Umgang mit der Karte werden zudem in den Zusatzbedingungen für Debitkarten vereinbart.[42] Weder dem Wortlaut noch dem Telos der Norm ist zu entnehmen, dass sie vornehmlich auf die PIN und deren sorgfältige Verwahrung abstellen.[43]

33 Der Aufwendungsersatzanspruch des kartenausgebenden Kreditinstitutes gegenüber dem Karteninhaber bzw. Kontoinhaber besteht nur, wenn die Disposition der Bank aufgrund einer Weisung des Kontoinhabers oder Kontobevollmächtigten erfolgt ist. Diese Weisung liegt in der Verwendung der Karte und Eingabe der zutreffenden PIN. In Missbrauchsfällen, in denen die Debitkarte mit der PIN von einem Nichtberechtigten genutzt wird, handelt es sich um eine auftragslose Geschäftsführung, aus der der Zahlungsdienstleister keinen Aufwendungsersatzanspruch erhält (vgl. § 675u S. 1 BGB). Dem Kreditinstitut entsteht somit ein Schaden im Sinne von §§ 249 ff. BGB (fehlender Aufwendungsersatzanspruch). Die **besondere Missbrauchsanfälligkeit der Debitkarte**[44] folgt daraus, dass jeder Dritte, der

---

[36] Wie hier BeckOK BGB/*Schmalenbach* Rn. 10; Palandt/*Sprau* Rn. 9; so auch schon zur früheren, weniger klaren Normfassung OLG Dresden ZIP 2014, 766.

[37] A. II. Nr. 13.1 Abs. 5 S. 2 Bedingungen girocard; Nr. 13.1 Abs. 6 Bedingungen VR-BankCard; Nr. 12.1 Abs. 6 S. 2 Bedingungen SparkassenCard.

[38] Vgl. Erwägungsgrund Nr. 72 PSD II; Erwägungsgrund Nr. 33 ZahlungsdiensteRL 2007.

[39] Zu letzterem vgl. nur BGH WM 2007, 487; WM 1992, 1379.

[40] Vgl. Erwägungsgrund Nr. 72 PSD II; Erwägungsgrund Nr. 33 ZahlungsdiensteRL 2007.

[41] BGH NJW 1984, 789 (791); NJW 1992, 2418 (2418).

[42] Vgl. nur → Vorb. Rn. 10.

[43] So aber *Hofmann* BKR 2014, 105 (110).

[44] Vgl. auch MüKoHGB/*Haertlein* ZahlungsV E Rn. 84.

im Besitz der Karte ist und die PIN kennt, bis zur Sperre der Karte (vgl. § 675k Abs. 2 BGB) das kartenausgebende Institut gleich dem berechtigten Karteninhaber zu Vermögensdisposition veranlassen kann. Dabei erweist sich die besondere Missbrauchsanfälligkeit der Debitkarte als Kehrseite der Vorteile der Karte für den Karteninhaber durch die Möglichkeit, die Debitkarte anstelle von Bargeld einzusetzen **(Bargeldersatzfunktion).** Da der Karteninhaber die Debitkarte gerade aufgrund dieser Vorteile nutzt, ist es sachgerecht, ihm auch **begleitende Sorgfalts- und Mitwirkungspflichten** aufzuerlegen, mit welchen die hohen resultierenden Risiken reduziert werden. Die besondere Missbrauchsanfälligkeit der Debitkarten und ihres Einsatzes rechtfertigen dabei **sehr hohe Sorgfaltsanforderungen an den Karteninhaber** und seine Mitwirkungspflichten.

(2) Beispiele für grobe Fahrlässigkeit. Der Karteninhaber hat die **Pflicht zur besonders sorgfältigen Aufbewahrung der Debitkarte.**[45] Bei der Debitkarte liegt ein grob fahrlässiges Verhalten ua bei den nicht abschließenden **Regelbeispielen in den AGB der Banken** vor, mithin wenn der Karteninhaber den erkannten Verlust der Karte dem Institut oder dem zentralen Sperrannahmedienst nicht unverzüglich mitteilt. Gleiches gilt, wenn der Karteninhaber die PIN auf der Karte vermerkt hat oder diese mit der Karte zusammen oder mit dem PIN-Brief zusammen[46] verwahrt hat.[47] Auch die **Mitteilung der PIN an eine weitere Person** fällt hierunter,[48] denn es besteht eine Pflicht zur Geheimhaltung der PIN.[49] 34

Grob fahrlässig ist auch die **Verwahrung der Karte** mit oder ohne zugehörige PIN **im Kfz.**[50] Entscheidend ist der konkrete Einzelfall, insbesondere Abstellort und Abstelldauer des Kfz sowie alternative Verwahrmöglichkeiten für den Karteninhaber. Auch eine offen im Einkaufswagen liegende **Geldbörse im Kaufhaus** ist grob fahrlässig.[51] Auch ein nur kurzzeitiges Liegenlassen der Karte an einem **öffentlich zugänglichen Ort** ist grob fahrlässig,[52] zB auf einem Tisch in einem Geschäft[53] oder auf einem Kofferraumdeckel mit Verlust beim Anfahren.[54] Das Verstecken bzw. **Notieren der PIN** in einem Telefonverzeichnis oder Notizbuch ist nicht grundsätzlich unzulässig,[55] sondern abhängig von den Umständen des Einzelfalles.[56] Jedenfalls bei einer Chiffrierung, die bei üblichen Anstrengungen nicht decodiert werden kann, liegt keine grobe Fahrlässigkeit vor. Die Umstände des Einzelfalles prägen auch die Bewertung der Verwahrung einer Debitkarte im **Büro.**[57] 35

Das lose Verwahren der Debitkarte in der **Hosen-/Jackentasche** kann aufgrund der erheblichen Gefahr des Herausfallens beim Herausnehmen anderer Gegenstände grob fahr- 36

---

[45] Vgl. Ziff. A II 6.2 Bedingungen girocard; Nr. A II 6.2 Bedingungen Sparkassencard und Sonderbedingungen VR-BankCard; Nr. A II 6.2 Bedingungen Postbank Card; vgl. ausf. → Kap. 7 § 675l Rn. 3 ff.

[46] Vgl. BGHZ 160, 308 = BGH WM 2004, 2309 (2310); OLG Köln NJW-RR 1996, 619; KG NJW 1992, 729; *Hofmann* WM 2005, 441 (444).

[47] Vgl. OLG Köln WM 2003, 124 (zur Zulässigkeit der AGB-Klausel).

[48] IE auch AG Kassel WM 1993, 2110; sa LG Lüneburg WM 1985, 914 (915).

[49] Vgl. Ziff. A II 6.3 Bedingungen girocard; Nr. A II 6.3 Bedingungen Sparkassencard und Sonderbedingungen VR-BankCard; Nr. A II 6.3 Bedingungen Postbank Card; vgl. ausf. → Kap. 7 § 675l Rn. 16 ff.

[50] Vgl. OLG Düsseldorf BKR 2008, 41; LG Mainz WM 2003, 1172; LG Hamburg NJW-RR 2002, 264; LG Essen WM 1993, 546; LG Köln WM 1988, 160; LG Koblenz WM 1988, 1667; LG Saarbrücken WM 1988, 377; AG Spandau WM 2001, 856; LG Berlin NJW-RR 2011, 352 (353); AG Berlin-Schöneberg MMR 2016, 392; BuB/*Werner* Rn. 6/1394; krit. Palandt/*Sprau* § 675v Rn. 5.

[51] OLG Düsseldorf BKR 2008, 41.

[52] OLG Düsseldorf BKR 2008, 41 (mit weiteren Konstellationen).

[53] AG Hamburg WM 2003, 530 (531).

[54] LG Rottweil WM 1999, 1934.

[55] Wie hier *Scheibengruber* BKR 2010, 15 (20); BankR-HdB/*Maihold* § 55 Rn. 75; Ellenberger/Findeisen/Nobbe/*Nobbe* § 675v BGB Rn. 94, 48 (generell zum Verwahren der PIN).

[56] Vgl. aus der Rspr. AG Kassel WM 1993, 2110 (Karte und Notizbuch in einer Tasche; bejahend); LG Bonn WM 1999, 1921 (bejahend); AG Aachen WM 1993, 291 (verneinend); OLG Frankfurt NJW-RR 2004, 206 (207) (PIN als Telefonnummer; bejahend); AG Kassel WM 1994, 2110 (2111) (bejahend).

[57] Vgl. aus der Rspr. OLG Köln NJW-RR 1996, 619 (bejahend); OLG Düsseldorf BKR 2008, 41; verneinend: OLG Hamm NJW 1997, 1711; LG Bonn NJW-RR 2005, 1645, 1647.

lässig sein.[58] Ausreichend ist die grobe Fahrlässigkeit hinsichtlich der Preisgabe der Karte oder der PIN; die ausreichende Sorgfalt hinsichtlich nur eines der beiden Elemente reicht nicht aus.[59] Entsprechend ist zu beurteilen, wenn der Karteninhaber keine hinreichenden Maßnahmen bei der **Eingabe der PIN an der POS-Kasse** trifft oder sich nicht den Transaktionsabbruchbeleg geben lässt; auch dieses ist eine Frage des Einzelfalles, insbesondere der offensichtlichen Möglichkeit einer Kenntnisnahme der Eingabe für räumlich nahestehende Dritte.[60]

37 Die **gemeinsame Verwahrung von Karte und PIN** ist grob fahrlässig,[61] so ua in der Jackentasche[62], Handtasche[63] sowie im Schließfach einer Klinik.[64] Sofern der Karteninhaber hinreichende **Anhaltspunkte für ein Abhandenkommen** der Karte hat, muss er den Verbleib der Karte überprüfen.[65]

38 Der Karteninhaber hat die **Pflicht zur Unterschrift.** Die Karte ist unverzüglich nach Erhalt auf dem Unterschriftsfeld zu unterschreiben.[66] Die Unterschrift muss mit einem urkundenechten Schreibmittel und entsprechend der bei dem Kreditinstitut hinterlegten Unterschriftsprobe erfolgen. Diese Pflicht betrifft va die Verwendung der Debitkarte im Ausland im Rahmen des Maestro-Systems, da in einigen Ländern anstelle der PIN eine Unterschrift gefordert wird.[67]

39 **(3) Beispiele für die Verneinung einer groben Fahrlässigkeit. Kein grob fahrlässiger Verstoß** ist die getrennte **Verwahrung von Karte und PIN in der Wohnung während** einer Auslandsreise (zwischen Briefen bzw. in einer Schublade).[68] Die Verwahrung in verschiedenen Möbelstücken in der Wohnung ist ebenfalls möglich.[69] Umstritten ist, ob auch eine Verwahrung im gleichen Möbelstück, aber in verschiedenen Schubladen ebenfalls nicht grob fahrlässig ist. Dies ist richtigerweise zu verneinen.[70] Auch ein Übersehen der Ausgabe bzw. Nichtausgabe der ec-Karte aus dem Geldautomaten im Zusammenhang mit einer Geldabholung soll ein allenfalls fahrlässiges Augenblicksversagen sein.[71] Das offene Verwahren nur der Karte in einer bewohnten, verschlossenen **Wohnung** ist nicht grobfahrlässig.[72]

40 Eine Pflicht zur **Geheimhaltung der Kartendaten** besteht nicht. Die Übermittlung dieser Daten über das Internet ist auch bei einer ungesicherten Übermittlung nicht grob fahrlässig.

41 Bei der **Nutzung der Debitkarte am Geldausgabeautomaten** ist ein grob fahrlässiges Verhalten des Karteninhabers genau zu prüfen. Die Eingabe der PIN an einem freistehen-

---

[58] Ähnlich LG Halle WM 2001, 1298; s. a. MüKoHGB/*Haertlein* ZahlungsV E Rn. 112 (abstellend auf eine Pflicht zur regelmäßigen Vergewisserung, dass die Karte noch vorhanden ist).

[59] Vgl. AG Spandau WM 2001, 856; **aA** *Hofmann* WM 2005, 441 (444).

[60] Vgl. LG Halle WM 2001, 1298; AG Charlottenburg WM 2002, 1174; ablehnend LG Osnabrück WM 2003, 1951; AG Frankfurt/M. MMR 2020, 66 (Verzicht auf Abbruchbeleg als grobe Fahrlässigkeit sowie bei Entfernung des Empfängers mit Karte und Gerät aus Sichtfeld).

[61] BGH NJW 2001, 286 (287); s. a. AG Frankfurt WM 2011, 496 (497).

[62] LG Köln NJW-RR 2001, 1340 (1341), dort auch dazu, dass eine Verwahrung in verschiedenen Hosentaschen keine grobe Fahrlässigkeit bedeute.

[63] KG NJW 1992, 1051 (1052); LG Köln NJW-RR 2001, 1340 (1341).

[64] LG Bonn WM 1999, 1921.

[65] Vgl. OLG Frankfurt WM 2002, 1055 (Einbruch in Wohnmobil; konkret die grobe Fahrlässigkeit aber unzutreffend verneinend).

[66] Vgl. Ziff. A II 6.1 Bedingungen girocard; Nr. A II 6.1 Bedingungen Sparkassencard und Sonderbedingungen VR-BankCard; Nr. A II 6.1 Bedingungen Postbank Card.

[67] Vgl. Ziff. A I 2 lit. b Bedingungen girocard; Nr. A I 2 lit. b Bedingungen Sparkassencard und Sonderbedingungen VR-BankCard; Nr. A I 2 Sp. Str. 2 Bedingungen Postbank Card.

[68] BGHZ 145, 337 (340 f.) = BGH WM 2000, 2421.

[69] LG Essen WM 1988, 493 (494).

[70] Wie hier MüKoBGB/*Zetzsche* § 675v Rn. 46; **aA** Ellenberger/Findeisen/Nobbe/*Nobbe* § 675v BGB Rn. 95.

[71] OLG Düsseldorf NJW 2012, 3381 = ZIP 2012, 2244.

[72] Ellenberger/Findeisen/Nobbe/*Nobbe* § 675v BGB Rn. 96.

den Automaten ist nicht grob fahrlässig.[73] Gleiches gilt, wenn der Karteninhaber die Nichtausgabe der Karte nach der Nutzung des Automaten nicht bemerkt.[74] Auch bei einem Augenblicksversagen des Karteninhabers, der versehentlich die Karte auf dem Automaten liegen lässt oder das Herunterfallen der Karte beim Einsortieren des Geldes übersieht, ist keine grobe Fahrlässigkeit gegeben. Sofern zeitnah nach dem Diebstahl der Debitkarte mit dieser unter Einsatz der PIN am Geldausgabeautomaten Bargeld abgehoben wird und andere Ursachen nach der Lebenserfahrung außer Betracht bleiben, greift aber der Anscheinsbeweis, dass der Karteninhaber die PIN auf der Debitkarte notiert oder mit dieser zusammen verwahrt hat.[75] Sofern die kartenausgebende Bank die Karte vernichtet hat und in der Folge dem Karteninhaber die Erschütterung des Anscheinsbeweises erschwert, soll der Anscheinsbeweis nicht greifen.[76]

d) Umfang der Haftung. Nach Abs. 3 haftet der Karteninhaber auf **Ersatz des gesamten kausalen Schadens** gem. §§ 249 ff. BGB. Die Haftung ist in der Höhe dem Grundsatz nach nicht begrenzt. 42

Ein **Mitverschulden gem § 254 Abs. 2 BGB** der kartenausgebenden Bank ist abzulehnen, wenn mit der unautorisierten Zahlung das Guthaben auf dem Konto bzw. das Kreditlimit überschritten wird, ohne dass der vereinbarte Verfügungsrahmen überschritten wird. Denn die Bank ist nicht verpflichtet, Zahlungen zurückzuweisen, welche die **finanzielle Nutzungsgrenze des Kontos überschreiten.** Sofern die Zahlung aber den vereinbarten **Verfügungsrahmen überschreitet,** hat die Bank die Entstehung des Schadens gem. § 254 Abs. 2 BGB ermöglicht.[77] Auch bei einer unautorisierten **Zahlung am Geldausgabeautomaten** kommt ein Mitverschulden der Bank in Betracht (zB unzureichende Sicherungsmaßnahmen).[78] Eine Pflicht zur durchgehenden Videoüberwachung des Raumes wird aber verneint.[79] Beim Abhandenkommen der Debitkarte liegt kein Mitverschulden vor, wenn die Karte und die PIN von der kartenausgebenden Bank in zwei getrennten, aber **einfachen Briefen** versandt wurden.[80] 43

Allerdings kann eine leichte Fahrlässigkeit der Bank hinter dem groben Verschulden des Karteninhabers weitgehend oder sogar vollständig nach allgemeinen Grundsätzen zurücktreten. 44

4. Haftungsausschlüsse

Haftungsausschlüsse für die Haftung aus Abs. 3 finden sich bei einer **unzureichenden Kundenauthentifizierung (Abs. 4)** sowie nach einer Anzeige durch den Karteninhaber bzw. die **mangelnde Ermöglichung der Anzeige (Abs. 5).** 45

IV. Haftungsausschluss bei unzureichender starker Kundenauthentifizierung (Abs. 4)

Abs. 4 enthält **Rückausnahmen zu den Anspruchsgrundlagen der Abs. 1 und 3,** wenn die emittierende Bank keine starke Kundenauthentifizierung (§ 1 Abs. 24 ZAG) 46

[73] Palandt/*Sprau* § 675l Rn. 9; MüKoBGB/*Zetzsche* § 675l Rn. 52; anders noch LG Halle WM 2001, 1298 (1299).
[74] OLG Düsseldorf NJW 2012, 3381.
[75] BGH WM 2012, 1277 Rn. 16; WM 2011, 924 Rn. 10; NJW 2004, 3623.
[76] AG Frankfurt VuR 2009, 472; s. a. AG Berlin-Schöneberg MMR 2016, 392 (kein Anscheinsbeweis bei Verwendung einer Kartendoublette).
[77] HLit vgl. BankR-HdB/*Maihold* § 54 Rn. 98; MüKoBGB/*Zetzsche* § 675v Rn. 57; vgl. noch zum früheren Recht auch BGH ZIP 2012, 217 Rn. 27 ff.
[78] BankR-HdB/*Maihold* § 54 Rn. 97.
[79] BuB/*Werner* Rn. 6/1481; Ellenberger/Findeisen/Nobbe/*Nobbe* § 675v BGB Rn. 117; diff. BankR-HdB/*Maihold* § 54 Rn. 97; abweichend *Pausch* CR 2004, 308 (313).
[80] LG Hamburg WM 2006, 1623 (1625).

eingesetzt hat oder der Empfänger der Zahlung bzw. dessen Dienstleister keine solche akzeptiert hat. Die Regelung setzt Art. 74 Abs. 2 PSD II um. **Zweck** der Regelung ist es, die Zahlungsdienstleister sowohl auf Seiten des Karteninhabers als auch auf Seiten des Zahlungsempfängers bei Meidung des Haftungsausschlusses zur Einrichtung einer starken Kundenauthentifizierung anzuhalten.

1. Starke Kundenauthentifizierung bei Debitkarten

47 **a) Grundsatz.** Die Haftung des Karteninhabers setzt voraus, dass die emittierende Bank eine starke Kundenauthentifizierung *verlangt* und der Zahlungsempfänger bzw. dessen Zahlungsdienstleister diese *akzeptiert.* Bereits nach dem Wortlaut der Norm, erst recht nach ihrem Zweck, ist das bloße Vorhandensein der starken Kundenauthentifizierung bei diesen Beteiligten nicht ausreichend, sondern müssen diese Verfahren auch tatsächlich zur Anwendung gebracht werden, um den Ausschlussgrund der Haftung zu vermeiden. Die **starke Kundenauthentifizierung** ist in § 1 Abs. 24 ZAG legal definiert. Sie setzt voraus, dass zum einen die Vertraulichkeit der Authentifizierungsdaten geschützt ist. Dies ist bei der als personalisiertes Sicherheitsmerkmal anerkannten PIN der Fall. Zudem muss sich die Authentifizierung aus mindestens zwei Elementen zusammensetzen, die den drei Kategorien Wissen, Besitz und Inhärenz entspringen. Bei der Debitkarte sind Elemente aus der Kategorie des Besitzes – der Karte – (§ 1 Abs. 24 Nr. 2 ZAG) sowie des Wissens – der PIN – (§ 1 Abs. 24 Nr. 1 ZAG) kombiniert.

48 **b) Delegierte Verordnung.** Mit einer delegierten Verordnung 2018/389 hat die EU-Kommission die technischen Anforderungen an die Authentifizierung sowie an eine starke Kundenauthentifizierung geregelt.[81] Die Verordnung ist **seit dem 14.9.2019** in den Mitgliedsstaaten **anwendbar.**

49 **aa) Konkretisierungen.** Die Delegierte Verordnung verlangt, dass die auf zumindest zwei Elementen beruhende Authentifizierung durch den Karteninhaber zur **Generierung eines Authentifizierungscodes** führen muss. Mit Wirkung ab 14.9.2019 ist diese Anforderung bei der **Auslösung eines elektronischen Zahlungsvorgangs,** mithin auch bei dem Einsatz der Debitkarte zur Auslösung einer Zahlung sowie dem Bargeldbezug am Geldausgabeautomaten einschlägig. Denn nach Art. 97 Abs. 1 lit. b PSD II sowie § 55 Abs. 1 Nr. 2 ZAG gilt diese Anforderung für jeden elektronischen Zahlungsvorgang, nicht nur im Distanzgeschäft. Auch die kartengestützte Abhebung von Bargeld am Geldausgabeautomaten sowie Zahlungen mit Debitkarte und PIN im sogenannten Präsenzverfahren an POS-Kassen fallen daher hierunter.[82] Nach Art. 8 Abs. 2 Del VO 2018/389 muss der Zahlungsdienstleister mit Maßnahmen sicherstellen, dass die Geräte und die Software „bei einem unbefugten Zugriff auf sie die unbefugte Verwendung der Elemente nicht zulassen", er ist mithin verpflichtet unter Berücksichtigung des jeweils aktuellen Wissensstandes den technisch möglichen Standard einzusetzen, wobei zu berücksichtigen ist, dass es sich um ein Massengeschäft handelt und das angemessene Maß an Praktikabilität ebenfalls gewährleistet sein muss.

50 Problematisch ist allerdings, ob bei diesen **kartengestützten Transaktionen überhaupt ein Authentifizierungscode** generiert wird. Indes erläutert der Erwägungsgrund Nr. 4 der Delegierten Verordnung (EU) 2018/389, dass die Generierung eines Authentifizierungscodes weit zu verstehen sei. Danach kann ein Authentifizierungscode durch die „Generierung und Validierung einmaliger Passwörter, digitale(r) Signaturen oder andere(r)

---

[81] Delegierte VO (EU) 2018/389 der Kommission v. 27.11.2017 zur Ergänzung der PSD II durch technische Regulierungsstandards für eine starke Kundenauthentifizierung und für sichere Standards für die Kommunikation, ABl. EU 2018 Nr. L 69, 23.

[82] Der frühere Vorschlag der Kommission, der den Anwendungsbereich der starken Authentifizierung auf Distanzgeschäfte beschränkte (Art. 66 Abs. 1 S. 3 Kommissionsvorschlag v. 24.7.2013, COM(2013) 547 final), indem er auf „Zahlungen mittels eines Fernkommunikationsmittels" abstellte, wurde verworfen.

kryptografisch basierte(r) Gültigkeitsversicherungen unter Verwendung von Schlüsseln oder kryptografischem Material, die in den Authentifizierungselementen gespeichert werden" erzeugt werden. Dies ist dahingehend zu verstehen, dass nicht nur ein zur einmaligen Verwendung dem Zahlungsdienstnutzer übermittelter Code zur Authentifizierung verwendet, sondern auch ein entsprechender Authentifizierungscode durch die Kombination aus richtiger Debitkarte und korrekter PIN vom Gerät selbst generiert werden kann. Mithin braucht der Karteninhaber diesen einmaligen Code nicht selbst eingeben, sondern es reicht aus, wenn er diesen Code durch den Karteneinsatz mit PIN auslöst und der Code sodann vom Gerät (POS-Kasse; Geldausgabeautomat) an den Kartenemittenten versandt wird. Elektronische Zahlungsvorgänge, bei denen die Authentifizierung des Karteninhabers durch die vom Emittenten bereitgestellten oder zugelassenen Geräte erfolgt, sind somit von der erforderlichen Generierung eines einmaligen Authentifizierungscodes umfasst. Abweichend sind Konstellationen der elektronischen Zahlung im Distanzgeschäft zu qualifizieren, bei denen nicht diese spezifischen Geräte zum Einsatz kommen. Bei anderen Geräte ist ein weiterer Schritt zur Authentifizierung durch den Karteninhaber notwendig.

Die **weiteren Vorgaben an die Authentifizierung,** namentlich die Anzeige von Zahlungsbetrag und Zahlungsempfänger zum Zeitpunkt der starken Kundenauthentifizierung lassen sich bei den genannten Transaktionen sicherstellen. Auch der Bezug der Authentifizierung nur auf den konkreten autorisierten Zahlungsvorgang sowie das Erfordernis einer neuen starken Kundenauthentifizierung bei einer Änderung der Transaktionsbedingungen wird gewahrt. 51

bb) Relevante Ausnahmen. Die Delegierte VO (EU) 2018/389 erlaubt bei weniger missbrauchsanfälligen bzw. schadensträchtigen Zahlungsvorgängen Transaktionen ohne starke Kundenauthentifizierung. Zu diesen zählen nach Art. 11 Delegierte VO (EU) 2018/389 **Zahlungsvorgänge bei kontaktlosem Bezahlen,** da eine starke Kundenauthentifizierung hier zu einer unverhältnismäßigen Transaktionsverzögerung führen würde. Dies betrifft auch die Debitkarte (zB girocard kontaktlos). Allerdings beschränkt die VO diese Ausnahme durch mehrere **Bedingungen** (Art. 11 lit. a–c Delegierte VO (EU) 2018/389). Nach diesen müssen zunächst auch bei diesen Transaktionen die Mechanismen zur Transaktionsüberwachung nach Art. 2 eingehalten werden (Art. 11 S. 1 Delegierte VO (EU) 2018/389). Zudem darf der Einzelbetrag des kontaktlosen Zahlungsvorgangs 50 Euro nicht übersteigen, seit der letzten starken Kundenauthentifizierung sind nicht mehr als insgesamt 150 Euro im Wege kontaktloser Zahlungsvorgänge ausgelöst worden und seit der letzten starken Kundenauthentifizierung sind nicht mehr als fünf kontaktlose Zahlungsvorgänge ausgelöst worden. Nach Wortlaut und Zweck (Risikobegrenzung) ist hierbei jeweils die aktuelle Transaktion nicht mitzuzählen, dh die aktuelle Transaktion kann nur ausgelöst werden, wenn nicht schon die „früheren" kontaktlosen Zahlungsvorgänge seit der letzten starken Kundenauthentifizierung 150 Euro übersteigen und nicht bereits fünf solcher Zahlungsvorgänge seit der letzten starken Kundenauthentifizierung erfolgt sind. 52

Nach Art. 12 Delegierte VO (EU) 2018/389 darf die Debitkarte auch ohne starke Kundenauthentifizierung an einem unbeaufsichtigten Terminal zur **Zahlung von „Verkehrsnutzungsentgelt(en)" sowie „Parkgebühr(en)"** genutzt werden. Auch insofern sind aber die Transaktionsüberwachungsmechanismen nach Art. 2 Delegierte VO (EU) 2018/389 einzuhalten. Allerdings ist die Regelung der Verordnung teleologisch zu reduzieren, da er zu weit geraten ist. Denn nach Erwägungsgrund Nr. 2 der Verordnung soll die Regelung Zahlungen betreffen, die an „unbeaufsichtigten Terminals ausgelöst werden, an denen eine starke Kundenauthentifizierung aus operativen Gründen nicht immer ohne Weiteres durchführbar ist (zB zur Vermeidung von Staus und potenziellen Unfällen an Mautstellen oder aufgrund anderer Sicherheitsrisiken)." Ziel ist es mithin die schnelle und unkomplizierte Abwicklung von Zahlungen ohne starke Kundenauthentifizierung zu ermöglichen, um den Zahlungsvorgang zeitlich zu verkürzen. Dies erscheint – auch systematisch – nur gerechtfertigt, wenn die auf diese Weise ausgelösten Zahlungen betragsmäßig 53 typischerweise nicht sehr hoch sind, wie zB an Straßenmautstellen oder bei Parkentgelten. Von der Ausnahme werden daher keine Zahlungen von sonstigen Beförderungsentgelten (zB Bahntickets im Fernverkehr) an nicht überwachten Fahrkartenautomaten umfasst, da insoweit die Eingabe der PIN (auch unter Berücksichtigung von vereinzelten Fehleingaben) nicht zu einer relevanten Verzögerung des Zahlungsvorgangs führen würde und die Beträge wesentlich höher sein können.

54 Nach Art. 16 Delegierte VO (EU) 2018/389 kann bei der Auslösung eines **elektronischen Fernzahlungsvorgangs** von einer starken Kundenauthentifizierung abgesehen werden, wenn der Betrag 30 Euro nicht übersteigt, seit der letzten starken Kundenauthentifizierung nur elektronische Fernzahlungsvorgänge von nicht mehr als insgesamt 100 Euro ausgelöst wurden und nicht mehr als fünf dieser Vorgänge ausgelöst wurden.

2. Konstellationen des Haftungsausschlusses

55 **a) Fehlendes Verlangen beim Zahlungsdienstleister des Karteninhabers (Abs. 4 S. 1 Nr. 1).** Nach Abs. 4 S. 1 Nr. 1 muss der Zahlungsdienstleister das Missbrauchsrisiko tragen, wenn er **keine starke Kundenauthentifizierung verlangt,** obwohl nach Art. 55 ZAG eine entsprechende Obliegenheit besteht. Das Unterbleiben der Anforderung einer starken Kundenauthentifizierung soll haftungsrechtlich nicht zu Lasten des Kunden gehen und zwar unabhängig davon, ob diese ausnahmeweise zulässig war oder der Missbrauch der Debitkarte durch eine grob fahrlässige oder vorsätzliche Verletzung der Schutzpflichten durch den Karteninhaber ermöglicht oder erleichtert wurde.[83] Grenze ist erst das betrügerische Handeln des Karteninhabers (→ Rn. 28, 59 f.). Der Tatbestand ist erfüllt, wenn der Zahlungsdienstleister des Zahlers die starke Authentifizierung nicht verlangt, mithin zB die Debitkartenzahlung ohne PIN möglich ist. Für den Haftungsausschluss ist gleichgültig, ob der Zahlungsdienstleister Möglichkeiten der Zahlung mit und ohne starke Authentifizierung anbietet oder bei diesem Karteninhaber aufgrund der früher verlangten starken Kundenauthentifizierung auf eine solche bei der missbräuchlichen Transaktion verzichtet, solange die konkrete Transaktion ohne entsprechende Authentifizierung erfolgt.

56 **b) Fehlende Akzeptanz beim Zahlungsempfänger oder dessen Zahlungsdienstleister (Abs. 4 S. 1 Nr. 2).** Die Haftung ist auch ausgeschlossen, wenn der Zahlungsempfänger die **starke Kundenauthentifizierung nicht akzeptiert,** der Zahler gegenüber dem Empfänger oder dessen Dienstleister aber die Debitkarte (Zahlungsinstrument) gleichwohl zur Zahlungsauslösung verwendet. Die Norm stellt dem Verhalten des Zahlungsempfängers das seines Dienstleisters gleich. Der Tatbestand unterscheidet nicht danach, ob die Akzeptanz auf einer ausdrücklichen Ablehnung basiert oder konkludent, namentlich durch das Nichtvorhandensein der technischen Vorrichtungen für die starke Authentifizierung (Kartenlesegerät mit PIN-Eingabe) erfolgt.

57 An einer Akzeptanz mangelt es nur, wenn der Zahlungsempfänger bzw. dessen Dienstleister **keine Zahlungsmöglichkeit mit starker Kundenauthentifizierung** vorsehen. Sofern diese Möglichkeiten mit und ohne starke Authentifizierung anbieten und der Karteninhaber letztere wählt, ist Abs. 4 S. 1 Nr. 2 nicht einschlägig und es bleibt bei der Haftung des Karteninhabers.

3. Rechtsfolge

58 **a) Haftungsausschluss.** Rechtsfolge der Regelung ist, dass die **Haftung** des Karteninhabers **nach den Abs. 1 bzw. Abs. 3 entfällt.**

59 **b) Ausnahme bei betrügerischer Absicht des Karteninhabers.** Auf den Haftungsausschluss kann sich der Karteninhaber nicht berufen, wenn er bei der Auslösung des Zahlungsvorgangs in betrügerischer Absicht gehandelt hat. Erforderlich ist für die Rück-

[83] *Hoffmann* VuR 2016, 243 (248).

ausnahme der **Nachweis einer betrügerischen Absicht.** Dabei entspricht das Absichtserfordernis dem Vorsatzerfordernis. Erforderlich ist mithin der Nachweis, dass der Zahler den Vorsatz hatte, sich durch die Auslösung der Zahlung einen rechtswidrigen Vermögensvorteil zu verschaffen. Der Eintritt des Erfolgs dieser Handlung ist nicht erforderlich. Maßgebender Zeitpunkt für das Vorliegen des Vorsatzes ist die Auslösung der Zahlung.

Wer sich auf die Rückausnahme (ausnahmsweise Haftung des Karteninhabers trotz fehlender starker Kundenauthentifizierung) beruft, muss deren **Voraussetzungen beweisen.** Dies wird auch durch die negative Formulierung als Rückausnahme deutlich. Demnach trägt der Zahlungsdienstleister die Darlegungs- und Beweislast für die Voraussetzungen der Norm.[84] Er muss im Bestreitensfall zur Überzeugung des Gerichts – idR durch Indizien – beweisen, dass der Karteninhaber bei der Zahlungsauslösung mittels Debitkarte einen entsprechenden Vorsatz hatte. 60

c) Der Ausgleichsanspruch des Zahlungsdienstleisters (Abs. 4 S. 3). Nach Abs. 4 S. 3 besteht in den Konstellationen des Abs. 4 S. 1 Nr. 2, wenn mithin der Zahlungsempfänger oder der dessen Zahlungsdienstleister die starke Kundenauthentifizierung nicht akzeptieren (→ Rn. 56 f.), ein **Anspruch des Zahlungsdienstleisters des Debitkarteninhabers** gegen denjenigen, der die starke Kundenauthentifizierung nicht akzeptiert hat. Letzterer ist verpflichtet, dem Zahlungsdienstleister des Karteninhabers den daraus entstehenden Schaden zu ersetzen. 61

V. Der Ausschluss der Haftung des Karteninhabers (Abs. 5)

1. Die zeitliche Grenze der Anzeige (Abs. 5 S. 1)

Sobald der Debitkarteninhaber seine **Anzeigepflicht aus § 675l Abs. 1 S. 2 BGB erfüllt** hat, ist seine **Haftung nach Abs. 1 und Abs. 2 ausgeschlossen.** Insofern besteht eine zeitliche Grenze. Nach ihr haftet der Karteninhaber nicht für Schäden, die aus der Nutzung der Karte nach einer Anzeige gem. § 675l S. 2 BGB entstanden sind. Der Haftungsausschluss erfordert die ordnungsgemäße Anzeige durch den Karteninhaber beim kartenausgebenden Institut oder der von diesem benannten Stelle, zB einer zentralen Stelle zur Sperre von Zahlungsinstrumenten. Da S. 1 ohne weitere Konkretisierung auf den Zeitpunkt „nach der Anzeige" abstellt, sind die allgemeinen Grundsätze einschlägig, dh maßgeblich ist der **Zugang der Anzeige,** nicht der Zeitpunkt der sodann tatsächlichen Sperre im System. Anderenfalls würde der Karteninhaber mit etwaigen organisatorischen Defiziten der kartenausgebenden Bank hinsichtlich der Umsetzung der Anzeige belastet.[85] Die Debitkarte muss daher zeitlich nach dem Zugang der Anzeige genutzt worden sein. 62

2. Die mangelnde Ermöglichung der Anzeige (Abs. 5 S. 2)

Die Haftung des Debitkarteninhabers nach Abs. 1 ist auch dann **ausgeschlossen,** wenn die kartenausgebende Bank ihrer **Pflicht aus § 675m Abs. 1 Nr. 3 BGB** (→ Kap. 7 § 675l Rn. 28c ff.) **nicht nachgekommen** ist, mithin keine jederzeitige Anzeigemöglichkeit eröffnet hat. 63

Eine **Kausalität der Pflichtverletzung** der kartenausgebenden Bank gem. § 675m Abs. 1 Nr. 3 BGB für eine verspätete oder unterbliebene Anzeige durch den Debitkarteninhaber sieht der Haftungsausschluss nach Abs. 5 S. 2 **nicht** vor.[86] Auch wenn der Karteninhaber die Anzeige des Verlusts seiner Karte im Urlaub erst nach seiner Rückkehr aus dem Urlaub anzeigt, ist seine Haftung ausgeschlossen, wenn die Sperrannahme zB für mehrere 64

[84] Wohl unstr., vgl. RegE BT-Drs. 18/11495, 166; MüKoBGB/*Zetzsche* § 675v Rn. 68.

[85] IE wie hier Baumbach/Hopt/*Hopt* BankGesch. (7) C/64.

[86] Ellenberger/Findeisen/Nobbe/*Nobbe* § 675v BGB Rn. 123; Erman/*v. Westphalen* § 675v Rn. 21; BankR-HdB/*Maihold* § 54 Rn. 100.

Tage innerhalb dieses Zeitraums nicht erreichbar war. Schon nach dem Wortlaut reicht es aus, dass die kartenausgebende Bank ihrer Pflicht zur Ermöglichung der Anzeige 24/7 nicht nachgekommen ist. Darüber hinaus wären ganz erhebliche Beweisschwierigkeiten und wenig fruchtbare Auseinandersetzungen darüber die Folge, wann die Anzeige nicht möglich war und ob der Karteninhaber genau zu diesem Zeitpunkt die Anzeige unternehmen wollte. Auch teleologisch weist § 675m Abs. 1 Nr. 3 BGB der kartenausgebenden Bank mit der Anforderung einer durchgehenden Ermöglichung der Anzeige das Risiko des Nichtfunktionierens dieser Einrichtung zu.

3. Die Rückausnahme bei betrügerischer Absicht (Abs. 5 S. 3)

65 Eine Rückausnahme von dem Ausschluss der Haftung nach S. 1 und S. 2 besteht, wenn der Zahler in betrügerischer Absicht gehandelt hat (Abs. 5 S. 3). Abs. 5 S. 3 trifft insoweit die Wertung, dass der Karteninhaber zur Anzeige des Verlusts angehalten und der Bank die technisch mögliche umgehende Kartensperrung ermöglicht werden soll, um einen Schaden möglichst zu verhindern bzw. zu begrenzen. Zu diesem Zweck wird das gleichwohl bestehende Schadensrisiko nach einer Anzeige grundsätzlich der (hinsichtlich der Schadensverursachung *nicht* schuldhaft handelnden) Bank zugewiesen, wenn sie die Pflicht zur Ermöglichung einer Anzeige verletzt. Diese Zuweisung ist indes wertungsmäßig nicht gerechtfertigt, wenn der Karteninhaber in betrügerischer Absicht handelt.[87] Dann hat er den resultierenden Schaden richtigerweise ohne Möglichkeit der Haftungsbefreiung zu tragen, denn wenn er wissentlich und willentlich einen Schadensverlauf in Gang setzt, verdient er auch dann keine *umfassende* Befreiung von der Haftung, wenn die Bank die Möglichkeit zur Schadensvermeidung bzw. -begrenzung in Verletzung der Pflicht aus § 675m Abs. 1 Nr. 3 BGB nicht bereitstellt (→ Rn. 59 f.).

4. Der Ausschluss von Einwendungen nach 13 Monaten

66 Die Einwendungen des Karteninhabers aus Abs. 5 S. 1 und Abs. 5 S. 2 sind nach § 676b Abs. 2 BGB ausgeschlossen, wenn dieser die kartenausgebende Bank nicht bis 13 Monate ab dem Tag der Belastung mit einem nicht autorisierten oder fehlerhaft ausgeführten Zahlungsvorgang hiervon unterrichtet hat (ausf. → Kap. 3 § 676b Rn. 5 ff.).

VI. Konkurrenzen

67 Die Haftung des Karteninhabers gegenüber der kartenausgebenden Bank bei einer **missbräuchlichen Verwendung der Debitkarte** ist in § 675v BGB abschließend geregelt. Ein Rückgriff auf die §§ 280 ff. BGB in Bezug auf eine Pflichtverletzung des Karteninhabers, die zur missbräuchlichen Nutzung der Karte führt, ist ausgeschlossen. Jenseits des Anwendungsbereichs des § 675v BGB kann eine **sonstige Pflichtverletzung des Karteninhabers** allerdings zu einer Haftung nach §§ 280 ff. BGB führen. Ob § 675v Abs. 3 BGB auf solche Ansprüche entsprechend anzuwenden ist, bestimmt sich danach, ob anderenfalls ein gravierender Wertungswiderspruch daraus droht, dass hinsichtlich der Haftung für die missbräuchliche Verwendung der Debitkarte nur für Vorsatz und grobe Fahrlässigkeit gehaftet wird. Ein solcher Wertungswiderspruch ist nicht generell zu bejahen,[88] da die resultierende Haftungsmilderung nach Abs. 2 gerade aus der besonderen Missbrauchsanfälligkeit von Zahlungsinstrumenten und der resultierenden Risikoteilung gerechtfertigt ist.

---

[87] Nicht nachvollziehbar insoweit *Hofmann* BKR 2014, 105 (111) (sinnwidrige Beschränkung).
[88] Zu weitgehend daher MüKoBGB/*Zetzsche* § 675v Rn. 8.

VII. Prozessuales

Nach **allgemeinen Grundsätzen** hat jede Partei die ihr günstigen Tatsachen zu darzulegen und im Bestreitensfall zu beweisen.[89] Die Tatbestandsvoraussetzungen der Ansprüche des Zahlungsdienstleisters gegen den Karteninhaber aus § 675v Abs. 1 BGB und § 675v Abs. 3 BGB hat daher das kartenausgebende Institut nachzuweisen. Dabei ist die **Sonderregelung des § 675w BGB** zu berücksichtigen, sofern das **Vorliegen eines nicht autorisierten Zahlungsvorgangs,** einer Handlung des Karteninhabers in **betrügerischer Absicht** sowie einer **schuldhaften Pflichtverletzung des Karteninhabers** nach Abs. 3 umstritten ist (→ Kap. 7 § 675w Rn. 3 ff.). Nach der Rechtsprechung ist auch hinsichtlich des Zugangs der Debitkarte als Zahlungsinstrument und damit der Eröffnung des Anwendungsbereichs des § 675v nicht der von der Rechtsprechung entwickelte Anscheinsbeweis beim Missbrauch der Debitkarte anwendbar.[90] 68

Nach den allgemeinen Grundsätzen ist der Debitkarteninhaber für die **Tatbestandsvoraussetzungen nach Abs. 2, 4 und 5** darlegungs- und beweispflichtig, für die **Rückausnahme des Abs. 4 S. 2** hingegen das kartenausgebende Institut (→ Rn. 59 f.). 69

Umstritten ist, ob der **Zugang der Anzeige nach § 675l Abs. 1 S. 2 BGB** ebenfalls von den allgemeinen Grundsätzen erfasst wird, mit der Folge, dass der Karteninhaber diese zu beweisen hat. Dies ist grundsätzlich der Fall.[91] Allerdings greift insofern die sekundäre Beweislast, dh sofern der Karteninhaber hinreichend konkret den Anrufzeitpunkt und die Umstände des Anrufs darlegt und beweist, hat die kartenausgebende Bank bzw. die von ihr benannte zentrale Sperrstelle konkret darzulegen und zu beweisen, dass der Anruf von der vom Karteninhaber zum Anruf behauptet benutzten Telefonnummer nicht oder zu einem späteren Zeitpunkt eingegangen ist. Dies kann insbesondere durch Vorlage des Telefoneingangsprotokolls erfolgen. Parallel ist hinsichtlich Abs. 5 S. 2 zu entscheiden. Auch insofern ist der Karteninhaber grundsätzlich beweisbelastet und muss ggf. nachweisen, dass die **Sperrannahme für ihn nicht erreichbar** war. Der Zahlungsdienstleister hat sodann zu beweisen, dass diese hingegen allgemein erreichbar war. 70

§ 675w Nachweis der Authentifizierung

[1]Ist die Autorisierung eines ausgeführten Zahlungsvorgangs streitig, hat der Zahlungsdienstleister nachzuweisen, dass eine Authentifizierung erfolgt ist und der Zahlungsvorgang ordnungsgemäß aufgezeichnet, verbucht sowie nicht durch eine Störung beeinträchtigt wurde. [2]Eine Authentifizierung ist erfolgt, wenn der Zahlungsdienstleister die Nutzung eines bestimmten Zahlungsinstruments, einschließlich seiner personalisierten Sicherheitsmerkmale, mit Hilfe eines Verfahrens überprüft hat. [3]Wurde der Zahlungsvorgang mittels eines Zahlungsinstruments ausgelöst, reicht die Aufzeichnung der Nutzung des Zahlungsinstruments einschließlich der Authentifizierung durch den Zahlungsdienstleister und gegebenenfalls einen Zahlungsauslösedienstleister allein nicht notwendigerweise aus, um nachzuweisen, dass der Zahler

1. den Zahlungsvorgang autorisiert,
2. in betrügerischer Absicht gehandelt,
3. eine oder mehrere Pflichten gemäß § 675l Absatz 1 verletzt oder
4. vorsätzlich oder grob fahrlässig gegen eine oder mehrere Bedingungen für die Ausgabe und Nutzung des Zahlungsinstruments verstoßen

[89] Vgl. nur LG Kiel BKR 2018, 528 (529).

[90] Vgl. BVerfG WM 2010, 208; zust. Palandt/*Sprau* § 675v Rn. 13; Ellenberger/Findeisen/Nobbe/*Nobbe* § 675v BGB Rn. 29, 128.

[91] Wie hier Palandt/*Sprau* § 675v Rn. 13; MüKoBGB/*Zetzsche* § 675v Rn. 73; Ellenberger/Findeisen/Nobbe/*Nobbe* § 675v BGB Rn. 128; **aA** BeckOK BGB/*Schmalenbach* § 675w Rn. 10.

hat. [4]Der Zahlungsdienstleister muss unterstützende Beweismittel vorlegen, um Betrug, Vorsatz oder grobe Fahrlässigkeit des Zahlungsdienstnutzers nachzuweisen.

Übersicht

I. Inhalt und Zweck der Regelung

1 Die Norm setzt Art. 72 PSD II um. Sie hat den **Nachweis der Autorisierung** des Zahlungsvorgangs hinsichtlich der Verteilung der Darlegungs- und Beweislast im Deckungsverhältnis zum Gegenstand. Dieser Nachweis ist ua für einen etwaigen Aufwendungsersatzanspruch (§ 675u BGB) sowie den Anspruch auf Schadensersatz (§ 675v BGB) von Bedeutung. Zudem regelt die Norm die **Definition der Authentifizierung** und den **Nachweis der Authentifizierung** bei einer vereinbarten Autorisierung mittels eines Zahlungsinstruments wie der Debitkarte, sofern die Authentifizierung oder eine Pflichtverletzung streitig sind.[1]

2 Die **Beweislast** wird von dieser Norm **nicht umfassend und nicht abschließend geregelt.** Sie stellt zum einen Mindestanforderungen an den Nachweis der Authentifizierung auf (S. 1, 2) und legt die Grenze der Beweislastverteilung zu Lasten des Karteninhabers fest (S. 3). Hinzu tritt das Gebot unterstützender Beweismittel bei dem Nachweis von Betrug, Vorsatz oder grober Fahrlässigkeit (S. 4). Eine **Abweichung zu Lasten des Karteninhabers** bzw. eine Abbedingung der Normen ist nach § 675e Abs. 4 BGB gegenüber Unternehmern in den allgemeinen Dispositionsgrenzen, insbesondere den §§ 305 ff. BGB, zulässig. Zudem eröffnet § 675i Abs. 2 S. 2, § 675d Abs. 1 S. 2 BGB in Konstellationen mit Drittstaaten- und Drittwährungsbezug eine Dispositionsmöglichkeit. Sofern die Debitkarte auch eine E-Geld Funktion aufweist, ist insofern die Dispositionsfreiheit nach § 675i Abs. 2 Nr. 3 BGB bei Kleinbetragsinstrumenten einschlägig. Die **Abweichung zugunsten des Karteninhabers** ist nach allgemeinen Regelungen möglich.

II. Der Nachweis der Autorisierung (S. 1)

3 Die Regelung legt die **Mindestanforderungen für den Nachweis der Autorisierung** eines Zahlungsvorgangs nach § 675j Abs. 1 S. 1 BGB durch den Karteninhaber im Deckungsverhältnis fest, wenn der Zahlungsvorgang mittels Debitkarte erfolgt ist oder erfolgen soll (vgl. Art. 72 PSD II sowie Erwägungsgrund Nr. 72). Damit sind zugleich die Voraussetzungen des Aufwendungsersatzanspruchs (§§ 675c Abs. 1, 670 BGB) erfasst. Die Regelung erfasst alle Konstellationen der Autorisierung eines Zahlungsvorganges, sofern die Debitkarte eingesetzt wurde. Nach der allgemeinen Beweislastverteilung hat der Karteninhaber die Erteilung des Zahlungsauftrags und die kartenausgebende Bank dessen Erfüllung und die Autorisierung zu beweisen. Sofern diese **Autorisierung streitig** ist, hat die kartenausgebende Bank den **Nachweis der Autorisierung** zu erbringen, indem sie

[1] Zu Anwendungsbereich und Abdingbarkeit vgl. Konto → Kap. 3 BGB § 675w Rn. 1 ff.

die **Authentifizierung** und die **ordnungsgemäße Abwicklung des Zahlungsvorgangs** bei der Bank nachweist, also dass der Zahlungsvorgang ordnungsgemäß aufgezeichnet, verbucht und nicht durch eine Störung beeinträchtigt wurde.[2] Streitig ist die Autorisierung ua, wenn eine missbräuchliche Kartenverwendung vorgetragen wurde, so dass eine Beweisaufnahme notwendig wird.[3] Während Art. 72 PSD II nun darauf abhebt, dass der Zahlungsvorgang nicht „durch eine technische Panne oder einen anderen Mangel des von dem Zahlungsdienstleister erbrachten Dienstes beeinträchtigt" worden sein darf, verwendet § 675w S. 1 BGB weiterhin den Terminus „Störung". Dies soll klarstellen, dass sich die Beweislast des Dienstleisters auf die Abwesenheit technischer Mängel beschränkt und der geänderte Richtlinienwortlaut auf einem Übersetzungsdefizit beruhe.[4]

Sofern eine der genannten drei Voraussetzungen des S. 1 fehlt bzw. der Nachweis der fehlenden Autorisierung durch den Karteninhaber nicht geführt ist, wurde als **Rechtsfolge** der Nachweis der Autorisierung durch den Zahlungsdienstleister nicht geführt.[5] Die Gegenansicht,[6] die einen abschließenden Charakter der Anforderungen des S. 1 ablehnt, diese als bloße, nicht stets notwendige Mindestanforderungen kennzeichnet und auf den Grundsatz der freien Beweiswürdigung gemäß § 286 ZPO abhebt, vermag vor dem Hintergrund des Art. 72 PSD II nicht zu überzeugen. Danach schreiben die Mitgliedsstaaten vor, dass der Zahlungsdienstleister beim Bestreiten der Autorisierung „nachweisen muss, dass der Zahlungsvorgang authentifiziert war, ordnungsgemäß aufgezeichnet und verbucht und nicht durch eine technische Panne oder einen anderen Mangel des von dem Zahlungsdienstleister erbrachten Dienstes beeinträchtigt wurde." In der Tat sind dies vollharmonisierende Mindestanforderungen, während Beweismaß und Beweiserleichterungen den Mitgliedsstaaten überantwortet bleiben. In welchem Umfang Tatsachen nachzuweisen sind, ist trotz der Richtlinienvorgabe daher eine Frage des nationalen Rechts. Auch die in der nationalen Rechtsprechung entwickelten Regeln einschließlich des Anscheinsbeweises können fortgeführt werden.[7] 4

Die **ordnungsgemäße Aufzeichnung** kann va durch Protokolle des Geldausgabeautomaten bzw. des POS-Terminals nachgewiesen werden. Möglich sind auch Server-Daten. Aus diesen muss erkennbar werden, dass die Daten der Debitkarte ausgelesen wurden, die Echtheitsprüfung erfolge (MM-Merkmal; EMV-Chip) und die Eingabe der zutreffenden PIN erfolgt ist. 5

III. Die Authentifizierung (S. 2)

Die Regelung beinhaltet die **Legaldefinition der Authentifizierung;** Authentifizierung ist nach S. 2 ein Verfahren, mit dem der Zahlungsdienstleister die Nutzung eines bestimmten Zahlungsinstruments, einschließlich seiner personalisierten Sicherheitsmerkmale überprüft. Allerdings ist die Definition in Art. 4 Nr. 29 PSD II präziser, da hier auf ein Verfahren abgestellt wird, mit dessen Hilfe der Dienstleister die Identität eines Nutzers oder die berechtigte Verwendung eines bestimmten Zahlungsinstruments, einschließlich der Verwendung der personalisierten Sicherheitsmerkmale des Nutzers, überprüfen kann. Entsprechendes ordnen die § 675c Abs. 3 BGB iVm § 1 Abs. 23 ZAG an. Nach dem erfolgreichen Durchlaufen des Verfahrens ist eine Authentifizierung erfolgt und S. 1 einschlägig. Die Norm erfasst als zwischen Karteninhaber und kartenausgebener 6

[2] Näher zur Störung des Zahlungsvorgangs Konto → Kap. 3 BGB § 675w Rn. 6.
[3] Vgl. OLG Dresden ZIP 2014, 766; Erman/*v. Westphalen* § 675 Rn. 3, 4.
[4] RegE BT-Drs. 18/11495, 198 f.
[5] Wie hier Ellenberger/Findeisen/Nobbe/*Nobbe* § 675w BGB Rn. 16; Baumbach/Hopt/*Hopt* BankGesch. (7) C/68; Staudinger/*Omlor,* 2012, § 675w Rn. 4 f.; sa BGH NJW 2016, 2024 Rn. 16
[6] So nun, wenngleich ohne hinreichende Berücksichtigung der RL, BankR-HdB/*Maihold* § 54 Rn. 45 (allg. Nachweis einer Zustimmung des Zahlers zu dem Zahlungsvorgang nach § 675j Abs. 1 BGB mithilfe anderer Beweismittel bleibt möglich) sowie MüKoBGB/*Zetzsche* § 675w Rn. 6 f.
[7] Zur Regelungsreichweite näher Konto → Kap. 3 BGB § 675w Rn. 11 ff.

Bank vereinbarte oder durch Gesetz angeordnete Authentifizierung sowohl die starke Authentifizierung (§ 1 Abs. 24 ZAG) wie auch die sonstige Authentifizierung (§ 1 Abs. 23 ZAG).

7 Paradigmatisch ist beim **Einsatz der Debitkarte** im POS-System oder am Geldausgabeautomat[8] die **PIN.** Den **Nachweis der ordnungsgemäßen Authentifizierung** kann die Bank ua durch die Vorlage von eigenen Autorisierungsprotokollen oder solchen Dritter führen, wenn aus diesen zB die konkret eingesetzte Kartentechnologie, die Transaktionstechnologie sowie die Terminalausstattung ersichtlich werden. Auch kann aus diesen hervorgehen, ob die verwendete Debitkarte die Originalkarte mit EMV-Chip war und welche Transaktionstechnologie der EMV-Chip verwendet hat. Autorisierungsprotokolle dokumentieren darüber hinaus Ort und Zeit der Karteneinsätze sowie ob hierbei eine Beeinträchtigung der Zahlungsvorgänge durch eine technische Störung erfolgte.[9]

IV. Die Beweiswürdigung (S. 3, 4)

1. Das Verbot der unwiderleglichen Vermutung und die Regel der Beweiswürdigung

8 Sofern ein Zahlungsvorgang unter Nutzung der Debitkarte erfolgt ist, enthält S. 3 **(negative) Beweisvermutungen.**[10] Danach dürfen die ordnungsgemäße Aufzeichnung der Nutzung der Karte und der Authentifizierung „nicht notwendigerweise" als alleiniger Anknüpfungspunkt für eine unwiderlegliche Beweisvermutung zum Nachteil des Karteninhabers für den Nachweis der ausdrücklich genannten Umstände (S. 3 Nr. 1–4) gewählt werden. Im Rahmen der Beweislast können mithin weitere Umstände des Einzelfalles heranzuziehen sein, um den Nachweis der ausdrücklich genannten Umstände zu erbringen.[11]

9 Als Folge ist eine **Abwägung der Umstände des Einzelfalls** erforderlich bzw. sind ggf. **weitere Tatsachen** vom mitgliedstaatlichen Recht zu identifizieren, deren Darlegung und Beweis erforderlich ist, um im Einzelfall einen der in S. 3 Nr. 1–4 genannten Umstände zu beweisen.[12] Allerdings folgt aus der Norm nicht, dass *stets* weitere Umstände heranzuziehen sind. Auch können die Grundsätze zum Anscheinsbeweis fortgeführt werden. Beides stellt schon die Gesetzesbegründung zur Vorgängerfassung zutreffend fest.[13] Die Regelung stellt somit nur, aber immerhin sicher, dass der gem. § 675w S. 1 BGB von der Bank zu erbringende Nachweis, dass eine Authentifizierung des streitigen Zahlungsvorgangs erfolgt ist und der Zahlungsvorgang ordnungsgemäß aufgezeichnet, verbucht sowie nicht durch eine Störung beeinträchtigt wurde, nicht umgehend zu einer unwiderlegbaren Beweisvermutung führt. Für den Kartennutzer soll die Möglichkeit bestehen, durch Darlegung und Nachweis besonderer Umstände den so von der kartenausgebenden Bank geführten Beweis zu widerlegen.

10 Die **relevanten Umstände,** für die „nicht notwendigerweise" eine unwiderlegliche Beweisvermutung besteht sind die Autorisierung des Zahlungsvorgangs durch den Karten-

[8] Ausf. BankR-HdB/*Maihold* § 54 Rn. 1 ff.

[9] Vgl. OLG Dresden ZIP 2014, 766.

[10] S. a. Erwägungsgrund Nr. 33 Zahlungsdiensterichtlinie 2007.

[11] Reg. Begr. BT-Drs. 16/11643, 114; vgl. aus der Rspr. LG Mannheim WM 2008, 2015; AG Wiesloch WM 2008, 1648; AG Krefeld BKR 2012, 480, wonach jeweils die Verwendung der korrekten Daten des Kontoinhabers nicht den Nachweis des ersten Anscheins für die Berechtigung erbringe.

[12] Vgl. RegE BT-Drs. 18/11495, 198; s. a. schon RegE BT-Drs. 16/11643, 114 zur Vorgängernorm.

[13] Vgl. BR-Drs. 848/08, 187 (188), wonach die in Art. 59 Zahlungsdiensterichtlinie statuierten und im deutschen Recht in § 675w BGB umgesetzten Mindestanforderungen die bestehenden nationalen Grundsätze der Beweislastverteilung unberührt lassen („Letztendlich spiegelt Art. 59 der Zahlungsdiensterichtlinie in Grundsätzen die bisherige Praxis der Gerichte im Fall von Kartenmissbräuchen mittels Eingabe einer PIN wider, so dass die gesetzliche Regelung in § 675w BGB keine grundlegende Änderung mit sich bringt"); so auch Bunte/Zahrte/*Zahrte* AGB-Banken, 4. Teil II Rn. 85.

inhaber (Nr. 1), sein Handeln in betrügerischer Absicht (Nr. 2), die Verletzung einer oder mehrerer Pflichten nach § 675l BGB durch den Inhaber (Nr. 3) sowie der vorsätzliche oder grob fahrlässige Verstoß des Karteninhabers gegen eine oder mehrere Bedingungen für die Ausgabe und Nutzung der Debitkarte (Nr. 4).

In Umsetzung von Art. 72 Abs. 2 PSD II, der Konstellationen erfasst, an denen ein **Zahlungsauslösedienstleister** an dem nicht autorisierten Zahlungsvorgang beteiligt war, nennt S. 3 im Regressverhältnis zwischen Zahler und Zahlungsdienstleister auch den Zahlungsauslösedienstleister nun durch eine Einfügung. Diese ordnet an, dass die Darlegung- und Beweislastregeln der S. 3 und S. 4 auch gelten, wenn ein Zahlungsauslösedienstleister eingeschaltet war. Im Haftungsprozess zwischen Zahler und kontoführenden Zahlungsdienstleister ist daher auch die Aufzeichnung der Nutzung des Zahlungsinstruments durch den Zahlungsauslösedienstleister nicht stets allein ausreichend, um die drei genannten Umstände nachzuweisen. Der Zahlungsdienstleister muss mithin auch zu Umständen vortragen und gegebenenfalls Beweis erbringen, die dem Verantwortungsbereich des Zahlungsauslösedienstleisters zuzuordnen sind. 11

2. Das Gebot ergänzender Beweismittel (S. 4)

Mit Wirkung ab 13.1.2018 wurde S. 4 eingefügt; die Norm setzt Art. 72 Abs. 2 S. 2 PSD II um. Nach ihr muss die kartenausgebende Bank **„unterstützende Beweismittel"** vorlegen, um **Betrug, Vorsatz oder grobe Fahrlässigkeit** nachzuweisen. Damit bezieht sich S. 4 auf die von S. 3 Nr. 2–4 umfassten Konstellationen. Der Inhalt der Regelung erschließt sich durch den Vergleich mit dem Regelungsgehalt von S. 3. Nach Letzterem reichen „Aufzeichnung der Nutzung des Zahlungsinstruments einschließlich der Authentifizierung durch den Zahlungsdienstleister"… „allein nicht notwendigerweise" um die in den dort Nr. 1–4 genannten Konstellationen nachzuweisen. S. 4 ergänzt dies dahingehend, dass für den Nachweis von „Betrug, Vorsatz oder grober Fahrlässigkeit" *in jedem Fall* „unterstützende Beweismittel" erforderlich sind. Demnach reicht hier die Aufzeichnung der Nutzung des Zahlungsinstruments einschließlich der Authentifizierung durch den Zahlungsdienstleister nicht aus, um den Beweis bei diesen Beweisthemen zu erbringen. Dies bestätigt zum einen die Auslegung des S. 3, wonach es auf die Umstände des Einzelfalls ankommt und die Formulierung „nicht notwendig" nur sicherstellt, dass nicht stets aus dem Nachweis dieser Umstände auf die in S. 3 Nr. 1–4 geregelten Konstellationen geschlossen wird. Zugleich ist für den Nachweis von Betrug, Vorsatz oder grober Fahrlässigkeit zumindest erforderlich, dass die kartenausgebende Bank „unterstützende" Beweismittel in den Prozess einführt.[14] Der Schluss allein von den in S. 3 genannten Beweismitteln (Aufzeichnung) auf Betrug, Vorsatz oder grobe Fahrlässigkeit ist mithin ausgeschlossen. Unterstützend ist jedes weitere Beweismittel. S. 4 konkretisiert mithin – wie S. 3 – die Mindestanforderungen an die Darlegungs- und Beweislast des Zahlungsdienstleisters in Bezug auf spezifische Konstellationen bzw. Beweisthemen. Der Anscheinsbeweis beim Einsatz der Debitkarte (→ Rn. 13 ff.), wird hierdurch freilich nicht ausgeschlossen oder grundlegend eingeschränkt. 12

3. Der Anscheinsbeweis beim Einsatz einer Debitkarte

a) Die Anwendung des Anscheinsbeweises nach der Neuregelung. Die Regelung des S. 4 lässt weiterhin eine Würdigung durch den Tatrichter zu, ob eine Autorisierung durch den Karteninhaber selbst, eine fahrlässige, grob fahrlässige oder vorsätzliche Pflichtverletzung oder sogar eine betrügerische Absicht des Karteninhabers vorliegt.[15] Nach dem 13

[14] Vgl. RegE BT-Drs. 18/11495, 198 f.

[15] Vgl. dazu auch *Hoffmann/Haupert/Freiling* ZHR 181 (2017), 780 (801 ff.); *Mack* Die „rechtsscheinbare" Autorisierung von Zahlungsvorgängen, 2018, 180 ff.; *Hofmann* BKR 2018, 62 (68 f.); *Linardatos* NJW 2017, 2145 (2150); *Spitzer* MDR 2018, 561 (566); BeckOK BGB/*Schmalenbach* § 675w Rn. 15; s. a. MüKoBGB/*Zetzsche* § 675w Rn. 12 („Die konkrete Bedeutung von S. 3 und 4 ist unklar.").

tradierten **Anscheinsbeweis beim Einsatz der Debitkarte**[16] greift bei Zahlungen, bei denen der Zahlungsdienstleister die ordnungsgemäße Verwendung der Debitkarte im Original und der PIN zur Auslösung des Zahlungsvorgangs nachweisen kann, ein Beweis des ersten Anscheins. Nach diesem Anscheinsbeweis wird widerleglich vermutet, dass der berechtigte Karteninhaber entweder die Abhebung selbst vorgenommen oder einem Dritten den Missbrauch der Karte grob fahrlässig ermöglicht hat. Grundlage des Anscheinsbeweises bildet der Erfahrungssatz, nach dem der Beweis des ersten Anscheins dafür spricht, dass bei einem zeitnah nach Abhandenkommen einer Debitkarte erfolgten Abheben von Bargeld mit PIN am Geldausgabeautomaten der Karteninhaber die PIN pflichtwidrig auf der Debitkarte notiert oder mit dieser gemeinsam verwahrt hat, sofern andere Ursachen für einen Missbrauch nach der Lebenserfahrung außer Betracht bleiben. Dieser Anscheinsbeweis wird nicht durch den Nachweis des Karteninhabers erschüttert, dass ihm die Karte abhandengekommen sei, denn sofern ein Einsatz der Karte mit der PIN zeitnah nach Abhandenkommen erfolgt, spricht der Beweis des ersten Anscheins dafür, dass der Karteninhaber die PIN auf der Karte notiert oder erkennbar in unmittelbarer Nähe aufbewahrt und sich daher grob fahrlässig verhalten hat. Der Kunde hat daher diesen Anscheinsbeweis durch substantiierte Darlegungen zu erschüttern, nach denen ihm Karte und PIN trotz der gebotenen Sorgfalt abhandengekommen sind. Dieser **Anscheinsbeweis** hat auch unter Geltung von S. 3, 4 **weiterhin Bestand.**

14 Dem steht nicht entgegen, dass es sich beim **Anscheinsbeweis nicht um ein „Beweismittel" im Sinn der ZPO** handelt.[17] Denn nach der Relativität der Rechtsbegriffe muss der Terminus „Beweismittel" in § 675w S. 4 BGB nicht im Sinne der ZPO verstanden werden. Hierfür spricht schon, dass der deutsche Gesetzgeber mit diesem Begriff offenkundig die Vorgabe aus Art. 72 PSD II aufgreift[18] und deren Begriff des „Beweismittel" zweifelsohne nicht dem Terminus der ZPO entspricht. Der Anscheinsbeweis ist ein Element der Beweiswürdigung und damit prozessrechtlicher Natur. Es ist sachgerecht, ihn als „Beweismittel" im Sinne von § 675w S. 4 BGB aufgrund der unionsrechtlichen Vorprägung der Norm zu verstehen.

15 Auch nach dem **Telos des § 675w S. 4 BGB** ist der Einbezug des Anscheinsbeweises als „Beweismittel" wertungsgerecht. Mithin wird dem von S. 4 geforderten Umstand, wonach der Nachweis der genannten Konstellationen gerade nicht nur durch die Aufzeichnung der Autorisierung erfolgen kann, Rechnung getragen. Denn es muss jener typische Geschehensablauf hinzutreten, an den das Gericht sodann den Erfahrungssatz anknüpft. Denn der Anscheinsbeweis setzt einen typischen Geschehensablauf voraus, dh einen sich aus der Lebenserfahrung bestätigenden gleichförmigen Vorgang, durch dessen Typizität es sich erübrigt, die tatsächlichen Einzelumstände eines bestimmten historischen Geschehens nachzuweisen. Damit liegt gerade ein *zusätzliches* „Beweismittel" im Sinn des S. 4 vor. Darüber hinaus muss das Gericht auch bei Anwendung des Anscheinsbeweises zur vollen Überzeugung der festgestellten Tatsachen gelangen.[19] Eine Absenkung des Beweismaßes ist gerade nicht mit dem Anscheinsbeweis verbunden. Umgekehrt vermag der Zahlungsdienstleister ohne Anscheinsbeweis fast nie die grobe Fahrlässigkeit des Debitkarteninhabers nachzuweisen, kennt er doch die konkreten Umstände des Abhandenkommens der Debitkarte und der PIN nicht, Auskunftsansprüche gegen den Karteninhaber sind insofern nicht zielführend. Materiell rechtfertigt sich der Anscheinsbeweis weiterhin aus den ganz erheblichen Missbrauchsgefahren der Debitkarte mit einer grundsätzlichen Gefährdung des – für Kunden und Bank vorteilhaften – Systems, wenn ein Missbrauch der Karten sowie die Vortäuschung eines Missbrauchs nicht effektiv verhindert werden können. Materiell basiert

[16] Vgl. zu diesem ausf. BGH NJW 2016, 2024 Rn. 23 (zum früheren Recht, aber nach Verabschiedung der PSD II entschieden); OLG Dresden ZIP 2014, 766; OLG Düsseldorf ZIP 2012, 224, jeweils zur früheren Rechtslage.

[17] Vgl. nur Wieczorek/Schütze/*Ahrens* § 286 ZPO Rn. 48; MüKoZPO/*Prütting* § 286 Rn. 48.

[18] Vgl. Art. 72 PSD II: „unterstützende Beweismittel vorlegen".

[19] Vgl. BGH NJW 1998, 79 (81).

die Missbrauchsgefahr auf der Bargeldersatzfunktion der Debitkarte, die sich beide Parteien, Bank und Kunde, zunutze machen. Daher ist auch ein angemessener Interessenausgleich bei der Beweislast erforderlich. Diesen bildet der Anscheinsbeweis ab. Eine Ausweitung der Missbrauchsanfälligkeit der Nutzung der Debitkarte ua an Geldausgabeautomaten gefährdet dieses System insgesamt, mit anderen Worten führt die Versagung einer wertungsadäquaten Verteilung der Beweislast unter Heranziehung des Anscheinsbeweises ggf. dazu, dass die letztlich von allen Systemteilnehmern zu tragenden finanziellen Folgen der Kartenmissbräuche zu hoch werden, um das System insgesamt fortzuführen.

Die **historische Auslegung der Norm** fördert kein abweichendes Verständnis zutage. 16
Zum einen stellt der deutsche Gesetzgeber insofern keine weitergehenden Mindestanforderungen auf, im Gegenteil fordert er im Grundsatz nur den Nachweis der Authentifizierung.[20] Diese soll aber nicht „in jedem Fall“ als Nachweis ausreichen.[21] Dem entspricht die Ergänzung um den typischen Geschehensablauf beim Anscheinsbeweis als zusätzliches Element der Beweiswürdigung. Auch dem historischen Gesetzgeberwillen, wonach stets die Umstände des Einzelfalls maßgeblich sein sollen und der Zahlungsdienstenutzer die Möglichkeit haben soll, sich auf den missbräuchlichen Einsatz der Debitkarte durch einen Dritten zu berufen,[22] wird mit dem Anscheinsbeweis Rechnung getragen. Führt dieser doch nicht zu einer Umkehr der Beweislast und bleibt dem Zahlungsdienstenutzer weiterhin der Vortrag eines atypischen Geschehensablaufs sowie sonstiger Umstände unbenommen, die gegen eine Heranziehung des Erfahrungssatzes sprechen. Schließlich wäre erforderlich gewesen, dass der deutsche Gesetzgeber die Abkehr von dem tradierten Anscheinsbeweis beim Einsatz einer Debitkarte in den Gesetzesmaterialien als fundamentale Abweichung vom bislang geltenden Recht hinreichend deutlich macht. Eine solche Kennzeichnung fehlt nicht nur, vielmehr sind die genannten Ausführungen zu § 675w S. 3, 4 BGB ohne weiteres mit der bisherigen Verwendung des Anscheinsbeweises vereinbar.

Die **Vorgaben der PSD II** sprechen ebenfalls nicht gegen die Verwendung des An- 17
scheinsbeweises in der tradierten Weise beim Einsatz der Debitkarte am Geldausgabeautomaten.[23] So fordert Art. 72 Abs. 2 PSD II nur, dass der Zahlungsdienstleister „unterstützende Beweismittel vorlegen“ muss. Der Terminus „Beweismittel“ ist in der Richtlinie nicht näher definiert. Er kann angesichts der unionsweiten Ausrichtung der Richtlinie nicht mit dem entsprechenden deutschen Terminus in der ZPO gleichgesetzt werden. Angesichts dessen spricht kein sachlich-rechtfertigender Grund dagegen, den Anscheinsbeweis als Instrument der Beweiswürdigung unter den entsprechenden Richtlinienbegriff zu subsumieren. Auch aus dem korrespondierenden Erwägungsgrund Nr. 72 der PSD II folgt nichts anderes. Denn dieser verweist zum einen (auch) für den Nachweis der Fahrlässigkeit grundlegend und umfassend auf das nationale Recht.[24] Zudem wird nur die vertragliche Erhöhung der Beweislast für den Verbraucher bzw. die Verringerung für die

[20] Vgl. Begr. RegE BT-Drs. 18/11495, 167: „Zum Nachweis der Autorisierung, einer Sorgfaltspflichtverletzung des Zahlungsdienstnutzers oder eines Handelns in betrügerischer Absicht hat der Zahlungsdienstleister des Zahlers *zumindest* darzulegen und gegebenenfalls zu beweisen, dass eine Authentifizierung stattgefunden hat und der Zahlungsvorgang technisch einwandfrei abgelaufen ist.“ (Hervorh. v. Verf.).

[21] Vgl. Begr. RegE BT-Drs. 18/11495, 167: „Wurde der Zahlungsvorgang durch ein Zahlungsinstrument aus Sicht des Zahlungsdienstleisters ordnungsgemäß ausgelöst, soll allein dieser Nachweis *nicht in jedem Fall* ausreichen, um die Autorisierung des Zahlungsvorgangs, eine Sorgfaltspflichtverletzung oder ein betrügerisches Handeln des Zahlungsdienstnutzers nachzuweisen.“ (Hervorh v. Verf.).

[22] Vgl. Begr. RegE BT-Drs. 18/11495, 167: „Durch § 675w Satz 3 und 4 BGB soll verhindert werden, dass *ohne Ansehung des Einzelfalles allein* die Aufzeichnung des Einsatzes eines Zahlungsinstruments ausreicht, um einen Aufwendungsersatzanspruch oder einen Schadensersatzanspruch des Zahlungsdienstleisters zu begründen. Dem Zahlungsdienstnutzer soll auch in diesem Fall die Möglichkeit bleiben, sich auf einen Diebstahl oder eine missbräuchliche Verwendung des Zahlungsinstruments durch einen Dritten zu berufen.“ (Hervorh v. Verf.).

[23] S. a. *Linardatos* NJW 2017, 2145, nach dem die Regelung ua auf einem Fehlverständnis bzw. einer Fehlformation über die deutsche Rechtslage basiert.

[24] Vgl. EG Nr. 72 PSD II „Ob und in welchem Maße fahrlässig gehandelt wurde, sollte nach nationalem Recht beurteilt werden“.

kartenausgebende Stelle als nichtig erklärt. Darüber hinaus enthält die Richtlinie keine hinreichend präzisen Vorgaben für die Beweislast bzw. das Beweismaß beim möglichen Missbrauch der Debitkarte im Normtext der Richtlinie, wobei der Richtlinie entsprechende Vorgaben nicht fremd sind (vgl. zB Erwägungsgrund Nr. 85 bzw. Art. 41). Die ergänzenden Ausführungen im Erwägungsgrund Nr. 72, wonach es „in bestimmten Situationen" „angemessen" sei, dass der Zahlungsdienstleister die Beweislast trägt, sind deutlich zu vage, um sich als normative Vorgabe für die mitgliedstaatliche Ausgestaltung der jeweiligen Rechtsordnung zu eignen. Der Vorgabe des Unionsrechts, wonach die Umstände des Einzelfalls maßgeblich sein sollen,[25] wird mit dem Anscheinsbeweis Rechnung getragen, da dieser durch einen substantiierten und glaubhaften Vortrag eines atypischen Geschehensablaufs erschüttert werden kann und gerade keine Beweislastumkehr bedeutet.[26]

18 Hinzuweisen bleibt darauf, dass der **EuGH** über die **Auslegung der PSD II letztverbindlich** entscheidet. Indem der Erwägungsgrund Nr. 72 allerdings die Frage der Beweislast und damit die Anerkennung des Anscheinsbeweises im Rahmen von S. 3, 4 im Grundsatz an das mitgliedstaatliche Recht überantwortet, besteht keine Vorlagepflicht dahingehend, ob der Anscheinsbeweis im Rahmen von S. 3, 4 ein „Beweismittel" im Sinne der Vorgabe in Art. 72 bzw. Erwägungsgrund Nr. 72 der PSD II darstellt.[27] Vielmehr bestimmt sich diese Eigenschaft nach dem nationalen Recht, das die Richtlinie selbst insofern als maßgeblich erachtet. Allerdings bleibt weiterhin die allgemeine Grenze, nach der das nationale Recht – auch wenn ihm die Ausgestaltung bestimmter Bereiche ausdrücklich überantwortet ist – die praktische Wirksamkeit der unionsrechtlichen Vorgabe nicht beeinträchtigen darf. Insofern ist der EuGH zur Entscheidung berufen.

19 **b) Die Anwendung des Anscheinsbeweises im Einzelnen.** Im Einzelnen gilt danach: Bei einem – vom Karteninhaber behaupteten – missbräuchlichen **Einsatz einer Debitkarte** am Geldausgabeautomaten oder an POS-Kassen[28] muss der Kunde nach der prozessualen Rollenverteilung seinen Anspruch auf Rückbuchung bzw. auf Zahlung nach Maßgabe des Saldos durchsetzen.[29] Damit ist der Kunde zumeist in der Rolle des Klägers, während sich das Kreditinstitut in der Beklagtenrolle befindet. Gleichwohl wird die Darlegungs- und Beweislast hierdurch nicht verändert. Nach dieser ist das **kartenausgebende Institut prinzipiell beweisbelastet,** auch wenn der Zahlungsbetrag bereits in das Kontokorrent eingestellt worden ist. Etwas anderes gilt, wenn ein Saldoanerkenntnis vorliegt und der Kunde nun aus ungerechtfertigter Bereicherung (§ 812 Abs. 1 S. 1 Alt. 1 BGB) gegen den Saldo vorgeht. Dann trifft die Darlegungs- und Beweislast für die Rechtsgrundlosigkeit der Leistung, mithin für das Fehlen des Aufwendungs- oder Schadensersatzanspruchs der kartenausgebenden Bank, den Kontoinhaber/Karteninhaber.

20 Bei einer **Bargeldausgabe am Geldausgabeautomaten** kann das kartenausgebende Kreditinstitut mit dem Geldausgabeautomaten-Journal, dem die Auszahlungsvorgänge entnommen werden können, beweisen, dass die Aufwendung getätigt, hierbei die (Original-) Karte verwendet und die dabei richtige PIN eingegeben wurde. Auch die Zahl der bis zu drei Fehlversuche bei der PIN-Eingabe wird im Journal registriert. Das Kreditinstitut hat in der Regel aber keine Kenntnis von der Person des Kartenverwenders sowie kein Wissen über die beim Umgang mit der Karte und der PIN vom Karteninhaber aufgewendete Sorgfalt. Auch die Umstände eines etwaigen Abhandenkommens von PIN und Karte sowie der zuvor bei der Verwahrung aufgewandten Sorgfalt des Karteninhabers, sind dem Kredit-

---

[25] Vgl. EG Nr. 72 „…sollten alle Umstände berücksichtigt werden".

[26] BGH NJW 2004, 3623 (3625).

[27] IE wohl auch MüKoBGB/*Zetzsche* § 675w Rn. 28; sa Ellenberger/Findeisen/Nobbe/*Nobbe* § 675w BGB Rn. 29.

[28] Die nachfolgenden Ausführungen gelten *mutatis mutandis* beim Einsatz der Debitkarte im POS-System, wobei ein Missbrauch dort, schließt man von den streitigen Fällen auf die Häufigkeit, in der Praxis selten vorkommt.

[29] Vgl. unter der früheren Rechtslage BGHZ 160, 308 = BGH WM 2004, 2309 (2310); BGHZ 145, 337 = BGH WM 2000, 2421 (2422); MüKoBGB/*Casper,* 5. Aufl. 2009, § 676h Rn. 34.

institut unbekannt. Hinzu tritt die besondere Missbrauchsanfälligkeit der Karte, die Verfügungen zulässt, wenn man im Besitz der Karte ist und die PIN kennt. In der Folge müsste das Kreditinstitut bei unveränderter Aufrechterhaltung der Darlegungs- und Beweislast Umstände darlegen und beweisen, die sich stets der Kenntnis der Bank entziehen und zum Bereich des Karteninhabers gehören. Daher ist dem Karteninhaber eine sekundäre Behauptungslast auferlegt,[30] wonach er sein Bestreiten der Sorgfaltswidrigkeit mit einem Gegenvortrag zu substantiieren hat. Eine Umkehr der Darlegungs- und Beweislast für das Nichtvorliegen eines Sorgfaltsverstoßes erfolgt hingegen nicht.

Freilich mildert diese sekundäre Behauptungslast die Beweisnot des Kreditinstituts nur geringfügig. Muss dieses doch weiterhin beweisen, dass der Kunde die Geldabhebung selbst vorgenommen hat oder dass er den Missbrauch der Karte durch einen Dritten grob fahrlässig ermöglicht hat. Daher greift der o. g. **Anscheinsbeweis** bei einem vom Kreditinstitut behaupteten **Missbrauch einer Debitkarte mit PIN** (→ Rn. 13).[31] Der Anscheinsbeweis setzt aber voraus, dass die Originalkarte für den Missbrauch verwendet wurde, da beim Missbrauch einer (zB durch Skimming erstellten) Kartendublette irrelevant ist, ob Karte und PIN zusammen verwahrt werden.[32] Zudem hat die Bank nach dieser Rechtsprechung den Einsatz der Originalkarte zu beweisen, um sich auf den Anscheinsbeweis zu berufen,[33] zB durch Vorlage des Journalstreifens oder einer sonstigen Dokumentation der Kartenabhebung, die den Einsatz einer Kartenkopie ausschließende Echtheitsprüfung der Karte belegt. Dabei ist zu berücksichtigen, dass die Verwendung von Kartendoubletten im Inland durch ein Echtheitsmerkmal ausgeschlossen ist, das bei der Auszahlung am Geldausgabeautomaten überprüft wird.[34] Ausländische Automaten prüfen dieses indes vielfach nicht. Hingegen besteht kein Erfahrungssatz, wonach das Abhandenkommen auf einer unsorgfältigen Verwahrung beruht.[35] 21

Der **Anscheinsbeweis** kann durch Darlegung und Nachweis anderer Ursachen des Missbrauchs der Debitkarte vom Karteninhaber **erschüttert** werden.[36] Der Karteninhaber muss hierzu die Möglichkeit eines atypischen Verlaufs konkret darlegen und gegebenenfalls nachweisen, um dem Anscheinsbeweis die Grundlage zu entziehen. Er muss im Bestreitensfall Tatsachen nachweisen, welche die Annahme rechtfertigen, dass im konkreten Fall eine abweichende Konstellation vorliegt, als die typische, nach der Lebenserfahrung regelmäßig in solchen Fällen vorliegende. Wegen der ganz außerordentlichen Schwierigkeiten einer PIN-Ermittlungsmöglichkeit bedarf es aber einer konkreten und substantiierten Darlegung und gegebenenfalls des Nachweises der Möglichkeit einer alternativen Ursache.[37] Der Hinweis auf eine bloß abstrakt theoretisch denkbare Möglichkeit der PIN-Ermittlung reicht nicht zur Erschütterung des Anscheinsbeweises aus.[38] Der Kunde kann den Anscheinsbeweis ua damit erschüttern, dass er darlegt und beweist, dass er die PIN nicht auf der Karte notiert hat und diese nicht zusammen mit der Karte aufbewahrt hat 22

---

[30] BGHZ 160, 308 = BGH WM 2004, 2309 (2310).

[31] Zum früheren Recht grundlegend BGHZ 160, 308 = BGH WM 2004, 2309 (2310) mwN aus der Rspr.; BGH NJW 2012, 1277; BGH WM 2011, 924; BGHZ 170, 18 Rn. 31; s. a. BVerfG WM 2010, 208, 209; OLG Stuttgart WM 2003, 125.

[32] BGH NJW 2012, 1277 Rn. 16; BGHZ 160, 308 (312) = NJW 2004, 3623 (jeweils zur früheren Rechtslage).

[33] BGH NJW 2012, 1277 Rn. 18 (zur früheren Rechtslage); s. a. AG München BeckRS 2014, 11550, wonach insoweit der unstreitige Sachverhalt ausreicht, dass die Originalkarte gestohlen wurde, da es gänzlich außerhalb der Lebenswahrscheinlichkeit stehe, dass ein Dritter eine Originalkarte stiehlt und sodann mittels einer Kartendoublette ohne Verwendung der gerade gestohlenen Originalkarte Abhebungen vornimmt; krit. zur Anforderung des Einsatzes der Originalkarte *Günther* WM 2013, 496 (498 f.).

[34] Nr. 2.1.1. Ziff. 18, Nr. 2.3.7 Anl. 2 zur GA-Vereinbarung.

[35] So LG Bonn NJW-RR 2005, 1645.

[36] BGH WM 2011, 924, unter Verweis auf BVerfG WM 2010, 208, 209; zum neuen Recht OLG Düsseldorf ZIP 2014, 1923; OLG Dresden ZIP 2014, 766; ausf. zu diesem Themenkreis unlängst *Günther* WM 2013, 496.

[37] Vgl. zu den Sicherungsverfahren *Hoffmann/Haupert/Freiling* ZHR 181 (2017), 781 (796 ff.); *Mack*, Die „rechtsscheinbare" Autorisierung von Zahlungsvorgängen 2018, 191 ff.

[38] BGH NJW 2004, 3623; OLG Brandenburg WM 2007, 2193 (2915).

oder dass die PIN ohne sein Verschulden[39] kurze Zeit vor der Entwendung der Karte ausgespäht worden ist. Das Ausspähen der PIN mit Hilfe optischer oder technischer Hilfsmittel oder durch Manipulation des Geldausgabeautomaten ist zwar denkbar. Als ernsthafte Möglichkeit einer Schadensursache, die den Beweis des ersten Anscheins für eine grob fahrlässige gemeinsame Aufbewahrung von PIN und ec-Karte bei Eingabe der PIN durch einen unbefugten Dritten entfallen lässt, kommt das Ausspähen der PIN aber nur in Betracht, wenn die ec-Karte in einem näheren zeitlichen Zusammenhang[40] mit der letztmaligen PIN Eingabe durch den Karteninhaber entwendet worden ist.[41] Eine Erschütterung des Anscheinsbeweises ist nach der Rechtsprechung gegeben, wenn der Bankkunde ein offensichtlich organisiertes Vorgehen einer professionellen Täterbande mit Abhebungen im Minutentakt in verschiedenen Städten darlegt[42] oder zu verschiedenen Zeitpunkten in schneller Folge insgesamt 19 Abhebungen erfolgt sind und ein atypischer Geschehensverlauf insoweit vorliegt, als der Kunde nach Schwierigkeiten bei der letztmaligen Nutzung der Debitkarte am Geldautomaten diese vermisste.[43] Ausgeschlossen soll der Anscheinsbeweis zudem bei einer Beweisvereitelung durch Vernichtung der Bankkarte durch die Bank[44] bzw. der Videoaufzeichnungen[45] sein. Nicht ausreichend zur Erschütterung ist die einmalige oder mehrmalige fehlerhafte Eingabe der PIN beim Missbrauch der Karte.[46]

23 Ein **Erraten der PIN oder Herausfinden der PIN durch Ausprobieren** sind unwahrscheinlich.[47] Denn die Karte wird nach drei aufeinanderfolgenden fehlerhaften Versuchen der PIN-Eingabe auch an verschiedenen Automaten automatisch gesperrt.[48] Zudem besteht nach wissenschaftlichen Erkenntnissen derzeit keine Möglichkeit, die PIN aus der Karte in kurzer Zeit und mit einem für Dritte erreichbarem Aufwand zu errechnen.[49] Selbstredend kann sich diese Bewertung ändern, wenn das Sicherungssystem der Debitkarte und die PIN unverändert bleiben und die technische Weiterentwicklung deren Entschlüsselung in den Bereich des mit vertretbarem Aufwand Möglichen bringen. Auch insoweit reicht allerdings die bloße Behauptung durch den Karteninhaber nicht aus. Vielmehr muss die Entschlüsselung in dem Zeitraum zwischen Abhandenkommen und Einsatz der Karte technisch möglich sein.[50] Allgemein muss der Karteninhaber konkret zu etwaigen Sicherheitslücken vortragen und ggf. insofern ein Sachverständigengutachten als Beweis anbieten, wenn streitig ist, ob der Anscheinsbeweis noch durch das Sicherheitsniveau gerechtfertigt

---

[39] ZB durch sog. Aufsatztastaturen am Geldausgabeautomat oder durch Minikameras, welche die PIN-Eingabe filmen.

[40] Für max. einen halben Tag als nahen zeitlichen Zusammenhang MüKoBGB/*Zetzsche* § 675w Rn. 33; Erman/*v. Westphalen* § 675w Rn. 19.

[41] BGH WM 2004, 2309; NJW 1991, 230 (231); OLG Frankfurt WM 2009, 1602; OLG Karlsruhe WM 2008, 1549 (1550); OLG Brandenburg WM 2007, 2193 (2195), dort aber Ausschluss des Ausspähens im Einzelfall.

[42] Vgl. OLG Frankfurt BeckRS 2015, 09135.

[43] OLG Düsseldorf NJW 2012, 3381 = ZIP 2012, 2244 (Augenblicksversagen bei Übersehen der Nichtausgabe der Karte); tendenziell **aA** OLG Düsseldorf ZIP 2014, 1923 (bloße Erklärung des Verlusts der Karte nicht hinreichend, da weiterhin unklar bleibt, wie der Dritte mit korrekter PIN Geld abheben konnte).

[44] Vgl. AG Frankfurt a. M. GWR 2009, 203 (Beweisvereitelung).

[45] AG Potsdam WM 2009, 1941.

[46] AG Hamburg WM 2011, 498; AG Frankfurt a. M. WM 2011, 496 (497).

[47] IE auch AG Bremen WM 2000, 1639; BuB/*Werner* Rn. 6/1472; Baumbach/Hefermehl/Casper/*Casper* Kartenzahlungen Rn. 28 f.; krit. *Hofmann* WM 2005, 441 (447) (unter Hinweis auf den Auslandseinsatz); vgl. grundsätzlich zur Sicherheit der früheren EC-Karte (heute girocard) BGH NJW 2004, 3623 (3624) mwN; sa BGH NJW 2007, 593 und BVerfG WM 2010, 208 (209).

[48] Vgl. Ziff. A III 1.2 Bedingungen girocard; Nr. A III 1.2 Bedingungen Sparkassencard und Sonderbedingungen VR-BankCard; Nr. A III 1.2 Bedingungen Postbank Card.

[49] So die hM, vgl. OLG Düsseldorf ZIP 2014, 1923 mwN; OLG Dresden ZIP 2014, 766; OLG Düsseldorf NJW 2012, 3381 = ZIP 2012, 2244; OLG Frankfurt a. M. ZIP 2008, 774; BuB/*Werner* Rn. 6/1465; MüKoHGB/*Haertlein* ZahlungsV E Rn. 160; Baumbach/Hefermehl/Casper/*Casper* Kartenzahlungen Rn. 28 f.; vgl. zu den technischen Einzelheiten OLG Stuttgart WM 2003, 125; BGH ZIP 2012, 217 Rn. 37; sa AG Freudenstadt WM 2017, 472 (474) mit dem Hinweis auf ein einschlägiges Sachverständigengutachten.

[50] Vgl. – noch zur früheren Rechtslage – AG Frankfurt NJW 1998, 687 (687 f.); AG Hohenschönhausen WM 2002, 1057 (1059).

wird. Dabei bestehen zweifelsohne mangels Einblicks in die Abläufe Schwierigkeiten für den Karteninhaber, die technischen Abläufe und konkreten Sicherheitsvorkehrungen des kartenausgebenden Instituts darzulegen. Gleichwohl kann aber die bloße Behauptung möglicher Sicherheitslücken nicht ausreichen, um das kartenausgebenden Institut im Wege der sekundären Beweislast zum Vortrag technischer Details zur Widerlegung zu verpflichten.[51] Die Anforderungen an hinreichend substantiierten Tatsachenvortrag durch den Karteninhaber zu Risiken der verwendeten Technik dürfen nicht zu gering angesetzt werden.[52] Nicht zuletzt ist dem Interesse an der Wahrung des Geschäftsgeheimnisses und der Systemsicherheit insgesamt bei den Anforderungen an einen hinreichend substantiierten Vortrag Rechnung zu tragen.[53]

Das **Ausspähen der PIN durch Dritte** trotz hinreichender Sorgfalt des Karteninhabers ist nur möglich, wenn die Karte dem Inhaber in unmittelbarem zeitlichem Zusammenhang mit der PIN-Eingabe an einer POS-Kasse oder an einem Geldausgabeautomaten entwendet wurde. Denn die Karte wird bei diesen sog. Spähangriffen typischerweise zeitnah entwendet und sodann auch zeitnah von dem Dritten missbräuchlich eingesetzt.[54] Beim sog. **Skimming** werden die im Magnetstreifen gespeicherten Kartendaten ausgelesen, zB durch Manipulation des Türöffners zum Vorraum einer Bank oder des Eingabeschlitzes des Automaten, und auf eine Kartendoublette gespeichert. Zudem wird die Eingabe der PIN erspäht, zB durch Minikameras oder Spiegel.[55] Unter Einsatz der Kartendoublette und der PIN erfolgt sodann die Transaktion. Die Anwendung des Anscheinsbeweises scheidet in diesen Konstellationen aus, da nicht die Originalkarte eingesetzt wurde. In der Folge besteht kein Anknüpfungspunkt für den typischen Geschehensablauf, wonach der Karteninhaber Debitkarte und die PIN zusammen oder in der Nähe zueinander ohne hinreichende Sorgfalt verwahrt haben muss. Der Einsatz einer Kartendoublette am Geldausgabeautomaten ist unabhängig davon, ob der Karteninhaber die Originalkarte und die PIN sorgfaltsgemäß verwahrt hat. Zugleich steht aufgrund der mannigfachen, angeführten Angriffsformen beim Skimming nicht grundsätzlich fest, dass der Karteninhaber die gebotene Sorgfalt außer Acht gelassen hat, so zB wenn der Türöffner manipuliert und die PIN mittels einer Minikamera ausgespäht wurde. Die Anzahl der Skimming-Angriffe ist bislang nicht geeignet, die Systemsicherheit und den Anscheinsbeweis bei Verwendung der Originalkarte insgesamt auszuschließen.[56] 24

Für eine **Innentäterattacke** müssen etwaige Sicherheitslücken im System des kartenausgebenden Instituts durch Mitarbeiter des Zahlungsdienstleisters oder eingeschalteter Unternehmen bei der technischen Abwicklung ausgenutzt worden sein.[57] Da dem Karteninhaber das interne Sicherungssystem des Zahlungsdienstleisters unbekannt ist, greift insoweit ebenfalls eine sekundäre Behauptungslast. Nach dieser muss sich die Bank zu konkreten Behauptungen des beweisbelasteten Kontoinhabers ebenfalls konkret äußern, da nur sie die wesentlichen Umstände kennt und sich zu diesen konkret und zumutbar äußern kann. Allerdings lösen bloße allgemeine Behauptungen des Karteninhabers von Sicherheitsmängeln des Debitkartensystems ohne Vortrag konkreter Anknüpfungstatsachen diese sekundäre Behauptungslast nicht aus. Anderenfalls läge eine unzulässige Ausforschung vor.[58] Zudem sind berechtigte Geheimhaltungsinteressen der Bank zu berücksichtigen und darf 25

---

[51] S. a. OLG Dresden NJW-RR 2014, 824.

[52] Allg. dazu BGH NJW 2004, 3623 (3625); OLG Frankfurt WM 2009, 1602 (1604); OLG Brandenburg WM 2007, 2193 (2195).

[53] IE auch Ellenberger/Findeisen/Nobbe/*Nobbe* § 675w BGB Rn. 44 sowie BankR-HdB/*Maihold* § 54 Rn. 118.

[54] Zutr. BGHZ 160, 308 = BGH WM 2004, 2309, 2310; Baumbach/Hefermehl/Casper/*Casper* Kartenzahlungen Rn. 30; BuB/*Werner* Rn. 6/1465e.

[55] BankR-HdB/*Maihold* § 54 Rn. 120 ff.

[56] Ellenberger/Findeisen/Nobbe/*Nobbe* § 675w BGB Rn. 37.

[57] Vgl. dazu OLG Dresden ZIP 2014, 766; OLG Frankfurt WM 2008, 534 (keine Anhaltspunkte für Sicherheitsmängel); iE auch Baumbach/Hefermehl/Casper/*Casper* Kartenzahlungen Rn. 17.

[58] Zutr. OLG Frankfurt NJW-RR 2007, 198.

die Sicherheit des Systems nicht durch eine Bekanntgabe an Dritte gefährdet werden.[59] Zu berücksichtigen ist schließlich, dass die PIN weder im Bereich der Bank noch bei den eingeschalteten Rechenzentren gespeichert wird.

26 Sofern die Debitkarte nicht mit der PIN, sondern mit der bloßen Unterschrift eingesetzt wird, greift bei der Fälschung der Unterschrift der Anscheinsbeweis nicht. Dies folgt schon daraus, dass die Unterschrift des Karteninhabers nicht vergleichbar der PIN durch Sicherheitsvorkehrungen gegen die Kenntnis Dritter geschützt, sondern vielmehr im Geschäftsverkehr bekannt gegeben wird. Gleiches gilt, wenn die Debitkarte zur Legitimation bei einer Barauszahlung am Schalter verwendet wird. Auch in diese Konstellation ist der dargestellte Anscheinsbeweis nicht einschlägig.

§ 675y Haftung der Zahlungsdienstleister bei nicht erfolgter, fehlerhafter oder verspäteter Ausführung eines Zahlungsauftrags; Nachforschungspflicht

(1) **1 Wird ein Zahlungsvorgang vom Zahler ausgelöst, kann dieser von seinem Zahlungsdienstleister im Fall einer nicht erfolgten oder fehlerhaften Ausführung des Zahlungsauftrags die unverzügliche und ungekürzte Erstattung des Zahlungsbetrags verlangen. 2 Wurde der Betrag einem Zahlungskonto des Zahlers belastet, ist dieses Zahlungskonto wieder auf den Stand zu bringen, auf dem es sich ohne den fehlerhaft ausgeführten Zahlungsvorgang befunden hätte. 3 Wird ein Zahlungsvorgang vom Zahler über einen Zahlungsauslösedienstleister ausgelöst, so treffen die Pflichten aus den Sätzen 1 und 2 den kontoführenden Zahlungsdienstleister. 4 Soweit vom Zahlungsbetrag entgegen § 675q Abs. 1 Entgelte abgezogen wurden, hat der Zahlungsdienstleister des Zahlers den abgezogenen Betrag dem Zahlungsempfänger unverzüglich zu übermitteln. 5 Weist der Zahlungsdienstleister des Zahlers nach, dass der Zahlungsbetrag ungekürzt beim Zahlungsdienstleister des Zahlungsempfängers eingegangen ist, entfällt die Haftung nach diesem Absatz.**

(2) **1 Wird ein Zahlungsvorgang vom oder über den Zahlungsempfänger ausgelöst, kann dieser im Fall einer nicht erfolgten oder fehlerhaften Ausführung des Zahlungsauftrags verlangen, dass sein Zahlungsdienstleister diesen Zahlungsauftrag unverzüglich, gegebenenfalls erneut, an den Zahlungsdienstleister des Zahlers übermittelt. 2 Weist der Zahlungsdienstleister des Zahlungsempfängers nach, dass er die ihm bei der Ausführung des Zahlungsvorgangs obliegenden Pflichten erfüllt hat, hat der Zahlungsdienstleister des Zahlers dem Zahler gegebenenfalls unverzüglich den ungekürzten Zahlungsbetrag entsprechend Absatz 1 Satz 1 und 2 zu erstatten. 3 Soweit vom Zahlungsbetrag entgegen § 675q Abs. 1 und 2 Entgelte abgezogen wurden, hat der Zahlungsdienstleister des Zahlungsempfängers den abgezogenen Betrag dem Zahlungsempfänger unverzüglich verfügbar zu machen.**

(3) **1 Wird ein Zahlungsvorgang vom Zahler ausgelöst, kann dieser im Fall einer verspäteten Ausführung des Zahlungsauftrags verlangen, dass sein Zahlungsdienstleister gegen den Zahlungsdienstleister des Zahlungsempfängers den Anspruch nach Satz 2 geltend macht. 2 Der Zahlungsdienstleister des Zahlers kann vom Zahlungsdienstleister des Zahlungsempfängers verlangen, die Gutschrift des Zahlungsbetrags auf dem Zahlungskonto des Zahlungsempfängers so vorzunehmen, als sei der Zahlungsvorgang ordnungsgemäß ausgeführt worden. 3 Wird ein Zahlungsvorgang vom Zahler über einen Zahlungsauslösedienstleister ausgelöst, so trifft die Pflicht aus Satz 1 den kontoführenden Zahlungsdienstleister. 4 Weist der Zahlungsdienstleister des Zahlers nach, dass der Zahlungsbetrag rechtzeitig beim Zahlungsdienstleister des Zahlungsempfängers eingegangen ist, entfällt die Haftung nach diesem Absatz.**

---

[59] So auch BuB/*Werner* Rn. 6/1465c.

(4) [1]**Wird ein Zahlungsvorgang vom oder über den Zahlungsempfänger ausgelöst, kann dieser im Fall einer verspäteten Übermittlung des Zahlungsauftrags verlangen, dass sein Zahlungsdienstleister die Gutschrift des Zahlungsbetrags auf dem Zahlungskonto des Zahlungsempfängers so vornimmt, als sei der Zahlungsvorgang ordnungsgemäß ausgeführt worden.** [2]**Weist der Zahlungsdienstleister des Zahlungsempfängers nach, dass er den Zahlungsauftrag rechtzeitig an den Zahlungsdienstleister des Zahlers übermittelt hat, ist der Zahlungsdienstleister des Zahlers verpflichtet, dem Zahler gegebenenfalls unverzüglich den ungekürzten Zahlungsbetrag nach Absatz 1 Satz 1 und 2 zu erstatten.** [3]**Dies gilt nicht, wenn der Zahlungsdienstleister des Zahlers nachweist, dass der Zahlungsbetrag lediglich verspätet beim Zahlungsdienstleister des Zahlungsempfängers eingegangen ist.** [4]**In diesem Fall ist der Zahlungsdienstleister des Zahlungsempfängers verpflichtet, den Zahlungsbetrag entsprechend Satz 1 auf dem Zahlungskonto des Zahlungsempfängers gutzuschreiben.**

(5) [1]**Ansprüche des Zahlungsdienstnutzers gegen seinen Zahlungsdienstleister nach Absatz 1 Satz 1 und 2 sowie Absatz 2 Satz 2 bestehen nicht, soweit der Zahlungsauftrag in Übereinstimmung mit der vom Zahlungsdienstnutzer angegebenen fehlerhaften Kundenkennung ausgeführt wurde.** [2]**In diesem Fall kann der Zahler von seinem Zahlungsdienstleister jedoch verlangen, dass dieser sich im Rahmen seiner Möglichkeiten darum bemüht, den Zahlungsbetrag wiederzuerlangen.** [3]**Der Zahlungsdienstleister des Zahlungsempfängers ist verpflichtet, dem Zahlungsdienstleister des Zahlers alle für die Wiedererlangung des Zahlungsbetrags erforderlichen Informationen mitzuteilen.** [4]**Ist die Wiedererlangung des Zahlungsbetrags nach den Sätzen 2 und 3 nicht möglich, so ist der Zahlungsdienstleister des Zahlers verpflichtet, dem Zahler auf schriftlichen Antrag alle verfügbaren Informationen mitzuteilen, damit der Zahler einen Anspruch auf Erstattung des Zahlungsbetrags geltend machen kann.** [5]**Der Zahlungsdienstleister kann mit dem Zahlungsdienstnutzer im Zahlungsdiensterahmenvertrag ein Entgelt für Tätigkeiten nach den Sätzen 2 bis 4 vereinbaren.**

(6) **Ein Zahlungsdienstnutzer kann von seinem Zahlungsdienstleister über die Ansprüche nach den Absätzen 1 und 2 hinaus die Erstattung der Entgelte und Zinsen verlangen, die der Zahlungsdienstleister ihm im Zusammenhang mit der nicht erfolgten oder fehlerhaften Ausführung des Zahlungsvorgangs in Rechnung gestellt oder mit denen er dessen Zahlungskonto belastet hat.**

(7) **Wurde ein Zahlungsauftrag nicht oder fehlerhaft ausgeführt, hat der Zahlungsdienstleister desjenigen Zahlungsdienstnutzers, der einen Zahlungsvorgang ausgelöst hat oder über den ein Zahlungsvorgang ausgelöst wurde, auf Verlangen seines Zahlungsdienstnutzers den Zahlungsvorgang nachzuvollziehen und seinen Zahlungsdienstnutzer über das Ergebnis zu unterrichten.**

(8) **Wenn ein Fall des § 675d Absatz 6 Satz 1 Nummer 1 Buchstabe b vorliegt, ist § 675y Absatz 1 bis 4 auf die innerhalb des Europäischen Wirtschaftsraums getätigten Bestandteile des Zahlungsvorgangs nicht anzuwenden.**

Mit Bezug auf die Debitkarte ist die Haftung der Kreditinstitute für die **Funktionsfähigkeit der Geldausgabeautomaten** umstritten.[1] Einigkeit besteht noch über die Grundlage, dh die Verpflichtung, die eigenen Geldautomaten funktionsfähig zu halten und auf ein funktionsfähiges institutsübergreifendes Geldausgabeautomatensystem hinzuwirken (Nr. 1 Vereinbarung deutsches Geldausgabeautomaten-System[2]). 1

Bei **institutsfremden Geldausgabeautomaten,** also der Nutzung der Automaten eines anderen als des kartenausgebenden Instituts, besteht zwischen Karteninhaber und automatenaufstellendem Institut keine vertragliche Sonderbindung (mit Ausnahme einer etwaigen Entgeltvereinbarung), wenn der Automat nicht funktioniert, also die Karte bereits 2

[1] Im Grundsatz die Möglichkeit bejahend *Einsele* Bank- und Kapitalmarktrecht § 6 Rn 215; iE verneinend *Gößmann* WM 1998, 1264 (1272); Kümpel/Mülbert/Früh/Seyfried/*Werner* Rn. 4.745; Baumbach/Hefermehl/Casper/*Casper* Kartenzahlungen Rn. 20; BankR-HdB/*Maihold* § 54 Rn. 2.

[2] → Vorb. Rn. 12 ff.

nicht entgegennimmt oder die Karte ohne Geldausgabe zurückgibt. Die Verpflichtung in Ziff. 1 GA-Vereinbarung enthält keinen echten Vertrag zugunsten Dritter und auch keinen Vertrag mit Schutzwirkung zugunsten Dritter. Zudem ist die resultierende Pflicht des Instituts inhaltlich nur auf das Hinarbeiten auf ein funktionsfähiges, institutsübergreifendes System von Geldausgabeautomaten und die Funktionsfähigkeit der eigenen Automaten gerichtet. Der sehr allgemein formulierten Regelung ist keine hinreichend konkrete Pflicht gegenüber dem konkreten Karteninhaber zu entnehmen, die Funktionsfähigkeit eines *konkreten* Automaten zu einem *bestimmten* Zeitpunkt zu gewährleisten.

3 Allerdings kommt eine Haftung des automatenaufstellenden Instituts nach § 311 Abs. 2 Nr. 2 bzw. Nr. 3 BGB in Betracht, denn durch die Aufstellung des Automaten und das Herantreten durch den Karteninhaber an diesen Automaten in der Absicht einer zweckgerechten Nutzung wird ein **rechtsgeschäftsähnliches Vertrauensverhältnis** begründet.[3] Als Folge ist das aufstellende Institut zum Schutz der Integritätsinteressen des Karteninhabers nach §§ 241 Abs. 2, 280 Abs. 1, 311 Abs. 2 BGB verpflichtet. Dies betrifft zB die Verkehrssicherheit des Zugangsweges zum Automaten. Diese Schutzpflicht umfasst auch die Interessen des Karteninhabers (§ 241 Abs. 2 BGB), dh ua den Schutz vor Angriffen Dritter auf die PIN oder die Debitkarte. Sie wird demnach bei einer fahrlässigen Ermöglichung etwaiger Manipulationen des Automaten oder einem schuldhaft verzögerten Erkennen und Beseitigen der Manipulation des Automaten verletzt.

4 Im Übrigen ist zu bedenken, dass der Vertrauenstatbestand durch die Pflicht des Instituts gegenüber den Vertragspartnern aus Nr. 1 GA-Vereinbarung geprägt wird, wonach die Automaten funktionsfähig zu halten sind und auf ein funktionsfähiges System hinzuwirken ist. Dies sowie die Anfälligkeit weitgehend frei zugänglicher technischer Systeme schließen ein berechtigtes Vertrauen auf die Funktionsfähigkeit eines konkreten Automaten zu einem bestimmten Zeitpunkt aus. Eine insgesamt unzureichende Wartung der Automaten durch das Institut oder die schuldhaft nicht alsbald beseitigte technische Störung, die zum Einbehalten der Debitkarte führen kann, enttäuschen hingegen das berechtigte Vertrauen und können eine schuldhafte Pflichtverletzung im Sinne der §§ 241 Abs. 2, 280 Abs. 1 BGB bedeuten und zur entsprechenden Haftung führen.

5 Bei **institutseigenen Automaten** besteht eine Pflicht zur Erhaltung und Funktionsfähigkeit der Geldausgabeautomaten aus dem Bankkartenvertrag mit dem Karteninhaber, wenn und soweit dieser zum Bargeldbezug an den institutseigenen Geldausgabeautomaten berechtigt ist.[4] Diese Pflicht ist dahingehend zu konkretisieren, dass das Institut ein funktionsfähiges Geldausgabeautomatensystem installieren bzw. aufrechterhalten muss. Auch schuldet es Maßnahmen, um etwaige Störungen möglichst zu vermeiden und ggf. nach Kenntnis zeitnah zu beseitigen. Aus dieser Abrede resultiert aber nicht die Pflicht, an einer konkreten Stelle einen Geldausgabeautomaten vorzuhalten oder die Funktionsfähigkeit eines konkreten Gerätes zu einem konkreten Zeitpunkt zu gewährleisten. Dies folgt aus einer am objektiven Empfängerhorizont (§§ 133, 157 BGB) orientierten Auslegung des Bankkartenvertrages. Aufgrund der jederzeitigen Möglichkeit technischer Störungen, ua durch eine Störung der Verbindung zum Rechenzentrum bei der Datenabfrage sowie die Störungen eines für die Allgemeinheit zugänglichen Systems, wird das Institut vernünftigerweise nicht das Funktionieren eines bestimmten Automaten zu einem bestimmten Zeitpunkt zusagen. Erforderlich ist zudem ein schuldhafter Verstoß gegen diese vertragliche Pflicht. Ein solcher liegt ua vor, wenn überhaupt keine oder offenkundig unzureichende organisatorische Maßnahmen zur zeitnahen Störungserfassung und -behebung getroffen wurden. Dazu zählt ua, wenn eine Beseitigung etwaiger Störungen stets auf die Geschäftszeiten der betroffenen Filiale beschränkt wird, so dass Störungen am Wochenende oder an Feiertagen grundsätzlich erst bei Öffnung der Filiale behoben werden. Freilich gilt Abwei-

---

[3] Zur rechtsgeschäftlichen Übereignung des Bargeldbetrages → Kap. 7 § 675f Rn. 34.

[4] Vgl. Ziff. A I 1 Bedingungen girocard; Nr. A I 1 Bedingungen Sparkassencard und Sonderbedingungen VR-BankCard; Nr. A I 1 Bedingungen Postbank Card.

chendes, wenn eine ausreichende Redundanz des Automaten gewährleistet ist, zB zwei oder mehr Geldausgabeautomaten bereitgestellt werden.

Sofern das Kreditinstitut eine Kartenzahlung ohne Autorisierung vorgenommen, nicht oder fehlerhaft ausgeführt hat, kann der Karteninhaber Schadensersatz verlangen. Die Haftung der Institute ist dabei regelmäßig auf 12.500,– EUR begrenzt. Hinsichtlich des Einbezugs weiterer Stellen in die Abwicklung beschränkt sich die Haftung der Banken gegenüber unternehmerischen Nutzern auf eine unsorgfältige Auswahl oder Unterweisung dieser Stellen.[5] Diese Regelung ist nach § 675e Abs. 4 BGB zulässig; sie verstößt auch nicht gegen §§ 309 Nr. 7b, 310 Abs. 1 S. 2 BGB. Denn diese zwischengeschalteten Stellen sind keine Erfüllungsgehilfen des Zahlungsdienstleisters. Der Einzug des vom Zahler autorisierten Betrages erfolgt im Wege einer Lastschrift im Einzugsermächtigungsverfahren ohne Möglichkeit des Widerspruchs. Er geht demnach nicht von der Schuldnerbank aus, so dass insoweit ein Einbezug der zwischengeschalteten Stellen in Pflichten der Schuldnerbank ausscheidet. 6

Anhang zum 7. Kapitel

Quelle: Bank-Verlag GmbH (Vordruck 45.401)
Bedingungen für die girocard (Stand 09/2019)

[5] Vgl. Ziff. A II 12.3 Bedingungen girocard; A II 11.3 Bedingungen SparkassenCard.

A. Garantierte Zahlungsformen

I. Geltungsbereich

Die von der Bank ausgegebene girocard ist eine Debitkarte (im Folgenden „Karte" genannt). Der Karteninhaber kann die Karte, soweit diese entsprechend ausgestattet ist, für folgende Zahlungsdienste nutzen.

1. In Verbindung mit der persönlichen Geheimzahl (PIN) in deutschen Debitkartensystemen

a) Zum Abheben von Bargeld an Geldautomaten im Rahmen des deutschen Geldautomatensystems, die mit dem girocard-Logo gekennzeichnet sind.

b) Zum Einsatz bei Handels- und Dienstleistungsunternehmen an automatisierten Kassen im Rahmen des deutschen girocard-Systems, die mit dem girocard-Logo gekennzeichnet sind („girocard-Terminals").

c) Zum Aufladen der GeldKarte an Ladeterminals, die mit dem GeldKarte-Logo gekennzeichnet sind.

d) Zum Aufladen eines Prepaid-Mobilfunk-Kontos, das ein Mobilfunknutzer bei einem Mobilfunkanbieter unterhält, an einem Geldautomaten, sofern der Geldautomatenbetreiber diese Funktion anbietet und der Mobilfunkanbieter an dem System teilnimmt.

2. In Verbindung mit der persönlichen Geheimzahl (PIN) in fremden Debitkartensystemen

a) Zum Abheben von Bargeld an Geldautomaten im Rahmen eines fremden Geldautomatensystems, soweit die Karte entsprechend ausgestattet ist.

b) Zum Einsatz bei Handels- und Dienstleistungsunternehmen an automatisierten Kassen im Rahmen eines fremden Systems, soweit die Karte entsprechend ausgestattet ist.

c) Zum Aufladen eines Prepaid-Mobilfunk-Kontos, das ein Mobilfunknutzer bei einem Mobilfunkanbieter unterhält, an dem Geldautomaten eines fremden Systems, sofern der Geldautomatenbetreiber diese Funktion anbietet und der Mobilfunkanbieter an dem System teilnimmt.

Die Akzeptanz der Karte im Rahmen eines fremden Systems erfolgt unter dem für das fremde System geltenden Akzeptanzlogo.

3. Ohne Einsatz der persönlichen Geheimzahl (PIN)

a) Zum kontaktlosen Einsatz bei Handels- und Dienstleistungsunternehmen an automatisierten Kassen im Rahmen des deutschen girocard-Systems, die mit dem girocard-Logo gekennzeichnet sind, bis zu 25 Euro pro Bezahlvorgang, soweit an den automatisierten Kassen für den jeweiligen kontaktlosen Einsatz nicht die Eingabe einer PIN verlangt wird.

b) Zum kontaktlosen Einsatz bei Handels- und Dienstleistungsunternehmen an automatisierten Kassen im Rahmen von fremden Debitkartensystemen bis zu 25 Euro pro Bezahlvorgang, soweit an den automatisierten Kassen für den jeweiligen kontaktlosen Einsatz nicht die Eingabe einer PIN verlangt wird. Die Akzeptanz der Karte im Rahmen eines fremden Systems erfolgt unter dem für das fremde System geltenden Akzeptanzlogo.

c) Als GeldKarte zum bargeldlosen Bezahlen an automatisierten Kassen des Handels- und Dienstleistungsbereiches im Inland, die mit dem GeldKarte-Logo gekennzeichnet sind (GeldKarte-Terminals).

d) Außerhalb der Erbringung von Zahlungsdiensten und ohne dass mit der Funktion eine Garantie der Bank verbunden ist, als Speichermedium für Zusatzanwendungen
- der Bank nach Maßgabe des mit der Bank abgeschlossenen Vertrages (bankgenerierte Zusatzanwendung) oder
- eines Handels- und Dienstleistungsunternehmens nach Maßgabe des vom Karteninhaber mit diesem abgeschlossenen Vertrages (unternehmensgenerierte Zusatzanwendung).

* Der kursiv gedruckte Text ist nur relevant, wenn eine digitale Karte ausgegeben wurde.

II. Allgemeine Regeln

1. Ausgabe der Karte

Die Karte kann als physische Karte oder als digitale Karte zur Speicherung auf einem Telekommunikations-, Digital- oder IT-Gerät (mobiles Endgerät) ausgegeben werden. Diese Sonderbedingungen gelten für beide Kartenformen gleichermaßen, es sei denn, es ist ausdrücklich etwas anderes geregelt. Für die digitale Karte gelten ergänzend die gesondert mit der Bank vereinbarten Nutzungsbedingungen für die digitale Karte.

2. Karteninhaber und Vollmacht

Die Karte gilt für das auf ihr angegebene Konto. Sie kann nur auf den Namen des Kontoinhabers oder einer Person ausgestellt werden, der Kontoinhaber Kontovollmacht erteilt hat. Wenn der Kontoinhaber die Kontovollmacht widerruft, ist er dafür verantwortlich, dass die an den Bevollmächtigten ausgegebene Karte an die Bank zurückgegeben wird. Die Bank wird die Karte nach Widerruf der Vollmacht für die Nutzung an Geldautomaten und automatisierten Kassen sowie für die Aufladung der GeldKarte elektronisch sperren. Eine Sperrung einer unternehmensgenerierten Zusatzanwendung kommt nur gegenüber dem Unternehmen in Betracht, das die Zusatzanwendung in den Chip der Karte eingespeichert hat, und ist nur dann möglich, wenn das Unternehmen die Möglichkeit zur Sperrung seiner Zusatzanwendung vorsieht. Die Sperrung einer bankgenerierten Zusatzanwendung der Bank kommt nur gegenüber der Bank in Betracht und richtet sich nach dem mit der Bank abgeschlossenen Vertrag. Solange die Rückgabe der Karte nicht erfolgt ist, besteht die Möglichkeit, dass sie weiterhin zum Verbrauch der noch in der GeldKarte gespeicherten Beträge verwendet wird. Auch eine Nutzung der auf der Karte gespeicherten Zusatzanwendungen ist weiterhin möglich.

3. Finanzielle Nutzungsgrenze

Der Karteninhaber darf Verfügungen mit seiner Karte nur im Rahmen des Kontoguthabens oder eines vorher für das Konto eingeräumten Kredits vornehmen. Auch wenn der Karteninhaber diese Nutzungsgrenze bei seinen Verfügungen nicht einhält, ist die Bank berechtigt, den Ersatz der Aufwendungen zu verlangen, die aus der Nutzung der Karte entstehen. Die Buchung solcher Verfügungen auf dem Konto führt zu einer geduldeten Kontoüberziehung.

4. Umrechnung von Fremdwährungsbeträgen

Nutzt der Karteninhaber die Karte für Verfügungen, die nicht auf Euro lauten, wird das Konto gleichwohl in Euro belastet. Die Bestimmung des Kurses bei Fremdwährungsgeschäften ergibt sich aus dem „Preis- und Leistungsverzeichnis". Eine Änderung des in der Umrechnungsregelung genannten Referenzwechselkurses wird unmittelbar und ohne vorherige Benachrichtigung des Kunden wirksam.

5. Rückgabe der Karte

Die Karte bleibt im Eigentum der Bank. Sie ist nicht übertragbar. Die Karte ist nur für den auf der Karte angegebenen Zeitraum gültig.

Mit Aushändigung der neuen, spätestens aber nach Ablauf der Gültigkeit der Karte ist die Bank berechtigt, die alte Karte zurückzuverlangen *bzw. die Löschung der digitalen Karte zu verlangen oder selbst zu veranlassen**. Endet die Berechtigung, die Karte zu nutzen, vorher (zum Beispiel durch Kündigung der Kontoverbindung oder des Kartenvertrages), so hat der Karteninhaber die Karte unverzüglich an die Bank zurückzugeben *bzw. die digitale Karte zu löschen**. Ein zum Zeitpunkt der Rückgabe noch in der GeldKarte gespeicherter Betrag wird dem Karteninhaber erstattet. Auf der Karte befindliche unternehmensgenerierte Zusatzanwendungen hat der Karteninhaber bei dem Unternehmen, das die Zusatzanwendung auf die Karte aufgebracht hat, unverzüglich entfernen zu lassen. Die Möglichkeit zur weiteren Nutzung einer bankgenerierten Zusatzanwendung richtet sich nach dem Vertragsverhältnis zwischen dem Karteninhaber und der Bank.

6. Sperre und Einziehung der Karte

(1) Die Bank darf die Karte sperren und den Einzug der Karte (zum Beispiel an Geldautomaten) veranlassen, *bzw. die Löschung der digitalen Karte verlangen oder diese selbst veranlassen**,

- wenn sie berechtigt ist, den Kartenvertrag aus wichtigem Grund zu kündigen,
- wenn sachliche Gründe im Zusammenhang mit der Sicherheit der Karte dies rechtfertigen oder
- wenn der Verdacht einer nicht autorisierten oder betrügerischen Verwendung der Karte besteht.

Darüber wird die Bank den Kontoinhaber unter Angabe der hierfür maßgeblichen Gründe möglichst vor, spätestens jedoch unverzüglich nach der Sperre *oder Löschung** unterrichten. Die Bank wird die Karte entsperren oder diese durch eine neue Karte ersetzen, wenn die Gründe für die Sperre nicht mehr gegeben sind. Auch hierüber unterrichtet sie den Karteninhaber unverzüglich.

(2) Zum Zeitpunkt der Einziehung noch in der GeldKarte gespeicherte Beträge werden dem Karteninhaber erstattet.

(3) Befindet sich auf der Karte für das Online Banking ein TAN-Generator oder eine Signaturfunktion, so hat die Sperre der Karte auch eine Sperrung des Online-Banking-Zugangs zur Folge.

(4) Hat der Karteninhaber auf einer eingezogenen Karte eine Zusatzanwendung gespeichert, so hat der Einzug der Karte zur Folge, dass er die Zusatzanwendung nicht mehr nutzen kann. Zum Zeitpunkt der Einziehung in der Karte gespeicherte unternehmensgenerierte Zusatzanwendungen kann der Karteninhaber vom kartenausgebenden Institut herausverlangen, nachdem dieses die Karte von der Stelle, die die Karte eingezogen hat, zur Verfügung gestellt bekommen hat. Die Bank ist berechtigt, das Herausgabeverlangen in Bezug auf die unternehmensgenerierten Zusatzanwendungen dadurch zu erfüllen, dass sie dem Karteninhaber die um die Zahlungsverkehrsfunktionen bereinigte Karte aushändigt. Die Möglichkeit zur weiteren Nutzung einer bankgenerierten Zusatzanwendung richtet sich nach den für jene Zusatzanwendung geltenden Regeln.

7. Sorgfalts- und Mitwirkungspflichten des Karteninhabers

7.1 Unterschrift

Sofern die Karte ein Unterschriftsfeld vorsieht, hat der Karteninhaber die Karte nach Erhalt unverzüglich auf dem Unterschriftsfeld zu unterschreiben.

7.2 Sorgfältige Aufbewahrung der Karte

Die Karte ist mit besonderer Sorgfalt aufzubewahren, um zu verhindern, dass sie abhandenkommt oder missbräuchlich verwendet wird. Sie darf insbesondere nicht unbeaufsichtigt im Kraftfahrzeug aufbewahrt werden, da sie (zum Beispiel im Rahmen des girocard-Systems) missbräuchlich eingesetzt werden kann. Darüber hinaus kann jeder, der im Besitz der Karte ist, den in der GeldKarte gespeicherten Betrag verbrauchen sowie Transaktionen an automatisierten Kassen ohne PIN bis zur Sperre *oder Löschung** tätigen.

7.3 Geheimhaltung der persönlichen Geheimzahl (PIN)

Der Karteninhaber hat dafür Sorge zu tragen, dass keine andere Person Kenntnis von der persönlichen Geheimzahl (PIN) erlangt. Die PIN darf insbesondere nicht auf der Karte vermerkt, *bei einer digitalen Karte nicht im mobilen Endgerät oder in einem anderen Kommunikationsgerät gespeichert** oder in anderer Weise zusammen mit dieser aufbewahrt werden. Denn jede Person, die die PIN kennt und in den Besitz der Karte kommt, hat die Möglichkeit, zu Lasten des auf der Karte angegebenen Kontos Verfügungen zu tätigen (zum Beispiel Geld an Geldautomaten abzuheben). *Sofern der Karteninhaber eine digitale Karte nutzt und der Zugriff auf das mobile Endgerät oder ein anderes Kommunikationsgerät durch ein vom Karteninhaber wählbares Legitimationsmedium abgesichert werden kann, so darf der Karteninhaber zur Absicherung des Zugriffs nicht dieselbe PIN verwenden, die für die Nutzung der Debitkarte erforderlich ist.**

7.4 Unterrichtungs- und Anzeigepflichten

(1) Stellt der Karteninhaber den Verlust oder Diebstahl seiner Karte, *des mobilen Endgeräts mit digitaler Karte**, die missbräuchliche Verwendung oder eine sonstige nicht autorisierte Nutzung von Karte oder PIN fest, so ist die Bank, und zwar möglichst die kontoführende Stelle, unverzüglich zu benachrichtigen (Sperranzeige). Die Sperranzeige kann der Karteninhaber auch jederzeit gegenüber dem Zentralen Sperrannahmedienst (Tel. 116 116 aus dem Inland und +49 116 116 aus dem Ausland) abgeben. In diesem Fall ist eine Kartensperre nur möglich, wenn der Name der Bank und die IBAN angegeben werden. Der Zentrale Sperrannahmedienst sperrt alle für das betreffende Konto ausgegebenen Karten für die weitere Nutzung an Geldautomaten und automatisierten Kassen. Zur Beschränkung der Sperre auf die abhanden gekommene Karte muss sich der Karteninhaber mit seiner Bank, möglichst mit der kontoführenden Stelle, in Verbindung setzen. Die Kontaktdaten, unter denen eine Sperranzeige abgegeben werden kann, werden dem Karteninhaber gesondert mitgeteilt. Der Karteninhaber hat jeden Diebstahl oder Missbrauch unverzüglich bei der Polizei anzuzeigen.

(2) Hat der Karteninhaber den Verdacht, dass eine andere Person unberechtigt in den Besitz seiner Karte gelangt ist, eine missbräuchliche Verwendung oder eine sonstige nicht autorisierte Nutzung von Karte oder PIN vorliegt, muss er ebenfalls unverzüglich eine Sperranzeige abgeben.

(3) Für den Ersatz einer verlorenen, gestohlenen, missbräuchlich verwendeten oder sonst nicht autorisiert genutzten Karte berechnet die Bank dem Kontoinhaber das im „Preis- und Leistungsverzeichnis" der Bank ausgewiesene Entgelt, das allenfalls die ausschließlich und unmittelbar mit dem Ersatz verbundenen Kosten abdeckt. Satz 1 gilt nicht, wenn die Bank die Umstände, die zur Ausgabe der Ersatzkarte geführt haben, zu vertreten hat oder diese ihr zuzurechnen sind.

(4) Befindet sich auf der Karte für das Online Banking ein TAN-Generator oder eine Signaturfunktion, so hat die Sperre der Karte auch eine Sperrung des Online-Banking-Zugangs zur Folge.

*(5) Durch die Sperre der Karte bei der Bank bzw. dem Zentralen Sperrannahmedienst wird nicht der Zugang zum mobilen Endgerät gesperrt. Eine Sperrung der sonstigen Funktionen auf dem mobilen Endgerät kann nur gegenüber dem jeweiligen Anbieter dieser Funktionen erfolgen.**

(6) Eine Sperrung einer unternehmensgenerierten Zusatzanwendung kommt nur gegenüber dem Unternehmen in Betracht, das die Zusatzanwendung in den Chip der Karte eingespeichert hat, und ist nur dann möglich, wenn das Unternehmen die Möglichkeit zur Sperrung seiner Zusatzanwendung vorsieht. Die Sperrung einer bankgenerierten Zusatzanwendung kommt nur gegenüber der Bank in Betracht und richtet sich nach dem mit der Bank abgeschlossenen Vertrag.

(7) Der Kontoinhaber hat die Bank unverzüglich nach Feststellung einer nicht autorisierten oder fehlerhaft ausgeführten Kartenverfügung zu unterrichten.

8. Autorisierung von Kartenzahlungen durch den Karteninhaber

Mit dem Einsatz der Karte erteilt der Karteninhaber die Zustimmung (Autorisierung) zur Ausführung der Kartenzahlung. Soweit dafür zusätzlich eine PIN erforderlich ist, wird die Zustimmung erst mit deren Einsatz erteilt. Nach Erteilung der Zustimmung kann der Karteninhaber die Kartenzahlung nicht mehr widerrufen. In dieser Autorisierung ist zugleich die ausdrückliche Zustimmung enthalten, dass die Bank die für die Ausführung der Kartenzahlung notwendigen personenbezogenen Daten des Karteninhabers verarbeitet, übermittelt und speichert.

9. Sperrung eines verfügbaren Geldbetrags

Die Bank ist berechtigt, auf dem Konto des Kontoinhabers einen im Rahmen der finanziellen Nutzungsgrenze gemäß Nummer II.3 verfügbaren Geldbetrag zu sperren, wenn

– der Zahlungsvorgang vom oder über den Zahlungsempfänger ausgelöst worden ist und
– der Karteninhaber auch der genauen Höhe des zu sperrenden Geldbetrags zugestimmt hat.

Den gesperrten Geldbetrag gibt die Bank unbeschadet sonstiger gesetzlicher oder vertraglicher Rechte unverzüglich frei, nachdem ihr der genaue Zahlungsbetrag mitgeteilt oder der Zahlungsauftrag zugegangen ist.

10. Ablehnung von Kartenzahlungen durch die Bank

Die Bank ist berechtigt, die Kartenzahlung abzulehnen, wenn

– der Karteninhaber die Kartenzahlung nicht gemäß Nummer II.8 autorisiert hat,
– der für die Kartenzahlung geltende Verfügungsrahmen oder die finanzielle Nutzungsgrenze nicht eingehalten ist oder
– die Karte gesperrt ist.

Hierüber wird der Karteninhaber über das Terminal, an dem die Karte eingesetzt wird, unterrichtet.

11. Ausführungsfrist

Der Zahlungsvorgang wird vom Zahlungsempfänger ausgelöst. Nach Zugang des Zahlungsauftrages bei der Bank ist diese verpflichtet sicherzustellen, dass der Kartenzahlungsbetrag spätestens an dem im „Preis- und Leistungsverzeichnis" angegebenen Zeitpunkt beim Zahlungsdienstleister des Zahlungsempfängers eingeht.

12. Entgelte und deren Änderung

(1) Die vom Kontoinhaber gegenüber der Bank geschuldeten Entgelte ergeben sich aus dem „Preis- und Leistungsverzeichnis" der Bank.

(2) Änderungen der Entgelte werden dem Kontoinhaber spätestens zwei Monate vor dem Zeitpunkt ihres Wirksamwerdens in Textform angeboten. Hat der Kontoinhaber mit der Bank im Rahmen

* Der kursiv gedruckte Text ist nur relevant, wenn eine digitale Karte ausgegeben wurde.

der Geschäftsbeziehung einen elektronischen Kommunikationsweg vereinbart (zum Beispiel das Online Banking), können die Änderungen auch auf diesem Wege angeboten werden. Der Kontoinhaber kann den Änderungen vor dem vorgeschlagenen Zeitpunkt ihres Wirksamwerdens entweder zustimmen oder sie ablehnen. Die Zustimmung des Kontoinhabers gilt als erteilt, wenn er seine Ablehnung nicht vor dem vorgeschlagenen Zeitpunkt des Wirksamwerdens der Änderungen angezeigt hat. Auf diese Genehmigungswirkung wird ihn die Bank in ihrem Angebot besonders hinweisen.

Werden dem Kontoinhaber Änderungen der Entgelte angeboten, kann er diese Geschäftsbeziehung vor dem vorgeschlagenen Zeitpunkt des Wirksamwerdens der Änderungen auch fristlos und kostenfrei kündigen. Auf dieses Kündigungsrecht wird ihn die Bank in ihrem Angebot besonders hinweisen.

Die Änderung von Entgelten für den Zahlungsdiensterahmenvertrag (Girovertrag) richtet sich nach Nummer 12 Absatz 5 der Allgemeinen Geschäftsbedingungen.

(3) Bei Entgelten und deren Änderung für Zahlungen von Kontoinhabern, die keine Verbraucher sind, bleibt es bei den Regelungen in Nummer 12 Absätze 2 bis 6 der Allgemeinen Geschäftsbedingungen.

13. Information des Kontoinhabers über den Kartenzahlungsvorgang

Die Bank unterrichtet den Kontoinhaber mindestens einmal monatlich über die mit der Karte getätigten Zahlungsvorgänge auf dem für Kontoinformationen vereinbarten Weg. Mit Kontoinhabern, die nicht Verbraucher sind, wird die Art und Weise sowie die zeitliche Folge der Unterrichtung gesondert vereinbart. Über die mit der GeldKarte getätigten einzelnen Bezahlvorgänge und den Zahlungsempfänger unterrichtet die Bank den Kontoinhaber nicht. Die mit der GeldKarte getätigten Bezahlvorgänge kann der Karteninhaber mit Hilfe eines Chipkartenlesers nachvollziehen.

14. Erstattungs-, Berichtigungs- und Schadensersatzansprüche des Kontoinhabers

14.1 Erstattung bei nicht autorisierter Kartenverfügung

Im Falle einer nicht autorisierten Kartenverfügung in Form der
– Abhebung von Bargeld an einem Geldautomaten,
– Verwendung der Karte an automatisierten Kassen von Handels- und Dienstleistungsunternehmen,
– Aufladung der GeldKarte,
– Verwendung der Karte zum Aufladen eines Prepaid-Mobilfunk-Kontos

hat die Bank gegen den Kontoinhaber keinen Anspruch auf Erstattung ihrer Aufwendungen. Die Bank ist verpflichtet, dem Kontoinhaber den Betrag ungekürzt zu erstatten. Wurde der Betrag seinem Konto belastet, bringt die Bank dieses wieder auf den Stand, auf dem es sich ohne die nicht autorisierte Kartenverfügung befunden hätte. Diese Verpflichtung ist spätestens bis zum Ende des Geschäftstags gemäß „Preis- und Leistungsverzeichnis" zu erfüllen, der auf den Tag folgt, an welchem der Bank angezeigt wurde, dass die Kartenzahlung nicht autorisiert ist oder die Bank auf andere Weise davon Kenntnis erhalten hat. Hat die Bank einer zuständigen Behörde berechtigte Gründe für den Verdacht, dass ein betrügerisches Verhalten des Karteninhabers vorliegt, schriftlich mitgeteilt, hat die Bank ihre Verpflichtung aus Satz 2 unverzüglich zu prüfen und zu erfüllen, wenn sich der Betrugsverdacht nicht bestätigt.

14.2 Ansprüche bei nicht erfolgter, fehlerhafter oder verspäteter Ausführung einer autorisierten Kartenverfügung

(1) Im Falle einer nicht erfolgten oder fehlerhaften Ausführung einer autorisierten Kartenverfügung in Form der
- Abhebung von Bargeld an einem Geldautomaten,
- Verwendung der Karte an automatisierten Kassen von Handels- und Dienstleistungsunternehmen,
- Aufladung der GeldKarte oder
- Verwendung der Karte zum Aufladen eines Prepaid-Mobilfunk-Kontos

kann der Kontoinhaber von der Bank die unverzügliche und ungekürzte Erstattung des Verfügungsbetrages insoweit verlangen, als die Kartenverfügung nicht erfolgte oder fehlerhaft war. Wurde der Betrag seinem Konto belastet, bringt die Bank dieses wieder auf den Stand, auf dem es sich ohne die nicht erfolgte oder fehlerhafte Kartenverfügung befunden hätte.

(2) Der Kontoinhaber kann über den Absatz 1 hinaus von der Bank die Erstattung der Entgelte und Zinsen insoweit verlangen, als ihm diese im Zusammenhang mit der nicht erfolgten oder fehlerhaften Ausführung der autorisierten Kartenverfügung in Rechnung gestellt oder seinem Konto belastet wurden.

(3) Geht der Zahlungsbetrag beim Zahlungsdienstleister des Zahlungsempfängers erst nach Ablauf der Ausführungsfrist in Nummer II.11 ein (Verspätung), kann der Zahlungsempfänger von seinem Zahlungsdienstleister verlangen, dass dieser die Gutschrift des Zahlungsbetrages auf dem Konto des Zahlungsempfängers so vornimmt, als sei die Kartenzahlung ordnungsgemäß ausgeführt worden.

(4) Wurde eine autorisierte Kartenverfügung nicht oder fehlerhaft ausgeführt, wird die Bank die Kartenverfügung auf Verlangen des Karteninhabers nachvollziehen und ihn über das Ergebnis unterrichten.

14.3 Schadensersatz wegen Pflichtverletzung

Im Falle einer nicht autorisierten Kartenverfügung oder im Falle einer nicht erfolgten, fehlerhaften oder verspäteten Ausführung einer autorisierten Kartenverfügung kann der Kontoinhaber von der Bank einen Schaden, der nicht bereits von Nummer II.14.1 oder II.14.2 erfasst ist, ersetzt verlangen. Dies gilt nicht, wenn die Bank die Pflichtverletzung nicht zu vertreten hat. Die Bank hat hierbei ein Verschulden, das einer zwischengeschalteten Stelle zur Last fällt, wie eigenes Verschulden zu vertreten, es sei denn, dass die wesentliche Ursache bei einer zwischengeschalteten Stelle liegt, die der Karteninhaber vorgegeben hat. Handelt es sich bei dem Kontoinhaber nicht um einen Verbraucher oder erfolgt der Einsatz der Karte in einem Land außerhalb Deutschlands und des Europäischen Wirtschaftsraums[1], beschränkt sich die Haftung der Bank für das Verschulden einer an der Abwicklung des Zahlungsvorgangs beteiligten Stelle auf die sorgfältige Auswahl und Unterweisung einer solchen Stelle. Hat der Karteninhaber durch ein schuldhaftes Verhalten zur Entstehung des Schadens beigetragen, bestimmt sich nach den Grundsätzen des Mitverschuldens, in welchem Umfang Bank und Kontoinhaber den Schaden zu tragen haben. Die Haftung nach diesem Absatz ist auf 12.500 Euro je Kartenverfügung begrenzt. Diese betragsmäßige Haftungsbeschränkung gilt nicht
– für nicht autorisierte Kartenverfügungen,
– bei Vorsatz oder grober Fahrlässigkeit der Bank,
– für Gefahren, die die Bank besonders übernommen hat, und
– für den dem Kontoinhaber entstandenen Zinsschaden, soweit der Kontoinhaber Verbraucher ist.

14.4 Haftungs- und Einwendungsausschluss

(1) Ansprüche gegen die Bank nach Nummer II.14.1 bis 14.3 sind ausgeschlossen, wenn der Kontoinhaber die Bank nicht spätestens 13 Monate nach dem Tag der Belastung mit der Kartenverfügung darüber unterrichtet hat, dass es sich um eine nicht autorisierte, nicht erfolgte oder fehlerhafte Kartenverfügung handelt. Der Lauf der 13-monatigen Frist beginnt nur, wenn die Bank den Kontoinhaber über die aus der Kartenverfügung resultierende Belastungsbuchung entsprechend dem für Kontoinformationen vereinbarten Weg spätestens innerhalb eines Monats nach der Belastungsbuchung unterrichtet hat; anderenfalls ist für den Fristbeginn der Tag der Unterrichtung maßgeblich. Haftungsansprüche nach Nummer II.14.3 kann der Kontoinhaber auch nach Ablauf der Frist in Satz 1 geltend machen, wenn er ohne Verschulden an der Einhaltung dieser Frist verhindert war.

(2) Ansprüche des Kontoinhabers gegen die Bank sind ausgeschlossen, wenn die einen Anspruch begründenden Umstände
- auf einem ungewöhnlichen und unvorhersehbaren Ereignis beruhen, auf das die Bank keinen Einfluss hat, und dessen Folgen trotz Anwendung der gebotenen Sorgfalt von ihr nicht hätten vermieden werden können, oder
- von der Bank aufgrund einer gesetzlichen Verpflichtung herbeigeführt wurden.

15. Haftung des Kontoinhabers für nicht autorisierte Kartenverfügungen

15.1 Haftung des Kontoinhabers bis zur Sperranzeige

(1) Verliert der Karteninhaber seine Karte oder PIN, werden sie ihm gestohlen, kommen sie sonst abhanden oder werden diese sonst missbräuchlich verwendet und kommt es dadurch zu nicht autorisierten Kartenverfügungen in Form der
- Abhebung von Bargeld an einem Geldautomaten,
- Verwendung der Karte an automatisierten Kassen von Handels- und Dienstleistungsunternehmen,
- Aufladung der GeldKarte,
- Verwendung der Karte zum Aufladen eines Prepaid-Mobilfunk-Kontos,

so haftet der Kontoinhaber für Schäden, die bis zum Zeitpunkt der Sperranzeige verursacht werden, in Höhe von maximal 50 Euro, ohne dass es darauf ankommt, ob den Karteninhaber an dem Verlust, Diebstahl oder sonstigen Abhandenkommen oder sonstigen Missbrauch ein Verschulden trifft.

(2) Der Kontoinhaber haftet nicht nach Absatz 1, wenn
– es dem Karteninhaber nicht möglich gewesen ist, den Verlust, den Diebstahl, das Abhandenkommen oder eine sonstige missbräuchliche Verwendung der Karte *oder des mobilen*

[1] Zum Europäischen Wirtschaftsraum gehören derzeit: Belgien, Bulgarien, Dänemark, Deutschland, Estland, Finnland, Frankreich (einschließlich Französisch-Guayana, Guadeloupe, Martinique, Mayotte, Réunion), Griechenland, Irland, Island, Italien, Kroatien, Lettland, Liechtenstein, Litauen, Luxemburg, Malta, Niederlande, Norwegen, Österreich, Polen, Portugal, Rumänien, Schweden, Slowakei, Slowenien, Spanien, Tschechische Republik, Ungarn, Vereinigtes Königreich von Großbritannien und Nordirland sowie Zypern.

*Endgeräts mit der digitalen Karte** vor der nicht autorisierten Kartenverfügung zu bemerken oder
– der Verlust der Karte durch einen Angestellten, einen Agenten, eine Zweigniederlassung der Bank oder eine sonstige Stelle, an die Tätigkeiten der Bank ausgelagert wurden, verursacht worden ist.

(3) Handelt es sich bei dem Kontoinhaber nicht um einen Verbraucher oder erfolgt der Einsatz der Karte in einem Land außerhalb Deutschlands und des Europäischen Wirtschaftsraums[2], trägt der Kontoinhaber den aufgrund nicht autorisierter Kartenverfügungen entstehenden Schaden nach Absatz 1 auch über einen Betrag von maximal 50 Euro hinaus, wenn der Karteninhaber die ihm nach diesen Bedingungen obliegenden Pflichten fahrlässig verletzt hat. Hat die Bank durch eine Verletzung ihrer Pflichten zur Entstehung des Schadens beigetragen, haftet die Bank für den entstandenen Schaden im Umfang des von ihr zu vertretenden Mitverschuldens.

(4) Kommt es vor der Sperranzeige zu nicht autorisierten Verfügungen und hat der Karteninhaber in betrügerischer Absicht gehandelt oder seine Sorgfaltspflichten nach diesen Bedingungen vorsätzlich oder grob fahrlässig verletzt, trägt der Kontoinhaber den hierdurch entstandenen Schaden in vollem Umfang. Grobe Fahrlässigkeit des Karteninhabers kann insbesondere dann vorliegen, wenn
- er den Verlust oder den Diebstahl der Karte oder die missbräuchliche Verfügung der Bank oder dem Zentralen Sperrannahmedienst schuldhaft nicht unverzüglich mitgeteilt hat, nachdem er hiervon Kenntnis erlangt hat,
- er die persönliche Geheimzahl auf der physischen Karte vermerkt oder zusammen mit der physischen Karte verwahrt hat (zum Beispiel im Originalbrief, in dem sie dem Karteninhaber mitgeteilt wurde),
- *er die persönliche Geheimzahl der digitalen Karte im mobilen Endgerät oder in einem anderen Endgerät gespeichert hat**,
- er die persönliche Geheimzahl einer anderen Person mitgeteilt hat und der Missbrauch dadurch verursacht worden ist.

(5) Die Haftung für Schäden, die innerhalb des Zeitraums, für den der Verfügungsrahmen gilt, verursacht werden, beschränkt sich jeweils auf den für die Karte geltenden Verfügungsrahmen.

(6) Abweichend von den Absätzen 1 und 3 ist der Kontoinhaber nicht zum Schadensersatz verpflichtet, wenn die Bank vom Karteninhaber eine starke Kundenauthentifizierung im Sinne des § 1 Absatz 24 Zahlungsdiensteaufsichtsgesetz (ZAG) nicht verlangt hat (z.B. bei Kleinbetragszahlungen gemäß Nummer A.I.3 dieser Bedingungen) oder der Zahlungsempfänger oder sein Zahlungsdienstleister diese nicht akzeptiert hat, obwohl die Bank zur starken Kundenauthentifizierung nach § 55 ZAG verpflichtet war. Eine starke Kundenauthentifizierung erfordert insbesondere die Verwendung von zwei voneinander unabhängigen Authentifizierungselementen aus den Kategorien Wissen (das ist die PIN), Besitz (das ist die Karte) oder Sein (etwas, das der Karteninhaber ist, zum Beispiel Fingerabdruck).

(7) Der Kontoinhaber ist nicht zum Ersatz des Schadens nach den Absätzen 1, 3 und 4 verpflichtet, wenn der Karteninhaber die Sperranzeige nicht abgeben konnte, weil die Bank nicht die Möglichkeit zur Entgegennahme der Sperranzeige sichergestellt hatte.

(8) Die Absätze 2 und 5 bis 7 finden keine Anwendung, wenn der Karteninhaber in betrügerischer Absicht gehandelt hat.

15.2 Haftung des Kontoinhabers ab Sperranzeige

Sobald der Bank oder dem Zentralen Sperrannahmedienst der Verlust oder Diebstahl der Karte, die missbräuchliche Verwendung oder eine sonstige nicht autorisierte Nutzung von Karte oder PIN angezeigt wurde, übernimmt die Bank alle danach durch Verfügungen in Form der
– Abhebung von Bargeld an einem Geldautomaten,
– Verwendung der Karte an automatisierten Kassen von Handels- und Dienstleistungsunternehmen,
– Aufladung der GeldKarte und
– Verwendung der Karte zum Aufladen eines Prepaid-Mobilfunk-Kontos

entstehenden Schäden. Handelt der Karteninhaber in betrügerischer Absicht, trägt der Kontoinhaber auch die nach der Sperranzeige entstehenden Schäden.

15.3 Haftung des Kontoinhabers für den in der GeldKarte gespeicherten Betrag

Eine Sperrung der GeldKarte für das Bezahlen an automatisierten Kassen ist nicht möglich. Bei Verlust, Diebstahl sowie im Falle der missbräuchlichen Verwendung oder einer sonstigen nicht autorisierten Nutzung der GeldKarte zum Bezahlen an automatisierten Kassen erstattet die Bank den in der GeldKarte gespeicherten Betrag nicht, denn jeder, der im Besitz der Karte ist, kann den in der GeldKarte gespeicherten Betrag ohne Einsatz der PIN verbrauchen.

III. Besondere Regeln für einzelne Nutzungsarten

1. Geldautomaten-Service und Einsatz an automatisierten Kassen von Handels- und Dienstleistungsunternehmen

1.1 Verfügungsrahmen der Karte

Verfügungen an Geldautomaten, automatisierten Kassen und die Aufladung der GeldKarte sind für den Karteninhaber nur im Rahmen des für die Karte geltenden Verfügungsrahmens möglich. Bei jeder Nutzung der Karte an Geldautomaten und automatisierten Kassen wird geprüft, ob der Verfügungsrahmen der Karte durch vorangegangene Verfügungen bereits ausgeschöpft ist. Verfügungen, mit denen der Verfügungsrahmen der Karte überschritten würde, werden unabhängig vom aktuellen Kontostand und einem etwa vorher zum Konto eingeräumten Kredit abgewiesen. Der Karteninhaber darf den Verfügungsrahmen der Karte nur im Rahmen des Kontoguthabens oder eines vorher für das Konto eingeräumten Kredits in Anspruch nehmen. Der Kontoinhaber kann mit der kontoführenden Stelle eine Änderung des Verfügungsrahmens der Karte für alle zu seinem Konto ausgegebenen Karten vereinbaren. Ein Bevollmächtigter, der eine Karte erhalten hat, kann nur eine Herabsetzung für diese Karte vereinbaren.

1.2 Fehleingabe der Geheimzahl

Die Karte kann an Geldautomaten sowie an automatisierten Kassen, an denen im Zusammenhang mit der Verwendung der Karte die PIN eingegeben werden muss, nicht mehr eingesetzt werden, wenn die persönliche Geheimzahl dreimal hintereinander falsch eingegeben wurde. Der Karteninhaber sollte sich in diesem Fall mit seiner Bank, möglichst mit der kontoführenden Stelle, in Verbindung setzen.

1.3 Zahlungsverpflichtung der Bank; Reklamationen

Die Bank hat sich gegenüber den Betreibern von Geldautomaten und automatisierten Kassen vertraglich verpflichtet, die Beträge, über die unter Verwendung der an den Karteninhaber ausgegebenen Karte verfügt wurde, an die Betreiber zu vergüten. Einwendungen und sonstige Beanstandungen des Karteninhabers aus dem Vertragsverhältnis zu dem Unternehmen, bei dem bargeldlos an einer automatisierten Kasse bezahlt worden ist, sind unmittelbar gegenüber diesem Unternehmen geltend zu machen.

1.4 Vorauswahl an automatisierten Kassen

Die Handels- und Dienstleistungsunternehmen haben die Möglichkeit, bei den von ihnen akzeptierten Karten in ihren automatisierten Kassen Mechanismen zu installieren, die eine Vorauswahl einer bestimmten Zahlungsmarke oder Zahlungsanwendung treffen. Dabei dürfen sie den Karteninhaber nicht daran hindern, sich über diese Vorauswahl hinwegzusetzen.

2. GeldKarte

2.1 Servicebeschreibung

Die mit einem Chip ausgestattete Karte kann auch als GeldKarte eingesetzt werden. Der Karteninhaber kann an GeldKarte-Terminals des Handels- und Dienstleistungsbereiches bargeldlos bezahlen.

2.2 Aufladen und Entladen der GeldKarte

Der Karteninhaber kann seine GeldKarte an den mit dem GeldKarte-Logo gekennzeichneten Ladeterminals innerhalb des ihm von seiner Bank eingeräumten Verfügungsrahmens (Nummer III.1.1) zu Lasten des auf der Karte angegebenen Kontos bis zu einem Betrag von maximal 200 Euro aufladen. Vor dem Aufladevorgang muss er seine persönliche Geheimzahl (PIN) eingeben. Der Karteninhaber kann seine GeldKarte auch gegen Bargeld sowie im Zusammenwirken mit einer anderen Karte zu Lasten des Kontos, über das die Umsätze mit dieser Karte abgerechnet werden, aufladen. Aufgeladene Beträge, über die der Karteninhaber nicht mehr mittels GeldKarte verfügen möchte, können nur bei der kartenausgebenden Bank entladen werden. Bei einer Funktionsunfähigkeit der GeldKarte erstattet die kartenausgebende Bank dem Karteninhaber den nicht verbrauchten Betrag. Benutzt der Karteninhaber seine Karte, um seine GeldKarte oder die GeldKarte eines anderen aufzuladen, so ist die persönliche Geheimzahl (PIN) am Ladeterminal einzugeben. Die Auflademöglichkeit besteht nicht mehr, wenn die PIN dreimal hintereinander falsch eingegeben wurde. Der Karteninhaber sollte sich in diesem Fall mit seiner Bank, möglichst mit der kontoführenden Stelle, in Verbindung setzen.

2.3 Sofortige Kontobelastung des Ladebetrages

Benutzt der Karteninhaber seine Karte, um seine GeldKarte oder die GeldKarte eines anderen aufzuladen, so wird der Ladebetrag dem Konto, das auf der Karte angegeben ist, belastet.

2.4 Zahlungsvorgang mittels GeldKarte

Beim Bezahlen mit der GeldKarte ist die PIN nicht einzugeben. Bei jedem Bezahlvorgang vermindert sich der in der GeldKarte gespeicherte Betrag um den verfügten Betrag.

[2] Zum Europäischen Wirtschaftsraum gehören derzeit: Belgien, Bulgarien, Dänemark, Deutschland, Estland, Finnland, Frankreich (einschließlich Französisch-Guayana, Guadeloupe, Martinique, Mayotte, Réunion), Griechenland, Irland, Island, Italien, Kroatien, Lettland, Liechtenstein, Litauen, Luxemburg, Malta, Niederlande, Norwegen, Österreich, Polen, Portugal, Rumänien, Schweden, Slowakei, Slowenien, Spanien, Tschechische Republik, Ungarn, Vereinigtes Königreich von Großbritannien und Nordirland sowie Zypern

* Der kursiv gedruckte Text ist nur relevant, wenn eine digitale Karte ausgegeben wurde.

3. Aufladen von Prepaid-Mobilfunk-Konten

3.1 Servicebeschreibung

Unter Verwendung seiner Karte und der persönlichen Geheimzahl (PIN) kann der Karteninhaber ein Prepaid-Mobilfunk-Konto eines Mobilfunkanbieters, auf dem vorausbezahlte Telefonwerteinheiten verbucht werden, an Geldautomaten innerhalb des ihm von seiner Bank eingeräumten Verfügungsrahmens (Nummer III.1.1) zu Lasten des auf der Karte angegebenen Kontos aufladen. Voraussetzung ist, dass der vom Karteninhaber gewählte Geldautomat über eine entsprechende Ladefunktion verfügt und der Mobilfunkanbieter, der das Prepaid-Mobilfunk-Konto führt, das aufgeladen werden soll, an dem System teilnimmt. Zum Aufladen eines Prepaid-Mobilfunk-Kontos hat der Karteninhaber am Display des Geldautomaten den Menüpunkt zum Aufladen des Prepaid-Mobilfunk-Kontos zu wählen, die Mobilfunk-Telefonnummer („Handy-Nummer") einzugeben und einen angezeigten Aufladebetrag zu wählen. Nach Autorisierung der Ladetransaktionen durch die Bank des Karteninhabers wird das Prepaid-Mobilfunk-Konto beim Mobilfunkanbieter aufgeladen. Mit diesem Verfahren kann der Karteninhaber sowohl sein eigenes Prepaid-Mobilfunk-Konto als auch das eines Dritten aufladen. Wird die Aufladung von der Bank, etwa wegen fehlender Kontodeckung, nicht autorisiert, wird am Display ein ablehnender Hinweis angezeigt.

3.2 Fehleingabe der Geheimzahl

Die Karte kann an Geldautomaten nicht mehr eingesetzt werden, wenn die persönliche Geheimzahl dreimal hintereinander falsch eingegeben wurde. Der Karteninhaber sollte sich in diesem Fall mit seiner Bank, möglichst mit der kontoführenden Stelle, in Verbindung setzen.

3.3 Zahlungsverpflichtung der Bank; Reklamationen

Die Bank ist vertraglich verpflichtet, Ladebeträge für ein Prepaid-Mobilfunk-Konto, die unter Verwendung der an den Karteninhaber ausgegebenen Karte autorisiert worden sind, zu bezahlen. Die Zahlungspflicht beschränkt sich auf den jeweils autorisierten Betrag. Einwendungen und sonstige Beanstandungen des Karteninhabers aus dem Vertragsverhältnis zu dem Mobilfunkanbieter, der das Prepaid-Mobilfunk-Konto führt, sind unmittelbar gegenüber diesem Unternehmen geltend zu machen.

B. Von der Bank angebotene andere Service-Leistungen

1. Besondere Bedingungen

Für weitere von der Bank für die Karte bereitgestellte Service-Leistungen gelten besondere Bedingungen, die vor Inanspruchnahme mit dem Kontoinhaber vereinbart werden.

2. Vereinbarung über die Nutzungsarten

Die Bank vereinbart mit dem Kontoinhaber, welche Dienstleistungen er mit der Karte in Anspruch nehmen kann.

C. Zusatzanwendungen

1. Speicherung von Zusatzanwendungen auf der Karte

(1) Der Karteninhaber hat die Möglichkeit, den auf der Karte befindlichen Chip als Speichermedium für eine bankgenerierte Zusatzanwendung (zum Beispiel in Form eines Jugendschutzmerkmals) oder als Speichermedium für eine unternehmensgenerierte Zusatzanwendung (zum Beispiel in Form eines elektronischen Fahrscheins) zu benutzen.

(2) Die Nutzung einer bankgenerierten Zusatzanwendung richtet sich nach dem Rechtsverhältnis des Karteninhabers zur Bank. Eine unternehmensgenerierte Zusatzanwendung kann der Karteninhaber nach Maßgabe des mit dem Unternehmen geschlossenen Vertrages nutzen. Es obliegt der Entscheidung des Karteninhabers, ob er seine Karte zur Speicherung unternehmensgenerierter Zusatzanwendungen nutzen möchte. Die Speicherung einer unternehmensgenerierten Zusatzanwendung auf der Karte erfolgt am Terminal des Unternehmens nach Absprache zwischen dem Karteninhaber und dem Unternehmen. Kreditinstitute nehmen vom Inhalt der am Unternehmensterminal kommunizierten Daten keine Kenntnis.

2. Verantwortlichkeit des Unternehmens für den Inhalt einer unternehmensgenerierten Zusatzanwendung

Die kartenausgebende Bank stellt mit dem Chip auf der Karte lediglich die technische Plattform zur Verfügung, die es dem Karteninhaber ermöglicht, in der Karte unternehmensgenerierte Zusatzanwendungen zu speichern. Eine Leistung, die das Unternehmen über die unternehmensgenerierte Zusatzanwendung gegenüber dem Karteninhaber erbringt, richtet sich ausschließlich nach dem Inhalt des Vertragsverhältnisses zwischen dem Karteninhaber und dem Unternehmen.

3. Reklamationsbearbeitung in Bezug auf Zusatzanwendungen

(1) Einwendungen, die den Inhalt einer unternehmensgenerierten Zusatzanwendung betreffen, hat der Karteninhaber ausschließlich gegenüber dem Unternehmen geltend zu machen, das die Zusatzanwendung in die Karte eingespeichert hat. Das Unternehmen bearbeitet derartige Einwendungen auf Basis der bei ihm gespeicherten Daten. Der Karteninhaber darf die Karte zum Zwecke der Reklamationsbearbeitung nicht dem Unternehmen aushändigen.

(2) Einwendungen, die den Inhalt einer bankgenerierten Zusatzanwendung betreffen, hat der Karteninhaber ausschließlich gegenüber der Bank geltend zu machen.

4. Keine Angabe der von der Bank an den Kunden ausgegebenen PIN bei unternehmensgenerierten Zusatzanwendungen

Bei der Speicherung, inhaltlichen Änderung oder Nutzung einer unternehmensgenerierten Zusatzanwendung auf der Karte wird die von der kartenausgebenden Bank an den Karteninhaber ausgegebene PIN nicht eingegeben. Sofern das Unternehmen, das eine unternehmensgenerierte Zusatzanwendung in die Karte eingespeichert hat, dem Karteninhaber die Möglichkeit eröffnet, den Zugriff auf diese Zusatzanwendung mit einem separaten, von ihm wählbaren Legitimationsmedium abzusichern, so darf der Karteninhaber zur Absicherung der unternehmensgenerierten Zusatzanwendung nicht die PIN verwenden, die ihm von der kartenausgebenden Bank für die Nutzung der Zahlungsverkehrsanwendungen zur Verfügung gestellt worden ist.

5. Sperrmöglichkeit von Zusatzanwendungen

Die Sperrung einer unternehmensgenerierten Zusatzanwendung kommt nur gegenüber dem Unternehmen in Betracht, das die Zusatzanwendung in den Chip der Karte eingespeichert hat, und ist nur dann möglich, wenn das Unternehmen die Möglichkeit zur Sperrung seiner Zusatzanwendung vorsieht. Die Sperrung von bankgenerierten Zusatzanwendungen kommt nur gegenüber der Bank in Betracht und richtet sich nach dem mit der Bank geschlossenen Vertrag.

8. Kapitel: Geldkarte – §§ 675c-676b BGB

Schrifttum: *Bamberger/Roth* (Hrsg.), Beck'scher Online-Kommentar BGB, Edition 51; *Baumbach/Hefermehl/Casper,* Wechselgesetz, Scheckgesetz, Recht der kartengestützten Zahlungen, 23. Aufl. 2008; *Behrendt,* Das Mindestreservesystem des ESZB und elektronisches Geld, EuZW 2002, 364; *Borges,* Die Wertstellung im Giroverhältnis – zugleich eine Besprechung der BGH-Urteile vom 6. Mai und 17. Juni 1987, WM 1998, 105; *Borges/Schwenk/Stuckenberg/Wegener,* Identitätsdiebstahl und Identitätsmissbrauch im Internet, 2011; *Busch,* Mobile Payment – Rechtliche und technische Rahmenbedingungen für Innovationen im Zahlungsverkehr, WiVerw 2014, 148; *Casper/Pfeifle,* Missbrauch der Kreditkarte im Präsenz- und Mail-Order-Verfahren nach neuem Recht, WM 2009, 2343; *Danwerth,* Mobile Payment – Innovation des Zahlungsverkehrs oder unkalkulierbares Risiko?, ZBB 2015, 121; *Derleder/Knops/Bamberger* (Hrsg.), Handbuch zum deutschen und europäischen Bankrecht, 3. Aufl. 2017; *Erman/Westermann* (Begr.), BGB-Kommentar in zwei Bänden, 15. Aufl. 2017; *Escher,* Bankrechtsfragen des elektronischen Geldes im Internet, WM 1997, 1173; *Freitag,* Die Geldschuld im europäischen Privatrecht, AcP 213 (2013), S. 128–167; *Gößmann,* Zustandekommen der Zahlungsgarantie im elektronischen Zahlungsverkehr, in: FS Schimansky, 1999, S. 145; *ders.,* Rechtsfragen neuer Techniken des bargeldlosen Zahlungsverkehrs, in: Horn/Schimansky (Hrsg.), Bankrecht (RWS-Forum 12), 1998, S. 67 (zit.: *Gößmann,* Neue Techniken); *Gramlich,* „Elektronisches Geld" im Recht, DuD 1997, 383; *Groß,* Rechtliche Aspekte zum System „Geldkarte", in: FS Schimansky, 1999, S. 165; *Grundmann,* Das neue Recht des Zahlungsverkehrs, Teil II: Lastschrift, Kartenzahlung und Ausblick, WM 2009, 1157; *Gsell/Krüger/Lorenz/Reymann* (Hrsg.), beck-online.GROSSKOMMENTAR Bürgerliches Gesetzbuch (BGB), Stand: 1.8.2019; *Hladjk,* E-Geld auf dem Vormarsch?, Rechtliche Rahmenbedingungen elektronischen Geldes, MMR 2001, 731; *Hofmann,* Die GeldKarte – Die elektronische Geldbörse der deutschen Kreditwirtschaft, 2001 (zit.: *Hofmann,* Die GeldKarte); *Koch,* § 68: ec-Kassen und POS-System (Point-of-Sale GeldKarte, in: Schimansky/Bunte/Lwowski (Hrsg.), Bankrechts-Handbuch, 5. Aufl. 2017 (zit.: BankR-HdB-*Koch*); *Koller,* Der Vorschuss bei der Giroüberweisung, der Geldkarte und dem Netzgeld, in: FS Schimansky, 1999, S. 209; *Kümpel,* Rechtliche Aspekte der neuen GeldKarte als elektronische Geldbörse, WM 1997, 1037; *ders.,* Rechtliche Aspekte des elektronischen Netzgeldes (Cybergeld), WM 1998, 365; *ders.,* Elektronisches Geld (cyber coins) als Bankgarantie, NJW 1999, 313; *Langenbucher,* Die Risikozuordnung im bargeldlosen Zahlungsverkehr, 2001 (zit.: *Langenbucher,* Risikozuordnung); *Luckey,* Ein europäischer Rahmen für das elektronische Geld, WM 2002, 1529; *Neumann,* Teil 11: Schnittstellen zu anderen Rechtsgebieten, Bezahlverfahren elektronischer Marktplätze in: Kilian/Heussen (Hrsg.) Computerrechts-Handbuch, Losebl. (Stand: 34. EL Mai 2018); *Palandt* (Begr.), Bürgerliches Gesetzbuch Kurzkommentar, 78. Aufl. 2019; *Pfeiffer,* Die Geldkarte – Ein Problemaufriss, NJW 1997, 1036; *Säcker/Rixecker* (Hrsg.), Münchener Kommentar zum Bürgerlichen Gesetzbuch, Band 2: Schuldrecht Allgemeiner Teil (§§ 241–432), 8. Aufl. 2019 und Band 5/2: Schuldrecht – Besonderer Teil III/2 (§§ 651a–704), 7. Aufl. 2017; *Scheibengruber,* Zur Zulässigkeit und Sinnhaftigkeit der Verlagerung des Missbrauchsrisikos bei Zahlungsdiensten, BKR 2010, 15; *ders.,* Unzulässige AGB-Klauseln in der neuen Bedingungen für Zahlungskarten im Onlinebanking, NJOZ 2010, 1366; *Schmidt* (Hrsg.), Münchener Kommentar zum Handelsgesetzbuch, Band 6, 4. Aufl. 2019; *Staudinger* (Begr.), Kommentar zum Bürgerlichen Gesetzbuch: Buch 2: Recht der Schuldverhältnisse (§§ 675c–676c (Zahlungdiensterecht)), Neubearb. 2012; *Wand,* Zahlung mittels elektronischer Geldbörse („GeldKarte"), in: Hadding/Hopt/Schimansky (Hrsg.), Kartengesteuerter Zahlungsverkehr, 1999, S. 97; *Weber,* Zahlungsverfahren im Internet: Zahlung mittels Kreditkarte, Lastschrift und Geldkarte, 2002; *dies.,* Recht des Zahlungsverkehrs: Überweisung – Lastschrift – Scheck – ec- und Kreditkarte – Internet – Insolvenz, 4. Aufl. 2004 (zit.: *Weber,* Recht des Zahlungsverkehrs).

Übersicht

Vorbemerkung zu § 675c

Übersicht

I. Das System „GeldKarte"

1. Funktionalität und Verbreitung

1 Das System „GeldKarte" ist ein Bezahlsystem zur elektronischen Zahlung zwischen Personen, die am GeldKarte-System beteiligt sind. Die Zahlung erfolgt über eine Chipkarte des jeweiligen Kunden, die mit einem Geldbetrag aufgeladen und zur Bezahlung bei sog Vertragshändlern eingesetzt werden kann. Es handelt sich daher um ein sog. **Prepaid-System.**

Die GeldKarte ist als Bargeldersatz für die Bezahlung von Kleinbeträgen konzipiert. Diese **Bargeldersatzfunktion** äußert sich zum einen darin, dass die Zahlung gegenüber dem Zahlungsempfänger anonym erfolgt,[1] und zum anderen darin, dass der Inhaber einer GeldKarte – wie der Inhaber von Bargeld – das Verlustrisiko trägt, da die GeldKarte vom jeweiligen Besitzer als Zahlungsmittel eingesetzt werden kann.

1a Die Konzeption als Zahlungsinstrument für Kleinbeträge kommt in der Beschränkung des Aufladebetrags auf maximal 200 Euro zum Ausdruck, wodurch auch Zahlungsvorgänge entsprechend limitiert sind. Die GeldKarte wird derzeit als das bedeutendste Kleinbetragsinstrument in der deutschen Zahlungsverkehrspraxis angesehen.[2]

Die GeldKarte kann durch die sog **girogo-Funktion** auch zum kontaktlosen Bezahlen verwendet werden. Technisch basiert das kontaktlose Bezahlen auf dem NFC-Standard (Near Field Communication),[3] der eine Datenübertragung über wenige Zentimeter erlaubt.[4] Diese Verfahren des kontaktlosen Bezahlens werden auch als Mobile Payment oder Proximity Payment bezeichnet.[5]

1b Über die Bezahlfunktion der GeldKarte hinaus können weitere **Zusatzanwendungen** realisiert werden.

Der integrierte Chip kann etwa zur Zeiterfassung oder Zugangskontrolle für Räume in Unternehmen verwendet werden,[6] daneben ermöglicht der Chip eine Altersverifikation,[7] die zB – da die Abgabe von Tabakwaren an Kinder und Jugendliche gem. § 10 Abs. 1 JuSchG untersagt ist – in technische Vorrichtungen integriert sein kann, die gem. § 10 Abs. 2 Nr. 2 JuSchG für den Betrieb von Zigarettenautomaten vorgesehen sind. Ferner können auf dem Chip Fahr- und Eintrittskarten (E-Tickets) hinterlegt werden, auch die Hinterlegung von Zertifikaten zur Signierung elektronischer Dokumente ist möglich.[8]

---

1 Vgl. OLG Hamburg ZUM-RD 2009, 246 (263); Derleder/Knops/Bamberger/*Borges* § 8 Rn. 227.

2 BeckOGK BGB/*Foerster* § 675i Rn. 37.

3 *Busch* WiVerw 2014, 148 (149) mit Fn. 5; Hoeren/Sieber/Holznagel/*Werner* Teil 13.5 Rn. 26a.

4 *Danwerth* ZBB 2015, 119 (121).

5 Derleder/Knops/Bamberger/*Borges* § 8 Rn. 247 ff.; *Busch* WiVerw 2014, 148; *Danwerth* ZBB 2015, 119 (120 f.); BeckOGK BGB/*Köndgen* § 675j Rn. 93.

6 S. hierzu die Übersicht unter https://www.geldkarte.de, Rubrik Geschäftskunden, GeldKarte in Aktion.

7 *Baumbach/Hefermehl/Casper* Kartenzahlungen Rn. 85; MüKoHGB/*Haertlein* ZahlungsV Abschn. E Rn. 319; Langenbucher/Gößmann/Werner/*Koch/Vogel* § 5 Rn. 98 ff.

8 S. etwa die Beschreibung der GeldKarte-Funktionen von REINER Kartengeräte GmbH und Co. KG, abrufbar unter https://www.reiner-sct.com/geldkarte-shops.

1c Die Möglichkeit, mit der GeldKarte kontaktlos zu bezahlen und hierdurch Zahlungsvorgänge enorm zu beschleunigen, macht die GeldKarte für Einsatzbereiche attraktiv, bei denen in kurzer Zeit zahlreiche **Kleinbetragszahlungen** abgewickelt werden müssen. Dies wird in jüngerer Zeit etwa bei Großveranstaltungen genutzt. So kommt die GeldKarte in den Stadien von Bundesliga-Vereinen zur Bezahlung von Speisen und Getränken zum Einsatz. Einige Vereine hinterlegen auf dem Chip zudem die Eintrittskarten zum Stadion.

Auch an einigen deutschen Universitäten gelangt die GeldKarte zur Bezahlung in Mensen zum Einsatz. Dabei können bereits vorhandene GeldKarten genutzt werden, parallel werden aber auch kontoungebundene GeldKarten (zB Unicard der TU Dortmund) ausgegeben.

2. Erscheinungsformen und Abgrenzung

2 Die GeldKarte kann als kontogebundene oder als kontoungebundene Karte ausgestaltet sein. Die GeldKarte wird bisher überwiegend als **kontogebundene GeldKarte** ausgegeben.[9] Meist ist die GeldKarten-Funktion in Kundenkarten von Kreditinstituten bereits integriert.[10] Von einer kontogebundenen Karte ist die Rede, wenn die Karte an ein bestehendes Bankkonto **(Referenzkonto)** des Karteninhabers beim Kartenemittenten gebunden ist.[11] Dies hat ua den Vorteil, dass die Karte gegen Belastung des Referenzkontos aufgeladen werden kann (vgl. → Rn. 20).

3 Eine sog **kontoungebundene GeldKarte** (sog. **„White Card“**[12]) liegt vor, wenn die GeldKarten-Funktion auf einer Karte aufgebracht ist, die keine Bindung an ein Bankkonto aufweist.[13] Die kontoungebundene Karte ermöglicht die Nutzung der GeldKarte durch Personen, die über kein (inländisches) Girokonto verfügen (zB Minderjährige und Reisende).[14] Ein weiterer Vorteil der kontoungebundenen GeldKarte kann in einer höheren Anonymität des Karteninhabers gesehen werden, da persönliche Daten wie Name oder Geburtsdatum auf der Karte nicht hinterlegt sind.[15] Allerdings stehen dann bestimmte Zusatzfunktionen wie beispielsweise die **Altersverifikation** nicht zur Verfügung. Daneben hat die kontoungebundene GeldKarte für den Karteninhaber den Nachteil, dass er die GeldKarte nicht am Geldautomaten, sondern nur gegen Bargeld oder mittels einer anderen Karte, etwa der girocard (vormals ec-Karte) oder einer Kreditkarte, aufladen kann. Beispiele für kontoungebundene GeldKarten sind etwa die von Fußballvereinen als Stadionkarten oder von Hochschulen als Uni-, Mensa- oder Campuscard vertriebenen GeldKarten.[16]

4 Da das auf eine GeldKarte geladene Guthaben vorausbezahlt ist, unterscheidet sich die GeldKarte von anderen Bezahlkarten, insbesondere von sog „Postpaid-Produkten“, wie zB Kreditkarten. Auch ist die GeldKarte von der **girocard** abzugrenzen. Regelmäßig werden allerdings von deutschen Kreditinstituten kombinierte Karten ausgegeben, die die Funktionen von girocard und GeldKarte vereinen.

Die Volksbanken Raiffeisenbanken Gruppe hat sich aus dem System GeldKarte zurückgezogen und gibt deutschlandweit seit dem 1.10.2014 neue VR-Bankkarten ohne GeldKarten-Funktion aus. Gültige GeldKarten waren innerhalb einer Übergangsfrist bis zum 31.12.2017 weiterhin im Umlauf und konnten bei vorhandenem Restguthaben darüber hinaus bis zum 30.6.2018 zum Bezahlen genutzt werden. Auch die Deutsche Bank hat

[9] Schwintowski/*Schwintowski* Kap. 11 Rn. 68 mit Fn. 134.

[10] BankR-HdB/*Koch* § 68 Rn. 22; Kilian/Heussen/*Neumann* Teil 11 Rn. 80; Staudinger/*Omlor* Vorb. zu §§ 675c–676c Rn. 216.

[11] MüKoHGB/*Haertlein* ZahlungsV Abschn. E Rn. 284; BankR-HdB/*Koch* § 68 Rn. 23.

[12] Zum Begriff BeckOGK BGB/*Foerster* § 675i Rn. 37; BeckOGK BGB/*Köndgen* § 675c Rn. 104.

[13] MüKoHGB/*Haertlein* ZahlungsV Abschn. E Rn. 284; BankR-HdB/*Koch* § 68 Rn. 22.

[14] Vgl. Schwintowski/*Schwintowski* Kap. 11 Rn. 68; Kümpel/Mülbert/Früh/Seyfried/*Werner* Rn. 4.772.

[15] *Escher* WM 1997, 1173 (1176), dort mwN in Fn. 37; *Hofmann* Die GeldKarte S. 5; indes werden die Daten der letzten Transaktionen auf dem Chip in auslesbarer Form gespeichert, sodass insoweit die Anonymität eingeschränkt ist.

[16] Zu den Rechtsverhältnissen → Kap. 8 BGB § 675f Rn. 13 f.

Medienberichten zufolge den Rückzug aus dem System angekündigt, sodass die Funktion nur noch bis zum 31.12.2021 nutzbar sein wird.[17]

3. Rechtliche Grundlagen der GeldKarte

5 Das System „GeldKarte" wurde, ohne spezifische gesetzliche Grundlage, zum 1.10.1996 durch die von den Spitzenverbänden der Kreditwirtschaft abgeschlossene **Vereinbarung über das institutsübergreifende System „GeldKarte"**[18] (GeldKarten-Vereinbarung) eingeführt. Diese Vereinbarung regelt die Verpflichtungen der teilnehmenden Institute untereinander. Das Verhältnis zwischen emittierendem Institut und Karteninhaber wurde durch einen Rahmenvertrag geregelt, typischerweise die girocard-Bedingungen[19] (bzw. die Sparkassen-Card-Bedingungen[20]).

Die GeldKarten-Vereinbarung wurde mit Wirkung zum 9.12.2015 überarbeitet. Neben terminologischen Anpassungen an das Zahlungsdiensterecht, etwa durch die Verwendung des Begriff des „Zahlungsdienstleisters" anstelle von „Kreditinstitut", erfolgten einige inhaltliche Anpassungen. So wurde etwa eine Verpflichtung zur Absicherung von Händlerforderungen gegen das Risiko des Ausfalls infolge der Insolvenz eines angeschlossenen Zahlungsdienstleisters eingeführt (Ziff. 2 GeldKarten-Vereinbarung) und die durch die Praxis der Sparkassen etablierten Möglichkeiten zum Aufladen der GeldKarte im Zusammenhang mit Bezahlvorgängen ausdrücklich genannt (Ziff. 5 Abs. 3 und Abs. 4 GeldKarten-Vereinbarung).

6 Heute wird die GeldKarte umfassend von gesetzlichen Regelungen erfasst, die ihre europarechtlichen Grundlagen in der Zweiten E-Geld-Richtlinie und in der Zweiten Zahlungsdienste-Richtlinie haben.

Die **E-Geld-Richtlinie**[21] regelte in Bezug auf E-Geld-Institute vor allem die maßgeblichen Begriffe und den Tätigkeitsbereich sowie die Kontrolle durch zuständige Behörden. Die Richtlinie wurde durch die **Zweite E-Geld-Richtlinie**[22] ersetzt, die an die Zahlungsdienste-Richtlinie angepasst ist. Sie wurde durch das Gesetz zur Umsetzung der Zweiten E-Geld-Richtlinie[23] vom 1.3.2011 umgesetzt, wodurch die Regelungen zum E-Geld-Geschäft in das Zahlungsdiensteaufsichtsgesetz (ZAG) überführt wurden.[24]

Die GeldKarte vermittelt elektronisches Geld iS der E-Geld-Richtlinie.[25] Daher gelten die Regeln der Richtlinie uneingeschränkt für die GeldKarte.

7 Die zentrale rechtliche Grundlage der GeldKarte ist das Zahlungsdiensterecht, das durch die **Zahlungsdienste-Richtlinie** (ZD-RL)[26] von 2007 und ihre Umsetzung 2009 in Deutschland etabliert wurde. Diese wurde hinsichtlich der aufsichtsrechtlichen Vorschriften durch das Zahlungsdiensteumsetzungsgesetz vom 25.6.2009[27] im neu geschaffenen Zahlungsdiensteaufsichtsgesetz (ZAG);[28] die zivilrechtlichen Bestimmungen des europäischen

---

[17] https://www.chip.de/news/Deutsche-Bank-stellt-Geldkarte-ein_141730263.html.

[18] Die ursprüngliche Vereinbarung ist abgedruckt in WM 1996, 2353 ff.; kommentiert bei BuB-*Werner* Rn. 6/1694 ff.

[19] Die vom Bundesverband deutscher Banken herausgegebenen Musterbedingungen für die girocard sind in der jeweils aktuellen Fassung abrufbar unter https://www.bankenverband.de, Rubrik Services, AGB-Banken, Kartenzahlungen.

[20] Abgedruckt und kommentiert bei *Bunte/Zahrte* AGB-Banken Bedingungen für die Sparkassen-Card (Debitkarte).

[21] RL 2000/46/EG v. 18.9.2000 über die Aufnahme, Ausübung und Beaufsichtigung der Tätigkeit von E-Geld-Instituten (ABl. 2000 L 275/39).

[22] RL 2009/110/EG v. 16.9.2009 über die Aufnahme, Ausübung und Beaufsichtigung der Tätigkeit von E-Geld-Instituten, zur Änderung der RL 2005/60/EG und 2006/48/EG sowie zur Aufhebung der RL 2000/46/EG (ABl. 2009 L 267/7).

[23] BGBl. I 2011, 288.

[24] BuB-Werner Rn. 19/429a.

[25] → Kap. 8 BGB § 675c Rn. 5.

[26] RL 2007/64/EG v. 13.11.2007 über Zahlungsdienste im Binnenmarkt, zur Änderung der RL 97/7/EG, 2002/65/EG, 2005/60/EG und 2006/48/EG sowie zur Aufhebung der RL 97/5/EG (ABl. 2007 L 319/1).

[27] BGBl. I 2009, 1506.

[28] BuB-*Werner* Rn. 19/429a.

Zahlungsdiensterechts wurden im neuen Untertitel „Zahlungsdienste (§§ 675c–676c) im BGB umgesetzt.

Die unionsrechtliche Grundlage des Zahlungsdienstserechts ist heute die **Zweite Zahlungsdiensterichtlinie (Payment Services Directive 2 – PSD2)** vom 25.11.2015.[29] Die Richtlinie, die die erste Zahlungsdiensterichtlinie ersetzt hat (vgl. Art. 114 PSD2), wurde in Deutschland durch das PSD2-Umsetzungsgesetz[30] umgesetzt.

Neben den im ZAG umgesetzten aufsichtsrechtlichen Fragen erfasst die PSD2 auch die zivilrechtlichen Aspekte von Zahlungsvorgängen und schließt insoweit elektronisches Geld ein.[31] Da die auf der GeldKarte gespeicherten Werteinheiten als elektronisches Geld anzusehen sind[32] und die Zahlung mit der GeldKarte Zahlungsdienste iS der PSD2 einschließt, erstreckt sich diese umfassend auch auf die GeldKarte.

Die Zweite Zahlungsdiensterichtlinie hat die wesentlichen Besonderheiten der GeldKarte, insbesondere die Regelungen für Kleinbetragszahlungsinstrumente (Art. 34 ZD-RL) und elektronisches Geld (Art. 53 ZD-RL), unangetastet gelassen. Die Vorschriften sind inhaltsgleich in den Artt. 42, 63 PSD2 enthalten.

Die zivilrechtlichen Bestimmungen des europäischen Zahlungsdiensterechts sind in den §§ 675c–676c BGB umgesetzt. Dabei wurde ausdrücklich auch die GeldKarte einbezogen, für die folglich ebenfalls die §§ 675c ff. BGB maßgeblich sind, allerdings mit wesentlichen Besonderheiten.[33] **8**

Das Gesetz ordnet also die Zahlung mit der GeldKarte in die Systematik der übrigen Zahlungsvorgänge ein und erfasst die Besonderheiten der GeldKarte durch gesetzliche Sonderregeln, insbesondere in Bezug auf die Verteilung des Missbrauchsrisikos. Dieses gesetzliche Konzept überzeugt nur teilweise, da die GeldKarte nach ihrem Grundgedanken **Bargeldfunktion** haben soll und sich damit wesentlich von den Zahlungsformen unterscheidet, die Buchgeld vermitteln. Entsprechend kompliziert und schwierig ist die rechtliche Erfassung der GeldKarte im für sie nicht geschneiderten Kleid der kontogebundenen Zahlungsdienste.

Die inhaltliche Ausgestaltung des Systems GeldKarte beruht maßgeblich auf vertraglichen Regelungen. Interessanterweise wurden die vertraglichen Grundlagen der GeldKarte bei Einführung der §§ 675c ff. BGB nicht geändert. Im Verhältnis der Kreditinstitute untereinander beruht die GeldKarte nach wie vor auf der 1996 getroffenen und 2015 aktualisierten Vereinbarung über das institutsübergreifende System „GeldKarte".[34] **9**

Für das Verhältnis zwischen dem emittierenden Institut und dem Karteninhaber kommt es darauf an, ob es sich um eine kontogebundene oder eine kontoungebundene GeldKarte handelt. Bei **kontogebundenen GeldKarten** sind der **Girovertrag** und die besonderen Vereinbarungen über die Nutzung der GeldKarte die vertraglichen Grundlagen der GeldKarte. Die damaligen ec-Karten-Bedingungen bzw. Sparkassencard-Bedingungen (heute: „Bedingungen für die girocard (Debitkarte)" bzw. „Bedingungen für die Sparkassen-Card (Debitkarte)") wurden 1996 aus Anlass der Einführung der GeldKarte entsprechend geändert.[35] Bei Neufassung der Bedingungen und bei Umsetzung der Zahlungsdienste-Richtlinie wurden die vertraglichen Bedingungen zur GeldKarte nicht geändert, auch die Umsetzung der Zweiten Zahlungsdiensterichtlinie hat die für die GeldKarte maßgeblichen Vorschriften unberührt gelassen. **10**

---

[29] RL (EU) 2015/2366 v. 25.11.2015 über Zahlungsdienste im Binnenmarkt, zur Änderung der RL 2002/65/EG, 2009/110/EG und 2013/36/EU und der VO (EU) Nr. 1093/2010 sowie zur Aufhebung der RL 2007/64/EG (ABl. 2015 L 337/35).

[30] Gesetz zur Umsetzung der Zweiten Zahlungsdiensterichtlinie v. 17.7.2017, BGBl. I 2017 2446.

[31] → Kap. 8 BGB § 675c Rn. 6.

[32] → Kap. 8 BGB § 675c Rn. 7.

[33] Hoeren/Sieber/Holznagel/*Werner* Teil 13.5 Rn. 29; s. zu den Besonderheiten für Kleinbetragszahlungsinstrumente → Kap. 8 BGB § 675i Rn. 3 ff.

[34] S. den Nachweis → Rn. 5.

[35] Die Bedingungen sind in der damaligen geänderten Fassung abgedruckt in WM 1996, 2356.

11 Bei Erwerb einer **kontoungebundenen GeldKarte**[36] hingegen liegt nicht zwingend ein unmittelbarer Kontakt zwischen Erwerber und kartenausgebender Stelle vor, beispielsweise beim Erwerb der Karte von einem Dritten. Solche (dritte) Stellen, die kontoungebundene GeldKarten zum Erwerb anbieten und selbst nicht Emittenten von GeldKarten sind, sind nicht Partei der Vereinbarung über das System GeldKarte.

In diesen Fällen können der Erwerbsvorgang hinsichtlich des Erwerbs der Chipkarte als solcher und der Vertrag über die Nutzung der GeldKarte auseinanderfallen.[37] Hierbei gelten etwa **girocard-Bedingungen** (Debitkarte) bzw. Sparkassen-Card-Bedingungen (Debitkarte) für den Erwerb der Karte als solcher nicht.[38]

Im Verhältnis zwischen den beteiligten Kreditinstituten und den am GeldKarte-System angeschlossenen Empfängern von GeldKarten-Zahlungen sind die sogenannten **Händlerbedingungen** GeldKarte maßgeblich.[39]

4. Bestandteile des GeldKarte-Systems

12 **a) GeldKarte und Karteninhaber.** Das GeldKarte-System beruht auf einer recht komplexen Infrastruktur. Der Karteninhaber benötigt zur Nutzung des Systems einen Chip, der in eine Karte im Scheckkarten-Format integriert ist. Dies ist häufig eine **girocard oder Sparkassen-Card,** da beide Karten technisch meist mit einer GeldKarten-Funktion ausgestattet sind. Allerdings können auch andere Karten mit einem Chip mit GeldKarten-Funktion ausgestattet werden, wie es namentlich bei der kontoungebundenen GeldKarte (dazu → Rn. 3) der Fall ist.

13 **Karteninhaber** ist die Person, der die GeldKarte ausgehändigt wurde und die zur Nutzung der GeldKarte berechtigt ist. Kontogebundene Karten werden dem Karteninhaber von der **kartenausgebenden Bank** ausgehändigt.

Rechtliche Grundlage der GeldKarten-Zahlung ist die **Vereinbarung** über die Nutzung der GeldKarte zwischen Kunde und Bank, die bei der kontogebundenen Karte regelmäßig Bestandteil des Girovertrags ist.[40]

Der Inhaber eines Girokontos hat aufgrund des Girovertrags einen **Anspruch auf Abschluss** der GeldKarten-Vereinbarung und auf Aushändigung der GeldKarte,[41] soweit die Bank generell auf ihren Karten die GeldKarten-Funktion einsetzt.[42] Diese Einschränkung folgt aus Abschnitt A. I. der Musterbedingungen des Bundesverbands deutscher Banken (Musterbedingungen-BdB für die girocard (Debitkarte)): Hiernach kann die girocard als GeldKarte genutzt werden, „soweit diese entsprechend ausgestattet ist".

14 **b) Der Händler.** Der Empfänger der Zahlung mit GeldKarte wird im System GeldKarte als **Händler** bezeichnet. Jede Person, die Zahlungen mit GeldKarte entgegennehmen will, benötigt ein **Zahlungsterminal**[43] sowie eine sogenannte Händlerkarte.[44] Die **Händlerkarte** ist das Sicherheitsmodul des Händlerterminals,[45] das die erforderlichen Authentifika-

[36] Dies ist bspw. im Internet unter www.geldkarte-shop.de möglich; zu Erwerbsmöglichkeiten und den Vertragsbeziehungen → Kap. 8 BGB § 675f Rn. 13 f.

[37] → Kap. 8 BGB § 675f Rn. 13 f.

[38] Teilweise wird die Geltung dieser Bedingungen allerdings angenommen, da die Ausgabe einer kontoungebundenen GeldKarte beim Emittenten beantragt werden müsse und hierbei auf die Passagen zur GeldKarten-Funktion in den Klauselwerken zur kontogebundenen GeldKarte verwiesen werde, vgl. etwa *Hofmann* Die GeldKarte S. 31 f. unter Verweis auf Antragsformulare von Sparkasse und Volksbank.

[39] → Rn. 14.

[40] → Kap. 8 BGB § 675f Rn. 12.

[41] Dazu ausführlich BankR-HdB/*Koch* § 68 Rn. 38.

[42] Erman/*v. Westphalen* § 675f Rn. 135.

[43] Kümpel/Mülbert/Früh/Seyfried/*Werner* Rn. 4.784.

[44] MüKoHGB/*Haertlein* ZahlungsV Abschn. E Rn. 309.

[45] MüKoHGB/*Haertlein* ZahlungsV Abschn. E Rn. 292; Langenbucher/Gößmann/Werner/*Neumann* § 6 Rn. 28.

tionsschlüssel der Kreditwirtschaft und eine entsprechende Kennung des jeweiligen Kreditinstituts enthält.[46]

Die Teilnahme am System GeldKarte als Händler setzt eine entsprechende Vereinbarung zwischen dem Händler und seiner Bank voraus. Das Verhältnis zwischen Händler und dessen Bank ist in den Händlerbedingungen für die Teilnahme am System „GeldKarte/girogo"[47] geregelt,[48] die im Folgenden als **Händlerbedingungen** oder als **Händlerbedingungen GeldKarte** bezeichnet werden.

c) Das Börsenverrechnungskonto und Evidenzzentralen. Die Zahlung mit der GeldKarte wird über das sogenannte Börsenverrechnungskonto vermittelt, wodurch die Anonymität der Zahlung und damit ein Spezifikum der Bargeldfunktion erreicht wird.[49] Das **Börsenverrechnungskonto** (BVK) ist ein internes Verrechnungskonto des kartenausgebenden Instituts,[50] auf dem die Aufladebeträge aller von diesem Institut ausgegebenen Karten gutgeschrieben werden.[51] Das BVK wird als **Sammelkonto** für die Ladebeträge geführt; eine individuelle Buchung nach Kartenkunden erfolgt nicht.[52] Daher kann das Guthaben einer bestimmten, vom jeweiligen Institut ausgegebenen GeldKarte nicht alleine aufgrund des BVK ermittelt werden. 15

Das Börsenverrechnungskonto dient dazu, die Ansprüche abzudecken, die durch die Bezahlvorgänge zugunsten der am System beteiligten Stellen, insbesondere der Händler, entstehen.

Für jede ausgegebene GeldKarte wird ein sogenannter **Schattensaldo** geführt, der alle Ein- und Auszahlungen für eine GeldKarte berücksichtigt,[53] ohne diese jedoch sichtbar zu machen.[54] Der Schattensaldo ermöglicht es, jederzeit – auch im Falle der Zerstörung des Chips einer GeldKarte – zu ermitteln, wie hoch das Guthaben ist, welches der jeweiligen GeldKarte aktuell zugeordnet ist. Die Schattensalden werden nicht von den emittierenden Instituten selbst geführt, sondern von einer Kartenevidenzzentrale (KEZ).[55] 16

Die **Kartenevidenzzentralen (KEZ)** sind, ebenso wie die **Händlerevidenzzentralen (HEZ)**, weitere Beteiligte des Systems GeldKarte. Die Evidenzzentralen werden in die Abwicklung von GeldKarten-Transaktionen eingeschaltet,[56] um die technische Durchführung durch Bündelung der Zahlungsvorgänge effizient für alle Banken und Händler durchzuführen. 17

Die HEZ werden auf Seiten der Händler tätig, wobei jeder Händler einer HEZ zugeordnet ist. Die HEZ erhalten vom Händler die eingegangenen Datensätze bei GeldKarten-Zahlungen, prüfen und aggregieren diese und leiten die aggregierten Daten an die KEZ weiter. Außerdem veranlassen sie die Gutschrift der Beträge aus den GeldKarten-Zahlungen zugunsten der Händler.[57]

---

[46] Ziff. 11 der Vereinbarung über das institutsübergreifende System GeldKarte.

[47] Abgedruckt in der 3. Aufl. bei MüKoHGB/*Schmidt/Hadding* ZahlungsV Anlage Textanhang zu E. 10.

[48] Derleder/Knops/Bamberger/*Borges* § 8 Rn. 230; BankR-HdB/*Koch* § 68 Rn. 7; Hoeren/Sieber/Holznagel/*Werner* Teil 13.5 Rn. 20.

[49] Derleder/Knops/Bamberger/*Borges* § 8 Rn. 227; Hoeren/Sieber/Holznagel/*Werner* Teil 13.5 Rn. 22.

[50] *Groß,* FS Schimansky, 165 (166 f.); BankR-HdB/*Koch* § 68 Rn. 25; Langenbucher/Gößmann/Werner/*Koch/Vogel* § 5 Rn. 66; Erman/*v. Westphalen* § 675f Rn. 135.

[51] *Baumbach/Hefermehl/Casper* Kartenzahlungen Rn. 68; *Groß,* FS Schimansky, 165 (166 f.); BankR-HdB/*Koch* § 68 Rn. 25; Langenbucher/Gößmann/Werner/*Koch/Vogel* § 5 Rn. 66; Staudinger/*Omlor* Vorb. zu §§ 675c–676c Rn. 217.

[52] MüKoHGB/*Haertlein* ZahlungsV Abschn. E Rn. 291; Langenbucher/Gößmann/Werner/*Koch/Vogel* § 5 Rn. 66; Staudinger/*Omlor* Vorb. zu §§ 675c–676c Rn. 217.

[53] MüKoHGB/*Haertlein* ZahlungsV Abschn. E Rn. 291; Staudinger/*Omlor* Vorb. zu §§ 675c–676c Rn. 217; Langenbucher/Gößmann/Werner/*Neumann* § 6 Rn. 28; BuB-*Werner* Rn. 6/1684.

[54] BuB-*Werner* Rn. 6/1684.

[55] MüKoHGB/*Häuser/Haertlein* ZahlungsV Abschn. E Rn. 291; Langenbucher/Gößmann/Werner/*Neumann* § 6 Rn. 28.

[56] BankR-HdB/*Koch* § 68 Rn. 28.

[57] *Hofmann* Die GeldKarte S. 17; Langenbucher/Gößmann/Werner/*Koch/Vogel* § 5 Rn. 66; Staudinger/*Omlor* Vorb. zu §§ 675c–676c Rn. 219.

Die KEZ werden für die kartenausgebenden Institute tätig, wobei jedes kartenausgebende Institut einer KEZ zugeordnet ist. Die KEZ vermitteln die Zahlungen zwischen der HEZ und den kartenausgebenden Instituten.[58] Die KEZ nimmt die Daten von der HEZ entgegen und führt gemäß Ziff. 14 S. 2 der GeldKarten-Vereinbarung als beauftragte Stelle die **Plausibilitätsprüfung** für den Emittenten durch.[59] Außerdem führt sie die **Schattensalden** der ausgegebenen GeldKarten.[60] Insbesondere bündelt sie die Umsätze und leitet diese zur Belastung des BVK des Emittenten weiter.[61]

II. Ablauf von Zahlungsvorgängen unter Einsatz der GeldKarte

18 Die Zahlung mittels GeldKarte ist in drei unterschiedliche Vorgänge untergliedert: den **Ladevorgang** zwischen Karteninhaber und Kartenemittent, den **Bezahlvorgang** zwischen Karteninhaber und Händler sowie den **Ausgleichsvorgang** zwischen Händler und Kartenemittent.

1. Der Aufladevorgang

19 Damit der Karteninhaber die Karte zur Bezahlung einsetzen kann, muss er ein Guthaben auf die Karte laden (sog **„Aufladen"** der GeldKarte). Die GeldKarte kann mit einem Geldbetrag bis zu 200 EUR aufgeladen werden.[62]

Das Aufladen erfolgt an einer speziellen **Ladestation,**[63] die nur von einem Kreditinstitut betrieben werden darf.[64] In der Praxis ist die Ladestation meist in einen **Geldausgabeautomaten** integriert. Das System ist dem Geldausgabeautomatensystem nachgebildet. Der Kunde kann an jeder beliebigen Ladestation aufladen; das betreffende Kreditinstitut kann für den Ladevorgang ein Entgelt verlangen.[65] Die Karte kann aber auch am Bankschalter aufgeladen werden.

Der Ladevorgang erfolgt für die Kunden ähnlich wie die Ausgabe von Bargeld:[66] Die GeldKarte muss in den Automaten eingeführt werden; die Station liest aus dem Chip die relevanten Daten aus. Der Kunde wählt die Art der Deckung für den Ladebetrag und legitimiert sich (außer beim Laden gegen Bargeld) durch Eingabe seiner PIN.[67]

19a Außerdem besteht die Möglichkeit, die GeldKarte online am Computer unter Verwendung eines geeigneten Chipkartenlesers aufzuladen.[68] Der Ladebetrag kann per Banküberweisung (Vorkasse) oder per bestätigter Banküberweisung unter Einschaltung dritter Zahlungsdienstleister (zB giropay) erfolgen (sog „Laden gegen andere Zahlungsmittel"[69]). Derzeit einziger Anbieter dieser Funktion ist die EURO Kartensysteme GmbH.[70]

---

58 *Hofmann* Die GeldKarte S. 17; Langenbucher/Gößmann/Werner/*Koch*/*Vogel* § 5 Rn. 66.

59 Hadding/Hopt/Schimansky/*Wand* S. 97, 119; vgl. allgemein auch BankR-HdB/*Koch* § 68 Rn. 51 (KEZ obliegen „Prüfungspflichten").

60 → Rn. 16.

61 → Rn. 23.

62 Vgl. Abschnitt A. III. Ziff. 2.2 S. 1 Musterbedingungen-BdB für die girocard (Debitkarte).

63 BankR-HdB/*Koch* § 68 Rn. 24; Hoeren/Sieber/Holznagel/*Werner* Teil 13.5 Rn. 21.

64 BankR-HdB/*Koch* § 68 Rn. 24; Kilian/Heussen/*Neumann* Teil 11 Rn. 83; BuB-*Werner* Rn. 6/1667.

65 MüKoHGB/*Haertlein* ZahlungsV Abschn. E Rn. 287; BankR-HdB/*Koch* § 68 Rn. 24; BuB-*Werner* Rn. 6/1680.

66 MüKoBGB/*Casper* § 675i Rn. 17.

67 Erman/*v. Westphalen* § 675f Rn. 136.

68 Staudinger/*Omlor* Vorb. zu §§ 675c–676c Rn. 215; Hoeren/Sieber/Holznagel/*Werner* Teil 13.5 Rn. 23.

69 Hoeren/Sieber/Holznagel/*Werner* Teil 13.5 Rn. 23.

70 Ladevorgänge können über die Internetseite https://www.geldkarte.de/privatkunden/aufladen/geldkarte-laden vorgenommen werden.

Kontogebundene GeldKarten können darüber hinaus auch im Zusammenhang mit Bezahlvorgängen im Einzelhandel gegen Belastung des Referenzkontos aufgeladen werden, ein Aufladen gegen eine andere Karte ist dabei jeweils nicht möglich.[71] 19b

Zum einen besteht die Möglichkeit, die GeldKarte beim Einsatz zur Zahlung eines Betrags bis einschließlich 25,00 EUR um einen von der Deutschen Kreditwirtschaft vorgegebenen Betrag, der durch Ziff. 5 Abs. 4 der GeldKarten-Vereinbarung auf 35,00 EUR festgelegt ist, an einem sog integrierten Bezahl-/Ladeterminal[72] aufzuladen,[73] wobei hierbei die PIN einzugeben ist und der Ladebetrag dem Referenzkonto belastet wird. In tatsächlicher Hinsicht unterscheidet sich diese Vorgehensweise nicht von einer herkömmlichen ec-Kartenzahlung unter Verwendung der PIN. Gemäß Ziff. 5 Abs. 2 der Händlerbedingungen Geldkarte ist diese Lademöglichkeit ausgeschlossen, wenn für die eingesetzte GeldKarte eine Vereinbarung für einen „Abo-Ladeauftrag"[74] besteht.[75]

Eine weitere, derzeit nur für Sparkassencards verfügbare Lademöglichkeit ist das Aufladen unter Verwendung eines sog **„Abo-Ladeauftrags"**.[76] Dabei erfolgt die Aufladung im Rahmen von Bezahlvorgängen bis 25,00 EUR um einen zuvor vereinbarten Ladebetrag zwischen 20,00 EUR und 50,00 EUR, wenn das aktuell auf die Karte geladene Guthaben für den jeweiligen Bezahlvorgang nicht mehr ausreicht. Die Eingabe der PIN ist für die Ausführung von Abo-Ladevorgängen nicht erforderlich.[77] Die Aufladung per Abo-Ladevorgang ist nur einmal täglich möglich. 19c

Bei aktiviertem Abo-Ladeauftrag besteht zudem die Möglichkeit, die GeldKarte einmal täglich unter Verwendung eines NFC-fähigen Smartphones um den vereinbarten Ladebetrag aufzuladen. Hierzu werden eine entsprechende Software auf dem Smartphone sowie eine Internetverbindung benötigt.

Beim Aufladen erfolgen mehrere Vorgänge. Beim Ladevorgang werden auf der Karte **elektronische Werteinheiten** gespeichert, die Aufschluss darüber geben, auf welche Summe sich das aufgeladene Guthaben beläuft. 20

Der **Aufladebetrag** wird auf dem **Börsenverrechnungskonto** (BVK) der kartenausgebenden Bank gebucht.[78] Die Daten des Ladevorgangs werden außerdem an die **Kartenevidenzzentrale** weitergeleitet, die den der GeldKarte zugewiesenen **Schattensaldo** um den Ladebetrag erhöht.[79]

Der Gegenwert des Aufladebetrags wird vom Kunden entrichtet. Hierzu bestehen mehrere Möglichkeiten:[80] die Belastung des Girokontos des Kunden bei der kartenausgebenden Bank, die Bezahlung durch Bargeld oder die Belastung eines anderen Kontos mittels einer anderen Karte (zB Kreditkarte).[81] Für Online-Aufladungen kommen auch die Zahlung per Banküberweisung, ggf unter Einschaltung dritter Zahlungsdienstleister, sowie

---

[71] Vgl. Ziff. 5 Abs. 1 und Ziff. 5 Abs. 2 Händlerbedingungen GeldKarte; Ziff. 5 Abs. 2 GeldKarten-Vereinbarung.

[72] Ziff. 5 Abs. 2 Händlerbedingungen GeldKarte.

[73] Abschnitt A. III. Ziff. 2.2 Abs. 1 Bedingungen für die Sparkassen-Card (Debitkarte); vgl Ziff. 5 Abs. 1 und Ziff. 5 Abs. 2 Händlerbedingungen GeldKarte.

[74] → Rn. 19c.

[75] Vgl. Ziff. 5 Abs. 2 Händlerbedingungen GeldKarte.

[76] Abschnitt A. III. Ziff. 2.7 der Bedingungen für die Sparkassen-Card (Debitkarte); Ziff. 5 Abs. 3 GeldKarten-Vereinbarung.

[77] Ziff. 5 Abs. 3 GeldKarten-Vereinbarung.

[78] Derleder/Knops/Bamberger/*Borges* § 8 Rn. 232; MüKoBGB/*Casper* § 675i Rn. 17; MüKoHGB/*Haertlein* ZahlungsV Abschn. E Rn. 291; BankR-HdB/*Koch* § 68 Rn. 25; Langenbucher/Gößmann/Werner/*Koch/Vogel* § 5 Rn. 30; Staudinger/*Omlor* Vorb. zu §§ 675c–676c Rn. 217; BuB-*Werner* Rn. 6/1683; Hoeren/Sieber/Holznagel/*Werner* Teil 13.5 Rn. 21.

[79] Derleder/Knops/Bamberger/*Borges* § 8 Rn. 232; Langenbucher/Gößmann/Werner/*Neumann* § 5 Rn. 30; Staudinger/*Omlor* Vorb. zu §§ 675c–676c Rn. 217.

[80] Vgl. zu den vorgesehenen Möglichkeiten der Zahlung durch den Karteninhaber Abschn. A. III. Ziff. 2.2 Musterbedingungen-BdB für die girocard (Debitkarte).

[81] MüKoHGB/*Haertlein* ZahlungsV Abschn. E Rn. 287; Kilian/Heussen/*Neumann* Teil 11 Rn. 84; Langenbucher/Gößmann/Werner/*Neumann* § 6 Rn. 31; BuB-*Werner* Rn. 6/1665 ff.

die Einlösung von Gutscheinen in Betracht. Die Belastung einer anderen GeldKarte hingegen ist nicht möglich.

Wenn die Karte mittels girocard oder Sparkassencard gegen das referenzierte Girokonto aufgeladen wird, wird zusätzlich geprüft, ob die girocard bzw. die Sparkassencard gesperrt ist und ob der Verfügungsrahmen des Girokontos eingehalten wird.[82]

2. Der Bezahlvorgang zwischen Karteninhaber und Händler

21 Beim **Bezahlvorgang** mit der GeldKarte begleicht der Karteninhaber eine gegen ihn gerichtete Forderung eines Händlers, etwa aus einem im stationären Einzelhandel oder online geschlossenen Kaufvertrag.[83] Der Zahlungsvorgang im stationären Einzelhandel erfolgt aus Sicht des Karteninhabers ähnlich wie bei sonstigen Kartenzahlungen. Die GeldKarte wird in das Terminal eingelegt, das Terminal prüft die Echtheit der Karte und zeigt dem Inhaber den Kaufbetrag an.[84]

Als weitere Bezahlmöglichkeit ist, wie eingangs erwähnt, das kontaktlose Bezahlen unter Einsatz des NFC-Standards vorgesehen.[85] Dabei wird die Karte nicht in ein Terminal eingeführt, sondern lediglich nah an das Bezahlterminal gehalten.[86] Bei der – wenig verbreiteten – Online-Zahlung mittels GeldKarte legt der Inhaber der Karte diese auf ein geeignetes Kartenlesegerät auf.

21a Sodann bestätigt der Karteninhaber den Zahlungsvorgang durch Tastendruck, sei es auf dem Bezahlterminal, sei es auf dem Chipkartenleser am heimischen Computer. Beim kontaktlosen Bezahlen unter Nutzung der girogo-Funktion ist eine Bestätigung der Zahlung nicht erforderlich.

Eine **Authentisierung** durch PIN oder sonstige Authentisierungsmedien **erfolgt nicht.**[87] Hierin liegt eine der wesentlichen Besonderheiten der GeldKarte gegenüber anderen Zahlungssystemen.

Aufgrund der **Bestätigung** der Zahlung verringert sich der in der GeldKarte gespeicherte Betrag um den Zahlbetrag. Gleichzeitig wird der Zahlbetrag in der sogenannten **Händlerkarte**[88] zugunsten des Händlers gespeichert.[89]

3. Der Ausgleichsvorgang zwischen Händler und Kartenemittent

22 **a) Gutschrift zugunsten des Händlers.** Der Händler übermittelt die Zahlungsbeträge aus der Händlerkarte an eine der Händlerevidenzzentralen (HEZ). Dieser Vorgang erfolgt täglich, typischerweise nach Kassenschluss.[90] Die HEZ prüft die von den Händlern eingereichten Umsatzdaten auf Echtheit und Plausibilität,[91] um etwa Mehrfacheinreichungen einzelner Bezahlvorgänge auszuschließen.

[82] MüKoHGB/*Haertlein* ZahlungsV Abschn. E Rn. 291.

[83] Zur Erfüllungswirkung → Kap. 8 BGB § 675f Rn. 30 ff.

[84] Derleder/Knops/Bamberger/*Borges* § 8 Rn. 233; MüKoBGB/*Casper* § 675i Rn. 17; MüKoHGB/*Haertlein* ZahlungsV Abschn. E Rn. 292; BuB-*Werner* Rn. 6/1669; vgl. auch Erman/*v. Westphalen* § 675f Rn. 136.

[85] → Rn. 1a.

[86] MüKoHGB/*Haertlein* ZahlungsV Abschn. E Rn. 292; Hoeren/Sieber/Holznagel/*Werner* Teil 13.5 Rn. 26a.

[87] *Baumbach/Hefermehl/Casper* Kartenzahlungen Rn. 69; MüKoBGB/*Casper* § 675i Rn. 17; *Pfeiffer* NJW 1997, 1036; BankR-HdB/*Koch* § 68 Rn. 26; Kilian/Heussen/*Neumann* Teil 11 Rn. 87; Staudinger/*Omlor* Vorb. zu §§ 675c–676c Rn. 218; BuB-*Werner* Rn. 6/1669; Erman/*v. Westphalen* § 675f Rn. 136.

[88] → Rn. 14.

[89] Derleder/Knops/Bamberger/*Borges* § 8 Rn. 233; BankR-HdB/*Koch* § 68 Rn. 26; Kilian/Heussen/*Neumann* Teil 11 Rn. 89; Langenbucher/Gößmann/Werner/*Neumann* § 6 Rn. 28.

[90] MüKoHGB/*Haertlein* ZahlungsV Abschn. E Rn. 292; Staudinger/*Omlor* Vorb. zu §§ 675c–676c Rn. 219.

[91] *Hofmann* Die GeldKarte S. 17; BankR-HdB/*Koch* § 68 Rn. 28; Langenbucher/Gößmann/Werner/*Neumann* § 6 Rn. 28.

Die HEZ fasst die von den Händlern eingereichten Umsätze zusammen, übermittelt die aggregierten Umsätze für jede Händlerbank und schreibt der jeweiligen Händlerbank die entsprechenden Beträge gut. Gleichzeitig wird diese angewiesen, die eingereichten Zahlungsbeträge dem bei ihr geführten Händlerkonto gutzuschreiben.[92]

b) Belastung beim Kartenemittent. Außerdem sammelt die HEZ die Zahlungsvorgänge und sortiert diese nach der Zuordnung des Kartenemittenten zu einer Kartenevidenzzentrale (KEZ). Hierdurch entstehen Bündel von Datensätzen mehrerer Bezahlvorgänge, die jeweils über dieselbe KEZ abgerechnet werden. Diese **aggregierten Datensätze** werden von der HEZ an die jeweilige KEZ weitergegeben. Die HEZ zieht bei der jeweiligen KEZ die Summe der GeldKarten-Umsätze ein.[93] 23

Die KEZ prüft die Daten, erstellt aggregierte Umsatzzahlen und zieht die Umsatzbeträge – ggf. durch Einschaltung einer Verrechnungsbank[94] – vom BVK des jeweiligen Kartenemittenten ein.[95]

§ 675c Zahlungsdienste und E-Geld

(1) **Auf einen Geschäftsbesorgungsvertrag, der die Erbringung von Zahlungsdiensten zum Gegenstand hat, sind die §§ 663, 665 bis 670 und 672 bis 674 entsprechend anzuwenden, soweit in diesem Untertitel nichts Abweichendes bestimmt ist.**

(2) **Die Vorschriften dieses Untertitels sind auch auf einen Vertrag über die Ausgabe und Nutzung von E-Geld anzuwenden.**

(3) **Die Begriffsbestimmungen des Kreditwesengesetzes und des Zahlungsdiensteaufsichtsgesetzes sind anzuwenden.**

(4) **Die Vorschriften dieses Untertitels sind mit Ausnahme von § 675d Absatz 2 Satz 2 sowie Absatz 3 nicht auf einen Vertrag über die Erbringung von Kontoinformationsdiensten anzuwenden.**

Übersicht

I. Erbringung von Zahlungsdiensten, Abs. 1

1. Der Begriff des Zahlungsdienstes

1 Die §§ 675c ff. BGB sind gemäß Abs. 1 auf Geschäftsbesorgungsverträge über die Erbringung von Zahlungsdiensten anwendbar.[1] Der Begriff der **Zahlungsdienste** ist in § 1 ZAG definiert, auf dessen Begriffsbestimmungen Abs. 3 verweist. § 1 Abs. 1 S. 2 ZAG enthält eine Aufzählung einzelner Zahlungsdienste, § 2 Abs. 1 ZAG hingegen enthält eine

[92] BankR-HdB/*Koch* § 68 Rn. 28; Langenbucher/Gößmann/Werner/*Koch/Vogel* § 5 Rn. 66; Staudinger/*Omlor* Vorb. zu §§ 675c–676c Rn. 217.
[93] Langenbucher/Gößmann/Werner/*Koch/Vogel* § 5 Rn. 66; BuB-*Werner* Rn. 6/1674 f.; vgl. auch BankR-HdB/*Koch* § 68 Rn. 28.
[94] BuB-*Werner* Rn. 6/1675.
[95] BuB-*Werner* Rn. 6/1675; vgl. auch BankR-HdB/*Koch* § 68 Rn. 28.
[1] *Herresthal* → Kap. 2 BGB § 675c Rn. 2.

Negativliste von Diensten, die nicht als Zahlungsdienste anzusehen sind. Dabei ist § 1 Abs. 1 S. 2 ZAG deckungsgleich mit Art. 4 Nr. 3 PSD2 iVm Anhang I, § 2 Abs. 1 ZAG entspricht weitestgehend Art. 3 PSD2.

2 **Zahlungsdienst** ist gemäß § 1 Abs. 1 S. 2 Nr. 3 lit. b ZAG auch „die Ausführung von Zahlungsvorgängen mittels einer Zahlungskarte oder eines ähnlichen Zahlungsinstruments". Ob ein Zahlungsdienst vorliegt, hängt somit davon ab, ob ein Zahlungsvorgang ausgelöst worden ist. **Zahlungsvorgang** ist nach der Legaldefinition in § 675f Abs. 4 S. 1 BGB jede vom Zahler oder Zahlungsempfänger ausgelöste Bereitstellung, Übermittlung oder Abhebung eines Geldbetrags.[2]

2. Zahlungsvorgänge im System GeldKarte

3 Da der Begriff der Zahlungsdienste den Anwendungsbereich der §§ 675c ff. BGB eröffnet, kommt es für die gesetzliche Regelung der GeldKarte darauf an, ob die Vorgänge, die im Zusammenhang mit der GeldKarte anfallen, jeweils als Zahlungsvorgang anzusehen sind. Jedenfalls bei den spezifischen Vorgängen in Bezug auf die GeldKarte, insbesondere dem **Aufladen** der GeldKarte, dem **Bezahlen** mit der GeldKarte und dem **Entladen,** handelt es sich um Zahlungsvorgänge iS des § 675f Abs. 4 S. 1 BGB,[3] weshalb die Nutzung der GeldKarte umfassend als **Zahlungsdienst** iS des § 1 Abs. 1 S. 2 Nr. 3 lit. b ZAG anzusehen ist und die §§ 675c ff. BGB auf die entsprechenden Verträge anwendbar sind.[4]

II. Elektronisches Geld (E-Geld), Abs. 2

4 Abs. 2 soll klarstellen, dass **elektronisches** Geld von den §§ 675c ff. BGB erfasst sein soll.[5]

1. Begriff des E-Geldes

5 Der Begriff des E-Geldes geht zurück auf die Erste **E-Geld-Richtlinie**[6] und war dort in Art. 1 Abs. 3 lit. b definiert.[7] Diese Definition wurde durch die Zweite E-Geld-Richtlinie[8] leicht geändert und ist entsprechend in deutsches Recht umgesetzt worden.[9] Sie findet sich nun in § 1 Abs. 2 S. 3 ZAG wieder. Hiernach umfasst der Begriff des **E-Gelds** elektronisch gespeicherte monetäre Werte in Form einer Forderung gegenüber dem Emittenten, mit denen Zahlungsvorgänge ausgeführt werden sollen und die, darin liegt die **Geldfunktion,** auch von anderen Personen als dem Emittenten angenommen werden. Der Begriff des E-Gelds umfasst damit ausdrücklich kartengebundene Werteinheiten und sogenanntes **Netzgeld.**[10] Nicht erfasst werden hingegen sogenannte **geschlossene Systeme,** bei denen der Emittent der Werteinheiten zugleich auch der einzige Akzeptant ist.[11]

---

[2] → Kap. 8 BGB § 675f Rn. 5; vgl. ferner *Herresthal* → Kap. 2 BGB § 675c Rn. 4.

[3] IE → Kap. 8 BGB § 675f Rn. 16, 20.

[4] Derleder/Knops/Bamberger/*Borges* § 8 Rn. 229; Baumbach/Hopt/*Hopt* Bankgeschäfte Rn. F/13.

[5] Begr. RegE § 675c Abs. 2 BGB, BT-Drs. 16/11643, 99; Prütting/Wegen/Weinreich/*Fehrenbacher* § 675c Rn. 8; Palandt/*Sprau* § 675c Rn. 9.

[6] RL 2000/46/EG, → Kap. 8 BGB Vorb. § 675c Rn. 6.

[7] Hiernach bezeichnete E-Geld „einen monetären Wert in Form einer Forderung gegen die ausgebende Stelle, der auf einem Datenträger gespeichert ist, gegen Entgegennahme eines Geldbetrags ausgegeben wird, dessen Wert nicht geringer ist als der ausgegebene monetäre Wert, von anderen Unternehmen als der ausgebenden Stelle als Zahlungsmittel akzeptiert wird".

[8] RL 2009/110/EG, → Kap. 8 BGB Vorb. § 675c Rn. 6.

[9] Die Vorschriften wurden durch das Gesetz zur Umsetzung der Zweiten E-Geld-Richtlinie vom 1.3.2011 geändert, BGBl. I 2011, 288.

[10] Derleder/Knops/Bamberger/*Borges* § 8 Rn. 225; *Herresthal* → Kap. 2 BGB § 675i Rn. 19; *Hladjk* MMR 2001, 731; BankR-HdB⁴-*Neumann,* § 55a Rn. 1; vgl. auch BankR-HdB-*Terlau,* § 55a Rn. 14, der darauf hinweist, dass die Unterscheidung zwischen Netzgeld und Kartengeld heute obsolet sei.

[11] Derleder/Knops/Bamberger/*Borges* § 8 Rn. 224; BeckOGK BGB/*Schmalenbach* § 675f Rn. 105.

Die PSD2 geht, ebenso wie zuvor die erste **Zahlungsdiensterichtlinie,** davon aus, dass Zahlungsvorgänge mittels E-Geldes von der Richtlinie als **Zahlungsdienste** erfasst werden sollen.[12] Dies ergibt sich eindeutig aus Erwägungsgrund 9 ZD-RL[13] sowie aus Erwägungsgrund 25 PSD2,[14] lässt sich aber auch aus der Definition des **Zahlungsvorgangs** (Art. 4 Nr. 5 PSD2) herleiten, der die Bereitstellung, Übermittlung und Abhebung von Geldbeträgen erfasst. Da Art. 4 Nr. 25 PSD2 auch E-Geld als „Geldbetrag“ definiert, fallen Bereitstellung, Übermittlung und Abhebung von E-Geld unter den Begriff des Zahlungsvorgangs. 6

2. GeldKarte als E-Geld

Die Definition des E-Gelds umfasst – darin besteht im Ergebnis offenbar Einigkeit – auch die GeldKarte, insbesondere sind die auf der GeldKarte gespeicherten Werteinheiten als **E-Geld** anzusehen.[15] Bei dem auf der GeldKarte vermerkten Guthaben handelt sich um einen auf dem Chip elektronisch gespeicherten Wert.[16] 7

Fraglich kann nur sein, ob der auf der Karte gespeicherte Wert eine Forderung gegen den Emittenten des E-Gelds vermittelt, wie § 1 Abs. 2 S. 3 ZAG voraussetzt. Dies war auf der Grundlage der früheren Rechtslage in der Literatur umstritten. Teilweise wurde in dem Guthaben ausdrücklich eine Forderung des Karteninhabers gegen den Emittenten gesehen,[17] wobei es sich bei dieser Guthabenforderung um eine vom zugrunde liegenden Girovertrag zu trennende unregelmäßige Verwahrung iS von § 700 Abs. 1 S. 1 BGB handele.[18] Gegen diese Konstruktion wurde vorgebracht, dass die auf sämtliche GeldKarten des emittierenden Instituts geladenen Geldbeträge auf einem einzigen Sammelkonto, dem Börsenverrechnungskonto,[19] verbucht werden und somit kein dem Karteninhaber zugeordnetes Guthabenkonto geführt wird (anders etwa beim Girokonto).[20]

Entgegen diesen Einwänden vermittelt das auf der GeldKarte gespeicherte Guthaben eine Forderung gegen den Emittenten. Dem Karteninhaber steht ein **Anspruch auf Rückzahlung** des Guthabenbetrags in Höhe des jeweiligen Werts zu, der im Chip auf der GeldKarte gespeichert ist.[21] Dieser Wert kann durch **„Entladen“** des Ladebetrags beim emittierenden Institut realisiert werden.[22] Bei einer kontogebundenen Karte wird der Betrag auf das Konto des GeldKarten-Inhabers gebucht, bei kontoungebundenen Karten wird der Betrag in bar ausgezahlt.[23]

---

[12] So auch Begr. RegE § 675c Abs. 2 BGB, BT-Drs. 16/11643, 99.

[13] Erwägungsgrund 9 der RL 2007/64/EG lautet: „Die Richtlinie sollte die Ausführung von Zahlungsvorgängen regeln, soweit es sich bei den Geldbeträgen um elektronisches Geld im Sinne von Artikel 1 Absatz 3 Buchstabe b der RL 2000/46/EG handelt. […]“.

[14] Erwägungsgrund 26 PSD2 lautet: „Diese Richtlinie legt Vorschriften für die Ausführung von Zahlungsvorgängen fest, soweit es sich bei den Geldbeträgen um E-Geld im Sinne der Richtlinie 2009/110/EG handelt. […]“.

[15] *Behrendt* EuZW 2002, 364 (365); Derleder/Knops/Bamberger/*Borges* § 8 Rn. 229; MüKoBGB/*Casper* § 675c Rn. 19; Prütting/Wegen/Weinreich/*Fehrenbacher* § 675i Rn. 6; MüKoHGB/*Haertlein* ZahlungsV Abschn. E Rn. 284; *Kümpel* NJW 1999, 313; *Reymann* DStR 2011, 1959; Staudinger/*Omlor* Vorb. zu §§ 675c–676c Rn. 215; BeckOGK BGB-*Schmalenbach* § 675f Rn. 105; HK-BGB/*Schulte-Nölke* § 675c Rn. 3; Palandt/*Sprau* § 675f Rn. 62; Hoeren/Sieber/Holznagel/*Werner* Teil 13.5 Rn. 18; ebenso bereits zu § 11 XIV Nr. 1 KWG aF *Baumbach/Hefermehl/Casper* Kartenzahlungen Rn. 72.

[16] *Gramlich* DuD 1997, 383 (384); *Hladjk* MMR 2001, 731; *Luckey* WM 2002, 1529 (1530); Staudinger/*Omlor* Vorb. zu §§ 675c–676c Rn. 215.

[17] *Escher* WM 1997, 1173 (1180); *Pfeiffer* NJW 1997, 1036 (1037); *Weber* Zahlungsverfahren im Internet S. 227.

[18] *Weber* Zahlungsverfahren im Internet S. 227.

[19] Zum Börsenverrechnungskonto → Kap. 8 BGB Vorb. § 675c Rn. 15.

[20] *Kümpel* WM 1997, 1037 (1041); Hadding/Hopt/Schimansky/*Wand* S. 97, 111.

[21] *Kümpel* WM 1997, 1037 (1038); Staudinger/*Omlor* Vorb. zu §§ 675c–676c Rn. 227.

[22] Zum Anspruch des Karteninhabers auf Auszahlung des Ladebetrags auch → Kap. 8 BGB § 675f Rn. 34.

[23] MüKoHGB/*Haertlein* ZahlungsV Abschn. E Rn. 293; Kilian/Heussen/*Neumann* Teil 11 Rn. 91; Langenbucher/Gößmann/Werner/*Neumann* § 6 Rn. 40.

III. Verweis auf ZAG und KWG, Abs. 3

8 Der Verweis des Abs. 3 bezieht sich auf die Begriffsbestimmungen der **Zahlungsdiensterichtlinie,** die nur teilweise in den §§ 675c ff. BGB und im Übrigen im ZAG und im KWG umgesetzt wurden.[24]

IV. Ausnahme für Kontoinformationsdienste, Abs. 4

9 Abs. 4 enthält einen weitreichenden Ausschluss der Anwendbarkeit der §§ 675c–676c für Verträge über die Erbringung von Kontoinformationsdiensten. Kontoinformationsdienste sind gemäß der Legaldefinition in § 1 Abs. 34 ZAG, die wegen Abs. 3 auch im Rahmen von § 675c maßgeblich ist, Online-Dienste zur Mitteilung konsolidierter Informationen über ein Zahlungskonto oder mehrere Zahlungskonten des Zahlungsdienstnutzers bei einem oder mehreren anderen Zahlungsdienstleistern. Es handelt sich insoweit um Zahlungsdienste iS des ZAG (vgl. § 1 Abs. 1 S. 2 Nr. 8 ZAG).

10 Im Zusammenhang mit der GeldKarte haben Kontoinformationsdienste keinerlei Bedeutung, weil insoweit schon kein Zahlungskonto iSv § 1 Abs. 17 ZAG vorliegt, über das Informationen bereitgestellt werden könnten. Gemäß § 1 Abs. 17 ZAG ist ein Zahlungskonto ein auf den Namen eines oder mehrerer Zahlungsdienstnutzer lautendes Konto, das für die Ausführung von Zahlungsvorgängen genutzt wird: Das für Zahlungen mit der GeldKarte verwendete Börsenverrechnungskonto ist ein Sammelkonto und ist daher keinem Zahlungsdienstnutzer zugewiesen, der für jede GeldKarte geführte Schattensaldo dient nicht der Ausführung von Zahlungsvorgängen.

§ 675d Unterrichtung bei Zahlungsdiensten

(1) **Zahlungsdienstleister haben Zahlungsdienstnutzer bei der Erbringung von Zahlungsdiensten über die in Artikel 248 §§ 1 bis 12, 13 Absatz 1, 3 bis 5 und §§ 14 bis 16 des Einführungsgesetzes zum Bürgerlichen Gesetzbuche bestimmten Umstände in der dort vorgesehenen Form zu unterrichten.**

(2) [1] **Zahlungsauslösedienstleister haben Zahler ausschließlich über die in Artikel 248 § 13 Absatz 1 bis 3 und § 13a des Einführungsgesetzes zum Bürgerlichen Gesetzbuche bestimmten Umstände in der Form zu unterrichten, die in Artikel 248 §§ 2 und 12 des Einführungsgesetzes zum Bürgerlichen Gesetzbuche vorgesehen ist.** [2] **Kontoinformationsdienstleister haben Zahlungsdienstnutzer über die in Artikel 248 §§ 4 und 13 Absatz 1 des Einführungsgesetzes zum Bürgerlichen Gesetzbuche bestimmten Umstände zu unterrichten; sie können die Form und den Zeitpunkt der Unterrichtung mit dem Zahlungsdienstnutzer vereinbaren.**

(3) **Ist die ordnungsgemäße Unterrichtung streitig, so trifft die Beweislast den Zahlungsdienstleister.**

(4) [1] **Für die Unterrichtung darf der Zahlungsdienstleister mit dem Zahlungsdienstnutzer nur dann ein Entgelt vereinbaren, wenn die Information auf Verlangen des Zahlungsdienstnutzers erbracht wird und der Zahlungsdienstleister**

1. **diese Information häufiger erbringt, als in Artikel 248 §§ 1 bis 16 des Einführungsgesetzes zum Bürgerlichen Gesetzbuche vorgesehen,**
2. **eine Information erbringt, die über die in Artikel 248 §§ 1 bis 16 des Einführungsgesetzes zum Bürgerlichen Gesetzbuche vorgeschriebenen hinausgeht, oder**

[24] Palandt/*Sprau* § 675c Rn. 10; vgl. dort insbes. die tabellarische Übersicht über die Terminologie des Zahlungsdiensterechts.

3. diese Information mithilfe anderer als der im Zahlungsdiensterahmenvertrag vereinbarten Kommunikationsmittel erbringt.

[2] Das Entgelt muss angemessen und an den tatsächlichen Kosten des Zahlungsdienstleisters ausgerichtet sein.

(5) **[1] Zahlungsempfänger, Dienstleister, die Bargeldabhebungsdienste erbringen, und Dritte unterrichten über die in Artikel 248 §§ 17 bis 18 des Einführungsgesetzes zum Bürgerlichen Gesetzbuche bestimmten Umstände. [2] Der Zahler ist nur dann verpflichtet, die Entgelte gemäß Artikel 248 § 17 Absatz 2 und § 18 des Einführungsgesetzes zum Bürgerlichen Gesetzbuche zu entrichten, wenn deren volle Höhe vor der Auslösung des Zahlungsvorgangs bekannt gemacht wurde.**

(6) **[1] Die Absätze 1 bis 5 sind nicht anzuwenden auf**

1. die Bestandteile eines Zahlungsvorgangs, die außerhalb des Europäischen Wirtschaftsraums getätigt werden, wenn
   a) der Zahlungsvorgang in der Währung eines Staates außerhalb des Europäischen Wirtschaftsraums erfolgt und sowohl der Zahlungsdienstleister des Zahlers als auch der Zahlungsdienstleister des Zahlungsempfängers innerhalb des Europäischen Wirtschaftsraums belegen ist oder
   b) bei Beteiligung mehrerer Zahlungsdienstleister an dem Zahlungsvorgang von diesen Zahlungsdienstleistern mindestens einer innerhalb und mindestens einer außerhalb des Europäischen Wirtschaftsraums belegen ist;

2. Zahlungsvorgänge, bei denen keiner der beteiligten Zahlungsdienstleister innerhalb des Europäischen Wirtschaftsraums belegen ist.

[2] In den Fällen des Satzes 1 Nummer 1 sind die Informationspflichten nach Artikel 248 § 4 Absatz 1 Nummer 2 Buchstabe e, § 6 Nummer 1 sowie § 13 Absatz 1 Satz 1 Nummer 2 des Einführungsgesetzes zum Bürgerlichen Gesetzbuche auch auf die innerhalb des Europäischen Wirtschaftsraums getätigten Bestandteile des Zahlungsvorgangs nicht anzuwenden. [3] Gleiches gilt im Fall des Satzes 1 Nummer 1 Buchstabe b für die Informationspflicht nach Artikel 248 § 4 Absatz 1 Nummer 5 Buchstabe g des Einführungsgesetzes zum Bürgerlichen Gesetzbuche.

Übersicht

I. Eingeschränkte Informationspflichten für Kleinbetragsinstrumente

1 Die Vorschrift beruht auf den umfangreichen **Informationspflichten** des Zahlungsdienstleisters nach den Artt. 38–60 PSD2.[1] Abs. 1 enthält Informationspflichten des Zahlungsdienstleisters gegenüber dem Zahlungsdienstnutzer,[2] die im Einzelnen in Art. 248 §§ 1–16 EGBGB geregelt sind.[3] Die Informationspflichten sind gem. § 675e Abs. 1, Abs. 4 BGB nur abdingbar, sofern der Zahlungsdienstnutzer nicht Verbraucher ist.

Für **Kleinbetragsinstrumente** iSd § 675i BGB wird der **Umfang** der Informationspflichten nach Art. 248 § 11 EGBGB stark eingeschränkt.

Da es sich bei der GeldKarte um ein solches Kleinbetragsinstrument iSv § 675i BGB handelt,[4] sind bei der GeldKarte nur die reduzierten Informationspflichten maßgeblich. Die

[1] *Herresthal* → Kap. 2 BGB § 675d Rn. 3.
[2] S. zum Begriff des Zahlungsdienstnutzers → Kap. 8 BGB § 675f Rn. 2.
[3] Ausführlich hierzu *Herresthal* → Kap. 2 BGB § 675d Rn. 19 ff.
[4] → Kap. 8 BGB § 675i Rn. 4.

Informationspflichten für dritte Zahlungsdienstleister (Kontoinformationsdienste und Zahlungsauslösedienste) nach Abs. 2 sind für die GeldKarte ohne Bedeutung.[5]

Insgesamt ist die Erleichterung im Hinblick auf die Informationspflichten auch für die GeldKarte von geringer Relevanz, da in der Praxis die meisten GeldKarten kontogebunden sind, zugleich auch als Debitkarte fungieren und somit ohnehin die Bereitstellung umfassender Informationen erforderlich ist.[6]

Die übrigen Bestimmungen des § 675d BGB gelten für die GeldKarte ohne Besonderheiten.

Die Ausnahme des Abs. 6 für im Ausland vollzogene Zahlungsvorgänge ist ohne praktische Bedeutung, da es sich bei dem System GeldKarte um ein nationales System handelt, das nur für inländische Zahlungsvorgänge genutzt werden kann und an dem nur im Inland belegene Zahlungsdienstleister teilnehmen können.[7]

II. Vorvertragliche Informationspflichten

2 Im Einzelnen gilt in Bezug auf die GeldKarte Folgendes: Abweichend von den in Art. 248 § 4 EGBGB genannten Angaben hat das kartenausgebende Institut vor **Abschluss des Zahlungsdienstevertrags** über die Nutzung der GeldKarte[8] nur die nachfolgenden, in Art. 248 § 11 Abs. 1 S. 1 EGBGB genannten Informationen an den – zukünftigen – Karteninhaber zu übermitteln.

– Wesentliche Merkmale des Zahlungsdiensts einschließlich der **Nutzungsmöglichkeiten** (Nr. 1): Das kartenausgebende Institut muss dem zukünftigen Karteninhaber die Funktionsweise sowie die Einsatzmöglichkeiten der GeldKarte erläutern.
– **Haftungshinweise** (Nr. 2): Der Zahlungsdienstleister muss den zukünftigen Karteninhaber insbesondere auf die Bargeldersatzfunktion[9] der GeldKarte und die damit verbundenen Risiken hinweisen, insbesondere darauf, dass jeder aktuelle Besitzer einer „aufgeladenen" GeldKarte – unabhängig von seiner Berechtigung – über den geladenen Betrag frei verfügen kann.
– Anfallende **Entgelte** (Nr. 3): Der Zahlungsdienstleister muss den zukünftigen Karteninhaber über möglicherweise anfallende Entgelte bei Nutzung der GeldKarten-Funktion informieren. Dies betrifft regelmäßig nur Entgelte für die Lade- oder Entladevorgänge an institutsfremden Ladeterminals.
– Andere für den Zahlungsdienstnutzer wesentliche **Vertragsinformationen** (Nr. 4): Der Kartenemittent muss den zukünftigen Karteninhaber über die Möglichkeiten und Formen der Rückzahlung des Betrags, die Erstattung im Falle einer defekten Karte, die Möglichkeit der Guthaben-Abfrage sowie die Weitergabemöglichkeit an Dritte informieren.

Hinsichtlich der übrigen Informationen, die nach Art. 248 § 4 EGBGB bereitzustellen sind, genügt gemäß Art. 248 § 11 Abs. 1 S. 2 EGBGB eine Angabe darüber, wo diese Informationen in leicht zugänglicher Form zu finden sind (zB Auslage in Bankfiliale, Internetseite oder Telefonansage).[10]

III. Informationspflicht hinsichtlich ausgeführter Zahlungsvorgänge

3 Grundsätzlich hat der Zahlungsdienstleister den Zahlungsdienstnutzer über bereits ausgeführte Zahlungsvorgänge gemäß Art. 248 §§ 7, 8 EGBGB zu unterrichten.[11] Bei **Klein-**

[5] → Kap. 8 BGB § 675f Rn. 1.
[6] BeckOGK BGB/*Zahrte* Art. 248 § 11 EGBGB Rn. 7.
[7] → Kap. 8 BGB § 675i Rn. 4.
[8] Zu diesem Vertrag s. → Kap. 8 BGB § 675f Rn. 1 ff.
[9] → Kap. 8 BGB Vorb. § 675c Rn. 1.
[10] BeckOGK BGB/*Zahrte* Art. 248 § 11 EGBGB Rn. 6.
[11] Ausführlich zum Inhalt der zu erteilenden Informationen *Herresthal* → Kap. 2 BGB § 675d Rn. 69 ff.

betragsinstrumenten kann jedoch gemäß Art. 248 § 11 Abs. 2 EGBGB, der auf Art. 42 Abs. 1 lit. c PSD2 beruht, eine hiervon abweichende Vereinbarung getroffen werden.

Nach Art. 248 § 11 Abs. 2 Nr. 1 EGBGB kann vereinbart werden, dass der Zahlungsdienstleister lediglich die Kennung, die einem Zahlungsvorgang zugeordnet ist, mitteilt oder zur Verfügung stellt, anhand derer der Zahlungsvorgang, dessen Betrag sowie die ggf erhobenen Entgelte ermittelt werden können. Nach Art. 248 § 11 Abs. 2 Nr. 2 EGBGB kann selbst die Bereitstellung der in Nr. 1 genannten Informationen abbedungen werden, sofern die Nutzung des Kleinbetragsinstruments keinem Zahlungsdienstnutzer zugeordnet werden kann. Im letztgenannten Fall hat der Zahlungsdienstleister jedoch eine Möglichkeit zur Überprüfung der gespeicherten Beträge anzubieten. 4

Die Ausnahme nach Nr. 2 ist auf die GeldKarte zugeschnitten. Bei der GeldKarte fehlt es wegen der Konzeption als anonymes Zahlungsinstrument (sog **Bargeldersatzfunktion**)[12] aus Sicht des Kartenemittenten an der direkten Zuordnung der Zahlung zu einem Karteninhaber. Die Praxis verfährt entsprechend. So unterrichtet die kartenausgebende Bank etwa nach Abschn. A. II. Ziff. 13 S. 3 Musterbedingungen-BdB für die girocard (Debitkarte) den Karteninhaber nicht über einzelne mit der GeldKarte getätigte Bezahlungsvorgänge. Hierin liegt die Abbedingung der Informationspflichten iS von Art. 248 § 11 Abs. 2 Nr. 2 EGBGB. Ferner enthält Abschn. A. II. Ziff. 13 S. 4 Musterbedingungen-BdB für die girocard (Debitkarte) einen Hinweis darauf, dass der geladene Betrag mittels eines Chipkartenlesers ausgelesen werden kann. Hierin liegt die in Art. 248 § 11 Abs. 2 Nr. 2 EGBGB geforderte Möglichkeit zur Überprüfung der gespeicherten Beträge. 5

§ 675e Abweichende Vereinbarungen

(1) **Soweit nichts anderes bestimmt ist, darf von den Vorschriften dieses Untertitels nicht zum Nachteil des Zahlungsdienstnutzers abgewichen werden.**

(2) **In den Fällen des § 675d Absatz 6 Satz 1 Nummer 1 und 2**

1. **sind § 675s Absatz 1, § 675t Absatz 2, § 675x Absatz 1, § 675y Absatz 1 bis 4 sowie § 675z Satz 3 nicht anzuwenden;**
2. **darf im Übrigen zum Nachteil des Zahlungsdienstnutzers von den Vorschriften dieses Untertitels abgewichen werden.**

(3) **Für Zahlungsvorgänge, die nicht in Euro erfolgen, können der Zahlungsdienstnutzer und sein Zahlungsdienstleister vereinbaren, dass § 675t Abs. 1 Satz 3 und Abs. 2 ganz oder teilweise nicht anzuwenden ist.**

(4) **Handelt es sich bei dem Zahlungsdienstnutzer nicht um einen Verbraucher, so können die Parteien vereinbaren, dass § 675d Absatz 1 bis 5, § 675f Absatz 5 Satz 2, die §§ 675g, 675h, 675j Absatz 2, die §§ 675p sowie 675v bis 676 ganz oder teilweise nicht anzuwenden sind; sie können auch andere als die in § 676b Absatz 2 und 4 vorgesehenen Fristes vereinbaren.**

Nach Abs. 1 – der auf Art. 107 Abs. 3 PSD2 beruht – kann von den §§ 675c ff. BGB nicht zulasten des Zahlungsdienstnutzers abgewichen werden, soweit das Gesetz keine Ausnahme bestimmt. Dieser Grundsatz gilt auch für die GeldKarte. Allerdings greifen hier wichtige Ausnahmen, insbesondere nach § 675i Abs. 2 BGB.[1] 1

Bei Verstößen gegen Abs. 1 ist die betreffende Vereinbarung nichtig (§ 134 BGB);[2] die Wirksamkeit des Vertrags ist im Übrigen nach §§ 139, 306 BGB zu beurteilen.[3] Die Interessenlage der Parteien dürfte dabei meist zur Unwirksamkeit der betreffenden Klausel führen.

---

[12] → Kap. 8 BGB Vorb. § 675c Rn. 1.

[1] Siehe zu den Ausnahmen iE → Kap. 8 BGB § 675i Rn. 5 ff.

[2] *Herresthal* → Kap. 2 BGB § 675e Rn. 4; Palandt/*Sprau* § 675e Rn. 2.

[3] *Herresthal* → Kap. 2 BGB § 675e Rn. 4.

2 § 675e Abs. 2 und 3 BGB enthalten Ausnahmeregelungen zu Zahlungsdiensten mit Drittstaatenbezug und mit anderer EWR-Währung als Euro und haben daher bei der GeldKarte, die nur im Inland verwendet werden kann, keine Bedeutung.

3 Abs. 4 erlaubt abweichende Vereinbarungen betreffend einer Reihe von Vorschriften, wenn der Zahlungsdienstnutzer **Unternehmer** ist. Die praktische Bedeutung der Ausnahme für die GeldKarte dürfte gering sein, da die Regeln der Kartenemittenten für die Verwendung der GeldKarte auf Privatkunden zugeschnitten sind. Vor allem sieht § 675i Abs. 2 BGB weitreichende Ausnahmen für die GeldKarte vor, sodass für Abs. 4 nur ein denkbar geringer Anwendungsbereich bleibt.

§ 675f Zahlungsdienstevertrag

(1) **Durch einen Einzelzahlungsvertrag wird der Zahlungsdienstleister verpflichtet, für die Person, die einen Zahlungsdienst als Zahler, Zahlungsempfänger oder in beiden Eigenschaften in Anspruch nimmt (Zahlungsdienstnutzer), einen Zahlungsvorgang auszuführen.**

(2) [1]**Durch einen Zahlungsdiensterahmenvertrag wird der Zahlungsdienstleister verpflichtet, für den Zahlungsdienstnutzer einzelne und aufeinander folgende Zahlungsvorgänge auszuführen sowie gegebenenfalls für den Zahlungsdienstnutzer ein auf dessen Namen oder die Namen mehrerer Zahlungsdienstnutzer lautendes Zahlungskonto zu führen.** [2]**Ein Zahlungsdiensterahmenvertrag kann auch Bestandteil eines sonstigen Vertrags sein oder mit einem anderen Vertrag zusammenhängen.**

(3) [1]**Der Zahlungsdienstnutzer ist berechtigt, einen Zahlungsauslösedienst oder einen Kontoinformationsdienst zu nutzen, es sei denn, das Zahlungskonto des Zahlungsdienstnutzers ist für diesen nicht online zugänglich.** [2]**Der kontoführende Zahlungsdienstleister darf die Nutzung dieser Dienste durch den Zahlungsdienstnutzer nicht davon abhängig machen, dass der Zahlungsauslösedienstleister oder der Kontoinformationsdienstleister zu diesem Zweck einen Vertrag mit dem kontoführenden Zahlungsdienstleister abschließt.**

(4) [1]**Zahlungsvorgang ist jede Bereitstellung, Übermittlung oder Abhebung eines Geldbetrags, unabhängig von der zugrunde liegenden Rechtsbeziehung zwischen Zahler und Zahlungsempfänger.** [2]**Zahlungsauftrag ist jeder Auftrag, den ein Zahler seinem Zahlungsdienstleister zur Ausführung eines Zahlungsvorgangs entweder unmittelbar oder mittelbar über einen Zahlungsauslösedienstleister oder den Zahlungsempfänger erteilt.**

(5) [1]**Der Zahlungsdienstnutzer ist verpflichtet, dem Zahlungsdienstleister das für die Erbringung eines Zahlungsdienstes vereinbarte Entgelt zu entrichten.** [2]**Für die Erfüllung von Nebenpflichten nach diesem Untertitel hat der Zahlungsdienstleister nur dann einen Anspruch auf ein Entgelt, sofern dies zugelassen und zwischen dem Zahlungsdienstnutzer und dem Zahlungsdienstleister vereinbart worden ist; dieses Entgelt muss angemessen und an den tatsächlichen Kosten des Zahlungsdienstleisters ausgerichtet sein.**

(6) **In einem Zahlungsdiensterahmenvertrag zwischen dem Zahlungsempfänger und seinem Zahlungsdienstleister darf das Recht des Zahlungsempfängers, dem Zahler für die Nutzung eines bestimmten Zahlungsinstruments eine Ermäßigung oder einen anderweitigen Anreiz anzubieten, nicht ausgeschlossen werden.**

Übersicht

I. Allgemeines

§ 675f BGB ist die Kernvorschrift des Zahlungsdiensterechts. Sie enthält Definitionen grundlegender Begriffe und regelt die zentralen Pflichten der Parteien bei **Zahlungsverträgen.**[1] In den Abs. 1 und 2 unterscheidet das Gesetz zwischen **Einzelzahlungsverträgen** und **Zahlungsdiensterahmenverträgen.** 1

Der in Umsetzung der PSD2 neu geschaffene Abs. 3 regelt die Berechtigung des Nutzers, Zahlungsauslösedienste und Kontoinformationsdienste in Anspruch zu nehmen. Diese Regelung ist auf die GeldKarte nach Abs. 3 S. 1 2. Halbs. nicht anwendbar, da die Nutzung der GeldKarte nicht unter Einschaltung eines Zahlungskontos iSv § 1 Abs. 17 ZAG erfolgt.[2]

Abs. 4 definiert die Begriffe des Zahlungsvorgangs und des Zahlungsauftrags; Abs. 5 enthält Vorgaben zum Entgelt und Abs. 6 enthält eine Spezialnorm in Bezug auf Zahlungsinstrumente.

Mit der Vorschrift wird die Grundlage für die Umsetzung der Artt. 43 ff., 50 ff. PSD2 geschaffen. Die Richtlinie enthält in den genannten Vorschriften auch die Informationspflichten im Rahmen von Einzel- und Rahmenverträgen, die in § 675d EGB sowie in Art. 248 §§ 1–16 EGBGB im Einzelnen umgesetzt worden sind.[3]

1. Parteien des Zahlungsdienstevertrags

Abs. 1 definiert die Rollen und Bezeichnungen der Parteien eines Zahlungsdienstevertrags.[4] **Zahlungsdienstnutzer** ist die Partei, die den Zahlungsdienst in Anspruch nimmt. Der Begriff des Zahlungsdienstnutzers ist der Oberbegriff für die Begriffe des Zahlers und des Zahlungsempfängers. **Zahler** ist die Partei, die den übermittelten Betrag zahlt, **Zahlungsempfänger** ist die Partei, die den übermittelten Betrag erhalten soll.[5] 2

[1] Vgl. auch *Herresthal* → Kap. 2 BGB § 675f Rn. 1.
[2] → Kap. 8 BGB § 675c Rn. 9.
[3] Zu den Informationspflichten ausführlich → Kap. 8 BGB § 675d Rn. 2 f.
[4] BeckOGK BGB/*Schmalenbach* § 675f Rn. 5; Palandt/*Sprau* § 675f Rn. 2.
[5] Palandt/*Sprau* § 675f Rn. 2.

Bei der Bezahlung mit GeldKarte sind insoweit zwei Vertragsverhältnisse zu unterscheiden: Bei der Bezahlung ist der Karteninhaber der Zahler und der Kartenemittent ist der Zahlungsdienstleister, mit dem der Zahler einen Zahlungsdienste(rahmen)vertrag abgeschlossen hat.[6] Der Händler ist der Zahlungsempfänger, der seinerseits mit seiner Bank einen Zahlungsdienste(rahmen)vertrag abgeschlossen hat.[7]

2. Einzelzahlungsvertrag und Zahlungsdiensterahmenvertrag

3 Die Vorschrift führt den neuen Vertragstypus des Zahlungsvertrags in das BGB ein und unterscheidet dabei zwischen Einzelzahlungsverträgen (Abs. 1) und Zahlungsdiensterahmenverträgen (Abs. 2).

Der **Einzelzahlungsvertrag** ist nach der Legaldefinition des Abs. 1 ein Zahlungsvertrag, der sich auf einen einzelnen Zahlungsvorgang beschränkt. Soweit sich der Vertrag auf mehrere Zahlungsvorgänge bezieht, handelt es sich gemäß Abs. 2 S. 1 um einen Zahlungsdiensterahmenvertrag.

4 **Zahlungsdiensterahmenvertrag** ist nach der Legaldefinition des Abs. 2 S. 1 – der Art. 4 Nr. 21 PSD2 umsetzt – ein Vertrag, durch den sich der Zahlungsdienstleister verpflichtet, für den Nutzer mehrere einzelne Zahlungsvorgänge auszuführen. Der Vertrag kann darüber hinaus auch auf die Führung eines Zahlungskontos auf den Namen des Zahlungsdienstnutzers gerichtet sein. Dies ist jedoch – ausweislich des klaren Wortlauts von Abs. 2 S. 1 und Art. 4 Nr. 21 PSD2 – nicht notwendigerweise der Fall,[8] was für die kontoungebundene GeldKarte von Bedeutung ist.

Bei der GeldKarte werden zwischen Karteninhaber bzw. Händler und ihren jeweiligen Banken Zahlungsdiensterahmenverträge geschlossen,[9] sodass für den Einzelzahlungsvertrag kein Anwendungsbereich bleibt.

3. Zahlungsvorgang, Abs. 4 S. 1

5 In Abs. 4 S. 1 – der Art. 4 Nr. 5 PSD2 umsetzt – wird der zentrale Begriff des Zahlungsvorgangs definiert. **Zahlungsvorgang** ist danach jede Bereitstellung, Übermittlung oder Abhebung eines Geldbetrags, unabhängig von der zugrunde liegenden Rechtsbeziehung zwischen Zahler und Zahlungsempfänger.

Im Rahmen des Systems GeldKarte erfolgen zahlreiche unterschiedliche Zahlungsvorgänge:[10] Dazu gehören beim Aufladevorgang die Ausgabe elektronischen Gelds auf den GeldKarte-Chip sowie die Gutschrift auf dem Börsenverrechnungskonto des emittierenden Instituts. Auch bei der Bezahlung des Aufladebetrags durch den Karteninhaber[11] ergeben sich Zahlungsvorgänge, die allerdings keinen spezifischen Bezug zur GeldKarte haben.

Weitere Zahlungsvorgänge erfolgen bei der Bezahlung mit GeldKarte: Der Zahlbetrag wird über HEZ und KEZ vom BVK auf das Konto des Händlers übermittelt. Gleichzeitig werden die Werteinheiten auf der GeldKarte (und der Schattensaldo) verringert.

4. Zahlungsauftrag, Abs. 4 S. 2

6 Abs. 4 S. 2 enthält eine Legaldefinition des Zahlungsauftrags, die auf Art. 4 Nr. 13 PSD2 beruht. **Zahlungsauftrag** ist danach jeder Auftrag, den ein Zahler seinem Zahlungsdienst-

[6] → Kap. 8 BGB § 675f Rn. 4, 12, 14.
[7] → Kap. 8 BGB § 675f Rn. 4.
[8] Wie hier *Herresthal* → Kap. 2 BGB § 675f Rn. 44; ferner MüKoBGB/*Casper* § 675f Rn. 30; Staudinger/*Omlor* § 675f Rn. 8; **aA** Prütting/Wegen/Weinreich/*Fehrenbacher* § 675f Rn. 19 f.
[9] → Rn. 12 ff.
[10] Zum Ablauf bei den Zahlungsvorgängen → Kap. 8 BGB Vorb. § 675c Rn. 18 ff.
[11] → Kap. 8 BGB Vorb. vor § 675c Rn. 21 f.

leister zur Ausführung eines Zahlungsvorgangs entweder unmittelbar oder mittelbar über den Zahlungsempfänger erteilt. Stets ist also der Zahler Urheber des Zahlungsauftrags.

Ein Zahlungsauftrag ist eine rechtliche Erklärung des Zahlers an den Zahlungsdienstleister, durch welche der Zahlungsdienstleister zur Durchführung eines Zahlungsvorgangs angewiesen wird. Der Zahlungsauftrag ist kein Auftrag iS von § 662 BGB, sondern – je nach Ausgestaltung des zugrunde liegenden Zahlungsdienstevertrags – entweder Einzelzahlungsvertrag oder Weisung (§ 665 BGB) innerhalb eines bestehenden Zahlungsdiensterahmenvertrags.[12]

Im Zusammenhang mit der GeldKarte werden bei ordnungsgemäßem Einsatz von dem Aufladevorgang bis zur Bezahlung regelmäßig mehrere Zahlungsaufträge erteilt. So erteilt der Karteninhaber beim **Ladevorgang** dem Kartenemittenten – ggf unter Zwischenschaltung eines dritten Instituts,[13] eines Händlers[14] oder sonstigen Dienstleisters[15] – einen Zahlungsauftrag mit dem Inhalt, den Ladebetrag auf das Börsenverrechnungskonto zu buchen. Beim **Bezahlvorgang** erfolgt – übermittelt über den Händler – ein weiterer Zahlungsauftrag des Karteninhabers[16] in Form einer Weisung. Bei missbräuchlichem Einsatz der GeldKarte liegt kein wirksamer Zahlungsauftrag vor.[17] **7**

Dagegen werden beim Inkassovorgang keine weiteren Zahlungsaufträge erteilt, da Zahlungstransfers im Interbankenverhältnis schon keine Zahlungsvorgänge iSd §§ 675c ff. BGB darstellen.[18]

II. Verträge im Zusammenhang mit der GeldKarte

1. Die frühere Diskussion um die Deutung des Zahlungsvorgangs

Die verschiedenen Vorgänge im Rahmen des Systems GeldKarte sind in Begrifflichkeit und Regelungsschema der §§ 675c ff. BGB einzuordnen. Vor der Novellierung des Zahlungsdiensterechts 2009 war die rechtliche **Einordnung des Zahlungsvorgangs** bei der GeldKarte sehr **umstritten;** es wurden recht unterschiedliche Deutungen vertreten. **8**

Eine Ansicht sah in der Zahlung mit GeldKarte im Kern einen **Forderungskauf.**[19] Danach erwirbt der Kunde beim Aufladevorgang eine Forderung gegen die Bank, die er der Bank bezahlt. Beim Bezahlvorgang zwischen Kunde und Händler wird diese Forderung in Höhe des Zahlungsbetrags an den Händler abgetreten, sodass der Händler Inhaber der Forderung gegenüber der Bank wird.[20] Die **herrschende Meinung** ordnete die Zahlung mit GeldKarte in die kontenbezogenen Zahlungsvorgänge ein. Die Zahlung impliziert damit mehrere rechtliche Vorgänge. Beim Aufladevorgang zieht die kartenausgebende Bank einen **Vorschuss** iSd § 669 BGB ein.[21] Bei der Bezahlung durch die GeldKarte erteilt der Karteninhaber eine **Weisung** an die kartenausgebende Bank mit dem Inhalt, die Forderung des Händlers in Höhe des Zahlbetrags zulasten des Börsen- **9**

[12] Begr. RegE. § 675f BGB, BT-Drs. 16/11643, 102; MüKoBGB/*Casper* § 675f Rn. 42; *Herresthal* → Kap. 2 BGB § 675f Rn. 82; Palandt/*Sprau* § 675f Rn. 19; *Werner* BKR 2010, 353.

[13] Dies betrifft Ladevorgänge an institutsfremden GeldKarte-Terminals oder am institutsfremden Bankschalter.

[14] Betrifft Ladevorgänge im Zusammenhang mit Bezahlvorgängen.

[15] Betrifft Online-Ladevorgänge mit Chipkartenleser.

[16] Ausführlich → Rn. 21 ff.

[17] Vgl. näher zum Missbrauch der GeldKarte → Kap. 8 BGB § 675u Rn. 2 ff.

[18] Palandt/*Sprau* Einf. vor § 675c Rn. 7, § 675c Rn. 5.

[19] *Groß,* FS Schimansky, 165 (169).

[20] *Groß,* FS Schimansky, 165 (170); krit. hierzu BuB-*Werner* Rn. 6/1757.

[21] *Baumbach/Hefermehl/Casper* Kartenzahlungen Rn. 75; MüKoBGB/*Casper* § 675i Rn. 17; *Kümpel* WM 1997, 1037 (1038); *Kümpel* WM 1998, 365 (368); MüKoHGB/*Haertlein* ZahlungsV Abschn. E Rn. 301; Schwintowski/*Schwintowski* Kap. 11 Rn. 71; *Schön* AcP 198 (1998), 401 (417); *Weber* Recht des Zahlungsverkehrs S. 277; vgl. auch Erman/*v. Westphalen* § 675f Rn. 136; hiergegen aber *Koller,* FS Schimansky, 209 (217 ff.).

verrechnungskontos zu bezahlen.[22] Daneben wurde die Wertpapiereigenschaft der GeldKarte kontrovers diskutiert.[23]

10 Dieser Meinungsstreit dürfte durch die gesetzliche Regelung der Zahlungsdienste in den §§ 675c ff. BGB weitgehend überholt sein. Das Gesetz ordnet die Zahlung mit der GeldKarte in die Systematik der kontenbezogenen Zahlungsvorgänge ein und gibt jedenfalls die Einordnung in die Zahlungsdiensteverträge iSd § 675f BGB vor.

Bei der rechtlichen Einordnung der verschiedenen Vorgänge zwischen Karteninhaber und den übrigen Beteiligten im Rahmen des Systems GeldKarte ist zu unterscheiden zwischen der Ausgabe der GeldKarte (2., → Rn. 11 ff.), dem Aufladevorgang (3. → Rn. 15 ff.) und dem Bezahlvorgang (4. → Rn. 20 ff.).

2. Die Ausgabe der GeldKarte

11 Die Ausgabe der GeldKarte kann sowohl in Form einer kontogebundenen Karte als auch in Form einer kontoungebundenen Karte erfolgen.[24]

12 **a) Kontogebundene GeldKarte.** Bei der kontogebundenen GeldKarte erhält der Karteninhaber die GeldKarte von dem Institut, welches zugleich das referenzierte Konto für den Karteninhaber führt. Die Kontoführung beruht auf einem Zahlungsdiensterahmenvertrag, regelmäßig einem Girovertrag. Zwischen dem Institut und dem Kontoinhaber wird bei Kontoeröffnung ein **Zahlungsdiensterahmenvertrag** iS von Abs. 2 geschlossen. Wenn der Kontoinhaber, bei Kontoeröffnung oder später, die GeldKarte nutzen möchte, wird hierfür, meist in Form einer Nebenabrede zum Girovertrag,[25] eine entsprechende Vereinbarung geschlossen, die das Institut verpflichtet, dem Karteninhaber die Zahlung mit der geladenen GeldKarte zu ermöglichen. Auch insoweit handelt es sich um einen **Zahlungsdiensterahmenvertrag** iSd Abs. 2,[26] der gemäß Abs. 2 S. 2 mit dem Vertrag betreffend die Kontoführung zusammenhängt.[27]

13 **b) Kontoungebundene GeldKarte (sog. „White Card").** Kontoungebundene GeldKarten werden nicht von allen Kreditinstituten ausgegeben. Soweit der Karteninhaber die GeldKarte unmittelbar vom kartenausgebenden Institut erwirbt, wird zwischen ihm und dem Kartenemittenten ein Zahlungsdiensterahmenvertrag iSd Abs. 2 geschlossen, durch den sich der Kartenemittent zur Bereitstellung der GeldKarte und zur Abwicklung von mit ihr durchgeführten Zahlungen verpflichtet. Unerheblich ist dabei, dass im Fall der kontoungebundenen GeldKarte das ausgebende Institut kein Zahlungskonto auf den Namen des Karteninhabers führt, da Abs. 2 dies nicht voraussetzt.[28]

In der Praxis werden kontoungebundene GeldKarten häufig nicht unmittelbar vom Emittenten ausgegeben, sondern von Dritten vertrieben. Ein Beispiel hierfür bietet etwa das Internetportal GeldKarte-Shop,[29] welches GeldKarten zum Erwerb anbietet, die von einem dritten Institut ausgegeben wurden.[30]

---

[22] *Kümpel* WM 1997, 1037 (1038); *Kümpel* WM 1998, 365 (367); *Pfeiffer* NJW 1997, 1036 (1037); MüKoHGB/*Haertlein* ZahlungsV Abschn. E Rn. 296; BankR-HdB-*Koch* § 68 Rn. 40; Kilian/Heussen/*Neumann* Teil 11 Rn. 98; *Weber* Recht des Zahlungsverkehrs S. 278.

[23] Analoge Anwendung wertpapierrechtlicher Normen befürworten *Escher* WM 1997, 1173 (1181); Kilian/Heussen/*Neumann* Teil 11 Rn. 92; BankR-HdB/*Koch* § 68 Rn. 42, geht von einem hinkenden Inhaberpapier aus; krit. auch zu analoger Anwendung *Baumbach/Hefermehl/Casper* Kartenzahlungen Rn. 77; BuB-*Werner* Rn. 6/1759.

[24] → Kap. 8 BGB Vorb. § 675c Rn. 2 f.

[25] Vgl. *Pfeiffer* NJW 1997, 1036 (1037); Kilian/Heussen/*Neumann* Teil 11 Rn. 98; Staudinger/*Omlor* Vorb. zu §§ 675c–676c Rn. 221.

[26] MüKoBGB/*Casper* § 675i Rn. 18; Baumbach/Hopt/*Hopt* Bankgeschäfte Rn. F/3, F/14; Kümpel/Mülbert/Früh/Seyfried/*Werner* Rn. 4.777; Erman/*v. Westphalen* § 675f Rn. 138.

[27] Entspr. gilt für die Onlinebanking-Abrede, vgl. *Herresthal* → Kap. 2 BGB § 675f Rn. 14, 39 ff.

[28] → Rn. 4.

[29] Das Portal ist abrufbar unter www.geldkarte-shop.de.

[30] Vgl. die Produktbeschreibung der kontoungebundenen GeldKarte: Emittent ist nach dieser Information die Frankfurter Sparkasse, s. www.geldkarte-shop.de.

Diese Anbieter für kontoungebundene GeldKarten sind darüber hinaus auch nicht Partei des institutsübergreifenden Systems GeldKarte.[31] Diese Praxis der Weitergabe von GeldKarten ist ausdrücklich erwünscht; so findet sich etwa auf kontoungebundenen GeldKarten regelmäßig der Hinweis, dass die Karte „übertragbar" sei. Diese Übertragbarkeit ist wesentliches Merkmal der kontoungebundenen GeldKarte.[32]

14 Auch beim Erwerb der Karte von einem Dritten kommt ein Zahlungsdiensterahmenvertrag zwischen dem Emittenten und dem Karteninhaber zustande, da der Erwerber der Karte regelmäßig nur ein Interesse am Erwerb der Karte hat, wenn er die Karte auch als GeldKarte nutzen kann. Die Karte ist, durch die Kartennummer und weitere auf dem Chip gespeicherte Informationen, dem Kartenemittenten zugewiesen. Dieser schließt mit dem Karteninhaber, vermittelt durch den Dritten, von dem der Karteninhaber die Karte erwirbt, den Zahlungsdiensterahmenvertrag ab.

3. Die rechtliche Einordnung des Ladevorgangs

15 Bei der Einordnung des Aufladevorgangs ist danach zu unterscheiden, ob der Aufladevorgang beim emittierenden Institut selbst (a) oder bei einem Fremdinstitut (b) erfolgt. Besonderheiten bestehen auch beim Aufladen im Rahmen von Bezahlvorgängen (c).

16 **a) Aufladen beim Emittenten.** Lässt der Karteninhaber seine GeldKarte an einem Ladeterminal des Emittenten selbst mit einem Betrag laden, kommt es zu keinem weiteren Vertragsschluss. Beim **Aufladen** der GeldKarte veranlasst der Karteninhaber die Ausführung zweier Zahlungsvorgänge, namentlich die Bereitstellung von E-Geld auf dem Chip der GeldKarte einerseits und die Übermittlung des Ladebetrags auf das Börsenverrechnungskonto des Emittenten andererseits.[33] Hierbei handelt es sich um die Ausübung seines Weisungsrechts nach § 675c Abs. 1 iVm § 665 BGB. Auch ein Dritter kann im Namen des Karteninhabers eine **Weisung** zur Aufladung erteilen, da es sich bei dieser um eine einseitige empfangsbedürftige Willenserklärung handelt.[34]

16a Entsprechendes gilt, wenn der Karteninhaber die GeldKarte mit einem NFC-fähigen Smartphone unter Nutzung der Aboladen-Funktion auflädt. Auch in diesem Fall wird gegenüber dem Kartenemittenten unmittelbar die Weisung zur Aufladung erteilt. Dieser Weisung kommt der Kartenemittent unter Verwendung der Funktionalität der verwendeten Software auf dem Smartphone nach.

17 **b) Aufladen bei einem Fremdinstitut.** Wird die GeldKarte bei einem Fremdinstitut geladen, unterrichtet das ladeterminalbetreibende Institut gemäß Ziff. 5 Abs. 6 der GeldKarten-Vereinbarung das emittierende Institut über den Ladevorgang.[35] Die Gutschrift auf dem Börsenverrechnungskonto wird stets vom emittierenden Institut (durch Einschaltung des Betreibers der Ladestation) selbst vorgenommen.[36]

Zu diesem Zweck ist der Kartenemittent berechtigt, vom Betreiber der Ladestation den von diesem vereinnahmten Ladebetrag mittels **Lastschrift** einzuziehen.[37] Der Betreiber der Ladestation vereinnahmt den Ladebetrag seinerseits vom Karteninhaber.

18 Beim Ladevorgang an einer fremden Ladestation kann der Betreiber der Ladestation gemäß Ziff. 11 der GeldKarten-Vereinbarung ein Entgelt vom Kartenemittenten in Höhe von bis zu 1,02 Euro verlangen.[38] Der Kartenemittent kann diese Gebühren seinerseits vom Karteninhaber gemäß Ziff. 12 Abs. 6 Musterbedingungen-BdB als Auslagen für ein Tätigwerden im Interesse des Kunden erstattet verlangen. In den Preis- und Leistungsverzeich-

---

[31] → Kap. 8 BGB Vorb. § 675c Rn. 11.
[32] Staudinger/*Omlor* Vorb. zu §§ 675c–676c Rn. 216.
[33] Zu den Zahlungsvorgängen beim Aufladevorgang → Kap. 8 BGB Vorb. § 675c Rn. 18 ff.
[34] Palandt/*Sprau* § 665 Rn. 2.
[35] Staudinger/*Omlor* Vorb. zu §§ 675c–676c Rn. 216.
[36] Staudinger/*Omlor* Vorb. zu §§ 675c–676c Rn. 224.
[37] Vgl. Ziff. 5 Abs. 7 S. 2, Abs. 8 GeldKarten-Vereinbarung.
[38] MüKoHGB/*Haertlein* ZahlungsV Abschn. E Rn. 287; BuB-*Werner* Rn. 6/1682.

nissen der Banken wird dementsprechend für das Aufladen der GeldKarte bei Fremdinstituten auf das vom Betreiber der Ladestation erhobene Entgelt verwiesen.

19 Beim Aufladen der Karte an einer **institutsfremden Ladestation** fungiert der Betreiber der Ladestation als Mittelsmann zur Weiterleitung einer Weisung an das emittierende Institut. Ein Einzelzahlungsvertrag mit dem das Ladeterminal betreibenden Institut wird damit nicht begründet. Bei der Ausgabe des E-Gelds ist der Betreiber der Ladestation als **Erfüllungsgehilfe** (§ 278 BGB) des emittierenden Instituts anzusehen, da er sich durch die Teilnahme am System GeldKarte verpflichtet hat, im Rahmen des Zahlungssystems GeldKarte die Ausgabe von E-Geld für den Emittenten vorzunehmen.[39]

19a Auch beim Aufladen unter Verwendung eines Chipkartenlesers am eigenen Computer[40] erfolgt keine unmittelbare Kommunikation zwischen dem Karteninhaber und dem Emittenten. Das ausführende Unternehmen ist hier – wie ein Fremdinstitut – ebenfalls Mittelsmann zur Weiterleitung der Weisung an den Emittenten sowie dessen Erfüllungsgehilfe.

19b **c) Aufladen im Rahmen von Bezahlvorgängen.** Entsprechendes gilt, wenn der Karteninhaber die Möglichkeit zur Ladung der GeldKarte bei Bezahlvorgängen nutzt.[41] Beim Aufladen der GeldKarte am Händlerterminal wird der Ladebetrag dem Referenzkonto belastet. Wie beim Aufladen an einer Ladestation eines Fremdinstituts fungiert auch der Händler als Mittelsmann zur Weiterleitung der Weisung an das emittierende Institut. Der Händler tritt dabei als Erfüllungsgehilfe des Händlerinstituts auf, da er regelmäßig aufgrund der entsprechenden Regelungen in den Händlerbedingungen zur Durchführung der Ladevorgänge verpflichtet ist.[42] Das Händlerinstitut ist seinerseits – wie beim Ladevorgang an institutsfremden Terminals[43] – als Erfüllungsgehilfe des Emittenten anzusehen.

Diese Grundsätze gelten unabhängig davon, ob der Ladevorgang unter Einsatz der PIN oder im Rahmen einer im Vorhinein getroffenen Aboladen-Vereinbarung erfolgt.

4. Die rechtliche Einordnung des Bezahlvorgangs

20 Bei der Zahlung durch GeldKarte handelt es sich um einen **Zahlungsvorgang** iSd § 675f Abs. 4 S. 1 BGB.

21 **a) Der Zahlungsauftrag des Karteninhabers.** Der Zahlungsvorgang beruht auf einem Zahlungsauftrag iSd § 675f Abs. 4 S. 2 BGB in Form einer Weisung, die der Karteninhaber als Zahler der kartenausgebenden Bank erteilt.[44]

Gegenstand der Weisung ist es, für die Gutschrift des Zahlbetrags beim Zahlungsempfänger zu sorgen.[45] Die Weisung wird durch Bestätigung der Zahlung am Zahlungsterminal abgegeben.[46] In der Literatur werden auch andere Deutungen vertreten. Teilweise wird bereits im Aufladevorgang eine antizipierte, generell-abstrakte Gesamtweisung des Inhalts gesehen, an jedes Unternehmen, das einen ordnungsgemäßen Transaktionsdatensatz übermittelt, eine Zahlung vorzunehmen.[47] Dabei wird argumentiert, dass es der Risikozuwei-

[39] Vgl. Ziff. 5 Abs. 2 GeldKarten-Vereinbarung.

[40] → Kap. 8 BGB Vorb. § 675c Rn. 19a.

[41] → Kap. 8 BGB Vorb. § 675c Rn. 19b, 19c.

[42] Diese Verpflichtung folgt mittelbar aus Ziff. 5 Abs. 1 und Ziff. 5 Abs. 2 der Händlerbedingungen GeldKarte, die bei entspr. technischer Ausstattung diese Möglichkeit verbindlich vorsehen.

[43] → Rn. 19.

[44] MüKoBGB/*Casper* § 675f Rn. 42; Palandt/*Sprau* § 675f Rn. 65; Kümpel/Mülbert/Früh/Seyfried/*Werner* Rn. 4.777 ff.; Erman/*v. Westphalen* § 675f Rn. 138; wohl auch Staudinger/*Omlor* § 675i Rn. 10 („Durchführungsweisung"); ebenso vor Umsetzung der ZD-RL bereits *Baumbach/Hefermehl/Casper* Kartenzahlungen Rn. 74.

[45] Vgl. Palandt/*Sprau* § 675f Rn. 65.

[46] MüKoHGB/*Haertlein* ZahlungsV Abschn. E Rn. 297; *Kümpel* WM 1997, 1037 (1039); *Kümpel* WM 1998, 365 (368); *Pfeiffer* NJW 1997, 1036 (1037); *Schön* AcP 198 (1998), 401 (421).

[47] *Langenbucher* Risikozuordnung S. 312; Langenbucher/Gößmann/Werner/*Neumann* § 6 Rn. 26.

sung bei der GeldKarte widerspreche, wenn es bei missbräuchlichen Bezahlvorgängen durch Dritte an einer wirksamen Zahlungsanweisung fehle.[48] Dies überzeugt nicht. Die Zuweisung das Missbrauchsrisikos ist nicht gleichbedeutend mit der Vornahme der Autorisierung, wie sich aus § 675i Abs. 3 BGB ergibt, der eine von § 675u BGB abweichende vertragliche Risikozuweisung zulässt.[49]

Zum Teil wird in dem Einsatz der Karte beim Bezahlen keine Weisung, sondern lediglich der Antrag auf den Abschluss eines Geschäftsbesorgungsvertrags zugunsten des Händlers (§ 328 Abs. 1 BGB) gesehen.[50] Hiergegen spricht indes, dass diese Deutung einer Einordnung in die Kategorien des Zahlungsdiensterechts der §§ 675c ff. BGB entgegensteht, die jedoch – insbesondere im Hinblick auf E-Geld – gerade angestrebt wird.[51] Das Entstehen des Anspruchs des Händlers[52] und die Einordnung als Weisung schließen sich indes nicht aus, da zwei unterschiedliche Rechtsverhältnisse betroffen sind.

Der **Zahlungsauftrag** wird gemäß § 675n Abs. 1 S. 1 BGB mit Zugang beim Zahlungsdienstleister wirksam. Da bei der Zahlung mit der GeldKarte keine unmittelbare Kommunikation zwischen dem Zahler und seinem Zahlungsdienstleister, dem Kartenemittenten, erfolgt, vollzieht sich der Zugang durch Vermittlung der in den Zahlungsvorgang eingeschalteten Personen. Zunächst wird die Erklärung durch den Zahlungsempfänger, den Händler, vermittelt, der insoweit als **Erklärungsbote** fungiert (dazu § 675n Rn. 6). Die dem jeweiligen Händler zugeordnete HEZ ist ebenfalls Bote der Erklärung. 22

Die KEZ ist **Empfangsvertreter** der Bank.[53] Der Zahlungsauftrag wird folglich aufgrund der Übermittlung der Daten von der HEZ an die KEZ mit Eingang bei der KEZ wirksam.[54]

Die kartenausgebende Bank erfüllt den Zahlungsauftrag, indem sie der Händlerbank den Zahlbetrag überweist und sie zugleich anweist, dem Händler den Zahlbetrag gutzuschreiben. Mit der **Gutschrift** des Zahlbetrags auf dem Konto des Händlers bei dessen Bank ist der Zahlungsauftrag erfüllt und der Zahlungsvorgang beendet. 23

Die für die Wirksamkeit des Zahlungsauftrags gegenüber dem Zahler gemäß § 675j Abs. 1 S. 1 BGB erforderliche **Autorisierung** durch den Zahler erfolgt durch Bestätigung des Zahlungsvorgangs am Zahlungsterminal des Händlers bzw, beim kontaktlosen Bezahlen, durch das Vorhalten der GeldKarte.[55]

b) Die Weiterleitung des Zahlbetrags an den Händler. Die Weiterleitung des mit der GeldKarte gezahlten Betrags an den Händler ist in den Händlerbedingungen GeldKarte[56] geregelt. Der Händler verpflichtet sich danach insbesondere, GeldKarten-Zahlungen zu akzeptieren (Nr. 3 Händlerbedingungen GeldKarte). Diese Verpflichtung gilt auch gegenüber dem GeldKarten-Inhaber (§ 328 BGB).[57] 24

Nach den **Händlerbedingungen** erlangt der Händler mit Abschluss des ordnungsgemäßen Bezahlungsvorgangs mittels GeldKarte einen Zahlungsanspruch gegenüber der kartenausgebenden Bank in Höhe des jeweiligen GeldKarten-Umsatzes (Nr. 4 Händlerbedingungen GeldKarte). 25

---

[48] Langenbucher/Gößmann/Werner/*Neumann* § 6 Rn. 26

[49] Ausführlich zur Risikoverteilung beim Missbrauch der GeldKarte → Kap. 8 BGB § 675u Rn. 2 ff.

[50] In diese Richtung Erman/*v. Westphalen* § 675f Rn. 139.

[51] → Kap. 8 BGB Vorb. § 675c Rn. 7.

[52] → Rn. 24 ff.

[53] → Kap. 8 BGB § 675n Rn. 6 f.

[54] Langenbucher/Gößmann/Werner/*Koch/Vogel* § 5 Rn. 80; Hadding/Hopt/Schimansky/*Wand* S. 97, 118 f.; im Ergebnis auch BankR-HdB/*Koch* § 68 Rn. 51.

[55] → Kap. 8 BGB § 675j Rn. 9 f.

[56] → Kap. 8 BGB Vorb. § 675c Rn. 14.

[57] MüKoHGB/*Haertlein* ZahlungsV Abschn. E Rn. 310; Staudinger/*Omlor* Vorb. zu §§ 675c–676c Rn. 221; *Pfeiffer* NJW 1997, 1036 (1038); Hoeren/Sieber/Holznagel/*Werner* Teil 13.5 Rn. 27.

Die Rechtsnatur dieser Erklärung ist umstritten. Teilweise wird hierin, entsprechend dem Wortlaut der Bedingungen, eine Garantie gesehen.[58] Nach der **herrschenden Meinung** handelt es sich um ein **abstraktes Schuldversprechen.**[59]

26 Die rechtliche Deutung des Zustandekommens dieses Schuldversprechens ist schwierig, da zwischen Kartenemittenten und Händler keine unmittelbaren Erklärungen über den konkreten Zahlungsvorgang ausgetauscht werden.

Insoweit werden verschiedene Ansätze vertreten. Teilweise wird angenommen, dass die Erklärungen über den Dialog der GeldKarte und der Händlerkarte beim Bezahlvorgang abgegeben werden.[60] Beim Bezahlvorgang generiert die GeldKarte einen Datensatz, der neben dem Bezahlbetrag die Bankleitzahl des kartenausgebenden Instituts und die Nummer des Börsenverrechnungskontos enthält, der an die Händlerkarte übermittelt wird. In dieser Übermittlung liegt nach dieser Ansicht das Angebot der kartenausgebenden Bank an den Händler auf Abschluss eines Garantievertrags bzw Schuldversprechens, das vom Händler dadurch angenommen wird, dass der Zahlbetrag auf der Händlerkarte verbucht wird.[61]

Nach einer anderen Deutung wird der Karteninhaber als Bote in den Vertragsabschluss einbezogen.[62] *Gößmann* sieht den Karteninhaber als Vertreter, da er darüber entscheidet, in welcher Höhe und zu wessen Gunsten das Schuldversprechen der Bank erteilt wird.[63] Danach übermittelt der Karteninhaber das Angebot auf Abschluss des Vertrags durch Verwendung der Karte zur Bezahlung. Der Händler nimmt das Angebot dadurch an, dass er dem Kunden nach Abschluss des Bezahlvorgangs eine besondere Quittung über den Bezahlvorgang aushändigt;[64] eines Zugangs der Annahmeerklärung bedarf es gem. § 151 S. 1 BGB nicht.[65] Bei dieser Deutung wird für den Fall des Missbrauchs der GeldKarte durch einen unbefugten Dritten angenommen, dass das Schuldversprechen die Bank gleichwohl binde. Dies wird teilweise damit begründet, dass die Bank mit der GeldKarte eine Vollmachtsurkunde aushändige und sich daher den Rechtsschein zurechnen lassen müsse;[66] teilweise wird auf die in den Händlerbedingungen geregelte Bargeldfunktion verwiesen.[67]

27 Vereinzelt wird vertreten, das Schuldversprechen werde durch die Händlerbank als Botin der kartenausgebenden Bank abgegeben.[68] Diese Deutung überzeugt nicht, da die Händlerbank erst im Rahmen der Verrechnung der Zahlungsbeträge, also nach Abschluss des Zahlungsvorgangs, auftritt,[69] somit die GeldKarten-Zahlung als Erfüllung annimmt, ohne durch das Schuldversprechen geschützt zu sein. Dies widerspricht der Zielsetzung der Zahlung durch GeldKarte. Im Übrigen dürfte die Deutung für die Praxis regelmäßig dahinstehen können.

---

[58] *Kümpel* WM 1997, 1037 (1040); BankR-HdB/*Koch* § 68 Rn. 59 f.; Schwintowski/*Schwintowski* Kap. 11 Rn. 74; BuB-*Werner* Rn. 6/1731; Kümpel/Mülbert/Früh/Seyfried/*Werner* Rn. 4.787.

[59] Erman/*Buck-Heeb* § 362 Rn. 12; MüKoBGB/*Casper* § 675i Rn. 20; Prütting/Wegen/Weinreich/*Fehrenbacher* § 675i Rn. 6; *Pfeiffer* NJW 1997, 1036 (1038); MüKoHGB/*Haertlein* ZahlungsV Abschn. E Rn. 314; Langenbucher/Gößmann/Werner/*Neumann* § 6 Rn. 37; Staudinger/*Omlor* Vorb. zu §§ 675c–676c Rn. 223; Palandt/*Sprau* § 675f Rn. 66; Erman/*v. Westphalen* § 675f Rn. 138.

[60] *Baumbach/Hefermehl/Casper* Kartenzahlungen Rn. 81; *Kümpel* WM 1997, 1037 (1040); Kümpel/Mülbert/Früh/Seyfried/*Werner* Rn. 4.784; ausführlich hierzu, iE jedoch abl. BankR-HdB/*Koch* § 68 Rn. 60 f.

[61] *Kümpel* WM 1997, 1037 (1040); *Weber* Recht des Zahlungsverkehrs S. 279; Kümpel/Mülbert/Früh/Seyfried/*Werner* Rn. 4.784 f.; ausführlich hierzu, iE jedoch abl. BankR-HdB-*Koch* § 68 Rn. 60.

[62] *Baumbach/Hefermehl/Casper* Kartenzahlungen Rn. 81; MüKoBGB/*Casper* § 675i Rn. 20; *Gößmann* Neue Techniken S. 67, 118; BankR-HdB/*Koch* § 68 Rn. 61; Staudinger/*Omlor* Vorb. zu §§ 675c–676c Rn. 223; Schwintowski/*Schwintowski* Kap. 11 Rn. 74.

[63] *Gößmann,* FS Schimansky, 145 (161 f.); genauso, für die Garantie beim ec-Scheck *ders.,* Recht des Zahlungsverkehrs, 3. Aufl. 1997, Rn. 330; für die Garantie bei Bezahlung mit ec-Karte *Hadding* WuB I D 3. Scheckverkehr 3.88; für die Bargeldabhebung am institutsfremden Geldautomaten *Fischer,* FS Schimansky, Preisvereinbarung bei institutsübergreifender Geldautomatenverfügung, 111 (122).

[64] BankR-HdB/*Koch* § 68 Rn. 61.

[65] *Baumbach/Hefermehl/Casper* Kartenzahlungen Rn. 81; Staudinger/*Omlor* Vorb. zu §§ 675c–676c Rn. 223.

[66] *Baumbach/Hefermehl/Casper* Kartenzahlungen Rn. 82; MüKoBGB/*Casper* § 675i Rn. 20; Langenbucher/Gößmann/Werner/*Koch/Vogel* § 5 Rn. 87; Staudinger/*Omlor* Vorb. zu §§ 675c–676c Rn. 217.

[67] BankR-HdB/*Koch* § 68 Rn. 61.

[68] *Groß,* FS Schimansky, 165 (176).

[69] BankR-HdB/*Koch* § 68 Rn. 61, Fn. 6.

Es erscheint überzeugend, beim Zahlungsversprechen des Kartenemittenten auf die **elektronisch generierten Erklärungen** abzustellen. Bei der Bezahlung mit der GeldKarte kommt es für das Zahlungsversprechen nicht auf das Verhalten des Karteninhabers oder der sonstigen Person, die die Karte in das Händlerterminal einlegt, an. Vielmehr soll, wenn der Besitzer die Bestätigungstaste des Händlerterminals bedient und damit eine Zahlung auslöst, hierdurch ein wirksamer Zahlungsvorgang einschließlich der Garantie zugunsten des Händlers ausgelöst werden. Diese soll insbesondere auch bei einem Missbrauch der Karte entstehen. Auch auf das Erklärungsbewusstsein des Besitzers soll es nicht ankommen. Dann spricht aber alles dafür, nicht auf das Verhalten des (jeweiligen) Besitzers der Karte, sondern auf die vom Chip automatisch generierte Erklärung abzustellen. Das Zahlungsversprechen ist eine unmittelbare **Erklärung des Kartenemittenten,** die bei Bestätigung der Zahlung (durch den Besitzer der Karte) automatisch durch den Chip generiert wird. Die Anspruchshöhe wird dabei durch den Besitzer der Karte bestimmt (§ 317 Abs. 1 BGB). Dagegen bezieht sich die Erklärung, die durch Bestätigung des Besitzers der Karte ausgelöst wird, auf die Erteilung des Zahlungsauftrags und die Autorisierung[70] der Zahlung. 28

Ähnlich liegt es bei der Erklärung des Händlers. Mit der Verbuchung der Zahlung im System des Händlers soll die Zahlung im Verhältnis zum Kunden abgeschlossen sein. Damit soll ein Widerruf ausgeschlossen und im Gegenzug der Kunde von seiner Zahlungspflicht befreit werden.[71] In diesem Moment muss daher auch das den Händler absichernde Zahlungsversprechen bestehen. Daher liegt in der **Verbuchung der Zahlung** im System des Händlers die maßgebliche Annahmeerklärung. Auf die Aushändigung einer besonderen Quittung, auf die teilweise abgestellt wird, kann es nicht ankommen, denn diese mag unterbleiben, etwa weil der Karteninhaber darauf verzichtet.

5. Inkassovorgang

Der Inkassovorgang, der den Transfer eines Zahlungsvorgangs vom Börsenverrechnungskonto des emittierenden Instituts bis hin zum Konto des Akzeptanten betrifft, erfolgt unter Einschaltung von Evidenzzentralen ausschließlich im Interbankenverhältnis.[72] Weitere geldkartenspezifische Vertragsbeziehungen, auf welche die §§ 675c ff. BGB anwendbar sind, bestehen daher nicht. 29

6. GeldKarten-Zahlung und Erfüllung

Die Erfüllungswirkung der GeldKarten-Zahlung im Verhältnis zwischen dem Karteninhaber und dem Händler wird umfangreich und kontrovers diskutiert. Teils wird hierin eine Erfüllung der Schuld gesehen,[73] teils eine Leistung an Erfüllungs statt,[74] teils eine Leistung erfüllungshalber.[75] 30

Die Zahlung mit GeldKarte erfolgt **an Erfüllungs statt.** Soweit eine Leistung **erfüllungshalber** angenommen wird, wird vertreten, dass der Händler verpflichtet sei, vorrangig Befriedigung aus der Kartenzahlung zu suchen und dass er bei Fehlschlagen der Kartenzahlung aus dem ursprünglichen Zahlungsanspruch vorgehen könne.[76] Dies überzeugt nicht. Nach der Interessenlage soll die Zahlung im Verhältnis zwischen Karteninhaber 31

70 S. zur Autorisierung → Kap. 8 BGB § 675j Rn. 9.

71 Zur Befreiung von der Verbindlichkeit → Rn. 30 ff.

72 Zur Beschreibung des Ablaufs des Inkassovorgangs → Kap. 8 BGB Vorb. § 675c Rn. 22 f.

73 So MüKoBGB/*Casper* § 675i Rn. 21; *Freitag,* AcP 213 (2013), 128, 160; BankR-HdB/*Koch* § 68 Rn. 62; Langenbucher/Gößmann/Werner/*Koch/Vogel* § 5 Rn. 88; Schwintowski/*Schwintowski* Kap. 11 Rn. 75; Erman/*v. Westphalen* § 675f Rn. 137.

74 *Groß,* FS Schimansky, 165 (180).

75 *Baumbach/Hefermehl/Casper* Kartenzahlungen Rn. 83; Erman/*Buck-Heeb* § 362 Rn. 12; *Hofmann* Die GeldKarte S. 70 ff.; MüKoBGB/*Fetzer* § 362 Rn. 21; MüKoHGB/*Haertlein* ZahlungsV Abschn. E Rn. 295; BeckOGK BGB/*Looschelders* § 362 Rn. 197; Staudinger/*Omlor* Vorb. zu §§ 675c–676c Rn. 222; Langenbucher/Gößmann/Werner/*Neumann* § 6 Rn. 37.

76 MüKoHGB/*Haertlein* ZahlungsV Abschn. E Rn. 295.

und Händler nach Durchführung des Zahlungsvorgangs abgeschlossen und endgültig sein. Jedenfalls nach Bestätigung des Zahlungsvorgangs und der Anzeige auf dem Händlerterminal, dass die Zahlung erfolgt ist, ist für eine Leistung erfüllungshalber kein Raum mehr. Die Konstruktion einer vorangehenden Einigung über die Zahlung mit GeldKarte erfüllungshalber ist unnötig.

32 Soweit nicht eine Leistung an Erfüllungs statt, sondern eine **Erfüllung** vorliegen soll, wird auf die Parallele zur Giroüberweisung verwiesen.[77] Dort wurde traditionell eine Leistung an Erfüllungs statt angenommen;[78] heute wird von der ganz herrschenden Meinung zutreffend eine Erfüllung bejaht.[79] Die Situation bei der Zahlung durch GeldKarte ist jedoch anders als bei der Überweisung, bei der der Empfänger Buchgeld erhält. Bei der GeldKarte erhält der Händler die Gutschrift auf der Händlerkarte. Der Händler verfügt in diesem Zeitpunkt aber noch nicht über Buchgeld, sondern lediglich über die Garantie bzw das Schuldversprechen der Bank; Buchgeld erlangt der Händler erst durch die spätere Zahlung der HEZ.[80] Daher erscheint die Deutung als Zahlung an Erfüllungs statt vorzugswürdig.

III. Rechte und Pflichten der Parteien

33 Bei dem der Ausgabe der GeldKarte zugrunde liegenden Zahlungsdiensterahmenvertrag handelt es sich nach der gesetzlichen Konzeption[81] um einen Geschäftsbesorgungsvertrag, sodass sich die Pflichten der Parteien zunächst aus den §§ 675c–676c BGB ergeben. Daneben sind die für den Vertragstypus des Geschäftsbesorgungsvertrags geltenden Vorschriften anwendbar, namentlich § 675 BGB sowie weite Teile des Auftragsrechts (§§ 663, 665 bis 670, 672 bis 674 BGB).[82] Nicht anzuwenden ist der in § 675 Abs. 1 BGB genannte § 671 Abs. 2 BGB, da das Zahlungsdiensterecht in § 675h BGB eine abschließende Regelung über die Vertragsbeendigung enthält.[83]

1. Pflichten des Zahlungsdienstleisters

34 Im Rahmen der GeldKarte hat der Zahlungsdienstleister gegenüber dem Zahlungsdienstnutzer zunächst die Pflicht, diesem die Teilnahme am System GeldKarte zu ermöglichen. Nach § 675d Abs. 1 BGB hat er ihm die Informationen gemäß Art. 248 § 11 Abs. 1 EGBGB zu erteilen. Gemäß § 675f Abs. 2 BGB hat der Zahlungsdienstleister die Pflicht, nach Weisung des Karteninhabers die Zahlungen mittels GeldKarte auszuführen. Gegebenenfalls hat er die GeldKarte auch zu entladen, also den jeweils gespeicherten Ladebetrag zurückzuzahlen.

2. Pflichten des Zahlungsdienstnutzers, Abs. 5

35 Der Zahlungsdienstnutzer hat gemäß Abs. 5 die vereinbarten Entgelte zu zahlen. Hierzu zählen etwa Gebühren, die für den Ladevorgang am Terminal eines fremden Kreditinstituts anfallen.[84]

Der Zahlungsdienstnutzer ist gemäß § 675c Abs. 1 iVm § 670 BGB verpflichtet, dem Zahlungsdienstleister im Rahmen der Ausführung von Zahlungsvorgängen anfallende Aufwendungen zu ersetzen.[85]

---

[77] So BankR-HdB/*Koch* § 68 Rn. 62.
[78] BGH NJW 1953, 897; OLG Hamm NJW 1988, 2115.
[79] BGH NJW 1994, 1403; 1996, 1207; OLG Frankfurt a. M. NJW 1998, 387; MüKoBGB/*Fetzer* § 362 Rn. 22; Palandt/*Grüneberg* § 362 Rn. 9.
[80] → Kap. 8 BGB Vorb. § 675c Rn. 22.
[81] Vgl. § 675c Abs. 1 BGB.
[82] Palandt/*Sprau* § 675c Rn. 8.
[83] → Kap. 8 BGB § 675h Rn. 1.
[84] MüKoHGB/*Haertlein* ZahlungsV Abschn. E Rn. 287.
[85] Prütting/Wegen/Weinreich/*Fehrenbacher* § 675c Rn. 7; Palandt/*Sprau* § 675f Rn. 9.

3. Entgeltermäßigung bei Nutzung von Zahlungsinstrumenten, Abs. 6

36 Gemäß Abs. 6, der auf Art. 62 Abs. 3 PSD2 beruht, darf der Zahlungsdienstleister dem Zahlungsempfänger nicht untersagen, dem Zahler für die Nutzung eines bestimmten Zahlungsinstruments eine Ermäßigung anzubieten. Da die GeldKarte ein Zahlungsinstrument darstellt,[86] ist die Regelung auf die Zahlung mit GeldKarte anwendbar. Die Verpflichtung der Händler gemäß Ziff. 3 Händlerbedingungen, die GeldKarte zu Barzahlungsbedingungen und -preisen zu akzeptieren,[87] schließt Ermäßigungen nach Sinn und Zweck der Regelung nicht aus. Daher kann der Händler für den Einsatz der GeldKarte eine Ermäßigung gegenüber dem Barzahlungspreis vorsehen.[88]

4. Das Surcharging-Verbot (§ 270a BGB)

36a Der durch das PSD2-Umsetzungsgesetz[89] ins BGB eingefügte § 270a BGB enthält das auf Art. 62 Abs. 4 PSD2 beruhende sog „**Surcharging-Verbot**",[90] das die Erhebung zusätzlicher Entgelte für die Nutzung bestimmer elektronischer Zahlungsverfahren, ua durch Verwendung von Zahlungskarten, verbietet. Nach § 270a S. 1 BGB ist eine Vereinbarung, durch die der Schuldner verpflichtet wird, ein Entgelt für die Nutzung eines der dort genannten Zahlverfahren zu entrichten, unwirksam. Für Zahlungskarten gilt dies gemäß § 270a S. 2 BGB jedoch nur gegenüber Verbrauchern und ferner nur, soweit auf den jeweiligen Zahlungsvorgang das Kapitel II der sog. MIF-VO[91, 92] anwendbar ist.

36b Die **MIF-VO** ist gemäß ihrem Art. 1 Abs. 1 auf kartengebundene Zahlungsvorgänge anwendbar, bei denen sowohl der Zahlungsdienstleister des Zahlers als auch der Zahlungsdienstleister des Zahlungsempfängers in der Union niedergelassen sind. Ein **kartengebundener Zahlungsvorgang** ist nach der Defintion des Art. 2 Nr. 7 MIF-VO eine Dienstleistung, die auf der Infrastruktur und den Geschäftsregeln eines Kartenzahlverfahrens beruht, um mit Hilfe einer Karte oder eines Telekommunikations-, Digital- oder IT-Geräts oder einer entsprechenden Software eine Zahlung auszuführen, wenn sich daraus eine Debit- oder eine Kreditkartentransaktion ergibt. Als **Debitkartentransaktion** definiert wiederum Art. 2 Nr. 4 MIF-VO jeden „kartengebundenen Zahlungsvorgang, einschließlich kartengebundener Zahlungsvorgänge mit Guthabenkarten, der keine Kreditkartentransaktion ist". Als **Kreditkartentransaktion** ist schließlich gemäß Art. 2 Nr. 5 MIF-VO ein kartengebundener Zahlungsvorgang anzusehen, bei dem der Betrag der Transaktion gemäß einer vorab vereinbarten zu verzinsenden oder zinsfreien Kreditfazilität an einem vorab vereinbarten bestimmten Kalendertag vollständig oder teilweise beim Zahler abgebucht wird.

Die Zahlung mit der GeldKarte ist aufgrund der Vorausbezahlung des auf der Geldkarte gespeicherten Guthabens keine Kreditkartentransaktion, sondern, aufgrund der Bindung an die Karte, eine Debitkartentransaktion und folglich ein kartengebundener Zahlungsvorgang im Sinne der MIF-VO.[93].

36c Vom Anwendungsbereich der MIF-VO ausgenommen sind nach Art. 1 Abs. 2 einige, in lit. a) bis c) enumerativ genannte Fallgruppen von **„begrenzt verwendbaren Zahlungsinstrumenten"**. Erfasst sind drei Konstellationen, in denen Karteninhaber ausschließlich im Rahmen einer direkten Geschäftsvereinbarung mit einem professionellen Emittenten in

[86] → Kap. 8 BGB § 675j Rn. 8.
[87] → Rn. 24.
[88] Staudinger/*Omlor* Vorb. zu §§ 675c–676c Rn. 221; Hoeren/Sieber/Holznagel/*Werner* Teil 13.5 Rn. 27.
[89] → Kap. 8 BGB Vorb. § 675c Rn. 7.
[90] Zum Begriff BeckOGK BGB/*Foerster* § 270a Rn. 24; jurisPK-BGB/*Schwintowski* § 270a Rn. 1.
[91] VO (EU) 2015/751 des Europäischen Parlaments und des Rates vom 29. April 2015 über Interbankenentgelte für kartengebundene Zahlungsvorgänge, ABl. EU L 123, S. 1.
[92] Das Akronym „MIF-VO" ist abgeleitet vom englischen Begriff des „multilateral interchange fee".
[93] Vgl. MüKoHGB/*Haertlein* ZahlungsV Abschn. E Rn. 295.

den Geschäftsräumen des Emittenten oder innerhalb eines beschränkten Netzes von Dienstleistern Waren und Dienstleistungen erwerben können (lit. a), in denen die Karte nur zum Erwerb eines sehr begrenzten Waren- oder Dienstleistungsspektrums verwendet werden kann (lit. b) sowie in denen Karten nur in einem Mitgliedstaat gültig sind, auf Ersuchen eines Unternehmens oder einer öffentlichen Stelle bereitgestellt werden, zu bestimmten sozialen oder steuerlichen Zwecken den Vorschriften einer nationalen oder regionalen öffentlichen Stelle unterliegen und dem Erwerb bestimmter Waren oder Dienstleistungen von Anbietern, die eine gewerbliche Vereinbarung mit dem Emittenten geschlossen haben, dienen (lit. c). Für die GeldKarte gilt keine dieser Ausnahmen.

36d Art. 1 Abs. 3 MIF-VO enthält eine spezifische Einschränkung des Anwendungsbereichs des Kapitels II der VO, auf die § 270a S. 2 BGB verweist. Danach gilt das Kapitel II nicht für Firmenkartentransaktionen (lit. a), Bargeldabhebungen an Geldautomaten oder am Schalter eines Zahlungsdienstleisters (lit. b) sowie für Transaktionen mit Zahlungskarten, die von Drei-Parteien-Kartenzahlverfahren ausgegeben werden (lit. c).

Das GeldKarte-Verfahren ist ein **Vier-Parteien-Verfahren,** da neben dem Zahler und dem Zahlungsempfänger zusätzlich der Emittent der GeldKarte und der Emittent der Händlerkarte beteiligt sind. Damit greift die Ausnahme des Art. 1 Abs. 3 lit. c) MIF-VO nicht ein, sodass § 270a BGB auf die GeldKarte anwendbar ist,[94] soweit es um Zahlungen von Verbrauchern geht.

§ 675g Änderung des Zahlungsdiensterahmenvertrags

(1) **Eine Änderung des Zahlungsdiensterahmenvertrags auf Veranlassung des Zahlungsdienstleisters setzt voraus, dass dieser die beabsichtigte Änderung spätestens zwei Monate vor dem vorgeschlagenen Zeitpunkt ihres Wirksamwerdens dem Zahlungsdienstnutzer in der in Artikel 248 §§ 2 und 3 des Einführungsgesetzes zum Bürgerlichen Gesetzbuche vorgesehenen Form anbietet.**

(2) [1]**Der Zahlungsdienstleister und der Zahlungsdienstnutzer können vereinbaren, dass die Zustimmung des Zahlungsdienstnutzers zu einer Änderung nach Absatz 1 als erteilt gilt, wenn dieser dem Zahlungsdienstleister seine Ablehnung nicht vor dem vorgeschlagenen Zeitpunkt des Wirksamwerdens der Änderung angezeigt hat.** [2]**Im Fall einer solchen Vereinbarung ist der Zahlungsdienstnutzer auch berechtigt, den Zahlungsdiensterahmenvertrag vor dem vorgeschlagenen Zeitpunkt des Wirksamwerdens der Änderung fristlos zu kündigen.** [3]**Der Zahlungsdienstleister ist verpflichtet, den Zahlungsdienstnutzer mit dem Angebot zur Vertragsänderung auf die Folgen seines Schweigens sowie auf das Recht zur kostenfreien und fristlosen Kündigung hinzuweisen.**

(3) [1]**Änderungen von Zinssätzen oder Wechselkursen werden unmittelbar und ohne vorherige Benachrichtigung wirksam, soweit dies im Zahlungsdiensterahmenvertrag vereinbart wurde und die Änderungen auf den dort vereinbarten Referenzzinssätzen oder Referenzwechselkursen beruhen.** [2]**Referenzzinssatz ist der Zinssatz, der bei der Zinsberechnung zugrunde gelegt wird und aus einer öffentlich zugänglichen und für beide Parteien eines Zahlungsdienstevertrags überprüfbaren Quelle stammt.** [3]**Referenzwechselkurs ist der Wechselkurs, der bei jedem Währungsumtausch zugrunde gelegt und vom Zahlungsdienstleister zugänglich gemacht wird oder aus einer öffentlich zugänglichen Quelle stammt.**

(4) **Der Zahlungsdienstnutzer darf durch Vereinbarungen zur Berechnung nach Absatz 3 nicht benachteiligt werden.**

---

[94] MüKoHGB/*Haertlein* ZahlungsV Abschn. E Rn. 295; MüKoBGB/*Krüger* § 270a Rn. 8; wohl auch BeckOGK BGB/*Foerster* § 270a Rn. 24.

Die Vorschrift regelt die Art und Weise der Änderung von **Zahlungsdiensterahmenverträgen.** Bei der GeldKarte betrifft dies den zwischen dem Kartenemittenten und dem Karteninhaber geschlossenen Rahmenvertrag, der bei Ausgabe der GeldKarte abgeschlossen wird. Es handelt sich entweder um einen Vertrag, der zugleich auch die Führung eines Kontos enthält **(kontogebundene GeldKarte),** oder um einen Vertrag, der ausschließlich die Abwicklung von GeldKarte-Zahlungsvorgängen erfasst **(kontoungebundene GeldKarte).**[1] 1

Gemäß Abs. 1 muss der Zahlungsdienstleister dem Zahlungsdienstnutzer die beabsichtigte **Änderung eines Zahlungsdiensterahmenvertrags** rechtzeitig anbieten. Der Zahlungsdienstnutzer muss diesem Angebot zustimmen, damit die Änderung gemäß Abs. 1 wirksam werden kann, wobei nach Abs. 2 eine Zustimmungsfiktion vereinbart werden kann, was in der Praxis auch regelmäßig geschieht. 2

Das Angebot des Zahlungsdienstleisters muss nach Abs. 1 in der Form des Art. 248 §§ 2 und 3 EGBGB erfolgen; allerdings kann insoweit gemäß § 675i Abs. 2 Nr. 1 BGB etwas anderes vereinbart werden.

Absatz 2 gilt für die GeldKarte ohne Besonderheiten. Die Vorschriften der Abs. 3 und 4 zur Änderung von Zinssätzen und Wechselkursen sind für die Zahlung mit GeldKarte ohne Belang.

§ 675h Ordentliche Kündigung eines Zahlungsdiensterahmenvertrags

(1) **[1]Der Zahlungsdienstnutzer kann den Zahlungsdiensterahmenvertrag, auch wenn dieser für einen bestimmten Zeitraum geschlossen ist, jederzeit ohne Einhaltung einer Kündigungsfrist kündigen, sofern nicht eine Kündigungsfrist vereinbart wurde. [2]Die Vereinbarung einer Kündigungsfrist von mehr als einem Monat ist unwirksam.**

(2) **[1]Der Zahlungsdienstleister kann den Zahlungsdiensterahmenvertrag nur kündigen, wenn der Vertrag auf unbestimmte Zeit geschlossen wurde und das Kündigungsrecht vereinbart wurde. [2]Die Kündigungsfrist darf zwei Monate nicht unterschreiten. [3]Die Kündigung ist in der in Artikel 248 §§ 2 und 3 des Einführungsgesetzes zum Bürgerlichen Gesetzbuche vorgesehenen Form zu erklären.**

(3) **[1]Im Fall der Kündigung sind regelmäßig erhobene Entgelte nur anteilig bis zum Zeitpunkt der Beendigung des Vertrags zu entrichten. [2]Im Voraus gezahlte Entgelte, die auf die Zeit nach Beendigung des Vertrags fallen, sind anteilig zu erstatten.**

(4) **Der Zahlungsdienstleister darf mit dem Zahlungsdienstnutzer für die Kündigung des Zahlungsdiensterahmenvertrags kein Entgelt vereinbaren.**

Übersicht

I. Allgemeines

Die Vorschrift stellt sicher, dass der **Zahlungsdiensterahmenvertrag** vom Zahlungsdienstenutzer jederzeit gekündigt werden kann (Abs. 1). Sie soll einen unkomplizierten Wechsel des Zahlungsdienstleisters ermöglichen[1] und regelt für Zahlungsdienstleister und 1

[1] Vgl. zu den bei der Ausgabe der GeldKarte geschlossenen Zahlungsdiensterahmenverträgen → Kap. 8 BGB § 675f Rn. 12 ff.

[1] Begr. RegE § 675h, BT-Drs. 16/11643, 104.

Zahlungsdienstnutzer abschließend die Möglichkeit zur ordentlichen Kündigung des Zahlungsdiensterahmenvertrags.[2]

Sofern die GeldKarte zusammen mit der girocard als kontogebundene Karte an den Inhaber ausgegeben worden ist, wird mit der Kündigung des Zahlungsdiensterahmenvertrags zugleich auch die Abrede über die Nutzung der GeldKarte gekündigt.

Die Vereinbarung über die Nutzung der GeldKarte, die ein eigenständiger Zahlungsdiensterahmenvertrag ist,[3] kann aber gemäß Abs. 1 auch separat gekündigt werden.

Die Möglichkeit zur Kündigung tritt neben das Recht des Karteninhabers, ein verbleibendes **Guthaben,** welches auf die GeldKarte geladen wurde, im Ganzen auszahlen zu lassen.[4]

II. Rechtsfolgen

2 Gemäß Abs. 3 S. 1 sind regelmäßig erhobene Entgelte nur anteilig für die Vertragsdauer zu entrichten; zu viel gezahlte Entgelte sind zu erstatten. Die Pflicht zur Erstattung der Entgelte hat bei der GeldKarte derzeit keine Relevanz, da regelmäßige Entgelte für bestimmte Nutzungszeiträume – soweit ersichtlich – von keinem deutschen Kreditinstitut erhoben werden. Dies betrifft allenthalben girocard-Kartengebühren, die unabhängig von der Nutzung der GeldKarten-Funktion anfallen.

Im Falle der **Kündigung** ist der noch auf der GeldKarte verbleibende Betrag an den Karteninhaber auszuzahlen. Ein solcher **Auszahlungsanspruch** besteht ohnehin während der gesamten Vertragsdauer.[5]

§ 675i Ausnahmen für Kleinbetragsinstrumente und E-Geld

(1) **[1]Ein Zahlungsdienstevertrag kann die Überlassung eines Kleinbetragsinstruments an den Zahlungsdienstnutzer vorsehen. [2]Ein Kleinbetragsinstrument ist ein Mittel,**

1. mit dem nur einzelne Zahlungsvorgänge bis höchstens 30 Euro ausgelöst werden können,

2. das eine Ausgabenobergrenze von 150 Euro hat oder

3. das Geldbeträge speichert, die zu keiner Zeit 150 Euro übersteigen.

[3]In den Fällen der Nummern 2 und 3 erhöht sich die Betragsgrenze auf 200 Euro, wenn das Kleinbetragsinstrument nur für inländische Zahlungsvorgänge genutzt werden kann.

(2) **Im Fall des Absatzes 1 können die Parteien vereinbaren, dass**

1. der Zahlungsdienstleister Änderungen der Vertragsbedingungen nicht in der in § 675g Abs. 1 vorgesehenen Form anbieten muss,

2. § 675l Absatz 1 Satz 2, § 675m Absatz 1 Satz 1 Nr. 3 und 5 sowie Satz 2 und § 675v Absatz 5 nicht anzuwenden sind, wenn das Kleinbetragsinstrument nicht gesperrt oder eine weitere Nutzung nicht verhindert werden kann,

3. die §§ 675u, 675v Absatz 1 bis 3 und 5, die §§ 675w und 676 nicht anzuwenden sind, wenn die Nutzung des Kleinbetragsinstruments keinem Zahlungsdienstnutzer zugeordnet werden kann oder der Zahlungsdienstleister aus anderen Gründen, die in dem Kleinbetragsinstrument selbst angelegt sind, nicht nachweisen kann, dass ein Zahlungsvorgang autorisiert war,

---

[2] Palandt/*Sprau* § 675h Rn. 1.

[3] → Kap. 8 BGB § 675f Rn. 12.

[4] Vgl. Abschn. A. III. Ziff. 2.2 S. 4 Musterbedingungen-BdB für die girocard (Debitkarte); zu diesem Anspruch auf Rückzahlung → Kap. 8 BGB § 675f Rn. 34.

[5] → Kap. 8 BGB § 675c Rn. 7 und → Kap. 8 BGB § 675f Rn. 34.

4. der Zahlungsdienstleister abweichend von § 675o Abs. 1 nicht verpflichtet ist, den Zahlungsdienstnutzer von einer Ablehnung des Zahlungsauftrags zu unterrichten, wenn die Nichtausführung aus dem Zusammenhang hervorgeht,

5. der Zahler abweichend von § 675p den Zahlungsauftrag nach dessen Übermittlung oder nachdem er dem Zahlungsempfänger seine Zustimmung zum Zahlungsauftrag erteilt hat, nicht widerrufen kann, oder

6. andere als die in § 675s bestimmten Ausführungsfristen gelten.

(3) [1]**Die §§ 675u und 675v sind für E-Geld nicht anzuwenden, wenn der Zahlungsdienstleister des Zahlers nicht die Möglichkeit hat, das Zahlungskonto, auf dem das E-Geld gespeichert ist, oder das Kleinbetragsinstrument zu sperren.** [2]**Satz 1 gilt nur für Zahlungskonten, auf denen das E-Geld gespeichert ist, oder Kleinbetragsinstrumente mit einem Wert von höchstens 200 Euro.**

Übersicht

I. Allgemeines

1 Die Vorschrift regelt Erleichterungen zugunsten des Zahlungsdienstleisters für sog **Kleinbetragsinstrumente** (Abs. 1 und 2) und für **E-Geld** (Abs. 3).[1] Nach Abs. 2 können bei Kleinbetragsinstrumenten abweichende Vereinbarungen hinsichtlich des ansonsten halbzwingenden Rechts (vgl § 675e BGB) getroffen werden; nach Abs. 3 gilt für E-Geld die gesetzliche Haftungsregelung der §§ 675u, 675v BGB nicht.

Diese Erleichterungen sollen den Umgang mit und die Einsetzbarkeit von Kleinbetragsinstrumenten erleichtern bzw verbessern, indem etwa Informationspflichten gelockert werden. Hierdurch soll die Verwendung nutzerfreundlicher Zahlungssysteme gefördert werden.[2] Zugleich muss infolge des erhöhten Verlust- und Missbrauchsrisikos eine angemessene Regelung getroffen werden, die eine eindeutige Risikozuweisung zulasten des Inhabers vornimmt. Dies entspricht der sog **„Bargeldersatzfunktion“** solcher Zahlungsinstrumente.

2 § 675i BGB setzt Art. 63 PSD2 in deutsches Recht um. Von der Möglichkeit nach Art. 63 Abs. 2 PSD2, die **Ausgabenobergrenze** für inländische Zahlungsvorgänge auf maximal 500 EUR anzuheben, hat der deutsche Gesetzgeber in Abs. 1 S. 3 insoweit Gebrauch gemacht, als er die in Abs. 1 S. 2 Nr. 2 und 3 genannten Summen von 150 EUR auf jeweils 200 EUR heraufgesetzt hat.

[1] Zum Begriff des elektronischen Geldes → Kap. 8 BGB § 675c Rn. 5.
[2] Prütting/Wegen/Weinreich/*Fehrenbacher* § 675i Rn. 1.

II. Sonderregeln für Kleinbetragsinstrumente

3 Abs. 2 erlaubt in den Nr. 1–6 für verschiedene Normen abweichende Vereinbarungen für Kleinbetragsinstrumente.

1. Kleinbetragsinstrumente

4 Kleinbetragsinstrumente sind nach der Definition des Abs. 1 S. 2 Mittel, für die eine der in den Nr. 1–3 genannten Betragsgrenzen gilt. Die Nr. 1–3 sind, entsprechend der eindeutigen Vorgabe des Art. 63 Abs. 1 PSD2, alternativ maßgeblich.[3]

Ein **Kleinbetragsinstrument** ist demnach ein Mittel, mit dem nur einzelne Zahlungsvorgänge bis höchstens 30 EUR ausgelöst werden können (Nr. 1), das eine **Ausgabenobergrenze** von 150 EUR hat (Nr. 2) oder das Geldbeträge speichert, die zu keiner Zeit 150 EUR übersteigen (Nr. 3). Gemäß Satz 3 betragen die in den Nr. 2 und 3 genannten Grenzen 200 EUR, wenn das Kleinbetragsinstrument nur für **inländische Zahlungsvorgänge** verwendet werden kann.

Bei der GeldKarte handelt es sich um ein Kleinbetragsinstrument iSv § 675i BGB,[4] soweit diese auf Guthabenbasis eingesetzt wird.

Da die GeldKarte nur für inländische Zahlungsvorgänge einsetzbar ist[5] und mit maximal 200 EUR geladen werden kann, sind die Voraussetzungen der Nr. 3 erfüllt.

Soweit ein Abo-Ladeauftrag[6] vereinbart ist, liegt jedoch kein Kleinbetragsinstrument vor, da das Verlustrisiko – entgegen dem aus § 675i Abs. 1 S. 2 Nr. 2 und Nr. 3 BGB ersichtlichen Zweck der Risikobegrenzung[7] – nicht summenmäßig begrenzt ist. Wegen der Möglichkeit des wiederholten Aufladens der GeldKarte gegen Belastung des Referenzkontos besteht keine auf einen bestimmten Betrag festgelegte Ausgabenobergrenze.

2. Formerleichterung, Abs. 2 Nr. 1

5 Grundsätzlich hat der Zahlungsdienstleister Änderungen des Zahlungsdiensterahmenvertrages in der nach § 675g Abs. 1 BGB vorgeschriebenen Form anzubieten. Gemäß Nr. 1 kann hiervon bei Zahlungsdiensterahmenverträgen, die die Überlassung von Kleinbetragsinstrumenten zum Gegenstand haben, etwas anderes vereinbart werden. Bei der kontogebundenen GeldKarte hat diese Erleichterung aber regelmäßig keine Bedeutung, da die Nutzung der GeldKarte im Rahmen des Girovertrags vereinbart wird. Damit liegt kein **Zahlungsdiensterahmenvertrag** vor, der *ausschließlich* die Überlassung eines Kleinbetragsinstruments zum Gegenstand hat, wovon Abs. 2 Nr. 1 aber ausgeht. Die Formerleichterung ist aber bei der **kontoungebundenen GeldKarte**[8] von Bedeutung, bei der sich der Rahmenvertrag ausschließlich auf das Kleinbetragsinstrument bezieht.

3. Erleichterungen bei fehlender Sperrmöglichkeit, Abs. 2 Nr. 2

6 Abs. 2 Nr. 2 gestattet eine Vereinbarung, durch die von den § 675l Abs. 1 S. 2, § 675m Abs. 1 S. 1 Nr. 3 und 5 sowie S. 2, § 675v Abs. 5 BGB abgewichen werden darf, wenn

---

[3] Prütting/Wegen/Weinreich/*Fehrenbacher* § 675i Rn. 3; BeckOGK BGB/*Schmalenbach* § 675i Rn. 4; Palandt/*Sprau* § 675i Rn. 2.

[4] BGH NJW-RR 2015, 690 (691); MüKoBGB/*Casper* § 675i Rn. 7; Prütting/Wegen/Weinreich/*Fehrenbacher* § 675i Rn. 1; BeckOGK BGB/*Foerster* § 675i Rn. 37; MüKoHGB/*Haertlein* ZahlungsV Abschn. E Rn. 284; Schwintowski/*Schwintowski* Kap. 11 Rn. 69; Hoeren/Sieber/Holznagel/*Werner* Teil 13.5 Rn. 18; Soergel/*Werner* § 675i Rn. 1; Erman/*v. Westphalen* § 675f Rn. 135, § 675i Rn. 2.

[5] Vgl. Abschn. A. I Ziff. 3 a) der Musterbedingungen-BdB für die girocard (Debitkarte).

[6] → Kap. 8 BGB Vorb. § 675c Rn. 19c.

[7] Palandt/*Sprau* § 675i Rn. 2.

[8] → Kap. 8 BGB § 675f Rn. 13 f.

das Kleinbetragsinstrument nicht gesperrt oder eine weitere Nutzung in anderer Weise verhindert werden kann.

Diese Voraussetzungen sind bei der GeldKarte erfüllt. Die Bezahlung mit GeldKarte erfolgt stets offline;[9] eine **Gültigkeitsprüfung** der Karte (etwa im Hinblick auf eine Sperrung) ist nicht möglich. Die **Sperrung** einer abhandengekommenen GeldKarte für die Durchführung von Bezahlvorgängen ist nicht möglich; **missbräuchliche Zahlungen** können nicht verhindert werden.[10] Soweit in Abschn. A. II. Ziff. 2 der Musterbedingungen-BdB für die girocard (Debitkarte) von der Sperrung der Karte für die Aufladung der GeldKarte die Rede ist, betrifft die Sperrung nicht die GeldKarten-Funktion der girocard, sondern bezieht sich ausschließlich auf die Sperrung für Ladevorgänge gegen das referenzierte Konto (kontogebundene GeldKarte). Eine Abweichung von § 675v Abs. 3 BGB ist indes nicht erforderlich, da die §§ 675u, 675v BGB gemäß § 675i Abs. 3 BGB für die GeldKarte ohnehin nicht gelten.[11]

Diese Erleichterung gilt nur für den **Bezahlvorgang** mit der GeldKarte, nicht etwa für den **Ladevorgang** gegen das Referenzkonto, zB unter Verwendung eines Abo-Ladeauftrags. Hierbei erfolgt eine Abfrage der PIN im Rahmen einer POS-Zahlung bzw die Prüfung der Gültigkeit der Karte, bei der eine Sperrabfrage online vorgenommen werden kann. 7

4. Haftungserleichterung, Abs. 2 Nr. 3

Gemäß Abs. 2 Nr. 3 kann ferner vereinbart werden, dass die §§ 675u, 675v Abs. 1 bis 3 und 5, 675w und 676 BGB nicht anzuwenden sind, sofern die Nutzung des Kleinbetragsinstruments keinem Zahlungsdienstnutzer zugeordnet werden kann oder der Zahlungsdienstleister aus anderen Gründen nicht nachweisen kann, dass ein Zahlungsvorgang autorisiert wurde. 8

Bei der GeldKarte ist im Hinblick auf Bezahlvorgänge die erste Alternative erfüllt. Der Begriff der Nutzung des Kleinbetragsinstruments meint bei der GeldKarte die Bezahlung mit der Karte, die wegen der Bargeldersatzfunktion nicht auf eine bestimmte Person zurückgeführt werden kann.[12] Daher kann die Nutzung keinem Nutzer zugeordnet werden; sie ist „anonym" iSd Art. 63 Abs. 1 lit. b PSD2.

Die Abdingbarkeit der §§ 675u, 675v Abs. 1 bis 3 und 5 BGB ist bei der GeldKarte ohne Bedeutung, da die §§ 675u, 675v BGB gemäß Abs. 3 Satz 1 ohnehin nicht gelten.

Nr. 3 ermöglicht weiterhin die Abbedingung des § 675w BGB. Diese hat zur Folge, dass der Zahlungsdienstleister für den Fall des Einsatzes des Zahlungsinstruments nicht die Beweislast dafür trägt, dass eine **Autorisierung** tatsächlich erfolgt ist. Dies ist angesichts der Bargeldersatzfunktion der GeldKarte konsequent.

Ebenfalls abdingbar ist die Regelung des § 676 BGB, der die Beweislast für die ordnungsgemäße **Ausführung eines Zahlungsvorgangs** dem Zahlungsdienstleister zuweist.

5. Keine Verpflichtung zur Information über Ablehnung eines Zahlungsauftrags, Abs. 2 Nr. 4

Nach § 675i Abs. 2 Nr. 4 BGB kann vereinbart werden, dass der Zahlungsdienstleister abweichend von § 675o Abs. 1 BGB nicht verpflichtet ist, den Zahlungsdienstnutzer von einer **Ablehnung des Zahlungsauftrags** zu unterrichten. 9

---

[9] Staudinger/*Omlor* Vorb. zu §§ 675c–676c Rn. 217.

[10] Vgl. Abschn. A. II. Ziff. 15.3 der Musterbedingungen-BdB für die girocard (Debitkarte), dort heißt es: „Eine Sperrung der GeldKarte für das Bezahlen an automatisierten Kassen ist nicht möglich."

[11] Siehe dazu die Ausführungen zu Abs. 3 in → Rn. 12.

[12] → Kap. 8 BGB Vorb. § 675c Rn. 1.

Diese Vorschrift hat bei Zahlungen mit der GeldKarte keine praktische Bedeutung, da hier eine Ablehnung durch das emittierende Institut als Zahlungsdienstleister[13] nicht in Betracht kommt.[14]

6. Unwiderruflichkeit des Zahlungsauftrags, Abs. 2 Nr. 5

10 Nach Abs. 2 Nr. 5 kann die **Unwiderruflichkeit des Zahlungsauftrags** gegenüber der gesetzlichen Regelung des § 675p BGB vorverlegt werden. Diese Möglichkeit ist bei der Bezahlung mit GeldKarte ohne praktische Bedeutung, da der Zahlungsauftrag schon nach der gesetzlichen Regelung des § 675p Abs. 2 S. 1 BGB unmittelbar mit der Auslösung am Händlerterminal unwiderruflich wird.[15]

7. Abweichende Ausführungsfristen, Abs. 2 Nr. 6

11 Abs. 2 Nr. 6 ermöglicht es, andere als in § 675s BGB bestimmte **Ausführungsfristen** zu vereinbaren. Diese Vorschrift dürfte bei der Bezahlung mit der GeldKarte ohne Bedeutung sein, da die Zahlung innerhalb der in § 675s BGB genannten Zeiträume erfolgt.

III. Sonderregeln für E-Geld, Abs. 3

12 Gemäß Abs. 3 S. 1 sind die Vorschriften der §§ 675u, 675v BGB betreffend die Haftung für nicht autorisierte Zahlungen auf E-Geld nicht anzuwenden, wenn der Zahlungsdienstleister keine Möglichkeit zur **Sperrung** des Kleinbetragszahlungsinstruments oder des Zahlungskontos hat. Weitere Voraussetzung der Privilegierung ist gemäß Abs. 3 S. 2, dass der Zahlungsdienst mit einem Wert von höchstens 200 EUR geladen werden kann. Diese Voraussetzungen sind bei der Bezahlung mit der GeldKarte erfüllt. Die GeldKarte vermittelt **E-Geld.**[16] Das System sieht aufgrund der angestrebten **Bargeldäquivalenz** keine Sperrmöglichkeit vor, der maximale Ladebetrag der GeldKarte beträgt 200 EUR. Die §§ 675u, 675v BGB sind daher gem. Abs. 3 bei der GeldKarte nicht anwendbar und zwar unabhängig von einer dahingehenden Vereinbarung nach Abs. 2 Nr. 3.[17] Im Übrigen sind die Vorschriften der Abs. 2 und 3 kumulativ anzuwenden.[18]

Rechtsfolge der Nichtanwendbarkeit ist, dass auch im Falle von nicht autorisierten Zahlungsvorgängen[19] zugunsten des Zahlungsdienstleisters ein **Aufwendungsersatzanspruch** aus §§ 675c Abs. 1, 670 BGB entsteht.[20] Diese Regelung ist Ausdruck des Gedankens, dass allein der Karteninhaber das Risiko der missbräuchlichen Verwendung eines E-Geld-Instrumentes trägt.[21]

Abs. 3 S. 1 gilt nur, soweit die Bargeldersatzfunktion der GeldKarte betroffen ist, mithin nur für Bezahlvorgänge. Beim Aufladen der GeldKarte hingegen sind die §§ 675u, 675v BGB anwendbar. Dies kann vor allem beim Abo-Ladeauftrag[22] von praktischer Bedeutung sein, da hier der Kartenemittent das Risiko unautorisierter Aufladevorgänge trägt.

---

13 Zur Rollenverteilung bei Bezahlung mit der GeldKarte → Kap. 8 BGB § 675f Rn. 2.
14 → Kap. 8 BGB § 675o Rn. 1.
15 → Kap. 8 BGB § 675p Rn. 2.
16 → Kap. 8 BGB § 675c Rn. 7.
17 Erman/*v. Westphalen* § 675f Rn. 137; → Rn. 8.
18 Prütting/Wegen/Weinreich/*Fehrenbacher* § 675i Rn. 8; Palandt/*Sprau* § 675i Rn. 4.
19 Zur Autorisierung → Kap. 8 BGB § 675j Rn. 1 f.
20 S. zum Aufwendungsersatzanspruch → Kap. 8 BGB § 675f Rn. 35 sowie → Kap. 8 BGB § 675u Rn. 4.
21 Staudinger/*Omlor* Vorb. zu §§ 675c–676c Rn. 230; Palandt/*Sprau* § 675i Rn. 6.
22 → Kap. 8 BGB Vorb. § 675c Rn. 19c.

§ 675j Zustimmung und Widerruf der Zustimmung

(1) [1]**Ein Zahlungsvorgang ist gegenüber dem Zahler nur wirksam, wenn er diesem zugestimmt hat (Autorisierung).** [2]**Die Zustimmung kann entweder als Einwilligung oder, sofern zwischen dem Zahler und seinem Zahlungsdienstleister zuvor vereinbart, als Genehmigung erteilt werden.** [3]**Art und Weise der Zustimmung sind zwischen dem Zahler und seinem Zahlungsdienstleister zu vereinbaren.** [4]**Insbesondere kann vereinbart werden, dass die Zustimmung mittels eines bestimmten Zahlungsinstruments erteilt werden kann.**

(2) [1]**Die Zustimmung kann vom Zahler durch Erklärung gegenüber dem Zahlungsdienstleister so lange widerrufen werden, wie der Zahlungsauftrag widerruflich ist (§ 675p).** [2]**Auch die Zustimmung zur Ausführung mehrerer Zahlungsvorgänge kann mit der Folge widerrufen werden, dass jeder nachfolgende Zahlungsvorgang nicht mehr autorisiert ist.**

Übersicht

I. Allgemeines

Die auf den Artt. 64, 68 PSD2 beruhende Vorschrift enthält im unglücklich gefassten Abs. 1 eine grundlegende Weichenstellung zur **Risikotragung** bei Zahlungsvorgängen und regelt in Abs. 2 den **Widerruf von Zahlungsaufträgen.** 1

Die in Abs. 1 geregelte Wirksamkeit des Zahlungsvorgangs gegen den Zahler bzw **Autorisierung** entscheidet über die Risikoverteilung insbesondere bei missbräuchlichen Zahlungsvorgängen. Gemäß § 675u S. 1 BGB kann nur der autorisierte Zahlungsvorgang einen Aufwendungsersatzanspruch des Zahlungsdienstleisters gegen den Zahler auslösen.

Die Bedeutung und Rechtsnatur der Autorisierung sind umstritten, da die Definition der Autorisierung, die der deutsche Gesetzgeber im Wesentlichen unverändert aus der Zahlungsdiensterichtlinie übernommen hat, missglückt ist. Teilweise wird hierin eine Willenserklärung,[1] teilweise eine rechtsgeschäftsähnliche Handlung[2] gesehen, auf die die Regeln über die Willenserklärung allerdings entsprechend anzuwenden sind.[3] Der Begriff soll offensichtlich die Zustimmung des Zahlers sowohl in den Fällen umfassen, in denen dieser den Zahlungsauftrag selbst veranlasst, wie es etwa bei der Überweisung der Fall ist, als auch in den Fällen, in denen der Zahlungsauftrag vom Empfänger initiiert wird, etwa bei der Lastschrift, wo tatsächlich eine Zustimmung erfolgt. In beiden Fällen ist die Autorisierung Willenserklärung. Bei vom Zahler selbst initiierten Zahlungsvorgängen, so auch bei der GeldKartenzahlung, ist die Autorisierung die maßgebliche Willenserklärung, also die Erteilung des Zahlungsauftrags.[4] Bei vom Zahlungsempfänger initiierten Zahlungsvorgängen ist die Autorisierung die Zustimmung, auch hier letztlich die maßgebliche Erteilung des Zahlungsauftrags durch den Zahler.

---

[1] LG Darmstadt BKR 2014, 480; MüKoBGB/*Jungmann* § 675j Rn. 12; Palandt/*Sprau* § 675j Rn. 3.
[2] MüKoBGB[6]/*Casper* § 675j Rn. 6; *Köbrich* VuR 2015, 9 (11).
[3] MüKoBGB[6]/*Casper* § 675j Rn. 6; *Köbrich* VuR 2015, 9 (11); wohl auch BeckOGK BGB/*Schmalenbach* § 675j Rn. 2.
[4] Derleder/Knops/Bamberger/*Borges* § 8 Rn. 286.

Unglücklich gefasst ist auch die von Art. 64 PSD2 abweichende Rechtsfolge der Zustimmung, die als Wirksamkeit gegenüber dem Zahler beschrieben wird. Damit will der Gesetzgeber wohl deutlich machen, dass es um die Risikoverteilung geht; den nicht-autorisierten Zahlungsvorgang muss sich der Zahler nicht zurechnen lassen.

2 Abs. 1 S. 2 und S. 3 regeln Einzelheiten der Zustimmung und erlauben ausdrücklich, aber wohl überflüssigerweise, Parteiautonomie. Abs. 1 S. 4 stellt klar, dass die Zustimmung durch Verwendung eines **Zahlungsinstruments** erteilt werden kann. Diese Regelung hat kein unmittelbares Vorbild in der Zahlungsdiensterichtlinie.

3 Abs. 2 regelt – wiederum überflüssigerweise – Selbstverständliches: Nach S. 1 kann die Zustimmung so lange widerrufen werden, wie der Zahlungsauftrag widerruflich ist.[5]

II. Zahlungsinstrumente

1. Der Begriff des Zahlungsinstruments

4 Der Begriff des Zahlungsinstruments ist in § 1 Abs. 20 ZAG definiert, der Art. 4 Nr. 14 PSD2 inhaltlich entspricht. Im Zuge der Umsetzung der Zweiten Zahlungsdiensterichtlinie hat der deutsche Gesetzgeber den bisher im Gesetz verwendeten Begriff des „Zahlungsauthentifizierungsinstruments" einheitlich durch den bereits in der Ersten Zahlungsdiensterichtlinie verwendeten Begriff des **„Zahlungsinstruments"** ersetzt, der dem deutschen Gesetzgeber ursprünglich nicht passend erschien.[6] Die Ersetzung durch den auch im Unionsrecht verwendeten Begriff soll einerseits verdeutlichen, dass das deutsche Recht von derselben Terminologie ausgeht wie das Unionsrecht, sowie andererseits die Unterscheidung zwischen Instrument und Authentifizierung zum Ausdruck bringen.[7] Ein **Zahlungsinstrument** ist nach § 1 Abs. 20 ZAG jedes personalisierte Instrument oder Verfahren, das zwischen dem Zahlungsdienstnutzer und dem Zahlungsdienstleister für die Erteilung von Zahlungsaufträgen vereinbart wird und das vom Zahlungsdienstnutzer eingesetzt wird, um einen Zahlungsauftrag zu erteilen. Zahlungsinstrumente sind alle Authentisierungsmedien aufseiten des Kunden. Dabei sind körperliche Gegenstände (zB Token, Karten etc.), unkörperliche Gegenstände (insbesondere Informationen) sowie körperliche Merkmale zu unterscheiden.[8] Die Definition des § 1 Abs. 20 ZAG verweist mit dem Begriff des „Instruments" auf körperliche Gegenstände, mit dem Begriff des „Verfahrens" auf die Prüfung von Informationen und körperlichen Merkmalen.

Diese Unterscheidung spiegelt sich auch in den neuen Bedingungswerken der Praxis wider. So unterscheidet Ziff. 2 der neuen Sonderbedingungen für das Online-Banking[9] in Abs. 3 zwischen Wissenselementen, Besitzelementen und Seinselementen und regelt die Schutzpflichten in Ziff. 7.1 Abs. 2 jeweils unterschiedlich.

Soweit Informationen (Wissenselemente) als Zahlungsinstrument verwendet werden, kommen nur Informationen in Betracht, die der Geheimhaltung unterliegen, wie Passwörter, PIN und TAN, nicht jedoch sonstige Informationen, wie etwa Kontonummer oder die Prüfziffer einer Zahlungskarte.[10]

2. Zahlungsinstrumente und personalisierte Sicherheitsmerkmale

5 Der Begriff des Zahlungsinstruments iS des § 1 Abs. 20 ZAG umfasst, wie dargestellt, körperliche wie unkörperliche Gegenstände. Er wird in § 675j Abs. 1 S. 4 BGB auf-

[5] Die Widerruflichkeit des Zahlungsauftrags regelt § 675p BGB; → Kap. 8 BGB § 675p Rn. 2.

[6] Vgl. Begr. RegE zu § 1 Abs. 5 ZAG aF, BT-Drs. 16/11613, 36: Dem deutschen Sprachgebrauch liege ein anderes Verständnis des Begriffs „payment instrument" zugrunde.

[7] Begr. RegE zu § 1 Abs. 20 ZAG nF, BT-Drs. 18/11495, 110.

[8] MüKoHGB/*Haertlein* ZahlungsV Abschn. E Rn. 20; BeckOK BGB/*Schmalenbach* Rn. 13; vgl. auch BeckOGK/*Hofmann* § 675l Rn. 24 ff.

[9] Abgedruckt in Kap. 3, Anh. 2.

[10] Palandt/*Sprau* § 675j Rn. 7.

genommen. Die Zustimmung kann folglich durch Verwendung eines körperlichen Gegenstands oder einer Information erteilt werden, soweit es sich um einen „personalisierten" Gegenstand (vgl. sogleich unten 3.) handelt.

Daneben verwenden die §§ 675c ff. BGB mitunter (in § 675l Abs. 1 S. 1, § 675m Abs. 1 S. 1 Nr. 1, Abs. 2 sowie in § 675w S. 2) den Begriff der „personalisierten Sicherheitsmerkmale". Hierbei handelt es sich gemäß der Legaldefinition in § 1 Abs. 25 ZAG um personalisierte Merkmale, die der Zahlungsdienstleister einem Zahlungsdienstnutzer zum Zwecke der Authentifizierung bereitstellt. Dieser Begriff hatte vor allem in § 675v Abs. 1 BGB aF Bedeutung, der unterschiedliche Haftungsregeln für das Abhandenkommen von Zahlungsauthentifizierungsinstrumenten einerseits und den Missbrauch von personalisierten Sicherheitsmerkmalen andererseits vorsah. Damit waren das Zahlungsauthentifizierungsinstrument als körperlicher Gegenstand und die personalisierten Sicherheitsmerkmale als unkörperliche Gegenstände charakterisiert.[11] Entsprechend unterschieden die Regelwerke der Zahlungsdienstleister, besonders deutlich etwa in Ziff. 2 der Musterbedingungen-BdB (Onlinebanking).[12] Soweit das Gesetz den Begriff der personalisierten Sicherheitsmerkmale noch verwendet, etwa in § 675l Abs. 1 S. 1 BGB oder in § 675w S. 2 BGB, sind hiermit unkörperliche Gegenstände gemeint.

3. Die Personalisierung des Zahlungsinstruments

6 Jedenfalls vor den Änderungen durch das PSD2-Umsetzungsgesetz war umstritten, ob der frühere Begriff des **Zahlungsauthentifizierungsinstruments** voraussetzt, dass der zur Authentisierung verwendete Gegenstand, etwa eine Karte, notwendigerweise mit **personalisierten Sicherheitsmerkmalen,** dh mit einem Passwort oder Ähnlichem, ausgestattet ist. Teilweise wurde insoweit vertreten, dass Zahlungsauthentifizierungsinstrumente stets eine Kombination aus (körperlichem) Instrument oder Verfahren sowie personalisierten Sicherheitsmerkmalen sind.[13] Dies wurde bislang etwa damit begründet, dass der Begriff des Zahlungsauthentifizierungsinstruments die Elemente „Zahlungsinstrument" und „Authentifizierung" miteinander verband.[14]

Zu Unrecht verweist diese Ansicht[15] auf die Begründung des RegE zu § 1 Abs. 5 ZAG aF,[16] die dieses Verständnis nicht stützt, sondern lediglich die Authentisierungsfunktion erläutert. Vielmehr kann ein Zahlungsinstrument auch lediglich in einem körperlichen Gegenstand ohne zusätzliche unkörperliche Sicherheitsmerkmale bestehen,[17] also etwa dem Besitz an einer Sache, der nicht zusätzlich durch ein Passwort geschützt ist. Heute wird dies auch durch den Wortlaut der Norm gestützt, da der Gesetzgeber den Begriff des Zahlungsauthentifizierungsinstruments durch den des Zahlungsinstruments ersetzt hat und damit die Begriffe der Authentifizierung und des Zahlungsinstruments voneinander entkoppelt hat.

6a Auch aus § 675l Abs. 1 S. 1 BGB, der die Pflicht zur Sicherung der personalisierten Sicherheitsmerkmale eines Zahlungsinstruments betont, ergibt sich nichts Gegenteiliges.[18] Die Norm dient der Umsetzung von Art. 69 Abs. 2 PSD2, wonach die personalisierten

---

[11] Borges, Vorauf1., Rn. 5 mwN.

[12] Siehe dazu *Borges,* → 2. Aufl. 2016, Kap. 8 Rn. 5 mwN.

[13] So zum alten Begriff des „Zahlungsauthentifizierungsinstruments" insbes. *Casper/Pfeifle* WM 2009, 2343 (2344); Ellenberger/Findeisen/Nobbe/*Frey* § 675l Rn. 5; MüKoBGB/*Jungmann* § 675j Rn. 39; *Langenbucher* → Kap. 4 BGB § 675j Rn. 25; BankR-HdB/*Maihold* § 55 Rn. 40; *Reymann* DStR 2011, 1959; *Scheibengruber* NJOZ 2010, 1366 f.; *Scheibengruber* BKR 2010, 15 (17).

[14] MüKoBGB/*Jungmann* § 675j Rn. 39.

[15] *Casper/Pfeifle* WM 2009, 2343 (2344); *Oechsler* WM 2010, 1381 f.

[16] BT-Drs. 16/11613, 36.

[17] MüKoHGB/*Linardatos* ZahlungsV Abschn. K Rn. 20; BeckOGK BGB/*Schmalenbach* § 675j Rn. 13; vgl. auch BeckOGK-BGB/*Hofmann* § 675v Rn. 20 f.; BeckOGK-BGB/*Köndgen* § 675j Rn. 48; zum alten Recht bereits Staudinger/*Omlor* § 675c Rn. 18 f.; *ders.* GPR 2014, 282 (283); Gebauer/Wiedmann/*Schinkels* Kap. 16 Rn. 31 (zu Art. 4 Nr. 23 der ersten ZD-RL); BeckOGK BGB/*Schmalenbach* § 675j Rn. 13.

[18] So aber BankR-HdB/*Maihold* § 55 Rn. 40; *Sprau* BrV 30, 107 (115).

Sicherheitsmerkmale gegen Zugriff Unbefugter zu schützen sind. Dem ist keine Beschränkung im Hinblick auf den Begriff des Zahlungsinstruments zu entnehmen.

Der Meinungsstreit dürfte für die Praxis durch eine Entscheidung des EuGH geklärt sein, wonach auch ein eigenhändig unterschriebener Zahlschein ein Zahlungsinstrument iS des Art. 4 Nr. 23 ZD-RL ist.[19] In diesem Zusammenhang äußerte der EuGH ausdrücklich, dass der Begriff des Zahlungsinstruments auch „nicht personalisierte Verfahren" erfasse.[20] Diese Rechtsprechung kann auf den Begriff des Zahlungsinstruments iS von Art. 4 Nr. 14 PSD2 übertragen werden und gilt daher unverändert fort.[21]

7 Das entscheidende Merkmal des Zahlungsinstruments ist die in der Definition des § 1 Abs. 20 ZAG vorausgesetzte *Personalisierung* des Instruments. Diese liegt vor, wenn das Instrument ausschließlich dem Zahlungsdienstnutzer zugeordnet ist und von diesem ausschließlich kontrolliert werden kann.[22] Diese **Kontrollmöglichkeit** kann durch eine geheime Information (zB Passwort) geschaffen werden, ebenso aber durch den ausschließlichen Besitz an einer beweglichen Sache (zB Chipkarte, Token).

4. Die GeldKarte als Zahlungsinstrument

8 Die **GeldKarte** ist, entgegen einer in der Literatur vertretenen Auffassung,[23] ein **Zahlungsinstrument** in diesem Sinne.[24] Da der Besitz der Chipkarte dem Karteninhaber ausschließlich zugewiesen ist, handelt es sich um ein „personalisiertes Instrument". Die Gesetzessystematik bestätigt diese Einordnung. So schließt § 675i Abs. 2 Nr. 2 BGB die Anwendbarkeit des § 675l Abs. 1 S. 2 BGB für Kleinbetragsinstrumente, und damit vor allem für die GeldKarte, aus[25] und bestätigt damit die Anwendbarkeit des § 675l Abs. 1 S. 1 BGB.[26]

III. Autorisierung von Zahlungsvorgängen bei Nutzung der GeldKarte

9 Bei der Zahlung mit der GeldKarte erteilt der Karteninhaber als Zahler seine **Zustimmung** zur Zahlung durch **Bestätigung** der Zahlung am Terminal des Händlers.[27] Die **Autorisierung** der Zahlung erfolgt somit mittels der GeldKarte als Zahlungsinstrument gemäß Abs. 1 S. 4.[28] Soweit teilweise vertreten wird, dass die Autorisierung bereits antizipiert und generell-abstrakt für sämtliche Zahlungsvorgänge bereits beim Ladevorgang erteilt wird,[29] vermag dies nicht zu überzeugen, da die Regelung des § 675i Abs. 3 S. 1 BGB bei dieser Deutung – ebenso wie § 675i Abs. 2 Nr. 3 BGB und die in Abschn. A. II. Ziff. 15.3 S. 2 Musterbedingungen-BdB für die girocard (Debitkarte) geregelte Risikozuweisung zum Karteninhaber – bedeutungslos wäre.

Die **Autorisierung** iS des § 675j Abs. 1 S. 1 BGB ist eine Willenserklärung,[30] die zur Wirksamkeit des Zugangs beim Zahlungsdienstleister, also bei der kartenausgebenden Bank, bedarf.

---

19 EuGH, 9.4.2014 – C 616/11 Rn. 44 = MMR 2014, 486 (487).

20 EuGH, 9.4.2014 – C 616/11 Rn. 35 = MMR 2014, 486 (487).

21 MüKoHGB/*Linardatos* ZahlungsV Abschn. K Rn. 20.

22 Ebenso *Langenbucher* → Kap. 4 BGB § 675j Rn. 21–22; anders BeckOGK BGB/*Schmalenbach* § 675j Rn. 13, der eine Personalisierung immer dann bejaht, wenn eine Zuordnungsmöglichkeit zu einem bestimmten Zahlungsdienstnutzer besteht.

23 MüKoBGB/*Casper* § 675i Rn. 17; *Casper/Pfeifle* WM 2009, 2343 (2344).

24 Staudinger/*Omlor* § 675c Rn. 18 f.; BeckOGK BGB/*Schmalenbach* § 675j Rn. 6; implizit *Oechsler* WM 2010, 1381 (1383); Kümpel/Mülbert/Früh/Seyfried/*Werner* Rn. 4.777; wohl auch Gebauer/Wiedmann/*Schinkels* Kap. 16 Rn. 31.

25 → Kap. 8 BGB § 675i Rn. 6.

26 Zur Bedeutung des § 675l BGB für die GeldKarte → Kap. 8 BGB § 675l Rn. 1.

27 Zum Ablauf der Zahlung → BGB Vorb. § 675c Rn. 21.

28 Kümpel/Mülbert/Früh/Seyfried/*Werner* Rn. 4.777.

29 Staudinger/*Omlor* Vorb. zu §§ 675c–676c Rn. 226.

30 → Rn. 1.

Bei **missbräuchlicher Verwendung** der Karte durch einen Dritten liegt keine Autorisierung vor, sodass nach allgemeinen Grundsätzen kein Aufwendungsersatzanspruch des Zahlungsdienstleisters entsteht.[31] Allerdings gilt § 675u BGB als wesentliche Rechtsfolge der fehlenden Autorisierung für Bezahlvorgänge mit der Geldkarte gemäß § 675i Abs. 3 BGB nicht.[32] Daher kann vereinbart werden, dass das Risiko der missbräuchlichen Verwendung der Karteninhaber trägt, wie es in Abschn. A. II. Ziff. 15.3 S. 2 Musterbedingungen-BdB für die girocard (Debitkarte) vorgesehen ist. 10

Bei Bezahlvorgängen entsteht daher der Aufwendungsersatzanspruch des Kartenemittenten unabhängig von der Autorisierung. Dies ist im Hinblick auf die Bargeldersatzfunktion der GeldKarte interessengerecht.

Bei Aufladevorgängen hingegen ist die Autorisierung stets erforderlich, § 675u BGB ist anwendbar.[33]

§ 675k Begrenzung der Nutzung eines Zahlungsinstruments; Verweigerung des Zugangs zum Zahlungskonto

(1) **In Fällen, in denen die Zustimmung mittels eines Zahlungsinstruments erteilt wird, können der Zahler und der Zahlungsdienstleister Betragsobergrenzen für die Nutzung dieses Zahlungsinstruments vereinbaren.**

(2) **[1] Zahler und Zahlungsdienstleister können vereinbaren, dass der Zahlungsdienstleister das Recht hat, ein Zahlungsinstrument zu sperren, wenn**

1. sachliche Gründe im Zusammenhang mit der Sicherheit des Zahlungsinstruments dies rechtfertigen,

2. der Verdacht einer nicht autorisierten oder einer betrügerischen Verwendung des Zahlungsinstruments besteht oder

3. bei einem Zahlungsinstrument mit Kreditgewährung ein wesentlich erhöhtes Risiko besteht, dass der Zahler seiner Zahlungspflicht nicht nachkommen kann.

[2] In diesem Fall ist der Zahlungsdienstleister verpflichtet, den Zahler über die Sperrung des Zahlungsinstruments möglichst vor, spätestens jedoch unverzüglich nach der Sperrung zu unterrichten. [3] In der Unterrichtung sind die Gründe für die Sperrung anzugeben. [4] Die Angabe von Gründen darf unterbleiben, soweit der Zahlungsdienstleister hierdurch gegen gesetzliche Verpflichtungen verstoßen würde. [5] Der Zahlungsdienstleister ist verpflichtet, das Zahlungsinstrument zu entsperren oder dieses durch ein neues Zahlungsinstrument zu ersetzen, wenn die Gründe für die Sperrung nicht mehr gegeben sind. [6] Der Zahlungsdienstnutzer ist über eine Entsperrung unverzüglich zu unterrichten.

(3) **[1] Hat der kontoführende Zahlungsdienstleister einem Zahlungsauslöse- oder Kontoinformationsdienstleister den Zugang zum Zahlungskonto des Zahlungsdienstnutzers verweigert, ist er verpflichtet, den Zahlungsdienstnutzer in einer im Zahlungsdiensterahmenvertrag zu vereinbarenden Form über die Gründe zu unterrichten. [2] Die Unterrichtung muss möglichst vor, spätestens jedoch unverzüglich nach der Verweigerung des Zugangs erfolgen. [3] Die Angabe von Gründen darf unterbleiben, soweit der kontoführende Zahlungsdienstleister hierdurch gegen gesetzliche Verpflichtungen verstoßen würde.**

Nach Abs. 1 können für die Nutzung von Zahlungsinstrumenten **Betragsobergrenzen** vereinbart werden, wenn die Zustimmung zur Zahlung gemäß § 675j Abs. 1 S. 4 BGB mittels dieses Instruments erfolgt. Da die GeldKarte ein **Zahlungsinstrument** ist[1] und bei 1

[31] MüKoBGB/*Casper* § 675i Rn. 19; Staudinger/*Omlor* Vorb. zu §§ 675c–676c Rn. 229.

[32] → Kap. 8 BGB § 675i Rn. 12; → Kap. 8 BGB § 675u Rn. 1.

[33] → Kap. 8 BGB § 675i Rn. 12.

[1] → Kap. 8 BGB § 675j Rn. 8.

der Zahlung mit GeldKarte die Zustimmung mittels der GeldKarte erteilt wird,[2] gilt Abs. 1 für die GeldKarte. Die Vereinbarung des **maximalen Aufladebetrags** von 200 EUR ist daher eine Vereinbarung iS von Abs. 1.

Abs. 2 hat für die GeldKarte keine Bedeutung, da eine Sperrung der GeldKarte nicht möglich ist.[3] Auch Abs. 3 ist für die GeldKarte nicht von Belang, da insoweit die Einschaltung von dritten Zahlungsdienstleistern nicht in Betracht kommt.[4]

§ 675l Pflichten des Zahlungsdienstnutzers in Bezug auf Zahlungsinstrumente

(1) [1] **Der Zahlungsdienstnutzer ist verpflichtet, unmittelbar nach Erhalt eines Zahlungsinstruments alle zumutbaren Vorkehrungen zu treffen, um die personalisierten Sicherheitsmerkmale vor unbefugtem Zugriff zu schützen.** [2] **Er hat dem Zahlungsdienstleister oder einer von diesem benannten Stelle den Verlust, den Diebstahl, die missbräuchliche Verwendung oder die sonstige nicht autorisierte Nutzung eines Zahlungsinstruments unverzüglich anzuzeigen, nachdem er hiervon Kenntnis erlangt hat.** [3] **Für den Ersatz eines verlorenen, gestohlenen, missbräuchlich verwendeten oder sonst nicht autorisiert genutzten Zahlungsinstruments darf der Zahlungsdienstleister mit dem Zahlungsdienstnutzer ein Entgelt vereinbaren, das allenfalls die ausschließlich und unmittelbar mit dem Ersatz verbundenen Kosten abdeckt.**

(2) **Eine Vereinbarung, durch die sich der Zahlungsdienstnutzer gegenüber dem Zahlungsdienstleister verpflichtet, Bedingungen für die Ausgabe und Nutzung eines Zahlungsinstruments einzuhalten, ist nur insoweit wirksam, als diese Bedingungen sachlich, verhältnismäßig und nicht benachteiligend sind.**

1 Die Vorschrift, die Art. 69 PSD2 umsetzt, regelt die wesentlichen Pflichten des Zahlungsdienstnutzers zur Abwehr von **Missbrauch.**

Die Vorschrift dürfte bei der GeldKarte insgesamt nur geringe praktische Bedeutung haben. Die Pflicht aus Abs. 1 S. 1 gilt auch bei der GeldKarte, da diese ein Zahlungsinstrument darstellt.[1]

Bei unautorisierten Ladevorgängen bestimmen sich die Rechtsfolgen einer etwaigen Pflichtverletzung nach den §§ 675u, 675v BGB.[2] Bei Bezahlvorgängen hingegen hat eine etwaige Pflichtverletzung jedoch keine praktische Bedeutung, da der Karteninhaber insoweit ohnehin das Missbrauchsrisiko trägt.[3] Anders kann es lediglich sein, wenn eine Vereinbarung über das Abo-Laden[4] getroffen wurde. Soweit die Karte unautorisiert geladen wurde, gilt auch für die nachfolgenden Bezahlvorgänge gemäß § 675u BGB, dass der Kartenemittent das Risiko missbräuchlicher Zahlungsvorgänge trägt.

Die Anzeigepflicht nach Abs. 1 S. 2 gilt bei der GeldKarte gemäß § 675i Abs. 2 Nr. 2 BGB grundsätzlich nicht, da die GeldKarte nicht gesperrt werden kann.[5] Etwas anderes gilt jedoch, wenn eine Vereinbarung über das Abo-Laden getroffen wurde, da in diesem Fall kein Kleinbetragsinstrument vorliegt.[6] Folglich gilt dann auch die Anzeigepflicht nach § 675l Abs. 1 S. 2 BGB. Entsprechend enthalten die Bedingungen Sparkassen-Card (Debitkarte) in Abschnitt A. III. Ziff. 2.7.2 eine Verpflichtung des Karteninhabers zur unverzüglichen Verlust- bzw. Missbrauchsanzeige.

---

[2] → Kap. 8 BGB § 675j Rn. 9.
[3] → Kap. 8 BGB § 675i Rn. 6.
[4] → Kap. 8 BGB § 675f Rn. 1.
[1] → Kap. 8 BGB § 675j Rn. 8.
[2] Zur Anwendbarkeit des § 675u BGB → Kap. 8 BGB § 675i Rn. 8.
[3] → Kap. 8 BGB § 675i Rn. 12 sowie → Kap. 8 BGB § 675u Rn. 2 f.
[4] → Kap. 8 BGB Vorb. § 675c Rn. 19c.
[5] → Kap. 8 BGB § 675i Rn. 6.
[6] → Kap. 8 BGB § 675i Rn. 4.

Die nach Abs. 1 S. 3 zugelassene Vereinbarung eines Entgelts für den Ersatz eines missbräuchlich genutzten Zahlungsinstruments gilt auch für die GeldKarte, hat jedoch allenfalls für sog White Cards[7] eine eigenständige Bedeutung. Soweit, wie zumeist, eine girocard als GeldKarte fungiert, steht die entsprechende Regelung für die girocard im Vordergrund.

§ 675m Pflichten des Zahlungsdienstleisters in Bezug auf Zahlungsinstrumente; Risiko der Versendung

(1) [1]**Der Zahlungsdienstleister, der ein Zahlungsinstrument ausgibt, ist verpflichtet,**

1. unbeschadet der Pflichten des Zahlungsdienstnutzers gemäß § 675l Absatz 1 sicherzustellen, dass die personalisierten Sicherheitsmerkmale des Zahlungsinstruments nur der zur Nutzung berechtigten Person zugänglich sind,
2. die unaufgeforderte Zusendung von Zahlungsinstrumenten an den Zahlungsdienstnutzer zu unterlassen, es sei denn, ein bereits an den Zahlungsdienstnutzer ausgegebenes Zahlungsinstrument muss ersetzt werden,
3. sicherzustellen, dass der Zahlungsdienstnutzer durch geeignete Mittel jederzeit die Möglichkeit hat, eine Anzeige gemäß § 675l Absatz 1 Satz 2 vorzunehmen oder die Aufhebung der Sperrung gemäß § 675k Absatz 2 Satz 5 zu verlangen,
4. dem Zahlungsdienstnutzer eine Anzeige gemäß § 675l Absatz 1 Satz 2 kostenfrei zu ermöglichen und
5. jede Nutzung des Zahlungsinstruments zu verhindern, sobald eine Anzeige gemäß § 675l Absatz 1 Satz 2 erfolgt ist.

[2]**Hat der Zahlungsdienstnutzer den Verlust, den Diebstahl, die missbräuchliche Verwendung oder die sonstige nicht autorisierte Nutzung eines Zahlungsinstruments angezeigt, stellt sein Zahlungsdienstleister ihm auf Anfrage bis mindestens 18 Monate nach dieser Anzeige die Mittel zur Verfügung, mit denen der Zahlungsdienstnutzer beweisen kann, dass eine Anzeige erfolgt ist.**

(2) **Die Gefahr der Versendung eines Zahlungsinstruments und der Versendung personalisierter Sicherheitsmerkmale des Zahlungsinstruments an den Zahlungsdienstnutzer trägt der Zahlungsdienstleister.**

(3) **Hat ein Zahlungsdienstleister, der kartengebundene Zahlungsinstrumente ausgibt, den kontoführenden Zahlungsdienstleister des Zahlers um Bestätigung ersucht, dass ein für die Ausführung eines kartengebundenen Zahlungsvorgangs erforderlicher Betrag auf dem Zahlungskonto verfügbar ist, so kann der Zahler von seinem kontoführenden Zahlungsdienstleister verlangen, ihm die Identifizierungsdaten dieses Zahlungsdienstleisters und die erteilte Antwort mitzuteilen.**

Die Vorschrift regelt die Pflichten des Zahlungsdienstleisters zur Abwehr von **Missbräuchen eines Zahlungsinstruments.** Sie ist auch auf die GeldKarte anwendbar. Jedoch sind die Pflichten in hohem Umfang abdingbar. Gemäß § 675i Abs. 2 Nr. 2 BGB können die Parteien Abs. 1 S. 1 Nr. 3 und 5 sowie S. 2 abbedingen. Davon machen die Bedingungen zur GeldKarte Gebrauch.[1] 1

Die Pflicht nach Abs. 1 S. 1 Nr. 1 läuft bei der Zahlung mit GeldKarte leer, da bei dieser keine **personalisierten Sicherheitsmerkmale** verwendet werden. Abs. 1 S. 1 Nr. 2 ist ohne Besonderheiten anwendbar, dürfte aber keine praktische Bedeutung haben. 2

Abs. 3 ist für Bezahlung mit der Geldkarte ohne praktische Bedeutung, da beim Bezahlvorgang kein Zahlungskonto involviert ist.[2]

[7] Zur White Card → Kap. 8 Vorb. vor § 675c Rn. 3.
[1] Vgl. Abschn. A. II. Ziff. 15.3 Musterbedingungen-BdB für die girocard (Debitkarte).
[2] → Kap. 8 BGB § 675c Rn. 9; → Kap. 8 BGB § 675f Rn. 1.

§ 675n Zugang von Zahlungsaufträgen

(1) [1]**Ein Zahlungsauftrag wird wirksam, wenn er dem Zahlungsdienstleister des Zahlers zugeht.** [2]**Fällt der Zeitpunkt des Zugangs nicht auf einen Geschäftstag des Zahlungsdienstleisters des Zahlers, gilt der Zahlungsauftrag als am darauf folgenden Geschäftstag zugegangen.** [3]**Der Zahlungsdienstleister kann festlegen, dass Zahlungsaufträge, die nach einem bestimmten Zeitpunkt nahe am Ende eines Geschäftstags zugehen, für die Zwecke des § 675s Abs. 1 als am darauf folgenden Geschäftstag zugegangen gelten.** [4]**Geschäftstag ist jeder Tag, an dem der an der Ausführung eines Zahlungsvorgangs beteiligte Zahlungsdienstleister den für die Ausführung von Zahlungsvorgängen erforderlichen Geschäftsbetrieb unterhält.**

(2) [1]**Vereinbaren der Zahlungsdienstnutzer, der einen Zahlungsvorgang auslöst oder über den ein Zahlungsvorgang ausgelöst wird, und sein Zahlungsdienstleister, dass die Ausführung des Zahlungsauftrags an einem bestimmten Tag oder am Ende eines bestimmten Zeitraums oder an dem Tag, an dem der Zahler dem Zahlungsdienstleister den zur Ausführung erforderlichen Geldbetrag zur Verfügung gestellt hat, beginnen soll, so gilt der vereinbarte Termin für die Zwecke des § 675s Abs. 1 als Zeitpunkt des Zugangs.** [2]**Fällt der vereinbarte Termin nicht auf einen Geschäftstag des Zahlungsdienstleisters des Zahlers, so gilt für die Zwecke des § 675s Abs. 1 der darauf folgende Geschäftstag als Zeitpunkt des Zugangs.**

Übersicht

I. Überblick

1 § 675n BGB regelt den Zeitpunkt des **Wirksamwerdens** eines **Zahlungsauftrags.** Maßgeblich ist dafür nach Abs. 1 S. 1 der **Zugang** beim **Zahlungsdienstleister.** Da der Zahlungsauftrag eine Willenserklärung ist, gelten für den Zugang die allgemeinen Regeln der §§ 130 ff. BGB, soweit nicht § 675n BGB Abweichendes bestimmt. Abs. 1 S. 2–4 regeln den **Zeitpunkt des Zugangs** des Zahlungsauftrags. Dieser ist für die **Ausführungsfristen** (§ 675s BGB)[1] und für die **Widerruflichkeit** von Zahlungsaufträgen (§ 675p BGB)[2] von Bedeutung. Abs. 2, der sich auf die hinausgeschobene Ausführung von Zahlungsaufträgen bezieht, ist bei der GeldKarte ohne Bedeutung.

II. Der Zugang der Zahlungsaufträge bei der GeldKarte

2 Da im Rahmen des Systems GeldKarte unterschiedliche Zahlungsvorgänge anfallen,[3] ist auch für den **Zugang** der entsprechenden Zahlungsaufträge zu differenzieren.

1. Aufladen der GeldKarte

3 Beim **Aufladen** der GeldKarte erteilt der Karteninhaber dem Zahlungsdienstleister einen entsprechenden **Zahlungsauftrag.**[4] Da die GeldKarte auf verschiedene Weise aufgeladen

---

[1] → Kap. 8 BGB § 675s Rn. 1.
[2] → Kap. 8 BGB § 675p Rn. 2.
[3] → Kap. 8 BGB § 675f Rn. 16 ff.
[4] → Kap. 8 BGB § 675f Rn. 6 f.

werden kann,[5] erfolgt auch der Zugang unterschiedlich. Wenn der Karteninhaber die GeldKarte unmittelbar beim Emittenten (gleich ob am Schalter oder am GeldKarten-Terminal) auflädt, geht der Zahlungsauftrag dem Emittenten bereits beim Ladevorgang zu. Dies gilt auch bei Ausnutzung des Abo-Ladeauftrags, wenn dieser durch Einsatz eines NFC-fähigen Smartphones zum Laden der GeldKarte ausgenutzt wird.

Beim Aufladen an institutsfremden GeldKarten-Terminals ist der Betreiber des Lade- 4
terminals **Empfangsvertreter** iS von § 164 Abs. 3 BGB. Da der Betreiber eines Ladeterminals verpflichtet ist, GeldKarten von anderen Emittenten zu laden,[6] muss er zugleich ermächtigt sein, diese Zahlungsaufträge entgegenzunehmen und unmittelbar auszuführen. Folglich erfolgt der Zugang des Zahlungsauftrags beim Ladevorgang. Dies gilt beim Aufladen der Karte im Rahmen von Bezahlvorgängen[7] entsprechend.

2. Bezahlen mit der GeldKarte

Beim **Bezahlvorgang** wird der **Zahlungsauftrag** vom Karteninhaber am **Händler-** 5
terminal ausgelöst.[8] Bei der GeldKarte besteht insoweit die Besonderheit, dass der Auftrag nicht sogleich an den Kartenemittenten weitergeleitet wird. Vielmehr leitet der Händler die im Händlerterminal gespeicherten Umsätze gesammelt (geschäftstäglich) an die für ihn zuständige **HEZ** weiter, die diese wiederum gebündelt an die jeweils zuständigen **KEZ** weiterleitet.[9]

Der Händler wird dabei als **Erklärungsbote** der an den Emittenten gerichteten Erklärung tätig,[10] genauso wie der Händler beim Offline-Einsatz der Kreditkarte als Erklärungsbote des Karteninhabers tätig wird.[11] Dasselbe gilt für die (auf Händlerseite) eingeschaltete **HEZ,** die ebenfalls Erklärungsbote für den Zahlungsauftrag des Karteninhabers ist.

Im Übrigen ist umstritten, wann der Zugang des Zahlungsauftrags[12] erfolgt. Teilweise 6
wird vertreten, dass der Zugang der Weisung erst erfolge, wenn die KEZ die aggregierten Umsätze vom Börsenverrechnungskonto des Emittenten einzieht.[13] Andere hingegen sehen den Zugang bereits in dem Zeitpunkt als erfolgt an, in dem der Umsatz bei der KEZ eingeht.[14]

Der **Zugang** des **Zahlungsauftrags** erfolgt mit **Eingang** des Umsatzes bei der **KEZ.** 7
Diese ist insoweit **Empfangsvertreterin** (§ 164 Abs. 3 BGB) des Kartenemittenten. Die KEZ wird vom emittierenden Institut eingeschaltet, um die GeldKarten-Zahlungen abzuwickeln.[15] Bei ihr geht der Zahlungsauftrag mit allen relevanten Informationen ein. Dabei bündelt sie die Umsätze und leitet diese in Gestalt einer einzigen Belastungsbuchung vom BVK dem Emittenten zu. Folglich kann es auf die Belastungsbuchung beim Emittenten, die keinen Bezug zum einzelnen Bezahlvorgang aufweist, nicht ankommen. Insgesamt ist die Funktion der KEZ im GeldKarte-Verfahren vergleichbar mit der institutsfremden Autorisierungsstelle im online durchgeführten ec-Verfahren, die als Empfangsvertreter der kartenausgebenden Bank anzusehen ist.[16]

---

5 → Kap. 8 BGB Vorb. § 675c Rn. 19 f.

6 Ziff. 5 Abs. 2 GeldKarten-Vereinbarung.

7 → Kap. 8 BGB § 675f Rn. 19a.

8 → Kap. 8 BGB Vorb. § 675c Rn. 21.

9 → Kap. 8 BGB Vorb. § 675c Rn. 23.

10 AA (zu E-Geld allg.) Palandt/*Sprau* § 675f Rn. 57 (Zahlungsempfänger als Empfangsbote des Emittenten).

11 Vgl. hierzu BankR-HdB/*Martinek* § 67 Rn. 11; Kümpel/Mülbert/Früh/Seyfried/*Werner* Rn. 4.846.

12 Bzw der girovertraglichen Weisung nach alter Rechtslage vor Umsetzung des europäischen Zahlungsdiensterechts.

13 *Kümpel* WM 1997, 1037 (1039); *Weber* Zahlungsverfahren im Internet S. 230; wohl auch Kümpel/Mülbert/Früh/Seyfried/*Werner* Rn. 4.780.

14 Langenbucher/Gößmann/Werner/*Koch/Vogel* Zahlungsverkehr § 5 Rn. 80; Hadding/Hopt/Schimansky/*Wand* S. 97, 118 f.; iE auch BankR-HdB/*Koch* § 68 Rn. 51.

15 Hierbei führt die KEZ bspw eine Plausibilitätsprüfung der eingereichten Umsätze durch, vgl. Ziff. 14 GeldKarten-Vereinbarung.

16 *Kümpel* WM 1997, 1037 (1039).

§ 675o Ablehnung von Zahlungsaufträgen

(1) [1]**Lehnt der Zahlungsdienstleister die Ausführung oder Auslösung eines Zahlungsauftrags ab, ist er verpflichtet, den Zahlungsdienstnutzer hierüber unverzüglich, auf jeden Fall aber innerhalb der Fristen gemäß § 675s Abs. 1 zu unterrichten.** [2]**In der Unterrichtung sind, soweit möglich, die Gründe für die Ablehnung sowie die Möglichkeiten anzugeben, wie Fehler, die zur Ablehnung geführt haben, berichtigt werden können.** [3]**Die Angabe von Gründen darf unterbleiben, soweit sie gegen sonstige Rechtsvorschriften verstoßen würde.** [4]**Der Zahlungsdienstleister darf mit dem Zahlungsdienstnutzer im Zahlungsdiensterahmenvertrag ein Entgelt für den Fall vereinbaren, dass er die Ausführung eines Zahlungsauftrags berechtigterweise ablehnt.**

(2) **Der Zahlungsdienstleister des Zahlers ist nicht berechtigt, die Ausführung eines autorisierten Zahlungsauftrags abzulehnen, wenn die im Zahlungsdiensterahmenvertrag festgelegten Ausführungsbedingungen erfüllt sind und die Ausführung nicht gegen sonstige Rechtsvorschriften verstößt.**

(3) **Für die Zwecke der §§ 675s, 675y und 675z gilt ein Zahlungsauftrag, dessen Ausführung berechtigterweise abgelehnt wurde, als nicht zugegangen.**

1 Die Vorschrift, die auf Art. 79 PSD2 beruht, ist auch bei der GeldKarte anwendbar. Allerdings kann gemäß § 675i Abs. 2 Nr. 4 BGB abweichend von Abs. 1 vereinbart werden, dass der Zahlungsdienstleister dem Zahler die **Ablehnung** des Zahlungsauftrags nicht mitteilen muss, wenn diese aus dem Zusammenhang hervorgeht.

Die Vorschrift dürfte bei der Bezahlung mit GeldKarte ohne praktische Bedeutung sein: Eine **Ablehnung des Zahlungsauftrags** durch den Emittenten ist kaum vorstellbar. Die Bezahlung mit der GeldKarte kann zwar bei unzureichendem Guthaben verweigert werden. Diese Prüfung erfolgt jedoch seitens des Händlerterminals.[1] Die Ablehnung erfolgt daher durch den Händler, nicht durch den Emittenten.

Abs. 2 und 3 gelten bei der GeldKarte ohne Besonderheiten.

§ 675p Unwiderruflichkeit eines Zahlungsauftrags

(1) **Der Zahlungsdienstnutzer kann einen Zahlungsauftrag vorbehaltlich der Absätze 2 bis 4 nach dessen Zugang beim Zahlungsdienstleister des Zahlers nicht mehr widerrufen.**

(2) [1]**Wurde der Zahlungsvorgang über einen Zahlungsauslösedienstleister, vom Zahlungsempfänger oder über diesen ausgelöst, so kann der Zahler den Zahlungsauftrag nicht mehr widerrufen, nachdem er dem Zahlungsauslösedienstleister die Zustimmung zur Auslösung des Zahlungsvorgangs oder dem Zahlungsempfänger die Zustimmung zur Ausführung des Zahlungsvorgangs erteilt hat.** [2]**Im Fall einer Lastschrift kann der Zahler den Zahlungsauftrag jedoch unbeschadet seiner Rechte gemäß § 675x bis zum Ende des Geschäftstags vor dem vereinbarten Fälligkeitstag widerrufen.**

(3) **Ist zwischen dem Zahlungsdienstnutzer und seinem Zahlungsdienstleister ein bestimmter Termin für die Ausführung eines Zahlungsauftrags (§ 675n Abs. 2) vereinbart worden, kann der Zahlungsdienstnutzer den Zahlungsauftrag bis zum Ende des Geschäftstags vor dem vereinbarten Tag widerrufen.**

(4) [1]**Nach den in den Absätzen 1 bis 3 genannten Zeitpunkten kann der Zahlungsauftrag nur widerrufen werden, wenn der Zahlungsdienstnutzer und der jeweilige Zahlungsdienstleister dies vereinbart haben.** [2]**In den Fällen des Absatzes 2 ist zudem die Zustimmung des Zahlungsempfängers zum Widerruf erforderlich.** [3]**Der Zahlungsdienstleister darf mit dem Zahlungsdienstnutzer im Zahlungsdiensterahmenvertrag für die Bearbeitung eines solchen Widerrufs ein Entgelt vereinbaren.**

[1] Kilian/Heussen/*Neumann* Teil 11 Rn. 89; Langenbucher/Gößmann/Werner/*Neumann* § 6 Rn. 28.

(5) **Der Teilnehmer an Zahlungsverkehrssystemen kann einen Auftrag zugunsten eines anderen Teilnehmers von dem in den Regeln des Systems bestimmten Zeitpunkt an nicht mehr widerrufen.**

Die Vorschrift, die Art. 80 PSD2 umsetzt, regelt den **Widerruf** von **Zahlungsaufträgen.**[1] Nach dem Grundsatz des Abs. 1 ist der Widerruf bis zum Zugang beim Zahlungsdienstleister möglich; die Abs. 2–5 enthalten Sonderregeln. Abs. 2 regelt den Widerruf in den Fällen, in denen der Zahlungsauftrag vom Zahlungsempfänger (zB Lastschriftverfahren)[2] oder über den Zahlungsempfänger ausgelöst wird, was für Kartenzahlungen typisch ist.[3] 1

Nach früherer Rechtslage war umstritten, zu welchem Zeitpunkt die bei der Bezahlung mit GeldKarte erteilte Weisung des Karteninhabers unwiderruflich wurde Nach herrschender Meinung wird die Weisung mit der **Bestätigung der Zahlung** am Händlerterminal unwiderruflich.[4] Nach der Gegenansicht wird die Weisung gemäß § 130 BGB erst beim Zugang der Weisung beim Kartenemittenten unwiderruflich[5] – mit der Folge, dass abweichende AGB gemäß § 307 Abs. 2 Nr. 1 BGB unwirksam sein sollen.[6] Dieser Meinungsstreit ist nun durch Abs. 2 im Sinne der herrschenden Meinung entschieden. Bei der GeldKarte wird die Zahlung vom Karteninhaber am Händlerterminal und damit über den Händler als Zahlungsempfänger ausgelöst.[7] Abs. 2 ist folglich bei der Bezahlung mit GeldKarte anwendbar, sodass die **Zahlung** gemäß Abs. 2 S. 1 schon mit der Auslösung am Händlerterminal **unwiderruflich** wird. 2

Abs. 3 und Abs. 5 sind bei der Bezahlung mit GeldKarte ohne Bedeutung. Die Möglichkeit einer abweichenden Vereinbarung nach Abs. 4 dürfte ebenfalls ohne praktische Bedeutung sein. 3

§ 675r Ausführung eines Zahlungsvorgangs anhand von Kundenkennungen

(1) [1]**Die beteiligten Zahlungsdienstleister sind berechtigt, einen Zahlungsvorgang ausschließlich anhand der von dem Zahlungsdienstnutzer angegebenen Kundenkennung auszuführen.** [2]**Wird ein Zahlungsauftrag in Übereinstimmung mit dieser Kundenkennung ausgeführt, so gilt er im Hinblick auf den durch die Kundenkennung bezeichneten Zahlungsempfänger als ordnungsgemäß ausgeführt.**

(2) **Eine Kundenkennung ist eine Abfolge aus Buchstaben, Zahlen oder Symbolen, die dem Zahlungsdienstnutzer vom Zahlungsdienstleister mitgeteilt wird und die der Zahlungsdienstnutzer angeben muss, damit ein anderer am Zahlungsvorgang beteiligter Zahlungsdienstnutzer oder dessen Zahlungskonto für einen Zahlungsvorgang zweifelsfrei ermittelt werden kann.**

(3) **Ist eine vom Zahler angegebene Kundenkennung für den Zahlungsdienstleister des Zahlers erkennbar keinem Zahlungsempfänger oder keinem Zahlungskonto zuzuordnen, ist dieser verpflichtet, den Zahler unverzüglich hierüber zu unterrichten und ihm gegebenenfalls den Zahlungsbetrag wieder herauszugeben.**

Die auf Art. 88 PSD2 beruhende Vorschrift erlaubt es dem Zahlungsdienstleister, bei der Durchführung eines Zahlungsauftrags ausschließlich auf die vom Auftraggeber genannte **Kundenkennung** zu vertrauen. Damit wird der Zahlungsdienstleister von der Pflicht 1

[1] Zum Begriff des Zahlungsauftrags → Kap. 8 BGB § 675f Rn. 6.
[2] Palandt/*Sprau* § 675p Rn. 3.
[3] Vgl. Palandt/*Sprau* § 675p Rn. 3.
[4] *Baumbach/Hefermehl/Casper* Kartenzahlungen Rn. 74; *Hofmann* Die GeldKarte S. 51; Langenbucher/Gößmann/Werner/*Koch/Vogel* § 5 Rn. 81; Hadding/Hopt/Schimansky/*Wand* S. 97, 120; iE auch BankR-HdB/*Koch* § 68 Rn. 52.
[5] MüKoHGB[2]/*Häuser/Haertlein* ZahlungsV Abschn. E Rn. 112.
[6] MüKoHGB[2]/*Häuser/Haertlein* ZahlungsV Abschn. E Rn. 112.
[7] Kümpel/Mülbert/Früh/Seyfried/*Werner* Rn. 4.777.

befreit, den Zahlungsempfänger zusätzlich anhand anderer Merkmale (zB Name) zu identifizieren.[1]

2 Der Begriff der **Kundenkennung** ist in Abs. 2 definiert. Die Definition entspricht der in Art. 4 Nr. 33 PSD2, die allerdings in der deutschen Fassung den Begriff des **„Kundenidentifikators"** verwendet. Bei der Zahlung mit GeldKarte betrifft dies die Kennung des Händlers, die idR seiner Kontonummer bei seinem Kreditinstitut entspricht.[2] Entsprechend erlaubt Abs. 1 dem Zahlungsdienstleister, die mittels der GeldKarte ausgelöste Zahlung an den durch diese Kennung bezeichneten Händler weiterzuleiten. Da dies ohnehin erfolgt, dürfte diese Norm für die GeldKarte ohne praktische Bedeutung sein.

§ 675s Ausführungsfrist für Zahlungsvorgänge

(1) [1]**Der Zahlungsdienstleister des Zahlers ist verpflichtet sicherzustellen, dass der Zahlungsbetrag spätestens am Ende des auf den Zugangszeitpunkt des Zahlungsauftrags folgenden Geschäftstags beim Zahlungsdienstleister des Zahlungsempfängers eingeht.** [2]**Für Zahlungsvorgänge innerhalb des Europäischen Wirtschaftsraums, die nicht in Euro erfolgen, können ein Zahler und sein Zahlungsdienstleister eine Frist von maximal vier Geschäftstagen vereinbaren.** [3]**Für in Papierform ausgelöste Zahlungsvorgänge können die Fristen nach Satz 1 um einen weiteren Geschäftstag verlängert werden.**

(2) [1]**Bei einem vom oder über den Zahlungsempfänger ausgelösten Zahlungsvorgang ist der Zahlungsdienstleister des Zahlungsempfängers verpflichtet, den Zahlungsauftrag dem Zahlungsdienstleister des Zahlers innerhalb der zwischen dem Zahlungsempfänger und seinem Zahlungsdienstleister vereinbarten Fristen zu übermitteln.** [2]**Im Fall einer Lastschrift ist der Zahlungsauftrag so rechtzeitig zu übermitteln, dass die Verrechnung an dem vom Zahlungsempfänger mitgeteilten Fälligkeitstag ermöglicht wird.**

(3) [1]**Wenn einer der Fälle des § 675d Absatz 6 Satz 1 Nummer 1 vorliegt, ist § 675s Absatz 1 Satz 1 und 3 auf die innerhalb des Europäischen Wirtschaftsraums getätigten Bestandteile des Zahlungsvorgangs nicht anzuwenden.** [2]**Wenn ein Fall des § 675d Absatz 6 Satz 1 Nummer 1 Buchstabe a vorliegt,**

1. **ist auch § 675s Absatz 1 Satz 2 auf die innerhalb des Europäischen Wirtschaftsraums getätigten Bestandteile des Zahlungsvorgangs nicht anzuwenden und**
2. **kann von § 675s Absatz 2 für die innerhalb des Europäischen Wirtschaftsraums getätigten Bestandteile des Zahlungsvorgangs abgewichen werden.**

1 Die Vorschrift bestimmt **Ausführungsfristen** für die Ausführung von Zahlungsaufträgen. Abs. 1 regelt die Ausführungsfrist für den Zahlungsdienstleister des Zahlers; Abs. 2 bestimmt die Fristen für den Zahlungsdienstleister des Zahlungsempfängers. § 675s BGB gilt für alle Arten von Zahlungsvorgängen, mithin auch für Zahlungsvorgänge mit GeldKarten. Allerdings sind die Fristen des § 675s BGB gemäß § 675i Abs. 2 Nr. 6 BGB bei der GeldKarte dispositiv.[1]

2 Nach Abs. 1 beträgt die **Ausführungsfrist** für den Zahlungsdienstleister des Zahlers grundsätzlich einen Geschäftstag ab **Zugang** des Zahlungsauftrags. Dies betrifft bei der Bezahlung mit GeldKarte den **Kartenemittenten,** dem der Zahlungsauftrag mit Eingang bei der für ihn zuständigen KEZ zugeht.[2]

3 Abs. 2 gilt für Zahlungsvorgänge, die vom oder über den Zahlungsempfänger ausgelöst werden. Da die Bezahlung mit GeldKarte über den Händler als Zahlungsempfänger aus-

---

[1] Prütting/Wegen/Weinreich/*Fehrenbacher* § 675r Rn. 1; Palandt/*Sprau* § 675r Rn. 4.
[2] Vgl. Ziff. 1 Händlerbedingungen Geldkarte.

[1] → Kap. 8 BGB § 675i Rn. 11.
[2] → Kap. 8 BGB § 675n Rn. 7.

gelöst wird,[3] ist Abs. 2 anwendbar. Die **Händlerbank** ist folglich gemäß Abs. 2 S. 1 verpflichtet, den Zahlungsauftrag innerhalb der vereinbarten Frist an den Kartenemittenten zu übermitteln. Dies geschieht durch die Weiterleitung der Umsätze von der HEZ an die KEZ.[4]

Der in Umsetzung der PSD2 neu eingefügte Abs. 3 ist für die GeldKarte ohne Bedeutung, da Fälle des § 675d Abs. 6 – ausländische Zahlungsvorgänge – bei der GeldKarte nicht vorkommen.[5]

§ 675t Wertstellungsdatum und Verfügbarkeit von Geldbeträgen; Sperrung eines verfügbaren Geldbetrages

(1) [1]Der Zahlungsdienstleister des Zahlungsempfängers ist verpflichtet, dem Zahlungsempfänger den Zahlungsbetrag unverzüglich verfügbar zu machen, nachdem der Betrag auf dem Konto des Zahlungsdienstleisters eingegangen ist, wenn dieser

1. keine Währungsumrechnung vornehmen muss oder

2. nur eine Währungsumrechnung zwischen dem Euro und einer Währung eines Vertragsstaates des Abkommens über den Europäischen Wirtschaftsraum oder zwischen den Währungen zweier Vertragsstaaten des Abkommens über den Europäischen Wirtschaftsraum vornehmen muss.

[2]Sofern der Zahlungsbetrag auf einem Zahlungskonto des Zahlungsempfängers gutgeschrieben werden soll, ist die Gutschrift, auch wenn sie nachträglich erfolgt, so vorzunehmen, dass der Zeitpunkt, den der Zahlungsdienstleister für die Berechnung der Zinsen bei Gutschrift oder Belastung eines Betrags auf einem Zahlungskonto zugrunde legt (Wertstellungsdatum), spätestens der Geschäftstag ist, an dem der Zahlungsbetrag auf dem Konto des Zahlungsdienstleisters des Zahlungsempfängers eingegangen ist. [3]Satz 1 gilt auch dann, wenn der Zahlungsempfänger kein Zahlungskonto unterhält.

(2) [1]Zahlt ein Verbraucher Bargeld auf ein Zahlungskonto bei einem Zahlungsdienstleister in der Währung des betreffenden Zahlungskontos ein, so stellt dieser Zahlungsdienstleister sicher, dass der Betrag dem Zahlungsempfänger unverzüglich nach dem Zeitpunkt der Entgegennahme verfügbar gemacht und wertgestellt wird. [2]Ist der Zahlungsdienstnutzer kein Verbraucher, so muss dem Zahlungsempfänger der Geldbetrag spätestens an dem auf die Entgegennahme folgenden Geschäftstag verfügbar gemacht und wertgestellt werden.

(3) [1]Eine Belastung auf dem Zahlungskonto des Zahlers ist so vorzunehmen, dass das Wertstellungsdatum frühestens der Zeitpunkt ist, an dem dieses Zahlungskonto mit dem Zahlungsbetrag belastet wird. [2]Das Zahlungskonto des Zahlers darf nicht belastet werden, bevor der Zahlungsauftrag seinem Zahlungsdienstleister zugegangen ist.

(4) [1]Unbeschadet sonstiger gesetzlicher oder vertraglicher Rechte ist der Zahlungsdienstleister des Zahlers im Fall eines kartengebundenen Zahlungsvorgangs berechtigt, einen verfügbaren Geldbetrag auf dem Zahlungskonto des Zahlers zu sperren, wenn

1. der Zahlungsvorgang vom oder über den Zahlungsempfänger ausgelöst worden ist und

2. der Zahler auch der genauen Höhe des zu sperrenden Geldbetrags zugestimmt hat.

[2]Den gesperrten Geldbetrag gibt der Zahlungsdienstleister des Zahlers unbeschadet sonstiger gesetzlicher oder vertraglicher Rechte unverzüglich frei, nachdem ihm entweder der genaue Zahlungsbetrag mitgeteilt worden oder der Zahlungsauftrag zugegangen ist.

---

[3] → Kap. 8 BGB § 675p Rn. 2.

[4] → Kap. 8 BGB § 675n Rn. 5 ff.

[5] → Kap. 8 BGB § 675d Rn. 1.

(5) **Wenn ein Fall des § 675d Absatz 6 Satz 1 Nummer 1 Buchstabe a vorliegt,**

1. kann von § 675t Absatz 1 Satz 3 für die innerhalb des Europäischen Wirtschaftsraums getätigten Bestandteile des Zahlungsvorgangs abgewichen werden und

2. ist § 675t Absatz 2 auf die innerhalb des Europäischen Wirtschaftsraums getätigten Bestandteile des Zahlungsvorgangs nicht anzuwenden.

Übersicht

I. Verfügbarmachung und Wertstellung beim Zahlungsempfänger, Abs. 1

1 Die Vorschrift regelt **Ausführungsfristen** von Zahlungsvorgängen im Verhältnis zwischen dem Zahlungsdienstnutzer und dem jeweiligen Zahlungsdienstleister. Abs. 1 betrifft die **Verfügbarkeit** und die **Wertstellung** von Zahlungseingängen zugunsten des Zahlungsempfängers, Abs. 2 den Sonderfall der Bargeldeinzahlung, Abs. 3 die Wertstellung der Belastung beim Zahler.

Die Sperrung von Geldbeträgen nach dem in Umsetzung der PSD2 neu eingefügten Abs. 4 ist bei der Geldkarte nicht möglich. Abs. 5 betrifft Zahlungsvorgänge mit Drittstaatenbezug und ist für die Geldkarte ohne Bedeutung.[1]

2 Die **Wertstellung** bezeichnet bei Kontenbuchungen den für die Verzinsung maßgeblichen Zeitpunkt.[2] Dieser wird in Abs. 1 S. 2 als **„Wertstellungsdatum"** definiert. Die von der Wertstellung zu unterscheidende **Verfügbarkeit** regelt die Frage, ob der Zahlungsdienstnutzer über einen seinem Konto gutgeschriebenen Betrag verfügen kann.

Bei der Zahlung mit GeldKarte betreffen die in Abs. 1 geregelte Verfügbarkeit und die Wertstellung beim Zahlungsempfänger das Verhältnis zwischen dem Händler und dessen Bank als Zahlungsdienstleister. Der **Zahlungseingang** bei der Händlerbank erfolgt mit Gutschrift des Betrags durch die HEZ.[3] Diese hat den Betrag dann unverzüglich dem Händler gutzuschreiben.

II. Wertstellung bei Belastungen eines Zahlungskontos, Abs. 3

3 Nach Abs. 3 darf die Wertstellung bei Kontobelastungen nicht vor dem tatsächlichen Abfluss des Gelds von einem Konto erfolgen. Dies soll ausschließen, dass ein Zahlungsdienstleister von einem Zahler eine **Vorschussleistung** erhält, die Ausführung des Zahlungsvorgangs jedoch verzögert.[4]

Diese Vorschrift steht der beim Ladevorgang der GeldKarte erfolgenden Vorschussleistung iS von § 669 BGB des Karteninhabers[5] jedoch nicht entgegen.[6] Die **Vorschusspflicht** ergibt sich aus Abschn. A. III. Ziff. 2.3 Musterbedingungen-BdB für die girocard (Debitkarte), wonach beim Aufladen der GeldKarte gegen ein Konto eine sofortige Kontobelastung erfolgt. Auch beim Aufladen gegen Bargeld erfolgt eine umgehende Leistung von Bargeld seitens des Karteninhabers.

---

[1] → Kap. 8 BGB § 675d Rn. 1.

[2] *Borges* WM 1998, 105 (106); *Pleyer/Huber* ZIP 1987, 424 (427); Derleder/Knops/Bamberger/*Meder* § 44 Rn. 23; Palandt/*Sprau* § 675t Rn. 8.

[3] → Kap. 8 BGB Vorb. § 675c Rn. 22.

[4] Palandt/*Sprau* § 675t Rn. 10.

[5] → Kap. 8 BGB § 675f Rn. 9, 15 ff.

[6] IE ebenso *Grundmann* WM 2009, 1157 (1161), dort Fn. 75; Palandt/*Sprau* § 675t Rn. 10.

Dieses Ergebnis wird teilweise damit gerechtfertigt, dass die Vorschrift für die GeldKarte nicht gelte, da für sie die Regelungen zur sofortigen Ausführung (§ 675s BGB) gemäß Art. 63 Abs. 1 lit. e) PSD2 und § 675i Abs. 2 Nr. 6 BGB abdingbar seien. Dies gelte auch für die hieran anknüpfende Wertstellungsregelung des § 675t BGB.[7] Eine solche Konstruktion, die angesichts des eindeutigen Gesetzeswortlauts kaum begründbar scheint, ist jedoch nicht erforderlich, da Abs. 3 lediglich die Belastung des Zahlungskontos des Zahlers betrifft. Dies ist im System der GeldKarte das Referenzkonto des Karteninhabers. Dieses Konto – regelmäßig ein Girokonto – wird beim Ladevorgang mit dem Ladebetrag als Vorschuss belastet; der Betrag wird dem **Börsenverrechnungskonto** der Bank gutgeschrieben.[8] Hierin liegt ein **Zahlungsauftrag,** aufgrund dessen eine Gutschrift auf dem Börsenverrechnungskonto des emittierenden Instituts vorgenommen werden soll.[9] Insoweit gilt Abs. 3. Auf das Börsenverrechnungskonto ist Abs. 3 nicht anzuwenden, da es sich hier um ein Sammelkonto der Bank und nicht um ein dem Zahler zugeordnetes Konto handelt. 4

§ 675u Haftung des Zahlungsdienstleisters für nicht autorisierte Zahlungsvorgänge

[1]Im Fall eines nicht autorisierten Zahlungsvorgangs hat der Zahlungsdienstleister des Zahlers gegen diesen keinen Anspruch auf Erstattung seiner Aufwendungen. [2]Er ist verpflichtet, dem Zahler den Zahlungsbetrag unverzüglich zu erstatten und, sofern der Betrag einem Zahlungskonto belastet worden ist, dieses Zahlungskonto wieder auf den Stand zu bringen, auf dem es sich ohne die Belastung durch den nicht autorisierten Zahlungsvorgang befunden hätte. [3]Diese Verpflichtung ist unverzüglich, spätestens jedoch bis zum Ende des Geschäftstags zu erfüllen, der auf den Tag folgt, an welchem dem Zahlungsdienstleister angezeigt wurde, dass der Zahlungsvorgang nicht autorisiert ist, oder er auf andere Weise davon Kenntnis erhalten hat. [4]Hat der Zahlungsdienstleister einer zuständigen Behörde berechtigte Gründe für den Verdacht, dass ein betrügerisches Verhalten des Zahlers vorliegt, schriftlich mitgeteilt, hat der Zahlungsdienstleister seine Verpflichtung aus Satz 2 unverzüglich zu prüfen und zu erfüllen, wenn sich der Betrugsverdacht nicht bestätigt. [5]Wurde der Zahlungsvorgang über einen Zahlungsauslösedienstleister ausgelöst, so treffen die Pflichten aus den Sätzen 2 bis 4 den kontoführenden Zahlungsdienstleister.

Übersicht

I. Allgemeines

Die Vorschrift, die Art. 73 PSD2 umsetzt, regelt die Rechtsfolgen der fehlenden **Autorisierung**[1] eines Zahlungsvorgangs im Verhältnis zwischen dem Zahler und dem Zahlungsdienstleister. Der Sache nach geht es um die Zuordnung des Risikos missbräuchlicher, insbesondere **gefälschter Zahlungsaufträge.** Dieses Risiko weist § 675u BGB dem Zahlungsdienstleister zu. Gemäß S. 1 entfällt der **Aufwendungsersatzanspruch** des Zah- 1

[7] *Grundmann* WM 2009, 1157 (1161), dort Fn. 75; *Reymann* DStR 2011, 1959.
[8] → Kap. 8 BGB Vorb. § 675c Rn. 20.
[9] → Kap. 8 BGB § 675f Rn. 7.
[1] Zum Begriff der Autorisierung → Kap. 8 BGB § 675j Rn. 1.

lungsdienstleisters. Ein gezahlter bzw belasteter Betrag ist nach S. 2 zu erstatten bzw gutzuschreiben.

Bei der GeldKarte betrifft die Vorschrift das Verhältnis zwischen dem Karteninhaber als Zahler und dem Kartenemittenten als Zahlungsdienstleister.

Allerdings ist § 675u gemäß § 675i Abs. 3 BGB auf den Bezahlvorgang grundsätzlich nicht anwendbar.[2] Bei der GeldKarte ist daher im Hinblick auf das **Missbrauchsrisiko** zwischen dem Aufladevorgang und dem Bezahlvorgang zu unterscheiden.

II. Missbrauch der GeldKarte

1. Missbrauch bei Aufladevorgängen

2 Wenn ein unbefugter Dritter die kontogebundene GeldKarte zulasten des Kontos des Karteninhabers auflädt, gelten gegenüber sonstigen missbräuchlichen Verfügungen keine Besonderheiten;[3] es gelten also die allgemeinen Regeln. Nach § 675u BGB erwirbt der **Kartenemittent** keinen Aufwendungsersatzanspruch, trägt also das **Missbrauchsrisiko.** Allerdings haftet der Karteninhaber nach Maßgabe des § 675v BGB bei Abhandenkommen der Karte verschuldensunabhängig bis zur Höhe von 50 EUR, sodass das Missbrauchsrisiko insofern im Ergebnis weitgehend bei ihm liegt.

3 Für das missbräuchliche Aufladen unter Verwendung eines **Abo-Ladeauftrags** enthalten die Bedingungen für die Sparkassen-Card (Debitkarte) jedoch eine differenzierte Regelung, die zugunsten des Karteninhabers von dem in § 675v Abs. 1 BGB aufgestellten Grundsatz abweicht. Eine solche Abweichung zugunsten des Zahlungsdienstnutzers ist ohne weiteres zulässig.[4]

Abweichend von der verschuldensunabhängigen Haftung des § 675v Abs. 1 BGB ist in Abschnitt A. III. Ziff. 2.7.3 Abs. 1 der Bedingungen Sparkassen-Card (Debitkarte) geregelt, dass der Karteninhaber nur verschuldensabhängig bis zu einer Höhe von maximal 50 EUR haftet. Zugleich wird in Abschnitt A. III. Ziff. 2.7.3 Abs. 2 der Bedingungen Sparkassen-Card (Debitkarte) seitens der Sparkassen auf die Schadensbeteiligung des Karteninhabers verzichtet, wenn der Karteninhaber nicht grob fahrlässig die Pflicht zur sorgfältigen Aufbewahrung der GeldKarte[5] oder die Pflicht zur unverzüglichen Verlust- bzw. Missbrauchsanzeige[6] verletzt hat. Der Sache nach haftet der Karteninhaber für missbräuchliche Aufladevorgänge somit nur unter den strengeren Voraussetzungen des § 675v Abs. 3 BGB, mithin bei Handeln in betrügerischer Absicht oder bei wenigstens grob fahrlässiger Sorgfaltspflichtverletzung.

Gemäß Abschnitt A. III. Ziff. 2.7.3 Abs. 2 Satz 2 der Bedingungen Sparkassen-Card (Debitkarte) sind die Voraussetzungen für die Schadensübernahme durch die Sparkasse glaubhaft darzulegen und Anzeige bei der Polizei zu erstatten. Auch dies ist eine Erleichterung zugunsten des Karteninhabers.

2. Missbrauch bei Bezahlvorgängen

4 Wenn ein Dritter die GeldKarte ohne Willen des Karteninhabers zur Zahlung verwendet, fehlt es an einem wirksamen Zahlungsauftrag, ebenso an einer wirksamen **Autorisierung** des Zahlungsvorgangs. Nach dem Grundsatz des § 675u BGB trägt der Zahlungsdienstleister dieses Risiko. Bei der GeldKarte ist dies anders: Gemäß § 675i Abs. 3 BGB sind die

---

[2] → Kap. 8 BGB § 675i Rn. 12.

[3] *Baumbach/Hefermehl/Casper* Kartenzahlungen Rn. 79; MüKoHGB/*Haertlein* ZahlungsV Abschn. E Rn. 230; BankR-HdB/*Koch* § 68 Rn. 45; Hoeren/Sieber/Holznagel/*Werner* Teil 13.5 Rn. 25; Kümpel/Mülbert/Früh/Seyfried/*Werner* Rn. 4.788.

[4] Palandt/*Sprau* § 675v Rn. 1.

[5] Abschnitt A. III. Ziff. 2.5 Bedingungen für die Sparkassen-Card (Debitkarte).

[6] Abschnitt A. III. Ziff. 2.7.2 Bedingungen für die Sparkassen-Card (Debitkarte).

§§ 675u, 675v BGB auf Bezahlvorgänge mit der GeldKarte nicht anwendbar.[7] Daher gelten für die Rechtsfolgen der fehlenden Autorisierung die allgemeinen Regeln. Mangels wirksamer Autorisierung steht der kartenausgebenden Bank kein Anspruch auf Aufwendungsersatz nach § 670 BGB zu; insoweit gilt dasselbe wie nach § 675u S. 1 BGB.

Allerdings kann eine abweichende Verteilung des Missbrauchsrisikos vereinbart werden, wie sich aus § 675i Abs. 2 und 3 BGB ergibt. Entsprechend sehen die Bedingungen über die Verwendung der GeldKarte vor, dass der Karteninhaber das Missbrauchsrisiko trägt.[8] Dies ist mit den §§ 307 ff. BGB vereinbar, weil diese Zuordnung des **Missbrauchsrisikos** dem Konzept der **Bargeldanalogie** der GeldKarte entspricht.[9]

§ 675v Haftung des Zahlers bei missbräuchlicher Nutzung eines Zahlungsinstruments

(1) **Beruhen nicht autorisierte Zahlungsvorgänge auf der Nutzung eines verloren gegangenen, gestohlenen oder sonst abhandengekommenen Zahlungsinstruments oder auf der sonstigen missbräuchlichen Verwendung eines Zahlungsinstruments, so kann der Zahlungsdienstleister des Zahlers von diesem den Ersatz des hierdurch entstandenen Schadens bis zu einem Betrag von 50 Euro verlangen.**

(2) **Der Zahler haftet nicht nach Absatz 1, wenn**

1. es ihm nicht möglich gewesen ist, den Verlust, den Diebstahl, das Abhandenkommen oder eine sonstige missbräuchliche Verwendung des Zahlungsinstruments vor dem nicht autorisierten Zahlungsvorgang zu bemerken, oder

2. der Verlust des Zahlungsinstruments durch einen Angestellten, einen Agenten, eine Zweigniederlassung eines Zahlungsdienstleisters oder eine sonstige Stelle, an die Tätigkeiten des Zahlungsdienstleisters ausgelagert wurden, verursacht worden ist.

(3) **Abweichend von den Absätzen 1 und 2 ist der Zahler seinem Zahlungsdienstleister zum Ersatz des gesamten Schadens verpflichtet, der infolge eines nicht autorisierten Zahlungsvorgangs entstanden ist, wenn der Zahler**

1. in betrügerischer Absicht gehandelt hat oder

2. den Schaden herbeigeführt hat durch vorsätzliche oder grob fahrlässige Verletzung

a) einer oder mehrerer Pflichten gemäß § 675l Absatz 1 oder

b) einer oder mehrerer vereinbarter Bedingungen für die Ausgabe und Nutzung des Zahlungsinstruments.

(4) **[1] Abweichend von den Absätzen 1 und 3 ist der Zahler seinem Zahlungsdienstleister nicht zum Schadensersatz verpflichtet, wenn**

1. der Zahlungsdienstleister des Zahlers eine starke Kundenauthentifizierung im Sinne des § 1 Absatz 24 des Zahlungsdiensteaufsichtsgesetzes nicht verlangt oder

2. der Zahlungsempfänger oder sein Zahlungsdienstleister eine starke Kundenauthentifizierung im Sinne des § 1 Absatz 24 des Zahlungsdiensteaufsichtsgesetzes nicht akzeptiert.

[2] Satz 1 gilt nicht, wenn der Zahler in betrügerischer Absicht gehandelt hat. [3] Im Fall von Satz 1 Nummer 2 ist derjenige, der eine starke Kundenauthentifizierung nicht akzeptiert, verpflichtet, dem Zahlungsdienstleister des Zahlers den daraus entstehenden Schaden zu ersetzen.

(5) **[1] Abweichend von den Absätzen 1 und 3 ist der Zahler nicht zum Ersatz von Schäden verpflichtet, die aus der Nutzung eines nach der Anzeige gemäß § 675l Absatz 1 Satz 2 verwendeten Zahlungsinstruments entstanden sind. [2] Der Zahler ist auch nicht zum Ersatz von Schäden im Sinne des Absatzes 1 verpflichtet, wenn der**

---

[7] → Kap. 8 BGB § 675i Rn. 12.

[8] Vgl. Abschn. A. II. Nr. 15.3 Musterbedingungen-BdB (Debitkarte).

[9] *Baumbach/Hefermehl/Casper* Kartenzahlungen Rn. 78; MüKoHGB/*Haertlein* ZahlungsV Abschn. E Rn. 306; Staudinger/*Omlor* Vorb. zu §§ 675c–676c Rn. 231.

Zahlungsdienstleister seiner Pflicht gemäß § 675m Abs. 1 Nr. 3 nicht nachgekommen ist. ³Die Sätze 1 und 2 sind nicht anzuwenden, wenn der Zahler in betrügerischer Absicht gehandelt hat.

1 Die Vorschrift, die die Folgen **missbräuchlicher Nutzung** eines **Zahlungsinstruments** regelt, ist gemäß § 675i Abs. 3 BGB auf E-Geld, mithin auf die GeldKarte, nicht anwendbar.

Dies gilt freilich nur für Bezahlvorgänge, nicht jedoch für Ladevorgänge.[1] Bei Ladevorgängen gilt § 675v BGB ohne Besonderheiten. Insbesondere ist § 675v Abs. 1 BGB bei Verlust der kontogebundenen GeldKarte anwendbar, ebenso § 675v Abs. 3 BGB. Für die missbräuchliche Verwendung einer kontogebundenen GeldKarte mit aktiviertem Abo-Ladeauftrag bestehen jedoch abweichende Regelungen.[2]

§ 675w Nachweis der Authentifizierung

¹Ist die Autorisierung eines ausgeführten Zahlungsvorgangs streitig, hat der Zahlungsdienstleister nachzuweisen, dass eine Authentifizierung erfolgt ist und der Zahlungsvorgang ordnungsgemäß aufgezeichnet, verbucht sowie nicht durch eine Störung beeinträchtigt wurde. ²Eine Authentifizierung ist erfolgt, wenn der Zahlungsdienstleister die Nutzung eines bestimmten Zahlungsinstruments, einschließlich seiner personalisierten Sicherheitsmerkmale, mit Hilfe eines Verfahrens überprüft hat. ³Wurde der Zahlungsvorgang mittels eines Zahlungsinstruments ausgelöst, reicht die Aufzeichnung der Nutzung des Zahlungsinstruments einschließlich der Authentifizierung durch den Zahlungsdienstleister und gegebenenfalls einen Zahlungsauslösedienstleister allein nicht notwendigerweise aus, um nachzuweisen, dass der Zahler

1. den Zahlungsvorgang autorisiert,
2. in betrügerischer Absicht gehandelt,
3. eine oder mehrere Pflichten gemäß § 675l Absatz 1 verletzt oder
4. vorsätzlich oder grob fahrlässig gegen eine oder mehrere Bedingungen für die Ausgabe und Nutzung des Zahlungsinstruments verstoßen

hat. ⁴Der Zahlungsdienstleister muss unterstützende Beweismittel vorlegen, um Betrug, Vorsatz oder grobe Fahrlässigkeit des Zahlungsdienstnutzers nachzuweisen.

1 § 675 regelt **Beweislastfragen** für die Fälle, in denen zwischen Zahlungsdienstleister und Zahlungsdienstnutzer streitig ist, ob ein Zahlungsvorgang autorisiert wurde. Da allerdings die fehlende **Autorisierung** von Zahlungsvorgängen bei der GeldKarte keine Konsequenzen hat,[1] ist die Vorschrift ohne praktische Bedeutung. Im Übrigen ist die Vorschrift bei der GeldKarte gemäß § 675i Abs. 2 Nr. 3 BGB abdingbar.

§ 675x Erstattungsanspruch bei einem vom oder über den Zahlungsempfänger ausgelösten autorisierten Zahlungsvorgang

(1) **¹Der Zahler hat gegen seinen Zahlungsdienstleister einen Anspruch auf Erstattung eines belasteten Zahlungsbetrags, der auf einem autorisierten, vom oder über den Zahlungsempfänger ausgelösten Zahlungsvorgang beruht, wenn**

1. bei der Autorisierung der genaue Betrag nicht angegeben wurde und
2. der Zahlungsbetrag den Betrag übersteigt, den der Zahler entsprechend seinem bisherigen Ausgabeverhalten, den Bedingungen des Zahlungsdiensterahmenvertrags und den jeweiligen Umständen des Einzelfalls hätte erwarten können; mit

---

[1] → Kap. 8 BGB § 675i Rn. 12.
[2] → Kap. 8 BGB § 675u Rn. 3.
[1] → Kap. 8 BGB § 675u Rn. 2 f.

einem etwaigen Währungsumtausch zusammenhängende Gründe bleiben außer Betracht, wenn der zwischen den Parteien vereinbarte Referenzwechselkurs zugrunde gelegt wurde.

[2]Ist der Zahlungsbetrag einem Zahlungskonto belastet worden, so ist die Gutschrift des Zahlungsbetrags auf diesem Zahlungskonto so vorzunehmen, dass das Wertstellungsdatum spätestens der Geschäftstag der Belastung ist. [3]Auf Verlangen seines Zahlungsdienstleisters hat der Zahler nachzuweisen, dass die Voraussetzungen des Satzes 1 Nummer 1 und 2 erfüllt sind.

(2) **Unbeschadet des Absatzes 3 hat der Zahler bei SEPA-Basislastschriften und SEPA-Firmenlastschriften ohne Angabe von Gründen auch dann einen Anspruch auf Erstattung gegen seinen Zahlungsdienstleister, wenn die Voraussetzungen für eine Erstattung nach Absatz 1 nicht erfüllt sind.**

(3) **Der Zahler kann mit seinem Zahlungsdienstleister vereinbaren, dass er keinen Anspruch auf Erstattung hat, wenn er seine Zustimmung zur Ausführung des Zahlungsvorgangs direkt seinem Zahlungsdienstleister erteilt hat und er, sofern vereinbart, über den anstehenden Zahlungsvorgang mindestens vier Wochen vor dem Fälligkeitstermin vom Zahlungsdienstleister oder vom Zahlungsempfänger unterrichtet wurde.**

(4) **Ein Anspruch des Zahlers auf Erstattung ist ausgeschlossen, wenn er ihn nicht innerhalb von acht Wochen ab dem Zeitpunkt der Belastung des betreffenden Zahlungsbetrags gegenüber seinem Zahlungsdienstleister geltend macht.**

(5) **[1]Der Zahlungsdienstleister ist verpflichtet, innerhalb von zehn Geschäftstagen nach Zugang eines Erstattungsverlangens entweder den vollständigen Betrag des Zahlungsvorgangs zu erstatten oder dem Zahler die Gründe für die Ablehnung der Erstattung mitzuteilen. [2]Im Fall der Ablehnung hat der Zahlungsdienstleister auf die Beschwerdemöglichkeiten gemäß den §§ 60 bis 62 des Zahlungsdiensteaufsichtsgesetzes und auf die Möglichkeit, eine Schlichtungsstelle gemäß § 14 des Unterlassungsklagengesetzes anzurufen, hinzuweisen. [3]Das Recht des Zahlungsdienstleisters, eine innerhalb der Frist nach Absatz 4 geltend gemachte Erstattung abzulehnen, erstreckt sich nicht auf den Fall nach Absatz 2.**

(6) **Wenn ein Fall des § 675d Absatz 6 Satz 1 Nummer 1 Buchstabe b vorliegt,**

1. **ist § 675x Absatz 1 auf die innerhalb des Europäischen Wirtschaftsraums getätigten Bestandteile des Zahlungsvorgangs nicht anzuwenden und**
2. **kann von § 675x Absatz 2 bis 5 für die innerhalb des Europäischen Wirtschaftsraums getätigten Bestandteile des Zahlungsvorgangs abgewichen werden.**

Nach dieser Vorschrift steht dem Zahler gegen seinen Zahlungsdienstleister in bestimmten Fällen ein **Erstattungsanspruch** zu, obwohl ein autorisierter Zahlungsvorgang vorliegt. 1

Diese Vorschrift ist bei der Bezahlung mit der GeldKarte ohne praktische Bedeutung. Zwar wird der Zahlungsvorgang bei der GeldKarte über den Zahlungsempfänger ausgelöst,[1] wie Abs. 1 S. 1 voraussetzt. Jedoch sind die weiteren Voraussetzungen des Abs. 1 nicht erfüllt: Nach Abs. 1 S. 1 Nr. 1 ist die Vorschrift nur anwendbar, wenn im Zeitpunkt der **Autorisierung** der genaue Betrag nicht angegeben wird. Das Gesetz will damit Fälle erfassen, in denen zunächst ein Blanko-Kartenabdruck erstellt wird (Bsp.: Autovermietung, Hotel).[2] Bei der Bezahlung mit GeldKarte wird der Zahlbetrag aber vor der Bestätigung dem Zahler angezeigt,[3] sodass diese Anwendungsvoraussetzung nicht vorliegt.

[1] → Kap. 8 BGB § 675p Rn. 2.
[2] Prütting/Wegen/Weinreich/*Fehrenbacher* § 675x Rn. 2.
[3] → Kap. 8 BGB Vorb. § 675c Rn. 21.

§ 675y Haftung der Zahlungsdienstleister bei nicht erfolgter, fehlerhafter oder verspäteter Ausführung eines Zahlungsauftrags; Nachforschungspflicht

(1) [1]Wird ein Zahlungsvorgang vom Zahler ausgelöst, kann dieser von seinem Zahlungsdienstleister im Fall einer nicht erfolgten oder fehlerhaften Ausführung des Zahlungsauftrags die unverzügliche und ungekürzte Erstattung des Zahlungsbetrags verlangen. [2]Wurde der Betrag einem Zahlungskonto des Zahlers belastet, ist dieses Zahlungskonto wieder auf den Stand zu bringen, auf dem es sich ohne den fehlerhaft ausgeführten Zahlungsvorgang befunden hätte. [3]Wird ein Zahlungsvorgang vom Zahler über einen Zahlungsauslösedienstleister ausgelöst, so treffen die Pflichten aus den Sätzen 1 und 2 den kontoführenden Zahlungsdienstleister. [4]Soweit vom Zahlungsbetrag entgegen § 675q Abs. 1 Entgelte abgezogen wurden, hat der Zahlungsdienstleister des Zahlers den abgezogenen Betrag dem Zahlungsempfänger unverzüglich zu übermitteln. [5]Weist der Zahlungsdienstleister des Zahlers nach, dass der Zahlungsbetrag ungekürzt beim Zahlungsdienstleister des Zahlungsempfängers eingegangen ist, entfällt die Haftung nach diesem Absatz.

(2) [1]Wird ein Zahlungsvorgang vom oder über den Zahlungsempfänger ausgelöst, kann dieser im Fall einer nicht erfolgten oder fehlerhaften Ausführung des Zahlungsauftrags verlangen, dass sein Zahlungsdienstleister diesen Zahlungsauftrag unverzüglich, gegebenenfalls erneut, an den Zahlungsdienstleister des Zahlers übermittelt. [2]Weist der Zahlungsdienstleister des Zahlungsempfängers nach, dass er die ihm bei der Ausführung des Zahlungsvorgangs obliegenden Pflichten erfüllt hat, hat der Zahlungsdienstleister des Zahlers dem Zahler gegebenenfalls unverzüglich den ungekürzten Zahlungsbetrag entsprechend Absatz 1 Satz 1 und 2 zu erstatten. [3]Soweit vom Zahlungsbetrag entgegen § 675q Abs. 1 und 2 Entgelte abgezogen wurden, hat der Zahlungsdienstleister des Zahlungsempfängers den abgezogenen Betrag dem Zahlungsempfänger unverzüglich verfügbar zu machen.

(3) [1]Wird ein Zahlungsvorgang vom Zahler ausgelöst, kann dieser im Fall einer verspäteten Ausführung des Zahlungsauftrags verlangen, dass sein Zahlungsdienstleister gegen den Zahlungsdienstleister des Zahlungsempfängers den Anspruch nach Satz 2 geltend macht. [2]Der Zahlungsdienstleister des Zahlers kann vom Zahlungsdienstleister des Zahlungsempfängers verlangen, die Gutschrift des Zahlungsbetrags auf dem Zahlungskonto des Zahlungsempfängers so vorzunehmen, als sei der Zahlungsvorgang ordnungsgemäß ausgeführt worden. [3]Wird ein Zahlungsvorgang vom Zahler über einen Zahlungsauslösedienstleister ausgelöst, so trifft die Pflicht aus Satz 1 den kontoführenden Zahlungsdienstleister. [4]Weist der Zahlungsdienstleister des Zahlers nach, dass der Zahlungsbetrag rechtzeitig beim Zahlungsdienstleister des Zahlungsempfängers eingegangen ist, entfällt die Haftung nach diesem Absatz.

(4) [1]Wird ein Zahlungsvorgang vom oder über den Zahlungsempfänger ausgelöst, kann dieser im Fall einer verspäteten Übermittlung des Zahlungsauftrags verlangen, dass sein Zahlungsdienstleister die Gutschrift des Zahlungsbetrags auf dem Zahlungskonto des Zahlungsempfängers so vornimmt, als sei der Zahlungsvorgang ordnungsgemäß ausgeführt worden. [2]Weist der Zahlungsdienstleister des Zahlungsempfängers nach, dass er den Zahlungsauftrag rechtzeitig an den Zahlungsdienstleister des Zahlers übermittelt hat, ist der Zahlungsdienstleister des Zahlers verpflichtet, dem Zahler gegebenenfalls unverzüglich den ungekürzten Zahlungsbetrag nach Absatz 1 Satz 1 und 2 zu erstatten. [3]Dies gilt nicht, wenn der Zahlungsdienstleister des Zahlers nachweist, dass der Zahlungsbetrag lediglich verspätet beim Zahlungsdienstleister des Zahlungsempfängers eingegangen ist. [4]In diesem Fall ist der Zahlungsdienstleister des Zahlungsempfängers verpflichtet, den Zahlungsbetrag entsprechend Satz 1 auf dem Zahlungskonto des Zahlungsempfängers gutzuschreiben.

(5) [1]Ansprüche des Zahlungsdienstnutzers gegen seinen Zahlungsdienstleister nach Absatz 1 Satz 1 und 2 sowie Absatz 2 Satz 2 bestehen nicht, soweit der Zahlungsauf-

trag in Übereinstimmung mit der vom Zahlungsdienstnutzer angegebenen fehlerhaften Kundenkennung ausgeführt wurde. [2]In diesem Fall kann der Zahler von seinem Zahlungsdienstleister jedoch verlangen, dass dieser sich im Rahmen seiner Möglichkeiten darum bemüht, den Zahlungsbetrag wiederzuerlangen. [3]Der Zahlungsdienstleister des Zahlungsempfängers ist verpflichtet, dem Zahlungsdienstleister des Zahlers alle für die Wiedererlangung des Zahlungsbetrags erforderlichen Informationen mitzuteilen. [4]Ist die Wiedererlangung des Zahlungsbetrags nach den Sätzen 2 und 3 nicht möglich, so ist der Zahlungsdienstleister des Zahlers verpflichtet, dem Zahler auf schriftlichen Antrag alle verfügbaren Informationen mitzuteilen, damit der Zahler einen Anspruch auf Erstattung des Zahlungsbetrags geltend machen kann. [5]Der Zahlungsdienstleister kann mit dem Zahlungsdienstnutzer im Zahlungsdiensterahmenvertrag ein Entgelt für Tätigkeiten nach den Sätzen 2 bis 4 vereinbaren.

(6) **Ein Zahlungsdienstnutzer kann von seinem Zahlungsdienstleister über die Ansprüche nach den Absätzen 1 und 2 hinaus die Erstattung der Entgelte und Zinsen verlangen, die der Zahlungsdienstleister ihm im Zusammenhang mit der nicht erfolgten oder fehlerhaften Ausführung des Zahlungsvorgangs in Rechnung gestellt oder mit denen er dessen Zahlungskonto belastet hat.**

(7) **Wurde ein Zahlungsauftrag nicht oder fehlerhaft ausgeführt, hat der Zahlungsdienstleister desjenigen Zahlungsdienstnutzers, der einen Zahlungsvorgang ausgelöst hat oder über den ein Zahlungsvorgang ausgelöst wurde, auf Verlangen seines Zahlungsdienstnutzers den Zahlungsvorgang nachzuvollziehen und seinen Zahlungsdienstnutzer über das Ergebnis zu unterrichten.**

(8) **Wenn ein Fall des § 675d Absatz 6 Satz 1 Nummer 1 Buchstabe b vorliegt, ist § 675y Absatz 1 bis 4 auf die innerhalb des Europäischen Wirtschaftsraums getätigten Bestandteile des Zahlungsvorgangs nicht anzuwenden.**

Die Vorschrift regelt verschuldensunabhängige **Schadensersatzansprüche** des Zahlungsdienstnutzers gegen den Zahlungsdienstleister bei nicht erfolgter oder fehlerhafter Ausführung eines Zahlungsauftrags. Dabei gilt Abs. 1 für Ansprüche des Zahlers gegen seinen Zahlungsdienstleister, Abs. 2 für Ansprüche des Zahlungsempfängers gegen dessen Zahlungsdienstleister. 1

Beim **Laden** der GeldKarte sowie bei der **Bezahlung** mit GeldKarte gewährt Abs. 1 dem Karteninhaber als Zahler einen Anspruch gegen den Kartenemittenten. Allerdings dürfte der Vorschrift bei der Bezahlung mit GeldKarte keine praktische Bedeutung zukommen. 2

Da der Zahlungsvorgang bei der Bezahlung mit GeldKarte über den Händler als Zahlungsempfänger ausgelöst wird,[1] kann der **Händler** gemäß Abs. 2 bei **fehlerhafter Übermittlung** des Zahlungsauftrags von seiner Bank erneute Übermittlung verlangen. 3

§ 676b Anzeige nicht autorisierter oder fehlerhaft ausgeführter Zahlungsvorgänge

(1) **Der Zahlungsdienstnutzer hat seinen Zahlungsdienstleister unverzüglich nach Feststellung eines nicht autorisierten oder fehlerhaft ausgeführten Zahlungsvorgangs zu unterrichten.**

(2) **[1]Ansprüche und Einwendungen des Zahlungsdienstnutzers gegen den Zahlungsdienstleister nach diesem Unterkapitel sind ausgeschlossen, wenn dieser seinen Zahlungsdienstleister nicht spätestens 13 Monate nach dem Tag der Belastung mit einem nicht autorisierten oder fehlerhaft ausgeführten Zahlungsvorgang hiervon unterrichtet hat. [2]Der Lauf der Frist beginnt nur, wenn der Zahlungsdienstleister den Zahlungsdienstnutzer über die den Zahlungsvorgang betreffenden Angaben gemäß Artikel 248**

[1] → Kap. 8 BGB § 675p Rn. 2.

§§ 7, 10 oder § 14 des Einführungsgesetzes zum Bürgerlichen Gesetzbuche unterrichtet hat; anderenfalls ist für den Fristbeginn der Tag der Unterrichtung maßgeblich.

(3) **Für andere als die in § 675z Satz 1 genannten Ansprüche des Zahlungsdienstnutzers gegen seinen Zahlungsdienstleister wegen eines nicht autorisierten oder fehlerhaft ausgeführten Zahlungsvorgangs gilt Absatz 2 mit der Maßgabe, dass der Zahlungsdienstnutzer diese Ansprüche auch nach Ablauf der Frist geltend machen kann, wenn er ohne Verschulden an der Einhaltung der Frist verhindert war.**

(4) [1] **Wurde der Zahlungsvorgang über einen Zahlungsauslösedienstleister ausgelöst, sind Ansprüche und Einwendungen des Zahlungsdienstnutzers gegen seinen kontoführenden Zahlungsdienstleister ausgeschlossen, wenn der Zahlungsdienstnutzer den kontoführenden Zahlungsdienstleister nicht spätestens 13 Monate nach dem Tag der Belastung mit einem nicht autorisierten oder fehlerhaften Zahlungsvorgang hiervon unterrichtet hat.** [2] **Der Lauf der Frist beginnt nur, wenn der kontoführende Zahlungsdienstleister den Zahlungsdienstnutzer über die den Zahlungsvorgang betreffenden Angaben gemäß Artikel 248 §§ 7, 10 oder § 14 des Einführungsgesetzes zum Bürgerlichen Gesetzbuche unterrichtet hat; anderenfalls ist für den Fristbeginn der Tag der Unterrichtung durch den kontoführenden Zahlungsdienstleister maßgeblich.**

(5) **Für andere als die in § 675z Satz 1 genannten Ansprüche des Zahlungsdienstnutzers gegen seinen kontoführenden Zahlungsdienstleister oder gegen den Zahlungsauslösedienstleister wegen eines nicht autorisierten oder fehlerhaft ausgeführten Zahlungsvorgangs gilt Absatz 4 mit der Maßgabe, dass**

1. **die Anzeige an den kontoführenden Zahlungsdienstleister auch zur Erhaltung von Ansprüchen und Einwendungen des Zahlungsdienstnutzers gegen den Zahlungsauslösedienstleister genügt und**
2. **der Zahlungsdienstnutzer seine Ansprüche gegen den kontoführenden Zahlungsdienstleister oder gegen den Zahlungsauslösedienstleister auch nach Ablauf der Frist geltend machen kann, wenn er ohne Verschulden an der Einhaltung der Frist verhindert war.**

1 Die Vorschrift setzt Art. 71 PSD2 um. Sie regelt die **Unterrichtung** des **Zahlungsdienstleisters** durch den Zahlungsdienstnutzer bei fehlerhaften Zahlungsvorgängen (Abs. 1) und den Ausschluss von Ansprüchen des Zahlungsdienstnutzers aus den §§ 675u ff. BGB bei Unterlassen der Anzeige.

Die Vorschrift ist in Bezug auf Ladevorgänge ohne Besonderheiten anwendbar. Bei Bezahlvorgängen dürfte sie ohne praktische Bedeutung sein, da der Karteninhaber ohnehin das Missbrauchsrisiko trägt.[1]

[1] → Kap. 8 BGB § 675u Rn. 4.

9. Kapitel: Zahlungsverkehr und Insolvenz

Literatur: *Bai/Schumacher,* Bereicherungsrechtliche Rückabwicklung im Mehrpersonenverhältnis, ZInsO 2016, 2428 ff.; *Bauer,* EWiR 2011, 153 f.; *Bitter/Ott/Schimansky (Hrsg.),* Bankgeschäfte zwischen Markt, Regulierung und Insolvenz – FS für Hans-Jürgen Lwowski zum 75. Geburtstag, 2014; *Casse,* Neue Überlegungen zum Giro- und P-Konto im Insolvenzverfahren, ZInsO 2012, 1402 ff.; *Einsele,* Der Erstattungsanspruch des Zahlers, WM 2015, 1125 ff.; *Gehrlein,* WM Sonderbeilage 1/2009; *Hadding,* Aktuelle rechtliche Entwicklungen zum Lastschriftverkehr, ZBB 2012, 149 ff.; *Herresthal,* Die SEPA Instant-Überweisung, ZIP 2019, 895 ff.; *Hutschenreuther/Rinckens,* Die konkludente Genehmigung – Allheilmittel der Banken für widerrufene Lastschriften?!, ZInsO 2012, 1602 ff.; *Jacoby,* Die Insolvenzfestigkeit von Lastschriften gestern, heute und morgen, ZIP 2010, 1725 ff.; *Kayser,* Wirksame und unwirksame Aufrechnungen und Verrechnungen in der Insolvenz (§§ 94–96 InsO), WM 2008, 1477 ff.; *Kopp,* Das kreditorische Oder-Konto bei Insolvenz eines Kontoinhabers, ZIP 2019, 997 ff.;*Lange,* Bereicherungsrechtliche Rückabwicklung von nach Eröffnung erfolgter Überweisung des Schuldners, NZI 2016, 875 ff.; *Mülbert/Grimm,* Der Kontokorrentkredit als Gelddarlehensvertrag, WM 2015, 2217ff; *Nobbe,* Probleme des Lastschriftverfahrens, insbesondere in der Insolvenz des Zahlungspflichtigen, WM 2009, 1537 ff.; *ders.,* Neuregelungen im Zahlungsverkehrsrecht – Ein kritischer Überblick –, WM 2011, 961 ff.; *ders.,* Lastschriften in der Insolvenz des Schuldners – Vorhang zu, alle Fragen offen?, ZIP 2012, 1937 ff.; *ders.,* Die neuere Rechtsprechung des Bundesgerichtshofs zum Lastschriftverkehr, WM-Sonderbeilage Nr. 3/2012; *Obermüller/Kuder,* SEPA-Lastschriften in der Insolvenz nach dem neuen Recht der Zahlungsdienste, ZIP 2010, 349 ff.; *Obermüller/Obermüller,* Obergerichtliche Rechtsprechung des Jahres 2011 zur Position von Banken in einer Insolvenz ihres Kunden, ZInsO 2012, 1141 ff.; *dies.,* Obergerichtliche Rechtsprechung des Jahres 2012 zur Position von Banken in einer Insolvenz ihres Kunden, ZInsO 2013, 845 ff.; *von Olshausen,* Die SEPA-Lastschrift: Erfüllung – Aufrechnung – Insolvenz, Diss. Tübingen 2015; *Omlor,* Die neue Einzugsermächtigungslastschrift – Von der Genehmigungs- zur Einwilligungstheorie, NJW 2012, 2150 ff.; *Piekenbrock/Rodi/Aßfalg,* Der „SEPA-Lastschriftwiderspruch" in der Insolvenz des Zahlungsempfängers – terra incognita, WM 2017, 2281 ff.; *Schnauder,* Der Rückabwicklungsanspruch der Zahlstelle nach Lastschriftwiderspruch im Einzugsermächtigungsverfahren, WM 2011, 1685; *ders.,* 50 Jahre Lastschriftverfahren – Alte und neue Rechtsprobleme, WM 2014, 1701 ff.; *Werner,* Zivilrechtliche Neuerungen im Recht der Lastschrift – insbesondere im Einziehungsermächtigungsverfahren, BKR 2012, 221 ff.; *ders.,* Der Weg zu SEPA und die Auswirkungen auf die Zahlungsdienste, WM 2014, 243 ff.

Übersicht

I. Zahlungsdiensterahmenvertrag in der Insolvenz

Der Zahlungsdiensterahmenvertrag (§ 675f Abs. 2 BGB) ist ebenso wie der herkömmliche Girovertrag Rahmenvertrag, Geschäftsbesorgungsvertrag und Dauerschuldverhältnis.[1] 1

[1] Vgl. Staudinger/*Omlor* § 675f Rn. 9 ff.; Baumbach/Hopt/*Hopt* Anhang 7 (Bankgeschäfte) Rn. C/27.

Zu unterscheiden ist er vom Zahlungsdienstevertrag als Einzelzahlungsvertrag (§ 675f Abs. 1 BGB); beide sind aber Zahlungsdiensteverträge im Sinne des § 675c BGB,[2] haben also die Erbringung von Zahlungsdiensten zum Gegenstand. Inhalt des Zahlungsdiensterahmenvertrages ist (ebenso wie beim Girovertrag) mindestens die Berechtigung und Verpflichtung des Kreditinstitutes (Zahlungsdienstleister, vgl. § 675c Abs. 3 BGB iVm § 1 Abs. 1 ZAG), für den Kunden (Zahlungsdienstnutzer, vgl. § 675f Abs. 1 BGB) ein Konto einzurichten, eingehende Zahlungen auf dem Konto gut zu schreiben und abgeschlossene Überweisungsverträge zu Lasten des Kontos abzuwickeln. Bestehende Giroverträge sind nunmehr als Zahlungsdiensterahmenverträge zu behandeln, für die nach Art. 229 § 22 Satz 1 EGBGB das neue Recht gilt.[3] Daraus folgt, dass sich hinsichtlich der Konsequenzen der Insolvenz durch das neue Recht mangels eigenständiger Regelungen keine Besonderheiten ergeben und **in vollem Umfang auf Rechtsprechung und Literatur zum Girovertrag zurückgegriffen** werden kann.

1. Insolvenz des Kunden

2 Der Zahlungsdiensterahmenvertrag **endet** nach § 116 S. 1 InsO spätestens **mit der Eröffnung des Insolvenzverfahrens über das Vermögen des Kunden;**[4] ein Wahlrecht des Insolvenzverwalters gemäß § 103 InsO auf Erfüllung des Zahlungsdiensterahmenvertrages besteht nicht, weil §§ 115, 116 InsO insoweit vorrangige Wirkung beanspruchen.[5] Bei mehreren Kontoinhabern beschränkt sich diese Wirkung allerdings auf den jeweils insolventen Vertragspartner.[6] Angesichts der Regelung des § 116 S. 3 InsO für die einzelnen Zahlungsdienste dürfte die frühere Rechtsprechung zum Fortbestand des Girovertrages nach § 23 KO[7] für den Zahlungsdiensterahmenvertrag keine praktische Bedeutung mehr haben; auf die Kenntnis der Bank von der Insolvenzeröffnung kommt es allerdings im Rahmen von § 82 InsO an.[8] Die Bank darf zwar auch bei rechtlich erloschenem Girovertrag Zahlungen für den früheren Kunden entgegen nehmen, muss sie aber entsprechend § 675 f. Abs. 2 S. 1 BGB dem bisherigen Konto gutschreiben, was einen entsprechenden Auszahlungsanspruch der Masse begründet[9]; erfolgte die Zahlung ohne Rechtsgrund, besteht ein Anspruch des Zahlers gegen die Masse aus §§ 55 Abs. 1 Nr. 3 InsO, 812 Abs. 1 BGB[10]. Zur Verrechnung ist die Bank wegen § 96 Abs. 1 Nr. 1 InsO nicht befugt.[11] Bei Fortführung des Kontos durch den Insolvenzverwalter liegt ein neuer Zahlungsdiensterahmenvertrag[12] und ggf. auch ein neuer Kontokorrentkredit vor, für den früher bestellte Sicherheiten nicht haften.[13] Vor der Eröffnung des Insolvenzverfahrens haben auch Verfügungsbeschränkungen (§ 21 Abs. 2 Nr. 2 InsO) keinen Einfluss auf die Wirksamkeit des Zahlungsdiensterahmenvertrages.[14]

---

[2] Baumbach/Hopt/*Hopt* Anhang 7 (Bankgeschäfte) Rn. C/27 und C/29.

[3] Palandt/*Sprau* § 675f Rn. 10; *Obermüller/Kuder* ZIP 2010, 349.

[4] Palandt/*Sprau* § 675h Rn. 1 und Staudinger/*Omlor* § 675h Rn. 7 zum Girovertrag zuletzt BGH ZInsO 2015, 742ff ff. und BGH NJW 2019, 1451, 1452; MüKoInsO/*Ott/Vuia* § 116 Rn. 37; Obermüller Rn. 3.46; Kayser/Thole/*Marotzke* § 116 Rn. 4 – anders *Casse* ZInsO 2012, 1402, 1403.

[5] BGH ZInsO 2008, 803 ff.; MüKoInsO/*Ott/Vuia* § 116 Rn. 37.

[6] BGH NJW 1985, 2698; zur BGB-Gesellschaft vgl. *Obermüller* Rn. 2.22; eingehend insbes. zu § 84 InsO *Kopp* ZIP 2019, 997 ff.

[7] Vgl. BGHZ 63, 87 ff.

[8] Vgl. BGH ZInsO 2009, 659 ff. und NJW 2007, 914 ff.

[9] BGH ZInsO 2015, 742 ff.; vgl. auch *Obermüller/Obermüller* ZInsO 2012, 1141, 1143.

[10] BGH ZInsO 2015, 742 ff.

[11] BGH ZInsO 2008, 803 ff.; → Rn. 7.

[12] BGH ZInsO 2008, 803 ff. und BGH NJW 2019, 1451, 1452; Gottwald/*Obermüller-Kuder* § 98 Rn. 19; *Obermüller* Rn. 2.116 f., 2.242 ff.

[13] BGH NJW 1991, 1286 ff. (für den Girovertrag).

[14] BGH ZInsO 2006, 92 ff. (für den Girovertrag); *Obermüller* Rn. 2.15, 3.28.

2. Insolvenz des Zahlungsdienstleisters

3 Die Insolvenz der Bank beendet den Zahlungsdiensterahmenvertrag bzw. den Girovertrag hingegen nicht.[15] Beendigungsgrund ist erst das Erlöschen der Rechtsfähigkeit der Bank, etwa durch Löschung im Handelregister.

II. Kontokorrent in der Insolvenz

4 Für das Kontokorrentverhältnis enthält das neue Recht weder eine Definition noch abweichende Regelungen, so dass auch hier keine Besonderheiten gegenüber der bisherigen Rechtslage zu beachten sind.

1. Beendigung mit der Eröffnung des Insolvenzverfahrens über das Vermögen eines der Vertragspartner (§ 91 Abs. 1 InsO)

5 Die **Geschäftsverbindung und** damit auch das **Kontokorrentverhältnis enden** nach §§ 115, 116 InsO **mit der Eröffnung des Insolvenzverfahrens** über das Vermögen **eines der Vertragspartner.**[16] Auf die Kenntnis des anderen Teils von der Insolvenzeröffnung kommt es nicht an; bereits § 23 Abs. 1 Satz 2 KO galt hier nicht.[17] Bei einem Gemeinschaftskonto endet das Kontokorrentverhältnis hingegen nicht, wenn das Insolvenzverfahren nur über das Vermögen eines Mitinhabers eröffnet ist (§ 84 Abs. 1 InsO).[18] Der außerordentliche Schlusssaldo ist sofort mit Eröffnung des Verfahrens fällig (§ 41 Abs. 1 InsO), ist aber für die Bank (nur) einfache Insolvenzforderung.[19] Nach neuerer Rechtsprechung des Bundesgerichtshofes[20] kann der kausale Schlusssaldo aus dem Kontokorrent wegen § 91 Abs. 1 InsO nicht nur nicht verrechnet, sondern auch nicht im Voraus abgetreten werden. Anderes gilt nur hinsichtlich der Aufrechnung mit dem Berichtigungsanspruch der Bank bei Fehlbuchungen, diese bleibt grundsätzlich möglich.[21]

2. Verfügungsverbot in der Insolvenz des Kunden (§ 21 Abs. 2 Satz 1 Nr. 2 InsO)

6 Durch die Anordnung eines allgemeinen Verfügungsverbotes nach § 21 Abs. 2 Nr. 2 InsO wird (vorbehaltlich einer Kündigung)[22] **weder** das **Kontokorrentverhältnis beendet noch erlischt** die **Kontokorrentabrede** sonst.[23] Die Gegenmeinung[24] übersieht, dass nach der Rechtsprechung des Bundesgerichtshofes[25] § 91 InsO vor der Eröffnung des Insolvenzverfahrens keine Anwendung findet, sondern sich nur mittelbar wie für gestreckte Rechtserwerbe[26] durch das Verrechnungsverbot für den Schlusssaldo nach Insolvenzeröff-

---

[15] BankR-HdB/*Schmieder* § 47 Rn. 34 (5. Aufl.).

[16] Ganz hM, vgl. zuletzt BGH ZInsO 2009, 1492 sowie statt vieler Obermüller Rn. 2.105a und FK-Inso/*Wegener* § 116 Rn. 44; s.a. *Mülbert/Grimm* WM 2015, 2217, 2225 (die allerdings davon ausgehen, dass der Kontokorrentdarlehensvertrag nur entsprechend § 139 BGB erlischt); diff. Kayser/Thole/*Marotzke* § 116 Rn. 5 ff.

[17] BGH NJW 1979, 1658 f.

[18] Vgl. BankR-HdB/*Schmieder* § 50 Rn. 36.

[19] *Obermüller* Rn. 2.112 und FK-InsO/*Wegener* § 116 Rn. 44.

[20] BGH ZInsO 2009, 1492 ff. unter Aufgabe der noch anderslautenden Entscheidung NJW 1978, 538 ff.; ZInsO 2009, 2336ff; 2010, 710 f. (für die Vorausverpfändung); Kayser/Thole/*Kayser/Thole* § 91 Rn. 22 – anders MüKoInsO/*Breuer* § 91 Rn. 45.

[21] Vgl. dazu im Einzelnen *Obermüller* Rn. 2.106 ff.; BankR-HdB/*Schmieder* § 47 Rn. 94

[22] Dazu *Obermüller* Rn. 2.23 f. und 2.102.

[23] Vgl. BGH ZInsO 2012, 693 ff.; Gottwald/*Obermüller/Kuder* § 98 Rn. 7; BankR-HdB/*Schmieder* § 47 Rn. 95 (5. Auflage); FK-InsO/*Schmerbach* § 24 Rn. 14; s.a. *Kayser* WM 2008, 1477 (1484); *Obermüller* Rn. 2.17, 3.242.

[24] MüKoInsO/*Haarmeyer* § 21 Rn. 57 und *Ott/Vuia* § 116 Rn. 39 f.; BankR-HdB/*Schimansky* § 50 Rn. 31 (3. Aufl.).

[25] Vgl. BGH ZInsO 2007, 91ff; 2010, 133 ff.

[26] Vgl. dazu BGH ZInsO 2010, 133 ff.

nung auswirkt. Die Anfechtungsvorschriften gewähren der künftigen Masse ausreichend Schutz.[27] Wegen der gleichen Ergebnisse hinsichtlich der Verrechnungsmöglichkeit dürfte der Meinungsstreit allerdings keine praktische Bedeutung haben.[28]

3. Folgen der Beendigung, insbesondere Verrechnung und Aufrechnung durch den Finanzdienstleister

7 Da das Kontokorrentverhältnis (und damit die Verrechnungsabrede) mit der Eröffnung des Insolvenzverfahrens endet, kann die Bank **eingehende Zahlungen nicht** mit dem Schuldsaldo auf dem Konto **verrechnen;**[29] sie kann **auch nicht** mit diesem **aufrechnen,** weil sie die Herausgabe des durch die Überweisung erlangten Betrages erst nach der Insolvenzeröffnung schuldig geworden ist, § 96 Abs. 1 Nr. 1 InsO.[30] Der Überweisungsbetrag stellt auch keinen insolvenzfreien Neuerwerb dar, weil auch rechtsgrundlose Bereicherungen des Insolvenzschuldners nach Insolvenzeröffnung Masseschulden im Sinne von § 55 Abs. 1 Nr. 3 InsO (vormals § 59 Abs. 1 Nr. 4 KO) sind.[31] Lag der Eingang der Deckung hingegen vor Insolvenzeröffnung, steht § 96 Abs. 1 Nr. 1 InsO mangels Anwendbarkeit vor Eröffnung nicht entgegen, und zwar auch dann nicht, wenn Sicherungsmaßnahmen nach § 21 Abs. 2 Nr. 2 oder 3 InsO angeordnet waren.[32] Insbesondere bei Kenntnis der Bank von der (drohenden) Zahlungsunfähigkeit kommt allerdings eine Unwirksamkeit der Aufrechnung nach §§ 96 Abs. 1 Nr. 3, 130 ff. InsO in Betracht.[33] Die Folgen der Insolvenzanfechtung können auch nicht zugunsten der Bank durch die Annahme einer Nichtigkeit auch des der Gutschrift zugrunde liegenden Erfüllungsgeschäftes nach § 142 Abs. 1 BGB (und einer daraus folgenden Aufrechnungsmöglichkeit) umgangen werden.[34] Die Anfechtbarkeit der Verrechnung eines Zahlungseinganges mit dem debitorischen Saldo auf dem Konto des Insolvenzschuldners ist in der Regel aber dann ausgeschlossen, wenn die Forderung, die durch die Zahlung getilgt wurde, an die Bank zur Sicherheit abgetreten war, weil es dann an einer Gläubigerbenachteiligung im Sinne des § 129 InsO fehlt.[35] Ein Bargeschäft nach § 142 InsO (welches die Anfechtbarkeit ebenfalls ausschließt) liegt bei Verrechnungen im Rahmen eines Kontokorrentkredites allerdings nur vor, soweit Fremdgläubiger betroffen sind, nicht dagegen bei Belastungsbuchungen, die eigene Forderungen der Bank betreffen, weil die Bank dann eben nicht nur Zahlstelle ist.[36]Auch bei Gutschriften, bei denen der Bargeschäftseinwand greift, bleibt allerdings die Vorsatzanfechtung nach § 133 InsO möglich[37]

III. Überweisung in der Insolvenz

8 Auch die Überweisung als Zahlungsdienst ist im neuen Recht nicht gesondert definiert.[38] Die folgende Darstellung behandelt nur die Rechtslage seit Inkrafttreten des Überweisungsgesetzes zum 1.1.2002,[39] soweit durch die Neufassung von § 675c ff. BGB keine Änderun-

[27] *Obermüller* Rn. 3.242.
[28] *Obermüller* Rn. 3.243.
[29] Vgl. zur Wirksamkeit der Verrechnung, insbesondere bei offener Kreditlinie eingehend *Obermüller* Rn. 3.170 ff., auch zu Anfechtungsmöglichkeiten insoweit.
[30] BGH ZInsO 2008, 803 ff. und bereits (zu § 55 Abs. 1 Nr. 1 KO) BGH NJW 1979, 1658 f.; Kayser/Thole/*Kayser,* § 82 Rn. 30
[31] BGH NJW 1995, 1483 f.
[32] Vgl. BGH ZInsO 2004, 852 ff.; Gottwald/*Uhlenbruck/Vuia* § 14 Rn. 168.
[33] Vgl. BGH ZInsO 2004, 852; 2012, 1429 ff.; 2013, 1898 ff.; iErg ebenso Gottwald/*Uhlenbruck/Vuia* § 14 Rn. 168; ausführlich *Kayser* WM 2008, 1525 (1535), und *Gehrlein* WM Sonderbeilage Nr. 1/2009, S. 17 und 34.
[34] Vgl. BGH Urt. v. 14.10.2010 – IX ZR 160/08, n. v.
[35] BGH ZInsO 2008, 803 ff. und BGH NZI 2017, 349 (350).
[36] Vgl. BGH ZInsO 2008, 163f; 2008, 803 ff.
[37] Vgl. zuletzt BGH ZInsO 2013, 384 ff.
[38] Zum Begriff s. aber Palandt/*Sprau* § 675f Rn. 38.
[39] Zur vorherigen Rechtslage vgl. zB BankR-HdB/*Schimansky* § 50 Rn. 32 ff. (3. Aufl.).

gen (also insbesondere die Rückkehr zum Auftragsmodell mit einem Rahmenvertrag und einzelnen Weisungen (§ 665 BGB) als Grundlage für **alle** Vertragsbeziehungen,[40] das eingeschränkte Widerrufsrecht nach § 675p BGB nF und das Ablehnungsrecht nach § 675o BGB nF) eingetreten sind[41].

1. Insolvenz des Überweisenden

a) Vor Eröffnung des Insolvenzverfahrens. Zahlungsunfähigkeit, Zahlungseinstellung oder Insolvenzantrag haben **keinen Einfluss auf** die **Verfügungsbefugnis des Kontoinhabers.** Selbst wenn die Bank Kenntnis hiervon hat, kann (und muss) sie deshalb Überweisungsaufträge aufgrund des Zahlungsdiensterahmenvertrages (bzw. Girovertrages) weiter ausführen. Solange das Konto ein Guthaben aufweist, ist auch die Belastung mit dem Überweisungsbetrag unproblematisch möglich.[42] Wird durch die Überweisung das Konto hingegen überzogen, würde die Bank in Höhe des Debetsaldos nur eine einfache Insolvenzforderung erwerben.[43] Die Bank ist deshalb ohne bestehende Kreditlinie nicht verpflichtet, die Überweisung auszuführen (§ 675o Abs. 2 BGB iVm Nr. 1.6 der Bedingungen für den Überweisungsverkehr). War zwar ein Kredit eingeräumt, will die Bank die Ausführung der Überweisung aber dennoch verweigern – etwa weil sie nicht über ausreichende Sicherheiten verfügt[44] – muss sie zunächst den (Kontokorrent-)Kredit kündigen, wofür allerdings die zeitlichen Grenzen des § 675o Abs. 1 BGB zu beachten sind. 9

In aller Regel kommt bei Abwicklung der Überweisung auch eine Insolvenzanfechtung der Kontobelastung nach §§ 130, 131 InsO nicht in Betracht, weil die Bank mit der Überweisungsausführung wie bei einer Barauszahlung nur ihre Schuld aus dem Zahlungsdienstevertrag erfüllt;[45] nur die Vorsatzanfechtung nach § 133 InsO bleibt möglich, wenn deren Voraussetzungen nachgewiesen werden können[46]. 10

b) Anordnung von Sicherungsmaßnahmen (§ 21 InsO). Das Insolvenzgericht kann (und wird in der Regel) einen vorläufigen Insolvenzverwalter bestellen (§ 21 Abs. 2 Satz 1 Nr. 1 InsO), dem Schuldner ein allgemeines Verfügungsverbot auferlegen oder anordnen, dass Verfügungen des Schuldners nur mit Zustimmung des vorläufigen Insolvenzverwalters wirksam sind (§ 21 Abs. 2 Satz 1 Nr. 2 InsO). Diese Maßnahmen werden mit ihrem Erlass wirksam;[47] ist entgegen der gesetzlichen Regelung die Stunde des Erlasses nicht angegeben, so ist die Mittagsstunde des Erlasstages maßgebend (§ 27 Abs. 3 InsO). Für den Zugang des Zahlungsauftrages ist § 675n Abs. 1 BGB maßgeblich[48]. 11

Die **Bestellung** eines **vorläufigen Insolvenzverwalters** allein **ändert** an der **Verfügungsbefugnis** über das Konto **nichts.** Gleiches gilt, wenn (nur) ein Zustimmungsvorbehalt für den vorläufigen Insolvenzverwalter angeordnet ist (§ 21 Abs. 2 Satz 1 Nr. 2 Fall 2 InsO), weil nur bei einem allgemeinen Verfügungsverbot die Verwaltungsbefugnis auf den vorläufigen Verwalter übergeht (§ 22 Abs. 1 InsO)[49]. Allein der Zustimmungsvorbehalt beschränkt den Insolvenzschuldner nicht in seiner Fähigkeit, Überweisungsverträge zu schließen.[50] Die Bank kann und muss daher trotz der Einsetzung eines „schwachen" 12

---

[40] Vgl. *Obermüller* Rn. 3.4 und *Nobbe* WM 2011, 961 (963).

[41] Zur Überweisung allg. Staudinger/*Omlor* Vorb. zu §§ 675c-676c Rn. 73 ff. und Vorb. § 675j Rn. 1 ff.

[42] Gottwald/*Obermüller/Kuder* § 99 Rn. 2–4; iE *Obermüller* Rn. 39, 3.11 ff.

[43] *Obermüller* Rn. 3.11.

[44] Bestehen solche hingegen, können sie auch im Fall der Insolvenzeröffnung zur Deckung herangezogen werden, vgl. Gottwald/*Obermüller/Kuder* § 99 Rn. 5.

[45] Vgl. Gottwald/*Obermüller/Kuder* § 99 Rn. 4 und *Obermüller* Rn. 3.23; zu Ausnahmen vgl. BGH ZInsO 2008, 374 f., und *Obermüller* Rn. 3.25.

[46] BGH ZInsO 2012, 924 ff.; *Obermüller/Obermüller,* ZInsO 2013, 845 f. sowie *Obermüller* Rn. 3.25a.

[47] MüKoInsO/*Haarmeyer* § 21 Rn. 56.

[48] Vgl. dazu ausführlich BGH BeckRS 2019, 9277; zur SEPA Instant-Überweisung *Herresthal* ZIP 2019, 895 (900 f.).

[49] Gottwald/*Vuia* § 14 Rn. 173.

[50] BGH ZInsO 2006, 208 ff; 2009, 659; 2014, 33 ff.; Gottwald/*Vuia* § 14 Rn. 173 (auch mwN zur Gegenmeinung).

vorläufigen Insolvenzverwalters bereits vorliegende Überweisungsaufträge des Schuldners auf Guthabensbasis ausführen[51]; der vorläufige Verwalter kann diese auch nicht widerrufen.[52] Die Gegenmeinung[53] unterscheidet nicht ausreichend zwischen Ausführung der Überweisung und Belastung des Kontos und vermag zudem nicht zu erklären, warum die Bank trotz danach vorliegender objektiver Pflichtverletzung durch Ausführung der Überweisung bei fehlender Kenntnis vom Zustimmungsvorbehalt von ihrer Schuld frei werden soll.[54]

Allerdings wird die Bank bemüht sein, bei entsprechender Kenntnis[55] auch vorherige Überweisungen im Benehmen mit dem vorläufigen Insolvenzverwalter und dem Schuldner nicht auszuführen. Führt die Bank den Überweisungsauftrag nämlich in Kenntnis des Zustimmungsvorbehaltes aus, kann sie den Überweisungsbetrag nicht in das Kontokorrent einstellen, weil die Belastung des Kontos an der fehlenden Genehmigung scheitert;[56] auch diese Wirkung ergibt sich aus § 91 Abs. 1 InsO.[57] Hat sie von der Anordnung hingegen keine Kenntnis erlangt,[58] wird sie im Fall eines kreditorisch geführten Kontos von der Verpflichtung zur Auszahlung des Guthabens an die Masse gemäß §§ 24 Abs. 1, 82 S. 1 InsO befreit; bei Zahlung aus einer Kreditlinie kann sie ihren Aufwendungsersatzanspruch als Insolvenzforderung geltend machen.[59] Bei Verrechnungen oder Aufrechnungen mit anderweitigen Forderungen sind allerdings ggf. Anfechtungsmöglichkeiten des Insolvenzverwalters gegeben.[60]Der Insolvenzverwalter kann den überwiesenen Betrag aber nach § 812 Abs. 1 S. 1 F. 1 BGB vom Überweisungsempfänger zurückverlangen, weil im Valutaverhältnis kein wirksamer Überweisungsvertrag vorliegt.[61]

13 Die **vor Verfahrenseröffnung eingereichten Überweisungsaufträge,** die wirksam werden, sobald sie der Bank zugehen (§ 675n Abs. 1 Satz 1 BGB),[62]**bleiben** auch **nach Verfahrenseröffnung bestehen** (§ 116 Satz 3 InsO); die frühere Unterscheidung danach, ob der Überweisungsauftrag bereits angenommen und damit der Überweisungsvertrag zustande gekommen ist,[63] hat sich mit der Neufassung von § 675c ff. BGB erledigt (nur ein Rahmenvertrag).[64] Die Bank kann sich ihrer vertraglichen Ausführungspflicht auch in diesem Fall nur entziehen, wenn das Konto debitorisch ist und eine ggf. bestehende Kreditlinie gekündigt wird.[65] Führt sie die Überweisung dennoch aus, erwirbt sie eine Masseforderung, § 116 S. 3 InsO;[66] bei einem Guthaben kann sie mit diesem auch aufrechnen.[67] Der Insolvenzverwalter kann dies nach Verfahrenseröffnung nur durch einen Widerruf nach

---

[51] Vgl. zuletzt BGH ZInsO 2014, 33 ff. – der Insolvenzverwalter hat allerdings einen Anspruch aus § 812 Abs. 1 S. 1 BGB gegen den Empfänger, weil der Schuldner keine wirksame Überweisungszweckbestimmung treffen konnte.

[52] BGH ZInsO 2009, 659 ff.; insoweit zustimmend auch *Obermüller* Rn. 3.37 und 3.44 f. und BankR-Hdb/*Schmieder* § 50 Rn. 46 (5. Aufl.).

[53] *Obermüller* Rn. 3.32.

[54] Vgl. *Obermüller* Rn. 3.40.

[55] Zur Beweislast vgl. Kayser/Thole/*Marotzke* § 24 Rn. 14, 21 sowie Kayser/Thole/*Kayser* § 82 Rn. 16, 22.

[56] BGH ZInsO 2009, 659 ff.; 2012, 639; FK-InsO/*Schmerbach* § 24 Rn. 14; Kayser/Thole/*Marotzke* § 24 Rn. 7.

[57] → Rn. 5, 7.

[58] Vgl. zur Beweislast und den Anforderungen nach der Schaffung der Möglichkeit einer Internet-Einzelabfrage BGH ZInsO 2010, 912 ff.

[59] Vgl. BGH ZInsO 2014, 33 ff.; *Obermüller* Rn. 3.40 – verfehlt Gottwald/*Vuia* § 14 Rn. 174, da zusätzlich die Wirksamkeit der Überweisung im Valutaverhältnis gefordert wird.

[60] Vgl. iE Gottwald/*Obermüller/Kuder* § 99 Rn. 21 ff.

[61] BGH ZInsO 2014, 33 ff.; Kayser/Thole/*Marotzke* § 24 Rn. 4.

[62] Vgl. Gottwald/*Obermüller/Kuder* § 99 Rn. 3.

[63] Vgl. MüKoInsO/*Ott/Vuia* § 116 Rn. 38.

[64] → Rn. 8.

[65] Wohl zu weitgehend *Obermüller* Rn. 3.35 ff., der eine Ausführungspflicht wegen § 675o Abs. 2 BGB, § 91 Abs. 1 InsO verneint.

[66] Vgl. Gottwald/*Obermüller/Kuder* § 99 Rn. 12; FK-InsO/*Wimmer-Amend* § 82 Rn. 30; Kayser/Thole/*Kayser* § 82 Rn. 24; *Obermüller* Rn. 3.49.

[67] *Obermüller* Rn. 3.49; FK-InsO/*Wimmer-Amend* § 82 Rn. 30.

§ 675p Abs. 4 BGB, Nr. 1.5 III der Bedingungen für den Überweisungsverkehr verhindern, wenn die Bank dem zustimmt.[68] Ein Überweisungsrückruf (bzw. nach altem Recht eine Kündigung des Überweisungsvertrages) ist im Übrigen allenfalls möglich, bis der Überweisungsbetrag endgültig zur Gutschrift auf dem Konto des Begünstigten zur Verfügung gestellt wird.[69]

Ist aufgrund eines **allgemeinen Verfügungsverbotes** die Verfügungsbefugnis über das Konto auf den vorläufigen Insolvenzverwalter übergegangen, gelten von ihm durch Überweisungen begründete Verbindlichkeiten nach § 55 Abs. 2 InsO als Masseverbindlichkeiten. Ist die Anordnung vor Erteilung des Überweisungsauftrages ergangen, ist die Weisung des Kunden mangels Verfügungsmacht unwirksam und darf nicht ausgeführt werden.[70] Ist der Überweisungsauftrag schon vor dem Erlass des Verfügungsverbotes erteilt worden und ist ein Guthaben vorhanden, wird man nach geltendem Recht wie nach altem Recht seit Inkrafttreten des Überweisungsgesetzes[71] davon ausgehen müssen, dass die Bank zur Ausführung verpflichtet ist.[72] Denn das gerichtliche Verfügungsverbot ist jedenfalls keine „sonstige Rechtsvorschrift" iSd § 675o Abs. 2 BGB.[73] Die Bank sollte allerdings versuchen, den vorläufigen Insolvenzverwalter sofort zu erreichen, um von ihm einen Widerruf des Überweisungsauftrages zu erhalten.[74] Ist das Konto debitorisch, ist die Bank ohnehin nicht zur Ausführung verpflichtet.[75] 14

Sonderregelungen für Finanzsicherheiten enthält § 21 Abs. 2 Satz 2 InsO, der allerdings schon aufgrund des engen persönlichen Anwendungsbereiches (nicht bei Beteiligung natürlicher Personen oder bei ausschließlicher Beteiligung von juristischen Personen des Privatrechts und Personengesellschaften) nur eine sehr eingeschränkte praktische Bedeutung haben dürfte.[76] 15

c) Nach Eröffnung des Insolvenzverfahrens. Mit der Eröffnung des Insolvenzverfahrens über das Vermögen des Überweisenden enden der Zahlungsdiensterahmenvertrag und das Kontokorrentverhältnis.[77] Neue Überweisungsaufträge können durch den Insolvenzschuldner nicht mehr erteilt werden[78] 16

Bei Eröffnung des Insolvenzverfahrens **bereits erteilte Überweisungsaufträge** erlöschen im Gegensatz zu anderen vom Schuldner erteilten Aufträgen durch die Eröffnung nicht, sondern **bestehen** vielmehr mit Wirkung für die Masse **fort** (§ 116 S. 3 InsO).[79] Demgemäß hat die Bank die zum Zeitpunkt der Eröffnung bereits zugegangenen Überweisungen zum Nachteil der Masse auszuführen. Ist der **Auftrag hingegen erst nach Insolvenzeröffnung zugegangen**[80] und führt die Bank die Überweisung dennoch in Kenntnis der Insolvenzeröffnung aus, wird sie bei kreditorischem Konto nicht von ihrer Schuld frei und erwirbt bei debitorischem Konto keinen Aufwendungsersatzanspruch gegen die Masse, sondern nur einen Bereicherungsanspruch gegen den Überweisungsempfänger.[81] Bei unverschuldeter Unkenntnis der Bank von der Insolvenz- 17

[68] Gottwald/*Obermüller/Kuder* § 99 Rn. 12; *Obermüller* Rn. 3.42, 3.49.
[69] BGH NJW 2007, 914 ff. (zum alten Recht); im Einzelnen umstritten *Langenbucher* → Kap. 3 BGB § 675p Rn. 3; zur SEPA Instant-Überweisung *Herresthal* ZIP 2019, 895, 904.
[70] *Obermüller* Rn. 3.31; unentschieden MüKoInsO/*Ott/Vuia* § 81 Rn. 12b.
[71] Dazu näher BankR-HdB/*Schimansky* § 50 Rn. 36 f. (3. Aufl.).
[72] Ebenso BankR-HdB/*Schmieder* § 50 Rn. 44 (5. Aufl.).
[73] *Obermüller* Rn. 3.35.
[74] *Obermüller* Rn. 3.37.
[75] → Rn. 9 und *Obermüller* Rn. 3.38.
[76] Vgl. zu Einzelheiten Gottwald/*Vuia* § 14 Rn. 11/12.
[77] → Rn. 2, 5.
[78] FK-InsO/*Wimmer-Amend* § 82 Rn. 31
[79] BGH ZInsO 2009, 659 ff.; → Rn. 13.
[80] Oder nach altem Recht der Überweisungsvertrag erst danach zustande gekommen und somit unwirksam ist, vgl. BGH ZInsO 2009, 659 ff.
[81] Vgl. BGH ZInsO 2009, 659 ff.; Gottwald/*Obermüller/Kuder* § 99 Rn. 8; *Obermüller* Rn. 3.57 f.; FK-InsO/*Wimmer-Amend* § 82 Rn. 29 und 31; BankR-HdB/*Schmieder* § 50 Rn. 50 (5. Aufl.); Kayser/Thole/*Marotzke* § 116 Rn. 6 – **aA** offenbar MüKoInsO/*Ott/Vuia* § 81 Rn. 12a.

eröffnung[82] und bei kreditorischem Konto wird die Bank in Höhe des Überweisungsbetrages gemäß § 82 S. 1 InsO von der Pflicht zur Auszahlung des Guthabens frei.[83] War das Konto zum Zeitpunkt der Überweisung debitorisch, ist umstritten, ob die Bank zwar einen Aufwendungsersatzanspruch erwirbt (§§ 116 S. 1, 115 Abs. 3 InsO), der aber nur einfache Insolvenzforderung ist,[84] oder ob sich die Bank an den Überweisungsempfänger halten muss, weil der bloße Erwerb einer Insolvenzforderung nicht mit dem Gesetzeszweck des § 116 S. 3 InsO vereinbar ist.[85] Von großer praktischer Bedeutung wird diese Fallkonstellation kaum sein, weil die Bank in der Regel bereits geraume Zeit vor Insolvenzeröffnung von der schlechten finanziellen Lage des Insolvenzschuldners Kenntnis haben und bei fehlenden Sicherheiten[86] Überweisungen dann nur auf Guthabenbasis ausführen wird. In der Sache erscheint allerdings der Ausschluss der Anwendung des § 115 Abs. 3 InsO kaum mit dem Wortlaut dieser Bestimmung vereinbar, so dass der erstgenannten Meinung der Vorzug zu geben ist.

2. Insolvenz des Überweisungsempfängers

18 **a) Vor Eröffnung des Insolvenzverfahrens.** Ist die Überweisung vor Eröffnung des Insolvenzverfahrens durchgeführt, dh die Deckung bei der Bank des Überweisungsempfängers vor diesem Zeitpunkt eingegangen,[87] ist die Bank aufgrund des Zahlungsdiensterahmenvertrages bzw. Girovertrages zur **Gutschrift** auf dem Konto des Überweisungsempfängers (nach Verfahrenseröffnung auch gegenüber der Masse) **verpflichtet.**[88] Diese vertragliche Pflicht wird **weder von** dem **Insolvenzantrag noch** der **Anordnung von Sicherungsmaßnahmen** nach § 21 InsO **tangiert.**[89] Eine Verrechnung mit dem Schuldsaldo auf dem (Kontokorrent)-Konto kommt für die Bank nach Verfahrenseröffnung nicht mehr in Betracht, wohl aber in der Regel eine Aufrechnung,[90] es sei denn, der Bank war die Anordnung der Maßnahmen nach § 21 InsO bekannt oder infolge eigenen Verschuldens unbekannt.[91] Allerdings ist die Aufrechnung durch die Anfechtungsmöglichkeiten des Insolvenzverwalters nach §§ 96 Abs. 1 Nr. 3, 130ff ff. InsO beschränkt.[92] Der Überweisende wird von seiner Leistungspflicht jedenfalls frei, auch wenn Sicherungsmaßnahmen nach § 21 Abs. 2 InsO angeordnet waren.[93]

19 Die Bank des Überweisungsempfängers darf allerdings den Überweisungsauftrag dann nicht ohne Rückfrage bei dem Überweisenden ausführen, wenn **nach** den **Umständen des Einzelfalles** eine **Warnpflicht**[94] gegenüber diesem besteht, etwa in Fällen vorheriger positiver Auskunftserteilung über den Überweisungsempfänger oder Eigeninteresse an dem

[82] Vgl. zum maßgeblichen Zeitpunkt der Kenntnis und zur Wissenszurechnung von Mitarbeitern der Bank im Einzelnen Gottwald/*Obermüller/Kuder* § 99 Rn. 10/11 und *Obermüller* Rn. 3.60 ff.

[83] Vgl. MüKoInsO/*Ott/Vuia* § 82 Rn. 21/22 (die allerdings verfehlt zusätzlich die Wirksamkeit der Überweisung im Valutaverhältnis fordern); Gottwald/*Obermüller/Kuder* § 99 Rn. 9; *Obermüller* Rn. 3.53; Kayser/Thole/*Kayser* § 82 Rn. 27; OLG Schleswig ZInsO 2016, 1901, 1904; *Lange* NZI 2016, 875, 878; *Bai/Schumacher* ZInsO 2016, 2428, 2429 f.; FK-InsO/*Wegener* § 116 Rn. 62

[84] Gottwald/*Obermüller/Kuder* § 99 Rn. 9; BankR-HdB/*Schmieder* § 50 Rn. 50; *Obermüller* Rn. 3.54; Kayser/Thole/*Kayser* § 82 Rn. 27; FK-InsO/*Wegener* § 116 Rn. 62.

[85] MüKoInsO/*Ott/Vuia* § 82 Rn. 21 mwN – anders § 81 Rn. 12a; FK-InsO/*Wimmer-Amend* § 82 Rn. 31.

[86] Ansonsten sichern diese auch den Anspruch aus §§ 116 S. 1, 115 Abs. 3 InsO, vgl. *Obermüller* Rn. 3.55 f.

[87] Dazu näher *Obermüller* Rn. 3.137 f.

[88] Gottwald/*Obermüller/Kuder* § 99 Rn. 20 und *Obermüller* Rn. 3.230.

[89] → Rn. 2 und Gottwald/*Obermüller/Kuder* § 99 Rn. 29.

[90] → Rn. 7.

[91] Vgl. Gottwald/*Vuia* § 14 Rn. 170 und näher zu den maßgeblichen Zeitpunkten *Obermüller* Rn. 3.236 ff.

[92] → Rn. 7 und iE Gottwald/*Obermüller/Kuder* § 99 Rn. 21–27 f. sowie *Obermüller* Rn. 3.231 ff.

[93] Gottwald/*Vuia* § 14 Rn. 168.

[94] Dazu umfassend *Obermüller* Rn. 3.111 f. und FK-InsO/*Wegener* § 116 Rn. 69 sowie *Langenbucher* → Kap. 4 BGB § 675y Rn. 7 sowie allg. auch BGH NZI 2019, 414 (416) mwN.

Grundgeschäft[95] oder bei erheblichen Verdachtsmomenten für einen Anlagebetrug[96] oder einen Missbrauch der Vertretungsmacht.[97] Eine grundsätzliche Pflicht der Empfängerbank zur Information des Überweisenden bei Kenntnis von der Zahlungseinstellung des Überweisungsempfängers ist allerdings nach zutreffender Ansicht[98] schon wegen der girovertraglichen Pflichten gegenüber dem Überweisungsempfänger und dem damit verbundenen Haftungsrisiko abzulehnen.

b) Nach Eröffnung des Insolvenzverfahrens. Nach Insolvenzeröffnung kann die Bank zwar in **Fortwirkung** des **Zahlungsdiensterahmenvertrages** bzw. Girovertrages noch Zahlungen für den Überweisungsempfänger entgegen nehmen,[99] muss dies aber nicht.[100] Ist die Deckung jedoch erst nach Insolvenzeröffnung eingegangen, kann sie weder mit einem etwaigen Schuldsaldo auf dem Konto verrechnet werden (das Kontokorrentverhältnis ist erloschen) noch ist eine Aufrechnung möglich (§ 96 Abs. 1 Nr. 1 InsO).[101] Ein Anspruch des Überweisungsempfängers auf Gutschrift besteht nicht;[102] nimmt die Bank die Zahlungseingänge entgegen, wird sie sie also in der Regel an den Insolvenzverwalter auskehren (müssen).[103]Der Drittschuldner wird von seiner Leistungspflicht frei, wenn der Überweisungsauftrag vor der Eröffnung des Insolvenzverfahrens erteilt wurde.[104] 20

Anders kann es allerdings dann liegen, wenn die Forderung, die der Überweisende erfüllen wollte, der Bank des Überweisungsempfängers zur Sicherung abgetreten war, weil letztere die Zahlung dann als wahre Gläubigerin berechtigt erhält.[105] Jedoch muss der Insolvenzverwalter in diesem Fall prüfen, ob nicht die Sicherungsabtretung oder ihre Werthaltigmachung anfechtbar sind.[106] Eine weitere Ausnahme von der Anfechtbarkeit der Verrechnung von Überweisungseingängen besteht, wenn die Bank den Überweisungsempfänger über die eingegangenen Beträge im Rahmen einer Kreditlinie wieder hat verfügen lassen.[107] 21

Eine Verpflichtung zur Rückfrage bei dem Überweisenden vor Ausführung der Überweisung besteht für die Bank des Überweisungsempfängers nach zutreffender Auffassung nach Eröffnung des Insolvenzverfahrens jedenfalls nicht mehr, weil sie aufgrund der öffentlichen Bekanntmachung davon ausgehen darf, dass der Überweisende über die Insolvenz unterrichtet ist.[108] 22

IV. Lastschrift in der Insolvenz

Der **Begriff** der **Lastschrift** ist in § 675c Abs. 3 iVm § 1 Abs. 4 ZAG gesetzlich definiert als ein vom Zahlungsempfänger (= Gläubiger) ausgelöster Zahlungsvorgang zur Belastung des Zahlungskontos des Zahlers (= Schuldner), dem dieser gegenüber dem Zahlungsempfänger, dessen Zahlungsdienstleister oder seinem eigenen Zahlungsdienstleister zustimmt. Die Lastschrift wird wegen der Ähnlichkeit im Ablauf auch als rückläufige 23

---

95 Vgl. BGH WM 1960, 1321 ff.; 1961, 510 f. und NJW 1978, 1852 f.; Gottwald/*Obermüller/Kuder* § 99 Rn. 18.

96 BGH NJW 2008, 2245 ff.

97 BGH WM 1976, 474 f. und NJW-RR 2004, 1637 ff.

98 Gottwald/*Vuia* § 14 Rn. 171 und MüKoInsO/*Ott/Vuia* § 82 Rn. 19, je mwN; *Obermüller* Rn. 3.122; Gottwald/*Obermüller/Kuder* § 99 Rn. 18.

99 → Rn. 2.

100 BankR-HdB/*Schmieder* § 50 Rn. 52.

101 Vgl. MüKoInsO/*Ott/Vuia* § 82 Rn. 20 und eingehend *Obermüller* Rn. 3.147 ff. sowie Gottwald/*Obermüller/Kuder* § 99 Rn. 21 und 31 ff.

102 *Obermüller* Rn. 3.139; Kayser/Thole/*Kayser* § 82 Rn. 30.

103 Vgl. MüKoInsO/*Ott/Vuia* § 82 Rn. 19; *Obermüller* Rn. 2.273; FK-InsO/*Wimmer-Amend* § 82 Rn. 33.

104 FK-InsO/*Wimmer-Amend* § 82 Rn. 32; Kayser/Thole/*Kayser* § 82 Rn. 29.

105 BGH ZInsO 2008, 801 und Gottwald/*Obermüller/Kuder* § 99 Rn. 31 f.

106 BGH ZInsO 2008, 801 ff. und eingehend *Obermüller* Rn. 3.156 ff.

107 Vgl. iE Gottwald/*Obermüller/Kuder* § 99 Rn. 33.

108 Gottwald/*Obermüller/Kuder* § 99 Rn. 19 und *Obermüller* Rn. 3.129 mwN auch zur Gegenmeinung.

Überweisung bezeichnet,[109] wobei im Gegensatz zu dieser der Zahlungsvorgang durch Weisung des Gläubigers eingeleitet wird.

Seit der Umsetzung der Zahlungsrichtlinie in deutsches Recht seit 2.11.2009 gab es vier verschiedene Lastschriftverfahren, nämlich die herkömmlichen deutschen Abbuchungsauftrags- und Einzugsermächtigungsverfahren sowie das SEPA-Basis- und das SEPA-Firmenlastschriftverfahren.[110] Für den aktuellen Geschäftsverkehr ist allerdings nur noch die EU-Verordnung zur Festlegung der technischen Vorschriften und der Geschäftsanforderungen für Überweisungen und Lastschriften in EUR vom 14.3.2012 (ABl. Nr. L 94/22 vom 30.3.2012) von Bedeutung, die seit 31.3.012 in Deutschland unmittelbar geltendes Recht ist.. Mit Ablauf der Übergangsfrist zum 1.2.2016 existiert nur noch die SEPA-Lastschrift als einheitliches europäisches Verfahren[111]. Die herkömmlichen deutschen Lastschriftverfahren sind nur noch für unerledigte Streitigkeiten aus der Zeit vor dem 9.7.2012 bzw. 2.8.2014 bedeutsam[112]. Besonderheiten im Vergleich zur Überweisung sowohl in der Insolvenz des Schuldners als auch der des Gläubigers ergeben sich im Wesentlichen nur beim SEPA-Basis-Verfahren[113], so dass im Folgenden nach den beiden SEPA-Verfahren unterschieden wird.

1. Insolvenz des Schuldners

24 **a) SEPA-Firmenlastschriftverfahren.** Das **SEPA-Firmenlastschriftverfahren**[114] ist aus insolvenzrechtlicher Sicht **im Ergebnis wie** das frühere **Abbuchungsauftragsverfahren** zu behandeln. In beiden Fällen kann eine ordnungsgemäß eingelöste Lastschrift nicht wieder zurückgerufen werden;[115] mit der Gutschrift des Lastschriftbetrages auf dem Konto des Zahlungsempfängers ist dessen Forderung durch Erfüllung erloschen (§ 362 Abs. 1 BGB). Es bestehen daher gegenüber den sich bei der Insolvenz des Überweisenden ergebenden Problemen[116] keine Besonderheiten. Leistet die Bank in Unkenntnis der Insolvenzeröffnung an den Lastschriftempfänger, wird sie bei kreditorischem Schuldnerkonto nach §§ 82, 116 InsO von ihrer Schuld frei; bei debitorischem Konto hat sie einen (nicht privilegierten) Aufwendungsersatzanspruch gegen die Masse.[117] Bei Einlösung der Lastschrift[118] und Belastung des Kontos[119] vor Insolvenzeröffnung kommt auch eine Anfechtung des Insolvenzverwalters in der Regel nicht in Betracht, weil es sich (wie auch bei der Einzugsermächtigung)[120] um ein Bargeschäft im Sinne des § 142 InsO handelt.[121] Der Erstattungsanspruch nach § 675x Abs. 1 BGB wurde für das SEPA-Firmenlastschriftverfahren durch Nr. 2.5 der Bedingungen für Zahlungen mittels Lastschrift im SEPA-Firmenlastschriftverfahren abbedungen, so dass sich anders als beim SEPA-Basislastschriftverfahren[122] die Problematik, ob dieser Anspruch in die Insolvenzmasse fällt und durch den

---

[109] Vgl. BGH NJW 1977, 1916 f. und Palandt/*Sprau* § 675f Rn. 42

[110] *Werner* WM 2014, 243, 248 f. und *Nobbe* WM-Sonderbeilage 3/2012 S. 3 ff.

[111] Vgl. MüKoBGB/*Casper* § 675 f. Rn. 74 ff.

[112] Vgl. dazu iE → 2. Aufl. 2016 Kap. 9 Rn. 29–41.

[113] Vgl. Gottwald/*Obermüller-Kuder* § 99 Rn. 42.

[114] Vgl. dazu iE → Kap. 5 § 675f Rn. 8 ff. und Baumbach/Hopt/*Hopt* Anhang 7 Bankgeschäfte Rn. D/28 ff.

[115] Vgl. iE *Obermüller/Kuder* ZIP 2010, 349 (350 f.).

[116] → Rn. 9–17.

[117] FK-InsO/*Wimmer-Amend* § 82 Rn. 48.

[118] BGH ZInsO 2003, 324 ff.

[119] Zur Maßgeblichkeit dieses Zeitpunktes vgl. BGH ZInsO 2013, 335 ff.

[120] Vgl. hier zuletzt BGH ZInsO 2008, 749 f.

[121] Vgl. BGH NJW 1980, 1961 f. (zu § 30 KO für eine Scheckzahlung) und ZInsO 2007, 816 ff. (zu § 142 InsO für einen Wechsel); BankR-HdB/*van Gelder* (3. Auflage) § 59 Rn. 2 – s. aber OLG Düsseldorf ZInsO 2016, 968 (970).

[122] → Rn. 26.

Insolvenzverwalter geltend gemacht werden kann, von vornherein nicht stellt.[123] Auch für das Abbuchungsauftragsverfahren kam § 675x BGB nicht zur Anwendung.[124]

b) SEPA-Basislastschriftverfahren. Bei der SEPA-Basislastschrift beinhaltet das Lastschriftmandat nicht nur die Gestattung des Zahlungsempfängers, den Betrag vom Konto des Zahlungspflichtigen einzuziehen, sondern darüber hinaus auch die an die Zahlstelle gerichtete Weisung, die vom Zahlungsempfänger auf das Schuldnerkonto gezogene SEPA-Lastschrift einzulösen (Abschn. C. und D. jeweils Nr. 2.2.1 der Sonderbedingungen für den Lastschriftverkehr), in der der Zahlungsauftrag gemäß § 675f Abs. 3 Satz 2 BGB liegt. Geht der Zahlungsauftrag der Schuldnerbank über den Zahlungsempfänger als Erklärungsboten zu, wird er wirksam (§ 675n Abs. 1 Satz 1 BGB)[125]. 25

Aufgrund dieses rechtlichen Inhalts des SEPA-Mandats hat die mittels eines SEPA-Lastschriftverfahrens bewirkte **Zahlung** auch dann **Bestand,** wenn **nach** der **Belastungsbuchung** über das Vermögen des **Zahlungspflichtigen** das **Insolvenzverfahren eröffnet** wird **bzw.** in einem Eröffnungsverfahren entsprechende **Sicherungsmaßnahmen** angeordnet werden.[126] Da die Kontobelastung beim Schuldner bereits vorab genehmigt ist, kann die Bank ihren Aufwendungsersatzanspruch gemäß §§ 675c Abs. 1, 670 BGB sofort geltend machen und ggf. auch im Kontokorrentverhältnis verrechnen. Weder der Schuldner noch der vorläufige Insolvenzverwalter können die Entstehung dieses Anspruches verhindern, weil es nach der Kontobelastung keiner Verfügung iSd § 21 Abs. 2 Satz 1 Nr. 2 Fall 2 InsO mehr bedarf; nur beim Zugang eines Widerrufes „bis zum Ende des Geschäftstages vor dem vereinbarten Fälligkeitstag" (§§ 675j Abs. 2 Satz 1, 675p Abs. 1, Abs. 2 Satz 2 BGB) ist der Zahlungsvorgang gemäß § 675u Satz 2 BGB zu berichtigen. Das Recht des Schuldners, gemäß § 675x Abs. 1, Abs. 2, Abs. 4 BGB binnen acht Wochen ab Belastungsbuchung von seiner Bank Erstattung des Zahlbetrages zu verlangen,[127] lässt sich nach Auffassung des Bundesgerichtshofes weder als verlängertes Widerrufsrecht für den Schuldner einordnen (sondern nur als Gegenrecht, das die Autorisierung des Zahlungsvorgangs nicht entfallen lässt)[128] **noch fällt** der **Erstattungsanspruch nach § 675x** Abs. 1 **BGB in die Insolvenzmasse** (mit der Folge, dass der Insolvenzverwalter ihn nicht geltend machen kann, § 80 InsO), wenn vor Ablauf der Acht-Wochen-Frist des § 675x Abs. 4 BGB das Insolvenzverfahren über das Vermögen des Schuldners eröffnet wird bzw. in einem Eröffnungsverfahren entsprechende Sicherungsmaßnahmen angeordnet werden.[129] Selbst wenn die vom Bundesgerichtshof gefundene Begründung (entsprechende Anwendung von § 377 Abs. 1 HGB) etwas weit hergeholt erscheint,[130] verdient das Ergebnis vor dem Hintergrund der Regelung des § 116 S. 3 InsO, mit der der Gesetzgeber das Ziel verfolgt hat, die Insolvenzfestigkeit laufender Zahlungen sicherzustellen (BT-Drs. 14/745, 29), und der Tatsache, dass im Valutaverhältnis Erfüllung eingetreten ist, Zustimmung. Anders als beim Einzugsermächtigungsverfahren führt die Ausübung des Anspruches nach § 675x BGB durch den Schuldner nicht zu einem Berichtigungsanspruch, sondern zu 26

---

[123] BGH ZInsO 2010, 1538 ff. Rn. 28; *Nobbe* WM-Sonderbeilage 3/2012 S. 27; MüKoBGB/*Casper* § 675 f. Rn. 91.

[124] Staudinger/*Omlor* Vorb. zu §§ 675c-676c Rn. 120.

[125] Vgl. iE Staudinger/*Omlor* Vorb. zu §§ 675c-676c Rn. 122 ff. und § 675n Rn. 2.

[126] BGH ZInsO 2010, 1538 (1541); *Nobbe* WM 2011, 961, 965; *Nobbe* WM-Sonderbeilage 3/2012 S. 27 f.; BankR-HdB/*Ellenberger* § 59 Rn. 14 f. (5. Aufl.); MüKoBGB/*Casper* § 675 f. Rn. 91.

[127] Auch dieses darf nur beim Vorliegen anerkennenswerter Gründe ausgeübt werden, vgl. *Obermüller* Rn. 3.709 und *Nobbe* WM 2011, 961 (965).

[128] BGH ZInsO 2010, 1538 (1541); *von Olshausen* S. 69 ff.; **aA** *Obermüller/Kuder* ZIP 2010, 349 (354).

[129] BGH ZInsO 2010, 1538 (1542); Ellenberger/Findeisen/Nobbe/*Ellenberger* § 675x Rn. 33/35; BankR-HdB/*Ellenberger* § 59 Rn. 19 (5. Aufl.); *Obermüller* Rn. 3.669; **aA** *Obermüller/Kuder* ZIP 2010, 349 (353 f.); Gottwald/*Obermüller/Kuder* § 99 Rn. 45; *Jacoby* ZIP 2010, 1725 (1735); *Schnauder* WM 2014, 1701 (1706); *Einsele* WM 2015, 1125 (1134).

[130] Vgl. *Nobbe* WM 2011, 961 (966) und ZIP 2012, 1937 (1942) sowie *Schnauder*, WM 2014, 1701 (1708) – dem BGH folgend allerdings Staudinger/*Omlor* Vorb. zu §§ 675c-676c Rn. 129.

einem eigenen Erstattungsanspruch, der auch die Autorisierung des Zahlungsvorganges nicht entfallen lässt.[131]

27 Wie bei Überweisungen darf die Bank SEPA-Basislastschriften auch bei (drohender) Zahlungsunfähigkeit oder bereits gestelltem Insolvenzantrag einlösen;[132] sie wird dies allerdings nur tun, wenn ein entsprechendes Guthaben oder Sicherheiten vorhanden sind.[133] Nach der Anordnung von Verfügungsbeschränkungen darf die Bank eine auf den Schuldner gezogene Lastschrift nicht mehr einlösen, dh sein Konto nicht mehr belasten, wenn sie von den angeordneten Maßnahmen Kenntnis hat, weil die Einziehung eine rechtsgeschäftliche Verfügung im Sinne des § 21 Abs. 2 Satz 1 Nr. 2 InsO ist.[134] Hat die Bank keine Kenntnis von den Verfügungsbeschränkungen, wird sie bei einem Kontoguthaben in Höhe des Lastschriftbetrages von der Auszahlungspflicht an die Masse gemäß §§ 24 Abs. 1, 82 S. 1 InsO frei; bei einem debitorischen Konto muss sie ihren Aufwendungsersatzanspruch als einfache Insolvenzforderung geltend machen.[135]

28 Mit der Eröffnung des Insolvenzverfahrens erlöschen der Zahlungsdiensterahmenvertrag und alle damit zusammenhängenden Abreden,[136]also auch das SEPA-Lastschriftmandat.[137] Löst die Bank die Lastschrift in Kenntnis der Insolvenzeröffnung ein, erwirbt sie keinen Aufwendungsersatzanspruch gegen die Masse.[138] Bei unverschuldeter Unkenntnis wird sie bei einem kreditorischen Konto gemäß § 82 S. 1 InsO von der Pflicht zur Auszahlung des Lastschriftbetrages frei, bei einem debitorischen Konto erwirbt sie einen Aufwendungsersatzanspruch, der aber nur einfache Insolvenzforderung ist.[139] Bei Verfahrenseröffnung sind durch den Insolvenzverwalter auch Anfechtungsansprüche nach §§ 129 ff. InsO zu prüfen. Die Einlösung der Lastschrift kann allerdings nicht gegenüber der Bank, sondern nur gegenüber dem Zahlungsempfänger angefochten werden, wobei zu beachten ist, dass es für das Vorliegen eines Bargeschäftes im Sinne des § 142 InsO auf den Zeitpunkt des Lastschrifteinzuges ankommt.[140] Gegenüber der Bank kommt allerdings die Anfechtung der Verrechnung des Aufwendungsersatzanspruches mit einem Negativsaldo auf dem Kontokorrentkonto nach allgemeinen Grundsätzen[141] in Betracht, wenn das Insolvenzverfahren eröffnet wird. Die Voraussetzungen einer Vorsatzanfechtung gegenüber der Bank des Überweisenden werden allerdings in aller Regel nicht vorliegen[142]

2. Insolvenz des Gläubigers

29 **a) Vor Eröffnung des Insolvenzverfahrens. Zahlungsdiensterahmenvertrag** bzw. Girovertrag **einschließlich** der zwischen dem Gläubiger und seiner Bank getroffenen **Inkassovereinbarung** bleiben **bis zur Verfahrenseröffnung bestehen.**[143] Vom Gläubiger eingereichte Lastschriften sind, da er auch nach Zahlungseinstellung oder Vorliegen eines Insolvenzantrages weiterhin über seine Konten verfügungsbefugt bleibt, einzuziehen und E. v.-Gutschriften[144] zu erteilen. Dies gilt allerdings nur, soweit die Bank nicht

[131] *Obermüller* Rn. 3.680 ff., auch zu den insolvenzrechtlichen Folgen sowie BankR-HdB/*Ellenberger* § 59 Rn. 21 (5. Auflage) – krit. *Einsele* WM 2015, 1125, 1133.

[132] *Obermüller/Kuder* ZIP 2010, 349 (355).

[133] → Rn. 9.

[134] *Obermüller/Kuder* ZIP 2010, 349 (355) und *Obermüller* Rn. 3.696 ff.; FK-InsO/*Wegener* § 116 Rn. 59.

[135] *Obermüller/Kuder* ZIP 2010, 349 (355) und *Obermüller* Rn. 3700 f.

[136] → Rn. 2, 5.

[137] *Obermüller/Kuder* ZIP 2010, 349 (355) und *Obermüller* Rn. 3.710.

[138] → Rn. 17 und *Obermüller* Rn. 3.711.

[139] → Rn. 17 mwN; *Obermüller* Rn. 3.715 ff.; FK-InsO/*Wegener* § 116 Rn. 60.

[140] BGH ZInsO 2010, 1538 (1543); *Obermüller/Kuder* ZIP 2010, 349 (355); BankR-HdB/*Ellenberger* § 59 Rn. 22 (5. Aufl.); *Obermüller* Rn. 3.685.

[141] → Rn. 7.

[142] BankR-HdB/*Ellenberger* § 59 Rn. 25 (5. Aufl.) mwN; *Obermüller* Rn. 3.687; vgl. auch BGH NZI 2018, 114 (116) und BGH ZInsO 2016, 448 (450).

[143] → Rn. 2.

[144] Zu Begriff und Rechtsfolgen Gottwald/*Obermüller/Kuder* § 99 Rn. 48, und Nr. 9 AGB-Banken; *Obermüller* Rn. 3.751.

mindestens die Lastschrifteinzugsvereinbarung wegen wesentlicher Verschlechterung der Vermögensverhältnisse (Nr. 19 Abs. 3 AGB-Banken) kündigt. Sobald verfügungsbeschränkende Maßnahmen angeordnet sind, wozu auch die Anordnung eines Zustimmungsvorbehaltes (§ 21 Abs. 2 S. 1 Nr. 2 Alt. 2 InsO) gehört, kann der Gläubiger ohne Mitwirkung des vorläufigen Insolvenzverwalters keine Lastschriften mehr zum Inkasso einreichen.[145] Hinsichtlich einer Warnpflicht der Empfängerbank gelten dieselben Grundsätze wie bei einer Insolvenz des Überweisungsempfängers.[146]

Bereits zuvor wirksam erteilte Lastschriftaufträge werden allerdings weder durch Zahlungseinstellung des die Lastschrift einreichenden Gläubigers noch durch einen Insolvenzantrag oder die Anordnung von Verfügungsbeschränkungen tangiert.[147] **30**

Geht nach Erteilung der E. v.-Gutschrift (wegen eines Widerrufes der Lastschrift durch den Schuldner) keine Deckung ein, kann die Gläubigerbank dem Vorbehalt entsprechend die Gutschrift stornieren; sie kann nicht auf die Geltendmachung des Lastschriftbetrages als Insolvenzforderung verwiesen werden, sondern entweder entfällt die Gutschrift mit extunc-Wirkung oder die Bank kann mit dem Bereicherungsanspruch gegen die Masse aufrechnen.[148] Dieselbe Wirkung wie ein Widerspruch beim früheren Einzugsermächtigungsverfahren dürfte bei einer SEPA-Basislastschrift die Geltendmachung des Erstattungsanspruches nach § 675x BGB durch den Schuldner haben.[149] Hat die Gläubigerbank allerdings den Gläubiger über den Lastschriftbetrag verfügen lassen und geht dann wegen des Widerspruches des Schuldners keine Deckung ein, trägt sie das Insolvenzrisiko des von ihr zum Lastschriftverfahren zugelassenen Gläubigers und kann den als Kredit gewährten Lastschriftbetrag nur als Insolvenzforderung geltend machen.[150] Nur bei missbräuchlichem Widerspruch kann sie sich an den Schuldner und bei Kollusion zusätzlich an die Schuldnerbank halten.[151] Die Bank wird daher bei zweifelhafter Bonität oder gar (drohender) Zahlungsunfähigkeit des Gläubigers unter Berufung auf Nr. 14 AGB-Banken Verfügungen über E. v.-Gutschriften verweigern.[152] **31**

Die **Gutschrift** aus einem zuvor wirksam erteilten Lastschrifteinzugsauftrag ist **ohne Rücksicht auf Zahlungseinstellung, Insolvenzantrag oder** die Anordnung von **Verfügungsbeschränkungen zu erteilen.** Verfügungen des Gläubigers vor Einlösung stellen unanfechtbare Bargeschäfte nach § 142 InsO dar.[153] Einer Gutschrift und einer Verrechnung mit einem etwaigen Schuldsaldo des Kontos steht selbst die Verfahrenseröffnung nicht entgegen, weil das Aufrechnungsverbot in § 96 Abs. 1 Nr. 1 InsO nur bei Entstehen der Aufrechnungslage nach Insolvenzeröffnung eingreift[154] und hier der Begründungstatbestand der Gutschrift bereits vor Verfahrenseröffnung abgeschlossen war.[155] Allerdings kann je nach Zeitraum zwischen Lastschrift und Insolvenzantrag und je nach Kenntnisstand der Bank eine Anfechtung nach §§ 130, 131, 133 InsO in Betracht kommen.[156] Wenn allerdings die Gutschrift erst nach Verfahrenseröffnung erteilt worden ist, kann wegen Beendigung des Zahlungsdiensterahmenvertrages auch nach Einlösung ein Anspruch aus der Gutschrift nicht mehr entstehen.[157] Im Übrigen hat die Gläubigerbank wegen der Sicherungsabtretung der Forderung gegen den Schuldner nach Nr. 15 Abs. 2 AGB-Banken bzw. Nr. 25 **32**

[145] *Obermüller/Kuder* ZIP 2010, 349 (356); *Obermüller* Rn. 3.759 ff. und 3.818 ff.
[146] → Rn. 19 und *Obermüller* Rn. 3.752 f.
[147] *Obermüller/Kuder* ZIP 2010, 349 (357) und *Obermüller* Rn. 3.770 ff..
[148] Vgl. iE *Obermüller/Kuder* ZIP 2010, 349 (357) und (teils abweichend) *Piekenbrock/Rodi/Aßfalg* WM 2017, 2281, 2283.
[149] *Obermüller/Kuder* ZIP 2010, 349 (358) und *Obermüller* Rn. 3.835.
[150] Gottwald/*Obermüller/Kuder* § 99 Rn. 50; *Obermüller* Rn. 3.783.
[151] → Rn. 30.
[152] *Obermüller/Kuder* ZIP 2010, 349 (358) und *Obermüller* Rn. 3.840.
[153] *Obermüller* Rn. 3.793.
[154] → Rn. 7.
[155] MüKoInsO/*Ott/Vuia* § 82 Rn. 24; s. aber zur etwaigen Anfechtbarkeit *Obermüller/Kuder* ZIP 2010, 349 (357) Rn. 78.
[156] Vgl. iE *Obermüller* Rn. 3.796 ff. und eingehend *Piekenbrock/Rodi/Aßfalg* WM 2017, 2281 (2285 ff.).
[157] BankR-HdB (3. Auflage)/*van Gelder* § 59 Rn. 19; *Obermüller* Rn. 3.825.

Abs. 2 AGB-Sparkassen zwar regelmäßig einen Anspruch auf abgesonderte Befriedigung. Diese Sicherungsabtretung geht beim SEPA-Basislastschriftverfahren aber ins Leere, wenn die Rückbelastung darauf beruht, dass der Schuldner die Erstattung der Lastschriftbelastung nach § 675x BGB geltend macht.[158] Zudem wird die Sicherungsabtretung in der Regel anfechtbar sein.[159]

33 **b) Nach Eröffnung des Insolvenzverfahrens.** Da **Zahlungsdienstrahmenvertrag und Inkassovereinbarung mit Verfahrenseröffnung erlöschen,**[160] ist der Gläubiger nicht mehr befugt, Lastschriften zum Einzug einzureichen, ebenso wenig kann dies der Insolvenzverwalter ohne Abschluss eines neuen Zahlungsdiensterahmenvertrages und Erteilung einer neuen Einzugsermächtigung. Die Bank kann ohne Rücksicht auf ihre Kenntnis von der Verfahrenseröffnung Rechte aus einer nach Eröffnung eingereichten Lastschrift nicht erwerben[161]. Ein im Zeitpunkt der Insolvenzeröffnung noch nicht ausgeführter Auftrag zum Einzug einer Lastschrift gilt nur dann der Bank gegenüber als fortbestehend, wenn sie die Insolvenzeröffnung weder kannte noch kennen musste, §§ 116, 115 Abs. 3 InsO.[162] Die dem Schuldner erteilte Lastschriftermächtigung wird davon allerdings nicht berührt, so dass die Leistung an den Gläubiger wirksam erbracht werden kann; der Anspruch auf Gutschrift fällt in die Insolvenzmasse.[163]

34 Kehrt die Bank den Betrag der Gutschrift an den Gläubiger aus, wird sie von ihrer Herausgabepflicht an die Masse nur dann gemäß § 82 S. 1 InsO frei, wenn sie bei Einlösung der Lastschrift von der Eröffnung des Insolvenzverfahrens keine Kenntnis hatte.[164] Eine Anfechtung der Verrechnung von Lastschrifteingängen mit dem debitorischen Saldo des Kontos scheitert bereits dann, wenn zur Zeit der Gutschrift noch keine Zahlungsunfähigkeit vorlag; für die Kenntnis der Bank ist ebenfalls der Zeitpunkt der Gutschrift maßgeblich.[165]

---

158 *Obermüller/Kuder* ZIP 2010, 349, 356.
159 Vgl. BGH NJW 2007, 2324 f.
160 MüKoInsO/*Ott/Vuia* § 82 Rn. 24.
161 *Obermüller* Rn. 3.764.
162 *Obermüller/Kuder* ZIP 2010, 349 (357) und *Obermüller* Rn. 3.775 sowie 3.826.
163 Eingehend MüKoInsO/*Ott/Vuia* § 82 Rn. 24 mwN; *Obermüller/Kuder* ZIP 2010, 349 (357).
164 MüKoInsO/*Ott/Vuia* § 82 Rn. 24; FK-InsO/*Wimmer-Amend* § 82 Rn. 35; *Obermüller* Rn. 3.777.
165 Gottwald/*Obermüller/Kuder* § 99 Rn. 48 mwN; s. a. *Obermüller* Rn. 3.802 ff.

10. Kapitel: Dokumentäre Zahlungen

Schrifttum: *Apathy/Iro/Koziol* (Hrsg.), Österreichisches Bankvertragsrecht, Band V: Akkreditiv und Garantie, 2. Aufl. 2009; *v. Bar,* Kollisionsrechtliche Aspekte der Vereinbarung und Inanspruchnahme von Dokumentenakkreditiven, ZHR 152 (1988), 38; *Beckmann,* Einstweiliger Rechtsschutz des Käufers beim Akkreditiv, DB 1988, 1737; *Klaus-Peter Berger,* Die Auslegung von Dokumentenakkreditiven durch die deutsche Rechtsprechung, FS Schütze, 1999, S. 103; *Bernhardt,* Die Inanspruchnahme des Dokumentenakkreditivs, 2012; *Graf von Bernstorff/Altmann,* Zahlungssicherung im Außenhandel, 2007; *Graf von Bernstorff,* Bank Payment Obligation, RIW 2014, 34; *Blesch/Lange* (Hrsg.), Bankgeschäfte mit Auslandsbezug, 2007; *Eberth,* Zur Rechtsnatur der Einheitlichen Richtlinien und Gebräuche für Dokumenten-Akkreditive, FS Neumayer, 1985, S. 199; *Grundmann,* Lex mercatoria und Rechtsquellenlehre – insbesondere die Einheitlichen Richtlinien und Gebräuche für Dokumentenakkreditive –, Jahrbuch Junger Zivilrechtswissenschaftler 1991, 43; *Holzwarth,* Einheitliche Richtlinien und Gebräuche für Dokumenten-Akkreditive (Revision 2007) der Internationalen Handelskammer, Paris, Publikation Nr. 600, IHR 2007, 136; *Hopt* (Hrsg.), Vertrags- und Formularbuch zum Handels-, Gesellschafts- und Bankrecht, 4. Aufl. 2013; *Koller,* Die Dokumentenstrenge im Licht von Treu und Glauben beim Dokumentenakkreditiv, WM 1990, 293; *Kronke/Melis/Kuhn* (Hrsg.), Handbuch Internationales Wirtschaftsrecht, 2. Aufl. 2017; *Kübler,* Feststellung und Garantie, 1967; *Lenz,* Akkreditive und weitere Zahlungssicherungen im Außenhandel, EuZW 1991, 297; *Liesecke,* Die neuere Rechtsprechung, insbesondere des Bundesgerichtshofes, zum Dokumentenakkreditiv, WM 1966, 458; *Liesecke,* Neuere Theorie und Praxis des Dokumentenakkreditivs, WM 1976, 258; *Nielsen,* Dokumentärer und wechselrechtlicher Regreß im Akkreditivgeschäft unter Berücksichtigung der verschiedenen Abwicklungsformen, FS Werner, 1984, S. 573; *Nielsen,* Die Rechte am Inkassoerlös bei Bevorschussung von Exportinkassi, ZIP 1985, 777; *Nielsen,* Risiko- und Kostenverteilung bei aufgezwungenen Auslandsprozessen im Rahmen grenzüberschreitender Geschäftsbesorgung, FS Schütze, 1999, S. 593; *Nielsen,* Internationale Bankgarantie, Akkreditiv und anglo-amerikanisches Standby nach Inkrafttreten der ISP 98, WM 1999, 2005; *Nielsen,* Auslegung von Zahlungsversprechen und -dokumenten bei Abwicklung grenzüberschreitender Verträge im Spannungsfeld zwischen teleologischer Sinnermittlung und Buchstabentreue, FS Kümpel, 2003, S. 411; *Nielsen,* ICC Uniform Customs and Practices for Documentary Credits, ICC-Publ. Nr. 600 ED, TranspR 2008, 269; *Obermüller,* Zahlungsverkehr bei Insolvenz des Empfängers – Warnpflichten der Empfängerbank?, ZIP 1981, 1045; *Schütze,* Das Dokumentenakkreditiv im Internationalen Handelsverkehr, 6. Aufl. 2008; *Schütze,* Kollisionsrechtliche Probleme des Dokumentenakkreditivs, WM 1982, 226; *Schütze,* Rechtsfragen der Avisierung von Dokumentenakkreditiven, DB 1987, 2189; *Schütze/Vorpeil,* Das Dokumentenakkreditiv im internationalen Handelsverkehr, 7. Aufl. 2016; *Steindorff,* Das Akkreditiv im internationalen Privatrecht der Schuldverträge, FS v. Caemmerer, 1978, S. 761; *E. Ulmer,* Akkreditiv und Anweisung, AcP 126 (1926), 129, 257; *Vorpeil,* Die Dokumentenstrenge beim L/C im Wandel der Praxis – Auf dem Weg zur „Substantial Compliance"? –, WM 2018, 751; *Vorpeil,* Digitalisierung der Außenhandelsfinanzierung – Neue ICC-Richtlinien zur elektronischen Vorlage von Dokumenten bei Akkreditiven und Inkassi –, WM 2019, 1469 (Teil I) u. 1521 (Teil II); *Wälzholz,* Zur Anwendbarkeit des AGBG auf die Einheitlichen Richtlinien der ICC, WM 1994, 1457; *Graf von Westphalen,* Die Einheitlichen Richtlinien und Gebräuche für Dokumenten-Akkreditive (1974) und die Einheitlichen Richtlinien für Inkassi im Licht des AGB-Gesetzes, WM 1980, 178; *Graf von Westphalen,* Rechtsprobleme der Exportfinanzierung, 3. Aufl. 1987; *Graf von Westphalen,* AGB-rechtliche Erwägungen zu den neuen Einheitlichen Richtlinien und Gebräuchen für Dokumenten-Akkreditive – Revision 1993, RIW 1994, 453; *Graf von Westphalen,* Die neuen Einheitlichen Richtlinien für Inkassi (ERI 522) und das AGB-Gesetz, Liber amicorum Nielsen, 1996, S. 141; *Wolf,* Auslegung und Inhaltskontrolle von AGB im internationalen kaufmännischen Verkehr, ZHR 153 (1989), 300; *Zahn/Ehrlich/Haas,* Zahlung und Zahlungssicherung im Außenhandel, 8. Aufl. 2010; *Zahn,* Anmerkungen zu einigen Kontroversen im Bereich der Akkreditive und Bankgarantien, FS Pleyer, 1986, S. 153.

Übersicht

I. Dokumentenakkreditiv

1. Grundlagen

1 **a) Begriff und Bedeutung.** Im Mittelpunkt des Akkreditivgeschäfts, das unter den weiten Begriff des Garantiegeschäfts iS von § 1 Abs. 1 S. 2 Nr. 8 KWG fällt,[1] steht das Dokumentenakkreditiv.[2] Rechtsprechung und Schrifttum verstehen darunter ein **selbständiges Zahlungsversprechen,** das eine Bank (sog eröffnende Bank oder Akkreditivbank) im Auftrag und für Rechnung eines Kunden (sog Auftraggeber oder Akkreditivsteller) gegenüber einem Dritten (sog Begünstigter) abgibt und in dem die Bank sich verpflichtet, gegen **Vorlage bestimmter Dokumente** Zahlung zu leisten.[3] Die Einheitlichen Richtlinien und Gebräuche für Dokumenten-Akkreditive (ERA)[4] definieren das Dokumentenakkreditiv als „jede wie auch immer benannte oder bezeichnete Vereinbarung, die unwiderruflich ist und dadurch eine feststehende Verpflichtung der eröffnenden Bank begründet, eine konforme Dokumentenvorlage zu honorieren" (Art. 2 ERA).[5] Das Akkreditivgeschäft kennt somit in der Grundkonstellation drei Beteiligte: den Auftraggeber, die von ihm beauftragte Akkreditivbank und den Begünstigten. Sind der Auftraggeber und der Begünstigte, wie zumeist, in verschiedenen Ländern ansässig, wird zur Abwicklung des Zahlungsvorgangs häufig noch eine Korrespondenzbank im Land des Begünstigten eingeschaltet. In diesem Fall spricht man vom „mehrgliedrigen Akkreditivverkehr".[6] Die Art des zwischen dem Auftraggeber und dem Begünstigten abgeschlossenen Grundgeschäfts spielt keine Rolle. In der Praxis handelt es sich typischerweise um einen (grenzüberschreitenden) Kauf-, Werk- oder Werklieferungsvertrag, doch kann das Valutaverhältnis im Prinzip durch jeden beliebigen Schuldvertrag gebildet werden.[7] Entscheidend ist die vertragliche Vereinbarung einer sog **Akkreditivklausel,** aus der sich ergibt, dass und in welcher Weise der Auftraggeber (Käufer/Besteller) die Bezahlung durch die Stellung eines Akkreditivs gewährleisten soll.

2 Während das Dokumentenakkreditiv im inländischen Wirtschaftsverkehr nur geringe praktische Bedeutung erlangt hat, ist es aus dem **Exportgeschäft** nach wie vor nicht wegzudenken[8]. Zwar ist die Verwendung von Akkreditiven seit den 1950er Jahren trotz des erheblich gestiegenen Außenhandelsvolumens und der Entwicklung neuer Absatzformen

---

[1] Boos/Fischer/Schulte-Mattler/*Schäfer* § 1 Rn. 104.

[2] Zu dem in der Praxis selten vorkommenden Barakkreditiv s. *Zahn/Ehrlich/Haas* Zahlung und Zahlungssicherung im Außenhandel Rn. 2/1.

[3] BGHZ 108, 348 (350) = BGH NJW 1990, 255; OLG München WM 1996, 2335 (2336); *Zahn/Ehrlich/Haas* Zahlung und Zahlungssicherung im Außenhandel Rn. 2/4; Baumbach/Hopt/*Hopt* Bankgeschäfte Rn. K/1; *Canaris* Rn. 919.

[4] → Rn. 11–15.

[5] Der Begriff „Honorieren" wird definiert als „a) bei Sicht zu zahlen, wenn das Akkreditiv durch Sichtzahlung benutzbar ist, b) eine Verpflichtung zur hinausgeschobenen Zahlung zu übernehmen und bei Fälligkeit zu zahlen, wenn das Akkreditiv durch hinausgeschobene Zahlung benutzbar ist, c) einen vom Begünstigten gezogenen Wechsel („Tratte") zu akzeptieren und diesen bei Fälligkeit zu zahlen, wenn das Akkreditiv durch Akzeptleistung benutzbar ist".

[6] *Canaris* Rn. 971.

[7] *Canaris* Rn. 924. S. a. Art. 5 ERA 600: „Waren, Dienstleistungen oder Leistungen".

[8] In gleichem Sinne *Graf von Bernstorff* RIW 2014, 34.

und -kanäle auf einen minimalen Teil des Exports zurückgegangen.[9] Für Vertragspartner, die bereits eine laufende Geschäftsbeziehung unterhalten und ein gewisses Vertrauen zueinander haben, besteht in der Regel kein Anlass, den arbeits- und kostenaufwendigen Weg der Geschäftsabwicklung über Akkreditive einzuschlagen. Anders liegt es jedoch, wenn der Exporteur die Zahlungsfähigkeit und -willigkeit seines ausländischen Vertragspartners nicht verlässlich einzuschätzen vermag oder die Durchsetzung seines Zahlungsanspruchs aus anderen Gründen nicht gesichert erscheint, etwa aufgrund von Defiziten des ausländischen Gerichtssystems oder einer politisch instabilen Lage im Land des Importeurs. Der Importeur wird seinerseits nur selten zur Vorkasse bereit sein. Unter solchen Umständen besteht auch weiterhin das Bedürfnis nach einem Instrument, das dem Exporteur in Gestalt eines selbständigen, von Einwendungen aus dem Kausalverhältnis unabhängigen Anspruchs gegen eine Bank ein hohes Maß an Sicherheit in Bezug auf die Kaufpreiszahlung verschafft, zugleich aber gewährleistet, dass der Kaufpreis erst dann an ihn ausgezahlt wird, wenn er die Ware auf den Weg zum Importeur gebracht und der Akkreditivbank die in der Akkreditivklausel aufgeführten Dokumente (zB Rechnung, Transportdokumente, Versicherungsdokumente) vorgelegt hat.[10]

b) Funktionen. Vor diesem Hintergrund werden dem Dokumentenakkreditiv im Allgemeinen drei Funktionen zugeschrieben:[11] In erster Linie dient es der bargeldlosen Zahlungsabwicklung. Aufgrund dieser **Zahlungsfunktion** weist das Akkreditivgeschäft eine gewisse Nähe zum Giro- und Scheckgeschäft auf. Die **Sicherungsfunktion** des Akkreditivs zeigt sich darin, dass mit Hilfe dieses Instruments im Ergebnis ein Leistungsaustausch Zug um Zug erreicht wird, der ansonsten wegen der räumlichen Distanz zwischen den Vertragsparteien ausgeschlossen wäre.[12] Schließlich kommt dem Akkreditiv auch eine **Kreditfunktion** zu, sofern die eröffnende Bank – wie in der Regel – die selbständige Zahlungsverpflichtung gegenüber dem Begünstigten eingeht, ohne vom Auftraggeber sofortige Deckung zu erhalten. Belastet die Bank das Konto des Auftraggebers erst bei Inanspruchnahme des Akkreditivs, wirkt sich dies für den Auftraggeber liquiditätsschonend aus. Außerdem erleichtert die Abwicklung eines Außenhandelsgeschäfts über ein Akkreditiv dem Auftraggeber die Aufnahme eines Kredits, weil er der Akkreditivbank die Dokumente, die ja bei Inanspruchnahme des Akkreditivs zwangsläufig in deren Hände gelangen, als Sicherheit anbieten kann. Der Begünstigte wiederum kann das zu seinen Gunsten abgegebene Zahlungsversprechen der Akkreditivbank als Grundlage für die Erlangung eines Kredits bei seiner eigenen Bank nutzen, mit dessen Hilfe er die verkaufte Ware beschaffen oder herstellen kann.[13] 3

c) Rechtsnatur. Nach deutschem Recht ist das Zahlungsversprechen der Bank gegenüber dem Begünstigten als **abstraktes Schuldversprechen** iSv § 780 BGB einzuordnen.[14] Der zur Begründung der separaten Verpflichtung erforderliche Vertrag zwischen eröffnender Bank und Begünstigtem kommt zustande, indem die Bank – ggf. unter Einschaltung der ausländischen Korrespondenzbank – dem Begünstigten die Akkreditiveröffnung mitteilt und der Begünstigte das darin liegende Angebot annimmt.[15] Bezogen auf die Zahlungs- 4

[9] *Claussen* BankR/*van Look* § 4 Rn. 108.

[10] Vgl. Derleder/Knops/Bamberger/*Freitag* § 75 Rn. 15.

[11] *Canaris* Rn. 916–918; Staub/*Grundmann*, 5. Aufl., Bankvertragsrecht 3. Teil Rn. 559; MüKoHGB/*Wedemann* BankvertragsR Rn. H 3; Kümpel/Mülbert/Früh/Seyfried/*Seeger* Rn. 7.164-7.172; *Bernhardt* Die Inanspruchnahme des Dokumentenakkreditivs S. 13 ff.

[12] Kümpel/Mülbert/Früh/Seyfried/*Seeger* Rn. 7.170.

[13] *Zahn/Ehrlich/Haas* Zahlung und Zahlungssicherung im Außenhandel Rn. 2/5. Zum Akkreditiv als Mittel der Exportfinanzierung *Joos* → Kap. 19 Rn. 7 ff.

[14] RGZ 107, 7 (9); 144, 133 (136); BGHZ 60, 262 (264); OLG Köln WM 2018, 1742 (1743); OLG München WM 1996, 2335 (2336); Baumbach/Hopt/*Hopt* Bankgeschäfte Rn. K/1; *Canaris* Rn. 924; MüKoHGB/*Wedemann* BankvertragsR Rn. H 56; Derleder/Knops/Bamberger/*Freitag* § 75 Rn. 28; *Zahn/Ehrlich/Haas* Zahlung und Zahlungssicherung im Außenhandel Rn. 2/20; aA *Kübler* Feststellung und Garantie S. 187 ff.

[15] → Rn. 23.

verpflichtung des Auftraggebers aus dem Grundverhältnis stellt die Akkreditiveröffnung keine Leistung an Erfüllungs statt (§ 364 Abs. 1 BGB), sondern eine **Leistung erfüllungshalber** (§ 364 Abs. 2 BGB) dar, da durch sie der Zahlungsanspruch des Begünstigten gesichert, aber noch nicht befriedigt wird. Der Begünstigte kann den Auftraggeber solange nicht unmittelbar auf Zahlung in Anspruch nehmen, wie er nicht den ernsthaften Versuch unternommen hat, aus dem Akkreditiv Zahlung zu erlangen (sog. **Akkreditiveinrede**).[16]

5 Mitunter wird das Akkreditiv als **Anweisung im weiteren Sinne** aufgefasst.[17] Das ist insofern berechtigt, als zwischen den Beteiligten eine Dreiecksbeziehung besteht und die Zahlung der Bank an den Begünstigten die gleichzeitige Erfüllung der Leistungspflichten sowohl im Deckungs- als auch im Valutaverhältnis bewirkt, wie dies für die bürgerlichrechtliche Anweisung charakteristisch ist. Der damit verbundenen Frage nach der analogen Anwendbarkeit der §§ 783 ff. BGB kommt jedoch wegen der detaillierten Regelung des Rechts der Akkreditive durch die ERA keine große Bedeutung zu.[18] Nicht von der Hand zu weisen ist allerdings, dass einige Vorschriften des Rechts der Anweisung (ieS), wie insbesondere § 784 Abs. 1 Hs. 2 BGB über den Einwendungsausschluss und § 790 BGB über den Widerruf der Anweisung gegenüber dem Angewiesenen, durchaus auch auf das Akkreditiv passen.[19] Im Übrigen bestehen angesichts der weitgehenden Eigenständigkeit des Rechts der Akkreditive keine Einwände dagegen, von einem **Rechtsinstitut eigener Art** zu sprechen,[20] sofern man nur den Zusammenhang mit § 780 BGB nicht aus den Augen verliert.

6 **d) Arten. aa) Widerrufliche und unwiderrufliche Akkreditive.** Akkreditive werden in aller Regel unwiderruflich eröffnet, dh, das Zahlungsversprechen der Bank ist bindend, sobald der abstrakte Schuldvertrag mit dem Begünstigten zustande gekommen ist. Die ERA 600 kennen, wie sich aus Art. 2 ergibt, überhaupt nur noch das **unwiderrufliche Akkreditiv.** Nach wie vor allerdings steht es den Beteiligten frei, Zahlung per **widerruflichem Akkreditiv** zu vereinbaren. Auch in diesem – in der Praxis seltenen – Fall, von dessen Vorliegen nur auszugehen ist, wenn das Akkreditiv eindeutig als widerruflich bezeichnet ist, stellt die Zahlungsverpflichtung der Bank ein abstraktes Schuldversprechen gemäß § 780 BGB dar.[21] Ein widerrufliches Akkreditiv kann von der Bank jederzeit durch Erklärung gegenüber dem Begünstigten[22] abgeändert oder annulliert werden. Im Innenverhältnis zwischen Auftraggeber und Bank ist allerdings im Normalfall allein der Auftraggeber berechtigt, über die Ausübung des Widerrufsrechts zu entscheiden.[23] Das Widerrufsrecht erlischt erst mit Leistung der Bank an den Begünstigten, nicht bereits mit Aufnahme der Dokumente.[24] Dass das widerrufliche Akkreditiv dem Begünstigten nicht das gleiche Maß an Sicherheit bietet wie das unwiderrufliche, liegt angesichts dieser Besonderheiten auf der Hand.

7 **bb) Bestätigte und unbestätigte Akkreditive.** Beim **unbestätigten Akkreditiv** hat der Begünstigte einen Zahlungsanspruch ausschließlich gegen die eröffnende Bank, wäh-

---

[16] AllgM, s. BGH WM 1956, 753 (755); *Einsele* § 5 Rn. 12; *Zahn/Ehrlich/Haas* Zahlung und Zahlungssicherung im Außenhandel Rn. 2/23; Baumbach/Hopt/*Hopt* Bankgeschäfte Rn. K/26.

[17] Baumbach/Hopt/*Hopt* Bankgeschäfte Rn. K/1; *Canaris* Rn. 920.

[18] MüKoBGB/*Habersack* § 783 Rn. 46.

[19] Überzeugend *Canaris* Rn. 1005; s. ferner bereits *E. Ulmer* AcP 126 (1926), 257 (308 ff.); aA *Zahn/Ehrlich/Haas* Zahlung und Zahlungssicherung im Außenhandel Rn. 2/20.

[20] *Zahn/Ehrlich/Haas* Zahlung und Zahlungssicherung im Außenhandel Rn. 2/21.

[21] *Schütze/Vorpeil* Dokumentenakkreditiv Rn. 88; Baumbach/Hopt/*Hopt* Bankgeschäfte Rn. K/12.

[22] So wohl auch *Schütze/Vorpeil* Dokumentenakkreditiv Rn. 52. In Art. 8 lit. a) ERA 500 war noch vorgesehen, dass ein widerrufliches Akkreditiv von der eröffnenden Bank jederzeit und ohne vorherige Nachricht an den Begünstigten geändert oder annulliert werden kann. Ob diese Besonderheit als allg. Rechtsgrundsatz auch weiterhin gilt, ist zweifelhaft; so aber *Zahn/Ehrlich/Haas* Zahlung und Zahlungssicherung im Außenhandel Rn. 2/162.

[23] *Schütze/Vorpeil* Dokumentenakkreditiv Rn. 89.

[24] S. *Zahn/Ehrlich/Haas* Zahlung und Zahlungssicherung im Außenhandel Rn. 2/164. Etwas anderes gilt nur beim Akkreditiv mit herausgeschobener Zahlung *(deferred payment);* → Rn. 8.

rend die ggf. im Land des Begünstigten hinzugezogene Zweitbank lediglich als Avisbank oder Zahlstelle fungiert. **Bestätigt** hingegen die Zweitbank das Akkreditiv gegenüber dem Begünstigten, so übernimmt sie damit eine **eigene abstrakte Zahlungsverpflichtung** iSd § 780 BGB, die neben jene der Akkreditivbank tritt und dieser inhaltlich entspricht. Akkreditiv- und Bestätigungsbank haften dann nach hM als Gesamtschuldner.[25]

cc) Akkreditive mit sofortiger, vorzeitiger und hinausgeschobener Zahlung. Ein 8 auf Zahlung lautendes Akkreditiv[26] ist im Normalfall **„durch Sichtzahlung benutzbar"** (vgl. die Definition von „Honorieren" in Art. 2 ERA), dh das Zahlungsversprechen der Bank ist Zug um Zug gegen Vorlage akkreditivkonformer Dokumente zu erfüllen. Um dem Begünstigten die Finanzierung des zugrundeliegenden Geschäfts zu ermöglichen, kann jedoch auch eine **vorgezogene Zahlung** des gesamten Betrages oder eines Teils davon vereinbart werden.[27] Demgegenüber wird beim **Akkreditiv mit hinausgeschobener Zahlung** *(deferred payment)* die Akkreditivsumme erst zu einem bestimmten Zeitpunkt nach Vorlage der Dokumente fällig. Dadurch soll dem Käufer (Auftraggeber) ein Zahlungsziel eingeräumt werden, das ihn zB in die Lage versetzt, den Erwerb der Ware aus dem Verkaufserlös zu finanzieren.[28] Für den Verkäufer (Begünstigten) ist ein *deferred-payment*-Akkreditiv nicht unproblematisch, da der Käufer in der Regel vor Fälligkeit in den Besitz der Ware gelangt und dadurch der Versuchung ausgesetzt wird, die Auszahlung der Akkreditivsumme durch Inanspruchnahme einstweiligen Rechtsschutzes zu verhindern, falls die Ware nicht seinen Erwartungen entspricht. Dem ist durch entsprechende strenge Anforderungen an die Annahme einer rechtsmissbräuchlichen Inanspruchnahme des Akkreditivs durch den Begünstigten Rechnung zu tragen.[29]

dd) Übertragbare und nicht übertragbare Akkreditive. Grundsätzlich ist die 9 Rechtsstellung, die der Begünstigte aus einem Akkreditiv erlangt, nicht übertragbar (Art. 38 lit. a) ERA). Ein Akkreditiv kann jedoch von der eröffnenden Bank für übertragbar erklärt werden, so dass ein Zweitbegünstigter in vollem Umfang oder teilweise an die Stelle des Erstbegünstigten treten und damit das Recht erhalten kann, gegen Vorlage eigener Dokumente Zahlung zu verlangen (Art. 38 lit. b) ERA). Aus rechtlicher Sicht handelt es sich bei der Übertragung nicht um eine Abtretung gemäß §§ 398 ff. BGB, sondern die (neuerliche) **Begründung eines abstrakten Schuldversprechens** gemäß § 780 BGB mit der Folge, dass dem Zweitbegünstigten Einwendungen aus dem Verhältnis zwischen der Bank und dem Erstbegünstigten nicht entgegenhalten werden können.[30] Von der Übertragung des Akkreditivs streng zu unterscheiden ist die **Abtretung des bloßen Zahlungsanspruchs** aus dem Akkreditiv durch den Begünstigten. Sie ist, wie Art. 39 ERA klarstellt, auch bei einem nicht übertragbaren Akkreditiv bereits vor Einreichung der Dokumente zulässig und richtet sich nach den allgemeinen Regeln der §§ 398 ff. BGB.[31] Der Zessionar wird nicht Beteiligter des Akkreditivs; insbesondere kann er Zahlung nur bei Einreichung der Dokumente des Erstbegünstigten verlangen.[32]

ee) Letter of Credit, Standby Letter of Credit. Der im anglo-amerikanischen 10 Rechtskreis gebräuchliche ***Letter of Credit*** entspricht im Wesentlichen dem Akkreditiv. Sei-

[25] Eingehend → Rn. 28.

[26] Zu Akzeptierungs- und Negoziierungsakkreditiven s. Apathy/Iro/Koziol/*Apathy* Österreichisches Bankvertragsrecht Rn. 1/73 ff.

[27] Zu Akkreditiven mit einer sog. „red clause" oder „green clause" s. *Schütze/Vorpeil* Dokumentenakkreditiv Rn. 102 und 641 ff.

[28] Apathy/Iro/Koziol/*Apathy* Österreichisches Bankvertragsrecht Rn. 1/72; *Schütze/Vorpeil* Dokumentenakkreditiv Rn. 103.

[29] BGHZ 101, 84 (91 ff.) = NJW 1987, 2578 (2579); → Rn. 47 ff.

[30] BGHZ 132, 313 (316) = NJW 1996, 1812 (1813); Baumbach/Hopt/*Hopt* Bankgeschäfte Rn. K/23; *Schütze/Vorpeil* Dokumentenakkreditiv Rn. 466.

[31] Baumbach/Hopt/*Hopt* Bankgeschäfte Rn. K/23; *Schütze/Vorpeil* Dokumentenakkreditiv Rn. 470–482; s. a. OLG Frankfurt a. M. WM 1997, 609 (zur Anwendbarkeit von § 404 BGB).

[32] *Canaris* Rn. 1029.

ne Besonderheit besteht darin, dass er stets gegen einen vom Begünstigten gezogenen Wechsel (Tratte) benutzbar ist, der zusammen mit den Dokumenten vorgelegt und von der Bank eingelöst wird. In den ERA wird der *Letter of Credit* nicht mehr gesondert erwähnt. Er ist in der Form des Negoziierungsakkreditivs aufgegangen.[33] Der ***Standby Letter of Credit*** ist eine Entwicklung der US-amerikanischen Bankpraxis[34] und im Zuge der Revision 1983 erstmals in den Geltungsbereich der ERA einbezogen worden (vgl. Art. 1). Dabei handelt es sich um eine Sonderform des Akkreditivs, die durch die Verpflichtung der Bank gekennzeichnet ist, an den Begünstigten Zahlung zu leisten für den Fall, dass der Auftraggeber seinen vertraglichen Pflichten *nicht* nachkommt. Wie bei dem Akkreditiv wird die Zahlungspflicht der Bank von der fristgerechten Vorlage bestimmter Dokumente abhängig gemacht. Erforderlich ist außerdem eine schriftliche Erklärung des Begünstigten, dass der Auftraggeber seine Pflichten nicht erfüllt hat. Die Abwicklung eines *Standby Letter of Credit* vollzieht sich dementsprechend nach den gleichen Grundsätzen wie beim Akkreditiv; insbesondere ist die Bank zur sorgfältigen Prüfung der Dokumente verpflichtet.[35] Wegen des unterschiedlichen Sicherungszwecks – Schadloshaltung des Begünstigten für den Fall der Nichtleistung – sind jedoch nicht alle Bestimmungen der ERA auf den *Standby Letter of Credit* anwendbar. Im wirtschaftlichen Ergebnis läuft der *Standby Letter of Credit* auf eine garantieähnliche Sicherung des Begünstigten durch die Bank hinaus.[36] Die Rechtsprechung wendet auf ihn die zur Garantie auf erstes Anfordern entwickelten Grundsätze entsprechend an.[37]

2. Einheitliche Richtlinien und Gebräuche für Dokumenten-Akkreditive (ERA 600)

11 **a) Entwicklung.** Das Recht des Akkreditivs ist in Deutschland wie in den meisten anderen Ländern nicht gesetzlich geregelt[38] und wird in weitem Umfang durch die Einheitlichen Richtlinien und Gebräuche für Dokumenten-Akkreditive (ERA) bestimmt. Diese Richtlinien wurden 1933 von der Internationalen Handelskammer (International Chamber of Commerce – ICC) auf deren 7. Kongress in Wien aufgestellt und seitdem mehrfach revidiert. Die gegenwärtige Fassung mit der Kurzbezeichnung **„ERA 600"** wurde am 25.10.2006 nach dreijährigen Vorarbeiten verabschiedet, als Publikation Nr. 600 veröffentlicht und zur Anwendung ab dem 1.7.2007 empfohlen.[39] Sie hat die Vorgängerversion aus dem Jahr 1993 („ERA 500") abgelöst[40] und wird durch einen Anhang für die Vorlage elektronischer Dokumente (el.ERA) ergänzt, der die Zahlungsabwicklung durch Vorlage elektronischer Dokumente – allein oder zusammen mit Papierdokumenten – ermöglichen soll.[41] Im Vordergrund der jüngsten Revision der ERA stand das Ziel, den

---

[33] Ausführlich dazu *Schütze/Vorpeil* Dokumentenakkreditiv Rn. 116–120; *Zahn/Ehrlich/Haas* Zahlung und Zahlungssicherung im Außenhandel Rn. 8/1–8/4.

[34] Zu den aufsichtsrechtlichen Hintergründen s. *Schütze/Vorpeil* Dokumentenakkreditiv Rn. 128.

[35] *Zahn/Ehrlich/Haas* Zahlung und Zahlungssicherung im Außenhandel Rn. 8/6.

[36] S. *K.-P. Berger* DZWir 1997, 426 (427): „Garantie im Mantel des Dokumentenakkreditivs".

[37] OLG Frankfurt a. M. WM 1997, 1893 (Einwand des Rechtsmissbrauchs).

[38] Überblick bei *Schütze/Vorpeil* Dokumentenakkreditiv Rn. 796 ff. Eine Ausnahme bilden die USA, wo das Dokumentenakkreditiv in Art. 5 des Uniform Commercial Code (UCC) eine ausführliche, von allen Bundesstaaten übernommene Regelung erfahren hat; dazu *Schütze/Vorpeil* Dokumentenakkreditiv Rn. 816 ff.

[39] Im englischsprachigen Original lautet der Titel „ICC Uniform Customs and Practice for Documentary Credits UCP 600". Abdruck und Erläuterung der deutschsprachigen Fassung bei Baumbach/Hopt/*Hopt* Bankgeschäfte Abschnitt (11); ausführlicher Überblick über die letzte Revision bei *Holzwarth* IHR 2007, 136 ff.; *Nielsen* TranspR 2008, 269 ff.; s. ferner BankR-HdB/*Jäger/Haas* § 120 Rn. 15; *Zahn/Ehrlich/Haas* Zahlung und Zahlungssicherung im Außenhandel Rn. 1/9. – Soweit im Folgenden auf die ERA verwiesen wird, sind, falls nicht anders vermerkt, die ERA 600 gemeint.

[40] Für einen Überblick über alle früheren Revisionen der ERA (1951, 1962, 1974, 1983 und 1993) s. *Schütze/Vorpeil* Dokumentenakkreditiv Rn. 8–10; *Zahn/Ehrlich/Haas* Zahlung und Zahlungssicherung im Außenhandel Rn. 1/5-1/8.

[41] Abdruckt. bei Baumbach/Hopt/*Hopt* Bankgeschäfte Anh. zu Abschnitt (11); *Schütze/Vorpeil* Dokumentenakkreditiv Anh. I (S. 397 ff.). Inzwischen liegen die el.ERA in einer überarbeiteten Fassung (Version 2.0)

Aufbau des Regelwerks übersichtlicher zu gestalten, seine Sprache zu präzisieren und den Wortlaut der einzelnen Bestimmungen zu straffen, was sich unter anderem in der Voranstellung eines Katalogs von Definitionen (Art. 2) und Auslegungsregeln (Art. 3) sowie in einer Verringerung der Zahl der Artikel von neunundvierzig in den ERA 500 auf neununddreißig in den ERA 600 niedergeschlagen hat. Mit den wenigen materiellen Änderungen sollte die Verwendung von Akkreditiven attraktiver gemacht und nicht zuletzt dem Problem Rechnung getragen werden, dass in der Praxis schätzungsweise 70 vH der unter Akkreditiven vorgelegten Dokumente bei der ersten Vorlage wegen Unstimmigkeiten zurückgewiesen wurden.[42] An dem technisch-spröden Charakter der ERA hat freilich auch die abermalige Revision nichts geändert, und man wird auch nicht behaupten können, dass alle Regelungen das wünschenswerte Maß an Klarheit und Verständlichkeit aufweisen.[43]

b) Rechtliche Einordnung. Die rechtliche Einordnung der ERA ist bis heute umstritten. Diese Kontroverse ist nicht bloß von akademischem Interesse, denn sie betrifft die Frage, ob die ERA auch ohne vertragliche Vereinbarung Geltung beanspruchen und der Inhaltskontrolle am Maßstab der §§ 307 ff. BGB unterliegen. Es fehlt nicht an Versuchen, die Rechtsnatur dieser Richtlinien losgelöst von den Kategorien des nationalen Rechts zu bestimmen und sie zB als Teil eines autonomen Welthandelsrechts im Sinne einer **„lex mercatoria"** zu begreifen.[44] Abgesehen von den grundsätzlichen Bedenken gegen die Lehre von der „lex mercatoria"[45] steht dieser Einordnung jedoch entgegen, dass die ERA eine zwar detaillierte, aber keineswegs vollständige Regelung des Akkreditivgeschäfts enthalten, so dass es zur Lückenfüllung stets des Rückgriffs auf das zur Anwendung berufene nationale Recht bedarf.[46] Nicht durchgesetzt hat sich auch der Vorschlag, die ERA als eine **„internationale Ordnung sui generis"** aufzufassen, die zwar „hinsichtlich ihres materiellen Gehalts eine gewisse Selbständigkeit gegenüber den nationalen Rechten aufweist, ohne aber eine autonome, vom staatlichen Recht unabhängige Rechtsordnung zu verkörpern".[47] Diese Ansicht berücksichtigt zwar, dass die ERA kein in sich geschlossenes Regelwerk darstellen, vermag aber nicht zu erklären, weshalb ihnen „auch jenseits konkreter Absprachen rechtliche Relevanz beizumessen ist",[48] zumal die ICC unzweifelhaft über keine Rechtssetzungskompetenz verfügt.[49] Gegen die Qualifikation als **Gewohnheitsrecht** spricht, dass die ERA zum wiederholten Male überarbeitet und an die geänderten Bedürfnisse des internationalen Handelsverkehrs angepasst worden sind, so dass schwerlich von einer länger andauernden, auf einer gemeinsamen Rechtsüberzeugung beruhenden Übung der beteiligten Kreise die Rede sein kann.[50] Im Gegenteil wurde mit den Revisionen dieses Regelwerks zum Teil auch die Absicht verfolgt, die Praxis des Akkreditivgeschäfts mitzugestalten und in einem bestimmten Sinne zu beeinflussen. Dies ist auch der entscheidende Grund dafür, weshalb die ERA jedenfalls nicht in ihrer Gesamtheit als **Handelsbrauch** iSd § 346 HGB qualifiziert werden können.[51] Das schließt freilich nicht 12

vor, die am 1.7.2019 in Kraft getreten ist und sich als Reaktion auf die zunehmende Digitalisierung des Auslandsgeschäfts versteht; Überblick bei *Vorpeil* WM 2019, 1521 (1522 ff.).

[42] *Schütze/Vorpeil* Dokumentenakkreditiv Rn. 13.

[43] Zum unklaren Verhältnis zwischen Art. 14 und Art. 34 ERA → Rn. 40.

[44] *Grundmann* Jahrbuch Junger Zivilrechtswissenschaftler 1991, S. 43 ff.

[45] Deutliche Kritik zB bei *v. Bar/Mankowski* Internationales Privatrecht I § 2 Rn. 75 f.

[46] *Graf von Westphalen* RIW 1994, 453; *Zahn/Ehrlich/Haas* Zahlung und Zahlungssicherung im Außenhandel Rn. 1/14.

[47] *Eberth* FS Neumayer, 1985, 199 (214 f.); dem folgend *Schütze/Vorpeil* Dokumentenakkreditiv Rn. 33.

[48] So *Eberth* FS Neumayer, 1985, 199 (215).

[49] Abl. auch *Canaris* Rn. 925; *Graf von Westphalen* RIW 1994, 453 (454).

[50] *Zahn/Ehrlich/Haas* Zahlung und Zahlungssicherung im Außenhandel Rn. 1/14; *Eberth* FS Neumayer, 1985, 199 (202 f.); *Graf von Westphalen* RIW 1994, 453.

[51] *Canaris* Rn. 926; Apathy/Iro/Koziol/*Apathy* Österreichisches Bankvertragsrecht Rn. 1/17; aA *Zahn/Ehrlich/Haas* Zahlung und Zahlungssicherung im Außenhandel Rn. 1/17; *Holzwarth* IHR 2007, 136 (150); siehe auch BGH WM 1958, 456 (459) in einem obiter dictum.

die Möglichkeit aus, dass einzelne Bestimmungen sich durch tatsächliche Übung über einen längeren Zeitraum zu einem Handelsbrauch verfestigen.[52] Das Bestehen eines Handelsbrauchs ist jedoch Tatfrage und muss im Prozess von demjenigen, der sich darauf beruft, dargelegt und ggf. bewiesen werden.[53]

13 Nach der im Schrifttum hM handelt es sich bei den ERA um **Allgemeine Geschäftsbedingungen,** deren Besonderheit darin besteht, dass einzelne ihrer Bestimmungen Handelsbräuche wiedergeben.[54] Auch der BGH scheint dieser Auffassung zuzuneigen; an einer grundsätzlichen Stellungnahme fehlt es jedoch bislang.[55] Daran ist zunächst richtig, dass die ERA für eine Vielzahl von Verträgen **vorformulierte Vertragsbedingungen** enthalten. Dass diese Vertragsbedingungen von dritter Seite, nämlich der Internationalen Handelskammer, aufgestellt worden sind, steht ihrer Einordnung als AGB nicht entgegen.[56] § 305 Abs. 1 S. 1 BGB setzt jedoch weiter voraus, dass die vorformulierten Vertragsbedingungen von einer Vertragspartei der anderen Vertragspartei bei Vertragsschluss **„gestellt"** werden. Manche behaupten, dieses Merkmal sei im Akkreditivgeschäft in der Regel nicht erfüllt, weil die Einbeziehung der ERA normalerweise dem Willen beider Vertragsparteien entspreche. Das gelte sowohl für das Verhältnis zwischen Auftraggeber und Akkreditivbank als auch für das Verhältnis zwischen den Banken.[57] Dabei wird jedoch nicht genügend berücksichtigt, dass die Banken in ihren Auftragsformularen die Einbeziehung der ERA vorzugeben pflegen und damit zum Ausdruck bringen, dass sie zu anderen Konditionen nicht zu kontrahieren bereit sind. Es kommt somit zu genau jener Inanspruchnahme einseitiger Gestaltungsmacht, vor der die andere Vertragspartei durch die §§ 305 ff. BGB geschützt werden soll. Jedenfalls im Verhältnis zwischen Auftraggeber und Akkreditivbank ist daher in der Regel davon auszugehen, dass die Einbeziehung der ERA der Bank zuzurechnen und diese als Verwenderin anzusehen ist.[58] Aber auch im Verhältnis zwischen den Banken dürften die Voraussetzungen des § 305 Abs. 1 S. 1 BGB zumindest dann erfüllt sein, wenn eine Partei – sei es die auftraggebende oder die beauftragte Bank – ausdrücklich die Einbeziehung der ERA in den Vertrag verlangt.[59]

14 Die praktischen Auswirkungen der Einordnung der ERA als Allgemeine Geschäftsbedingungen sind allerdings nicht so erheblich, wie es auf den ersten Blick den Anschein haben mag.[60] Bei der **Auslegung** der einzelnen Bestimmungen und der **Inhaltskontrolle** nach §§ 307 ff. BGB ist nämlich zu beachten, dass die ERA unter Beteiligung aller betroffenen Wirtschaftskreise (Handelsunternehmen, Banken, Versicherungen usw) zustande gekom-

---

[52] So für den Grundsatz der Unabhängigkeit des Akkreditivs vom Grundgeschäft und den Grundsatz der Dokumentenstrenge *Eberth* FS Neumayer, 1985, 199 (205); Baumbach/Hopt/*Hopt* Bankgeschäfte Einl. ERA Rn. 5; s. ferner *Kübler,* Feststellung und Garantie, S. 199.

[53] MüKoHGB/*K. Schmidt* § 346 Rn. 25.

[54] Baumbach/Hopt/*Hopt* Bankgeschäfte Einl. ERA Rn. 5; *Canaris* Rn. 927; Heymann/*Horn* Anh. § 372 Rn. VI/24; MüKoHGB/*Wedemann* BankvertragsR Rn. H 66; Schlegelberger/*Hefermehl* Anh. § 365 Rn. 148; Wolf/Lindacher/Pfeiffer/*H. Schmidt* AGB-Recht Rn. A 123; Kümpel/Mülbert/Früh/Seyfried/*Seeger* Rn. 7.156; *Lenz* EuZW 1991, 297 (298); *Graf von Westphalen* RIW 1994, 453, 454 f.; für Österreich Apathy/Iro/Koziol/*Apathy* Österreichisches Bankvertragsrecht Rn. 1/18; aus schweizerischer Sicht *Bernhardt* Die Inanspruchnahme des Dokumentenakkreditivs S. 49 ff.; krit. Staub/*Grundmann* 5. Aufl., Bankvertragsrecht Dritter Teil Rn. 561, der zu bedenken gibt, „ob dies nicht eine zu enge – rein nationale – Sicht auf ein Instrument ist, das fast nur international eingesetzt wird".

[55] Vgl. BGH WM 1960, 38 (40 f.) und BGHZ 108, 348 (351) = NJW 1990, 255 f., wo der BGH die Wirksamkeit der Haftungsfreizeichnung in Art. 15 ERA 400 (1983) am Maßstab des § 9 Abs. 2 Nr. 2 AGBG geprüft hat; ausdrücklich für die Einordnung als AGB hingegen OLG München WM 1996, 2335 (2336).

[56] Vgl. Wolf/Lindacher/*Pfeiffer* AGB-Recht § 305 Rn. 30.

[57] *Schütze/Vorpeil* Dokumentenakkreditiv Rn. 26; *Eberth* FS Neumayer, 1985, 199 (206 f.); *Wälzholz* WM 1994, 1457 (1460 f.).

[58] So wohl auch Apathy/Iro/Koziol/*Apathy* Österreichisches Bankvertragsrecht Rn. 1/18; s. a. *Graf von Westphalen,* Liber amicorum Nielsen, S. 141, 144 ff. (zu den ERI); allgemein zu der hier vorliegenden Konstellation der Inanspruchnahme einseitiger Gestaltungsmacht BGH NJW 1997, 2043 (2044); MüKoBGB/*Basedow* § 305 Rn. 25; Palandt/*Grüneberg* § 305 Rn. 10/11.

[59] Ausdrücklich aA *Eberth* FS Neumayer, 1985, 199 (207).

[60] Derleder/Knops/Bamberger/*Freitag* § 75 Rn. 14.

men sind und dem allseitigen Interesse an einer international möglichst einheitlichen Abwicklung des Akkreditivgeschäfts dienen.[61] Die Inhaltskontrolle darf daher nicht einseitig an den Gerechtigkeitsvorstellungen und Leitbildern des nationalen Rechts ausgerichtet werden, sondern hat sich auch an internationalen Standards zu orientieren, wie sie in die ERA eingeflossen sind.[62] Dabei stellt sich heraus, dass es sich bei den ERA um ein im Großen und Ganzen ausgewogenes Regelwerk handelt und von ihren Bestimmungen im Wesentlichen nur einige Haftungsfreizeichnungsklauseln problematisch sind.[63] Soweit die ERA Handelsbräuche enthalten, ist für eine Inhaltskontrolle am Maßstab der §§ 307 ff. BGB ohnehin kein Raum.[64] Im Übrigen sprechen angesichts des internationalen Charakters der ERA gute Gründe dafür, dieses Regelwerk vom **Verbot der geltungserhaltenden Reduktion** auszunehmen.[65]

c) Geltung. Soweit die ERA von der einen Vertragspartei der anderen bei Vertragsschluss „gestellt" werden und somit als AGB zu qualifizieren sind, erlangen sie Geltung zwischen den Parteien nur durch **rechtsgeschäftliche Einbeziehung.**[66] In der Praxis ist die Einbeziehung der ERA in den Vertrag regelmäßig dadurch gesichert, dass die Banken in Übereinstimmung mit Art. 1 ERA in ihren Auftragsformularen ausdrücklich auf die ERA verweisen.[67] Anders als nach Nr. 28 Abs. 1 S. 2 AGB-Banken aF (bis 1993) sind die ERA nicht mehr automatisch mitvereinbart.[68] Bei der Eröffnung von Akkreditiven über SWIFT wird vorausgesetzt, dass sie den ERA in ihrer jeweils gültigen Fassung unterliegen.[69] Bei der Verwendung der ERA gegenüber einem Unternehmer – also im praktischen Regelfall – genügt aus Sicht des deutschen Rechts auch eine stillschweigende Einbeziehung, da § 305 Abs. 2 BGB insoweit keine Anwendung findet (§ 310 Abs. 1 S. 1 BGB). Unter Kaufleuten gelten die ERA kraft Handelsbrauchs.[70] Dagegen lässt sich nicht einwenden, dass die ERA nach dem Wortlaut von Art. 1 nur gelten, wenn der Wortlaut des Akkreditivs „ausdrücklich" besagt, dass es diesen Regeln unterliegt. Denn es ist Sache des nationalen Rechts – hier: § 346 HGB – festzulegen, unter welchen Voraussetzungen der Vertrag den ERA unterliegt. 15

3. Rechtsverhältnis zwischen Auftraggeber und Akkreditivbank

a) Akkreditivauftrag. Für den Akkreditivauftrag ist keine bestimmte Form vorgeschrieben. Die auch von der ICC empfohlene Verwendung von Auftragsformularen[71] ist jedoch in einem solchen Maß verkehrsüblich, dass von einem **gewillkürten Schriftformzwang** 16

[61] Die Notwendigkeit einer international möglichst einheitlichen Auslegung betonen auch Baumbach/Hopt/*Hopt* Bankgeschäfte Einl. ERA Rn. 8; EBJS/*Hakenberg* Rn. II 591; Wolf/Lindacher/Pfeiffer/*H. Schmidt* AGB-Recht Rn. A 125; *Einsele* § 5 Rn. 10; *Steindorff* FS v. Caemmerer, 1978, 761 (766 f.). Weitergehend *Eberth* FS Neumayer, 1985, 199 (207) und *Nielsen* WM 1999, 2005 (2011), wonach die Beteiligung der betroffenen Wirtschaftskreise schon der Einordnung als AGB entgegensteht.

[62] Ausführlich dazu *Wolf* ZHR 153 (1989), 300 (310 ff.); ferner Staub/*Grundmann* 5. Aufl. Bankvertragsrecht Dritter Teil Rn. 563; EBJS/*Hakenberg* Rn. II 591; Apathy/Iro/Koziol/*Apathy* Österreichisches Bankvertragsrecht Rn. 1/18; Wolf/Lindacher/Pfeiffer/*H. Schmidt* AGB-Recht Rn. A 130–140; kritisch *Graf von Westphalen,* Liber amicorum Nielsen, S. 141, 150 f.

[63] S. a. die Prüfung bei *Graf von Westphalen* RIW 1994, 453 (456 f.).

[64] Baumbach/Hopt/*Hopt* Bankgeschäfte Einl. ERA Rn. 5; *Canaris* Rn. 929; allg. MüKoHGB/*K. Schmidt* § 346 Rn. 10.

[65] So mit überzeugender Begründung *Canaris* Rn. 929 aE; ferner Heymann/*Horn* Anh. § 372 Rn. VI/24; Derleder/Knops/Bamberger/*Freitag* § 75 Rn. 14.

[66] *Canaris* Rn. 928.

[67] MüKoHGB/*Wedemann* BankvertragsR Rn. H 69.

[68] Baumbach/Hopt/*Hopt* AGB-Banken Nr. 1 Rn. 6.

[69] *Schütze/Vorpeil* Dokumentenakkreditiv Rn. 24 und 50; *Vorpeil* WM 2019, 1469 (1472).

[70] LG Frankfurt WM 1996, 153; *Canaris* Rn. 928; MüKoHGB/*Wedemann* BankvertragsR Rn. H 69; offengelassen von BGH WM 1984, 1443.

[71] Muster bei Hopt/*Joos,* Vertrags- und Formularbuch, Form IV K 1; *Schütze* Dokumentenakkreditiv, 6. Aufl. 2008, Anh. III 1 (Standardformular der ICC) und Anh. V 1 (individuelle Fassung).

kraft Handelsbrauchs auszugehen ist.[72] Nimmt die Bank einen telefonischen Auftrag an, muss sie sich allerdings daran festhalten lassen, da die Parteien von diesem Handelsbrauch abweichen können.[73] Für die Angaben im Akkreditivauftrag gilt auch weiterhin, dass sie **vollständig** und **genau** sein müssen, auch wenn dieses Gebot in den ERA 600 nicht mehr ausdrücklich erwähnt wird.[74] Der Auftrag muss insbesondere enthalten:[75] die genaue Bezeichnung des Begünstigten (Firma, Adresse), eine genaue Angabe der Akkreditivsumme nach Betrag und Währung, die Bezeichnung der Ware (Art und Menge), eine Auflistung der vorzulegenden Dokumente, Angaben zu den Lieferbedingungen sowie dazu, bei welcher Bank und auf welche Weise (durch Sichtzahlung, hinausgeschobene Zahlung usw) das Akkreditiv benutzbar ist (Art. 6 lit. a) und b) ERA), ein Verfalldatum für die Dokumentenvorlage (Art. 6 lit. d) (i) ERA)[76] und weiter eine Bestimmung, ob eine Zweitbank eingeschaltet und welche Aufgabe diese ggf. übernehmen soll. Der Akkreditivauftrag sollte nicht mit Details überlastet werden, die für die Zahlungsabwicklung ohne Belang sind. Vor allem sollte die Bank, wie Art. 4 lit. b) ERA ausdrücklich hervorhebt, jedem Versuch des Auftraggebers entgegentreten, „Kopien des zugrunde liegenden Vertrags, Proforma-Rechnung und Ähnliches als integralen Bestandteil des Akkreditivs aufzunehmen". Einzelheiten des Grundgeschäfts brauchen die Bank nicht zu interessieren, denn „Banken befassen sich mit Dokumenten und nicht mit Waren, Dienstleistungen oder Leistungen, auf die sich die Dokumente möglicherweise beziehen" (Art. 5 ERA). Weisungen, welche die Unabhängigkeit der Akkreditivverpflichtung vom Grundgeschäft auszuhöhlen drohen, können (und sollten) daher von der Bank abgelehnt werden. Das gilt etwa für die Weisung, nur bei vereinbarungsgemäßer Lieferung der Ware zu zahlen.[77]

17 Mangels abweichender Vereinbarung im Einzelfall ist die Bank nicht dazu verpflichtet, den Auftraggeber bei der Abfassung des Akkreditivs zu beraten und dessen Ausgestaltung auf seine Zweckmäßigkeit zu prüfen. Ihre Pflicht beschränkt sich darauf, den Auftraggeber auf offensichtliche Fehler, Widersprüche und Unvollständigkeiten hinzuweisen **(Schlüssigkeitsprüfung).**[78] Nachforschungen über die Bonität und Vertrauenswürdigkeit des Begünstigten braucht die Bank ebenfalls nicht anzustellen, denn es ist Sache des **Auftraggebers,** sich seine Vertragspartner auszusuchen. Hat die Bank gesicherte Kenntnis von der Insolvenz des Begünstigten oder deren unmittelbarem Bevorstehen, trifft sie jedoch eine **Benachrichtigungspflicht** gegenüber dem Auftraggeber.[79]

18 Die **Annahme** des Akkreditivauftrags wird in der Praxis in aller Regel stillschweigend dadurch erklärt, dass die Bank dem Auftraggeber eine Kopie des an den Begünstigten gerichteten Akkreditiveröffnungsschreibens mitsamt eines Begleitschreibens zukommen lässt.[80] Steht die Bank mit dem Auftraggeber bereits in Geschäftsverbindung und teilt sie ihm nicht unverzüglich, dh nach Ablauf einer angemessenen Prüfungsfrist, mit, ob sie den

[72] *Canaris* Rn. 936; BankR-HdB/*Jäger/Haas* § 120 Rn. 84; *Schütze/Vorpeil* Dokumentenakkreditiv Rn. 140; abw. MüKoBGB/*Habersack* § 783 Rn. 45 in Fn. 109 (bloße Handelsübung, nicht Handelsbrauch iSd § 346 HGB).

[73] *Zahn/Ehrlich/Haas* Zahlung und Zahlungssicherung im Außenhandel Rn. 2/39.

[74] *Zahn/Ehrlich/Haas* Zahlung und Zahlungssicherung im Außenhandel Rn. 2/43.

[75] Zu den Einzelheiten BankR-HdB/*Jäger/Haas* § 120 Rn. 89–112; *Zahn/Ehrlich/Haas* Zahlung und Zahlungssicherung im Außenhandel Rn. 2/45–2/126.

[76] Ein Akkreditiv ohne Verfalldatum ist nichtig, Baumbach/Hopt/*Hopt* Bankgeschäfte Art. 6 ERA Rn. 4.

[77] Baumbach/Hopt/*Hopt* Bankgeschäfte Rn. K/4; *Zahn/Ehrlich/Haas* Zahlung und Zahlungssicherung im Außenhandel Rn. 2/43; s. a. den Fall BGH BB 1955, 462.

[78] Heymann/*Horn* Anh. § 372 Rn. VI/34; BankR-HdB/*Nielsen/Jäger* § 120 Rn. 85; krit. Staub/*Grundmann* 5. Aufl., Bankvertragsrecht 3. Teil Rn. 585.

[79] *Canaris* Rn. 966a; Heymann/*Horn* Anh. § 372 Rn. VI/34; MüKoHGB/*Wedemann* BankvertragsR Rn. H 77; *Schütze/Vorpeil* Dokumentenakkreditiv Rn. 148; zurückhaltender *Obermüller* ZIP 1981, 1045 (1050 f.), der eine Warnpflicht aufgrund von Treu und Glauben unter anderem dann bejaht, wenn die Insolvenz des Begünstigten bereits eingetreten ist; abl. *Zahn/Ehrlich/Haas* Zahlung und Zahlungssicherung im Außenhandel Rn. 2/129, die aber zu rigoros auf einer strikten Trennung der Verantwortungsbereiche beharren.

[80] *Zahn/Ehrlich/Haas* Zahlung und Zahlungssicherung im Außenhandel Rn. 2/143. Muster eines Begleitschreibens bei Hopt/*Joos* Vertrags- und Formularbuch Form IV K 6.

Auftrag annimmt oder ablehnt, gilt ihr Schweigen als Annahme des Antrags (§ 362 Abs. 1 S. 1 HGB). Weist die Bank den Auftrag zunächst zurück, etwa unter Hinweis auf noch nicht abgeschlossene Vertragsverhandlungen, ist für die Anwendung des § 362 Abs. 1 S. 1 HGB kein Raum. Doch kommt ein Schadensersatzanspruch aus Verschulden bei Vertragsverhandlungen gemäß § 280 Abs. 1 BGB iVm § 311 Abs. 2 Nr. 1 BGB in Betracht, wenn die Bank den weiterhin auf die Annahme vertrauenden Auftraggeber so lange hinhält, dass dieser die Chance auf eine anderweitige Erledigung des Geschäfts verliert.[81]

b) Pflichten der Bank. Durch die Annahme des Akkreditivauftrags kommt zwischen der Bank und dem Auftraggeber ein **Werkvertrag** zustande, der eine **Geschäftsbesorgung** zum Gegenstand hat (§§ 675, 631 BGB).[82] Anders als beim Dokumenteninkasso schuldet die Bank dem Auftraggeber nicht nur die Vornahme einer Dienstleistung, sondern die Herbeiführung eines Erfolgs, nämlich die Eröffnung des Akkreditivs, die Prüfung der Dokumente und die Erbringung der Akkreditivleistung bei Vorlage konformer Dokumente.[83] Das Akkreditivgeschäft wird beherrscht vom **Grundsatz der formalen Auftragsstrenge:** Bei der Ausführung ihres Auftrags hat die Bank die Weisungen des Auftraggebers genauestens zu befolgen. Sie muss das Akkreditiv in der vorgeschriebenen Frist und Form eröffnen und darf nur akkreditivkonforme Dokumente aufnehmen.[84] Für die Anwendung der allgemeinen Regel des § 665 S. 1 BGB, der zufolge der Beauftragte von den Weisungen des Auftraggebers abweichen darf, wenn er den Umständen nach annehmen darf, dass der Auftraggeber bei Kenntnis der Sachlage die Abweichung billigen würde, ist im Akkreditivgeschäft kein Raum.[85] Die Rechtfertigung dafür besteht darin, dass die Bank mangels hinreichender Branchen- und Warenkenntnisse und mangels Einblicks in die Vertragsbeziehung zwischen Auftraggeber und Begünstigtem in der Regel nicht zu beurteilen vermag, welche Folgen eine Abweichung für den Auftraggeber haben kann.[86] Dementsprechend hält die Rechtsprechung eine Abweichung ausnahmsweise dann für zulässig, wenn die Bank ohne Hinzuziehung externen Sachverstands zweifelsfrei einschätzen kann, dass die Abweichung unerheblich und für den Auftraggeber unschädlich ist.[87] Im Übrigen darf die Bank nur bei Gefahr im Verzug ohne vorherige Rücksprache von den Weisungen des Auftraggebers abweichen (§§ 675 Abs. 1, 665 S. 2 BGB).[88] Angesichts des heutigen Stands der Kommunikationstechnik, die in der Regel eine sofortige Anfrage beim Auftraggeber ermöglicht, sind an die Annahme einer solchen Gefahrenlage jedoch strenge Anforderungen zu stellen.[89] 19

Die von ihr geprüften und aufgenommenen Dokumente hat die Akkreditivbank an den Auftraggeber herauszugeben (§§ 675 Abs. 1, 667 BGB). Stellt sich während der Prüfung trotz formeller Ordnungsmäßigkeit der Dokumente heraus, dass der Inanspruchnahme des Akkreditivs durch den Begünstigten der **Einwand des Rechtsmissbrauchs** entgegen- 20

[81] BGH NJW 1984, 866.

[82] BGH NJW-RR 1998, 1511; Baumbach/Hopt/*Hopt* Bankgeschäfte Rn. K/3; MüKoBGB/*Habersack* § 783 Rn. 45; EBJS/*Hakenberg* Rn. II 592; BankR-HdB/*Jäger/Haas* § 120 Rn. 83; *Zahn/Ehrlich/Haas* Zahlung und Zahlungssicherung im Außenhandel Rn. 2/36.

[83] *Schütze/Vorpeil* Dokumentenakkreditiv Rn. 138; Apathy/Iro/Koziol/*Apathy* Österreichisches Bankvertragsrecht Rn. 1/34; andere Akzentuierung bei Kümpel/Mülbert/Früh/Seyfried/*Seeger* Rn. 7.184 und *Zahn/Ehrlich/Haas* Zahlung und Zahlungssicherung im Außenhandel Rn. 2/36, die ausschließlich auf die Abgabe des Schuldversprechens gegenüber dem Begünstigten abstellen; wieder anders *Canaris* Rn. 923, wonach der von der Bank geschuldete Erfolg darin besteht, „unter bestimmten Voraussetzungen an den Begünstigten zu zahlen".

[84] BGH WM 1984, 1214 (1215); OLG München WM 1998, 554 (555).

[85] Kümpel/Mülbert/Früh/Seyfried/*Seeger* Rn. 7.188.

[86] BGH NJW 1971, 558; WM 1984, 1214 (1215); *Canaris* Rn. 942; Staub/*Grundmann* 5. Aufl., Bankvertragsrecht Dritter Teil Rn. 583.

[87] BGH WM 1984, 1214 (1215); 1984, 1443 (1444).

[88] *Canaris* Rn. 944; EBJS/*Hakenberg* Rn. II 594; Heymann/*Horn* Anh. § 372 Rn. VI/33.

[89] Weitergehend MüKoHGB/*Wedemann* BankvertragsR Rn. H 71, die gegen eine Anwendung des § 665 Satz 2 BGB einwendet, dass beim heutigen Stand der Kommunikationstechnik Rückfragen stets möglich seien.

steht, ist sie gegenüber dem Auftraggeber nicht nur berechtigt, sondern auch verpflichtet, die Zahlung der Akkreditivsumme zu verweigern. Zahlt sie den Betrag trotzdem aus, macht sie sich dem Auftraggeber gegenüber schadensersatzpflichtig.[90]

21 **c) Pflichten des Auftraggebers.** Der Auftraggeber schuldet der Bank neben der Zahlung der vereinbarten **Akkreditivprovision** (§§ 675 Abs. 1, 631 Abs. 1 BGB) den Ersatz sämtlicher **Aufwendungen,** die diese nach den Umständen zur Ausführung des Akkreditivauftrags für erforderlich halten darf (§§ 675 Abs. 1, 670 BGB). Zu diesen Aufwendungen gehört insbesondere der an den Begünstigten gezahlte Akkreditivbetrag, für den die Bank mangels abweichender Abrede gemäß § 669 BGB einen Vorschuss verlangen kann.[91] In der vorbehaltlosen Annahme und Ausführung des Akkreditivauftrags ist jedoch im Zweifel entsprechend der Kreditfunktion des Akkreditivs ein Verzicht auf einen Vorschuss zu sehen.[92] Die Ansprüche auf Provision und Aufwendungsersatz setzen ein weisungsgemäßes Handeln der Bank voraus.[93] Wird sie zu Unrecht aus dem Akkreditiv in Anspruch genommen, darf sie den Betrag nicht auszahlen und dem Auftraggeber in Rechnung stellen. Anderes gilt jedoch, wenn die Bank nach berechtigter Zahlungsverweigerung im Land des Begünstigten trotz sorgfältiger Prozessführung rechtskräftig zur Zahlung verurteilt wird und keine Möglichkeit hat, sich der Vollstreckung des ausländischen Fehlurteils zu entziehen. Unter diesen Umständen kann die Bank Erstattung sowohl des auf der Grundlage des Urteils gezahlten Akkreditivbetrags als auch der ihr entstandenen Prozesskosten verlangen.[94]

22 Zur Sicherung ihrer Ansprüche steht der Bank sowohl gemäß § 273 Abs. 1 BGB als auch gemäß § 369 Abs. 1 HGB ein **Zurückbehaltungsrecht** an den von ihr entgegengenommenen Dokumenten zu. Außerdem sind die Dokumente vom **vertraglichen Pfandrecht** gemäß Nr. 14 AGB-Banken umfasst. Soweit mitunter gesagt wird, dieses Pfandrecht könne auch wegen solcher Ansprüche geltend gemacht werden, die mit dem **Akkreditivgeschäft** nicht in Zusammenhang stehen,[95] ist das missverständlich. Denn das trifft auch für das Zurückbehaltungsrecht nach § 369 Abs. 1 HGB zu, das im Unterschied zu § 273 Abs. 1 BGB keine Konnexität zwischen Anspruch und Gegenanspruch voraussetzt.[96]

4. Rechtsverhältnis zwischen Akkreditivbank und Begünstigtem

23 Der zwischen dem Auftraggeber und der Akkreditivbank bestehende Geschäftsbesorgungsvertrag ist kein Vertrag zugunsten Dritter in dem Sinne, dass der Begünstigte bereits mit Abschluss dieses Vertrages einen selbständigen Anspruch gegen die Akkreditivbank erwirbt.[97] Gemäß § 780 BGB bedarf es hierzu vielmehr eines **gesonderten Vertrags** zwischen der Akkreditivbank und dem Begünstigten. Der Antrag zum Abschluss dieses Vertrags liegt konkludent in der Mitteilung über die Eröffnung des Akkreditivs, die Annahme konkludent in der widerspruchslosen Entgegennahme durch den Begünstigten. Der Zugang der Annahmeerklärung ist nach der Verkehrssitte nicht zu erwarten und daher gemäß § 151 BGB entbehrlich.[98] Ihr Angebot kann die Bank nur solange **widerrufen,** wie

[90] OLG Düsseldorf WM 1978, 359 (360); Baumbach/Hopt/*Hopt* Bankgeschäfte Rn. K/20; Staub/*Grundmann* 5. Aufl., Bankvertragsrecht Dritter Teil Rn. 586; MüKoHGB/*Wedemann* BankvertragsR Rn. H 87; näher zum Einwand des Rechtsmissbrauchs bei → Rn. 47 ff.

[91] RGZ 102, 155 (158); Heymann/*Horn* Anh. § 372 Rn. VI/30.

[92] MüKoHGB/*Wedemann* BankvertragsR Rn. H 88.

[93] EBJS/*Hakenberg* Rn. II 593.

[94] BGH NJW-RR 1998, 1511; dazu zust. *Nielsen* FS Schütze, 1999, 593 ff.; s. a. LG Hamburg WM 1997, 258 (259); *Koller* WM 1990, 293 (301).

[95] *Canaris* Rn. 970.

[96] MüKoHGB/*Welter* § 369 Rn. 11.

[97] Schlegelberger/*Hefermehl* Anh. § 365 Rn. 197; Baumbach/Hopt/*Hopt* Bankgeschäfte Rn. K/10. S. a. Art. 4 lit. a) Satz 4 ERA, wonach ein „Begünstigter sich keinesfalls auf die vertraglichen Beziehungen berufen [kann], die zwischen den Banken oder zwischen dem Auftraggeber und der eröffnenden Bank bestehen."

[98] Schlegelberger/*Hefermehl* Anh. § 365 Rn. 199; MüKoHGB/*Wedemann* BankvertragsR Rn. H 92.

es dem Begünstigten noch nicht zugegangen ist (§ 130 Abs. 1 BGB). Gemäß § 350 HGB bedarf die Mitteilung der Bank nicht der schriftlichen Form, da das abstrakte Schuldversprechen für sie ein Handelsgeschäft darstellt. Doch ist auch insoweit von einem gewillkürten Formerfordernis kraft Handelsbrauchs auszugehen.[99] Es unterscheidet sich von dem gesetzlichen Formerfordernis des § 780 BGB dadurch, dass ihm auch durch telekommunikative Übermittlung Genüge getan werden kann (§ 127 Abs. 2 BGB) und dass es von den Parteien aufgehoben werden kann.[100] Die von den Banken verwendeten Auftragsformulare enthalten üblicherweise ein Feld, in dem der Auftraggeber die von ihm gewünschte Art der Akkreditiveröffnung (per Brief, Telex, SWIFT usw) kenntlich machen kann.[101] In der Praxis ist die Eröffnung über SWIFT die Regel.[102] Gemäß Art. 11 lit. a) ERA gilt eine „authentisierte Telekommunikation" eines Akkreditivs als „das operative Akkreditiv"; eine darauf folgende briefliche Bestätigung wird nicht beachtet.[103] Der mit der stillschweigenden Annahme des Antrags durch den Begünstigten entstehende Anspruch gegen die Akkreditivbank steht unter der aufschiebenden Bedingung der fristgerechten Vorlage akkreditivgerechter Dokumente.[104]

5. Mehrgliedriger Akkreditivverkehr

a) Formen. Im grenzüberschreitenden Handelsverkehr wird in der Regel noch eine weitere, üblicherweise im Land des Begünstigten ansässige Bank in die Geschäftsabwicklung eingeschaltet. Dies kann in drei verschiedenen Formen geschehen. 24

aa) Avisbank. Bei der ersten Form beschränkt sich die Aufgabe der Zweitbank darauf, den Begünstigten von der Stellung des Akkreditivs zu unterrichten, dh, ihm das **Angebot** der eröffnenden Bank auf Abschluss eines Akkreditivvertrags zu übermitteln.[105] Eine **avisierende Bank** (vgl. Art. 2 ERA) oder Avisbank übernimmt weder eine eigene Zahlungsverpflichtung gegenüber dem Begünstigten (vgl. Art. 9 lit. a) ERA) noch dient sie als Zahlstelle. Das Akkreditiv bleibt bei der Akkreditivbank benutzbar. Zur Wahrung der Verfallfrist genügt es daher nicht, die Dokumente rechtzeitig der Avisbank vorzulegen. Vielmehr müssen die von ihr weitergeleiteten Dokumente fristgemäß bei der Akkreditivbank eintreffen.[106] Um den Begünstigten vor Fälschungen zu schützen, ist die Avisbank gemäß Art. 9 lit. b) ERA verpflichtet, sich vor der Avisierung der augenscheinlichen Echtheit des Akkreditivs zu versichern, insbesondere durch Prüfung der Unterschriften. Kann sie diese Echtheit nicht feststellen oder entschließt sie sich aus anderen Gründen, den Auftrag zur Avisierung des Akkreditivs nicht auszuführen, hat sie dies gemäß Art. 9 lit. e) und f) S. 1 ERA unverzüglich der Akkreditivbank mitzuteilen.[107] Entschließt sie sich trotz 25

[99] *Schütze/Vorpeil* Dokumentenakkreditiv Rn. 356. Musterformulare bei Hopt/*Joos*, Vertrags- und Formularbuch, Form IV K 2 (unwiderrufliches Akkreditiv) und Form IV K 3 (unwiderrufliches Akkreditiv mit Avisierungsauftrag/Bestätigungsauftrag an Korrespondenzbank). S. a. das von der ICC erstellte Musterformular in der Publikation Nr. 516, abgedruckt bei *Schütze* Dokumentenakkreditiv, 6. Aufl. 2008, Anh. III 2a.

[100] *Canaris* Rn. 985; s. a. LG Frankfurt WM 1994, 944 (945) und OLG Frankfurt a. M. WM 1996, 58 (59) (zur gewillkürten Form der Bestätigung einer Zweitbank).

[101] S. die Formularbeispiele bei *Graf von Bernstorff/Altmann*, Zahlungssicherung im Außenhandel, S. 135 ff.; Hopt/*Joos* Vertrags- und Formularbuch Form IV K 1.

[102] *Vorpeil* WM 2019, 1469 (1470.

[103] S. dazu ausführlich *Zahn/Ehrlich/Haas* Zahlung und Zahlungssicherung im Außenhandel Rn. 2/112.

[104] → Rn. 35.

[105] Für die Einordnung der Zweitbank als Bote daher *Schütze* DB 1987, 2189 (2191). Von der Zweitbank als „technischer Durchleitungsstelle" bzw. „verlängertem Arm" der Akkreditivbank sprechen *Zahn/Ehrlich/Haas*, Zahlung und Zahlungssicherung im Außenhandel, Rn. 2/180; s. ferner *Graf von Westphalen* WM 1980, 178 (183) („Erfüllung rein technischer Funktionen").

[106] Kronke/Melis/Kuhn/*Ehrlich* Handbuch Internationales Wirtschaftsrecht Teil I Rn. 236.

[107] S. aber *Canaris* Rn. 972, der darauf hinweist, dass gem. § 362 HGB eine Verpflichtung der Zweitbank auch durch Schweigen begründet werden kann und Art. 9 lit. f) ERA für das deutsche Recht insoweit gegenstandslos ist.

fehlender Überzeugung von der Echtheit des Akkreditivs zur Avisierung, hat sie den Begünstigten auf ihren Zweifel hinzuweisen (Art. 9 lit. f) S. 2 ERA).

26 **bb) Zahlstelle.** Übernimmt die Zweitbank auch die Funktion einer **Zahlstelle,** wird die Abwicklung des Akkreditivs von der Eröffnungs- auf die Zweitbank verlagert. Maßgebend für die Wahrung der Verfallfrist ist in diesem Fall die Vorlage der Dokumente bei der Zweitbank. Sie hat im Auftrag der Akkreditivbank selbständig die Dokumente zu prüfen, über deren Aufnahme zu entscheiden und ggf. den Akkreditivbetrag auszuzahlen, ohne selbst gegenüber dem Begünstigten zur Zahlung verpflichtet zu sein (Art. 12 lit. a) ERA). Für den Begünstigten hat die Einschaltung einer in seinem Land ansässigen Zahlstelle den Vorteil, dass er die Verfallfrist voll ausschöpfen kann, ohne die Postlaufzeit zur Akkreditivbank abziehen zu müssen, und dass er nicht auf „sein" Geld zu warten braucht, bis die Akkreditivbank selbst die Dokumente erhalten und als akkreditivgerecht gebilligt hat.[108] Hinzu kommt, dass das Risiko des Dokumentenverlusts in dem Moment auf die Akkreditivbank bzw. den Auftraggeber übergeht, in welchem die Zweitbank die von ihr aufgenommenen Dokumente an die Akkreditivbank versendet hat.[109]

27 **cc) Bestätigungsbank.** Bestätigt die Zweitbank das Akkreditiv gegenüber dem Begünstigten, so übernimmt sie damit eine **eigene Zahlungsverpflichtung,** die inhaltlich der Verpflichtung der Akkreditivbank entspricht und wie diese als abstraktes Schuldversprechen gemäß § 780 BGB zu qualifizieren ist.[110] Nach der Umschreibung in Art. 8 lit. b) ERA hat die Bestätigung zur Folge, dass die Zweitbank „ab dem Zeitpunkt der Hinzufügung ihrer Bestätigung zu dem Akkreditiv unwiderruflich zur Honorierung oder Negoziierung verpflichtet" ist. Ob die Mitteilung der Zweitbank eine Bestätigung oder nur ein Avis zum Inhalt hat, ist durch Auslegung zu ermitteln. Verwendet die Bank ausdrücklich den Begriff „Bestätigung" *(confirmation),* was zur Vermeidung von Missverständnissen zu empfehlen, aber nicht unbedingt notwendig ist, wird man im Zweifel von einem Verpflichtungswillen ausgehen dürfen. Ein solcher Wille kann sich aber auch aus den sonstigen Umständen des Einzelfalles ergeben.[111] Für das Zustandekommen des abstrakten Schuldvertrags zwischen der Bestätigungsbank und dem Begünstigen gilt das für den Vertrag mit der Akkreditivbank Gesagte entsprechend: Gemäß § 350 HGB bedarf die Bestätigung nicht der schriftlichen Form, doch dürfte ein gewillkürtes Formerfordernis kraft Handelsbrauchs vorliegen.[112] Die Annahme durch den Begünstigten kann konkludent erklärt werden, der Zugang der Erklärung ist gem. § 151 BGB entbehrlich.[113]

28 Nach ganz hM haften Eröffnungs- und Bestätigungsbank gegenüber dem Begünstigten als **Gesamtschuldner.**[114] Dass der Begünstigte „die Leistung nach seinem Belieben von jedem der Schuldner ganz oder zu einem Teil fordern" kann (vgl. § 421 BGB), trifft aber genau genommen nur unter der Voraussetzung zu, dass das Akkreditiv bei beiden Banken oder bei überhaupt keiner bestimmten Bank zahlbar gestellt ist.[115] In der Praxis hat sich jedoch die Übung herausgebildet, ausschließlich die Bestätigungsbank als Zahlstelle zu

---

108 *Zahn/Ehrlich/Haas* Zahlung und Zahlungssicherung im Außenhandel Rn. 2/100.

109 So jetzt ausdrücklich Art. 35 Abs. 2 ERA; s. MüKoHGB/*Wedemann* BankvertragsR Rn. H 120.

110 OLG Frankfurt a. M. WM 1996, 58 (59); EBJS/*Hakenberg* Rn. II 613; MüKoBGB/*Habersack* § 783 Rn. 48; *Canaris* Rn. 987; *Zahn/Ehrlich/Haas* Zahlung und Zahlungssicherung im Außenhandel Rn. 2/187; Derleder/Knops/Bamberger/*Freitag* § 75 Rn. 20; *Liesecke* WM 1976, 258 (260).

111 Schlegelberger/*Hefermehl* Anh. § 365 Rn. 212; *Zahn/Ehrlich/Haas* Zahlung und Zahlungssicherung im Außenhandel, Rn. 2/188; sehr weitgehend *Canaris* Rn. 986 (unter Hinweis auf RGZ 106, 304 (305 f.)), nach dessen Ansicht „man im Hinblick auf Zweck und Funktion des Akkreditivs, insbesondere auf dessen Sicherungsfunktion, in der Mitteilung über die Stellung des Akkreditivs im Zweifel eine verbindliche Zahlungsverpflichtung und nicht nur ein unverbindliches Avis" sehen muss.

112 Muster einer Mitteilung über die Akkreditiveröffnung mit Bestätigung durch die avisierende Bank bei Hopt/*Joos,* Vertrags- und Formularbuch, Form IV K 10.

113 So ausdrücklich für die Bestätigung OLG Frankfurt a. M. WM 1996, 58 (59).

114 BGH WM 1984, 1214 (1215); OLG Frankfurt a. M. WM 1996, 58 (59); Baumbach/Hopt/*Hopt* Bankgeschäfte Rn. K/2; *Schütze/Vorpeil* Dokumentenakkreditiv Rn. 401.

115 S. die Kritik von *v. Bar* ZHR 152 (1988), 38 (42) in Fn. 16.

benennen, da es im Allgemeinen unzweckmäßig wäre, die Abwicklung des Akkreditivs an ihr vorbeilaufen zu lassen. Hinzu kommt, dass der Vorteil einer Bestätigung für den Begünstigten vor allem in der Absicherung gegen die im Land der Eröffnungsbank bestehenden politischen und sonstigen Risiken besteht. Dieser Vorteil wird aber weitgehend preisgegeben, wenn das Akkreditiv bei der Eröffnungsbank oder einer anderen Bank zahlbar gestellt wird.[116] Im praktischen Regelfall hat sich der Begünstigte daher primär an die Bestätigungsbank zu halten. Die Akkreditivbank kann er erst in Anspruch nehmen, wenn sich der Anspruch gegen die Bestätigungsbank als uneinbringlich erweist, zB wegen Insolvenz oder hoheitlicher Eingriffe. Die Neuregelung in Art. 6 lit. a) S. 2 ERA, wonach ein bei einer benannten Bank benutzbares Akkreditiv auch bei der eröffnenden Bank benutzbar ist, ist insofern missverständlich.[117]

Hat die eröffnende Bank der Zweitbank weder den Auftrag noch die Ermächtigung zur Bestätigung des Akkreditivs erteilt (vgl. Art. 8 lit. d) ERA) oder kommt eine Bestätigung aus anderen Gründen nicht in Betracht, so kann der Begünstigte eine im wirtschaftlichen Ergebnis gleichwertige, allerdings auf seine Kosten gehende Absicherung durch eine **sog Ankaufszusage** (stille Bestätigung) der Zweitbank erlangen. Darunter versteht man die – außerhalb des eigentlichen Akkreditivgeschäfts angesiedelte und daher nicht den ERA unterliegende – vertragliche Verpflichtung der Zweitbank, dem Begünstigten einen bestimmten Betrag für den Fall zu zahlen, dass er trotz Vorlage ordnungsgemäßer Dokumente von der Akkreditivbank keine Zahlung erhält.[118] Die Rechtsprechung fasst auch eine derartige Verpflichtung als abstraktes Schuldversprechen iSv § 780 BGB auf.[119] Aufsichtsrechtlich werden Ankaufszusagen als „sonstige Gewährleistungen" iSv § 1 Abs. 1 S. 2 Nr. 8 KWG eingeordnet.[120] In der Regel wird vereinbart, dass der Begünstigte bei Inanspruchnahme der stillen Bestätigung die Forderung aus dem Akkreditiv an die Zweitbank abzutreten hat.[121] Wird die stille Bestätigung von einer dritten Bank abgegeben, die nicht als Zahlstelle fungiert und folglich nicht selbst über die Aufnahme der Dokumente zu entscheiden hat, spricht man von einer **Zahlungszusage** (Schutzzusage).[122] Der Sprachgebrauch ist jedoch uneinheitlich.[123] 29

b) Rechtsverhältnis zwischen Akkreditivbank und Zweitbank. Das Rechtsverhältnis zwischen Akkreditivbank und Zweitbank ist wie das Rechtsverhältnis zwischen Auftraggeber und Akkreditivbank als **Geschäftsbesorgungsvertrag mit Werkvertragscharakter** gemäß §§ 675, 631 BGB einzuordnen. Das gilt unabhängig davon, ob sich die Zweitbank zur Avisierung des Akkreditivs, zur Zahlungsabwicklung und/oder zur Bestätigung verpflichtet.[124] Aufgrund des Geschäftsbesorgungsvertrags, der nach hM keiner Form bedarf[125] 30

---

[116] MüKoHGB/*Wedemann* BankvertragsR Rn. H 88.

[117] Ausführlich MüKoHGB/*Wedemann* BankvertragsR Rn. H 124–126; s. auch Baumbach/Hopt/*Hopt* Bankgeschäfte Art. 7 ERA Rn. 1; *Schütze/Vorpeil* Dokumentenakkreditiv Rn. 402; großzügiger BankR-HdB/*Jäger/Haas* § 120 Rn. 171.

[118] *Zahn/Ehrlich/Haas* Zahlung und Zahlungssicherung im Außenhandel Rn. 2/95. Muster bei Hopt/*Joos,* Vertrags- und Formularbuch, Form IV K 14.

[119] OLG Frankfurt a. M. WM 2010, 1405.

[120] Hopt/*Joos,* Vertrags- und Formularbuch, Form IV K 14 Anm. 1.

[121] Derleder/Knops/Bamberger/*Freitag* § 75 Rn. 22; siehe auch die wörtliche Wiedergabe der Vereinbarung in OLG Frankfurt a. M. WM 2010, 1405 (1406).

[122] *Graf von Bernstorff/Altmann,* Zahlungssicherung im Außenhandel, S. 51; *Zahn/Ehrlich/Haas,* Zahlung und Zahlungssicherung im Außenhandel, Rn. 2/96. Muster bei Hopt/*Joos,* Vertrags- und Formularbuch, Form IV K 15.

[123] S. *Schütze/Vorpeil* Dokumentenakkreditiv Rn. 97–100, wo auch auf den unterschiedlichen Wortlaut entsprechender Zusagen in der Praxis hingewiesen wird.

[124] Baumbach/Hopt/*Hopt* Bankgeschäfte Rn. K/2; MüKoHGB/*Wedemann* BankvertragsR Rn. H 132; Heymann/*Horn* Anh. § 372 Rn. VI/44; Blesch/Lange/*Kessler* Bankgeschäfte mit Auslandsbezug Rn. 704, 708 und 710; differenzierend EBJS/*Hakenberg* Rn. II 597 (Geschäftsbesorgungsvertrag mit Werkvertragscharakter nur bei Bestätigung durch die Zweitbank, im übrigen Dienstvertrag gem. §§ 675, 611 BGB).

[125] *Schütze/Vorpeil* Dokumentenakkreditiv Rn. 379 und 423; *Zahn/Ehrlich/Haas* Zahlung und Zahlungssicherung im Außenhandel Rn. 2/166.

und nach § 362 HGB bei Vorliegen der dort genannten Voraussetzungen auch durch Schweigen zustandekommen kann,[126] ist die Akkreditivbank gegenüber der Zweitbank zur Zahlung der vereinbarten **Provision** verpflichtet. Darüber hinaus hat die Zweitbank nach Maßgabe von § 670 BGB Anspruch auf **Aufwendungsersatz.** Zu erstatten ist ihr insbesondere der Akkreditivbetrag, den sie an den Begünstigten auszahlt, dies freilich nur unter der Voraussetzung, dass die von ihr aufgenommenen Dokumente den Akkreditivbedingungen entsprechen.[127] Kommt eine als Zahlstelle tätige Zweitbank, bei der ein Akkreditiv mit hinausgeschobener Zahlung eingereicht wird, von sich aus mit dem Begünstigten überein, ihm einen **Vorschuss** auf das noch nicht fällige Akkreditiv zur Verfügung zu stellen, so handelt es sich dabei allerdings in der Regel um die Gewährung eines Zwischenkredits und nicht um die Erfüllung des Anspruchs aus dem Akkreditiv.[128] Zu den ersatzfähigen Aufwendungen gehören ferner alle sonstigen Vermögensopfer, welche die Zweitbank als notwendige Folge der Ausführung des Auftrags erbringt, zB Kosten der Rechtsverteidigung.[129]

31 In den ERA ist die Verpflichtung der eröffnenden Bank zum Aufwendungsersatz **(Rembours)** in Art. 7 lit. c) ERA geregelt. Diese Bestimmung wird durch Art. 37 lit. c) ERA ergänzt, der klarstellt, dass die Bank für alle Provisionen, Gebühren und sonstigen Auslagen haftet, die der Zweitbank bei der Ausführung ihres Auftrags entstanden sind. Die eröffnende Bank kann ihrer Remboursverpflichtung entweder durch unmittelbare Zahlung an die Zweitbank oder dadurch nachkommen, dass sie eine dritte Bank **(Remboursbank)** mit der Erstattung beauftragt. Im letzteren Fall muss das Akkreditiv angeben, ob der Rembours den Einheitlichen Richtlinien der ICC für Rembourse unter Dokumenten-Akkreditiven in ihrer gerade geltenden Fassung[130] unterliegen soll (Art. 13 lit. a) ERA). Da die Einschaltung einer Remboursbank eine Leistung erfüllungshalber darstellt, erlischt die Remboursverpflichtung der eröffnenden Bank erst, wenn die Zweitbank bei der Remboursbank Befriedigung erlangt (Art. 13 lit. c) ERA).[131] Eine Vorschussleistung der eröffnenden Bank ist in Art. 7 lit. c) ERA nicht vorgesehen. Soweit nicht anders vereinbart, ist daher insoweit von einer Abbedingung des § 669 BGB auszugehen.[132] Die Zweitbank ist ihrerseits je nach dem Inhalt des Auftrags zur Avisierung, zur Dokumentenprüfung und Zahlung und/oder zur Abgabe eines weiteren selbständigen Schuldversprechens gegenüber dem Begünstigten verpflichtet.[133] Gemäß §§ 675 Abs. 1, 667 BGB hat sie alles, was sie aus der Ausführung des Auftrags erlangt, an die eröffnende Bank herauszugeben.

32 **c) Haftungsverhältnisse.** Der Auftraggeber steht ausschließlich mit der eröffnenden Bank in vertraglicher Beziehung, nicht auch mit der Zweitbank.[134] Wird er durch eine Pflichtverletzung der Zweitbank geschädigt, stehen ihm eigene vertragliche Ansprüche gegen sie grundsätzlich nicht zu. Die eröffnende Bank ist ihm gegenüber verpflichtet, nach den Grundsätzen der Drittschadensliquidation seinen Schaden geltend zu machen oder ihre

[126] S. *Canaris* Rn. 972, der zu Recht darauf hinweist, dass Art. 8 lit. d) ERA, wonach die Zweitbank die eröffnende Bank unverzüglich zu unterrichten hat, wenn sie nicht zur Bestätigung des Akkreditivs bereit ist, für das deutsche Recht gegenstandslos ist.

[127] BGH WM 1984, 1214 (1215).

[128] BGHZ 101, 84 (86 f.) = NJW 1987, 2578 f.; dazu auch *Schütze/Vorpeil* Dokumentenakkreditiv Rn. 106. Vom OLG Frankfurt a. M. WM 1981, 445 (446) war die Frage der rechtlichen Einordnung der Bevorschussung noch offen gelassen worden.

[129] *Zahn/Ehrlich/Haas,* Zahlung und Zahlungssicherung im Außenhandel, Rn. 2/167.

[130] Seit dem 1.10.2008 sind das die „ICC Uniform Rules for Bank-to-Bank Reimbursements under Documentary Credits" (ICC-Publikation Nr. 725/ERR 725); siehe dazu auch *Zahn/Ehrlich/Haas,* Zahlung und Zahlungssicherung im Außenhandel, Rn. 2/174 ff.

[131] Ausführlich zum Remboursverfahren MüKoHGB/*Wedemann* BankvertragsR Rn. H 259–264.

[132] Der Sache nach ebenso MüKoHGB/*Wedemann* BankvertragsR Rn. H 259 („Anschaffung vorheriger Akkreditivdeckung bedarf ausdrücklicher Vereinbarung"); *Zahn/Ehrlich/Haas,* Zahlung und Zahlungssicherung im Außenhandel, Rn. 2/167. S. demgegenüber Baumbach/Hopt/*Hopt* Bankgeschäfte Rn. K/2; *Canaris* Rn. 972 und EBJS/*Hakenberg* Rn. II 598, bei denen Art. 7 lit. c) ERA unerwähnt bleibt.

[133] *Einsele* § 5 Rn. 16.

[134] RGZ 105, 48 (50 f.); 106, 26 (27); OLG Düsseldorf WM 1978, 359 (360); Baumbach/Hopt/*Hopt* Bankgeschäfte Rn. K/2.

Schadensersatzansprüche an ihn abzutreten.[135] Was die Eigenhaftung der Akkreditivbank betrifft, sieht Art. 37 lit. a) ERA vor, dass diese Bank „für Rechnung und Gefahr des Auftraggebers" *(for the account and at the risk of the applicant)* handelt, wenn sie sich zur Ausführung der Weisungen des Auftraggebers einer anderen Bank bedient. Weiterhin bestimmt Art. 37 lit. b) ERA, dass eine eröffnende oder avisierende Bank keine Haftung oder Verantwortung übernimmt, wenn die von ihr übermittelten Weisungen von der anderen Bank nicht ausgeführt werden, und zwar selbst dann, wenn sie die Initiative bei der Auswahl dieser anderen Bank ergriffen hat. Das Schrifttum ist sich im Ergebnis darin einig, dass die Haftung der Akkreditivbank für eine **sorgfältige Auswahl und Unterweisung** der Zweitbank durch diese Freizeichnungsklauseln nicht ausgeschlossen wird. Meistens wird dies damit begründet, dass diese Klauseln insoweit gemäß § 307 Abs. 1 BGB unwirksam seien,[136] doch lässt sich ebenso gut vertreten, dass sie die *culpa in eligendo et instruendo* ihrem Wortlaut nach überhaupt nicht erfassen.[137] Hat der Auftraggeber selbst durch entsprechende Weisung die Einschaltung der Zweitbank veranlasst, scheidet eine Haftung der Akkreditivbank für eigenes Auswahlverschulden aus. Insoweit bestehen gegen die Wirksamkeit von Art. 37 lit. a) ERA keine Bedenken.[138]

Umstritten ist, ob der durch Art. 37 lit. a) und b) ERA unzweifelhaft beabsichtigte Ausschluss der Haftung für ein **weisungswidriges Handeln der Zweitbank** einer Angemessenheitskontrolle standhält. Nach einer weit verbreiteten Ansicht hängt dies davon ab, ob die Zweitbank als **Erfüllungsgehilfin** der Akkreditivbank iSd § 278 BGB oder als **Unterbeauftragte** iSd § 664 Abs. 1 S. 2 BGB einzuordnen ist. Soweit die Zweitbank als Erfüllungsgehilfin tätig wird, sei die vollständige Haftungsfreizeichnung mit dem wesentlichen Grundgedanken des § 278 BGB nicht zu vereinbaren und daher unwirksam. Das gelte auch im unternehmerischen Verkehr, da die Wertung des § 309 Nr. 7b) BGB auch im Rahmen des dort allein maßgebenden § 307 BGB zu berücksichtigen sei. Dagegen sei der Haftungsausschluss nicht zu beanstanden, soweit die Zweitbank als Substitutin fungiert, da die Akkreditivbank in diesem Fall ohnehin nur für die sorgfältige Auswahl und Unterweisung der Zweitbank einzustehen habe (§ 664 Abs. 1 S. 2 BGB).[139] Wer dem folgt, sieht sich freilich mit dem Problem konfrontiert, dass sich nicht in allen Konstellationen zweifelsfrei feststellen lässt, ob die Zweitbank im Pflichtenkreis der Akkreditivbank als deren Hilfsperson tätig wird oder ob sie das zu besorgende Geschäft insgesamt oder zum Teil in eigener Verantwortung wahrzunehmen hat.[140] Als nahezu gesichert kann nur gelten, dass eine **Bestätigungsbank** als Unterbeauftragte anzusehen ist, da sie eine eigene Zahlungsverpflichtung gegenüber dem Begünstigten und damit eine Aufgabe übernimmt, welche die eröffnende Bank von vornherein nicht erfüllen kann.[141] Auch bei der Einschaltung einer **Zahlstelle** sprechen gute Gründe für die Annahme einer Substitution, da eine solche Stelle 33

[135] EBJS/*Hakenberg* Rn. II 599; Heymann/*Horn* Anh. § 372 Rn. VI/48; Schlegelberger/*Hefermehl* Anh. § 365 Rn. 194; für die Annahme von Schutzpflichten der Zweitbank gegenüber dem Auftraggeber im Einzelfall dagegen Baumbach/Hopt/*Hopt* Bankgeschäfte Rn. K/2; *Canaris* Rn. 977; diese Frage offenlassend OLG Düsseldorf WM 1978, 359 (360).

[136] So EBJS/*Hakenberg* Rn. II 599; Heymann/*Horn* Anh. § 372 Rn. VI/50; *Zahn/Ehrlich/Haas,* Zahlung und Zahlungssicherung im Außenhandel, Rn. 2/178.

[137] So Wolf/Lindacher/Pfeiffer/*H. Schmidt* AGB-Recht Rn. A 130–140; *Wolf* ZHR 153 (1989), 300 (309) (zu Art. 20 lit. b) der ERA 400 von 1983); wohl auch Staub/*Grundmann* 5. Aufl., Bankvertragsrecht Dritter Teil Rn. 639.

[138] So wohl auch, wenngleich mit missverständlicher Formulierung, *Zahn/Ehrlich/Haas,* Zahlung und Zahlungssicherung im Außenhandel, Rn. 2/178, denen zufolge eine Haftung „für das Verhalten der Zweitbank" ausgeschlossen ist; s. ferner *Graf von Westphalen* RIW 1994, 453 (457).

[139] So im Prüfungsansatz übereinstimmend EBJS/*Hakenberg* Rn. II 599; BankR-HdB/*Jäger/Haas* § 120 Rn. 424; *Zahn/Ehrlich/Haas,* Zahlung und Zahlungssicherung im Außenhandel, Rn. 2/178; *Graf von Westphalen* WM 1980, 178 (183 ff.); *Graf von Westphalen* RIW 1994, 453 (456 f.).

[140] Allgemein zur Abgrenzung BGH NJW 1993, 1704 (1705); BeckOGK BGB/*Riesenhuber* (Stand: 1.2.2020), § 664 Rn. 16.

[141] Insoweit übereinstimmend OLG Frankfurt a. M. WM 1996, 58 (60); *Canaris* Rn. 974; *Zahn/Ehrlich/Haas* Zahlung und Zahlungssicherung im Außenhandel Rn. 2/178, aA Heymann/*Horn* Anh. § 372 Rn. VI/49, der die Zweitbank unabhängig von ihrer Funktion als Erfüllungsgehilfin ansieht.

selbständig die Dokumente zu prüfen und über deren Aufnahme zu entscheiden hat.[142] Die **Avisbank** wird hingegen häufig als Erfüllungsgehilfin eingeordnet.[143] Das lässt sich jedoch nicht schon damit begründen, dass „die Anzeige des Akkreditivs zwingende Voraussetzung für die Eröffnung ist und auch von der Akkreditivbank selbst vorgenommen werden könnte".[144] Denn bei dieser Argumentation kommt zu kurz, dass eine Avisbank häufig gerade deshalb eingeschaltet wird, weil nur so eine schnelle und sichere Übermittlung des Akkreditivs an den Begünstigten gewährleistet werden kann, und dass auch eine Avisbank die ihr übertragene Aufgabe selbständig wahrzunehmen pflegt.[145]

34 Wie dieser Meinungsstreit im Einzelnen zu entscheiden ist, kann jedoch dahingestellt bleiben. Denn nach der hier vertretenen Ansicht ist der Ausschluss der Haftung für ein weisungswidriges Handeln der Zweitbank jedenfalls im unternehmerischen Verkehr als **wirksam** anzusehen unabhängig davon, ob die Zweitbank als Erfüllungsgehilfin oder Unterbeauftragte der Akkreditivbank einzuordnen ist. Unter Berücksichtigung internationaler Gerechtigkeitsstandards erscheint es nicht unangemessen, wenn die Akkreditivbank nicht für Fehler einer Bank einstehen will, auf deren Organisationsbereich sie keinen Einfluss hat und deren Geschäftsgebaren sie allenfalls in eingeschränktem Maße kontrollieren kann. Das gilt umso mehr, als die Einschaltung einer Zweitbank in aller Regel zur ordnungsgemäßen Durchführung des Akkreditivgeschäfts notwendig ist und auch im Interesse der Parteien des Grundgeschäfts liegt.[146] Die Beschränkung der Haftung der inländischen Bank auf die sorgfältige Auswahl und Unterweisung der ausländischen Korrespondenzbank ist denn auch nichts Ungewöhnliches und beispielsweise auch in Nr. 3 Abs. 2 AGB-Banken (Weitergeleitete Aufträge) sowie in Nr. 19 Abs. 2 S. 1 SBW (Verwahrung von Wertpapieren im Ausland) vorgesehen.

6. Inanspruchnahme des Akkreditivs

35 **a) Dokumentenvorlage.** Der Anspruch des Begünstigten aus dem Akkreditiv steht unter der **aufschiebenden Bedingung** der fristgerechten Vorlage akkreditivgerechter Dokumente.[147] Gemäß Art. 6 lit. e) ERA müssen die Dokumente spätestens am Verfalltag bei der Bank präsentiert werden, bei der das Akkreditiv benutzbar gestellt ist. Dabei ist gemäß Art. 17 lit. a) ERA von jedem der im Akkreditiv vorgeschriebenen Dokumente mindestens ein **Original** vorzulegen; ein Fax oder eine Fotokopie genügt nicht.[148] Die Einreichung bei der Zahlstelle oder Bestätigungsbank genügt zur Fristwahrung, während es bei der Einschaltung einer bloßen Avisbank auf den rechtzeitigen Eingang der Dokumente bei der Akkreditivbank ankommt.[149] Das Risiko einer Fristversäumnis infolge höherer Gewalt oder anderer Ursachen außerhalb der Kontrolle der Bank (zB kriegerische Unruhen, Poststreik, Terrorakt) hat der Begünstigte zu tragen.[150] Art. 36 ERA stellt das für den

---

142 MüKoHGB/*Wedemann* BankvertragsR Rn. H 110; ebenso EBJS/*Hakenberg* Rn. II 599; *Zahn/Ehrlich/Haas* Zahlung und Zahlungssicherung im Außenhandel Rn. 2/178; aA (Zahlstelle als Erfüllungsgehilfin) *Canaris* Rn. 974; dieser Ansicht zuneigend auch *Einsele* § 5 Rn. 15.

143 Kümpel/Mülbert/Früh/Seyfried/*Seeger* Rn. 7.212; Baumbach/Hopt/*Hopt* Bankgeschäfte Rn. K/2; *Schütze* DB 1987, 2189 f.; *Graf von Westphalen* RIW 1994, 453 (456).

144 So *Graf von Westphalen* RIW 1994, 453 (456).

145 Für die Annahme einer Substitution denn auch BankR-HdB/*Jäger/Haas* § 120 Rn. 426/427; EBJS/*Hakenberg* Rn. II 599; *Zahn/Ehrlich/Haas* Zahlung und Zahlungssicherung im Außenhandel Rn. 2/178; *Graf von Westphalen* Rechtsprobleme der Exportfinanzierung S. 255.

146 Überzeugend *Canaris* Rn. 975; *Wolf* ZHR 153 (1989), 300 (313 f.); dem folgend Wolf/Lindacher/Pfeiffer/*H. Schmidt* AGB-Recht Rn. A 130–140; für Unwirksamkeit der Freizeichnung dagegen EBJS/*Hakenberg* Rn. II 599; *Graf von Westphalen* RIW 1994, 453 (456 f.); einschränkend Heymann/*Horn* Anh. § 372 Rn. VI/50.

147 OLG Düsseldorf 11.7.2003 – 16 U 129/02 sub II 1 (insoweit in ZIP 2003, 1785 nicht abgedruckt); Baumbach/Hopt/*Hopt* Bankgeschäfte Rn. K/14.

148 Baumbach/Hopt/*Hopt* Bankgeschäfte Art. 17 ERA Rn. 1; zur Abwicklung von Akkreditiven unter Einsatz elektronischer Plattformen *Vorpeil* WM 2019, 1469 (1472 ff.).

149 → Rn. 25.

150 *Zahn/Ehrlich/Haas* Zahlung und Zahlungssicherung im Außenhandel Rn. 2/238.

Fall ausdrücklich klar, dass der Geschäftsbetrieb der Bank unterbrochen und der Begünstigte dadurch an einer rechtzeitigen Dokumentenvorlage gehindert wird.[151] Dagegen wird die Bank nicht von ihrer Verpflichtung befreit, wenn der Begünstigte die Dokumente noch vor dem Eintritt der Betriebsunterbrechung vorlegt und die Bank dann infolge höherer Gewalt nicht innerhalb der Akkreditivfrist leisten kann.[152] Ist die Bank am Tag des Verfalls aus anderen Gründen geschlossen (zB wegen eines Feiertags), verlängert sich die Vorlagefrist bis zum nächstfolgenden Bankarbeitstag (Art. 29 lit. a) ERA).

b) Dokumentenprüfung. aa) Gegenstand und Maßstab. Gemäß Art. 14 lit. a) ERA hat die Bank mit angemessener Sorgfalt[153] zu prüfen, „ob die Dokumente ihrer äußeren Aufmachung nach eine konforme Dokumentenvorlage zu bilden scheinen". Eine „konforme Dokumentenvorlage" ist nach der Definition in Art. 2 ERA „eine Dokumentenvorlage in Übereinstimmung mit den Akkreditiv-Bedingungen, den anwendbaren Bestimmungen dieses Regelwerks und dem Standard internationaler Bankpraxis". Die Dokumente müssen vollzählig und äußerlich ordnungsgemäß sein, und sie dürfen weder zu den Akkreditivbedingungen noch untereinander in Widerspruch stehen.[154] Vollkommen identisch brauchen die Angaben in den Akkreditivbedingungen und den einzelnen Dokumenten jedoch nicht zu sein, wie Art. 14 lit. d) ERA nunmehr ausdrücklich klarstellt. Damit soll die Zurückweisung von Dokumenten wegen unbedeutender Kleinigkeiten verhindert werden.[155] Ein Dokument, das in dem Akkreditiv nicht verlangt wird, wird von der Bank nicht beachtet und kann dem Einreicher zurückgegeben werden (Art. 14 lit. g) ERA). Die solchermaßen begrenzte Prüfungspflicht ist **Kardinalpflicht** iSd § 307 Abs. 2 Nr. 2 BGB, ein Ausschluss der Haftung für leichte Fahrlässigkeit durch AGB folglich unzulässig.[156] Es gilt der **Grundsatz der Dokumentenstrenge.** Die Bank darf nur solche Dokumente aufnehmen, die den im Akkreditiv gestellten Anforderungen auf das Genaueste entsprechen.[157] Da „das unterliegende Kaufgeschäft zwischen dem Akkreditivbesteller und dem Akkreditierten sich der Kenntnis und Beurteilung der Bank regelmäßig entzieht",[158] darf sie von den Akkreditivbedingungen nur abweichen, wenn sie ohne Hinzuziehung von Fachkennern zweifelsfrei beurteilen kann, dass die Abweichung unerheblich und für den Auftraggeber unschädlich ist.[159] 36

Nach Auffassung des BGH gebietet der Grundsatz der Dokumentenstrenge nicht, bei der **Auslegung** unklarer Akkreditivbestimmungen am bloßen Wortlaut zu haften. Vielmehr erlaube dieser Grundsatz auch eine auf den **Sinn und Zweck** der Bestimmungen abstellende Auslegung, bei der ggf. auch das Grundgeschäft zu berücksichtigen sei, soweit es in der Urkunde Erwähnung gefunden habe. Der Grundsatz der Dokumentenstrenge stehe nur einer Auslegung entgegen, für die sich im Text der Urkunde keine Anhaltspunkte finden und die sich auf Umstände außerhalb der Urkunde stützen müsste.[160] Diese „akkreditiv- 37

[151] Zur Unbedenklichkeit dieser Klausel Wolf/Horn/Lindacher/*H. Schmidt* AGB-Recht Rn. A 129.

[152] BGH WM 1960, 38 (41).

[153] Zur Weitergeltung dieses in Art. 13 lit. a) ERA 500 noch ausdrücklich niedergelegten Maßstabs s. *Holzwarth* IHR 2007, 136 (142).

[154] OLG Frankfurt a. M. WM 2010, 1405 (1407); Baumbach/Hopt/*Hopt* Bankgeschäfte Rn. K/6; EBJS/*Hakenberg* Rn. II 607; *Zahn/Ehrlich/Haas* Zahlung und Zahlungssicherung im Außenhandel Rn. 2/251 ff.

[155] EBJS/*Hakenberg* Rn. II 607; MüKoHGB/*Wedemann* BankvertragsR Rn. H 156.

[156] BGHZ 108, 348 (351) = NJW 1990, 255 f.; Wolf/Lindacher/Pfeiffer/*H. Schmidt* AGB-Recht Rn. A 127; Baumbach/Hopt/*Hopt* Bankgeschäfte Rn. K/6.

[157] BGH WM 1960, 38 (39); 1984, 1443 f.; 1984, 1214 (1215); 2004, 1138 (1140); 2010, 1138 (1140); OLG München WM 1996, 2335 (2336); LG Limburg WM 1992, 1399 (1401); Staub/*Grundmann* 5. Aufl., Bankvertragsrecht Dritter Teil Rn. 612; EBJS/*Hakenberg* Rn. II 605; *Vorpeil* WM 2018, 751 (753).

[158] RGZ 106, 26 (30).

[159] StRspr, s. BGH WM 1960, 38 (39); 1984, 1214 (1215); 1984, 1443 (1444); OLG München WM 1998, 554 (555); zust. *Canaris* Rn. 945; abl. MüKoHGB/*Wedemann* BankvertragsR Rn. H 158, die in dieser Rspr. eine „Verwässerung des Grundsatzes der Dokumentenstrenge" sieht.

[160] BGH NJW 1994, 2018 (2019) (auch zum Standby Letter of Credit); OLG Frankfurt a. M. WM 1997, 1893 (1895); s. auch OLG Frankfurt a. M. WM 2010, 1405 (1407); zust. Baumbach/Hopt/*Hopt* Bank-

rechtliche Andeutungstheorie“[161] ist nicht unproblematisch, da sie in dem an sich anerkennenswerten Bemühen um Einzelfallgerechtigkeit einer schleichenden Durchbrechung des Grundsatzes der Unabhängigkeit des Akkreditivs vom Grundgeschäft Vorschub leistet. Ein Teil des Schrifttums hält daher eine Bezugnahme auf das Grundgeschäft im Rahmen der Akkreditivauslegung nur bei Vorliegen klarer und unzweideutiger Anhaltspunkte für zulässig.[162] Im Übrigen enthalten die Art. 3 und 14 ERA Auslegungshilfen und Leitlinien für die Dokumentenprüfung. In den Art. 18–28 ERA finden sich detaillierte Regelungen zu den Anforderungen an Handelsrechnungen sowie Transport- und Versicherungsdokumente.[163]

38 **bb) Beispiele.** Das OLG München hat entschieden, dass die Bank die Aufnahme der vorgelegten Dokumente abzulehnen hat, wenn die im Akkreditiv angegebene Adresse des Begünstigten nicht mit der in den Dokumenten genannten Adresse übereinstimmt.[164] Unter den ERA 600 ist diese Auffassung nicht mehr haltbar. Denn nach Art. 14 lit. j) ERA sind voneinander abweichende Angaben über die Adresse des Begünstigten oder Auftraggebers unschädlich, wenn die Adressen in demselben Land angesiedelt sind. Flüchtigkeitsfehler in Schreibweise und Zeichensetzung (zB Buchstabendreher, Klein- statt Großschreibung und umgekehrt, „Mueller“ statt „Müller“, „ß“ statt „ss“, unrichtige Wiedergabe komplizierter Straßennamen) berechtigen ebenfalls nicht zur Zurückweisung, sofern sie klar als solche erkennbar sind und keinesfalls in die Irre führen können.[165] Um eine erhebliche Abweichung handelt es sich hingegen, wenn ein Werksqualitätszertifikat über das spezifische Gewicht von Dieselkraftstoff bei 15° C vorgelegt wird, obwohl im Akkreditiv ein solches über 20° C verlangt wird, und zwar selbst dann, wenn ein Fachmann die Angaben als gleichwertig beurteilt.[166] Ebenso liegt es, wenn ein Qualitätsattest nicht von dem im Akkreditiv vorgesehenen Sachverständigen stammt.[167] Schädlich sind auch Abweichungen hinsichtlich der Liefermodalitäten, ohne dass es darauf ankommt, ob die Abweichungen höhere Kosten verursachen.[168] Dass die Bank die Aufnahme abzulehnen hat, wenn sich aus dem Konnossement die Verschiffung einer anderen als der nach der Handelsrechnung zu liefernden Ware ergibt, steht ebenfalls außer Frage.[169] Art. 14 lit. e) ERA stellt klar, dass in anderen Dokumenten als der Handelsrechnung die Beschreibung der Waren, Dienstleistungen oder Leistungen in allgemeinen Begriffen gehalten sein kann, die nicht in Widerspruch zu ihrer Beschreibung im Akkreditiv stehen.

39 In dem Fall BGH WM 1960, 38 ließ der BGH es ausreichen, dass statt der geforderten zwei Ausfertigungen einer Eisenbahnempfangsbescheinigung lediglich ein Exemplar vorgelegt wurde. Mit dem Grundsatz, dass die Bank von den Akkreditivbedingungen nur abweichen darf, wenn sie „völlig einwandfrei“ beurteilen kann, dass die Abweichung unerheblich ist, ist das Urteil jedoch nicht zu vereinbaren. Denn wie der BGH in den

---

geschäfte Rn. K/6; EBJS/*Hakenberg* Rn. II 605; *Zahn/Ehrlich/Haas,* Zahlung und Zahlungssicherung im Außenhandel, Rn. 2/262; *Vorpeil* WM 2018, 751 (761).

[161] *K.-P. Berger* FS Schütze, 1999, 103 (110).

[162] *K.-P. Berger* FS Schütze, 1999, 103 (110 ff.); zust. *Schütze/Vorpeil* Dokumentenakkreditiv Rn. 548; *Nielsen* FS Kümpel, 2003, 411 (417).

[163] Ausführlich zu diesen Anforderungen *Zahn/Ehrlich/Haas* Zahlung und Zahlungssicherung im Außenhandel Rn. 2/273 ff.; BankR-HdB/*Jäger/Haas* § 120 Rn. 260–378; Überblick bei *Nielsen* TranspR 2008, 269 (279 ff.).

[164] OLG München WM 1996, 2335 (2337) zu den ERA 400 von 1983.

[165] Baumbach/Hopt/*Hopt* Bankgeschäfte Rn. K/6; BankR-HdB//*Jäger/Haas* § 120 Rn. 244; *Schütze/Vorpeil* Dokumentenakkreditiv Rn. 520; *Vorpeil* WM 2018, 751 (754).

[166] BGH WM 1958, 291 (292).

[167] Vgl. RGZ 96, 246 (248 f.) (Attest über die Beschaffenheit von Krabben).

[168] S. den Fall BGH WM 1984, 1214 (1215) („ex warehouse Bilbao“ statt „fas Bilbao“); wie hier MüKoHGB/*Wedemann* BankvertragsR Rn. H 155; einschränkend *Schütze/Vorpeil* Dokumentenakkreditiv Rn. 536.

[169] Vgl. BGH WM 2004, 1138 (1140).

Gründen selbst anmerkt, wäre die Abwicklung des Einfuhrgeschäfts „vielleicht […] erleichtert worden, wenn die Aufgabebescheinigung oder die diese ersetzende Urkunde in zweifacher Ausfertigung vorgelegen hätte".[170] Ist nach den Akkreditivbedingungen ausdrücklich die Vorlage einer bestimmten Anzahl von Dokumenten vorgeschrieben, kann es schlechterdings nicht Aufgabe der Bank sein, irgendwelche Erheblichkeitserwägungen anzustellen. Wird ein unvollständiger Satz von Dokumenten eingereicht, sind die Akkreditivbedingungen niemals erfüllt.[171] Transportdokumente müssen rein *(clean)* sein, dh sie dürfen keine Vermerke tragen, die ausdrücklich auf einen mangelhaften Zustand der Ware oder der Verpackung hinweisen (Art. 27 ERA).[172] In dem Fall OLG München WM 1998, 554 wiesen die vom Begünstigten eingereichten Transportpapiere entgegen den Akkreditivbestimmungen nicht den Auftraggeber, sondern die eröffnende Bank als Empfängerin der Ware aus. Nach der zutreffenden Ansicht des OLG war dem Auftraggeber die Berufung auf diese – an sich schädliche – Abweichung jedoch gemäß § 242 BGB versagt, da er die Ware vollständig und in einwandfreiem Zustand erhalten und daher erwiesenermaßen keinen Nachteil erlitten hatte.[173]

cc) Fälschungsrisiko. Gemäß Art. 34 S. 1 ERA übernehmen die Banken keine Haftung oder Verantwortung für die Form, Vollständigkeit, Genauigkeit, Echtheit, Verfälschung oder Rechtswirksamkeit irgendeines Dokuments oder für die allgemeinen oder besonderen Bedingungen, die in irgendeinem Dokument angegeben oder demselben hinzugefügt sind. Einer Inhaltskontrolle am Maßstab des § 307 Abs. 2 Nr. 2 BGB hält diese Freizeichnungsklausel nur stand, wenn man sie einschränkend dahin auslegt, dass sie die in Art. 14 lit. a) ERA geregelte Kardinalpflicht zur sorgfältigen Prüfung der Dokumente unberührt lässt und lediglich die Haftung für **nicht erkennbare Fälschungen** und sonstige verdeckte Mängel ausschließen will.[174] Daraus folgt: Nimmt die Bank gefälschte Dokumente auf, obwohl sie die Fälschung bei Anwendung der im Verkehr erforderlichen Sorgfalt hätte erkennen können, erwirbt sie keinen Aufwendungsersatzanspruch gegen den Auftraggeber und haftet ihm gegenüber für alle aus der pflichtwidrigen Aufnahme entstehenden Schäden.[175] Der BGH vertritt allerdings die Auffassung, dass die **Echtheitsprüfung der Dokumente** gerade nicht zu den vertragswesentlichen Pflichten der Bank gehört und die Haftung für leichte Fahrlässigkeit daher durch allgemeine Geschäftsbedingungen ausgeschlossen werden kann.[176] Diese Auffassung weckt Bedenken. Zwar ist nicht von der Hand zu weisen, dass die Echtheitsprüfung von Dokumenten schwierig und zeitaufwendig sein kann und dass die Banken daher ein nachvollziehbares Interesse an einer teilweisen Haftungsfreizeichnung haben. Soweit der BGH jedoch behauptet, Kardinalpflicht der Bank sei „nach dem klaren Wortlaut und nach dem Sinn des Art. 15 ERA[177] nicht eine umfassende, sondern eine zielgerichtete Prüfung der Dokumente auf ihre formelle Übereinstimmung mit den Akkreditiv-Bedingungen",[178] ist ihm zu widersprechen. Denn nach dem Wortlaut von Art. 14 lit. a) ERA hat die Bank zu prüfen, ob die Dokumente „ihrer äußeren Aufmachung nach" akkreditivkonform sind. Eine Fälschung 40

[170] BGH WM 1960, 38 (39).

[171] Die Entscheidung des BGH ablehnend denn auch BankR-HdB/*Jäger/Haas* § 120 Rn. 204; *Schütze/Vorpeil* Dokumentenakkreditiv Rn. 518; *Zahn/Ehrlich/Haas* Zahlung und Zahlungssicherung im Außenhandel Rn. 2/251 m. Fn. 443.

[172] Ausführlich zur Prüfung von Transportdokumenten *Zahn/Ehrlich/Haas* Zahlung und Zahlungssicherung im Außenhandel Rn. 2/288 ff.

[173] Zust. MüKoHGB/*Wedemann* BankvertragsR Rn. H 160.

[174] So *Wolf* ZHR 153 (1989), 300 (307 f.); demgegenüber fassen BankR-HdB/*Jäger/Haas* § 120 Rn. 211 die Bestimmung als (kontrollfreie) Leistungsbeschreibung auf.

[175] Heymann/*Horn* Anh. § 372 Rn. VI/43; *Zahn/Ehrlich/Haas* Zahlung und Zahlungssicherung im Außenhandel Rn. 2/253.

[176] BGHZ 108, 348 (351 f.) = NJW 1990, 255 f.

[177] Gemeint ist Art. 15 der ERA 400 von 1983, dem Art. 14 der ERA 600 entspricht.

[178] BGHZ 108, 348 (351) = NJW 1990, 255 (256).

ist aber schon aus dieser „äußeren Aufmachung" zu erkennen, wenn sie denn überhaupt zu erkennen ist.[179]

41 **dd) Prüfungsfrist.** In Art. 13 lit. b) ERA 500 war noch vorgesehen, dass den beteiligten Banken für die Prüfung der Dokumente und die Entscheidung über deren Aufnahme jeweils ein angemessener Zeitraum, höchstens aber ein Zeitraum von sieben Bankarbeitstagen nach dem Tag des Dokumentenerhalts zur Verfügung steht. In Art. 14 lit. b) ERA 600 wird den Banken nunmehr eine Bearbeitungsfrist von **maximal fünf Bankarbeitstagen** eingeräumt; die Wendung „angemessene Zeit" wurde gestrichen. Die ganz hM vertritt dennoch die Ansicht, dass das Gebot der zügigen Dokumentenprüfung fortgilt, die Höchstfrist von fünf Tagen also nur in schwierigen Fällen ausgeschöpft werden darf.[180] Dem ist schon angesichts des eindeutigen Wortlauts von Art. 14 lit. b) ERA, aber auch deshalb nicht zu folgen, weil es für die Abgrenzung von einfachen und schwierigen Fällen an hinreichend klaren Kriterien fehlt.[181] Wird die Prüfungsfrist überschritten, gelten die vorgelegten Dokumente als akkreditivkonform und müssen honoriert werden (Art. 16 lit. f) ERA).

42 **ee) Nicht akkreditivkonforme Dokumente.** Ergibt die Prüfung, dass die vom Begünstigten vorgelegten Dokumente nicht akkreditivkonform sind, so ist die eröffnende Bank gemäß Art. 16 lit. b) ERA berechtigt, aber nicht verpflichtet, mit dem Auftraggeber Kontakt aufzunehmen, um zu klären, ob er trotz der Abweichungen die Aufnahme der Dokumente wünscht. An eine solche Rückfrage, durch die sich der in Art. 14 lit. b) ERA festgelegte Prüfungszeitraum nicht verlängert, ist vor allem bei geringfügigen Mängeln zu denken. Entscheidet sich die Bank für die Zurückweisung der Dokumente, so hat sie gemäß Art. 16 lit. c) ERA dem Einreicher eine einzige **Mitteilung** zu senden, die eine genaue und vollständige Aufzählung der festgestellten Mängel[182] sowie Angaben darüber enthält, wie sie hinsichtlich der Dokumente zu verfahren gedenkt.[183] Gemäß Art. 16 lit. d) ERA muss diese Mitteilung durch Telekommunikation (zB SWIFT) oder, falls dies nicht möglich ist, auf einem anderen, schnellen Weg spätestens am Ende des fünften Bankarbeitstags nach dem Tag der Dokumentenvorlage erfolgen. Hat die Bank in ihrer Mitteilung angegeben, zunächst die weiteren Instruktionen des Einreichers oder Auftraggebers abzuwarten, so kann sie ein Interesse daran haben, die Dokumente an den Einreicher zurücksenden zu dürfen, falls eine Reaktion übermäßig lange auf sich warten lässt. Diesem Interesse trägt Art. 16 lit. e) ERA Rechnung, indem er der Bank das Recht zur jederzeitigen Zurücksendung gewährt. Missachtet die Bank auch nur eine der in Art. 16 lit. c) und d) ERA aufgestellten Vorgaben, fehlt also zB in ihrer Mitteilung eine genaue Aufzählung der festgestellten Mängel, so verliert sie ihr Rügerecht und ist zur Bezahlung verpflichtet (Art. 16 lit. f) ERA). Ein Nachschieben von Gründen ist unzulässig.[184]

---

[179] Treffend *Canaris* Rn. 965, der die Pflicht der Bank (auch) zur Echtheitsprüfung folgerichtig für freizeichnungsfest hält; ebenso Schlegelberger/*Hefermehl* Anh. § 365 Rn. 184; Heymann/*Horn* Anh. § 372 Rn. VI/43; dem BGH folgend jedoch Wolf/Lindacher/Pfeiffer/*H. Schmidt* AGB-Recht Rn. A 127.

[180] Baumbach/*Hopt* Bankgeschäfte Art. 14 ERA Rn. 2; EBJS/*Hakenberg* Rn. II 609; BankR-HdB/*Jäger/Haas* § 120 Rn. 216; *Schütze/Vorpeil* Dokumentenakkreditiv Rn. 559; *Zahn/Ehrlich/Haas* Zahlung und Zahlungssicherung im Außenhandel Rn. 2/373; *Holzwarth* IHR 2007, 136 (143); aus schweizerischer Sicht *Bernhardt* Die Inanspruchnahme des Dokumentenakkreditivs S. 136 ff.; zurückhaltender Blesch/Lange/*Kessler* Bankgeschäfte mit Auslandsbezug Rn. 675, der es für „ratsam" hält, mit der Frist von fünf Tagen „vernünftig umzugehen und sie nur in schwierigen Fällen auszuschöpfen".

[181] Das wird auch von *Zahn/Ehrlich/Haas* Zahlung und Zahlungssicherung im Außenhandel Rn. 2/373 und Blesch/Lange/*Kessler* Bankgeschäfte mit Auslandsbezug Rn. 672 eingeräumt.

[182] Allgemeine Angaben wie „conflicting data between documents" genügen nicht, s. Baumbach/Hopt/*Hopt* Bankgeschäfte Art. 16 ERA Rn. 4.

[183] Zu den der Bank insoweit zur Verfügung stehenden Möglichkeiten (zB Abwarten weiterer Anweisungen des Einreichers, Zurücksendung der Dokumente usw) MüKoHGB/*Wedemann* BankvertragsR Rn. H 248.

[184] MüKoHGB/*Wedemann* BankvertragsR Rn. H 247.

ff) Besonderheiten im mehrgliedrigen Akkreditivverkehr. Wie die Akkreditivbank im Verhältnis zu ihrem Auftraggeber, so ist eine etwaige Zahlstelle oder Bestätigungsbank im Verhältnis zur Akkreditivbank zur gewissenhaften Dokumentenprüfung nach Maßgabe von Art. 14 ERA verpflichtet. Eine Zahlstelle oder Bestätigungsbank hat folglich fünf Bankarbeitstage Zeit, die bei ihr eingereichten Dokumente auf ihre Akkreditivkonformität zu prüfen und über deren Aufnahme zu entscheiden. Fällt die Prüfung negativ aus, kann sie die Honorierung oder Negoziierung ablehnen (Art. 16 lit. a) ERA) und sich an die eröffnende Bank wenden, die dann ihrerseits von der Möglichkeit des Art. 15 lit. b) ERA Gebrauch machen, dh Rücksprache beim Auftraggeber nehmen kann.[185] Hält die Zahlstelle oder Bestätigungsbank die Dokumente für akkreditivkonform, hat sie den Akkreditivbetrag an den Begünstigten auszuzahlen und die Dokumente an die eröffnende Bank zu senden (Art. 15 lit. b) und c) ERA). Diese hat dann ihrerseits fünf Tage Zeit, um über die Aufnahme zu entscheiden. Die Prüfungsfrist des Art. 14 lit. b) ERA gilt also auch im Verhältnis zwischen den Banken.[186] Hält die eröffnende Bank die Dokumente nicht für akkreditivgerecht, hat sie dies der Zahlstelle bzw. Bestätigungsbank nach Maßgabe von Art. 16 lit. c) und d) ERA mitzuteilen. Andernfalls ist ihr gemäß Art. 16 lit. f) ERA der Einwand der Mangelhaftigkeit abgeschnitten mit der Folge, dass sie der Zweitbank zum Aufwendungsersatz verpflichtet ist und einen bereits geleisteten Vorschuss nicht zurückverlangen kann.[187] Gegenüber dem Begünstigten gilt die Prüfungsfrist jedoch nur einmal.[188] Das bedeutet freilich nicht, dass der Begünstigte nach dem Ablauf der Fünftagefrist in jedem Fall von einer Aufnahme der Dokumente ausgehen darf. Denn die Überschreitung der Prüfungsfrist ist nur für eine eröffnende und eine bestätigende Bank an die Sanktion des Art. 16 lit. f) ERA geknüpft, nicht auch für eine als Zahlstelle fungierende Bank. Der Grund dafür liegt darin, dass eine Zahlstelle keine eigene Verpflichtung gegenüber dem Begünstigten übernimmt.[189] Hat die Zahlstelle die Dokumente vorbehaltlos aufgenommen, so kann die Akkreditivbank einen von ihr entdeckten Mangel nur dem Erstattungsanspruch der Zahlstelle, nicht aber dem Begünstigten entgegenhalten, da der Entscheidung der Zahlstelle im Verhältnis zum Begünstigten bindende Wirkung auch für die Akkreditivbank zukommt.[190] Der Bereicherungsanspruch gegen den Begünstigten steht in diesem Fall der Zahlstelle und nicht der Akkreditivbank zu. Da die Zahlstelle keine Vollmacht zur Einlösung nicht akkreditivkonformer Dokumente besitzt, ist die Zahlung des Akkreditivbetrages nicht der Akkreditivbank als deren Leistung zuzurechnen. Vielmehr sind insoweit die Voraussetzungen einer Durchgriffskondiktion erfüllt (§ 812 Abs. 1 S. 1 Alt. 2 BGB).[191] 43

c) Einwendungsausschluss. aa) Grundlage. Ein Akkreditiv bietet dem Begünstigten gerade deshalb ein hohes Maß an Sicherheit, weil es „seiner Natur nach ein von dem Kauf- oder anderen Vertrag, auf dem es möglicherweise beruht, getrenntes Geschäft" ist. „Folglich ist die Verpflichtung einer Bank zu honorieren, negoziieren oder irgendeine andere Verpflichtung unter dem Akkreditiv zu erfüllen, nicht abhängig von Ansprüchen oder Einreden des Auftraggebers, die sich aus seinen Beziehungen zur eröffnenden Bank oder zum Begünstigten ergeben". Nach deutschem Recht ergibt sich der von Art. 4 ERA mit 44

---

[185] S. *Schütze/Vorpeil* Dokumentenakkreditiv Rn. 558 mit der Ergänzung, dass es sich dabei um eine Ermessensentscheidung der Zweitbank handelt.

[186] Baumbach/Hopt/*Hopt* Bankgeschäfte Art. 14 ERA Rn. 2.

[187] S. *Nielsen* WM 1985, 149 (151) mit berechtigter Kritik an der ungenauen Formulierung in BGH WM 1984, 1214 (1215), wonach eine „Überweisung unter Banken ohne weiteres rückgängig zu machen" ist.

[188] Baumbach/Hopt/*Hopt* Bankgeschäfte Art. 14 ERA Rn. 2.

[189] BankR-HdB/*Jäger/Haas* § 120 Rn. 218.

[190] *Zahn/Ehrlich/Haas* Zahlung und Zahlungssicherung im Außenhandel Rn. 2/101.

[191] *Canaris* Rn. 996; *Schütze/Vorpeil* Dokumentenakkreditiv Rn. 433; abw. *Zahn/Ehrlich/Haas* Zahlung und Zahlungssicherung im Außenhandel Rn. 2/184 und *Nielsen* FS Werner, 1984, 573 (583), die eine Anfechtung der Dokumentenaufnahme durch die Zahlstelle wegen Irrtums für erforderlich halten. S. auch LG Frankfurt WM 1994, 944 (946), wonach über die „endgültige Akzeptanz der Dokumente als akkreditivgerecht" nicht die Bestätigungsbank, sondern „ausschließlich die eröffnende oder von ihr dazu ermächtigte Bank" entscheidet.

diesen Worten umschriebene Einwendungsausschluss aus der Einordnung des Akkreditivs als abstraktes Schuldversprechen iSv § 780 BGB.[192] Davon abgesehen gilt er kraft Handelsbrauchs.[193] Soweit manche unterstützend auf eine Analogie zu § 784 Abs. 1 Hs. 2 BGB zurückgreifen,[194] ist das zur Begründung nicht zwingend notwendig, angesichts der engen Verwandtschaft zwischen Akkreditiv und Anweisung aber auch nicht unzutreffend.

45 **bb) Einwendungen aus dem Deckungsverhältnis.** Ausgeschlossen sind zunächst Einwendungen aus dem **Deckungsverhältnis** zwischen Akkreditivbank und Auftraggeber. Insbesondere kann die Bank ihre Leistung nicht mit der Begründung verweigern, sie habe vom Auftraggeber keine Deckung erhalten. Das gilt auch dann, wenn die Deckung infolge einer nach der Akkreditiveröffnung verhängten Devisensperre im Land des Auftraggebers ausgeblieben ist, denn es widerspricht der Sicherungsfunktion des Akkreditivs, die Bank von einem Risiko zu befreien, gegen das sie sich durch Einforderung eines Vorschusses (§§ 675, 669 BGB) absichern kann und das außerhalb der Sphäre des Begünstigten liegt.[195] Ebenso wenig kann die Bank geltend machen, der Auftraggeber sei nach der Akkreditiveröffnung insolvent geworden.[196] Abgeschnitten ist schließlich auch der Einwand der Unwirksamkeit des Deckungsverhältnisses. Zahlt die Bank trotz Unwirksamkeit des Deckungsverhältnisses den Akkreditivbetrag aus, steht ihr allein gegen den Auftraggeber ein Bereicherungsanspruch aus § 812 Abs. 1 S. 1 Alt. 1 BGB zu.[197] Eine Direktkondiktion gegen den Begünstigten kommt in Anlehnung an die bereicherungsrechtlichen Grundsätze bei der Giroüberweisung nur in Betracht, wenn es an einer wirksamen Anweisung des Auftraggebers fehlt. Das ist etwa dann der Fall, wenn ein Akkreditivauftrag überhaupt nicht oder von einer nicht vertretungsberechtigten Person erteilt wurde.[198] Für Einwendungen aus dem Verhältnis zwischen Bestätigungsbank und Akkreditivbank gilt Entsprechendes.[199]

46 **cc) Einwendungen aus dem Valutaverhältnis.** Auch auf Einwendungen aus dem **Valutaverhältnis** zwischen Auftraggeber und Begünstigtem kann sich die Bank grundsätzlich nicht berufen.[200] Insbesondere folgt aus der abstrakten Natur der Akkreditivverpflichtung, dass ihre Wirksamkeit nicht von der Gültigkeit des Grundgeschäfts abhängt. Ist dieses Geschäft nichtig, kann die Bank ihr Leistungsversprechen bzw. den ausgezahlten Betrag nicht gemäß § 812 Abs. 1 S. 1 Alt. 1 BGB vom Begünstigten zurückfordern. Vielmehr ist in diesem Fall der Auftraggeber darauf verwiesen, den Begünstigten auf Herausgabe des Erlangten in Anspruch zu nehmen.[201] Der allgemeine Grundsatz, dass in Dreieckskonstellationen der Bereicherungsausgleich zwischen den am mangelhaften Rechtsverhältnis beteiligten Parteien vorzunehmen ist, gilt auch bei Vorliegen eines **Doppelmangels** im Deckungs- und Valutaverhältnis.[202] Auch Mängel der gelieferten Ware kann die Bank dem Begünstigten grundsätzlich nicht entgegenhalten. Der Einwendungsausschluss erstreckt sich auch auf solche Ansprüche aus dem Valutaverhältnis, die vom Auftraggeber an die Bank abgetreten werden. Denn mit der Sicherheit, die das Akkreditiv dem Begünstigten bieten soll, wäre es nicht weit her, könnte der Einwendungsausschluss auf dem Weg über § 398 BGB umgegangen werden.[203]

---

192 BGHZ 60, 262 (264).

193 Schlegelberger/*Hefermehl* Anh. § 365 Rn. 215.

194 BGHZ 132, 313 (316) = NJW 1996, 1812 (1813); BGH BB 1955, 462 (463); *Canaris* Rn. 1005; Baumbach/Hopt/*Hopt* Bankgeschäfte Rn. K/16; EBJS/*Hakenberg* Rn. II 611.

195 So überzeugend Schlegelberger/*Hefermehl* Anh. § 365 Rn. 216 und *Canaris* Rn. 1010 gegen RGZ 144, 133 (137).

196 Staub/*Grundmann* 5. Aufl., Bankvertragsrecht Dritter Teil Rn. 623.

197 Schlegelberger/*Hefermehl* Anh. § 365 Rn. 216; *Canaris* Rn. 1010 f.

198 LG Wiesbaden ZIP 1982, 307; Schlegelberger/*Hefermehl* Anh. § 365 Rn. 219; *Canaris* Rn. 1027.

199 BGH WM 1958, 291 (292); Baumbach/Hopt/*Hopt* Bankgeschäfte Rn. K/17.

200 BGHZ 60, 262 (264); Staub/*Grundmann* 5. Aufl., Bankvertragsrecht Dritter Teil Rn. 624.

201 Baumbach/Hopt/*Hopt* Bankgeschäfte Rn. K/18; Schlegelberger/*Hefermehl* Anh. § 365 Rn. 217.

202 Schlegelberger/*Hefermehl* Anh. § 365 Rn. 218; *Canaris* Rn. 1026.

203 BGHZ 28, 129 (130 f.); 60, 262 (264); Schlegelberger/*Hefermehl* Anh. § 365 Rn. 217; *Canaris* Rn. 1014.

47 Der Ausschluss von Einwendungen aus dem Valutaverhältnis gilt freilich nicht ohne Einschränkung. So kann die Bank ihre Leistung ausnahmsweise verweigern – und ist dazu gegenüber dem Auftraggeber auch verpflichtet[204] –, wenn sich die Inanspruchnahme des Akkreditivs durch den Begünstigten als **missbräuchliche Rechtsausübung** (§ 242 BGB) darstellt.[205] Formal handelt es sich dabei zwar um eine unmittelbare Einwendung aus dem Rechtsverhältnis zwischen der Bank und dem Begünstigten; der Sache nach geht es jedoch um die Frage, unter welchen Voraussetzungen die Bank ausnahmsweise doch Einwendungen aus dem Valutaverhältnis geltend machen kann.[206] Um die Funktionsfähigkeit des Akkreditivs als Sicherungsinstrument des internationalen Handelsverkehrs nicht zu gefährden, sind an den Einwand des Rechtsmissbrauchs jedoch **strenge Anforderungen** zu stellen. Der Vorteil eines Akkreditivs liegt ja für den Begünstigten nicht zuletzt darin, dass er unabhängig von etwaigen Einwendungen aus dem Kaufvertrag zunächst Zahlung erhält und seinen Vertragspartner darauf verweisen kann, tatsächliche oder rechtliche Streitfragen aus dem Grundverhältnis in einem eventuellen Rückforderungsprozess klären zu lassen. Es kommt somit zu einer Umkehrung der Prozesssituation nach der auch vom BGH betonten Maxime: „Erst zahlen, dann prozessieren".[207] Entspricht es somit einer funktionsgerechten Verwendung des Akkreditivs, wenn der Begünstigte sich diesen Vorteil zunutze macht, so sollte der Einwand des Rechtsmissbrauchs nur zugelassen werden, wenn die uneingeschränkte Anwendung des Abstraktionsgrundsatzes zu unerträglichen Ergebnissen führen würde.[208]

48 Die Rechtsprechung hält einen Fall des Rechtsmissbrauchs nur dann für gegeben, wenn der Begünstigte aus dem Akkreditiv vorgeht, obwohl für jedermann **klar ersichtlich** oder aber zumindest **liquide beweisbar** ist, dass ihm ein Zahlungsanspruch aus dem Kausalgeschäft nicht zusteht.[209] Diese Voraussetzung ist jedenfalls dann erfüllt, wenn die Kaufpreisklage des Begünstigten rechtskräftig abgewiesen wurde.[210] Auch die Nichtigkeit des Valutaverhältnisses wegen Gesetzesverstoßes oder Sittenwidrigkeit (§§ 134, 138 BGB) begründet den Einwand des Rechtsmissbrauchs, weil es einer Bank nicht zuzumuten ist, bei der Durchführung eines solchen Geschäfts behilflich zu sein und sich womöglich sogar der Gefahr strafrechtlicher Verfolgung auszusetzen.[211] Das sollte keinem Zweifel unterliegen, soweit es um unerlaubte Waffengeschäfte, Drogenhandel oder ähnlich schwere Delikte geht, dürfte aber zB auch bei Verstößen gegen Embargo-Bestimmungen gelten.[212] Des Umwegs über § 242 BGB bedarf es allerdings nicht, soweit der Gesetzes- oder Sittenverstoß auch die selbständige Verpflichtung der Bank aus dem Akkreditiv erfasst und eine sog Gültigkeitseinwendung darstellt.[213] Aus der Bestätigung der Bank, dass ihr die Dokumente vorgelegt worden sind, ergibt sich kein Verzicht auf den Einwand des Rechtsmissbrauchs.[214]

---

[204] OLG Düsseldorf WM 1978, 359 (360); Baumbach/Hopt/*Hopt* Bankgeschäfte Rn. K/20; MüKoHGB/*Wedemann* BankvertragsR Rn. H 87.

[205] Im Grundsatz unbestr., siehe BGHZ 101, 84 (91) = NJW 1987, 2578 (2579); 132, 313 = NJW 1996, 1812 (1813); Baumbach/Hopt/*Hopt* Bankgeschäfte Rn. K/20; EBJS/*Hakenberg* Rn. II 612 Heymann/*Horn* Anh. § 372 Rn. VI/97; MüKoBGB/*Habersack* § 783 Rn. 50.

[206] *Canaris* Rn. 1015; Heymann/*Horn* Anh. § 372 Rn. VI/97.

[207] BGHZ 132, 313 (317) = NJW 1996, 1812 (1813); OLG Köln WM 2018, 1742 (1743).

[208] In diesem Sinne auch *Canaris* Rn. 1015; *Zahn/Ehrlich/Haas* Zahlung und Zahlungssicherung im Außenhandel Rn. 2/419.

[209] BGHZ 101, 84 (92) = NJW 1987, 2578 (2579); 132, 313 (317) = NJW 1996, 1812 (1823); NJW 1989, 159 (160); OLG Köln WM 2018, 1742 (1743); OLG Frankfurt a. M. WM 1996, 609 (610). LG Köln NJOZ 2016, 303 (305); LG Köln BeckRS 2011, 4910; s. auch LG Stuttgart WM 2010, 1499 (1502) (zur Garantie auf erstes Anfordern).

[210] BGH WM 1958, 696 (697); OLG Frankfurt a. M. WM 1996, 609 (610); Schlegelberger/*Hefermehl* Anh. § 365 Rn. 228; *Liesecke* WM 1966, 458 (467 f.).

[211] RGZ 106, 304 (307).

[212] Heymann/*Horn* Anh. § 372 Rn. VI/98; abl. *Schütze/Vorpeil* Dokumentenakkreditiv Rn. 587 mit dem Argument, der Bank dürften keine Prüfungspflichten aufgebürdet werden, die sie nicht erfüllen kann.

[213] *Canaris* Rn. 1019.

[214] OLG Frankfurt a. M. WM 1997, 609 (610 f.).

49 **Mängel der Ware** reichen für eine Zahlungsverweigerung grundsätzlich nicht aus, selbst dann nicht, wenn es sich um schwere Mängel handelt. Der bloße – und sei es starke – Verdacht auf nicht ordnungsgemäße Erfüllung des Kaufvertrags genügt erst recht nicht.[215] Nach einer verbreiteten, auch vom BGH geteilten Auffassung wird die Schwelle zum Rechtsmissbrauch jedoch überschritten, wenn die Ware **zur Vertragserfüllung ganz und gar ungeeignet** ist und sich die Inanspruchnahme des Akkreditivs daher als arglistige Ausnutzung einer formalen Rechtsposition darstellt. Das soll auch für das Akkreditiv mit hinausgeschobener Zahlung gelten, bei dem der Auftraggeber (Käufer) wegen der Hinausschiebung der Fälligkeit auf einen Zeitpunkt nach der Vorlage der Dokumente in besonderem Maße der Versuchung ausgesetzt ist, seine Mängelrügen in die Abwicklung des Akkreditivs hineinzutragen.[216] Dem ist uneingeschränkt zuzustimmen. Ein Verkäufer, der seinem Vertragspartner Ware liefert, die wegen ihrer besonders gravierenden Mängel schlechterdings nicht mehr als Erfüllung des Kaufvertrags gelten kann, verdient keinen Schutz, zumal in derartigen Ausnahmefällen häufig ein betrügerisches Verhalten vorliegen wird, bei dem der Missbrauchseinwand zweifellos gegeben ist.[217] Zwar lässt sich nicht bestreiten, dass die Frage nach der Eignung oder Mangelhaftigkeit der Ware im Einzelfall schwierige Wertungsprobleme aufwerfen kann, deren Klärung grundsätzlich in das Valutaverhältnis zwischen Auftraggeber und Begünstigtem gehört.[218] Eine Gefährdung der Funktionsfähigkeit des Akkreditivs steht jedoch nicht zu befürchten, solange man die Vorgabe des BGH ernst nimmt, dass der Missbrauchseinwand nur bei für jedermann offensichtlichen oder liquide beweisbaren Mängeln in Betracht kommt.[219] Mit dem Erfordernis der „liquiden Beweisbarkeit" ist gemeint, dass ein präsentes und durchschlagendes Beweismittel vorliegen muss.[220] Das trifft nach hM nur auf Urkunden zu, während die Beibringung eidesstattlicher Versicherungen in einschränkender Anwendung von § 920 Abs. 2 ZPO ausgeschlossen sein soll.[221]

50 **dd) Gültigkeits-, Inhalts- und unmittelbare Einwendungen.** Zulässig sind alle Einwendungen, welche die Gültigkeit des Akkreditivs oder der Bestätigung betreffen **(Gültigkeitseinwendungen).** Das ergibt sich schon aus allgemeinen Rechtsgrundsätzen, lässt sich aber auch aus einer Analogie zu § 784 Abs. 1 Hs. 2 BGB ableiten. So kann die Bank geltend machen, dass sie bei der Eingehung ihrer Zahlungsverpflichtung nicht wirksam vertreten oder vom Begünstigten arglistig getäuscht worden ist (§ 123 BGB) oder dass ihr Zahlungsversprechen gegen ein gesetzliches Verbot oder die guten Sitten verstößt (§§ 134, 138 BGB). Die allgemeinen Vorschriften über die Nichtigkeit von Verträgen und Willensmängel gelten insoweit uneingeschränkt.[222] Darüber hinaus kann die Bank dem Begünstigten alle Einwendungen entgegenhalten, die sich aus dem Inhalt des Akkreditivs oder der Bestätigung – nicht: des Akkreditivauftrags[223] – ergeben **(Inhaltseinwendungen).** Hierher gehört vor allem der Einwand, dass die eingereichten Dokumente nicht den Akkreditivbedingungen entsprechen oder erst nach Ablauf der Verfallfrist vorgelegt worden sind.[224]

---

[215] BGH NJW 1989, 159 (160).

[216] Grundlegend BGHZ 101, 84 (92) = NJW 1978, 2578 (2579); ferner BGH NJW 1989, 159 (160); LG Limburg WM 1992, 1399 (1403); Baumbach/Hopt/*Hopt* Bankgeschäfte Rn. K/20; EBJS/*Hakenberg* Rn. II 612; Heymann/*Horn* Anh. § 372 Rn. VI/99; Schlegelberger/*Hefermehl* Anh. § 365 Rn. 227.

[217] Vgl. Heymann/*Horn* Anh. § 372 Rn. VI/99.

[218] S. die Kritik an der Rspr. von *Canaris* Rn. 1021, der denn auch darauf abstellt, ob der Begünstigte sich einer Straftat oder eines zivilrechtlich ähnlich schwerwiegenden Verhaltens wie vor allem einer unerlaubten Handlung schuldig gemacht hat.

[219] Schlegelberger/*Hefermehl* Anh. § 365 Rn. 227.

[220] *Canaris* Rn. 1017.

[221] MüKoHGB/*Wedemann* BankvertragsR Rn. H 299; *Zahn/Ehrlich/Haas* Zahlung und Zahlungssicherung im Außenhandel Rn. 2/422; s. auch OLG Köln WM 1988, 21 (22); LG Stuttgart WM 2010, 1499 (1502) (zur Garantie auf erstes Anfordern); großzügiger *Canaris* Rn. 1017, der grundsätzlich auch den Sachverständigen- und Zeugenbeweis für möglich hält.

[222] *Canaris* Rn. 1007.

[223] Zu Mängeln des Akkreditivauftrags → Rn. 45.

[224] Baumbach/Hopt/*Hopt* Bankgeschäfte Rn. K/20.

Nicht abschließend geklärt ist, inwieweit die Bank auch Einwendungen geltend machen kann, die ihre Grundlage in einer eigenen, außerhalb des Akkreditivverhältnisses liegenden Geschäftsbeziehung zum Begünstigten haben **(unmittelbare Einwendungen).** Insbesondere ist umstritten, ob in dem Zahlungsversprechen der Bank zugleich eine auf die Laufzeit des Akkreditivs begrenzte Barzahlungsabrede und damit ein stillschweigender **Ausschluss der Aufrechnung** der Akkreditivforderung mit eigenen Forderungen zu sehen ist. Der BGH hat diese Frage in einer Entscheidung aus dem Jahr 1973 offengelassen.[225] In einer zur Garantie auf erstes Anfordern ergangenen Entscheidung aus dem Jahr 1985 hat er den Standpunkt eingenommen, dass die Aufrechnung mit eigenen Forderungen nicht grundsätzlich ausgeschlossen, jedoch auf liquide Ansprüche beschränkt ist. Er hat dies im Wesentlichen damit begründet, dass die Garantie auf erstes Anfordern nur den Zweck habe, die Zahlung aus dem Grundgeschäft zu sichern, nicht aber, dem Gläubiger den Garantiebetrag effektiv zu verschaffen, ihn also so zu stellen, als ob es sich um eine Barzahlung handele. Daran ändere auch die Tatsache nichts, dass die Garantie ihrerseits als Sicherungsmittel zur Vorfinanzierung der Kaufpreisforderungen durch den Garantiebegünstigten diene und die Zulassung der Aufrechnung mit Gegenforderungen diesen Zweck gefährde. Denn der Geschäftsverkehr dürfe nicht damit rechnen, dass die Garantiebank auf die Aufrechnung mit eigenen Gegenforderungen verzichtet.[226] Diese Erwägungen treffen auch für das Akkreditiv das Richtige. Auch hier nötigt der Sinn und Zweck des Geschäfts nicht zu der Annahme, dass der Begünstigte über den Betrag frei verfügen können muss. Dass es zu weit ginge, der Bank jede Aufrechnungsmöglichkeit abzuschneiden, dürfte ohne weiteres einleuchten, soweit zB die Bank dem Begünstigten einen Vorschuss auf das Akkreditiv gewährt hat und ihren Rückerstattungsanspruch gegen die Akkreditivforderung aufrechnen möchte, gilt aber auch hinsichtlich solcher Forderungen, die in keinem wirtschaftlichen Zusammenhang mit dem Akkreditiv stehen.[227] Folgerichtig ist auch die Geltendmachung eines Zurückbehaltungsrechts oder eines vertraglichen Pfandrechts zulässig.[228] Auf einem anderen Blatt steht, ob die Bank mit Ansprüchen aus dem Valutaverhältnis aufrechnen kann, die ihr vom Auftraggeber abgetreten worden sind. Das ist mit Rücksicht auf die Abstraktheit des Akkreditivs zu verneinen.[229] 51

d) Einstweiliger Rechtsschutz. Im Fall der missbräuchlichen Inanspruchnahme des Akkreditivs stellt sich die Frage, ob der Auftraggeber die Auszahlung des Akkreditivbetrags an den Begünstigten durch Erwirkung einer einstweiligen Verfügung oder eines Arrests verhindern kann. Es fehlt nicht an Stimmen, die eine **einstweilige Verfügung gegen die Akkreditivbank** mit dem Inhalt, ihr die Auszahlung des Akkreditivbetrags zu untersagen, für unzulässig halten. Es fehle entweder an einem materiell rechtlichen Verfügungsanspruch oder an einem Verfügungsgrund, weil der Auftraggeber der Bank bei einer pflichtwidrigen Auszahlung die Erstattung des Akkreditivbetrages verweigern und die Rückgängigmachung einer entsprechenden Belastung verlangen könne.[230] Diese Ansicht überzeugt nicht. Sie verkennt zum einen, dass ein Aufwendungsersatzanspruch der Bank nicht in jedem Fall 52

[225] S. BGHZ 60, 262 (264 f.).

[226] BGHZ 94, 167 (171 f.) = NJW 1985, 1829 (1830).

[227] Ebenso mit ausführlicher Begründung *Canaris* Rn. 1009, der allerdings die Ansicht vertritt, dass die Aufrechnungsmöglichkeit nicht von der Liquidität der Gegenforderung abhängig gemacht werden sollte; ferner *Liesecke* WM 1966, 458 (469); *Schütze/Vorpeil* Dokumentenakkreditiv Rn. 647; einschränkend (Aufrechnungsmöglichkeit nur bei wirtschaftlichem Zusammenhang) die hM, s. Baumbach/Hopt/*Hopt* Bankgeschäfte Rn. K/20; EBJS/*Hakenberg* Rn. II 611; MüKoHGB/*Wedemann* BankvertragsR Rn. H 62; Schlegelberger/*Hefermehl* Anh. § 365 Rn. 223; Derleder/Knops/Bamberger/*Freitag* § 75 Rn. 42; *Zahn/Ehrlich/Haas* Zahlung und Zahlungssicherung im Außenhandel Rn. 2/391.

[228] *Canaris* Rn. 1009.

[229] → Rn. 46.

[230] S. OLG Düsseldorf WM 1978, 359 (360); ferner Baumbach/Hopt/*Hopt* Bankgeschäfte Rn. K/21; MüKoHGB/*Wedemann* BankvertragsR Rn. H 303; Schlegelberger/*Hefermehl* Anh. § 365 Rn. 229; Kümpel/Mülbert/Früh/Seyfried/*Seeger* Rn. 7.245; *Schütze/Vorpeil* Dokumentenakkreditiv Rn. 750; *Liesecke* WM 1966, 458 (468); *Zahn* FS Pleyer, 1986, 153 (162 f.).

ausgeschlossen ist und auch bei unberechtigter Auszahlung gegeben sein kann, wenn die Bank darzulegen vermag, sie habe verständliche Zweifel am Rechtsmissbrauch oder seiner Beweisbarkeit gehabt. Zum anderen unterschätzt sie die Unannehmlichkeiten, die sich für den Auftraggeber daraus ergeben können, dass er in der Regel zunächst mit dem Akkreditivbetrag belastet wird und sich dann mit der Bank über deren Auszahlungsberechtigung streiten muss.[231] Die überzeugenderen Gründe sprechen daher dafür, das Vorliegen eines Verfügungsgrundes zu bejahen und dem Auftraggeber mit der einstweiligen Verfügung ein effektives Instrument zum Schutz seiner Vermögensinteressen an die Hand zu geben. Der erforderliche Verfügungsanspruch ergibt sich aus der bereits erwähnten Pflicht der Bank *gegenüber dem Auftraggeber,* im Fall des Rechtsmissbrauchs die Leistung aus dem Akkreditiv zu verweigern.[232] Es kann also keine Rede davon sein, dass der Auftraggeber mit der einstweiligen Verfügung „eine vorläufige Regelung eines Rechtsverhältnisses betreiben würde, an dem er selber juristisch gar nicht beteiligt ist".[233] Mit der Gegenansicht ist somit davon auszugehen, dass eine einstweilige Verfügung gegen die Akkreditivbank im Grundsatz zulässig ist.[234] Das Vorliegen eines Rechtsmissbrauchs muss nach hM mit „liquiden Beweismitteln" belegt werden.[235] Für eine **einstweilige Verfügung gegen die Zahlstelle** ist dagegen kein Raum, weil zwischen ihr und dem Auftraggeber keine vertragliche Beziehung besteht.[236] Aus dem gleichen Grund scheidet auch eine **einstweilige Verfügung gegen die Bestätigungsbank** aus, ganz abgesehen von den praktischen Problemen, die sich daraus ergeben, dass diese Bank ihren Sitz in der Regel im Ausland hat.[237]

53 Eine **einstweilige Verfügung gegen den Begünstigten** mit dem Inhalt, ihm die Einziehung der Akkreditivsumme zu untersagen, wird überwiegend für zulässig gehalten.[238] Der Verfügungsanspruch ergibt sich aus dem Kausalverhältnis zwischen Auftraggeber und Begünstigtem, das gemäß § 242 BGB unter dem Gebot von Treu und Glauben und damit unter dem Verbot steht, eine formale Rechtsposition missbräuchlich auszunutzen.[239] Ob die Bank als Drittschuldnerin iSv § 829 Abs. 2 ZPO anzusehen und die einstweilige Verfügung demgemäß auch ihr zuzustellen ist, wird nicht einheitlich beurteilt.[240] Eine Zustellung auch an die Bank wird sich aber schon deshalb empfehlen, weil die Bank bei Kenntnis der einstweiligen Verfügung die Auszahlung der Akkreditivsumme besonders sorgfältig prüfen wird und außerdem zu berücksichtigen hat, dass eine einstweilige Verfügung von der Rechtsprechung als „liquides Beweismittel" für einen Rechtsmissbrauch

---

[231] Überzeugend Heymann/*Horn* Anh. § 372 Rn. VI/103.

[232] *Canaris* Rn. 1025.

[233] So aber *Zahn* FS Pleyer, 1986, 153 (163).

[234] *Canaris* Rn. 1025; Heymann/*Horn* Anh. § 372 Rn. VI/102 f.; Derleder/Knops/Bamberger/*Freitag* § 75 Rn. 88; MüKoZPO/*Drescher* § 935 Rn. 35; *Graf von Westphalen,* Rechtsprobleme der Exportfinanzierung, S. 289; *Beckmann* DB 1988, 1737 (1739 f.); einschränkend LG Aachen NJW-RR 1987, 1207 f.

[235] → Rn. 48.

[236] *Schütze/Vorpeil* Dokumentenakkreditiv Rn. 752; *Graf von Westphalen* Rechtsprobleme der Exportfinanzierung, S. 290; *Beckmann* DB 1988, 1737 (1740).

[237] Im Ergebnis wie hier OLG Düsseldorf WM 1978, 359 (360); *Schütze/Vorpeil* Dokumentenakkreditiv Rn. 753; aA (jeweils unter Hinweis auf die gesamtschuldnerische Haftung von Akkreditiv- und Bestätigungsbank) Apathy/Iro/Koziol/*Apathy* Österreichisches Bankvertragsrecht Rn. 1/205; *Graf von Westphalen,* Rechtsprobleme der Exportfinanzierung, S. 291; *Beckmann* DB 1988, 1737 (1740); in die gleiche Richtung LG Köln BeckRS 2011, 4910.

[238] LG Düsseldorf WM 1975, 67 (68); Baumbach/Hopt/*Hopt* Bankgeschäfte Rn. K/21; Heymann/*Horn* Anh. § 372 Rn. VI/105; Schlegelberger/*Hefermehl* Anh. § 365 Rn. 251 f.; BankR-HdB/*Jäger/Haas* § 120 Rn. 469; *Schütze* Dokumentenakkreditiv Rn. 541; *Zahn/Ehrlich/Haas* Zahlung und Zahlungssicherung im Außenhandel Rn. 2/432; *Liesecke* WM 1966, 458 (468); *Zahn* FS Pleyer, 1986, 153 (164); wohl auch OLG Düsseldorf WM 1978, 359 (360) re. Sp. Unzulässig ist hingegen eine einstweilige Verfügung mit dem Ziel, dem Begünstigten die Vorlage der Dokumente zu verbieten, da der Begünstigte dadurch der Gefahr ausgesetzt würde, die Verfallfrist zu überschreiten und seinen Anspruch gegen die Bank endgültig zu verlieren; *Schütze/Vorpeil* Dokumentenakkreditiv Rn. 755.

[239] *Schütze/Vorpeil* Dokumentenakkreditiv Rn. 754.

[240] Die Notwendigkeit einer Zustellung wird bejaht von *Zahn/Ehrlich/Haas* Zahlung und Zahlungssicherung im Außenhandel Rn. 2/433; aA *Liesecke* WM 1976, 258 (268).

anerkannt wird.[241] In der Regel allerdings wird die Erwirkung einer einstweiligen Verfügung bereits wegen der Schwierigkeiten bei der Auslandszustellung unzweckmäßig sein.[242]

Aus diesem Grund wird der **Arrest** von manchen als das wirksamere Sicherungsmittel angesehen.[243] Der Arrest gründet sich auf den vertraglichen Anspruch des Auftraggebers gegen den Begünstigten, die missbräuchliche Inanspruchnahme des Akkreditivs zu unterlassen. Dabei handelt es sich nach zutreffender Auffassung um einen Anspruch, „der in eine Geldforderung übergehen kann" (§ 916 Abs. 1 Alt. 2 ZPO).[244] Vereitelt nämlich der Begünstigte diesen Anspruch, indem er missbräuchlich die Akkreditivsumme einzieht, ist er dem Auftraggeber zum Ersatz des daraus entstehenden Schadens verpflichtet.[245] Der Arrestgrund wird sich in der Regel bereits aus § 917 Abs. 2 ZPO ergeben. Danach ist es als ein zureichender Arrestgrund anzusehen, wenn das Urteil im Ausland vollstreckt werden müsste und die Gegenseitigkeit nicht verbürgt ist.[246] Die Vollziehung des Arrests kann durch Pfändung des einwendungsbehafteten Auszahlungsanspruchs des Begünstigten gegen die Bank erfolgen.[247] Die Diskussion über die Zulässigkeit eines Arrests befindet sich freilich noch im Fluss. Von einer gesicherten Rechtslage kann keine Rede sein, zumal der BGH sich bislang noch nicht festgelegt hat.[248] 54

7. Internationales Privatrecht

Bei den vorstehenden Ausführungen wurde unterstellt, dass die Rechtsbeziehungen zwischen den an einer Zahlung mittels Akkreditivs beteiligten Parteien deutschem Recht unterstehen. Da das Akkreditiv vornehmlich zur Zahlungsabwicklung und -sicherung im internationalen Handelsverkehr eingesetzt wird, stellt sich jedoch regelmäßig die Frage, ob und inwieweit das deutsche Recht überhaupt anwendbar ist. Angesichts der hohen **Regelungsdichte der ERA** sollte die praktische Bedeutung dieser Frage allerdings nicht überschätzt werden. Vor allem die Rechte und Pflichten der beteiligten Banken untereinander sind in diesen Richtlinien in einer Ausführlichkeit und Genauigkeit geregelt, dass es in diesem Verhältnis nur selten der kollisionsrechtlichen Festlegung bedarf.[249] Soweit aber die ERA unvollständig sind, ist im Streitfall um die Ermittlung des anwendbaren Rechts nicht herumzukommen. So befassen sich die ERA weder mit dem Valutaverhältnis zwischen Käufer und Verkäufer, aus dem sich ergibt, ob die Parteien eine wirksame Akkreditivabrede getroffen haben, noch mit dem Zustandekommen des Vertrags zwischen Auftraggeber und Akkreditivbank. Sie schweigen auch zu der Frage, welche Einwendungen die Bank dem Zahlungsanspruch des Begünstigten entgegenhalten kann, und äußern sich insbesondere nicht zu dem Problem der rechtsmissbräuchlichen Inanspruchnahme des Akkreditivs durch den Begünstigten.[250] 55

---

[241] MüKoHGB/*Wedemann* BankvertragsR Rn. H 302 unter Hinweis auf den „Horseliner"-Fall OLG Frankfurt a. M. WM 1997, 609.

[242] MüKoZPO/*Drescher* § 935 Rn. 34; MüKoHGB/*Wedemann* BankvertragsR Rn. H 301.

[243] *Canaris* Rn. 1065.

[244] *Canaris* Rn. 1066; insoweit auch MüKoZPO/*Drescher* § 935 Rn. 34; aA Kümpel/Mülbert/Früh/Seyfried/*Seeger* Rn. 7.249; *Zahn/Ehrlich/Haas* Zahlung und Zahlungssicherung im Außenhandel Rn. 2/435.

[245] *Schütze/Vorpeil* Dokumentenakkreditiv Rn. 758.

[246] Ebenso Heymann/*Horn* Anh. § 372 Rn. VI/106; *Schütze/Vorpeil* Dokumentenakkreditiv Rn. 762; wohl auch *Beckmann* DB 1988, 1737 (1740); ablehnend *Canaris* Rn. 1067 mit dem Argument, dass die Notwendigkeit einer Rechtsverfolgung im Land des Begünstigten gerade zu den wesentlichen Funktionen des Akkreditivs gehöre und § 917 Abs. 2 ZPO daher teleologisch zu reduzieren sei; dem folgend BankR-HdB/*Jäger/Haas* § 120 Rn. 479; *Graf von Westphalen* Rechtsprobleme der Exportfinanzierung S. 294 f.

[247] aA MüKoZPO/*Drescher* § 935 Rn. 34, wonach der Arrest in eine Forderung vollzogen werden müsste, die nach der Behauptung des Antragstellers nicht existiert.

[248] S. BGHZ 101, 84 (94 f.) = NJW 1987, 2578 (2580).

[249] *v. Bar* ZHR 152 (1988), 38 (50). S. auch § 5–116 des US-amerikanischen Uniform Commercial Code (UCC), Official Comment 2: „Because the UCP and other practices are incorporated in most international letters of credit, disputes arising from different legal obligations to honor have not been frequent."

[250] *v. Bar* ZHR 152 (1988), 38 (48 f.); *Steindorff* FS v. Caemmerer, 1978, 761 (763); *Schütze* WM 1982, 226.

56 Aus kollisionsrechtlicher Sicht vergleichsweise unproblematisch ist das **Rechtsverhältnis zwischen Auftraggeber und Akkreditivbank.** Wendet sich der Auftraggeber an eine in seinem Heimatstaat ansässige Bank, stellt sich die Frage des anwendbaren Rechts grundsätzlich nicht. Sind die Parteien in verschiedenen Ländern ansässig oder liegt aus anderen Gründen ein Auslandsbezug vor,[251] gilt hinsichtlich des Vertragsstatuts das in Art. 3 Abs. 1 Rom I-VO[252] niedergelegte Prinzip der freien Rechtswahl. Bei Beauftragung einer deutschen Bank oder Sparkasse sind insoweit Nr. 6 Abs. 1 AGB-Banken bzw. Nr. 6 Abs. 1 AGB-Sparkassen zu beachten, wonach für die Geschäftsverbindung zwischen der Bank und dem Kunden deutsches Recht gilt. Fehlt es an einer Rechtswahl, findet auf den Vertrag gemäß Art. 4 Abs. 1b) iVm Art. 19 Abs. 1 und 2 Rom I-VO das Recht der Hauptverwaltung oder das Recht der (ausländischen) Niederlassung der Akkreditivbank Anwendung je nachdem, wo der Vertrag geschlossen wird oder welche Stelle für seine Erfüllung verantwortlich ist.[253] Der Begriff „Dienstleistungsverträge" in Art. 4 Abs. 1b) Rom I-VO ist weit auszulegen und umfasst auch Verträge über Finanzdienstleistungen.[254]

57 Für das **Verhältnis zwischen Akkreditivbank und Begünstigtem** gelten die gleichen Grundsätze: Gemäß Art. 3 Abs. 1 Rom I-VO steht den Parteien die Wahl des anwendbaren Rechts grundsätzlich frei. Fehlt es an einer Rechtswahl, gelangt nach der objektiven Anknüpfungsregel in Art. 4 Rom I-VO das Recht der Hauptverwaltung bzw. das Recht der (ausländischen) Niederlassung der Akkreditivbank zur Anwendung. Das folgt wenn nicht schon aus Art. 4 Abs. 1, so doch jedenfalls aus der Auffangregel des Art. 4 Abs. 2 Rom I-VO, wonach für die Bestimmung des Vertragsstatuts der gewöhnliche Aufenthalt jener Partei entscheidend ist, welche die für den Vertrag charakteristische Leistung zu erbringen hat.[255] Die Frage, ob der Vertrag – nach deutschem Verständnis: das von der Akkreditivbank gegenüber dem Begünstigten abgegebene Schuldversprechen gemäß § 780 BGB – der Form bedarf, beantwortet sich gesondert nach Art. 11 Rom I-VO. Befinden sich die Parteien oder ihre Vertreter zum Zeitpunkt des Vertragsschlusses in demselben Staat, ist der Vertrag formgültig, wenn er die Formerfordernisse des nach den Art. 3 ff. Rom I-VO bestimmten Vertragsstatuts oder des Rechts am Ort des Vertragsabschlusses erfüllt (Art. 11 Abs. 1 Rom I-VO). Befinden sich die Parteien oder ihre Vertreter zum Zeitpunkt des Vertragsschlusses in verschiedenen Staaten, ist der Vertrag formgültig, wenn er die Formerfordernisse des Vertragsstatuts oder eines derjenigen Staaten erfüllt, in denen die Parteien bzw. Vertreter ihren gegenwärtigen oder gewöhnlichen Aufenthalt haben (Art. 11 Abs. 2 Rom I-VO). Nach deutschem Recht ist von einem gewillkürten Formerfordernis kraft Handelsbrauchs auszugehen.[256]

58 Wird eine zweite Bank in die Abwicklung des Akkreditivs eingeschaltet, so unterliegt das **Rechtsverhältnis zwischen Akkreditivbank und Zweitbank** dem von den Parteien gewählten Recht (Art. 3 Abs. 1 Rom I-VO), bei Fehlen einer Rechtswahl dem Niederlassungsrecht der Zweitbank. Denn unabhängig davon, ob die Zweitbank als Avisbank, Zahlstelle oder Bestätigungsbank fungiert, erbringt sie gegenüber der Akkreditivbank eine Dienstleistung iSv Art. 4 Abs. 1b) Rom I-VO.[257] Bestätigt die Zweitbank das Akkreditiv und übernimmt sie damit eine eigene Zahlungsverpflichtung gegenüber dem Begünstigten,

---

[251] Nach *Schütze/Vorpeil* Dokumentenakkreditiv Rn. 671 ist bei einem Akkreditiv zugunsten eines ausländischen Begünstigten immer ein Auslandsbezug gegeben.

[252] Verordnung (EG) Nr. 593/2008 des Europäischen Parlaments und des Rates vom 17.6.2008 über das auf vertragliche Schuldverhältnisse anzuwendende Recht (Rom I), ABl. 2008 L 177, S. 6. Die VO gilt gemäß Art. 288 Abs. 2 AEUV (ex-Art. 249 Abs. 2 EGV) unmittelbar in jedem Mitgliedstaat und verdrängt in ihrem Anwendungsbereich das nationale Kollisionsrecht. Die bislang geltenden Art. 27–37 EGBGB wurden mit Wirkung zum 17.12.2009 aufgehoben.

[253] BeckOGK Rom I-VO/*Köhler* (Stand: 1.2.2020), Art. 4 Rn. 501; *Einsele* § 5 Rn. 27.

[254] Palandt/*Thorn* Art. 4 Rom I-VO Rn. 8.

[255] Für eine Anwendung von Art. 4 Abs. 1 Rom I-VO *Einsele* § 5 Rn. 30 unter Hinweis auf die weite Auslegung des Begriffs „Dienstleistungen"; ferner Reithmann/Martiny/*Freitag* Rn. 6.609.

[256] → Rn. 23.

[257] Allg. Meinung, s. BeckOGK Rom I-VO/*Köhler* (Stand: 1.2.2020), Art. 4 Rn. 502; Reithmann/Martiny/*Freitag* Rn. 6.611; *Einsele* § 5 Rn. 29.

so kommt das Recht der Zweitbank mangels Rechtswahl auch im **Verhältnis zwischen Zweitbank und Begünstigtem** zur Anwendung. Das folgt wiederum aus Art. 4 Abs. 1b), jedenfalls aber aus Art. 4 Abs. 2 Rom I-VO, da das Eingehen der abstrakten Zahlungsverpflichtung durch die Zweitbank die vertragscharakteristische Leistung darstellt.[258] Die Bestätigungsbank kann somit die Avisierung des Akkreditivs, die Prüfung der Dokumente und die Zahlung des Akkreditivbetrages nach ihrem eigenen Recht vornehmen.[259]

Im **Verhältnis zwischen Akkreditivbank und Begünstigtem** bleibt es bei den bereits dargestellten Grundsätzen, dh, es gelangt – sofern die Parteien keine Rechtswahlvereinbarung getroffen haben – das Niederlassungsrecht der Akkreditivbank zur Anwendung. Das gilt nicht nur, wenn die Zweitbank zwecks bloßer Avisierung eingeschaltet wird,[260] sondern auch, wenn sie als Zahlstelle und/oder Bestätigungsbank tätig wird. Zwar ist zu bedenken, dass bei der Einschaltung einer Zahlstelle die Abwicklung des Akkreditivs auf die Zweitbank verlagert wird. Die Anwendung des Zahlstellenrechts hätte für den Begünstigten und die (aus seiner Sicht) inländische Zweitbank den Vorteil, dass sich die Vorlage und Prüfung der Dokumente sowie die Auszahlung des Akkreditivbetrags nach dem ihnen vertrauten Heimatrecht richten würde. Sie würde überdies dazu führen, dass das Verhältnis zwischen Akkreditivbank und Begünstigtem dem gleichen Statut unterläge wie das Verhältnis zwischen Akkreditivbank und Zweitbank, und könnte auf diese Weise Abwicklungskonflikte vermeiden helfen.[261] Allerdings wären der Akkreditivbank alle Einwendungen verwehrt, die nur nach ihrem eigenen, nicht aber nach dem Recht der Zahlstelle zulässig sind. Umgekehrt könnte sie sich gegenüber dem Begünstigten auf Leistungshindernisse berufen, die nur nach dem Recht der Zahlstelle bestehen.[262] Zu berücksichtigen ist ferner, dass die Zahlstelle nicht selten erst nach der Eröffnung des Akkreditivs eingeschaltet oder später mit Zustimmung des Begünstigten geändert wird (vgl. Art. 10 ERA). Es dürfte kaum den Interessen der Vertragsparteien entsprechen, wenn damit jedes Mal eine Änderung des für die Akkreditivverpflichtung maßgeblichen Statuts einherginge.[263] Für die Annahme einer stillschweigenden Wahl des Zahlstellenrechts durch die Vertragsparteien[264] besteht unter diesen Umständen kein Raum,[265] zumal sich eine stillschweigende Rechtswahl nach Art. 3 Abs. 1 Rom I-VO „eindeutig aus den Bestimmungen des Vertrags oder den Umständen des Falles ergeben" muss.[266] Fehlt es an einer Rechtswahl, ist das Vertragsstatut nach Art. 4 Rom I-VO zu ermitteln. Bei objektiver Anknüpfung findet, wie bereits ausgeführt, auf das Verhältnis zwischen Akkreditivbank und Begünstigtem das Niederlassungsrecht der Akkreditivbank Anwendung. Die Einschaltung einer Zahlstelle ändert nichts daran, dass die Akkreditivbank in Form ihres Zahlungsversprechens die für den Vertrag charakteristische Leistung erbringt.[267] 59

---

[258] BeckOGK Rom I-VO/*Köhler* (Stand: 1.2.2020), Art. 4 Rn. 501; Reithmann/Martiny/*Freitag* Rn. 6.612; Kümpel/Mülbert/Früh/Seyfried/*Seeger* Rn. 7.203; zur gleichen Beurteilung nach bisherigem Recht s. *v. Bar* ZHR 152 (1988), 38 (53).

[259] *Einsele* § 5 Rn. 32.

[260] Insoweit besteht in Rechtsprechung und Schrifttum Einigkeit, s. Reithmann/Martiny/*Freitag* Rn. 6.612; BankR-HdB/ /*Jäger/Haas* § 120 Rn. 444.

[261] *Steindorff* FS v. Caemmerer, 1978, 761 (771).

[262] *Einsele* § 5 Rn. 33.

[263] BankR-HdB/*Jäger/Haas* § 120 Rn. 448; *Einsele* § 5 Rn. 33; *Schütze/Vorpeil* Dokumentenakkreditiv Rn. 680; *Schütze* WM 1982, 226 (228); ferner EBJS/*Hakenberg* Rn. II 626; *Zahn/Ehrlich/Haas* Zahlung und Zahlungssicherung im Außenhandel Rn. 1/42.

[264] So aber OLG Köln WM 1994, 1877 (1878); OLG Frankfurt a. M. NJW-RR 1988, 682 (683); LG Frankfurt AG 1976, 47 (49) mAnm *Mertens;* ebenso Kümpel/Mülbert/Früh/Seyfried/*Seeger* Rn. 7.202.

[265] So auch *Zahn/Ehrlich/Haas,* Zahlung und Zahlungssicherung im Außenhandel, Rn. 1/42.

[266] Die Berücksichtigung eines bloß hypothetischen, nicht zum Ausdruck gelangten Willens ist ausgeschlossen; s. Reithmann/Martiny/*Martiny* Rn. 2.66 mwN.

[267] Wie hier BankR-HdB/*Jäger/Haas* § 120 Rn. 447; EBJS/*Hakenberg* Rn. II 6.26; Reithmann/Martiny/*Freitag* Rn. 6.613; *Schütze/Vorpeil* Dokumentenakkreditiv Rn. 680; Blesch/Lange/*Kessler* Bankgeschäfte mit Auslandsbezug Rn. 737.

II. Dokumenteninkasso

1. Grundlagen

60 **a) Begriff.** Das Inkassogeschäft der Banken hat den **Einzug von Forderungen** zum Gegenstand, die gegen Vorlage von Dokumenten zahlbar sind.[268] Die von der Internationalen Handelskammer aufgestellten **„Einheitlichen Richtlinien für Inkassi"** in der Fassung von 1995 (ERI 522)[269] umschreiben in Art. 2 lit. a) das Inkasso als die Bearbeitung von Dokumenten durch Banken in Übereinstimmung mit erhaltenen Weisungen, um (i) Zahlung und/oder Akzeptierung zu erhalten oder (ii) Dokumente gegen Zahlung und/oder Akzeptierung auszuhändigen oder (iii) Dokumente unter anderen Bedingungen auszuhändigen. Hinsichtlich der zur Einlösung geeigneten Dokumente unterscheidet Art. 2 lit. b) ERI zwischen Zahlungspapieren und Handelspapieren. Zu den Zahlungspapieren zählt er Wechsel, Solawechsel, Schecks oder andere ähnliche zum Erlangen von Zahlungen dienende Dokumente. Zur Gruppe der Handelspapiere gehören Rechnungen, Transportdokumente, Dispositions- oder andere ähnliche Dokumente sowie irgendwelche andere Dokumente, die keine Zahlungspapiere darstellen. In lit. c) und d) unterscheidet Art. 2 ERI dementsprechend zwischen dem **„einfachen Inkasso"** als dem Inkasso von Zahlungspapieren, die nicht von Handelspapieren begleitet sind, und dem **„dokumentären Inkasso"** als dem Inkasso von Zahlungspapieren, die von Handelspapieren begleitet sind, oder von Handelspapieren, die nicht von Zahlungspapieren begleitet sind. Die folgenden Ausführungen beschränken sich auf das dokumentäre Inkasso.

61 Das Dokumenteninkasso, das zu den erlaubnispflichtigen Bankgeschäften iS des § 1 Abs. 1 S. 2 Nr. 9 KWG zählt,[270] ist somit – vereinfacht ausgedrückt – dadurch gekennzeichnet, dass eine Bank es im Auftrag eines Gläubigers übernimmt, dessen Forderung gegen Aushändigung bestimmter Handelspapiere beim Schuldner einzuziehen oder ein Akzept einzuholen.[271] Auf welchem Rechtsgrund die Forderung beruht, ist an sich ohne Belang. Die praktische Bedeutung des Dokumenteninkassos liegt jedoch vor allem beim Einzug von Forderungen aus (grenzüberschreitenden) Kaufverträgen, wobei die Zahlungsabwicklung im Wege des Inkassos typischerweise im Vertrag zwischen Exporteur und Importeur in einer sog **Zahlungsklausel** ausdrücklich festgelegt ist (zB „Kasse gegen Dokumente", „Dokumente gegen Akzept").[272] Die Vereinbarung einer Zahlungsklausel hat eine **beiderseitige Vorleistungspflicht** zur Folge:[273] Für den Käufer begründet sie die Pflicht, gegen Vorlage der Dokumente Zahlung zu leisten, ohne dass er das Eintreffen der Ware abwarten und sich zunächst von ihrer vertragsgemäßen Beschaffenheit überzeugen darf. Mängel kann er nur nachträglich geltend machen.[274] Auch sonstige Einwendungen aus dem Kaufvertrag oder einem anderen Rechtsgrund sind ihm verwehrt. Insbesondere sind mit dem Inkasso ein Aufrechnungsverbot und ein Verbot der Ausübung von Zurückbehaltungsrechten verbunden.[275] Für den Verkäufer folgt aus der Zahlungsklausel die Pflicht, die Ware bereits vor Erhalt der Gegenleistung zu versenden, um der Bank die vertraglich geforderten Dokumente vorlegen zu können.

62 **b) Beteiligte.** Im einfachsten Fall sind am Inkasso drei Personen beteiligt:[276] Der Gläubiger als derjenige, der eine Bank mit der Bearbeitung eines Inkassos betraut (Auftraggeber,

---

[268] Apathy/Iro/Koziol/*Apathy* Österreichisches Bankvertragsrecht Rn. 2/1.
[269] S. zu ihnen → Rn. 64.
[270] *Einsele* § 6 Rn. 85.
[271] *Canaris* Rn. 1088; Apathy/Iro/Koziol/*Apathy*, Österreichisches Bankvertragsrecht, Rn. 2/2.
[272] *Canaris* Rn. 1100; *Zahn/Ehrlich/Haas* Zahlung und Zahlungssicherung im Außenhandel Rn. 3/1.
[273] EBJS/*Hakenberg* Rn. II 580; Schlegelberger/*Hefermehl* Anh. § 365 Rn. 264; Apathy/Iro/Koziol/*Apathy* Österreichisches Bankvertragsrecht Rn. 2/8; *Einsele* § 6 Rn. 87.
[274] BGHZ 41, 215 (220 f.); BGH NJW 1987, 2435 (2436).
[275] BGHZ 14, 61 (62); BGH DB 1985, 328; Baumbach/Hopt/*Hopt* Bankgeschäfte Rn. M/5; *Canaris* Rn. 1100; EBJS/*Hakenberg* Rn. II 580.
[276] Apathy/Iro/Koziol/*Apathy* Österreichisches Bankvertragsrecht Rn. 2/3.

Art. 3 lit. a) (i) ERI), die mit dem Inkasso beauftragte Bank (**Einreicherbank,** Art. 3 lit. a) (ii) ERI), und der Schuldner, von dem die Bank die Forderung gegen Vorlage bestimmter Dokumente einziehen soll (**Bezogener,** Art. 3 lit. b) ERI).[277] In der Regel freilich nimmt die Einreicherbank das Inkasso nicht selbst vor, sondern schaltet hierzu eine weitere, typischerweise im Land des Schuldners ansässige Bank ein (mehrgliedriger Inkassoverkehr). Die ausländische Bank zieht dann gegen Aushändigung der Dokumente den Gegenwert ein und leitet diesen an die Einreicherbank weiter. Beauftragt die ausländische Bank ihrerseits eine dritte Bank usw, erweitert sich der Kreis der Beteiligten entsprechend. Eine Bank, die mit der Durchführung des Inkassos befasst ist, ohne Einreicherbank zu sein, wird als **Inkassobank** bezeichnet (Art. 3 lit. a) (iii) ERI). Die **vorlegende Bank** ist nach der Definition in Art. 3 lit. a) (iv) ERI diejenige Inkassobank, die gegenüber dem Bezogenen die Dokumentenvorlage vornimmt.

c) Funktionen. Das Dokumenteninkasso dient in erster Linie der **bargeldlosen Zahlungsabwicklung.**[278] Es kommt aber auch den **Sicherungsinteressen** der Parteien entgegen, indem es die Abwicklung des Handelsgeschäfts einem Leistungsaustausch Zug um Zug zumindest annähert:[279] Der Verkäufer (Auftraggeber) erlangt ein gewisses Maß an Sicherheit dadurch, dass er die Warendokumente erst dann aus der Hand geben muss, wenn er den Gegenwert erhält. Der Käufer (Bezogene) erlangt ein gewisses Maß an Sicherheit dadurch, dass er den Kaufpreis erst dann zu leisten braucht, wenn ihm die Dokumente ausgehändigt werden, die ihm die Verfügungsgewalt über die Ware vermitteln (zB Konnossement) oder ihn über deren Herkunft und Beschaffenheit informieren (zB Qualitätszeugnisse).[280] Eine dem **Akkreditiv** vergleichbare Sicherungsfunktion kommt dem Dokumenteninkasso jedoch nicht zu, weil der Verkäufer keinen zusätzlichen, von Einwendungen aus dem Grundgeschäft unabhängigen Zahlungsanspruch gegen die Bank erhält und somit weiterhin dem Risiko der Zahlungsunfähigkeit des Käufers ausgesetzt ist. Das Dokumenteninkasso eignet sich daher nur für Geschäfte, bei denen bereits ein Mindestmaß an Vertrauen zwischen den Vertragspartnern besteht.[281] Die Gemeinsamkeiten zwischen beiden Zahlungsformen – Zahlung unter Einschaltung einer Bank gegen Vorlage von Dokumenten – sollten daher nicht überbewertet werden.[282] 63

2. Einheitliche Richtlinien für Inkassi (ERI 522)

Ebenso wie das Akkreditiv ist das Dokumenteninkasso nicht besonders gesetzlich geregelt. Es gelten daher grundsätzlich die allgemeinen zivilrechtlichen Bestimmungen. In der Regel werden in den Text eines Inkassoauftrags die **„Einheitlichen Richtlinien für Inkassi (ERI)"** (engl.: *Uniform Rules for Collections,* URC) einbezogen. Sie wurden von der Internationalen Handelskammer erstmals 1956 publiziert und seitdem drei Mal überarbeitet. Die derzeit geltende Fassung wurde 1995 als ICC-Publikation 522 veröffentlicht und zur Anwendung ab dem 1.1.1996 empfohlen.[283] Im April 2019 hat die Internationale Handelskammer einen **Anhang zu den ERI 522 für die elektronische Vorlage von Dokumenten** (Uniform Rules for Collections – Supplement for Electronic Presentations, „eURC") verabschiedet, der am 1.7.2019 in Kraft getreten ist und mit dem eine eigen- 64

[277] Der Bezogene ist freilich nur ein Beteiligter im weiteren Sinne, weil zwischen ihm und den in das Inkasso eingeschalteten Banken keine Rechtsbeziehungen begründet werden. Folgerichtig zählt Art. 3 lit. a) ERI nur den Auftraggeber und die Banken zu den „Beteiligten" (ieS), während der Bezogene in Art. 3 lit. b) ERI gesondert genannt wird; Apathy/Iro/Koziol/*Apathy* Österreichisches Bankvertragsrecht Rn. 2/3 mit Fn. 7.

[278] EBJS/*Hakenberg* Rn. II 560; Heymann/*Horn* Anh. § 372 Rn. VI/2; Apathy/Iro/Koziol/*Apathy* Österreichisches Bankvertragsrecht Rn. 2/6.

[279] Apathy/Iro/Koziol/*Apathy* Österreichisches Bankvertragsrecht Rn. 2/6.

[280] Heymann/*Horn* Anh. § 372 Rn. VI/3.

[281] MüKoHGB/*Wedemann* BankvertragsR Rn. I 13; EBJS/*Hakenberg* Rn. II 563.

[282] *Canaris* Rn. 1088.

[283] Abdruck und Kurzkommentierung bei Baumbach/Hopt/*Hopt,* Bankgeschäfte (12).

ständige Rechtsgrundlage für die Durchführung von Dokumenteninkassi mit elektronischen Dokumenten geschaffen wurde.[284] Die Rechtsnatur der ERI ist ebenso umstritten wie die der ERA, was angesichts der engen Verwandtschaft zwischen beiden Regelwerken nicht verwundert. Nicht anders als die ERA sind auch die ERI in ihrer Gesamtheit als **Allgemeine Geschäftsbedingungen** zu qualifizieren, die zum Teil bestehende Handelsbräuche wiedergeben.[285] Voraussetzung dafür ist freilich nach § 305 Abs. 1 S. 1 BGB, dass sie von einer Vertragspartei der anderen bei Abschluss des Vertrags „gestellt" werden. Einer Bank ist die Einbeziehung der ERI jedenfalls dann zuzurechnen und sie folglich als Verwenderin anzusehen, wenn sie in ihren Auftragsformularen auf diese Richtlinien verweist und damit zu erkennen gibt, dass sie den Inkassoauftrag nur zu diesen Konditionen auszuführen bereit ist. Bei der Auslegung und Inhaltskontrolle der ERI ist jedoch zu berücksichtigen, dass diese Richtlinien im Bestreben nach internationaler Rechtseinheit geschaffen worden sind und daher nicht einseitig an den Maßstäben des nationalen Rechts gemessen werden dürfen.[286]

3. Rechtsverhältnis zwischen Auftraggeber und Einreicherbank

65 **a) Inkassoauftrag.** Gemäß Art. 4 lit. a) (i) S. 1 ERI müssen alle zum Inkasso übersandten Dokumente von einem Inkassoauftrag begleitet sein, der vollständige und genaue Weisungen des Auftraggebers an die Bank enthält.[287] Diese Bestimmung soll gewährleisten, dass die Bank den Inkassoauftrag ohne Rückfragen ausführen kann,[288] und ist vor dem Hintergrund zu sehen, dass auch beim Dokumenteninkasso der **Grundsatz der formalen Auftragsstrenge** gilt. Wie Art. 4 lit. a) (i) S. 2 ERI unterstreicht, sind die Banken „nur berechtigt, gemäß den in einem solchen Inkassoauftrag erteilten Weisungen sowie in Übereinstimmung mit diesen Richtlinien zu verfahren".[289] Art. 4 lit. b) ERI enthält einen umfangreichen Katalog von Angaben, die der Inkassoauftrag enthalten „sollte". Dazu gehören ua Einzelheiten über den Auftraggeber, den Bezogenen und eine etwaige vorlegende Bank, eine Auflistung der beigefügten Dokumente, die Angabe des einzuziehenden Betrags, Angaben zu den Zahlungsbedingungen und zur Zahlungsweise sowie Weisungen für den Fall der Nichtzahlung. Art. 1 lit. b) ERI stellt klar, dass Banken nicht verpflichtet sind, ein Inkasso zu bearbeiten. Gemäß Art. 1 lit. c) ERI muss die Bank denjenigen, von dem sie den Inkassoauftrag erhalten hat, durch Telekommunikation oder auf anderem schnelle Wege unterrichten, wenn sie sich aus irgendeinem Grund entschließt, den Auftrag nicht auszuführen. Aus Sicht des deutschen Rechts folgt daraus aber nicht, dass bei erstmaligem Geschäftskontakt ein Schweigen der Bank als Annahme des Inkassoauftrags zu werten ist.[290] Gemäß § 362 Abs. 1 HGB gilt ihr Schweigen nur als Annahme, wenn sie mit dem Auftraggeber bereits in Geschäftsverbindung steht oder sich ihm gegenüber zur Besorgung des Geschäfts erboten hat.[291]

66 **b) Pflichten der Bank.** Durch die Annahme des Inkassoauftrags kommt zwischen der Einreicherbank und dem Auftraggeber ein **Dienstvertrag** zustande, der eine Geschäfts-

[284] Überblick bei *Vorpeil* WM 2019, 1521 (1525 ff.).

[285] Baumbach/Hopt/*Hopt* Bankgeschäfte Einl. vor (12) ERI, Rn. 2; Schlegelberger/*Hefermehl* Anh. § 365 Rn. 265; BankR-HdB/*T. Fischer* § 119 Rn. 7; *Einsele* § 6 Rn. 86; *Graf von Westphalen* Rechtsprobleme der Exportfinanzierung S. 207; *Graf von Westphalen* Liber amicorum Nielsen S. 141, 144; für die Einordnung als Handelsbrauch hingegen OLG Hamburg MDR 1970, 335; *Zahn/Ehrlich/Haas* Zahlung und Zahlungssicherung im Außenhandel Rn. 1/22.

[286] Zur gleichen Rechtslage beim Dokumentenakkreditiv → Rn. 14.

[287] Musterformular bei Hopt/*Joos* Vertrags- und Formularbuch, Form IV M 1.

[288] Apathy/Iro/Koziol/*Apathy* Österreichisches Bankvertragsrecht Rn. 2/14.

[289] S. ferner BGH WM 1971, 158 (159 f.); Baumbach/Hopt/*Hopt* Bankgeschäfte Rn. M/3; *Canaris* Rn. 1090; EBJS/*Hakenberg* Rn. II 570; Heymann/*Horn* Anh. § 372 Rn. VI/8; MüKoHGB/*Wedemann* BankvertragsR Rn. I 28.

[290] Entsprechende Zweifel auch bei BankR-HdB³/*Nielsen* § 119 Rn. 23.

[291] S. auch MüKoHGB/*Welter* § 362 Rn. 13, wonach es keinen allgemeinen Handelsbrauch gibt, nach dem bloßes Schweigen als Zustimmung zu werten ist.

besorgung zum Gegenstand hat (§§ 675 Abs. 1, 611 BGB).[292] Die Bank ist verpflichtet, dem Bezogenen die Dokumente vorzulegen, den Erlös (Zahlung, Akzept) entgegenzunehmen und ihn an den Auftraggeber weiterzuleiten (§§ 675 Abs. 1, 667 BGB). Sie übernimmt aber keine Gewähr dafür, dass der Bezogene seine Leistung tatsächlich erbringt. Abweichungen von den grundsätzlich strikt einzuhaltenden Weisungen des Auftraggebers sind der Bank ohne vorherige Rückfrage nur bei Gefahr im Verzug erlaubt. Im Übrigen gilt freilich auch für das Dokumenteninkasso, dass der Auftraggeber gegen Treu und Glauben (§ 242 BGB) verstößt, wenn er eine weisungswidrige Ausführung seines Auftrags nicht als Erfüllung gelten lassen will, obwohl die Abweichung unerheblich war und ihm keinen Nachteil gebracht hat.[293]

Die **Pflicht zur Dokumentenprüfung** ist im Inkassogeschäft weniger streng als im Akkreditivgeschäft. Das erklärt sich daraus, dass die Bank im Interesse des Verkäufers tätig wird und dieser selbst am besten weiß, wie die dem Käufer vorzulegenden Dokumente beschaffen sein müssen.[294] Gemäß Art. 12 lit. a) ERI beschränkt sich die Pflicht der Bank auf die Prüfung, ob die erhaltenen Dokumente den im Inkassoauftrag aufgelisteten Dokumenten zu entsprechen scheinen, dh ob sie vollständig sind und mit den Angaben im Inkassoauftrag übereinstimmen. Stellt die Bank fest, dass Dokumente fehlen oder ihr andere als die aufgelisteten Dokumente zugeleitet worden sind, hat sie den Auftraggeber unverzüglich zu benachrichtigen. Zur Prüfung der **Echtheit der Dokumente** anhand der Unterschriften und anderer äußerlicher Merkmale ist sie grundsätzlich nicht verpflichtet, da sie davon ausgehen darf, dass ihr vom Auftraggeber keine Fälschungen untergeschoben werden. Etwas anderes gilt jedoch bei Vorliegen konkreter Verdachtsmomente.[295] Gegen die Wirksamkeit von Art. 12 lit. c) ERI, wonach die Banken die Dokumente „ohne weitere", dh über Art. 12 lit. a) ERI hinausgehende Prüfung vorlegen werden, bestehen daher aus AGB-rechtlicher Sicht keine Bedenken. Eine **Beratungspflicht** der Bank hinsichtlich der Zweckmäßigkeit des Inkassoauftrags ist ebenfalls zu verneinen, und es ist auch nicht ihre Aufgabe, Nachforschungen über die Bonität und Vertrauenswürdigkeit des Bezogenen anzustellen.[296] Hat die Bank gesicherte Kenntnis von der Insolvenz des Bezogenen oder einer akuten Insolvenzgefahr, wird man jedoch wie beim Akkreditivgeschäft von einer **Benachrichtigungspflicht** gegenüber dem Auftraggeber auszugehen haben.[297] Auch auf Bedenken gegen die Durchführbarkeit des Inkassoauftrags selbst hat die Bank den Auftraggeber hinzuweisen.[298] 67

c) Treuhänderstellung der Einreicherbank. Welche Rechtsstellung die Bank hinsichtlich der einzuziehenden Forderung und der ihr vom Auftraggeber überreichten Dokumente erwirbt, ist in den ERI nicht geregelt und eine Frage der Parteivereinbarung. Eine Inkassovollmacht, dh der Einzug der Forderung im Namen des Auftraggebers, kommt in der Praxis selten vor.[299] In der Regel tritt die Bank im eigenen Namen auf. In Betracht kommt daher die Erteilung einer Einziehungsermächtigung gemäß § 185 BGB. Die hM geht jedoch zu Recht davon aus, dass aufgrund des legitimen Sicherungsinteresses der Bank normalerweise eine dritte Gestaltungsform gewollt ist, nämlich die **treuhänderische Übertragung** sowohl der Forderung als auch des Eigentums an den Dokumenten 68

[292] Allg. Ansicht, s. Baumbach/Hopt/*Hopt* Bankgeschäfte Rn. M/1; *Canaris* Rn. 1090; EBJS/*Hakenberg* Rn. II 568; Heymann/*Horn* Anh. § 372 Rn. VI/8; MüKoHGB/*Wedemann* BankvertragsR Rn. I 21; BankR-HdB/*T. Fischer* § 119 Rn. 14; *Zahn/Ehrlich/Haas* Zahlung und Zahlungssicherung im Außenhandel Rn. 3/9; Kronke/Melis/Kuhn/*Ehrlich* Handbuch Internationales Wirtschaftsrecht Teil I Rn. 270.

[293] *Canaris* Rn. 1090; Heymann/*Horn* Anh. § 372 Rn. VI/9; siehe auch BGH WM 1980 587 (588).

[294] Apathy/Iro/Koziol/*Apathy* Österreichisches Bankvertragsrecht Rn. 2/16.

[295] *Canaris* Rn. 1090; EBJS/*Hakenberg* Rn. II 571; Heymann/*Horn* Anh. § 372 Rn. VI/9; Apathy/Iro/Koziol/*Apathy* Österreichisches Bankvertragsrecht Rn. 2/16.

[296] BGH WM 1958, 222 (224).

[297] Heymann/*Horn* Anh. § 372 Rn. VI/9.

[298] Apathy/Iro/Koziol/*Apathy* Österreichisches Bankvertragsrecht Rn. 2/16.

[299] *Einsele* § 6 Rn. 90.

auf die Bank.[300] Diese Annahme lässt sich auf Nr. 15 Abs. 2 AGB-Banken stützen, der bestimmt, dass mit der Einreichung von kaufmännischen Handelspapieren und anderen Papieren zum Einzug ein Übergang der zugrunde liegenden Forderung auf die Bank einhergeht.[301] In der Praxis kommt die treuhänderische Übertragung dadurch zum Ausdruck, dass indossable Papiere bei der Einreichung mit einem Voll- oder Blankoindossament versehen werden.[302] Die Übertragung dient dem Zweck, alle Ansprüche zu sichern, die der Bank gegen den Kunden zum Zeitpunkt der Einreichung aus seinen Kontokorrentkonten zustehen oder infolge der Rückbelastung nicht eingelöster Einzugspapiere entstehen (Nr. 15 Abs. 4 AGB-Banken). In der Insolvenz des Auftraggebers steht der Bank ein Anspruch auf abgesonderte Befriedigung aus der abgetretenen Forderung zu. Von diesem Recht macht die Bank Gebrauch, wenn sie die Forderung nach Eröffnung des Insolvenzverfahrens einzieht. Mit dem erfolgreichen Einzug erlischt die gesicherte Forderung in Höhe des Erlöses, ohne dass es einer kontokorrentmäßigen Verrechnung oder Aufrechnung bedarf.[303]

69 **d) Pflichten des Auftraggebers.** Der Auftraggeber hat der Bank für ihre Tätigkeit die vereinbarte **Provision** zu zahlen (§§ 611, 612 BGB). Außerdem hat die Bank einen Anspruch auf Ersatz aller zur Ausführung des Auftrags gemachten **Aufwendungen,** soweit sie diese nach den Umständen für erforderlich halten durfte (§§ 675 Abs. 1, 670 BGB). Der Anspruch auf Aufwendungsersatz umfasst auch sog Zufallsschäden. Es entspricht dieser Risikoverteilung, wenn Art. 11 lit. c) ERI klarstellt, dass der Auftraggeber alle Verpflichtungen und Verantwortlichkeiten übernehmen muss, die auf ausländischen Gesetzen und Gebräuchen beruhen, und den Auftragnehmer für alle hieraus resultierenden Folgen schadlos zu halten hat. Gegen die Wirksamkeit dieser Bestimmung bestehen daher keine Bedenken.[304] Gemäß Art. 21 lit. d) ERI behalten die Banken sich das Recht vor, von ihrem Auftraggeber für die bei der Auftragsausführung anfallenden Kosten einen **Vorschuss** zu verlangen. Damit wird unterstrichen, was im deutschen Recht nach § 669 BGB ohnehin gilt.

4. Mehrgliedriges Dokumenteninkasso

70 **a) Vertragsbeziehungen.** Betraut die Einreicherbank eine andere Bank mit dem Inkasso, wozu sie gemäß Art. 5 lit. d) ERI auch bei Fehlen einer entsprechenden Anweisung des Auftraggebers berechtigt ist, kommt auch im Verhältnis zwischen den Banken ein **Dienstvertrag** zustande, der eine Geschäftsbesorgung zum Gegenstand hat (§§ 675 Abs. 1, 611 BGB) und inhaltlich den Vereinbarungen zwischen dem Auftraggeber und der Einreicherbank entspricht.[305] Aufgrund dieses Dienstvertrags ist die Inkassobank der Einreicherbank zur sorgfältigen Ausführung des Inkassoauftrags verpflichtet. Schaltet die Inkassobank nicht ihrerseits eine weitere Bank ein, hat sie als vorlegende Bank (Art. 3 lit. a) (iv) ERI) dem Bezogenen die Dokumente zu präsentieren und von ihm den – gemäß §§ 675 Abs. 1, 667 BGB an die Einreicherbank abzuführenden – Erlös entgegenzunehmen. Auch eine Inkassobank wird in der Regel im eigenen Namen tätig. Ihre Legitimation ergibt sich allerdings nicht aus einer Vollrechtstreuhand, sondern einer **Einziehungsermächtigung** (Ermächtigungstreuhand) iSv § 185 BGB. Denn grundsätzlich soll eine Inkassobank nicht mehr

[300] LG Hamburg WM 2001, 1247 (1249); *Canaris* Rn. 1092; EBJS/*Hakenberg* Rn. II 572; MüKoHGB/*Wedemann* BankvertragsR Rn. I 48; *Graf von Westphalen* Rechtsprobleme der Exportfinanzierung S. 211 f.; *Einsele* § 6 Rn. 90; abweichend Heymann/*Horn* Anh. § 372 Rn. VI/14, der hinsichtlich der Forderung von einer Inkassoermächtigung ausgeht.

[301] MüKoHGB/*Wedemann* BankvertragsR Rn. I 47.

[302] Heymann/*Horn* Anh. § 372 Rn. VI/13; *Nielsen* ZIP 1985, 777 (779).

[303] BGHZ 95, 149 (152 f.) = NJW 1985, 2649 f.; OLG Köln WM 1994, 1877 (1878); Kümpel/Mülbert/Früh/Seyfried/*Seeger* Rn. 7.294.

[304] BankR-HdB/*T. Fischer* § 119 Rn. 25; *Graf von Westphalen* Liber amicorum Nielsen S. 141, 155.

[305] S. statt vieler OLG Frankfurt a. M. WM 2000, 1636 (1637); EBJS/*Hakenberg* Rn. II 573; Heymann/*Horn* Anh. § 372 Rn. VI/17; *Einsele* § 6 Rn. 93.

Rechte erhalten, als sie zur Ausführung des Inkassoauftrags benötigt.[306] Die Inkassobank hat gegen die Einreicherbank einen Anspruch auf Provision (§§ 611, 612 BGB) und Aufwendungsersatz (§§ 675 Abs. 1, 670 BGB). Zwischen dem Auftraggeber und der Inkassobank entsteht kein Vertragsverhältnis, da die Einreicherbank den Auftrag an die Inkassobank im eigenen Namen erteilt.[307] Das bedeutet, dass dem Auftraggeber kein Weisungsrecht gegenüber der Inkassobank zusteht[308] und er im Fall von Pflichtverletzungen der Inkassobank auf vertragliche Schadensersatzansprüche gegen die Einreicherbank verwiesen ist.[309]

b) Haftungsverhältnisse. Insoweit kann der Auftraggeber allerdings nur verlangen, dass die Einreicherbank nach den Grundsätzen der Drittschadensliquidation ihre eigenen Schadensersatzansprüche gegen die Inkassobank an ihn abtritt (§§ 675 Abs. 1, 667 BGB).[310] Die Einreicherbank hat nicht selbst für ein Verschulden der Inkassobank einzustehen. Ihre Haftung beschränkt sich auf eine **sorgfältige Auswahl und Unterweisung** der Inkassobank. Denn die Inkassobank wird als **Unterbeauftragte** der Einreicherbank iSv § 664 Abs. 1 S. 2 BGB und nicht als deren Erfüllungsgehilfin iSv § 278 BGB tätig.[311] Daraus muss aber nicht zwangsläufig geschlossen werden, dass Art. 11 lit. a) ERI, wonach die Bank für Rechnung und Gefahr des Auftraggebers handelt, wenn sie sich zur Ausführung des Inkassoauftrags einer oder mehrerer Banken bedient, zumindest teilweise nach § 307 BGB unwirksam ist.[312] Denn man kann auch den Standpunkt vertreten, dass diese Freizeichnungsklausel das Auswahl- und Unterweisungsverschulden der Einreicherbank überhaupt nicht erfasst.[313] Keinerlei Bedenken bestehen gegen die Wirksamkeit von Art. 11 lit. b) ERI, der die Einreicherbank von einer Haftung für den Fall freistellt, dass die von ihr übermittelten Weisungen von der Inkassobank nicht ausgeführt werden. Unter Berücksichtigung internationaler Gerechtigkeitsstandards wäre diese Klausel selbst dann nicht als unangemessen anzusehen, wenn die Inkassobank als Erfüllungsgehilfin der Einreicherbank einzuordnen wäre.[314] Die Grundsätze zur Haftung eines Zahlungsdienstleisters bei fehlerhafter oder unterlassener Ausführung eines Zahlungsauftrags durch eine zwischengeschaltete Stelle (vgl. § 675z S. 3 BGB) lassen sich nicht im Wege der Analogie auf das Dokumenteninkasso übertragen und können auch nicht als – im Vergleich zu § 664 Abs. 1 S. 2 BGB strengerer – Kontrollmaßstab im Rahmen der AGB-Kontrolle herangezogen werden.[315] 71

---

[306] BGHZ 36, 329 (335); LG Hamburg WM 2001, 1247 (1249); *Canaris* Rn. 1096; Heymann/*Horn* Anh. § 372 Rn. VI/19; MüKoHGB/*Wedemann* BankvertragsR Rn. I 49.

[307] OLG Hamburg MDR 1970, 335; Baumbach/Hopt/*Hopt* Bankgeschäfte Rn. M/2.

[308] Unumstritten, s. etwa OLG Hamburg MDR 1970, 335; *Canaris* Rn. 1097.

[309] Heymann/*Horn* Anh. § 372 Rn. VI/18; Blesch/Lange/*Kessler* Bankgeschäfte mit Auslandsbezug Rn. 826; aA *Canaris* Rn. 1097, der Schutzpflichten gegenüber dem Auftraggeber aus einem „gesetzlichen Schuldverhältnis ohne primäre Leistungspflicht" für möglich hält. Schadensersatzansprüche unmittelbar gegen die Inkassobank lassen sich auch nicht mit Hilfe der Rechtsfigur des Vertrags mit Schutzwirkung zugunsten Dritter begründen; überzeugend *Einsele* § 6 Rn. 94; aA Apathy/Iro/Koziol/*Apathy* Österreichisches Bankvertragsrecht Rn. 2/20.

[310] Blesch/Lange/*Kessler* Bankgeschäfte mit Auslandsbezug Rn. 826; EBJS/*Hakenberg* Rn. II 578; *Claussen* BankR/*van Look* § 4 Rn. 104; Kümpel/Mülbert/Früh/Seyfried/*Seeger* Rn. 7.283; *Zahn/Ehrlich/Haas* Zahlung und Zahlungssicherung im Außenhandel Rn. 3/15.

[311] Ganz hM, siehe OLG Frankfurt a. M. WM 2000, 1636 (1638); Baumbach/Hopt/*Hopt* Bankgeschäfte Rn. M/3; *Canaris* Rn. 1095; EBJS/*Hakenberg* Rn. II 578; BankR-HdB/*T. Fischer* § 119 Rn. 22; Kümpel/Mülbert/Früh/Seyfried/*Seeger* Rn. 7.282; *Zahn/Ehrlich/Haas* Zahlung und Zahlungssicherung im Außenhandel Rn. 3/13; *Graf von Westphalen* Liber amicorum Nielsen S. 141, 154; für die Einordnung der Inkassobank als Erfüllungsgehilfin hingegen Schlegelberger/*Hefermehl* Anh. § 365 Rn. 270.

[312] So *Canaris* Rn. 1095; EBJS/*Hakenberg* Rn. II 578; MüKoHGB/*Wedemann* BankvertragsR Rn. I 32; *Zahn/Ehrlich/Haas* Zahlung und Zahlungssicherung im Außenhandel Rn. 3/14.

[313] Zur Auslegung von Art. 37 lit. a) ERA, mit dem Art. 11 lit. a) ERI nahezu wörtlich übereinstimmt, → Rn. 32.

[314] S. Schlegelberger/*Hefermehl* Anh. § 365 Rn. 270 zu Art. 16 ERI aF (1967); zur rechtlichen Bewertung der Parallelregelung in Art. 37 lit. b) ERA → Rn. 33/34.

[315] S. die bei EBJS/*Hakenberg* Rn. II 578 aufgeworfene, aber nicht beantwortete Frage, ob die Substitutionslösung angesichts der Rechtslage im Giroverkehr auf Dauer Bestand haben wird.

Die Haftung der Einreicherbank für Auswahlverschulden entfällt, wenn der Auftraggeber die Inkassobank selbst bestimmt (vgl. Art. 5 lit. d) S. 1 ERI).[316]

5. Durchführung des Inkassos

72 **a) Vorlage der Dokumente.** Art. 5 lit. a) ERI definiert die „Vorlegung" als das Verfahren, mit dem die vorlegende Bank die Dokumente dem Bezogenen weisungsgemäß verfügbar macht. Die vorlegende Bank hat dem Bezogenen die Dokumente in der Form vorzulegen, in der sie diese erhalten hat. Die Anbringung von Stempelmarken, Indossamenten, Stempeln oder anderer Erkennungszeichen und -symbole ist jedoch zulässig, soweit diese üblich oder für die Vornahme des Inkassos erforderlich sind (Art. 5 lit. c) ERI). Sofern der Inkassoauftrag nichts anderes bestimmt, sind bei Sicht zahlbare Dokumente von der Bank **unverzüglich** zur Zahlung und nicht bei Sicht zahlbare Dokumente unverzüglich zur Akzeptierung und im Fall verlangter Zahlung nicht später als am Fälligkeitsdatum vorzulegen (Art. 6 ERI). Da der Auftraggeber in der Regel Zahlung bzw. Akzeptierung bei erster Präsentation der Dokumente verlangt, kommen als **Ort der Vorlage** grundsätzlich nur die Geschäftsräume der vorlegenden Bank in Betracht. Die Bank wird daher üblicherweise den Bezogenen davon unterrichten, dass die Dokumente bei ihr zur Prüfung bereitliegen.[317] Die an manchen Handelsplätzen verbreitete Praxis, die Dokumente dem Bezogenen „zu treuen Händen" zur Prüfung zu überlassen, widerspricht dem Zug um Zug-Charakter des Inkassos und ist ohne entsprechende Ermächtigung des Auftraggebers nicht von Art. 5 lit. a) ERI gedeckt.[318] Eine Bank, die Dokumente eigenmächtig aus der Hand gibt, muss sich darüber im Klaren sein, dass sie das volle Risiko des Verlusts oder der missbräuchlichen Verwendung der Dokumente trägt.[319]

73 **b) Aushändigung der Dokumente.** Die Dokumente dürfen dem Bezogenen nur **Zug um Zug** gegen die im Inkassoauftrag bezeichnete Leistung ausgehändigt werden. Lautet der Auftrag auf **Aushändigung gegen Zahlung,** so folgt daraus mangels anderer Weisungen, dass der Betrag sofort frei verfügbar sein muss, so dass die Bank mit ihm gemäß den erhaltenen Weisungen verfahren kann.[320] Das gilt unabhängig davon, ob die Dokumente in der Währung des Zahlungslandes – aus Sicht des Bezogenen also in inländischer Währung – oder einer anderen Währung zahlbar sind (Art. 17, 18 ERI).[321] Behält sich der Bezogene bei Aufnahme der Dokumente vor, Zahlung erst „nach Erhalt und Gutbefund" der Ware zu leisten, darf die Bank die Dokumente nicht freigeben.[322] Teilzahlungen darf die vorlegende Bank beim dokumentären Inkasso nur annehmen, wenn der Inkassoauftrag eine ausdrückliche Ermächtigung hierzu enthält. Selbst dann wird die Bank die Dokumente erst nach Erhalt der vollen Zahlung freigeben, sofern ihr keine anderen Weisungen erteilt worden sind (Art. 19 lit. b) ERI). Lautet die Vereinbarung **„Dokumente gegen Akzept",** so darf die Bank die Dokumente gleichwohl erst gegen Zahlung der Wechselsumme und nicht schon gegen Akzeptleistung aushändigen, sofern nicht der Auftraggeber etwas anderes bestimmt hat (Art. 7 lit. b) ERI).[323] Die Pflichten der vorlegenden Bank bei der

---

[316] MüKoHGB/*Wedemann* BankvertragsR Rn. I 32; *Zahn/Ehrlich/Haas* Zahlung und Zahlungssicherung im Außenhandel Rn. 3/14.

[317] BankR-HdB/*T. Fischer* § 119 Rn. 32; Apathy/Iro/Koziol/*Apathy* Österreichisches Bankvertragsrecht Rn. 2/32.

[318] EBJS/*Hakenberg* Rn. II 575; BankR-HdB/*T. Fischer* § 119 Rn. 33; *Zahn/Ehrlich/Haas* Zahlung und Zahlungssicherung im Außenhandel Rn. 3/20.

[319] Siehe die eindringliche Warnung von *Zahn/Ehrlich/Haas* Zahlung und Zahlungssicherung im Außenhandel Rn. 3/21; s. ferner Apathy/Iro/Koziol/*Apathy* Österreichisches Bankvertragsrecht Rn. 2/33.

[320] Apathy/Iro/Koziol/*Apathy* Österreichisches Bankvertragsrecht Rn. 2/35.

[321] Zu möglichen Transferhindernissen bei Zahlungen in ausländischer Währung s. *Zahn/Ehrlich/Haas* Zahlung und Zahlungssicherung im Außenhandel Rn. 3/23.

[322] OLG Schleswig WM 2003, 20 (22).

[323] In der Praxis wird bei Liefergeschäften regelmäßig die Klausel „payment against acceptance" verwendet und auch der Inkassoauftrag entsprechend abgefasst, weil andernfalls der Bezogene trotz Erteilung seines

Einholung eines Akzepts sind in Art. 22 ERI geregelt. Danach hat die Bank darauf zu achten, dass „die Form der Akzeptierung eines Wechsels vollständig und richtig erscheint“; „für die Echtheit von Unterschriften oder für die Zeichnungsberechtigung irgendeines Unterzeichners des Akzeptes“ ist sie dagegen nicht verantwortlich. Sollen neben dem Inkassobetrag auch **Zinsen, Inkassogebühren** und/oder **Auslagen** eingezogen werden, muss der Auftraggeber im Inkassoauftrag eine gesonderte Weisung erteilen. Die Angabe in einem Dokument genügt nicht.[324] Verweigert der Bezogene die Zahlung, kann die Bank die Dokumente trotzdem gegen Zahlung der Hauptsumme oder Akzeptierung aushändigen, es sei denn, dass der Inkassoauftrag ausdrücklich vorschreibt, dass auf den Einzug der Zinsen bzw. Gebühren und Auslagen nicht verzichtet werden darf (Art. 20, 21 ERI).

c) Benachrichtigungen. Gemäß Art. 26 lit. c) (i) und (ii) ERI ist die Inkassobank verpflichtet, die auftraggebende Bank **unverzüglich** von der Bezahlung bzw. Akzeptierung zu unterrichten. Im Fall der Bezahlung hat die Mitteilung detaillierte Angaben über den eingezogenen Betrag, die ggf. abgezogenen Gebühren, Aufwendungen und Auslagen sowie die Art der Verfügbarstellung des Erlöses zu enthalten. Die Art der Übermittlung der Benachrichtigung bestimmt sich nach den Weisungen der Einreicherbank (Art. 26 lit. b) ERI). Eine Pflicht zur unverzüglichen Unterrichtung der auftraggebenden Bank besteht auch, wenn der Bezogene zwar den Inkassobetrag, nicht aber die ausweislich des Inkassoauftrags ebenfalls einzuziehenden Zinsen, Gebühren und Auslagen bezahlt (Art. 20 lit. c) S. 2, Art. 21 lit. b) S. 2 ERI). 74

d) Abführung des Erlöses. Beim mehrgliedrigen Dokumenteninkasso wird der vereinnahmte Erlös **„entlang der Kette“** abgeführt, dh er wird von der vorlegenden Bank an die Einreicherbank und von dieser an den Einreicher weitergeleitet. Das entspricht der nach §§ 675 Abs. 1, 667 Abs. 1 BGB bestehenden Rechtslage und ist auch so in Art. 16 lit. a) ERI vorgesehen. Diese Bestimmung stellt außerdem klar, dass eingezogene Beträge (ggf. abzüglich Gebühren und/oder Aufwendungen und/oder Auslagen) dem jeweiligen Vertragspartner „unverzüglich“ zur Verfügung gestellt werden müssen. Art. 16 lit. b) ERI unterstreicht noch einmal, dass die Inkassobank grundsätzlich nur an die Einreicherbank zu zahlen braucht und bestätigt damit, dass einer Auskehrung des Erlöses unmittelbar an den Einreicher keine schuldbefreiende Wirkung zukommt.[325] Da der Anspruch des Auftraggebers aus §§ 675 Abs. 1, 667 BGB auf das aus der Geschäftsbesorgung „Erlangte“ geht, entsteht er erst, wenn die Einreicherbank ihrerseits von der Inkassobank wertmäßige Deckung erhält.[326] 75

e) Fehlgeschlagenes Inkasso. Nach Art. 26 lit. c) (iii) ERI ist die vorlegende Bank auch dann zur **unverzüglichen Benachrichtigung** ihres Auftraggebers verpflichtet, wenn der Bezogene trotz Vorlage der Dokumente keine Zahlung bzw. kein Akzept geleistet hat. Die Einreicherbank muss nach Erhalt einer solchen Mitteilung geeignete Weisungen hinsichtlich der weiteren Behandlung der Dokumente erteilen. Erhält die vorlegende Bank nicht innerhalb von sechzig Tagen nach ihrer Fehlschlagsmeldung solche Weisungen, kann sie die Dokumente ohne weitere Verantwortlichkeit an die Bank zurückschicken, von der sie beauftragt wurde. Weder die vorlegende noch eine andere in das Inkasso eingeschaltete Bank ist bei Fehlschlagen des Inkassos verpflichtet, irgendwelche **Maßnahmen zum Schutz der Waren** (zB Einlagerung, Versicherung) zu ergreifen (Art. 10 lit. b) ERI). Ergreift eine Bank dennoch solche Maßnahmen, so übernimmt sie gemäß Art. 11 lit. c) 76

Akzepts nicht über die Ware verfügen könnte; BankR-HdB/*T. Fischer* § 119 Rn. 35; *Zahn/Ehrlich/Haas* Zahlung und Zahlungssicherung im Außenhandel Rn. 3/26.

[324] Baumbach/Hopt/*Hopt* Bankgeschäfte Art. 20 ERI Rn. 1.

[325] *Zahn/Ehrlich/Haas* Zahlung und Zahlungssicherung im Außenhandel Rn. 3/42.

[326] *Canaris* Rn. 1093; so wohl auch, wenngleich mit abweichender Formulierung („buchmäßige“ Deckung) BGHZ 95, 149 (155) = NJW 1985, 2649 (2650); BankR-HdB/*T. Fischer* § 119 Rn. 50; *Zahn/Ehrlich/Haas* Zahlung und Zahlungssicherung im Außenhandel Rn. 3/44.

ERI keine Haftung für das Schicksal und/oder den Zustand der Waren und das Verhalten Dritter, die mit der Verwahrung und/oder dem Schutz der Waren betraut wurden. Davon unberührt bleibt aber die Pflicht, den eigenen Auftraggeber unverzüglich über die Maßnahmen zu unterrichten. Soweit Kosten entstehen, sind diese gemäß Art. 10 lit. d) ERI vom jeweiligen Auftraggeber zu tragen, so dass sie letztlich den Verkäufer als den Auftraggeber der Einreicherbank treffen.[327]

6. Internationales Privatrecht

77 Die vorstehenden Ausführungen beruhten auf der Annahme, dass die Vertragsbeziehungen zwischen den Beteiligten deutschem Recht unterliegen. Insbesondere im mehrgliedrigen Inkassoverkehr stellt sich jedoch wegen des dann regelmäßig vorliegenden Auslandsbezugs die Frage, ob und inwieweit das deutsche Recht überhaupt zur Anwendung kommt. Allerdings lässt sich auch für das Dokumenteninkasso sagen, dass sich die praktische Bedeutung dieser Frage angesichts der hohen Regelungsdichte der ERI in Grenzen hält.[328] Da die ERI kein vollständiges und in sich geschlossenes Regelwerk darstellen, sind jedoch durchaus Fälle denkbar, in denen es ausnahmsweise doch einmal auf die Ermittlung des anwendbaren Rechts ankommt. Das **Rechtsverhältnis zwischen Inkassoauftraggeber und Einreicherbank** unterliegt gemäß Art. 3 Abs. 1 Rom I-VO dem von den Parteien gewählten Recht, bei Beauftragung eines deutschen Kreditinstituts also gemäß Nr. 6 Abs. 1 AGB-Banken bzw. Nr. 6 Abs. 1 AGB-Sparkassen deutschem Recht. Haben die Parteien keine Rechtswahl getroffen, gelangt nach Art. 4 Abs. 1b) iVm Art. 19 Rom I-VO das Recht am Sitz der Haupt- bzw. Zweigniederlassung der Einreicherbank zur Anwendung je nachdem, wo der Vertrag geschlossen wird oder von wo aus die vertragscharakteristische Dienstleistung erbracht wird.[329] Auch im **Verhältnis zwischen Einreicherbank und Inkassobank** gilt gemäß Art. 3 Abs. 1 Rom I-VO das von den Parteien gewählte Recht, in Ermangelung einer Rechtswahlvereinbarung nach Art. 4 Abs. 1b) iVm Art. 19 Rom I-VO das Recht am Sitz der Haupt- bzw. Zweigniederlassung der Inkassobank als derjenigen Vertragspartei, welche in diesem Verhältnis die vertragscharakteristische Leistung erbringt.[330] Entsprechendes gilt, wenn sich die Kette der Vertragsverhältnisse durch Einschaltung weiterer Inkassobanken noch verlängert.

78 Die **Abtretung der einzuziehenden Forderung** an die Einreicherbank unterstand nach der bislang hM dem für die abgetretene Forderung maßgebenden Recht (Art. 33 Abs. 2 EGBGB aF). Nach dem Forderungsstatut sollte sich insbesondere richten, ob die Abtretung zu ihrer Wirksamkeit der Anzeige an den Schuldner bedarf.[331] Art. 14 Abs. 1 Rom I-VO bestimmt nunmehr, dass das Verhältnis zwischen Zedent und Zessionar dem Recht unterliegt, das auf den Vertrag zwischen Zedent und Zessionar anzuwenden ist. Wie sich aus Erwägungsgrund 38 ergibt, sollte mit dem Begriff „Verhältnis" klargestellt werden, dass Art. 14 Abs. 1 Rom I-VO auch auf die „dinglichen Aspekte" dieses Vertrags anwendbar ist, sofern eine Rechtsordnung dingliche und schuldrechtliche Aspekte trennt. Daraus ist zu schließen, dass für eine selbständige Anknüpfung der Forderungsabtretung kein Raum mehr ist[332] und dass die Abtretung hinsichtlich ihrer „dinglichen Aspekte" – anders als nach früherem Recht – dem nach Art. 3 ff. Rom I-VO zu ermittelnden Vertragsstatut des Kausalgeschäfts zwischen Auftraggeber und Einreicherbank untersteht.[333] Das Problem, dass

[327] Blesch/Lange/*Kessler,* Bankgeschäfte mit Auslandsbezug, Rn. 858.

[328] Ähnlich Reithmann/Martiny IntVertragsR/*Freitag* Rn. 6.616.

[329] *Einsele* § 6 Rn. 101; Reithmann/Martiny IntVertragsR/*Freitag* Rn. 6.616.

[330] EBJS/*Hakenberg* Rn. II 582; Apathy/Iro/Koziol/*Apathy* Österreichisches Bankvertragsrecht Rn. 2/28; *Einsele* § 6 Rn. 105.

[331] BGHZ 95, 149 (151 f.) = NJW 1985, 2649; OLG Köln WM 1994, 1877 (1878); Heymann/*Horn* Anh. § 372 Rn. VI/7.

[332] Palandt/*Thorn* Art. 14 Rom I-VO Rn. 3.

[333] Eingehend *Einsele* § 6 Rn. 103; ferner EBJS/*Hakenberg,* Rn. II 582; allgemein Reithmann/Martiny IntVertragsR/*Martiny* Rn. 3.275 ff.; Palandt/*Thorn* Art. 14 Rom I-VO Rn. 3.

manche ausländischen Rechtsordnungen eine stille Zession (ohne Anzeige an den Schuldner) nicht als wirksam anerkennen,[334] ist damit jedoch nicht entschärft. Denn wie sich aus Art. 14 Abs. 2 Rom I-VO ergibt, ist für die Frage, ob die Abtretung zu ihrer Wirksamkeit der Anzeige an den Schuldner bedarf, weiterhin das Forderungsstatut maßgeblich.[335]

[334] S. den kurzen Überblick bei Reithmann/Martiny IntVertragsR/*Martiny* Rn. 3.265.

[335] Palandt/*Thorn* Art. 14 Rom I-VO Rn. 5; Reithmann/Martiny IntVertragsR/*Martiny* Rn. 3.286; aA *Einsele* § 6 Rn. 104, wonach die Abtretungsanzeige idR als Beweiserfordernis iS des Art. 18 Rom I-VO zu qualifizieren und dem Zessionsstatut des Art. 14 Abs. 1 Rom I-VO zu unterstellen ist.

11. Kapitel: Virtuelle Währungen

Übersicht

I. Überblick

1. Einführung in die Blockchain-/Distributed-Ledger-Technologie

1 **a) Entwicklung.** Ausgangspunkt der Entwicklung und Verbreitung sog. „virtueller Währungen"[1] ist die Veröffentlichung einer Open Source-Software im Jahr 2009. Sie erlaubt es jedem Internetnutzer, die prominenteste virtuelle Währung *Bitcoin* zu erzeugen.[2] Die dahinterstehende Technologie geht auf ein von *Satoshi Nakamoto*[3] veröffentlichtes Grundsatzpapier zurück.[4] Dessen wichtigstes Desiderat war die Schaffung einer kryptografischen Währung, die unabhängig von einer zentralen staatlichen oder privaten Stelle ausschließlich auf Basis eines Peer-to-Peer-Netzwerkes[5] funktioniert.[6] Herkömmliche Zahlungsabwicklungssysteme haben eine zentralistische, häufig pyramidale Struktur. Eine einzelne Institution vermittelt die zwischen Zahler und Zahlungsempfänger stattfindende Geldbewegung. Für die Bewältigung von Risiken, die von Betrugsangriffen bis zur Insolvenz reichen, muss somit ebenfalls auf einzelne Institutionen vertraut werden. Dem geht der dezentrale Ansatz des Grundsatzpapiers aus dem Weg:[7] Ein Zahlungsvorgang wird nicht mehr über eine einzelne Institution vermittelt, sondern erfolgt unter Einbeziehung sämtlicher – oder einer großen Anzahl – an dem betreffenden Netzwerk Beteiligter. Heute existieren neben dem Bitcoin eine Vielzahl weiterer derartiger Netzwerke, wie beispielsweise *Ethereum, Ripple, Litecoin* oder *XRP*.

2 Über die Funktion als Zahlungsmittel hinaus, hat sich die Bitcoin zugrunde liegende Technologie ganz allgemein als für den Austausch digitaler Wertgegenstände, so genannter *Token* einsetzbar erwiesen. Es handelt sich dabei im Wesentlichen um nicht vervielfältigbare

[1] Mit „Währung" ist im Folgenden nicht die „gesetzlich bestimmte Rechnungseinheit für ein Währungsgebiet" gemeint, vgl. *Hahn/Häde* Währungsrecht, 2. Aufl. 2010, § 2 Rn. 2. Vielmehr hat sich der Begriff „virtuelle" oder „Kryptowährung" im allgemeinen Sprachgebrauch etabliert, ohne dass diese dem herkömmlichen Währungsbegriff unterfallen würden, *Beck* NJW 2015, 580 (582); *Omlor* JZ 2017, 754 (758); *ders.* ZHR 183 (2019) 294 (307).

[2] FinTech-Hdb/*Terlau* § 20 Rn. 8; *Spindler* WM 2014, 1357; *Auffenberg* BKR 2019, 341.

[3] Es ist nicht klar, ob es sich hierbei um eine echte Person handelt oder ob der Autor ein Pseudonym verwendet hat, vgl. *Spindler/Bille* WM 2014, 1357; FinTech-Hdb/*Terlau* § 20 Rn. 8.

[4] https://bitcoin.org/bitcoin.pdf.

[5] S. zum Begriff *Kaulartz* CR 2016, 474 (475); *Schrey/Thalhofer* NJW 2017, 1431.

[6] *Nakamoto* Bitcoin: A Peer-to-Peer Electronic Cash System 2008 S. 1; https://bitcoin.org/bitcoin.pdf.

[7] *Nakamoto* Bitcoin: A Peer-to-Peer Electronic Cash System 2008 S. 1; https://bitcoin.org/bitcoin.pdf; *Auffenberg* BKR 2019, 341; s. allg. zum Intermediärsrisiko *Michler/von der Heyde* Journal of International Banking & Financial Law 31 (2016), 652; FinTech-Hdb/*Roßbach* § 4 Rn. 8.

und einem Nutzer eindeutig zugeordnete Einträge in einer Datenbank. Dadurch lässt sich zunächst einmal alles repräsentieren, was Personen einander versprechen können.[8] Neben dem auf den ersten Blick besonders naheliegenden Transfer von Wert, der an die Stelle einer herkömmlichen Zahlung in Fiatgeld tritt, sind seit einiger Zeit auch die Finanzierungsfunktionen virtueller Währungen in den Blickpunkt des Interesses gerückt. Dazu zählt insbesondere das Entstehen sogenannter *Initial Coin Offerings* (ICOs)[9] in den Jahren 2017 und 2018.[10] Nachdem die *Chicago Mercantile Exchange* als erste Börse Bitcoin-Futures anbot, ist es mittlerweile zudem möglich, an einer Vielzahl von Handelsplätzen Terminkontrakte, Zertifikate oder CfDs auf Bitcoin zu handeln.[11] In einzelnen Ländern gibt es sogar bereits Geldautomaten, an welchen Fiatgeld gegen Bitcoins getauscht werden kann.[12] Scheint das die Akzeptanz und Verbreitung virtueller Währungen zu belegen, warnen Aufsichtsbehörden und Zentralbanken weltweit vor den hiermit verbundenen Risiken. Das betrifft beispielsweise die Finanzierung illegaler Geschäfte oder Geldwäsche, aber auch den Betrug von Anlegern beim Erwerb virtueller Währungen.[13]

b) Technischer Hintergrund. Kennzeichnend für die hier behandelten virtuellen Währungen ist ihre Unterlegung durch die *Distributed Ledger*-Technologie (im Folgenden: DLT). Praktisch bedeutsamster Anwendungsfall dieser Technologie ist derzeit *Blockchain.*[14] Jede Änderung im Kontenbuch, dem *ledger,* wird in einer Reihe von „Blöcken" hinterlegt.[15] Auf diese Weise entsteht eine ständig fortgeschriebene Kette von Transaktionsdaten.[16] Für deren Verifizierung werden unterschiedliche Verfahren kombiniert. Neue „Blöcke" entstehen durch eine aufwendige und ressourcenintensive Berechnung mathematischer Aufgaben, die den am Netzwerk beteiligten Rechnern offen steht, das sogenannte *Mining.*[17] Die Verbindung zwischen den einzelnen Blöcken wird durch ein *Hash* abgesichert. Dabei handelt es sich um eine individuelle Buchstaben-Zahlenfolge.[18] In jedem Block innerhalb der Kette findet sich ein solcher *Hash*-Wert. Er repräsentiert zweierlei: erstens den Datensatz der im jeweiligen Block enthaltenen verifizierten Transaktionen und zweitens den *Hash*-Wert des vorherigen Blocks.[19] Dadurch wird erreicht, dass das kryptografische Abbild eines jeden Blocks von dem des unmittelbar vorangehenden Blocks abhängt, der wiederum mit seinem Vorgänger verbunden ist. Auf diese Weise entsteht eine Kette einzelner, durch *Hash*-Werte verbundener Blöcke.[20] Als bestätigt und damit durchgeführt gelten innerhalb des Netzwerks nur die auf diese Weise gespeicherten Transaktionen.[21] Die zentrale und pyramidale Struktur herkömmlicher Zahlungssysteme wird auf diese Weise ersetzt durch das Zusammenwirken aller Teilnehmer. Notwendiges Substitut für das Fehlen eines sicherheitsgewährenden zentralen Garanten ist das Vorliegen eines 3

---

[8] *Langenbucher* RTDF 2018, 40; *dies.* in: FS Seibert, 2019, 525 (526).

[9] S. zu ICOs *Behme/Zickgraf* ZfPW 2019, 66; *Weitnauer* BKR 2018, 231; *Chatard/Mann* NZG 2019, 567; *Parhofer/Klöhn/Resas* ZBB 2018, 89; *Kalss/Ebner* EuZW 2019, 433; *Spindler* WM 2018, 2109; *Brocker/Klebeck* RdF 2018, 288; *Zickgraf* AG 2018, 293.

[10] Zum Auf und Ab auch *Klöhn/Parhofer* ZIP 2018, 2093 („Boom" und „Crash").

[11] *Klöhn/Parhofer* ZIP 2018, 2093.

[12] BankR-HdB/*Terlau* § 55a Rn. 130; *Auffenberg* NVwZ 2015, 1184.

[13] BankR-HdB/*Terlau* § 55a Rn. 130 mwN.

[14] *Omlor* JuS 2019, 289.

[15] *Kaulartz* CR 2016, 474; FinTech-Hdb/*Roßbach* § 4 Rn. 23 ff.; *Maume/Haffke/Zimmermann* CCZ 2019, 149 (150).

[16] *Spindler/Bille* WM 2014, 1357 (1358); im Fall des auf der Blockchain basierenden Zahlungsmittels *Bitcoin* muss die Kette bspw. aufgrund von fortlaufend erfolgenden Transaktionen immer weiter fortgeführt werden.

[17] *Safferling/Rückert* MMR 2015, 788 (789).

[18] *Schrey/Thalhofer* NJW 2017, 1431 (1432) bezeichnen den Hashwert daher auch als „Fingerabdruck"; s. a. zum Hashwert *Kaulartz* CR 2016, 474 (475). Hashfunktionen werden teilweise als Streuwertfunktionen bezeichnet.

[19] *Schrey/Thalhofer* NJW 2017, 1431 (1432); der Hashwert kann in diesem Zusammenhang auch als kryptografisches Abbild des vorherigen Blocks bezeichnet werden.

[20] FinTech-Hdb/*Roßbach* § 4 Rn. 32.

[21] *Spindler/Bille* WM 2014, 1357 (1358).

Konsensmechanismus, durch welchen Transaktionssicherheit erreicht werden soll.[22] Die bislang vorherrschenden Systeme zeichnen sich zwar durch eine hohe Fälschungssicherheit aus, werden in der öffentlichen Wahrnehmung aber vor allem aufgrund ihres in Folge des Einsatzes großer Rechenleistung hohen Stromverbrauchs kritisiert.[23]

4 Wer Inhaber der gehandelten *Token* bzw. *Coins* ist, ergibt sich nicht etwa aus einem Klarnamen. Zugeordnet wird diese Inhaberschaft der öffentlichen Adresse eines sogenannten *Wallets,* einer Art Kontonummer. Weil die Person des Inhabers anonym bleiben kann, ist der rechtliche Zugriff auf besondere Weise erschwert.[24]

5 Unterschieden werden kann des Weiteren zwischen öffentlichen und privaten Blockchains. Ist eine Blockchain öffentlich oder „genehmigungsfrei" *(permissionless),*[25] kann theoretisch jedermann das System nutzen und auch Transaktionen bestätigen bzw. sich als *Miner* betätigen. Letzteres ist freilich in vielen Netzwerken mit einem außerordentlich hohen Energieaufwand verbunden und kommt daher für die meisten (Privat-)Nutzer nicht in Betracht.[26]

6 Bei einem privaten, auch: genehmigungsbedürftigen *(permissioned),* Distributed-Ledger-Netzwerk ist die Ausgabe neuer Token und unter Umständen auch der Zugang zum Netzwerk dagegen auf eine Gruppe von Berechtigten begrenzt.[27]

2. Phänotypen von Token

7 Für die Ordnung der großen Bandbreite angebotener Token findet man unterschiedliche Systematisierungsvorschläge.

8 **a) Native und nicht native Token.** Um Einsatzmöglichkeiten außerhalb des Netzwerks geht es bei der Unterscheidung zwischen *nativen* und *nicht nativen* Token. Native Token erhalten ihren Wert ausschließlich aus ihren Einsatzmöglichkeiten in dem jeweiligen Netzwerk, in aller Regel indem sie als Zahlungsmittel ausgetauscht werden können. Sie sind mit keinerlei Wert außerhalb dieses Netzwerks verknüpft und gehen auch nicht mit einem Auszahlungsanspruch einher. Nicht native Token repräsentieren dagegen ein außerhalb des Netzwerks stehendes Gut, etwa eine Forderung oder eine Verbandsmitgliedschaft.[28]

9 **b) Zahlungs-, Nutzungs- und Anlagetoken.** Eine andere Ordnung betrifft die wirtschaftliche Funktion der Token. Vergröbernd spricht man von Zahlungs- *(currency),* Nutzungs- *(utility)* und Anlage- *(investment)* Token.[29]

---

[22] Die praktisch relevantesten sind das *Proof of Work-* bzw. *Proof of Stake-*System, sowie das *Byzantine Agreement,* s. hierzu ausführlich FinTech-Hdb/*Roßbach* § 4 Rn. 45 ff.

[23] Exemplarisch zur Kritik https://www.spiegel.de/wirtschaft/unternehmen/bitcoin-stromverbrauch-bedroht-globale-energiewende-a-1182234.html. Anders ist dies bspw. bei einer Verwendung des Proof-of-Stake-Konsensmechanismus, bei welchem der Stromverbrauch erheblich geringer ist, vgl. FinTech-Hdb/*Roßbach* § 4 Rn. 59.

[24] *Nakamoto* Bitcoin: A Peer-to-Peer Electronic Cash System 2008 S. 6, https://bitcoin.org/bitcoin.pdf.

[25] Dazu *BitFury Group/J. Garzik* Public versus Private Blockchains Part 2: Permissionless Blockchains, 2015, https://bitfury.com/content/downloads/public-vs-private-pt2-1.pdf.

[26] Breidenbach/Glatz/*Glatz* Kap. 4 Rn. 35; zum Energiebedarf des Mining von Bitcoins s. die Studie von *de Vries* Bitcoin's Growing Energy Problem, Joule 2 (2018) 801. Bsp. für eine öffentliche Blockchain ist die von Bitcoin.

[27] *Zetzsche/Buckley/Arner* U Illinois Law Review 2018, 1361 (1372 f.); FinTech-Hdb/*Roßbach* § 4 Rn. 68; *BitFury Group/J. Garzik* Public versus Private Blockchains Part 1: Permissioned Blockchains, 2015, https://bitfury.com/content/downloads/public-vs-private-pt1–1.pdf; Beispielhaft steht hierfür das für das Jahr 2020 angekündigte *Libra*-Netzwerk, hierzu näher → Rn. 13 ff.

[28] Die kategoriale Unterscheidung von nativen und nicht nativen Token ist in der schweizerischen Rechtsliteratur im Gegensatz zu Deutschland bereits gebräuchlich, vgl. insbes. *Eggen* AJP 2018, 558 (559, 561 ff.); *von der Crone/Kessler/Angstmann* SJZ 114 (2018), 337 (338).

[29] *Hacker/Thomale* ECFR 2018, 645 (649). Diese Kategorisierung nehmen mittlerweile auch zahlreiche Aufsichtsbehörden vor, s. etwa ESMA, SMSG Advice – Own Initiative Report on Initial Coin Offerings and Crypto-Assets, 19.10.2018, https://www.esma.europa.eu/system/files_force/library/esma22–106-1338_smsg_advice_-_report_on_icos_and_crypto-assets.pdf?download=1.; BaFin Journal März 2018, S. 19 ff.,

10 Zahlungstoken sind reines Tausch- bzw. Zahlungsmittel und unabhängig von einer konkreten Plattform.[30] Typische Beispiele für Zahlungstoken sind Bitcoin, *Ether* oder der angekündigte *Libra Coin*.

11 Nutzungstoken repräsentieren als eine Art Gutschein einen Anspruch auf eine Leistung. Dazu zählt das Versprechen von Cloud-Speicherplatz[31] ebenso wie das Angebot zahnmedizinischer Leistungen.[32]

12 Anlagetoken verkörpern zunächst einmal einen Anspruch auf eine Zahlung. Ein *Debt Token* ähnelt einem Fremdkapitalinstrument, welches eine Darlehensforderung und Zins- sowie Rückzahlungsforderungen repräsentiert.[33] Ein *Equity Token* erinnert demgegenüber an ein Eigenkapitalinstrument. Die zu erwartenden Zahlungen orientieren sich beispielsweise am Ertrag eines Unternehmens. Denkbar ist darüber hinaus auch die Koppelung mit Verwaltungs- und Stimmrechten, für deren reibungslose tatsächliche Umsetzung sich *smart contracts* anbieten.

13 **c) Volatile und wertstabile Token.** Der zuverlässige Einsatz von Token als praktikables Tauschmittel wird durch deren regelmäßig erhebliche Volatilität behindert. [34] Dem wollen sogenannte *stable coins* durch die Bindung an ein wertstabiles Asset, wie insbesondere eine Fiatwährung, abhelfen. [35]

14 Jüngstes Beispiel hierfür ist *Libra*. Das von *Facebook Inc.* im Juni 2019 erstmals vorgestellte *Libra*-Projekt hat die Emission einer gleichnamigen Kryptowährung ab dem Jahr 2020 zum Ziel. Deren Ausgabe und Rücknahme *(burning)* soll gesteuert werden durch die sogenannte *Libra Association,* eine „nicht gewinnorientierte, unabhängige, gemeinnützige Mitgliederorganisation" mit Sitz in der Schweiz, deren Mitglieder eine Reihe von Unternehmen mit großem internationalen Kundenstamm, etwa *Uber* und *Spotify* sowie Non-Profit-Organisationen umfasst.[36] Sämtliche Entscheidungen sollen von der *Libra Association* getroffen werden, wobei für bedeutsame Abstimmungen zu den Richtlinien oder zur Technik eine Zwei-Drittel-Mehrheit innerhalb des Gremiums erforderlich sein soll.[37]

15 *Libra* soll über ein geschlossenes DLT-Netzwerk betrieben werden. Sogenannte *„Validator-Nodes"* sind änderungsberechtigte Administratoren des Netzwerks. Diese werden ausschließlich von den Mitgliedern der *Libra Association* betrieben. Geplant ist dies als erster Schritt auf dem Weg zum genehmigungsfreien[38] Betrieb des Netzwerks.[39]

16 Nach dem ursprünglichen Konzept sollte die Wertstabilität von *Libra* durch die Unterlegung mit der sogenannten *Libra-Reserve* gewährleistet werden, einem Korb aus *„risikoarmen Vermögenswerten […], darunter Bankguthaben und Staatsanleihen in Währungen von stabilen und angesehenen Zentralbanken"*.[40] Die *Libra Association* sollte als eine Art Zentralbank fungieren,

---

https://www.bafin.de/SharedDocs/Downloads/DE/BaFinJournal/2018/bj_1803.pdf?__blob=publicationFile&v=5; FINMA, Wegleitung für Unterstellungsanfragen betreffend Initial Coin Offerings (ICOs), 16.2.2018, https://www.finma.ch/de/~/media/finma/dokumente/dokumentencenter/myfinma/1bewilligung/fintech/wegleitung-ico.pdf?la=de.

[30] FinTech-Hdb/*Spindler* § 13 Rn. 9.

[31] S. *Filecoin,* https://filecoin.io/ oder *Siacoin,* https://sia.tech/.

[32] Diese Plattformbindung macht den Gutscheincharakter von Utility-Token aus und unterscheidet diese von reinen Currency-Token. Als Bsp. ist etwa *Dentacoin* zu nennen, eine Plattform zur weltweiten Vermittlung und Bezahlung von zahnmedizinischen Behandlungen, die ausschließlich im Eintausch gegen zuvor zu erwerbende *Dentacoins* in Anspruch genommen werden können, s. https://dentacoin.com/.

[33] Bsp. hierfür ist der *Bitbond BB1 Token,* dessen Wertpapierprospekt als erster von der BaFin genehmigt wurde, https://www.bitbondsto.com/de/.

[34] Der Kurs des Bitcoin schwankte bspw. im Zeitraum zwischen Dezember 2017 und Dezember 2018 zwischen 20.089 USD und 3.191 USD; https://coinmarketcap.com/currencies/bitcoin/.

[35] Dazu *Wei* The Impact of Tether Grants on Bitcoin, 2018, https://ssrn.com/abstract=3175876.

[36] *Libra Association* Einführung in Libra, 2019, https://libra.org/de-DE/wp-content/uploads/sites/14/2019/06/LibraWhitePaper_de_DE-2.pdf, S. 3.

[37] *Libra Association* (Fn. 36) S. 8.

[38] Zum Unterschied zwischen privaten und öffentlichen Netzwerken siehe schon oben unter 1.b).

[39] *Libra Association* (Fn. 36) S. 4.

[40] https://libra.org/de-DE/about-currency-reserve/#the_reserve.

nämlich als Verwaltungsorgan der *Libra Reserve,* das allein berechtigt sein sollte, neue *Libra*-Münzen zu schaffen oder zu zerstören. Neue Münzen sollten nur dann erstellt werden, wenn ein sogenannter „autorisierter Wiederverkäufer" sie von der *Libra Association* kauft.

Dieses Konzept hatte weltweit bei politischen Entscheidungsträgern und Zentralbanken Besorgnis über die Zukunft der staatlichen geldpolitischen Souveränität ausgelöst. In Reaktion auf diese Bedenken teilte Facebook im April 2020 in einem *Whitepaper 2.0* sein neues Konzept für Libra mit.[41] Statt der Ausgabe einer neuen Währung, plant Libra die Einführung einer Reihe verschiedener *stable coins,* die jeweils mit einer anderen Fiatwährung unterlegt sind und diese 1:1 abbilden (sog. *„single-currency stablecoins"*). Außerdem wird ein „Multiwährungs"-*Coin* ausgegeben, das eine „digitale Zusammensetzung" einiger dieser Fiat-*Coins* darstellt. Diese soll für grenzüberschreitende Transaktionen und in Ländern, deren Währung nicht durch einen eigenen Einzelwährungs-*Coin* zur Verfügung stehen.

Ausgabe und Rücknahme von Einzelwährungs-*Coins* soll nur in Reaktion auf die Marktnachfrage nach diesen Münzen erfolgen. Die Vernichtung von Münzen setzt deren Verkauf durch einen autorisierten Wiederverkäufer an die *Association* gegen die stützende Einlage voraus. Dieser Verkauf von Münzen an die *Association* soll jederzeit möglich sein, ähnelt also einer herkömmlichen Sichteinlage.[42]

II. Privatrecht

1. Token als Gegenstand von Verpflichtungsgeschäften

17 **a) Die Bezahlung mit Kryptowährung als schuldrechtliche Leistung.** Soll ein Krypto-Token als Geldersatz verwendet werden, ist über dessen Erfüllungstauglichkeit zu entscheiden. Geld ist regelmäßig gesetzlich vorgesehener Leistungsgegenstand bei Veräußerungs-, Überlassungs- und Tätigkeitsverträgen, das legen auf den ersten Blick Formulierungen wie „Zahlung" oder „Entgelt" in einer Reihe vertragsrechtlicher Bestimmungen nahe.[43] Auch in zahlreichen weiteren Vorschriften ist von „Geld" die Rede, etwa im Schadens- (zB §§ 249 Abs. 2, 250, 251, 253 BGB), Sachen- (zB §§ 935 Abs. 2, 1113 Abs. 1, 1191 Abs. 1 BGB) und Zwangsvollstreckungsrecht (§ 808 Abs. 2 ZPO). Gleichwohl wird der Begriff nicht definiert und das abstrakte Geldrecht nur in wenigen Ausschnitten geregelt.

18 **aa) Krypto-Token als „Geld"?** Dem Begriff des Geldes kann sich zunächst aus ökonomischer Perspektive genähert werden. Geld erfüllt wesentliche ökonomische Funktionen: Es ist Tausch-, und Wertspeicherungsmittel und dient als Rechnungseinheit.[44] Während in der Ökonomie mit der Formel *„money is what money does"*[45] Geldfunktionen und Geldbegriff verbreitet gleichgesetzt werden, verlangt die Rechtswissenschaft zusätzlich ein normatives Element des fraglichen Tauschmittels, da die Geldfunktionen nach herrschendem rechtlichen Verständnis nur von Zahlungsmitteln mit einer staatlichen, also rechtlichen Anerkennung als Universaltauschmittel erfüllt werden können.[46] Diese normative Anerkennung kann durchaus „rudimentär" sein, solange sie die „Offenheit der Rechtsordnung" für die Erfüllung von Geldfunktionen durch das fragliche Tauschmittel

[41] https://libra.org/en-US/wp-content/uploads/sites/23/2020/04/Libra_WhitePaperV2_April2020.pdf.
[42] *Libra Association* (Fn. 36) S. 8.
[43] ZB. §§ 433 Abs. 2, 488 Abs. 1 S. 2, 651a Abs. 1, 738 Abs. 1 BGB.
[44] MüKoBGB/*Grundmann* § 245 Rn. 1 ff.; Dauner-Lieb/Langen/*Bergdolt* § 245 Rn. 2; *Langenbucher* AcP 218 (2018) 385 (388 f.); *Beck* NJW 2015, 580 (582 ff.).
[45] Die Formel, im Original: *„That which does the money-work is the money-thing"*, stammt von dem Ökonomen *Francis Amasa Walker* Political Economy, 3. Aufl. 1888, S. 123.
[46] Staudinger/*Omlor* Vorb. §§ 244–248 Rn. A84; MüKoBGB/*Grundmann* § 245 Rn. 10.

zum Ausdruck bringt.[47] Eine solche Anerkennung haben bislang nur das Bargeld und das Buchgeld gefunden.[48]

Gesetzliches Zahlungsmittel ist gem. Art. 128 Abs. 1 S. 3 AEUV und Art. 10 f. EURO-II-VO[49] ausschließlich der Euro in Banknoten und Münzen. Die Bezahlung mit Bargeld – sofern nicht ausdrücklich durch Abrede ausgeschlossen – führt stets zur Erfüllung der privatrechtlichen Geldschuld.[50] 19

Als Buchgeld wird eine Geldforderung gegen ein Kreditinstitut bezeichnet.[51] Begrifflich zählt zum Buchgeld auch das elektronische Geld (E-Geld).[52] Was dessen Definition angeht, so sind nach § 675c Abs. 2, 3 BGB auch im privatrechtlichen Kontext die Begriffsbestimmungen des ZAG anzuwenden, sodass sich nach der aufsichtsrechtlichen Einordnung auch die Anwendbarkeit der §§ 675c ff. BGB bestimmt (→ Rn. 48). 20

Da allen derzeit im Umlauf befindlichen Kryptowährungen eine – auch nur rudimentäre – rechtliche Anerkennung als Universaltauschmittel fehlt, ist nach hier vertretener Ansicht keine Kryptowährung derzeit als „Geld" im Rechtssinne einzuordnen.[53] Nicht anders wäre nach derzeitigem Stand ein *Stable Coin* mit großer Reichweite und Akzeptanz zu bewerten, wie es möglicherweise in der Zukunft *Libra* werden kann.[54] 21

bb) Erfüllung mit Erfüllungszweckabrede zu Krypto-Token. Unbestritten ist, dass die Leistung von *Buchgeld,* etwa durch Kartenzahlung oder Überweisung, zum Erlöschen der Geldschuld durch Erfüllung führt, sofern die Parteien unbare Zahlung vereinbart haben.[55] Ebenso unbestritten ist allerdings derzeit, dass Einheiten eines Blockchain-basierten Zahlungsmittels kein Geld im Rechtssinne sind,[56] sodass deren Übertragung jedenfalls nicht zur Erfüllung einer Geldschuld iSv § 362 Abs. 1 BGB führen kann.[57] 22

Der privatautonomen Vereinbarung steht freilich eine Abrede über die „Bezahlung" in Kryptowährung offen.[58] Diese Vereinbarung kann sich allerdings auf die vertragstypologische Einordnung des Geschäfts auswirken. Sieht das Gesetz als Gegenleistungspflicht sprachlich neutral eine „Vergütung" vor (zB §§ 611 Abs. 1, 611a Abs. 2, 630a Abs. 1, 631 Abs. 1 BGB), so können sich die Parteien auf Geld oder jede andere Leistung einigen, die im Rechtsverkehr als geldwert angesehen wird.[59] Gleiches gilt für die Pflicht des Mieters zur „Entrichtung" der „Miete" (§ 535 Abs. 2 BGB).[60] Somit kann bei diesen Verträgen ohne Weiteres auch mit Kryptowährung bezahlt werden.[61] 23

---

[47] Staudinger/*Omlor* Vorb. §§ 244–248 Rn. A67; *Omlor* ZHR 183 (2019) 294 (306); *Paulus/Matzke* ZfPW 2018, 431 (450).

[48] MüKoBGB/*Grundmann* § 245 Rn. 5 ff.; Dauner-Lieb/Langen/*Bergdolt* § 245 Rn. 5 f.

[49] Verordnung (EG) Nr. 974/98 des Rates v. 3.5.1998 über die Einführung des Euro, ABl. Nr. L 139 S. 1.

[50] BGHZ 87, 156 (162 f.); 98, 24 (29 f.); BGH NJW 2010, 2719 (2720); MüKoBGB/*Fetzer* § 362 Rn. 19; krit. Staudinger/*Omlor* Vorb. §§ 244–248 Rn. B85; *Langenbucher* in → Kap. 4 BGB § 675y Rn. 17 ff.

[51] MüKoBGB/*Grundmann* § 245 Rn. 6; Dauner-Lieb/Langen/*Bergdolt* § 245 Rn. 6; BeckOK BGB/*Grothe* § 244 Rn. 9.

[52] So die wohl hM, s. MüKoBGB/*Grundmann* § 245 Rn. 9; Staudinger/*Omlor* Vorb. §§ 244–248 Rn. A152; *ders.* ZIP 2017 1836; **aA** (Sonderform neben Bar- und Buchgeld) BeckOGK BGB/*Köndgen* § 675c Rn. 109; BankR-HdB/*Terlau* § 55a Rn. 6; *Behrendt* EuZW 2002, 364 (365).

[53] BeckOK BGB/*Grothe* § 244 Rn. 2.

[54] Vgl. MüKoBGB/*Grundmann* § 245 Rn. 11; BeckOK BGB/*Grothe* § 244 Rn. 2.

[55] *Langenbucher* in → Kap. 4 BGB § 675y Rn. 17b; *Langenbucher* Die Risikozuordnung im bargeldlosen Zahlungsverkehr 2001 S. 461; *dies.* AcP 218 (2018) 385 (399); *Jungmann* → Kap. 6 BGB Vorb. zu §§ 675f ff. Rn. 46.

[56] → Rn. 18 ff.

[57] *Spindler/Bille* WM 2014, 1357 (1361); *Beck* NJW 2015, 580 (582); *Omlor* JZ 2017, 754 (759 f.); *ders.* ZHR 183 (2019) 294 (324); FinTech-Hdb/*Omlor/Spiegel* § 19 Rn. 10; *Paulus/Matzke* ZfPW 2018, 431 (450); FinTech-Hdb/*Terlau* § 20 Rn. 27 ff.; BankR-HdB/*Schefold* § 155 Rn. 30.

[58] *Spindler/Bille* WM 2014, 1357 (1362); FinTech-Hdb/*Omlor/Spiegel* § 19 Rn. 19 f.

[59] MüKoBGB/*Müller-Glöge* § 611 Rn. 696; MüKoBGB/*Busche* § 631 Rn. 89.

[60] Staudinger/*Emmerich* § 535 Rn. 86 ff.

[61] *Langenbucher* AcP 218 (2018) 385 (412 f.); *Omlor* ZHR 183 (2019) 294 (319); FinTech-Hdb/*Omlor/Spiegel* § 19 Rn. 28.

24 An einigen Stellen verlangt das Gesetz die *Zahlung* eines *Preises* oder *Entgelts* (§§ 433 Abs. 2, 481 Abs. 1, 488 Abs. 1, 607 Abs. 1 S. 2 BGB), das heißt die Übertragung eines *Zahlungsmittels.* Auch dieser Begriff ist weiter gefasst als der des Geldes,[62] sodass etwa der Zins, den der Darlehensnehmer gem. § 488 Abs. 1 S. 2 BGB zu *zahlen* hat, nicht notwendigerweise in Geld entrichtet werden muss. Entscheidend ist vielmehr, dass der Zins die Entgeltfunktion für die zeitweise Kapitalnutzungsmöglichkeit erfüllen kann. Zins- und Kapitalschuld sind zwar in aller Regel gleichartig, müssen es folglich aber nicht notwendigerweise sein.[63] Somit können die Parteien eines Gelddarlehensvertrages durchaus eine Zinszahlungspflicht in einer Kryptowährung vereinbaren. Soll das zeitweise zur Verfügung gestellte Kapital in Kryptowährung bemessen sein, so handelt es sich dagegen um einen Sachdarlehensvertrag iSv § 607 BGB.[64]

25 Einzig bei einem Kaufvertrag nach § 433 BGB wird als „Preis" ausschließlich Geld im Rechtssinne geschuldet.[65] Andernfalls wäre eine systematische Unterscheidung von einem Tauschvertrag iSv § 480 BGB unmöglich.[66] Vereinbaren die Parteien bei einem Kauf statt der Zahlung eines Geldbetrages die Übertragung von Krypto-Token, so handelt es sich daher nicht um einen Kauf, sondern um einen Tausch. In der Sache ändert sich freilich wenig, da der Tauschvertrag den Umsatz von Wirtschaftsgütern *beliebiger Art* ohne Zahlungsvorgang erfasst[67] und das Kaufrecht im Übrigen entsprechende Anwendung findet.[68]

26 **cc) Erfüllung ohne Erfüllungszweckabrede zu Krypto-Token.** Noch nicht entschieden ist damit, ob auch ohne dahingehende Vereinbarung mit einem Krypto-Token erfüllt werden kann. Die Frage ist bereits für Buchgeld umstritten.[69] Mit Blick nicht nur auf die Abwälzung von Einwendungs- und Insolvenzrisiken auf den Gläubiger,[70] sondern auch auf die derzeit weder ohne weiteres verkehrsfähigen noch wertstabilen Krypto-Token ist jedenfalls für diese eine Abrede der Parteien über die Erfüllungstauglichkeit virtueller Währung zwingend erforderlich. Anders als bei der Buchgeldzahlung[71] sind konkludente Abreden hier nur behutsam anzunehmen.

27 Fehlt es an einer Erfüllungszweckabrede, so kann die Geldleistungspflicht immer noch durch Annahme einer Leistung an Erfüllungs statt iSv § 364 Abs. 1 BGB erlöschen. Da dem Gläubiger das Verwertungsrisiko der Ersatzleistung aufgebürdet wird, setzt freilich auch die Leistung an Erfüllungs statt eine entsprechende Vereinbarung zwischen Schuldner und Gläubiger voraus.[72] Gerade bei Kryptowährungen, die der Gläubiger jedenfalls derzeit noch typischerweise durch Eintausch in Fiatwährung verwertet, ist das Risiko des (völligen) Wertverlusts beträchtlich,[73] sodass auch hier die konkludente Vereinbarung nur bei deutlichen Anhaltspunkten in Betracht kommt. Misslingt die Übertragung, so haftet der Schuldner gem. § 365 BGB nach Maßgabe des Mängelgewährleistungsrechts der §§ 434 ff. BGB.[74]

---

[62] Zur begrifflichen Abgrenzung *Omlor* ZHR 183 (2019) 294 (311 f.).

[63] MüKoBGB/*K. P. Berger* § 488 Rn. 155; Staudinger/*Omlor* § 246 Rn. 43; *ders.* ZHR 183 (2019) 294 (330); anders noch das Reichsgericht, RGZ 118, 152 (155); 160, 71 (78, 80); 168, 264 (265).

[64] *Omlor* ZHR 183 (2019) 294 (330).

[65] *Beck/König* JZ 2015, 130 (134); *Langenbucher* AcP 218 (2018) 385 (396 f.); *Paulus/Matzke* ZfPW 2018, 431 (450); *Shmatenko/Möllenkamp* MMR 2018, 495 (500); *Omlor* ZHR 183 (2019) 294 (329).

[66] *Omlor* ZHR 183 (2019) 294 (329); Staudinger/*Beckmann* Vorb. §§ 433 ff. Rn. 139; MüKoBGB/*Westermann* § 433 Rn. 16.

[67] BeckOK BGB/*Gehrlein* § 480 Rn. 1; Staudinger/*Beckmann* § 433 Rn. 75.

[68] Ebenso für die Einordnung als Tauschvertrag *Boehm/Pesch* MMR 2014, 75 (78); *Engelhardt/Klein* MMR 2014, 355 (359); *Omlor* ZHR 183 (2019) 294 (330); **aA** (Kaufvertrag) *Kaulartz* CR 2016, 474 (478).

[69] *Langenbucher* in → Kap. 4 BGB § 675y Rn. 17d; zur Entwicklung ausführlich auch Staudinger/*Omlor* Vorbem. §§ 244–248 Rn. A69 ff.

[70] Dazu für Buchgeld: *Langenbucher* AcP 218 (2018) 385 (400); MüKoBGB/*Grundmann* § 245 Rn. 111; Staudinger/*Omlor* Vorb. §§ 244–248 Rn. A149.

[71] *Langenbucher* in → Kap. 4 BGB § 675y Rn. 17b f.

[72] BGHZ 15, 154 (160 f.); Staudinger/*Olzen* § 364 Rn. 4; Palandt/*Grüneberg* § 364 Rn. 1.

[73] → Rn. 2.

[74] *Langenbucher* AcP 218 (2018) 385 (415).

Denkbar ist auch eine Leistung erfüllungshalber, bei welcher der Leistungsanspruch erst erlischt, nachdem sich der Gläubiger aus dem Geleisteten befriedigt hat.[75] Die Leistung erfüllungshalber setzt freilich ebenfalls eine Vereinbarung zwischen Schuldner und Gläubiger voraus.[76] 28

b) Der Erwerb von Token. Die „Geburtsstunde" eines Token regelt deren Emittent. Für diesen Primärerwerb kommen unterschiedliche Verfahren in Betracht, insbesondere das *Mining* und das *Minting.* Während das *Mining* vollständig automatisiert ist und von dem Emittenten bzw. Initiatoren in der Regel nicht mehr beeinflusst werden kann, entscheidet beim *Minting* der Emittent, wie viele Token er ausgibt.[77] 29

Praktisch viel relevanter ist der Sekundärerwerb eines Token. Dieser kann durch einen Ankauf unter Privaten, noch häufiger aber über sogenannte „Krypto-Börsen" erfolgen.[78] Die ganz überwiegende Ansicht ordnet den Erwerb einer Kryptowährungseinheit als Kauf eines „sonstigen Gegenstands" gem. § 453 Abs. 1 Var. 2 BGB ein.[79] Dafür spricht, dass Krypto-Token zwar keine Sachen iSv § 90 BGB sind,[80] der Gesetzgeber aber mit dem „sonstigen Gegenstand" einen Auffangtatbestand geschaffen hat, der die analoge Anwendung des Kaufrechts erlaubt.[81] 30

Ob und wann eine Krypto-Schuld gem. § 275 Abs. 1 BGB wegen Unmöglichkeit erlöschen kann, und ob die Vorschriften über die Gattungsschuld nach § 243 BGB anwendbar sind, ist noch nicht endgültig geklärt.[82] Soweit Token gleichartig und austauschbar sind, wird es dem Käufer nicht auf die Lieferung bestimmter, individualisierbarer Token ankommen, was für das Vorliegen einer Gattungsschuld iSv § 243 Abs. 1 BGB spricht.[83] Gleichwohl scheint dies nicht auf Krypto-Token zu passen. Ähnlich wie bei der Geldschuld gibt es keine „Token mittlerer Art und Güte".[84] Im Unterschied zur Geldschuld geht es bei dem Erwerb von Krypto-Token aber gerade nicht um die Pflicht zur Wertverschaffung. Der Käufer möchte, auch wenn er *Currency Token* erwirbt, Token einer ganz bestimmten Gattung erwerben. Schließt er einen Kaufvertrag über Bitcoins, so wird er nicht mit der Übertragung von *Ether* oder gar Fiatwährung einverstanden sein, selbst wenn diese den gleichen Wert hat. Letztlich steht die Pflicht zur Übertragung gekaufter Krypto-Token somit doch der Gattungsschuld näher.[85] Vergleichbar ist sie mit dem Kauf von Standard-Software, welcher anerkanntermaßen unter § 243 Abs. 1 BGB fällt.[86] Solange die Beschaffung von Token der geschuldeten Art noch möglich ist, entfällt der Anspruch also nicht wegen Unmöglichkeit. Dies ist vielmehr erst dann der Fall, wenn 31

---

[75] Palandt/*Grüneberg* § 364 Rn. 5; MüKoBGB/*Fetzer* § 364 Rn. 6.

[76] MüKoBGB/*Fetzer* § 364 Rn. 7.

[77] *Kaulartz/Matzke* NJW 2018, 3278 f.; *Cohney/Hoffman/Sklaroff/Wishnick* Columbia Law Review 119 (2019) 591 (619 ff.).

[78] Bsp. für solche Börsen sind *OKEx, Coinbase, Binance* oder *Bitcoin.de,* Übersicht bei https://coinmarketcap.com/rankings/exchanges/.

[79] *Spindler/Bille* WM 2014, 1357 (1362); *Beck/König* JZ 2015, 130 (132 f.); *Pesch* Cryptocoin-Schulden 2017 S. 102 f.; *Shmatenko/Möllenkamp* MMR 2018, 495 (499); **aA** wohl *Boehm/Pesch* MMR 2014, 75 (78).

[80] → Rn. 35; *Boehm/Pesch* MMR 2014, 75 (77); *Engelhardt/Klein* MMR 2014, 355 (357). *Beck/König* JZ 2015, 130 (132).

[81] Staudinger/*Beckmann* § 453 Rn. 36; vgl. die Begründung des Regierungsentwurfs BT-Drs. 14/6040, S. 242.

[82] Für die Anwendbarkeit von § 243 BGB *Pesch* Cryptocoin-Schulden S. 157 ff.

[83] Hier liegt der Unterschied zum umgekehrten Fall, der „Zahlung" mit *Krypto-Coins.* Dabei wird es sich um eine Wertverschaffungsschuld handeln und die *Coins* einer „gesteigerten Vertretbarkeit unterliegen", vgl. dazu *Beck/König* AcP 215 (2015) 655 (666).

[84] Dass § 243 Abs. 1 BGB von „Sachen" spricht, schließt die Anwendung der Vorschrift demgegenüber nicht aus, da hiermit nicht auf den Sachbegriff des § 90 BGB abgestellt wird, sondern insbes auch der Kauf sonstiger Gegenstände eingeschlossen wird, Palandt/*Grüneberg* § 243 Rn. 1; Dauner-Lieb/Langen/*Tettinger* § 243 Rn. 9.

[85] IErg auch *Pesch* Cryptocoin-Schulden S. 162 ff., die § 243 Abs. 1, 2 BGB analog anwendet.

[86] Vgl. OLG Frankfurt Urt. v. 22.9.2010 – 4 U 52/10 Rn. 48 – juris; MüKoBGB/*Emmerich* § 243 Rn. 10; BeckOK BGB/*Sutschet* § 243 Rn. 3; **aA** *Eickmeier/Eickmeier* CR 1993, 73 (77 ff.).

alle Token dieser Gattung, etwa durch die Einstellung des Netzwerks, untergegangen sind.[87]

32 Der Verkäufer schuldet die mangelfreie Übertragung der Krypto-Token an den Käufer, §§ 453 Abs. 1, 433 Abs. 1 S. 2 BGB. Weisen die Token nicht die vereinbarte Beschaffenheit auf, sind sie gem. § 434 Abs. 1 S. 1 BGB mangelhaft.[88] Das ist insbesondere dann der Fall, wenn der Token bestimmte technische Eigenschaften nicht mitbringt, welche der Emittent versprochen hatte. Auch ist es denkbar, dass sich Krypto-Token nicht für die gewöhnliche Verwendung eignen oder keine übliche Beschaffenheit aufweisen und daher nach § 434 Abs. 1 S. 2 Nr. 2 BGB mangelhaft sind, etwa wenn es sich um Token handelt, die aus einer Straftat herrühren und bei denen strafprozessuale Maßnahmen durch die Strafverfolgungsbehörden drohen.[89]

33 Auch die Anwendbarkeit des Widerrufsrechts bei Fernabsatzverträgen gem. § 312g Abs. 1 BGB auf Kryptowährungskaufverträge ist noch nicht abschließend geklärt. Insbesondere könnte ein solches Widerrufsrecht gem. § 312g Abs. 2 Nr. 8 BGB ausgeschlossen sein, wonach bei Verträgen „zur Lieferung von Waren oder zur Erbringung von Dienstleistungen, einschließlich Finanzdienstleistungen, deren Preis von Schwankungen auf dem Finanzmarkt abhängt, auf die der Unternehmer keinen Einfluss hat und die innerhalb der Widerrufsfrist auftreten können" kein Widerrufsrecht besteht. Die Anwendung dieser Vorschrift liegt zumindest bei dem Erwerb stark volatiler Kryptowährungen wie Bitcoins nahe.[90]

2. Token als Gegenstand von Verfügungsgeschäften

34 Ein dingliches Element ist nur bei der Bargeld-, nicht hingegen bei der Buchgeldzahlung notwendiger Bestandteil des Erfüllungsvorgangs. Ob bei der Übertragung eines Krypto-Token zum Zwecke der Erfüllung ein sachenrechtliches Element erforderlich ist und wie dieses aussehen könnte, wird derzeit kontrovers diskutiert.

35 **a) Keine Sacheigenschaft von Krypto-Token.** Token sind, gleich wie sie konkret ausgestaltet sind, elektronische Daten, die als solche nicht körperlich abgrenzbar und somit keine Sachen iSv § 90 BGB sind.[91] Selbst wenn man mit einer, heute überkommenen Ansicht annimmt, dass gespeicherte Daten selbst zu einer Sache werden, sobald sie in einem Datenträger durch Speicherung verkörpert sind,[92] führte dies nicht zu einem anderen Ergebnis. Denn die Besonderheit von Krypto-Token liegt darin, dass es auf ihre Speicherung auf einem bestimmten Server nicht ankommt. Vielmehr erfahren sie ihren Wert nur dadurch, dass die Mehrheit der an dem Netzwerk beteiligten Nutzer den Token einem bestimmten Inhaber zuweist. Sie weisen somit gegenüber „herkömmlichen" singulär auf Speichermedien gespeicherten Daten sogar eine „gesteigerte" Immaterialität auf.[93] Es steht also von vornherein nicht die Speicherung auf einem konkreten Speichermedium im Vordergrund, stattdessen ist erforderlich, dass ein (möglicherweise oft wechselnder) Nutzerbestand eine Version des Netzwerkes speichert und akzeptiert, das eine Person als berechtigt ausweist, über einen konkreten Token zu verfügen. Es gibt somit keinen Bezug zu einer bestimmten Sache iSv § 90 BGB und damit keinerlei Raum für die Anwendung sachenrechtlicher Übertragungstatbestände nach §§ 929 ff. BGB.

---

87 Vgl. zur Unmöglichkeit bei Gattungsschulden Staudinger/*Caspers* § 275 Rn. 20; MüKoBGB/*Emmerich* § 243 Rn. 15.

88 Zur entspr. Anwendbarkeit auch des *Sach*mängelgewährleistungsrechts auf Kaufverträge über sonstige Gegenstände s. Staudinger/*Matusche-Beckmann* § 434 Rn. 3, 12; Staudinger/*Beckmann* § 453 Rn. 38.

89 *Pesch* Cryptocoin-Schulden S. 150 ff.; dazu auch *Rückert* MMR 2016, 295; *Baier* CCZ 2019, 157 (159).

90 Hierzu ausführlich *Kirschbaum/Stepanova* BKR 2019, 286.

91 BGHZ 207, 163 Rn. 20.

92 So Soergel/*Marly* § 90 Rn. 3; *König* NJW 1989, 2604; *ders.* NJW 1993, 3121.

93 *Langenbucher* AcP 218 (2018) 385 (405); *Spindler/Bille* WM 2014, 1357 (1359).

b) Übertragung durch Abtretung, § 398 BGB. Krypto-Coins, die in einem offenen, dezentralen Netzwerk ohne verantwortliche Stelle übertragen werden, bspw Bitcoins, sind keine Forderungen. Aufgrund der dezentralen Struktur verspricht niemand dem Inhaber eines Bitcoin eine bestimmte Leistung, sodass es schon an einem Anspruchsgegner mangelt. Die Übertragung solcher Coins gem. § 398 BGB scheidet damit aus.[94] 36

Anders mag man im Einzelfall bei Kryptowährungen wie *Libra* entscheiden, soweit ein zentraler Emittent existiert. Immerhin sollen zumindest bestimmte autorisierte Wiederverkäufer *Libra Coins* jederzeit an die Reserve der *Libra Association* zurückgeben dürfen. Diese Wiederverkäufer haben also wohl einen Auszahlungsanspruch gegen den Emittenten der *Libra Coins*. Fraglich bleibt aber, ob die Übertragung eines *Libra Coin* tatsächlich gleichbedeutend mit der Übertragung einer Forderung wäre. Maßgeblich ist der aus objektivierter Empfängersicht nach §§ 133, 157 BGB auszulegende Wille der Parteien. Zu berücksichtigen ist dabei, dass mit der Inhaberschaft einer *Libra*-Einheit, außer für die autorisierten Wiederverkäufer, offenbar nach derzeitiger Fassung kein unmittelbarer Auszahlungsanspruch verbunden ist. Im Regelfall wird es sich deshalb auch bei solchen Kryptowährungen, die von einem identifizierbaren Emittenten ausgegeben werden, nicht um Forderungen im Sinne des § 398 BGB handeln. 37

Nicht einschlägig ist im Regelfall auch § 413 BGB, wonach nicht näher definierte „Rechte" ebenfalls gem. § 398 BGB abgetreten werden.[95] Derart übertragbar sind zwar beispielsweise gewerbliche Schutzrechte wie Patente oder Marken.[96] Ein solches subjektives Recht steht dem Inhaber einer Kryptowährungseinheit oder eines anderen Token indes nicht zu.[97] Auch lässt sich der für die Blockchain charakteristische mehraktige Übertragungsvorgang bestehend aus dem in das Netzwerk gesendeten „Zahlungsauftrag" und der späteren Bestätigung durch das Netzwerk und die Aufnahme in das Kontenbuch, über § 413 BGB, welcher für die Übertragung des Rechts lediglich eine Einigung voraussetzt, nicht abbilden.[98] 38

c) Analoge Anwendung des Sachenrechts. Eine Ansicht in der Literatur will die §§ 873, 925 BGB[99] bzw. §§ 929 ff. BGB[100] auf Token analog anwenden. Dafür wird vorgebracht, dass die eindeutige Zuweisung eines Tokens über das DLT-Netzwerk dem Inhaber ein Ausschließlichkeitsrecht vermittle. Der im Sachenrecht erforderliche Publizitätsakt, die Übergabe der Sache oder die Eintragung im Grundbuch, werde durch die Eintragung in der öffentlichen Blockchain ersetzt.[101] De lege lata spricht dagegen allerdings der *numerus clausus* absolut wirkender Rechte, welcher eine Rechtsfortbildung ungeschriebener Immaterialgüterrechte grundsätzlich ausschließt.[102] Der Anerkennung ungeschriebener absoluter Rechte steht auch die obergerichtliche Rechtsprechung skeptisch gegenüber: So begründet nach der Rechtsprechung von BVerfG und BGH die Inhaberschaft eines Domainnamens kein absolutes Recht, das ähnlich der Inhaberschaft an einem Immaterialgüterrecht verdinglicht wäre. Denn eine absolute, gegenüber jedermann wirkende Rechtsposition liege nicht schon vor, wenn der Inhaber wie bei einem Domainnamen eine ausschließlich technisch bedingte, faktische Ausschließlichkeitsposition genießt.[103] Ganz 39

---

94 Statt aller *Spindler/Bille* WM 2014, 1357 (1359 f.); *Langenbucher* AcP 218 (2018) 385 (405 f.).

95 Dafür aber *Zickgraf* AG 2018, 293 (299).

96 MüKoBGB/*Roth/Kieninger* § 413 Rn. 5; Staudinger/*Busche* § 413 Rn. 3.

97 So auch *Omlor* ZHR 183 (2019) 294 (327); grundlegend zu den „anderen Rechten" iSv § 413 BGB *Peukert* in Leible/Lehmann/Zech Unkörperliche Güter im Zivilrecht, 2011, 95 (106 ff.).

98 *Langenbucher* AcP 218 (2018) 385 (410); *Spindler/Bille* WM 2014, 1357 (1363); FinTech-Hdb/*Omlor/Spiegel* § 19 Rn. 44.

99 *Ammann* CR 2018, 379 (382 ff.).

100 *Koch* ZBB 2018, 359 (362 f.); nicht eindeutig, iErg wohl aber abl. FinTech-Hdb/*Omlor/Spiegel* § 19 Rn. 42 ff.

101 *Koch* ZBB 2018, 359 (364).

102 *Engelhardt/Klein* MMR 2014, 355 (357); *Kaulartz* CR 2016, 474 (478); allg. zum Numerus-Clausus-Prinzip Staudinger/*Heinze* Einl. zum Sachenrecht Rn. 94; *Baur/Stürner* Sachenrecht § 1 Rn. 7.

103 BVerfG NJW 2005, 589; BGHZ 192, 204 Rn. 23.

ähnlich ist es bei Kryptowährungseinheiten: Auch hier genießt der Inhaber des entsprechenden *Wallets* zwar eine faktische, nicht aber eine rechtlich ausgeformte Ausschließlichkeitsposition. Nicht zu überzeugen vermögen daher diejenigen Stimmen, die aufgrund der technisch ausgeschlossenen Duplizierbarkeit eine „Sachähnlichkeit" von DLT-Token annehmen und daraus ein eigentumsähnliches Recht ableiten.[104] Derzeit ist davon auszugehen, dass der Inhaber einer Kryptowährungseinheit die ausschließlich faktische Möglichkeit hat, den Krypto-Coin auf einen anderen zu übertragen. Bei der Übertragung handelt es sich um einen reinen Realakt.[105]

40 Die Bedeutung dieser Frage leuchtet bei Token, die ihren Wert nur aus ihrer Funktionalität in ihrem jeweiligen Netzwerk schöpfen (native Token) unmittelbar ein. Hier kann nur der Token selbst Gegenstand der Übertragung sein. Aber auch bei nicht nativen Token, die ein außerhalb des Netzwerks stehendes Gut repräsentieren, etwa eine Forderung oder eine Verbandsmitgliedschaft, ist fraglich, welche rechtliche Bedeutung der Übertragungsvorgang hat. Denn hier könnte in erster Linie der repräsentierte Vermögensgegenstand übertragen werden, also beispielsweise die dahinterstehende Forderung abgetreten oder die Mitgliedschaft übertragen werden. Den Erwartungen der Inhaber wird es hingegen entsprechen, wenn auch bei nicht nativen Token diese selbst Gegenstand des rechtlichen Übertragungsvorgangs sind. Die Token könnten eine Transportfunktion mit Blick auf das repräsentierte Gut erfüllen, ganz ähnlich wie klassische Wertpapiere.[106] Denn das wäre die gewünschte Konsequenz einer „digitalen Verbriefung",[107] wie sie zunächst für Schuldverschreibungen in naher Zukunft gesetzlich eingeführt werden soll.[108]

41 **d) Schuldrechtliche Rahmenvereinbarungen.** Solange die Übertragung von Token *de lege lata* ein bloßer Realakt und eine Tokenisierung nach Vorbild des Wertpapierrechts gesetzlich nicht vorgesehen ist, ist die Praxis auf schuldrechtliche Hilfskonstruktionen zur rechtlichen Nachbildung des Parteiwillens angewiesen.

42 Ein sinnvoller Ausgangspunkt ist dabei das *White Paper* des jeweiligen Projekts, das den Rahmenvertrag für alle künftig in dem jeweiligen Netzwerk ausgeführten Transaktionen darstellen kann. Zunächst muss durch Auslegung bestimmt werden, ob die Teilnehmer des Netzwerks, also auch Käufer der gehandelten Token, durch ihre Teilnahme den Willen geäußert haben, sich rechtsgeschäftlich zu binden.[109] Ist diese Hürde genommen, so kann das Verhältnis zwischen Emittent und Nutzern und auch der Nutzer untereinander durch eine Reihe schuldrechtlicher Instrumente gestaltet werden. Häufig wird eine „quasi-dingliche" Rechtslage mit Blick auf die Token gewollt sein. Das heißt, die Token sollen unveränderlich übertragbar sein,[110] ein gutgläubiger Erwerb soll gewährleistet sein. Token sollen nur über das fragliche Netzwerk übertragen werden. Da die Buchung im Netzwerk nach geltender Rechtslage keine rechtlichen Wirkungen mit sich bringt und insbesondere keine rechtliche Voraussetzung einer Übertragung des Token ist, muss auf anderem Wege gewährleistet werden, dass der Token nicht außerhalb des Netzwerks übertragen werden kann.

43 Zu denken ist an die Vereinbarung einer „Blockchain-Form" gem. § 127 BGB, die die Parteien daran hindert, durch Token vermittelte Güter außerhalb der Blockchain rechtsgeschäftlich zu übertragen. Hierbei muss die Grenze des § 309 Nr. 13 lit. b BGB beachtet

---

[104] So *Koch* ZBB 2018, 359 (363); iErg auch *Ammann* CR 2018, 379 (382).

[105] *Lerch* ZBB 2015, 190 (196); *Kuhlmann* CR 2014, 691 (696); *Kaulartz/Matzke* NJW 2018, 3278 (3280); iErg auch *Omlor* ZHR 183 (2019) 294 (327); FinTech-Hdb/*Omlor/Spiegel* § 19 Rn. 44, allerdings mit der Begründung, die Anwendung der §§ 413, 398 BGB sei „nicht sachgerecht", da neben der abstrakten Einigung in tatsächlicher Hinsicht noch die Bestätigung der Transaktion über das Netzwerk erforderlich ist; ähnlich *Spindler/Bille* WM 2014, 1357.

[106] Dazu MüKoHGB/*Ekkenga* Effektengeschäft Rn. 31.

[107] Dazu *Koch* ZBB 2018, 359; *Kaulartz/Matzke* NJW 2018, 3278.

[108] *Casper* BKR 2019, 209 (215).

[109] *Omlor* ZHR 183 (2019) 294 (329).

[110] *Omlor* ZHR 183 (2019) 294 (329) spricht von einer „Verfügung nach §§ 413, 398 BGB analog".

werden, wonach Verträge, die grundsätzlich formfrei sind, nicht mittels einer Klausel in AGB einer strengeren Form als der Textform (§ 126b BGB) unterworfen werden dürfen.[111] Zwar findet § 309 BGB gem. § 310 Abs. 1 S. 1 BGB auf AGB, die gegenüber einem Unternehmer verwendet werden keine Anwendung. Allerdings sieht der BGH Verstöße gegen den Klauselkatalog des § 309 BGB als Indiz dafür an, dass solche Regelungen auch im kaufmännischen Verkehr zu einer unangemessenen Benachteiligung des Vertragspartners iSv § 307 BGB führt und somit unwirksam sind.[112] Des Weiteren richten sich die meisten Token-Verkäufe gerade nicht nur an Unternehmer, sondern an jedermann, womit die Grenze des § 309 Nr. 13 lit. b BGB stets zu beachten ist.

Bei nicht nativen Token geht es im Kern darum, mit der Token-Übertragung auch das repräsentierte Gut zu transportieren. Hierbei kann die Übertragung des entsprechenden Vermögenswerts unter der aufschiebenden Bedingung (§ 158 Abs. 1 BGB) einer erfolgreichen Token-Transaktion bzw. unter der auflösenden Bedingung (§ 158 Abs. 2 BGB) des Fehlschlags der Token-Transaktion weiterhelfen.[113] Geht es um Forderungen die „tokenisiert" werden sollen, so können auch Abtretungsverbote iSv § 399 Var. 2 BGB für den Fall vereinbart werden, dass der Inhaber der Forderung diese ohne korrespondierende Token-Transaktion weiterveräußert.[114] Bei der zuletzt genannten Gestaltung ist zu beachten, dass gem. § 354a Abs. 1 HGB Abtretungsverbote für Forderungen aus einem beiderseitigen Handelsgeschäft wirkungslos sind. 44

III. Aufsichtsrecht

1. Krypto-Token als E-Geld iSv § 1 Abs. 2 S. 3 ZAG

Virtuelle Währungen können im Grundsatz als E-Geld iSv § 1 Abs. 2 S. 3 ZAG zu qualifizieren sein. Erforderlich ist hierfür, dass gegen einen verantwortlichen Emittenten eine Forderung begründet wird, woran es bei den meisten bislang auf dem Markt verfügbaren virtuellen Währungen fehlt.[115] Die rechtliche Einordnung als E-Geld führt dazu, dass die Ausgabe im Inland einer Erlaubnis durch die BaFin gemäß § 11 ZAG bedarf. 45

Die Vorschrift geht zurück auf Art. 2 Nr. 2 der Zweiten E-Geld-RL 2009/110/EG.[116] Bei E-Geld handelt es sich um jeden elektronisch, darunter auch magnetisch, gespeicherten monetären Wert in Form einer Forderung gegen den Emittenten, der gegen Zahlung eines Geldbetrags ausgestellt wird, um damit Zahlungsvorgänge iSv § 675f Abs. 4 S. 1 BGB durchzuführen, und der auch von anderen natürlichen oder juristischen Personen als dem Emittenten angenommen wird.[117] Ausgenommen werden auf Zahlungsinstrumenten nach § 2 Abs. 1 Nr. 10 ZAG gespeicherte und nur für Zahlungsvorgänge nach § 2 Abs. 1 Nr. 11 ZAG n. F. einsetzbare monetäre Werte, vgl. § 1 Abs. 2 S. 4 ZAG. 46

Bezogen auf die am weitesten verbreitete Kryptowährung Bitcoin spricht gegen eine solche Einordnung nach Ansicht der BaFin[118] und der herrschenden Literatur[119], dass es an 47

[111] *Kaulartz/Matzke* NJW 2018, 3278 (3281).

[112] MüKoBGB/*Basedow* § 310 Rn. 16; s. etwa BGH NJW 1981, 1501 (1502); BGHZ 90, 273 (278); BGH NJW 1993, 2436; NJW 1996, 389.

[113] *Kaulartz/Matzke* NJW 2018, 3278 (3281); *Paulus/Matzke* ZfPW 2018, 431 (438).

[114] S. den Wertpapierprospekt der Bitbond Finance GmbH, S. 42 (50), https://www.bitbondsto.com/files/bitbond-sto-prospectus-de.pdf; dazu auch *Kaulartz/Matzke* NJW 2018, 3278 (3281).

[115] Im Fall der angekündigten virtuellen Währung *Libra* gehen die Wissenschaftlichen Dienste des Deutschen Bundestags davon aus, dass diese unter den E-Geld Begriff fallen könnte, vgl. https://www.bundestag.de/resource/blob/652668/6f46e2d0d71e0f785c57951b0f9e457d/WD-4-090-19-pdf-data.pdf, S. 6.

[116] RL 2009/110/EG über die Aufnahme, Ausübung und Beaufsichtigung der Tätigkeit von E-Geld-Instituten v. 16.9.2009, ABl EU Nr. L 267, S. 7 v. 10.10.2009.

[117] S. ausführlich auch *Omlor* ZIP 2017, 1836 (1837).

[118] *Münzer* Bitcoins: Aufsichtsrechtliche Bewertung und Risiken für Nutzer, Fachartikel der BaFin, http://www.bafin.de/SharedDocs/Veroeffentlichungen/DE/Fachartikel/2014/fa_bj_1401_bitcoins.html.

[119] *Engelhardt/Klein* MMR 2014, 355 (356); *Omlor* JZ 2017, 754 (758); *Omlor* ZIP 2017, 1836 (1837); *Shmatenko/Möllenkamp* MMR 2018, 495 (496); Casper/Terlau/*Terlau* § 1a Rn. 50; BankR-HdB/*Terlau* § 55a

einem Emittenten fehlt, der sie unter Begründung einer Forderung gegen sich ausgibt. Dieses Merkmal wäre nur dann erfüllt, wenn ein Emittent sich verpflichtet, die Werteinheit gegen ein gesetzliches Zahlungsmittel zurückzutauschen, vgl. § 33 Abs. 1 S. 2 ZAG.[120] Insoweit ist es ohne Belang, dass die Erlangung eines Bitcoin in der Regel[121] die Zahlung eines Geldbetrags voraussetzt und er von Dritten als Zahlungsmittel akzeptiert wird.[122] Dasselbe gilt für *Litecoins* oder *Peercoins.*[123] Ferner werden Bitcoins auch durch den Einsatz von Rechenleistung, dem *Mining*, geschaffen und nicht durch die Zahlung eines Geldbetrages, wie von § 1 Abs. 2 S. 3 ZAG gefordert.[124]

48 Die Ausgestaltung einer virtuellen Währung als E-Geld iSv § 1 Abs. 2 S. 3 ZAG unter Verwendung der Blockchain-Technologie ist damit noch nicht ausgeschlossen.[125] Vorteil einer Einordnung als E-Geld wäre die Anwendbarkeit der Gleichstellungsfunktion gem. § 675c Abs. 2 BGB und die daraus folgende erhöhte Verkehrsfähigkeit der virtuellen Währung.

49 **a) Monetärer Wert.** Eine virtuelle Währung müsste zunächst einen monetären Wert darstellen, davon geht die hM für jede Art von Zahlungsmittel aus.[126] Dies deckt sich mit den funktionalen Vorstellungen des europäischen Gesetzgebers, denn E-Geld wird nach Erwägungsgrund 13 der Zweiten E-Geld-Richtlinie als „elektronischer Ersatz für Münzen und Banknoten" qualifiziert. Erwägungsgrund 7 Zweite E-Geld-Richtlinie spricht insoweit von „geldwerte[n] Einheiten", die gegen Vorauszahlung erworben und von Dritten als Zahlungsmittel entgegengenommen werden.[127] Ein monetärer Wert liegt folglich nur vor, wenn die fragliche Einheit als Tausch- oder Zahlungsmittel fungiert.[128] Diese Funktionen können durch eine virtuelle Währung auf Blockchain-Basis erfüllt werden. Für das Tatbestandsmerkmal des monetären Werts kommt es hingegen nicht auf eine allgemeine Akzeptanz an, diese ist in § 1a Abs. 3 ZAG in einem gesonderten Merkmal geregelt.[129]

50 **b) Elektronische Speicherung.** Eine solche Währung müsste weiterhin das Merkmal der elektronischen Speicherung erfüllen. Die BaFin verlangt hierfür, dass die elektronische Speicherung den Anspruch des Inhabers des monetären Werts gegen den Emittenten abbildet, ohne dass es einen Unterschied macht, ob sich die elektronische Speicherung beim Emittenten, beim Inhaber oder einem externen Dienstleister befindet.[130] Bei einer Blockchain-basierten Speicherung ist nicht ohne weiteres zu bestimmen, worauf für diesen

---

Rn. 25; BeckOK BGB/*Dennhardt* § 362 Rn. 41; *Hildner* BKR 2017, 485 (489); Beck NJW 2015, 580 (581 f.); *Martens* JuS 2014, 105 (106); *Spindler/Bille* WM 2014, 1357 (1361); *Eckert* DB 2013, 2108 (2109).

[120] *BaFin* Merkblatt – Hinweise zum Zahlungsdiensteaufsichtsgesetz (ZAG) v. 22.12.2011 (Stand 29.11.2017), Ziff. 4.a.aa), https://www.bafin.de/SharedDocs/Veroeffentlichungen/DE/Merkblatt/mb_111222_zag.html?nn=9021442; zustimmend Casper/Terlau/*Terlau* § 1a Rn. 49; Beck/Samm/Kokemoor/*Kokemoor* § 1 Rn. 501.

[121] Anders ist dies freilich beim Mining.

[122] *Omlor* ZIP 2017, 1836 (1837).

[123] *Auffenberg* BKR 2019, 341.

[124] *Münzer* BaFin-Journal 2014, 26 (27); *Spindler/Bille* WM 2014, 1357 (1361); *Djazayeri* jurisPR-BKR 6/2014, Anm. 1 D. II. 2.; *Beck* NJW 2015, 580 (581); BankR-HdB/*Terlau* § 55a Rn. 149.

[125] S. hierzu auch *Auffenberg* BKR 2019, 341 ff.

[126] Dieses Merkmal wird nach Ansicht der BaFin durch jedes gesetzliche Zahlungsmittel und jede Art von Tauschmittel erfüllt, wenn dieses allg. oder auch nur in einem best. soziokulturellen Umfeld oder von den Parteien einer multilateralen Rahmenvereinbarung als Bezahlung für bestimmte Waren oder Dienstleistungen akzeptiert wird, vgl. *BaFin*, Merkblatt – Hinweise zum Zahlungsdiensteaufsichtsgesetz (ZAG), (Stand 29.11.2017), Ziff. 4.a.aa), https://www.bafin.de/SharedDocs/Veroeffentlichungen/DE/Merkblatt/mb_111222_zag.html;jsessionid=C4CFE87445C3A59A65C7E72DD8454B16.1_cid298?nn=9450978#doc7846622bodyText32.

[127] S. zu den europarechtlichen Hintergründen der Rechtsnatur von E-Geld *Omlor* ZIP 2017, 1836 (1837).

[128] *Hahn/Häde* Währungsrecht, 2. Aufl. 2010, S. 19; BankR-HdB/*Terlau* § 55a Rn. 11.

[129] BankR-HdB/*Terlau* § 55a Rn. 11.

[130] BaFin Merkblatt – Hinweise zum Zahlungsdiensteaufsichtsgesetz (ZAG), (Stand 29.11.2017), Ziff. 4.a.aa), https://www.bafin.de/SharedDocs/Veroeffentlichungen/DE/Merkblatt/mb_111222_zag.html;jsessionid=C4CFE87445C3A59A65C7E72DD8454B16.1_cid298?nn=9450978#doc7846622bodyText32.

Speicherort abzustellen ist. Einerseits stellt Erwägungsgrund 8 der Zweiten E-Geld-Richtlinie klar, dass die Definition des E-Gelds weit ausgelegt werden soll,[131] sodass es nicht zu einer Behinderung von technologischen Innovationen kommt und auch zukünftig entwickelte E-Geld-Produkte erfasst sind.[132] Andererseits findet bei Blockchain-Lösungen keine Speicherung an einem zentralen Ort, sondern auf einem „dezentralen Kontenbuch" (Distributed Ledger) statt. Aufgrund der durch Erwägungsgrund 8 der Zweiten E-Geld-Richtlinie vorgegebenen technologiefreundlichen Auslegung kommt es letztlich aber weder auf den Ort der Speicherung, noch auf eine etwaige Zentralisierung des selbigen an, sodass die dezentrale Hinterlegung bei Blockchain-Lösungen als elektronische Speicherung im Sinne des § 1 Abs. 2 S. 3 ZAG zu qualifizieren sein dürfte.

c) Forderung gegenüber dem Emittenten. Die gesetzliche Definition erfordert weiterhin, dass der monetäre Wert in der Forderung gegen einen Emittenten bestehen muss. Die BaFin verlangt dafür, dass sich der Emittent der monetären Werteinheit verpflichtet, die Werteinheit gegen ein gesetzliches Zahlungsmittel einzutauschen.[133] Wie dargestellt fehlt bei den meisten derzeit im Umlauf befindlichen virtuellen Währungen ein derartig verantwortlicher Emittent, was insbesondere dem dezentralen Ansatz der Bitcoin-Technologie entspricht. Unter Zuhilfenahme von *Smart Contract*-Lösungen ist eine anderweitige Ausgestaltung denkbar, bei welcher ein zentraler Emittent durch die Ausgabe von Token die Menge an zur Verfügung stehenden Zahlungseinheiten steuert.[134] 51

d) Gegen Zahlung eines Geldbetrags. Zur Erfüllung der E-Geld Definition wäre es außerdem erforderlich, dass eine Blockchain-basierte virtuelle Währung gegen Zahlung eines Geldbetrags ausgegeben wird. Dies erfordert nach Ansicht von BaFin und herrschender Literatur die Ausgabe von E-Geld Zug-um-Zug oder nach Zahlung des Geldbetrags.[135] Das Merkmal ist sowohl bei Austausch gegen ein gesetzliches Zahlungsmittel[136] als auch bei einem Austausch gegen von privater Hand emittierten Zahlungsmitteln in Form von E-Geld erfüllt.[137] 52

e) Zur Durchführung von Zahlungsvorgängen. Die virtuelle Währung müsste zur Durchführung von Zahlungsvorgängen i. S. d. § 675f Abs. 4 BGB bestimmt sein. Ein Zahlungsvorgang ist jede Bereitstellung, Übermittlung oder Abhebung eines Geldbetrags, unabhängig von der zugrunde liegenden Rechtsbeziehung zwischen Zahler und Zahlungsempfänger. Zwar sind im Rahmen der Bereitstellung, Übermittlung oder Abhebung eines Geldbetrags von Blockchain-basiertem E-Geld keine gesetzlichen Zahlungsmittel involviert, jedoch stellt § 675c Abs. 2 BGB klar, dass die Vorschriften über Zahlungsdienste auch auf E-Geld Anwendung finden.[138] In der Konsequenz können Zahlungsvorgänge gemäß § 675f Abs. 4 BGB sich auch auf E-Geld beziehen,[139] und folglich auch auf eine als E-Geld zu qualifizierende Blockchain-basierte Währung.[140] 53

[131] *Auffenberg* BKR 2019, 341 (343).

[132] Dieser Sichtweise folgt auch der deutsche Gesetzgeber, vgl. BT-Drs. 17/3023, 40; der Begriff des E-Geldes ist technisch neutral auszulegen, vgl. BankR-HdB/*Terlau* § 55a Rn. 14.

[133] BaFin Merkblatt – Hinweise zum Zahlungsdiensteaufsichtsgesetz (ZAG), (Stand 29.11.2017), Ziff. 4.a.aa), https://www.bafin.de/SharedDocs/Veroeffentlichungen/DE/Merkblatt/mb_111222_zag.html;jsessionid=C4CFE87445C3A59A65C7E72DD8454B16.1_cid298?nn=9450978#doc7846622bodyText32. *Auffenberg* BKR 2019, 341 (343).

[134] *Auffenberg* BKR 2019, 341 (343).

[135] BaFin Merkblatt – Hinweise zum Zahlungsdiensteaufsichtsgesetz (ZAG), (Stand 29.11.2017), Ziff. 4.a.aa), https://www.bafin.de/SharedDocs/Veroeffentlichungen/DE/Merkblatt/mb_111222_zag.html;jsessionid=C4CFE87445C3A59A65C7E72DD8454B16.1_cid298?nn=9450978#doc7846622bodyText32; Casper/Terlau/*Terlau* § 1a Ren. 51; *Auffenberg* BKR 2019, 341 (343).

[136] BT-Drs. 17/3023, 40.

[137] BaFin Merkblatt v. 22.12.2011, Abschn. 4.b).

[138] *Auffenberg* BKR 2019, 341 (344).

[139] *Omlor* ZIP 2017, 1836; *Borges* → Kap. 8 BGB § 675c Rn. 6 (Verweis in Neuauflage TBD).

[140] *Auffenberg* BKR 2019, 341 (344).

54 **f) Akzeptanz durch andere natürliche oder juristische Personen als dem Emittenten.** Die Annahme von anderen natürlichen oder juristischen Personen als dem Emittenten bejaht die hM bereits, wenn ein Dritter den fraglichen monetären Wert annimmt.[141] Einschränkend fordert die BaFin jedoch, dass die Annahme dem Dritten nicht freigestellt ist.[142] E-Geld liegt folglich ab dem Zeitpunkt vor, in welchem der Dritte den monetären Wert als Zahlungsmittel annimmt oder sich zur Annahme verpflichtet.[143] Identität zwischen Emittent und Drittem liegt nicht vor, wenn es sich um eigenständige Rechtssubjekte handelt, die demselben Konzern angehören.[144]

2. Rechnungseinheiten gemäß § 1 Abs. 11 S. 1 Nr. 7 Alt. 2 KWG

55 Umstritten ist, ob Krypto-Token als Rechnungseinheit Finanzinstrumente sein können. Eine solche Einordnung hätte zur Folge, dass soweit ein mit virtuellen Währungen handelnder Dienstleister einen der Tatbestände des § 1 Abs. 1 KWG bzw. § 1 Abs. 1a KWG erfüllt und zugleich gewerbsmäßig oder in einer einen kaufmännisch eingerichteten Geschäftsbetrieb erfordernden Weise handelt, das strafbewehrte Verbot mit Erlaubnisvorbehalt gemäß § 32 Abs. 1 KWG eingreift. Eingeführt wurde der Begriff der Rechnungseinheit durch die überschießende Umsetzung der Wertpapierdienstleistungsrichtlinie[145] im Jahr 1993.[146] Eine Legaldefinition fehlt derzeit ebenso wie eine abschließende Begriffsbestimmung durch die Rechtsprechung oder die Literatur.[147]

56 Teile der Literatur fordern einen engen Bezug zu einer staatlichen Währung.[148] Eine solche Auslegung legt auch die Gesetzesbegründung nahe, die von „Devisen und vergleichbaren Rechnungseinheiten" spricht.[149]

57 Nach Ansicht der BaFin[150] und der wohl herrschenden Literatur[151] sind Bitcoins und andere *Coins* virtueller Währungen gemäß § 1 Abs. 11 S. 1 Nr. 7 Alt. 2 KWG als Rechnungseinheiten und folglich als Finanzinstrumente zu qualifizieren. So soll nach Ansicht der BaFin derjenige, der eine „Bitcoin-Börse" betreibt und damit anderen den Zugang zu Bitcoins ermöglicht, ein Finanzkommissionsgeschäft, Anlage- oder Anschlussvermittlung oder ein multilaterales Handelssystem betreiben (§ 1 Abs. 1 S. 2 Nr. 4, Abs. 1a S. 2 Nr. 1, 1b, 2 KWG).[152] Der An- und Verkauf von Bitcoin kann nach Ansicht der BaFin als

[141] Schwennicke/Auberbach/*Schwennicke* § Rn. 23.

[142] BaFin Merkblatt – Hinweise zum Zahlungsdiensteaufsichtsgesetz (ZAG), (Stand 29.11.2017), Ziff. 4.b), https://www.bafin.de/SharedDocs/Veroeffentlichungen/DE/Merkblatt/mb_111222_zag.html;jsessionid=C4CFE87445C3A59A65C7E72DD8454B16.1_cid298?nn=9450978#doc7846622bodyText32.

[143] BankR-HdB/*Terlau* § 55a Rn. 34.

[144] BankR-HdB/*Terlau* § 55a Rn. 32; Ellenberger/Findeisen/Nobbe/*Findeisen* § 1a Rn. 63.

[145] Richtlinie 93/22/EWG des Rates vom 10.5.1993 über Wertpapierdienstleistungen, ABl. L 141/27.

[146] *Auffenberg* NVwZ 2015, 1184 (1185); *Klöhn/Parhofer* ZIP 2018, 2093 (2095); BankR-HdB/*Terlau* § 55a Rn. 160; *Lehmann* NJW 2018, 3734 (3737). Überschießend ist die Umsetzung, da sich das Wort „Rechnungseinheit" nicht in der Richtlinienvorgabe findet.

[147] *Klöhn/Parhofer* ZIP 2018, 2093 (2095); BankR-HdB/*Terlau* § 55a Rn. 160; *Spindler/Bille* WM 2014, 1357 (1361); *Froitzheim* BKR 2018, 473 (476); *Peter* NStZ-RR 2019, 19 (21).

[148] *Spindler/Bille* WM 2014, 1357 (1362); *Auffenberg* NVwZ 2015, 1184 (1186 f.); BankR-HdB/*Terlau* § 55a Rn. 161.

[149] BT-Drs. 13/7142, 69.

[150] Vgl. *BaFin* Merkblatt v. 29.11.2017, Abschnitt 4a) aa); BaFin Merkblatt v. 20.11.2011 (Stand Juli 2013), Abschnitt 2. B. hh); *Münzer,* BaFin Journal 2014, 26 (27).

[151] *Spindler/Bille* WM 2014, 1357 (1362); BankR-HdB/*Schefold* § 115 Rn. 30; *Goger* MMR 2016, 431; *Weitnauer* BKR 2018, 231 (233); *Hötzel* Virtuelle Währungen S. 88 f.; *Djazayeri* jurisPR-BRK 6/2014, Anm. 1, D. II.3.; *Kütük/Sorge* MMR 2014, 643 (644); *Engelhardt/Klein* MMR 2014, 355; *Keding* WM 2018, 64 (67); BeckOK BGB/*Köndgen* § 675c Rn. 128; Boos/Fischer/Schulte-Mattler/*Schäfer* § 1 Rn. 287; Schwennicke/Auerbach/*Schwennicke* § 1 Rn. 249; BankR-HdB/*Terlau* § 55a Rn. 159 ff.; Hingst/Lösing Zahlungsdiensteaufsicht, 2015, § 18 Rn. 79; *Keding* WM 2018, 64 (67); **aA** *Klöhn/Parhofer* ZIP 2018, 2093 (2096), welche im Ergebnis dem KG folgen.

[152] BaFin Virtuelle Währungen/Virtuelle Currency, https://www.bafin.de/DE/Aufsicht/FinTech/VirtualCurrency/virtual_currency_node.html. Die genaue rechtliche Einordnung hängt hierbei von der konkreten Ausgestaltung der jeweiligen Börse ab; vgl. *Klöhn/Parhofer* ZIP 2018, 2093 (2094); krit. *Krimphove* BB 2018, 2691 (2697).

Eigenhandel (§ 1 Abs. 1a S. 2 Nr. 4 KWG) einzuordnen sein. Die isolierte Nutzung von Bitcoins zu Bezahlzwecken stellt nach Auslegung der BaFin hingegen keinen erlaubnispflichtigen Tatbestand dar.[153] Gleiches gilt für das Generieren oder *Mining,* welches weder ein Emittieren (§ 1 Abs. 1 S. 2 Nr. 10 KWG) noch ein Platzieren (§ 1 Abs. 1a S. 2 Nr. 1 lit. c KWG) darstellt. Erst zusätzliche Handlungen, wie etwa das Zusammenfassen der *Miner* in sogenannten *Mining*-Pools, führen zum Vorliegen eines qualifizierten Eigenhandels gemäß § 1 Abs. 1a S. 2 Nr. 4 KWG.[154] Dafür spricht der Regelungszweck des Gesetzes, wonach Missständen in der Finanzwirtschaft vorgebeugt werden soll, um das Vertrauen der Öffentlichkeit in die Integrität des Marktes und Anlegerschutz zu gewährleisten.[155]

Ablehnend hat das KG Berlin[156] in Strafsachen entschieden. Nach dieser Entscheidung **58** besteht keine Erlaubnispflicht nach § 32 KWG, eine Strafbarkeit nach § 54 Abs. 1 Nr. 2 KWG wegen der Veräußerung von Bitcoins auf einer Handelsplattform entfällt.[157] Das Gericht verweist für seinen Schluss, Rechnungseinheiten sollten lediglich die Vergleichbarkeit von Waren und Dienstleistungen innerhalb unterschiedlicher Länder durch Verwendung einer allgemeingültigen und verständlichen Einheit ermöglichen, auf den Willen des historischen Gesetzgebers. Die historische Auslegung führe deshalb nicht zu dem Ergebnis, dass auch Bitcoins unter den Begriff der Rechnungseinheit fallen.[158] Andere Auslegungsmethoden[159] führten zu demselben Ergebnis.[160] Der Vergleich zu Waren oder anderen Dienstleistungen scheitere insbesondere daran, dass Bitcoins zu wenig wertbeständig seien.[161] Des Weiteren stünde einer Einordnung von Bitcoins als Recheneinheit der verfassungsrechtliche Bestimmtheitsgrundsatz (Art. 103 Abs. 2 GG) entgegen.[162] Im Übrigen verlange der Begriff der Rechnungseinheit einen engen Bezug zu einer staatlichen Währung. Dies zeigt sich darin, dass das Gericht die Einordnung von privatrechtlich ausgegebenen Komplementärwährungen unter den Begriff der Rechnungseinheit als Rechtsfortbildung einstuft und in der Folge eine entsprechende Normsetzungskompetenz der BaFin verneint.[163] Eine solche könne insbesondere auch nicht aus der allgemeinen Missstandsaufsicht der BaFin gemäß § 6 KWG hergeleitet werden.[164] Weiterhin scheitere die Einordnung von Bitcoins als Devisen auch daran, dass diese erheblichen Schwankungen unterliegen und es an einer allgemeinen Anerkennung fehle.

Das Urteil des Kammergerichts wurde in der Literatur unterschiedlich bewertet. Teil- **59** weise wurde dem Gericht aus teleologischen, systematischen und gesetzeshistorischen Gründen zugestimmt.[165] Die Gesetzesbegründung weise insbesondere auf eine Angleichung an internationale Standards hin.[166] Bitcoins seien jedoch im internationalen Vergleich losgelöst vom Begriff der Komplementärwährung und bankaufsichtsrechtlich nicht wie

---

[153] BaFin Virtuelle Währungen/Virtual Currency (VC), Kapitel Erlaubnispflicht, https://www.bafin.de/DE/Aufsicht/FinTech/VirtualCurrency/virtual_currency_node.html.

[154] *BaFin* Bitcoins: Aufsichtliche Bewertung und Risiken für Nutzer, v. 19.12.2013, Kapitel 2, https://www.bafin.de/SharedDocs/Veroeffentlichungen/DE/Fachartikel/2014/fa_bj_1401_bitcoins.html.

[155] *Spindler/Bille* WM 2014, 1357 (1362); ebenfalls auf den Schutzzweck abstellend BankR-HdB/*Terlau* § 55a Rn. 162 f.

[156] KG Urt. v. 25.9.2018 – (4) 161 Ss 28/18 (35/18) = NJW 2018, 3734.

[157] KG NJW 2018, 3734, Rn. 5.

[158] KG NJW 2018, 3734 (3735) Rn. 8 ff.

[159] Im Urt. wird nicht vollends klar, ob das Gericht die Subsumption bereits an der Wortlautgrenze scheitern lässt, oder ob es seine Auffassung auf teleologische Erwägungen stützt, s. hierzu *Klöan/Parhofer* ZIP 2018, 2093 (2095).

[160] KG NJW 2018, 3734 (3735) Rn. 10 ff.

[161] KG NJW 2018, 3734 (3735) Rn. 12.

[162] KG NJW 2018, 3734 (3735) Rn. 14.

[163] KG NJW 2018, 3734 (3735) Rn. 14.

[164] S. hierzu auch *Lienbacher/Grzeszick/Calliess/Stelkens* Grundsatzfragen der Rechtsetzung und Rechtsfindung, 2012, S. 371; *Baurfeind* NJOZ 2019, 785.

[165] Vgl. *Klöhn/Parhofer* ZIP 2018, 2093 (2096); zust. auch *Lehmann* NJW 2018, 3734 (3735 f.); krit., iErg jedoch zust. *Froitzheim* BKR 2018, 473 (476): mit gewissen Einschränkungen *Bauerfeind* NJOZ 2019, 785.

[166] *Klöhn/Parhofer* ZIP 2018, 2093 (2096); unter Hinweis auf BT-Drs. 13/7142, 69.

Devisen reguliert.[167] Auch eine gespaltene Auslegung[168] zwischen Aufsichts- und Privatrecht, nach welcher die BaFin an ihrer bisherigen Auslegung festhalten könnte, wird von der Literatur abgelehnt.[169] Hiergegen spreche, dass ohne jegliche staatliche Nähe die Auslegung des Begriffs der Rechnungseinheit vollkommen konturlos wäre, sodass letztlich alle möglichen Einheiten, auch beispielsweise Treuepunkte oder Flugmeilen, als Finanzinstrumente einzustufen wären.[170]

60 Andere kritisieren die Argumentation des KG, wonach eine Einordnung als Rechnungseinheiten aufgrund der Volatilität des Bitcoin scheitere, denn der Gesetzgeber habe keine Vergleichbarkeit zu besonders wertstabilen Devisen vorausgesetzt.[171] Ebenso gebe es keinen gesetzlichen Anknüpfungspunkt für das Erfordernis einer allgemeinen Anerkennung, denn gewisse Fremdwährungen würden nicht einmal in ihrem Ausgabestaat angenommen werden.[172] Auch könne das strafrechtliche Bestimmtheitsgebot nicht als allgemeiner Maßstab für die Bestimmtheit von Verwaltungsnormen gelten.[173] Soweit auf dieser Basis die aufsichtsrechtliche Einordnung von Bitcoins für rechtswidrig erklärt werde, sei das Urteil überschießend.[174] Die Auslegung des notwendig[175] unbestimmten Rechtsbegriffs der Rechnungseinheit durch die BaFin sei zutreffend, insbesondere die Grenze zu der dem Gesetzgeber vorbehaltenen Rechtsgestaltung sei nicht überschritten.[176]

61 Zu beachten ist, dass das Strafurteil des KG für die BaFin und ihre Aufsichtspraxis nicht bindend ist.[177] Der Handel mit Bitcoins ohne entsprechende Erlaubnis der BaFin kann folglich eine Untersagungsverfügung nach sich ziehen.[178]

3. Referentenentwurf eines Gesetzes zur Umsetzung der Änderungsrichtlinie zur Vierten EU-Geldwäscherichtlinie

62 Nach den Änderungen durch das Gesetz zur Umsetzung der Änderungsrichtlinie zur Vierten EU-Geldwäscherichtlinie werden sämtliche aktuellen Verwendungsformen virtueller Währungen durch eine weite Definition des Kryptowertes in § 1 Abs. 11 S. 3 KWG nF erfasst.[179] Hiernach sind Kryptowerte im Sinne des KWG digitale Darstellungen eines Wertes, der von keiner Zentralbank oder öffentlichen Stelle emittiert wurde oder garantiert wird und nicht den gesetzlichen Status einer Währung oder von Geld besitzt, aber von natürlichen oder juristischen Personen aufgrund einer Vereinbarung oder tatsächlichen Übung als Tausch- oder Zahlungsmittel akzeptiert wird oder Anlagezwecken dient und der auf elektronischem Wege übertragen, gespeichert und gehandelt werden kann. Außerdem wurde das Kryptoverwahrgeschäft als neue Finanzdienstleistung gemäß § 1 Abs. 1a S. 2

---

[167] *Klöhn/Parhofer* ZIP 2018, 2093 (2096); so auch BankR-HdB/*Terlau* § 55a Rn. 160.

[168] S. hierzu allg. *C. Schröder* FS Mehle, 2009, 597; konkret zum Urt. des KG *Poelzig* ZBB 2019, 1 ff.

[169] *Lehmann* NJW 2018, 3734 (3737).

[170] *Lehmann* NJW 2018, 3734 (3737).

[171] *Froitzheim* BKR 2018, 473 (476); *Krug* FD-StrafR 2018, 411490.

[172] *Froitzheim* BKR 2018, 473 (476), welcher das Urt. des KG jedoch aus anderen Gründen iErg für richtig hält; krit. zum Kriterium der allg. Anerkennung auch *König/Beck* EuZW 2019, 42 (46).

[173] *Patz* MMR 2018, 828 (830).

[174] *Patz* MMR 2018, 828 (830).

[175] Das Bedürfnis für unbestimmte Rechtsbegriffe ergibt sich in einer dynamischen Regelungsmaterie wie dem Finanzaufsichtsrecht aus der Notwendigkeit der fortwährenden Handlungsfähigkeit der Aufsichtsbehörden, insbes. bei technischen Änderungen, vgl. hierzu *Eifert* VVDStRL 67 (2008), 286 ff. mwN.

[176] *Patz* MMR 2018, 828 (831).

[177] *Patz* MMR 2018, 828 (830); *Bauerfeind* NJOZ 2019, 785 (786); *Lehmann* NJW 2018, 3734 (3737); *Poelzig* ZBB 2019, 1 (4 f.). Das Bundesministerium der Finanzen hat in einer Antwort auf eine kleine Anfrage klargestellt, dass sich die Verwaltungspraxis der BaFin durch das KG-Urteil nicht ändern wird, vgl. BT-Drucks. 19/5689.

[178] *Patz* MMR 2018, 828 (831).

[179] RegE, Gesetz zur Umsetzung der Änderungsrichtlinie zur Vierten EU-Geldwäscherichtlinie, 29.7.2019, https://www.bundesfinanzministerium.de/Content/DE/Gesetzestexte/Gesetze_Gesetzesvorhaben/Abteilungen/Abteilung_VII/19_Legislaturperiode/2019-05-24-Gesetz-4-EU-Geldwaescherichtlinie/2-Regierungsentwurf.pdf;jsessionid=1C1E66F1720BA97C5935975FD295A9DE?__blob=publicationFile&v=2.

Nr. 6 KWG n. F. sowie der Kryptowert als neues Finanzinstrument gemäß § 1 Abs. 11 S. 1 Nr. 10 KWG n. F. kodifiziert.

Diese Neuerungen haben zur Folge, dass die Anbieter derartiger Dienste, soweit die weiteren Voraussetzungen des § 32 KWG[180] erfüllt sind, für ihre Tätigkeiten eine Bankerlaubnis benötigen. Konkret erfasst sind bei entsprechender Ausgestaltung Tausch- oder Wechselgeschäfte nach § 1 Abs. 1a S. 2 Nr. 4 lit. c KWG, Mining-Pools[181] als Eigenhandel gem. § 1 Abs. 1a S. 2 Nr. 4 lit. c KWG jedenfalls für die Betreiber oder Initiatoren, Handelsplattformen für Kryptowerte als Finanzkommissionsgeschäft gem. § 1 Abs. 1 S. 2 Nr. 4 KWG, als Anlagevermittlung gem. § 1 Abs. 1a S. 2 Nr. 1 KWG, als Abschlussvermittlung gem. § 1 Abs. 1a S. 2 Nr. 2 KWG oder als Betrieb einer multilateralen Handelsplattform gem. § 1 Abs. 1a S. 2 Nr. 1b KWG.[182] Das Anbieten von *Wallets*[183] bzw. bloßes *Mining* ist weiterhin nicht erlaubnispflichtig.[184] Dies entspricht – wie dargestellt – bereits der bisherigen Verwaltungspraxis der BaFin. **63**

Neben der laufenden Beaufsichtigung sind weiterhin – ebenfalls wie bereits nach bisheriger Verwaltungspraxis der BaFin – die Mindestkapitalanforderungen gemäß § 33 Abs. 1 Nr. 1 KWG anzuwenden. Hiernach ist einem Marktteilnehmer die Erlaubnis gemäß § 32 KWG zu versagen, wenn die zum Geschäftsbetrieb erforderlichen Mittel nicht zur Verfügung stehen. Die Anforderungen beziehen sich zum einen auf ein ausreichendes Anfangskapital, welches sich aus den Vorschriften der CRR[185] ergibt,[186] zum anderen muss in definierten, abschließend aufgezählten Fällen ein statisches Mindestanfangskapital vorgehalten werden.[187] **64**

Ebenfalls bereits durch die Verwaltungspraxis der BaFin praktiziert, jedoch durch die Gesetzesänderung jetzt kodifiziert, sind die laufende Überwachung des Geschäftsbetriebs. Vorzuweisen ist laufend ein qualitativ hochwertiges Risikomanagement, außerdem greifen Anzeige-, Melde- und Offenlegungspflichten.[188] **65**

In der praktischen Handhabung ändert sich aus aufsichtsrechtlicher Perspektive durch die gesetzlichen Neuerungen zusammenfassend nichts, vielmehr bestätigt der Gesetzgeber die BaFin in ihrer bisherigen Handhabung. **66**

---

[180] Die fragliche Dienstleistung erfordert einen in kaufmännischer Weise eingerichteten Gewerbebetrieb iSd § 32 Abs. 1 KWG, wenn mehr als 25 Transaktionen pro Monat erfolgen, vgl. BaFin-Merkblatt vom 22.3.2011 (Stand Mai 2018), Hinweise zu den Tatbeständen des Eigenhandels und des Eigengeschäfts, https://www.bafin.de/SharedDocs/Veroeffentlichungen/DE/Merkblatt/mb_110322_eigenhandel_eigengeschaeft_neu.html;jsessionid=B71CF14DCC5D44834027A6487017D1A5.2_cid290?nn=9450978#doc7866844bodyText8; Gewerbsmäßigkeit gem. § 32 Abs. 1 KWG erfordert einen auf Dauer angelegten Betrieb mit Gewinnerzielungsabsicht, vgl. Boos/Fischer/Schulte-Mattler/*Schäfer* § 32 Rn. 7.

[181] S. hierzu *Münzer* BaFin Journal 2014, 26 (27); *Spindler/Bille* WM 2014, 1357 (1365); BankR-HdB/*Terlau* § 55a Rn. 171.

[182] Zum Ganzen BankR-HdB/*Terlau* § 55a Rn. 173.

[183] Eine abw. Beurteilung wäre wohl erforderlich, wenn ein *Wallet* für eine virtuelle Währung angeboten wird, die entspr. den oben dargelegten Grundsätzen als E-Geld ausgestaltet ist. Dann könnte der Tatbestand des Ein- und Auszahlungsgeschäfts gem. § 1 Abs. 2 Nr. 1 ZAG erfüllt sein, welcher auch die Führung eines Zahlungskontos erfasst, vgl. BankR-HdB/*Terlau* § 55a Rn. 175.

[184] Zum Ganzen BankR-HdB/*Terlau* § 55a Rn. 175 ff.

[185] Verordnung (EU) Nr. 575/2013 des Europäischen Parlaments und des Rates v. 26.6.2013 über Aufsichtsanforderungen an Kreditinstitute und Wertpapierfirmen und zur Änderung der Verordnung (EU) Nr. 646/2012. Die Regelungen der CCR gelten aufgrund § 1a KWG regelmäßig auch für Kreditinstitute und Finanzdienstleistungsinstitute, die keine CRR-Kreditinstitute sind.

[186] Boos/Fischer/Schulte-Mattler/*Fischer/Müller* § 33 Rn. 6 f.; *Rolker/Strauß* WM 2019, 489 (491).

[187] Boos/Fischer/Schulte-Mattler/*Fischer/Müller* § 33 Rn. 10; *Rolker/Strauß* WM 2019, 489 (491).

[188] Ausführungen der *BaFin* zu Banken und Finanzdienstleistern auf https://www.bafin.de/DE/Aufsicht/BankenFinanzdienstleister/Anzeige-Meldepflichten/anzeige-meldepflichten_node.html; s. hierzu auch *Rolker/Strauß* WM 2019, 489 (491).

2. Teil Finanzierung und Kreditsicherheiten

12. Kapitel: Einführung zum Kreditrecht – Vor §§ 488 ff. BGB

Schrifttum: *Assies/Beule/Heise/Strube* (Hrsg.), Handbuch des Fachanwalts: Bank- und Kapitalmarktrecht, 5. Aufl. 2019; *Bachmann,* Rechtsfragen der Wertpapierleihe, ZHR 173 (2009), 596; *Canaris,* Bankvertragsrecht, Erster Teil, *Staub,* Großkommentar, 4. Aufl. 1988; *ders.,* Verlängerter Eigentumsvorbehalt und Forderungseinzug durch Banken, NJW 1981, 249; *Claussen* (Begr.), Bank- und Börsenrecht, 5. Aufl. 2014; *Derleder/Knops/Bamberger* (Hrsg.), Deutsches und europäisches Bank- und Kapitalmarktrecht, 3. Aufl. 2017; *Ebenroth/Boujong/Joost/Strohn,* Handelsgesetzbuch, 5. Aufl. 2020; *Einsele,* Bank- und Kapitalmarktrecht – Nationale und Internationale Bankgeschäfte, 4. Aufl. 2018; *Fischer/Klanten* (Hrsg.), Bankrecht – Grundlagen der Rechtspraxis, 4. Aufl. 2010; *Gummert/Weipert* (Hrsg.), Münchener Handbuch des Gesellschaftsrechts, Band 1: BGB-Gesellschaft, Offene Handelsgesellschaft, Partnerschaftsgesellschaft, Partenreederei, EWIV, 5. Aufl. 2020; *Habersack/Schürnbrand,* Der Darlehensvermittlungsvertrag nach neuem Recht, WM 2003, 261; *Helios/Birker,* Partiarisches Darlehen und Liquidität bei mezzaninen Finanzierungen, BB 2011, 2327; *Hopt* (Hrsg.), Vertrags- und Formularbuch zum Handels-, Gesellschafts- und Bankrecht, 4. Aufl. 2013; *Hopt/Mülbert,* Kreditrecht: Bankkredit und Darlehen im deutschen Recht, 1989; *Josten,* Kommunalkreditgeschäft: Kommunen zwischen Insolvenzunfähigkeit und finanzwirtschaftlichem Kollaps, BKR 2006, 133; *Krepold/Fischbeck/Kropf/Werner,* Bankrecht – Konto, Zahlungsverkehr, Darlehensvertrag, Kreditsicherheiten, Wertpapierberatung, 2. Aufl. 2018; *Lwowski/Tetzlaff,* Verjährung der Aufwendungsersatzansprüche einer Bank aus einem „Avalkredit", WM 2000, 761; *Meincke/Hingst,* Der Kreditbegriff im deutschen Recht – De lege lata und de lege ferenda, WM 2011, 633; *Omlor,* Kryptowährungen im Geldrecht, ZHR 183 (2019) 294; *Peters/Wehrt,* Der Forward-Darlehensvertrag – Rechtliche und finanzmathematische Fragestellungen, insbesondere bei vorzeitiger Beendigung, WM 2003, 1509; *Prehn,* Das Finanzierungsmodell „Bürgerdarlehen" als gangbarer Weg aus finanziellen Engpässen der Kommunen?, DÖV 2011, 174; *Rösler,* Forward-Darlehen und Darlehen mit Zins-Cap, WM 2000, 1930; *Schimansky/Bunte/Lwowski* (Hrsg.), Bankrechts-Handbuch, 5. Aufl. 2017; *Schnauder,* Der Kreditvertrag im Wandel der Zeit, WM 2014, 783; *Schwintowski,* Bankrecht, 5. Aufl. 2017; *Theewen* (Hrsg.), Bank- und Kapitalmarktrecht – Handbuch für Fachanwaltschaft und Bankpraxis, 2010; *Thöne* (Hrsg.), Praxiswissen Bankrecht, 2011; *Uhlenbruck/Hirte/Vallender* (Hrsg.), Insolvenzordnung, 15. Aufl. 2019, *Woesch/Dietrich,* Mustervertrag für Schuldscheindarlehen nach LMA-Standard, BKR 2019, 399.

Übersicht

I. Funktionen von Kredit

1 Kredit hat mikroökonomische Funktionen für **Unternehmen** und **Verbraucher** und makroökonomische Funktionen für die **gesellschaftliche Wohlfahrt.** Kredit stellt Unternehmen und Verbrauchern Kaufkraft zur Teilnahme am Markt zur Verfügung. Wirtschaftlich erschließt sich die Funktion des Kredits durch das **Zeitelement.** Der Kreditgeber

vermittelt dem Kreditnehmer Kaufkraft in einem Zeitpunkt, in dem der Kreditnehmer diese benötigt, aber noch nicht darüber verfügt. Darin liegt der freiheitserweiternde Aspekt des Kredits. Mit Blick auf das Individuum werden neue **Freiheitsräume** eröffnet, mit Blick auf die gesellschaftliche Wohlfahrt der Austausch von Waren und Dienstleistungen beschleunigt. Für das Zurverfügungstellen von Kaufkraft erwartet der Kreditgeber in der Regel eine Gegenleistung. Sofern die Gegenleistung zeitlich nach dem Zurverfügungstellen des Kredits erbracht werden soll und in Fällen, in denen der Kredit in der Zukunft zurückgezahlt werden soll, ergeben sich aus dem Zeitelement des Kredits **Ausfallrisiken** für den Kreditgeber.

II. Terminologie

2 Der Begriff „Kredit" geht auf das lateinische Verb „credere" zurück, das mit „glauben" und „vertrauen" übersetzt wird. Darin kommt das **Vertrauen** des Kreditgebers in die zukünftige Zahlungsfähigkeit und Zahlungswilligkeit des Kreditnehmers zum Ausdruck. Die **Kreditwürdigkeit** ist die Grundlage der Kreditgewährung. Die Begriffe Kredit und Kreditvertrag sind die Oberbegriffe zu Darlehen und Darlehensvertrag. Das Wort Darlehen bezeichnet den Gegenstand, der dem Darlehensnehmer von dem Darlehensgeber im Rahmen des Darlehensvertrags zur Verfügung gestellt wird. Der Darlehensvertrag kommt insbesondere in zwei Ausgestaltungen vor, dem häufigen Gelddarlehen[1] und dem seltenen Sachdarlehen.[2]

3 Versuche, einen einheitlichen **Rechtsbegriff des Kredits** zu entwickeln, waren bisher nicht erfolgreich.[3] Sie sind an den unterschiedlichen gesetzlichen Kreditbegriffen – vgl. nur § 824 BGB (Kreditgefährdung), § 43a GmbHG (Kreditgewährung aus Gesellschaftsvermögen) und § 1 KWG (Begriffsbestimmungen) – und der uneinheitlichen Begriffsverwendung in den Wirtschaftswissenschaften gescheitert.[4] Die Terminologie der Bankpraxis ist uneinheitlich und häufig vertriebsorientiert.[5]

III. Zahlungs- und Haftungskredite

4 Bankpraxis und Gesetzgeber unterscheiden Zahlungskredite und Haftungskredite.[6] Das Kreditwesengesetz nennt in § 1 Abs. 1 S. 2 Nr. 2 zur Definition des Kreditgeschäfts das Gelddarlehen als prominenten Vertreter des Zahlungskredits und den Akzeptkredit als typischen Repräsentanten des Haftungskredits.

5 Den **Zahlungskredit** kennzeichnet das zeitlich begrenzte Zurverfügungstellen eines Wirtschaftsguts zur Nutzung. Das Zurverfügungstellen kann entweder in Form der Übertragung von Eigentum oder in Form der Nichtherausforderung von Eigentum erfolgen. Zahlungskreditfähige Wirtschaftsgüter sind insbesondere Bargeld, Buchgeld und Wertpapiere.[7] Zu der Kategorie der Zahlungskredite zählen beispielsweise das Gelddarlehen, der Kontokorrentkredit, der Ratenkredit, das Immobiliardarlehen, das Lombarddarlehen, das Konsortialdarlehen, der Betriebsmittelkredit und der Verbraucherkredit.

6 Der **Haftungskredit** zeichnet sich dadurch aus, dass dem Kreditnehmer kein Gegenstand zur Verfügung gestellt, sondern seine Kreditfähigkeit dadurch gestärkt wird, dass der

---

[1] → Rn. 19 ff.
[2] → Rn. 33 f.
[3] Ausführlicher *Hopt/Mülbert* Kreditrecht Vor § 607 Rn. 16; *Meincke/Hingst* WM 2011, 633 (634 ff.).
[4] Überblicksartig zum ökonomischen Verständnis des Darlehens Derleder/Knops/Bamberger/*Derleder* Deutsches und europäisches Bank- und Kapitalmarktrecht § 12 Rn. 2.
[5] Vgl. Assies/Beule/Heise/Strube/*Veith/Schuster* Handbuch des Fachanwalts: Bank- und Kapitalmarktrecht Rn. 12.
[6] BankR-HdB/*Pamp* § 75 Rn. 3 f.; *Lwowski/Tetzlaff* WM 2000, 761 (762).
[7] Vgl. Assies/Beule/Heise/Strube/*Veith/Schuster* Handbuch des Fachanwalts: Bank- und Kapitalmarktrecht Rn. 23.

Kreditgeber die Haftung für einen Kredit des Kreditnehmers mitübernimmt.[8] Dadurch kommt die Kreditwürdigkeit des Kreditgebers dem Kreditnehmer zu Gute (Kreditleihe).[9] Zu der Gruppe der Haftungskredite zählen zum Beispiel der Akzeptkredit, der Avalkredit und der Akkreditivkredit.[10]

IV. Kredittypen

1. Merkmale

Die zahlreichen Kreditformen lassen sich anhand verschiedener Merkmale beschreiben und typisieren. Geeignete Typisierungsmerkmale sind (mit Beispielen): 7

- der Kreditgeber: Bankkredit, Lieferantenkredit, Privatkredit, öffentliche Hand;
- die Zahl der Kreditgeber: Einzelkredit, Konsortialkredit;
- der Kreditnehmer: Unternehmen, Verbraucher, Banken, öffentliche Hand;
- der Gegenstand: Zahlungskredit, Sachkredit, Haftungskredit;
- der Zweck: Allzweckkredite, zweckgebundene Kredite (zB Baukredit, Investitionskredit, Betriebsmittelkredit, Sanierungskredit, Förderkredit, Exportkredit, Konsumentenkredit);
- der Umfang: Großkredit, Kleinkredit, Mikrokredit;
- die Abrufbarkeit: Einmalvalutierung, revolvierender Kredit;
- die Fälligkeit: Kündigungskredit, Ratenkredit, Endfälligkeit;
- die Besicherung: besicherter und unbesicherter Personalkredit, Realkredit (Immobiliardarlehen, Mobiliardarlehen);
- die Laufzeit: kurzfristiger Kredit (unter 1 Jahr), mittelfristiger Kredit (1 Jahr bis zu unter 5 Jahren), langfristiger Kredit (5 Jahre und länger);[11]
- die Gegenleistung: entgeltlicher (insbesondere verzinslicher, dabei Unterscheidung: Festzinssatz, variabler Zinssatz), unentgeltlicher Kredit;
- die Form: formloser Kredit, schriftlicher Kredit, Darlehensschuldschein, Schuldverschreibung;
- die Umlauffähigkeit: unverbriefter Kredit, verbriefter Kredit.

Einige der wichtigsten Kreditformen werden im Folgenden überblicksartig eingeführt. Als Unterscheidungsmerkmale dienen vor allem Inhalt und Zweck des Kreditvertrags. Die Darstellung der Kreditformen ist geordnet nach Kreditnehmern (→ Rn. 9–18), ausgewählten Sonderformen des Darlehens (→ Rn. 19–34), Geldeinlagen (→ Rn. 35–39) und Bankkrediten (→ Rn. 40–49). 8

2. Kreditnehmer

a) Unternehmenskredite. Kredite an Unternehmen gem. § 14 BGB, gleich ob der Unternehmensträger eine Gesellschaft oder natürliche Person ist, sind weniger starken Eingriffen in die Privatautonomie ausgesetzt als Verbraucherkredite.[12] Allerdings bestehen **Sonderregeln für spezifische Kreditformen.** Nach deutschem Recht begebene Schuldverschreibungen zur Unternehmensfinanzierung fallen beispielsweise in den Anwendungsbereich des Schuldverschreibungsgesetzes (SchVG) von 2009.[13] Hinzu kommt die Bedeutung des **Unternehmens- und Unternehmensinsolvenzrechts.** So sehen etwa § 39 Abs. 1 Nr. 5, Abs. 4, 5 und § 135 InsO besondere Regeln für Gesellschafterdarlehen an haftungsbeschränkte Gesellschaften vor.[14] 9

---

[8] BankR-HdB/*Pamp* § 75 Rn. 4; BeckOGK BGB/*Binder* § 488 Rn. 4.

[9] *Lwowski/Tetzlaff* WM 2000, 761 (762).

[10] BankR-HdB/*Pamp* § 75 Rn. 5.

[11] Die genaue Beschreibung der Zeiträume in Praxis und Literatur variiert.

[12] → Rn. 11 ff.

[13] Gesetz über Schuldverschreibungen aus Gesamtemissionen v. 31.7.2009, BGBl. I 2009, 2512, in Kraft getreten am 5.8.2009.

[14] Dazu Uhlenbruck/*Hirte/Praß* § 39 Rn. 32 ff., 58 ff. und § 135 Rn. 7 ff.

10 Während im Großkundengeschäft der Kreditinstitute intensiver Gebrauch von der grundsätzlichen Gestaltungsfreiheit gemacht wird, ist im Geschäft mit kleinen und mittelgroßen Firmenkunden eine Tendenz zur Standardisierung und Formalisierung des Kreditgeschäfts festzustellen. Häufig verwendet werden die Musterverträge der in London ansässigen Loan Market Association (LMA).[15] Kommen vorformulierte Vertragsklauseln im deutschen Recht zum Einsatz greift das **AGB-Recht** gem. §§ 305 ff. BGB, aufgrund der Einschränkung in § 310 Abs. 1 S. 1 und 2 BGB allerdings in eingeschränkter Kontrollstärke.

11 **b) Verbraucherkredite.** Kredite zwischen Unternehmern gem. § 14 BGB als Kreditgebern (insbesondere Kreditinstituten) und Verbrauchern gem. § 13 BGB als Kreditnehmern unterliegen wegen den typischerweise bestehenden **Informationsasymmetrien** und der unterschiedlichen Verhandlungsmacht ausgleichenden Regeln. Beginnend mit dem Abzahlungsgesetz (AbzG) von 1894[16] greift der nationale und der europäische Gesetzgeber zunehmend in die Privatautonomie ein.[17] Durch das Schuldrechtsmodernisierungsgesetz wurde das Verbraucherkreditgesetz (VerbrKrG) von 1990[18] mit Wirkung zum 1.1.2002 aufgehoben und in das BGB überführt. Die Wohnimmobilienkredit-Richtlinie[19] wurde durch Gesetz vom 11.3.2016[20] in das deutsche Recht überführt.

12 Die Bedeutung des **Verbraucherkreditrechts** kommt in der aktuellen Fassung des BGB durch besondere, neu eingefügte[21] Zwischenüberschriften zum Ausdruck: „Besondere Vorschriften für Verbraucherdarlehensverträge" enthalten die §§ 491–505 BGB. „Finanzierungshilfen zwischen einem Unternehmer und einem Verbraucher" regeln die §§ 506–509 BGB. „Ratenlieferungsverträge zwischen einem Unternehmer und einem Verbraucher" werden durch die Vorschrift des § 510 BGB normiert. „Beratungsleistungen zwischen einem Unternehmer und einem Verbraucher" werden in § 511 BGB besonderen Regeln unterworfen. Hinzu kommen die verbraucherschützenden Regeln in §§ 358–360 BGB über Verträge, bei denen die Lieferung einer Ware oder die Erbringung einer anderen Dienstleistung mit einem Verbraucherdarlehen verbunden ist (verbundene Verträge). Die Vermittlung von Verbraucherdarlehensverträgen und entgeltlichen Finanzierungshilfen ist in §§ 655a–655e BGB geregelt.[22]

13 Auf Verbraucherkredite findet neben den spezifisch auf das Kreditrecht zugeschnittenen Normen auch das **allgemeine Verbraucherschutzrecht** Anwendung. Zu beachten sind namentlich die Vorschriften für allgemeine Geschäftsbedingungen (AGB) in §§ 305–310 BGB sowie das Recht der besonderen Vertriebsformen in §§ 312–312k BGB. Dort finden sich verbraucherschützende Normen für außerhalb von Geschäftsräumen geschlossene Verträge und Fernabsatzverträge (§§ 312b–312h) sowie den elektronischen Geschäftsverkehr (§ 312i–312j BGB). Zur Bewältigung der **COVID-19-Pandemie** hat der Gesetzgeber mit Wirkung vom 1.4.2020 in Art. 240 § 3 EGBGB besondere Regelungen zum Darlehensrecht getroffen. Die Regelungen gelten zunächst nur für Verbraucherdarlehensverträge, können jedoch gem. Art. 240 § 3 Abs. 8 und § 4 EGBGB durch die Bundesregierung im Wege einer Verordnung sowohl in personeller als auch in zeitlicher Hinsicht erweitert werden. Art. 240 EGBGB tritt am 30.9.2022 außer Kraft.

---

[15] Näher Staudinger/*Freitag* § 488 Rn. 17.

[16] Gesetz betreffend die Abzahlungsgeschäfte v. 16.5.1894, RGBl. S. 450.

[17] Einen Überblick gibt *Schnauder* WM 2014, 783 (786 ff.).

[18] Verbraucherkreditgesetz v. 17.12.1990, BGBl. I 1990, 2840, in Kraft getreten am 1.1.1991.

[19] RL 2014/17/EU des Europäischen Parlaments und des Rates v. 4.2.2014 über Wohnimmobilienkreditverträge für Verbraucher und zur Änderung der RL 2008/48/EG und 2013/36/EU und der VO (EU) Nr. 1093/2010, Abl. EU L 60/34.

[20] Gesetz zur Umsetzung der Wohnimmobilienkreditrichtlinie und zur Änderung handelsrechtlicher Vorschriften v. 11.3.2016, BGBl. I 2016, 396, in Kraft getreten am 21.3.2016.

[21] Beginnend mit dem Gesetz zur Umsetzung der Verbraucherkreditrichtlinie, des zivilrechtlichen Teils der ZDRL sowie zur Neuordnung der Vorschriften über das Widerrufs- und Rückgaberecht (VerbrKrRL-UG) v. 29.7.2009, BGBl. I 2009, 2355.

[22] Dazu *Habersack/Schürnbrand* WM 2003, 261 ff.

Die starke Regulierung des Verbraucherkreditrechts zum einen und die wirtschaftlichen Unterschiede zum anderen haben in der Bankpraxis zu einer **Trennung der Bereiche Verbraucherkredite und Unternehmenskredite** geführt.[23] Das Verbraucherkreditgeschäft ist als Teil des Privatkundengeschäfts stärker standardisiert und formalisiert. Individuelles Aushandeln der nicht unmittelbar auf die Leistungsgegenstände bezogenen Vertragsbestimmungen kommt nur selten vor. Das standardisierte Verbraucherkreditgeschäft wird vielmehr als produktorientiertes Massengeschäft geführt. 14

c) Kredite an die öffentliche Hand. Der Finanzierungsbedarf der öffentlichen Hand, insbesondere des Bundes, der Länder, der Kommunen und der öffentlich-rechtlichen Bindungen unterliegenden Einrichtungen und Betriebe, hat **besondere Kreditformen** hervorgebracht. Kredite an den Bund, ein rechtlich unselbstständiges Sondervermögen des Bundes oder eines Landes, ein Land, eine Gemeinde oder einen Gemeindeverband gelten gem. § 21 Abs. 2 Nr. 1 KWG wegen der unterstellten Bonität nicht als Kredite iSv §§ 15–18 KWG, was eine aufsichtsrechtliche Privilegierung zur Folge hat. 15

Als **Kommunal- bzw. Körperschaftskredit** werden Kredite an Körperschaften des öffentlichen Rechts, insbesondere die Gebietskörperschaften (Bund, Länder und Gemeinden) und auch die EU-Mitgliedstaaten, bezeichnet.[24] Es wird zwischen **Investitionskrediten** für längerfristig angelegte Investitionen und Krediten zur kürzerfristigen Liquiditätssicherung **(Kassenkredite)** unterschieden.[25] Bürgerkredite als Finanzierungsmodell der Kommunen sehen sich erheblichen rechtlichen Hürden, insbesondere des KWG, ausgesetzt.[26] 16

Namentlich Bund und Länder finanzieren ihre Haushalte durch die Begebung **öffentlicher Anleihen,** insbesondere Bundeswertpapiere und Schuldverschreibungen, sowie durch Schuldscheindarlehen. Die auf die Finanz- und Wirtschaftskrise folgenden Haushaltskrisen mancher Mitgliedstaaten der Europäischen Union haben in Erinnerung gerufen, dass auch die öffentliche Hand in Liquiditätsschwierigkeiten geraten kann. 17

d) Interbankenkredite. Als **Interbankenkredite** werden Kredite zwischen Kreditinstituten bezeichnet. Gem. Art. 395 Abs. 1 S. 2 der Verordnung über Aufsichtsanforderungen an Kreditinstitute und Wertpapierfirmen[27] darf der Risikopositionswert, der sich aus einem Interbankenkredit ergibt, im Ausgangspunkt den jeweils höheren Wert von entweder 25 % der anrechenbaren Eigenmittel oder 150 Mio. EUR nicht übersteigen. 18

3. Darlehenstypen

a) Immobiliardarlehen. Das Immobiliardarlehen ist ein Gelddarlehen, das durch **Grundpfandrechte** besichert ist. Die als Sicherheit in Frage kommenden Grundpfandrechte sind in §§ 1113–1203 BGB geregelt: Hypothek, Grundschuld, Rentenschuld. Das Immobiliardarlehen wird auch als Immobiliendarlehen, Realdarlehen und Bodenkredit bezeichnet. 19

b) Baugelddarlehen. Das Baugelddarlehen (kurz: Baudarlehen) ist ein **Unterfall des Immobiliardarlehens.** Auch bei dem Baugelddarlehen wird das Gelddarlehen durch ein Grundpfandrecht (Hypothek oder Grundschuld) besichert. Die Besonderheit des Baugelddarlehens besteht darin, dass das Grundpfandrecht an dem zu bebauenden Grundstück eingeräumt wird, und dass der **Zweck** des Darlehens die **Finanzierung des Bauvorhabens** ist. Kein Baugelddarlehen liegt vor, wenn die öffentliche Hand Bauvorhaben durch 20

[23] Staudinger/*Freitag* § 488 Rn. 14.
[24] *Josten* BKR 2006, 133 (134); Claussen/*Erne* Bank- und Börsenrecht S. 297 f.
[25] *Josten* BKR 2006, 133 (134); vgl. § 86 Abs. 1 S. 1 GemO Nordrhein-Westfalen.
[26] *Prehn* DÖV 2011, 174 ff.
[27] VO (EU) Nr. 575/2013 des Europäischen Parlaments und des Rates v. 26.6.2013 über Aufsichtsanforderungen an Kreditinstitute und Wertpapierfirmen und zur Änderung der VO (EU) Nr. 646/2012, Abl. EU L 176/1.

verlorene Zuschüsse fördert,[28] oder das Darlehen vertragsgemäß oder aufgrund eigener Veranlassung des Darlehensgebers zur Tilgung eines Grundstückkaufkredites verwendet wird.[29] Auf Baugelddarlehen findet das Bauforderungssicherungsgesetz (BauFordSiG)[30] Anwendung, das den Zweckzusammenhang zwischen Darlehensgewährung und der Befriedigung der an dem Bauvorhaben Beteiligten durch zivil- und strafrechtliche Normen weiter verstärkt.[31] § 1 Abs. 1 BauFordSiG ist Schutzgesetz im Sinne des § 823 Abs. 2 BGB, so dass die fehlerhafte Verwendung von Baugeld gegenüber ausgefallenen Gläubigern zur Haftung auf Schadensersatz führen kann.[32]

21 **c) Bauspardarlehen.** Das Bauspardarlehen ist ein Gelddarlehen, das **Bausparkassen** Bausparern auf der Grundlage erbrachter Einlagen und angesammelter Beträge für wohnungswirtschaftliche Maßnahmen gewähren (§ 1 Abs. 1 S. 1 BausparkG).[33] **Bausparer** ist, wer mit einer Bausparkasse einen Vertrag schließt, durch den er nach Leistung von Bauspareinlagen einen Rechtsanspruch auf Gewährung eines Bauspardarlehens erwirbt (Bausparvertrag, § 1 Abs. 2 S. 1 BausparkG). Die Höhe des Bauspardarlehens ergibt sich aus der Differenz zwischen Bausparsumme und Bausparguthaben.[34] Das Bauspardarlehen ist wie das Baugelddarlehen ein zweckgebundenes Tilgungsdarlehen, das ebenfalls in den Anwendungsbereich des BauFordSiG fallen kann.[35]

22 **d) Wohnbauförderungsdarlehen.** Wohnbauförderungsdarlehen (auch Wohnungsbauförderungsdarlehen) sind zinsgünstige oder zinslose Darlehen der öffentlichen Hand zur Förderung des Wohnungsbaus an Personen, die sich am Markt nicht angemessen mit Wohnraum versorgen können und auf Unterstützung angewiesen sind.[36] Wird einem Bauherren aus öffentlichen Mitteln ein Wohnbauförderungsdarlehen infolge falscher Angaben gewährt, kann der Schaden des Darlehensgebers schon in der Eingehung der Darlehensverpflichtung gegenüber dem nicht förderungswürdigen Bauherrn bestehen.[37] Ein Schadensersatzanspruch, insbesondere gem. § 826 BGB, kommt deshalb selbst dann in Betracht, wenn dem gewährten Darlehen gleichwertige Rückzahlungsforderungen des Darlehensgebers gegenüber stehen.

23 **e) Lombarddarlehen.** Lombarddarlehen sind Darlehen, die durch **Pfandrechte an beweglichen Sachen oder Rechten** besichert sind. Pfandrechte an beweglichen Sachen sind in §§ 1204–1259 BGB, Pfandrechte an Rechten in §§ 1273–1296 BGB normiert. Mit Blick auf die unterschiedliche Werthaltigkeit der Sicherheiten im Zeitverlauf haben Lombarddarlehen typischerweise eine kürzere Laufzeit als Immobiliardarlehen. Der Begriff Lombarddarlehen wird etymologisch auf dessen Entwicklung durch Kaufleute aus der italienischen Region Lombardei zurückgeführt.

24 Ein Sonderfall des Lombarddarlehens ist der im Pachtkreditgesetz (PachtkredG)[38] geregelte **Pachtkredit.** Der Pachtkredit zeichnet sich gem. § 1 Abs. 1 PachtkredG dadurch aus, dass der Pächter eines landwirtschaftlichen Grundstücks an dem ihm gehörenden Inventar einem Kreditinstitut zur Sicherung eines ihm gewährten Darlehens ein Pfandrecht ohne Besitzübertragung bestellt. Als **Lombarddarlehen im weiteren Sinne** werden Geldkredite bezeichnet, die nicht durch ein Pfandrecht, sondern im Wege einer Sicherungsübereignung oder Sicherungszession besichert werden.[39] Sämtliche hier beschriebe-

---

[28] OLG Dresden Grundeigentum 1999, 904 f.
[29] BGH NJW-RR 1989, 788.
[30] Gesetz über die Sicherung der Bauforderungen v. 1.6.1909, RGBl. I S. 449, BGBl. III/FNA 213-2.
[31] Näher Palandt/*Weidenkaff* Vor § 488 Rn. 16; BeckOGK BGB/*Binder* § 488 Rn. 30 ff.
[32] BGH NJW-RR 2002, 740 (nur bei Vorsatz); 1990, 88.
[33] Gesetz über Bausparkassen idF der Bekanntmachung v. 15.2.1991, BGBl. I 1991, 454.
[34] Staudinger/*Mülbert* § 488 Rn. 538.
[35] → Rn. 20.
[36] Vgl. § 1 WoFG.
[37] BGH NJW-RR 2015, 275.
[38] Pachtkreditgesetz vom 5.8.1951, BGBl. I S. 494.
[39] Staudinger/*Mülbert* § 488 Rn. 500.

nen Lombarddarlehen sind ein Unterfall des **Mobiliardarlehens,** das eine Sicherung durch Mobilien in jeder Form kennzeichnet.

f) Unechtes Factoring. Während das echte Factoring überwiegend als Forderungskauf eingeordnet wird, ist das unechte Factoring nach herrschender Ansicht als Darlehensvertrag zu qualifizieren.[40] **Echtes Factoring** liegt vor, wenn der Factor die Forderungen des Kunden endgültig ankauft und damit das Risiko der Zahlungsunfähigkeit der Drittschuldner übernimmt.[41] Der Kunde darf den diskontierten Gegenwert, den der Factor für die angekauften Forderungen zahlt, endgültig behalten. **Unechtes Factoring** ist dadurch gekennzeichnet, dass der Factor in erster Linie Befriedigung aus der abgetretenen Forderung suchen muss, sich bei dem Ausfall des Drittschuldners aber an den abtretenden Kunden halten kann.[42] Die Abtretung der Forderungen des Kunden an den Factor erfolgt also nur erfüllungshalber zur Erfüllung des Darlehensrückzahlungsanspruchs.[43] 25

g) Mieterdarlehen. Das Mieterdarlehen ist ein Gelddarlehen, das der Mieter dem Vermieter mit Blick auf das **Mietverhältnis** gewährt. Bei solchen Zahlungen des Mieters an den Vermieter ist durch Auslegung zu ermitteln, ob es sich um eine Vorauszahlung der Miete oder einen Finanzierungsbeitrag zu Bau- oder Einrichtungskosten handelt,[44] der auf die Miete anrechenbar ist oder in Form einer verminderten Miete berücksichtigt wird. Die Rückzahlung des Mieterdarlehens kann im Wege der Aufrechnung gegen die fällig werdenden Mietforderungen vereinbart werden. Bei der Auslegung ist auch zu bedenken, dass es sich um einen Darlehensvertrag handeln kann, der in keinem rechtlichen Zusammenhang mit dem Mietverhältnis steht.[45] Bei öffentlich geförderten Wohnungen unterliegen Mieterdarlehen Beschränkungen nach dem Wohnungsbindungsgesetz (WoBindG).[46] 26

h) Brauereidarlehen. Das Brauereidarlehen schließt ein Gastwirt als Darlehensnehmer mit einer Brauerei als Darlehensgeberin in Verbindung mit einem längerfristigen **Bierlieferungsvertrag,** der regelmäßig eine Ausschließlichkeitsbindung und häufig eine Mindestabnahmeverpflichtung enthält.[47] Das Darlehen ist in der Regel gebunden für den Zweck, die Gaststätte zu erwerben, zu errichten, instandzuhalten oder mit Inventar auszustatten.[48] Zusammen handelt es sich um einen einheitlichen **typengemischten Vertrag,**[49] wobei die Pflichten zum Bierbezug und zum Zurverfügungstellen des Darlehens regelmäßig im Gegenseitigkeitsverhältnis (Synallagma) stehen.[50] Wirtschaftlich bezweckt die Brauerei eine längerfristige Förderung des Absatzes der Bierproduktion, während der Gastwirt die Liquidität für Erwerb, Errichtung, Instandhaltung oder Ausstattung der Gaststätte nutzt und vergünstigte Zinsen erwartet. Der Darlehensnehmer darf die Bezugsbindung in der Regel nicht durch eine vorzeitige Darlehenstilgung beenden.[51] Die Rückzahlung des Darlehens 27

---

[40] BGH NJW 1987, 1878 (1879) = BGHZ 100, 353; 1972, 1715 = BGHZ 58, 364; Derleder/Knops/Bamberger/*Derleder* Deutsches und europäisches Bank- und Kapitalmarktrecht § 12 Rn. 24; **aA** Theewen/*Scharff* Bank- und Kapitalmarktrecht S. 660 f., der sowohl das echte als auch das unechte Factoring als Forderungskauf einordnet.

[41] BGH NJW 1987, 1878 (1879) = BGHZ 100, 353.

[42] BGH NJW 1972, 1715 = BGHZ 58, 364.

[43] BGH NJW 1972, 1715 = BGHZ 58, 364; BankR-HdB/*Martinek/Omlor* § 102 Rn. 48 *Canaris* NJW 1981, 249 (250 f.).

[44] Vgl. BGH NJW 1995, 2282 (2283).

[45] BGH NJW 2003, 1317 (1318).

[46] Gesetz zur Sicherung der Zweckbestimmung von Sozialwohnungen idF der Bekanntmachung v. 13.9.2001, BGBl. I 2001, 2404.

[47] MüKoBGB/*Berger* Vor § 488 Rn. 30.

[48] Staudinger/*Freitag* § 488 Rn. 96; MüKoBGB/*Berger* Vor § 488 Rn. 30.

[49] Vgl. BGH NJW-RR 1993, 562 – Darlehens- und Getränkelieferungsvertrag; NJW 2001, 2331 = BGHZ 147, 279 – Darlehens-, Kauf- und Bierlieferungsvertrag.

[50] BGH NJW 2001, 2331 (2332) = BGHZ 147, 279; NJW-RR 2001, 987 (988).

[51] Derleder/Knops/Bamberger/*Derleder* Deutsches und europäisches Bank- und Kapitalmarktrecht § 12 Rn. 38; zur vorzeitigen Beendigung wegen der Insolvenz des Lieferanten BGH NJW 2001, 1136 ff.

erfolgt häufig über einen Aufschlag auf den Bierbezugspreis.[52] Die Bierbezugsverpflichtung wird nicht selten durch eine Personal- oder Realsicherheit abgesichert.

28 **i) Partiarisches Darlehen.** Das partiarische Darlehen ist ein Gelddarlehen, bei dem die **Vergütung** für die Überlassung des Darlehens nicht betragsmäßig fixiert, sondern **erfolgsbezogen** vereinbart ist.[53] Der Zins ist also nicht in feststehenden, periodischen Zahlungen zu leisten, sondern berechnet sich als Anteil an dem von dem anderen Teil erwirtschafteten Umsatz oder Gewinn.[54] Zusätzlich kann eine Pflicht zur Zahlung festgelegter Zinsen vereinbart werden.[55] Das partiarische Darlehen ist insbesondere von der stillen Gesellschaft abzugrenzen. Das Abgrenzungsbedürfnis ergibt sich aus der Anwendbarkeit von AGB-Recht nur auf den Darlehensvertrag (§ 310 Abs. 4 S. 1 BGB), wegen des unterschiedlichen Leistungsstörungsrechts und möglicher Unterschiede der Verlustbeteiligung (§ 231 Abs. 1 HGB).[56]

29 Maßgebliches Abgrenzungskriterium ist der **gemeinsame Zweck** der Gesellschaft, der bei dem partiarischen Darlehen **fehlt.**[57] Die Abgrenzung ist auf der Grundlage einer Gesamtwürdigung des Vertragszwecks und der wirtschaftlichen Umstände des Rechtsgeschäfts vorzunehmen.[58] Die von den Parteien verwendeten Bezeichnungen sind nur ein Anhaltspunkt.[59] **Für eine Gesellschaft** sprechen die Einräumung von Verwaltungsrechten,[60] insbesondere die Einräumung von Informations- und Kontrollrechten gem. § 233 HGB,[61] die Möglichkeit der Einflussnahme auf die Geschäftsführung,[62] eine Verlustbeteiligung,[63] die Einschränkung der Kündigungsmöglichkeit bei Fortsetzung des Vertrags nach Ablauf der Bindungsfrist,[64] die Beschränkung der Beteiligungsübertragung[65] und die Einräumung von Zustimmungsvorbehalten für Grundlagenentscheidungen (Änderungen des Unternehmensgegenstands, Veräußerung oder Verpachtung des Unternehmens, Einstellung des Gewerbebetriebs).[66] **Für ein Darlehen** sprechen die Vereinbarung eines (sofortigen) Kündigungsrechts,[67] eine Festvergütung ohne Verlustbeteiligung,[68] die Garantie eines Mindestgewinns,[69] die Einschränkung von Überwachungsrechten[70] und die Einräumung von Kreditsicherheiten.[71] Die Vereinbarung von Abschluss- und Verwaltungsentgelten kommt sowohl bei partiarischen Darlehen als auch bei stillen Gesellschaften vor und ist daher wenig aussagekräftig für die Abgrenzung.[72]

---

[52] MüKoBGB/*Berger* Vor § 488 Rn. 30.
[53] MüKoBGB/*Schäfer* Vor § 705 Rn. 107.
[54] MüKoBGB/*Schäfer* Vor § 705 Rn. 107.
[55] Palandt/*Weidenkaff* Vor § 488 Rn. 20.
[56] Zur Abgrenzung des partiarischen Darlehens aus Sicht des Steuerrechts *Helios/Birker* BB 2011, 2327 ff.
[57] BGH NJW 1995, 192 = BGHZ 127, 176; 1992, 2696 f.; 1990, 573 (574); WM 1965, 1052 (1053); EBJS/*Gehrlein* HGB § 230 Rn. 76.
[58] BGH WM 1965, 1052 (1053); NJW 1990, 573 (574).
[59] BGH NJW 1995, 192 = BGHZ 127, 176; RGZ 92, 292 f.
[60] BGH NJW 1992, 2696 (Mitwirkung wie ein Geschäftsführer); 1990, 573 (574) (Zustimmungserfordernis bei Kontoverfügungen).
[61] BGH NJW 1995, 192 = BGHZ 127, 176.
[62] BGH NJW 1995, 192 (193) = BGHZ 127, 176.
[63] BGH WM 1965, 1052 (1053).
[64] BGH NJW 1995, 192 = BGHZ 127, 176.
[65] BGH NJW 1995, 192 = BGHZ 127, 176.
[66] BGH NJW 1995, 192 = BGHZ 127, 176.
[67] BGH WM 1965, 1052 (1053); Derleder/Knops/Bamberger/*Derleder* Deutsches und europäisches Bank- und Kapitalmarktrecht § 12 Rn. 34.
[68] Derleder/Knops/Bamberger/*Derleder* Deutsches und europäisches Bank- und Kapitalmarktrecht § 12 Rn. 34.
[69] BGH WM 1965, 1052 (1053); NJW 1990, 573 (574).
[70] Derleder/Knops/Bamberger/*Derleder* Deutsches und europäisches Bank- und Kapitalmarktrecht § 12 Rn. 34.
[71] BGH NJW 1995, 192 = BGHZ 127, 176.
[72] BGH NJW 1995, 192 = BGHZ 127, 176.

j) Arbeitgeberdarlehen. Das Arbeitgeberdarlehen ist ein Darlehen, das ein Arbeitgeber dem Arbeitnehmer oder einem Dritten (zB Familienangehörigen, Verwandten) mit Blick auf das **Arbeitsverhältnis** einräumt. In der Rechtsprechung sind beispielsweise Arbeitgeberdarlehen zum Erwerb von Aktien der Muttergesellschaft[73] und in Form eines Baudarlehens zu Sonderzinskonditionen[74] dokumentiert. Die Rück- und Zinszahlung wird häufig im Wege der Aufrechnung gegen die Lohnforderung vereinbart. Der Arbeitgeber kann durch das Arbeitgeberdarlehen eine Bindung an den Betrieb erreichen oder in dieser Form eine zusätzliche Vergütung gewähren (Zinssatz unter Marktniveau, Verzicht auf Vorfälligkeitszinsen und Sicherheiten).[75] Die Beendigung des Arbeitsverhältnisses stellt ohne weiteres weder einen wichtigen Grund zur außerordentlichen Kündigung des Darlehens dar (§ 314 BGB) noch entfällt dadurch die Geschäftsgrundlage des Darlehensvertrags (§ 313 BGB).[76] Für den Fall einer vorzeitigen Beendigung des Arbeitsverhältnisses dürfen jedoch höhere Zinsen vereinbart werden.[77] 30

k) Konsortialdarlehen. Ein Konsortialdarlehen (auch syndiziertes Darlehen genannt) ist ein großvolumiger Darlehensvertrag zwischen einer **Mehrzahl von Darlehensgebern** (Konsortium: Gemeinschaft) und einem Darlehensnehmer bzw. – etwa im Fall eines Konzerns – einer Mehrzahl an Darlehensnehmern.[78] Häufig schließen sich die Konsorten zudem zur gemeinschaftlichen Verwaltung und Verwertung der Sicherheiten für das Konsortialdarlehen zusammen **(Sicherheitenpool).** Konsortialdarlehen kommen zum Einsatz, um Kreditvolumen zu bewältigen, die einzelne Kreditinstitute insbesondere aus Gründen der Risikosteuerung nicht gewähren wollen. Das Konsortium kann originär bei dem Erstabschluss des Darlehensvertrags gebildet werden oder nachträglich, beispielsweise zur Steuerung einer Konzern- oder Unternehmenssanierung. Nach herrschender Ansicht in Rechtsprechung und Literatur sind das Kreditkonsortium und der vertragliche Sicherheitenpool als **Gesellschaft bürgerlichen Rechts** zu qualifizieren.[79] Tritt dem Darlehensnehmer gegenüber nur ein ausschließlich im eigenen Namen handelnder Darlehensgeber auf, handelt es sich um eine Innengesellschaft; treten sämtliche Darlehensgeber gegenüber dem Darlehensnehmer nach außen hin auf, was auch in Form einer Vertretung durch den Konsortialführer geschehen kann, liegt eine Außengesellschaft vor.[80] 31

l) Schuldscheindarlehen. Schuldscheindarlehen sind **großvolumige, mittel- und langfristige Darlehen** von Kapitalsammelstellen an Unternehmen und die öffentliche Hand.[81] Sie werden typischerweise von einer Bank oder einem Finanzmakler (Arranger) bei institutionellen und Großanlegern, namentlich Versicherungsunternehmen, platziert (sog Durchhandeln).[82] Bei der Platzierung im seltenen **direkten System** beschränkt sich der Arranger auf die Vermittlung, so dass der Darlehensvertrag unmittelbar zwischen den Darlehensgebern und dem Darlehensnehmer zustande kommt.[83] Hier greifen die Handelsmaklervorschriften gem. §§ 93 ff. HGB.[84] Bei der Platzierung im häufigen **indirekten System** schließt der Arranger unmittelbar mit dem Kreditnehmer einen Darlehensvertrag ab und reicht das Darlehen in der Regel vor Valutierung in Teilbeträgen an die Endkredit- 32

[73] BAG NZA 2006, 545 ff.
[74] BAG NZA 1999, 1212 f.
[75] BAG NZA 2006, 545 (547); Palandt/*Weidenkaff* § 611 Rn. 92.
[76] BAG NZA 1993, 936 (938).
[77] BAG NZA 1999, 1212 f.
[78] Eingehend zu internationalen Konsortialdarlehen *Walgenbach/Castor* in Kap. 16.
[79] Zum Konsortialdarlehen: KG NJW 1957, 1880 (1881); MüKoBGB/*Schäfer* Vor § 705 Rn. 58; *Einsele* Bank- und Kapitalmarktrecht § 4 Rn. 59; zum Sicherheitenpool: BGH WM 1993, 265 (266); MHdb GesR Band 1/*Schaffelhuber/Sölch* § 31 Rn. 9.
[80] Staudinger/*Freitag* § 488 Rn. 79; Thöne/*Kapteina* Praxiswissen Bankrecht S. 438 f.
[81] Baumbach/*Hopt* HGB (7) Bankgesch Rn. G/24; zum Mustervertrag der Loan Market Association *Woesch/Dietrich* BKR 2019, 399.
[82] Staudinger/*Mülbert* § 488 Rn. 556.
[83] MüKoBGB/*Berger* Vor § 488 Rn. 53.
[84] Baumbach/*Hopt* HGB § 93 Rn. 5.

geber weiter (Abtretung, Vertragsübernahme).[85] Schuldscheindarlehen sind häufig besichert, etwa mittels Grundpfandrechten, wobei Treuhandkonstruktionen genutzt werden. Als Beweisurkunde wird ein Schuldschein ausgestellt,[86] der die (Teil-)Abtretung von Darlehensforderungen erleichtert. Allerdings kann auf die Ausstellung des Schuldscheins auch verzichtet werden.[87] In der Großkreditpraxis konkurriert das Schuldscheindarlehen mit den Schuldverschreibungen und Konsortialdarlehensverträgen.

33 **m) Sachdarlehen.** Durch den Sachdarlehensvertrag wird der Darlehensgeber verpflichtet, dem Darlehensnehmer eine oder mehrere **vertretbare Sachen** zu überlassen. Der Darlehensnehmer ist verpflichtet, dafür ein Entgelt zu zahlen und bei Fälligkeit Sachen gleicher Art, Güte und Menge zurückzuerstatten. Das Schuldrechtsmodernisierungsgesetz hat die ehemals zusammenhängenden Regelungen des Darlehens aufgespalten. Das Sachdarlehen ist jetzt in **§§ 607–609 BGB** normiert, das Gelddarlehen in §§ 488–505 BGB. Das Sachdarlehen unterscheidet sich von Leihe, Miete und Kauf (in den Formen Wiederkauf, Wiederverkauf, Rückkauf) dadurch, dass nicht eine bestimmte Sache an den Sachdarlehensgeber zurückzugeben ist.[88] Ein Sachdarlehen kann vorliegen, wenn Einheitsflaschen bei dem Kauf von Getränken in das Eigentum des Käufers übergehen sollen mit der Verpflichtung, Flaschen gleicher Art, Güte und Menge zurückzugeben.[89] Um ein Sachdarlehen handelt es sich auch dann, wenn sich der Darlehensgeber verpflichtet, statt eines Geldbetrags eine **Kryptowährung** wie Bitcoin zur Verfügung zu stellen.[90] Die Anwendung des Gelddarlehensrechts scheitert daran, dass § 488 Abs. 1 S. 1 BGB das Zurverfügungstellen eines Geldbetrags voraussetzt und Kryptowährungen rechtlich kein Geld sind.[91]

34 Ein Sachdarlehensvertrag und nicht eine Leihe liegt in der Regel bei der **Wertpapierleihe** vor, da hier nicht die bestimmten Wertpapiere zurückzuerstatten sind, sondern nur artgleiche Stücke.[92] Die Wertpapierleihe dient insbesondere der Bewältigung von Risiken aus Börsentermingeschäften.[93] Häufig werden dabei die Wertpapiere auf Anweisung des Kunden direkt zur Erfüllung von Lieferverpflichtungen an einen Dritten übereignet.[94] Die Wertpapierleihe wird auch nach dem Rahmenvertrag für Wertpapierdarlehen[95] als Darlehensvertrag behandelt.

4. Geldeinlagen

35 **a) Überblick.** Einlagen sind fremde Gelder, die Kreditinstitute als **Einlagen oder andere unbedingt rückzahlbare Gelder des Publikums** annehmen, sofern der Rückzahlungsanspruch nicht in Inhaber- oder Orderschuldverschreibungen verbrieft wird, ohne Rücksicht darauf, ob Zinsen vergütet werden (§ 1 Abs. 1 S. 2 Nr. 1 KWG). Das Einlagengeschäft dient aus der Perspektive der Bank dem Erwerb und der Bereithaltung von Kapital als Grundlage des Aktivgeschäfts.[96] Das Interesse des Einlegenden richtet sich auf die Aufbewahrung des Geldes und in unterschiedlicher Ausprägung auf das Entgelt für die Zuführung des Kapitals.

---

85 Staudinger/*Mülbert* § 488 Rn. 557.

86 Zum Schuldschein auch im folgenden Kapitel → Kap. 13 Rn. 70.

87 MüKoBGB/*Berger* Vor § 488 Rn. 53.

88 BGH NJW 1956, 298.

89 BGH NJW 1956, 298 f.

90 *Omlor* ZHR 183 (2019) 294 (330); *Langenbucher,* → Kap. 11 Rn. 24.

91 MüKoBGB/*Grundmann* § 245 Rn. 10 ff.; *Steffek,* → Kap. 13 Rn. 22a.

92 MüKoBGB/*Berger* § 607 Rn. 6.

93 Eingehend zu den Einsatzformen der Wertpapierleihe *Bachmann* ZHR 173 (2009) 596 (597 ff.).

94 Derleder/Knops/Bamberger/*Derleder* Deutsches und europäisches Bank- und Kapitalmarktrecht § 12 Rn. 30.

95 Abgedruckt bei Hopt/*Clouth/Vollmuth* Vertrags- und Formularbuch zum Handels-, Gesellschafts- und Bankrecht IV. T.1.

96 BVerwG NJW 1985, 929 (930) = BVerwGE 69, 120; Boos/Fischer/Schulte-Mattler/*Schäfer* KWG § 1 Rn. 36.

Die Einlagen werden in Sichteinlagen, befristete Einlagen und Spareinlagen geschieden. Die Abgrenzungskriterien sind die **Fälligkeit der Gelder** und die **Interessenlage der Parteien** (Kapitalerwerbsinteresse der Bank vs. Entgeltinteresse des Einlegenden).[97] Im Ergebnis findet im Wesentlichen das **Darlehensrecht** Anwendung. Allerdings führt der Weg zum Darlehensrecht teilweise über eine Qualifizierung als unregelmäßiger Verwahrungsvertrag gem. § 700 Abs. 1 S. 1 und 2 BGB. Zeit und Ort der Rückgabe richten sich dabei jedoch gem. § 700 Abs. 1 S. 3 BGB dispositiv nach **Verwahrungsrecht.** Maßgeblich für die Einordnung ist die Auslegung der Willenserklärungen der Parteien.[98] 36

b) Sichteinlagen. Sichteinlagen sind Gelder für die **keine Fälligkeit oder Kündigungsfrist** vereinbart wurde und die deshalb täglich vom Kunden zurückgefordert werden können.[99] Sichteinlagen werden als unregelmäßiger Verwahrungsvertrag eingeordnet, für den gem. § 700 Abs. 1 S. 1 BGB das Darlehensrecht Anwendung findet.[100] Die Qualifizierung als unregelmäßiger Verwahrungsvertrag wird damit begründet, dass die Gelder anders als bei dem Verwahrungsvertrag in das Eigentum der Bank übergehen und die Sichteinlage anders als bei dem Darlehen nicht überwiegend dem Interesse der empfangenden Bank, sondern dem Verwahrungsinteresse des Hinterlegers dient.[101] 37

c) Befristete Einlagen. Befristete Einlagen unterscheiden sich von den Sichteinlagen dadurch, dass eine Fälligkeit **(Festgelder)** oder Kündigungsfrist **(Kündigungsgelder)** vereinbart wurde.[102] Hier rückt das Entgeltinteresse des Kunden stärker in den Vordergrund, so dass die befristeten Einlagen nicht als unregelmäßiger Verwahrungsvertrag, sondern als Darlehensvertrag, mit der Bank in der Rolle der Darlehensnehmerin und dem Kunden in der Position des Darlehensgebers, verstanden werden.[103] 38

d) Spareinlagen. Spareinlagen sind eine **Sonderkategorie der befristeten Einlagen in Form der Kündigungsgelder.** Ihre besonderen Eigenschaften ergeben sich aus § 21 Abs. 4 Kreditinstituts-Rechnungslegungsverordnung (RechKredV).[104] Danach sind Spareinlagen unbefristete Gelder, die folgende vier Voraussetzungen erfüllen: (1) Sie sind durch Ausfertigung einer Urkunde, insbesondere eines Sparbuchs, als Spareinlagen gekennzeichnet; (2) sie sind nicht für den Zahlungsverkehr bestimmt; (3) sie werden nicht von Kapitalgesellschaften, Genossenschaften, wirtschaftlichen Vereinen, Personenhandelsgesellschaften oder von Unternehmen mit Sitz im Ausland mit vergleichbarer Rechtsform angenommen;[105] (4) sie weisen eine **Kündigungsfrist von mindestens drei Monaten** auf. Sparbedingungen, die dem Kunden das Recht einräumen, über seine Einlagen mit einer Kündigungsfrist von drei Monaten bis zu einem bestimmten Betrag, der jedoch pro Sparkonto und Kalendermonat 2.000 EUR nicht überschreiten darf, ohne Kündigung zu verfügen, schließen gem. § 21 Abs. 4 S. 2 RechKredV deren Einordnung als Spareinlagen nicht aus. 39

5. Bankkredite

a) Krediteröffnungsvertrag. Ein Kredit kann isoliert, auf der Grundlage eines selbstständigen Vertrags gewährt werden oder in einen Krediteröffnungsvertrag eingebettet sein. Der **Krediteröffnungsvertrag** eröffnet dem Kreditnehmer das Recht, von dem Kredit- 40

[97] Vgl. MüKoBGB/*Berger* Vor § 488 Rn. 48 ff.
[98] S. etwa LG Ulm ZIP 2015, 463 (466 ff.) zu einer Sonderform des Sparvertrags.
[99] BGH NJW 1982, 2193 (2194) = BGHZ 84, 371; 1994, 318 = BGHZ 124, 254.
[100] BGH NJW 1994, 318; BGH NJW-RR 2012, 502 f.; *Einsele* Bank- und Kapitalmarktrecht S. 46.
[101] Palandt/*Sprau* § 700 Rn. 1.
[102] MüKoBGB/*Berger* Vor § 488 Rn. 68; Soergel/*Seifert* Vor § 488 Rn. 90.
[103] BGH NJW-RR 2012, 502.
[104] VO über die Rechnungslegung der Kreditinstitute und Finanzdienstleistungsinstitute idF v. 11.12.1998, BGBl. I 1998, 3658.
[105] Es sei denn, diese Unternehmen dienen gemeinnützigen, mildtätigen oder kirchlichen Zwecken oder es handelt sich bei den von diesen Unternehmen angenommenen Geldern um Sicherheiten gem. § 551 BGB.

geber Kredit bis zu der vereinbarten Höhe und unter den vereinbarten Bedingungen abzurufen.[106] Der Krediteröffnungsvertrag ist ein Rahmenvertrag und Dauerschuldverhältnis.[107] Der Krediteröffnungsvertrag kann sowohl auf die Gewährung von Zahlungskredit als auch auf die Einräumung von Haftungskredit gerichtet sein.[108] Der **Abruf** ist ein einseitiges Gestaltungsrecht des Kreditnehmers.[109] Der Anspruch auf das Zurverfügungstellen des Kredits, beispielsweise auf Auszahlung des Darlehens, entsteht erst durch den Abruf.[110] Die innerhalb des Kreditrahmens abgerufenen Kredite sind rechtlich grundsätzlich getrennt zu behandeln.[111]

41 Der Krediteröffnungsvertrag ist grundsätzlich ein **formfreier Vertrag.** Üblicherweise wird er aber schriftlich unter Verwendung der allgemeinen Geschäftsbedingungen der Banken abgeschlossen. Für Verbraucherdarlehen schreibt § 492 Abs. 1 BGB **Schriftform** vor.[112]

42 **b) Kontokorrentkredit.** Der Kontokorrentkredit wird auf der Grundlage eines **Krediteröffnungsvertrags** und eines **Giro- bzw. Kontokorrentkontos** gewährt.[113] Der Darlehensnehmer kann über den Kreditrahmen **(Dispositionskredit)** insbesondere durch Auszahlung oder durch Überweisung verfügen. Die Abrufe des Kontokorrentkredits und damit die Überziehungen des Kontos können beliebig häufig sein (revolvierender Kredit).[114] Der Kontokorrentkredit wird nicht mit einer bestimmten Laufzeit oder festgelegten Tilgungsleistung vereinbart.[115] Der Rückzahlungsanspruch der Bank setzt die Kündigung des Kontokorrentkredits voraus. In der Bankpraxis sind Kontokorrentkredite häufig, da Girobzw. Kontokorrentkonten oft mit einer Krediteröffnung verbunden werden. Die Volumina der Kontokorrentkredite bewegen sich daher im Bereich der Ratenkredite.[116] Der Darlehensvertrag kommt häufig durch einen Antrag der Bank auf dem Kontoauszug und der Annahme des Kunden durch Inanspruchnahme zustande.[117]

43 **c) Geduldeter Überziehungskredit.** Der geduldete Überziehungskredit unterscheidet sich von dem Dispositionskredit durch den **Zeitpunkt,** in dem sich Bank und Kunde über die Gewährung eines Darlehens einigen. Der Dispositionskredit beruht auf einem Krediteröffnungsvertrag, den Bank und Kunde vor dem Abruf des Kredits abschließen.[118] Bei dem geduldeten Überziehungskredit erfolgt die **Einigung im Moment der Inanspruchnahme des Darlehens** (Handdarlehen[119]). Geduldete Überziehungen finden häufig anlässlich der Honorierung von Auszahlungs- oder Überweisungsverlangen des Kunden ohne zugrundeliegende Deckung statt. Dabei orientieren sich die Banken an internen Kreditlinien. Rechtlich ist die geduldete Überziehung als Darlehensvertrag gem. §§ 488 ff. BGB zu qualifizieren.[120] Überzieht der Kunde das Konto ohne Einwilligung der Bank, weil diese die Inanspruchnahme nicht abweisen konnte, liegt kein Überziehungskredit, sondern eine Vertragsverletzung des Girovertrags vor.[121] Für Verbraucherdarlehen enthält § 505 BGB besondere Vorschriften für den geduldeten Überziehungskredit.[122]

---

[106] Baumbach/*Hopt* HGB (7) Bankgeschäfte Rn. G/2; *Schwintowski* Bankrecht Kap. 14 Rn. 55.
[107] BGH NJW 1982, 1810 (1811) = BGHZ 83, 76.
[108] BankR-HdB/*Pamp* § 77 Rn. 2; zu Zahlungs- und Haftungskrediten → Rn. 4 ff.
[109] BGH NJW 2004, 1444 (1445); Baumbach/*Hopt* HGB (7) Bankgeschäfte Rn. G/3; *Canaris* Bankvertragsrecht Rn. 1204.
[110] BGH NJW 2001, 1937.
[111] BankR-HdB/*Pamp* § 77 Rn. 1; Palandt/*Weidenkaff* Vor § 488 Rn. 24.
[112] Näher *Roth,* Kap. 15 § 492 BGB.
[113] Palandt/*Weidenkaff* Vor § 488 Rn. 25.
[114] Baumbach/*Hopt* HGB (7) Bankgeschäfte Rn. G/20.
[115] BankR-HdB/*Pamp* § 75 Rn. 10.
[116] BankR-HdB/*Pamp* § 75 Rn. 8.
[117] Näher im folgenden Kapitel → Kap. 13 Rn. 14.
[118] → Rn. 40.
[119] Dazu im folgenden Kapitel → Kap. 13 Rn. 4.
[120] BGH NJW 1985, 1218 (1219) = BGHZ 93, 315.
[121] Staudinger/*Mülbert* § 488 Rn. 493.
[122] Dazu näher *Roth* in Kap. 15 § 505 BGB.

d) Ratenkredit. Der Ratenkredit ist ein Darlehensvertrag, in dem die **Rückzahlung** des Darlehens durch einheitliche **Raten** zu festgelegten Zeitpunkten vereinbart ist.[123] Der Ratenkredit wird auch als **Teilzahlungskredit** bezeichnet. Es ist üblich, Zinsen und Kreditentgelte in die Raten einzuberechnen. Für Verbraucherdarlehen enthält § 498 BGB Einschränkungen des Kündigungsrechts des Darlehensgebers im Fall des Zahlungsverzugs.[124] Insbesondere bei Unternehmensdarlehen ist durch Auslegung zu ermitteln, ob die festgelegten Zeitpunkte fest vereinbart wurden oder nur unverbindliche Zielvorgaben darstellen. 44

e) Kontokorrentratenkredit. Der Kontokorrentratenkredit **verbindet** die Form des **Kontokorrentkredits**[125] mit der Rückzahlungsregelung des **Ratenkredits.**[126] Der Bankkunde ist demnach berechtigt, auf Grundlage seines Einlagenkontos einen vorvereinbarten Kreditrahmen revolvierend auszuschöpfen. Allerdings wird regelmäßig eine Mindestrückzahlungsrate für bestimmte Zeiträume (beispielsweise pro Monat) vereinbart. Darüber hinaus kann der Kunde den Kontokorrentratenkredit jederzeit zurückführen, muss dies aber nicht. Bei Verbrauchern greifen die Schutzbestimmungen in §§ 498 und 497 Abs. 2 S. 1 BGB.[127] 45

f) Forwarddarlehen. Das Forwarddarlehen ist ein Darlehensvertrag, bei dem der Darlehensnehmer die **Auszahlung** des Darlehens innerhalb eines festgelegten, an den Vertragsschluss anschließenden Zeitraums **in der Zukunft** verlangen kann.[128] Der Zeitraum zwischen Vertragsschluss und Auszahlung wird als Forwardzeit (Vorlaufzeit) bezeichnet.[129] Der Zweck des Forwarddarlehens besteht in einer **Festschreibung des Zinsniveaus** für die Zukunft.[130] Damit will sich der Darlehensnehmer ein aktuelles, günstiges Zinsniveau sichern. Der Darlehensgeber verlangt dafür eine bei Vertragsabschluss oder Auszahlung fällige Prämie oder einen Aufschlag auf den Zinssatz. 46

g) Akzeptkredit. Der Akzeptkredit ist ein grundsätzlich auf 3 Monate befristeter, häufig zur Finanzierung von Warengeschäften eingesetzter **Haftungskredit.** Die **Bank akzeptiert den auf sie gezogenen Wechsel** und verschafft dem Kunden wegen ihrer wechselrechtlichen Haftung so eine Kreditbasis.[131] Der Kunde erlangt Liquidität dadurch, dass er das Akzept entweder bei dem akzeptleistenden Kreditinstitut oder bei einem anderen Institut diskontiert. Alternativ kann der akzeptierte Wechsel auch an Gläubiger erfüllungshalber oder als Sicherheit weitergereicht werden. 47

Der Akzeptkredit ist entweder als Geschäftsbesorgungsvertrag oder als Darlehensvertrag zu qualifizieren.[132] Die Abgrenzung richtet sich danach, ob die Bank lediglich den Haftungskredit gewährt (dann **Geschäftsbesorgungsvertrag**) oder darüber hinaus auch den Geldkredit zur Verfügung stellt (dann **Darlehen**).[133] 48

h) Avalkredit. Als Avalkredit oder Aval wird eine **Bürgschaft** bezeichnet, die das Kreditinstitut im Auftrag und für die Rechnung des Kunden gegenüber dessen Gläubiger übernimmt.[134] Der Avalkredit ist ein **Haftungskredit.** In dem Avalkreditvertrag verpflichtet sich das Kreditinstitut zur Bestellung der Bürgschaft, der Kunde zur Zahlung der Avalprovision.[135] 49

---

[123] Palandt/*Weidenkaff* Vor § 488 Rn. 27.
[124] Dazu näher *Roth* in Kap. 15 § 498 BGB.
[125] → Rn. 42.
[126] → Rn. 44.
[127] Palandt/*Weidenkaff* Vor § 488 Rn. 28.
[128] Eingehend zum Forwarddarlehen *Peters/Wehrt* WM 2003, 1509 ff.
[129] *Peters/Wehrt* WM 2003, 1509.
[130] *Rösler* WM 2000, 1930.
[131] Staudinger/*Mülbert* § 488 Rn. 580; zum Unterschied zwischen Haftungs- und Geldkredit → Rn. 4 ff.
[132] BGH NJW 1956, 586 f. = BGHZ 19, 282.
[133] Eingehend Staudinger/*Mülbert* § 488 Rn. 581 ff.
[134] *Krepold/Fischbeck* Bankrecht S. 115; BeckOGK BGB/*Binder* § 488 Rn. 52.
[135] BankR-HdB/*Peters* § 65 Rn. 29.

Der Avalkreditvertrag ist regelmäßig kein Vertrag zugunsten Dritter (§ 328 Abs. 1 BGB), sondern ein entgeltlicher Geschäftsbesorgungsvertrag gem. § 675 BGB zwischen Kreditinstitut und Kunde.[136] Die Übernahme von Avalkrediten ist Teil des in § 1 Abs. 1 S. 2 Nr. 8 KWG definierten **Garantiegeschäfts** der Kreditinstitute.

V. Finanzierungshilfen

1. Entgeltlicher Zahlungsaufschub

50 Ein entgeltlicher Zahlungsaufschub gem. § 506 Abs. 1 BGB liegt vor, wenn der Unternehmer im Rahmen eines entgeltlichen Vertrags dem Verbraucher eine **hinausgeschobene Fälligkeit** der Gegenleistung einräumt und dafür einen vermögenswerten Vorteil **(Teilzahlungsaufschlag)** erhält.[137]

2. Finanzierungsleasing

51 Zu den in § 506 Abs. 1 BGB genannten sonstigen Finanzierungshilfen zählt das Finanzierungsleasing, auf das § 506 Abs. 1, 2 und 4 BGB Anwendung finden.[138] Ein Finanzierungsleasingvertrag ist ein Leasingvertrag, bei dem der Leasingnehmer für die **Vollamortisation** der von dem Leasinggeber eingegangenen Aufwendungen und Kosten einsteht.[139]

3. Teilzahlungsgeschäft

52 Teilzahlungsgeschäfte sind gem. § 506 Abs. 3 BGB Verträge, die die Lieferung einer bestimmten Sache oder die Erbringung einer bestimmten anderen Leistung gegen **Teilzahlungen** zum Gegenstand haben. Teilzahlungsgeschäfte sind in § 506 Abs. 3, 4 und §§ 507, 508 BGB besonders geregelt.[140]

53 Die Teilzahlungsgeschäfte sind von dem Ratenlieferungsvertrag abzugrenzen, der kein Kreditvertrag ist. Ein **Ratenlieferungsvertrag** ist gem. § 510 Abs. 1 S. 1 BGB ein Vertrag, (1) der die Lieferung mehrerer als zusammengehörend verkaufter Sachen in Teilleistungen zum Gegenstand hat und bei dem das Entgelt für die Gesamtheit der Sachen in Teilzahlungen zu entrichten ist, (2) der die regelmäßige Lieferung von Sachen gleicher Art zum Gegenstand hat oder (3) der die Verpflichtung zum wiederkehrenden Erwerb oder Bezug von Sachen zum Gegenstand hat.

---

[136] BGH NJW-RR 2018, 1136 (1138); BGH NJW 1984, 2088 f.; Baumbach/*Hopt* HGB (7) Bankgesch Rn. G/27.
[137] Palandt/*Weidenkaff* Einf. v. § 488 Rn. 5.
[138] Dazu näher *Roth* in Kap. 15 § 506 BGB.
[139] Palandt/*Weidenkaff* Einf. v. § 535 Rn. 39; Fischer/Klanten/*Kern* Bankrecht Rn. 9.365.
[140] Dazu eingehend *Roth* in Kap. 15 §§ 506 ff. BGB.

13. Kapitel: Darlehensvertrag – Vertragstypische Pflichten beim Darlehensvertrag – § 488 BGB

Schrifttum: *Ady,* Die „unechte Abschnittsfinanzierung" nach der Umsetzung der Verbraucherkreditrichtlinie, WM 2010, 1305; *Aleth/Böhle,* Neue Transaktionsformen als Folge der Finanzmarkt-/Wirtschaftskrise – Handels-, gesellschafts- und insolvenzrechtliche Aspekte, DStR 2010, 1186; *Allmendinger/Dorn/Lang/Lumpp/Steffek* (Hrsg.), Corporate Governance nach der Finanz- und Wirtschaftskrise – Vorbilder und Ziele eines modernen Wirtschaftsrechts, 2011; Bankrecht und Bankpraxis, hrsg. von *Höche/Piekenbrock/Siegmann,* Stand September 2019; *Binder/Ettensberger,* „Automatischer" Negativzins bei darlehensvertraglichen Zinsänderungsklauseln im Niedrigzinsumfeld? – Vertragsauslegung und Lösungsansätze, WM 2015, 2069; *Eudzikiewicz,* Die Verjährung im neuen Darlehensrecht, WM 2003, 264; *Bunte/Zahrte,* AGB-Banken, AGB-Sparkassen, Sonderbedingungen, 5. Aufl. 2019; *Canaris,* Bankvertragsrecht, Erster Teil, *Staub,* Großkommentar, 4. Aufl. 1988; *Canaris,* Der Zinsbegriff und seine rechtliche Bedeutung, NJW 1978, 1891; *Casper/Möllers,* Kennt der Darlehensvertrag nur Zinsen? – Überlegungen anlässlich der aktuellen Debatte um die AGB-rechtliche Zulässigkeit von Bearbeitungsentgelten, BKR 2014, 59; *Claussen* (Begr.), Bank- und Börsenrecht, 5. Aufl. 2014; *Derleder,* Schadensersatzansprüche der Banken bei Nichtabnahme der Darlehensvaluta, JZ 1989, 165; *Derleder/Knops/Bamberger (Hrsg.),* Deutsches und europäisches Bank- und Kapitalmarktrecht, 3. Aufl. 2017; *Derleder/Wosnitza,* Auskunftspflichten der Banken beim Teilzahlungskredit, ZIP 1990, 901; *Doralt,* Langzeitverträge, 2018; *Einsele,* Bank- und Kapitalmarktrecht – Nationale und Internationale Bankgeschäfte, 4. Aufl. 2018; *Dörr,* Die vertragliche Haftung der kreditgewährenden Bank für ein Aufklärungsverschulden, MDR 2014, 571; *Emmerich,* Der Verzug bei Ratenkrediten und kein Ende, WM 1986, 541; *Engert,* Die Haftung für drittschädigende Kreditgewährung, 2005; *Fielenbach,* Zur Haftung des Bürgen für Bereicherungsverbindlichkeiten, WM 2011, 2349; *Fischer/Klanten* (Hrsg.), Bankrecht – Grundlagen der Bankpraxis, 4. Aufl. 2010; *Fleckner,* Insolvenzrechtliche Risiken bei Asset Backed Securities, ZIP 2004, 585; *Fleischer,* Aktienrechtliche Zweifelsfragen der Kreditgewährung an Vorstandsmitglieder, WM 2004, 1057; *Flume,* Allgemeiner Teil des Bürgerlichen Rechts, Band 2: Das Rechtsgeschäft, 4. Aufl. 1992; *Freitag,* Die Geldschuld im europäischen Privatrecht, AcP 213 (2013), 128; *ders.,* Negativzinsen im Einlagengeschäft, ZBB 2018, 269; *Haas/Fischera,* Gleichstellung von öffentlich-rechtlichen mit privatrechtlichen Kreditinstituten bei der Abtretung von Darlehensforderungen, NZG 2010, 457; *Haertlein,* Die AGB-rechtliche Bewertung von Darlehensentgelten in Bausparverträgen, WM 2014, 198; *Heer,* Die Übertragung von Darlehensforderungen – Eine systematische Übersicht, BKR 2012, 45; *Herweg/Fürtjes,* Bearbeitungsentgeltklauseln von Banken gegenüber Unternehmern, ZIP 2015, 1261; *Hingst/Neumann,* Die zivilrechtliche Einordnung eines nur scheinbar neuen geldpolitischen Phänomens BKR 2016, 95; *Höche,* Kreditverkäufe – Das Ende des Schuldnerschutzes im Kreditrecht?, in: FS Nobbe, 2009, 317; *Hopt* (Hrsg.), Vertrags- und Formularbuch zum Handels-, Gesellschafts- und Bankrecht, 4. Aufl. 2013; *Hopt,* Rechtspflichten der Kreditinstitute zur Kreditversorgung, Kreditbelassung und Sanierung von Unternehmen, ZHR 143 (1979) 139; *Hopt/Mülbert,* Kreditrecht: Bankkredit und Darlehen im deutschen Recht, 1989; *Horn,* Der Wuchereinwand bei gewerblichen Darlehen und im internationalen Finanzmarkt, BKR 2006, 1; *Keim,* Der unwirksame Darlehensvertrag – Gefahr für den Verkäufer bei Kaufpreisabwicklung mittels Finanzierungsvollmacht?, DNotZ 2009, 245; *Keßler/Herzberg,* Vertragliche Neben- und Schutzpflichten im Rahmen eines Darlehensvertrages, BB 2009, 1145; *Knops,* Die Ersatzkreditnehmerstellung, WM 2000, 1427; *Knops,* Neuregelungen zum Kredithandel durch das Risikobegrenzungsgesetz: Kein großer Wurf, VuR 2009, 286; *Köndgen,* Darlehen, Kredit und finanzierte Geschäfte nach neuem Schuldrecht – Fortschritt oder Rückschritt?, WM 2001, 1637; *Krepold/Fischbeck/Kropf/Werner,* Bankrecht – Konto, Zahlungsverkehr, Darlehensvertrag, Kreditsicherheiten, Wertpapierberatung, 2. Aufl. 2009; *Kropf,* Der Auszahlungsabschlag bei Förderkrediten, BKR 2015, 60; *Kümpel/Mülbert/Früh/Seyfried* (Hrsg.), Bank- und Kapitalmarktrecht, 5. Aufl. 2019; *Langenbucher,* Kredithandel nach dem Risikobegrenzungsgesetz, NJW 2008, 3169; *Madaus,* Mithaftung für die Darlehensrückzahlung – Schuldbeitritt oder Vertragspartnerschaft?, WM 2003, 1705; *Mankowski,* Schuldnerverzug und Gläubigerspekulation, WM 2009, 921; *Medicus,* „Geld muss man haben" – Unvermögen und Schuldnerverzug bei Geldmangel, AcP 88 (1988), 489; *Merkel,* AGB-rechtliche Inhaltskontrolle von Bankentgelten im Geschäftsverkehr mit Unternehmern, in: FS Nobbe, 2009, 141; *Metz,* Variable Zinsen: Präzisierung bei § 315 BGB erforderlich?, BKR 2010, 265; *Mugdan,* Materialien zum Bürgerlichen Gesetzbuch, Band 2: Recht der Schuldverhältnisse, 1899; *Mülbert,* Das verzinsliche Darlehen – Konsensualvertrag statt Realkontrakt – oder: synallagmatisches Entgelt statt akzessorischer Zinsen, AcP 192 (1992), 447; *Mülbert,* Die Auswirkungen der Schuldrechtsmodernisierung im Recht des „bürgerlichen" Darlehensvertrags, WM 2002, 465; *Nobbe,* Zulässigkeit von Bankentgelten, WM 2008, 185; *Omlor,* Kryptowährungen im Geldrecht, ZHR 183 (2019) 294; *Reifner,* Die Höhe der Entschädigung bei vorfälliger Tilgung von Immobiliarkrediten, WM 2009, 1773; *Reifner,* Zinsberechnung im Recht, AcP 214 (2014), 695; *Rieble,* Ansprüche des Darlehensgebers bei Verzug des Darlehensnehmers, ZIP 1988, 1027; *Rösler/Sauer,* Zinsänderungsklauseln im Kreditgeschäft, in: FS Nobbe, 2009, 437; *Schimansky/Bunte/Lwowski* (Hrsg.), Bankrechts-Handbuch, 5. Aufl. 2017; *Schmidt,* Geldrecht – Geld, Zins und Währung im deutschen Recht, 1983; *Schnapp/Rixen,* Die Unzulässigkeit der Aufnahme von Krediten durch die gesetzlichen Krankenkassen, BKR

2006, 360; *Schnauder,* Der Kreditvertrag im Wandel der Zeit, WM 2014, 783; *Schwintowski,* Bankrecht, 5. Aufl. 2017; *Staub,* Großkomm. HGB, 1988; *Stöhr,* Zeitpunkt des Darlehensvertragsschlusses vor dem Hintergrund des § 172 Abs. 1 BGB, WM 2009, 928; *Stürner,* Verkauf und Abtretung von Darlehensforderungen, ZHR 173 (2009), 363; *Suendorf-Bischof,* Negative Zinsen bei Sicht-, Termin- und Spareinlagen im Geschäft der Kreditinstitute mit Verbrauchern, BKR 2019, 279; *Theewen* (Hrsg.), Bank- und Kapitalmarktrecht – Handbuch für Fachanwaltschaft und Bankpraxis, 2010; *Thole,* Gläubigerbenachteiligung und Gläubigerbegünstigung unter § 826 BGB – Zur Dritthaftung von Kreditgebern wegen sittenwidrigen Verhaltens, WM 2010, 685; *Thöne* (Hrsg.), Praxiswissen Bankrecht, 2011; *Verse,* Das Gesetz zur Bekämpfung von Zahlungsverzug im Geschäftsverkehr, ZIP 2014, 1809; *von Wilmowsky,* Darlehensnehmer in Insolvenz – Teil I, WM 2008, 1189; *Tröger,* Vertragsrechtliche Fragen negativer Zinsen auf Einlagen, NJW 2015, 657; *Weber,* Schadensersatz wegen unberechtigter Kündigung von Darlehensverträgen, DStR 2014, 213; *Werhahn,* Der Kreditvertrag in der Umwandlung, 2007; *Wimmer,* Zinsanpassung bei variablen Darlehen: Eignung alternativer Referenzzinssätze, WM 2008, 2237; *Wimmer/Rösler,* Zinsanpassungsklauseln: Praxisfragen zur BGH-Rechtsprechung, WM 2011, 1788; *Zimmermann,* Bankrecht in der Praxis, 2008.

§ 488 BGB Vertragstypische Pflichten beim Darlehensvertrag

(1) [1]**Durch den Darlehensvertrag wird der Darlehensgeber verpflichtet, dem Darlehensnehmer einen Geldbetrag in der vereinbarten Höhe zur Verfügung zu stellen.** [2]**Der Darlehensnehmer ist verpflichtet, einen geschuldeten Zins zu zahlen und bei Fälligkeit das zur Verfügung gestellte Darlehen zurückzuzahlen.**

(2) **Die vereinbarten Zinsen sind, soweit nicht ein anderes bestimmt ist, nach dem Ablauf je eines Jahres und, wenn das Darlehen vor dem Ablauf eines Jahres zurückzuzahlen ist, bei der Rückzahlung zu entrichten.**

(3) [1]**Ist für die Rückzahlung des Darlehens eine Zeit nicht bestimmt, so hängt die Fälligkeit davon ab, dass der Darlehensgeber oder der Darlehensnehmer kündigt.** [2]**Die Kündigungsfrist beträgt drei Monate.** [3]**Sind Zinsen nicht geschuldet, so ist der Darlehensnehmer auch ohne Kündigung zur Rückzahlung berechtigt.**

Übersicht

I. Zustandekommen des Darlehensvertrags

1. Rechtsnatur

1 Der Darlehensvertrag gem. § 488 Abs. 1 BGB ist ein **gegenseitiger Vertrag,** der den Darlehensgeber verpflichtet, dem Darlehensnehmer einen Geldbetrag (das Darlehen) zur Verfügung zu stellen, und den Darlehensnehmer verpflichtet, einen Zins zu zahlen und das Darlehen bei Fälligkeit zurückzuzahlen. Fehlt abweichend von diesem Regeltypus eine synallagmatische Verzinsungsabrede liegt nur ein **zweiseitiger Vertrag** vor.[1] Eine besondere Herausforderung für die Fortentwicklung der Rechtsnatur des Darlehensvertrags hat sich in jüngerer Zeit aus dem Aufkommen von Negativzinsen[2] und Kryptowährungen[3] ergeben.

2 Der Darlehensvertrag ist ein **Dauerschuldverhältnis,** da das Darlehen für einen gewissen Zeitraum verschafft und überlassen wird.[4] Daher finden die besonderen Grundsätze der Dauerschuldverhältnisse Anwendung. Nach Auszahlung der Valuta tritt an die Stelle des Rücktrittsrechts gem. § 323 BGB das Recht zur Kündigung, insbesondere gem. § 314 BGB aus wichtigem Grund.[5] Aus der Rechtsnatur als Dauerschuldverhältnis ergeben sich gesteigerte Nebenpflichten zur Rücksichtnahme, etwa bei der Ausübung von Kündigungsrechten oder der Verwertung von Sicherheiten.[6]

3 Der Darlehensvertrag ist ein **Konsensualvertrag,** der durch übereinstimmende Willenserklärungen gem. §§ 130 ff., 145 BGB zustande kommt.[7] Nach der Reform des Darlehens-

[1] MüKoBGB/*Berger* § 488 Rn. 8; Staudinger/*Freitag* § 488 Rn. 21.
[2] → Rn. 63a.
[3] → Rn. 22a.
[4] AllgA; s. nur BGH NJW 2002, 2866 (2867); 1978, 947 (948); Derleder/Knops/Bamberger/*Derleder* Deutsches und europäisches Bank- und Kapitalmarktrecht § 12 Rn. 1; *Doralt* Langzeitverträge S. 52.
[5] MüKoBGB/*Berger* Vor § 488 Rn. 12; das Kündigungsrecht gem. § 314 BGB besteht neben dem außerordentlichen Kündigungsrecht gem. § 490 BGB (s. dort Abs. 3).
[6] OLG Köln ZIP 1995, 1668 (1669 f.); MüKoBGB/*Berger* Vor § 488 Rn. 12; *Canaris* Bankvertragsrecht Rn. 118 ff.
[7] Erman/*Saenger* Vor § 488 Rn. 3; MüKoBGB/*Berger* § 488 Rn. 2; BeckOGK BGB/*Binder* § 488 Rn. 9.

rechts durch das zum 1.1.2002 in Kraft getretene Schuldrechtsmodernisierungsgesetz[8] kommt die Konsensualnatur deutlich im Wortlaut des § 488 BGB zum Ausdruck („Darlehensvertrag“, „vereinbarten Höhe“, „vereinbarten Zinsen“). Die Konstruktion als **Realvertrag,** dessen Zustandekommen neben der rechtsgeschäftlichen Einigung die Übergabe und Übereignung der Darlehensvaluta voraussetzt,[9] ist überholt.[10]

4 Das **Handdarlehen,** bei dem der Empfang der Valuta zeitlich mit der Vereinbarung des Rechtsgrundes als Darlehen zusammenfällt, fügt sich zwanglos in das Verständnis des Darlehensvertrags als Konsensualvertrag ein.[11] Während die Realvertragstheorie die Figur des Vorvertrags dazu nutzte, um das Darlehensversprechen zu bewältigen, hat der Vorvertrag nach der Konsensualvertragstheorie einen anderen Inhalt. Der **Vorvertrag** ist eine verpflichtende, noch ausfüllungsbedürftige Vereinbarung, und verpflichtet den Darlehensgeber im Grundsatz nicht zur Auszahlung, sondern nur zum Abschluss des Darlehensvertrags.[12]

5 Der Darlehensvertrag kann **originär** als solcher gem. §§ 488 ff. BGB abgeschlossen werden oder aus der **Umgestaltung** eines anderen Vertragsverhältnisses hervorgehen. Eine solche Umgestaltung des Kausalverhältnisses liegt etwa vor, wenn die aus einem gegenseitigen Vertrag – beispielsweise einem Kauf-, Werk- oder Pachtvertrag – resultierende Geldschuld in eine Darlehensschuld umgewandelt wird. Das erfordert eine Vereinbarung der Vertragsparteien, die insbesondere von der bloßen **Stundung** und dem **Schuldanerkenntnis** abzugrenzen ist.

2. Vertragsparteien

6 **a) Darlehensgeber.** Darlehensgeber ist, wer gem. § 488 Abs. 1 S. 1 BGB verpflichtet ist, dem Darlehensnehmer einen Geldbetrag in der vereinbarten Höhe zur Verfügung zu stellen, und gem. § 488 Abs. 1 S. 2 BGB berechtigt ist, das zur Verfügung gestellte Darlehen zurückzufordern und ggf. den geschuldeten Zins einzufordern. Entscheidend für die Einordnung ist der durch Auslegung zu ermittelnde **rechtsgeschäftliche Wille der Vertragsparteien,** nicht die Herkunft der finanziellen Mittel.[13] Demgemäß sind Vereinbarungen möglich, nach denen die Valuta von einem Dritten gem. § 267 BGB zur Verfügung gestellt werden, ohne dass dieser dadurch zum Darlehensgeber wird.[14]

7 Bei Förderkrediten der **öffentlichen Hand** ist die Bank auch dann Darlehensgeberin, wenn die Bank im eigenen Namen, aber auf Rechnung der jeweiligen öffentlichen Institution handelt und deren Förderrichtlinien bei der Vertragsgestaltung zu beachten hat.[15] Anders verhält es sich bei öffentlichen Förderkrediten, wenn das Kreditinstitut nur als Zahlstelle fungiert, und das Darlehensvertragsverhältnis nach dem Willen der Parteien direkt zwischen der öffentlichen Hand und dem Darlehensnehmer begründet wird.[16]

8 **b) Darlehensnehmer.** Darlehensnehmer ist, wer gem. § 488 Abs. 1 S. 1 BGB berechtigt ist, das Zurverfügungstellen eines Geldbetrags zu verlangen, und gem. § 488 Abs. 1 S. 2 BGB verpflichtet ist, das zur Verfügung gestellte Darlehen bei Fälligkeit zurückzuzah-

---

[8] Gesetz zur Modernisierung des Schuldrechts v. 29.11.2001 (BGBl. I 2001, 3138).

[9] Soergel/*Seifert* Vor § 488 Rn. 11; Derleder/Knops/Bamberger/*Derleder* Deutsches und europäisches Bank- und Kapitalmarktrecht § 12 Rn. 3, 7; *Schnauder* WM 2014, 783 (785).

[10] Eingehend zur geschichtlichen Entwicklung Staudinger/*Freitag* § 488 Rn. 9 ff.; Einordnung des Gelddarlehens als Realvertrag etwa in RGZ 108, 146 (150); 71, 113 (117).

[11] Jauernig/*Berger* § 488 Rn. 7; s. aber *Köndgen* WM 2001, 1637 (1641 f.); *Schnauder* WM 2014, 783 (785 f.).

[12] MüKoBGB/*Berger* § 488 Rn. 16 f.; Soergel/*Seifert* § 488 Rn. 39.

[13] BGH WM 1965, 901 (904); Staudinger/*Freitag* § 488 Rn. 118.

[14] RG JW 1913, 264; MüKoBGB/*Berger* § 488 Rn. 11.

[15] MüKoBGB/*Berger* § 488 Rn. 11; zur Anwendbarkeit der sog. Zwei-Stufen-Theorie auf öffentliche Förderdarlehen BGH NJW 2000, 1042 f.; Derleder/Knops/Bamberger/*Derleder* Deutsches und europäisches Bank- und Kapitalmarktrecht § 12 Rn. 39.

[16] Vgl. § 491 Abs. 2 Nr. 5 BGB; eingehend zu staatlichen Finanzhilfen Staudinger/*Mülbert* § 488 Rn. 775 ff.

len und ggf. den geschuldeten Zins zu zahlen. Maßgeblich ist auch hier die Auslegung der **Willenserklärungen der Vertragsparteien.**[17] Die wirtschaftlichen Umstände, insbesondere der Fluss der Darlehensvaluta, sind ein Auslegungskriterium unter anderen. Darlehensnehmer kann deshalb auch derjenige sein, der die Bank in seinem eigenen Interesse anweist, die Valuta an einen Dritten auszuzahlen.[18]

c) Mehrere Vertragsparteien. Eine Mehrheit von Vertragsparteien kann sowohl in Form mehrerer Darlehensgeber als auch in Form mehrerer Darlehensnehmer auftreten. **Mehrere Darlehensgeber** sind insbesondere bei Konsortialkrediten anzutreffen.[19] Sofern nicht abweichend vereinbart sind mehrere Darlehensgeber nicht Gesamtgläubiger gem. § 428 BGB, sondern Mitgläubiger gem. § 432 BGB.[20] 9

Mehrere Darlehensnehmer sind im Zweifel Gesamtschuldner gem. §§ 421, 427 BGB.[21] Danach ist jeder Mitdarlehensnehmer zur Rückzahlung der gesamten Darlehenssumme und zur Zahlung sämtlicher Zinsen verpflichtet. 10

Bei der Auslegung der Willenserklärungen mehrerer Personen ist insbesondere die **Abgrenzung** des Darlehensvertrags von der **Bürgschaft** und von dem **Schuldbeitritt** zu beachten.[22] Ausgangspunkt der Auslegung ist der Wortlaut des Vertrags. Darüber hinaus ist die Interessenlage der Beteiligten aus der Perspektive eines objektiven Empfängers der jeweiligen Willenserklärung zu berücksichtigen.[23] **Mitdarlehensnehmer** ist regelmäßig nur, wer für den Darlehensgeber erkennbar ein eigenes sachliches oder persönliches Interesse an der Kreditaufnahme hat und im Wesentlichen gleichberechtigt über die Auszahlung bzw. Verwendung der Darlehensvaluta mitentscheiden darf.[24] Das nachvertragliche Verhalten kann Rückschlüsse auf den Inhalt des Geschäftswillens im Zeitpunkt des Vertragsschlusses erlauben.[25] Der Kreditgeber muss darlegen und beweisen, dass die Voraussetzungen für eine Mitdarlehensnehmerschaft vorliegen. Spricht dafür der Wortlaut des Darlehensvertrags, trifft den Schuldner die sekundäre Beweislast darüber, dass er nicht das für eine Mitdarlehensnehmerschaft notwendige Eigeninteresse an der Aufnahme des Darlehens besaß.[26] Die **gegenseitige Bevollmächtigung** der gesamtschuldnerisch haftenden Darlehensnehmer zur Entgegennahme aller Erklärungen der Bank, hat die Wirkung einer Zugangsfiktion und verstößt gegen den die Gesamtschuld prägenden Grundsatz der Einzelwirkung; sie hält daher § 307 BGB nicht stand.[27] 11

Die sog. **Schlüsselgewalt** gem. § 1357 BGB berechtigt zusammenlebende Ehegatten zu Kreditgeschäften mit Wirkung auch für den anderen Ehegatten zur angemessenen Bedarfsdeckung der Familie.[28] Zur angemessenen Deckung des Lebensbedarfs zählt nicht die Aufnahme eines Darlehens zur Finanzierung eines Hausbaus.[29] Schließt ein Ehegatte im Interesse auch des anderen einen Darlehensvertrag zur Finanzierung eines gemeinsam erworbenen Gegenstands, etwa einer Eigentumswohnung, kann sich ein Ausgleichs- oder Freistellungsanspruch des Darlehensnehmers aus einer (konkludenten) Vereinbarung der 12

[17] Vgl. BGH NJW 1995, 2282 (2283).
[18] BGH NJW 1978, 2294 (2295); MüKoBGB/*Berger* § 488 Rn. 12.
[19] Dazu im vorangehenden → Kap. 12 Rn. 31.
[20] KG MDR 2006, 560.
[21] Palandt/*Weidenkaff* § 488 Rn. 17; BeckOGK BGB/*Binder* § 488 Rn. 77.
[22] BGH WM 1971, 1411 f.; zur Abgrenzung von Mitdarlehensnehmerschaft und Schuldbeitritt *Madaus* WM 2003, 1705 ff.
[23] BGH NJW-RR 2004, 924.
[24] BGH NJW 2009, 2671 (2672); 2005, 973; NJW-RR 2004, 924.
[25] BGH NJW-RR 2004, 924 f.
[26] BGH NJW 2009, 1494 f.
[27] BGH NJW 1989, 2383 f. = BGHZ 108, 98 (noch zu § 9 AGBG).
[28] Palandt/*Brudermüller* § 1357 Rn. 11; die Verfassungsmäßigkeit von § 1357 BGB bejaht BVerfG NJW 1990, 175 f.; **aA** Derleder/Knops/Bamberger/*Derleder* Deutsches und europäisches Bank- und Kapitalmarktrecht § 12 Rn. 22.
[29] LG Aachen NJW-RR 1989, 710.

Eheleute über den Ausgleich im **Innenverhältnis** ergeben, auch wenn keine Gesamtschuld vorliegt.[30]

12a Zur **Beteiligung Dritter** → Rn. 99 ff.

3. Vertragsschluss

13 **a) Abschluss.** Der Darlehensvertrag kommt durch **übereinstimmende Willenserklärungen** gem. §§ 130 ff., 145 BGB zustande, die ausdrücklich oder konkludent abgegeben werden können.[31] Bei der Ermittlung des Abschlusswillens des Darlehensgebers sind das Insolvenzrisiko hinsichtlich der Darlehensrückzahlungspflicht des Darlehensnehmers und das Interesse an einer Kreditwürdigkeitsprüfung mit Blick auf den konkreten Darlehensvertrag zu berücksichtigen.[32] Bei der Auslegung der Erklärungen anhand des objektiven Empfängerhorizonts ist zu unterscheiden, ob ein verbindlicher Antrag vorliegt, durch dessen Annahme allein der Darlehensvertrag zustande kommt, oder ob die andere Partei bloß aufgefordert wird, einen Antrag zu machen **(invitatio ad offerendum).**

14 Die Aushändigung oder Übersendung eines **Kreditantrags** durch die Bank ist regelmäßig nur eine invitatio ad offerendum. Die Rückgabe oder Rücksendung des ausgefüllten Antrags ist dann als Antrag, die Unterzeichnung (§ 151 S. 1 BGB) oder Auszahlung des Darlehens als Annahme durch die Bank zu qualifizieren.[33] Die einseitige **Einräumung einer Dispositionskreditlinie** durch die Bank führt nicht zum Abschluss eines Darlehensvertrags. Vielmehr ist die Mitteilung der Dispositionskreditlinie an den Kunden, etwa mit dem Kontoauszug, als Antrag auf Abschluss eines Darlehensvertrags unter Verzicht auf den Zugang der Annahmeerklärung gem. § 151 BGB zu verstehen. Der Vertrag kommt durch die Inanspruchnahme des Darlehens, beispielsweise im Wege der Auszahlung oder Überweisung, zustande.

15 Ein **Term Sheet,** in dem die Bank und der Kunde wesentliche Eckpunkte eines Darlehens festhalten, stellt gem. § 154 Abs. 1 BGB keinen Vertragsabschluss dar, wenn die Parteien sich noch nicht über alle Punkte geeinigt haben, über die nach der Erklärung auch nur einer Partei eine Vereinbarung getroffen werden soll (offener Einigungsmangel). Ein Vorvertrag liegt nur in den seltenen Fällen vor, in denen die Parteien in dem Term Sheet die Pflicht begründen wollen, zu einem späteren Zeitpunkt einen Darlehensvertrag abzuschließen.

16 Möglich ist es auch, dass die Parteien den Darlehensvertrag **aufschiebend bedingt** abschließen (§ 158 Abs. 1 BGB). Das kommt in Betracht, wenn die Durchführbarkeit des zu finanzierenden Geschäfts ungewiss ist, weil etwa die zukünftige Erteilung einer notwendigen Baugenehmigung abzuwarten ist. Ob eine Bedingung vereinbart ist und welchen Inhalt sie hat, ist durch Auslegung der Erklärungen zu ermitteln. Ein maßgeblicher Auslegungsgesichtspunkt ist das erkennbare Interesse des Darlehensnehmers, die Darlehensbedingungen und insbesondere das Zinsniveau verbindlich zu vereinbaren.[34] Die Vereinbarung eines Bereitstellungsentgelts spricht gegen die Vereinbarung einer aufschiebenden Bedingung. Der aufschiebend bedingte Vertragsschluss ist zu unterscheiden von der Vereinbarung einer Auszahlungsvoraussetzung im Rahmen eines unbedingt abgeschlossenen Vertrags.[35]

17 Auch Kreditinstitute unterliegen keinem allgemeinen **Kontrahierungszwang** zum Abschluss von Darlehensverträgen.[36] Anderes kann sich aus Spezialgesetzen ergeben, etwa § 13

---

[30] BGH NJW-RR 2010, 1513 (1514).

[31] Zur Konsensualnatur → Rn. 3 f.

[32] MüKoBGB/*Berger* § 488 Rn. 4.

[33] BankR-HdB/*Pamp* § 76 Rn. 15; zurückhaltender *Stöhr* WM 2009, 928 (929 f.).

[34] Derleder/Knops/Bamberger/*Derleder* Deutsches und europäisches Bank- und Kapitalmarktrecht § 12 Rn. 17.

[35] Bankrecht und Bankpraxis/*Früh*/*Müller-Arends* Rn. 3/14.

[36] BGH NJW 1984, 1893 (1900) = BGHZ 90, 381 (Sanierungskredit); *Hopt* ZHR 143 (1979) 139 (148 f.).

Abs. 1 S. 1 Aufstiegsfortbildungsförderungsgesetz[37] oder § 5 Abs. 1 Saarländisches Hochschulgebührengesetz.[38]

b) Form. Der Darlehensvertrag ist **im Grundsatz formfrei.** Aus den allgemeinen Regeln kann sich jedoch die Formbedürftigkeit ergeben. So kann ein Darlehensvertrag gem. § 139 BGB nach dem Parteiwillen ausnahmsweise mit einem formdürftigen Rechtsgeschäft derart zu einem einheitlichen Geschäft verbunden sein, dass der Darlehensvertrag der Form des anderen Rechtsgeschäfts bedarf.[39] Die im Schrifttum geäußerte These, dass für wichtige Darlehensverträge, insbesondere solche mit großem Volumen oder langer Laufzeit, ein Schriftformerfordernis zu vermuten sei,[40] wird zu Recht bestritten.[41] 18

Für den **Verbraucherdarlehensvertrag** schreibt § 492 Abs. 1 S. 1 BGB mindestens **Schriftform** vor und § 491a BGB enthält vorvertragliche Informationspflichten. Beide Normen gelten gem. § 513 BGB auch für ein Darlehen, das sich eine natürliche Person für die Aufnahme einer gewerblichen oder selbstständigen beruflichen Tätigkeit gewähren lässt, es sei denn, der Nettodarlehensbetrag übersteigt 75.000 EUR **(Existenzgründer).** Soweit der Darlehensnehmer das Darlehen empfängt oder in Anspruch nimmt, wird der Verbraucherdarlehensvertrag jedoch gem. § 494 Abs. 2 S. 1 BGB gültig. 19

c) Gegenstand. Die Willenserklärungen der Parteien müssen zumindest die in § 488 Abs. 1 BGB genannten, vertragsprägenden **Hauptleistungspflichten** enthalten: die Pflicht des Darlehensgebers, das Gelddarlehen zur Verfügung zu stellen, und die Pflicht des Darlehensnehmers, das Darlehen bei Fälligkeit zurückzuzahlen.[42] Es genügt, wenn die Darlehenshöhe bestimmbar ist.[43] Die Parteien können Höchst- oder Mindestbeträge vereinbaren oder die Höhe an einem bestimmten anderen, noch vorzunehmenden Geschäft orientieren.[44] Verteidigt sich der Empfänger der Valuta im Prozess damit, es liege kein Darlehensvertrag, sondern eine Schenkung vor, trifft den Darlehensgeber die **Darlegungs- und Beweislast** für die Vereinbarung der Rückzahlungsverpflichtung.[45] 20

Aus dem Wortlaut von § 488 Abs. 1 und 2 BGB („geschuldeten Zins", „vereinbarten Zinsen") ergibt sich, dass die **Vereinbarung eines Zinses** der privatautonomen Entscheidung der Parteien überlassen ist. Eine Zinszahlungspflicht kann auch aufschiebend bedingt vereinbart werden.[46] § 488 Abs. 3 S. 1 und 2 BGB enthalten dispositive Regeln für den Fall, dass die Parteien keine **Zeit für die Rückzahlung** vereinbaren. 21

Bestehende Darlehensverträge können durch die Parteien nach den allgemeinen Regeln **geändert** werden. In Betracht kommen namentlich die Verlängerung der Laufzeit (Prolongation), die Veränderung der Darlehenshöhe (Erhöhung, Verringerung) und die Anpassung des Zinssatzes. 22

Das Gelddarlehensrecht setzt gem. § 488 Abs. 1 S. 1 BGB das Zurverfügungstellen eines Geldbetrags voraus. **Kryptowährungen** wie Bitcoin haben zwar die wirtschaftliche Funktion von Geld, sind rechtlich jedoch (noch) nicht Geld.[47] Vereinbaren die Parteien das Überlassen einer Kryptowährung handelt es sich deshalb nicht um ein Gelddarlehen, sondern um ein Sachdarlehen gem. § 607 BGB.[48] Demgegenüber spricht nichts gegen die Vereinbarung von **Zinsen in der Form von Kryptowährungen**[49] und privatautonome 22a

[37] Gesetz zur Förderung der beruflichen Aufstiegsfortbildung (Aufstiegsfortbildungsförderungsgesetz – AFBG) idF der Bekanntmachung v. 15.6.2016, BGBl. I 2016, 1450.
[38] Saarländisches Hochschulgebührengesetz v. 20.3.2002, Amtsblatt S. 662.
[39] BGH NJW 1985, 1020 (1021) = BGHZ 93, 264.
[40] MüKoBGB/*Berger* § 488 Rn. 6.
[41] Staudinger/*Freitag* § 488 Rn. 105.
[42] BGH NJW 2016, 2428 (2429); MüKoBGB/*Berger* § 488 Rn. 8; **aA** *Mülbert* AcP 192 (1992) 447 (463).
[43] MüKoBGB/*Berger* § 488 Rn. 8.
[44] Palandt/*Weidenkaff* § 488 Rn. 4.
[45] BGH NJW-RR 2007, 705 (707); WM 1976, 974 (975); ausführlicher → Rn. 75.
[46] BGH NJW 1995, 2282 (2283).
[47] MüKoBGB/*Grundmann* § 245 Rn. 10 ff.; *Langenbucher,* → Kap. 11 Rn. 18 ff.
[48] *Omlor* ZHR 183 (2019) 294 (330); *Langenbucher,* → Kap. 11 Rn. 24.
[49] *Langenbucher,* → Kap. 11 Rn. 24.

Vereinbarungen über die **Erfüllung von Darlehensschulden durch Kryptowährungen.**[50]

23 **d) Einbeziehung von AGB und Werbung.** In der Bankpraxis spielt die Einbeziehung der allgemeinen Geschäftsbedingungen der privaten Banken und Genossenschaften (**AGB-Banken**[51]) und der Sparkassen (**AGB-Sparkassen**[52]) in Darlehensverträge eine erhebliche Rolle. Sie dienen aus der Perspektive der Banken der Ausgestaltung des Darlehensvertrags über die gesetzlichen Regelungen hinaus, der Standardisierung des Darlehensgeschäfts als Massengeschäft[53] und der Stärkung der eigenen Rechtspositionen im Vergleich zum dispositiven Gesetzesrecht. Auf die Einbeziehung und Klauselkontrolle findet das AGB-Recht in §§ 305 ff. BGB Anwendung.[54] Die Formulierung in Nr. 1(1) S. 1 AGB-Banken, „Die Allgemeinen Geschäftsbedingungen gelten für die gesamte Geschäftsverbindung zwischen dem Kunden und den inländischen Geschäftsstellen der Bank", vermag die Einbeziehung der AGB-Banken allein nicht zu begründen. Vielmehr müssen insbesondere die Voraussetzungen von § 305 Abs. 2 BGB für die Einbeziehung erfüllt sein. Danach muss die Bank auf die AGB-Banken hinweisen, dem Kunden die Möglichkeit verschaffen, in zumutbarer Weise von dem Inhalt Kenntnis zu nehmen, und der Kunde muss mit der Geltung der AGB einverstanden sein.

24 Ob der Inhalt von **Werbung** Vertragsbestandteil wird, ist durch Auslegung zu ermitteln. Maßgeblich ist also im Regelfall, ob die Willenserklärungen des Darlehensgebers und des Darlehensnehmers aus der Perspektive eines objektiven Empfängers bestimmte Werbeaussagen zum Vertragsinhalt erhoben haben. Das ist beispielsweise dann der Fall, wenn die Vertragsparteien bei dem Vertragsschluss ein Schlagwort in ihre Willenserklärungen aufnehmen, dessen näherer Inhalt zwar nicht in dem schriftlichen Vertrag, dafür aber in Werbematerialien des Darlehensgebers hinsichtlich der damit einhergehenden Rechte und Pflichte beschrieben wird.[55] Scheitert dies an der AGB-rechtlichen Einbeziehung, kommt eine Bindung des Darlehensgebers nach Treu und Glauben in Betracht.[56]

4. Unwirksamkeit

25 **a) Gesetzliche Verbote.** Der Darlehensvertrag ist nichtig gem. § 134 BGB, wenn er gegen ein gesetzliches Verbot verstößt und sich aus dem Verbotsgesetz nicht etwas anderes ergibt. Entscheidend ist, ob die **Auslegung des Verbotsgesetzes,** insbesondere nach seinem Sinn und Zweck, zu dem Ergebnis führt, dass die Nichtigkeit des Darlehensvertrags gewollt ist. § 134 BGB bezieht sich nur auf inländische Verbotsgesetze.[57]

26 **Nichtigkeit** gem. § 134 BGB liegt beispielsweise in den folgenden Fällen vor: Genossenschaftskredit an ein Mitglied für Einzahlungen auf den Geschäftsanteil entgegen § 22 Abs. 4 S. 2 GenG;[58] Gelddarlehen von einer Kapitalanlagegesellschaft für gemeinschaftliche Rechnung der Anleger entgegen § 93 Abs. 4 KAGB;[59] Darlehensaufnahme einer gesetzlichen Krankenkasse entgegen § 222 Abs. 5 SGB V.[60]

---

[50] *Langenbucher,* → Kap. 11 Rn. 24.
[51] Allgemeine Geschäftsbedingungen der privaten Banken (Fassung v. Juli 2018).
[52] Allgemeine Geschäftsbedingungen der Sparkassen (Fassung v. November 2018).
[53] Dazu bereits → Kap. 12 Rn. 10 und 14.
[54] Monographisch *Bunte/Zahrte* AGB-Banken, AGB-Sparkassen, Sonderbedingungen, 2015.
[55] LG Ulm ZIP 2015, 463 (464 f.) – „Vorsorgesparen-S-Scala-Verträge".
[56] OLG Stuttgart ZIP 2015, 2460 (2461 f.).
[57] BGH NJW 1977, 2356 = BGHZ 69, 295; 1972, 1575 (1576) = BGHZ 59, 82.
[58] BGH NJW 1983, 1420; Gesetz betreffend die Erwerbs- und Wirtschaftsgenossenschaften (Genossenschaftsgesetz, GenG), idF der Bekanntmachung v. 16.10.2006, BGBl. I 2006, 2230.
[59] Kapitalanlagegesetzbuch (KAGB), v. 4.7.2013, BGBl. I 2013, 1981.
[60] *Schnapp/Rixen* BKR 2006, 360 (365 f.); Sozialgesetzbuch (SGB) Fünftes Buch (V) – Gesetzliche Krankenversicherung, v. 20.12.1988, BGBl. I 1988, 2477; § 222 SGB V wurde mWv 1.1.2012 aufgehoben durch Art. 1 Nr. 67a, Gesetz v. 22.12.2011, BGBl. I 2011, 2983.

27 **Keine Nichtigkeit** tritt etwa in den folgenden Situationen ein: Verstöße gegen das KWG;[61] Kredite an Vorstände entgegen § 89 AktG;[62] Überschreitung der Beleihungsgrenze gem. §§ 14, 16 PfandBG;[63] Zweckentfremdungen entgegen §§ 4, 6 BausparkG;[64] Verstoß gegen Preisauszeichnungsvorschriften gem. § 6 PAngV,[65] die für den Darlehensnehmer entgeltliche Vermittlung von Darlehensgeschäften im Reisegewerbe entgegen § 56 Abs. 1 Nr. 6 GewO;[66] Vermittlung eines Darlehensvertrags durch einen gegen § 1 RBerG verstoßenden Treuhänder.[67]

28 **b) Sittenwidrigkeit. aa) Grundsätze.** Ein Darlehensvertrag ist gem. § 138 Abs. 1 BGB nichtig, wenn er **gegen die guten Sitten verstößt.** Das ist gem. § 138 Abs. 2 BGB insbesondere dann der Fall, wenn jemand unter Ausbeutung der Zwangslage, der Unerfahrenheit, des Mangels an Urteilsvermögen oder der erheblichen Willensschwäche eines anderen sich oder einem Dritten in einem Darlehensvertrag für eine Leistung Vermögensvorteile versprechen oder gewähren lässt, die in einem auffälligen Missverhältnis zu der Leistung stehen **(Wucher).** Sowohl der Grundtatbestand in § 138 Abs. 1 BGB als auch die Konkretisierung in § 138 Abs. 2 BGB setzen grundsätzlich die Erfüllung eines **objektiven und eines subjektiven Tatbestandselements** voraus.[68] Das gilt auch für die im Anschluss[69] dargestellten Fallgruppen der Sittenwidrigkeit. Entbehrlich ist das subjektive Tatbestandselement nach hM nur, wenn die Sittenwidrigkeit auf einem unerträglichen, mit der Rechtsordnung unvereinbaren Inhalt des Darlehensvertrags beruht.[70] In subjektiver Hinsicht ist ein Bewusstsein der Sittenwidrigkeit nicht erforderlich. Vielmehr genügt zur Tatbestandserfüllung die Kenntnis der Umstände, aus denen sich die Sittenwidrigkeit ergibt.[71]

29 Die Sittenwidrigkeit ist anhand einer **Gesamtwürdigung** des Inhalts und Zwecks des Darlehensvertrags sowie den subjektiven und objektiven Begleitumständen festzustellen.[72] Dabei sind die in den §§ 488 ff. BGB zum Ausdruck kommenden gesetzlichen **Grundwertungen des Darlehensrechts** als Konkretisierungen der guten Sitten zu berücksichtigen.[73] Dazu gehört einerseits die Zuweisung des Verwendungsrisikos allein an den Darlehensnehmer.[74] Die wirtschaftliche Fehlerhaftigkeit des Darlehensvertrags, insbesondere die wirtschaftliche Überforderung des Darlehensnehmers, vermag deshalb allein keine Sittenwidrigkeit zu begründen.[75] Andererseits ist jedoch das in §§ 491 ff. BGB anerkannte Schutzbedürfnis des geschäftlich unerfahrenen oder finanziell schwachen Verbrauchers in

---

[61] BGH NJW 2011, 3024 (3025); Staudinger/*Freitag* § 488 Rn. 121; vgl. BGH NJW 2003, 582 (584) = BGHZ 152, 307 (zu §§ 1 Abs. 1 S. 2 Nr. 2, 32 KWG); für § 3 Nr. 3 KWG offengelassen in BGH NJW 1995, 1494 = BGHZ 129, 90, bejaht durch OLG Stuttgart NJW 1980, 1798; weitere Normbeispiele in BGH NJW 2011, 3024 (3025).

[62] *Fleischer* WM 2004, 1057 (1066); Aktiengesetz (AktG) v. 6.9.1965, BGBl. I 1965, 1089.

[63] Vgl. BGH WM 1980, 862 (863); Pfandbriefgesetz (PfandBG) v. 22.5.2005, BGBl. I 2005, 1373.

[64] BGH WM 1989, 706 (707); Gesetz über Bausparkassen (BausparkG) idF der Bekanntmachung v. 15.2.1991, BGBl. I 1991, 454.

[65] MüKoBGB/*Berger* § 488 Rn. 92; Preisangabenverordnung (PAngV), idF der Bekanntmachung v. 18.10.2002, BGBl. I 2002, 4197.

[66] BGH NJW-RR 2000, 1576 (1577); Gewerbeordnung (GewO) idF der Bekanntmachung v. 22.2.1999, BGBl. I 1999, 202.

[67] BGH NJW-RR 2003, 1203 (1205); zu **aA** und Sonderfällen Staudinger/*Freitag* § 488 Rn. 128; Rechtsberatungsgesetz (RBerG) v. 13.12.1935, RGBl. I S. 1478, BGBl. III/FNA 303-12, aufgehoben mWv 1.7.2008 durch Art. 20 Nr. 1, Gesetz v. 12.12.2007, BGBl. I 2007, 2840.

[68] BGH NJW 2003, 2230 (2231) (zu § 138 Abs. 1 und 2 BGB); 1981, 1206 f. = BGHZ 80, 153 (zu § 138 Abs. 1 und 2 BGB); 1957, 1274 (zu § 138 Abs. 1 BGB).

[69] → Rn. 30 ff.

[70] Staudinger/*Freitag* § 488 Rn. 132.

[71] BGH NJW-RR 1990, 750 (751).

[72] MüKoBGB/*Berger* § 488 Rn. 100.

[73] Vgl. Jauernig/*Mansel* § 138 Rn. 7.

[74] BGH NJW 1997, 2875 (2876) = BGHZ 136, 161; 1989, 1276 (1278) = BGHZ 107, 92.

[75] BGH NJW 1989, 1665; MüKoBGB/*Berger* § 488 Rn. 101.

die Abwägung mit einzustellen. Maßgeblicher Beurteilungszeitpunkt für die Sittenwidrigkeit ist grundsätzlich der **Zeitpunkt des Vertragsschlusses.**[76]

30 **bb) Fallgruppen der Sittenwidrigkeit.** Wegen der hohen Praxisrelevanz des Sittenwidrigkeitstatbestands im Darlehensrecht haben Rechtsprechung und Schrifttum im Interesse der Rechtsklarheit und Rechtssicherheit **Fallgruppen** herausgearbeitet. Dazu zählen insbesondere die Fallgruppen eines sittenwidrigen Zwecks des Darlehens, des auffälligen Missverhältnisses zwischen den Leistungen der Vertragsparteien, der Einschränkung der wirtschaftlichen Bewegungsfreiheit des Darlehensnehmers und der sittenwidrigen Knebelung.[77]

31 Ein **sittenwidriger Zweck** des Darlehensvertrags liegt nur vor, wenn die Sittenwidrigkeit dem Vertrag selbst anhaftet. Dazu ist eine Gesamtwürdigung des Vertrags vorzunehmen, die sich an dessen Inhalt, Beweggrund und Zweck orientiert.[78] Da das Verwendungsrisiko in die Sphäre des Darlehensnehmers fällt, folgt aus einem sittenwidrigen Verwendungsmotiv des Darlehensnehmers regelmäßig nicht die Sittenwidrigkeit des Darlehensvertrags. Vielmehr muss ein Beitrag auch des Darlehensgebers, etwa durch ein Unterstützen oder Ausnutzen des sittenwidrigen Zwecks, hinzukommen.[79] Nur in Sonderfällen sind finanzierendes und finanziertes Geschäft gem. § 139 BGB derart verbunden, dass die Sittenwidrigkeit des finanzierten Geschäfts auch den Darlehensvertrag umfasst. Ein sittenwidriger Zweck kann vorliegen, wenn die Bank aus eigensüchtigen Motiven die Insolvenz eines darlehensnehmenden Unternehmens hinausschiebt und abzusehen ist, dass der Überbrückungskredit den Zusammenbruch allenfalls verzögert, aber nicht auf Dauer verhindert.[80]

32 Ein **auffälliges Missverhältnis der vertraglich vereinbarten Leistungen** kann sowohl gem. § 138 Abs. 1 BGB als auch gem. § 138 Abs. 2 BGB[81] zur Nichtigkeit des Darlehensvertrags führen. **Objektiv** ist die Leistung des Darlehensgebers, insbesondere das Zurverfügungstellen eines vereinbarten Geldbetrags, mit der Leistung des Darlehensnehmers, vor allem das Zahlen des vereinbarten Zinses und der weiteren geschuldeten Leistungen, zu vergleichen. Abzustellen ist auf den Effektivzins (inklusive sonstiger Kosten der Kapitalüberlassung) des Darlehensvertrags im Vergleich zu dem effektiven Marktzins.[82] Die Rechtsprechung nimmt ein auffälliges Missverhältnis an, wenn der effektive Vertragszins den effektiven Marktzins relativ um 100 % oder absolut um 12 % übersteigt.[83] Dabei handelt es sich jedoch nicht um eine starre Grenze.[84] Bei dem Vergleich des Werts der Leistungen und der Feststellung des auffälligen Missverhältnisses sind die Besonderheiten des Einzelfalles, etwa eine besonders hohe Ausfallwahrscheinlichkeit[85] oder die Kaufmannseigenschaft des Darlehensnehmers,[86] zu beachten. Jedenfalls wenn die Bank die Restschuldversicherung nicht zwingend für die Kreditgewährung vorschreibt, sind die Kosten der Versicherung im Rahmen der Sittenwidrigkeitsprüfung des Effektivzinssatzes weder bei dem Vertrags- noch bei dem Marktzins zu berücksichtigen.[87] **Subjektiv** muss eine verwerfliche Gesinnung des Darlehensgebers hinzutreten.[88] Diese liegt namentlich dann vor, wenn der Darlehensgeber

---

[76] BGH NJW 2007, 2841; 1999, 2584 (2587); 1983, 2692.

[77] Ausführlicher MüKoBGB/*Berger* § 488 Rn. 102 ff.; Staudinger/*Freitag* § 488 Rn. 138 ff.

[78] BGH NJW-RR 1990, 750.

[79] BGH NJW-RR 1990, 750 (751); MüKoBGB/*Berger* § 488 Rn. 102.

[80] KG BKR 2016, 386.

[81] Dazu sogleich in → Rn. 35.

[82] BGH NJW-RR 2000, 1413 (1432); NJW 1990, 1599 (1600 f.); zu Einzelheiten BankR-HdB/*Pamp* § 82 Rn. 13 ff.; zur Zinsberechnung Derleder/Knops/Bamberger/*Nagel* Deutsches und europäisches Bank- und Kapitalmarktrecht § 14; *Reifner* AcP 214 (2014) 695 (702 ff., 715 ff.).

[83] BGH NJW 2018, 848 (850); BGH NJW 1988, 1659 (1660) = BGHZ 104, 102; 1990, 1595 (1596) = BGHZ 110, 336; NJW-RR 2012, 416; BeckOGK BGB/*Binder* § 488 Rn. 147.

[84] BGH NJW 1988, 1659 (1660) = BGHZ 104, 102.

[85] BGH NJW-RR 1990, 1199 (1200).

[86] Dazu *Horn* BKR 2006, 1 (3 ff.).

[87] BGH NJW-RR 2012, 416 ff.

[88] BGH NJW 1981, 1206 (1207) = BGHZ 80, 153.

die wirtschaftlich schwächere Lage des Darlehensnehmers, dessen Unterlegenheit, bei der Festlegung der Vertragsbedingungen bewusst zu seinem Vorteil ausgenutzt oder sich zumindest leichtfertig der Erkenntnis verschlossen hat, dass sich der Darlehensnehmer nur wegen seiner schwächeren Lage auf die nachteilhaften Bedingungen eingelassen hat.[89] Die verwerfliche Gesinnung wird bei Verbraucherdarlehensverträgen bei Vorliegen des objektiven Tatbestands von § 138 Abs. 1 BGB widerleglich vermutet.[90]

Eine sittenwidrige **Einschränkung der wirtschaftlichen Bewegungsfreiheit** des Darlehensnehmers liegt wegen des bei diesem liegenden Verwendungsrisikos nicht schon dann vor, wenn die Pflichten aus dem Darlehensnehmer für den Darlehensnehmer eine erhebliche finanzielle Bürde darstellen. Selbst wenn ein Ratenkreditvertrag einem Kreditnehmer monatliche Belastungen auferlegt, die höher sind als der pfändbare Betrag seines Arbeitseinkommens, liegt nicht stets ein Verstoß gegen § 138 Abs. 1 BGB vor.[91] Weitere belastende Geschäftsumstände müssen hinzukommen.[92] Solche weiteren Umstände sind beispielsweise die geschäftliche Unerfahrenheit eines gerade volljährig Gewordenen oder die Belastung mit erheblichen familienrechtlichen Unterhaltspflichten.[93] Bei mehreren, als Gesamtschuldner verpflichteten Darlehensnehmern liegt eine krasse finanzielle Überforderung nur vor, wenn die pfändbaren Einkommen aller Mitdarlehensnehmer zusammen nicht ausreichen, die laufenden Zinsen des Kredits zu tragen.[94] Eine krasse finanzielle Überforderung des **Bürgen** bzw. **Mithaftenden** bei nicht ganz geringen Darlehensschulden liegt grundsätzlich vor, wenn dieser voraussichtlich nicht einmal die Zinsansprüche der Bank aus dem pfändbaren Teil seines Einkommens und Vermögens bei Eintritt des Sicherungsfalls dauerhaft alleine erfüllen kann.[95] Hier vermutet die Rechtsprechung widerleglich, dass der dem Hauptschuldner persönlich besonders nahestehende Bürge bzw. Mithaftende die ihn übermäßig finanziell belastende Personalsicherheit allein aus emotionaler Verbundenheit mit dem Hauptschuldner gestellt und der Kreditgeber dies in sittlich anstößiger Weise ausgenutzt hat.[96] 33

Eine **sittenwidrige Knebelung** ist nach der Rechtsprechung erst dann erreicht, wenn die wirtschaftliche Entfaltung in einem Maße eingeschränkt wird, dass der Darlehensnehmer seine Selbstständigkeit und wirtschaftliche Entschließungsfreiheit zumindest zu einem wesentlichen Teil verliert.[97] Das hat die Rechtsprechung bei einem Darlehensvertrag mit einer GmbH bejaht, nach dem der Geschäftsführer der Zustimmung des Darlehensgebers zu sämtlichen Rechtsgeschäften bedurfte, der Darlehensgeber einseitig Preise für bestimmte Geschäfte festsetzen konnte, der gesamte Zahlungsverkehr nur durch gegengezeichnete Überweisungen abgewickelt werden durfte und der Darlehensgeber ein umfassendes Informationsrecht innehatte.[98] 34

cc) Wucher. Der Wuchertatbestand in § 138 Abs. 2 BGB wurde bereits in der Fallgruppe des auffälligen Missverhältnisses der vertraglich vereinbarten Leistungen behandelt.[99] Die Norm konkretisiert nach ihrem Wortlaut („insbesondere“) die Sittenwidrigkeit gem. § 138 Abs. 1 BGB. In Fällen, in denen der Tatbestand von § 138 Abs. 2 BGB **(Wucher)** nicht erfüllt ist, kann deshalb der Grundtatbestand in § 138 Abs. 1 BGB zur Anwendung 35

---

89 BGH NJW 1995, 1019 (1020) = BGHZ 128, 255.
90 BGH NJW 1995, 1019 (1022) = BGHZ 128, 255.
91 BGH NJW 1989, 1665 (1666).
92 BGH NJW 1989, 1665 (1666).
93 Derleder/Knops/Bamberger/*Derleder* Deutsches und europäisches Bank- und Kapitalmarktrecht § 12 Rn. 46 mit weiteren Bsp.
94 BGH NJW-RR 2004, 924 (925).
95 BGH NJW 2009, 2671 (2672); 2002, 2705 (2706); zur Anwendung der Grundsätze auf andere gewerbliche oder berufliche Kreditgeber BGH NJW 2002, 746 f.; zur Anwendung auf eine Höchstbetragsbürgschaft BGH ZIP 2013, 664 f.
96 BGH NJW 2009, 2671 (2672); 2001, 815 (816 f.) = BGHZ 146, 37.
97 BGH NJW 1993, 1587 (1588).
98 BGH NJW 1993, 1587 f.
99 → Rn. 32.

kommen **(wucherähnliches Geschäft).** § 138 Abs. 2 BGB verdrängt § 138 Abs. 1 BGB nicht.[100]

36 **c) Weitere Unwirksamkeitsgründe.** Die Unwirksamkeit des Darlehensvertrags kann sich aus weiteren bürgerlich- und sonderprivatrechtlichen Normen ergeben. Beispielhaft seien die folgenden genannt. Der Darlehensvertrag ist als **Scheingeschäft** nichtig gem. § 117 BGB, wenn der als Darlehensnehmer Bezeichnete nach dem übereinstimmenden Willen der Vertragsparteien nicht haften soll.[101] Das ist der Fall, wenn die Bank dem Geschäftsführer einer GmbH und seiner Ehefrau einen Darlehensvertrag mit dem Hinweis vorlegt, die Unterschrift sei nur pro forma, damit die Bank das bereits bestehende Kreditengagement gegenüber der GmbH bilanztechnisch besser darstellen könne; der Geschäftsführer und seine Ehefrau müssten den Darlehensbetrag nicht persönlich zurückzahlen, das werde die GmbH tun.[102]

37 Der Darlehensvertrag kann gem. § 119 BGB wegen **Inhalts-,**[103] **Erklärungs- oder Eigenschaftsirrtums** (Kreditwürdigkeit[104]) angefochten werden mit der Folge der Nichtigkeit ex tunc (§ 142 Abs. 1 BGB). Verschlechtern sich die Vermögensverhältnisse des Darlehensnehmers erst nach Abschluss des Darlehensvertrags, kommt jedoch keine Anfechtung gem. § 119 Abs. 2 BGB mehr, sondern nur noch die Kündigung gem. § 490 Abs. 1 BGB in Betracht. Die Nichtigkeit des Darlehensvertrags kann sich schließlich auf Grund einer Anfechtung gem. § 123 BGB wegen **Täuschung**[105] oder **Drohung** ergeben.

38 **d) Rechtsfolgen.** Die Nichtigkeit des Darlehensvertrags hat die Rückabwicklung nach **Bereicherungsrecht** (§§ 812 ff. BGB) zur Folge.[106] Die Fälligkeitsvereinbarungen des nichtigen Vertrags setzen sich in der Fälligkeit der Bereicherungsansprüche grundsätzlich fort.[107] Der **Darlehensgeber** kann von dem Darlehensnehmer gem. § 812 Abs. 1 S. 1 Alt. 1 BGB den zur Verfügung gestellten Nettokreditbetrag herausverlangen. Die Kapitalnutzung für die (rechtsunwirksam) vereinbarte Zeit muss er dem Darlehensnehmer aber gem. § 817 S. 2 BGB zinsfrei belassen.[108] Bearbeitungsentgelte und Vermittlerprovisionen kann der Darlehensgeber nicht kondizieren.[109]

39 Anders als beim Wuchertatbestand des § 138 Abs. 2 BGB erfasst die Nichtigkeit des Darlehensvertrags wegen eines sittenwidrigen Missverhältnisses von Leistung und Gegenleistung gem. § 138 Abs. 1 BGB ohne weiteres nicht die **Wirksamkeit der Sicherheitenbestellung.**[110] Vielmehr bleiben die Sicherheiten in der Regel bestehen und dienen der Absicherung des bereicherungsrechtlichen Anspruchs auf Rückzahlung der Darlehensvaluta.[111] Insbesondere bei Drittsicherheiten kommt der Auslegung der vertraglichen Sicherheitenabrede entscheidende Bedeutung zu.[112] Sofern nicht besondere Umstände oder die Vertragsbedingungen entgegenstehen umfasst die Restschuldversicherung bei Nichtigkeit des Darlehensvertrags auch die bereicherungsrechtlichen Ansprüche der Bank gegen den Darlehensnehmer.[113] Wegen des Vermögenswerts der Restschuldversicherung auch für die

[100] HM; BGH NJW 1995, 1019 (1020) = BGHZ 128, 255; Staudinger/*Freitag* § 488 Rn. 133.
[101] BGH NJW-RR 1997, 238 (Leitsatz 1); NJW 1993, 2435.
[102] BGH NJW 1993, 2435.
[103] RGZ 105, 406 (407) (falscher Umrechnungskurs).
[104] RGZ 66, 385 (387 ff.).
[105] RGZ 66, 385 (387) (Täuschung durch den Darlehensnehmer); BGH WM 1985, 221 (223) = BGHZ 93, 264 (Täuschung durch den Darlehensgeber).
[106] Zur Berechnung des Streitwerts BG VuR 2015, 306 f.
[107] Näher MüKoBGB/*Berger* § 488 Rn. 126.
[108] BGH NJW 1995, 1152 (1153).
[109] BGH NJW 1983, 2692 (2693).
[110] BGH NJW-RR 2000, 1431 (1433); NJW 1994, 1275; 1990, 384 (385) (dort auch zum Einwand des Rechtsmissbrauchs der die Scheckeinlösung garantierenden Bank).
[111] BGH NJW-RR 2000, 1431 (1433); s. aber auch BGH NJW-RR 1990, 750 (751) (Kondiktion der Grundschuld).
[112] BGH NJW 2001, 1859 (1860 ff.); näher zur Bürgschaft *Fielenbach* WM 2011, 2349 ff.
[113] BGH NJW 1983, 1420 (1422).

Bank hält es die Rechtsprechung für gerechtfertigt, den Bereicherungsanspruch hinsichtlich der von der Bank gezahlten Versicherungsprämie unter Anwendung von § 287 Abs. 2 ZPO auf die Hälfte der Restschuldversicherungsprämie zu begrenzen.[114]

Der **Darlehensnehmer** kann von dem Darlehensgeber gem. § 812 Abs. 1 S. 1 Alt. 1 BGB alle an den Darlehensgeber ohne Rechtsgrund geleisteten Zahlungen herausverlangen.[115] Die **wechselseitigen Bereicherungsansprüche** der Bank und des Kunden werden grundsätzlich miteinander verrechnet (Saldotheorie). Das führt im Regelfall dazu, dass der Darlehensnehmer sämtliche Leistungen auf Haupt- und Nebenpflichten herausverlangen kann, die über den ausgereichten Nettokreditbetrag hinausgehen.[116] Eine Verrechnung der wechselseitigen Ansprüche ist allerdings insoweit ausgeschlossen, als dadurch das (unwirksam) vereinbarte Kapitalnutzungsrecht des Darlehensnehmers vereitelt würde.[117] Der Bereicherungsanspruch entsteht im Zeitpunkt der rechtsgrundlosen Zuwendung, der Bereicherungsanspruch des Darlehensgebers also im Zeitpunkt der Auszahlung.[118] 40

Ist der Darlehensvertrag nichtig und demzufolge die Anweisung des Bankkunden zur **Auszahlung der Valuta an einen Dritten** nicht gültig, kann die Zahlung der Bank an den Dritten dem Darlehensnehmer nicht als seine Leistung zugerechnet werden. Der bereicherungsrechtliche Ausgleich zwischen der Bank und dem Dritten als Zuwendungsempfänger ist dann nach den Regeln der Nichtleistungskondiktion vorzunehmen (§ 812 Abs. 1 S. 1 Alt. 2 BGB).[119] Das gilt auch dann, wenn der Zuwendungsempfänger von einer Zahlung der vermeintlich schuldnerischen Bank ausging.[120] Erhebt der Darlehensnehmer wegen der Nichtigkeit des Darlehensvertrags einen Bereicherungsanspruch gegen die Bank und besteht zugleich ein Bereicherungsanspruch der Bank gegen einen Dritten als Zahlungsempfänger der Darlehensvaluta, ist der Bank die Erhebung einer auf die Rückzahlung der Valuta gerichteten Klage gegen den Dritten mit Konsequenzen für die **Verjährung** erst dann zumutbar, wenn die Rückzahlungsverpflichtung der Bank gegenüber dem Darlehensnehmer feststeht.[121] 41

Unter besonderen Umständen kann die Sittenwidrigkeit des Darlehensvertrags auch zur **Durchbrechung der Rechtskraft von Vollstreckungstiteln,** insbesondere von Vollstreckungsbescheiden, führen. Die Rechtsprechung löst diese Frage auf der Grundlage eines Schadensersatzanspruchs nach § 826 BGB, gewährt die Durchbrechung aber nur in besonders schwerwiegenden, eng begrenzten Ausnahmefällen.[122] 41a

5. Widerruf, Rücktritt, Kündigung, sonstige Beendigung

Zum **Widerrufsrecht** bei Verbraucherdarlehensverträgen siehe *Roth,* Kap. 15 § 495 BGB. 42

Ein **Recht zum Rücktritt** kann sich aus §§ 323, 324 BGB ergeben, wenn Haupt- oder Nebenpflichten aus dem Darlehensvertrag verletzt werden. In Betracht kommen das Nichtzurverfügungstellen des Darlehens oder die Nichtgewährung einer vereinbarten Sicherheit.[123] Nach Auszahlung des Darlehens tritt an die Stelle des Rücktrittsrechts das Recht zur Kündigung, insbesondere gem. § 314 BGB aus wichtigem Grund.[124] 42a

---

114 BGH NJW 1983, 1420 (1422).

115 BGH NJW 2004, 2378 (2381).

116 Vgl. BGH NJW 1983, 2692 (2693 f.).

117 Staudinger/*Freitag* § 488 Rn. 273.

118 BGH ZIP 2015, 420 (421).

119 BGH WM 2004, 1230 (1233); BGH ZIP 2015, 420 f.

120 BGH NJW 2003, 582 (583 f.) = BGHZ 152, 307; für Gestaltungshinweise s. *Keim* DNotZ 2009, 245 (249 ff.).

121 BGH ZIP 2015, 420.

122 BGH NJW 2005, 2991 (2994); näher zu den Voraussetzungen und zur Rspr. Fischer/Klanten/*Kern* Bankrecht Rn. 9.255.

123 Palandt/*Weidenkaff* § 488 Rn. 21.

124 Das Kündigungsrecht gem. § 314 BGB besteht neben dem außerordentlichen Kündigungsrecht gem. § 490 BGB (s. dort Abs. 3).

42b Zur **Kündigung** siehe *Krepold* im folgenden Kapitel §§ 489, 490 BGB.

42c Zudem kann der Darlehensvertrag durch den Eintritt einer **auflösenden Bedingung** oder einen **Aufhebungsvertrag** beendet werden.[125]

43 Aus Treu und Glauben (§ 242 BGB) kann der Darlehensgeber **verpflichtet** sein, selbst bei Bindung des Darlehensnehmers an einen Vertrag mit fester Laufzeit, auf die Belange des Darlehensnehmers Rücksicht zu nehmen und gegen eine angemessene Vorfälligkeitsentschädigung in die **vorzeitige Beendigung** des Darlehensvertrages **einzuwilligen.**[126] Das kommt in Betracht, wenn das Bedürfnis des Darlehensnehmers nach einer anderweitigen Verwertung des zur Sicherheit beliehenen Objekts eine vorzeitige Ablösung des Darlehens erforderlich macht.[127]

II. Pflichten der Vertragsparteien

1. Pflichten des Darlehensgebers

44 **a) Zurverfügungstellen eines Geldbetrags.** Der Darlehensgeber hat dem Darlehensnehmer gem. § 488 Abs. 1 S. 1 BGB einen Geldbetrag in der vereinbarten Höhe zur Verfügung zu stellen. Mit **Geldbetrag** ist eine Geldsumme gemeint, nicht bestimmte Geldscheine und Münzen.[128] Die Geldschuld ist nicht Sachschuld, insbesondere nicht Gattungsschuld,[129] sondern Wertverschaffungsschuld.[130] Der auf Grund des Darlehensvertrags geschuldete Geldbetrag ist dabei **Geldsummenschuld** und nicht Geldwertschuld.[131] Denn die Schuld ist betragsmäßig, nominell in Währungseinheiten bestimmt (Geldsummenschuld) und nicht durch den zu leistenden Wert definiert bzw. aus dem Geldwert anderer Güter errechenbar (Geldwertschuld). Der Darlehensgeber schuldet also das Zurverfügungstellen eines Geldbetrags bzw. einer Geldsumme. Sofern nicht anders vereinbart (§ 244 BGB), ist die inländische Währung, in Deutschland also EUR geschuldet.[132] **Kryptowährungen** wie Bitcoin sind rechtlich nicht Geld und können daher nicht Gegenstand eines Gelddarlehens gem. § 488 Abs. 1 S. 1 BGB sein.[133] Zur **vereinbarten Höhe** siehe bereits oben zum Vertragsgegenstand (→ Rn. 20). Bei einem entgeltlichen Darlehen handelt es sich um eine **im Gegenseitigkeitsverhältnis stehende Hauptpflicht** des Darlehensgebers.[134]

45 **Zurverfügungstellen** bedeutet, dass der Darlehensgeber den Geldbetrag aus seinem Vermögen ausscheidet und dem Vermögen des Darlehensnehmers in der vereinbarten Form endgültig zuführt.[135] Die Erfüllung gem. § 362 Abs. 1 BGB durch das Verschaffen des Geldbetrags kann in jeder verkehrsüblichen Form erfolgen, also als Bar- oder Buchgeld sowie durch Einräumung und Inanspruchnahme eines Überziehungskredits.[136] Bei dem

---

[125] Derleder/Knops/Bamberger/*Derleder* Deutsches und europäisches Bank- und Kapitalmarktrecht § 12 Rn. 76.

[126] BGH NJW 1997, 2875 (2876 f.) = BGHZ 136, 161; 1997, 2878 f.; zur Bemessung der Vorfälligkeitsentschädigung BGH NJW 1997, 2875 (2877 f.) = BGHZ 136, 161.

[127] BGH NJW 1997, 2878 f.

[128] MüKoBGB/*Berger* § 488 Rn. 26.

[129] *K. Schmidt* Geldrecht vor § 244 Rn. C 4; *Medicus* AcP 88 (1988) 489, 492.

[130] Palandt/*Grüneberg* § 245 Rn. 12; MüKoBGB/*Grundmann* § 245 Rn. 84; *K. Schmidt* Geldrecht vor § 244 Rn. C 7.

[131] Vgl. Palandt/*Grüneberg* § 245 Rn. 15 f.; MüKoBGB/*Grundmann* § 245 Rn. 87 f.; *K. Schmidt* Geldrecht vor § 244 Rn. D 44 ff.

[132] Palandt/*Weidenkaff* § 488 Rn. 3; zur Geldschuld im europäischen Privatrecht *Freitag* AcP 213 (2013) 128.

[133] → Rn. 22a.

[134] Palandt/*Weidenkaff* § 488 Rn. 2; Derleder/Knops/Bamberger/*Derleder* Deutsches und europäisches Bank- und Kapitalmarktrecht § 12 Rn. 8.

[135] BGH NJW-RR 1986, 140; NJW 2003, 422 (423) = BGHZ 152, 331; BGH NJW 2014, 3713 (3714) = BGHZ 203, 115.

[136] BGH NJW 1987, 3123; MüKoBGB/*Berger* § 488 Rn. 28 f.; Kümpel/Mülbert/Früh/Seyfried/*Kropf* Bank- und Kapitalmarktrecht Rn. 6.19.

Zurverfügungstellen von Buchgeld muss der Darlehensnehmer in die Lage versetzt werden, darüber wie Bargeld zu verfügen.[137] Wird der Geldbetrag von der Bank auf ein Konto überwiesen, darf der Kontoinhaber aber nach den von der Bank gesetzten Bedingungen noch nicht darüber verfügen, liegt noch kein Zurverfügungstellen vor.[138] Erfüllungsersatz, namentlich durch Wechsel, Scheck, Wertpapiere oder die Abtretung von Forderungen, ist gem. § 364 Abs. 1 BGB zu beurteilen. Ohne Vereinbarung handelt es sich also um eine Leistung erfüllungshalber. Die Aufrechnung durch den Darlehensgeber ist nach dem Wortlaut („zur Verfügung stellen") und wegen des Darlehenszwecks regelmäßig verboten (Verbot der Aufrechnungsvalutierung), durch den Darlehensnehmer jedoch zulässig.[139] Bei mehreren Darlehensnehmern muss das Darlehen allen gemeinschaftlich zur Verfügung gestellt werden.[140] Die Leistungsgefahr geht erst mit dem Zurverfügungstellen der Valuta an den Darlehensnehmer über.[141]

Die **Fälligkeit** der Pflicht, das Darlehen zur Verfügung zu stellen, besteht gem. § 271 Abs. 1 BGB mangels anderweitiger Vereinbarung sofort, also mit Abschluss des Darlehensvertrags. In der Bankpraxis werden oft Zeit- oder Ereignisbestimmungen getroffen (Kalendertag oder Abruf durch den Darlehensnehmer). Die Auslegung des Darlehensvertrags ergibt in diesen Fällen häufig, dass § 271 Abs. 2 BGB abbedungen ist und der Darlehensgeber nicht vorher leisten darf.[142] 46

Sofern von der Pflicht des Darlehensgebers zum **Belassen** der Valuta bei dem Darlehensnehmer die Rede ist, bezieht sich dies auf § 488 Abs. 1 S. 2, Abs. 3 BGB.[143] Danach ist der Darlehensnehmer zur Rückzahlung des Darlehens erst bei Fälligkeit verpflichtet. Spiegelbildlich ergibt sich für den Darlehensgeber eine Belassenspflicht. Vergewissert man sich, dass der Darlehensgeber eine Geldsumme schuldet,[144] ist genauer von der **Pflicht zur Belassung der Geldsumme** zu sprechen. Denn der Darlehensgeber schuldet das Zurverfügungstellen und Belassen eines Geldbetrags und nicht die Übereignung und Belassung von Gegenständen. Vielmehr erfüllt der Darlehensgeber den Anspruch des Darlehensnehmers auf Geldbetragsverschaffung durch – zum Beispiel – die Übereignung und Belassung von Geldscheinen. Wie die Pflicht, das Darlehen zur Verfügung zu stellen, kann die Pflicht zum Belassen des Darlehens insbesondere bei einem entgeltlichen Darlehensvertrag eine im Gegenseitigkeitsverhältnis stehende Hauptpflicht sein.[145] Die Bank schuldet im Rahmen des Dauerschuldverhältnisses Belassung der Geldsumme für einen Zeitraum. In der Insolvenz finden § 103 und § 108 Abs. 2 InsO Anwendung. 47

Erfüllung tritt bei der **Zahlung an Dritte** ein, wenn dies vereinbart worden ist.[146] Auszahlungen an einen Dritten ohne wirksame Vereinbarung mit dem Darlehensnehmer haben bereicherungsrechtliche Rückerstattungsansprüche der Bank gegen den Dritten zur Folge.[147] Wird die Valuta auf Weisung des Darlehensnehmers an einen Dritten ausgezahlt, so hat der Darlehensgeber den Darlehensbetrag zur Verfügung gestellt, wenn der von dem Darlehensnehmer genannte Dritte den Geldbetrag vom Darlehensgeber 48

---

[137] MüKoBGB/*Berger* § 488 Rn. 29; weitergehend Derleder/Knops/Bamberger/*Derleder* Deutsches und europäisches Bank- und Kapitalmarktrecht § 12 Rn. 41, der zusätzlich eine Mitteilung und eine angemessene Frist zur vorbehaltslosen Verfügung verlangt.

[138] BGH NJW 2000, 3128 (3129 f.) = BGHZ 145, 45.

[139] Palandt/*Weidenkaff* § 488 Rn. 5.

[140] RGZ 71, 113 (117).

[141] MüKoBGB/*Berger* § 488 Rn. 38.

[142] Derleder/Knops/Bamberger/*Derleder* Deutsches und europäisches Bank- und Kapitalmarktrecht § 12 Rn. 42.

[143] Die Belassenspflicht wird von der Rspr. und hM im Schrifttum bejaht; dazu Staudinger/*Freitag* § 488 Rn. 163; Kümpel/Mülbert/Früh/Seyfried/*Kropf/Merz/Wittig* Bank- und Kapitalmarktrecht Rn. 5.22; abl. *Fleckner* ZIP 2004, 585 (595 f.).

[144] → Rn. 44.

[145] Derleder/Knops/Bamberger/*Derleder* Deutsches und europäisches Bank- und Kapitalmarktrecht § 12 Rn. 11.

[146] BGH NJW 2010, 1144 (1145) = BGHZ 183, 169.

[147] BGH NJW 2007, 1584 (1585) = BGHZ 171, 1.

erhalten hat.[148] Wie der Drittempfänger dann über die Valuta weiterverfügt, spielt grundsätzlich keine Rolle mehr.[149] Erfüllungswirkung tritt aber dann nicht ein, wenn der Dritte nicht überwiegend im Interesse des Darlehensnehmers, sondern als verlängerter Arm des Darlehensgebers tätig wird.[150]

49 **b) Auskunft, Aufklärung, Beratung.** Der Darlehensvertrag als solcher begründet, anders als der Girovertrag mit Kontokorrentabrede,[151] kein Auftrags- oder Geschäftsbesorgungsverhältnis, bei dem gesetzliche Auskunfts- und Rechenschaftspflichten gemäß §§ 666, 675 BGB bestehen.[152] Auch **Nebenpflichten zur Aufklärung und Beratung** bestehen **im Allgemeinen nicht.**[153] Eine Beratungspflicht kommt, anders als eine Aufklärungspflicht, nur in Betracht, wenn die Parteien einen Beratungsvertrag abgeschlossen haben.[154] Für **Verbraucherdarlehensverträge** enthält § 491a BGB besondere vorvertragliche Informationspflichten.[155] Beratungsleistungen bei Immobiliar-Verbraucherdarlehensverträgen sind in § 511 BGB besonders geregelt.[156]

50 Das Kreditinstitut ist **grundsätzlich nicht verpflichtet,** den Darlehensnehmer über die Risiken der von ihm beabsichtigten Verwendung des Darlehens aufzuklären.[157] Die Bank ist grundsätzlich auch nicht verpflichtet, einen Kreditinteressenten von sich aus auf Zweifel an der Zweckmäßigkeit der gewählten Kreditart oder gar günstigere Angebote anderer Banken hinzuweisen.[158] Das Kreditinstitut muss einen Kunden, mit dem sie über ein Darlehen für ein Geschäft mit einem anderen Kunden der Bank verhandelt, grundsätzlich nicht über die wirtschaftlichen Verhältnisse dieses Kunden unterrichten noch auf Risiken des zu finanzierenden Geschäfts hinweisen.[159] Die Bank trifft auch ohne weiteres keine Pflicht, unnötig früh vereinbarte Darlehensverträge zu vermeiden, die auf Seiten des Darlehensnehmers zu überflüssigen Bereitstellungsentgelten führen. Besteht zwischen zwei Kontokorrentkonten eines Kaufmanns die Möglichkeit zur bankinternen Verrechnung der anfallenden Haben- und Sollzinsen, ist das Kreditinstitut nicht verpflichtet, auf die Möglichkeit der Zinskompensation hinzuweisen.[160] Aus einer nur zu bankinternen Zwecken erfolgten Ermittlung des Beleihungswerts einer Sicherheit ergibt sich regelmäßig keine Aufklärungspflicht gegenüber dem Darlehensnehmer.[161] Die Kalkulation des Zinssatzes ist Geschäftsgeheimnis der Bank und nicht offenzulegen.[162] Bei Bauherren- und Erwerbermodellen ist das finanzierende Kreditinstitut grundsätzlich nicht verpflichtet, den Darlehensnehmer von sich aus über eine im finanzierten Kaufpreis versteckte Innenprovision aufzuklären.[163] Das Kreditinstitut, das nur die Finanzierung übernimmt, trifft vorvertraglich keine Verpflichtung, den Käufer auf einen für ihn unwirtschaftlichen Kauf hinzuweisen.[164] Eine Aufklärungspflicht über die Unangemessenheit des Kaufpreises kommt nur ausnahms-

[148] BGH NJW 2006, 1788 (1791) = BGHZ 167, 252; 1987, 55 f.

[149] BGH NJW 1986, 2947.

[150] BGH NJW 1986, 2947.

[151] Dazu BGH NJW 2001, 1486.

[152] BGH NJW 2011, 2640 (2641) = BGHZ 190, 66; BKR 2006, 405 (409); **aA** *Derleder/Wosnitza* ZIP 1990, 901 (903 f.) (für Ratenkreditverträge).

[153] BGH NJW-RR 1988, 1071 f.; Palandt/*Weidenkaff* § 488 Rn. 7; *Einsele* Bank- und Kapitalmarktrecht § 4 Rn. 10; s. aber allg. BankR-HdB/*Hopt* § 1 Rn. 45 ff. und *Schwintowski* Bankrecht Kap. 1 Rn. 28 ff. zu den Geschäftsverbindungen zwischen Bank und Kunden und den rechtlichen Folgen.

[154] BGH NJW 2007, 2396 (2400); zu Beratungspflichten → Rn. 54 f.

[155] Dazu *M. Roth* in Kap. 15 § 491a BGB.

[156] Dazu *M. Roth* in Kap. 15 § 511 BGB.

[157] BGH NJW 2004, 2378 (2380); 1992, 2148 (2149); 1989, 1276 (1278) = BGHZ 107, 92.

[158] BGH NJW 1991, 832 (834); 2003, 2529 (2531); s. dort auch für den Ausnahmefall des Angebots eines mit einer Kapitallebensversicherung verbundenen Kreditvertrags statt des gewünschten Ratenkredits.

[159] BGH NJW-RR 1988, 1071 (1072).

[160] OLG Düsseldorf WM 1996, 1810 (1811).

[161] BGH NZG 2012, 701 (705); BGH NJW-RR 2008, 1226 (1227 f.); NJW 2007, 2396 (2399).

[162] BGH NJW 2008, 2572 (2575).

[163] BGH NJW 2003, 2529 (2530 f.); NJW-RR 2013, 167 (168 f.).

[164] BGH NJW-RR 2014, 653, 655.

weise dann in Betracht, wenn die Innenprovision das Verhältnis zwischen Kaufpreis und Verkehrswert der Kapitalanlage so wesentlich verschiebt, dass das Kreditinstitut von einer sittenwidrigen Übervorteilung des Darlehensnehmers durch den Verkäufer ausgehen muss.[165]

Nebenpflichten aus dem Darlehensvertrag zur **Aufklärung** können **ausnahmsweise** entstehen, wenn die Bank über ihre Rolle als Kreditgeberin hinausgeht, sie besondere Gefährdungen des Darlehensnehmers verursacht oder erhebliche Interessen- bzw. Informationsasymmetrien zu Lasten des Darlehensnehmers bestehen.[166] Die Bank **überschreitet ihre Rolle als Kreditgeberin,** wenn sie Einfluss auf die unternehmerische Planung oder Durchführung des zu finanzierenden Geschäfts oder auf die Werbung genommen hat, mit der Folge, dass daraus Aufklärungspflichten gegenüber dem Kreditnehmer erwachsen können.[167] Über ihre Rolle als Kreditgeberin geht die Bank auch dann hinaus, wenn sie sich im Prospekt eines Bauherrenmodells nicht nur als Vertragspartnerin für die Finanzierung, sondern auch als Referenz benennen lässt.[168] Eine aufklärungsbedürftige, **besondere Gefährdung des Darlehensnehmers** liegt vor, wenn die Bank das eigene wirtschaftliche Wagnis auf den Kunden verlagert und ihn mit einem Risiko belastet, das über die mit dem zu finanzierenden Vorhaben typischerweise verbundenen Gefahren hinausgeht.[169] Eine **erhebliche Informationsasymmetrie** liegt vor, wenn die Bank die Sittenwidrigkeit der Kaufpreisvereinbarung und die arglistige Täuschung durch den Verkäufer erkannt hat. Dann muss sie den Kunden, der für den Kauf ein Darlehen nachsucht, darauf ungefragt hinweisen.[170] Wirkt die darlehensgebende Bank mit dem Verkäufer oder Vertreiber des finanzierten Objekts institutionalisiert zusammen, kann sich der darlehensnehmende Verbraucher unter erleichterten Voraussetzungen auf einen die Aufklärungspflicht auslösenden Wissensvorsprung der Bank im Zusammenhang mit einer arglistigen Täuschung des Darlehensnehmers durch unrichtige Angaben der Verkäufer oder Vermittler berufen.[171] Diese für die Finanzierung des Beitritts zu einem Immobilienfonds entwickelten Grundsätze zur Risikoaufklärung über das finanzierte Geschäft finden auf die Objektfinanzierung jedoch keine Anwendung.[172] Die sittenwidrige Überteuerung führt bei der Objektfinanzierung auch im Falle eines institutionalisierten Zusammenwirkens nicht zu der widerleglichen Vermutung, die Bank habe von ihr gewusst.[173] Eine Hinweispflicht hat die Rechtsprechung dann angenommen, wenn die Bank einem wenig geschäftserfahrenen und rechtskundigen Verbraucher statt eines üblichen Ratenkredits eine Kreditform anbietet, die den Anschein besonderer Vorteile erweckt, deren Bedingungen den Verbraucher tatsächlich aber in schwer durchschaubarer Weise überdurchschnittlich belasten.[174] Besteht eine Aufklärungspflicht muss das Kreditinstitut grundsätzlich nur das **präsente Wissen** offenbaren.[175] 51

Wird der **Darlehensnehmer** bei dem Abschluss des Darlehensvertrags vertreten, besteht die Aufklärungspflicht der Bank analog § 166 Abs. 1 BGB gegenüber dem **Vertreter,** nicht gegenüber dem Vertretenen. Die Bank handelt jedoch treuwidrig (§ 242 BGB), wenn sie sich auf die Zurechnung des Vertreterwissens beruft, obwohl sie damit rechnen musste, dass der Vertreter sein Wissen über die arglistige Täuschung dem Vertretenen vorenthalten 52

---

[165] BGH NJW 2004, 2378 (2380).

[166] BGH WM 2011, 2088 (2089); NJW 2006, 2099 (2103 ff.) = BGHZ 168, 1; 2008, 2572 (2573); 2007, 2396 ff.; NJW-RR 2014, 653 (654); NJW-RR 1988, 1071 (1072); NJW 1987, 1815 (1816) = BGHZ 100, 117; *Schwintowski* Bankrecht Kap. 14 Rn. 27.

[167] BGH NJW 1988, 1583.

[168] BGH NJW 1992, 2148 (2149).

[169] BGH NJW 2007, 2396 (2397).

[170] BGH NJW-RR 2007, 257.

[171] Näher BGH NJW 2006, 2099 (2104 ff.) = BGHZ 168, 1; 2007, 2396 (2400 f.); NJW-RR 2007, 1202 (1204); NJW 2007, 357 (358 f.) = BGHZ 169, 109.

[172] BGH NZG 2012, 701 (705); BGH ZIP 2009, 2237 (2238).

[173] BGH NJW-RR 2014, 653 (654).

[174] BGH NJW 1991, 832 (834).

[175] BGH NJW-RR 2008, 1226 (1227).

würde.[176] Setzt das **Kreditinstitut** einen selbstständigen **Vermittler** zur Anbahnung eines Darlehensvertrags ein, hat es für dessen Fehlverhalten als Verhandlungsgehilfe gem. § 278 BGB einzustehen.[177] Dem steht nicht entgegen, dass der Vermittler von Weisungen des Kreditinstituts abweicht, sofern er in unmittelbarem sachlichem Zusammenhang mit der übertragenen Aufgabe handelt.[178] Pflichtverletzungen des Vermittlers wegen fehlender Erkundigungen und Hinweise zu Risiken der finanzierten Kapitalanlage betreffen jedoch nicht den Darlehensvertrag, sondern die Rentabilität des Anlagegeschäfts und liegen deshalb grundsätzlich außerhalb des Pflichtenkreises des finanzierenden Kreditinstituts.[179] Das Wissen des Kreditvermittlers ist dem Kreditinstitut zuzurechnen, wenn der Vermittler als Vertreter handelt (§ 166 Abs. 1 BGB) oder wenn der Vermittler eigenverantwortlich bestimmte Aufgaben zu erledigen und dem Kreditinstitut dabei anfallende Informationen zur Kenntnis zu geben hat (sog. Wissensvertreter, § 166 Abs. 1 BGB analog).[180] Muss der Darlehensnehmer jedoch damit rechnen, dass der Vertreter sein Wissen dem Kreditinstitut vorenthält, muss er sich gem. § 242 BGB so behandeln lassen, als habe er persönlich – ohne Einschaltung des Vermittlers – die relevanten Information dem Kreditinstitut verschwiegen,[181]

53 Schließt eine **Gesellschaft bürgerlichen Rechts** einen Darlehensvertrag mit einem Kreditinstitut, kommt eine Haftung des Kreditinstituts gegenüber bestehenden und zukünftigen **Gesellschaftern** mangels vorvertraglichen Vertrauensverhältnisses nicht in Betracht.[182] Ein Darlehensvertrag zwischen Gesellschaft und Bank begründet zudem in aller Regel keine Schutzwirkung zu Gunsten der Gesellschafter.[183] Hinzu kommt, dass nach der Wertung des § 334 BGB die Gesellschafter keine weitergehenden Rechte haben können als die regelmäßig nicht aufklärungsbedürftige Gesellschaft als Vertragspartnerin der kreditgebenden Bank.[184]

54 Haftungsbewehrte Pflichten zur Auskunft, Aufklärung und Beratung können sich zudem aus einem von dem Darlehensvertrag zu unterscheidenden **Auskunfts- oder Beratungsvertrag** ergeben.[185] Ein solcher Vertrag setzt eine Entgeltvereinbarung nicht notwendig voraus.[186] Der Vertragsschluss kann konkludent dadurch erfolgen, dass der Kunde deutlich macht, dass er die Kenntnisse und Verbindungen der Bank für seine Anlage- und Finanzierungsentscheidung in Anspruch nehmen will.[187] Ein Beratungsvertrag kann auch dadurch zustande kommen, dass sich ein Interessent an eine Bank oder der Berater an einen Kunden wendet, um über die Anlage oder Finanzierung eines Geldbetrags beraten zu werden bzw. zu beraten.[188] Der darin liegende Antrag zum Abschluss eines Beratungsvertrags wird konkludent durch die Aufnahme des Beratungsgesprächs angenommen.[189] Der Vertrag zur Beratung betreffend einen Darlehensvertrag verpflichtet grundsätzlich zu richtiger und vollständiger Information hinsichtlich der für den Darlehensvertrag wesentlichen Umstände.[190] Inhalt und Intensität der Beratungspflichten richten sich aber nach den Umständen des Einzelfalls.[191]

---

[176] BGH WM 2011, 2088 (2090).
[177] BGH NJW 2013, 2015 (2016).
[178] BGH WM 1978, 946 (947).
[179] BGH NJW 2013, 2015 (2016).
[180] BGH NJW 2013, 2015 (2016); ausführlicher zu Fragen der Wissenszurechnung und der verfahrensrechtlichen Einbettung *Dörr* MDR 2014, 571 (572 ff.).
[181] BGH NJW 2013, 2015 (2017).
[182] BGH NZG 2012, 701 (705).
[183] BGH NZG 2012, 701 (705).
[184] BGH NZG 2012, 701 (705).
[185] BGH NJW 1987, 1815 (1816) = BGHZ 100, 117; 2000, 3275.
[186] BGH NJW 1987, 1815 (1816) = BGHZ 100, 117.
[187] BGH NJW 1987, 1815 (1816) = BGHZ 100, 117.
[188] S. etwa BGH ZIP 2014, 1620 (1621).
[189] BGH NJW 1993, 2433 = BGHZ 123, 126; zur sekundären Beweislast der Bank für das Zustandekommen eines Beratungsvertrags OLG Hamburg ZIP 2014, 911 ff.
[190] Vgl. BGH NJW 2005, 983 (985).
[191] BGH NJW 1993, 2433 = BGHZ 123, 126.

Hinsichtlich der Aufklärungsverpflichtung der Bank über von ihr vereinnahmte Rückvergütungen unterscheidet die Rechtsprechung ergebnisrelevant zwischen dem Anlageberatungs- und dem Finanzierungsberatungsvertrag. Der **Anlageberatungsvertrag** ist auf die Investition von Finanzmitteln durch den Anleger gerichtet, während der **Finanzierungsberatungsvertrag** auf die Beschaffung von Finanzmitteln durch den Kunden, zum Beispiel im Wege eines Darlehensvertrags, gerichtet ist.[192] Die Aufklärungspflichten einer anlageberatend tätigen Bank über von ihr vereinnahmte Rückvergütungen[193] werden von der Rechtsprechung nicht auf den Finanzierungsberatungsvertrag übertragen.[194] Im Rahmen eines Finanzierungsberatungsvertrags ist die beratende Bank daher nicht zur Aufklärung darüber verpflichtet, dass ihr für die Vermittlung einer Lebensversicherung, die zur Tilgung der Rückzahlungsverpflichtung aus einem Darlehensvertrag eingesetzt wird, eine Provision zufließt.[195] **55**

c) Rücksicht auf Rechte, Rechtsgüter und Interessen. Aus dem Darlehensvertrag können sich Nebenpflichten des Darlehensgebers gem. § 241 Abs. 2 BGB zur **Rücksicht auf die Rechte, Rechtsgüter und Interessen des Darlehensnehmers** ergeben. Der Darlehensgeber darf Person, Eigentum und sonstige Rechtsgüter – auch das Vermögen – des Darlehensnehmers nicht verletzen. Die besondere Vertrauensbeziehung zwischen Bank und Kunde begründet **Interessenwahrungs-, Schutz- und Loyalitätspflichten.**[196] Die Pflicht der Bank, die Vermögensinteressen des Darlehensnehmers zu schützen und nicht zu beeinträchtigen, findet ihre Ausprägung insbesondere in der Pflicht zur Vertraulichkeit **(Bankgeheimnis).**[197] Weiterhin ist die Bank verpflichtet, die Kreditwürdigkeit des Darlehensnehmers weder durch Tatsachenbehauptungen, auch nicht durch wahre, noch durch Werturteile oder Meinungsäußerungen zu gefährden.[198] Ein Schuldverhältnis mit der Verpflichtung zur Rücksichtnahme auf die Rechte, Rechtsgüter und Interessen des Darlehensnehmers kann gem. § 311 Abs. 2 Nr. 1 und 2 BGB schon mit der Aufnahme von Vertragsverhandlungen oder durch die Anbahnung eines Vertrags entstehen. Eine Pflicht zur Kreditverlängerung oder -erhöhung besteht regelmäßig nicht.[199] Ein Darlehensvertrag zwischen einer Bank und einer GmbH entfaltet keine Schutzwirkung zugunsten eines Gesellschafters oder Geschäftsführers der Gesellschaft.[200] Gegenüber Dritten kann sich die Haftung des Kreditgebers wegen einer Gläubigerbenachteiligung oder -begünstigung insbesondere aus § 826 BGB ergeben.[201] **56**

2. Pflichten des Darlehensnehmers

a) Inanspruchnahme des Darlehens. Ob der Darlehensnehmer zur Abnahme verpflichtet oder nur berechtigt ist, ergibt sich aus der **Auslegung des Darlehensvertrags.**[202] Das gilt unabhängig davon, ob man ein dispositives Akzessorietätsprinzip für die Zinszahlungspflicht bejaht oder ablehnt.[203] Die Auslegung des Darlehensvertrags ergibt bei Dispositions- und revolvierenden Krediten regelmäßig, dass der Bankkunde zur Inanspruchnahme zwar berechtigt, aber nicht verpflichtet ist.[204] Die Auslegung **entgeltlicher** **57**

---

[192] BGH ZIP 2014, 1620 (1621).
[193] S. etwa BGH NJW 2014, 2947 = BGHZ 201, 310; NJW 2012, 2427 = BGHZ 193, 159.
[194] BGH ZIP 2014, 1620 ff.
[195] BGH ZIP 2014, 1620.
[196] BGH NJW 2006, 830 (834) = BGHZ 166, 84.
[197] Baumbach/Hopt/*Hopt* HGB (7) Bankgesch Rn. A/9.
[198] BGH NJW 2006, 830 (834) = BGHZ 166, 84.
[199] Claussen/*Erne* Bank- und Börsenrecht S. 283 ff.
[200] BGH NJW 2006, 830 (835) = BGHZ 166, 84.
[201] Dazu *Thole* WM 2010, 685 ff. mwN zur Rspr.; monographisch *Engert* Die Haftung für drittschädigende Kreditgewährung, 2005.
[202] Entgegen der hM krit. zur Figur der Abnahmepflicht Staudinger/*Freitag* § 488 Rn. 218.
[203] → Rn. 60.
[204] Bamberger/Roth/*Rohe* § 488 Rn. 24, 91 f.

Darlehensverträge hat das Entgeltinteresse des Darlehensgebers und darüber hinausreichende Darlehenszwecke zu berücksichtigen.[205] Bei einer Grundstücksbeleihung durch eine Pfandbriefbank ist nach Auffassung des BGH wegen des Anlagezwecks deshalb in der Regel von einer Abnahmepflicht auszugehen.[206] Sieht ein Krediteröffnungsvertrag[207] ein ausreichendes Bereitstellungsentgelt vor, spricht mehr für ein bloßes Recht der anderen Partei zur Abnahme.[208] Angesichts eines solchen Bereitstellungsentgelts und einer vereinbarten Nichtabnahmeentschädigung kann die formularvertragliche Vereinbarung einer Abnahmepflicht eine unangemessene Benachteiligung des Darlehensnehmers gem. § 307 Abs. 1 S. 1, Abs. 2 Nr. 2 BGB begründen. Bei **unentgeltlichen Darlehen** vereinbaren die Parteien regelmäßig keine Abnahmepflicht. Dafür spricht auch die jederzeitige Rückzahlungsberechtigung des Darlehensnehmers bei zinsfreien Darlehen gem. § 488 Abs. 3 S. 3 BGB.

58 Besteht eine Abnahmepflicht, kann sich mit Blick auf Leistungsstörungen[209] die Frage stellen, ob es sich um eine Haupt- oder Nebenleistungspflicht handelt und ob diese im Gegenseitigkeitsverhältnis steht. Auch hier ist die **Auslegung** des Darlehensvertrags entscheidend. Haben die Parteien eine Abnahmepflicht vereinbart, dann kennzeichnet diese häufig den Vertrag in besonderer Weise, so dass es sich um eine **Hauptleistungspflicht** handelt.[210] Aus dem objektiven Empfängerhorizont kann sich ergeben, dass der Darlehensgeber den Vertrag gerade deshalb abgeschlossen hat, weil er an der Abnahme besonders interessiert ist. In diesen Fällen steht die Abnahmepflicht im **Gegenseitigkeitsverhältnis** (Synallagma). Das Abnahmeinteresse kann sich aus Refinanzierungserfordernissen auf Seiten des Darlehensgebers ergeben[211] oder daraus, dass der gesellschaftsrechtlich beteiligte Darlehensgeber ein Interesse daran hat, dass die darlehensnehmende Gesellschaft die Valuta zur Gewinnerzielung einsetzt.[212]

59 **b) Zinsen und sonstige Entgelte. aa) Zinsen.** Ob der Darlehensnehmer zur **Zahlung von Zinsen** verpflichtet ist, ergibt sich durch Auslegung des Darlehensvertrags oder aus dem Gesetz.[213] Eine Zinszahlungspflicht kann auch konkludent vereinbart werden.[214] Die Rechtsprechung und Literatur beschreibt Zinsen als gewinn- und umsatzunabhängige, aber laufzeitabhängige, in Geld zu entrichtende Vergütung für die Möglichkeit des Kapitalgebrauchs.[215] Für die rechtliche Einordnung ist die Bezeichnung der Parteien als Zinsen nur ein Auslegungskriterium unter anderen; entscheidend ist eine Gesamtwürdigung der vertraglichen Vereinbarung unter Berücksichtigung der wirtschaftlichen Umstände.[216] Anders als für die Hauptleistungspflicht des Darlehensgebers gem. § 488 Abs. 1 S. 1 BGB („Geldbetrag") verlangt der Wortlaut von § 488 BGB nicht, dass die Zinsen und Entgelte in Geld zu leisten sind. Zinsen und Entgelte können daher auch in der Form einer **Kryptowährung** wie Bitcoin vereinbart werden.[217] Neben den Zinsen hat der Darlehens-

---

[205] MüKoBGB/*Berger* § 488 Rn. 67.
[206] BGH NJW 1991, 1817 (1818).
[207] → Kap. 12 Rn. 40 f.
[208] MüKoBGB/*Berger* § 488 Rn. 67.
[209] → Rn. 81 ff.
[210] Ähnlich Bankrecht und Bankpraxis/*Früh/Müller-Arends* Rn. 3/99; MüKoBGB/*Berger* § 488 Rn. 68; vgl. BGH NJW-RR 1990, 432 (433); eine Hauptpflicht zur Abnahme grundsätzlich abl. Staudinger/*Freitag* § 488 Rn. 219; für die Einordnung als Nebenleistungspflicht *Derleder* JZ 1989, 165 (169); BeckOGK BGB/*Binder* § 488 Rn. 222.
[211] BGH NJW 1991, 1817 (1818).
[212] MüKoBGB/*Berger* § 488 Rn. 68.
[213] BGH NJW 1985, 730 (731); MüKoBGB/*Berger* § 488 Rn. 55; *Mülbert* WM 2002, 465 (472).
[214] OLG Oldenburg NJW-RR 1995, 1452.
[215] BGH NJW 2014, 2420 (2423 f.) = BGHZ 201, 168; BGH NJW 2011, 2640 f. = BGHZ 190, 66; 1979, 805 (806); WM 1976, 974 (975); *Canaris* NJW 1978, 1891 f.; *Reifner* AcP 214 (2014) 695 (700, 708); BGH NJW 1985, 730 (731) rückt den Nutzungsverzicht des Darlehensgebers in den Vordergrund: „Zinsen […] sind das Entgelt für die entbehrte Kapitalnutzung".
[216] BGH WM 1971, 42 (43).
[217] *Langenbucher* → Kap. 11 Rn. 24.

nehmer häufig weitere Entgelte zu entrichten (Bearbeitungsentgelt, Bewertungsentgelt, Abschlussentgelt etc).[218] Ist ein Disagio als laufzeitabhängiger Ausgleich für einen niedrigeren Nominalzins vereinbart, ist es als Zins bzw. zinsähnliches Entgelt einzuordnen.[219] Das entgeltliche Darlehen ist der **gesetzliche Regelfall** gem. § 488 Abs. 1 S. 2 BGB. Danach ist der Darlehensnehmer verpflichtet, einen geschuldeten Zins zu zahlen. Die Beweislast für die Verzinslichkeit des Darlehens trägt der Darlehensgeber.[220]

Die Zinszahlungspflicht ist eine im **Gegenseitigkeitsverhältnis** stehende **Hauptleistungspflicht**[221] und – was umstritten ist – **nicht aufgrund Gesetzes akzessorisch zur Rückzahlungspflicht.**[222] Nach dem abzulehnenden Akzessorietätsprinzip entstehen Zinsansprüche nur, wenn, solange und soweit die Valuta dem Darlehensnehmer tatsächlich überlassen ist.[223] Ein solches gesetzliches Akzessorietätspostulat beeinträchtigt die Privatautonomie unter Verweis auf die Motive des BGB,[224] ohne dass dies im Wortlaut des Darlehensrechts angelegt, nach Sinn und Zweck erforderlich oder systematisch notwendig wäre. Stattdessen sind die **vertraglichen Regelungen** der Parteien in den Vordergrund zu stellen.[225] Daraus ergibt sich regelmäßig, dass die Zinsen für die Verschaffung der Valuta geschuldet werden und dass der Darlehensgeber hinsichtlich der Auszahlung vorleistungspflichtig ist.[226] Eines Rückgriffs auf ein gesetzliches Akzessorietätsprinzip, selbst wenn dieses dispositiv sein sollte,[227] bedarf es dazu nicht. Für einen Verzicht auf das Akzessorietätsprinzip spricht auch, dass die Privatautonomie nicht ohne Not eingeschränkt, und den Parteien Vertragsgestaltungen auch jenseits des Normaltypus der Verzinsung eröffnet werden sollten.[228] Freilich gelten die allgemeinen Gestaltungsschranken des Privatrechts.[229] In der Rechtsanwendung kommt man regelmäßig zu ähnlichen Ergebnissen, unabhängig davon, ob man das Akzessorietätsprinzip bejaht oder ablehnt.[230] **60**

Die Zinszahlungspflicht kann – je nach Vertragsgestaltung – auch ohne Erfüllung der Pflicht des Darlehensgebers zum Zurverfügungstellen der Valuta **entstehen.** Ein Beispiel dafür ist die Leistung der Valuta auf ein Notaranderkonto, was mangels endgültigen Zuführens zwar noch kein Zurverfügungstellen ist, der Bank jedoch die Möglichkeit der Kapitalnutzung nimmt.[231] Im Regelfall wird die Auslegung aber ergeben, dass die Pflicht zur Zahlung von Zinsen mit dem **Empfang des Darlehens** durch den Darlehensnehmer beginnt.[232] **61**

Auch das **Ende** der vertraglichen Zinszahlungspflicht ist anhand einer Auslegung des Darlehensvertrags zu bestimmen. Die Parteien können vereinbaren, dass die Zinszahlungs- **62**

---

[218] → Rn. 65 ff.

[219] BGH NJW 2014, 2420 (2424) = BGHZ 201, 168; BGH NJW 1993, 3257 (3258).

[220] OLG Oldenburg ZIP 2013, 1760 (mit Nachweisen zum Streitstand).

[221] BGH NJW 2014, 2420 (2423, 2425) = BGHZ 201, 168; BGH NJW 2011, 2640 f. = BGHZ 190, 66; 1989, 222 (223) = BGHZ 106, 42; Palandt/*Weidenkaff* § 488 Rn. 14; Bankrecht und Bankpraxis/*Früh*/*Müller-Arends* Rn. 3/105; anders noch BGH WM 1976, 974 (975) (Nebenleistungspflicht).

[222] Palandt/*Weidenkaff* § 488 Rn. 14; Bankrecht und Bankpraxis/*Früh*/*Müller-Arends Rn.* 3/106; *Mülbert* WM 2002, 465 (470 ff.); **aA** BGH NJW 2012, 445 (446); 1989, 222 (223 f.) = BGHZ 106, 42; WM 1976, 974 (975); Derleder/Knops/Bamberger/*Derleder* Deutsches und europäisches Bank- und Kapitalmarktrecht § 12 Rn. 9; für eine Übersicht zum Streitstand und seinen Argumenten Staudinger/*Freitag* § 488 Rn. 181 ff.

[223] BankR-HdB/*Krepold* § 78 Rn. 5.

[224] *Mugdan* Materialien zum Bürgerlichen Gesetzbuch Band 2, S. 9; allerdings wird schon dort betont, dass es nur um eine materielle und keine formelle Akzessorietät geht und dass Ausnahmen von der Akzessorietät im Kreditrecht möglich sind.

[225] Ebenso Staudinger/*Freitag* § 488 Rn. 184; *Mülbert* WM 2002, 465 (470 ff.).

[226] Vgl. die Vertragsformulare zum Kreditgeschäft in Hopt/*Wittig* Vertrags- und Formularbuch zum Handels-, Gesellschafts- und Bankrecht IV. G.1 ff.; weiterhin Staudinger/*Freitag* § 488 Rn. 160.

[227] BGH NJW 1989, 222 (223 f.) = BGHZ 106, 42.

[228] Vgl. etwa Derleder/Knops/Bamberger/*Derleder* Deutsches und europäisches Bank- und Kapitalmarktrecht § 12 Rn. 9, nach dem formularvertragliche Abbedingungen des Akzessorietätsprinzips gegen das AGB-Recht verstoßen.

[229] *Mülbert* WM 2002, 465 (471).

[230] Zu einzelnen Anwendungsfragen *Mülbert* WM 2002, 465 (470 ff.).

[231] Bankrecht und Bankpraxis/*Früh*/*Müller-Arends* Rn. 3/106.

[232] BGH NJW 1985, 730 (731).

pflicht bereits mit der Kapitalnutzungsbefugnis des Darlehensnehmers endet, namentlich durch Ablauf der Laufzeit des Darlehens oder durch wirksame Kündigung.[233] Sie können aber auch auf die – je nach Situation auch nach dem Ende der Kapitalnutzungsbefugnis fortbestehende – Kapitalnutzungsmöglichkeit des Darlehensnehmers abstellen. Dann endet die Pflicht zur Zinszahlung mit der Erfüllung des Rückzahlungsanspruchs.[234] Nach dem Ende des vertraglichen Anspruchs auf Zinszahlung kommt insbesondere ein Anspruch auf Zahlung von Verzugszinsen wegen verspäteter Rückzahlung des Darlehens in Betracht.[235]

63 Die **Höhe** der Zinszahlungspflicht bestimmt sich nach dem Darlehensvertrag bzw. gem. §§ 246 ff. BGB und § 352 HGB. Dabei ist der Nominalzinssatz, auch Sollzinssatz genannt, von dem Effektivzinssatz zu unterscheiden.[236] Dieser bringt den Preis für die Möglichkeit der Kapitalnutzung genauer zum Ausdruck.[237] Gegenüber Letztverbrauchern ist bei der Angabe von Zinssätzen die Preisangabenverordnung (PAngV) zu beachten. Der Zinssatz kann fest oder variabel vereinbart werden.[238] Die Anpassung des Zinssatzes kann in kennzahlorientierten Zinsgleitklauseln vereinbart werden oder in das gem. § 315 BGB auszuübende Ermessen des Darlehensgebers gestellt werden. Beide Gestaltungen unterliegen gerichtlicher Kontrolle, wobei in der Spruchpraxis vor allem die AGB-rechtliche Kontrolle von Zinsanpassungs- und Zinsberechnungsklauseln eine Rolle spielt.[239] Die Bindung des Zinssatzes kann einen kürzeren Zeitraum umfassen als die Laufzeit des Darlehens.[240] Zinsanpassungsklauseln, die der Bank ein einseitiges Leistungsbestimmungsrecht gewähren, haben § 307 BGB und bei Verbraucherdarlehen zusätzlich §§ 491a, 492 Abs. 2, 493 Abs. 3 BGB iVm Art. 247 §§ 3 Abs. 1 Nr. 11, Abs. 4 S. 1, 6 Abs. 1 Nr. 1, 15 EGBGB zu beachten.[241] Haben die Parteien keine Höhe vereinbart, greift gem. § 246 BGB der gesetzliche Zinssatz von 4 % pro Jahr bzw. bei beiderseitigen Handelsgeschäften gem. § 352 Abs. 1 HGB von 5 % pro Jahr. Der Gestaltungspielraum der Parteien ist weit, wird aber insbesondere durch § 138 BGB[242] und die Regeln zu den Zinseszinsen in § 248 BGB und § 355 Abs. 1 S. 1 HGB begrenzt. Der Darlehensvertrag kann auf den Basiszinssatz in § 247 BGB Bezug nehmen, der sich am Zinssatz für die jüngste Hauptrefinanzierungsoperation der Europäischen Zentralbank orientiert und am 1. Januar und 1. Juli eines jeden Jahres angepasst wird. Es kann aber auch ein fester Betrag vereinbart werden. Die Darlegungs- und Beweislast für die Zinshöhe trägt der Darlehensgeber.[243]

63a Infolge der andauernden Niedrigzinsphase und der Entscheidung der Europäischen Zentralbank, Gebühren für Einlagen auf ihren Konten zu fordern, sind **Negativzinsen** wirtschaftliche Realität geworden. Der Basiszinsatz gem. § 247 Abs. 2 BGB ist seit dem 1.1.2013 negativ und steht seit dem 1.1.2020 bei -0,88 %.[244] Schon allein dieser Umstand zeigt, dass ein für das bürgerliche Recht relevanter Zinssatz negativ sein kann.[245] Ansichten, wonach Zinssätze im Rechtssinne nur positiv sein können,[246] sind daher abzulehen. Die abstrakte Diskussion um die Rechtsnatur von Zinsen hat allerdings nur begrenzte Aussage-

---

[233] Ähnlich Palandt/*Weidenkaff* § 488 Rn. 14.

[234] Bankrecht und Bankpraxis/*Früh/Müller-Arends* Rn. 3/107.

[235] → Rn. 93.

[236] Zur Zinsberechnung Derleder/Knops/Bamberger/*Nagel* Deutsches und europäisches Bank- und Kapitalmarktrecht § 14; *Reifner* AcP 214 (2014) 695 (702ff, 715 ff.).

[237] *Schwintowski* Bankrecht Kap. 14 Rn. 185; *Reifner* AcP 214 (2014) 695, 702 ff.

[238] *Krepold/Fischbeck/Kropf/Werner* Bankrecht S. 116.

[239] Dazu BGH NJW 1990, 2383 = BGHZ 112, 115; 1986, 1805 = BGHZ 97, 212; *Wimmer* WM 2008, 2237 ff.; *Rösler/Sauer* FS Nobbe, 2009, 437 ff. und die Nachweise in BankR-HdB/*Krepold* § 78 Rn. 67 ff.; zur Entwicklung der Rspr. und Klauselgestaltungen *Metz* BKR 2010, 265 (266 ff.).

[240] Zur sog. unechten Abschnittsfinanzierung *Ady* WM 2010, 1305 ff.

[241] Zur Rspr. zu Zinsanpassungsklauseln *Wimmer/Rösler* WM 2011, 1788 ff.

[242] BGH NJW 1989, 222 (223) = BGHZ 106, 42; zu Wucher und wucherähnlichen Geschäften → Rn. 28 ff.

[243] BGH NJW-RR 2007, 705 (707).

[244] S. www.bundesbank.de/de/bundesbank/organisation/agb-und-regelungen/basiszinssatz-607820 zum jeweils aktuellen Stand des Basiszinsatzes.

[245] Ebenso *Hingst/Neumann* BKR 2016, 95 (97).

[246] Bamberger/Roth/Hau/Poseck*Rohe* § 488 Rn. 51; *Suendorf-Bischof* BKR 2019, 279 (281).

kraft für die Anwendung konkreter Rechtsnormen mit Zinsbezug. Spezifische Sachfragen sind vielmehr durch **Auslegung der jeweiligen zinsbezogenen Norm** in ihrem besonderen Regelungskontext zu beantworten.[247] Dabei ist zu unterscheiden ob es sich um das Aktiv- oder Passivgeschäft, um Neu- oder Altverträge, um Individualabreden oder AGB, um starre Zinssätze oder Zinsgleitklauseln oder um Verträge mit besonderen Personengruppen, insbesondere Verbrauchern, handelt.

Was § 488 BGB angeht, spricht im Ausgangspunkt grundsätzlich nichts gegen die Vereinbarung von **Negativzinsen.**[248] Im Rahmen bereits bestehender **Altverträge** dürfen negative Zinsen ohne entsprechende Vereinbarung jedoch regelmäßig nicht erhoben werden.[249] Sollen die Negativzinsen im Wege von **AGB** Vertragsbestandteil werden, ist zu bedenken, dass das gesetzliche Leitbild des Darlehensvertrags in Abs. 1 S. 2 davon ausgeht, dass der Darlehensnehmer einen Zins zu zahlen hat. Das Fehlen einer solchen Pflicht gem. Abs. 3 S. 3 ist eine Ausnahme. AGB, mit denen bei Sicht-, Termin- oder Festgeldeinlagen im Verhältnis zu Verbrauchern Negativzinsen eingeführt werden, sind gem. § 307 Abs. 1, 2 Nr. 1 BGB unwirksam, wenn davon auch Altverträge erfasst werden, die ohne eine Entgeltpflicht des Kunden geschlossen wurden.[250] Problematisch ist die Auslegung von Zinsanpassungsklauseln, die wegen der Marktentwicklung zu Negativzinsen führen, ohne dass die Parteien dies bei Vertragsschluss bedacht hatten. Hier sprechen gute Gründe dafür, den Zinssatz nicht unter die Nullzinsmarke absinken zu lassen.[251] Zu Negativzinsen in Verbraucherdarlehensverträgen siehe *Roth,* → Kap. 15 § 491 BGB Rn. 21 ff. Zu Negativzinsen im Einlagengeschäft siehe *Servatius,* → Kap. 35 Rn. 25a ff. **63b**

Die **Fälligkeit** der Zinszahlungspflicht richtet sich vorrangig nach der Vereinbarung der Parteien. Soweit nicht etwas anderes bestimmt wurde, sind die vereinbarten Zinsen gem. § 488 Abs. 2 BGB nach dem Ablauf je eines Jahres und, wenn das Darlehen vor dem Ablauf eines Jahres zurückzuzahlen ist, bei der Rückzahlung zu entrichten. Sofern der Anspruch auf Zinszahlung zeitlich nach dem Anspruch auf Zurverfügungstellen des Darlehens fällig ist, kann der Darlehensgeber die Auszahlung mangels Fälligkeit nicht mit Hinweis auf das Zurückbehaltungsrecht gem. § 320 BGB verweigern. **64**

bb) Sonstige Entgelte. Ob der Darlehensnehmer zur Zahlung sonstiger Entgelte über den Zins hinaus verpflichtet ist, ergibt sich durch **Auslegung des Darlehensvertrags.**[252] Häufig ist dies der Fall. Dabei wird statt Entgelt nicht selten von Gebühr gesprochen. Dieser Begriff verweist in irreführender Art und Weise auf ein öffentlich-rechtliches Über-/Unterordnungsverhältnis und kann deshalb wegen AGB-rechtlichen Verstoßes gegen das Transparenzgebot zur Unwirksamkeit der Klausel führen.[253] Merkmal der Entgelte ist, dass sie zwar mit Blick auf eine Leistung der Bank erbracht werden, aber nicht die Definition des Zinses erfüllen.[254] **65**

In der Darlehenspraxis sind insbesondere folgende Entgelte anzutreffen[255] **Bearbeitungsentgelt** für die Anbahnung, die Beratung und die Verwaltung hinsichtlich der Darlehensverhandlungen;[256] **Wertermittlungsentgelt** für die Bewertung von Sicherhei- **66**

---

247 MüKoBGB/*Grundmann* § 246 Rn. 9; *Hingst/Neumann* BKR 2016, 95 (97 f.).

248 BeckOGK BGB/*Binder* § 488 Rn. 226.1; *Hingst/Neumann* BKR 2016, 95 (98); iErg auch Bamberger/Roth/Hau/Poseck/*Rohe* § 488 Rn. 51.

249 *Tröger* NJW 2015, 657 (658 ff.).

250 LG Tübingen BKR 2018, 128 (dazu *Freitag* ZBB 2018, 269); BeckOGK BGB/*Binder* § 488 Rn. 24.

251 *Binder/Ettensberger* WM 2015, 2069 ff.

252 BGH NJW 2014, 2420 (2422) = BGHZ 201, 168; BGH NJW 2011, 2640 f. = BGHZ 190, 66.

253 BankR-HdB/*Krepold* § 78 Rn. 115.

254 → Rn. 59.

255 BankR-HdB/*Krepold* § 78 Rn. 116 ff.; Derleder/Knops/Bamberger/*Pallas/Knops* Deutsches und europäisches Bank- und Kapitalmarktrecht § 15; zu Darlehensentgelten in Bausparverträgen *Haertlein* WM 2014, 198 ff.

256 BGH NJW-RR 2019, 625 (Entgelt für individuelle Beratungsleistung unwirksam wenn Bearbeitungsentgelt für Darlehensvertrag); BGH NJW 1981, 2180 = BGHZ 81, 124 (als Bearbeitungsentgelt zu qualifizierendes Disagio von 6 % nicht zu beanstanden); NJW-RR 2005, 483 (Bearbeitungsentgelt von 10 % nicht zu

ten, insbesondere von Grundpfandrechten durch Gutachter;[257] **Entgelt für den Austausch von Sicherheiten** für die Wertprüfung und den Verwaltungsaufwand anlässlich der Stellung einer Ersatzsicherheit;[258] **Bereitstellungsentgelt** für die Bereithaltung des Darlehens durch die Bank zum jederzeitigen Abruf für den Kreditnehmer.[259]

67 Entgeltvereinbarungen in Darlehensverträgen, Preisaushängen und Preisverzeichnissen sind regelmäßig Allgemeine Geschäftsbedingungen im Sinne von § 305 Abs. 1 BGB. Sofern es sich dabei um **Preishauptabreden** handelt, unterliegen die Entgeltvereinbarungen gem. § 307 Abs. 3 S. 1 BGB nicht der materiellen Inhaltskontrolle.[260] Preishauptabreden regeln unmittelbar den Preis der vertraglichen Hauptleistung oder bestimmen das Entgelt für eine rechtlich nicht geregelte, zusätzlich angebotene Sonderleistung.[261] Ausschlaggebend für die Einordnung als eine der Inhaltskontrolle entzogene Preishauptabrede ist der jeweilige Vertragstyp, das maßgebliche dispositive Recht sowie die Tätigkeiten, für die das (Teil-)Entgelt verlangt wird.[262] Konstitutives Merkmal für die Einordnung einer Vergütung als zinsähnliche Preishauptabrede ist, dass die Vergütung ebenso wie der Zins laufzeitabhängiges Entgelt für die Gewährung der Möglichkeit zur Kapitalnutzung ist.[263] Ein Beispiel für ein Entgelt für eine Sonderleistung sind Preise für Barverfügungen an Geldautomaten, da deren Bereithaltung und Betrieb eine Sonderleistung der Bank ist.[264] Demgegenüber sind **Preisnebenabreden** der AGB-rechtlichen Inhaltskontrolle unterworfen.[265] Preisnebenabreden sind im Gegensatz zu Preishauptabreden kein Entgelt für eine Leistung, die dem Kunden auf rechtsgeschäftlicher Grundlage erbracht wird, sondern Bestimmungen durch die der Verwender allgemeine Betriebskosten, Aufwand zur Erfüllung eigener Pflichten oder für Tätigkeiten, die im eigenen Interesse liegen, auf den Kunden abwälzt.[266]

68 Rechtsprechung und Literatur haben **Wertungsleitlinien** entwickelt, wann **Preisnebenabreden** eine **unangemessene Benachteiligung** gem. § 307 Abs. 1 und 2 BGB darstellen:[267] (1) Entgelt für Aufwand, der nicht im Interesse des Kunden, sondern im Eigeninteresse der Bank ist; (2) Entgelt für die Erfüllung von vertraglichen Nebenleistungspflichten oder von Pflichten zur Vermeidung vertraglicher Schadensersatzansprüche; (3) Entgelt für die Erfüllung gesetzlicher Pflichten der Bank; (4) Entgelt, das aus Sicht des Kunden eine Haftung ohne Verschulden begründet; (5) Entgeltklauseln, welche die anteilige Erstattung eines anhand eines bestimmten Zeitraums bemessenen Entgelts bei vorzeitiger Vertragsbeendigung ausschließen. Dabei ist allerdings zu beachten, dass für Preisnebenabreden in Darlehensverträgen gegenüber Unternehmern andere Grundsätze gelten als in solchen gegenüber Verbrauchern.[268] Besonderheiten können sich auch für besondere

---

rechtfertigen); BGH NJW 2014, 2420 (Rechtsprechungsänderung betreffend Bearbeitungsentgelte in Privatdarlehens-AGB); BGH NJW 2014, 3713 = BGHZ 203, 115 (Rückforderung unberechtigter Bearbeitungsentgelte für Verbraucherdarlehen, Verjährung).

[257] BGH NJW-RR 1989, 947 (949) (Wertermittlungsentgelt als Individualabrede wirksam); OLG München WM 2000, 130 (132) (Wertermittlungsentgelt im Verbraucherdarlehensvertrag zulässig); OLG Düsseldorf WM 2010, 215 (216) (Wertermittlungsentgelt unwirksam gem. § 307 BGB).

[258] Zur Zulässigkeit *Nobbe* WM 2008, 185 (192).

[259] BGH NJW-RR 1986, 467 (468); NJW 1985, 730 (731).

[260] BGH NJW 1999, 2276 (2277) = BGHZ 141, 380.

[261] BGH NJW 2012, 2337 (2340); 2011, 2640 = BGHZ 190, 66; 2011, 1801 (1802) = BGHZ 187, 360.

[262] BGH NJW 2014, 2420 (2425) = BGHZ 201, 168.

[263] BGH NJW 2014, 2420 (2424) = BGHZ 201, 168.

[264] BGH NJW 1996, 2032 (2033) = BGHZ 133, 10; s. aber auch BGH ZIP 2019, 2203 (2205 ff.).

[265] BGH NJW 2014, 2420 (2422) = BGHZ 201, 168; BGH NJW 1999, 2276 (2277) = BGHZ 141, 380; 1990, 2383 = BGHZ 112, 115.

[266] BGH NJW 2014, 2420 (2422) = BGHZ 201, 168; BGH NJW 2011, 2640 = BGHZ 190, 66; 2011, 1801 (1802) = BGHZ 187, 360.

[267] BGH ZIP 2019, 2203 (2205 ff.); BGH NJW 2014, 2420 (2427 ff.) = BGHZ 201, 168; BGH NJW 2011, 2640 (2641 f.) = BGHZ 190, 66; 2012, 2337 (2335 ff.); grundlegend *Nobbe* WM 2008, 185 (187 ff.); ihm folgend BankR-HdB/*Krepold* § 78 Rn. 114; mit beachtenswerten Argumenten grds. **aA** *Casper/Möllers* BKR 2014, 59.

[268] Zu Entgeltklauseln im Geschäftsverkehr gegenüber Unternehmern BGH BKR 2019, 80 (Bearbeitungsprovision in Unternehmerdarlehen); BGH NJW 2017, 2986; LG Frankfurt ZIP 2015, 2314 f.; *Herweg/Fürtjes* ZIP 2015, 1261; *Merkel* FS Nobbe, 2009, 141 ff.

Darlehenstypen, zum Beispiel Förderdarlehen, ergeben.[269] Vorformulierte Vertragsbedingungen, die dem Darlehensnehmer die Wahl zwischen einer Darlehensvariante ohne Bearbeitungsprovision zu marktüblichem Zins und einer Darlehensvariante mit Bearbeitungsprovision zu einem günstigeren Zinssatz eröffnen, stellen grundsätzlich noch keine Individualabrede dar und unterliegen damit der AGB-Kontrolle.[270]

Unwirksame Preisnebenabreden sind nach diesen Wertungsleitlinien zum Beispiel: 69
einmaliges Bearbeitungsentgelt für den Abschluss eines Privatkreditvertrags mit einem Verbraucher;[271] Entgelt für die Führung des Darlehenskontos durch das Kreditinstitut im Bankverkehr mit Verbrauchern (Eigeninteresse der Bank);[272] Entgelt für die Nichtausführung eines Dauerauftrags oder einer Überweisung sowie für die Rückgabe eines Schecks oder einer Lastschrift mangels Deckung aufgrund einer Bonitäts- und Deckungsprüfung (Eigeninteresse der Bank);[273] Auslagenersatz für die Bestellung, Verwaltung, Freigabe oder Verwertung von Sicherheiten (Eigeninteresse der Bank);[274] Entgelt für die Information des Kunden über die Nichteinlösung von Schecks und Lastschriften sowie über die Nichtausführung von Überweisungen und Daueraufträgen mangels Deckung (vertragliche Nebenpflicht);[275] Entgelt für Rücklastschriften, die der Kunde nicht zu vertreten hat (Haftung ohne Verschulden);[276] Ausschluss der anteiligen Rückerstattung des Jahresentgelts eines Kreditkartenvertrags bei vorzeitiger Beendigung (Ausschluss anteiliger Rückerstattung).[277]

Leistungen auf unwirksame Preisnebenabreden erlangt der Darlehensgeber gem. § 812 70
Abs. 1 S. 1 Alt. 1 BGB **ohne rechtlichen Grund.**[278] Wie und wann der Darlehensgeber das Entgelt erlangt richtet sich nach der Auslegung des konkreten Vertrags sowie dem Verhalten der Vertragsparteien.[279] In Betracht kommen insbesondere eine separate Zahlung des Darlehensnehmers, die Mitfinanzierung des Entgelts als Teil des Darlehensnennbetrags (dann Leistung im Zeitpunkt der Valutierung des Darlehens durch Einbehalt des auf das Entgelt entfallenden Teils der Darlehensvaluta in voller Höhe) und die Einstellung in den Gesamtbetrag des Darlehens (dann Stundung bis zur Fälligkeit der Darlehensraten und anteilige Entrichtung mit den einzelnen Darlehensraten).[280] Auf die bereicherungsrechtlichen Rückforderungsansprüche des Darlehensnehmers findet die dreijährige Regelverjährungsfrist des § 195 BGB Anwendung. Hinsichtlich des Beginns der Verjährung gem. § 199 Abs. 1 BGB können sich dann Besonderheiten ergeben, wenn dem Darlehensnehmer die Erhebung einer Rückforderungsklage wegen einer unsicheren und zweifelhaften Rechtslage nicht zumutbar war.[281]

c) Rückzahlung des Darlehens. Der Darlehensnehmer ist gem. § 488 Abs. 1 S. 2 71
BGB verpflichtet, bei Fälligkeit das zur Verfügung gestellte Darlehen zurückzuzahlen. Die Rückzahlungspflicht prägt den Typus des Darlehensvertrags und ist daher eine **Hauptleistungspflicht.**[282] Sie dient jedoch nur der Abwicklung des Darlehensverhältnisses. Deshalb handelt es sich nicht um eine synallagmatische Pflicht.[283] Die Rückzahlungspflicht hat

[269] Zu Auszahlungsabschlägen bei Förderkrediten *Kropf* BKR 2015, 60.
[270] BGH NJW-RR 2018, 814.
[271] BGH NJW 2014, 2420 = BGHZ 201, 168; BGH NJW-RR 2014, 1133 ff. (Online-Darlehensvertrag, Bearbeitungsentgelt „im Kopf gespeichert").
[272] BGH NJW 2011, 2640 ff. = BGHZ 190, 66.
[273] BGH NJW 1998, 309 f. = BGHZ 137, 43.
[274] BGH NJW 2012, 2337 (2340 ff.).
[275] BGH NJW 2001, 1419 (1420 f.) = BGHZ 146, 377; WM 2012, 1383 (1384 ff.).
[276] BGH NJW 2002, 1950 (1951 f.) = BGHZ 150, 269.
[277] OLG Frankfurt a. M. NJW-RR 2001, 1269 (1270).
[278] BGH NJW-RR 2014, 1133 (1134); zur Frage des Ausschlusses des Bereicherungsanspruchs wegen Kenntnis der Nichtschuld gem. § 814 BGB BGH NJW-RR 2014, 1133 (1135).
[279] BGH NJW 2014, 3713 ff. = BGHZ 203, 115 mit Aufbereitung des Streitstands; s. a. BGH BKR 2015, 26.
[280] BGH NJW 2014, 3713 (3714 f.) = BGHZ 203, 115.
[281] BGH NJW 2014, 3713 (3715 ff.) = BGHZ 203, 115.
[282] BGH NJW 2016, 2428 (2429); MüKoBGB/*Berger* § 488 Rn. 42; Soergel/*Seifert* § 488 Rn. 107.
[283] Derleder/Knops/Bamberger/*Derleder* Deutsches und europäisches Bank- und Kapitalmarktrecht § 12 Rn. 14; Palandt/*Weidenkaff* Vor § 488 Rn. 2.

ihren Entstehensgrund in der Vereinbarung der Vertragsparteien und nicht nur in dem Gesetz.[284] Der Rückzahlungsanspruch wird durch den Vertragsschluss begründet, entsteht im Zeitpunkt des Zurverfügungstellens des Darlehens, wird aber erst mit der Kündigung bzw. dem Laufzeitende fällig.[285] Für das Entstehen des Rückzahlungsanspruchs erst im Zeitpunkt des Zurverfügungstellens spricht der Wortlaut von § 488 Abs. 1 S. 2 BGB, wonach der Darlehensnehmer das „zur Verfügung gestellte Darlehen" zurückzuzahlen hat. Der entstandene, aber noch nicht fällige Rückzahlungsanspruch ist ein **betagter Anspruch.** In der Insolvenz tritt daher gem. § 41 Abs. 1 InsO die Fälligkeit ein.[286]

72 **Voraussetzungen** der Rückzahlungspflicht sind ein wirksamer Darlehensvertrag und die Erfüllung der Pflicht des Darlehensgebers, das Darlehen zur Verfügung zu stellen. Haben die Parteien nichts anderes vereinbart, ist die Leistungshandlung der Rückzahlung gem. §§ 270 Abs. 4, 269 Abs. 1 BGB an dem Wohnsitz bzw. bei Gesellschaften an dem Sitz des Darlehensnehmers zu bewirken (Leistungsort).[287] Spiegelbildlich zur Pflicht des Darlehensgebers, einen Geldbetrag zur Verfügung zu stellen, handelt es sich bei der Rückzahlungspflicht um eine Geldsummenschuld.[288] Der Darlehensgeber trägt also das Risiko der Geldentwertung.[289] Wegen dieser Risikoverteilung kommt eine Anpassung gem. § 313 BGB wegen Währungsverfalls nur in ganz krassen, kaum jemals eintretenden Fällen in Frage. Sofern relevant empfehlen sich Wertsicherungsklauseln.

73 Sowohl die **Höhe** als auch die Art und Weise der Erfüllung der Rückzahlungspflicht stehen für privatautonome Vereinbarungen offen.[290] Der zurückzuzahlende Betrag kann demnach den Nettokreditbetrag samt kreditierten laufzeitunabhängigen Kosten umfassen.[291] Tilgungsvereinbarungen sind möglich. Das schließt Vereinbarungen über die Erfüllung der Darlehensschuld durch Zahlung einer **Kryptowährung** ein.[292] Ist der Darlehensnehmer dem Darlehensgeber aus mehreren Schuldverhältnissen zur Zahlung eines Geldbetrags verpflichtet und liegt weder eine Tilgungsvereinbarung noch eine Tilgungsbestimmung vor, richtet sich die Tilgung nach § 366 Abs. 2 BGB.[293] Die Darlegungs- und Beweislast für die Höhe des Darlehens trägt der Darlehensgeber.[294]

74 Die **Fälligkeit** der Rückzahlungspflicht richtet sich zuerst nach der ausdrücklichen oder konkludenten Vereinbarung der Parteien, etwa einer Laufzeitvereinbarung. Aus der Vereinbarung der Parteien ergibt sich regelmäßig ausdrücklich oder konkludent, dass die Fälligkeit nicht vor der Auszahlung des Darlehens eintreten kann. Der Darlehensvertrag kann auf bestimmte oder unbestimmte Zeit geschlossen werden. Zu vorzeitigen Rückzahlungen ist der Darlehensnehmer grundsätzlich nicht berechtigt. Nur wenn Zinsen nicht geschuldet sind, ist der Darlehensnehmer gem. § 488 Abs. 3 S. 3 BGB auch ohne Kündigung zur Rückzahlung berechtigt. § 488 Abs. 3 S. 3 BGB ist lex specialis im Verhältnis zu

---

[284] BGH NJW 2016, 2428 (2429); *Hopt/Mülbert* Kreditrecht vor § 607 Rn. 4; jetzt auch MüKoBGB/*Berger* § 488 Rn. 43; **aA** Derleder/Knops/Bamberger/*Derleder* Deutsches und europäisches Bank- und Kapitalmarktrecht § 12 Rn. 14; BGH NJW 1957, 1515 (1516) = BGHZ 25, 174 kann nicht für eine gesetzliche Rückzahlungspflicht in Anspruch genommen werden. Vielmehr lässt sich auf Grundlage dieser Entscheidung argumentieren, dass die Überlassung der Valuta nur auf Zeit eine konkludente Rückzahlungsvereinbarung enthält. Grundsätzlich zum Zusammenwirken von Vertrag und Gesetz *Flume* Allgemeiner Teil des Bürgerlichen Rechts Band 2: Das Rechtsgeschäft, S. 3 ff.

[285] HM; MüKoBGB/*Berger* § 488 Rn. 43; Bamberger/Roth/*Rohe* § 488 Rn. 34, 38; **aA** Derleder/Knops/Bamberger/*Derleder* Deutsches und europäisches Bank- und Kapitalmarktrecht § 12 Rn. 14 (künftiger Anspruch); *Mülbert* AcP 192 (1992) 447 (505 f.) (Entstehen mit Beendigung des Darlehensverhältnisses).

[286] Dazu eingehend *von Wilmowsky* WM 2008, 1189 (1192 ff.).

[287] BGH NJW-RR 2005, 581 (582); zur Gefahrtragung für die Rechtzeitigkeit der Leistung Palandt/*Grüneberg* § 270 Rn. 5.

[288] → Rn. 44.

[289] MüKoBGB/*Berger* § 488 Rn. 46.

[290] MüKoBGB/*Berger* § 488 Rn. 51.

[291] Palandt/*Weidenkaff* § 488 Rn. 8.

[292] *Langenbucher,* → Kap. 11 Rn. 24.

[293] BGH NJW-RR 2004, 405 (407); zur Bedeutung von Tilgungsvereinbarungen der Parteien des Darlehensvertrags für Sicherungsgeber BGH NJW 1993, 2043 (2044).

[294] BGH NJW-RR 2007, 705 (707).

§ 271 BGB. Sondertilgungsrechte können vereinbart werden. Sie begründen ein kündigungsunabhängiges Teilleistungsrecht des Darlehensnehmers zur Rückzahlung, das nach Ablauf der vereinbarten Frist erlischt.[295] Ist für die Rückzahlung eine Zeit nicht bestimmt, so hängt die Fälligkeit gem. § 488 Abs. 3 S. 1 BGB davon ab, dass der Darlehensgeber oder der Darlehensnehmer kündigt. Das ist in der Kreditpraxis häufig bei Dispositionskrediten der Fall. Mangelt es an einer Vereinbarung, beträgt die Kündigungsfrist gem. § 488 Abs. 3 S. 2 BGB drei Monate. Diese Frist ist dispositiv. Formularvertragliche Verkürzungen sind an § 307 BGB zu messen. Zur Bewältigung der **COVID-19-Pandemie** hat der Gesetzgeber mit Wirkung vom 1.4.2020 in Art. 240 § 3 EGBGB besondere Regelungen zum Darlehensrecht getroffen. Danach sind insbesondere bestimmte Ansprüche auf Rückzahlung, Zins- und Tilgungsleistungen kraft Gesetzes gestundet. Die Regelungen gelten zunächst nur für Verbraucherdarlehensverträge. Die Bundesregierung kann die Anwendbarkeit dieser Normen jedoch gem. Art. 240 § 3 Abs. 8 und § 4 EGBGB sowohl in personeller als auch in zeitlicher Hinsicht erweitern. Art. 240 EGBGB tritt am 30.9.2022 außer Kraft.

Die **Darlegungs- und Beweislast** für das Entstehen des Darlehensrückzahlungs- **75**
anspruchs liegt bei dem Darlehensgeber. Das umfasst die vertragliche Einigung über den Abschluss eines Darlehensvertrags und die Leistung der Darlehensvaluta.[296] Darüber hinaus muss der Darlehensgeber einen behaupteten anderen Rechtsgrund für das Zurverfügungstellen des Geldbetrags – sei es auch nur im Verhältnis zu einem Dritten – ausschließen.[297] Die Darlegungs- und Beweislast für die rechtsvernichtende Einwendung der Erfüllung des Darlehensrückzahlungsanspruchs trifft den Darlehensschuldner.[298] Das gilt auch für die Erfüllung durch eine vertragliche Verrechnungs- oder Tilgungsbestimmung.[299] Der Darlehensgeber muss nur das Entstehen des Rückzahlungsanspruchs darlegen und beweisen, nicht dessen Fortbestand.[300] Die bloße Ablösung eines Darlehens begründet grundsätzlich kein kausales Anerkenntnis der Darlehensschuld durch den Darlehensnehmer.[301] Die beweisrechtliche Bedeutung eines **Schuldscheins** ergibt sich aus der Auslegung der in ihm enthaltenen individuellen Erklärungen.[302] Die Erklärung ein Darlehen erhalten zu haben, kann eine bloße Wissenserklärung sein, ein abstraktes Schuldanerkenntnis darstellen oder sich auf einen bestehenden oder als bestehend vorausgesetzten Darlehensvertrag beziehen, der vertraglich fixiert und künftigem Streit entzogen werden soll.[303] Vor diesem Hintergrund hat die Rechtsprechung im Rahmen einer Vollstreckungsgegenklage die Beweislast für die Hingabe eines Darlehens dem Darlehensgeber auch dann zugewiesen, wenn der die Auszahlung bestreitende Schuldner in notarieller Urkunde den Empfang als Darlehen bestätigt, sich der Zwangsvollstreckung unterworfen und dem Notar gestattet hat, eine vollstreckbare Ausfertigung der Urkunde ohne den Nachweis der Fälligkeit des Darlehens zu erteilen.[304]

Die **Haftung der Gesellschafter einer Gesellschaft bürgerlichen Rechts** für den **76**
Darlehensrückzahlungsanspruch gegen die Gesellschaft kann grundsätzlich nur durch individualvertragliche Vereinbarung mit dem Darlehensgeber ausgeschlossen werden.[305] Für Darlehensverträge von geschlossenen Immobilienfonds in der Form einer Gesellschaft bürgerlichen Rechts kann die Haftung der Gesellschafter für den Darlehensrückzahlungsanspruch ausnahmsweise auch durch in den Darlehensvertrag einbezogene formularmäßige

[295] BGH NJW 2012, 445 (446); s. aber §§ 500 Abs. 2, 511 BGB für Verbraucherdarlehen.
[296] BGH NJW 1983, 931; WM 1976, 974 (975).
[297] BGH NJW 1983, 931.
[298] BGH NJW 2011, 2640 (2641) = BGHZ 190, 66.
[299] BGH NJW-RR 2007, 705 (707).
[300] BGH NJW-RR 2007, 705 (707).
[301] BGH NJW 2008, 3425 (3426).
[302] BGH NJW 1986, 2571 (2572).
[303] BGH NJW 1986, 2571 (2572).
[304] BGH NJW 2001, 2096 (2098 f.) = BGHZ 147, 203 (damit Aufgabe von BGH NJW 1981, 2756).
[305] BGH NJW 2002, 1642.

Vereinbarungen eingeschränkt oder ausgeschlossen werden.[306] Gestaltungsmöglichkeiten umfassen die Beschränkung der gesamtschuldnerischen auf eine teilschuldnerische Gesellschafterhaftung und die Anrechnung von Zahlungen aus dem Gesellschaftsvermögen auf die Gesellschafterschuld.[307]

77 **d) Bestellung von Sicherheiten.** Dem Darlehensvertrag ist nicht ohne weiteres eine Pflicht des Darlehensnehmers zur Bestellung von Sicherheiten zu entnehmen.[308] Der Darlehensgeber hat nur dann einen Anspruch auf die Bestellung von Sicherheiten, wenn dieser ausdrücklich oder zumindest konkludent **vereinbart** wurde.[309] Das kann in einem Sicherungsvertrag, einer vertraglichen Nebenabrede[310] oder durch die Vereinbarung der AGB-Banken (Nr. 13 ff.) oder AGB-Sparkassen (Nr. 21 f.) geschehen.[311] Für Verbraucherdarlehen gelten einschränkende Regeln.[312] Das Recht, Sicherheiten zu verlangen, steht mit dem Auszahlungsanspruch des Darlehensnehmers nur im Gegenseitigkeitsverhältnis, wenn dem Vertrag eine Zug-um-Zug Vereinbarung zu entnehmen ist.[313] Näher liegt die Vereinbarung der Sicherheitenbestellung als Voraussetzung des Auszahlungsanspruchs.[314]

77a Der **Sicherungsvertrag** kann Angaben über die Höhe, die Art und den Zeitpunkt der zu bestellenden Sicherheiten machen. Verbleiben nach der Auslegung Zweifel, richtet sich die **Höhe** nach dem Darlehensbetrag und einem Aufschlag für mindestens eine Zinsperiode nach billigem Ermessen gem. § 315 Abs. 3 BGB.[315] Ohne Vereinbarung zur Höhe kann der Darlehensgeber die Höhe gem. § 316 BGB bestimmen.[316] Bestimmt der Sicherungsvertrag nicht konkrete oder zumindest die **Art der zu bestellenden Sicherheiten,** hat der Darlehensnehmer die Wahl zwischen den in §§ 232–239 BGB genannten Sicherheiten.[317] Der Sicherungsvertrag enthält zudem die **Sicherungszweckabrede,** also die Festlegung, zur Sicherung welcher Forderung(en) die Sicherheit(en) bestimmt sind. Dadurch wird der Sicherungsvertrag zum Rechtsgrund der Sicherheitenbestellung.[318] Der Sicherungszweckabrede ist durch Auslegung zu entnehmen, ob bereicherungsrechtliche Rückabwicklungsansprüche mitbesichert sind.

78 Sofern nicht anders vereinbart kann der Darlehensnehmer der Forderung des Darlehensgebers auf Rückzahlung des Darlehens den Anspruch auf Rückgewähr der Sicherheiten im Wege der Einrede des **Zurückbehaltungsrechts** gem. § 273 Abs. 1 BGB entgegenhalten. Klagt der Darlehensgeber die Rückzahlung ein, wird der Darlehensnehmer gem. § 274 BGB zur Zahlung Zug um Zug gegen Rückgewähr der Sicherheiten verurteilt.

3. Verjährung

79 Die Ansprüche aus dem Darlehensvertrag verjähren grundsätzlich nach der **dreijährigen Regelverjährungsfrist** gem. §§ 195, 199 BGB.[319] Das gilt auch für Ansprüche aus Verschulden bei dem Vertragsschluss.[320] Die Frist beginnt gem. § 199 Abs. 1 BGB mit dem Schluss des Jahres, in dem der Anspruch entstanden ist und der Gläubiger von den

[306] BGH NJW 2013, 1089 (1091).
[307] BGH NZG 2012, 701 (704); BGH NJW 2011, 2040 (2042 f.).
[308] BGH NJW 2012, 2337 (2341); 2000, 957 (958); 1983, 1679 (1680).
[309] Zu allg. Fragen der Kreditsicherheiten und dem Sicherungsvertrag *Lehmann* in Kap. 24.
[310] Vgl. BGH NJW 2002, 1199 (1200).
[311] Im Folgenden ist nur noch vom Sicherungsvertrag die Rede, die vertraglichen Nebenabreden und AGB sind dabei entsprechend mitgedacht.
[312] Dazu *Roth* in Kap. 15 (passim).
[313] MüKoBGB/*Berger* § 488 Rn. 58; in dieselbe Richtung Derleder/Knops/Bamberger/*Derleder* Deutsches und europäisches Bank- und Kapitalmarktrecht § 12 Rn. 13.
[314] Soergel/*Seifert* § 488 Rn. 168; MüKoBGB/*Berger* § 488 Rn. 58.
[315] Palandt/*Weidenkaff* § 488 Rn. 15.
[316] Palandt/*Weidenkaff* § 488 Rn. 15.
[317] Palandt/*Weidenkaff* § 488 Rn. 15.
[318] MüKoBGB/*Berger* § 488 Rn. 57.
[319] Staudinger/*Freitag* § 488 Rn. 269; *Budzikiewicz* WM 2003, 264 ff.
[320] BGH WM 2011, 2088 (2090 f.).

Anspruch begründenden Umständen und der Person des Schuldners Kenntnis erlangt oder ohne grobe Fahrlässigkeit erlangen müsste. Entstanden im Sinne von § 199 Abs. 1 BGB sind die Ansprüche aus dem Darlehensvertrag erst, wenn sie fällig sind.[321] Das gilt namentlich für die Ansprüche auf Zinszahlung und Darlehensrückzahlung. In den Fällen, in denen sich der Darlehensnehmer auf einen aufklärungspflichtigen Wissensvorsprung im Hinblick auf eine arglistige Täuschung durch den Vertrieb beruft, beginnt die Verjährung nur dann zu laufen, wenn er sowohl Umstände gekannt hat oder infolge grober Fahrlässigkeit nicht gekannt hat, aus denen sich ergibt, dass er im Zusammenhang mit dem Erwerb des zu finanzierenden Objekts arglistig getäuscht worden ist, als auch Umstände, die den Schluss auf einen insoweit bestehenden Wissensvorsprung der finanzierenden Bank zulassen.[322]

Abweichende Verjährungsfristen, jedoch nicht länger als 30 Jahre, können gem. § 202 Abs. 2 BGB vereinbart werden. Für Verbraucherdarlehen enthält § 497 Abs. 3 S. 3–5, Abs. 4 BGB Sondervorschriften für die Verjährung. Für **vollstreckbare Schuldanerkenntnisse,** in denen sich der Darlehensnehmer der sofortigen Zwangsvollstreckung unterworfen hat, gilt ohnehin die 30-jährige Verjährungsfrist gem. § 197 Abs. 1 Nr. 4 BGB.[323] Das von dem Darlehensnehmer in einer notariellen Grundschuldbestellungsurkunde abgegebene abstrakte Schuldversprechen mit Vollstreckungsunterwerfung ist nicht deshalb gem. § 812 BGB Abs. 2 BGB kondizierbar, weil der durch die Grundschuld gesicherte Darlehensrückzahlungsanspruch des Gläubigers verjährt ist.[324] Der Anspruch aus einer Schuldverschreibung verjährt gem. § 801 Abs. 1 S. 2 BGB bei Vorlegung in zwei Jahren von dem Ende der Vorlegungsfrist an. **80**

III. Leistungsstörungen

1. Pflichten des Darlehensgebers

a) Grundlagen. Der Darlehensnehmer hat wegen der Verletzung von Pflichten aus dem Darlehensvertrag durch den Darlehensgeber grundsätzlich einen Anspruch gem. § 280 Abs. 1 S. 1 BGB ggf. iVm § 241 Abs. 2 BGB auf **Ersatz des durch die Pflichtverletzung zurechenbar entstandenen Schadens.**[325] Für die Einwendung, der Darlehensgeber habe die Pflichtverletzung nicht zu vertreten, trägt dieser die Beweislast gem. § 280 Abs. 1 S. 2 BGB. Das Fehlen von Geldmitteln vermag den Einwand mangelnden Verschuldens jedoch niemals zu begründen.[326] Je nach Rechtsfolge können **zusätzliche Voraussetzungen** hinzutreten, etwa gem. §§ 280 Abs. 2, 286 BGB für den Verzugsschaden. Da es sich bei dem Darlehensvertrag regelmäßig um einen gegenseitigen Vertrag handelt, kann auch das Leistungsstörungsrecht der §§ 320 ff. BGB Anwendung finden. **81**

Wegen der Eigenschaft des Darlehensvertrags als Dauerschuldverhältnis[327] kommt bei Pflichtverletzungen des Darlehensgebers auch die **Kündigung aus wichtigem Grund** gem. § 314 BGB in Betracht.[328] Dabei ist gem. § 314 Abs. 2 S. 1 BGB der vorherige erfolglose Ablauf einer zur Abhilfe bestimmten Frist oder eine erfolglose Abmahnung abzuwarten. Das gilt gem. § 314 Abs. 2 S. 2 BGB dann nicht, wenn ein Fall des § 323 Abs. 2 Nr. 1 und 2 BGB vorliegt, also eine ernsthafte und endgültige Erfüllungsverweigerung oder ein relatives Fixgeschäft die sofortige Kündigung rechtfertigen. Die Bestimmung einer Frist zur Abhilfe und eine Abmahnung sind gem. § 314 Abs. 2 S. 3 BGB auch dann entbehrlich, wenn besondere Umstände vorliegen, die unter Abwägung der beiderseitigen **82**

[321] Jauernig/*Mansel* § 199 Rn. 2.
[322] BGH WM 2011, 2088 (2090 f.).
[323] Staudinger/*Freitag* § 488 Rn. 269.
[324] BGH NJW 2010, 1144 (1145 f.) = BGHZ 183, 169.
[325] Staudinger/*Freitag* § 488 Rn. 238.
[326] Ebenso iErg MüKoBGB/*Berger* § 488 Rn. 38.
[327] → Rn. 2.
[328] Dazu *Krepold* in → Kap. 14 Rn. 241 ff.

Interessen die sofortige Kündigung rechtfertigen. Die Berechtigung, Schadensersatz zu verlangen, wird gem. § 314 Abs. 4 BGB durch die Kündigung aus wichtigem Grund nicht ausgeschlossen. Die Kündigung hat jedoch die sofortige Fälligkeit des Darlehensrückzahlungsanspruchs zur Folge und kann für den Darlehensnehmer daher je nach den zur Verfügung stehenden alternativen Finanzierungsbedingungen nicht von Interesse sein.

83 Beim **finanzierten Kauf** kann der Darlehensnehmer dem Darlehensgeber trotz rechtlicher Selbstständigkeit des Darlehensvertrags gem. § 242 BGB nach Treu und Glauben Einwendungen aus dem Kaufvertrag nur entgegensetzen, wenn beide Verträge ausnahmsweise eine wirtschaftliche Einheit bilden und die Risiken des finanzierten Kaufs anderenfalls nicht angemessen verteilt würden.[329] Eine wirtschaftliche Einheit zwischen Darlehensvertrag und finanziertem Rechtsgeschäft setzt voraus, dass beide Vereinbarungen über ein Zweck-Mittel-Verhältnis hinaus derart miteinander verbunden sind, dass kein Geschäft ohne das andere geschlossen worden wäre oder jeder der Verträge seinen Sinn erst durch den anderen erhält.[330] Für **verbundene Verträge** mit Verbrauchern bestehen Sondervorschriften.[331]

84 **b) Zurverfügungstellen eines Geldbetrags.** Bei **unberechtigter endgültiger Verweigerung** der Auszahlung des Darlehens schuldet der Darlehensgeber dem Darlehensnehmer Schadensersatz statt der Leistung unter den Voraussetzungen von §§ 280 Abs. 1, Abs. 3, 281 BGB.[332] Dasselbe gilt für den unberechtigten Widerruf einer Darlehenszusage.[333] Handelt es sich um ein **entgeltliches Darlehen,** so dass die Pflicht zur Auszahlung der Valuta eine Hauptpflicht im Gegenseitigkeitsverhältnis ist,[334] bestimmt sich das Rücktrittrecht des Darlehensnehmers gem. § 323 BGB.[335]

85 Bei **verspätetem Zurverfügungstellen** des Darlehens eröffnen sich aus Sicht des Darlehensnehmers zwei Vorgehensweisen. Eine Möglichkeit ist das Beharren auf der Auszahlung der Valuta bei gleichzeitiger Einforderung des Verzugsschadens gem. §§ 280 Abs. 1, Abs. 2, 286 BGB. Dazu müssen also die besonderen Voraussetzungen des Verzugs in § 286 BGB erfüllt sein. Die andere Vorgehensweise ist das Verlangen von Schadensersatz statt der Leistung unter Aufgabe der Auszahlungsforderung gem. §§ 280 Abs. 1, Abs. 3, 281 BGB. Das setzt die Erfüllung der Voraussetzungen in § 281 BGB zur Transformation des Leistungsanspruchs in einen Schadensersatzanspruch voraus. Der Anspruch auf Schadensersatz statt der Leistung geht inhaltlich auf das positive Interesse. Der Darlehensnehmer ist so zu stellen, wie er stünde, wenn der Darlehensgeber das Darlehen ordnungsgemäß zur Verfügung gestellt hätte. Ersatzfähig sind die Mehrkosten der Alternativfinanzierung, entgangener Gewinn aus den zu finanzierenden Geschäften, sonstige Verluste wegen Liquiditätsmangels bis hin zu Schäden wegen einer verursachten Insolvenz.[336]

86 **c) Auskunft, Aufklärung, Beratung.** Wie gesehen hat der **Darlehensgeber als solcher** grundsätzlich keine besonderen Nebenpflichten zur Auskunft, Aufklärung oder Beratung.[337] Bestehen sie in Sondersituationen doch, hat die Verletzung solcher Pflichten gem. § 280 Abs. 1 BGB ggf. iVm § 311 Abs. 2 BGB **Schadensersatzpflichten** zur Folge.[338] Für die Einwendung, er habe die Pflichtverletzung nicht zu vertreten, trägt der Darlehens-

329 BGH NJW 2000, 3065 (3066).

330 BGH NJW 1984, 1755 f. = BGHZ 91, 9; 2000, 3065 (3066).

331 Dazu *Roth,* → Kap. 15 BGB § 495 Rn. 17 ff.

332 Nach BGH NJW 2015, 955 (957) ist die unberechtigte Verweigerung der Auszahlung des noch ausstehenden Darlehensbetrags regelmäßig nicht so schwerwiegend, dass der Darlehensgeber den Darlehensrückzahlungsanspruch gem. § 242 BGB nicht ausüben darf.

333 BGH NJW-RR 1990, 365 (vor der Schuldrechtsmodernisierung).

334 → Rn. 44.

335 Derleder/Knops/Bamberger/*Derleder* Deutsches und europäisches Bank- und Kapitalmarktrecht § 12 Rn. 8.

336 Staudinger/*Freitag* § 488 Rn. 240.

337 → Rn. 49.

338 BGH NJW 2007, 2396 (2397); Palandt/*Weidenkaff* § 488 Rn. 7.

geber gem. § 280 Abs. 1 S. 2 BGB die Beweislast. Abhängig vom Schutzzweck der verletzten Pflicht kann der Inhalt des Schadensersatzes auf den Differenzschaden oder auf Rückabwicklung gerichtet sein.[339] Zugunsten des Darlehensnehmers greift die widerlegliche Vermutung aufklärungsrichtigen Verhaltens.[340] Die Bank muss grundsätzlich nur für diejenigen Risiken einstehen, für deren Einschätzung die geschuldete Information maßgebend war.[341] Sofern vom Schutzzweck der verletzten Pflicht umfasst, sind bei der Ermittlung des zu ersetzenden Schadens nicht nur Zinsen und Kosten des Darlehens, sondern auch die vermögensmäßigen Auswirkungen des Erwerbs des finanzierten Objekts zu berücksichtigen.[342]

d) Rücksicht auf Rechte, Rechtsgüter und Interessen; Beihilfehaftung. Die Verletzung einer Pflicht des Darlehensgebers zur Rücksicht auf die Rechte, Rechtsgüter und Interessen des Darlehensnehmers führt unter den Voraussetzungen von § 280 Abs. 1 BGB zum Schadensersatz.[343] Schädigt der Veräußerer (oder ein anderer Beteiligter) den Erwerber eines Objekts sittenwidrig und vorsätzlich gem. § 826 BGB, kommt unter hohen Voraussetzungen eine Beihilfehaftung des finanzierenden Kreditinstituts gem. § 830 Abs. 1 S. 1, Abs. 2 BGB in Betracht.[344] 87

e) Unberechtigte Kündigung. Kündigt der Darlehensgeber den Darlehensvertrag ohne dazu berechtigt zu sein, ist die Kündigung **unwirksam.**[345] Gleichwohl können dem Darlehensnehmer daraus Schäden entstehen, verursacht beispielsweise durch Reputationsverluste oder die dadurch eingetretene Unsicherheit der Finanzierung. Die unberechtigte Kündigung stellt eine **Pflichtverletzung** dar. Zurechenbar durch die unberechtigte Kündigung verursachte Schäden kann der Darlehensnehmer gem. § 280 Abs. 1 BGB von dem Darlehensgeber ersetzt verlangen.[346] In Betracht kommt unter den Voraussetzungen gem. §§ 280 Abs. 1, Abs. 3, 282 BGB auch Schadensersatz statt der Leistung oder unter den Voraussetzungen von § 314 BGB eine außerordentliche Kündigung nun des Darlehensnehmers. 88

2. Pflichten des Darlehensnehmers

a) Inanspruchnahme des Darlehens. Bei der Störung der Abnahme des Darlehens durch den Darlehensnehmer ist danach zu **unterscheiden,** ob die Parteien eine **Pflicht** zur Abnahme des Darlehens vereinbart haben.[347] Weigert sich der Darlehensnehmer **endgültig,** die vereinbarte Pflicht zur Abnahme der Valuta zu erfüllen, hat der Darlehensgeber einen Schadensersatzanspruch statt der Leistung unter den Voraussetzungen von §§ 280 Abs. 1, Abs. 3, 281 BGB **(Nichtabnahmeentschädigung).**[348] Ein Zinsschaden des Darlehensgebers setzt dabei voraus, dass die Zinszahlungspflicht die Inanspruchnahme des Darlehens voraussetzt.[349] Vertragliche Vereinbarungen über die Nichtabnahmeentschädigung sind möglich und üblich.[350] Der Nichtabnahmeschaden berechnet sich nach denselben Grundsätzen wie der Vorfälligkeitsschaden bei vorzeitiger Beendigung des Darlehens- 89

[339] BGH NJW 2007, 2396 (2397 f., 2399 f.).
[340] Theewen/*Fahlbusch* Bank- und Kapitalmarktrecht S. 100.
[341] BGH NJW 1992, 555 = BGHZ 116, 209.
[342] BGH NJW 1991, 1881 (1882).
[343] BGH NJW 2006, 830 (833 f.) = BGHZ 166, 84.
[344] Zu den Voraussetzungen BGH NJW 2014, 1098 ff.
[345] OLG Dresden VuR 2007, 346 f.; Staudinger/*Mülbert* § 490 Rn. 227 mwN auch zur **aA,** die von der Wirksamkeit der unberechtigten Kündigung ausgeht.
[346] Staudinger/*Freitag* § 488 Rn. 241; *Weber* DStR 2014, 213; s. außerdem *Krepold* → Kap. 14 Rn. 284.
[347] → Rn. 57.
[348] BGH NJW 2001, 509 ff. = BGHZ 146, 5; Bankrecht und Bankpraxis/*Früh/Müller-Arends* Rn. 3/99; Palandt/*Weidenkaff* § 488 Rn. 16; *Budzikiewicz* WM 2003, 264 (267).
[349] *Mülbert* WM 2002, 465 (472).
[350] Vgl. BGH NJW 1990, 2676 ff.; NJW-RR 1989, 41 ff.

vertrags.[351] Auf die entsprechende Darstellung im Recht der Darlehenskündigung durch *Krepold* im folgenden Kapitel → Kap. 14 Rn. 85 ff. wird daher verwiesen.

90 Ist dem Darlehensvertrag eine Pflicht zur Abnahme zu entnehmen, kommt auch eine Haftung des Darlehensnehmers wegen **Schuldnerverzugs** mit der Abnahme der Valuta unter den Voraussetzungen von §§ 280 Abs. 1, Abs. 2, 286 BGB in Betracht. Daneben kann mit Blick auf die Gläubigerstellung des Darlehensnehmers hinsichtlich des Anspruchs auf Zurverfügungstellen des Darlehens **Gläubigerverzug** gem. §§ 293 ff. BGB treten.[352] Dieser kann insbesondere die Haftung für Mehraufwendungen des Darlehensgebers gem. § 304 BGB zur Folge haben.[353]

91 Haben die Parteien eine Abnahmepflicht vereinbart, kann der Darlehensgeber gem. § 323 BGB bei Verweigerung der Abnahme von dem Vertrag **zurücktreten.**[354] Das Recht, von dem Darlehensnehmer Schadensersatz zu verlangen, wird gem. § 325 BGB durch den Rücktritt nicht ausgeschlossen.

92 Haben die Parteien des Darlehensvertrags **keine Abnahmepflicht** vereinbart, kommt nur der Gläubigerverzug des Darlehensnehmers in Betracht. Die Gegenleistungspflicht des Darlehensnehmers bestimmt sich dann in analoger Anwendung von § 537 Abs. 1 BGB.[355]

93 **b) Rückzahlung des Darlehens und Zinszahlung.** Kommt der Darlehensnehmer mit der Pflicht zur **Darlehensrückzahlung** in Verzug, hat der Darlehensgeber unter den Voraussetzungen des § 288 BGB einen Anspruch auf **Verzugszinsen.** Der Verzugszinssatz beträgt gem. § 288 Abs. 1 S. 2 BGB für das Jahr fünf Prozentpunkte über dem Basiszinssatz. Bei Darlehensverträgen, an denen ein Verbraucher nicht beteiligt ist, beträgt der Zinssatz gem. § 288 Abs. 2 BGB nunmehr[356] neun Prozentpunkte über dem Basiszinssatz. Sieht der Darlehensvertrag einen höheren Zinssatz vor, kann der Darlehensgeber diesen nach richtiger Ansicht gem. § 288 Abs. 3 BGB verlangen.[357] Demgegenüber kann die Bank den vertraglichen Zinssatz nach Ansicht der Rechtsprechung nur bei einer ausdrücklichen oder stillschweigenden Vereinbarung, dass der Darlehensnehmer trotz Ablaufs des Kreditvertrags bis auf weiteres zur vertraglichen Kapitalnutzung im bisherigen Umfang berechtigt sein soll, verlangen.[358] Die Verzugspauschale gem. § 288 Abs. 5 S. 1 BGB kann der Darlehensgeber bei Verzug des Darlehensnehmers mit der Rückzahlung des Darlehens nicht verlangen, weil es sich bei dem Rückzahlungsanspruch nicht, wie von der Norm gefordert, um eine Entgeltforderung handelt.[359]

94 Kommt der Darlehensnehmer mit der Pflicht zur **Zinszahlung** in Verzug, scheidet ein Anspruch auf **Verzugszinsen** gem. § 288 BGB wegen des Zinseszinsverbots in § 289 S. 1 BGB aus.[360] Das gilt auch für die in rückständigen Raten enthaltenen Vertragszinsen.[361] Da der Zins das Entgelt für die Möglichkeit des Kapitalgebrauchs ist,[362] ist jedoch die entsprechende Anwendungsvoraussetzung von § 288 Abs. 5 S. 1 BGB erfüllt. Danach hat der Gläubiger einer Entgeltforderung bei Verzug des Schuldners, wenn dieser kein Verbraucher ist, einen Anspruch auf Zahlung einer **Pauschale** in Höhe von 40 EUR.[363] Die Pauschale

---

351 BGH NJW 1997, 2875 (2877) = BGHZ 136, 161; BankR-HdB/*Krepold* § 80 Rn. 8.

352 Palandt/*Grüneberg* § 293 Rn. 6.

353 Derleder/Knops/Bamberger/*Derleder* Deutsches und europäisches Bank- und Kapitalmarktrecht § 12 Rn. 10.

354 Bankrecht und Bankpraxis/*Früh/Müller-Arends* Rn. 3/99.

355 *Mülbert* WM 2002, 465 (472).

356 Zum zeitlichen Übergangsrecht s. Art. 229 § 34 EGBGB.

357 *Rieble* ZIP 1988, 1027 (1028 f.); *Emmerich* WM 1986, 541 (542 ff.); Staudinger/*Freitag* § 488 Rn. 249 mwN zum Meinungsstand; für einen Zinsanspruch aus ungerechtfertigter Bereicherung BankR-HdB/*Krepold* § 80 Rn. 62 ff.

358 BGH NJW 2003, 1801 (1802 f.) = BGHZ 154, 230.

359 Dazu Bamberger/Roth/*Lorenz* § 286 Rn. 41.

360 Dazu näher *Zimmermann* Bankrecht in der Praxis S. 315.

361 BankR-HdB/*Krepold* § 80 Rn. 59.

362 → Rn. 59.

363 Zum zeitlichen Übergangsrecht s. Art. 229 § 34 EGBGB; näher zu der Pauschale *Verse* ZIP 2014, 1809 (1815 ff.).

ist gem. § 288 Abs. 5 S. 3 BGB allerdings auf einen geschuldeten Schadensersatz[364] anzurechnen, soweit der Schaden in Kosten der Rechtsverfolgung begründet ist. § 288 Abs. 6 S. 2 ff. BGB enthält Vorschriften zum Ausschluss und der Beschränkung dieser Pauschale.

Erleidet der Darlehensgeber hinsichtlich der **Darlehensrückzahlung** einen **Verzugsschaden, der über den Betrag der Verzugszinsen hinausgeht,** kann er auch diesen unter den Voraussetzungen gem. §§ 280 Abs. 1, Abs. 2, 286, 288 Abs. 4 BGB neben den bestehenden Zahlungspflichten einfordern. Ein solcher Verzugsschaden kann wegen § 289 S. 2 BGB auch bezüglich der **Zinsansprüche** geltend gemacht werden. Ein Anspruch auf Ausgleich des Verzugsschadens kommt auch hinsichtlich des Verzugs mit der Zahlung von Verzugszinsen in Betracht.[365] Bei Verträgen, die nicht Verbraucherdarlehen sind, lässt die Rechtsprechung eine konkrete und eine abstrakte Schadensberechnung gem. § 252 S. 2 BGB, § 287 ZPO zu.[366] Bei Verbraucherdarlehen gelten Sonderregeln gem. § 497 BGB.[367] 95

Die Fälligstellung der Darlehensrückzahlungs- und Zinszahlungsansprüche und die verzugsbegründende **Mahnung** können auch bei einem Verbraucherdarlehensvertrag in einer Mitteilung verbunden werden.[368] Für Ansprüche auf Verzugszinsen gilt die regelmäßige **Verjährungsfrist** von 3 Jahren gem. § 195 BGB. Für Verbraucherdarlehen enthalten §§ 497 Abs. 3 S. 3–5, 4 S. 2 BGB besondere Verjährungsregeln. 96

Der Darlehensnehmer ist gem. § 301 BGB endgültig von der Zinszahlungspflicht befreit, während der Darlehensgeber im **Gläubigerverzug** ist. Die Norm gilt sowohl für vertragliche als auch für gesetzliche Geldschulden.[369] In den Gläubigerverzug kann der Darlehensgeber beispielsweise dadurch geraten, dass er ein vertragliches oder gesetzliches Ablösungsangebot nicht annimmt.[370] Während des Gläubigerverzugs des Darlehensgebers ist der Darlehensnehmer auch nicht zur Zahlung von Verzugszinsen gem. § 288 Abs. 1 BGB oder der Pauschale gem. § 288 Abs. 5 BGB verpflichtet, da das Leistungsangebot des Darlehensnehmers den etwaigen Schuldnerverzug beendet. 97

c) Außerordentliche Kündigung. Leistungsstörungen des Darlehensnehmers können den Darlehensgeber unter der Voraussetzung von § 314 BGB, insbesondere des **Vorliegens eines wichtigen Grunds,** zur außerordentlichen Kündigung berechtigen. Ein solcher wichtiger Grund kann sich etwa aus der mangelnden Bestellung geschuldeter Sicherheiten ergeben. Die außerordentliche Kündigung beendet den Darlehensvertrag ex nunc und schließt die Geltendmachung von Schadensersatzansprüchen gem. § 314 Abs. 4 BGB nicht aus. Näher zur außerordentlichen Kündigung und ihren Folgen, insbesondere der Vorfälligkeitsentschädigung, *Krepold* im folgenden Kapitel → Kap. 14 Rn. 167 ff.[371] 98

IV. Beteiligung Dritter

Zu den **Parteien** eines Darlehensvertrags → Rn. 6 ff. 98a

1. Vertretung bei dem Vertragsschluss

Die Einschaltung Dritter in den Vertragsabschluss durch Vertretung richtet sich im Ausgangspunkt nach dem Vertretungsrecht des **BGB** (§§ 164 ff.) und des **HGB** (§§ 48 ff.). Für **Verbraucherdarlehensverträge** enthält § 492 Abs. 4 BGB besondere Form- und Inhalts- 99

[364] Zum Verzugsschaden bei Zinsansprüchen → Rn. 95.
[365] BGH NJW 1993, 1260 f.; BankR-HdB/*Krepold* § 80 Rn. 61.
[366] Dazu näher Staudinger/*Freitag* § 488 Rn. 245; *Mankowski* WM 2009, 921 ff.
[367] Dazu *Roth* in Kap. 15 § 497 BGB.
[368] BGH NJW 2010, 2940 f.
[369] Palandt/*Grüneberg* § 301 Rn. 1.
[370] Derleder/Knops/Bamberger/*Derleder* Deutsches und europäisches Bank- und Kapitalmarktrecht § 12 Rn. 12.
[371] Dazu außerdem *Reifner* WM 2009, 1773 ff.

vorschriften.[372] Eltern bedürfen zur Aufnahme von Geld auf den Kredit des Kindes gem. §§ 1643 Abs. 1, 1822 Nr. 8 BGB der **Genehmigung des Familiengerichts.**

100 Wer **Vertragspartei** des Darlehensvertrags geworden ist, richtet sich nach der Auslegung der abgegebenen Willenserklärungen. Tritt bei dem Abschluss des Darlehensvertrags ein **Unternehmensbezug** hervor, ist das Darlehen gem. § 164 Abs. 1 S. 2 BGB im Zweifel mit dem Inhaber des Unternehmens abgeschlossen (Auslegungsregel).[373] Das gilt sowohl für die Vertretung auf Seiten des Darlehensgebers als auch für diejenige auf Seiten des Darlehensnehmers. Der Handelnde trägt gem. § 164 Abs. 2 BGB die Beweislast dafür, nicht in eigenem, sondern in fremdem Namen gehandelt zu haben.[374] Ein durch einen Vertreter ohne Vertretungsmacht geschlossener Darlehensvertrag kann durch den Vertretenen gem. § 177 BGB genehmigt werden. Insbesondere bei Mitarbeitern einer Bank, die ohne Bevollmächtigung Willenserklärungen zum Abschluss eines Darlehensvertrags gemacht haben, kann sich die Vertretungsmacht aus den Grundsätzen der **Anscheins- oder Duldungsvollmacht** ergeben.[375] Allein die Tatsache, dass der für die Bank Handelnde Zweigstellenleiter ist, reicht nicht für die Annahme aus, dieser sei abschlussbevollmächtigt für größere Darlehen.[376] Für Geld- und Sachdarlehen, nicht für andere Kreditformen, ist der Handlungsbevollmächtigte gem. § 54 Abs. 2 HGB nur ermächtigt, wenn ihm eine solche Befugnis besonders erteilt ist.[377]

101 In der Bank- und Gerichtspraxis spielt die Frage der Wirksamkeit von Vollmachten im Zusammenhang mit **Anlage-, Treuhand- und Steuersparmodellen,** bei denen die Vollmacht auch zum Abschluss der Finanzierungsverträge eingesetzt wird, eine große Rolle.[378] Siehe dazu näher *Roth,* Kap. 15, insbesondere §§ 492, 494.

2. Auswechslung einer Vertragspartei

102 Die Auswechslung einer Partei des Darlehensvertrags kann durch eine **Vertragsübernahme** erreicht werden.[379] Die Vertragsübernahme setzt die Mitwirkung sämtlicher drei Parteien voraus. Rechtstechnisch sind insbesondere die beiden folgenden Wege gangbar. Erstens kann ein **dreiseitiger Vertrag** zwischen dem verbleibenden, dem ausscheidenden und dem eintretenden Teil abgeschlossen werden, in dem bestimmt wird, dass die eintretende Partei den Vertrag von der ausscheidenden Partei übernimmt.[380] Zweitens kann ein **zweiseitiger Vertrag** zwischen der eintretenden und der ausscheidenden Partei unter Zustimmung der verbleibenden Partei abgeschlossen werden.[381] Die Erklärung der Zustimmung des Darlehensnehmers bereits bei Vertragsabschluss kann gegen AGB-Recht verstoßen.[382] Die Obliegenheit oder sogar Pflicht des Darlehensgebers, einen Ersatzdarlehensnehmer zu akzeptieren, kann in bestimmten Konstellationen in Betracht kommen.[383] Davon ist die Frage zu unterscheiden, ob der Darlehensnehmer einen Anspruch auf Sicherheitentausch hat.[384]

103 Die Vertragsübernahme ist von der **Schuldübernahme** gem. §§ 414–418 BGB zu unterscheiden. Bei der Schuldübernahme bleibt der Darlehensnehmer (Altschuldner) Ver-

[372] Dazu *Roth* in → Kap. 15 BGB § 492 Rn. 18 ff.
[373] BGH NJW 1986, 1675 f.; 1984, 1347 (1348).
[374] BGH NJW 1986, 1675; 1975, 775.
[375] Dazu Palandt/*Ellenberger* § 172 Rn. 6 ff.; BeckOGK BGB/*Binder* § 488 Rn. 63.
[376] OLG Koblenz WM 1994, 1797 (1798).
[377] Baumbach/Hopt/*Hopt* HGB § 54 Rn. 14.
[378] Staudinger/*Freitag* § 488 Rn. 107.
[379] Zur Vertragsübernahme MüKoBGB/*Heinemeyer* vor § 414 Rn. 12 ff.; BeckOGK BGB/*Binder* § 488 Rn. 87 ff.
[380] BGH NJW 1999, 2664 (2666) = BGHZ 142, 23.
[381] BGH NJW 1999, 2664 (2666) = BGHZ 142, 23.
[382] MüKoBGB/*Berger* § 488 Rn. 15.
[383] BGH NJW-RR 1990, 432 (434); MüKoBGB/*Berger* § 490 Rn. 41 ff.; *Knops* WM 2000, 1427 (1429 ff.).
[384] Dazu BGH NJW 2004, 1730 (1731 f.) = BGHZ 158, 11.

tragspartei, der hinzukommende Neuschuldner übernimmt jedoch mit befreiender Wirkung die Schuld des Altschuldners. Die Schuld bleibt identisch, was namentlich für die Verjährung von Bedeutung ist. Außerdem bleibt der Altschuldner Vertragspartei, was für die Geltendmachung von Gestaltungsrechten wie der Kündigung Relevanz hat. Wegen der Bedeutung der Kreditwürdigkeit des Neuschuldners für den Darlehensgeber setzt die befreiende Schuldübernahme in jeder technischen Gestaltungsvariante gem. §§ 414 ff. BGB voraus, dass der Darlehensgeber die Schuldübernahme nicht verweigert.

Schließlich sind die Vertragsübernahme und die Schuldübernahme insbesondere von dem **Schuldbeitritt** abzugrenzen, bei dem der Beitretende zusätzlich zu dem Darlehens- 104
nehmer in den Darlehensvertrag eintritt. Der Schuldbeitritt hat für den Darlehensgeber Sicherungsfunktion und steht insofern funktional anderen persönlichen Sicherheiten wie der Bürgschaft, Garantie oder Patronatserklärung nahe.

Besondere Probleme des Gläubigerschutzes ergeben sich bei **der Umwandlung** des 105
Darlehensnehmers. Diese können gesellschaftsrechtlich, namentlich durch das Umwandlungsgesetz, aber auch vertragsrechtlich, etwa durch Sicherungs- und Kündigungsrechte, bewältigt werden.[385]

3. Abtretung

Die Forderungen sowohl des Darlehensgebers als auch des Darlehensnehmers aus dem 106
Darlehensvertrag sind **grundsätzlich an Dritte abtretbar,** ohne dass die Zustimmung der anderen Vertragspartei erforderlich wäre.[386] Auch Zinsansprüche sind selbstständig abtretbar.[387] Daraus folgt, dass die Ansprüche aus dem Darlehensvertrag grundsätzlich auch pfändbar sind. Das Recht des Darlehensnehmers, den Kredit abzurufen, ist nicht pfändbar.[388] Die Abtretung kann gem. § 399 BGB **ausgeschlossen** sein, wenn dies vertraglich[389] vereinbart wurde oder die Leistung an einen anderen Gläubiger den Inhalt der Ansprüche verändern würde. Dies kann sich aus vertraglich vereinbarten besonderen Zwecken des Darlehens ergeben, etwa bei Bau- oder Sanierungsdarlehen.[390] Kann der Darlehenszweck gesichert werden, ist aber auch in diesen Fällen die Abtretung erlaubt. Der wirksamen Abtretung von Darlehensforderungen eines Kreditinstituts stehen weder das Bankgeheimnis, noch § 203 StGB, noch das Bundesdatenschutzgesetz, noch die Datenschutz-Grundverordnung[391] entgegen.[392] Eine Schadensersatzhaftung kann sich aber insbesondere aus der Verletzung des Bankgeheimnisses ergeben.[393] Auch wenn der Zessionar entgegen § 32 Abs. 1 S. 1 KWG nicht über eine Erlaubnis zum Betreiben von Bankgeschäften verfügt, ist die Abtretung von Darlehensforderungen von einer Bank an eine Nichtbank nicht gem. § 134 BGB nichtig.[394] Der Gesetzgeber hat den Kredithandel durch das Risikobegrenzungsgesetz[395] zum Schutz der Darlehensnehmer stärker reguliert.[396]

---

385 Dazu monographisch *Werhahn* Der Kreditvertrag in der Umwandlung, 2007.

386 BGH NJW 2011, 3024 (3025); Thöne/*Kapteina* Praxiswissen Bankrecht S. 503 f.; *Stürner* ZHR 173 (2009) 363 (369 f.).

387 BGH ZIP 2013, 1270 (1272).

388 BGH NJW 2004, 1444 (1445).

389 Dazu BGH NJW 2007, 2106 (2107) = BGHZ 171, 180.

390 Derleder/Knops/Bamberger/*Derleder* Deutsches und europäisches Bank- und Kapitalmarktrecht § 12 Rn. 75.

391 VO (EU) 2016/679 v. 27.4.2016 zum Schutz natürlicher Personen bei der Verarbeitung personenbezogener Daten, zum freien Datenverkehr und zur Aufhebung der RL 95/46/EG, Abl. EU L 119/1.

392 BGH NJW 2010, 361 (362 f.) = BGHZ 183, 60; 2007, 2106 (2107 ff.) = BGHZ 171, 180; *Haas/Fischera* NZG 2010, 457 ff.; einen Überblick zur Rspr. gibt *Heer* BKR 2012, 45 ff.

393 *Keßler/Herzberg* BB 2009, 1145 ff.

394 BGH NJW 2011, 3024 (3025).

395 Gesetz zur Begrenzung der mit Finanzinvestitionen verbundenen Risiken v.12.8.2008, BGBl. I 2008, 1666.

396 Zu den einzelnen Maßnahmen *Langenbucher* NJW 2008, 3169 (3170 ff.); *Knops* VuR 2009, 286 ff.; *Höche* FS Nobbe, 2009, 317 ff.; zu Transaktionsformen gestützt auf die Abtretung von Darlehensforderungen *Aleth/Böhle* DStR 2010, 1186 ff.

107 Bei der Abtretung geht nur die abgetretene Forderung über. Die **Vertragsparteien** und der zwischen ihnen abgeschlossene **Vertrag bleiben bestehen.** Das gilt insbesondere sowohl für das echte als auch für das unechte Factoring.[397] Tritt der Darlehensnehmer den Anspruch auf Auszahlung des Darlehens ab, bleibt er zur Rückzahlung verpflichtet. Einwendungen, die dadurch entstehen, dass die Bank erst nach der Abtretung des Anspruchs auf Darlehensauszahlung ein in dem Darlehensvertrag angelegtes Gestaltungsrecht, wie das Recht zur Kündigung, ausübt, können dem neuen Gläubiger gem. § 404 BGB entgegengesetzt werden.[398] Tritt das Kreditinstitut den Anspruch auf Rückzahlung des Darlehens ab, bleibt es Vertragspartei.

V. Verbriefung

108 Die Verbriefung **(Securitisation)** der Forderungen des Darlehensgebers gegen den Darlehensnehmer dient dem Risikomanagement und verbessert die Eigenkapitalquote.[399] Das Kreditinstitut tritt die Forderungen aus dem Darlehensvertrag an eine Zweckgesellschaft (Special Purpose Vehicle) ab, bleibt im Verhältnis zu dem Darlehensnehmer aber weiterhin Vertrags- und Ansprechpartner.[400] Die Zweckgesellschaft gibt **Schuldtitel** am Kapitalmarkt aus und reicht die Erlöse aus der Emission im Wesentlichen an das Kreditinstitut als Gegenleistung für die abgetretenen Forderungen weiter. Die Käufer der Wertpapiere erhalten ihre Auszahlungen nur aus den Erlösen der derart verbrieften Forderungen und können regelmäßig nicht auf das Kreditinstitut zurückgreifen. Die in einer Inhaberschuldverschreibung verbriefte Forderung kann auch ohne Übergabe der Wertpapierurkunde gem. § 398 BGB abgetreten werden.[401]

109 Die Verbriefung von Darlehensforderungen kommt in verschiedenen **Sonderformen** vor. Genannt seien nur die Verbriefung von Firmenkundenkrediten (CLO: Collateralized Loan Obligation), gewerblichen Immobilienfinanzierungen (CMBS: Commercial Mortgage Backed Securities), Wohnbaukrediten (RMBS: Residential Mortgage Backed Securities), Kfz-Finanzierungen (Auto Loan Securitisation) und anderen Konsumentenkrediten. Die hier auf verschiedenen Ebenen auftretenden Interessenkonflikte hatten einen wesentlichen Anteil an der im Jahr 2007 durch die US-Immobilienkrise ausgelösten Finanzmarktkrise und haben Reformen auch auf der europäischen Ebene ausgelöst.[402]

397 → Kap. 12 Rn. 25 und *Omlor* in → Kap. 18 Rn. 138 ff.
398 BGH NJW-RR 2004, 1347 (1348).
399 Eingehend zur Verbriefung *Geiger* in Kap. 20.
400 BankR-HdB/*Pamp* § 76 Rn. 151.
401 BGH ZIP 2013, 1270.
402 Allmendinger/Dorn/Lang/Lumpp/Steffek/*Kumpan* Corporate Governance nach der Finanz- und Wirtschaftskrise S. 209 ff.

14. Kapitel: Kündigung des Darlehensvertrages – §§ 489, 490 BGB

Schrifttum: *Becker/Lauterbach,* Darlehenskündigung nach § 490 Abs. 2 BGB wegen günstigerer Zinskonditionen, WM 2004, 1163; *Bergmann,* Die Kündigung von Bausparverträgen durch Bausparkassen, WM 2016, 2153; *Bruchner,* Recht und Praxis der Sicherheitenbewertung und -freigabe, in: Sicherheitenfreigabe und Unternehmenssanierung – Aktuelle Rechtsfragen, Bankrechtstag 1994, 1995, S. 35 ff.; *Bruchner/Ott/Wagner-Wieduwilt,* VerbrKrG, Kommentar, 2. Aufl. 1994; *Bruchner/Bunte,* Aktuelle AGB-rechtliche Fragen im Bankgeschäft, 1989; *Bülow,* Beweislast bei der Kündigung eines Verbraucherdarlehens durch einen Kaufmann; *Canaris,* Bankvertragsrecht, 2. Aufl. 1981; *Canaris,* Bankvertragsrecht, Teil 1, 3. Aufl. 1988; *Döll,* Kündigungsrecht bei Darlehen geändert, Die Bank 1987, 39; *Edelmann/Suchowerskyj,* Kündigung von Bausparverträgen zehn Jahre nach Zuteilungsreife, BB 2015, 1800; *Edelmann/Suchowerskyj,* Kündigung von Bausparverträgen – keine teleologische Reduktion des § 489 Abs. 1 Nr. 2 BGB, BB 2015, 3079; *Engau,* Das neue gesetzliche Kündigungsrecht, Sparkasse 1987, 18; *Fleischer,* Covenants und Kapitalersatz, ZIP 1998, 313; *Freise,* Kündigungsrechte von Bausparkassen – Zugleich Anmerkung zu den Urteilen des BGH vom 21.2.2017 – BGH XI ZR 185/16 und BGH XI ZR 272/16, BKR 2017, 229; *Freise/Bonke,* Kündigung von Bausparverträgen nach § 489 Abs. 1 Nr. 2 BGB, ZBB 2016, 196; *Freitag,* Die Beendigung des Darlehensvertrages nach dem Schuldrechtsmodernisierungsgesetz, WM 2001, 2370; *Gaiser,* Auswirkungen der Insolvenzrechtsreform auf die Stellung der Kreditinstitute in der Insolvenz ihres Kreditnehmers, DZWiR 1999, 446; *Gößmann/Wagner-Wieduwilt/Weber,* AGB der Banken, 1994; *Hadding,* Die einseitige Aufhebung der Geschäftsverbindung aus wichtigem Grund gemäß Nr. 17 Satz 2 AGB der Banken/Nr. 13 Abs. 2 AGB der Sparkassen, FS Heinsius, 1991, S. 183 ff.; *Häuser/Welter,* Neues Recht der Darlehenskündigung, NJW 1987, 17; *Halstenberg,* Die neuere Rechtsprechung des BGH zum Darlehensrecht, WM 1988, Sonderbeilage 4;; *Herresthal,* Die Kündigung von Bausparverträgen durch die Bausparkasse, ZIP 2016, 1257; *Hey,* Die Kodifizierung der Grundsätze über die Geschäftsgrundlage durch das Schuldrechtsmodernisierungsgesetz, FS Canaris, 2002, S. 21 ff.; *v. Heymann,* Neuregelung des Kündigungsrechts nach § 247 BGB, BB 1987, 455; *Hopt,* Rechtspflichten der Kreditinstitute zur Kreditversorgung, Kreditbelastung und Sanierung von Unternehmen, ZHR 143 (1979), 139; *Hopt,* Die Darlehenskündigung nach § 609a BGB – eine Bilanz der ersten drei Jahre – WM Sonderbeilage 1990, Nr. 3; *Jährig/Schuck-Rösler/Woite,* Handbuch des Kreditgeschäfts, 5. Aufl. 1989; *Köndgen,* Gewährung und Abwicklung grundpfandrechtlich gesicherter Kredite, 3. Aufl. 1994; *Kollhosser/Schweitzer,* Das neue gesetzliche Kündigungsrecht bei Darlehen, JA 1987, 345; *Knops,* Die Kündigung des vertragsgemäß bedienten Kredits wegen Vermögensverschlechterung, WM 2012, 1649; *Krepold/Fischbeck/Kropf/Werner,* Bankrecht, 2. Auflage, 2108; *Krepold/Kropf,* Vorfälligkeitsentschädigung als Grundlage des deutschen Pfandbriefsystems, WM 2015, 1; *Kropf/Habl,* Aktuelle Entwicklungen zur Zulässigkeit von Bankentgelten, BKR 2014, 145; *Kruis,* Die Kündigung zuteilungsreifer Bausparverträge vor der Entscheidung durch den BGH. Zurück zu den Kernfragen, ZIP 2017, 270; *Möllers,* Die Haftung der Bank bei der Kreditkündigung, Untersuchungen über das Spar-, Giro- und Kreditwesen, Abt. B, Bd. 68, 1991; *Mülbert/Schmitz,* in: FS Horn, 2006, Neue Problemfelder des § 489 BGB, S. 777, 783; *Neuhof,* 16 Jahre Kreditsicherheiten Makulatur, NJW 1993, 2840; *Obermüller,* Handbuch zum Insolvenzrecht, 4. Aufl. 1991; *Olbers,* Die einseitige Vertragsbeendigung bei gewerblichen Kreditgeschäften durch die Bank, Diss. Bayreuth 1988; *Rellermeyer,* Objektive Bezugsgrößen für die Bewertung von Kreditsicherheiten – Ist das Wirksamkeitserfordernis des BGH erfüllbar?, WM 1994, 1009 ff., 1053 ff.; *v. Rottenburg,* Die Reform des Kündigungsrechts für Darlehen, WM 1987, 1; *Rümker,* Verhaltenspflichten der Kreditinstitute in der Krise des Kreditnehmers, KTS 1981, 493; *Schröter,* WuB I A.–5.86; *Servatius,* Kündigung von Bausparverträgen während der Ansparphase, ZfIR 2016, 649; *Thießen,* Covenants in Kreditverträgen, Alternative oder Ergänzung zum Insolvenzrecht, ZBB 1996, 19; *Welzel,* Bankenhaftung bei fehlgeschlagenem Sanierungskredit, NZI 1999, 294; *Wimmer/Rösler* Vorfälligkeitsentschädigung bei Forwarddarlehen, BankPraktiker 2010, 84; *Wittig,* Financial Covenants im inländischen Kreditgeschäft, WM 1996, 1361; *Wolf,* Die neuere Rechtsprechung des Bundesgerichtshofs zum Kreditgeschäft, WM 1981, 110; *Zerwas/Hanten,* Outsourcing bei Kredit- und Finanzdienstleistungsinstituten, WM 1998, 1110.

§ 489 Ordentliches Kündigungsrecht des Darlehensnehmers

(1) **Der Darlehensnehmer kann einen Darlehensvertrag mit gebundenem Sollzinssatz ganz oder teilweise kündigen,**

1. wenn die Sollzinsbindung vor der für die Rückzahlung bestimmten Zeit endet und keine neue Vereinbarung über den Sollzinssatz getroffen ist, unter Einhaltung einer Kündigungsfrist von einem Monat frühestens für den Ablauf des Tages, an dem die Sollzinsbindung endet; ist eine Anpassung des Sollzinssatzes in bestimmten Zeit-

räumen bis zu einem Jahr vereinbart, so kann der Darlehensnehmer jeweils nur für den Ablauf des Tages, an dem die Sollzinsbindung endet, kündigen;

2. in jedem Fall nach Ablauf von zehn Jahren nach dem vollständigen Empfang unter Einhaltung einer Kündigungsfrist von sechs Monaten; wird nach dem Empfang des Darlehens eine neue Vereinbarung über die Zeit der Rückzahlung oder den Sollzinssatz getroffen, so tritt der Zeitpunkt dieser Vereinbarung an die Stelle des Zeitpunkts des Empfangs.

(2) **Der Darlehensnehmer kann einen Darlehensvertrag mit veränderlichem Zinssatz jederzeit unter Einhaltung einer Kündigungsfrist von drei Monaten kündigen.**

(3) **Eine Kündigung des Darlehensnehmers gilt als nicht erfolgt, wenn er den geschuldeten Betrag nicht binnen zwei Wochen nach Wirksamwerden der Kündigung zurückzahlt.**

(4) **[1] Das Kündigungsrecht des Darlehensnehmers nach den Absätzen 1 und 2 kann nicht durch Vertrag ausgeschlossen oder erschwert werden. [2] Dies gilt nicht bei Darlehen an den Bund, ein Sondervermögen des Bundes, ein Land, eine Gemeinde, einen Gemeindeverband, die Europäischen Gemeinschaften oder ausländische Gebietskörperschaften.**

(5) **[1] Sollzinssatz ist der gebundene oder veränderliche periodische Prozentsatz, der pro Jahr auf das in Anspruch genommene Darlehen angewendet wird. [2] Der Sollzinssatz ist gebunden, wenn für die gesamte Vertragslaufzeit ein Sollzinssatz oder mehrere Sollzinssätze vereinbart sind, die als feststehende Prozentzahl ausgedrückt werden. [3] Ist für die gesamte Vertragslaufzeit keine Sollzinsbindung vereinbart, gilt der Sollzinssatz nur für diejenigen Zeiträume als gebunden, für die er durch eine feste Prozentzahl bestimmt ist.**

§ 490 Außerordentliches Kündigungsrecht

(1) **Wenn in den Vermögensverhältnissen des Darlehensnehmers oder in der Werthaltigkeit einer für das Darlehen gestellten Sicherheit eine wesentliche Verschlechterung eintritt oder einzutreten droht, durch die die Rückzahlung des Darlehens, auch unter Verwertung der Sicherheit, gefährdet wird, kann der Darlehensgeber den Darlehensvertrag vor Auszahlung des Darlehens im Zweifel stets, nach Auszahlung nur in der Regel fristlos kündigen.**

(2) **[1] Der Darlehensnehmer kann einen Darlehensvertrag, bei dem der Sollzinssatz gebunden und das Darlehen durch ein Grund- oder Schiffspfandrecht gesichert ist, unter Einhaltung der Fristen des § 488 Abs. 3 Satz 2 vorzeitig kündigen, wenn seine berechtigten Interessen dies gebieten und seit dem vollständigen Empfang des Darlehens sechs Monate abgelaufen sind. [2] Ein solches Interesse liegt insbesondere vor, wenn der Darlehensnehmer ein Bedürfnis nach einer anderweitigen Verwertung der zur Sicherung des Darlehens beliehenen Sache hat. [3] Der Darlehensnehmer hat dem Darlehensgeber denjenigen Schaden zu ersetzen, der diesem aus der vorzeitigen Kündigung entsteht (Vorfälligkeitsentschädigung).**

(3) **Die Vorschriften der §§ 313 und 314 bleiben unberührt.**

Übersicht

I. Grundstruktur des Kündigungsrechts

1. Verankerung des deutschen Pfandbriefsystems in §§ 489 und 490 BGB

1 **a) Finanzmarktkrise und Verbraucherinteresse.** Die Zinsen können entweder **fest oder variabel („bis auf weiteres" = „b. a. w.")** vereinbart werden. Ein fester Zinssatz ist

während des Zinsbindungszeitraums unveränderlich. Ein variabler Zinssatz kann von der Bank den Marktgegebenheiten angepasst werden.

2 Die deutschen Verbraucher („Häuslebauer") legen bei der Eigenheimfinanzierung größten Wert auf ein langfristig kalkulierbares Zinsrisiko und auf eine langfristig kalkulierbare Zinshöhe. Über 90 % dieser grundpfandrechtlich gesicherten Darlehen werden deshalb mit einem Festzins zwischen fünf und zehn Jahre vereinbart. Auch in der gewerblichen Finanzierung gibt der feste Zinssatz Sicherheit vor einem Zinsänderungsrisiko. Dagegen haben in den USA vor der Finanzkrise 2008 fast alle Verbraucher variabel finanziert, die amerikanischen Banken haben sich an diesem (Glücks-)Spiel beteiligt, sich dabei auf immer niedrige Zinsen sowie auf einen immer funktionierenden Kapitalmarkt verlassen und über den Finanzplatz London das deutsche Pfandbriefsystem bekämpft, indem sie beispielsweise die Vorfälligkeitsentschädigung in Frage gestellt haben. Die USA haben dies teuer bezahlt und die gesamte Welt in eine Finanzkrise gestürzt, die sich zwischenzeitlich zu einer schweren Wirtschaftskrise ausgeweitet hat. Auslöser der Finanzkrise war in den USA die variable Immobilienfinanzierung von oft sehr teuer erworbenen Immobilien. Als der variable Zinssatz (und der Ölpreis) stieg, konnten viele US-Verbraucher ihre Zinsen nicht mehr bezahlen und Millionen von Immobilien standen letztlich zum Verkauf und zur Verwertung. Dies führte zu einem dramatischen Einbruch der Immobilienpreise. Hätten die US-Verbraucher aber mit einem festen Zinssatz von beispielsweise zehn Jahren finanziert, hätte die Erhöhung der variablen Zinsen zunächst kaum eine Auswirkung, konkret allenfalls bei Zinsanpassungen nach Ablauf der zehnjährigen Zinsbindung, gezeigt.

3 **b) Wirkungsweise des deutschen Pfandbriefsystems.**[1] Immobiliardarlehensverträge und das deutsche Pfandbriefsystem müssen im Zusammenhang gesehen werden. Banken haben im Allgemeinen nicht ein so hohes Eigenkapital, um Darlehen aus ihren eigenen Mitteln ausreichen zu können. Vielmehr müssen sich die Banken das Geld selbst von den Anlegern beschaffen. Dieses Geld geben die Banken dann an die Darlehensnehmer weiter. Der Anleger will dabei sicher gehen, sein Geld nach Ablauf des zeitlich begrenzten Kapitalnutzungsrechts wieder von der Bank zurückzubekommen. Für eine größtmögliche Sicherheit nimmt er auch einen geringeren Zinssatz in Kauf. Die Bank, die das Geld des Anlegers an den Darlehensnehmer weiterreicht, bekommt genau vom Darlehensnehmer diese Sicherheit in Form einer Grundschuld. Das Pfandbriefgesetz generiert mit diesen Grundschulden (§ 12 Abs. 1 i. V. m. § 18 Abs. 2 PfandBG) eine neue Haftungsmasse für die Anleger, die sogenannte Deckungsmasse[2] oder das insolvenzfreie Vermögen (§ 30 Abs. 1 Satz 1 PfandBG).[3] Im Fall der Insolvenz einer Pfandbriefbank ist diese Deckungsmasse kein Bestandteil der Insolvenzmasse.[4] Diese Deckungsmasse ist von Anfang an völlig getrennt vom Insolvenzverfahren. Ausschließlich dem Sachwalter (§ 30 Abs. 2 Satz 2 PfandBG) ist die Verwaltungs- und Verfügungsbefugnis eingeräumt.[5] Mit diesem „genialen" System[6] sind die Interessen aller Beteiligten berücksichtigt: Mit dem Hypothekenpfandbrief erwirbt der Anleger eine durch die Deckungsmasse besonders gesicherte Schuldverschreibung, nimmt dafür einen geringeren Zinssatz in Kauf, den die Bank dann an den Sicherheiten stellenden Darlehensnehmer weitergibt.[7] Die Abwicklung ist einfach und schlank, was sich am Kreditmarkt in einem geringeren Zinsniveau niederschlägt.[8]

Dies soll an folgendem Schaubild beispielhaft veranschaulicht werden:

---

[1] Übernommen aus und ausführlich dazu *Krepold/Kropf* WM 2015, 1.
[2] BankR-HdB/*Stöcker,* 4. Aufl. 2011, § 87 Rn. 21.
[3] Ausführlich dazu *Hagen* → Kap. 21 Rn. 60 ff.
[4] BankR-HdB/*Stöcker,* 4. Aufl. 2011, § 87 Rn. 65 f.
[5] *Hagen* → Kap. 21 Rn. 60 ff.
[6] Vgl. auch *Welter* WuB I E. 3. – 1.13, der ebenso die Gefahr sieht, wonach das 1769 geschaffene, hoch geschätzte deutsche Pfandbriefsystem geschwächt oder vernichtet werden könnte.
[7] *Hagen* → Kap. 21 Rn. 1.
[8] Vgl. dazu ausführlich *Krepold/Kropf* WM 2015, 1 (6 f.). *Krepold/Kropf* gelingt dabei der Nachweis, dass im internationalen Vergleich das deutsche Pfandbriefsystem den für den Verbraucher günstigsten Zinssatz bietet.

Pfandbrief
4 % Zins, zehn Jahre fest

Darlehensvertrag
5 % Zins, zehn Jahre fest

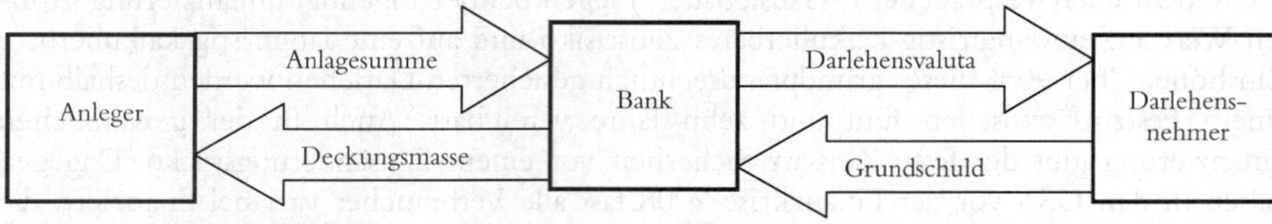

Anleger, Bank und Darlehensnehmer sind grundsätzlich an die vertraglichen Vereinbarungen gebunden, insbesondere an die Zeitdauer des Kapitalnutzungsrechts.

4 **c) Absicherung des deutschen Pfandbriefsystems durch das Kündigungsrecht nach § 489 und § 490.** Die im **Interesse des Verbrauchers stehende langfristige Festlegung der Zinshöhe im Darlehensvertrag** setzt ein **beiderseitiges Festhalten am Vertrag** voraus: Ansonsten würde der Darlehensgeber bei steigenden Zinsen aussteigen, schließlich könnte er dann anderweitig mehr verdienen, während der Darlehensnehmer bei fallenden Zinsen Vertragsabschlussreue hat, da er dann zu einem günstigeren Zinssatz finanzieren und damit Geld sparen könnte. Da sich die darlehensgebende Bank bei Anlegern durch Pfandbriefe laufzeit- und konditionenkongruent refinanziert, müsste sie mangels Kündigungsmöglichkeit gegenüber den Anlegern bei sinkendem Zinsniveau den Anlegern selbst weiterhin hohe Zinsen bezahlen. Sie könnte aber dann im Darlehensgeschäft nur niedrigere Zinsen erwirtschaften. Deshalb müsste dieses Modell der langfristigen Festfinanzierung scheitern. Eine langjährige Darlehensfestverzinsung mit **sofortiger Erfüllung** (Anleger stellt der Bank Geld zur Verfügung, die Bank gibt dieses Geld als Darlehen weiter) kann dann schlichtweg so nicht mehr angeboten werden, sondern nur noch als Wettgeschäft. Dadurch entfällt auch die dem Verbraucher als Darlehensnehmer so wichtige sichere Kalkulationsgrundlage für einen langjährigen Zinsbindungszeitraum.[9] Deshalb muss die beiderseitige Vertragstreue durch ein entsprechendes Kündigungsrecht und mit der Vorfälligkeitsentschädigung abgesichert werden.

5 **Beispiel:** A schließt in der Niedrigzinsphase mit der Bank (B) einen Darlehensvertrag in Höhe von 1.000.000,00 EUR ab. A zahlt dafür einen Sollzins in Höhe von 4 % p. a., der auf 10 Jahre fest ist.

B muss jetzt für die Refinanzierung des Darlehens über 1.000.000,00 EUR einen Anleger finden, der mit B ebenfalls einen Darlehensvertrag für 10 Jahre mit einem festen Zinssatz, aber zu geringeren Konditionen abschließt. Zu diesem Einstandszinssatz kalkuliert die Bank die Risiko- und Verwaltungskosten (Personal- und Sachkosten) sowie einen Gewinn hinzu. Der Anleger soll von B dementsprechend 3 % p. a. Zins bekommen. A bezahlt also 4 % p. a. Zinsen an B, wovon B an den Anleger 3 % p. a. weiterleitet.

6 **Ändert sich das Zinsniveau nach unten,** so hat A ein wirtschaftliches Interesse, aus dem Darlehensvertrag mit B aussteigen zu können. Würde dies der Gesetzgeber generell oder ohne entsprechende Entschädigung ermöglichen, so müsste die Bank an den Anleger weiterhin die vertraglich vereinbarten 3 % p. a. bezahlen, während die Bank von A aufgrund des gesunkenen Zinsniveaus vielleicht nur noch einen Sollzinssatz von 2 % p. a. bekommt. Dies führt auf Dauer und bei einer Vielzahl von Fällen zu einem potentiellen Liquiditätsrisiko für die Bank. **Steigt** dagegen **das Zinsniveau,** so hat der Anleger ein wirtschaftliches Interesse, aus seinem Darlehensvertrag mit der Bank aussteigen zu können. Während dann die Bank von A weiterhin nur 4 % p. a. bekommt, müsste B an den Anleger möglicherweise 5 % bezahlen. Auch dies führt bei der Bank zu einem latenten Liquiditätsrisiko. Unabhängig davon, ob sich das Zinsniveau nach oben oder unten bewegt, wäre die Bank immer einem latenten und gravierenden Liquiditätsrisiko ausgesetzt, wenn es für deren Vertragspartner eine Ausstiegsmöglichkeit gäbe. Deshalb müssen **beide Verträge grundsätzlich unkündbar** bleiben, da ansonsten eine vorausschauende Bank einen Darlehensvertrag mit festem

[9] Vgl. dazu *Krepold* BKR 2009, 28.

Zinssatz für einen bestimmten Zeitraum nicht mehr anbieten könnte. Dieses Szenario hat sich in den europäischen Ländern bereits verwirklicht, die eine entsprechende Kündigungsmöglichkeit eingeführt haben.[10] Genau die Darlehensverträge mit Festzinsvereinbarung werden aber von über 90 % der bundes-deutschen Darlehensnehmer nachgefragt und sind gegenüber am Kapitalmarkt zinsgesicherten Geschäften für den Verbraucher wesentlich preisgünstiger. Dieses System der laufzeitkongruenten Refinanzierung ist unabhängig von den Wettgeschäften[11] auf den in der Finanzkrise zusammengebrochenen Finanzmärkten und somit ein Eckpfeiler für die Stabilität.[12]

Die Systematik des deutschen Pfandbriefs mit seiner laufzeit- und konditionenkongruenten Refinanzierung und des Immobiliendarlehens[13] mit fester Zinsbindung spiegelt sich deshalb im gesetzlich geregelten Kündigungsrecht der §§ 489 und 490 BGB wieder.[14] 7

Demnach kann der Darlehensnehmer während des Zinsbindungszeitraums bis zu einer Höchstdauer von zehn Jahren nach § 489 Abs. 1 BGB nicht ordentlich kündigen. Kündigt er mit einem berechtigten Interesse nach § 490 Abs. 2 Satz 1 BGB außerordentlich, so hat er eine Vorfälligkeitsentschädigung (§ 490 Abs. 2 Satz 3 BGB) zu bezahlen. Dieses Zusammenspiel bedeutet eine doppelte Absicherung (Doppelsicherungssystem).[15] Die Vorfälligkeitsentschädigung nimmt dem Darlehensnehmer den Anreiz sich nur wegen gefallener Zinsen vorzeitig aus dem Vertrag lösen zu wollen. Eine ungekürzte Vorfälligkeitsentschädigung ist deshalb integraler und notwendiger Bestandteil des deutschen Pfandbriefsystems. 8

Auch dem Anleger ist es nicht möglich, den Vertrag zu kündigen.[16] Im Übrigen basiert der Pfandbrieferwerb auf einem Bargeschäft. Deshalb entfällt diesbezüglich ein Nichterfüllungs- und Insolvenzrisiko. Dies ist der Unterschied zu den risikoreicheren und erst später zu erfüllenden derivativen Geschäften. 9

Was nutzt es aber dem Verbraucher, der eine Wohnimmobilie bis an die Grenze seiner finanziellen Belastung finanziert, sich einen geringen Zinssatz für die entfernte Zukunft versprechen zu lassen, jetzt schon die Optionsprämie leisten und dann möglicherweise hilflos zusehen zu müssen, dass sein Vertragspartner die vertraglichen Verpflichtungen in Form eines langjährigen niedrigen Zinssatzes nicht erfüllen kann. Dies wird insbesondere dann der Fall sein, wenn das Zinsniveau signifikant und stärker als vom Vertragspartner und dessen Vertragspartnern, die wiederum sein Risiko absichern wollen, angenommen, steigt. Dann haben viele Verbraucher einen Anspruch auf niedrige Zinsen, die aber der Vertragspartner nicht erfüllen kann, nicht zuletzt vielleicht deshalb, weil seine Vertragspartner ihrerseits nicht leisten können. Die Finanzkrise 2008 hat gezeigt, wie ein unausgewogenes Finanzsystem mit seinen Risiken die Allgemeinheit treffen kann. 10

Art. 25 der Wohnimmobilienkreditrichtlinie[17] eröffnet dem deutschen Gesetzgeber weiterhin diesen Weg. 11

2. Übersicht über das allgemeine gesetzliche Kündigungsrecht

Das allgemeine (ohne die Besonderheiten des Verbraucherdarlehens) gesetzliche Kündigungsrecht von Gelddarlehen ist in den §§ 488–490 BGB geregelt. Die Systematik verdeutlicht folgende Übersicht: 12

[10] *Krepold/Kropf* WM 2015, 1 (6 ff.).
[11] Vgl. *Krepold* BKR 2009, 28 (29).
[12] Vgl. dazu ausführlich: *Krepold/Kropf* WM 2015, 1 (7).
[13] Übernommen aus *Krepold/Kropf* WM 2015, 1 (2).
[14] So schon Krepold/Fischbeck/*Krepold* Bankrecht – Konto, Zahlungsverkehr, Darlehensvertrag, Kreditsicherheiten 2009 S. 111.
[15] Erstmalig so von *Krepold/Kropf* WM 2015, 1 (2) so bezeichnet.
[16] *Hagen* → Kap. 21 Rn. 25, 26.
[17] RL 2014/17/EU über Wohnimmobilienkreditverträge für Verbraucher v. 4.2.2014 (ABl. Nr. L 60, S. 34).

Übersicht über das allgemeine gesetzliche Kündigungsrecht von Darlehensverträgen

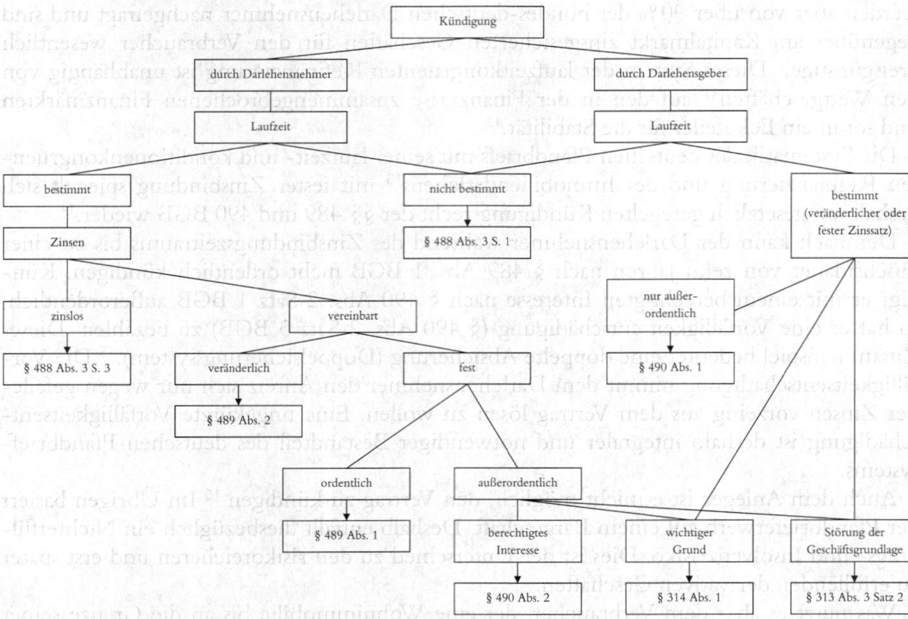

13 Das **Kündigungsrecht,** das nach der EU-Verbraucherkreditrichtlinie vom 23.4.2008[18] zum 11.6.2010 in bundesdeutsches Recht umgesetzt worden ist, stellt **keine umfassende Neuerung** dar, sondern schreibt das bisherige Kündigungsrecht in seinen Grundzügen fort.

14 **a) Kündigungsrecht des Darlehensgebers oder des Darlehensnehmers.** Wie die Übersicht zeigt, richtet sich das Kündigungsrecht zunächst danach, ob der Darlehensgeber oder der Darlehensgeber kündigt.

15 **b) Unbestimmte Laufzeit des Darlehens. Darlehen ohne bestimmten Rückzahlungstermin** (§ 488 Abs. 3 BGB für die Kündigung durch den Darlehensnehmer und die Kündigung durch die Bank) sind nach dem Gesetz **ordentlich** mit einer Frist von 3 Monaten **kündbar.** Nr. 18 Abs. 1 AGB-Banken verkürzt die gesetzlich vorgesehene Kündigungsfrist für den Darlehensnehmer, so dass der Darlehensnehmer unbefristet gewährte Darlehen jederzeit ohne Einhaltung einer Kündigungsfrist kündigen kann. Nr. 19 Abs. 2 AGB-Banken verkürzt auch die Kündigungsfrist der Bank, so dass die Bank unbefristet gewährte Darlehen ohne Einhaltung einer Kündigungsfrist kündigen kann.

16 Eine **Kündigung zur Unzeit** ist rechtswidrig und führt zu einem verschuldensunabhängigen Schadensersatzanspruch nach §§ 627 Abs. 2 S. 2, 671 Abs. 2 S. 2, 675 Abs. 1 Halbsatz 2, 723 Abs. 2 S. 2 BGB analog. Eine Kündigung zur Unzeit kann insbesondere dann vorliegen, wenn der Darlehensnehmer – ohne von sich aus dazu einen Anlass gegeben zu haben – von der Kündigung so überrascht wird, dass es ihm nicht gelingen kann, sich den Rückzahlungsbetrag vor Fälligkeit des Darlehensrückzahlungsanspruches von dritter Seite zu besorgen oder die Bank über ausreichende Sicherheiten verfügt und dem Kunden aus der Kündigung ein Schaden droht.

[18] RL 2008/48/EG des Europäischen Parlaments und des Rates v. 23.4.2008 über Verbraucherkreditverträge (Verbraucherkreditrichtlinie), ABl. 2008 L 133, 66.

c) Bestimmte Laufzeit des Darlehens. Darlehen mit festem Rückzahlungstermin kann die Bank, unabhängig davon, ob feste oder variable Zinsen vereinbart sind, nur aus wichtigem Grund kündigen (§ 490 Abs. 1 BGB). 17

Der **Darlehensnehmer** hingegen kann **Darlehen mit veränderlichem Zinssatz** (§ 489 Abs. 2 BGB), auch wenn eine Laufzeit für das Darlehen bestimmt ist, jederzeit unter Einhaltung einer Frist von drei Monaten kündigen. 18

Außerdem kann der **Darlehensnehmer** bei einer **fest vereinbarten Laufzeit und einer Sollzinsbindung** für eine bestimmte Zeit **ordentlich** unter den Voraussetzungen des **§ 489 Abs. 1 BGB** und **außerordentlich** bei einem **berechtigten Interesse** unter den Voraussetzungen des **§ 490 Abs. 2 BGB** und **aus wichtigem Grund** nach **§ 314 Abs. 1 BGB kündigen.** 19

II. Kündigungsrecht des Darlehensnehmers

1. Normzweck des § 489 BGB

Die Regelungen des § 489 BGB sollen den Darlehensnehmer in die Lage versetzen, mit dem Darlehensgeber unter dem Druck des Kündigungsrechtes marktgerechte Zinsvereinbarungen zu treffen.[19] Das in § 489 BGB geregelte Recht des Darlehensnehmers zur ordentlichen Kündigung ist nach § 489 Abs. 4 Satz 1 BGB **zwingend** und kann durch Vertrag nicht ausgeschlossen oder erschwert werden. Entgegenstehende Vereinbarungen sind nichtig.[20] Eine Ausnahme davon gibt es nur für Darlehen an den Bund, an ein Bundesland, an eine Gemeinde, an einen Gemeindeverband, an die Europäischen Gemeinschaften oder an ausländische Gebietskörperschaften (§ 489 Abs. 4 Satz 2 BGB). 20

§ 489 BGB unterscheidet zwischen einem Darlehen mit variablem Zins (**veränderlicher Zinssatz** iSv § 489 Abs. 2 BGB) und einem festverzinslichen Darlehen (Darlehensvertrag mit **gebunden Sollzinssatz** iSv § 489 Abs. 1 BGB). Der Sollzinssatz ist in § 489 Abs. 5 Satz 1 BGB und der gebundene Sollzinssatz in § 489 Abs. 5 Satz 2 BGB definiert. § 489 Abs. 1 Nr. 1 BGB gibt nach Ablauf einer nicht für die Gesamtlaufzeit des Darlehens geltenden Festzinsvereinbarung (Finanzierungsabschnitt) ein Kündigungsrecht. § 489 Abs. 1 Nr. 2 BGB begrenzt den Ausschluss des ordentlichen Kündigungsrechtes auf höchstens 10 Jahre; dadurch soll eine übermäßige Bindung an den Darlehensgeber vermieden und eine wirtschaftliche Bewegungsfreiheit im Kern erhalten bleiben. § 489 Abs. 2 BGB gewährt dem Kreditnehmer bei Fehlen einer Festzinsvereinbarung ein jederzeitiges Kündigungsrecht; dies eröffnet dem Kreditnehmer einen entsprechenden wirtschaftlichen Handlungsspielraum. Die Kündigung eines Verbraucherdarlehens ist jetzt in § 500 BGB geregelt. Das jederzeitige Kündigungsrecht des § 500 Abs. 1 Satz 1 BGB soll dem Verbraucher notwendig werdende Umschuldungen zu marktgerechten Konditionen erleichtern.[21] Ähnlich wie früher § 489 Abs. 1 Nr. 2 BGB aF schließt § 503 Abs. 1 BGB dieses jederzeitige Kündigungsrecht oder die Vereinbarung einer Kündigungsfrist um maximal einen Monat (§ 503 Abs. 1 S. 2 BGB) bei grundpfandrechtlich abgesicherten Darlehensverträgen mit einer Festzinsvereinbarung aus. 21

2. Anwendungsbereich des § 489 BGB

Der Darlehensbegriff des § 489 BGB ist mit dem des §§ 488 und 607 BGB identisch; danach ist das Darlehen der schuldrechtliche Vertrag, der die Überlassung von Geld oder anderen vertretbaren Sachen zu Eigentum an den Darlehensnehmer und dessen Versprechen umfasst, dem Darlehensgeber Sachen von gleicher Art, Güte und Menge zurück- 22

[19] *Hopt/Mülbert* Kreditrecht § 609a Rn. 4.
[20] Vgl. *v. Rottenburg* WM 87, 1 (6).
[21] *Hopt/Mülbert* WM 1990 Sonderbeilage Nr. 3, S. 4.

zuerstatten.[22] Umstritten ist, ob Schuldverschreibungen als Darlehen zu qualifizieren sind.[23]

23 Das Kündigungsrecht in § 489 BGB bezieht sich auf verzinsliche Darlehen; insoweit gilt der allgemeine Zinsbegriff des BGB. Zins ist danach eine laufzeitabhängige Vergütung für die Einräumung der Kapitalnutzung; einmalig anfallende Vergütungen stellen dagegen keinen Zins dar.[24] Eine einmalig fällige Vergütung kann im Einzelfall als Zins iSd BGB qualifiziert werden, wenn deren Höhe, wie etwa bei einem Disagio, nach dem Parteiwillen laufzeitabhängig vereinbart wird.

3. Kündigung von Darlehen mit gebundenem Sollzinssatz (§ 489 Abs. 1 BGB)

24 Die Kündigungsregelung in § 489 Abs. 1 BGB bezieht sich auf Darlehensverträge mit gebundenem Sollzinssatz. Sollzinssatz ist nach § 489 Abs. 5 Satz 1 BGB der Prozentsatz, der pro Jahr auf das in Anspruch genommene Darlehen angewendet wird, mithin der Prozentsatz mit dem das in Anspruch genommene Darlehen verzinst wird. Der Sollzinssatz ist nach § 489 Abs. 5 Satz 2 BGB gebunden, wenn für die gesamte Vertragslaufzeit ein Sollzinssatz oder mehrere Sollzinssätze vereinbart sind, die als feststehende Prozentzahl ausgedrückt werden. Der Begriff Darlehensvertrag mit gebundenem Sollzinssatz iSv § 489 Abs. 1 BGB umfasst sowohl Darlehen mit für die gesamte Laufzeit fest vereinbarte Zinsen, als auch Darlehen, bei denen die Zinsbindung zunächst nur für einen bestimmten Zinsabschnitt mit der Maßgabe vereinbart ist, dass im Anschluss daran für den nächsten Finanzierungsabschnitt eine neue Regelung zu treffen ist. Eine Abrede über die bloße Bestimmbarkeit der Zinshöhe stellt dagegen keine Festzinsvereinbarung iSv § 489 BGB dar. Die Dauer der Zinsbindungsfrist ist für das Kündigungsrecht nach § 489 Abs. 1 BGB unerheblich; sie kann wenige Monate, aber auch mehrere Jahre betragen.[25] Der Darlehensnehmer kann das Darlehen auch nur teilweise kündigen und im Übrigen das Kreditverhältnis fortsetzen.

25 § 489 Abs. 1 BGB regelt im Einzelnen zwei Sachverhalte:

– Kündigung zum Ablauf der Bindungsfrist (Nr. 1),
– Kündigung nach Ablauf von 10 Jahren (Nr. 2).

26 **a) Kündigung zum Ablauf der Bindungsfrist (§ 489 Abs. 1 Nr. 1 BGB).** Nach § 489 Abs. 1 Nr. 1 Satz 1 BGB kann der Schuldner ein festverzinsliches Darlehen ganz oder teilweise kündigen, „wenn die Sollzinsbindung vor der für die Rückzahlung bestimmten Zeit endet und keine neue Vereinbarung über den Zinssatz getroffen ist"; der Schuldner kann „unter Einhaltung einer Kündigungsfrist von einem Monat frühestens für den Ablauf des Tages" kündigen, „an dem die Sollzinsbindung endet". Danach ist eine Kündigung während der Zinsbindungsfrist generell ausgeschlossen; der Darlehensnehmer kann das Darlehen unabhängig von der vereinbarten Gesamtlaufzeit frühestens zum Ablauf der vereinbarten Zinsbindungsfrist mit einmonatiger Kündigungsfrist kündigen. Darlehen mit einer zeitlich begrenzten Zinsbindung sind insbesondere Finanzierungsabschnitte bei Immobilienkrediten, bei denen nach Ablauf der Festzinsvereinbarung der zunächst fest vereinbarte Zinssatz verändert werden kann.

27 Das Kündigungsrecht entfällt, wenn „eine neue Vereinbarung über den Zinssatz getroffen ist". Nach hM[26] kann eine das Kündigungsrecht ausschließende Zinsvereinbarung auch auf der Grundlage einer AGB-mäßig vereinbarten Konditionenanpassungsklausel zustande

[22] *Hopt/Mülbert* Kreditrecht § 607 Rn. 1.
[23] Vgl. hierzu *Hopt/Mülbert* WM 1990 Sonderbeilage Nr. 3 S. 5 mwN.
[24] *Hopt/Mülbert* Kreditrecht § 608 Rn. 1, 5 ff.
[25] *v. Heymann* BB 1987, 415 (418).
[26] Vgl. *v. Heymann* BB 1987, 415 (418); *Döll* Die Bank 1987, 39 (42); *v. Rottenburg* WM 1987, 1 (3); *Kollhosser/Schweitzer* JA 1987, 345; **aA** *Hopt/Mülbert* WM 1990 Sonderbeilage Nr. 3, S. 6.

kommen. Nach der Gesetzesbegründung[27] ist es mit Sinn und Zweck der Regelung des § 489 Abs. 1 BGB vereinbar, die Kündigungsbefugnis durch Anwendung von Konditionenanpassungsklauseln in AGB einzuschränken, wenn gewährleistet ist, dass der Darlehensnehmer im Rahmen des Konditionenanpassungsverfahrens das Recht hat, der Konditionenanpassung zu widersprechen, das Darlehen zurückzuzahlen und sich anderweitig zu finanzieren. Der durch § 489 Abs. 1 Nr. 1 BGB intendierte Schutz des Darlehensnehmers vor Oktroyierung nicht marktgerechter Zinssätze durch den Darlehensgeber ist auch bei Verwendung von Konditionenanpassungsklauseln gegeben, wenn dem Darlehensnehmer ein Zeitraum von vier Wochen eingeräumt wird, um sich von den Vertragspflichten gegenüber dem alten Darlehensnehmer einseitig zu lösen.[28]

§ 489 Abs. 1 Nr. 1 Satz 2 BGB enthält insoweit eine Sonderregelung, als der Kreditnehmer einen Vertrag, in dem „eine Anpassung des Zinssatzes in bestimmten Zeiträumen bis zu einem Jahr vereinbart ist", unter Einhaltung einer Kündigungsfrist von einem Monat, „jeweils nur für den Ablauf des Tages, an dem die Zinsbindung endet, kündigen" kann. Diese Regelung bezieht sich auf kurzfristige Darlehen, bei denen der Zinssatz periodisch an einen objektiv feststellbaren Referenzzinssatz angepasst ist. Diese Regelung ist insbesondere auf im internationalen Geschäft verbreiteten roll-over-Krediten mit entsprechenden Zinsanpassungsmechanismen zugeschnitten.[29] Bei derartigen roll-over-Krediten hat der Kreditnehmer ein Kündigungsrecht nur zu den jeweiligen Zinsanpassungsterminen. In der Kreditpraxis erfolgen die Zinsanpassungstermine in Intervallen von 3–6 Monaten; die maßgeblichen Referenzzinssätze (zB EURIBOR, LIBOR oder EONIA) werden in der einschlägigen Wirtschaftspresse veröffentlicht.[30] 28

b) Kündigung nach Ablauf von 10 Jahren (§ 489 Abs. 1 Nr. 2 BGB). Nach § 489 Abs. 1 Nr. 2 Halbsatz 1 BGB kann der Schuldner bei allen festverzinslichen Darlehen „in jedem Falle nach Ablauf von zehn Jahren nach dem vollständigen Empfang unter Einhaltung einer Kündigungsfrist von sechs Monaten" ganz oder teilweise kündigen. § 489 Abs. 1 Nr. 2 BGB findet im Bereich der **Nichtverbraucherdarlehen** bei einem vereinbarten **gebundenen Sollzinssatz** als einzige Voraussetzung Anwendung und im Bereich der **Verbraucherdarlehen** wegen § 500 iVm § 503 Abs. 1 BGB auf **Immobiliardarlehen** mit **gebundenen Sollzinssatz.** Die Zehn-Jahres-Frist entspricht der vormals nur für Realkredite geltenden Regelung in § 18 Abs. 2 des Hypothekenbankgesetzes, die mit Inkrafttreten von § 489 BGB zum 1.1.1987 aufgehoben wurde.[31] Dadurch erhält der Darlehensgeber, der sich bei Festzinskrediten regelmäßig laufzeitkongruent refinanziert, die gebotene Rechtssicherheit, während der Darlehensnehmer nicht länger als 10 Jahre an einen möglicherweise dann nicht mehr marktkonformen Zinssatz gebunden sein soll. 29

Der Darlehensnehmer kann frühestens nach Ablauf von zehn Jahren nach dem **„vollständigen Empfang des Darlehens",** also nach der Vollauszahlung des Darlehens die Kündigung erklären.[32] Diese Bestimmung trägt dem Umstand Rechnung dass Grundpfandrechte häufig nach **Baufortschritt** in Tranchen ausgezahlt werden. Auch bei Großprojekten – und Exportfinanzierungen können Teilauszahlungen in größeren zeitlichen Intervallen erfolgen.[33] **Die 10jährige Frist beginnt nach der Intention der gesetzlichen Norm erst ab der tatsächlichen Kapitalnutzung des voll valutierenden Darlehens zu laufen. Der Fristlauf ist** somit **an die Kapitalnutzung gekoppelt.** 30

§ 489 Abs. 1, Nr. 2 Hs. 2 BGB regelt die Fälle der **Prolongationsvereinbarung** bei festverzinslichen Darlehen.[34] In der Kreditpraxis tritt die Bank regelmäßig rechtzeitig vor 31

[27] BT-Drs. 10/4741, 22.
[28] BGH NJW 1989, 1796 = WM 1989, 740 = ZIP 1989, 697; Staudinger/*Mülbert* BGB § 489 Rn. 33.
[29] BT-Drs. 10/4741, 22; *v. Heymann* BB 1987, 415 (419).
[30] Vgl. *v. Heymann* BB 1987, 415 (419); *v. Rottenburg* WM 1987, 1 (3).
[31] BGBl I 1986, 1169.
[32] BT-Drs. 10/4741, 23.
[33] Vgl. *v. Heymann* BB 1987, 415 (420).
[34] Palandt/*Weidenkaff* § 490 Rn. 5.

Ablauf der Zinsbindungsfrist an den Kreditnehmer heran, um eine neue Zinsvereinbarung für den nächsten Finanzierungsabschnitt zu treffen. Sofern der Darlehensnehmer nicht die Bank wechselt, kommt regelmäßig zeitnah zum Ablauf der Zinsbindungsfrist eine Prolongationsvereinbarung zustande. Nach § 489 Abs. 1, Nr. 2 Hs. 2 BGB tritt der Zeitpunkt der (Prolongations-)Vereinbarung an die Stelle des Zeitpunktes der Auszahlung, also des „vollständigen Empfangs" des Darlehens. Damit beginnt der **Lauf der 10jährigen Kündigungsfrist** mit dem Zeitpunkt der **regelungstypischen Prolongationsvereinbarung,** also zu dem Zeitpunkt, zu dem die neue Vereinbarung über den neuen Zins (Zinsanpassungsvereinbarung) oder über die Zeit der Rückzahlung abgeschlossen wird. In diesen Fällen ist der Darlehensnehmer berechtigt, sein Kapitalnutzungsrecht auch weiterhin lückenlos auszuüben.

32 **§ 489 Abs. 1 Nr. 2 BGB** wirft bei **„Forward-Darlehen"** nach wie vor schwierige Auslegungsfragen auf. Das „Forward-Darlehen" wurde in der Niedrigzinsphase Ende der 90er Jahre „erfunden". Diese Darlehensart wird von Kunden nachgefragt, die sich bei niedrigem Zinsniveau einen möglichst günstigen Zinssatz über einen Zeitrahmen von 10 Jahren hinaus sichern wollen. Dabei kommen im Wesentlichen **zwei Fallkonstellationen** in Betracht:

33 Der Kunde will einen Immobiliardarlehensvertrag (iSv § 503 Abs. 1 BGB) mit einer Festzinsbindung von 10 Jahren erst in einigen Jahren **(Vorlaufzeit)** in Anspruch nehmen. Er möchte jedoch die Konditionen in Ausnutzung des aktuellen niedrigen Zinsniveaus bereits jetzt in einen Darlehensvertrag verbindlich festlegen. Die Bank berechnet für den zugesagten Zinssatz eine **„Forward-Prämie"**, die vereinbarungsgemäß als Einmalbetrag gezahlt oder in den Zins eingerechnet wird. Die Prämie rechtfertigt sich dadurch, dass sich die Bank auf der Basis aktueller Marktverhältnisse bereits bei Abschluss des Vertrages die Refinanzierung besorgen oder entsprechende eigene Kosten für derivative Zinssicherungsgeschäfte aufwenden muss. Vor dem Hintergrund des § 489 Abs. 1 Nr. 2 Hs. 1 BGB stellt sich nun die Frage, ab welchem Zeitpunkt die zehnjährige Kündigungsfrist in diesem Fall zu laufen beginnt. Nach dem Wortlaut des Gesetzes in § 489 Abs. 1 Nr. 2 („nach dem vollständigen Empfang") beginnt die Frist erst nach vollständigem Empfang des Darlehens – also mit Valutierung des Darlehens nach der vereinbarten Vorlaufzeit. Diese Auslegung entspricht der Interessenlage bei Teilvalutierung des Darlehens nach Baufortschritt. Auch hier ist nach dem Willen des Gesetzgebers der Beginn des Laufs der zehnjährigen Kündigungsfrist an die tatsächliche Nutzung des gesamten vereinbarten Darlehensbetrages gekoppelt.[35]

34 Die weitere Fallgestaltung betrifft ein bereits „laufendes" Darlehen, dessen vereinbarte Festbindungszeit noch andauert. Auf Grund des günstigen aktuellen Zinsniveaus möchte der Darlehensnehmer im Hinblick auf die – zB in 2 Jahren – anstehende Prolongation/Zinsanpassung bereits jetzt eine **„Anschluss"-Festzinsvereinbarung** für weitere 10 Jahre **ab Ende des noch laufenden Zinsbindungszeitraums** abschließen. Diese gesetzliche Regelung bezieht sich jedoch auf den Fall der regelungstypischen Prolongationsvereinbarung. Es stellt sich nun die Frage, ab wann die zehnjährige Kündigungsfrist bei Abschluss einer derartigen „Anschluss"-Festzinsvereinbarung zu laufen beginnt. Der Wortlaut des § 489 Abs. 1 Nr. 2 Halbsatz 2 stellt an sich formal auf den Zeitpunkt der getroffenen „neuen Vereinbarung über die Zeit der Rückzahlung oder den Zinssatz" ab. Aus den Gesetzesmaterialien zu § 489 BGB darf geschlossen werden, dass der Gesetzgeber bei Kodifizierung dieser Bestimmung mit Sicherheit nicht an „Forward-Darlehen" gedacht hat. Es ist daher auf den Normzweck des § 489 Abs. 1 Nr. 2 Hs. 2 abzustellen: § 489 Abs. 1 Nr. 2 garantiert dem Darlehensnehmer und dem Darlehensgeber ein Kapitalnutzungsrecht zum vereinbarten Festzinssatz – begrenzt auf die Dauer von längstens 10 Jahren. Der Fristlauf ist nach der Intention der gesetzlichen Regelung an die Dauer der tatsächlichen Kapitalnutzung zum vereinbarten Festzinssatz durch den Darlehensnehmer gekoppelt. Die

[35] Zustimmend Staudinger/*Mülbert* BGB § 489 Rn. 47.

Bindungswirkung des noch laufenden Festzinszeitraums wird durch die Vereinbarung eines Forward-Darlehens für den nächsten periodischen Finanzierungsabschnitt nicht tangiert. Die Zinsregelung des Forward-Darlehensvertrages und damit das Recht zur Kapitalnutzung zu dem vereinbarten „Forward"-Festzins wirkt erst nach Ablauf des vereinbarten Zinsbindungszeitraums.

Diese Umstände sprechen dafür, dass **der Lauf der 10jährigen Kündigungsfrist ab Geltung der neuen Konditionen beginnt;** andernfalls könnte die Zehnjahresfrist des § 489 Abs. 1 Nr. 2 bei festverzinslichen Grundpfandkrediten durch den frei gewählten Zeitpunkt der schuldrechtlichen Vereinbarung beliebig verkürzt werden. Für diese Auslegung spricht ferner, dass die in der „neuen Vereinbarung" iS von § 489 Abs. 1 Nr. 2 Hs. 2 BGB zu treffende Regelung „über die Zeit der Rückzahlung" des Darlehens nach der Intention des Gesetzes ebenfalls bis zu 10 Jahren betragen kann. Die Frist zur Rückzahlung des Forward-Darlehens kann jedoch erst ab Beginn des Kapitalnutzungsrechtes zum vereinbarten Festzinssatz nach Beendigung des vorgehenden Zinsbindungszeitraums zu laufen beginnen. 35

In Anlehnung an den typischen Zweck des § 489 Abs. 1 Nr. 2 BGB für die Auszahlung nach Baufortschritt ist eine **Forward-Zeit von maximal fünf Jahren** ohne Anrechnung auf die im Forward-Darlehen selbst vereinbarten Zinsbindungszeitraum zulässig.[36] Beginnt beispielsweise die Zinsbindung des Forward-Darlehens erst in fünf Jahren und ist ab dann eine zehnjährige Zinsbindung vereinbart, kann der Darlehensnehmer nicht nach Ablauf von fünf der zehn Jahre Zinsbindung kündigen, sondern erst nach Ablauf der vereinbarten zehnjährigen Zinsbindung. 36

4. Kündigung von Bausparverträgen

Auf die Bausparverträge ist Darlehensrecht anzuwenden, denn während der Ansparphase eines Bausparvertrages ist die Bausparkasse Darlehensnehmerin und der Bausparer Darlehensgeber. Erst mit der Inanspruchnahme eines Bauspardarlehens kommt es zu einem Rollenwechsel. So hat es der Bundesgerichtshof in seinen beiden Urteilen[37] vom 21.2.2017 entschieden. 36a

In Übereinstimmung mit der herrschenden Meinung in der Instanzrechtsprechung[38] und Literatur[39] ist die Kündigungsvorschrift des § 489 Abs. 1 Nr. 2 BGB – die Entscheidungen 36b

[36] Zustimmend Assies/Beule/Heise/Strube/*Dorrie* FAHdB Bank-/KapMarktR S. 557 Rn. 4/790; *Rösler* WM 2000, 1930; Staudinger/*Mülbert* BGB § 489 Rn. 50; *Peters/Wehrt* WM 2003, 1509 (1512); *Wimmer/Rösler* BankPraktiker 2010, 84 (85); ohne zeitliche Begrenzung: BuB/*Früh/Müller-Arends* Rn. 3/154; nicht grenzenlose Verlängerung der Zinsbindung: EBJS/*Thessinga* Handelsgesetzbuch, Band 2, 2009, Rn. IV 169; *Hey* FS Canaris, 2002, 443 hält § 489 Abs. 1 Nr. 2 BGB für verfassungswidrig.

[37] BGH Urt. v. 21.2.2017 – XI ZR 185/16 = BKR 2017, 237 mAnm *Omlor/Meier* = NJW 2017, 1378 = WM 2017, 616 = ZIP 2017, 660 und BGH Urt. v. 21.2.2017 – XI ZR 272/16 = GWR 2017, 417 mAnm *Deiß*.

[38] Vgl. OLG Celle Beschl. v. 29. Februar 2016 – 3 U 196/15 = WM 2016, 738; OLG Celle Urt. v. 14.9.2016 – 3 U 230/15 = BKR 2016, 509 Rn. 39; OLG Düsseldorf Urt. v. 1.12.2016 – 6 U 124/16 = BeckRS 2016, 21193; OLG Frankfurt/Main Urt. v. 17.8.2016 – 19 U 3/16 = WM 2016, 2070; OLG Hamm Beschl. v. 30.12.2015 – 31 U 191/15 = ZIP 2016, 306; OLG Hamm Hinweisbeschluss v. 29.2.2016 – 31 U 175/15 = NJW-RR 2016, 747 Rn. 14; OLG Hamm Urt. v. 22.6.2016 – 31 U 234/15 = ZIP 2016, 1475; OLG Koblenz Urt. v. 29.7.2016 – 8 U 11/16 = WM 2016, 2074; OLG Köln Beschl. v. 27.1.2016 – 13 U 279/15 = WM 2016, 740; OLG München Urt. v. 27.9.2016 – 5 U 1637/16, juris Rn. 30; OLG München Urt. v. 17.10.2016 – 17 U 2643/16, juris Rn. 15; LG Aachen Urt. v. 29.5.2015 – 10 O 404/14, juris Rn. 16; LG Bremen Urt. v. 12.8.2016 – 4 S 47/16, juris Rn. 18; LG Düsseldorf Urt. v. 8.4.2016 – 8 O 109/15, juris Rn. 15; LG Hamburg Urt. v. 24.3.2016 – 330 O 314/15, juris Rn. 18; LG Hannover Urt. v. 10.9.2015 – 3 O 59/15, juris Rn. 24; LG Mainz Urt. v. 28.7.2014 – 5 O 1/14 = WM 2015, 18; LG München I Urt. v. 6.11.2015 – 3 O 241/15 = ZIP 2015, 2360; LG Münster Urt. v. 25.8.2015 – 14 O 183/15, juris Rn. 20 f.; LG Nürnberg-Fürth Beschl. v. 17.8.2015 – 6 O 1708/15 = ZIP 2015, 1870; LG Osnabrück Urt. v. 21.8.2015 – 7 O 545/15, juris Rn. 18 f.; LG Stralsund Urt. v. 3.2.2016 – 7 O 264/15, juris Rn. 14; LG Stuttgart Urt. v. 12.11.2015 – 12 O 100/15 = ZIP 2015, 2363.

[39] *Batereau* WuB 2016, 76; *Bergmann* WM 2016, 2153; *Edelmann/Suchowerskyj* BB 2015, 1800; *Edelmann/Suchowerskyj* BB 2015, 3079; *Freise* BKR 2017, 229; *Freise/Bonke* ZBB 2016, 196; *Herresthal* ZIP 2016, 1257;

des Bundesgerichtshofs betreffen den nahezu wortgleichen § 489 Abs. 1 Nr. 3 BGB aF – auch zugunsten einer Bausparkasse als Darlehensnehmerin anwendbar. Dies folgt aus dem Wortlaut, aus der Systematik des Gesetzes, aus der Entstehungsgeschichte und aus dem Regelungszweck der Norm, wonach jeder Darlehensnehmer nach Ablauf von zehn Jahren nach Empfang des Darlehens die Möglichkeit haben soll, sich durch Kündigung vom Vertrag zu lösen.

36c Außerdem liegen die Voraussetzungen des Kündigungsrechts nach § 489 Abs. 1 BGB vor. Insbesondere hat die Bausparkasse nach § 489 Abs. 1, Nr. 2 das Darlehen mit dem Eintritt der erstmaligen Zuteilungsreife unter Berücksichtigung des Zwecks des Bausparvertrages vollständig empfangen. Auch dies ist die herrschende Meinung bei den Instanzgerichten[40] und der Literatur[41]. Der Vertragszweck besteht für den Bausparer darin, durch die Erbringung von Ansparleistungen einen Anspruch auf Gewährung eines Bauspardarlehens zu erlangen. Aufgrund dessen hat er das damit korrespondierende Zweckdarlehen mit Eintritt der erstmaligen Zuteilungsreife vollständig gewährt. Dies gilt ungeachtet des Umstandes, dass der Bausparer verpflichtet sein kann, über den Zeitpunkt der erstmaligen Zuteilungsreife hinaus weitere Ansparleistungen zu erbringen, weil diese Zahlungen nicht mehr der Erfüllung des Vertragszwecks dienen.

36d Danach sind **Bausparverträge im Regelfall zehn Jahre nach Zuteilungsreife kündbar.** Aus diesem Grunde sind hier die von der beklagten Bausparkasse jeweils mehr als zehn Jahre nach erstmaliger Zuteilungsreife erklärten Kündigungen der Bausparverträge wirksam.

5. Kündigung von Sparverträgen

36e Bei einer über Jahre hin andauernden Niedrigzinsphase wollen Banken früher abgeschlossene Sparverträge kündigen, bei denen sie mit dem Sparer neben dem anpassungsfähigen variablen Zins zusätzlich Prämien auf die vom Sparer freiwillig eingezahlten Sparverträge vereinbart hat. Bei diesen **Prämiensparverträgen** steigt die Zusatzprämie meist mit den Sparjahren an.

Hat der Sparer eine Verpflichtung einen bestimmten Geldbetrag zur Verfügung zu stellen, so ordnet der Bundesgerichtshof diesen Vertrag nach seiner Entscheidung vom 14.5.2019[42]

Kruis ZIP 2017, 270; *Mülbert/Schmitz* FS Horn, 2006, 777 (783); *Staudinger/Mülbert* BGB Neubearb. 2015, § 489 Rn. 51; *Omlor/Meier* EWiR 2016, 323; *Rollberg* EWiR 2016, 3; *Schultheiß* WuB 2015, 139; *Servatius* ZfIR 2016, 649; *Simon* EWiR 2016, 723; *von Stumm* GWR 2015, 357; *Welter* WuB 2016, 597; *Welter* WuB 2017, 9; *Yildirim* VuR 2015, 258.

[40] Vgl. OLG Celle Beschl. v. 29. Februar 2016 – 3 U 196/15 = WM 2016, 738; OLG Celle Urt. v. 14.9.2016 – 3 U 230/15 = BKR 2016, 509 Rn. 39; OLG Düsseldorf Urt. v. 1.12.2016 – 6 U 124/16 = BeckRS 2016, 21193; OLG Frankfurt/Main Urt. v. 17.8.2016 – 19 U 3/16 = WM 2016, 2070; OLG Hamm Beschl. v. 30.12.2015 – 31 U 191/15 = ZIP 2016, 306; OLG Hamm Hinweisbeschluss v. 29.2.2016 – 31 U 175/15 = NJW-RR 2016, 747 Rn. 14; OLG Hamm Urt. v. 22.6.2016 – 31 U 234/15 = ZIP 2016, 1475; OLG Koblenz Urt. v. 29.7.2016 – 8 U 11/16 = WM 2016, 2074; OLG Köln Beschl. v. 27.1.2016 – 13 U 279/15 = WM 2016, 740; OLG München Urt. v. 27.9.2016 – 5 U 1637/16, juris Rn. 30; OLG München Urt. v. 17.10.2016 – 17 U 2643/16, juris Rn. 15; LG Aachen Urt. v. 29.5.2015 – 10 O 404/14, juris Rn. 16; LG Bremen Urt. v. 12.8.2016 – 4 S 47/16, juris Rn. 18; LG Düsseldorf Urt. v. 8.4.2016 – 8 O 109/15, juris Rn. 15; LG Hamburg Urt. v. 24.3.2016 – 330 O 314/15, juris Rn. 18; LG Hannover Urt. v. 10.9.2015 – 3 O 59/15, juris Rn. 24; LG Mainz Urt. v. 28.7.2014 – 5 O 1/14 = WM 2015, 18; LG München I Urt. v. 6.11.2015 – 3 O 241/15 = ZIP 2015, 2360; LG Münster Urt. v. 25.8.2015 – 14 O 183/15, juris Rn. 20 f.; LG Nürnberg-Fürth Beschl. v. 17.8.2015 – 6 O 1708/15 = ZIP 2015, 1870; LG Osnabrück Urt. v. 21.8.2015 – 7 O 545/15, juris Rn. 18 f.; LG Stralsund Urt. v. 3.2.2016 – 7 O 264/15, juris Rn. 14.

[41] *Batereau* WuB 2016, 76; *Bergmann* WM 2016, 2153; *Edelmann/Suchowerskyj* BB 2015, 1800; *Edelmann/Suchowerskyj* BB 2015, 3079 (3080); *Freise/Bonke* ZBB 2016, 196; *Herresthal* ZIP 2016, 1257; *Kruis* ZIP 2017, 270; *Mülbert/Schmitz* FS Horn, 2006, 777 (783); *Staudinger/Mülbert* BGB Neubearb. 2015, § 489 Rn. 51; *Rollberg* EWiR 2016, 3; *Schultheiß* WuB 2015, 139; *Servatius* ZfIR 2016, 649; *Simon* EWiR 2016, 723; *Welter* WuB 2016, 597; *Welter* WuB 2017, 9; **aA mit beachtlichen Gründen:** *Omlor/Meier* BKR 2017, 247; *von Stumm* GWR 2015, 357; BeckOK BGB/*C. Weber* (Stand 1.7.2016) § 489 Rn. 49.

[42] BGH Urt. v. 14.5.2019 – XI ZR 345/18 = BB 2019, 2063 mAnm *Edelmann* = NJW 2019, 2920 = WM 2019, 1556 = ZIP 2019, 1563.

als **Darlehensvertrag nach § 488 Abs. 1 S. 1 BGB** ein, **ist aber der Sparer, wie meist beim Prämiensparen, nicht zur Erbringung einer Sparrate verpflichtet, so liegt ein unregelmäßiger Verwahrungsvertrag nach § 700 Abs. 1 S. 1 BGB** vor.

Der Bundesgerichtshof nimmt dabei die Abgrenzung nach dem **vertraglichen Pflichtenprogramm** vor. Voraussetzung für einen unregelmäßigen Verwahrungsvertrag nach § 700 Abs. 1 S. 1 BGB ist dabei, dass vertretbare Sachen in der Art hinterlegt werden, dass das Eigentum auf die verwahrende Bank übergeht und diese verpflichtet ist, Sachen von gleicher Art, Güte und Menge zurück zu gewähren. Insoweit ist der unregelmäßige Verwahrungsvertrag im Grundsatz einseitig verpflichtend. Der Hinterleger geht keine Verpflichtung zur Hinterlegung ein; ihm kommt es in der Regel in erster Linie auf eine sichere Aufbewahrung der überlassenen Sache und daneben auf die jederzeitige Verfügbarkeit darüber an. Eine unregelmäßige Verwahrung scheidet daher aus, wenn der Sparer zur Erbringung der Spareinlage verpflichtet sein soll; denn die Verpflichtung, einen Geldbetrag in der vereinbarten Höhe zur Verfügung zu stellen, ist gem. § 488 Abs. 1 S. 1 BGB die vertragstypische Pflicht des Darlehensgebers bei einem Darlehensvertrag.[43] **36f**

Meist gibt es bei einem Prämiensparvertrag keine Verpflichtung zur Erbringung einer Sparrate. Das **Kündigungsrecht des Verwahrers** richtet sich daher in erster Linie **nach den getroffenen Vereinbarungen,** in einer Vielzahl von Fällen nach **Nr. 26 Abs. 1 AGB-Sparkassen / Nr. 19 Abs. 1 AGB-Banken** und nur im Übrigen nach § 700 Abs. 1 S. 3, 696 BGB. Daneben finden § 488 Abs. 3 und § 489 BGB keine Anwendung. **36g**

Bei einem Prämiensparvertrag ist das ordentliche Kündigungsrecht aus Nr. 26 Abs. 1 AGB-Sparkassen / Nr. 19 Abs. 1 AGB-Banken für einen Zeitraum bis zum Erreichen der höchsten Prämienstufe ausgeschlossen. Diese Prämiensparverträge sind auf der Grundlage der vereinbarten Prämienstaffel und der weiteren vertraglichen Bestimmungen dahin zu verstehen, dass dem Sparer das Recht zukommt, einseitig zu bestimmen, ob er bis zum Erreichen der höchsten Prämienstufe spart. Die Bank hat mit der vereinbarten Prämienstaffel einen besonderen Bonusanreiz gesetzt. Dieser Bonusanreiz bedingt einen konkludenten Ausschluss des Kündigungsrechts aus Nr. 26 Abs. 1 AGB-Sparkassen / Nr. 19 Abs. 1 AGB-Banken bis zum Ablauf des Sparjahres mit der höchsten Prämienstufe, weil andernfalls die Beklagte den Klägern jederzeit den Anspruch auf Gewährung der Sparprämien entziehen könnte. Einen konkludenten und zeitlich befristeten Ausschluss des Kündigungsrechts aus Nr. 26 Abs. 1 AGB-Sparkassen / Nr. 19 Abs. 1 AGB-Banken haben die Parteien wirksam vereinbaren können, weil die Sparverträge dem Recht der unregelmäßigen Verwahrung unterliegen.[44] **36h**

Ab diesem Zeitpunkt sind die Prämiensparverträge zwar nicht automatisch – mit der Folge der Fälligkeit und Rückzahlung der Spareinlagen – beendet, sondern laufen weiter. Nach dem Vertragsinhalt stand aber der Bank ab diesem Zeitpunkt ein Recht zur ordentlichen Kündigung nach Nr. 26 Abs. 1 AGB-Sparkassen/ Nr. 19 Abs. 1 AGB-Banken unter Beachtung der in den Bedingungen für den Sparverkehr geregelten Auslauffrist zu.[45]

Verwendet die Bank einen Werbeprospekt mit einer Musterrechnung für einen Zeitraum von 25 Jahren, stellt dies lediglich ein Rechenbeispiel mit werbenden Charakter dar, mit dem keine verbindliche Aussage zur tatsächlichen Laufzeit des Vertrages verbunden ist.[46]

---

[43] BGH Urt. v. 14.5.2019 – XI ZR 345/18, Tz. 26 = BB 2019, 2063 mAnm *Edelmann* = NJW 2019, 2920 = WM 2019, 1556 = ZIP 2019, 1563.

[44] BGH Urt. v. 14.5.2019 – XI ZR 345/18, Tz. 39 = BB 2019, 2063 mAnm *Edelmann* = NJW 2019, 2920 = WM 2019, 1556 = ZIP 2019, 1563.

[45] BGH Urt. v. 14.5.2019 – XI ZR 345/18, Tz. 41 = BB 2019, 2063 mAnm *Edelmann* = NJW 2019, 2920 = WM 2019, 1556 = ZIP 2019, 1563.

[46] BGH Urt. v. 14.5.2019 – XI ZR 345/18, Tz. 41 = BB 2019, 2063 mAnm *Edelmann* = NJW 2019, 2920 = WM 2019, 1556 = ZIP 2019, 1563.

6. Kündigung von Verbraucherdarlehen (§ 500 BGB)

37 Das neue Verbraucherdarlehensrecht regelt in § 489 BGB nur noch die allgemeinen Kündigungsrechte des Darlehensnehmers. Die bisher in § 489 Abs. 1 Nr. 2 BGB enthaltene Sonderregelung für Verbraucher entfällt dort ersatzlos und findet sich modifiziert in § 500 iVm § 503 Abs. 1 BGB wieder. Damit ist auch für den Verbraucher weiterhin eine Festzinsvereinbarung bei Immobilienfinanzierungen mit einer laufzeitkongruenten Refinanzierung ohne derivative Wettgeschäfte möglich.

38 Das Kündigungsrecht des Verbrauchers als Darlehensnehmer regelt § 500 BGB. § 500 setzt die Vorgaben von Art. 13 Abs. 1 Verbraucherkreditrichtlinie 2008[47] in nationales Recht um.

39 Für die Kündigungsrechte des Verbrauchers wird nicht mehr danach unterschieden, ob ein fester oder variabler Zinssatz vereinbart ist, sondern danach, ob es eine feste Laufzeit gibt.[48]

40 **a) Unbestimmte Laufzeit des Darlehens.** Der Verbraucher kann einen Darlehensvertrag, bei dem eine Zeit für die Rückzahlung nicht bestimmt ist, nach § 500 Abs. 1 Satz 1 BGB **jederzeit fristlos kündigen.** So ein unbefristeter Darlehensvertrag ist beispielsweise ein Dispositionskredit. Die darlehensgebende Bank kann zwar mit dem Darlehensnehmer vertraglich eine andere **Kündigungsfrist** vereinbaren, allerdings darf die Kündigungsfrist nach § 500 Abs. 1 Satz 2 BGB **nicht länger als einen Monat** betragen.[49]

41 **b) Bestimmte Laufzeit des Darlehens.** Auch bei einem befristeten Darlehensvertrag kann der Verbraucher gem. § 500 Abs. 2 BGB jederzeit vorzeitig zurückbezahlen, allerdings kann der Darlehensgeber dann eine Vorfälligkeitsentschädigung nach § 500 Abs. 1 BGB verlangen. Das frühere Recht des Verbrauchers (§ 489 Abs. 1 Nr. 2 BGB aF), ein Verbraucherdarlehen mit Festzinsvereinbarung und einer üblicherweise damit verbundenen festen Laufzeit mit einer dreimonatigen Frist ohne Vorfälligkeitsentschädigung zu kündigen, ist entfallen. Dies bedeutet eine gewisse Schlechterstellung des Verbrauchers.[50]

42 Die Vorfälligkeitsentschädigung ist nach den Grundsätzen der BGH-Rechtsprechung vom 7.11.2000[51] als Schadensersatz zu berechnen (§ 502 Abs. 1 S. 1 BGB).[52]

43 Allerdings sieht das Gesetz in § 502 Abs. 1 Satz 2 BGB zusätzlich **zwei Obergrenzen** vor:

– 1. Obergrenze:
Bei Restlaufzeiten von einem Jahr und länger darf die Vorfälligkeitsentschädigung mit maximal 1 % des vorzeitig zurück gezahlten Betrages, bei Restlaufzeiten von weniger als einem Jahr mit maximal 0,5 % des vorzeitig zurück gezahlten Betrages berechnet werden.

– 2. Obergrenze:
Weiter darf die Vorfälligkeitsentschädigung den Betrag der Sollzinsen, die der Darlehensnehmer in der Restlaufzeit zu leisten gehabt hätte, nicht übersteigen.

44 In der Praxis muss die Bank demnach die Vorfälligkeitsentschädigung nach der BGH-Rechtsprechung[53] ebenso berechnen wie die gesetzlichen Obergrenzen des § 502 Abs. 1 Satz 2 BGB und darf dann nur den niedrigeren Betrag in Rechnung stellen. Diese Regelung gilt allerdings nach **§ 503 Abs. 1 BGB nicht für Immobiliendarlehen.**

---

[47] RL 2008/48/EG des Europäischen Parlaments und des Rates v. 23.4.2008 über Verbraucherkreditverträge (Verbraucherkreditrichtlinie), ABl. 2008 L 133, 66.
[48] Krepold/Fischbeck/Kropf/Werner/*Krepold* Bankrecht 2018 S. 158.
[49] Krepold/Fischbeck/Kropf/Werner/*Krepold* Bankrecht 2018 S. 158.
[50] Krepold/Fischbeck/Kropf/Werner/*Krepold* Bankrecht 2018 S. 159.
[51] BGH NJW 2001, 509 = WM 2001, 20 = ZIP 2001, 20.
[52] Die Berechnung der Vorfälligkeitsentschädigung ist ausführlich unter → Rn. 85 ff. dargestellt.
[53] BGH NJW 2001, 509 = WM 2001, 20 = ZIP 2001, 20.

c) Immobiliendarlehen (§ 503 Abs. 1 BGB). Immobiliendarlehensverträge sind in § 503 Abs. 1 BGB legal definiert. Die Legaldefinition entspricht inhaltlich unverändert dem früheren § 492 Abs. 1a Satz 2 BGB. 45

Danach liegt ein Immobiliendarlehensvertrag vor, wenn das Darlehen 46
– von der **Sicherung durch ein Grundpfandrecht abhängig** gemacht wird (oder von einer solchen Sicherung gemäß § 7 Abs. 3–5 Bausparkassengesetz abgesehen wird), und
– zu Bedingungen gewährt wird, die für grundpfandrechtlich abgesicherte Darlehensverträge und deren Zwischenfinanzierung üblich sind.

aa) Abhängigkeit des Darlehensvertrages von der grundpfandrechtlichen Sicherung. Unter Grundpfandrechten sind Grundschulden, Hypotheken oder Rentenschulden zu verstehen. Die Gewährung des Darlehens muss dabei nur von der Sicherung durch eines der vorgenannten Grundpfandrechte abhängig gemacht sein. 47

Es reicht also, wenn im Darlehensvertrag die **schuldrechtliche Verpflichtung** enthalten ist, ein Grundpfandrecht zu bestellen. Aus der bloßen schuldrechtlichen Verpflichtung zur Bestellung eines Grundpfandrechts lassen sich weitere Konkretisierungen ableiten: 48

(1) Unabhängigkeit von einer vollständigen werthaltigen Absicherung. Das Darlehen muss **nicht** grundpfandrechtlich **vollständig** durch einen entsprechenden Wert des belasteten Grundstücks gesichert sein.[54] Angesichts der rechtstatsächlichen Schwierigkeiten, den realisierbaren Wert von Sicherheiten in einem ungewissen Ernstfall im Voraus mit der gebotenen Sicherheit zu prognostizieren,[55] ist es zudem mit dem rechtsstaatlichen Grundsatz der Rechtssicherheit nicht vereinbar, im Ergebnis das Kündigungsrecht von Bewertungsfragen abhängig zu machen, über die häufig Meinungsverschiedenheiten bestehen können.[56] 49

Nachdem der Gesetzgeber in Kenntnis der ständigen und in diesem Punkt uneingeschränkten Rechtsprechung keinen Handlungsbedarf für eine Neuausrichtung des § 503 Abs. 1 BGB gesehen hat, kommt es heute nur noch darauf an, ob überhaupt eine schuldrechtliche Verpflichtung zur Grundpfandrechtsbestellung im Darlehensvertrag vereinbart ist, eine überwiegende Sicherung ist nicht gefordert. 50

Es widerspricht dem Normzweck des § 503 Abs. 1 BGB, einen grundpfandrechtlich gesicherten Kredit in einen jederzeit kündbaren, nicht vollwertig gesicherten Verbraucherkreditteil nach § 500 BGB und in einen nur zum Ablauf der Bindungsfrist kündbaren, vollwertig gesicherten Kreditteil aufzuspalten. Grenze kann nur der sich aus den Grundsätzen des § 242 BGB ergebende Rechtsmissbrauch in Form der missbräuchlichen Ausnutzung der normativen Rechtsstellung nach § 503 Abs. 1 BGB sein. 51

(2) Bestellung weiterer Sicherheiten ohne Einfluss. An der von den Parteien gewollten Abhängigkeit des Darlehens von der Bestellung eines Grundpfandrechts ändert sich auch nichts, wenn die Parteien die Stellung weiterer Sicherheiten vereinbaren.[57] 52

(3) Keine zwingende Identität von Darlehensnehmer und Sicherheitengeber. Ob der Darlehensnehmer selbst Sicherungsgeber ist, hat keine Auswirkung und ist ohne Belang. Schon der Wortlaut stellt nicht auf die tatsächliche Bestellung eines Grundpfandrechts ab, sondern auf die Vereinbarung einer grundpfandrechtlichen Absicherung im Darlehensvertrag.[58] Eine grundpfandrechtliche Absicherung des Darlehens liegt auch dann 53

---

[54] BGH NJW 2000, 2352 = WM 2000, 1245 = ZIP 2000, 1245; NJW 2003, 2093 = ZIP 2003, 894 = BKR 2003, 421; OLG Braunschweig WM 1998, 1223; OLG Hamm WM 1998, 1230; *Bruchner* WM 1999, 825 (826); BuB/*Gößmann* Rn. 3/645; *v. Heymann* BB 1987, 415 (419); *Döll* Die Bank 1987, 39 (44); *Kollhosser/Schweitzer* JA 1987, 345 (348); *Engau* Die Sparkasse 1987, 18 (22); **aA** *Hopt/Mülbert* WM 1990 Sonderbeilage Nr. 3, S. 14; *Pfeiffer* BB 1996, 304.

[55] Vgl. *Rellermeyer* WM 1994, 1009 ff. (1053 ff.); *Bruchner* Bankrechtstag 1994 S. 35; *Neuhoff* NJW 1994, 1763; *Neuhoff* NJW 1995, 1068.

[56] BGH NJW 2000, 2352 = WM 2000, 1245 = ZIP 2000, 1245.

[57] BGH NJW 2003, 2093 = ZIP 2003, 894 = BKR 2003, 421.

[58] BGH NJW 2005, 664; 2006, 1952; NJW-RR 2008, 643; die Entscheidung des II. BGH-Zivilsenats v. 14.6.2004, NJW 2004, 2736 sind somit überholt.

vor, wenn der Darlehensnehmer das Grundpfandrecht nicht selbst bestellt, sondern ein bestehendes übernimmt.

54 **(4) Zeitpunkt.** Mit der schuldrechtlichen Verpflichtung, das Darlehen von der Sicherung durch ein Grundpfandrecht abhängig zu machen, wollte der Gesetzgeber[59] die taggenaue Refinanzierung von Realkrediten sichern und nicht auf den unvorhersehbaren Zeitpunkt der vollzogenen Grundpfandrechtsbestellung oder der Grundpfandrechtseintragung abstellen. Dem Gesetzgeber war bewusst, dass nur mit der taggenauen Refinanzierung eine Grundlage für eine günstige Verzinsung gegeben ist. Dieses Motiv greift ersichtlich unabhängig davon, zu welchem Zeitpunkt und von wem das Pfandrecht bestellt wird und welchem Zweck das gesicherte Darlehen dient.[60]

55 **(5) Pfandtausch/Freigabe.** Im Falle einer **(kurzfristigen) Freigabe** der dinglichen Sicherheit durch den Darlehensgeber, bleibt weiterhin die Verpflichtung ein Grundpfandrecht als Sicherheit zu stellen.[61] Entsprechendes gilt auch im Fall eines vereinbarten **Pfandtausches.**

56 **(6) Neuvalutierung/Sicherungszweckerklärung.** Ebenso reicht die Neuvalutierung einer bereits bestellten Grundschuld. Das Kündigungsrecht ist auch dann ausgeschlossen, wenn ein Grundpfandrecht aufgrund einer entsprechenden weiten Sicherungszweckvereinbarung nicht nur für den konkreten Kredit, der Anlass für die Sicherheitenbestellung gewesen ist, sondern auch als Sicherheit für weitere Kredite dient. Bei Identität zwischen Kreditnehmer und Sicherungsgeber und bei Vereinbarung einer weiten Zweckbestimmung für künftige Darlehen genügt es, wenn im Falle einer späteren Darlehensgewährung die Bezugnahme auf die Sicherung durch das noch bestehende Pfandrecht erklärt wird.[62] Das Kündigungsrecht ist auch dann ausgeschlossen, wenn ein Dritter das darlehenssichernde Grund- bzw. Schiffspfandrecht bestellt und hierfür notwendige Zweckbestimmung wirksam vereinbart ist.

57 **bb) Übliche Konditionen für grundpfandrechtlich abgesicherte Darlehen.** Für die Frage, ob ein Darlehen zu für grundpfandrechtlich gesicherte Darlehen üblichen Bedingungen gewährt wurde, kommt es – neben der **langen Laufzeit** – „entscheidend auf die **Zinshöhe** und die sonstigen Kreditkonditionen" an.[63] Dabei muss der Zinssatz in jedem Fall einen gewissen Abstand zum üblichen Zinssatz für – regelmäßig ungesicherte – Konsumentenkredite wahren, denn es ist „üblich", dass der **Zinssatz für Immobiliendarlehen geringer ist als der Zinssatz für Konsumentenkredite.**

58 Auch unterhalb dieser absoluten Obergrenze muss geklärt werden, ob der Zinssatz „üblich" ist. Hierfür wurde von der Rechtsprechung als erster Anhaltspunkt bisher regelmäßig die **Zinsstatistik der Deutschen Bundesbank** herangezogen.[64] Die Deutsche Bundesbank hat seit Juni 1967 bis Juni 2003 die Sollzinsen in Deutschland erhoben und auf Basis der erhobenen Daten einen Durchschnittszinssatz und eine Unter- und Obergrenze der Streubreite ermittelt und ausgewiesen. Liegt der konkret vereinbarte Zinssatz innerhalb der von der Deutschen Bundesbank ausgewiesenen **Streubreite,** so kann kein Zweifel an dessen „Üblichkeit" bestehen.

59 Wenn der konkret vereinbarte **Zinssatz oberhalb der Streubreite** liegt, kann das Darlehen zu üblichen Bedingungen gemäß § 491 Abs. 1a BGB gewährt sein. Denn die

---

[59] Vgl. die Gesetzesbegründung zum inhaltsgleichen früheren § 3 Abs. 2 Nr. 2 VerbrKrG, BT-Drs. 11/5462, 18.

[60] BGH NJW 2006, 1952 Rn. 20.

[61] OLG Stuttgart WM 1999, 1007.

[62] *v. Rottenburg* WM 1987, 5.

[63] StRspr seit BGH NJW 2000, 2352 = WM 2000, 1245 = ZIP 2000, 1245.

[64] BGH WM 1999, 1555; NJW 2003, 2093 = ZIP 2003, 894 = BKR 2003, 421. Die Zinsstatistik findet sich unter www.bundesbank.de unter den Stichworten Statistik, Zinsen, Renditen, Zeitreihen, Bundesbank-Zinsstatistik (Juni 1967 bis Juni 2003), Sollzinsen der Banken (MFIs) in Deutschland, Hypothekarkredite auf Wohngrundstücke.

Bundesbank-Statistik berücksichtigt **nur erstrangig gesicherte Realkredite** für Wohngrundstücke, die unter Einhaltung der Beleihungsgrenzen bei einer Tilgung von 1 % p. a. zu Laufzeiten von fünf oder zehn Jahren gewährt werden. Dementsprechend hat der BGH entschieden, dass der **Bundesbank-Statistik für Darlehen, die diese Kriterien nicht erfüllen, nur geringe Aussagekraft** zukomme.[65] Ein Zinsaufschlag ist aufgrund des höheren Risikos für die Bank insbesondere dann gerechtfertigt, wenn eine Vollfinanzierung, möglicherweise noch unter Einschluss der Erwerbsnebenkosten, vorliegt, oder die Tilgung ausgesetzt wird. Beides ist bei Immobilienkapitalanlagen zum Zwecke des Steuersparens regelmäßig der Fall.[66]

Für Zeiträume **ab Juli 2003** erhebt die Deutsche Bundesbank **keine Streubreite** mehr. 60
Denn die bisherige „Erhebung über Soll- und Habenzinssätze" wurde ab Januar 2003 durch den **„deutschen Beitrag zur EWU-Zinsstatistik"**[67] abgelöst (für einen Übergangszeitraum von Januar bis Juli 2003 wurden Daten nach beiden Erhebungsmethoden erhoben), die nur noch einen **Durchschnittszinssatz** erhebt, und zwar nach einer völlig anderen Methode als bisher. Die bisherige Rechtsprechung, die bis zur Obergrenze der Streubreite keine Probleme mit der Üblichkeit des Zinses sah, und auch bei „geringfügigen" Überschreitungen der Obergrenze noch die Üblichkeit annahm, kann nicht einfach auf die neue Situation übertragen werden. Dafür dürfte der Durchschnittszinssatz für Konsumentenkredite an Interesse gewinnen, weil es für ein Immobiliendarlehen üblich ist, dass der Zinssatz **unterhalb des von der Bundesbank erhobenen Durchschnittszinssatzes für Konsumentenkredite** liegt. Wie hoch der Abstand sein muss, hängt wesentlich vom im Einzelfall bestehenden Risiko der Finanzierung ab.[68]

7. Kündigung von Darlehen mit veränderlichem Zinssatz (§ 489 Abs. 2 BGB)

Nach § 489 Abs. 2 BGB kann ein Schuldner ein Darlehen „mit veränderlichem Zinssatz 61
jederzeit unter Einhaltung einer Kündigungsfrist von 3 Monaten kündigen". Veränderlich ist ein Zinssatz, wenn bei dem betreffenden Darlehen „jederzeit eine Änderung des Zinssatzes eintreten kann".[69] Ein veränderlicher Zinssatz iSd § 489 Abs. 2 BGB ist bei Vereinbarung von Zinsgleitklauseln[70] gegeben; dabei wird der Zinssatz an eine veränderliche Größe gekoppelt. Als entsprechende Bezugsgröße für den vereinbarten Zinssatz kommt zB der EURIBOR oder EONIA in Betracht. § 489 Abs. 2 BGB gilt auch bei vereinbarten Zinsanpassungsklauseln; danach ist der Darlehensgeber berechtigt, die Vertragszinsen unter Berücksichtigung der veränderten Refinanzierungsbedingungen am Kapitalmarkt zu erhöhen; er ist gleichzeitig verpflichtet, die Zinsen bei Verbesserung der Refinanzierungsbedingungen entsprechend zu ermäßigen. Die Regelung des § 489 Abs. 2 greift im Ergebnis immer dann ein, wenn ein Darlehensvertrag nicht mit einem gebundenen Sollzinssatz (§§ 489 Abs. 1 iVm Abs. 5 S. 1 und S. 2 BGB) und damit keine Zinsbindung für einen festen Zeitraum vereinbart ist. § 489 Abs. 2 findet keine Anwendung auf Darlehensverträge mit gebundenen Sollzinssätzen. Dies betrifft auch den Fall, dass nach Ablauf eines Finanzierungsabschnitts mit einem gebundenen Sollzinssatz eine Änderung oder Anpassung des Zinssatzes vereinbart ist.[71]

---

[65] BGH NJW 2003, 2093 = ZIP 2003, 894 = BKR 2003, 421.

[66] Zutreffend Krepold/*Fischbeck* Bankrecht 2009 S. 154.

[67] Abrufbar unter Deutsche Bundesbank, Zinsstatistik, Zinssätze für das Neugeschäft der deutschen Banken (MFIs), Kredite an private Haushalte.

[68] Vgl. Krepold/*Fischbeck* Bankrecht 2009 S. 154.

[69] BT-Drs. 10/4741, 23.

[70] Vgl. *Hopt/Mülbert* Kreditrecht § 608 Rn. 24.

[71] Begr. RefE, ZIP 1986, 1291 (1292); Begr.. des Rechtsausschusses BT-Drs. 10/5771, 23; Erman/*Werner* *Rn.* 3; *Engau* Die Sparkasse 1987, 18 (19).

8. Fiktion der unterbliebenen Kündigung bei nicht fristgerechter Rückzahlung (§ 489 Abs. 3 BGB)

62 Nach § 489 Abs. 3 BGB gilt eine Kündigung des Schuldners nach den Absätzen 1 oder 2 als nicht erfolgt, wenn dieser den geschuldeten Betrag nicht binnen 2 Wochen nach Wirksamwerden der Kündigung vollständig[72] zurückzahlt. Diese Regelung wurde dem § 7 Abs. 3 VerbrKrG aF angepasst; dadurch wird verhindert, dass der Darlehensnehmer, der das Darlehen zwar gekündigt, aber nicht zurückgezahlt hat, statt der höheren Vertragszinsen nur den niedrigeren Verzugszins zahlen muss.[73] Diese rechtsmissbräuchliche Gestaltungsmöglichkeit soll durch § 489 Abs. 3 ausgeschlossen werden.[74] Dieser in § 489 Abs. 3 BGB normierte Rechtsmissbrauch gilt nicht nur für Verbraucherkredite, sondern für alle Darlehen, auf die § 489 BGB anwendbar ist.

63 Die Norm ist sinnvoll, im Übrigen aber rechtsdogmatisch falsch formuliert: Eine Kündigung wird nach § 130 Abs. 1, S. 1 BGB mit Zugang, also mit dem Gelangen in den Machbereich des Empfängers und der Möglichkeit der Kenntnisnahme unter normalen Umständen, wirksam. Gemeint in § 489 Abs. 3 kann aber nur der Kündigungs**wirkung**szeitpunkt sein.[75] Dies sei an folgendem Beispiel verdeutlicht: Der Darlehensnehmer kündigt nach § 489 Abs. 1, Nr. 2 BGB nach Ablauf von 10 Jahren nach dem vollständigen Empfang des Darlehens (10.5.2006). Die Kündigung geht am 10.5.2016 zu. Die Kündigung ist am 10.5.2016 wirksam (Kündigungs**wirksamkeit**szeitpunkt). Die Kündigung entfaltet aber Ihre **Wirkung** erst nach Ablauf der sechsmonatigen Kündigungsfrist am 10.11.2016. Erst zu diesem Kündigungs**wirkung**szeitpunkt und nicht schon zum Kündigungswirksamkeitszeitpunkt kann die zweiwöchige Rückzahlungsfrist laufen. Der Darlehensvertrag endet erst mit dem Ablauf der Kündigungsfrist am 10.11.2016. Das Darlehen ist spätestens zum 24.11.2016 (Fristbeginn: § 187 Abs. 1 BGB; Fristende: § 188 Abs. 2) zurückzuzahlen. Ansonsten gilt die Kündigung des Darlehensnehmers als nicht erfolgt, hat also keine **Wirkung.**

9. Keine Abdingbarkeit (§ 489 Abs. 4 BGB)

64 Das in § 489 BGB geregelte Kündigungsrecht des Darlehensnehmers ist zwingendes Recht. Vereinbarungen, die das Kündigungsrecht ausschließen, einschränken oder erschweren, sind nach § 134 BGB nichtig.[76] Dagegen sind Regelungen, die den Darlehensnehmer begünstigen, wie zB die Verkürzung der Kündigungsfristen, ohne weiteres möglich. Nicht zulässig ist dagegen die Vereinbarung einer Verlängerung der in § 489 BGB vorgesehenen Kündigungsfristen. Unwirksam ist auch der Ausschluss der Zinsrückvergütung, die sich bei Konsumentenratenkrediten im Falle vorzeitiger Kündigung wegen der besonderen Vertragsmethodik ergeben kann, da die Entstehung der Zinsschuld und der Fälligkeit auseinanderfallen.[77] Unzulässig ist die Vereinbarung einer Vertragsstrafe für den Fall, dass der Kreditnehmer von seinem Kündigungsrecht nach § 489 BGB Gebrauch macht.[78] Der Darlehensgeber darf bei Kündigung unter Ausnutzung des gesetzlichen Kündigungsrechtes keine Vorfälligkeitsentschädigung verlangen.[79]

65 Sofern das Disagio als Zinsvorauszahlung anzusehen ist, stellt eine Vereinbarung, wonach der Darlehensnehmer im Falle der Wahrnehmung seines Kündigungsrechtes nach § 489

---

[72] LG Mainz Urt. v. 8.11.2012 – Az. 80 C 150/12.

[73] Vgl. Palandt/*Weidenkaff* BGB § 489 Rn. 16.

[74] Staudinger/*Mülbert,* 2011, § 489 BGB Rn. 62; Soergel/*Seifert,* 2014, § 489 BGB Rn. 24.

[75] *Lang/Assies* Bank- und Kapitalmarkrecht, 3. Aufl. 2015, Rn. 1841: Zunächst die Wirksamkeit der Kündigung dogmatisch richtig auf den Zugang abgestellt, dann aber die Rückzahlungsfrist ohne Beachtung der Kündigungsfrist vom Zugang der Kündigung gerechnet.

[76] BT-Drs. 10/4741, 23; Staudinger/*Mülbert* BGB § 489 Rn. 66.

[77] BGHZ 91, 55 (58) = NJW 1984, 2161; vgl. § 12 Abs. 2 VerbrKrG aF.

[78] *v. Rottenburg* WM 1987, 1 (6).

[79] Vgl. *Hopt/Mülbert* WM 1990 Sonderbeilage Nr. 3, S. 18 mwN.

BGB den Anspruch auf Rückerstattung nicht verbrauchter Zinsen verliert und diese bei der Bank verbleiben sollen, eine unzulässige Erschwerung des gesetzlichen Kündigungsrechtes. Hinsichtlich der nicht verbrauchten Zinsen hat der Darlehensgeber vor dem normativen Hintergrund des § 489 BGB insoweit keine gesicherte Zinserwartung. Der Darlehensnehmer hat vielmehr bei Ausübung des gesetzlichen Kündigungsrechtes nach § 489 BGB einen Anspruch auf Rückerstattung nicht verbrauchter Zinsen.

„Professionelle" Immobilieninvestoren wie zB Immobilienleasinggesellschaften oder Wohnungsbaugesellschaften schließen in der Kreditpraxis häufig **derivative Zinssicherungsgeschäfte (zB Zinsswapverträge)** ab. Derartige Transaktionen beruhen auf risikopolitischen Überlegungen und dienen der rentabilitätsorientierten Optimierung. Da der Darlehensnehmer mit dem Sicherungsgeschäft regelmäßig eigenständige wirtschaftliche Interessen verfolgt, sind Darlehensvertrag und Zinssicherungsvertrag streng zu trennen. Ein Zinssicherungsvertrag ist im Verhältnis zum Darlehensvertrag rechtlich und wirtschaftlich ein „aliud"; beide Verträge können auch von verschiedenen Banken abgeschlossen werden, was in der Kreditpraxis auch häufig geschieht. Da es sich bei Darlehensverträgen und Zinssicherungsgeschäft um „zwei selbstständige" Verträge handelt, stellt die Verpflichtung zur Begleichung der Kosten wegen einer vorzeitigen Beendigung des Zinssicherungsvertrages keine Erschwerung bzw. Beeinträchtigung des Rechtes zur Kündigung des Darlehensvertrages dar. **66**

Das Kündigungsrecht des § 489 Abs. 1 BGB kann nach § 489 Abs. 4 Satz 2 BGB bei Darlehen an die öffentliche Hand, wie zB an den Bund, ein Sondervermögen des Bundes, ein Land, eine Gemeinde oder einen Gemeindeverband ausgeschlossen werden. Darlehen an privatrechtlich organisierte, kommerzielle Großkreditnehmer unterliegen dagegen weiterhin dem zwingenden Schuldnerkündigungsrecht.[80] Anstalten und Stiftungen öffentlichen Rechts fallen ebenso wenig unter die Ausnahmevorschrift des § 489 Abs. 4 Satz 2[81] wie eine GmbH, deren alleinige Gesellschafterin eine Gemeinde ist.[82] **67**

Allerdings können die Parteien den Darlehensvertrag einem **ausländischen Recht unterwerfen,** um auf diesem Weg die Kündigungsrechte des § 489 Abs. 1 BGB zu vermeiden.[83] Gerade wirtschaftlich und rechtlich professionell beratene Investoren haben im Rahmen langfristig abgesicherter Finanzierungsstrategien das Bedürfnis, Festzinssätze über 10 Jahre hinaus und ohne Kündigungsmöglichkeit zu vereinbaren. Der Gesetzgeber hat für diesen Bereich das Kündigungsrecht überreguliert und damit den Darlehensnehmern diese kostengünstige Zinssicherung über die laufzeitkongruente Refinanzierung über die 10 Jahre hinaus entzogen.[84] Stattdessen muss dann auf teuere derivative Zinssicherungsgeschäfte zurückgegriffen werden. Demgegenüber ist § 500 BGB eine zwingende Norm, da diese Bestimmung insbesondere auf den Schutz der Konsumentenkreditnehmer abzielt.[85] Darüber hinaus würde eine Abbedingung mit Angehörigen der EG gegen die EU-Verbraucherkreditrichtlinie vom 23.4.2008[86] verstoßen, die Grundlage der Kodifikation des Verbraucherkreditgesetzes ist. **68**

10. Vorzeitige Kündigung eines grundpfandrechtlich gesicherten Festzinskredits/Vorfälligkeitsentschädigung (§ 490 Abs. 2 BGB)

Schrifttum: *Freitag,* Vorzeitige Rückzahlung und Vorfälligkeitsentschädigung nach Reform der Verbraucherkreditrichtlinie, ZIP 2008, 1102; *v. Heymann/Rösler,* Berechnung von Vorfälligkeits- und Nichtabnahmeentschädigung, ZIP 2001, 441; *Krepold,* Finanzmarktkrise und Darlehensverträge mit Festzinsvereinbarung:

[80] MüKoBGB/*Berger* § 489 Rn. 31.
[81] Palandt/*Weidenkaff* BGB § 489 Rn. 20.
[82] OLG Karlsruhe BKR 2009, 80 (81).
[83] Ausführlich dazu MüKoBGB/*Berger* § 489 Rn. 31 und § 488 Rn. 93.
[84] *Köndgen* WM 2001, 1637 (1642); MüKoBGB/*Berger* § 489 Rn. 31.
[85] Vgl. *Hopt/Mülbert* WM 1990 Sonderbeilage Nr. 3, S. 19.
[86] RL 2008/48/EG des Europäischen Parlaments und des Rates v. 23.4.2008 über Verbraucherkreditverträge (Verbraucherkreditrichtlinie), ABl. 2008 L 133, 66.

Risiko und Entfall des Risikos, BKR 2009, 28; *Krepold/Fischbeck/Kropf/Werner,* Bankrecht, 2. Auflage 2018, S. 300, S. 327 mit weiteren Rechenbeispielen; *Krepold/Kropf,* Vorfälligkeitsentschädigung als Grundlage des deutschen Pfandbriefsystems, WM 2015, 1; *Kropf/Habl,* Aktuelle Entwicklungen zur Zulässigkeit von Bankentgelten, BKR 2014, 145; *Reifner,* Die Höhe der Entschädigung bei vorfälliger Tilgung von Immobiliarkrediten, WM 2009, 1773; *Rösler/Wimmer,* Zahlungsverpflichtungen und Zahlungsströme bei vorzeitiger Beendigung von Darlehensverträgen – Eine kombiniert juristisch-betriebswirtschaftliche Analyse, WM 2000, 164; *Rösler,* Fiktive Berechnung der Entschädigung der Bank bei Nichtabnahme oder vorzeitiger Ablösung eines Darlehens, EWiR 2001, 107; *Rösler/Wimmer/Lang,* Vorzeitige Beendigung von Darlehensverträgen, Vorfälligkeitsentschädigung und Nichtabnahmeentschädigung aus juristischer und finanzmathematischer Sicht, 2002; *Wehrt,* Zweifelsfragen der Vorfälligkeitsentschädigungberechnung, WM 2004, 401; *Wimmer/Rösler,* Vorfälligkeitsentschädigung bei vorzeitiger Beendigung von Darlehensverträgen, WM 2005, 1873; *Wimmer/Rösler,* Vorfälligkeitsentschädigung bei Forwarddarlehen, BankPraktiker 2010, 84; *Wimmer/Wagner,* Vorzeitige Beendigung von Darlehensverträgen – Risikokosten richtig berechnen, Die Bank 2007, 52.

69 **a) Unkündbarkeit von Darlehen mit gebundenem Sollzinssatz.** Darlehen mit gebundenem Sollzinssatz sind nach **§ 489 Abs. 1 BGB** für die Dauer der vereinbarten Zinsbindung unkündbar. Nach § 503 Abs. 1 Halbsatz 1 BGB gilt dieser Grundsatz auch für die von **Verbrauchern** abgeschlossenen **Immobiliardarlehensverträgen**[87] **mit gebundenem Sollzinssatz,** so dass die Sonderregelung des **§ 500 BGB** hier **keine Anwendung** findet. Der Gesetzgeber hat mit dem Kündigungsausschluss in § 489 Abs. 1 BGB klar zum Ausdruck gebracht, mittel- und langfristige festverzinsliche Grundpfandkredite wegen ihrer **laufzeit- und konditionenkongruenten Refinanzierung** von einer vorzeitigen Kündigung durch den Darlehensnehmer zu schützen.[88] Die Einhaltung des Tilgungs- und Verzinsungsplans jedes festverzinslichen Grundpfandkreditvertrages ist Bestandteil der geschäftlichen Kalkulation der Bank, deren Störung diese ohne berechtigten Grund nicht hinnehmen muss.[89] Das Festhalten am geschlossenen Kreditvertrag ist der Grundsatz und die Regel.

70 Würde dieser Schutz für de Darlehensgeber entfallen, so könnte dieser kaum noch feste Zinssätze für eine langfristige, grundpfandrechtlich gesicherte Finanzierung anbieten. Die Möglichkeit Festzinssätze durch Wettgeschäfte abzusichern, hat die Finanzkrise ad absurdum geführt.[90] Im Übrigen zeigt der Marktvergleich, dass über Wettgeschäfte (zB in Form von Optionsgeschäften, Swapgeschäften oder eingeräumten Kündigungsmöglichkeiten) „abgesicherte" langfristige Zinssätze wesentlich teurer sind, da sich die Vertragspartner ihr (Zinsänderungs-)Risiko höher bezahlen lassen. *Krepold/Kropf*[91] haben dies im Ländervergleich mit Frankreich, Spanien, Italien und Großbritannien nachgewiesen: Entweder werden langfristig feste Zinssätze überhaupt nicht mehr, nur in einem sehr geringen Umfang oder zu erheblich teureren Konditionen angeboten. Hüther/Voigtländer/Haas/Deschermeier[92] bestätigen auch von der volkswirtschaftlichen Seite das höhere Zinsniveau in den Ländern ohne die doppelte Absicherung[93] durch langfristig gebundene Zinsen ohne Kündigungsmöglichkeit und der Vorfälligkeitsentschädigung.

71 *Freitag* folgert deshalb zutreffend, dass der Entfall der Vorfälligkeitsentschädigung dem Verbraucher zwar im konkreten Einzelfall nützlich sein mag, bei globaler Betrachtung jedoch zur **Verteuerung** der grundpfandrechtlich gesicherten Verbraucherdarlehen **insgesamt** führen wird.[94] Können die Wettkontrahenten ihre Verpflichtungen nicht erfüllen,

---

[87] → Rn. 45 ff.

[88] BT-Drs. 10/4742, 20 ff.

[89] Vgl. BGH NJW 1997, 2875 = WM 1997, 1747 = ZIP 1997, 1641, jetzt § 490 Abs. 2 S. 1 und 2 BGB.

[90] Dies verkennt *Reifner* WM 2009, 1773 (1776). Können die Wettkontrahenten ihre Verpflichtungen nicht erfüllen, muss der Staat mit allen Steuerzahlern in die Verantwortung treten. Die Finanzkrise hat vielmehr gezeigt, dass die laufzeit- und konditionenkongruente Refinanzierung auch in Krisenzeiten funktioniert, da die vertraglichen Verpflichtungen sofort erfüllt werden.

[91] *Krepold/Kropf* WM 2015, 1 (6 f., 11 f.).

[92] *Hüther/Voigtländer/Haas/Deschermeier* Die Bedeutung der Langfristfinanzierung durch Banken – Vorteile und zukünftige Herausforderungen 2015 S. 12 f.

[93] *Krepold/Kropf* WM 2015, 1 (2).

[94] *Freitag* ZIP 2008, 1102 (1108); auch dies übersieht der Verbraucherschützer *Reifner* und handelt damit gegen die Interessen der Verbraucher.

muss der Staat mit allen Steuerzahlern in die Verantwortung treten. Die Finanzkrise hat gezeigt, dass die laufzeit- und konditionenkongruente Refinanzierung auch in Krisenzeiten funktioniert, da die vertraglichen Verpflichtungen sofort erfüllt werden.

Mit dem Wegfall der Vorfälligkeitsentschädigung würde jede Zinsbindungsfrist ihren Sinn verlieren und der verbraucherfreundliche zinsgünstige Effekt der kongruenten Refinanzierung, bei der Zinsänderungsrisiken absichernde, aber **zinsverteuernde derivate Zinssicherungsgeschäfte überflüssig** sind, wesentlich beeinträchtigt. Der verbraucherschützende Zweck des § 490 abs. 2 BGB würde so in sein Gegenteil verkehrt.[95] Steht aber fest, dass auf Grund von Zahlungsschwierigkeiten die grundpfandrechtlich gesicherte Immobilie verkauft werden muss, mit einer Umschuldung aber die Darlehensverbindlichkeiten wieder erfüllt werden können, so bleibt dem Darlehensnehmer keine andere Wahl, als das Darlehen nach § 490 Abs. 2 BGB zu kündigen, wozu er dann auch berechtigt ist.[96] 72

Gerade die **Verbraucher** („Häuslebauer") legen insbesondere bei der Eigenheimfinanzierung größten Wert auf ein **langfristig kalkulierbares Zinsrisiko** und auf eine langfristig kalkulierbare Zinshöhe. Über 90 % dieser grundpfandrechtlich gesicherten Darlehen werden deshalb mit einem Festzins zwischen fünf und zehn Jahre vereinbart. 73

Diese, im **Interesse des Verbrauchers** stehende langfristige Festlegung der Zinshöhe setzt ein **beiderseitiges Festhalten am Vertrag** voraus: Ansonsten würde der Darlehensgeber bei **steigenden Zinsen** aussteigen, schließlich könnte er dann anderweitig mehr verdienen, während der Darlehensnehmer bei **fallenden Zinsen** Vertragsabschlussreue hat, er könnte dann zu einem günstigeren Zinssatz finanzieren und damit Geld sparen. Da aber der Darlehensgeber sich bei Anlegern durch den Hypothekenpfandbriefe laufzeit- und konditionenkongruent refinanziert, müsste er mangels Kündigungsmöglichkeit gegenüber den Anlegern bei sinkendem Zinsniveau den Anlegern selbst weiterhin hohe Zinsen bezahlen. Er könnte aber dann im Darlehensgeschäft nur niedrigere Zinsen erwirtschaften. Deshalb müsste dieses Modell der langfristigen Festverzinsung scheitern. Eine langjährige Darlehensfestverzinsung könnte dann schlichtweg nicht mehr angeboten werden. Dadurch hätte der **Verbraucher als Darlehensnehmer keine sichere Kalkulationsgrundlage durch einen langjährigen Zinsbindungszeitraum.** 74

b) Anspruch auf vorzeitige Darlehenstilgung im Sonderfall von § 490 Abs. 2 BGB. Ausnahmsweise kann ein Darlehensnehmer seinen grundschuldgesicherten Darlehensvertrag mit einer Festzinsvereinbarung außerordentlich kündigen, wenn seine berechtigten Interessen dies gebieten (§ 490 Abs. 2 S. 1 BGB). Nach § 490 Abs. 2 S. 2 liegt ein solches Interesse insbesondere vor, wenn der Darlehensnehmer ein Bedürfnis nach einer anderweitigen Verwertung der zur Sicherung des Darlehens beliehenen Sache hat. Der Gesetzgeber hat damit die Rechtsprechung des XI.-BGH Senats[97] normiert. Eine außerordentliche Kündigung durch den Darlehensnehmer nach § 490 Abs. 2 S. 1 und 2 BGB ist dann zulässig, wenn das Festhalten am Darlehensvertrag den **Verkauf** oder die sonstige **Verwertung des Grundpfandobjektes** faktisch unmöglich machen würde und dies einen **„Eingriff in die wirtschaftliche Handlungsfreiheit"** des Kreditnehmers zur Folge hätte. Dies ist auch dann anzunehmen, wenn für die beabsichtigte Grundstücksveräußerung eine Ablösung des Darlehens und der dazugehörigen Sicherungsgrundschuld erforderlich ist oder der Darlehensunternehmer das beliehene Objekt zur Absicherung eines beim Darlehensgeber nicht erhältlichen, dringend benötigten, höheren Kredites einsetzen will. Der Darlehensgeber muss einer vorzeitigen Tilgung des Darlehens im Interesse der Erhal- 75

[95] OLG Naumburg BKR 2007, 464 = NJW-RR 2007, 1278 = ZIP 2007, 1900 = WM 2007, 1923; *Freitag* WM 2001, 2370 (2376); *Becher/Lauterbach* WM 2004, 1163 (1168).

[96] OLG Naumburg BKR 2007, 464 = NJW-RR 2007, 1278 = ZIP 2007, 1900 = WM 2007, 1923.

[97] NJW 1997, 2875 = WM 1997, 1747 = ZIP 1997, 1641; BGH NJW 1997, 1878 = WM 1997, 1799 = ZIP 1997, 1646; BGH WM 2003, 1261; LG Koblenz WM 2004, 624 = WuB I E 3.–2.04 *(Blaurock);* vgl. *Medicus* EWiR 1997, 921; *v. Heymann* WuB I E 3.–1.98; *Köndgen* ZIP 1997, 1641; *Wenzel* WM 1997, 2340; *Grönewoldt/Bleuel* DB 1997, 2062; *Westermann* DZWiR 1998, 23; *Marburger* ZBB 1998, 30; *Rösler* DB 1998, 248; *Lang/Beyer* WM 1998, 897; *Früh* NJW 1999, 2623.

tung der wirtschaftlichen Handlungsfreiheit zB auch bei Ehescheidung, Krankheit, Arbeitslosigkeit, Umzug sowie bei der Wahrnehmung einer günstigen Verkaufsgelegenheit zustimmen.[98] Voraussetzung für die Verpflichtung der Bank zur Einwilligung in die vorzeitige Tilgung ist jedoch, dass die wirtschaftliche Handlungsfreiheit des Kreditnehmers hinsichtlich des Grundpfandobjektes tangiert ist und die berechtigten Interessen des Darlehensnehmers dies „gebieten", ihm also **keine andere Wahl** lassen. Diese strenge Kausalität zum Grundpfandrecht muss gegeben sein. Hieran fehlt es, wenn zB ein Arbeitsloser mit dem Erlös aus dem Verkauf einer (anderweitigen) Immobilie die Finanzierung der von ihm bewohnten Immobilie vorzeitig tilgen möchte, um die Belastung zu reduzieren.[99] Die Tatsache, dass ein Darlehensnehmer in Zahlungsschwierigkeiten gerät, begründet allein ebenfalls noch keinen Anspruch gegen die Bank auf Einwilligung in eine vorfristige Ablösung des Grundpfandkredites.[100] Hat der Darlehensnehmer einen Anspruch gegen den Darlehensgeber auf Einwilligung in eine vorzeitige Darlehensablösung gegen angemessene Vorfälligkeitsentschädigung, kann er, wenn die Veräußerung des belasteten Grundstücks eine Ablösung des Darlehens nicht erfordert, statt dessen auch die Zustimmung in einen bloßen Austausch der vereinbarten Sicherheiten bei sonst unverändert fortbestehendem Darlehensvertrag beanspruchen, wenn der **Sicherheitenaustausch** dem Kreditinstitut mangels eines schutzwürdigen Eigeninteresses zuzumuten ist. Dies ist der Fall, wenn eine vom Darlehensnehmer als Ersatz angebotene Grundschuld das Risiko des Darlehensgebers genauso gut abdeckt wie die dem Darlehensgeber vereinbarungsgemäß eingeräumte Grundschuld, der Darlehensnehmer bereit und in der Lage ist, alle mit dem Sicherheitenaustausch verbundenen Kosten zu tragen und auch der Darlehensgeber nicht befürchten muss, etwa bei der Verwaltung oder der Verwertung der Ersatzsicherheit irgendwelche Nachteile zu erleiden.[101] Der Kreditgeber muss ein Darlehen jedoch nicht vorzeitig zurücknehmen, wenn der Kreditnehmer die Umschuldung nur deshalb beabsichtigt, um in den Genuss günstigerer Darlehenskonditionen zu kommen.[102]

76 Da § 489 Abs. 1 BGB festverzinsliche Grundpfandkredite wegen ihrer laufzeit- und zinskongruenten Refinanzierung vor einer vorzeitigen Kündigung durch den Darlehensnehmer schützt,[103] kann die Bank die vorzeitige Rücknahme der Darlehensvaluta vom Ausgleich ihrer Nachteile abhängig machen, die ihr durch die vorzeitige Kreditablösung entstehen; die kreditgebende Bank ist im Ergebnis wirtschaftlich so zu stellen, wie sie stünde, wenn der Darlehensvertrag für den vereinbarten Festzinszeitraum fortgeführt und die Zinsen bezahlt worden wären. Die Bank erhält gem. § 490 Abs. 2 S. 3 BGB den Ersatz des **Erfüllungsinteresses** in Form einer **Vorfälligkeitsentschädigung.**[104]

11. Der Begriff „Vorfälligkeitsentschädigung"

77 **a) Legaldefinition (§ 490 Abs. 2 S. 3 BGB).** Die Legaldefinition der Vorfälligkeitsentschädigung findet sich in § 490 Abs. 2 S. 3 BGB. Unter Vorfälligkeitsentschädigung ist demnach der **Schadensersatz** zu verstehen, der dem Darlehensgeber aus der vorzeitigen Kündigung des Darlehens mit noch laufender Zinsbindungsfrist entsteht. Bei der Vorfälligkeitsentschädigung nach § 490 Abs. 2 Satz 3 handelt es sich um einen **gesetzlich normierten Schadensersatzanspruch.**[105] Vereinzelte Mindermeinungen, bei der Vorfälligkeitsentschädigung handle es sich um einen modifizierten Erfüllungsanspruch[106] oder um

[98] BGH NJW 1997, 1641.
[99] So OLG Köln WM 1999, 1167 = WuB I E 3.–2.99 *(Weber)*.
[100] AG Köln WM 1998, 1460 = WuB I E. 3.–3.99 *(Wenzel)*.
[101] BGH BKR 2004, 189 mAnm *Rösler/Lang* = WM 2004, 780 = ZIP 2004, 801 = NJW 2004, 1730.
[102] *Lang/Beyer* WM 1998, 897; *Nobbe* Bankrecht, 7. Aufl. 1999, S. 219; *Rösler/Wimmer* WM 2000, 165.
[103] BT-Drs. 10/4741, 20.
[104] Vgl. BGH NJW 1997, 2875; BGH NJW 1997, 2878.
[105] Vgl. auch BankR-HdB/*Krepold,* 4. Aufl. 2011, § 79 Rn. 67; OLG Nürnberg WM 2015, 374 (374); OLG Hamm WM 2005, 1265 (1265); Palandt/*Weidenkaff* BGB § 490 Rn. 8.
[106] Staudinger/*Mülbert,* BGB, 2011, § 490 Rn. 86.

einen Aufopferungsanspruch[107] stehen mit dem eindeutigen Wortlaut des Gesetzes in § 490 Abs. 2 S. 3 („Schaden zu ersetzen") nicht im Einklang[108] und sind deshalb abzulehnen.

b) Vorfälligkeitsentgelt bei einvernehmlicher Vertragsauflösung. Begrifflich streng von der Vorfälligkeitsentschädigung **zu trennen** ist das **Vorfälligkeitsentgelt.** 78

Hat der Kunde keinen anerkannten Grund iSv § 490 Abs. 2 S. 1 und 2 BGB, der ihm einen Anspruch auf vorzeitige Kreditabwicklung gibt, so können Bank und Kunde den Darlehensvertrag durch eine einvernehmliche Regelung aufheben. Macht die Bank die vorzeitige Rücknahme des Restdarlehens aufgrund einer Aufhebung des Darlehensvertrages von der Zahlung eines Vorfälligkeitsentgeltes abhängig, so handelt es sich hierbei nicht um einen Schadensersatz in Form einer Vorfälligkeitsentschädigung, sondern um einen **bis zur Grenze des § 138 BGB frei aushandelbaren Preis für die Einwilligung zur Vertragsauflösung.**[109] Das ausgehandelte Vorfälligkeitsentgelt stellt rechtlich eine Preisvereinbarung dar. Legt man die von der Rechtsprechung zu Ratenkrediten entwickelten Grundsätze für die Beurteilung der Sittenwidrigkeit zugrunde, so ist die Grenze des § 138 BGB (Sittenwidrigkeit) erst dann tangiert, wenn das von der Bank verlangte und vereinbarte Aufhebungsentgelt eine nach § 287 ZPO geschätzte Vorfälligkeitsentschädigung um mehr als das doppelte überschreitet.[110] 79

Wird ein Vertrag über die vorzeitige Auflösung eines Darlehens ohne Regelung des Vorfälligkeitsentgelts geschlossen, so verliert die Bank den Anspruch auf Vorfälligkeitsentgelt nur, wenn sie darauf verzichtet. An die Feststellungen des Verzichtswillens sind strenge Anforderungen zu stellen.[111] Wird ein Darlehen zur Finanzierung einer Immobilie im beiderseitigen Einvernehmen nach dem Verkauf des Sicherungsobjektes getilgt, ohne dass sich die Parteien über die Zahlung einer Vorfälligkeitsentschädigung einigen könnten, ist diese Regelungslücke im Wege der ergänzenden Vertragsauslegung gemäß der §§ 133 und 157 dahingehend zu schließen, dass Vorfälligkeitsentschädigung zu bezahlen ist.[112] 80

c) Vorfälligkeitsentschädigung auch bei einer Kündigung durch den Darlehensgeber.[113] Auch bei einer wirksamen Darlehenskündigung durch die darlehensgebende Bank hat diese einen Anspruch auf Vorfälligkeitsentschädigung. Anspruchsgrundlage dafür ist das Schadensersatzrecht nach **§§ 280 Abs. 1, Abs. 3, 281 BGB.** Rechtlich wird dadurch die Systematik des deutschen Pfandbriefsystems geschützt. 81

Übt der Darlehensgeber ein ihm nach den Allgemeinen Geschäftsbedingungen, nach den Vertragsbedingungen nach § 490 Abs. 1 BGB oder nach § 314 Abs. 1 BGB zustehendes Kündigungsrecht berechtigterweise aus (zB weil der Darlehensnehmer mit Raten in Verzug ist),[114] so wandelt sich aufgrund der Kündigung das ursprüngliche Darlehensverhältnis in ein Rückabwicklungsverhältnis.[115] In derartigen Fällen kann die Bank wegen der Vertragsuntreue des Darlehensnehmers und der daraus resultierenden Kündigung **Schadensersatz wegen Nichterfüllung aus dem Gesichtspunkt der positiven Vertragsverletzung (§§ 280 Abs. 1, Abs. 3, 281 BGB)** verlangen. Dieser Anspruch richtet sich auf das positive Interesse, dh die Bank ist so zu stellen, wie sie stehen würde, wenn der Schuldner 82

[107] MüKoBGB/*Berger* § 490 Rn. 34.
[108] Zutreffend OLG Nürnberg WM 2015, 374 (374 f.).
[109] Zutreffend *Rösler/Wimmer* WM 2000, 164 (167) mwN; in der Terminologie falsch: Palandt/*Putzo* BGB 65. Aufl., § 490 Rn. 14.
[110] Vgl. *Rösler/Wimmer* WM 2000, 164 (167); *Wimmer/Rösler* WM 2005, 1873 (1880).
[111] Palandt/*Grüneberg* BGB § 397 Rn. 6; **aA** OLG Frankfurt a. M. ZIP 2005, 2010, das den erforderlichen rechtsgeschäftlichen Willen, auf die Forderung zu verzichten, unbeachtet lässt. Außerdem übersieht das OLG Frankfurt a. M. die gesetzliche Regelung der Vorfälligkeit in § 490 Abs. 2 als Normalfall. Nicht der gesetzliche Normalfall, Vorfälligkeit zu bezahlen, müsste deshalb Aufnahme in den Vertrag finden, sondern die Ausnahme.
[112] OLG Karlsruhe BKR 2009, 121.
[113] Nachfolgendes im Wesentlichem dem Aufsatz *Krepold/Kropf* WM 2015, 1 (11 f.) entnommen.
[114] OLG Celle v. 1.7.2009 = WM 2010, 402.
[115] *Rösler/Wimmer/Lang* Vorzeitige Beendigung von Darlehensverträgen S. 97 (98).

den Vertrag ordnungsgemäß erfüllt hätte.[116] Der Darlehensnehmer hätte dann weiterhin den (höheren) Vertragszins bezahlen müssen. Deshalb hat der Darlehensgeber einen Anspruch auf Schadensersatz in Form der Vorfälligkeitsentschädigung.[117] In diesen Fällen handelt es sich bei dem Anspruch auf Vorfälligkeitsentschädigung um einen echten Schadensersatzanspruch.[118] Der vertragsbrüchige Darlehensnehmer hat seiner Bank demnach im Falle einer außerordentlichen Kündigung wegen Zahlungsverzuges **alle aus der vorzeitigen Vertragsbeendigung entstehenden Schäden zu ersetzen.**[119] Seit dem am 1.1.2002 in Kraft getretenen Schuldrechtsmodernisierungsgesetz findet sich nun auch die Bestätigung im Gesetz: Die Berechtigung, **Schadensersatz** zu verlangen, wird gem. **§ 314 Abs. 4 BGB durch eine Kündigung nicht ausgeschlossen.**[120]

83 Erfolgt die Kündigung der Bank wegen einer Pflichtverletzung des Darlehensnehmers (§§ 280 Abs. 1, Abs. 3, 281 BGB),[121] kann die Bank insbesondere den ihr entstehenden **Nichterfüllungsschaden** verlangen.[122] Dieser Schaden lässt sich rechnerisch in gleicher Weise ermitteln wie die Nachteile, die der Bank bei einer außerordentlichen Kündigung nach § 490 Abs. 2 BGB entstehen. Der Schadensersatzanspruch beruht auf dem nicht vertragsgemäßen Verhalten des Kreditnehmers (Pflichtverletzung aus dem Schuldverhältnis Darlehensvertrag) und ist eine Variante der Vorfälligkeitsentschädigung.

84 Kündigt die Bank aus einem Grund, den der **Kreditnehmer nicht zu vertreten** hat (fehlendes Verschulden), sind die Voraussetzungen der Schlechtleistung (§ 280 Abs. 2 BGB) nicht erfüllt und die Bank hat keinen Anspruch auf Schadensersatz. Denkbar wären Gründe, welche allein die Bank zu vertreten hat, zB die ordentliche Kündigung von Geschäftsbeziehungen aus unternehmensstrategischen Überlegungen.[123]

12. Berechnung der Vorfälligkeitsentschädigung

85 **a) Gesicherte Zinserwartung des Darlehensgebers.** Der Darlehensgeber kann im Rahmen der Vorfälligkeitsentschädigung nur einen Ausgleich der Nachteile verlangen, der durch die vorzeitige Rückzahlung des Darlehens besteht. **Im Ergebnis ist der Darlehensgeber so zu stellen, wie wenn das Darlehen für den ursprünglich vereinbarten Festschreibungszeitraum vertragsgemäß fortgeführt worden wäre.**[124] Maßgebend für die Dauer und die Berechnungsbasis des geltend zu machenden Zinsnachteils bei vorzeitiger Beendigung des Darlehensvertrages ist die **rechtlich gesicherte Zinserwartung.**

86 Die rechtlich geschützte Zinserwartung ist in der Berechnungsbasis **beschränkt** durch vertragsgemäße Tilgungen und vereinbarte **Sondertilgungen.**[125] Vertraglich für die Zu-

[116] Palandt/*Heinrichs* BGB Vor § 249 Rn. 16.

[117] OLG Celle v. 1.7.2009 = WM 2010, 402.

[118] Aus der Entscheidung des BGH v. 9.2.1993 = WM 1993, 586 = WuB I E 1. – 7.93 *(Bruchner)* = NJW 1993, 1260 ergibt sich überdies, dass diese Vorfälligkeitsentschädigung, soweit sie nicht fristgemäß geleistet wird, ihrerseits mit einem Verzugszins belegt werden kann, ohne gegen das Zinseszinsverbot zu verstoßen.

[119] Vgl. BGH WM 1988, 8, 10 = WuB I D 3. – 7.88 *Ott;* OLG Düsseldorf NJW-RR 1987, 302, 303; OLG Köln WM 1987, 804, 805 = WuB I E 1. – 8.87 *Bunte;* KG WM 1987, 1513, 1515 = WuB I E 1. – 2.88 *v. Rottenburg; Canaris* Bankvertragsrecht Rn. 1338, 1347; *Canaris* NJW 1978, 1891, 1897; Erman/*Werner* BGB § 609 Rn. 8; Soergel/*Häuser* BGB § 609 Rn. 67; Hopt/*Mülbert* Kreditrecht § 609 Rn. 51; *Köndgen* Gewährung und Abwicklung grundpfandrechtlich gesicherter Kredite S. 145; *Löwisch* BB 1985, 959; *Stelling* Die vorzeitige Ablösung festverzinslicher Realkredite S. 203; s. a. OLG Koblenz NJW-RR 1986, 405, 406; OLG Celle WM 1987, 1063; *Emmerich* WM 1984, 949 (954); *Emmerich* WM 1986, 541 (545); *Gernhuber* JZ 1959, 314 (315).

[120] OLG München Urt. v. 3.4.2009 – 5 U 5240/08, juris.

[121] MüKoBGB/*Ernst* § 281 Rn. 9.

[122] MüKoBGB/*Gaier* § 314 Rn. 24 f.

[123] *Rösler/Wimmer/Lang* Vorzeitige Beendigung von Darlehensverträgen S. 98.

[124] *Rösler/Wimmer/Lang* Vorzeitige Beendigung von Darlehensverträgen S. 126 mwN; OLG Celle WM 2010, 402 spricht wegen der gesicherten Zinserwartung der Bank eine Vorfälligkeitsentschädigung zu, wenn der Darlehensnehmer nach der Teilkündigung des Darlehens auch den ungekündigten Teil des Darlehens ablöst.

[125] *Wimmer/Rösler*g WM 2005, 1873, 1875; BGH Urt. v. 19.1.2016 – XI ZR 388/14.

kunft eingeräumte Sondertilgungsmöglichkeiten sichern keine Zinserwartung des Darlehensgebers, da der Darlehensnehmer tilgen könnte.[126] Wurden Sondertilgungsrechte in der Vergangenheit nicht ausgeübt, können diese nicht nachgeholt werden, da tatsächlich nicht getilgt wurde und deshalb der Darlehnsgeber dann wieder eine gesicherte Zinserwartung hat. Der Darlehensgeber hat jedoch keine gesicherte Zinserwartung, wenn eine zur Tilgung – nicht zur bloßen Sicherung – des Darlehens vorgesehene **Kapitallebensversicherung** durch Eintritt des Versicherungsfalles fällig wird.[127]

Ebenso besteht für den Darlehensgeber keine gesicherte Zinserwartung, wenn ein zur 87
Darlehenstilgung vorgesehener **Bausparvertrag** nach vertragsgemäßer – also nicht nach überobligatorischer, über die vertraglich vereinbarte Ansparleistung hinaus – Einzahlung zuteilungsreif ist, vereinbarungsgemäß zur Tilgung dienen soll und zur Darlehensrückführung eingesetzt wird.

Die rechtlich geschützte Zinserwartung endet immer dann, wenn der Darlehensnehmer 88
den Darlehensvertrag durch Ausübung eines ihm zustehenden vertraglichen oder gesetzlichen Kündigungsrechts, insbesondere nach § 489 BGB hätte beenden können. Dies ist bei grundpfandrechtlich gesicherten Darlehen mit einer 10-jährigen Zinsbindung nach 10 Jahren unter Einhaltung einer weiteren Kündigungsfrist von 6 Monaten, also nach 10 Jahren und sechs Monaten nach dem vollständigen Bezug des Darlehens der Fall (§ 489 Abs. 1 Nr. 3 BGB).

Eine **Bankenfusion** gewährt grundsätzlich kein Kündigungsrecht mit dem Ziel, keine 89
Vorfälligkeitsentschädigung zahlen zu müssen.[128]

b) Aktiv-Passiv-Vergleichsmethode und Aktiv-Aktiv-Berechnungsmethode im 90
Überblick. Im Falle der außerordentlichen Kündigung nach § 490 Abs. 2 S. 1 und 2 BGB ist die Vorfälligkeitsentschädigung nicht wie ein Preis bis zur Grenze des § 138 BGB (Sittenwidrigkeit) oder des § 315 BGB frei aushandelbar,[129] sondern die Bank hat sich bei der Bemessung der Vorfälligkeitsentschädigung an schadensersatzrechtlichen Grundsätzen zu orientieren.

Die Vorfälligkeitsentschädigung kann alternativ nach **verschiedenen Methoden** – und 91
zwar nach **Aktiv-Aktiv-Berechnungsmethode** (Berechnung aufgrund einer **hypothetischen Darlehensneuausreichung,** oder der **Aktiv-Passiv-Vergleichsmethode (laufzeitkongruente Wiederanlage in sicheren Kapitalmarkttiteln,** ermittelt werden. Die Bank ist verpflichtet, alle für die Berechnung der Vorfälligkeitsentschädigung maßgebenden Faktoren offenzulegen.[130] Enthält die Abrechnung über eine Vorfälligkeitsentschädigung alle maßgebenden Faktoren, die dem Bankkunden eine Überprüfung gestatten, so ist die Bank nicht zusätzlich zur Auskunft und Rechnungslegung darüber verpflichtet, wie die ermittelte Entschädigung sich unter Beachtung der BGH-Rechtsprechung errechnet.[131]

Trotz der Komplexität der Abrechnung, bei der selbst gerichtlich bestellte Sachverständi- 92
ge, vor allem aber die Gerichte gefordert sind, muss die Vorfälligkeitsentschädigung transparent – soweit möglich – berechnet werden, so dass eine Überprüfung möglich ist.[132]

In der richtungsweisenden Entscheidung vom 7.11.2000 hat sich der BGH die grund- 93
legenden rechtlichen und finanzmathematischen Überlegungen von *Rösler/Wimmer*[133] zu

[126] Insoweit ist der dritte Leitsatz von OLG Nürnberg WM 2015, 374 (Sondertilgungen sind nicht zu berücksichtigen, wenn der Darlehensnehmer „bei einem wahrscheinlichen Lauf der Dinge von der eingeräumten Möglichkeit von Sondertilgungen nicht Gebrauch gemacht hätte") missverständlich, da es in den Urteilsgründen unter Punkt 4a) heißt: „Weitere Sondertilgungsmöglichkeiten, also mit anderen Geldern als den Bausparsummen, bestanden nicht." Die Bedingungen für eine Sondertilgung mit den Bausparsummen waren nicht erfüllt.

[127] OLG Karlsruhe WM 2001, 1561; Nichtannahmebeschluss des BGH (XI ZR 137/00); **aA** OLG Köln ZIP 2000, 308 = NJW-RR 2001, 260.

[128] OLG Karlsruhe ZIP 2001, 1806.

[129] BGH NJW 1997, 2875.

[130] BGH NJW 2001, 509 (512) = WM 2001, 20 (24) = ZIP 2001, 20 (24).

[131] AG Krefeld WM 1998, 1490 = WuB I E 3.–6.98 *Rösler.*

[132] BGH NJW 2001, 509 (512) = WM 2001, 20 (24) = ZIP 2001, 20 (24).

[133] *Rösler/Wimmer* WM 2000, 164.

eigen gemacht, finanzmathematischen Sachverstand gezeigt und das **Zahlungsstrom-Modell** (Cash-Flow-Methode) als Berechnungsgrundlage für die Aktiv-Passiv-Methode und die Aktiv-Aktiv-Methode festgestellt.[134] Zunächst wird nach dem Zahlungsstrom-Modell (Cash-Flow-Modell) der vertraglich vereinbarte Zins- und Tilgungsplan Ausgangspunkt der alles **entscheidenden Frage:**

94 **Welcher Betrag** muss zum Zeitpunkt der vorzeitigen Ablösung in Kapitalmarkttiteln **angelegt (Aktiv-Passiv-Methode)** oder hypothetisch als Darlehen **neu ausgereicht werden (Aktiv-Aktiv-Methode), um zu allen nach dem Tilgungsplan vorgesehenen Zeitpunkten genau die vertraglich geschuldeten Zins- und Tilgungsleistungen zu erhalten?**

95 **c) Aktiv-Passiv-Vergleichsmethode.** Der BGH[135] hat für die Berechnung der Vorfälligkeitsentschädigung die in der Kreditpraxis häufig angewandte Aktiv-Passiv-Methode ausdrücklich anerkannt. Dieser Methode liegt der Gedanke der **Wiederanlage** der vorzeitig zurückgezahlten Darlehensmittel **am Kapitalmarkt** zugrunde. Der BGH knüpft dabei an das jetzt in § 19 Abs. 1 Nr. 2 iVm § 4 Abs. 1 S. 2 Nr. 3 PfandBG verankerte Prinzip der sogenannten „Ersatzdeckung" in Form der Anlage auf dem allgemeinen Kapitalmarkt an.

96 Der finanzielle Nachteil des Darlehensgebers ist die Differenz zwischen den Zinsen, die der Darlehensgeber bei Abnahme des Darlehens und vereinbarungsgemäßer Durchführung des Darlehens tatsächlich nach dem Zins- und Tilgungsplan gezahlt hätte und der Rendite, die sich aus einer laufzeitkongruenten Wiederanlage der frei gewordenen Beträge in sicheren Kapitalmarkttiteln (Zinsverschlechterungsrate)[136] ergibt. Die Berechnung der Vorfälligkeitsentschädigung hat nach der Cash-Flow-Methode – auf deutsch: nach dem Zahlungsstrom-Modell – zu erfolgen, wobei die Rendite einer laufzeitkongruenten Wiederanlage in Pfandbriefen zugrunde zu legen ist.[137]

97 Die **Cash-Flow-Methode** oder das **Zahlungsstrom-Modell** bildet jede einzelne vertraglich vereinbarte Zahlungspflicht der Gestalt ab, als beantwortet werden muss, welcher Betrag zum Zeitpunkt der vorzeitigen Rückzahlung anzulegen ist, damit nach einer zu diesem Zeitpunkt erzielbaren Verzinsung für Pfandbriefe die vertraglichen Leistungen des ursprünglichen Darlehens in der Zukunft erbracht werden können. Dies soll an einem kurzen Beispiel verdeutlicht werden:

98 Im Beispielsfall soll nur eine Zahlung in Höhe von 10.200,– EUR vertragsgemäß in genau einem Jahr geschuldet sein, wobei der Zinssatz für die Wiederanlage in Hypothekenpfandbriefen bei 2 % p. a. liegen soll. Durch einen normalen Dreisatz ist zu ermitteln, wieviel Geld heute angelegt werden muss, damit man in einem Jahr genau 10.200,– EUR erhält:

$$X \times 1{,}02 = 10.200,\text{– EUR}$$

$$\times = \frac{10.200,\text{– EUR}}{1{,}02}$$

$$\times = 10.000,\text{– EUR}$$

99 Demnach sind heute 10.000,– EUR mit einem Zinssatz von 2 % anzulegen, um in genau einem Jahr die vertraglich vereinbarten 10.200,– EUR zu erhalten.

---

[134] BGH NJW 2001, 509 (510) = WM 2001, 20 (22) = ZIP 2001, 20 (23).

[135] BGH NJW 1997, 2875 (2878) = WM 1997, 1747 (1799) = WuB I E 3.–1.98 *von Heymann/Rösler;* BGH WM 2001, 20 (24) = NJW 2001, 509 = ZIP 2001, 20 (23); BGH NJW 2005, 751 (752) = ZIP 2005, 293 (295) = WM 2005, 323 (324).

[136] BGH NJW 1997, 2875 (2878).

[137] BGH WM 2001, 20; NJW 2005, 751 (752) = ZIP 2005, 293 (295) = WM 2005, 322 (324).

Für jeden im Zins- und Tilgungsplan ausgewiesenen Betrag wird die Berechnung zu den jeweils vereinbarten Fälligkeitszeitpunkten mit dem dafür entsprechenden Wiederanlagezinssatz nach folgender vereinfachter **Rechenformel** wiederholt: 100

$$K_n = K_0\left(1+\frac{p}{100}\right)^n$$

k_n = zum vertraglichen Fälligkeitszeitpunkt geschuldeter Geldbetrag
k_0 = in Pfandbriefen „anzulegender" Geldbetrag
p = Zinsfuß: Zinsen pro Jahr für ein Kapital von 100,00 EUR
i = Zinssatz als Dezimaluzahl p. a. (Beispiel: 0,03 p. a.)
q = Zinsfaktor:

$$q = 1+\frac{p}{100} = 1+i$$

n = Zeit in Jahre

Die Rechenformel ist nach dem gesuchten „anzulegenden" Geldbetrag aufzulösen:

$$K_0 = \frac{K_n}{\left(1+\frac{p}{100}\right)^n} = \frac{K_n}{(1+i)^n} = \frac{K_n}{q^n}$$

Beispiel: Welchen Geldbetrag muss ich heute bei einem Anlagezinssatz von 3 % p. a. anlegen, um in genau zwei Jahren 106.090,00 EUR zu erhalten? 101

$$k_0 = \frac{€\ 106.090}{(1+0,3)^2} = \frac{€\ 106.090}{1,0609} = €\ 100.000$$

Kontrollrechnung: Nach einem Jahr ergibt der Anlagebetrag von 100.000,00 EUR bei einer Verzinsung von 3 % p. a. 103.000,00 EUR. Werden diese 103.000,00 EUR im zweiten Jahr nochmals mit 3 % p. a. verzinst, haben wir als Ergebnis 106.090,00 EUR.

Die **Wiederanlagerenditen von Hypothekenpfandbriefen** müssen sich leicht zugänglichen Quellen entnehmen lassen, um für den Darlehensnehmer eine Überprüfungsmöglichkeit zu gewähren.[138] Die Statistik der Pfandbriefrenditen der Deutschen Bundesbank liefert auf der Grundlage tatsächlich durchgeführter Wertpapiergeschäfte ein hinreichend repräsentatives Bild der Rückkaufrenditen von Pfandbriefen. 102

Die **Statistik der Deutschen Bundesbank**[139] umfasst nicht den 40 %-Marktanteil, der außerbörslich gehandelt wird, ist nicht Tag genau aufgeschlüsselt und enthält große Bandbreiten. Da aber im Rahmen der abstrakten Schadensermittlung nach §§ 249, 252 BGB notfalls der Schaden auch nach § 287 ZPO geschätzt werden kann, und sich durch die Interpolation der Monatszinssätze genauere Zwischenwerte ermitteln lassen, stellt der **BGH** auf die Statistik der Deutschen Bundesbank ab[140] und **verwirft die Wiederanlagerendite nach dem PEX-Index.** 103

Die Statistik der Deutschen Bundesbank ist für die Schadensschätzung nach § 287 ZPO eine verlässliche Grundlage. 104

[138] BGH NJW 2001, 509 (512) = WM 2001, 20 (34) = ZIP 2001, 20 (24).
[139] Abrufbar unter Deutsche Bundesbank, Zinsstatistik, Zinssätze für das Neugeschäft der deutschen Banken (MFIs), Kredite an private Haushalte.
[140] BGH NJW 2005, 751 (752) = ZIP 2005, 293 (295) = WM 2005, 322 (324).

105 Die **vdp-Kurve für den Hypothekenpfandbrief** wird seit 1. April 2014 nicht mehr ermittelt.

106 **d) Aktiv-Aktiv-Berechnungsmethode.** Die Berechnung nach der Aktiv-Aktiv-Methode basiert auf der Hypothese, dass die vorzeitig zurückgezahlte Darlehensvaluta als festverzinslicher Grundpfandkredit neu ausgereicht wird. Die „Wiederanlage" der vorzeitig erhaltenen Darlehensvaluta erfolgt nicht in Pfandbriefen, sondern in einem neuen festverzinslichen Grundpfandkredit. Anstatt der Hypothekenpfandbriefrenditen sind deshalb die **Zinssätze für entsprechende festverzinsliche und grundschuldgesicherte Neudarlehen** heranzuziehen, wobei auch hier der Zahlungsstrom (Cash-Flow) den vertraglich vereinbarten Zins- und Tilgungsplan widerspiegeln muss.

107 Die Differenz zwischen dem ursprünglich vereinbarten Zins für das vorzeitig zurückbezahlte Darlehen und den aktuellen Zinssätzen für entsprechend hypothetisch ausgereichte festverzinsliche und grundschuldgesicherte Neudarlehen für die Restlaufzeit des vorzeitig zurückbezahlten Darlehens, ist der Zinsverschlechterungsschaden.

108 Da die Banken aufgrund ihrer ausreichenden Eigenkapitalausstattung problemlos jedes zusätzliche, zumal grundschuldgesicherte Darlehen[141] ausreichen können, ist zusätzlich zum Zinsverschlechterungsschaden der abgezinste Nettogewinn als **Zinsmargenschaden** im Rahmen der Vorfälligkeitsentschädigung gem. § 252 BGB anzusetzen und zu berechnen. Ein Ersatzgeschäft muss sich die Bank grundsätzlich nicht anrechnen lassen.[142] Ansonsten würde der Bank für die Restlaufzeit des vorzeitig zurückbezahlten Darlehens der Gewinn, auf den wegen der Darlehensvereinbarung ein vertraglicher Anspruch besteht, entgehen. Nach der Aktiv-Aktiv-Berechnungsmethode kann die Bank bei vorzeitiger Darlehensrückzahlung sowohl den Ausgleich des **Zinsmargenschadens** als auch eines etwaigen **Zinsverschlechterungsschadens kumulativ** verlangen.[143]

109 **aa) Berechnung des Zinsverschlechterungsschadens.** Der Zinsverschlechterungsschaden entsteht, wenn der Darlehensgeber das vorzeitig zurückgeführte Darlehenskapital nur zu einem niedrigeren als den Vertragszins des vorzeitig zurückgeführten Darlehens wieder anlegen kann. Dem Vertragszins ist somit als Vergleichszins der aktuelle „aktive Wiederanlagezins",[144] also die aktuellen Darlehenszinssätze für entsprechend hypothetisch ausgereichte festverzinsliche und grundschuldgesicherte Neudarlehen für die Restlaufzeit des vorzeitig zurückbezahlten Darlehens, gegenüberzustellen.

110 Dabei ist der Zahlungsstrom des vertraglich vereinbarten Darlehens abzubilden und den vorgenannten aktuellen Zinssätzen gegenüberzustellen.

111 Dieses **Zahlungsstrom-Modell** oder die **Cash-Flow-Methode** bildet jede einzelne vertraglich vereinbarte Zahlungspflicht des ursprünglich vertraglich vereinbarten Darlehens der Gestalt ab, als beantwortet werden muss, welcher Betrag zum Zeitpunkt der vorzeitigen Rückzahlung in neuen Darlehen hypothetisch auszureichen ist, damit nach einer zu diesem Zeitpunkt für Neudarlehen erreichbaren Verzinsung die vertraglichen Leistungen des ursprünglichen Darlehens erbracht werden können.

112 Auch hier ist zugunsten des vertragstreuen Darlehensgebers nach § 287 ZPO großzügig zu verfahren: Die Statistik der Deutschen Bundesbank enthält die aktuellen Darlehenskonditionen. Diese können herangezogen werden, auch wenn sich diese nur auf erstrangig besicherte Darlehen mit einem Auslauf von 60 % beziehen. Insbesondere kann der vertrags-

[141] Vgl. auch § 13 Abs. 4 Nr. 2 Grundsätze über die Eigenmittel und die Liquidität der Kreditinstitute v. 20.1.1969, BAnz. Nr. 17, zuletzt geändert 20.7.2002, BAnz. Nr. 160: Realkredite iSv § 14 Abs. 2 S. 3 Nr. 5 KWG werden nur zu 50 % gewichtet.

[142] BGH WM 1995, 339 (340); NJW 1997, 2975; OLG München WM 98, 1484.

[143] BGH WM 1997, 1747 (1748) = ZIP 1997, 1641 (1642); KG WM 2001, 2204; OLG Schleswig WM 1997, 522 (525); OLG München WM 1998, 1484; anknüpfend an die Entscheidung BGH WM 1991, 760; *Rösler/Wimmer/Lang* Vorzeitige Beendigung von Darlehensverträgen S. 137; *Lang/Beyer* WM 1998, 897 (905 f.); *Rösler* Bankrechtstag 2000, 165 (177); krit. *Köndgen* ZIP 1997, 1645; *Canaris* Bankrechtstag 1996, 3 (14); *Canaris* FS Zöllner, 1998, 1055 (1069); *Knops* ZfIR 2001, 438.

[144] *Rösler/Wimmer/Lang* Vorzeitige Beendigung von Darlehensverträgen S. 135.

treue Darlehensgeber nicht gezwungen werden, seine aktuellen Darlehenskonditionen offenzulegen und damit einen Einblick in die innerbetriebliche Kalkulation zu gewähren.

Ist das Zinsniveau zwischen dem Abschluss des Darlehensvertrages und der vorzeitigen Rücknahme der Darlehensvaluta gestiegen, so führt die vorzeitige Vertragsbeendigung zu einem **Zinsverbesserungsvorteil,** den sich das Kreditinstitut bei der Bemessung der Vorfälligkeitsentschädigung nach § 490 Abs. 2 BGB **anrechnen** lassen muss, da insoweit – im Gegensatz zur freiwilligen einvernehmlichen Vertragsaufhebung schadensersatzrechtliche Grundsätze gelten. Die Bank muss sich jedoch den Vorteil nur maximal bis zur Höhe des Vorfälligkeitsschadens im Wege der Vorteilsausgleichung anrechnen lassen. Der den Erfüllungsschaden übersteigenden Vorteil verbleibt jedoch bei der Bank, da das Risiko, das Darlehen vor Ablauf der vereinbarten Laufzeit nicht mehr zu benötigen, in der Sphäre des Darlehensnehmers liegt.[145] 113

bb) Berechnung des Zinsmargenschadens/Entgangener Gewinn. Der Zinsmargenschaden entspricht dem **Nettogewinn,**[146] der der Bank infolge der vorzeitigen Darlehensrückzahlung entgangen ist (§ 252 BGB). Bei der **konkreten Variante der Aktiv-Aktiv-Methode**[147] wird der Zinsmargenschaden im Wege einer konkreten Betrachtung ermittelt, dh vom konkreten Darlehenszins wird der tatsächlich bestehende Refinanzierungszins subtrahiert. Der konkrete Refinanzierungszins kann bei ansonsten gleichen Bedingungen von Kreditinstitut zu Kreditinstitut unterschiedlich ausfallen, weil insoweit das Rating des Kreditinstituts von Bedeutung ist.[148] 114

Das auf diese Weise ermittelte Ergebnis ist die **Bruttomarge** der Bank.[149] Auf der Grundlage dieser Bruttomarge ist der Gewinn für die Gesamtdauer der Zinserwartung zu berechnen und – wenn Zinsen und Rückzahlung vereinbarungsgemäß erst nacheinander im Laufe der Vertragszeit fällig geworden wären – entsprechend abzuzinsen.[150] 115

Durch die vorzeitige Rückführung erspart die Bank allerdings Risiko- und Verwaltungskosten, die zur Berechnung der Nettozinsmarge in Abzug zu bringen sind. Im Rechtsstreit kann das Gericht eine Schätzung vornehmen (§ 287 ZPO). 116

Die abgezinste Bruttomarge abzüglich der Risiko- und Verwaltungskosten ist der konkret berechnete Zinsmargenschaden. Da dieser sofort, also vorzeitig bezahlt wird und nicht erst nach und nach mit den Zinsraten, ist der Zinsmargenschaden abzuzinsen. Der Nachweis der Bruttomarge und den konkreten Aufwendungen erfordert die Offenlegung von Betriebsdaten und Kalkulationsgrundlagen.[151] 117

Die Bank darf den **Zinsmargenschaden** auch **abstrakt berechnen,** um die Offenlegung bankinterner Betriebsdaten zu vermeiden. Bei der Ermittlung kann der auf den bei Banken gleichen Typs übliche Durchschnittsgewinn zugrunde gelegt werden. Dabei ist es zulässig, die maßgebenden Berechnungsfaktoren auf der Grundlage statistischer Angaben in den Monatsberichten der Deutschen Bundesbank im Wege der Schätzung nach § 287 ZPO zu ermitteln **(abstrakt berechneter Zinsmargenschaden).**[152] 118

Als Marge ist der übliche Durchschnittsgewinn zur Zeit des Vertragsschlusses bei Banken gleichen Typs für Darlehen gleicher Art zugrunde gelegt.[153] In der Entscheidung vom 11.11.1997[154] sieht der BGH die branchenübliche **Nettozinsmarge** von Hypotheken- 119

[145] Vgl. iErg auch *Früh* Bankrecht und Bankpraxis Rn. 3/227d.

[146] BGH WM 1997, 1747 (1750) = ZIP 1997, 1641 (1644); OLG Schleswig WM 1997, 522 (525).

[147] *Rösler/Wimmer/Lang* Vorzeitige Beendigung von Darlehensverträgen S. 133.

[148] *Bruchner/Metz* Variable Zinsklauseln Rn. 150.

[149] *Rösler* Bankrechtstag 2000 S. 165 (179); *v.Heymann/Rösler* ZIP 2001, 441 (447); *Knops* Verbraucherschutz bei Immobilienkreditverhältnissen S. 150; Metz/Wenzel/*Metz* Vorfälligkeitsentschädigung Rn. 108.

[150] So OLG Schleswig WM 1997, 522 (525); vgl. auch *Knops* Verbraucherschutz bei Immobiliarkreditverhältnissen S. 151.

[151] BGH WM 1997, 1747 (1750) = ZIP 1997, 1641 (1644); *Grönwoldt/Bleuel* DB 1997, 2062.

[152] BGH NJW 1997, 2875.

[153] BGH WM 1997, 1747 (1750) = ZIP 1997, 1641 (1645); *Rösler* Bankrechtstag 2000 S. 165 (181); *von Heymann/Rösler* ZIP 2001, 441 (448).

[154] BGH NJW 1998, 592 = WM 1998, 70 = ZIP 1998, 20, 21.

banken bei 0,7 % bis 0,8 % p. a.[155] Nach Feststellung des OLG Schleswig betrug die durchschnittliche **Nettozinsmarge** der Hypothekenbanken in den Jahren 1989 bis 1995 rund 0,7 %.[156] Im Hypothekenbankbereich ist jedenfalls ein Satz von 0,5 % als Nettomarge anerkannt und bedarf keiner weiteren Begründung.

120 Bei **Geschäftsbanken** oder bei gemischten Banken liegt die **Nettomarge** aufgrund des inhomogeneren Geschäftes[157] höher. Im Gegensatz zur **konkreten** Berechnung nach der Aktiv-Aktiv-Methode bedarf es bei der **Nettomarge** im Sinne des abstrakt berechneten Zinsmargenschadens keiner Bereinigung um Risiko- und Verwaltungskosten, da die Nettomarge als Reingewinn bereits um die Risiko- und Verwaltungskosten bereinigt wurde.[158]

121 **e) Entfallendes Risiko.** Nach den BGH-Entscheidungen vom 7.11.2000[159] und vom 1.7.1997[160] entfällt mit der vorzeitigen Rückzahlung des Darlehens für den Darlehensgeber das künftige Risiko bis zum vertraglich vereinbarten Termin das Darlehen zurückzubekommen. Da der Risikopreis bei der Kalkulation des Zinssatzes eingeflossen ist, muss dieser nach Ansicht des BGH herausgerechnet werden.

122 Dieser **Ansatz des BGH ist unzutreffend,** was an folgendem **Modell** aufgezeigt wird: 1001 Darlehen, grundschuldgesichert, Zinskonditionen 10 Jahre fest, Risikoprämie insgesamt 0,1 %, 1000 Darlehen werden einen Tag nach Ausreichung (von den bonitätsmäßig sehr guten Darlehensnehmern) zurückbezahlt. Das 1001. Darlehen hat ein bonitätsschlechter Schuldner aufgenommen und kann es nicht zurückbezahlen. Stünden die vertraglich mit dem Zinssatz vereinbarten 1000 × 0,1 % Risikoprämien also 100 % zur Verfügung, so könnte der Ausfall des 1001. Darlehens mit den dafür vorgesehenen Risikoprämien kompensiert werden.[161] Diese Kompensation ist vertraglich mit den 1001 Darlehensnehmern vereinbart und aufsichtsrechtlich im Rahmen der Risikovorsorge für einen zuverlässigen Bankverantwortlichen unabdingbar geboten.

123 Da aber der BGH diese 1000 Risikoprämien abzieht, verbleibt der Ausfall des 1001. Darlehens beim Darlehensgeber ohne dass dieser ein Ausgleich für sein Risiko – trotz vertraglicher Vereinbarung – erhält. Der Abzug der Risikokosten muss deshalb vom Bundesgerichtshof nochmals überdacht werden, weil er damit die aufsichtsrechtlich nach der MaRisk gebotene Bepreisung[162] des Ausfallrisikos und deren vertragliche Umsetzung verhindert.[163]

124 Ähnlich argumentiert inzwischen auch *Wimmer/Wagner.*[164] *Wimmer/Wagner* wollen auf die aktuell für den vorzeitig zurückzahlenden Darlehensnehmer gültige Risikoprämie abstellen. Konsequent weitergedacht, kann diese Risikoprämie nur 0,00 EUR sein, da ansonsten der Darlehensnehmer nicht vorzeitig zurückzahlen könnte.

---

[155] Vgl. auch *Köndgen* Gewährung und Abwicklung grundpfandrechtlich gesicherter Kredite S. 134: 0,7 % p. a.; Bellinger/Kerl/*Fleischmann* Hypothekenbankgesetz Vor §§ 14–21a Rn. 28: 0,8 % p. a.; *Rauch/Zimmermann* Grundschuld und Hypothek Rn. 206; *Weber* NJW 1995, 2951 (2954): 0,85 % p. a.; OLG Koblenz ZIP 1983, 557 = WM 1983, 802; OLG Düsseldorf WM 1991, 218, dazu EWiR 1991, 451; OLG Schleswig WM 1997, 522 (527); *Rösler* Bankrechtstag 2000 S. 165, 181; *v. Heymann/Rösler* ZIP 2001, 441 (448); *Knops* Verbraucherschutz bei Immobiliarkreditverhältnissen S. 151 (dort Fn. 337); vgl. auch OLG Karlsruhe WM 1996, 672; OLG Zweibrücken WM 1996, 621; OLG München WM 1996, 1132; *Derleder* JZ 1989, 173; *Beckers* WM 1991, 2053; *Weber* NJW 1995, 2951 und *Reiner* NJW 1995, 2945.

[156] OLG Schleswig WM 1997, 522 = ZIP 97, 501.

[157] *Rösler/Wimmer/Lang* Vorzeitige Beendigung von Darlehensverhältnissen S. 134.

[158] *Rösler/Wimmer/Lang* Vorzeitige Beendigung von Darlehensverhältnissen S. 134.

[159] BGH NJW 2001, 509 (511) = ZIP 2001, 20 (24) = WM 2001, 20 (23).

[160] BGH NJW 1997, 2875 = WM 1997, 1747 = ZIP 1997, 1641 (1644).

[161] Ausführlich dazu *Krepold* BKR 2009, 28.

[162] BankR-HdB/*Fischer,* 4. Aufl. 2011, § 125 Rn. 61: „Die Institute haben auf der Basis einer Analyse des ökonomischen, rechtlichen und politischen Umfelds sowie der sich daraus ergebenden Risiken mit Hilfe einer Risikoinventur ein Gesamtrisikoprofil zu erstellen: Damit soll sichergestellt werden, dass *die wesentlichen Risiken* durch das Risikodeckungspotential *laufend abgedeckt* sind".

[163] *Krepold/Kropf* WM 2015, 1 (9).

[164] Risikokosten richtig berechnen *Wimmer/Wagner* Die Bank 2007, 52.

Soll entgegen dieser hier modellhaft vorgestellten These das entfallene Risiko dennoch nach der derzeitigen Rechtsprechung des Bundesgerichtshofes abgezogen werden, so kann das Gericht gem. **§ 287 ZPO eine Schätzung** vornehmen. Bei der Bezifferung des entfallenden Risikos sind in die Schätzung das allgemeine Rückzahlungsrisiko, Beleihungsgrad der grundpfandrechtlichen Sicherheit, Art des finanzierten Objektes und die persönliche Kreditwürdigkeit zu berücksichtigen.[165] Die vorzeitige Rückzahlung zeigt, dass das konkrete Darlehen wegen der Bonität des Kreditnehmers kaum risikobehaftet war.[166] Weiter hat sich meist durch die vertraglich vereinbarte Tilgung der Beleihungsauslauf reduziert, was schon bei Vertragsschluss vorausbestimmt das Risiko im Laufe der Vertragslaufzeit ständig vermindert. **125**

In der Rechtsprechung sind folgende Abschläge für das entfallene Risiko anerkannt: **126**

0,014 %–0,05 p. a.	BGH NJW 01, 509, 511 = WM 01, 20, 23 = ZIP 01, 20, 24
0,014 % p. a.	OLG Schleswig (WM 98, 861, 863)
0,06 % p. a.	OLG Hamm (WM 98, 1811), AG Stuttgart vom 9.2.2006 (NJW-RR 2007, 122)
0,1 % p. a.	OLG Hamm (WM 98, 1812), OLG Stuttgart (BKR 2015, 237, Tz. 81 = WM 2015, 1148)
0,06 % p. a.	OLG Köln (WM 99, 1661)

Von dieser Rechtsprechung ausgehend haben die Banken überwiegend den höchsten Wert von 0,1 % p. a. akzeptiert und ziehen diesen ab. Verbraucherschutzvereine wollen bei privaten Eigenheimfinanzierern als Risikoanteil 0,15 % p. a. abgezogen wissen, nicht zuletzt deshalb, um damit ihre Daseinsberechtigung hier zu unterstreichen. Sachverständige be"gut"achten stellenweise 0,24 % p. a., über den ursprünglichen Klageantrag von 0,15 % p. a. hinaus, was aber die Gerichte zutreffend unter Hinweis auf den konkreten Beleihungsgrad und die persönliche Bonität zurückgewiesen haben.[167] **127**

Der Risikoanteil ist nicht in Abzug zu bringen, wenn die Bank im **konkreten Einzelfall** darlegen kann, dass der Darlehensvergabe kein Risiko beigemessen wurde.[168] Es sind Konstellationen denkbar, in denen dem Darlehensnehmer eine Sonderkondition eingeräumt wurde, weil zB aus Bonitätsgründen oder aufgrund der Werthaltigkeit des Beleihungsobjektes von vorne herein ein Risiko nicht bestand und dieses fehlende Risiko bei der individuellen Konditionengestaltung zugunsten des Darlehensnehmers berücksichtigt wurde.[169] Maßgeblich für die Kalkulation des Risikoanteils ist grundsätzlich der Zeitpunkt des Darlehensvertragsschlusses, da zu diesem Zeitpunkt Zins und Risikoanteil kalkuliert und vereinbart werden. Dabei ist zu berücksichtigen, dass infolge der vereinbarten Tilgung das Risiko im Laufe der Vertragslaufzeit zunehmend niedriger kalkuliert wird. **128**

Die aufgrund von **Basel II**[170] und ab 1.1.2014 von **Basel III**[171] eingeführten bankinternen Rating-Verfahren ermöglichen eine aussagekräftige **Risikodifferenzierung** auch im Privatkundengeschäft.[172] **129**

f) Ersparte Verwaltungskosten. Wird das Darlehen vorzeitig zurückbezahlt, so fallen für die Restlaufzeit **keine weiteren Verwaltungskosten** für die Bank als Darlehensgeberin an. **130**

---

[165] BGH WM 2001, 20 (23); AG München v. 5.8.2003 bestätigt durch LG München I BKR 2004, 489; *Wehrt* WM 2004, 401 (405).

[166] AG München/LG München I BKR 2004, 489.

[167] AG München/LG München I BKR 2004, 489.

[168] Vgl. hierzu auch *Wenzel* WM 1997, 2340 (2343); *Knops* Verbraucherschutz bei Immobiliarkreditverhältnissen S. 159.

[169] *Rösler/Wimmer/Lang* Vorzeitige Beendigung von Darlehensverträgen S. 140.

[170] Internationale Konvergenz der Eigenkapitalmessung und der Eigenkapitalanforderungen – überarbeitete Rahmenvereinbarung (Basel II), Juni 2004, http://www.bis.org/publ/bcbs107ger.htm (zuletzt abgerufen am 28.12.2010).

[171] Empfehlung des Baseler Ausschusses für Bankenaufsicht bei der Bank für Internationalen Zahlungsausgleich (BIZ) v. 12.9.2010, http://www.bis.org, SZ v. 13.9.2010, S. 2 und SZ v. 14.9.2010, S. 21.

[172] Dieser Meinung folgen auch *Wimmer/Wagner* Die Bank 2007, 52 (58).

131 Da die Verwaltungskosten unabhängig vom Darlehensvolumen sind, kann kein prozentualer Abschlag vorgenommen werden. Vielmehr ist ein volumenunabhängiger[173] konkreter Eurobetrag[174] anzusetzen.

132 Bei der Ermittlung der ersparten Verwaltungskosten sind Zahlungsweise, Tilgungsverrechnung, Abrechnungsperiode und Pünktlichkeit der bisherigen Zahlungen einzubeziehen.[175] Bei der Bezahlung der Darlehensraten durch Lastschrifteinzug oder Dauerauftrag entstehen nur sehr geringe Kosten, mangels einer Vielzahl von Kontobewegungen wesentlich geringere als bei einem Kontokorrentkonto, so dass **Verwaltungskosten von 30,– EUR bis 60,– EUR** p. a. mehr als angemessen sind.[176] Die meiste Arbeit und damit die höchsten Kosten fallen vor Ausreichung des Darlehens an: die nötigen Unterlagen müssen angefordert und beigebracht werden, die Sicherheiten bestellt und geprüft und die Darlehensverträge abgeschlossen werden.[177] Das OLG Stuttgart[178] nimmt wegen der Synergieeffekte bei mehreren Darlehen nur 20,– EUR p. a. an.

133 Das Gericht kann die ersparten Verwaltungskosten dementsprechend nach § 287 ZPO schätzen.[179]

134 **g) Abzinsung.** Die Abzinsung ist in der Cash-Flow-Methode/Zahlungsstrom-Modell[180] bereits beinhaltet. Eine **Abzinsung darf nicht nochmals vorgenommen werden,** da sie ansonsten doppelt berücksichtigt wäre.

135 **h) Disagio.** Das Disagio (Damnum) findet für den Zeitraum der rechtlich gesicherten Zinserwartung **bereits in den geringen Zinsraten im Rahmen des mit dem Darlehensvertrag vereinbarten Zins- und Tilgungsplan seinen Niederschlag.** Somit ist das Disagio bereits in der Cash-Flow-Methode/Zahlungsstrom-Modell berücksichtigt.

136 Das **Disagio** kann deshalb auch anteilig **nicht zurückerstattet** werden, da ansonsten eine doppelte Verrechnung stattfinden würde. Die Rechtsprechung des BGH zur Rückerstattung des Disagios aus dem Jahre 1996[181] ist durch das vom BGH am 7.11.2001 postulierte Zahlungsstrom-Modell[182] überholt.

137 **i) Bearbeitungskosten.** Für die nach dem ursprünglichen Darlehensvertrag nicht geschuldete vorzeitige Abrechnung des Darlehens und dem damit verbundenen Verwaltungsaufwand kann der Darlehensgeber einen angemessenen, nach § 287 ZPO zu schätzenden Schadensersatz[183] verlangen. Die Bearbeitungskosten müssen den tatsächlichen Aufwand für die vorzeitige Abrechnung des Darlehens pauschaliert widerspiegeln. Dabei sind die Gemeinkosten, wie die Erstellung eines computergestützten Programms für die Berechnung der Vorfälligkeitsentschädigung, mit zu berücksichtigen.

138 Ein bestimmter Prozentsatz des Darlehens darf nicht verlangt werden, sondern es ist ein absoluter Betrag anzusetzen, da der Verwaltungsaufwand unabhängig von der Darlehenshöhe ist.[184] Die Bearbeitungskosten von 255,– EUR hat der BGH für eine vorzeitige Ablösung im Jahr 1994 nicht beanstandet.[185] Auch die instanzgerichtliche Rechtsprechung und die Literatur halten Bearbeitungskosten von 180,– EUR bis 255,– EUR für angemes-

---

173 *Rösler/Wimmer/Lang* Vorzeitige Beendigung von Darlehensverhältnissen S. 140.
174 BGH NJW 2001, 509 (511) = WM 2001, 20 (23) = ZIP 2001, 20 (24).
175 *Rösler/Wimmer/Lang* Vorzeitige Beendigung von Darlehensverhältnissen S. 141.
176 *Rösler/Wimmer/Lang* Vorzeitige Beendigung von Darlehensverhältnissen S. 141.
177 OLG Hamm WM 1998, 1812; *Wimmer/Rösler* WM 2005, 1873 (1879).
178 OLG Stuttgart Urt. v. 11.2.2015 – 9 U 153/14 = BKR 2015, 237, Tz. 82 = WM 2015, 1148.
179 BGH NJW 2001, 509 (511) = WM 2001, 20 (23) = ZIP 2001, 20 (24).
180 → Rn. 97 f.
181 BGH WM 1996, 2047.
182 BGH NJW 2001, 509 (510) = WM 2001, 20 (22) = ZIP 2001, 20 (23).
183 BGH NJW 2001, 501 (512) = WM 2001, 20 (24) = ZIP 2001, 20 (25).
184 BGH NJW 2001, 509 (512) = WM 2001, 20 (24) = ZIP 2001, 20 (25); OLG Hamm WM 1998, 1811 (1812); 1998, 1812 (1813); OLG Schleswig WM 1998, 861 (865).
185 BGH NJW 1997, 2878 = WM 1997, 1799 = ZIP 1997, 1646 (1648).

sen.[186] Infolge der inzwischen gestiegenen Verwaltungsaufwendungen der Banken, insbesondere für Personal- und aufwändige EDV-Programme sind jetzt **in der Praxis 250,– EUR bis 400,– EUR üblich und angemessen.**

Wegen der aktuellen Rechtsprechung[187] des XI. Zivilsenats des BGH zur Unzulässigkeit von in AGB vereinbarten Bearbeitungsentgelten bei Verbraucherdarlehen[188] ist stellenweise die Berechnung eines Bearbeitungsaufwandes im Rahmen der Zahlung einer Vorfälligkeitsentschädigung seitens des Kreditnehmers aufgrund vorzeitiger Rückzahlung von Immobiliendarlehen in die Diskussion geraten. Sowohl diese Rechtsprechung als auch das Urteil des OLG Frankfurt a. M. zur AGB-Widrigkeit eines im Preis- und Leistungsverzeichnis ausgewiesenen Bearbeitungsentgeltes für die Ermittlung einer Vorfälligkeitsentschädigung[189] stehen jedoch dieser in der Kreditwirtschaft stets ausgeübten Praxis nicht entgegen.[190] **139**

Vielmehr bleibt es von der genannten Rechtsprechung unberührt, die Kosten des Verwaltungsaufwands für eine vorzeitige Darlehensabrechnung bei einem Immobiliendarlehen außerhalb einer AGB-rechtlichen Vereinbarung im Rahmen des Schadensersatzanspruchs nach § 490 Abs. 2 Satz 3 BGB geltend zu machen. Diese Zulässigkeit als **Schadensposition** im Rahmen des § 249 BGB hat der BGH in zwei Leitentscheidungen aus dem Jahre 1997 bestätigt. Auch der Gesetzgeber hat im Zuge der Kodifizierung der Vorfälligkeitsentschädigung, welche im Rahmen des Schuldrechtsmodernisierungsgesetzes vorgenommen worden ist, für die zulässigen Schadensposten auf die beiden genannten BGH-Entscheidungen ausdrücklich verwiesen.[191] **140**

Nach den Entscheidungen des BGH[192] kann *„neben dem Ersatz der Zinsnachteile … ein Kreditinstitut auch ein angemessenes Entgelt für den mit der vorzeitigen Darlehensablösung verbundenen Verwaltungsaufwand verlangen.“* Der Gesetzgeber hat ausdrücklich unter Bezugnahme auf diese Entscheidungen in der Regierungsbegründung ausgeführt, dass mit der Regelung des § 490 Abs. 2 BGB die Rechtsprechung des BGH kodifiziert wird. Überdies soll *„sich aus der Kodifikation keine Änderung der geltenden Rechtslage, sondern nur eine größere Rechtsklarheit und Rechtssicherheit [ergeben], da sich die Rechtssprechungsgrundsätze nunmehr auch aus dem Gesetz selbst ergeben.“*[193] Der Gesetzgeber überlässt explizit die Berechnungsgrundsätze bei Vorfälligkeitsentschädigungen weiterhin der Rechtsprechung.[194] Bei der Vorfälligkeitsentschädigung handelt es sich somit um einen gesetzlich vorgesehenen Schadensersatzanspruch des darlehensgebenden Kreditinstituts, im Rahmen dessen gem. § 249 BGB eine Wiederherstellung des Zustands geschuldet ist, welcher ohne die schädigende Handlung in Form der vorzeitigen Darlehensrückzahlung bei noch bestehender Sollzinsbindung bestehen würde. Die bei der Schadensberechnung entstandenen Verwaltungskosten sind demzufolge in Übereinstimmung mit der höchstrichterlichen Rechtsprechung nach den allgemeinen schadensersatzrechtlichen Grundsätzen als der Bank kausal entstandener wirtschaftlicher Nachteil vom Darlehensnehmer zu erstatten. **141**

j) Vorteilsausgleich. aa) Zinsverbesserungsvorteil. Ist das Zinsniveau zwischen dem Abschluss des Darlehensvertrages und der vorzeitigen Rücknahme der Darlehensvaluta gestiegen, so führt die vorzeitige Vertragsbeendigung zu einem **Zinsverbesserungsvor-** **142**

[186] Vgl. OLG Schleswig WM 1998, 861, dazu WuB I E 3.–5.98 *Rösler;* OLG Hamm WM 1998, 1811 und OLG Hamm WM 1998, 1812, dazu WuB I E 3.–9.98 *Frings; Rösler/Wimmer/Lang* Vorzeitige Beendigung von Darlehensverträgen S. 143; *Nobbe* Aktuelle höchst- und obergerichtliche Rechtsprechung Rn. 733; *Rösler* Bankrechtstag 2000 S. 165 (181).

[187] Nachfolgendes im Wesentlichem dem Aufsatz *Krepold/Kropf* WM 2015, 1 (10) entnommen.

[188] Vgl. BGH Urt. v. 13.5.2014 – XI ZR 405/12 sowie WM 2014, 1325.

[189] OLG Frankfurt a. M. WM 2013, 1351 = WuB 4 C. § 307 BGB 1.14 *C. Jungmann.*

[190] S. dazu bereits *Kropf/Habl* BKR 2014, 147.

[191] BT-Drs. 14/6040.

[192] BGH WM 1997, 1799, 1801 = WuB I E 3. – 1.98 *v. Heymann/Rösler;* WM 1997, 1747, 1750 = WuB I E 3. – 1.98 *v. Heymann/Rösler.*

[193] BT-Drs. 14/6040, 254.

[194] BT-Drs. 14/6040, 255.

teil, den sich das Kreditinstitut bei der Bemessung der Vorfälligkeitsentschädigung in den Fällen von § 490 Abs. 2 BGB **anrechnen** lassen muss, da insoweit – im Gegensatz zur freiwilligen einvernehmlichen Vertragsaufhebung[195] -schadensersatzrechtliche Grundsätze gelten. Die Bank muss sich jedoch den Vorteil nur maximal bis zur Höhe des Vorfälligkeitsschadens im Wege der Vorteilsausgleichung anrechnen lassen. Der den Erfüllungsschaden übersteigenden Vorteil verbleibt jedoch bei der Bank, da das Risiko, das festverzinsliche und grundpfandrechtlich gesicherte Darlehen vor Ablauf der vereinbarten Laufzeit nicht mehr zu benötigen, in der Sphäre des Darlehensnehmers liegt.[196]

143 **bb) Umschuldung.** Schuldet der Darlehensnehmer bei der gleichen Bank so um, dass betragsmäßig und von der Laufzeit das neue Darlehen das umzuschuldende und abzulösende Darlehen mit umfasst, so erlangt der Darlehensgeber die neue Marge nur deshalb, weil das alte Darlehen vorzeitig zurückgeführt wird.

144 Falls die Bank erstens den Vorfälligkeitsschaden komplett in Rechnung stellt und zweitens das Neugeschäft zu marktüblichen Konditionen abschließt, kommt es zur doppelten Vereinnahmung der Nettomarge bezogen auf die Restlaufzeit des Altdarlehens. Aus juristischer Sicht ist hier zu differenzieren:[197]

145 Hat der Darlehensnehmer ein **Recht auf vorzeitige Rückzahlung gem. § 490 Abs. 2 BGB,** so darf der Darlehensgeber die Nettomarge **nicht doppelt,** für das abzulösende und für das neue Darlehen, vereinnahmen, da zwischen dem alten und dem neuen Darlehen wirtschaftlich ein einheitlicher Vorgang und juristisch eine Kausalität vorliegt.[198]

146 Im Wege des Vorteilsausgleichs hat die Bank als Darlehensgeberin die Wahl, die Nettomarge des abzulösenden Darlehens oder die Nettomarge des Neugeschäfts zu erstatten, da es sich aufgrund der Schadensbetrachtung um eine Vorteilsanrechnung/Vorteilsausgleichung handelt.

147 In den meisten Fällen erfolgt aber die **Umschuldung aus dem Interesse des Darlehensnehmers,** sich über den Zinsbindungszeitraum des abzulösenden Darlehens hinaus günstige Zinskonditionen zu sichern. Ein Anspruch des Kunden auf vorzeitige Rückzahlung des Darlehens liegt dabei nach § 490 Abs. 2 BGB nicht vor.

148 Damit kann das Aufhebungsentgelt frei vereinbart werden, solange die Grenzen des § 138 BGB gewahrt sind.[199]

k) Maßgeblicher Stichtag für die Berechnung der Vorfälligkeitsentschädigung.

149 Kündigt der Darlehensgeber oder der Darlehensnehmer nach § 490 Abs. 2 BGB das grundpfandrechtlich gesicherte Darlehen mit einer Festzinsvereinbarung, so ist der maßgebliche Stichtag für die Berechnung der Vorfälligkeitsentschädigung festzulegen.

150 In Betracht kommt der Tag, an dem die Kündigung zugeht, der Tag, an dem die Kündigung ihre Wirkung entfaltet, der Tag, an dem der Darlehensgeber die noch ausstehende Darlehensvaluta zurückerhält oder ein anderer Kalkulatinszeitpunkt.

151 Im Bankrechts-Handbuch[200] und in der Vorauflage des Bankrechts-Kommentars[201] hat der Autor die Meinung vertreten, dass Stichtag für die Berechnung der Vorfälligkeit der Zeitpunkt des tatsächlichen Geldeingang[202] ist, da erst zu diesem Zeitpunkt der Darlehensgeber die entsprechenden Wiederanlagegeschäfte tätigen kann.

152 Diese Meinung kann nicht mehr aufrechterhalten werden, da u. a. die nachfolgenden Fragestellungen dogmatisch nicht vollumfänglich gelöst werden können. Es beginnt schon

---

[195] → Rn. 78, 79.
[196] Vgl. iErg auch *Früh* Bankrecht und Bankpraxis, Kreditvertragsrecht 2. Aufl. 2000, Rn. 3/227d.
[197] Vgl. *Rösler/Wimmer/Lang* Vorzeitige Beendigung von Darlehensverträgen S. 149.
[198] *Rösler/Wimmer/Lang* Vorzeitige Beendigung von Darlehensverträgen S. 148.
[199] BGH WM 2003, 1261; OLG Zweibrücken ZIP 2002, 1680 kommt nur deshalb zu einem anderen Ergebnis, da die tatsächlichen Voraussetzungen des § 490 Abs. 2 BGB entgegen BGH bejaht werden.
[200] BankR-HdB/*Krepold,* 4. Aufl. 2011, § 79 Rn. 135 ff.
[201] LBS/*Krepold* Kap. 14. Rn. 135 ff.
[202] So auch: *Welter* FS Horn, 2006, 880; Soergel/*Seifert* BGB § 490 Rn. 34, der die hier aufgegebene Meinung aus der Vorauflage zitiert.

mit der ungeklärten Frage, wenn der Darlehensnehmer trotz Kündigung nicht bezahlt. Dann kommt es zu keinem Geldeingang. Bei der Verwertung des Sicherungsobjektes liegt der Eingang der Darlehensvaluta meist nach dem Ablauf der Festzinsvereinbarung. Um aber die Verwertungserlöse an sich ziehen zu können, muss die Gesamtforderung fällig und damit gekündigt sein. Der Darlehensgeber kann damit erst mit Geldeingang die Vorfälligkeitsberechnung durchführen und die Vorfälligkeitsentschädigungshöhe betragsmäßig erst zu diesem späten Zeitpunkt beziffern.

In der Praxis führt dieser späte Zeitpunkt der Berechnung der genauen Vorfälligkeitsschadenshöhe auch zu Schwierigkeiten, insbesondere wenn gegen Zahlung eines bestimmten Betrages die **Grundschuld freigegeben und das Darlehen durch eine andere Bank abgelöst** werden soll. Die Zahlung der anderen Bank erfolgt dabei unter der **Bedingung,** dass die Grundschuld bei Bezahlung eines **genau genannten Geldbetrages** an sie abgetreten wird. 153

Eine Nachberechnung der Vorfälligkeitsentschädigung zum Zeitpunkt des Zahlungseingangs scheidet aus, da bei einem Abweichen vom Treuhandauftrag und der damit verbundenen Nichtannahme das eingegangene Geld unverzüglich und voll zurücküberwiesen werden muss. 154

Ab dem Zeitpunkt, zu dem die **Kündigung ihre Wirkung entfaltet** hat der Darlehensgeber unter den Voraussetzungen des § 281 Abs. 4 BGB **keinen Anspruch mehr auf Bezahlung der Vertragszinsen.** Kann die Vorfälligkeitsentschädigung erst mit Geldeingang berechnet werden, so könnte der Darlehensnehmer durch ein Hinauszögern der Bezahlung die Vorfälligkeitsentschädigung umgehen. 155

Die Bank **kann** zwar zum Tag des Eingangs der ausstehenden Darlehensvaluta die Vorfälligkeitsentschädigung berechnen, **der rechtlich sauberere und sicherere Weg ist aber, auf den Zeitpunkt, an dem die Kündigung ihre Wirkung entfaltet** (künftig als **Kündigungswirkungszeitpunkt** bezeichnet) abzustellen. Ausdrücklich sei klargestellt, dass dies nicht der Zeitpunkt sein muss, zu dem die Kündigungserklärung nach § 130 Abs. 1. S. 1 BGB zugeht, das wäre der Kündigungszugangszeitpunkt.[203] 156

Bis zum **Kündigungswirkungszeitpunkt** hat der Darlehensnehmer seine **vertraglichen** Verpflichtungen, also seine Rate mit **Zins** und Tilgung zu entrichten. Zum Kündigungswirkungszeitpunkt ist das Kapitalnutzungsrecht des Darlehensnehmers beendet und er hat die restliche Darlehensvaluta zurückzubezahlen. 157

Kann der Darlehensgeber wegen der vereinbarten Festzinsbindung während der Laufzeit nur außerordentlich kündigen und kündigt der Darlehnsgeber aus wichtigem Grund nach § 490 I BGB, so wird die Kündigung mit Zugang (§ 130 I 1 BGB) wirksam. Mit dem Zugang der fristlosen Kündigung entfaltet diese ihre Wirkung, das Vertragsverhältnis und damit die vertragliche Zinszahlungsfrist endet und der zu Recht außerordentlich gekündigte Darlehensnehmer ist zur Rückzahlung des restlichen Darlehensbetrages (möglicherweise mit einem gewissen Aufschub nach Nr. 19 V AGB-Banken) und zur Zahlung von Schadensersatz (§ 280 Abs. 1, Abs. 3, § 281 BGB) in Form der Vorfälligkeitsentschädigung verpflichtet. Da der Kündigungswirkungszeitpunkt in diesem Fall der Zugang der Kündigung ist, hat zu diesem Tag mit den zu diesem Tag gültigen Wiederanlagezinssätzen die Berechnung der Vorfälligkeitsentschädigung erfolgen. Nach dem **Rechtsgedanken des § 252 Satz 2 BGB** ist eine abstrakte Schadensberechnung zulässig, so dass es auf einen sinkenden oder steigenden Wiederanlagezinssatz bis zum Geldeingang nicht ankommt.[204] 158

Kündigt der Darlehensnehmer mit einem berechtigten Interesse nach § 490 II BGB, so hat er nach § 490 II 1 die Kündigungsfrist von drei Monaten einzuhalten. Der Kündi- 159

[203] Insoweit unpräzise OLG Frankfurt a. M. Urt. v. 23.11.2011 – 9 U 76/10 = BKR 2012, 18, 23 gemeint ist wohl der Kündigungswirkungszeitpunkt; insoweit unpräzise ebenfalls: OLG Stuttgart Urt. v. 11.2.2015 – 9 U 153/14 = BKR 2015, 237, Tz. 88 ff. = WM 2015, 1148 und *Wiehe* BKR 2015, 464 (466); unzutreffend: OLG Frankfurt a. M. Urt. v. 13.4.2011 – 23 U 386/09 = BKR 2012, 66 (70) übersieht, dass zum Kündigungswirkungszeitpunkt der Schadensersatzanspruch an die Stelle des Erfüllungsanspruches tritt.

[204] OLG Stuttgart Urt. v. 11.2.2015 – 9 U 153/14 = BKR 2015, 237, Tz. 92 und 93.

gungswirkungszeitpunkt ist dann der letzte Tag der Kündigungsfrist. Bis zu diesem Zeitpunkt hat der Darlehensgeber einen Anspruch auf den vertraglichen Zins. Zum Ablauf des Tages mit dem Kündigungswirkungszeitpunkt ist die Vorfälligkeitsentschädigung zu berechnen.

160 Da es aber bei der Verwertung einer Immobilie im Interesse beider Vertragsparteien ist, den Ablösebetrag für seine Grundschuld genau genannt zu bekommen, um diesen Betrag seinem Käufer nennen zu können, um einen lastfreien Erwerb der Grundstücks zu gewährleisten und um damit die vom Darlehensnehmer als Verkäufer zu gewährleistende Lastenfreistellung zu erreichen, muss der kündigende Darlehensnehmer ein Wahlrecht haben, bereits zu einem früheren Zeitpunkt zwischen dem Zugang der Kündigung und dem Kündigungswirksamkeitszeitpunkt die Vorfälligkeitsentschädigung berechnen lassen zu können. Dieser Tag ist der **Kalkulationszeitpunkt.** Damit werden zudem die nachträglichen Unwägbarkeiten am Kapitalmarkt mit seiner Volantilität, also fallende Anlagezinsen und damit ein höherer Vorfälligkeitsschaden ausgeschlossen.

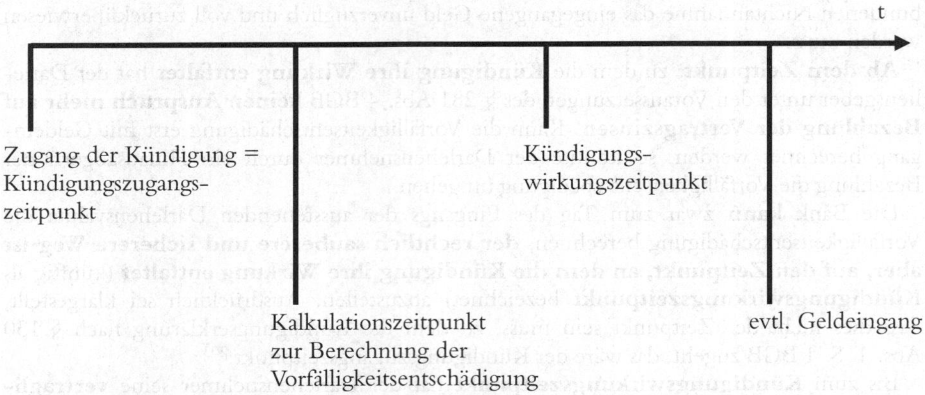

161 Die latente Chance des Darlehensgebers bei steigenden Zinsen zwischen Kündigungszugang und Kündigungswirksamkeitszeitpunkt mehr zu bekommen[205] steht die latente Gefahr für den Darlehensgeber gegenüber, bei bis zum Kündigungswirksamkeitszeitpunkt fallenden Zinsen eine zu geringe Vorfälligkeitsentschädigung zu erhalten. Dieses Zinsänderungsrisiko könnte durch die Bank unter Zugrundelegung der Systematik für Zinssicherungsgeschäfte kompensiert, die entsprechenden Kosten im Wege des Schadensersatzes auf den vorzeitig zurückzahlenden Darlehensnehmer umgelegt werden.

162 Mit dieser **zusätzlichen Möglichkeit,** die Vorfälligkeitsberechnung zu diesem **Kalkulationszeitpunkt** zwischen dem Zugang der Kündigung und dem Kündigungswirksamkeitszeitpunkt vorzunehmen, kann zu **aktuellen und bereits bekannten Konditionen** die Vorfälligkeitsberechnung erfolgen, ohne dass es einer Nachberechnung bedarf. Zu diesem Kalkulationszeitpunkt endet die Pflicht auf Zahlung des vertraglichen Zinses. Die Vorfälligkeitsentschädigung ist mit den Refinanzierungssätzen des Kalkulationszeitpunktes zu berechnen. Da die Rückzahlung des Darlehens und die Bezahlung der Vorfälligkeitsentschädigung erst zum Kündigungszeitpunkt erfolgt, dagegen bei der Berechnung der Vorfälligkeitsentschädigung durch die erfolgte Abzinsung fiktiv unterstellt wurde, dass schon bezahlt wurde – was aber nicht der Fall ist –, so muss vom Kalkulationszeitpunkt bis zum Eingang des Geldes eine Verzinsung erfolgen. Für den Darlehensrückzahlungsbetrag ist die Verzinsung identisch mit dem zeitlich entsprechenden Abzinsungssatz, so dass wirtschaftlich gesehen der Vertragszinssatz (zuerst die Abzinsung herausgerechnet, dann wieder hinzugenommen) bis zum Kündigungswirksamkeitszeitpunkt weiterläuft. Die zum Kalkulationszeitpunkt zu leistende Vorfälligkeitsentschädigung ist mit den aktuellen Zinssätzen zu verzinsen.

---

[205] *Wehrt* WM 2004, 401 (408).

Aus den vorgenannten Gründen hat der **Darlehensgeber** bei der Festlegung des Stichtags für die Berechnung der Vorfälligkeitsentschädigung ein **Wahlrecht** zwischen dem **Kündigungswirksamkeitszeitpunkt,** dem **Kalkulationszeitpunkt** und bei einer Zahlung den Zeitpunkt des **Geldeingangs.** 163

Nach der **BGH**-Entscheidung vom 20.2.2018[206] kann der Darlehensgeber seinen Anspruch **„auch"** zum **Kündigungswirksamkeitszeitpunkt** berechnen und folgt damit der hier entwickelten Rechtsansicht. Der BGH begründet dies ebenso mit der in § 281 Abs. 1 BGB ermöglichten Umwandlung des Leistungsanspruchs in einen Schadensersatzanspruch statt der Leistung.[207]

Im Falle einer abstrakten Schadensberechnung ist dabei der maßgebliche Zeitpunkt der Tag der Entstehung des Schadensersatzanspruchs, also der Ablauf der Nachfrist und der damit verbundene Übergang von der Leistung zum Schadensersatz.

Danach trägt der Darlehensgeber je nach der weiteren Zinsentwicklung das Risiko der Unterkompensation und die Chance der Überkompensation. Dies ist nach Ansicht des Bundesgerichtshofs[208] Ausfluss der Dispositionsfreiheit des Geschädigten und Folge der Beweiserleichterung nach § 252 S. 2 BGB. Außerdem kann der Darlehensgeber das Risiko der Unterkompensation mit einem Zinssicherungsgeschäft ausschließen.

Der Zeitpunkt der Schadensberechnung zum Kündigungswirksamkeitszeitpunkt muss auch deshalb dem geschädigten Darlehensgeber eröffnet sein, damit der Darlehensgeber die ihm zustehende Vorfälligkeitsentschädigung auch dann berechnen und gerichtlich geltend machen kann, wenn der Darlehensnehmer keine Zahlungen leistet und der Darlehensgeber mangels (ausreichender) Sicherheiten sich nicht anderweitig schadlos halten kann. Denn in einem solchen Fall ist eine Berechnung der Vorfälligkeitsentschädigung mit einer Abzinsung auf den Zeitpunkt der Zahlung gar nicht möglich.[209]

Zudem eröffnet der Bundesgerichtshof[210] dem Geschädigten jetzt die **Wahlmöglichkeit,** den Vorfälligkeitsschaden zum **Kündigungswirksamkeitszeitpunkt** oder, wie bisher, zum Zeitpunkt des **Geldeingangs** zu berechnen: Für den Fall der Nichtabnahme oder der vorzeitigen Ablösung eines Darlehens hat der Bundesgerichtshof bereits entschieden[211], dass der Zeitpunkt der Zahlung der Vorfälligkeitsentschädigung bzw. der Leistung der Nichtabnahmeentschädigung maßgeblich ist. Dies gilt auch für den Fall der vorzeitigen außerordentlichen Kündigung eines Darlehensvertrags aufgrund Zahlungsverzugs des Darlehensnehmers. Denn nach den allgemeinen Grundsätzen des Schadensrechts ist maßgeblicher Zeitpunkt für die Bemessung der Schadenshöhe der Zeitpunkt, in dem dem Geschädigten das volle wirtschaftliche Äquivalent für das beschädigte Recht zufließt.[212] Dadurch ist eine nachträgliche exakte Berechnung möglich, ohne dass es zu einer Über- oder Unterkompensation kommt.[213]

---

[206] BGH Urt. v. 20.2.2018 – XI ZR 445/17, Tz. 31 = NJW 2018, 1812 = WM 2018, 782 = ZIP 2018, 821.

[207] BGH Urt. v. 20.2.2018 – XI ZR 445/17, Tz. 31 = NJW 2018, 1812 = WM 2018, 782 = ZIP 2018, 821.

[208] BGH Urt. v. 20.2.2018 – XI ZR 445/17, Tz. 32 = NJW 2018, 1812 = WM 2018, 782 = ZIP 2018, 821.

[209] BGH Urt. v. 20.2.2018 – XI ZR 445/17, Tz. 32 = NJW 2018, 1812 = WM 2018, 782 = ZIP 2018, 821.

[210] BGH Urt. v. 20.2.2018 – XI ZR 445/17, Tz. 29 = NJW 2018, 1812 = WM 2018, 782 = ZIP 2018, 821.

[211] BGH Urt. v. 1.7.1997 – XI ZR 267/96 = NJW 1997, 2875 = WM 1997, 1747 = ZIP 1997, 1641; BGH Urt. v. 7.11.2000 – XI ZR 27/00 = NJW 2001, 509 = WM 2001, 20 = ZIP 2001, 20; BGH Urt. v. 20.12.2005 – XI ZR 66/05 = NJW-RR 2007, 138 = WM 2006, 429 = ZIP 2006, 459.

[212] BGH Urt. v. 17.10.2006 – VI ZR 249/05 = NJW 2007, 67; BGH Urt. v. 20.2.2018 – XI ZR 445/17, Tz. 30 = NJW 2018, 1812 = WM 2018, 782 = ZIP 2018, 821.

[213] BGH Urt. v. 20.2.2018 – XI ZR 445/17, Tz. 30 = NJW 2018, 1812 = WM 2018, 782 = ZIP 2018, 821.

164 **l) Vorfälligkeitsentschädigung und Verzugszins[214] – keine systemwidrige Lockerung durch § 497.[215]** Ausgangspunkt ist folgender **Sachverhalt:**

Die Bank kündigt fristlos ein Darlehen mit noch laufendem gebundenen Sollzinssatz, beansprucht die Rückzahlung des fälligen Nettodarlehensbetrages, verlangt den Vorfälligkeitsschaden zum Fälligkeitszeitpunk, setzt den Darlehensnehmer wegen der Ansprüche auf Darlehensrückzahlung und Vorfälligkeitsschaden in Verzug und macht auf diese angemahnten Beträge (Restdarlehensbetrag und Vorfälligkeitsentschädigung) noch Verzugszinsen geltend.

165 Mit der fristlosen Kündigung entfallen die vertraglichen Zahlungsansprüche auf Zinszahlung und ein diesbezüglicher **Schadensersatzanspruch** (§ 280 Abs. 1 BGB) **entsteht.** Dieser Anspruch auf Schadensersatz ist nach § 271 Abs. 1 BGB **sofort fällig.** Um nachträgliche Unwägbarkeiten am Kapitalmarkt, also fallende Anlagezinsen und damit einen höheren Vorfälligkeitsschaden auszuschließen, kann und darf die darlehensgebende Bank die Berechnung des Schadensersatzes in Form der Vorfälligkeitsentschädigung zum **Kündigungszugangszeitpunkt**[216] vornehmen. Ein fälliger Anspruch auf Rückzahlung des Darlehens und auf Vorfälligkeitsentschädigung ist nach den Regeln des Verzugs (§§ 280 Abs. 1 und 2, 286 BGB) auch zu verzinsen. **Es ist zwischen einem Verzögerungsschaden und einem Nichterfüllungsschaden zu differenzieren,** beide Schadensarten schließen einander nicht aus und können deshalb bei Vorliegen der jeweiligen Voraussetzungen auch **kumulativ** geltend gemacht werden:

166 Im Rahmen der Berechnung der Vorfälligkeitsentschädigung kann der Darlehensgeber bei der vorzeitigen Rückzahlung des Darlehens **nur die abgezinsten** Beträge verlangen. Durch diese Barwertmethode bei der Berechnung der Vorfälligkeitsentschädigung ist sichergestellt, dass nur der Unterschied zwischen dem in den Raten enthaltenen Vertragszinssatz und den entsprechenden Anlagezinssätzen zum jeweiligen Fälligkeitstag berechnet wird. Aus dem Vertragszinssatz ist also der (Wieder-) **Anlagezinssatz herausgerechnet,** weil bei einer tatsächlich erfolgten Rückzahlung der Darlehensvaluta zum Kündigungszeitpunkt die Bank das Geld sofort wieder zu den entsprechenden Zinssätzen anlegen hätte können. **Diese (Wieder-) Anlagezinssätze erhält aber die Bank nicht,** wenn trotz fristloser Kündigung keine Rückzahlung der Darlehensvaluta einschließlich der Vorfälligkeitsentschädigung erfolgt, die Bank also keinen Geldzufluss hat und damit auch nichts anlegen kann. Nur die Rückzahlung des Darlehens einschließlich der Vorfälligkeitsentschädigung zum Kündigungszeitpunkt stellt den Darlehensgeber so, wie der Darlehensnehmer vertragsgemäß erfüllt hätte. **Als Kompensation für den fehlenden, aber fälligen Geldzufluss erhält der Darlehensgeber unter den Verzugsvoraussetzungen** (**§§ 280 Abs. 1 und 2 iVm 286 BGB**) **den Verzugszins.**

167 **In völliger Verkennung dieser finanzmathematischen Beziehungen** wird die doppelte Geltendmachung[217] desselben Schadens unterstellt. Dies ist aber schon deshalb unzutreffend, da der Darlehensgeber bei der vorzeitigen Rückzahlung des Darlehens **nur die abgezinsten Beträge** verlangen kann. Es erfolgt deshalb gerade **keine doppelte Berechnung.**

---

[214] Vgl. dazu bereits in der 1. Auflage: *Krepold* in → 1. Aufl. 2013, Kap. 14 Rn. 143 ff. LBS/*Krepold* Kap. 14. Rn. 143 ff.

[215] Nachfolgendes im Wesentlichem dem Aufsatz *Krepold/Kropf* WM 2015, 1 (12 ff.) entnommen.

[216] → Rn. 156.

[217] OLG Hamburg Urt. v. 7.11.2007 – 10 U 5/07, BeckRS 2012, 19142: „doppelte Geltendmachung".

168

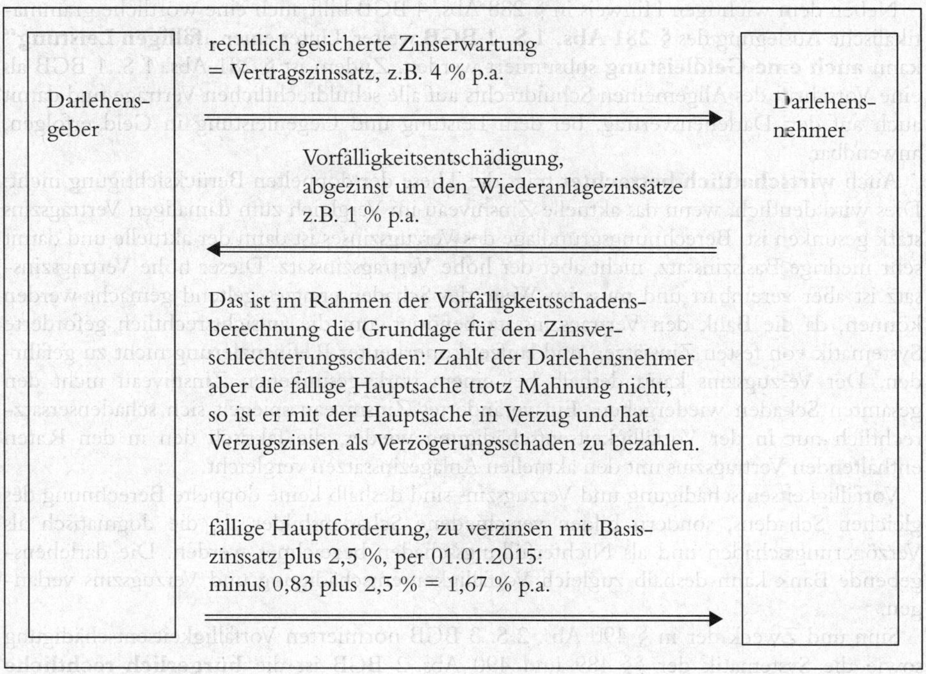

Auch die Argumentation, mit jedem Tag steige der absolute Betrag für den Verzugsschadensersatz, trägt rechtsdogmatisch nicht: Mit der Kündigung tritt die Fälligkeit ein. Diese ist Voraussetzung für den Verzug. Bei Verzug ist der Verzögerungsschaden, insbesondere der Verzugszins zu bezahlen. Neben diesem Verzögerungsschaden hat der vertragsverletzende Darlehensnehmer auch den weiteren Schaden nach §§ 280 Abs. 1, Abs. 3, 281 zu begleichen. 169

Dabei schließt die Geltendmachung eines Verzögerungsschadens nicht einen Schadensersatz wegen Nichterfüllung und damit einen Anspruch auf Schadensersatz nach §§ 280 Abs. 1, Abs. 3, 281 BGB aus. 170

Dies ergibt sich aus **§ 288 Abs. 4 BGB,**[218] wonach neben einem Verzögerungsschaden in Form des Verzugszinses die **Geltendmachung eines weiteren Schadens nicht ausgeschlossen** ist. Der weitere Schaden ist hier der Nichterfüllungsschaden nach §§ 280 Abs. 1, Abs. 3, 281 BGB in Form des Vorfälligkeitsschadens. Knöpfel[219] übersieht § 288 Abs. 4 BGB und zieht daraus dogmatisch falsche Schlüsse. Ein Schadensersatz wegen Nichterfüllung ist bei Geldschulden gesetzlich gerade nicht ausgeschlossen, sondern sogar ausdrücklich eröffnet. Wie Ernst[220] richtig feststellt, gibt es auch bei Geldschulden ein Interesse an der Umsetzung in eine Schadensersatzverbindlichkeit, er denkt dabei insbesondere an den Auflösungsschaden bei einem Darlehen, dessen Ersatz auf § 281 zu stützen ist. **Bestätigt** wird dieser Rechtsgedanke zudem **in § 314 Abs. 4 BGB,**[221] wonach die **Geltendmachung von Schadensersatzansprüchen trotz erfolgter Kündigung möglich** ist. 171

[218] Vgl. *Krepold* bereits auf der 14. WM-Tagung zum Kreditrecht am 14.5.2012 in Frankfurt a. M. zum Thema „Vorfälligkeitsentschädigung"; *Edelmann/Hölldampf* BB 2014, 202.

[219] *Knöpfel* NJW 2014, 3125 (3127) linke Spalte unten. Das von *Knöpfel* angegebene Zitat in Palandt/*Grüneberg,* BGB, 72. Aufl., § 288 Rn. 13 f. belegt die These der Autorin, Geldschulden würden nicht unter § 281 BGB fallen, nicht, ebenso wenig die Ausführungen in der 73. Auflage. Darüber hinaus übersieht *Knöpfel* den Beitrag zu diesem Thema in der Erstauflage von *Krepold* in → 1. Aufl. 2013, Kap. 14 Rn. 143 ff.

[220] MüKoBGB/*Ernst,* 7. Aufl. 2016, § 288 Rn. 9.

[221] *Krepold/Kropf* WM 2015, 1, 11 f.; *Edelmann/Hölldampf* BB 2014, 202.

172 Neben dem wichtigen Hinweis in § 288 Abs. 4 BGB hilft auch eine wörtliche grammatikalische Auslegung des **§ 281 Abs. 1 S. 1 BGB** weiter. Unter einer **„fälligen Leistung"** kann **auch eine Geldleistung** subsumiert werden. Zudem ist § 281 Abs. 1 S. 1 BGB als eine Vorschrift des Allgemeinen Schuldrechts auf alle schuldrechtlichen Verträge und damit auch auf den Darlehensvertrag, bei dem Leistung und Gegenleistung in Geld erfolgen, anwendbar.

173 Auch **wirtschaftlich betrachtet** trägt die These der doppelten Berücksichtigung nicht: Dies wird deutlich, wenn das aktuelle Zinsniveau im Vergleich zum damaligen Vertragszins stark gesunken ist. Berechnungsgrundlage des Verzugszinses ist dann der aktuelle und damit sehr niedrige Basiszinssatz, nicht aber der hohe Vertragszinssatz. Dieser hohe Vertragszinssatz ist aber vereinbart und muss im Wege des Schadensersatzes geltend gemacht werden können, da die Bank den Vertragszinssatz benötigt, um die aufsichtsrechtlich geforderte Systematik von festen Zinssätzen und laufzeitkongruenter Refinanzierung nicht zu gefährden. Der Verzugszins kann deshalb bei einem stark gesunkenen Zinsniveau nicht den gesamten Schaden wiedergeben. Ein verändertes Zinsniveau spiegelt sich schadensersatzrechtlich nur in der Vorfälligkeitsentschädigung wieder, die faktisch den in den Raten enthaltenden Vertragszins mit den aktuellen Anlagezinssätzen vergleicht.

174 Vorfälligkeitsentschädigung und Verzugszins sind deshalb keine doppelte Berechnung des gleichen Schadens, sondern bilden verschiedene Schadensbilder ab, die dogmatisch als Verzögerungsschaden und als Nichterfüllungsschaden bezeichnet werden. Die darlehensgebende Bank kann deshalb zugleich Vorfälligkeitsentschädigung und Verzugszins verlangen.

175 Sinn und Zweck der in § 490 Abs. 2 S. 3 BGB normierten Vorfälligkeitsentschädigung sowie die Systematik der §§ 489 und 490 Abs. 2 BGB ist die **bürgerlich-rechtliche Absicherung des erfolgreichen und krisenfesten deutschen Pfandbriefsystems.** Diese soeben vorgenommene teleologische Auslegung dieser Vorschriften erfordern zwingend, dass **§ 490 Abs. 2 S. 3 BGB lex specialis zu § 497 BGB** ist.

176 In der Entscheidung vom 19.1.2016[222] deckelt der BGH die Vorfälligkeitsentschädigung mit § 497 Abs. 1 BGB (in der bis zum 10.6.2010 geltenden Fassung) und begründet dies im Wesentlichen gesetzeshistorisch. Die Entscheidung ist schon in den angeführten gesetzeshistorischen Thesen inhaltlich falsch und sinnentstellend zitiert.[223] Der Regierungsentwurf und die Gesetzesmaterialien zu § 497 Abs. 1 BGB und zur Vorgängervorschrift § 11 Abs. 1 VerbKG erwähnen den Nichterfüllungsschaden des Darlehensgebers, den die Vorfälligkeitsentschädigung ausgleichen soll, mit keinem Wort. Wie aus der Nichterwähnung des Nichterfüllungsschadens eine Sperrwirkung hineininterpretiert werden kann, bleibt im BGH-Urteil offen. Ausdrücklich ist der BT-Drs. 11/5462, 25 zu entnehmen, dass die Norm nur Fragen des Verzugszinses regelt.

Wenn schon der BGH gesetzeshistorisch argumentieren will, hätte er auch den Willen des deutschen Gesetzgebers bei der Entstehung der Wohnimmobilienkreditrichtlinie und deren Umsetzung in deutsches Recht berücksichtigen müssen.[224] Der deutsche Gesetzgeber hat aber gerade damit das deutsche Pfandbriefsystem mit der ungedeckelten Vorfälligkeitsentschädigung stärken wollen. Nach Ansicht des BGH sind gem. § 497 Abs. 1 S. 1 BGB sämtliche Ansprüche des Darlehensgebers bei einem Immobiliardarlehen auf einen Verzugszins von 2,5 Prozentpunkten über dem Basiszinssatz (§§ 503 Abs. 2, 497 Abs. 1 S. 1, 288 Abs. 1, 247 BGB), also auf einen Verzugszins von 1,67 % p. a. (Basiszinssatz Anfang 2015 -0,83 %) begrenzt. Wie oben bereits bei der Deckelung der Vorfälligkeitsentschädigung

---

[222] BGH Urt. v. 19.1.2016 – XI ZR 103/15, BKR 2016, 240 = WM 2016, 687 = NJW 2016, 1379.

[223] Vgl. *Nobbe* Außerordentliche Kündigung von Verbraucherdarlehensverträgen durch die Bank und deren Rechtsfolgen, 18. WM Tagung zum Kreditrecht, 10. Mai 2016, S. 31; *Keding* BKR 2016, 244 (246); *Bunte* NJW 2016, 1626 (1629).

[224] Zustimmend *Haertlein/Hennig* EWiR 2016, 391 (392); vgl. dazu ausführlich BankR-HdB/*Krepold* § 79 Rn. 32.

ausgeführt, kann mit einem Verzugszins von 1,67 % in keiner Weise auch noch der Vorfälligkeitsschaden abgebildet werden.

Diese vom BGH vorgenommene gesetzeshistorische Auslegung ist aber die schwächste der gängigen Auslegungsarten. Vorzugwürdig ist deshalb die Auslegung nach Sinn und Zweck der in §§ 489 und 490 Abs. 2 BGB normierten Kündigungssystematik zum Schutz des erfolgreichen und krisenfesten deutschen Pfandbriefsystems bei Immobiliendarlehen. § 497 BGB trifft eine abschließende Regelung nur hinsichtlich des Verzugsschadens, nicht aber für weitere Schäden, wie hier den Nichterfüllungsschaden.[225] **177**

Die hier vertretene Meinung[226] spiegelt sich in der Literatur[227] und in der folgenden oberlandesgerichtlichen Rechtsprechung wieder: **178**

Das OLG Stuttgart[228] bestätigt die hier seit langem vertretene Differenzierung.[229] Schon aus der Entstehungsgeschichte des § 497 Abs. 1 BGB könne nicht geschlossen werden, der Verzugsschaden schließe weitergehende Verpflichtungen des Darlehensnehmers aus, wenn der Darlehensgeber den Kredit wegen Zahlungsverzugs gekündigt hat.[230]

Weiter sind der Auflösungsschaden (Vorfälligkeitsentschädigung = Schadensersatz wegen Nichterfüllung) strikt voneinander zu unterscheidende Positionen.[231] Wörtlich führt das OLG Stuttgart[232] aus:

„Der Auflösungsschaden umfasst den Schaden, den die Bank dadurch erleidet, dass sie wegen vorzeitiger Auflösung des Vertrags ihre Erfüllungsansprüche auf Zinszahlung verliert. Da es sich insoweit um künftige Ansprüche handelt, sind diese abzuzinsen. Ist das Zinsniveau nach Abschluss des gekündigten Darlehensvertrags gestiegen mit der Folge, dass der Wiederanlagezins den Vertragszins übersteigt, so erleidet die Bank durch die vorzeitige Auflösung des Darlehensvertrags bei unterstellter laufzeitkongruenter Wiederanlage keinen Zinsverschlechterungsschaden. Desselbe gilt, wenn der Anspruch auf den Vertragszins rechtlich nicht gesichert ist, weil etwa die Zinsbindungsfrist abgelaufen ist oder dem Kunden das Recht zu unbeschränkten Sondertilgungen zusteht.

Der Verzugsschaden deckt hingegen das Interesse der Bank ab, einen ihr zustehenden Liquiditätszufluss termingerecht zu erhalten. Leistet der Darlehensnehmer die von ihm geschuldeten Zins- oder Tilgungszahlungen nicht termingerecht, so erleidet die Bank einen Schaden, soweit sie bei früherer Zahlung aus dem Mittelzufluss Zinsen hätte generieren können. Ein Verzugsschaden kann auch dann vorliegen, wenn ein Zinsverschlechterungsschaden ausscheidet. Umgekehrt kann der Verzugsschaden im theoretischen Extremfall sogar Null betragen (§ 497 Abs. 1 Satz 3 BGB a. F., § 497 Abs. 1 Satz 2 BGB n. F.), wenn die Bank einen Liquiditätszufluss nur bei der Zentralbank anlegen könnte und hierfür negative Zinsen entrichten müsste; gerade in dem Fall extremer Niedrigzinsen kann der Auflösungsschaden dabei besonders hoch sein, wenn der gekündigte Darlehensvertrag zu einem Zeitpunkt höheren Zinsniveaus abgeschlossen worden ist.

Zudem ist zu beachten, dass die Beklagte den Auflösungsschaden bezogen auf den Zeitpunkt des Rückflusses berechnet und damit Verzugszinsen und Auflösungsschaden nicht parallel geltend gemacht hat."

---

225 *Edelmann/Hölldampf* BB 2014, 202; *Freckmann/Rösler/Wimmer* BankPraktiker 2013, 308; *Merz* Bankpraktiker 2013, 347; *Wiehe* BKR 2015, 464.

226 Auch schon so in der Erstauflage vertreten *Krepold* in → 1. Aufl. 2013, Kap. 14 Rn. 143 ff.

227 *Edelmann/Hölldampf* BB 2014, 202; *Welter* WuB I E 3. – 1.13; *Hinrichs* ZfIR 2013, 369; *Freckmann/Rösler/Wimmer* BankPraktiker 2013, 308; *Merz* Bankpraktiker 2013, 347.

228 OLG Stuttgart Urt. v. 29.4.2015 – 9 U 176/14 = WM 2015, 1148 = BKR 2015, 237.

229 Vgl. *Krepold* bereits auf der 14. WM-Tagung zum Kreditrecht am 14.5.2012 in Frankfurt a. M. zum Thema „Verfälligkeitsentschädigung".

230 Ausführlich und weiterführend hierzu OLG Stuttgart Urt. v. 29.4.2015 – 9 U 176/14 = WM 2015, 1148, 1151 = BKR 2015, 237, Tz. 66 ff.

231 OLG Stuttgart Urt. v. 29.4.2015 – 9 U 176/14 = WM 2015, 1148, 1152 = BKR 2015, 237, Tz. 76 ff.

232 OLG Stuttgart Urt. v. 29.4.2015 – 9 U176/14 = WM 2015, 1148, 1152 = BKR 2015, 237, Tz. 77 und 78.

179 Auch das Kammergericht Berlin[233], der 9. Senat des OLG Frankfurt a. M.[234] und das OLG München[235] sehen ein Nebeneinander von Vorfälligkeitsschaden und Verzugszins. Ansonsten könnte jeder Darlehensnehmer den Verzug absichtlich herbeiführen und damit – trotz fester Zinsbindung – eine Vorfälligkeitsentschädigung umgehen.[236] Würde man dieses Verhaltensmuster absegnen, wäre das deutsche Pfandbriefsystem nicht mehr zu halten. Das nur in einer Pressemitteilung vorliegende Urteil des BGH vom 19.1.2016 ist deshalb dogmatisch falsch.[237]

180 Darüber hinaus enthält das Gesetz in § 489 Abs. 3 BGB den Rechtsgedanken, die Flucht in den billigeren Verzugszinssatz zu verhindern.[238] § 489 Abs. 3 BGB will damit Rechtsmissbräuche verhindern.[239] Dieser Rechtgedanke ist hier zu berücksichtigen.

181 **Für die Praxis ergibt sich noch eine Möglichkeit, sich nicht der Gefahr eines systemwidrigen Urteils auszusetzen:** Will sich der Darlehensgeber nicht mit dem Verzugszinssatz begnügen, weil der Vertragszinssatz höher ist, und scheut er den Nachweis eines höheren Schadens, so wird er das Darlehen nicht fällig stellen und nur aus den fälligen Zins- und Tilgungsraten vorgehen. Die gesamte noch ausstehende Darlehensvaluta kann er dann immer noch zu einem späteren Zeitpunkt kündigen. In diesem Fall besteht bis zur Kündigung kein Anspruch auf Vorfälligkeitsentschädigung,[240] da hier der Darlehensnehmer den vollen Vertragszins ohne jeglichen Abzug zu leisten hat. Dieser fällige Vertragszins ist unter den Voraussetzungen des Verzugs mit dem Verzugszinssatz zu verzinsen.

182 **m) Gesamtschau der Vorfälligkeitsberechnung.** Geschützt ist die gesicherte Zinserwartung des Darlehensnehmers. Die einzelnen Positionen bei der Berechnung der Vorfälligkeitsentschädigung sind Rechnungsposten. Diese können alle miteinander verrechnet werden, so dass positionsweise zu hoch oder zu niedrig angesetzte Beträge ausgeglichen werden können.[241]

aa) Aktiv-Passiv-Vergleichsmethode nach dem Zahlungsstrommodell

183

+	**Vergleich** des im **Darlehensvertrag** vereinbarten Zins- und Tilgungsplans **mit der Wiederanlage nach Pfandbriefrenditen,** Disagio und Abzinsung im Zahlungsstrommodell bereits enthalten;
–	**abzüglich** entfallendes Risiko, geschützt nach § 287 ZPO: 0,014 % p. a. bis 0,1 % p. a.
–	**abzüglich** ersparte Verwaltungskosten, geschätzt nach § 287 ZPO:

[233] KG Berlin Urt. v. 17.11.2010 – 24 U 188/09, bestätigt durch den Nichtannahmebeschluss des BGH v. 14.2.2012 – XI ZR 10/11.

[234] OLG Frankfurt a. M. Urt. v. 23.11.2011 = WM 2012, 2280 = WuB I E 3. – 1.13 *R. Welter,* Vorinstanz zu BGH XI ZR 512/11.

[235] OLG München Urt. v. 31.3.2014 = WM 2014, 1341; **a. A.** OLG Frankfurt a. M. Urt. v. 13.4.2011 = BKR 2012, 66 (70) und OLG Hamburg v. 7.11.2007 – 10 U 5/07, BeckRS 2012, 19142, wobei in beiden Entscheidungen der Sachverhalt zu knapp und damit nicht eindeutig feststellbar wiedergegeben ist. Das Urteil des OLG Zweibrücken v. 24.7.2000 = WM 2001, 24 betrifft gerade kein Immobiliardarlehen. Bei der Entscheidung des OLG Stuttgart Urt. v. 26.3.2014 – 9 U 193/13 dagegen konnte die Frage offen bleiben, da hier nicht ein Verzugsschaden neben einer Vorfälligkeits-/Nichtabnahmeentschädigung streitgegenständlich war, sondern Bereitstellungszinsen neben einer Vorfälligkeitsentschädigung. Die zutreffende Argumentation (kein Anspruch auf Bereitstellungszinsen nach der Kündigung, Kündigung aber Voraussetzung für die Vorfälligkeitsentschädigung) kann aber auf den Verzugsschaden neben einer Vorfälligkeitsentschädigung übertragen werden: Mit der Kündigung kann der sofort fällige Vorfälligkeitsschaden berechnet werden, der zusammen mit der Hauptsache dem Verzugszins unterliegt.

[236] OLG München Urt. v. 31.3.2014 = WM 2014, 1341.

[237] BGH Urt. v. 19.1.2016 – XI ZR 103/15.

[238] Staudinger/*Mülbert* BGB, 2011, § 489 Rn. 62.

[239] Soergel/*Seifert* BGB, 2014, § 489 Rn. 24.

[240] Möglicherweise war diese Sachverhaltskomponente der Grund für die Entscheidung des OLG Hamburg v. 7.11.2007 – 10 U 5/07, BeckRS 2012, 19142.

[241] AG München/LG München BKR 2004, 489.

		30,– EUR bis 60,– EUR p. a.
+	**plus**	Bearbeitungskosten, geschätzt nach § 287 ZPO:
		pauschal 250,– EUR bis 500,– EUR
=	Zu zahlender Betrag (einschließlich der Vorfälligkeitsentschädigung)	

Beispiel: 184

Nettodarlehensbetrag 100.000,00 EUR; mit Grundschuld gesichert; 3,18 % p. a. gebundener Sollzinssatz bis 18.12.2011; Laufzeit des Darlehens bis 18.12.2011; keine Tilgung; zum 18.12.2011 noch fällige Gesamtforderung der G in Höhe von 103.180,00 EUR (Nettodarlehensbetrag 100.000,00 EUR zuzüglich der vertragsgemäß am 18.12.2011 jährlich fälligen Zinsen in Höhe von 3.180,00 EUR); 1,89 % p. a. Pfandbriefrendite für 1 Jahr; Berechnung und Rückzahlung zum 18.12.2010

Berechnung:

Vergleich des im **Darlehensvertrag** vereinbarten Zins- und Tilgungsplans **mit der Wiederanlage nach Pfandbriefrenditen**

$$\text{Rechenformel: } K_n = K_0\left(1+\frac{p}{100}\right)^n$$

k_n = zum vertraglichen Fälligkeitszeitpunkt geschuldeter Geldbetrag = 103.130,00 EUR

K_0 = „anzulegender" Geldbetrag

p = Zinsfuß: Zinsen pro Jahr für ein Kapital von 100,00 EUR = 1,89 EUR

i = Zinssatz als Dezimalzahl p. a. = 0,0189

$$q \quad = \text{Zinsfaktor: } q = 1 + \frac{p}{100} = 1 + i = 1{,}0189$$

n = Zeit in Jahre = 1

Rechenformel aufgelöst nach dem gesuchten „anzulegenden" Geldbetrag:

$$K_0 = \frac{K_n}{\left(1+\frac{p}{100}\right)^n} = \frac{K_n}{(1+i)^n} = \frac{K_n}{q^n}$$

$$K_0 = \frac{€\ 103.180{,}00}{(1+0{,}0189)^1}$$

$$K_0 = \frac{€\ 103.180{,}00}{1{,}0189} = 101.266{,}07$$

101.266,07 EUR

Es müssen am 18.12.2010 101.266,07 EUR zu einem Zinssatz von 1,89 % angelegt werden, um ein Jahr später am 18.12.2011 die im Zins- und Tilgungsplan vereinbarten 103.160,00 EUR zu erhalten	
abzüglich entfallendes Risiko: 0,014 % p. a. bis 0,1 % p. a.:	**14,– EUR bis 100,– EUR**
abzüglich ersparte Verwaltungskosten:	**30,– EUR bis 60,– EUR**
plus Bearbeitungskosten	**250,– EUR bis 500,– EUR**
zu zahlender Betrag (einschließlich der Vorfälligkeitsentschädigung)	**101.356,07 EUR bis 101.722,07 EUR**

Am 18.12.2010 sind je nach Schätzung des Gerichts (§ 287 ZPO) zwischen 101.356,07 EUR und 101.722,07 EUR zu bezahlen. Die Vorfälligkeitsentschädigung beträgt ohne Berücksichtigung des Bearbeitungsentgeltes und unter Abzug des Nettodarlehensbetrages von 100.000,00 EUR zwischen 1.222,07 und 1.106,07 EUR.

In der Praxis besteht der nachzubildende **Zahlungsstrom** aus einer **Vielzahl von nachzubildenden Ratenzahlungen und der am Ende der Laufzeit zu erbringenden Restschuld,** wobei abhängig von der jeweiligen Restlaufzeit der nachzubildenden Zahlungen ein unterschiedlicher Wiederanlagezins zu erzielen ist. Für jede einzelne nachzubildende Zahlung ist eine Berechnung nach dem vorstehend aufgezeigten Schema vorzunehmen und entsprechend **aufzuaddieren.** Erst von der so gebildeten Summe dürfen das entfallende Risiko und die ersparten Verwaltungskosten in Abzug gebracht und das Bearbeitungsentgelt hinzuaddiert werden.

bb) Aktiv-Aktiv-Berechnungsmethode nach dem Zahlungsstrommodell

185 + **Vergleich** des im **Darlehensvertrag** vereinbarten Zins- und Tilgungsplans **mit** + einem **hypothetisch ausgereichten, grundpfandrechtlich gesicherten Darlehensrendite (Zinsverschlechterungsschaden),** Disagio und Abzinsung im Zahlungsstrommodell bereits enthalten;

plus Zinsmargenschaden/Entgangener Gewinn

(Disagio und Abzinsung im Zahlungsstrommodell bereits enthalten)

Konkrete Berechnung	Abstrakte Berechnung
+ Bruttomarge: Konkreter Darlehenszins minus tatsächlicher Refinanzierungszins – Risikokosten geschätzt nach § 287 ZPO: 0,014 % bis 0,1 % p. a. – Verwaltungskosten geschätzt nach § 287 ZPO: 30,– EUR bis 60,– EUR p. a.	+ Nettomarge 0,7 % bis 0,8 % p. a.

+	**plus**	Bearbeitungskosten, geschätzt nach § 287 ZPO: pauschal 250,– EUR bis 500,– EUR
=	Zu zahlender Betrag (einschließlich der Vorfälligkeitsentschädigung)	

n) Muster für einen gerichtlichen Beweisbeschluss. Dem **Richter** und eben nicht dem Sachverständigen steht die **Entscheidung** zu, die rechtlichen Kriterien der Vorfälligkeitsentschädigung zu bestimmen. Der **Richter** hat **bereits im Beweisbeschluss die Kriterien** zur Berechnung der Vorfälligkeitsentschädigung **festzulegen.** Unter Berücksichtigung der einschlägigen BGH-Rechtsprechung soll dem Richter mit diesem Muster die Handhabung in der gerichtlichen Praxis erleichtert werden. 186

(Muster –) Beweisbeschluss zur Berechnung der Vorfälligkeitsentschädigung nach der Aktiv-Passiv-Vergleichsmethode 187

Es ist Beweis zu erheben über die Höhe der Vorfälligkeitsentschädigung nach der Aktiv-Passiv-Vergleichsmethode für das grundpfandrechtlich gesicherte Darlehen

Der .... Bank

(Darlehensgeber und Kläger/Beklagter*)

An ....

(Darlehensnehmer und Kläger/Beklagter*)

über EUR ....

Vom /......................... /...........................

Nach Überzeugung des Gerichts sind im Wege der Schadensschätzung (§ 287 ZPO) folgende Rahmendaten zu berücksichtigen:

Zu berechnen ist nach der

1. Aktiv-Passiv-Vergleichsmethode unter Berücksichtigung des Zahlungsstrommodells gem. BGH vom 7.11.2000 (NJW 01, 509, 510 = WM 01, 20, 22 = ZIP 01, 20, 23; ausführlich zur Berechnung: *Rösler/Wimmer/Lang,* Vorzeitige Beendigung von Darlehensverträgen, S. 179 ff. und *Rösler/Wimmer* WM 00, 164
2. Abzinsung und Disagio sind im Zahlungsmodell bereits berücksichtigt.
3. Bei der Berechnung ist von einer laufzeitkongruenten Wiederanlage in Pfandbriefen nach der Statistik der Deutschen Bundesbank auszugehen. Zwischenwerte sind durch Interpolation zu ermitteln. Bei Restlaufzeiten bis zu einem Jahr ist auf den Wiederanlagezins für Monats- und Tagesgeld zurückzugreifen. (BGH NJW 01, 509, 510 = WM 01, 20, 22 = ZIP 01, 20, 23)
4. Es sind nur die dem Darlehensgeber zeitlich **nach** dem Rückzahlungszeitpunkt zustehenden Sondertilgungsmöglichkeiten zu berücksichtigen.

5. Für das entfallende Risiko hat die Rechtsprechung eine Bandbreite von 0,014 % p. a. (BGH NJW 01, 509, 511 = WM 01, 20, 23 = ZIP 01, 20, 24; OLG Schleswig WM 98, 861, 863) bis 0,1 % p. a. (OLG Hamm WM 98, 1812, OLG Stuttgart BKR 2015,3 27, Tz. 81 = WM 2015, 1148) vorgegeben.
   Nach § 287 ZPO schätzt das Gericht hier die Risikokosten aufgrund der vertraglich vereinbarten und bereits erfolgten Tilgung für die Restlaufzeit, des konkreten Beleihungsauslaufs und der persönlichen Bonität des Darlehensnehmers auf

   ☐ 0,014 % p. a. (BGH NJW 01, 509, 511 = WM 01, 20, 23 = ZIP 01, 20, 24; OLG Schleswig WM 98, 861, 863)

   ☐ 0,06 % p. a. (BGH NJW 01, 509, 511 = WM 01, 20, 23 = ZIP 01, 20, 24; OLG Hamm WM 98, 1811; OLG Köln WM 99, 1661; AG Stuttgart NJW-RR 2007, 122)

   ☐ 0,1 % p. a. (OLG Hamm WM 98, 1812, OLG Stuttgart BKR 2015, 23, Tz. 81 = WM1 20,5 1148)

   ☐ ……………………………………………………

6. Die durch die vorzeitige Rückzahlung ersparten Verwaltungskosten sind unabhängig von der Darlehenssumme in einem absoluten EUR-Betrag anzusetzen. Dabei ist zu berücksichtigen, dass ein Darlehensvertrag hauptsächlich zu Beginn Verwaltungsaufwand erfordert, während die weitere, meist EDV-mäßige Durchführung in aller Regel keinen erheblichen Verwaltungsaufwand mit sich bringt. (BGH NJW 01, 509 = WM 01, 20 = ZIP 01, 20)

   Nach § 287 ZPO schätzt das Gericht hier die ersparten Verwaltungskosten an

   ☐ 20,– EUR p. a. vgl. OLG Stuttgart (BKR 20153, 27 Tz. 82)

   ☐ 30,– EUR p. a. (*Rösler/Wimmer/Lang,* Vorzeitige Beendigung von Darlehensverträgen, S. 141)

   ☐ 60,– EUR p. a. (*Rösler/Wimmer/Lang,* Vorzeitige Beendigung von Darlehensverträgen, S. 141)

   ☐ EUR … p. a.

7. Das Bearbeitungskosten für die vorzeitige Auflösung des Darlehens (OLG Schleswig WM 98, 861; OLG Hamm WM 98, 1811; 98, 1812) schätzt das Gericht gem. § 287 ZPO auf

   ☐ 300,– EUR

   ☐ 400,– EUR

   ☐ 500,– EUR

   ☐ EUR …

8. Die einzelnen Positionen bei der Berechnung der Vorfälligkeitsentschädigung sind Rechnungsposten. Sämtliche Rechnungsposten können miteinander verrechnet werden, so dass positionsweise zu hoch oder zu niedrig angesetzte Beträge ausgeglichen werden können. (AG München vom 5.8.2003/LG München vom 12.12.2003, BKR 04, 498)

9. Stichtag für die Berechung der Vorfälligkeitsentschädigung ist der Zeitpunkt, zu dem der Darlehensgeber die Darlehensvaluta zurückerhält.

Der Darlehensgeber kann auch zum Kündigungszeitpunkt abrechnen, wobei in diesem Fall noch die Vertragszinsen vom Kündigungszeitpunkt bis zum Ablauf der Rückzahlungsfrist hinzuzurechnen sind. Geht die Zahlung erst nach Ablauf der Rückzahlungsfrist ein, so sind Verzugszinsen zu berechnen.

13. Pauschalierung der Vorfälligkeitsentschädigung

Angesichts der Komplexität der Bemessung der Vorfälligkeitsentschädigung ist die Formulierung einer Pauschalierung des Erfüllungsinteresses in allgemeinen Geschäftsbedingungen ein sehr schwieriges Unterfangen.[242] Pauschalierungsklauseln sind regelmäßig nach § 307 BGB **unwirksam,** wenn sie die Bank ohne Nachweis der Schadenshöhe die Bank einseitig begünstigen können. Hieran sind die bisher vom BGH geprüften Klauseln zur Pauschalierung von Vorfälligkeitsentschädigungen gescheitert.[243] 188

14. Herausgabe einer überhöhten Vorfälligkeitsentschädigung

Hatte der **Darlehensnehmer** aufgrund seines berechtigten Interesses **nach § 490 Abs. 2 BGB einen Anspruch gegen die Bank auf Einwilligung zur vorzeitigen Kreditablösung** gegen eine angemessene Vorfälligkeitsentschädigung und hat die Bank vom Kreditnehmer einen Nachteilsausgleich verlangt und erhalten, die die nach § 287 ZPO geschätzte angemessene Vorfälligkeitsentschädigung überstieg, so hat die Bank den **Differenzbetrag** nach den Vorschriften über die ungerechtfertigte Bereicherung (§ 812 Abs. 1 S. 1 Var. 1 BGB) an den Darlehensnehmer **herauszugeben.**[244] Eine Vereinbarung der Parteien über die vorzeitige Rücknahme des Darlehens gegen Entrichtung des von der Bank verlangten Nachteilsausgleiches trotz eines vorliegenden berechtigten Interesses (§ 490 Abs. 2 S. 1, S. 2 BGB) ist kein Rechtsgrund, den die Vorfälligkeitsentschädigung übersteigenden Differenzbetrag behalten zu dürfen, da die Bank ihre Vertragspflicht zur Einwilligung in die vorzeitige Tilgung gegen angemessene Entschädigung verletzt hat. Auch die Zahlung des Kreditnehmers unter Vorbehalt ist rechtlich unbeachtlich. 189

Hat die Bank einen festverzinslichen Grundpfandkredit wegen Vertragsverletzung bzw. aus wichtigem Grund gekündigt, so war sie berechtigt, vom Darlehensnehmer den Nichterfüllungsschaden zu verlangen. Dieser ist nach den vom BGH entwickelten Grundsätzen[245] zur Berechnung der Vorfälligkeitsentschädigung zu ermitteln. Hat die Bank einen Entschädigungsbetrag vereinnahmt, der eine angemessene Vorfälligkeitsentschädigung übersteigt, so hat sie den übersteigenden Betrag nach § 812 Abs. 1 S. 1 Var. 1 BGB herauszugeben. 190

Die Bank muss ferner die aus der überhöhten Vorfälligkeitsentschädigung gezogenen Nutzungen nach § 818 Abs. 1 BGB erstatten. Die Nutzungsentschädigung ist mit dem Wiederanlagezins zu verzinsen.[246] 191

Der Anspruch auf Rückerstattung zu viel bezahlter Vorfälligkeitsentschädigung verjährt bei Zahlungen vor dem 1.1.2002 gem. § 197 BGB aF kenntnisunabhängig in vier Jahren.[247] Für Zahlungen nach dem 1.1.2002 gilt die **dreijährige Regelverjährungsfrist.**

[242] Vgl. hierzu *Rösler* BB 1997, 1369 (1317).

[243] Vgl. BGH WM 1998, 70 = NJW 1998, 592 = ZIP 1998, 20; WM 1999, 840; vgl. hierzu *Lang/Beyer* WM 1998, 897 (902 f.).

[244] BGH NJW 1997, 2875 und 2878; OLG München WM 1998, 1485; *Medicus* EWiR 1997, 921; *Wenzel* WM 1997, 2340; *Marburger* ZBB 1998, 30; *Rösler* DB 1998, 298; Staudinger/*Mülbert* BGB § 490 Rn. 102.

[245] NJW 1997, 2875.

[246] Vgl. OLG Hamm WM 1998, 1811 – bestätigt durch Nichtannahmebeschluss des BGH v. 26.5.1998 – XI ZR 340/97; Staudinger/*Mülbert* BGB § 490 Rn. 102.

[247] LG Hamburg v. 23.4.2008 – 304 O 33/07; LG Berlin v. 8.12.2006 – 38 S 5/06.

192 Erhält die Bank das Darlehen vorzeitig zurück, so kann ein **Zinsverbesserungsvorteil** entstehen. Der den Nichterfüllungsschaden übersteigende Vorteil verbleibt bei der Bank, da das Risiko der vorzeitigen Rückzahlung des Darlehens in der Risikosphäre des Darlehensnehmers liegt.

III. Kündigung des Darlehensgebers

1. Recht zur ordentlichen Kündigung

193 **a) Gesetzliche Regelung.** Ist für ein Darlehen eine bestimmte Laufzeit vereinbart, so wird die Darlehensvaluta zur Rückzahlung fällig, wenn die vertraglich bestimmte Zeit der Gebrauchsüberlassung abgelaufen ist. Während der Darlehensnehmer ein Darlehen mit einer vereinbarten Laufzeit und einem gebundenen Sollzinssatz unter den Voraussetzungen des § 489 Abs. 1 BGB kündigen kann, steht dem Darlehensgeber, das Recht zur Kündigung vor Ablauf der Vertragszeit nur bei entsprechender Vereinbarung im Kreditvertrag zu. Dagegen kann sowohl der Darlehensgeber als auch der Darlehensnehmer nach **§ 488 Abs. 3 S. 1 BGB** ein Darlehen kündigen, wenn für die Rückerstattung eines Darlehens eine Zeit nicht bestimmt ist, für das Darlehen also **kein bestimmter Rückzahlungstermin** vereinbart ist, gleichgültig, ob es sich um einen festen oder variablen Zinssatz handelt.[248] Nach § 488 Abs. 3 S. 2 BGB beträgt die Kündigungsfrist bei Darlehen ohne Laufzeitvereinbarung **drei Monate.**

194 **b) Regelung der Kündigung unbefristeter Kredite durch AGB.** Die Kündigungsfrist des § 488 Abs. 3 BGB ist dispositiv.[249] Die Frist für die ordentliche Kündigung von Krediten ohne Laufzeitvereinbarung insbesondere Dispositionskredite (eingeräumte Überziehungskredite), Kontokorrentkredite, die von der Bank „bis auf Weiteres" gewährt werden, kann auch verkürzt oder sogar völlig abbedungen werden.[250]

195 **Nr. 18 Abs. 1 AGB-Banken** verkürzt die gesetzlich vorgesehene Kündigungsfrist für den **Darlehensnehmer,** so dass der Darlehensnehmer ein unbefristet gewährtes Darlehen jederzeit ohne Einhaltung einer Kündigungsfrist kündigen kann. Mit **Nr. 19 Abs. 2 AGB-Banken** ist die Kündigungsfrist des § 488 Abs. 3 S. 2 BGB für die **Bank** abbedungen, so dass die Bank unbefristet gewährte Darlehen ohne Einhaltung einer Kündigungsfrist kündigen kann. In Nr. 19 Abs. 2 S. 2 AGB-Banken wird jedoch ausdrücklich die Verpflichtung der Bank klargestellt, **bei Ausübung dieses Kündigungsrechtes auf die berechtigten Belange des Kunden Rücksicht zu nehmen.** Die Kündigung darf daher insbesondere nicht gegen das Verbot der „Kündigung zur Unzeit" und der Rechtsmissbräuchlichkeit verstoßen. Darüber hinaus ist das Kündigungsrecht in Nr. 19 Abs. 2 AGB-Banken im Zusammenhang mit der Regelung in Nr. 19 Abs. 5 zu sehen, wonach die Bank dem Kreditnehmer im Falle einer Kündigung ohne Kündigungsfrist für die Abwicklung, insbesondere für die Rückzahlung eines Kredites eine angemessene Frist einräumt. In diesem Kontext und vor dem Hintergrund der Rechtsprechung zu Nr. 17 AGB-Banken aF, der Vorläuferin der geltenden Nr. 19 Abs. 2 AGB-Banken, darf diese AGB-Regelung zur ordentlichen Kündigung bei unbefristeten Krediten als AGBG-rechtlich zulässig.[251]

196 Nr. 19 Abs. 2 AGB-Banken räumt auch das Recht ein, eine „Kreditzusage" zu „kündigen". Die Bank darf danach im Ergebnis die Zusage eines unbefristeten Kredites

---

[248] *Freitag* WM 2001, 1370.

[249] RGZ 104, 86.

[250] *Hopt/Mülbert* Kreditrecht § 609 Rn. 69; OLG Nürnberg WM 1960, 890; OLG München WM 1984, 128; OLG Köln WM 1999, 1004 (1005).

[251] Vgl. BGH WM 1978, 234; 1979, 457; 1981, 150; 1983, 10 383; 1985, 1136 = WuB I A.– 2.85 *Obermüller;* BGH WM 1985, 769 = WuB I A.–1.85 *Pleyer;* BGH WM 1991, 317; *Canaris* Bankvertragsrecht Rn. 1239; *Halstenberg* WM 1988, Sonderbeilage 4, S. 7 f.; WuB I A. Nr. 17 AGB-Banken – 1.93 *Hadding;* bestätigt durch OLG Köln WM 1999, 1004 (1005).

bereits vor dessen Valutierung durch einseitige Erklärung wieder aufheben; die Bank kann daher insbesondere auch einen ganz oder teilweise **noch nicht ausgenutzten unbefristeten Rahmenkredit,** der zur revolvierenden Inanspruchnahme des zugesagten Kredites befugt, kündigen.[252] Dabei hat die Bank jedoch ebenfalls auf die berechtigten Belange des Kunden Rücksicht zu nehmen. Sie muss den Kunden insbesondere über die beabsichtigte „Kündigung" der Kreditzusage vorher informieren, damit dieser sich auf die neue Situation einstellen kann. Auf diese Weise wird vermieden, dass er im Vertrauen auf die Kreditzusage Dispositionen trifft und durch die fristlose Kündigung überrascht wird.

Das Recht zur ordentlichen Kündigung steht unter dem **Gebot der Rücksichtnahme** auf die berechtigten Belange des Kreditnehmers.[253] Eine Kündigung kann daher im Einzelfall unzulässig sein, wenn ein daraus resultierender Schaden des Kreditnehmers unverhältnismäßig groß wäre, jedoch die Unterlassung der Kündigung den Darlehensgeber bei vollwertiger Sicherheitenunterdeckung nur geringfügig belastet.[254] Der alleinige Umstand, dass der Kredit ausreichend unterdeckt ist, schränkt das Recht zur ordentlichen Kündigung jedoch nicht ein. Es bleibt vielmehr grundsätzlich eine freie Entscheidung der Bank, ob sie ein Darlehensverhältnis fortsetzen oder von sich aus beenden möchte. Das Recht zur ordentlichen Kündigung eines Darlehens darf nicht zum bloßen Ausnahmefall werden.[255] Auch die Tatsache der langjährigen Gewährung hoher gesicherter Kredite an einen Kunden berührt das Recht zur ordentlichen Kündigung der Bank nach Nr. 19 Ziff. 2 AGB-Banken nicht. Der Kreditgeber schafft durch die Gewährung von Krediten weder gegenüber einem Kunden noch gegenüber Gläubigern ihres Kunden einen Vertrauenstatbestand dergestalt, dass Kredite „ad calendas graecas" weitergewährt und nicht gekündigt werden.[256] Ein Kreditnehmer kann insbesondere von seiner Bank nicht verlangen, dass sie in Zukunft seinen steigenden Kreditbedarf vollständig befriedigt und ihm den ohne vorherige Absprache in Anspruch genommenen Überziehungskredit weiterhin zur Verfügung stellt. Der Kreditnehmer muss vielmehr trotz **Duldung einer Kontoüberziehung** damit rechnen, dass die Bank ihr Kündigungsrecht nach Nr. 19 Abs. 2 AGB-Banken ausübt und eine Rückführung der geduldeten Überziehung oder des gesamten Kredites verlangt.[257] Eine andere Beurteilung kann sich unter Berücksichtigung der Umstände des Einzelfalles dann ergeben, wenn die Bank wiederholt oder längerfristig erhebliche Überziehungen durch den Kreditnehmer geduldet hat. Darf der Kreditnehmer aufgrund des bisherigen Verhaltens der Bank darauf vertrauen, dass diese Kontoüberziehungen in der bisherigen Höhe auch weiterhin zulässt, so darf die Bank nicht ohne vorherige Warnung bzw. Abmahnung wegen Überschreitung der Kreditlinie den Kredit kündigen.[258] Ebenso darf die Bank auch nicht die Einlösung von Schecks verweigern, die der Kunde in berechtigtem Vertrauen auf die ungekündigte Linie in das Verhalten der Bank bereits ausgestellt und vor Kreditkündigung begeben hat, diese jedoch erst danach zur Einlösung bei der Bank vorlagen.[259] 197

In Abweichung von dem Grundsatz, dass ein Rechtsverhältnis durch einseitige Kündigungserklärung im Allgemeinen nur insgesamt beendet werden kann, ist bei einem beiderseits jederzeit kündbaren Kontokorrentkredit eine Teilkündigung, also eine **Reduzierung der Kreditlinie** zulässig.[260] 198

[252] Vgl. *Gößmann/Wagner-Wieduwilt/Weber* AGB-Banken Rn. 1/559.
[253] BGH WM 1977, 834; 1977, 1281 (1284).
[254] *Hopt/Mülbert* Kreditrecht § 609 Rn. 18.
[255] *Hopt/Mülbert* Kreditrecht § 609 Rn. 18, 76, 80.
[256] OLG Köln WM 1985, 1128, bestätigt durch BGH WM 1985, 1136 = WuB I A.–2.85 *Obermüller.*
[257] Vgl. BGH WM 1985, 1437 = WuB I A.–2.86 *Bruchner.*
[258] BGH WM 1985, 1437; NJW 1998, 602 = WM 1997, 2353.
[259] BGH WM 1994, 586; OLG Hamm WM 1985, 1411 = WuB I A.–4.86 *Fischer.*
[260] BGH WM 1999, 1206.

199 **c) Grenzen des Rechts zur ordentlichen Kündigung. aa) Entgegenstehende Vereinbarung/Zwecksetzung.** Eine ordentliche Kündigung des Darlehensgebers scheidet aus, wenn für das Darlehen eine bestimmte Laufzeit vereinbart worden ist, ohne dass eine Regelung zur vorzeitigen Kündigung getroffen worden ist. Eine Kündigung ist jedoch auch bei einem Kredit ohne Laufzeitvereinbarung ausgeschlossen, wenn das Kreditinstitut mit dem Kreditnehmer eine bestimmte Zwecksetzung abgesprochen hat, aus der sich eine Einschränkung der Kündigungsmöglichkeit ergibt. Wird zB mit einem Kredit der Zweck der öffentlichen Förderung einer Existenzgründung verfolgt, so kann das ordentliche Kündigungsrecht stillschweigend abbedungen sein, wenn aufgrund der Kreditkündigung auch andere öffentliche Existenzgründungsdarlehen fällig würden.[261] Da sich der Kreditnehmer gerade in der Phase der Existenzgründung meist in völliger wirtschaftlicher Abhängigkeit des Darlehensgebers befindet, führt eine ordentliche Kündigung in der Regel zu einer Vereitelung der ursprünglichen Zwecksetzung. Eine Kündigung käme in diesem Falle nur aus wichtigem Grunde in Betracht. Entsprechendes ist auch bei Sanierungskrediten[262] anzunehmen. Im Hinblick auf den Sanierungszweck ist die ordentliche Kündigung nach Nr. 19 Abs. 2 AGB-Banken in der Regel mindestens solange ausgeschlossen, als sich die wirtschaftliche Lage des Unternehmens nicht verschlechtert und die Sanierungsauflagen erfüllt werden.[263] Die Bank ist jedoch zur ordentlichen Kündigung eines unbefristeten Kredites berechtigt, wenn sich ein Scheitern der Sanierungsbemühungen abzeichnet.[264]

200 **bb) Verbot der Kündigung zur Unzeit.** Das in Nr. 19 Abs. 2 AGB-Banken enthaltene Recht der Bank, unbefristete Kredite jederzeit ohne Einhaltung einer Frist zu kündigen, steht nach der Intention der gesamten Kündigungsregel von Nr. 19 AGB-Banken unter dem selbstverständlichen Vorbehalt, dass die Kündigung stets unter Beachtung des Verbotes der Kündigung zur Unzeit erfolgt. In Nr. 26 Abs. 1 S. 2 AGB-Sparkassen wurde ausdrücklich ein entsprechender Hinweis aufgenommen. Dieser hat deklaratorische Bedeutung.

201 Das Verbot einer „Kündigung zur Unzeit" wurde in Analogie zu §§ 627 Abs. 2, 671 Abs. 2, 675 Abs. 1, Hs. 2 BGB entwickelt.[265] Bei der Kündigung zur Unzeit besteht der Verstoß gegen das Gebot der Rücksichtnahme darin, dass die Kündigung an sich gerechtfertigt wäre, wenn ihr eine Abmahnung oder Warnung vorausgegangen wäre, so dass sich der betroffene Kreditnehmer hierauf hätte einstellen und möglicherweise Abhilfe schaffen können. Das Verbot der Kündigung zur Unzeit soll insbesondere verhindern, dass der Adressat der Kündigung durch diese nicht derart überrascht wird, dass es ihm nicht möglich ist, sich die Darlehensvaluta rechtzeitig, dh vor Fälligkeit des Rückzahlungsanspruches anderweitig zu besorgen.[266] Ein derartiger Hinweis kann entfallen, wenn mit dem Kreditnehmer vereinbart war, dass er ganz kurzfristig die Darlehensvaluta zurückführen muss. Wie frühzeitig die Abmahnung oder Kündigungsabsicht mitgeteilt werden muss, hängt insbesondere von der wirtschaftlichen Lage des Kündigungsadressaten sowie davon ab, ob der Darlehensgeber einen Vertrauenstatbestand gesetzt hat, er werde nicht kündigen, und der Darlehensnehmer deswegen keine Vorbereitungen für den Kündigungsfall getroffen hat.[267] Eine Kündigung erfolgt insbesondere zur Unzeit, wenn der Darlehensnehmer unter Ausschöpfung seines freien Dispositionskreditrahmens Schecks zahlungshalber an Dritte begibt, die Bank jedoch deren Einlösung wegen inzwischen erfolgter Kündigung des unbefristeten Kredites verweigert.[268]

---

261 OLG Hamm WM 1985, 1411 = WuB I A.–4.86 *Fischer.*
262 BuB/*Früh* 3/46c und 162.
263 *Hopt/Mülbert* Kreditrecht § 607 Rn. 208 ff.; *Hopt/Mülbert* BGB § 609 Rn. 74.
264 OLG Hamm WM 1991, 402; OLG Frankfurt a. M. WM 1992, 1018.
265 Vgl. BGH WM 1985, 1128; OLG Hamm WM 1985, 1411; 1991, 402; *Hopt* ZHR 143 (1979), 139 (162); *Canaris* ZHR 143 (1979), 113 (114).
266 OLG Köln WM 1999, 1004.
267 Vgl. *Hopt* ZHR 143 (1979), 139 (163).
268 BGH WM 1984, 586; OLG Hamm WM 1985, 1411.

202 Eine Kündigung zur Unzeit ist nicht unwirksam,[269] jedoch rechtswidrig[270] und setzt eine objektiv angemessene Kündigungsfrist[271] in Gang. Da die Kündigung wirksam bleibt, kann es sich nur um die Rückzahlungsfrist[272] handeln.

Dem Adressaten einer Kündigung zur Unzeit steht ein verschuldensunabhängiger Schadensersatzanspruch entsprechend §§ 627 Abs. 2 S. 2, 671 Abs. 2 S. 2, 675 Abs. 1, Hs. 2, 723 Abs. 2 S. 2 BGB zu.[273]

203 **cc) Verbot der rechtsmissbräuchlichen Kündigung.** Das Kündigungsrecht aus Nr. 19 Abs. 2 AGB-Banken wird insbesondere durch das Rechtsmissbrauchsverbot des § 242 BGB begrenzt.[274] Eine Kündigung kann wegen widersprüchlichen Verhaltens („venire contra factum proprium") rechtsmissbräuchlich und daher unwirksam sein, wenn die Bank beim Kreditnehmer das berechtigte Vertrauen auf Weiterbestehen des Darlehensvertrages erweckt hat und noch weitere besondere Umstände hinzukommen.[275]

204 Ob die Bank im Einzelfall durch die Kündigung des Darlehensvertrages gegen das Rücksichtnahmegebot verstößt, kann nur unter Berücksichtigung aller Umstände des Einzelfalles beurteilt werden.[276] Hat zB eine Versicherungsgesellschaft einen Realkredit nur unter der Voraussetzung des Abschlusses einer Lebensversicherung gewährt, so darf der Versicherer den Kredit nicht ohne hinreichenden Grund kündigen, wenn ihm die Vorteile des langfristigen Versicherungsvertrages erhalten bleiben, weil der Versicherungs- und Darlehensnehmer eine Kündigung des Versicherungsvertrages mit Rücksicht auf die sich für ihn ergebenden nachteiligen finanziellen Folgen unterlässt.[277] Ebenfalls rechtsmissbräuchlich ist eine Kündigung, wenn die Bank ausreichend gesichert und der Zahlungsrückstand gering ist.[278] Derartige Kündigungen sind nach § 242 BGB unwirksam.

2. Das Recht zur außerordentlichen Kündigung aus wichtigem Grund

205 **a) Außerordentliches Kündigungsrecht nach § 490 Abs. 1 BGB wegen Gefährdung des Rückzahlungsanspruchs. aa) Allgemeines.** Im Zuge des Schuldrechtsmodernisierungsgesetzes (SMG) wurde das Recht des Darlehensgebers in § 490 Abs. 1 BGB neu geregelt; die neue Bestimmung knüpft an § 610 BGB aF und an Nr. 19 Abs. 3 AGB-Banken an. Mit der **Umsetzung der EU-Verbraucherkreditrichtlinie** vom 23.4.2008[279] in das deutsche Recht haben sich in § 490 Abs. 1 **nur redaktionelle Änderungen** ergeben.

206 Der Regelung kommt Leitbildfunktion[280] zu. Dem Kreditinstitut steht danach ein außerordentliches Kündigungsrecht zu, wenn eine ins **Gewicht fallende Kreditausfallgefahr** besteht. Das außerordentliche Kündigungsrecht ist verschuldensunabhängig.

207 Ein Kreditinstitut hat ein berechtigtes Interesse daran, den ausgereichten Kredit samt Zinsen zurückzuerhalten. Die Bank muss nicht nur die Interessen der Einleger, Aktionäre und Pfandbriefgläubiger wahren, sondern leistungsfähige und funktionsfähige Kreditinstitute sind zugleich eine unabdingbare Voraussetzung für eine positive volkswirtschaftliche

[269] BGH Urt. v. 20.5.2003 – XI ZR 50/02 = NJW 2003, 2674.
[270] OLG Düsseldorf WM 1983, 874 (882); OLG Celle ZIP 1982, 942 (951); *Canaris* Bankvertragsrecht Rn. 1263; *Hopt/Mülbert* Kreditrecht § 609 Rn. 23.
[271] BankR-HdB/*Bunte*, 4. Aufl. 2011, § 24 Rn. 19; *Herresthal* WM 2013, 773, 781; *Linnenbrink* BKR 2014, 10, 14.
[272] Vgl. *Nobbe* 16. WM-Tagung zum Kreditrecht am 20.5.2014, Unterlagen S. 4.
[273] Vgl. *Hopt* ZHR 143 (1979), 139 (163); *Canaris* Bankvertragsrecht Rn. 1363; **aA:** nur verschuldensabhängiger Schadensersatzanspruch, aber ohne weitere Begründung: *Herresthal* WM 2013, 773, 781.
[274] BGH WM 1985, 769; WM 1985, 1437; *Hopt/Mülbert* Kreditrecht § 609 Rn. 18, 77.
[275] *Canaris* Bankvertragsrecht Rn. 1265 ff.; *Hopt/Mülbert* Kreditrecht § 609 Rn. 18.
[276] BGH WM 1985, 1136.
[277] BGH WM 1987, 921 = ZIP 1987, 1005.
[278] OLG Schleswig Urt. v. 27.4.2006 – 5 U 176/05 = BKR 2006, 253 = ZIP 2006, 1339.
[279] RL 2008/48/EG des Europäischen Parlaments und des Rates v. 23.4.2008 über Verbraucherkreditverträge (Verbraucherkreditrichtlinie) ABl. 2008 L 133 S. 66.
[280] So auch MüKoBGB/*Berger* § 490 Rn. 22.

Entwicklung. Hierauf beruht der **allgemein anerkannte kreditvertragliche Grundsatz,** dass eine Bank **Kredit** unter Berücksichtigung der Bonität des Darlehensnehmers **nur gegen werthaltige Besicherung** zur Verfügung stellen soll. Auch die geltenden bankaufsichtlichen Vorgaben beruhen auf diesem elementaren Grundsatz.

Wegen der möglicherweise verschiedenartig zu Grunde liegenen Lebenssachverhalte besteht das Kündigungsrecht nach § 490 Abs. 1 BGB auch bei Verbraucherdarlehen neben dem Kündigungsrecht aus § 498 BGB, soweit es nicht auf einem Zahlungsverzug des Verbrauchers beruht.[281]

208 **bb) Regelungsinhalt.** Nach § 490 Abs. 1 BGB kann der Darlehensgeber den Darlehensvertrag **vor Auszahlung** des Darlehens im Zweifel **stets, nach Auszahlung** nur **in der Regel fristlos kündigen, wenn,**

– in den Vermögensverhältnissen des Darlehensnehmers oder
– in der Werthaltigkeit eines für das Darlehen gestellten Sicherheit
– eine wesentliche Verschlechterung eintritt
– oder einzutreten droht
– und dadurch die Rückerstattung des Darlehens, auch unter Verwertung der Sicherheit, ausfallgefährdet ist.

209 Die Bank ist zur außerordentlichen Kündigung befugt, wenn **im Verleich zum Vertagsabschlusszeitpunkt**[282] eine wesentliche **Verschlechterung der Vermögensverhältnisse**[283] eintritt oder einzutreten droht[284] und dadurch, auch bei Verwertung der Sicherheiten, die Erfüllung von Verbindlichkeiten der gegenüber der Bank gefährdet ist. Das Recht zur außerordentlichen Kündigung ist dann gegeben, wenn aufgrund objektiver Anhaltspunkte die Befürchtung begründet ist, dass der Kreditnehmer möglicherweise in eine Lage gerät, in der er nicht mehr im Stande ist, seine Zahlungsverpflichtungen gegenüber der Bank zu erfüllen und deshalb die Forderungen der Bank **ausfallgefährdet** sind. Der Kündigungsgrund ist daher erst dann gegeben, wenn die Verschlechterung der Vermögensverhältnisse oder das Ausmaß der Vermögensgefährdung einen Grad erreicht hat, der die Rückzahlung der Bankforderungen gefährdet erscheinen lässt. Die Bank muss mit der Kündigung nicht zuwarten, bis die Verschlechterung der Vermögensverhältnisse tatsächlich „eintritt".

210 Der **Begriff der Vermögensverhältnisse** umfasst die gesamte wirtschaftliche und finanzielle Situation des Kreditnehmers und schließt auch externe Faktoren ein, die sich auf seine Vermögenslage auswirken.[285] Aus diesem Grund ist die besondere Abhängigkeit des Kreditnehmers etwa von einem insolvent gewordenen Unternehmen von der wesentlichen Verteuerung der Rohstoffpreise oder einer gravierenden Verschlechterung der Absatzchancen bei der Beurteilung der Vermögensverhältnisse zu berücksichtigen.[286]

211 Indikatoren für eine **Verschlechterung der Vermögensverhältnisse** sind Zwangsvollstreckungsmaßnahmen anderer Gläubiger gegen den Darlehensnehmer[287], ständige und erhebliche Überziehungen einer eingeräumten Kreditlinie[288] oder laufende Verluste im Unternehmen. Dagegen reicht ein einmaliger Verlust in der Regel nicht.[289] Eine Verschlechterung der Vermögensverhältnisse kann durch negative unternehmensinterne Faktoren verursacht werden, etwa durch eine fehlerhafte Finanzplanung im Unternehmen.[290]

---

[281] OLG Düsseldorf Urt. v. 17.11.2005 – I 6 U 51/05 = MDR 2006, 919 mWN; **aA** *Knops* WM 2012, 1649 (1650).
[282] OLG Nürnberg Urt. v. 31.7.2012 – 14 U 1737/11 = WM 2012, 1866.
[283] OLG Frankfurt a. M. BKR 2003, 870.
[284] Vgl. hierzu OLG München WM 1996, 1623.
[285] BGH WM 1957, 949; *Gößmann/Wagner-Wieduwilt/Weber* AGB-Banken Rn. 1/589.
[286] *Canaris* Bankvertragsrecht Rn. 1254.
[287] OLG Frankfurt a. M. Urt. v. 10.1.2003 – 10 U 122/02 = BKR 2003, 870.
[288] OLG Hamm Urt. v. 12.9.1990 – 31 U 102/90 = NJW-RR 1991, 242 = WM 1991, 402.
[289] BGH WM 1984, 586.
[290] BGH WM 1960, 576.

Negative Indikatoren können sich im Einzelfall auch dadurch ergeben, dass der Darlehensnehmer oder sein Geschäftsführer unfähig sind, ein Unternehmen zu führen und mit Geschäftspartnern zu kooperieren[291] und dadurch die Erfüllung von Verbindlichkeiten gegen die Bank gefährdet wird.[292] Ein klares Indiz für eine schlechte Vermögenslage ist zB die bloße Vorladung des Darlehensnehmers zur Leistung der Eidesstattlichen Versicherung, da diese voraussetzt, dass vorausgegangene Zwangsvollstreckungen zumindest teilweise erfolglos geblieben oder die Zwangsvollstreckung ohne Aussicht auf vollen Erfolg gewesen sein muss.[293]

Eine wesentliche Verschlechterung der Vermögensverhältnisse erfordert keine Überschuldung oder Zahlungsunfähigkeit des Darlehensnehmers.

Nach übereinstimmender Ansicht mehrerer Oberlandesgerichte[294] ist ein Kreditinstitut – und zwar auch bei einem langjährigen Kreditverhältnis – nicht verpflichtet dem Kreditnehmer bei **Liquiditätsschwierigkeiten** Verbindlichkeiten zu stunden oder einen zusätzlichen Sanierungskredit[295] zu gewähren, um eine möglicherweise nur vorübergehende Zahlungsunfähigkeit zu überbrücken. Grundsätzlich bestehen keine Rechtspflichten der Bank zur Kreditbelassung und Sanierung, auch nicht zur Deckung eines kurzfristigen Liquiditätsbedarfs und bei Stellung bankmäßiger Sicherheiten.[296] Die Bank ist insbesondere berechtigt, den Kredit zu kündigen, wenn der Kreditnehmer seine Auflagen nicht vollständig erfüllt[297] oder wenn die Bank Anlass zur Annahme hat, der Sanierungsversuch sei gescheitert[298] und die Rückzahlung des Darlehens dadurch gefährdet. Es besteht auch kein allgemeiner Grundsatz, wonach ein Kreditinstitut dann nicht kündigen darf, wenn dadurch der Zusammenbruch eines Unternehmens herbeigeführt werden könnte.[299] **212**

Entgegen dem Wortlaut des Gesetzes müssen bei einer Verschlechterung der Werthaltigkeit von Sicherheiten kumulativ auch die Vermögensverhältnisse des Darlehensnehmers berücksichtigt werden, da trotz Verschlechtung der Sicherheiten bei entsprechenden anderweitigen Vermögensverhältnissen das Darlehen nicht ausfallgefährdet ist.[300]

Eine wesentliche **Verschlechterung der Werthaltigkeit** einer bestimmten für das Darlehen gestellten Sicherheit ist dann anzunehmen, wenn seit dem Zeitpunkt der Sicherheitenbestellung ein nicht unwesentlicher Wertverlust der **konkreten Sicherheit** eingetreten ist; der Wertverlust kann auch aus einer negativen Entwicklung der allgemeinen Marktverhältnisse resultieren. Die Sicherheit kann auch von einem Dritten bestellt sein, insbesondere in Form einer Bürgschaft; in diesem Falle kommt es sodann auf die Vermögensverhältnisse des Bürgen an.[301] **213**

In der Literatur[302] wird die Ansicht vertreten, dass ausreichende Sicherheiten dem Kündigungsrecht entgegenstehen, wenn nicht ein Wertverfall der Sicherheiten droht. Ob Sicherheiten im Einzelfall das gesamte Kreditrisiko abdecken, ist angesichts bestehender **Bewertungsspielräume** und Verwertungsschwierigkeiten im Voraus häufig schwer prognostizierbar. Maßgebend für die Sicherheitenbeurteilung sind die **prognostizierten**[303]**realisierbaren Werte,** die notfalls im Wege des Notverkaufs oder durch Zwangsversteigerung erzielbar sind (vgl. hierzu Nr. 16 AGB-Banken). Dabei ist zu berücksichtigen, dass in der **214**

291 BGH WM 1957, 949; 1960, 576.
292 Vgl. auch *Hopt/Mülbert* Kreditrecht § 609 Rn. 110.
293 BGH WM 1988, 1223 = WuB I A.–1.88 *Sonnenhol.*
294 OLG Zweibrücken WM 1984, 1635; OLG Düsseldorf WM 1989, 1838 = WuB I E 1.–3.90 *Hopt;* OLG Karlsruhe WM 1991, 1332; OLG Hamm WM 1991, 1116; OLG Frankfurt a. M. WM 1992, 1018 = OLG München WM 1994, 1028.
295 BuB/*Früh* Rn. 3/46a ff.; BuB/*Früh/Müller-Arends* Rn. 3/162.
296 *Rümker* KTS 1981, 493 (505); **aA** *Canaris* ZHR 143 (1979), 113.
297 OLG München WM 1994, 1028.
298 OLG Karlsruhe WM 1991, 1332; OLG Hamm WM 1991, 1116.
299 OLG Frankfurt a. M. WM 1992, 1018.
300 *Freitag* WM 2001, 2370 (2375).
301 *Freitag* WM 2001, 2370.
302 *Canaris* Bankvertragsrecht Rn. 1247.
303 OLG Brandenburg Urt. v. 18.11.2009 – 3 U 104/08 = WM 2010, 605.

Praxis oft nur sog Zerschlagungswerte erlöst werden. Deshalb kommt es bei den **prognostizierten realisierbaren Werten** nur auf die **Zerschlagungswerte** an.

Gerade die kritischen Diskussionen um die Bewertung von Globalsicherheiten[304] zeigen, wie ungewiss die Bemessung des tatsächlichen Wertes, also des realisierbaren Wertes von Sicherheiten ist. „Ausreichende Sicherheiten" stellen daher in der Regel keine Kündigungsschranke dar.[305] Zudem ist zu berücksichtigen, dass sich die Zahlungsverpflichtungen des Darlehensnehmers in Folge auflaufender Zinsen erhöhen können.

215 Das Recht der Bank zur Kündigung **wegen drohender Gefährdung der Darlehensrückzahlung** ist ein notwendiges Instrument zur Wahrnehmung eigener wirtschaftlicher Belange und zur Durchsetzung schutzwürdiger Interessen der Bank und deren Einleger.[306] Dabei ist die Bank verpflichtet, die Verschlechterung der Vermögensverhältnisse aus den ihr bekannten Umständen nach objektiven Maßstäben zu ermitteln.[307] Für die Beurteilung kommt es nicht darauf an, wie ein Sachverständiger rückschauend die damalige Lage des Kreditnehmers und seine Zukunftsprognose ohne Kreditkündigung einschätzt, maßgebend ist vielmehr, wie sich die erheblichen Tatsachen seinerzeit bei der Entscheidungsfindung hinsichtlich der Kündigung für die Beteiligten bei pflichtgemäßer Prüfung darstellten.[308]

216 Ein Recht zur fristlosen Kündigung des Darlehensvertrages nach § 490 Abs. 1 BGB ist auch dann gegeben, wenn die **Gefahr der Zahlungsunfähigkeit unmittelbar droht.**[309] Drohende Zahlungsunfähigkeit liegt vor, wenn der Schuldner voraussichtlich nicht in der Lage sein wird, die bestehenden Zahlungspflichten im Zeitpunkt der Fälligkeit zu erfüllen.[310] Kreditinstitute müssen mit einer Darlehenskündigung regelmäßig nicht erst den Eintritt der Zahlungsunfähigkeit abwarten. Wegen der Gefahr der Kundeninsolvenz, die mit der drohenden Zahlungsunfähigkeit einhergeht, ist es einem Kreditinstitut nicht zuzumuten, einen Darlehensvertrag fortzusetzen.[311] Das Recht des Kreditinstitutes zur fristlosen Kündigung wegen drohender Zahlungsunfähigkeit ist nicht zuletzt auch deshalb gerechtfertigt, weil die InsO – im Gegensatz zur alten Konkursordnung – die drohende Zahlungsunfähigkeit in den erweiterten Kreis der Insolvenzgründe aufgenommen hat.

217 Die fristlose Kündigung wegen drohender Zahlungsunfähigkeit verstößt auch nicht gegen Treu und Glauben (§ 242 BGB) oder gegen das Verbot einer Kündigung zur Unzeit.[312]

218 **cc) Fristlose Kündigung.** Die Kündigung ist an keine Frist gebunden und fristlos möglich. Es ist jedoch auch zulässig, die Kündigung auf einen späteren Zeitpunkt nach Zugang (§ 130) als Kündigungstermin zu erklären. Das Recht zur Kündigung besteht im Zweifel immer und ausnahmslos („stets"), wenn der Darlehensbetrag noch nicht ausgezahlt worden ist (§ 490 Abs. 1 vorletzter Halbsatz). Ist das Darlehen bereits ausgezahlt, so kann „in der Regel" nur gekündigt werden.

219 Es sind auch Fallkonstellationen möglich, in denen es der Interessenlage der Parteien besser entspricht, das Darlehen bis auf weiteres dem Darlehensnehmer zu belassen, weil sich die Vermögenslage des Darlehensnehmers im Falle einer Kreditkündigung wegen der dann drohenden Insolvenz noch weiter verschlechtert. Dies setzt freilich voraus, dass dem

---

[304] Vgl. *Rellermeyer* WM 1994, 1009 ff. und 1053 ff.; *Neuhoff* NJW 1994, 1763 ff.; *Neuhoff* NJW 1995, 1068; *Bruchner* Bankrechtstag 1994, S. 35 ff.

[305] Vgl. zutreffend WuB I A. Nr. 17 AGB-Banken 1.93 *Hadding;* WuB I A. Nr. 17 AGB-Banken 3.86 *Obermüller; Gößmann/Wagner-Wieduwilt/Weber* AGB Banken Rn. 1/592; inzwischen auch MüKoBGB/*Berger* § 490 Rn. 9.

[306] Vgl. hierzu OLG Frankfurt a. M. WM 1994, 1635; OLG Frankfurt a. M. WM 1992, 1018.

[307] Vgl. *Hopt/Mülbert* Kreditrecht § 609 Rn. 112.

[308] BGH WM 1985, 1436; 1986, 605; 1988, 1223; *Obermüller* Handbuch zum Insolvenzrecht für die Kreditwirtschaft Rn. 1025.

[309] BGH WM 2003, 1416 = WuB I A 2 – Nr. 19 AGB-Banken – 1.03 *Haertlein/Schmidt;* vgl. auch *Obermüller* Insolvenzrecht in der Bankpraxis, 5. Aufl. 1997, Rn. 5.70 mwN.

[310] Vgl. *Uhlenbruck* InsO, 12. Aufl. 2003, § 18 Rn. 1.

[311] Vgl. bereits BGH WM 1985, 1493.

[312] BGH WM 2003, 1416.

Darlehensgeber das erhöhte Risiko zuzumuten ist, weil sonst der Tatbestand des § 314 BGB vorläge.[313]

Zulässig ist auch eine **Teilkündigung des Kredites** – etwa in Höhe der Verschlechterung der Werthaltigkeit der bestellten Sicherheit, da eine Teilkündigung ein Minus im Vergleich zur Kündigung des gesamten Darlehens darstellt. 220

Das **Kündigungsrecht wegen Kreditausfallgefährdung** nach § 490 Abs. 1 BGB ist – im Gegensatz zum Kündigungsrecht wegen Wegfall der Geschäftsgrundlage (§ 314 Abs. 2 BGB) **zeitlich nicht befristet.** 221

dd) Keine abschließende Regelung. § 490 Abs. 3 BGB weist darauf hin, dass die Vorschriften des § 313 BGB über die **„Störung der Geschäftsgrundlage"** und § 314 BGB über die **„Kündigung von Dauerschuldverhältnissen aus wichtigem Grund"** unberührt bleiben. Damit wird klargestellt, dass das in § 490 Abs. 1 BGB normierte außerordentliche Kündigungsrecht des Darlehensgebers keine abschließende Regelung darstellt. Neben den gesetzlichen Regelungen der §§ 313, 314 BGB gibt es noch weitere geschriebene und ungeschriebene Gründe, die den Darlehensgeber zur außerordentlichen Kündigung berechtigen. 222

b) Außerordentliches Kündigungsrecht nach § 313 Abs. 3 BGB wegen Störung der Geschäftsgrundlage. aa) Allgemeines. Im Zuge des Schuldrechtsmodernisierungsgesetzes sind die Rechtsgrundsätze über die Störung der Geschäftsgrundlage in § 313 verankert worden; inhaltlich stimmt die neue gesetzliche Regelung mit den bisher von der Rechtsprechung angewandten Grundsätzen überein.[314] § 313 BGB ermöglicht unter bestimmten Voraussetzungen bei Störungen der Geschäftsgrundlage die **Anpassung des Vertragsinhaltes an** veränderte Verhältnisse. Diese Voraussetzungen können insbesondere gegeben sein, wenn sich infolge einer gravierenden Verschlechterung der Vermögensverhältnisse des Darlehensnehmers, eines etwaigen Drittsicherungsgebers, einer Verschlechterung der bestellten Kreditsicherheit oder infolge des Verlustes der Kapitaldienstfähigkeit eines Grundpfandobjektes der Ausfall des Kredites – zumindest zu einem nicht unwesentlichen Teil droht. 223

Das Außerordentliche Kündigungsrecht nach § 313 Abs. 3 Satz 2 BGB besteht unabhängig vom außerordentlichen Kündigungsrecht nach § 490 BGB und kann daneben oder anstelle von § 490 ausgeübt werden (§ 490 Abs. 3 BGB). 224

bb) Regelungsinhalt. Eine Störung der Geschäftsgrundlage im Sinne von § 313 BGB ist gegeben, wenn sich **Umstände, die zur Grundlage des Vertrages** geworden sind, nach Vertragsabschluss **schwerwiegend verändert** haben und die Parteien den Vertrag nicht oder mit anderem Inhalt geschlossen hätten, wenn sie diese Veränderung vorausgesehen hätten; in diesem Falle kann **Anpassung des Vertrages verlangt werden** soweit einem Teil unter Berücksichtigung aller Umstände des Einzelfalles, insbesondere der vertraglichen oder gesetzlichen Risikoverteilung, das Festhalten am unveränderten Vertrag nicht zugemutet werden kann (§ 313 Abs. 1 BGB). 225

Einer Veränderung der Umstände steht es gleich, wenn wesentliche Vorstellungen, die zur **Grundlage des Vertrages** geworden sind, **sich als falsch herausstellen** (§ 313 Abs. 2 BGB). 226

Ist eine **Anpassung des Vertrages nicht möglich** oder einem Teil **nicht zumutbar,** so kann der benachteiligte Teil vom Vertrag zurücktreten. An die Stelle des Rücktrittsrechtes für die Dauer der Schuldverhältnisse tritt das **Recht zur Kündigung** (= § 313 Abs. 3 BGB). 227

Die Vorschriften von § 313 BGB über die Störung der Geschäftsgrundlage überschneiden sich inhaltlich mit dem außerordentlichen Kündigungsrecht wegen drohender Kreditausfallgefährdung nach § 490 Abs. 1 BGB. In diesem Zusammenhang ist das Auftreten 228

---

[313] Vgl. hierzu Palandt/*Weidenkaff* BGB § 490 Rn. 8.

[314] Vgl. *Hey* FS Canaris, 2002, 21 ff.

einer **Sicherheiten-Deckungslücke** und deren Beseitigung durch Sicherheitenbestellung bzw. -verstärkung, – also durch entsprechende Anpassung des Kreditvertragsverhältnisses – in der Kreditpraxis von besonderer Bedeutung.

229 **cc) Kreditkündigung wegen unterlassener Sicherheitenbestellung-/verstärkung (= gescheiterte Vertragsanpassung).** Das Recht zur Nachbesicherung der Bank bei Unterdeckung eines Kredites und das Recht zur Kündigung aus wichtigem Grund bei unterbliebener Nachbesicherung bzw. Sicherheitenbestellung ist im Einzelnen bereits in Nr. 13 Abs. 2 iVm Nr. 19 Abs. 3 AGB-Banken (Nr. 22 Abs. 1 iVm Nr. 26 Abs. 2 S. 3b AGB-Sparkassen) geregelt; die Bank-AGB-rechtlichen Regelungen über die Nachbesicherung, die von der höchstrichterlichen Rechtsprechung bestätigt worden sind,[315] sind ein **besonders wichtiger Fall der Vertragsanpassung im Sinne von § 313 Abs. 1 BGB** im Bereich des Kredit-Vertragsverhältnisses.

230 Nach einem allgemein anerkannten **kreditrechtlichen Grundsatz** soll ein Kredit nur gegen entsprechende werthaltige Besicherung zur Verfügung gestellt werden. Nr. 13 Abs. 1 AGB-Banken postuliert daher das **Recht** des Kreditinstitutes auf **Bestellung** entsprechender **bankmäßiger Sicherheit** zur **Unterdeckung aller Ansprüche aus bankmäßiger Geschäftsverbindung.** Die Bank kann nur bankmäßige, nicht jedoch bestimmte Sicherheiten bzw. Sicherheitenarten verlangen.

231 Nr. 13 Abs. 2 AGB-Banken gibt dem Darlehensgeber ein **Recht auf nachträgliche Sicherheitenbestellung** oder **Verstärkung** auch für den Fall, dass die Bank zwar zunächst von einer (vollen) Besicherung des Kreditrisikos abgesehen hatte, inzwischen jedoch Umstände eingetreten sind, die eine erhöhte Risikobewertung der Ansprüche gegen Darlehensnehmer rechtfertigen. Ein derartiger Nachbesicherungsanspruch ist auch dann gegeben, wenn der Kredit selbst noch laufend bedient wird.[316]

232 Ein **Besicherungsanspruch** der Bank **besteht** im Einzelfall jedoch **nicht,** wenn bei Abschluss des Kreditvertrages **ausdrücklich vereinbart** worden ist, dass der Darlehensnehmer keine oder ausschließlich die konkret benannten Sicherheiten zu bestellen hat. Bei Verbraucherkrediten ist ein Anspruch auf Bestellung oder Verstärkung von Sicherheiten dann gegeben, wenn der vereinbarte Nettokreditvertrag 75.000,– EUR übersteigt und der Kreditvertrag keine oder keine abweichenden Angaben über Sicherheiten enthält (vgl. § 494 Abs. 6 S. 3 BGB; Nr. 13 Abs. 2 S. 4 AGB-Banken).

233 Die erhöhte Risikobewertung in Höhe von Nr. 13 Abs. 2 AGB-Banken (Nr. 22 Abs. 1 AGB-Sparkassen) kann vor allem in der wertmäßigen Verschlechterung – oder in der drohenden Verschlechterung – der vorhandenen Sicherheit ihre Ursache haben. Für die Risikobewertung ist freilich wesentlich, welcher konkrete Wert der Sicherheit zugrunde gelegt wird. Nach **Nr. 16** Abs. 1 **AGB-Banken** (Nr. 22 Abs. 2 S. 1 AGB-Sparkassen)kann die Bank ihren Anspruch auf Verstärkung von Sicherheiten solange geltend machen, bis der **„realisierbare Wert“** aller Sicherheiten den Gesamtbetrag aller Ansprüche aus der bankmäßigen Geschäftsverbindung entspricht. Der maßgebende Parameter für die Risikobewertung ist daher der realisierbare Wert. Unter realisierbarem Wert ist der „Notverkaufswert“ bzw. Liquidationswert (zB der voraussichtlich in einem in Kürze anstehenden Zwangsversteigerungsverfahren erzielbare Erlös) zu verstehen.

234 Die Bank muss den von ihr geschätzten realisierbaren Wert anhand gemachter Erfahrungen plausibel darlegen können. Dabei sind Bewertungsspielräume angemessen zu berücksichtigen. Die Bank muss ferner darlegen, dass die Deckungslücke zwischen Bankforderung und dem realisierbaren Wert der Sicherheit(en) einen Umfang erreicht hat, der in Folge der drohenden Ausfallgefahr das berechtigte Sicherungsinteresse der Bank tangiert.

235 In der Rechtsprechung wurden noch keine Anhaltspunkte dafür entwickelt, wie **groß die Deckungslücke mindestens sein muss,** um im konkreten Einzelfall den Anspruch auf Nachbesicherung auszulösen Aufgrund der Bewertungsspielräume bei Bewertungen

---

[315] BGH WM 1979, 1176 (1179); 1981, 150 (151); 1985, 769.
[316] BGH NJW 1998, 385.

kann es keine durch konkrete Prozentzahlen ausgelöste Automatik geben. Die Deckungslücke muss jedoch unter Berücksichtigung des Einzelfalles und der gegebenen Bewertungsspielräume ins Gewicht fallen und muss das berechtigte Sicherungsinteresse des Darlehensgebers nachweislich tangieren. Dies ist bei einer **geschätzten Deckungslücke von mehr als 15 % anzunehmen.**

Für die Bestellung oder Verstärkung von Sicherheiten wird die Bank eine angemessene Frist einräumen. Beabsichtigt die Bank, von ihrem Recht zur fristlosen Kündigung nach Nr. 19 Abs. 3 der AGB-Banken Gebrauch zu machen, falls der Darlehensnehmer seiner Verpflichtung zur Bestellung oder Verstärkung von Sicherheiten nicht fristgerecht nachkommt, so muss sie hierauf zuvor hinweisen (Nr. 13 Abs. 3 AGB-Banken). 236

dd) Einvernehmliche Vertragsanpassung durch Erhöhung der Risikoprämie. Ist die Bank berechtigt, den Kredit aus wichtigem Grunde nach § 313 BGB oder nach Nr. 13 Abs. 2 in Verbindung mit Nr. 19 Abs. 3 AGB-Banken (Nr. 22 Abs. 1 iVm Nr. 26 Abs. 2 S. 3b AGB-Sparkassen) wegen Verweigerung oder Unmöglichkeit einer Nachbesicherung fristlos zu kündigen, so kann sie – anstelle der Kreditkündigung – dem Darlehensnehmer die Fortsetzung des Kreditverhältnisses zu höheren – risikoadäquaten – Konditionen vereinbaren, sofern dies der Bank unter Berücksichtigung aller Umstände des Einzelfalles wirtschaftlich vertretbar erscheint und ihr dies zumutbar ist. Die Vereinbarung einer angemessenen erhöhten Risikoprämie stellt im Vergleich zur Kreditkündigung für den Darlehensnehmer die **mildere Maßnahme** dar und liegt daher auch in seinem Interesse. 237

Eine entsprechende Fallkonstellation ist zB denkbar, wenn der Darlehensnehmer keine Zusatzsicherheit stellen kann und eine Kündigung des Kredites für die Bank unweigerlich zu einer endgültigen Realisierung des Verlustes führen würde, während eine für den Darlehensnehmer tragbare Konditionenerhöhung bei bestehender Chance einer Verbesserung der wirtschaftlichen Verhältnisse des Kunden oder einer möglichen Werterholung der Sicherheit auch im Interesse der Bank läge. Die wirtschaftliche Abwägung und Entscheidung liegt freilich ausschließlich im Ermessen der Bank. Die Anwendung des Rechtsinstituts der einvernehmlichen Vertragsanpassung im Sinne von § 313 Abs. 1 BGH – zB durch Konditionenanhebung – als Alternative zur Vertragskündigung auch bei unterbliebener Nachbesicherung liegt im vorliegenden Falle im wirtschaftlichen Interesse aller Beteiligten. 238

Die Bank muss jedoch beachten, dass im Falle einer Vertragsanpassung eine außerordentliche Kündigung wegen unterbliebener Nachbesicherung nicht mehr möglich ist, es sei denn, dass sich die wirtschaftlichen Verhältnisse bzw. die Werthaltigkeit der Banksicherheiten nach Vertragsanpassung durch Erhöhung der Risikoprämie erneut wesentlich verschlechtert und somit ein neuer wichtiger Grund gegeben ist. 239

ee) Keine gesetzliche Befristung des Kündigungsrechtes nach § 313 Abs. 3 Satz 2 BGB. Während das außerordentliche Kündigungsrecht für Dauerschuldverhältnisse wegen Wegfall der Geschäftsgrundlage nach § 314 Abs. 3 BGB nur innerhalb einer angemessenen Frist zulässig ist, sieht § 313 BGB im Hinblick auf das außerordentliche Kündigungsrecht nach § 313 Abs. 3 BGB wegen Störung der Geschäftsgrundlage keine zeitliche Beschränkung vor. Dies ist auch sachgerecht, da die Vertragsparteien bei der Verhandlung über eine einvernehmliche Vertragsanpassung genügend Handlungsspielraum benötigen und über ausreichende Flexibilität verfügen müssen. 240

c) Kündigung von Dauerschuldverhältnissen aus wichtigem Grund (§ 314 BGB). aa) Allgemeines. Die durch das Schuldrechtsmodernisierungsgesetz eingefügte Vorschrift übernimmt das von der Rechtsprechung und Lehre für Dauerschuldverhältnisse entwickelte Kündigungsrecht aus wichtigem Grund. Da Darlehensverhältnisse Dauerschuldverhältnisse darstellen, kommt die Anwendung dieser Vorschrift neben § 490 BGB ausdrücklich (vgl. § 490 Abs. 3 BGB) in Betracht. 241

242 **bb) Regelungsinhalt.** Nach § 314 Abs. 1 BGB kann jeder Vertragsteil aus wichtigem Grunde Dauerschuldverhältnisse ohne Einhaltung einer Kündigungsfrist kündigen. Ein wichtiger Grund liegt vor, wenn dem kündigenden Teil unter Berücksichtigung aller Umstände des Einzelfalls und unter Abwägung der beiderseitigen Interessen **die Fortsetzung des Vertragsverhältnisses** bis zur vereinbarten Beendigung oder bis zum Ablauf einer Kündigungsfrist **nicht zugemutet werden kann.**

243 Besteht der wichtige Grund in der Verletzung einer Pflicht aus dem Vertrag, ist die Kündigung erst nach erfolglosem Ablauf einer zur Abhilfe bestimmten Frist oder nach erfolgloser **Abmahnung** zulässig. § 323 Abs. 2 BGB findet nach § 314 Abs. 2 S. 2 BGB entsprechende Anwendung.

244 Der Berechtigte kann nur **innerhalb einer angemessenen Frist kündigen,** nachdem er vom Kündigungsgrund Kenntnis erlangt hat (§ 314 Abs. 3).

245 Die Berechtigung, **Schadensersatz** zu **verlangen,** wird durch die Kündigung nicht ausgeschlossen (= § 314 Abs. 4). Danach kann der Darlehensgeber also bei einer Kündigung aus wichtigem Grunde in jedem Falle eine Vorfälligkeitsentschädigung im Sinne von § 490 Abs. 2 BGB verlangen.

246 **cc) Unzumutbarkeit der Vertragsfortsetzung.** Ein **wichtiger Grund,** der zur fristlosen Kündigung berechtigt, ist gegeben, wenn Tatsachen vorliegen, aufgrund deren der Bank unter Berücksichtigung aller Umstände des Einzelfalles und unter Abwägung der Interessen beider Vertragsteile die Fortsetzung des Vertrages bis zum Ablauf der vereinbarten Kündigungsfrist oder bis zur vereinbarten Beendigung des Vertragsverhältnisses nicht mehr zugemutet werden kann.[317] Ein wichtiger Grund ist eine schwerwiegende Pflichtverletzung.[318] Diese wird häufig mit der ausbleibenden oder gefährdeten Rückführung des Kredits im Zusammenhang stehen. Auch wenn die Bank über ausreichende Sicherheiten verfügt, damit die Rückzahlung des Darlehens nicht gefährdet ist und deshalb die Kündigung nach § 490 Abs. I BGB nicht eröffnet ist, kann die Bank dennoch bei unmittelbar drohender Zahlungsunfähigkeit des Darlehensnehmers nach § 314 Abs. 1 BGB kündigen.[319]

Ebenso ist die nachhaltige und beharrliche Nichtoffenlegung der finanziellen Situation durch den Darlehensnehmer ein wichtiger Grund i. S. v. § 314 Abs. 1 BGB.[320], selbst wenn bislang die Zahlungsverpflichtungen aus dem Darlehensvertrag erfüllt wurden.[321] Falsche Angaben in der Selbstauskunft, insbesondere zum Verwendungszweck des Darlehens[322] oder zu Zwangsvollstreckungsmaßnahmen[323] stellen ebenfalls einen wichtigen Grund dar. Ein wichtiger Grund ist auch die langandauernde Kreditüberziehung trotz wiederholter Abmahnung.[324] Eine Pflichtverletzung kann jedoch auch in anhaltend herabwertenden, beleidigenden Äußerungen des Kunden liegen, so dass eine Geschäftsbasis nicht mehr gegeben ist. In diesem Falle kann wegen Unzumutbarkeit der Fortsetzung der Geschäftsbeziehung das Giroverhältnis[325] sowie ggf. der damit verbundene eingeräumte Überziehungskredit aus wichtigem Grunde gekündigt werden.

247 Demgegenüber fehlt es jedoch an einem wichtigen Grund, wenn noch erwartet werden kann, dass der Kreditnehmer die Verstöße gegen seine vertraglichen Pflichten nach einer angemessenen Abmahnung aufgeben und auch die der Bank nachteiligen Folgen seines

---

317 BGH WM 1977, 234; 1986, 605 = WuB I A.–5.86 *Schröter.*

318 BGH WM 1978, 234; *Obermüller* ZIP 1980, 337 (343); *Canaris* Bankvertragsrecht Rn. 1248.

319 BGH Urt. v. 21.9.1989 – III ZR 287/88 = NJW-RR 1990, 110; BGH Urt. v. 20.5.2003 – XI ZR 50/02 = BKR 2003, 631; OLG Schleswig Beschl. v. 3.5.2010 – 5 U 29/10 = WM 2011, 460.

320 OLG Nürnberg Urt. v. 30.3.2009 – 14 U 297/07 = BKR 2010, 458; OLG Frankfurt Urt. v. 25.3.2011 – 19 U 173/10 = ZIP 2011, 999 = BeckRS 2011, 10893.

321 OLG Frankfurt Urt. v. 25.3.2011 – 19 U 173/10 = ZIP 2011, 999 = BeckRS 2011, 10893.

322 KG Urt. v. 12.5.2010 – 24 U 43/09 = WM 2010, 1890.

323 OLG Saarbrücken Urt. v. 13.7.2006 – 8 U 425/05–119 = WM 2010, 1890.

324 BGH WM 1978, 234; 1985, 769.

325 Vgl. OLG Köln WM 1993, 325; LG Berlin Urt. v. 24.4.2003 – 215 1/03 = WM 2003, 1895.

bisherigen Verhaltens beheben wird. Unter dieser Voraussetzung ist die Fortsetzung der Geschäftsbeziehung für die Bank noch nicht unzumutbar. Vielmehr ist in derartigen Fällen eine Warnung wegen der in der Regel einschneidenden Folgen einer Lösung der Bankverbindung geboten. Ein Kunde muss insbesondere vor Aufhebung der Geschäftsbeziehung abgemahnt werden, wenn infolge der Ungenauigkeit der bisherigen Abreden oder eines stillschweigenden Entgegenkommens der Bank Zweifel darüber möglich sind, ob die Bank sein Verhalten überhaupt als vertragswidrig angesehen habe, insbesondere, weil er annehmen konnte, die Bank werde sein vertragswidriges Verhalten, etwa eine Kontoüberziehung, weiterhin dulden.[326] Eine Abmahnung ist jedoch nicht erforderlich, wenn der Kunde seinerseits der Bank gegenüber abschließend zum Ausdruck gebracht hat, dass er die Vertragsverletzung nicht beseitigt. Eine Verpflichtung zur vorherigen Abmahnung bzw. Warnung entfällt auch dann, wenn infolge des vorliegenden Grundes das Vertrauensverhältnis irreparabel gestört ist und der Bank somit eine Fortsetzung des Vertragsverhältnisses nicht zugemutet werden kann.[327] Eine vorherige Warnung oder Ankündigung der Kündigungsabsicht kann auch unterbleiben, wenn der Kreditnehmer offensichtlich nicht (mehr) in der Lage ist, den wichtigen Grund zu beseitigen.

Es besteht kein Grund zur außerordentlichen Kreditkündigung, wenn die Umstände, die **248**
zur Kündigung herangezogen werden, den Kreditgeber im Zeitpunkt der Kreditgewährung bekannt waren.[328]

dd) Verhältnis zwischen § 490 BGB und § 314 BGB – (zeitliche) Beschränkung **249**
des Kündigungsrechts. § 490 Abs. 1 BGB regelt das **spezifisch darlehensvertragliche außerordentliche Kündigungsrecht; § 314 BGB** normiert das **außerordentliche Kündigungsrecht** für alle Dauerschuldverhältnisse **wegen Wegfall der Geschäftsgrundlage.** Die Kündigungsgründe nach § 490 BGB und § 314 BGB stehen unabhängig nebeneinander (vgl. § 490 Abs. 3 BGB). Die Anwendungsbereiche beider Bestimmungen können sich überschneiden; das darlehensvertragliche außerordentliche Kündigungsrecht des § 490 BGB stellt jedoch gegenüber § 314 BGB eine Spezialregelung dar.[329]

In diesem Zusammenhang ist von Interesse, dass der Berechtigte **nach § 314 Abs. 3** **250**
BGB nur **innerhalb einer angemessenen Frist** nach Kenntniserlangung des Kündigungsgrundes **kündigen** kann. Die Rechtfertigung für die zeitliche Beschränkung des Kündigungsgrundes liegt bei § 314 BGB darin, dass mit Kenntnis des Wegfalls der Geschäftsgrundlage eine klare Informationslage gegeben ist, auf die der Berechtigte in angemessener Frist reagieren kann. Deshalb kann die Kündigung nur innerhalb einer angemessenen Frist nach Kenntniserlangung durch die Bank über alle wesentlichen Umstände der Kündigung erfolgen. Die Kenntnis ist ausschlaggebend, ein bloßes Kennenmüssen genügt nicht.[330] Die angemessene Frist bestimmt sich nach dem Einzelfall, die starre Ausschlusfrist des § 626 Abs. 2 BGB ist nicht anzuwenden.[331] Die dienstvertragliche Vorschrift des § 626 Abs. 2 BGB soll nämlich den Arbeitnehmer davor schützen, dass erst viel später auf einen längst bekannten fristlosen Kündigungsgrund wieder zurückgegriffen wird. Bei der Kündigung eines Darlehens ist aber ein gründliches Abwägen angesagt, da eine Darlehenskündigung meist weitreichende Folgen für den Darlehensnehmer hat. Eine Frist von sechs Wochen kann deshalb ohne weiteres noch angemessen sein.[332]

Dem gegenüber sieht das darlehensvertragliche Kündigungsrecht des **§ 490 BGB** – aus gutem Grund – **keine zeitliche Beschränkung des Kündigungsrechtes** vor. Das außerordentliche Kündigungsrecht des § 490 BGB besteht bei **Gefährdung des Rückzahlungsanspruches.** Besteht eine derartige Gefährdungslage, so wird die Bank regelmäßig

[326] BGH WM 1978, 234 (238); 1979, 1176 (1179).
[327] BGH WM 1979, 1076 (1180); 1985, 1437 = WuB I A.–2.86 *Bruchner.*
[328] BGH WM 2002, 1345; OLG Düsseldorf WM 1978, 1300.
[329] *Wittig/Wittig* WM 2002, 145 (149).
[330] BGH Urt. v. 9.4.2013 – II ZR 273/11 = WM 2013, 931 = ZIP 2013, 971.
[331] BGH Urt. v. 25.11.2010 – Xa ZR 48/09 Tz. 27 ff. = NJW 2011, 1438.
[332] OLG Nürnberg Urt. v. 27.4.2009 – 14 U 1037/08 = WM 2009, 1744.

verschiedene Überlegungen anstellen, auf welche Weise das Kreditausfallrisiko eingeschränkt werden kann. Dabei sind die Bemühungen um Schließung der Deckungslücke durch Sicherheitenverstärkung nur eine von mehreren möglichen Gestaltungsvarianten. Für die Bank ergibt sich sehr häufig eine **unübersichtliche Konfliktlage;** kündigt die Bank das Darlehen wegen Gefährdung des Rückzahlungsanspruches und verwertet sie sodann die Sicherheiten, so erhält sie nur Notverkaufserlöse bzw. Zerschlagungswerte; in diesem Falle realisiert die Bank den Schaden sofort in unumkehrbarer Weise. Sieht die Bank jedoch die Chance einer Wertverbesserung der Immobiliensicherheit wegen einer möglichen Markterholung oder wegen einer eventuellen Verbesserung der Vermögensverhältnisse des Darlehensnehmers, so kann sie durch ein Zuwarten ihren im Falle einer Kündigung sonst sicher eintretenden Schaden möglicherweise noch vermeiden oder zumindest reduzieren. Diese komplexe Interessenlage mit Eigendynamik unterschiedlicher wirtschaftlicher Entwicklungen zeigt, dass eine **zeitliche Einschränkung des Kündigungsrechtes bei Gefährdung des Rückzahlungsanspruchs den berechtigten Interessen des Kreditgebers schaden würde.** Natürlich muss die Bank ihrerseits auch gegenüber dem Darlehensnehmer stets das Rücksichtnahmegebot beachten; auch darf sie durch ihr Verhalten auf das Kündigungsrecht nicht konkludent verzichten.

251 **d) Sonstige wichtige Gründe.** *Unrichtige Angabe über die Vermögenslage.* Der Kreditantragsteller ist verpflichtet, den Kreditgeber über seine Vermögensverhältnisse aufzuklären sowie insbesondere über die erkennbar für die Kreditentscheidung erheblichen Tatsachen zu informieren. Der Verstoß gegen die Aufklärungspflichten kann nach Nr. 19 Abs. 3 S. 2, 1. Spiegelstrich AGB-Banken eine Kündigung aus wichtigem Grund rechtfertigen.[333] Es steht darüber hinaus einer „unrichtigen Angabe über die Vermögenslage" gleich, wenn der Kreditnehmer es pflichtwidrig unterlässt, die Bank vor Kreditgewährung vollständig über seine tatsächlichen Vermögensverhältnisse aufzuklären.[334] Ein wichtiger Grund ist daher zB anzunehmen, wenn der Kreditnehmer bei der Umschuldung sowohl seinen um rd. 50 % höheren Kreditbedarf als auch die Tatsache verschwiegen hat, dass er offensichtlich seine fälligen Forderungen gegenüber anderen Gläubigern nicht erfüllen konnte.[335] Die Bank kann Aufklärung über diejenigen Umstände verlangen, die für die Einschätzung der persönlichen Zuverlässigkeit und der Bonität des Kreditnehmers von Bedeutung sind und über Umstände, anhand deren die Sicherheit des Kredites beurteilt werden kann.[336]

252 Ein außerordentlicher Kündigungsgrund ist nicht gegeben, wenn der Darlehensnehmer fällige Ratenzahlungen aus erwägenswerten **rechtlichen Zweifeln** verweigert.[337]

253 Verweigert ein Kreditnehmer die Vorlage von Unterlagen, die die Bank nach § 18 KWG verpflichtet ist, sich vorlegen zu lassen, so ist die Bank zur fristlosen Kündigung berechtigt.[338] **§ 18 Abs. 1 S. 1 KWG** verpflichtet ein Kreditinstitut, sich bei Krediten über 750.000 EUR die wirtschaftlichen Verhältnisse, insbesondere durch Vorlage der Jahresabschlüsse offenlegen zu lassen und den Kredit während der gesamten Laufzeit zu überwachen, um bei Verschlechterung der wirtschaftlichen Verhältnisse Vorsorge treffen zu können.[339] Kreditinstitute sind verpflichtet, sich um die Vorlage derartiger Angaben zu bemühen und die weitere Kreditgewährung von einer solchen Vorlage abhängig zu machen, also den Kredit zu kündigen, wenn ihnen die Erfüllung ihrer gesetzlichen bußgeldbewehrten Verpflichtung durch das Verhalten des Kunden unmöglich gemacht wird.[340]

---

[333] BGH WM 1979, 1176 (1180); 1985, 1437.
[334] BGH WM 1985, 1437 = WuB I A.–2.86 *Bruchner; Hopt* ZHR 143 (1979), 161.
[335] BGH WM 1985, 1437.
[336] *Canaris* Bankvertragsrecht Rn. 1247.
[337] BGH WM 1981, 679; 1988, 195 (197).
[338] BGH WM 1983, 926; NJW 1994, 2154.
[339] Vgl. *Jährig/Schuck-Rösler/Woite* Handbuch des Kreditgeschäftes 1994 S. 342 f.
[340] BGH NJW 1954, 2154.

Das Kreditinstitut ist im Falle der Verweigerung der Vorlage von Unterlagen aber nicht zur Kreditkündigung verpflichtet, zumal diese zur Selbstschädigung der Bank führen kann.

254 Eine Kündigung der Bank aus wichtigem Grund ist auch bei Verletzung einer vereinbarten **„Gleichstellungsverpflichtung“** durch den Kunden gerechtfertigt.[341]

255 Entsprechende **„Gleichbehandlungsvereinbarungen“** werden mitunter von Kreditnehmern aus dem Bereich der Großindustrie bei kurzfristig gewährten Krediten, insbesondere bei Betriebsmittelkrediten gewünscht. Mit der Gleichbehandlungserklärung versichert der Kreditnehmer, keinem Kreditinstitut für gewährte oder zu gewährende kurzfristige Kredite Sicherheiten zur Verfügung zu stellen oder bereits gestellt zu haben; der Kreditnehmer verpflichtet sich ferner, die Bank davon zu unterrichten, falls andere Kreditinstitute künftig die Bestellung von Sicherheiten für derartige Kredite verlangen, und verspricht, Regelungen in der Weise zu treffen, dass allen Banken die gleichen oder gleichwertige Rechte eingeräumt werden. Im Klartext dürfen demnach andere kreditgebende Banken für kurzfristige Kredite in sicherheitsrechtlicher Hinsicht nicht bessergestellt werden.

256 Erlangt die Bank Kenntnis von Umständen, die eine Kündigung aus wichtigem Grund rechtfertigen, so entfällt das Kündigungsrecht aus wichtigem Grund wegen **Verwirkung,** wenn der Darlehensgeber das Kündigungsrecht nicht innerhalb einer angemessenen Frist nach Kenntnisnahme der kündigungsrelevanten Tatsachen ausübt.[342]

257 Langfristig vereinbarte Kreditverhältnisse bringen ein erhöhtes Kreditrisiko mit sich, da die wirtschaftliche und finanzielle Entwicklung des Kreditnehmers über einen längeren Zeitraum nicht mit hinreichender Sicherheit prognostizierbar ist. Es ist daher wichtig, dass die Bank bei Veränderungen der wirtschaftlichen Rahmenbedingungen, zB durch Strukturwandel oder bei Verschlechterung der wirtschaftlichen Verhältnisse des Kreditnehmers angemessen reagieren kann. Zu diesem Zweck werden dem Schuldnerunternehmen im Kreditvertrag bei strukturierten Finanzierungen oder Firmenkrediten häufig bestimmte Verpflichtungen nach angelsächsischem Vertragsmuster – sogenannte **„Covenants“**, übersetzt „Vertragsklauseln/Zusicherungen“ – auferlegt.[343]

258 Die **Covenants** sollen der Bank unter bestimmten Voraussetzungen das Recht auf Bestellung/Verstärkung von Sicherheiten sowie ein Kündigungsrecht einräumen; die Covenants gliedern sich im Wesentlichen in 2 Hauptgruppen – und zwar in **„negative Covenants“ und „Financial Covenants“.**

259 Bei den negativen Covenants verpflichtet sich der Kreditnehmer, bestimmte Rechtsgeschäfte – wie zB die Bestellung von Sicherheiten zugunsten Dritter – nicht oder allenfalls nicht ohne Einvernehmen mit der Bank abzuschließen, keine Unternehmensteile zu verkaufen oder zu erwerben, sowie keine Beteiligungen an Tochtergesellschaften aufzugeben. Darüber hinaus beinhalten Covenants häufig auch sogenannte „pari passu“-Klauseln (dh Gleichbehandlung mit anderen Kreditgebern). Bei Verletzung der vereinbarten Verhaltenspflichten des Schuldnerunternehmens ist die Bank zur Kreditkündigung berechtigt.

260 In **Financial Covenants** – auch Bilanzrelationsklauseln genannt – verpflichtet sich der Kreditnehmer gegenüber der Bank zur regelmäßigen Information über seine wirtschaftliche Entwicklung (zB Jahres- und Zwischenabschlüsse, monatliche oder vierteljährliche betriebswirtschaftliche Auswertungen, Planzahlen) sowie zur Einhaltung bestimmter wirtschaftlicher Kennzahlen insbesondere hinsichtlich der Eigenkapitalausstattung, Verschuldung, Ertrag und Liquidität. Mit der Eigenkapitalklausel verpflichtet sich das Schuldnerunternehmen, dass das Eigenkapital einen genau festgesetzten Betrag nicht unterschreitet. In der Verschuldensgradklausel wird die zulässige Höchstgrenze der Verschuldung des Kreditnehmers in Relation zum Eigenkapital festgeschrieben. Mit der Zinsdeckungsklausel werden bestimmte Anforderungen an die Ertragslage des Unternehmens gestellt; danach darf der definierte Gewinn eine vereinbarte Mindestgröße nicht unterschreiten. Liquiditäts-

[341] Vgl. hierzu auch eingehend *Bruchner/Bunte,* S. 103 ff.

[342] BGH WM 1980, 380; 1983, 753; OLG Frankfurt a. M. WM 1977, 1291; *Hopt/Mülbert* Kreditrecht § 609 Rn. 98; *Gößmann/Wagner-Wieduwilt/Weber* AGB-Banken Rn. 1/599.

[343] Vgl. hierzu *Thießen* ZBB 1996, 19; *Wittig* WM 1996, 1381.

klauseln bestimmen die einzuhaltenden Mindestanforderungen an die dauerhaft zu gewährleistende Liquidität. Im Kreditvertrag werden sodann die entsprechenden Kennzahlen festgelegt und die Berechnungsformeln definiert; der Kreditnehmer ist verpflichtet, der Bank die entsprechenden Kennzahlen in periodischen Intervallen zu übermitteln. Die Kennzahlen der Financial Covenants fungieren gewissermaßen als Frühwarnsystem bereits im Vorfeld einer sich abzeichnenden negativen Veränderung der wirtschaftlichen Lage des Schuldnerunternehmens.

Werden bestimmte **Kennzahlen nicht erreicht,** so ergibt sich ein abgestuftes Reaktionssystem:

261 Als erste Maßnahme wird den Gesellschaftern verboten, Kapital aus der Gesellschaft zu ziehen. Stattdessen ist das Eigenkapital zu stärken. Als zweite Sanktion steht die Erhöhung der Darlehenszinsen im Raum, nicht zuletzt um die erhöhten Risikokosten bei der Bank zu kompensieren. Als weitere Maßnahme kann die Bestellung und Verstärkung der Sicherheiten vereinbart sein. Als letztes Mittel bleibt die Kündigung des Darlehens. Diese Sanktionsrechte der Bank sind Individualvereinbarungen, die den AGB-Banken gem. § 305b BGB vorgehen. Damit ist das Sanktionsrecht der Verpflichtung zur Bestellung und Verstärkung von Sicherheiten gegenüber Nr. 13 Abs. 2 AGB-Banken (Nr. 22 Abs. 2 AGB-Sparkassen) vorrangig.

262 **Die Nachbesicherungsklausel in Nr. 13 Abs. 2 AGB-Banken gilt** jedoch gleichwohl **subsidiär,** sofern sie nicht ausdrücklich ausgeschlossen wurde. Das im Zusammenhang mit den Financial Covenants im Kreditvertrag vereinbarte Nachbesicherungsrecht und die Regelung in Nr. 13 Abs. 2 AGB-Banken (Nr. 22 Abs. 1 AGB-Sparkassen) stehen zueinander nicht in Widerspruch; sie schließen sich nicht aus, sondern sie ergänzen vielmehr einander, da Nr. 13 Abs. 2 AGB-Banken (Nr. 22 Abs. 1 AGB-Sparkassen) einen eigenen Regelungsbereich abdeckt.

263 Da sich die auf den **Financial Covenants** basierenden Kennzahlen des Rechnungswesens des Schuldnerunternehmens auf die wirtschaftliche Situation der Kreditnehmer in der Vergangenheit bezieht, die zwangsläufig schon einige Zeit zurückliegt, haben die Kennzahlen infolge fehlender Aktualität nur eine eingeschränkte Aussagekraft;[344] hinzu kommt, dass Unternehmen bei sich abzeichnenden wirtschaftlichen Schwierigkeiten dazu neigen, ihre Lage – und somit ihre Kennzahlen – gegenüber der Bank in einem eher „milderen" Lichte darzustellen. Auch von Wirtschaftsprüfungsgesellschaften testierte Zahlen haben sich bei in die Krise geratenen Unternehmen häufig als nicht hinreichend verlässlich erwiesen. Die statischen Kennzahlen bieten daher in einer sich dynamisch entwickelnden akuten Krise eines Unternehmens häufig keine geeignete Basis für eine situationsadäquate Reaktion der Bank.

264 Demgegenüber setzt das **Nachbesicherungsrecht von Nr. 13 Abs. 2 AGB-Banken eine „erhöhte Risikobewertung"** – also einen aktuellen hohen Risikograd – voraus. Das Nachbesicherungsrecht von Nr. 13 Abs. 2 AGB-Banken verlangt daher im Ergebnis regelmäßig eine höhere Risikoschwelle als das Nachbesicherungsrecht aufgrund der Financial Covenants im Vorfeld des geplanten Frühwarnsystems. Ist tatsächlich eine aktuelle erhöhte Risikolage im Sinne von Nr. 13 Abs. 2 AGB-Banken eingetreten, liegen jedoch die auf die Vergangenheit bezogenen und damit nicht hinreichend aktuellen Kennzahlen (Bilanzkennzahlen) noch (knapp) unterhalb der die Sanktionsfolge auslösenden Grenzwerte, so wäre die Verweigerung der geforderten Nachbesicherung unter Hinweis auf die Kennzahlen rechtsmissbräuchlich und daher rechtlich unbeachtlich. In diesem Falle kommt die subsidiäre Regelung von Nr. 13 Abs. 2 AGB-Banken zur Anwendung.

265 Entsprechende Überlegungen gelten auch im Hinblick auf das Verhältnis zwischen dem Kündigungsrecht wegen Nichteinhaltung der vereinbarten Financial Covenants und dem Recht zur Kündigung des Kredites aus wichtigem Grunde nach Nr. 19 Abs. 3 Satz 2 AGB-Banken bzw. nach § 490 Abs. 1 BGB. Die Bank ist danach zur Kündigung befugt,

[344] Vgl. zutreffend *Wittig* WM 1996, 1386.

„wenn eine wesentliche Verschlechterung der Vermögenslage (des Kreditnehmers) eintritt oder einzutreten droht und dadurch die Erfüllung von Verbindlichkeiten gegen die Bank gefährdet ist." Dieser Tatbestand umschreibt den Kerninhalt des wichtigen Grundes für eine Kreditkündigung wegen akuter Ausfallgefährdung. Ein wichtiger Grund kann in einem Kreditvertrag freilich ebensowenig wie die Generalklausel von Treu und Glauben (§ 242) ausgeschlossen werden. Es erscheint daher fraglich, ob ein Kreditgeber, will er sich nicht dem Vorwurf der Eigenschädigung und damit der Schädigung seiner eigenen Aktionäre aussetzen, überhaupt wirksam auf die Kreditkündigung bei Vorliegen dieses wichtigen Grundes wirksam verzichten kann. In jedem Fall wäre jedoch der Einwand des Schuldnerunternehmens, die Kreditkündigung sei unzulässig, weil die vorgelegten vergangenheitsbezogenen Kennzahlen noch außerhalb des die Sanktion auslösenden Grenzbereiches liegen, jedenfalls dann rechtsmissbräuchlich, wenn aufgrund der eingetretenen aktuellen Verschlechterung der wirtschaftlichen Situation ein akutes Kreditausfallrisiko gegeben ist.

Häufig erweisen sich die „Financial Covenants" in der wirtschaftlichen Krise des Darlehensnehmers als nicht weiterführend. Ein wirtschaftlich angeschlagener Darlehensnehmer kann kaum höhere Zinsen verkraften und auch tatsächlich bezahlen. Ihm ist es meist unmöglich eine zusätzliche Sicherheit zu stellen. Auch das Recht zur Kündigung hilft nicht wirklich weiter, da mit der Kündigung zwar das Darlehen zur Rückzahlung fällig, aber deshalb noch lange kein Geld geflossen ist. **266**

e) Konfliktlage des Kreditinstituts. Gelangt die Bank aufgrund des Einblicks in die wirtschaftlichen Verhältnisse des Kreditnehmers zu der begründeten Überzeugung, dass sich dieser in einer kritischen oder möglicherweise sogar ausweglosen wirtschaftlichen Lage befindet, so kann sich für die Bank im Verhältnis zu den übrigen Gläubigern des Kreditnehmers eine schwierige **Konfliktsituation** ergeben. Das bloße Offenhalten der früher vertraglich vereinbarten Kreditlinie allein begründet freilich auch dann noch nicht den Vorwurf sittenwidrigen Verhaltens der Bank gegenüber den Gläubigern des insolvenzgefährdeten Kreditnehmers. Vielmehr müssen noch besondere Umstände hinzukommen, um den Vorwurf der Sittenwidrigkeit zu begründen.[345] Die Bank darf insbesondere durch ihr Verhalten andere Gläubiger des Problemkunden nicht über dessen fehlende Kreditwürdigkeit täuschen, um diese zu geschäftlichen Dispositionen zu veranlassen. Darüber hinaus kann sich eine Haftung wegen sittenwidriger Schädigung nach § 826 BGB auch unter dem Gesichtspunkt der „Insolvenzverschleppung" ergeben. Eine Schadensersatzverpflichtung der Bank wegen **„Insolvenzverschleppung"** setzt freilich die Erkenntnis der Bank voraus, dass die Insolvenz des Kreditnehmers unabwendbar drohte und durch weitere Kreditgewährung allenfalls verzögert, aber nicht auf Dauer verhindert werden konnte.[346] Fahrlässige Unkenntnis führt nicht zur Haftung der Bank. Die Unkenntnis darf freilich nicht darauf beruhen, dass die Bank vor einer erkennbar hoffnungslosen Lage des Kreditnehmers geradezu die Augen verschließt, um einer Verantwortung zu entgehen.[347] **267**

Auch wenn die Bank bei Insolvenzreife des Kreditnehmers zur Kreditkündigung nach Nr. 19 Abs. 3 AGB-Banken berechtigt ist, so besteht jedoch gleichwohl keine Verpflichtung zur Kreditkündigung.[348] Ist die Bank freilich zu der Erkenntnis gelangt, dass der wirtschaftliche Zusammenbruch des Kreditnehmers unaufhaltsam ist, so muss sie sich – zur Vermeidung eines Schadensersatzrisikos wegen Insolvenzverschleppung – auf bloßes Abwarten beschränken und darf nicht mehr durch aktives Verhalten zur Hinauszögerung des Konkurses beitragen. **268**

---

345 *Canaris* Bankvertragsrecht, 3. Aufl. 1988, Rn. 130, 131 mwN.

346 BGH WM 1984, 625 (632) mwN; BGH WM 1985, 1136 = WuB I A. Nr. 17 AGB-Banken 2.85 *Obermüller.*

347 BGH WM 1961, 1126; 1985, 1136.

348 *Canaris* Bankvertragsrecht, 3. Aufl. 1988, Rn. 132; *Obermüller* DZWiR 1999, 240 (241); BuB/*Früh,* 3/46c.

269 **f) Vorfälligkeitsentschädigung bei Kündigung des Darlehensgebers aus wichtigem Grund.** Auch bei einer wirksamen Darlehenskündigung durch die darlehensgebende Bank hat diese einen Anspruch auf Vorfälligkeitsentschädigung. Anspruchsgrundlage dafür ist das Schadensersatzrecht nach **§§ 280 Abs. 1, Abs. 3, 281 BGB.** Rechtlich wird dadurch die Systematik des deutschen Pfandbriefsystems geschützt.

270 Übt der Darlehensgeber ein ihm nach den Allgemeinen Geschäftsbedingungen, nach den Vertragsbedingungen nach § 490 Abs. 1 BGB oder nach § 314 Abs. 1 BGB zustehendes Kündigungsrecht berechtigterweise aus (zB weil der Darlehensnehmer mit Raten in Verzug ist),[349] so wandelt sich aufgrund der Kündigung das ursprüngliche Darlehensverhältnis in ein Rückabwicklungsverhältnis.[350] In derartigen Fällen kann die Bank wegen der Vertragsuntreue des Darlehensnehmers und der daraus resultierenden Kündigung **Schadensersatz wegen Nichterfüllung aus dem Gesichtspunkt der positiven Vertragsverletzung (§§ 280 Abs. 1, Abs. 3, 281 BGB)** verlangen. Dieser Anspruch richtet sich auf das positive Interesse, dh die Bank ist so zu stellen, wie sie stehen würde, wenn der Schuldner den Vertrag ordnungsgemäß erfüllt hätte.[351] Der Darlehensnehmer hätte dann weiterhin den (höheren) Vertragszins bezahlen müssen. Deshalb hat der Darlehensgeber einen Anspruch auf Schadensersatz in Form der Vorfälligkeitsentschädigung.[352] In diesen Fällen handelt es sich bei dem Anspruch auf Vorfälligkeitsentschädigung um einen echten Schadensersatzanspruch.[353] Der vertragsbrüchige Darlehensnehmer hat seiner Bank demnach im Falle einer außerordentlichen Kündigung wegen Zahlungsverzuges **alle aus der vorzeitigen Vertragsbeendigung entstehenden Schäden zu ersetzen.**[354] Seit dem am 1.1.2002 in Kraft getretenen Schuldrechtsmodernisierungsgesetz findet sich nun auch die Bestätigung im Gesetz: Die Berechtigung, **Schadensersatz** zu verlangen, wird gem. **§ 314 Abs. 4 BGB durch eine Kündigung nicht ausgeschlossen.**[355]

271 Erfolgt die Kündigung der Bank wegen einer Pflichtverletzung des Darlehensnehmers (§§ 280 Abs. 1, Abs. 3, 281 BGB),[356] kann die Bank insbesondere den ihr entstehenden **Nichterfüllungsschaden** verlangen.[357] Dieser Schaden lässt sich rechnerisch in gleicher Weise ermitteln wie die Nachteile, die der Bank bei einer außerordentlichen Kündigung nach § 490 Abs. 2 BGB entstehen. Der Schadensersatzanspruch beruht auf dem nicht vertragsgemäßen Verhalten des Kreditnehmers (Pflichtverletzung aus dem Schuldverhältnis Darlehensvertrag) und ist eine Variante der Vorfälligkeitsentschädigung.

272 Kündigt die Bank aus einem Grund, den der **Kreditnehmer nicht zu vertreten** hat (fehlendes Verschulden), sind die Voraussetzungen der Schlechtleistung (§ 280 Abs. 2 BGB) nicht erfüllt und die Bank hat keinen Anspruch auf Schadensersatz. Denkbar wären Gründe, welche allein die Bank zu vertreten hat, zB die ordentliche Kündigung von Geschäftsbeziehungen aus unternehmensstrategischen Überlegungen.[358]

---

[349] OLG Celle Urt. v. 1.7.2009 = WM 2010, 402.

[350] *Rösler/Wimmer/Lang* Vorzeitige Beendigung von Darlehensverträgen S. 97, 98.

[351] Palandt/*Heinrichs* BGB Vor § 249 Rn. 16.

[352] OLG Celle Urt. v. 1.7.2009 – 3 U 37/09 = WM 2010, 402.

[353] Aus der Entscheidung des BGH v. 9.2.1993 = WM 1993, 586 = WuB I E 1. – 7.93 *Bruchner* = NJW 1993, 1260 ergibt sich überdies, dass diese Vorfälligkeitsentschädigung, soweit sie nicht fristgemäß geleistet wird, ihrerseits mit einem Verzugszins belegt werden kann, ohne gegen das Zinseszinsverbot zu verstoßen.

[354] Vgl BGH WM 1988, 8, 10 = WuB I D 3. – 7.88 *Ott;* OLG Düsseldorf NJW-RR 1987, 302 (303); OLG Köln WM 1987, 804 (805) = WuB I E 1. – 8.87 *Bunte;* KG WM 1987, 1513 (1515) = WuB I E 1. – 2.88 *v. Rottenburg; Canaris* Bankvertragsrecht Rn. 1338, 1347; *Canaris,* NJW 1978, 1891 (1897); Erman/*Werner* § 609 Rn. 8; Soergel/*Häuser* BGB § 609 Rn. 67; Hopt/*Mülbert* Kreditrecht § 609 Rn. 51; *Köndgen* Gewährung und Abwicklung grundpfandrechtlich gesicherter Kredite S. 145; *Löwisch* BB 1985, 959; *Stelling* Die vorzeitige Ablösung festverzinslicher Realkredite S. 203; s. a. OLG Koblenz NJW-RR 1986, 405 (406); OLG Celle WM 1987, 1063; *Emmerich* WM 1984, 949 (954); *Emmerich* WM 1986, 541 (545); *Gernhuber* JZ 1959, 314 (315).

[355] OLG München Urt. v. 3.4.2009 – 5 U 5240/08, juris.

[356] MüKoBGB/*Ernst* § 281 Rn. 9.

[357] MüKoBGB/*Gaier* § 314 Rn. 24 f.

[358] *Rösler/Wimmer/Lang* Vorzeitige Beendigung von Darlehensverträgen S. 98.

Kann die Bank das infolge der Kreditkündigung vorzeitig zurückerhaltene Darlehen bzw. den Erlös aus der Verwertung der Grundschuldsicherheit wegen des gestiegenen Zinsniveaus zu einem den effektiven Vertragszins übersteigenden Zinssatz wieder anlegen, so erlangt sie einen **Zinsverbesserungsvorteil;** der Zinsverbesserungsvorteil ist bei der Berechnung der Vorfälligkeitsentschädigung zu berücksichtigen, also zugunsten des Darlehensnehmers in Abzug zu bringen. Die Bank muss sich den Zinsverbesserungsvorteil nur maximal bis zur Höhe des Vorfälligkeitsschadens im Wege der Vorteilsausgleichung anrechnen lassen. Der den Nichterfüllungsschaden übersteigende Vorteil verbleibt bei der Bank, da das Risiko der vorzeitigen Rückzahlung des Darlehens wegen Vertragsverletzung in der Risikosphäre des Darlehensnehmers liegt. **273**

3. Kündigungserklärung

Die Kündigung ist eine empfangsbedürftige Willenserklärung, die mit **Zugang** beim Erklärungsempfänger wirksam wird (§ 130 BGB). Bei mehreren Kreditnehmern muss die Kündigung jedem zugehen. Erklärungen gelten als zugegangen, wenn sie in den Bereich des Empfängers in einer Art und Weise gelangt sind, dass dieser unter normalen Umständen die Möglichkeit hat, vom Inhalt der Erklärung Kenntnis zu nehmen.[359] Die in der Wohnung des Empfängers lebenden Angehörigen sowie dessen Ehegatte sind Empfangsboten. Demgegenüber ist die bloße gegenseitige Bevollmächtigung von mehreren Darlehensnehmern im vorformulierten Darlehensvertrag zur Entgegennahme von Kündigungen wegen Verstoßes gegen AGB-rechtliche Grundsätze unwirksam.[360] **274**

Die Kündigungserklärung bedarf **nicht** der **Schriftform.**[361] Aus der Kündigungserklärung muss sich ergeben, dass das Darlehensverhältnis beendet werden soll und die Darlehensvaluta zurückzuzahlen ist.[362] Die Verwendung der Formulierung „Fälligstellung des Kredites" oder ähnliche Wendungen stellen eine eindeutige Kündigungserklärung dar.[363] Die Kündigung muss nicht ausdrücklich erklärt werden, sondern sie kann sich auch konkludent aus den Umständen ergeben.[364] Eine Kündigung liegt zB in der Erhebung der Klage auf Rückzahlung des Darlehens.[365] Entsprechendes gilt bei Erwirkung eines Mahnbescheides sowie bei Einleitung von Vollstreckungsmaßnahmen.[366] Für Verbraucherdarlehen gelten besondere Vorschriften, insbesondere § 498 BGB. In der Beantragung und Zustellung einer Vollstreckungsklausel kann jedoch nicht in jedem Falle bereits eine Kündigung gesehen werden.[367] Eine Kündigungserklärung ist insbesondere dann nicht anzunehmen, wenn sich der Schuldner vor Fälligkeit des Darlehens, zB bei Bestellung der Sicherheiten, bereits im Voraus der sofortigen Zwangsvollstreckung unterworfen hatte.[368] **275**

Bei Erklärung der Kündigung unter Einhaltung einer Frist fallen Eintritt der Wirksamkeit der Kündigung und Rückzahlungsfrist zusammen. Im Falle einer Kündigung ohne Kündigungsfrist wird die Bank in der Kündigungserklärung dem Kunden für die Rückzahlung eines Kredites nach Nr. 19 Abs. 5 AGB-Banken eine angemessene Frist einräumen. Benennt die Bank keinen Rückzahlungszeitpunkt, so gilt die gesetzliche Regelung des § 488 Abs. 3 BGB. **276**

Bei einer ordentlichen Kündigung muss **kein Grund** angegeben werden. In der Erklärung einer außerordentlichen Kündigung genügt der Hinweis, dass die Kündigung aus **277**

[359] BGHZ 67, 275; BGH NJW 1980, 990; BGB NJW 1983, 930.
[360] Vgl. BGHZ 108, 98 = NJW 1989, 2383 = WM 1989, 1086.
[361] BGH WM 1965, 767; Schulze/Griwotz/Lauda/*Steinbach-Martens/Prasse* Vertrags- und Prozessformularbuch § 488 Rn. 24.
[362] BGH WM 1965, 104; 1965, 767.
[363] OLG Celle WM 1984, 1175; BGH NJW 1980, 399 = WM 1979, 1076.
[364] *Hopt/Mülbert* Kreditrecht § 609 Rn. 25.
[365] RGZ 53, 212; BGH WM 1965, 767.
[366] BGH WM 1965, 767; NJW 1986, 2108; ZIP 1987, 156.
[367] *Hopt/Mülbert* Kreditrecht § 609 Rn. 25.
[368] BGH WM 1965, 767.

wichtigem Grund erfolgt. Dieser Hinweis kann auch in der Bezugnahme auf Nr. 19 Abs. 3 der AGB-Banken zum Ausdruck kommen; die Angabe des wichtigen Grundes selbst ist nicht Voraussetzung für die Wirksamkeit der Kündigung.[369] Auch ist ein Nachschieben von Kündigungsgründen[370] zulässig. Die Kündigungsgründe müssen jedoch im Zeitpunkt der Kündigung bereits vorgelegen haben; dabei ist es unerheblich, ob der wichtige Grund bei Kündigung bereits bekannt war.[371] Auch erst nach der Kündigung entstandene Gründe können zu ihrer Rechtfertigung herangezogen werden, wenn der Kündigende zu erkennen gibt, an der Kündigung festzuhalten und diese nunmehr auch auf diese Gründe stützen zu wollen und schutzwürdige Interessen des Vertragspartners dem nicht entgegenstehen.[372]

278 Da die Kündigung rechtsgestaltend wirkt, kann sie nicht unter einer Bedingung erklärt werden. Durch den Bedingungsausschluss wird für den Adressaten der Kündigung eine untragbare Ungewissheit über die Fortdauer des Vertrages vermieden.[373] Dies gilt jedoch nicht für Änderungskündigungen, bei denen die Kündigung mit einem Angebot verbunden wird, den Vertrag mit anderen Bedingungen fortzusetzen, da es hier der Kreditnehmer selbst in der Hand hat (sog. Potestativbedingung), ob die Kündigung wirksam wird.[374] Zulässig ist auch die hilfsweise Erklärung der ordentlichen Kündigung für den Fall, dass die vorrangig erklärte Kündigung aus wichtigem Grunde nicht wirksam ist.[375]

4. Rechtsfolgen der Kündigung

279 Die Kündigungserklärung wird mit Zugang der Erklärung beim Kündigungsadressaten wirksam (§ 130 Abs. 1 BGB) und ist ab diesem Zeitpunkt nicht mehr einseitig widerrufbar. Vom Zeitpunkt des Wirksamwerdens der Kündigung ist jedoch der Eintritt der Rechtsfolgen zu unterscheiden. Wird eine Darlehenskündigung mit einer Frist erklärt, so treten die Rechtsfolgen der Kündigung mit Ablauf der Kündigungsfrist ein. Zahlt der Kreditnehmer nicht fristgerecht zurück, so gerät er ab diesem Zeitpunkt in Verzug. Erklärt die Bank eine Kreditkündigung ohne Einhaltung einer Kündigungsfrist, so wird die Kündigung mit Zugang beim Kreditnehmer wirksam. Räumt die Bank dem Kreditnehmer zudem nach Nr. 19 Abs. 5 AGB-Banken eine angemessene Frist zur Rückzahlung des gekündigten Kredites ein, so gerät der Kreditnehmer erst nach Ablauf der Rückzahlungsfrist in Verzug. Es obliegt dem Willen der Parteien, welcher Zinssatz für den Zeitraum zwischen Wirksamkeit der fristlosen Kündigung und dem nach Nr. 19 Abs. 5 AGB-Banken gesetzten Rückzahlungstermin gelten soll.[376] In der Kreditpraxis wird unter Berücksichtigung der berechtigten Interessen der Vertragsparteien im Wege der ergänzenden Vertragsauslegung regelmäßig der **Vertragszins** bis zum Ablauf der Rückzahlungsfrist als stillschweigend vereinbart zugrunde gelegt. Der Darlehensgeber verliert mit Fälligkeit, in der Regel also mit Ablauf der Rückzahlungsfrist den Anspruch auf Zahlung des Vertragszinses. Gerät der Kreditnehmer mit der Rückzahlung des Darlehens in Verzug, so kann die Bank für die Verzugsphase Verzugszinsen als Schadensersatz geltend machen.

280 Mit Eintritt der Rechtsfolgen der Kreditkündigung wird das Darlehensverhältnis vorzeitig mit der Maßgabe abgewickelt, dass an die Stelle der beiderseitigen Leistungspflichten ein Abrechnungsverhältnis tritt, innerhalb dessen die einzelnen Ansprüche idR nur noch unselbstständige Rechnungsposten bei der Berechnung des einem der Beteiligten zustehenden Ausgleichsanspruches darstellen.[377] Die wechselseitigen Ansprüche, die bei der Abrech-

---

369 BGH WM 1979, 1176; 1984, 1635; 1985, 1493; 1986, 605.
370 BGH WM 1988, 195.
371 BGH WM 1979, 1176; 1986, 605; 1985, 1593 = WuB I A. Nr. 17-1.86 *Obermüller;* OLG München WM 1996, 1623 (1624).
372 BGH WM 1988, 195 = WuB IV A. § 138 BGB 1.88 *Emmerich.*
373 BGH WM 1977, 834.
374 BGH WM 1977, 834.
375 *Hopt/Mülbert* Kreditrecht § 609 Rn. 27, 50.
376 *Hopt/Mülbert* Kreditrecht § 609 Rn. 30.
377 BGH WM 1994, 1163 = WuB I F 1a–9.94 *Häuser.*

nung im Wege der Saldierung zu berücksichtigen sind, beruhen auf unterschiedlichen Rechtsgrundlagen:

War in einem durch außerordentliche Kündigung vorzeitig beendeten Darlehensvertrag **281** vereinbart, dass Zinszahlungen nachträglich zu leisten sind, so werden die bereits entstandenen Zinsen mit der vorzeitigen Beendigung des Darlehensvertrages fällig.[378]

Der Darlehensgeber kann im Falle der vom Kreditnehmer verschuldeten Vorfälligkeit **282** grundsätzlich die gesetzlichen Schadensersatzansprüche geltend machen.[379] Hierbei handelt es sich um eine kündigungsbedingte echte Vorfälligkeitsentschädigung. Die Bank kann daher bei Kündigung des Darlehens aus wichtigem Grunde regelmäßig analog zur Bemessung der Vorfälligkeitsentschädigung gem. § 490 Abs. 2 Satz 3 BGB den Schaden ersetzt verlangen, der ihr aus der vorzeitigen Kündigung entsteht.

Wurde das mit einer festen Laufzeit vereinbarte Darlehen infolge der Kündigung vor- **283** zeitig beendet, so steht dem Kreditnehmer ein Anspruch auf Rückerstattung eines nicht verbrauchten Disagioteiles zu. Darüber hinaus sind bei Ratenkrediten, bei denen aufgrund der besonderen Vertragsmethodik die Entstehung der Zinsschuld und der Fälligkeit auseinanderfallen,[380] nicht verbrauchte Zinsen bzw. Kreditgebühren staffelmäßig zu berechnen und entsprechend zurück zu vergüten.[381] Die mit Kreditkündigung entstandenen wechselseitigen Ansprüche sind miteinander zu verrechnen und der sich ergebende Saldo ist sodann in Ansatz zu bringen.[382]

5. Unberechtigte Kündigung

Eine unberechtigte Kündigung stellt eine Pflichtverletzung dar, die Schadensersatz- **284** ansprüche des Kreditnehmers gegen die kündigende Bank nach den Grundsätzen der positiven Forderungsverletzung auslöst;[383] sie ändert jedoch nichts an der Wirksamkeit der Kündigung.[384] Zu ersetzen ist danach sowohl der unmittelbare als auch der mittelbare Schaden; der Schaden umfasst insbesondere alle zusätzlichen Aufwendungen, die dem Darlehensnehmer aufgrund der vorzeitigen Rückzahlung des Darlehens entstanden sind. Hat die unberechtigte Darlehenskündigung die Insolvenz des Darlehensnehmers ausgelöst, so ist der Substanzverlust zu ersetzen, den der Darlehensnehmer durch die Insolvenz erleidet.[385] Darüber hinaus ist auch der entgangene Gewinn aus geplanten und durch den Konkurs vereitelten Geschäften zu ersetzen.[386] Der Darlehensgeber kann jedoch einwenden, dass der Darlehensnehmer auch ohne unberechtigte Kündigung insolvent geworden wäre.[387] Geschäftspartner oder Gesellschafter des von der unberechtigten Kündigung betroffenen Darlehensnehmers sowie sonstige Dritte können in der Regel keinen Schadensersatzanspruch geltend machen.[388]

[378] *Hopt/Mülbert* Kreditrecht § 609 Rn. 9.
[379] *Hopt/Mülbert* Kreditrecht § 609 Rn. 11.
[380] BGH NJW 1979, 540.
[381] Vgl. BGH NJW 1979, 540; BGHZ 91, 55 = NJW 1984, 2161.
[382] BGH WM 1994, 1163.
[383] BGH NJW 1980, 399 = WM 1979, 1176; NJW 81, 1363 = WM 1981, 150; WM 1984, 1178; NJW 1986, 1928 = WM 1986, 605 = ZIP 1986, 770.
[384] Baumbach/Hopt/*Hopt* 29. Aufl. 1995, (7) Bankgeschäfte Rn. 9/29.
[385] BGH WM 1957, 949.
[386] BGH WM 1957, 949; OLG Düsseldorf WM 1978, 1300.
[387] BGH WM 1957, 949; OLG Hamm WM 1985, 1411.
[388] *Hopt/Mülbert* Kreditrecht § 609 Rn. 144.

15. Kapitel: Verbraucherdarlehen – §§ 491 ff. BGB

Schrifttum: *Ady,* Die „unechte Abschnittfinanzierung" nach der Umsetzung der Verbraucherkreditrichtlinie, WM 2010, 1305–1309; *Ady/Paetz,* Die Umsetzung der Verbraucherkreditrichtlinie in deutsches Recht und besondere verbraucherpolitische Aspekte, WM 2009, 1061–1070; *Armbrüster,* Kapitalanleger als Verbraucher? Zur Reichweite des europäischen Verbraucherschutzrechts, ZIP 2006, 406–415; *Artz,* Der Verbraucher als Kreditnehmer, 2001; *Artz,* Die „vollständige Harmonisierung" des Europäischen Verbraucherprivatrechts, GPR 2009, 171–177; *Artz,* Neues Verbraucherkreditrecht, Bankrechtstag 2014, 175–186; *Bartels,* Grenzen der Rechtsfortbildung im verbundenen Geschäft – Die neuere BGH-Rechtsprechung zum Rückforderungsdurchgriff in der methodischen Kontrolle, WM 2007, 237–245; *Bartlitz,* Die Rückforderung unzulässiger Bearbeitungsentgelte im Spannungsfeld von Rechtsfrieden und Verbraucherschutz, BKR 2015, 1; *Bartlitz,* Die Sanktionierung von Verstößen gegen die Erläuterungs- und Bonitätsprüfungspflicht im Verbraucherkreditrecht, WM 2016, 344; *Bäumler/Gutsche,* Auswirkungen von Scoring und risikoorientiertem Pricing auf Verbraucher, VuR 2008, 81; *Becher,* Zur wirtschaftlichen Einheit zwischen Realkreditvertrag und finanziertem Grundstückskaufvertrag, BKR 2002, 931–938; *Billen,* Verbraucherpolitik ist gestaltende Wirtschaftspolitik, VuR 2009, 281–282; *Billing/Milsch,* Der Ratenkauf im Internet, NJW 2015, 2369; *Binder,* Kreditwürdigkeitsprüfung bei Verbraucherkrediten, ZIP 2018, 1201; *Binder,* Neuordnungen im Verbraucherkreditrecht durch das Wohnimmobilienkreditrichtlinie-Umsetzungsgesetz, Bankrechtstag 2018, 3; *Binder,* Vorfälligkeitsentschädigung bei der vorzeitigen Ablösung von Immobiliar-Verbraucherdarlehensverträgen auf dem Prüfstand des deutschen Schuld- und des Unionsrechts, WM 2019, 709, 757; *Bitter,* Abschlussgebühren bei Bauspardarlehensverträgen – Sind wir auf dem Weg zu einer richterlichen Preisgestaltungskontrolle?, ZIP 2008, 1095; *Bitter,* Echter und scheinbarer Verbraucherschutz in der Bankpraxis, Replik auf *Strube,* Die Magie des Marktes – und wie der Verbraucherschutz diesen fördert, ZIP 2008, 2153–2158; *Bitter/Leonardatos,* Der Banksenat des BGH hat gesprochen: Ende der Vertragsfreiheit und Zwang zur Ineffizienz im Darlehensrecht!, ZIP 2018, 1203; *Bitter/Leonardatos,* Erdachte Leitbilder im Darlehensrecht, ZIP 2018, 2249; *Bliesener,* Aufsichtsrechtliche Verhaltenspflichten beim Wertpapierhandel, 1998; *Bliesener,* Änderung von Anleihebedingungen in der Praxis, in: Baum et al (Hrsg), Perspektiven des Wirtschaftsrechts, 2008, S. 355–369; *Bohner,* Kapitallebensversicherung als Kosten einer Versicherung im Sinne von § 4 Abs. 1 Satz 4 Nr. 1f VerbrKrG? WM 2001, 2227–2229; *von Bonin/Glos,* Die neuere Rechtsprechung der europäischen Gerichte im Bereich des Bank- und Kapitalmarktrechts, WM 2010, 1821–1828; *Braun,* Tilgungsregelung und Zwangsvollstreckung – Zum Entwurf eines Verbraucherkreditgesetzes –, DGVZ 1990, 129–133; *Braun/Raab-Gaudin,* Auswirkungen des § 11 VerbrKrG auf die Zwangsvollstreckung, DGVZ 1992, 1–6; *Brömmelmeyer,* Der Ombudsmann im Finanzsektor, WM 2012, 337–342; *Bruchner,* Das Regelungsprinzip der „nachschüssigen Tilgungsverrechnung" bei Annuitätendarlehen, WM 1987, 449–463; *Bruchner,* Die abstrakte Berechnung des Verzugsschadens bei gekündigten Krediten auf der Basis marktüblicher Brutto-Sollzinsen, Überlegungen zur praktischen Umsetzung des BGH-Urteils vom 28.4.1988 (WM 1988, 929), ZHR 153 (1989) 101–120; *Bruchner,* AGB-rechtliche Zulässigkeit von Zinsanpassungsklauseln, BKR 2001, 16–21; *Buck-Heeb,* Aufklärungs- und Beratungspflichten bei Kreditverträgen – Verschärfungen durch die EuGH-Rechtsprechung und die Wohnimmobilienkredit-Richtlinie, BKR 2015, 177–186; *Buck-Heeb,* Finanzierungsberatung: Aufklärungspflicht und Haftung, ZIP 2018, 705; *Buck-Heeb/Lang,* Kreditwürdigkeitsprüfung, Exploration und Beratung bei Immobiliar-Verbraucherdarlehensverträgen nach der Umsetzung der Wohnimmobilienkreditrichtlinie, ZBB 2016, 320; *Buck-Heeb/Siedler* Kreditwürdigkeitsprüfung nach der Immobiliar-Kreditwürdigkeitsprüfungsleitlinien-Verordnung (ImmoKWPlV), BKR 2018, 269; *Bülow,* Widerruf und Anwendung der Vorschriften über den Rücktritt, WM 2000, 2361–2364; *Bülow,* Ein neugefasster § 13 BGB – überwiegende Zweckbestimmung, WM 2014, 1–4; *Bülow,* Neues Verbraucherkreditrecht in Etappen, NJW 2010, 1713–1714; *Bülow,* Rechtsfragen des Immobiliar-Verbraucherkreditvertrags im neuen Recht, WM 2015, 1309–1312; *Bülow,* Der ewig schwebend wirksame Verbraucherbauvertrag, WM 2018, 793; *Bülow/Artz,* Unentgeltliche Kreditverträge – ein neuen Paradigma im deutschen Verbraucherprivatrecht, ZIP 2016, 1204; *Cramer,* Die Auswirkung des Kontrollwechsels auf den Darlehensvertrag – Lösungsrechte des Vertragspartners ohne vertragliche Grundlage –, WM 2011, 825–829; *Danco,* Die Novellierung der Verbraucherkreditrichtlinie, WM 2003, 853–861; *Dauner-Lieb,* Verbraucherschutz durch Ausbildung eines Sonderprivatrechts für Verbraucher: systemkonforme Weiterentwicklung oder Schrittmacher der Systemveränderung?, 1983; *Danwerth,* Der gesetzliche Zins als Geschenk des Himmels, WM 2015, 1604–1611; *Derleder,* Transparenz und Äquivalenz bei bankvertragsrechtlicher Zinsanpassung, WM 2001, 2029–2041; *Derleder,* Die vollharmonisierende Europäisierung des Rechts der Zahlungsdienste und des Verbraucherkredits, NJW 2009, 3195–3202; *Derleder/Knops,* Bremer Entwurf eines Gesetzes zum Schutz von Immobiliarkreditnehmern (Immobiliarkreditnehmerschutzgesetz), VuR 2008, 241–250; *Derleder/Korte,* Anspruch des Häuslebauers nach Auslaufen einer Zinsbindungsfrist auf Prolongation mit festem Zinssatz, VuR 2015, 123; *Domke,* Fernabsatz von Finanzdienstleistungen: Dispositionskredit und Fernabsatz, BB 2006, 2035–2037; *Domke/Sperlich,* Werbung für Verbraucherkredite mit Zinsangaben, BB 2010, 2069–2071; *Dörrie,* Änderungen des Widerrufsrechts und Neuregelungen über verbundene Geschäfte bei Verbraucherdarlehen, ZfIR 2002, 685–693; *Drexl,* Die wirtschaftliche

Selbstbestimmung des Verbrauchers, Eine Studie zum Privat- und Wirtschaftsrecht unter Berücksichtigung gemeinschaftsrechtlicher Bezüge, 1998; *Eidenmüller,* Liberaler Paternalismus, JZ 2011, 814–818; *Feldhusen,* Bearbeitungsgebühren bei Förderdarlehen, WM 2015, 1397; *Feldhusen* Rückzahlungsverpflichtungen nach Widerruf von Immobiliardarlehensverträgen, BKR 2015, 441; *Feldhusen,* Die geduldete Kontoüberziehung als Verbraucherdarlehensvertrag: Zustandekommen und Rechtsfolgen, ZBB 2017, 41; *Feldhusen,* Der Verwirkungseinwand beim Widerruf von Verbraucherdarlehensverträgen: Tatbestand einer unzulässigen Rechtsausübung oder teleologische Reduktion?, BKR 2018, 284; *Feldhusen,* Kreditwürdigkeitsprüfung: Wieviel Würdigung erlaubt die Prüfung nach Erlass der Immobiliar-Kreditwürdigkeitsprüfungsleitlinien-Verordnung?, WM 2019, 97; *Fischer,* Rechtsprobleme bei Immobiliarkrediten – Überblick und Anmerkungen zur jüngeren BGH-Rechtsprechung (2008–2010), VuR 2010, 403–412; *Freitag,* Vorzeitige Rückzahlung und Vorfälligkeitsentschädigung nach der Reform der Verbraucherkreditrichtlinie, ZIP 2008, 1102–1110; *Freitag,* Digitalisierung von Bankprodukten im Lichte des BGB, Bankrechtstag 2018, 3; *Freitag/Allstadt,* Der Immobilienverzehrvertrag – Anmerkungen zur Neufassung des § 491 BGB im Zuge des Finanzaufsichtsrechtergängzungsgesetzes, WM 2017, 1877; *Frisch/Münscher,* Haftung bei Immobilienanlagen, 2. Auflage 2008; *Ganter* Die Vorfälligkeitsentschädigung – ein zivilrechtliches Chamöleon?, WM 2016, 1813; *Geßner,* Die Restschuldversicherung in der Äquivalenzprüfung des Kreditvertrages, VuR 2008, 84–90; *Geßner,* Aufklärungspflichten über Kick-Backs bei der Distribution von Restschuldversicherungen, VuR 2009, 243–250; *Godefroid,* Zulässigkeit von Bearbeitungsgebühren bei Verbraucherratenkrediten, ZIP 2011, 947–950; *Gotthardt,* Zur Bemessung des nach dem gewöhnlichen Lauf der Dinge zu erwartenden Schadens einer Bank bei Verzug eines Kreditschuldners, WM 1987, 1381–1389; *Grüneber,g* Leitlinien der Rechtsprechung des BGH zur Widerrufsbelehrung bei Verbraucherdarlehensverträgen, BKR 2019, 1; *Gsell/Schellhase,* Vollharmonisiertes Verbraucherkreditrecht – Ein Vorbild für die weitere europäische Angleichung des Verbrauchervertragsrechts?, JZ 2009, 20–29; *Gurlit,* Verbraucherschutz und Institutsaufsicht, Bankrechtstag 2015, 3; *Haar,* Verbraucherschutz durch Informationsregeln beim Verbrauchsgüterkauf – Zur Struktur der Garantie nach § 477 Abs. 1 BGB, VuR 2004, 161–170; *Habersack,* Zinsänderungsklauseln im Lichte des AGBG und des VerbrKrG, WM 2001, 753–762; *Habersack,* Verbrauchskredit- und Haustürgeschäfte nach der Schuldrechtsmodernisierung, BKR 2001, 72–78; *Habersack,* Vertragsfreiheit und Drittinteresse: Eine Untersuchung zu den Schranken der Privatautonomie unter besonderer Berücksichtigung der Fälle typischerweise gestörter Vertragsparität, 1992; *Habersack,* Effektiver Jahreszins und Prämien für eine Kapitallebensversicherung – Überlegungen im Anschluss an BGH WM 2005, 415 –, WM 2006, 353–357; *Habersack,* Das Abschlussentgelt bei Bausparverträgen – ein Fall für das AGB-Recht?, WM 2008, 1857–1862; *Habersack/Mayer,* Der Widerruf von Haustürgeschäften nach der „Heiniger"-Entscheidung des EuGH, WM 2002, 253–259; *Habersack/Schürnbrand,* Der Darlehensvermittlungsvertrag nach neuem Recht, WM 2003, 261–264; *Harke,* Schuldbeitritt und Form, ZBB 2004, 147; *Hammen,* Widerruf eines Beitritts zu einem geschlossenen Immobilienfonds und Art. 5 Abs. 2 der EG-Haustürgeschäfterichtlinie, WM 2008, 233–237; *Heer,* Die Übertragung von Darlehensforderungen – eine systematische Übersicht, – zugleich Anmerkung zum Urteil des BGH vom 19.4.2011 – XI ZR 256/10, BKR 2012, 45–51; *Herresthal,* Formbedürftigkeit der Vollmacht zum Abschluss eines Verbraucherdarlehens – BGH, NJW 2001, 1931; 2963, JuS 2002, 844–850; *Herresthal,* Die Verpflichtung zur Bewertung der Kreditwürdigkeit und zur angemessenen Erläuterung nach er neuen Verbraucherkreditrichtlinie 2008/48/EG, WM 2009, 1174–1180; *Herrler,* Grenzen des Schuldnerschutzes beim Forderungsverkauf, NJW 2011, 2762–2765; *Heße/Niederhofer,* Die Eigenverantwortung des Darlehensnehmers und die Erläuterungspflicht des Darlehensgebers nach § 491a Abs. 3 BGB, MDR 2010, 968–973; *Heße/Niederhofer,* Kreditwürdigkeitsprüfung – Die Pflicht des Darlehensgebers nach der Umsetzung der Wohnimmobilienkreditrichtlinie, MDR 2017, 489; *von Hippel,* Verbraucherschutz, 3. Auflage 1986; *Hirsch,* Streitschlichtung in der Kreditwirtschaft nach Umsetzung der AS-Richtlinie, Bankrechtstag 2015, 29; *Hölldampf,* Das Anlaufen der Widerrufsfrist bei Fehlen bzw. Fehlerhaftigkeit einer Pflichtangabe, WM 2018, 114; *Hofmann,* Die neue Erläuterungspflicht des § 491a BGB, BKR 2010, 232–238; *Hoffmann/Bartlitz,* Erläuterungs- und Bonitätsprüfungspflicht im Verbraucherkreditrecht, WM 2014, 2297–2304; *Hoffmann/Primaczenko,* Verbraucherschutz beim grenzüberschreitenden Internetkredit – Zur Anwendung des Art. 29 EGBGB auf Kreditverträge –, WM 2007, 189–195; *Hofmann,* Die Pflicht zur Bewertung der Kreditwürdigkeit, NJW 2010, 1782–1786; *Hopt,* Der Kapitalanlegerschutz im Recht der Banken: gesellschafts-, bank-, und börsenrechtliche Anforderungen an das Beratungs- und Verwaltungsverhalten der Kreditinstitute, 1975; *Hopt,* Nichtvertragliche Haftung außerhalb von Schadens- und Bereicherungsausgleich – Zur Theorie und Dogmatik des Berufsrechts und der Berufshaftung –, AcP 183 (1983) 608–720; *Horn/Balzer,* Zur Anwendbarkeit des Verbraucherkreditgesetzes auf Kreditvollmachten im Rahmen des Anlegerschutzes, WM 2000, 333–342; *Inderst,* Consumer Protection and the Role of Advice in the Market for Retail Financial Services, JITE 167 (2011) 4–21; *Kaiser,* Der Vorschlag der EU-Kommission für eine Überarbeitung der Verbraucherkreditrichtlinie, VuR 2002, 385–390; *Kamanabrou,* Die Umsetzung der Fernabsatzrichtlinie, WM 2000, 1417–1426; *von Klitzing/Seiffert,* Der neue Beratungsprozess für Immobiliar-Verbraucherdarlehen – Neu (Un)klarheiten aus Brüssel und Berlin, WM 2016, 774; *Knobloch,* Der Markt für Restschuldversicherungen in Deutschland, VuR 2008, 91–95; *Knops,* „Vorfälligkeitsentschädigung" nach Maßgabe der Wohnimmobilienkreditrichtlinie, NJW 2018, 1505; *Knops/Martens,* Darlehenswiderruf bei Mehrheit von Kreditnehmern, Kreditverträgen und Widerrufsrechten, WM 2015, 2025; *von Koppenfels,* Das Widerrufsrecht bei Verbraucherverträgen im BGB – eine Untersuchung des § 355 Abs. 1 BGB-RegE, WM 2001, 1360–1369; *Koch,* Der Schutz des Eigenheims vor Finanzinvestoren – Die Neuregelungen zu Verbesserung des Schuldner- und Verbraucherschutzes bei der Abtretung und beim Verkauf von Krediten auf dem Prüfstand, ZBB 2008, 232–238; *Köhler,* Die Regelungen zur Angabe des effektiven Jahreszinses bei

Immobilienkrediten: Mehr – oder weniger – Transparenz und Vergleichbarkeit von Kreditangeboten?, WM 2011, 149–157; *Köndgen,* Grenzen des informationsbasierten Anlegerschutzes, – zugleich Anmerkung zu BGH, Urt. v. 22.3.2011 – XI ZR 33/10 – (in diesem Heft), BKR 2011, 283–286; *Köndgen,* Runter mit den Dispozinsen – aber wie?, ZBB 2014, 153–168; *König,* Mögliche Änderungen durch die Richtlinie über Wohnimmobilienkreditverträge im deutschen Recht, WM 2013, 1688–1698; *König,* Neue Anforderungen an die zivilrechtlichen Kreditwürdigkeitsprüfugnspflichten, WM 2017, 269; *Kraatz/Klevenhagen,* Die Umsetzung der Wohnimmobilienkreditrichtlinie – ein Überblick, BKR 2017, 45; *Krepold/Kropf,* Vorfälligkeitsentschädigung als Grundlage des deutschen Pfandbriefsystems, WM 2015, 1–14; *Kulke,* Der Gesetzentwurf der Bundesregierung zur Umsetzung der Verbraucherkreditrichtlinie, des zivilrechtlichen Teils der ZDRL sowie zur Neuordnung der Vorschriften über das Widerrufs- und Rückgaberecht – Teil 1, VuR 2009, 12–14; *Kulke,* Das Gesetze zur Umsetzung der Verbraucherkreditrichtlinie, des zivilrechtlichen Teils der ZDRL sowie zur Neuordnung der Vorschriften über das Widerrufs- und Rückgaberecht – Teil 2, VuR 2009, 373–380; *Lettl,* Das neue Rechtsdienstleistungsgesetz insbesondere aus bankrechtlicher Sicht, WM 2008, 2233–2237; *Leuschner,* AGB-Kontrolle im unternehmerischen Verkehr, – Zu den Grundlagen der Reformdebatte –, JZ 2010, 875–884; *Löhnig,* Bedarf die Erteilung einer Vollmacht zum Abschluß eines Geschäfts nach dem VerbKrG der Form des § 4 VerbKrG?, VuR 1999, 147–150; *Lücke,* Die Schlichtung in der deutschen Kreditwirtschaft als Form außergerichtlicher Streitbeilegung, WM 2009, 102–109; *Metz,* Variable Zinsvereinbarungen bei Krediten und Geldanlagen, BKR 2001, 21–29; *Metz,* Erläuterungspflichten bei Verbraucherkrediten, NJW 2012, 1990–1995; *Möller,* Aktuelle Entwicklungen beim Schutz von Verbrauchern im Kreditrecht, insbesondere zu Sorgfaltspflichten vor Vertragsschluss, VuR 2017, 283; *Möslein,* Contract Governance und Corporate Governance im Zusammenspiel – Lehren aus der globalen Finanzkrise – JZ 2010, 72–80; *Mülbert,* Auswirkungen der MiFID-Rechtsakte für Vertriebsvergütungen im Effektengeschäft der Kreditinstitute, ZHR 172 (2008), 170–229; *Mülbert/Wilhelm,* Rechtsfragen der Kombination von Verbraucherdarlehen und Restschuldversicherung, WM 2009, 2241–2255; *Müller/Fuchs,* Rechtsfolgen des Widerrufs von Verbraucherdarlehensverträgen – mehr als eine „Rechenaufgabe", WM 2015, 1094–1101; *Müller,* Kein Einwendungsdurchgriff bei zinsloser und gebührenfreier Finanzierung?, WM 2015, 697–704; *Nobbe,* Zulässigkeit von Bankentgelten, WM 2008, 185–194; *Nobbe,* Verantwortlichkeit der Bank bei der Vergabe von Krediten und der Hereinnahme von Sicherheiten, ZBB 2008, 78–82; *Nobbe,* Neuregelungen im Verbraucherkreditrecht – Ein kritischer Überblick –, WM 2011, 625–632; *Oertmann,* Die Volkswirtschaftslehre des Corpus Iuris Civilis, Berlin 1891, Neudruck Aachen 1971; *Oertmann,* Die Geschäftsgrundlage – Ein neuer Rechtsbegriff, 1921; *Oehler/Höfer/Wendt,* Dispostionskredite: Fehlende Bonitätsprüfung kostet Verbraucher viel Geld – Lösungsansätze und Handlungsempfehlungen, ZBB 2013, 350–357; *Omlor,* Die Forderungsgarantie und das europäische Verbraucherrecht, WM 2009, 54–60; *Omlor,* Erlöschen des „ewigen"Widerrufsrechts bei Immobiliardarlehensverträgen, NJW 2016, 1265; *Omlor,* Negativzinsen, Bankrechtstag 2017, 41; *Omlor,* Die Wohnimmobilienkreditrichtlinie und ihre Umsetzung in Deutschland, ZIP 2017, 112; *Omlor,* Neuregelung der Finanzierung von Wohnimmobilien, NJW 2017, 1633; *Peters,* Das Widerrufsrecht nach dem Verbraucherkreditgesetz, DZWir 1994, 353–361; *Peters,* Formbedürftigkeit der Vollmachten für die Aufnahme von Verbraucherkrediten, WM 2000, 554–562; *Peters,* Umsetzung der EU-Verbraucherkreditrichtlinie und das Leasinggeschäft, WM 2011, 865–870; *Peters,* Widerrufsbelehrungen und BGB-InfoV, WM 2014, 2145–2153; *Peters/Gröpper,* Wirksamkeitserfordernisse für Kreditvollmachten von Verbrauchern – Anmerkungen zu den Entscheidungen des BGH vom 24.4.2001 = WM 2001, 1024, vom 10.7.2001 = WM 2001, 1663 und vom 18.9.2001 = WM 2001, 2113 –, WM 2001, 2199–2203; *Peters/Werth,* Der Forward-Darlehensvertrag – Rechtliche und finanzmathematische Fragestellungen, insbesondere bei vorzeitiger Beendigung, WM 2003, 1509–1522; *Pfeiffer,* Richtlinienkonforme Auslegung gegen den Wortlaut des nationalen Gesetzes – Die Quelle-Folgeentscheidung des BGH, NJW 2009, 412–413; *Placzek,* Neues zur Zulässigkeit eines Bearbeitungsentgelts in Verbraucherkreditverträgen?, WM 2011, 1066–1072; *Piekenbrock,* Die Wohnimmobilienkreditvertragsrichtlinie, Bankrechtstag 2014, S. 132–173; *Piekenbrock,* Die geplante Umsetzung der Wohnimmobilienkreditvertragsrichtlinie, GPR 2015, 26; *Piekenbrock,* Fremdwährungskredite für Verbraucher: süßes Gift, GPR 2019, 176; *Piekenbrock/Ludwig,* Formalismus bei der Widerrufsinformation in Verbraucherdarlehensverträgen, WM 2012, 1409–1416; *Piekenbrock/Rodi,* Die Rechtsfolgen des Widerrufs von Verbraucherdarlehensverträgen unter besonderer Berücksichtigung des Wertersatzes für die Kapitalüberlassung, WM 2015, 1085–1093; *Posner,* A failure of capitalism, Harvard University Press, 2009; *Rehmke/Tiffe,* Widerruf von Immobiliardarlehen, VuR 2014, 135–142; *Reich/Micklitz,* Verbraucherschutz in der Bundesrepublik Deutschland, Eine Studie im Auftrage der EG Kommission, 1980; *Reifner,* Zinsberechnung im Recht, AcP 214 (2014) 695–745; *Riesenhuber,* Information – Beratung – Fürsorge, Kritische Bemerkungen zum Vorschlag einer neuen Verbraucherkreditrichtlinie, ZBB 2003, 325–334; *Rink,* Effektiver Jahreszins – eine effektive Information?, VuR 2011, 12–14; *Rogoz,* Klageanträge und Streitwertbestimmung bei Klagen im Zusammenhang mit dem Widerruf von Verbraucherdarlehensverträgen, BKR 2015, 228–232; *Rosenblum/Kaiser,* Kreditvergabe durch Banken: ist ein verstärkter Verbraucherschutz analog zur Anlageberatung sinnvoll?, BB 2014, 585–590; *Rosenkranz,* Der Widerruf von Kfz-finanzierenden Verbraucherdarlehensverträgen, BKR 2019, 469–470, 521–528; *Rösler,* Europäischen Konsumentenvertragsrecht, Grundkonzeption, Prinzipien und Fortbildung, 2004; *Rösler,* Aktuelle Rechtsfragen zu Verbraucherkrediten, VuR 2000, 191–198; *Rösler,* Forward-Darlehen und Darlehen mit Zins-Cap, WM 2000, 1930–1933; *Rösler/Werner,* Erhebliche Neuerungen im zivilen Bankrecht: Umsetzung von Verbraucherkredit- und Zahlungsdiensterichtlinie, Überblick über den Umsetzungsbedarf in der Bankpraxis anhand der vorliegenden Gesetzentwürfe, BKR 2009, 1–10; *Rösler/Wimmer,* Zahlungsverpflichtungen und Zahlungsströme bei vorzeitiger Beendigung von Darlehensverträgen – Eine kombiniert juristisch-betriebswirtschaftliche Analyse –, WM 2000, 164–181; *Röß,* Die Verjährungshemmung bei Verbraucherdarlehensverträgen, NJW 2019, 1249–1253; *Roth,* Der allgemeine Bankvertrag, WM 2003, 480–482; *Roth,* Heilung und Wirksamwerden von mit formnichtiger Vollmacht geschlossenen Verbraucherdarlehensverträgen, WM 2003, 2356–2360; *Roth,* Private Altersvorsorge: Betriebsrentenrecht und private Vorsorge, 2009; *Röthel/Heßeler,* Vertragsübernahme und Verbraucherschutz – Bewährungsprobe für ein junges Rechtsinstitut, WM 2008, 1001–1008; *Rott,* Die Verbraucherkredit-Richtlinie 2008/48/EG und ihre Auswirkungen auf das deutsche Recht, WM 2008, 1104–1113; *Rott,* Die neue Immobiliarkredit-Richtlinie 2014/17/EU und ihre Auswirkungen auf das deutsche Recht, BKR 2015, 8–14; *Rott/Terryne/Twigg-Flesner,* Kreditwürdigkeitsprüfung: Verbraucherschutzverhinderung durch Zuweisung zum öffentlichen Recht?, VuR 2011, 163–169; *von Rottenburg,* Repräsentationsprinzip gegen Verbraucherschutz – Anmerkung zu den Entscheidungen des BGH vom 24.4.2001 = WM 2001, 1024 und vom 10.7.2001 = WM 2001, 1663 –, WM 2001, 2194–2199; *Rühl,* Weitreichende Änderungen Verbraucherdarlehensrecht und im Recht der Zahlungsdienste, DStR 2009, 2256–2263; *Sauer/Wallner,* Die Verpflichtung zur Angabe des Gesamtbetrags in Verbraucherkreditverträgen – Zugleich Besprechung von BGH, Urt. v. 18.12.2001, BKR 2002, 226 –, BKR 2003, 959–967; *von Savigny,* System des heutigen römischen Rechts, Erster Band, 1840, Neudruck 1981; *K. Schmidt,* Verbraucherbegriff und Verbrauchervertrag – Grundlagen des § 13 BGB, JuS 2006, 1–8; *Schimansky,* Zinsanpassungsklauseln in AGB, WM 2001, 1169–1176; *Schimansky,* Zinsanpassungen im Aktivgeschäft – Entsprechen die vorgestellten Klauseln den Vorgaben des BGH –, WM 2003, 1449–1453; *Schmolke,* Neue Informations- und Beratungspflichten (einschließlich Kreditwürdigkeitsprüfung) durch das Wohnimmobilienkreditrichtlinie-Umsetzungsgesetz, Bankrechtstag 2018, 45; *Schnauder,* Der Kreditvertrag im Wandel der Zeit, WM 2014, 783–791; *Schön,* Widerruf von Kfz-Finanzierungsdarlehen – der neue Diesel-Skandal-Widerrufsjoker?, BB 2018, 2115; *Schürnbrand,* Die Neureglung des Verbraucherdarlehensrechts, ZBB 2008, 383–391; *Schürnbrand,* Darlehensvertrag und Restschuldversicherung als verbundene Verträge, ZBB 2010, 123–128; *Schürnbrand,* Unterjährige Versicherungsprämien aus Sicht des Verbraucherkreditrechts, WM 2011, 481–485; *Schürnbrand,* Reichweite des Widerrufsdurchgriffs bei Darlehensverträgen mit Restschuldversicherung, BKR 2011, 309–313; *Schürnbrand,* Die Richtlinie über Wohnimmobilienkreditverträge für Verbraucher, ZBB 2014, 168–178; *Schürnbrand,* „Nullprozent"-Finanzierungen als Herausforderung für das Verbraucherkreditrecht, ZIP 2015, 249–256; *Schultheiß,* Anschlussfinanzierungen und Umschuldungen in der Kreditwürdigkeitsprüfung, ZBB 2018, 107; *Schwennicke,* Vergabe privater Darlehen und Erlaubnispflicht nach dem KWG, WM 2010, 542–550; *Servatius,* Aufklärungspflicht und verantwortungsvolle Kreditvergabe, ZfIR 2015, 178; *Simitis,* Verbraucherschutz, Schlagwort oder Rechtsprinzip?, 1976; *Söbbing,* Rechtsfragen an die digitale Bank, BKR 2019, 443; *Spitzer* Das Gesetz zur Umsetzung der Wohnimmobilienkreditrichtlinie und zur Änderung handelsrechtlicher Vorschriften, MDR 2016, 425; *Spitzer* Das „neue" Widerrufsrecht bei Verbraucherdarlehensverträgen, Zahlungsaufschub und Finanzierungshilfen, MDR 2016, 1297; *Spitzer,* Hypothekar- und Immobilienkreditgesetz, Bankrechtstag 2018, 77; *Stamenković/Michel,* Die geplante Neuregelung zum Inhalt und zur Durchsetzung der Kreditwürdigkeitsprüfung im deutschen Recht, VuR 2016, 132; *Stolleis,* Öffentliches Recht und Privatrecht im Prozeß der Entstehung des modernen Staates, in: Wolfgang Hoffmann-Riem/Eberhard Schmidt-Aßmann (Hrsg.), Öffentliches Recht und Privatrecht als wechselseitige Auffangordnungen, 1996, S. 41–61; *Stöhr,* Haftung der Banken wegen fehlgeschlagener Immobilienfinanzierung, 2009; *Stöhr,* Zeitpunkt des Darlehensvertragsabschlusses vor dem Hintergrund des § 172 Abs. 1 BGB, WM 2009, 928–931; *Strohmeyer,* Regierungsentwurf zur verbesserten Durchsetzbarkeit von Anlegeransprüchen aus Falschberatung, ZBB 2009, 197–204; *Stupp/Mucke,* Die Auswirkung kreativer „Zins"-Vereinbarungen auf die ordentlichen Kündigungsmöglichkeiten des Darlehensnehmers, BKR 2005, 20–27; *Tamm,* Verbraucherschutzrecht, Europäisierung und Materialisierung des deutschen Zivilrechts und die Herausbildung eines Verbraucherschutzprinzips, 2011; *Tonner,* Probleme des novellierten Widerrufsrechts: Nachbelehrung, verbundene Geschäfte, Übergangsvorschriften, BKR 2002, 856–862; *Ungewitter,* § 11 I VerbrKrG als Vorschrift über den objektiven Schaden, JZ 1994, 701–709; *Veil,* Anlageberatung im Zeitalter der MiFID, – Inhalt und Konzeption der Pflichten und Grundlagen einer zivilrechtlichen Haftung, WM 2007, 1821–1827; *Volmer,* Für die Notarpraxis relevante Neuerungen im Recht des Verbraucherkredits, DNotZ 2010, 591–595; *Wagner,* Sind Kapitalanleger Verbraucher? – zum Verhältnis von Kapitalanlagerecht zum Verbraucherschutzrecht –, BKR 2003, 649–656; *Wahlers,* „Ewiges" Widerrufsrecht bei Verbraucherdarlehensverträgen?, WM 2015, 1043–1049; *Wehrt,* Das Gesetz zur Umsetzung der Wohnimmobilienkreditrichtlinie – Was ändert sich bei der Vorfälligkeitsentschädigung?, BKR 2018, 221; *Wiechers,* Die Rechtsprechung des Bundesgerichtshofs zum Verbraucherkreditgesetz, WM 2000, 1077–1091; *Wiechers,* Aktuelle Rechtsprechung des XI. Zivilsenats des Bundesgerichtshofs, WM 2011, 145–154; *Wildemann,* Das Widerrufsrecht bei verbundenen Verträgen – Richtlinienwidrigkeit der §§ 358, 359a BGB, VUR 2011, 55–59; *von Wilmowsky,* Darlehensnehmer in der Insolvenz, WM 2008, 1189–1196 und 1237–1244; *Wimmer,* Die neue Preisangabenverordnung, WM 2001, 447–453; *Wimmer,* Zinsanpassung bei variablen Darlehen: Eignung alternativer Referenzzinssätze, WM 2008, 2237–2244; *Wimmer/Rösler,* Praxisprobleme bei Preisangaben im neuen Verbraucherkreditrecht, VuR 2011, 6–9; *Wimmer/Rösler,* Vorfälligkeitsentschädigung: Kehraus?, WM 2016, 1821; *Wittig/Wittig,* Das neue Darlehensrecht im Überblick, WM 2002, 145–156; *Wittig/Wittig,* Das neue Verbraucherdarlehensrecht – Schritte zur Vermeidung der Privatinsolvenz?, ZInsO 2009, 633–640; *Wittig,* Erfahrungen mit der Umsetzung der Wohnimmobilienkreditrichtlinie in Deutschland, Bankrechtstag 2018, 99; *Wittmann/Strotkemper* Beratungs- und Aufklärungspflichten eines Darlehensgebers bei Abschluss eines Darlehensvertrages, MDR 2018, 901; *Zahn,* Die Bürgschaft des Verbrauchers bei Haustürgeschäften und Kreditverträgen, Zugleich Besprechung BGH v. 20.1.2006

– XI ZR 169/05, ZIP 2006, 363, ZIP 2006, 1069–1074; *Zeitler,* Vergessene Ursachen der Banken- und Finanzkrise, WM 2012, 673–678.

Vorbemerkungen vor § 491: Allgemeine Grundlagen des Verbraucherdarlehensvertrages

Übersicht

I. Entstehung und Perspektiven des Verbraucherdarlehensrechts

1 Das Verbraucherdarlehensrecht ist – wie das Verbraucherrecht insgesamt – eine in Deutschland noch relativ junge Rechtsmaterie.[1] Der den §§ 491 ff. BGB zugrunde liegende Verbraucherschutz auf den Kreditmärkten[2] wurde erst spät „entdeckt". Dies überrascht, hatte doch *Paul Oertmann* bereits Ende des 19. Jahrhunderts in einer ökonomischen Analyse des römischen Rechts „Die Volkswirtschaftslehre des Corpus Iuris Civilis" die Ungeeignetheit des römischen Rechts als Grundlage für ein modernes Vertragsrecht dargelegt.[3] Der Befund fehlender Vergleichbarkeit der römischen und der modernen Wirtschaftsbedingungen trifft wie die fehlende wirtschaftswissenschaftliche Fundierung des römischen Rechts noch heute zu. Allerdings hat auch er[4] mit der späteren „Entdeckung" des Wegfalls der Geschäftsgrundlage[5] nur Ansätze zur Lösung geliefert.

2 Die Grundlagen des Verbraucherschutzes wurden freilich auch in Deutschland bereits im 19. Jahrhundert gelegt, verwiesen sei auf das Abzahlungsgesetz,[6] das Börsengesetz[7] sowie das Schuldverschreibungsgesetz;[8] im Aktienrecht diente die Reform des Allgemeinen

[1] Grundlegend *von Hippel* Verbraucherschutz, 1. Aufl. 1974, 3. Aufl. 1986; *Simitis* Verbraucherschutz, Schlagwort oder Rechtsprinzip?, 1976; *Reich/Micklitz* Verbraucherschutz in der Bundesrepublik Deutschland, 1980; *Dauner-Lieb* Verbraucherschutz durch Ausbildung eines Sonderprivatrechts für Verbraucher, 1983; *Drexl* Die wirtschaftliche Selbstbestimmung des Verbrauchers, 1998; *Rösler* Europäisches Konsumentenvertragsrecht, 2004; über bloßen Verbraucherschutz hinaus auch *Habersack* Vertragsfreiheit und Drittinteresse, 1991, aktuell *Tamm* Verbraucherschutzrecht, 2011, ferner Soergel/*Seifert* Vor § 491.

[2] So zum Normzweck treffend MüKoBGB/*Schürnbrand/Weber* Vor § 491 Rn. 1.

[3] *Oertmann* Die Volkswirtschaftslehre des Corpus Iuris Civilis, 1891, Neudruck 1971.

[4] Sonst etwa *Menger* Das Bürgerliche Recht und die besitzlosen Volksklassen, 1890.

[5] *Oertmann* Die Geschäftsgrundlage – Ein neuer Rechtsbegriff, 1921.

[6] Gesetz, betreffend die Abzahlungsgeschäfte v. 16.5.1894, RGBl. 450.

[7] Dazu etwa Kommentierung von *Nussbaum,* 1910.

[8] Mit Blick auf die Änderung von Anleihebedingungen *Bliesener* in Beiträge Hopt, 2008, 355, nunmehr umfassend *Bliesener/Schneider,* Kap. 17.

Deutschen Handelsgesetzbuchs von 1884 der Bekämpfung des Gründungsschwindels und damit nicht zuletzt dem Schutz der Anleger (Verbraucher). Das Abzahlungsgesetz knüpfte für Ratenkreditverträge mittelbar an eine Verbrauchereigenschaft an, es war nicht anwendbar, wenn der Käufer als Kaufmann in das Handelsregister eingetragen war.[9] Das verbundene Geschäft (§ 358 BGB spricht nunmehr vom verbundenen Vertrag) geht auf § 6 AbzG[10] zurück, das Abzahlungsgesetz galt aber nicht für Darlehensverträge. Das Börsengesetz wurde lange, anders als das US-amerikanische Kapitalmarktrecht als „Recht für Reiche" wahrgenommen,[11] das Schuldverschreibungsgesetz spielte allgemein fast keine Rolle, da die Hürden für Beschlüsse der Gläubiger bis zur Reform im Jahre 2009 viel zu hoch waren.[12]

Wie die Entwicklung des Rechts der Allgemeinen Geschäftsbedingungen zeigt, war der Verbraucherbegriff in Deutschland im nationalen Recht bis ins 21. Jahrhundert hinein nur in Ansätzen verankert. Anders als durch die Klauselrichtlinie vorgegeben, ist von den §§ 305 ff. BGB weiterhin der Schutz auch von Unternehmern vorgesehen.[13] Die Einbeziehung der Unternehmer führt häufig zur Abwahl deutschen Rechts in internationalen Verträgen, da die Einbeziehung von Unternehmerverträgen in die Klauselkontrolle zu Rechtsunsicherheit führt und das ökonomische Gleichgewicht gefährdet, was von den Rechtsabteilungen international tätiger Konzerne zutreffend kaum verantwortet werden kann. Die Kritik hieran und an der weitgehenden Klauselkontrolle durch die Rechtsprechung[14] blieb bislang freilich ohne Wirkung. 3

In Europa haben demgegenüber bereits in den 1970er Jahren zahlreiche Länder Verbraucherkreditgesetze erlassen, so England 1974 mit dem *Consumer Credit Act*,[15] Frankreich 1978 mit der *loi relative à l'information et à la protection des consommateurs dans le domaine de certaines opérations de crédit*,[16] weiter Schweden 1979 mit dem Konsumentenkreditgesetz.[17] Grundlage für die deutsche Entwicklung war der Gedanke des Schutzes des Vertragspartners nicht durch Vertragsrecht, sondern durch öffentliches Recht. Einschränkungen der Vertragsfreiheit erfolgten bis zum Inkrafttreten des Verbraucherkreditgesetzes im Jahre 1991[18] im Wesentlichen nur durch allgemeine Rechtsgrundsätze, insbesondere den Grundsatz von Treu und Glauben sowie durch die Annahme sittenwidriger Verträge, insbesondere letzteres ist eine recht hohe Schwelle und wurde deshalb kaum praktisch.[19] Sieht man vom Abzahlungsgesetz einmal ab, hat das Verbraucherdarlehensrecht anders als die Klauselkontrolle kein Vorbild im deutschen Recht, es handelt sich um eine rein europäische Entwicklung. 4

Zutreffend ist der Verbraucherschutz Teil des Marktschutzes, es bedarf (auch) eines Schutzes typischerweise schwächerer bzw. systematisch Fehler begehender Marktteilnehmer durch Privatrecht.[20] Vertragsrecht ist modern als Marktrecht zu begreifen und wird teilweise unter dem Begriff der Contract Governance diskutiert.[21] Die Finanzmarktkrise hatte ihren Ursprung nicht zuletzt in der leichtfertigen Vergabe von Darlehensverträgen an Verbraucher zur Finanzierung des Erwerbs von Immobilien.[22] Zutreffend wird seit der Finanzkrise stärker betont, dass der Verbraucherschutz auch der Finanzmarktstabilität dient.[23] Gerade 5

---

[9] § 8 AbzG.
[10] BGHZ 47, 207= NJW 1967, 1022; 57, 112 = NJW 1972, 46; 66, 165 = NJW 1976, 1093.
[11] Zum Kapitalanleger als Verbraucher *Armbrüster* ZIP 2006, 406.
[12] Zum Verhältnis von Kapitalanlagerecht und Verbraucherschutzrecht *Wagner* BKR 2003, 649.
[13] Ausgeschlossen sind insbes. die §§ 308, 309.
[14] *Leuschner* JZ 2010, 875.
[15] Consumer Credit Act 1974.
[16] Loi n 78-23 du 10 janvier 1978.
[17] *Zweigert/Kötz* Einführung in die Rechtsvergleichung, 3. Aufl. 1996, 278.
[18] Zur Kodifizierung erst zum 1.1.1991 auch BankR-HdB/*Münscher* § 81 Rn. 1.
[19] Vgl. aber BGHZ 104, 102 = NJW 1988, 1659 (absoluter Zinsunterschied in Hochzinsphase).
[20] Zu Markt und Verbraucher *Drexl* Die wirtschaftliche Selbstbestimmung des Verbrauchers, 1998, S. 91–215.
[21] *Grundmann/Möslein/Riesenhuber* (eds.), Contract Governance, Dimensions in Law and Interdisciplinary Research, OUP 2015; *Möslein* JZ 2010, 72.
[22] Kritisch etwa *Zeitler* WM 2012, 673 (676); *Posner,* A Failure of capitalism, 2009, p. 320 ff.
[23] Etwa *Binder* Bankrechtstag 2016, S. 3 (16 f); *Möller* VuR 2017, 283, (289 f.).

beim Verbraucherdarlehensrecht geht es so auch um einen Schutz der Allgemeinheit vor Übertreibungen bei der Kreditvergabe,[24] dies insbesondere, wenn sich das Geschäftsgebaren der Finanzindustrie vom traditionellen Selbstverständnis der Kreditwirtschaft entfernt. In den USA bedarf es nunmehr einer unabhängigen Schätzung des Wertes der Immobilie, wenn eine finanzierende Hypothek einem der staatlichen Kreditfinanzierer angeboten werden soll. In Frankreich ist ein Schutz durch Gutachten über wertbestimmende Faktoren wie die Energiebilanz, Mängel etc. vorgesehen.

6 Neue Einsichten wird weiter die moderne behavioral law and finance-Bewegung liefern.[25] Die Verhaltensökonomie nimmt in Abkehr vom Leitbild des sogenannten homo oeconomicus,[26] der rein rational auf eigene Nutzenmaximierung gerichtet handelt, das tatsächliche Verhalten der Menschen in den Blick.[27] Die neuere ökonomische Forschung zeigt systematische Fehler auch informierter, gut gebildeter Personen auf und entwickelt Leitlinien, die neue Einsichten liefern und einen treffsichereren Verbraucherschutz ermöglichen werden.[28] So verstanden handelt es sich beim Verbraucherschutz um gestaltende Wirtschaftspolitik,[29] es sind für die verschiedenen Märkte jeweils angemessene Regeln zu finden. Dabei wird die Versorgung des Darlehensnehmers mit (relevanter!) Information eine herausragende Rolle behalten,[30] fehlt es an dieser, kann jedenfalls im Einzelfall auf die Vermutung aufklärungsgerechten Verhaltens zurückgegriffen werden. Der traditionelle Ansatz des deutschen Darlehensrechts, dass jeder Vertragspartner sich die Informationen selbst beschaffen und diese auch bewerten muss,[31] ist nach der Finanzmarktkrise, die im Kern eine Krise wegen unverantwortlicher Darlehensvergabe war, so nicht mehr haltbar.

II. Umsetzung Europäischen Rechts und Schuldrechtsmodernisierung

1. Richtlinie von 1986 und ihre Umsetzung im Verbraucherkreditgesetz

7 Der Schutz des Verbrauchers auf europäischer Ebene geht zurück auf die Richtlinie vom 22.12.1986 zur Angleichung der Rechts- und Verwaltungsvorschriften der Mitgliedstaaten über den Verbraucherkredit.[32] Das Verbraucherkreditgesetz wurde in Umsetzung der Richtlinie erlassen und trat 1991 (verspätet)[33] in Kraft. Die Rechtsprechung stellte das Verbraucherkreditgesetz[34] insbesondere bei Immobiliarkrediten vor Probleme, da das Haustürwiderrufsgesetz in § 5 Abs. 2 HWiG auf das VerbrKrG verwies, das insoweit kein Widerrufsrecht vorsah. Entgegen dem Wortlaut wurde zwar teilweise ein Widerrufsrecht angenommen,[35] dies war bis zur Entscheidung des Europäischen Gerichtshofs in der Sache „Heininger“[36] aber keineswegs herrschende Meinung.[37]

[24] Mit Fokus auf die Stabilität des Finanzsystems *Binder* Bankrechtstag 2016, 3, (14).

[25] Dazu schon Staub/*Renner* Kreditgeschäft (Band 10/2) Rn. 536 f., 543. Von einem Informationsmodell plus spricht *Schmolke* Bankrechtstag 2018, 45 (50 ff.).

[26] Krit. dazu schon *Artz* Der Verbraucher als Kreditnehmer, 2001, 51.

[27] *Thaler/Sunstein* Nudge, 2008; aus deutscher, rein rechtlicher Sicht *Artz* Der Verbraucher als Kreditnehmer, 2001, 56; *Drexl* Die wirtschaftliche Selbstbestimmung des Verbrauchers, 1998, 290.

[28] Ansätze bei *Inderst* JITE 167 (2011) 4.

[29] *Billen* VuR 2009, 81.

[30] Insoweit von liberalem Paternalismus sprechend: *Eidenmüller* JZ 2011, 814 (818) (ferner auf die Einforderung einer expliziten Wahl und die Vorgabe einer sinnvollen aber abwählbaren Rückfalloption abstellend).

[31] Mit Blick auf Aufklärungs- und Beratungspflichten *Richrath* WM 2004, 653.

[32] RL 87/102/EWG des Rates v. 22.12.1986 zur Angleichung der Rechts- und Verwaltungsvorschriften der Mitgliedstaaten über den Verbraucherkredit, ABl. EG v. 12.2.1987 L 42/48.

[33] Art. 16 der RL sah eine Umsetzung bis zum 1.1.1990 vor.

[34] Rechtsprechungsübersicht von *Wiechers* WM 2000, 1077.

[35] *Peters* DZWir 1994, 353 (357).

[36] EuGH WM 2001, 2434 = NJW 2002, 281.

[37] Vgl. nur *Habersack/Mayer* WM 2002, 253; *Markus Roth* WuB IV D. § 5 HWiG 1.02, Literaturüberblick bei BGHZ 150, 248 (253 ff.).

2. Schuldrechtsmodernisierung

Mit der Schuldrechtsmodernisierung zum 1.1.2002 erfolgte die Integration des Verbraucherschutzrechts in das Bürgerliche Gesetzbuch, neben dem Verbraucherkreditgesetz betraf dies auch das Haustürwiderrufsgesetz sowie das Fernabsatzgesetz.[38] Wegen der kurz nach der Verabschiedung der Schuldrechtsmodernisierung ergangenen Heininger-Entscheidung[39] war diese europarechtswidrig in Kraft getreten, die notwendige Korrektur erfolgte durch das OLG-Vertretungsänderungsgesetz.[40] **8**

Mit der Integration des Verbraucherkreditgesetzes in das BGB wurde das Darlehensrecht neu gefasst,[41] am ursprünglichen Standort der §§ 607 ff. verbleibt nur das praktisch wenig bedeutsame Sachdarlehen. Der Konzeption des Darlehens als einheitlichem Terminus des Zivilrechts geschuldet ist auch die Abkehr vom Begriff des Verbraucherkredits, das BGB spricht seitdem vom Verbraucherdarlehen, während die Richtlinie von Verbraucher und Kreditgeber sprach und spricht und das Darlehen als Unterfall des Verbraucherkredits ansieht. Die an dieser Unterscheidung anknüpfende deutsche Systematik hat Vor- und Nachteile. Einerseits würde es verwirren, wenn zwischen Darlehen zwischen Unternehmern, Darlehen zwischen Verbrauchern, Kleindarlehen zwischen Unternehmern und Verbrauchern sowie den §§ 491 ff. BGB unterfallenden Verbraucherkrediten unterschieden werden müsste. Andererseits spricht das Aufsichtsrecht von Kreditwesen und umfasste das VerbrKrG unter dem Oberbegriff des Kredits noch verschiedene andere Kreditformen,[42] insbesondere die nunmehrigen Finanzierungshilfen zwischen einem Unternehmer und einem Verbraucher.[43] Wegen der unterschiedlichen Konzeption von Bürgerlichem Gesetzbuch nach der Schuldrechtsmodernisierung und der Verbraucherkreditrichtlinie war es nicht möglich, die deutsche Fassung der Richtlinie an die Terminologie des Bürgerlichen Gesetzbuchs anzupassen. Daraus ergibt sich, dass die in der Richtlinie geregelten Sachverhalte nicht unter einem einheitlichen Rechtsbegriff im Bürgerlichen Gesetzbuch geregelt werden konnten, insbesondere die Vorschriften für den Zahlungsaufschub und den Ratenlieferungsvertrag finden sich in gesonderten Untertiteln.[44] Zudem zwingt der einheitliche deutsche Darlehensbegriff zu terminologischen Unterschieden zur zugrunde liegenden Richtlinie,[45] was bei der Darstellung der europarechtlichen Grundlagen das Verständnis des deutschen Rechts erschwert. Die Kommentierung behandelt über das eigentliche Verbraucherdarlehen hinaus auch die anderen Formen des Verbraucherkredits. **9**

3. Die Verbraucherkreditrichtlinie von 2008 und ihre Umsetzung

Der Neufassung des Verbraucherdarlehensrechts zugrunde liegt die Richtlinie 2008/48/EG über Verbraucherkreditverträge,[46] im Folgenden „Richtlinie" oder „Verbraucherkreditrichtlinie".[47] Die Richtlinie wurde nach intensiver Diskussion[48] verabschiedet und bringt sowohl gegenüber der alten Richtlinie 87/102/EWG als auch gegenüber dem deutschen **10**

[38] Dazu *Habersack* BKR 2001, 72.
[39] EuGH WM 2001, 2434 = NJW 2002, 281.
[40] Gesetz zur Änderung des Rechts der Vertretung durch Rechtsanwälte vor den Oberlandesgerichten (OLG-Vertretungsänderungsgesetz – OLGVertrÄndG) v. 23.7.2002, BGBl. I 2002, 2850; dazu *Dörrie* ZfIR 2002, 685.
[41] Dazu *Wittig/Wittig* WM 2002, 145.
[42] BankR-HdB/*Münscher* § 81 Rn. 21.
[43] Nach § 1 Abs. 2 VerbrKrG wurde neben einem Darlehen auch ein Zahlungsaufschub und eine sonstige Finanzierungshilfe als Kreditvertrag angesehen.
[44] Dazu auch PWW/*Kessal-Wulf* 6. Aufl. § 491 Rn. 1.
[45] Für eine Rückkehr zum Kreditbegriff *Meincke/Hingst* WM 2011, 633 (639 f.).
[46] Richtlinie 2008/48/EG des Europäischen Parlaments und des Rates v. 23.4.2008 über Verbraucherverträge und zur Aufhebung der Richtlinie 87/102/EWG des Rates, ABl. EU v. 22.5.2008 L 133/66.
[47] Zur Richtlinie *Rott* WM 2008, 1104; Dauses EU-WirtschaftsR-HdB/*Micklitz/Rott* H. V. Rn. 307 ff.
[48] Zum ersten Entwurf der Kommission v. 11.9.2002, KOM(2002) 433 endgültig etwa *Danco* WM 2003, 853 (kritisch); *Kaiser* VuR 2002, 385.

Recht nach der Schuldrechtsmodernisierung eine Erhöhung des Verbraucherschutzniveaus.[49] Nach Art. 27 Abs. 1 der Richtlinie war diese bis zum 12.5.2010 umzusetzen. Das Gesetz zur Umsetzung der Verbraucherkreditrichtlinie, des zivilrechtlichen Teils der ZDRL sowie zur Neuordnung der Vorschriften über das Widerrufs- und Rückgaberecht vom 29.7.2009[50] trat nach seinem Art. 11 Abs. 2 zwar hinsichtlich der Zahlungsdienste zum 31.10. in Kraft.[51] Allgemein und auch hinsichtlich des Verbraucherdarlehensrechts trat das Gesetz erst mit Ablauf der Umsetzungsfrist am 11.6.2010 in Kraft.[52]

11 Hervorstechendes Merkmal der neu gefassten Verbraucherkreditrichtlinie ist die bereits im Vorfeld kontrovers diskutierte Vollharmonisierung,[53] diese greift ein, soweit innerstaatliche Vorschriften von der Richtlinie erfasst werden (9. Erwägungsgrund).[54] Soweit die Richtlinie harmonisierte Vorschriften enthält, dürfen die Mitgliedstaaten nach Art. 22 Abs. 1 der Richtlinie keine Bestimmungen in ihrem innerstaatlichen Recht aufrechterhalten oder einführen, die von den Bestimmungen der Richtlinie abweichen.[55] Praktisch erfolgt eine Dreiteilung in Vollharmonisierung, Öffnungsklauseln in der Richtlinie und nationaler Regelungsfreiheit im nicht geregelten Bereich.[56]

12 Der Gebrauch von in der Verbraucherkreditrichtlinie eröffneten Optionen muss der Kommission nach Art. 26 der Richtlinie gemeldet werden. Für Verstöße sollen die Mitgliedstaaten Sanktionen vorsehen, diese sollen nach dem 47. Erwägungsgrund wirksam, verhältnismäßig und abschreckend sein, so auch Art. 23 der Richtlinie. Dies war[57] und ist bei den §§ 491 ff. BGB keinesfalls immer zweifelsfrei der Fall. Teilweise verzichtet das Gesetz ganz auf Sanktionen, teilweise werden nur (jedenfalls im Einzelfall) milde Folgen vorgesehen.

13 Die Umsetzung der neu gefassten Verbraucherkreditrichtlinie erfolgte überwiegend in den §§ 491 ff. BGB, teilweise aber auch in Art. 247 EGBGB (Informationspflichten), in der Preisangabenverordnung (ebenfalls Informationspflichten) sowie im Kreditwesengesetz (Prüfung der Kreditwürdigkeit, zunächst § 18 Abs. 2 KWG, jetzt § 18a KWG). Dahinter steht die Regulierungsstrategie, „technische" Fragen aus dem Bürgerlichen Gesetzbuch herauszuhalten, zugleich sollten die Informationspflichten nicht zur Disposition der Gerichte stehen und deshalb gesetzlich geregelt werden.[58] Der Regierungsentwurf[59] wurde im hier interessierenden Zusammenhang durch den Rechtsausschuss[60] nur redaktionell bearbeitet.

14 Nach Einschätzung der Bankpraxis wurde die Vergabe von Verbraucherdarlehen fast vollständig neu geregelt.[61] Das hier kommentierte Verbraucherdarlehensrecht gilt für alle nach dem 11.6.2010 geschlossenen Verträge,[62] nur wenige Vorschriften gelten auch für bereits bestehende Darlehen.[63] Systematisch verunglückt erscheint die Definition zentraler

---

[49] *Rott* WM 2008, 1104 (1113).

[50] BGBl. I 2009, 2355.

[51] RegE BT-Drs. 16/11643, Beschlussempfehlung des Rechtsausschusses BT-Drs. 16/13669, Referentenentwurf abgedruckt ZBB 2008, 355.

[52] Zur Umsetzung *Ady/Paetz* WM 2009, 1061; *Rösler/Werner* BKR 2009, 1; *Wittig/Wittig* ZInsO 2009, 633.

[53] Dies wegen eines Verstoßes gegen das Subsidiaritätsprinzip des Art. 95 EGV als europarechtswidrig ansehend *Knops* Bankrechtstag 2009, 195 (210). Krit. zu einer Vorbildfunktion für die weitere Angleichung des Verbrauchervertragsrechts *Gsell/Schellhase* JZ 2009, 20 (23 ff.).

[54] Krit. zur Erforderlichkeit des Regulierungsansatzes *Nobbe* WM 2011, 625.

[55] Dazu auch der Abschlussvermerk der Kommission, KOM(2007) 546 endg., S. 9.

[56] *Artz* GPR 2009, 171 (173).

[57] Zur Kreditwürdigkeitsprüfung und weitere Änderungen bei Umsetzung der Wohnimmobilienkreditrichtlinie → Rn. 16 ff, 25 ff.

[58] *Ady/Paetz* WM 2009, 1061.

[59] BT-Drs. 16/11643.

[60] BT-Drs. 16/13669.

[61] Kümpel/Mülbert/Früh/Seyfried/*Merz/Wittig* Rn. 5.5.

[62] Art. 229 § 22 Abs. 2 EGBGB.

[63] Art. 229 § 22 Abs. 3 EGBGB: § 492 Abs. 5, § 493 Abs. 3, §§ 499, 500 Abs. 1, 504 Abs. 1, 505 Abs. 2, für Mitteilungen nach Vertragsschluss § 505 Abs. 1.

Begriffe (Nettodarlehensbetrag etc) im EGBGB sowie in der Preisangabenverordnung und deren Anlage (Sollzinssatz).[64]

4. Weitere Änderungen

Nach der Umsetzung der neu gefassten Verbraucherkreditrichtlinie wurden durch das Gesetz zur Schaffung einer Musterwiderrufsinformation vom 24.7.2010[65] das in der Anlage zum EGBGB abgedruckte Muster zur Widerrufsinformation ergänzt (Anlage 6, seit 2014 Anlage 7) sowie das EGBGB geändert und ergänzt, insbesondere Art. 247, § 6 Abs. 2 und § 12 EGBGB. Bei Umsetzung der Verbraucherrechterichtlinie[66] durch Gesetz vom 20.9.2013[67] wurden die Anforderungen an die Form von Benachrichtigungen (statt Textform dauerhafter Datenträger) und das Widerrufsrecht (Verweise insbesondere auf verbundene Verträge) geändert.[68] Der dauerhafte Datenträger ist nunmehr in § 126b Satz 2 BGB legaldefiniert, der inhaltlich der Definition der Verbraucherkreditrichtlinie (Art. 3 lit m) entspricht.[69] 15

5. Wohnimmobilienkreditrichtlichtlinie und ihre Umsetzung

Einschneidende Änderungen des Verbraucherdarlehensrechts brachte die Umsetzung der Wohnimmobilienkreditrichtlinie,[70] die Neuregelungen im BGB, EGBGB sowie in der Preisangabenverordnung und im KWG sind zum 21. März 2016 in Kraft getreten. Neu eingeführt wurden zwei Unterbegriffe des Verbraucherdarlehensvertrags, das Gesetz unterscheidet seitdem zwischen Allgemein- und Immobiliar-Verbraucherdarlehensverträgen. Die Richtlinie 2014/17/EU über Wohnimmobilienverträge für Verbraucher[71] hat eine Lücke im europäischen Verbraucherschutzrecht geschlossen. Mit der Umsetzung nicht in einem separaten Gesetz,[72] sondern in den §§ 491 ff. BGB verbunden ist eine Neudefinition des Verbraucherdarlehens, ferner wurden Regeln zur Aufklärung bei Überziehungsdarlehen und eine auch zivilrechtlich verankerte Überprüfung der Kreditwürdigkeit eingeführt.[73] An der vom Europarecht divergierenden Begrifflichkeit (Darlehen bzw. Kredit) halten sowohl der Referentenentwurf vom 18.12.2014[74] als auch der Regierungsentwurf vom Juli 2015[75] fest. 16

Die Wohnimmobilienkreditrichtlinie enthält einen Mindeststandard,[76] sie erweitert den Schutz der Verbraucher bei Kreditaufnahmen auch auf grundpfandrechtlich besicherte 17

[64] Integrierte Kommentierung auch von Staub/*Renner* Kreditgeschäft (Band 10/2) Rn. 536–871.

[65] Gesetz zur Einführung einer Musterinformation für Verbraucherdarlehensverträge, zur Änderung der Vorschriften über das Widerrufsrecht bei Verbraucherdarlehensverträgen und zur Änderung des Darlehensvermittlungsrechts v. 24.7.2010, BGBl. I 2010, 977.

[66] RL 2011/83/EU v. 25.20.2011 über die Rechte der Verbraucher, zur Abänderung der RL 93/13/EWG des Rates und der RL 1999/44/EG des Europäischen Parlaments und des Rates sowie zur Aufhebung der RL 85/577/EWG des Rates und der RL 97/7/EG des Europäischen Parlaments und des Rates ABlEU L 304/64.

[67] Gesetz zur Umsetzung der Verbraucherrechterichtlinie und zur Änderung des Gesetzes zur Regelung der Wohnungsvermittlung v. 20.9.2013, BGBl. I 2013, 3642. Dazu *Spitzer* MDR 2016, 425.

[68] Dazu *Artz* Bankrechtstag 2014, 175.

[69] Folgeänderung wegen Änderung der Definition der Textform, Begr. RegE BT-Drs. 17/12637.

[70] Gesetz zur Änderung der Wohnimmobilienkreditrichtlinie und zur Änderung handelsrechtlicher Vorschriften v. 11.3.2016, BGBl. I 2016, 396. Dazu *Binder* Bankrechtstag 2016, 3; *Omlor* ZIP 2017, 112.

[71] RL 2014/17/EU des Europäischen Parlaments und des Rates v. 4.2.2014 über Wohnimmobilienverträge für Verbraucher und zur Änderung der RL 2008/48/EG und 2013/36/EG und der VO (EU) Nr. 1093/2010, ABlEU L 60/34 v. 28.2.2014. Dazu *Piekenbrock* Bankrechtstag 2014, 131; *Schürnbrand* ZBB 2014, 168; *Rott* BKR 2015, 8, noch zum Trilog *König* WM 2013, 1688.

[72] So in Österreich, dazu *Spitzer* Bankrechtstag 2018, 77.

[73] Für eine Weiterentwicklung entsprechend der Anlageberatung *Rosenblum/Kaiser* BB 2014, 585.

[74] Referentenentwurf des Bundesministeriums der Justiz und für Verbraucherschutz, Entwurf eines Gesetzes zur Umsetzung der Wohnimmobilienkreditrichtlinie. Dazu etwa *Piekenbrock* GPR 2015, 26.

[75] Gesetzentwurf der Bundesregierung, Entwurf eines Gesetzes zur Umsetzung der Wohnimmobilienkreditrichtlinie, BR-Drs. 359/15 v. 14.8.2015 und BT-Drs. 18/5922. Dazu *Stamenković/Michel* VuR 2016, 132.

[76] Art. 2 Abs. 1 Wohnimmobilienkreditrichtlinie.

Kredite sowie Kredite zum Erwerb oder zur Erhaltung von Eigentumsrechten an einem Grundstück oder einem bestehenden oder geplanten Gebäude. Geregelt werden nach Art. 1 mit Verbrauchern geschlossene grundpfandrechtlich besicherte Kreditverträge und sonstige Wohnimmobilienkreditverträge. Die Verbraucherkreditrichtlinie wurde nur unwesentlich geändert.[77]

18 Art. 7 Abs. 1 S. 1 der Wohnimmobilienkreditrichtlinie sieht vor, dass Kreditgeber unter Berücksichtigung der Rechte und Interessen der Verbraucher ehrlich, redlich, transparent und professionell handeln müssen. Dies entspricht zutreffend den Nebenpflichten nach § 241 Abs. 2 BGB.[78]

6. Neuere Änderungen

19 Ergänzt wurde die Umsetzung der Wohnimmobilienkreditrichtlinie insbesondere durch das Gesetz zur Ergänzung des Finanzdienstleistungsrechts im Bereich der Maßnahmen bei Gefahren für die Stabilität des Finanzsystems und zur Umsetzung der Wohnimmobilienkreditrichtlinie (Finanzaufsichtsrechtergänzungsgesetz).[79] Zur Konkretisierung der Kreditwürdigkeitsprüfung neu eingefügt wurde eine Verordnungsermächtigung in § 505e, auf deren Grundlage die Immobiliar-Kreditwürdigkeitsleitlinien-Verordnung (ImmoKWPLV) erlassen wurde.[80] Weiter wurde bei Umsetzung der 2. Zahlungsdiensterichtlinie die erneute Kreditwürdigkeitsprüfung für Immobiliar-Verbraucherdarlehensverträge eingeschränkt, § 505a Abs. 3.[81] Das Gesetz zur Abmilderung der Folgen der COVID-19-Pandemie modifiziert die vertraglichen Pflichten. Vorgesehen wird eine Stundung fälliger Leistungen und der Ausschluss von Kündigungen durch den Darlehensgeber vor, dazu → Anhang Kap. 15.

III. Schutzprinzipien und Sanktionen

1. Information des Darlehensnehmers als Schutzprinzip

20 Zentrales Schutzprinzip des Verbraucherdarlehensrechts ist die Information des Darlehensnehmers vor Vertragsschluss, nach Vertragsschluss sowie während der Laufzeit und vor dem Ende des Vertrages.[82] Dies ist bedeutsam, da die Informationspflichten traditionell im BGB nicht geregelt, Aufklärungspflichten im Rahmen des § 123 BGB bei der Prüfung einer arglistigen Täuschung aber schon immer relevant waren. Generell dienen Informationspflichten dem Schutz bei und vor Risikogeschäften.[83] Nach der Verbraucherkreditrichtlinie (19. Erwägungsgrund) soll der Verbraucher in voller Sachkenntnis entscheiden können. Die nach der Schuldrechtsmodernisierung im BGB selbst (§§ 492, 492a BGB) geregelten Informationspflichten sind in der Richtlinie freilich so detailliert geregelt worden, dass sie wieder aus dem BGB ausgelagert wurden.

21 Die Regelung der Informationspflichten findet sich nunmehr insbesondere im EGBGB, im Siebten Teil des EGBGB, Art. 240–242 und Art. 246–248,[84] dies hat auch zur Ergänzung der Überschrift des Siebten Teils des EGBGB um die Bezeichnung Informationspflichten geführt. Konkret regeln die Art. 246 – 246c, 247a EGBGB die Informationspflichten bei besonderen Vertriebsformen, zuvor §§ 1, 3 BGB-InfoV. Art. 247 EGBGB

---

[77] Art. 46 enthält eine Regelung zum Anwendungsbereich der Verbraucherkreditrichtlinie.

[78] *Piekenbrok* GPR 2015, 26 (29 f.), der allerdings aus Transparenzgründen eine eigenständige Umsetzung fordert.

[79] Gesetz v. 6. Juni 2017, BGBl. I 2017, 1495, dazu *Omlor* NJW 2017, 1633.

[80] VO zur Festlegung von Leitlinien zu den Kriterien und Methoden der Kreditwürdigkeitsprüfung bei Immobiliar-Verbraucherdarlehensverträgen (Immobiliar-Kreditwürdigkeitsprüfungsleitlinien-Verordnung – ImmoKWPLV) v. 24.4.2018, BGBl. I 2018, 529. Dazu *Buck-Heeb/Siedler* BKR 2018, 269.

[81] Gesetz zur Umsetzung der Zweiten Zahlungsdiensterichtlinie v. 17.7.2017, BGBl. I 2017, 2446.

[82] Zur Information als Schutzprinzip *Markus Roth* Private Altersvorsorge, 2009, 206 ff.

[83] *Fleischer* Informationsasymmetrie, 2001, 268 ff.

[84] Begr. RegE, BT-Drs. 16/11643, 120.

enthält die Informationspflichten bei Verbraucherdarlehen sowie Art. 248 EGBGB die Informationspflichten bei Erbringen von Zahlungsdiensten. Allein die Erläuterung der Informationspflichten nach Art. 247 EGBGB umfasst in der Regierungsbegründung 14 Seiten,[85] das sind zwei Drittel des Umfangs der Begründung für das damals in den §§ 491–512 BGB geregelte Verbraucherdarlehensrecht,[86] das seinerseits auch Informationspflichten enthält.

Grundlage für die Verbraucherkreditrichtlinie war noch das Informationsparadigma.[87] **22** Nach einer wohl zutreffenden Beobachtung von *Holger Fleischer* werden die Informationspflichten in Wellen geregelt,[88] die Frage, ob die breiten Informationspflichten zielführend sind, wird aus verschiedenen Gründen auch künftig kontrovers diskutiert werden.[89] Insbesondere zur Herausarbeitung relevanter Information sowie zur Art der Vermittlung relevanter Informationen sowie zu Rückfallregeln wird das verhaltensökonomische Schrifttum, die behavioral law and economics, Aufschlüsse geben können.[90] Dazu wird auch die Ausgestaltung der Prüfung der Möglichkeit des Darlehensnehmers, das Darlehen auch zurückzuzahlen, gehören. Hauptgründe für die Überschuldung von Verbrauchern sind Arbeitslosigkeit, Scheidung, Trennung oder Tod eines Partners.[91] Diese werden durch die Richtlinie nicht angegangen, der Verbraucher kann selbst bei vollständiger Information nach der Richtlinie sein Risiko gegebenenfalls nicht zutreffend einschätzen. Entsprechende Hinweis- sowie Prüfpflichten fehlten, wurden aber anlässlich der Umsetzung der Wohnimmobilienkreditrichtlinie ergänzt.

2. Widerrufsmöglichkeit und vorzeitige Beendigung

Das Widerrufsrecht als Schutzprinzip des Verbraucherdarlehensrechts (§ 495 BGB, nunmehr auch Art. 14 der Richtlinie) nimmt auf, dass der Einzelne nicht immer zu seinem Besten handelt.[92] Die Widerrufsmöglichkeit geht über reine Überrumpelungen, etwa in Haustürsituationen, hinaus, sondern umfasst auch unüberlegtes oder übereiltes Verbraucherhandeln, etwa wenn der Verbraucher zunächst einem Impuls nachgibt.[93] Das Widerrufsrecht besteht innerhalb von zwei Wochen nach Vertragsschluss und ordnungsgemäßer Information über das Bestehen eines Widerrufsrechts, ggf. also auch noch nach Erhalt der Leistung (des Darlehens). **23**

Die Verbraucherkreditrichtlinie (Art. 16) sowie nachfolgend § 500 BGB sehen nunmehr **24** ein jederzeitiges Kündigungsrecht des Darlehensnehmers vor. Der Schutz des Verbrauchers erfolgt zudem durch eine Begrenzung insbesondere der Vorfälligkeitsentschädigung, Art. 16 der Richtlinie und §§ 501, 502 BGB.

---

[85] Begr. RegE, BT-Drs. 16/11643, 121–134.

[86] Begr. RegE, BT-Drs. 16/11643, 75–96.

[87] Dazu auch *Servatius* ZfIR 2015, 178 (180 ff.).

[88] *Fleischer* Informationsasymmetrie im Vertragsrecht, 2001, 1013: Diese Wellenbewegungen seismographisch abzubilden und dem dogmatischen Zugriff zugänglich zu machen, bildet auch weiterhin eine Hauptaufgabe des Vertragsrechts und begründet zugleich einen Gutteil seiner Faszination, „d'être en pertpétuel mouvement, en conservant les apparences de la stabilité„.

[89] Ein Übermaß an Angaben und eine daraus folgende Verweigerung der Informationsaufnahme annehmend Nobbe/*Müller-Christmann* § 492 Rn. 5 unter Verweis auf *Schürnbrand* ZBB 2008, 383 (385), krit. auch *Schürnbrand* Bankrechtstag 2009, 173, 179 mwN; *Knops* Bankrechtstag 2009, 227 f.; BankR-HdB/*Münscher* § 81 Rn. 79, vgl. schon *Haar* VuR 2004, 161 (164 f.).

[90] Für den Anlegerschutz darauf verweisend etwa *Köndgen* BKR 2011, 283 (285), *Brenncke* WM 2014, 1017 (Werbung von Wertpapierdienstleistungsunternehmen).

[91] *Nobbe* WM 2011, 625 (632).

[92] Erwägungsgrund 34 der Verbraucherkreditrichtlinie verweist insoweit auf eine Angleichung an die RL zum Fernabsatz von Finanzdienstleistungen.

[93] Zum Streitstand bei Geltung des Verbraucherkreditgesetzes *Artz* Der Verbraucher als Kreditnehmer, 2001, 59.

3. Prüfung der Kreditwürdigkeit (§§ 505a bis 505e, § 18a KWG), Erläuterung und Beratung

25 Die nach Art. 8 der Verbraucherkreditrichtlinie gebotene Bewertung der Kreditwürdigkeit des Verbrauchers durch den Darlehensgeber wurde in Deutschland zunächst nur im Kreditwesengesetz umgesetzt (§ 18 Abs. 2 KWG aF), nur für Finanzierungshilfen erfolgte die Umsetzung im Bürgerlichen Gesetzbuch (§ 509 BGB aF). Das Aufsichtsrecht wird klassisch als öffentliches Recht angesehen.[94] Folge des Eingreifens nur von Aufsichtsrecht ist bei isolierter Betrachtung, dass bei Verletzung der aufsichtsrechtlichen Pflichten keine zivilrechtlichen Ansprüche (Schadensersatz etc) bestehen. Dies hatte traditionell seine Grundlage auch in der (Haupt-)Schutzrichtung des Bankaufsichtsrechts. Das Bankaufsichtsrecht richtet seinen Fokus auf die Bestandserhaltung der Kreditinstitute und jedenfalls traditionell nicht primär auf den Verbraucherschutz.[95] Die Richtlinie sieht in Art. 20 die Regulierung der Kreditgeber selbst vor, nach der Crédit Lyonnais- sowie der CA Consumer Finance-Entscheidung des Europäischen Gerichtshofs erscheint es aber zumindest fraglich, ob die bloße Regelung im Aufsichtsrecht den Anforderungen der Richtlinie genügt.[96]

26 Seit der Umsetzung der Wohnimmobilienkreditrichtline sehen die neuen §§ 505a-505d BGB eine zivilrechtliche Pflicht zur Kreditwürdigkeitsprüfung vor, durch das Finanzaufsichtsrechtergänzungsgesetz wurde sodann die Verordnungsermächtigung des § 505e ergänzt. § 505a regelt die Pflicht zur Kreditwürdigkeitsprüfung, die §§ 505b, 505c das Verfahren und § 505d die Sanktionen bei fehlender und fehlerhafter Kreditwürdigkeitsprüfung. Aufsichtsrechtlich ist die Kreditwürdigkeitsprüfung nunmehr in § 18a KWG geregelt. Vorgeschlagen wurde zuvor eine Warnpflicht der Kreditgeber auf Grundlage von §§ 241 Abs. 1 iVm 491 Abs. 3,[97] für eine solche Warnung bei unsicherer Rückzahlungsprognose sprechen gute Gründe. Allerdings verlangen die Richtlinien einen Schutz bei Kreditunwürdigkeit, so dass die Vereinbarkeit eines gestuften Systems mit den europarechtlichen Grundlagen zu klären wäre.

27 Schon seit Umsetzung der Verbraucherkreditrichtlinie sieht § 491 Abs. 3 die Erläuterung vorvertraglicher Information vor. Seit der Umsetzung der Wohnimmobilienkreditrichtlinie sehen die §§ 504a Abs. 1, 505 Abs. 2 bei erheblicher und dauerhafter Inanspruchnahme eines Dispositionskredits sowie bei längerer geduldeter Überziehung des Kontos das Angebot eines Beratungsgesprächs vor. Weiter wird die Beratung bei Immobiliar-Verbraucherdarlehensverträgen in § 511 geregelt, jedenfalls hier stellt sich dann auch die Frage eines konkludent geschlossenen Beratungsvertrags.

4. Sanktionensystem

28 Verbraucherdarlehensrechtliche Sanktionen enthalten insbesondere die §§ 494, 495 BGB sowie neu die §§ 492a, 505d BGB. Bei Verstößen gegen die Informationspflichten nach § 492 BGB iVm Art. 247 EGBGB greift nach § 494 Abs. 1 in ausgewählten Fällen als Rechtsfolge die Nichtigkeit des Vertrages ein, § 494 BGB Abs. 2 sieht aber eine Heilung der Formnichtigkeit vor, wenn das Darlehen ausbezahlt wurde. Eine Modifikation der Vertragsbedingungen zu Lasten des in der Praxis die Vertragsbedingungen stellenden Darlehensgebers bei Heilung des Verbraucherdarlehensvertrages ist nicht für alle Angaben vor-

[94] Zur klassischen Trennung von öffentlichem Recht und Privatrecht *Savigny* System des heutigen römischen Rechts, 1840, Erster Band, 22 („nicht als ob es, wenn wir diese beiden Rechtsgebiete vergleichen, an Übergängen und Verwandtschaften fehlte"), zur Herausbildung der Unterscheidung *Stolleis* in Hoffmann-Riem/Schmidt-Aßmann (Hrsg.) Öffentliches Recht und Privatrecht als wechselseitige Auffangordnungen, 1996, 41 (45 ff.).

[95] Zur Neuorientierung durch das FinDAG *Gurlit* Bankrechtstag 2015, 3.

[96] Dazu näher → § 505a Rn. 3 ff.

[97] Etwa *Servatius* ZfIR 2015, 178 (181).

gesehen, näher die Kommentierung zu § 494 BGB. Weiter kann der Verbraucher unter den Voraussetzungen des § 495 BGB den Widerruf erklären.

Neben den §§ 494, 495 BGB gelten die allgemeinen Fehlerfolgen, neben Schadensersatzansprüchen[98] etwa der Sittenwidrigkeit bei überhöhtem Darlehenszins.[99] Für die Bestimmung der Sittenwidrigkeit wurde vorgeschlagen, auch das Ausfallrisiko zu berücksichtigen,[100] dies hätte zur Folge, dass auch ein Überschreiten des durchschnittlichen Zinssatzes um mehr als hundert Prozent nicht zur Sittenwidrigkeit der Kreditvergabe führen müsste. Nach einem Urteil des Bundesgerichtshofs zum verbundenen Geschäft noch bei Geltung des VerbrKrG soll im Fall der Nichtigkeit des finanzierten Geschäftes die Rückabwicklung des Verbraucherdarlehensvertrags nach § 813 Abs. 1 S. 1 iVm 812 Abs. 1 S. 1 BGB erfolgen.[101] Ein Rückforderungsdurchgriff soll ausscheiden, wenn bei der Finanzierung einer Fondsbeteiligung auf den Fonds die Grundsätze der fehlerhaften Gesellschaft Anwendung finden.[102] **29**

Die Verbraucherkreditrichtlinie gibt auch in ihrer aktuellen Fassung keine konkreten Sanktionen vor. Es müssen die Sanktionen nach Art. 23 S. 2 der Richtlinie nunmehr aber wirksam, verhältnismäßig und abschreckend sein; nach der Vorgängerrichtlinie mussten die Mitgliedstaaten sicherstellen, dass von den Vorgaben der Verbraucherkreditrichtlinie nicht zum Nachteil der Verbraucher abgewichen wird.[103] Praktisch hat das deutsche Recht die Sanktionen des Verbraucherdarlehensrechts nach der Schuldrechtsmodernisierung freilich im Wesentlichen beibehalten. Das war wegen des als verschärft anzusehenden europäischen Sanktionserfordernisses problematisch, die das traditionelle Sanktionensystem des VerbrKrG billigende Rechtsprechung des Bundesgerichtshofs[104] konnte jedenfalls nicht ohne Weiteres auf das neue Recht übertragen werden. Bei Umsetzung der Wohnimmobilienkreditrichtlinie wurde richtigerweise eine zivilrechtliche Kreditwürdigkeitsprüfung eingeführt. In Europa sehen insbesondere Länder mit längerer Tradition im Verbraucherdarlehensrecht wie England und Frankreich schon länger dem § 505d vergleichbare Sanktionen vor, England über ein weites Ermessen der Gerichte, Frankreich insbesondere den Verlust des Anspruchs auf Verzinsung des Darlehens.[105] **30**

Im Zusammenhang mit dem Verbraucherschutz noch wenig Aufmerksamkeit erfahren hat § 4 Abs. 1a FinDAG, nach dem die BaFin alle Anordnungen treffen kann, die geeignet und erforderlich sind, um verbraucherschutzrelevante Missstände zu verhindern oder zu beseitigen, wenn eine generelle Klärung im Interesse des Verbraucherschutzes geboten erscheint. Ein Missstand nach § 4 Abs. 1a FinDAG ist ein erheblicher, dauerhafter oder wiederholter Verstoß gegen ein Verbraucherschutzgesetz, der nach seiner Art oder seinem Umfang die Interessen nicht nur einzelner Verbraucherinnen oder Verbraucher gefährden kann oder beeinträchtigt. Ergeben können sich Missstände nicht nur aus einem Verstoß gegen verbraucherschützende Vorschriften des BGB, sondern etwa auch bei diskriminierender Kreditvergabe oder Kreditwürdigkeitsprüfung. **31**

IV. Abgrenzung zu anderen Vertragsformen

Abzugrenzen ist das Verbraucherdarlehen von einer Reihe verwandter Vertragsformen wie der Bürgschaft. Mit einer Bürgschaft leistet der Bürge Sicherheit für fremde Schuld, §§ 765 ff. BGB. Der Bürge haftet nur akzessorisch, also soweit die gesicherte Hauptschuld tatsächlich besteht. Die Bürgschaft fällt nicht unter den Anwendungsbereich der Verbrau- **32**

[98] MüKoBGB/*Schürnbrand/Weber* § 494 Rn. 6.
[99] Dazu *Steffek* in → Kap. 13 § 488 Rn. 28 ff.
[100] *Schulte-Mattler* WM 2007, 1865.
[101] BGH WM 2008, 967 (968) = NJW-RR 2008, 1436.
[102] BGH WM 2011, 261 = NJW-RR 2011, 406.
[103] Art. 14 Abs. 2 RL 87/102/EWG.
[104] BGHZ 165, 213 (222) = NJW 2006, 681.
[105] Dazu noch Vorauflage zu § 18 Abs. 2 KWG → 2. Aufl. 2016, Vor § 492 Rn. 11 f.

cherkreditrichtlinie.[106] Nach der Rechtsprechung des Bundesgerichtshofs finden die §§ 491 ff. BGB keine Anwendung auf Bürgschaften für eine bereits ausgeübte gewerbliche oder selbständige berufliche Tätigkeit,[107] in Betracht kommt aber ein Widerruf nach § 312g BGB.[108]

33 Abzugrenzen ist das Verbraucherdarlehen weiter von der Leihe und einer unregelmäßigen Verwahrung. Nach traditionellem Verständnis liegt auch bei einem unentgeltlichen Darlehen keine Leihe vor, da nicht die Rückgabe derselben Sache, sondern anderer Geldscheine oder -münzen geschuldet wird. Eine unregelmäßige Verwahrung liegt im Interesse des ursprünglichen Eigentümers, beim Darlehen soll der Darlehensbetrag aber gerade dem Darlehensnehmer nutzen. Praktisch bedeutsam wird die Abgrenzung bei negativen Zinsen.[109]

34 Mit einer Garantie gibt der Garantiegeber eine Sicherheit für eine fremde Schuld. Die Garantie ist nicht akzessorisch, also nicht streng vom Bestand der zu sichernden Hauptschuld abhängig. Auch kann sich der Garantiegeber nicht auf die Einrede der Vorausklage, § 771 BGB, berufen. Bei einer Forderungsgarantie wird eine bestimmte Forderung garantiert. Angenommen wird eine entsprechende Anwendbarkeit der §§ 491 ff. BGB.[110]

35 Beim Schuldbeitritt tritt der Beitretende einer bereits bestehenden Schuld bei, ursprünglicher Schuldner und Beitretender haften jedenfalls im Außenverhältnis als Gesamtschuldner. Die Rechtsprechung nimmt eine entsprechende Anwendbarkeit der Vorschriften zum Verbraucherdarlehen an,[111] auch wenn der Darlehensnehmer selbst nicht Verbraucher ist.[112] Dies schließt die Verjährungsregeln des § 497 ein.[113] In Betracht kommt insbesondere die Formunwirksamkeit der Mithaftung des Ehepartners, wenn der Schuldbeitritt zu einem vom Ehegatten als Unternehmer abgeschlossenen Geschäft erfolgt.[114] Bereits das Verbraucherkreditgesetz wurde auf Mithaftungsübernahme eines geschäftsführenden Gesellschafters entsprechend angewandt.[115]

36 Die Abtretung von Forderungen aus dem Verbraucherdarlehen ist bei einer Abtretung des Anspruchs des Darlehensgebers problematisch.[116] Wenn Darlehen notleidend werden, kann der Darlehensgeber seine Interessen auf schonende oder weniger schonende Art und Weise durchsetzen, für den Darlehensnehmer kann die entsprechende Praxis durchaus eine Rolle bei der Auswahl des Kreditinstituts spielen bzw. gespielt haben. Der Schutz des Verbrauchers bei Verbriefungen von Forderungen wurde durch das Risikobegrenzungsgesetz[117] geregelt.[118]

37 Bei einer Vertragsübernahme kommt es zur Übernahme einer vertraglichen Beziehung, nicht lediglich eines vertraglichen oder deliktischen Anspruchs. Der Austausch von Schuldner und Gläubiger führt zur Auswechslung mindestens eines Vertragspartners. Der Verbraucher ist bei einer Vertragsübernahme gleich schutzwürdig wie bei originärer Begründung eines Verbraucherdarlehens.[119]

---

[106] Noch zur alten RL EuGH NJW 1998, 1925.
[107] BGHZ 138, 321 (323, 327) = NJW 1998, 1939; zur entsprechenden Anwendung auch *Wiechers* WM 2000, 1077 (1082).
[108] Dazu *Zahn* ZIP 2006, 1069.
[109] Dazu näher → § 491 Rn. 21 ff.
[110] *Omlor* WM 2009, 54, noch zum alten Recht.
[111] BGHZ 179, 126 (134) = WM 2009, 262 (264); BGH WM 2007, 1833 (1834) = NJW-RR 2007, 1673; BGHZ 165, 43 = NJW 2006, 431; 133, 71 = NJW 1996, 2156, krit. *Harke* ZBB 2004, 147 (149).
[112] BGHZ 133, 71 = NJW 1996, 2156.
[113] OLG Celle WM 2007, 1319.
[114] BGHZ 179, 126 (129 ff.) = WM 2009, 262.
[115] BGH WM 2007, 1833 = NJW-RR 2007, 1673.
[116] → § 496 Rn. 2, zu BGH WM 2011, 1168 = NJW 2011, 3029; *Heer* BKR 2012, 45.
[117] Gesetz zur Begrenzung der mit Finanzinvestitionen verbundenen Risiken (Risikobegrenzungsgesetz) v. 12.8.2008, BGBl. I 2008, 1666.
[118] *Knops* WM 2008, 2185.
[119] *Röthel/Heßeler* WM 2008, 1001 (1006).

Weiter zu nennen sind Sonderformen, die im Einzelfall ein Darlehen darstellen können. Zu nennen ist die Studienfinanzierung durch einen Bildungsfonds, der als Innengesellschaft oder als Darlehen ausgestaltet sein kann.[120] Jedenfalls regelmäßig kein Darlehen stellt das Crowdinvesting dar.[121] **38**

V. Beteiligung Dritter

Gesetzlich geregelt ist die Beteiligung Dritter insbesondere bei der Darlehensvermittlung und der Vertretung des Verbrauchers beim Abschluss des Darlehensvertrages. Mit der Schuldrechtsmodernisierung wurde der Darlehensvermittlungsvertrag, §§ 655a–655e, eingeführt.[122] Die Neufassung der §§ 655a–655e BGB geht auf die Verbraucherkredit- sowie die Wohnimmobilienkreditrichtlinie zurück, weitere Informationspflichten enthält Art. 247 EGBGB.[123] Für die Darlehensvermittlung maßgeblich ist die Definition in Art. 3 Buchstabe f) Verbraucherkreditrichtlinie. Auf eine Kommentierung wurde verzichtet. Für Arglist des Vermittlers trägt der Darlehensnehmer die Beweislast, § 282 BGB gilt nicht.[124] **39**

Nicht unmittelbar auf europäischem Recht beruhen die gesetzlichen Regeln zur Vertretung des Verbrauchers. Hintergrund ist die Gefahr der Umgehung des Verbraucherschutzes, wenn ein im Namen des Verbrauchers tätiger Vertreter, nicht aber der Vertretene selbst aufgeklärt wird. Die §§ 492, 494 wurden ebenfalls im Zuge der Schuldrechtsmodernisierung in das Bürgerliche Gesetzbuch eingeführt[125] und sehen eine Information auch des vertretenen Verbrauchers selbst vor. Es besteht sonst die Gefahr von Geschäftsmodellen, bei denen letztlich im Lager des Unternehmers stehende Gewerbetreibende mit Vollmacht der Verbraucher Willenserklärungen für diese abgeben. Bei Geltung des Rechtsberatungsgesetzes stellte sich die Frage der Nichtigkeit einer Vollmacht. Für die Vorlage der Vollmacht (surkunde) galten die §§ 171 f. BGB, wenn die Vorlage der Urkunde bei Abschluss des Vertrages erfolgte.[126] **40**

Ist ein Verbraucherdarlehen mit mehreren Darlehensnehmern zustande gekommen, so greifen die Formalien der §§ 491 ff. gegenüber allen Darlehensnehmern, jedenfalls soweit diese Verbraucher sind.[127] Die kreditgebende Bank muss darlegen und beweisen, dass die Voraussetzungen einer echten Mitdarlehensnehmerschaft vorliegen; weist der Darlehensvertrag das entsprechend aus, so trifft den Darlehensnehmer die sekundäre Beweislast, dass er das für eine Mitdarlehensnehmerschaft notwendige Eigeninteresse an der Kreditaufnahme nicht besaß.[128] Eine Überforderung des Ehegatten ist nach dem pfändungsfreien Betrag zu beurteilen.[129] Auch die Mitverpflichtung Dritter durch Schuldbeitritt, Schuldübernahme oder Vertragsübernahme bedarf der Schriftform des § 492 BGB.[130] **41**

VI. Zeitlicher und internationaler Anwendungsbereich der §§ 491 ff.

Der zeitliche Anwendungsbereich der §§ 491 ff. BGB ist in Art. 229 § 22 Abs. 2 und 3 EGBGB geregelt. Auf vor dem 11.6.2010 entstandene Verbraucherdarlehensverträge, Finanzierungshilfen und Ratenlieferungsverträge findet nach Art. 229 § 22 Abs. 2 EGBGB **42**

[120] *Scholl* BKR 2019, 76, im Einzelfall ein Darlehen ablehnend OLG Stuttgart BKR 2019, 88 Rn. 32: Entgelt vom Einkommen des Schuldners abhängig.
[121] *Danwerth* WM 2016, 1212 (1214).
[122] Dazu *Habersack/Schürnbrand* WM 2003, 261.
[123] Kommentiert nach § 491a.
[124] BGH WM 2008, 1596 = NJW 2008, 2912.
[125] Dazu *Markus Roth* WM 2003, 2356.
[126] BGH NJW 2008, 3355, zum Zeitpunkt der Vorlage *Stöhr* WM 2009, 928.
[127] Kümpel/Mülbert/Früh/Seyfried/*Merz/Wittig* Rn. 5.21.
[128] BGH NJW 2009, 1494.
[129] OLG Nürnberg WM 2010, 2348 = NJW-RR 2011, 265.
[130] Nobbe/*Müller-Christmann* § 492 Rn. 13 mwN.

das Bürgerliche Gesetzbuch in der bis dahin geltenden Fassung Anwendung. Auf vor dem 11.6.2010 entstandene derartige unbefristete Schuldverhältnisse sind lediglich die §§ 492 Abs. 5, 493 Abs. 3, 499, 500 Abs. 1, 504 Abs. 1, 505 Abs. 2 anzuwenden, ferner § 505 Abs. 1 BGB in Ansehung der Mitteilungen nach Vertragsschluss. Das Gesetz zur Umsetzung der Wohnimmobilienkreditrichtlinie soll am 21.3.2016 in Kraft treten. Auf bis zum 20.3.2016 abgeschlossene Verträge soll weiter altes Recht Anwendung finden, auch für alte Verträge gelten soll die Beratungspflicht bei Überziehungen, §§ 504a, 505 Abs. 2 BGB.

43 Der internationale Anwendungsbereich des in den §§ 491 ff. BGB geregelten Verbraucherdarlehensrechts bestimmt sich nach Art. 6 der Rom I-Verordnung.[131] Bedeutung hat dies insbesondere für im Internet abgeschlossene Verbraucherdarlehensverträge.[132] Nach Art. 6 Abs. 1 Rom I-Verordnung findet grundsätzlich das Recht des Staates Anwendung, in dem der Verbraucher seinen gewöhnlichen Aufenthalt hat.

§ 491 Verbraucherdarlehensvertrag

(1) [1] **Die Vorschriften dieses Kapitels gelten für Verbraucherdarlehensverträge, soweit nichts anderes bestimmt ist.** [2] **Verbraucherdarlehensverträge sind Allgemein-Verbraucherdarlehensverträge und Immobiliar-Verbraucherdarlehensverträge.**

(2) [1] **Allgemein-Verbraucherdarlehensverträge sind entgeltliche Darlehensverträge zwischen einem Unternehmer als Darlehensgeber und einem Verbraucher als Darlehensnehmer.** [2] **Keine Allgemein-Verbraucherdarlehensverträge sind Verträge,**

1. **bei denen der Nettodarlehensbetrag (Artikel 247 § 3 Abs. 2 des Einführungsgesetzes zum Bürgerlichen Gesetzbuche) weniger als 200 Euro beträgt,**
2. **bei denen sich die Haftung des Darlehensnehmers auf eine dem Darlehensgeber zum Pfand übergebene Sache beschränkt,**
3. **bei denen der Darlehensnehmer das Darlehen binnen drei Monaten zurückzuzahlen hat und nur geringe Kosten vereinbart sind,**
4. **die von Arbeitgebern mit ihren Arbeitnehmern als Nebenleistung zum Arbeitsvertrag zu einem niedrigeren als dem marktüblichen effektiven Jahreszins (§ 6 der Preisangabenverordnung) abgeschlossen werden und anderen Personen nicht angeboten werden,**
5. **die nur mit einem begrenzten Personenkreis auf Grund von Rechtsvorschriften in öffentlichem Interesse abgeschlossen werden, wenn im Vertrag für den Darlehensnehmer günstigere als marktübliche Bedingungen und höchstens der marktübliche Sollzinssatz vereinbart sind,**
6. **bei denen es sich um Immobiliar-Verbraucherdarlehensverträge oder Immobilienverzehrkreditverträge gemäß Absatz 3 handelt.**

(3) [1] **Immobiliar-Verbraucherdarlehensverträge sind entgeltliche Darlehensverträge zwischen einem Unternehmer als Darlehensgeber und einem Verbraucher als Darlehensnehmer, die**

1. **durch ein Grundpfandrecht oder eine Reallast besichert sind oder**
2. **für den Erwerb oder die Erhaltung des Eigentumsrechts an Grundstücken, an bestehenden oder zu errichtenden Gebäuden oder für den Erwerb oder die Erhaltung von grundstücksgleichen Rechten bestimmt sind.**

[2] **Keine Immobiliar-Verbraucherdarlehensverträge sind Verträge gemäß Absatz 2 Satz 2 Nummer 4.** [3] **Auf Immobiliar-Verbraucherdarlehensverträge gemäß Absatz 2 Satz 2 Nummer 5 ist nur § 491a Absatz 4 anwendbar.** [4] **Keine Immobiliar-Verbraucherdarlehensverträge sind Immobilienverzehrkreditverträge, bei denen der Kreditgeber**

1. **pauschale oder regelmäßige Zahlungen leistet oder andere Formen der Kreditauszahlung vornimmt und im Gegenzug nur einen Betrag aus dem künftigen Erlös des**

[131] VO (EG) 593/2008.
[132] Noch zu Art. 29 EGBGB *Hoffmann/Primaczenko* WM 2007, 189.

Verkaufs einer Wohnimmobilie erhält oder ein Recht an einer Wohnimmobilie erwirbt und

2. erst nach dem Tod des Verbrauchers eine Rückzahlung fordert, außer der Verbraucher verstößt gegen die Vertragsbestimmungen, was dem Kreditgeber erlaubt, den Vertrag zu kündigen.

(4) § 358 Abs. 2 und 4 sowie die §§ 491a bis 495 und 505a bis 505e sind nicht auf Darlehensverträge anzuwenden, die in ein nach den Vorschriften der Zivilprozessordnung errichtetes gerichtliches Protokoll aufgenommen oder durch einen gerichtlichen Beschluss über das Zustandekommen und den Inhalt eines zwischen den Parteien geschlossenen Vergleichs festgestellt sind, wenn in das Protokoll oder den Beschluss der Sollzinssatz, die bei Abschluss des Vertrags in Rechnung gestellten Kosten des Darlehens sowie die Voraussetzungen aufgenommen worden sind, unter denen der Sollzinssatz oder die Kosten angepasst werden können.

Übersicht

I. Grundlagen

1 § 491 BGB wurde 2010 sprachlich neu gefasst, entsprach aber inhaltlich zu diesem Zeitpunkt noch weitgehend § 491 BGB 2002, der seinerseits auf § 1 VerbrKrG zurückgeht. In der bis 2016 gültigen Fassung hat Abs. 1 verdeutlicht, dass neben den Abs. 2 und 3 auch die §§ 503–505 BGB (Immobiliardarlehen, eingeräumte Überziehungsmöglichkeit und geduldete Überziehung) Sondervorschriften enthalten, die zur (teilweisen) Unanwendbarkeit der Regeln über den Verbraucherdarlehensvertrag führen können. Verbraucherdarlehensverträge weiterhin sind grundsätzlich alle entgeltlichen Darlehensverträge zwischen einem Unternehmer als Darlehensgeber und einem Verbraucher als Darlehensnehmer.[1] In Bezug genommen wird das 2. Kapitel (Besondere Vorschriften für Verbraucherdarlehensverträge) des 1. Untertitels des 3. Titels des 8. Abschnitts des 2. Buches des Bürgerlichen Gesetzbuchs, die §§ 491–505e. Weitere relevante Vorschriften enthält der 5. Untertitel, die §§ 511, 512, die einen Umgehungsschutz und die Anwendbarkeit auf kleinere Existenzgründungsdarlehen vorsehen, sowie das EGBGB mit den in Art. 247 für das Verbraucherdarlehensrecht zusammengefassten Informationsvorschriften.

2 Im Rahmen der **Umsetzung der Wohnimmobilienkreditrichtlinie** wurde § 491 **grundlegend neu** strukturiert. Nach Abs. 1 wird nunmehr zwischen Allgemein- und Immobiliar-Verbraucherdarlehensverträgen unterschieden, der Verbraucherdarlehensvertrag ist seither Oberbegriff. Abs. 2 enthält in S. 1 nunmehr eine Definition des Allgemein-Verbraucherdarlehensvertrags, die bisher in Abs. 2 geregelten Ausnahmen finden sich nun in Abs. 2 S. 2, die nunmehr in Abs. 2 S. 2 Nr. 1 bis 5 enthaltenen Ausnahmen vom Anwendungsbereich der §§ 491 ff. beziehen sich nun auf Allgemein-Verbraucherdarlehensverträge, blieben aber inhaltlich unverändert. Der neue Abs. 3 enthält eine Definition des Immobiliar-Verbraucherdarlehensvertrags, der Begriff des Immobiliar-Verbaucherdarlehensvertrags ist deutlich weiter als der bisherige Immobiliardarlehensvertrag des § 503. Der bisherige Abs. 3 wird Abs. 4.

3 Systematisch enthält Abs. 1 den Grundsatz der Anwendbarkeit der §§ 491–505e auf entgeltliche Darlehensverträge zwischen einem Unternehmer und einem Verbraucher, die Abs. 2 S. 2, Abs. 3 S. 2 bis 4 und Abs. 4 enthalten Ausnahmen. Allgemeine Ausnahmen insbesondere für Kleindarlehen enthält Abs. 2 S. 2 für Allgemein-Verbraucherdarlehensverträge. Der Anwendungsbereich der §§ 491 ff. geht deutlich weiter als von der Richtlinie gefordert, die Regierungsbegründung spricht von einem geringfügig erweiterten Anwendungsbereich.[2] Auch grundpfandrechtlich gesicherte Darlehen (Art. 2 Abs. 2 Buchstabe a der Richtlinie) sowie Renovierungsdarlehen (Art. 2 Abs. 2 Buchstabe b der Richtlinie) sowie nunmehr allgemein Immobiliar-Verbraucherdarlehensverträge stellen nach deutschem Recht Verbraucherdarlehen dar, ferner die Darlehen zur Finanzierung von Finanzinstrumenten (Art. 2 Abs. 2 der Richtlinie), auf Existenzgründungsdarlehen finden die Vorschriften der §§ 491 ff. Anwendung, wenn der Darlehensbetrag 75.000 EUR nicht übersteigt (§ 513).

II. Anwendungsbereich und Arten von Verbraucherverträgen (Abs. 1)

1. Anwendungsbereich der §§ 491 ff. (Abs. 1 S. 1)

4 Die Vorschriften des 2. Kapitels gelten nach Abs. 1 S. 1 für Verbraucherdarlehensverträge, soweit nichts anderes bestimmt ist. Ausnahmen enthält zunächst § 491 für Allgemein-Verbraucherdarlehensverträge und für Immobiliar-Verbraucherdarlehensverträge. Für Allgemein-Verbraucherdarlehensverträge sieht Abs. 2 S. 2 vor, Ausnahmen für Immo-

[1] BT-Drs. 16/11643, 75.
[2] BT-Drs. 16/11643, 76.

biliar-Verbraucherdarlehensverträge sieht Abs. 3 S. 2 bis 4 vor. Ausnahmen sowohl für Allgemein-Verbraucherdarlehensverträge als auch für Immobiliar-Verbraucherdarlehensverträge enthält Abs. 4. Weitere Ausnahmen bzw. ein beschränkter Anwendungsbereich ergibt sich aus den einzelnen Vorschriften der §§ 491 ff.

2. Unterscheidung von Allgemein- und Immobiliar-Verbraucherdarlehensverträgen (Abs. 1 S. 2)

Seit dem 21. März 2016 unterscheidet das Gesetz in nicht durch europäische Rechtsakte induzierter neuer Terminologie zwischen Allgemein-Verbraucherdarlehensverträgen und Immobiliar-Verbraucherdarlehensverträgen. An die Stelle des vormaligen Begriffs des Verbraucherdarlehensvertrages tritt der Allgemein-Verbraucherdarlehensvertrag, der Verbraucherdarlehensvertrag wird neu Oberbegriff für Allgemein- und Immobiliar-Verbraucherdarlehensvertrag. Der im neuen Abs. 3 definierte Immobiliar-Verbraucherdarlehensvertrag hat einen weiteren Anwendungsbereich als der Immobiliardarlehensvertrag nach § 503 BGB aF. Der neue Begriff des Allgemein-Verbraucherdarlehensvertrags entspricht der früheren Definition des Verbraucherdarlehens.[3] 5

Innerhalb des ersten Untertitels finden sich eine Vielzahl von Vorschriften, die nur für Allgemein- oder Immobiliar-Verbraucherdarlehensverträge gelten. Sonderregeln nur für Immobiliar-Verbraucherdarlehensverträge enthalten die §§ 491a Abs. 4, 492a, 492b, 495 Abs. 3, 498 Abs. 2, 503, 505b Abs. 2 bis 4, 505c, Sonderregeln für Allgemein-Verbraucherdarlehensverträge die §§ 499, 500 Abs. 1, 502 Abs. 1 S. 2, Abs. 3, 505b Abs. 1. Nur im Übrigen gelten unbeschränkt die allgemeinen Regeln für Verbraucherdarlehensverträge. 6

Seit der Umsetzung der Wohnimmobilienkreditrichtlinie enthalten die §§ 491 ff. mehr Sonderregeln für Immobiliar-Verbraucherdarlehen als zuvor § 503 aF für Immobiliardarlehen. Von den §§ 491 ff. aF erklärte § 503 aF auf Verbraucherdarlehensverträge nur einzelne Vorschriften unanwendbar. Dies waren Regelungen zum Verzug (§ 497) sowie zur Kündigung und vorzeitigen Rückzahlung, §§ 499, 500, 502. Mit dem Ausschluss des § 499 verblieb es bei der Kündigungsmöglichkeit des Darlehensgebers nach § 490. Ausgeschlossen wurde weiterhin die jederzeitige Kündbarkeit nach § 500, die Nichtanwendbarkeit des § 502 (Vorfälligkeitsentschädigung) war die Folge. Die Regelung zum Verzug findet sich nun in § 497 Abs. 4, auch ansonsten verbleiben entsprechende, aber auch zusätzliche Sonderregeln für Immobiliar-Verbraucherdarlehensverträge, die häufig der Immobiliarkreditrichtlinie geschuldet sind. 7

3. Verbraucherdarlehensvertrag als Oberbegriff

Oberbegriff für das Verbraucherlehensrecht ist seit der Umsetzung der Wohnimmobilienkreditrichtlinie der Verbraucherdarlehensvertrag, Immobiliar-Verbraucherdarlehensvertrag und Allgemein-Verbraucherdarlehensvertrag sind Unterbegriffe.[4] So enthalten die §§ 491a, 492, 493 bis 502, 504 bis 505b sowie 505d, 505e jedenfalls auch Bestimmungen, die sowohl für Allgemein-Verbraucherdarlehensverträge als auch für Immobiliar-Verbraucherdarlehensverträge gelten. Weiter enthalten die §§ 491 ff. Sonderregelungen sowohl für Allgemein-Verbraucherdarlehensverträge als auch für Immobiliar-Verbraucherdarlehensverträge. Dies knüpft an Erwägungsgrund 20 Wohnimmobilienkreditrichtlinie an, nach dem auf dem Gebiet der Kredite ein kohärenter Rechtsrahmen für die Verbraucher gewährleistet werden soll, gleichzeitig muss nach Erwägungsgrund 22 Wohnimmobilienkreditrichtlinie den Besonderheiten von Wohnimmobilienkreditverträgen Rechnung getragen werden. 8

[3] Begr. RegE BT-Drs. 18/5922, 75.
[4] Begr. RegE BT-Drs. 18/5922, 75.

III. Legaldefinition des Allgemein-Verbraucherdarlehensvertrags (Abs. 2 S. 1)

1. Entgeltliches Darlehen

9 **a) Begriff.** Der Gesetzgeber hält an dem aus der Schuldrechtsmodernisierung stammenden Begriff des Verbraucherdarlehens fest und übernimmt nicht den in den Richtlinien verwandten Terminus des Verbraucher- bzw. Wohnimmobilienkredits. Ermöglicht wird so ein einheitlicher Darlehensbegriff im Bürgerlichen Gesetzbuch,[5] allerdings müssen andere in der Richtlinie als Verbraucherkredit geregelte Vertragsformen separat geregelt werden.[6] Definiert wird in Abs. 2 S. 1 nunmehr das Allgemein-Verbraucherdarlehen, für Immobiliar-Verbraucherdarlehensverträge verlangt Abs. 3 S. 1 ebenfalls einen entgeltlichen Darlehensvertrag. Nach dem Regierungsentwurf des Gesetzes zur Umsetzung der Wohnimmobilienkreditrichtlinie wird in einem neu eingeführten S. 1 der Allgemein-Verbrauchervertrag definiert. Der Allgemein-Verbrauchervertrag tritt an die Stelle des bisherigen Verbraucherdarlehensvertrages, auf dessen Definition (→ Rn. 3–12) verwiesen werden kann. Der Wortlaut der Definition entspricht dem bisherigen Abs. 1.[7]

10 Entgegen der Intuition sachgerecht ist das Erfordernis eines entgeltlichen Darlehens, Abs. 1 Satz 2. Das traditionelle Verständnis des Darlehens umfasste nicht etwa nur die Hingabe von Geld gegen Zinsen, sondern auch das sogenannte unentgeltliche Darlehen. Die Abgrenzung zur unentgeltlichen Leihe erfolgte dahingehend, dass bei der Leihe dieselbe Sache zurückzugeben ist, während es Wesen des Darlehens sei, das Geld in anderer Form zurückzugeben. Die Unentgeltlichkeit als Abgrenzungsmerkmal geht auch auf die Richtlinie zurück,[8] bereits das Verbraucherkreditgesetz verlangte in § 1 Abs. 2 einen entgeltlichen Kredit. Zins- und gebührenfreie Kreditverträge unterfallen nach Art. 2 Abs. 2 Buchstabe f nicht der Verbraucherkreditrichtlinie, das europäische Recht sieht so wohl grundsätzlich auch die unentgeltliche Überlassung von Geldmitteln als Kredit an.

11 Die Verbraucherkreditrichtlinie 2008 hält an dem aus der Verbraucherkreditrichtlinie von 1986 bekannten Begriff des Kreditvertrags fest. Kreditvertrag ist nach Art. 3 Buchstabe c) der Richtlinie ein Vertrag, bei dem ein Kreditgeber einem Verbraucher einen Kredit in Form eines Zahlungsaufschubs, eines Darlehens oder einer sonstigen ähnlichen Finanzierungshilfe gewährt oder zu gewähren verspricht; ausgenommen sind Verträge über die wiederkehrende Erbringung von Dienstleistungen oder über die Lieferung von Waren gleicher Art, bei denen der Verbraucher für die Dauer der Erbringung oder Lieferung Teilzahlungen für diese Dienstleistungen oder Waren leistet. Die Darlegungs- und Beweislast für die Erfüllung eines Darlehensrückzahlungsanspruchs obliegt dem Darlehensnehmer, der Darlehensgeber muss nur die Entstehung des Rückzahlungsanspruchs, nicht dessen Fortbestand darlegen und beweisen.[9]

12 Am Erfordernis der Entgeltlichkeit wurde bei Umsetzung der Wohnimmobilienkreditrichtlinie festgehalten.[10] Die Entgeltlichkeit wird teilweise als entscheidendes Kriterium angesehen und von kommerziellen Darlehen gesprochen.[11] Ein Entgelt für die Überlassung des Darlehensbetrages kann in der Form von Zinsen oder Kosten vereinbart werden. Kosten können auch laufzeitunabhängig anfallen, etwa in Form eines Disagio oder eines Damnum.[12] Bis zur Umsetzung der neu gefassten Verbraucherkreditrichtlinie nicht als Kosten angesehen

---

[5] Zur Abgrenzung des Darlehens von anderen Vertragsformen → Vor § 491 Rn. 32 ff.

[6] → Vor § 491 Rn. 9, zu Finanzierungshilfen und Ratenlieferungsverträgen unten §§ 506 ff., 510.

[7] Begr. RegE. BTDrs. 18/5922, 75.

[8] Begr. RegE. BT-Drs. 16/11643, 75, nach Art. 2 Abs. 2 Buchstabe f gilt die Richtlinie nicht für zins- und gebührenfreie Kreditverträge.

[9] BGH WM 2007, 636.

[10] Für Streichung die Stellungnahme des Bundesrates, BT-Drs. 18/6286, 2, s. dazu die Gegenäußerung der Bundesregierung (S. 22) und nunmehr die §§ 514, 515.

[11] BankR-HdB/*Münscher* § 81 Rn. 6.

[12] BGH WM 2000, 1243 = NJW 2000, 2816.

wurde ein laufzeitunabhängiges Bearbeitungsentgelt,[13] diese Auffassung ist nach der Neufassung nicht mehr aufrechtzuerhalten.[14] Ein Entgelt liegt auch vor, wenn ein Inkassobüro mit einem säumigen Verbraucher einen neuen Vertrag abschließt, der zwar keine Zinsen oder sonstige Kosten vorsieht, dessen Auszahlungsbetrag aber Kosten enthält, die im abgelösten Darlehensvertrag nicht vorgesehen waren.[15] Die Höhe des Entgelts kann der Kontrolle nach §§ 305 ff. BGB[16] unterliegen, eine Bearbeitungsgebühr von zwei Prozent wurde als Verstoß gegen § 307 BGB angesehen,[17] der BGH nimmt dies nun allgemein für laufzeitunabhängige Bearbeitungsentgelte an[18] und hat eine Kontoführungsgebühr für ein Darlehenskonto beanstandet.[19] Völlig unerhebliche Entgelte sollen außer Betracht bleiben,[20] fraglich.

13 **b) Verweis auf den Darlehensbegriff des § 488.** In § 491 Abs. 2 S. 1 sowie in Abs. 3 Satz 1 wird für Allgemein- und Immobilien-Verbraucherdarlehensverträge auf den Begriff des Darlehens in § 488 verwiesen. Erfasst sind nach dem Wortlaut der Norm nur Gelddarlehen, nicht die weiterhin in §§ 607 ff. BGB geregelten Sachdarlehen.[21] Als dem Darlehensbegriff nach §§ 491, 488 unterfallend werden Ratenkredite, Annuitätendarlehen, endfällige Darlehen, Rahmenkredite, Lombardkredite, Forward-Darlehen[22] und Fremdwährungsdarlehen genannt,[23] es fallen aber etwa auch Darlehen mit Zins-Cap darunter,[24] weiter Anschlussfinanzierungen.[25] Nach einer beachtlichen Ansicht im Schrifttum sind in richtlinienkonformer Auslegung auch Sachdarlehen unter die §§ 491 ff. zu fassen.[26]

14 Mit der Vermeidung des Begriffs des Kredites wird nicht nur vom Wortlaut der deutschen Fassung der Verbraucherkreditrichtlinie abgewichen, es wird auch der aufsichtsrechtliche Kreditbegriff vermieden. Aufgrund der Regelung der nach Art. 8 Verbraucherkreditrichtlinie geforderten Bewertung der Kreditwürdigkeit in § 18a KWG bedeutsam ist, dass sich der Darlehensbegriff der §§ 488, 491 sowie die Aufsicht aufgrund einer Kreditvergabe nach dem KWG nicht decken. Hierzu wird in der Literatur angenommen, dass der Kreditbegriff des KWG (§§ 1 Abs. 1 S. 2 Nr. 2, 19 Abs. 1 KWG) weiter gefasst sei als der Darlehensbegriff des § 488 BGB.[27] Andererseits unterfällt aufgrund der von der BaFin praktizierten Geringwertigkeitsschwellen nicht jede Darlehensvergabe der Aufsicht.[28]

---

[13] MüKoBGB/*Schürnbrand/Weber* § 491 Rn. 37; Staudinger/*Kessal-Wulf* 2004 Rn. 48.

[14] Kümpel/Mülbert/Früh/Seyfried/*Merz/Wittig* Rn. 5.24; so aber wohl weiterhin Staudinger/*Kessal-Wulf* 2012 Rn. 48.

[15] EuGH INKO Inkasso GmbH, Rs. C-127/15, EuZW 2017, 140.

[16] Zur Klauselkontrolle etwa *Hofauer* BKR 2015, 397; *Niebling* MDR 2019, 907; *Guggenberger* BKR 2017, 1, für Bearbeitungsentgelte *Piekenbrok* ZBB 2015, 13, zu Förderdarlehen *Feldhusen* WM 2015, 1397.

[17] OLG Bamberg WM 2010, 2072, so auch *Nobbe* WM 2008, 185 (193); anders OLG Celle WM 2010, 355; *Placzek* WM 2011, 1066. Krit. zur Klauselkontrolle von Bearbeitungsgebühren mit Blick auf das Verbot der Preiskontrolle *Godefroid* ZIP 2011, 947 (948 ff.); *Placzek* WM 2011, 1066.

[18] BGH NJW 2014, 2420, dazu *Piekenbrock* ZBB 2015, 13, zuvor *Tiffe* VuR 2012, 127; BGH ZIP 2018, 2261, krit. *Bitter/Linardatos* ZIP 2018, 2249. Zu den Folgen für Förderdarlehen *Feldhusen,* WM 2015, 1397, für gewerbliche Darlehensverträge *van Bevern/Schmitt* BKR 2015, 323; *Hanke/Adler* WM 2015, 1313; *Casper/Möllers* WM 2015, 1689 (die Anwendbarkeit jeweils verneinend LG Augsburg BKR 2015, 205). Die kurze Verjährungsfrist für Rückzahlungsansprüche begann erst im Jahr 2011, BGH BKR 2015, 19 (26); dazu *Bartlitz* BKR 2015, 1, insoweit erfolgreiche Verfassungsbeschwerden gegen Nichtzulassung der Revision, BVerfG WM 2015, 1049 (1050, 1052).

[19] BGH WM 2011, 1329 (1331 ff.) = NJW 2011, 2640; OLG Karlsruhe WM 2011, 782.

[20] PWW/*Nobbe* Rn. 10 mit Verweis auf LG Karlsruhe NJW-RR 2000, 1443.

[21] Dazu Staudinger/*Freitag* § 607 Rn. 2 mit den Beispielen Wertpapierleihe, Mehrwegverpackung, Euro-Paletten, Nachbarschaftshilfe.

[22] Zum Forward-Darlehen *Peters/Wehrt* WM 2003, 1509; *Rösler* WM 2000, 1930.

[23] Kümpel/Mülbert/Früh/Seyfried/*Merz/Wittig* Rn. 5.23.

[24] Zu diesen *Rösler* WM 2000, 1930 (1932 f.).

[25] Zu diesen *Feldhusen* ZIP 2016, 850.

[26] Jauernig/*Berger* § 491 Rn. 4, insbes. Wertpapierdarlehensverträge, zur richtlinienkonformen Auslegung auch *Habersack* BKR 2001, 72 (73).

[27] Dazu auch *Meincke/Hingst* WM 2011, 633 (634 f.).

[28] Gegenüber einer Ausdehnung der Aufsicht krit. *Schwennicke* WM 2010, 542. Zum Unterfallen auch von Nebengeschäften unter das Verbrauchervertragsrecht BGH WM 2011, 2152 (2153 f.) = NJW 2011, 3435 (Verbrauchsgüterkauf).

15 Der Verbraucherdarlehensvertrag ist ein gegenseitiger Vertrag. Vertragstypische Pflichten sind nach § 488 Abs. 1 die Hingabe eines Geldbetrags durch den Darlehensgeber sowie die Verpflichtung des Darlehensnehmers zur Zahlung des Zinses und zur Rückzahlung des zur Verfügung gestellten Darlehens bei Fälligkeit, dabei steht nach zutreffender Ansicht die Überlassung von Geld gegen Zinsen im Synallagma.[29] Beim Verbraucherdarlehensvertrag zu beachten ist die gegenüber einem sonstigen Darlehensvertrag gesteigerte Pflichtenstellung des Darlehensgebers. Diese betrifft insbesondere die in Umsetzung der Richtlinie gesetzlich geregelten Informationspflichten, ferner aber auch gesetzlich nicht explizit geregelte Aufklärungspflichten.[30]

16 **c) Vertragspartner des Darlehensvertrages.** Die Richtlinie benennt die Partner des Kreditvertrages als Verbraucher und Kreditgeber. Das deutsche Recht verwendet in den §§ 491 ff. BGB für den Kreditgeber eine andere Terminologie, neben dem Verbraucher ist der Unternehmer als Darlehensgeber Vertragspartner. Dabei kommt es jeweils auf den Status bei Vertragsschluss an, eine spätere gewerbliche Tätigkeit beziehungsweise die Aufgabe derselben haben keinen Einfluss auf die Einordnung als Verbraucherdarlehensvertrag,[31] auch eine spätere Abtretung, Schuld- oder Vertragsübernahme ändern nichts an dieser Qualifikation.[32]

2. Unternehmer als Darlehensgeber

17 Nach der Legaldefinition des § 14 ist Unternehmer jede natürliche oder juristische Person oder rechtsfähige Personengesellschaft, die bei Abschluss eines Rechtsgeschäfts in Ausübung ihrer geschäftlichen oder selbständigen beruflichen Tätigkeit handelt. Die Richtlinie spricht von Verbraucher und Kreditgeber. Nach Art. 3 Buchstabe b) der Richtlinie ist Kreditgeber eine natürliche oder juristische Person, die in Ausübung ihrer gewerblichen oder beruflichen Tätigkeit einen Kredit gewährt oder zu gewähren verspricht. Die vom deutschen Gesetzgeber mit dem Abstellen auf den Unternehmer als Darlehensgeber gewählte Regelung erscheint stimmig.

18 Als typische Unternehmer im Sinne der §§ 491–505 werden Banken und Sparkassen angesehen.[33] Erfasst werden aber auch branchenfremde Nebengeschäfte,[34] praktisch möglich ist so die Darlehensvergabe auch durch einen nicht als Kreditinstitut der Aufsicht der BaFin unterstehenden Kaufmann, es reicht die gelegentliche oder auch erstmalige Darlehensvergabe aus. Unternehmer können ferner Kleingewerbetreibende, Freiberufler und nicht gewinnorientiert handelnde natürliche und juristische Personen sein, soweit es um deren berufliche oder gewerbliche Tätigkeit geht; rein private Geschäfte werden nicht erfasst.[35] Es können so neben natürlichen Personen und Personenhandelsgesellschaften als juristische Personen auch Non-Profit-Gesellschaften Verbraucherdarlehen vergeben. In Betracht kommt nach der jüngeren Rechtsprechung des Bundesgerichtshofs auch eine Gesellschaft bürgerlichen Rechts (GbR) als rechtsfähige Personengesellschaft.[36] Bei der Kreditvergabe muss es sich nicht um den Kern der unternehmerischen Tätigkeit handeln.

---

[29] Palandt/*Weidenkaff* Vorb. v. § 488 Rn. 2. Zu laufzeitunabhängigen Entgelten *Bitter/Linardatos* ZIP 2018, 2249.
[30] Zu diesen → § 491a Rn. 12 ff.
[31] Zum Verbraucher noch → Rn. 11.
[32] Nobbe/*Müller-Christmann* Rn. 5.
[33] Kümpel/Mülbert/Früh/Seyfried/*Mer/Wittig* Rn. 5.13.
[34] BGHZ 179, 126 (129 ff.) = BGH WM 2009, 262.
[35] BankR-HdB/*Münscher* § 81 Rn. 6.
[36] BGHZ 146, 341 = NJW 2001, 1056, zum Meinungsstreit über Innen- und Außengesellschaften *Beuthien* NZG 2011, 161, zu den Folgen der BGH-Entscheidung *Wertenbruch* NJW 2002, 324.

3. Verbraucher als Darlehensnehmer

Nach der Legaldefinition des § 13 ist Verbraucher jede natürliche Person, die ein Rechtsgeschäft zu Zwecken abschließt, die überwiegend[37] weder ihrer gewerblichen noch ihrer selbständigen beruflichen Tätigkeit zugerechnet werden können.[38] Dem § 13 liegt kein einheitlicher europäischer Verbraucherbegriff zugrunde, er trifft aber die Regelung der Richtlinie. Nach Art. 3 Buchstabe a) Verbraucherkreditrichtlinie ist Verbraucher eine natürliche Person, die bei den von dieser Richtlinie erfassten Geschäften zu einem Zweck handelt, der nicht ihrer beruflichen oder gewerblichen Tätigkeit zugerechnet werden kann. Für die Beurteilung der Verbrauchereigenschaft ist auf den Zeitpunkt abzustellen, in dem sich der Darlehensnehmer seiner auf den Abschluss des Vertrages gerichteten Willenserklärung entäußert,[39] die Verbrauchereigenschaft muss objektiv vorliegen. **19**

Für die Qualifikation als Darlehensnehmer ausreichend ist die Mithaftungsübernahme eines Verbrauchers.[40] Das rechtsgeschäftliche Handeln einer natürlichen Person ist grundsätzlich und im Zweifel als Verbraucherhandeln anzusehen,[41] nicht privaten Zwecken des Darlehensnehmers dienende Zwecke fallen aber nicht unter die §§ 491 ff.[42] Nach der Rechtsprechung des Bundesgerichtshofs kann auch eine Gesellschaft bürgerlichen Rechts Verbraucher sein.[43] Verbraucher ist nach der Rechtsprechung des Bundesarbeitsgerichts auch der Arbeitnehmer, der ein Rechtsgeschäft mit seinem Arbeitgeber abschließt.[44] Soweit das Darlehen der (nichtselbständigen!) beruflichen Tätigkeit des Arbeitnehmers zugerechnet werden kann, könnte der deutsche Verbraucherbegriff weiter sein als der Begriff der Richtlinie,[45] was auch wegen der in der Richtlinie geregelten Arbeitgeberdarlehen[46] im hier interessierenden Zusammenhang aber unproblematisch erscheint. **20**

4. Sonderfragen

a) Unentgeltliche Darlehen und negative Zinsen. Unentgeltliche Darlehen fallen nicht unter das Verbraucherdarlehensrecht, das einen entgeltlichen Kredit voraussetzt. Allerdings muss ein Darlehen nicht (positiv) verzinst werden und besteht für unentgeltliche Darlehen eine Sonderregelung in § 514 BGB. Danach werden einzelne Regeln des Verbraucherdarlehensrechts für anwendbar erklärt. Unentgeltlich bedeutet nach allgemeinen Regeln das Fehlen einer Gegenleistung. **21**

Ist ein negativer Zinssatz vereinbart, wird in aller Regel entweder ein unentgeltliches Darlehen oder ein unregelmäßiger Verwahrvertrag vorliegen, auf den nach § 700 BGB ergänzend die Regeln für Darlehen zur Anwendung kommen. Auch das Verwahrentgelt kann in Form von Zinsen, also in Abhängigkeit zum in Verwahrung gegebenen Geldbetrag, vereinbart werden.[47] Allerdings wird ein Verwahrvertrag bei Überlassung eines Geldbetrages durch ein Kreditinstitut an einen Verbraucher nur selten in Betracht kommen. Der Verbraucher wäre dann Verwahrer und hätte bei befristeter Geldüberlassung keinen Rücknahmeanspruch gegen die Bank (§ 696 BGB), die ihrerseits die überlassene Summe jederzeit zurückfordern könnte (§ 695 BGB). **22**

---

[37] Neufassung zum 13.6.2014, dazu *Bülow* WM 2014, 1.

[38] Hierin eine Definition des Verbrauchergeschäftes sehend *K. Schmidt* JuS 2006, 1 (2).

[39] LG Düsseldorf WM 2011, 1990 (1991) (GbR als Verbraucher).

[40] BGH WM 2011, 2355 = NJW-RR 2012, 166.

[41] BGH NJW 2009, 3780 (3781); BGHZ 142, 23 (32) = NJW 1999, 2664 (2667), vgl. aber auch BGH NJW 2007, 2619 (Beweislast für Anspruch aus Verbrauchsgüterkauf, Zuchtkater).

[42] Neben der gewerblichen und selbständigen beruflichen Tätigkeit zählt dazu insbes. das beruflich bedingte Auftreten für Dritte, insbes. den Arbeitgeber.

[43] BGHZ 149, 80 = NJW 2002, 368.

[44] BAG NJW 2005, 3305.

[45] So *Rott* WM 2008, 1104 (1107).

[46] Dazu unten III.4 → Rn. 21 ff.

[47] MüKoBGB/*Henssler* § 700 Rn. 3.

23 Negative Zinsen fallen nach herrschender Meinung allerdings nicht unter den Darlehensbegriff.[48] Nach klassischem Verständnis ist ein Zins die Vergütung für Überlassung des Kapitals, die auf Bruchteile des Kapitals im Voraus dem Betrage nach fest bestimmt sind.[49] Diese Entscheidung des Reichsgerichts aus dem Jahre 1915 ist allerdings nicht nur durch die Möglichkeit variabler Zinssätze (siehe etwa § 489 Abs. 3 BGB), sondern auch im Übrigen überholt und gibt nur noch den gesetzlichen Regelfall wieder.

24 Als gesetzliches Leitbild hat die traditionelle Sichtweise für die Klauselkontrolle weiterhin Bedeutung, insbesondere wenn für Einlagenforderungen der Kunden nunmehr negative Zinsen verlangt werden sollen.[50] Dies betrifft etwa das Passivgeschäft der Banken, das Verbraucherdarlehen ist allerdings zum Aktivgeschäft zu zählen. Mathematisch ist der Zins eine in Prozenten angegebenen Rechengröße, die sowohl positiv als auch negativ sein kann.

25 Zinsen können entgegen der herrschenden Meinung und der mutmaßlichen Vorstellung des Gesetzgebers auch im Rechtssinne negativ sein.[51] Bezugspunkt der Entscheidung des Reichsgerichts war § 247 BGB 1900, der zu diesem Zeitpunkt ein Kündigungsrecht bei einer Verzinsung von über sechs Prozent vorsah. Heute bezieht sich diese zunächst während der Hyperinflation und sodann in den 1980er Jahren aufgehobene Norm nicht mehr auf vereinbarte Zinsen, sondern regelt mit dem Basiszinssatz einen gesetzlichen Zinssatz. Dieser ist seit 2013 negativ. Hielte man an der traditionellen Auffassung fest, wäre der Basiszinssatz kein Zins ist im Rechtssinne.

26 **b) Digitale Kredite und Kryptowährungen.** Wegen des Schriftformerfordernisses des § 492 BGB ist ein digitaler Abschluss von Verbraucherdarlehensverträgen derzeit nicht möglich.[52] Allerdings unterfallen auch digital abgeschlossene Darlehensverträge mit Verbrauchern den §§ 491 ff. BGB, für das Nichteinhalten der gesetzlichen Folgen gelten die allgemeinen Rechtsfolgen. Nach § 494 BGB ist der Vertrag an sich nichtig, gilt nach Auszahlung aber als wirksam,[53] wobei einige vertragliche Bestimmungen modifiziert werden, zu den Einzelheiten und digitalem Vertragsschluss de lege ferenda die Kommentierung dort.

27 Zutreffend ist ein entgeltlicher Gebrauchsüberlassungsvertrag über Kryptowährung den Regeln über Verbraucherdarlehen zu unterwerfen, dies obwohl Kryptowährungen nach herrschender Lehre nicht unter den Geldbegriff fallen. Allgemein wird festgehalten, dass Lösungen für Kryptowährungen in Anlehnung an geldrechtliche Instrumente und Figuren zu entwickeln sind.[54] Ein besonderer Schutz erscheint aber gerade bei der Überlassung von Kryptowährungen notwendig, insbesondere auch wegen der häufig sich selbst exekutierenden Verträge, aus Verwenderperspektive meist als „smart contracts" bezeichnet. Besonderheiten der digitalen Form können durch eine entsprechende Anwendung besser berücksichtigt werden. Angemessen erscheint ein funktionaler Geldbegriff, unter den auch Kryptowährungen fallen.

28 Bei Kryptowährungen handelt es sich um ein Verbraucherdarlehen im weiteren Sinne. Unter die §§ 491 ff. BGB fallen auch Fremdwährungskredite, als Fremdwährung ist nicht nur eine staatliche Währung, sondern auch sonstige „Währungen".

[48] Bei negativem Referenzzins von einem Verwahrvertrag und bei möglichem positivem Zinssatz insgesamt von einem typengemischten Vertrag ausgehend *Omlor* Bankrechtstag 2017, 41 (57, 60).
[49] RGZ 86, 399, 400 f.
[50] Dies zutreffend ablehnend BeckOGK BGB/*Binder* § 488 Rn. 24.
[51] Dies für Verbraucherdarlehen wohl ablehnend *Omlor* Bankrechtstag 2017, 43 (60), anders aber § 505d.
[52] Krit. *Freitag* Bankrechtstag 2018, 3 (15, 17): Schriftform sollte durch Textform ersetzt werden.
[53] Darauf verweisend *Söbbing* BKR 2019, 43.
[54] MüKoBGB/*Grundmann* § 245 Rn. 33.

IV. Vollständiger Anwendungsausschluss (Abs. 2 S. 2)

1. Nettodarlehensbetrag unter 200 EUR (Abs. 2 S. 2 Nr. 1)

Der zum Ausschluss der Anwendbarkeit der §§ 491 ff. führende Nettodarlehensbetrag wurde durch das Umsetzungsgesetz der Richtlinie auf unter 200 EUR gesenkt, davor waren nur Darlehen mit einem Darlehensbetrag von mehr als 200 EUR vom Anwendungsbereich der §§ 419 ff. erfasst. Der Höchstbetrag für ein nicht dem Schutz des Verbraucherdarlehensrechts unterfallendes Darlehen liegt nun bei 199,99 Euro. Der Ausschluss beruht auf Art. 2 Abs. 2 Buchstabe c Verbraucherkreditrichtlinie, die Bezeichnung als „Bagatell-Darlehen"[55] trifft nicht für alle Einkommensschichten und Altersgruppen. **29**

Der Begriff des Nettodarlehensbetrages ist nicht mehr in § 491 BGB definiert (§ 491 Abs. 2 Nr. 1 aF definierte es als auszuzahlendes Darlehen), die Regelung findet sich nunmehr im EGBGB. Nach Art. 247 § 3 Abs. 2 S. 2 EGBGB ist Nettodarlehensbetrag der Höchstbetrag, auf den der Darlehensnehmer aufgrund des Darlehensvertrags Anspruch hat. Die Gesamtkosten spielen so für die Einordnung als „Bagatellkredit" keine Rolle.[56] **30**

2. Beschränkung auf Pfand (Abs. 2 S. 2 Nr. 2)

Die Anwendbarkeit der §§ 491 ff. ist nach Abs. 2 S. 2 Nr. 2 weiter ausgeschlossen, wenn alle Verpflichtungen durch Pfand abgesichert sind und keine weitere persönliche Haftung besteht. Hierfür bedarf es eines expliziten Verzichts auf persönliche Haftung, die Terminologie orientiert sich an §§ 1204, 1205 BGB. Vom Regelungsgehalt des Verbraucherdarlehensrechts ausgenommen werden soll das Pfandleihgewerbe. In Übereinstimmung mit der Pfandleiherverordnung[57] sehen die Vertragsbedingungen regelmäßig vor, dass das Pfand verfällt, wenn keine Rückzahlung des Darlehens erfolgt. Die bloße Möglichkeit, das Pfand bei Zahlung eines bestimmten Betrages auszulösen, führt nicht zum zwingenden Eingreifen des Verbraucherdarlehensrechts. Es handelt sich dann nicht um eine Verpflichtung, sondern um ein bloßes Recht des Verbrauchers. **31**

Der Ausschluss beruht auf Art. 2 Abs. 2 Buchstabe k Verbraucherkreditrichtlinie. Danach gilt die Verbraucherkreditrichtlinie nicht für Kreditverträge, nach deren Abschluss der Verbraucher zur Hinterlegung eines Gegenstandes als Sicherheit beim Kreditnehmer verpflichtet ist und bei denen sich die Haftung des Verbrauchers ausschließlich auf den Pfandgegenstand beschränkt. Dies erfordert, dass auch vertragliche Folgeansprüche ausgeschlossen sein müssen. Insbesondere müssen sowohl der Verzug mit einzelnen Teilzahlungen als auch die Rückzahlungsforderung aus dem Darlehen selbst erfasst sein.[58] Nicht unter die Ausnahmeregelung fällt die Übergabe eines Inhabergrundschuldbriefs.[59] **32**

3. Kurze Frist (drei Monate) und geringe Kosten (Abs. 2 S. 2 Nr. 3)

Die Regeln über die Verbraucherdarlehen finden nach Abs. 2 S. 2 Nr. 3 keine Anwendung, wenn der Darlehensnehmer das Darlehen binnen drei Monaten zurückzuzahlen hat und nur geringe Kosten vereinbart sind. Dies beruht auf Art. 2 Abs. 2 Buchstabe f Verbraucherkreditrichtlinie. Nicht unter die Richtlinie fallen danach neben zins- und gebührenfreien Kreditverträgen auch Kreditverträge, nach denen der Kredit binnen drei Monaten zurückzuzahlen ist und bei denen nur geringe Kosten anfallen. Die Ausnahme ist primär auf zinsfreie Darlehen gerichtet. **33**

[55] Kümpel/Mülbert/Früh/Seyfried/*Merz/Wittig* Rn. 5.29
[56] BankR-HdB/*Münscher/Jungmann* § 81 Rn. 26 f.
[57] VO über den Geschäftsbetrieb der gewerblichen Pfandleiher (Pfandleiherverordnung – PfandlV) idF v. 1.6.1976, BGBl. I 1976, 1336.
[58] Begr. RegE, BT-Drs. 16/11643, 76.
[59] BGH WM 2018, 657 Rn. 49.

34 Unter die Ausnahme fallen können beispielsweise Darlehen, die auf Zahlungskarten (Kredit- oder Debetkarten) beruhen,[60] wenn für die Ausstellung und Nutzung der Karte eine Gebühr verlangt wird, die Regierungsbegründung verweist insofern auf Erwägungsgrund 13 der Richtlinie.[61]

35 Der Begriff der Kosten ist nach der Regierungsbegründung weit auszulegen,[62] daraus wird geschlossen, dass nicht nur Kosten im Sinne von § 6 Abs. 3 PAngVO erfasst werden.[63] Die Regierungsbegründung selbst nennt hohe Verzugszinsen nach Ablauf der drei Monate, wenn feststeht, dass das Darlehen nicht zurückgezahlt werden kann.[64]

4. Arbeitgeberdarlehen mit niedrigem Zins (Abs. 2 S. 2 Nr. 4)

36 Die Anwendbarkeit der §§ 491 ff. ist auch bei Arbeitgeberdarlehen ausgeschlossen, wenn die Arbeitgeber Darlehen als Nebenleistung zum Arbeitsvertrag zu einem niedrigeren als dem marktüblichen effektiven Jahreszins abgeschlossen werden und die Darlehen anderen Personen nicht angeboten werden.[65] Die deutsche Fassung ist damit tendenziell enger als die Richtlinie, die in Art. 2 Abs. 2 Buchstabe g einen entsprechenden Ausschluss vorsieht. Nicht der Richtlinie unterfallen Verträge über Kredite, die Arbeitnehmern vom Arbeitgeber als Nebenleistung zinsfrei oder zu einem niedrigeren effektiven Jahreszins als dem marktüblichen gewährt werden und die nicht der breiten Öffentlichkeit angeboten werden. Nach der Regierungsbegründung soll die Anwendbarkeit der Ausnahme bereits ausgeschlossen sein, wenn der Arbeitgeber etwa eine „Kreditabteilung" angelegt hat,[66] die Literatur will Kreditinstitute vom Anwendungsbereich generell ausnehmen.[67] Nicht ausreichen dürfte auch, dass ein am Markt erhältliches Produkt den Arbeitnehmer zu (leicht) besseren Konditionen angeboten wird.[68]

5. Öffentliches Interesse und günstigere als marktübliche Bedingungen (Abs. 2 S. 2 Nr. 5)

37 Abs. 2 S. 2 Nr. 5 nimmt schließlich Verträge aus, die auf Grund von Rechtsvorschriften im öffentlichen Interesse nur mit einem beschränkten Personenkreis abgeschlossen werden, wenn im Vertrag für den Darlehensnehmer günstigere als marktübliche Bedingungen und höchstens der marktübliche Sollzinssatz vereinbart sind.[69] Erfasst sind alle Förderdarlehen, nicht nur Förderdarlehen zum Wohnungsbau (so bis 2010 § 491 Abs. 2 Nr. 3). Die Richtlinie nimmt entsprechende Verträge in Art. 2 Abs. 2 Buchstabe l von ihrem Anwendungsbereich aus. Nicht unter die Verbraucherkreditrichtlinie fallen danach Kreditverträge, die Darlehen zum Gegenstand haben, die einem begrenzten Kundenkreis im Rahmen gesetzlicher Bestimmungen im Gemeinwohlinteresse gewährt werden, sei es zu einem niedrigeren als dem marktüblichen Zinssatz oder zinslos oder zu anderen, für den Verbraucher günstigeren als den marktüblichen Bedingungen und zu Zinssätzen, die nicht über den marktüblichen Zinssätzen liegen. Als andere Entlastungen kommen tilgungsfreie Zeiten in Betracht,[70] wie sie bei KfW-Darlehen üblich sind.

---

[60] Dazu ausführlich BankR-HdB/*Jungmann* § 81 Rn. 36–47.
[61] Begr. RegE BT-Drs. 16/11643, 76.
[62] Begr. RegE BT-Drs. 16/11643, 77.
[63] Kümpel/Mülbert/Früh/Seyfried/*Merz/Wittig* Rn. 5.31.
[64] Begr. RegE BT-Drs. 16/11643, 77.
[65] Von Exklusivität sprechend BankR-HdB/*Jungmann* § 81 Rn. 49, zum marktüblichen Zins *Jungmann*. Rn. 44–50.
[66] Begr. RegE BT-Drs. 16/11643, 77 unter Verweis auf den ersten Entwurf, KOM(2002) 443, S. 12, mit guten Gründen krit. *Bülow*/Artz Rn. 173; der Entwurf von 2002 sprach noch nicht explizit von Darlehen eines Arbeitgebers, so nun aber Art. 2 Abs. 2 Buchstabe g der RL.
[67] Kümpel/Mülbert/Früh/Seyfried/*Merz/Wittig* Rn. 5.32, anders OLG Düsseldorf WM 2017, 3458.
[68] BankR-HdB/*Jungmann* § 81 Rn. 49.
[69] Krit. *Kulke* VuR 2009, 373 (378).
[70] Begr. RegE BT-Drs. 16/11643, 77. Mit Blick auf die RL scheint fraglich, ob das „und" kumulativ zu verstehen ist.

Der Darlehensvertrag muss nicht mehr unmittelbar mit der Förderanstalt bzw. Förderbanken abgeschlossen werden (so noch § 491 Abs. 2 Nr. 3 aF), es reicht auch eine mittelbare Förderung, also etwa ein Abschluss mit der Hausbank, aus.[71] Bei einer direkten Vergabe stellt sich ohnehin die Frage der Anwendbarkeit der §§ 491 ff., da die Förderanstalten nicht Unternehmer im Sinne von § 14 sein müssen.[72] Zur Bestimmung des marktüblichen Zinses kann auf Statistiken zum effektive Jahreszins zurückgegriffen werden, wenn der Sollzins des Förderdarlehens günstiger ist.[73] 38

6. Immobiliar-Verbraucherdarlehensverträge (Abs. 2 S. 2 Nr. 6)

Im Rahmen der Umsetzung der Wohnimmobilienkreditrichtlinie neu eingeführt wurde Abs. 2 S. 2 Nr. 6, der als Folgeänderung bestimmt, dass Immobiliar-Verbraucherdarlehensverträge keine Allgemein-Verbraucherdarlehensverträge sind. Es kann so kein Vertrag zugleich ein Allgemein-Verbraucherdarlehensvertrag und ein Immobiliar-Verbraucherdarlehensvertrag sein.[74] 39

7. Rechtsfolgen, sonstige und nicht umgesetzte sowie entfallene Ausschlüsse

Nach Abs. 2 S. 2 vom Anwendungsbereich der §§ 491–505e ausgeschlossene Darlehensverträge sind per definitionem keine Allgemein-Verbraucherdarlehensverträge. Sie bleiben aber Verbraucherverträge (§ 310 Abs. 3), so dass die übrigen verbraucherschützenden Normen über die Kontrolle von Allgemeinen Geschäftsbedingungen, den Fernabsatz, Haustürgeschäfte etc anwendbar bleiben. Weitere Ausschlüsse finden sich für Zahlungsaufschübe und Finanzierungshilfen zwischen einem Unternehmer und einem Verbraucher in § 506 Abs. 4 (Verweis auf § 491 Abs. 2, 3 und 4). Teilweise Ausschlüsse finden sich in Abs. 4, ferner in den §§ 503 ff. Nicht mehr ausgenommen sind notariell beurkundete Verträge, die Richtlinie sieht eine solche Ausnahme nicht mehr vor,[75] es bleibt aber eine Sonderregelung für den Widerruf nun in § 495 Abs. 2 Nr. 2. 40

Nicht Gebrauch gemacht hat Deutschland von der allgemeinen Höchstgrenze, außer im Falle eines **Existenzgründungsdarlehens** (§ 513) unterfallen auch Darlehen **über 75.000 EUR** den Regeln über Verbraucherdarlehen.[76] Die Regierungsbegründung geht zutreffend davon aus, dass bei hohen Darlehenssummen das Risiko für den Verbraucher und sein Schutzbedürfnis besonders groß sind.[77] Immobiliar-Verbraucherdarlehensverträge unterfallen nach Abs. 3 bzw. zuvor Immobiliardarlehen nach § 503 BGB (aF bis 2016) jedenfalls grundsätzlich den §§ 491 ff.,[78] ebenso Darlehen zum Erwerb oder zur Erhaltung von Eigentumsrechten an einem Grundstück oder einem bestehenden oder geplanten Gebäude.[79] 41

Die Ausdehnung der Regeln über den Verbraucherdarlehensvertrag nach §§ 491 ff. über den Anwendungsbereich der Verbraucherkreditrichtlinie hinaus erscheint europarechtlich unbedenklich. Nach Erwägungsgrund 10 S. 3 sollte die Richtlinie die Mitgliedstaaten nicht daran hindern, nach Maßgabe des Gemeinschaftsrechts die Bestimmungen der Verbraucherkreditrichtlinie auch auf Bereiche anzuwenden, die nicht in den Geltungsbereich der Richtlinie fallen. Als Beispiele genannt werden die Anwendung auf Kredite mit einem 42

---

[71] Begr. RegE BT-Drs. 16/11643, 77. Krit. *Rösler/Werner* BKR 2009, 1 (2), zur vorherigen Rechtslage BGH WM 2003, 1606 = NJW 2003, 2742. Zum Hausbankprinzip und Durchleitdarlehen in der Vorauflage *Sinowski*, 22. Kapitel Rn. 50 ff.

[72] Dazu *Bülow*/Artz Rn. 178 f.

[73] BGH WM 2019, 1342.

[74] Begr. RegE BT-Drs. 18/5922, 76.

[75] Begr. RegE BT-Drs. 16/11643, 77.

[76] Ausgenommen nach Art. 2 Abs. 2 Buchstabe c der RL: Kreditverträge, bei denen der Gesamtkreditbetrag weniger als 200 EUR oder mehr als 75.000 EUR beträgt.

[77] Begr. RegE BT-Drs. 16/11643, 76 (li. Sp.).

[78] Ausgenommen nach Art. 2 Abs. 2 Buchstabe a der RL.

[79] Ausgenommen nach Art. 2 Abs. 2 Buchstabe b der RL.

Betrag von weniger als 200 EUR oder mehr als 75.000 EUR sowie auf von der Richtlinie nicht umfasste verbundene Geschäfte.

V. Immobiliar-Verbraucherdarlehensverträge (Abs. 3)

1. Allgemeine Voraussetzungen nach Abs. 3 S. 1

43 **a) Immobiliarkredite als Verbraucherdarlehen.** Europarechtlich ist ein Unterstellen von Immobiliardarlehensverträgen mit Verbrauchern (Immobiliar-Verbraucherdarlehensverträgen) unter die §§ 491 ff. nicht geboten. Wohnimmobilienkredite sind in einer gesonderten Richtlinie geregelt. Die Verbraucherkreditrichtlinie gilt nach Art. 2 Abs. 2 Buchstabe a nicht für Kreditverträge, die entweder durch eine Hypothek oder eine vergleichbare Sicherheit, die in einem Mitgliedstaat gewöhnlich für unbewegliches Vermögen genutzt wird, oder durch ein Recht an unbeweglichem Vermögen gesichert wird. Dieser Ausschluss knüpft an die Vorgängerrichtlinie an[80] und ist auch vor dem Hintergrund einer beabsichtigten Regelung für Hypothekarkredite zu sehen.[81] Jedenfalls bis zur Regelung auch der Hypothekarkredite konnten die Mitgliedstaaten die Regeln für Verbraucherdarlehensverträge auf Immobiliardarlehen erstrecken,[82] dies gilt auch nach Inkrafttreten der Wohnimmobilienkreditrichtline.

44 Im Rahmen der Umsetzung der Wohnimmobilienkreditrichtlinie neu eingeführt wurde der Immobiliar-Verbraucherdarlehensvertrag.[83] Unter den Begriff des Immobiliar-Verbraucherdarlehensvertrages fallen die bisherigen Immobiliardarlehen, darüber hinaus aber auch weitere Verträge, auf die bislang die Vorschriften für Verbraucherdarlehen anwendbar waren.[84] Auch bei einem Immobiliar-Verbraucherdarlehensvertrag müssen die allgemeinen Voraussetzungen – Verbraucher als Darlehensnehmer, Unternehmer als Darlehensgeber sowie Entgeltlichkeit des Darlehens – vorliegen. Auf die entsprechenden Ausführungen (→ Rn. 9–20) kann verwiesen werden, die Definition wird nur ergänzt durch die enumerativ aufgeführten Bezüge zur Immobilie.[85] Eine Vermutung der Entgeltlichkeit enthält § 506 Abs. 1 S. 3 (→ Rn. 54 f.) Nach Art. 3 Abs. 2 lit c Wohnimmobilienkreditrichtlinie führen unmittelbar mit Besicherung verbundene Kosten noch nicht zur Entgeltlichkeit des Kredits.

45 Bis 2016 stellte für Immobiliardarlehen § 503 aF auf ein Abhängigmachen von Grundpfandrechten ab. Der Begriff des Immobiliardarlehens fand sich bereits in der Überschrift von § 503. Erfasst wurden durch Hypotheken und Grundschulden gesicherte Verbraucherdarlehensverträge. Die Definition in Abs. 1 entsprach dem vormaligen § 492 Abs. 1a S. 2 BGB aF, es musste die Zurverfügungstellung des Darlehens von der Sicherung durch ein Grundpfandrecht abhängig gemacht werden und zu für grundpfandrechtlich gesicherte Darlehen üblichen Bedingungen erfolgen, Abs. 1 Hs. 1.

46 Nicht notwendig ist es, dass ein Immobiliar-Verbraucherdarlehen wie zuvor Immobiliardarlehen nach § 503 aF zu üblichen Bedingungen vergeben wird. Für das Gewähren des Darlehens zu üblichen Bedingungen kam es auf die Zinshöhe sowie die sonstigen Kreditkonditionen an.[86] Das Überschreiten der Streubreitengrenze in den Monatsberichten der Deutschen Bundesbank bzw. eine versteckte Zinssubvention sollte der Qualifikation als

[80] Art. 2 Abs. 1 Buchstabe a RL 87/102/EWG nahm Kreditverträge aus, die „hauptsächlich" dem Erwerb oder der Beibehaltung von Eigentumsrechten an einem Grundstück oder Gebäude dienten.

[81] Grünbuch der Kommission zu Hypothekarkrediten in der EU, KOM(2005) 327 endg. und Weißbuch über die Integration der Hypothekarkreditmärkte KOM(2007) 807 endg., aktuell der Vorschlag der Kommission für eine RL über Wohnimmobilienkreditverträge, KOM(2011) 142 endg.

[82] Dazu auch Staub/*Renner* Kreditgeschäft (Band 10/2) Rn. 828; Nobbe/*Sauer* Rn. 2.

[83] Zum RefE *Bülow* WM 2015, 1309.

[84] Begr. RegE BT-Drs. 18/5922, 75 f.

[85] Begr. RegE BT-Drs. 18/5922, 76.

[86] BGH WM 2008, 967 (969 f.) = NJW-RR 2008, 1436; 2006, 1060 (1066) = NJW 2006, 1957.

Immobiliardarlehen für sich genommen allerdings noch nicht entgegenstehen.[87] Eine Sonderregelung sah § 503 Abs. 1 Halbsatz 2 aF für Bausparkassen vor, die nach § 7 Abs. 3–5 BauSpkG von der Inanspruchnahme von Sicherheiten absehen können.

Der teilweise auch als Realkredit bezeichnete Immobiliarkredit entwickelte sich in Deutschland im 18. und 19. Jahrhundert, die Angemessenheit traditioneller Institute wurde bereits in den 1980er Jahren anhand der nachschüssigen Tilgungsverrechnung bei Annuitätendarlehen diskutiert.[88] Seit den 1990er Jahren beschäftigen sogenannte Schrottimmobilien die Praxis,[89] Diskussionspunkte waren insbesondere die Möglichkeit eines Widerrufs nach dem HWiG (nun § 312b BGB) sowie wegen Verstoßes gegen das Rechtsberatungsgesetz (jetzt Rechtsdienstleistungsgesetz, RDG).[90] Die Schuldrechtsmodernisierung war wegen der den Widerruf in der Haustürsituation zulassenden Heininger-Entscheidung des Europäischen Gerichtshofs[91] europarechtswidrig in Kraft getreten. Die durch den Vertrieb von Schrottimmobilien aufgeworfenen Rechtsfragen sind von den Gerichten noch immer abzuarbeiten.[92] Eine weitere Reform erfolgte durch das Risikobegrenzungsgesetz.[93] Die Regelungen für Immobiliardarlehen werden nunmehr in § 503 zusammengefasst.[94] 47

b) Sicherung durch Grundpfandrecht oder Reallast (Abs. 3 S. 1 Nr. 1). Hauptanwendungsfälle von Immobiliar-Verbraucherdarlehensverträgen werden die Sicherung eines Darlehens durch Grundpfandrechte sein. Dabei macht es nach dem Wortlaut, aber auch nach Sinn und Zweck der Norm keinen Unterschied, ob die Sicherung im In- oder Ausland erfolgt. Nach dem Regierungsentwurf steht es einer Sicherung gleich, wenn von der Sicherung nach § 7 Abs. 3 bis 5 BausparkassenG abgesehen wird.[95] Reallasten wurden vom Verbraucherdarlehensrecht bislang nicht erfasst.[96] Nr. 1 stellt eine überschießende Umsetzung dar, es erfolgt keine Beschränkung auf Wohnimmobilien.[97] Erfasst wird auch eine gemischte Nutzung, vermieden werden sollen Abgrenzungsschwierigkeiten. 48

Erforderlich ist weder eine vollständige Absicherung durch ein Grundpfandrecht, noch ist das Bestellen von Zusatzsicherheiten schädlich.[98] Ausreichend ist die Sicherung durch ein neu bestelltes Grundpfandrecht sowie die Übernahme eines bestehenden Grundpfandrechts,[99] der Darlehensnehmer oder ein Dritter können sich auch zum Steller eines solchen Sicherungsmittels verpflichten.[100] Die grundpfandrechtliche Sicherheit muss nicht bis zum Abschluss des Darlehensvertrages bestellt sein, es genügt, dass die Auszahlung des Darlehens von ihr abhängt[101] oder sodann eine Sicherung verlangt werden kann. 49

Als Grundpfandrechte in Betracht kommen insbesondere Hypotheken und Grundschulden, ferner Rentenschulden.[102] Der Darlehensnehmer muss nicht zugleich auch Sicherhei- 50

[87] BGH WM 2008, 967 (969 f.) = NJW-RR 2008, 1436; 2006, 1060 (1066) = NJW 2006, 1957.
[88] Dazu *Bruchner* WM 1987, 449.
[89] Dazu etwa *Frisch/Münscher* Haftung bei Immobilienanlagen, 2. Aufl. 2008.
[90] Rechtsprechungsreport von *Fischer* VuR 2010, 403, zuletzt etwa BGH WM 2012, 312 (313).
[91] Zur entsprechenden Praxis in den 1990er Jahren *Löhnig* VuR 1999, 147, vgl. auch *Horn/Balzer* WM 2000, 333; *Peters* WM 2000, 554; *Rösler* VuR 2000, 191.
[92] Anschaulich der neue Vorsitzende Richter des Bankensenats *Wiechers* WM 2011, 145 (148 ff.) (etwa ein Viertel der anhängigen Verfahren des Senats).
[93] Dazu auch der Bremer Entwurf eines Immobiliarkreditnehmerschutzgesetzes, *Derleder/Knops* VuR 2008, 241.
[94] Begr. RegE BT-Drs. 16/11643, 88.
[95] Begr. RegE BT-Drs. 16/11643, 75.
[96] Begr. RegE BT-Drs. 16/11643, 76.
[97] Begr. RegE BT-Drs. 16/11643, 77.
[98] Zum alten Recht BGH WM 2004, 172 (175) (noch zu § 3 Abs. 2 Nr. 2 VerbrKrG).
[99] Zum alten Recht BGHZ 167, 223 (230) = NJW 2006, 1952.
[100] Zum alten Recht BGH WM 2006, 1060 (1065) = NJW 2006, 1957.
[101] Zum alten Recht BGH WM 2002, 536 (537) = NJW 2002, 1199.
[102] *Kraatz/Klevenhagen* BKR 2017, 45, (46).

tengeber sein.[103] Eine treuhänderisch gehaltene Grundschuld nebst persönlicher Vollstreckungsunterwerfung reicht aus.[104] Das Grundpfandrecht kann bereits bestehen.[105]

51 Die in den §§ 1105 bis 1112 geregelten Reallasten belasten ein Grundstück in der Weise, dass an denjenigen, zu dessen Gunsten die Belastung erfolgt, wiederkehrende Leistungen aus dem Grundstück zu entrichten sind, § 1105 Abs. 1 S. 1. Mit der Leistung aus dem Grundstück ist die dingliche Haftung des Grundstücks gemeint, es muss sich so nicht um Einnahmen aus dem Grundstück handeln.

52 Als Immobiliar-Verbraucherdarlehen kommen auch Bauspardarlehen in Betracht.[106]

53 **c) Erwerb oder Erhalt des Eigentums (gleicher Rechte) an Immobilien (Abs. 3 S. 1 Nr. 2).** Nr. 2 erweitert den Anwendungsbereich des Immobiliar-Verbraucherdarlehensvertrages, wenn Verwendungszweck der Erwerb bzw. die Erhaltung des Eigentums oder eines grundstücksgleichen Rechts ist. Abgestellt wird nach der Regierungsbegründung auf den Erhalt der Rechtsposition als Eigentümer, nicht auf den Erhalt der Substanz des Eigentums.[107] Erfasst wird Alleineigentum, Miteigentum sowie nach der Regierungsbegründung auch das Wohneigentum.[108] Mit den weiter genannten selbständigen Rechten an bestehenden oder zu errichtenden Gebäuden sind insbesondere Fertighäuser gemeint.[109]

2. Vermutung der Entgeltlichkeit (§ 506 Abs. 1 S. 3)

54 Auch ein an sich unentgeltlicher Zahlungaufschub ist nach der unwiderleglichen Vermutung des § 506 Abs. 1 S. 3 (nach dem Regierungsentwurf noch § 491 Abs. 3 S. 2) entgeltlich, wenn der Zahlungaufschub von einer Sicherung der Forderung mit einem Grundpfandrecht oder einer Reallast abhängig gemacht wird. Grundlage ist Art. 3 Abs. 2 lit f der Wohnimmobilienkreditrichtlinie. Die Regelung beruht auf der Erwägung, dass auch eine grundpfandrechtliche Sicherung den Verbraucher schutzbedürftig macht.[110] Die unentgeltliche Stundung eines bereits besicherten Immobiliar-Verbraucherdarlehensvertrages fällt nicht unter § 506 Abs. 1 S. 3, anders wenn eine weitere Sicherheit verlangt wird.[111]

3. Ausnahme von Arbeitgeberdarlehen und Förderkrediten (Abs. 3 S. 2 und 3)

55 Vom Anwendungsbereich des Immobiliar-Verbraucherdarlehensvertrags ausgeschlossen werden Arbeitgeberdarlehen, nach dem Regierungsentwurf ist Abs. 2 S. 2 Nr. 4 deckungsgleich mit Art. 3 Abs. 2 lit b der Wohnimmobilienkreditrichtlinie.[112] Weitgehend ausgeschlossen sollen auch Förderkredite werden,[113] nach Abs. 2 S. 2 Nr. 5 gilt nur § 491a Abs. 4, der neu eingefügt wird.

4. Ausnahme von Immobiliarverzehrkreditverträgen (Abs. 3 S. 4)

56 Immobiliarverzehrkreditverträge haben in Deutschland, anders als die reverse mortgage in den USA,[114] lange wenig Aufmerksamkeit erfahren.[115] Die Wohnimmobilienkreditricht-

[103] BGHZ 167, 223 (230) = NJW 2006, 1952.
[104] BGHZ 168, 1 (9 f.) = NJW 2006, 2099.
[105] BGHZ 167, 223 (230) = NJW 2006, 1952.
[106] *Piekenbrock* GPR 2015, 26 (27 f.), nach *Rosenkranz* WM 2018, 410 (413) gilt das nur für die Darlehensphase, angenommen wird aber ein verbundener Vertrag nach § 358.
[107] Begr. RegE BT-Drs. 18/5922, 77.
[108] Begr. RegE BT-Drs. 18/5922, 77.
[109] Begr. RegE BT-Drs. 18/5922, 77.
[110] Begr. RegE BT-Drs. 18/5922, 76.
[111] Begr. RegE BT-Drs. 18/5922, 77.
[112] Begr. RegE BT-Drs. 18/5922, 78.
[113] Begr. RegE BT-Drs. 18/5922, 78.
[114] Dazu und zur Übertragbarkeit freilich schon *Kulms* ZfIR 2002, 614.
[115] Begr. RegE BT-Drs. 18/10935, 38.

linie nimmt sie in Art. 3 Abs. 2 Buchstabe a) von ihrem Anwendungsbereich aus. Durch das Finanzaufsichtsrechtergänzungsgesetz sind Immobiliarverzehrkreditverträge im Verbraucherdarlehensrecht nunmehr als Ausnahme geregelt.[116] Nach der Begründung des Regierungsentwurfes haben Marktteilnehmer nach Umsetzung der Wohnimmobilienkreditrichtlinie von Schwierigkeiten bei der Kreditvergabe an Ältere berichtet.[117] Durch Abs. 3 S. 4 soll klargestellt werden, dass Immobiliarverzehrkreditverträge nicht unter die Regeln für Immobiliar-Verbraucherdarlehensverträge fallen.

Das Gesetz verwendet hier den sonst vermiedenen Begriff des Kredits und grenzt den Immobiliarverzehrkreditvertrag auch terminologisch vom Verbraucherdarlehen ab. Immobiliarkreditverzehrverträge im Sinne von Abs. 3 S. 4 geben dem Darlehensgeber lediglich ein Erwerbsrecht an der Wohnimmobilie oder einen Betrag aus dem Erlös beim Verkauf sowie einen Anspruch aus Rückzahlung des Darlehensbetrages erst nach dem Tod des Verbrauchers. 57

VI. Teilweiser Anwendungsausschluss (Prozessvergleiche, Abs. 4)

1. Gerichtliches Protokoll oder gerichtlicher Beschluss über Vergleich

Durch Abs. 4 wird die Anwendbarkeit der §§ 491 ff. nur eingeschränkt,[118] wenn ein Darlehensvertrag Gegenstand eines zwischen den Parteien geschlossenen gerichtlichen Vergleichs ist (§ 278 ZPO) und dieser Vergleich durch gerichtlichen Beschluss festgestellt wird. Gleich steht die Aufnahme in ein nach den Vorschriften der Zivilprozessordnung errichtetes gerichtliches Protokoll. Noch zum alten Recht hatte das OLG Karlsruhe eine außergerichtliche Vergleichsvereinbarung über einen Darlehensvertrag mit verändertem Zinssatz nicht als Verbraucherdarlehen eingeordnet.[119] Der Gesetzgeber wollte bei Umsetzung der Wohnimmobilienkreditrichtlinie an der Regelung festhalten.[120] 58

Nach Art. 2 Abs. 2 Buchstabe i findet die Verbraucherkreditrichtlinie auf Kreditverträge keine Anwendung, die Ergebnis eines Vergleichs vor einem Richter oder einer anderen gesetzlich befugten Stelle sind, so auch Art. 3 Abs. 2 Buchstabe e Wohnimmobilienkreditrichtlinie. Die nach Abs. 3 erforderlichen Angaben gehen (wohl zulässig)[121] über die Anforderungen der Richtlinie hinaus und können autonom ausgelegt werden. Ob auch von einem Schiedsgericht protokollierte Vergleiche unter die Ausnahme fallen,[122] erscheint hingegen zumindest zweifelhaft. 59

2. Erforderliche Angaben

In ein nach den Vorschriften der Zivilprozessordnung errichtetes gerichtliches Protokoll oder den gerichtlichen Beschluss über einen geschlossenen Vergleich müssen der Sollzinssatz (§ 489 Abs. 5), die bei Abschluss des Vertrags in Rechnung gestellten Kosten sowie die Voraussetzungen für deren Anpassung aufgenommen werden. Anpassung meint dabei nach der Regierungsbegründung die einseitige Vertragsgestaltungsmöglichkeit durch die Bestimmung der Leistung durch eine Vertragspartei, Änderung die beiderseits gewollte Inhaltsänderung.[123] Da auch die Kosten von der Anpassung umfasst werden, scheidet eine Beschränkung auf die bloßen Abschlusskosten (Bearbeitungsgebühr, ggf. Disagio) aus, bei Abschluss des Vertrages in Rechnung gestellte Kosten sind auch während der Laufzeit des Darlehensvertrages anfallende.[124] 60

---

[116] Dazu *Freitag/Allstadt* WM 2017, 1877.
[117] Begr. RegE BT-Drs. 18/10935, 38.
[118] Zur Einschränkung → Rn. 29, zur Zulässigkeit → Rn. 30.
[119] OLG Karlsruhe WM 2007, 590 (592).
[120] Begr. RegE BT-Drs. 18/5922, 78.
[121] → Rn. 30.
[122] So Nobbe/*Müller-Christmann* Rn. 32.
[123] Begr. RegE BT-Drs. 16/11643, 77 f.
[124] So wohl auch Staudinger/*Kessal-Wulf* 2012 Rn. 88.

3. Unanwendbare Normen

61 Rechtsfolge eines die erforderlichen Angaben enthaltenden Protokolls oder gerichtlichen Beschlusses nach Abs. 4 ist die Unanwendbarkeit der §§ 491a bis 495, der §§ 505a bis 505e, ferner von § 358 Abs. 2, 4.[125] Damit fallen zum einen über die verbleibenden Angaben hinausgehende Informationspflichten weg, sowohl vorvertragliche Informationspflichten als auch während des Vertrages bestehende. Mit der Unanwendbarkeit der §§ 491a, 493 entfällt auch der jeweilige Verweis auf Art. 247 EGBGB. Weiter bedarf es nicht der für Verbraucherdarlehensverträge geltenden Form sowie der üblichen Angaben im Vertrag, §§ 492, 494. Sodann ist seit der Ergänzung der Norm im Zuge der Umsetzung der Wohnimmobilienkreditrichtlinie keine Kreditwürdigkeitsprüfung nach §§ 505a bis 505d erforderlich. Schließlich besteht kein Widerrufsrecht nach § 495, dieses wird auch bei verbundenem Geschäft eingeschränkt, § 358 Abs. 2, 4. Rechtsfolge des Fehlens oder der Unvollständigkeit von Angaben soll die volle Anwendbarkeit der §§ 491 ff. sein.[126]

4. Abschließende Regelung

62 Nach Erwägungsgrund 11 der Richtlinie können für spezifische Kreditverträge, für die nur Teile der Richtlinie gelten sollen, die anderen der Umsetzung der Richtlinie dienenden Vorschriften nicht für anwendbar erklärt werden.

VII. Sonderregeln zur COVID-19-Pandemie

63 Das Gesetz zur Abmilderung der Folgen der COVID-19-Pandemie modifiziert die vertraglichen Pflichten, sofern der Verbraucher durch die Pandemie bei Vertragsschluss nicht vorhersehbare Einnahmeausfälle erleidet, die dazu führen, dass ihm die Erbringung der geschuldeten Leistung nicht zumutbar ist. Der neue Art. 240 EGBGB § 3 sieht eine Stundung fälliger Leistungen und den Ausschluss von Kündigungen durch den Darlehensgeber vor, dazu Anhang zum 15. Kapitel (§ 515.)

Vorbemerkung vor § 491a: Werbung für Verbraucherdarlehensverträge (PreisAngV)

1 Die Neufassung der Preisangabenverordnung (PreisAngV) 2010 geht auf Art. 4 der Verbraucherkreditrichtlinie zurück, der die Werbung für Verbraucherkreditverträge besonderen Regeln unterstellt. Werden in der Werbung für Kreditverträge Zinssätze oder sonstige, auf die Kosten eines Kredits für den Verbraucher bezogene Zahlen genannt, so muss die Werbung nach Art. 4 Abs. 1 Unterabsatz 1 der Richtlinie Standardinformationen enthalten. Die zu den Standardinformationen zählenden Elemente sind nach Art. 4 Abs. 2 Verbraucherkreditrichtlinie in klarer, prägnanter und auffallender Art und Weise anhand eines repräsentativen Beispiels zu nennen. Auch nach Umsetzung der Wohnimmobilienkreditrichtlinie spricht die Preisangabenverordnung regelmäßig von Verbraucherdarlehen und unterscheidet so meist nicht zwischen Allgemein- und Immobiliarverbraucherdarlehensverträgen.

2 Die Standardinformationen nennen nach Art. 4 Abs. 2 Verbraucherkreditrichtlinie einen festen oder variablen Sollzinssatz oder einen festen und variablen Sollzinssatz zusammen mit Einzelheiten aller für den Verbraucher anfallenden, in die Gesamtkreditkosten einbezogenen Kosten (Buchstabe a), den Gesamtkreditbetrag (Buchstabe b), den effektiven Jahreszins (Buchstabe c), falls zutreffend, die Laufzeit des Kreditvertrags (Buchstabe d), im Falle eines

[125] Krit. zur verbleibenden Anwendbarkeit der §§ 503–505 BankR-HdB/*Jungmann* § 81 Rn. 66.
[126] Nobbe/*Müller-Christmann* Rn. 34.

Kredits in Form eines Zahlungsaufschubs für eine bestimmte Ware oder Dienstleistung den Barzahlungspreis und Betrag etwaiger Anzahlungen (Buchstabe e) und gegebenenfalls den vom Verbraucher zu zahlenden Gesamtbetrag sowie den Betrag der Teilzahlungen (Buchstabe f).

Ist der Abschluss eines Vertrages über die Inanspruchnahme einer Nebenleistung, insbesondere eines Versicherungsvertrags, im Zusammenhang mit dem Kreditvertrag zwingende Voraussetzung dafür, dass der Kredit überhaupt oder nach den vorgesehenen Vertragsbedingungen gewährt wird, und können die Kosten der Nebenleistung nicht im Voraus bestimmt werden, so ist nach Art. 4 Abs. 3 der Richtlinie auf die Verpflichtung zum Abschluss jenes Vertrages ebenfalls in klarer, prägnanter Form an optisch hervorgehobener Stelle zusammen mit dem effektiven Jahreszins hinzuweisen. **3**

Diese Verpflichtung gilt nach Art. 4 Abs. 4 Verbraucherkreditrichtlinie unbeschadet der Richtlinie 2005/29/EG über unlautere Geschäftspraktiken im binnenmarktinternen Geschäftsverkehr zwischen Unternehmern und Verbrauchern. **4**

Die Umsetzung der die Werbung betreffenden europäischen Vorgaben ist in der Preisangabenverordnung (PreisAngV) sowie für Darlehensvermittler in Art. 247 § 13 Abs. 4 EGBGB, erfolgt. Die Preisangabenverordnung wurde aufgrund Art. 1 § 1 des Gesetzes über die Regelung von Preisangaben sowie auf Grund von § 34c Abs. 3 Satz 1 Nr. 6 der Gewerbeordnung vom Bundesminister für Wirtschaft mit Zustimmung des Bundesrates erlassen[127] und etwa im Zuge der Umsetzung der Richtlinie 98/7/EG über den Verbraucherkredit neu gefasst,[128] auf eine Neufassung bei Umsetzung der neuen Verbraucherkreditrichtlinie wurde verzichtet.[129] **5**

Die Regelung in der Preisangabenverordnung wurde als wesentliche Neuerung angesehen.[130] Die Bankpraxis ging davon aus, dass die Umsetzung der Verbraucherkreditrichtlinie die Entwicklung neuer Werbekonzepte erforderlich macht.[131] **6**

PreisAngV

§ 1 *PreisAngV Grundvorschriften*

(1) [1] Wer Verbrauchern gemäß § 13 des Bürgerlichen Gesetzbuchs gewerbs- oder geschäftsmäßig oder wer ihnen regelmäßig in sonstiger Weise Waren oder Leistungen anbietet oder als Anbieter von Waren oder Leistungen gegenüber Verbrauchern unter Angabe von Preisen wirbt, hat die Preise anzugeben, die einschließlich der Umsatzsteuer und sonstiger Preisbestandteile zu zahlen sind (Gesamtpreise). [2] Soweit es der allgemeinen Verkehrsauffassung entspricht, sind auch die Verkaufs- oder Leistungseinheit und die Gütebezeichnung anzugeben, auf die sich die Preise beziehen. [3] Auf die Bereitschaft, über den angegebenen Preis zu verhandeln, kann hingewiesen werden, soweit es der allgemeinen Verkehrsauffassung entspricht und Rechtsvorschriften nicht entgegenstehen.

(2) [1] Wer Verbrauchern gewerbs- oder geschäftsmäßig oder wer ihnen regelmäßig in sonstiger Weise Waren oder Leistungen zum Abschluss eines Fernabsatzvertrages anbietet, hat zusätzlich zu Absatz 1 und § 2 Absatz 2 anzugeben,

1. dass die für Waren oder Leistungen geforderten Preise die Umsatzsteuer und sonstige Preisbestandteile enthalten und

2. ob zusätzlich Fracht-, Liefer- oder Versandkosten oder sonstige Kosten anfallen.

[2] Fallen zusätzliche Fracht-, Liefer- oder Versandkosten oder sonstige Kosten an, so ist deren Höhe anzugeben, soweit diese Kosten vernünftigerweise im Voraus berechnet werden können.

---

[127] VO zur Regelung von Preisangaben v. 14.3.1985, BGBl. I 1985, 580.

[128] Preisangabenverordnung (PAngV) idF v. 28.7.2000, BGBl. I 2000, 1244, dazu *Wimmer* WM 2001, 447.

[129] Es gilt die Fassung v. 18.10.2002, BGBl. I 2002, 4197.

[130] *Domke/Sperlich* BB 2010, 2069.

[131] Kümpel/Mülbert/Früh/Seyfried/*Merz/Wittig* Rn. 5.51.

(3) [1] Bei Leistungen können, soweit es üblich ist, abweichend von Absatz 1 Satz 1 Stundensätze, Kilometersätze und andere Verrechnungssätze angegeben werden, die alle Leistungselemente einschließlich der anteiligen Umsatzsteuer enthalten. [2] Die Materialkosten können in die Verrechnungssätze einbezogen werden.

(4) Wird außer dem Entgelt für eine Ware oder Leistung eine rückerstattbare Sicherheit gefordert, so ist deren Höhe neben dem Preis für die Ware oder Leistung anzugeben und kein Gesamtbetrag zu bilden.

(5) Die Angabe von Preisen mit einem Änderungsvorbehalt ist abweichend von Absatz 1 Satz 1 nur zulässig

1. bei Waren oder Leistungen, für die Liefer- oder Leistungsfristen von mehr als vier Monaten bestehen, soweit zugleich die voraussichtlichen Liefer- und Leistungsfristen angegeben werden, oder

2. bei Waren oder Leistungen, die im Rahmen von Dauerschuldverhältnissen erbracht werden.

(6) Der in der Werbung, auf der Webseite oder in Prospekten eines Reiseveranstalters angegebene Reisepreis kann abweichend von Absatz 1 Satz 1 nach Maßgabe des § 651d Absatz 3 Satz 1 des Bürgerlichen Gesetzbuchs und des Artikels 250 § 1 Absatz 2 des Einführungsgesetzes zum Bürgerlichen Gesetzbuche geändert werden.

(7) [1] Die Angaben nach dieser Verordnung müssen der allgemeinen Verkehrsauffassung und den Grundsätzen von Preisklarheit und Preiswahrheit entsprechen. Wer zu Angaben nach dieser Verordnung verpflichtet ist, hat diese dem Angebot oder der Werbung eindeutig zuzuordnen sowie leicht erkennbar und deutlich lesbar oder sonst gut wahrnehmbar zu machen. [2] Bei der Aufgliederung von Preisen sind die Gesamtpreise hervorzuheben.

1 § 1 PreisAngV enthält allgemeine Grundsätze, auch Verbraucherdarlehen können eine Leistung im Sinne der Preisangabenverordnung darstellen. Variable Zinssätze sind für Verbraucherdarlehen abweichend von Abs. 1 möglich, nach Abs. 5 kann bei Dauerschuldverhältnissen ein Änderungsvorbehalt vorgesehen werden. Im Rahmen der Umsetzung der Wohnimmobilienkreditrichtlinie soll der Begriff des Letztverbrauchers durch den Begriff des Verbrauchers ersetzt werden.

§ 5 PreisAngV Leistungen

(1) [1] **Wer Leistungen anbietet, hat ein Preisverzeichnis mit den Preisen für seine wesentlichen Leistungen oder in den Fällen des § 1 Abs. 3 mit seinen Verrechnungssätzen aufzustellen. [2] Dieses ist im Geschäftslokal oder am sonstigen Ort des Leistungsangebots und, sofern vorhanden, zusätzlich im Schaufenster oder Schaukasten anzubringen. [3] Ort des Leistungsangebots ist auch die Bildschirmanzeige. [4] Wird eine Leistung über Bildschirmanzeige erbracht und nach Einheiten berechnet, ist eine gesonderte Anzeige über den Preis der fortlaufenden Nutzung unentgeltlich anzubieten.**

(2) **Werden entsprechend der allgemeinen Verkehrsauffassung die Preise und Verrechnungssätze für sämtliche angebotenen Leistungen in Preisverzeichnisse aufgenommen, so sind diese zur Einsichtnahme am Ort des Leistungsangebots bereitzuhalten, wenn das Anbringen der Preisverzeichnisse wegen ihres Umfangs nicht zumutbar ist.**

(3) **Werden die Leistungen in Fachabteilungen von Handelsbetrieben angeboten, so genügt das Anbringen der Preisverzeichnisse in den Fachabteilungen.**

1 Verbraucherdarlehensverträge sind nach § 5 PreisAngV in ein Preisverzeichnis aufzunehmen. Preis- und Leistungsverzeichnisse müssen qualifizierten Einrichtungen nach § 4 UKlaG nicht zur Verfügung gestellt werden, diese sind keine Verbraucher.[1]

[1] BGH WM 2010, 647 = NJW-RR 2010, 1712.

§ 6 PreisAngV Verbraucherdarlehen

(1) Wer Verbrauchern gewerbs- oder geschäftsmäßig oder wer ihnen regelmäßig in sonstiger Weise den Abschluss von Verbraucherdarlehen im Sinne des § 491 des Bürgerlichen Gesetzbuchs anbietet, hat als Preis die nach den Absätzen 2 bis 6 und 8 berechneten Gesamtkosten des Verbraucherdarlehens für den Verbraucher, ausgedrückt als jährlicher Prozentsatz des Nettodarlehensbetrags, soweit zutreffend, einschließlich der Kosten gemäß Absatz 3 Satz 2 Nummer 1, anzugeben und als effektiven Jahreszins zu bezeichnen.

(2) [1] Der anzugebende effektive Jahreszins gemäß Absatz 1 ist mit der in der Anlage angegebenen mathematischen Formel und nach den in der Anlage zugrunde gelegten Vorgehensweisen zu berechnen. [2] Bei der Berechnung des effektiven Jahreszinses wird von der Annahme ausgegangen, dass der Verbraucherdarlehensvertrag für den vereinbarten Zeitraum gilt und dass Darlehensgeber und Verbraucher ihren Verpflichtungen zu den im Verbraucherdarlehensvertrag niedergelegten Bedingungen und Terminen nachkommen.

(3) [1] In die Berechnung des anzugebenden effektiven Jahreszinses sind als Gesamtkosten die vom Verbraucher zu entrichtenden Zinsen und alle sonstigen Kosten einschließlich etwaiger Vermittlungskosten einzubeziehen, die der Verbraucher im Zusammenhang mit dem Verbraucherdarlehensvertrag zu entrichten hat und die dem Darlehensgeber bekannt sind. [2] Zu den sonstigen Kosten gehören:

1. Kosten für die Eröffnung und Führung eines spezifischen Kontos, Kosten für die Verwendung eines Zahlungsmittels, mit dem sowohl Geschäfte auf diesem Konto getätigt als auch Verbraucherdarlehensbeträge in Anspruch genommen werden können, sowie sonstige Kosten für Zahlungsgeschäfte, wenn die Eröffnung oder Führung eines Kontos Voraussetzung dafür ist, dass das Verbraucherdarlehen überhaupt oder nach den vorgesehenen Vertragsbedingungen gewährt wird;

2. Kosten für die Immobilienbewertung, sofern eine solche Bewertung für die Gewährung des Verbraucherdarlehens erforderlich ist.

(4) Nicht in die Berechnung der Gesamtkosten einzubeziehen sind, soweit zutreffend:

1. Kosten, die vom Verbraucher bei Nichterfüllung seiner Verpflichtungen aus dem Verbraucherdarlehensvertrag zu tragen sind;

2. Kosten für solche Versicherungen und für solche anderen Zusatzleistungen, die keine Voraussetzung für die Verbraucherdarlehensvergabe oder für die Verbraucherdarlehensvergabe zu den vorgesehenen Vertragsbedingungen sind;

3. Kosten mit Ausnahme des Kaufpreises, die vom Verbraucher beim Erwerb von Waren oder Dienstleistungen unabhängig davon zu tragen sind, ob es sich um ein Bar- oder Verbraucherdarlehensgeschäft handelt;

4. Gebühren für die Eintragung der Eigentumsübertragung oder der Übertragung eines grundstücksgleichen Rechts in das Grundbuch;

5. Notarkosten.

(5) Ist eine Änderung des Zinssatzes oder sonstiger in die Berechnung des anzugebenden effektiven Jahreszinses einzubeziehender Kosten vorbehalten und ist ihre zahlenmäßige Bestimmung im Zeitpunkt der Berechnung des anzugebenden effektiven Jahreszinses nicht möglich, so wird bei der Berechnung von der Annahme ausgegangen, dass der Sollzinssatz und die sonstigen Kosten gemessen an der ursprünglichen Höhe fest bleiben und bis zum Ende des Verbraucherdarlehensvertrags gelten.

(6) Erforderlichenfalls ist bei der Berechnung des anzugebenden effektiven Jahreszinses von den in der Anlage niedergelegten Annahmen auszugehen.

(7) Ist der Abschluss eines Vertrags über die Inanspruchnahme einer Nebenleistung, insbesondere eines Versicherungsvertrags oder allgemein einer Mitgliedschaft, zwingende Voraussetzung dafür, dass das Verbraucherdarlehen überhaupt oder nach den vorgesehenen Vertragsbedingungen gewährt wird, und können die Kosten der Nebenleistung nicht im Voraus bestimmt werden, so ist in klarer, eindeutiger und auffallender Art und Weise darauf hinzuweisen,

1. dass eine Verpflichtung zum Abschluss des Vertrages über die Nebenleistung besteht und

2. wie hoch der effektive Jahreszins des Verbraucherdarlehens ist.

(8) ¹Bei Bauspardarlehen ist bei der Berechnung des anzugebenden effektiven Jahreszinses davon auszugehen, dass im Zeitpunkt der Verbraucherdarlehensauszahlung das vertragliche Mindestsparguthaben angespart ist. ²Von der Abschlussgebühr ist im Zweifel lediglich der Teil zu berücksichtigen, der auf den Verbraucherdarlehensanteil der Bausparvertragssumme entfällt. ³Bei Verbraucherdarlehen, die der Vor- oder Zwischenfinanzierung von Leistungen einer Bausparkasse aus Bausparverträgen dienen und deren preisbestimmende Faktoren bis zur Zuteilung unveränderbar sind, ist als Laufzeit von den Zuteilungsfristen auszugehen, die sich aus der Zielbewertungszahl für Bausparverträge gleicher Art ergeben. ⁴Bei vor- oder zwischenfinanzierten Bausparverträgen gemäß Satz 3 ist für das Gesamtprodukt aus Vor- oder Zwischenfinanzierungsdarlehen und Bausparvertrag der effektive Jahreszins für die Gesamtlaufzeit anzugeben.

1 Grundlage für die Berechnung des für das Verbraucherdarlehensrecht zentralen effektiven Jahreszinses sind nach Abs. 3 die Gesamtkosten des Verbraucherdarlehens. Einzuberechnen sind die Kosten für die Stellung von Sicherheiten[1] sowie seit Umsetzung der Wohnimmobilienkreditrichtlinie allgemein die sonstigen Kosten. Hierunter fallen aufgrund der europarechtlichen Vorgaben auch im Zusammenhang mit dem Verbraucherdarlehensvertrag neu abgeschlossene (Risiko)Lebensversicherungen oder Rentenversicherungen,[2] dasselbe gilt bei Allgemein-Verbraucherdarlehen für Restschuldversicherungen, sofern sie Bedingung für den Abschluss des Darlehensvertrages sind.[3]

§ 6a *PreisAngV Werbung für Verbraucherdarlehen*

(1) ¹Jegliche Kommunikation für Werbe- und Marketingzwecke, die Verbraucherdarlehen betrifft, hat den Kriterien der Redlichkeit und Eindeutigkeit zu genügen und darf nicht irreführend sein. ²Insbesondere sind Formulierungen unzulässig, die beim Verbraucher falsche Erwartungen in Bezug auf die Möglichkeit, ein Verbraucherdarlehen zu erhalten oder in Bezug auf die Kosten eines Verbraucherdarlehens wecken.

(2) ¹Wer gegenüber Verbrauchern für den Abschluss eines Verbraucherdarlehensvertrags mit Zinssätzen oder sonstigen Zahlen, die die Kosten betreffen, wirbt, hat in klarer, eindeutiger und auffallender Art und Weise anzugeben:

1. die Identität und Anschrift des Darlehensgebers oder gegebenenfalls des Darlehensvermittlers,
2. den Nettodarlehensbetrag,
3. den Sollzinssatz und die Auskunft, ob es sich um einen festen oder einen variablen Zinssatz oder um eine Kombination aus beiden handelt, sowie Einzelheiten aller für den Verbraucher anfallenden, in die Gesamtkosten einbezogenen Kosten,
4. den effektiven Jahreszins.

²In der Werbung ist der effektive Jahreszins mindestens genauso hervorzuheben wie jeder andere Zinssatz.

(3) In der Werbung gemäß Absatz 2 sind zusätzlich, soweit zutreffend, folgende Angaben zu machen:

1. der vom Verbraucher zu zahlende Gesamtbetrag,
2. die Laufzeit des Verbraucherdarlehensvertrags,
3. die Höhe der Raten,
4. die Anzahl der Raten,
5. bei Immobiliar-Verbraucherdarlehen der Hinweis, dass der Verbraucherdarlehensvertrag durch ein Grundpfandrecht oder eine Reallast besichert wird,

---

¹ BankR-HdB/*Münscher* § 81 Rn. 95.
² Begr. RegE BT-Drs. 18/5922, 132.
³ BankR-HdB/*Münscher* § 81 Rn. 94.

6. bei Immobiliar-Verbraucherdarlehen in Fremdwährung ein Warnhinweis, dass sich mögliche Wechselkursschwankungen auf die Höhe des vom Verbraucher zu zahlenden Gesamtbetrags auswirken könnten.

(4) [1]Die in den Absätzen 2 und 3 genannten Angaben sind mit Ausnahme der Angaben nach Absatz 2 Satz 1 Nummer 1 und Absatz 3 Nummer 5 und 6 mit einem Beispiel zu versehen. [2]Bei der Auswahl des Beispiels muss der Werbende von einem effektiven Jahreszins ausgehen, von dem er erwarten darf, dass er mindestens zwei Drittel der auf Grund der Werbung zustande kommenden Verträge zu dem angegebenen oder einem niedrigeren effektiven Jahreszins abschließen wird.

(5) Verlangt der Werbende den Abschluss eines Versicherungsvertrags oder eines Vertrags über andere Zusatzleistungen und können die Kosten für diesen Vertrag nicht im Voraus bestimmt werden, ist auf die Verpflichtung zum Abschluss dieses Vertrags klar und verständlich an gestalterisch hervorgehobener Stelle zusammen mit dem effektiven Jahreszins hinzuweisen.

(6) Die Informationen nach den Absätzen 2, 3 und 5 müssen in Abhängigkeit vom Medium, das für die Werbung gewählt wird, akustisch gut verständlich oder deutlich lesbar sein.

(7) Auf Immobiliar-Verbraucherdarlehensverträge gemäß § 491 Absatz 2 Satz 2 Nummer 5 des Bürgerlichen Gesetzbuchs ist nur Absatz 1 anwendbar.

§ 6a PreisAngV wurde in Umsetzung der revidierten Verbraucherkreditrichtlinie neu 1
eingeführt. Die Werbung gegenüber Endverbrauchern wird seither stärker reglementiert, Grundlage hierfür ist Art. 4 Verbraucherkreditrichtlinie. Betroffen ist insbesondere die Werbung in Zeitungen, Zeitschriften, im Radio, im Fernsehen sowie im Internet.[1] Greift § 6a Preisangabenverordnung ein, so muss Verbraucherdarlehen betreffende Werbung den Kriterien der Redlichkeit und Eindeutigkeit genügen und darf nicht irreführend sein (Abs. 1). Weiter muss die Werbung bestimmte Standardinformationen enthalten, zumindest den Sollzinssatz, den Nettodarlehensbetrag und den effektiven Jahreszins (Abs. 2).

Beim Sollzinssatz muss der potentielle Darlehensgeber nach Abs. 4 davon ausgehen 2
dürfen (erwarten dürfen), dass der angegebene Sollzinssatz zwei Dritteln der Verträge zugrunde liegen wird (in zwei Dritteln der Fälle nicht überschritten wird). Im Schrifttum wird bezweifelt, ob dieses Erfordernis richtlinienkonform ist.[2] Die Verbraucherkreditrichtlinie sieht keine feste Quote vor,[3] die englische *Consumer Credit (Advertisement) Regulation 2010* stellt für ein repräsentatives Beispiel darauf ab, dass der Darlehensgeber erwarten darf, eine Mehrheit von 51 Prozent der Darlehensverträge zu diesen Konditionen zu vergeben.[4] Probleme bestehen insbesondere bei bonitätsabhängiger Darlehensvergabe (Scoring).[5] Kreditinstitute können Schwierigkeiten vermeiden, wenn sie die Werbung mit einem repräsentativ nicht gesicherten Effektivzins unterlassen.[6]

§ 6b *PreisAngV Überziehungsmöglichkeiten*

Bei Überziehungsmöglichkeiten im Sinne des § 504 Abs. 2 des Bürgerlichen Gesetzbuchs hat der Darlehensgeber statt des effektiven Jahreszinses den Sollzinssatz pro Jahr und die Zinsbelastungsperiode anzugeben, wenn diese nicht kürzer als drei Monate ist und der Darlehensgeber außer den Sollzinsen keine weiteren Kosten verlangt.

Nach Art. 4 Abs. 2 Buchstabe c der Richtlinie können die Mitgliedstaaten für Kredit- 1
verträge von der Angabe des Sollzinssatzes absehen, wenn eine Überziehungsmöglichkeit

[1] Dazu *Weyand* BKR 2012, 197.
[2] *Wittig/Wittig* ZInsO 2009, 633 (634). Dazu noch weiter Kümpel/Mülbert/Früh/Seyfried/*Merz/Wittig* Rn. 5.52–5.63, von einer Konkretisierung ausgehend Staub/*Renner* Kreditgeschäft (Band 10/2) Rn. 600.
[3] Vgl. *Rott* WM 2008, 1104 (1108) mit Hinweis auf Reg. 8 der englischen Consumer Credit (Advertisements) Regulations 2004.
[4] S. I. 2010 No. 1012, regulation 1 (2).
[5] *Gessner* VuR 2010, 363.
[6] *Nobbe* WM 2011, 625 (626).

nach Art. 2 Abs. 3 der Richtlinie, in Deutschland § 504 Abs. 2 BGB, vorliegt. Im Rahmen der Umsetzung der Wohnimmobilienkreditrichtlinie soll der Begriff des Kreditgebers durch den Begriff Darlehensnehmer ersetzt werden.

Anlage zu § 6 PreisAngV: effektiver Jahreszins

$$\sum_{k=1}^{m} C_k \left(1+X\right)^{-t_k} = \sum_{l=1}^{m'} D_l \left(1+X\right)^{-s_l}$$

§ 491a *Vorvertragliche Informationspflichten bei Verbraucherdarlehensverträgen*

(1) **Der Darlehensgeber ist verpflichtet, den Darlehensnehmer nach Maßgabe des Artikels 247 des Einführungsgesetzes zum Bürgerlichen Gesetzbuche zu informieren.**

(2) [1] **Der Darlehensnehmer kann vom Darlehensgeber einen Entwurf des Verbraucherdarlehensvertrags verlangen.** [2] **Dies gilt nicht, solange der Darlehensgeber zum Vertragsabschluss nicht bereit ist.** [3] **Unterbreitet der Darlehensgeber bei einem Immobiliar-Verbraucherdarlehensvertrag dem Darlehensnehmer ein Angebot oder einen bindenden Vorschlag für bestimmte Vertragsbestimmungen, so muss er dem Darlehensnehmer anbieten, einen Vertragsentwurf auszuhändigen oder zu übermitteln; besteht kein Widerrufsrecht nach § 495, ist der Darlehensgeber dazu verpflichtet, dem Darlehensnehmer einen Vertragsentwurf auszuhändigen oder zu übermitteln.**

(3) [1] **Der Darlehensgeber ist verpflichtet, dem Darlehensnehmer vor Abschluss eines Verbraucherdarlehensvertrags angemessene Erläuterungen zu geben, damit der Darlehensnehmer in die Lage versetzt wird, zu beurteilen, ob der Vertrag dem von ihm verfolgten Zweck und seinen Vermögensverhältnissen gerecht wird.** [2] **Hierzu sind gegebenenfalls die vorvertraglichen Informationen gemäß Absatz 1, die Hauptmerkmale der vom Darlehensgeber angebotenen Verträge sowie ihre vertragstypischen Auswirkungen auf den Darlehensnehmer, einschließlich der Folgen bei Zahlungsverzug, zu erläutern.** [3] **Werden mit einem Immobiliar-Verbraucherdarlehensvertrag Finanzprodukte oder -dienstleistungen im Paket angeboten, so muss dem Darlehensnehmer erläutert werden, ob sie gesondert gekündigt werden können und welche Folgen die Kündigung hat.**

(4) [1] **Bei einem Immobiliar-Verbraucherdarlehensvertrag entsprechend § 491 Absatz 2 Satz 2 Nummer 5 ist der Darlehensgeber verpflichtet, den Darlehensnehmer rechtzeitig vor Abgabe von dessen Vertragserklärung auf einem dauerhaften Datenträger über die Merkmale gemäß den Abschnitten 3, 4 und 13 des in Artikel 247 § 1 Absatz 2 Satz 2 des Einführungsgesetzes zum Bürgerlichen Gesetzbuche genannten Musters zu informieren.** [2] **Artikel 247 § 1 Absatz 2 Satz 6 des Einführungsgesetzes zum Bürgerlichen Gesetzbuche findet Anwendung.**

Übersicht

I. Grundlagen

§ 491a wurde im Rahmen der Umsetzung der Verbraucherkreditrichtlinie 2008 in das Bürgerliche Gesetzbuch eingefügt. Nach der Regierungsbegründung werden in Umsetzung von Art. 5, 6 Verbraucherkreditrichtlinie erstmals umfangreiche vorvertragliche Informationspflichten begründet,[1] die Richtlinie will den Vergleich von Angeboten auf dem europäischen Markt ermöglichen.[2] Mit der Pflicht zur vorvertraglichen Information (Abs. 1), der Erläuterung der vorvertraglichen Information (Abs. 3) sowie der Pflicht zur Überlassung eines Entwurfs des Darlehensvertrags (Abs. 2) enthält § 491a drei voneinander unabhängige Informationspflichten. Abs. 1 verweist auf die Regelung der Informationspflichten im EGBGB. Art. 247 EGBGB übernimmt die zuvor im Wesentlichen in § 492 Abs. 1 Satz 4 BGB enthaltenen Angaben. Entsprechend den Vorgaben der Verbraucherkreditrichtlinie sind die Informationspflichten ausgeweitet und neu gefasst worden. **1**

Sanktionen für den Verstoß gegen die vorvertraglichen Informationen sind nicht explizit geregelt. Insoweit wird auf das allgemeine Schadensersatzrecht verwiesen.[3] Zwar wird man grundsätzlich dem Darlehensnehmer die Beweislast für die nicht ordnungsgemäße Verwendung des Musters übertragen können,[4] es müssen aber auch Beweiserleichterungen insbesondere mit Blick auf die Entstehung eines Schadens gewährt werden, um eine effiziente, verhältnismäßige und abschreckende Sanktion im Sinne von Art. 23 Verbraucherkreditrichtlinie annehmen zu können. **2**

Im Rahmen der Umsetzung der Wohnimmobilienkreditrichtlinie wurde Abs. 1 soll nur redaktionell geändert.[5] Neu angefügt wurden Abs. 2 Satz 3, Abs. 3 Satz 3 und Abs. 4, die Regelung zu Immobiliar-Verbraucherdarlehensverträgen enthalten und sicherstellen, dass Verbraucher die zum Abschluss dieser Verträger notwendigen Informationen dienen. Im Schrifttum war auch eine Erläuterungspflicht entsprechend Art. 5 Abs. 6 Verbraucherkreditrichtlinie angemahnt worden.[6] **3**

Die Wohnimmobilienkreditrichtlinie enthält in Art. 8, 10, 11, 13 bis 16, 20 Abs. 2 und 3 Regelungen zur Information der Verbraucher, die der deutsche Gesetzgeber in § 491a BGB, aber auch in anderen Normen des Verbraucherdarlehensrechts sowie im EGBGB und in der Preisangabenverordnung umgesetzt hat. **4**

II. Vorvertragliche Informationspflicht (Abs. 1)

Die das Herzstück des Verbraucherschutzes bei der Darlehensvergabe darstellenden vorvertraglichen Informationspflichten sind aufgrund der komplexen und technischen Regelung in der Verbraucherkreditrichtlinie zusammen mit den anderen Informationsvorschriften im EGBGB geregelt. Abs. 1 beschränkt sich im Wesentlichen auf den Verweis auf Art. 247 EGBGB, der die im Verbraucherdarlehensrecht enthaltenen Informationspflichten enthält bzw. zur näheren Ausgestaltung seinerseits auf die Preisangabenverordnung verweist. Den Katalog mit vorvertraglichen Informationen enthält Art. 247 § 3 EGBGB, in der Preisangabenverordnung finden sich die noch technischeren Einzelheiten. Der Zeitpunkt der vorvertraglichen Information ergibt sich aus Art. 247 § 1 EGBGB („rechtzeitig"), die Pflicht zur Verwendung von Mustern aus Art. 247 § 2 EGBGB. **5**

In der Verbraucherkreditrichtlinie werden die vorvertraglichen Informationspflichten in Art. 5–7 geregelt, sie werden insbesondere im neuen Art. 247 EGBGB umgesetzt, die **6**

---

[1] Begr. RegE BT-Drs. 16/11643, 78.
[2] Staub/*Renner* Kreditgeschäft (Band 10/2) Rn. 603.
[3] Nobbe/*Müller-Christmann* Rn. 19.
[4] Nobbe/*Müller-Christmann* Rn. 19; *Wittig/Wittig* ZInsO 2009, 633 (637).
[5] Begr. RegE BT-Drs. 18/5922, 79.
[6] *Metz* NJW 2012, 1990, dazu noch Erläuterungen zu Abs. 3, → Rn. 9.

Anforderungen an die Werbung nach Art. 4 der Richtlinie werden insbesondere in der Preisangabenverordnung umgesetzt. Die Preisangabenverordnung wird nach § 491 BGB kommentiert, Art. 247 EGBGB nach § 491a BGB und sowie der Prüfungspflicht der Kreditwürdigkeit, die der deutsche Gesetzgeber für Kreditinstitute in § 18 Abs. 2 KWG umgesetzt hat, vor § 492.

7 Der Verweis in Abs. 1 geht über die amtliche Überschrift des § 491a BGB hinaus, er umfasst neben der vorvertraglichen Informationspflicht die in Art. 247 EGBGB geregelten Informationspflichten insgesamt. Für eine vorvertragliche Information bedarf es nach der Regierungsbegründung eines gewissen Kontaktes, damit die Informationspflichten gelten, das Gesetz will dies mit der Verwendung der Begriffe des Darlehensgebers sowie Darlehensnehmers in Abgrenzung zum Verbraucher/Unternehmer deutlich machen.[7] In der Literatur wird auf die Notwendigkeit eines vorvertraglichen Schuldverhältnisses hingewiesen.[8]

8 Durch die Neufassung des Abs. 1 im Rahmen der Umsetzung der Wohnimmobilienkreditrichtlinie erfolgte keine inhaltliche Änderung.

III. Verlangen des Entwurfs eines Darlehensvertrages (Abs. 2)

9 Der Verbraucher hat einen Anspruch auf Überlassung eines Vertragsentwurfs, sobald der Darlehensgeber zum Vertragsschluss bereit ist, Abs. 2. Dabei enthält Abs. 2 Satz 1 den Grundsatz, dass der Darlehensnehmer vom Darlehensgeber einen Entwurf des Verbraucherdarlehensvertrages verlangen kann. Abs. 2 Satz 2, nach dem dies nicht gilt, solange der Darlehensgeber zum Vertragsschluss nicht bereit ist, wird als Ausnahme formuliert. Es obliegt so gegebenenfalls dem Darlehensgeber die Beweislast für die Behauptung, dass er zu einem bestimmten Zeitpunkt noch nicht abschlussbereit war.

10 Der Anspruch auf Überlassung eines Vertragsentwurfs ist von der vorvertraglichen Information nach Abs. 1 unabhängig, der Verbraucher soll neben der Europäischen Musterinformation (Anlage 4 zu Art. 247 EGBGB) auch einen Vertragsentwurf erhalten können.[9] Der Anspruch erlischt mit dem Wegfall der Bereitschaft zum Vertragsabschluss, spätestens mit dem Abschluss des Verbraucherdarlehensvertrages. Der Darlehensgeber darf nach Ansicht der Literatur kein Entgelt für die Überlassung des Vertragsentwurfs verlangen, da es sich um eine gesetzliche Verpflichtung handelt,[10] explizit sieht Art. 5 Abs. 4 Satz 1 der Richtlinie Unentgeltlichkeit vor.

11 Bei Umsetzung der Wohnimmobilienkreditrichtlinie neu eingefügt wurde **Abs. 2 Satz 3** mit ergänzenden Regelungen **für Immobiliar-Verbraucherdarlehensverträge.** Auch bei Immobiliar-Verbraucherdarlehensverträgen ist der Sache nach ein Vertragsentwurf zu überlassen, das Gesetz spricht hier davon, dass der Darlehensgeber anbieten muss, einen Vertragsentwurf auszuhändigen oder zu übermitteln. Für ein Angebot oder bindenden Vorschlag reicht es aus, dass sich der Darlehensgeber an bestimmte Konditionen, etwa den Zinssatz, für eine bestimmte Zeit bindet.[11] Bei fehlendem Widerrufsrecht wird eine eigenständige Pflicht zur Übergabe eines Angebots vorgesehen, es besteht dann nach § 495 Abs. 3 eine Überlegensfrist von 7 Tagen.[12]

---

[7] Begr. RegE BT-Drs. 16/11643, 78.
[8] Palandt/*Weidenkaff* § 491a Rn. 2; Nobbe/*Müller-Christmann* Rn. 4.
[9] Art. 6 Abs. 6 der RL: zusätzlich.
[10] Kümpel/Mülbert/Früh/Seyfried/*Merz/Wittig* Rn. 5.146 unter Verweis auf *Nobbe* WM 2008, 185; *Habersack* WM 2008, 1857; *Bitter* ZIP 2008, 1095; *Bitter* ZIP 2008, 2155. Die Regierungsbegründung nimmt insoweit eine Klarstellung an, Begr. RegE BT-Drs. 16/11643, 78.
[11] Begr. RegE BT-Drs. 18/5922, 79.
[12] Begr. RegE BT-Drs. 18/5922, 80.

IV. Angemessene Erläuterung (Abs. 3)

Die von Abs. 3 seit 2010 explizit gesetzlich vorgesehene angemessene Erläuterung[13] soll nach der Regierungsbegründung bereits zuvor als Nebenpflicht nach § 241 BGB bestanden haben.[14] Nach § 655a Abs. 2 BGB trifft die Pflicht zur Erläuterung auch Darlehensvermittler. Das Gesetz schreibt für die Erläuterungen keine Form vor, die Erläuterung kann persönlich, aber auch telefonisch, schriftlich oder in Textform erfolgen;[15] empfohlen wird eine bankinterne Dokumentation.[16] Hinsichtlich des Informationsgehaltes legt das Gesetz keinen konkreten Mindestinhalt fest,[17] nach der Regierungsbegründung hat der Darlehensgeber dem Darlehensnehmer den Vertrag und die Vertragsbedingungen verständlich zu machen.[18] Satz 2 konkretisiert die Erläuterungspflicht, die sich auf die gesamte vorvertragliche Information erstreckt, etwa auch auf die Unterrichtung nach Art. 247 § 3 Abs. 1 Nr. 11 EGBGB zum Verzug. Die konkrete Ausformung hat die europarechtlichen Vorgaben zu beachten. 12

Nach Art. 5 Abs. 6 der Richtlinie stellen die Mitgliedstaaten sicher, dass Kreditgeber und gegebenenfalls Kreditvermittler dem Verbraucher angemessene Erläuterungen geben, gegebenenfalls durch Erläuterung der vorvertraglichen Information, der Hauptmerkmale der angebotenen Produkte und der möglichen spezifischen Auswirkungen der Produkte auf den Verbraucher, einschließlich der Konsequenzen des Zahlungsverzugs des Verbrauchers, damit der Verbraucher in die Lage versetzt wird, zu beurteilen, ob der Vertrag seinen Bedürfnissen und seiner finanziellen Situation gerecht wird.[19] Die Mitgliedstaaten können die Art und Weise dieser Unterstützung sowie deren Umfang und die Frage, durch wen sie zu geben ist, den besonderen Umständen der Situation, in der der Kreditvertrag angeboten wird, der Person, der er angeboten wird, und der Art des angebotenen Kredits anpassen.[20] Die Richtlinie geht dabei von einer eigenständigen Entscheidung des Verbrauchers aus, im Schrifttum wird zutreffend ein Zusammenhang mit der Diskussion zur verantwortungsvollen Kreditvergabe gesehen.[21] 13

Auch wenn der Unternehmer jedenfalls bei Zweifeln an der Kreditwürdigkeit eigentlich kein Interesse an der Darlehensvergabe haben sollte, ist es praktisch besonders bedeutsam, ob der Unternehmer darauf hinweisen muss, dass ein Vertrag (mutmaßlich) nicht im wohlverstandenen Interesse des Verbrauchers liegt.[22] Indes läge hierin eine über die bloße Erläuterung hinausgehende Aufklärungspflicht, die jedenfalls traditionell im deutschen Recht nicht angenommen wurde. Nach der Rechtsprechung zum alten Verbraucherdarlehensrecht sowie zum Verbraucherkreditrecht traf den Darlehensgeber keine Pflicht darauf hinzuweisen, dass ein Missverhältnis zwischen seinen finanziellen Verhältnissen und der eingegangenen Darlehensverpflichtung besteht.[23] Dies wurde auch für die Rechtslage nach Umsetzung der Verbraucherkreditrichtlinie angenommen,[24] erscheint mit Blick auf die Entwicklung der Finanzmarktkrise indes nicht unproblematisch.[25] Allerdings dürfte eine 14

---

[13] Dazu *Hoffmann/Bartlitz* WM 2014, 2297, auch zu Rechtsfolgen bei Pflichtverletzungen (§§ 311, 241 Abs. 2, 280 Abs. 1 BGB).
[14] Begr. RegE BT-Drs. 16/11643, 78.
[15] PWW/*Nobbe* Rn. 31: jede dem Darlehensgeber geeignet erscheinende Form.
[16] BankR-HdB/*Münscher* § 81 Rn. 128.
[17] Kümpel/Mülbert/Früh/Seyfried/*Merz/Wittig* Rn. 5.148.
[18] Begr. RegE BT-Drs. 16/11643, 78.
[19] Krit. zur Begrifflichkeit Nobbe/*Müller-Christmann* Rn. 23 f.
[20] Dazu auch der 27. Erwägungsgrund der RL.
[21] BankR-HdB/*Münscher* § 81 Rn. 125.
[22] Explizit eine Beratungspflicht verneinend Begr. RegE BT-Drs. 16/11643, 79.
[23] BGH WM 2003, 1802.
[24] Kümpel/Mülbert/Früh/Seyfried/*Merz/Wittig* Rn. 5.147, insoweit auf die Regierungsbegründung verweisend *Schürnbrand* ZBB 2008, 383 (389).
[25] Darauf zentral abstellend auch *Ady/Paetz* WM 2009, 1061 (1066), dort freilich auch zum mutmaßlichen Schreckgespenst für Bankberater, mit ihren Kreditkunden über die Angemessenheit ihrer Finanzierungswünsche zu diskutieren.

vollständige Überwälzung des Risikos auf den Darlehensgeber auch mit Blick auf die Entwicklung der Prüfung der Kreditwürdigkeit von Verbrauchern bei der Diskussion der Richtlinie[26] nicht in Betracht kommen. Der Darlehensnehmer hätte sonst einen Anreiz, auf Kosten der Kreditwirtschaft zu spekulieren.[27]

15 Der Erläuterungsbedarf bestimmt sich nach der Verständlichkeit der Bestimmungen des Darlehensvertrages für den durchschnittlichen Verbraucher. Höhere Anforderungen greifen bei neuen oder ungewöhnlichen Klauseln, soweit für den Kreditgeber erkennbar, auch aufgrund der Person des Darlehensnehmers.[28] Ein solcher Erläuterungsbedarf besteht bei komplexen Vertragskonstruktionen, etwa einem niedrigen Nominalzinssatz verbunden mit einem hohen Disagio und der Möglichkeit für den Darlehensgeber, den Zinssatz (gegebenenfalls bis zu einer Obergrenze) zu erhöhen.[29] Weitere Erläuterungspflichten bleiben unberührt, bedeutsam ist das wegen der von der Rechtsprechung entwickelten Aufklärungspflichten.[30] Den Angaben des Darlehensnehmers darf der Darlehensgeber vertrauen, er soll auch nicht verpflichtet sein nachzuprüfen, ob der vom Darlehensnehmer verfolgte Zweck für diesen sinnvoll ist.[31] Letzteres gilt freilich nur insoweit, wie die Pflicht zur Prüfung der Kreditwürdigkeit des Darlehensnehmers eingreift. Die Erläuterung hat vor Vertragsschluss zu erfolgen.[32]

16 Neu eingeführt werden wurde mit Abs. 3 Satz 3 eine **Sonderregelung für Immobiliar-Verbraucherdarlehensverträge,** die im Paket mit Finanzprodukten oder -dienstleistungen angeboten werden. Hier sind Kündigungsmodalitäten anzugeben. Dem Darlehensnehmer ist zu erläutern, ob sie gesondert gekündigt werden können und welche Folgen die Kündigung hat.

17 Aus der Pflicht zur Erläuterung des Vertragsangebots folgt keine verpflichtende Aufklärung über ein besser geeignetes Alternativprodukt.[33] Beratungsdienstleistungen für Immobiliar-Verbraucherdarlehen sind in § 511 geregelt. Daneben in Betracht kommt allerdings ein konkludent abgeschlossener Beratungsvertrag.

V. Sonderregelung für Immobiliar-Verbraucherdarlehensverträge (Abs. 4)

18 Nach dem neuen Abs. 4 Satz 1 sollen einheitliche Mindeststandards für Immobiliarförderkredite (insbesondere KfW-Förderkredite)[34] gelten. Satz 2 sieht eine gesetzliche Fiktion bei Verwenden des Musters vor, dies ist nach dem Regierungsentwurf mit der Wohnraumimmobilienkreditrichtlinie vereinbar.[35]

VI. Aufklärungspflichten

19 Aufklärungspflichten sind zutreffend wie die in den §§ 491 ff. BGB sowie Art. 247 EGBGB geregelten Informationspflichten als Ausfluss der Berufspflichten,[36] des Auftretens am Markt, anzusehen. Mangels expliziter gesetzlicher Regelung kommt der Rechtsprechung des Bundesgerichtshofes besondere Bedeutung zu, die gesetzliche Regelung der Ansprüche aus Falschberatung betrifft Anlegeransprüche,[37] nicht Ansprüche von Darlehens-

[26] *Danco* WM 2003, 853 (856 ff.).
[27] Näher zu einem konkludent geschlossenen Beratungsvertrag § 505d Rn. 42 ff.
[28] Nobbe/*Müller-Christmann* Rn. 26.
[29] *Hofmann* BKR 2010, 232 (235 f.).
[30] Begr. RegE BT-Drs. 16/11643, 79, darauf verweisend BankR-HdB/*Münscher* § 81 Rn. 129.
[31] Nobbe/*Müller-Christmann* Rn. 27.
[32] Nobbe/*Müller-Christmann* Rn. 28.
[33] Dazu *Buck-Heeb* BKR 2015, 179 (185).
[34] Begr. RegE BT-Drs. 18/5922, 80.
[35] Begr. RegE BT-Drs. 18/5922, 81.
[36] Zu den Berufspflichten *Hopt* AcP 183 (1983) 608.
[37] Dazu *Strohmeyer* ZBB 2009, 197.

nehmern. Über die Prüfung der Kreditwürdigkeit (dazu die Kommentierung zu §§ 505a-505e) hinausgehende Aufklärungspflichten können allerdings nur im Einzelfall das finanzierte Geschäft zum Gegenstand haben. Die kreditgebende Bank muss den Darlehensnehmer grundsätzlich nicht auf eine Überteuerung der zu finanzierenden Kaufsache, etwa einer Eigentumswohnung, hinweisen.

Besonderheiten bestehen bei einem institutionellen Zusammenwirken mit dem Vertragspartner des Verbrauchers, dessen (Kaufpreis-)Forderung durch den Verbraucherdarlehensvertrag finanziert werden soll.[38] Ein institutionelles Zusammenwirken setzt eine ständige Geschäftsbeziehung voraus, eine lediglich allgemeine Finanzierungszusage reicht nicht aus.[39] Aufklärungspflichten des Darlehensgebers können bei Sittenwidrigkeit der Kaufpreisvereinbarung sowie bei einer erkannten arglistigen Täuschung eingreifen. Es besteht bei einem institutionellen Zusammenwirken und evidenter Unrichtigkeit der Angaben des Verkäufers die Vermutung der Kenntnis des Darlehensgebers von der arglistigen Täuschung.[40] Auf die Kenntnis eines Vertreters des Darlehensnehmers kann sich das Kreditinstitut nicht berufen, wenn es damit rechnen muss, dass der Vertreter sein Wissen von der arglistigen Täuschung dem Vertretenen vorenthalten werde.[41] Die Frage, ob die Bank die Unrichtigkeit der Angaben erkennen konnte, stellt sich erst im Rahmen der Widerlegung der Vermutung,[42] allerdings besteht auch bei institutionalisiertem Zusammenwirken keine Vermutung der Kenntnis von sittenwidriger Überteuerung.[43] Erkennbarkeit steht positiver Kenntnis ausnahmsweise gleich, wenn sie sich dem zuständigen Bankmitarbeiter aufdrängen musste.[44] Im Einzelfall kann auch bei einem Interessenkonflikt der finanzierenden Bank eine Aufklärungspflicht bestehen.[45] 20

Will der Darlehensnehmer eine Lebensversicherung zur Tilgung eines Darlehens einsetzen, greift nicht ohne weiteres eine Aufklärungspflicht ein. Das ist aber jedenfalls der Fall, wenn der Darlehensgeber statt einem vom Verbraucher gewünschten marktüblichen Ratenkredit eine Tilgung mit einem separat abzuschließenden Lebensversicherungsvertrag vorschlägt.[46] Diskutiert wird auch eine Aufklärungspflicht über kick-backs bei Restschuldversicherungen.[47] Das Risiko der Unterdeckung bei Abschluss einer Kapitallebensversicherung zur Tilgung eines endfälligen Darlehens trägt der Darlehensnehmer.[48] Bei der Ausgestaltung des Schadensersatzanspruches ist zu beachten, dass der Verbraucher nach allgemeinen Regeln das Darlehen nach Erhalt nicht nur zurückzuzahlen hat, sondern auch die Gebrauchsüberlassung vergüten muss. 21

Verletzt der Darlehensgeber eine ihm obliegende Aufklärungspflicht, so ist der Darlehensnehmer nach der Rechtsprechung des Bundesgerichtshofes so zu stellen, wie er stünde, wenn er sich aufklärungsgerecht verhalten hätte und das Darlehen nicht in Anspruch genommen hätte.[49] Bei einem darlehensfinanzierten notariell abgeschlossenen Grundstückskaufvertrag kann die Erstattung des Kaufpreises Zug um Zug gegen Übereignung der Immobilie verlangt werden.[50] 22

Praktisch liegt so in der Annahme einer Aufklärungspflicht eine schärfere Sanktion als in der Unwirksamkeit des Darlehensvertrages, nach Rechtsprechung des Bundesgerichtshofs 23

---

[38] Ausführlich dazu *Stöhr* Haftung der Banken wegen fehlgeschlagener Immobilienfinanzierung, 2009, 212 ff.
[39] BGH WM 2007, 1257 Rn. 40 (1260) = NJW 2007, 2404.
[40] BGHZ 169, 109 (115) = NJW 2007, 357; 168, 1 (22 ff.) = NJW 2006, 2099; BGH WM 2007, 114 (115) = NJW-RR 2007, 257.
[41] BGH WM 2011, 2088 (2090).
[42] BGH WM 2010, 2069 = NJW-RR 2011, 124.
[43] BGH WM 2008, 154 = NJW 2008, 640.
[44] BGH WM 2008, 1121.
[45] BGH WM 2011, 876 (877 ff.) = NJW-RR 2011, 1064.
[46] OLG Nürnberg WM 2007, 1787.
[47] *Geßner* VuR 2009, 243.
[48] BGH WM 2008, 121 (122).
[49] BGHZ 168, 1 (26) = NJW 2008, 2099.
[50] BGH WM 2009, 540 (542) = NJW-RR 2009, 603.

kommt im Rahmen einer bereicherungsrechtlichen Rückabwicklung kein Rückgriff auf eine Entreicherung nach § 818 Abs. 3 in Betracht,[51] angenommen wird sogar, dass für die Dauer der Darlehensüberlassung grundsätzlich der Vertragszins zu zahlen sei.[52]

Nach § 491a BGB

EGBGB

Art. 247 EGBGB Informationspflichten bei Verbraucherdarlehensverträgen, entgeltlichen Finanzierungshilfen und Darlehensvermittlungsverträgen

1 Über das Verbraucherdarlehensrecht der §§ 491 ff. BGB hinausgehend erfolgt die Regelung von bürgerlich-rechtlichen Informationspflichten im EGBGB.[1] Im Bürgerlichen Gesetzbuch bei Umsetzung der revidierten Verbraucherkreditrichtlinie verblieben und teilweise auch neu geregelt wurde das „Ob" der (vor)vertraglichen Information. Der Inhalt der (vor)vertraglichen Information bei Verbraucherdarlehen findet sich in Art. 247 EGBGB sowie in der Preisangabenverordnung. Vor der teilweisen Auslagerung der Informationspflichten aus dem Bürgerlichen Gesetzbuch war das Verbraucherdarlehensrecht eine der wenigen Materien, für die das BGB überhaupt spezielle Informationspflichten vorsah. Seit der Umsetzung der revidierten Verbraucherkreditrichtlinie findet sich eine Konzentration der verbraucherdarlehensrechtlichen Informationspflichten in Art. 247 EGBGB, die bei Umsetzung der Wohnimmobilienkreditrichtlinie um spezifische Regeln für Immobiliar-Verbraucherdarlehensverträge (zuvor: Immobiliardarlehen) ergänzt wurden.

2 Die Regelung der Information beim Verbraucherdarlehen in Art. 247 EGBGB erfolgt in 187 Paragraphen, ferner in den relevanten Anlagen zum EGBGB (Anlagen 4 bis 8) sowie in der Preisangabenverordnung, die zur Definition der Grundbegriffe des effektiven Jahreszinses sowie der Gesamtkosten von Art. 247 § 3 Abs. 2 Satz 3 EGBGB in Bezug genommen wird. Die Regelung verbraucherdarlehensrechtlicher Schlüsselbegriffe wie der Gesamtkosten sowie des effektiven Jahreszinses in der Preisangabenverordnung überrascht, hier ist sogar die Anlage relevant. Wichtigste Normen in Art. 247 EGBGB für Allgemein-Verbraucherdarlehensverträge sind die §§ 2, 3, 6:[2] § 1 legt die formellen Voraussetzungen der Unterrichtung fest (Textform und rechtzeitig), § 3 listet die vorvertraglichen Informationspflichten auf und enthält die Erläuterungen der wesentlichen Begriffe, § 6 legt fest, welche Regelungen im Vertrag enthalten sein müssen. Für Immobiliar-Verbraucherdarlehensverträge relevant sind insbesondere die §§ 1, 6 Abs. 1 S. 2 sieht die Anwendbarkeit auch von § 3 vor und modifiziert diesen.

3 Nicht für alle Verträge relevante Angaben und die Ausnahmen finden sich in §§ 4 und 5 sowie 7 bis 13b. Nach dem 23. Erwägungsgrund der Verbraucherkreditrichtlinie ist es zweckmäßig, die Anforderungen der Verbraucherkreditrichtlinie in Bezug auf die vorvertragliche Information unter Berücksichtigung des besonderen Charakters dieser Verträge so einzuschränken, dass die Verbraucher zwar angemessen geschützt, der Kreditgeber oder gegebenenfalls die Kreditvermittler aber nicht unverhältnismäßig belastet werden.

---

[51] BGHZ 83, 293 (295 ff.), dazu noch → Vor § 492, § 18 Abs. 2 KWG Rn. 9.
[52] Kümpel/Müllbert/Früh/Seyfried/*Merz/Wittig* Rn. 5.157.
[1] → BGB Vor § 491 Rn. 13, 17.
[2] Begr. RegE BT-Drs. 16/11643, 121.

Ausnahmen vom Grundsatz der nach § 3 erforderlichen vorvertraglichen, teilweise aber auch der nach § 6 erforderlichen Angaben im Vertrag selbst, gelten bei besonderen Vertragstypen wie Immobiliardarlehen, Art. 247 §§ 9 ff. EGBGB. 4

§ 1 *Vorvertragliche Informationen bei Immobiliar-Verbraucherdarlehensverträgen*

(1) ***[1]Bei einem Immobiliar-Verbraucherdarlehensvertrag muss der Darlehensgeber dem Darlehensnehmer mitteilen, welche Informationen und Nachweise er innerhalb welchen Zeitraums von ihm benötigt, um eine ordnungsgemäße Kreditwürdigkeitsprüfung durchführen zu können. [2]Er hat den Darlehensnehmer darauf hinzuweisen, dass eine Kreditwürdigkeitsprüfung für den Abschluss des Darlehensvertrags zwingend ist und nur durchgeführt werden kann, wenn die hierfür benötigten Informationen und Nachweise richtig sind und vollständig beigebracht werden.***

(2) [1]Der Darlehensgeber muss dem Darlehensnehmer die vorvertraglichen Informationen in Textform übermitteln, und zwar unverzüglich nachdem er die Angaben gemäß Absatz 1 erhalten hat und rechtzeitig vor Abgabe der Vertragserklärung des Darlehensnehmers. [2]Dafür muss der Darlehensgeber das entsprechend ausgefüllte Europäische Standardisierte Merkblatt gemäß dem Muster in Anlage 6 (ESIS-Merkblatt) verwenden. [3]Der Darlehensgeber hat das ESIS-Merkblatt auch jedem Vertragsangebot und jedem Vertragsvorschlag, an dessen Bedingungen er sich bindet, beizufügen. [4]Dies gilt nicht, wenn der Darlehensnehmer bereits ein Merkblatt erhalten hat, das über die speziellen Bedingungen des Vertragsangebots oder Vertragsvorschlags informiert. [5]Jeder bindende Vertragsvorschlag ist dem Darlehensnehmer in Textform zur Verfügung zu stellen. [6]Ist der Darlehensvertrag zugleich ein außerhalb von Geschäftsräumen geschlossener Vertrag oder ein Fernabsatzvertrag, gelten mit der Übermittlung des ESIS-Merkblatts auch die Anforderungen des § 312d Absatz 2 des Bürgerlichen Gesetzbuchs als erfüllt.

(3) [1]Weitere vorvertragliche Informationen sind, soweit nichts anderes bestimmt ist, in einem gesonderten Dokument zu erteilen, das dem ESIS-Merkblatt beigefügt werden kann. [2]Die weiteren vorvertraglichen Informationen müssen auch einen deutlich gestalteten Hinweis darauf enthalten, dass der Darlehensgeber Forderungen aus dem Darlehensvertrag ohne Zustimmung des Darlehensnehmers abtreten und das Vertragsverhältnis auf einen Dritten übertragen darf, soweit nicht die Abtretung im Vertrag ausgeschlossen wird oder der Darlehensnehmer der Übertragung zustimmen muss.

(4) Wenn der Darlehensgeber entscheidet, den Darlehensvertrag nicht abzuschließen, muss er dies dem Darlehensnehmer unverzüglich mitteilen.

§ 1 wurde neu mit Immobiliar-Verbraucherdarlehen besetzt, Vorschriften zur vorvertraglichen Information bei Immobiliardarlehensverträgen fanden sich zuvor in § 9. Die Neuregelung dient der Umsetzung der Wohnimmobilienkreditrichtlinie. Sie trägt insbesondere der Notwendigkeit einer Kreditwürdigkeitsprüfung Rechnung (Abs. 1). Die vorvertragliche Information ist nach Abs. 2 Satz 1 in Textform zu übermitteln, dabei ist das Europäische Standardisierte Merkblatt (ESIS-Merkblatt, Anlage 6) zu verwenden, Abs. 2 S. 2. Weitere vorvertragliche Information ist in einem gesonderten Dokument zu erteilen, Abs. 3. Der Darlehensgeber muss dem Darlehensnehmer unverzüglich mitteilen, wenn er sich entscheidet, den Darlehensvertrag nicht abzuschließen (Abs. 4). 1

Der Inhalt der vorvertraglichen Information sowie der Angaben im Immobiliardarlehensvertrag selbst richtet sich gemäß § 6 Abs. 1 S. 2 nach § 3 Abs. 1 Nr. 1–7, 10 und 13 sowie nach § 3 Abs. 4 und nach § 8. Nach § 3 Abs. 1 Nr. 1–7 sind Name und Anschrift des Darlehensgebers, Art des Darlehens, effektiver Jahreszins, Nettodarlehensbetrag, Sollzinssatz, Vertragslaufzeit, Betrag sowie Zahl und Fälligkeit der einzelnen Teilleistungen anzugeben, nach § 3 Abs. 1 Nr. 10 und 13 weiter alle sonstigen Kosten mit Angabe zur Anpassung sowie das Bestehen oder Nichtbestehen eines Widerrufsrechts. Weiter bedarf es nach § 3 Abs. 4 zum Sollzinssatz gegebenenfalls weiterer Angaben zur Anpassung, stets bedarf es Angaben zum Zeitraum der Anwendung des Sollzinssatzes. Werden Zusatzleistungen vereinbart oder sollen Zusatzleistungen vereinbart werden, so muss der Darlehensgeber nach 2

§ 8 Informationen über diese Zusatzleistungen geben. Die Regierungsbegründung selbst spricht von einer Information über die Schnittmenge.[1*]

§ 2 *Form, Zeitpunkt und Muster der vorvertraglichen Informationen bei Allgemein-Verbraucherdarlehensverträgen*

(1) [1] Bei einem Allgemein-Verbraucherdarlehensvertrag muss der Darlehensgeber den Darlehensnehmer über die Einzelheiten nach den §§ 3 bis 5 und 8 bis 13 unterrichten, und zwar rechtzeitig vor Abgabe der Vertragserklärung des Darlehensnehmers. [2] Die Unterrichtung erfolgt in Textform.

(2) Für die Unterrichtung nach Absatz 1 ist vorbehaltlich des Absatzes 3 die Europäische Standardinformation für Verbraucherkredite gemäß dem Muster in Anlage 4 zu verwenden.

(3) [1] Soll ein Allgemein-Verbraucherdarlehensvertrag gemäß § 495 Absatz 2 Nummer 1 oder § 504 Absatz 2 des Bürgerlichen Gesetzbuchs abgeschlossen werden, kann der Darlehensgeber zur Unterrichtung die Europäische Verbraucherkreditinformation gemäß dem Muster in Anlage 5 verwenden. [2] Verwendet der Darlehensgeber das Muster nicht, hat er bei der Unterrichtung alle nach den §§ 3 bis 5 und 8 bis 13 erforderlichen Angaben gleichartig zu gestalten und hervorzuheben.

(4) [1] Die Verpflichtung zur Unterrichtung nach § 491a Abs. 1 des Bürgerlichen Gesetzbuchs gilt als erfüllt, wenn der Darlehensgeber dem Darlehensnehmer das ordnungsgemäß ausgefüllte Muster in Textform übermittelt hat. [2] Ist der Darlehensvertrag zugleich ein Fernabsatzvertrag oder ein außerhalb von Geschäftsräumen geschlossener Vertrag, gelten mit der Übermittlung des entsprechenden ausgefüllten Musters auch die Anforderungen des § 312d Absatz 2 des Bürgerlichen Gesetzbuchs als erfüllt. [3] Die in diesem Absatz genannten Verpflichtungen gelten bis 31. Dezember 2010 auch bei Übermittlung des Musters in den Anlagen 4 und 5 in der Fassung des Gesetzes zur Umsetzung der Verbraucherkreditrichtlinie, des zivilrechtlichen Teils der Zahlungsdiensterichtlinie sowie zur Neuordnung der Vorschriften über das Widerrufs- und Rückgaberecht vom 29. Juli 2009 (BGBl. I S. 2355) als erfüllt.

1 § 2 hat bei Umsetzung der Wohnimmobilienkreditrichtlinie eine neue Struktur erhalten, die bislang in § 1 enthaltenen Angaben finden sich nun in § 2 Abs. 1. Zweck der vorvertraglichen Information ist es, dem Verbraucher die Informationen zur Verfügung zu stellen, die er benötigt, um verschiedene Angebote zu vergleichen und eine fundierte Entscheidung darüber zu treffen, ob er einen Kreditvertrag abschließen will. Dieser Unterrichtungszweck nach Art. 5 Abs. 1, 6 Abs. 1 Verbraucherkreditrichtlinie ist in § 1 nicht wiedergegeben.[1] Vorgesehen wird nur, dass die Unterrichtung nach § 491a Abs. 1 BGB rechtzeitig vor dem Abschluss eines Verbrauchervertrages, in Textform und mit den weiteren sich aus Art. 247 EGBGB ergebenden Einzelhalten zu erfolgen hat. Die Textform ist in § 126b S. 2 BGB geregelt, auf die in Bezug genommenen Normen wird verwiesen. Nach dem OLG Naumburg reicht eine im Internet veröffentlichte Widerrufserklärung für die Wahrung der Textform nicht aus, auch wenn diese gespeichert und reproduziert werden kann.[2]

2 Rechtzeitig ist die Information nach der Regierungsbegründung, wenn der Darlehensnehmer die Information vor Vertragsschluss auch in Abwesenheit des Darlehensgebers eingehend zur Kenntnis nehmen kann.[3] Die Information muss nicht beim ersten Kontakt gegeben werden.[4] Auch soll die Pflicht zur rechtzeitigen Information einem Vertragsabschluss am Tag der Übergabe der vorvertraglichen Information nicht entgegenstehen, es muss der Darlehensgeber dann aber die Möglichkeit haben, die Informationen räumlich getrennt vom Darlehensgeber zu prüfen.[5] Ferner ist nach der Regierungsbegründung ein

[1*] Begr. RegE BT-Drs. 16/11643, 130.
[1] Begr. RegE BT-Drs. 16/11643, 121.
[2] OLG Naumburg WM 2008, 326, zu ebay-Angeboten auch BGH WM 2010, 2126 = NJW 2010, 3566.
[3] Begr. RegE BT-Drs. 16/11643, 121 unter Verweis auf den 19. Erwägungsgrund der RL.
[4] *Kulke* VuR 2009, 373 (380) spricht von einer Mitwirkungspflicht des Darlehensnehmers.
[5] Begr. RegE BT-Drs. 16/11643, 122.

Vertragsschluss unmittelbar nach Erteilung der vorvertraglichen Information möglich.[6] Eine Verpflichtung zur Dokumentation soll nicht bestehen, es wird eine solche aber empfohlen.[7]

Eine allgemein gültige Mindestbedenkzeit kann dem Gesetz so nicht entnommen werden.[8] Auch zur richtlinienkonformen Auslegung muss aber auf die Wahrung der Informationsfunktion geachtet werden. Soll dem Verbraucher ein risikoorientierter Darlehensvertrag offeriert werden, der die individuelle Ausfallwahrscheinlichkeit berücksichtigt,[9] so kann die vorvertragliche Information erst nach Abschluss der Prüfung der Kreditwürdigkeit des Verbrauchers gegeben werden. **3**

Den Unternehmern und insbesondere der Kreditwirtschaft wird die Erfüllung der (vorvertraglichen) Informationspflichten durch weitgehend von der Richtlinie vorgegebene Muster erleichtert. Das Umsetzungsgesetz sah Muster zunächst in Anlage 3 bis 5 Einführungsgesetz zum Bürgerlichen Gesetzbuche vor, seit dem Änderungsgesetz vom 24.7.2010[10] ist die Anlage 6 (nach Umsetzung der Verbraucherrechterichtlinie und Neufassung des Widerrufsrechts Anlage 7) hinzugekommen, die das Muster für die Widerrufsinformation für Verbraucherdarlehensverträge enthält. § 2 verweist grundsätzlich auf das Muster in Anlage 4 (Abs. 2), die Europäische Standardinformation. Diese enthält für Fernabsatzverträge unter 5. zusätzliche Informationen.[11] Für Rückzahlungsvereinbarungen nach § 495 Abs. 3 Nr. 1 BGB und Überziehungsmöglichkeiten nach § 504 Abs. 2 BGB ist die Verwendung von Anlage 5 zu empfehlen (Abs. 2 Satz 1), sonst muss der Vertrag selbst alle notwendigen Merkmale enthalten (Abs. 2 Satz 2), die Vorschrift gilt nur für Verbraucherdarlehensverträge im Sinne von § 491 BGB.[12] **4**

Nach Abs. 4 Satz 1 gilt die Pflicht zur Unterrichtung nach § 491a BGB als erfüllt, wenn der Darlehensgeber das entsprechende Muster in Textform übermittelt.[13] Das Muster muss ausgefüllt sein, damit es den materiellen Informationsgehalt der §§ 3 ff. enthält und die Fiktion nach Abs. 4 greifen kann.[14] Abs. 4 Satz 2 erweitert die Fiktion auf das Fernabsatzrecht.[15] **5**

§ 3 *Inhalt der vorvertraglichen Information bei Allgemein-Verbraucherdarlehensverträgen*

(1) Die Unterrichtung vor Vertragsschluss muss folgende Informationen enthalten:

1. den Namen und die Anschrift des Darlehensgebers,
2. die Art des Darlehens,
3. den effektiven Jahreszins,
4. den Nettodarlehensbetrag,
5. den Sollzinssatz,
6. die Vertragslaufzeit,
7. Betrag, Zahl und Fälligkeit der einzelnen Teilzahlungen,
8. den Gesamtbetrag,
9. die Auszahlungsbedingungen,
10. alle sonstigen Kosten, insbesondere in Zusammenhang mit der Auszahlung oder der Verwendung eines Zahlungsinstruments, mit dem sowohl Zahlungsvorgänge als auch Abhebungen

---

[6] Begr. RegE BT-Drs. 16/11643, 122.
[7] Kümpel/Mülbert/Früh/Seyfried/*Merz/Wittig* Rn. 5.76.
[8] Nobbe/*Müller-Christmann* Rn. 18; Wittig/*Wittig* ZInsO 2009, 633 (636): keine Cooling Off-Periode.
[9] Zu Scoring und risikoorientiertem Pricing *Bäumler/Gutsche* VuR 2008, 81.
[10] BGBl. I 2010, 977.
[11] Dazu auch BankR-HdB/*Münscher* § 81 Rn. 124.
[12] Begr. RegE BT-Drs. 16/11643, 122.
[13] Noch allein auf die Anlagen 3 bis 5 verweisend Begr. RegE BT-Drs. 16/11643, 122, nunmehr ist auch die Anlage 6 zu beachten und ggf. zu verwenden.
[14] Begr. RegE BT-Drs. 16/11643, 123.
[15] Begr. RegE BT-Drs. 16/11643, 123.

gétätigt werden können, sowie die Bedingungen, unter denen die Kosten angepasst werden können,
11. den Verzugszinssatz und die Art und Weise seiner etwaigen Anpassung sowie gegebenenfalls anfallende Verzugskosten,
12. einen Warnhinweis zu den Folgen ausbleibender Zahlungen,
13. das Bestehen oder Nichtbestehen eines Widerrufsrechts,
14. das Recht des Darlehensnehmers, das Darlehen vorzeitig zurückzuzahlen,
15. die sich aus § 491a Abs. 2 des Bürgerlichen Gesetzbuchs ergebenden Rechte,
16. die sich aus § 29 Abs. 7 des Bundesdatenschutzgesetzes ergebenden Rechte.

(2) [1] Gesamtbetrag ist die Summe aus Nettodarlehensbetrag und Gesamtkosten. Nettodarlehensbetrag ist der Höchstbetrag, auf den der Darlehensnehmer aufgrund des Darlehensvertrags Anspruch hat. [2] Die Gesamtkosten und der effektive Jahreszins sind nach § 6 der Preisangabenverordnung zu berechnen.

(3) [1] Der Gesamtbetrag und der effektive Jahreszins sind anhand eines repräsentativen Beispiels zu erläutern. [2] Dabei sind sämtliche in die Berechnung des effektiven Jahreszinses einfließenden Annahmen anzugeben und die vom Darlehensnehmer genannten Wünsche zu einzelnen Vertragsbedingungen zu berücksichtigen. [3] Der Darlehensgeber hat darauf hinzuweisen, dass sich der effektive Jahreszins unter Umständen erhöht, wenn der Verbraucherdarlehensvertrag mehrere Auszahlungsmöglichkeiten mit unterschiedlichen Kosten oder Sollzinssätzen vorsieht und die Berechnung des effektiven Jahreszinses auf der Vermutung beruht, dass die für die Art des Darlehens übliche Auszahlungsmöglichkeit vereinbart werde.

(4) [1] Die Angabe zum Sollzinssatz muss die Bedingungen und den Zeitraum für seine Anwendung sowie die Art und Weise seiner Anpassung enthalten. Ist der Sollzinssatz von einem Index oder Referenzzinssatz abhängig, sind diese anzugeben. [2] Sieht der Verbraucherdarlehensvertrag mehrere Sollzinssätze vor, sind die Angaben für alle Sollzinssätze zu erteilen. [3] Sind im Fall des Satzes 3 Teilzahlungen vorgesehen, ist anzugeben, in welcher Reihenfolge die ausstehenden Forderungen des Darlehensgebers, für die unterschiedliche Sollzinssätze gelten, durch die Teilzahlungen getilgt werden.

Übersicht

I. Grundlagen

1 § 3 stellt für Allgemein-Verbraucherdarlehensverträge zusammen mit § 6 den Kern der verbraucherdarlehensrechtlichen Informationsregeln in Art. 247 EGBGB dar. Die in Abs. 1 genannten Informationspflichten werden von § 6 Abs. 1 Nr. 1 ganz überwiegend (Nr. 1–14) in Bezug genommen und haben damit auch für den Inhalt des Verbraucherdarlehensvertrags selbst Bedeutung. Außer der Ergänzung des Allgemein-Verbraucherdarlehensvertrags in der Überschrift wurden im Rahmen der Umsetzung der Wohnimmobilienkreditrichtlinie keine Änderungen vorgenommen.

II. Informationen (Abs. 1)

Die Unterrichtung vor Vertragsschluss hat nach Abs. 1 nicht weniger als sechzehn Informationen zu enthalten. Anzugeben ist nach **Nr. 1 Name und Anschrift des Darlehensgebers.** Der Name ergibt sich aus § 12 BGB.[1] An die Anschrift muss dem Darlehensgeber nach der Regierungsbegründung auch Schriftverkehr zugestellt werden können, erforderlich sei deshalb die Postanschrift, eine Internetanschrift genüge nicht.[2] Zur BGB-InfoV wurde eine Postfachanschrift für ausreichend gehalten.[3] Nach **Nr. 2** ist die **Art des Darlehens** anzugeben. Die Regierungsbegründung verweist auf Art. 5 Abs. 1 Buchstabe a sowie Art. 6 Abs. 1 S. 2 Buchstabe b der Richtlinie sowie das Europäische Standardisierte Merkblatt.[4] Hingewiesen wird auf die Unterscheidung von Darlehensverträgen und anderen Finanzierungsformen wie Leasing, ferner besondere Formen wie die §§ 503–505.[5] Weiter soll etwa anzugeben sein, ob der Darlehensvertrag befristet oder unbefristet ist.[6] 2

Besondere Bedeutung hat die Angabe des **effektiven Jahreszinses** nach **Nr. 3.** Der effektive Jahreszins ist gemäß Abs. 2 S. 3 nach § 6 Preisangabenverordnung zu berechnen und nach Abs. 3 anhand eines repräsentativen Beispiels zu erläutern. Die Aufspaltung der Vorgabe in Art. 5 Abs. 1 S. 4 Buchstabe g der Richtlinie entspricht der Gliederung im Muster. Der effektive Jahreszins ist nach der Anlage zur Preisangabenverordnung mit zwei Dezimalstellen anzugeben.[7] In die Berechnung sind neben den Zinsen alle Kosten einzubeziehen, die dem Darlehensgeber bekannt sind, auch Vermittlungskosten. Jedenfalls nach alter Rechtslage nicht einbezogen wurden die Kosten für eine Lebensversicherung, wenn das Darlehen mit dieser getilgt werden soll.[8] 3

Der nach **Nr. 4** anzugebende **Nettodarlehensbetrag** wird in Abs. 2 definiert. Die Vorgabe aus Art. 5 Abs. 1 Buchstabe c der Richtlinie wurde entsprechend den Mustern in Nr. 4 und Nr. 9 (Auszahlungsbedingungen) aufgeteilt.[9] Der nach **Nr. 5** anzugebende **Sollzinssatz** wird durch Informationspflichten nach Abs. 4 konkretisiert. Die Definition des Sollzinssatzes findet sich in § 489 Abs. 5 BGB. Nach § 489 Abs. 5 S. 1 BGB ist der Sollzinssatz der gebundene oder veränderliche periodische Prozentsatz, der pro Jahr auf das in Anspruch genommene Darlehen angewendet wird. Die nach **Nr. 6** anzugebende **Vertragslaufzeit** meint die Zeit vom Vertragsschluss bis zur vollständigen Rückführung des Darlehens. Möglich ist die Nennung eines konkreten Datums oder einer Vertragslaufzeit in Jahren oder Monaten.[10] Unbefristete Verträge sind als unbefristet zu bezeichnen,[11] für zulässig gehalten wird auch die Formulierung einer Kreditvergabe „bis auf weiteres".[12] 4

Weiter sieht **Nr. 7** die **Angabe von Betrag, Zahl und Fälligkeit der einzelnen Teilzahlungen** vor, dies unter Rückgriff auf den Wortlaut des vormaligen § 502 Abs. 1 Nr. 3 BGB. Für die Angabe der Fälligkeit reicht es aus, dass sie auf einen nach dem Kalender bestimmbaren Zeitpunkt bezogen wird.[13] Die Richtlinie spricht in Art. 5 Abs. 1 Unterabsatz 2 Buchstabe h von „Periodizität", die Regierungsbegründung geht davon aus, 5

---

[1] Begr. RegE BT-Drs. 16/11643, 123.
[2] Begr. RegE BT-Drs. 16/11643, 123.
[3] LG Kassel WM 2007, 499.
[4] Begr. RegE BT-Drs. 16/11643, 123.
[5] Begr. RegE BT-Drs. 16/11643, 123.
[6] BankR-HdB/*Münscher* § 81 Rn. 88.
[7] Anm. d).
[8] BGHZ 162, 20 = NJW 2005, 985. So für das neue Recht auch BankR-HdB/*Münscher* § 81 Rn. 93. Ratsam erscheint eine alternative Angabe, dazu bereits → Vor § 491a PreisAngV § 6 Rn. 2.
[9] Begr. RegE BT-Drs. 16/11643, 124.
[10] Kümpel/Mülbert/Früh/Seyfried/*Merz/Wittig* Rn. 5.96.
[11] Begr. RegE BT-Drs. 16/11643, 124.
[12] BankR-HdB/*Münscher* § 81 Rn. 100.
[13] Begr. RegE BT-Drs. 16/11643, 124.

dem zu entsprechen.[14] Nach **Nr. 8** ist der **Gesamtbetrag** anzugeben, der in Abs. 2 S. 1 als die Summe aus dem Nettodarlehensbetrag und den Gesamtkosten definiert wird. Der Gesamtbetrag ist nach Abs. 3 durch ein repräsentatives Beispiel zu erläutern. Zum Gesamtbetrag zählen auch die Kosten für eine Versicherung, Bausparkasse oder an einen sonstigen Partner eines Ansparvertrags (etwa für Investmentfondsanteile), wenn von vornherein feststeht, dass die Zahlungen zumindest teilweise zur Rückzahlung des Kredits verwandt werden sollen.[15] Steht wegen der ungewissen Entwicklung etwa einer Fondsbeteiligung der Gesamtbetrag nicht sicher fest, so ist die Angabe auf Grundlage der Anfangskonditionen zu erbringen.[16] Dies gilt auch bei endfälligen Darlehen, bei denen die Tilgung ausgesetzt ist und die mit einer Lebens- oder Bausparversicherung ganz oder teilweise getilgt werden sollen.[17]

6 Die nach **Nr. 9** zu nennenden **Auszahlungsbedingungen** legen die Bedingungen für die Inanspruchnahme des Darlehens fest, in der Praxis etwa in Form einer Bestellung von Sicherheiten, eines Gehaltsnachweises etc. Als ausreichend angesehen wird der Hinweis, dass die Inanspruchnahme des Darlehens an bestimmte Bedingungen geknüpft ist und dass diese im Darlehensvertrag festgelegt sind.[18] In Art. 6 der Richtlinie sowie bei grundpfandrechtlich gesicherten Verträgen ist diese Angabe entbehrlich.[19] Angegeben werden soll auch, ob das Darlehen an den Darlehensnehmer oder einen Dritten ausgezahlt wird.[20]

7 Als nach **Nr. 10** anzugebende weitere, **„sonstige" Kosten** nennt das im Gesetz die Kosten für ein Zahlungsauthentifizierungsinstrument. Gesetzlich definiert werden Zahlungsauthentifizierungsinstrumente in § 1 Abs. 5 ZAG, es handelt sich um personalisierte Instrumente oder Verfahren, die zwischen dem Zahlungsdienstnutzer und dem Zahlungsdienstleister für die Erteilung von Zahlungsaufträgen vereinbart und vom Zahlungsdienstnutzer eingesetzt werden, um einen Zahlungsauftrag zu erteilen. Als weitere Kosten im Zusammenhang mit einem Verzug zu nennen sind auch Vertragsstrafen,[21] Hinweise gibt auch § 6 Preisangabenverordnung. Für variable Kosten bedarf es der Angabe der Bedingungen für eine Anpassung. Bei Einmalkosten ist keine Regelung zur Anpassung der Kosten erforderlich. Weitere Kosten in einem separaten Vertrag sind nicht nach Nr. 10 anzugeben, vorgesehen ist ein allgemeiner Hinweis nach Art. 5 Abs. 1 Unterabsatz 2 Buchstabe k der Richtlinie.[22]

8 Nach **Nr. 11** anzugeben sind der Verzugszinssatz und die Art und Weise seiner etwaigen Änderung. In der Literatur wird die abstrakte Angabe des Verzugszinssatzes als ausreichend angesehen, eine konkrete Angabe für nicht erforderlich gehalten.[23] Allein die Angabe des Basiszinssatzes plus fünf Prozentpunkte (§ 288 Abs. 1 S. 2) erscheint zur Information des Verbrauchers aber nicht in jedem Fall hinreichend, jedenfalls guter Praxis wird die zusätzliche Angabe des aktuellen Basiszinssatzes entsprechen,[24] weiter sollte bei längerer Darlehensvergabe auf die Änderung des Basiszinssatzes durch die Europäische Zentralbank hingewiesen werden. Die Formulierung des nach **Nr. 12** zu den **Folgen ausbleibender Zahlungen** erforderlichen Warnhinweises ist im Muster vorgegeben.[25] Einer Ergänzung bedarf es nicht.[26]

---

[14] Begr. RegE BT-Drs. 16/11643, 124.
[15] BGH WM 2011, 657 (658) = NJW-RR 2011, 1140.
[16] BGH WM 2011, 657 (659) = NJW-RR 2011, 1140.
[17] BGHZ 159, 270 (276 ff.) = NJW 2004, 2820.
[18] Kümpel/Mülbert/Früh/Seyfried/*Merz/Wittig* Rn. 5.99.
[19] Begr. RegE BT-Drs. 16/11643, 124.
[20] Begr. RegE BT-Drs. 16/11643, 124; Kümpel/Mülbert/Früh/Seyfried/*Merz/Wittig* Rn. 5.100.
[21] Begr. RegE BT-Drs. 16/11643, 124.
[22] Begr. RegE BT-Drs. 16/11643, 124, krit. zur Transparenz der Rechtslage BankR-HdB/*Münscher* § 81 Rn. 107.
[23] Kümpel/Mülbert/Früh/Seyfried/*Merz/Wittig* Rn. 5.104.
[24] Nobbe/*Müller-Christmann* Rn. 7: „kann".
[25] Muster: EGBGB Anlage 3 (zu Art. 247 § 2), dort ist sowohl von ausbleibenden als auch von verspäteten Zahlungen die Rede, Art. 5 Abs. 1 UAbs. 2 Buchstabe m) der RL spricht von ausbleibenden Zahlungen.
[26] Kümpel/Mülbert/Früh/Seyfried/*Merz/Wittig* Rn. 5.105.

Die Formulierung der Angabe zum **Bestehen oder Nichtbestehen eines Widerrufsrechts** in **Nr. 13** entspricht Art. 246b § 1 Abs. 1 Nr. 12 und Art. 246b § 1 Abs. 2 Nr. 5 EGBGB. Inhaltliche Ausführungen zum Widerrufsrecht sind erforderlich, wenn gleichzeitig ein Fernabsatzvertrag vorliegt.[27] Die von **Nr. 14** geforderte Aufklärung über das Recht des Darlehensnehmers, das **Darlehen vorzeitig zurückzahlen** zu können, entspricht Art. 5 Abs. 1 Unterabsatz 2 Buchstabe p und Art. 6 Abs. 3 Buchstabe b der Richtlinie, das Recht besteht in Deutschland nach § 500 Abs. 2 BGB. Gegebenenfalls erforderlich ist hier die Unterrichtung über den Anspruch des Unternehmers auf eine (Vorfälligkeits-)Entschädigung und deren Berechnungsmethode, Art. § 4 Abs. 1 Nr. 3 des EGBGB. 9

Nr. 15 sieht die Information über das Recht vor, neben dem Muster auch einen Abdruck des **Vertragsentwurfs zu verlangen,** gesetzestechnisch handelt es sich um eine Verweisung, wie Art. 5 Abs. 1 Unterabsatz 2 Buchstabe r der Richtlinie, in Deutschland auf § 491a Abs. 2 BGB. **Nr. 16** verlangt durch Verweis auf § 29 Abs. 7 BDSG die **Auskunft einer Stelle zur Prüfung der Kreditwürdigkeit,** wenn der Vertrag aufgrund der Auskunft nicht zustande kommt. Als ausreichend wird angesehen, wenn die Auskunft unmittelbar nach der Ablehnung per Brief versandt wird.[28] 10

III. Definitionen (Abs. 2)

1. Systematik

Art. 247 § 3 Abs. 2 EGBGB enthält Definitionen bzw. Verweise auf Definitionen von allgemeiner Bedeutung, dies ist jedenfalls systematisch ungewöhnlich bei der vorvertraglichen Information. Die Regierungsbegründung verweist darauf, dass der Gesamtbetrag, der Nettodarlehensbetrag, die Gesamtkosten und der Sollzinssatz für ein typisch ablaufendes Vertragsverhältnis erstmals bei der vorvertraglichen Information relevant werden.[29] 11

2. Gesamtbetrag (§ 2 Abs. 2 S. 1)

Der Gesamtbetrag drückt die Gesamtbelastung des Verbrauchers aus, er setzt sich aus dem Nettodarlehensbetrag und den Gesamtkosten zusammen.[30] Nach der Definition in Art. 3 Buchstabe h der Richtlinie bezeichnet der vom Verbraucher zu zahlende Gesamtbetrag die Summe des Gesamtkreditbetrags und der Gesamtkosten des Kredits für den Verbraucher. Bei Finanzierungshilfen fällt auch der Preis für den Erwerb der Ware unter den Begriff, § 6 Abs. 3 Nr. 2 PAngV in Umsetzung von Art. 19 Abs. 2 Verbraucherkreditrichtlinie. 12

Zum Gesamtbetrag zählen nach der Rechtsprechung des Bundesgerichtshofs noch zum Verbraucherkreditgesetz[31] auch die Prämien für eine Lebensversicherung, wenn der Lebensversicherungsvertrag oder Bausparvertrag mit dem Darlehensvertrag derart verbunden wird, dass die Tilgung des Kredits für die Laufzeit ausgesetzt wird und dafür parallel Zahlungen auf einen Ansparvertrag (Lebensversicherung, Bausparvertrag) geleistet werden. 13

3. Nettodarlehensbetrag (§ 2 Abs. 2 S. 2)

Der Nettodarlehensbetrag ist nach § 2 Abs. 2 S. 2 der Höchstbetrag, auf den der Darlehensnehmer aufgrund des Darlehensvertrags einen Anspruch hat.[32] Nach der Definition in Art. 3 Buchstabe l Verbraucherkreditrichtlinie bezeichnet der Gesamtkreditbetrag die Obergrenze oder die Summe aller Beträge, die aufgrund eines Kreditvertrags zur Verfügung 14

[27] Kümpel/Mülbert/Früh/Seyfried/*Merz/Wittig* Rn. 5.106.
[28] Kümpel/Mülbert/Früh/Seyfried/*Merz/Wittig* Rn. 5.109.
[29] Begr. RegE BT-Drs. 16/11643, 125.
[30] Für eine Übertragbarkeit der zum alten Recht gefundenen Ergebnisse BankR-HdB/*Münscher* § 81 Rn. 103 ff.
[31] BGHZ 179, 260 (277) = NJW 2009, 2046.
[32] Zu Unterschieden zum zuvor verwandten Nettodarlehensbegriff BankR-HdB/*Münscher* § 81 Rn. 97 f.

gestellt werden. Für den Gesamtkreditbetrag im Sinne von Art. 3 Buchstabe l der Richtlinie wird weiter der Begriff des Nettodarlehensbetrages verwandt, so bislang §§ 491 Abs. 2 Nr. 1, 492 Abs. 1 S. 5 Nr. 1 BGB. Zutreffend erscheint eine „Unterscheidung" von Gesamtbetrag und Gesamtkreditbetrag verwirrend, die in der deutschen Fassung der Verbraucherkreditrichtlinie verwandten Begriffe sind sich sehr ähnlich, durch die in der Umsetzung gewählte Begrifflichkeit ist trotz Abweichung von der Terminologie des zugrunde liegenden europäischen Rechts ein besseres Verständnis zu erwarten.

15 Über die ausgezahlte Darlehensvaluta hinaus stellt sich die Frage, welche mitfinanzierten Kosten zu berücksichtigen sind. Nach einer Ansicht in der Literatur umfasst der Begriff des Nettodarlehensbetrages die ausgezahlte Darlehensvaluta und diejenigen mitfinanzierten Kosten, die nicht zu den Gesamtkosten nach der Preisangabenverordnung zählen.[33] Dem liegt die zutreffende Erwägung zugrunde, dass alle Kosten dem Verbraucher mitzuteilen sind. Fraglich erscheint allerdings, ob eine solche Aufteilung der Kosten mit der Richtlinie vereinbar ist, da sie dem Bestreben eines einheitlichen Marktes zuwiderläuft (sogleich unter → Rn. 16 f.).

4. Gesamtkosten (Abs. 2 S. 3)

16 In Abs. 2 S. 3 findet sich hinsichtlich der Gesamtkosten ein Verweis auf § 6 der Preisangabenverordnung. Kritisch erscheint, dass hier eine weitere Verweisung erfolgt und keine Wiedergabe der Definition in der Preisangabenverordnung. Nach der Definition in Art. 3 Buchstabe g der Richtlinie bezeichnen Gesamtkosten des Kredits für den Verbraucher sämtliche Kosten, einschließlich der Zinsen, Provisionen, Steuern und Kosten jeder Art – ausgenommen Notargebühren –, die der Verbraucher im Zusammenhang mit dem Kreditvertrag zu zahlen hat und die dem Kreditgeber bekannt sind; Kosten für Nebenleistungen im Zusammenhang mit dem Kreditvertrag, insbesondere Versicherungsprämien, sind ebenfalls enthalten, wenn der Abschluss des Vertrags über diese Nebenleistung eine zusätzliche zwingende Voraussetzung dafür ist, dass der Kredit überhaupt oder nach den vorgesehenen Vertragsbedingungen gewährt wird.

17 Die Gesamtkosten können nach gefestigter Rechtsprechung des Bundesgerichtshofs auch die Kosten für einen Bausparvertrag oder eine Lebensversicherung mit umfassen.[34]

5. Effektiver Jahreszins (Abs. 2 S. 3)

18 Auch zum in Abs. 2 S. 3 erfolgenden Verweis hinsichtlich der Gesamtkosten auf § 6 der Preisangabenverordnung ist kritisch anzumerken, dass eine weitere Verweisung und keine Wiedergabe der Definition in der Preisangabenverordnung erfolgt. Nach der Definition in Art. 3 Buchstabe i) der Richtlinie bezeichnet der effektive Jahreszins die Gesamtkosten des Kredits für den Verbraucher, die als jährlicher Prozentsatz des Gesamtkreditbetrags ausgedrückt sind.

IV. Erläuterungen (Abs. 3)

19 Nach Abs. 3 soll eine beispielhafte Erläuterung von effektivem Jahreszins und Gesamtbetrag anhand eines repräsentativen Beispiels erfolgen. Durch die Angabe eines Beispiels soll der Darlehensnehmer seine Gesamtbelastung realistisch einschätzen können. Bei ungewissen Ereignissen ist von dem Ergebnis auszugehen, das beim Darlehensgeber in vielen Fällen tatsächlich oder jedenfalls durchschnittlich eintritt.[35] Angenommen wird, dass das Beispiel nicht mit den Anforderungen an die Werbung in § 6a Preisangabenverordnung identisch ist, sondern sich an den vom Darlehensnehmer geäußerten Wünschen orientieren

[33] Kümpel/Mülbert/Früh/Seyfried/*Merz/Wittig* Rn. 5.92.
[34] BGHZ 149, 302 = NJW 2002, 957, dazu krit. *Sauer/Wallner* BKR 2002, 959; → Rn. 5.
[35] Begr. RegE BT-Drs. 16/11643, 125.

soll.[36] Der Darlehensgeber ist nicht zur Offenlegung seiner Geschäftsstruktur verpflichtet, damit der Darlehensnehmer die Angaben überprüfen kann.[37]

20 Nach S. 3 bedarf es einer zusätzlichen Erläuterung, wenn sich eine der Berechnung zugrunde gelegte Vermutung ändern kann.[38] Gefordert wird eine verständliche Darstellung der wesentlichen in die Berechnung einfließenden Beträge und Annahmen, kein Hinweis auf die Ausgestaltung in Gesetz oder Gesetzesbegründung. Der Wiedergabe der Berechnungsformel gemäß der Anlage zur Preisangabenverordnung wird für den Verbraucher regelmäßig kein Mehrwert beigemessen.[39]

V. Angaben zum Sollzinssatz (Abs. 4)

21 Abs. 4 bestimmt die Angaben zum Sollzinssatz (Abs. 1 Nr. 5) näher. Anzugeben sind die Bedingungen und der Zeitraum sowie die Regeln zur Anpassung, etwa nach einem Index oder einem Referenzzinssatz. Der Begriff des Referenzzinssatzes wird in § 675g Abs. 3 S. 2 BGB definiert.[40] Die Anrechnungsreihenfolge bei unterschiedlichen Sollzinssätzen wurde vom Gesetzgeber gegenüber der Richtlinie[41] sprachlich angepasst.[42]

§ 4 *Weitere Angaben bei der vorvertraglichen Information bei Allgemein-Verbraucherdarlehensverträgen*

(1) Die Unterrichtung muss bei Allgemein-Verbraucherdarlehensverträgen folgende Angaben enthalten, soweit sie für den in Betracht kommenden Vertragsabschluss erheblich sind:

1. einen Hinweis, dass der Darlehensnehmer infolge des Vertragsabschlusses Notarkosten zu tragen hat,

2. Sicherheiten, die der Darlehensgeber verlangt,

3. den Anspruch auf Vorfälligkeitsentschädigung und dessen Berechnungsmethode, soweit der Darlehensgeber diesen Anspruch geltend macht, falls der Darlehensnehmer das Darlehen vorzeitig zurückzahlt,

4. gegebenenfalls den Zeitraum, für den sich der Darlehensgeber an die übermittelten Informationen bindet.

(2) Weitere Hinweise des Darlehensgebers müssen räumlich getrennt von den Angaben nach Absatz 1 und nach den §§ 3 und 8 bis 13a übermittelt werden.

(3) Wird in einem Allgemein-Verbraucherdarlehensvertrag auf einen Referenzwert im Sinne des Artikels 3 Absatz 1 Nummer 3 der Verordnung (EU) 2016/1011 des Europäischen Parlaments und des Rates vom 8. Juni 2016 über Indizes, die bei Finanzinstrumenten und Finanzkontrakten als Referenzwert oder zur Messung der Wertentwicklung eines Investmentfonds verwendet werden, und zur Änderung der Richtlinien 2008/48/EG und 2014/17/EU sowie der Verordnung (EU) Nr. 596/2014 (ABl. L 171 vom 29.6.2016, S. 1) Bezug genommen, teilt der Darlehensgeber dem Darlehensnehmer in einem gesonderten Dokument, das dem Formular „Europäische Standardinformationen für Verbraucherkredite" beigefügt werden kann, die Bezeichnung des Referenzwerts und den Namen des Administrators sowie die möglichen Auswirkungen auf den Darlehensnehmer mit.

1 Die weiteren Angaben im Sinne von § 4 müssen in der vorvertraglichen Information für Allgemein-Verbraucherdarlehensverträge nur gegeben werden, soweit sie für den konkret

[36] Kümpel/Mülbert/Früh/Seyfried/*Merz/Wittig* Rn. 5.88..

[37] Begr. RegE BT-Drs. 16/11643, 125.

[38] Begr. RegE BT-Drs. 16/11643, 125.

[39] Kümpel/Mülbert/Früh/Seyfried/*Merz/Wittig* Rn. 5.89.

[40] Dazu *Langenbucher* in Kap. 3.

[41] Dort Regelungen zu verschiedenen Sollzinssätzen in Art. 4 Abs. 1 UAbs. 2 Buchstabe e), Abs. 3 Buchstabe a.

[42] Begr. RegE BT-Drs. 16/11643, 126.

ins Auge gefassten Vertrag von Bedeutung sind.[1] Hinzuweisen ist zunächst auf **Notarkosten,** wenn der Darlehensnehmer solche infolge des Vertragsschlusses zu tragen hat, **Abs. 1 Nr. 1.** Die Angabe der Notarkosten, falls solche anfallen, beruht auf Art. 5 Abs. 1 Unterabsatz 2 Buchstabe j der Richtlinie. Nach der Regierungsbegründung können die Notarkosten von Fall zu Fall variieren, sie sollen deshalb nicht als Geldbetrag angegeben werden können.[2] Vorgesehen ist nach dem Wortlaut von Nr. 1 eine Angabe nur dem Grunde nach.[3] Nach Erwägungsgrund 20 Satz 1 der Richtlinie sind Notarkosten von der Angabe der Gesamtkosten ausgenommen. Nach dem Sinn und Zweck möglicher Information des Darlehensnehmers erscheint es dennoch zweifelhaft, ob ein Hinweis auf Notarkosten ohne Angabe eines üblichen Kostenrahmens den Anforderungen der Richtlinie entspricht. Die Richtlinie spricht in Art. 5 Abs. 1 Unterabsatz 2 Buchstabe j der Richtlinie von einem Hinweis auf die zu zahlenden Notarkosten. Ob nur ein Hinweis auf die bloße Tatsache von Notarkosten oder auch ein Hinweis auf die (ungefähre) Höhe der Kosten gefordert wird, kann der Richtlinie nicht zwingend entnommen werden. Probleme bei der genauen Bezifferung (Kosten, Auslagen) sind nach Sinn und Zweck der Angabe noch kein Grund, den Hinweis auf die ungefähre Höhe bzw. einen Kostenrahmen zu verlangen, bzw. Hinweis auf Höhe der üblichen Kosten. Zumutbar und angemessen erscheint die Angabe der Kosten laut Tabelle sowie üblicher Nebenkosten und Pauschalen etc, dies sollte getrennt ausgewiesen werden.

2 Nach **Abs. 1 Nr. 2** sind weiter **Sicherheiten** anzugeben, die der Darlehensgeber verlangt. Der Begriff der Sicherheiten ist nach der Regierungsbegründung, die auf § 232 BGB verweist, weit zu verstehen,[4] erfasst werden alle Gestaltungen, bei denen dem Darlehensgeber zusätzliche Ansprüche zustehen, wenn das Darlehen nicht zurückgezahlt wird. Aufzuführen ist auch das nach den Allgemeinen Geschäftsbedingungen der Banken bzw. Sparkassen bestehende Pfandrecht.[5] Unterlässt der Darlehensgeber im Vertrag die auch von § 7 Nr. 2 geforderte Angabe von Sicherheiten, so kann er diese nach § 494 Abs. 6 Satz 2 BGB nicht verlangen.

3 Der Hinweis auf eine **Vorfälligkeitsentschädigung** nach **Abs. 1 Nr. 3** ist Voraussetzung dafür, dass die in § 502 BGB geregelte Vorfälligkeitsentschädigung tatsächlich verlangt werden kann, auch hier kommt es aber nach § 502 Abs. 2 Nr. 2 BGB auf die Angabe im Vertrag an. Nach bisheriger Rechtsprechung kann die Vorfälligkeitsentschädigung sowohl nach der sogenannten Aktiv-Aktiv-Methode als auch nach der sogenannten Aktiv-Passiv-Methode berechnet werden.[6] Die Festlegung auf eine Berechnungsmethode wird auch weiterhin nicht als erforderlich angesehen.[7] Das erscheint zweifelhaft, auch wenn die Berechnungsmethoden schwer verständlich sind[8] und eine Weiterentwicklung durch die Rechtsprechung nicht ausgeschlossen werden kann. Eine Umschreibung der Grundsätze wird als ausreichend angesehen,[9] dies ist nicht zweifelsfrei, auch wenn dem typischen Verbraucher eine detailgetreue, notwendig komplexe Beschreibung nur begrenzt helfen kann und selbst Fachleute bei Vertragsschluss wenig Interesse an den Details haben dürften.

4 Weiter ist nach **Abs. 1 Nr. 4** die **Dauer der Bindung** an ein Angebot anzugeben. Eine solche Bindung ist gesetzlich nicht vorgegeben und damit fakultativ, für den Darlehensnehmer aber insbesondere dann von erheblicher Bedeutung, wenn er mehrere Angebote vergleichen will.[10] Dabei kann allein eine Bindung an Darlehenskonditionen nicht mit

---

[1] Begr. RegE BT-Drs. 16/11643, 126.
[2] Begr. RegE BT-Drs. 16/11643, 126.
[3] Kümpel/Mülbert/Früh/Seyfried/*Merz/Wittig* Rn. 5.111.
[4] Begr. RegE BT-Drs. 16/11643, 126.
[5] BankR-HdB/*Münscher* § 81 Rn. 117.
[6] Explizit BGH NJW 2001, 509 (510) = WM 2001, 20, der Sache nach bereits BGHZ 136, 161 (168 ff.) = NJW 1997, 2875; BGH WM 1997, 1799 = NJW 1997, 2878.
[7] Kümpel/Mülbert/Früh/Seyfried/*Merz/Wittig* Rn. 5.113.
[8] Krit. zur Informationspflicht deshalb Nobbe/*Müller-Christmann* § 491a Rn. 11.
[9] BankR-HdB/*Münscher* § 81 Rn. 118.
[10] Begr. RegE BT-Drs. 16/11643, 126.

einer positiven Kreditentscheidung gleichgesetzt werden.[11] Es kommt allein auf die Mitteilung an, ob, in welcher Hinsicht und gegebenenfalls wie lange sich der Unternehmer bindet.[12] Dies kann ein verbindliches Angebot sein, so dass sich der Darlehensgeber nicht nur gebunden fühlt,[13] sondern auch gebunden hat.

Weitere Hinweise haben nach **Abs. 2** räumlich getrennt zu erfolgen. Es soll die vom Richtliniengeber für wesentlich erachtete Information nicht durch Überfrachtung der Angaben verwässert werden, der Verbraucher soll die vom Gesetzgeber für wesentlich erachteten Informationen mühelos aufnehmen können. 5

§ 5 *Information bei besonderen Kommunikationsmitteln*

(1) [1] Wählt der Darlehensnehmer für die Vertragsanbahnung bei Allgemein-Verbraucherdarlehensverträgen Kommunikationsmittel, die die Übermittlung der vorstehenden Informationen in der in § 2 vorgesehenen Form nicht gestatten, ist die vollständige Unterrichtung nach § 2 unverzüglich nachzuholen. [2] Bei Telefongesprächen muss die Beschreibung der wesentlichen Merkmale nach Artikel 246b § 1 Absatz 1 Nummer 5 zumindest die Angaben nach § 3 Abs. 1 Nr. 3 bis 9, Abs. 3 und 4 enthalten.

(2) Bei Telefongesprächen, die sich auf Immobiliar-Verbraucherdarlehensverträge beziehen, muss die Beschreibung der wesentlichen Merkmale nach Artikel 246b § 1 Absatz 1 Nummer 5 zumindest die Angaben nach Teil A Abschnitt 3 bis 6 des ESIS-Merkblatts gemäß dem Muster in Anlage 6 enthalten.

Die Verbraucherkreditrichtlinie enthält nach der Regierungsbegründung in Art. 5 Abs. 2 und 3 sowie in Art. 6 Abs. 4 und 7 Vorgaben für Fälle, in denen das vom Darlehensnehmer gewählte Kommunikationsmittel die Übermittlung der vollständigen Information nicht erlaubt.[1] Hierin werden gewisse Erleichterungen für besondere Vertriebsformen gesehen.[2] Das ist jedenfalls im Einzelfall nicht zweifelsfrei, da sich stets die Frage der Umgehung stellt, Art. 22 Abs. 3 Verbraucherkreditrichtlinie, hier die Umgehung der Form der vorvertraglichen Information. Nach der Regierungsbegründung kann sich ein Unternehmer nicht auf die Erleichterung des § 5 berufen, wenn er dem Verbraucher per telefonischer Kurznachricht das Angebot einer Überziehungsmöglichkeit macht, das dieser binnen kurzer Frist annehmen soll.[3] Der Gebrauch eines die dauerhafte Wiedergabe nicht ermöglichenden Kommunikationsmittels darf nicht provoziert werden.[4] Die Regierungsbegründung verlangt eine tatsächliche Wahlmöglichkeit des Verbrauchers.[5] Problematisch erscheint es aber bereits, wenn die Organisation des Darlehensgebers darauf angelegt ist, dass jedenfalls primär solche Kommunikationsmittel eingesetzt werden, also dem potentiellen Darlehensnehmer die Kontaktaufnahme über unter § 5 fallende Kommunikationsmittel nahe legt. Die Neuregelung bei Umsetzung der Wohnimmobilienkreditrichtlinie trägt der Unterscheidung von Allgemein- und Immobiliar-Verbraucherdarlehensverträgen Rechnung und ergänzt für Immobiliar-Verbraucherdarlehensverträge Abs. 2. 1

Für Allgemein-Verbraucherdarlehnsverträge sieht Abs. 1 S. 1 die unverzügliche Nachholung der vollständigen vorvertraglichen Information vor. Häufig wird § 5 über den Wortlaut hinaus nicht nur im Zusammenhang mit der vorvertraglichen Kommunikation gesehen. Da im deutschen Recht grundsätzlich Schriftform vorgesehen ist, dürfte der 2

[11] Kümpel/Mülbert/Früh/Seyfried/*Merz/Wittig* Rn. 5.145.
[12] Begr. RegE BT-Drs. 16/11643, 126.
[13] Kümpel/Mülbert/Früh/Seyfried/*Merz/Wittig* Rn. 5.114.
[1] Begr. RegE BT-Drs. 16/11643, 126.
[2] Kümpel/Mülbert/Früh/Seyfried/*Merz/Wittig* Rn. 5.115.
[3] Begr. RegE BT-Drs. 16/11643, 127.
[4] Kümpel/Mülbert/Früh/Seyfried/*Merz/Wittig* Rn. 5.117.
[5] Begr. RegE BT-Drs. 16/11643, 126.

Norm wenig Bedeutung zukommen.[6] Nach der Literatur wird sie nur praktisch, wenn das Gesetz entgegen § 492 BGB ausnahmsweise von der Schriftform für den Abschluss eines Verbraucherdarlehensvertrages absieht.[7] Dies sind eingeräumte Überziehungsmöglichkeiten (§ 504 Abs. 2 S. 2 BGB) und Teilzahlungsgeschäfte im Fernabsatz (§ 507 Abs. 1 S. 2 BGB). Bei eingeräumten Überziehungen (§ 504 Abs. 2 BGB) ist Art. 247 EGBGB § 10 Abs. 2 zu beachten, ferner § 10 Abs. 4. Bei Umschuldungen gemäß § 495 Abs. 2 Nr. 1 BGB ist Art. 247 EGBGB § 11 Abs. 2 zu beachten.

3 Für telefonische Kontakte im Vorfeld eines Allgemein-Verbraucherdarlehens enthält Abs. 1 S. 2 eine Spezialregelung. Mit „zumindest" soll klargestellt werden, dass die Aufzählung nicht abschließend ist.[8] Auch so verbleibt ein umfangreicher Katalog, mit den Art. 247 EGBGB § 3 Abs. 1 Nr. 3–9 zu nennen sind der effektive Jahreszins, der Nettodarlehensbetrag, der Sollzinssatz, die Vertragslaufzeit, Betrag, Zahl und Fälligkeit der einzelnen Teilleistungen, der Gesamtbetrag sowie die Auszahlungsbedingungen. Weiter sind nach Art. 247 EGBGB § 3 Abs. 3 der Gesamtbetrag und der effektive Jahreszins anhand eines repräsentativen Beispiels zu erläutern, nach § 3 Abs. 4 die Bedingungen für die Anwendung und Anpassung des Sollzinssatzes zu nennen.

4 Die vollständige Information ist in jedem Fall nachzuholen, auch Abs. 1 S. 2 stellt insoweit keine Ausnahme dar.[9] Die Nachholung hat unverzüglich zu erfolgen, § 121 BGB. Eine solche unverzügliche Nachholung soll nach der Regierungsbegründung auch noch nach Vertragsschluss möglich sein, wenn der Darlehensnehmer eine schnelle Bereitstellung des Geldes wünscht.[10]

5 Abs. 2 enthält für Telefongespräche, die sich auf Immobiliar-Verbraucherdarlehensverträge beziehen, dem Abs. 1 S. 2 vergleichbare Regelungen. Maßgeblich ist für Immobiliar-Verbraucherdarlehensverträge das ESIS-Merkblatt.

§ 6 *Vertragsinhalt*

(1) ***[1] Der Verbraucherdarlehensvertrag muss klar und verständlich folgende Angaben enthalten:***

1. die in § 3 Abs. 1 Nr. 1 bis 14 und Abs. 4 genannten Angaben,

2. den Namen und die Anschrift des Darlehensnehmers,

3. die für den Darlehensgeber zuständige Aufsichtsbehörde,

4. einen Hinweis auf den Anspruch des Darlehensnehmers auf einen Tilgungsplan nach § 492 Abs. 3 Satz 2 des Bürgerlichen Gesetzbuchs,

5. das einzuhaltende Verfahren bei der Kündigung des Vertrags,

6. sämtliche weitere Vertragsbedingungen.

[2] Bei einem Immobiliar-Verbraucherdarlehensvertrag sind abweichend von Satz 1 nur die in § 3 Absatz 1 Nummer 1 bis 7, 10 und 13 sowie Absatz 4 genannten Angaben zwingend. [3] Abweichend von § 3 Absatz 1 Nummer 7 ist die Anzahl der Teilzahlungen nicht anzugeben, wenn die Laufzeit des Darlehensvertrags von dem Zeitpunkt der Zuteilung eines Bausparvertrags abhängt.

(2) ***[1] Besteht ein Widerrufsrecht nach § 495 des Bürgerlichen Gesetzbuchs, müssen im Vertrag Angaben zur Frist und zu anderen Umständen für die Erklärung des Widerrufs sowie ein Hinweis auf die Verpflichtung des Darlehensnehmers enthalten sein, ein bereits ausbezahltes Darlehen zurückzuzahlen und Zinsen zu vergüten. [2] Der pro Tag zu zahlende Zinsbetrag ist anzugeben. [3] Enthält der Verbraucherdarlehensvertrag eine Vertragsklausel in hervorgehobener und deutlich gestalteter Form, die bei Allgemein-Verbraucherdarlehensverträgen dem Muster in Anlage 7 und bei Immobiliar-Verbraucherdarlehensverträgen dem Muster in Anlage 8 entspricht, genügt diese Vertragsklausel den Anforderungen der Sätze 1 und 2. [4] Dies gilt bis zum Ablauf des 4. November 2011 auch bei entsprechender Verwendung dieses Musters in der Fassung des Gesetzes zur***

---

[6] Begr. RegE BT-Drs. 16/11643, 126.

[7] Kümpel/Mülbert/Früh/Seyfried/*Merz/Wittig* Rn. 5.116.

[8] Begr. RegE BT-Drs. 16/11643, 127.

[9] Begr. RegE BT-Drs. 16/11643, 127.

[10] Begr. RegE BT-Drs. 16/11643, 127.

Einführung einer Musterwiderrufsinformation für Verbraucherdarlehensverträge, zur Änderung der Vorschriften über das Widerrufsrecht bei Verbraucherdarlehensverträgen und zur Änderung des Darlehensvermittlungsrechts vom 24. Juli 2010 (BGBl. I S. 977). [5] Der Darlehensgeber darf unter Beachtung von Satz 3 in Format und Schriftgröße jeweils von dem Muster abweichen.

(3) Bei Allgemein-Verbraucherdarlehensverträgen hat die Angabe des Gesamtbetrags und des effektiven Jahreszinses unter Angabe der Annahmen zu erfolgen, die zum Zeitpunkt des Abschlusses des Vertrags bekannt sind und die in die Berechnung des effektiven Jahreszinses einfließen.

Übersicht

I. Grundlagen

Die Aufzählung ist nach der Regierungsbegründung in Art. 247 EGBGB verortet, um das BGB „schlank zu halten“.[1] Die Systematik des § 6 folgt der des Art. 247 § 3 EGBGB auf den verwiesen wird. Nach Abs. 1 Nr. 1 erforderlich sind fast alle Angaben, die auch die vorvertragliche Information beinhalten muss. 1

II. Pflichtangaben in jedem Darlehensvertrag (Abs. 1 S. 1)

Abs. 1 S. 1 Nr. 1 enthält den zentralen Verweis auf die Mehrzahl der Informationspflichten nach Art. 247 § 3 EGBGB (Abs. 1 Nr. 1–14 und Abs. 4). Ausgenommen vom Verweis auf § 3 bzw. die vorvertraglichen Informationspflichten allgemein sind die Angaben auf Überlassung eines Vertragsentwurfs (§ 3 Abs. 1 Nr. 15 iVm § 491a Abs. 2 BGB), die Erläuterung des Vertragsentwurfs (§ 491a Abs. 3 BGB), die Auskunft über das Ergebnis einer Datenbankabfrage (§§ 3 Abs. 1 Nr. 16, 29 Abs. 7 BDSG) sowie die Pflicht zur Erläuterung des effektiven Jahreszinses sowie des Gesamtbetrags (§ 3 Abs. 3). Nach dem in Bezug genommenen § 3 Abs. 1 Nr. 1–14 sind der Name und die Anschrift des Darlehensgebers, die Art des Darlehensvertrages, der effektive Jahreszins, der Nettodarlehensbetrag, der Sollzinssatz, die Vertragslaufzeit, Betrag, Zahl und Fälligkeit der einzelnen Teilleistungen, der Gesamtbetrag, die Auszahlungsbedingungen, alle sonstigen Kosten sowie der Verzugszinssatz und seine Anpassung zu nennen, ein Warnhinweis zu den Folgen ausbleibender Zahlungen zu geben und schließlich auf ein Widerrufsrecht sowie das Recht hinzuweisen, das Darlehen vorzeitig zurückzuzahlen. Nach dem ebenfalls in Bezug genommenen § 3 Abs. 4 muss die Angabe zum Sollzinssatz auch die Bedingungen und den Zeitraum für seine Anwendung sowie die Art und Weise seiner Anpassung enthalten. 2

Hinsichtlich der in Bezug genommenen Angaben kann grundsätzlich auf die Kommentierung des § 3 sowie der Preisangabenverordnung verwiesen werden, ergänzend sind nur einige Hinweise angezeigt. Der effektive Jahreszins **(§ 3 Abs. 1 Nr. 3)** ist weiterhin auf zwei Dezimalstellen genau anzugeben, seine Berechnung richtet sich nach § 6 der Preisangabenverordnung. Für die Berechnung des Sollzinssatzes ist zu beachten, dass nunmehr der Darlehensgeber im Streitfall beweisen muss, dass der Abschluss einer Zusatzleistung **nicht** verpflichtend war,[2] bei einem Abhängigmachen des Darlehensvertrages von der Zusatzleistung sind auch die auf die Zusatzleistung entfallenden Kosten in die Berechnung 3

[1] Begr. RegE BT-Drs. 16/11643, 127.
[2] Begr. RegE BT-Drs. 16/11643, 173.

des Sollzinssatzes einzubeziehen.[3] Beim Nettodarlehensbetrag **(§ 3 Abs. 1 Nr. 4)** wird angenommen, dass auch diejenigen mitfinanzierten Kosten berücksichtigt werden müssen, die nicht zu den Gesamtkosten iSv § 6 Abs. 3 PAngV gehören.[4] Auszahlungsbedingungen **(§ 3 Abs. 1 Nr. 9)** sind etwa die wirksame Bestellung von Sicherheiten und die Einreichung von bei Vertragsschluss noch fehlenden Unterlagen wie Lohnnachweisen.[5] Nach der Regierungsbegründung soll insbesondere anzugeben sein, wenn der Darlehensnehmer das Darlehen nicht selbst ausgezahlt bekommt, sondern das Geld einem Dritten zufließt und der Darlehensnehmer etwas anderes erhält, zB die Befreiung von einer Verbindlichkeit oder einem Gegenstand.[6] Der Hinweis auf eine Auszahlung an einen Dritten soll nur erforderlich sein, wenn das Darlehen auf Grund einer vom Darlehensgeber vorgegebenen Zweckbindung ganz oder teilweise an einen Dritten ausbezahlt wird.[7]

4 Zu Name und Anschrift des Darlehensnehmers **(Abs. 1 S. 1 Nr. 2)** gilt das zu § 3 für den Darlehensgeber Gesagte entsprechend,[8] erforderlich ist eine Postanschrift. Weiter verlangt **Abs. 1 S. 1 Nr. 3** die Angabe der Aufsichtsbehörde des Darlehensgebers. Dies entspricht weitgehend der Formulierung des Art. 246b § 1 Abs. 1 Nr. 2 EGBGB und beruht auf Art. 10 Abs. 2 Buchstabe v der Richtlinie. Zuständige Aufsichtsbehörde für dem Kreditwesengesetz unterfallende Kreditinstitute ist die Bundesanstalt für Finanzdienstleistungen (BaFin). **Abs. 1 S. 1 Nr. 4** sieht einen Hinweis auf den Anspruch auf einen Tilgungsplan vor, zum Inhalt des Tilgungsplans in § 14. Nr. 4 dient der Umsetzung von Art. 10 Abs. 2 Buchstabe i der Richtlinie.

5 Nach **Nr. 5** ist das Verfahren bei Kündigung im Vertrag anzugeben. Die Regelung soll dem Darlehensnehmer verdeutlichen, wann eine Kündigung des Darlehensgebers wirksam ist und wie der Darlehensnehmer selbst den Vertrag kündigen kann.[9] **Nr. 6** sieht die Aufnahme sämtlicher weiterer Vertragsbedingungen in den Vertrag vor. Die Regierungsbegründung nennt „insbesondere" die allgemeinen Geschäftsbedingungen des Darlehensgebers.[10] Für die Einbeziehung der AGB-Banken bzw. der AGB-Sparkassen gelten weiter die §§ 305 ff. BGB,[11] dies gilt insbesondere aber auch sonst für die Inhaltskontrolle.

6 Bei Umsetzung der Wohnimmobilienkreditrichtlinie wurden **Abs. 1 S. 2 und 3** angefügt, die Regeln für Immobiliar-Verbraucherdarlehensverträge enthalten. Abs. 1 S. 2 erklärt für den Inhalt der vorvertraglichen Information § 3 für anwendbar, der nach seiner Überschrift nur Allgemein-Verbraucherdarlehensverträge behandelt und modifiziert diesen. Für Immobiliar-Verbraucherdarlehensverträge in Verbindung mit einem Bausparvertrag enthält Abs. 1 S. 3 eine Sonderregelung. Aufgrund von § 4 Abs. 5 BauSparkG darf der Zeitpunkt der Zuteilung nicht im Voraus festgelegt werden.

III. Angaben zum Widerrufsrecht (Abs. 2)

7 Die Angaben des Darlehensgebers zum Widerrufsrecht nach § 495 BGB sind in Abs. 2, in § 12 sowie der Anlage 7 zum EGBGB geregelt. Anders als in Fällen des Art. 246b § 4 EGBGB erfolgt bei Verbraucherdarlehen keine Belehrung vor Vertragsabschluss, eine solche würde als überzogene Anforderung mit der Verbraucherkreditrichtlinie kollidieren.[12] Anzugeben sind[13] die Widerrufsfrist von 14 Tagen nach § 355 BGB, die Umstände für die

[3] Dazu auch Kümpel/Mülbert/Früh/Seyfried/*Merz/Wittig* Rn. 5.185; Nobbe/*Müller-Christmann* § 492 Rn. 24; *Ady/Paetz* WM 2009, 1061 (1068).
[4] Kümpel/Mülbert/Früh/Seyfried/*Merz/Wittig* Rn. 5.186.
[5] Kümpel/Mülbert/Früh/Seyfried/*Merz/Wittig* Rn. 5.192.
[6] Begr. RegE BT-Drs. 16/11643, 124.
[7] Kümpel/Mülbert/Früh/Seyfried/*Merz/Wittig* Rn. 5.192.
[8] Begr. RegE BT-Drs. 16/11643, 127.
[9] Begr. RegE BT-Drs. 16/11643, 128.
[10] Begr. RegE BT-Drs. 16/11643, 128.
[11] Kümpel/Mülbert/Früh/Seyfried/*Merz/Wittig* Rn. 5.204.
[12] Begr. RegE BT-Drs. 16/11643, 128.
[13] Begr. RegE BT-Drs. 16/11643, 128.

Erklärung des Widerrufs sowie die Verpflichtung, ein erhaltenes Darlehen zurückzuzahlen und zu verzinsen, die Zinshöhe ist als Tagespreis anzugeben, Abs. 2 S. 1 und 2.

Abs. 2 wurde durch das Änderungsgesetz vom 24.7.2010[14] um die Sätze 2 und 3 ergänzt, Abs. 2 S. 3 wurde bei Umsetzung der Wohnimmobilienkreditrichtlinie neu gefasst. Das Widerrufsrecht ist in hervorgehobener und deutlich gestalteter Form darzustellen (Abs. 2 S. 3). Die besondere Hervorhebung des Widerrufsrechts kann etwa durch Fettdruck und eine größere Schrift erfolgen. Der Hervorhebung bedarf es, wenn der Darlehensgeber von der Gesetzlichkeitsfiktion des § 6 Abs. 2 iVm § 12 Abs. 1 des Art. 247 EGBGB Gebrauch machen will.[15] **8**

Nach Abs. 2 S. 4 ist die Verwendung des Musters freigestellt. Bezweifelt wird, ob das Muster der Rechtslage bis zum Inkrafttreten des Änderungsgesetzes entspricht,[16] ferner wegen der Gestaltungshinweise der Beitrag zur Rechtssicherheit.[17] Praktische Bedeutung hat freilich die Gesetzlichkeitsvermutung der Widerrufsbelehrung.[18] **9**

Ausnahmen vom bei Verbraucherdarlehensverträgen grundsätzlich eingreifenden Widerrufsrecht finden sich in § 495 Abs. 3 BGB. **10**

IV. Gesamtbetrag und effektiver Jahreszins (Abs. 3)

Nach Abs. 3 hat bei Allgemein-Verbraucherdarlehensverträgen die Angabe des Gesamtbetrages sowie des effektiven Jahreszinses unter den Annahmen zu erfolgen, die bei Abschluss des Vertrages bekannt sind. Die Kenntnis des Darlehensgebers ist nach Erwägungsgrund 20 der Richtlinie objektiv danach zu beurteilen, welche Kosten er kennen muss.[19] Auf besondere Sach- oder Unkenntnis des Darlehensgebers soll es nach der Regierungsbegründung nicht ankommen.[20] Gemäß Erwägungsgrund 20 der Richtlinie sind die Anforderungen an die berufliche Sorgfalt maßgeblicher Beurteilungsmaßstab.[21] Nach Erwägungsgrund 20, S. 2 sollte die tatsächliche Kenntnis des Kreditgebers von diesen Kosten (Anm.: den Gesamtkosten) objektiv beurteilt werden, wobei die Anforderungen an die berufliche Sorgfalt zu berücksichtigen sind. **11**

§ 7 *Weitere Angaben im Vertrag*

(1) Der Allgemein-Verbraucherdarlehensvertrag muss folgende klar und verständlich formulierte weitere Angaben enthalten, soweit sie für den Vertrag bedeutsam sind:

1. einen Hinweis, dass der Darlehensnehmer Notarkosten zu tragen hat,

2. die vom Darlehensgeber verlangten Sicherheiten und Versicherungen, im Fall von entgeltlichen Finanzierungshilfen insbesondere einen Eigentumsvorbehalt,

3. die Berechnungsmethode des Anspruchs auf Vorfälligkeitsentschädigung, soweit der Darlehensgeber beabsichtigt, diesen Anspruch geltend zu machen, falls der Darlehensnehmer das Darlehen vorzeitig zurückzahlt,

4. den Zugang des Darlehensnehmers zu einem außergerichtlichen Beschwerde- und Rechtsbehelfsverfahren und gegebenenfalls die Voraussetzungen für diesen Zugang.

(2) Der Immobiliar-Verbraucherdarlehensvertrag muss folgende klar und verständlich formulierte weitere Angaben enthalten, soweit sie für den Vertrag bedeutsam sind:

---

[14] Gesetz zur Einführung einer Musterinformation für Verbraucherdarlehensverträge, zur Änderung der Vorschriften über das Widerrufsrecht bei Verbraucherdarlehensverträgen und zur Änderung des Darlehensvermittlungsrechts v. 24.7.2010, BGBl. I 2010, 977.

[15] Kümpel/Mülbert/Früh/Seyfried/*Merz/Wittig* Rn. 5.198).

[16] *Bülow* NJW 2010, 1713.

[17] *Volmer* DNotZ 2010, 591 (592 f.).

[18] *Pickenbrock/Ludwig* WM 2012, 1409 (1410).

[19] Begr. RegE BT-Drs. 16/11643, 128.

[20] Begr. RegE BT-Drs. 16/11643, 128.

[21] Begr. RegE BT-Drs. 16/11643, 128.

1. die Voraussetzungen und die Berechnungsmethode für den Anspruch auf Vorfälligkeitsentschädigung, soweit der Darlehensgeber beabsichtigt, diesen Anspruch geltend zu machen, falls der Darlehensnehmer das Darlehen vorzeitig zurückzahlt, und die sich aus § 493 Absatz 5 des Bürgerlichen Gesetzbuchs ergebenden Pflichten,

2. bei einem Immobiliar-Verbraucherdarlehensvertrag in Fremdwährung auch die sich aus den §§ 503 und 493 Absatz 4 des Bürgerlichen Gesetzbuchs ergebenden Rechte des Darlehensnehmers.

1 § 7 regelt die weiteren Angaben im Vertrag, die Norm ist hinsichtlich der Allgemein-Verbraucherdarlehensverträge wie § 4 aufgebaut und hinsichtlich der geforderten Informationen weitgehend identisch. Unterschiede ergeben sich aus dem Fehlen eines Abs. 2, bei Vertragsschluss werden wegen § 6 Abs. 2 regelmäßig die vorgesehenen Muster verwandt. Anders als hinsichtlich der vorvertraglichen Information sind dem Gesetz auch Sanktionen zu entnehmen, dies hinsichtlich nicht angegebener Sicherheiten (Nr. 2) sowie der Vorfälligkeitsentschädigung.

2 Nach Abs. 1 Nr. 1 bedarf es auch im Verbraucherdarlehensvertrag selbst eines Hinweises auf Notarkosten, dazu bereits die Erläuterungen zu § 4. Nach der Regierungsbegründung soll gerade bei Notarkosten keine konkrete Abschätzung der Kostenbelastung erforderlich sein. Sanktionen für das Weglassen der Information sind nicht ersichtlich. Nach hier vertretener Ansicht stellt sich die Frage der Erforderlichkeit einer effizienten Sanktion auch, wenn die Angabe die Höhe der Kosten nicht hinreichend erkennen lässt.[1]

3 Nach Abs. 1 Nr. 2 bedarf es der Angabe der vom Darlehensgeber verlangten Sicherheiten und Versicherungen, insoweit geht die Informationspflicht nach § 7 über die Pflicht in § 4 hinaus. Dies gilt auch für die Angabe eines Eigentumsvorbehalts bei entgeltlichen Finanzierungshilfen. Die konkrete Sicherungsvereinbarung muss nicht zwingend im Darlehensvertrag ausformuliert sein.[2] Nach § 494 Abs. 6 S. 2 BGB besteht kein Anspruch auf Sicherheiten bei fehlenden Angaben, es sei denn, der Nettodarlehensbetrag übersteigt 75.000 EUR (§ 494 Abs. 6 S. 3 BGB), solche Verträge unterfallen nicht der Verbraucherkreditrichtlinie.

4 Nach Abs. 1 Nr. 3 bedarf es weiter eines Hinweises auf eine vom Darlehensgeber bei vorzeitiger Beendigung des Darlehens geforderte Vorfälligkeitsentschädigung. Fehlt die Angabe oder ist sie ungenau, so ist der Anspruch gemäß § 502 Abs. 2 Nr. 2 BGB ausgeschlossen.

5 Schließlich enthält Abs. 1 Nr. 4 einen Hinweis auf die Möglichkeit außergerichtlicher Streitbeilegung. Die Formulierung folgt Art. 246 § 1 Abs. 2 Nr. 7 EGBGB aF. Für Verbraucherdarlehensverträge relevant ist, dass die deutsche Kreditwirtschaft ein Netzwerk verschiedener Schlichtungsstellen eingerichtet hat.[3] Weiter kommt eine Mediation in Betracht, ist rechtsvergleichend für Verbraucherdarlehensverträge aber nicht typisch.[4]

6 Beim Fernabsatz von Finanzdienstleistungen zu beachten ist ferner § 14 Abs. 1 Nr. 2 UKlaG, die zuständige Schlichtungsstelle wird nach § 14 Abs. 3 UKlaG von den einzelnen Bankenverbänden getragen.

7 Abs. 2 enthält weitere Angaben in Immobiliar-Verbraucherdarlehensverträgen. Anzugeben sind die Berechnungsmethode sowie die Voraussetzungen einer Vorfälligkeitsentschädigung (Abs. 2 Nr. 1), weiter die Rechte bei Vereinbarung von Fremdwährungsdarlehen (Abs. 2 Nr. 2).

§ 8 *Verträge mit Zusatzleistungen*

(1) [1] Verlangt der Darlehensgeber zum Abschluss eines Allgemein-Verbraucherdarlehensvertrags, dass der Darlehensnehmer zusätzliche Leistungen des Darlehensgebers annimmt oder einen wei-

---

[1] → EGBGB Art. 247 § 4 Rn. 1, → BGB § 494 Rn. 29 f.

[2] Begr. RegE BT-Drs. 16/11643, 128.

[3] Dazu *Lücke* WM 2009, 102; *Hirsch* Bankrechtstag 2015, 29.

[4] Dazu die Länderberichte in *Hopt/Steffek* (Hrsg.) Mediation, 2008.

teren Vertrag abschließt, insbesondere einen Versicherungsvertrag oder Kontoführungsvertrag, hat der Darlehensgeber dies zusammen mit der vorvertraglichen Information anzugeben. ²In der vorvertraglichen Information sind Kontoführungsgebühren sowie die Bedingungen, unter denen sie angepasst werden können, anzugeben.

(2) ***Werden im Zusammenhang mit einem Verbraucherdarlehensvertrag Kontoführungsgebühren erhoben, so sind diese sowie die Bedingungen, unter denen die Gebühren angepasst werden können, im Vertrag anzugeben.***

(3) ***¹Dienen die vom Darlehensnehmer geleisteten Zahlungen nicht der unmittelbaren Darlehenstilgung, sind die Zeiträume und Bedingungen für die Zahlung der Sollzinsen und der damit verbundenen wiederkehrenden und nicht wiederkehrenden Kosten im Verbraucherdarlehensvertrag aufzustellen. ²Verpflichtet sich der Darlehensnehmer mit dem Abschluss eines Verbraucherdarlehensvertrags auch zur Vermögensbildung, muss aus der vorvertraglichen Information und aus dem Verbraucherdarlehensvertrag klar und verständlich hervorgehen, dass weder die während der Vertragslaufzeit fälligen Zahlungsverpflichtungen noch die Ansprüche, die der Darlehensnehmer aus der Vermögensbildung erwirbt, die Tilgung des Darlehens gewährleisten, es sei denn, dies wird vertraglich vereinbart.***

§ 8 enthält Informationspflichten für Zusatzleistungen und Zusatzverträge. Verlangt der Unternehmer solche, so ist bereits in der vorvertraglichen Information darauf hinzuweisen, dass die Zusatzleistung für den Vertragsabschluss obligatorisch ist.[1] Ein Verlangen von Zusatzleistungen im Sinne von Abs. 1 Satz 1 liegt vor, wenn der Darlehensgeber die Vergabe des Darlehens davon abhängig macht, dass der Verbraucher einen weiteren Vertrag abschließt. Allerdings soll es nach einer Ansicht in der Literatur an einem Verlangen fehlen, wenn gleiche Darlehenskonditionen auch für den Fall angeboten werden, dass der Vertrag über Zusatzleistungen nicht abgeschlossen wird.[2] 1

Als Zusatzleistungen nennt das Gesetz exemplarisch Versicherungsverträge und Girokontoverträge, die Girokonten sind oft beim Darlehensgeber einzurichten. Im Interesse des Darlehensgebers werden häufig Restschuldversicherungen verlangt. Weiter sind nach der Regierungsbegründung „Spar-/Kreditkombinationen" erfasst, die nicht der Rückführung des Darlehens dienen, sondern bei denen der Verbraucher durch Teilzahlungen einen separaten Kapitalstock bildet, mit dem das Darlehen zurückgeführt werden soll.[3] 2

Restschuldversicherungen können bei einer Einberechnung in die Zinsberechnung zur Verdoppelung des effektiven Jahreszinses führen;[4] in Niedrigzinsphasen können diese Kosten den Darlehenszins sogar übersteigen. Moniert wird die fehlende Transparenz des Marktes für Restschuldversicherungen,[5] berichtet wurden kick-backs in Höhe von bis zu 70 Prozent der Versicherungsprämien.[6] 3

Angaben über Kontoführungsgebühren und ihre Änderungsmöglichkeiten müssen die vorvertragliche Information sowie der Verbraucherdarlehensvertrag selbst enthalten,[7] weiter die Bedingungen, unter denen sie angepasst werden können. Bei anderen Zusatzleistungen soll keine Pflicht zur Angabe der damit verbundenen Kosten bestehen.[8] Ein Verstoß gegen die Angabepflicht lässt den Anspruch des Darlehensgebers auf die Kosten entfallen, § 494 Abs. 4 Satz 1 BGB, weiter kann die Klauselkontrolle eingreifen.[9] 4

Der Darlehensvertrag selbst muss nach Abs. 2 Satz 1 weitere Angaben enthalten, wenn die Zahlungen nicht unmittelbar der Darlehenstilgung dienen. Zudem sieht Abs. 2 Satz 2 bei einer Vermögensbildung durch einen zusätzlichen Sparvertrag (etwa ein Aktiensparplan) 5

---

[1] Begr. RegE BT-Drs. 16/11643, 129.
[2] Kümpel/Mülbert/Früh/Seyfried/*Merz/Wittig* Rn. 5.208.
[3] Begr. RegE BT-Drs. 16/11643, 129.
[4] So ein Bsp. von *Geßner* VuR 2008, 84 (87) (Citibank).
[5] Daten bei *Knobloch* VuR 2008, 91.
[6] *Geßner* VuR 2008, 84 (90).
[7] Begr. RegE BT-Drs. 16/11643, 129.
[8] Kümpel/Mülbert/Früh/Seyfried/*Merz/Wittig* Rn. 5.125.
[9] BGH WM 2011, 1329 (1331 ff.) = NJW 2011, 2640.

den Hinweis vor, dass der bloße Abschluss eines Sparvertrags nicht sicherstellt, dass die am Ende der Laufzeit angesparte Summe auch die Darlehensforderung abdeckt.[10] Fehlt die Angabe, so greift die Rechtsfolge nach § 494 Abs. 4 BGB ein, die Raten für den Sparvertrag werden als (zusätzliche) Kosten nicht geschuldet. Der Darlehensvertrag wird nicht nichtig, so dass Darlehensnehmer das Darlehen verlangen kann, dann aber auch zum Fälligkeitszeitpunkt zurückzahlen muss.[11] Hauptanwendungsfall sind Lebensversicherungsverträge, nach der Rechtsprechung bezieht sich eine Tilgungsabrede nur auf die tatsächlich ausgezahlte Lebensversicherungssumme,[12] nicht etwa auf eine weitergehende Modellrechnung, das Risiko der Unterdeckung soll der Darlehensnehmer tragen.

6 Eine besondere Gestaltung der Information über die Zusatzleistungen sieht das Gesetz nicht vor, die vorvertragliche Information muss aber auch insoweit klar und verständlich formuliert sein.[13]

§ 9 *(aufgehoben)*

§ 10 *Abweichende Mitteilungspflichten bei Überziehungsmöglichkeiten gemäß § 504 Abs. 2 des Bürgerlichen Gesetzbuchs*

(1) Bei Überziehungsmöglichkeiten im Sinne des § 504 Abs. 2 des Bürgerlichen Gesetzbuchs sind abweichend von den §§ 3, 4 und 6 nur anzugeben:

1. in der vorvertraglichen Information

a) die Angaben nach § 3 Absatz 1 Nummer 1 bis 6, 10, 11 und 16, Absatz 3 und 4 sowie gegebenenfalls nach § 4 Abs. 1 Nr. 4,

b) die Bedingungen zur Beendigung des Darlehensverhältnisses und

c) der Hinweis, dass der Darlehensnehmer jederzeit zur Rückzahlung des gesamten Darlehensbetrags aufgefordert werden kann, falls ein entsprechendes Kündigungsrecht für den Darlehensgeber vereinbart werden soll;

2. im Vertrag

a) die Angaben nach § 6 Abs. 1 Nr. 1 in Verbindung mit § 3 Abs. 1 Nr. 1 bis 6, 9 und 10, Abs. 4,

b) die Angaben nach § 6 Abs. 1 Nr. 2 und 5,

c) die Gesamtkosten sowie

d) gegebenenfalls der Hinweis nach Nummer 1 Buchstabe c.

(2) In den Fällen des § 5 Absatz 1 muss die Beschreibung der wesentlichen Merkmale nach Artikel 246b § 1 Absatz 1 Nummer 5 zumindest die Angaben nach § 3 Absatz 1 Nummer 3 bis 5, 10, Absatz 3 und 4 sowie nach Absatz 1 Nr. 1 Buchstabe c enthalten.

(3) Die Angabe des effektiven Jahreszinses ist entbehrlich, wenn der Darlehensgeber außer den Sollzinsen keine weiteren Kosten verlangt und die Sollzinsen nicht in kürzeren Zeiträumen als drei Monaten fällig werden.

1 Die Informationspflicht bei Überziehungsmöglichkeiten soll (potentiellen) Darlehensnehmern die Nutzen und Risiken dieses Vertragstypus angemessen vor Augen führen.[1] Geregelt werden Überziehungsmöglichkeiten gemäß § 504 Abs. 2 BGB, also kurzfristige Überziehungsmöglichkeiten zu geringen Kosten.[2] Soweit die Regierungsbegründung da-

[10] Begr. RegE BT-Drs. 16/11643, 130.
[11] Begr. RegE BT-Drs. 16/11643, 130.
[12] BGH WM 2008, 121.
[13] Kümpel/Mülbert/Früh/Seyfried/*Merz/Wittig* Rn. 5.126.
[1] Begr. RegE BT-Drs. 16/11643, 131.
[2] Dazu dort → BGB § 504 Rn. 4.

von spricht, dass nur die Angaben aus §§ 3, 6 modifiziert werden,[3] ist auf die gemäß Abs. 1 abweichende Regelung auch von § 4 hinzuweisen.[4]

Überziehungsmöglichkeiten, die unter § 504 Abs. 1 BGB fallen, werden von § 16 geregelt, geduldete Überziehungen nach § 505 BGB von § 17. 2

§ 11 *Abweichende Mitteilungspflichten bei Allgemein-Verbraucherdarlehensverträgen zur Umschuldung gemäß § 495 Absatz 2 Nummer 1 des Bürgerlichen Gesetzbuchs*

(1) Bei Allgemein-Verbraucherdarlehensverträgen zur Umschuldung gemäß § 495 Absatz 2 Nummer 1 des Bürgerlichen Gesetzbuchs sind abweichend von den §§ 3, 4 und 6 nur anzugeben:

1. in der vorvertraglichen Information

a) die Angaben nach § 3 Abs. 1 Nr. 1 bis 7, 10, 11, 14 und 16, Abs. 3 und 4,

b) die Angaben nach § 4 Abs. 1 Nr. 3,

c) die Angaben nach § 10 Abs. 1 Nr. 1 Buchstabe b sowie

d) gegebenenfalls die Angaben nach § 4 Abs. 1 Nr. 4;

2. im Vertrag

a) die Angaben nach § 6 Abs. 1 Nr. 1 in Verbindung mit § 3 Abs. 1 Nr. 1 bis 9, 11 und 14, Abs. 3 und 4 sowie

b) die Angaben nach § 6 Abs. 1 Nr. 2 bis 4 und 6.

(2) In den Fällen des § 5 Absatz 1 muss die Beschreibung der wesentlichen Merkmale nach Artikel 246b § 1 Absatz 1 Nummer 5 zumindest die Angaben nach § 3 Abs. 1 Nr. 3 bis 6, 10 sowie Abs. 3 und 4 enthalten.

(3) [1] Wird ein Verbraucherdarlehensvertrag gemäß § 495 Absatz 2 Nummer 1 des Bürgerlichen Gesetzbuchs als Überziehungsmöglichkeit im Sinne des § 504 Abs. 2 Satz 1 des Bürgerlichen Gesetzbuchs abgeschlossen, gilt § 10. [2] Die Absätze 1 und 2 sind nicht anzuwenden.

Ist der Verbraucher bei einem Allgemein-Verbraucherdarlehensvertrag seinen Verpflichtungen aus dem Kreditvertrag nicht nachgekommen, so können die Mitgliedstaaten unter dort genannten weiteren Voraussetzungen gemäß Art. 2 Abs. 6 der Richtlinie abweichende Regeln für Verbraucherkreditverträge vorsehen. Deutschland hat von dieser Ermächtigung insbesondere für Umschuldungen Gebrauch gemacht. 1

§ 12 *Verbundene Verträge und entgeltliche Finanzierungshilfen*

(1) [1] Die §§ 1 bis 11 gelten entsprechend für die in § 506 Absatz 1 des Bürgerlichen Gesetzbuchs bezeichneten Verträge über entgeltliche Finanzierungshilfen. [2] Bei diesen Verträgen oder Verbraucherdarlehensverträgen, die mit einem anderen Vertrag gemäß § 358 des Bürgerlichen Gesetzbuchs verbunden sind oder in denen eine Ware oder Leistung gemäß § 360 Absatz 2 Satz 2 des Bürgerlichen Gesetzbuchs angegeben ist, muss enthalten:

1. die vorvertragliche Information, auch in den Fällen des § 5, den Gegenstand und den Barzahlungspreis,

2. der Vertrag

a) den Gegenstand und den Barzahlungspreis sowie

b) Informationen über die sich aus den §§ 358 und 359 oder § 360 des Bürgerlichen Gesetzbuchs ergebenden Rechte und über die Bedingungen für die Ausübung dieser Rechte.

[3] Enthält der Verbraucherdarlehensvertrag eine Vertragsklausel in hervorgehobener und deutlich gestalteter Form, die bei Allgemein-Verbraucherdarlehensverträgen dem Muster in Anlage 7 und bei Immobiliar-Verbraucherdarlehensverträgen dem Muster in Anlage 8 entspricht, genügt diese

[3] Begr. RegE BT-Drs. 16/11643, 130.

[4] Kümpel/Mülbert/Früh/Seyfried/*Merz/Wittig* Rn. 5.132.

Vertragsklausel bei verbundenen Verträgen sowie Geschäften gemäß § 360 Absatz 2 Satz 2 des Bürgerlichen Gesetzbuchs den in Satz 2 Nummer 2 Buchstabe b gestellten Anforderungen. [4]Dies gilt bis zum Ablauf des 4. November 2011 auch bei entsprechender Verwendung dieses Musters in der Fassung des Gesetzes zur Einführung einer Musterwiderrufsinformation für Verbraucherdarlehensverträge, zur Änderung der Vorschriften über das Widerrufsrecht bei Verbraucherdarlehensverträgen und zur Änderung des Darlehensvermittlungsrechts vom 24. Juli 2010 (BGBl. I S. 977). [5]Bei Verträgen über eine entgeltliche Finanzierungshilfe treten diese Rechtsfolgen nur ein, wenn die Informationen dem im Einzelfall vorliegenden Vertragstyp angepasst sind. [6]Der Darlehensgeber darf unter Beachtung von Satz 3 in Format und Schriftgröße von dem Muster abweichen.

(2) ***[1]Bei Verträgen gemäß § 506 Absatz 2 Satz 1 Nummer 3 des Bürgerlichen Gesetzbuchs sind die Angaben nach § 3 Abs. 1 Nr. 14, § 4 Abs. 1 Nr. 3 und § 7 Nummer 3 entbehrlich. [2]§ 14 Abs. 1 Satz 2 ist nicht anzuwenden. [3]Hat der Unternehmer den Gegenstand für den Verbraucher erworben, tritt an die Stelle des Barzahlungspreises der Anschaffungspreis.***

1 § 12 ergänzt die §§ 3–11 bei entgeltlichen Finanzierungshilfen und verbundenem Verträgen nach § 358 Abs. 3 BGB. Abs. 1 Satz 3 verweist für Allgemein-Verbraucherdarlehensverträge auf das Muster in Anlage 7, für Immobiliar-Verbraucherdarlehensverträge auf das Muster in Anlage 8. Nach der Rechtsprechung des Bundesgerichtshofs können auch Ratenkredit und Restschuldversicherung ein verbundenes Geschäft darstellen.[1] Nach dem LG Hamburg soll das nicht gelten, wenn Versicherungsnehmer der Kreditgeber ist.[2]

§ 13 *Darlehensvermittler bei Verbraucherdarlehensverträgen*

(1) ***Ist bei der Anbahnung oder beim Abschluss eines Verbraucherdarlehensvertrags oder eines Vertrags über eine entgeltliche Finanzierungshilfe ein Darlehensvermittler beteiligt, so ist der Vertragsinhalt nach § 6 Abs. 1 um den Namen und die Anschrift des beteiligten Darlehensvermittlers zu ergänzen.***

(2) ***[1]Wird der Darlehensvermittlungsvertrag im Sinne des § 655a des Bürgerlichen Gesetzbuchs mit einem Verbraucher abgeschlossen, so hat der Darlehensvermittler den Verbraucher rechtzeitig vor Abschluss des Darlehensvermittlungsvertrags auf einem dauerhaften Datenträger zu unterrichten über***

1. die Höhe einer vom Verbraucher verlangten Vergütung,
2. die Tatsache, ob er für die Vermittlung von einem Dritten ein Entgelt oder sonstige Anreize erhält sowie gegebenenfalls die Höhe,
3. den Umfang seiner Befugnisse, insbesondere, ob er ausschließlich für einen oder mehrere bestimmte Darlehensgeber oder unabhängig tätig wird, und
4. gegebenenfalls weitere vom Verbraucher verlangte Nebenentgelte sowie deren Höhe, soweit diese zum Zeitpunkt der Unterrichtung bekannt ist, andernfalls einen Höchstbetrag.

[2]Wird der Darlehensvermittlungsvertrag im Sinne des § 655a des Bürgerlichen Gesetzbuchs ausschließlich mit einem Dritten abgeschlossen, so hat der Darlehensvermittler den Verbraucher rechtzeitig vor Abschluss eines vermittelten Vertrags im Sinne von Absatz 1 auf einem dauerhaften Datenträger über die Einzelheiten gemäß Satz 1 Nummer 2 und 3 zu unterrichten.

(3) ***Der Darlehensvermittler hat dem Darlehensgeber die Höhe der von ihm verlangten Vergütung vor der Annahme des Auftrags mitzuteilen. Darlehensvermittler und Darlehensgeber haben sicherzustellen, dass die andere Partei eine Abschrift des Vertrags im Sinne von Absatz 1 erhält.***

---

[1] BGHZ 184, 1 = NJW 2010, 531; OLG Schleswig WM 2010, 1074; Literaturnachweise nach Kümpel/Mülbert/Früh/Seyfried/*Merz/Wittig* Rn. 5.141 und 5.218. Ein verbundenes Geschäft jedenfalls im entschiedenen Fall abgelehnt hatten OLG Celle WM 2009, 1600; OLG Köln WM 2009, 793 und OLG Oldenburg WM 2009, 796; offen OLG Stuttgart WM 2009, 1361; dazu auch *Mülbert/Wilhelm* WM 2009, 2241; *Göhrmann* BKR 2014, 409.

[2] LG Hamburg WM 2010, 2080.

(4) Wirbt der Darlehensvermittler gegenüber einem Verbraucher für den Abschluss eines Verbraucherdarlehensvertrags oder eines Vertrags über eine entgeltliche Finanzierungshilfe, so hat er hierbei die Angaben nach Absatz 2 Satz 1 Nummer 3 einzubeziehen.

Ist ein Darlehensvermittler bei Anbahnung oder Abschluss eines Verbraucherdarlehens- **1**
vertrags bzw. einer Finanzierungshilfe beteiligt, so sieht § 13 Abs. 1 für die vorvertragliche Information und den Vertrag selbst als weitere Angaben den Namen des Vermittlers vor. In der Verbraucherkreditrichtlinie findet sich die Definition des Kreditvermittlers in Art. 3 Buchstabe f.

Die Werbung ist für Darlehensgeber in der Preisangabenverordnung geregelt (dort § 6a), **2**
für Darlehensvermittler im Zusammenhang mit den sonstigen (vorvertraglichen) Informationspflichten in § 13 Abs. 4. Der Anwendungsbereich ist nicht mit § 6a PAngV identisch. Der Hinweis nach § 13 Abs. 4 auf den Umfang der Berechtigung sowie die Tätigkeit für einen oder mehrere Darlehensgeber oder als unabhängiger Darlehensvermittler ist bei jeder Art von Werbung erforderlich, § 6a Preisangabenverordnung sieht Angaben nur bei einer Werbung mit Zinssätzen oder sonstigen Kostenangaben vor.[1]

Das Entgelt für die Darlehensvermittlung ist grundsätzlich nicht anzugeben,[2] allerdings **3**
besteht eine Angabepflicht, wenn die Kosten zusätzlich in Rechnung gestellt werden, § 6 Abs. 1 Nr. 1 iVm § 3 Abs. 1 Nr. 10.

§ 13a *Besondere Regelungen für Darlehensvermittler bei Allgemein-Verbraucherdarlehensverträgen*

Ist bei der Anbahnung oder beim Abschluss eines Allgemein-Verbraucherdarlehensvertrags oder eines Vertrags über eine entsprechende entgeltliche Finanzierungshilfe ein Darlehensvermittler beteiligt, so sind die vorvertraglichen Informationen nach § 3 Absatz 1 Nummer 1 um den Namen und die Anschrift des beteiligten Darlehensvermittlers zu ergänzen.

§ 13b *Besondere Regelungen für Darlehensvermittler bei Immobiliar-Verbraucherdarlehensverträgen*

(1) ¹Bei der Vermittlung von Immobiliar-Verbraucherdarlehensverträgen muss der Darlehensvermittler mit der Unterrichtung nach § 13 Absatz 2 Folgendes zusätzlich mitteilen:

1. seine Identität und Anschrift,
2. in welches Register er eingetragen wurde, gegebenenfalls die Registrierungsnummer, und auf welche Weise der Registereintrag eingesehen werden kann,
3. ob er an einen oder mehrere Darlehensgeber gemäß § 655a Absatz 3 Satz 3 des Bürgerlichen Gesetzbuchs gebunden oder ausschließlich für einen oder mehrere Darlehensgeber tätig ist, und wenn ja, die Namen der Darlehensgeber,
4. ob er Beratungsleistungen anbietet,
5. die Methode, nach der seine Vergütung berechnet wird, falls die Höhe noch nicht genau benannt werden kann,
6. welche interne Verfahren für Beschwerden von Verbrauchern oder anderen interessierten Parteien über Darlehensvermittler zur Verfügung stehen sowie einen möglichen Zugang des Verbrauchers zu einem außergerichtlichen Beschwerde- und Rechtsbehelfsverfahren,
7. ob ihm für seine im Zusammenhang mit dem Darlehensvertrag stehende Dienstleistung Provisionen oder sonstige Anreize von einem Dritten gewährt werden, und wenn ja, in welcher Höhe; ist die Höhe noch nicht bekannt, so ist mitzuteilen, dass der tatsächliche Betrag zu einem späteren Zeitpunkt im ESIS-Merkblatt angegeben wird.

---

[1] So Kümpel/Mülbert/Früh/Seyfried/*Merz/Wittig* Rn. 5.66.
[2] So Kümpel/Mülbert/Früh/Seyfried/*Merz/Wittig* Rn. 5.222.

[2] Beginnt der Darlehensvermittler seine Vermittlungstätigkeit vor Abschluss des Vermittlungsvertrags, so sind die Informationspflichten gemäß Satz 1 rechtzeitig vor Ausübung der Vermittlungstätigkeit zu erteilen.

(2) Bei Immobiliar-Verbraucherdarlehensverträgen hat der Darlehensvermittler dem Darlehensgeber die Informationen gemäß § 1 Absatz 1, die er von dem Darlehensnehmer erhalten hat, zum Zweck der Kreditwürdigkeitsprüfung richtig und vollständig zu übermitteln.

(3) Bietet der Darlehensvermittler im Zusammenhang mit der Vermittlung eines Immobiliar-Verbraucherdarlehensvertrags Beratungsleistungen an, gilt § 18 entsprechend.

§ 14 *Tilgungsplan*

(1) [1] Verlangt der Darlehensnehmer nach § 492 Abs. 3 Satz 2 des Bürgerlichen Gesetzbuchs einen Tilgungsplan, muss aus diesem hervorgehen, welche Zahlungen in welchen Zeitabständen zu leisten sind und welche Bedingungen für diese Zahlungen gelten. [2] Dabei ist aufzuschlüsseln, in welcher Höhe die Teilzahlungen auf das Darlehen, die nach dem Sollzinssatz berechneten Zinsen und die sonstigen Kosten angerechnet werden.

(2) Ist der Sollzinssatz nicht gebunden oder können die sonstigen Kosten angepasst werden, ist in dem Tilgungsplan in klarer und verständlicher Form anzugeben, dass die Daten des Tilgungsplans nur bis zur nächsten Anpassung des Sollzinssatzes oder der sonstigen Kosten gelten.

(3) [1] Der Tilgungsplan ist dem Darlehensnehmer auf einem dauerhaften Datenträger zur Verfügung zu stellen. [2] Der Anspruch erlischt nicht, solange das Vertragsverhältnis besteht.

1 Der Tilgungsplan dient auch dazu, im Streitfall zu ermitteln, welche Forderungen des Darlehensgebers streitig sind und auf welche Einzelforderung welche Leistungen erbracht wurden.[1]

§ 15 *Unterrichtungen bei Zinsanpassungen*

(1) Eine Zinsanpassung in einem Verbraucherdarlehensvertrag oder einem Vertrag über eine entgeltliche Finanzierungshilfe wird erst wirksam, nachdem der Darlehensgeber den Darlehensnehmer über

1. den angepassten Sollzinssatz,
2. die angepasste Höhe der Teilzahlungen und
3. die Zahl und die Fälligkeit der Teilzahlungen, sofern sich diese ändern,

unterrichtet hat.

(2) [1] Geht die Anpassung des Sollzinssatzes auf die Änderung eines Referenzzinssatzes zurück, können die Vertragsparteien einen von Absatz 1 abweichenden Zeitpunkt für die Wirksamkeit der Zinsanpassung vereinbaren. [2] In diesen Fällen muss der Vertrag eine Pflicht des Darlehensgebers vorsehen, den Darlehensnehmer nach Absatz 1 in regelmäßigen Zeitabständen zu unterrichten. [3] Bei einem Immobiliar-Verbraucherdarlehensvertrag muss der Vertrag ferner die Pflicht vorsehen, auch über den neuen Referenzzinssatz zu unterrichten. [4] Außerdem muss der Darlehensnehmer die Höhe des Referenzzinssatzes in den Geschäftsräumen des Darlehensgebers einsehen können.

(3) Werden bei einem Immobiliar-Verbraucherdarlehensvertrag Änderungen des Sollzinssatzes im Wege der Versteigerung auf den Kapitalmärkten festgelegt und kann der Darlehensgeber den Darlehensnehmer daher nicht vor dem Wirksamwerden der Änderung über diese in Kenntnis setzen, so hat der Darlehensgeber den Darlehensnehmer abweichend von Absatz 1 rechtzeitig vor der Versteigerung über das bevorstehende Verfahren zu unterrichten und darauf hinzuweisen, wie sich die Versteigerung auf den Sollzinssatz auswirken könnte.

---

[1] Begr. RegE BT-Drs. 16/11643, 133.

§ 15 ergänzt § 493 Abs. 3 BGB. In regelmäßigen Zeitabständen ist wie in § 504 Abs. 1 BGB zu verstehen.[1] Abs. 2 S. 3 sowie Abs. 3 zu Immobiliar-Verbraucherdarlehen wurden bei Umsetzung der Wohnimmobilienkreditrichtlinie ergänzt. 1

§ 16 *Unterrichtung bei Überziehungsmöglichkeiten*

Die Unterrichtung nach § 504 Abs. 1 Satz 1 des Bürgerlichen Gesetzbuchs muss folgende Angaben enthalten:

1. den genauen Zeitraum, auf den sie sich bezieht,
2. Datum und Höhe der an den Darlehensnehmer ausbezahlten Beträge,
3. Saldo und Datum der vorangegangenen Unterrichtung,
4. den neuen Saldo,
5. Datum und Höhe der Rückzahlungen des Darlehensnehmers,
6. den angewendeten Sollzinssatz,
7. die erhobenen Kosten und
8. den gegebenenfalls zurückzuzahlenden Mindestbetrag.

§ 16 dient der Umsetzung von Art. 12 Abs. 1 der Richtlinie, bislang teilweise Regelung in § 493 BGB. Zu Überziehungsmöglichkeiten nach § 504 Abs. 2 BGB die Regelung in § 10, zur geduldeten Überziehung nach § 505 die Regelung der Information in § 17. 1

§ 17 *Angaben bei geduldeten Überziehungen*

(1) Die Unterrichtung nach § 505 Abs. 1 des Bürgerlichen Gesetzbuchs muss folgende Angaben enthalten:

1. den Sollzinssatz, die Bedingungen für seine Anwendung und, soweit vorhanden, Indizes oder Referenzzinssätze, auf die sich der Sollzinssatz bezieht,
2. sämtliche Kosten, die ab dem Zeitpunkt der Überziehung anfallen, sowie die Bedingungen, unter denen die Kosten angepasst werden können.

(2) Die Unterrichtung nach § 505 Abs. 2 des Bürgerlichen Gesetzbuchs muss folgende Angaben enthalten:

1. das Vorliegen einer Überziehung,
2. den Betrag der Überziehung,
3. den Sollzinssatz und
4. etwaige Vertragsstrafen, Kosten und Verzugszinsen.

Die Informationen nach Abs. 1 gehen auf Art. 18 Abs. 1 der Richtlinie zurück, der seinerseits auf Art. 6 Abs. 1 Buchstabe e der Richtlinie verweist. 1

Die Informationen nach Abs. 2 gehen auf Art. 18 Abs. 2 der Richtlinie zurück. Anzugeben sind das Vorliegen und der Betrag der Überziehung (Nr. 1 und 2), entsprechend der früheren Rechtslage weiter der (Soll)Zinssatz und die Kosten (Nr. 3 und 4) sowie über den bisherigen § 493 Abs. 2 BGB hinaus nach Nr. 4 auch eine etwaige Vertragsstrafe und Verzugszinsen. 2

[1] Begr. RegE BT-Drs. 16/11643, 134.

§ 18 *Vorvertragliche Informationen bei Beratungsleistungen für Immobiliar-Verbraucherdarlehensverträge*

(1) [1] Bevor der Darlehensgeber Beratungsleistungen für einen Immobiliar-Verbraucherdarlehensvertrag erbringt oder einen entsprechenden Beratungsvertrag schließt, hat er den Darlehensnehmer darüber zu informieren,

1. wie hoch das Entgelt ist, sofern ein solches für die Beratungsleistungen verlangt wird,
2. ob der Darlehensgeber seiner Empfehlung
   a) nur oder im Wesentlichen eigene Produkte zugrunde legt oder
   b) neben eigenen Produkten auch eine größere Anzahl von Produkten anderer Anbieter zugrunde legt.

[2] Lässt sich die Höhe des Entgelts nach Satz 1 Nummer 1 noch nicht bestimmen, ist über die Methode zu informieren, die für die Berechnung verwendet wird.

(2) Die Informationen sind auf einem dauerhaften Datenträger zu übermitteln; sie können in der gleichen Art und Weise wie weitere vorvertragliche Informationen gemäß § 1 Absatz 3 Satz 1 erteilt werden.

§ 492 Schriftform, Vertragsinhalt

(1) [1] Verbraucherdarlehensverträge sind, soweit nicht eine strengere Form vorgeschrieben ist, schriftlich abzuschließen. [2] Der Schriftform ist genügt, wenn Antrag und Annahme durch die Vertragsparteien jeweils getrennt schriftlich erklärt werden. [3] Die Erklärung des Darlehensgebers bedarf keiner Unterzeichnung, wenn sie mit Hilfe einer automatischen Einrichtung erstellt wird.

(2) Der Vertrag muss die für den Verbraucherdarlehensvertrag vorgeschriebenen Angaben nach Artikel 247 §§ 6 bis 13 des Einführungsgesetzes zum Bürgerlichen Gesetzbuche enthalten.

(3) [1] Nach Vertragsschluss stellt der Darlehensgeber dem Darlehensnehmer eine Abschrift des Vertrags zur Verfügung. [2] Ist ein Zeitpunkt für die Rückzahlung des Darlehens bestimmt, kann der Darlehensnehmer vom Darlehensgeber jederzeit einen Tilgungsplan nach Artikel 247 § 14 des Einführungsgesetzes zum Bürgerlichen Gesetzbuche verlangen.

(4) [1] Die Absätze 1 und 2 gelten auch für die Vollmacht, die ein Darlehensnehmer zum Abschluss eines Verbraucherdarlehensvertrags erteilt. [2] Satz 1 gilt nicht für die Prozessvollmacht und eine Vollmacht, die notariell beurkundet ist.

(5) Erklärungen des Darlehensgebers, die dem Darlehensnehmer gegenüber nach Vertragsabschluss abzugeben sind, müssen auf einem dauerhaften Datenträger erfolgen.

(6) [1] Enthält der Vertrag die Angaben nach Absatz 2 nicht oder nicht vollständig, können sie nach wirksamem Vertragsschluss oder in den Fällen des § 494 Absatz 2 Satz 1 nach Gültigwerden des Vertrags auf einem dauerhaften Datenträger nachgeholt werden. [2] Hat das Fehlen von Angaben nach Absatz 2 zu Änderungen der Vertragsbedingungen gemäß § 494 Absatz 2 Satz 2 bis Absatz 6 geführt, kann die Nachholung der Angaben nur dadurch erfolgen, dass der Darlehensnehmer die nach § 494 Absatz 7 erforderliche Abschrift des Vertrags erhält. [3] In den sonstigen Fällen muss der Darlehensnehmer spätestens im Zeitpunkt der Nachholung der Angaben eine der in § 356b Absatz 1 genannten Unterlagen erhalten. [4] Mit der Nachholung der Angaben nach Absatz 2 ist der Darlehensnehmer auf einem dauerhaften Datenträger darauf hinzuweisen, dass die Widerrufsfrist von einem Monat nach Erhalt der nachgeholten Angaben beginnt.

(7) Die Vereinbarung eines veränderlichen Sollzinssatzes, der sich nach einem Index oder Referenzzinssatz richtet, ist nur wirksam, wenn der Index oder Referenzzinssatz objektiv, eindeutig bestimmt und für Darlehensgeber und Darlehensnehmer verfügbar und überprüfbar ist.

Übersicht

I. Grundlagen

§ 492 idF der Umsetzung der Verbraucherkreditrichtlinie 2008 geht überwiegend auf § 492 aF (zuvor § 4 VerbKrG) zurück, enthält aber die geforderten Angaben nicht mehr selbst, sondern verweist in Abs. 2 auf Art. 247 EGBGB. Damit wollte der Gesetzgeber dem Umstand Rechnung tragen, dass die Informationspflichten durch die neue Verbraucherkreditrichtlinie aus dem Jahre 2008 deutlich erweitert wurden. Grundlage für § 492 ist Art. 10 Verbraucherkreditrichtlinie, das BGB geht über diesen allerdings teilweise hinaus. Statt auf die Textform wird wegen der Neufassung von § 126b BGB und der Anforderungen der Verbraucherkreditrichtlinie auf einen dauerhaften Datenträger verwiesen. Anlässlich der Umsetzung der Wohnimmobilienkreditrichtlinie wurde ein neuer Abs. 7 angefügt, der bei Vereinbarung eines veränderlichen Sollzinssatzes nunmehr Anforderungen an den Index- und Referenzzinssatz stellt. 1

II. Schriftform (Abs. 1)

1. Mindestens Schriftform, Abs. 1 S. 1

Der Verbraucherdarlehensvertrag muss nach Abs. 1 S. 1 schriftlich geschlossen werden.[1] Damit geht das deutsche Recht über die Anforderungen der Richtlinie hinaus,[2] die eine Erstellung des Kreditvertrags auf Papier oder einem anderen dauerhaften Datenträger vorsieht (Art. 10 Abs. 1, Unterabsatz 1). Dauerhafter Datenträger ist nach der Definition in Art. 3 Buchstabe m jedes Medium, das es dem Verbraucher gestattet, an ihn persönlich gerichtete Informationen derart zu speichern, dass er sie in der Folge für eine den Zwecken der Information angemessene Dauer einsehen kann, und das die unveränderte Wiedergabe der gespeicherten Information ermöglicht. Andererseits regelt die Richtlinie nach dem 30. Erwägungsgrund nicht Aspekte des Vertragsrechts, die die Wirksamkeit von Kreditverträgen betreffen. Fraglich, ob damit (auch) die Form gemeint ist, es wird in der Folge insbesondere auf die Bindung an einen Antrag eingegangen, auch Art. 10 Abs. 1 Unterabsatz 2 S. 2 schließt die Möglichkeit einer strengeren Form nicht ausdrücklich ein.[3] 2

Elektronische Form ist trotz der Überschrift möglich, §§ 126 Abs. 3, 126a EGB, sie musste aufgrund der E-Commerce-Richtlinie zugelassen werden.[4] Der bisherige Ausschluss der elektronischen Form in Abs. 1 S. 2 ist mit der 2008 neu erlassenen Verbraucherkreditricht- 3

[1] Zur Rechtsentwicklung BankR-HdB/*Münscher/Peters* § 81 Rn. 138 ff.
[2] Begr. RegE BT-Drs. 16/11643, 90.
[3] Auf UAbs. 2 abstellend aber Begr. RegE BT-Drs. 17/1394, 16, unter Verweis auf Begr. RegE BT-Drs. 16/11643, 79.
[4] Bülow/*Artz* Rn. 29 f.; *Ady/Paetz* WM 2009, 1061 (1063).

linie unvereinbar, die alte Verbraucherkreditrichtlinie sah Schriftform vor.[5] Elektronische Form ist für seit dem 11.6.2010 geschlossene Verbraucherdarlehensverträge möglich.[6] Die Regierungsbegründung verweist auf die E-Commerce-Richtlinie.[7] Für die elektronische Form genügt die Unterschrift auf einem Schreibtablett nicht,[8] es bedarf einer elektronischen Signatur. Textform, § 126b BGB, reicht nach dem insoweit eindeutigen Wortlaut des § 492 nicht aus, es wurde aber in Zweifel gezogen, ob das nationale Recht strengere Formanforderungen stellen kann als von der Richtlinie vorgesehen.[9] Bedeutung hat das für die nunmehr geforderte Möglichkeit eines digitalen Vertragsschlusses.[10] Bislang wenig praktische Bedeutung erlangt hat der Vertragsabschluss mittels elektronischer Signatur gemäß Art. 25 Abs. 2 eIDAS-VO.[11] Nach der Rechtsprechung des EuGH ist das Vorsehen eines schriftlichen Vertragsschlusses mit Art. 10 Abs. 1 und 2 Verbraucherkreditrichtlinie vereinbar,[12] der an sich auch die Erstellung des Kreditvertrags auf einem anderen dauerhaften Datenträger zulässt. De lege ferenda erscheint die Möglichkeit eines vereinfachten digitalen Vertragsschlusses dringend geboten, dabei sollten allerdings die bestehenden Schutzlücken jedenfalls für digitale Verträge geschlossen werden.[13] Weiter ist den Besonderheiten des Verbraucherschutzes auf digitalen Märkten und bei digitalen Vertragsschlüssen im Zivil- und Aufsichtsrecht angemessen Rechnung zu tragen. Bei digitalen Willenserklärungen ist die Diskrepanz zwischen schnellem Vertragsschluss und langer Bindung besonders groß, grundsätzlich sind die Regelungen des Fernabsatzes auf den sofortigen Austausch von Leistungen gerichtet.

4 Dem Schriftformerfordernis wird eine umfassende Warn- und Informationsfunktion für den Verbraucher beigemessen,[14] das Schriftformerfordernis bezieht sich auch auf die in Abs. 2 in Bezug genommenen Mindestangaben nach Art. 247 EGBGB. Es soll der Gefahr falscher Entscheidungen entgegengewirkt werden, insbesondere soll der Verbraucher von seine Leistungsfähigkeit übersteigenden Verpflichtungen abgehalten werden;[15] die Information dient auch dazu, dass der Verbraucher gegebenenfalls von seinem Widerrufsrecht nach § 495 Gebrauch macht.[16] Der Verbraucher soll die Möglichkeit erhalten, eine sachgerechte Entscheidung für oder gegen die beabsichtigte Kreditaufnahme zu fällen, und es sollen ihm die finanziellen Folgen aufgezeigt werden, die mit ihr verbunden sind.[17] Verwendet der Darlehensgeber Allgemeine Geschäftsbedingungen, so müssen diese nach allgemeinen Grundsätzen in die Urkunde selbst integriert sein bzw. mit dem Verbraucherdarlehensvertrag jedenfalls eine einheitliche Urkunde bilden,[18] was teilweise differenziert gesehen wird und im Falle von Konditionenänderungen nicht unproblematisch ist.[19] Der Schriftform bedarf auch die einverständliche Änderung des Vertrages.[20]

5 Zur Erfüllung des Schriftformerfordernisses bedarf es einer Unterschrift unter der Vertragsurkunde, eine Blankounterschrift des Verbrauchers reicht nicht aus.[21] Bei, wie regelmäßig, mehrseitigen Darlehensverträgen genügt eine durchgehende Paginierung,[22] es müs-

[5] Art. 4 Abs. 1 S. 1 RL 87/102/EWG.
[6] Kümpel/Mülbert/Früh/Seyfried/*Merz/Wittig* Rn. 5.174.
[7] Begr. RegE BT-Drs. 16/11643, 79.
[8] OLG München NJW 2012, 3584.
[9] Nobbe/*Müller-Christmann* Rn. 3; *Rott* WM 2008, 1104 (1110).
[10] → § 491 Rn. 26 (Fn. 52).
[11] VO Nr. 910/2014 des Europäischen Parlaments und des Rates über elektronische Identifizierung und Vertrauensdienste für elektronische Reaktionen im Binnenmarkt, ABlEU L 257/73.
[12] EuGH Home Credit Slovakia, Rs. C-42/15, NJW 2017, 45.
[13] Etwa die Rechtsfolgen des § 494, dazu EuGH Home Credit Slovakia, Rs. C-42/15, NJW 2017, 45: Zins- und Kostenfreiheit bei Fehlen von Angaben.
[14] BGHZ 165, 213 = NJW 2006, 681.
[15] BankR-HdB *Münscher/Peters* § 81 Rn. 136.
[16] Begr. RegE BT-Drs. 11/5462, 12, 19.
[17] BGH BKR 2006, 405 (408).
[18] Nobbe/*Müller-Christmann* Rn. 1.1.
[19] Zum Meinungsstand ausführlich BankR-HdB/*Peters* § 81 Rn. 144–154.
[20] Palandt/*Weidenkaff* Rn. 1, noch zum alten Recht BGHZ 165, 213 (216) = BGH NJW 2006, 680.
[21] BGH WM 2005, 1330 (1332) = NJW-RR 2004, 1141.
[22] BankR-HdB/*Peters* § 81 Rn. 143.

sen die verschiedenen Seiten nicht fest miteinander verbunden sein,[23] etwa durch Heftung.

Eine strengere Form wird gesetzlich etwa vorgeschrieben, wenn mit dem Abschluss eines Immobiliardarlehensvertrages zugleich die Sicherung mit einer Grundschuld oder Hypothek erfolgen soll. Die dann eingreifende strengere Form ist trotz der Vollharmonisierung möglich, Immobiliardarlehen werden von vornherein nicht vom Anwendungsbereich der Verbraucherkreditrichtlinie umfasst, für diese gilt die Verbraucherkreditrichtlinie nach Art. 2 Abs. 2 Buchstabe b nicht. **6**

Ausnahmen vom Schriftformerfordernis sieht nur § 504 Abs. 2 S. 2 für die Überziehungsmöglichkeit vor. Das Schriftformerfordernis gilt nach Abs. 4 auch für eine vom Verbraucher erteilte Vollmacht. **7**

2. Antrag und Annahme (Abs. 1 S. 2)

In Abweichung von § 126 Abs. 2 S. 1 BGB ist keine Unterschrift auf derselben Urkunde erforderlich, es müssen auch nicht entsprechend § 126 Abs. 2 S. 2 gleich lautende Urkunden unterschrieben werden. § 492 Abs. 1 S. 2 lässt es genügen, dass Antrag und Annahme durch die Vertragsparteien getrennt erklärt werden. Möglich ist das durch die besonders geregelte Form des Vertragsschlusses, es liegt das Angebot bzw. liegen die wesentlichen Bestimmungen des Vertrages nach Art. 247 EGBGB schriftlich vor. Teilweise wird angenommen, dass jede Urkunde den gesetzlich vorgeschriebenen Mindestinhalt vollständig aufweisen muss.[24] Dies mag guter Praxis entsprechen, dürfte aber über den gesetzlichen Mindeststandard hinausgehen.[25] **8**

Die Erklärung des Darlehensnehmers muss auch die Angaben gemäß Art. 247 EGBGB enthalten. Es bedarf insoweit einer einheitlichen Urkunde. **9**

3. Automatische Einrichtung (Abs. 1 S. 3)

Für Darlehensgeber ist der Abschluss des Verbraucherdarlehensvertrages auch ohne Unterschrift mit einer automatischen Einrichtung möglich. Eine gesetzliche Definition der automatischen Einrichtung fehlt.[26] Nach der Rechtsprechung des Bundesgerichtshofs bedarf es grundsätzlich einer vollautomatischen Erstellung,[27] die Gegenansicht lässt bereits die Verwendung eines Computerausdrucks genügen.[28] **10**

III. Angaben (Abs. 2)

Der Vertragsinhalt eines den §§ 491 ff. unterfallenden (Verbraucher)Darlehens ist nicht mehr in § 492 selbst geregelt. Abs. 2 enthält nur noch einen Verweis auf Art. 247 EGBGB. Die Angaben im Vertrag selbst sind in § 6 des Art. 247 EGBGB geregelt, Art. 247 § 6 Abs. 1 Nr. 1 verweist dabei maßgeblich auf den Inhalt der vorvertraglichen Information, des Art. 247 § 3 EGBGB. Die geltende Verbraucherkreditrichtlinie von 2008 beinhaltet eine detailliertere Regelung als die Vorgängerrichtlinie von 1987. Dabei enthält Art. 10 der Richtlinie keine Verweisung auf die in Art. 5 der Richtlinie geregelte vorvertragliche Information, sondern eine eigenständige Regelung. Die deutsche Verweisungstechnik ist **11**

[23] BGH WM 2000, 539 (543) = NJW 2000, 354; 1999, 595 (596) = NJW 1999, 1104; BGHZ 136, 357 = NJW 1998, 58; BGH WM 1997, 1352 (1353 f.) = NJW 1997, 2182.

[24] Kümpel/Mülbert/Früh/Seyfried/*Merz/Wittig* Rn. 5.176, s. a. Staub/*Renner* Kreditgeschäft (Band 10/2) Rn. 666.

[25] Gegen eine entsprechende Pflicht für die Erklärung des Darlehensgebers auch MüKoBGB/*Schürnbrand/Weber* § 492 Rn. 11; PWW/*Kessal-Wulf*, 6. Aufl., § 492 Rn. 2, anders jetzt PWW/*Nobbe* Rn. 4.

[26] Kümpel/Mülbert/Früh/Seyfried/*Merz/Wittig* Rn. 5.175.

[27] BGH NZM 2005, 61 (Ausnahme bei einer Nebenkostenabrechnung, da hier auch individuelle Angaben nötig sind).

[28] Bülow/*Artz* Rn. 59.

weniger transparent, letztlich ergibt sich der Vertragsinhalt aber auch hinreichend deutlich aus den Mustern in der Anlage zum EGBGB.

12 Nach dem Schrifttum sind an die Klarheit und Übersichtlichkeit der Vertragsurkunde sowie an die Genauigkeit der Angaben hohe Anforderungen zu stellen, die Angaben müssen verständlich formuliert sein und dürfen es nicht dem Darlehensnehmer überlassen, die Angaben selbst zu ermitteln.[29] Bedeutung hat das etwa für die Angabe des effektiven Jahreszinses, wenn auch Lebens- oder Restschuldversicherungen abgeschlossen worden sind, hier kann die Angabe eines zweiten effektiven Jahreszinses geboten sein.[30] Die Rechtsfolgen fehlender Angaben sind in § 494 geregelt, noch kein Verbraucherdarlehensvertrag liegt vor, wenn Zinssatz und anfänglicher Zinsbindungszeitraum noch vereinbart werden sollen.[31]

IV. Abschrift und Tilgungsplan (Abs. 3)

13 Die (Neben-)Pflicht des Darlehensgebers, dem Verbraucher nach Abs. 3 S. 1 eine Abschrift des Vertrages zu überlassen,[32] findet ihre Grundlage in der Richtlinie. Nach Art. 10 Abs. 1 S. 2 Verbraucherkreditrichtlinie ist dem Verbraucher eine Ausfertigung des Vertrages zu überlassen. Das Europäische Recht versteht unter einer Ausfertigung nicht die notarielle Urkunde, es genügt die gewählte Form. Die Abschrift bedarf keiner weiteren Angaben, insbesondere keiner Unterschrift,[33] sie muss die Angaben des Vertrages vollständig enthalten. Genannt werden weiter eine Durchschrift, eine Kopie, ein Computerausdruck, ferner die Aushändigung des Originals.[34] Die Pflicht zur Aushändigung wird jedenfalls auch dann bestehen, wenn ein zunächst nichtiger Vertrag nach § 494 Abs. 2 BGB geheilt wurde.[35] Das Abstellen auf die Überlassung der Abschrift soll dem Darlehensgeber neben der Aushändigung auch die Versendung der Abschrift ermöglichen,[36] die bloße Möglichkeit des Downloads genügt dem Zweck der Regelung nicht.

14 Das Recht des Darlehensnehmers, gemäß Abs. 3 S. 2 einen Tilgungsplan zu verlangen, beruht auf Art. 10 Abs. 3 Verbraucherkreditrichtlinie. Soweit Art. 10 Abs. 2 Buchstabe i Verbraucherkreditrichtlinie Anwendung findet, stellt der Kreditgeber dem Verbraucher kostenlos und zu jedem beliebigen Zeitpunkt während der Gesamtlaufzeit des Kreditvertrages eine Aufstellung in Form eines Tilgungsplans zur Verfügung. Nach Art. 10 Abs. 2 Buchstabe i, Unterabsatz 2 Verbraucherkreditrichtlinie geht aus dem Tilgungsplan hervor, welche Zahlungen in welchen Zeitabständen zu leisten sind und welche Bedingungen für diese Zahlungen gelten; in dem Plan sind die einzelnen periodischen Rückzahlungen nach der Darlehenstilgung, den nach dem Sollzinssatz berechneten Zinsen und gegebenenfalls allen zusätzlichen Kosten aufzuschlüsseln; im Falle eines Kreditvertrags, bei dem kein fester Zinssatz vereinbart wurde oder die zusätzlichen Kosten geändert werden können, ist in dem Tilgungsplan in klarer und prägnanter Weise anzugeben, dass die Daten im Tilgungsplan nur bis zur nächsten Änderung des Sollzinssatzes oder der zusätzlichen Kosten nach dem Kreditvertrag Gültigkeit haben.

15 Der Tilgungsplan ist nach der Verbraucherkreditrichtlinie und der deutschen Umsetzung als Anspruch des Darlehensnehmers ausgestaltet. Ursprünglich war eine Pflicht des Darlehensgebers vorgesehen, was aber auf Initiative des Europäischen Parlaments wegen des befürchteten großen Aufwandes in einen Anspruch geändert wurde. Der Darlehensgeber muss auf das Recht des Verbrauchers hinweisen, Art. 247 § 6 Abs. 1 Nr. 4 EGBGB. Nach

[29] Nobbe/*Müller-Christmann* Rn. 15.
[30] Näher → BGB Vor § 491a PreisAngV § 6 Rn. 2.
[31] OLG Karlsruhe ZIP 2006, 1289 (1290).
[32] Diese ist auch durchsetzbar, BankR-HdB/*Peters* § 81 Rn. 157.
[33] Begr. RegE BT-Drs. 16/11643, 80.
[34] Nobbe/*Müller-Christmann* Rn. 40.
[35] Staudinger/*Kessal-Wulf*, 2012, Rn. 25 aE, str.
[36] MüKoBGB/*Schürnbrand*/*Weber* Rn. 43, dazu BT-Drs. 14/7052, 201.

dem Gesetzeswortlaut besteht ein Anspruch auf Überlassung eines Tilgungsplans nur, wenn das Darlehen eine bestimmte Laufzeit hat. Die Regierungsbegründung sieht eine Erstellung sonst als unmöglich an und will keinen Anspruch geben,[37] die Richtlinie sieht nur bei fester Laufzeit einen Anspruch vor.[38]

Nach Abs. 3 kann jederzeit ein Tilgungsplan angefordert werden. Der Tilgungsplan soll dem Darlehensnehmer seine künftige Belastung vor Augen führen sowie im Streitfall die Ermittlung der Forderungen des Darlehensgebers erleichtern.[39] Teilweise wird ein mehrmaliges Anfordern des Tilgungsplans innerhalb eines Jahres als grundsätzlich rechtswidrig angesehen, wenn sich nicht (durch Sondertilgungen) Abweichungen vom bereits erhaltenen Tilgungsplan ergeben.[40] Der Inhalt des Tilgungsplans ist in Art. 247 § 14 Abs. 2 EGBGB geregelt. Als Ausgangspunkt reicht der aktuelle Saldo aus, es müssen nicht auch alle Zahlungen in der Vergangenheit aufgelistet werden.[41] **16**

Der Tilgungsplan ist auf Grundlage tatsächlicher Entgelte aufzustellen. Unzulässige Entgelten können im Tilgungsplan nicht berücksichtigt werden, sind zunächst auch nicht zulässige Entgelte dem Tilgungsplan zugrunde gelegt worden, ist dieser anzupassen.[42] **17**

V. Formbedürftigkeit von Vollmachten (Abs. 4)

Nach Abs. 4 S. 1 bedarf grundsätzlich auch die Vollmacht der Form des Abs. 1 sowie der Angaben nach Abs. 2 iVm Art. 247 EGBGB. Es könnte sonst insbesondere ein Gewerbetreibender im Namen des Verbrauchers auftreten, so dass nicht gewährleistet wäre, dass dem Verbraucher vor Vertragsschluss tatsächlich die wesentlichen Informationen vorliegen. Die entsprechende Praxis[43] in den 1990er Jahren hat die Gerichte beschäftigt und zu einer Vielzahl hier nicht näher darstellbarer Probleme geführt.[44] **18**

Abs. 4 entspricht im Wesentlichen der Vorgängernorm, die ausdrückliche Regelung der Information bei Vollmachtvergabe geht auf die Schuldrechtsmodernisierung zurück,[45] der Bundesgerichtshof hatte wegen der unklaren Regelung im Verbraucherkreditgesetz nur in Ausnahmefällen eine solche Pflicht angenommen.[46] **19**

Die Ausnahme für notarielle Vollmachten und Prozessvollmachten soll wegen des Informationsinteresses des Verbrauchers eng auszulegen sein.[47] **20**

Die Rechtsfolgen im Fall einer nicht den Anforderungen des Abs. 4 entsprechenden Vollmacht sind in § 494 BGB geregelt. Der Darlehensvertrag ist nach § 494 Abs. 1 nichtig, diese Unwirksamkeit kann aber geheilt werden.[48] Daneben kommt eine Genehmigung des Handelns des vollmachtlosen Vertreters in Betracht, § 179 BGB. Für eine Genehmigung des Vertreterhandelns durch den Darlehensnehmer bedarf es zutreffend nicht der Form des § 492.[49] **21**

---

[37] Begr. RegE BT-Drs. 16/11643, 80.

[38] Art. 10 Abs. 2 Buchstabe i UAbs. 2, Abs. 3 der RL.

[39] Begr. RegE BT-Drs. 16/11643, 133.

[40] Kümpel/Mülbert/Früh/Seyfried/*Merz/Wittig* Rn. 5.288; allg. auf die Grenze der Zumutbarkeit abstellend *Rösler/Werner* BKR 2009, 1 (4).

[41] Kümpel/Mülbert/Früh/Seyfried/*Merz/Wittig* Rn. 5.290.

[42] Zu unzulässigen Entgelten → § 491 Rn. 12.

[43] Zur entsprechenden Praxis in den 1990er Jahren *Löhnig* VuR 1999, 147, zur Erstreckung der Angaben auch *Horn/Balzer* WM 2000, 333; *Peters* WM 2000, 554; *Rösler* VuR 2000, 191.

[44] Dazu ausführlich BankR-HdB/*Peters* § 81 Rn. 167–231.

[45] Dazu *Peters/Gröpper* WM 2001, 2199 (2203).

[46] Zu BGHZ 147, 262 (266) = NJW 2001, 1931; *von Rottenburg* WM 2001, 2194; auch zu BGH WM 2001, 2113 = NJW 2001, 3774; *Peters/Gröpper* WM 2001, 2199.

[47] *Herresthal* JuS 2002, 844 (848 ff.), grds. krit. Soergel/*Seifert* Rn. 56.

[48] → BGB § 494 Rn. 9 (Nichtigkeit) und → BGB § 494 Rn. 13 (Heilung).

[49] Allg. BGHZ 125, 218 (220 ff.) = NJW 1994, 1344, speziell zum Verbraucherdarlehen BankR-HdB/*Peters* § 81 Rn. 232 ff., 240 (mit umfangreichen Nachweisen zum Streitstand); PWW/*Nobbe* Rn. 8; *Markus Roth* WM 2003, 2356.

VI. Form von Erklärungen des Darlehensgebers nach Vertragsschluss (Abs. 5)

22 Alle Erklärungen des Darlehensgebers nach Vertragsschluss müssen auf einem dauerhaften Datenträger erfolgen, § 126b S. 2. Dies gilt nicht nur für von §§ 493 ff. geforderte Erklärungen, sondern auch für vom Gesetz vorgesehene Unterrichtungen.

23 Auf einem dauerhaften Datenträger (§ 126b S. 2) zu erklären sind insbesondere alle juristisch relevanten Änderungen des Verbraucherdarlehensvertrages.

VII. Nachholen von Angaben (Abs. 6)

24 Die Regelung über das Nachholen von Angaben wurde vom deutschen Gesetzgeber erst nachträglich durch das Änderungsgesetz 2010 eingefügt.[50] Abs. 6 ermöglicht dem Darlehensgeber, den Lauf einer Widerrufsfrist noch in Gang zu setzen, § 356b.[51]

25 Das Nachholen ist bei einem wirksamen Vertragsschluss möglich, also wenn nicht mit der Unwirksamkeitsfolge des § 494 bedachte Angaben fehlen, also Angaben nach Art. 247 §§ 7, 8 EGBGB, die von § 494 Abs. 1 nicht in Bezug genommen werden.

26 Die Nachholung kann nur durch die Übersendung einer Abschrift mit den nunmehr geltenden Vertragsbedingungen erfolgen, es kann der Darlehensgeber also nicht die Widerrufsmöglichkeit beseitigen und gleichzeitig den Eindruck erwecken, er könne auf den ursprünglichen Vertragsbedingungen bestehen. Die Abschrift reicht aus, um die Widerrufsfrist in Gang zu setzen,[52] es kann sich der Darlehensgeber aber nicht in jedem Fall auf den Fristablauf berufen.

27 Weiter kommt das Nachholen der Angaben in Betracht, wenn ein zunächst unwirksamer Verbraucherdarlehensvertrag nach § 494 Abs. 2 S. 1 BGB geheilt wurde. Eine Nachholung bewirkt in diesem Fall nicht, dass Modifikation des Vertrages nach § 494 wieder rückgängig gemacht wird. Es beginnt lediglich die Widerrufsfrist zu laufen, wenn der Darlehensgeber nach § 494 Abs. 7 eine Abschrift mit den Modifikationen nach § 494 zur Verfügung gestellt hat, § 356b Abs. 3.

28 Bei Nachholen von Angaben gilt nach Abs. 6 S. 4 eine verlängerte Widerrufsfrist von einem Monat. Der Hinweis auf die verlängerte Widerrufsfrist muss nicht schriftlich erfolgen, Abs. 6 S. 4 lässt hierfür die Erklärung auf einem dauerhaften Datenträger (§ 126b S. 2) ausreichen. Nach der Regierungsbegründung stellt die Widerrufsbelehrung (anders als nach § 355 Abs. 3) keine Voraussetzung für den Beginn des Laufs der Widerrufsfrist dar.[53] Diese mit der Verbraucherkreditrichtlinie begründete Sichtweise wird freilich dadurch relativiert, dass sich der Darlehensgeber hierauf bei einem Widerruf des Darlehensnehmers regelmäßig aus Treu und Glauben nicht berufen könne und weiter Schadensersatzansprüche nach § 280 BGB bei Nichtbelehrung bestehen könnten.[54]

VIII. Index oder Referenzzinssatz (Abs. 7)

29 Mit Umsetzung der Wohnimmobilienkreditrichtlinie werden Anforderungen an in Bezug genommene Indizes bzw. Referenzzinssätze gestellt. Ein Verweis ist nur wirksam, wenn Index bzw. Referenzzinssatz objektiv und eindeutig bestimmt sowie für beide

[50] Gesetz zur Einführung einer Musterinformation für Verbraucherdarlehensverträge, zur Änderung der Vorschriften über das Widerrufsrecht bei Verbraucherdarlehensverträgen und zur Änderung des Darlehensvermittlungsrechts v. 24.7.2010, BGBl. I 2010, 977.

[51] PWW/*Nobbe* Rn. 15, dazu auch Kümpel/Mülbert/Früh/Seyfried/*Merz/Wittig* Rn. 5.259 f.

[52] BankR-HdB/*Peters* § 81 Rn. 163.

[53] Begr. RegE BT-Drs. 17/1394, 18, li. Sp. Vgl. aber zu den Pflichtangaben → BGB § 495 Rn. 8.

[54] Begr. RegE BT-Drs. 17/1394, 18, re. Sp.

Vertragsparteien verfügbar und überprüfbar sind. Die Regelung gilt über Wohnimmobilien hinaus für alle Verbraucherdarlehensverträge. Für Referenzzinssatz findet sich die Legaldefinition in § 675g Abs. 3 S. 2 BGB,[55] der Sollzinssatz ist in § 489 Abs. 5 S. 1 BGB legaldefiniert.

§ 492a Kopplungsgeschäfte bei Immobiliar-Verbraucherdarlehensverträgen

(1) [1] **Der Darlehensgeber darf den Abschluss eines Immobiliar-Verbraucherdarlehenvertrags unbeschadet des § 492b nicht davon abhängig machen, dass der Darlehensnehmer oder ein Dritter weitere Finanzprodukte oder -dienstleistungen erwirbt (Kopplungsgeschäft).** [2] **Ist der Darlehensgeber zum Abschluss des Immobiliar-Verbraucherdarlehensvertrags bereit, ohne dass der Verbraucher weitere Finanzprodukte oder -dienstleistungen erwirbt, liegt ein Kopplungsgeschäft auch dann nicht vor, wenn die Bedingungen für den Immobiliar-Verbraucherdarlehensvertrag von denen abweichen, zu denen er zusammen mit den weiteren Finanzprodukten oder -dienstleistungen angeboten wird.**

(2) **Soweit ein Kopplungsgeschäft unzulässig ist, sind die mit dem Immobiliar-Verbraucherdarlehensvertrag gekoppelten Geschäfte nichtig; die Wirksamkeit des Immobiliar-Verbraucherdarlehensvertrags bleibt davon unberührt.**

Übersicht

I. Grundlagen

Die §§ 492a, 492b gehen auf Art. 12 Wohnimmobilienkreditrichtlinie zurück. § 492a 1
Abs. 1 definiert den Begriff des Koppelungsgeschäftes, § 492a Abs. 2 stellt klar, dass es sich um ein gesetzliches Verbot (§ 134 BGB) handelt.[1] § 492b macht von der Ermächtigung in Art. 12 Abs. 2 Wohnimmobilienkreditrichtlinie Gebrauch.[2] Betroffen sind nur Immobiliar-Verbraucherdarlehensverträge.

II. Unzulässige Koppelung (Abs. 1)

1. Grundsatz und Verweis auf die Ausnahme (Abs. 1 S. 1)

Abs. 1 S. 1 enthält im 1. Halbsatz zum einen das grundsätzliche Verbot von Koppelungs- 2
geschäften. Der Darlehensgeber darf den Abschluss eines Immobiliar-Verbraucherdarlehensvertrages nicht davon abhängig machen, dass der Darlehensnehmer oder ein Dritte weitere Finanzdienstleistungsprodukte oder -dienstleistungen erwirbt.

Weiter verweist Abs. 1 S. 2 im 2. Halbsatz aber auch auf die Ausnahmevorschrift des 3
§ 492b, der die zulässigen Koppelungsgeschäfte enumerativ aufführt. § 492b erlaubt die Koppelung mit bestimmten Bank-, Anlage- und Versicherungsprodukten, die der An-

[55] Begr. RegE BT-Drs. 18/5922, 81.
[1] Begr. RegE BT-Drs. 18/5922, 82.
[2] Begr. RegE BT-Drs. 18/5922, 82 f.

sammlung von Kapital, der Sicherheit des Darlehensgebers oder dem Ruhestandseinkommen des Darlehensnehmers dienen.

2. Unterschiedliche Angebote kein Koppelungsgeschäft (Abs. 1 S. 2)

4 Nach Abs. 1 S. 2 liegt kein Koppelungsgeschäft vor, wenn dem Verbraucher verschiedene Angebote vorgelegt werden, die variieren und für mit anderen Finanzprodukten zusammen angebotenen Immobiliar-Verbraucherdarlehensverträge andere Preise vorsehen.

III. Rechtsfolgen unzulässiger Koppelung (Abs. 2)

5 Bei unzulässiger Koppelung ist das gekoppelte Geschäft nichtig. Abs. 2 Hs. 1 stellt klar, dass es sich bei § 492a um eine Verbotsnorm handelt, es greift die Rechtsfolge des § 134 BGB. Werden mehrere Verträge an einen Immobiliar-Verbraucherdarlehensvertrag gekoppelt, so ist für jeden Vertrag einzeln zu entscheiden, ob die Koppelung zulässig ist, bei Einzelbetrachtung zulässige Verträge bleiben wirksam.[3]

6 Abs. 2 Hs. 2 ordnet an, dass der Immobiliar-Verbraucherdarlehensvertrag selbst wirksam bleibt. Nach der Begründung des Regierungsentwurfs handelt es sich um eine Klarstellung.[4] Nach der Begründung des Regierungsentwurfs dient auch dies der Umsetzung von Art. 38 Abs. 2 Wohnimmobilienkreditrichtlinie.[5]

7 Bei unzulässiger Koppelung kann dem Verbraucher ein Schadensersatzanspruch zustehen, dies nach allgemeinen Vorschriften.[6]

§ 492b Zulässige Kopplungsgeschäfte

(1) **Ein Kopplungsgeschäft ist zulässig, wenn der Darlehensgeber den Abschluss eines Immobiliar-Verbraucherdarlehensvertrags davon abhängig macht, dass der Darlehensnehmer, ein Familienangehöriger des Darlehensnehmers oder beide zusammen**

1. ein Zahlungs- oder ein Sparkonto eröffnen, dessen einziger Zweck die Ansammlung von Kapital ist, um
   a) das Immobiliar-Verbraucherdarlehen zurückzuzahlen oder zu bedienen,
   b) die erforderlichen Mittel für die Gewährung des Darlehens bereitzustellen oder
   c) als zusätzliche Sicherheit für den Darlehensgeber für den Fall eines Zahlungsausfalls zu dienen;

2. ein Anlageprodukt oder ein privates Rentenprodukt erwerben oder behalten, das
   a) in erster Linie als Ruhestandseinkommen dient und
   b) bei Zahlungsausfall als zusätzliche Sicherheit für den Darlehensgeber dient oder das der Ansammlung von Kapital dient, um damit das Immobiliar-Verbraucherdarlehen zurückzuzahlen oder zu bedienen oder um damit die erforderlichen Mittel für die Gewährung des Darlehens bereitzustellen;

3. einen weiteren Darlehensvertrag abschließen, bei dem das zurückzuzahlende Kapital auf einem vertraglich festgelegten Prozentsatz des Werts der Immobilie beruht, die diese zum Zeitpunkt der Rückzahlung oder Rückzahlungen des Kapitals (Darlehensvertrag mit Wertbeteiligung) hat.

(2) **Ein Kopplungsgeschäft ist zulässig, wenn der Darlehensgeber den Abschluss eines Immobiliar-Verbraucherdarlehensvertrags davon abhängig macht, dass der Darlehensnehmer im Zusammenhang mit dem Immobiliar-Verbraucherdarlehensvertrag eine einschlägige Versicherung abschließt und dem Darlehensnehmer gestattet ist, diese**

---

[3] Begr. RegE BT-Drs. 18/5922, 82.
[4] Begr. RegE BT-Drs. 18/5922, 82.
[5] Den gesamten Abs. 2 in Bezug nehmend Begr. RegE BT-Drs. 18/5922, 82.
[6] Auf die §§ 249 ff. BGB verweisend Begr. RegE BT-Drs. 18/5922, 82.

Versicherung auch bei einem anderen als bei dem vom Darlehensgeber bevorzugten Anbieter abzuschließen.

(3) **Ein Kopplungsgeschäft ist zulässig, wenn die für den Darlehensgeber zuständige Aufsichtsbehörde die weiteren Finanzprodukte oder -dienstleistungen sowie deren Kopplung mit dem Immobililar-Verbraucherdarlehensvertrag genehmigt hat.**

Übersicht

I. Grundlagen

Die §§ 492a, 492b gehen auf Art. 12 der Wohnimmobilienkreditrichtlinie zurück. 1
§ 492a Abs. 1 definiert den Begriff des Koppelungsgeschäftes, § 492a Abs. 2 stellt klar, dass es sich um ein gesetzliches Verbot (§ 134 BGB) handelt.[1] § 492b macht von der Ermächtigung in Art. 12 Abs. 2 der Wohnimmobilienkreditrichtlinie Gebrauch.[2] In Abs. 3 wurde durch das Finanzaufsichtsrechtergänzungsgesetz ein Hinweis auf den zugleich neu eingeführten § 18a Abs. 8a KWG eingefügt.[3]

II. Zulässige Finanzprodukte (Abs. 1)

1. Vertragspartner und Zweckbindung

Bei Abs. 1 müssen die Vertragspartner des gekoppelten Finanzproduktes sowie des Immobiliar-Verbraucherdarlehensvertrags nicht identisch sein, es muss auch nicht der Darlehensnehmer zugleich ein gekoppeltes Finanzprodukt erwerben. Ausreichend ist, dass ein Familienangehöriger das gekoppelte Finanzprodukt erwirbt. Abgestellt wird auf ein soziales Näheverhältnis.[4] Die Wohnimmobilienkreditrichtlinie lässt in Art. 12 Abs. 2 die in Abs. 1 geregelten Koppelungsgeschäfte nicht nur bei einem Vertragsschluss mit dem Verbraucher zu, sondern auch, wenn das Koppelungsgeschäft mit einem Familienangehörigen oder nahen Verwandten geschlossen werden soll. 2

Familienangehörige sind nach der Begründung des Regierungsentwurfs neben Ehegatten und eingetragenen Lebenspartnern auch Verwandte im Sinne von § 1589 bis zum dritten Grad sowie Verschwägerte bis zum zweiten Grad.[5] 3

---

[1] Begr. RegE BT-Drs. 18/5922, 80.
[2] Begr. RegE BT-Drs. 18/5922, 80.
[3] Gesetz v. 6.6.2017, BGBl. I 2017, 1495; dazu *Omlor* NJW 2017, 1633.
[4] Begr. RegE BT-Drs. 18/5922, 82.
[5] Begr. RegE BT-Drs. 18/5922, 82.

4 Zulässig ist ein Koppelungsgeschäft weiter nur bei einem gesetzlich vorgesehenen Zweck. Abs. 1 nennt die Ansammlung von Kapital explizit als einzigen Zweck, für Abs. 2 und 3 ergibt sich die Zweckbindung aus der Gesetzesbegründung bzw. aus der in Bezug genommenen Norm. Nach der Begründung des Regierungsentwurfs ist die nach Abs. 2 angestrebte zusätzliche Absicherung des Kredits sinnvoll und soll zulässig bleiben.[6] Der durch Abs. 3 verfolgte Zweck ergibt sich aus der in Bezug genommenen Norm des § 18a Abs. 8a KWG, wonach ein klarer Nutzen für den Verbraucher notwendig ist.

5 Abs. 1 Nr. 1 lässt als einzigen Zweck das Ansammeln von Kapital auf einem Zahlungs- oder Sparkonto zu, dies nach Buchstabe a) um das Immobiliar-Verbraucherdarlehen zu bedienen oder zurückzuzahlen oder um nach Buchstabe b) die der erforderlichen Mittel bereitzustellen. Zusätzliche Sicherheit kann nicht nur durch ein Zahlungs- oder Sparkonto nach Abs. 1 Nr. 1 Buchstabe b, sondern auch durch ein Anlage- oder Rentenprodukt nach Abs. 1 Nr. 2 oder durch eine einschlägige Versicherung nach Abs. 2 verlangt werden.

6 Weitere Zwecke sind die Sicherung eines Ruhestandseinkommens sowie eine Anschlussfinanzierung (Abs. 1 Nr. 2 und 3) sowie ein klarer Nutzen für den Verbraucher (Abs. 3 iVm § 18a Abs. 8a KWG). Versicherungsverträge nach Abs. 2 müssen nach der Begründung des Regierungsentwurfs der Sicherung dienen.

2. Zulässige Bankprodukte: Zahlungs- oder Sparkonto (Abs. 1 Nr. 1)

7 **a) Zahlungs- oder Sparkonto mit einzigem Zweck.** Abs. 1 nennt verschiedene Bankprodukte, die mit einem Immobiliar-Verbraucherdarlehensvertrag gekoppelt werden können, ohne dass eine unzulässige Koppelung vorliegt. Der deutsche Gesetzgeber macht von der Mitgliedstaatenbefugnis nach Art. 12 Abs. 2 Buchstaben a bis c Wohnimmobilienkreditrichtlinie Gebrauch.[7] Abs. 1 Nr. 1 nennt Zahlungs- oder Sparkonten mit einem bestimmten Zweck, Nr. 2 Anlage- oder private Rentenprodukte und Nr. 3 den Abschluss eines weiteren Darlehensvertrages.

8 Als zulässige Zahlungs- oder Sparkonten genannt werden Konten, deren einziger Zweck die Ansammlung von Kapital ist und die der Rückzahlung oder Bedienung des Immobiliar-Verbraucherdarlehensvertrags (Buchstabe a) dienen, auf denen die erforderlichen Mittel für die Gewährung des Darlehens bereitgestellt werden sollen (Buchstabe b) oder die als zusätzliche Sicherheit für den Darlehensgeber im Fall eines Zahlungsausfall dienen (Buchstabe c).

b) Bedienen oder Zurückzahlen des Darlehens (Abs. 1 Nr. 1 Buchstabe a)).

9 Beim Bedienen oder Zurückzahlen des Immobiliar-Verbraucherdarlehens ist ein Zahlungs- oder Sparkonto Gegenstand des Koppelungsgeschäftes.[8] Die entsprechende Mitgliedstaatenbefugnis des Art. 12 Abs. 2 Buchstabe a Wohnimmobilienkreditrichtlinie.[9] Möglich ist ein Drittbezug, etwa wenn nahe Angehörige Geldmittel auf einem Konto zur Verfügung stellen.[10]

10 **c) Bereitstellen zur Gewährung des Darlehens erforderlicher Mittel (Abs. 1 Nr. 1 Buchstabe b)).** In den Fällen des Abs. 1 Nr. 1 Buchstabe b liegt nach der Begründung des Regierungsentwurfs ein einziger Zweck auch dann vor, wenn neben dem Ansammeln von Kapital das Erlangen eines Rechtsanspruchs auf Auszahlung des Kapitals, etwa nach § 1 Abs. 2 BausparkassenG, angestrebt wird.[11] Die Regierungsbegründung behandelt die Zwecke „Ansammeln von Kapital" und „Gewähren eines Rechtsanspruchs" als den einzigen Zweck „Ansammeln von Kapital um die erforderlichen Mittel für die

[6] Begr. RegE BT-Drs. 18/5922, 84.
[7] Begr. RegE BT-Drs. 18/5922, 83.
[8] Begr. RegE BT-Drs. 18/5922, 83.
[9] Begr. RegE BT-Drs. 18/5922, 83.
[10] Begr. RegE BT-Drs. 18/5922, 83.
[11] Begr. RegE BT-Drs. 18/5922, 83.

Gewährung des Darlehens bereitzustellen" im Sinne der Vorschrift.[12] Der Darlehensvertrag muss bei Einrichten des Sparkontos noch nicht geschlossen worden sein, es ist auch der Fall umfasst, dass ein künftiger Abschluss, wie bei Bauspardarlehen üblich, davon abhängig gemacht wird, dass zuvor Ansparleistungen erbracht werden.[13]

d) Zusätzliche Sicherheit für den Fall des Zahlungsausfalls (Abs. 1 Nr. 1). Als Beispiel für eine zusätzliche Sicherheit für den Fall des Zahlungsverzugs verweist die Begründung des Regierungsentwurfs auf nahe Angehörige, die Geldmittel auf einem Konto zur Verfügung stellen, um die Sicherheit für den Darlehensgeber zu erhöhen, etwa dass Eltern oder ein Elternteil sich damit einverstanden erklären, ein Sparkonto mit einer Mindesteinlage von 50.000 Euro als Sicherheit für ein Darlehen zu begeben.[14] 11

3. Zulässige Anlage- oder Rentenprodukte (Abs. 1 Nr. 2)

a) Ruhestandseinkommen (Abs. 1 Nr. 2 Buchstabe a)). Abs. 1 Nr. 2 richtet sich nach der Begründung des Regierungsentwurfs nicht auf klassische Sparkonten, sondern auf sonstige Anlageprodukte und private Rentenprodukte, die neben ihrer eigentlichen Zweckbestimmung, der Absicherung des Ruhestandseinkommens, zugleich als Sicherheit für den Immobiliar-Verbraucherdarlehensvertrag begeben werden.[15] Das Gesetz spricht etwas verkürzt von Anlage- oder Rentenprodukte, die in erste Linie als Ruhestandseinkommen dienen. 12

Private Rentenversicherungen, die spezifisch darauf ausgerichtet sind, nach Erreichen der Altersgrenze ausgezahlt zu werden, sind etwa Riester- oder Rürup-Renten, auch wenn es sich etwa um einen Banksparvertrag handelt.[16] Erforderlich ist eine für Dritte klar erkennbare Zweckbindung, diese Zweckbindung muss vertraglich festgehalten werden.[17] 13

b) Sicherheit bei Zahlungsausfall (Abs. 1 Nr. 2 Buchstabe b)). Weiter genannt werden Anlage oder Rentenprodukte, die bei Zahlungsausfall als zusätzliche Sicherheit dienen. Insoweit bedarf es also nicht der Anlage auf einem Sparkonto, es können insbesondere Angehörige auch renditeträchtige Vermögensanlagen als Sicherheit für einem Immobiliar-Verbraucherdarlehen begeben. Die Begründung des Regierungsentwurfs verweist für Nummer 2 Buchstabe b) auf einen Wohn-Riestersparvertrag.[18] 14

4. Weiterer Darlehensvertrag (Abs. 1 Nr. 3)

Durch Abs. 1 Nr. 3 ermöglicht wird der Abschluss eines weiteren Darlehensvertrages. Dabei handelt es sich nicht um einen Darlehensvertrag, der einer Anschlussfinanzierung dient, sondern um einen zugleich mit dem Immobiliar-Verbraucherdarlehensvertrag abgeschlossenen Darlehensvertrag mit Wertbeteiligung, solche Verträge sollen insbesondere in Großbritannien üblich sein und das wirtschaftliche Risiko des Verbrauchers begrenzen.[19] Bei einem Darlehensvertrag mit Wertbeteiligung ist das zurückzuzahlende Kapital auf einen vertraglich festgesetzten Prozentsatz des Werts der Immobilie bezogen, die diese zum Zeitpunkt der Rückzahlung bzw. von Rückzahlungen des Kapitals hat. Abgesichert wird der Verbraucher so bei fallenden Immobilienpreisen.[20] 15

---

[12] Begr. RegE BT-Drs. 18/5922, 83.
[13] Begr. RegE BT-Drs. 18/5922, 83.
[14] Begr. RegE BT-Drs. 18/5922, 83.
[15] Begr. RegE BT-Drs. 18/5922, 83.
[16] Begr. RegE BT-Drs. 18/5922, 83.
[17] Begr. RegE BT-Drs. 18/5922, 83.
[18] Begr. RegE BT-Drs. 18/5922, 83.
[19] Begr. RegE BT-Drs. 18/5922, 83 unter Verweis auf eine Auskunft der Kommission.
[20] Begr. RegE BT-Drs. 18/5922, 83.

III. Einschlägige Versicherung (Abs. 2)

16 Möglich bleibt das Verlangen des Abschlusses einer einschlägigen Versicherung, die vom Darlehensnehmer selbst abzuschließen ist, Familienangehörige sind, anders als bei Abs. 1, nicht mit einbezogen.[21] Dem Verbraucher muss es aber gestattet sein, eine vom Darlehensgeber bevorzugten Versicherer durch einen Versicherungsanbieter seiner Wahl zu ersetzen, wenn dessen Police dasselbe Schutzniveau bietet,[22] nach der Begründung des Regierungsentwurfs werden dadurch die Vergleichbarkeit der Angebote und die Preistransparenz erhöht. Zutreffend wird der Wettbewerb gestärkt.

17 Als einschlägige Versicherungen genannt werden in der Begründung des Regierungsentwurfs Kreditausfallversicherungen, Lebensversicherungen sowie Feuer- oder Wohngebäudeversicherung.[23] Alternative Angebote müssen nach der Wohnimmobilienkreditrichtlinie eine gleichwertige Garantieleistung aufweisen, die Begründung des Regierungsentwurfs stellt darauf ab, dass das Produkt mindestens dieselbe Versicherungssumme und den gleichen Umfang des versicherten Risikos aufweisen muss.[24]

IV. Genehmigung durch eine Aufsichtsbehörde (Abs. 3)

18 Schließlich kann eine Koppelung aufgrund der Genehmigung durch die Aufsichtsbehörde zulässig sein. Hierfür gelten strenge Vorgaben. Die Genehmigung darf nur erteilt werden, wenn das angebotene gekoppelte Produkt oder die Produktkategorie nicht separat erhältlich ist und erstmals nach dem 20. März vertrieben worden ist. Abs. 3 selbst enthält im Kern den Verweis auf § 18a Abs. 8a KWG, aus der in Bezug genommenen Norm ergibt sich, dass eine solche Genehmigung nur für neuartige Finanzprodukte in Betracht kommt.[25]

19 Auf Vorschlag des Finanzausschusses wurde § 18a KWG durch das Finanzaufsichtsrechtergänzungsgesetz ergänzt. Es sollten die Genehmigungspflicht und die Genehmigungsvoraussetzungen für Koppelungsgeschäfte aus Art. 12 Abs. 3 Wohnimmobilienkreditrichtlinie aus Klarstellungsgründen ausdrücklich in das Kreditwesengesetz übernommen werden.[26] Nach Art. 12 Abs. 3 S. 1 Wohnimmobilienkreditrichtlinie können Mitgliedstaaten Koppelungsgeschäfte erlauben, wenn der Kreditgeber gegenüber den für ihn zuständigen Behörden nachweisen kann, dass die zu ähnlichen Vertragsbedingungen angebotenen Produkte oder Produktkategorien, die nicht separat erhältlich sind, unter gebührender Berücksichtigung der Verfügbarkeit und der Preise der einschlägigen auf dem Markt angebotenen Produkte einen klaren Nutzen für den Verbraucher bieten. Dies gilt nach Art. 12 Abs. 3 S. 2 Wohnimmobilienkreditrichtlinie nur für Produkte, die nach dem 20. März 2014 vertrieben werden.

§ 493 Informationen während des Vertragsverhältnisses

(1) [1]**Ist in einem Verbraucherdarlehensvertrag der Sollzinssatz gebunden und endet die Sollzinsbindung vor der für die Rückzahlung bestimmten Zeit, unterrichtet der Darlehensgeber den Darlehensnehmer spätestens drei Monate vor Ende der Sollzinsbindung darüber, ob er zu einer neuen Sollzinsbindungsabrede bereit ist.** [2]**Erklärt sich**

---

21 BeckOK BGB/*Möller* Rn. 8.
22 Begr. RegE BT-Drs. 18/5922, 84.
23 Begr. RegE BT-Drs. 18/5922, 84 unter Verweis auf Erwägungsgrund 42 Wohnimmobilienkreditrichtlinie.
24 Begr. RegE BT-Drs. 18/5922, 84.
25 Begr. RegE BT-Drs. 18/5922, 84.
26 Begr. Ausschuss BT-Drs. 18/11774, 34.

der Darlehensgeber hierzu bereit, muss die Unterrichtung den zum Zeitpunkt der Unterrichtung vom Darlehensgeber angebotenen Sollzinssatz enthalten.

(2) [1] **Der Darlehensgeber unterrichtet den Darlehensnehmer spätestens drei Monate vor Beendigung eines Verbraucherdarlehensvertrags darüber, ob er zur Fortführung des Darlehensverhältnisses bereit ist.** [2] **Erklärt sich der Darlehensgeber zur Fortführung bereit, muss die Unterrichtung die zum Zeitpunkt der Unterrichtung gültigen Pflichtangaben gemäß § 491a Abs. 1 enthalten.**

(3) [1] **Die Anpassung des Sollzinssatzes eines Verbraucherdarlehensvertrags mit veränderlichem Sollzinssatz wird erst wirksam, nachdem der Darlehensgeber den Darlehensnehmer über die Einzelheiten unterrichtet hat, die sich aus Artikel 247 § 15 des Einführungsgesetzes zum Bürgerlichen Gesetzbuche ergeben.** [2] **Abweichende Vereinbarungen über die Wirksamkeit sind im Rahmen des Artikels 247 § 15 Absatz 2 und 3 des Einführungsgesetzes zum Bürgerlichen Gesetzbuche zulässig.**

(4) [1] **Bei einem Vertrag über ein Immobiliar-Verbraucherdarlehen in Fremdwährung gemäß § 503 Absatz 1 Satz 1, auch in Verbindung mit Satz 3, hat der Darlehensgeber den Darlehensnehmer unverzüglich zu informieren, wenn der Wert des noch zu zahlenden Restbetrags oder der Wert der regelmäßigen Raten in der Landeswährung des Darlehensnehmers um mehr als 20 Prozent gegenüber dem Wert steigt, der bei Zugrundelegung des Wechselkurses bei Vertragsabschluss gegeben wäre.** [2] **Die Information**

1. ist auf einem dauerhaften Datenträger zu übermitteln,
2. hat die Angabe über die Veränderung des Restbetrags in der Landeswährung des Darlehensnehmers zu enthalten,
3. hat den Hinweis auf die Möglichkeit einer Währungsumstellung aufgrund des § 503 und die hierfür geltenden Bedingungen und gegebenenfalls die Erläuterung weiterer Möglichkeiten zur Begrenzung des Wechselkursrisikos zu enthalten und
4. ist so lange in regelmäßigen Abständen zu erteilen, bis die Differenz von 20 Prozent wieder unterschritten wird.

[3] **Die Sätze 1 und 2 sind entsprechend anzuwenden, wenn ein Immobiliar-Verbraucherdarlehensvertrag in der Währung des Mitgliedstaats der Europäischen Union, in dem der Darlehensnehmer bei Vertragsschluss seinen Wohnsitz hat, geschlossen wurde und der Darlehensnehmer zum Zeitpunkt der maßgeblichen Kreditwürdigkeitsprüfung in einer anderen Währung überwiegend sein Einkommen bezieht oder Vermögenswerte hält, aus denen das Darlehen zurückgezahlt werden soll.**

(5) [1] **Wenn der Darlehensnehmer eines Immobiliar-Verbraucherdarlehensvertrags dem Darlehensgeber mitteilt, dass er eine vorzeitige Rückzahlung des Darlehens beabsichtigt, ist der Darlehensgeber verpflichtet, ihm unverzüglich die für die Prüfung dieser Möglichkeit erforderlichen Informationen auf einem dauerhaften Datenträger zu übermitteln.** [2] **Diese Informationen müssen insbesondere folgende Angaben enthalten:**

1. Auskunft über die Zulässigkeit der vorzeitigen Rückzahlung,
2. im Fall der Zulässigkeit die Höhe des zurückzuzahlenden Betrags und
3. gegebenenfalls die Höhe einer Vorfälligkeitsentschädigung.

[3] **Soweit sich die Informationen auf Annahmen stützen, müssen diese nachvollziehbar und sachlich gerechtfertigt sein und als solche dem Darlehensnehmer gegenüber offengelegt werden.**

(6) **Wurden Forderungen aus dem Darlehensvertrag abgetreten, treffen die Pflichten aus den Absätzen 1 bis 5 auch den neuen Gläubiger, wenn nicht der bisherige Darlehensgeber mit dem neuen Gläubiger vereinbart hat, dass im Verhältnis zum Darlehensnehmer weiterhin allein der bisherige Darlehensgeber auftritt.**

Übersicht

I. Grundlagen

1 Zu den im Bürgerlichen Gesetzbuch verbliebenen Informationspflichten gehören die Pflichten des Darlehensgebers nach § 493. § 493 fasst die Informationspflichten während der Vertragslaufzeit zusammen und ergänzt so die vorvertragliche Information (§ 491a) und die Information bei Vertragsschluss (§ 492 Abs. 2). Eingeführt wurden die Informationspflichten während der Vertragslaufzeit durch das Risikobegrenzungsgesetz als § 492a aF, § 493 aF regelte den Überziehungskredit. Bis auf den auf Art. 11 Verbraucherkreditrichtlinie zurückgehenden Abs. 3 hatten die Informationspflichten kein Vorbild im Europäischen Recht, nach der Regierungsbegründung steht die Verbraucherkreditrichtlinie den Vorschriften aber auch nicht entgegen.[1] Dogmatisch sind die in § 493 geregelten Pflichten als Ausfluss der bankrechtlichen Treuepflicht des Darlehensgebers anzusehen. Abs. 1 bis 3 und Abs. 6 gelten für Allgemein-Verbraucherdarlehensverträge sowie für Immobiliar-Verbraucherdarlehensverträge.

2 Bei Umsetzung der Wohnimmobilienkreditrichtlinie neu eingefügt wurden die Absätze 4 und 5, die besondere Regeln für Immobiliar-Verbraucherdarlehensverträge enthalten. Der bisherige Abs. 4 wurde Abs. 6. Weiter wurde der Verweis in Abs. 3 angepasst. Die Regelung der Fremdwährungskredite im neuen Abs. 4 geht auf Art. 23 Abs. 4 der Wohnimmobilienkreditrichtlinie zurück.[2] Die Regelung der vorzeitigen Rückzahlung im neuen Abs. 5 geht auf Art. 25 Abs. 4 der Wohnimmobilienkreditrichtlinie zurück.[3]

II. Unterrichtung vor Ende der Sollzinsbindung (Abs. 1)

3 Abs. 1 sieht eine Informationspflicht bei Ablauf der Zinsbindung vor. Läuft die Zinsbindung nicht bis zu dem Zeitpunkt, zu dem der Darlehensnehmer den Kredit zurückzahlen muss, spricht die Praxis von einer „unechten Abschnittfinanzierung".[4] Der hierfür in Bezug genommene Sollzins ist in § 489 Abs. 5 definiert, hierauf sei verwiesen.[5] Der Sollzinssatz ist nach § 489 Abs. 5 S. 2 gebunden, wenn für die gesamte Vertragslaufzeit eine Bindung vorgesehen ist, nach § 489 Abs. 5 S. 3 ferner für den Teil der gesamten Vertragslaufzeit, für die er durch eine feste Prozentzahl bestimmt ist.

[1] Begr. RegE BT-Drs. 16/11643, 80. Krit. *Schürnbrand* ZBB 2008, 383 (387 f.) mwN; MüKoBGB/*Schürnbrand*/*Weber* § 493 Rn. 3.
[2] Begr. RegE BT-Drs. 18/5922, 84 f.
[3] Begr. RegE BT-Drs. 18/5922, 86.
[4] Dazu *Ady* WM 2010, 1305.
[5] Oben *Steffek* in Kap. 12.

4 Endet die Zinsbindung, so hat der Darlehensgeber den Darlehensnehmer darüber zu informieren, ob er zu einer neuen Sollzinsbindung bereit ist, Abs. 1 S. 1 aE. Dies hat spätestens drei Monate vor Ende der Zinsbindung zu erfolgen, Abs. 1 S. 1. Eine Pflicht zur Unterbreitung eines neuen Angebots mit fester Bindung besteht nach § 493 nicht,[6] sie kann sich aber auch dem Darlehensvertrag ergeben. Sofern der Darlehensgeber zu einer neuen Sollzinsabrede bereit ist, muss der Sollzins angegeben werden. Mitzuteilen ist der den aktuellen Vertragsbedingungen entsprechende Sollzins,[7] Abs. 1 S. 2 spricht vom durch den Darlehensgeber angebotenen Sollzins.[8]

5 Im Schrifttum wird für Immobiliar-Verbraucherdarlehensverträge teilweise ein Anspruch auf Verlängerung des Darlehens mit festem Zinssatz angenommen.[9]

III. Unterrichtung vor Beendigung des Verbraucherdarlehensvertrags (Abs. 2)

6 Abs. 2 sieht eine Unterrichtung über die Bereitschaft zur Fortführung des Verbraucherdarlehensvertrages vor. Bei einem weiten Verständnis der bankrechtlichen Treuepflicht handelt es sich letztlich um eine aus dem allgemeinen Bankrecht folgende Pflicht; der Bundesgerichtshof hatte aber mit unzutreffender Argumentation[10] die Rechtsfigur eines allgemeinen Bankvertrags abgelehnt, so dass auch mit Blick auf die Praxis der Abtretung (potentiell) notleidender Darlehensverträge eine gesetzliche Regelung notwendig wurde.

7 Auch die Pflicht zur Erklärung über die Bereitschaft zur Fortführung des Darlehensvertrages hat spätestens drei Monate vor seinem Ende zu erfolgen, Abs. 2 S. 1. Die Praxis spricht von „echter Abschnittfinanzierung“,[11] wenn das Darlehen am Ende der Darlehenszeit noch nicht vollständig zurückgeführt ist. Es kann nur in diesem Fall eine Pflicht bestehen, über die Fortführungsbereitschaft Auskunft zu erteilen. Ist der Darlehensgeber zur Fortführung bereit, muss er die vorvertraglichen Informationen gemäß § 491a BGB zur Verfügung stellen, Abs. 2 S. 2.

IV. Anpassung des Sollzinssatzes (Abs. 3)

8 Der europarechtlich indizierte Abs. 3 betrifft Verträge mit veränderbarem Sollzinssatz. Der Inhalt der Informationspflicht ergibt sich aus dem Verweis auf Art. 247 § 15 EGBGB. Verstößt der Darlehensgeber gegen die ihm obliegenden Informationspflichten, besteht der Vertrag zu bisherigen Bedingungen fort.[12] Bei festem Zinssatz kann eine Anpassung des Zinssatzes nur durch einvernehmliche Vertragsänderung erfolgen, was kaum praktisch ist.[13] Bei einem veränderlichen Sollzinssatz besteht kein freies Leistungsbestimmungsrecht, aber die Notwendigkeit der Erklärung nach § 315 Abs. 2 BGB.[14]

9 Nach Abs. 3 S. 1 kann der neue Zinssatz für die Berechnung der Leistungsverpflichtung des Darlehensnehmers grundsätzlich erst mit Erklärung gegenüber dem Darlehensnehmer herangezogen werden. Für die Erfüllung der Informationspflicht gelten die formellen Anforderungen des § 492 Abs. 5, erforderlich ist die Erklärung auf einem dauerhaften Datenträger, § 126b S. 2 BGB. Möglich ist aber auch eine Koppelung an einen Referenz-

[6] Bericht des Finanzausschusses BT-Drs. 16/9821, 22.
[7] Nobbe/*Müller-Christmann* Rn. 3.
[8] Bei Anpassung der Kreditbedingungen kein Widerrufsrecht, BGH WM 2013, 1314 (1316).
[9] *Derleder/Korte* VuR 2015, 123.
[10] Prägnant MüKoBGB/*Kramer,* 5. Aufl., Vor § 145 Rn. 41 (anders jetzt *Busche,* 8. Aufl., Rn. 42); *Markus Roth* WM 2003, 480.
[11] Kümpel/Mülbert/Früh/Seyfried/*Merz/Wittig* Rn. 5.278.
[12] Begr. RegE BT-Drs. 16/11643, 81.
[13] Zu Vertragsänderungsklauseln *Stupp/Mucke* BKR 2005, 20 (23 f.).
[14] Nobbe/*Müller-Christmann* Rn. 4.

zinssatz, Abs. 3 S. 2 verweist dazu auf Art. 247 § 15 Abs. 2 EGBGB. Als Berechnungsmethoden für einen variablen Sollzinssatz wird häufig der Drei-Monats-EURIBOR benannt.[15]

10 Das Vorsehen einer Anpassung des Sollzinssatzes hat stets auch eine AGB-rechtliche Dimension.[16] Bereits das Transparenzgebot sowie das Verbraucherkreditgesetz machten Änderungen der Banken-AGB notwendig.[17]

V. Information bei Immobiliar-Verbraucherdarlehen in Fremdwährung (Abs. 4)

1. Recht auf Umwandlung nach § 503 Abs. 1 (Abs. 4 S. 1)

11 Abs. 3 sieht eine besondere Informationspflicht bei Fremdwährungskrediten. Abs. 4 S. 1 verpflichtet den Darlehensgeber eines Fremdwährungsdarlehens zur Information des Darlehensnehmers, wenn dieser nach § 503 Abs. 1 eine Umwandlung verlangen kann. Art. 23 Abs. 4 Wohnimmobilienkreditrichtlinie verlangt eine Warnung für den in § 503 Abs. 1 S. 2 geregelten Fall, dass der Wert des vom Verbraucher noch zu zahlenden Restbetrags oder der regelmäßigen Raten um mehr als zwanzig Prozent von dem Wert abweicht, der gegeben wäre, wenn der Wechselkurs bei Vertragsschluss angewandt worden wäre.[18] Notwendig ist eine Abweichung zum Nachteil des Darlehensnehmers.[19]

12 Ein Fremdwährungsdarlehen liegt nach der Legaldefinition in § 503 Abs. 1 S. 1 vor, wenn der Immobiliar-Verbraucherdarlehensvertrag nicht auf die Währung des Mitgliedstaats der Europäischen Union abgeschlossen wurde, in dem der Verbraucher seinen Wohnsitz hat.

2. Erfüllung der Informationspflicht (Abs. 4 S. 2)

13 Übermittlung auf einem dauerhaften Datenträger (Abs. 4 S. 2 Nr. 1). Ein dauerhafter Datenträger nach § 126b S. 2 jedes Medium, das es dem Empfänger ermöglicht, eine auf dem Datenträger befindliche, an ihn persönlich gerichtete Erklärung so aufzubewahren oder zu speichern, dass sie ihm während eines für ihren Zweck angemessenen Zeitraum zugänglich ist und das geeignet ist, die Erklärung unverändert wiederzugeben.

14 Der Darlehensgeber schuldet nach Abs. 4 S. 2 Nr. 2 Angaben über die Veränderung des Restbetrages in der Landeswährung des Darlehensnehmers. Landeswährung des Darlehensnehmers ist grundsätzlich die Währung des Mitgliedstaates, in dem der Verbraucher seinen Wohnsitz hat. Nach § 503 Abs. 1 S. 3 kann ergänzend oder ausschließlich die Währung als Landeswährung des Verbrauchers vorgesehen werden, in der er überwiegend sein Einkommen bezieht oder Vermögenswerte hält, aus denen das Darlehen zurückgezahlt werden soll. Beim Restbetrag handelt es sich um die Summe der aus dem Darlehen noch geschuldeten Beträge einschließlich offener Zinsen und Kosten.[20] Gegebenenfalls ist der Restbetrag so in zwei Währungen anzugeben.

15 Nach Abs. 4 S. 2 Nr. 3 hat der Darlehensgeber auf die Möglichkeit einer Währungsumstellung oder auf andere Möglichkeiten der Beschränkung des Währungskursrisikos hinzuweisen. Andere Möglichkeiten müssen konkret bestehen und tatsächlich eine Risikobeschränkung zugunsten des Verbrauchers zur Folge haben, sie sind nach dem Gesetz zu erläutern.

---

[15] Zu alternativen Methoden *Wimmer* WM 2008, 2237.

[16] Dazu *Bruchner* BKR 2001, 16; *Derleder* WM 2001, 2029; *Habersack* WM 2001, 753; *Schimansky* WM 2001, 1189; *Schimansky* WM 2003, 1449.

[17] *Metz* BKR 2001, 21.

[18] Begr. RegE BT-Drs. 18/5922, 85.

[19] Begr. RegE BT-Drs. 18/5922, 85.

[20] Begr. RegE BT-Drs. 18/5922, 85.

Nach Abs. 4 S. 2 Nr. 4 ist die Information in regelmäßigen Abständen zu wiederholen, bis die Differenz von 20 Prozent wieder unterschritten wird. Eine monatliche Wiederholung entsprechend § 675d Abs. 1 BGB iVm Art. 248 § 8 und 10 S. 2 EGBGB wird als ausreichend angesehen,[21] nach der Begründung des Regierungsentwurfs soll in der Regel eine quartalsweise Information ausreichen.[22] Steigt die Differenz wieder über 20 Prozent, wird eine neue Informationspflicht nach Abs. 4 S. 1 ausgelöst. **16**

3. Sonstige Fremdwährungskredite (Abs. 4 S. 3)

Die oben zu Abs. 4 S. 1 und 2 geschilderten Grundsätze finden entsprechende Anwendung, wenn der Darlehensnehmer sein Einkommen in einer anderen Währung erzielt oder in einer anderen Währung Vermögenswerte hält, aus denen das Darlehen zurückgezahlt werden soll. Die Unterrichtung erfolgt dann regelmäßig, ohne dass ein Umtauschrecht besteht. Der Darlehensnehmer die Unterrichtung zum Anlass nehmen, eine Kündigung nach § 500 zu erwägen. **17**

VI. Information bei Absicht vorzeitiger Rückzahlung eines Verbraucherdarlehensvertrages (Abs. 5)

1. Mitteilung vorzeitiger Rückzahlung durch den Darlehensnehmer

Dem Darlehensnehmer steht nach § 500 das Recht zur vorzeitigen Rückzahlung eines Verbraucherdarlehens zu. Für Immobiliar-Verbraucherdarlehen gelten Sonderregeln. Um dem Verbraucher eine wirtschaftliche Bewertung zu ermöglichen, hat der Darlehensgeber dem Verbraucher nach Abs. 5 die zur Prüfung dieser Möglichkeit erforderlichen Informationen zu übermitteln ist. **18**

2. Informationspflichten des Darlehensgebers

Die Informationspflicht des Darlehensgebers umfasst nach Abs. 5 S. 1 die zur Prüfung einer vorzeitigen Beendigung erforderlichen Informationen. Welche dies insbesondere sind, kann Abs. 5 S. 2 entnommen werden. Annahmen müssen nachvollziehbar und sachlich gerechtfertigt sein, sie sind dem Darlehensnehmer nach Abs. 5 S. 3 als solche offenzulegen. **19**

VII. Pflichten bei Abtretung (Abs. 6)

Informationspflichten bestehen auch bei einem Gläubigerwechsel. Bei einer offenen Abtretung der Darlehensforderung muss der neue Gläubiger die Informationspflichten der Abs. 1–3 erfüllen. Weiter greift § 496 ein, der den Einwendungsverzicht regelt. Verstößt der neue Gläubiger gegen die Unterrichtungspflicht, so bleibt der Vertrag zu den bisherigen Bestimmungen bestehen.[23] **20**

Bei Verwendung von Allgemeinen Geschäftsbedingungen stellt sich die Frage der Kontrolle einer Abtretungsvereinbarung sowie eines Vertragsübergangs nach § 309 Nr. 10 BGB, wonach ein Dritter namentlich bezeichnet werden muss oder dem anderen Vertragsteil das Recht eingeräumt werden muss, sich vom Vertrag zu lösen. Ob die jederzeitige Kündigungsmöglichkeit nach § 500 hierfür ausreicht, erscheint fraglich, da dem neuen Gläubiger ggf. ein Recht auf Vorfälligkeitsentschädigung zukommen kann. **21**

---

[21] Bülow/*Artz* Rn. 11e.

[22] Begr. RegE BT-Drs. 18/5922, 86; ohne diese Einschränkung MüKoBGB/*Schürnbrand/Weber* Rn. 14.

[23] Begr. RegE BT-Drs. 16/11643, 81.

§ 494 Rechtsfolgen von Formmängeln

(1) **Der Verbraucherdarlehensvertrag und die auf Abschluss eines solchen Vertrags vom Verbraucher erteilte Vollmacht sind nichtig, wenn die Schriftform insgesamt nicht eingehalten ist oder wenn eine der in Artikel 247 §§ 6 und 10 bis 13 des Einführungsgesetzes zum Bürgerlichen Gesetzbuche für den Verbraucherdarlehensvertrag vorgeschriebenen Angaben fehlt.**

(2) [1]**Ungeachtet eines Mangels nach Absatz 1 wird der Verbraucherdarlehensvertrag gültig, soweit der Darlehensnehmer das Darlehen empfängt oder in Anspruch nimmt.** [2]**Jedoch ermäßigt sich der dem Verbraucherdarlehensvertrag zugrunde gelegte Sollzinssatz auf den gesetzlichen Zinssatz, wenn die Angabe des Sollzinssatzes, des effektiven Jahreszinses oder des Gesamtbetrags fehlt.**

(3) **Ist der effektive Jahreszins zu niedrig angegeben, so vermindert sich der dem Verbraucherdarlehensvertrag zugrunde gelegte Sollzinssatz um den Prozentsatz, um den der effektive Jahreszins zu niedrig angegeben ist.**

(4) [1]**Nicht angegebene Kosten werden vom Darlehensnehmer nicht geschuldet.** [2]**Ist im Vertrag nicht angegeben, unter welchen Voraussetzungen Kosten oder Zinsen angepasst werden können, so entfällt die Möglichkeit, diese zum Nachteil des Darlehensnehmers anzupassen.**

(5) **Wurden Teilzahlungen vereinbart, ist deren Höhe vom Darlehensgeber unter Berücksichtigung der verminderten Zinsen oder Kosten neu zu berechnen.**

(6) [1]**Fehlen im Vertrag Angaben zur Laufzeit oder zum Kündigungsrecht, ist der Darlehensnehmer jederzeit zur Kündigung berechtigt. Fehlen Angaben zu Sicherheiten, so können Sicherheiten nicht gefordert werden; dies gilt nicht bei Allgemein-Verbraucherdarlehensverträgen, wenn der Nettodarlehensbetrag 75 000 Euro übersteigt.** [2]**Fehlen Angaben zum Umwandlungsrecht bei Immobiliar-Verbraucherdarlehen in Fremdwährung, so kann das Umwandlungsrecht jederzeit ausgeübt werden.**

(7) **Der Darlehensgeber stellt dem Darlehensnehmer eine Abschrift des Vertrags zur Verfügung, in der die Vertragsänderungen berücksichtigt sind, die sich aus den Absätzen 2 bis 6 ergeben.**

Übersicht

I. Grundlagen

§ 494 regelt die Nichtigkeit und Heilung von Verbraucherdarlehensverträgen. Die Verbraucherkreditrichtlinie selbst enthält keine konkreten Rechtsfolgen für Verstöße insbesondere gegen die von der Richtlinie vorgegebenen Informationspflichten. Vorzusehen sind aber effektive Sanktionen, nach Art. 23 S. 2 Verbraucherkreditrichtlinie müssen die Sanktionen wirksam, verhältnismäßig und abschreckend sein. Im Einzelfall kann dies eine Klärung der deutschen Umsetzung notwendig machen; dies nicht nur, soweit das deutsche Recht auf Sanktionen verzichtet.[1] Der Überprüfung unterliegt auch die Angemessenheit, insbesondere die hinreichende Abschreckungswirkung der Sanktionen. Hierbei ist zu beachten, dass andere europäische Länder für den Darlehensgeber drastischere Sanktionen vorsehen, dies nicht nur für die Prüfung der Kreditwürdigkeit im Rahmen der Darlehensvergabe.[2] 1

Die Nichtigkeitsfolge nach Abs. 1, die Heilung (Abs. 2 S. 1) nach Empfang oder Inanspruchnahme des Darlehens sowie die Modifikation des Vertragsinhalts im Falle einer Heilung (Abs. 2 S. 2 bis Abs. 6) sind als Gesamtkonzept zu betrachten.[3] Hierzu kommt nunmehr auch die Abschrift des Vertrages, die die Vertragsänderungen berücksichtigt, Abs. 7. Die Regelung findet auf alle Verbraucherdarlehensverträge, also auch auf Immobiliar-Verbraucherdarlehensverträge Anwendung. Eine Ausnahme bildet die Neufassung von Abs. 6. 2

§ 494 blieb bei der Umsetzung der Verbraucherrechterichtlinie im Kern unverändert, aufgrund der einheitlichen Regelung des Widerrufs wurde Abs. 7 S. 2 gestrichen. Bei Umsetzen der Wohnimmobilienkreditrichtlinie entfällt der Verweis auf Art. 247 § 9 EGBGB, die Regelung ist nun in den allgemeinen Vorschriften enthalten; damit ist keine inhaltliche Änderung verbunden.[4] 3

II. Nichtigkeit bei Formmangel oder fehlenden Angaben (Abs. 1)

1. Nichtigkeit des Verbraucherdarlehensvertrages

a) Formmangel und Angaben nach Art. 247 §§ 6, 9 bis 13 EGBGB. Der Verbraucherdarlehensvertrag ist nach Abs. 1 nichtig, wenn er nicht der Schriftform (bzw. der elektronischen Form) entspricht oder nicht die nach Art. 247 §§ 6, 9 bis 13 EGBGB erforderlichen Angaben enthält. Für das deutsche Verbraucherdarlehensrecht sieht § 492 Abs. 1 Schriftform vor, ausreichend ist dabei auch die elektronische Form, § 126a BGB. Vor dem Hintergrund der Vollharmonisierung des Verbraucherdarlehensrechts erscheint dabei fraglich, ob auch auf Papier oder einem dauerhaften Datenträger (Art. 10 Abs. 1 Verbraucherkreditrichtlinie) geschlossene Verträge als nichtig behandelt werden können.[5] 4

Mit der Nichtigkeitsfolge sanktioniert sind neben den Angaben über den Vertragsinhalt (Art. 247 EGBGB, § 6), die Mitteilungen für Immobiliardarlehensverträge, (Art. 247 EGBGB, § 9), die Mitteilungspflichten bei Überziehungsmöglichkeiten (Art. 247 EGBGB, 5

[1] Mit Fokus auf die Wirksamkeit des Vertrages Bülow/Artz/*Bülow* § 494 Rn. 1, 6, dazu noch → Rn. 5.
[2] → BGB Vor § 492, § 18 Abs. 2 KWG Rn. 11 f.
[3] Zum VerbrKrG Begr. RegE BT-Drs. 11/5462, 21: angemessener Kompromiss.
[4] Begr. RegE BT-Drs. 18/5922, 87.
[5] → BGB § 492 Rn. 2.

§ 10) und bei Umschuldungen (Art. 247 EGBGB, § 11). Auf die Kommentierung dieser sehr umfangreichen Informationspflichten wird verwiesen. Systematisch ist § 494 Sonderregelung zu § 125 BGB sowie zu § 139 BGB,[6] betroffen sind nach Art. 247 § 6 Abs. 1 Nr. 6 sämtliche Vertragsbedingungen, also auch Nebenabreden.

6 Die Nichtigkeitsfolge für Verletzungen der Angabepflichten ist europarechtlich unbedenklich, wenn sie vollumfänglich unter Erwägungsgrund 30 der Richtlinie subsumiert werden kann, nach dem diese keine Aussagen über die Wirksamkeit von Verträgen trifft.[7] Als Sanktion im Sinne von Art. 23 Verbraucherkreditrichtlinie erscheint Abs. 1 richtlinienkonform, wenn mit der überwiegenden Meinung im Schrifttum davon ausgegangen wird, dass der Verbraucher die Auszahlung des Darlehens verlangen kann, eine Berufung des Darlehensgebers auf die Nichtigkeit aber rechtsmissbräuchlich wäre.[8] Wählt der Verbraucher Erfüllung, sollen die ursprünglich vereinbarten Bedingungen gelten;[9] bei zutreffender Einordnung der Nichtigkeitsfolge als Sanktion für den Darlehensgeber[10] erscheint insoweit europarechtlich eine Rechtsfortbildung angezeigt.

7 **b) Von der Nichtigkeitsfolge ausgenommene Angaben.** Von der Nichtigkeitsfolge ausgenommen sind die Angaben nach Art. 247 §§ 7, 8 EGBGB. Dazu zählen Sicherheitsleistungen (Art. 247 EGBGB, § 7 Nr. 2), Vorfälligkeitsentschädigungen (Art. 247 EGBGB, § 7 Nr. 3), der Hinweis auf vom Darlehensnehmer zu tragende Notarkosten (Art. 247 EGBGB, § 7 Nr. 1), sowie der Hinweis auf außergerichtliche Beschwerde- und Rechtsbehelfsverfahren (Art. 247 EGBGB, § 7 Nr. 4), vor allem aber Verträge mit Zusatzleistungen (Art. 247 EGBGB, § 8). Für Sicherheitsleistungen findet sich eine modifizierte Regelung in Abs. 6 Satz 2, für die Vorfälligkeitsentschädigung in § 502 Abs. 2 Nr. 2, die Ansprüche sind dann jeweils ausgeschlossen. Keine Nichtigkeitsfolge tritt auch ein, wenn die Erklärung des Darlehensnehmers schriftlich und vollständig abgegeben wurde und nur die Schriftform der Erklärung des Darlehensgebers fehlt.[11]

8 **c) Falsche Angaben.** Nach der Rechtsprechung des Bundesgerichtshofs noch zum alten Verbraucherdarlehensrecht führen falsche Angaben noch nicht zur Nichtigkeit des Verbraucherdarlehensvertrags.[12] Dies wird auch unter der neuen Verbraucherkreditrichtlinie grundsätzlich weiter gelten können,[13] die Richtlinie fordert in Art. 23 lediglich effiziente Sanktion für Verstöße gegen die zur Umsetzung erlassenen innerstaatlichen Vorschriften. Diese können, je nach Schwere des Verstoßes, auch in einer Modifikation des Vertragsinhalts liegen. Eine Unwirksamkeit des Vertrages als allgemein eingreifende Sanktion erscheint unverhältnismäßig. Eine Modifikation wird in Abs. 3–6 ohnehin für in Anspruch genommene bzw. vom Darlehensnehmer empfangene Darlehen vorgesehen. In Betracht kommt jedenfalls im Einzelfall eine entsprechende Anwendung der gesetzlichen Regelungen zur Modifikation des Verbraucherdarlehens.[14]

2. Nichtigkeit einer Vollmacht

9 Der Schutz des Verbrauchers durch die §§ 491 ff. wurde in der Praxis dadurch umgangen, dass sich ein Vermittler formal bevollmächtigen ließ, für den Verbraucher einen Darlehensvertrag mit einem Unternehmer abzuschließen.[15] Vor Missbräuchen der Voll-

[6] Staudinger/*Kessal-Wulf* 2012 Rn. 4.
[7] *Bülow*/Artz Rn. 1, 6, unter Verweis auch auf Art. 22 der RL.
[8] Staudinger/*Kessal-Wulf,* 2012, Rn. 11; *Bülow*/Artz Rn. 33 mwN.
[9] Etwa MüKoBGB/*Schürnbrand/Weber* Rn. 14, *Bülow*/Artz Rn. 33.
[10] Zum VerbrKrG Begr. RegE BT-Drs. 11/5462, 21.
[11] BGHZ 165, 213 (219 f.) = NJW 2006, 681; BankR-HdB/*Peters* § 81 Rn. 250.
[12] BGHZ 167, 239 (244) = NJW 2006, 1955; WM 2004, 417 (420) = NJW-RR 2004, 632, zu Abgrenzungsschwierigkeiten Nobbe/*Müller-Christmann* Rn. 5, aA jedenfalls für den Einzelfall BeckOK BGB/*Möller* Rn. 3.
[13] Davon weiter ausgehend etwa PWW/*Nobbe* Rn. 2.
[14] So bereits zum VerbrKrG *Münstermann/Hannes* Rn. 321.
[15] → BGB § 492 Rn. 17.

macht ist der Verbraucher zu schützen. Nichtig ist die Vollmacht, wenn sie nicht der Schriftform entspricht oder nicht die erforderlichen Angaben enthält. Insbesondere muss die Vollmacht die Angaben nach Art. 247 § 6 EGBGB enthalten.

III. Heilung bei Empfang oder Inanspruchnahme (Abs. 2 S. 1)

1. Heilung bei formunwirksamem Verbraucherdarlehensvertrag

10 Der Verbraucherdarlehensvertrag wird nach Abs. 2 S. 1 bei vollständigem Empfang bzw. bei vollständiger Inanspruchnahme des Darlehens voll wirksam („gültig"), bei teilweisem Empfang bzw. bei teilweiser Inanspruchnahme nur soweit der Darlehensnehmer das Darlehen empfangen bzw. in Anspruch genommen hat. Beispiele für teilweise Heilung sind die Auszahlung nach Baufortschritt, aber auch sonst Auszahlungen nach einem Rahmenvertrag, dieser gilt dann nur soweit als wirksam, wie Kredit tatsächlich in Anspruch genommen wurde, dies kann auch wiederholt der Fall sein.[16]

11 Ein Empfang des Darlehens setzt voraus, dass der Darlehensbetrag aus dem Vermögen des Darlehensgebers ausgeschieden und dem Vermögen des Darlehensnehmers in der vereinbarten Form endgültig zugeführt worden ist.[17] Bei Auszahlung an einen Dritten ist das der Fall, wenn der Dritte die Darlehensvaluta auf Weisung des Darlehensnehmers erhalten hat, der Dritte darf ferner nicht im überwiegenden Interesse des Darlehensgebers tätig werden.[18] Um eine Heilung gegen den Willen des Darlehensnehmers zu verhindern,[19] wird diesem ein Zurückweisungsrecht zugebilligt, das freilich nur selten praktisch werden dürfte.[20] Heilung durch Auszahlung greift auch beim verbundenen Geschäft ein.[21] Beim Schuldbeitritt erfolgt die Auszahlung regelmäßig nur an einen Schuldner, für die Person des anderen kommt dann eine Heilung nicht in Betracht, bei Gebrauchsvorteilen kann er aus Treu und Glauben aber so zu behandeln sein, als wäre der Vertrag wirksam.[22]

12 Eine Inanspruchnahme des Darlehens liegt vor, wenn der Darlehensnehmer über das Darlehen disponiert. Typischerweise verlangt der Darlehensnehmer, dass der Darlehensgeber das Darlehen ausbezahlt. Die herrschende Meinung nimmt an, dass der Darlehensgeber diesem Verlangen auch entsprechen muss,[23] der Darlehensgeber hat etwa einen ausgefüllten Scheck auch einzulösen.[24] Die Unterscheidung zum Empfang erfolgt so danach, von wem die Initiative zur Auszahlung ausgeht. Eine Heilung tritt auch ein, wenn den Parteien die Nichtigkeit des Darlehensvertrages unbekannt war und sie auch nicht damit rechneten.[25]

13 Eine Heilung nach § 494 Abs. 2 S. 1 kommt auch bei formunwirksamer Vollmacht in Betracht,[26] geheilt wird der Darlehensvertrag.[27] Bei formunwirksamer Vollmacht wird eine Mitwirkung des vertretenen Darlehensnehmers als notwendig angesehen,[28] richtig wird

---

[16] Nobbe/*Müller-Christmann* Rn. 8.

[17] BGH WM 2006, 1243 (1245) = NJW-RR 2006, 1419.

[18] BGH WM 2006, 1243 (1245) = NJW-RR 2006, 1419; BGHZ 167, 223 (236 ff.) = NJW 2006, 1952; 167, 239 (245) = NJW 2006, 1955; 167, 252 (263 ff.) = NJW 2006, 1788; 152, 331 (337) = NJW 2003, 422; Kümpel/Mülbert/Früh/Seyfried/*Merz/Wittig* Rn. 5.225.

[19] Dazu auch Staub/*Renner* Kreditgeschäft (Band 10/2) Rn. 706, der auf die Möglichkeit unverzüglicher Rücküberweisung verweist.

[20] Staudinger/*Kessal-Wulf* 2012 Rn. 10; dazu auch Nobbe/*Müller-Christmann* Rn. 12.

[21] BGHZ 167, 223 (236 ff.) = NJW 2006, 1952; 167, 239 (245 ff.) = NJW 2006, 1955; 167, 252 (263 ff.) = NJW 2006, 1788.

[22] BGHZ 144, 370 (385) = NJW 2000, 3133; 142, 23 (233 f.) = NJW 1999, 2664; 121, 224 (233) = NJW 1993, 1126 (Bürgschaft); BankR-HdB/*Peters* § 81 Rn. 255 f.

[23] Etwa MüKoBGB/*Schürnbrand/Weber* Rn. 14; *Bülow*/Artz Rn. 32 ff., aA wohl Soergel/*Seifert* Rn. 7.

[24] Für den Zufluss auf die Auszahlung, Gutschreibung oder Verrechnung abstellend BGHZ 131, 66 (74) = NJW 1995, 3386 zum Streitstand MüKoBGB/*Schürnbrand/Weber* Rn. 23 Fn. 47.

[25] Nobbe/*Müller-Christmann* Rn. 8.

[26] BGH WM 2018, 657 Rn. 53; *Markus Roth* WM 2003, 2356.

[27] BankR-HdB/*Peters* § 81 Rn. 251.

[28] OLG München WM 1999, 1456 (1457), insoweit nicht abgedruckt in NJW 1999, 2196.

man allein die Auszahlung an einen vollmachtlos handelnden Dritten nicht genügen lassen können.[29] Teilweise wird eine (konkludente) Genehmigung verlangt.[30] Es dürfte aber zu weit gehen, den Darlehensnehmer bei formunwirksamer Vollmacht stärker zu schützen als allgemein bei einer Unwirksamkeit des Verbraucherdarlehens wegen Fehlen von Angaben. Dies jedenfalls, wenn die Initiative zur Vertretung vom Verbraucher ausging. Zutreffend ist die Heilung des Verbraucherdarlehensvertrages nach § 494 Abs. 2 Satz 1 von der Genehmigung des vollmachtlosen Vertreterhandelns nach allgemeinen Grundsätzen zu unterscheiden,[31] eine Genehmigung kommt sogar noch nach der Heilung der Vollmacht in Betracht.[32] Der Bundesgerichtshof verlangt bei einer nichtigen Vollmacht für eine Genehmigung des Vertreterhandelns, dass der Vertretene zumindest damit rechnet, dass der Vertrag unwirksam ist.[33] Wird das Darlehen an den vollmachtlosen Vertreter als Empfangsboten ausgezahlt, wird der Darlehensvertrag erst geheilt, wenn der Vertreter die Darlehensvaluta mit dessen Einverständnis an den Darlehensnehmer weiterleitet oder aufgrund einer neuen Weisung des Darlehensnehmers über sie disponiert.[34]

2. Rechtsfolgen der Heilung

14 Eine Heilung des Vertrages nach Abs. 2 Satz 1 bedeutet nicht, dass der Verstoß gegen die Schriftform sowie insbesondere gegen die Angabepflichten in jedem Fall vollständig sanktionslos bliebe. Jedenfalls für gewisse Angaben sieht das Gesetz eine Modifikation der Bedingungen vor, zu denen der Verbraucherdarlehensvertrag geschlossen wurde. Fehlen Angaben zur Höhe der im Vertrag zu nennenden Zinssätze (Sollzinssatz, effektiver Jahreszins) oder zum Gesamtbetrag, so ermäßigt sich der vereinbarte Zinssatz auf den gesetzlichen Zinssatz von vier Prozent, Abs. 2 Satz 2, fehlen Angaben zu Sicherheiten, so können diese nicht verlangt werden, Abs. 6. Fehlt die Angabe zur Berechnung der Vorfälligkeitsentschädigung, so kann diese nach § 502 Abs. 2 Nr. 2 nicht verlangt werden. Insbesondere wenn das Bürgerliche Gesetzbuch keine Sanktion vorsieht, stellt sich die Frage der Anwendbarkeit allgemeiner Rechtsgrundsätze, um eine richtlinienkonforme Auslegung zu ermöglichen. Neben einem Schadensersatzanspruch[35] kommt insbesondere eine Einschränkung der Heilungswirkung und damit mittelbar eine weitere Modifikation des Vertragsinhalts in Betracht.[36]

15 Bei mehreren Unwirksamkeitsgründen sind die Rechtsfolgen für jeden Verstoß gesondert zu ermitteln.[37] Praktisch wird das insbesondere, wenn mehrere Angaben fehlen. Die Heilung tritt ex nunc ein.[38] Keine Modifikation des Vertragsinhalts erfolgt, wenn lediglich die Erklärung des Darlehensgebers formunwirksam ist,[39] die des Darlehensnehmers aber formgerecht abgegeben wurde. Heilung gemäß § 494 und Widerruf nach § 495 sind voneinander unabhängig. Dies gilt auch für sonstige Unwirksamkeitsgründe, geheilt wird nur der Verstoß gegen § 492 Abs. 1 und 2 BGB. Noch nicht überzeugend gelöst ist die Frage, ob und zu welchen Konditionen bei einem teilweise ausbezahlten und „soweit" geheilten Darlehen auch hinsichtlich des Rests vom Darlehensnehmer Erfüllung verlangt werden kann.[40]

---

[29] BGH WM 2018, 657 Rn 60; BankR-HdB/*Peters* § 81 Rn. 252.

[30] Kümpel/Mülbert/Früh/Seyfried/*Merz/Wittig* Rn. 5.236; PWW/*Nobbe* Rn. 4; Staudinger/*Kessal-Wulf,* 2012, Rn. 13, für eine Formbedürftigkeit der Genehmigung Bamberger/Roth/*Möller* Rn. 14.

[31] → BGB § 492 Rn. 20, die formlose Genehmigung zulassend auch Staub/*Renner* Kreditgeschäft (Band 10/2) Rn. 704.

[32] *Markus Roth* WM 2003, 2356 (3459 f.).

[33] BGH WM 2009, 1271 (1272); 2008, 1266 (1269) (insoweit nicht abgedruckt in NJW 2008, 3355); BGHZ 159, 294 (304) = NJW 2004, 2736.

[34] BGH WM 2018, 657 Rn. 60.

[35] MüKoBGB/*Schürnbrand/Weber* Rn. 8.

[36] → Rn. 29 f.

[37] BankR-HdB/*Peters* § 81 Rn. 275, vgl. auch BGHZ 165, 213 (221) = NJW 2006, 681.

[38] Nobbe/*Müller-Christmann Rn.* 15.

[39] BGHZ 165, 213 (220) = BGH NJW 2006, 681.

[40] Zum Meinungsstand BankR-HdB/*Peters* § 81 Rn. 253 f.

IV. Modifikation des Vertragsinhalts (Abs. 2 S. 2 bis Abs. 7)

1. Ermäßigung des Jahreszinses (Abs. 2 S. 2)

a) Ermäßigung auf den gesetzlichen Zinssatz (4 Prozent, § 246 BGB). Die Rechtsfolge für eine fehlende Angabe zu den Zinsen enthält Abs. 2 S. 2. Fehlt die Angabe des Sollzinssatzes (Art. 247 EGBGB, § 6 Abs. 1 Nr. 1 iVm § 3 Abs. 1 Nr. 5), des effektiven Jahreszinssatzes oder des Gesamtbetrags, so ermäßigt sich der Sollzinssatz nach Abs. 2 S. 2 auf den gesetzlichen Zinssatz. Dies gilt nach der Rechtsprechung des Bundesgerichtshofs nicht nur für die Zinsfestschreibungsperiode, sondern für die gesamte Vertragslaufzeit.[41] Der gesetzliche Zinssatz ist in § 246 geregelt, vorgesehen ist also eine Ermäßigung auf vier Prozent. Diese statische Berechnung hat den Vorteil einfacher Rechtsanwendung, der gewählte Zinssatz liegt allerdings nur wenig über dem im gemeinen Recht geltenden Höchstzinssatz von fünf Prozent.[42] Insbesondere in Niedrigzinsphasen stellt sich deshalb die Frage, ob noch eine effiziente Sanktion im Sinne der Verbraucherkreditrichtlinie vorliegt.[43] § 1a Abzahlungsgesetz (AbzG) sah als Sanktion für unterlassene Angaben noch das völlige Wegfallen der Verzinsungspflicht vor. 16

Eine falsche Angabe steht der fehlenden an sich nicht gleich.[44] Der Bundesgerichtshof ging aber noch zum alten Verbraucherdarlehensrecht davon aus, dass die Gesamtangabe auch fehlt, wenn bei Kreditverträgen mit einer längeren Laufzeit als der zunächst vereinbarten Zinsbindungsfrist der Vertrag nur die in der Zeit der Zinsfestschreibung zu erbringende Teilleistung angibt.[45] 17

Rechtsfolge des Abs. 2 S. 2 für bereits bezahlte Darlehensraten ist die Rückzahlung überzahlter Zinsen nach den Grundsätzen der ungerechtfertigten Bereicherung (§§ 812, 813 BGB). Dem Verbraucher soll kein Wahlrecht zustehen, er soll insbesondere nicht die Verrechnung mit der Darlehenshauptforderung verlangen können, stattdessen soll zwingend ein Rückforderungsrecht überzahlter Beträge bestehen.[46] 18

Abs. 2 S. 2 kann nicht zu Lasten des Verbrauchers angewandt werden.[47] Ausgeschlossen ist insbesondere eine Erhöhung des Zinssatzes bei Immobiliardarlehensverträgen (§ 503 BGB), die einen geringeren Zinssatz vorsehen. Das Gesetz spricht ausdrücklich von einer Ermäßigung. 19

b) Verweis auf § 246 BGB als effiziente Sanktion? Die Frage, ob eine Ermäßigung des Zinssatzes auf vier Prozent in einer Niedrigzinsphase eine effiziente Sanktion darstellt,[48] hat in der Zwischenzeit verstärkte Aufmerksamkeit erhalten.[49] Dies ist nicht zuletzt der EuGH-Entscheidung zur Prüfung der Kreditwürdigkeit geschuldet, in deren Folge der Gesetzgeber nun die Kreditwürdigkeitsprüfung explizit im Verbraucherdarlehensrecht geregelt hat. Der EuGH stellt für die Kreditwürdigkeit darauf ab, ob die nach dem gesetzlichen Satz zu zahlenden Beträge wesentlich geringer sind als diejenigen, die ihm als Kreditgeber zustünden, wenn dieser seiner Pflicht zur Kreditprüfung nachgekommen wäre.[50] Den Sanktionsfolgen würde wegen der Beschränkung der Dauer des Widerrufs für Immobiliar-Verbraucherdarlehensverträge in § 356b Abs. 2 RegE auch größere praktische Bedeutung 20

---

[41] BGH WM 2004, 2306 (2308 f.) = NJW-RR 2005, 483.

[42] *Enneccerus* Lehrbuch des Bürgerlichen Rechts, 1. Band, 2. Abteilung, 10. Bearbeitung, 1927, § 233 Fn. 1.

[43] In diesem Fall keine Sanktion annehmend BankR-HdB/*Peters* § 81 Rn. 259.

[44] → Rn. 8.

[45] BGH WM 2006, 1243 (1245 f.) = NJW-RR 2006, 1419; BGHZ 159, 270 (274 ff.) = NJW 2004, 2820.

[46] BGHZ 179, 260 (264 ff.) = NJW 2009, 2046; OLG Stuttgart WM 2007, 2281.

[47] Staudinger/*Kessal-Wulf*, 2012, Rn. 28; Staub/*Renner* Kreditgeschäft (Band 10/2) Rn. 712.

[48] Dazu schon → Rn. 1, 15 und die Vorauflage.

[49] *Danwerth* WM 2015, 1604.

[50] EuGH NJW 2014, 1941, 1944 (Rz. 55).

zukommen. Als alternative Anknüpfung kommen die Bestimmungen in § 505d in Betracht, dazu allgemein noch → Rn. 34 f.

2. Zu niedrig angegebener effektiver Jahreszins (Abs. 3)

21 Abs. 3 greift bei einem zu niedrig angegebenen effektiven Jahreszins ein und sieht eine Modifikation des Sollzinssatzes vor. Der Sollzins ermäßigt sich, wenn der effektive Jahreszins unter Verstoß gegen § 6 der Preisangabenverordnung[51] zu niedrig angegeben wird. Praktisch wird regelmäßig eine Modifikation der geschuldeten Raten erfolgen, die nicht einberechneten Kosten sind nicht einmalig abzusetzen. Abs. 5 S. 1 sieht die hierfür erforderliche Neuberechnung der Raten vor. Dabei kann der Meinung nicht beigetreten werden, dass entsprechend Abs. 2 S. 2 der gesetzliche Zinssatz von vier Prozent eine Untergrenze bildet,[52] bei geringer Inflation und in Niedrigzinsphasen stellt sich vielmehr allgemein die Frage, ob hierin noch eine hinreichend abschreckende Sanktion liegt.

22 Der Zinssatz ermäßigt (Gesetz: „erniedrigt“) sich, soweit der Zinssatz zu niedrig angegeben worden ist. Grund dafür werden regelmäßig nicht berücksichtigte Kosten sein, die nach der Preisangabenverordnung in die Berechnung des effektiven Zinssatzes einfließen müssen. Praktisch bedeutsam sind insoweit insbesondere Zusatzleistungen, von deren Inanspruchnahme der Abschluss des Darlehensvertrages abhängig gemacht wird, dazu nun die gesetzliche Vermutung in § 6 Abs. 3 Nr. 4 Preisangabenverordnung. Nicht als Zusatzleistung angesehen werden Notarverträge, die Notarkosten bleiben auch bei der Berechnung des effektiven Jahreszinses außen vor.

23 Die Berechnung der Ermäßigung ist im Einzelnen umstritten, diskutiert werden eine prozentuale sowie eine nominale Kürzung.[53] Nach der Gesetzesbegründung soll der Darlehensgeber an seiner Falschberechnung festgehalten werden.[54] Daraus wird gefolgert, dass eine Absenkung unter den falsch berechneten Effektivzins nicht in Betracht komme.[55]

3. Nicht angegebene Kosten (Abs. 4 S. 1)

24 Abs. 4 S. 1 (bis 2010 § 494 Abs. 2 S. 3) regelt die Folgen unzureichender Kostenangaben im Vertrag. Die Sanktion des Abs. 4 S. 1 ist härter als die Rechtsfolge für nicht angegebene Zinsen nach Abs. 2 S. 2. Nicht angegebene Kosten werden nicht geschuldet, es kann der Darlehensgeber also insoweit keine Zahlung verlangen. Die Regierungsbegründung verweist hierfür auf die sonstigen Kosten,[56] insbesondere also solche für Zahlungsauthentifizierungssysteme. Dies wird indes nicht als abschließend verstanden.[57] Auch wenn etwa die Nichtangabe von Kosten aus zusätzlichen Verträgen (Art. 247 § 8 EGBGB) nicht nach Abs. 1 zur Nichtigkeit des Verbraucherdarlehens führt, so erschiene es doch mit Art. 23 der Richtlinie unvereinbar, die Nichtangabe sanktionslos zu lassen.

25 Als nicht angegebene Kosten kommen insbesondere ein laufzeitunabhängig beim Darlehensgeber verbleibendes Disagio[58] sowie eine Bearbeitungsgebühr in Betracht. Umfasst werden aber auch die Kosten von Zusatzverträgen, dies nicht nur, wenn der Zusatzvertrag mit dem Darlehensgeber abgeschlossen wurde. Praktisch wird dies etwa bei Restschuldversicherungen, hier besteht zwar kein direkter Anspruch gegen den Dritten, der Verbraucher kann aber vom Darlehensgeber vor der Auszahlung des Darlehens die Freistellung

---

[51] → BGB Vor § 491a § 6 PAngV Rn. 1.
[52] So Nobbe/*Müller-Christmann* Rn. 20; Soergel/*Seifert* Rn. 21.
[53] Jeweils für absolute Kürzung (bei um zehn/zwei Prozent zu niedriger Angabe absolute Kürzung der Zinsen um zehn/zwei Prozent, nicht im Verhältnis, also relativ) um den zu niedrig angegebenen Prozentsatz mit umfassender Darstellung des Streitstands MüKoBGB/*Schürnbrand/Weber* Rn. 33; Staudinger/*Kessal-Wulf*, 2012, Rn. 34 ff., Bülow/Artz/*Bülow* § 494 Rn. 86 ff.
[54] BT-Drs. 11/5462, 21.
[55] BankR-HdB/*Peters* § 81 Rn. 272.
[56] Begr. RegE BT-Drs. 16/11643, 82: Art. 247 §§ 6 Abs. 1, 3 Abs. 1 Nr. 10 EGBGB.
[57] BankR-HdB/*Peters* § 81 Rn. 260; Bülow/Artz/*Bülow* § 494 Rn. 57.
[58] *Bülow/Artz* § 492 Rn. 107.

von der Verbindlichkeit gegenüber dem Dritten verlangen, danach mit Zins- und Tilgungsansprüchen aufrechnen.[59] Als Kosten des Vertrages sind weiter die Vermittlungsgebühren anzusehen, der Verstoß gegen die Angabepflicht nach Art. 247 § 13 EGBGB ist in Abs. 1 genannt, was neben Art. 23 der Richtlinie für eine Sanktionierung spricht.[60] Nach der Rechtsprechung des Bundesgerichtshofs noch zur alten Verbraucherkreditrichtlinie greift bei Kapitallebensversicherungen kein Freistellungs- oder Erstattungsanspruch ein.[61] Dies wird zu modifizieren sein, die nach der neuen Verbraucherkreditrichtlinie erforderliche abschreckende Sanktion könnte etwa in der Übernahme der Kosten- und Gewinnanteile des Versicherungsunternehmens durch den Darlehensgeber liegen.[62] Zutreffend zu weit ginge es, die vollen Raten vom Darlehensgeber tragen zu lassen, er würde dann den Kredit selbst zurückzahlen.[63]

4. Anpassung von Zinsen und Kosten (Abs. 4 S. 2)

Gibt der Vertrag nicht an, unter welchen Voraussetzungen Kosten und Zinsen angepasst werden können, so entfällt eine einseitige Änderung zu Lasten des Verbrauchers, Abs. 4 S. 2 entspricht § 494 Abs. 2 S. 5 aF (bis 2010). Zinsanspassungsklauseln müssen damit in der Vertragsurkunde enthalten sein, um Wirkung zugunsten des Darlehensgeber entfalten zu können. Der Darlehensgeber verliert die Möglichkeit, die Zinsen zu erhöhen, muss aber die Zinsen zugunsten des Verbrauchers senken.[64] Daraus wird gefolgert, dass sich der Zins auf den niedrigsten Wert begrenzen kann, der während der Vertragslaufzeit zu berechnen war,[65] teilweise wird es auch für möglich gehalten, den Zinssatz wieder auf das ursprüngliche Zinsniveau zu heben.[66] Letzteres wird jedenfalls dann hinreichend abschreckend sein, wenn der an sich gewollte, variable Zins signifikant über dem ursprünglichen Zinsniveau liegt, zwischenzeitlich aber noch deutlich darunter gefallen war. 26

5. Teilzahlungen (Abs. 5)

Rechtsfolge von fehlenden oder fehlerhaften Angaben ist gemäß Abs. 2 S. 2 bis Abs. 4 deren Anpassung.[67] Abs. 5 sieht weiter die praktisch bedeutsame Pflicht des Darlehensgebers zur Neuberechnung der Teilzahlungen (Raten) vor. Die Regelung entspricht § 494 Abs. 2 S. 4 aF (bis 2010). Die neue Höhe der Teilzahlungen ist vom Darlehensgeber zu berechnen,[68] bis zur Neuberechnung kann der Darlehensnehmer nach § 273 BGB die Zahlung weiterer Raten verweigern.[69] Überzahlte Raten sind nach § 812 Abs. 1 S. 1 Alt. 1 rückabzuwickeln,[70] nach der Rechtsprechung des Bundesgerichtshofs besteht kein Anspruch auf Verrechnung mit dem Darlehensrückzahlungsanspruch des Darlehensgebers.[71] Freilich beginnt der Lauf der Verjährungsfrist für die bereicherungsrechtliche Rückabwicklung nicht vor der Beendigung des Darlehensverhältnisses.[72] 27

---

[59] Nobbe/*Müller-Christmann* Rn. 22.

[60] Anders BankR-HdB/*Peters* § 81 Rn. 261 unter Hinweis auf die Nichtübernahme von § 492 Abs. 1 S. 5 Nr. 4 aF BGB; *Bülow*/Artz Rn. 66.

[61] BGHZ 162, 20 (28 f.) = NJW 2005, 985.

[62] Weitergehend bereits zum alten Recht BeckOK BGB/*Möller* Rn. 11.

[63] *Bülow/Artz* Rn. 68.

[64] BankR-HdB/*Peters* § 81 Rn. 264.

[65] Etwa *Bülow/Artz* Rn. 74.

[66] So insbes. Staudinger/*Kessal-Wulf*, 2012, Rn. 31.

[67] BankR-HdB/*Peters* § 81 Rn. 264.

[68] Begr. RegE BT-Drs. 16/11643, 82, unter Verweis auf *Bülow/Artz* Verbraucherkreditrecht, 6. Aufl. 2006, § 494 Rn. 62.

[69] PWW/*Nobbe* Rn. 14 unter Verweis auf BGHZ 149, 302 (310), BKR 2009, 194 Rn. 25; Kümpel/Mülbert/Früh/Seyfried/*Merz/Wittig* Rn. 5.230.

[70] BGHZ 149, 302 (310) = NJW 2002, 957.

[71] BGH WM 2010, 1399 (1401 f.) = NJW-RR 2010, 1574; BGHZ 179, 260 (267 ff.) = NJW 2009, 2046.

[72] BGH WM 2009, 542 (545) (zur Verjährung des Neuberechnungsanspruchs).

6. Fehlen von Angaben zur Laufzeit oder zum Kündigungsrecht (Abs. 6 S. 1)

28 Bei fehlenden Angaben zur Laufzeit oder zum Kündigungsrecht besteht ein jederzeitiges Kündigungsrecht.[73] Abweichend von § 502 kann der Darlehensgeber keine Vorfälligkeitsentschädigung verlangen, weiter ist der Darlehensnehmer nicht an Kündigungsfristen oder Kündigungstermine gebunden. Empfohlen wird, nicht nur das Kündigungsrecht des Verbrauchers, sondern auch des Darlehensgebers anzugeben.[74]

7. Fehlen von Angaben zu Sicherheiten (Abs. 6 S. 2)

29 Fehlen im Verbraucherdarlehensvertrag Hinweise auf vom Darlehensgeber verlangte Sicherheiten, so können diese nach Abs. 6 S. 2 grundsätzlich nicht verlangt werden.[75] Eine Ausnahme sieht Abs. 6 S. 3 nur vor, wenn der Nettodarlehensbetrag 75.000 EUR übersteigt.[76] Für solche Darlehen gilt die Verbraucherkreditrichtlinie nach Art. 2 Abs. 2 Buchstabe c nicht. Im Zuge der Umsetzung der Wohnimmobilienkreditrichtlinie wurden die bisherigen Sätze 2 und 3 zusammengefasst und der Anwendungsbereich des bisherigen S. 3 (sodann S. 2 zweiter Halbsatz) auf Allgemein-Verbraucherdarlehensverträge beschränkt.[77]

30 Nicht explizit gesetzlich geregelt sind die Folgen falscher Angaben zu Sicherheiten und vor allem die Rechtsfolgen nach Gewährung der Sicherheiten durch den Darlehensnehmer oder einen Dritten. Das OLG Hamm nahm an, dass im Verbraucherdarlehensvertrag nicht genannte Sicherheiten wieder zurückgefordert werden können.[78] Nach der Rechtsprechung des Bundesgerichtshofs noch zum alten Recht konnte ein bestelltes vollstreckbares Schuldversprechen nicht zurückgefordert werden.[79] Dies soll auch nach Umsetzung der revidierten Verbraucherkreditrichtlinie allgemein gelten,[80] die Gegenansicht nimmt die jedenfalls grundsätzliche Möglichkeit der Rückforderung nach den Grundsätzen über die ungerechtfertigte Bereicherung an.[81]

8. Fehlen von Angaben zum Umwandlungsrecht bei Fremwährungsdarlehen (Abs. 6 S. 3)

31 Der neue Abs. 6 S. 3 regelt die Folgen fehlender Angaben nach § 503.

9. Über Abs. 2 bis 6 hinausgehende Modifikation des Vertragsinhaltes

32 Nach dem Gesetzeswortlaut des § 494 kommt allenfalls eine Minderung vereinbarter Darlehenszinsen auf vier Prozent in Betracht, fehlende Hinweise etwa auf Notarkosten sowie eine außergerichtliche Schlichtungsstelle sind sogar sanktionslos, ebenso die Nichtangabe des Nettodarlehensbetrags. Eine richtlinienkonforme Auslegung hat aber gegebenenfalls auch gegen den Wortlaut des Gesetzes[82] zu erfolgen und eine abschreckende Sanktion vorzusehen. Abschreckende Sanktionen können sich auch aus der praktischen Anwendung des Aufsichtsrechts ergeben,[83] drängen sich aber auch im Verbraucherdarle-

[73] *Feldhusen* NJW 2017, 1905.
[74] BankR-HdB/*Peters* § 81 Rn. 270.
[75] Für eine Erstreckung auf Versicherungen und sonstige Zusatzleistungen Nobbe/*Müller-Christmann* Rn. 27, vgl. zu Abs. 4 → Rn. 23.
[76] Zu Für und Wider der Obergrenze BankR-HdB/*Peters* § 81 Rn. 267 f.
[77] Begr. RegE BT-Drs. 18/5922, 87. Krit. *Piekenbrok* GPR 2015, 26 (34).
[78] OLG Hamm WM 2007, 1839 (Unterwerfung unter die sofortige Zwangsvollstreckung).
[79] BGHZ 177, 345 (349) = NJW 2008, 3208.
[80] BankR-HdB/*Peters* § 81 Rn. 269.
[81] *Bülow/Artz* Rn. 77, (nicht beim Schuldversprechen), so allg. MüKoBGB/*Schürnbrand/Weber* Rn. 39.
[82] Zur Quelle-Entscheidung des EuGH *Pfeiffer* NJW 2009, 412.
[83] Dazu mit Bezug auf § 18 Abs. 2 KWG aF *Schürnbrand* ZBB 2008, 383 (389).

hensrecht selbst auf, wenn etwa bereits der zu hoch angegebene effektive Jahreszins unter vier Prozent liegt.[84]

Geht man in begründeten Einzelfällen davon aus, dass die Abs. 2–6 keine abschreckende Sanktion im Sinne von Art. 23 der Richtlinie enthalten, so muss es nicht bei einer Unwirksamkeit nach Abs. 1 verbleiben. Es reicht aus, die Heilung nach Abs. 2 S. 1 im Einzelfall zu begrenzen,[85] Kriterien hierfür wären von der Rechtsprechung zu entwickeln, de lege ferenda könnte der Finanzmarktaufsicht die Kompetenz zur Festlegung einer angemessenen Sanktion gegeben werden.[86] Für die Verzinsung des Darlehens käme etwa eine Begrenzung auf den Zinssatz der EZB (gegebenenfalls mit einem moderaten Aufschlag) in Betracht. Vorgeschlagen wird weiter die Differenz des vereinbarten Sollzinssatzes zu § 246 BGB als Abzugsposten.[87] **33**

Zutreffend wird man auf der Regelung des § 505d aufbauen können. Diese knüpft an die Rechtsprechung zur Vorfälligkeitsentschädigung an:[88] mit den allgemeinen Regeln der §§ 242, 138 erscheint es jedenfalls im Einzelfall unvereinbar, wenn sich der Darlehensgeber auf eine Verzinsung in Höhe von mehr als des Doppelten der Vorfälligkeitsentschädigung beruft. Bei Zweifeln über das Fehlen eines Hinweises auf das Tragen der Kosten kann Art. 247 § 3 Nr. 10 EGBGB weit ausgelegt werden. **34**

V. Abschrift des Vertrages mit veränderten Bedingungen (Abs. 7)

Über die bloße Neuberechnung der Darlehensraten nach Abs. 5 hinaus sieht Abs. 7 auch die Überlassung einer neuen Abschrift des Vertrages mit den geänderten Bedingungen vor.[89] Anzupassen sind alle geänderten Vertragsbedingungen, auch die Anschriften.[90] **35**

Der Darlehensnehmer hat einen Anspruch auf eine veränderte Abschrift des Vertrages,[91] die die Modifikationen nach § 494 beinhaltet. Umgekehrt beginnt die Widerrufsfrist bei Allgemein-Verbraucherdarlehensverträgen nach § 356b Abs. 3 erst mit Erhalt dieser Abschrift. **36**

§ 495 Widerrufsrecht; Bedenkzeit

(1) **Dem Darlehensnehmer steht bei einem Verbraucherdarlehensvertrag ein Widerrufsrecht nach § 355 zu.**

(2) **Ein Widerrufsrecht besteht nicht bei Darlehensverträgen,**

1. die einen Darlehensvertrag, zu dessen Kündigung der Darlehensgeber wegen Zahlungsverzugs des Darlehensnehmers berechtigt ist, durch Rückzahlungsvereinbarungen ergänzen oder ersetzen, wenn dadurch ein gerichtliches Verfahren vermieden wird und wenn der Gesamtbetrag (Artikel 247 § 3 des Einführungsgesetzes zum Bürgerlichen Gesetzbuche) geringer ist als die Restschuld des ursprünglichen Vertrags,
2. die notariell zu beurkunden sind, wenn der Notar bestätigt, dass die Rechte des Darlehensnehmers aus den §§ 491a und 492 gewahrt sind, oder
3. die § 504 Abs. 2 oder § 505 entsprechen.

[84] Im Jahre 2011 liegen nicht nur die Zinsen für Immobiliardarlehen unter dieser Schwelle, dazu die Monatsberichte der Deutschen Bundesbank, VI. Zinssätze, etwa die kurzfristigen sonstigen Kredite an private Haushalte.
[85] Für einen Schadensersatzanspruch neben der Sanktion des § 494 MüKoBGB/*Schürnbrand/Weber* Rn. 8.
[86] So in den USA der Consumer Credit Protection Act, 15 U. S. Code § 1607 (e).
[87] *Danwerth* WM 2015, 1604 (1609) (dies auf § 494 Abs. 3 analog stützend).
[88] Dazu die Kommentierung zu § 502.
[89] Zum alten Recht war ein solcher Anspruch verneint worden, Staudinger/*Kessal-Wulf,* 2004, Rn. 25, Staudinger/*Kessal-Wulf,* 2012, Rn. 40: Beseitigung einer Regelungslücke.
[90] Kümpel/Mülbert/Früh/Seyfried/*Merz/Wittig* Rn. 5.233.
[91] Begr. RegE BT-Drs. 16/11643, 83 mit Hinweis auf Streit im Schrifttum.

(3) [1]Bei Immobiliar-Verbraucherdarlehensverträgen ist dem Darlehensnehmer in den Fällen des Absatzes 2 vor Vertragsschluss eine Bedenkzeit von zumindest sieben Tagen einzuräumen. [2]Während des Laufs der Frist ist der Darlehensgeber an sein Angebot gebunden. [3]Die Bedenkzeit beginnt mit der Aushändigung des Vertragsangebots an den Darlehensnehmer.

Übersicht

I. Grundlagen

1 Das Widerrufsrecht ist zentrales Prinzip des europäischen Verbraucherschutzes und spielt auch aufgrund einer fragwürdig weiten Geltung ewiger Widerspruchsrechte praktisch eine große Rolle. Der für das Verbraucherdarlehensrecht in § 495 normierte Widerruf dient dem Schutz des Verbrauchers vor Übereilung. Die europarechtliche Grundlage für das Widerspruchsrecht findet sich in Art. 14 der Verbraucherkreditrichtlinie, dies dient der Angleichung an andere verbraucherrechtliche Regelungen.[1] Der Verbraucherdarlehensvertrag ist während der Widerrufsfrist gültig. Der Bundesgerichtshof sieht im Widerrufsrecht ein besonders ausgestaltetes Rücktrittsrecht.[2] Die Gesetzesbegründung sprach von schwebender Wirksamkeit,[3] was zutreffend aber als entbehrliche neue Rechtsfigur anzusehen ist.[4] Geändert wurde § 495 durch das Gesetz vom Juli 2010[5] sowie durch das Gesetz zur Umsetzung der Verbraucherrechterichtlinie, hierdurch wurde Abs. 2 gestrichen, der vormalige Abs. 3 wurde Abs. 2.[6]

2 Anlässlich der Umsetzung der Wohnimmobilienkreditrichtlinie wurde die Überschrift um den Begriff Bedenkzeit ergänzt. Angefügt wurde ein entsprechender Abs. 3, der dem Umstand Rechnung trägt, dass bei Wohnimmobilienkreditverträgen entweder ein Widerruf möglich sein muss oder Bedenkzeit einzuräumen ist. Weitere relevante Änderungen

[1] Erwägungsgrund 34 Verbraucherkreditrichtlinie.

[2] BGH WM 2011, 1616 (1619) = NJW 2011, 2278, dies jedenfalls nahe legend BGH WM 2004, 2451 (2452) = NJW-RR 2004, 1058.

[3] BT-Drs. 14/2658, 47, 60, so auch Kümpel/Mülbert/Früh/Seyfried/*Merz/Wittig* Rn. 5.262, nunmehr historisch *Bülow* WM 2000, 2361 f.

[4] Palandt/*Grüneberg* § 355 Rn. 2 mwN, str.

[5] Gesetz zur Einführung einer Musterinformation für Verbraucherdarlehensverträge, zur Änderung der Vorschriften über das Widerrufsrecht bei Verbraucherdarlehensverträgen und zur Änderung des Darlehensvermittlungsrechts v. 24.7.2010, BGBl. I 2010, 977.

[6] Gesetz zur Umsetzung der Verbraucherrechterichtlinie und zur Änderung des Gesetzes zur Regelung der Wohnungsvermittlung v. 20.9.2013, BGBl. I 2013, 3642.

betreffen das Widerrufsrecht selbst.[7] Die Neufassung von § 356a Abs. 1 BGB (der Widerruf ist in Textform zu erklären) hat ein Redaktionsversehen korrigiert.[8] Mit der Neufassung von § 356b beabsichtigt ist eine Vereinfachung der Regeln zum Widerruf von Immobiliar-Verbraucherdarlehensverträgen gegenüber dem bisherigen Recht,[9] eingeführt wurde weiter eine absolute Ausschlussfrist für den Widerruf, § 356b Abs. 2 S. 4.[10] Neu geregelt wurde ferner der Sollzinssatz bei Widerruf, § 357a Abs. 3 BGB.

II. Widerrufsrecht (Abs. 1)

1. Verweis auf § 355

Abs. 1 erklärt auch für Verbraucherdarlehensverträge die im Zuge der Schuldrechtsmodernisierung eingeführte[11] zentrale Norm des § 355 für anwendbar.[12] Beim Zusammentreffen mehrerer Widerrufsrechte aufgrund verbraucherschützender Normen sieht § 312g Abs. 3 für Haustürgeschäfte und für Fernabsatzverträge einen Vorrang des Widerrufsrechts nach § 495 vor. Das Widerrufsrecht nach Abs. 1 gilt für Verbraucherdarlehensverträge gemäß § 491[13] sowie für Zahlungsaufschübe und Finanzierungshilfen zwischen einem Unternehmen und einem Verbraucher, § 506, ergänzend greift dann § 508 ein. Dem Widerruf unterliegen grundsätzlich auch Existenzgründungsdarlehen, dies nach § 512 allerdings nur bis zu einem Darlehensbetrag von 75.000 Euro. Für Ratenlieferungsverträge sieht § 510 eine eigenständige Verweisung auf § 355 vor.[14] 3

Die Beschränkung des Widerrufs bei verbundenen Verträgen auf den Widerruf des Verbraucherdarlehensvertrages (§ 355 Abs. 2 S. 2 aF) wurde zwischenzeitlich aufgegeben.[15] Auch der Ausschluss des Widerrufs wegen eines Fernabsatzgeschäftes bzw. eines Haustürgeschäftes aufgrund eines Vorrangs von § 495 ist nach Art. 14 Abs. 5 der Richtlinie nur insoweit unbedenklich, als tatsächlich ein von der Verbraucherkreditrichtlinie gebotenes Widerrufsrecht vorliegt.[16] Die Gestaltung des Hinweises auf das Widerrufsrecht bei Verbraucherdarlehensverträgen wird in § 6 Abs. 2 des Art. 247 EGBGB geregelt. Ein diesen Anforderungen gerecht werdendes Muster enthält Anlage 7 zum EGBGB. 4

2. Erklärung des Widerrufs

Der Widerruf war nach § 355 Abs. 1 S. 2 aF BGB in Textform zu erklären, so auch für Teilzeit-Wohnrechteverträge wieder nach Umsetzung der Wohnimmobilienkreditrichtlinie § 356a Abs. 1 BGB. Für Verbraucherdarlehensverträge verbleibt es beim formlosen Widerruf. Der Verbraucher muss seinen Widerruf nicht begründen. Es muss auch nicht ausdrücklich von einem Widerruf gesprochen werden,[17] für die Vertretung des Verbrauchers gelten die allgemeinen Vorschriften.[18] Die Widerrufserklärung muss dem Darlehensgeber zu- 5

[7] Begr. RegE BT-Drs. 18/5922, 87: Art 14 Abs. 6 UAbs. 2 Wohnimmobilienkreditrichtlinie.

[8] Begr. RegE BT-Drs. 18/5922, 74 f.

[9] Begr. RegE BT-Drs. 18/5922, 74 f.

[10] Zu den Änderungen *Spitzer* MDR 2016, 1297.

[11] Zum Regierungsentwurf *Koppenfels* WM 2001, 1360, zur ursprünglichen Regelung im VerbrKrG *Peters* DZWir 1994, 353, zur Regelungsgeschichte sowie zu Altverträgen BankR-HdB/*Peters* § 81 Rn. 277–291.

[12] Zu Klageanträgen und Streitwertbestimmung *Rogoz* BKR 2015, 228.

[13] Also nicht wenn etwa der Darlehensbetrag unter 200 EUR liegt oder bei Eingreifen einer sonstigen Ausnahme nach § 491 Abs. 2, 3.

[14] Zum Widerruf bei mehreren Personen BankR-HdB/*Peters* § 81 Rn. 293–305, zum Widerruf für noch dem HWiG unterliegende Geschäfte BankR-HdB/*Peters* Rn. 289–324, zu Haustürgeschäften ab 2002 BankR-HdB/*Peters* Rn. 343, Finanzierungsleasing BankR-HdB/*Peters* Rn. 344.

[15] Durch das Änderungsgesetz von 2010, BGBl. I 2010, 977.

[16] Vgl. *Rott* WM 2008, 1104 (1111); bereits zu § 5 Abs. 2 HWiG in diesem Sinne *Peters* DZWir 1994, 353 (357).

[17] Staudinger/*Kessal-Wulf*, 2012, Rn. 50.

[18] Zur Übertragbarkeit des Widerrufsrechts BGH WM 2018, 2128 Rn. 26.

gehen, erst dann wird sie wirksam,[19] sie kann dann als Gestaltungsrecht auch nicht wieder zurückgenommen werden.[20] Kommt die Widerrufserklärung nicht an, so kann der Verbraucher dies unverzüglich noch fristwahrend nachholen,[21] er soll aber die Beweislast für die rechtzeitige Absendung des Widerrufs tragen.[22] Bestehen mehrere Kreditverträge oder Widerrufsrechte bzw. sind mehrere Personen Kreditnehmer, ist diesen Umständen Rechnung zu tragen.[23]

3. Widerrufsfrist

6 Für den Widerruf gilt eine Regelfrist von 14 Tagen, § 355 Abs. 2 S. 1. Wird die Belehrung über die Widerrufsmöglichkeit nicht bei Vertragsschluss erteilt oder ist die Widerrufsbelehrung bei Vertragsschluss fehlerhaft, so kann sie nachgeholt werden. Im Falle der Nachholung beträgt die Widerrufsfrist einen Monat, § 356b Abs. 2 S. 2. Bei einer etwaigen Heilung nach § 494 BGB beginnt die Widerrufsfrist für Allgemein-Verbraucherdarlehensverträge nach § 356b Abs. 3 erst mit Zusendung der Abschrift nach § 494 Abs. 7, zuvor begann die Widerrufsfrist ab dem Moment der Heilung.[24] Jedenfalls im Schrifttum diskutiert werden Auswirkungen unwirksamer oder verwirrender Klauseln auf die Ordnungsgemäßheit der Widerrufsbelehrung.[25]

7 Die Bestimmung des Haustürwiderrufsgesetzes (HWiG), nach der das Widerrufsrecht bei unterbliebener Belehrung einen Monat nach beiderseitiger vollständiger Erbringung der Leistung endet, wurde vom EuGH gebilligt.[26] Sodann sah § 355 Abs. 4 aF eine Frist von sechs Monaten nach Lieferung der Ware vor, nunmehr stellen die §§ 356 Abs. 3, 356c Abs. 2 für außerhalb von Geschäftsräumen geschlossene Verträge, Fernabsatzverträge und Ratenlieferungsverträge auf eine Frist von zwölf Monaten und vierzehn Tagen ab, die grundsätzlich mit Vertragsschluss beginnt. Der Widerruf kann auch noch vor Gericht erklärt werden.[27]

8 Für Allgemein-Verbraucherdarlehensverträge verbleibt es grundsätzlich bei einer unbefristeten Widerrufsmöglichkeit im Falle fehlender oder fehlerhafter Widerrufsbelehrung. Bei unentgeltlichen Darlehen und unentgeltlichen Finanzierungshilfen erlischt das Widerrufsrecht allerdings gemäß § 356d S. 2 spätestens 12 Monate und 14 Tage nach Vertragsschluss. Für im Fernabsatz geschlossene Verträge hat der EuGH in einem Altfall entschieden, dass das Widerrufsrecht nach beiderseitiger Erfüllung des Vertrages erlischt,[28] der BGH sieht sich an den Vorrang des Widerrufsrechts nach § 495 gebunden und an einer entsprechenden Umsetzung im deutschen Recht gehindert.[29] Zutreffend ist eine Systematik bei der Regelung des Widerrufs schwer erkennbar.[30]

9 Für Immobiliar-Verbraucherdarlehen endet die Widerrufsfrist nach § 356b Abs. 2 spätestens 12 Monate und 14 Tage nach dem Vertragsschluss oder dem in § 356b genannten Zeitpunkt, wenn dieser nach dem Vertragsschluss liegt. Für Altverträge enthält Art. 229 § 38 EGBGB verschiedene Sonderregelungen.[31]

---

[19] Staudinger/*Kessal-Wulf*, 2012, Rn. 51.
[20] BGH ZIP 2017, 2454 Rn. 29.
[21] OLG Dresden NJW 2000, 1203 Ls. = NJW-RR 2000, 354.
[22] BankR-HdB/*Peters* § 81 Rn. 381.
[23] *Knops/Martens* WM 2015, 2025.
[24] Staudinger/*Kessal-Wulf*, 2004, § 494 Rn. 19.
[25] Holst WM 2019, 1144.
[26] EuGH WM 2008, 869 = NJW 2008, 1865.
[27] KG BKR 2015, 109 (111).
[28] EuGH Urt. v. 11.9.2019, C-143/18, NJW 2019, 3290.
[29] BGH WM 2019, 2164 Rn. 18 ff., zuvor schon BGH WM 2018, 1601 Rn. 14. Die Möglichkeit einer richtlinienkonformen Auslegung annehmend *Wendehorst* NJW 2019, 3423 (3424), auf die Begrenzung des „ewigen" Widerrufsrechts im Verbraucherdarlehensrecht hinweisend *Poelzig/Reimschüssel* NJW 2019, 3293, zum Problem des Eingriffs in abgeschlossene Sachverhalte *Omlor* EWiR 2019, 645 (646).
[30] Zum Verbraucherbauvertrag *Bülow* WM 2018, 793, allg. zum ewigen Widerrufsrecht *Feldhusen* VuR 2019, 371.
[31] Dazu *Omlor* NJW 2016, 1265.

Instanzgerichtlich wurde Verwirkung des Widerrufsrechts angenommen,[32] wenn der Widerruf erst sieben Jahre nach vollständiger Rückzahlung des Darlehens erklärt wird[33] bzw. bei missverständlicher Belehrung 8 ½ Jahre nach Abschluss des Vertrages und Zeichnung der finanzierten Fondsanteile.[34] Der Bundesgerichtshof hat ein Mindestzeitmoment im Sinne fester Fristen abgelehnt,[35] verlangt aber grundsätzlich eine Nachbelehrung.[36] **10**

III. Voraussetzungen und Rechtsfolgen des Widerrufs

1. Pflichtangaben und Widerrufsbelehrung (§ 356a)

Bei Verbraucherdarlehensverträgen bedarf es nach § 356b der Pflichtangaben des § 492 Abs. 2. So sind dem Verbraucher auch alle im konkreten Fall nach Art. 247 EGBGB erforderlichen Pflichtangaben zu übermitteln. Nach Art. 247 § 6 Abs. 2 S. 1 EGBGB müssen freilich im Vertrag Angaben zur Frist und anderen Umständen der Erklärung des Widerrufs enthalten sein,[37] weiter ein Hinweis auf die Verpflichtung des Darlehensnehmers, ein bereits erhaltenes Darlehen zurückzuzahlen und Zinsen zu vergüten, zusätzliche Anforderungen stellt Art. 247 § 6 Abs. 2 S. 2–4 EGBGB, dazu die Kommentierung dort. Zu verwenden ist das auf europäischen Vorgaben beruhende Muster, Anlage 7 zum EGBGB, zu Art. 247 § 6 Abs. 2 und § 12 Abs. 1.[38] **11**

2. Beginn der Widerrufsfrist (§§ 355, 356b)

Die Widerrufsfrist beginnt nach § 355 Abs. 1 nicht vor Vertragsschluss, sie beträgt nach § 355 Abs. 2 S. 1 grundsätzlich 14 Tage. Fehlt es an einer (ordnungsgemäßen)[39] Widerrufsbelehrung,[40] so beginnt nach allgemeinen Grundsätzen die Widerrufsfrist nicht zu laufen.[41] Nach § 356b Abs. 2 gilt das auch, wenn die Pflichtangaben nach § 492 Abs. 2 fehlen.[42] Es kann das Widerrufsrecht dann allenfalls verwirkt werden.[43] Wird die Widerrufsbelehrung allerdings nachgeholt, so beträgt die Widerrufsfrist gemäß § 356b Abs. 2 S. 2 einen Monat. In 2002 war als europarechtlich zweifelhaft angesehen worden, ob eine Widerrufsbelehrung nachgeholt werden kann.[44] Die Nachbelehrung muss nach der Rechtsprechung des Bundesgerichtshofs durch einen erkennbaren Bezug zur früheren Vertragserklärung des Verbrauchers deutlich machen, dass ein Belehrungsmangel im Nachhinein ausgeglichen werden soll.[45] **12**

Im Haustürwiderrufsgesetz (HWiG) nicht hinreichend klar war, ob die Widerrufsfrist erst mit Eingang der vom Darlehensnehmer unterzeichneten Vertragsurkunde bei der Bank laufen soll.[46] Bei verbundenen Geschäften wurde es nach dem HWiG als unschädlich **13**

---

[32] Dazu *Bülow* WM 2015, 1829; *Knops* NJW 2018, 425; *Wahlers* WM 2015, 1043; *Feldhusen* BKR 2018, 284. Rechtsmissbrauch aus dem Gesichtspunkt des Unternehmerschutzes diskutierend *Hölldampf* WM 2014, 1659, aus Sicht der Bank *Frischemeier/Jordans* DZWIR 2016, 101, strikte Anforderungen an die Verwirkung bei *Gansel/Huth/Knorr* BKR 2014, 353.

[33] LG Nürnberg-Fürth WM 2009, 1369.

[34] OLG Frankfurt BKR 2015, 245.

[35] BGH WM 2017, 2247 Rn. 9.

[36] BGH NJW 2016, 3512, Rn. 41.

[37] Zu Leitlinien der Rspr. des BGH *Grüneberg* BKR 2019, 1.

[38] Zur Regelungsgeschichte BankR-HdB/*Peters* § 81 Rn. 348–351.

[39] Zur Gesetzlichkeitsvermutung (*Piekenbrock/Ludwig* WM 2012, 1409) bei Verwendung des Musters die Kommentierung zu Art. 247 § 6 EGBGB.

[40] Dazu *Schmidt-Kessel/Schäfer* WM 2013, 2241; *Kropf* WM 2013, 2250; *Peters* WM 2014, 2145; *Rehmke/Tiffe* VuR 2014, 135.

[41] Dies gilt auch bei einer fehlerhaften Widerrufsbelehrung.

[42] Zu den erforderlichen Angaben Art. 247 §§ 6, 12 EGBGB, einzuhalten ist auch die Schriftform. Die Widerrufsfrist beginnt auch, wenn Angaben fehlerhaft sind, *Hölldampf* WM 2018, 114 (115 ff.).

[43] Nach Staudinger/*Kessal-Wulf*, 2012, Rn. 49 regelmäßig ausgeschlossen, dazu schon → Rn. 6.

[44] *Tonner* BKR 2002, 856 (858).

[45] BGH WM 2011, 655; 2011, 23 (26) = NJW-RR 2011, 403.

[46] BGH WM 2009, 1028 = NJW 2009, 1728 Ls.

angesehen, dass das verbundene Geschäft in der Widerrufsbelehrung nicht konkret angegeben wurde,[47] wenn etwa nur der Beitritt des Verbrauchers zu einer Fondsgesellschaft gemeint sein kann.[48]

14 Die Anforderungen an die Deutlichkeit der Belehrung (deutliche Gestaltung) dürfen nicht überspannt werden,[49] auch sprachliche oder redaktionelle Änderungen von Mustern, die eine Belehrung für den Kunden nicht unübersichtlich oder missverständlich machen, sind unschädlich.[50] Kein Widerruf ist statthaft nach einvernehmlicher Aufhebung des Verbraucherdarlehensvertrags.[51] Eine Verweisung auf eine konkret bezeichnete gesetzliche Vorschrift stellt keinen Verstoß gegen das Transparenzgebot dar,[52] verweist der Darlehensgeber auf nach §§ 356b Abs. 2, 492 Abs. 2 nicht geschuldete Angaben, beginnt die Widerrufsfrist aufgrund einer entsprechenden Vereinbarung erst, wenn auch diese Angaben übermittelt wurden.[53]

3. Rechtsfolgen

15 **a) Allgemein.** Es gelten die §§ 355 ff.,[54] auf die wesentlichen Rechtsfolgen des Widerrufs muss nach Art. 247 § 6 Abs. 2 EGBGB hingewiesen werden. Es muss der Darlehensnehmer insbesondere die angegebenen Sollzinsen bezahlen. Anders als bei der vorzeitigen Kündigung nach § 500 schuldet er aber keine Vorfälligkeitsentschädigung. Die Rechtsfolgen des Widerrufs sind seit der Umsetzung der Verbraucherrechterichtlinie in § 357a geregelt, zuvor entstand kraft Verweises von § 357 aF auf die §§ 346 ff. mit dem Widerruf ein Rückgewährschuldverhältnis.[55] Dies ist für die praktisch bedeutsamen Altfälle weiter relevant, auch mit Blick auf für die Vergangenheit geleistete Zinszahlungen.[56]

16 **b) Rückgewähr der empfangenen Leistungen.** Nach § 357a Abs. 1 sind die empfangenen Leistungen innerhalb von dreißig Tagen zurückzugewähren.[57] Bei Widerruf des Verbraucherdarlehens hat der Darlehensnehmer für den Zeitraum zwischen der Auszahlung und der Rückzahlung des Darlehens den vereinbarten Sollzins zu entrichten, § 357a Abs. 3 Satz 1. Bei Sicherung des Darlehens durch ein Grundpfandrecht kann nachgewiesen werden, dass der Gebrauchsvorteil niedriger war als der vereinbarte Sollzins (§ 357a Abs. 3 Satz 2), es ist dann nur dieser geschuldet, § 357a Abs. 3 S. 3. Sonderregeln bestehen für entgeltliche Finanzierungshilfen und Aufwendungen gegenüber öffentlichen Stellen, § 357a Abs. 3 S. 4 und 5.

IV. Ausnahmen vom Widerrufsrecht des Abs. 1 (Abs. 2)

1. Umschuldung (Nr. 1)

17 Die Ausnahmen vom Widerrufsrecht werden nunmehr in einer Vorschrift zusammengefasst. Die Möglichkeit der Ausnahme von Umschuldungen vom Widerrufsrecht eröffnet Art. 2 Abs. 6 Verbraucherkreditrichtlinie, das Widerrufsrecht des Art. 14 Verbraucherkre-

---

[47] KG WM 2008, 401 unter Verweis auf BGHZ 172, 157 = WM 2007, 1117.
[48] BGH WM 2008, 828 = NJW 2008, 1728.
[49] OLG Karlsruhe WM 2015, 1712 (1713), LG Heidelberg BKR 2015, 154.
[50] OLG Hamburg BKR 2015, 336, der Sache nach auch OLG Frankfurt WM 2014, 1860.
[51] LG Siegen BKR 2015, 116 (118) (danach Recht verwirkt), so auch BGH WM 2018, 614 Rn. 16; BGH BKR 2019, 139 Rn. 10, bei anderer Wertung des Berufungsgerichts auf die Bewertung des Tatrichters abstellend BGH NJW 2019, 66.
[52] BGH NJW 2017, 1306 Rn. 19.
[53] BGH NJW 2017, 1306 Rn. 31.
[54] Dazu nach Umsetzung der Verbraucherrechterichtlinie *Servais* NJW 2014, 3748.
[55] Mit bankrechtlichem Fokus BankR-HdB/*Peters* § 81 Rn. 390–402; *Feldhusen* BKR 2015, 441.
[56] Dazu näher *Piekenbrock/Rodi* WM 2015, 1085, *Müller/Fuchs* WM 2015, 1094, *Hölldamf/Sucherowskyi* WM 2015, 999.
[57] Dazu *Wehrt* WM 2016, 389. Zu Zahlungen nach Widerruf des Vertrags *Feldhusen* NJW 2018, 1209.

ditrichtlinie ist dort nicht als erfasste Regelung genannt. Allerdings ist nicht jede Form der Umschuldung erfasst. Nach der Verbraucherkreditrichtlinie muss durch eine solche Vereinbarung voraussichtlich ein Gerichtsverfahren wegen Nichterfüllung der Zahlungsverpflichtungen vermieden werden und darf der Verbraucher durch die Regelung im Vergleich zum ursprünglichen Kreditvertrag nicht schlechter gestellt werden (Buchstaben a und b des Unterabsatzes 1).

Erforderlich ist ein bestehender Darlehensvertrag, bei dem der Verbraucher mit seinen Verpflichtungen in Rückstand geraten ist. Weiter muss nach der deutschen Umsetzung der Gesamtbetrag nach der Umschuldung geringer sein. Ergänzend sind die sonstigen Vertragsbedingungen in den Blick zu nehmen,[58] dies auch aufgrund der Verbraucherkreditrichtlinie, die allgemein auf eine Schlechterstellung abstellt. **18**

2. Notarieller Vertrag (Nr. 2)

Die Möglichkeit zur Ausnahme notarieller Verträge vom Widerrufsrecht besteht nach Art. 14 Abs. 6 Verbraucherkreditrichtlinie, wenn innerstaatliches Recht die Mitwirkung eines Notars beim Vertragsschluss vorschreibt und der Notar bestätigt, dass die vorvertragliche Information gemäß den Vorgaben der Richtlinie stattgefunden hat. **19**

3. Überziehung (Nr. 3)

Die Verbraucherkreditrichtlinie gilt nach Art. 2 Abs. 2 Buchstabe e nicht für Kreditverträge in Form von Überziehungsmöglichkeiten, bei denen der Kredit innerhalb eines Monats zurückzuzahlen ist. Weiter gilt das Widerrufsrecht des Art. 14 Verbraucherkreditrichtlinie nach Art. 2 Abs. 3 der Richtlinie nicht für Kreditverträge in Form einer Überziehungsmöglichkeit, bei denen der Kredit nach Aufforderung oder binnen drei Monaten zurückzuzahlen ist. **20**

V. Bedenkzeit bei fehlendem Widerrufsrecht (Abs. 3)

Neu eingeführt wurde bei Umsetzung der Wohnimmobilienkreditrichtlinie für Immobiliar-Verbraucherdarlehensverträge eine Bedenkzeit bei fehlendem Widerrufsrecht. Bei Immobiliar-Verbraucherdarlehensverträgen ist es aufgrund entsprechender Vorgaben der Wohnimmobilienkreditrichtlinie nicht mehr möglich, dass weder ein Widerrufsrecht noch eine Bedenkzeit besteht.[59] **21**

Der Unternehmer ist während der siebentägigen Bedenkzeit an sein Angebot gebunden. Der Referentenentwurf hatte in § 495 Abs. 3 Satz 2 noch vorgesehen, dass der Vertrag erst nach Ablauf der Bedenkzeit geschlossen werden kann. Nach Kritik aus dem Schrifttum[60] wurde dieser Passus gestrichen. Erwägungsgrund 23 nennt eine Bedenkzeit von mindestens sieben Tagen und verweist auf die Flexibilität der Mitgliedstaaten, den Verbrauchern, die dies wünschen, die Möglichkeit einzuräumen, während der Bedenkzeit mit der Transaktion fortzufahren. **22**

VI. Verbundene Verträge (§ 358 BGB)

Bei verbundenen Verträgen können sowohl hinsichtlich des Verbraucherdarlehensvertrags als auch hinsichtlich des durch diesen finanzierten Vertrags Widerrufsrechte bestehen. Für den Verbraucher empfiehlt sich dringend, zumindest auch das finanzierte Geschäft zu widerrufen. Während beim Widerruf des Verbraucherdarlehensvertrags die Verpflichtung **23**

---

[58] Nobbe/*Müller-Christmann* Rn. 15.
[59] Begr. RegE BT-Drs. 18/5922, 87: Art 14 Abs. 6 UAbs. 2 Wohnimmobilienkreditrichtlinie.
[60] *Piekenbrok* BKR 2015, 26 (29).

zur Zinszahlung unberührt bleibt, kann bei verbundenen Verträgen gegebenenfalls auch die Rückzahlung des Darlehens verweigert werden, § 359 Abs. 1 BGB.

24 Bei Umsetzung der Wohnimmobilienkreditrichtlinie wurde § 358 Abs. 2 neu gefasst. Bei einem Widerruf des Verbraucherdarlehensvertrags nach § 495 Abs. 1 oder eines unentgeltlichen Darlehens nach § 514 Abs. 2 S. 1 ist der Verbraucher auch nicht an den verbundenen Vertrag gebunden. Weiter wurde der zusammenhängende Vertrag auf Darlehensverträge erstreckt, nach § 360 Abs. 2 S. 2 werden Darlehensverträge erfasst, die ausschließlich der Finanzierung des widerrufenen Vertrags dienen, wenn die Leistung des Unternehmers aus dem widerrufenen Vertrag in dem Darlehensvertrag genau angegeben ist.

25 Für verbundene Kreditverträge sieht Art. 15 Verbraucherkreditrichtlinie ein Widerrufsrecht vor.[61] Die Definition in Art. 3 Buchstabe n der Richtlinie stimmt mit der überkommenen deutschen Begrifflichkeit überein.[62] Die Benennung der spezifischen Ware bzw. Dienstleistung im Vertrag ist nach der Rechtsprechung des EuGH jedenfalls zur ursprünglichen Verbraucherkreditrichtlinie nicht notwendig.[63]

26 Durch Änderungsgesetz vom 24.7.2010 wurde die bis 29.7.2010 geltende Konkurrenzregel des § 358 Abs. 2 S. 2 aufgehoben, die nur einen Widerruf des Verbraucherdarlehensvertrags vorsah. Dies entsprach nach der Regierungsbegründung zutreffend nicht der Verbraucherkreditrichtlinie.[64] Nach § 359 Abs. 1 S. 1 idF der Umsetzung der Verbraucherrechterichtlinie kann der Verbraucher die Rückzahlung des Darlehens verweigern, soweit Einwendungen aus dem verbundenen Vertrag ihn gegenüber dem Unternehmer, mit dem er den verbundenen Vertrag geschlossen hat, zur Verweigerung der Leistung berechtigen würden. Das gilt nach § 359 Abs. 2 nicht für Darlehensverträge, die der Finanzierung des Erwerbs von Finanzinstrumenten dienen, oder wenn das finanzierte Entgelt weniger als 200 EUR beträgt, sowie nunmehr nach § 359 Abs. 1 S. 2 nicht für Einwendungen, die auf einer nachträglichen Vertragsänderung beruhen.

27 Bei einem verbundenen Geschäft, das nicht vollständig fremdfinanziert wurde, muss der Darlehensgeber dem Verbraucher auch den von diesem aus eigenen Mitteln an den Unternehmer gezahlten Eigenanteil zurückerstatten.[65] Bei einem Einwendungsdurchgriff nach § 9 Abs. 3 VerbrKrG bezüglich bereits bezahlter Darlehensraten, erfolgte die Rückabwicklung nach Bereicherungsrecht.[66]

28 Darlehensvertrag und Restschuldversicherung können verbundene Verträge sein,[67] abgelehnt hat der BGH dies bei endfälligen Verbraucherdarlehen, die durch eine Kapitallebensversicherung getilgt werden sollen.[68] Ein Einwendungsdurchgriff nach § 9 Abs. 3 VerbrKrG wurde auch für mit einer Drittbank abgeschlossene Realkredite angenommen, wenn Darlehensvertrag und Anlagegeschäft eine wirtschaftliche Einheit bilden.[69] Ferner diskutiert wurde die entsprechende Anwendung des § 9 VerbrKrG.[70]

29 Bei den sogenannten Schrottimmobilien kam der Haustürgeschäfterichtlinie besondere Bedeutung zu, ferner beim Widerruf des Beitritts zu einem geschlossenen Immobilienfonds.[71] Aktuell bedeutsam sind Kfz-Finanzierungsdarlehen, jedenfalls im Schrifttum wird vom Diesel-Skandal-Widerrufsjoker gesprochen.[72]

---

[61] Zum deutschen Recht BankR-HdB/*Peters* § 81 Rn. 417–515.
[62] *Rott* WM 2008, 1104 (1112).
[63] EuGH EuZW 2008, 19 (Rampion).
[64] BT-Drs. 17/1394, 13.
[65] BGHZ 180, 123 (133 f.) = NJW 2009, 3572.
[66] BGHZ 175, 334 (341 ff.) = NJW 2008, 845.
[67] Zu BGHZ 184, 1 = NJW 2010, 531; *Schürnbrand* ZBB 2010, 123, zu Widerrufsmöglichkeiten und Widerrufsfolgen *Schürnbrand* BKR 2011, 309.
[68] BGH WM 2015, 1332.
[69] BGH WM 2007, 1456 (1458) = NJW 2007, 3200.
[70] Dazu *Bartels* WM 2007, 237.
[71] *Hammen* WM 2008, 233.
[72] Dazu *Artz/Brinkmann/Ludwigkeit* DAR 2015, 507; *Döll* DAR 2018, 61; *Rosenkranz* BKR 2019, 469 (521); *Schön* BB 2018, 2115. Im Einzelfall eine Verwirkung annehmend OLG Braunschweig WM 2019, 1632 Rn. 30 (Hinweisbeschluss).

§ 496 Einwendungsverzicht, Wechsel- und Scheckverbot

(1) **Eine Vereinbarung, durch die der Darlehensnehmer auf das Recht verzichtet, Einwendungen, die ihm gegenüber dem Darlehensgeber zustehen, gemäß § 404 einem Abtretungsgläubiger entgegenzusetzen oder eine ihm gegen den Darlehensgeber zustehende Forderung gemäß § 406 auch dem Abtretungsgläubiger gegenüber aufzurechnen, ist unwirksam.**

(2) **[1] Wird eine Forderung des Darlehensgebers aus einem Verbraucherdarlehensvertrag an einen Dritten abgetreten oder findet in der Person des Darlehensgebers ein Wechsel statt, ist der Darlehensnehmer unverzüglich darüber sowie über die Kontaktdaten des neuen Gläubigers nach Artikel 246b § 1 Absatz 1 Nummer 1, 3 und 4 des Einführungsgesetzes zum Bürgerlichen Gesetzbuche zu unterrichten. [2] Die Unterrichtung ist bei Abtretungen entbehrlich, wenn der bisherige Darlehensgeber mit dem neuen Gläubiger vereinbart hat, dass im Verhältnis zum Darlehensnehmer weiterhin allein der bisherige Darlehensgeber auftritt. [3] Fallen die Voraussetzungen des Satzes 2 fort, ist die Unterrichtung unverzüglich nachzuholen.**

(3) **[1] Der Darlehensnehmer darf nicht verpflichtet werden, für die Ansprüche des Darlehensgebers aus dem Verbraucherdarlehensvertrag eine Wechselverbindlichkeit einzugehen. [2] Der Darlehensgeber darf vom Darlehensnehmer zur Sicherung seiner Ansprüche aus dem Verbraucherdarlehensvertrag einen Scheck nicht entgegennehmen. [3] Der Darlehensnehmer kann vom Darlehensgeber jederzeit die Herausgabe eines Wechsels oder Schecks, der entgegen Satz 1 oder 2 begeben worden ist, verlangen. [4] Der Darlehensgeber haftet für jeden Schaden, der dem Darlehensnehmer aus einer solchen Wechsel- oder Scheckbegebung entsteht.**

Übersicht

I. Grundlagen

Die Vorschrift wurde 2009 kaum geändert, es erfolgte nur eine Anpassung der Verweisung im durch das Risikobegrenzungsgesetz[1] eingeführten Abs. 2 an die Verschiebung des § 1 BGB-Informationspflichtenverordnung in das EGBGB. Grundlage ist nunmehr Art. 17 Verbraucherkreditrichtlinie, der einen Erhalt von Einwendungen bei Abtretung und eine Information vorsieht. Mittelbar dem Erhalt der Einreden und Einwendungen des Darlehensnehmers dient auch das Wechsel- und Scheckverbot nach Abs. 3. Entgegen der Überschrift enthält § 496 auch Informationspflichten bei Abtretung von Darlehensansprüchen. Bei Umsetzung der Wohnimmobilienkreditrichtlinie erfolgte insoweit eine terminologische Klarstellung, Abs. 2 S. 1 setzt nunmehr die Abtretung eines Verbraucherdarlehensvertrages voraus. 1

[1] Gesetz zur Begrenzung der mit Finanzinvestitionen verbundenen Risiken (Risikobegrenzungsgesetz) v. 12.8.2008, BGBl. I 2008, 1666.

II. Kein Verzicht auf die §§ 404, 406 bei Abtretung (Abs. 1)

1. Möglichkeit von Abtretungen

2 Einer Abtretung von Darlehensforderungen durch kreditierende Banken steht nach der Rechtsprechung weder das Recht auf informationelle Selbstbestimmung,[2] noch das Bankgeheimnis oder das Bundesdatenschutzgesetz entgegen.[3] Zu beachten ist § 309 Nr. 10 BGB, der seinem Wortlaut nach aber Vertragsübernahmen betrifft.

2. Erhalt von Einreden und Einwendungen

3 Die in § 496 vorgesehene Unwirksamkeit eines Verzichts auf Einreden oder Einwendungen[4] geht auf die Verbraucherkreditrichtlinie zurück. Werden die Ansprüche des Kreditgebers aus dem Kreditvertrag oder der Kreditvertrag selbst an einen Dritten abgetreten, so kann der Verbraucher nach Art. 17 Abs. 1 der Richtlinie dem neuen Gläubiger gegenüber die Einreden geltend machen, die ihm gegen den ursprünglichen Kreditgeber zustanden, und zwar einschließlich der Aufrechnung von Gegenforderungen, soweit dies in dem betreffenden Mitgliedstaat zulässig ist. Der Begriff der Einwendung in § 496 ist so weit zu verstehen, er umfasst nach deutscher Dogmatik sowohl Einreden als auch Einwendungen.[5]

4 Nach der Rechtsprechung noch zum alten Recht sind Immobilienkredite vom Verbot des Einwendungsverzichts ausgeschlossen, insbesondere die Unterwerfung unter die sofortige Zwangsvollstreckung wurde für zulässig erachtet.[6] Dieses nach altem Recht vom Gesetzgeber gewollte Ergebnis[7] kann nicht ohne weiteres auf die aktuelle Rechtslage übertragen werden, da § 503 allgemein auf die §§ 491 ff. verweist, ohne § 496 auszunehmen.

5 Streitig ist, ob sonst auch Erschwerungen unter § 496 fallen.[8]

III. Unterrichtungspflicht bei Abtretung (Abs. 2)

6 Die Unterrichtungspflicht bei Abtretungen geht über den auf das Risikobegrenzungsgesetz zurückgehenden § 493 Abs. 4 (§ 492a Abs. 3 aF) hinaus. Nach Art. 17 Abs. 2 der Verbraucherkreditrichtlinie ist der Verbraucher über die Abtretung gemäß Absatz 1 zu unterrichten, es sei denn, der ursprüngliche Kreditgeber tritt mit dem Einverständnis des Zessionars dem Verbraucher gegenüber nach wie vor als Kreditgeber auf. Klargestellt wird nun, dass es sich um die Abtretung eines Verbraucherdarlehens handeln muss, erfasst sind damit neben Allgemein-Verbraucherdarlehensverträgen auch Immobiliar-Verbraucherdarlehensverträge.

IV. Wechsel- und Scheckverbot (Abs. 3)

7 Das Wechsel- und Scheckverbot nach Abs. 3 ist eine mittelbare Folge aus Art. 17 Verbraucherkreditrichtlinie, der vorsieht, dass ein Verbraucher bei Abtretung der Ansprüche an einen Dritten dem neuen Gläubiger gegenüber die Einreden geltend machen kann, die

[2] BVerfG WM 2007, 1694 = NJW 2007, 3707.

[3] BGH WM 2011, 1168 = NJW 2011, 3024; BGHZ 171, 180 (187) = 2007, 2106.

[4] Kümpel/Mülbert/Früh/Seyfried/*Merz/Wittig* Rn. 5.302.

[5] BankR-HdB/*Peters* § 81 Rn. 407.

[6] BGHZ 185, 133 (142 ff.) = NJW 2010, 2041; 168, 1 (6 ff.) = NJW 2006, 2099; BGH WM 2005, 828 (831) = NJW 2005, 1576; 2005, 1076 (1078) = NJW-RR 2005, 1576, mit Einschränkungen bei einer Abtretung BGHZ 185, 133 (141 f.), zur Überprüfung im Klauselverfahren krit. *Herrler* NJW 2011, 2762, dazu auch BGH NJW-RR 2011, 424 (427).

[7] Bericht für den Rechtsausschuss BT-Drs. 11/8274, 22.

[8] Bülow/Artz/*Bülow* § 496 Rn. 10 mwN.

ihm gegenüber dem ursprünglichen Kreditgeber zustanden. Ein angemessener Schutz ist nur über ein Wechsel- und Scheckverbot möglich.[9] Zur Erfüllung der fälligen Darlehensverpflichtung soll der Darlehensgeber allerdings Schecks annehmen dürfen.[10]

§ 497 Verzug des Darlehensnehmers

(1) [1] Soweit der Darlehensnehmer mit Zahlungen, die er auf Grund des Verbraucherdarlehensvertrags schuldet, in Verzug kommt, hat er den geschuldeten Betrag nach § 288 Abs. 1 zu verzinsen. [2] Im Einzelfall kann der Darlehensgeber einen höheren oder der Darlehensnehmer einen niedrigeren Schaden nachweisen.

(2) [1] Die nach Eintritt des Verzugs anfallenden Zinsen sind auf einem gesonderten Konto zu verbuchen und dürfen nicht in ein Kontokorrent mit dem geschuldeten Betrag oder anderen Forderungen des Darlehensgebers eingestellt werden. [2] Hinsichtlich dieser Zinsen gilt § 289 Satz 2 mit der Maßgabe, dass der Darlehensgeber Schadensersatz nur bis zur Höhe des gesetzlichen Zinssatzes (§ 246) verlangen kann.

(3) [1] Zahlungen des Darlehensnehmers, die zur Tilgung der gesamten fälligen Schuld nicht ausreichen, werden abweichend von § 367 Abs. 1 zunächst auf die Kosten der Rechtsverfolgung, dann auf den übrigen geschuldeten Betrag (Absatz 1) und zuletzt auf die Zinsen (Absatz 2) angerechnet. [2] Der Darlehensgeber darf Teilzahlungen nicht zurückweisen. [3] Die Verjährung der Ansprüche auf Darlehensrückzahlung und Zinsen ist vom Eintritt des Verzugs nach Absatz 1 an bis zu ihrer Feststellung in einer in § 197 Abs. 1 Nr. 3 bis 5 bezeichneten Art gehemmt, jedoch nicht länger als zehn Jahre von ihrer Entstehung an. [4] Auf die Ansprüche auf Zinsen findet § 197 Abs. 2 keine Anwendung. Die Sätze 1 bis 4 finden keine Anwendung, soweit Zahlungen auf Vollstreckungstitel geleistet werden, deren Hauptforderung auf Zinsen lautet.

(4) [1] Bei Immobiliar-Verbraucherdarlehensverträgen beträgt der Verzugszinssatz abweichend von Absatz 1 für das Jahr 2,5 Prozentpunkte über dem Basiszinssatz. [2] Die Absätze 2 und 3 Satz 1, 2, 4 und 5 sind auf Immobiliar-Verbraucherdarlehensverträge nicht anzuwenden.

Übersicht

I. Grundlagen

Die Überschrift des § 497 wurde durch die Reform 2009 prägnanter gefasst, die Norm geht auf § 497 aF sowie § 11 VerbrKrG zurück. In § 497 wurden Abs. 1 S. 1 Hs. 2 aufgehoben, ebenso Abs. 1 S. 2 und (zwischenzeitlich) Abs. 4, geregelt sind die grundpfandrechtlich gesicherten Darlehen bis 2016 in § 503. Der im Rahmen der Umsetzung der Wohnimmobilienkreditrichtlinie angefügte Abs. 4 enthält vormals in § 503 Abs. 1 und 2 enthaltene Regelungen zum Verzugszinssatz und zu anwendbaren Regelungen bei 1

[9] BT-Drs. 11/5462, 24 f. Dazu mit autonomer Begründung aus dem deutschen Recht BankR-HdB/*Peters* § 81 Rn. 409–412.

[10] Kümpel/Mülbert/Früh/Seyfried/*Merz*/*Wittig* Rn. 5.302 mwN.

Immobiliar-Verbraucherdarlehensverträgen.[1] Bedeutung hat die Norm für die Zwangsvollstreckung,[2] sie regelt den objektiven Schaden.[3] Es geht im Kern um den zu erwartenden Schaden bei Verzug des Darlehensnehmers,[4] ein Sonderproblem stellt der Verzugsschaden bei gekündigten Darlehensverträgen[5] dar. Zwischenzeitlich war die Norm im Rahmen der Schuldrechtmodernisierung neu gefasst worden.[6]

2 Der Regelung des Verzugs gilt für Verbraucherdarlehensverträge sowie nach § 506 für Finanzierungshilfen zwischen einem Unternehmer und einem Verbraucher. Ihr liegen keine Vorgaben der Verbraucherkreditrichtlinie zu Grunde.[7] Nach S. 4 des 9. Erwägungsgrundes Verbraucherkreditrichtlinie ist es den Mitgliedstaaten freigestellt, innerstaatliche Rechtsvorschriften beizubehalten oder einzuführen, soweit es keine harmonisierten Vorschriften gibt. Eine fehlerhafte Prüfung der Kreditwürdigkeit kann nach § 505d Abs. 2 dazu führen, dass der Darlehensgeber keine Ansprüche wegen Pflichtverletzung und damit etwa auch keine Verzugszinsen und Verzugsschäden geltend machen kann.

II. Verzugszinsen und -schaden (Abs. 1)

1. Verzinsung nach § 288 (Abs. 1 S. 1)

3 Als Grundsatz sieht Abs. 1 S. 1 eine Verzinsung rückständiger Forderungen des Darlehensgebers im Verzug mit dem Zinssatz nach § 288 vor, also von fünf Prozentpunkten über dem nach § 247 bestimmten Basiszinssatz. Der Basiszinssatz wird von der Europäischen Zentralbank festgesetzt und ist variabel. Die Vorschrift gilt nicht für Immobiliardarlehen, diese regelmäßig höheren, langfristigen und besicherten Darlehen sind nach § 503 Abs. 2 mit 2,5 Prozentpunkten über dem Basiszinssatz zu verzinsen.

4 Mit der Norm wollte der Gesetzgeber die Verschuldung in Grenzen halten,[8] kritisiert wird deshalb, dass der Verzugszins teilweise über dem durchschnittlichen Zinssatz für Verbraucherkredite lag.[9] Freilich sollte auch kein Anreiz gesetzt werden, den Verzug (zeitweilig) als Substitut etwa einer Anschlussfinanzierung zu nutzen. Der Bundesgerichtshof wendet die Vorschrift auf den Verzug des Bürgen entsprechend an,[10] das Schrifttum auch auf Gesamtschuldner und einen Schuldbeitritt,[11] ferner auf Bereicherungsansprüche des Darlehensgebers bei unwirksamer Darlehensvergabe.[12]

2. Nachweis eines höheren oder geringeren Schadens (Abs. 1 S. 2)

5 Die Grundregel des Abs. 1 S. 1 wird durch die Möglichkeit des jeweils interessierten Vertragspartners ergänzt, nach Abs. 1 S. 2 einen höheren oder einen niedrigeren Schaden geltend zu machen. Der Darlehensgeber kann einen höheren Schaden darlegen und beweisen, der Darlehensnehmer einen niedrigeren Schaden. Das Gesetz schweigt zur Frage von Informationsrechten des Verbrauchers, gegebenenfalls kann sich dieser an die Finanzdienstleistungsaufsicht (BaFin) wenden. Die Literatur stellt an die Substantiierung durch den Darlehensnehmer nur geringe Anforderungen.[13] Teilweise werden Beweiserleichterun-

---

[1] Begr. RegE BT-Drs. 18/5922, 88.
[2] Zu § 11 VerbrKrG *Braun/Raab-Gaudin* DGVZ 1992, 1; zum Entwurf *Braun* DGVZ 1990, 129.
[3] Zu § 11 VerbrKrG *Ungewitter* JZ 1994, 701 ff.
[4] Dazu *Gotthardt* WM 1987, 1381.
[5] Zu BGHZ 104, 337 = NJW 1988, 1967 = WM 1988, 929 *Bruchner* ZHR 153 (1989) 101.
[6] *Krüger/Büttner* WM 2002, 2094.
[7] So auch Nobbe/*Müller-Christmann/Sauer* Rn. 1.
[8] BT-Drs. 11/5462, 25.
[9] BankR-HdB/*Jungmann* § 81 Rn. 519.
[10] BGH WM 2000, 64 (68) = NJW 2000, 658, insoweit nicht abgedruckt in BGHZ 154, 95 (noch zu § 11 Abs. 1 VerbrKrG).
[11] Nobbe/*Müller-Christmann* Rn. 4.
[12] MüKoBGB/*Schürnbrand/Weber* Rn. 6.
[13] PWW/*Nobbe* Rn. 9.

gen abgelehnt[14] bzw. der Schluss nahe gelegt, dass bei nach der Bundesbankstatistik niedrigeren durchschnittlichen Zinsen jedenfalls prima facie diese zugrunde gelegt werden können.[15] Für den Darlehensgeber wird angenommen, dass er die Refinanzierungskosten pauschal, die Verwaltungskosten aber konkret berechnen kann.[16]

III. Nach Eintritt des Verzugs anfallende Zinsen (Abs. 2)

Für nach Eintritt des Verzugs anfallende Zinsen sieht Abs. 2 Satz 1 die Buchung auf ein separates Konto vor. Das Konto ist kostenlos zu führen.[17] Der Zinseszins wird in Abs. 2 Satz 2 geregelt, der Verzugsschaden nach § 289 wird auf eine Verzinsung mit dem gesetzlichen Zinssatz von vier Prozent beschränkt. Damit hält das Gesetz am Zinseszinsverbot des § 289 und daran fest, dass Zinsen von Verzugszinsen als Schadensersatz[18] einzuordnen sind. 6

IV. Teilzahlungen und Verjährung (Abs. 3)

Die Anrechnung von Zahlungen des Verbrauchers, die zur Tilgung der Schuld nicht ausreichen, wird in Abs. 3 Satz 1 geregelt. Die Norm stellt von § 367 abweichende Regeln auf.[19] Eine Anrechnung erfolgt zunächst auf die Kosten der Rechtsverfolgung, dann auf den übrigen geschuldeten Betrag (die Hauptschuld: meist Kapitalraten, Tilgung und Zinsanteil),[20] erst zuletzt auf die Zinsen einschließlich weiteren Schadensersatzes.[21] Die abweichende Regelung soll schuldmindernden Charakter haben, der Darlehensnehmer soll Chance und Anreiz erhalten, die Schulden durch primäre Tilgung der Hauptforderung abzubauen.[22] Dem dient auch das Verbot der Zurückweisung von Teilzahlungen, Abs. 3 Satz 2. 7

Die Verjährungsregel des Abs. 3 Satz 3, für Zinsen auch Abs. 3 Satz 4, gilt auch für am 1.1.2002 bestehende, aber nicht verjährte Forderungen.[23] Abs. 3 Satz 3 sieht eine Hemmung der Verjährung bis zu zehn Jahren nach Eintritt des Verzugs vor,[24] Abs. 3 Satz 4 unterwirft Zinsen der 30-jährigen Verjährung, wenn die Ansprüche rechtskräftig festgestellt wurden. Abs. 3 Satz 5 macht allerdings eine Ausnahme für Vollstreckungstitel, deren Haupttitel auf Zinsen lautet. Begrenzt wird so die verbraucherschützende Wirkung. Nach der Literatur ist es gerade der „‚schuldturmtypische' Fall", dass nur rückständige Raten nebst Verzugszinsen eingeklagt werden und sodann Verzug mit weiteren Raten eintritt.[25] Eine Verwirkung des Rückzahlungsanspruchs tritt bei langjähriger Hemmung der Verjährung nicht allein dadurch ein, dass die Bank nicht nochmals an die Zahlungspflicht erinnert.[26] 8

Der Darlehensgeber darf nach Abs. 3 Satz 2 Teilzahlungen nicht zurückweisen, hierin liegt eine Modifikation des § 266. Zutreffend folgt das Gebot der Annahme auch von Teilleistungen bereits aus der Treuepflicht des Darlehensgebers. Dadurch entsteht keine unbillige Belastung, die Annahme liegt regelmäßig ohnehin in seinem Interesse. Auf 9

14 Palandt/*Weidenkaff* Rn. 5.
15 BankR-HdB/*Jungmann* § 81 Rn. 519 f.
16 Staudinger/*Kessal-Wulf*, 2012, Rn. 1, 18 („Splitting"), die Regierungsbegründung hatte die Refinanzierungskosten mit drei Prozent über dem Basiszinssatz (damals Bundesbankdiskont, BT-Drs. 11/5462, 25 f.), die Verwaltungskosten mit zwei Prozent angesetzt.
17 BankR-HdB/*Peters* § 81 Rn. 545.
18 *Stengel* MDR 1993, 510, Anm. zu BGH WM 1993, 586 = NJW 1993, 1260 = MDR 1993, 509.
19 Die Möglichkeit anderweitiger (einseitiger und vereinbarter) Tilgungsbestimmung verneinend MüKoBGB/*Schürnbrand/Weber* Rn. 31 mwN, dies zulassend BankR-HdB/*Jungmann* § 81 Rn. 548.
20 *Bülow/Artz* Rn. 50.
21 Nobbe/*Müller-Christmann* Rn. 22, 23; krit. BankR-HdB/*Jungmann* § 81 Rn. 549 f.
22 Begr. RegE, BTDrs. 11/5462, 27.
23 OLG Köln WM 2007, 1324; OLG Hamm WM 2007, 1328.
24 Krit. zu den Folgen bei geduldeter Kontoüberziehung *Röß* NJW 2019, 1249.
25 Kümpel/Mülbert/Früh/Seyfried/*Merz/Wittig* Rn. 5.316 Fn. 1.
26 OLG Nürnberg WM 2014, 1953.

Immobiliardarlehensverträge war nur Abs. 3 S. 2 anwendbar, für Immobiliar-Verbraucherdarlehensverträge siehe nun Abs. 4.

V. Verzug bei Immobiliar-Verbraucherdarlehensverträgen (Abs. 4)

10 Statt des allgemein für Verbraucherdarlehen vorgesehenen Zinssatzes von fünf Prozentpunkten über dem Basiszinssatz (§§ 497 Abs. 1 S. 1, 288 Abs. 1) sieht Abs. 4 für Immobiliar-Verbraucherdarlehensverträge einen Verzugszins von 2,5 Prozentpunkten über dem Basiszinssatz vor. Die Regelung fand sich zuvor für Immobiliardarlehen in § 503 Abs. 2 aF. Gründe für die abweichende Regelung sind die Höhe von Immobiliar- Verbraucherdarlehen, ferner die Sicherung des Darlehensgebers.

VI. Sonderregeln zur COVID-19-Pandemie

11 Das Gesetz zur Abmilderung der Folgen der COVID-19-Pandemie modifiziert die vertraglichen Pflichten, sofern der Verbraucher durch die Pandemie bei Vertragsschluss nicht vorhersehbare Einnahmeausfälle erleidet, die dazu führen, dass ihm die Erbringung der geschuldeten Leistung nicht zumutbar ist. Der neue Art. 240 EGBGB § 3 sieht eine Stundung fälliger Leistungen vor, dazu Anhang zum 15. Kapitel (§ 515).

§ 498 Gesamtfälligstellung bei Teilzahlungsdarlehen

(1) [1] **Der Darlehensgeber kann den Verbraucherdarlehensvertrag bei einem Darlehen, das in Teilzahlungen zu tilgen ist, wegen Zahlungsverzugs des Darlehensnehmers nur dann kündigen, wenn**

1. der Darlehensnehmer
   a) mit mindestens zwei aufeinander folgenden Teilzahlungen ganz oder teilweise in Verzug ist,
   b) bei einer Vertragslaufzeit bis zu drei Jahren mit mindestens 10 Prozent oder bei einer Vertragslaufzeit von mehr als drei Jahren mit mindestens 5 Prozent des Nennbetrags des Darlehens in Verzug ist und

2. der Darlehensgeber dem Darlehensnehmer erfolglos eine zweiwöchige Frist zur Zahlung des rückständigen Betrags mit der Erklärung gesetzt hat, dass er bei Nichtzahlung innerhalb der Frist die gesamte Restschuld verlange.

[2] **Der Darlehensgeber soll dem Darlehensnehmer spätestens mit der Fristsetzung ein Gespräch über die Möglichkeiten einer einverständlichen Regelung anbieten.**

(2) **Bei einem Immobiliar-Verbraucherdarlehensvertrag muss der Darlehensnehmer abweichend von Absatz 1 Satz 1 Nummer 1 Buchstabe b mit mindestens 2,5 Prozent des Nennbetrags des Darlehens in Verzug sein.**

Übersicht

I. Grundlagen

Nach der Regierungsbegründung hat § 498 bei Umsetzung der Verbraucherkreditrichtlinie gegenüber der Vorgängernorm (§ 498 aF) strukturelle Veränderungen erfahren.[1] Die Norm entsprach indes weitgehend Abs. 1 der Vorgängernorm. Der Regelungsgegenstand des Abs. 2 der Vorgängernorm findet sich nun in § 501, der Verweis auf die Unanwendbarkeit auf Immobiliardarlehensverträge in § 498 Abs. 3 aF war entfallen. Die Regierungsbegründung wollte den Begriff des Teilzahlungspreises aufgeben, da er mit dem neuen Begriff des Gesamtbetrages identisch sei.[2] 1

§ 498 enthält für Kündigungen wegen Zahlungsverzugs eine abschließende Regelung, eine Kündigung nach §§ 490 Abs. 3, 314 ist insoweit ausgeschlossen, str.[3] Möglich bleibt eine Kündigung wegen vorsätzlicher Falschangaben des Darlehensgebers (siehe § 505d Abs. 3) oder bei Nichtbestellung von vereinbarten Sicherheiten,[4] weiter eine fristlose Kündigung wegen Vermögensverschlechterung.[5] 2

Mit Umsetzung der Wohnimmobilienkreditrichtlinie wird der bisherige Norminhalt zu Abs. 1, in Abs. 2 wird der bisherige Inhalt des § 503 Abs. 3 übernommen.[6] Im nunmehrigen Abs. 1 S. 1 wird die Nr. 1 ohne inhaltliche Änderung in Buchstabe a) und b) aufgegliedert. 3

§ 498 hat kein unmittelbares Vorbild in der Verbraucherkreditrichtlinie. Nach Art. 13 Abs. 2 Verbraucherkreditrichtlinie kann der Kreditgeber einen unbefristet geschlossenen Verbraucherkreditvertrag nur aus bestimmten Gründen beenden: Enthält der Kreditvertrag eine entsprechende Vereinbarung, so kann der Kreditgeber aus sachlich gerechtfertigten Gründen dem Verbraucher das Recht auf Inanspruchnahme von Kreditbeträgen aufgrund eines unbefristeten Kreditvertrags entziehen. Der Kreditgeber hat den Verbraucher über die Entziehung und über die Gründe hierfür möglichst vor, spätestens jedoch unverzüglich nach der Entziehung auf Papier oder einem anderen dauerhaften Datenträger zu informieren, es sei denn, eine solche Unterrichtung ist nach anderen Gemeinschaftsvorschriften nicht zulässig oder läuft Zielen der öffentlichen Ordnung oder der öffentlichen Sicherheit zuwider. 4

Verzugsfolgen sind in der Verbraucherkreditrichtlinie nicht geregelt, so dass sich die Notwendigkeit der Anwendung nationalen Rechts ergibt, es besteht insoweit keine Bindung des nationalen Gesetzgebers. Nach S. 4 des 9. Erwägungsgrundes Verbraucherkreditrichtlinie ist es den Mitgliedstaaten freigestellt, innerstaatliche Rechtsvorschriften beizubehalten oder einzuführen, soweit es keine harmonisierten Vorschriften gibt. 5

Für Immobiliar-Verbraucherdarlehensverträge trifft Abs. 2 eine Sonderregelung, wie nach dem vormaligen § 503 Abs. 3, ist ein Verzug mit einer Teilzahlung in Höhe von 2,5 Prozent des Nennbetrags ausreichend. Entsprechend anwendbar ist § 498 auf Darlehens- und Versicherungsverträge, die zeitgleich abgeschlossen werden und eine wirtschaftliche Einheit bilden,[7] nicht aber auf tilgungsfreie Kredite, die mit einer Lebensversicherung bedient werden sollen. 6

---

[1] Begr. RegE BT-Drs. 16/11643, 84.
[2] Begr. RegE BT-Drs. 16/11643, 84.
[3] Kümpel/Mülbert/Früh/Seyfried/*Merz/Wittig* Rn. 5.321, aA Nobbe/*Müller-Christmann* Rn. 19; BankR-HdB/*Jungmann* § 81 Rn. 558; *Regenfus* ZBB 2015, 383 (384).
[4] Jauernig/*Berger* Rn. 10.
[5] Zur Kündigung des vertragsgemäß bedienten Kredits wegen Vermögensverschlechterung *Knops* WM 2012, 1649, zutr. einschränkend auf den Zweck des § 498 hinweisend MüKoBGB/*Schürnbrand/Weber* Rn. 25.
[6] Begr. RegE BT-Drs. 18/5922, 88.
[7] Nobbe/*Müller-Christmann* Rn. 3.

II. Kündigung (Abs. 1 S. 1)

1. Verzug mit Teilleistungen, Nr. 1

7 **a) Verzug mit mindestens zwei aufeinanderfolgenden Teilleistungen.** Aus dem Erfordernis eines Verzugs mit mindestens zwei Teilzahlungen folgt, dass eine Kündigung nur bei Verbraucherkrediten möglich ist, die in mindestens drei Teilzahlungen zu bedienen sind. Die Kündigung wegen Verzugs ist eine scharfe Sanktion, nicht ausreichen soll deshalb der einmalige Verzug mit einer Rate.

8 Nicht explizit geregelt ist der Fall, dass etwa abwechselnd eine Rate bedient wird, dann wieder nicht, der rückständige Betrag sich aber auf mehrere Raten verteilt und der für eine Kündigung notwendige Mindestanteil am Nennbetrag erreicht wird. Das Mietrecht enthält eine solche ausdrückliche Regelung in § 543 Abs. 2 S. 1 Nr. 3. Da auch § 498 eine Kombination mit einem Mindestbetrag enthält, erscheint der teilweise Verzug ausreichend. Die Literatur empfiehlt eine Tilgungsabrede.[8]

9 **b) Zehn Prozent des Nennbetrags (fünf bei mehr als drei Jahren Laufzeit).** Der Nennbetrag entspricht nach § 508 Satz 2 dem Gesamtbetrag des Teilzahlungsdarlehens. Der Regierungsentwurf sieht dies als Klarstellung des in § 498 verwandten Begriffs an.[9] Im Gegensatz zum Gesamtbetrag umfasst der Nennbetrag die Kosten nicht, soweit sie nicht mitkreditiert sind.[10]

10 Der nicht vertragsgemäß bezahlte Betrag muss mindestens zehn Prozent des Nennbetrages erreichen, bei Verträgen mit mehr als drei Jahren Vertragslaufzeit genügen fünf Prozent. Sonderregeln gelten für den Immobiliarkredit, § 503 BGB, nach § 503 Abs. 3 reicht bei Immobiliardarlehen ein Verzug mit 2,5 Prozent des Nennbetrags des Darlehens aus.

2. Zweiwöchige Frist, Nr. 2

11 Vor der Erklärung der Gesamtfälligstellung muss der Darlehensgeber den Verbraucher zur Zahlung des rückständigen Betrages auffordern. Diese Aufforderung muss den rückständigen Betrag genau beziffern[11] und ist mit der Ankündigung zu verbinden, dass das Darlehen gekündigt werde, wenn nicht innerhalb der Frist die rückständigen Raten beglichen werden. Die vom Gesetz vorgesehene Frist von zwei Wochen kann nicht verkürzt werden.[12]

12 Eine Klage ohne vorherige Fristsetzung mit Kündigungsandrohung reicht nicht aus, um das Verbraucherdarlehensverhältnis wirksam zu beenden.[13] Es kann nach dem OLG Celle auch nicht auf § 323 BGB zurückgegriffen werden,[14] die Gegenansicht sowie der Bundesgerichtshof zum VerbrKrG verweisen bei ernsthafter und endgültiger Erfüllungsverweigerung freilich darauf, dass die Nachfristsetzung dann nur bloße Förmelei wäre.[15] Unwirksam ist die Kündigung auch, wenn der Betrag zu hoch angesetzt wurde.[16] Nicht geregelt ist der Zeitpunkt der Kündigung. Nach dem OLG Nürnberg gilt eine angemessene Frist, § 626 ist nicht anwendbar.[17] Angenommen wird eine Frist von wenigen Tagen.[18] Nach der

[8] Nobbe/*Müller-Christmann* Rn. 7.
[9] Begr. RegE BT-Drs. 16/11643, 84.
[10] Begr. RegE BT-Drs. 16/11643, 84 unter Verweis auf BT-Drs. 11/5362, 19.
[11] BankR-HdB/*Jungmann* § 81 Rn. 579.
[12] Palandt/*Weidenkaff* Rn. 3.
[13] OLG Celle WM 2007, 71.
[14] OLG Celle WM 2007, 71 (72) unter Verweis auf Staudinger/*Kessal-Wulf,* 2004, Rn. 20; MüKoBGB/*Habersack* Rn. 17.
[15] BGH WM 2007, 440 (442); OLG Düsseldorf WM 1995, 1530 (1532); Nobbe/*Müller-Christmann* Rn. 14.
[16] BGH WM 2005, 459 (461)= NJW-RR 2005, 1410.
[17] OLG Nürnberg WM 2009, 1744; BankR-HdB/*Jungmann* § 81 Rn. 585.
[18] MüKoBGB/*SchürnbrandWeber* Rn. 24.

Rechtsprechung des Bundesgerichtshofs beseitigen Teilleistungen auf die rückständige Darlehensschuld den Kündigungsgrund auch dann nicht, wenn durch sie die rückständige Quote unter zehn (fünf) Prozent fällt.[19]

3. Rechtsfolge

Rechtsfolge der Kündigung des Darlehensvertrags durch den Darlehensgeber ist die Gesamtfälligstellung des Darlehens. Es ist das Darlehen sofort zurückzuzahlen, der Geldbetrag wird nicht weiter zur Nutzung durch den Darlehensnehmer zur Verfügung gestellt. Dabei ist die Ermäßigung des Gesamtbetrags entsprechend § 501 zu berücksichtigen. Die Rechtsprechung gewährt bei berechtigter vorzeitiger Kündigung neben einem Verzugsschaden auch eine Vorfälligkeitsentschädigung.[20] **13**

III. Gesprächsangebot (Abs. 1 S. 2)

Das Gesprächsangebot nach S. 2 wird nicht als Voraussetzung für die Kündigung angesehen.[21] Angeboten werden soll ein persönliches Gespräch, jedenfalls ein fernmündlicher Kontakt.[22] Das Angebot kann bereits mit der Mahnung erfolgen.[23] Im Einzelfall kommt bei Verletzung der Pflicht zum Gesprächsangebot eine Schadensersatzpflicht in Betracht,[24] dies auch, wenn man das Gesprächsangebot durchaus zutreffend als Grundsatz ordnungsgemäßer Kreditabwicklung[25] begreift. Das Gesprächsangebot kann zum Einstieg in die Klärung des Refinanzierungsbedarfs, der Vermögenssituation und gegebenenfalls in eine alternative Streitbeilegung genutzt werden. **14**

IV. Sonderregel für Immobiliar-Verbraucherdarlehensverträge (Abs. 2)

Mit der Sonderregeln für Immobiliar-Verbraucherdarlehensverträge wurde der bisherige Inhalt des § 503 Abs 3 in Abs. 2 angefügt.[26] Die Modifikation des zur Kündigung berechtigten Rückstands (allgemein § 498) geht in seiner jetzigen Fassung auf § 503 Abs. 3 idF durch das Risikobegrenzungsgesetz zurück.[27] Eine Kündigung erst nach einem Verzug in Höhe von fünf (zehn) Prozent des Darlehensbetrages hätte das Sicherungsinteresse der Kreditwirtschaft beeinträchtigt. Mit der Rückstandsquote von 2,5 Prozent des Darlehensnennbetrags soll praktisch der Rückstand eines halben Jahres zur Kündigung berechtigen.[28] **15**

V. Sonderregeln zur COVID-19-Pandemie

Das Gesetz zur Abmilderung der Folgen der COVID-19-Pandemie modifiziert die vertraglichen Pflichten, sofern der Verbraucher durch die Pandemie bei Vertragsschluss nicht vorhersehbare Einnahmeausfälle erleidet, die dazu führen, dass ihm die Erbringung der geschuldeten Leistung nicht zumutbar ist. Der neue Art. 240 EGBGB § 3 sieht neben einer Stundung fälliger Leistungen den Ausschluss von Kündigungen durch den Darlehensgeber vor, dazu → Anhang zum 15. Kapitel. **16**

---

[19] BGH WM 2005, 459 (460 f.) = NJW-RR 2005, 1410.
[20] OLG Stuttgart BKR 2015, 237.
[21] BT-Drs. 11/5462, 27.
[22] Staudinger/*Kessal-Wulf*, 2012, Rn. 9.
[23] Palandt/*Weidenkaff* Rn. 5.
[24] Kümpel/Mülbert/Früh/Seyfried/*Merz/Wittig* Rn. 5.146.
[25] So BankR-HdB/*Jungmann* § 81 Rn. 583.
[26] Begr. RegE BT-Drs. 18/5922, 88.
[27] Dazu etwa *Dörrie* ZBB 2008, 292 (300); *Koch* ZBB 2008, 232 (235).
[28] Bericht des Finanzausschusses BT-Drs. 16/9821, 16.

§ 499 Kündigungsrecht des Darlehensgebers; Leistungsverweigerung

(1) **In einem Allgemein-Verbraucherdarlehensvertrag ist eine Vereinbarung über ein Kündigungsrecht des Darlehensgebers unwirksam, wenn eine bestimmte Vertragslaufzeit vereinbart wurde oder die Kündigungsfrist zwei Monate unterschreitet.**

(2) [1] **Der Darlehensgeber ist bei entsprechender Vereinbarung berechtigt, die Auszahlung eines Allgemein-Verbraucherdarlehens, bei dem eine Zeit für die Rückzahlung nicht bestimmt ist, aus einem sachlichen Grund zu verweigern.** [2] **Beabsichtigt der Darlehensgeber dieses Recht auszuüben, hat er dies dem Darlehensnehmer unverzüglich mitzuteilen und ihn über die Gründe möglichst vor, spätestens jedoch unverzüglich nach der Rechtsausübung zu unterrichten.** [3] **Die Unterrichtung über die Gründe unterbleibt, soweit hierdurch die öffentliche Sicherheit oder Ordnung gefährdet würde.**

(3) [1] **Der Darlehensgeber kann einen Verbraucherdarlehensvertrag nicht allein deshalb kündigen, auf andere Weise beenden oder seine Änderung verlangen, weil die vom Darlehensnehmer vor Vertragsschluss gemachten Angaben unvollständig waren oder weil die Kreditwürdigkeitsprüfung des Darlehensnehmers nicht ordnungsgemäß durchgeführt wurde.** [2] **Satz 1 findet keine Anwendung, soweit der Mangel der Kreditwürdigkeitsprüfung darauf beruht, dass der Darlehensnehmer dem Darlehensgeber für die Kreditwürdigkeitsprüfung relevante Informationen wissentlich vorenthalten oder diese gefälscht hat.**

Übersicht

I. Grundlagen

1 In § 499 hat der Gesetzgeber die Möglichkeiten des Darlehensgebers zusammengefasst, den Allgemein-Verbraucherdarlehensvertrag ordentlich zu beenden bzw. die Leistung zu verweigern.[1] Grundlage ist Art. 13 der Verbraucherkreditrichtlinie, auf von der Verbraucherkreditrichtlinie ausgenommene Immobiliar-Verbraucherdarlehensverträge sind die Absätze 1 und 2 und war § 499 aF nicht anwendbar.[2] Das Recht zur fristlosen Kündigung nach § 490 bleibt unberührt.[3] Auch insoweit sind aber die Regelungen zur COVID-19-Pandemie zu berücksichtigen, dazu → Anhang zum 15. Kapitel.

2 Im Rahmen der Umsetzung der Wohnimmobilienkreditrichtlinie wurden die Abs. 1 und 2 redaktionell angepasst, sie gelten nur für Allgemein-Verbraucherdarlehensverträge.[4] Neu eingeführt wurde Abs. 3, der Folgen der nun auch im BGB geregelten Kreditwürdigkeitsprüfung betrifft. Abs. 3 gilt für alle Verbraucherdarlehensverträge, auch für Immobiliar-Verbraucherdarlehensverträge.

II. Kündigungsrecht des Darlehensgebers (Abs. 1)

3 Ein Kündigungsrecht des Darlehensgebers kann nur bei einem unbefristeten Allgemein-Verbraucherdarlehensvertrag vereinbart werden.[5] Auch bei unbefristeten Allgemein-Ver-

[1] Begr. RegE BT-Drs. 16/11643, 85. Zur Beendigung durch die Bank *Federlin* Bankrechtstag 2014, 187.
[2] Zuvor § 503 aF.
[3] MüKoBGB/*Schürnbrand/Weber* Rn. 4.
[4] Begr. RegE BT-Drs. 18/5922, 88.
[5] Nobbe/*Müller-Christmann* Rn. 6.

braucherdarlehensverträgen kann für den Darlehensgeber keine Kündigungsfrist von weniger als zwei Monaten vorgesehen werden. Abs. 1 dient der Umsetzung von Art. 13 Abs. 1 Unterabsatz 2 Verbraucherkreditrichtlinie. Enthält der Kreditvertrag eine entsprechende Vereinbarung, so kann der Kreditgeber einen unbefristeten Kreditvertrag unter Einhaltung einer mindestens zweimonatigen Kündigungsfrist ordentlich kündigen; die Kündigung ist dem Verbraucher auf Papier oder einem anderen dauerhaften Datenträger mitzuteilen. Mit der Kündigungsfrist von mindestens zwei Monaten hat der deutsche Gesetzgeber von der Möglichkeit, eine längere Frist vorzusehen, keinen Gebrauch gemacht. Nach Satz 7 des 9. Erwägungsgrundes Verbraucherkreditrichtlinie sollte es den Mitgliedstaaten im Falle von unbefristeten Kreditverträgen gestattet sein, einen Mindestzeitraum zwischen dem Zeitpunkt, zu dem der Kreditgeber die Rückzahlung verlangt, und dem Termin festzulegen, zu dem der Kredit zurückgezahlt werden muss.

Die Kündigungserklärung ist auf einem dauerhaften Datenträger zu erklären, dies folgt aus der allgemeinen Regelung des § 492 Abs. 5 BGB.[6] Mit Ablauf der Kündigungsfrist ist der Darlehensbetrag zurückzuzahlen. Die Verminderung des Rückzahlungsbetrags um nicht mehr fällig werdende Zinsen ergibt sich aus § 501. **4**

III. Verweigerung der Auszahlung (Abs. 2)

Abs. 2 regelt die Verweigerung der Auszahlung von Allgemein-Verbraucherdarlehensverträgen und dient der Umsetzung von Art. 13 Abs. 2 Verbraucherkreditrichtlinie. Nach Art. 13 Abs. 2 S. 1 Verbraucherkreditrichtlinie kann der Kreditgeber das Recht auf Inanspruchnahme von Kreditbeträgen aufgrund eines unbefristeten Kreditvertrages entziehen, wenn der Kreditvertrag eine entsprechende Vereinbarung enthält. Auch das vor Auszahlung bestehende Leistungsverweigerungsrecht nach Abs. 2 gilt nur für Verträge ohne fest vereinbarte Laufzeit und muss vertraglich vereinbart, also nach § 492 Vertragsinhalt geworden sein.[7] Gesetzliche Leistungsverweigerungsrechte werden von § 499 Abs. 2 nicht berührt.[8] **5**

Nach Erwägungsgrund 33 Verbraucherkreditrichtlinie soll neben einem erhöhten Risiko der Verschlechterung der Vermögensverhältnisse des Verbrauchers auch der Verdacht auf eine nicht zulässige oder missbräuchliche Verwendung des Darlehens zur Leistungsverweigerung berechtigen. Der Darlehensgeber kann die Auszahlung des Darlehensbetrages ganz oder teilweise verweigern.[9] Die Ausübung des Leistungsverweigerungsrechts hat auf einem dauerhaften Datenträger zu erfolgen, § 492 Abs. 5.[10] Diese hat eine Begründung zu enthalten, damit der Darlehensnehmer weiß, weshalb das Darlehen nicht ausbezahlt wird.[11] **6**

Als sachlichen Grund nennt die Regierungsbegründung im Einklang mit der Verbraucherkreditrichtlinie die Verschlechterung der Vermögensverhältnisse des Darlehensnehmers zwischen Vertragsschluss und Auszahlung.[12] Von den Gerichten noch näher auszufüllen ist, wann eine missbräuchliche Verwendung angenommen werden kann. Steht bei Vereinbarung eines Verwendungszwecks die zweckwidrige (missbräuchliche) Verwendung in Rede, sollen erhebliche Anforderungen zu stellen sein, „wenn auch nicht unbedingt ein terroristisches Risiko zu verlangen ist".[13] Hintergrund ist Erwägungsgrund 29 Verbraucherkreditrichtlinie, der die Verwendung von Geldbeträgen zu terroristischen Zwecken oder zur Geldwäsche nennt. **7**

---

[6] Begr. RegE BT-Drs. 16/11643, 85.
[7] Begr. RegE BT-Drs. 16/11643, 85.
[8] Begr. RegE BT-Drs. 16/11643, 85.
[9] Begr. RegE BT-Drs. 16/11643, 85.
[10] Begr. RegE BT-Drs. 16/11643, 85.
[11] Begr. RegE BT-Drs. 16/11643, 85.
[12] Begr. RegE BT-Drs. 16/11643, 85 unter Verweis auf § 321 BGB.
[13] Begr. RegE BT-Drs. 16/11643, 85.

IV. Kreditwürdigkeitsprüfung (Abs. 3)

8 Nach Abs. 3 S. 1 kann der Darlehensgeber den Verbraucherdarlehensvertrag nicht allein deshalb beenden, weil der Darlehensnehmer falsche Angaben zur Kreditprüfung gemacht hat. Damit werden Artt. 18 Abs. 4 S. 1, 20 Abs. 3 Wohnimmobilienkreditrichtlinie umgesetzt. Für die Kündigungsmöglichkeit nach S. 2 verweist die Gesetzesbegründung auf Erwägungsgrund 58 und darauf, dass die Wohnimmobilienkreditrichtlinie nur das ordentliche Kündigungsrecht des Darlehensgebers harmonisiere.[14] Die Regelung gilt allerdings auch für Allgemein-Verbraucherdarlehensverträge. Eine Anfechtung wird als weiter möglich angesehen,[15] das erscheint nach dem Schutzzweck der Norm jedenfalls grundsätzlich fraglich.

§ 500 Kündigungsrecht des Darlehensnehmers; vorzeitige Rückzahlung

(1) [1]**Der Darlehensnehmer kann einen Allgemein-Verbraucherdarlehensvertrag, bei dem eine Zeit für die Rückzahlung nicht bestimmt ist, ganz oder teilweise kündigen, ohne eine Frist einzuhalten.** [2]**Eine Vereinbarung über eine Kündigungsfrist von mehr als einem Monat ist unwirksam.**

(2) [1]**Der Darlehensnehmer kann seine Verbindlichkeiten aus einem Verbraucherdarlehensvertrag jederzeit ganz oder teilweise vorzeitig erfüllen.** [2]**Abweichend von Satz 1 kann der Darlehensnehmer eines Immobiliar-Verbraucherdarlehensvertrags, für den ein gebundener Sollzinssatz vereinbart wurde, seine Verbindlichkeiten im Zeitraum der Sollzinsbindung nur dann ganz oder teilweise vorzeitig erfüllen, wenn hierfür ein berechtigtes Interesse des Darlehensnehmers besteht.**

Übersicht

I. Grundlagen

1 § 500 regelt spiegelbildlich zu § 499 die ordentlichen Kündigungsrechte des Darlehensnehmers.[1] Nicht geregelt werden Leistungsweigerungsrechte des Darlehensnehmers, da dieser nur zur Darlehensrückzahlung sowie zur Entrichtung von Zinsen und Kosten verpflichtet ist und ein Leistungsverweigerungsrecht insoweit kaum in Betracht kommt. Die Norm findet keine Anwendung auf Immobiliardarlehensverträge (§ 503 Abs. 1) und gilt eingeschränkt bei Überziehungsmöglichkeiten und geduldeter Überziehung (§§ 504 Abs. 2, 505 Abs. 4), ferner ohne Einschränkung für Finanzierungshilfen zwischen einem Unternehmer und einem Verbraucher (§ 506). Europarechtliche Grundlagen sind Art. 13 Verbraucherkreditrichtlinie (für Abs. 1) sowie Art. 16 Verbraucherkreditrichtlinie (für Abs. 2).

---

[14] Begr. RegE BT-Drs. 16/11643, 88 f.
[15] *Piekenbrok* GPR 2015, 26 (32).
[1] Begr. RegE BT-Drs. 16/11643, 85.

Im Rahmen der Umsetzung der Wohnimmobilienkreditrichtlinie wurde Abs. 2 S. 2 neu angefügt, der eine Sonderregelung für Immobiliar-Verbraucherdarlehensverträge enthält, die an die bisherige Regelung für Immobiliardarlehen in § 503 BGB anknüpft.[2] **2**

§ 500 enthält im Verhältnis zur allgemeinen Regelung des § 489 sowie zur Regelung der außerordentlichen Kündigung in § 490 verschiedene Sonderregelungen. Allerdings gilt § 489 Abs 3 auch im Rahmen von § 500.[3] Die Kündigungsmöglichkeit nach § 489 Abs. 1 Nr. 1, zehn Jahre nach Empfang des Darlehens, hat bei Bausparverträgen aktuelle Bedeutung erlangt.[4] **3**

II. Kündigungsrecht des Verbrauchers (Abs. 1)

Abs. 1 S. 1 betrifft unbefristete Allgemein-Verbraucherdarlehensverträge. Abweichend von § 488 Abs. 3 S. 2 soll für den Darlehensnehmer grundsätzlich keine Kündigungsfrist gelten. Das Kündigungsrecht ist unabhängig von der Vereinbarung eines festen oder eines variablen Sollzinssatzes.[5] Es kann nach Abs. 1 S. 2 allenfalls eine Kündigungsfrist von bis zu einem Monat vereinbart werden. **4**

§ 500 Abs. 1 dient der Umsetzung von Art. 13 Abs. 1 Unterabsatz 1 Verbraucherkreditrichtlinie. Danach kann der Verbraucher einen unbefristeten Kreditvertrag jederzeit unentgeltlich ordentlich kündigen, es sei denn, die Parteien haben eine Kündigungsfrist vereinbart. Die Kündigungsfrist darf einen Monat nicht überschreiten. Vom Gesetz nicht vorgesehen wird ein besonderer Schutz des Darlehensnehmers im Falle eines Kontrollwechsels beim Darlehensgeber,[6] anders als noch vor der Schuldrechtsmodernisierung[7] geregelt werden aber die Zahlungsverpflichtungen und Zahlungsströme bei vorzeitiger Beendigung des Darlehensvertrages. **5**

Streitig ist, ob die Kündigung des Verbrauchers entsprechend § 489 Abs. 3 BGB nur wirksam bleibt, wenn der Verbraucher das Darlehen innerhalb von zwei Wochen zurückzahlt. Dies legt die Regierungsbegründung zumindest nahe[8] und wird in der Literatur vertreten.[9] Gegen ein solches Erfordernis dürfte aber die Richtlinie sprechen.[10] **6**

Der Regierungsentwurf hatte noch auf Verbraucherdarlehensverträge abgestellt und damit anders als § 503 aF für Immobiliardarlehensverträge auch grundpfandrechtlich gesicherte Verbraucherdarlehensverträge umfasst. Für Immobiliar-Verbraucherdarlehensverträge stellt die Begründung des Ausschussberichts weiterhin auf § 489 BGB ab,[11] der nach der Art des Zinses differenziert und bei gebundenem Sollzinssatz eine Kündigung erst nach Ende der Zinsbindung vorsieht. **7**

III. Vorzeitige Rückzahlung des Darlehens (Abs. 2)

1. Grundsatz (Abs. 2 S. 1)

Abs. 2 enthält das Recht des Darlehensnehmers, seine Verbindlichkeiten aus dem Vertrag jederzeit ganz oder teilweise zu erfüllen. Die Formulierung „Verbindlichkeiten aus dem **8**

[2] Begr. RegE BT-Drs. 18/5922, 90.
[3] Begr. RegE BT-Drs. 16/11643, 75.
[4] BGH BB 2017, 777; zuvor etwa *Edelmann/Suchowerskyj* BB 2015, 1800.
[5] Kümpel/Mülbert/Früh/Seyfried/*Merz/Wittig* Rn. 5.329.
[6] Diskutiert wird die Kündigung beim Kontrollwechsel des (gewerblichen) Darlehensnehmers, etwa *Cramer* WM 2011, 825.
[7] *Rösler/Wimmer* WM 2000, 164.
[8] BT-Drs. 16/11643, 75: § 489 Abs. 3 auch auf die Kündigung nach § 500 anwendbar.
[9] BankR-HdB/*Jungmann* § 81 Rn. 593.
[10] So jedenfalls *Derleder* NJW 2009, 3195 (3201 f.); krit. auch *Bülow/Artz* Rn. 6, von einer Zulässigkeit ausgehend Begr. RegE BT-Drs. 16/11643, 75.
[11] Ausschuss BT-Drs. 18/7484, 143.

Vertrag" ist dem bisherigen § 504 BGB entnommen.[12] Die Vorschrift beruht auf Art. 16 Abs. 1 S. 1 Verbraucherkreditrichtlinie und enthält eine rechtliche Neuerung.[13] Nicht nur die Rückzahlungsverpflichtung bezüglich des Darlehens selbst, auch andere Verpflichtungen, etwa Teilzahlungen aus einem Teilzahlungsgeschäft, können vorzeitig erfüllt werden.[14] Bei grundpfandrechtlich gesicherten Darlehen verbleibt es beim Sonderkündigungsrecht nach § 490 Abs. 2.[15]

9 Nach § 489 Abs. 1 Nr. 2 BGB aF konnte ein nicht grundpfandrechtlich gesichertes Verbraucherdarlehen nach dem Ablauf von sechs Monaten nach der Valutierung jederzeit mit einer Frist von drei Monaten und ohne Vorfälligkeitsentschädigung gekündigt werden. Mit der Neuregelung 2009 ist diese Sonderregelung entfallen, sie findet aber auf vor dem 11.6.2009 geschlossene Verbraucherdarlehensverträge weiter Anwendung, Art. 229 § 22 Abs. 2 EGBGB.

2. Sonderregeln für Immobiliar-Verbraucherdarlehen (Abs. 2 S. 2)

10 Mit dem neuen Abs. 2 S. 2 soll von der Mitgliedstaatsoption des Art. 25 Abs. 2 und 5 der Wohnimmobilienkreditlinie Gebrauch gemacht werden.[16] Während der Bindung an einen Sollzins ist eine Kündigung nur möglich, wenn hierfür ein berechtigtes Interesse des Darlehensnehmers besteht.

§ 501 Kostenermäßigung

Soweit der Darlehensnehmer seine Verbindlichkeiten vorzeitig erfüllt oder die Restschuld vor der vereinbarten Zeit durch Kündigung fällig wird, vermindern sich die Gesamtkosten (§ 6 Abs. 3 der Preisangabenverordnung) um die Zinsen und sonstigen laufzeitabhängigen Kosten, die bei gestaffelter Berechnung auf die Zeit nach der Fälligkeit oder Erfüllung entfallen.

Übersicht

I. Grundlagen

1 Die Vorschrift setzt Art. 16 Abs. 1 S. 2 Verbraucherkreditrichtlinie um und übernimmt den Regelungsgehalt der vormaligen §§ 498 Abs. 2, 504 S. 1.[1] § 501 ist im Zusammenhang mit § 502 zu sehen, der die Vorfälligkeitsentschädigung regelt. Die Vorschrift soll für alle Formen der vorzeitigen Rückzahlung oder Kündigung gelten, ein Widerspruch zur Verbraucherkreditrichtlinie ergibt sich nach der Begründung des Regierungsentwurfes nicht.[2] Verwiesen wird trotz Umsetzung des Art. 16 Abs. 1 S. 2 Verbraucherkreditrichtlinie darauf, dass die Richtlinie die Rechtsfolgen der Kündigung nicht regelt, sondern nach Erwägungsgrund 9 S. 3 und 4 Verbraucherkreditrichtlinie die Rechtsfolgen der Kündigung der Regelung durch die Mitgliedstaaten überlässt.

[12] Begr. RegE BT-Drs. 16/11643, 85.
[13] Begr. RegE BT-Drs. 16/11643, 85.
[14] Begr. RegE BT-Drs. 16/11643, 85.
[15] Begr. RegE BT-Drs. 16/11643, 85 unter Verweis auf § 503.
[16] Begr. RegE BT-Drs. 18/5922, 90.
[1] Begr. RegE BT-Drs. 16/11643, 85 f.
[2] Begr. RegE BT-Drs. 16/11643, 86.

Die vormaligen §§ 498 Abs. 2 sowie 504 werden als verallgemeinerungsfähige Rechtssätze angesehen.[3] Gegenüber §§ 498 Abs. 2 sowie 504 aF wurden nur redaktionelle Änderungen vorgenommen.[4] Das Eingangswort „soweit" verdeutlicht, dass auch eine teilweise Kündigung bzw. teilweise Rückzahlung erfasst wird.[5] Bei Umsetzung der Wohnimmobilienkreditrichtlinie blieb die Norm unverändert, sie gilt für alle Verbraucherdarlehensverträge, auch für Immobiliar-Verbraucherdarlehensverträge. 2

II. Minderung der Gesamtkosten

Nach Art. 16 Abs. 1 S. 1 Verbraucherkreditrichtlinie ist der Verbraucher berechtigt, seine Verbindlichkeiten aus einem Kreditvertrag jederzeit ganz oder teilweise zu erfüllen. In solchen Fällen hat der Verbraucher nach Abs. 1 S. 2 das Recht auf Ermäßigung der Gesamtkosten des Kredits, die sich nach den Zinsen und den Kosten für die verbleibende Laufzeit des Vertrags richten. 3

Die Ermäßigung nach § 501 gilt bei allen Formen, auch bei teilweiser Rückzahlung.[6] Die Gesamtkosten ermäßigen sich zunächst um die Zinsen[7] nach dem Zeitpunkt der Rückzahlung bzw. Kündigung. Nach Ende des Darlehens erfolgt keine Verzinsung mehr. Es entfallen ferner alle übrigen laufzeitabhängigen Kosten. Die Regierungsbegründung geht davon aus, dass sich die Rechtslage durch die neue Formulierung nicht ändert, da bereits nach bisheriger Rechtslage bei einer Kündigung Zinsen und Kosten als Rechnungsposten in das Abwicklungsverhältnis einfließen.[8] 4

Die Gesamtkosten richten sich nach § 6 Abs. 3 PAngV, es ermäßigt sich der nach Art. 247 § 3 Abs. 2 EGBGB zu entrichtende Gesamtbetrag. Dabei gilt eine gestaffelte Berechnung mit bei Teilzahlungen unterschiedlichem Zins,- Kosten,- und Tilgungsanteil. Die laufzeitabhängigen Kosten sind jeweils mit dem vertraglich vereinbarten Betrag anzusetzen. Zu den laufzeitabhängigen Kosten wird auch ein Disagio gezählt.[9] Bei nach dem Vertrag laufzeitunabhängigen Einmalkosten ist nach der Rechtsprechung des Bundesgerichtshofs die AGB-rechtliche Zulässigkeit zu verneinen,[10] weiter ist zu prüfen, ob diese deutlich über den bei Darlehensgewährung entstandenen Kosten liegen.[11] Sie werden jedenfalls dann als laufzeitabhängiger Ausgleich angesehen.[12] Nach der Rechtsprechung des Bundesgerichtshofs handelt es sich sogar im Zweifel um ein laufzeitabhängiges Entgelt, das bei vorzeitiger Kündigung durch den Darlehensnehmer anteilig zu erstatten ist.[13] 5

§ 502 Vorfälligkeitsentschädigung

(1) [1] **Der Darlehensgeber kann im Fall der vorzeitigen Rückzahlung eine angemessene Vorfälligkeitsentschädigung für den unmittelbar mit der vorzeitigen Rückzahlung zusammenhängenden Schaden verlangen, wenn der Darlehensnehmer zum Zeitpunkt der Rückzahlung Zinsen zu einem gebundenen Sollzinssatz schuldet.** [2] **Bei Allgemein-Verbraucherdarlehensverträgen gilt Satz 1 nur, wenn der gebundene Sollzinssatz bei Vertragsabschluss vereinbart wurde.**

---

[3] Begr. RegE BT-Drs. 16/11643, 86.

[4] Begr. RegE BT-Drs. 16/11643, 86.

[5] Begr. RegE BT-Drs. 16/11643, 86.

[6] Begr. RegE BT-Drs. 16/11643, 86.

[7] Nach OLG Nürnberg WM 2014, 2367 (2368) tabellarische Aufstellung der Bank.

[8] Begr. RegE BT-Drs. 16/11643, 86.

[9] BankR-HdB/*Jungmann* § 81 Rn. 606, Einzelheiten bei *Bülow/Artz* Rn. 10.

[10] → BGB § 491 Rn. 5.

[11] BGHZ 111, 287 (288, 291, 293) = NJW 1990, 2250.

[12] Nobbe/*Müller-Christmann* Rn. 6.

[13] BGH WM 1998, 495 (496) = NJW 1998, 1062, auch zur fristlosen Kündigung durch den Darlehensgeber BGHZ 133, 355 (359) = NJW 1996, 3337, grundlegend BGHZ 111, 287 (290) = NJW 1990, 2250.

(2) **Der Anspruch auf Vorfälligkeitsentschädigung ist ausgeschlossen, wenn**

1. die Rückzahlung aus den Mitteln einer Versicherung bewirkt wird, die auf Grund einer entsprechenden Verpflichtung im Darlehensvertrag abgeschlossen wurde, um die Rückzahlung zu sichern, oder

2. im Vertrag die Angaben über die Laufzeit des Vertrags, das Kündigungsrecht des Darlehensnehmers oder die Berechnung der Vorfälligkeitsentschädigung unzureichend sind.

(3) **Bei Allgemein-Verbraucherdarlehensverträgen darf die Vorfälligkeitsentschädigung folgende Beträge jeweils nicht überschreiten:**

1. 1 Prozent des vorzeitig zurückgezahlten Betrags oder, wenn der Zeitraum zwischen der vorzeitigen und der vereinbarten Rückzahlung ein Jahr nicht überschreitet, 0,5 Prozent des vorzeitig zurückgezahlten Betrags,

2. den Betrag der Sollzinsen, den der Darlehensnehmer in dem Zeitraum zwischen der vorzeitigen und der vereinbarten Rückzahlung entrichtet hätte.

Übersicht

I. Grundlagen

1 § 502 regelt die Entschädigung des Darlehensgebers, wenn das Darlehen vorzeitig zurückgezahlt wird und deshalb keine Zinsen mehr anfallen.[1] Es handelt sich um einen Schadensersatzanspruch.[2] Mit § 502 werden Art. 16 Abs. 2, 3 und 5 Verbraucherkreditrichtlinie umgesetzt und die Regelung des vormaligen § 504 S. 3 übernommen.[3] Entgegen der Verbraucherkreditrichtlinie hält das Gesetz am Begriff der Vorfälligkeitsentschädigung fest, da dieser allgemein gebräuchlich ist.[4] § 502 regelt spiegelbildlich zu § 501 die Rechte des Darlehensgebers bei vorzeitiger Beendigung des Darlehensverhältnisses.[5] Insoweit enthält die Norm eine Parallele zu § 490 Abs. 2, allerdings in der Höhe begrenzt, sie reicht deshalb jedenfalls im Einzelfall weniger weit. Die Vorschrift gilt auch für Finanzierungshilfen zwischen einem Unternehmer und einem Verbraucher, § 506, nicht aber für Immobiliardarlehen, § 503.

---

[1] Eine Vorfälligkeitsentschädigung auch bei vom Verbraucher durch Zahlungsverzug provozierter Kündigung des Darlehensgebers annehmend *Knöpfel* NJW 2014, 3125, sodann OLG Schleswig ZIP 2015, 1817 Rn. 26. Dies zutreffend verneinend BGH NJW 2016, 1379 (dazu krit. *Bunte* NJW 2016, 1626, *Wimmer/Rösler* WM 2016, 1821), bestätigt BGH BKR 2017, 192 Rn. 15.

[2] OLG Nürnberg WM 2015, 374 f. mit Nachweisen zur Gegenansicht; zu anderen Fallgestaltungen und zum Vorfälligkeitsentgelt *Ganter* WM 2016, 1813.

[3] Begr. RegE BT-Drs. 16/11643, 86.

[4] Begr. RegE BT-Drs. 16/11643, 86.

[5] Begr. RegE BT-Drs. 16/11643, 86.

Anlässlich der Umsetzung der Wohnimmobilienkreditrichtlinie[6] wurde Abs. 1 neu gefasst. Der bisherige Abs. 1 S. 2 wurde als neuer Abs. 3 angefügt, der verdeutlicht, dass die Beschränkung der Vorfälligkeitsentschädigung nicht für Immobiliar-Verbraucherdarlehensverträge gilt. Die Vorfälligkeitsentschädigung auch bei Immobiliar-Verbraucherdarlehen beruht auf Art. 25 Abs. 3 Wohnimmobilienkreditrichtlinie, sie hat Bedeutung insbesondere auch für den deutschen Pfandbrief.[7] **2**

II. Vorfälligkeitsentschädigung bei vorzeitiger Rückzahlung (Abs. 1)

1. Vereinbarung, Zinsbindung und Schaden (Abs. 1 S. 1)

Die Regelung der Vorfälligkeitsentschädigung nach Abs. 1 gilt seit der Umsetzung der Wohnimmobilienkreditrichtlinie auch für Immobiliar-Verbraucherdarlehensverträge. Der Gesetzgeber verweist hierfür auf Art. 25 Abs. 3 Wohnimmobilienkreditrichtlinie, für die Regelung im neuen S. 2 auf Art. 16 Abs. 2 Verbraucherkreditrichtlinie.[8] Art. 25 Abs. 3 Wohnimmobilienkreditrichtlinie sieht vor, dass Mitgliedstaaten eine Entschädigung für mit der vorzeitigen Rückzahlung verbundene Kosten verlangen können (S. 1), die Entschädigung darf den finanziellen Verlust des Kreditgebers nicht übersteigen (S. 2). Im Schrifttum wird deshalb teilweise zumindest für Immobiliar-Verbraucherdarlehensverträge entgangener Gewinn nicht für ersatzfähig gehalten,[9] zutreffend sollen die Spielräume der Mitgliedstaaten bis zur Höhe des finanziellen Verlusts des Darlehensgebers erhalten bleiben so dass nicht nur für Allgemein-Verbraucherdarlehensverträge die bislang geübte Praxis weitergeführt werden kann.[10] **3**

Ein Anspruch auf Vorfälligkeitsentschädigung setzt eine entsprechende vertragliche Vereinbarung voraus. Dies ergibt sich aus § 502 Abs. 2, der auf die Angabe gemäß Art. 247 § 7 Nr. 3 EGBGB verweist. Praktisch soll dem Darlehensgeber die Möglichkeit des Ausgleichs der ihm durch die vorzeitige Beendigung des Darlehensvertrags entstehenden Nachteile eröffnet werden. Hierfür besteht kein Schwellenwert.[11] **4**

Ein Anspruch auf Zahlung einer Vorfälligkeitsentschädigung kann weiter nur bei Bestehen einer Zinsbindung vorgesehen werden. Die Zinsbindung muss bereits bei Vertragsschluss vereinbart sein, die Regierungsbegründung verweist insoweit auf Art. 3 Buchstabe k Verbraucherkreditrichtlinie.[12] Die Vereinbarung der Zinsbindung muss der Form des § 492 entsprechen bzw. es muss Heilung eingetreten sein.[13] Keine Vorfälligkeitsentschädigung kann bei einem variablen Zinssatz verlangt werden. **5**

Weiter bedarf es eines typisierten Schadens, Art. 16 Abs. 2 Verbraucherkreditrichtlinie spricht von einer angemessenen und objektiv gerechtfertigten Entschädigung für die möglicherweise entstandenen, unmittelbar mit der vorzeitigen Rückzahlung des Kredits zusammenhängenden Kosten. Der Bundesgerichtshof hat bislang verschiedene Methoden abstrakter Schadensberechnung zugelassen.[14] Allerdings soll nach einer beachtlichen Ansicht im Schrifttum nur noch eine Methode, die sogenannte Aktiv-Aktiv-Methode zulässig **6**

[6] Zu Folgen *Wehrt* BKR 2018, 221.

[7] Dazu mit Vergleich der europäischen Märkte für Immobiliardarlehen *Krepod/Kropf* WM 2015, 1.

[8] Begr. RegE BT-Drs. 18/5922, 91.

[9] *Knops* NJW 2018, 1505 (1508 f.). Aus wirtschaftswissenschaftlicher Sicht zur Unterscheidung von Gewinn und Entgelt *Wehrt* BKR 2018, 221 (226 ff.).

[10] *Binder* WM 2019, 709 (757, 765), mit Nachweisen auch zur Gegenansicht.

[11] Nach Art. 16 Abs. 4 Buchstabe a) der RL können die Mitgliedstaaten einen solchen Schwellenwert (nicht mehr als 10.000 EUR innerhalb eines Zwölfmonatszeitraums) festlegen.

[12] Begr. RegE BT-Drs. 16/11643, 86 f.

[13] Palandt/*Weidenkaff* Rn. 3.

[14] BGHZ 146, 5 (10) = NJW 2001, 509 nach Rz. 29 Wiederanlage in Hypothekenpfandbriefen, so auch BGH, 16.5.2006, XI ZB 20/05 Rz. 8: nicht in Wertpapiere der öffentlichen Hand. Zur Rechtslage nach Umsetzung der Wohnimmobilienkreditrichtlinie *Binder* Bankrechtstag 2018, 3 (37 ff.).

sein.[15] Nach der Aktiv-Aktiv-Methode besteht der Schaden des Darlehensgebers aus dem Schaden, der bei Wiederanlage am Kapitalmarkt (Zinsverschlechterungsschaden) entsteht,[16] sowie dem durch die vorzeitige Abwicklung entstehenden Aufwand, den Auswirkungen auf die Verwaltungskosten.[17] Diese Schadenspositionen (Differenz zwischen vereinbartem Zinssatz sowie dem am Markt erreichbaren Zinssatz sowie Auswirkungen auf die Verwaltungskosten) nennt die Verbraucherkreditrichtlinie nunmehr für den Einwand eines höheren oder niedrigeren Schadens,[18] der von Deutschland zugelassen wurde.

7 Nach der vom Bundesgerichtshof noch zum alten Verbraucherdarlehensrecht ebenfalls zugelassenen Aktiv-Passiv-Methode[19] liegt der Nachteil des Darlehensgebers in der Differenz zwischen den Zinsen, die der Darlehensgeber bei der Abnahme des Darlehens tatsächlich gezahlt hat bzw. hätte sowie der Rendite, die sich aus einer laufzeitkongruenten Wiederanlage der freigewordenen Beträge in sicheren Kapitalmarkttiteln ergibt; der Differenzbetrag ist um ersparte Risiko- und Verwaltungskosten zu vermindern und auf den Zeitpunkt der Leistung der Vorfälligkeitsentschädigung abzuzinsen.[20] Zinsmargenschaden und Zinsverschlechterungsschaden können nur alternativ, nicht kumulativ verlangt werden.[21]

2. Allgemein-Verbraucherdarlehensverträge (Abs. 1 S. 2)

8 Die Regelung der Vorfälligkeitsentschädigung nach Abs. 1 gilt auch für Immobiliar-Verbraucherdarlehensverträge. Der Gesetzgeber verweist hierfür auf Art. 25 Abs. 3 der Wohnimmobilienkreditrichtlinie, für die Regelung im neuen S. 2 auf Art. 16 Abs. 2 Verbraucherkreditrichtlinie.[22]

III. Ausschluss des Anspruchs auf Vorfälligkeitsentschädigung (Abs. 2)

1. Rückzahlung aus Mitteln einer Versicherung (Abs. 2 Nr. 1)

9 Der Ausschluss des Anspruchs auf eine Vorfälligkeitsentschädigung bei Abschluss einer Versicherung folgt aus Art. 16 Abs. 3 Buchstabe a Verbraucherkreditrichtlinie, wenn die Rückzahlung aufgrund eines Versicherungsvertrags erfolgt, der vereinbarungsgemäß die Rückzahlung des Kredits gewährleisten soll. Gemeint sind Restschuldversicherungen.[23]

2. Unvollständige Angaben (Abs. 2 Nr. 2)

10 Beim Wegfall des Anspruchs auf Vorfälligkeitsentschädigung handelt es sich um eine zusätzliche Sanktion im Sinne von Art. 23 Verbraucherkreditrichtlinie.[24] Die Pflicht zur Angabe der Berechnungsmethode folgt aus Art. 247 § 7 Nr. 3 EGBGB. Relevant wird hier auch der Streit um die Zulässigkeit verschiedener Berechnungsmethoden. Teilweise wird angenommen, dass sowohl die sogenannte Aktiv-Aktiv-Methode als auch die Aktiv-Passiv-Methode zulässig sind.[25] Überwiegend wird nur die Aktiv-Aktiv-Methode zugelas-

[15] Nobbe/*Müller-Christmann* Rn. 11; *Freitag* ZIP 2008, 1102 (1107); *Schürnbrand* ZBB 2008, 383 (391 f.), für Zulässigkeit auch der sog. Aktiv-Passiv-Methode Kümpel/Mülbert/Früh/Seyfried/*Merz/Wittig* Rn. 5.339 mwN, → Rn. 13.

[16] Zur Berücksichtigung von Sondertilgungsrechten OLG Nürnberg WM 2015, 374 (nur wenn wahrscheinlich).

[17] Auf den Zinsmargenschaden und BGHZ 136, 161 (169) verweisend Begr. RegE BT-Drs. 16/11643, 87.

[18] Art. 16 Abs. 4 Buchstabe b) der RL.

[19] Für eine Kündigung im Jahre 2010 zulassend OLG Stuttgart WM 2015, 1009 (1014).

[20] BGHZ 161, 196 (201) = NJW 2005, 751.

[21] BankR-HdB/*Jungmann* § 81 Rn. 613; *Bülow/Artz* Rn. 12.

[22] Begr. RegE BT-Drs. 18/5922, 91.

[23] Nobbe/*Müller-Christmann* Rn. 16.

[24] Begr. RegE BT-Drs. 16/11643, 88.

[25] Kümpel/Mülbert/Früh/Seyfried/*Merz/Wittig* Rn. 5.339.

sen,[26] die Richtlinie nennt deren Positionen nur für den Fall, dass eine höhere oder niedrigere Entschädigung nachgewiesen werden soll.[27] Ausreichen soll eine für Laien verständliche Darstellung.[28]

3. Weitere Ausschlüsse

Weiter ist eine Vorfälligkeitsentschädigung nach Art. 16 Abs. 3 Buchstabe b, c Verbrauchrkreditrichtlinie bei einer Überziehungsmöglichkeit ausgeschlossen, dies ist im deutschen Recht in § 504 Abs. 1 S. 2 umgesetzt, die Ausnahme für das Fehlen eines festen Sollzinssatzes findet sich in Abs. 1 S. 1, der einen solchen festen Sollzinssatz zur Bedingung für ein Recht auf Vorfälligkeitsentschädigung erhebt. 11

IV. Begrenzung der Höhe der Vorfälligkeitsentschädigung (Abs. 3)

1. Ein bzw. ein halbes Prozent des vorzeitig zurückgezahlten Betrags (Abs. 3 Nr. 1)

Der neue Abs. 3 entspricht inhaltlich dem bisherigen Abs. 1 S. 2.[29] Die explizite Beschränkung auf Allgemein-Verbraucherdarlehensverträge trägt der Aufhebung des § 503 Rechnung. Mit der Begrenzung der Höhe der Vorfälligkeitsentschädigung setzt das deutsche Recht Art. 16 Abs. 2 Verbraucherkreditrichtlinie um. Nach Art. 16 Abs. 2 Unterabsatz 2 S. 1 Verbraucherkreditrichtlinie darf die Entschädigung 1 % des vorzeitig zurückgezahlten Kreditbetrages nicht überschreiten, wenn der Zeitraum zwischen der vorzeitigen Rückzahlung und dem Zeitpunkt des vereinbarten Ablaufs des Kreditvertrags ein Jahr überschreitet. Nach Art. 16 Abs. 2 Unterabsatz 2 S. 2 Verbraucherkreditrichtlinie darf die Entschädigung 0,5 % des vorzeitig zurückgezahlten Kreditbetrages nicht überschreiten, wenn der Zeitraum weniger als ein Jahr beträgt. 12

Der Darlehensnehmer soll sich nicht durch die Androhung einer hohen Ausgleichsforderung davon abschrecken lassen, von seinem Recht auf vorzeitige Rückzahlung Gebrauch zu machen.[30] Der deutsche Gesetzgeber hat von der Öffnungsklausel des Art. 16 Abs. 4 Buchstabe b Verbraucherkreditrichtlinie, der eine höhere Entschädigung nach nationalem Recht erlaubt, deshalb keinen Gebrauch gemacht. 13

2. Sollzinsen bis zur vereinbarten Rückzahlung (Abs. 3 Nr. 2)

Die Beschränkung der Vorfälligkeitsentschädigung jedenfalls auf die Sollzinsen bis zur vereinbarten Rückzahlung beruht auf Art. 16 Abs. 5 der Richtlinie und den üblichen Berechnungsmethoden im deutschen Schadensersatzrecht.[31] Nach Art. 16 Abs. 5 Verbraucherkreditrichtlinie darf die Entschädigung keinesfalls den Zinsbetrag übersteigen, den der Verbraucher in der Zeit zwischen der vorzeitigen Rückzahlung und dem vereinbarten Ende der Laufzeit des Kredits bezahlt hätte. 14

3. Höhere oder niedrigere tatsächliche Schäden des Darlehensgebers

Deutschland hat von der Ermächtigung des Art. 16 Abs. 4 Verbraucherkreditrichtlinie keinen Gebrauch gemacht. Nach Art. 16 Abs. 4 Buchstabe b Unterabsatz 1 Verbraucher- 15

[26] Nobbe/*Müller-Christmann* Rn. 11; *Schürnbrand* ZBB 2008, 383 (390); krit. zur Beschränkung auf die Aktiv-Aktiv-Methode *Freitag* ZIP 2008, 1102 (1107).

[27] Art. 16 Abs. 4 Buchstabe b der RL, darauf verweisend Kümpel/Mülbert/Früh/Seyfried/*Merz*/*Wittig* Rn. 5.339.

[28] BankR-HdB/*Jungmann* § 81 Rn. 619, dazu auch nach § 491a, → EGBGB Art. 247 § 7 Rn. 4.

[29] Begr. RegE BT-Drs. 18/5922, 91.

[30] Begr. RegE BT-Drs. 16/11643, 87.

[31] Begr. RegE BT-Drs. 16/11643, 87.

kreditrichtlinie können die Mitgliedstaaten vorsehen, dass der Kreditgeber ausnahmsweise eine höhere Entschädigung verlangen kann, wenn er nachweist, dass der aus der vorzeitigen Rückzahlung entstandene Verlust den nach Abs. 2 (Grenzen von einem oder einem halben Prozent) übersteigt. Nach Abs. 4 Unterabsatz 2 kann allerdings der Verbraucher eine entsprechende Verminderung fordern, wenn die vom Kreditgeber beanspruchte Entschädigung den tatsächlich entstandenen Verlust übersteigt.

16 Nicht ausdrücklich bestimmt aber wegen Systematik anzunehmen ist, dass Unterabsatz 1 und 2 nur gemeinsam von den Mitgliedstaaten gewählt werden können. Nach Unterabsatz 3 besteht der Verlust in diesem Fall in der Differenz zwischen dem ursprünglich vereinbarten Zinssatz und dem Zinssatz, zu dem der Kreditgeber den vorzeitig zurückgezahlten Kredit ausreichen kann, und zwar unter Berücksichtigung der Auswirkung der vorzeitigen Rückzahlung auf seine Verwaltungskosten.

§ 503 Umwandlung bei Immobiliar-Verbraucherdarlehen in Fremdwährung

(1) [1] **Bei einem nicht auf die Währung des Mitgliedstaats der Europäischen Union, in dem der Darlehensnehmer bei Vertragsschluss seinen Wohnsitz hat (Landeswährung des Darlehensnehmers), geschlossenen Immobiliar-Verbraucherdarlehensvertrag (Immobiliar-Verbraucherdarlehensvertrag in Fremdwährung) kann der Darlehensnehmer die Umwandlung des Darlehens in die Landeswährung des Darlehensnehmers verlangen.** [2] **Das Recht auf Umwandlung besteht dann, wenn der Wert des ausstehenden Restbetrags oder der Wert der regelmäßigen Raten in der Landeswährung des Darlehensnehmers auf Grund der Änderung des Wechselkurses um mehr als 20 Prozent über dem Wert liegt, der bei Zugrundelegung des Wechselkurses bei Vertragsabschluss gegeben wäre.** [3] **Im Darlehensvertrag kann abweichend von Satz 1 vereinbart werden, dass die Landeswährung des Darlehensnehmers ausschließlich oder ergänzend die Währung ist, in der er zum Zeitpunkt der maßgeblichen Kreditwürdigkeitsprüfung überwiegend sein Einkommen bezieht oder Vermögenswerte hält, aus denen das Darlehen zurückgezahlt werden soll.**

(2) [1] **Die Umstellung des Darlehens hat zu dem Wechselkurs zu erfolgen, der dem am Tag des Antrags auf Umstellung geltenden Marktwechselkurs entspricht.** [2] **Satz 1 gilt nur, wenn im Darlehensvertrag nicht etwas anderes vereinbart wurde.**

Übersicht

I. Grundlagen

1 Mit Umsetzung der Wohnimmobilienkreditrichtlinie hat § 503 einen völlig neuen Inhalt erhalten. Die Aufhebung des bisherigen Wortlauts ist Konsequenz der nunmehr grundlegenden Unterscheidung zwischen Allgemein- und Immobiliar-Verbraucherdarlehensverträgen. Die §§ 491 ff. gelten auch für Immobiliar-Verbraucherdarlehensverträge und enthalten bereits eine Vielzahl von Sonderregelungen für Immobiliar-Verbraucherdarlehensverträge. Der bisherige Norminhalt wurde teilweise wörtlich in die §§ 497–500 integriert.[1]

[1] Vgl die Kommentierung dort.

Der neue Norminhalt betrifft Fremdwährungskredite, er soll Art. 23 Abs. 1 bis 3 Wohnimmobilienkreditrichtlinie umsetzen.[2] Hintergrund ist die in Mittel- und Osteuropa lange weit verbreitete Praxis, Wohnimmobilien über auf Schweizer Franken laufende Kredite zu finanzieren. **2**

Neben das Umwandlungsrecht nach § 503 tritt die Informationspflicht des Darlehensgebers nach § 493 Abs. 4, das dem Verbraucher die Entscheidung über eine Umwandlung ermöglichen soll. Weiter zu beachten ist die Klauselrichtlinie und damit im deutschen Recht die §§ 305 ff. Der EuGH hat in Entscheidungen zum rumänischen, ungarischen und zum polnischen Recht eine Klauselkontrolle angenommen.[3] **3**

II. Umwandlung von Fremdwährungsdarlehen (Abs. 1)

1. Definition des Fremdwährungsdarlehens (Abs. 1 S. 1)

Abs. 1 stellt für die Bestimmung der Fremdwährung auf den Wohnsitz des Verbrauchers ab. **4**

Abgestellt wird auf die Währung des Mitgliedstaates, in dem der Darlehensnehmer seinen Wohnsitz hat. Es findet die Norm so nur bei einem Wohnsitz des Verbrauchers innerhalb der Europäischen Union Anwendung. Hat der Verbraucher seinen Wohnsitz außerhalb der Europäischen Union, liegt kein Fremdwährungsdarlehen im Sinne von § 503 vor.

Landeswährung ist die Währung des Landes, in dem der Darlehensnehmer seinen Wohnsitz hat. Wohnt der Verbraucher in Dänemark, kann so auch die Darlehensaufnahme in Euro ein Fremdwährungsdarlehen darstellen, anders nur wenn von der Befugnis nach Abs. 1 S. 3 Gebrauch gemacht werden kann und wird. Ein Fremdwährungsdarlehen liegt auch vor, wenn ein Arbeitnehmer im Ausland in einem Fremdwährungsland wohnt, aber Einkommen in Euro bezieht und bei einer deutschen Bank einen Darlehensvertrag abschließt.[4] **5**

2. Umwandlungsrecht bei Wechselkursänderung von 20 Prozent (Abs. 1 S. 2)

Das Umwandlungsrecht nach Abs. 1 S. 2 setzt die Verschiedenheit von Landeswährung des Verbrauchers und der Vertragswährung voraus. Umgesetzt wird Art. 23 Abs. 1 Wohnimmobilienkreditrichtlinie,[5] konkret Art. 23 Abs. 1 Buchstabe a), wonach der Verbraucher unter festgelegten Bedingungen das Recht hat, den Kreditvertrag auf eine alternative Währung umzustellen. Nicht umgesetzt wurde die Alternative anderer Vorkehrungen, um das für den Verbraucher im Rahmen des Kreditvertrags bestehende Wechselkursrisiko zu begrenzen, dies soll nach der Begründung des Regierungsentwurfs nicht vorgeschrieben werden,[6] kann aber vereinbart werden. **6**

Die Schwelle von 20 Prozent knüpft an die Unterrichtungspflicht des Darlehensgebers nach § 404 Abs. 4 an, die in Umsetzung von Art. 23 Abs. 4 Wohnimmobilienkreditrichtlinie in das deutsche Recht eingeführt wurde.[7] **7**

3. Vereinbarung der Landeswährung (Abs. 1 S. 3)

Nach Abs. 1 S. 3 kann kumulativ oder alternativ die Währung als Landeswährung vereinbart werden, in der der Verbraucher überwiegend sein Einkommen erzielt oder Ver- **8**

---

[2] Begr. RegE BT-Drs. 18/5922, 92.
[3] EuGH Urt. v. 20.9.2017, C-186/16, Besprechung *Omlor* BKR 2018, 195; EuGH Urt. v. 20.9.2018, C-51/17, Besprechung *Piekenbrok* GPR 2019, 176 und EuGH Urt. v. 3.10.2019, C-260/18.
[4] *Schwab* Zeitschrift für das gesamte Kreditwesen 2016, 946 (947).
[5] Begr. RegE BT-Drs. 18/5922, 93.
[6] Begr. RegE BT-Drs. 18/5922, 93.
[7] Begr. RegE BT-Drs. 18/5922, 93.

mögenswerte hält, aus denen das Darlehen zurückgezahlt werden soll. Die andere Währung, in der der Verbraucher überwiegend sein Einkommen erzielt oder Vermögenswerte hält, aus denen das Darlehen zurückgezahlt werden soll, kann als ausschließliche Landeswährung vereinbart werden, der gesetzliche Regelfall nach Abs. 1 S. 1 also abgeändert werden. Werden zwei maßgebliche Landeswährungen vereinbart, kann der Verbraucher bei Vorliegen der Voraussetzungen für eine Umwandlung die Währung auswählen, in die das Darlehen umgewandelt werden soll.[8]

9 Einkommen kann der Verbraucher als Arbeitseinkommen oder Kapitaleinkommen erzielen. Arbeitseinkommen beschränkt sich nicht auf Arbeitnehmer, sondern kann auch von Selbständigen erzielt werden. Nach der Begründung des Regierungsentwurfs ist für die Bestimmung des überwiegenden Einkommens maßgeblich auf das Nettoeinkommen abzustellen. Relevant werden können so unterschiedliche Steuer- und Abgabenbelastungen.

10 Für Kapitaleinkommen verweist die Begründung des Regierungsentwurfs auf Zinsen, Dividenden, Mieteinnahmen oder Pacht.[9] In der Begründung des Regierungsentwurfs nicht aufgezählt werden zu erwartende Wertsteigerungen von Aktien, Anleihen oder sonstigen (Wertpapier)Anlagen. Hintergrund ist die angenommene Trennung von Einkommen und Vermögenswerten. Eine solche Unterscheidung vermag aber nur hinsichtlich des zum Zeitpunkt der Vertragsverhandlungen vorhandenen Kapitalstocks zu überzeugen. In der Altersvorsorge wird regelmäßig mit einer positiven Kursentwicklung gerechnet, dies ist zutreffend bei langfristigen Darlehen auch für die Bestimmung des Kapitaleinkommens anzunehmen.

11 Vermögenswerte, aus denen das Darlehen zurückgezahlt werden soll, sind nach der Begründung des Regierungsentwurfs vom Einkommen abzugrenzen.[10] Unter die Vermögenswerte gefasst werden Sachwerte wie Immobilien oder verwertbare Geldanlagen wie etwa Aktiendepots, durch deren Verwertung das Darlehen abgelöst werden soll. Notwendig ist eine gemeinsame Zweckbestimmung, dafür reicht es nach der Begründung des Regierungsentwurfs aus, dass bei der Kreditwürdigkeitsprüfung die Rückzahlungsmöglichkeit durch Verwertung dieser Vermögenswerte berücksichtigt wurde. Fehlt es an einer solchen Zweckbestimmung, ist zu prüfen, ob eine Wertsteigerung zu erwarten ist und entgegen der Begründung des Regierungsentwurfs als Kapitaleinkommen eingestuft werden kann.

12 Maßgeblicher Zeitpunkt ist der Zeitpunkt der Kreditwürdigkeitsprüfung. Wenn sich die Kreditwürdigkeitsprüfung über einen längeren Zeitraum erstreckt, ist nach der Begründung des Regierungsentwurfs unter der maßgeblichen Kreditwürdigkeitsprüfung die aktuellste Kreditwürdigkeitsprüfung zu verstehen.[11]

III. Maßgeblicher Wechselkurs (Abs. 2)

13 Abs. 2 setzt Art. 23 Abs. 3 Wohnimmobilienkreditrichtlinie um.[12] Nach Abs. 2 S. 1 hat die Umstellung des Darlehens zu dem Wechselkurs zu erfolgen, der dem am Tag des Antrags auf Umstellung geltenden Marktwechselkurs entspricht. Maßgeblich ist so der Wechselkurs des Tages, an dem der Verbraucher den Antrag auf Währungsumstellung stellt, dabei kommt es auf den Zeitpunkt des Zugangs des Antrags beim Darlehensgeber an.[13] Marktwechselkurs ist der Wechselkurs, der dem von der Europäischen Zentralbank veröffentlichten täglichen Referenzwechselkurs für diesen Tag entspricht.[14]

---

[8] Begr. RegE BT-Drs. 18/5922, 93.
[9] Begr. RegE BT-Drs. 18/5922, 93.
[10] Begr. RegE BT-Drs. 18/5922, 93.
[11] Begr. RegE BT-Drs. 18/5922, 93.
[12] Begr. RegE BT-Drs. 18/5922, 93.
[13] Begr. RegE BT-Drs. 18/5922, 93.
[14] Begr. RegE BT-Drs. 18/5922, 93.

§ 504 Eingeräumte Überziehungsmöglichkeit

(1) [1]Ist ein Verbraucherdarlehen in der Weise gewährt, dass der Darlehensgeber in einem Vertragsverhältnis über ein laufendes Konto dem Darlehensnehmer das Recht einräumt, sein Konto in bestimmter Höhe zu überziehen (Überziehungsmöglichkeit), hat der Darlehensgeber den Darlehensnehmer in regelmäßigen Zeitabständen über die Angaben zu unterrichten, die sich aus Artikel 247 § 16 des Einführungsgesetzes zum Bürgerlichen Gesetzbuche ergeben. [2]Ein Anspruch auf Vorfälligkeitsentschädigung aus § 502 ist ausgeschlossen. [3]§ 493 Abs. 3 ist nur bei einer Erhöhung des Sollzinssatzes anzuwenden und gilt entsprechend bei einer Erhöhung der vereinbarten sonstigen Kosten. [4]§ 499 Abs. 1 ist nicht anzuwenden.

(2) [1]Ist in einer Überziehungsmöglichkeit in Form des Allgemein-Verbraucherdarlehensvertrags vereinbart, dass nach der Auszahlung die Laufzeit höchstens drei Monate beträgt oder der Darlehensgeber kündigen kann, ohne eine Frist einzuhalten, sind § 491a Abs. 3, die §§ 495, 499 Abs. 2 und § 500 Abs. 1 Satz 2 nicht anzuwenden. [2]§ 492 Abs. 1 ist nicht anzuwenden, wenn außer den Sollzinsen keine weiteren laufenden Kosten vereinbart sind, die Sollzinsen nicht in kürzeren Zeiträumen als drei Monaten fällig werden und der Darlehensgeber dem Darlehensnehmer den Vertragsinhalt spätestens unverzüglich nach Vertragsabschluss auf einem dauerhaften Datenträger mitteilt.

Übersicht

I. Grundlagen

Da es sich auch bei eingeräumten Überziehungsmöglichkeiten um Verbraucherdarlehensverträge handelt, sind die §§ 491 ff. nach der Regierungsbegründung des Gesetzes zur Umsetzung der Verbraucherkreditrichtlinie an sich uneingeschränkt anwendbar.[1] Die Literatur nimmt eine abschließende Sonderregelung an,[2] von den drei Formen sei die Grundform in Abs. 1 und seien zwei Sonderformen in Abs. 2 geregelt. Gegenüber der Vorgängernorm des § 493 BGB (Überziehungskredit) ist die Vorschrift begrifflich und sachlich verändert. Im Zuge der Umsetzung der Wohnimmobilienkreditrichtlinie wurde verdeutlicht, dass Abs. 2 S. 1 Allgemein-Verbraucherdarlehensverträge betrifft. Im Gesetzgebungsverfahren nicht aufgegriffen wurde der Vorschlag des Bundesrats, die Höhe der Überziehungszinsen auf acht Prozent über dem Basiszinssatz zu beschränken.[3] Nach der Rechtsprechung des Bundesgerichtshofs zur geduldeten Überziehung können Überziehungsentgelte bis zur Grenze des § 138 BGB vorgesehen werden, wenn sie laufzeitabhängig als Zins ausgestaltet werden.[4] 1

[1] Begr. RegE BT-Drs. 16/11643, 89.
[2] Kümpel/Mülbert/Früh/Seyfried/*Merz/Wittig* Rn. 5.393a.
[3] Stellungnahme des Bundesrats BT-Drs. 18/6286, 8, ablehnend die Stellungnahme der Bundesregierung, 25.
[4] BGH NJW 2017, 1018 Rn. 34 (geduldete Überziehung).

2 Die Bezeichnung als eingeräumte Überziehungsmöglichkeit entspricht der Diktion der Verbraucherkreditrichtlinie (Art. 12 Abs. 1), die Modifikation der §§ 491 ff. ist aufgrund Art. 2 Abs. 3 Verbraucherkreditrichtlinie erforderlich, der nur einen Teil der Bestimmungen der Richtlinie für anwendbar erklärt. Für besondere Kreditverträge gilt der Grundsatz der Vollharmonisierung, Art. 22 Abs. 1 Verbraucherkreditrichtlinie. Nach dem 11. Erwägungsgrund der Verbraucherkreditrichtlinie sollte es den Mitgliedstaaten nicht gestattet sein, innerstaatliche Vorschriften zu erlassen, mit denen andere Bestimmungen dieser Richtlinie umgesetzt werden.

3 In Abs. 2 findet sich seit Umsetzung der Verbraucherrechterichtlinie und Neufassung des § 126b BGB der Verweis auf einen dauerhafter Datenträger. Seit der Umsetzung der Wohnimmobilienkreditrichtlinie ist Abs. 2 nur auf dem Allgemein-Verbraucherdarlehensvertrag anwendbar. Der Überziehung kommt erhebliche praktische Bedeutung zu, dazu die Erläuterungen zum Vorschlag eines neuen § 504a BGB, der eine Beratungspflicht vorsieht.

II. Grundsatz beim Einräumen einer Überziehungsmöglichkeit (Abs. 1)

1. Einräumung einer Überziehungsmöglichkeit (Abs. 1 S. 1)

4 Abs. 1 S. 1 definiert die Überziehungsmöglichkeit als eine besondere Form des Darlehensvertrages.[5] Nach Art. 3 Buchstabe d Verbraucherkreditrichtlinie bezeichnet der Ausdruck Überziehungsmöglichkeit einen ausdrücklichen Kreditvertrag, bei dem der Kreditgeber dem Verbraucher Beträge zur Verfügung stellt, die das aktuelle Guthaben auf dem laufenden Konto des Verbrauchers überschreiten. Im allgemeinen Sprachgebrauch und der Bankpraxis wird dies häufig als Dispositionskredit bezeichnet. Abzugrenzen ist die Überziehungsmöglichkeit von der geduldeten Überziehung. Bei der geduldeten Überziehung soll ein Vertrag erst in dem Moment zustande kommen, in dem das Darlehen ausbezahlt wird,[6] es besteht jedenfalls kein Anspruch des Verbrauchers auf Duldung der Überziehung.

5 Die eingeräumte Überziehung muss entgeltlich sein und ein laufendes Konto betreffen. Mit einem laufenden Konto sind Kontokorrentkonten nach § 355 HGB gemeint, die für den allgemeinen Zahlungsverkehr zugelassen und geeignet sind.[7] Die Kontokorrentabrede selbst ist keine Überziehungsmöglichkeit, sondern ein Rahmenkredit, der zur Kreditvergabe bis zu einer bestimmten Höhe verpflichtet, revolvierend in Anspruch genommen werden kann, und nach §§ 491, 494 zu behandeln ist.[8]

2. Angaben bei Einräumen einer Überziehungsmöglichkeit

6 Die Informationspflichten für eingeräumte Überziehungsmöglichkeiten nach Abs. 1 Satz 1 gehen auf die Fernabsatzrichtlinie zurück.[9] Es ist nunmehr in regelmäßigen Abständen über die Angaben nach Art. 247 § 16 EGBGB zu informieren.[10] Die Information muss dabei den Zeitraum angeben, auf den sie sich bezieht (Nr. 1). Ein jährlicher Rhythmus ist dabei nach der Regierungsbegründung keinesfalls ausreichend,[11] genannt wird eine wöchentliche, monatliche oder vierteljährliche Information; dabei muss die Periode im Einzelfall angemessen sein, so dass der Verbraucher seine Belastung erkennen kann.

7 Weiter müssen Datum und Beträge der an den Verbraucher ausbezahlten Beträge angegeben werden (Nr. 2), ferner Saldo und Datum der vorangegangenen Unterrichtung (Nr. 3), der neue Saldo (Nr. 4), Datum und Höhe von Rückzahlungen des Darlehensnehmers

[5] Begr. RegE BT-Drs. 16/11643, 89.
[6] Begr. RegE BT-Drs. 16/11643, 89.
[7] Kümpel/Mülbert/Früh/Seyfried/*Merz/Wittig* Rn. 5.393a; PWW/*Nobbe* Rn. 1, 4 (nicht: Sonderzahlungsverkehr, etwa ein Baukonto); Nobbe/*Pap* Rn. 12.
[8] Nobbe/*Pap* Rn. 7.
[9] Dazu *Domke* BB 2006, 2035, allg. zur Umsetzung *Kamanabrou* WM 2000, 1417.
[10] Zum Fehlen einer Sanktion Staub/*Renner* Kreditgeschäft (Band 10/2) Rn. 843.
[11] Begr. RegE BT-Drs. 16/11643, 89.

(Nr. 5), der angewendete Sollzinssatz (Nr. 6), die erhobenen Kosten (Nr. 7) sowie der gegebenenfalls zurückzuzahlende Mindestbetrag (Nr. 8). Die allgemein für Verbraucherdarlehen geltenden Informationspflichten werden durch Art. 247 § 10 EGBGB modifiziert, dort finden sich die Angaben zum Einräumen der Überziehungsmöglichkeit selbst.

3. Allgemeine Modifikation der §§ 491 ff.

a) Keine Vorfälligkeitsentschädigung nach § 502 (Abs. 1 S. 2). Entsprechend Art. 16 Abs. 3 Buchstabe b Verbraucherkreditrichtlinie wird eine Vorfälligkeitsentschädigung ausgeschlossen. Der Darlehensnehmer soll diese Art von Verbraucherdarlehen schnell und ohne Verluste zurückzahlen dürfen.[12] 8

b) Modifikation des § 493 (Abs. 1 S. 3). Abs. 1 S. 3 enthält eine spezielle Regelung zur Information bei Zinsanpassungen. Der Darlehensgeber hat grundsätzlich nur über die Erhöhung eines Sollzinses zu informieren, ferner allerdings auch über die Erhöhung von Verzugskosten sowie sonstigen Kosten. Die Norm beruht auf Art. 12 Abs. 2 Verbraucherkreditrichtlinie, Art. 11 Verbraucherkreditrichtlinie ist bei Überziehungen nach Art. 2 Abs. 3 der Richtlinie ausgeschlossen. 9

c) Ausschluss des § 499 Abs. 1 (Abs. 1 S. 4). § 499 regelt das Kündigungsrecht des Darlehensgebers. Der Ausschluss des § 499 Abs. 1 beruht nach der Regierungsbegründung auf Art. 2 Abs. 3 der Richtlinie.[13] Danach ist der Kreditbetrag bei einer Überziehungsmöglichkeit auf Aufforderung oder binnen drei Monaten zurückzuzahlen, die Zweimonatsfrist des § 499 Abs. 1 wäre damit unvereinbar. 10

III. Besondere Regeln (Abs. 2)

Besondere Regeln sieht Abs. 2 für nur kurzfristige Überziehungsmöglichkeiten sowie bei geringen Kosten vor. Nach Abs. 2 S. 1 finden für Allgemein-Verbraucherdarlehen bei einer Laufzeit von höchstens drei Monaten bzw. jederzeitiger Kündigungsmöglichkeit des Darlehensgebers eine ganze Reihe von Vorschriften keine Anwendung. Weiter bedarf die Vereinbarung einer Überziehungsmöglichkeit nach Abs. 2 S. 2 nicht der Schriftform, wenn außer Sollzinsen keine laufenden Kosten vereinbart worden sind, sofern zudem die Sollzinsen nicht in kürzeren Zeiträumen als drei Monaten fällig werden und der Vertrag nach Vertragsschluss auf einem dauerhaften Datenträger mitgeteilt wird. 11

Laufende Kosten sind nur solche, die bei ordnungsgemäßer Vertragsdurchführung anfallen, nicht unter den Begriff fallen Verzugskosten.[14] Angenommen wird, dass Kontoführungsgebühren nicht unter den Begriff der „laufenden Kosten“ iSv § 504 Abs. 2 BGB fallen.[15] 12

§ 504a Beratungspflicht bei Inanspruchnahme der Überziehungsmöglichkeit

(1) [1]Der Darlehensgeber hat dem Darlehensnehmer eine Beratung gemäß Absatz 2 anzubieten, wenn der Darlehensnehmer eine ihm eingeräumte Überziehungsmöglichkeit ununterbrochen über einen Zeitraum von sechs Monaten und durchschnittlich in Höhe eines Betrags in Anspruch genommen hat, der 75 Prozent des vereinbarten Höchstbetrags übersteigt. [2]Wenn der Rechnungsabschluss für das laufende Konto vierteljährlich erfolgt, ist der maßgebliche Zeitpunkt für das Vorliegen der Voraussetzungen nach Satz 1 der jeweilige Rechnungsabschluss. [3]Das Beratungsangebot ist

---

[12] Begr. RegE BT-Drs. 16/11643, 89.
[13] Begr. RegE BT-Drs. 16/11643, 89.
[14] Begr. RegE BT-Drs. 16/11643, 90.
[15] PWW/*Nobbe* Rn. 15; Nobbe/*Pap* Rn. 44.

dem Darlehensnehmer in Textform auf dem Kommunikationsweg zu unterbreiten, der für den Kontakt mit dem Darlehensnehmer üblicherweise genutzt wird. [4]Das Beratungsangebot ist zu dokumentieren.

(2) **[1]Nimmt der Darlehensnehmer das Angebot an, ist eine Beratung zu möglichen kostengünstigen Alternativen zur Inanspruchnahme der Überziehungsmöglichkeit und zu möglichen Konsequenzen einer weiteren Überziehung des laufenden Kontos durchzuführen sowie gegebenenfalls auf geeignete Beratungseinrichtungen hinzuweisen. [2]Die Beratung hat in Form eines persönlichen Gesprächs zu erfolgen. [3]Für dieses können auch Fernkommunikationsmittel genutzt werden. Der Ort und die Zeit des Beratungsgesprächs sind zu dokumentieren.**

(3) **[1]Nimmt der Darlehensnehmer das Beratungsangebot nicht an oder wird ein Vertrag über ein geeignetes kostengünstigeres Finanzprodukt nicht geschlossen, hat der Darlehensgeber das Beratungsangebot bei erneutem Vorliegen der Voraussetzungen nach Absatz 1 zu wiederholen. [2]Dies gilt nicht, wenn der Darlehensnehmer ausdrücklich erklärt, keine weiteren entsprechenden Beratungsangebote erhalten zu wollen.**

Übersicht

I. Grundlagen

1 Der im Zuge der Umsetzung der Wohnimmobilienkreditrichtlinie neu eingeführte § 504a dient der Verbesserung des Verbraucherschutzes in Fällen dauerhafter und erheblicher Überziehung des Kontos[1] und setzt eine Vereinbarung des Koalitionsvertrags um.[2] Gegenstand der Beratung sollen neben möglichen kostengünstigen Alternativen zur Inanspruchnahme der Überziehungsmöglichkeit auch die möglichen Konsequenzen einer weiteren Überziehung des laufenden Kontos sowie gegebenenfalls ein Hinweis auf geeignete weitere Beratungseinrichtungen sein.[3]

2 Hintergrund für die Beratungspflicht nach § 504a sind die hohen Zinssätze für die Inanspruchnahme einer Überziehungsmöglichkeit, sie lagen Anfang der 2010er-Jahre zwischen 5,25 und 14,25 Prozent.[4] Aus rechtsökonomischer Sicht wurde und wird ein par-

[1] Begr. RegE BT-Drs. 18/5922, 94.
[2] Begr. RegE BT-Drs. 18/5922, 94.
[3] Begr. RegE BT-Drs. 18/5922, 94.
[4] S. *Köndgen* ZBB 2014, 153 (154); *Oehler/Höfer/Wendt* ZBB 2013, 350 (351).

tielles Marktversagen angenommen, das einen gesetzgeberischen Eingriff rechtfertigt.[5] Rechtstatsächlich geht der Gesetzgeber davon aus, dass von 98,55 Mio Girokonten im Jahre 2013 drei Viertel (73,9 Mio) einen Dispositionsrahmen enthalten. 8,5 Prozent der Girokonten (6,28 Mio) sollen jeden Monat überzogen werden, 8,8 Prozent (6,5 Mio) permanent und 6,5 Prozent (4,8 Mio) länger als sechs Monate und in Höhe von über 75 Prozent der eingeräumten Überziehungsmöglichkeit.[6] Im Schrifttum wurde auf die hohen Kosten von Dispositionskrediten hingewiesen, die mit einer Bonitätsprüfung gesenkt werden könnten.[7]

Die Sechsmonatsfrist beginnt bei jährlichem Rechnungsschluss mit Inanspruchnahme des Dispositionskredits in Höhe von 75 Prozent des vereinbarten Höchstbetrags, bei in AGB regelmäßig vereinbartem vierteljährlichen Rechnungsschluss mit Rechnungsabschluss des Kontos. Die Überziehung muss ununterbrochen erfolgen und durchschnittlich dem Betrag in Höhe von drei Vierteln des vereinbarten Höchstbetrags entsprechen. Geschuldet wird vom Darlehensgeber eine verbrauchergerechte sowie bezogen auf den Dispositionskredit und mögliche Alternativen auch objektgerechte Beratung.[8] Gegebenenfalls bedarf es eines Hinweises auf Schuldnerberatungsstellen. Nach dem RegE ist die Regelung europarechtlich zulässig.[9] 3

Bedeutung hat die Norm auch für geduldete Überziehungen sowie für vor Inkrafttreten des Gesetzes zur Umsetzung der Wohnimmobilienkreditrichtlinie vereinbarte Dispositionskredite. Für geduldete Überziehungen verweist § 505 Abs. 2 S. 2 auf § 504a. Für Altverträge enthält Art. 229 § 38 Abs. 2 EGBGB eine Übergangsvorschrift. Die §§ 504a, 505 Abs. 2 sind auf Verbraucherdarlehensverträge gemäß den §§ 504, 505 auch anzuwenden, wenn diese Verträge vor dem Inkrafttreten des Gesetzes zur Umsetzung der Wohnimmobilienkreditrichtlinie am 21.3.2016 abgeschlossen wurden. Die Pflicht zur Unterbreitung eines Angebots zur Beratung des Verbrauchers konnte wegen der in Abs. 2 vorausgesetzten sechsmonatigen Überziehung erstmals sechs Monate nach Inkrafttreten, also am 21.9.2016 eingreifen. 4

Nach der Begründung des Regierungsentwurfs ist die Vorschrift europarechtlich zulässig.[10] Zwar verbietet Art. 22 Verbraucherkreditrichtlinie von der Richtlinie abweichende Bestimmungen. Einschlägig ist aber Art. 18 Abs. 3 Verbraucherkreditrichtlinie, danach kann in innerstaatlichen Rechtsvorschriften vorgesehen werden, dass dem Verbraucher ein anderes Produkt angeboten werden muss.[11] 5

II. Angebot einer Beratung (Abs. 1)

1. Unterbreitung eines Beratungsangebots bei erheblicher Überziehung

a) Beratungsangebot als Nebenpflicht des Darlehensgebers. Die Überschrift des § 504a spricht von einer Beratungspflicht, allerdings besteht nach Abs. 1 nur die Pflicht zum Angebot einer Beratung. Das Angebot zur Beratung wurde vom Referentenentwurf noch als vertragliche Nebenpflicht des Darlehensgebers bezeichnet, das bei Annahme des Beratungsangebots eine entsprechende Pflicht zur Beratung begründet.[12] In der Literatur wurde dies aufgegriffen[13] und teilweise wird sogar als Paradigmenwechsel generell eine Beratungspflicht als Nebenpflicht eines Darlehensvertrags angenommen.[14] 6

[5] MüKoBGB/*Schürnbrand/Weber* Rn. 1 unter Verweis auf *Köndgen* ZBB 2014, 153 (154 ff.)
[6] Begr. RegE BT-Drs. 18/5922, 68.
[7] *Oehler/Höfer/Wendt* ZBB 2013, 350, zurückhaltender *Köndgen* ZBB 2014, 153.
[8] Begr. RegE BT-Drs. 18/5922, 95.
[9] Begr. RegE BT-Drs. 18/5922, 95.
[10] Begr. RegE BT-Drs. 18/5922, 95 f.
[11] Dazu auch die Kommentierung zu § 505.
[12] Referentenentwurf, 18.12.2014, S. 90.
[13] *Buck-Heeb* BKR 2015, 177 (182).
[14] *Krüger* BKR 2016, 397 (401 ff.).

7 Die Qualifikation von Abs. 1 S. 1 als Nebenpflicht oder Angebot zum Abschluss eines Beratungsvertrags ist streitig. Teilweise wird eine Beratungspflicht nur aus einem eigens abgeschlossenen Beratungsvertrag[15] angenommen. Der Regelungsgehalts des § 504a wird wohl überwiegend insgesamt als Beratungsvertrag[16] oder als Nebenpflicht[17] eingeordnet. Zutreffend ist zwischen der Nebenpflicht auf Abgabe eines Angebots zur Beratung des Kunden sowie der Beratung selbst zu unterscheiden. Nebenpflicht aus dem Girovertrag ist das Beratungsangebot, nimmt der Verbraucher dieses an, kommt ein Beratungsvertrag zustande.

8 **b) Dauerhafte und erhebliche Überziehung des Kontos nach Abs. 1 S. 1.** Das Erfordernis einer sechsmonatigen Überschreitung in Höhe von durchschnittlich drei Vierteln des vereinbarten Höchstbetrags konkretisiert den Koalitionsvertrag, der auf eine dauerhafte und erhebliche Inanspruchnahme des Überziehungskredits abgestellt hatte.[18] Erfasst werden sollen nur Fälle, in denen die Überziehungsmöglichkeit nicht zweckentsprechend genutzt wird und die zu einer übermäßigen Belastung des Darlehensnehmers führen könnten.[19]

9 Eine erhebliche Inanspruchnahme definiert das Gesetz als eine Inanspruchnahme in Höhe von 75 Prozent des vereinbarten Höchstbetrags. Vorgeschlagen wurden auch andere Referenzkriterien. Der Referentenentwurf hatte noch auf den durchschnittlichen monatlichen Geldeingang auf dem überzogenen Konto des Darlehensnehmers abgestellt,[20] nach der Stellungnahme des Bundesrats sollte eine Überschreitung in Höhe der Hälfte des vereinbarten Überziehungsbetrags ausreichen.[21]

10 Eine dauerhafte Inanspruchnahme des Dispositionsrahmens liegt nach Abs. 1 S. 1 nach sechs Monaten vor. Eine Überziehung des Girokontos von mehr als sechs Monaten lässt auf einen längerfristigen Finanzierungsbedarf schließen.[22] Der Bundesrat hatte eine Frist von drei Monaten vorgesehen, nach drei Monaten sollte in der Praxis eine Information des Darlehensnehmers erfolgen, dazu sogleich → Rn. 12.

11 Die Inanspruchnahme kann schwanken und muss nicht durchgehend über 75 Prozent des Überziehungsbetrags liegen.[23] Der Durchschnitt wird berechnet, indem der Mittelwert der Inanspruchnahme der Überziehungsmöglichkeit über den Zeitraum von sechs Monaten gebildet wird. Der Mittelwert errechnet sich aus den Tagessalden.[24]

12 **c) Information, weitere Fälle erheblicher und dauerhafter Überziehung.** Dem Beratungsangebot nach Abs. 1 S. 1 zeitlich voraus geht regelmäßig eine Information des Darlehensnehmers. In einer Selbstverpflichtung der Kreditwirtschaft ist bereits zum Quartalsende eine spezifische Information. Das Bundesministerium der Justiz und für Verbraucherschutz hat mit den Spitzenverbänden der Deutschen Kreditwirtschaft vereinbart, dass diese ihren Instituten empfehlen, dass die Darlehensgeber die Nutzung des Dispositionskredits zu jedem Quartalsabschluss überprüfen.[25] Sofern die Prüfung ergibt, dass der Darlehensnehmer den Dispositionsrahmen über drei Monate im Durchschnitt mit mindestens 50 Prozent des ihm eingeräumten Kreditrahmens in Anspruch genommen hat, soll der Darlehensgeber den Darlehensnehmer im Zusammenhang mit dem Rechnungsabschluss auf dem vertraglich vereinbarten Kommunikationsweg gesondert auf die Inanspruchnahme des Dispositionskredits hinweisen. In dieser Information sollen der aktuelle Sollzinssatz

---

[15] *Buck-Heeb* BKR 2015, 177 (182).
[16] MüKoBGB/*Schürnbrand/Weber* Rn. 9.
[17] *Bülow/Artz* Rn. 2, *Krüger* BKR 2016, 397 (399 ff.).
[18] Begr. RegE BT-Drs. 18/5922, 94.
[19] Begr. RegE BT-Drs. 18/5922, 94.
[20] Referentenentwurf, 18.12.2014, 90.
[21] BT-Drs. 18/6286, 9.
[22] Begr. RegE BT-Drs. 18/5922, 94.
[23] Begr. RegE BT-Drs. 18/5922, 94.
[24] MüKoBGB/*Schürnbrand/Weber* Rn. 5.
[25] BT-Drs. 18/6286, 26.

sowie der Zinsbetrag aufgeführt werden, den der Darlehensnehmer im vergangenen Quartal für die Nutzung des Dispositionskredits entrichtet hat.

Erfasst werden sollen durch § 504a Fälle, in denen die Überziehungsmöglichkeit nicht zweckentsprechend genutzt wird und zu einer übermäßigen Belastung des Darlehensnehmers führen könnte.[26] Eine übermäßige Belastung des Darlehensnehmers durch nicht zweckentsprechende Nutzung der Überziehungsmöglichkeit[27] auch außerhalb des Rahmens des § 504a. Es stellt sich so die Frage, ob und falls ja unter welchen Bedingungen ein Darlehensgeber zum Angebot einer Beratung in von § 504a nicht erfassten Fällen verpflichtet ist. Gesetzlich geregelt ist eine solche Pflicht in § 505 Abs. 2 für den Fall, dass der Darlehensgeber eine Überziehung über den eingeräumten Dispositionsrahmen hinaus duldet. 13

Denkbar ist zunächst eine Umgehung der Pflicht nach Abs. 1 S. 1 durch einen unangemessen hohen Dispositionskredit. Sofern die Ausgestaltung der Überziehungsmöglichkeit bankübliche Sorgfalt vermissen lässt, greift jedenfalls die ratio der Norm. Dies gilt etwa bei Überziehungsmöglichkeiten in einer Höhe, die erkennbar zu einer signifikanten Insolvenzgefahr für den Verbraucher führt. Ein Beratungsangebot erscheint aber auch geboten, wenn die Überziehungsmöglichkeit, die (sonst) gegen aufsichtsrechtliche Pflichten verstößt. Dies gilt bei Erkennbarkeit für den Darlehensgeber. 14

Weiter zu denken ist an eine Pflicht zu einem Beratungsangebot bei einer nur sehr kurz unterbrochenen Inanspruchnahme, die länger als sechs Monate dauert und bei der der Dispositionsrahmen entsprechend Abs. 1 S. 1 in Anspruch genommen wird. 15

2. Vierteljährlicher Rechnungsabschluss (Abs. 1 S. 2)

Ein vierteljährlicher Rechnungsabschluss ist bei Kreditinstituten die Regel.[28] Abs. 1 S. 2 enthält so für den praktischen Regelfall die ergänzende Bestimmung zur konkreten Festlegung des 6-Monats-Zeitraums nach Abs. 1 S. 1.[29] Danach ist Fristbeginn anders als nach dem gesetzlichen Regelfall nicht der erste Tag der Inanspruchnahme des Dispositionskredits,[30] sondern als späterer Zeitpunkt der vereinbarte Rechnungsschluss. Praktisch führt das zu einer Verlängerung der Frist des Abs. 1 S. 2 auf bis zu neun Monate. Ausgangspunkt für den gesetzlichen Regelfall ist der jährliche Rechnungsschluss nach § 355 Abs. 2 HGB.[31] 16

3. Üblicher Kommunikationsweg (Abs. 1 S. 3)

Das Beratungsangebot soll niedrigschwellig ausgestaltet werden.[32] Es ist in Textform (§ 126b S. 2) auf dem üblichen Kommunikationsweg zu unterbreiten. Möglich ist so das Angebot per Brief, E-Mail oder durch Mitteilung in einer App.[33] 17

Der übliche Kommunikationsweg soll gewährleisten, dass die Unterbreitung in der Art und Weise erfolgen kann, wie die Kommunikation zwischen Darlehensgeber und Darlehensnehmer vor Unterbreitung des Angebots zur Beratung im Regelfall stattgefunden hat.[34] Erfolgt die Kommunikation wie bei einer Direktbank per E-Mail oder per Mitteilung im Rahmen eines Benutzerkontos, ist die Mitteilung auf diesem Weg zu erbringen.[35] 18

Die Mitteilung auf einem Kontoauszug ist nach der Empfehlung der Spitzen der Deutschen Kreditwirtschaft zu einer Information nach drei Monaten vorgesehen. Nach der 19

[26] Begr. RegE BT-Drs. 18/5922, 94.
[27] Darauf abstellend Begr. RegE BT-Drs. 18/5922, 94.
[28] Begr. RegE BT-Drs. 18/5922, 94.
[29] Begr. RegE BT-Drs. 18/5922, 94.
[30] Begr. RegE, BTDrs. 18/5922, 94.
[31] MüKoBGB/*Schürnbrand*/*Weber* Rn. 6.
[32] Begr. RegE BT-Drs. 18/5922, 95.
[33] Begr. RegE BT-Drs. 18/5922, 94.
[34] Begr. RegE BT-Drs. 18/5922, 94.
[35] Begr. RegE BT-Drs. 18/5922, 94.

Begründung des Regierungsentwurfs erscheint es jedenfalls zweifelhaft, ob auch das Beratungsangebot selbst auf einem Kontoauszug angeboten werden kann. Werden Kontoauszuge oder sonstige Informationen im Zusammenhang mit dem Konto per Brief verschickt, wird in aller Regel auch das Angebot per Brief zu erteilen sein.[36]

4. Dokumentation des Beratungsangebots (Abs. 1 S. 4)

20 Das Beratungsangebot ist nach Abs. 1 S. 4 zu dokumentieren. Dabei wird insbesondere im Fall von Abs. 2 S. 3 auch festzuhalten sein, in welcher Form ein Gespräch angeboten wird.

III. Annahme des Beratungsangebots (Abs. 2)

1. Inhalt der Beratung (Abs. 2 S. 1)

21 Der Darlehensgeber schuldet nach der Begründung des Regierungsentwurfs eine verbrauchergerechte und bezogen auf den Dispositionskredit sowie mögliche Alternativen auch objektgerechte Beratung.[37] Die Beratung über verfügbare kostengünstigere Finanzberatung erfordert die Beschaffung und Aufbereitung der dafür notwendigen Daten.[38] Die Begründung des Regierungsentwurfs geht davon aus, dass die Beratung bei einem privaten Darlehen durchschnittlich 18 Minuten dauert.[39]

22 Im Schrifttum wird teilweise eine kunden- und objektgerechte Beratung[40] angenommen und ein Hinweis auf Beratungsstellen gefordert.

2. Persönliches Gespräch (Abs. 2 S. 2 und 3)

23 Ein persönliches Gespräch nach Abs. 2 S. 2 setzt die gleichzeitige körperliche Anwesenheit des Darlehensnehmers und eines Vertreters des Darlehensgebers in einem Raum voraus. Vorgesehen ist die Präsenz des Darlehensnehmers in Gegenwart eines Vertreters des Darlehensgebers.

24 Die Möglichkeit der Nutzung von Fernkommunikationsmitteln (Abs. 2 S. 3) soll Bedürfnissen von Direktbanken entgegenkommen. Dabei darf der Charakter des persönlichen Gesprächs nicht verlorengehen, die Begründung des Regierungsentwurfs nennt ein Gesprächs mittels Telefon oder Videotelefonie.[41] Zutreffend wird der Darlehensgeber ein Gespräch mit visueller Sichtbarkeit anbieten müssen, dabei können aus dem privaten Verkehr bekannte Applikationen (Skype, WhatsApp) genutzt werden, bei elektronischem Kontakt ist eine Verlinkung möglich.

3. Dokumentation des Beratungsgesprächs (Abs. 2 S. 4)

25 Ort und Zeit des Beratungsgesprächs sind zu dokumentieren, nicht der Inhalt.[42] Das Ergebnis war nach Referentenentwurf und sollte nach der Stellungnahme des Bundesrates dokumentiert werden.[43] Letztlich ins Zentrum gestellt wurde das Unterbreiten eines niedrigschwelligen Angebots, nach der Begründung des Regierungsentwurfs soll der Darlehensnehmer nicht dadurch von einer Teilnahme an der Beratung abgehalten werden, dass möglicherweise unvorteilhafte Angaben über seine Bonität oder Konsumverhalten schrift-

---

[36] Begr. RegE BT-Drs. 18/5922, 94.
[37] Begr. RegE BT-Drs. 18/5922, 95.
[38] Zu den Kosten Begr. RegE BT-Drs. 18/5922, 69.
[39] Zu den Kosten Begr. RegE BT-Drs. 18/5922, 69.
[40] MüKoBGB/*Schürnbrand/Weber* Rn. 10.
[41] Begr. RegE BT-Drs. 18/5922, 95.
[42] Begr. RegE BT-Drs. 18/5922, 95.
[43] BT-Drs. 18/6286, 12.

lich dokumentiert werden.[44] Bei telefonischem Kontakt oder Videotelefonie ist die Kommunikationsart mit zu dokumentieren.

IV. Wiederholung des Beratungsangebots (Abs. 3)

Angenommen wird entsprechend der Begründung des Regierungsentwurfs[45] eine Pflicht zur Wiederholung alle sechs Monate,[46] teilweise aber auch nur, wenn es zwischenzeitlich zu einem Habensaldo oder einer Beendigung der relevanten Überziehung durch Unterschreiten des Durchschnittsbetrags gekommen ist.[47] Zutreffend liegen die Voraussetzungen des Abs. 1 nicht nur dann wieder vor, wenn die Überziehung zwischenzeitlich zurückgeführt oder sogar beseitigt wurde. Die Frist nach Abs. 1 fängt mit Abgabe des Angebots erneut zu laufen an. **26**

Nach der Begründung des Regierungsentwurf ist das Beratungsangebot nicht nur einmalig zu wiederholen.[48] Dies gilt auch bei einer geduldeten Überziehung, diese ist aufgrund des Verweises auf § 505 Abs. 2 alle drei Monate zu wiederholen. **27**

V. Sanktionen

1. Haftung

Eine Haftung auf Schadensersatz kommt zunächst bei fehlendem Beratungsangebot in Betracht. Angenommen wird die Verletzung einer gesetzlichen Nebenpflicht, wenn keine Beratung angeboten wird.[49] Weiter kommt Schadensersatz bei unzureichender Beratung in Betracht. Eine Verletzung der Pflicht aus dem Beratungsvertrag liegt vor, wenn sich der Darlehensgeber nicht über die persönlichen und finanziellen Verhältnisse des Darlehensnehmers informiert, mögliche Finanzierungsalternativen nicht hinreichend analysiert oder keine sachgerechte Empfehlung im Rahmen des persönlichen Gesprächs abgibt.[50] **28**

Die Begründung des Regierungsentwurfs nimmt an, dass nur 10 Prozent das Beratungsangebot annehmen.[51] Erläuterungen des Darlehensgebers zu Alternativprodukten müssen vollständig und richtig sein, die eigentliche Handlungsempfehlung zum Zeitpunkt der Beratung hingegen nur vertretbar.[52] **29**

Die fehlende oder fehlerhafte Beratung muss für einen Schaden des Darlehensnehmers kausal sein. Dabei hilft die Vermutung aufklärungsrichtigen Verhaltens.[53] Vermutet werden kann, dass eine günstigere Finanzierungsalternative genutzt worden wäre, jedenfalls nicht ohne Weiteres aber, dass der Verbraucher nach der Beratung sein Konsumverhalten ändert oder sonst keine Überziehung mehr in Anspruch nimmt.[54] **30**

Schäden können dem Verbraucher in Form von Mehrkosten wegen erhöhter Zinsen entstehen.[55] Macht Verbraucher geltend, er hätte bei entsprechender Beratung keinen Kredit mehr in Anspruch genommen, stellt sich die Frage, inwieweit er von Rückzahlungsverpflichtungen freizustellen ist und ob noch vorhandene Vermögenswerte anzurechnen sind. **31**

---

[44] Begr. RegE BT-Drs. 18/5922, 95.
[45] So bei der Berechnung der durch § 504a entstehenden Kosten Begr. RegE BT-Drs. 18/5922, 69.
[46] MüKoBGB/*Schürnbrand/Weber* Rn. 8.
[47] Bülow/Artz/*Bülow* § 504a Rn. 7.
[48] Begr. RegE BT-Drs. 18/5922, 95.
[49] MüKoBGB/*Schürnbrand/Weber* Rn. 16.
[50] So MüKoBGB/*Schürnbrand/Weber* Rn. 16.
[51] Zur Berechnung der Kosten Begr. RegE BT-Drs. 18/5922, 69.
[52] MüKoBGB/*Schürnbrand/Weber* Rn. 16.
[53] MüKoBGB/*Schürnbrand/Weber* Rn. 18.
[54] MüKoBGB/*Schürnbrand/Weber* Rn. 18.
[55] MüKoBGB/*Schürnbrand/Weber* Rn. 19.

2. Durchsetzung

32 Die Schadensersatzansprüche können vom Verbraucher selbst durchgesetzt werden, daneben kann Verbände nach dem UKlaG oder in Form eines Musterverfahrens tätig werden. Aufsichtsrechtlich kann die BaFin Maßnahmen ergreifen.

3. Weitere Rechtsfolgen

33 Als weitere Rechtsfolgen kommt eine Pflicht zur Rückführung des Dispositionsrahmens in Betracht, zudem die Notwendigkeit einer Kreditwürdigkeitsprüfung jedenfalls bei mehrmaliger Ablehnung des Beratungsangebots.

§ 505 Geduldete Überziehung

(1) [1] **Vereinbart ein Unternehmer in einem Vertrag mit einem Verbraucher über ein laufendes Konto ohne eingeräumte Überziehungsmöglichkeit ein Entgelt für den Fall, dass er eine Überziehung des Kontos duldet, müssen in diesem Vertrag die Angaben nach Artikel 247 § 17 Abs. 1 des Einführungsgesetzes zum Bürgerlichen Gesetzbuche auf einem dauerhaften Datenträger enthalten sein und dem Verbraucher in regelmäßigen Zeitabständen auf einem dauerhaften Datenträger mitgeteilt werden.** [2] **Satz 1 gilt entsprechend, wenn ein Darlehensgeber mit einem Darlehensnehmer in einem Vertrag über ein laufendes Konto mit eingeräumter Überziehungsmöglichkeit ein Entgelt für den Fall vereinbart, dass er eine Überziehung des Kontos über die vertraglich bestimmte Höhe hinaus duldet.**

(2) [1] **Kommt es im Fall des Absatzes 1 zu einer erheblichen Überziehung von mehr als einem Monat, unterrichtet der Darlehensgeber den Darlehensnehmer unverzüglich auf einem dauerhaften Datenträger über die sich aus Artikel 247 § 17 Abs. 2 des Einführungsgesetzes zum Bürgerlichen Gesetzbuche ergebenden Einzelheiten.** [2] **Wenn es im Fall des Absatzes 1 zu einer ununterbrochenen Überziehung von mehr als drei Monaten gekommen ist und der durchschnittliche Überziehungsbetrag die Hälfte des durchschnittlichen monatlichen Geldeingangs innerhalb der letzten drei Monate auf diesem Konto übersteigt, so gilt § 504a entsprechend.** [3] **Wenn der Rechnungsabschluss für das laufende Konto vierteljährlich erfolgt, ist der maßgebliche Zeitpunkt für das Vorliegen der Voraussetzungen nach Satz 1 der jeweilige Rechnungsabschluss.**

(3) **Verstößt der Unternehmer gegen Absatz 1 oder Absatz 2, kann der Darlehensgeber über die Rückzahlung des Darlehens hinaus Kosten und Zinsen nicht verlangen.**

(4) **Die §§ 491a bis 496 und 499 bis 502 sind auf Allgemein-Verbraucherdarlehensverträge, die unter den in Absatz 1 genannten Voraussetzungen zustande kommen, nicht anzuwenden.**

Übersicht

I. Grundlagen

§ 505 fasst die Sonderformen der geduldeten Überziehung abschließend zusammen.[1] Mit der Regelung von geduldeten Überziehungsmöglichkeiten in § 505 sollen die Vorgaben durch Art. 18 Verbraucherkreditrichtlinie umgesetzt werden.[2] Art. 18 Verbraucherkreditrichtlinie spricht von einer Überschreitung, diese ist in Art. 3 Buchstabe e Verbraucherkreditrichtlinie allerdings im Sinne der deutschen Umsetzung als stillschweigend akzeptierte Überziehung definiert, bei der der Kreditgeber dem Verbraucher Beträge zur Verfügung stellt, die das aktuelle Guthaben auf dem laufenden Konto oder die vereinbarte Überziehungsmöglichkeit überschreiten. Freilich kann sich ein Kreditinstitut auch für eine Kündigung des Vertragsverhältnisses entscheiden.[3] 1

Seit der Umsetzung der Wohnimmobilienkreditrichtlinie sieht Abs. 2 S. 2 eine Beratungspflicht bei längerer ununterbrochener Überziehung vor und konkretisiert Abs. 2 S. 3 den Beginn des Laufs der Frist für Unterrichtung und Beratung. Abs. 4 gilt nur für Allgemein-Verbraucherdarlehensverträge. Aus Abs. 2 ergibt sich eine gestufte Unterrichtungs- und Beratungspflicht, nach einem Monat ist der Verbraucher bei erheblichen Überziehungen zu unterrichten, nach drei Monaten zu beraten (Abs. 2 S. 2). 2

§ 505 ist auch auf vor Umsetzung der Wohnimmobilienkreditrichtlinie getroffene Vereinbarungen zu geduldeten Überziehungen anwendbar. Nach der Übergangsvorschrift in Art. 229 § 38 Abs. 2 EGBGB sind die §§ 504a, 505 Abs. 2 auf Verbraucherdarlehensverträge gemäß den §§ 504, 505 auch anzuwenden, wenn diese Verträge vor dem 21.3.2016 abgeschlossen wurden. 3

Die Neuregelung der Beratungspflicht anlässlich der Umsetzung der Wohnimmobilienkreditrichtlinie geht auf den Koalitionsvertrag zurück.[4] Der Gesetzgeber ist von 98,55 Mio Girokonten ausgegangen, von denen 75 Prozent, also 73,9 Mio einen Dispositionsrahmen enthalten, und hat angenommen, dass 1,85 Mio erheblich überzogen sind.[5] Diese Neuregelung soll (wie § 505 Abs. 2 und 3 nF) nach fünf Jahren evaluiert werden.[6] 4

II. Geduldete Überziehungsmöglichkeit

1. Vereinbarung der Überziehung gegen Entgelt (Abs. 1 S. 1)

Nach Art. 3 Buchstabe e) Verbraucherkreditrichtlinie bezeichnet der Ausdruck Überschreitung eine stillschweigend akzeptierte Überziehung, bei der der Kreditgeber dem Verbraucher Beträge zur Verfügung stellt, die das aktuelle Guthaben auf dem laufenden Konto des Verbrauchers oder die vereinbarte Überziehungsmöglichkeit überschreiten. Es hat der Verbraucher somit in diesem Fall keinen Anspruch auf Inanspruchnahme eines Verbraucherdarlehens, bei der geduldeten Überziehung kommt der Darlehensvertrag erst in dem Moment zustande, in dem das Darlehen ausbezahlt wird.[7] Nach der Regierungsbegründung setzt § 505 ein „Handdarlehen" voraus, das erst im Moment der Auszahlung zustande kommt,[8] es besteht, anders als bei der vereinbarten Überziehungsmöglichkeit, kein auf Abschluss eines Verbraucherdarlehens gerichteter Rahmenvertrag.[9] Voraussetzung 5

[1] Kümpel/Mülbert/Früh/Seyfried/*Merz/Wittig* Rn. 5.402.
[2] Begr. RegE BT-Drs. 16/11643, 89 f.
[3] So etwa im Fall OLG Düsseldorf BKR 2015, 105.
[4] Begr. RegE BT-Drs. 18/5922, 61.
[5] Begr. RegE BT-Drs. 18/5922, 68.
[6] Begr. RegE BT-Drs. 18/5922, 73.
[7] Begr. RegE BT-Drs. 16/11643, 89. Wegen der Vereinbarung von Entgelten für die geduldete Überziehung kommt aber bereits vor der Überziehung ein Rahmenvertrag zustande.
[8] Begr. RegE BT-Drs. 16/11643, 90.
[9] Nobbe/*Pap* Rn. 4, dieser wohl ohne diese Einschränkung.

des § 505 ist allerdings die Rahmenvereinbarung zwischen Unternehmer und Verbraucher über ein laufendes Konto,[10] nur so kommt eine geduldete Überziehung gegen Entgelt in Betracht. Es muss ein Entgelt für den Fall vereinbart werden,[11] dass der Verbraucher eine nicht (Abs. 1 S. 1) oder nicht so hoch (Abs. 1 S. 2) vereinbarte Überziehungsmöglichkeit nutzt.[12]

6 Notwendig ist eine Duldung, nur so kommt ein Vertrag zustande.[13] Keine Duldung liegt vor bei einer Verfügung über ein laufendes Konto, die vom Kreditinstitut nicht verhindert werden kann.[14] Ein Umschlagen in eine Duldung wird aber spätestens nach einem Monat angenommen.[15] Ein in AGB vereinbartes Entgelt unterliegt der Klauselkontrolle.[16]

2. Eingeräumte Überziehungsmöglichkeit gegen Entgelt (Abs. 1 S. 2)

7 Abs. 1 S. 2 stellt klar, dass auch bei einer nicht in dieser Höhe vereinbarten Überziehung des Kontos eine geduldete Überziehung in Betracht kommt. Auch in diesem Fall darf dem Verbraucher kein Rechtsanspruch auf die Überziehung eingeräumt worden sein.

III. Rechtsfolgen

1. Allgemein erforderliche Angaben (Abs. 1 S. 1, 2)

8 Abs. 1 S. 1 und 2 verweisen für die Informationspflichten nach Art. 18 Abs. 1 Verbraucherkreditrichtlinie auf die Regelung in Art. 247 § 17 Abs. 1 EGBGB. Anzugeben sind der Sollzinssatz sowie sämtliche Kosten, die bei der Überziehung anfallen, bei dem Sollzinssatz die Bedingungen für seine Anwendung und gegebenenfalls die Indizes und Referenzzinssätze, auf die sich der Sollzinssatz bezieht.

2. Erforderliche Angaben bei einer erheblichen Überziehung (Abs. 2 S. 1)

9 Bei einer erheblichen Überziehung sieht Abs. 2 weitere Informationspflichten des Darlehensgebers vor, die auf Art. 18 Abs. 2 Verbraucherkreditrichtlinie beruhen. Die Erheblichkeit der Überziehung ist also am europäischen Recht zu messen, ausreichend ist nunmehr die erhebliche Überschreitung für die Dauer eines Monats. Die Regierungsbegründung verweist auf den Einzelfall.[17] Als Faustformel vorgeschlagen wird für Konten ohne eingeräumte Überziehungsmöglichkeit wegen des Anwendungsbereichs der Richtlinie ein Mindestbetrag von 200 Euro, bei einer eingeräumten Überziehungsmöglichkeit die Überziehung um ein Zehntel des eingeräumten Betrags,[18] als Richtwert zu hoch gegriffen sein dürfte ein Monatsgehalt.[19]

10 Die Verbraucherkreditrichtlinie sieht in Art. 18 Abs. 3 bei erheblichen Überschreitungen die Möglichkeit vor, dass Mitgliedstaaten Regelungen vorsehen, nach denen der Kreditgeber ein anderes Kreditprodukt anbieten muss, wenn die Dauer der Überschreitung erheblich ist. Hiervon hat Deutschland keinen Gebrauch gemacht.

---

[10] Begr. RegE BT-Drs. 16/11643, 90.
[11] Auch hierin liegt eine Rahmenvereinbarung, OLG Frankfurt WM 2015, 721 (722).
[12] Begr. RegE BT-Drs. 16/11643, 90.
[13] Nobbe/*Pap* Rn. 5; *Bülow/Artz* Rn. 10. Zum Vertragsschluss *Feldhusen* ZBB 2017, 41.
[14] PWW/*Nobbe* Rn. 3 „Zwangskredite", mit Bsp.; Nobbe/*Pap* Rn. 7.
[15] Nobbe/*Pap* Rn. 8.
[16] OLG Frankfurt WM 2015, 721 (Unwirksamkeit eines laufzeitunabhängigen Entgeltes von 6,90 EUR pro Rechnungsabschluss).
[17] Begr. RegE BT-Drs. 16/11643, 91.
[18] Kümpel/Mülbert/Früh/Seyfried/*Merz/Wittig* Rn. 5.287.
[19] So *Bülow/Artz* Rn. 16.

3. Beratungspflicht (Abs. 2 S. 2 und 3)

Der Regierungsentwurf sieht erstmals eine Beratungspflicht bei einer geduldeten Überziehung vor. Parallelnormen sind die § 504a bei Inanspruchnahme einer geduldeten Überziehungsmöglichkeit sowie die allgemeinen Normen der §§ 505a bis 505d. Anders als bei § 504a wird auf den tatsächlichen Zahlungseingang abgestellt. Vorausgesetzt wird eine durchgehende, dreimonatige Überziehung mit durchschnittlich der Hälfte des monatlichen Zahlungseingangs; auf § 504a wird verwiesen. Der Gesetzgeber sieht die Norm als europarechtlich zulässig an.[20] **11**

Nach Abs. 2 S. 3 beginnt bei einem vierteljährlichen Rechnungsschluss die Dreimonatsfrist erst mit dem Rechnungsschluss zu laufen. Dies entspricht der Regelung des § 504a Abs. 1 S. 3 für Überziehungsmöglichkeiten und wird in der Praxis den Regelfall darstellen.[21] Das Beratungsangebot ist nach der Begründung des Regierungsentwurfs alle drei Monate zu wiederholen,[22] es liegen dann nach §§ 505 Abs. 2 S. 2, 503 Abs. 3 S. 1 die Voraussetzungen für ein Beratungsangebot erneut vor. **12**

4. Bloße Rückzahlung bei Verstoß gegen Absätze 1, 2 (Abs. 3)

Nach Abs. 3 kann der Unternehmer bei Verstößen gegen Abs. 1 und 2 einen Ersatz von Zinsen und Kosten nicht verlangen. Dem zu Grunde liegt ein Ermessensspielraum nach Art. 23 der Richtlinie.[23] Gewollt ist ein abschreckender Charakter, der Darlehensgeber soll kein weiteres Entgelt verlangen können.[24] **13**

5. Unanwendbarkeit nach Abs. 4

Abs. 4 liegt der Vollharmonisierungsgedanke der Verbraucherkreditrichtlinie zugrunde. Schutzvorschriften, die auf der Verbraucherkreditrichtlinie beruhen, dürfen nach Art. 2 Abs. 4 der Richtlinie nicht auf geduldete Überziehungen angewandt werden, die Regierungsbegründung verweist weiter noch auf Erwägungsgrund 11.[25] **14**

§ 505a Pflicht zur Kreditwürdigkeitsprüfung bei Verbraucherdarlehensverträgen

(1) **Der Darlehensgeber hat vor dem Abschluss eines Verbraucherdarlehensvertrags die Kreditwürdigkeit des Darlehensnehmers zu prüfen. Der Darlehensgeber darf den Verbraucherdarlehensvertrag nur abschließen, wenn aus der Kreditwürdigkeitsprüfung hervorgeht, dass bei einem Allgemein-Verbraucherdarlehensvertrag keine erheblichen Zweifel daran bestehen und dass es bei einem Immobiliar-Verbraucherdarlehensvertrag wahrscheinlich ist, dass der Darlehensnehmer seinen Verpflichtungen, die im Zusammenhang mit dem Darlehensvertrag stehen, vertragsgemäß nachkommen wird.**

(2) **Wird der Nettodarlehensbetrag nach Abschluss des Darlehensvertrags deutlich erhöht, so ist die Kreditwürdigkeit auf aktualisierter Grundlage neu zu prüfen, es sei denn, der Erhöhungsbetrag des Nettodarlehens wurde bereits in die ursprüngliche Kreditwürdigkeitsprüfung einbezogen.**

(3) [1]**Bei Immobiliar-Verbraucherdarlehensverträgen, die**

1. im Anschluss an einen zwischen den Vertragsparteien abgeschlossenen Darlehensvertrag ein neues Kapitalnutzungsrecht zur Erreichung des von dem Darlehens-

[20] Begr. RegE BT-Drs. 18/5922, 96.
[21] → § 504a Rn. 19.
[22] So bei der Berechnung der durch § 505 entstehenden Kosten Begr. RegE BT-Drs. 18/5922, 69.
[23] Krit. Nobbe/*Pap* Rn. 37 ff. mwN.
[24] Begr. RegE BT-Drs. 16/11643, 91.
[25] Begr. RegE BT-Drs. 16/11643, 91.

nehmer mit dem vorangegangenen Darlehensvertrag verfolgten Zweckes einräumen oder

2. einen anderen Darlehensvertrag zwischen den Vertragsparteien zur Vermeidung von Kündigungen wegen Zahlungsverzugs des Darlehensnehmers oder zur Vermeidung von Zwangsvollstreckungsmaßnahmen gegen den Darlehensnehmer ersetzen oder ergänzen,

bedarf es einer erneuten Kreditwürdigkeitsprüfung nur unter den Voraussetzungen des Absatzes 2. Ist danach keine Kreditwürdigkeitsprüfung erforderlich, darf der Darlehensgeber den neuen Immobiliar-Verbraucherdarlehensvertrag nicht abschließen, wenn ihm bereits bekannt ist, dass der Darlehensnehmer seinen Verpflichtungen, die im Zusammenhang mit diesem Darlehensvertrag stehen, dauerhaft nicht nachkommen kann. [2]Bei Verstößen gilt § 505d entsprechend.

Übersicht

I. Grundlagen

1. Die Kreditwürdigkeitsprüfung nach den §§ 505a bis 505e

1 Für Verbraucherdarlehensverträgen besteht seit der Umsetzung der Wohnimmobilienkreditrichtlinie eine zivilrechtliche Pflicht zur Prüfung der Kreditwürdigkeit. Kernstück sind die §§ 505a bis 505e. Dabei wird die Pflicht zur Kreditwürdigkeitsprüfung für Ver-

braucherdarlehensverträge in § 505a geregelt, die Grundlagen der Kreditwürdigkeitsprüfung in § 505b, weitere Pflichten bei Immobiliar-Verbraucherdarlehensverträgen in § 505c, die Rechtsfolgen eines Verstoßes gegen die Pflicht zur Kreditwürdigkeitsprüfung in § 505d, eine Verordnungsermächtigung sieht aufgrund einer späteren Ergänzung nunmehr § 505e vor.

Die Kreditwürdigkeitsprüfung wird für alle Verbraucherdarlehensverträge vorgesehen, § 505a Abs. 1 S. 1. Hinsichtlich der Standards, der Anforderungen an die Prüfung und der Rechtsfolgen unterscheidet das Gesetz allerdings zwischen Allgemein- und Verbraucherdarlehensverträgen. Dies gilt für die Wahrscheinlichkeit der Erfüllung des Vertrages bzw. die Zweifel hieran, § 505a Abs. 1 S. 2, aber insbesondere auch für die Durchführung der Prüfung nach §§ 505b, 505c. Die Anforderungen an die Prüfung sind in § 505b für Allgemein-Verbraucherdarlehensverträge und Immobiliar-Verbraucherdarlehensverträge gesondert geregelt, weitere Sonderregeln für Immobiliar-Verbraucherdarlehensverträge enthält § 505c. Die „eingehende“ Kreditwürdigkeitsprüfung nach Art. 18 Wohnimmobilienkreditrichtlinie wird als Schwerpunkt der Wohnimmobilienkreditrichtlinie angesehen.[1] 2

2. Die zivilrechtliche Pflicht zur Prüfung der Kreditwürdigkeit

Eine zivilrechtliche Pflicht zur Kreditwürdigkeitsprüfung wird von der Wohnimmobilienkreditrichtlinie zwar nicht explizit gefordert,[2] es zielen aber sowohl die Verbraucherkreditrichtlinie als auch die Wohnimmobilienkreditrichtlinie auf den Schutz der Verbraucher.[3] Der Regierungsentwurf nimmt zutreffend an, dass sich der Verbraucherschutz bei Anordnung auch zivilrechtlicher Rechtsfolgen besser realisieren lässt als mit einer primär aufsichtsrechtlichen Regelung ohne drittschützende Wirkung.[4] 3

Neben dem Ziel der effizienten Umsetzung der Verbraucherkredit- und der Wohnimmobilienkreditrichtlinie verweist die Begründung des Regierungsentwurfs auf ein gewandeltes Verständnis der Kreditwürdigkeitsprüfung[5] sowie eine Regelungslücke bei Umsetzung der Verbraucherkreditrichtlinie. Eine Regelungslücke lag nach dem Regierungsentwurf in den Fällen vor, in denen weder eine öffentlich-rechtliche Pflicht zur Kreditwürdigkeitsprüfung nach § 18 Abs. 2 KWG aF vorlag, noch die Kreditwürdigkeitsprüfung für Finanzierungshilfen, § 509 aF, eingriff. Ein Umsetzungsdefizit lag danach bei Verbraucherdarlehen vor, die nicht gewerbsmäßig vergeben wurden oder nicht in einem Umfang, der einen in kaufmännischer Weise eingerichteten Gewerbebetrieb erfordert.[6] Es liegt dann kein Kreditinstitut im Sinne des KWG vor, aufgrund eines Umsetzungsdefizits von Art. 8 Abs. 1 KWG wurde in der Literatur eine entsprechende Anwendung von § 509 aF angenommen.[7] 4

Zentrale Erwägung für die Kodifikation einer zivilrechtlichen Pflicht zur Prüfung der Kreditwürdigkeit war, dass die Kreditwürdigkeitsprüfung nicht mehr primär als im öffentlichen Interesse liegende Pflicht, sondern gleichwertig dazu auch als Schutzpflicht gegenüber dem Verbraucher verstanden wurde.[8] Für die Kodifikation einer zivilrechtlichen Pflicht zum Durchführen einer Kreditwürdigkeitsprüfung[9] verweist die Begründung des Regierungsentwurfs auf die (Crédit Lyonnais/)Kalhan-Entscheidung des EuGH, nach der 5

[1] *Kraatz/Klevenhagen* BKR 2017, 45 (47).

[2] Zur aufsichtsrechtlichen Umsetzung in Österreich und in Frankreich → § 505d Rn. 2.

[3] Erwägungsgründe 5 bis 7 Wohnimmobilienkreditrichtlinie, Erwägungsgrund 8 Verbraucherkreditrichtlinie, auf die Intentionen dieser RL verweisend Begr. RegE BT-Drs. 18/5922, 97.

[4] Begr. RegE BT-Drs. 18/5922, 97.

[5] Hierin eine Abkehr vom ursprünglichen Konzept sehend *Bülow/Artz* Rn. 3. Zu einem verstärkten Verbraucherschutz analog zur Anlageberatung schon *Rosenblum/Kaiser* BB 2014, 585.

[6] Begr. RegE BT-Drs. 18/5922, 97.

[7] MükoBGB/*Schürnbrand*, 6. Aufl. 2012, § 509 Rn. 3 mwN, darauf verweisend Begr. RegE BT-Drs. 18/5922, 97.

[8] Begr. RegE BT-Drs. 18/5922, 96.

[9] Rechtsvergleichend → § 505d Rn. 2.

eine vorvertragliche Verpflichtung des Kreditgebers zur Beurteilung der Kreditwürdigkeit des Verbrauchers insoweit, als sie den Schutz der Verbraucher vor der Gefahr der Überschuldung und der Zahlungsunfähigkeit bezweckt, zur Verwirklichung des Ziels der Verbraucherkreditrichtlinie beiträgt.[10]

6 Das nunmehr dem deutschen Verbraucherdarlehensrecht explizit zugrunde liegende zivilrechtliche Verständnis der Kreditwürdigkeitsprüfung beruht nicht nur auf der von der Regierungsbegründung in Bezug genommenen Entscheidung des Europäischen Gerichtshofs sowie rechtvergleichend den dort geprüften Regeln für Verbraucherdarlehen in Frankreich. Eine im deutschen Schrifttum verbreitete Ansicht hatte der Kreditwürdigkeitsprüfung nach Art. 18 Abs. 2 KWG eine auch zivilrechtliche Wirkung beigemessen.[11]

7 Auch für Deutschland wurde im Vorfeld der Umsetzung der Wohnimmobilienkreditrichtlinie auf das Konzept der verantwortungsvollen Kreditvergabe verwiesen.[12] Verbraucher sollen nach Erwägungsgrund 5 Wohnimmobilienkreditrichtlinie die Gewissheit haben, dass die Institutionen, mit denen sie es zu tun haben, professionell und verantwortungsvoll agieren, die Wohnimmobilienkreditrichtlinie soll nach Erwägungsgrund 6 ein hohes Verbraucherschutzniveau schaffen. Auch insoweit greift ein Fokus auf öffentlichrechtliche Pflichten und eine rein aufsichtsrechtliche Sanktion zu kurz. Zwar stellen die Erwägungsgründe den Schutz des Finanzmarktes und die Sicherung der Solvabilität der Kreditinstitute in den Vordergrund[13] und sieht etwa Österreich eine aufsichtsrechtliche Sanktion vor.[14] Es müsste dann für eine effektive Umsetzung gewährleistet werden, dass die Finanzaufsicht tatsächlich die geeigneten Anordnungen trifft, um verbraucherschutzrechtliche Missstände zu verhindern oder zu beseitigen.[15] Vor allem aber zeigt die österreichische Diskussion, dass die Sanktion nicht auf das Aufsichtsrecht beschränkt bliebe und Rechtsunsicherheit bezüglich der zivilrechtlichen Rechtsfolgen herrscht.[16]

8 Bei einer gemeinsamen Regelung auch mit Allgemein-Verbraucherdarlehen liegt eine auch zivilrechtliche Sanktionierung nahe. Die Erwägungsgründe nennen zunächst und an erste Stelle den Verbraucherschutz. Nach Erwägungsgrund 27 der Verbraucherkreditrichtlinie sollten Kreditgeber dafür verantwortlich sein, die Kreditwürdigkeit zu prüfen. Bei rein aufsichtsrechtlicher Sanktion wäre auch eine entsprechende Sanktionierungspraxis sicherzustellen, soll eine Staatshaftung ausgeschlossen werden. Notwendig ist eine zivilrechtliche Regelung jedenfalls bei einem Einbezug auch der bislang in § 509 gesondert geregelten Finanzierungshilfen.

9 Eine zivilrechtliche Pflicht zur Prüfung der Kreditwürdigkeit bei Allgemein-Verbraucherdarlehensverträgen kann aus der Rechtsprechung des Europäischen Gerichtshofs zur Verbraucherkreditrichtlinie gefolgert werden.[17] Nach der CA Consumer Finance-Entscheidung des EuGH hat die Pflicht zur Prüfung der Kreditwürdigkeit nach Art. 8 Verbraucherkreditrichtlinie vorvertraglichen Charakter.[18] Die Begründung des Regierungsentwurfs verweist für die Kodifikation einer zivilrechtlichen Pflicht zum Durchführen einer Kreditwürdigkeitsprüfung auf die (Crédit Lyonnais/)Kalhan-Entscheidung des EuGH, nach der eine vorvertragliche Verpflichtung des Kreditgebers zur Beurteilung der Kreditwürdigkeit des Verbrauchers insoweit, als sie den Schutz der Verbraucher vor der Gefahr der Über-

---

[10] Begr. RegE BT-Drs. 18/5922, 96, 97 f.

[11] → 2. Aufl. 2016, Vor § 492 BGB: § 18 KWG, Rn. 8–17. Der RegE verweist auf MüKoBGB/*Schürnbrand,* 6. Aufl., § 509 Rn. 3.

[12] *Servatius* ZfIR 2015, 178. Dazu und zu Zielkonflikten *Binder* Bankrechtstag 2018, 3 (12 ff.).

[13] Erwägungsgründe 55 bis 62, daraus die Möglichkeit rein aufsichtsrechtlicher Umsetzung ableitend *Omlor* ZIP 2017, 112 (116 f.).

[14] → § 505d Rn. 2.

[15] Zum Entschließungs- und Auswahlermessen nach § 4 Abs. 1a S. 2 FinDAG *Gurlit* Bankrechtstag 2015, 3 (19).

[16] *Spitzer* Bankrechtstag 2018, 77 (95 ff.) zur Rückabwicklung, angenommen wird Nichtigkeit wegen Gesetzwidrigkeit, § 879 ABGB.

[17] So auch *Bülow/Artz* Rn. 5.

[18] EuGH CA Consumer Finance, Rs C-449/13, ZIP 2015, 65 Rn. 41.

schuldung und der Zahlungsunfähigkeit bezweckt, zur Verwirklichung des Ziels der Verbraucherkreditrichtlinie beiträgt.[19]

Jedenfalls die Crédit Lyonnais/Kalhan-Entscheidung des EuGH legt über die zivilrechtliche Pflicht zur Kreditwürdigkeitsprüfung auch eine Verantwortung gegenüber Darlehensnehmern nahe.[20] Das französische Recht, das der Entscheidung zugrunde lag, hatte eine zivilrechtliche Sanktion vorgesehen, die allerdings nicht ausreichend war. **10**

3. Ergänzende Regeln im BGB, in § 18a KWG und in der ImmoKWPLV

Flankiert werden die §§ 505a bis 505e im Verbraucherdarlehensrecht allgemein durch die (vor)vertraglichen Informationspflichten des Darlehensgebers. Weiter besonders geregelt ist das Erbringen von Beratungsdienstleistungen bei Immobiliar-Verbraucherdarlehensverträgen in § 511 sowie die Beratungspflicht bei Inanspruchnahme einer Überziehungsmöglichkeit nach § 504a BGB. Zudem kann die von der Verbraucherkreditrichtlinie sowie von der Wohnimmobilienkreditrichtlinie geforderte verantwortungsvolle Kreditvergabe als (vor) vertragliche Nebenpflicht im Sinne von § 241 Abs. 2 angesehen werden. **11**

Die zivilrechtliche Pflicht zur Prüfung der Kreditwürdigkeit entspricht dem modernen Konzept des Verbraucherdarlehensrechts, das der Umsetzung der Wohnimmobilienkreditrichtlinie zugrunde liegt. Das Angebot zur Beratung nach § 504a bei Inanspruchnahme einer Überziehungsmöglichkeit wurde vom Referentenentwurf noch als vertragliche Nebenpflicht des Darlehensgebers bezeichnet, das bei Annahme des Beratungsangebots eine entsprechende Pflicht zur Beratung begründet.[21] Im Einzelfall neben den §§ 505a ff. zu prüfen ist eine Beratung nach § 511, erwartet wird, dass die Rechtsprechung regelmäßig einen konkludent geschlossenen Beratungsvertrag annimmt.[22] **12**

Notwendig ist weiter eine aufsichtsrechtliche Flankierung der zivilrechtlichen Pflicht zur Kreditwürdigkeitsprüfung. Diese findet sich in Deutschland nunmehr in § 18a KWG, der den vormaligen § 18 Abs. 2 KWG aF abgelöst hat. **13**

Erst im Nachgang zur Umsetzung der Wohnimmobilienkreditrichtlinie wurde für Immobiliar-Verbraucherdarlehen eine Verordnung erlassen,[23] die Leitlinien für die Kreditwürdigkeitsprüfung formuliert (Immobiliar-Kreditwürdigkeitsprüfungsleitlinien-Verordnung – ImmoKWPLV). Die Immobiliar-Kreditwürdigkeitsprüfungsleitlinien-Verordnung gilt nach § 1 ImmoKWPLV für die Kreditwürdigkeitsprüfung nach §§ 505a, 505b Abs. 2 bis 4 und nach § 18a Abs. 1 bis 5 KWG. **14**

II. Die Kreditwürdigkeitsprüfung (Abs. 1)

1. Durchführen einer Kreditwürdigkeitsprüfung (Abs. 1 S. 1)

Abs. 1 S. 1 sieht nunmehr die Prüfung der Kreditwürdigkeit vor dem Abschluss eines Verbraucherkreditvertrags vor. Bis zur Umsetzung der Verbraucherkreditrichtlinie im Jahre 2016 hat das Gesetz eine zivilrechtliche Pflicht zur Prüfung der Kreditwürdigkeit explizit nur für Finanzierungshilfen vorgesehen, § 509 S. 1 aF. Mit den §§ 505a ff. wird der Anwendungsbereich des § 509 aF erweitert. Anders als § 509 S. 1 aF stellt das Gesetz nicht nur auf eine Bewertung der Kreditwürdigkeit ab, sondern unterscheidet die Prüfung der Kreditwürdigkeit nach Abs. 1 S. 1 vom Ergebnis der Prüfung, das nach Abs. 1 S. 2 Voraussetzung für die Darlehensvergabe ist. **15**

[19] Begr. RegE BT-Drs. 18/5922, 96 (97 f.).
[20] EuGH Crédit Lyonnais(/Kalhan), Rs. C-565/12, NJW 2014, 1941 Rn. 42.
[21] Referentenentwurf, 18.12.2014, S. 90.
[22] → § 511 Rn. 7.
[23] VO zur Festlegung von Leitlinien zu den Kriterien und Methoden der Kreditwürdigkeitsprüfung bei Immobiliar-Verbraucherdarlehensverträgen (Immobiliar-Kreditwürdigkeitsprüfungsleitlinien-Verordnung – ImmoKWPLV) v. 24.4.2018, BGBl I 2018, 529. Dazu *Buck-Heeb/Siedler* BKR 2018, 269.

16 Das Gesetz regelt in Abs. 1 S. 1 das Ob der Kreditwürdigkeitsprüfung. Dabei kommt dem Darlehensgeber ein Ermessensspielraum zu, dies sowohl bei Einholung der Prüfung der Kreditwürdigkeit notwendigen Information (→ § 505b Rn. 3) als auch bei der Bewertung der Kreditwürdigkeit (dazu unten → Rn. 22). Bedeutsam ist insbesondere der Ermessensspielraum bei Einholung der Information. Während die Wahrscheinlichkeit bei einem Immobiliar-Verbraucherdarlehensvertrag positiv festzustellen ist, genügt bei einem Allgemein-Verbraucherdarlehensvertrag das Fehlen begründeter Zweifel an der Erfüllung der vertraglichen Pflichten des Verbrauchers.[24]

17 Die Kreditwürdigkeitsprüfung dient nach der Rechtsprechung des EuGH dem Schutz des Verbrauchers vor Zahlungsunfähigkeit und Überschuldung.[25] Daneben tritt der Schutz vor einer Vertiefung einer bereits eingetretenen Zahlungsunfähigkeit oder Überschuldung. Es ist so nicht nur dem Verbraucher leichter eine Restschuldbefreiung möglich, es wird auch der Markt und bisherige Gläubiger der Verbraucher geschützt.

18 Die Kreditwürdigkeitsprüfung ist unabhängig davon durchzuführen, ob der Darlehensgeber dem KWG unterfällt.[26]

2. Vertragsabschluss nur bei positivem Ergebnis der Prüfung (Abs. 1 S. 2)

19 **a) Kreditwürdigkeitsprüfung als Voraussetzung für den Abschluss eines Vertrags.** Die Kreditwürdigkeitsprüfung muss vor Abschluss des Verbraucherdarlehensvertrags erfolgen. Die Wohnimmobilienkreditrichtlinie enthält nach der Begründung des Regierungsentwurfs in Art. 18 Abs. 5 Buchstabe a) ein ausdrückliches Verbot, Darlehensverträge mit nicht kreditwürdigen Darlehensnehmern zu schließen.[27] Nach dem Wortlaut der Richtlinie darf ein Kredit nur bereitgestellt werden, wenn aus der Kreditwürdigkeitsprüfung hervorgeht, dass es wahrscheinlich ist, dass der Verbraucher den Kreditvertrag erfüllt. Art. 18 Abs. 1 S. 1 Wohnimmobilienkreditrichtlinie verlangt die eingehende Prüfung der Kreditwürdigkeit des Verbrauchers. Art. 8 Verbraucherkreditrichtlinie enthält die Verpflichtung, dass der Kreditgeber die Kreditwürdigkeit des Verbrauchers anhand ausreichender Informationen bewertet, sieht aber keine explizite Rechtsfolge für die aus der Kreditwürdigkeitsprüfung zu ziehenden Konsequenzen vor.[28]

20 Die Rechtsprechung des EuGH legt einen vorvertraglichen Schutz zumindest nahe. Dieser geht über die Prüfung der Möglichkeit der Rückzahlung des Darlehens hinaus. Nach Erwägungsgrund 55 Wohnimmobilienkreditrichtlinie umfasst die Kreditwürdigkeitsprüfung neben der Fähigkeit auch die Neigung des Verbrauchers zur Rückzahlung.

21 **b) Prognose der Erfüllung der vertraglichen Verpflichtungen.** Im Rahmen der Kreditwürdigkeitsprüfung ist eine Prognose anzustellen, ob der Verbraucher die vertraglichen Verpflichtungen erfüllen wird. Vorgelagert ist die Frage, ob bereits hinreichende Informationen zur Beurteilung der Kreditwürdigkeit vorliegen. Nach dem CA Consumer Finance-Entscheidung des EuGH kommt dem Darlehensgeber ein Ermessensspielraum hinsichtlich des Umfangs der Kreditwürdigkeitsprüfung zu,[29] dazu die Kommentierung zu § 505b.

22 Ein Ermessenspielraum besteht auch hinsichtlich des Ergebnisses der Kreditwürdigkeitsprüfung. Entsprechend der Regelung in Art. 22 Abs. 3 Buchstabe a) S. 2 Wohnimmobilienkreditrichtlinie zu Beratungsdienstleistungen muss der Kreditgeber realistische Annahmen bezüglich der Risiken für die Situation des Verbrauchers während der Laufzeit des angebotenen Kreditvertrages zugrunde legen. Die Risikolage des Verbrauchers und damit auch die persönlichen Umstände werden als Teil der Risikoprüfung angesehen.[30] Für nötig

[24] *Bülow/Artz* Rn. 4.
[25] EuGH Crédit Lyonnais(/Kalhan), Rs. C-565/12, NJW 2014, 1941 Rn. 42.
[26] *Bülow/Artz* Rn. 4.
[27] Begr. RegE BT-Drs. 18/5922, 97.
[28] Begr. RegE BT-Drs. 18/5922, 97.
[29] EuGH CA Consumer Finance, Rs. C-449/13, ZIP 2015, 65 Rn. 36.
[30] *Herrmann* ZBB 2016, 260 (268).

gehalten wird die Einbeziehung der Tätigkeit in Branche mit erhöhtem Arbeitslosigkeitsrisiko.[31] Hingegen sei das Risiko der Scheidung nicht prognostizierbar und deshalb nicht zu berücksichtigen.[32]

23 Zur Bestimmung der Prognose kann weiter auf die Immobiliar-Kreditwürdigkeitsprüfungsleitlinien-Verordnung zurückgegriffen werden. Nach § 2 Abs. 1 S. 2 ImmoKWPLV muss der Darlehensgeber nach einer Gesamtschau der relevanten Faktoren zu einer vernünftigerweise vertretbaren Prognose gelangen. Dieser Maßstab kann verallgemeinert und auch für Allgemein-Verbraucherdarlehen herangezogen werden. Aus der business judgment rule wird ein gewisser Ermessensspielraum abgeleitet.[33]

24 Nach § 3 Abs. 1 ImmoKWPLV kann der Darlehensgeber für die Prognose, welche künftigen Entwicklungen wahrscheinlich sind, einen nach der Lebenserfahrung anzunehmenden Verlauf der Dinge unterstellen, wenn nicht konkrete Anhaltspunkte für einen abweichenden Verlauf vorliegen. Der Prognosezeitraum richtet sich nach § 3 Abs. 2 S. 1 ImmoKWPLV nach dem Zeitraum, in dem die vertraglichen Verpflichtungen zu erfüllen sind. Je weiter der Prognosezeitraum in die Zukunft reicht, desto stärker kann nach § 3 Abs. 2 S. 2 ImmoKWPLV auf Erfahrungswerte und Schätzungen zurückgegriffen werden.

25 Der Eintritt von nach der Lebenserfahrung möglichen, aber nicht überwiegend wahrscheinlichen negativen Ereignissen wie etwa Arbeitslosigkeit, Erwerbsunfähigkeit, Scheidung, Aufhebung einer Lebenspartnerschaft oder das Versterben des Darlehensnehmers brauchen nach § 4 Abs. 3 S. 2 ImmoKWPLV nur berücksichtigt zu werden, wenn für ihren Eintritt konkrete Anhaltspunkte vorliegen. Künftige positive Ereignisse können ebenfalls berücksichtigt werden. Nach § 505b Abs. 2 S. 3, § 5 Immo-KWPLV dürfen bei Darlehensverträgen, die dem Bau oder der Renovierung einer Wohnimmobilie dienen, im Rahmen der Kreditwürdigkeitsprüfung auch der hierdurch zu erwartende Wertzuwachs berücksichtigt werden.

26 **c) Unterscheidung nach Allgemein- und Immobiliar-Verbraucherdarlehensverträgen.** Der Regierungsentwurf spricht bei Immobiliar-Verbraucherdarlehensverträgen von einer vertieften Prüfung und von dahinter zurückbleibenden Anforderungen der Verbraucherkreditrichtlinie.[34] Dies zielt zutreffend in erster Linie auf die Intensität der Prüfung ab,[35] erst sodann auf die eigentliche Prognose.[36] Die Wohnimmobilienkreditverordnung sieht nach Erwägungsgrund 22 gegenüber der Verbraucherkreditrichtlinie eine Verschärfung der Kreditwürdigkeitsprüfung vor. Im Rahmen der Verbraucherkreditrichtlinie fordert der EuGH keine systematische Nachprüfung von Angaben der Verbraucher,[37] die Wohnimmobilienkreditrichtlinie sieht in Art. 20 Abs. 1 S. 3 hingegen ohne Einschränkung eine angemessene Überprüfung vor, weiter in Art. 19 einen zuverlässigen Standard für die Bewertung von Wohnimmobilien und in Art. 18 Abs. 1 S. 1 die eingehende Prüfung der Kreditwürdigkeit des Verbrauchers.

27 **d) Verbot.** Das Verbot des Vertragsabschlusses beruht auf Art. 18 Abs. 5 Buchstabe a Wohnimmobilienkreditrichtlinie.[38] Nach der Begründung des Regierungsentwurfs handelt es sich dabei nicht um ein Verbot im Sinne von § 134 BGB.[39] Dies ergibt sich letztlich auch aus den Rechtsfolgen nach § 505d.

---

31 *Buck-Heeb/Lang* ZBB 2016, 320 (324).
32 *Buck-Heeb/Lang* ZBB 2016, 320 (324).
33 *Buck-Heeb/Lang* ZBB 2016, 320 (325 f.).
34 Begr. RegE BT-Drs. 18/5922, 98.
35 *Binder* ZIP 2018, 1201 (1207).
36 So wohl *Buck-Heeb/Lang* ZBB 2016, 320 (323): Wahrscheinlichkeit mehr als keine erheblichen Zweifel.
37 EuGH CA Consumer Finance, 449/13, ZIP 2015, 65 Rn. 38 f.
38 *Buck-Heeb* BKR 2015, 179 (180).
39 Begr. RegE BT-Drs. 18/5922, 98.

3. Allgemein-Verbraucherverbraucherdarlehensverträge: Keine erheblichen Zweifel an Erfüllung

28 Der Zweck der Verbraucherkreditrichtlinie würde nach der Begründung des Regierungsentwurfs zur Umsetzung der Wohnimmobilienkreditrichtlinie verfehlt, wenn eine Kreditvergabe trotz erheblichen Zweifeln an der Kreditwürdigkeit erlaubt bliebe.[40] Es dürfen keine erheblichen Zweifel an der überwiegenden Wahrscheinlichkeit der Erfüllung der vertraglichen Pflichten durch den Verbraucher bestehen. Ein höherer Wahrscheinlichkeitsgrad der Vertragserfüllung bei den weniger intensiv zu prüfenden Allgemein-Verbraucherdarlehensverträgen erscheint mit dem deutlich erklärten Willen des deutschen Gesetzgebers, aber auch den Erwägungsgründen der Wohnimmobilienkreditrichtlinie nicht vereinbar. Da die Begründung des Regierungsentwurfs von einer vertieften Prüfung bei Immobiliar- Verbraucherdarlehensverträgen ausgeht, muss die überwiegende Wahrscheinlichkeit der Vertragserfüllung nicht positiv festgestellt werden, es darf der Darlehensgeber aber nicht von der überwiegenden Wahrscheinlichkeit der Nichterfüllung der vertraglichen Pflichten und damit von Kreditunwürdigkeit ausgehen.

4. Immobiliar-Verbraucherdarlehensverträge: Wahrscheinlichkeit der Erfüllung

29 Nach Art. 18 Abs. 5 Buchstabe a) Wohnimmobilienkreditrichtlinie muss aus der Kreditwürdigkeitsprüfung hervorgehen, dass die Erfüllung der Verpflichtungen des Verbrauchers aus dem Kreditvertrag wahrscheinlich ist. Dabei ist nach § 505b Abs. 2 Satz 3 die Berücksichtigung des Werts der Immobilie nur eingeschränkt möglich.[41] Der Darlehensgeber muss die muss die überwiegende Wahrscheinlichkeit der Vertragserfüllung positiv feststellen.

III. Erneute Prüfung bei Erhöhung des Nettodarlehensbetrags (Abs. 2)

1. Deutliche Erhöhung des Nettodarlehensbetrags

30 Das Erfordernis einer erneuten Prüfung bei deutlicher Erhöhung des Nettodarlehensbetrags gilt sowohl für Allgemein-Verbraucherdarlehensverträge als auch für Immobiliar-Verbraucherdarlehensverträge.

31 Mit der Anordnung einer erneuten Prüfung bei einer Erhöhung des Nettodarlehensvertrags werden Art. 8 Abs. 2 Verbraucherkreditrichtlinie und Art. 18 Abs. 6 Wohnimmobilienkreditrichtlinie umgesetzt.[42] Das Erfordernis einer deutlichen Erhöhung entspricht dem Wortlaut der deutschen Fassung der Wohnimmobilienkreditrichtlinie, die Verbraucherkreditrichtlinie spricht in der deutschen Fassung von einer erheblichen Erhöhung, nach der englischen Fassung ist jeweils eine „significant" increase erforderlich, so dass die Begründung des Regierungsentwurfs davon ausgeht, dass nach Europäischem Recht keine sachlichen Unterschiede bestehen.[43]

32 Eine signifikante Beteiligung wird in der internationalen Corporate Governance-Diskussion regelmäßig bei einer Beteiligung von 10 Prozent angenommen.[44] Im Einklang hiermit stellt § 7 Abs. 1 ImmoKWPLV für Immobiliar-Verbraucherdarlehensverträge auf eine Erhöhung des Nettodarlehensbetrags um 10 Prozent ab. Dies erscheint auf Allgemein-Verbraucherdarlehensverträge übertragbar.[45]

---

[40] Begr. RegE BT-Drs. 18/5922, 98.
[41] *Buck-Heeb/Lang* ZBB 2016, 320 (325).
[42] Begr. RegE BT-Drs. 18/5922, 98.
[43] Begr. RegE BT-Drs. 18/5922, 98.
[44] Etwa Deutsche Börse, Declaration of significant shareholdings.
[45] *Wittig* Bankrechtstag 2018, 99 (117).

Keine Erhöhung im Sinne von Abs. 2 liegt vor, wenn die Erhöhung bereits in die ursprüngliche Prüfung mit einbezogen wurde und Teil eines einheitlichen Darlehensvertrages ist. Sofern ein zusätzliches Verbraucherdarlehen bereits Bestandteil der ursprünglichen Kreditwürdigkeitsprüfung war, bedarf es nach der Begründung des Regierungsentwurfs ebenfalls keiner erneuten Prüfung der Kreditwürdigkeit des Verbrauchers.[46] Für Immobiliar-Verbraucherdarlehensverträge sieht Abs. 3 S. 3 allerdings jedenfalls ein Abschlussverbot vor, wenn dem Darlehensgeber bekannt ist, dass der Verbraucher seinen Verpflichtungen aus dem Darlehensvertrag dauerhaft nicht nachkommen kann. Bei entsprechenden Hinweisen wird man darüber hinaus jedenfalls im Einzelfall eine Pflicht zur Kreditwürdigkeitsprüfung annehmen müssen. 33

2. Neue Prüfung der Kreditwürdigkeit

Bei einer erneuten Prüfung der Kreditwürdigkeit hat der Darlehensgeber eine Komplettprüfung vorzunehmen, kann dabei allerdings auf vorhandene Unterlagen zurückgreifen. Hierfür sind aktualisierte Auskünfte einzuholen,[47] es bedarf also der Aktualisierung der Angaben und es sind neue Information einzuholen. 34

3. Relevanz anderer Vertragsänderungen

Andere Vertragsänderungen sollen keine Pflicht zur erneuten Prüfung der Kreditwürdigkeit auslösen.[48] Aufgrund der besonderen Entscheidung des Gesetzgebers erscheint es aber zumindest fraglich, ob die Ausnahmen des Abs. 3 auch auf Allgemein-Verbraucherdarlehensverträge übertragen werden können. Bei einer Verlängerung der Laufzeit und einem Neuabschluss zur Abwendung einer Zwangsvollstreckung sprechen so jedenfalls gute Gründe für die Notwendigkeit einer Kreditwürdigkeitsprüfung. Dies gilt auch in anderen Fällen, in denen die Vertragsänderung einem Neuabschluss gleichkommt. Europarechtlich ist eine Kreditwürdigkeitsprüfung nach Aussage der EU-Kommission nur präventiv beim ersten Kreditabschluss sowie bei nachträglicher erheblicher Erhöhung des Nettodarlehensbetrages notwendig.[49] 35

IV. Erneute Prüfung bei Immobiliardarlehensverträgen (Abs. 3)

1. Sonderregeln für Anschlussfinanzierung und Umschuldung

a) Allgemeines. Abs. 3 wurde nicht bereits bei Umsetzung der Wohnimmobilienkreditrichtlinie eingeführt, sondern erst 2017 auf Vorschlag des Finanzausschusses durch das Gesetz zur Umsetzung der Zweiten Zahlungsdiensterichtlinie ergänzt.[50] Eine explizite Grundlage in der Wohnimmobilienkreditrichtlinie findet sich nicht, nach Erwägungsgrund 27 sollen die Kreditgeber aber ermutigt werden, angesichts erheblicher Konsequenzen einer Zwangsvollstreckung ein entstehendes Kreditrisiko in einem frühen Stadium proaktiv anzugehen. Die Begründung des Finanzausschusses verweist auf Art. 28 Abs. 1 Wohnimmobilienkreditrichtlinie, wonach die Mitgliedstaaten Maßnahmen ergreifen, um Kreditnehmer darin zu bestärken, angemessene Nachsicht walten zu lassen, bevor Zwangsmaßnahmen eingeleitet werden.[51] 36

Abs. 3 regelt die Anschlussfinanzierung und Umschuldung[52] und enthält für diese Fälle Erleichterungen. Es soll dem Verbraucher erleichtert werden, die Immobilie zu 37

[46] Begr. RegE BT-Drs. 18/5922, 98.
[47] Begr. RegE BT-Drs. 18/5922, 98.
[48] MüKoBGB/*Schürnbrand/Weber* Rn. 11.
[49] Begr. RegE BT-Drs. 18/12568, 160.
[50] Gesetz zur Umsetzung der Zweiten Zahlungsdiensterichtlinie v. 17.7.2017, BGBl. I 2017, 2446.
[51] Begr. AusschussBer BT-Drs. 18/12568, 160.
[52] *Schultheiß* ZBB 2018, 107.

halten.[53] Teilweise wird gefordert, dass dieselben Vertragspartner eine Anschlussfinanzierung oder Umschuldung vereinbaren,[54] zutreffend sollte der Markt nicht in dieser Art und Weise beschränkt und der Verbraucher nicht an den ursprünglichen Darlehensgeber gebunden werden. Bei der sogenannten unechten Abschnittsfinanzierung, bei der lediglich die Zinsbindung endet, bedarf es in der Regel keiner erneuten Kreditwürdigkeitsprüfung.[55] Nach der Begründung des Finanzausschusses und wird eine Vertragsänderung vorgenommen.

38 **b) Kapitalnutzungsrecht im Anschluss an einen Darlehensvertrag (Abs. 3 S. 1 Nr. 1).** Von Abs. 3 S. 1 Nr. 1 erfasst wird die echte Abschnittfinanzierung,[56] bei der nach Vertragsende ein der Restbetrag des Darlehens zurückzuzahlen ist. Kann der Verbraucher diese Zahlung aus seinem freien Vermögen nicht leisten, bedarf es des Abschlusses eines neuen Verbraucherdarlehensvertrags. Bei der echten Abschnittsfinanzierung endet nicht nur der Zinsbindung, es gehen die Vertragspartner aber bereits bei Abschluss des Erstvertrages von der Vereinbarung eines weiteren Darlehens aus.

c) Vermeidung von Kündigung oder Zwangsvollstreckung (Abs. 3 S. 1 Nr. 2).

39 Weiter ist beim Abschluss von Verbraucherdarlehensverträgen zur Vermeidung von Kündigungen oder Vollstreckungsmaßnahmen grundsätzlich keine erneute Kreditwürdigkeitsprüfung erforderlich. Erleichtert wird so die Umschuldung bei Zahlungsverzug.

d) Beschränkung der Prüfung auf deutliche Erhöhung (Abs. 3 S. 1 iVm Abs. 2).

40 Abs. 3 S. 1 verweist auf Abs. 2 und beruht auf Art. 18 Abs. 6 Wohnimmobilienkreditrichtlinie, der bei deutlicher Erhöhung des Gesamtkreditbetrags eine erneute Kreditwürdigkeitsprüfung verlangt. In der deutschen Umsetzung wird auf den Nettokreditbetrag abgestellt. Der Zweck der Vermeidung der Kündigung oder Zwangsvollstreckung wird in der Regel keine Erhöhung des Darlehensbetrags erfordern.

2. Abschlussverbot bei Kenntnis der Kreditunwürdigkeit (Abs. 3 S. 2)

41 Abs. 3 S. 2 sieht ein Abschlussverbot bei Kenntnis der Kreditunwürdigkeit. Kann der Verbraucher auch die Verpflichtungen des neu abgeschlossenen Darlehensvertrags nicht erfüllen, würde die Zwangsvollstreckung letztlich auch nicht verhindert. Der Darlehensgeber darf auch dann keinen neuen Verbraucherdarlehensvertrag abschließen, wenn er von der Nichterfüllung der vertraglichen Verpflichtungen ausgeht.[57]

3. Folgen eines Verstoßes gegen das Abschlussverbot (Abs. 3 S. 3)

42 **a) Entsprechende Anwendung von § 505d.** Verstößt der Darlehensgeber gegen das Abschlussverbot des Abs. 3 S. 2, so gelten für den Anschlussvertrag nach Abs. 3 S. 3 die Rechtsfolgen des § 505d.[58]

43 **b) Weitere Folgen.** Im Einzelfall zu prüfen ist der Abschluss eines Beratungsvertrages mit dem Darlehensnehmer, dies kann nach allgemeinen Grundsätzen auch konkludent geschehen.

[53] Begr. RegE BT-Drs. 18/12568, 160.
[54] MüKoBGB/*Schürnbrand/Weber* Rn. 12.
[55] Begr. FinAusschuss BT-Drs. 18/12568, 161.
[56] Begr. FinAusschuss BT-Drs. 18/12568, 159 f.
[57] Mit guten Gründen de lege ferenda für eine Kreditvergabe auch bei verbesserter, aber weiter negativer Prognose *Omlor* NJW 2017, 1633 (1637).
[58] Begr. FinAusschuss BT-Drs. 18/12568, 162.

§ 505b Grundlage der Kreditwürdigkeitsprüfung bei Verbraucherdarlehensverträgen

(1) **Bei Allgemein-Verbraucherdarlehensverträgen können Grundlage für die Kreditwürdigkeitsprüfung Auskünfte des Darlehensnehmers und erforderlichenfalls Auskünfte von Stellen sein, die geschäftsmäßig personenbezogene Daten, die zur Bewertung der Kreditwürdigkeit von Verbrauchern genutzt werden dürfen, zum Zweck der Übermittlung erheben, speichern, verändern oder nutzen.**

(2) **[1] Bei Immobiliar-Verbraucherdarlehensverträgen hat der Darlehensgeber die Kreditwürdigkeit des Darlehensnehmers auf der Grundlage notwendiger, ausreichender und angemessener Informationen zu Einkommen, Ausgaben sowie anderen finanziellen und wirtschaftlichen Umständen des Darlehensnehmers eingehend zu prüfen. [2] Dabei hat der Darlehensgeber die Faktoren angemessen zu berücksichtigen, die für die Einschätzung relevant sind, ob der Darlehensnehmer seinen Verpflichtungen aus dem Darlehensvertrag voraussichtlich nachkommen kann. [3] Die Kreditwürdigkeitsprüfung darf nicht hauptsächlich darauf gestützt werden, dass in den Fällen des § 491 Absatz 3 Satz 1 Nummer 1 der Wert des Grundstücks oder in den Fällen des § 491 Absatz 3 Satz 1 Nummer 2 der Wert des Grundstücks, Gebäudes oder grundstücksgleichen Rechts voraussichtlich zunimmt oder den Darlehensbetrag übersteigt.**

(3) **[1] Der Darlehensgeber ermittelt die gemäß Absatz 2 erforderlichen Informationen aus einschlägigen internen oder externen Quellen, wozu auch Auskünfte des Darlehensnehmers gehören. [2] Der Darlehensgeber berücksichtigt auch die Auskünfte, die einem Darlehensvermittler erteilt wurden. [3] Der Darlehensgeber ist verpflichtet, die Informationen in angemessener Weise zu überprüfen, soweit erforderlich auch durch Einsichtnahme in unabhängig nachprüfbare Unterlagen.**

(4) **Bei Immobiliar-Verbraucherdarlehensverträgen ist der Darlehensgeber verpflichtet, die Verfahren und Angaben, auf die sich die Kreditwürdigkeitsprüfung stützt, festzulegen, zu dokumentieren und die Dokumentation aufzubewahren.**

(5) **Die Bestimmungen zum Schutz personenbezogener Daten bleiben unberührt.**

Übersicht

I. Grundlagen

1 Die Norm regelt die Grundlagen der Kreditwürdigkeitsprüfung für Verbraucherdarlehensverträge, dies nicht gemeinsam, sondern getrennt nach Allgemein-Verbraucherdarlehensverträgen (Abs. 1) und Immobiliar-Verbraucherdarlehensverträgen (Abs. 2 bis 4). Abs. 3 wurde durch das Finanzaufsichtsrechtergänzungsgesetz neu gefasst.

2 Auch bei der Ausformung des Verfahrens ist zu berücksichtigen, dass zu strikte Anforderungen an die Kreditwürdigkeitsprüfung davon betroffene Bevölkerungsteile komplett vom Markt ausschließen. Auch bei der Prüfung bestehen so gute Gründe für ein beschränktes Ermessen. Aufsichtsrechtlich ist das Verfahren der Kreditwürdigkeitsprüfung in § 18a Abs. 3 bis 5 KWG geregelt.

II. Allgemein-Verbraucherdarlehensverträge (Abs. 1)

1. Richtlinienkonforme Auslegung der Informationsanforderungen

3 **a) Bewertung der Kreditwürdigkeit anhand ausreichender Information.** Die Begründung des Regierungsentwurfs verweist darauf, dass sich gegenüber dem vormaligen § 509 keine inhaltlichen Änderungen ergeben.[1] Abs. 1 und Abs. 2 entsprechen inhaltlich der Regelung des § 509 S. 2 aF. Wie zuvor § 509 aF[2] ist auch den §§ 505a ff. nicht zwingend zu entnehmen, wie eine Kreditwürdigkeitsprüfung abzulaufen hat. Indem das Gesetz nur mögliche Informationsquellen aufzählt, wird mittelbar dem Darlehensgeber ein Ermessensspielraum hinsichtlich der Art der einzuholenden Informationen eingeräumt. Es besteht keine Pflicht, in jedem Fall Informationen von Dritten anzufordern.

4 Angenommen wird, dass durch Abs. 1 die Verpflichtung zur Kreditwürdigkeitsprüfung nach Art. 8 Abs. 1 Verbraucherkreditrichtlinie umgesetzt wird.[3] Zutreffend gehen die Anforderungen der Verbraucherkreditrichtlinie über den Wortlaut von Abs. 1 hinaus und sind die §§ 505a, 505b bei Verbraucherdarlehensverträgen richtlinienkonform auszulegen. Art. 8 Abs. 1 Verbraucherkreditrichtlinie sieht vor, dass die Mitgliedstaaten sicherstellen, dass der Kreditgeber die Kreditwürdigkeit des Verbrauchers anhand ausreichender Information bewertet.

5 **b) Ermessensspielraum.** Die Richtlinie legt die der Entscheidung über die Kreditwürdigkeit zu zugrunde zulegenden Informationen nicht abschließend fest.[4] Nach dem EuGH besteht auch nach der Verbraucherkreditrichtlinie ein Ermessensspielraum des Kreditgebers, wenn es darum geht, ob die Angaben, über die dieser verfügt, ausreichend sind, um die Kreditwürdigkeit des Kreditbewerbers zu bescheinigen, und ob er diese anhand anderer Kriterien überprüfen muss.[5]

6 Bei der Anwendung der erforderlichen Sorgfalt sind auch die Marktbedingungen insgesamt zu berücksichtigen. Insbesondere bei expandierenden Kreditmärkten ist nach Erwä-

[1] Begr. RegE BT-Drs. 18/5922, 98.
[2] → 2. Aufl. 2016, § 509 Rn. 3.
[3] MüKoBGB/*Schürnbrand/Weber* Rn. 3.
[4] MüKoBGB/*Schürnbrand/Weber* Rn. 2 unter Verweis auf EuGH CA Consumer Finance, Rs. C-449/13, ZIP 2015, 65 Rn. 36 f.
[5] EuGH CA Consumer Finance, Rs. C-449/13, Rn. 36.

gungsgrund 26 Verbraucherkreditrichtlinie darauf zu achten, dass Kreditgeber nicht verantwortungslos in der Kreditvergabe tätig werden oder Kredite ohne vorherige Beurteilung der Kreditwürdigkeit vergeben.

Der Darlehensgeber muss annehmen dürfen, anhand ausreichender Information zu handeln, insoweit erscheint eine Anlehnung an die aktienrechtlichen Standards der Prüfung des unternehmerischen Ermessens von Vorstandsmitgliedern möglich.[6] Bei einer Kreditvergabe handelt es sich um eine unternehmerische Entscheidung, in § 93 AktG geregelt ist die deutsche business judgment rule. Die Annahme ausreichender Information zur Beurteilung der Kreditwürdigkeit muss vertretbar sein. **7**

Aus der Pflicht zur verantwortungsvollen Kreditvergabe folgt bei sich häufenden Kreditausfällen eine Pflicht zur Prüfung des beim Darlehensgeber angewandten Verfahrens. Gegebenenfalls sind die Standards anzupassen und sind mehr Informationen einzuholen und zu überprüfen. **8**

c) Angemessene Überprüfung entsprechend Abs. 3 S. 3. Der Verbraucherkreditrichtlinie ist anders als der Wohnimmobilienkreditrichtlinie kein Maßstab für die Überprüfung der Angaben des Darlehensnehmers zu entnehmen. Der Darlehensgeber muss nach der Rechtsprechung des Europäischen Gerichtshofs die Angaben des Darlehensnehmers nicht systematisch überprüfen.[7] Umgekehrt darf der Darlehensgeber einfache, nicht untermauerte Angaben des Verbrauchers für sich genommen nicht als ausreichend erachten.[8] **9**

Für Immobiliar-Verbraucherdarlehen sieht Abs. 3 S. 3 eine angemessene Überprüfung vor, umgesetzt wird Art. 20 Abs. 1 Wohnimmobilienkreditrichtlinie, nach dem die Angaben in angemessener Weise überprüft werden, erforderlichenfalls auch durch Einsichtnahme in unabhängig nachprüfbare Unterlangen. **10**

Der Europäische Gerichtshof stellt für die Verbraucherkreditrichtlinie primär auf eine Überprüfung durch Belege ab, die der Verbraucher seinen Angaben beifügt.[9] Nach der Entscheidung des Europäischen Gerichtshofs muss der Darlehensgeber entscheiden, ob die Angaben, über die er verfügt, ausreichend sind.[10] Daneben tritt die Überprüfung durch Auskünfte von geschäftsmäßigen Stellen, diese wird vom EuGH allerdings nicht explizit und systematisch verlangt. **11**

2. Auskünfte des Darlehensnehmers

Art. 8 Abs. 1 Verbraucherkreditrichtlinie verweist für die Information des Darlehensgebers in erster Linie auf die Einholung beim Verbraucher, erforderlichenfalls können auch Auskünfte aus in der Frage kommenden Datenbanken eingeholt werden. Auskünfte des Darlehensgebers können auch nach der Rechtsprechung des EUGH ausreichen, insbesondere, wenn sie durch Belege untermauert werden. Beleglose Auskünfte werden nicht als ausreichend angesehen. **12**

Entscheidend ist auf einer ersten Ebene der Kreditwürdigkeitsprüfung somit, welche Informationen der Darlehensgeber abfragt. Es handelt sich um keine reine Selbstauskunft des Darlehensnehmers, der Darlehensgeber hat die Verantwortung für das Einholen ausreichender Information. **13**

Für die Darlehensvergabe relevant sind für die Beurteilung der Kreditwürdigkeit bedeutsame persönliche Umstände und die finanzielle Situation des Verbrauchers. Hierzu zählen etwa das Einkommen, Unterhaltsverpflichtungen sowie sonstige Darlehen und langfristige Verpflichtungen. **14**

---

[6] *Buck-Heeb/Lang* ZBB 2016, 320 (325) zur business judgment rule.
[7] EuGH CA Consumer Finance, C-449/13, ZIP 2015, 65, Rn. 38 f.
[8] EuGH CA Consumer Finance, C-449/13, ZIP 2015, 65, Rn. 37.
[9] EuGH CA Consumer Finance, C-449/13, ZIP 2015, 65, Rn. 37 f.
[10] EuGH CA Consumer Finance, C-449/13, ZIP 2015, 65, Rn. 36.

15 Hinweise auf die einzuholenden Informationen geben die vorgeschlagenen neuen Richtlinien der EBA zur Kreditwürdigkeitsprüfung.[11] Nach dem Entwurf einer Neufassung soll bei Verbraucherkrediten der Zweck des Kredits, die Beschäftigung, das Einkommen sowie finanzielle Verpflichtungen und Sicherheiten berücksichtigt werden.[12]

3. Auskünfte von geschäftsmäßigen Stellen

16 Nach Art 8 Abs. 1 Verbraucherkreditrichtlinie können erforderlichenfalls Auskünfte aus in Frage kommenden Datenbanken eingeholt werden. Nach Erwägungsgrund 28 Verbraucherkreditrichtlinie sollte der Kreditgeber zur Bewertung der Kreditsituation des Verbrauchers auch die einschlägigen Datenbanken konsultieren. Die in § 505b gewählte deutsche Terminologie der Erlaubnis der Einholung von Auskünften geschäftsmäßiger Stellen weicht von der Begrifflichkeit beider den §§ 491 ff. zugrundeliegenden Richtlinien ab.

17 Die Wohnimmobilienkreditrichtlinie spricht von einer Datenbankabfrage und sieht in Art. 21 Abs. 1 vor, dass alle Kreditgeber aus allen Mitgliedstaaten Zugang zu zur Bewertung der Kreditwürdigkeit des Verbrauchers verwendeten Datenbanken haben, mit deren Verwendung ausschließlich überwacht werden soll, inwieweit Verbraucher während der Laufzeit eines Kreditvertrags ihre Kreditverpflichtungen erfüllen.

18 Datenbanken sind nach Art. 21 Abs. 2 Wohnimmobilienkreditrichtlinie von privaten Kreditbüros und Kreditauskunfteien betriebene Datenbanken. Weiter ist Zugang zu öffentlichen Registern zu gewähren. In Deutschland werden solche Auskünfte häufig bei der Schufa eingeholt.[13]

III. Immobiliar-Darlehensverträge (Abs. 2–4)

1. Relevante Informationen (Abs. 2)

19 **a) Eingehende Prüfung (Abs. 2 S. 1).** Mit der Anordnung einer eingehenden Prüfung werden für Immobiliar-Verbraucherdarlehensverträge die Anforderungen gegenüber der Prüfung bei Allgemein-Verbraucherdarlehensverträgen erhöht.[14] Ein Allgemein-Verbraucherdarlehensvertrag kann bereits dann abgeschlossen werden, wenn keine ernsthaften Zweifel an der Kreditwürdigkeit bestehen. Bei einem Immobiliar-Verbraucherdarlehensvertrag korreliert Abs. 2 S. 1 mit der Pflicht zur angemessenen Überprüfung nach Abs. 3 S. 3, eine solche Überprüfung hat umfassender stattzufinden.

20 **b) Notwendige, ausreichende und angemessene Information: Einkommen, Ausgaben und andere Umstände des Darlehensnehmers (Abs. 2 S. 1).** Als notwendige, ausreichende und angemessene Information nennt das Gesetz in Abs. 2 S. 1 konkret das Einkommen sowie Ausgaben des Darlehensnehmers, weiter andere finanzielle und wirtschaftliche Umstände des Darlehensnehmers. Andere finanzielle und wirtschaftliche Umstände sind Faktoren, die für die Einschätzung relevant sind, ob der Darlehensnehmer seinen Verpflichtungen aus dem Darlehensvertrag voraussichtlich nachkommen kann, Abs. 2 S. 2.

21 **c) Faktoren, die für die Einschätzung der Rückzahlung relevant sind (Abs. 2 S. 2).** Die Prüfung hat sich nach der Begründung des Regierungsentwurfs auf die Fähigkeit und Neigung des Verbrauchers zur Rückzahlung des Kredits zu beziehen.[15] Nach der

---

[11] Bislang EBA-Leitlinien zur Kreditwürdigkeitsprüfung, EBA/GL/2015/11 v. 19.8.2015.
[12] EBA, Draft Guidelines on loan origination and monitoring, EBA/CP/2019/04, 19.6.2019, 5.1.2, Rn. 91.
[13] *Bülow/Artz* Rn. 4: gängig.
[14] Begr. RegE BT-Drs. 18/5922, 98.
[15] Begr. RegE BT-Drs. 18/5922, 98.

Begründung des Regierungsentwurfs sind zukünftige Ereignisse wie ein verringertes Einkommen für den Fall, dass die Kreditlaufzeit in die Zeit des Ruhestandes hineinreicht, ein Anstieg des Sollzinssatzes oder eine negative Entwicklung des Wechselkurses hinreichend zu berücksichtigen.[16]

d) Im Grundsatz keine Berücksichtigung des Werts der Immobilie (Abs. 2 S. 3 Hs. 1). Im Grundsatz kann ein ausreichender Wert des belasteten Grundstücks oder grundstücksgleichen Rechts alleine noch nicht zur Bejahung der Kreditwürdigkeit führen.[17] Der Schwerpunkt der Prüfung wird so auf die Fähigkeit des Darlehensnehmers gelegt, das Darlehen aus freiem Einkommen oder sonstigem Vermögen zu bedienen. Hierfür sprechen makroökonomische Überlegungen wie die Stabilität der Finanzmärkte und die Verhinderung von mit dem Platzen von Immobilienblasen verbundenen besonders tiefen Wirtschaftskrisen. 22

e) Verwendung des Darlehens zum Bau oder zur Renovierung (Abs. 2 S. 3 Hs. 2). Bei Umsetzung der Wohnimmobilienkreditrichtlinie noch nicht vorgesehen wurde die Ausnahme bei Bau oder Renovierung der Wohnimmobilie,[18] der Gesetzgeber hat auf den Gebrauch eines entsprechenden Mitgliedstaatenwahlrechts zunächst verzichtet. Auch aufgrund von Berichten über Probleme bei der Darlehensvergabe wurde Abs. 2 S. 3 durch Finanzaufsichtsrechtergänzungsgesetz neu gefasst und Hs. 2 ergänzt. 23

2. Informationsquellen (Abs. 3)

a) Ermittlung erforderlicher Informationen aus internen und externen Quellen (Abs. 3 S. 1). Anders als die Verbraucherkreditrichtlinie verweist die Wohnimmobilienkreditrichtlinie nicht in erster Linie auf Angaben des Darlehensnehmers sowie erforderlichenfalls auf die Auskunft einer Kreditdatenbank, sondern sieht in Art. 20 Abs. 1 S. 1 die Prüfung der Kreditwürdigkeit auf Grundlage notwendiger, ausreichender und angemessener Information zu Einkommen, Ausgaben sowie anderen finanziellen und wirtschaftlichen Umständen des Verbrauchers vor. Der Kreditgeber ermittelt die Informationen nach Art. 20 Abs. 1 S. 2 Wohnimmobilienkreditrichtlinie aus einschlägigen internen und externen Quellen, einschließlich des Verbrauchers. 24

Die Begründung des Regierungsentwurfs verweist darauf, dass die Abfrage in einer Kreditdatenbank in Erwägungsgrund 59 Wohnimmobilienkreditrichtlinie ausdrücklich als nützliches Element bei einer Kreditwürdigkeitsprüfung genannt wird.[19] Interne Quellen kommen insbesondere bei langfristiger Geschäftsbeziehung in Betracht, wenn aus dieser ein Rückschluss auf die künftige Zahlungsfähigkeit und -bereitschaft gezogen werden kann. 25

b) Berücksichtigung von Informationen eines Darlehensvermittlers (Abs. 3 S. 2). Der Darlehensgeber hat auch Informationen zu berücksichtigen, die er von einem Darlehensvermittler erhält (Gesetz: die ein Darlehensvermittler erteilt). Die Darlehensvermittlung ist in den §§ 655a ff. näher geregelt. 26

c) Angemessene Überprüfung (Abs. 3 S. 3). Der Darlehensgeber ist schließlich nach S. 3 verpflichtet, die Informationen in angemessener Weise zu überprüfen, soweit erforderlich durch Einsichtnahme in unabhängig nachprüfbare Unterlagen.[20] Umgesetzt wird in Anlehnung an den Wortlaut der Richtlinie das Erfordernis einer angemessenen Überprüfung Art. 20 Abs. 1 S. 3 Wohnimmobilienkreditrichtlinie. 27

[16] Begr. RegE BT-Drs. 18/5922, 99.
[17] Begr. RegE BT-Drs. 18/5922, 99.
[18] Zu den Gründen Begr. RegE BT-Drs. 18/5922, 99.
[19] Begr. RegE BT-Drs. 18/5922, 99.
[20] Begr. RegE BT-Drs. 18/5922, 99.

28 Für der Verbraucherkreditrichtlinie unterliegende Allgemein-Verbraucherdarlehensverträge verlangt der EuGH keine systematische Überprüfung,[21] dies wird bei Immobiliar-Verbraucherdarlehen notwendig sein. Auf eine Überprüfung nicht nur anhand von Belegen des Verbrauchers wird nur in wenigen, ganz besonders gelagerten Ausnahmefällen verzichtet werden können.

3. Dokumentation (Abs. 4)

29 Abs. 4 sieht für Immobilar-Verbraucherdarlehensverträge eine Pflicht des Darlehensgebers vor, die Verfahren und Angaben, auf die sich die Kreditwürdigkeitsprüfung stützt, festzulegen und zu dokumentieren und die Dokumentation des Verfahrens und der Angaben aufzubewahren. Die einschlägigen Unterlagen sind solange aufzubewahren, wie etwaige Ansprüche wegen unzureichender Kreditwürdigkeitsprüfung geltend gemacht werden könnten.[22]

IV. Datenschutz (Abs. 5)

30 Der Datenschutz ist in Abs. 5 für Allgemein- und Immobiliar-Verbraucherdarlehensverträge gemeinsam geregelt, eine entsprechende Regelung enthielt bereits § 509 S. 3 aF. Die Begründung des Regierungsentwurfs verweist auf Art. 18 Abs. 7 Wohnimmobilienkreditrichtlinie und darauf, dass eine Verwendung der Daten für andere Zwecke als die Kreditwürdigkeitsprüfung und mögliche spätere Streitigkeiten darüber kaum in Betracht kommen wird.[23] Es kann berechtigterweise eine besonders vertrauliche Behandlung erwartet werden.[24]

§ 505c Weitere Pflichten bei grundpfandrechtlich oder durch Reallast besicherten Immobiliar-Verbraucherdarlehensverträgen

Darlehensgeber, die grundpfandrechtlich oder durch Reallast besicherte Immobiliar-Verbraucherdarlehen vergeben, haben

1. **bei der Bewertung von Wohnimmobilien zuverlässige Standards anzuwenden und**
2. **sicherzustellen, dass interne und externe Gutachter, die Immobilienbewertungen für sie vornehmen, fachlich kompetent und so unabhängig vom Darlehensvergabeprozess sind, dass sie eine objektive Bewertung vornehmen können, und**
3. **Bewertungen für Immobilien, die als Sicherheit für Immobiliar-Verbraucherdarlehen dienen, auf einem dauerhaften Datenträger zu dokumentieren und aufzubewahren.**

Übersicht

I. Grundlagen

1 § 505c benennt weitere Pflichten des Darlehensgebers für die Kreditwürdigkeitsprüfung bei Immobiliar-Verbraucherdarlehensverträgen, die mit einem Grundpfandrecht oder einer

[21] EuGH CA Consumer Finance, RS. C-449/13, ZIP 2015, 65, Rn. 38 f.
[22] Begr. RegE BT-Drs. 18/5922, 99.
[23] Begr. RegE BT-Drs. 18/5922, 100.
[24] Begr. RegE BT-Drs. 18/5922, 100.

Reallast besichert sind. Geregelt wird die Bewertung von Wohnimmobilien im Zuge der Darlehensvergabe.[1] Dabei spielt es keine Rolle, ob der Darlehensnehmer oder ein Dritter Eigentümer der Immobilie ist oder sonst als Sicherungsgeber fungiert.[2] Umgesetzt wird Art. 19 Wohnimmobilienkreditverordnung nicht nur in Bezug auf grundpfandrechtlich gesicherte Darlehen, sondern mit der weiteren englischen Fassung der Richtlinie sowie im Einklang mit Art. 3 Abs. 1 Buchstabe a) Wohnimmobilienkreditrichtlinie auch für Reallasten.[3]

Die Pflichten nach § 505c sind im Zusammenhang mit den in § 505b normierten Standards zu betrachten.[4] Relevant ist insoweit auch die Immobiliar-Kreditwürdigkeitsprüfungsleitlinien-Verordnung, die allerdings nicht bereits mit Umsetzung der Wohnimmobilienkreditverordnung eingeführt wurde, sondern erst durch das Finanzaufsichtsrechtergänzungsgesetz. 2

II. Verwendung zuverlässiger Standards zur Bewertung von Wohnimmobilien (Nr. 1)

Die Begründung des Regierungsentwurfs verweist auf Standards wie die Beleihungswertermittlungsverordnung,[5] hieran könnten sich die Darlehensgeber orientieren. Nicht gewünscht ist eine Bindung an die Standards. Als internationale Standards genannt werden vom „International Valuation Standards Committee", der „European Group of Valuers Associations" oder der „Royals Group of Chartered Surveyors" entwickelte Standards.[6] Zu verweisen ist nun auch auf die Immobiliar-Kreditwürdigkeitsprüfungsleitlinien-Verordnung. 3

III. Einsatz kompetenter und unabhängiger Gutachter (Nr. 2)

Nicht explizit geregelt wird in § 505c, ob überhaupt Gutachter herangezogen werden müssen. Im Schrifttum wird darauf abgestellt, dass der Darlehensgeber durch Nr. 2 angehalten werden soll, eine objektive Bewertung der Immobilie sicherzustellen.[7] Jedenfalls für die Emission von Pfandbriefen sind Gutachter vorgesehen, es gilt insoweit § 5 Beleihungswertermittlungsverordnung.[8] 4

IV. Dokumentation und Aufbewahrung von Immobilienbewertungen (Nr. 3)

Der dauerhafte Datenträger ist in § 126b S. 2 legaldefiniert. Die Aufbewahrung hat jedenfalls so lange zu erfolgen, wie Ansprüche aus fehlerhafter Prüfung geltend gemacht werden können.[9] 5

---

[1] Begr. RegE BT-Drs. 18/5922, 100.
[2] MüKoBGB/*Schürnbrand/Weber* Rn. 2.
[3] Begr. RegE BT-Drs. 18/5922, 100.
[4] Näher BeckOK BGB/*Möller* Rn. 1, 2.
[5] Begr. RegE BT-Drs. 18/5922, 100
[6] MüKoBGB/*Schürnbrand/Weber* Rn. 2.
[7] *Bülow/Artz* Rn. 2.
[8] VO über die Ermittlung der Beleihungswerte von Grundstücken nach § 16 Abs. 1 und 2 des Pfandbriefgesetzes (Beleihungswertermittlungsverordnung – BelWertV) v. 12.5.2006, BGBl. I 2006, 1175.
[9] MüKoBGB/*Schürnbrand/Weber* Rn. 3.

§ 505d Verstoß gegen die Pflicht zur Kreditwürdigkeitsprüfung

(1) **Hat der Darlehensgeber gegen die Pflicht zur Kreditwürdigkeitsprüfung verstoßen, so ermäßigt sich**

1. ein im Darlehensvertrag vereinbarter gebundener Sollzins auf den marktüblichen Zinssatz am Kapitalmarkt für Anlagen in Hypothekenpfandbriefe und öffentliche Pfandbriefe, deren Laufzeit derjenigen der Sollzinsbindung entspricht, und

2. ein im Darlehensvertrag vereinbarter veränderlicher Sollzins auf den marktüblichen Zinssatz, zu dem europäische Banken einander Anleihen in Euro mit einer Laufzeit von drei Monaten gewähren. Maßgeblicher Zeitpunkt für die Bestimmung des marktüblichen Zinssatzes gemäß Satz 1 ist der Zeitpunkt des Vertragsschlusses sowie gegebenenfalls jeweils der Zeitpunkt vertraglich vereinbarter Zinsanpassungen. Der Darlehensnehmer kann den Darlehensvertrag jederzeit fristlos kündigen; ein Anspruch auf eine Vorfälligkeitsentschädigung besteht nicht. Der Darlehensgeber stellt dem Darlehensnehmer eine Abschrift des Vertrags zur Verfügung, in der die Vertragsänderungen berücksichtigt sind, die sich aus den Sätzen 1 bis 3 ergeben. Die Sätze 1 bis 4 finden keine Anwendung, wenn bei einer ordnungsgemäßen Kreditwürdigkeitsprüfung der Darlehensvertrag hätte geschlossen werden dürfen.

(2) **Kann der Darlehensnehmer Pflichten, die im Zusammenhang mit dem Darlehensvertrag stehen, nicht vertragsgemäß erfüllen, so kann der Darlehensgeber keine Ansprüche wegen Pflichtverletzung geltend machen, wenn die Pflichtverletzung auf einem Umstand beruht, der bei ordnungsgemäßer Kreditwürdigkeitsprüfung dazu geführt hätte, dass der Darlehensvertrag nicht hätte geschlossen werden dürfen.**

(3) **Die Absätze 1 und 2 finden keine Anwendung, soweit der Mangel der Kreditwürdigkeitsprüfung darauf beruht, dass der Darlehensnehmer dem Darlehensgeber vorsätzlich oder grob fahrlässig Informationen im Sinne des § 505b Absatz 1 bis 3 unrichtig erteilt oder vorenthalten hat.**

Übersicht

I. Grundlagen

1 § 505d normiert die zivilrechtlichen Folgen eines Verstoßes gegen die Kreditwürdigkeitsprüfung. In Abs. 1 findet sich eine allgemeine Regelung für alle Verträge, in Abs. 2 eine Regelung für notleidende Verbraucherdarlehensverträge und kurzfristige Zahlungsausfälle des Verbrauchers. Hätte der Verbraucherdarlehensvertrag nicht abgeschlossen werden dürfen (Abs. 1 S. 5), ist zwingende Rechtsfolge die Herabsetzung des Sollzinssatzes (Abs. 1 S. 1 und 2), daneben steht dem Darlehensnehmer ein Kündigungsrecht zu (Abs. 1 S. 3), weiter muss der Darlehensgeber eine Abschrift des geänderten Vertrages mit herabgesetztem Sollzins sowie Nennung der Kündigungsmöglichkeit zur Verfügung stellen (Abs. 1 S. 4).

2 Bislang war die Sanktionierung fehlerhafter Kreditwürdigkeitsprüfung explizit nur im Aufsichtsrecht geregelt.[1] Entsprechende aufsichtsrechtliche Regeln finden sich in Umsetzung der Wohnimmobilienkreditrichtlinie für Immobiliar-Verbraucherdarlehen nun in Frankreich mit einem Bußgeld in Höhe von bis zu 30.000 Euro pro Fall,[2] in Österreich wird eine Geldstrafe bis zu 10.000 Euro pro Fall vorgesehen.[3] In der Literatur wurde wohl überwiegend eine auch zivilrechtliche Sanktion gefordert,[4] dazu näher → § 505a Rn. 3 ff. Flankiert werden die Rechtsfolgen nach § 505d sowie nach § 18a KWG durch das UKlaG. Verbände haben auch bei Verbraucherdarlehen ein Klagerecht und die Möglichkeit, die Unterlassung verbraucherschutzwidriger Praktiken zu verlangen, dies gilt auch für die Fälle, die wegen Abs. 1 S. 5 nicht sanktioniert werden, weil es im Einzelfall an einer Kreditunwürdigkeit fehlt.

3 Für die Rechtsfolgen fehlerhafter Kreditwürdigkeitsprüfungen wird in § 505d zwischen der eigentlichen Kreditwürdigkeitsprüfung sowie einem Verstoß gegen die Pflicht unterschieden, bei einer negativ ausfallenden Kreditwürdigkeitsprüfung ist von einem Vertragsschluss abzusehen. Gemäß Abs. 1 S. 5 hat ein fehlerhaftes Verfahren keine zivilrechtlichen Rechtsfolgen nach § 505d, wenn der Verbraucherdarlehensvertrag bei einer ordnungsgemäßen Kreditwürdigkeitsprüfung hätte geschlossen werden können.

4 Ein Verstoß gegen Verbot des Vertragsabschlusses in § 505a Abs. 1 S. 2 BGB führt nach der Begründung des Regierungsentwurfs nicht wegen des Verstoßes gegen ein gesetzliches Verbot nach § 134 BGB zur Unwirksamkeit des Vertrages.[5] Dies erscheint bei leichter und mittlerer Fahrlässigkeit des Darlehensgebers angemessen, fraglich allerdings bei großer Fahrlässigkeit, Leichtfertigkeit und Vorsatz sowie insbesondere bei Fortführung eines systematischen Fehlverhaltens auch nach aufsichtsrechtlichen Maßnahmen.

5 Bereits nach dem Referentenentwurf wurde bezweifelt, ob die in § 504d vorgesehenen Sanktionen den europäischen Vorgaben entsprechen.[6] Insbesondere bei einem qualifizierten Fehlverhalten und Vorsatz ist zu prüfen, ob insoweit nicht andere Sanktionen eingreifen. In Betracht kommen Ansprüche wegen sittenwidrige Schädigung nach § 826 BGB, weiter Schadensersatzansprüche wegen eines Verstoßes gegen vorvertragliche Pflichten und ein vertraglicher Anspruch nach § 280 BGB.[7]

6 Auf Umsetzungsschwierigkeiten für die Praxis wurde bereits nach dem Regierungsentwurf hingewiesen.[8] Hintergrund ist die Unbestimmtheit der Vorgaben zur Durchführung

---

[1] Für ein solches aufsichtsrechtliches Regime König WM 2017, 269, 272 unter Verweis auf Erwägungsgrund 56 der Wohnimmobilienkreditrichtlinie.

[2] Ordonnance No. 2016-351 du 25 mars 2016 sur les contract des credit aux consommateurs relatifs aux biens immobiliers à usage d'habitation, Art. L 341-16.

[3] § 30 Nr. 4 österreichisches Hypothekar- und Immobilienkreditgesetz (HIKrG), dazu *Spitzer* Bankrechtstag 2017, 77.

[4] *Bartlitz* WM 2016, 344.

[5] Begr. RegE, BTDrs. 18/5922, 100.

[6] *Piekenbrok* GPR 2015, 26 (31).

[7] Dazu näher unten → Rn. 40 f.

[8] *Stamenković/Michel* VuR 2016, 132 (140).

der Kreditwürdigkeitsprüfung. In begrenztem Umfang schaffen Abhilfe insbesondere für Immobiliar-Verbraucherdarlehensverträge die Immobiliar-Kreditwürdigkeitsleitlinien-Verordnung (ImmoKWPLV) sowie allgemein die EBA Leitlinien zur Kreditwürdigkeitsprüfung, für die ein neuer Entwurf vorliegen.[9] Im Wesentlichen ist auf das dem Darlehensgeber zugebilligte Ermessen zu verweisen, dies sowohl hinsichtlich des Verfahrens der Kreditwürdigkeitsprüfung als auch hinsichtlich der letztendlich gestellten Prognose.

II. Ermäßigung des Sollzinssatzes und Kündigungsrecht bei fehlerhafter Kreditwürdigkeitsprüfung (Abs. 1)

1. Ermäßigung des Sollzinssatzes Abs. 1 S. 1

7 **a) Allgemeines.** Abs. 1 enthält eine Sanktionsregelung für alle nach fehlerhaften Kreditwürdigkeitsprüfungen. Hätte der Verbraucherdarlehensvertrag nicht abgeschlossen werden dürfen (Abs. 1 S. 5), ist zwingende Rechtsfolge die Herabsetzung des Sollzinssatzes (Abs. 1 S. 1 und 2), daneben steht dem Darlehensnehmer ein Kündigungsrecht zu (Abs. 1 S. 3), weiter muss der Darlehensgeber eine Abschrift des geänderten Vertrages mit herabgesetztem Sollzins sowie Nennung der Kündigungsmöglichkeit zur Verfügung stellen (Abs. 1 S. 4). Ergänzend gilt Abs. 2, der die Rechtsfolgen eines Zahlungsausfalls regelt.

8 Erwogen wurde, wie bei sittenwidriger Darlehensvergabe, auch bei bloß fehlerhafter Kreditwürdigkeitsprüfung den Zinsanspruch auszuschließen.[10] International findet sich auch die Herabsetzung des vereinbarten Zinses nach Ermessen,[11] demgegenüber hat die deutsche Regelung den Vorteil der Vorhersehbarkeit. Rechtsvergleichend erscheint es freilich nicht angemessen, von einer stark differenzierenden Regelung zu sprechen.[12]

9 Nach dem Grundgedanke der Regelung soll einerseits der Darlehensgeber von seinem relevant gewordenen Fehlverhalten nicht profitieren, andererseits soll der Darlehensnehmer die Gebrauchsvorteile des Darlehens nicht unentgeltlich erhalten.[13] Es erfolgt eine Ermäßigung des Zinssatzes, wenn das Darlehen nach Abs. 1 S. 5 nicht gewährt hätte werden dürfen und der Darlehensnehmer sich auch nicht für eine Kündigung entscheidet.

10 In der Zinsermäßigung liegt eine effektive Sanktion und ein Anreiz zur individuellen Rechtsdurchsetzung durch den Darlehensnehmer.[14] Anders als nach § 346 Abs. 2 S. 2 müssen Gebrauchsvorteile nicht vollständig zurückbezahlt werden, die Begründung des Regierungsentwurfs spricht davon, dass Risiko- und Gewinnanteile nicht vollständig enthalten sind.[15]

11 Der unter professionellen Marktteilnehmern übliche Zinssatz für die in Nr. 1 und 2 genannten Anlagen wird von der Begründung des Regierungsentwurfs als objektiver Wert der Kapitalüberlassung.[16] Dabei ist zu beachten, dass der Euribor für drei Monate bereits bei Verabschiedung der Umsetzung der Wohnimmobilienkreditrichtlinie einen negativen Zins aufwies. Auch bei negativem Zins kann die Kapitalüberlassung für den Darlehensgeber so einen objektiven Wert haben, erspart er sich doch einen noch tieferen Zins, etwa bei Abgabe der Gelder bei der Europäischen Zentralbank.

12 Vorgesehen wird eine Ermäßigung des Zinssatzes. Der Zinssatz wird nicht angehoben.[17] Es handelt sich um eine verbraucherschützende Norm, Verbraucher werden in aller Regel höhere Zinsen als die in Abs. 1 S. 1 genannten Zinssätze zahlen müssen.

---

[9] EBA, Draft Guidelines on loan origination and monitoring, EBA/CP/2019/04, 19.6.2019.
[10] Begr. RegE BT-Drs. 18/5922, 101.
[11] → Vor § 401 Rn. 30.
[12] So allerdings MüKoBGB/*Schürnbrand/Weber* Rn. 18.
[13] Begr. RegE BT-Drs. 18/5922, 100.
[14] Begr. RegE BT-Drs. 18/5922, 101.
[15] Begr. RegE BT-Drs. 18/5922, 101.
[16] Begr. RegE BT-Drs. 18/5922, 102.
[17] Begr. RegE BT-Drs. 18/5922, 102.

13 **b) Gebundener Sollzinssatz (Abs. 1 S. 1 Nr. 1).** Für Verbraucherdarlehen mit einem gebundenen Sollzinssatz sieht Abs. 1 S. 1 Nr. 1 eine Reduktion des vereinbarten Zinssatzes auf den marktüblichen Zinssatz am Kapitalmarkt für Anlagen in Hypothekenpfandbriefe und öffentliche Pfandbriefe vor, deren Laufzeit der derjenigen der Sollzinsbindung entspricht. Der gebundene Sollzinssatz ermäßigt sich auch bei Allgemein-Verbraucherdarlehen auf diesen Zinssatz. Der Gesetzgeber hat sich für eine Beibehaltung des festen Zinssatzes entschieden, daneben tritt aber die Kündigungsmöglichkeit nach Abs. 1 S. 3.

14 Der Zinssatz kann auch negativ sein. Dem Darlehensgeber soll allerdings weiterhin ein Ausgleich für seine Refinanzierungsaufwendungen überlassen werden, er wird nicht auf einen (noch) tieferen Einlagenzins der Europäischen Zentralbank verwiesen.

15 **c) Veränderlicher Sollzinssatz (Abs. 1 S. 1 Nr. 2).** Ein im Darlehensvertrag vereinbarter veränderlicher Sollzins ermäßigt sich auf den marktüblichen Zinssatz, zu dem europäische Banken einander Anleihen in Euro mit einer Laufzeit von drei Monaten gewähren. Praktisch wird so auf den Drei-Monats-Eurobor verwiesen. Der Zinssatz für den Drei-Monats-EURIBOR ist nach der Statistik der Europäischen Zentralbank seit Mai 2015 negativ, der Regierungsentwurf des Gesetzes zur Umsetzung der Wohnimmobilienkreditrichtlinie stammt vom September 2015.[18]

2. Maßgeblicher Zeitpunkt für die Berechnung (Abs. 1 S. 2)

16 Maßgeblicher Zeitpunkt für die Bestimmung eines gebundenen Sollzinssatzes ist der Zeitpunkt des Vertragsschlusses. Hierfür bedarf es der Annahme eines Angebots unter Beachtung der Formerfordernisse. Nicht abgestellt wird auf den Zeitpunkt des Ablaufs der Widerrufsfrist.

17 Bei vereinbarten Zinsanpassungen und damit bei einem veränderlichen Zinssatz ist auf den Zeitpunkt der vereinbarten Anpassung(en) abzustellen.

3. Kündigung (Abs. 1 S. 3)

18 Durch die Kündigungsmöglichkeit nach Abs. 1 S. 3 kann der Darlehensnehmer von einem nachträglichen Absinken des Zinssatzes profitieren.[19] Nachdem der Darlehensnehmer allerdings bei einer Refinanzierung den für Verbraucher üblichen Zinssatz zu entrichten hat, wird eine Kündigung nur bei einem starken Absinken des allgemeinen Zinsniveaus vorteilhaft sein, weiter wenn sich die finanzielle Situation des Darlehensnehmers verbessert hat.

19 Die Kündigung ist jederzeit und fristlos möglich.[20] Der Verbraucher kann so auch die Zinsentwicklung abwarten und sodann beim Darlehensgeber oder einem Dritten eine Anschlussfinanzierung vereinbaren, um das ursprüngliche Darlehen ablösen zu können.

20 Nach der expliziten Regelung in Abs. 1 S. 3, Hs. 2 besteht kein Anspruch auf Vorfälligkeitsentschädigung bei Kündigung des Darlehens.[21] Es sollen dem Darlehensgeber keine Ansprüche zustehen, die zu einem Gewinn aus dem Darlehensvertrag führen würden. Tragender Gedanke von Abs. 1 ist die unzulässige Rechtsausübung.[22]

4. Abschrift des Vertrags (Abs. 1 S. 4)

21 Nach Abs. 1 S. 4 hat der Darlehensgeber eine aktualisierte und korrigierte Abschrift des Vertrags zur Verfügung zu stellen. In das Dokument sind der neue Zinssatz und die Kündigungsmöglichkeit aufzunehmen,[23] anzugeben sind auch die übrigen Vertragsbedin-

[18] Begr. RegE BT-Drs. 18/5922.
[19] Begr. RegE BT-Drs. 18/5922, 102.
[20] MüKoBGB/*Schürnbrand/Weber* Rn. 12.
[21] Begr. RegE BT-Drs. 18/5922, 103, dazu *Buck-Heeb/Lang* ZBB 2016, 320 (326).
[22] Begr. RegE BT-Drs. 18/5922, 103.
[23] MüKoBGB/*Schürnbrand/Weber* Rn. 13.

gungen. Zinsreduktion und Kündigungsmöglichkeit sind nach Sinn und Zweck der Regelung deutlich hervorzuheben.

22 Mit der Verpflichtung, eine Abschrift zur Verfügung zu stellen, knüpft Abs. 1 S. 4 an die Grundregel des § 492 Abs. 3 an, der vorsieht, dass der Darlehensgeber nach Vertragsschluss eine Abschrift des Vertrags zur Verfügung zu stellen hat. Inhaltlich bestehen keine Unterschiede zu § 491a Abs. 2, wonach der Darlehensgeber einen Vertragsentwurf aushändigen oder übermitteln muss. Das zur Verfügung stellen nach § 492 Abs. 3 soll verdeutlichen, dass der Darlehensgeber seiner Pflicht auch durch Übersendung nachkommen kann.[24]

23 Unterlässt der Darlehensgeber trotz fehlerhafter Kreditprüfung und Kreditunwürdigkeit des Verbrauchers die Übermittlung einer neuen Abschrift des Vertrages unter Nennung der Konditionen nach Abs. 1 S. 1 bis 3, so kann dem Verbraucher ein Schadensersatzanspruch zustehen. Ein Schaden kann sowohl in der Überzahlung von Zinsen als auch in der Fortführung des Vertrages trotz Kündigungsmöglichkeit liegen.

5. Vertrag hätte nicht geschlossen werden dürfen (Abs. 1 S. 5)

24 Die Begründung des Regierungsentwurfs geht davon aus, dass der Darlehensnehmer nicht belastet wurde, wenn der Vertrag abgeschlossen werden durfte.[25] Dies gilt bei wirtschaftlicher Betrachtungsweise allerdings nur für den Zeitpunkt des Vertragsschlusses, zumindest nicht mehr ohne weiteres nach der Verausgabung des Darlehensbetrags. Der Verbraucher trägt nach Erhalt des Darlehens das Risiko einer gewinnbringenden Verwendung und einer unabhängig davon bestehenden Rück- und Zinszahlungspflicht.

25 Hat der Darlehensgeber eine verfahrensmäßig ordnungsgemäße Kreditwürdigkeitsprüfung durchgeführt, ist bei der Feststellung der Kreditunwürdigkeit sein Ermessensspielraum zu berücksichtigen (→ § 505a Rn. 16). Überschreitet der Darlehensgeber den Ermessensspielraum im Verfahren zur Feststellung der Kreditwürdigkeit (→ § 505a Rn. 21 ff.), so hat das Gericht die Kreditwürdigkeit selbst festzustellen. Entsprechend den Regeln der deutschen business judgment rule ist dabei der dem Darlehensgeber an sich zukommende Ermessensspielraum bei der Bewertung der Kreditwürdigkeit nicht zu berücksichtigen.

26 Anderweitige Sanktionen bestehen nach dem Aufsichtsrecht, weiter besteht die Möglichkeit der Unterbindung gesetzwidriger Maßnahmen durch Verbände nach dem UKlaG. Rechtsbehelfe des Verbrauchers kommen bei Abschluss eines Beratungsvertrags in Betracht, ein solcher kann auch konkludent vereinbart werden.

III. Rechtsfolgen der Nichterfüllung bei unzulässigem Vertragsschluss (Abs. 2)

1. Auf der fehlerhafter Kreditwürdigkeitsprüfung beruhender Zahlungsausfall

27 Abs. 2 trifft ergänzende Regelungen für notleidende Kredite und kurzfristige Zahlungsausfälle des Verbrauchers. Wie bei Abs. 1 ist der tragende Gedanke in erster Linie der Grundsatz unzulässiger Rechtsausübung.[26] Nach der Begründung des Regierungsentwurfs ist eine verschärfte Sanktion nur geboten, wenn sich die Risiken tatsächlich verwirklichen.[27]

28 Weiter erforderlich ist die Kausalität der fehlerhaften Kreditwürdigkeitsprüfung für den Zahlungsausfall. Allerdings muss die fehlerhafte Kreditwürdigkeitsprüfung nicht die alleinige Ursache sein. Es genügt, dass der Verbraucher nicht alle eingegangenen Zahlungsver-

[24] BT-Drs. 14/7052, 201; dazu → § 492 Rn. 13.
[25] Begr. RegE BT-Drs. 18/5922, 103.
[26] Begr. RegE BT-Drs. 18/5922, 103.
[27] Begr. RegE BT-Drs. 18/5922, 103.

pflichtungen erfüllen kann. Der Verbraucher kann sich auch entscheiden, andere Verträge zu erfüllen, insbesondere solche, die Leistungen des täglichen Bedarfs betreffen. Ermöglicht wird so die Zahlung von Miete, von Nebenkosten, Strom, Gas aber auch Käufe des täglichen Bedarfs.

Angemessen erscheint eine Vermutung der Kausalität, wenn das freie Einkommen des Darlehensgebers die Pfändungsfreigrenze nicht übersteigt. Bei der Berechnung sind auch bei Vertragsschluss noch nicht feststehende anderweitige Verpflichtungen zu berücksichtigen. **29**

2. Keine Ansprüche wegen Pflichtverletzung

Der Ausschluss von Ansprüchen wegen Pflichtverletzung umfasst die Verzugszinsen.[28] Der vom Darlehensnehmer geschuldete Betrag ist so nicht nach §§ 497 Abs. 1, 288 mit grundsätzlich fünf Prozent über dem Basiszinssatz zu verzinsen. Weiter kann der Darlehensgeber keine Rechtsverfolgungskosten und keinen Ersatz für mittelbar entstandene Schäden verlangen.[29] Nicht verlangt werden kann weiter eine Vorfälligkeitsentschädigung.[30] **30**

Von Abs. 2 unberührt bleiben Ansprüche auf zivilprozessualer Grundlage, die Begründung des Regierungsentwurfs verweist auf den zivilprozessualen Kostenersatzanspruch nach §§ 91 ff. ZPO sowie den Anspruch auf Ersatz der Kosten der Zwangsvollstreckung nach § 788 ZPO. **31**

IV. Ausnahme: vorsätzlich oder grob fahrlässige Nicht-/Falschangabe des Verbrauchers (Abs. 3)

Die in Abs. 1 und 2 vorgesehenen Sanktionen sind nach der Wertung des Gesetzgebers nicht angemessen, wenn der Darlehensnehmer vorsätzlich oder grob fahrlässig die angeforderten Informationen unrichtig erteilt oder vorenthalten hat.[31] Dabei muss es sich um relevante Informationen handeln.[32] Zutreffend wird man darüber hinausgehend die Kausalität der Nicht- oder Falschangabe verlangen dürfen, auch wird kein Verzicht des Darlehensgebers auf die Information vorliegen dürfen. **32**

Der Regierungsentwurf verweist auf andere Sanktionen und nennt die Durchsetzung mittels Unterlassungsklage nach dem UKlaG sowie ausichtsrechtliche Sanktionsmöglichkeiten.[33] **33**

V. Vorsätzliches oder grob fahrlässiges Fehlverhalten des Unternehmers

Für grob fahrlässiges, leichtfertiges, strukturelles oder vorsätzliches Fehlverhalten des Darlehensgebers enthält § 505d keine Regelung. Anwendbar sind die allgemeinen Rechtsgrundsätze und Regeln, die von Rechtsprechung und Wissenschaft auf die konkrete Fallkonstellation bezogen fortzuentwickeln sind. Nahe liegt es, diese spiegelbildlich zu den Sonderregeln für ein grob fahrlässiges und vorsätzliches Verhalten des Verbrauchers zu entwickeln, dabei aber die Wertentscheidung des Gesetzgebers zu beachten, dass jedenfalls grundsätzlich von einem wirksamen Verbraucherdarlehensvertrag auszugehen ist. **34**

Als Ausgangspunkt für eine rechtliche Würdigung insbesondere systematischer und vorsätzlicher Kreditvergabe ohne positive Prognose kann die Rechtsfigur des Rechtsmissbrauchs **35**

[28] Begr. RegE BT-Drs. 18/5922, 103.
[29] Begr. RegE BT-Drs. 18/5922, 103.
[30] Begr. RegE BT-Drs. 18/5922, 103; MüKoBGB/*Schürnbrand/Weber* Rn. 15 und § 497 Rn. 18.
[31] Begr. RegE BT-Drs. 18/5922, 104.
[32] So Begr. RegE BT-Drs. 18/5922, 104 unter Verweis auf die nach Art. 247 § 1 Abs. 1 EGBGB angeforderte Information.
[33] Begr. RegE BT-Drs. 18/5922, 104.

dienen, die der Regelung des § 505d zugrunde liegt.[34] Der Regierungsbegründung lässt sich kein Wille des Gesetzgebers entnehmen, dass die Grundsätze des Rechtsmissbrauchs in § 505d für den Fall der fehlerhaften Kreditprüfung und -vergabe abschließend ausgeformt sind.

36 In der Insolvenz des Verbrauchers stellt sich im Falle eines förmlichen Verbraucherinsolvenzverfahrens die Frage, ob Ansprüche des Darlehensgebers zur Insolvenztabelle angemeldet werden können. Eine Nichtberücksichtigung von fehlerhaft vergebenen Verbraucherdarlehensverträgen würde dem Verbraucher die Restschuldbefreiung erleichtern. Allgemein stellt sich die Frage, ob Ansprüche geltend gemacht werden können, die über den Wert des noch im Vermögen des Darlehensnehmers vorhandenen Darlehensbetrags hinausgehen.

37 Ein Rechtsmissbrauch kann nicht bei jedem Formfehler angenommen werden. Umgekehrt sind aber auch keine übersteigerten Anforderungen zu stellen. Die Wertungen des Gesetzgebers zu Abs. 1 und Abs. 2 geben Anhaltspunkte für eine weite Anwendung der an sich zurückhaltend zu applizierenden Grundsätze zum Rechtsmissbrauch. Bei beiderseits vorsätzlichem Fehlverhalten gelten die Abs. 1 und 2, Abs. 3 findet keine Anwendung.

VI. Andere Ansprüche

1. Rückzahlungsansprüche des Verbrauchers und Allgemeines

38 Das Bestehen weiterer Ansprüche wird als offen bezeichnet.[35] Zutreffend ist die Regelung in § 505d nicht in dem Sinne abschließend, dass ihr eine absolute Sperrwirkung zukommt. Zu berücksichtigen sind allerdings jeweils die Regelungsziele des § 505d.

39 Zuviel gezahlte Zinsen können nachträglich innerhalb der allgemeinen Grenzen, nach der Begründung des Regierungsentwurfs insbesondere Verjährung und Verwirkung, zurückverlangt werden.[36] Dies gilt auch für sonstige nicht geschuldete Zahlungen.

2. Schadensersatz

40 Zutreffend jedenfalls im Grundsatz abgelehnt wird ein Schadensersatz nach § 280 neben § 505d, die Norm wird insoweit als abschließend angesehen.[37] Gegen einen Schadensersatzanspruch spricht, dass dem § 505d sonst kaum eigenständige Bedeutung bliebe.[38] Allerdings wird bei einem wissentlichen Verstoß der Ausschluss von Schadensersatz als fraglich angesehen,[39] hierzu näher oben → Rn. 5.

41 Nicht ausgeschlossen aber weniger praktisch sind Ansprüche wegen sittenwidriger Schädigung nach § 826. Solange der Darlehensgeber nach dem der Darlehensvergabe zugrundeliegenden Geschäftsmodell das Ausfallrisiko selbst trägt, wird eine Haftung wegen sittenwidriger Schädigung nur in seltenen und ganz besonders gelagerten Ausnahmefällen in Betracht kommen. In Betracht kommt ein Anspruch nach § 826 bei vorsätzlicher Darlehensvergabe an kreditunwürdige Verbraucher etwa, wenn die Forderungen also solche oder in verbriefter oder digitalisierter Form weiterverkauft werden sollten (und wurden).

3. Konkludent abgeschlossener Beratungsvertrag?

42 Für einen konkludent abgeschlossenen Beratungsvertrag wird auf die Rechtsprechung zur Anlageberatung verwiesen.[40] Die Begründung des Regierungsentwurfs zu § 511 geht

[34] Begr. RegE BT-Drs. 18/5922, 103.
[35] *Buck-Heeb/Lang* ZBB 2016, 320 (327).
[36] Begr. RegE BT-Drs. 18/5922, 101.
[37] *Schmolke* Bankrechtsrechtstag 2016, 45 (77 f.); *Harnos* JZ 2017, 552; *Omlor* ZIP 2017, 112 (117), wohl noch weitergehend *Wittig* Bankrechtstag 2018, 99 (123).
[38] MüKoBGB/*Schürnbrand/Weber* Rn. 18 sprechen von einer weitflächigen Eröffnung paralleler Schadensersatzansprüche.
[39] *Heße/Niederhofer* MDR 2017, 489.
[40] *Buck-Heeb/Lang* ZBB 2016, 320 (329).

darauf im Rahmen der im Gesetzgebungsverfahren geprüften Erstreckung auf Allgemein-Verbraucherdarlehensverträge ein. Danach kommt ein Beratungsvertrag nach derzeitiger Rechtslage bereits dann konkludent zustande, wenn bei einer Gesamtwürdigung der Umstände davon auszugehen ist, dass der Darlehensgeber eine bestimmte Erklärung zum Darlehensvertrag oder seiner Eignung für den Darlehensnehmer zum Gegenstand vertraglicher Rechte und Pflichten gemacht hat.[41]

Als Indizien für den Abschluss eines gesonderten Beratungsvertrags werden das Überlassen einer Information nach § 511 Abs. 1, das Einfordern einer Beratung durch den Kunden, das Inaussichtstellen einer Beratung sowie das Einsetzen einer Beratungssoftware genannt.[42] Bislang nicht vertieft behandelt wird die Frage, ob aus dem Ergebnis der Kreditwürdigkeitsprüfung auf den konkludenten Abschluss eines Beratungsvertrags geschlossen werden kann. Gerade kann kommt aufgrund der (vorvertraglichen) Rücksichtnahmepflicht eine Redepflicht und damit ein konkludentes Beratungsangebot in Betracht. **43**

Ein konkludent abgeschlossener Beratungsvertrag wird bei Immobiliar-Verbraucherdarlehensverträgen als Regelfall angesehen.[43] Ein konkludenter Abschluss ist im Einzelfall zu prüfen, wenn die Kreditwürdigkeitsprüfung eine signifikante Ausfallwahrscheinlichkeit ergibt oder bei sachgerechter Durchführung hätte ergeben müssen. Auch bei zehnprozentiger Ausfallwahrscheinlichkeit ist die Erfüllung des Darlehens weiterhin überwiegend wahrscheinlich, so dass ein Immobiliar-Verbraucherdarlehensvertrag abgeschlossen werden kann. **44**

Bei Allgemein-Verbraucherdarlehensverträgen dürfte einem konkludent abgeschlossenen Beratungsvertrag bei offensichtlicher Ungeeignetheit des Verbraucherdarlehens für die Zwecke des Verbrauchers praktische Bedeutung zukommen.[44] Weiter haben die Mitgliedstaaten für die Unterstützung des Verbrauchers zu sorgen, die dieser benötigt um zu entscheiden, welcher Kreditvertrag seinen Bedürfnissen und seiner finanziellen Situation am besten entspricht, nach Erwägungsgrund 24 der Richtlinie ist der Verbraucher vor Abschluss des Kreditvertrags „umfassend" zu informieren.[45] Bei ernstlichen Zweifeln an der Kreditwürdigkeit ist ein Kredit zu verwehren. **45**

§ 505e Verordnungsermächtigung

[1]Das Bundesministerium der Finanzen und das Bundesministerium der Justiz und für Verbraucherschutz werden ermächtigt, durch gemeinsame Rechtsverordnung ohne Zustimmung des Bundesrates Leitlinien zu den Kriterien und Methoden der Kreditwürdigkeitsprüfung bei Immobiliar-Verbraucherdarlehensverträgen nach den §§ 505a und 505b Absatz 2 bis 4 festzulegen. [2]Durch die Rechtsverordnung können insbesondere Leitlinien festgelegt werden

1. zu den Faktoren, die für die Einschätzung relevant sind, ob der Darlehensnehmer seinen Verpflichtungen aus dem Darlehensvertrag voraussichtlich nachkommen kann,

2. zu den anzuwendenden Verfahren und der Erhebung und Prüfung von Informationen.

[41] Begr. RegE BT-Drs. 18/5922, 105.

[42] MüKoBGB/*Schürnbrand/Weber* Rn. 19, § 511 Rn. 9.

[43] *Buck-Heeb* ZIP 2018, 705 (707), aA, einen formellen Akt über die Bereitschaft zur Beratung verlangend, *Wittig* Bankrechtstag 2018, 99 (125), zumindest einschränkend aber 127 (zur Beratungsleistung durch den Darlehensgeber trotz Ablehnung der Beratung).

[44] Für Zurückhaltung bei der Annahme konkludenter Beratungsverträge *Schmolke* Bankrechtstag 2018, 45 (61).

[45] EuGH Schnys/Belfuis Banque, Rs. C-58/18, NJW 2019, 2455 Rn. 30.

Übersicht

I. Grundlagen

1 Die Verordnungsermächtigung nach § 505e wurde nicht bereits bei Umsetzung der Wohnimmobilienkreditrichtlinie und Einführung der Kreditwürdigkeitsprüfung nach §§ 505a bis 505d im März 2016, sondern erst durch das Finanzaufsichtsrechtergänzungsgesetz im Juni 2017 in das Bürgerliche Gesetzbuch eingefügt. Bereits der Bundesrat hatte um eine Konkretisierung der unbestimmten Rechtsbegriffe der Kreditwürdigkeitsprüfung gebeten.[1] Demgegenüber war die aufsichtsrechtliche Verordnungsermächtigung auf Grundlage von Art. 9 Abs. 2 Wohnimmobilienkreditrichtlinie[2] bereits bei deren Umsetzung in das KWG (§ 18a Abs. 10) eingefügt.

2 Bei der Immobiliar-Kreditwürdigkeitsprüfungsleitlinien-Verordnung (ImmoKWPLV) handelt es sich um zusätzliche Leitlinien nach Erwägungsgrund 55 aE der Wohnimmobilienkreditrichtlinie.

II. Die Immobiliar-Kreditwürdigkeitsprüfungsleitlinien-Verordnung (ImmoKWPLV)

3 Das Bundesministerium der Finanzen sowie das Bundesministerium für Justiz und Verbraucherschutz haben im April 2018 von der Verordnungsermächtigung Gebrauch gemacht und für Immobiliar-Verbraucherdarlehen Leitlinien erlassen.[3] Die Immobiliar-Kreditwürdigkeitsprüfungsleitlinien-Verordnung (ImmoKWPLV) ist zum 1. Mai 2018 in Kraft getreten.[4]

4 Die Verordnung enthält verbindliche Vorgaben. Zu prüfen ist aber jeweils ihre Unionsrechtskonformität,[5] hier werden teilweise Bedenken geäußert.[6] So soll etwa die signifikante Erhöhung als Voraussetzung der Kreditwürdigkeitsprüfung nicht von der Ermächtigung umfasst sein.[7]

§ 506 Zahlungsaufschub, sonstige Finanzierungshilfe

(1) [1] **Die für Allgemein-Verbraucherdarlehensverträge geltenden Vorschriften der §§ 358 bis 360 und 491a bis 502 sowie 505a bis 505e sind mit Ausnahme des § 492 Abs. 4 und vorbehaltlich der Absätze 3 und 4 auf Verträge entsprechend anzuwenden, durch die ein Unternehmer einem Verbraucher einen entgeltlichen Zahlungsaufschub oder eine sonstige entgeltliche Finanzierungshilfe gewährt.** [2] **Bezieht sich der entgeltliche Zahlungsaufschub oder die sonstige entgeltliche Finanzierungshilfe auf den Erwerb oder die Erhaltung des Eigentumsrechts an Grundstücken, an bestehenden oder zu errichtenden Gebäuden oder auf den Erwerb oder die Erhaltung von grundstücks-**

[1] BT-Drs. 18/6286, 28.
[2] Begr. RegE BT-Drs. 18/5922, 136.
[3] VO zur Festlegung von Leitlinien zu den Kriterien und Methoden der Kreditwürdigkeitsprüfung bei Immobiliar-Verbraucherdarlehensverträgen (Immobiliar-Kreditwürdigkeitsprüfungsleitlinien-VO – ImmoKWPLV) v. 24.4.2018, BGBl. I 2018, 529.
[4] Dazu *Buck-Heeb/Siedler* BKR 2018, 269; *Feldhusen* WM 2019, 97.
[5] MüKoBGB/*Schürnbrand/Weber* Rn. 6, *Omlor* NJW 2017, 1633 (1636).
[6] MüKoBGB/*Schürnbrand/Weber* Rn. 10 f.
[7] MüKoBGB/*Schürnbrand/Weber* Rn. 11, die Regelung begrüßend *Omlor* NJW 2017, 1633 (1637).

gleichen Rechten oder ist der Anspruch des Unternehmers durch ein Grundpfandrecht oder eine Reallast besichert, so sind die für Immobiliar-Verbraucherdarlehensverträge geltenden, in S. 1 genannten Vorschriften sowie § 503 entsprechend anwendbar. [3]Ein unentgeltlicher Zahlungsaufschub gilt als entgeltlicher Zahlungsaufschub gemäß Satz 2, wenn er davon abhängig gemacht wird, dass die Forderung durch ein Grundpfandrecht oder eine Reallast besichert wird.

(2) **[1]Verträge zwischen einem Unternehmer und einem Verbraucher über die entgeltliche Nutzung eines Gegenstandes gelten als entgeltliche Finanzierungshilfe, wenn vereinbart ist, dass**

1. der Verbraucher zum Erwerb des Gegenstandes verpflichtet ist,
2. der Unternehmer vom Verbraucher den Erwerb des Gegenstandes verlangen kann oder
3. der Verbraucher bei Beendigung des Vertrags für einen bestimmten Wert des Gegenstandes einzustehen hat.

[2]Auf Verträge gemäß Satz 1 Nr. 3 sind § 500 Abs. 2 und § 502 nicht anzuwenden.

(3) **Für Verträge, die die Lieferung einer bestimmten Sache oder die Erbringung einer bestimmten anderen Leistung gegen Teilzahlungen zum Gegenstand haben (Teilzahlungsgeschäfte), gelten vorbehaltlich des Absatzes 4 zusätzlich die in den §§ 507 und 508 geregelten Besonderheiten.**

(4) **[1]Die Vorschriften dieses Untertitels sind in dem in § 491 Absatz 2 Satz 2 Nummer 1 bis 5, Absatz 3 Satz 2 und Absatz 4 bestimmten Umfang nicht anzuwenden. [2]Soweit nach der Vertragsart ein Nettodarlehensbetrag (§ 491 Absatz 2 Satz 2 Nummer 1) nicht vorhanden ist, tritt an seine Stelle der Barzahlungspreis oder, wenn der Unternehmer den Gegenstand für den Verbraucher erworben hat, der Anschaffungspreis.**

Übersicht

I. Grundlagen

Die in den §§ 506–509 geregelten Finanzierungshilfen werden den Verbraucherdarlehen weitgehend gleichgestellt. Diese Gleichbehandlung, nicht die gesonderte Regelung ist europarechtlich indiziert. Die Verbraucherkreditrichtlinie sieht neben Darlehen auch Finanzierungshilfen, insbesondere den entgeltlichen Zahlungsaufschub und das Teilzahlungsgeschäft als Verbraucherkredit an. Das Teilzahlungsgeschäft war allerdings bereits zuvor in §§ 499–504 geregelt, zuvor im VerbrKrG in den §§ 8, 9, 12, 13, 14. Das Teilzahlungsgeschäft lässt sich in Form des Abzahlungsgeschäftes bis zum Abzahlungsgesetz von 1894 zurückverfolgen. 1

Nach der Definition des Kreditvertrags in der Verbraucherkreditrichtlinie (Art. 3 Buchstabe c) handelt es sich bei den im 2. Untertitel geregelten Vertragsarten um Kreditverträge. Der Ausdruck Kreditvertrag bestimmt einen Vertrag, bei dem ein Kreditgeber einem Verbraucher einen Kredit in Form eines Zahlungsaufschubs, eines Darlehens oder einer 2 sonstigen Finanzierungshilfe gewährt oder zu gewähren verspricht; ausgenommen sind Verträge über die wiederkehrende Erbringung von Dienstleistungen oder über die Lieferung von Waren gleicher Art, bei denen der Verbraucher für die Dauer der Erbringung oder Lieferung Teilzahlungen für diese Waren oder Dienstleistungen leistet.

3 Nach Art. 2 Abs. 1 gilt die Verbraucherkreditrichtlinie für Kreditverträge, ausgenommen sind nach Art. 2 Abs. 2 Buchstabe f Verbraucherkreditrichtlinie zins- und gebührenfreie Kreditverträge, nach Art. 2 Buchstabe j ferner Kreditverträge, die die unentgeltliche Stundung einer bestehenden Forderung zum Gegenstand haben.

4 Nicht mehr wie in § 500 aF (Finanzierungsleasing) in einer eigenen Vorschrift geregelt ist das Leasing.[1] § 498 gilt aber entsprechend, der Begriff des Teilzahlungsdarlehens wurde auch mit Blick auf den Streitstand im Leasingrecht als entbehrlich angesehen.[2]

5 Bei Umsetzung der Wohnimmobilienkreditrichtlinie wurde der Anwendungsbereich des Abs. 1 S. 1 auf Allgemein-Verbraucherdarlehen beschränkt und in Abs. 1 S. 2 eine Neuregelung für Immobiliar-Verbraucherdarlehen angefügt.[3] Für entgeltliche Finanzierungshilfen wird nunmehr auf die allgemeinen Regeln zur Prüfung der Kreditwürdigkeit in §§ 505a bis 505d verwiesen, die Sonderregelung in § 509aF ist entfallen. Weiter wurden in Abs. 4 redaktionelle Anpassungen vorgenommen.

II. Anwendbarkeit der §§ 491 ff. auf Finanzierungshilfen (Abs. 1)

1. Regeln über Allgemein-Verbraucherdarlehen (Abs. 1 S. 1)

6 **a) Entgeltlicher Zahlungsaufschub.** Als ersten Fall einer Finanzierungshilfe nennt das Gesetz den Zahlungsaufschub. Hierunter fallen wegen des Erfordernisses einer entgeltlichen Darlehensvergabe nicht bloße Stundungen, die auch der Verbraucherkreditrichtlinie nicht unterfallen. Die Begrenzung auf einen entgeltlichen Zahlungsaufschub von mehr als drei Monaten in § 499 Abs. 1 aF findet keinen Rückhalt in der Richtlinie mehr.[4]

7 Bedeutung hat Abs. 1 für das Versicherungsrecht. Als entgeltlicher Zahlungsaufschub angesehen werden auch unterjährige Versicherungsprämien,[5] der BGH sieht hierin freilich keinen entgeltlichen Zahlungsaufschub.[6]

8 **b) Entgeltliche sonstige Finanzierungshilfe.** Auch eine sonstige Finanzierungshilfe muss entgeltlich sein, um die Anwendbarkeit der §§ 491 ff. zu begründen. Der Begriff der entgeltlichen Finanzierungshilfe ist dabei weit auszulegen.[7] Hierunter kann auch Finanzierungsleasing fallen, Abs. 2 ist insoweit nicht abschließend.[8]

9 **c) Grundsatz der Anwendbarkeit und Ausnahmen.** Die Verweisung auf die Vorschriften zum Verbraucherdarlehen ist nach der Regierungsbegründung als Rechtsgrundverweisung zu verstehen,[9] es ist so der Tatbestand der jeweiligen Vorschrift, auf die verwiesen wird, im Einzelfall festzustellen. Hierfür angeführt wird § 358 BGB. Von der Anwendbarkeit der §§ 491 ff. ist indes auszugehen, nach der Richtlinie erfolgt keine Differenzierung zwischen Zahlungsaufschub und sonstiger Finanzierungshilfe sowie einem (Verbraucher)Darlehen. Auch nach dem Umsetzungsgesetz handelt es sich bei Zahlungsaufschüben und Finanzierungshilfen um Darlehen. Verwiesen wird damit neben den

---

[1] Zum Kilometerleasing *Schattenkirchner* NJW 2013, 2398.
[2] Begr. RegE BT-Drs. 16/11643, 84.
[3] AusschussBegr. BT-Drs. 18/7584.
[4] Begr. RegE BT-Drs. 16/11643, 91.
[5] *Schürnbrand* WM 2011, 481 mwN, aber → BGB § 510 Rn. 1.
[6] BGH NJW 2013, 2195.
[7] Kümpel/Mülbert/Früh/Seyfried/*Merz/Wittig* Rn. 5.37.
[8] *Bülow* WM 2014, 1413.
[9] Begr. RegE BT-Drs. 16/11643, 91.

§§ 491 ff. auch auf die Informationspflichten nach Art. 247 EGBGB sowie die Preisangabenverordnung.

Ausgenommen von der Verweisung sind die §§ 503–505. Nach der Regierungsbegründung kommen die dort geregelten besonderen Darlehensformen bei Finanzierungshilfen nicht vor.[10] Nicht verwiesen wird auch auf die Formbedürftigkeit einer Vollmacht, § 494 Abs. 4 BGB. Dies entspricht der bisherigen Rechtslage.[11] **10**

Eine Besonderheit gilt auch beim Widerruf eines Verbraucherbauvertrags.[12] Trotz der Regelung der Beendigung des Widerrufsrechts in § 356e und für Verbraucherdarlehensverträge in § 356b Abs. 2 und 3 sowie für unentgeltliche Darlehen in § 356d kann bei einer Finanzierungshilfe ein ewig schwebender Vertrag entstehen.[13] **11**

2. Immobiliar-Verbraucherdarlehen (Abs. 1 S. 2 und 3)

Die Regelung grundpfandrechtlich gesicherter Finanzierungshilfen sollte zunächst in § 491 Abs. 3 BGB getroffen werden, sie wurde durch den Ausschuss verschoben.[14] Die Definition diente der Umsetzung der Wohnimmobilienkreditrichtlinie und enthielt den zweiten Teil der Definition des Immobiliar-Verbraucherdarlehens.[15] Systematisch ist § 507 der bessere Standort. **12**

Erfasst wird ein entgeltlicher Zahlungsaufschub auch dann, wenn zur Sicherung ein Grundpfandrecht gefordert wird.[16] Die Verschiebung erfolgte aus redaktionellen Gründen,[17] führte aber auch zu einer Änderung der Begrifflichkeit, während in § 491 auf eine Stundung abgestellt werden sollte, wird nun die Begrifflichkeit des § 506 verwandt, der Zahlungsaufschub. **13**

III. Fiktion einer entgeltlichen Finanzierungshilfe (Abs. 2)

Abs. 2 wurde bei Umsetzung der Verbraucherkreditrichtlinie neu gefasst[18] und regelt insbesondere die Einbeziehung von Leasingverträgen in das Verbraucherdarlehensrecht.[19] Die Norm dient nach der Regierungsbegründung der Umsetzung von Art. 2 Abs. 2 Buchstabe d Verbraucherkreditrichtlinie.[20] Danach fallen Miet- und Leasingverträge,[21] bei denen weder in dem Vertrag selbst noch in einem gesonderten Vertrag eine Verpflichtung zum Erwerb des Miet- bzw. Leasinggegenstandes vorgesehen ist, nicht unter die Richtlinie; von einer solchen Verpflichtung ist auszugehen, wenn der Kreditgeber einseitig darüber entscheidet. **14**

Als Oberbegriff der charakteristischen Leistungspflicht wurde für sämtliche Formen von Kauf-, Werk-, oder Dienstverträgen der Begriff des Gegenstands gewählt, es kann sich um eine bewegliche oder unbewegliche Sache (§ 90) ebenso handeln wie um Forderungen oder sonstige Vermögensrechte.[22] Der Erwerb eines Gegenstands, **Nr. 1**, geht auf Art. 2 Abs. 2 Buchstabe d Verbraucherkreditrichtlinie, 1. Halbsatz zurück und ist nach der Regierungsbegründung richtlinienkonform weit gefasst. Das Gesetz stelle jeden Nutzungsvertrag einer entgeltlichen Finanzierungshilfe gleich, der dem Unternehmer die Möglich- **15**

[10] Begr. RegE BT-Drs. 16/11643, 91.
[11] Begr. RegE BT-Drs. 16/11643, 91.
[12] *Bülow* WM 2018, 793.
[13] *Bülow* WM 2018, 793.
[14] AusschussBegr. BT-Drs. 18/7584, 142.
[15] Begr. RegE BT-Drs. 18/5922, 104.
[16] Nur auf die Sicherung abstellend Begr. RegE BT-Drs. 18/5922, 104.
[17] AusschussBegr. BT-Drs. 18/7584, 143.
[18] Begr. RegE BT-Drs. 16/11643, 91.
[19] Dazu *Peters* WM 2011, 865; *Skusa* NJW 2011, 2993.
[20] Begr. RegE BT-Drs. 16/11643, 92.
[21] Zu diesen *Peters* WM 2016, 630.
[22] Begr. RegE BT-Drs. 16/11643, 92.

keit einräumt, den Vertragspartner zum Erwerb des Vertragsgegenstandes zu verpflichten.[23] Gleich gestellt wird nach **Nr. 2** weiter die Verpflichtung zum Erwerb eines Gegenstandes, dies geht auf Art. 2 Abs. 2 Buchstabe d 2. Halbsatz Verbraucherkreditrichtlinie, zurück.

16 Die insbesondere Finanzierungsleasinggeschäfte betreffende **Nr. 3** hat nach der Regierungsbegründung keine Entsprechung in der Verbraucherkreditrichtlinie.[24] Nach der Regierungsbegründung ist nicht auszuschließen, dass in Finanzierungsleasingverträgen auf ein Andienungsrecht häufig mit der Folge verzichtet wird, dass die verbraucherschützenden Vorschriften der §§ 491 ff. keine Anwendung finden.[25] So verschafft eine Restwertgarantie dem Unternehmer eine Vollamortisation des Vertragsgegenstandes, die der Verbraucher finanziert. Nach der Regierungsbegründung ist nicht ersichtlich, warum Verträge mit einer Restwertgarantie anders behandelt werden sollten als Verträge mit einer Erwerbsverpflichtung.[26] Jedenfalls im Einzelfall wird aber in einer Restwertgarantie eine Umgehung des Schutzes der Verbraucher liegen, so dass die Richtlinie über Art. 23 ohnehin eingreift. Dies vorausgesetzt unterliegen die näheren Begriffsbestimmungen des Abs. 2 der Überprüfung durch den EuGH.

17 Bei einer entgeltlichen Nutzung und einem Restkaufpreis gelten die allgemeinen Regeln zur vorzeitigen Rückzahlung sowie zur Vorfälligkeitsentschädigung nicht. Abs. 2 Satz 2 nimmt § 500 Abs. 2 aus dem Anwendungsbereich aus. Nach der Regierungsbegründung ist es grundsätzlich sachgerecht, dass die Beendigung des Leasingvertrages der Regelung im Vertrag überlassen bleibt.[27] Der ehemalige § 500 wurde aufgehoben.

IV. Besondere Regeln für Teilzahlungsgeschäfte (Abs. 3)

18 Der Regelungsgehalt des bisherigen § 499 Abs. 2 findet sich nunmehr in § 506 Abs. 3. Ein Teilzahlungsgeschäft ist nach der Legaldefinition des Abs. 3 S. 1 ein Vertrag, der die Lieferung einer bestimmten Sache oder die Erbringung einer bestimmten Leistung gegen Teilzahlungen zum Gegenstand hat. Erforderlich ist damit die Lieferung einer bestimmten Sache (§ 90 BGB) bzw. die Erbringung einer bestimmten Leistung, die in Teilzahlungen entgolten werden soll.

19 Im Kern handelt es sich damit um Abzahlungsgeschäfte alter Art, bei denen der Verkäufer durch die Überlassung des Kaufgegenstandes eine Vorleistung erbringt und den Kaufpreis stundet.[28] Mit der Einbeziehung der Stundung geht die Definition jedenfalls bei weiter Auslegung über das in der Verbraucherkreditrichtlinie Geforderte hinaus, nach Art. 2 Abs. 2 Buchstabe j werden Kreditverträge, die die unentgeltliche Stundung einer bestehenden Forderung zum Gegenstand haben, nicht erfasst.

20 Den Besonderheiten des Teilzahlungsgeschäftes wird nach Abs. 3 Hs. 2 durch die Sonderregeln der §§ 507, 508 Rechnung getragen. Die Anwendung von Nr. 3 auf Kilometerleasingverträge wird kritisch gesehen.[29]

V. Ausnahmen entsprechend § 491 Abs. 2 und 3 (Abs. 4)

21 Der im Zuge der Umsetzung der Verbraucherkreditrichtlinie angefügte Abs. 4 entspricht dem vormaligen § 499 Abs. 3. Ein Erwerb für den Verbraucher kommt nur in Betracht, wenn der Verbraucher den Gegenstand gezielt auswählt und der dann vom Unternehmer zu Finanzierungszwecken erworben wird.

---

[23] Begr. RegE BT-Drs. 16/11643, 92.
[24] Begr. RegE BT-Drs. 16/11643, 92.
[25] Begr. RegE BT-Drs. 16/11643, 92.
[26] Begr. RegE BT-Drs. 16/11643, 92.
[27] Begr. RegE BT-Drs. 16/11643, 92.
[28] Kümpel/Mülbert/Früh/Seyfried/*Merz/Wittig* Rn. 5.36.
[29] *Zahn* NJW 2019, 1329.

§ 507 Teilzahlungsgeschäfte

(1) [1] § 494 Abs. 1 bis 3 und 6 Satz 2 zweiter Halbsatz ist auf Teilzahlungsgeschäfte nicht anzuwenden. [2] Gibt der Verbraucher sein Angebot zum Vertragsabschluss im Fernabsatz auf Grund eines Verkaufsprospekts oder eines vergleichbaren elektronischen Mediums ab, aus dem der Barzahlungspreis, der Sollzinssatz, der effektive Jahreszins, ein Tilgungsplan anhand beispielhafter Gesamtbeträge sowie die zu stellenden Sicherheiten und Versicherungen ersichtlich sind, ist auch § 492 Abs. 1 nicht anzuwenden, wenn der Unternehmer dem Verbraucher den Vertragsinhalt spätestens unverzüglich nach Vertragsabschluss auf einem dauerhaften Datenträger mitteilt.

(2) [1] Das Teilzahlungsgeschäft ist nichtig, wenn die vorgeschriebene Schriftform des § 492 Abs. 1 nicht eingehalten ist oder im Vertrag eine der in Artikel 247 §§ 6, 12 und 13 des Einführungsgesetzes zum Bürgerlichen Gesetzbuche vorgeschriebenen Angaben fehlt. [2] Ungeachtet eines Mangels nach Satz 1 wird das Teilzahlungsgeschäft gültig, wenn dem Verbraucher die Sache übergeben oder die Leistung erbracht wird. Jedoch ist der Barzahlungspreis höchstens mit dem gesetzlichen Zinssatz zu verzinsen, wenn die Angabe des Gesamtbetrags oder des effektiven Jahreszinses fehlt. [3] Ist ein Barzahlungspreis nicht genannt, so gilt im Zweifel der Marktpreis als Barzahlungspreis. Ist der effektive Jahreszins zu niedrig angegeben, so vermindert sich der Gesamtbetrag um den Prozentsatz, um den der effektive Jahreszins zu niedrig angegeben ist.

(3) [1] Abweichend von den §§ 491a und 492 Abs. 2 dieses Gesetzes und von Artikel 247 §§ 3, 6 und 12 des Einführungsgesetzes zum Bürgerlichen Gesetzbuche müssen in der vorvertraglichen Information und im Vertrag der Barzahlungspreis und der effektive Jahreszins nicht angegeben werden, wenn der Unternehmer nur gegen Teilzahlungen Sachen liefert oder Leistungen erbringt. [2] Im Fall des § 501 ist der Berechnung der Kostenermäßigung der gesetzliche Zinssatz (§ 246) zugrunde zu legen. [3] Ein Anspruch auf Vorfälligkeitsentschädigung ist ausgeschlossen.

Übersicht

I. Grundlagen

§ 507 entspricht dem vormaligen § 502, die Norm regelt zusammen mit § 508 die Sondervorschriften für Teilzahlungsgeschäfte abschließend, was prägnant in der Überschrift zum Ausdruck kommt.[1] Der ehemalige § 501 wurde aufgehoben. Bei Umsetzung der Wohnimmobilienkreditrichtlinie erfolgte nur eine redaktionelle Anpassung. Zunehmende Bedeutung erlangen Teilzahlungsgeschäfte im Online-Handel.[2] 1

II. Angaben im Teilzahlungsvertrag (Abs. 1)

Zu den Angaben im Teilzahlungsvertrag ist der Globalverweis in § 506 zu beachten, für Finanzierungshilfen gilt zudem die besondere Informationspflicht nach Art. 247 § 12 EGBGB. 2

Abs. 1 Satz 1 sieht seit der Umsetzung der geänderten Verbraucherkreditrichtlinie eine Heilung nach § 494 Abs. 4 bis 7 vor, nicht anwendbar ist § 494 Abs. 1 bis 3 und Abs. 6 3

[1] Begr. RegE BT-Drs. 16/11643, 93.
[2] *Billing/Milsch* NJW 2015, 2369.

S. 2 zweiter Halbsatz. Teilweise wurde vor der Neuregelung § 494 Abs. 2 analog angewandt.[3] Der Begriff des Teilzahlungspreises wurde in der Neufassung durch den Begriff des Gesamtbetrags ersetzt, beide Begriffe sind identisch.[4] Anders als nach § 492 kann die Schriftform nach Abs. 1 S. 2 unter engen Voraussetzungen ersetzt werden.

III. Form und Rechtsfolge bei Nichtbeachtung (Abs. 2)

4 Abs. 2 entspricht dem vormaligen § 502 Abs. 3. Das Teilzahlungsgeschäft ist nichtig, wenn die nach § 492 Abs. 1 vorgeschriebene Schriftform nicht eingehalten wurde. Nicht übernommen wurde § 502 Abs. 3 S. 5 aF. Dass der Unternehmer Sicherheiten nicht verlangen kann, wenn die Vertragserklärung des Verbrauchers diese nicht enthalten hat, ergibt sich nunmehr aus § 494 Abs. 6, der unmittelbar gilt.

IV. Angaben zur Verzinsung (Abs. 3)

5 Zur Angabe der Verzinsung enthält Abs. 3 eine Ausnahmevorschrift, deren Voraussetzungen der Unternehmer darlegen und beweisen muss.[5] Die Ausnahme ist nach der Begründung des Regierungsentwurfs richtlinienkonform, wenn der Unternehmer nur gegen Teilzahlung liefere, greife Art. 2 Abs. 2 Buchstabe f der Richtlinie, wonach diese keine Anwendung finde auf Kreditverträge, die zins- und gebührenfrei sind, da ein Barzahlungspreis nicht zu ermitteln sei.[6] Es sollen aber die Vorschriften des Verbraucherdarlehensrechts soweit wie möglich angewandt werden, da auch bei diesen Geschäften in der Regel das Verhältnis von Leistung und Gegenleistung berücksichtigt wird.[7]

§ 508 Rücktritt bei Teilzahlungsgeschäften

[1] Der Unternehmer kann von einem Teilzahlungsgeschäft wegen Zahlungsverzugs des Verbrauchers nur unter den in § 498 Absatz 1 Satz 1 bezeichneten Voraussetzungen zurücktreten. [2] Dem Nennbetrag entspricht der Gesamtbetrag. [3] Der Verbraucher hat dem Unternehmer auch die infolge des Vertrags gemachten Aufwendungen zu ersetzen. [4] Bei der Bemessung der Vergütung von Nutzungen einer zurückzugewährenden Sache ist auf die inzwischen eingetretene Wertminderung Rücksicht zu nehmen. [5] Nimmt der Unternehmer die auf Grund des Teilzahlungsgeschäfts gelieferte Sache wieder an sich, gilt dies als Ausübung des Rücktrittsrechts, es sei denn, der Unternehmer einigt sich mit dem Verbraucher, diesem den gewöhnlichen Verkaufswert der Sache im Zeitpunkt der Wegnahme zu vergüten. [6] Satz 5 gilt entsprechend, wenn ein Vertrag über die Lieferung einer Sache mit einem Verbraucherdarlehensvertrag verbunden ist (§ 358 Absatz 3) und wenn der Darlehensgeber die Sache an sich nimmt; im Fall des Rücktritts bestimmt sich das Rechtsverhältnis zwischen dem Darlehensgeber und dem Verbraucher nach den Sätzen 3 und 4.

Übersicht

[3] Begr. RegE BT-Drs. 16/11643, 93 unter Verweis auf Staudinger/*Kessal-Wulf,* 2004, § 502 Rn. 17; *Bülow/Artz* § 502 Rn. 51.
[4] Begr. RegE BT-Drs. 16/11643, 84, 94.
[5] Begr. RegE BT-Drs. 16/11643, 94.
[6] Begr. RegE BT-Drs. 16/11643, 94.
[7] Begr. RegE BT-Drs. 16/11643, 95.

I. Grundlagen

§ 508 sah in Abs. 1 für Teilzahlungsgeschäfte[1] optional ein Rückgaberecht statt des Widerrufsrechts vor, Abs. 2 enthielt Sonderregeln für den Rücktritt. Mit der Umsetzung der Verbraucherrechterichtlinie wurde Abs. 1 aufgehoben, der nunmehrige Norminhalt war Abs. 2. Mit der Umsetzung der Wohnimmobilienkreditrichtlinie angepasst werden soll die Verweisung auf § 498. Bei Umsetzung der Wohnimmobilienkreditrichtlinie erfolgte in S. 1 eine redaktionelle Anpassung. 1

II. Rücktritt des Unternehmers bei Verzug

Ein Rücktritt des Unternehmers ist nach S. 1 nur unter den Voraussetzungen des § 498 möglich. Praktisch bedarf es somit eines Zahlungsverzugs des Verbrauchers. Bei der Berechnung des im Verzug befindlichen Betrags entspricht nach S. 2 der Gesamtbetrag dem Nennbetrag. Über die Regelungen des Verbraucherdarlehensrechts hinaus sind dem Unternehmer vom Verbraucher nach S. 3 auch Aufwendungen zu ersetzen. Weitere konkretisierende Regelungen enthalten die Sätze 3 bis 6. 2

§ 509 *(weggefallen)*

Bis zur der Umsetzung der Wohnimmobilienkreditrichtlinie sah § 509 allein für entgeltliche Finanzierungshilfen eine zivilrechtliche Pflicht zur Prüfung der Kreditwürdigkeit vor. Nunmehr enthalten die §§ 505a–e für Verbraucherdarlehensverträge ausführliche Regeln zur Kreditwürdigkeitsprüfung, die über die vormals in § 509 gesetzten Standards hinausgehen. Auf die allgemeine Regelung wird für entgeltliche Finanzierungshilfen verwiesen, § 506 Abs. 1 S. 1. 1

§ 510 Ratenlieferungsverträge

(1) [1]**Der Vertrag zwischen einem Verbraucher und einem Unternehmer bedarf der schriftlichen Form, wenn der Vertrag**

1. **die Lieferung mehrerer als zusammengehörend verkaufter Sachen in Teilleistungen zum Gegenstand hat und das Entgelt für die Gesamtheit der Sachen in Teilzahlungen zu entrichten ist,**
2. **die regelmäßige Lieferung von Sachen gleicher Art zum Gegenstand hat oder**
3. **die Verpflichtung zum wiederkehrenden Erwerb oder Bezug von Sachen zum Gegenstand hat.**

[2]**Dies gilt nicht, wenn dem Verbraucher die Möglichkeit verschafft wird, die Vertragsbestimmungen einschließlich der Allgemeinen Geschäftsbedingungen bei Vertragsschluss abzurufen und in wiedergabefähiger Form zu speichern.** [3]**Der Unternehmer hat dem Verbraucher den Vertragsinhalt in Textform mitzuteilen.**

(2) **Dem Verbraucher steht vorbehaltlich des Absatzes 3 bei Verträgen nach Absatz 1, die weder im Fernabsatz noch außerhalb von Geschäftsräumen geschlossen werden, ein Widerrufsrecht nach § 355 zu.**

(3) [1]**Das Widerrufsrecht nach Absatz 2 gilt nicht in dem in § 491 Absatz 2 Satz 2 Nummer 1 bis 5, Absatz 3 Satz 2 und Absatz 4 bestimmten Umfang.** [2]**Dem in § 491**

[1] PWW/*Nobbe* Rn. 1.

Absatz 2 Satz 2 Nummer 1 genannten Nettodarlehensbetrag entspricht die Summe aller vom Verbraucher bis zum frühestmöglichen Kündigungszeitpunkt zu entrichtenden Teilzahlungen.

Übersicht

I. Grundlagen

1 Die Regelung über Ratenlieferungsverträge wurde bei Umsetzung der revidierten Verbraucherkreditrichtlinie zwar verschoben (zuvor § 505), ist aber inhaltlich zunächst unverändert geblieben.[1] Nach der Begründung des Regierungsentwurfs sind Ratenlieferungsverträge grundsätzlich keine Finanzierungshilfen.[2] Ratenlieferungsverträge fallen nach Art. 3 Buchstabe c in der Regel nicht unter die Verbraucherkreditrichtlinie. Danach vom Anwendungsbereich der Richtlinie ausgenommen sind Verträge über die wiederkehrende Erbringung von Dienstleistungen oder über die Lieferung von Waren gleicher Art, bei denen der Verbraucher für die Dauer der Erbringung oder Lieferung Teilzahlungen für diese Dienstleistungen oder Waren leistet. Der 12. Erwägungsgrund der Verbraucherkreditrichtlinie spricht von einer Klarstellung, dass solche Verträge nicht unter die Richtlinie fallen und nennt als Beispiel Versicherungsverträge, die in monatlichen Teilleistungen bezahlt werden. Da es sich damit im Kern nicht um Verbraucherdarlehensverträge handelt, beschränkt sich die Kommentierung auf das Notwendigste. Neu gefasst wurde § 510 bei Umsetzung der Verbraucherrechterichtlinie, bei Umsetzung der Wohnimmobilienkreditrichtlinie wurde die Vorschrift redaktionell angepasst.

II. Widerrufsrecht bei Ratenlieferungsverträgen

1. Definition des Ratenlieferungsvertrags (Abs. 1 S. 1)

2 Das Gesetz definiert den Ratenlieferungsvertrag in Abs. 1 S. 1. Wie beim Verbraucherdarlehen bedarf es eines Vertrages zwischen einem Unternehmer (§ 14) und einem Verbraucher (§ 13). Abs. 1 S. 1 enthält drei Alternativen, Nr. 2 und Nr. 3 betreffen sich wiederholende Kaufvorgänge. Erfasst werden mit Nr. 2 die regelmäßige Lieferung von Sachen gleicher Art, mit Nr. 3 die Verpflichtung zum wiederkehrenden Erwerb oder Bezug von Sachen. Als Ratenlieferungsvertrag gilt nach Nr. 1 auch ein gestreckter Erwerbsvorgang, die Lieferung mehrerer als zusammengehörend verkaufter Sachen in Teilleistungen, wenn auch das Entgelt in Teilleistungen zu entrichten ist.

2. Form des Vertragsschlusses (Abs. 1)

3 Für Ratenlieferungsverträge gilt nach Abs. 1 S. 1 im Grundsatz Schriftform, § 126 BGB. Ausreichend ist nach Abs. 1 S. 2 und 3 die Mitteilung des Vertragsinhalts in Textform durch den Unternehmer, wenn der Verbraucher bei Vertragsschluss die Vertragsbestimmungen

[1] Begr. RegE BT-Drs. 16/11643, 96.

[2] Begr. RegE BT-Drs. 16/11643, 91 unter Verweis auf MüKoBGB/*Schürnbrand,* 5. Aufl. 2007, § 505 Rn. 1, *Bülow/Arzt* Verbraucherkreditrecht, 6. Aufl. 2006, § 505 Rn. 1.

und die Allgemeinen Geschäftsbedingungen abrufen und in wiedergabefähiger Form speichern konnte.

III. Widerrufsrecht (Abs. 2, 3)

Rechtsfolge eines Ratenlieferungsvertrags ist zum einen das nach Abs. 2 grundsätzlich eingreifende Widerrufsrecht. Ausgenommen sind nach Abs. 3 Ratenlieferungsverträge mit einem Wert von weniger als 200 Euro bis zum ersten Kündigungstermin, verwiesen wird hierfür auf § 491 Abs. 2 Nr. 1. Ausgenommen sind aber auch alle anderen unter § 491 Abs. 2 und 3 fallenden Fälle. § 491 Abs. 3 nimmt im Kern gerichtliche Vergleiche aus, zu § 491 Abs. 2 die Kommentierung dort. **4**

§ 511 Beratungsleistungen bei Immobiliar-Verbraucherdarlehensverträgen

(1) **Bevor der Darlehensgeber dem Darlehensnehmer individuelle Empfehlungen zu einem oder mehreren Geschäften erteilt, die im Zusammenhang mit einem Immobiliar-Verbraucherdarlehensvertrag stehen (Beratungsleistungen), hat er den Darlehensnehmer über die sich aus Artikel 247 § 18 des Einführungsgesetzes zum Bürgerlichen Gesetzbuche ergebenden Einzelheiten in der dort vorgesehenen Form zu informieren.**

(2) **Vor Erbringung der Beratungsleistung hat sich der Darlehensgeber über den Bedarf, die persönliche und finanzielle Situation sowie über die Präferenzen und Ziele des Darlehensnehmers zu informieren, soweit dies für eine passende Empfehlung eines Darlehensvertrags erforderlich ist. Auf Grundlage dieser aktuellen Informationen und unter Zugrundelegung realistischer Annahmen hinsichtlich der Risiken, die für den Darlehensnehmer während der Laufzeit des Darlehensvertrags zu erwarten sind, hat der Darlehensgeber eine ausreichende Zahl an Darlehensverträgen zumindest aus seiner Produktpalette auf ihre Geeignetheit zu prüfen.**

(3) [1]**Der Darlehensgeber hat dem Darlehensnehmer aufgrund der Prüfung gemäß Absatz 2 ein geeignetes oder mehrere geeignete Produkte zu empfehlen oder ihn darauf hinzuweisen, dass er kein Produkt empfehlen kann.** [2]**Die Empfehlung oder der Hinweis ist dem Darlehensnehmer auf einem dauerhaften Datenträger zur Verfügung zu stellen.**

Übersicht

I. Grundlagen

1 Die Norm des § 511 wurde bei Umsetzung der Wohnimmobilienkreditrichtlinie neu besetzt, der Ausschluss von den Regeln über Verbraucherdarlehen abweichender Vereinbarungen (vormals § 511) findet sich jetzt in § 512.

2 § 511 regelt nunmehr Beratungsdienstleistungen bei Immobiliar-Verbraucherdarlehensverträgen. Nach der Begründung des Regierungsentwurfs ist Hintergrund, dass bei Allgemein-Verbraucherdarlehensverträgen weiterhin eine informelle Beratung erfolgen können soll, um zu verhindern, dass Darlehensgeber bislang erbrachte Beratungsdienstleistungen pauschal ausschließen.[1] Bei Allgemein-Verbraucherdarlehensverträgen soll es bei von der Rechtsprechung entwickelten Grundsätzen bleiben.[2]

3 Abs. 1 dient der Umsetzung von Art. 22 Abs. 1 und 2 Wohnimmobilienkreditrichtlinie.[3] Die Regelung der Empfehlung nach Abs. 3 dient der Umsetzung von Art. 22 Abs. 3 Wohnimmobilienkreditrichtlinie.[4] Ziel der Beratung ist die Empfehlung eines oder mehrerer geeigneter Produkte, möglich aber auch, dass kein Produkt für den Verbraucher empfehlenswert ist.[5] Bereits bei Einführen der Regeln über Beratungsdienstleistungen bei Immobiliardarlehensverträge im Jahre 2016 wurde eine größere Standardisierung gefordert[6] Hierzu ist es für Beratungsdienstleistungen bislang nicht gekommen, es können aber in gewissem Umfang die Grundsätze der Immobiliar-Kreditwürdigkeitsleitlinien-Verordnung – ImmoKWPLV herangezogen werden. Unabhängig von § 511 war die Finanzierungsberatung bereits Gegenstand höchstrichterlicher Rechtsprechung.[7]

II. Beratungsdienstleistungen (Abs. 1)

1. Legaldefinition der Beratungsdienstleistung

4 Die Legaldefinition der Beratungsdienstleistung in Abs. 1 setzt die Definition der Beratungsdienstleistungen in der Wohnimmobilienkreditrichtlinie um. Nach Art. 4 Nr. 21 Wohnimmobilienkreditrichtlinie bezeichnet der Ausdruck Beratungsdienstleistungen die Erteilung individueller Empfehlungen an einen Verbraucher in Bezug auf ein oder mehrere Geschäfte im Zusammenhang mit Kreditverträgen, die eine von der Gewährung des Kredits und von der Kreditvermittlungstätigkeit getrennte Tätigkeit darstellt.

5 Abzugrenzen ist die Beratung von den vorvertraglichen Informationen nach § 491a Abs. 1 BGB in Verbindung mit Art. 247 § 1 und § 5 Abs. 2 EGBGB, die nicht individualisiert sind, sondern allgemeine Produktinformationen enthalten. Beratung geht weiter als eine Erläuterung nach § 491a Abs. 3 BGB, die die Erteilung von Empfehlungen nicht umfasst.[8] Nach Erwägungsgrund 48 Wohnimmobilienkreditrichtlinie sollten Erläuterungen des angebotenen Kredits „nicht zwangsläufig" eine persönliche Empfehlung darstellen.

6 Die Beratungsdienstleistung ist eine gesonderte Tätigkeit, die mit der Gewährung oder Vermittlung von Darlehen kombiniert werden kann, aber nicht muss.[9] Der Berater muss aufgrund der ihm erteilten Auskünfte in der Lage sein, ein kundengerechtes Produkt zu

---

[1] Begr. RegE BT-Drs. 18/5922, 105: Erstreckung auf Allgemein-Verbraucherdarlehensverträge wurde erwogen.

[2] *Buck-Heeb* BKR 2015, 179 (182), Übertragbarkeit der Regeln des § 511 erwägend aber *dies* ZIP 2018, 705 (709).

[3] Begr. RegE BT-Drs. 18/5922, 105.

[4] Begr. RegE BT-Drs. 18/5922, 105.

[5] Begr. RegE BT-Drs. 18/5922, 105.

[6] *Von Klitzing/Seuffert* WM 2016, 774 (779).

[7] BGH NJW 2018, 848 (Kommune), dazu *Buck-Heeb* ZIP 2018, 705.

[8] Begr. RegE BT-Drs. 18/5922, 105.

[9] Begr. RegE BT-Drs. 18/5922, 105.

finden und einschätzen können, ob ein, mehrere oder kein bestimmtes Produkt für den konkreten Verbraucher geeignet ist.[10]

2. Praktische Relevanz und geschuldete Beratung

Bei Inkrafttreten der Umsetzung der Wohnimmobilienkreditrichtlinie wurde angenommen, dass eine Beratung künftig der Regelfall sein wird.[11] Verwiesen wurde hierfür auf die Rechtsprechung zur Anlageberatung, in der häufig ein stillschweigend geschlossener Beratungsvertrag angenommen wird. Für das Verbraucherdarlehensrecht geht die Begründung des Regierungsentwurfs darauf im Rahmen der im Gesetzgebungsverfahren geprüften Erstreckung auf Allgemein-Verbraucherdarlehensverträge ein. Danach kommt ein Beratungsvertrag nach derzeitiger Rechtslage bereits dann konkludent zustande, wenn bei einer Gesamtwürdigung der Umstände davon auszugehen ist, dass der Darlehensgeber eine bestimmte Erklärung zum Darlehensvertrag oder seiner Eignung für den Darlehensnehmer zum Gegenstand vertraglicher Rechte und Pflichten gemacht hat.[12] 7

Von einem Beratungsvertrag wird regelmäßig auszugehen sein, wenn der Darlehensgeber oder ein Dritter nach Art. 247 § 18 EGBGB erklärt haben, eine Beratungsleistung zu erbringen. Auch ohne einen solchen Hinweis ist eine Beratungsleistung und die Annahme eines Beratungsvertrags nicht ausgeschlossen, der Darlehensgeber also nicht wie geschuldet erklärt hat, dass er eine Beratungsdienstleistung erbracht hat. Allerdings wird man auch im Einzelfall zu bewerten haben, dass eine Information nach Abs. 3 fehlt. 8

Die Terminologie der geschuldeten Beratung ist uneinheitlich. Teilweise wird auf eine kreditnehmer- und kundengerechte Beratung abgestellt,[13] teilweise auf eine kunden- und projektgerechte Beratung.[14] Die Regierungsbegründung verweist zu Abs. 3 auf eine anleger- und objektgerechte Beratung,[15] zu Abs. 2 auf die Empfehlung eines kundengerechten Produktes,[16] passend erscheint es, wie die Begründung zu § 504a von einer verbraucher- und objektgerechten Beratung zu sprechen.[17] 9

Auch nach Einführung des § 511 ist der Unternehmer bei einem Verbraucherdarlehensvertrag nicht verpflichtet, umfassend im besten Interesse des Kunden zu handeln. Der Darlehensgeber ist weiter nicht Geschäftsbesorger des Darlehensnehmers, Verbraucherdarlehensverträge gehören weiterhin zum Austauschgeschäft der Banken.[18] Vielmehr ist die Beratungspflicht aufgrund der besonderen Schutzbedürftigkeit bei langfristiger Bindung als Ausfluss der allgemeinen zivilrechtlichen Rücksichtnahmepflicht, § 241 Abs. 2, zu betrachten. 10

Bei einem eigenständigen abgeschlossenen Finanzierungsberatungsvertrag[19] ist ein nicht als Darlehensgeber fungierender Berater zur Wahrung der Interessen des Verbrauchers verpflichtet. 11

3. Information nach Art. 247 § 18 EGBGB

Vorgesehen wird eine vorvertragliche Informationspflicht, wenn Beratungsleistungen im Zusammenhang mit dem Immobiliar-Verbraucherdarlehensvertrag erbracht werden sollen.[20] Nach Art. 247 § 18 Abs. 1 EGBGB hat der Darlehensgeber, bevor er Beratungsdienstleistungen für einen Immobiliar-Verbraucherdarlehensvertrag erbringt oder einen 12

[10] Begr. RegE BT-Drs. 18/5922, 106.
[11] *Buck-Heeb/Lang* ZBB 2016, 320 (329).
[12] Begr. RegE BT-Drs. 18/5922, 105.
[13] *Buck-Heeb* BKR 2015, 179 (183).
[14] Jauernig/*Berger* Rn. 2.
[15] Begr. RegE BT-Drs. 18/5922, 107.
[16] Begr. RegE BT-Drs. 18/5922, 106.
[17] Begr. RegE BT-Drs. 18/5922, 95.
[18] *Piekenbrok* GWP 2015, 26 (35).
[19] Dazu *Wittmann/Strotkemper* MDR 2018, 901 (904 ff.) unter Verweis auf BGH NJW 2018, 848.
[20] Begr. RegE BT-Drs. 18/5922, 105.

entsprechenden Beratungsvertrag schließt, darüber zu informieren, wie hoch das Entgelt ist, sofern ein solches für die Beratungsleistungen verlangt wird, weiter, ob der Darlehensgeber seiner Empfehlung nur oder im Wesentlichen eigene Produkte zugrunde legt oder neben eigenen Produkten auch eine größere Anzahl von Produkten anderer Anbieter zugrunde legt.

13 Die Informationen sind nach Art. 247 § 18 EGBGB auf einem dauerhaften Datenträger zu übermitteln. Werden Beratungsleistungen erbracht, ohne dass die vorvertragliche Informationspflicht erfüllt wurde, kommen als Sanktion insbesondere Schadensersatzansprüche in Betracht.

III. Information und Prüfung vor Erbringen der Beratungsdiestleistung (Abs. 2)

1. Information des Darlehensgebers (Abs. 2 S. 1)

14 **a) Information als Entscheidungsgrundlage für die Empfehlung.** Abs. 2 wird als Ausprägung von Art. 7 Abs. 1 S. 1 Wohnimmobilienkreditrichtlinie angesehen, wonach Kreditgeber unter Berücksichtigung der Rechte und Interessen der Verbraucher ehrlich, redlich, transparent und professionell handeln müssen.[21] Nach der Regierungsbegründung wird durch Abs. 3 Art. 22 Abs. 3 Buchstabe d) Wohnimmobilienkreditrichtlinie umgesetzt, wonach ein Berater, indem er sich nach den Bedürfnissen des Verbrauchers erkundigt und ihm geeignete Kreditverträge empfiehlt im besten Interesse des Kunden handelt.[22] Das Gesetz spricht bereits vom Darlehensnehmer, obwohl nach dem Stadium des Vertragsschluss bislang nur ein (allgemeines) Interesse am Vertragsschluss besteht.

15 Die Information dient als Entscheidungsgrundlage. Der Umfang der Informationspflicht richtet sich danach, was erforderlich ist, um dem Verbraucher geeignete Darlehensverträge empfehlen zu können.[23] Insoweit wird verbreitet von einer Exploration gesprochen.[24] Einzuholen ist die erforderliche Information vor der Empfehlung, abzustellen ist auf die erforderliche Information für eine passende Empfehlung.

16 **b) Bedarf des Darlehensnehmers.** Für die Ermittlung des Bedarf des Darlehensnehmers wird darauf verwiesen, dass der Kreditgeber sich darüber Klarheit verschaffen muss, wie viel Mittel der Kunde für welchen Zweck und für welchen Zeitraum benötigt.[25]

17 **c) Persönliche und finanzielle Situation.** Für die persönliche Situation wird auf das Alter, den Familienstand, die Ausbildung sowie die derzeitige Beschäftigung verwiesen.[26] Bedeutung haben insoweit insbesondere Unterhaltspflichten.

18 Für die finanzielle Situation ist insbesondere auf anderweitiges Vermögen abzustellen. Zu berücksichtigen sind anderere Einkommensquellen, etwa aus Miete oder Pacht[27]

19 **d) Präferenzen des Darlehensnehmers.** Bei Immobiliar-Verbraucherdarlehensverträgen gehört zu den relevanten Präferenzen etwa wie lange eine Zinsbindung gewünscht ist und ob auf Sondertilgungsrechte Wert gelegt wird.[28] Hingewiesen wird darauf, dass relevant sein kann, ob der Darlehensnehmer die Immobilie selbst nutzen möchte oder ob sie als Kapitalanlage dient.[29] Allgemein ist weiter auf die Risikobereitschaft zu verweisen,

[21] *Piekenbrok* GPR 2015, 26 (29).
[22] Begr. RegE BT-Drs. 18/5922, 106.
[23] Begr. RegE BT-Drs. 18/5922, 106.
[24] MüKoBGB/*Schürnbrand/Weber* Rn. 16.
[25] MüKoBGB/*Schürnbrand/Weber* Rn. 18.
[26] MüKoBGB/*Schürnbrand/Weber* Rn. 19.
[27] Begr. RegE BT-Drs. 18/5922, 106.
[28] MüKoBGB/*Schürnbrand/Weber* Rn. 18.
[29] MüKoBGB/*Schürnbrand/Weber* Rn. 18.

insbesondere darauf ob danach ein Fremdwährungsdarlehen oder ein variabler Zinssatz in Betracht kommt.

2. Prüfung durch den Darlehensgeber (Abs. 2 S. 2)

Prüfung und Beratung müssen anhand von aktueller Information erfolgen.[30] Der Beratung sind insbesondere die Informationen nach Abs. 2 S. 1 zugrunde zu legen 20

Darlehensgeber muss für eine ausreichende Anzahl an Darlehensverträgen zumindest aus seiner Produktpalette abschätzen, welche spezifischen Risiken jeder einzelne Vertrag für den Verbraucher während der jeweiligen Vertragslaufzeit mit sich bringt. 21

Der Begriff „realistisch" gewährt dem Darlehensgeber nach der Begründung des Regierungsentwurfs einen gewissen Ermessensspielraum.[31] Die Begründung des Regierungsentwurfs verweist auf konkrete Risikofaktoren, die sich während der Vertragslaufzeit realisieren können und nennt den Arbeitsplatzverlust infolge eines befristeten Arbeitsverhältnisses, Außenstände bei Selbstständigen, gegebenenfalls Veränderungen des Sollzinssatzes und Änderungen des Wechselkurses bei Fremdwährungsdarlehen.[32] Dabei sind realistische Annahmen bezüglich der Risiken zugrunde zu legen, nicht gefordert ist nach der Begründung des Regierungsentwurfs, dass eine konservative, also risikoarme Betrachtung zugrunde gelegt wird.[33] 22

Wenn klar wird, dass ein erhebliches Risiko der Arbeitslosigkeit besteht, darf der Darlehensgeber die Beratung nicht auf einen sicheren Fortbestand des Arbeitsverhältnisses gründen. 23

IV. Empfehlung und Dokumentation (Abs. 3)

1. Empfehlung eines, mehrerer oder keines Produktes (Abs. 3 S. 1)

Angenommen wird, dass eine Beratung nach § 511 in Gegenwart des Kunden erfolgt.[34] Möglich ist wie bei § 504a aber auch eine Beratung unter Zuhilfenahme von (elektronischen) Kommunikationsmitteln. 24

Am Schluss der Beratung steht die Empfehlung eines Produktes, mehrerer Produkte oder auch keines Produkts. Zu empfehlen ist ein besser geeignetes Alternativprodukt jedenfalls bei Fördermitteln.[35] Hinzuweisen ist auch auf allgemeine Lebensrisiken.[36] Empfohlen wird die Anfertigung eines Beratungsprotokolls.[37] 25

2. Dokumentation (Abs. 3 S. 2)

Die Dokumentation tritt neben die eigentliche Empfehlung.[38] Soweit die Empfehlung in Abschnitt 1 oder Abschnitt 2 des ESIS-Merkblatt aufgenommen wird, wird die Dokumentationspflicht dadurch erfüllt.[39] 26

---

[30] Begr. RegE BT-Drs. 18/5922, 106.
[31] Begr. RegE BT-Drs. 18/5922, 106.
[32] Begr. RegE BT-Drs. 18/5922, 106.
[33] Begr. RegE BT-Drs. 18/5922, 106.
[34] *Dreyer/Haskamp* ZVertriebsR 2017, 359, die digitale Potentiale sehen.
[35] *Buck-Heeb* BKR 2015, 179 (185).
[36] *Buck-Heeb/Lang* ZBB 2016, 320 (331).
[37] *Buck-Heeb/Lang* ZBB 2016, 320 (332).
[38] Begr. RegE BT-Drs. 18/5922, 107.
[39] Begr. RegE BT-Drs. 18/5922, 107.

V. Sanktionen

27 Haftungsansprüche aus fehlerhafter Beratung können gegebenenfalls neben die Rechtsfolgen des § 505d bei fehlerhafter Kreditwürdigkeitsprüfung treten.[40] Der Schaden kann auch im Abschluss eines unerwünschten Vertrages liegen, so wenn der Darlehensgeber es versäumt hat zu erklären, dass er wegen Kreditunwürdigkeit des Darlehensnehmers kein Produkt empfehlen kann, er also pflichtwidrig nicht von einer Kreditaufnahme abgeraten hat.

§ 512 Abweichende Vereinbarungen

[1] Von den Vorschriften der §§ 491 bis 511, 514 und 515 darf, soweit nicht ein anderes bestimmt ist, nicht zum Nachteil des Verbrauchers abgewichen werden. [2] Diese Vorschriften finden auch Anwendung, wenn sie durch anderweitige Gestaltungen umgangen werden.

Übersicht

I. Grundlagen

1 Für den Schutz der Verbraucher und das Schaffen eines einheitlichen Marktes ist es notwendig, dass die Schutzvorschriften jedenfalls teilweise zwingend ausgestaltet werden. Die Vorschrift fand sich bis zur Umsetzung der Wohnimmobilienkreditrichtlinie in § 511, zuvor in § 506, die Formulierung wurde jeweils angepasst.[1] § 511 dient der Umsetzung von Art. 22 Abs. 2 und 3 Verbraucherkreditrichtlinie.

II. Zwingender Charakter der §§ 491–511 (S. 1)

2 Die §§ 491–511 sind zum Schutz des Verbrauchers zwingend, „soweit nicht ein anderes bestimmt ist". Nach Art. 22 Verbraucherkreditrichtlinie stellen die Mitgliedstaaten sicher, dass Verbraucher auf die Rechte, die ihnen mit den innerstaatlichen Vorschriften eingeräumt werden, die zur Anwendung dieser Richtlinie erlassen wurden oder die dieser Richtlinie entsprechen, nicht verzichten können.

3 Ausnahmsweise disponibel sind die §§ 493 Abs. 3, 500 Abs. 1 S. 1. Die Begründung des Regierungsentwurfs verweist auf die Möglichkeit der Abweichung von der Unterrichtungspflicht des § 493 Abs. 3 (nach Art. 247 § 15 Abs. 2 EGBGB Abweichung möglich) sowie die Abweichung von der Kündigungsfrist des § 500 Abs. 1 S. 1 (Abweichung nach § 500 Abs. 1 S. 2 möglich).[2]

---

[40] *Buck-Heeb/Lang* ZBB 2016, 320 (333 ff.).
[1] Begr. RegE BT-Drs. 16/11643, 96.
[2] Begr. RegE BT-Drs. 16/11643, 96.

III. Anwendbarkeit der §§ 491–511 auch auf abweichende Gestaltungen (S. 2)

Weiter erklärt S. 2 die §§ 491–510 auch auf abweichende Gestaltungen für anwendbar. Nach Art. 22 Abs. 3 Verbraucherkreditrichtlinie stellen die Mitgliedstaaten sicher, dass die Vorschriften, die sie gemäß dieser Richtlinie verabschieden, nicht durch eine besondere Gestaltung der Verträge umgangen werden können, insbesondere durch die Inanspruchnahme von Kreditbeträgen oder von Kreditverträgen, die in den Anwendungsbereich dieser Richtlinie fallen, in Kreditverträge, deren Eigenart oder Zweck es erlauben würde, sie ihrer Anwendung zu entziehen. Verwiesen wird auf die Aufspaltung in mehrere jeweils unter die Mindestschwelle fallende getrennte Verträge.[3] 4

Für unentgeltliche Darlehen wurde bei Umsetzung der Verbraucherkreditrichtlinie mit § 514 eine Sonderregelung eingeführt. Damit hat sich die zuvor erörterte entsprechende Anwendung des Verbraucherdarlehensrechts für diese Fallgruppe erledigt.[4] Anwendung findet insbesondere die bereits in der Vorauflage befürwortete Kreditwürdigkeitsprüfung. 5

§ 513 Anwendung auf Existenzgründer

Die §§ 491 bis 512 gelten auch für natürliche Personen, die sich ein Darlehen, einen Zahlungsaufschub oder eine sonstige Finanzierungshilfe für die Aufnahme einer gewerblichen oder selbständigen beruflichen Tätigkeit gewähren lassen oder zu diesem Zweck einen Ratenlieferungsvertrag schließen, es sei denn, der Nettodarlehensbetrag oder Barzahlungspreis übersteigt 75 000 Euro.

Übersicht

I. Grundlagen

Die Existenzgründungsdarlehen waren bis zur Umsetzung der Wohnimmobilienkreditrichtlinie in § 512, davor in § 507 geregelt, im VerbrKrG in § 3 Abs. 1 Nr. 3, der Anwendungsbereich wurde jeweils angepasst. Anwendung finden neben den eigentlichen Existenzgründungsdarlehen auch die Regeln zu Finanzierungshilfen, zu Ratenlieferungsverträgen sowie nunmehr zu Beratungen bei Immobiliar-Verbraucherdarlehensverträgen. 1

Zweck der Regelung ist die Ausdehnung des Anwendungsbereichs der §§ 491 ff. auf Existenzgründer.[1] Nach der Begriffsbestimmung in Art. 3 Buchstabe a Verbraucherkreditrichtlinie sind Verbraucher nur solche natürlichen Personen, die bei den von der Richtlinie erfassten Geschäften zu einem Zweck handeln, der nicht ihrer beruflichen oder gewerblichen Tätigkeit zugerechnet werden kann. Bei Existenzgründern steht nach der Regierungsbegründung häufig das persönliche Engagement einer Person ohne kaufmännische 2

[3] Staub/*Renner* Kreditgeschäft (Band 10/2) Rn. 866.
[4] Zu Altfällen → 2 Aufl. 2016, § 511 Rn. 4.
[1] Begr. RegE BT-Drs. 16/11643, 96.

Erfahrung im Vordergrund,[2] Existenzgründer sollen deshalb grundsätzlich uneingeschränkt des Schutzes nach §§ 491 ff. bedürfen.

II. Anwendbarkeit auf Existenzgründungsdarlehen bis 75.000 Euro

1. Darlehensvertrag, Finanzierungshilfe, Ratenlieferung oder Beratung nach § 511 zur Existenzgründung

3 § 512 spricht in der amtlichen Überschrift von der Anwendung auf Existenzgründer. Unter einer Existenzgründung versteht die Norm die Aufnahme einer selbständigen Tätigkeit, genannt wird die selbständig berufliche oder gewerbliche Tätigkeit. Nach dem Wortlaut ist von einer Anwendbarkeit auch auszugehen, wenn bereits anderweitig eine berufliche bzw. gewerbliche Tätigkeit ausgeübt wird. Das Gesetz spricht nicht von einer erstmaligen beruflichen oder gewerblichen Tätigkeit. Die Rechtsprechung nimmt auch bei mehrmaliger Existenzgründung die Anwendbarkeit der Norm an.[3] Allerdings muss es sich um eine neue selbständige Tätigkeit handeln, das Finanzierungsgeschäft darf nicht der bereits ausgeübten Tätigkeit zuzurechnen sein.[4] Der Ausbau oder die Erweiterung eines bestehenden Unternehmens ist nicht als Existenzgründung anzusehen.

4 Bei Existenzgründungen sind die §§ 491–511 anwendbar, wenn ein Unternehmer mit einem Existenzgründer ein Darlehen, einen Zahlungsaufschub oder eine sonstige Finanzierungshilfe vereinbart oder einen Ratenlieferungsvertrag schließt.

5 Die Darlehensvergabe etc muss zur Existenzgründung erfolgen, der Existenzgründer muss beweisen, dass das Darlehen für die Aufnahme einer selbständigen beruflichen oder gewerblichen Tätigkeit bestimmt war.[5] Dem Darlehensgeber obliegt es dann zu beweisen, dass der Nettodarlehensbetrag die Grenze von 75.000 Euro übersteigt.[6]

6 Die Existenzgründung ist erst mit der tatsächlichen Aufnahme der selbständigen beruflichen oder gewerblichen Tätigkeit beendet. Alle in der davor liegenden Existenzgründungsphase liegenden Rechtsgeschäfte sind potentiell von § 512 erfasst, abzustellen ist auf den Zeitpunkt des Vertragsschlusses.[7]

2. Bis zu 75.000 Euro

7 Mit der Neufassung des damaligen § 511 (jetzt § 512) wurde die Höchstgrenze als Anpassung an die wirtschaftlichen Verhältnisse auf 75.000 Euro angehoben,[8] § 507 aF sah noch eine Höchstgrenze von 50.000 EUR vor, das Verbraucherkreditgesetz eine Höchstgrenze von 100.000 DM, § 3 Abs. 1 Nr. 2 VerbrKrG. Im Zusammenhang stehende Verträge werden nach einer Entscheidung des OLG Brandenburg zusammengerechnet,[9] anders zutreffend das wohl überwiegende Schrifttum.[10]

8 Mit dem Höchstbetrag von 75.000 EUR knüpft das Bürgerliche Gesetzbuch an Art. 2 Abs. 2 Buchstabe c Verbraucherkreditrichtlinie an. Danach gilt die Verbraucherkreditrichtlinie allgemein nicht für Kreditverträge, deren Gesamtkreditbetrag mehr als 75.000 EUR beträgt.[11] Von dieser Begrenzung hat der Gesetzgeber grundsätzlich keinen Gebrauch

[2] Begr. RegE BT-Drs. 16/11643, 96.
[3] OLG Köln WM 1995, 612; OLG Celle WM 1996, 343; Staub/*Renner* Kreditgeschäft (Band 10/2) Rn. 870.
[4] BGHZ 128, 156 (162 f.) = NJW 1995, 722.
[5] *Wittig/Wittig* WM 2002, 145 (151), diesen für das neue Recht folgend Kümpel/Mülbert/Früh/Seyfried/*Merz/Wittig* Rn. 5.16.
[6] Jauernig/*Berger* Rn. 4.
[7] BGHZ 128, 156 (162) = NJW 1995, 722.
[8] Begr. RegE BT-Drs. 16/11643, 96.
[9] OLG Brandenburg WM 1999, 2208; OLG Brandenburg NJW 2006, 159.
[10] MüKoBGB/*Schürnbrand/Weber* Rn. 8, *Bülow/Artz* Rn. 15; Palandt/*Weidenkaff* Rn. 5; Jauernig/*Berger* Rn. 3.
[11] Zur Unanwendbarkeit der RL bereits wegen Art. 3 Buchstabe a → Rn. 1.

gemacht, auch diesen Betrag überschreitende entgeltliche Darlehensverträge mit Verbrauchern unterfallen der deutschen Regelung in den §§ 491 ff. BGB. Die Verbraucherkreditrichtlinie 87/102 EWG galt für Kredite an einen Verbraucher bis zu einem Höchstbetrag von 20.000 ECU.[12]

3. Rechtsfolgen

Existenzgründer werden in Bezug auf Verbraucherdarlehensverträge, aber nicht allgemein, 9
den Verbrauchern gleichgestellt.[13] Der Verweis auf die §§ 491 ff. umfasst nunmehr auch die Kreditwürdigkeitsprüfung, hier sind die Besonderheiten von Existenzgründungen angemessen zu berücksichtigen. Nimmt der Darlehensgeber entgegen den Vorgaben des § 505a Abs. 1 eine vertiefte Prüfung der Kreditwürdigkeit vor und entspricht diese einem Immobiliar-Verbraucherdarlehen, so kann der Kredit auch dann vergeben werden, wenn die Rückzahlung nur wahrscheinlich ist. Zweck des § 513 ist nicht, Existenzgründungen zu verhindern.

§ 514 Unentgeltliche Darlehensverträge

(1) [1] § 497 Absatz 1 und 3 sowie § 498 und die §§ 505a bis 505c sowie 505d Absatz 2 und 3 sowie § 505e sind entsprechend auf Verträge anzuwenden, durch die ein Unternehmer einem Verbraucher ein unentgeltliches Darlehen gewährt. [2] Dies gilt nicht in dem in § 491 Absatz 2 Satz 2 Nummer 1 bestimmten Umfang.

(2) [1] Bei unentgeltlichen Darlehensverträgen gemäß Absatz 1 steht dem Verbraucher ein Widerrufsrecht nach § 355 zu. [2] Dies gilt nicht, wenn bereits ein Widerrufsrecht nach § 312g Absatz 1 besteht, und nicht bei Verträgen, die § 495 Absatz 2 Nummer 1 entsprechen. [3] Der Unternehmer hat den Verbraucher rechtzeitig vor der Abgabe von dessen Willenserklärung gemäß Artikel 246 Absatz 3 des Einführungsgesetzes zum Bürgerlichen Gesetzbuche über sein Widerrufsrecht zu unterrichten. [4] Der Unternehmer kann diese Pflicht dadurch erfüllen, dass er dem Verbraucher das in der Anlage 9 zum Einführungsgesetz zum Bürgerlichen Gesetzbuche vorgesehene Muster für die Widerrufsbelehrung ordnungsgemäß ausgefüllt in Textform übermittelt.

Übersicht

I. Grundlagen

§ 514 gewährt auch bei unentgeltlich gewährten Darlehen einen Schutz vor Überschul- 1
dung und einem übereilten Vertragsabschluss.[1] Hintergrund ist die Rückzahlungspflicht.[2]

[12] Art. 2 Abs. 1 f.) der RL 87/102/EWG.
[13] Kümpel/Mülbert/Früh/Seyfried/*Merz/Wittig* Rn. 5.16.
[1] AuschussBegr. BT-Drs. 18/7584, 144.
[2] *Bülow/Artz* ZIP 2016, 1204 (1205).

Konkret sieht in Abs. 1 die entsprechende Anwendung ausgewählter Vorschriften des Verbraucherdarlehensrechts vor, namentlich der Regeln zum Verzug (§ 497 Abs. 1 und 3), zur Gesamtfälligkeitsstellung (§ 498) sowie zur Kreditwürdigkeitsprüfung (§§ 505a bis 505c, 505d Abs. 2 und 3, 505e). Die Norm spricht nicht von Verbraucherdarlehensverträgen, insoweit verbleibt es bei der Legaldefinition des Allgemein-Verbraucherdarlehensvertrags in § 491 Abs. 2 BGB und des Immobiliar-Verbraucherdarlehensvertrags in § 491 Abs. 3 BGB.

2 Der Regierungsentwurf hatte noch keine expliziten Regeln zur Kreditwürdigkeitsprüfung bei der Vergabe unentgeltlicher Darlehen im Bürgerlichen Gesetzbuch vorgesehen. Der Bundesrat hatte dies moniert und allgemein für das Verbraucherdarlehen eine Streichung des Erfordernisses der Entgeltlichkeit in § 491 gefordert.[3] Letztlich wurde die Vorschrift des § 514 auf Vorschlag des Rechtsausschusses[4] durch das Gesetz zur Umsetzung der Wohnimmobilienkreditrichtlinie in das Bürgerliche Gesetzbuch eingeführt.

3 Vorgeschlagen wurde eine entsprechende Anwendung von Vorschriften über das Verbraucherdarlehen und insbesondere eine Kreditwürdigkeitsprüfung bereits in der Vorauflage,[5] maßgebliche Stimmen sind dem beigetreten.[6]

II. Anwendungsbereich der Norm (Abs. 1)

1. Unentgeltliches Darlehen

4 In Anlehnung an die Diskussion der Null-Prozent-Finanzierung[7] wird vertreten, dass der Preis für das Darlehen „Null“ sein müsse.[8] Zutreffend ist von Unentgeltlichkeit auszugehen, wenn weder Zinsen noch sonstige Entgelte geschuldet werden.[9] Regelmäßig nicht eingegangen wird auf negative Zinsen. Zutreffend ist nicht neben dem Verzicht auf Zinsen und sonstige Entgelte auch noch zu fordern, dass sich der Nettodarlehensbetrag und der vom Verbraucher aufzubringende Gesamtbetrag entsprechen[10] und der Zinssatz „Null“ beträgt.[11] Der Zinssatz kann auch negativ sein, sofern sich an der Qualifikation als Darlehen nichts ändert. Der Verbraucher ist auch zur Rückzahlung verpflichtet und damit schutzbedürftig, wenn ein geringfügig geringerer Betrag als der ausgezahlte Darlehensbetrag zurückzuzahlen ist.

5 Negative Zinssätze finden sich nicht nur für Staatsanleihen, sondern nach der Kapitalmarktstatistik der Deutschen Bundesbank auch für öffentliche Pfandbriefe. Nach der Regierungsbegründung zu § 505d liegt bei einer Verzinsung in Höhe des marktüblichen Zinssatzes am Kapitalmarkt für Anlagen in Hypothekenpfandbriefe und öffentlichen Pfandbriefe nach § 505d Abs. 1 S. 1 Nr. 1 keine unentgeltliche Überlassung vor.[12] Dies gilt auch wenn der marktübliche Zins negativ ist.[13]

2. Darlehen über 200 Euro (Abs. 1 S. 2)

6 Abs. 1 S. 2 verweist für die Anwendbarkeit ausgewählter Vorschriften des Verbraucherdarlehensrechts (dazu näher → Rn. 8 ff.) auf § 491 Abs. 2 S. 2 Nr. 1 und damit auf einen

[3] Stellungnahme des Bundesrats, BT-Drs. 18/6286, 1 f.
[4] AuschussBegr. BT-Drs. 18/7584, 144.
[5] → 2. Aufl. 2016, § 511 Rn. 4.
[6] Jedenfalls de lege ferenda *Schürnbrand* ZIP 2015, 249 (251 f.).
[7] Etwa *Schürnbrand* ZIP 2015, 249; *Wobst* DZWIR 2015, 263.
[8] *Bülow/Artz* ZIP 2016, 1204.
[9] BeckOK BGB/*Möller* Rn. 2.
[10] Auf Art 247 § 3 Abs. 2 S. 1 und Abs. 3 S. 2 EGBGB abstellend MüKoBGB/*Schürnbrand/Weber* Rn. 6, sowohl Soll- als auch Effektivzinssatz betragen dann „Null“.
[11] *Bülow/Artz* Rn 8.
[12] Begr. RegE BT-Drs. 18/5922, 101.
[13] → § 505d Rn. 11.

Nettodarlehensbetrag von mehr als 200 Euro. Für unentgeltliche Kleindarlehen gelten nach dem insoweit eindeutigen Wortlaut der Norm so dieselben Anforderungen wie für entgeltliche Kleindarlehen.

3. Regeln für sonstige von den §§ 491 ff. ausgenommene Darlehensverträge

Aus der Ausnahme nur von Kleinkrediten nach § 495 Abs. 2 S. 2 Nr. 1 wird geschlossen, dass auch auf sonst nach § 495 Abs. 2 S. 2 vom Anwendungsbereich des Verbraucherdarlehensrechts ausgenommene Darlehensverträge die in Abs. 2 und 3 genannten Vorschriften Anwendung finden.[14] Verwiesen wird auf Arbeitgeberdarlehen und einem beschränkten Personenkreis angebotene Kredite (§ 491 Abs. 2 S. 2 Nr. 4 und 5) und die besondere Verlockungsgefahr günstiger Kredite.[15] Allerdings erscheint es nicht nur ansonsten, sondern auch in diesen Fällen fraglich, ob für unentgeltliche Darlehen strengere Anforderungen als für entgeltliche Darlehen gelten sollen. Zutreffend wird man als ungeschriebenes Merkmal verlangen müssen, dass ein entgeltliches Darlehen der in Abs. 2 und 3 in Bezug genommenen Norm unterliegen würde. 7

III. Entsprechende Anwendung ausgewählter Vorschriften über Verbraucherdarlehen (Abs. 2)

1. Regeln über den Verzug und die Gesamtfälligstellung, §§ 497 Abs. 1 und 3, 498

Auf unentgeltliche Darlehensverträge anwendbar ist zunächst die den Verzug des Darlehensnehmers betreffende Regelung in § 497 Abs. 1 und 3. § 497 schützt den Verbraucher nach der Ausschussbegründung durch die Vorgabe der Berechnung des Zahlungsverzugs in § 497 Abs. 1 BGB sowie der Anrechnung von Teilzahlungen in § 497 Abs. 3 BGB.[16] 8

Weiter gelten für unentgeltliche Darlehen die Voraussetzungen des § 498 BGB für eine Gesamtfälligstellung. Die Begründung des Regierungsentwurfs stellt auf Schutz des Verbrauchers vor einer Überschuldung ab.[17] 9

2. Kreditwürdigkeitsprüfung, §§ 505a–e

Ein Darlehensgeber hat bei unentgeltlichen Darlehen eine Kreditwürdigkeitsprüfung nach §§ 505a bis 505c durchzuführen, auch die auf Grundlage von § 505e erlassene Immobiliar-Kreditwürdigkeitsprüfungsleitlinienverordnung findet Anwendung. Beschränkt ist allerdings der Verweis auf die Rechtsfolgen des § 505d. § 514 verweist auf die §§ 505a ff. mit Ausnahme von § 505d Abs. 1, dabei handelt es sich nach der Begründung des Rechtsausschusses um eine spezifisch entgeltliche Kredite betreffende Vorschrift.[18] In der Begründung des Gesetzentwurfs nicht behandelt wird die Frage eines negativen Zinses nach § 505d Abs. 1 BGB. 10

IV. Widerrufsrecht (Abs. 3)

Auch bei unentgeltlichen Darlehen steht dem Verbraucher nach Abs. 3 S. 1 ein Widerrufsrecht gemäß § 355 zu. Nach Abs. 3 S. 2 gilt das nicht, wenn bereits nach § 312g ein Widerrufsrecht besteht, so bei einem außerhalb von Geschäftsräumen geschlossenen Vertrag oder einem Fernabsatzvertrag. Kein Widerrufsrecht besteht nach Abs. 3 S. 2 weiter bei 11

[14] MüKoBGB/*Schürnbrand/Weber* Rn. 9.
[15] MüKoBGB/*Schürnbrand/Weber* Rn. 9.
[16] AuschussBegr. BT-Drs. 18/7584, 144.
[17] AuschussBegr. BT-Drs. 18/7584, 144.
[18] AuschussBegr. BT-Drs. 18/7584, 144.

Umschuldungen unentgeltlicher Darlehen.[19] Abs. 3 S. 3 und 4 regeln die Information über das Widerrufsrecht,[20] verwendet werden kann die Anlage 9 zum EGBGB, die speziell für unentgeltliche Verbraucherdarlehen eine Muster für Widerrufsbelehrungen zur Verfügung stellt.

§ 515 Unentgeltliche Finanzierungshilfen

§ 514 sowie die §§ 358 bis 360 gelten entsprechend, wenn ein Unternehmer einem Verbraucher einen unentgeltlichen Zahlungsaufschub oder eine sonstige unentgeltliche Finanzierungshilfe gewährt.

Übersicht

I. Grundlagen

1 Die Vorschrift wurde auf Vorschlag des Rechtsausschusses durch das Gesetz zur Umsetzung der Wohnimmobilienkreditrichtlinie in das Bürgerliche Gesetzbuch eingeführt. Die Ausschussbegründung verweist auf eine Gleichbehandlung mit unentgeltlichen Darlehen.[1] Angestrebt ist ein Schutz vor übereiltem Vertragsabschluss und Überschuldung,[2] es handelt sich um eine Folgeänderung zu § 514.

II. Zahlungsaufschub oder unentgeltliche Finanzierungshilfe

2 Für die Definition des Zahlungsaufschubs sowie der Finanzierungshilfe kann auf die Kommentierung von § 506 verwiesen werden, für den Begriff der Unentgeltlichkeit auf die Kommentierung des § 514.

III. Rechtsfolgen

1. Verweis auf § 514

3 Aufgrund des Verweises auf § 514 gelten auch für unentgeltliche Finanzierungshilfen die Erleichterungen zum Zahlungsverzug und das Erfordernis einer Kreditwürdigkeitsprüfung.

2. Geltung der §§ 358 bis 360

4 Weiter verweist § 515 auf die Regeln zum verbundenen Vertrag sowie zum zusammenhängenden Vertrag, §§ 356 bis 360.

[19] AuschussBegr. BT-Drs. 18/7584, 145.
[20] AuschussBegr. BT-Drs. 18/7584, 145.
[1] AuschussBegr. BT-Drs. 18/7584, 145.
[2] AuschussBegr. BT-Drs. 18/7584, 145.

Anhang zum 15. Kapitel

Art. 240 EGBGB

§ 1 Moratorium[1*]

(1) [1] Ein Verbraucher hat das Recht, Leistungen zur Erfüllung eines Anspruchs, der im Zusammenhang mit einem Verbrauchervertrag steht, der ein Dauerschuldverhältnis ist und vor dem 8. März 2020 geschlossen wurde, bis zum 30. Juni 2020 zu verweigern, wenn dem Verbraucher infolge von Umständen, die auf die Ausbreitung der Infektionen mit dem SARS-CoV-2-Virus (COVID-19-Pandemie) zurückzuführen sind, die Erbringung der Leistung ohne Gefährdung seines angemessenen Lebensunterhalts oder des angemessenen Lebensunterhalts seiner unterhaltsberechtigten Angehörigen nicht möglich wäre. [2] Das Leistungsverweigerungsrecht besteht in Bezug auf alle wesentlichen Dauerschuldverhältnisse. [3] Wesentliche Dauerschuldverhältnisse sind solche, die zur Eindeckung mit Leistungen der angemessenen Daseinsvorsorge erforderlich sind.

(3) [1] Absatz 1 gilt nicht, wenn die Ausübung des Leistungsverweigerungsrechts für den Gläubiger seinerseits unzumutbar ist, da die Nichterbringung der Leistung die wirtschaftliche Grundlage seines Erwerbsbetriebs gefährden würde. [2] Absatz 2 gilt nicht, wenn die Ausübung des Leistungsverweigerungsrechts für den Gläubiger unzumutbar ist, da die Nichterbringung der Leistung zu einer Gefährdung seines angemessenen Lebensunterhalts oder des angemessenen Lebensunterhalts seiner unterhaltsberechtigten Angehörigen oder der wirtschaftlichen Grundlagen seines Erwerbsbetriebs führen würde. [3] Wenn das Leistungsverweigerungsrecht nach Satz 1 oder 2 ausgeschlossen ist, steht dem Schuldner das Recht zur Kündigung zu.

(4) Die Absätze 1 und 2 gelten ferner nicht im Zusammenhang

1. mit Miet- und Pachtverträgen nach § ,2 mit Darlehensverträgen sowie
2. mit arbeitsrechtlichen Ansprüchen.

(5) Von den Absätzen 1 und 2 kann nicht zum Nachteil des Schuldners abgewichen werden.

§ 3 Regelungen zum Darlehensrecht[1]

(1) [1] Für Verbraucherdarlehensverträge, die vor dem 15. März 2020 abgeschlossen wurden, gilt, dass Ansprüche des Darlehensgebers auf Rückzahlung, Zins- oder Tilgungsleistungen, die zwischen dem 1. April 2020 und dem 30. Juni 2020 fällig werden, mit Eintritt der Fälligkeit für die Dauer von drei Monaten gestundet werden, wenn der Verbraucher aufgrund der durch Ausbreitung der COVID-19-Pandemie hervorgerufenen außergewöhnlichen Verhältnisse Einnahmeausfälle hat, die dazu führen, dass ihm die Erbringung der geschuldeten Leistung nicht zumutbar ist. [2] Nicht zumutbar ist ihm die Erbringung der Leistung insbesondere dann, wenn sein angemessener Lebensunterhalt oder der angemessene Lebensunterhalt seiner Unterhaltsberechtigten gefährdet ist. [3] Der Verbraucher ist berechtigt, in dem in Satz 1 genannten Zeitraum seine vertraglichen Zahlungen zu den ursprünglich vereinbarten Leistungsterminen weiter zu erbringen. [4] Soweit er die Zahlungen vertragsgemäß weiter leistet, gilt die in Satz 1 geregelte Stundung als nicht erfolgt.

(2) Die Vertragsparteien können von Absatz 1 abweichende Vereinbarungen, insbesondere über mögliche Teilleistungen, Zins- und Tilgungsanpassungen oder Umschuldungen treffen.

[1*] § 1 Art. 240 § 1 eingef. mWv 1.4.2020 durch G v. 27.3.2020 (BGBl. I S. 569).
[1] § 3 Art. 240 § 3 eingef. mWv 1.4.2020 durch G v. 27.3.2020 (BGBl. I S. 569).

(3) [1]Kündigungen des Darlehensgebers wegen Zahlungsverzugs, wegen wesentlicher Verschlechterung der Vermögensverhältnisse des Verbrauchers oder der Werthaltigkeit einer für das Darlehen gestellten Sicherheit sind im Fall des Absatzes 1 bis zum Ablauf der Stundung ausgeschlossen. [2]Hiervon darf nicht zu Lasten des Verbrauchers abgewichen werden.

(4) [1]Der Darlehensgeber soll dem Verbraucher ein Gespräch über die Möglichkeit einer einverständlichen Regelung und über mögliche Unterstützungsmaßnahmen anbieten. [2]Für dieses können auch Fernkommunikationsmittel genutzt werden.

(5) [1]Kommt eine einverständliche Regelung für den Zeitraum nach dem 30. Juni 2020 nicht zustande, verlängert sich die Vertragslaufzeit um drei Monate. [2]Die jeweilige Fälligkeit der vertraglichen Leistungen wird um diese Frist hinausgeschoben. [3]Der Darlehensgeber stellt dem Verbraucher eine Abschrift des Vertrags zur Verfügung, in der die vereinbarten Vertragsänderungen oder die sich aus Satz 1 sowie aus Absatz 1 Satz 1 ergebenden Vertragsänderungen berücksichtigt sind.

(6) Die Absätze 1 bis 5 gelten nicht, wenn dem Darlehensgeber die Stundung oder der Ausschluss der Kündigung unter Berücksichtigung aller Umstände des Einzelfalls einschließlich der durch die COVID-19-Pandemie verursachten Veränderungen der allgemeinen Lebensumstände unzumutbar ist.

(7) Die Absätze 1 bis 6 gelten entsprechend für den Ausgleich und den Rückgriff unter Gesamtschuldnern nach § 426 des Bürgerlichen Gesetzbuchs.

(8) Die Bundesregierung wird ermächtigt, durch Rechtsverordnung mit Zustimmung des Bundestages und ohne Zustimmung des Bundesrates den personellen Anwendungsbereich der Absätze 1 bis 7 zu ändern und insbesondere Kleinstunternehmen im Sinne von Artikel 2 Absatz 3 des Anhangs der Empfehlung 2003/361/EG der Kommission vom 6. Mai 2003 betreffend die Definition der Kleinstunternehmen sowie der kleinen und mittleren Unternehmen in den Anwendungsbereich einzubeziehen.

§ 4 Verordnungsermächtigung[1]

(1) Die Bundesregierung wird ermächtigt, durch Rechtsverordnung ohne Zustimmung des Bundesrates

1. die Dauer des Leistungsverweigerungsrechts nach § 1 bis längstens zum 30. September 2020 zu verlängern,

2. die in § 2 Absatz 1 und 3 enthaltene Kündigungsbeschränkung auf Zahlungsrückstände zu erstrecken, die im Zeitraum vom 1. Juli 2020 bis längstens zum 30. September 2020 entstanden sind,

3. den in § 3 Absatz 1 genannten Zeitraum bis zum 30. September 2020 und die in § 3 Absatz 5 geregelte Verlängerung der Vertragslaufzeit auf bis zu zwölf Monate zu erstrecken,

wenn zu erwarten ist, dass das soziale Leben, die wirtschaftliche Tätigkeit einer Vielzahl von Unternehmen oder die Erwerbstätigkeit einer Vielzahl von Menschen durch die COVID-19-Pandemie weiterhin in erheblichem Maße beeinträchtigt bleibt.

(2) Die Bundesregierung wird ermächtigt, durch Rechtsverordnung mit Zustimmung des Bundestages und ohne Zustimmung des Bundesrates die in Absatz 1 genannten Fristen über den 30. September 2020 hinaus zu verlängern, wenn die Beeinträchtigungen auch nach Inkrafttreten der Rechtsverordnung nach Absatz 1 fortbestehen.

1 Die im Frühjahr 2020 erlassenen Maßnahmen zur Eindämmung der COVID-19-Pandemie führen zu weitgehenden Einschränkungen des öffentlichen Lebens.[2] Dies kann auch

[1] § 4 Art. 240 § 4 eingef. mWv 1.4.2020 durch G v. 27.3.2020 (BGBl. I S. 569).

[2] Gesetzentwurf der Fraktionen der CDU/CSU und SPD, BTDrs. 19/18110, Begründung, Allgemeiner Teil, Zivilrecht.

die Möglichkeit von Verbraucher zur Bedienung und Rückzahlung von Verbraucherdarlehensverträgen und sonstigen Dauerschuldverhältnissen beeinträchtigen. Der Gesetzgeber hat in einem Eilverfahren in Art. 240 EGBGB Regelungen insbesondere für Allgemein- und Immobiliar- Verbraucherdarlehensverträge getroffen.[3]

Vorgesehen wird eine Stundung bei Verbraucherdarlehensverträgen, wenn dem Verbraucher die Erfüllung aufgrund von Einkommenseinbußen unzumutbar ist, § 3 Abs. 1 S. 1. Nach der Begründung des Regierungsentwurfs hat der Darlehensnehmer die erforderlichen Nachweise zu erbringen[4] und trägt so die Darlegungs- und Beweislast. Sachgerecht erscheint es, dass der Verbraucher mit dem Vortrag und der Vorlage eines entsprechenden Antrags auf Inanspruchnahme gesetzlicher Hilfen oder der Bescheinigung über einen Verdienstausfall in Höhe der geschuldeten Leistung einen grundsätzlich ausreichenden Nachweis erbringt und seine Darlegungs- und Beweislast zumindest regelmäßig erfüllt. Ausreichend ist entsprechend den Grundsätzen der primären Darlegungslast die Möglichkeit der Unzumutbarkeit. **2**

Unzumutbar ist die Erbringung der Leistung nach § 3 Abs. 1 S. 2 im Einzelfall insbesondere dann, wenn der angemessene Lebensunterhalt des Verbrauchers oder seiner Unterhaltsberechtigten gefährdet ist. Als angemessen kann grundsätzlich der Lebensunterhalt vor Eintritt der COVID-19-Pandemie gelten. Nicht kompensierte Einnahmeausfälle in Höhe der geschuldeten Zahlungen werden so regelmäßig zu einer Stundung führen. Unter der Prämisse, dass der Verbraucher solche Einnahmeausfälle geltend macht und er dadurch die Unzumutbarkeit der Leistungserbringung dargelegt hat (→ Rn 2), obliegt es dem Darlehensgeber vorzubringen, dass dem Verbraucher die Erfüllung aus anderweitigem Vermögen oder auf Grundlage der weiterhin erzielten Einnahmen zumutbar ist. Der Darlehensgeber kann dafür auf die Angaben des Verbrauchers zur Prüfung der Kreditwürdigkeit zurückgreifen. **3**

An den Nachweis der Unzumutbarkeit der Leistungserbringung durch den Verbraucher[5] sind keine übersteigerten Anforderungen zu stellen. Für Mietverträge sieht § 2 Abs. 1 die Glaubhaftmachung vor. Diese Regelung kann auch für die Auslegung der Vorschriften über Verbraucherdarlehensverträge fruchtbar gemacht werden. Ausreichend erscheint die überwiegende Wahrscheinlichkeit der Unzumutbarkeit der Leistung.[6] Anzurechnen sind erhaltene Hilfen, auch ist dem Verbraucher die Inanspruchnahme von Hilfsangeboten jedenfalls im Grundsatz zuzumuten. **4**

Die Regierungsbegründung betont den Eingriff in grundrechtlich geschützte Freiheiten und Rechte, insbesondere den Eingriff in die Vertragsfreiheit.[7] Zutreffend handelt es sich um eine Spezialregelung für den Fall der Störung der Geschäftsgrundlage,[8] kann doch der Verbraucher das Darlehen nicht wie vertragsgemäß vorausgesetzt nutzen und bedienen. Insoweit konsequent ist auch auf die Interessen des Darlehensgebers Rücksicht zu nehmen. Nach § 3 Abs. 6 gelten Stundung und Ausschluss von Kündigung nicht, wenn dies dem Darlehensgeber unzumutbar ist. Dabei sind alle Umstände des Einzelfalls einschließlich der durch die COVID-19-Pandemie verursachten Änderungen der Lebensumstände zu berücksichtigen. **5**

Folge der Stundung ist zunächst, dass der Verbraucher auch bei Aussetzen der Zahlungen nicht in Verzug kommt. Die Stundung wird durch das Gesetz für drei Monate angeordnet, vom 1. April bis 30. Juni 2020, § 3 Abs. 1 S. 1. Dieser Zeitraum konnte durch Rechtsverordnung ohne Zustimmung des Bundesrats um zunächst drei Monate bis zum 30. Septem- **6**

---

[3] Gesetz zur Abmilderung der Folgen der COVID-19-Pandemie im Zivil-, Insolvenz- und Strafverfahrensrecht vom 27. März 2020, BGBl I 569.

[4] Gesetzentwurf der Fraktionen der CDU/CSU und SPD, BTDrs. 19/18110, zu Art. 5, zu § 3 Abs. 1.

[5] Gesetzentwurf der Fraktionen der CDU/CSU und SPD, BTDrs. 19/18110, zu Art. 5, zu § 3 Abs. 1.

[6] Dazu und zu Nachweismöglichkeiten Gesetzentwurf der Fraktionen der CDU/CSU und SPD, BTDrs. 19/18110, zu Art. 5, zu § 2 Satz 2.

[7] Gesetzentwurf der Fraktionen der CDU/CSU und SPD, BTDrs. 19/18110, zu Art. 5, zu § 3 Abs. 1.

[8] Allgemein dazu im Zusammenhang mit der COVID-19-Pandemie *Weller/Lieberknecht/Habrich* NJW 2020, 1017 (1021 f).

ber 2020 verlängert werden, § 4 Abs. 1 Nr. 3, durch Rechtsverordnung mit Zustimmung des Bundestags auch darüber hinaus, § 4 Abs. 2, das ist nicht geschehen. Explizit ausgeschlossen wird in § 3 Abs. 3 auch die Kündigung, dies ist insbesondere relevant, wenn der Zahlungsverzug erstmals bereits vor dem 1. April eingetreten ist oder gestellte Sicherheiten an Wert verlieren.

7 Der Verbraucher kann den Darlehensvertrag trotz Stundung weiterhin erfüllen, § 3 Abs. 1 S. 3, die Stundung gilt dann als nicht erfolgt, § 3 Abs. 1 S. 4. Nach § 3 Abs. 2 können die Vertragsparteien abweichende Vereinbarungen treffen. Kommt keine einvernehmliche Regelung zustande, verlängert sich die Vertragslaufzeit nach der gesetzlichen Regelung des § 3 Abs. 5 um zunächst drei Monate, die jeweilige Fälligkeit wird um diese Frist hinausgeschoben. Sofern die Stundung durch Rechtsverordnung nach § 4 verlängert wird, ist auch insoweit mit verlängerten Fristen zu rechnen.

8 Für Vertragsänderungen gelten die allgemeinen Bestimmungen für Verbraucherdarlehensverträge,[9] insbesondere zu den Informationspflichten des Darlehensgebers und zur Form. Nach § 492 Abs. 1 BGB bedürfen auch Vertragsänderungen der Schriftform → § 492 Rn. 4. Auch wenn keine vertragliche Regelung erfolgt, hat der Darlehensgeber den Verbraucher zu informieren. Nach § 3 Abs. 5 S. 3 stellt der Darlehensgeber dem Darlehensnehmer eine Abschrift des Vertrages zur Verfügung, in der die vereinbarten Vertragsänderungen oder die sich aus § 3 Abs. 1 S. 1 ergebenden Vertragsänderungen berücksichtigt sind.

9 Die Folgen der COVID-19-Pandemie sollten einvernehmlich geregelt werden. Das in § 3 Abs. 4 geregelte Angebot zu einem Gespräch über die Möglichkeiten einer einverständlichen Regelung und über mögliche Unterstützungsmaßnahmen greift nach der Begründung des Regierungsentwurfs nur für den Fall der Stundung nach § 3 Abs. 1.[10] Da deren Vorliegen zunächst zu klären ist, erscheint es sachgerecht, nach dem weitergehenden Gesetzeswortlaut eine entsprechende Pflicht generell bei Nichterbringen geschuldeter Leistungen anzunehmen. Es kann der Darlehensgeber auch von sich aus die gesetzlich vorgesehenen Rechtsfolgen anbieten und so auf eine Darlegung der Voraussetzungen durch den Verbraucher verzichten.

10 Für Finanzierungshilfen und Teilzahlungsgeschäfte gelten die allgemeinen Regelungen für Verbrauchergeschäfte, die ein Dauerschuldverhältnis darstellen, Art. 240 EGBGB § 1. Die Regelungen für Verbraucherdarlehensgeschäfte sind nicht entsprechend anzuwenden.[11] Für vor dem 8. März geschlossene Verträge kann im Einzelfall ein Leistungsverweigerungsrecht eingreifen, § 1 Abs. 1 S. 1. Es muss sich um ein wesentliches Dauerschuldverhältnis handeln, § 1 Abs. 1 S. 2, also um einen für die Eindeckung mit Leistungen der angemessenen Darlehensvorsorge erforderlichen Vertrag, § 1 Abs. 1 S. 3. Darunter fallen etwa Pflichtversicherungen, die Lieferung von Strom und Gas sowie Telekommunikationsverträge. Der Verbraucher muss sich auf das Leistungsverweigerungsrecht berufen. Das Leistungsverweigerungsrecht greift nicht ein, wenn die Ausübung für den Unternehmer unzumutbar ist, dazu § 1 Abs. 3.

---

[9] Gesetzentwurf der Fraktionen der CDU/CSU und SPD, BTDrs. 19/18110, zu Art. 5, zu § 3 Abs. 2.
[10] Gesetzentwurf der Fraktionen der CDU/CSU und SPD, BTDrs. 19/18110, zu Art. 5, zu § 3 Abs. 4.
[11] Gesetzentwurf der Fraktionen der CDU/CSU und SPD, BTDrs. 19/18110, zu Art. 5, zu § 3.

16. Kapitel: Dokumentation internationaler Konsortialkredite

Schrifttum: *Abendroth,* Asymmetrische Gerichtsstandsvereinbarungen im internationalen Kreditgeschäft, WM 2017, 1786; *Ahnert,* Zivilrechtliche Haftungsrisiken für Kreditinstitute bei krisenbehafteten Unternehmen, BKR 2002, 254; *Angerer/Geibel/Süßmann,* Wertpapiererwerbs- und Übernahmegesetz (WpÜG), 3. Aufl. 2017; *Arlt,* OFAC-Klausel in Finanzierungsverträgen vor dem Hintergrund des Boykottverbots gem. § 7 AWV und der Blocking Statutes, ZIP 2015, 2202; *Assmann,* Zur Haftung von Konsortien für das rechtliche Handeln ihrer Vertreter, ZHR 152 (1988), 371; *Assmann/Pötzsch/Schneider,* Wertpapiererwerbs- und Übernahmegesetz, 2. Aufl. 2013, *Ballo,* Die AGB-Kontrolle von Kreditverträgen in der Akquisitionsfinanzierung, 2010; *Baumbach/Hueck/Bearbeiter,* GmbHG-Gesetz, 21. Aufl. 2017; *Baums/Thoma/Verse* WpÜG – Kommentar zum Wertpapiererwerbs- und Übernahmegesetz, Band I (Stand: September 2017), *Bayer/Schmidt,* Die Reform der Kapitalaufbringung bei der Aktiengesellschaft durch das ARUG, ZGR 6/2009, 805; *Becher/Gößmann,* Die Änderung der Allgemeinen Geschäftsbedingungen der Privaten Banken, Sparkassen und Landesbanken, BKR 2002, 519; *Becker,* „Negativzinsen" als Folge von Zinsgleitklauseln bei Inhaberschuldverschreibungen?, WM 2013, 1736; *Becker/Dreyer,* AGB-rechtliche Zulässigkeit von Gebührenklauseln in Konsortialkreditverträgen, ZIP 2014, 2057; *Bellen/Stehl,* Pflichten und Haftung der Geschäftsführung in der Krise der GmbH, BB 2010, 2579; *Berger,* Aushandeln von Vertragsbedingungen im kaufmännischen Geschäftsverkehr, NJW 2001, 2152; *Bezzenberger,* Das Verbot des Zinseszins, WM 2002, 1617; *Bezzenberger/Bezzenberger,* Kapitalaufbringung und verdeckte Sacheinlagen bei der Aktienplatzierung durch Emissionsbanken, FS Hopt, 2010, 391; Bankrecht und Bankpraxis (BuB), Loseblattsammlung, hrsg. von Hellner-Steuer, [112]. Lieferung, Köln [11/2014] (zit. *BuB/Bearbeiter*); *Bitter/Lindardatos,* Erdachte Leitbilder im Darlehensrecht, ZIP 2018, 2249; *Bourgeois,* Die Sicherheitentreuhandvereinbarung unter besonderer Berücksichtigung der Sicherheitentreuhänderin, BKR 2011, 103; *Bosch,* Vertragliche Regelungen in internationalen Kreditverträgen als risikopolitisches Instrument: Erfahrung im Lichte der jüngsten Länderumschuldungen, Beihefte zu Kredit und Kapital 8 (1985), 117; *Buchheit,* How to negotiate Eurocurrency Loan Agreements, 2. Aufl. 2000; *Buchheit,* Did we make things too complicated?, IFLR 27 (März 2008), 24; *Canaris,* Bankvertragsrecht, Teil 1, 3. Aufl. 1988; *Canaris,* Kreditkündigung und -verweigerung gegenüber sanierungsbedürftigen Bankkunden, ZHR 143 (1979), 113; *Clark/Taylor,* Conditions Precedent and Covenants in Eurocurrency Loan Agreements, IFLR, August 1982, 15; *Coen,* Der negative Basiszinssatz nach § 247 BGB, NJW 2012, 3329; *Damnitz/Degenhardt,* Faktische Geschäftsführung und Kapitalersetzende (Bank-)Darlehen bei der AG, WM 2005, 583; *Dampf,* Die Gewährung von Up-stream Sicherheiten im Konzern, Der Konzern 2007, 157; *Danielewsky/Dettmar,* Instrumente der Vertragsgestaltung zur Übertragung akzessorischer Sicherheiten im Rahmen von Konsortialkreditverträgen, WM 2008, 713; *De Meo,* Bankenkonsortien: eine Untersuchung zum Innen- und Außenrecht von Emissions-, Kredit- und Sanierungskonsortien sowie für deren Haftung für das Handeln von Konsortialvertretern, 1994; *Derleder,* Die Einschränkung der Verrechnungsfreiheit der Kreditinstitute gegenüber Bürgen, NJW 2015, 817; *Desch,* Haftung des Geschäftsführers einer GmbH nach § 64 S. 3 GmbHG bei Rückzahlung von Gesellschafterdarlehen, BB 2010, 2586; *Diem/Jahn,* Akquisitionsfinanzierungen – Konsortialkredite für Unternehmenskäufe, 4. Aufl. 2019; *Diem/Jahn,* Acquisition Finance Agreements in Germany, 1. Aufl. 2017 (zit. *Diem/Jahn/Bearbeiter*); *Dohm,* Die Unterbeteiligung an einem Euro-Konsortialkredit, 1986; *Drygala/Kremer,* Alles neu macht der Mai – Zur Neuregelung der Kapitalerhaltungsvorschriften im Regierungsentwurf zum MoMiG, ZIP 2007, 1289; *Eilers/Rödding/Schmalenbach/Bearbeiter,* Unternehmensfinanzierung, 2. Aufl 2014; *Einsele,* Bank/ und Kapitalmarktrecht – Nationale und Internationale Bankgeschäfte, 4. Aufl. 2018; *Förl,* Die Absicherung von Neukonsorten in Share Pledge Agreements, RNotZ 2007, 433; *Freitag,* Die Beendigung des Darlehensvertrages nach dem Schuldrechtsmodernisierungsgesetz, WM 2001, 2370; *Friese,* Anmerkung zu einer Entscheidung des OLG Frankfurt a. M., Urteil vom 8.11.2013, (24 U 80/13, NZI 2014, 363) – Zur Wirkung schuldrechtlicher Verwertungsbeschränkungen („Limitation Language-Klauseln") in der Insolvenz des Sicherungsgebers, NZI 2014, 365; *Früh,* Abtretung, Verpfändung, Unterbeteiligung, Verbriefungen und Derivate bei Kreditforderungen vor dem Hintergrund von Bankgeheimnis und Datenschutz, WM 2000, 497; *Früh,* Financial Assistance durch die Aktiengesellschaft nach Reform der Kapitalrichtlinie – (k)ein Freifahrtschein für LBOs?, AG 2007, 157; *Früh,* Finanzverfassung und Finanzierung von GmbH und AG nach dem Regierungsentwurf des MoMiG, WM 2007, 1681; *Ganter,* Die Third Party Legal Opinion und das Verbot der Vertretung widerstreitender Interessen – eine „Tretmine" in der Anwaltspraxis, NJW 2014, 1771; *Gehrlein,* Der aktuelle Stand des neuen GmbH-Rechts, Der Konzern 2007, 771; *Gehrlein,* Der Konsortialkredit als Modell einer Innengesellschaft, DStR 1994, 1314; *Gehrlein,* Die Behandlung von Gesellschafterdarlehen durch das MoMiG, BB 2008, 846; *Goette/Habersack/Bearbeiter,* Das MoMiG in Wissenschaft und Praxis, 2009; *Grigoleit,* AktG, 1. Aufl. 2013; *Habersack,* Verdeckte Sacheinlage nach Hin- und Herzahlen nach dem ARUR gemeinschaftsrechtlich betrachtet, AG 2009, 557; *Habersack/Mülbert/Schlitt (Hrsg.),* Unternehmensfinanzierung am Kapitalmarkt, 4. Aufl. 2019; *von Hagemeister/Bültmann,* Konflikte von Sicherungsinstrumenten und Eigenkapitalersatz bei Projektfinanzierungen durch Banken, WM 1997, 549; *Heinlein,* Die Verwendung der sog. „Parallelschuld" im Bereich des Kreditsicherungsrechts, BKR 2018,

184; *Henn/Frodermann/Jannott,* Handbuch des Aktienrechts 8. Auflage 2008; *Henze,* Konzernfinanzierungen und Besicherung – Das Upstreamrisiko aus Gesellschafter- und Bankensicht, WM 2005, 717; *Herweg/Fürtjes,* Bearbeitungsentgeltklauseln von Banken gegenüber Unternehmen, ZIP 2015, 1261; *Hinsch-Horn,* Das Vertragsrecht der internationalen Konsortialkredite und Projektfinanzierungen, 1985; *Hoffmann,* Die Verpfändung von Aktien in der Konsortialpraxis, WM 2007, 1547; *Hoffmann,* Parallel Debt, WM 2009, 1452; *Hölters,* Aktiengesetz: AktG, 3. Aufl. 2017; *Hooley,* Enforcing syndicated credit agreements: all for one or one for all, Butterworths Journal of International Banking and Finance Law 2016, 74; *Hopt/Mülbert,* Kreditrecht: Bankkredit und Darlehen im deutschen Recht (Sonderausgabe der Vorbemerkungen zu §§ 607 ff. BGB und §§ 607–610 BGB aus Staudinger Kommentar zum Bürgerlichen Gesetzbuch, Berlin 1989), WM 1990, Sonderbeilage Nr. 3; *Huber,* Unwirksamkeit von insolvenzbedingten Lösungsklauseln, ZIP 2013, 493; *Hüffer/Koch,* Aktiengesetz, 13. Aufl. 2018; *Josenhans/Danzmann,* Das Future-Pledgee- und das Parallel-Debt-Konzept in der Kreditfinanzierung – Theoretische und praktische Aspekte, WM 2017, 1588; *Josenhans/Danzmann,* Kautelarjuristische Gestaltungsoptionen bei Gebührenvereinbarungen für Konsortialkreditfinanzierungen – Implikationen der BGH-Rechtsprechung zu AGB-Bearbeitungsentgelten, BKR 2018, 142; *Josenhans/Danzmann/Krampe,* Die Auswirkungen des EZB-Leitfadens für Leveraged-Transaktionen auf Akquisitionsfinanzierungen, BKR 2017, 265; *Kähler,* Aushandlung von AGB-Klauseln aufgrund begründeten Verhandlungsverzichtes, BB 2015, 450; *Kiefner/Bochum,* Aufsteigende Sicherheiten bei GmbH und AG im Lichte der neuen Rechtsprechung des BGH zur Kapitalerhaltung, NZG 2017, 1292; *Klein,* Die Rechtsstellung der Emissionsbank bei der Aktien- und Wandelanleiheemission nach § 199 Abs. 2 Satz 1 AktG, Die AG 2017, 415; *Klein* (Hrsg.), Konsortialkreditgeschäft und Sicherheitenpools: Verträge sicher gestalten und praktikabel umsetzen, 2013; *Klüwer/Meister,* Forderungsabtretung und Bankgeheimnis, WM 2004, 1157; *Koch,* Bearbeitungsentgelte im Kreditgeschäft – ein Blick nach vorne, WM 2016, 717; *Kollmorgen/Santelmann/Weiß,* Upstream-Besicherung und Limitation Language nach Inkrafttreten des MoMiG, BB 2009, 1818; *Kysel,* Rechtswahl bei Entgeltvereinbarungen im Zusammenhang mit einem Darlehen – Möglichkeiten und Grenzen, WM 2018, 2266, *Langenbucher,* Vereinbarungen über den Zinssatz – zugleich eine Anmerkung zu Nr. 5 und Nr. 6 der neuen Bedingungen für den gewerblichen Musterdarlehensvertrag, BKR 2005, 134; *Marsch-Barner/Schäfer* (Hrsg.), Handbuch börsennotierte AG-Aktien- und Kapitalmarktrecht, 4. Aufl. 2018; *Maier-Reimer,* Nochmals: Third Party Opinion und das Verbot der Vertretung widerstreitender Interessen, NJW 2014, 2613; *Meier-Reimer/Niemeyer,* Unternehmenskaufvertrag und AGB-Recht, NJW 2015, 1713, *Meister,* Die Sicherheitsleistung der GmbH als Gesellschafterverbindlichkeit, WM 1980, 390; *Mucke,* Negativerklärungen (Negative Pledge Clauses) als Instrument der Kreditsicherung, inhaltliche Anforderungen des deutschen Rechts, NJW 2006, 1804; *Mülbert,* Die Auswirkungen der Schuldrechtsmodernisierung im Recht des bürgerlichen Darlehensvertrages, WM 2002, 465; *MüKoBGB/Bearbeiter,* Münchener Kommentar zum Bürgerlichen Gesetzbuch, Band 1, 8. Aufl. 2019, Band 3, 7. Aufl. 2016, Band 5, 7. Aufl. 2017, Band 6, 7. Aufl. 2017; *Müller/Marchant/Eilers,* Gestaltungsmöglichkeiten bei der Vereinbarung von laufzeitunabhängigen Bearbeitungsentgelten bei Unternehmensdarlehen, BB 2017, 2243; *Natermann,* Der Eurodollarmarkt in rechtlicher Sicht, 1977; *Nonvertué,* Der Interessenausgleich zwischen Bank und Kreditnehmer bei Financial Covenants, ZIP 2012, 2139; *Obermüller,* Insolvenzrecht in der Bankpraxis, 9. Aufl. 2016; *Obermüller,* Lösungsklauseln im Bankgeschäft, ZInsO 2013, 476; *Palandt/Bearbeiter,* Bürgerliches Gesetzbuch, 78. Aufl. 2019; *Parmentier,* Verdeckte Sacheinlage seitens der Emissionsbank, ZinsO 2008, 9; *Peltzer-Bell,* Besicherung von Gesellschafterkrediten mit dem GmbH-Vermögen?, ZIP 1993, 157; *Pleister,* Behandlung von Drittsicherheiten in der finanziellen Restrukturierung von Konzernen, ZIP 2015, 1097; *Poertzgen/Meyer,* Aktuelle Probleme des § 64 S. 3 GmbHG, ZInsO 2012, 249; *Rauch/Kaufmann,* Das Kreditkonsortium bei internationalen Konsortialkreditverträgen – Eine Gesellschaft bürgerlichen Rechts?, WM 2018, 652; *Rawlings,* Majority Rule and minority rights in syndicated loans, Butterworths Journal of International Banking and Finance Law 2016, 70; *Renner,* Treuepflichten beim grenzüberschreitenden Konsortialkredit, ZBB 2018, 278; *Runge,* Covenants in Kreditverträgen, 2010; *Rusch,* Voraussetzungen der Insolvenzverschleppungshaftung bei der Gewährung von Sanierungskrediten aus aktueller Perspektive, GWR 2011, 151; *Schmidt,* Offene Stellvertretung, JuS 1987, 425; *Schmidt,* Das „Zinseszinsverbot" – Sinnwandel, Geltungsanspruch und Geltungsgrenzen, JZ 1982, 829; *Schmitt,* Finanzierungsstrategien mittelständischer Unternehmen vor dem Hintergrund von Basel III, BB 2011, 105; *Schmitt,* FATCA und die Auswirkungen auf internationale Konsortialkreditverträge, WM 2013, 1931; *Schnauder,* Die Parallelverpflichtung als Sicherungsinstrument der Konsortialpraxis, NJOZ 2010, 1663; *Schumacher,* Debt Push Down und § 418 BGB im Rahmen von Akquisitionsfinanzierungen, BKR 2013, 270; *Schulz,* Apcoa – Grenzen der Anerkennung des *Scheme of Arrangement* nach Änderung der Rechtswahlklausel, ZIP 2015, 1912; *Schulz/Mettke,* Die Garantie auf erstes Anfordern als Sicherungsinstrument im Kreditgeschäft, WM 2014, 54; *Seulen/Osterloh,* Die Haftung des Geschäftsführers für Zahlungen an den Gesellschafter, ZInsO 2010, 881; *Schimansky/Bunte/Lwowski* (Hrsg.), Bankrechts-Handbuch, 5. Aufl. 2017 (zit. BankR-HdB/*Bearbeiter*), 3. Aufl. 2007 (zit. BankR-HdB/*Bearbeiter* 3. Aufl.); *K. Schmidt/Lutter* (Hrsg.), AktG, I. Band, 3. Auflage 2015; *Schmieder,* Formularmäßig erhobene Bearbeitungsgebühren bei Verbraucherdarlehen – Zugleich Besprechung des Urteils des OLG Dresden vom 29.9.2011, WM 2012, 2358; *Schwintowski* (Hrsg.), Bankrecht, 5. Aufl. 2018 (zitiert Schwintowski/*Bearbeiter*); *Sonnenhol,* Änderung der AGB-Banken zum 1. April 2002 – auch im Hinblick auf das Schuldrechtsmodernisierungsgesetz, WM 2002, 1259; *Steinhauer,* Kreditsicherheiten als Instrumente der Kreditrisikominderung für syndizierte Unternehmensfinanzierungen, WM 2014, 1264; *Stiller,* Auswirkungen des Brexit auf das Sanktionsrecht – was ändert sich für deutsche Unternehmen?, EuZW 2019, 18; *Stohrer,* Das Erfordernis eines externen Sanierungsgutachtens bei der

Unternehmenssanierung, CRP 2014, 234; *Storck,* Globale Drehscheibe Euromarkt, 3. Aufl. 2004; *Stork,* Auswirkungen negativer Zinsen auf Finanzprodukte mit variablem Zinssatz, Der Betrieb 2015, 115; *Stupp/Mucke,* Die Auswirkungen kreativer „Zins"-Vereinbarungen auf ordentliche Kündigungsrechte des Darlehensnehmers, BKR 2005, 20; *Tries, Sutter/Kuznetsova,* Berücksichtigung von § 64 Satz 3 GmbHG für die Limitation Language im Rahmen einer Unternehmensfinanzierung? WM 2017, 745;Verdeckte Gewinnausschüttungen im GmbH-Recht, 1991; *Undritz/Degenhardt,* Banksicherheiten im Insolvenzverfahren, NZI 2015, 348; *Weitnauer,* Die Akquisitionsfinanzierung auf dem Prüfstand der Kapitalerhaltungsregelungen, ZIP 2005, 790; *Weitnauer,* Covenants und AGB-Kontrolle, ZIP 2005, 1443, *Weiß,* Restrukturierung von Schuldscheindarlehen, Corporate Finance Law 2010, 64; *Wenzel,* Rechtsfragen internationaler Konsortialkreditverträge: Deutsches und englisches Recht, 2006; *Westermann,* Das neue GmbH-Recht (i. d. F. des MoMiG) im Überblick, DZWiR 2008, 485; *von Westphalen,* AGB-rechtliche Schutzschranken im unternehmerischen Verkehr: Rückblick und Ausblick, BB 2011, 195; *Willer,* Die *parallel debt* als Sicherheitenträger, AcP 2009, 805; *Wimmer/Rösler,* Zinsanpassungsklauseln: Praxisfragen zur BGH-Rechtsprechung, WM 2011, 1788; *Winkler/Becker,* Die *Limitation Language* bei Akquisitions- und Konzernfinanzierungen unter Berücksichtigung des MoMiG, ZIP 2009, 2361; *Wittig,* Financial Covenants im inländischen Kreditgeschäft, WM 1996, 1381; *Wittig,* Bankaufsichtsrechtliche Grundlagen des (internen) *Ratings* und seine Transformation in das Darlehensverhältnis mit Unternehmen, ZHR 169 (2005), 212; *Wittig,* Representations and Warranties – Vertragliche Tatsachenbehauptungen in anglo-amerikanischen Kreditdokumentationen, WM 1999, 985; *Wittig/Wittig,* Das neue Darlehensrecht im Überblick, WM 2002, 145; *Wood,* Law and Practice of International Finance, 1980; *Zöllner/Noack* (Hrsg.), Kölner Kommentar, Kommentar zum Aktiengesetz, 3. Aufl. 2004 ff. (zit. KölnKommAktG/*Bearbeiter*); *Zoepffel,* Auswirkungen der CRR auf das Kreditsicherungsrecht, WM 2014, 928.

Abkürzungen: Basel II-Empfehlungen: Empfehlungen des Basler Ausschusses für Bankenaufsicht (Basel Committee on Banking Supervision der Bank for International Settlements) bestehend aus der Publikation International Convergence of Capital Measurement and Capital Standards, a Revised Framework vom Juni 2004, die gemäß den EU-Richtlinien 2006/48/EG und 2006/49/EG (Abl. L 2006/177/201) seit dem 1.1.2007 in den Mitgliedsstaaten der Europäischen Union gelten, http://www.bis.org/bcbs; Basel III-Empfehlungen: Die Empfehlungen des Basler Ausschusses für Bankenaufsicht (Basel Committee on Banking Supervision der Bank for International Settlements) bestehend aus den Publikationen Basel III-Regulatory Framework, Basel III-Liquidity Framework, Basel III-FAQ und Basel III-FAQ Liquidity Framework, http://www.bis.org/bcbs; *Basel III-Liquidity Framework:* Basel III international framework for liquidity risk measurement, standards and monitoring, Basel Committee on Banking Supervision, 16.12.2010, http://www.bis.org/bcbs/index.htm; *Basel III-FAQ:* Basel III frequently asked questions on Basel III implementation monitoring, Basel Committee on Banking Supervision, October 2011, http://www.bis.org/bcbs/index.htm; *Basel III-FAQ Liquidity Framework:* Basel III framework for liquidity frequently asked question, Basel Committee on Banking Supervision, July 2011, http://www.bis.org/bcbs/index.htm; *Basel III-Regulatory Framework:* Basel III A global regulatory framework for more resilient banks and banking systems, Basel Committee on Banking Supervision (revised version June 2011), https://www.bis.org/publ/bcbs189.htm – zuletzt abgerufen am 10. Juli 2019; *CRD:* Richtlinie 2013/36/EU über den Zugang zur Tätigkeit von Kreditinstituten und die Beaufsichtigung von Kreditinstituten und Wertpapierfirmen; *CRR:* Verordnung (EU) Nr. 575/2013 über Aufsichtsanforderungen an Kreditinstitute und Wertpapierfirmen; CRR/CRD-4-Paket: Legislativpaket bestehend aus der Verordnung (EU) Nr. 575/2013 über Aufsichtsanforderungen an Kreditinstitute und Wertpapierfirmen (CRR), der Richtlinie 2013/36/EU über den Zugang zur Tätigkeit von Kreditinstituten und die Beaufsichtigung von Kreditinstituten und Wertpapierfirmen (CRD) und der Delegierte Verordnung (EU) 2015/61 DER KOMMISSION vom 10. Oktober 2014 zur Ergänzung der Verordnung (EU) Nr. 575/2013 des Europäischen Parlaments und des Rates in Bezug auf die Liquiditätsdeckungsanforderung an Kreditinstitute (Delegated Act); CRD-4-Umsetzungsgesetz: Gesetz zur Umsetzung der Richtlinie 2013/36/EU über den Zugang zur Tätigkeit von Kreditinstituten und die Beaufsichtigung von Kreditinstituten und Wertpapierfirmen und zur Anpassung des Aufsichtsrechts an die Verordnung (EU) Nr. 575/2013 über Aufsichtsanforderungen an Kreditinstitute und Wertpapierfirmen, Bundesgesetzblatt Teil I 2013 Nr. 53 3.9.2013 S. 3395; *Delegated Act:* Delegierte Verordnung (EU) 2015/61 DER KOMMISSION vom 10. Oktober 2014 zur Ergänzung der Verordnung (EU) Nr. 575/2013 des Europäischen Parlaments und des Rates in Bezug auf die Liquiditätsdeckungsanforderung an Kreditinstitute; *EBA:* European Banking Authority; *EONIA:* ***E**uro **O**vernight **I**ndex **A**verage;* *EURIBOR:* ***EUR**o **I**nter**B**ank **O**ffered **R**ate;* GroMiKV: Großkredit- und Millionenkreditverordnung, *LIBOR:* ***L**ondon **I**nter**B**ank **O**ffered **R**ate;* *LMA:* Loan Market Association; *LMA-GER:* Multicurrency Term and Revolving Facility Agreement, German Law, Version 9, 18. Juli 2017; *LMA-ICA:* Intercreditor Agreement for Leveraged Acquisition Finance Transactions, English law, Version 5, 18. Juli 2017; *LMA-INV:* Senior Multicurrency Term and Revolving Facilities Agreement, Primary (Investment Grade), English law, Version 9, 18. Juli 2017; *LMA-LEV:* Senior Multicurrency Term and Revolving Facilities Agreement, Primary (Leveraged), English law, Version 12, 7. August 2017.

Definitionen: Englische Begriffe, die in Anführungszeichen („ ") gesetzt sind, verweisen auf die jeweilige Definition im *LMA-GER* bzw. *LMA-LEV.*

Übersicht

I. Einführung

1. Internationale Konsortialkredite

a) Begriffsbestimmung und Marktsegment. Unter einem **internationalen Konsortialkredit** verstehen wir einen von mehreren Kreditgebern, bei denen es sich in der Regel, aber nicht notwendigerweise um Kreditinstitute[1] handelt, gemeinschaftlich zur Verfügung gestellten Kredit, der sich hinsichtlich der Vertragsausgestaltung an im internationalen Kreditgeschäft üblichen Mustern orientiert. Nicht zweckdienlich für die folgende Erörterung ist eine Abgrenzung anhand sonstiger Kriterien, wie sie zum Teil in der Literatur[2] verwendet werden. Kreditnehmer sind hierbei ganz überwiegend Unternehmen, präziser gesagt, juristische Personen in der Rechtsform der AG oder GmbH (oder der 1

[1] In manchen Marktsegmenten, insbes. bei sog. *leveraged loans* (→ Rn. 4) ist es durchaus üblich, dass auch Nicht-Kreditinstitute, idR *funds,* zum Kreis der Kreditgeber gehören. Aufgrund oftmals bestehender aufsichts- oder gesellschaftsrechtlicher Vorgaben, die solchen *funds* eine Kreditauszahlung verbieten (im Gegesatz zum Erwerb einer bereits bestehenden Kreditforderung), wird für solche Kreditgeber ggf. eine sog. *institutional tranche* aufgesetzt, unter der zunächst eine Kreditauszahlung durch Kreditinstitute erfolgt mit anschliessendem Verkauf der Kreditforderungen an die *funds* im Rahmen der Syndizierung (s. zur Syndizierung → Rn. 191 ff.).

[2] ZB eine „Auslandsberührung“ oder die Ausreichung in Fremdwährung, s. zu diesen Kriterien BankR-HdB/*Welter* § 118 Rn. 25, der die Begriffe „Kredit am Euromarkt (Eurokredit)“ und „Auslandskredit“ (letzterer erfordert „Auslandsberührung“) verwendet. Der Begriff „Eurokredit“ bezieht sich auf die Zugrundelegung der Usancen und Vorgaben des Euromarktes als Refinanzierungsmarkt bei der Zinsfestsetzung und einer Vielzahl damit im Zusammenhang stehender Klauseln bei der Vertragsgestaltung; (s. hierzu *Hinsch/Horn* S. 7 f., BankR-HdB/*Welter* § 118 Rn. 4f; *Storck* S. 21 ff.). Der Euromarkt ist der Geldmarkthandel (in konvertierbaren Währungen) außerhalb der unmittelbaren Jurisdiktion der jeweiligen nationalen Währungsbehörde (zur Historie s. a. *Natermann* S. 46 ff. und *Wenzel* S. 32). Durch die Einführung des EUR und die einheitlichen Mindestreserveregelungen im EUR-Raum (auf derzeit sehr niedrigem Niveau) und veränderte Refinanzierungspraktiken ist – in Bezug auf den EUR – zum einen der *off shore*-Charakter des Marktes mehr oder weniger entfallen und zum anderen hat dieser Aspekt wesentlich an Bedeutung verloren. Die traditionellen Refinanzierungsmodalitäten über den Euromarkt prägen aber weiterhin die Kreditvertragsgestaltung (*Wenzel* S. 34). So gesehen ist jeder internationale Kreditvertrag, der dem hier zugrundegelegten *LMA*-Muster folgt, ein Eurokredit (vgl. im Detail zur Zinsfestlegung und Refinanzierung → Rn. 40 ff.), aber umgekehrt gilt dies nicht unbedingt.

entsprechenden Rechtsform in der jeweiligen Heimatjurisdiktion) als Unternehmensträger oder – dies aber recht selten – Personenhandelsgesellschaften oder ähnliche Rechtssubjekte in anderen Rechtsordnungen, manchmal auch Staaten, Zentralbanken oder sonstige dem öffentlichen Bereich zuzurechnende Körperschaften, Institute oder Anstalten.[3] Bei **Unternehmensfinanzierungen** ist es üblich, dass der Kredit von mehreren zum gleichen Konzern gehörenden Kreditnehmern in Anspruch genommen werden kann, dann in der Regel unter der Garantie der Konzernmutter. Oft besteht aufgrund der Tatsache, dass (einer) der Kreditnehmer einerseits und zumindest einzelne Kreditgeber andererseits in unterschiedlichen Jurisdiktionen inkorporiert und/oder ansässig sind, auch insofern ein „internationaler" Sachverhalt, dies muss aber nicht sein.[4] Ausfluss der sich an internationale gebräuchlichen Usancen orientierenden Vertragsgestaltung ist aber jedenfalls, dass die Verträge auch Klauseln enthalten, die vor allem oder nur bei einer **grenzüberschreitenden Kreditgewährung** von Relevanz sind.[5]

2 **b) Grundzüge der Vertragsgestaltung.** Die in Europa[6] gängigsten Muster einer internationalen Usancen entsprechenden Vertragsgestaltung sind die von der ***Loan Market Association***[7] entwickelten und gepflegten. Genau genommen handelt es sich um mehrere Muster, nämlich eines für den sog. ***investment grade***-Bereich und eines für ***leveraged***-Kredite,[8] wobei ersteres wiederum in verschiedenen Versionen verfügbar ist: eine auf Grundlage englischen Rechtes, eine auf Basis französischen, eine auf Basis spanischen Rechts und eine, die deutschem Recht unterliegt. Die nicht englisch-rechtliche Versionen wurden jedoch bewusst[9] auf **Basis** des älteren und schon seit längerem im Markt verbreiteten **englisch-rechtlichen Musters** entwickelt und unterscheiden sich von diesem nur dort, wo dies aufgrund der anderen Rechtswahl zwingend geboten oder zumindest angeraten erschien.[10] Die folgenden Ausführungen beziehen sich auf das **deutsch-rechtliche *LMA*-Vertragsmuster** für den *investment grade*-Bereich (im Folgenden: *LMA-GER*). Des Weiteren wird dort, wo das Muster für den *investment grade*-Bereich manche Klauseln

[3] Hier ist die Tendenz abnehmend. Bis in die 1990er-Jahre hinein traten öffentliche Adressen durchaus öfter als Kreditnehmer unter internationalen Konsortialkrediten auf, heute finanzieren sie sich fast ausschließlich über den Anleihemarkt.

[4] Das Fehlen einer irgendwie gearteten Auslandsberührung war nach altem Recht (vor Inkrafttreten der Rom-I Verordnung) im Kontext des früheren Art. 27 Abs. 3 EGBGB relevant, s. *Wenzel* S. 51 und S. 405 ff. Eine hinreichende Auslandsberührung lag aber auch bereits dann vor, wenn in Gefolge einer geplanten Syndizierung erst später ausländische Banken dem Konsortium beitreten sollten (*Wenzel* S. 413 f.). Heute gilt Art 3 Rom I-VO: hiernach (Abs. 2) führt das Fehlen einer Auslandsberührung dann jedoch zur Anwendung zwingender Normen des Inlandsrechtes, was ua in Bezug auf die Geltung deutscher AGB-rechtlicher Bestimmungen bei der Wahl ausländischen Rechts relevant werden kann; → Rn. 10a.

[5] ZB *Clause* 13.2 – *Tax gross-up, Clause* 13.3 – *Tax indemnity, Clause* 13.4 – *Tax credit, Clause* 13.5 – *Lender status confirmation, Clause* 13.8 – *FATCA Information, Clause* 13.9 – *FATCA Deduction, Clauses* 38 – *Governing law,* 39.1 – *Jurisdiction* und 39.2 – *Service of Process LMA-GER,* wobei die Bestellung eines Zustellungsbevollmächtigten theoretisch auch bei Ansässigkeit der Parteien in der gleichen Jurisdiktion von besonderer Relevanz sein kann, nämlich wenn aus bestimmten Gründen der Kreditvertrag einem ausländischen Recht unterstellt wird.

[6] Und nicht nur dort: im ganz wesentlich auch von europäischen Banken oder europäischen Niederlassungen US-amerikanischer Banken bedienten Markt des mittleren Ostens (Golfregion) werden die gleichen Vertragsmuster verwandt. Dies gilt – soweit einzelne Klauseln übertragbar sind – auch für *Shari'a*-konforme sog. *islamic finance*-Finanzierungen (die meisten in Form einer *Reverse Murabaha*-Struktur *(„tawarruq")*, bei der im Rahmen eines Ringgeschäftes Käufe und Verkäufe einer *Shari'a*-konformen *commodity* mit abweichenden Fälligkeitsterminen für die Zahlung des Kaufpreises verknüpft werden, oder einer *sale and lease back*-ähnlichen *Ijara*-Struktur.).

[7] https://www.lma.eu.com.

[8] Vgl. zur Abgrenzung → Rn. 4.

[9] S. das dem deutsch-rechtlichen Vertragstext vorgeschaltete Eingangsstatement der *LMA*.

[10] Letztlich betrifft dies nur relativ wenige Klauseln. Außer – naturgemäß – der Rechtswahl- und Gerichtsstandsklausel sind dies zB Teile der Zinsregelungen (aufgrund des deutschen Zinseszinsverbotes) und vor allem Klauseln, bei denen eine abweichende Gestaltung möglich und geboten erscheint, um, sofern im Einzelfall kein „Aushandeln" der Klauseln erfolgt (→ Rn. 10), das Risiko einer Unwirksamkeit gem. den §§ 305 ff. BGB zu minimieren oder auszuschließen.

(noch) nicht vorhält, auf das Muster für den *leveraged loan*-Bereich (im Folgenden: *LMA-LEV*) Bezug genommen.

3 Die Orientierung am englisch-rechtlichen Leitmuster hat zur Konsequenz, dass das Vertragsmuster **angelsächsischer Dokumentationspraxis** folgt.[11] Diese ist vor allem durch folgende Charakteristika geprägt: einen vorgeschalteten Definitionsteil und die konsequente Verwendung der Definitionstechnik im Rahmen eines modularen Vertragsaufbaus und eine im Wesentlichen abschließende Regelung im Vertrag selbst ohne des Erfordernisses eines Rückgriffes auf Gesetze oder Fallrecht. Die Regelung der kreditmateriell relevanten Aspekte und der damit einhergehenden Risikoallokation erfolgt durch die Verwendung mehr oder weniger umfangreicher und miteinander verschränkter Bestätigungen und Zusicherungen *(representations and warranties),* allgemeiner Verpflichtungen *(undertakings)* und ggf. spezieller Verpflichtungen zur Einhaltung bestimmter Finanzkennzahlen *(financial covenants)* sowie einen Katalog von Kündigungsgründen *(events of default).* Gesetzliche **Generalklauseln** wie zB der § 490 BGB werden (durch Abbedingung) verdrängt und ggf. durch abweichend formulierte Generalklauseln ersetzt[12], sofern auf derartige Generalklauseln nicht sogar in Gänze verzichtet wird. Diese Art der Vertragsausgestaltung ist nicht etwa (nur) als Folge eines reflexhaften Befolgens angelsächsischer Usancen zu sehen. Sie trägt vielmehr auch ganz praktischen Bedürfnissen der Marktteilnehmer Rechnung, ihre Rechte und Pflichten in der Vertragsdokumentation *(„Finance Documents")*[13] abschließend zu regeln. Dieses **Prinzip der abschließenden vertraglichen Regelung** erlaubt es, Parteien aus ganz unterschiedlichen Jurisdiktionen mit unterschiedlichen „Heimatrechten" auf Basis einer alle wesentliche Aspekte im Vertrag selbst regelnden Dokumentation zusammenzuführen,[14] so dass Detailkenntnisse des zugrundeliegenden Rechts nicht oder nur sehr eingeschränkt von Bedeutung sind.[15] Da der Vertrag selbst und nicht etwa das Gesetz oder gar umfangreiches Fallrecht die wesentlichen Verhaltensregeln und Rechtsfolgen vorgibt, ermöglicht dies auch bei komplexen Gestaltungen weitgehend eine Vertragsadministration durch Nichtjuristen in den unterschiedlichsten Jurisdiktionen. Diese beiden Effekte gehören mit zu den Grundvoraussetzungen dafür, Kreditgeberkonsortien mit Kreditgebern aus mehreren Ländern zu bilden, was die Darstellung größerer Finanzierungen erst ermöglicht.

4 **c) *Investment Grade* Transaktionen/*Leveraged* Transaktionen.** Die Unterschiede zwischen den beiden Grundmustern beruhen auf den Unterschieden zwischen den Marktsegmenten, auf die sie zugeschnitten sind: das sog. *investment grade*-Muster ist für die Kreditvergabe an Unternehmen mit einem ***investment grade rating***[16] gedacht[17], wohingegen das sog. *leveraged*-Muster für die Dokumentation von Krediten an im Eigentum von *private equity funds* stehenden Erwerbsgesellschaften (oder darüber installierten Holdinggesellschaf-

---

[11] *Wenzel* S. 42. Zum vorherrschenden Charakter dieser Art der Dokumentationspraxis, ihrer Besonderheiten und ihrer Bedeutung für die Vertragsausgestaltung s. schon *Wittig* WM 1996, 1381 ff. (also vor Einführung der deutschrechtlichen *LMA*-Musterdokumentation). In der Tat gab es schon lange vor Einführung der deutschrechtlichen *LMA*-Musterdokumentation, ja sogar vor Entwicklung des englischrechtlichen Vertragsmusters durch die *LMA,* im deutschen Markt verbreitete Vertragsmuster, die angelsächsischen Usancen folgten, aber dem deutsche Recht unterstellt und – wo zwingend geboten – angepasst waren. Hierbei handelte es sich um „Hausmuster" großer Anwaltskanzleien und der im Markt führenden Banken.

[12] Eine zB dem § 490 BGB in der Substanz zT entspr. vertragliche Generalklausel ist das sog. „material adverse change"-Kündigungsrecht; → Rn. 172.

[13] Englische Begriffe, die kursiv gedruckt und in Anführungszeichen („ „) gesetzt sind, verweisen auf die jeweilige Definition im *LMA-GER* bzw. *LMA-LEV.*

[14] S. a. *Wenzel* S. 42 ff.

[15] S. a. *Storck* S. 41.

[16] Dh *long term rating* von Baa3 (Moody's)/BBB- (Standard & Poor's) oder besser; bei einem Unternehmen, das (oder dessen Verbindlichkeiten) über kein *rating* durch S&P oder Moody's verfügen, ist insofern auf entspr. *rating*-Stufen im Rahmen der bankinternen *rating*-Systeme abzustellen. S. zu den *rating*-Abstufungen im Detail Eilers/Rödding/Schmalenbach/*Krämer* C Rn. 404 ff. und *Hutter* in: Habersack/Mülbert/Schlitt Rz. 17.43 ff.

[17] In praxi kommt es aber auch durchaus vor, dass Unternehmen mit schlechterem *rating* Kredite (im Wesentlichen) auf Basis dieses Musters erhalten – hier entscheidet allein der Markt. Aufsichtsrechtlich ist diese Abgrenzung beider Segmente hingegen relativ klar definiert → Rn. 12d.

ten) im Kontext sog. *leveraged buy outs*[18] vorgesehen ist. Das ***leveraged-loan***-Muster ist – derzeit – nur als **englisch-rechtliches** Vertragsmuster *(LMA-LEV)* verfügbar, da zum einen der *private equity*-Markt vor allem durch in London oder den USA ansässige Sponsoren beherrscht wird und zum anderen viele bei *leveraged loan* Transaktionen als Kreditgeber (oder besser: Investoren) auftretende *funds* aus dem angelsächsischen Raum kommen. Dies hat zur Folge, dass ganz überwiegend englisch-rechtliche Verträge im Markt verwandt werden.[19] Das *leveraged*-Muster enthält eine Reihe von Klauseln, die sich aufgrund des Zweckes der Finanzierung (Akquisitionsfinanzierung), der Verbindung mehrerer Finanzierungen und dem Rangverhältnis zwischen den einzelnen Finanzierungen sowie aus der Besonderheit der Transaktionsstruktur mit *private equity*-Sponsoren in der Eigentümerrolle erklären und die bei einer normalen Unternehmensfinanzierung nicht oder nicht in dieser Form erforderlich sind. Darüber hinaus trägt das Muster auch der **anderen Risikoqualität** im Vergleich zu einer Finanzierung für ein Unternehmen mit einem *investment grade rating* Rechnung.[20] Natürlich gibt es auch Unternehmensfinanzierungen, bei denen aufgrund des zugrunde zu legenden *ratings* (externes oder internes Bankenrating), des Finanzierungszweckes oder der Transaktionsstruktur Anleihen beim *leveraged*-Muster geboten sind. Deshalb kommen auch **viele Mischformen** vor (sog. ***cross overs***). Das *leveraged*-Muster lässt sich in Richtung *investment grade* vereinfachen oder, und das ist in der Regel der sinnvollere Weg bei der Erstellung eines Dokumentationsentwurfes, das *investment grade*-Muster lässt sich durch Elemente aus dem *leveraged*-Muster ergänzen und somit an spezielle Situationen anpassen.[21]

5 **d) Abgrenzung zur inländischen Dokumentationspraxis.** Die Abgrenzung zur **inländischen Dokumentationspraxis** erfolgt vor allem entlang einer Sprachgrenze: **Internationale Finanzierungen werden** bei Konsortialkrediten in **englischer Sprache** verfasst,[22] die deutsche **inländische Dokumentationspraxis** verwendet hingegen in der Regel die **deutsche Sprache.** Darüber hinausgehend sind die Grenzen fließend und die gebräuchlichen inländischen – nicht auf dem *LMA*-Text basierenden – Vertragsmuster, bei denen es sich fast ausschließlich um für das Geschäft mit mittelständischen Unternehmen gedachten Eigenentwicklungen größerer deutscher Kreditinstitute handelt,[23] orientieren sich zunehmend an den internationalen Dokumentationsusancen, ggf. unter Vermeidung von bei reinen Inlandstransaktionen mit einem relativ kleinen Konsortium überflüssigem Ballast.[24]

---

[18] *Leveraged* daher, da beim *leveraged-buy-out* das Fremdkapital als „Hebel" *(lever)* eingesetzt wird, um die Renditechancen auf das eingesetzte Eigenkapital zu optimieren.

[19] Auf Basis des englisch-rechtlichen Musters lässt sich aber bei Bedarf relativ schnell ein deutsch-rechtlicher Vertrag entwickeln – die anpassungsbedürftigen Stellen sind im Wesentlichen aus der Entwicklung des deutsch-rechtlichen *investment grade*-Musters bekannt.

[20] So enthält das *leveraged*-Muster insbesondere auch bestimmte dem Kreditnehmer auferlegte Verpflichtungen *(undertakings)* die im *investment grade*-Muster völlig fehlen, zB – um nur einige wenige zu nennen – Beschränkung von Akquisitionen (*Clause* 28.9 – *Acquisitions LMA-LEV*), Beschränkung der Kreditvergabe (*Clause* 28.19 – *Loans Out LMA-LEV*) und Beschränkung von Dividendenzahlungen (*Clause* 28.21 – *Dividends and share redemption LMA-LEV*).

[21] Sofern der Kredit (oder eine Tranche) jedoch (va) an institutionelle Investoren *(funds etc)* syndiziert werden soll, wird man die Dokumentation oft auf Basis des *LMA-LEV*-Muster erstellen, auch wenn der Kreditnehmer nicht eine von *private equity*-Investoren gehaltene Zweckgesellschaft, sondern ein Industrieunternehmen (mit einem Rating unterhalb des *investment grade*-Bereiches) ist.

[22] Die *LMA*-Muster sind nur auf Englisch verfügbar. Es gibt aber auch Transaktionen, für die das englische Muster in die deutsche Sprache übertragen worden ist, und zwar nicht nur als deutsche Übersetzung eines englisch-sprachigen Vertragstextes, sondern als verbindliche deutsche Fassung. Die Verwendung eines deutschsprachigen Vertragstextes kann zB geboten sein, wenn ein Kredit durch eine Bundes- und/oder Landesbürgschaft besichert wird.

[23] Ein Vertragsmuster des BdB (Bundesverband deutscher Banken), abgedruckt in WM 2001, 2355 ff., war nur für ein bestimmtes Marktsegment vorgesehen (s. *Brandt/Sonnenhol* WM 2001, 2329 ff.) und hat sodann im Markt nur sehr eingeschränkt Verwendung gefunden.

[24] Bestimmte Eigentümlichkeiten der inländischen Dokumentationspraxis, wie zB die Trennung der Kreditverträge mit dem Kreditnehmer und die die Verfassung des Konsortiums (Beschlussfassung etc)

2. Rechtliche Grundlagen nach deutschem Recht

6 **a) Rechtsnatur des Konsortialkredites.** Auch wenn, wie international allgemein üblich, alle vertraglichen Regelungen in einem Vertragsdokument zusammengefasst sind, ist zu unterscheiden zwischen dem schuldrechtlichen Rechtsverhältnis zwischen dem Kreditgeber (den Kreditgebern) und dem Kreditnehmer und den Regelungen, die die rechtliche Qualifizierung des Konsortiums betreffen. Bei ersterem handelt es sich um einen **Krediteröffnungsvertrag/Darlehensvertrag** oder, genauer gesagt, ein **Bündel** derartiger Verträge.[25] Wendet man sich der rechtlichen Einstufung des Konsortiums als solchem zu, dann stößt man auf die **herrschende Ansicht,** dass es sich bei einem Kreditkonsortium um eine **BGB-Gesellschaft** handelt.[26] Der gemeinsame Zweck, der durch den vertraglichen Zusammenschluss gefördert werden soll, wird in der gemeinsamen Zurverfügungstellung des Kredites[27] gesehen; der Beitrag des einzelnen Konsorten (vgl. § 705 BGB) bestehe in der Zurverfügungstellung seines Anteils am Kredit.[28] Es läge aber eine atypische Gesellschaft vor, da bestimmte (abdingbare) Wesenselemente der BGB-Gesellschaft ausdrücklich (oder stillschweigend)[29] abbedungen seien. Eine bereits aus den 30 er-Jahren des letzten Jahrhunderts stammende Observation, dass es sich beim Kreditgeberkonsortium um eine BGB-Gesellschaft handele, bei der alle (dispositiven) Regeln des BGB-Gesellschaftsrechtes abbedungen seien, wird in der Literatur immer wieder zitiert.[30] Die Einstufung als BGB-Gesellschaft führt zwangsläufig zu der Frage, ob es sich denn um eine Außen- oder Innengesellschaft handelt, die sodann einer Beantwortung unterzogen wird auf Basis üblicher Gestaltungen in der Praxis, mit unterschiedlichen Ergebnissen.[31] Die Analyse des Meinungsstandes zeigt allerdings, dass die zugrundegelegten Gestaltungsvarianten in relevanter Weise von der Realität eines internationalen Kreditvertrages abweichen. Dort ist jedenfalls gerade keine Geschäftsführung für und Vertretung des Konsortiums als Ganzes durch den Agenten gewollt; dem Agenten kommt nur in ganz beschränktem Umfang das Recht zu, in Bezug auf bestimmte Einzelsachverhalte für die Konsorten tätig zu werden.[32] Deshalb ist, wenn man schon von einer

---

regelnden Vertragsbestimmungen (der „Konsortialvertrag"), verschwinden zusehends. S. a. *Rost* in Konsortialkreditgeschäft und Sicherheitenpools, S. 4 („Tendenz"), S. 35 f. Rn. 13.

[25] → Rn. 8a, 70.

[26] BankR-HdB/*Hadding/Hauser* 3. Aufl. § 87 Rn. 23 ff.; Schwintowski/*Glaß* Kap. 16 Rn 116: *De Meo* S. 54 Rn. 87, S. 60 Rn. 113; *Hinsch/Horn* S. 156; *Gehrlein* DStR 1994, 1314; MüKoBGB/*Schäfer* Vor § 705 Rn. 58. MHdB GesR I/*Schaffelhuber/Sölch* § 31 Rn. 9; zuletzt wieder, aber ohne eigentliche Begründung, *Schulz* ZIP 2015, 1912 (1917). Auch *Diem/Jahn* (§ 31 Rn. 2 ff.) folgen letztlich wohl dieser Auffassung.

[27] So mit gewissen Nuancierungen in der Formulierung, BankR-HdB/*Hadding/Hauser,* 3. Aufl., § 87 Rn. 25; *De Meo* S. 38 Rn. 24; *Diem/Jahn* § 31 Rn. 3.

[28] *De Meo* S. 42; BankR-HdB/*Hadding/Hauser,* 3. Aufl., § 87 Rn. 25.

[29] BankR-HdB/*Hadding/Hauser,* 3. Aufl., § 87 Rn. 23 ff.; *De Meo* S. 54 Rn. 87; *Diem/Jahn* § 31 Rn. 6. Zur ausdrücklichen Abbedingung im *LMA-GER* s. zB *Clause* 2.3 *LMA-GER* betreffend den Ausschluss einer gesamtschuldnerischen Haftung der Konsorten (§ 427 BGB) und einer Gesamtgläubigerschaft (§ 428 BGB).

[30] *De Meo* S. 54 Rn. 87; BankR-HdB/*Hadding/Hauser,* 3. Aufl., § 87 Rn. 23; *Schücking* WM 1996, 281 (287 f.). Aufgrund dieser Abbedingungen weisen MHdB GesR I/*Staffelhuber/Sölch* § 31 Rn. 9 und *Diem/Jahn* § 31 Rn. 14 der gesellschaftsrechtlichen Einordnung aufgrund fehlender Praxisrelevanz „allenfalls akademische" Bedeutung bei. Dies ist jedoch unzutreffend, s. die Ausführungen aE dieses Abschnittes und in der dortigen Fn.

[31] BankR-HdB/*Hadding/Hauser* 3. Aufl. § 87 Rn. 26 und *Dohm* S. 39: Außengesellschaft mit dem Konsortialführer/Agenten als Vertreter der Gesellschaft, MHdB GesR I/*Staffelhuber/Sölch* § 31 Rn. 10: Außengesellschaft, sofern jeder Konsorte nach außen erkennbar eine bestimmte Quote aufbringt (das entspricht der *LMA*-basierten Gestaltung), so wohl auch MükoBGB/*Ulmer* § 705 Rn. 58; *Gehrlein* DStR 1994, 1314: Innengesellschaft (wobei *Gehrlein* aber eine unterbeteiligungsähnliche Vertragsgestaltung vor Augen hat), differenzierend zur Frage der Ausgestaltung der Geschäftsführungs- und Vertretungsbefugnisse *De Meo* S. 76 ff. und S. 87 ff.; *Wenzel* S. 273 f.: *LMA*-Konsortium ist Innengesellschaft mit (auf Basis der Auffassung, dass eine BGB-Gesellschaft vorliegt) sich zutreffend am konkreten Regelungsgehalt des *LMA*-Vertrages orientierender Begründung.

[32] → Rn. 188.

BGB-Gesellschaft ausgeht, im Falle eines *LMA*-Konsortiums allenfalls das Vorliegen einer Innengesellschaft zu bejahen.[33]

6a Die zahlreichen Literaturstimmen, die das Vorliegen einer BGB-Gesellschaft bejahen, beziehen sich – bei näherem Hinsehen – allerdings ganz überwiegend auf Vertragsgestaltungen, wie sie (früher) im deutschen Inlandskonsortialgeschäft unter deutschen Banken üblich waren.[34] Mit der Realität eines internationalen Kreditvertrages auf Basis des *LMA*-Musters hat das jedoch wenig zu tun, da die Ausgestaltung des *LMA*-Vertrages und die durch den Vertrag geregelten Abläufe deutlich von diesen früheren Gestaltungsmodellen abweichen und die Parteien ihr Rechtsverhältnis erkennbar im Wesentlichen abschließend – und auch abweichend von Konzepten des deutschen BGB-Gesellschaftsrechts – ausdrücklich regeln. Es ist mehr als fraglich, ob die Konsortialbanken eines auf Basis des *LMA*-Mustervertrages dokumentierten internationalen Kredites tatsächlich auch den rechtsgeschäftlichen Willen haben, die gemeinsame (oder eher: parallele) Kreditvergabe nicht nur als Pflicht gegenüber dem Kreditnehmer zu regeln, sondern sie zugleich zu einer *causa societatis* zu erheben und zu diesem Zweck eine BGB-Gesellschaft zu bilden.[35] Nicht nur werden alle wesentlichen Charakteristika einer BGB-Gesellschaft – da überflüssig, störend oder sogar mit wesentlichen Prinzipien dieser Form des Konsortialkreditgeschäfts unvereinbar – abbedungen. Darüber hinaus fehlt jeder Anhaltspunkt, dass eine gesellschaftsrechtliche Bindung untereinander und damit verbleibende Restbestandteile des auf BGB-Gesellschaften anwendbaren Gesetzesrechtes (zB das – nicht abdingbare (§ 723 Abs. 3 BGB) – Kündigungsrecht gem. § 723 Abs. 1 Satz 2 BGB) sowie sonstige Rechtsfolgen (wie die gesellschaftsrechtliche Treuepflicht) in dieser Form gewollt sind. Die gemeinsame Kreditvergabe lässt sich – ohne Erfordernis einer subsidiären Geltung des deutschen Gesellschaftsrechtes- auch auf Basis eines **Vertrages *sui generis*** darstellen[36], bei dem die Krediteröffnungsverträge (und, nach Auszahlung, Einzelkreditverträge) gebündelt und einer inhaltlich identischen vertraglichen Regelung unterworfen werden, die einzelne Kreditgeber sich in Bezug auf die Ausübung bestimmter Rechte (zB die Ausübung des Kündigungsrechtes allein durch den Agenten, der ggf einer Weisung der Mehrheitsbanken folgen muss[37]und etwaige Vertragsanpassungen einem gemeinsamen Regime unterwerfen und darüber hinaus bestimmte Pflichten der Banken untereinander (zB durch die Teilungsklausel *(sharing clause)*)[38] sowie die abschließend aufgelisteten Rechte, Pflichten und Befugnisse des Agenten als Beauftragten der Banken begründet werden.[39] Hingegen waren im (früheren) inländischen Konsortialgeschäft die rechtliche Gestaltung eher auf die Bildung einer BGB-Gesellschaft ausgerichtet und der Wille der Parteien zur Bildung einer solchen BGB-Gesellschaft lässt sich über den gemeinsamen Zweck hinaus an der Ausgestaltung des Binnenrechtes des Konsortiums, der Geschäftsführung und Vertretung und letztlich auch der Vertragsterminologie festmachen. Das ist bei einem auf Basis eines *LMA*-Kreditvertrages gebildeten (internationalen) Konsortiums so nicht der Fall. Im Hin-

---

[33] *Wenzel* S. 273; *Diem/Jahn* § 31 Rn. 9; Schwintowski/*Glaß* Kap. 16 Rn 116.

[34] Dies wird besonders deutlich bei BankR-HdB/*Hadding/Hauser,* 3. Aufl., § 87 Rn. 26–38, 40–47, die sich umfangreich mit der Abgrenzung Außen-Innen-Gesellschaft, Fragen der Geschäftsführung und Vertretung, Abgrenzung zentraler und dezentraler Konsortialkredite und Außen/Innenvertrag auseinandersetzen und auf Basis bestimmter Sachverhaltsannahmen den Konsortialkredit (mit seinen verschiedenen denkbaren Ausprägungen) hierbei im Gefüge des Gesellschaftsrechtes zu verorten versuchen. Soweit ersichtlich, beziehen sich nur *Diem/Jahn* § 31 Rn. 2 ff. und *Wenzel* S. 262 speziell auf das durch einen *LMA*-Vertag gebildete Kreditkonsortium. Bezeichnend ist insoweit, dass *Wenzel* mit als Grund für die auch von ihm letztlich vorgenommene Klassifizierung als BGB-Gesellschaft ausführt, dass durch die subsidiäre Geltung der Regeln der BGB-Gesellschaft die Parteien „nicht übermäßig belastet" würden (S. 262).

[35] Eher abl. für diese Form des Kreditkonsortiums auch *Einsele* S. 132 f. Rn. 63 ff.

[36] *Diem/Jahn* (§ 31 Rn. 11) weisen zwar darauf hin, dass mit der Einstufung als Vertrag *sui generis* „dogmatisch noch nicht viel gewonnen" sei. Diese Feststellung vermag aber auch nicht das Vorliegen einer BGB-Gesellschaft zu begründen und ihr Hinweis (31 Rn. 12), dass es ohne eine ergänzende Geltung des Gesellschaftsrechtes keine Grundlage für die Ausgestaltung der Kündigungsregelungen gebe, geht fehl. Diese Vertragsgestaltung ist schlichtweg Ausfluß der Vertragsfreiheit.

[37] → Rn. 156.

[38] → Rn. 181.

[39] → Rn. 188.

blick auf den konkreten Parteiwillen darf man zudem nicht ignorieren, dass in der Praxis die englisch- und deutschrechtlichen Verträge als mehr oder weniger austauschbar behandelt werden – beide werden jedenfalls von den im Markt aktiven Banken in gleicher Weise akzeptiert. Welches Recht zur Anwendung gelangt (und damit welches der sich in der Substanz eigentlich entsprechen sollenden *LMA*-Muster), bestimmt in der Regel der Kreditnehmer oder dies wird vom Kreditnehmer gemeinsam mit den Arrangeuren aufgrund von Syndizierungserwägungen festgelegt.[40] Zu dieser „Zufälligkeit" der Rechtswahl, die jedenfalls nicht von gesellschaftsrechtlichen Erwägungen getrieben ist, passt es nicht, wenn die Kreditgeber sich in dem einen Fall in einer gesellschaftsrechtlichen Bindung wiederfinden, bei Wahl englischen Rechtes dann jedoch nicht.[41] Auch dürfte es nicht dem Verständnis der Kreditgeber entsprechen, dass die Kreditausreichung durch einen Konsorten (nach Erfüllung aller Auszahlungsvoraussetzungen und ordnungsgemäßer Inanspruchnahme) nicht nur dem Kreditnehmer geschuldet sein soll, sondern auch eine Sozialverpflichtung gegenüber den anderen Kreditgebern darstellt.[42] Obwohl daher viel dafür spricht, das Vorliegen einer **BGB-Gesellschaft zu verneinen,** müssen die Marktteilnehmer sowie deren Rechtsberater anhand des derzeitigen Meinungsstandes jedoch (vorsichtshalber) von der Möglichkeit der Einstufung als BGB-Gesellschaft durch die Gerichte ausgehen – hier besteht eine gewisse „Sogwirkung" des sich so – vermeintlich – handgreiflich anbietenden gemeinsamen Zweckes „gemeinsame Kreditgewährung" und der noch herrschenden Ansicht in der Literatur.[43] Evtl. unwillkommene und unabdingbare Regeln des BGB-Gesellschaftsrechtes (wie **§ 723 Abs. 1 S. 2 BGB**)[44] müssen daher im Auge behalten werden. *In praxi* kam dieser Rechtsfrage bisher nur eingeschränkt Bedeutung zu. Dies heißt aber nicht, dass Versuche, die Einstufung als BGB-Gesellschaft oder einzelne Bestimmungen oder Grundsätze des Rechts der BGB-Gesellschaft zu instrumentalisieren, ausgeschlossen sind. Geschieht dies, bekommt die Diskussion eine andere Dynamik. Ein Beispiel für die gelegentliche Heranziehung bestimmter Grundsätze der BGB-Gesellschaftsrechtes ist der Verweis auf die gesellschaftsrechtliche Treuepflicht, wenn ein oder einzelne Konsorte(n) sich zB in Sanierungsfällen gegen die ganz überwiegende Meinung im Konsortium stellt/stellen oder wenn ein Stimmverbot begründet werden soll, nachdem ein Gesellschafter des Kreditnehmers durch Aufkauf von Kreditforderungen Mitglied des Konsortiums geworden ist.[45] Hier fällt sodann auf, dass die Vertreter der Einstufung als BGB-Gesellschaft gerade in Bezug auf die bei Konsortialkrediten besonders

---

[40] Im Einzelfall können auch Akzeptanzüberlegungen in Bezug auf „Drittbegünstigte" der Finanzierung (zB bei *certain funds*-Finanzierungen → Rn. 79, 192) eine Rolle spielen, wenn dritte Personen oder Aufsichtsbehörden ein besonderes Interesse an der Finanzierungssicherheit haben und diese bevorzugt nach ihrem Heimatrecht oder einer Rechtsordnung mit großer internationaler Akzeptanz beurteilen wollen. Sollen an der Finanzierung (oder – was die typische Gestaltung ist – an einer der Tranchen) vor allem auch *funds* teilnehmen *(institutional tranche),* führt dies aus Akzeptanzgründen regelmäßig dazu, dass englisches (oder gegebenenfalls New Yorker) Recht gewählt wird (zu den Gründen hierfür → Rn. 4). Gilt englisches Recht, basiert der Kreditvertrag sodann regelmässig auf dem *LMA-LEV*-Muster.

[41] Auf diese Divergenz macht zu Recht *Schücking* WM 1996, 281 (288) aufmerksam, der auch auf die Folgeprobleme hinweist, wenn man sich international-privatrechtlich gezwungen sieht, für das Gesellschaftsstatut auf das Recht am Sitz des Agenten abzustellen. Wo sich dieser befindet, ist noch mehr vom Zufall abhängig als die Rechtswahl und bei vielen deutschem Recht unterstellten internationalen Finanzierungen befindet sich der Sitz des Agenten gerade eben nicht in Deutschland. Diese Frage stellt sich aber nur, wenn man entgegen der wohl hM von einer Außengesellschaft ausgeht, s. *Wenzel* S. 45 f., 416 ff.; **aA** MHdB GesR Band 1/*Staffelhuber/Sölch* § 31 Rn. 76f: bei BGB-Gesellschaft keine zwingende Sitzanknüpfung, sondern freie Rechtswahl, in Ermangelung einer Rechtswahl Anknüpfung auf Basis der „engstenVerbindung" gem. Art. 4 Abs. 4 Rom I-VO.

[42] S. hierzu *Hirsch/Horn* S. 160 und 173; *De Meo* S. 101 Rn. 287 f. und *Wenzel* S. 261 und 269.

[43] Krit. Stimmen in der Literatur finden sich nur wenige, s. außer *Schücking* (WM 1996, 281 (288)) noch *Assmann* ZHR 152 (1988), 371 (377); BuB/*Früh/Müller-Arends* Rn. 3/352b; *Einsele* S. 132 f. Rn. 63 ff. Auch *Brandt/Sonnenhol* WM 2001, 2329 (2331) Fn. 19 scheinen ebenfalls im Falle eines auf Basis internationaler Usancen dokumentierten Kredites nicht vom Vorliegen einer BGB-Gesellschaft auszugehen: „rein auftragsrechtliches Konzept" (bezogen auf Fragen der Geschäftsführung und Vertretung).

[44] Der noch viel störendere § 723 Abs. 1 S. 1 BGB ist regelmäßig nicht anwendbar, da „die Gesellschaft" nur für eine bestimmte Zeit eingegangen wird, vgl. die Ausführungen und Nachweise → Rn. 185.

[45] Zum letzteren Fallbeispiel *Diem/Jahn* § 34 Rn. 17 und → Rn. 202 f.

spannende Frage der Stimmbindung aufgrund Treuepflicht in Sanierungssituationen gar nicht erst den Versuch unternehmen, hier weitere Leitlinien zu entwickeln.[46] Andere entschärfen dieses Problem dadurch, dass sie im Falle eines „*LMA*-Konsortiums" die Treuepflichten auf das reduzieren, was sich ohnehin aus § 242 BGB ergeben würde.[47] Wie relevant – und damit keineswegs akademisch – diese rechtliche Einordnung sein kann und wie überraschend die sich hieraus ableitenden rechtlichen Konsequenzen uU für die Beteiligten sein können, hat sich in einem anderen Sanierungsfall gezeigt, bei dem es die Anerkennung eines englisches *Scheme of Arrangements*[48] für (u. a.) ein deutsches Unternehmen ging. Auch hier wurde die Qualifizierung von Kreditkonsortium und Sicherheitenpools als BGB-Gesellschaft argumentativ ins Feld geführt,[49] in diesem Fall jedoch von opponierenden Mitgliedern des Kreditgeberkonsortiums, die sich in der Minderheit befanden, und um eine Sanierung auf dem Weg des *Scheme of Arrangement* zu Fall zu bringen.[50] Vor diesem Hintergrund werden sich die Gestalter des *LMA*-Vertragsmusters die Frage vorlegen müssen, ob im Vertragsmuster selbst (mehr) Klarheit in dieser Frage geschaffen werden sollte, wie dies zB im Konsortialvertrags-Muster der *ICMA* für internationale Anleihekonsortien geschehen ist.[51]

7 **b) Bedeutung der Vertragsfreiheit.** Einschränkungen bei der Ausgestaltung des Kreditvertrages ergeben sich teilweise aufgrund zwingenden Gesetzesrechtes.[52] Ansonsten bewegen sich die Parteien im Rahmen der Vertragsfreiheit. Faktische Grenzen der Gestaltungsfreiheit ergeben sich allerdings aufgrund sonstiger exogener Faktoren, wie zB dem Erfordernis, ein im Einklang mit Marktusancen stehendes Produkt zu schaffen, um die Platzierbarkeit im Rahmen einer Syndizierung[53] oder die Handelbarkeit der Forderungen[54] zu gewährleisten. Die Parteien sind auch deshalb gezwungen, im Rahmen der Vertragsfreiheit umfangreiche Regelungen zu schaffen, weil das Gesetzesrecht für viele Aspekte keine Regelungen vorhält.[55]

---

[46] Laut *Diem/Jahn* § 31 Rn. 20 gibt es keine „absolute" Pflicht, einer Umschuldung zuzustimmen. Sie versäumen es aber zu sagen, was für eine gesellschaftsrechtlich begründete Pflicht ggf besteht und unter welchen Voraussetzungen.

[47] *Rauch/Kaufmann* WM 2018, 652 ff. Damit ergibt sich im Wesentlichen wohl wieder auch ein gewisser Gleichlauf mit dem, was unter englischem Recht gelten würde, wo die Ausübung der Stimmrechte (ebenfalls nur) durch das Erfordernis, *„in good faith"* (verkürzt gesprochen; hinzu kommt das Erfordernis, dass die Stimmabgabe nicht durch geheime Sondervorteile motiviert ist oder die Übervorteilung der anderen Kreditgeber bezweckt) zu handeln beschränkt ist, s. zu den Details *Redwood Master Fund Ltd. v TD Bank Europe Ltd* [2002] EWHC 2703 (Ch) [2002] All E. R. (D) 141.

[48] Beim *Scheme of Arrangements* handelt es sich um ein englisches Verfahren, dass ua zur Neuordnung (einschl. Reduzierung) von Verbindlichkeiten eingesetzt werden kann. Hierzu müssen dem von der Gesellschaft mit (idR bestimmten) Gläubigern ausgehandelte *Scheme* mindestens jeweils 75 % der Gläubiger in den einzelnen betroffenen Gläubigerklassen (gerechnet auf Betrags-, nicht Kopfbasis) zustimmen. Es handelt sich *nicht* um ein Insolvenzverfahren (BGH NZG 2013, 71 (72 f.); die Anerkennung in anderen EU-Mitgliedstaaten (zB ggf. dem Sitzstaat der Gesellschaft) richtete sich demnach nach herrschender Ansicht nicht nach den Regeln der Anerkennung ausländischer Insolvenzverfahren, sondern nach Art. 32 EuGVVO – noch offen gelassen in BGH NZG 2013, 71 (73), vgl. zum Meinungsstand *Schulz* ZIP 2015, 1912 (1913 ff.).

[49] S. zu den Details *APCOA: Neutral Citation Number* [2014] EWHC 1867 (Ch) (http://www.bailii.org/ew/cases/EWHC/Ch/2014/1867.rtf – zuletzt abgerufen am 20.7.2019)

[50] Die Begründungskette war insoweit etwas komplex und durch die Besonderheiten des gerichtlichen Anerkennungsverfahrens *(sanctioning)* geprägt: Insbes. aus gesellschaftsrechtlich begründeten Stimmverboten („Interessenskollision") und dem Fortbestand einer deutsch-rechtlichen BGB-Gesellschaft aufgrund eines *Intercreditor Agreement*/Sicherheitenpools (der durch das *Scheme of Arrangements* anzupassende Kreditvertrag selbst unterlag aufgrund einer Änderung der Rechtswahl inzwischen englischem Recht → Rn. 210) wurden Anerkennungshindernisse unter der EuGVVO hergeleitet, die einem *sanctioning* des *Scheme* durch das englische Gericht entgegen stehen sollten.

[51] S. hierzu *Groß* in → Kap. 40 Rn. 16a; zu den Gründen hierfür bereits BuB/*Bosch* (Bearbeitung 12/1997), Rn. 10/36: „praktische Auswirkungen" *(Anm.: des deutschen Gesellschaftsrechtes)* international „wohl nicht akzeptanzfähig".

[52] Zu den Ausnahmen, die sich aus zwingendem Recht ergeben; → Rn. 8–12c.

[53] → Rn. 191 ff.

[54] → Rn. 195 ff.

[55] Das fängt mit solchen Essentialia wie der Zinsfestsetzung auf Basis der Euromarktusancen an; → Rn. 40 ff.

c) Gesetzliche Grundlagen und Rahmenbedingungen. Im Folgenden soll auf die wesentlichen Grundlagen und sonstigen anwendbaren Gesetzesbestimmungen des deutschen Rechtes sowie ergänzende Rechtsquellen eingegangen werden. **8**

aa) Darlehensrecht. Auf den Kreditvertrag, oder genau genommen auf jedes einzelne oder im Kreditvertrag gebündelte **bilaterale Einzelkreditverhältnis**[56] finden die **§§ 488 ff. BGB** – soweit anwendbar und nicht zulässigerweise abbedungen – Anwendung.[57] Die Mehrzahl dieser Vorschriften des BGB[58] betreffen allerdings nur Verbraucherkreditverträge[59] und finden daher aufgrund des Marktsegmentes, in dem internationale Konsortialkredite eingesetzt werden, keine Anwendung. Da die Kreditverträge typischerweise „andere Bestimmungen" im Sinne des § 488 Abs. 2 und Abs. 3 enthalten, reduziert sich die Relevanz der §§ 488 ff. BGB somit auf die Vorschriften des **§ 489 BGB**[60] und des **§ 490 BGB.**[61] **8a**

bb) Gesellschaftsrecht. Auf die Anwendbarkeit der **§§ 705 ff. BGB** (BGB-Gesellschaft) und dem diesbezüglichen Meinungsstand wurde bereits eingegangen.[62] Da eigentlich alle dispositiven Elemente der BGB-Gesellschaftsrechte durch die üblichen Vertragsmuster abbedungen werden (unterschiedliche Beiträge, keine Gesamthandvermögen, keine Auflösung durch Insolvenz eines Kreditgebers), sind daher allenfalls, sofern man entgegen der hier vertretenen Auffassung das Vorliegen einer BGB-Gesellschaft bejaht, nur nicht abdingbare Vorschriften von Bedeutung[63] sowie ungeschriebene Regelungen des Rechtes der BGB-Gesellschaft, wie zB die **Treuepflicht** der Gesellschafter untereinander.[64] **9**

cc) AGB-Recht. Die **§§ 305 ff. BGB** finden – unter Berücksichtigung der einschränkenden Maßgaben des **§ 310 Abs. 1 BGB,** da es sich regelmäßig um Vertragsabschlüsse im kaufmännischen Geschäftsverkehr handelt – dann Anwendung, wenn ein Kreditvertrag auf Basis eines gebräuchlichen Vertragsmusters (wie zB der *LMA-GER*) oder sonstiger Standardklauseln als „vorformulierte Vertretungsbedingungen" abgeschlossen wird, eine Vertragspartei diese Vertragsbedingungen der anderen im Sinne des § 305 Abs. 1 BGB „gestellt" hat und die Klauseln nicht im Einzelnen in einer den Anforderungen § 305 Abs. 1 Satz 3 BGB genügenden Weise ausgehandelt wurden. Die Anwendbarkeit der §§ 305 ff. BGB ist damit vor allem eine Tatbestandsfrage. Dies ist auch der Grund dafür, dass die üblichen *legal opinions,* die von Rechtsanwaltskanzleien zum Kreditvertrag – in aller Regel als einer der erforderlichen dokumentären Auszahlungsvoraussetzungen (diese sind idR Teil der *initial conditions precedent*)[65] – abgegeben werden, ganz überwiegend keine Aussagen zu den Auswirkungen einer evtl. Anwendbarkeit der §§ 305 ff. BGB treffen oder aber unterstellen, dass der Vertrag ausgehandelt wurde. Bei Erstellung des **Vertragsmusters *LMA-GER*** wurde vorsorglich an einigen Stellen bewusst auf die evtl. Einschlägigkeit der §§ 305 ff. BGB Rücksicht genommen, indem Formulierungen gewählt wurden, die ggf. auch einer **AGB-rechtlichen Inhaltskontrolle** Stand halten sollen.[66] **10**

---

[56] → Rn. 70 und die dortigen Nachweise.

[57] Der Darlehensvertrag (oder genauer die Darlehensverträge) werden mit der Vertragsunterzeichnung geschlossen – seit der Neuregelung des Schuldrechtes 2001/2002 folgt das Gesetz nun der Konsensualvertragstheorie (BankR-HdB/*Pamp* § 76 Rn. 5; *Mülbert* WM 2001, 465 (466)).

[58] Nämlich die §§ 491–498 BGB.

[59] S. *Mülbert* WM 2001, 465.

[60] → Rn. 61.

[61] → Rn. 177.

[62] → Rn. 6 f.

[63] → Rn. 6 f.

[64] S. hierzu *De Meo* S. 55 Rn. 92 und → Rn. 6 f.

[65] → Rn. 73.

[66] So ist die Garantie im *LMA-GER* – in Abkehr von der früheren Marktpraxis – bewusst nicht als Garantie „auf erstes Anfordern" ausgestaltet (→ Rn. 98). Ob diese Vorsicht nach wie vor geboten ist, mag nach OLG Stuttgart WM 2011, 691 ff. bezweifelt werden. Des Weiteren wird das Konzept der *deemed representation,* also der fingierten Abgabe von Bestätigungen, im Hinblick auf §§ 307 und § 308 Ziff. 5 BGB nach Möglichkeit vermieden.

10a Das Thema der AGB-rechtliche Inhaltskontrolle hat aufgrund neuerer Entscheidungen des BGH[67] zu Klauseln, mit denen laufzeitunabhängige Entgelte vereinbart wurden, sehr an Brisanz und Aktualität gewonnen. Dies auch, weil der BGH in seinen – in der Literatur teils auf heftige Kritik gestossenenen[68] – Entscheidungen zum einen keinerlei Bereitschaft erkennen lässt, im Rechtsverkehr zwischen Unternehmen andere Masstäbe anzulegen als im Rechtsverkehr mit Verbrauchern, und zum anderen für die AGB-rechtliche Inhaltskontrolle sich strikt an einem von ihm an dispositiven BGB-Bestimmungen festgemachten „Leitbild" des Gesetzes orientiert.[69] Das Vertrag zu einem internationalen Konsortialkredit weicht aber in vielen Punkten – sei es zB bei der Entgeltgestaltung, Klauseln zum Schutz des von den Kreditnehmern erwartetem realen Marge *(yield protection, tax grossing up)*[70] und insbesondere auch den umfangreichen Bestätigungen und Zusicherungen sowie Verpflichtugen mit ihrer Rückkoppelung in die Kündigungsrechte – doch sehr von rudimentären und simplizistischen Ausgestaltung des Darlehnsverhältnises im BGB ab. Unter anderem im Hinblick auf diese Unterschiede hat es in Teilen der Literatur schon immer Aussagen zur (möglichen) Unwirksamkeit besimmter Klauseln gegeben.[71] Hinzu kommen die hohen Anforderungen, die der BGH und Teile der AGB-rechtlichen Literatur an das Vorliegen eines „Aushandelns" stellen („ernsthaftes zur Disposition stellen" sowie die „Einräumung von Gestaltungsfreiheit zur Wahrung eigener Interessen"). Eine irgendwie geartete „Unterlegenheit" des Vertragspartners sei insoweit nicht erforderlich.[72] Legt man diese Anforderungen an ein Aushandeln zugrunde, dann liegt bei syndizierten Kreditverträgen (wie eigentlich auch bei allen anderen komplexen Verträgen des Wirtschaftslebens)[73] die Schwierigkeit auf der Hand, für jede Klausel ein „Aushandeln" zu belegen.[74] Berücksichtigt man des Weiteren den Ansatz des BGH, an den dispositiven BGB-Vorschriften zum Darlehnsrecht ein „Leitbild" festzumachen[75], dann wird deutlich, welche Brisanz in der Rechtsprechung des BGH für die Tauglichkeit des deutschen Rechtes zur Dokumentation syndizierter Kreditverträge steckt.[76]

Es gilt aber festzuhalten, dass – soweit aus den Urteilsgründen ersichtlich – keiner der Entscheidungen des BGH auf der Tatsachenseite ein Fall zugrunde lag, der in Bezug auf die Abläufe der Vertragsverhandlungen den typischen Ablauf der Verhandlungen bei syndizierten Kreditverträgen entsprach. Ganz grundsätzlich stell sich bei vielen Verträgen bereits die Frage, ob überhaupt ein „Stellen" der Vertragsbedingungen durch die Kreditgeber vorliegt. So ist es durchaus üblich, dass der Kreditnehmer – insbesondere im Rahmen einer Refinanzierung – verschiedene Banken zur Abgabe von Angeboten auffordert und hierbei selbst zur Auflage macht, dass der Kredit auf Basis eines existierenden (und typischerweise

[67] BGH BB 2017, 2058; BB 2017, 2066; s. hierzu die eing. Analyse von *von Westphalen* BB 2017, 2051.

[68] *Bitter/Linardatos* ZIP, 2249 (2050 ff.); *Müller/Marchant* BB 2017, 2243; *Josenhans/Danzmann* BKR 2018;

[69] In früheren Entscheidungen hatte der VIII. Zivilsenat des BGH noch die Bereitschaft erkennen lassen, im Geschäftsverkehr zwischen Unternehmen andere Maßstäbe anzulegen, s. BGH NJW 2014, 2708. In den neueren Entscheidungen erteilt der XI. Zivilsenat dem nun eine klare Absage, *von Westphalen* BB 2017, 2051 (2053).

[70] → Rn. 18.

[71] Umfassend hat sich mit diesem Thema monographisch *Ballo* auseinandergesetzt, der – jeweils immer unterstellend, dass die Vertragsbestimmungen nicht in einer § 305 Abs. 1 S. 3 BGB genügenden Weise ausgehandelt wurden – insbesondere in Bezug auf die folgenden Bestimmungen von einer Unwirksamkeit gemäß § 305 ff. BGB ausgeht: erhöhte Kosten *(increased costs)*, Steuerausgleichsklausel *(tax gross-up)*, die Wiederholung bestimmter Bestätigungen *(repeating representations)*, das Kündigungsrecht aufgrund fehlerhafter Bestätigungen *(misrepresentation, event of default)* und die *cross default*-Klausel (s. die Zusammenfassung bei *Ballo* S. 455 ff.). S. a. *Runge* Rn. 2.16 ff. In Bezug auf AGB rechtliche Themen bei der Vereinbarung von *financial covenants* s. *Nouvertué* ZIP 2012, 2139, (2143 ff.).

[72] S. nur BGHZ 126, 326 (332); Kähler BB 2015, 450 (454 ff.); von Westphalen BB 2011, 195; BB 2017, 2051 (2053 f.): Tragender Gedanke ist vielmehr die einseitige Ausnutzung von Gestaltungsmacht.

[73] Vgl. *Maier-Reimer/Niemeyer* NJW 2015, 1713 (1717 f.) in Bezug auf Unternehmenskaufverträge.

[74] *Wenzel* S. 92; *Kähler* BB 2015, 450 (454 ff.).

[75] Zur Kritik hieran *Bitter/Linardatos* ZIP 2018, 2249 (2050 ff.).

[76] Für die durch die jüngsten BGH-Urteile unmittelbar betroffenen Gebührenvereinbarungen ist ein Ausweichen in das englische Recht – ggf in Form der Teilrechtswahl – bereits als Ausweg identiziert und praktiziert worden, da der notwendige Auslandsbezug zum Ausschluss eines reinen Binnensachverhaltes iSv Art 3 Abs. 3 Rom I-VO durch die Multijurisdiktionalität der Parteien regelmässig gegeben ist, s. a. *Josenhans/Danzmann/Lübbehusen* BKR 2018 142 (147); *Kysel* WM 2018, 2266.

auf dem *LMA*-Muster basierenden) Kreditvertrages unter Berücksichtigung bestimmter von ihm vorgegebener Änderungen dokumentiert werden soll. Der BGH[77] hat zwar entschieden, dass auch dann ein „Stellen" von vorformulierten Vertragsbedingungen vorliegt, wenn eine Seite gewissermaßen im „vorauseilenden Gehorsam" die Allgemeinen Geschäftsbedingungen der anderen Seite akzeptiert. Der vom BGH entschiedene Fall betraf aber eine Gestaltung, bei der die Parteien des zukünftigen Vertragsverhältnisses schon feststanden. Ob dies einer Situation vergleichbar ist, bei der in einem kompetitiven Verfahren mit mehreren potenziellen Finanzdienstleistern der Kreditnehmer selbst bestimmt, wer sein Vertragspartner werden soll und über welche Vertragsbestimmungen er in diesem Kontext verhandeln will (und über welche nicht), erscheint sehr fraglich.

In jedem Fall beschränken sich etwaige AGB-rechtlichen Bedenken auf solche Klauseln, **10b**
die im Verhandlungsprozess betreffend den Gesamtvertrag nicht Gegenstand der Verhandlung werden und erfassen nicht den Rest des Vertrages.[78] Zur richtigen Bewertung des Problems ist des Weiteren darauf hinzuweisen, dass gerade einige wichtige, aber als AGB-rechtlich angreifbar angesehene Klauseln in der Praxis oft in besonderem Maße Gegenstand ausführlicher Diskussionen und Verhandlungen zwischen den Parteien sind, was – bei hierfür geeigneten Klauseln – **regelmäßig** gerade auch zur Aufnahme von **Materialitätsgrenzen** führt.[79] In Bezug die Einzelheiten der Preisverhandlungen (wozu dann auch die – nach Ansicht des BGH vom „Leitbild" des § 488 BGB abweichenden – laufzeitunabhängigen Gebühren gehören) erfolgt das Aushandeln zwischen den Parteien bevor überhaupt standartisierte Vertragsklausen ins Spiel kommen. Die hierbei verwendeten **(Standard-) Klauseln** bewirken **keine zusätzliche Belastung** des Kreditnehmers, sie halten nur das **zuvor bereits Ausgehandelt**e fest.[80] Aus ähnlichen Erwägungen sind auch die vermehrt in Bezug auf Musterklauseln zur Regelung von ***financial covenants*** geäusserten **AGB-rechtlichen Bedenken** bereits aufgrund der tatsächlichen Abläufe in aller Regel **nicht stichhaltig.**[81]

dd) Generalklauseln des Zivilrechts. Der alles beherrschende Grundsatz von **Treu** **11**
und Glauben (§ 242 BGB) gilt selbstverständlich auch bei einem durch einen *LMA*-Kreditvertrag begründeten Schuldverhältnis. So ist zB das **Verbot der Kündigung zur Unzeit** zu beachten.[82] Auch dürfen die Kreditgeber sich **nicht widersprüchlich** verhalten.[83] Im Interesse der Rechtssicherheit versucht das Vertragsmuster, bestimmte andere auf dem Treu und Glauben-Grundsatz beruhenden Konzepte zurückzudrängen: So soll die sog. ***no waiver***-Klausel[84] den Eintritt einer Verwirkung von Rechten verhindern. Dies wird – da § 242 BGB nicht abdingbar ist – nicht (vollständig) gelingen können. Die Hürden dafür, dass eine Partei des Vertrages aufgrund einer bloßen Nichtausübung von Rechten durch die

[77] BGH NJW 1997, 2043 (2044).

[78] § 306 Abs. 3 BGB ist nicht heranzuziehen, so letztlich auch *Ballo* S. 457.

[79] So insbes. bei der von *Ballo* S. 455 als AGB-rechtlich problematisch angesehenen *cross default*-Klausel und den auf Verstoß gegen allgemeine Verpflichtungen oder falsche Bestätigungen gestützten Kündigungsgründen. Gerade das Fehlen der – im Zuge der Verhandlungen dann jedoch oft ergänzten – Materialitätsgrenzen in bestimmten *LMA*-Musterklauseln wird von *Ballo* jedoch als entscheidendes die Klauselunwirksamkeit begründendes Kriterium angesehen (*Ballo* S. 311, 317, 453 f.).

[80] Die Ausführungen von *Becker/Dreyer* ZIP 2014, 2057 (2061), die ganz wesentlich auf den „vorformulierten" Charakter üblicher Gebührenvereinbarungen abstellen, gehen somit in aller Regel insoweit am tatsächlichen Lebenssachverhalt vorbei. Ausführlich zu dieser Thematik → Rn. 64e.

[81] → Rn. 147a.

[82] Rechtsgedanke der §§ 627 Abs. 2 S. 2, 671 Abs. 2 S. 1, 675 Abs. 1 und 723 Abs. 2 BGB, s. *Canaris* ZHR 143 (1979), 113 f.; *Diem/Jahn* § 23 Rn. 28; *Weiß* Corporate Finance Law 2010, 64 (66); **aA** *Runge* Rn. 7.70 ff., wonach die Grundsätze der Kündigung zur Unzeit auf eine außerordentliche Kündigung keine Anwendung finden sollen.

[83] *Wittig* WM 1996, 1381 (1388); *Diem/Jahn* § 23 Rn. 29. Das von beiden Autoren gebrachte Bsp. (Kündigung trotz zuvor in Hinblick auf den gleichen Sachverhalt erteilter Verzichtserklärung *(waiver)*) dürfte allerdings in aller Regel aufgrund der üblicherweise sehr sorgfältig formulierten *waiver*-Vereinbarungen nicht vorkommen, da in diesen die Reichweite der Wirkungen des Verzichts (oder der (vorübergehenden) Vertragsanpassung) regelmäßig präzise bestimmt werden.

[84] *Clause* 34 *LMA-GER*.

andere Partei in rechtlich geschützter Weise davon ausgehen kann, dass die andere Partei bestimmte Rechte nicht mehr geltend machen wird, wird hierdurch jedoch höher gelegt.[85]

11a Ebenso nicht abdingbar[86] ist **§ 314 BGB,** der bei jedem Dauerschuldverhältnis anwendbar ist. Wann die Zumutbarkeitsschwelle überschritten wird, ist eine Sachverhaltsfrage und wird auch von dem durch die Parteien selbst beabsichtigten Zweck der Finanzierung beeinflusst werden.[87] Gemäß § 490 Abs. 3 BGB wird § 314 BGB jedoch – aber nur im Anwendungsbereich des **§ 490 BGB** – durch diese Vorschrift als ***lex specialis*** verdrängt.[88]

12 **ee) Regulatorische Vorgaben.** Das allgemeine Bankaufsichtsrecht[89] beeinflusst den Inhalt des Vertragsmusters und der auf Basis des Musters geschlossenen Kreditverträge direkt und indirekt. Zu nennen sind insoweit insbesondere die Vorschriften zur **Offenlegung der wirtschaftlichen Verhältnisse** (in Deutschland: **§ 18 KWG**) und hierauf aufsetzende regulatorische Anforderungen. Zu beachten ist insoweit jedoch, dass § 18 KWG zwar einen allgemeinen Grundsatz formuliert, sich aus dem Gesetz der Detailinhalt der daraus abzuleitenden Anforderungen jedoch nicht direkt ergibt.[90] Die aus § 18 KWG abzuleitenden Anforderungen setzen – indirekt – auch Grenzen bei den Klauseln des Kreditvertrages, die die Auswechslung oder die Haftentlassung von Schuldnern regeln.[91]

12a Die regulatorischen Anforderungen zur ordnungsgemäßen Identifikation von Kunden und sonstigen Vertragspartnern[92] sind Anlass für die sog. ***know-your-customer***-bezogenen Informations- und Nachweispflichten der Schuldner gegenüber den Kreditgebern, wie sie Eingang in die Verträge finden.[93]

12b Für deutsche Kreditinstitute sind des Weiteren auch die von der BaFin auf Grundlage des **§ 25a Abs. 1 KWG** erlassenen **Mindestanforderungen für das Risikomanagement**

---

[85] Hierauf sollte man sich aber beim typischen möglichen Anwendungsfall einer Verwirkung – der Verwirkung des Kündigungsrechtes infolge Untätigkeit (s. hierzu BankR-HdB/*Lwowski/Wunderlich* § 77 Rn. 37; *Wittig* WM 1996, 1381 (1388); *Weiß* Corporate Finance Law 2010, 64 (65)) – nicht verlassen und das tut die Praxis auch nicht: Sofern den Kreditgebern daran gelegen ist, werden sie sich ihre Rechte ausdrücklich vorbehalten. Solche Vorbehalte finden sich gerade auch in etwaigen *waiver*-Vereinbarungen, in denen die Kreditgeber ggf. auf Wunsch des Kreditnehmers, dem an Rechtssicherheit gelegen ist, für einen bestimmten Zeitraum auf die Ausübung des Kündigungsrechts verzichten. S. a. *Runge* Rn. 7.102.

[86] Anders als § 490 BGB, → Rn. 177; **aA** in Bezug auf § 314 Abs. 2 S. 1 BGB *Runge* Rn. 7.64.

[87] So werden sich die Kreditgeber unter einer sog. *certain funds*-Finanzierung, also einer Finanzierung, die den Anforderungen des § 13 Abs. 1 WpÜG, der *Rules 24.3 (f), 24.8* des *City Code on Mergers and Takeovers,* der Art. 20, Abs. 1 und 27 Abs. 1 Satz lit. c) der Schweizerischen Übernahmeverordnung oder ähnlichen Regelungen in anderen Jurisdiktionen genügen soll, nicht auf „Unzumutbarkeit" berufen können, sofern nicht ein Tatbestand eingetreten ist, bei dem der Wegfall der Finanzierungssicherheit im Rahmen der einschlägigen regulatorischen Anforderungen generell akzeptiert wird. Das Festhalten an der Kreditzusage bleibt in einem solchen Fall „zumutbar", da der von den Parteien beabsichtigte Zweck auch die Grenzen der Zumutbarkeit mit bestimmen dürfte. Aus deutscher übernahmerechtlicher Sicht dürfte ein Berufen auf § 314 BGB jedoch generell unproblematisch sein, s. nur Baums/Thoma/*Marsch-Barner/Oppenhoff* WpÜG § 13 Rn. 106. Zum *certain funds*-Konzept; → Rn. 79.

[88] BankR-HdB/*Lwowski/Wunderlich* § 77 Rn. 29; *Freitag* WM 2001, 2370 (2377); *Mülbert* WM 2002, 465 (473); *Wittig/Wittig* WM 2002, 145 (149), recht weitgehend *Wenzel* S. 191: nur nicht bonitätsbezogene Unzumutbarkeitstatbestände berechtigen ggf. zur Kündigung gemäß § 314 BGB.

[89] Gemeint sind hiermit nicht die Kapitalunterlegungs- und Liquiditätsvorgaben (CRR/CRD-4-Paket). Auf deren Relevanz im Rahmen der *increased costs*-Klausel wird gesondert eingegangen (→ Rn. 54).

[90] Die BaFin hat im Mai 2005 alle Rundschreiben zu § 18 KWG aufgehoben. Intensität und Frequenz der kreditmateriellen Beurteilung und der hierfür einzufordernden Unterlagen sind vielmehr von den Kreditinstituten selbst unter Berücksichtigung der Erfordernisse der jeweiligen Transaktion in bankinternen Organisationsrichtlinien festzulegen. Hier handeln die Kreditinstitute somit in – allerdings von der Aufsicht überprüfter – Eigenverantwortlichkeit (vgl. Schreiben an den Zentralen Kreditausschuss v. 9.5.2005 – Geschäftszeichen BA13-GS 3350-1/2005, https://kwgdigital.de/kwg_0115_018-an01_01). Die auf dieser Basis entwickelten Anforderungen treiben somit letztlich den Inhalt der Informationspflichten im Einzelfall und die diesbezügliche Klausel im *LMA*-Mustervertrag (*Clause* 20 *LMA-GER*) ist gegebenenfalls dementsprechend zu ergänzen.

[91] → Rn. 203b.

[92] Für deutsche Banken einschließlich deren ausländischer Niederlassungen sowie – eingeschränkt und durch lokales Recht überlagert – deren ausländische Tochtergesellschaften: das GWG.

[93] Vgl. *Clause* 20.7 *LMA-GER*.

(MaRisk)[94] zu beachten, die u.a auch in Bezug auf den Mindestgehalt von Kreditverträgen relevant sind.[95]

Mittelbar nehmen die Vorschriften betreffend **Großkredite** (**Art. 392 ff. CRR, § 13 KWG, GroMiKV**) Einfluss. Internationale Großfinanzierungen haben in der Regel ein Volumen, das die Großkreditgrenzen zumindest einzelner Konsorten übersteigt. Losgelöst von allen sonstigen Überlegungen steht bereits dies Gestaltungen entgegen, bei der die Kreditgeber als Gesamtschuldner für die Auszahlung des Kreditbetrages haften.[96] 12c

In Bezug auf ***leveraged loans*** werden die der **Aufsicht durch die Europäische Zentralbank** unterliegen Kreditinstitute auch den **EZB-Leitfaden für Leveraged Transaktionen**[97] beachten müssen. Dieser definiert Leveraged Transaktionen als solche, bei denen entweder der Kreditnehmer einen Verschuldungsgrad (Gesamtverschuldung/*EBITDA*[98]) von mehr als vier aufweist oder ein Finanzsponsor Mehrheitseigentümer ist und die Transaktion nicht von einem Negativkatalog (ua Spezial-, Immobilien- und Projektfinanzierungen sowie Kredite an natürliche Personen und öffentliche Stellen) erfasst wird[99]. Er entfaltet zwar keine unmittelbar normative Wirkung, aber formuliert eine Erwartungshaltung der EZB in Bezug auf verschiedene Aspekte des Kreditrisikomanagments und der Syndizierung, die sich in der Verwaltungspraxis bei der Auslegung und Anwendung bankaussichtsrechtlicher Normen niederschlagen dürfte und mittelbar somit auch Auswirkungen auf Umfang und Inhalt der dem Kreditnehmer im Kreditvertrag aufzuerlegenden Verhaltenspflichten haben kann.[100] 12d

ff) Kartellrecht. Die Tatsache, dass bei einem Konsortialkredit eine für alle beteiligten Finanzdienstleister (in ihrer jeweiligen Funktion bzw. bei gleicher Höhe der Beteiligung) einheitliche Preisgestaltung erfolgt, und die Art und Weise der Arrangierung des Kredites[101] bringen es mit sich, dass – jedenfalls wenn mehrere Arrangeure beteiligt sind – zu irgendeinem Zeitpunkt eine Abstimmung zwischen den Kreditgebern/Arrangeuren über die wesentlichen Vertragsklauseln und insbesondere die Preiselemente (Zinsen, Gebühren)[102] erfolgt.[103] Deshalb müssen auch kartellrechtliche Vorgaben und Verbote – insbesondere in Bezug auf Preisabsprachen – im Auge behalten werden.[104] Generell begründen Preisabspra- 13

[94] In 2017 neu gefasst: BaFin Rundschreiben 9/2017 (BA) v. 27.10.2017, https://www.bafin.de/SharedDocs/Veroeffentlichungen/DE/Rundschreiben/2017rs_1709_marisk_ba.html2017 – abgerufen am 2.7.2019.

[95] Bestimmte grundsätzliche Anforderungen werden hierbei bei Verwendung von Kreditverträgen auf *LMA*-Basis und Beachtung der üblichen Prozesse der Dokumentationserstellung ganz selbstverständlich erfüllt (wie zB die Pflicht zur Verwendung rechtlich geprüfter Unterlagen und Standardtexte, s. Ziff. BTO 1.2 Tz. 11 und 12). Ggf. ist die Grundlage für eine Mittelverwendungskontrolle bei zweckgebundenen Krediten sowie die Möglichkeit der Überprüfung von etwaig gestelltem Sicherungsgut vorzusehen (s. BTO Ziff. 1.2.2. Tz. 1 und 3). S. hierzu und zu weiteren Vorgehen der MaRisk auch Eilers/Rödding/Schmalenbach/*Schuster* G Rn. 19 ff. Zur Mittelverwendungskontrolle → Rn. 36 ff. und in der Fn. zu Rn. 36.

[96] Zwar würde die anteilige Rückhaftung der Konsorten – unter den Voraussetzungen des Art. 403 CRR – die Möglichkeit eröffnen, auch für Großkredite den Kredit wieder aufzuteilen und die Kreditsumme – bis auf den Eigenanteil – anteilig auf die anderen Banken als Adressenrisiko zu buchen. Da eine solche Gestaltung jedoch aufgrund der sich mathematisch ergebenden Vervielfältigung der Kapitalunterlegungsverpflichtungen ökonomisch unsinnig wäre, haben sich solche Ausgestaltungen nie durchgesetzt.

[97] https://www.bankingsupervision.europa.eu/ecb/pub/pdf/ssm.leveraged_transactions_guidance_201705.en.pdf – abgerufen am 2.7.2019.

[98] → Rn. 137.

[99] Zu den Einzelheiten s. *Josenhans* BKR 2017, 265 (267f).

[100] *Josenhans,* BKR 2017, 265 (272f).

[101] → Rn. 191 und die dortigen Nachweise.

[102] Typischerweise mit Ausnahme der Gebühr für den Agenten, die bilateral (oft parallel mit mehreren Anbietern) verhandelt wird.

[103] Dies erfolgt in idR – aber nicht notwendigerweise zwingend für alle Preiselemente – vor Mandatierung der Arrangeure.

[104] Auch die EU Kommission hat jüngst ihr besonderes Interesse an möglichen wettbewerbsrechtlichen Implikationen gezeigt, wie die Durchführung der dem *EU loan syndication and its impact on competition in credit markets – Final Report* (https://publications.europa.eu/en/publication-detail/-/publication/89f81e74-7b75-11e9-9f05-01aa75ed71a1/language-en/format-PDF/source-101163380 – zuletzt abgerufen am 11.7.2019) zugrundeliegenden Untersuchung zeigt.

chen, die wettbewerbsbeschränkende Auswirkungen haben, idR einen Verstoss gegen Art 101 des Vertrages über die Arbeitsweise der Europäischen Union. Ein solcher Abstimmungsprozess ist aber bei syndizierten Krediten erforderlich, um das vom Kreditnehmer nachgefragte Produkt als solches überhaupt darstellen zu können und er erfolgt deshalb auch – gemäss den etablierten Marktusancen – in Abstimmung mit dem (späteren) Kreditnehmer. Deshalb liegt keine kartellrechtlich relevante Wettbewerbsbeeinträchtigung vor – die produkttechnisch zu einem bestimmten Zeitpunkt gebotene Abstimmung dient vielmehr dazu, in effizienter Weise die Grundlagen für die Durchführung der Transaktion zu schaffen. Kartellrechtliche Bedenken bestehen daher nicht.[105] Aus Sicht der Banken handelt es sich letztlich weniger um eine Rechtsfrage, als um ein internes Schulungs-, Dokumentations- und *Compliance*-Thema, um *lege artis*-Abläufe sicherzustellen.

13a **gg) Handelsbräuche.** Angesichts der Bestrebung, eine möglichst abschließende vertragliche Regelung zu schaffen, überrascht es nicht, wenn **Handelsbräuche und Bankusancen** nur in **geringem Umfang** ergänzend zum Vertrag herangezogen werden müssen. Die Usancen des Marktes haben vielmehr bereits Eingang in den Vertrag selbst gefunden.[106] Nur vereinzelt finden sich Öffnungsklauseln, insbesondere um sich evtl. ändernden Marktgewohnheiten Rechnung zu tragen.[107]

14 **d) Vertragsauslegung.** Für die Auslegung von Konsortialkreditverträgen gelten im Grundsatz die allgemeinen Auslegungsregeln, wie sie zu den **§§ 133, 157 BGB** entwickelt wurden. Das auf den Vertrag anwendbare Recht ist auch für seine Auslegung maßgeblich.[108] Zwei Besonderheiten sind aber zu beachten: Die Verwendung der englischen Sprache führt hier, genau wie bei allen anderen in englischer Sprache abgefassten, aber dem deutschen Recht unterstellten Verträgen des Wirtschaftsverkehrs zu der Frage, ob bei einer Vertragsauslegung anhand des Wortlautes einfach die deutsche Übersetzung des englischen Begriffes[109] oder die spezifische Bedeutung des Begriffes in der englischen Rechtsterminologie oder -praxis zugrunde gelegt werden muss (oder darf).[110] Dies ist dann besonders relevant, wenn der englische Begriff in der dortigen Rechtsprechung als *terminus technicus* des *common law* mit einer Bedeutung versehen wird, die in relevanter Weise von der des übersetzten deutschen Begriffs im Kontext des deutschen Rechtes abweicht. *Clause* 1.3 des *LMA*-Musters[111] adressiert dieses Problem nicht. Bei besonders wichtigen Klauseln kann es daher angebracht sein, **Klarheit** durch **Hinzufügung eines deutschen Begriffes,** typischerweise eines *terminus technicus* der deutschen Rechtssprache, zu schaffen.[112]

---

[105] BankR-HdB/*Bunte* § 140 Rn. 35 sowie zu der parallelen Problematik bei der Bildung von Emissionskonsortien (und mit gleichem Ergebnis) LBS/*Groß* 40. Kap., I.2. Rn. 8. Die Zustimmung des (späteren) Kreditnehmers ist streng genommen kartellrechtlich nicht *per se* konstitutiv für diesen Befund, sie ist aber zugleich Folge der und Beleg für die Notwendigkeit des Abstimmungsprozesses. S. a. der Befund im *Final Report* S. 154 (*„key factor"*).

[106] Bsp: Dauer der Zinsperioden, Berechnung von Monatsperioden, Tag des Zinsfixings; → Rn. 40 ff.

[107] S. Def. *„Quotation Day"* in *Clause* 1.1 *LMA-GER*. Zu der Frage, ob die in den LMA-Mustern reflektierte Regelungspraxis ihrerseits (bereits) einen iRv § 310 Abs. 2 S. 2 Hs. 2 BGB relevante Handelsbrauch darstellen, s. *Nouvertué* NJW 2012, 2139 (2144 f.).

[108] Art. 12 Verordnung (EG) Nr. 593/2008 des Europäischen Parlaments und des Rates v. 17.6.2008 (Rom I).

[109] Aber welche? Manchmal findet sich keine eindeutige Begriffszuordnung oder ein Begriff wird oft so übersetzt, dass die Übersetzung aufgrund eines unterschiedlichen Ausdifferenzierungsgrades in den einzelnen Sprachen zu weit oder zu kurz greift. Ein schönes Beispiel ist das Wort *company:* übersetzt man es mit „Gesellschaft", schließt dies nach deutschem Sprachverständnis auch die BGB-Gesellschaft und die Handelsgesellschaften (OHG, KG) mit ein. Nach englischer Rechtsterminologie sind dies aber gerade keine *companies,* sondern *partnerships.*

[110] Zu dieser Problematik generell *Maier-Reimer* NJW 2010, 2545 ff. mit einer Reihe von Bsp. Bei englischen Begriffen, denen in der englischen Rechtsterminologie eine bestimmte Bedeutung zukommt, ist im Grundsatz das englische Rechtsverständnis zugrunde zu legen (*Wenzel* S. 75 mwN). Das muss aber nicht immer das Gewollte reflektieren.

[111] Hiernach ist allein die englische Fassung des Vertrages maßgeblich gegenüber etwaigen Übersetzungen.

[112] So *Maier-Reimer* NJW 2010, 2550. Dies macht auch das *LMA-GER* Vertragsmuster an einigen Stellen, s. zB in *Clause* 2.3 („Ausschluss der gesamtschuldnerischen Haftung/Gesamtgläubigerschaft"), *Clause* 18.1

Eine weitere Besonderheit ist, dass man bei der Ermittlung des Parteiwillens nur **sehr eingeschränkt** auf die **Historie der Vertragsverhandlungen** und dabei etwaig zwischen den Verhandlungsführern ausgetauschten Meinungen und Abstimmungen (etwa betreffend eines „gemeinsamen Verständnisses", wie eine Klausel ggf. auszulegen ist) zurückgreifen kann. Da die anderen Banken, die zum Zeitpunkt der Vertragsverhandlungen oftmals noch gar nicht feststanden, sondern erst im Rahmen einer Syndizierung „gesucht" wurden, nicht Partei oder Zeuge der Vertragsverhandlungen waren, wird man ihnen solche Umstände nicht entgegenhalten können. Dies geht allenfalls, wenn ein solches gemeinsames Verständnis oder ggf. auch nur ein Verständnis des Kreditnehmers als Erwartungshaltung allen Kreditgebern vor Vertragsschluss offengelegt wurde.[113] So etwas kommt aber selten vor und ist auch ein mit äußerster Vorsicht zu gebrauchender Ansatz. Da im Wege der Übertragung der Vertragsbeteiligung auch nach Syndizierungsabschluss während der Laufzeit des Vertrages ständig neue Kreditgeber als neue Vertragspartner hinzukommen können, sind solche zusätzlichen „Rechtsquellen" sehr problematisch. Wie eine Schuldverschreibung muss auch der Kreditvertrag im Wesentlichen für sich selbst sprechen und eine Auslegung muss ggf. auf Basis der allgemeinen Grundsätze zur **interessengerechten Vertragsauslegung** erfolgen. Will der Kreditnehmer einen Punkt eindeutig regeln, hilft es nicht, bei unklarem Vertragswortlaut hierüber nur Einvernehmen mit dem Arrangeur als Verhandlungspartner zu erzielen, stattdessen muss man dieses Verständnis ggf. zum Vertragsinhalt erheben.[114] 15

II. Vertragsgestaltung

1. Definitionstechnik und Vertragsaufbau

Wie alle international gebräuchlichen Vertragsmuster[115] folgen internationale Kreditverträge einem **bestimmten Aufbau,**[116] der sich anhand des *LMA*-Vertragsmusters nachvollziehen lässt. Die stringente Verwendung der **Definitionstechnik** erzielt zur Begriffshygiene und -disziplin. Zusammengenommen mit dem **modularen Vertragsaufbau** ermöglicht sie es, den Vertrag auf die Besonderheiten der Transaktion anzupassen, indem ggf. (zusätzliche) Definitionen und Klauseln im Rahmen des Gerüstes einer vorgegebenen Vertragsarchitektur hinzugefügt werden.[117] Die *LMA*-Muster halten zum Beispiel insbeson- 16

(„Garantie", „Ausfallhaftung", „garantiert" „schadlos halten", „selbständiges Zahlungsversprechen", „fällig",„Garantie auf erstes Anfordern", „Ersatz des positiven Interesses"), Clause 18.4 (a) („Einreden des Hauptschuldners", „Anfechtung", „Aufrechnung", „Stundung"), *Clause* 19.14 (b) („Vollmacht", , Stellvertreter"), *Clause* 20.7 (a) („Vertragsübernahme"), *Clause* 23.6 (b) („zahlungsunfähig"), *Clause* 24 („Vertragsübernahme", „Verwertung"), *Clause* 26.5 (a) („Treuhänder", „Vermögensfürsorgepflicht") und *Clause* 26 10 (b) („echter berechtigender Vertrag zugunsten Dritter") *LMA-GER*.

[113] Münch-HdB-GesR Band 1/*Schaffelhuber/Sölch* § 31 Rn. 30 weisen darauf hin, dass es entgegen der Auffassung des BGH in BGH NJW 2001, 144, wonach auch Konsortialverträge gegen ihren Wortlaut ausgelegt werden können, wenn sich ein entsprechender übereinstimmender Parteiwille feststellen lässt, zweifelhaft ist, inwieweit der tatsächliche Wille der beteiligten Parteien zum Zeitpunkt der Verhandlung maßgeblich sein kann. Ein solches bei der Auslegung der Kreditverträge evtl. zu berücksichtigendes Verständnis des Kreditnehmers (und des Arrangeurs/der Arrangeure), könnte sich jedoch zB aus dem für Syndizierungszwecke erstellten Informationsmemorandum ergeben.

[114] Ein Arrangeur als Verhandlungsführer (bei mehreren Arrangeuren der sog. *documentaion agent*) sollte sich auf „verbindliche Einigungen" zur Auslegung bestimmter Klauseln deshalb nicht einlassen. Er kann dem Kreditnehmer allenfalls eine gewisse Sicherheit vermitteln, in dem er bestätigt, wie er in seiner Eigenschaft als Kreditnehmer die betroffene Klausel angesichts der Umstände des Falles „lesen" würde und wie seine – unverbindliche – Einschätzung der Sichtweise anderer Banken ist.

[115] Finanzierungsverträge sind insofern nur ein Bsp. von vielen, gleiches gilt zB für Unternehmenskaufverträge, wenn diese auch deutlich weniger standardisiert sind.

[116] Hierzu bereits → Rn. 3 zu den Hauptcharakteristika sowie Eilers/Rödding/Schmalenbach/*Jetter* C Rn. 19.

[117] Die Schönheit der Sprache mag hierunter des Öfteren leiden. Der im Zuge der letzten Finanzmarktkrise 2008/2009 geäußerte Vorwurf der zur Undurchdringlichkeit führenden übermäßigen Komplexität von Verträgen zur Regelung von Finanzmarkttransaktionen (s. *Buchheit* IFLR 2008, 24 (26)) trifft aufgrund ihrer

dere folgende optionale Klauseln oder Module vor, die bei Bedarf oder auf besonderen Wunsch einer der Vertragsparteien problemlos eingefügt werden können:

– Finanzkennzahlen *(financial covenants)*[118]
– *impaired agent*-Regelung[119]
– *defaulting lender*-Regelungen[120]

16a Soweit diese optionalen Bestandteile (bisher) nur im englischrechtlichen *LMA-LEV*-Muster angelegt sind, können sie oft ohne Weiteres auch in einem deutschrechtlichen Vertrag auf Basis des *LMA-GER* aufgenommen werden. Darüber hinaus dient auch der Text des umfangreicheren *leveraged*-Muster als „Steinbruch", aus dem gegebenenfalls – zB bei einer Akquisitionsfinanzierung mit Regelungen zur vorzeitigen Pflichttilgung bei Eintritt bestimmter Ereignisse – Elemente in einen *LMA-GER* Vertrag übernommen werden können.[121]

17 Die **Einheitlichkeit** der **Vertragsgestaltung** auf Basis der *LMA*-Muster dient vor allem auch der Steigerung der **Fungibilität** der Kredite. Den Marktteilnehmern des Sekundärmarktes soll die Erfassung des Vertragsinhaltes erleichtert und bei gewissen Standard-Klauseln ein möglichst einheitlicher Standard geboten werden. An dieser Stelle muss aber davor gewarnt werden, von zu viel Einheitlichkeit bei allen Elementen der Vertragsgestaltung auszugehen. Gerade die kommerziell und kreditmateriell relevanten Teile des Kreditvertrages wie die Finanzkennzahlen *(financial covenants)*, allgemeinen Verpflichtungen *(undertakings)* und Kündigungsgründe *(event of default)*, aber auch insbesondere die Abtretungsklauseln sowie zuweilen auch – aber dann in aller Regel nur hinsichtlich einzelner Details – die sog. Standardklauseln (erhöhte Kosten *(increased costs)*, Marktstörungen *(market disruption)*, Freistellungen *(indemnities)* etc) werden oder können von Fall zu Fall mehr oder weniger stark voneinander abweichen. Das ***LMA*-Muster** versteht sich selbst als **Ausgangspunkt für Verhandlungen,**[122] und für manche sehr individuell zu gestaltenden Klauseln bietet das ***LMA*-Muster** deshalb nur ein Gerüst oder gar nur einen sog. „Platzhalter" an,[123] Naturgemäß konzentrieren sich die Verhandlungen vor allem auf die Bereiche, die den wesentlichen Gehalt der dem Kreditnehmer auferlegten Verpflichtungen betreffen. Hier geht es sodann darum, einen Ausgleich zu finden zwischen dem Bestreben des Kreditnehmers, Einschränkungen seiner Flexibilität möglichst zu vermeiden, und dem Bedürfnis der Kreditgeber, das Kreditrisiko in einer dem konkreten Fall angemessenen Art und Weise über die Vertragsklauseln beherrschen zu können. Einheitlichkeit heißt also eher Vergleichbarkeit, die es ermöglicht, schnell die Abweichung vom Regelfall (bei technischen Standardklauseln) oder die Einzelheiten der individuellen Ausgestaltung zu erfassen. Hierbei hilft sodann die durch die *LMA*-Musterverträge erzielte **Vereinheitlichung des Vertragsaufbaus.**[124] Das Ausmaß der Einheitlichkeit ist somit noch ein Stück weit weg

---

klaren Struktur jedenfalls auf Kreditverträge im Rahmen der Unternehmensfinanzierung eher nicht zu. Das Verdikt von *Weitnauer* in ZIP 2005, 1443 (1446) („Monsterverträge") überzeugt insoweit nicht.

[118] *Clause* 21 *LMA-GER* (dort nur als Platzhalter), konkrete Klauselvorschläge finden sich in *Clause* 27 *LMA-LEV*.

[119] *Clause* 1.1 Definition *„Impaired Agent"* und *Clause* 36.5 *LMA-LEV*.

[120] *Clause* 1.1 Definition *„Defaulting Lender"* und *Clause* 41.9 und *Clause* 42.10 *LMA-LEV*.

[121] → Rn. 4.

[122] So das Eingangsstatement zum *LMA-GER*-Muster.

[123] So zB in Bezug auf Kontrollwechselklauseln *(change of control)* und Finanzkennzahlen *(financial covenants)* im *LMA-GER*.

[124] Um ein Bsp. zu geben: Will man ermitteln, in welchem Umfang der Kreditnehmer anderweitig Sicherheiten stellen darf – ein wichtiges Thema bei einem unbesicherten Kreditvertrag – genügt in aller Regel ein Blick auf eine einzige Klausel, die *negative pledge,* die sich gemäß dem Vertragsaufbau immer im Abschnitt *General Undertakings* befindet, der zwischen den Abschnitten *Information Undertakings* (oder, sofern vorhanden, *Financial Covenants*) und *Events of Default* einsortiert ist. Dort werden der definierte Begriff *Security* sowie, wenn das *Quasi-Security*-Konzept aufgenommen wurde, die definierten Begriffe *„Quasi-Security"* und *„Indebtedness"* verwendet. *„Quasi-Security"* wird, da nur in dieser Klausel relevant, gleich in der *negative pledge*-Klausel definiert, die beiden anderen Begriffe im Definitions- und Auslegungsteil zu Beginn des Vertrages in *Section 1*. Der wesentliche Gehalt der Klausel ergibt sich sodann aus dem Ausnahmenkatalog zur Negativverpflichtung in Absatz (c) (bzw. (b), sofern das *Quasi-Security*-Konzept nicht aufgenommen wurde).

von der Einheitlichkeit bei der Ausgestaltung von *corporate bonds* (Unternehmensschuldverschreibungen) im *investment grade*-Bereich entfernt.

2. Risikoallokation

a) Als Mittel der ökonomischen Lastenverteilung. Die im Kreditvertrag enthaltenen Rechte und Pflichten, die Bedingungen, unter denen Kredite in Anspruch genommen werden können, die Tatbestandsvoraussetzung bestimmter Nebenansprüche sowie der Gestaltungsrechte dienen letztlich allesamt der **Risikoverteilung** zwischen den Parteien. Hierbei ist zu unterscheiden zwischen Klauseln, die (zusätzliche) ökonomische Lasten verteilen und solchen, die Risiken in Bezug auf eine Veränderung des Kreditrisikos allokieren. Zur ersten Gruppe gehören insbesondere **18**

- die **Kostenerhöhungsklausel** ***(increased costs),*** mit der Belastungen aus nach Kreditvertragsabschluss eintretenden nachteiligen Veränderungen der ökonomischen Bedingungen insbesondere in Bezug auf die generellen mit der Refinanzierung verbundenen Kosten,[125] der Kapitalunterlegung oder sonstige Mehrbelastungen[126] dem Kreditnehmer auferlegt werden können,[127]
- die **Steuerklauseln,**[128] auf deren Basis etwaige Quellensteuerbelastungen[129] und, sofern auch eine diesbezügliche Freistellungsklausel *(tax indemnity)*[130] aufgenommen wurde, sonstige Steuerbelastungen[131] sowie des Weiteren Stempel-[132] und Umsatzsteuern[133] dem Kreditnehmer auferlegt werden sowie
- die **Marktstörungsklauseln,**[134] gemäß denen bestimmte sich evtl. nachträglich ergebende Mehrbelastungen bei der Refinanzierung in Form einer Anpassung der Zinsbasis auf den Kreditnehmer übergewälzt werden können.[135]

Die drei Fallgruppen verdeutlichen das Grundkonzept der ökonomischen Risikoverteilung bei den Finanzierungskosten: das Risiko, das der Kreditgeber trägt und für das er durch etwaige Einmalprovisionen *(upfront fees)* und die Kreditmarge entgolten wird, ist das Kreditrisiko. Die durch dieses Kreditrisiko verursachten Eigenkapitalkosten, sollen auf Basis des zum Zeitpunkt der Unterzeichnung der Kreditvertrages geltenden Kapitalunterlegungsregeln durch die Marge zumindest abgedeckt werden.[136] Ändern sich die gesetzlichen und/ **19**

---

[125] Nicht etwaige als Folge von Marktstörungen entstehenden Erhöhungen der konkreten Refinanzierungskosten über die Referenzzinssätze hinaus – dies ist Gegenstand der Marktstörungsklausel (→ Rn. 44).

[126] *„Increased Costs"* ist umfassend definiert, s. *Clause* 14.1 (b) *LMA-GER* und → Rn. 53.

[127] → Rn. 53. Ein Anspruch wird nur auf Anforderung *due and payable.* Nach dem Wortlaut der Klausel in einer Vorgängerfassung des *LMA-GER* (die sich so noch in einigen nicht ausgelaufenen Verträgen finden dürfte) konnte er nur für die folgende Zinsperiode gestellt werden (diese Beschränkung auf künftige Zinsperioden wurde in Abweichung vom englischrechtlichen Vertragstext eingefügt, um eine Einstufung der Zinsregelung als variable Zinsregelung gemäß § 489 BGB zu vermeiden (s. den damaligen *Supplemental Users Guide to the German law version of the LMA Recommended Form of Primary Documents*). Diese Formulierung hat aber die wohl so nicht gesehene und nicht beabsichtigte Konsequenz, dass die Klausel gemäß ihrem Wortlaut nicht mehr die Kosten erfasst, die allein in Bezug auf die ungezogene Kreditzusage *(commitment)* entstehen. Dieses Versehen ist inzwischen bereinigt worden, bei Altvertägen muss man sich ggf. mit einer sachgerechten Auslegung behelfen).

[128] → Rn. 56a ff.

[129] *Tax gross up – Clause* 13.2 *LMA-GER.*

[130] *Clause* 13.3 *LMA-GER.*

[131] Selbstverständlich mit Ausnahme der allgemeinen Ertragssteuerbelastung im Sitzland des Kreditgebers oder am Sitz der Betriebsstätte – *Clause* 13.3 (b) *LMA-GER.* Ein Beispiel für solche Steuern sind zB die sog. *franchise taxes,* die in einigen US-Bundesstaaten erhoben werden und die nicht von den Doppelbesteuerungsabkommen erfasst (und damit ggf. auf null reduziert) werden.

[132] *Clause* 13.6 *LMA-GER.*

[133] *Clause* 13.7 *LMA-GER* – da Zinsen und sonstige Entgelte für Kapitalüberlassung in den relevanten Rechtsordnungen regelmäßig umsatzsteuerbefreit sind, spielt diese Klausel eine geringe Rolle.

[134] *Clause* 11.3 *LMA-GER.*

[135] → Rn. 44.

[136] Je nach den Marktverhältnissen und der jeweiligen Verhandlungsmacht erfolgt dies jedoch nicht immer. Verändert sich im Rahmen dieses Eigenkapitalunterlegungsregimes die Kapitalbelastung aufgrund einer Verschlechterung der wirtschaftlichen Verhältnisse des Kreditnehmers, die sich zB über das bankinterne *rating-*

oder regulatorischen Anforderungen und führt dies zu einer höheren Kostenbelastung, so fällt dies in die Risikosphäre des Kreditnehmers.[137] Der Kreditgeber soll auch nicht das Risiko sonstiger Veränderungen tragen, die die Marge schmälern (oder gar ganz „aufzehren" könnten) und die nichts mit den durch die Marge entlohnten Risikokosten zu tun haben, zB – um die im Vordergrund stehenden Hauptanwendungsfälle zu nennen – infolge von durch die Kostenerhöhungsklausel *(increased costs)* erfassten Mindestreservekosten, eine im Lande des Kreditnehmers auferlegte Quellensteuer oder erhöhte Refinanzierungskosten, die der Referenzzinssatz LIBOR oder EURIBOR nicht adäquat abbildet. Der aus dem amerikanischen Markt kommende Begriff *yield-protection* beschreibt dieses Grundprinzip treffend: die Marge *(yield)* soll geschützt werden vor Belastungen, die aus der Verwirklichung von Risiken herrühren, für die die Marge nicht das Entgelt darstellt. Diese ökonomische Lastenerteilung, oder besser Risikoverteilung, zieht sich wie ein roter Faden durch die Kreditverträge.[138]

20 **b) Als Mittel zum Kreditrisikomanagement.** Viele Klauseln des Vertrages dienen, direkt oder indirekt, dem **Management des Kreditrisikos.** Hierbei handelt es sich im Kern immer um die Festlegung, welche Tatbestände und Sachverhalte gegebenenfalls Rechte (insbesondere Kündigungsrechte) der Kreditgeber auslösen oder Rechte der Kreditnehmer (insbesondere den Kreditauszahlungsanspruch) entfallen lassen. Es geht insoweit nicht um eine einseitige Risikozuordnung, sondern um eine Verteilung der Risiken zwischen Kreditgeber und Kreditnehmer. Mit Risiko ist in diesem Kontext nicht das Risiko der Verschlechterung der geschäftlichen und finanziellen Verhältnisse des Kreditnehmers gemeint. Dieses trifft immer den Kreditnehmer direkt und die Kreditgeber indirekt. Es geht vielmehr um die Konsequenzen im Rahmen des Kreditvertrages: aus Sicht des Kreditnehmers das Risiko, dass die Kreditgeber nicht mehr zur Auszahlung verpflichtet sind und/oder Kündigungsrechte ausüben können, und aus Sicht der Kreditgeber das Risiko, dass sie trotz einer nachteiligen Veränderung (weiter) auszahlen müssen oder ausgezahlte Kredite (noch) nicht vorzeitig fällig stellen können. Die Feinsteuerung dieser Risikoverteilung erfolgt durch viele Bestimmungen auf unterschiedlichen Ebenen und mit unterschiedlicher Wirkungsweise, die oft erst in ihrer Verbindung Wirkung entfalten.[139] Zu den Bestimmungen, die hier im Wesentlichen relevant sind, gehören die **Auszahlungsvoraussetzungen *(conditions precedent),***[140] die

---

System auf die Kapitalbelastung auswirkt, so trägt dieses Risiko der Kreditgeber. Hier bietet dann gegebenenfalls die Vereinbarung einer Margenskala Schutz in Form eines ökonomischen Ausgleiches; → Rn. 46.

[137] Entsprechende *increased costs*-Forderungen wurden allerdings – zB nach der Einführung von Basel II – in der Praxis nicht (oder nur in ganz seltenen Ausnahmefällen, die nicht allgemeine bekannt wurden) geltend gemacht. Die Probleme, derartige Forderungen zu berechnen, dürfen hierbei auch eine Rolle gespielt haben. Im Zusammenhang mit der Einführung von Basel III scheint sich diese Erfahrung zu wiederholen, obwohl es deutliche materielle Unterschiede zwischen den Auswirkungen von Basel II und Basel III gibt, → Rn. 54.

[138] S. hierzu generell *Bosch* S. 150 f.

[139] Einfachstes Bsp. sind die Bestätigungen *(representations and warranties)* und die allgemeinen Verpflichtungen *(undertakings):* hier stehen nicht etwaige Primär- oder Sekundäransprüche (auch nicht bei den allgemeinen Verpflichtungen *(undertakings)* → Rn. 149) im Vordergrund: es geht im Wesentlichen nur darum, dass eventuelle Verletzungen Auszahlungsansprüche des Kreditnehmers entfallen lassen (oder zumindest suspendieren) oder Kündigungsrechte auslösen können.

[140] Sowohl die ursprünglich zu erfüllenden (*Clause* 4.1 *LMA-GER* in Verbindung mit Schedule 2) als auch die in Verbindung mit sonstigen Vertragsklauseln wirkenden weiteren Auszahlungsvoraussetzungen *(conditions precedent)* (*Clause* 4.2 *LMA-GER*); → Rn. 73. Gerade bei komplexen Finanzierungen (insbes. Akquisitionsfinanzierungen) kommt den ursprünglich zu erfüllenden Auszahlungsvoraussetzungen eine ganz wesentliche Bedeutung bei der Risikofeinsteuerung bei: durch Aufnahme oder Weglassen bestimmter Dokumente oder Nachweise wird ganz substantiell bestimmt, unter welchen Voraussetzungen die Kreditgeber „antreten müssen". Ganz wesentlich ist hierbei, ob bestimmte Dokumente und Nachweise *in form* and substancefür den Agenten zufriedenstellend sein müssen. Dies lässt dem Agenten bzw. den Kreditgebern einen Entscheidungsspielraum. Sofern sie in der Substanz nicht zufriedengestellt sind, werden sie nicht die Erfüllung der Auszahlungsvoraussetzungen bestätigen. Gem. der LMA-Standardformulierung (*Clause* 4.1 (b) *LMA-GER*) können die Mehrheitsbanken (hierzu → Rn. 208) den Agenten ggf. diesbezüglich anweisen. In besonderen Situationen wird man *Clause* 4 *LMA-GER* ggf. so anpassen, dass die positive Zustimmung aller Kreditgeber erforderlich ist (→ Rn. 74). *Clause* 4.1 *LMA-GER* sieht im Grundsatz für alle Dokumente und Nachweise das Erfordernis der zufriedenstellenden Substanz (und Form) vor, je nach Sachlage wird dieser Grundsatz

Bestätigungen ***(representations and warranties),*** die allgemeinen **Verpflichtungen** ***(undertakings)*** und – sofern vereinbart – einzuhaltende **Finanzkennzahlen** ***(financial covenants)*** – sowie letztlich die **Kündigungsgründe** ***(events of default).*** In diese Kategorie fallen aber **auch** die sog. ***change of control*-Klauseln,**[141] die in aller Regel nicht in die Kündigungsgründe aufgenommen werden, sondern eine eigenständige Regelung im Rahmen der Klauseln zur vorzeitigen Pflichttilgung erfahren.[142] Da diese Klauseln zu unterschiedlichen Zeitpunkten/Zeiträumen[143] Wirkung entfalten (oder in ihren Tatbestandsvoraussetzungen diese unterschiedlichen Zeitpunkte oder Zeiträume in Bezug nehmen) und auch unterschiedliche Regelungswirkungen haben,[144] lassen sich in der Kombination dieser Klauseln **ausdifferenzierte Risikoverteilungskonzepte** darstellen, die bestimmte Risiken[145] zu unterschiedlichen Zeitpunkten bewusst anders verteilen.[146]

---

jedoch für bestimmte Dokumente (seltener für Nachweise) durchbrochen und nur verlangt, dass das betreffende Dokument formell zufriedenstellend sein muss – dann tragen wieder die Kreditgeber das Risiko, auszahlen zu müssten, obwohl ein bestimmtes Dokument (zB ein *due diligence report*) eigentlich aus ihrer Sicht inhaltlich keine zufriedenstellenden Ergebnisse aufzeigt.

[141] Zwar geht es hier nicht um eine Art Vertragsverletzung und ein Kontrollwechsel hat auch nicht notwendigerweise eine nachteilige Veränderung der wirtschaftlichen Verhältnisse zur Folge. Ein Kontrollerwerb durch einen Dritten ist jedoch ein kreditmateriell wichtiger Umstand, der bei Kreditgebern schon vor dem Hintergrund der dann zu bildenden (neuen) Kreditgebereinheit (s. § 19 Abs. 2 Nr. 1 und 3 KWG in Bezug auf deutsche Kreditinstitute) und der evtl. Einflussnahme des neuen beherrschenden Gesellschafters/Aktionärs zu einer Neubewertung des Kreditrisikos führt, Eilers/Rödding/Schmalenbach/*Jetter* C Rn. 30. Auch im Falle eines Kontrollverlusts durch einen etwaig bei Vertragsschluss noch vorhandenen Mehrheitseigentümer ist ggf. eine Neubewertung geboten. *Clause* 8.2 *LMA-GER* sieht alternativ zwei Formen der Ausgestaltung an (Kontrollverlust, Kontrollerwerb durch einen Dritten) – welche von beiden (oder ggf. welche abgewandelte oder Mischform) sachgerecht ist, hängt von den konkreten Umständen des Einzelfalles ab.

[142] So auch das Konzept des *LMA-GER,* s. *Clause* 8.2. Diese Platzierung hat im Wesentlichen zwei Gründe: Zum einen wurde dies traditionell von den Kreditnehmern so bevorzugt, da man – zutreffend – einen fundamentalen Unterschied zwischen einem Kontrollwechsel und einem typischerweise auf einer Vertragsverletzung oder einer nachteiligen finanziellen Entwicklung beruhenden Kündigungsrechtes sieht und bestrebt ist, Kontrollwechselklauseln aus dem Aufgreifbereich von *cross default*-Klauseln (vgl. zur *cross-default*-Klausel → Rn. 165) in anderen Finanzierungsinstrumenten herauszuhalten. Ob letzteres gelingt, hängt von der konkreten Ausgestaltung dieser Klauseln in den jeweils relevanten anderen Finanzierungsinstrumenten ab. Typischerweise enthalten *cross default*-Klauseln Formulierungen, die Umgehungen durch reine Umplatzierungen/Umbenennungen von Kündigungsrechten verhindern sollen *(event of default howsoever described)* (Hervorhebung durch Verf.). Ob diese Formulierungen auch dazu führen, dass eine Kontrollwechselklausel – da „eigentlich" ein *event of default*– von der *cross default*-Klausel mit erfasst wird, ist allerdings fraglich. Ganz wesentlich für die übliche Platzierung der Kontrollwechsel außerhalb der Kündigungsgründe in den Regelungen zur Pflichtsondertilgung sind aber inzwischen vor allen andere Aspekte in Form von Gestaltungserwägungen: Typischerweise werden in den Kontrollwechselbestimmungen zunächst Verhandlungen zwischen Kreditnehmer und Agent über eine Vertragsfortsetzung – ggf. unter Anpassung des Vertrages – sowie eine angemessene Mindestdauer dieser Verhandlungen vorgesehen. Des Weiteren wird vorherrschend – für den Fall, dass keine Einigung mit allen Kreditgebern erfolgt – anstatt einer Gesamtbeendigung des Vertrages ein Einzelaustrittsrecht für die nicht zustimmenden Kreditgeber vorgesehen. Beides passt nicht so recht in das Regelungsschema für Kündigungsgründe. *Clause* 8.2 *LMA-GER* sieht alternativ zwei Optionen vor: Gesamtfälligstellung aufgrund einer Entscheidung der Mehrheitsbanken oder das Einzelaustrittsrecht.

[143] ZB Vertragsschluss, erste Auszahlung, Folgeauszahlung, gesamte Laufzeit.

[144] Automatisches Entfallen von Auszahlungsansprüchen gegenüber (bloßen) Gestaltungsrechten (Kündigung).

[145] „Risiko" ist hier im oben dargestellten Sinne zu verstehen.

[146] So kann zB im Rahmen einer Akquisitionsfinanzierung vorgesehen werden, dass das Vorliegen/der Eintritt bestimmter nachteiliger Umstände bei der Zielgesellschaft zunächst nicht zu einem Auszahlungsverweigerungsrecht oder Kündigungsrecht der Kreditgeber führt, sondern erst nach Ablauf bestimmter Fristen (die dem Kreditnehmer nach Kontrollübernahme hinreichend Zeit zur Heilung geben sollen, sog. *clean up*-Konzept), oder aber dass der Kreditnehmer im Rahmen der allgemeinen Verpflichtungen *(undertakings)* sogar bestimmte Erfolgshaftungen übernimmt. Auch die umgekehrte Gestaltung ist in Bezug auf bestimmte Sachverhalte denkbar: Als Auszahlungsbedingung muss die Abwesenheit bestimmter nachhaltiger Umstände bei der Zielgesellschaft zufriedenstellend nachgewiesen werden, während später nur noch eine Betrachtung auf konsolidierter Basis erfolgt, ohne die neue Tochtergesellschaft im Rahmen der etwaig vereinbarten Finanzkennzahlen (→ Rn. 137) oder der *„material adverse change"*-Definition (→ Rn. 172) einer Einzelbetrachtung zu unterziehen.

21 **c) Zum Schutz vor sonstigen Risiken.** Aus Sicht der Kreditgeber gibt es eine Reihe von weiteren Risiken, denen durch verschiedene Vertragsbestimmungen begegnet werden soll.[147] Manche dieser Risikoschutzklauseln wirken indirekt und werden an sonstiger Stelle behandelt (so zB die Rechtswahlklauseln, die bei Kreditgewährungen an souveräne Staaten (oder der öffentlichen Hand zurechenbarer Stellen) das Risiko von Eingriffen des Schuldnerstaates in das anwendbare Recht minimieren soll.[148]) Zu den klassischen hier zu nennenden Risikoschutzklauseln gehören jedoch die ***illegality***-Bestimmungen.[149] In diesem Kontext sind des Weiteren Klauseln zu nennen, die – vertragstechnisch durch Aufnahme in den Bestätigungen *(representations and warranties)* und/oder den Allgemeinen Verpflichtungen *(undertakings)* – in Form von dem Kreditnehmer abverlangter Bestätigungen und Verpflichtungen hinsichtlich seiner geschäftlichen Aktivitäten und des Einsatzes der Kreditvaluta das Risiko der Kreditgeber, ihrerseits durch die mittelbare Förderung embargowidriger Aktivitäten in Konflikt mit auf sie anwendbaren Embargoregeln zu gelangen, vermeiden oder zumindest minimieren.[150] Zu beachten ist allerdings, dass je nach Ausformulierung hierdurch ein **unzulässiger** – da gegen Embargoimportverbotsklauseln[151] verstoßender – **Import ausländischer Embargoregelungen** stattfinden kann.[152]

---

[147] *Bosch* S. 117 ff., hat – mit Fokus auf die seinerzeit im Rahmen verschiedener Umschuldungen zutage getretenen Aspekte – alle Bestimmungen, die sich aus nicht ordnungsgemäßer Vertragsabwicklung, politischen Eingriffen, Marktstörungen und „sonstigen außergewöhnlichen Ereignissen" ergebenden Risiken adressieren sollen, unter dem Oberbegriff „Risikoschutzklausel" zusammengefasst. Nach seiner Einteilung schließt diese Kategorie von Bestimmungen – neben den in diesem Absatz erwähnten Klauseln – insbesondere auch bereits die in Absatz b) dargestellten Klauseln zur ökonomischen Lastenverteilung (s. S. 145, 150 f.) sowie auch die Kündigungsregelungen mit ein. Er weist zutreffend darauf hin, dass aufgrund des Vorleistungscharakters der vom Kreditgeber zu erbringenden Leistung (Kreditauszahlung) insoweit der Gläubigerschutz im Vordergrund steht und Schuldnerschutzbestimmungen angesichts der in diesem Marktsegment auftretenden Kreditnehmer „keine Rolle" spielen (S. 121). Die Finanzmarktkrise 2008/2009 hat aber auch zur Entwicklung von Klauseln geführt, bei denen der Schutz des Kreditnehmers im Vordergrund steht. So sollen mit dem Ausfall eines Kreditgebers im Zusammenhang stehende Probleme für den Kreditnehmer zumindest besser beherrschbar gemacht werden, indem die Auswechslung nicht mehr leistungsfähiger Kreditgeber erleichtert wird (→ Rn. 201 f.).

[148] Zu den gleichwohl bestehenden Auswirkungen devisenrechtlicher Regelungen s. ausführlich *Bosch* S. 125 ff. Auch vor einer Instrumentalisierung des Insolvenzrechtes (zB als Drohkulisse) kann eine Rechtswahlklausel aufgrund der Maßgeblichkeit des Sitzstatutes nicht schützen, wie auch die Erfahrungen im Rahmen der Dubai-Krise (ausgelöst durch umfangreiche Kreditaufnahmen staatsnaher Unternehmen) in den Jahren nach 2008 gezeigt haben. *Decree No. 57* des Emirates Dubai hat für bestimmte staatsnahe Unternehmen (einschließlich der nicht in den Vereinigten Arabischen Emiraten inkorporierten Tochtergesellschaften) eine neues Reorganisationsrecht aufbauend auf englischen *(CVA)* und amerikanischen *(Chapter 11)* Vorbildern eingeführt. Obwohl dieses auch international Anerkennung gefunden hat, zeigt das Bsp. jedenfalls, wie ein Federstrich des Gesetzgebers im Sitzland des Kreditnehmers/der Konzernobergesellschaft unabhängig vom Recht des Kreditvertrages die Machtverhältnisse verändern kann. Wie tiefgreifend gesetzgeberische Eingriffe im Sitzland des Kreditnehmers zum Schutz eben dieses Kreditnehmers sein können, wurde zuletzt auch in Europa deutlich, als die Republik Österreich durch Erlass eines Sondergesetzes (HaaSanG) die Möglichkeit schuf, im – sodann sofort ausgenutzten – Verordnungswege (HaaSanV) bestimmte Anleihen und Kreditverbindlichkeiten (auch solche, die nicht österreichischem Recht unterlagen!) der Hypo Alpe Adria Bank für kraftlos zu erklären. Der österreichische Verfassungsgerichtshof hat dieses Gesetz allerdings sodann im Jahr 2015 – erwartungsgemäß – als verfassungswidrig aufgehoben.

[149] Denen aber – bisher – geringe praktische Relevanz zugekommen ist, da eine weitere Kreditausreichung nach Inkrafttreten eines Embargos auch ohne diese Bestimmung nicht mehr geschuldet wäre (§ 134 BGB) und das Recht zur sofortigen Rückforderung bereits ausgezahlter Kredite (der zweite Bestandteil einer typischen *illegality*-Klausel, s. *Clause* 8.1 *LMA-GER*) in der Praxis – bisher – nicht erforderlich war (der Befund von *Bosch* S. 51 lässt sich insoweit auf die heutige Zeit fortschreiben).

[150] Im Vordergrund stehen hier die *US*-amerikanischen *OFAC*-Regelungen.

[151] S. zB die für deutsche (genauer gesagt „inländische" → Rn. 154c) Banken relevanten Bestimmungen des § 7 AWV und der Verordnung (EG) Nr. 2271/96 des Rates vom 22. November 1996 (zuletzt geändert durch die Delegierte Verordnung (EU) 2018/1100 der Kommission vom 6. Juni 2018) zum Schutz vor den Auswirkungen der extraterritorialen Anwendung von einem Drittland erlassener Rechtsakte sowie von darauf beruhenden oder sich daraus ergebenden Maßnahmen.

[152] Die unterschiedlichen Embargoregelungen in den USA und der EU und des Nebeneinanders von Embargo- und Embargoimportverbotsregelungen schaffen im Kontext von internationalen Finanzierungen mit Kreditgebern aus beiden Rechtskreisen oft eine schwierige Konfliktsituation, die es kautelarjuristisch – so weit wie möglich – aufzulösen gilt, ausführlich hierzu → Rn. 154c.

Letztlich sind zu nennen die sog. *currency-indemnity*-Klauseln, die bei der gerichtlichen Geltendmachung von Fremdwährungsverbindlichkeiten (sofern nach anwendbarem Prozessrecht nicht die Fremdwährung selbst, sondern nur der Gegenwert in der Heimatwährung des Gerichtes eingeklagt werden kann) das Risiko von Wechselkursverschiebungen zwischen Erlass des Urteils und Zahlung (oder Vollstreckung) adressieren.[153] 22

III. Ausgestaltung der Kreditverträge

1. Arten von Fazilitäten

Die Inanspruchnahme erfolgt bei internationalen Konsortialkrediten durch weitgehend standardisierte Instrumente.[154] Für Barinanspruchnahmen sind dies vor allem der Terminkredit und die revolvierende Kreditlinie.[155] Nach dem ***pro-rata*-Prinzip** beteiligen sich die Kreditgeber unter diesen Fazilitäten an jedem Kredit *(„Loan")* anteilig *(pro-rata)* entsprechend dem Verhältnis ihrer verfügbaren Kreditzusage *(„Available Commitment")* zur verfügbaren Gesamtkreditzusage *(„Available Facility")*.[156] Weitere Instrumente für Barinanspruchnahmen sind Abzweiglinien[157] und *swingline*-Kreditlinien.[158] Auch Avallinien können zur Verfügung gestellt werden.[159] Einzelne Instrumente, wie die Abzweiglinie, durchbrechen das *pro-rata*-Prinzip. Andere, zB die *swingline*-Kreditlinie, wenden es in angepasster Form an. Unter keinem Instrument darf die Gesamtkreditzusage aller Kreditgeber *(„Total Commitments")* oder die Kreditzusage eines einzelnen Kreditgebers *(„Commitment")* überschritten werden. Ziehungen sind dem Kreditnehmer nur während des Verfügbarkeitszeitraumes *(„Availability Period")* erlaubt, sofern alle Ziehungsvoraussetzungen vorliegen.[160] Die Kreditgeber sind weder Gesamtschuldner noch Gesamtgläubiger.[161] Verletzt ein Kreditgeber seine Verpflichtungen, kann der Kreditnehmer Erfüllung nur von diesem Kreditgeber verlangen.[162] Umgekehrt ist jeder Kreditgeber berechtigt, seine Forderungen gegenüber den Schuldnern ohne Mitwirkung anderer Parteien durchzusetzen.[163] 23

a) Terminkredit *(term loan facility)*. Unter einem **Terminkredit** werden Barkredite mit einer festen Laufzeit durch Ziehung *(„Utilisation")* in Anspruch genommen.[164] Die **Rückzahlung** des Kredites erfolgt in einer Summe am Endfälligkeitstag *(„Termination Date")* oder, wenn Ratentilgung vereinbart ist, zu den festgelegten Tilgungsterminen *(„Facility A Repay-* 24

[153] S. *Clause* 15.1 (a) (i) *LMA-GER*. *Clause* 15.1 (a) (ii) *LMA-GER* erweitert das Konzept auf die Folgen einer vorherigen Zwangsumrechnung für Vollstreckungszwecke.

[154] BankR-HdB/*Welter* § 118 Rn. 5.

[155] *Clauses* 2.1, 1.1 Definitionen *„Facility A", „Facility B" LMA-GER*, Eilers/Rödding/Schmalenbach/*Jetter* C Rn. 6.

[156] *Clause* 5.4 *LMA-GER*.

[157] *Clause* 9 *LMA-LEV*.

[158] Bis 2012 waren die *LMA*-Regelungen zu *Swingline Facilities* in einer *US Dollar Swingline Option* und einer *EUR Dollar Swingline Option* enthalten, die bei Bedarf in den Konsortialkreditvertrag übernommen werden konnten. Sie befinden sich jetzt unmittelbar im *LMA-INV* Muster.

[159] *Clause* 7 *LMA-LEV*.

[160] *Clauses* 4.2, 5.2 (a) (ii), 5.5 *LMA-GER*; → Rn. 72.

[161] → Rn. 180.

[162] *Clause* 2.3 (a) *LMA-GER*.

[163] *Clause* 2.3 (b), (c) *LMA-GER*. Im Hinblick auf eine vereinzelt gebliebene Entscheidung eines erstinstanzlichen Gerichtes in Hong Kong (Charmway Hong Kong Investment Ltd & ors v Fortunesea (Cayman) Ltd & ors [2015] HKCFI 1308, 28 July 2015), wonach unter einem Konsortialkredit der einzelne Kreditgeber einen fälligen Zahlungsanspruch nur dann unabhängig von den anderen Kreditgebern durchsetzen kann, wenn dies zweifelsfrei vereinbart ist, wurde in *Clause* 2.3 (b) *LMA-GER* ergänzt, dass der Anteil jedes Kreditgebers eine separat durchsetzbare Schuld gegenüber diesem Kreditgeber ist. Die Ergänzung in *Clause* 2.3 (b) *LMA-GER* ist unter englischem wie deutschem Recht lediglich als Klarstellung anzusehen. Weitergehend Rawlings in Butterworths Journal of International Banking and Finance Law 2016 (70), Hooley in Butterworths Journal of International Banking and Finance Law 2016 (74).

[164] *Clauses* 1.1 Definition *„Facility A"*, 2.1 *LMA-GER*.

ment Date").[165] Anders als bei einer revolvierenden Kreditlinie ist also am Ende einer Zinsperiode (*„Interest Period"*) keine Rückzahlung des Kredites geschuldet, so dass es zur Prolongation auch keiner erneuten Ziehung bedarf. Es wird nur eine weitere Zinsperiode festgelegt.[166] Rückzahlungen führen immer zur Reduzierung der verfügbaren Kreditzusage, so dass zurückgezahlte Kredite nicht wieder in Anspruch genommen werden können.[167]

25 **b) Revolvierende Kreditlinie *(revolving loan facility)*.** Eine **Revolvierende Kreditlinie** ist dadurch gekennzeichnet, dass jeder Kredit am Ende seiner Zinsperiode zurückzuzahlen ist.[168] Revolvierende Kreditlinien sind keine Kontokorrentdarlehen im Sinne von § 355 HGB, da Ausreichung und Rückzahlung nicht in laufender Rechnung erfolgt. Eine **Rückzahlung** unter einer revolvierenden Kreditlinie vermindert nicht die für Ziehungen verfügbare Kreditzusage, so dass zurückgezahlte Beträge grundsätzlich wieder in Anspruch genommen (revalutiert) werden können.[169] Dies ermöglicht dem Kreditnehmer, den Kredit während des Verfügbarkeitszeitraumes[170] durch eine neue Ziehung ***(rollover)*** wieder in Anspruch zu nehmen. Liegen jedoch die Ziehungsvoraussetzungen in diesem Zeitpunkt nicht vor, ist die Ziehung nicht ohne Zustimmung der Kreditgebermehrheit möglich.[171] Sofern am letzten Tag der Zinsperiode eine neue Ziehung in der gleichen Währung zum Zwecke der Refinanzierung der bestehenden Ziehung erfolgt und die *pro ratarischen* Beteiligungen der Kreditgeber an der bestehenden und der neuen Ziehung gleich sind, kann auf ein Hin- und Herzahlen verzichtet werden ***(cashless rollover),*** soweit sich die zur Rückzahlung und Neuziehung anstehenden Beträge aufrechenbar gegenüber stehen.[172] Soweit der Betrag der neuen Ziehung höher oder niedriger als der Betrag der bestehenden Ziehung ist, sind die Differenzbeträge durch entsprechende Kreditauszahlung seitens der Kreditgeber oder Rückzahlung seitens des Kreditnehmers auszugleichen.

26 **c) Abzweiglinien (*„Ancillary Facilities"*).** Mittels einer **Abzweiglinie**[173] kann ein Teil einer revolvierenden Kreditlinie bilateral ohne Einbindung des Agenten zur Verfügung gestellt werden. Zu diesem Zweck erklärt sich ein Kreditgeber (*„Ancillary Lender"*) bereit, mit einen Teil seiner verfügbaren Kreditzusage unter einer revolvierenden Kreditlinie nicht mehr anteilig an Ziehungen teilzunehmen und diesen reduzierten Teil als bilaterale Kreditzusage (*„Ancillary Commitment"*) dem Kreditnehmer (*„Ancillary Borrower"*) zur Verfügung zu stellen. Die Abzweiglinie durchbricht somit das für revolvierende Kreditlinien geltende *pro-rata*-Prinzip. Die Einrichtung erfolgt nach Abschluss einer zusätzlichen **bilateralen Vereinbarung** (*„Ancillary Document"*) durch Mitteilung an den Agenten. Abzweiglinien können unter anderem für Kontokorrentkredite, Diskontkredite, Festsatzkredite sowie Akkreditive, Avale, Bankgarantien oder Bürgschaften genutzt werden. Die verfügbaren Instrumente sowie die technischen Aspekte der Inanspruchnahme (zB Währung, Zinsperiode und Zinssatz) werden in der bilateralen Vereinbarung geregelt. Die übrigen Bedingungen, insbesondere zwingende

---

[165] *Clause* 7.1 (a) *LMA-GER, Clause* 11.1 *LMA-LEV;* → Rn. 82.

[166] *Clause* 11.1 *LMA-GER.*

[167] *Clause* 8.7 (c) *LMA-GER.*

[168] *Clause* 1.1 Definition *„Facility B"*, 2.1 *LMA-GER.*

[169] *Clause* 8.7 (d), 2.1, 10.1 (g) *LMA-GER;* → Rn. 80.

[170] Der Verfügbarkeitszeitraum endet in der Regel einen Monat vor dem Endfälligkeitstag, da die Mindestdauer einer Zinsperiode einen Monat beträgt. Da der Verfügbarkeitszeitraum nur mit Zustimmung aller Kreditgeber verlängert werden kann, kann die Kreditlinie bereits einen Monat vor dem Endfälligkeitstag kapitalentlastend ausgebucht werden. Zwingend ist dies jedoch nicht. Der Verfügbarkeitszeitraum kann auch bis zum Endfälligkeitstag laufen und dem Kreditnehmer die Möglichkeit zu Ziehungen mit einer Zinsperiode von unter einem Monat geben.

[171] Ziehungen unter einer vor Eintritt einer Krise zugesagten revolvierenden Kreditlinie durch Inanspruchnahme eines nicht ausgenutzten Teils der Kreditzusage oder im Wege des *rollover* gewähren weder ein neues noch ein geändertes Kapitalnutzungsrecht und müssen daher nicht den Anforderungen an Sanierungskredite genügen, vgl. *Stohrer* CRP 2014, 234 (240); *Obermüller* Rn. 5.18 ff.; *Ahnert* BKR 2002, 254 (255); *Rusch* GWR 2011, 151 (153).

[172] *Clause* 7.2 (b) *LMA-GER;* → Rn. 81.

[173] *Clause* 9 *LMA-LEV.*

vorzeitige Rückzahlung, Bestätigungen und Zusicherungen, allgemeine Verpflichtungen und Kündigungsgründe sind im Konsortialkreditvertrag festgelegt und können durch bilaterale Vereinbarung nicht geändert werden. Wird eine Abzweiglinie aufgehoben, erhöht sich wieder die verfügbare Kreditzusage unter der revolvierenden Kreditlinie. Abzweiglinien können im Regelfall in Anspruch genommen werden, ohne dass eine gleichmäßige Ziehung anderer Abzweiglinien oder der revolvierenden Kreditlinie erforderlich ist. Dies könnte zur Folge haben, dass eine Abzweiglinie vollständig, hingegen die revolvierende Kreditlinie und andere Abzweiglinien gar nicht in Anspruch genommen wären und damit einem Teil der Kreditgeber nur die niedrigere Bereitstellungsgebühr *(„Commitment Fee")* verbleiben würde. In Anbetracht dessen findet zwischen Abzweiglinien sowie zwischen der revolvierenden Kreditlinie und den Abzweiglinien üblicherweise kein **Saldenausgleich** statt.[174]

d) Swingline-Kreditlinie *(„Swingline Facility")*. Ein weiteres Instrument für Barinanspruchnahmen ist die ***swingline*-Kreditlinie.**[175] Diese dient überwiegend dazu, Geldmarktpapiere *(commercial paper)*, die zur Deckung des kurzfristigen Kreditbedarfs aufgenommen wurden, durch gleichtägige Ziehungen zurückzuzahlen, wenn deren Refinanzierung im Kapitalmarkt nicht möglich ist.[176] Die *swingline*-Kreditlinie wird als Teil einer revolvierenden Kreditlinie zur Verfügung gestellt, deren Verfügbarkeitszeitraum für Ziehungen unter der *swingline*-Kreditlinie und der revolvierenden Kreditlinie bis zum Endfälligkeitstag läuft. Ziehungen sind mit einer Zinsperiode von bis zu 5 Banktagen *(„Swingline Business Days")* möglich. An der Ziehung beteiligen sich nur Kreditgeber, die in der Lage oder willens sind, **gleichtägige Ziehungen** in der vereinbarten Währung zur Verfügung zu stellen. Die Gesamtkreditzusage unter der *swingline*-Kreditlinie ist daher meist niedriger ***(sublimit)***[177] als die Gesamtkreditzusage unter der zugehörigen revolvierenden Kreditlinie, da nicht alle Kreditgeber in jeder Währung gleichtägige Ziehungen ermöglichen können. Die Inanspruchnahme erfolgt wie auch sonst bei revolvierenden Kreditlinien über einen Agenten *(swingline agent)*.[178] Die *swingline*-Kreditgeber *(„Swingline Lender")* beteiligen sich *pro-rata* entsprechend dem Verhältnis ihrer verfügbaren Kreditzusage *(„Available Swingline Commitment")* zur verfügbaren Gesamtkreditzusage aller *swingline*-Kreditgeber *(„Available Swingline Facility")* an der Ziehung. Häufig findet ein **Saldenausgleich** *(loss sharing)*[179] zwischen *swingline*-Kreditlinie und revolvierender Kreditlinie statt. Dieser Ausgleich, erfolgt zu Gunsten der *swingline*-Kreditgeber und soll dazu führen, dass alle Kreditgeber der revolvierenden Kreditlinie, also auch solche, die sich nicht an Ziehungen unter der *swingline*-Kreditlinie beteiligen, so gestellt werden, als wäre die nicht zurückgezahlte *swingline*-Ziehung unter der revolvierenden Kreditlinie ausgereicht worden.[180] Dies kann durch eine erzwungene Refinanzie-

[174] *Clause* 9.6 *LMA-LEV.* Ein Saldenausgleich kann gerechtfertigt sein, wenn eine gleichmäßige Ausnutzung vereinbart ist. Auch dann ist zu berücksichtigen, dass der Zinssatz für Abzweiglinien bilateral vereinbart wird und es daher zu einem Auseinanderfallen von Risiko und Ertrag kommen kann. Zudem kann sich das Risiko einer Abzweiglinie von dem der revolvierenden Kreditlinie oder einer anderen Abzweiglinie unterscheiden. Auch dies kann gegen einen Saldenausgleich sprechen. Ist ein Saldenausgleich vereinbart, erfolgt dieser durch Abtretung von Forderungen gegen Zahlung des Nominalbetrages mit dem Ziel, eine *pro-rata*-Verteilung der Forderungen herbeizuführen; → Rn. 181.

[175] Bisher waren die *LMA*-Regelungen zu *Swingline Facilities* in einer *US Dollar Swingline Option* und einer *EUR Dollar Swingline Option* enthalten, die bei Bedarf in den Konsortialkreditvertrag übernommen werden konnten. Diese finden sich seit 2012 unmittelbar in einem entspr. ergänzten Muster des *LMA-INV.*

[176] Unter Basel III sind nicht in Anspruch genommene *swingline*-Kreditlinien als *liquidity facilities* bis zu 100 % mit *liquid assets* zu unterlegen (Art. 420 (1) (d), 424 (2) – (6) CRR, Art 31 *Delegated Act,* Basel III-*Liquidity Framework Rn.* 95 und 97, Basel III- *FAQ Liquidity Framework Section* 2, 25). Die Qualifizierung als *liquidity facilities* erfasst jedoch nicht die gesamte Kreditzusage der *swingline*-Kreditgeber unter der revolvierenden Kreditlinie, sondern beschränkt sich auf die (meist niedrigere) Kreditzusage der *swingline*-Kreditgeber unter der *swingline*-Kreditlinie *(sublimit)*; → Rn. 36.

[177] *Clause 6.5 LMA-INV.*

[178] *Clause* 7.11 *LMA-INV.*

[179] *Clause* 7.11 *LMA-INV.*

[180] Eine Verpflichtung der Kreditgeber, die sich nur an Ziehungen unter der revolvierenden Kreditlinie beteiligen, zur Rückdeckung der *swingline*-Kreditgeber *(forced take-out)* wirft nach Umsetzung der Basel III-Empfehlungen durch das CRR/CRD-4-Paket die Frage auf, ob auch diese Kreditgeber ihre nicht in

rung *(forced takeout)* der *swingline*-Ziehung durch eine Ziehung unter der revolvierenden Kreditlinie oder durch Ausgleichszahlungen zwischen den Kreditgebern der revolvierenden Kreditlinie erfolgen.[181] Unterliegt der Kreditnehmer deutschem Insolvenzrecht ist jedoch eine Abtretung von Forderungen zwischen den Kreditgebern gegen Zahlung des Nominalbetrages der Forderung vorzugswürdig. Anders als bei Abzweiglinien begegnet dieser Saldenausgleich keinen wirtschaftlichen Bedenken, da Ziehungen unter der *swingline*-Kreditlinie maximal für 5 Banktage ausgereicht werden und es daher zu keiner relevanten Verschiebung von Risiko und Ertrag kommt.

28 **e) Avallinie *(letter of credit facility).*** Unter einer **Avallinie** übernimmt ein Kreditgeber die Mithaftung zu Gunsten des Gläubigers einer Zahlungsverpflichtung durch Abgabe einer Garantie, Bürgschaft oder anderen Gewährleistung. Die Avallinie ist ein Werkvertrag in Form einer Geschäftsbesorgung gemäß §§ 631, 675 BGB.[182] Sie wird entweder als *fronting-bank*-Konzept, bei dem eine oder mehrere *fronting*-Banken (*„Issuing Banks“*)[183] es übernehmen, Avale unter *pro-rata-Risikoübernahme* durch die Kreditgeber herauszulegen, oder als *multi-issuer*-Konzept ausgestaltet, bei dem alle Kreditgeber selbst Avale herauslegen. Die *LMA* Dokumentation kennt nur das ***fronting-bank*-Konzept**[184] als Teil einer revolvierenden Kreditlinie, bei der (meist zusätzlich zu Barziehungen) Avale durch eine *fronting*-Bank herausgelegt werden können. In Höhe des Betrages, der unter dem herausgelegten Aval vom Begünstigten maximal gefordert werden kann, wird die verfügbare Gesamtkreditzusage (*„Available Facility“*) reduziert. Die *fronting*-Bank übernimmt jedoch nicht selbst das Risiko, dass der Kreditnehmer seiner Verpflichtung nicht nachkommt, der *fronting*-Bank den von ihr unter einem Aval gezahlten Betrag zu erstatten. Dieses Risiko sowie alle Kosten und Schäden der *fronting*-Bank tragen die Kreditgeber *pro-rata* entsprechend dem Verhältnis ihrer Kreditzusage zur Gesamtkreditzusage. Vorteil des *fronting-bank*-Konzepts ist eine Erhöhung des Finanzierungsvolumens durch Kreditzusagen von Kreditgebern, die selbst nicht dazu in der Lage wären, Avale herauszulegen. Nachteilig sind erhöhte Kosten durch die Gebühr für die *fronting*-Bank[185] und Einschränkungen bei der Syndizierung und Übertragung von Rechten und Pflichten der Kreditgeber.[186] Ein ***multi-issuer*-Konzept**[187] vermeidet diese Nachteile, da

Anspruch genommene Kreditzusage unter der revolvierenden Kreditlinie in Höhe des jeweils maximal zur Rückdeckung der *swingline*-Kreditgeber einzusetzenden Anteils als *liquidity facility* behandeln müssen. Wenn zugleich auch die gesamte Kreditzusage der *swingline*-Kreditgeber unter der *swingline*-Kreditlinie *(sublimit)* die Voraussetzungen einer *liquidity facility* erfüllt, hätte dies zur Folge, dass es in der Summe zu einer Erhöhung der als *liquidity facility* zu behandelnden Kreditzusagen aller Kreditgeber über den Betrag des *sublimit* kommt. Die hiermit einhergehende Kostenerhöhung hat in der Praxis jedoch nicht dazu geführt, dass die *swingline*-Kreditgeber auf den Vorteil einer Rückdeckung verzichten oder der erzwungene Ausgleich zu Gunsten der *swingline*-Kreditgeber *(forced take-out)* nicht schon am Ende der in der Regel auf fünf Tage beschränkten Zinsperiode für *swingline*-Ziehungen, sondern erst nach mehr als 30 Tagen erfolgt.

181 *Clause* 7.13 *LMA-INV.*

182 BankR-HdB/*Lwowski* § 75 Rn. 39; *Diem/Jahn* § 5 Rn. 24; MüKoBGB/*Berger* Vor § 488 Rn. 41 ff. Zu den vertraglichen Konsequenzen von *Embargo*-Regeln, → Rn. 21 und ausführlich → Rn. 154c.

183 *Clause* 1.1 Definition *„Issuing Bank“ LMA-LEV.*

184 *Clause* 7 *LMA-LEV.*

185 Zusätzlich zu der den Kreditgebern zustehenden Avalgebühr muss auch an die *fronting*-Bank eine Gebühr für die administrative Tätigkeit sowie für die Übernahme des Risikos, dass Kreditgeber ihrer Verpflichtung zur Rückdeckung der *fronting*-Bank nicht nachkommen, gezahlt werden.

186 Frontende Banken dürfen das Ausfallrisiko der sie rückdeckenden Kreditgeber nicht unbegrenzt, sondern nur bis zu einer individuell festgelegten Obergrenze übernehmen. Dies beschränkt die Syndizierung des Konsortialkredites und führt dazu, dass die Übertragung von Rechten und Pflichten der Kreditgeber der Zustimmung der *fronting*-Bank bedarf (*Clause* 30.3 (a) *LMA-LEV*). Darüber hinaus wird häufig vereinbart, dass bei Verschlechterungen der Kreditwürdigkeit ein rückdeckender Kreditgeber ausgetauscht oder der *fronting*-Bank vom Kreditnehmer oder seltener vom Kreditgeber selbst in Höhe der Kreditzusage dieses Kreditgebers Barsicherheit gestellt werden muss.

187 *Diem/Jahn/Hagelücken* Ziff. 6 Rn. 1 definiert den Begriff des *multi-issuer*-Konzept dahingehend, dass das Aval durch mehrere Kreditgeber als Teilschuldner herausgelegt wird, während der Begriff im hier verwendeten Sinne sowohl diesen Fall als auch den Fall abdeckt, dass ein einzelner Kreditgeber auf eigenes Risiko ein Aval herauslegt.

alle Kreditgeber bis zur Höhe ihrer verfügbaren Kreditzusage auf eigenes Risiko Avale herauslegen. Avale können hierbei allein von einem Kreditgeber oder von mehreren Kreditgebern als Teilschuldner quotal herausgelegt werden.[188] Vergleichbar dem *pro-rata*-Prinzip bei Barziehungen kann vereinbart werden, dass Avale gleichmäßig auf alle Kreditgeber zu verteilen sind. Enthält der Konsortialkreditvertrag zudem verbindliche Anforderungen an die Ausgestaltung und damit das Risikoprofil der Avale, kann ein Saldenausgleich zwischen den Kreditgebern vereinbart werden. Die gleichmäßige Verteilung der Avale und die Einhaltung der sonstigen Anforderungen koordiniert beim *multi-issuer*-Konzept in der Regel ein Avalagent.

2. Währungsoption *(currency option)*

Im Konsortialkreditvertrag[189] kann vorgesehen sein, dass revolvierende Kreditlinien, Terminkredite und Avallinien vom Kreditnehmer in mehreren Währungen in Anspruch genommen werden dürfen. Auch Abzweiglinien können in der bilateralen Vereinbarung eine Währungsoption enthalten. *Swingline*-Kreditlinien werden üblicherweise in der Währung des zu refinanzierenden Geldmarktpapiers zur Verfügung gestellt. 29

a) Basiswährung („Base Currency"). Wird der Konsortialkredit in mehreren Währungen in Anspruch genommen, ist stets eine Währung die **Basiswährung** *(„Base Currency")*.[190] In dieser Währung wird die Kreditzusage abgegeben und der Kredit zum Zwecke des Risikomanagements protokolliert. Bei Inanspruchnahme in einer anderen Währung als der Basiswährung *(„Optional Currency")* bleibt die Basiswährung die Berechnungsgröße, nach der sich insbesondere die verfügbare Kreditlinie und die verfügbare Gesamtkreditzusage bestimmen. 30

b) Zusätzliche Währung *(„Optional Currency")*. Eine **zusätzliche Währung** kann jede Währung sein, die im relevanten Markt frei verfügbar ist und in die Basiswährung konvertiert werden kann.[191] Zudem muss die Währung im Kreditvertrag generell als zusätzliche Währung vereinbart sein oder alle Kreditgeber müssen jeder einzelnen Ziehung in dieser Währung zustimmen.[192] Der Agent ermittelt für jede Ziehung in zusätzlicher Währung einen dem Betrag der Ziehung korrespondierenden Basiswährungsbetrag ***(„Base Currency Amount")***. Zu diesem Zweck setzt er am dritten Banktag vor dem Auszahlungstag *(„Utilisation Date")* oder, falls die Ziehungsnachricht erst später abgegeben wird, am Tag der Ziehungsnachricht um 11.00 Uhr Londoner Zeit eine Wechselkursrate ***(„Agent's Spot Rate of Exchange")*** fest. Mit dieser Wechselkursrate wird im Falle von Barziehungen der Betrag der Ziehung in der zusätzlichen Währung und bei einem Aval der Betrag, der unter dem Aval in der zusätzlichen Währung maximal gefordert werden kann, in die Basiswährung umgerechnet. Der so ermittelte Basiswährungsbetrag wird von der verfügbaren Kreditlinie in Abzug gebracht. Eine Ziehung ist nur dann erlaubt, wenn der Basiswährungsbetrag die verfügbare Kreditlinie am Auszahlungstag nicht überschreitet. 31

c) Währungsanpassung *(rebasing)*. Bei Ziehungen in zusätzlicher Währung sollte nach erfolgter Ziehung eine Überschreitung der Gesamtkreditzusage *(„Total Commitments")* als Folge von Währungskursschwankungen zwischen der Basiswährung und den zusätzlichen Währungen vermieden werden. Daher sehen Konsortialkreditverträge eine **Währungsanpassung** bei Veränderungen der Wechselkurse vor. Eine tägliche Anpassung ist nicht praktikabel. Stattdessen findet eine Neubewertung nach Ablauf bestimmter Zeiträume statt. Hierbei ist zwischen revolvierenden Kreditlinien, Terminkrediten sowie Avallinien zu unterscheiden. 32

---

[188] BankR-HdB/*Hadding/Hauser*, 3. Aufl., § 87 Rn. 12.
[189] *Clause* 6 *LMA-GER, Clause* 8 *LMA-LEV.*
[190] *Clause* 6 *LMA-GER, Clause* 8 *LMA-LEV.*
[191] *Clause* 4.3 *LMA-GER, Clause* 4.3 *LMA-LEV.*
[192] Kann sich ein Kreditgeber zusätzliche Währung nicht verschaffen oder ist die Ausreichung in der zusätzlichen Währung für ihn rechtswidrig, ist er verpflichtet, den auf ihn entfallenden Anteil in der Basiswährung zur Verfügung zu stellen (*Clause* 6.2 *LMA-GER*).

32a Ziehungen unter **revolvierenden Kreditlinien** sind immer am Ende jeder Zinsperiode zurückzuzahlen, können jedoch vom Kreditnehmer durch erneute Ziehung wieder in Anspruch genommen werden. Erfolgt die Ziehung wiederum in zusätzlicher Währung, ermittelt der Agent den Basiswährungsbetrag nunmehr anhand der dann aktuellen Wechselkursrate mit der Folge, dass sich die verfügbare Gesamtkreditzusage um den neu festgesetzten Betrag vermindert und erforderlichenfalls der Ziehungsbetrag reduziert werden muss. Bei revolvierenden Kreditlinien kommt es somit zu einer automatischen Währungsanpassung. Da Zinsperioden nur mit Zustimmung aller Kreditgeber einen Zeitraum von 6 Monaten überschreiten und damit Wechselkursschwankungen nicht länger als 6 Monate zu einer Erhöhung des Kreditrisikos führen können, wird bei revolvierenden Kreditlinien auf eine weitergehende Währungsanpassung verzichtet.

33 Bei einem **Terminkredit** kommt es hingegen nicht zu einer automatischen Währungsanpassung, da am Ende einer Zinsperiode keine Rückzahlung geschuldet und damit keine Neuausreichung erforderlich ist. Der Agent rechnet stattdessen für jede neue Zinsperiode den korrespondierenden Basiswährungsbetrag, der bei der Ziehung ermittelt wurde, auf Basis einer zu diesem Zeitpunkt aktuellen Wechselkursrate in die zusätzliche Währung um.[193] Sofern der so ermittelte Betrag der zusätzlichen Währung niedriger ist als der bisherige Betrag, muss der Kreditnehmer die Differenz in zusätzlicher Währung zurückzahlen. Ist der berechnete Betrag in zusätzlicher Währung höher, hat der Kreditnehmer gegen die Kreditgeber einen Anspruch, die Differenz in zusätzlicher Währung ausgereicht zu bekommen. Um zu vermeiden, dass kleine Beträge hin und her gezahlt werden, findet eine Währungsanpassung nur statt, wenn sich der Ziehungsbetrag um mindestens 5 % verändert. Bei Fälligkeit eines Kredites muss der Kreditnehmer immer nur den Betrag in zusätzlicher Währung zurückzahlen, den er bei Ziehung erhalten hat, wobei Ausgleichszahlungen auf Grund von Währungsanpassungen zu berücksichtigen sind.

34 **Avallinien** benötigen ebenfalls eine vertragliche Regelung zur Währungsanpassung. Zwar werden Avallinien revolvierend in Anspruch genommen, jedoch ist in aller Regel der Zeitraum bis zur Rückgabe eines Avals länger als die Zinsperiode einer Barziehung. Bei Avallinien erfolgt eine Währungsanpassung nach Ablauf bestimmter Zeiträume, die 3 bis 6 Monate üblicherweise nicht übersteigen.[194] Zu diesen Zeitpunkten wird geprüft, ob auf Basis der aktuell für jede Währung vom Agenten festgestellten Wechselkursrate die Kreditzusage des Kreditgebers beim *multi-issuer*-Konzept oder die Gesamtkreditzusage beim *fronting-bank*-Konzept überschritten ist. Ist dies der Fall, muss der Kreditnehmer den Differenzbetrag auf ein Konto einzahlen, das als Sicherheit für seine Verpflichtung, den unter einem Aval gezahlten Betrag zu erstatten, verpfändet wird.[195]

35 **d) Währungswechsel (change of currency).** Bei revolvierenden Kreditlinien und Avallinien bedarf es zum **Wechsel der Währung** keiner besonderen vertraglichen Regelung, sondern die Möglichkeit, die Währung zu wechseln, folgt schon aus dem Umstand, dass revolvierende Kreditlinien nach Rückzahlung zum Ende jeder Zinsperiode und Avallinien nach Rückgabe eines Avals erneut durch Ziehung in Anspruch genommen werden dürfen. Bei Terminkrediten ist eine Regelung hingegen erforderlich.[196] Hierzu wird dem Kreditnehmer erlaubt, die Ziehung in der Währung, in der diese ausgereicht wurde, am letzten Tag der Zinsperiode zurückzuzahlen und erneut in der Basiswährung oder einer anderen zusätzlichen

[193] *Clause* 6.4 *LMA-GER.*

[194] *Clause* 6.8 *LMA-LEV.*

[195] Bei einem *multi-issuer*-Konzept wird die Barunterlegung zu Gunsten des Kreditgebers, dessen Kreditzusage überschritten wurde, auf einem Konto bei diesem Kreditgeber verpfändet. Im Falle des *fronting-bank*-Konzeptes erfolgt die Verpfändung zu Gunsten der *fronting*-Bank auf einem Konto bei der *fronting*-Bank. Nur wenn das verpfändete Konto bei demjenigen unterhalten wird, der das Aval ausgestellt hat, kann eine Ausbuchung erfolgen. Ist die Avallinie Teil einer revolvierenden Kreditlinie, die auch durch Barziehung genutzt werden kann, werden statt Barunterlegung von Avalen zunächst Barziehungen zurückgeführt (*Clause* 6.8 *LMA-LEV*).

[196] *Clause* 6.3 *LMA-GER.*

Währung zu ziehen. Erfolgt die neue Ziehung in der Basiswährung, wird der Basiswährungsbetrag der vorherigen Ziehung ausgezahlt. Wird in einer zusätzlichen Währung in Anspruch genommen, ergibt sich der Betrag der Ziehung, indem der Basiswährungsbetrag in die zusätzliche Währung mit der vom Agenten zu diesem Zeitpunkt aktuell festgestellten Wechselkursrate umgerechnet wird. Der Agent und der Kreditnehmer können auch vereinbaren, dass der dem Kreditnehmer in der bisherigen Währung bereits zur Verfügung gestellte Betrag vom Agenten im Wege eines *Spot*-Devisengeschäftes in die neue Währung konvertiert und nur der überschießende Spitzenbetrag an den Kreditnehmer bzw. die Kreditgeber gezahlt wird. Nach erfolgtem Währungswechsel schuldet der Kreditnehmer Rückzahlung der Ziehung in der neuen Währung.

3. Verwendungszweck *(purpose)*

Der **Verwendungszweck**[197] bestimmt sich nach den Finanzierungsbedürfnissen des Kreditnehmers.[198] Grundsätzlich wird der erlaubte Verwendungszweck, also entweder allgemeine betriebliche Zwecke oder ein spezieller Zweck, wie die Akquisition eines Unternehmens, vereinbart. Zudem sollte im Verwendungszweck festgelegt sein, ob der Kredit durch den Kreditnehmer selbst genutzt werden muss oder eine Weiterleitung innerhalb seiner Gruppe erlaubt ist. Wird der Kredit für allgemeine betriebliche Zwecke einer operativ nicht tätigen Obergesellschaft oder Finanzierungsgesellschaft gewährt, ist die Weiterleitung in der Regel erlaubt. Hält sich der Kreditnehmer nicht an den vereinbarten Verwendungszweck, hat dies ein Ziehungshindernis für neue Ziehungen und einen Kündigungsgrund für ausstehende Ziehungen zur Folge.[199] Weder die Kreditgeber noch der Agent sind im Regelfall verpflichtet, die Einhaltung des Verwendungszwecks zu überwachen.[200] Die Kreditgeber haben jedoch das Recht, dies vor und nach einer Ziehung über den Agenten zu kontrollieren.[201] 36

---

[197] *Clause* 3 *LMA-GER*. Unter Basel III hat der Verwendungszweck Einfluss auf die regulatorischen Kosten (Art. 420 (1) (d), 424 (2) – (6) CRR, Art. 31 *Delegated Act*, Basel III-*Liquidity Framework Rn.* 95 und 97, Basel III- *FAQ Liquidity Framework Section* 2, 25). Nicht in Anspruch genommene Kreditzusagen für Fazilitäten mit Ersatzfunktion im Sinne von Article 424 (3) (c) CRR/CRD-4-Paket sind mit bis zu 100% *liquid assets* zu unterlegen. Hierbei handelt es sich um zugesagte, nicht in Anspruch genommene Kreditlinien *(committed undrawn credit and liquidity facilities)*, die dazu dienen, bestehende Verschuldung zu refinanzieren, falls der Kreditnehmer seinen Finanzierungsbedarf nicht anderweitig im Finanzmarkt decken kann *(replacing funding of the client in situations where he is unable to obtain its funding requirements in the financial markets)*. Basel III führte hierfür den Begriff der *liquidity facility* (Basel III-*Liquidity Framework* Rn. 95) ein, der in dieser Abhandlung beibehalten wird. *Swingline*-Kreditlinien *(swingline facilities)*, werden in der Regel zur Verfügung gestellt, um Geldmarktpapiere *(commercial paper)* mit einer Fälligkeit innerhalb eines 30-Tage-Fensters zu refinanzieren und sind daher stets als *liquidity facilities* zu qualifizieren. Hingegen sollen revolvierende Kreditlinien *(revolving credit facilities)*, die *corporate entities* für allgemeine betriebliche Zwecke *(general corporate purpose)* nutzen, grds. keine *liquidity facilities* sein. Sofern eine *multiple-use facility* vorliegt, die eine Einstufung als *liquidity facility* erfordert, ist die Kreditlinie grds. als eine solche zu behandeln. Die Erwartung des Baseler Ausschusses für Bankenaufsicht, dass in Kreditverträgen Regelungen Eingang finden, die es erlauben zu bestimmen, in welchem Umfang diese Kreditlinien als *liquidity facility* behandelt werden müssen, hat sich in der Praxis nicht erfüllt.

[198] Auch die Verhältnisse des Kreditnehmers beeinflussen unter Basel III die regulatorischen Kosten. Neben *liquidity facilities* sind unabhängig von ihrem Verwendungszweck beispielsweise auch nicht in Anspruch genommene Kreditzusagen an Finanzkunden *(financial customer)* im Sinne von Art. 411 (1) CRR, Art. 3 Nr. 13 *Delegated Act* mit bis zu 100% *liquid assets* zu unterlegen (Art. 420 (1) (d), 424 (3) – (6) CRR, Art. 31 *Delegated Act*). Finanzkunden *(financial customer)* im Sinne von Art. 411 (1) CRR sind bspw. Kreditinstitute *(credit institutions)*, Wertpapierfirmen *(investment firms)*, Zweckgesellschaften *(collective investment undertakings)*, Finanzholdinggesellschaften *(financial holding companies)* und gemischte Finanzholdinggesellschaften *(mixed activity holding companies)*.

[199] *Clauses* 23.3, 4.2 *LMA-GER*.

[200] *Clause* 3.2 *LMA-GER*. Diese Regelung verstößt bei Kreditgebern, die deutschem (Aufsichts-)Recht unterliegen, nicht gegen die Anforderungen an die Kreditverwendungskontrolle nach den Mindestanforderungen an das Risikomanagement (MaRisk, BaFin-Rundschreiben 11/2010 (BA) vom 15.12.2010 unter BTO 1.2.2 Tz. 1), da es jedem Kreditgeber unbenommen bleibt, die Einhaltung des Verwendungszwecks zu überwachen. Die Berechtigung zur Kontrolle ergibt sich aus *Clauses* 20.4, 23.3 (a), 3.1 *LMA-GER*.

[201] Der Agent ist nur dann zur Kontrolle verpflichtet, wenn und soweit der Kreditvertrag ausdrücklich Ziehungsvoraussetzungen enthält, die eine Überprüfung des Verwendungszweckes an Hand konkreter Prü-

37 **a) Allgemeine betriebliche Zwecke *(general corporate purposes)*.** Darf der Kredit für allgemeine betriebliche Zwecke ***(general corporate purposes)*** verwendet werden, ermöglicht dies eine umfassende Nutzung einschließlich der Finanzierung von Akquisitionen und der Refinanzierung von Finanzverbindlichkeiten. Im Ergebnis gehen mit dieser Zweckbestimmung keine relevanten Beschränkungen des erlaubten Verwendungszwecks einher. Daher werden in der Praxis nicht selten bestimmte Verwendungszwecke, wie die Verwendung für Akquisitionen, ausgeschlossen. Der Nachweis, dass gerade die unter dem Kreditvertrag in Anspruch genommene Darlehensvaluta und nicht andere zur Verfügung stehende Mittel genutzt wurden, ist jedoch in der Praxis kaum zu führen ***(money is not earmarked)***. Zudem sollte man sich bewusst sein, dass eine Einschränkung des Verwendungszwecks kein Ersatz für eine Verpflichtung ist, Maßnahmen, für die der Kredit nicht verwendet werden darf, zu unterlassen.

38 **b) Spezielle Verwendungszwecke.** Diese sind so vielfältig wie der Finanzierungsbedarf der Kreditnehmer. Als Beispiel seien die Akquisition eines Unternehmens, die Finanzierung von Gegenständen des Anlage- oder Umlaufvermögens, die Finanzierung eines bestimmten Projektes oder die Refinanzierung von Finanzverbindlichkeiten genannt. Bei Avallinien werden häufig spezielle Anforderungskriterien an die Avale festgelegt, die eine Steuerung des Kreditrisikos erlauben. *Swingline*-Kreditlinien dienen in aller Regel allein der Refinanzierung von Geldmarktpapieren. Die Vereinbarung eines **speziellen Verwendungszwecks** kann mit Ziehungsvoraussetzungen einhergehen, mit denen die Einhaltung des Verwendungszweckes abgesichert wird. Zum Beispiel wird für Akquisitionsfinanzierungen der Nachweis verlangt, dass alle erforderlichen Genehmigungen vorliegen, der Kaufpreis fällig ist und der Kredit zur Kaufpreiszahlung verwendet wird. Dient der Kredit der Refinanzierung von Finanzverbindlichkeiten, wird vor allem zur Vermeidung einer doppelt zu bilanzierenden Verpflichtung der Kreditgeber, die zugleich Kreditgeber unter der abzulösenden Finanzierung sind, gefordert, dass vom Agenten unmittelbar an die Kreditgeber (bzw. den Agenten) der abzulösenden Finanzierung ausgezahlt werden muss.

4. Zahlungsabwicklung

39 Unter Konsortialkreditverträgen erfolgen insbesondere Aus- und die Rückzahlung von Ziehungen sowie Zahlungen von Zinsen und Gebühren über den **Agenten** *(„Agent")* zur Weiterleitung an den jeweiligen Gläubiger.[202] Der Agent übernimmt diese **Zahlstellenfunktion** für die Kreditgeber. Er schuldet als Zahlstelle nur die Weiterleitung erhaltener Beträge, ist also weder Schuldner noch Gläubiger dieser Beträge. Zur Vereinfachung der Zahlungsabwicklung darf er Beträge, die ihm zur Weiterleitung an einen Verpflichteten überwiesen wurden, mit Beträgen, die ihm von einem Verpflichteten *(„Obligor")* zu überweisen sind, verrechnen.[203] Sowohl **Bereicherungs- als auch Anfechtungsansprüche** richten sich immer gegen den jeweiligen Gläubiger, nicht aber gegen den Agenten als Zahlstelle.[204] Die Kreditgeber haben ihre Verpflichtung zur Auszahlung des Kredites erst erfüllt, wenn die Zahlung über den Agenten beim Kreditnehmer eingegangen ist.[205] Zahlt ein Kreditnehmer oder anderer Verpflichteter hingegen an den Agenten, tritt die Erfüllung gemäß §§ 362 Abs. 2, 185 Abs. 1 BGB bereits mit Gutschrift des Betrages auf dem vereinbarten Konto des Agenten ein, da der Agent im Auftrag jedes einzelnen Kreditgebers und nicht der Verpflichteten handelt.[206] Das Insolvenzrisiko des Agenten tragen somit die Kreditgeber.[207] Zahlungen werden vom Agenten nur an Banktagen

---

fungsvorgaben ausdrücklich vorsehen. Das Kontrollrecht wird somit nicht grds. auf den Agenten übertragen, sondern von jedem Kreditgeber selbst ausgeübt.

202 *Clause* 29.1 *LMA-GER*. Eine Zahlung über den Agenten ist bei Abzweiglinien sowie dann nicht erforderlich, wenn die Finanzierungsparteien ihre Forderungen gerichtlich oder in einem Insolvenzverfahren durchsetzen (*Clause* 2.3 (c) *LMA-GER*).

203 *Clause* 29.3 *LMA-GER*.

204 *De Meo* S. 337, 376.

205 *Diem/Jahn* § 35 Rn. 3; vgl. auch Palandt/*Grüneberg* § 362 Rn. 4.

206 BankR-HdB/*Hadding/Hauser*, 3. Aufl., § 87 Rn. 38; *Diem/Jahn* § 35 Rn. 4.

207 Zur Verminderung des Risikos dienen *impaired agent*-Regelungen; → Rn. 190.

(„Business Days“) ausgeführt.[208] Er ist hierzu erst verpflichtet, wenn er zuvor von der Partei, die die Zahlung über den Agenten schuldet, den weiterzuleitenden Betrag erhalten hat. Führt der Agent die Zahlung aus, ohne eine Deckung erhalten zu haben, ist der Empfänger der Zahlung zur Rückerstattung an den Agenten verpflichtet.[209] Zahlungen der Verpflichteten, die nicht zur Tilgung aller fälligen Forderungen ausreichen, sind nach den vertraglichen Bestimmungen in Abweichung von § 366 BGB in folgender **Tilgungsreihenfolge** auf fällige Forderungen anzurechnen: (1) Gebühren, Kosten und Auslagen des Agenten, (2) Zinsen und Gebühren der Kreditgeber, (3) Ansprüche auf Rückzahlung der Darlehensvaluta und (4) alle anderen Zahlungsansprüche unter den Finanzierungsdokumenten.[210] Diese Tilgungsreihenfolge kann durch Entscheidung der Kreditgebermehrheit und (soweit er hiervon betroffen ist) des Agenten, nicht aber durch eine Tilgungsbestimmung des Verpflichteten geändert werden. **Aufrechnungs- und Zurückbehaltungsrechte** gegenüber Zahlungsansprüchen der Finanzierungsparteien dürfen von den Verpflichteten nur dann geltend gemacht werden, wenn die Gegenansprüche unstrittig oder rechtskräftig festgestellt sind.[211] Hingegen sind die Finanzierungsparteien berechtigt, fällige Forderungen gegen einen Verpflichteten unter einem Finanzierungsdokument mit beliebigen Verpflichtungen dieser Finanzierungspartei gegenüber dem Verpflichteten gemäß § 387 BGB aufzurechnen.[212] Seitens der Kreditnehmer wird jedoch häufig gefordert, dass dies erst nach Eintritt eines Kündigungsgrundes erlaubt ist.

IV. Kosten der Kreditinanspruchnahme

1. Zinssatz *(interest rate)*

Die Kosten für Barziehungen bestimmt in erster Linie der vereinbarte **Zinssatz,**[213] der vom Agenten für jede Zinsperiode als Summe aus Refinanzierungszinssatz, Marge und ggf. 40

[208] *Clause* 29.7 *LMA-GER*. Banktag *(„Business Day“)* ist jeder Tag (mit Ausnahme von Samstag und Sonntag), an dem Kreditinstitute in den Hauptfinanzzentren des Landes, in dem der Agent und die Mehrzahl der Kreditgeber tätig sind, für Bankgeschäfte geöffnet sind und bei dem es sich bei Zahlungen in EUR um einen *TARGET*-Tag *(„Target Day“)* oder bei Zahlung in anderer Währung um einen Tag handelt, an dem Kreditinstitute im Hauptfinanzzentrum der betreffenden Währung für Bankgeschäfte geöffnet sind. Für Währungen *(„Non-Libor Currency“)*, für die weder *LIBOR noch EURIBOR* festgesetzt werden, wird der Geschäftstag in Schedule 13 *(Other Benchmarks) LMA-GER* festgelegt.

[209] *Clause* 29.4 *LMA-GER*.

[210] *Clauses* 29.5 *LMA-GER*. Innerhalb der gleichen Stufe erfolgt eine *pro-rata*-Verteilung sowohl zwischen den Finanzierungsparteien als auch zwischen verschiedenen Fazilitäten. Die vereinbarte Tilgungsreihenfolge bindet nicht nur den Kreditnehmer, sondern ebenso die anderen Verpflichteten (BGH NJW 2000, 2580 (2583) für Bürgschaften).

[211] *Clause* 29.6 *LMA-GER*. Hintergrund der Regelung ist weniger das Bedürfnis nach einer schnellen Durchsetzbarkeit der Forderungen (so *Diem/Jahn/Jahn* Ziff. 35 Rn. 20 Fn. 10). Das Aufrechnungsverbot soll in erster Linie die Zahlungsabwicklung über den Agenten und die Rückführung der Refinanzierung des Kreditgebers sicherstellen (*Klein/Rost* S. 71 Rn. 7). Darüber hinaus dient es auch der Erleichterung von Unterbeteiligungen und *credit default* swaps, bei denen eine (Kredit-)Forderung übertragen werden muss *(physical settlement)*. Auch fordern seit dem 1. Januar 2018 die Zulassungskriterien der Bundesbank für die Einlieferung von Kreditforderungen als notenbankfähige Sicherheit, dass das Aufrechnungsrecht des Schuldners ausgeschlossen sein muss (Abschnitt V Nummer 10 Absatz 1 der Allgemeine Geschäftsbedingungen der Deutschen Bundesbank (AGB/BBk)). Die Ausnahme für unstrittige oder rechtskräftig festgestellte Gegenansprüche, die in den englisch-rechtlichen *LMA* Mustern fehlt, trägt AGB-rechtlichen Bedenken gegen ein umfassendes Aufrechnungsverbot (Palandt/*Grüneberg* § 309 Rn. 17) Rechnung. Zu einem Verstoß gegen die vorgenannten Zulassungskriterien der Bundesbank für die Einlieferung von Kreditforderungen als notenbankfähige Sicherheit führen diese Ausnahmen nicht, da nach den AGB/BBk das Aufrechungsrecht nur „in Übereinstimmung mit dem anwendbaren Recht“ ausgeschlossen sein muss. Jedoch können diese Ausnahmen ua im Zusammenhang mit Unterbeteiligungsvereinbarungen und *credit default swaps* dazu führen, dass Standardvereinbarungen, die auf das umfassende Aufrechnungsverbot in den englisch-rechtlichen *LMA*-Vertragsmustern ausgerichtet sind, angepasst werden müssen.

[212] *Clause* 30 *LMA-GER*.

[213] Zins ist gemäß § 488 BGB, §§ 353, 354 HGB eine in Geld zu entrichtende, gewinn- und umsatzunabhängige Vergütung für die Gebrauchsüberlassung der Darlehensvaluta, die nach der Laufzeit der Überlassung berechnet wird (BankR-HdB/*Krepold* § 78 Rn. 1; *Diem/Jahn* § 16 Rn. 23).

Pflichtkosten festgelegt wird.[214] Konsortialkredite sind durch den Grundsatz geprägt, dass die Marge nicht durch Refinanzierungskosten und andere Kosten, Abgaben und Steuern geschmälert werden soll. Dieser Grundsatz wirkt sich zunächst bei der Festlegung des Zinssatzes aus, in den der Refinanzierungszinssatz und ggf. die Pflichtkosten einfließen. Er setzt sich zudem in den Regelungen zu Marktstörung (*Clause* 11.3 *LMA-GER*), erhöhte Kosten (*Clause* 14 *LMA-GER*), Quellensteuer (*Clause* 13.2 *LMA-GER*), Steuererstattung (*Clause* 13.3 *LMA-GER*), Stempelsteuer (*Clause* 13.6 *LMA-GER*), Umsatzsteuer (*Clause* 13.7 *LMA-GER*) und Vorfälligkeitsentschädigung (*Clause* 11.5 *LMA-GER*) fort.

41 **a) Refinanzierungszinssatz.** Der **Refinanzierungszinssatz** sollte idealerweise der Zinssatz sein, den ein Kreditgeber zahlen muss, um den auf ihn entfallenden Anteil an einer Ziehung für die gewählte Zinsperiode zu refinanzieren. Grundsätzlich kommt jedoch ein einheitlicher Refinanzierungszinssatz für alle Kreditgeber zur Anwendung. Dieser wird im Sinne einer Zinsgleitklausel[215] entweder durch einen Referenzzinssatz festgelegt oder als durchschnittlicher Zinssatz anhand von Quotierungen ermittelt, die Referenzbanken dem Agenten aufgeben.[216] Der Refinanzierungszinssatz muss nicht an den aus § 315 BGB abgeleiteten Rechtsgrundsätzen für Zinsanpassungsklauseln gemessen werden.[217] Die Kreditgeber haben auf Grund der Anknüpfung an die Refinanzierungskosten weder das Recht, den Refinanzierungszinssatz einseitig nach billigem Ermessen zu bestimmen, noch kann es bei Veränderung der Refinanzierungsmodalitäten zu einer einseitigen Begünstigung der Kreditgeber kommen.[218]

42 **aa) Referenzzinssatz (reference rate).** Welcher **Referenzzinssatz** vertraglich vereinbart wird, hängt von der Marktpraxis sowie Währung und Zinsperiode der Ziehung ab. Für Ziehungen in EUR wird in aller Regel ***EURIBOR***[219] und für Ziehungen in Schweizer Franken (CHF), *Pound Sterling* (GBP), *Japanese Yen* (JPY) und US Dollar (USD) ***LIBOR***[220]

---

[214] *Clause* 9.1 *LMA-GER*.

[215] BankR-HdB/*Krepold* § 78 Rn. 68; *Langenbucher* BKR 2005, 134 (135); *Diem/Jahn* § 15 Rn. 35. Die Anpassung des Zinssatzes in Abhängigkeit von einem Referenzzinssatz verstößt nicht gegen § 2 Abs. 1 des Preisangabe- und Preisklauselgesetzes (PaPkG), da der Geld- und Kapitalverkehr hiervon ausdrücklich ausgenommen ist.

[216] *Clause* 9.1, *Clause* 1.1 Definitionen *„EURIBOR"*, *„LIBOR" LMA-GER* sowie *Clause* 11.1 (e), (f), *Clause* 11.2, *Clause* 1.1 Definitionen *„Reference Bank Rate"* und *„Reference Banks" LMA-GER*.

[217] *Diem/Jahn* § 15 Rn. 38; BGH NJW 1986, 1803; BGHZ 97, 212 (222).

[218] *Klein/Rost* S. 60 Rn. 6.1. Beim Referenzzinssatz ergibt sich dies schon daraus, dass in aller Regel eine Vielzahl von Kreditgebern keine Panelbanken sind, deren Sätze in den Referenzzinssatz einfließen. Auch Referenzbanken müssen nicht zwingend Kreditgeber sein und sind auch in der Praxis nicht selten keine Kreditgeber (*Clause* 26.19 *LMA-GER*). Der Refinanzierungszinssatz muss entsprechend den Veränderungen der Refinanzierungsmodalitäten erhöht oder gemindert werden, so dass auch Anpassungssymmetrie gewährleistet ist.

[219] **EURo InterBank Offered Rate**, *(EURIBOR)"* ist der vom *European Money Markets Institute* (EMMI) (http://www.emmi-benchmarks.eu) ermittelte durchschnittliche *per-annum* Prozentsatz, zu dem *Prime*-Banken Einlagen in EUR von anderen *Prime*-Banken angeboten bekommen, also sich die entsprechende Währung leihen könnten *(Euribor is the rate at which Euro interbank term deposits are offered by one prime bank to another prime bank within the EMU zone, and is calculated at 11:00 a. m. (CET) for spot value (T+2), https://www.emmi-benchmarks.eu/euribor-org/about-euribor.html)*. In die Berechnung fließen die Quotierungen von derzeit 20 *Euribor*-Panelbanken (http://www.emmi-benchmarks.eu/euribor-org/panel-banks.html) für Laufzeiten von 1 Woche sowie für 1, 3, 6 und 12 Monate ein. Auf Grund von Vorgaben der Europäischen Kommision bereitet das *European Money Markets Institute* derzeit eine Reform mit dem Ziel vor, EURIBOR bis 2020 auf eine auf Transaktionen basierende Berechnung umzustellen (https://www.emmi-benchmarks.eu/euribor-org/euribor-reform.html). Zu den Reformbestrebungen *Diem-Jahn* § 15 Rn. 18 ff.

[220] ***L**ondon **I**nter**B**ank **O**ffered **R**ate, (LIBOR)* ist ein von der *ICE Benchmark Administration Limited* (https://www.theice.com) ermittelter durchschnittlicher *per annum*-Prozentsatz, den *LIBOR*-Panelbanken für Schweizer Franken (CHF), Euro (EUR), *Pound Sterling* (GBP), *Japanese Yen* (JPY) und US Dollar (USD) auf Basis der sog. *Waterfall Methodology quotieren.* Hiernach sollen *die Panelbanken* Quotierungen für Laufzeiten von *overnight* sowie 1, 3, 6 und 12 Monaten basierend auf Transaktionen (*„eligible wholesale, unsecured funding transactions „*) übermitteln. *LIBOR*-Panelbanken sind je nach Währung 11 bis 16 Banken (https://www.theice.com/iba/libor). *LIBOR* wird auch für EUR ermittelt, hat jedoch gegenüber *EURIBOR* in der Praxis eine geringere Bedeutung als Referenzzinssatz. Die zuständige britische Aufsichtsbehörde *„Financial Conduct*

verwendet. *EURIBOR* und *LIBOR* werden vom Agenten jeweils anhand der Veröffentlichung des Thomson-Reuters Informationsdienstes ***(„Screen Rate")*** ermittelt. Die Feststellung *(fixing)* wird bei *EURIBOR* um 11.00 Uhr Brüsseler Zeit zwei *TARGET*-Tage[221] und bei *LIBOR* um 11.00 Uhr Londoner Zeit zwei Banktage jeweils vor dem ersten Tag der Zinsperiode (*spot value* (D + 2), ***„Quotation Date"***) veröffentlicht. Für Ziehungen in *GBP* wird *LIBOR* gleichtägig, also am ersten Tag der Zinsperiode ermittelt.[222] Weicht jedoch die Marktpraxis zur Feststellung des Referenzzinssatzes von den vertraglichen Vorgaben ab, hat die Marktpraxis Vorrang vor der vertraglichen Regelung. In Ergänzung zu *EURIBOR,* der keine *overnight*-Quotierungen erlaubt, wird für *overnight*-Ziehungen in EUR unter Abzweiglinien häufig ***EONIA*** verwendet.[223] *EONIA* wird von der Europäischen Zentralbank an jedem *TARGET*-Tag nach 18.30 Uhr Brüsseler Zeit ermittelt und vom Thomson-Reuters Informationsdienst veröffentlicht. Wird eine Währung *(„Non-Libor Currency"),* für die weder *LIBOR noch EURIBOR* festgesetzt werden, in Anspruch genommen, können lokale Referenzzinssätze für die jeweilige Währung ***(„Benchmark Rate")*** vertraglich vereinbart und deren spezielle Marktpraxis in Schedule 13 *(Other Benchmarks)* des *LMA-GER* spezifiziert werden. Sofern solche Referenzzinsätze für bestimmte Währungen nicht existieren, kann unmittelbar der Referenzbankenzinssatz zur Bestimmung des Refinanzierungszinssatzes[224] verwendet werden.

42a Im Jahr 2011 wurde infolge negativer *LIBOR* Quotierungen für Schweizer Franken in den Definitionen für *EURIBOR, LIBOR* und anderen Referenzzinssätze die Regelung aufgenommen, dass der in die Berechnung des Zinses einfließende Referenzzinssatz nicht kleiner als Null sein darf (sog. ***EURIBOR/LIBOR floor***).[225] Hingegen finden sich weder in deutsch-rechtlichen noch englisch-rechtlichen Konsortialkreditverträgen ausdrückliche vertragliche Regelungen, wonach der vom Kreditnehmer zu zahlendende Zinssatz (dh die Summe aus Referenzzinssatz, Marge und ggf. Pflichtkosten) nicht negativ sein darf (sog. ***all-in floor***).

42b Sofern eine ausdrückliche vertragliche Regelung zu einem *EURIBOR/LIBOR floor* bzw. *all-in floor* fehlt, stellt sich die Frage, ob dieses Ergebnis aus vertraglichen Bestimmungen oder allgemeinen rechtlichen Prinzipien hergeleitet werden kann. Für den *all-in floor* lässt sich dies bejahen. Sowohl nach dem gesetzlichen Leitbild des Darlehens als auch auf Basis der üblichen vertraglichen Vereinbarungen muss ein Zins stets eine Zahlung des Kreditnehmers an den Kreditgeber sein. Eine negative Zinsschuld, die aus einer rein mathematischen Berechnung

---

Authority" (FCA) hat im Juli 2017 angekündigt, den LIBOR mit Ablauf des Jahres 2021 durch einen anderen Referenzzinssatz ersetzen zu wollen. Zu den Reformbestrebungen *Diem/Jahn* § 15 Rn. 18 ff.

[221] *Clause* 1.1 Definitionen *„EURIBOR", „Quotation Date" LMA-GER. TARGET*-Tag („Target Day") ist ein Tag, an dem Zahlungen in EUR im ***T****rans-****E****uropean* ***A****utomated* ***R****eal-time* ***G****ross Settlement* ***E****xpress* ***T****ransfer System* abgewickelt werden (http://www.ecb.int).

[222] *Clause* 1.1 Definitionen *„LIBOR", „Quotation Date" LMA-GER.* In der Praxis wird für *GBP* der Refinanzierungszinssatz jedoch teilweise nicht mittels *LIBOR,* sondern als Referenzbankenzinssatz ermittelt, um eine Feststellung zwei Banktage vor dem ersten Tag der Zinsperiode zu ermöglichen.

[223] ***E****uro* ***O****ver****N****ight* ***I****ndex* ***A****verage (EONIA)* ist der von der Europäischen Zentralbank ermittelte, volumensgewichtete Durchschnittszinssatz, zu dem die derzeit 28 *EURIBOR*-Panelbanken (http://www.emmi-benchmarks.eu/euribor-eonia-org/panel-banks.html) an andere Banken Ausreichungen in EUR von einem *TARGET*-Tag bis zum nächstfolgenden *TARGET*-Tag vorgenommen haben (*Eonia is the effective overnight reference rate for the euro. It is computed as a weighted average of all overnight unsecured lending transactions in the interbank market, undertaken in the European Union and European Free Trade Association (EFTA) countries,* http://www.emmi-benchmarks.eu/euribor-eonia-org/about-eonia.html). Das *European Money Markets Institute* überprüft derzeit den Governance- und Kontrollrahmen für EONIA (https://www.emmi-benchmarks.eu/euribor-eonia-org/eonia-review.html).

[224] → Rn. 43.

[225] *Stork* Der Betrieb 2015, 115; *Becker* WM 2013, 1736; *Wimmer/Rösler* WM 2011, 1788; *Clause* 1.1 Definitionen *„EURIBOR", „LIBOR", „Benchmark Rate" LMA-GER. Coen* schlägt in NJW 2012, 3329 (3334) für den Basiszinssatz nach § 247 BGB einen dem *EURIBOR/LIBOR floor* vergleichbaren Mindestbetrag von 0,5 % vor. Die hierfür ausschlaggebenden Erwägungen sind zwar nicht auf die sich im Zusammenhang einem *EURIBOR/LIBOR floor* stellenden rechtlichen Fragen übertragbar. Sie können jedoch zur Analyse des wirtschaftlichen Kontextes durchaus beitragen.

des Zinses durch Abzug eines negativen Referenzzinssatzes von der vereinbarten Marge entstünde, wäre nicht nur mit dem Begriff des Zinses im Rechtssinne unvereinbar, sondern würde auch im Widerspruch dazu stehen, dass bei Darlehensverträgen der vom Darlehensnehmer geschuldete Zins immer in einem rechtlich notwendigen synallagmatischen Verhältnis zur Kapitalüberlassung des Darlehensgebers steht.[226] Hingegen erscheint die Ableitung eines *EURIBOR/LIBOR floor* allein aus allgemeinen rechtlichen Prinzipien zweifelhaft und sollte daher vertraglich vereinbart werden[227].

42c In Anbetracht dessen stellt sich für den *EURIBOR/LIBOR floor* die weitere Frage, ob deutsches Recht einer solchen vertraglichen Vereinbarung Grenzen setzt. Sofern ein *EURIBOR/LIBOR floor* durch Individualvereinbarung geregelt wird[228], steht dessen Wirksamkeit nach dem Grundsatz der Vertragsfreiheit nichts entgegen. Wird eine solche vertragliche Bestimmung jedoch im Rahmen von Allgemeinen Geschäftsbedingungen vereinbart, ist zunächst zu entscheiden, ob es sich hierbei um eine der AGB-rechtlichen Inhaltskontrolle entzogene Preishauptabrede oder um eine kontrollfähige Preisnebenabrede handelt. In der Literatur wird eine Zinsgleitklausel, die den vom Kreditnehmer zu zahlenden Zins in Abhängigkeit von der Entwicklung eines Referenzzinssatzes wie insbesondere *EURIBOR* und *LIBOR* bestimmt, zutreffend als Bestandteil der Preisabsprache und damit als eine der AGB-rechtlichen Inhaltskontrolle entzogene Preishauptabrede angesehen, sofern dem Kreditgeber kein Ermessensspielraum hinsichtlich der Voraussetzungen als auch der Höhe der Zinsänderung zusteht[229]. Die Ergänzung einer auf Referenzzinssätze abstellenden Zinsänderungsklausel um einen *EURIBOR/LIBOR floor* führt nicht dazu, dass dem Kreditgeber hierdurch Ermessen bei der Zinsanpassung eingeräumt würde, und ist daher ebenfalls eine der AGB-rechtlichen Inhaltskontrolle entzogene Preishauptabrede.

42d Vertritt man hingegen die Auffassung, dass die Regelung zum *EURIBOR/LIBOR floor* getrennt von der Verwendung des Referenzzinssatzes zum Zwecke der Zinsanpassung zu betrachten und daher keine der AGB-rechtlichen Inhaltskontrolle entzogene Preishauptabrede sondern eine kontrollfähige Preisnebenabrede sei, wäre diese Regelung unwirksam, wenn die von der Rechtsprechung für Preisnebenabreden geforderte Einhaltung des Äquivalenzverhältnisses zwischen Erhöhung des Zinssatzes in Folge Kostenanstieg und Reduzierung in Folge Kostensenkung **(Äquivalenzprinzip)** nicht gewahrt wäre. Gegen eine Verletzung des Äquivalenzprinzips spricht zunächst, dass die Aufnahme eines *EURIBOR/LIBOR floor* in transparenter Weise das Äquivalenzprinzip inhaltlich definiert und daher beim Kreditnehmer kein schützenswertes Vertrauen aufkommen kann, dass sich die vereinbarte Marge durch einen negativen Referenzzinssatz reduzieren oder der Zinsanspruch des Kreditgebers sogar vollständig entfallen könnte. Dementsprechend hat der BGH in seiner bisherigen Rechtsprechung[230] das Äquivalenzprinzip in der Weise angewendet, dass eine bei Vertragsbeginn zwischen den Parteien vereinbarte absolute Marge während der Vertragslaufzeit grundsätzlich erhalten werden sollte. Nichts anderes bewirkt die Vereinbarung eines *EURIBOR/LIBOR floor.* Refinanziert sich ein Kreditgeber zu einem negativen Zins, erzielt er aus dem mit Dritten abgeschlossenen Refinanzierungsgeschäft zwar einen zusätzlichen Refinanzierungsgewinn. Dies ist aber auch bei der Festsetzung des Zinssatzes allein in Abhängigkeit von einem Referenzzinssatz ohne *EURIBOR/LIBOR floor* möglich, wenn sich der Kreditgeber günstiger als zum Refinanzierungszinssatz eindecken kann. Umgekehrt kann es in der Praxis ebenso vorkommen, dass ein Kreditgeber einen Refinanzierungsverlust erleidet, weil er sich nur zu schlechteren Konditionen refinanzieren kann. Die Verwendung eines *EURIBOR/*

---

226 *Becker* WM 2013, 1736 (1738).

227 *Diem/Jahn/Jahn* Ziff. 14 Rn. 15 Fn. 27 ist zuzustimmen, dass der *EURIBOR/LIBOR floor* häufig das Ergebnis einer ergänzenden Vertragsauslegung sein wird, solange die Parteien nicht bewußt auf eine solche Regelung verzichten wollte.

228 → Rn. 10.

229 *Diem/Jahn* § 15 Rn. 37; → Rn. 41.

230 BGH Urt. v. 21.4.2009 – XI ZR 78/08, WM 2009, 1077 und BGH Urt. v. 21.4.2009 – XI ZR 55/08, BB 2009, 905. Vgl. auch *Wimmer/Rösler* WM 2011, 1788.

LIBOR floor rechtfertigt daher auch mit Blick auf das Äquivalenzprinzip keine grundsätzlich andere Betrachtung als die unveränderte Verwendung eines Referenzzinssatzes. Mit Urteil 13.4.2010 hat der BGH[231] zwar im Rahmen einer ergänzenden Vertragsauslegung infolge Unwirksamkeit einer Zinsanpassungsklausel für das Einlagegeschäft der Banken die Orientierung an einer absoluten Marge zugunsten des Konzeptes eines relativen Margenschutzes aufgegeben. Dieses Konzept führt jedoch bei stark steigenden Referenzzinssätzen zu unerwünschten Ergebnissen, da es zu einer für den Kreditnehmer kaum akzeptablen Margenerhöhung kommen würde.[232] Die Vereinbarung eines absoluten Margenschutzes sollte daher zumindest für das Kreditgeschäft der Banken weiterhin möglich bleiben. Für die hier im Vordergrund stehende Frage ist zudem von Bedeutung, dass der BGH im vorgenannten Urteil die relative Margensicherung mit der Erwägung begründet hat, dass das Entfallen des Zinsanspruches des Kreditgebers bei Auftreten negativer Referenzzinssätze nicht interessengerecht sei. Ebenso wenig kann es daher sachgerecht sein, die Regelung eines *EURIBOR/LIBOR floor* als Verstoß gegen das Äquivalenzprinzip anzusehen und infolge dessen die vereinbarte Marge durch Abzug eines negativen Referenzzinssatzes zu reduzieren oder sogar den Zinsanspruch des Kreditgebers unter Umständen völlig entfallen zu lassen.

In Folge der durch die Finanzmarktkrise 2008/2009 ausgelösten Reform der *EURIBOR und LIBOR* Referenzzinssätze wurde nicht nur der Umfang der Währungen, sondern auch die Anzahl der Zinsperioden, für die der jeweilige Referenzzinssatz ermittelt wird, erheblich reduziert. Um den mit der Ermittlung eines Referenzbankenzinssatzes[233] verbundenen administrativen Aufwand gering zu halten, sehen die *LMA*-Musterverträge nunmehr die Festsetzung des Referenzzinssatzes im Wege der Interpolation ***(„Interpolated Screen Rate“)*** vor.[234] Wählt der Kreditnehmer eine Zinsperiode, für die kein *per-annum* Prozentsatz quotiert wird, werden die *per-annum* Prozentsätze der (verglichen mit der gewählten Zinsperiode) nächstkürzeren und nächstlängeren Zinsperiode, für die der jeweilige Referenzzinssatz eine Quotierung zur Verfügung stellt, linear interpoliert. Alternativ wurde zudem die Möglichkeit geschaffen, den Referenzzinssatz dadurch zu ermitteln, dass die vom Kreditnehmer gewählte Zinsperiode gekürzt wird ***(„Shortened Interest Period“)***[235]. Ermöglicht auch eine solche Kürzung noch nicht die Festlegung des Referenzzinssatzes, kann zur Vermeidung der Ermittlung des Referenzbankenzinssatzes auf historische Quotierungen ***(„Historic Screen Rate“)***[236] zur Ermittlung des Referenzzinssatzes zurückgegriffen. Ist auch dies nicht möglich, kann unter Umgehung des Referenzbankenzinssatzes der Refinanzierungszinssatz unmittelbar auf Basis der Refinanzierungskosten *(cost of funds)*[237] bestimmt werden. 42e

bb) Referenzbankenzinssatz („Reference Bank Rate“): Falls der Referenzzinssatz vom Agenten nicht entsprechend den vorstehenden vertraglichen Regelungen ermittelt werden konnte und nicht unmittelbar auf Refinanzierungskosten *(cost of funds)*[238] abgestellt werden soll, ist der Refinanzierungszinssatz das vom Agenten zu errechnende arithmetische Mittel der *per-annum* Prozentsätze, die ihm von den Referenzbanken *(„Reference Banks“)* aufgegeben werden (**Referenzbankenzinssatz** *(„Reference Bank Rate“)*).[239] Die Referenz- 43

[231] BGH Urt. v. 13.4.2010 – XI ZR 197-09, WM 2010, 933.
[232] *Wimmer/Rösler* WM 2011, 1788.
[233] → Rn. 43.
[234] *Clause* 11.1 *LMA-GER.*
[235] *Clause* 11.1 (b) *LMA-GER.*
[236] *Clause* 11.1 (c) *LMA-GER.*
[237] *Clause* 11.4 *LMA-GER;* → Rn. 44a.
[238] *Clause* 11.4 *LMA-GER;* → Rn. 44a.
[239] *Clause* 11.1 (e), (f), *Clause* 11.2, *Clause* 1.1 Definitionen *„EURIBOR“*, *„LIBOR“*, *„Reference Bank Rate“* und *„Reference Banks“ LMA-GER*. Die früher in früheren *LMA*-Musterverträgen enthaltene Definition *„Reference Bank Rate“* traf eine nunmehr richtigerweise aufgegebene Unterscheidung zwischen *European interbank market* für EUR und *London interbank market* für alle anderen Währungen. Diese Unterscheidung ging auf anfängliche Bedenken im Zusammenhang mit der Einführung des EUR zurück und fand schon damals keine Entsprechung in den tatsächlichen Marktverhältnissen. Beide Begriffe standen vielmehr für einen einheitlichen Markt für Europa. Wo die Teilnehmer dieses Marktes ihren Sitz haben, ist ebenso wenig

banken quotieren zu diesem Zweck den *per-annum* Prozentsatz, den die jeweilige Referenzbank ersten Bankadressen für Einlagen dieser Banken bei der Referenzbank in der betreffenden Währung für die Dauer der Zinsperiode anbietet, also mit anderen Worten zu dem sich die entsprechende Referenzbank refinanzieren könnte.[240] Erhält der Agent von einer Referenzbank keine Quotierung, so wird der Refinanzierungszinssatz aufgrund der von den übrigen Referenzbanken genannten *per-annum* Prozentsätze ermittelt. Quotiert nur eine oder keine Referenzbank, wird der Refinanzierungszinssatz auf Basis der Refinanzierungskosten ***(cost of funds)***[241] bestimmt. Bei den Referenzbanken handelt es sich nicht notwendigerweise um Kreditgeber oder mit einem Kreditgeber verbundene Unternehmen.[242] Im Kreditvertrag können und werden in der Praxis nicht selten auch unbeteiligte Banken als Referenzbanken festgelegt oder vom Agenten nach Rücksprache mit dem Kreditnehmer bestimmt. Auch kann eine Referenzbank in Folge von Sekundärmarkttransaktionen als Kreditgeber ausscheiden, jedoch ihre Funktion als Referenzbank weiter ausüben.

44 **cc) Marktstörung (market disruption):** Ein **Marktstörungsereignis**[243] liegt vor, wenn der Agent von einem oder mehreren Kreditgebern, deren Anteil an einer Ziehung bzw. einem ausgereichten Kredit einen vertraglich festgelegten Prozentsatz[244] überschreitet, eine Mitteilung erhält, dass die Kosten, die diese Kreditgeber aufwenden müssen, um ihren Anteil an der Ziehung zu refinanzieren, den Referenzzinssatz übersteigen. Liegt ein Markstörungsereignis vor, wird der Refinanzierungszinssatz wiederum auf Basis der Refinanzierungskosten *(cost of funds)*[245] bestimmt. Für den Eintritt des Marktstörungsereignisses ist der Grund, warum die tatsächlichen Kosten höher sind, ohne Bedeutung. Dies kann durch eine Störung des Bankenmarktes oder eine Verschlechterung der Kreditwürdigkeit ausgelöst sein.[246]

44a **dd) Refinanzierungskosten (cost of funds):** Wird nach den vorstehend beschrieben Vertragsbestimmungen der Refinanzierungszinssatz auf Basis der tatsächlichen **Refinanzierungskosten *(cost of funds)*** festgelegt[247], nehmen der Agent und der Kreditnehmer in einem ersten Schritt Verhandlungen mit dem Ziel auf, eine alternative Basis zur Festlegung des Refinanzierungszinssatzes zu finden. Kommt keine Vereinbarung zustande, der alle Kreditnehmer zustimmen, wird der Refinanzierungszinssatz fortan anhand der von den Kreditgebern dem Agenten mitgeteilten und als *per-annum* Prozentsatz ausgedrückten **Refinanzierungskosten *(cost of funds)*** bestimmt. Die Bestimmung des Refinanzierungszinssatzes erfolgt entweder individuell für jeden Kreditgeber an Hand der Refinanzierungskosten, die der jeweilige Kreditgeber aufwenden muss, um seinen Anteil an einer Ziehung zu refinanzieren. Oder es wird ein einheitlicher Refinanzierungszinssatz für alle Kreditgeber ermittelt, indem

---

von Bedeutung, wie die Frage, ob die betreffenden Geschäfte London oder einem anderen Bankplatz in Europa zugeordnet werden. In den aktuellen *LMA*-Musterverträgen wird eine Unterscheidung zwischen *European interbank market* und *London interbank market* nur noch in der Definition *„Relevant Market"* (früher *„Relevant Interbank Market"*) für die Bestimmung des *„Quotation Date"* sowie für die Zwecke von *Clause* 29.9 (b) *(Change of Currency)* und *Clause* 32.2 *(Day count convention) LMA-GER* verwendet. Auch insoweit erscheint eine örtliche Zuordnung bestimmter Märkte weiterhin artifiziell. Vielmehr wird lediglich auf Marktusancen im Zusammenhang mit bestimmten Transaktionsarten Bezug genommen, für die diese Begriffe synonym verwendet werden.

240 *Clause* 11.1 (e) (f), *Clause* 1.1 Definitionen *„EURIBOR", „LIBOR", „Reference Banks" LMA-GER*. Im Zuge der Reform der *EURIBOR und LIBOR* Referenzzinssätze wurden in *Clause* 37.1 *LMA-GER* Regelungen eingeführt, die zum Schutz der Integrität der Referenzzinssätze eine Geheimhaltung der von den Referenzbanken abgegebenen Quotierungen ermöglichen.

241 *Clause* 11.4 *LMA-GER;* → Rn. 44a.

242 *Clause* 26.19 *LMA-GER*.

243 *Clause* 11.3 *LMA-GER*.

244 Der Prozentsatz bewegt sich im derzeitigen Marktumfeld meist um 35 %.

245 *Clause* 11.4 *LMA-GER;* → Rn. 44a.

246 Das Vorliegen einer Störung des Interbankenmarktes ist keine Tatbestandsvoraussetzung. Nur der vereinbarte prozentuale Anteil an der Ziehung bzw. dem Kredit kann im Einzelfall faktisch bewirken, dass die Verschlechterung der Kreditwürdigkeit eines Kreditgebers nicht zu einem Marktstörungsereignis führt, vgl. *Klein/Tauber* S. 391 ff. Rn. 370 ff.

247 *Clause* 11.4 *LMA-GER*.

der Agent einen gewichteten Mittelwert als *per-annum* Prozentsatz anhand der Refinanzierungskosten ermittelt, die Kreditgeber dem Agenten aufgegeben haben.

b) Pflichtkosten („Mandatory Cost"). Pflichtkosten *(„Mandatory Cost")*[248] sind zusätzlich zum Refinanzierungszinssatz zu zahlen, um Kosten auszugleichen, die durch die Anforderungen der Bank of England sowie der *Prudential Regulation Authority / Financial Conduct Authority* und durch die Anforderungen der Europäischen Zentralbank entstehen.[249] Diese wurden nach der früheren Berechnungsmethode in Schedule 4 *LMA-GER* als gewichteter Mittelwert der dem Agenten von jedem Kreditgeber oder speziellen Referenzbanken aufgegebenen Kosten berechnet und als *per-annum* Prozentsatz ausgedrückt.[250] In der Praxis werden Pflichtkosten kaum je in Rechnung gestellt. Häufig wird auch darauf verzichtet, überhaupt eine Regelung in den Konsortialkreditvertrag aufzunehmen. Grund hierfür ist, dass derzeit die Pflichtkosten marginal sind und bereits in die Festsetzung der Marge bei Vertragsabschluss einfließen können.[251] 45

c) Marge („Margin"). Die Marge *(„Margin")* ist der Teil des vereinbarten Zinssatzes, der für das von der Bonität des Kreditnehmers sowie der Ausgestaltung des Kredites abhängige Kreditrisiko sowie ggf. für bei Vertragsschluss bestehende Mindestreserve-, Eigenkapital- und andere regulatorische Kosten der Kreditvergabe gezahlt wird.[252] In internationalen Finanzierungen ist die Marge vor allem jedoch das Ergebnis intensiver Marktanalysen der Kreditnehmer und darauf aufbauender Verhandlungen zwischen den Parteien. Die Marge wird als *per-annum* Zinssatz entweder für die gesamte Laufzeit des Kredites fest vereinbart oder aber im Wege einer Margenskala ***(margin ratchet)*** in Abhängigkeit von der Entwicklung bestimmter Kriterien (zB Finanzkennzahlen oder externe *Ratings*[253]) an die Veränderung des Kreditrisikos angepasst.[254] Eine Margenanpassung kann aber auch anderen Zwecken dienen. Beispielsweise können mit einer stufenweisen Erhöhung der Marge über die Laufzeit des 46

[248] *Clause* 1.1 Definition *„Mandatory Costs"; Clause* 9.1 *LMA-GER*.

[249] Die Einlageverpflichtung gegenüber der *Bank of England* für Kredite in *GBP* auf Basis des *Bank of England Act* 1998 und die an die *Prudential Regulation Authority / Financial Conduct Authority* zu zahlenden Gebühren betreffen lediglich Kreditgeber, die aus einer Buchungsstelle *(„Facility Office")* in Großbritannien ausreichen. Kosten infolge der Mindestreserve- und sonstige Anforderungen der Europäischen Zentralbank (http://www.ecb.int) fallen für Kreditgeber an, die den Kredit über eine Buchungsstelle ausreichen, die sich in einem Mitgliedstaat der Europäischen Währungsunion befindet.

[250] Die bis April 2013 in Schedule 4 *LMA-GER* enthaltenen Vorgaben für die Berechnung der durch die Anforderungen der Bank of England sowie der *Prudential Regulation Authority / Financial Conduct Authority* ausgelösten Kosten sind im aktuellen Vertragsmuster der *LMA* nicht mehr enthalten. Als Grund hierfür hat die *LMA* in ihrer Mitteilung zu *„Withdrawal of the Mandatory Costs Schedule"* Schwierigkeiten in der administrativen Umsetzung der bisherigen Berechnungsformel angeführt, alternative Berechungsmöglichkeiten dargelegt und zudem darauf hingewiesen, dass in der Praxis Pflichtkosten kaum je in Rechnung gestellt werden. Konkrete Berechnungsvorgaben für die durch Mindestreserve- und sonstige Anforderungen der Europäischen Zentralbank entstehenden Kosten waren in Schedule 4 *LMA-GER* nie enthalten.

[251] *Diem/Jahn* § 15 Rn. 25.

[252] Eine genaue Bestimmung des Anteils der regulatorischen Kosten an der Marge ist nicht möglich. Unter Geltung der früheren Grundsatz I-Regelungen zu § 10 KWG (Bekanntmachung sowie Erläuterungen zur Bekanntmachung über die Änderung und Ergänzung der Grundsätze über das Eigenkapital und die Liquidität der Kreditinstitute vom 29.10.1997, zuletzt geändert durch die Bekanntmachung vom 20.7.2000) wurden bestimmten Schuldnerklassen und Arten von Krediten noch pauschal unterschiedliche Unterlegungsquoten zugewiesen. Nach der Einführung der früheren Solvabilitätsverordnung in Zuge der Basel II-Empfehlungen hingen die Eigenkapitalkosten insbesondere bei fortgeschrittenem *IRBA* vornehmlich von einer fortlaufenden Bewertung der Ausfall- und Verlustwahrscheinlichkeit ab. Auch nach weitgehender Umsetzung der Basel III-Empfehlungen durch das CRR/CRD-4-Paket und das deutsche CRD-4-Umsetzungsgesetz ist eine Bestimmung des Anteils der regulatorischen Kosten weiterhin in der Praxis bisher nicht möglich. Dies hat dazu geführt, dass die Kreditgeber nunmehr in der Regel fordern, dass ihnen die vertraglichen Regelungen zu erhöhten Kosten trotz gesetzlicher Umsetzung weiterhin einen Anspruch auf Erstattung der hierdurch ausgelösten Kosten gewähren (→ Rn. 54).

[253] *Diem/Jahn* § 15 Rn. 22 ff.; *Langenbucher* BKR 2005, 134 (138); *Runge* Rn. 7.2 ff. Eine solche Margenanpassung führt nicht zu einer Einschränkung des Kündigungsrechtes der Kreditgeber. Einer vertraglichen Klarstellung oder eines Wahlrechtes bedarf es hierzu nicht; → Rn. 145.

[254] *Clause* 1.1 Definition *„Margin" LMA-GER; Clause* 1.1 Definition *„Margin" LMA-LEV.*

Konsortialkredites Anreize geschaffen werden, den Kredit anderweitig zu refinanzieren. Im Kreditvertrag wird zudem meist vereinbart, dass sich die Marge erhöht, solange ein Kündigungstatbestand oder Kündigungsgrund vorliegt.[255] Wegen des aus § 489 Abs. 1 Nr. 1 BGB folgenden gesetzlichen Kündigungsrechts, das nach herrschender Meinung zugleich das Verbot einer **Vorfälligkeitsentschädigung** nach sich zieht, sollte die Erhöhung der Marge jedoch nur zum Beginn einer neuen Zinsperiode stattfinden.[256]

2. Zinsperioden *(„Interest Periods")*

47 Zinsperioden ***(„Interest Periods")*** haben bei revolvierenden Kreditlinien und Terminkrediten üblicherweise eine Laufzeit von 1, 3 oder 6 Monaten.[257] Zwischen diesen Laufzeiten hat der Kreditnehmer bei jeder Ziehung und im Falle eines Terminkredites bei jeder Prolongation die Wahl. Die gewählte Zinsperiode darf den Endfälligkeitstag nicht überschreiten. Eine spätere Verkürzung der Zinsperiode ist nur in Ausnahmefällen möglich.[258] Die Bestimmung der Zinsperiode erfolgt bei revolvierenden Kreditlinien und für die erste Ziehung unter einem Terminkredit in der **Ziehungsnachricht** *(„Utilisation Request")* sowie für alle weiteren Zinsperioden eines Terminkredites in der **Prolongationsnachricht** *(„Selection Notice")*.[259] Übermittelt der Kreditnehmer keine Prolongationsnachricht, gilt eine Zinsperiode von einem Monat als vereinbart.[260] Sofern andere als die vereinbarten Zinsperioden gewählt werden, bedarf dies der Zustimmung aller Kreditgeber.[261] Zinsperioden beginnen in Abweichung von der gesetzlichen Regelung in § 187 Abs. 1 BGB am Tag der Auszahlung bzw. bei Prolongation eines Terminkredites am letzten Tag der vorangegangenen Zinsperiode und schließen diesen Tag mit ein. Sie enden in Abweichung von § 188 Abs. 1 BGB am letzten Tag der Zinsperiode, wobei dieser Tag nicht mit eingerechnet wird.[262] Abweichende Regelungen können für Abzweiglinien bilateral vereinbart sein.[263] Zinsperioden unter *swingline*-Kreditlinien haben eine Laufzeit von 1 bis 5 Banktagen.[264]

3. Zinszahlung *(interest payment)*

48 Der zu zahlende Zins wird mit der Berechnungsmethode ***actual/360 days*** bzw. im Falle von Ziehungen in *GBP* ***actual/365 days*** ermittelt. Die Zinsen sind am letzten Tag der Zinsperiode sowie bei Zinsperioden von mehr als sechs Monaten Dauer jeweils nach Ablauf von sechs Monaten sowie am letzten Tag der Zinsperiode zu zahlen.[265] Die Zinszahlung erfolgt in der Währung, in der der Kredit ausgereicht wurde.[266]

4. Sonstige Zinsen

49 **a) Nutzungsgebühr (utilisation fee).** Die **Nutzungsgebühr** ist ein zusätzlicher *per-annum* Prozentsatz, der bei revolvierenden Kreditlinien und Avallinien auf den in Anspruch genommenen Kredit für jeden Tag zu zahlen ist, an dem die Ausnutzung der Fazilität einen vertraglich vereinbarten Prozentsatz überschreitet. Die Nutzungsgebühr ist Teil des Zinses

---

[255] Der *LMA-GER* sieht dies nicht vor; → Rn. 155.

[256] → Rn. 61.

[257] *Clause* 10.1 *LMA-GER*.

[258] *Clause* 10.2 *LMA-GER*.

[259] *Clause* 10.1 (a) *LMA-GER*.

[260] *Clause* 10.1 (c) *LMA-GER*.

[261] *Clause* 10.1 (d) *LMA-GER*.

[262] Fällt der letzte Tag einer Zinsperiode nicht auf einen Banktag, endet die Zinsperiode am nächstfolgenden Banktag. Würde dies jedoch dazu führen, dass die Zinsperiode erst in einem neuen Kalendermonat endet, wird sie auf den nächstfrüheren Banktag verkürzt (*Clause* 29.7 (a) *LMA-GER*, sog. *modified following business day convention*).

[263] *Clause* 9 *LMA-LEV*.

[264] → Rn. 27.

[265] *Clause* 9.2 *LMA-GER*.

[266] *Clause* 29.8 (c) *LMA-GER*. Die §§ 244 Abs. 1, 488 Abs. 2 BGB sind vertraglich abbedungen.

und wird zusammen mit dem Zins oder in Intervallen von drei Monaten sowie am Endfälligkeitstag gezahlt.

b) PIK-Verzinsung (pay-in-kind (PIK) interest). ***PIK*-Verzinsung** bedeutet, dass der geschuldete Zins oder ein Teil der Marge (*PIK*-Marge) am Ende der Zinsperiode nicht gezahlt, sondern stattdessen die Zinsforderung selbst wieder verzinst bzw. der nicht gezahlte Zins kapitalisiert oder mit anderen Worten der Kreditvaluta zugeschlagen wird.[267] Nach der Kapitalisierung ist der vertragliche Zinssatz auf die erhöhte Darlehensvaluta zu entrichten.[268] Eine *PIK*-Verzinsung unterfällt nach deutschem Recht dem **Zinseszinsverbot** (§ 248 BGB) und kann daher nicht vorab verpflichtend vereinbart, sondern nur als einseitiges Gestaltungsrecht dem Kreditnehmer eingeräumt werden.[269] Auch eine Verpflichtung, in Höhe der gestundeten Zinsschuld ein abstraktes Schuldanerkenntnis abzugeben, ist als Umgehung nach § 248 BGB unwirksam.[270] Eine zulässige Alternative könnte es hingegen sein, über die Laufzeit des Kredites ansteigende Zinsmargen oder am Ende der Kreditlaufzeit zu zahlende feste Beträge zu vereinbaren, die auch dann geschuldet sind, wenn der Kreditnehmer von seinem Recht Zinsen zu kapitalisieren keinen Gebrauch macht.[271] Wegen des Risikos eines Verstoßes gegen § 248 BGB werden Finanzierungen, die eine Zinsstundung erfordern, in der Regel jedoch einer anderen Rechtsordnung, meist englischem Recht, unterstellt. 50

c) Verzugszins (default interest). Wird ein Kredit bei Fälligkeit nicht zurückgezahlt, endet die Pflicht zur Zahlung des vereinbarten Zinssatzes an dem Tag, an dem die Darlehnsvaluta zur Rückzahlung fällig ist.[272] Fälligkeit tritt bei revolvierenden Kreditlinien am letzten Tag einer Zinsperiode, bei endfälligen Terminkrediten am Endfälligkeitstag und bei Terminkrediten mit Ratentilgung an den vereinbarten Tilgungstermin ein. Es ist somit stets eine Zeit nach dem Kalender bestimmt, so dass der Kreditnehmer bei Nichtzahlung in Verzug kommt, ohne dass es einer Mahnung nach § 286 Abs. 1 Nr. 1 BGB bedarf.[273] Ist hingegen eine zwingende vorzeitige Rückzahlung[274] vor Ende der laufenden Zinsperiode geschuldet, tritt Verzug gemäß § 286 Abs. 1 Nr. 2 BGB erst mit erfolglosem Ablauf einer zur Rückzahlung gesetzten Frist[275] oder bei sofortiger Fälligkeit nach vorheriger Mahnung[276] ein. Da auch die Kündigung zur sofortigen Fälligkeit führt,[277] tritt Verzug erst mit Mahnung ein. In der Vertragspraxis finden sich verschiedene Konzepte zur Ermittlung des Verzugszinses. 51

Zum Teil wird die Höhe der vertraglich geschuldeten Verzugszinsen durch einen Verweis auf den **gesetzlichen Verzugszins** festgelegt. Dies kann durch **Rechtsfolgenverweisung** auf § 288 Abs. 1 BGB erfolgen. Der Kreditnehmer zahlt in diesem Fall Verzugszinsen in Höhe von fünf Prozentpunkten über dem Basiszinssatz (§ 247 BGB). Zugleich wird dem Kreditgeber entsprechend §§ 289 S. 2, 288 Abs. 4, 280 BGB das Recht gegeben, einen nachweislich höheren Schaden geltend zu machen.[278] Liegt hingegen eine **Rechtsgrund-** 51a

[267] *Bezzenberger* WM 2002, 1617 (1618); *Diem/Jahn* § 38 Rn. 16 ff § 39 Rn. 1 ff.

[268] Erhöht der Refinanzierungszinssatz den für kapitalisierte Zinsen zu zahlenden Zins, ist er Teil der Marge, da kapitalisierte Zinsen vom Kreditgeber nicht refinanziert werden müssen.

[269] *Diem/Jahn* § 38 Rn. 16 ff.; *Schmidt* JZ 1982, 829; *Bezzenberger* WM 2002, 1617.

[270] OLG Kiel OLGZ 35, 321 ff.; *Diem/Jahn* § 38 Rn. 16 ff.

[271] *Diem/Jahn* § 16 Rn. 23 f. Abzuwarten bleibt, ob Gerichte diese Gestaltungen für nichtig erklären, weil es für den Kreditnehmer wirtschaftlich nicht sinnvoll ist, eine Zinsstundung abzulehnen, wenn die erhöhte Marge oder zusätzliche Zahlungsverpflichtung auch ohne Stundung anfällt. Für die Zulässigkeit fester Zahlungsverpflichtungen spricht jedoch, dass es sich nicht um einen Zins im Rechtssinne handelt.

[272] BGHZ 104, 341; BankR-HdB/*Krepold* § 78 Rn. 11; *Mülbert* WM 2002, 465 (472); *Diem/Jahn* § 15 Rn. 7; **aA** BuB/*Früh Rn.* 3/107.

[273] → Rn. 80 ff.

[274] → Rn. 87 ff.

[275] ZB bei zwingender vorzeitiger Rückzahlung wegen Kontrollwechsels, *Clause* 8.2 *LMA-GER*.

[276] Im Einzelfall kann dies zB bei zwingender vorzeitiger Rückzahlung wegen Ungesetzlichkeit, *Clause* 8.1 *LMA-GER*, gefordert sein.

[277] *Clause* 23.13 (b)*LMA-GER;* → Rn. 155.

[278] Zur Berechnung Palandt/*Grüneberg* § 288 Rn. 10 ff.

verweisung auf § 288 Abs. 1 BGB[279] vor, sollte der Rückzahlungsanspruch nicht bereits mit dem Zugang der Kündigungserklärung, sondern erst nach erfolglosem Ablauf einer Frist fällig werden, so dass bis zum Fristablauf weiterhin der vertragliche Zinssatz geschuldet ist.[280]

51b Auf Wunsch der Kreditnehmer wird § 288 BGB meist jedoch durch für sie günstigere **vertragliche Regelungen** abbedungen. Diese sehen vor, dass für jede Zahlung, mit dem sich der Kreditnehmer in Verzug befindet, ein Zinssatz zu entrichten ist, der 1 oder 2 Prozentpunkte über dem Zinssatz liegt, der zu zahlen wäre, hätte der Kreditgeber diesen Betrag von der Fälligkeit bis zur Zahlung als Kredit in Anspruch genommen.[281] Nach überwiegender Meinung kann durch individualvertragliche Vereinbarung geregelt werden, dass im Falle des Verzuges ein Zins zu zahlen ist, der dem vertraglich für Ziehungen vereinbarten Zins entspricht oder diesen übersteigt.[282] Die Regelung findet wegen des Zinseszinsverbotes nach §§ 289, 248 BGB jedoch auf den Verzug mit einer Zinszahlung keine Anwendung.[283] Stattdessen kann eine vertragliche Entschädigung entsprechend §§ 289 S. 2, 288 Abs. 4, 280 BGB vereinbart werden.[284] Der deutsch-rechtliche *LMA*-Mustervertrag sieht hierzu einen pauschalierten Schadenersatz in Höhe des meist um 1 oder 2 Prozentpunkte erhöhten Zinssatzes vor, den der Kreditnehmer zahlen müsste, wenn er den Betrag der Zinsen als Ziehung unter dem Kredit in Anspruch genommen hätte.[285] Diese Regelung wird zum Teil wegen Umgehung von § 248 BGB für unwirksam betrachtet.[286] Der Gegenansicht,[287] nach der die Regelung den Anforderungen der Rechtsprechung[288] an einen zulässigen pauschalierten Schadenersatz genügt, ist zuzustimmen. Der BGH hat klargestellt, dass die auf Basis des Durchschnittsgewinnes ermittelte abstrakte Verzugsschadensberechnung nur eine von mehreren denkbaren Möglichkeiten der typisierten Schadensberechnung ist.[289] Auch die Anknüpfung an die vertragliche Verzinsung ist daher nicht ausgeschlossen, sofern der Kreditgeber auf die vorenthaltenen Zinsen zB durch Abschluss neuer Kreditverträge im fraglichen Zeitraum eine entsprechende Verzinsung erhalten hätte, und dem Kreditnehmer zudem der Nachweis erlaubt ist, dass der tatsächliche Schaden geringer ist.

5. Avalgebühr *(letter of credit fee)*, Ausstellungsgebühr für die Ausstellung des Avals *(issunace fee)* und Gebühr der *fronting*-Bank *(fronting fee)*

52 Die Kreditnehmer zahlen für das Herauslegen eines Avals eine **Avalgebühr *(letter of credit fee)*.** Die Avalgebühr ist schon mangels Überlassung eines Geldbetrages kein Zins im Rechtsinne,[290] sondern wird für die Geschäftsbesorgung (§§ 631, 675 BGB) und insbesondere das hiermit verbundene Risiko gezahlt, dass der Kreditnehmer im Falle einer Zahlung des Kreditgebers unter einem Aval seiner Erstattungsverpflichtung nicht nachkommt. Die Erweiterung der Rechtsprechung zu Bearbeitungsentgelten bei (Bar-)Krediten auf Avalkredite in BGH AZ: XI ZR 238/16, ZIP 2018, 1436 überrascht, da das gesetzliche Leitbild des § 488 Abs. 1 BGB somit gerade nicht auf das Herauslegen eines Avals zur Anwendung kommt.[291] Üblicherweise

---

[279] § 288 Abs. 2 findet keine Anwendung, da es sich nicht um eine Entgeltforderung im Sinne der Zahlungsverzugsrichtlinie des Europäischen Parlamentes und Rates vom 29.7.2000 (2000/35/EG) handelt (Palandt/*Grüneberg* § 288 Rn. 8).

[280] Anderenfalls würde die Pflicht zur Zahlung des Vertragszinses mit Zugang Kündigung enden, jedoch bis zum Zugang der Mahnung der gesetzliche Verzugszins noch nicht geschuldet sein (BankR-HdB/*Krepold* § 78 Rn. 11).

[281] *Clause* 9.3 *LMA-GER*.

[282] Palandt/*Grüneberg* BGB § 288 Rn. 11; BuB/*Früh Rn.* 3/123b, 124.

[283] *Clause* 9.3 (a) *LMA-GER*. Eine Regelung, wie sie sich bei *Clause* 15.3 *LMA-LEV* findet, könnte daher unter deutschem Recht nicht vereinbart werden.

[284] Palandt/*Grüneberg* § 289 Rn. 2.

[285] *Clause* 9.3 *LMA-GER*.

[286] *Diem/Jahn* § 16 Rn. 15, 39.

[287] *Ballo* S. 122 ff.

[288] BGHZ 62, 103 ff.; 104, 337 ff.; BGH WM 1993, 586.

[289] BankR-HdB/*Krepold* § 80 Rn. 39; BGHZ 104, 337 (344).

[290] *Diem/Jahn* § 5 Rn. 24 ff.; § 18 Rn. 40 ff.

[291] → Rn. 64 ff.

ist die Avalgebühr ein *per-annum* Prozentsatz, der auf den Betrag geschuldet wird, der maximal unter dem Aval gezahlt werden müsste. Der *per-annum* Prozentsatz kann fest vereinbart sein oder in Abhängigkeit bestimmter Kriterien, wie zB Finanzkennzahlen, variieren. Häufig wird die Avalgebühr auch nach der auf empirischen Erkenntnissen beruhenden Wahrscheinlichkeit der Inanspruchnahme bestimmter Avaltypen festgelegt. Auch kann sich die Avalgebühr erhöhen, wenn ein Kündigungstatbestand oder Kündigungsgrund vorliegt. Daneben wird häufig auch ein fixer Betrag als Ausstellungsgebühr für die Ausstellung eines Avals ***(issunace fee)*** gezahlt. Die Avalgebühr und die Ausstellungsgebühr wird sowohl beim ***multi-issuer*-Konzept** als auch beim *fronting-bank*-Konzept [292] über den Agenten an die Kreditgeber gezahlt. Beim ***fronting-bank*-Konzept** ist jedoch zusätzlich der *fronting*-Bank für die Übernahme des Risikos, dass ein Kreditgeber seiner Verpflichtung zur Rückdeckung der *fronting*-Bank nicht nachkommt, eine *fronting*-Gebühr ***(fronting fee)*** zu zahlen. Diese ist wie die Avalgebühr in der Regel ein *per-annum* Prozentsatz, der auf den Betrag gezahlt wird, der maximal unter dem Aval zu zahlen ist. Zusätzlich erhält die *fronting*-Bank häufig auch einen fixen Betrag als Ausstellungsgebühr für die Ausstellung des Avals. Bei Abzweiglinien steht die Avalgebühr, deren Höhe bilateral vereinbart wird, dem Kreditgeber unter der Abzweiglinie zu.

6. Renditeschutz *(yield protection)*

Die Marge sowie die Avalgebühr sollen den Kreditgebern ungeschmälert durch Refinanzierungskosten und andere Kosten, Abgaben und Steuern als Gegenleistung für das vom Kreditgeber zu tragende Risiko des Zahlungsausfalls des Kreditnehmers zufließen.[293] Die Regelungen zum **Renditeschutz** dienen dazu, den Kreditgebern die vereinbarte Rendite zu erhalten. Gerade diese Regelungen werden in der Literatur häufig unter AGB-rechtlichen Gesichtspunkten diskutiert und nicht selten als problematisch eingestuft.[294] Eine umfassende Behandlung **AGB-rechtlicher Fragen** würde den Rahmen dieser Abhandlung sprengen und auch der tatsächlichen Bedeutung für die Praxis nicht gerecht werden. Entscheidend ist, dass die Regelungen zum Renditeschutz, selbst wenn sie wie im Falle von erhöhten Kosten bisher nie zur Anwendung gekommen sind, von den Parteien in aller Regel verhandelt werden. Dies gilt zB für die Steuererstattungsregelungen, die nahezu immer unter Einschaltung von Steuerjuristen individuell ausgestaltet werden. Ein weiteres Beispiel ist die in Vertragsverhandlungen geführte Diskussion, ob die Regelungen zu erhöhten Kosten *(„Increased Costs")* vertraglich so zu gestalten sind, dass Basel III-Kosten auch weiterhin zu ersetzen sind, obwohl die Basel III-Empfehlungen[295] des Baseler Ausschusses für Bankenaufsicht auf europäischer Ebene durch das CRR/CRD-4-Paket und durch das deutsche CRD-4-Umsetzungsgesetz[296] bereits weitgehend umgesetzt wurden. 53

[292] → Rn. 28.

[293] *Buchheit* S. 42.

[294] *Ballo* S. 127 ff.; → Rn. 10.

[295] Die Basel III-Empfehlungen des Basler Ausschusses für Bankenaufsicht *(Basel Committee on Banking Supervision der Bank for International Settlements)* umfassen die folgenden Veröffentlichungen (http://www.bis.org/bcbs/index.htm): (1) *Basel III A global regulatory framework for more resilient banks and banking systems, Basel Committee on Banking Supervision,* 16.12.2010 (*rev June* 2011), *(Basel III-Regulatory Framework),* (2) *Basel III international framework for liquidity risk measurement, standards and monitoring, Basel Committee on Banking Supervision, 16.12.2010 (Basel III-Liquidity Framework),* (3) *Basel III frequently asked questions on Basel III implementation monitoring, Basel Committee on Banking Supervision, October* 2011 *(Basel III-FAQ)* und (4) *Basel III framework for liquidity frequently asked question, Basel Committee on Banking Supervision (Basel III-FAQ Liquidity Framework).*

[296] Legislativpaket bestehend aus der Kapitaladäquanzverordnung (Verordnung (EU) Nr. 575/2013 über Aufsichtsanforderungen an Kreditinstitute und Wertpapierfirmen (CRR)), der Kapitaladäquanzrichtlinie (Richtlinie 2013/36/EU über den Zugang zur Tätigkeit von Kreditinstituten und die Beaufsichtigung von Kreditinstituten und Wertpapierfirmen (CRD)) und dem Gesetz zur Umsetzung der Richtlinie 2013/36/EU über den Zugang zur Tätigkeit von Kreditinstituten und die Beaufsichtigung von Kreditinstituten und Wertpapierfirmen und zur Anpassung des Aufsichtsrechts an die Verordnung (EU) Nr. 575/2013 über Aufsichtsanforderungen an Kreditinstitute und Wertpapierfirmen, Bundesgesetzblatt Teil I 2013 Nr. 53 3.9.2013 S. 3395.

54 **a) Erhöhte Kosten („Increased Costs").** Die Regelungen zu erhöhten Kosten *(„Increased Costs")*[297] schützen gegen die Folgen einer Änderung rechtlicher Rahmenbedingungen nach Unterzeichnung des Kreditvertrages.[298] Hiernach kann für erhöhte Kosten einer Finanzierungspartei oder eines mit dieser verbundenen Unternehmens Ersatz verlangt werden, wenn diese der Übernahme der Kreditzusage, der Refinanzierung oder der Erfüllung von Verpflichtungen unter den Finanzierungsdokumenten zurechenbar sind.[299] Erhöhte Kosten sind die Summe aller Beträge, um die sich die Rendite aus einer Fazilität oder auf das Kapital reduziert *(reduction in the rate of return)* oder fällige Zahlungen unter einem Finanzierungsdokument *(reduction of any amount due and payable)* verringern, sowie aller zusätzlicher oder erhöhter Kosten *(additional or increased costs),* sofern dies die Folge der Einführung oder Änderung einer Rechtsnorm, einer geänderten Auslegung oder Anwendung einer Rechtsnorm oder der Befolgung einer durch die vorgenannten hoheitlichen Maßnahmen geänderten Rechtslage ist.[300] Der Kreditnehmer ist zur Erstattung jedoch nicht verpflichtet, wenn die erhöhten Kosten durch einen vorsätzlichen Gesetzverstoßes verursacht wurden.[301] Der Ersatzanspruch kann nur für Zinsperioden geltend gemacht werden, die nach einer Mitteilung des Kreditgebers an den Kreditnehmer beginnen.[302] Die Pflicht zum Ersatz erhöhter Kosten ist zudem subsidiär gegenüber den Regelungen zu Pflichtkosten, Quellensteuer, Steuererstattung, Stempelsteuer und Umsatzsteuer.[303] Werden Kosten vom Anwendungsbereich einer dieser Regelungen erfasst, sind diese aber auf Grund einer Ausnahme nicht zu ersetzen, kann Ersatz auch nicht über die Regelung zu erhöhten Kosten verlangt werden.[304] Der Begriff der Rechtsnorm *(law and regulation)* umfasst neben Gesetzen und Rechtsverordnungen im weitesten Sinn alle Verwaltungsvorschriften, Richtlinien, Anweisungen oder Verlautbarungen staatlicher, zwischen- oder überstaatlicher Behörden oder Organisationen, auch wenn diese nicht rechtsverbindlich sind.[305] Hierzu zählen auch die Rechtsnormen zur Eigenkapitalausstattung und Mindestreserve. Es sind nur solche Kosten zu erstatten, die einem konkreten Kredit an einen bestimmten Kreditnehmer (also nicht nur dem Kredit- oder Bankgeschäft als solchem), zugerechnet werden können.[306] Entscheidend ist, dass die erhöhten Kosten nicht entstanden wären, hätte der Kreditgeber den konkreten Kredit nicht ausgereicht. Kosten, die durch die Mindestreserveanforderungen der Europäischen Zentralbank ausgelöst werden, können keinem bestimmten Kredit zugeordnet werden, da sie sich nach der Passivseite der Bilanz bestimmen[307] und sind daher nicht erstattungsfähig.[308] Hingegen können Eigenkapitalkosten einem konkreten Kredit zwar zugeordnet werden. Auf Basis der früheren Solvabilitätsverordnung, mit der die **Basel II-Empfehlungen**[309] des Baseler Ausschusses für Banken-

[297] *Clause* 14 *LMA-GER;* BankR-HdB/*Welter* § 118 Rn. 106 ff.

[298] Es handelt es sich trotz struktureller Ähnlichkeiten (*Wittig* ZHR 169 (2005), 212 (233)) nicht um eine Zinsanpassungsklausel, die an den aus § 315 BGB abgeleiteten Rechtsprechungsgrundsätzen (BankR-HdB/*Krepold* § 78 Rn. 69 ff.) zu messen ist, da den Kreditgebern kein einseitiges Leistungsbestimmungsrecht eingeräumt wird. AA *Ballo* S. 141, der *Clause* 14.1 *LMA-GER* wegen fehlender Anpassungssymmetrie für unwirksam hält, falls keine individualvertragliche Vereinbarung vorliegt.

[299] *Clause* 14.1 *LMA-GER;* BankR-HdB/*Welter* § 118 Rn. 106 ff.

[300] Erhöhte Refinanzierungskosten durch eine Verschlechterung der Kreditwürdigkeit des Kreditgebers fallen nicht in den Anwendungsbereich, wenn sie nicht durch eine hoheitliche Maßnahme verursacht sind (*Wittig* ZHR 169 (2005), 212 ff.).

[301] *Clause* 14.3 (a) (iv) *LMA-GER.*

[302] *Clause* 14.1 (a), 14.2 (a) *LMA-GER.*

[303] *Clause* 14.3 (a) (i), (ii), (iii) *LMA-GER.*

[304] Dies gilt zB für eine Anhebung der Einkommen-, Körperschaft- und Gewerbesteuersätze (*Clause* 13.3 (b) (i) *LMA-GER*).

[305] *Clause* 1.2 (a) (vii) *LMA-GER.* ZB kann die Einhaltung von Verlautbarungen von Aufsichtsbehörden, auch wenn diese nicht rechtsverbindlich sind, dennoch von den Aufsichtsbehörden erwartet werden.

[306] *Diem/Jahn* § 20 Rn. 8; *Buchheit* S. 42.

[307] Verordnung (EG) Nr. 1745/2003 der Europäischen Zentralbank vom 12.9.2003 über die Auferlegung einer Mindestreservepflicht.

[308] *Diem/Jahn* § 20 Rn. 9.

[309] Die Basel II-Empfehlungen des Basler Ausschusses für Bankenaufsicht *(Basel Committee on Banking Supervision der Bank for International Settlements)* bestehen aus der Publikation International Convergence of Capital Measurement and Capital Standards, a Revised Framework vom Juni 2004, die gemäß den EU-

aufsicht zur Eigenkapitalausstattung umgesetzt wurden, wurde zur Bestimmung der Eigenkapitalkosten weitgehend auf eine Risikobewertung des Kreditnehmers, der Sicherheiten und der Art des Kredites abgestellt.[310] Eine Änderung der Risikobewertung ist jedoch keine hoheitliche Maßnahme. Daher waren lediglich Kosten, die unmittelbar durch die Einführung von Basel II und nicht erst durch eine spätere Änderung der Risikobewertung entstehen, ersatzfähig. In Anbetracht dessen und insbesondere auf Grund des Umstandes, dass mit den Basel II-Empfehlungen keine generelle Kostenerhöhung beabsichtigt war, wurde die Erstattung von erhöhten Eigenkapitalkosten infolge von Basel II meist vom Anwendungsbereich der Regelung zu erhöhten Kosten ausgeschlossen.[311] Die Rahmenbedingungen, die einen Verzicht auf die Erstattung von Basel II-Kosten ermöglichten, unterscheiden sich grundsätzlich im Fall der Basel III-Empfehlungen[312] und der als Folge der Finanzmarktkrise 2008 eingeführten nationalen **Bankenabgaben,**[313] da eine substantielle Erhöhung der Kosten zum Zwecke einer Finanzmarktregulierung erklärtes Ziel oder zumindest Folge der Reformen sein wird. Aus diesem Grund fordern Kreditgeber auch nach Umsetzung der **Basel III-Empfehlungen** durch das CRR/CRD-4-Paket und das deutsche *CRD*-4-Umsetzungsgesetz in der Regel, dass ihnen die Regelungen zu erhöhten Kosten auch weiterhin einen Anspruch auf Erstattung der durch die Umsetzung der Basel III-Empfehlungen ausgelösten Kosten gewähren.[314] Nachdem nunmehr die Umsetzung der Basel III-Empfehlungen weitgehend durch das CRR/CRD-4-Paket und die nationalen Umsetzungsgesetze (wie zB das deutsche CRD-4-Umsetzungsgesetz) erfolgt ist, bedarf es für neu abgeschlossene Kreditverträge einer ausdrücklichen vertraglichen Regelung (*carve-in*-Regelung), die klarstellt dass Basel III-Kosten auch weiterhin erstattet werden müssen. Von Kreditnehmerseite wird eine *carve-in*-Regelung häufig jedoch nur akzeptiert, wenn dem Anspruch der Banken über die übliche Regelung hinausgehende Grenzen gesetzt werden. Weit verbreitet ist eine zeitliche Begrenzung dahingegeben, dass erhöhte Kosten rückwirkend nur für einen, meist auf 3 Monate nach Stellung des Erstattungsanspruchs beschränkten Zeitraum gefordert werden können. Eine zeitliche Begrenzung ist für die Kreditgeber jedenfalls eher akzeptabel als beispielsweise Forderungen, dass Erstattungsansprüche nur dann geltend gemacht werden

---

Richtlinien 2006/48/EG und 2006/49/EG (Abl. L 2006/177/201) seit dem 1.1.2007 in den Mitgliedsstaaten der Europäischen Union gelten (http://www.bis.org/bcbs).

[310] Vgl. die damaligen §§ 24 ff. SolvV, im Falle des *KSA,* und §§ 55 ff. SolvV, im Falle des *IRBA*.

[311] *Clause* 14.3 *LMA-GER* Fn. 5. Nach erfolgter Umsetzung der Basel II-Empfehlungen durch den nationalen Gesetzgeber ist der vertragliche Ausschluss zwar nicht mehr erforderlich, wird aber dennoch in der Praxis häufig beibehalten. Bereits im Falle der Umsetzung der Basel I-Empfehlungen, die in Deutschland in den Grundsatz I nach § 10 KWG eingeflossen waren (Bundesaufsichtsamt für das Kreditwesen – Bekanntmachung sowie Erläuterungen zur Bekanntmachung über die Änderung und Ergänzung der Grundsätze über das Eigenkapital und die Liquidität der Kreditinstitute vom 29.10.1997, in der Fassung der Bekanntmachung vom 20.7.2000), wurde in der Praxis keine Erstattung erhöhter Eigenkapitalkosten gefordert.

[312] *Schmitt* BB 2011, 105 (107).

[313] In Deutschland findet sich die Regelung zur Bankenabgabe im Restrukturierungsfondsgesetz (RStruktFG). Nach § 12 Abs. 2 RStruktFG richtet sich die Berechnung und Erhebung der Jahresbeiträge nach den Vorgaben der delegierten Rechtsakte gemäß Artikel 103 Absatz 7 und 8 der Richtlinie 2014/59/EU und im Übrigen nach § 12b RStruktFG. Diese Bemessungsgrundlage ermöglicht keine Zurechenbarkeit von Kosten zu einem konkreten Kredit, so dass keine Erstattungsfähigkeit im Rahmen der Regelung zu erhöhten Kosten gegeben wäre.

[314] Nach überwiegender Meinung fielen Basel III-Kosten für Kreditverträge, die vor Umsetzung der Basel III-Empfehlungen durch das CRR/CRD-4-Paket und das deutsche CRD-4-Umsetzungsgesetz abgeschlossen wurden, grundsätzlich in den Anwendungsbereich marktüblicher *increased cost*-Klauseln, wie insbesondere *Clause* 14 *LMA-GER*. Auch soweit Basel III-Empfehlungen durch bloße Änderung bestehender Rechtsnormen eingeführt werden sollten, mit denen zuvor Basel II-Empfehlungen in nationales Recht umgesetzt wurden, führte dies nicht dazu, dass hierdurch ausgelöste Basel III-Kosten in den Anwendungsbereich eines vertraglich vereinbarten Ausschlusses für Basel II-Kosten fallen. Des Weiteren konnte Erstattungsansprüchen unter Kreditverträgen, die nach Veröffentlichung der Basel III-Empfehlungen abgeschlossen wurden, nicht entgegengehalten werden, die Änderung der Rechtslage sei bereits vor Vertragsschluss mit Veröffentlichung der Basel III-Empfehlungen eingetreten. Entscheidend ist die Umsetzung in nationales oder unmittelbar in den EU Mitgliedsstaaten geltendes europäisches Recht und die Auslegung durch die jeweiligen Aufsichtsbehörden und Gerichte.

dürfen, wenn Ansprüche auch gegenüber anderen Kreditnehmern mit vergleichbaren Kreditinstrumenten geltend gemacht werden.

55 **b) Steuern.** In den nachfolgend dargestellten Fällen sind Steuern, Abgaben und ähnliche öffentlich-rechtliche Belastungen, die wegen der Beteiligung des Kreditgebers an oder auf Grund der Erfüllung von Verpflichtungen unter einem Finanzierungsdokument anfallen, vom Kreditnehmer zu tragen.

55a Eine Sonderstellung nimmt der im Jahr 2010 in den *USA* erlassene und in wesentlichen Teilen bereits in Kraft getretene *Foreign Account Tax Compliance Act* ***(FATCA)*** ein[315]. Dieser führt im Zusammenwirken mit zwischenstaatlichen Vereinbarungen (sog. *Intergovernemental Agreements*), die die *USA* bereits mit der überwiegenden Mehrheit anderer Staaten abgeschlossen hat, bzw. mit vertraglichen Vereinbarungen (sog. *FFI-Agreements*) zwischen den *USA* und einzelnen Finanzinstitutionen außerhalb der *USA* (sog. *Foreign Financial Institutions (FFI)*) zu einer Ausweitung der Berichterstattungspflichten von Finanzinstitutionen an die *US*-Steuerverwaltung über Einkommen von *US*-Steuerpflichtigen. Für Kreditgeber, die in einem Staat ansässig sind, der ein *Intergovernemental Agreement* abgeschlossen hat, oder die Partei eines *FFI-Agreement* sind, besteht jedoch nicht das Risiko eines Steuerabzuges auf bestimmte, insbesondere aus *US*-Quellen stammende Zahlungen, sofern sie ihre Berichterstattungsverpflichtungen erfüllen. Da Kreditgeber es somit in aller Regel selbst bestimmen können, dass kein Steuerabzug auf Grund der *FATCA*-Regelungen stattfindet, hat sich in Europa und den *USA* als Marktstandard etabliert, dass *FATCA*-Risiken in Abweichung von der üblichen vertraglichen Allokation von Steuer- und Abgabenrisiken allein vom Kreditgeber zu tragen sind (*Clauses* 13.1 Definition *„Tax Deduction"*, 13.3 (b) (ii) (C), 13.9, 14.3 (a) (ii) *LMA-GER*).

56 **aa) Ausgleich für Quellensteuer (tax gross up).** Zahlungen eines Verpflichteten sind netto ohne Einbehalt oder Abzug von Steuern, Abgaben oder öffentlich-rechtliche Belastungen jedweder Art zu leisten (*Clause* 13.2 (a) *LMA-GER*).[316] Eine Verpflichtung, Quellensteuer oder sonstige Steuereinbehalte (*„Tax Deduction"*) zu erstatten ***(tax gross up),*** besteht nur, wenn Einbehalte auf künftige Änderungen des Steuerrechtes zurückzuführen sind (*Clause* 13.2 (d) *LMA-GER*). Kreditgeber werden nur geschützt, wenn bei Abschluss des Kreditvertrages oder bei Beitritt eines neuen Kreditgebers kein Quellensteuerabzug oder sonstiger Steuereinbehalt nach nationalem Steuerrecht und den einschlägigen Doppelbesteuerungsabkommen erforderlich ist. Die konkrete Ausgestaltung eines ***qualifying lender*-Konzepts** hängt von den Jurisdiktionen ab, unter denen die Kreditnehmer errichtet sind bzw. in denen sie ihren Sitz haben oder für Steuerzwecke ansässig sind und aus denen heraus die Kreditgeber den Kredit ausreichen. Zum Ausgleich für Steuereinbehalte ist die betreffende Zahlung auf den Betrag zu erhöhen, der (nach Vornahme des Steuereinbehaltes) demjenigen Betrag entspricht, der zu leisten wäre, wenn kein Steuereinbehalt erforderlich ist (*Clause* 13.2 (c) *LMA-GER*). Ist der Kreditnehmer eine juristische Person, die für Steuerzwecke in Deutschland ansässig ist, fällt in der Regel keine Quellensteuer an. Eine Ausnahme besteht nach **§§ 49 Abs. 1 Nr. 5 S. 1 (c) (aa), 50a Absatz (7) EStG** jedoch, wenn Ansprüche von Kreditgebern, die für Steuerzwecke nicht in Deutschland ansässig sind, durch Grundbesitz in Deutschland oder andere inländische Rechte, die den Vorschriften des bürgerlichen Rechts über Grundstücke unterliegen, oder Schiffe, die in ein deutsches Schiffsregister eingetragen sind, unmittelbar oder mittelbar gesichert sind. Sehen relevante Doppelbesteuerungsabkommen bei Abschluss des Kreditvertrages keine Befreiung von der Quellensteuerpflicht vor,

[315] Veröffentlichungen der *US*-Steuerbehörde *(IRS)*, http://www.irs.gov/Businesses/Corporations/Foreign-Account-Tax-Compliance-Act-FATCA; *Schmitt* WM 2013, 1931. Ausgenommen von den FATCA Regelungen sind Kreditverträge, die vor dem 1.7.2014 abgeschlossen wurden, wobei dieser sog. *grandfathering*-Schutz jedoch durch eine nach diesem Stichtag erfolgte wesentliche Vertragsänderung *(amendment)* oder den Verzicht *(waiver)* auf *wesentliche* Rechte, entfallen kann. Auf Grund der Unbestimmtheit des Begriffes Wesentlichkeit hat der *grandfathering*-Schutz jedoch nur eingeschränkte praktische Bedeutung.

[316] BankR-HdB/*Welter* § 118 Rn. 111 ff.

wird zu Lasten des betreffenden Kreditgebers entweder die Verpflichtung zum Ausgleich der Quellensteuer ausgeschlossen oder der Sicherungszweck dahingehend eingeschränkt, dass Forderungen von Kreditgebern, bei denen ein Quellensteuerabzug erforderlich ist, nicht besichert sind.

bb) Stempelsteuer (stamp tax). Der Kreditnehmer ist hiernach verpflichtet, alle **Stempelsteuern,** Registrierungsgebühren oder vergleichbare Steuern oder Gebühren, die im Zusammenhang mit dem Abschluss, der Erfüllung oder der Durchsetzung eines Finanzierungsdokumentes geschuldet werden, zu zahlen oder die Finanzierungsparteien hiervon freizustellen (*Clause* 13.6 *LMA-GER*). 57

cc) Umsatzsteuer (VAT). Jeder von einer Partei geschuldete Betrag ist ohne Abzug von **Umsatzsteuer** oder vergleichbaren Steuern, die in Verbindung mit diesem Betrag erhoben werden, zu entrichten (*Clause* 13.7 *LMA-GER*). Wird eine derartige Steuer erhoben, hat der Zahlungsverpflichtete zusätzlich zu dem geschuldeten Betrag einen der Umsatzsteuer entsprechenden Betrag zu zahlen. 58

dd) Sonstige Steuererstattungen (tax indemnity). Zusätzlich zu den spezielle Steuerarten betreffenden Anspruchsgrundlagen wird üblicherweise auch eine allgemeine Verpflichtung des Kreditnehmers vereinbart, jede Finanzierungspartei für alle Verluste und Kosten zu entschädigen und diese von jeder Haftung freizustellen ***(tax indemnity),*** die sie dadurch erleidet, dass von ihr eine Steuer im Hinblick auf eine Zahlung zu entrichten ist, die unter einem Finanzierungsdokument vereinnahmt wurde, zukünftig vereinnahmt wird oder als vereinnahmt gilt (*Clause* 13.3 *LMA-GER*). Einkommensteuer, Körperschaftsteuer, Gewerbesteuer und sonstige Steuern, die auf das tatsächlich vereinnahmte Nettoeinkommen in einem Staat zu zahlen sind, in dem die Finanzierungspartei errichtet ist oder ihren Sitz hat, für Steuerzwecke als ansässig gilt oder in dem sich ihre Buchungsstelle *(„Facility Office")* befindet, die den Kredit ausreicht, sind auch dann nicht zu ersetzen, wenn sich Steuersätze erhöhen oder sich die Bemessungsgrundlage verändert (*Clause* 13.3 (b) (i) *LMA-GER*). Die Regelungen zur Erstattung von Quellensteuer gehen der allgemeinen Verpflichtung zur Steuerentschädigung jedoch vor (*Clause* 13.3 (b) (ii) *LMA-GER*). 59

c) Minderungspflicht *(mitigation).* Die Finanzierungsparteien sind in der Wahl der Buchungsstelle und der Ausgestaltung ihrer steuerlichen und sonstigen Angelegenheiten grundsätzlich frei (*Clause* 27 (a) *LMA-GER*). Es besteht auch keine Verpflichtung, Ansprüche auf Erlass, Erstattung oder Minderung von Steuern, Abgaben und ähnliche öffentlich-rechtliche Belastungen geltend zu machen oder Auskunft über steuerliche und sonstige Angelegenheiten zu geben (*Clause* 27 (b) und (c) *LMA-GER*). Die Kreditgeber verpflichten sich jedoch zur Vermeidung ***(mitigation)*** eines Ausgleiches für Pflichtkosten, erhöhte Kosten, Quellensteuer und sonstige Steuern sowie vorzeitiger Rückzahlung wegen Ungesetzlichkeit *(illegality),* ihre Rechte und Pflichten auf ein verbundenes Unternehmen zu übertragen oder die Buchungsstelle zu wechseln *(„Facility Office"),* sofern dies nach ihrem billigem Ermessen (§ 315 BGB) für sie nicht nachteilig ist (*Clause* 16 (a) *LMA-GER*). Die Kosten, die einem Kreditgeber hierdurch entstehen, trägt der Kreditnehmer (*Clause* 16.2 (b) *LMA-GER*). Jede Finanzierungspartei verpflichtet sich zudem, **Steuervorteile** *(„Tax Credit")* auszukehren, wenn nach ihrem billigen Ermessen eine Steuergutschrift, ein Erlass, eine Ermäßigung oder eine Rückzahlung einem erhaltenen Ausgleich für Quellensteuer oder einer Steuererstattung *(„Tax Payment")* zurechenbar ist, von ihr tatsächlich vereinnahmt wurde (*Clause* 13.4 *LMA-GER*). Die Voraussetzungen dieser Verpflichtungen sind jedoch ins Ermessen der Finanzierungsparteien gestellt, da es in der Praxis mit erheblichen Schwierigkeiten verbunden ist, Steuervorteile einem konkreten Kredit zuzuordnen und dies erst möglich ist, wenn das Besteuerungsverfahren für den relevanten Zeitraum rechtskräftig abgeschlossen wurde. Liegen die Voraussetzungen vor, hat die jeweilige Finanzierungspartei dem Kreditnehmer einen Ausgleichsbetrag zu zahlen, der sie nach ihrem billigen Ermessen in der gleichen Position nach Steuern beließe, als wäre die zusätzliche Zahlung oder Erstattung des Kreditnehmers 60 nicht erforderlich gewesen. Zum Schutz des Kreditnehmers wird diesem darüber hinaus das Recht gegeben, Kreditgeber, die einen Anspruch auf Erstattung erhöhter Kosten, Ausgleich für Quellensteuer oder Steuererstattung erheben, vorzeitig zurückzuzahlen und von Ihnen Übertragung ihrer Rechte und Pflichten zu verlangen (*Clause* 8.6 *LMA-GER*). Des Weiteren soll der Kreditnehmer durch eine Abtretung oder Vertragsübertragung oder einem Wechsel der Buchungsstelle keinen Nachteil erleiden. Ein Anspruch auf Ersatz erhöhter Kosten oder Ausgleich für Quellensteuer kann daher nur in dem Umfang geltend gemacht werden, der möglich gewesen wäre, hätte die Abtretung, die Vertragsübertragung oder der Wechsel der Buchungsstelle nicht stattgefunden.[317]

61 **d) Vorfälligkeitsentschädigung (*„Break Costs"*).** Nach dem Prinzip der Zinsakzessorietät endet mit Rückzahlung der Darlehensvaluta automatisch die Pflicht, den vertraglichen Zins zu zahlen.[318] Die Kreditgeber haben sich jedoch bis zum Ende der Zinsperiode refinanziert, so dass sie bei vorzeitiger Rückzahlung einen Schaden erleiden können. Ein gesetzlicher Anspruch auf Ersetzung des Vorfälligkeitsschadens besteht gemäß § 490 Abs. 2 S. 3 BGB nur im Falle einer außerordentlichen Kündigung eines grundpfandrechtlich besicherten Kredites durch den Kreditnehmer.[319] Üblicherweise vereinbaren die Parteien daher, dass der Kreditnehmer zum Ersatz des Vorfälligkeitsschadens ***(„Break Costs")*** verpflichtet ist, wenn er einen Kredit vor dem letzten Tag der Zinsperiode zurückzahlt.[320] Der Vorfälligkeitsschaden eines Kreditgebers entspricht dem Betrag, um den die Zinsen, die auf seinen Anteil an dem zurückgezahlten Kredit vom Tag der Rückzahlung bis zum letzten Tag der laufenden Zinsperiode zu zahlen wären, die Zinsen übersteigen, die dieser Kreditgeber bei Platzierung des zurückgezahlten Betrages als Einlage bei einer führenden Bank im gleichen Zeitraum erhalten hätte. Die Ermittlung erfolgt abstrakt, ohne dass eine tatsächliche Wiederanlage erforderlich wäre. Bei dieser Berechnungsmethode erfasst der Ersatzanspruch den Zinsverschlechterungsschaden (Refinanzierungsschaden) und den Zinsmargenschaden (entgangener Gewinn). Auf Verlangen der Kreditnehmer wird der entgangene Gewinn in der Regel jedoch nicht ersetzt und daher die Marge von der Berechnung ausgenommen. Gemäß **§ 489 Abs. 4 BGB** darf das gesetzliche Kündigungsrecht des Darlehensnehmers nach § 489 Abs. 1 und 2 BGB nicht durch Vertrag ausgeschlossen oder erschwert werden. Entgegenstehende Vereinbarungen sind nichtig. Nach überwiegender Meinung folgt aus § 489 Abs. 4 BGB auch ein Verbot der Vorfälligkeitsentschädigung.[321] § 489 Abs. 2 BGB findet keine Anwendung, da Kredite, die unter einer revolvierenden Kreditlinie oder einem Terminkredit ausgereicht werden, keinen veränderlichem Zinssatz im Sinne dieser Bestimmung haben.[322] Bei einer revolvierenden Kreditlinie begründet jede Ziehung einen selbständigen Einzelkredit (§§ 488 ff. BGB), der am Ende der vom Kreditnehmer gewählten Zinsperiode, die in der Praxis sechs Monate nur selten überschreitet, zurückzuzahlen ist. Im Gegensatz hierzu hat bei einem Terminkredit jeder Kredit mehrere Zinsperioden, nach deren Ende eine Anpassung des Sollzinssatzes, jedoch keine Rückzahlung stattfindet. Jedoch findet auch auf solche Darlehen § 489 Abs. 1 Nr. 1 Hs. 2 BGB und nicht § 489 Abs. 2 BGB Anwendung.[323] Für

---

[317] *Clause* 24.3 (c) *LMA-GER*.

[318] BankR-HdB/*Krepold* § 78 Rn. 5; *Diem/Jahn* § 15 Rn. 7.

[319] Palandt/*Weidenkaff* § 490 Rn. 8 ff. Dieser umfasst auch den Zinsmargenschaden (entgangener Nettogewinn nach Vorteilsausgleich). Das Kündigungsrecht des Kreditgebers nach § 490 Abs. 2 S. 1 BGB hat neben den vertraglichen Rechten zur vorzeitigen freiwilligen Rückzahlung und Kündigung (→ Rn. 86, 94 ff.) kaum eigenständige Bedeutung. Überschreitet die vereinbarte Zinsperiode 6 Monate, wäre der Kreditnehmer auch nach der gesetzlichen Regelung zur Vorfälligkeitsentschädigung verpflichtet. *Clause* 11.5 (b) *LMA-GER*, wonach ein Terminkredit erst nach Ablauf des Verfügbarkeitszeitraumes gekündigt werden kann, würde dem gesetzlichen Kündigungsrecht jedoch eigenständige Bedeutung verleihen, wenn der Verfügbarkeitszeitraum 6 Monate überschreitet.

[320] *Clause* 1.1 Definition *„Break Cost"*, 11.4, 8.6 (d), 8.7 (b) *LMA-GER; Diem/Jahn* § 25 Rn. 28 ff.

[321] BankR-HdB/*Krepold* § 79 Rn. 56 ff; *Diem/Jahn* § 25 Rn. 27.

[322] *Diem/Jahn* § 24 Rn. 17; Palandt/*Weidenkaff* § 489 Rn. 5; *Stupp-Mucke* BKR 2005, 20 (21). Eine Ausnahme kann für Abzweiglinien bilateral vereinbart sein.

[323] *Diem/Jahn* § 24 Rn. 12 und 17, § 25 Rn. 34; Palandt/*Weidenkaff* § 489 Rn. 5.

die Frage, ob eine vertragliche Vorfälligkeitsentschädigung das Kündigungsrecht nach § 489 Abs. 1 Nr. 1 Hs. 2 BGB unzulässig einschränkt, ist entscheidend, dass **§ 489 Abs. 1 Nr. 1 BGB** dem Kreditnehmer ein Kündigungsrecht frühestens zum Ende der Zinsbindung gibt. Bei Konsortialkrediten bleibt der Zinssatz bis zum letzten Tag der vereinbarten Zinsperiode in der Regel unverändert. Zahlt der Kreditgeber vor Ende der Zinsperiode zurück, kann eine Vorfälligkeitsentschädigung mithin wirksam vereinbart werden.[324] Bei Rückzahlung zum Ende einer Zinsperiode ist hingegen keine Vorfälligkeitsentschädigung geschuldet.[325] Das Verbot der Vorfälligkeitsentschädigung nach § 489 Abs. 1 und Abs. 4 BGB würde somit nur eingreifen, wenn der Zinssatz vor dem Ende der Zinsperiode erhöht und daher als variabel angesehen werden könnte. Daher sollte bei Konsortialkrediten unter deutschem Recht erwogen werden, jede Erhöhung des Zinssatzes für gezogene Kredite, wie zB durch Vereinbarung einer Margenskala *(margin ratchet)*[326] nur zum Beginn einer Zinsperiode zuzulassen und ein Anspruch auf Ersatz erhöhter Kosten,[327] soweit sich diese Kosten auf gezogene Kredite beziehen, nur für Zinsperioden vertraglich zu vereinbaren, die nach einer Mitteilung des Kreditgebers über die erhöhten Kosten beginnen.[328]

e) Entschädigung bei Nichtinanspruchnahme *(broken funding costs).* Der Kreditnehmer ist verpflichtet, die Kreditgeber von Schäden ***(broken funding costs)*** freizustellen, die diese dadurch erleiden, dass eine Ziehung nach Abgabe einer Ziehungsnachricht nicht ausgezahlt wird, es sei denn dies ist auf fahrlässiges Verhalten des betreffenden Kreditgebers zurückzuführen. Die üblichen vertraglichen Regelungen[329] zur Entschädigung wegen Nichtinanspruchnahme modifizieren die kraft Gesetzes bestehende Abnahmepflicht des Kreditnehmers dahingehend, dass nach Abgabe einer Ziehungsnachricht eine Entschädigungspflicht nicht nur besteht, wenn der Kreditnehmer mit der Abnahme in Verzug ist, sondern auch dann, wenn die Auszahlung an einer vertraglichen Ziehungsvoraussetzung scheitert.[330] In der Regel entspricht die Höhe der Entschädigung der Vorfälligkeitsentschädigung bei Rückzahlung vor Ende der Zinsperiode.[331] 62

f) Sonstige Kostenerstattung und sonstige Entschädigungen. Der Grundsatz, dass den Kreditgebern die Marge ungeschmälert durch Refinanzierungskosten und andere Kosten, Abgaben und Steuern zufließen soll, liegt auch allen übrigen Regelungen zugrunde, nach denen Kreditgebern Kosten zu erstatten und diese von Schäden freizustellen sind. Hierbei handelt es sich um die Erstattung von Kosten der Wahrung oder Durchsetzung von Rechten unter Finanzierungsdokumenten (*Clause* 17.3 *LMA-GER*) sowie um Freistellung und Schadenersatz wegen Währungsumrechnung (*Clause* 15.1 *LMA-GER*), Eintritt eines Kündigungsgrundes (*Clause* 15.2 (a) *LMA-GER*) oder Zahlungsverzug (*Clause* 15.2 (b), (d) *LMA-GER*). 63

---

[324] *Diem/Jahn* § 25 Rn. 34; *Stupp/Mucke* BKR 2005, 20 (21 ff.); *Hopt/Mülbert* WM 1990, Sonderbeilage Nr. 3, S. 6, 7, 17; **aA** möglicherweise *Ballo* S. 372.

[325] *Clause* 8.4 (a), 8.5, 11.4 *LMA-GER*.

[326] → Rn. 46.

[327] Die *LMA*-Musterverträge (s. *Clause* 14 *LMA-GER* und *Clause* 20 *LMA-LEV*) sehen dies standardmäßig nicht vor. Bis 2013 war *Clause* 14 *LMA-GER* noch so ausgestaltet, dass ein Anspruch auf Ersatz erhöhter Kosten nur für Zinsperioden geltend gemacht werden durfte, die nach einer Mitteilung des Kreditgebers über die erhöhten Kosten beginnen. Grund für die Anpassung ist ausweislich des *‚Supplemental Users Guide'* zum deutschrechtlichen *LMA*-Muster eine Abwägung der rechtlichen Risiken und wirtschaftlichen Konsequenzen basierend auf der Beobachtung, dass in der Praxis in der Regel nur Zinsperioden von ein, drei oder allenfalls sechs Monaten gewählt werden. Die bisherige (die rechtlichen Risiken unter deutschem Recht berücksichtigende) Formulierung von *Clause* 14 *LMA-GER* ist im *‚Supplemental Users Guide'* mit Blick auf die größere wirtschaftliche Bedeutung der rechtlichen Risiken für den Fall aufgenommen worden, dass Zinsperioden von mehr als sechs Monaten vereinbart werden; → Rn. 54.

[328] *Langenbucher* BKR 2005, 134 (141); *Diem/Jahn* § 24 Rn. 14., § 25 Rn. 34; → Rn. 86, 94 ff.

[329] *Clause* 15.2 (c) *LMA-GER*.

[330] *Diem/Jahn* § 11 Rn. 44.

[331] *Diem/Jahn* § 11 Rn. 47.

7. Gebühren *(fees)*

64 In der Praxis internationaler Konsortialkredite[332] werden neben dem Zinssatz für die Inanspruchnahme des Konsortialkredites weitere Gebühren vom Kreditnehmer gezahlt.[333]

64a In AGB-rechtlicher Hinsicht ist zunächst auf die Urteile des BGH vom 13.5.2014 sowie vom 4.7.2017[334] zur **Vereinbarung von Bearbeitungsentgelten in Allgemeinen Geschäftsbedingungen einzugehen.** Mit diesen Entscheidungen hat der BGH zunächst im Jahr 2014 für Verbraucherkredite und dann im Jahr 2017 für Unternehmenskredite festgestellt, dass Bearbeitungsentgelte in Allgemeinen Geschäftsbedingungen, die lediglich ein zusätzliches, laufzeitunabhängiges Entgelt für die Abwicklung des vorvertraglichen Bearbeitungsaufwandes und nicht für eine gegenüber der Darlehensgewährung selbständige Leistung der Bank gewähren, nach § 307 BGB unwirksam sind, da es sich hierbei um kontrollfähige Preisnebenabreden handele, die mit dem gesetzlichen Leitbild des § 488 Abs. 1 Satz 2 BGB nicht vereinbar seien[335].

64b Mit den Urteilen des BGH zu Unternehmenskrediten ist die bis dahin umstrittene Frage höchstrichterlich entschieden worden, ob sich diese Rechtsprechung des BGH aus dem Jahr 2014 auch auf Verbraucherkredite beschränkt[336]. Hingegen lassen sich den Urteilen des BGH keine ausdrücklichen Aussagen für deren Anwendbarkeit auf internationale Konsortialkredite entnehmen. Die im Rahmen von internationalen Konsortialkrediten üblicherweise seit mehreren Jahrzehnten vereinbarten Gebühren[337] werden sowohl von den Kreditgebern als

[332] Zur Begriffsbestimmung → Rn. 1.

[333] Vgl. auch *Diem/Jahn* § 18 Rn. 1 ff.

[334] BGH AZ: XI ZR 405/12, ZIP 2014, 1266 und AZ: XI ZR 170/13, ZIP 2014, 1369 für Verbraucherkredite, sowie BGH AZ: XI ZR 562/15, ZIP 2017, 1610, AZ: XI ZR 233/16, ZIP 2017, 1654 und AZ: XI ZR 593/16, ZIP 2018, 2261 für Unternehmenskredite. Hingegen ist ein im Wege von Allgemeinen Geschäftsbedingungen in Rechnung gestelltes Bearbeitungsentgelt nach Ansicht des BGH dann wirksam, wenn dem Verbraucher das Recht eingeräumt wird, das zu zahlende laufzeitunabhängige Bearbeitungsentgelt im Falle der vorzeitigen Rückzahlung des Kredites zeitanteilig erstattet zu bekommen. Für internationale Konsortialkredite scheidet diese Gestaltungsvariante jedoch auf Grund der vorherrschenden Marktpraxis ebenso aus, wie eine Erhöhung des Zinses als Ersatz für Bearbeitungsentgelte. Die Erweiterung der Rspr. zu Bearbeitungsentgelten bei Bar-Krediten auf Aval-„Kredite" in BGH ZIP 2018, 1436 – XI ZR 238/16, ist nicht nachvollziehbar. Eine Avallinie ist ein Werkvertrag in Form einer Geschäftsbesorgung im Sinne von §§ 631, 675 BGB (→ Rn. 52), so dass das vom 11. Zivilsenat des BGH postulierte gesetzliche Leitbild des § 488 Abs. 1 BGB erst gar nicht zur Anwendung kommen kann. Eine tiefgehende Auseinandersetzung mit dem gesetzlichen Leitbild des § 675 BGB lassen die Entscheidungsgründe zudem vermissen. Trotz dieser unsubstantiierten Erweiterung der Rspr, des BGH sollten dennoch auch im Rahmen von allgemeinen Geschäftsbedigungen die Avalgebühr *(letter of credit fee)* sowie die Gebühr der *fronting*-Bank *(fronting fee)* wirksam vereinbart werden können, da diese Gebühren als per-annum Prozentsatz auf den Betrag geschuldet sind, der maximal unter dem Aval gezahlt werden müsste. Hingegen könnte eine Ausstellungsgebühr *(issuance fee),* die als fester Betrag für die Ausstellung des Avals gezahlt wird, im Lichte dieser Rspr. problematisch sein, soweit diese im Wege von allgemeinen Geschäftsbedingungen vereinbart wird (vgl. auch *Diem/Jahn* § 18 Rn. 40 ff).

[335] Krit. gegenüber der Einordnung von laufzeitunabhängigen Bearbeitungsentgelten als kontrollfähige Preisnebenabrede *Herweg/Fürtjes* ZIP 2015, 1261, 1263 ff. Zuzustimmen ist zudem *Bitter/Lindardatos* ZIP 2018, 2249, die mit überzeugenden Argumenten nachweisen, dass § 488 Abs. 1 BGB entgegen der Rspr. des BGH nicht als ein laufzeitunabhängige Entgelte ausschließendes gesetzliches Leitbild angesehen werden kann. Krit. gegenüber der etablierten Entgeltpraxis der Banken *Schmieder* WM 2012, 2358 sowie *Koch* WM 2016, 717.

[336] In der Rspr. fanden sich nach den Urteilen des BGH im Jahr 2014 widersprüchliche Entscheidungen. Einige Amts- und Landgerichte (LG Itzehoe – 7 O 66/13; LG Chemnitz – 7 O 28/13; AG Nürnberg –18 C 3194/13; AG Hamburg – 4 C 387/12 (Fundstelle jeweils Juris)) stellten mit unterschiedlicher Begründung die Zulässigkeit von laufzeitunabhängigen Bearbeitungsentgelten in Allgemeinen Geschäftsbedingungen auch bei Unternehmenskrediten in Frage. Andere Amts- und Landgerichte (LG Augsburg – 031 O 3164/14; LG Augsburg – 103 O 3219/13; LG München II – 11 O 1018 Fin.; LG Freiburg – 5 O 136/13, juris; LG München I – 22 O 21794/13, juris) sowie das OLG München und das OLG Frankfurt (OLG München, Beschl. v. 15.10.2014 – 27 U 1088/14; OLG Frankfurt Beschl. v. 13.11.2013 – AZ: 23 W 27/14, juris) gingen hingegen davon aus, dass eine über Verbraucherkredite hinausgehende Anwendbarkeit nicht oder nicht in jedem Fall sachgerecht sei und sahen Bearbeitungsentgelte bei Unternehmenskrediten auch dann als zulässig an, wenn diese im Wege von Allgemeinen Geschäftsbedingungen vereinbart werden.

[337] *Storck* S. 1ff, 30 f.

auch von den in diesem Marktsegment nachfragenden Kreditnehmern allgemein als wirtschaftlich sinnvoll anerkannt. Schon diese internationale Marktpraxis, die durchaus bereits als Verkehrssitte angesehen werden kann[338], zeigt, dass für internationale Konsortialkredite gute Gründe bestehen, durch Vereinbarung laufzeitunabhängiger Gebühren von dem seitens des BGH postulierten Leitgedanken des § 488 BGB abzuweichen.[339] Zudem unterscheiden sich die Rahmenbedingungen, unter denen internationale Konsortialkredite üblicherweise verhandelt und dokumentiert werden[340], erheblich von Verbraucher- und anderen Unternehmenskrediten, über die die Gerichte bisher entschieden haben. Diese Unterschiede, die gegen eine Erstreckung der Rechtsprechung des BGH auf internationale Konsortialkredite sprechen sind zum einen darin begründet, dass sich Arrangeure, Kreditgeber und Kreditnehmer hinsichtlich ihrer Kenntnis der aktuellen Bedingungen auf den Kredit- und sonstigen Kapitalmärkten, ihrer Erfahrung bei der Ausgestaltung der Finanzierungsdokumentation aber auch im Hinblick auf ihre Verhandlungsmacht typischerweise „auf Augenhöhe" gegenüberstehen[341]. Zum anderen stehen Kreditnehmern, die internationale Konsortialkredite nachsuchen, eine Vielzahl alternativer Methoden der Fremdkapitalfinanzierung (wie beispielsweise Schuldscheindarlehen, Schuldverschreibungen oder *private placements*) sowie ggf. auch der Eigenkapitalfinanzierung offen. Anders als bei anderen Kreditprodukten ist daher in der Regel nicht von einer besonderen Schutzbedürftigkeit der Kreditnehmer auszugehen. Entscheidend ist jedoch, dass internationale Konsortialkredite durch intensive Verhandlungen zwischen allen Parteien auf die Besonderheiten und Bedürfnisse des jeweiligen Kreditgebers zugeschnitten werden[342]. Dies führt dazu, dass sowohl die Arrangeure als auch die übrigen, nicht unmittelbar mit der Arrangierung befassten Kreditgeber einem erheblich höheren, von der Laufzeit des Kredites unabhängigen Bearbeitungsaufwand ausgesetzt sind, als dies bei anderen Kreditprodukten der Fall ist[343]. Des Weiteren wird die Kreditvaluta dem Kreditnehmer über den gesamten Verfügbarkeitszeitraum (in aller Regel bis einen Monat vor Endfälligkeit im Falle von revolvierenden Kreditlinien) für Ziehungen ständig verfügbar gehalten und dem Kreditnehmer zudem das Recht eingeräumt, den nicht gezogenen Konsortialkredit jederzeit ohne weitere Kosten zu kündigen sowie Ziehungen ohne Vorfälligkeitsentschädigung zum Ende der Zinsperiode (in der Regel 1, 3 oder bis 6 Monate) jederzeit zurückzuzahlen.[344] Eine Erhöhung des Zinses als Ersatz für vorab zu zahlende, laufzeitunabhängige Gebühren ist in Anbetracht dessen keine angemessene, die Interessen der Parteien hinreichend berücksichtigende Alternative.[345] Auf Grund der vorgenannten Besonderheiten internationaler Konsortialkredite ist eine Abweichung von dem seitens des BGH postulierten

---

338 Zur Einordnung der Gebührenpraxis für Konsortialkredite als im Handelsverkehr geltende Gewohnheiten und Gebräuche iSv § 310 Abs. 1 S. 2 Hs. 2 BGB, *Diem/Jahn/Diem* Ziff. 28 Rn. 100, *Diem/Jahn/Jahn* Ziff. 17 Rn. 18. **AA** BGH ZIP 2017, 1610 – XI ZR 562/15 sowie ZIP 2017, 1654 – XI ZR 562/15.

339 Eine sachlich gerechtfertigte Abweichung vom Leitgedanken des § 488 BGB hat der BGH MDR 2018, 168 – XI ZR 63/15 bei Förderkrediten bejaht. *Koch* WM 2016, 717 (724) sieht Konsortialkredite als weiteren Bereich an, in dem auf Grund des höheren Leistungsumfanges mit guten Argumenten eine sachlich gerechtfertigte Abweichung vertretbar sei.

340 Zu den Rahmenbedingungen, unter denen internationale Konsortialkredite üblicherweise verhandelt und dokumentiert werden, *Josenhans/Danzmann* BKR 2018, 142.

341 *Diem/Jahn/Diem* Ziff. 28 Rn. 104.

342 *Diem/Jahn/Diem* Ziff. 28 Rn. 103.

343 *Müller/Marchant/Eilers* BB 2017, 2243 (2244).

344 → Rn. 47, 61. Gem. § 489 Abs. 4 BGB darf das gesetzliche Kündigungsrecht nach § 489 Abs. 1 und 2 BGB nicht durch Vertrag ausgeschlossen oder erschwert werden. Entgegenstehende Vereinbarungen sind nichtig. Vorab zu zahlende Bearbeitungsentgelte sollten daher nicht so ausgestaltet sein, dass sie die gesetzlichen Kündigungsrechte nach § 489 Abs. 1 und 2 BGB faktisch ausschließen. Dies gewährt dem Kreditnehmer weiteren Schutz, auch wenn dieser bei internationalen Konsortialkrediten auf Grund der zu beobachtenden Verhandlungsparität der Parteien in der Praxis kaum erforderlich ist.

345 *Bitter/Lindardatos* ZIP 2018, 2249 weisen zutreffender Weise darauf hin, dass die Rspr. des BGH zur Unzulässigkeit von laufzeitunabhängigen Entgelten sich nicht nur zum Schaden der Kreditgeber auswirkt, sondern ebenso zum Nachteil der Kreditnehmer, weil durch das Verbot von laufzeitunabhängigen Entgelten die Darlehensgewährung durch den Zwang zur ineffizienten Quersubventionierung statt verursachergerechter Bepreisung für alle Kreditgeber verteuert wird. Ähnlich *Müller/Marchant/Eilers* BB 2017, 2243 (2246).

Leitgedanken des § 488 BGB sachlich gerechtfertigt. Die gerichtliche Klärung dieser Frage wird letztendlich über die Tauglichkeit des deutschen Rechtes zur Dokumentation internationaler Konsortialkredite entscheiden.[346] Sollte der 11. Zivilsenat des BGH in Fortentwicklung seiner bisherigen Rechtsprechung, die zurecht als Rückzug des BGH aus dem realen Leben des unternehmerischen Rechtsverkehrs kritisiert wird[347], auch die Marktpraxis für internationale Konsortialkredite verwerfen, ist anstelle einer Änderung der von allen Parteien anerkannten Gebührenmodelle für internationale Konsortialkredite eher zu erwarten, dass die Vertragsparteien – wie bis Mitte der 90 Jahre nahezu ausschließlich üblich – solche Konsortialkredite oder zumindest die Gebührenvereinbarungen wieder vorzugsweise englischem Recht unterstellen.[348]

64c Auch wenn man von einer grundsätzlichen Anwendbarkeit der Rechtsprechung des BGH auf internationale Konsortialkredite ausgeht, ist eine genaue Analyse der tatsächlichen Abläufe sowie der Vertragspraxis erforderlich, bevor im Einzelfall die Anwendbarkeit der §§ 305ff BGB auf die im Rahmen von internationale Konsortialkredite üblicherweise vereinbarten Gebühren bejaht werden kann. Pauschalisierende Annahmen, wonach die in Konsortialkreditverträgen üblicherweise enthaltenen Regelungen Allgemeine Geschäftsbedingungen i. S. v. § 305 Abs. 1 S. 1 BGB seien, sind nicht gerechtfertigt. Die *LMA*-Musterkreditverträge enthalten zwar in *Clause* 12 *LMA-GER* Bezugnahmen auf die Arrangierungsgebühr *(arrangement fee),* die Bereitstellungsgebühr *(commitment fee)* und die *agency*-Gebühr *(agency fee).* Regelungen zur *underwriting*-Gebühr sowie zu der an die Kreditgeber zu zahlenden Beteiligungsgebühr *(participation fee)* finden sich in den *LMA*-Musterkreditverträgen hingegen nicht. Des Weiteren ist *Clause* 12.1 *LMA-GER* lediglich für die Bereitstellungsgebühr als vertragliche Anspruchsgrundlage anzusehen. Die Anspruchsgrundlage für die Arrangierungsgebühr, die *underwriting*-Gebühr, die Beteiligungsgebühr und die *agency*-Gebühr wird hingegen in separaten **Gebührenvereinbarungen** *(„Fee Letters")* geregelt. Die Bezugnahmen in Clauses 12.2 *LMA-GER* auf die Arrangierungsgebühr und in Clause 12.3 *LMA-GER* auf die *agency*-Gebühr sind mithin lediglich unselbständige Rechtsgrundverweisungen[349]. Zudem werden auch keine Muster für Gebührenvereinbarungen seitens der *LMA* zur Verfügung gestellt. Das *LMA*-Muster für **Mandatsvereinbarungen** *(„Mandate Letter")*[350] führt zu den Gebühren lediglich aus: *All fees shall be paid in accordance with the Fee Letter(s) or as set out in the Term Sheet.* Die Mandatsvereinbarung enthält also ihrerseits entweder eine Rechtsgrundverweisung auf separate Gebührenvereinbarungen oder verweist für die materielle Regelung auf die dem Mandatsschreiben angehängte Übersicht zu den Konditionen und Bedingungen der Finanzierung ***(term sheet).*** Das *LMA*-Muster für *term sheets* sieht wiederum lediglich einen Platzhalter und keine inhaltliche Regelung vor. Das Fehlen von Musterformulierungen erklärt sich dadurch, dass Gebühren von den Parteien in aller Regel einzelfallspezifisch verhandelt und dokumentiert werden und daher Muster nicht zielführend wären. Der Begriff Gebührenvereinbarungen soll im Folgenden nicht nur für separate Gebührenvereinbarungen *(„Fee Letters") sondern* stellvertretend auch für entsprechende Vereinbarungen im Mandatsschreiben mit angehängtem *term sheet* verwendet werden, da eine Unterscheidung der beiden Varianten für die hier in Rede stehenden Fragen nicht von Bedeutung ist.

---

[346] Zu kautelarjuristischen Gestaltungsoptionen in Ermangelung einer höchstrichterlichen Entscheidung für internationale Konsortialkredite, stellvertretend *Josenhans/Danzmann* BKR 2018, 142, *Bitter/Lindardatos* ZIP 2018, 2249, *Koch* WM 2016, 717 (725). Auch wenn solche kautelaruritischen Gestaltungsoptionen für die Praxis der Vertragsgestaltung durchaus zur Risikominimierung Bedeutung haben, solange es an einer höchstrichterlichen Klärung fehlt, sind sie dennoch nicht geignet, die Tauglichkeit des deutschen Rechtes zur Dokumentation internationaler Konsortialkredite zu wahren.

[347] *Müller/Marchant/Eilers* BB 2017, 2243 (2245).

[348] Zur Vereinbarung ausländischen Rechtes bzw. Teilrechtswahl für separate Gebührenverinbarungen *Kysel,* WM 2018, 2266 und *Josenhans/Danzmann* BKR 2018, 142 (147). Kysel kommt zutreffender Weise zu dem Ergebnis, dass der erforderliche Auslandsbezug um Gebührenvereinbarungen ausländischem Recht zu unterstellen gegeben ist, wenn u. a. ein Darlehensnehmer, Garant, Kreditgeber oder Agent seinen Sitz im Ausland hat.

[349] So letztendlich für die Arrangierungsgebühr auch *Becker/Dreyer* ZIP 2014, 2057 (2060).

[350] → Rn. 186ff.

64d Erforderlich ist somit in jedem Einzelfall eine Klärung der Tatbestandsfrage, ob eine vertragliche Regelung im Sinne von § 305 Abs. 1 BGB zwischen den Vertragsparteien im Einzelnen ausgehandelt[351] oder von einer Vertragspartei gestellt wurde[352]. Hierbei können Aussagen über die übliche Praxis zwar für einen konkreten Fall letztendlich nicht entscheidend sein. Vertragspraxis und die in einem Marktsegment zu beobachtende Verhandlungsparität der Parteien können jedoch wichtige Indizien dafür geben, ob und inwieweit in einem Marktsegment ein Aushandeln durch ernsthaftes Zurdispositionstellen und Gestaltungsfreiheit zur Wahrung eigener Interessen zu erwarten ist.[353]

64e In der Praxis internationaler Konsortialkredite ist es üblich, dass der Kreditnehmer vor Erteilung eines Arrangierungsmandates mehrere potentielle Arrangeure, *Underwriter* und Agenten um die Abgabe von indikativen Angeboten zu den Konditionen und Bedingungen des Konsortialkredites bittet[354]. Zu den Konditionen gehören neben der Marge insbesondere auch die für den Konsortialkredit zu entrichtenden Gebühren. Der Kreditnehmer erwartet, dass die offerierten Gebühren einem Vergleich mit den aktuellen (häufig öffentlich zugänglichen) Bedingungen an den Kreditmärkten für vergleichbare Kreditnehmer standhalten und eine erfolgreiche Syndizierung erwarten lassen. An die indikativen Angebote schließen sich nahezu immer intensive Verhandlungen des Kreditnehmers mit den potentiellen Arrangeuren, *Underwritern* und Agenten über die offerierten Gebühren und die anderen Konditionen an, bei denen sich die Parteien sowohl hinsichtlich ihrer Kenntnis der aktuellen Bedingungen auf den Kredit- und sonstigen Kapitalmärkten, ihrer Erfahrung bei der Ausgestaltung der Finanzierungsdokumentation als auch ihrer Verhandlungsmacht „auf Augenhöhe" gegenüberstehen. Erst im Anschluss hieran entscheidet der Kreditnehmer über die Konditionen[355] und die Erteilung von Mandaten. Die Gebührenvereinbarungen dokumentieren lediglich das Ergebnis der Sondierungen und sich hieran anschließenden Verhandlungen. In Anbetracht dieser Praxis sind bei internationalen Konsortialkrediten die Gebühren in aller Regel auch im Sinne der Rechtsprechung zwischen den Vertragsparteien ausgehandelt.[356]

64f Wenn im Einzelfall ein Aushandeln nicht gegeben sein sollte, ist weiterhin zu klären, ob die konkrete Gebühr bei Anwendung Urteile des BGH wirksam wäre, weil es sich um ein zusätzliches Entgelt handelt, das für eine gegenüber der Darlehensgewährung selbständige Leistung im überwiegenden Interesse des Kreditnehmers erbracht wird.[357]

65 **a) Gebühren bei Vertragsschluss.** Für die Strukturierung des Konsortialkredites, dessen Syndizierung, die Verhandlung der Finanzierungsdokumente mit dem Kreditnehmer und den Finanzierungsparteien (*„Finance Parties")* sowie ggf. auch für die Abgabe einer *underwriting*-Zusage werden in der Regel die nachfolgenden Gebühren vom Kreditnehmer ge-

[351] Entgegen *Becker/Dreyer* ZIP 2014, 2057 (2060ff) sollte es nicht darauf ankommen, ob eine Gebührenregelung im Konsortialkreditvertrag, in der Mandatsvereinbarung oder in einer Gebührenvereinbarung enthalten ist, da rein formelle Gestaltungsvarianten keine Bedeutung für die Frage des Aushandelns haben.

[352] In der Praxis internationaler Konsortialkredite kommt es nicht selten vor, dass die Finanzierungsdokumentation einschließlich der Gebührenvereinbarungen von den Rechtsanwälten des Kreditnehmers erstellt wird. In diesem Fall beruht der Gebührenanspruch schon im Ansatz nicht auf einer vorformulierten Vertragsbedingung, die der Kreditgeber dem Kreditnehmer im Sinne von § 305 BGB gestellt hat. Eine Nichtigkeit der Beteiligungsgebühr in Anwendung der Rspr. des BGH zu Bearbeitungsentgelten in Allgemeinen Geschäftsbedingungen scheidet daher aus.

[353] → Rn. 10.

[354] Eilers/Rödding/Schmalenbach/*Jetter* C Rn. 12; *Klein/Tauber* S. 429 Rn. 495, *Diem/Jahn/Jahn* Ziff. 17 Rn. 15 Fn. 16. Vgl. hierzu auch *Herweg/Fürtjes* ZIP 2015, 1261, 1262. Die von *Herweg/Fürtjes* in ZIP 2015, 1261, 1262 beschriebene Erstellung und Verhandlung des *term sheet* erfolgt häufig jedoch erst im Anschluss an die Abgabe indikativer Angebote durch potentielle Arrangeure, *Underwriter* und Agenten.

[355] Die bei der späteren Syndizierung gewonnen Erkenntnisse können unter Umständen auch zu Anpassungen der Konditionen führen. Ein Beispiel hierfür sind sog. *reverse market flex*-Klauseln, die dem Kreditnehmer ein einseitiges, an bestimmte Bedingungen geknüpftes Recht geben, bei einer über den Erwartungen gut verlaufenden Syndizierung eine Änderung der Marge zu seinen Gunsten zu verlangen (vgl. *Klein/Tauber* S. 431 Rn. 505).

[356] *Diem/Jahn/Jahn* Ziff. 17 Rn. 16.

[357] Zu den einzelnen Gebührenarten s. a. *Josenhans/Danzmann* BKR 2018, 142 (145).

zahlt.[358] Bei diesen handelt es sich nicht um einen Zins im Rechtssinne, da sie keine Gegenleistung für die Überlassung der Darlehensvaluta sind.

66 Die **Arrangierungsgebühr** *(arrangement fee)* wird auf Basis einer Mandatsvereinbarung zwischen den Arrangeuren *(„**Arranger**")* und dem Kreditnehmer für die Strukturierung der Finanzierung, die Verhandlung und Abstimmung der Finanzierungsdokumente[359] mit allen Vertragsparteien sowie die Syndizierung des Konsortialkredites an die Kreditgeber (meist auf Basis einer Übersicht zu den Konditionen und Bedingungen der Finanzierung ***(term sheet)*** sowie eines von den Arrangeuren erstellten und vom Kreditnehmer genehmigten Informationsmemorandums ***(„Information Memorandum")***) gezahlt[360]. Die Arrangierungsgebühr wird entweder als fester Betrag vereinbart oder bestimmt sich anhand eines Prozentsatzes der Gesamtkreditzusage. Sie ist nur dann vom Kreditnehmer zu zahlen, wenn es zur Unterzeichnung des Kreditvertrages kommt. Eine Auszahlung der Darlehensvaluta ist hingegen üblicherweise nicht erforderlich.[361]

66a Die überwiegende Meinung in der Literatur[362] sieht die Arrangierungsgebühr im unternehmerischen Verkehr als eine gegenüber der Darlehensgewährung eigenständige Leistung an und hält diese daher im Rahmen von Konsortialkrediten grundsätzlich für unbedenklich.

66b Nicht zuzustimmen ist hingegen der Mindermeinung[363], nach der es für die Wirksamkeit der Arrangierungsgebühr von Bedeutung ist, ob die Arrangierungsgebühr im Rahmen einer *best efforts*-Transaktion oder einer *underwriting*-Transaktion[364] gezahlt wird. Relevant ist allein, ob eine als AGB anzusehende Gebührenvereinbarung eine Leistung betrifft, die vom Arrangeur nicht bereits kraft Gesetzes geschuldet ist und deren Vornahme auch nicht vornehmlich in seinem eigenen Interesse liegt.

---

[358] In der Praxis kann es im Einzelfall vorkommen, dass die Arrangierungsgebühr sowie die Beteiligungsgebühr oder sogar alle bei Vertragsschluss zu zahlenden Gebühren in einer einzigen Summe (sog. *upfront fee,* zur Begriffsbestimmung vgl. *Klein/Zimny* S. 269 Rn. 203) ausgewiesen werden, mit anderen Worten also in der Gebührenvereinbarung keine Aufteilung in die im Folgenden näher beschriebenen einzelnen Gebühren stattfindet. In aller Regel will ein Kreditnehmer jedoch auch in diesem Fall genau wissen wollen, wie die Aufteilung nach den einzelnen Gebührenarten erfolgt, da erst diese Aufteilung die von ihm angestrebte Transparenz und Vergleichbarkeit der in der Sondierungsphase eingeholten Angebote potentieller Arrangeure, *Underwriter* und Agenten zu den Konditionen und Bedingungen des angestrebten Konsortialkredites ermöglicht. Die Zusammenfassung einzelner Gebühren ist daher im Regelfall nur eine formale Darstellungsvariante nach Abschluss eines detaillierten Sondierungs- und Verhandlungsprozesses, die die materielle Bewertung nicht verändert.

[359] Neben der Arrangierungsgebühr wird insbes. in Fällen, in denen mehrere Arrangueure die Arrangierungsaufgaben übernehmen und zwischen sich aufteilen, auch eine ***documentation agency fee*** für die Bearbeitung der Kommentare der Vertragsparteien zu den Vertragsentwürfen gesondert ausgewiesen. Diese Aufgabe ist Teil der Arrangierungsleistungen und unterliegt, auch wenn sie getrennt ausgewiesen und bepreist wird, als eigenständige Leistung nicht der Rspr. des BGH zur Nichtigkeit der Vereinbarung von Bearbeitungsentgelten. Vgl. hierzu die Ausführungen von *Josenhans/Danzmann* BKR 2018, 142 (146).

[360] → Rn. 191 ff. auch im Hinblick auf die Vergabe von Zusatztiteln (wie *bookrunner* oder *documentation agent*) bei Aufteilung der Arrangierungsaufgaben zwischen den Arrangeuren sowie die hiervon zu unterscheidende Vergabe von bloßen Marketingtiteln (wie *Mandated Lead Arranger, Lead Arranger* oder *Arranger* aber auch *Bookrunner*) an Kreditgeber zu bloßen *league table-* und sonstigen Marketing-Zwecken ohne Übernahme einer Arrangierungsfunktion und in aller Regel auch ohne Anspruch auf eine Beteiligung an der Arrangierungsgebühr.

[361] *Diem/Jahn/Jahn* Ziff. 17 Rn. 8 Fn. 7 und Rn. 19 Fn. 35 sowie *Diem/Jahn* § 18 Rn. 28 Fn. 58 weisen darauf hin, dass es in Akquisitionsfinanzierungen mit Sponsoren nur selten vorkommt, dass die Arrangement Fee auch gezahlt wird, wenn das Darlehen nicht gezogen wird. Mit anderen Worten, das wirtschaftliche Risiko, dass die Arrangeure bei Scheitern des *closing* der Akquisition die Arrangierungsleistung erbringen, ohne hierfür eine Gegenleistung zu erhalten, wird auf die Kreditgeber verlagert. Dies ist jedoch eine Besonderheit dieses Marktsegmentes und im Bereich der Unternehmensfinanzierung schon deshalb nur selten anzutreffen, weil es in der Regel keine, an ein bestimmtes Ereignis (*closing* der Akquisition) gebundene Beschränkung des Verwendungszwecks gibt.

[362] BuB/*Früh/Müller-Arends* Rn. 3/137a; *Brandt/Sonnenhol* WM 2001, 2329ff, und weitgehend auch *Diem/Jahn* § 18 Rn. 23 ff, *Müller/Marchant/Eilers* BB 2017, 2243 (2246), *Josenhans/Danzmann* BKR 2018, 142 (146).

[363] *Becker/Dreyer* ZIP 2014, 2057 (2062) und (2065).

[364] → Rn. 192.

Soweit ersichtlich ist für internationale Konsortialkredite unbestritten, dass eine Arrangierungsgebühr, die im Rahmen einer ***best efforts*-Transaktion** für die Verhandlung und Erstellung der Finanzierungsdokumentation sowie die anschließende Syndizierung des Konsortialkredites gezahlt wird, eine nichtkontrollfähige Preishauptabrede darstellt.[365] Zum Teil wird dies jedoch in Abrede gestellt, soweit die Arrangierungsgebühr für die Strukturierung des Konsortialkredites gezahlt wird. [366] Diese Auffassung verkennt jedoch die Unterschiede zwischen einer bilateralen Finanzierung und der Arrangierung eines Konsortialkredites. Auch die Strukturierung eines Konsortialkredites geht über die bloße Vorbereitung der eigenen Kreditanalyse und Kreditentscheidung hinaus. Sie erfordert neben einer Beurteilung der Kreditwürdigkeit des Kreditnehmers insbesondere auch eine umfassende Analyse der aktuellen Marktbedingungen sowie ggf. weiterer Finanzierungsinstrumente des Kreditnehmers. Nur so können die Arrangeure dem Kreditnehmer Konditionen und Bedingungen vorgeschlagen, die seinen Bedürfnissen entsprechen und in den Verhandlungen mit einer Vielzahl potentieller Kreditgeber Akzeptanz finden und damit eine erfolgreiche Syndizierung ermöglichen können[367]. Die Strukturierung ist daher ebenso wie die Verhandlung und Erstellung der Finanzierungsdokumentation sowie die Syndizierung eine selbständige, über die parallel verlaufende eigene Kreditentscheidung hinausgehende Leistung, die weder gesetzlich geschuldet ist noch vornehmlich im Interesse des Arrangeurs liegt. Folglich ist die Vereinbarung einer Arrangierungsgebühr, auch soweit sie für die Strukturierung gezahlt wird, eine nichtkontrollfähige Preishauptabrede. Dies gilt selbst dann, wenn sich der Arrangeur an der Finanzierung als Kreditgeber beteiligt[368] und die Arrangierungsgebühr auf Basis der Gesamtkreditzusage (also einschließlich des vom Arrangeur übernommenen Kreditbetrages) berechnet wird.[369] **66c**

Des Weiteren ist die Vereinbarung einer Arrangierungsgebühr auch dann eine nichtkontrollfähige Preishauptabrede, wenn die Arrangierung im Rahmen einer ***underwriting*-Transaktion**[370] erfolgt, bei der die *underwriter* die Verpflichtung übernehmen, sich bei Misserfolg der Syndizierung über ihren (bei erfolgreicher Syndizierung) angestrebten Anteil an der Gesamtkreditzusage *(final take)* hinaus an der Finanzierung bis zum Maximalbetrag ihrer jeweiligen *underwriting*-Zusage zu beteiligen und dem Kreditnehmer so das Syndizierungsrisiko ganz oder teilweise abnehmen. Die gegenteilige Auffassung[371], nach der auf Grund der Übernahme des *underwriting*-Risikos nur noch die Vereinbarung einer *underwriting*-Gebühr, **66d**

---

365 BuB/*Früh/Müller-Arends* Rn. 3/137c; *Brandt/Sonnenhol* WM 2001, 2329ff, *Diem/Jahn* § 18 Rn. 28; *Becker/Dreyer* ZIP 2014, 2057 (2062). Hierbei kommt es im Ergebnis auch nicht darauf an, ob die Arrangierungsvereinbarung als Maklervereinbarung im Sinne von § 652 BGB oder zutreffender Weise als eine Vereinbarung *sui generis* eingestuft wird, vgl. *Diem/Jahn* § 18 Rn. 29. Im Ergebnis ebenso *Hinsch/Horn* S. 33 ff., 36 und *Wenzel* S. 153 ff., die zwar die Mandatsvereinbarung als Maklervereinbarung einordnen, jedoch im Wesentlichen zu gleichen Ergebnissen unter Annahme eines unabhängigen Provisionsversprechens kommen und daher ebenfalls das nach stRspr geltende Verbot, eine Maklergebühr zu fordern, wenn der Makler und der spätere Vertragspartner identisch sind, nicht auf die Vereinnahmung einer Arrangierungsgebühr durch einen Arrangeur anwenden, der sich als einer von mehreren Kreditgebern am Konsortialkredit beteiligt. *Becker/Dreyer* (ZIP 2014, 2057 (2064)) gelangen zu einem vergleichbaren Ergebnis mit der Begründung, dass ein nach der Rspr. erforderlicher institutionalisierter Interessenkonflikt zwischen Arrangeur und Kreditnehmer während der Arrangierungsphase nicht gegeben sei; → Rn. 186.

366 *Becker/Dreyer* ZIP 2014, 2057 (2065).

367 *Klein/Zimny* S. 246ff Rn. 157 ff.

368 Die eigene Beteiligung rechtfertigt jedenfalls dann keine andere Bewertung, wenn sich auch weitere Kreditgeber entweder (im Fall einer *best efforts*-Transaktion oder einer sofort syndizierten *underwriting*-Transaktion) bei Abschluss des Kreditvertrages oder (im Fall einer nach Unterzeichnung des Konsortialkreditvertrages syndizierten *underwriting*-Transaktion) durch nachträglichen Beitritt an der Finanzierung beteiligen.

369 Die Auffassung von *Becker/Dreyer* ZIP 2014, 2057 (2064), dass nur dann eine nichtkontrollfähige Preishauptabrede vorläge, wenn die Arrangierungsgebühr auf Basis des von anderen Kreditgebern übernommenen Kreditvolumens (sog. Platzierungsbetrag) berechnet wird, ist abzulehnen. In Anbetracht der Flexibilität bei der Ausgestaltung der mathematischen Berechnungsgrundlage ist dies mehr Formalismus als taugliches Abgrenzungskriterium und dürfte Risikoerwägungen in Anbetracht der fehlenden höchstrichterlichen Rspr. zu Bearbeitungsentgelten für Unternehmenskredite geschuldet sein.

370 → Rn. 192 ff.

371 *Becker/Dreyer* ZIP 2014, 2057 (2065).

nicht aber auch die zusätzliche Vereinbarung einer Arrangierungsgebühr eine nichtkontrollfähige Preishauptabrede sei, ist abzulehnen[372]. Diese basiert auf der unzutreffenden Annahme, dass infolge der Übernahme des *underwriting*-Risikos die Suche und Vermittlung weiterer Kreditgeber nunmehr vornehmlich im Interesse der *underwriter* läge, weil der Arrangeur anders als bei der *best efforts*-Transaktion ein Eigeninteresse am Erfolg der Arrangierung und Syndizierung habe und es zudem aus Sicht des Kreditnehmers wirtschaftlich keinen wesentlichen Unterschied mache bzw. (falls auch eine spätere Übertragung im Sekundärmarkt scheitern sollte) wegen der geringeren Zahl der Kreditgeber sogar vorzugswürdig wäre, wenn der Konsortialkredit allein durch die *underwriter* ausgereicht würde.[373] Dies verkennt, dass eine erfolgreiche Syndizierung[374] nicht nur für den *underwriter* von Interesse ist[375], sondern eine gescheiterte Syndizierung auch für den Kreditnehmer erhebliche negative Folgen hat. Zum einen kann durch eine gescheiterte Syndizierung die Beurteilung des Kreditnehmers durch die Finanzierungsmärkte und damit zugleich die Erfolgsaussichten zukünftiger Finanzmarkttransaktionen beeinträchtigt werden. Zum anderen hat der Kreditnehmer ein erhebliches Interesse daran, dass durch eine erfolgreiche Syndizierung die in der Mandatsvereinbarungen (*„Mandate Letter"*) typischerweise zur Begrenzung des *underwriting*-Risikos vereinbarte ***Market flex*-Klausel**[376] nicht zur Anwendung kommt. Diese gewährt den *underwritern* ein einseitiges, an bestimmte Bedingungen geknüpftes Recht, Änderungen der für den Konsortialkreditvertrag vereinbarten Bedingungen und Konditionen auch noch nach Unterzeichnung des Konsortialkreditvertrages einseitig durchzusetzen. Zudem beendet eine erfolgreich abgeschlossene Syndizierung vorzeitig die Anwendbarkeit von ***Clear market*-Klauseln**[377], die es dem Kreditnehmer untersagen, während des Syndizierungszeitraumes konkurrierende Mittelaufnahmen in den Kredit- und ggf. auch den Eigenkapitalmärkten vorzunehmen. In Anbetracht dessen liegt auch im Falle von *underwriting*-Transaktionen die Arrangierung nicht vornehmlich im eigenen Interesse der Arrangeure, sondern gerade auch im Interesse des Kreditnehmers selbst. Im Übrigen kann für *underwriting*-Transaktionen auf die obigen Ausführungen zu *best efforts*-Transaktion verwiesen werden.

67 Die **Beteiligungsgebühr** *(participation fee)* wird an die Kreditgeber für die Beteiligung am Konsortialkredit gezahlt.[378] Sie ist in der Regel ein Prozentsatz der Kreditzusage (*„Commitment"*) des jeweiligen Kreditgebers, wobei der anwendbare Prozentsatz häufig von der Höhe der Kreditzusage abhängig gemacht wird, um einen Anreiz für die Übernahme höherer Kreditzusagen zu schaffen[379]. Die Beteiligungsgebühr wurde in der Vergangenheit häufig

---

[372] Auch wenn bei Identität von Arrangeuren und *underwritern* die Arrangierungsgebühr und die *underwriting*-Gebühr meist in einem Betrag ausgewiesen und in Rechnung gestellt werden, betrachten und verhandeln die Parteien beide Gebühren dennoch in der Regel getrennt.

[373] *Becker/Dreyer* ZIP 2014, 2057 (2065).

[374] Gleiches gilt für die Übertragung des Kredites im Sekundärmarkt mit einem Discount sowie einen verstärkten Abschluss von Risikoabsicherungsinstrumenten wie beispielsweise *collateralized loan obligations (CLO)* oder *credit default swaps (CDS)*.

[375] Wird der angestrebte *final take* nach Ausschöpfung aller vertraglich vereinbarten Maßnahmen zur Förderung der Syndizierung (zB *market flex*-Klauseln) überschritten, muss die Kreditzusage häufig unter Inkaufnahme von Kosten durch Übertragung im Sekundärmarkt reduziert oder durch Risikoabsicherungsinstrumente wie *collateralized loan obligation (CLO)* oder *credit default swaps (CDS)* abgesichert werden.

[376] → Rn. 192 ff. sowie *Klein/Tauber* S. 431 Rn. 505. Art und Umfang der Änderungen, die durch eine *market flex*-Klausel (*Clause* 6 des *LMA*-Muster für *LMA Mandate Letter – Underwritten*) erlaubt werden, und der Zeitraum, während dem die *underwriter* dieses Recht ausüben dürfen, wird zwischen den Parteien in aller Regel intensiv verhandelt.

[377] → Rn. 192 ff. sowie *Klein/Tauber* S. 432 Rn. 509. Grund für die Aufnahme von *clear market*-Klauseln (*Clause* 5 des *LMA*-Muster für *LMA Mandate Letter-Underwritten*) ist die ansonsten drohende Gefährdung der Syndizierung, wenn die Aufnahmefähigkeit des Marktes für diesen Kreditnehmer durch weitere Mittelaufnahmen zusätzlich belastet wird.

[378] *Diem/Jahn* § 18 Rn. 31; *Becker/Dreyer* ZIP 2014, 2057 (2066).

[379] Von einem gestuften Prozentsatz für die Beteiligungsgebühr in Abhängigkeit von der Höhe der Kreditzusage (*„Commitment"*) profitiert auch der Kreditnehmer. Wenn die Syndizierung erfolgreich verläuft und zu einer Überzeichnung der Kreditzusagen der eingeladenen Kreditgeber führt, reduziert sich die den einzelnen Kreditgebern zugeteilte Kreditzusage mit der Folge, dass sich auch der Gesamtbetrag der Beteiligungsgebühr reduzieren kann.

zunächst zwischen Kreditnehmer und Arrangeuren in der Übersicht zu den Konditionen und Bedingungen der Finanzierung *(term sheet)*, einer Gebührenvereinbarung *(„Fee Letter")* oder in der Mandatsvereinbarung *(„Mandate Letter")* festgelegt. Diese Vereinbarung wird meist nicht als echter oder unechter Vertrag zu Gunsten Dritter ausgestaltet. Ein Anspruch auf Zahlung wird den Kreditgebern, soweit diese nicht zugleich als Arrangeure Partei der Mandatsvereinbarung sind, vom Kreditnehmer daher in der Regel erst in einem Einladungsschreiben *(invitation letter)* rechtlich verbindlich unter der Bedingung zugesagt, dass der Kreditgeber sich am Konsortialkredit in einer bestimmten Höhe beteiligt[380]. Die Annahme seitens des Kreditgebers erfolgt inzidenter im Zusageschreiben *(commitment letter)*.[381] Im Anschluss an die Rechtsprechung des BGH hat sich die Marktpraxis dahin weiterentwickelt, dass die Beteiligungsgebühr nunmehr in aller Regel vom Kreditnehmer in einer selbständigen Gebührenvereinbarung zwischen dem Kreditnehmer und den Kreditgebern vereinbart wird.[382]

Geht man entgegen der hier vertretenen Auffassung[383] von einer grundsätzlichen Anwendbarkeit der Rechtsprechung des BGH zur Nichtigkeit der Vereinbarung von Bearbeitungsentgelten aus, muss zwischen Kreditnehmern, die als Arrangeure Partei der Mandatsvereinbarung sind, und sonstigen, lediglich eingeladenen Kreditgebern unterscheiden. Im Verhältnis zu eingeladenen Kreditgebern, die nicht Partei der Mandatsvereinbarung sind, wird der Anspruch auf die Beteiligungsgebühr vom Kreditnehmer im Einladungsschreiben einseitig zugesagt und beruht schon deshalb nicht auf einer vorformulierten Vertragsbedingung, die vom Kreditgeber i. S. v. § 305 BGB gestellt sein könnte. Dies gilt auch dann, wenn die Beteiligungsgebühr in einer Gebührenvereinbarung nachträglich dokumentiert wird. Eine Nichtigkeit der Beteiligungsgebühr in Anwendung der Rechtsprechung des BGH scheidet daher von vornherein aus. Im Verhältnis zu Kreditgebern, die als Arrangeure selbst Partei der Mandatsvereinbarung sind und die Kreditdokumentation aktiv mit dem Kreditnehmer verhandelt haben, ist es für die Wirksamkeit der Beteiligungsgebühr hingegen von entscheidender Bedeutung, dass diese im Sinne von § 305 Abs. 1 BGB zwischen den Vertragsparteien im Einzelnen ausgehandelt wurde. Wegen der erheblichen Bedeutung der Beteiligungsgebühr für den Erfolg einer Syndizierung wäre es jedoch wenig praxisnah anzunehmen, dass nicht auch der Kreditnehmer über Notwendigkeit, Ausgestaltung, Höhe und Fälligkeitszeitpunkt der Beteiligungsgebühr eigene sachkundige und detaillierte Überlegungen anstellt. Im Falle von internationalen Konsortialkrediten[384] stehen sich Kreditnehmer und Kreditgeber typischerweise bei den Verhandlungen „auf Augenhöhe" gegenüber und der Kreditnehmer wird in aller Regel vor Mandatierung eines Arrangeurs mehrere potentielle Arrangeure und Kreditgeber zur Abgabe von Angeboten auffordern. Kommen die Vertragsparteien in einem solchen Marktsegment, das durch eine umfassende Verhandlungsparität geprägt ist, zu dem Ergebnis, dass eine Gebührengestaltung sachgerecht ist, wäre ein Zwang zu Scheinverhandlungen keine, den berechtigten Interessen der Vertragsparteien dienliche Lösung.[385] Die 67a

---

[380] Der Hinweis von *Diem/Jahn/Jahn* Ziff. 17 Rn. 15 Fn. 10 wonach der Kreditnehmer die Höhe der Beteiligungsgebühr nicht kennt, ist zumindest außerhalb des Marktsegments der Akquisitionsfinanzierungen mit Sponsoren die Ausnahme, vgl auch *Diem/Jahn* § 18 Rn. 33 Fn. 64.

[381] Zum Zusageschreiben *(commitment letter)* vgl. → Rn. 71. Sofern in Ausnahmefällen weder die Mandatsvereinbarung den späteren Kreditgebern als Drittbegünstigten einen Zahlungsanspruch gegen den Kreditnehmer gewährt noch sich ein solches Recht der Kreditgeber aus dem Einladungsschreiben ergibt, schuldet der Kreditnehmer die Zahlung der Beteiligungsgebühr nur gegenüber den Arrangeuren, wobei die Zahlung an die Arrangeure dann in der Regel unter der Auflage steht, dass die Arrangeure die an sie gezahlte Beteiligungsgebühr an die Kreditgeber im Rahmen der Syndizierung weiterleiten.

[382] *Diem/Jahn* § 18 Rn. 34 Fn. 65

[383] → Rn. 64a–64e.

[384] → Rn. 10, 64d, 192 zur Praxis internationaler Konsortialkredite.

[385] Vgl. auch *Kähler* BB 2015, 450 der zu vergleichbaren Ergebnissen unter dem Gesichtspunkt eines begründeten Verhandlungsverzichtes gelangt. Es wäre unter diesem Aspekt nicht sachgerecht, die Schwelle für die Annahme eines Aushandelns dahingehend zu bestimmen, dass die Arrangeure dem Kreditnehmer Angebote mit und ohne Beteiligungsgebühr unterbreiten müssen, um ein ernsthaftes zur Disposition stellen und damit die Gestaltungsfreiheit der anderen Vertragspartei nachweisen zu können.

zuvor beschriebene und durchaus bereits als Verkehrssitte anzusehende Vertragspraxis internationaler Konsortialkredite spricht vielmehr dafür, dass die Beteiligungsgebühr zwischen den Vertragsparteien in aller Regel ausgehandelt wurde.

68 Die ***underwriting*-Gebühr** *(underwriting fee)* wird einem oder mehreren *underwriter* für die Verpflichtung gezahlt, sich bei Misserfolg der Syndizierung bis zum Maximalbetrag der jeweiligen *underwriting*-Zusage über den bei Erfolg der Syndizierung angestrebten eigenen Anteil der Gesamtkreditzusage *(final hold)* hinaus an der Finanzierung zu beteiligen. Der Kreditnehmer erlangt hierdurch Finanzierungssicherheit, da ihm das Syndizierungsrisiko abgenommen wird. Meist ist die *underwriting*-Gebühr ein Prozentsatz der Gesamtkreditzusage und muss nach Unterzeichnung des Kreditvertrages auch dann gezahlt werden, wenn es zu keiner Ziehung kommt. Die Vereinbarung einer *underwriting*-Gebühr ist eine der AGB-rechtlichen Inhaltskontrolle entzogene Preishauptabrede, die für eine eigenständige sowohl von der Kreditgewährung als auch der Arrangierung zu unterscheidende Leistung gezahlt wird. Eine Nichtigkeit in Anwendung der Urteile des BGH zu Bearbeitungsentgelten in Allgemeinen Geschäftsbedingungen scheidet daher aus.[386] Ebenso wie bei der Arrangierungsgebühr ist es ohne Bedeutung, ob die *underwriting*-Gebühr auf Basis der Gesamtkreditzusage oder des von anderen, vom *underwriter* verschiedenen Kreditgebern übernommenen Kreditvolumens (Platzierungsbetrages) berechnet wird. Insoweit kann auf die obigen Ausführungen zur Arrangierungsgebühr verwiesen werden.

69 **b) Gebühren während der Laufzeit des Kredites.** Auch nach Abschluss der Finanzierungsvereinbarungen sind Gebühren zu zahlen, bei denen es sich ebenfalls nicht um Zinsen im Rechtssinne handelt.

69a Eine **Bereitstellungsgebühr *(commitment fee)*** wird vom Kreditnehmer für die Verpflichtung des Kreditgebers, Ziehungen zu erlauben, und die hiermit verbundenen Eigenkapitalkosten gezahlt (*Clause* 12.1 *LMA-GER*) [387]. Die Bereitstellungsgebühr wird in Höhe eines vereinbarten *per-annum* Prozentsatzes für jeden Tag des Verfügbarkeitszeitraums auf den nicht in Anspruch genommen Teil der Kreditzusage berechnet und in Intervallen von drei Monaten sowie am letzten Tag des Verfügbarkeitszeitraums gezahlt. Die Kreditgeber sind bei Terminkrediten *(term loan)* zum Verzicht auf eine Bereitstellungsgebühr bereit, sofern ein kurzer Verfügbarkeitszeitraum von wenigen Wochen vereinbart wird. Die überwiegende Meinung[388] sieht die Bereitstellungsgebühr zu Recht als eine der AGB-rechtlichen Inhaltskontrolle entzogene Preishauptabrede, die für die eigenständige Leistung, die Darlehensvaluta über einen längeren Zeitraum auf Abruf zur Verfügung zu stellen, gezahlt wird. Fehlt eine ausdrückliche vertragliche Regelung, hat nach Ansicht des BGH[389] der Kreditgeber gemäß § 354 HGB, § 315 BGB ebenfalls das Recht, nach billigem Ermessen eine Bereitstellungsgebühr zu fordern. Eine Nichtigkeit der Bereitstellungsgebühr in Anwendung der Urteile des BGH zu Bearbeitungsentgelten in Allgemeinen Geschäftsbedingungen scheidet auch schon deshalb aus, weil die Bereitstellungsgebühr laufzeitabhängig gezahlt wird.[390] Gleiches gilt für die **Nutzungsgebühr *(utilisation fee)*,** bei der es sich um einen zusätzlichen *per-annum* Prozentsatz handelt, der bei revolvierenden Kreditlinien und Avallinien auf den in Anspruch genommenen Kredit für jeden Tag zu zahlen ist, an dem die Ausnutzung der Fazilität einen vertraglich vereinbarten Prozentsatz überschreitet.[391]

69b Der Kreditnehmer zahlt an den Agenten sowie den Sicherheitenagenten in der Regel eine zumeist jährlich berechnete pauschale ***agency*-Gebühr** *(agency fee)*, die üblicherweise in einer separaten Gebührenvereinbarung *(„Fee Letter")* vereinbart wird, und auf die im deutschrechtlichen Vertragsmuster der *LMA* im Sinne einer Rechtsgrundverweisung Bezug genommen

---

[386] *Josenhans/Danzmann* BKR 2018, 142 (146)

[387] *Diem/Jahn* § 18 Rn. 18.

[388] BankR-HdB/*Pamp* § 77 Rn. 6; *Diem/Jahn* § 18 Rn. 18ff; *Becker/Dreyer* ZIP 2014, 2057 (2058), *Josenhans/Danzmann* BKR 2018, 142 (145)..

[389] BGH NJW 1986, 1807.

[390] *Josenhans/Danzmann* BKR 2018, 142 (145).

[391] *Josenhans/Danzmann* BKR 2018, 142 (146); → Rn. 49.

wird.[392] Zusätzlich zur *agency*-Gebühr sind den Agenten vom Kreditnehmer sämtliche Kosten der Erstellung oder Änderung von Finanzierungsdokumenten sowie des Verzichts auf und der Wahrung und Durchsetzung von Rechten unter den Finanzierungsdokumenten sowie alle Schäden und Aufwendungen (einschließlich der Kosten beauftragter Rechtsanwälte und anderer Berater) im Zusammenhang mit der Ausübung ihrer Tätigkeit zu erstatten.[393]

Eine Nichtigkeit der *agency*-Gebühr des Agenten sowie des Sicherheitenagenten in Anwendung der Urteile des BGH zu Bearbeitungsentgelten in Allgemeinen Geschäftsbedingungen scheidet aus.[394] Es handelt sich hierbei um eine Preishauptabrede für eine gegenüber der Darlehensgewährung eigenständige Leistung, die nicht selten auch von spezialisierten Dienstleistern erbracht wird, die selbst keine Kredite vergeben. Der Agent sowie der Sicherheitenagent übernehmen administrative Aufgaben, die durch die Besonderheiten des Konsortialkredites überhaupt erst erforderlich werden. Auch wenn der Agent bzw. der Sicherheitenagent seine administrativen Aufgaben (auch) für die Finanzierungsparteien erbringt, liegen diese Tätigkeiten dennoch vorrangig im Interesse des Kreditnehmers, da diesem hierdurch die Aufnahme eines Konsortialkredites erheblich erleichtert und häufig (zB bei der Bestellung von Sicherheiten zu Gunsten einer Vielzahl von Kreditgebern) sogar erst möglich gemacht wird. Für das Vorliegen einer eigenständigen, vorrangig im Interesse des Kreditnehmers liegende Leistung spricht zudem ein Vergleich mit den Regelungen des SchVG zum gemeinsamen Vertreter der Gläubiger einer Schuldverschreibung. Gemäß § 7 SchVG trägt die durch die Bestellung des gemeinsamen Vertreters entstehenden Kosten und Aufwendungen, einschließlich einer angemessenen Vergütung des gemeinsamen Vertreters, der Schuldner der Anleihe. Die §§ 7ff SchVG finden zwar auf einen Agenten oder Sicherheitenagenten[395] keine Anwendung. Die Aufgaben des gemeinsamen Vertreters i. S. v. § 7 SchVG, der ebenfalls im Interesse und auf Weisungen der Gläubiger und zugleich aber auch im Interesse des Schuldners handelt, sind denen eines Agenten oder Sicherheitenagenten jedoch weitgehend vergleichbar. **69c**

Sollen Finanzierungsdokumente geändert bzw. soll auf Rechte unter Finanzierungsdokumenten verzichtet werden, kann vom Kreditnehmer für die ggf. hieraus resultierende Erhöhung des Kreditrisikos und/oder den hiermit verbundenen Verwaltungsaufwand eine **Änderungsgebühr** *(amendment and waiver fee)* an die Kreditgeber zu zahlen sein. Üblicherweise sehen die Finanzierungsdokumente aber keine Verpflichtung zur Zahlung einer solchen Gebühr vor, sondern diese wird im Einzelfall in Abhängigkeit vom jeweiligen Aufwand vereinbart. Auch hierbei handelt es sich um die Vergütung für eine über die Darlehens- **69d**

---

[392] *Clause* 12.3 *LMA-GER; Clauses* 18.3, 18.4 *LMA-LEV;* → Rn. 188 ff.

[393] *Clauses* 17, 15.2, 15.3, 26.11 *LMA-GER*. Die Kosten der Rechtsverfolgung sind dem Agenten unabhängig davon zu ersetzen, wer in einem Rechtsstreit obsiegt. Zu den zu ersetzenden Kosten gehört idR auch der Aufwand für den Einsatz interner Ressourcen, der auf Stundenbasis und anhand von Stundensätzen ermittelt wird, die der jeweilige Agent nach billigem Ermessen (§ 315 BGB) festgelegt hat (*Clause* 26.16 *LMA-GER; Clause* 33.17 *LMA-LEV*).

[394] *Josenhans/Danzmann* BKR 2018, 142 (146). Der Hinweis von *Diem/Jahn/Jahn* Ziff. 17 Rn. 21 auf die umsatzsteuerliche Bewertung der Tätigkeit des Agenten und Sicherheitenagenten als Leistung gegenüber den Kreditgebern ist eine Besonderheit der deutschen Steuerpraxis und widerspricht der Sichtweise in anderen EU Mitgliedsländern, die diese Tätigkeit zutreffender Weise als Leistung an den Kreditnehmer einordnen. Die weiteren Ausführungen von *Jahn* Ziff. 17 Rn. 26 Fn. 4, wonach der Agent bzw. der Sicherheitenagent anders als die Zahlstelle bei Schuldscheindarlehen und der gemeinsame Vertreter bei Schuldverschreibungen nicht vom Kreditnehmer sondern von den Kreditgebern beauftragt wird, steht nicht in Übereinstimmung mit der üblichen Marktpraxis, nach der sowohl der Agent als auch der Sicherheitenagent vor Abschluss des Konsortialkreditvertrages einseitig durch den Kreditnehmer ausgewählt werden. Zwar weisen die marktüblichen Konsortialkreditverträge das Recht, nach Abschluss des Konsortialkreditvertrages Weisungen an den Agenten bzw. den Sicherheitenagenten zu erteilen sowie den Agenten bzw. den Sicherheitenagenten auszutauschen, den Kreditgebern zu. Gleiches gilt aber auch nach § 7 Abs. 2 S. 2 und Abs. 4 i. V. m. § 8 Abs. 4 SchVG für den gemeinsamen Vetreter bei Schuldverschreibungen. Eine unterschiedliche Beurteilung der beiden Fälle ist daher nicht sachgerecht.

[395] Die Bestimmungen der §§ 7 ff. SchVG zum gemeinsamen Vertreter finden auch dann keine Anwendung auf einen Sicherheitenagenten, wenn dieser Sicherheiten nicht nur zum Zwecke der Besicherung eines Konsortialkredites, sondern zugleich auch zur Besicherung eine Schuldverschreibung verwaltet.

gewährung hinausgehende selbständige Leistung, die sich als Preishauptabrede der AGB-rechtlichen Inhaltskontrolle entzieht.

V. Voraussetzungen der Inanspruchnahme

1. Allgemeine Grundlagen

70 Mit Unterzeichnung des Konsortialkreditvertrages entsteht zunächst ein Bündel selbständiger Krediteröffnungsverträge zwischen jedem einzelnen Kreditgeber und dem Kreditnehmer.[396] Der **Krediteröffnungsvertrag** kann nicht nur auf die Ausreichung von Bardarlehen (§ 488 BGB), sondern auch auf die Gewährung von Avalen (§§ 631, 675 BGB) abzielen.[397] Mit Abgabe und Zugang einer **Ziehungsnachricht** *(„Utilisation Request")*[398] innerhalb des vereinbarten Verfügbarkeitszeitraum *(„Availability Period")* an den Agenten als Vertreter der Kreditgeber übt der Kreditnehmer ein Gestaltungsrecht aus, das ohne weitere Annahme seitens der Kreditgeber selbständige **Einzelkreditverträge** im Sinne von §§ 488 ff. BGB bzw. einen Geschäftsbesorgungsvertrag im Sinne von §§ 631, 675 BGB entstehen lässt.[399] Wie jedes Gestaltungsrecht ist die Ziehungsnachricht bedingungsfeindlich. Ein Widerruf der Ziehungsnachricht, der nur in den Grenzen des § 130 Abs. 1 S. 2 BGB zulässig wäre, ist vertraglich abbedungen.[400] Inanspruchnahmen unter Abzweiglinien erfolgen nicht durch Abgabe einer Ziehungsnachricht an den Agenten. Die bilaterale Vereinbarung regelt vielmehr die Voraussetzungen der Inanspruchnahme selbständig.[401]

2. Abschlussvoraussetzungen *(conditions to signing)*

71 Abschlussvoraussetzungen ***(conditions to signing)***[402] sind alle Anforderungen, die erfüllt sein müssen, bevor ein Kreditgeber den Dokumentationsvorbehalt, der in der Regel in seinem Zusageschreiben ***(commitment letter)***[403] enthalten ist, aufheben und den Konsortialkreditvertrag unterzeichnen kann.[404] Ein Zusageschreiben ist, auch wenn dieses wie üblich auf einem ***term sheet*** basiert, in aller Regel kein Kreditvorvertrag, aus dem unmittelbar auf Auszahlung des Kredites geklagt werden könnte.[405] Es handelt sich lediglich um ein unter **Dokumentationsvorbehalt,** also dem Vorbehalt der Einigung über die Finanzierungsdokumente, abge-

---

[396] BankR-HdB/*Pamp* § 77 Rn. 1 ff; *Diem/Jahn* § 8 Rn. 1,2; § 11 Rn. 6; BuB/*Früh Rn.* 3/9 ff.

[397] BankR-HdB/*Pamp* § 77 Rn. 2, 14.

[398] *Clauses* 5.1, 5.2, 5.3, 10, *Schedule* 3 *LMA-GER.*

[399] *Clauses* 2.3, 5.1, 5.2, 5.3, *Schedule* 3 *LMA-GER.* BankR-HdB/*Pamp* § 77 Rn. 2, 14; *Hinsch/Horn* S. 77; *Diem/Jahn* § 8 Rn. 1,2; § 11 Rn. 6; BuB/*Früh* 3/10 ff. Einer Annahme bedarf es bei Avallinien, wenn wie üblich ein Einzelauswahlrecht vereinbart ist.

[400] *Clause* 5.2 (a) *LMA-GER.*

[401] *Clauses* 4.1, 4.2, 9, 1.1 Definitionen *„Ancillary Outstanding", „Utilisation", „Revolving Facility Utilisation" LMA-LEV.*

[402] Im Einzelfall können auch Erfordernisse, die üblicherweise Ziehungsvoraussetzungen sind, zu Abschlussvoraussetzungen werden (*Schedule* 2 *Part* 1A *LMA-LEV*).

[403] Arrangeure unterzeichnen keinen separaten *commitment letter,* wenn dies bereits in der Mandatsvereinbarung *(„Mandate Letter")* enthalten ist; → Rn. 191 ff.

[404] Zuvor muss jede Finanzierungspartei unter Beachtung aller (aufsichts-)rechtlichen Anforderungen eine eigenständige Prüfung und Bewertung der wirtschaftlichen und finanziellen Verhältnisse der Verpflichteten, der Sicherheiten und der Finanzierungsdokumente durchführen. Kreditgeber, die den Anforderungen des KWG unterliegen, haben hierbei die §§ 13 ff., 25a KWG und die Anforderungen unter BTO 1 der Mindestanforderungen an das Risikomanagement (MaRisk, BaFin-Rundschreiben 11/2010 (BA) vom 14.12.2012) zu beachten.

[405] Dies folgt einmal aus dem Dokumentationsvorbehalt, aber auch aus dem *term sheet* an sich, da die Parteien hiermit zum Ausdruck bringen, dass es noch des Abschlusses eines Kreditvertrages bedarf. Das *term sheet* muss hierzu nicht als indikativ bezeichnet sein. Nur in seltenen Ausnahmefällen sind die Bestimmungen des zukünftigen Kreditvertrages so umfassend im *term sheet* niedergelegt, dass über alle erforderlichen Regelungen des Kreditvertrages bereits Einigkeit erzielt wurde. Haben alle Parteien zudem den erklärten Willen, sich ohne Abschluss eines Kreditvertrages zu binden, kann ausnahmsweise ein Kreditvorvertrag bestehen (BuB/*Früh Rn.* 3/10b, 3/13a).

gebenes Angebot, unter dem noch zu verhandelnden Konsortialkreditvertrag eine Kreditzusage *(„Commitment")* in der im Zusageschreiben festgelegten Höhe zu übernehmen. Ein solches Zusageschreiben ist daher auch keine Kreditzusage im Sinne der §§ 10 ff., 13 ff. KWG, so dass noch keine Verpflichtung zur Eigenkapitalunterlegung besteht. Weigert sich ein möglicher Kreditgeber, die Finanzierungsdokumente zu unterzeichnen, können dem Kreditnehmer nur im Ausnahmefall Schadenersatzansprüche gemäß §§ 311, 241 Abs. 2, 280 BGB zustehen, zB wenn in zurechenbarer Weise Vertrauen auf das Zustandekommen des Vertrages erweckt und die Vertragsverhandlungen ohne triftigen Grund abgebrochen wurden.[406]

3. Ziehungsvoraussetzungen *(conditions precedent)*

Ziehungsvoraussetzungen ***(conditions precedent)*** sind alle Erfordernisse, die erfüllt sein **72**
müssen, damit einem Kreditnehmer die Abgabe einer Ziehungsnachricht gestattet ist und die Kreditgeber zur Beteiligung an einer Ziehung verpflichtet sind. Zu unterscheiden ist zwischen Ziehungsvoraussetzungen, die nur einmalig vor der ersten Ziehung ***(initial conditions precedent)*** und solchen, die fortlaufend für jede Ziehung ***(further conditions precedent)*** vorliegen müssen. Die vor der ersten Ziehung zu erfüllenden Ziehungsvoraussetzungen sind vom Kreditnehmer einmalig nachzuweisende Tatbestandsvoraussetzungen seines durch Abgabe einer Ziehungsnachricht auszuübenden Gestaltungsrechts.[407] Der Nachweis ist geführt, sobald die Bestätigung des Agenten vorliegt, dass die Ziehungsvoraussetzungen zu seiner Zufriedenheit vorliegen. Mit Abgabe der vertragsgerechten Ziehungsnachricht kommt zwischen dem Kreditnehmer und jedem Kreditgeber ein Einzelkreditvertrag zustande. Die Verpflichtung eines Kreditgebers, unter dem Einzelkreditvertrag Kredit auszureichen, hängt davon ab, dass auch alle fortlaufend für jede Ziehung zu erfüllenden Ziehungsvoraussetzungen vorliegen. Auch das Vorliegen dieser weiteren Ziehungsvoraussetzungen ist vom Kreditnehmer zu beweisen, da diese nicht als dilatorische Einwendung der Kreditgeber, sondern als Tatbestandsvoraussetzung der Verpflichtung des Kreditgebers zur Beteiligung an einer Ziehung ausgestaltet sind.[408] Verletzt ein Kreditgeber seine Verpflichtung zur Beteiligung an einer Ziehung, so kann der Kreditnehmer von diesem Kreditgeber Erfüllung sowie Ersatz des Verzögerungsschadens (§§ 280, 286 BGB) verlangen oder unmittelbar auf Schadenersatz (§§ 280, 281 BGB) klagen.[409] Eine gesamtschuldnerische Haftung der Kreditgeber ist ausgeschlossen.[410]

a) Vor der ersten Ziehung zu erfüllende Ziehungsvoraussetzungen. Alle Ziehungs- **73**
voraussetzungen, die vor der ersten Ziehung zu erfüllen sind ***(initial conditions precedent),*** müssen dem Agenten in zufriedenstellender Form und mit zufriedenstellendem Inhalt vorliegen.[411] Die Ziehungsvoraussetzungen sind weitgehend vom Einzelfall abhängig.[412] In der Regel werden jedoch zumindest die Dokumente und Nachweise vorgelegt, die erforderlich sind, um den rechtswirksamen Abschluss der Finanzierungsdokumente seitens der Verpflichteten und der Sicherungsgeber sowie die Rechtswirksamkeit und Vollstreckbarkeit der Finanzierungsdokumente zu prüfen und damit die Abgabe der ebenfalls als Auszahlungsvoraussetzung vorzulegenden Rechtsgutachten *(legal opinion)* zu ermöglichen.[413] Darüber

---

[406] Dies kann der Fall sein, wenn ein möglicher Kreditgeber sich weigert, Regelungen, die im *term sheet* bereits abschließend enthalten waren, in den Kreditvertrag zu übernehmen oder er unzutreffender Weise die Erfüllung vereinbarter Abschlussvoraussetzungen bestreitet.

[407] *Clause* 4.1 *LMA-GER*. *Clause* 4.1 *LMA-LEV* regelt hingegen die einmalig vor der ersten Ziehung zu erfüllenden Ziehungsvoraussetzungen als Tatbestandsvoraussetzung der Verpflichtung zur Beteiligung an einer Ziehung. Dies führt zu größerer Flexibilität für die in der Regel zeitkritischen Akquisitionsfinanzierungen.

[408] *Clause* 4.2 *LMA-GER*.

[409] *Diem/Jahn* § 11 Rn. 40.

[410] *Clause* 2.3 (a) *LMA-GER*.

[411] *Clause* 4.1, Schedule 2 Part I *LMA-GER; Clause* 4.1, Schedule 2 Part IA, IB *LMA-LEV*.

[412] *Diem/Jahn* § 11 Rn. 14 ff. für Akquisitionsfinanzierungen.

[413] *Schedule* 2 *Part* I 1, 2 *LMA-GER*. Die konkreten Anforderungen richten sich nach der einschlägigen Rechtsordnung und der Gesellschaftsform der Verpflichteten. In der Praxis bestätigen die Rechtsanwälte der

hinaus dienen vor der ersten Ziehung zu erfüllende Ziehungsvoraussetzungen, insbesondere in strukturierten Finanzierungen oder Akquisitionsfinanzierungen, als Instrument der Risikosteuerung auch dazu festzulegen, dass die Kreditgeber zur Ausreichung des Kredites nur verpflichtet sind, wenn bestimmte Rahmenbedingungen (zB bei Akquisitionsfinanzierungen die Kaufverträge oder die *due diligence*-Gutachten) zufriedenstellend sind.[414]

74 Im Interesse aller Vertragsparteien sollten Ziehungsvoraussetzungen so konkret wie möglich formuliert und vorzulegende Dokumente, Nachweise und Bestätigungen vorab zwischen allen Vertragsparteien abgestimmt werden. Sobald die Ziehungsvoraussetzungen in zufriedenstellender Form und mit zufriedenstellendem Inhalt *(in form and substance satisfactory)* vorliegen, wird dies vom Agenten den Finanzierungsparteien und dem Kreditnehmer bestätigt. Die Bestätigung des Agenten ***(cp satisfaction letter)*** hat konstitutive Wirkung und bindet die Kreditgeber gegenüber dem Kreditnehmer. Der Agent nimmt bei der Prüfung der Ziehungsvoraussetzungen selbst keine kreditmaterielle Prüfung vor, sondern ihm obliegen auch insoweit lediglich administrative Aufgaben.[415] In Anbetracht dessen weisen die Kreditgeber den Agenten ausdrücklich an die Erfüllung der Ziehungsvoraussetzungen zu bestätigen, es sei denn er erhält vor Bestätigung eine gegenteilige Weisung.[416] Der Agent hat jedoch keine Verpflichtung, die Bestätigung abzugeben und ihn trifft in Ermangelung einer solchen Pflicht auch keine Haftung für die Folgen der Abgabe bzw. unterlassenen Abgabe der Bestätigung über die Erfüllung der Ziehungsvoraussetzungen. Sind Ziehungsvoraussetzungen ausnahmsweise so ausgestaltet, dass der Agent nicht nur die Vorlage bestimmter, vorabgestimmter Dokumente, Nachweise oder Bestätigungen prüft, sondern eine wirtschaftliche oder juristische Beurteilung erforderlich ist, wird der Agent vor Abgabe seiner Bestätigung eine Entscheidung der Kreditgeber herbeiführen. In der Regel ist in diesen Fällen zu empfehlen, dass Dokumente und Nachweise bereits vor Unterzeichnung der Finanzierungsdokumente von allen Finanzierungsparteien geprüft und freigegeben werden, so dass der Agent nur noch deren Erhalt bestätigen muss.

74a Für eine Entscheidung der Kreditgeber, ob die Ziehungsvoraussetzungen in zufriedenstellender Form und mit zufriedenstellendem Inhalt vorliegen, genügt in der Regel die Kreditgebermehrheit. Eine Zustimmung aller Kreditgeber wird jedoch dann ausdrücklich vereinbart, wenn eine Ziehungsvoraussetzung (zB ein Sanierungsgutachten) für die Kreditentscheidung von grundsätzlicher Bedeutung ist. Wie oben ausgeführt, ist die Erfüllung der vor der ersten Ziehung zu erfüllenden Ziehungsvoraussetzungen eine Tatbestandsvoraussetzung für die Abgabe einer Ziehungsnachricht.[417] Es kann aus Zeitgründen (zB in Akquisitionsfinanzierungen) jedoch erforderlich sein, die Ziehungsnachricht schon vor Erfüllung einzelner Ziehungsvoraussetzungen abzugeben.[418] Die betreffenden Ziehungsvoraussetzungen müssen dann vor Auszahlung der Darlehensvaluta an den Kreditnehmer erfüllt werden.

75 **b) Fortlaufend für jede Ziehung zu erfüllende Ziehungsvoraussetzungen.** Eine Verpflichtung der Kreditgeber, den von ihnen zu übernehmenden Anteil an einer Ziehung zur Verfügung zu stellen, besteht nur unter der weiteren Voraussetzung ***(further condition precedent)***,[419] dass bei Abgabe der Ziehungsnachricht und bei Auszahlung kein Kündigungs-

---

Verpflichteten deren wirksame Vertretung *(capacity opinion)* und die Rechtsanwälte der Finanzierungsparteien die Rechtswirksamkeit und Vollstreckbarkeit der Finanzierungsdokumente *(validity and enforceability opinion)*. Zu Fragen der Zulässigkeit und Einordnung von Rechtsgutachten *(third party legal opinion)*, die ein Rechtsanwalt im Auftrag seines Mandanten gegenüber einem Geschäftspartner seines Mandanten erstattet und für dessen Richtigkeit und Vollständigkeit der Rechtsanwalt gegenüber dem Geschäftspartner haftet, s. *Ganter* NJW 2014, 1771 und *Maier-Reimer* NJW 21014, 2613.

[414] → Rn. 20.

[415] *Clause* 26.3 (f) *LMA-GER*.

[416] *Clause* 4.1 (b) *LMA-GER*.

[417] *Clause* 4.1 *LMA-GER*.

[418] *Clause* 4.1 *LMA-LEV*.

[419] *Clause* 4.2 *LMA-GER*.

grund oder Kündigungstatbestand eingetreten ist, der noch fortbesteht, und die zu wiederholenden Bestätigungen und Zusicherungen zutreffend sind.

Ein **Kündigungsgrund** *(„Event of Default")* ist ein Ereignis oder Umstand, infolgedessen die Kreditgebermehrheit zur Kündigung des Konsortialkredites berechtigt ist.[420] Ein Kündigungsgrund besteht fort, solange auf diesen durch Entscheidung der Kreditgebermehrheit (oder falls erforderlich aller Kreditgeber) nicht verzichtet wurde.[421] In *investment grade*-Transaktionen wird seitens der Kreditnehmer regelmäßig gefordert, dass auch eine Heilung das Fortbestehen des Kündigungsgrundes und damit des Ziehungshindernisses beendet.[422] Der **Kündigungstatbestand** *(„Default")* umfasst neben dem Kündigungsgrund auch den potenziellen Kündigungsgrund ***(potential event of default).*** Ein potenzieller Kündigungsgrund ist ein Ereignis oder Umstand, infolgedessen die Tatbestandsvoraussetzungen eines Kündigungsgrundes bereits soweit erfüllt sind, dass das Recht zur Kündigung nur noch vom Ablauf einer Heilungsfrist (*grace period* oder *remedy period*), einer Anzeige *(notice)* und/oder einer Feststellung *(determination)* unter den Finanzierungsdokumenten abhängt.[423] Nicht für jeden Kündigungsgrund gibt es einen korrespondierenden potenziellen Kündigungsgrund. Dies liegt zum einen daran, dass nicht jeder Kündigungsgrund den Ablauf einer Heilungsfrist, eine Anzeige oder eine Feststellung erfordert. Darüber hinaus kann sich dies aber auch durch Auslegung ergeben. Insbesondere korrespondiert mit der **Verletzung einer Finanzkennzahl**[424] in der Regel kein potenzieller Kündigungsgrund. Für Finanzkennzahlen, die jederzeit *(at all times)* einzuhalten sind,[425] besteht kein Bedarf für einen potenziellen Kündigungsgrund, da Heilungsfristen in aller Regel nicht vereinbart werden und daher jeder Verstoß unmittelbar zu einem Kündigungsgrund[426] führt. Aber auch bei Finanzkennzahlen, die nur zu bestimmten Stichtagen einzuhalten sind, gibt es keinen potenziellen Kündigungsgrund. Dem Bestätigungsschreiben *(„Compliance Certificate")*,[427] das mit Vorlage der Abschlüsse abzugeben ist, auf deren Basis diese Finanzkennzahlen errechnet werden, gehen bilanzielle und gesellschaftsrechtliche Entscheidungsprozesse voraus, die in die Berechnung der Finanzkennzahlen einfließen, so dass die Einhaltung der Finanzkennzahl erst mit der Aufstellung der relevanten Abschlüsse und der Abgabe des Bestätigungsschreibens abschließend feststeht.[428] 76

Liegen nicht alle fortlaufend für jede Ziehung zu erfüllenden Ziehungsvoraussetzungen vor, kann eine neue Ziehung in der Regel mit Zustimmung der Kreditgebermehrheit erlaubt werden. Wird die Zustimmung nicht erteilt, hat dies bei einer **revolvierenden Kreditlinie** zur Folge, dass die Refinanzierung der ausstehenden Ziehung *(rollover)* durch eine erneute Ziehung nicht mehr möglich ist. Da dies negative Folgen für die Liquidität des Kreditnehmers hat, wird seitens der Kreditnehmer meist ein ***rollover*-Konzept** gefordert. Dieses sieht vor, dass unter einer revolvierenden Kreditlinie ein Ziehungshindernis für eine *rollover*-Ziehung *(„Rollover Loan")*, die ausschließlich dafür benötigt wird, eine zur Rückzahlung fällige Ziehung am Fälligkeitstag in der gleichen Währung zu refinanzieren, nur bei Vorliegen eines Kündigungsgrundes und nicht bereits bei Vorliegen eines potenziellen Kündigungsgrundes eintritt.[429] Bei der vertraglichen Umsetzung ist darauf zu achten, dass das *rollover*- 77

[420] *Clauses* 1.1 Definition *„Event of Default"*, 23 *LMA-GER*.

[421] *Clause* 1.2 (d) *LMA-GER*.

[422] Relevanz hat nur eine Heilung nach erfolglosem Ablauf einer Heilungsfrist, da vor deren Ablauf noch kein Kündigungsgrund eingetreten ist.

[423] *Clauses* 1.1 Definition *„Default"*, 23.1, 23.3, 23.7, 23.8 *LMA-GER*. Eine Anzeige *(notice)* oder eine Feststellung *(determination)* unter den Finanzierungsdokumenten erfolgt in aller Regel durch den Agenten oder die Kreditgebermehrheit.

[424] → Rn. 146.

[425] Finanzkennzahlen, die tatsächlich jederzeit *(at all times)* einzuhalten sind, finden sich selten; → Rn. 137.

[426] *Clause* 23.2 *LMA-GER*. Nur vereinzelt wird eine Heilungsfrist für jederzeit einzuhaltende Finanzkennzahlen zugestanden, deren Verletzung durch Nachschuss von Eigenkapital geheilt werden kann. In diesem Fall läge ausnahmsweise ein potenzieller Kündigungsgrund bis zum erfolglosen Verstreichen der Heilungsfrist vor; → Rn. 146, 161.

[427] *Clauses* 1.1 Definition *„Compliance Certificate"*; *Clause* 20.2 *LMA-GER*.

[428] → Rn. 146.

[429] *Clauses* 4.2 (a), 1.1 Definition *„Rollover Loan" LMA-GER*.

Konzept durch andere Vertragsbestimmungen nicht ausgehebelt wird.[430] Dies kann zum einen durch eine zu wiederholende Bestätigung des Nichteintretens eines Kündigungstatbestandes geschehen.[431] Aber auch durch zu wiederholende Bestätigungen zur Einhaltung vertraglicher Handlungs- und Unterlassungsverpflichtungen und den an die Unrichtigkeit dieser Bestätigung anknüpfenden Kündigungsgrund können für Handlungs- und Unterlassungspflichten vereinbarte Heilungsfristen und damit das *rollover*-Konzept umgangen werden.[432]

78 Fortlaufende für jede Ziehung zu erfüllende Ziehungsvoraussetzungen sind auch alle **sonstigen Anforderungen** an das Bestehen einer Verpflichtung zur Kreditausreichung.[433] Hierzu zählt unter anderem das Erfordernis, dass eine vertragsgemäße Ziehungsnachricht innerhalb des Verfügbarkeitszeitraums dem Agenten fristgerecht zugehen muss, sowie die Anforderungen an die maximale Anzahl erlaubter Ziehungen und an Höchst- sowie Mindestbeträge für Ziehungen.[434] Darüber hinaus kann im Einzelfall die Vorlage von Dokumenten und Nachweisen, zB zur Überwachung des Verwendungszwecks, als fortlaufend zu erfüllende Ziehungsvoraussetzungen ausgestaltet sein.

4. Suspendierung bestimmter Ziehungsvoraussetzungen *(certain funds)*

79 Insbesondere bei Akquisitionsfinanzierungen kann es auf Grund gesetzlicher Vorgaben für öffentliche Übernahmen oder wegen der Erwartungen der Verkäufer erforderlich sein, das Risiko des Kreditnehmers zu reduzieren, dass die Kreditgeber wegen Fehlens von Ziehungsvoraussetzungen bei Fälligkeit des Kaufpreises nicht verpflichtet sind, die Finanzierung auszureichen.[435] Ein erhöhtes Maß an Finanzierungssicherheit kann zunächst dadurch erreicht werden, dass einmalig vor der ersten Ziehung erforderliche Ziehungsvoraussetzungen bereits vor Unterzeichnung des Kreditvertrages mit allen Parteien abgestimmt oder solche Ziehungsvoraussetzungen in nachträgliche Verpflichtungen umgewandelt werden. Darüber hinaus kommt auch eine befristete Suspendierung fortlaufend für jede Ziehung zu erfüllender Ziehungsvoraussetzungen in Betracht. Dies kann insbesondere dann erforderlich sein, wenn der Kredit der Finanzierung des Erwerbspreises unter einem öffentlichen Übernahmeangebot dient und somit die Bestimmungen des WpÜG zur Anwendung gelangen. Das Meinungsbild in der Literatur dazu, welche Vertragsverletzungen/Kündigungsgründe vertraglich ein Auszahlungshindernis darstellen dürfen, ohne der von § 13 WpÜG geforderten Finanzierungssicherheit und damit der Abgabe einer Finanzierungsbestätigung im Wege zu stehen, ist allerdings nicht einheitlich.[436] In der Praxis hat sich – weitgehend der Praxis im Vereinigten Königreich unter dem *City Code on Takeovers and Mergers*[437] folgend – ein bestimmtes ***certain funds concept*** etabliert.[438] Hiernach stehen während des relevanten Zeitraumes *(„Certain Funds Period“)*, der mit der Unterzeichnung der Finanzierungsdokumente beginnt und mit Auszahlung des zur Finanzierung des Kaufpreises benötigten Kredites endet, nur wichtige Kündigungstatbestände *(„Major Defaults“)*[439] oder die Unrichtigkeit wichtiger Bestätigungen

---

[430] → Rn. 117, 164.

[431] *Clause* 19.9 (a) *LMA-GER* sieht eine solche Bestätigung überhaupt nicht und *Clause* 25.11 (a) *LMA-LEV* nur eine Abgabe bei Vertragsschluss sowie eine Wiederholung bei der ersten Ziehung vor.

[432] *Clause* 23.4 *LMA-GER*.

[433] *Clause* 4.3, 4.4, 5.1, 5.2, 5.3 *LMA-GER*.

[434] *Clauses* 1.1 Definition *„Availability Period“*, 4.4, 5.2 (a) (ii), 5.3 (b) *LMA-GER*.

[435] S. *Diem/Jahn* § 11 Rn. 25 ff., 31 ff. zur Abgabe einer Finanzierungsbestätigung nach § 13 Abs. 1 WpÜG.

[436] Wenig aussagekräftig zB Angerer/Geibel/*Süßmann* WpÜG § 13 Rn. 18; deutlich ausführlicher – aber mit einer Fokusierung auf bestimmte Kündigungsgründe – Baums/Thoma/*Marsch-Barner/Oppenhoff* WpÜG, § 13 Rn. 104ff und Assmann/Pötzsch/Schneider/*Krause* WpÜG § 13 Rn. 57 ff. Einen Überblick über das Meinungsspektrum bieten *Diem/Jahn* § 11 Rn. 30.

[437] S. die Ausführungen aE von → Rn. 192 und in der dortigen Fn. Die Regelungen des *City Code on Mergers and Takeovers* standen bei der Ausgestaltung des WpÜG insofern Pate.

[438] Ein – ausfüllungsbedürftiges – Muster findet sich in *Clause* 4.5 *LMA-LEV*.

[439] Wichtige Kündigungstatbestände *(„Major Defaults“)* können Nichtzahlung (*Clause* 29.1 *LMA-LEV*), Insolvenz und Insolvenzverfahren (*Clauses* 29.6, 29.7 *LMA-LEV*), Vollstreckungsmaßnahmen (*Clause* 29.8

(*„Major Representations"*)[440] einer Ziehung entgegen. Die konkrete Ausgestaltung hängt stets von den Umständen des Einzelfalles ab.[441] Mit Ablauf der *„Certain Funds Period"* finden alle Ziehungshindernisse, Bestätigungen und Kündigungstatbestände wieder Anwendung, soweit nicht zusätzlich ein *clean up*-Konzept vereinbart wurde.[442] Ein derartiges, im Einzelfall sachgerecht an die sonstige Ausgestaltung des Kreditvertrages und die Besonderheiten des Kreditnehmerkonzerns angepasstes, Konzept ist geeignet, die von § 13 WpÜG geforderte Finanzierungssicherheit zu gewährleisten.

VI. Laufzeit/Rückzahlung

Das Prinzip, dass sich die Kreditgeber an jedem Kredit (*„Loan"*) anteilig *(pro-rata)* entsprechend dem Verhältnis ihrer verfügbaren Kreditzusage (*„Available Commitment"*) zur verfügbaren Gesamtkreditzusage (*„Available Facility"*) beteiligen, setzt sich im **Gebot der proratarischen Rückzahlung** aller Kreditgeber fort. Hiernach hat – von ausdrücklich geregelten Ausnahmefällen abgesehen – jede Rückzahlung einschließlich einer freiwilligen (vorzeitigen) Rückzahlung anteilig *(pro-rata)* zu Gunsten aller Kreditgeber zu erfolgen. **79a**

1. Revolvierende Kreditlinien *(revolving loans facilities)*

a) Rückzahlung am Ende der Zinsperiode. Hinsichtlich der Inanspruchnahme und Rückzahlungsmodalitäten[443] sind **zwei Grundmuster** denkbar, die beide im *LMA*-Mustervertrag angelegt sind. Welche Ausgestaltungsform oder ob – bei mehreren Kredittranchen – beide zur Anwendung gelangen, hängt vom Zweck der Kreditfazilität und von den konkreten Bedürfnissen des Kreditnehmers ab. Inanspruchnahmen unter **revolvierenden Kreditlinien**[444] sind jeweils am Ende ihrer Zinsperiode[445] zurückzuzahlen (*Clause* 7.2 (a) *LMA-GER*). Da die Kreditlinie im Prinzip bis zum Ende der Gesamtlaufzeit in Anspruch genommen werden kann,[446] eröffnet dies dem Kreditnehmer die Möglichkeit, die Kreditlinie nach Rückzahlung einer Ziehung wieder erneut in Anspruch zu nehmen. Dies kann auch nahtlos **80**

LMA-LEV), Unwirksamkeit von Finanzierungsdokumenten (*Clauses* 29.9), *Repudiation* (29.16 *LMA-LEV*), *Expropriation* (*Clause* 29.14 *LMA-LEV*), Unrichtigkeit einer wichtigen Bestätigung (*Clause* 25,2, 25.3, 25.4, 25.5, 25.6 *LMA-LEV*), Nichterfüllung von Verpflichtungen, deren Erfüllung die Verpflichteten selbst kontrollieren (*Clauses* 28.11, 28.15, 28.16, 28.17, 28.19, 28.20, 28.21, 28.22, 28.23, 28.24, 28.25 *LMA-LEV*), sowie Vorliegen von Kündigungsgründen unter den Akquisitionsvereinbarungen bzw das Vorliegen eines Rechtes, von dem öffentlichen Übernahmeangebot zurückzutreten, sein. Ein *material adverse change*-Kündigungsrecht (→ Rn. 172) wird idR nicht akzeptiert und § 490 BGB wird regelmässig abbedungen. Es ist jedoch fraglich, ob dies aus rein übernahmerechtlicher Sicht in dieser Absolutheit geboten ist, s. Baums/Thoma/Verse/*Marsch-Barner/Oppenhoff* WpÜG § 13 Rn. 107 und Assmann/Pötzsch/Schneider/*Krause* WpÜG § 13 Rn. 58.

[440] Wichtige Bestätigungen (*„Major Representations"*) sind solche, die die Verpflichteten (*Clause* 25.2–25.6 *LMA-LEV*) oder die Akquisition und die Akquisitionsvereinbarungen betreffen.

[441] So ist es üblich, auch bei Verpflichtungen, deren Einhaltung eigentlich völlig in der Kontrolle des Kreditnehmers stehen, Ausnahmen für Verstösse auf der Ebene unbedeutender (insbes. ausländischer) Tochtergesellschaften zu machen, um zu vermeiden, dass ein blosser sog. *technical default* ein Auszahlungshindernis darstellen könnte.

[442] *Clause* 29.21 *LMA-LEV.*

[443] Beides steht in einem Sinnzusammenhang: so würde eine Revolvierende Kreditlinie mit kurzer Inanspruchnahmefrist (*„Availability Period"*) keinen Sinn machen.

[444] Im *LMA-GER* die *Facility B.;* → Rn. 25.

[445] → Rn. 47.

[446] Typischerweise wird allerdings eine Inanspruchnahmefrist vorgesehen, die einen Monat vor dem Endfälligkeitstag endet. Dem liegt die Überlegung zugrunde, dass die Mindestdauer einer Zinsperiode einen Monat beträgt. Da die Inanspruchnahmefrist nur mit Zustimmung aller Kreditgeber verlängert werden darf, kann daher jeder Kreditnehmer die Kreditlinie bereits einen Monat vor dem Endfälligkeitstag kapitalentlastend ausbuchen. Konsequenterweise endet dann auch die Verpflichtung des Kreditnehmers, Bereitstellungsgebühr (*„Commitment Fee"*) zu zahlen (*Clause* 12.1 *LMA-GER*). Zwingend ist dies jedoch nicht; man kann die Bereitstellungsfrist auch bis zum Endfälligkeitstag laufen lassen, um dem Kreditnehmer ggf. die Möglichkeit zu Ziehungen mit einer Zinsperiode von unter einem Monat zu geben. Dient die revolvierende Kredit-

geschehen,[447] indem jeweils zum Rückzahlungstag einer Ziehung der gleiche Betrag erneut in Anspruch genommen wird.[448]

81 **b) Endfälligkeit.** Da keine Zinsperiode nach dem Endfälligkeitstag enden darf,[449] sind Ausreichungen unter einer revolvierenden Kreditlinie somit spätestens am Endfälligkeitstag rückzahlbar.

2. Terminkredite *(term loans)*

82 Bei **Terminkrediten *(term loans)*** kann man eine **ratenweise Tilgung,** eine Tilgung in einem Betrag auf **Endfälligkeitstag**[450] oder **Mischformen** vorsehen. Das *LMA-GER*-Vertragsmuster macht hier keine Vorgaben, da die Ausgestaltung von den geschäftlichen Erfordernissen des Kreditnehmers abhängt, die sich sodann in der von den Vertragsparteien getroffenen Regelung widerspiegelt. Sofern ein Terminkredit (zum Teil) zurückgezahlt worden ist, kann er (insoweit) nicht mehr erneut in Anspruch genommen werden.[451]

3. Barunterlegung bei Avalen

83 Sofern unter einem Kreditvertrag auch die Ziehung von **Bankavalen** möglich ist,[452] kann eine „Rückzahlung" am Ende der Kreditlaufzeit in der Regel nicht in Form der Rückgabe des Avals geschehen, sofern ausgestellte Avale eine längere Laufzeit haben, da dies die Mitwirkung des Avalbegünstigten erforderlich machen würde. Das ist in der Regel nicht möglich oder zumindest nicht praktikabel. Hier muss die „Rückzahlung" im Sinne des Kreditvertrages somit auf anderem Wege erfolgen. Dies kann zB durch eine Barunterlegung des Avals geschehen[453] oder aber, was die Regel bei fortbestehendem Bedarf für ein betreffendes Aval ist, dadurch dass das Aval aufgrund einer diesbezüglichen Einigung zwischen dem Kreditnehmer und der das Aval ausstellenden Bank vom Kreditvertrag getrennt wird und in ein neues Kreditverhältnis, entweder rein bilateraler Natur oder in Form eines neuen Konsortialkredites, eingebracht wird.[454] Rechtlich stellt dies lediglich die Einigung zwischen den Vertragsparteien dar, dass das fortbestehende Aval zukünftig nicht mehr als unter dem alten (auslaufenden) Konsortialkredit ausstehend anzusehen gilt, für die Zwecke dieses Vertrages gilt es sodann als „zurückgezahlt".[455]

84 Insbesondere wenn sehr große Avale ausgestellt werden[456] ist eine sorgfältige Ausgestaltung der Barunterlegungsklauseln geboten, um der Avalbank im Falle der theoretischen Belastung

linie zu *cp-back-up*-Zwecken und enthält sie daher als *sublimit* eine *Swingline*-Kreditlinie (→ Rn. 27), kann dies sogar geboten sein, um die Funktionalität als *cp-back-up* auch während des letzten Monats zu erhalten.

[447] Durch sog. *„Rollover Loans"*.

[448] Wie bei einem *term loan* findet dann zum Ende der Zinsperiode kein Mittelfluss statt. Im Unterschied zum *term loan* liegt jedoch zu den *roll over*-Terminen rechtlich eine Neuinanspruchnahme vor, für die alle Ziehungsvoraussetzungen erfüllt sein müssen. Im Einklang mit den Marktusancen sieht allerdings das *LMA*-Vertragsmuster vor, dass bei *„Rollover Loans"* (Ziehungen, die in gleicher Währung wie eine ausstehende Ziehung erfolgen und die nahtlos und voll umfänglich zur (teilweisen) Refinanzierung dieser ausstehenden Ziehungen eingesetzt werden, vgl. *Clause* 1.1 *„Rollover Loans"* LMA-GER)) das Nichtvorliegen eines bloß potenziellen Kündigungsgrundes (→ Rn. 77) keine Ziehungsvoraussetzung darstellt. Gelegentlich wird sogar – noch weitergehend – vereinbart, dass nur eine erklärte Fälligstellung der erneuten Auszahlung im Wege steht. Hierdurch wird dann ein *term loan* vollends „synthetisiert".

[449] *Clause* 10.1e) *LMA-GER*.

[450] Sog. *bullet repayment*.

[451] *Clause* 7.1 (b) *LMA-GER*.

[452] Wenn, dann wird diese Möglichkeit in aller Regel unter einer revolvierenden Tranche und dort ggf. nur unter den Abzweiglinien *(ancillary facilities)* (→ Rn. 26) eröffnet. Theoretisch kann dies jedoch auch unter einem Tilgungskredit geschehen.

[453] *Clause* 1.2e) und g), *„cash cover"*, *„repaying"*, *„prepaying"*, *LMA-LEV*.

[454] Bei Einbringen in einen neuen Konsortialkredit spricht man insofern von einem *roll-in*.

[455] Bei allen größeren Avalfazilitäten ist diese Refinanzierungslösung faktisch die Regel. Barunterlegungen kommen nur selten vor.

[456] In manchen Jurisdiktionen (zu nennen sind insbesondere Spanien, Frankreich und – hier ist die rechtliche Einstufung allerdings unklar – Belgien) ist zB bei öffentlichen Übernahmeangeboten die Stellung eines

dieser Klauseln keine Risiken aufzubürden. So kann es sinnvoll sein, vorzusehen, dass die Barunterlegung bei der Avalbank selbst (und nicht etwa beim Agenten oder Sicherheitenagenten) erfolgt, um der Avalbank nicht das (theoretische) Insolvenzrisiko einer anderen Bank aufzubürden. Im Falle großvolumiger Avalfazilitäten, bei denen ein Bankaval über einen sehr hohen Betrag typischerweise von einer oder mehreren Syndikatsbanken unter Rückhaftung des Gesamtkonsortiums[457] ausgestellt, kann es auch geboten sein, eine „Rückzahlung" des Avals bereits vor dem Endfälligkeitstag der Akquisitionskreditlinie durch eine unter dem Kredit selbst finanzierten Barunterlegung durchzuführen. Was auf den ersten Blick widersinnig erscheint,[458] kann deshalb geboten sein, um die durch das *fronting* für die übrigen Konsorten ausgelöste erhebliche Ausnutzung der Kreditlimite, die die Avalbank für jede der anderen Konsortialbanken eingerichtet hat,[459] zeitlich nicht zu sehr auszudehnen. Sofern man dem Kreditnehmer gestattet, eine Anlage der zur Barunterlegung eingezahlten Gelder in höher verzinsliche Schuldtitel vorzunehmen, wird man dies auf solche Schuldtitel beschränkten müssen, die unter Kapitalunterlegungsgesichtspunkten als Risikoaktiva mit einer **Null-Gewichtung** versehen sind. Nur dann tritt nämlich bei der Avalbank (sowie den rückhaftenden Konsorten) der gewünschte Effekt der Kapitalentlastung ein.[460]

4. Verlängerungsoption *(extension option)* und *forward start facilities*

85 Bei der Ausgestaltung von Optionen zur Laufzeitverlängerung sind **zahlreiche Ausgestaltungen** denkbar, von denen einige sehr üblich und andere wiederum eher selten sind. So kann man dem Kreditnehmer die Möglichkeit einräumen, durch einfache **Gestaltungserklärung** die Laufzeit zu verlängern, ohne dass eine Zustimmung der Kreditgeber erforderlich ist.[461] Wesentlich üblicher sind aber Gestaltungen, bei denen die **Laufzeitverlängerung** von der **Zustimmung jeder einzelnen Bank** abhängt und nicht zustimmende Banken sodann am Ende „ihrer" (nicht verlängerten) Laufzeit aus dem Syndikat ausscheiden. Das Ausübungsfenster für die Verlängerungsoption (oder besser: den Verlängerungswunsch) kann hierbei am Ende der Laufzeit des Kredites[462] oder – was üblicher ist –

(oder mehrerer) Avale (oder einer Bankbestätigung mit uU ähnlichen Haftungsfolgen) erforderlich oder als Option möglich (letzteres zB nach der *UK Take Over Code Reform* im September 2011 im Vereinigten Königreich), das/die die gesamte an die das Übernahmeangebot annehmenden Aktionäre zahlbare Summe abdeckt. Deshalb ist in der Praxis schon mehrfach das Stellen von Avalen mit EUR-Beträgen im zweistelligen Milliardenbereich erforderlich gewesen.

457 Zum sog. *fronting* → Rn. 28.

458 Barziehung unter dem Kredit nur, um ein unter dem gleichen Kreditvertrag gezogenes Aval bei den Kreditgebern bar zu unterlegen.

459 Da die Avalbank im Außenverhältnis haftet und nur im Innenverhältnis gegen die anderen Konsortialbanken Rückgriff nehmen kann, muss sie für jede Konsortialbank in Höhe des auf sie entfallenden maximalen Rückhaftungsbetrages ein Kreditlinie eröffnen oder eine bereits bestehende Kreditlinie in entsprechender Höhe belasten. Dies ermöglicht auch für Großkreditzwecke – unter den Voraussetzungen des Art. 403 CRR (entspricht im Wesentlichen dem § 13 Abs. 1 GroMiKV aF) – eine Verteilung des Kreditrisikos auf Basis der Konsortialquoten; → Rn. 12c und in der dortigen Fn.

460 Vor Beginn der Eurokrise 2011 und jedenfalls vor Beginn der Finanzmarktkrise 2008/2009 hat man hier in den wenigen Fällen, in denen bei extrem großvolumigen Avalfazilitäten ein derartiges Konzept vorgesehen wurde, manchmal pauschal Regierungsanleihen der EUR-Länder vorgesehen. Hier wird man aus heutiger Sicht deutlich restriktiver sein, obwohl dies – aus rein kapitalunterlegungstechnischen Gründen – im Rahmen des Standardansatzes (s. Art. 114 Abs. 4 CRR), der gem. der in Art. 148 Abs. 1 i. V. m 150 Abs. 1 (d) (ii) CRR eröffneten Option auch Instituten mit IRB-Ansatz offen steht, nicht geboten ist, sofern es sich nur um Schuldtitel einer Zentralregierung des Europäischen Wirtschaftsraumes handelt und Währungskongruenz mit der Refinanzierungswährung besteht.

461 Eine solche Möglichkeit von Anfang an vorzusehen, zwingt die Kreditgeber allerdings dazu, im Kreditprozess von vornherein die maximale Laufzeit genehmigen zu lassen und auch die Konditionsausgestaltung auf Basis der maximalen Laufzeit vorzunehmen.

462 Üblicherweise wird die Entscheidung der Kreditgeber in diesem Fall 30 Tage vor Ablauf der Ursprungslaufzeit eingefordert. Diese Frist hat sich auf Basis früher geltender Vorgaben für Einjahresfazilitäten eingebürgert. Nach altem Kapitalunterlegungsrecht (noch vor Basel II) genossen Kreditlinien mit einer Laufzeit von bis zu einem Jahr eine völlige Befreiung von einer Kapitalunterlegungspflicht. Sofern ein Kreditgeber sich zu einer Verlängerung um ein weiteres Jahr (gerechnet vom ursprünglichen Laufzeitende)

am Ende des ersten Jahres der Laufzeit und, in der Regel ein zweites Mal, am Ende des zweiten Jahres der Laufzeit liegen. Der Verlängerungszeitraum ist jeweils ein Jahr, so dass sich bei erfolgreicher zweimaliger Verlängerung die Ursprungslaufzeit um zwei Jahre verlängert.[463] Für den Kreditnehmer hat diese Ausgestaltung den Vorteil, dass der Kreditentscheidungsprozess bei den Kreditgebern bezüglich der Verlängerung in zeitlicher Nähe zum ursprünglichen Kreditgenehmigungsprozess durchgeführt wird und – eine erfolgreiche Verlängerung jedenfalls mit dem größten Teil des Kreditkonsortiums vorausgesetzt – sowohl nach dem ersten als auch nach dem zweiten Jahr der Laufzeit die ursprüngliche Anfangslaufzeit wieder hergestellt wird, was Planungs- und Finanzierungssicherheit bewirkt. Ergänzt werden solche Verlängerungsoptionen in der Regel durch Klauseln, die es zulassen, zur Ersetzung nicht zustimmender Konsorten (die sodann zur Übertragung ihrer Kreditbeteiligung verpflichtet sind), neue Kreditgeber in das Syndikat aufzunehmen, die bereit sind, die verlängerte Laufzeit mitzugehen. Solche Aufnahmeklauseln können (theoretisch) auch vorsehen, dass neue Kreditnehmer erst zum Ende der ursprünglichen Laufzeit aufgenommen werden, in diesem Fall verbleiben die nicht zustimmenden Konsorten zunächst im Kreditgebersyndikat. Letztere Gestaltung führt jedoch bis zum Ende der ursprünglichen Laufzeit insoweit zu einer Verdopplung der kapitalunterlegungspflichtigen Kreditzusagen *(„Commitment")* – zum einem die zunächst bestehen bleibende des nicht zustimmenden Kreditgebers und zum anderen die (latente) des übernehmenden Kreditinstitutes.

85a Eine Weiterentwicklung dieses Konzeptes mit dem Ziel einer vorzeitigen Verlängerung der Laufzeit stellt die Aufnahme einer neuen Kreditfazilität dar, deren Abschlussdatum deutlich vor dem Laufzeitende der alten Kreditfazilität liegt, deren erste Inanspruchnahme aber erst zu deren Laufzeitende erfolgen soll (sog. ***forward start facility***). Mit dieser Vorgehensweise kann sich ein Kreditnehmer bereits lange vor Ablauf der Laufzeit der Altfazilität **Finanzierungssicherheit** verschaffen, behält aber die Kreditgeber, die sich nicht an der *forward start facility* beteiligen, für den Rest der Laufzeit der Altfazilität in der Pflicht (zB wegen der im Vergleich zum aktuellen Marktumfeld günstigeren Konditionen). Die Kreditgeber, die sich an der *forward start facility* beteiligen, erhalten – wenn die Marktverhältnisse das erfordern und sofern sie auch an der Altfazilität beteiligt sind – neben bestimmten Einmalgebühren eine Zusatzmarge unter der zunächst fortlaufenden Altfazilität. Diese wird jedoch im Vertrag über die *forward start facility* oder einer Nebenvereinbarung geregelt, so dass sie nur den Kreditgebern geschuldet ist, die an beiden Fazilitäten teilnehmen.[464]

vor Ablauf der alten Laufzeit verbindlich zurückäußern musste, hatte dies strenggenommen aber eine neue Restlaufzeit von über einem Jahr zur Folge, da der Verlängerungszeitraum erst ab dem ursprünglichen Endfälligkeitstag zu laufen begann. Die deutsche Aufsicht hatte insoweit im Hinblick auf die zwangsläufig vor dem ursprünglichen Endfälligkeitstag anfallenden Entscheidungs- und Mitteilungsprozesse eine Karenzfrist von bis zu 30 Tagen eingeräumt (15 Tage bei bilateralen Krediten), die englische Aufsicht war noch etwas großzügiger. Vor diesem Hintergrund wurde die 30-Tages-Frist bei Einjahresfazilitäten mit Verlängerungsoption allg. üblich und dies hat als Usance Eingang in alle Formen der Verlängerungsoption, nicht nur bei Einjahresfazilitäten, gefunden.

[463] Sog. 3+1+1 oder 5+1+1-Gestaltungen, je nachdem, ob die Ursprungslaufzeit drei oder fünf Jahre beträgt.

[464] Dies ist zulässig – ein allg. Gleichbehandlungsgrundsatz, der derartige Regelungen unzulässig machen würde, ist in den Kreditverträgen nicht niedergelegt. Eine doppele Kreditzusage (und damit eine doppelte Kapitalunterlegungspflicht) besteht für diese Kreditgeber nicht, da die neue Fazilität erst nach/mit vollständiger Rückführung der Altfazilität in Anspruch genommen werden kann. Unterscheidet sich bei einem Kreditgeber die Höhe der Kreditzusage unter der *forward start facility* von der unter der Altfazilität, ist während der Laufzeit der Altfazilität grds. der höhere von beiden Beträgen für Kapitalunterlegungszwecke einzumelden. Dies dürfte auch gelten, wenn der höhere Betrag unter der – noch nicht „aktivierten" – *forward start facility* zugesagt ist – der Lauf des Kalenders lässt sich vom Kreditgeber nicht aufhalten.

5. Freiwillige vorzeitige Rückzahlung *(voluntary prepayment)*

86 Dem Kreditgeber wird regelmäßig ein Recht zur freiwilligen vorzeitigen Tilgung eingeräumt.[465] Einzige Beschränkungen sind insoweit, dass eine angemessene Vorankündigungszeit einzuhalten ist[466] und der Betrag der Rückzahlung einen vorgegebenen Mindestbetrag[467] erreichen muss. Bei Tilgungsdarlehen, die in der Regel eine kurze Inanspruchnahmefrist haben, wird eine solche vorzeitige Rückzahlung vor Ende der Inanspruchnahmefrist in der Regel nicht zugelassen,[468] das Tilgungsdarlehen soll nicht zu einer revolvierenden Kreditlinie umfunktioniert werden.[469] Bei Tilgungsdarlehen mit einer ratenweisen Rückzahlung ist des Weiteren festzulegen, in welcher Weise freiwillige Rückzahlungen mit den Tilgungsraten verrechnet werden. In Betracht kommen die umgekehrt chronologische, eine chronologische, eine *pro ratarische* Verrechnung oder aber eine Verrechnung nach Wahl des Kreditnehmers.[470]

6. Zwingende vorzeitige Rückzahlung *(mandatory prepayment)*

87 Ob und bei welchen Ereignissen eine vorzeitige Pflichtrückzahlung vorgesehen wird, hängt – abgesehen von dem immer vorgesehenen aber wenig praxisrelevanten Fall der **Illegalität**[471] – von den Umständen des Einzelfalls und dem Verhandlungsergebnis der Parteien ab. Regelmäßig wird man zumindest ein Recht vorsehen, bei Eintritt eines **Kontrollwechsels**[472] eine vorzeitige Rückzahlung zu verlangen. Das deutsche *LMA*-Muster hält hierfür eine Klausel vor,[473] die aber hinsichtlich ihrer wesentlichen Einzelheiten ausfüllungsbedürftig ist. So ist festzulegen, ob auf einen Kontrollverlust eines etwaig bei Vertragsschluss vorhandenen kontrollierenden Aktionärs/Gesellschafters abgestellt wird oder (nur) auf den Kontrollerwerb durch einen Dritten. Des Weiteren ist festzulegen,[474] ob bei Eintritt des Kontrollwechsels sofort die Verpflichtung zu weiteren Kreditausreichungen ausgesetzt wird,[475] ob das Recht, die vorzeitige Rückzahlung zu verlangen, nur durch die Mehrheitsbanken oder durch jeden Kreditgeber für seinen Anteil am Kredit ausgeübt werden kann,[476] wie ***„control“*** definiert wird[477] und ob mehrere Personen für die Zwecke des Kontrollerwerbes als ***„acting in concert“*** angesehen werden.[478]

---

[465] *Clause* 8.5 *LMA-GER* betreffend revolvierende Kreditlinien; *Clause* 8.4 *LMA-GER* betreffend Tilgungsdarlehen.

[466] Der *LMA-GER*-Mustervertrag macht insoweit keine Vorgaben, üblich sind zwischen fünf und 15 Tagen.

[467] Wird in Abhängigkeit von der Größe der Fazilität und der Anzahl der Konsorten festgelegt. Die Festlegung eines Mindestbetrages dient daher allein administrativer Vereinfachung und führt – angesichts der im Verhältnis zur Gesamthöhe des Kredites üblicherweise geringen Höhe – nicht zu einer substantiellen Einschränkung des Kündigungs-/Rückzahlungsrechtes. Sie stellt daher entgegen der Auffassung von *Diem* § 13 Rn. 18 keine(n) „Ausschluss“ oder „Erschwernis“ iSv § 489 Abs. 4 Satz 1 BGB dar.

[468] *Clause* 8.4 (b) *LMA-GER*.

[469] Zwingend ist dies allerdings nicht: gerade bei Tilgungsdarlehen mit längerer Inanspruchnahmefrist kann es sinnvoll sein, auch während der Inanspruchnahmefrist freiwillige vorzeitige Rückzahlungen (idR sodann unter gleichzeitiger Reduzierung der Kreditlinie) zuzulassen.

[470] Naturgemäß wird eine umgekehrt chronologische Verrechnung einen Kreditnehmer je nach Liquiditätslage und -planung davon abhalten, überhaupt eine solche freiwillige Tilgung vorzunehmen.

[471] *Clause* 8.1 *LMA-GER*. Hauptanwendungsbeispiel hierfür sind die UN/EU-Embargos. Für die Aussetzung der Kreditausreichungsverpflichtung (*Clause* 8.1 (b) *LMA-GER*) würde es einer Klausel im Kreditvertrag allerdings nach deutschem Recht nicht bedürfen, vgl. die Ausführungen in der Fn. zu → Rn. 21.

[472] Hierzu bereits → Rn. 20.

[473] *Clause* 8.2 *LMA-GER*.

[474] *Clause* 8.2 (a) *LMA-GER*.

[475] *Clause* 8.2 (a) (ii) *LMA-GER*.

[476] *Clause* 8.2 (a) (iii) *LMA-GER;* marktüblich ist – auch in Hinblick auf die möglicherweise sehr unterschiedliche Situation bei den Kreditgebern, wenn es zur Bildung einer neuen Kreditgebereinheit gem. § 19 Abs. 2 KWG kommt – das Einzelkündigungsrecht.

[477] *Clause* 8.4. (b). In Bezug auf den Kontrollerwerb ist es – bei Aktiengesellschaften – üblich, auf den Erwerb von „mehr als 50 % der Stimmrechte“ abzustellen, vereinzelt wird der Schwellenbetrag in Anlehnung an § 29 Abs. 2 WpÜG aber auch auf 30 % gesetzt.

[478] *Clause* 8.2 (c) *LMA-GER;* hier wird – bei deutschen Kreditnehmern – idR auf § 2 Abs. 5 oder § 30 Abs. 2 WpÜG Bezug genommen.

88 Die Praxis zeigt jedoch, dass es bei Eintritt eines Kontrollwechsels relativ selten zur Ausübung der Rechte unter diese Klausel kommt. So kann es sein, dass das erwerbende Unternehmen auch zugleich für die Refinanzierung der Kreditfazilität durch eine neue Fazilität im Rahmen eines Gesamtfinanzierungspakets sorgt oder aber dass das Zielunternehmen nach formeller Ankündigung der Übernahmeabsicht im Interesse der Finanzierungssicherheit an seine Kreditnehmer mit dem Antrag herantritt, einer Abänderung der Kontrollwechselklausel zuzustimmen. Gegenstand der Änderung ist sodann, dass der ggf. bevorstehende Kontrollwechsel von den Pflichtsondertilgungen angenommen wird.[479] In diesem Kontext stellt sich sodann die **Frage,** ob derartige **Änderungen der Kontrollwechselklausel** nur der **Zustimmung der Mehrheitsbanken** bedürfen, wenn die Kontrollwechselklausel selbst nicht in den Katalog der Klauseln aufgenommen wurde, bei denen gem. ausdrücklicher Anordnung im Vertrag eine Änderung oder ein Verzicht der Zustimmung aller Kreditgeber bedarf (sog. *entrenched provisions*).[480] Seitdem der LMA-Mustervertrag nunmehr die Aufnahme der Kontrollwechselklausel – optional – ausdrücklich in den Katalog der nur mit Zustimmung aller Kreditnehmer abänderbaren Klauseln aufgenommen hat[481], dürfte man, sofern die Parteien diese Option nicht aufnehmen, von einer bewussten Entscheidung ausgehen. Dies erschwert es, ggf. im Weg der Auslegung unter Heranziehung anderer Fallgruppen der *entrenched provisions* das Erfordernis der Zustimmung aller Kreditgeber herzuleiten; dies dürfte allenfalls noch bei Altfällen aus der Zeit vor Neufassung des Musters *LMA-GER* gehen.[482] Für die Beratungspraxis gilt daher, dass, sofern man kreditgeberseitig ein *all lenders*-Erfordernis eindeutig verankern will, dies nur durch ausdrückliche Aufnahme der Kontrollwechselklausel in den Katalog der *entrenched provisions* sichergestellt werden kann. Ansonsten wird man, jedenfalls bei Verwendung einer Kontrollwechselklausel mit einer Rechtsfolgenregelung gem. dem *LMA*-Mustervertrag, davon ausgehen müssen, dass eine Änderung mit Zustimmung der Mehrheitsbanken möglich ist.[483]

89 Auch andere Ereignisse können, wenn dies von den Parteien so vereinbart wird, vorzeitige Pflichttilgungen auslösen. In Betracht kommen hier vor allem **Pflichttilgungen aus Erlösen von Veräußerungen bestimmter Vermögensgegenstände** (und, als funktionelles Äquivalent hierzu beim Untergang von Vermögensgegenständen aufgrund eines Versicherungsfalles, aus **Versicherungsleistungen**),[484] dem Erlös einer **Anleiheemission** (oder sonstiger der (teilweisen) Refinanzierung der Kreditlinie dienender Fremdmittelaufnahmen) oder einer **Kapitalerhöhung.** Insoweit sind einige rechtliche Probleme zu beachten, die sich auch auf die Ausformulierung der Klauseln auswirken:

89a Erfolgt eine Veräußerung von Vermögensgegenständen auf Tochtergesellschaftsebene, steht die hieraus resultierende Liquidität der Obergesellschaft nicht notwendigerweise voll und oft nur mit gewissen Verzögerungen zur Verfügung, wenn die Durchreichung nach oben in Form eines konzerninternen Darlehens auf gesellschaftsrechtliche oder steuerliche Probleme stößt (sog. ***trapped cash***).[485] Der Kreditnehmer wird daher darauf drängen, nur in Höhe des

---

[479] Dies wird ggf. mit weiteren Anpassungen im Kreditvertrag einhergehen, um die Kreditwürdigkeit des Unternehmens vor Eingriffen der Obergesellschaft zu schützen – sog. *ring fencing.* Hier kommen insbesondere Dividendenbeschränkungen, Beschränkungen im Bezug auf den Abschluss von Unternehmensverträgen sowie der Wechsel der Rechtsform (insbesondere, wenn der Kreditnehmer die Rechtsform der Aktiengesellschaft hat) sowie Beschränkungen betreffend das Eingehen von Veräußerungs- und Erwerbsgeschäften mit der neuen sowie der Kreditvergabe an die neue Obergesellschaft in Betracht.

[480] S. *Clause* 35.2 *LMA-GER*. Hierzu auch → Rn. 209.

[481] S. *Clause* 35.2 *LMA-GER*.

[482] Einschlägig könnten, je nach konkreter Ausgestaltung der Rechtsfolgenregelung in den Kontrollwechseln (hier wird oft vom Mustertext abgewichen), die Fallgruppe der *Clause* 35.2 (b) *LMA-GER* sein (jedenfalls, wenn bei Änderung der Klausel der Kontrollwechsel bereits eingetreten war).

[483] Ist die Kontrollwechselklausel allerdings so gefasst, dass nach Eintritt des Kontrollwechsels eine Fortsetzung des Kreditverhältnisses „nur mit Zustimmung aller Kreditgeber" erfolgt, dann dürfte jedoch jedenfalls *Clause* 35.2 (g) *LMA-GER* einschlägig sein und somit eine Abweichung/Änderung der Zustimmung aller Kreditgeber bedürfen.

[484] S. die Formulierungsvorschläge in *Clause* 13.2 *LMA-LEV.*

[485] Ein Sonderfall ist der der Tochtergesellschaft in Form einer (deutschen) Aktiengesellschaft (eher selten, aber im Gefolge einer Übernahmefinanzierung bis zu einem etwaigen Rechtsformwechsel anzutreffen), insbes. wenn die Beteiligung an dieser (neuen) Tochtergesellschaft mit den Kreditmitteln erworben wurde.

Betrages, der als Liquidität auch tatsächlich oben ankommt, zu einer vorzeitigen Pflichttilgung verpflichtet zu sein. Die Kreditgeber werden im Gegenzug den Kreditnehmer dazu verpflichten wollen, alle vernünftigen kaufmännischen Anstrengungen zu unternehmen, um die auf Tochtergesellschaftsebene generierte Liquidität nach oben auszuschütten oder in sonstiger Form durchzureichen.

Welchen Aufwand der Kreditnehmer betreiben und welche Belastungen, auch steuerlicher **90** Art, er ggf. in Kauf nehmen muss, wird hierbei nicht selten im Vertrag präzise ausformuliert, insbesondere dann, wenn bei Vertragsschluss bereits feststeht, dass es zu nennenswerten Veräußerungen auf Tochtergesellschaftsebene kommen wird und die Kreditgeber in besonderem Maße an einer zügigen Reduzierung des Kreditvolumens interessiert sind.[486]

Die Verhandlung/Ausformulierung einer Verpflichtung zur vorzeitigen Sondertilgung aus **91** Erlösen einer Anleihe – oder sonstigen Fremdkapitalaufnahmen bereitet in aller Regel keine besonderen kautelarjuristischen Probleme. Wenn auch Fremdkapitalaufnahmen aus Krediten erfasst werden, bedarf es allerdings sorgfältig formulierter Rückausnahmen für solche Kredite, die der Liquiditätsversorgung für den laufenden Geschäftsbetrieb dienen oder die aus sonstigen Gründen zweckgebunden sind.[487] Deutlich größer sind die **Probleme,** die sich bei der Ausgestaltung von Klauseln betreffend **Pflichtsondertilgung aus Kapitalerhöhungserlösen** stellen. Das beruht darauf, dass sehr oft einige der Banken, die Mitglied des Kreditkonsortiums sind, auch dem Übernahmekonsorten einer späteren Kapitalerhöhung angehören werden. Werden diese Banken nunmehr aus den Erlösen der Kapitalerhöhung zurückgeführt, so steht diese Rückzahlung in einem engen sachlichen und rechtlichen Zusammenhang zur Kapitalerhöhung. Dies kann – muss aber nicht – dazu führen, dass der gesamte Vorgang als eine verdeckte Sachkapitalerhöhung zu werten ist.[488] An dieser grundsätzlichen Problematik hat auch das ARUG nichts geändert, lediglich auf der Rechtsfolgeseite haben sich Veränderungen ergeben.[489]

Ob das **Risiko einer Einstufung als verdeckte Sachkapitalerhöhung** besteht, hängt **92** insbesondere auch von den **Modalitäten der Kapitalerhöhung** ab. Denn wenn die emissionsbegleitende Bank (die zugleich Kreditgeber unter dem aus dem Emissionserlös (teilweise) zurückzuzahlenden Kredit ist) sich – unter Beschränkung auf ihre Rolle als fremdnützige Treuhänderin[490] und Intermediär zum Aktionärspublikum – nur um die Platzierung der Aktien bemüht und bei Zeichnung von einer vollständigen Platzierung ausgehen konnte, dann kommt eine Qualifizierung als verdeckten Sacheinlage richtigerweise nicht in Betracht. Der BGH hat diese **Sonderstellung der zeichnenden Emissionsbank** in der sog. Beton- und Monierbau-Entscheidung für den Fall der Zeichnung neuer Aktien im Rahmen einer Kapitalerhöhung mit **mittelbarem Bezugsrecht** nach § 186 Abs. 5 AktG anerkannt.[491]

Soll hier ein Hochschleusen von dort anfallenden Veräußerungserlösen erfolgen, sind die Zulässigkeitsschranken des § 57 und des § 71a AktG zu beachten (vgl. hierzu *Diem/Jahn* § 45 Rn. 24 und Rn. 57). Zu den insoweit bestehenden Erleichterungen bei Vorliegen eines Unternehmensvertrages vgl. → Rn. 109, 115.

[486] Hierfür hält *Clause* 13.2 *LMA-LEV* keine Musterformulierungen vor, sondern nur einen Platzhalter für ausgenommene Erlöse *(„Excluded Disposal Proceeds")*, da dies sehr einzelfallgetrieben ist.

[487] *Trapped cash*-Probleme stellen sich hier in aller Regel nicht, da die nach Berücksichtigung der Rückausnahmen verbleibenden relevanten Mittelaufnahmen (insbesondere Anleiheemissionen und syndizierte Kredite) typischerweise auf Ebene der Konzernobergesellschaft oder durch eine Finanzierungstochtergesellschaft erfolgen.

[488] Zu diesem – seit 2009 ausdrücklich im Gesetz (§ 27 Abs. 3 S. 1 AktG) anerkannten und definierten – Rechtsinstitut generell und seinen Auswirkungen im Emissionsgeschäft ausführlich *Parmentier* ZinsO 2008, 9 ff., noch zur Rechtslage vor Inkrafttreten der durch das ARUG erfolgten Änderungen des Aktienrechts mit zahlreichen Rechtssprechungsnachweisen.

[489] S. hierzu *Habersack* AG 2009, 557 (558); *Bayer/Schmidt* ZGR 2009, 805 (824 f.); *Bezzenberger/Bezzenberger* FS Hopt, 2010, 391 (402): Einführung der Differenzhaftungskonzeptes, das anstelle des Fortbestehens der Einlageforderung tritt (zur alten Rechtslage *Parmentier* ZinsO 2008, 9 (11)) und damit das Risiko des Inferenten deutlich reduziert und *in praxi* idR auch zeitlich limitiert.

[490] Die Treuhänderstellung ergibt sich aus dem drittschützend zugunsten der bezugsberechtigten Aktionäre verankerten Anspruch auf Erwerb der Aktien, s. *Bezzenberger/Bezzenberger* FS Hopt, 2010, 391 (394).

[491] BGHZ 118, 83 (96 f.); s. a. Marsch-Barner/Schäfer/*Meyer* AG-HdB § 8 Rn. 123 mwN, Hölters/*Apfelbacher/Niggemann* § 186 Rn. 108

Diese Privilegierung gilt auch nach Einführung des Differenzhaftungskonzeptes (§ 27 Abs. 3 Satz 3 AktG)[492] Dies gilt unabhängig davon, ob eine Bezugsrechtskapitalerhöhung (typischerweise mit mittelbarem Bezugsrecht – § 186 Abs. 5 AktG) oder eine bezugsrechtsfreie Kapitalerhöhung vorliegt;[493] und auch dann, wenn zB aufgrund so nicht vorhergesehener Veränderung der Marktverhältnisse eine vollständige Platzierung (zunächst) nicht gelingt. Die Stellung als fremdnützige Treuhänderin verlässt die Bank erst und nur insoweit, als sie Rechte aus den Aktien wahrnimmt oder diese durch „Selbsteintritt" erwirbt. Davon dürfte aber erst dann auszugehen sein, wenn die Bank die Aktien dauerhaft erwirbt (sie also nicht mehr mit der Absicht zur Weiterplatzierung hält) oder auf die Erzielung eines Veräußerungserlöses abzielt, der über die mit der Gesellschaft vereinbarte Provision hinausgeht.[494] Es ist aber ohne Weiteres einsehbar, dass die platzierenden Kreditgeberbanken sich mit Blick auf rechtliche Restrisiken ungleich wohler mit einer Situation fühlen, bei der eine Platzierung vollständig (oder fast vollständig mit geringen nachfolgend leicht verwertbaren Restbeständen) gelingt; der Eintritt des Platzierungserfolges liefert sodann nochmals eine Bestätigung sowohl der positiven Platzierungsprognose als auch der Beschränkung des Institutes auf die bloß emissionsbegleitende Funktion. Erfolgt eine Platzierung jedoch unter anderen, atypischen Umständen oder scheitert die Platzierung in erheblichem Maße, so kann es sein, dass die zum Übernahmekonsortium der Kapitalerhöhung gehörenden Kreditgeber es vorziehen, zur Vermeidung von rechtlichen (Rest-)Risiken nicht an einer Rückzahlung aus dem Erlös der Kapitalerhöhung zu partizipieren. Um diese Möglichkeit zu eröffnen, sind sog. ***Opt-out*-Klauseln** üblich geworden, die den emissionsbegleitenden Banken ein derartiges Ausstiegsrecht eröffnen. Der zur Rückzahlung zur Verfügung stehende Erlös wird sodann auf die restlichen Banken des Konsortiums verteilt.[495] Bei der Ausgestaltung der Klausel ist darauf zu achten, dass etwaige Fristen für die Ausnutzung des *Opt-out*-Rechtes nicht zu eng bemessen werden, damit ggf. noch in der Platzierungsphase reagiert werden kann. Auch bietet es sich an, den ablehnenden Kreditgebern ein Aufholrecht bei etwaig nachfolgenden Pflicht- und/oder freiwilligen Tilgungen zu geben,[496] bis wieder eine gleichmäßige Rückführung aller Konsorten erfolgt ist.[497] Die schuldrechtliche Verwendungsabrede in Form der Regelungen zur Pflichttilgung führt auch zu der Fragestellung, ob – sofern Banken des Emissionskonsortiums zu den Kreditgebern gehören – die Mittel dem Unternehmen tatsächlich zur endgültig **freien Verfügung** des Vorstands **(§§ 188 Abs. 2, 36 Abs. 2 AktG)** zugeflossen sind.[498] Nach der Rechtsprechung des BGH und der hL stehen mit „dem Inferenten" getroffene Verwendungsabsprachen der

[492] Hölters/*Apfelbacher/Niggemann* § 183 Rn. 9, *Klein* Die AG 2017, 415 (417f).

[493] *Parmentier* ZinsO 2008, 9 (14 f.); Marsch-Barner/Schäfer/*Busch* AG-HdB § 42 Rn. 101; so letztlich auch *Bezzenberger/Bezzenberger* FS Hopt, 2010, 391 (411 f.); zum Meinungsstand Marsch-Barner/Schäfer/*Busch* AG-HdB § 42 Rn. 42.66.

[494] *Parmentier* ZinsO 2008, 9 (13); Marsch-Barner/Schäfer/*Meyer* AG-HdB § 8 Rn. 123; Marsch-Barner/Schäfer/*Busch* AG-HdB § 42 Rn. 42.66. mwN zum Meinungsstand in der Literatur.

[495] Diese Lösung stößt allerdings dann an ihre Grenzen, wenn – zB weil das Konsortium zu klein ist oder gar nur aus den emissionsbegleitenden Instituten besteht – nicht genügend andere Banken mit Kreditforderungen in entsprechender Höhe zur Verfügung stehen. Ein Aufschub der Rückzahlung zumindest bis zum Ablauf des im Kontext der verdeckten Sachkapitalerhöhung als problematisch angesehenen Zeitraums (das wären wohl zumindest 6 Monate, s. *Parmentier* ZinsO 2008, 9 (11) mwN) ist für den Kreditnehmer idR keine in Betracht kommende Option, da er an der sofortigen Reduzierung seiner Fremdkapitalkosten interessiert ist.

[496] Dies ist besonders praxisrelevant, wenn eine schrittweise Rückführung des Kredites aus mehreren sog. *take outs* (Kapitalerhöhung, Veräußerung bestimmter Unternehmensteile, Anleiheemissionen) geplant ist, von denen die Kapitalerhöhung zeitlich zuerst erfolgt.

[497] Kreditgeber, die nach einer solchen Teilrückführung aus einer Kapitalerhöhung neu dem Konsortium beitreten, tun daher gut daran, sich danach zu erkundigen, ob ihr Recht, an zukünftigen vorzeitigen Rückzahlungen *pro ratarisch* teilzunehmen, durch ein solches Aufholrecht belastet ist.

[498] Die „verdeckte Sacheinlage" und die „fehlende freie Verfügbarkeit" beschreiben zwar nicht den gleichen juristischen Tatbestand – das eine kann vorliegen und das andere nicht und umgekehrt (wobei das Vorliegen einer verdeckten Sachkapitalerhöhung im Fall einer Verwendungsabrede mit dem Inferenten automatisch auch die freie Verfügbarkeit ausschliessen soll, Grigoleit/*Vedder* § 36 AktG Rn 11 mwN). Bei der von Kreditinstituten begleiteten und im Publikum platzierten Barkapitalerhöhung, deren Erlöse für die

freien Verfügbarkeit entgegen, wenn diese zu einem Mittelrückfluss an den Inferenten führen.[499] Richtigerweise wird man aber auch in diesem Kontext in entsprechender Anwendung der oben dargestellten Grundsätze das emissionsbegleitende Institut im Regelfall nicht als „Inferent" ansehen müssen, so dass keine schädliche Verpflichtung zur Rückzahlung an einen Inferenten besteht. Dies entspricht der im Recht der Kapitalaufbringung gebotenen wirtschaftlichen Gesamtbetrachtung[500] und vermeidet einen Wertungswiderspruch mit der Rechtsprechung der BGH zur Priviligierung des emissionsbegleitenden Kreditinstituts im Kontext der verdeckten Sacheinlage.[501]

7. Verrechnung der zwingenden vorzeitigen Rückzahlung

Auch bei der zwingenden vorzeitigen Rückzahlung ist festzulegen, wie sie gegebenenfalls auf einzelne Tranchen und Tilgungsraten angerechnet wird. Hier gelten indes andere Erwägungen als bei der freiwilligen Rückzahlung. Oft enthält der Kredit unterschiedliche Tranchen mit abweichenden Laufzeiten, die ggf. getrennt syndiziert werden. Das zwingt sodann zu ausdifferenzierten Lösungen. So ist es denkbar, dass eine kurzlaufende Tranche allein als Brückenfinanzierung bis zur Durchführung einer Anleihen – oder Bondplatzierung dient. Dann sind entsprechende Erlöse allein zur Tilgung dieser Tranche zur Verwendung während ggf. andere Pflichttilgungen (zB aus nicht konkret geplanten Veräußerungen) die anderen Tranchen tilgen. Bei ratenweiser Tilgung wird man bei der zwingenden vorzeitigen Rückzahlung in aller Regel eine Verrechnung in umgekehrt chronologischer Reihenfolge vorsehen. 93

8. Kündigung durch den Kreditnehmer

Neben dem Recht, den Kredit vorzeitig zurückzuzahlen,[502] steht dem Kreditnehmer auch ein Recht zur Kündigung des ungezogenen Teiles der Kreditlinie zu.[503] Die hier vorgegebenen Kündigungsfristen werden regelmäßig relativ kurz gewählt, die Dauer der Frist wird im Wesentlichen nur von Praktikabilitätserwähnungen im Rahmen eines ggf. großen Konsortiums beeinflusst.[504] 94

Neben dieser die Kreditzusagen aller Kreditgeber des Konsortiums **pro-ratarisch** betreffend Kündigungsmöglichkeit, ist der Kreditnehmer regelmäßig[505] bei vorliegen bestimmter Tatbestände auch berechtigt, nur **einzelne Kreditgeber** heraus zu kündigen. Dies betrifft solche Kreditgeber, bei denen sich ein Quellensteuerproblem ergeben hat oder die *increased cost* geltend gemacht haben.[506] Im Zuge der Finanzmarktkrise hat auch eine Kündigungs- 95

(teilweise) Rückführung von Verbindlichkeiten gegenüber Kreditgebern, die auch Mitglied des zeichnenden Emissionskonsortiums sind, verwendet sollen, werden jedoch beide Aspekte berührt.

[499] BGHZ 122, 180 (185); BGHZ 118, 83 (97); OLG Köln GmbHR 2011, 648 (649); *Hüffer/Koch* § 36 AktG Rn. 9; Grigoleit/*Vedder* § 36 AktG Rn 11 jeweils mwN, krit. hierzu K. Schmidt/Lutter/*Kleindieck* AktG § 36 Rn. 26.

[500] S. zu diesem Grundsatz BGHZ 122, 180 (186).

[501] Marsch-Barner/Schäfer/*Busch* AG-HdB § 42 Rn. 42.66, der darauf hinweist, dass ansonsten der BGH in BGHZ 118, 83 hätte durchentscheiden können.

[502] Vgl. → Rn. 86.

[503] *Clause* 8.3 *LMA-GER*.

[504] Selbst diese kurzen Fristen werden bei einer nachfolgenden Refinanzierung in aller Regel mit Zustimmung der Mehrheitsbanken (deren Zustimmung reicht nach den in den Verträgen reflektierten Marktusancen, s. *Clause* 8.3 *LMA-GER*) so verkürzt, dass eine Kündigung mit sofortiger Wirkung möglich ist. Dies erlaubt es, bei der Refinanzierung mit der Kündigung zu warten, bis die neue Finanzierung unterschrieben und alle *conditions precedent* erfüllt sind, um so einerseits eine lückenlose Durchfinanzierung zu erreichen und andererseits eine Doppelbelastung mit Bereitstellungsgebühr zu vermeiden.

[505] S. *Clause* 8.6 *LMA-GER*.

[506] Diese Kündigungsrechte kommen in der Praxis eigentlich nicht zur Anwendung: Quellensteuerprobleme werden regelmäßig durch entsprechende Zusammenstellung des Konsortiums oder Wahl geeigneter Buchungslokationen vermieden und *increased costs*-Ansprüche sind extrem selten geltend gemacht worden; letztere würden ohnehin – sofern ein gewichtiger *increased costs*-Tatbestand eintreten sollte – idR alle oder

möglichkeit in Bezug auf sog. ***defaulting lender***[507] Einigung in die Kreditdokumentation gefunden.

96 Das Einzelkündigungsrecht gegenüber von Quellensteuer oder *increased costs* betroffenen Kreditgebern kann auch mit dem Recht kombiniert werden, statt der Kündigung (mit der Folge des teilweisen Fortfalles von Kreditvolumen) von dem betroffenen Kreditgeber die **Übertragung der Kreditbeteiligung** (zu pai in Bezug auf übernommenen Forderungen) auf einen anderen, ggf. völlig neuen Kreditgeber vorzusehen, so dass das Gesamtkreditvolumen erhalten bleibt.[508]

VII. Personalsicherheiten und dingliche Besicherung

1. Allgemeine Erwägungen

97 Die Notwendigkeit, Sicherheiten zu bestellen, hängt von der **Wirtschafts- und Vermögenslage des Kreditnehmers** sowie von **strukturellen Erwägungen** zur Stellung des Kreditnehmers innerhalb seiner Unternehmensgruppe und deren Gesamtfinanzierung ab. Ist der Kreditnehmer zB eine operativ nicht tätige Obergesellschaft, eine Zwischenholding oder ein Finanzierungsvehikel oder nimmt er die Finanzierung zur Weiterleitung an mit ihm verbundene Unternehmen auf, sind die Kreditgeber gegenüber Gläubigern anderer Gruppenmitglieder strukturell subordiniert, da diese einen unmittelbaren Zugriff auf das Vermögen ihres operativ tätigen Schuldners haben. Nur im oberen ***investment grade*-Bereich** wird unabhängig von strukturellen Erwägungen auf dingliche Sicherheiten verzichtet und nur eine Garantie der Obergesellschaft der Gruppe für Inanspruchnahmen ihrer Tochtergesellschaften gefordert. Hingegen erwarten Kreditgeber schon im unteren *investment grade*-Bereich nicht selten die schuldrechtliche Mithaftung anderer Gruppengesellschaften. Dingliche Sicherheiten werden hingegen meist nur für Finanzierungen im ***sub-investment grade*- und *leverage*-Bereich** bestellt. Da die wirtschaftliche Leistungsfähigkeit der Verpflichteten und die Struktur einer Gruppe ständigen Veränderungen unterworfen ist, wird zudem häufig vereinbart, dass die Kreditnehmer dafür Sorge zu tragen haben, dass weitere Gruppenmitglieder als Garanten beitreten und dingliche Sicherheiten bestellen, wenn im Hinblick auf bestimmte Kennzahlen, wie Ertrag, Umsatz und Vermögen, die Garanten und Sicherungsgeber in der Summe einen vertraglich festgelegten Prozentsatz des Ertrages, Umsatzes und Vermögens der Gruppe unterschreiten.[509]

97a Die nachfolgenden Ausführungen beschränken sich auf die Folgen der Bestellung von Sicherheiten für die Gestaltung von Konsortialkreditverträgen bei deren Abschluss. Ein näheres Eingehen auf die Frage, welche Auswirkungen spätere Änderungen des Konsortialkreditvertrages auf den Fortbestand der Sicherheiten haben,[510] würde den Rahmen dieser

---

viele Banken des Konsortiums in gleicher Weise treffen, so dass die Einzelkündigung aus Sicht des Kreditnehmers sodann keine echte Lösung darstellen würde.

[507] Kreditgeber, die ihren Verpflichtungen zur Kreditausreichung nicht nachgekommen sind (ausgenommen ist der Fall des *good faith*-Disputes), die ihre Verpflichtung in Abrede stellen *(repudiate)* oder – das ist der im Vordergrund stehende Tatbestand – die Gegenstand eines Insolvenz- oder sonstigen Ordnungsverfahren aufsichtsrechtlicher Natur geworden sind, s. Definition *„Insolvency Event"* in *Clause* 1.1 *LMA-LEV.* Vgl. hierzu und zur sachgerechten Beschränkung der insoweit in Bezug zu nehmenden aufsichtsrechtlichen Eingriffsnormen auch die Ausführungen am Ende des Abschnittes → Rn. 201a und in der dortigen Fn.

[508] *Clause* 8.6 (d) *LMA-GER.* Diese Übertragungsmethode wurde in Folge der Lehman-Insolvenz bereits ohne zugrundeliegende vertragliche Pflicht (die nicht notwendigerweise insolvenzfest sein dürfte) praktiziert. Für den Insolvenzverwalter des Kreditgebers stellt die Fortführung eines Kreditverhältnisses in der Regel keine Option dar (aus administrativen wie ökonomischen Gründen) und dann ist es besser, freiwillig die Kreditbeteiligung zu übertragen und die Masse nicht bei einer etwaigen künftigen Ziehung unter dem Kredit mit Verbindlichkeiten zu belasten.

[509] *Clause* 1.1 Definition *„Material Company"*, 31.4 (c) *LMA-LEV.*

[510] An dieser Stelle sei nur darauf hingewiesen, dass eine Vertragsänderung, einschließlich einer Verlängerung des Endfälligkeitstages *(„Termination Date")*, die Kontinuität des Schuldverhältnisses grds. unberührt lässt, so dass es anders als im Falle einer Refinanzierung nicht zu einer Novation durch Abschluss neuer Verträge

Darstellung ebenso sprengen, wie ein Eingehen auf die Besonderheiten der Dokumentation von Sicherheiten im Kontext internationaler Konsortialkredite oder die Erfordernisse der CRR an die Anerkennungsfähigkeit einer Besicherung als eigenkapitalentlastend[511] würde den Rahmen dieser Darstellung übersteigen.

2. Personalsicherheiten

Bei internationalen Finanzierungen werden Personalsicherheiten nahezu ausnahmslos in Form von **Garantien**[512] bestellt. Jeder Garant haftet selbstständig für die vollständige und fristgerechte Erfüllung aller gegenwärtigen und künftigen Verpflichtungen der Kreditnehmer unter den Finanzierungsdokumenten.[513] Mehrere Garanten haften als Gesamtschuldner. Die **Bürgschaft** (§ 765 BGB) und die **gesamtschuldnerische Haftung** (§ 421 BGB) spielen in internationalen Finanzierungen eine zu vernachlässigende Rolle und werden allenfalls dann verwendet, wenn ausnahmsweise eine natürliche Person die Mithaftung übernimmt. Ein Grund für die Bevorzugung der Garantie ist die Abstraktheit als selbständiges Zahlungsversprechen, das zusätzlich zur Schuld der Kreditnehmer abgegeben wird und von Bestand und Durchsetzbarkeit der gesicherten Schuld ebenso unabhängig ist, wie vom Schicksal anderer Sicherheiten.[514] Seit zum Zwecke des Risikomanagements verstärkt *credit default swaps* zum Einsatz kommen, ist eine Garantie aber auch deshalb gefordert, weil bei Kreditvergabe an mehrere Gruppengesellschaften eine ***ISDA Qualifying Guarantee*** der Obergesellschaft der Gruppe erforderlich ist.[515] Unterliegt die Garantie deutschem Recht, wird wegen der hohen Anforderungen, die der BGH unter AGB-rechtlichen Gesichtspunkten an die Bürgschaft auf erstes Anfordern gestellt hat, im Vertragsmuster der *LMA* in Abkehr von der früheren Marktpraxis darauf verzichtet, die Garantie als auf erstes Anfordern zahlbar auszugestalten.[516] Die Garantie ist Teil des Kreditvertrages, um auf einfache Weise zu ermöglichen, Bestätigungen **98**

kommt. Dies gilt unabhängig davon, wie die Vertragsänderung vertragstechnisch umgesetzt wird, also auch für den Fall, dass einem Änderungsvertrag *(amendment and restatement agreement)* der geänderte Konsortialkreditvertrag *(amended and restated facility agreement)* im Volltext als Anlage beigefügt wird.

511 Eine Darstellung der Anforderungen an Kreditrisikominderungstechniken nach Art. 192 ff. CRR und deren Auswirkungen auf Sicherungsvereinbarungen im Zusammenhang mit Konsortialkrediten findet sich bei *Steinhauer* WM 2014, 1264 und *Zoepffel* WM 2014, 928. Nach Art. 194 Abs. 1 CRR muss jedes kreditgebende Institut insbes. zum Zwecke der Anerkennungsfähigkeit einer Besicherung als eigenkapitalentlastend gewährleisten, dass die Besicherung in allen relevanten Rechtsräumen rechtswirksam und durchsetzbar ist, und auf Anforderung der zuständigen Behörde ein unabhängiges, schriftliches und mit einer Begründung versehenes *(reasoned)* Rechtsgutachten *(legal opinion)* bereitstellen, welches die Rechtswirksam- und Durchsetzbarkeit der Sicherungsvereinbarung bestätigt (s. *EBA Single Rulebook Q&A – Question* 2013_23 (http://www.eba.europa.eu/single-rule-book-qa/-/qna/view/publicId/2013_23#search)).

512 Der Garantievertrag ist eine im deutschen Recht gesetzlich nicht geregelte, formfreie Vereinbarung *sui generis* (BankR-HdB/*Nobbe* § 92 Rn. 1 ff.).

513 *Clause* 18 *LMA-GER*. Zutreffend bejaht *Steinhauer* (von den Sonderfällen der Vereinbarung von *limitation language* abgesehen, vgl. → Rn. 105ff) die grundsätzliche Anerkennungsfähigkeit einer dem LMA-Standard entsprechenden Garantie als eigenkapitalentlastend gem. Art. 192 ff. CRR, vgl. *Steinhauer* WM 2014, 1264 (1267 ff.).

514 Eine Bürgschaft ist, soweit sie nicht selbstschuldnerisch bestellt wurde, nicht nur von Bestand und Durchsetzbarkeit der verbürgten Hauptforderung abhängig, sondern erlischt nach § 776 BGB durch Aufgabe einer weiteren für dieselbe Hauptforderung bestehenden Sicherheit und führt zudem zu einer Einschränkung der Verrechnungsfreiheit des Kreditgebers im Verhältnis zum Bürgen (vgl. *Derleder* S. 817ff). Ein Verzicht des Bürgen, mit dem das Erlöschen der Bürgschaft rückgängig gemacht werden soll, unterliegt als Neubegründung dieses Schuldverhältnisses der Form des § 766 BGB, vgl. BGH XI Urt. v. 4.6.2013 – ZR 505/11, NJW 2013, 2508.

515 *Definition Qualifying Guarantee* 2014 *ISDA Credit Derivative Definitions.* Die Ausgestaltung der Garantie unter *Clause* 18 *LMA-GER* erfüllt die Anforderungen an eine *ISDA Qualifying Guarantee.* Dies war unter den 2003 *ISDA Credit Derivative Definitions* nicht der Fall, wenn die Garantie (wie früher nicht selten bei schweizerischen Garanten) auf einen Höchstbetrag beschränkt würde, da eine *Qualifying Guarantee* nur gegeben war, wenn *„all amounts under the Underlying Obligation"* garantiert werden. Die 2014 *ISDA Credit Derivative Definitions* haben das Konzept eines *Fixed Cap* eingeführt und erlauben nunmehr eine betragliche Beschränkung.

516 *Clause* 18.1 letzter Satz *LMA-GER*. Ob diese Vorsicht nach wie vor geboten ist, mag nach OLG Stuttgart WM 2011, 691 ff. bezweifelt werden. Ausführlich hierzu *Schulz/Mettke* WM 2014, 54.

und Verpflichtungen, die sich auf die gesamte Gruppe erstrecken, unmittelbar von Garanten für sich selbst und ihre Tochtergesellschaften abzugeben bzw. zu übernehmen.

3. Dingliche Besicherung

99 Sind dingliche Sicherheiten gefordert, entscheiden kreditmaterielle Erfordernisse (die in gewisser Weise auch durch die Erwartungshaltung des Marktes geprägt werden) sowie die wirtschaftlichen und rechtlichen Rahmenbedingungen, an welchen Vermögensgegenständen und von welchen Mitgliedern der Gruppe Sicherheiten bestellt werden.[517] Sicherungszweck ist in aller Regel die Erfüllung der gegenwärtigen und künftigen Ansprüche der Finanzierungsparteien gegen die Verpflichteten unter den Finanzierungsdokumenten **(enger Sicherungszweck).**[518] Dingliche Sicherheiten verwaltet ein **Sicherheitenagent** *(„Security Trustee")* für alle Finanzierungsparteien auf Basis der Bestimmungen des Konsortialkreditvertrages und/oder einer gesonderten Sicherheitentreuhandvereinbarung sowie der einzelnen Sicherheitenvereinbarungen.[519] Soweit dies unter der Rechtsordnung, die auf die jeweilige Sicherheit Anwendung findet, zulässig ist, wird der **Sicherheitenagent als Treuhänder** auch Sicherungsnehmer.[520] Nach deutschem Recht ist dies jedoch für akzessorische Sicherheiten nicht möglich.[521] Auch viele andere Rechtsordnungen kennen das Konzept des treuhänderischen Haltens von Sicherheiten nicht oder zumindest nicht für alle Sicherungsrechte. Insbesondere bei akzessorischen Sicherheiten muss der Gläubiger der besicherten Forderung selbst als Sicherungsnehmer Partei der Sicherheitenvereinbarung werden.[522] Die naheliegende Konsequenz wäre, akzessorische Sicherheiten den Finanzierungsparteien selbst zu bestellen und nur die administrative Verwaltung beim Sicherheitenagenten zu belassen. Dies steht bei internationalen Finanzierungen jedoch in Konflikt mit der geschäftlichen Notwendigkeit, ohne Neubestellung von Sicherheiten, Forderungen unter den Finanzierungsdokumenten an Dritte abtreten sowie Rechte und Pflichten an Dritte übertragen zu können.[523] Treten Kreditgeber Forderungen ab, gehen akzessorische Sicherheiten unter Beibehaltung des Ranges auf den neuen Gläubiger über.[524] Werden hingegen Rechte und Pflichten durch Vertragsübernahme[525] auf einen neuen

---

[517] Bei Unternehmensfinanzierungen werden häufig nur Gesellschaftsanteile wesentlicher Mitglieder der Gruppe verpfändet. Hingegen ist es im *leverage*-Bereich und bei Restrukturierungen üblich, Sicherheiten über alle wesentlichen Vermögenswerte des Anlage- und Umlaufvermögens (einschließlich Forderungen aus Lieferungen und Leistungen, Bankguthaben, Grundbesitz sowie Patente und andere Schutzrechte der Gruppe) zu nehmen. Die Sicherungsgeber übernehmen idR auch eine Garantie für die Verpflichtungen der Kreditnehmer und sind daher zugleich auch Verpflichtete *(„Obligor")*.

[518] Die Vereinbarung eines weiten Sicherungszweckes kommt nahezu nie vor. Auch werden dingliche Sicherheiten nur selten als Drittsicherheiten bestellt, sondern besichern in der Regel die eigene Verbindlichkeit des Sicherungsgebers unter einer zugleich übernommenen Garantie (*Clause* 18 *LMA-GER*) und der *parallel debt*. Hiermit wird zugleich erreicht, dass eine für die Garantie vereinbarte *limitation language* zugleich auch die dinglichen Sicherheiten erfasst. Vgl. → Rn. 105 ff.

[519] Vgl. → Rn. 184, 188.

[520] Bei diesem doppelseitigen Treuhandverhältnis (*Wenzel* S. 376) handelt sich um eine echte Treuhand, im Gegensatz zur unechten Treuhand (Ermächtigungstreuhand), bei der der Treuhänder nur zu Verfügungen über das Vermögen eines Dritten berechtigt ist (ausführlich BankR-HdB/*Martinek/Omlor* § 97 Rn. 20 ff; *Diem/Jahn* § 52 Rn. 5 ff; vgl. auch Palandt/*Herrler* § 903 Rn. 34 ff.). Zutreffend bejaht *Steinhauer* (von den Sonderfällen der Vereinbarung von *limitation language* abgesehen, vgl. → Rn. 105 ff.) die grundsätzliche Anerkennungsfähigkeit von Sicherheiten als eigenkapitalentlastend gem. Art. 192 ff. CRR auch für den Fall, dass der Sicherheitenagent als Treuhänder dinglicher Sicherungsnehmer wird, den Kreditgebern in der Insolvenz des Sicherheitenagenten nur eine nicht aussonderungsfähige, schuldrechtliche Rechtsposition zusteht und einer Mehrheit der Kreditgeber das Recht eingeräumt wird, über Bestellung, Bestand und Freigabe von Sicherheiten zu entscheiden, vgl. *Steinhauer* WM 2014, 1264 (1267 ff.).

[521] Hypothek (§ 1153 BGB), Schiffshypothek (§§ 24, 51 SchRG), Pfandrecht (§§ 1250, 1273 BGB), Registerpfandrecht an Luftfahrzeugen (§ 98 Abs. 2 LuftfzgG).

[522] *De Meo* S. 15; BankR-HdB/*Hadding,* 3. Aufl., § 87 Rn. 51.

[523] *Danielewsky/Dettmar* WM 2008, 713. Vgl. → Rn. 195 ff.

[524] §§ 401, 53, 1250, 1273 BGB, 51 SchRG, 98 Abs. 2 LuftfzgG. Der schuldrechtlichen Sicherheitenvereinbarung muss der neue Gläubiger zusätzlich beitreten.

[525] Vertragsübernahme ist ein gesetzlich nicht geregeltes einheitliches Rechtsgeschäft, mit dem das Schuldverhältnis als Ganzes übertragen wird (Palandt/*Grüneberg* § 398 Rn. 41 ff.).

Kreditgeber übertragen, entsteht die Forderung auf Rückzahlung zukünftiger Ziehungen unmittelbar in der Person des neuen Gläubigers. Ein Übergang akzessorischer Sicherheiten kraft Gesetzes ist daher bei Vertragsübernahme vor Kreditvalutierung ebenso wie bei Novation nicht möglich.[526] Denkbar wäre eine Aufhebung bestehender Sicherheiten mit anschließender Neubestellung für alle Sicherungsnehmer oder die Bestellung eines weiteren Sicherungsrechts an der nächsten freien Rangstelle (Überbesicherung) verbunden mit einer schuldrechtlichen Gleichrangabsprache zwischen den Sicherungsnehmern. Dies ist wegen der Kosten (insbesondere bei notarieller Beurkundung) sowie wegen Zwischenverfügungs- und Anfechtungsrisiken aber selten ein gangbarer Weg. Daher wurden in der Praxis Konzepte entwickelt, um eine Neu- oder Überbesicherung zu vermeiden.

Mit Hilfe des Vertreter ohne Vertretungsmacht-Konzepts und des Konzepts des offenen Geschäftes, für den es angeht, wird der zukünftige Kreditgeber Sicherungsnehmer und Partei der Sicherheitenvereinbarung. Beim **Konzept des Vertreters ohne Vertretungsmacht** (auch *Future Pledgee*-Konzept gennant) handelt der Sicherheitenagent, wie der Name schon sagt, als vollmachtloser Vertreter für noch unbekannte, künftig dem Konsortialkreditvertrag bzw. der Sicherheitentreuhandvereinbarung beitretende Kreditgeber.[527] Der beitretende Kreditgeber muss die vollmachtlose Vertretung im Zeitpunkt des Beitritts genehmigen. Gemäß § 182 Abs. 2 BGB bedarf diese Genehmigung grundsätzlich nicht der Form des ohne Vollmacht abgeschlossenen Rechtsgeschäftes, so dass die Genehmigung auch bei einer beurkundungspflichtigen Pfandrechtsbestellung formlos erteilt werden kann.[528] Abweichend von § 184 Abs. 1 BGB hat jedoch die Genehmigung eines bei Vertragsschluss unbekannten Vertretenen nach Rechtsprechung und Literatur keine Rückwirkung auf den Zeitpunkt der Willenserklärung des Vertreters.[529] Die akzessorischen Sicherungsrechte entstehen somit für die zukünftigen Forderungen des Vertretenen nicht rückwirkend im gleichen Rang wie für die bereits bekannten Gläubiger, sondern wie bei der Überbesicherung erst im Zeitpunkt der Bestimmung des Vertretenen an der nächsten freien Rangstelle. Es ist daher eine Gläubigervereinbarung erforderlich, um einen schuldrechtlichen Gleichrang zwischen den Kreditgebern herbeizuführen. Insbesondere schützt das Konzept des Vertreters ohne Vertretungsmacht den künftigen Kreditgeber somit nicht vor Zwischenverfügungen. **100**

Beim **Konzept des offenen Geschäftes, für den es angeht** bietet der Sicherungsgeber akzessorische Sicherheiten unbekannten Kreditgebern an, die zu einem späteren Zeitpunkt dem Konsortialkreditvertrag oder der Sicherheitentreuhandvereinbarung beitreten.[530] Mit Unterzeichnung der Sicherheitenvereinbarung erklärt der Sicherheitenagent als Vertreter die Annahme und bestimmt durch Mitwirkung beim Beitritt des künftigen Kreditgebers nach außen erkennbar den Vertretenen. Der neue Kreditgeber wird automatisch (jedoch wiederum nur mit Wirkung *ex nunc*) Partei der Sicherheitenvereinbarung und erwirbt wie bei Überbesicherung ein nachrangiges Sicherungsrecht, da eine Rückwirkung gemäß §§ 177 Abs. 1, 182 Abs. 2, 184 BGB beim offenen Geschäft, für den es angeht nicht möglich ist.[531] **101**

Einen gänzlich anderen Ansatz verfolgt das ***parallel debt*-Konzept.** Statt den zukünftigen Kreditgeber von Anfang an Partei der Sicherheitenvereinbarung werden zu lassen, geben die Verpflichteten zu Gunsten des Sicherheitenagenten ein abstraktes Schuldanerkenntnis (§ 781 **102**

[526] *Danielewsky/Dettmar* WM 2008, 713 (714).

[527] *Förl* RNotZ 2007, 433 (435); *Danielewsky/Dettmar* WM 2008, 713 (715); **aA** *Diem/Jahn* § 54 Rn. 24; *Schmidt* JuS 1987, 425 (431), *Josenhans/Danzmann* WM 2017, 1588 (1589).

[528] *Josenhans/Danzmann* WM 2017, 1588 (1591); **aA** *Förl* RNotZ 2007, 433 (448). *Josenhans/Danzmann* WM 2017, 1588 (1591) stellen darüber hinaus mwN fest, dass bei Verpfändung von GmbH-Anteilen auch § 15 Abs. 3 GmbHG dem Konzept des Vertreters ohne Vertretungsmacht nicht entgegensteht.

[529] *Förl* RNotZ 2007, 433 (435, 449); *Danielewsky/Dettmar* WM 2008, 713 (715); BGH NJW 1998, 62 (63); *Wenzel* S. 390 *Josenhans/Danzmann* WM 2017, 1588 (1591), die zutreffender Weise auch verneinen, dass den Sicherheitenagent als Vertreter ohne Vertretungsmacht eine Haftung nach § 179 BGB treffen kann, da der erforderliche Vertrauenstatbestand in aller Regel auf Grund der ausdrücklichen Vereinbarung des Konzeptes nicht gegeben sein kann.

[530] *Diem/Jahn* § 54 Rn. 17; krit. *Danielewsky/Dettmar* WM 2008, 713 (715); *Schmidt* JuS 1987, 425 (431).

[531] *Diem/Jahn* § 54 Rn. 17ff, 23.

BGB) ab, dessen Höhe ihren gegenwärtigen und zukünftigen Zahlungsverpflichtungen gegenüber den jeweiligen Finanzierungsparteien unter den Finanzierungsdokumenten (Primärforderungen) entspricht und das allein oder neben den Primärforderungen besichert wird.[532] Der Sicherheitenagent erlangt hierdurch ein eigenes, treuhänderisch gehaltenes Recht, Zahlung an sich zu verlangen, diese entgegenzunehmen und die dinglichen Sicherheiten zu verwerten. Es wird also mit anderen Worten ein eigenständiger Schuldgrund geschaffen, so dass weder gegen den sachenrechtlichen Typenzwang noch gegen das Prinzip der strengen Akzessorietät verstoßen wird.[533] Für die Forderung aus dem abstrakten Schuldanerkenntnis entsteht unmittelbar mit Abschluss der Sicherheitenvereinbarung das dingliche Sicherungsrecht im gleichen Rang mit den zugleich bestellten Sicherungsrechten für Primärforderungen bereits bekannter Kreditgeber.[534] Da es vordergründig zu einer Verdoppelung der gesicherten Forderungen kommt, wird häufig gefordert, dass sich die Forderung aus dem abstrakten Schuldanerkenntnis automatisch in der Höhe reduziert, in der die Verpflichteten auf die Primärforderungen zahlen. Zum Teil wird in einer solchen Erstreckung der Tilgungswirkung eine Gefahr für die Abstraktheit des Schuldanerkenntnisses und damit das *parallel debt*-Konzept gesehen.[535] Zur Vermeidung von Risiken soll sich der Sicherheitenagent daher nur verpflichten, seine Forderung aus dem abstrakten Schuldanerkenntnis nicht geltend zu machen, soweit die Primärforderungen erfüllt wurden. Aber auch eine solche schuldrechtliche Verknüpfung ist, wenn auch nicht schädlich, doch zumindest überflüssig. Das abstrakte Schuldanerkenntnis sichert lediglich die Primärforderungen, hat also ihre *causa* in der Erreichung des zwischen Sicherungsgeber und Sicherungsnehmer vereinbarten Sicherungszwecks.[536] Wird dieser Zweck verfehlt, kann das abstrakte Schuldversprechen gemäß § 812 Abs. 2 BGB kondiziert werden und unterliegt der Einrede nach § 821 BGB, wenn der Verpflichtete nachweist, dass die Primärforderungen nicht entstanden oder durch Erfüllung erloschen sind.[537]

103 Eine Abwandlung des *parallel debt*-Konzeptes ist das **Gesamtgläubiger-Konzept,** wonach die Finanzierungsparteien und der Sicherheitenagent Gesamtgläubiger werden. Auch dieses Konzept ermöglicht es, akzessorische Sicherheiten dem Sicherheitenagenten treuhänderisch zu bestellen, ohne jedoch eine zusätzliche selbständige Verpflichtung zu begründen.[538]

104 Keines dieser Konzepte schließt ein anderes zwingend aus. Daher kommen in der Praxis häufig *parallel debt*- und Gesamtgläubiger-Konzept sowie zum Teil auch das Vertreter ohne Vertretungsmacht-Konzept parallel zur Anwendung. Mangels Rechtsprechung verbleiben jedoch Restunsicherheiten. Um diese zumindest dort, wo dies ohne größeren Aufwand

---

532 *Schnauder* NJOZ 2010, 1663; *Danielewsky/Dettmar* WM 2008, 713; *Hoffmann* WM 2007, 1547 (1551); *Hoffmann* WM 2009, 1452; *Wenzel* S. 391 ff.; *Förl* RNotZ 2007, 433 (449 ff); *Willer* AcP 2009, 805 ff; *Diem/Jahn* § 42 Rn. 2; *Heinlein* BKR 2018, 184. Die Insolvenzfestigkeit des *parallel debt*-Konzepts ist sowohl im Falle der Insolvenz des Schuldners des abstrakten Schuldanerkenntnisses als auch des Sicherheitenagenten grds. zu bejahen. S. hierzu auch *Willer* AcP 2009, 805 (825 ff); *Schnauder* NJOZ 2010, 1663 (1669).

533 *Danielewsky/Dettmar* WM 2008, 713 (714); *Schnauder* NJOZ 2010, 1663 (1667).

534 *Danielewsky/Dettmar* WM 2008, 713 (715); *Schnauder* NJOZ 2010, 1663 (1669). *Förl* RNotZ 2007, 433 (454) Fn. 182 will dies jedoch auf den Fall beschränken, dass keine mittelbare Besicherung anderer Forderungen stattfindet; die genaue Tragweite dieser Einschränkung bleibt jedoch unklar.

535 Hierzu ausführlich *Schnauder* NJOZ 2010, 1663 (1667); *Diem/Jahn* § 42 Rn. 3ff, 9; *Willer* AcP 2009, 805 (822); *Josenhans/Danzmann* WM 2017, 1588 (1592).

536 *Schnauder* NJOZ 2010, 1663 (1668); *Hoffmann* WM 2009, 1452 (1455); *Josenhans/Danzmann* WM 2017, 1588 (1592).

537 Sowohl die Primärforderung der Finanzierungsparteien als auch die Forderung des Sicherheitenagenten aus dem abstrakten Schuldanerkenntnis können in der Insolvenz des Schuldners zur Tabelle angemeldet werden, ohne dass dies jedoch zu einer Verdoppelung der Forderungshöhe oder des Stimmrechtes führt. Auch in anderen Fällen (zB bei Gesamtgläubigerschaft), in denen verschiedene Gläubiger dieselbe Leistung fordern können, die der Schuldner jedoch nur einmal zu erbringen hat, ist dies anerkannt und kann durch Vermerk zu Tabelle festgehalten werden.

538 *Diem/Jahn* § 42 Rn. 15; *Danielewsky/Dettmar* WM 2008, 713 (717); *Wenzel* S. 394 ff. Im Hinblick auf das Urt. des BGH v. 5.7.2018 – IX ZR 167/15 sollte auch die Möglichkeit zur Forderungsanmeldung durch jeden Kreditgeber einzeln und zusätzlich durch den Sicherheitenagenten als Gesamtschuldner nunmehr höchstrichterlich entschieden sein.

möglich ist, auszuschließen, wird in der Regel vorgesehen, dass alle Finanzierungsparteien, die im Zeitpunkt der Bestellung akzessorischer Sicherheiten bekannt sind, selbst auch als Sicherungsnehmer Partei der Sicherheitenvereinbarung werden. Die Finanzierungsparteien regeln neben den Rechten und Pflichten des Sicherheitenagenten insbesondere, wie die Sicherheiten zu verwerten und die Erlöse zu verteilen sind.[539] In der Regel wird folgende **Tilgungsreihen- und Rangfolge *(waterfall)***[540] vereinbart: (1) Gebühren, Kosten und Auslagen des Agenten und des Sicherheitenagenten, (2) Zinsen und Gebühren der Kreditgeber,[541] (3) Ansprüche auf Rückzahlung der Darlehensvaluta und (4) alle sonstigen Zahlungsansprüche der Finanzierungsparteien. Innerhalb einer Tilgungsstufe erfolgt bei Gleichrangigkeit die Verteilung auf die besicherten Finanzierungsparteien *pro-rata* entsprechend dem Betrag der jeweils ausstehenden Forderungen bzw. bei Vereinbarung einer Rangfolge zwischen Kreditgebergruppen (*Senior Creditor, Mezzanine Creditor, Junior Creditor*) zunächst an die vorrangige Rangstufe und zwischen den Kreditgebern einer Rangstufe *pro-rata* entsprechend dem Betrag der jeweils ausstehenden Forderungen.

4. Durchsetzungs- und Verwertungsbeschränkungen *(limitation language)*

Gesellschaftsrechtliche Anforderungen an die Kapitalerhaltung (insbesondere §§ 30, 31 GmbHG und §§ 57, 62 AktG) und Liquiditätserhaltung (insbesondere § 64 S. 3 GmbHG und § 92 Abs. 2 AktG) können der Bestellung von Personalsicherheiten sowie dinglicher Sicherheiten für Verbindlichkeiten eines Gesellschafters, einer Person, die einem Gesellschafter gleichgestellt ist, oder einer Schwestergesellschaft (***up-stream*- und *cross-stream*-Sicherheiten**) entgegenstehen. Kapital- und Liquiditätserhaltungsvorschriften haben – von Ausnahmen[542] abgesehen – keine Auswirkungen auf die Wirksamkeit einer trotz Verstoß gewährten Sicherheit[543]. Ein tatsächlicher oder auf Grund rechtlicher Unsicherheiten nicht auszuschließender Verstoß führt jedoch dazu, dass Sicherheiten vom Sicherungsgeber nicht bestellt werden (dürfen) oder Durchsetzungs- und Verwertungsbeschränkungen *(limitation language)* zum Schutz der Geschäftsführer bzw. Vorstände des Sicherungsgebers vereinbart werden.[544] Eine ***limitation language*** lässt den Bestand der Sicherheiten unangetastet. Die Sicherheit kann daher wieder durchgesetzt werden, wenn die vertragliche Beschränkung entfällt. Eine Durchsetzungs- und Verwertungsbeschränkung durch Vereinbarung einer *limitation language* begründet auch keine Nachrangvereinbarung gemäß § 39 Abs. 2 InsO. Der Nachweis der Voraussetzungen der Durchsetzungs- und Verwertungsbeschränkungen ist vom Sicherungsgeber durch Bestätigungen eines Wirtschaftsprüfers zu erbringen. Die Ausgestaltung der *limitation language* richtet sich darüber hinaus nach der Rechtsform des Sicherungsgebers. **105**

---

[539] Vgl. → Rn. 99, 184, 188.

[540] *Clause* 18.1 *LMA-ICA,* der für die Verteilung innerhalb einer Rangstufe auf die Vertragsdokumentation der jeweiligen Gläubigergruppe verweist, die wiederum idR eine *pro-rata* Verteilung entsprechend dem Betrag der jeweils ausstehenden Forderungen vorsieht, zB *Clauses* 29.5 *LMA-GER.*

[541] Die Tilgung von Zinsen und Gebühren vor der Darlehensvaluta kann jedoch zu nicht gewollten Verwerfungen führen, wenn zwischen Fazilitäten eines Konsortialkredites oder zwischen verschiedenen Finanzierungstransaktionen eine Zinsdifferenz besteht. In diesen Fällen kann es sich anbieten, die Darlehensvaluta vor den Zinsen und Gebühren der Kreditgeber zu bedienen oder zumindest die Höhe der vor der Darlehensvaluta zu bedienenden Zinsen und Gebühren auf einen bestimmten Betrag, zB den niedrigsten vereinbarten Zinssatz, zu beschränken und überschießende Zinsen und Gebühren nach der Darlehensvaluta zu tilgen.

[542] Nach § 71a Abs. 1 AktG kann die Bestellung einer Sicherheit nichtig sein, vgl. → Rn. 113).

[543] BGH Urt. v. 12.3.2013 – II ZR 179/12, ZIP 2013, 819.

[544] *Diem/Jahn* §§ 43–47. *Clause* 18.10 *LMA-GER* enthält einen Hinweis auf eine möglicherweise erforderliche *limitation language,* jedoch keine Formulierungsvorschläge. Durchsetzungs- und Verwertungsbeschränkungen können für dingliche Sicherheiten und jede Form von Personalsicherheiten, also neben Garantie und Bürgschaft auch für die gesamtschuldnerische Haftung, erforderlich sein (*Henze* WM 2005, 717 (718)). Die Notwendigkeit, eine *limitation language* für *up-stream-* und *cross-stream*-Sicherheiten zu vereinbaren, besteht (in unterschiedlicher Ausprägung häufig unter dem Aspekt des *corporate benefit* oder, bei Akquisitionskrediten und Refinanzierung von Akquisitionskrediten, der *financial assistance*) in den meisten Rechtsordnungen.

106 **a) Gesellschaft mit beschränkter Haftung.** Im Falle einer GmbH wird in der Regel eine *limitation language* vereinbart, soweit die Bestellung von *up-stream-* und *cross-stream-*Sicherheiten gegen die **Kapitalerhaltungsregelungen der §§ 30, 31 GmbHG** verstößt (bzw. verstoßen könnte).[545] Für die Beurteilung der Frage, ob eine *limitation language* erforderlich ist und wie diese ausgestaltet werden muss, ist zunächst entscheidend, zu welchem Zeitpunkt die Kapitalerhaltungsregelungen zu beachten sind.[546] Nach der überwiegenden Meinung in der Literatur[547] ist der Zeitpunkt der Sicherheitenbestellung maßgeblich, da bereits mit der Bestellung die Zuwendung erfolgt. Zum Schutz der Geschäftsführer orientierte sich die Praxis bei der Ausgestaltung der *limitation language* hingegen oftmals an der Auffassung[548], die auf den Zeitpunkt der (drohenden) Inanspruchnahme bzw. Verwertung abstellte. Mit zwei Urteilen aus dem Jahr 2017[549] hat sich der BGH grundsätzlich der Auffassung angeschlossen, dass das Bestellen einer Sicherheit eine Zuwendung aus dem Gesellschaftsvermögen im Zeitpunkt der Sicherheitenbestellung ist und für die Einhaltung der Kapitalerhaltungsvorschriften umfassend der Zeitpunkt der Sicherheitenbestellung maßgeblich ist. Dies gilt insbesondere auch für das Erfordernis einer durch Zuwendung (Auszahlung bzw. Einlagenrückgewähr) aus dem Gesellschaftsvermögen verursachten Reduzierung des Stammkapitals (§ 30 Abs. 1 S. 1 GmbHG)[550] sowie für das Vorliegen und, soweit erforderlich[551], die Werthaltigkeit des Rückgewähr- oder Freistellungsanspruches gegen die Gesellschafter (§ 30 Abs. 1 S. 2 GmbHG). Entscheidend ist stets eine *ex ante*-Betrachtung, so dass insbesondere ein späteres Entstehen einer Unterbilanz sowie eine später eintretende Verschlechterung der Werthaltigkeit des Rückgewähr- oder Freistellungsanspruches gegen die Gesellschafter keinen Verstoß gegen Kapitalerhaltungsvorschriften zu begründen vermögen. Um sich abzusichern sollten die Geschäftsführung des Sicherungsgebers vor allem bei *leveraged*-Finanzierungen sowie Finanzierungen im *sub-investment grade*-Bereich auf den Zeitpunkt der Sicherheitenbestellung eine Stichtagsbilanz sowie ein Finanzmodell zur Beurteilung der Finanzlage des Sicherungsgebers, seiner Gesellschafter und der Gruppe für die Laufzeit der Finanzierung aufstellen und bei Bedarf durch externe Berater überprüfen lassen.[552] Des Weiteren hat der BGH die Geschäftsführer verpflichtet, nach Bestellung der Sicherheit die Werthaltigkeit des Rückgewähr- oder Freistellungsanspruches kontinuierlich

---

[545] Einen Überblick zum Meinungsstand geben Goette/Habersack/*Vetter* Rn. 15 ff, 68 ff; *Winkler/Becker* ZIP 2009, 2361 (2363); *Kollmorgen/Santelmann/Weiß* BB 2009, 1818; *Diem/Jahn* § 43 Rn. 2 ff; *Dampf* Der Konzern 2007, 157.

[546] Goette/Habersack/*Vetter* Rn. 68 ff; *Dampf* Der Konzern 2007, 157 (159). Ein Verstoß gegen §§ 30, 31 GmbHG führt, von Ausnahmefällen wie dem kollusiven Zusammenwirken abgesehen, nach hM weder zur Nichtigkeit der Sicherheit oder der Sicherungsabrede noch zu einem Verwertungsverbot oder Leistungsverweigerungsrecht (BGHZ 138, 291; *Dampf* Der Konzern 2007, 157 (170); *Diem/Jahn* § 43 Rn. 66; *Kollmorgen/Santelmann/Weiß* BB 2009, 1818; **aA** *Meister* WM 1980, 390 (394); *Peltzer/Bell* ZIP 1993, 1757 (1762); *Tries* S. 82).

[547] *Westermann* DZWIR 2008, 485 (493); *Gehrlein* Der Konzern 2007, 771 (785); *Drygala/Kremer* ZIP 2007, 1289 (1295); *Weitnauer* ZIP 2005, 790 (792, 797); *Freitag* WM 2007, 161; *Diem/Jahn* § 43 Rn. 82. Folge dieser Ansicht wäre, dass auf eine *limitation language* verzichtet werden könnte (*Westermann* DZWIR 2008, 485 (493); *Diem/Jahn* § 43 Rn. 82, 96 für den Fall, dass der Geschäftsführer nach sorgfältiger Prüfung im Zeitpunkt der Bestellung zur Einschätzung gelangt, dass entweder die Verwertung unwahrscheinlich ist oder durch die Verwertung keine Unterbilanz ausgelöst wird).

[548] Goette/Habersack/*Vetter* Rn. 89; *Winkler/Becker* ZIP 2009, 2361 (2363); *Dampf* Der Konzern 2007, 157 (161, 167). Ebenso OLG München GmbHR 1998, 986. Dies wird insbes. mit der Maßgabe vertreten, dass es auf den Zeitpunkt ankommt, in dem die Verwertung der Sicherheit droht und daher die Sicherheit im Wege der Rückstellung zu bilanzieren ist (*Dampf* Der Konzern 2007, 157 (160)).

[549] BGH Urt. v. 10.1.2017 – II ZR 94/15, NZG 2017, 344 zur Aktiengesellschaft im Hinblick auf eine Kontoverpfändung sowie BGH Urt. v. 21.3.2017 – II ZR 93/16, NZG 2017, 658 zur GmbH im Hinblick auf eine Buchgrundschuld.

[550] Bei der AG ist die Kapitalerhaltung anders als bei der GmbH nicht auf das Stammkapital beschränkt und daher ein Zugriff auf das (gesamte) Eigenkapital idR nur durch eine Ausschüttung des Bilanzgewinnes möglich.

[551] Vgl → Rn. 109

[552] Ausführlich zur Beurteilung der Werthaltigkeit des Rückgewähr- oder Freistellungsanspruch *Kiefner/Bochum* NZG 2017, 1292 (1299).

zu überwachen und im Falle einer Bonitätsverschlechterung Sicherheiten einzufordern oder einen Freistellungsanspruch gegen die Gesellschafter durchzusetzen. Zur Erfüllung ihrer kontinuierlichen Überwachungspflicht, die nicht den Kapitalerhaltungsregelungen, sondern der allgemeinen Vermögensbetreuungspflicht der Geschäftsführer entspringt[553], sollten die Geschäftsführer des Sicherungsgebers bei Sicherheitenbestellung mit den Gesellschaftern einen Prozess vereinbaren, der eine solche kontinuierliche Überwachung der Werthaltigkeit ermöglicht. Zudem muss bei der Vertragserstellung darauf geachtet werden, dass die Kreditdokumentation die Durchsetzung der Rückgewähr- oder Freistellungsansprüche nicht behindert.[554] Jedoch sollte es den Kreditgebern unbenommen bleiben, im Falle der Durchsetzung der Rückgewähr- oder Freistellungsansprüche den besicherten Kredit innerhalb einer vereinbarten Frist zu kündigen und die Sicherheit durchzusetzen. Die Pflicht zur Prüfung der Werthaltigkeit des Rückgewähr- oder Freistellungsanspruches im Zeitpunkt der Sicherheitenbestellung und die Pflicht zur kontinuierlichen Überwachung der Werthaltigkeit nach Sicherheitenbestellung dürften die maßgeblichen[555] Gründe sein, warum die Vertragspraxis weiterhin an der Notwendigkeit einer *limitation language* festhält. Obwohl der BGH mit dem umfassenden Abstellen auf den Zeitpunkt der Sicherheitenbestellung für alle Aspekte der Kapitalerhaltungregelungen hinreichende Gründe dafür geliefert hat, dass auf eine *limitation language* verzichtet werden kann, zeigt die bisherige Erfahrung jedoch, dass die Kreditgeber insbesondere bei *leveraged*-Finanzierungen sowie bei Finanzierungen im *sub-investment grade*-Bereich gewillt sind, der Forderung der Sicherungsgeber nach einer *limitation language* für *up*- und *crossstream*-Sicherheiten auch weiterhin nachzukommen. Kiefner/Bochum[556] ist darin zuzustimmen, dass eine *limitation language* jedenfalls dann nicht mehr erforderlich ist, wenn im Zeitpunkt der Sicherheitenbestellung eine fiktive Sicherheitenverwertung nicht mehr zu einer Unterbilanz führt oder (insbesondere in *investment grade*-Finanzierungen) die Bonität des Gesellschafters und damit die Werthaltigkeit des Rückgewähr- oder Freistellungsanspruches außer Zweifel steht[557].

In der Vertragspraxis kommt, soweit nicht auf eine limitation language ganz verzichtet wird, auch weiterhin meistens die sog. **harte *limitation language*** zu Anwendung. Diese schränkt das Recht ein, Zahlung unter Personalsicherheiten zu fordern oder Erlöse aus der Vollstreckung dinglicher Sicherheiten zu vereinnahmen, wenn hierdurch eine Unterbilanz ausgelöst oder vertieft wird. Mit anderen Worten kann bei *up-stream*- und *cross-stream*-Sicherheiten nur auf den Teil des Vermögens der Gesellschaft zugegriffen werden, um den bei bilanzieller Betrachtungsweise das Nettovermögen den Betrag der Stammkapitalziffer übersteigt (sog. ungebundenes Vermögen).[558] Dies hat zur Folge, dass die Forderungen unter Personalsicherheiten gegenüber den Forderungen anderer Gläubiger zwar nicht im Sinne einer Nachrangvereinbarung gemäß § 39 Abs. 2 InsO, jedoch als rechnerische Folge der bilanziellen Betrachtungsweise faktisch subordiniert sind und auch der Wert dinglicher Sicherheiten nicht bestimmbar ist.[559] Die Vereinbarung einer harten *limitation language* führt dazu, dass die von der *limitation language* betroffene Sicherheit nicht oder nicht in voller Höhe 107

---

[553] *Kiefner/Bochum* NZG 2017, 1292 (1301).

[554] *Kiefner/Bochum* NZG 2017, 1292 (1303).

[555] Hinzutreten eine Vielzahl von Folgefragen, die der BGH in den Urteilen aus dem Jahr 2017 noch nicht klären musste. Ausführlich *Kiefner/Bochum* NZG 2017, 1292.

[556] *Kiefner/Bochum* NZG 2017, 1292 (1303).

[557] *Kiefner/Bochum* NZG 2017, 1292 (1303).

[558] Als Reaktion auf die durch das sog. Novemberurteil des BGH (WM 2004, 325) ausgelöste Rechtsunsicherheit hat der Gesetzgeber im MoMiG die bilanzielle Betrachtungsweise ausdrücklich verankert (Gesetzesbegründung BT-Drs. 16/6140, 41; Goette/Habersack/*Vetter* Rn. 7). Das Nettovermögen errechnet sich, vorbehaltlich der nachstehend erläuterten Anpassungen im Rahmen der *limitation language,* grds. als Summe aller in einer Stichtagsbilanz angesetzten und bewerteten Aktiva einschließlich eines vollwertigen Rückgewähranspruchs gegen den Gesellschafter im Sinne von § 30 Abs. 1 S. 1 Alternative 2 GmbHG abzüglich sämtlicher Passiva mit Ausnahme der Eigenkapitalposition (*Dampf* Der Konzern 2007, 157 (158, 167)).

[559] Goette/Habersack/*Vetter* Rn. 92; *Dampf* Der Konzern 2007, 157 (167). Das LG Darmstadt (Urt. v. 25.4.2013, – 16O 195/12, NZI 2014, 367) weist zu Recht ausdrücklich daraufhin, dass die Vereinbarung

als eigenkapitalentlastend anerkennungsfähig ist.[560] Die Anerkennungsfähigkeit nach Art. 192 ff. CRR kann allenfalls in Höhe des Teils der Kreditforderung in Betracht kommen, für die die *limitation language* auf Grund der vertraglichen Vereinbarungen nicht zur Anwendung kommt. Dies ist beispielsweise zu bejahen, wenn die vertragliche Vereinbarung vorsieht, dass in Höhe der Kreditvaluta, die der Sicherungsgeber oder eine Tochtergesellschaft des Sicherungsgebers selbst aufgenommen hat, die *limitation language* nicht zur Anwendung kommt[561]. Hingegen ist bei den anderen nachstehend[562] dargestellten vertraglichen Ausnahmen von der Anwendbarkeit der *limitation language* fraglich, ob in diesen Fällen die Anforderungen von Art. 213 Abs. 1 (c) (i) CRR und Art. 194 Abs. 3 (b) CRR eingehalten werden.[563]

108 Den Verlust der Bewertbarkeit und damit der Anerkennungsfähigkeit der Sicherheit als eigenkapitalentlastend vermeidet hingegen das in der Praxis vereinzelt verwendete **Mindestbetragskonzept,** nach dem *up-stream-* und *cross-stream-*Sicherheiten in Höhe des Betrages durchgesetzt werden dürfen, um den sich das Vermögen des Sicherungsgebers im Zeitpunkt der Sicherheitenbestellung bei bilanzieller Betrachtung (jedoch unter Außerachtlassung von Rückgriffs- und Freistellungsansprüchen) vermindern könnte, ohne dass durch eine fiktive Sicherheitenverwertung eine Unterbilanz entstünde. Reduziert sich das so berechnete ungebundene Vermögen nach Bestellung der Sicherheit, durfte nach der vor den Urteilen des BGH aus dem Jahr 2017[564] vorherschenden Vertragspaxis der Sicherungsgeber den Mindestbetrag durch Kündigung herabsetzen. Die Herabsetzung muss jedoch vor Kündigung des Konsortialkredites erfolgen und ist zudem nur wirksam, wenn der Kredit nicht innerhalb einer vereinbarten Frist gekündigt wird. Ist das ungebundene Vermögen im Zeitpunkt der Durchsetzung der Sicherheit nach allgemeinen Bilanzierungsregeln unter Berücksichtigung von Rückgriffsansprüchen höher als der bei Bestellung vereinbarte Mindestbetrag, können die Kreditgeber den höheren Betrag beanspruchen. In Höhe des so vertraglich vereinbarten Mindestbetrages ist die betroffene Sicherheit grundsätzlich als eigenkapitalentlastend nach Art. 192 ff. CRR anerkennungsfähig.[565] Die Tauglichkeit des Mindestbetragskonzeptes zur Ermöglichung der Bewertbarkeit und eigenkapitalentlastenden Anrechnung von Sicherheiten, wird durch die Urteile des BGH aus dem Jahr 2017 gestärkt, da nunmehr durch die Rechtsprechung anerkannt ist, dass ein späteres Entstehen einer Unterbilanz oder eine Verschlechterung der Werthaltigkeit der Rückgewähr- oder Freistellungsansprüche keine Verletzung der Kapitalerhaltungsvorschriften zu begründen vermag. Das Recht zur Kündigung des Mindestbetrages wegen einer Reduzierung des ungebundenen Vermögens nach Bestellung der Sicherheit ist auf Basis der neuen Rechtsprechung des BGH nicht mehr erforderlich. Das Kündigungsrecht behält jedoch im Hinblick auf die kontinuierliche Überwachungspflicht der Geschäfstführer seine Bedeutung für den Fall einer nachträglichen Verschlechterung der Werthaltigkeit des Rückgewähr- oder Freistellungsanspruches gegen die Gesellschafter. Im Fall der Ausübung des Kündigungsrechtes sollte es den Kreditgebern jedoch

---

einer *limitation language* weder als Verzicht noch als Nachrangvereinbarung iSv § 39 Abs. 2 InsO verstanden werden kann (zustimmend *Pleister* ZIP 2015, 1097, 1101).

[560] *Steinhauer* WM 2014, 1264 (1267 ff), *Sutter/Kuznetsova* WM 2017, 745 (746).

[561] Vgl. → Rn. 109.

[562] Vgl. → Rn. 109, 109a.

[563] Vertritt man mit dem LG Darmstadt (Urt. v. 25.4.2013 – 160 195/12, NZI 2014, 367) und dem OLG Frankfurt (Urt. v. 8.11.2013 – 24U 80/13, NZI 2014, 363 mAnm *Friese* NZI 2014, 365) die Auffassung, die *limitation language* sei nach Sinn und Zweck im Anschluss an die Eröffnung des Insolvenzverfahrens nicht mehr anwendbar (zustimmend *Pleister* ZIP 2015, 1097, 1100; **aA** *Undritz/Degenhardt* NZI 2015, 348) und überträgt man mit *Friese* NZI 2014, 365 diese Auffassung zutreffender Weise neben Personalsicherheiten auch auf Sachsicherheiten (vgl. → Rn. 109), stünde eine *limitation language* der Anerkennungsfähigkeit der betroffenen Sicherheit nach Art. 192 ff CRR nicht entgegen.

[564] BGH Urt. v. 10.1.2017 – II ZR 94/15, NZG 2017, 344 zur Aktiengesellschaft im Hinblick auf eine Kontoverpfändung sowie BGH Urt. v. 21.3.2017 – II ZR 93/16, NZG 2017, 658 zur GmbH im Hinblick auf eine Buchgrundschuld.

[565] *Steinhauer* WM 2014, 1264 (1270).

weiterhin unbenommen bleiben, innerhalb einer vereinbarten Frist den besicherten Kredit zu kündigen und die Sicherheit durchzusetzen.

Das Mindestbetragskonzept ist ebenso wie das Konzept einer harten *limitation language* um Regelungen zu ergänzen, die festlegen, in welchen Fällen es keiner Einschränkungen bedarf und wie sich das zur Erhaltung des Stammkapitals erforderliche Vermögen abweichend von einer rein bilanzieller Betrachtungsweise berechnet. Die Ausschüttungssperre des § 30 Abs. 1 S. 1 GmbHG greift nicht ein, wenn ein **Beherrschungs- oder Gewinnabführungsvertrag** zwischen dem Sicherungsgeber und seinem direkten oder indirekten Gesellschafter besteht, wobei nach dem Gesetzeswortlaut die Werthaltigkeit des Verlustausgleichanspruchs nicht erforderlich ist (§ 30 Abs. 1 S. 2 Alternative 1 GmbHG) oder der Sicherungsgeber durch einen **vollwertigen Gegenleistungs- oder Rückgewähranspruch** gegen den Gesellschafter gedeckt ist (§ 30 Abs. 1 S. 2 Alternative 2 GmbHG).[566] Vor den Urteilen des BGH aus dem Jahr 2017[567] war umstritten, zu welchem Zeitpunkt dies zu prüfen ist. Stellt man auf den **Zeitpunkt der Verwertung** ab, würde sich die Bedeutung der gesetzlichen Ausnahmen auf eine bilanzielle Berücksichtigung des Rückgriffsanspruches bei der Ermittlung des ungebundenen Vermögens reduzieren.[568] Folgt man der vorzugswürdigen und nunmehr auch vom BGH bestätigten Auffassung, wonach der **Zeitpunkt der Bestellung** entscheidend ist, läge eine grundsätzliche, von der Höhe des ungebundenen Vermögens unabhängige Ausnahme vom Durchsetzungsverbot vor.[569] Dies gilt insbesondere auch für das Fortbestehen des Beherrschungs- oder Gewinnabführungsvertrages (§ 30 Abs. 1 S. 2 Alternative 1 GmbHG), so dass eine nachträgliche Beendigung des Beherrschungs- und/oder Gewinnabführungsvertrages (beispielsweise in Folge einer Insolvenz) die Ausnahme vom Durchsetzungsverbot unberührt lässt, jedoch die Geschäftsführer ggf. dazu verpflichten kann, Rückgewähr- oder Freistellungsanspruch gegen den Gesellschafter geltend zu machen. Weiterhin ist umstritten, ob wie von Teilen der Literatur gefordert, im Zeitpunkt der Sicherheitenbestellung oder weitergehend auch im Zeitpunkt der Verwertung der Verlustausgleichsanspruch werthaltig sein muss und keine Existenzvernichtung drohen darf[570]. Nach der schon auf Grund des Wortlautes des § 30 Abs. 1 S. 2 Alternative 1 GmbHG vorzugswürdigen Gegenansicht[571] ist die Werthaltigkeit des Verlustausgleichanspruches beim Beherrschungs- oder Gewinnabführungsvertrag nicht erforderlich. Unbeschadet dessen ist Kiefner/Bochum[572] zuzustimmen, dass vor dem Hintergrund der Urteile des BGH aus dem Jahr 2017 109

[566] Goette/Habersack/*Vetter* Rn. 15, 102; *Diem/Jahn* § 46 Rn. 9ff; *Winkler/Becker* ZIP 2009, 2361 (2365); *Bellen-Stehl* BB 2010, 2579 (2581).

[567] BGH Urt. v. 10.1.2017 – II ZR 94/15, NZG 2017, 344 zur Aktiengesellschaft im Hinblick auf eine Kontoverpfändung sowie BGH Urt. v. 21.3.2017 – II ZR 93/16, NZG 2017, 658 zur GmbH im Hinblick auf eine Buchgrundschuld.

[568] Für § 30 Abs. 1 S. 2 Alt. 1 GmbHG wäre dies jedoch nur der Fall, wenn man zugleich die Werthaltigkeit des Verlustausgleichanspruches fordert (Goette/Habersack/*Vetter* Rn. 112).

[569] *Pleister* ZIP 2015, 1097, 1100 mwN. Für die Ansicht, dass eine grundsätzliche Ausnahme gegeben ist, spricht im Fall von § 30 Abs. 1 S. 2 Alt. 1 GmbHG schon der Gesetzeswortlaut, der nur auf das Bestehen eines Beherrschungs- oder Gewinnabführungsvertrages abstellt und entgegen § 30 Abs. 1 S. 2 Alternative 2 GmbHG keine Werthaltigkeit des Rückgriffsanspruches fordert. In dem Berufungsurteil des OLG Frankfurt (Urt. v. 8.11.2013 – 24U 80/13, NZI 2014, 363 mAnm *Friese* NZI 2014, 365), mit dem das LG Darmstadt (Urt. v. 25.4.2013 – 16O 195/12, NZI 2014, 367) bestätigt wurde, vertritt das Gericht in einem *orbiter dictum* zutreffender Weise die Auffassung, dass das Bestehen eines Beherrschungs- oder Gewinnabführungsvertrages zwischen der Garantiegeberin und ihrer Muttergesellschaft dazu führt, dass eine Inanspruchnahme einer *upstream*-Garantie keine Verletzung der Stammkapitalerhaltungsvorschriften des § 30 Abs. 1 S. 1 GmbHG ist. Soweit in der Literatur vertreten werde, dass eine Durchbrechung der Stammkapitalerhaltungsvorschriften aufgrund § 30 Abs. 1 S. 2 Alt. 1 GmbHG nur zulässig sei, soweit ein vollwertiger Verlustausgleichsanspruch gegen die Muttergesellschaft gegeben ist, ändere dies das Ergebnis nicht, da im streitgegenständlichen Fall zum Zeitpunkt des Abschlusses der Garantievereinbarung mit einer Inanspruchnahme nicht zu rechnen gewesen wäre.

[570] *Diem/Jahn* § 46 Rn. 9 ff.; Goette/Habersack/*Vetter* Rn. 107; *Undritz/Degenhardt* NZI 2015, 348; Baumbach/Hueck/*Hueck/Fastrich* § 30 Rn. 44 ff.

[571] *Kollmorgen/Santelmann/Weiß* BB 2009, 1818 (1819); *Drygala/Kremer* ZIP 2007, 1289 (1296); *Winkler/Becker* ZIP 2009, 2361 (2365); *Pleister* ZIP 2015, 1097 (1099) jeweils mwN.

[572] *Kiefner/Bochum* NZG 2017, 1292 (1298).

der Meinungsstreit an Bedeutung eingebüßt hat, da im Rahmen der Kapitalersatzregelungen für die Vollwertigkeit des Verlustausgleichsanspruches allein auf den Zeitpunkt der Bestellung der Sicherheit abzustellen ist.

109a Weitere Ausnahmen vom Durchsetzungsverbot bestehen, soweit der Kredit vom Sicherungsgeber oder seinen Tochtergesellschaften selbst aufgenommen wurde sowie in Höhe des Gesamtbetrages der Kreditvaluta, die ein direkter oder indirekter Gesellschafter dem Sicherungsgeber bzw. Tochtergesellschaften des Sicherungsgebers aus dem vom Sicherungsgeber besicherten Kredit weitergereicht oder anderweitig direkt oder indirekt als Darlehen zur Verfügung gestellt hat.[573] Auch bei der **Berechnung des ungebundenen Vermögens** sind in der *limitation language* Korrekturen gegenüber einer bilanziellen Ermittlung erforderlich. Zum einen kann eine Kapitalerhöhung aus Gesellschaftsmitteln sowie jede andere Kapitalerhöhung ohne Zustimmung der Kreditgeber außer Betracht gelassen werden.[574] Zum anderen können Verbindlichkeiten, die unter Verstoß gegen Verpflichtungen unter den Finanzierungsdokumenten eingegangen wurden, Verbindlichkeiten auf Grund von Ziehungen des Sicherungsgebers sowie alle Verbindlichkeiten, die in der Insolvenz des Sicherungsgebers gemäß § 39 Abs. 1 Nr. 5 InsO oder auf Grund von Rangrücktrittsvereinbarungen im Rang nach den Sicherungsnehmern zu erfüllen sind, auf der Passivseite der Bilanz in Abzug gebracht werden.[575] Die Aktivseite der Bilanz ist um stille Reserven zu erhöhen. Soweit dies nach bilanzrechtlichen Grundsätzen nur erlaubt ist, wenn zuvor der betreffende Vermögensgegenstand veräußert wurde, sollte der Sicherungsgeber zur Veräußerung zumindest dann verpflichtet sein, wenn der betreffende Vermögensgegenstand nicht betriebsnotwendig ist.[576] Darüber hinaus wird meist vereinbart, dass in gerichtlichen Verfahren Sicherheiten uneingeschränkt mit der Begründung durchgesetzt werden dürfen, es liege kein Verstoß gegen §§ 30, 31 GmbHG vor.[577]

110 Seit Inkrafttreten des MoMiG wird zudem kontrovers diskutiert, ob auch das **Liquiditätserhaltungsgebot des § 64 S. 3 GmbHG** in der *limitation language* zu berücksichtigen ist. Nach § 64 S. 3 GmbHG ist ein Geschäftsführer zum Schadenersatz verpflichtet, wenn Zahlungen an Gesellschafter zur Zahlungsunfähigkeit führen mussten, es sei denn dies war unter Beachtung der Sorgfalt eines ordentlichen Kaufmanns nicht erkennbar. Eine Zahlung im Sinne von § 64 S. 3 GmbHG kann auch eine Verfügung über Vermögensgegenstände sein, die schnell liquidierbar sind, und kann sich daher auch auf die Bestellung von dinglichen *upstream-* oder *cross-stream*-Sicherheiten erstrecken.[578] Umstritten ist wiederum, ob der Beur-

---

[573] *Winkler/Becker* ZIP 2009, 2361 (2362); Goette/Habersack/*Vetter* Rn. 93. In dem Urt. des LG Darmstadt (Urt. v. 25.4.2013 – 16O 195/12, NZI 2014, 367) sowie in dem die Entscheidung des LG bestätigenden Berufungsurteil des OLG Frankfurt (Urt. v. 8.11.2013 – 24U 80/13, NZI 2014, 363 mAnm *Friese* NZI 2014, 365) vertreten die Gerichte die Auffassung, dass sich die Garantiegeberin auf die zwischen von den Parteien vereinbarte *limitation language* nicht berufen kann, da die Inanspruchnahme aus der Garantie Darlehen betrifft, die der Garantiegeberin von ihrer Muttergesellschaft zur Verfügung gestellt wurden, und der streitgegenständlichen *limitation language* zudem nicht zu entnehmen sei, dass es sich um Darlehen handeln muss, die direkt aus dem garantierten Kredit geflossen sein müssen (**aA** *Undritz/Degenhardt* NZI 2015, 348).

[574] *Kollmorgen/Santelmann/Weiß* BB 2009, 1818 (1821).

[575] Weitergehend *Kollmorgen/Santelmann/Weiß* BB 2009, 1818 (1821), wonach alle Verbindlichkeiten gegenüber verbundenen Unternehmen abzuziehen sind. Restriktiver *Winkler/Becker* ZIP 2009, 2361 (2366), die einen Rangrücktritt fordern, der zu einem Ausweis als Eigenkapital im Überschuldungsstatus berechtigt.

[576] Weitergehend *Kollmorgen/Santelmann/Weiß* BB 2009, 1818 (1821), wonach auch vertraglich untersagte Auszahlungen auf der Aktivseite hinzugerechnet werden dürfen.

[577] *Kollmorgen/Santelmann/Weiß* BB 2009, 1818 (1821). Das LG Darmstadt (Urt. v. 25.4.2013 – 16O 195/12, NZI 2014, 367) und das OLG Frankfurt (Urt. v. 8.11.2013 – 24U 80/13, NZI 2014, 363 mAnm *Friese* NZI 2014, 365) vertreten in ihren Urteilen die Auffassung, die *limitation language* sei nach Sinn und Zweck im Anschluss an die Eröffnung des Insolvenzverfahrens nicht mehr anwendbar, da Dritte keinen Schutz mehr bezüglich der Erhaltung des Stammkapitals benötigten und zudem eine Haftung des Geschäftsführers wegen Verletzung der Kapitalerhöhungsvorschriften nicht mehr zu befürchten sei. Zustimmend *Friese* NZI 2014, 365, der zu Recht darauf hinweist, dass die Argumentation des Gerichts keinen Bezug zur bestellten Sicherheit enthält und sich daher neben Personalsicherheiten auch auf Sachsicherheiten übertragen lässt. Zustimmend *Pleister* ZIP 2015, 1097 (1100); **aA** *Undritz/Degenhardt* NZI 2015, 348.

[578] *Poertzgen/Meyer* ZInsO 2012, 249 (252); *Winkler/Becker* ZIP 2009, 2361 (2366); Baumbach/Hueck/*Haas* § 64 Rn. 98; *Seulen/Osterloh* ZInsO 2010, 881 (882). Andere Vermögenswerte als liquide Mittel bzw.

teilungszeitpunkt der Zeitpunkt der Bestellung[579] oder der Verwertung[580] der Sicherheit ist. Die besseren Argumente sprechen für den Zeitpunkt der Bestellung, da eine verschuldensabhängige Haftung mit Beweislastumkehr zu Lasten der Geschäftsführer nicht an einen nach der eigentlichen Handlung liegenden Zeitpunkt anknüpfen sollte. Eine *limitation language* wäre dann nicht erforderlich.[581] Dies gilt insbesondere dann, wenn im Zeitpunkt der Bestellung die Inanspruchnahme der Sicherheit nicht wahrscheinlich ist, ein vollwertiger Rückgriffsanspruch besteht oder die freie Liquidität ausreichend ist. Aus Vorsichtsgründen orientiert sich die Praxis jedoch meist an der auf den Zeitpunkt der Verwertung abstellenden Auffassung. Eine Durchsetzungs- und Verwertungsbeschränkung bestünde somit, wenn die Zahlung unter der Personalsicherheit oder die Verwertung der dinglichen Sicherheit kurzfristig ohne Hinzutreten weiterer Kausalbeiträge zur Zahlungsunfähigkeit führt. Die Verwertung dinglicher Sicherheiten wird – wenn überhaupt nur in Ausnahmefällen – Auswirkungen auf die Liquidität haben, beispielsweise bei Kontoverpfändung oder falls sich der Gegenstand, an dem die dingliche Sicherheit bestellt wird, innerhalb kurzer Zeit in liquide Mittel umwandeln lässt.[582] Von diesen Fällen abgesehen ist für dingliche Sicherheiten daher eine *limitation language* nicht geboten. Eine Durchsetzungs- und Verwertungsbeschränkung besteht zudem nur, soweit Rückgriffsansprüche des Sicherungsgebers nicht werthaltig sind. Da § 30 S. 2 GmbHG hier keine Anwendung findet, greift die *limitation language* auch bei Bestehen eines Beherrschungs- oder Gewinnabführungsvertrages ein.[583] Des Weiteren ist zu berücksichtigen, dass § 64 S. 3 GmbHG nicht dem Schutz des Stammkapitals dient, sondern ausschließlich die Zahlungsunfähigkeit und damit die Insolvenz zu vermeiden sucht. Daher entfällt die rechtshindernde Einrede, sobald ein Antrag auf Eröffnung des Insolvenzverfahrens gestellt wurde[584]. Soweit der Sicherungsgeber oder seine Tochtergesellschaften den besicherten Kredit aufgenommen haben oder die Darlehensvaluta an diese weitergeleitet wurde, liegt keine Auszahlung an den Gesellschafter vor, so dass es keiner Einschränkung der Verwertung bedarf. Verbindlichkeiten, die unter Verstoß gegen Finanzierungsdokumente eingegangen wurden, sowie alle Verbindlichkeiten, die kraft Gesetzes oder auf Grund vertraglicher Vereinbarung im Rang nach den Verbindlichkeiten der Finanzierungsparteien zu erfüllen sind,[585] können bei der Ermittlung der Zahlungsunfähigkeit außer Betracht gelassen werden.[586] Darüber hinaus sollte der Sicherungsgeber sich verpflichten, sein gesamtes, nicht mit dinglichen Sicherungsrechten Dritter belastetes Vermögen, auch wenn dies betriebsnotwendig ist, zu liquidieren und, vorbehaltlich der Beschränkungen wegen §§ 30, 31 GmbHG, die Erlöse zur Befriedigung der Finanzierungsparteien zu verwenden.

b) GmbH & Co. KG. Im Falle einer Kommanditgesellschaft, deren persönlich haftende Gesellschafterin eine GmbH ist, wird jede Gesellschaft entsprechend der für sie geltenden gesellschaftsrechtlichen Regeln betrachtet. Für die KG besteht das **Verbot der Einlagenrückgewähr nach § 172 Abs. 4 HGB.** Eine Einlagenrückgewähr kann zwar auch durch Bestellung von Sicherheiten erfolgen; Rechtsfolge des § 172 Abs. 4 HGB ist jedoch nur das Wider- **111**

Vermögensgegenstände, die sich innerhalb kurzer Zeit in liquide Mittel umwandeln lassen, werden nicht erfasst.

[579] OLG Frankfurt NZI 2014, 363; *Diem/Jahn* § 43 Rn. 88; Baumbach/Hueck/*Haas* GmbHG § 64 Rn. 98; *Sutter/Kuznetsova* WM 2017, 745 (752).

[580] *Winkler/Becker* ZIP 2009, 2361 (2366).

[581] *Sutter/Kuznetsova* WM 2017, 745 (750).

[582] Baumbach/Hueck/*Haas* § 64 Rn. 98. Weitergehend *Kollmorgen/Santelmann/Weiß* BB 2009, 1818 (1821) wonach dingliche Sicherheiten an nicht betriebsnotwendigen Gegenständen generell vom Anwendungsbereich des § 64 S. 3 GmbHG ausgenommen sind.

[583] *Winkler/Becker* ZIP 2009, 2361 (2366); *Kollmorgen/Santelmann/Weiß* BB 2009, 1818 (1821).

[584] *Sutter/Kuznetsova* WM 2017, 745 (748).

[585] Nach *Desch* BB 2010, 2586 jedoch nur, soweit ein vertraglicher Rangrücktritt vereinbart wurde.

[586] *Winkler/Becker* ZIP 2009, 2361 (2367); *Kollmorgen/Santelmann/Weiß* BB 2009, 1818 (1821) weitergehend für eine Nichtberücksichtigung aller Verbindlichkeiten gegenüber verbundenen Unternehmen. Nach *Kollmorgen/Santelmann/Weiß* BB 2009, 1818 (1821) sollen zudem Forderungen gegen verbundene Unternehmen sowie verbotene Auszahlungen zur verfügbaren Liquidität hinzugerechnet werden.

aufleben der Haftung des Kommanditisten.[587] Regelungsadressat ist somit weder die KG noch deren Komplementärin. Aus § 172 Abs. 4 HGB folgt daher keine Einschränkung für die KG, Personalsicherheiten oder dingliche Sicherheiten zu gewähren. Die Notwendigkeit einer *limitation language* kann sich jedoch aus Sicht der als Komplementärin beteiligten GmbH ergeben, soweit die Bestellung von *up-stream-* oder *cross-stream-*Sicherheiten wegen einer Verringerung des Beteiligungswertes oder der Haftung der Komplementär-GmbH für die Verbindlichkeiten der KG zugleich auch eine mittelbare Leistung aus dem Vermögen der GmbH an deren Gesellschafter ist.[588] Die obigen Ausführungen zur *limitation language* bei *up-stream-* oder *cross-stream-*Sicherheiten, die unmittelbar von der GmbH bestellt werden, gelten mit der Maßgabe entsprechend, dass das Vermögen der KG in die Betrachtung mit einzubeziehen ist.

112 **c) Aktiengesellschaft.** Im Fall einer Aktiengesellschaft besteht eine Notwendigkeit für vertragliche Durchsetzungs- und Verwertungsbeschränkungen für *up-stream-* oder *cross-stream-*Sicherheiten, wenn überhaupt, nur bei Eingreifen einer gesetzlichen Ausnahme vom **Verbot der Einlagenrückgewähr (§§ 57, 62 AktG)** bzw. vom **Verbot der finanziellen Unterstützung zum Erwerb eigener Aktien (§§ 71a, 71d AktG).**

113 Gemäß **§§ 71a, 71d AktG** sind Rechtsgeschäfte nichtig, die einen Vorschuss, ein Darlehen oder eine Sicherheit zum Zwecke des Erwerbes von Aktien gewähren.[589] § 71d AktG erweitert das Verbot auf abhängige oder im Mehrheitsbesitz der Aktiengesellschaft stehende Unternehmen sowie auf Dritte, die für deren Rechnung handeln. Sofern ein unmittelbarer zeitlicher Zusammenhang mit dem Erwerb besteht, greift das Verbot auch dann ein, wenn die Finanzierung oder die Bestellung der Sicherheit dem Aktienerwerb nachfolgt.[590] Die Bestellung von Personalsicherheiten oder dinglichen Sicherheiten für Verbindlichkeiten, die von einem Aktionär oder einem mit ihm verbundenen Unternehmen zum Zweck der Finanzierung des Erwerbs von Aktien aufgenommen wurden, scheidet daher in der Praxis aus, sofern nicht der in § 71a Abs. 1 S. 3 AktG durch das MoMiG neu eingeführte gesetzliche Ausnahmetatbestand des Bestehens eines Beherrschungs- oder Gewinnabführungsvertrages (§ 291 AktG) eingreift.[591]

114 Des Weiteren sind die **Kapitalerhaltungsregelungen gemäß §§ 57, 62 AktG** zu berücksichtigen. Schon vor Inkrafttreten des MoMiG wurde die Bestellung von *up-stream-* und *cross-stream-*Sicherheiten überwiegend als eine Zuwendung im Sinne von § 57 AktG angesehen, die gemäß § 291 Abs. 3 AktG nur bei Bestehen eines Beherrschungs- oder Gewinnabführungsvertrages erlaubt war.[592] Mit Inkrafttreten des MoMiG wurde § 57 Abs. 1 AktG um die in den Sätzen 3 und 4 genannten gesetzlichen Ausnahmen ergänzt. Die überwiegende Meinung folgert hieraus, dass zwar die bilanzielle Betrachtungsweise künftig auch bei der Aktiengesellschaft Anwendung findet, dies jedoch keine generelle Abkehr vom Grundsatz der umfassenden Bindung des Vermögens der Aktiengesellschaft bedeutet.[593] Für die Bestellung von *up-stream* oder *cross-stream* Sicherheiten ist daher wie bei § 71a AktG allein entscheidend, ob eine gesetzliche Ausnahme vom Verbot des § 57 eingreift.[594] Eine solche

---

[587] *Diem/Jahn* § 44 Rn. 18.

[588] *Diem/Jahn* § 44 Rn. 1 ff.

[589] *Diem/Jahn* § 45 Rn. 42ff; *Freitag* AG 2007, 157 (158). Streitig ist, ob die Nichtigkeit nur das Verpflichtungsgeschäft oder auch das dingliche Erfüllungsgeschäft erfasst und, falls das Erfüllungsgeschäft wirksam bleibt, sich Bereicherungsansprüche nur gegen den Aktionär oder auch gegen den Sicherungsnehmer richten (*Diem/Jahn* § 45 Rn. 48; *Freitag* AG 2007, 157 (158)). Für die Vertragsgestaltung sind jedoch nicht die Rechtsfolgen, sondern der Anwendungsbereich entscheidend, so dass es auf diese Kontroverse nicht ankommt.

[590] *Diem/Jahn* § 45 Rn. 46; *Freitag* AG 2007, 157 (159) unter Verweis auf die weite Formulierung in Art. 23 Abs. 1 der Kapitalschutzrichtlinie (BT-Drs. 8/1678, 16).

[591] Zu Alternativgestaltungen, wie Umwandlung oder Verschmelzung, *Freitag* AG 2007, 157 (158).

[592] *Diem/Jahn* § 45 Rn. 1 ff, § 46 Rn. 16 ff; *Henze* WM 2005, 717 ff; Goette/Habersack/*Vetter* Rn. 121.

[593] *Diem/Jahn* § 45 Rn. 1 ff, § 46 Rn. 16 ff.

[594] *Diem/Jahn* § 45 Rn. 1 ff; § 46 Rn. 27 ff. Die in der Literatur geführte Diskussion, ob ein Verstoß gegen § 57 AktG zur Nichtigkeit bzw. Kondizierbarkeit der Sicherheiten führt (*Diem/Jahn* § 45 Rn. 27 ff), kann für die Vertragsgestaltung ebenfalls dahingestellt bleiben.

Ausnahme besteht zum einen, wenn die Bestellung der Sicherheit durch einen **Rückgewähr- oder Freistellungsanspruch gegen den Aktionär** gedeckt ist, wobei dieser nach dem ausdrücklichen Gesetzeswortlaut vollwertig sein muss (§ 57 Abs. 1 S. 3 Alternative 2). Nach Ansicht des BGH ist der Rückgewähranspruch vollwertig, wenn nach einer vernünftigen kaufmännischen Beurteilung im Zeitpunkt der Besicherung ein Forderungsausfall für den Darlehensrückzahlungsanspruch unwahrscheinlich ist.[595]

Des Weiteren greift weder das Verbot der Einlagenrückgewähr nach § 57 AktG noch das Verbot der finanziellen Unterstützung zum Erwerb eigener Aktien nach § 71a AktG ein, wenn ein **Beherrschungs- oder Gewinnabführungsvertrag** besteht, wobei nach dem Gesetzeswortlaut die Werthaltigkeit des Verlustausgleichanspruchs nicht erforderlich ist (§§ 57 Abs. 1 S. 3 Alternative 1, 71a Abs. 1 S. 3 AktG). In der Literatur wird dennoch für den Anwendungsbereich der §§ 57, 71a AktG gefordert, dass der Verlustausgleichanspruch bei Bestehen eines Beherrschungs- und Gewinnabführungsvertrages (§§ 71a Abs. 1 S. 3, 57 Abs. 1 S. 3 Alternative 1 AktG) ebenso wie der Rückgriffsanspruch (§ 57 Abs. 1 S. 3 Alternative 2 AktG) werthaltig und durchsetzbar sein muss.[596] Streitig ist wiederum, ob für die Prüfung der Werthaltigkeit der Zeitpunkt der Sicherheitenbestellung[597] oder der der Verwertung[598] relevant ist. Stellt man als relevanten Beurteilungszeitpunkt auf den Zeitpunkt der Sicherheitenverwertung ab, ist auch bei der Aktiengesellschaft eine *limitation language* für *up-stream-* oder *cross-stream*-Sicherheiten erforderlich.[599] Stellt man, wie nunmehr durch die Urteile des BGH aus dem Jahr 2017[600] bestätigt, zutreffender Weise auf den Zeitpunkt der Sicherheitenbestellung ab sind Durchsetzungs- und Verwertungsbeschränkungen gänzlich verzichtbar. 115

VIII. Bestätigungen und Zusicherungen *(representations and warranties)*

1. Rechtsnatur und Rechtsfolgen einer Verletzung

Durch Abgabe von Bestätigungen und Zusicherungen ***(representations and warranties)***,[601] wird die Richtigkeit tatsächlicher und rechtlicher Umstände, auf deren Basis die Kreditgeber und die anderen Finanzierungsparteien entscheiden, die Finanzierung zu gewähren, vom Kreditnehmer und anderen Verpflichteten bestätigt.[602] Im Folgenden werden Bestätigungen und Zusicherungen kurz als **„Bestätigungen"** bezeichnet. Bestätigungen in diesem Sinne finden sich insbesondere im Kreditvertrag. Sie können aber auch in anderen Finanzierungsdokumenten oder in einem im Zusammenhang mit einem Finanzierungsdokument stehenden anderen Dokument abgegeben werden.[603] Bestätigungen sind somit durch Vereinbarung konkretisierte Aufklärungs- und Offenbarungspflichten,[604] die von den Verpflichteten für Umstände abgegeben werden, die sie selbst und ihre Tochtergesellschaften betreffen. Erfassen Bestätigungen die gesamte Gruppe, sollte die Obergesellschaft der Gruppe zumindest zum 116

[595] BGH WM 2017, 479.

[596] Vgl. zum Meinungsstand *Diem/Jahn* § 45 Rn. 1 ff und § 46 Rn. 17 ff; *Pleister* ZIP 2015, 1097, 1099 mwN. Liegt eine existenzvernichtende Weisung vor, fehlt es zugleich an der Vollwertigkeit des Gegenleistungsanspruches. Die Rechtmäßigkeit einer Weisung ist keine Voraussetzung des § 57 Abs. 1 S. 3 AktG (KölnKommAktG/*Drygala* § 57 Rn. 100).

[597] *Diem/Jahn* § 45 Rn. 17 ff; § 46 Rn. 16 ff.

[598] *Freitag* AG 2007, 157 (160); Kölner Komm AktG/*Drygala* § 57 Rn. 100.

[599] *Freitag* AG 2007, 157 (162).

[600] BGH Urt. v. 10.1.2017 – II ZR 94/15, NZG 2017, 344 zur Aktiengesellschaft im Hinblick auf eine Kontoverpfändung sowie BGH Urt. v. 21.3.2017 – II ZR 93/16, NZG 2017, 658 zur GmbH im Hinblick auf eine Buchgrundschuld.

[601] *Clause* 19 *LMA-GER*.

[602] Die im *common law* übliche Abgrenzung zwischen *representations* als vor- und außervertragliche Bestätigung und *warranties* als vertraglich vereinbarte Zusicherung ist auch für Kreditverträge, die englischem oder New Yorker Recht unterliegen, bedeutungslos (*Wood* S. 240; *Wittig* WM 1999, 985 (986)).

[603] *Clause* 23.4 *LMA-GER*.

[604] *Diem/Jahn* § 21 Rn. 1ff; Diem/Jahn/*Diem* Ziff. 24 Rn. 1 ff.

Zweck der Abgabe der Bestätigungen Partei des Kreditvertrages werden. Alle Bestätigungen sind zum Zeitpunkt des Abschlusses der Finanzierungsdokumente abzugeben und bestimmte Bestätigungen,[605] die sich auf tatsächliche und rechtliche Umstände beziehen, deren Fortbestand Basis der Ausreichung des Kredites ist, zu Zeitpunkten zu wiederholen, die in den jeweiligen Finanzierungsdokumenten festgelegt werden.[606] Häufig wird die Ansicht vertreten, dass **Heilungsfristen** (***grace periods*** oder auch ***remedy periods***) nicht vereinbart werden sollten, da Bestätigungen stichtagsbezogen abzugeben sind und daher ihrem Zweck nach nicht geheilt werden können. Insbesondere im Fall von Bestätigungen, die bei jeder Ziehung zu wiederholen sind und sich auf Umstände in der Sphäre des Kreditnehmers beziehen, ist jedoch zu bedenken, dass die der fehlerhaften Bestätigung zugrunde liegenden tatsächlichen Umstände gegebenenfalls durchaus heilungsfähig sind. Deshalb wird in der Praxis für solche fehlerhaften Bestätigungen oft eine Heilungsfrist vorgesehen, wobei sich die Heilung sodann auf die zugrunde liegenden tatsächlichen Umstände bezieht.[607]

117 Bestätigungen können und dürfen von den Verpflichteten nur abgeben werden, wenn diese zuvor sichergestellt haben, dass alle für die Richtigkeit der Bestätigungen erforderlichen Informationen bei Abgabe verfügbar sind und auch die erforderlichen Berichtspflichten sichergestellt wurden und bei zu wiederholenden Bestätigungen bis zur Rückzahlung des Kredites aufrechterhalten bleiben. Ist eine Bestätigung bei Vertragsabschluss oder zu einem Zeitpunkt, zu dem sie zu wiederholen ist, objektiv unzutreffend, hat dies (ohne dass Kenntnis von der Unrichtigkeit oder gar ein Verschulden der Verpflichteten erforderlich wäre) einen **Kündigungsgrund** und ein **Ziehungshindernis** unter dem Kreditvertrag zur Folge.[608] Vorsätzlich unzutreffende Bestätigungen können aber auch eine **zivilrechtliche Haftung** der handelnden Personen nach sich ziehen oder gar **strafrechtliche Konsequenzen** für diese haben. Die Erfahrung zeigt, dass die Verpflichteten Bestätigungen nicht leichtfertig abgegeben, sondern die Finanzierungsparteien in aller Regel informieren, wenn eine Bestätigung nicht oder nur eingeschränkt abgegeben werden kann. Bestätigungen können auf unterschiedliche Arten vertraglich eingeschränkt werden, zB durch Ausnahmen für konkrete Einzelfälle, durch Beschränkung auf Umstände, die wesentliche nachteilige Auswirkungen nach sich ziehen können, oder durch Verweis auf Qualifizierungen in Rechtsgutachten *(legal opinion)*. Hierauf wird nachstehend bei den jeweiligen Bestätigungen näher einzugehen sein. Die Vereinbarung von Bestätigungen und gerade auch deren Anpassung an die tatsächlichen Gegebenheiten tragen dazu bei, die Informationsbasis vor und nach Abschluss des Kreditvertrages zu verbessern. Üblicherweise wird es daher nicht als sachgerecht angesehen,[609] Bestätigungen nur nach bestem Wissen *(to the best of its knowledge and belief)* abzugeben, da hiermit ein grundlegender Wandel in der Funktion der Bestätigung weg von einer Zuweisung des Risikos der objektiven Unrichtigkeit der Bestätigung an den Verpflichteten hin zu

---

605 Zu wiederholende Bestätigungen *(„Repeated Representations")* sind mit * gekennzeichnet.

606 *Clause* 19.14 *LMA-GER*.

607 Von Bedeutung ist dies insbes. auch, wenn eine Bestätigung zur Erfüllung von Handlungs- und Unterlassungsverpflichtungen abgegeben werden soll, vgl. → Rn. 135.

608 *Clauses* 4.2, 23.4 *LMA-GER*. In der Lit. wird zum Teil (*Klein/Rost* S. 73 Rn. 8) vertreten, dass Bestätigungen rechtlich selbständige Garantieerklärungen (§§ 241, 311 BGB) sein können, die Schadensersatzverpflichtungen des die unzutreffende Bestätigung abgebenden Verpflichteten begründen. Dieser Auslegung steht mit Blick auf die in den *LMA*-Musterverträgen vorgesehenen Bestätigungen entgegen, dass die Parteien die Rechtsfolgen der unzutreffenden Bestätigung ausdrücklich und abschließend regeln. Erfüllungs- oder Schadensersatzansprüche gegen die Verpflichteten bestehen somit nicht (*Diem/Jahn* § 21 Rn. 14; *Wittig* WM 1999, 985 (990), Eilers/Rödding/Schmalenbach/*Jetter* C Rn. 39). Hingegen können Anfechtungsrechte wegen arglistiger Täuschung nach § 123 BGB im Einzelfall neben den vertraglichen Folgen einer unzutreffenden Bestätigung bestehen, da der Tatbestand der arglistigen Täuschung über eine unrichtige Bestätigung hinausgeht (*Diem/Jahn* § 21 Rn. 3 ff). Der Anfechtung wird in der Praxis jedoch kaum Bedeutung zukommen. Vgl. → Rn. 74, 164.

609 *Wittig* WM 1999, 985 (992); *Wood* S. 241. Eine in der Praxis übliche Ausnahme ist die Bestätigung, dass keine Gerichtsverfahren und behördlichen Verfahren eröffnet oder angedroht oder Gerichtsentscheidungen erlassen wurden (*Clause* 19.13 *LMA-GER; Clauses* 25.14, 25.15 (b) *LMA-LEV*). Eine weitere Ausnahme ist die Bestätigung zur Einhaltung von Umweltgesetzen (*Clause* 25.16 *LMA-LEV*).

einer an subjektive Maßstäbe anknüpfenden Risikoverteilung, die die Finanzierungsparteien nur gegen Kreditbetrug schützt, stattfinden würde.[610]

2. Zeitpunkt der Abgabe und Wiederholung

Bestimmte Bestätigungen ***(„Repeated Representations")*** sind nicht nur bei Abschluss des Kreditvertrages abzugeben, sondern auch in jeder Ziehungsnachricht, jeder Prolongationsnachricht, jedem Auszahlungstag sowie am ersten Tag einer jeden Zinsperiode mit Bezug auf die dann bestehenden Umstände zu wiederholen und damit zu bestätigen, dass sich die betreffenden Umstände nicht verändert haben.[611] Bei Abschluss des Kreditvertrages geben die Verpflichteten die Bestätigungen durch Unterzeichnung des Kreditvertrages ab. Die zu wiederholenden Bestätigungen werden zudem durch den jeweiligen Kreditnehmer und die Obergesellschaft der Gruppe mit Unterzeichnung der Ziehungsnachricht sowie der Prolongationsnachricht erneut abgegeben. Die übrigen Verpflichteten bevollmächtigen die Obergesellschaft, die von ihnen zu wiederholenden Bestätigungen und Zusicherungen in deren Namen als Stellvertreter abzugeben.[612] Am Auszahlungstag sowie am ersten Tag der Zinsperiode wird jedoch auch in dem deutschem Recht unterliegenden *LMA*-Mustervertrag aus Praktikabilitätsgründen auf eine Wiederholung durch schriftliche Erklärung eines Verpflichteten verzichtet. Vielmehr soll in Anlehnung an ein der englisch-rechtlichen *LMA*-Dokumentation[613] entlehntes und dort auf alle Wiederholungen von Bestätigungen anwendbares Konzept lediglich fingiert ***(deemed to be repeated)*** werden, dass die zu wiederholenden Bestätigungen von den Verpflichteten erneut abgegeben wurden. In der Literatur[614] wird mit Blick auf §§ 307, 308 Nr. 5 BGB die Wirksamkeit der fingierten Erklärung und des daran anknüpfenden Kündigungsrechtes der Kreditgeber in Zweifel gezogen und als Alternative vorgeschlagen, auf die Fiktion zu verzichten und stattdessen bei Wegfall der durch die Fiktion zu bestätigenden Umstände ein Kündigungsrecht zu vereinbaren. Dem mit einer Bestätigung verfolgten Zweck, eine Erklärung der handelnden Personen zu wichtigen Umständen zu erhalten, würde es jedoch besser dienen, die Fiktion durch eine **ausdrückliche schriftliche Erklärung** zu ersetzen, auch wenn diese aus Praktikabilitätsgründen nur quartalsweise oder zusammen mit der Bestätigung zur Einhaltung der Finanzkennzahlen abzugeben ist. Beide Lösungsansätze zeigen jedoch, dass jedenfalls eine AGB-rechtliche Behandlung dieser Problematik verfehlt ist, zumal keiner der für Kreditnehmer tatsächlich regelungsbedürftigen Aspekte im Zusammenhang mit Bestätigungen hierdurch überhaupt adressiert wird. Die besseren Argumente sprechen daher für die Ansicht, dass die Fiktion und damit der hieran anknüpfende Kündigungsgrund auch unter deutschem Recht wirksam vereinbart werden können.[615] Welche Bestätigungen üblicherweise zu wiederholen sind, wird nachstehend dar- **118**

[610] Die Auswirkungen in der Praxis sind jedoch geringer, als es auf den ersten Blick erscheinen mag. Die Einschränkung nach bestem Wissen bedeutet nicht, dass es allein auf subjektives (Nicht-)Wissen ankäme. Die Verpflichteten dürfen nicht einfach die Augen verschließen, da auch mit dieser Einschränkung eine Bestätigung von ihnen nur abgegeben werden darf, wenn zuvor sichergestellt wurde, dass alle für die Richtigkeit der Bestätigungen erforderlichen Nachforschungs- und Berichtspflichten erfüllt wurden. Dieser Sorgfaltsmaßstab bei Abgabe der Bestätigung lässt sich durch die Ergänzung *after due inquiry* noch unterstreichen Im Fall von zu wiederholenden Bestätigungen (vgl. → Rn. 117) wirken sich die Unterschiede zudem nur aus, wenn ein Umstand zwischen zwei Bestätigungszeitpunkten bekannt wird. Der hiermit für den Kreditnehmer bezweckte Schutz endet nämlich, sobald die Parteien im Zeitpunkt der Wiederholung von den der Fehlerhaftigkeit zugrundliegenden Umständen Kenntnis erlangt haben.

[611] *Clauses* 1.1 Definition *„Repeated Representations"*, 19.14 *LMA-GER*, die jedoch keinen Vorschlag unterbreiten, welche Bestätigungen zu wiederholen sind. Eilers/Rödding/Schmalenbach/*Jetter* C Rn. 41.

[612] *Clause* 19.14 (b) *LMA-GER*. Die Regeln zur Stellvertretung (§§ 164 ff BGB) sind auf geschäftsähnliche Handlungen anwendbar, die auf Ansprüche oder Rechtsverhältnisse im Bewusstsein hiermit verbundener Rechtsfolgen Bezug nehmen, ohne unmittelbar auf den Eintritt dieser Rechtsfolgen gerichtet zu sein (MüKoBGB/*Busche* § 133 Rn. 49). Eine Bestätigung ist eine solche rechtsgeschäftsähnliche Handlung, so dass diese in Vertretung für andere abgegeben werden kann.

[613] *Clause* 25.33 *LMA-LEV.*

[614] *Diem/Jahn* § 21 Rn. 15 f.

[615] Vgl. → Rn. 10.

gestellt. Auch wenn dies in der Praxis zu einem erheblichen Teil das Ergebnis meist intensiv geführter Verhandlungen ist, sollte jedoch stets entscheidend sein, ob sich die Finanzierungsparteien im Vertrauen darauf an der Finanzierung beteiligt haben, dass ein Umstand auch nach Abschluss des Kreditvertrages fortbesteht. Im Einzelfall kann es vorkommen, dass Handlungs- und Unterlassungspflichten oder Kündigungsgründe durch eine zu wiederholende Bestätigung substituiert werden. Die Wiederholung einer Bestätigung kann jedoch kein vollwertiger Ersatz sein. Bestätigungen werden nur zu den vereinbarten Stichtagen abgegeben bzw. wiederholt, so dass zwischen den Stichtagen keine unrichtige Bestätigungen und daher weder ein Ziehungshindernis noch ein Kündigungsgrund vorliegt. Bei einem Terminkredit ist zudem zu beachten, dass eine Prolongationsnachricht nicht zwingend abgegeben werden muss. Unterbleibt diese, hat die nächste Zinsperiode automatisch eine Dauer von meist einem Monat. Eine Wiederholung der Bestätigung würde dann nach dem *LMA*-Konzept (unter Inkaufnahme der zuvor beschriebenen rechtlichen Zweifel) nur fingiert.

3. Fallgruppen

119 Art und Ausgestaltung von Bestätigungen sind stark von den Besonderheiten des Einzelfalls wie der Rechtsform der Verpflichteten, der auf die Verpflichteten und die Finanzierungsdokumente anwendbaren Rechtsordnung, dem Finanzierungszweck sowie den mit der Einordnung als *investment grade-, sub-investment grade-* oder *leverage*-Transaktion einhergehenden Marktusancen abhängig. Im Folgenden wird daher nur eine Übersicht zu wesentlichen Bestätigungen gegeben, die sich im *investment grade*-Muster der *LMA* finden.[616]

120 **a) Rechtliche Rahmenbedingungen.** Ein wesentlicher Teil der Bestätigungen bezieht sich auf Umstände, die für **Rechtswirksamkeit und Vollstreckbarkeit der Finanzierungsdokumente** sowie **Bestehen und Rang von Sicherheiten** relevant sind und in der Regel während der Laufzeit des Kredites wiederholt werden.

121 **aa) Gründung und Rechtsform der Verpflichteten.**[617] Ist für einen Verpflichteten eine bestimmte **Rechtsform** zu bestätigen, steht ein späterer Rechtsformwechsel der wiederholten Abgabe der Bestätigung entgegen.

122 **bb) Rechtswirksamkeit und Vollstreckbarkeit der Finanzierungsdokumente und der dinglichen Sicherheiten.**[618] Ist der Kredit besichert, ist neben der **Rechtswirksamkeit und Vollstreckbarkeit** der Sicherheitenvereinbarungen sowie der anderen Finanzierungsdokumente auch der **Rang der Sicherheit** zu bestätigen. Seitens der Verpflichteten wird regelmäßig gefordert, dass die Bestätigung nicht über die Feststellungen in den als Ziehungsvoraussetzung zu liefernden Rechtsgutachten *(legal opinion)* hinausgehen und daher durch Verweis auf allgemeine Rechtsgrundsätze betreffende **Qualifizierungen in den Rechtsgutachten** eingeschränkt werden.[619] Die Kreditgeber sollten darauf achten, dass diese Qualifizierung sich auf die Rechtslage bei Vertragsschluss bezieht. Ein Verweis auf die jeweilige Rechtslage hebelt den durch Wiederholung bezweckten Schutz gegen zukünftigen Rechtsänderungen aus.

123 **cc) Nichtvorliegen eines Verstoßes gegen Rechtsnormen sowie gegen Gesellschaftsvertrag und vertragliche Vereinbarungen.**[620] Die Verpflichteten fordern zum Teil, die Bestätigung dahingehend einzuschränken, dass Verstöße gegen vertragliche Vereinbarung mit Dritten nur dann zu einer unrichtigen Bestätigung führen, wenn dies eine **wesentliche nachteilige Auswirkung *(„Material Adverse Effect")***[621] haben könnte. Eine solche Ein-

---

616 Zu wiederholende Bestätigungen sind in der jeweiligen Fn, in der die zugehörige Klausel des *LMA*-Vertragsmusters zitiert wird, mit * gekennzeichnet.

617 *Clause* 19.1 *LMA-GER (Status)**.

618 *Clause* 19.2 *LMA-GER* sowie *Clause* 25.3 *LMA-LEV (Binding obligations)**.

619 *Clauses* 1.1 Definition *„Legal Reservation"*, 25.3 *LMA-LEV.*

620 *Clause* 19.3 *LMA-GER* und *Clause* 25.4 *LMA-LEV (Non-conflict with other obligations)**.

621 Vgl. → Rn. 172.

schränkung ist nicht sachgerecht. Vereinbarungen mit Dritten sind unabhängig davon zu respektieren, ob deren Verletzung Nachteile für die Kreditgeber hat. Auch die Einschränkung, dass in wesentlicher Hinsicht ***(in any material respect)*** gegen die Drittvereinbarung verstoßen wird, ist abzulehnen. Hingegen kann eine Einschränkung durch Verweis auf allgemeine Rechtsgrundsätze in den Rechtsgutachten *(legal opinion)* und, soweit eine Verpflichtung zur Bestellung von Sicherheiten nach Vertragsschluss übernommen wurde, auch auf vereinbarte Grundsätze zur Bestellung von Sicherheiten *(„Agreed Security Principles")*[622] im Einzelfall angebracht sein.

dd) Befugnis der Verpflichteten, die Finanzierungsdokumente zu unterzeichnen und die Verpflichtungen unter diesen zu erfüllen.[623] Die Verpflichteten müssen vor Abgabe der Bestätigung dafür Sorge tragen, dass alle nötigen Vollmachten vorliegen sowie alle nach Gesellschaftsrecht sowie Gesellschaftsvertrag, Satzung oder Geschäftsordnung der Gesellschaftsorgane erforderlichen Maßnahmen, wie Vorstand- oder Aufsichtsratsbeschlüsse, getroffen wurden. Die Bestätigung hat ihren Ursprung in dem im *common law* geltenden **ultra-vires-Grundsatz.**[624] Unterliegen Verpflichtete dem deutschen Recht, soll die Bestätigung dem **Einwand des Missbrauchs der Vertretungsmacht** vorbeugen. 124

ee) Vorliegen öffentlich-rechtlicher Genehmigungen zum Abschluss sowie zur Vorlage der Finanzierungsdokumente in Gerichtsverfahren.[625] Neben **Genehmigungen** *(„Authorisations")*, die den Abschluss der Finanzierungsdokumente unmittelbar betreffen, standen in der Vergangenheit vor allem Genehmigungserfordernisse im Vordergrund, die den Zugang zu und die Erfüllung von Verbindlichkeiten in fremden Währungen beschränkten. Mit der Liberalisierung der Finanzmärkte hat diese Bestätigung an Bedeutung verloren, wird aber den Marktusancen folgend in internationalen Finanzierungen weiterhin erwartet. Nach deutschem Recht gibt es keine relevanten Einschränkungen. 125

ff) Wirksamkeit der Rechtswahl sowie der Anerkennung und Vollstreckbarkeit von Urteilen.[626] Auch bei dieser Bestätigung[627] kann es geboten sein, diese durch Verweis auf allgemeine Rechtsgrundsätze betreffende **Qualifizierungen in den Rechtsgutachten** einzuschränken und hieraus im Einzelfall Konsequenzen bei der Vertragsgestaltung zu ziehen. Beispielsweise erkennen Rechtsordnungen die Wahl ausländischen Rechts nicht an, wenn dies wesentlichen Grundsätzen des inländischen Rechts widerspricht. Auch wenn Vollstreckungsabkommen bestehen, werden Urteile, bevor diese für vollstreckbar erklärt werden, in vielen Rechtsordnungen darauf überprüft, ob Gegenseitigkeit verbürgt ist oder diese mit wesentlichen Grundsätzen des inländischen Rechts im Widerspruch stehen. Auch können Rechtsordnungen die Anerkennung ausländischen Rechts oder die Vollstreckung ausländischer Urteile generell ablehnen. Ist dies der Fall, kann es vorzugswürdig sein, Rechtsstreitigkeiten durch Schiedsgerichte entscheiden zu lassen, wenn für deren Entscheidung Vollstreckungsübereinkommen bestehen. 126

gg) Gleichrangigkeit der Ansprüche der Finanzierungsparteien mit anderen Gläubigern (pari passu ranking).[628] In internationalen Finanzierungen übliche ***pari passu*-Bestätigungen** beziehen sich nur auf unbesicherte und nicht subordinierte Forderungen anderer Gläubiger.[629] Gegenstand der Bestätigung ist daher nicht, dass keine dinglichen Sicherheiten für Forderungen anderer Gläubiger bestellt wurden,[630] sondern lediglich, dass die Forderungen der Finanzierungsparteien nicht im Rang nach anderen Gläubigern zu 127

---

[622] *Clause* 1.1 Definition *„Agreed Security Principles" LMA-LEV.*
[623] *Clause* 19.4 *LMA-GER (Power and authority)**.
[624] *Diem/Jahn* § 21 Rn. 7.
[625] *Clause* 19.5 *LMA-GER (Validity and admissibility in evidence)**.
[626] *Clause* 19.6 *LMA-GER (Governing law and enforcement)**.
[627] Vgl. → Rn. 1.
[628] *Clause* 19.12 *LMA-GER (Pari passu ranking)**.
[629] *Buchheit* S. 83; BankR-HdB/*Welter* § 118 Rn. 124 ff.
[630] *Klein/Tauber* S. 405 Rn. 415. Dies ist Gegenstand der Bestätigung in *Clause* 25.19 *LMA-LEV.*

befriedigen sind. Die meisten Rechtsordnungen erlauben es nicht, eine Vorrangigkeit von Forderungen durch Maßnahmen des Gläubigers und des Schuldners herbeizuführen. Eine Ausnahme ist unter anderem das spanische Recht, nachdem Gläubiger und Schuldner Kreditverträge zur öffentlichen Urkunde *(escritura pública)* erheben und auf diese Weise Kreditgebern in und außerhalb der Insolvenz Vorrang vor anderen Gläubigern geben können. Auch nach dem Recht der USA kann eine Forderungsreihenfolge vertraglich festgelegt werden[631]. Weiter verbreitet sind allgemeine gesetzliche Vorwegbefriedigungsrechte bestimmter Gläubigergruppen, wie zB der Finanzbehörden oder anderer öffentlicher Einrichtungen. Läßt man die Abwicklung von CRR-Kreditinstituten, CRR-Wertpapierfirmen und Finanzgruppen nach dem Gesetz zur Sanierung und Abwicklung von Instituten und Finanzgruppen (SAG)[632] außer Betracht, sieht das deutsche Recht (§§ 53, 55 InsO) in der Insolvenz einen Vorrang nur für die Kosten des Insolvenzverfahrens und für Masseverbindlichkeiten vor. Bestehen gesetzliche Vorwegbefriedigungsrechte, sollte die Bestätigung durch Verweis auf entsprechende Qualifizierungen in den Rechtsgutachten *(legal opinion)* eingeschränkt werden.

128 **b) Steuerliche Rahmenbedingungen.** Üblicherweise werden Bestätigungen in tatsächlicher und rechtlicher Hinsicht auch zu den **steuerlichen Rahmenbedingungen** der Finanzierung, wie insbesondere zu Quellensteuer (*Clause* 19.7 *LMA-GER (Deduction of tax)*) und zu Stempelsteuer (*Clause* 19.8 *LMA-GER (No filing or stamp taxes)*) abgegeben. Die Ausgestaltung der Bestätigungen hängt davon ab, in welchen Rechtsordnungen die Kreditnehmer errichtet sind, ihren Sitz haben oder für Steuerzwecke ansässig sind und aus welchen Rechtsordnungen heraus die Kreditgeber den Kredit ausreichen. Mit in Kraft treten des *Foreign Account Tax Compliance Act* ***(FATCA)*** sind zudem Bestätigungen der Vertragsparteien zu ihrem ***FATCA*-Status** hinzugekommen. Ein näheres Eingehen hierauf würde den Rahmen dieser Darstellung überschreiten. Für Finanzierungen an Kreditnehmer, die nach deutschem Recht errichtet sind, ihren Sitz in Deutschland haben und den Kredit in einer Betriebsstätte in Deutschland in Anspruch nehmen, haben diese Bestätigung keine praktische Bedeutung, wenn die Kreditgeber den Kredit aus Deutschland ausreichen. Für Kreditgeber, die für Steuerzwecke nicht in Deutschland ansässig sind und durch dingliche Rechte an Grundbesitz in Deutschland oder an in ein deutsches Schiffsregister eingetragenen Schiffen besichert sind, ist zu beachten, dass deren Ansprüche einem Quellensteuerabzug (§§ 49 Abs. 1 Nr. 5 S. 1 (c) (aa), 50a Absatz (7) EStG) unterliegen, es sei denn die relevanten Doppelbesteuerungsabkommen sehen eine Ausnahme vor.[633] In internationalen Finanzierungen werden die Bestätigungen dennoch bei Vertragsschluss von den Kreditgebern ebenso gefordert, wie die meisten Kreditnehmer auf einem ***qualifying lender*-Konzept**[634] bestehen. Eine Wiederholung ist nicht geboten, da der Schutz gegen zukünftige Änderungen der Besteuerung abschließend durch die Regelungen zum Renditeschutz gewährleistet ist.[635]

129 **c) Wirtschaftliche und finanzielle Rahmenbedingungen.** Eine weitere Gruppe von Bestätigungen betrifft die wirtschaftliche und finanzielle Lage der Verpflichteten, der Gruppe sowie einzelner Mitglieder der Gruppe.

130 **aa) Kein Verstoß gegen vertragliche Vereinbarungen.**[636] Die Bestätigung wird üblicherweise dahingehend eingeschränkt, dass nicht jeder Vertragsverstoß gegen Drittvereinbarungen zu einer unrichtigen Bestätigung führt, sondern nur solche Vertragsverstöße, die eine **wesentliche nachteilige Auswirkung *(„Material Adverse Effect")*** zur Folge haben könnten. Die Ausgestaltung der Definition *„Material Adverse Effect"*[637] hat entscheidenden Einfluss auf die Tragweite der zu wiederholenden Bestätigungen und die praktische Möglich-

[631] Diem/Jahn/*Diem* Ziff. 24 Rn. 110 Fn. 50 mwN.
[632] Insbes. § 89 ff SAG.
[633] Vgl. → Rn. 55.
[634] Vgl. → Rn. 56.
[635] Vgl. → Rn. 55.
[636] *Clause* 19.9 (b) *LMA-GER (No default)**.
[637] Vgl. → Rn. 172.

keit ihrer Überwachung. Um letzteres sicherzustellen, wird in *investment grade*-Transaktionen häufig die Reichweite der Bestätigung auf die Verpflichteten und deren **wesentliche Tochtergesellschaften *(„Material Subsidiaries")*** beschränkt.[638] Von erheblicher Bedeutung ist auch, ob ein Verstoß gegen vertragliche Vereinbarungen eine wesentliche nachteilige Auswirkung zu Folge haben könnte oder eine solche im Einzelfall eingetreten sein muss.[639]

bb) Richtigkeit und Vollständigkeit der den Finanzierungsparteien zur Verfügung gestellten Informationen.[640] In *investment grade*-Transaktionen findet in der Regel eine Beschränkung auf Informationen statt, die in dem für alle Kreditgeber bestimmten Informationsmemorandum enthalten sind. Ergänzend wird eine Bestätigung gefordert, dass keine Umstände bekannt sind, welche nicht mitgeteilt wurden, obwohl sie für die Kreditentscheidung der Kreditgeber von Bedeutung gewesen sind. Diese Bestätigungen sollten nicht wiederholt werden, da Informationen ihrer Natur nach ständigen Änderungen unterliegen. Ist der Fortbestand bestimmter Umstände jedoch für die Gewährung des Kredites entscheidend, sollte dies in einer eigenständigen Bestätigung adressiert oder stattdessen Verpflichtungen bzw. Kündigungsgründe vereinbart werden. Hingegen sollte die Bestätigung auch auf die Richtigkeit aller (schriftlichen) Informationen erweitert werden, die nach Vertragsschluss zur Verfügung gestellt werden. Gegenstand der Bestätigung sollte aber nur die Richtigkeit **in wesentlichen Punkten *(in any material respect)*** zum Zeitpunkt der Zurverfügungstellung der Informationen sein. Eine Wiederholung findet also nicht statt. 131

cc) Ordnungsgemäße Erstellung der Abschlüsse.[641] Die Bestätigung bezieht sich im *investment grade*-Muster der *LMA* nur auf die als Auszahlungsvoraussetzung vorzulegenden ursprünglichen Abschlüsse und wird nicht wiederholt. Darüber hinaus verlassen sich die Finanzierungsparteien während der Kreditlaufzeit auf die Verpflichtung zur Vorlage künftiger Abschlüsse[642] und die Prüfung durch den Abschlussprüfer. Maßstab für die Erstellung der Abschlüsse sind die Grundsätze ordnungsgemäßer Buchführung *(„GAAP")*.[643] In *leverage-* und *sub-investment grade*-Transaktionen wird auch eine zusätzliche Bestätigung der nach Vertragsschluss vorzulegenden Abschlüsse auf den Zeitpunkt der Erstellung gefordert (*Clause* 25.13 (f) *LMA-LEV*). 132

dd) Kein Eintritt einer wesentlichen nachteiligen Veränderung.[644] Das *investment grade*-Muster der *LMA* lässt den Zeitpunkt, zu dem die **wesentliche nachteilige Veränderung *(material adverse change)*** eingetreten sein muss, ebenso wie die Frage der Wiederholung dieser Bestätigung, offen. In *investment grade*-Transaktionen wird ganz überwiegend nur eine Bestätigung *(bring-down representation)* vereinbart, die die zeitliche Lücke zwischen Erstellung der als Ziehungsvoraussetzung vorzulegenden ursprünglichen Abschlüsse und Unterzeichnung der Finanzierungsdokumente schließen soll und daher nicht wiederholt wird. Eine solche Bestätigung kann inhaltlich über die vereinbarte Ausgestaltung des Kündigungstatbestandes der wesentlichen nachteiligen Veränderung (*Clause* 23.12 *LMA-GER*) hinausgehen und ist auch dann erforderlich, wenn ein entsprechender Kündigungsgrund 133

[638] Eilers/Rödding/Schmalenbach/*Jetter* C Rn. 40.

[639] In der englischen Vertragssprache wird zwischen *might, could* oder *would* vor *have a Material Adverse Effect* unterschieden. Der Terminus *would* hat zur Folge, dass die wesentliche nachteilige Auswirkung eingetreten sein muss, wohingegen es bei *might* und *could* genügt, dass eine wesentliche nachteilige Auswirkung eintreten könnte. Unter englischem Recht stellt *might* die geringsten Anforderungen an den Nachweis und wird daher in der Regel auch in deutsch-rechtlichen Verträgen nicht verwendet. Ein Kompromiss zwischen *could* und *would* ist häufig die Formulierung *could reasonably be expected* oder *is reasonably likely to* vor *have a Material Adverse Effect*.

[640] *Clause* 19.10 *LMA-GER (No misleading information)*.

[641] *Clause* 19.11 (a) und (b) *LMA-GER (Financial Statements)*.

[642] *Clauses* 20.1, 20.3 *LMA-GER*.

[643] Es wird in *investment grade*-Transaktionen meist auch darauf verzichtet, die Beibehaltung eines bestimmten Rechnungslegungsstandards vorzuschreiben. Wird dieser vor Rückzahlung des Kredites geändert, ist zum Zwecke der Feststellung der Finanzkennzahlen eine Überleitungsrechnung vorzulegen.

[644] *Clause* 19.11 (c) *LMA-GER* und *Clause* 25.13 (d) *LMA-LEV (Financial Statements)*.

nicht vereinbart wird. Hingegen wird in *sub-investment grade-* und *leverage-*Transaktionen (*Clause* 25.13 (h) *LMA-LEV (Original Financial Statements)**) zusätzlich zum Kündigungsgrund wegen wesentlicher nachteiliger Veränderung im Einzelfall auch eine zu wiederholende Bestätigung verlangt, dass keine wesentliche nachteilige Veränderung seit Vorlage der ursprünglichen Abschlüsse oder der zuletzt vorgelegten Abschlüsse eingetreten ist. Zur Ausgestaltung und Wechselwirkung mit anderen Bestimmungen kann auf die Ausführungen zum Kündigungsgrund wegen wesentlicher nachteiliger Veränderung verwiesen werden.[645]

134 **ee) Nichtvorliegen von Gerichtsverfahren, behördlichen Verfahren und Schiedsgerichtsverfahren sowie Gerichtsentscheidungen.**[646] Die Bestätigung erstreckt sich zum einen auf Verfahren, die bereits anhängig gemacht sind oder angedroht wurden. Das *leverage-*Muster der *LMA* sieht in *Clause* 29.17 *LMA-LEV* einen dieser Bestätigung korrespondierenden Kündigungsgrund vor, so dass es einer Wiederholung der Bestätigung nicht bedarf. Auch in *investment grade-*Transaktionen wird jedoch trotz Fehlens eines entsprechenden Kündigungsgrundes in der Regel auf eine Wiederholung verzichtet. Die Bestätigung wird üblicherweise dahingehend eingeschränkt, dass nur solche Verfahren erfasst werden, von denen (einen negativen Ausgang unterstellt) vernünftigerweise angenommen werden kann ***(might reasonably be expected),*** dass sie eine wesentliche **nachteilige Auswirkung *(„Material Adverse Effect")*** zur Folge haben könnten. Seitens der Kreditnehmer wird regelmäßig gefordert, dass der negative Ausgang des Verfahrens nicht unterstellt werden darf, sondern ein negativer Ausgang überwiegend wahrscheinlich sein muss. Will man den Tatbestand näher konkretisieren, ist es jedoch vorzugswürdig, statt einer kaum zu leistenden Beurteilung der Erfolgsaussichten für reine Zahlungsklagen einen Schwellenwert zu vereinbaren, bis zu dem eine wesentliche nachteilige Auswirkung nicht vorliegt. Zum anderen erfaßt die Bestätigung Gerichts- sowie Schiedsgerichtsentscheidungen, von denen vernünftigerweise angenommen werden kann (might reasonably be expected), dass sie eine wesentliche nachteilige Auswirkung („Material Adverse Effect") zur Folge haben könnten. In der Praxis ist es zudem *investment grade-*Bereich üblich, diese Bestätigung sowohl in Bezug auf Gerichtsverfahren als auch auf Gerichts sowie Schiedsgerichtsentscheidungen nur nach bestem Wissen ***(to the best of its knowledge and belief)*** abzugeben, wobei im *sub-investment grade-*Bereich dies häufig nur für drohende Verfahren zugestanden wird.[647]

135 **d) Kein Eintritt von Kündigungsgründen oder Kündigungstatbeständen.** Üblicherweise wird auch eine Bestätigung zum Nichtvorliegen von Kündigungsgründen erwartet (*Clause* 19.9 (a) *LMA-GER (No default)**). Diese bezieht sich auf alle Kündigungsgründe und ist ihrer Natur nach zukunftsgerichtet und daher zu wiederholen. Die Bestätigung kann nicht abgegeben werden, wenn ein Kündigungsgrund eingetreten ist und dieser fortbesteht.[648] Vereinzelt wird von Kreditnehmern die zukunftsgerichtete Bestätigung, dass als Folge einer Ziehung kein Kündigungsgrund vernünftigerweise zu erwarten ist ***(might reasonably be expected as a result of any Utilisation),*** abgelehnt. Es kann jedoch von Kreditgebern auch in *investment grade-*Transaktionen nicht erwartet werden, neues Geld zur Verfügung zu stellen, wenn als Folge der Ausreichung ein Kündigungsgrund entsteht. Für *sub-investment grade-* und *leverage-*Transaktionen kann zusätzlich gefordert sein, die Bestätigung auf das Nichtvorliegen eines Kündigungstatbestandes *(„Default")*[649] zu erweitern und diese Bestätigung auch zu

---

[645] Vgl. → Rn. 172.

[646] *Clauses* 19.13 *LMA-GER* und 25.14 *LMA-LEV* sowie *Clause* 25.15 (b) *LMA-LEV.*

[647] Vgl. → Rn. 117.

[648] Ein Kündigungsgrund ist eingetreten, wenn alle Tatbestandsvoraussetzungen (einschließlich des erfolglosen Ablaufs einer vereinbarten Heilungsfrist) verwirklicht wurden. Ein eingetretener Kündigungsgrund besteht nicht mehr fort, wenn die Kreditgebermehrheit (oder erforderlichenfalls alle Kreditgeber) einem Verzicht auf den Kündigungsgrund zugestimmt haben (*Clause* 1.2 (d) *LMA-GER*). In *investment grade-*Transaktionen wird meist vereinbart, dass das Fortbestehen eines Kündigungsgrundes auch durch Heilung nach Ablauf einer Heilungsfrist endet. Vgl. → Rn. 76.

[649] Ein Kündigungstatbestand ist ein Ereignis oder ein Umstand *(potential event of default),* infolge dessen die Tatbestandsvoraussetzungen eines Kündigungsgrundes bereits soweit erfüllt sind, dass das Recht zur Kündi-

bestimmten Zeitpunkten zu wiederholen. Im *LMA*-Muster für *leverage*-Transaktionen (*Clause* 25.11 (a) *LMA-LEV*) wird lediglich eine einmalige **Wiederholung** zum Zeitpunkt der Durchführung der Akquisition gefordert. In *sub-investment grade*-Transaktionen kann hingegen eine Wiederholung für alle Ziehungen erwartet werden. Wird zugleich ein ***rollover*-Konzept** vereinbart, würde die Wiederholung ein Ziehungshindernis für *rollover*-Ziehungen unter revolvierenden Kreditlinien auslösen und damit das *rollover*-Konzept umgehen.[650] Eine Wiederholung ist in diesem Fall nur für Ziehungen angebracht, bei denen es sich nicht um *rollover*-Ziehungen handelt.[651] Im *leverage*-Muster der *LMA* (*Clause* 25.8 *LMA-LEV (Insolvency)*) ist zudem eine zusätzliche Bestätigung vorgesehen, dass keiner der Kündigungsgründe wegen Insolvenz, Insolvenzverfahren oder Vollstreckungsmaßnahmen (*Clauses* 29.7, 29.8 *LMA-LEV*) eingetreten ist.

e) Erfüllung von Handlungs- und Unterlassungsverpflichtungen. Bestätigungen können auch dazu dienen, die Erfüllung einer Handlungs- und Unterlassungsverpflichtung zuzusichern. Zu diesen Bestätigungen gehören im *leverage*-Muster der *LMA* die Bestätigungen zum Vorliegen von Betriebs- und sonstigen Genehmigungen (*Clause* 25.6 (b) *LMA-LEV (Validity and admissibility in evidence)**), zur Einhaltung von Umweltvorschriften (*Clause* 25.16 *LMA-LEV (Environmental laws)*) und anderen Rechtsnormen (*Clause* 25.15 *LMA-LEV (No breach of laws)*), zum Eingehen von Finanzverbindlichkeiten und zur Bestellung dinglicher Sicherheiten (*Clause* 25.19 *LMA-LEV (Security and Financial Indebtedness)*), zu geistigem Eigentum (*Clause* 25.24 *LMA-LEV (Intellectual Property)*) sowie zu Renten und Pensionsverpflichtungen (*Clause* 25.30 *LMA-LEV (Pensions)*). Bestätigungen dieser Art werden bei Abschluss des Kreditvertrages abgegeben, um eine Gewissheit über die tatsächlichen Verhältnisse bei Vertragsschluss zu erhalten. Eine Wiederholung vor jeder Ziehung wird nur ausnahmsweise erforderlich sein, wenn die tatsächliche Einhaltung bestimmter Handlungs- und Unterlassungspflichten von so entscheidender Bedeutung ist, dass dies durch eine gesonderte Bestätigung abgesichert werden soll.[652] Ist eine **Wiederholung** vorgesehen, sollte bei revolvierenden Kreditlinien darauf geachtet werden, dass hierdurch ein vereinbartes ***rollover*-Konzept** nicht ausgehebelt wird.[653] Für *rollover*-Ziehungen sollte daher von einer wiederholenden Bestätigung abgesehen werden, wenn eine Heilungsfrist für die Handlungs- und Unterlassungspflicht vereinbart ist.[654] 136

IX. Finanzkennzahlen *(financial covenants)*

1. Rechtsnatur und Rechtsfolgen einer Verletzung

Die Vereinbarung von **Finanzkennzahlen** ist in vielen Marktsegmenten des internationalen Kreditgeschäftes inzwischen die Regel. Mit den sog. *financial covenants* verpflichtet sich der Kreditnehmer, zu bestimmten Stichtagen[655] oder für alle Zeiträume,[656] die an solchen Stichtagen enden, bestimmte Finanzratios einzuhalten. Hierbei kann es sich um stichtagsbezogene Zahlenverhältnisse[657] oder um Verlaufsgrößen[658] oder um Mischfor- 137

gung nur noch vom Ablauf einer Heilungsfrist (*grace period* oder *remedy period*), einer Anzeige *(notice)* und/oder einer Feststellung *(determination)* abhängt (*Clauses* 1.1 Definition *„Default"*, 23.1, 23.3, 23.7, 23.8 *LMA-GER*). Vgl. → Rn. 76, 155.

650 *Clause* 4.2 (a) (ii) *LMA-GER; Clause* 4.2 (b) *LMA-LEV.*

651 Vgl. → Rn. 76, 164.

652 In *investment grade*-Transaktionen wird dies kaum der Fall sein, so dass die Überlegung in den Vordergrund tritt, dass es keines doppelten Schutzes durch Bestätigungen und Verpflichtungen bedarf.

653 *Clause* 4.2 (a) (ii) *LMA-GER; Clause* 4.2 (b) *LMA-LEV.*

654 Vgl. → Rn. 76, 164.

655 In Betracht kommen die jeweils letzten Tage der Finanzjahre, der Finanzhalbjahre oder der Quartale.

656 IdR ein 12-Monatszeitraum *(rolling twelve month basis)*.

657 Bsp: Eigenkapital zu Bilanzsumme oder zu Verschuldung.

658 Bsp: *EBITDA* zu Nettozinsaufwand; *Cashflow* zu Schuldendienst.

men[659] handeln. Da bei dieser Verpflichtung des Kreditnehmer weder ein Primäranspruch auf Erfüllung[660] noch ein Sekundäranspruch auf Schadensersatz,[661] sondern allein das **Kündigungsrecht als Sanktion** bezweckt wird,[662] wird zu Recht darauf hingewiesen, dass es sich eigentlich eher um Obliegenheiten als um echte Verpflichtungen im Rechtssinne handelt.[663] Im deutschen Markt anfänglich noch kritisch gesehen,[664] sind sie heute aus der Dokumentationspraxis jedenfalls für mittel- und langfristige Kredite nicht mehr wegzudenken.[665] Neben dem Einfluss angelsächsischer Dokumentationspraxis hängt dies auch damit zusammen, dass nicht nur die Erstellung von belastbaren Planzahlen inzwischen (auch bei mittelständischen Unternehmen) sehr viel weiter verbreitet ist als noch vor Jahr(zehnt)en, sondern dass auch die Techniken, diese Planzahlen realitätsnahen Stress-Szenarien[666] zu unterziehen, sich weiter entwickelt haben. Damit besteht eine Grundlage für die Erstellung realistischer Planzahlen in Form eines *management* oder *company case.* Auf ihrer Basis können sodann die vom Kreditnehmer (oder seiner Konzernobergesellschaft) – in aller Regel auf **konsolidierter Basis** – einzuhaltenden Finanzkennzahlen festgelegt werden.[667] Die Bedeutung solcher Planzahlen und der Ergebnisse solcher Stresstests ist zentral für die interne Risikobewertung, die wiederum Eingang findet in bankinterene Berechnungssysteme zur Ermittlung der Kapitalbelastung im Rahmen der Eigenkapitalunterlegungsvorschriften. *Financial Covenants* können vielfältig ausgestaltet und kombiniert werden und damit dem konkreten Einzelfall angepasst werden.[668] Bei der klassischen Akquisitionsfinanzierung im *leveraged* Markt werden typischerweise die folgenden Ratios (oder eine Teilauswahl hiervon) herangezogen:

- ***(Adjusted) Leverage Ratio*** (Zinstragende Verbindlichkeiten. /. *EBITDA (zuzüglich/abzüglich des auf erworbene inzwischen veräußerte Konzerngesellschaften entfallenden EBITDA)*)
- ***Cashflow*** *Cover Ratio* (*Cashflow.* /. (Netto)schuldendienst)
- ***Interest Cover Ratio*** (*EBITDA.* /. (Netto)Schuldendienst)
- ***Capex*** (maximaler Betrag der *Capital Expenditures*)

138 Gibt es verschiedene Kreditfazilitäten, die in einem Rangverhältnis (Senior/Junior) stehen, kann man beim *Leverage Ratio* und beim *Interest Cover Ratio* auch *sub-tests* nur auf Basis der vorrangigen Finanzverschuldung (bzw. der darauf *entfallenden* Zinslast) vorsehen.[669]

---

[659] Bsp: zinstragende Verbindlichkeiten zu *EBITDA.*

[660] Dies wäre nach erfolgter Verletzung gar nicht mehr möglich, *Wittig* WM 1996, 1381 (1385).

[661] Ein ersatzfähiger Schaden im zivilrechtlichen Sinne wäre (noch) nicht feststellbar, *Wittig* WM 1996, 1381 (1385). Man sollte jedoch nicht außer Acht lassen, dass unter dem Regime der Kapitalunterlegungsvorschriften seit der Umstellung auf das seit Basel II (und nunmehr Basel III) geltenden Konzeptes die Verschlechterung wirtschaftlicher Kennziffern auch wirtschaftliche Folgen für die Kreditgeber haben kann.

[662] *Wittig* WM 1996, 1381 (1385); die Anregung von *Wittig,* eine Art Sanktionsleiter (zunächst Recht auf Nachbesicherung und ggf. dann erst ein Kündigungsrecht) vorzusehen, hat sich in der Dokumentationspraxis nicht durchgesetzt.

[663] *Wittig* WM 1996, 1381 (1385).

[664] Diese Einstellung ist vor dem Hintergrund der langjährigen gewachsenen Praxis der Kreditausreichung auf Basis der Banken (oder Sparkassen) AGB mit ihrem Nachbesicherungsrecht und dem darin enthaltenen Recht zur Kündigung bei einer Verschlechterung der wirtschaftlichen Verhältnisse zu sehen, s. die noch durchaus zurückhaltende und skeptische Bewertung durch *Wittig* WM 1996, 1381 (1391).

[665] Ausnahmen gelten für Kreditnehmer sehr guter Bonität und einem entsprechenden Standing und auch hier kommen *financial covenants* vor, dann aber in aller Regel nur ein *leverage-*Ratio mit einem sehr großzügig bemessenen Puffer *(head room).* Die Grösse des Puffers ist in diesem Fall zwangsläufige Folge des bei derartigen Kreditnehmern bei Vertragsschluss vorgefundenen *leverage,* das signifikant unterhalb der Kennziffer liegt, bei der der Markt die Grenze zwischen *investment grade* und *sub-investment grade* zieht.

[666] Umsatzeinbrüche, Margenverfall, Wechselkursverschiebungen und Zinsanstieg (soweit nicht über Derivative abgesichert), Anstieg der Verschuldung im Rahmen einer Expansion usw, die Einzelheiten sind vom Einzelfall abhängig.

[667] Dies erfolgt mit einem gewissen Sicherheitsabstand zu den angenommenen Planzahlen. Damit ergibt sich in aller Regel ein deutlicher Puffer *(headroom)* zum angenommenen Normalfall der Entwicklung der wirtschaftlichen Verhältnisse. S. auch Eilers/Rödding/Schmalenbach/*Jetter* C Rn. 48; *Runge* Rn. 1.122.

[668] Sinnvollerweise adressieren sie die potentiellen „Schwachstellen", *Diem/Jahn* § 22 Rn. 15.

[669] S. die Vorschläge im Muster *LMA-LEV,* dort *Clause* 27.2 (b) und (d).

Eine grundlegende Weichenstellung ist, ob die Verpflichtung zur Einhaltung der Finanzkennzahl(en) als sog. ***maintenance covenant*** oder lediglich als ***incurrence covenant*** ausgebildet wird. Bei der Standardform, dem *maintenance covenant,* ist gilt die Verpflichtung generell während der Laufzeit des Vertrages (oder ggf für bestimmte im Vertrag bestimmte Zeiträume)[670] und beim *incurrence covenant* greift der *financial covenant* nur bei Eintritt bestimmter Ereignisse oder bei Vornahme bestimmter Handlungen durch den Kreditnehmer.[671] Dass – aus Sicht der Kreditgeber –bei der ersteren Variante eine deutlich bessere Basis für das Kreditrisikomanagement gegeben ist, versteht sich von selbst. Was die sonstigen Details möglicher financial covenants angeht, gibt es eine die **Vielzahl** der **möglichen Ausgestaltungsmöglichkeiten,** auf die hier nicht eingegangen werden kann.[672] Die folgenden Ausführungen beschränken sich daher auf einige grundlegende Ausgestaltungshinweise, die für die Praxis relevant sind und entscheidende Weichenstellungen betreffen, sowie damit zum Teil verbundene rechtliche oder formulierungstechnische Problemstellungen: 139

a) Stichtagsgröße. Wird eine Stichtagsgröße (zB Verschuldung) in Bezug zu einer Verlaufsgröße (zB *EBITDA*) gesetzt, ist bei einer Akquisitionsfinanzierung zu beachten, dass die Stichtagsgröße (hier: die Verschuldung) mit Valutierung des Kredites sofort ansteigt, das im Rahmen der Akquisition „erworbene *EBITDA*" sich aber erst innerhalb eines Jahres vollständig im Rahmen der konsolidierten Zahlen abbildet. Dies ist ggf. bei der Ausgestaltung der Kennzahlen für die durch diesen Effekt (noch) betroffenen Stichtage oder durch eine *proforma*-Hinzurechnung des „erworbenen *EBITDA*" zu adressieren.[673] *In extremis* kann der Kreditnehmer eine vor Durchführung der Akquisition nicht unternehmerisch tätige Erwerbsgesellschaft sein (der typische Fall bei *leveraged transactions*). In diesem Fall muss ggf das nach Durchführung der Akquisition (auf konsolidierter Basis) erzielte *EBITDA* auf einen vollen Zwölfmonatszeitraum hochgerechnet werden.[674] 140

b) Kennziffern. Eine grundlegende Entscheidung ist, ob man die relevanten Kennziffern auf Basis der konkreten Bilanz- und GuV-Positionen ermittelt oder generische Definitionen[675] verwendet. 141

c) Einmaleffekte. Nicht wiederkehrende Einmaleffekte[676] sind u. U. entweder generell oder für bestimmte bereits vorhersehbare (oder gar geplante) Maßnahmen heraus zu rechnen. 142

d) Einhaltung und Nachweis. Insbesondere bei (teilweise) stichtagsbezogenen Ratios (dh solche, die ua auf Kennziffern wie zB (Netto)Verschuldung, Eigenkapital abstellen) ist zu überlegen, ob die Einhaltung nur zu den Bilanz-(Halbjahres-, Quartals-)Stichtagen geschuldet sein soll oder jederzeit (im Falle eines *incurrence covenat* jederzeit nach Eintritt des/der auslösenden Ereignisses/Handlung) mit lediglich stichtagsbezogener Nachweispflicht. Mit letzterem Konzept ist der Ratio weniger anfällig gegenüber Stichtagsgeschäften und reagiert auch schneller auf Entwicklungen und Ereignisse zwischen den Bilanzstichtagen. Das ***LMA-LEV*-Muster** wird man so verstehen müssen, dass die **Einhaltung** nur zu den **Stichtagen** geschuldet ist.[677] Will man eine echte *all times*-Verpflichtung, ist die Formulierung entsprechend anzupassen. 143

---

[670] Das entspricht der Musterklausel im *LMA-LEV.*

[671] ZB der Vornahme einer Akquisition. Vgl. ausführlich zu diesen beiden Ausgestaltungsformen *Diem/Jahn* § 22 Rn. 32.

[672] S. hierzu Eilers/Rödding/Schmalenbach/*Jetter* C Rn. 48–54 und ausführlich *Diem/Jahn* § 22 Rn. 12–30 sowie *Runge* Rn. 1.75 ff.

[673] S. *„Adjusted EBITDA"*-Definition in *Clause* 27.1 des *LMA-LEV.*

[674] *Clause* 27.3 (b) *LMA-LEV* sieht hierfür alternativ eine gradlinige Annualisierung, eine ggf dann im Detail zu vereinbarende Annualisierung unter Berücksichtigung saisonaler Schwankungen oder einen Platzhalter für eine sonstige von den Parteien vereinbarte Hochrechnungsmethode vor.

[675] S. hierzu den Definitionsteil in *Clause* 27.1 des *LMA-LEV.* Dieser verwendet generische Formulierungen.

[676] ZB Gewinnrealisierung aus der Aufdeckung stiller Reserven, Belastungen aufgrund von Restrukturierungsmaßnahmen (Sozialplänen etc).

[677] Dies ergibt sich aus der Formulierung in *Clause* 27.3 (a) *LMA-LEV*: *„shall be tested by reference to each of the financial statements and/or each Compliance Certificate"*, da *financial statements* und *Compliance Certificates* nur bezogen auf die gewählten Stichtage vorzulegen sind. So wohl auch *Diem/Jahn* § 22 Rn. 37.

144 **e) Keine Beeinträchtigung allgemeiner Kündigungsrechte.** Gelegentlich wird die Auffassung geäußert, dass durch die Aufnahme von Finanzkennzahlen die Möglichkeit geschmälert wird, Kündigungsrechte auf Basis allgemeiner Generalklauseln[678] auszuüben.[679] Dem ist in dieser Allgemeinheit nicht zuzustimmen. Gemäß den Grundsätzen des für diese Verträge geltenden Vertragsaufbaus[680] besteht der Vertrag aus selbständigen Modulen, die im Grundsatz im Rahmen ihres Wortlautes eigenständig Geltung beanspruchen. Bei Vertragsauslegungen gegen den Wortlaut ist größte Vorsicht geboten. Zwar ist auslegungsbedürftig, was die Parteien mit einer „wesentlichen Verschlechterung der wirtschaftlichen Verhältnisse" meinen und, wenn die Parteien ein umfangreiches, alle wesentliche Facetten der wirtschaftlichen Leistungsfähigkeit erfassendes Paket von *financial covenants* vorgesehen haben, wird man in der Regel nicht von einer solchen „wesentlichen Verschlechterung" ausgehen können, solange alle Finanzkennzahlen eingehalten werden und keine Sonderfaktoren vorliegen.[681] Ein solcher **Sonderfaktor** kann jedoch zB der Eintritt eines gravierenden nachteiligen Ereignisses sein, das nach einem Stichtag eintritt und von den Finanzkennzahlen noch nicht verarbeitet wurde[682] oder im Rahmen von auf Verlaufsgrößen bezogenen Finanzkennzahlen[683] erst mit weitem Zeitablauf Wirkung zeigt, die immer auch zukunftsgerichtete Einschätzung der wirtschaftlichen Leistungsfähigkeit jedoch bereits gravierend beeinflusst.[684] Als Faustregel für die sachgerechte Auslegung wird man daher den Grundsatz aufstellen können, dass alle Effekte und Ereignisse, die im Rahmen der *financial covenants* noch nicht oder erst verzögert Wirkung zeigen, ein **selbständiges Kündigungsrecht** aufgrund einer ggf. vereinbarten allgemeinen **Generalklausel** betreffend eine wesentliche Verschlechterung der wirtschaftlichen Verhältnisse begründen können, auch wenn zu diesem Zeitpunkt noch keine Finanzkennzahl gebrochen wurde.[685]

145 **f) Unabhängig von Margenskalavereinbarung.** Aufgrund des selbständigen Charakters aller Vertragsklauseln in ihrem jeweiligen Anwendungsbereich kann man aus dem Vorhandensein eines Margengitters,[686] das auch für Kennzahlen eine Marge ausweist, bei denen eigentlich schon ein Bruch einer Finanzkennzahl vorliegt, nicht den Schluss ziehen, dass bei Verletzung eines solchen Ratios eigentlich doch noch kein Vertragsbruch vorliegt (Argument: sonst hätte man hierfür nicht speziell eine Marge vorgesehen). Dies würde völlig verkennen, dass das Margengitter einen eigenen, selbständigen Regelungsbereich hat, der mit dem Vorliegen oder Nichtvorliegen eines Kündigungsgrundes nichts zu tun hat. Auch führt nicht jeder Bruch einer Kennzahl zur Fälligstellung. Die Praxis zeigt, dass das Gegenteil der Fall ist: In der Regel erfolgt vorher eine Anpassung des Vertrages, ggf. unter Verschärfung anderer Klauseln oder Bestellung von (zusätzlichen) Sicherheiten, um dem geänderten Risikoprofil Rechnung zu tragen.

146 **g) Zeitpunkt des Vertragsbruchs.** Bei nur stichtagsbezogen einzuhaltende Finanzkennzahlen[687] stellt sich schließlich die Frage, ob bei einer Nichteinhaltung des vorgegebenen Ratios der Vertragsbruch schon mit Eintritt des Stichtages (und Beendigung der relevanten 12-Monatsperiode) eintritt oder erst mit Vorlage der Bilanz/Erstellung und Verteilung des

---

678 ZB „wesentliche Verschlechterung der wirtschaftlichen Verhältnisse", *„material adverse change"*. Vgl. → Rn. 172.

679 S. *Wittig* WM 1996, 1381 (1389). S. a. *Weitnauer* ZIP 2005, 1443 (1447).

680 Vgl. → Rn. 16.

681 Und das werden die Kreditgeber auch gar nicht tun wollen.

682 Zum Stichtagseffekt → Rn. 140.

683 ZB insbes. *EBITDA, cash flow.*

684 Bsp: plötzlicher und unerwarteter Wegfall eines IP-Rechts, das die wesentliche Ertragsquelle fortfallen lässt. Auf die inherente Schwäche von *financial covenants,* nachteilige Entwicklungen ggf. erst langsam zu verarbeiten und mit Verspätung aufzuzeigen, weist schon *Wittig* WM 1996, 1381 (1386) hin.

685 So wohl auch *Diem/Jahn* § 22 Rn. 41. Die von ihnen vorgeschlagene klarstellende Regelung dürfte aus den oben dargelegten Gründen nicht erforderlich sein.

686 → Rn. 46.

687 Dies ist in der Praxis die Regel, wobei nachteilige Effekte für die Kreditgeber ggf. durch die Wahl von Quartalsstichtagen mitigiert werden.

Compliance Certificate. Dies ist deshalb von Relevanz, weil die Verfehlung der vorgegebenen Kennzahl u. U. schon vorher – aufgrund der Entwicklung der Unternehmenszahlen – allen Beteiligten hinreichend klar ist und nur noch die formelle „Bestätigung" durch das *„Compliance Certificate"* aussteht. Bedeutung hat dies sodann für die Frage, ob der Kreditnehmer einen diesbezüglichen Anpassungsprozess (zur Vermeidung des Eintritts eines Kündigungsgrundes) tunlichst noch vor dem Stichtag zum Abschluss bringen sollte, zB auch um Auswirkungen auf andere Finanzierungsinstrumente zu vermeiden (insbesondere im Wege über die *cross default*-Klausel[688]). Der *LMA-LEV*-Mustervertrag ist hier nicht eindeutig, die ***tested by reference to***-Formulierung[689] legt aber, wenn man *tested* als konstitutives Element und nicht nur lediglich als Hinweis auf die Nachweispflicht versteht, nahe, erst mit **Vorlage der Bilanz/des *Compliance Certificate*** vom Eintritt eines Vertragsbruches auszugehen. Für diese Auslegung spricht auch, dass erst nach dem Stichtag (und dies insbesondere nach einem Bilanzstichtag) bestimmte gesellschaftsinterne Prozesse – unter Einbindung der Wirtschaftsprüfer – stattfinden, die Klarheit über das Zahlenwerk schaffen und bei denen auch noch nach dem Stichtag eintretende sog. bilanzaufhellende Erkenntnisse zu berücksichtigen sind. Aufgrund der zumindest **nicht eindeutigen Situation**[690] ist es aber gängige Praxis, nach Möglichkeit den Anpassungsprozess bereits vor dem relevanten Stichtag zum Abschluss zu bringen.

h) Wechselwirkung mit der Definition des *„Material Adverse Effect"*. Steht schon vor dem Stichtag fest, dass die vorgegebene Kennzahl aller Voraussicht nach verfehlt wird, ist zu beachten, dass dies je nach Ausgestaltung der diesbezüglichen Definition den Eintritt eines *„Material Adverse Effect"* begründen kann, was ggf. ein selbständiges Kündigungsrecht oder ein Auszahlungsverweigerungsrecht zur Folge hat.[691] 147

i) Fraglichkeit einer AGB-rechtlichen Inhaltskontrolle. Die üblichen Vertragsbestimmungen zur Vereinbarung von *financial covenants* werden in der Literatur teilweise als AGB-rechtlich angreifbar gesehen.[692] Dies wird unter Rückgriff auf **§ 307 Abs. 1, Abs. 2 Nr. 2 BGB** begründet. Die mit „wesentlichen Grundgedanken der gesetzlichen Regelungen" unvereinbare „unangemessenen Benachteiligung" wird dahin gesehen, dass in Verbindung mit den vertraglichen Kündigungsgründen (die auch bei einer Verletzung einer vereinbarten Finanzkennzahl greifen)[693] ein Kündigungsrecht – in **„Abweichung vom Leitgedanken des § 490 BGB"** – ggf. bereits dann eröffnet wird, wenn von einer Gefährdung der Rückzahlung des Darlehens aufgrund einer wesentlichen Verschlechterung der Vermögensverhältnisse des Kreditnehmers (noch) nicht die Rede sein kann.[694] Hierbei wird – unter Verweis auf die allgemein verwendeten Musterformulierungen[695] – vertreten, dass ein „Aushandeln" der Vertragsklausel nicht (bereits) dadurch gegeben ist, dass die Musterformulierungen durch eine im Einzelfall vereinbarte (Verhältnis-)zahl ergänzt werden.[696] 147a

---

688 Zur Wirkungsweise der *cross default*-Klausel vgl. → Rn. 165.

689 *Clause* 27.3 (a) *LMA-LEV;* → Rn. 143 und (zu dem verwandten Thema, ob nur eine stichtagsbezogene Pflicht besteht) → Rn. 161.

690 Jedenfalls bei einer AGB-mäßigen Verwendung dieser Standard-Klausel des *LMA-LEV* könnten allerdings AGB-rechtliche Grundsätze zur Anwendung gelangen (s. zu den sonstigen Aspekten einer AGB-rechtlichen Inhaltskontrolle von *financial covenants* → Rn. 147a, 147b), was dazu führen dürfte, dass die Unklarheit sich zugunsten des Kreditnehmers auswirkt.

691 Eine Ausgestaltung der *„Material Adverse Effect"*-Definition erfasst auch die wesentliche Verschlechterung der Fähigkeit *(„ability")*, die Finanzkennzahlen einzuhalten (s. Absatz (b) der Definition im *LMA-LEV, Clause* 1.1), der dies als eine der Ausgestaltungsoptionen anbietet. Damit bekommen die *financial covenants* indirekt eine zukunftsgerichtete Dimension. Es ist jeweils sorgfältig abzuwägen, ob dies wirklich sachgerecht und gewollt ist. Vgl. → Rn. 172.

692 *Nonvertué* ZIP 2012, 2139 (2143 f.); *Weitnauer* ZIP 2005, 1443 (1447).

693 → Rn. 137, 161.

694 S. nur *Weitnauer* ZIP 2005, 1439 (1447).

695 Ein Grundgerüst (mit Definitionen für die wesentlichen relevanten Begriffe) enthält insoweit *Clause* 27.1 *LMA-LEV.*

696 *Nonvertué* ZIP 2012, 2139 (2144).

147b Diese Argumentation **verkennt die Realitäten der Vertragsverhandlungen** und beruht auf einer **Fehleinschätzung der Relevanz vorformulierter Musterklauseln** für die Substanz der späteren Vertragsausgestaltung.[697] Sofern Ergebnis der Verhandlungen die Einigung auf die Aufnahme eines *financial covenants* (zB eines *leverage ratio*)[698] in den Vertrag ist, wird die den Kreditnehmer belastende Regelung nicht erst durch die Verwendung eines Mustertextes ausgelöst. Es ist vielmehr genau umgekehrt: Ob und ggf. welche Finanzkennzahlen mit welchen, sich ggf. über die Laufzeit des Vertrages verändernden Zahlenwerten in den Vertrag aufzunehmen sind, ist ein wesentlicher Bestandteil der vor der Erteilung des Mandates (ggf. zunächst noch getrennt mit mehreren potentiellen Arrangeuren) stattfindenden kommerziellen Verhandlungen des Kreditnehmers. Ist Ergebnis dieser Verhandlungen sodann, dass ein oder mehrere financial covenant(s) mit bestimmten Zahlenwerten in den Vertrag aufgenommen werden, dann gibt es mehrere (aber letztlich eine begrenzte Anzahl von) Möglichkeiten, dies grammatikalisch korrekt auszudrücken. Jede dieser Möglichkeiten wäre somit zur Aufnahme als Vertragsklausel geeignet. Dass man aus der Anzahl der technisch korrekten Formulierungen eine, nämlich die im *LMA* Mustertext vorgeschlagene (oder eine sonstige) Musterformulierung auswählt, entspricht Praktikabilitätserwägungen. Die Musterklausel schafft nicht das Verhandlungsergebnis, sondern dokumentiert nur die bereits zuvor getroffene kommerzielle Einigung. Die Parteien könnten auch jede andere Art der Formulierung verwenden, sofern sie nur sprachlich korrekt die Verpflichtung zur Einhaltung der vereinbarten Finanzkennzahl(en) ausdrückt. Das, was dem Kreditnehmer einer – so im Gesetz nicht vorgesehenen -Verpflichtung mit der Pönale des Kündigungsrechtes (im Falle der Verletzung) aussetzt – die Vereinbarung des *financial convenant* und der konkrete Zahlenwert – werden somit regelmäßig ausgehandelt.[699] Auch wenn man den – sehr problematischen – gedanklichen Ansatz an sich (dass die Vereinbarung eines *financial covenants* mit der Folge des bei Verletzung greifenden Kündigungsrechtes eine iRv § 307 Abs. 1, Abs. 2 Nr. 1 BGB relevante Abweichung vom gesetzlichen Leitbild des § 490 BGB darstelle) akzeptieren sollte, verbleiben eigentlich nur völlig atypische Verhandlungsabläufe als potentielle Problemfälle.

2. *Compliance Certificate*

148 Die Kreditverträge sehen regelmäßig vor, dass die Einhaltung (oder ggf. Nichteinhaltung) der vereinbarten Ratios in einem *Compliance Certificate* darzulegen und zu bestätigen ist. Hierbei kann vorgesehen werden, dass (zumindest) das zusammen mit dem Jahresabschluss vorzulegende *Compliance Certificate* durch den Abschlussprüfer zu bestätigen[700] ist.[701] Dies macht insbesondere dann Sinn, wenn eine oder mehrere der in die Kennzahl einfließenden Positionen nicht direkt so der Bilanz oder GuV entnommen werden kann, sondern (zB aufgrund der Eliminierung oder Hinzurechnung bestimmter Effekte) Überleitungsrechnungen erforderlich sind. Wird eine solche „Bestätigung" durch die Wirtschaftsprüfer vorgesehen, führt dies – als Folgethema – oft zu Diskussionen mit den Wirtschaftsprüfern über die Abgabe von die Haftung der Wirtschaftsprüfer beschränkenden oder ausschließenden Erklärungen durch die Banken.

---

[697] Diese aufgrund der üblichen tatsächlichen Abläufe nicht begründbare Bewertung wird zB bei *Nonvertué* ZIP 2012, 2143 (2146) deutlich: die Bank habe ein Interesse daran, „möglichst ihre Musterverträge einzusetzen", was insuniert, die Einigung betr. die Verpflichtung zur Einhaltung der Finanzkennzahl ergebe sich (erst) aus den kautelarjuristischen Details bestimmter Standardklauseln.

[698] → Rn. 137 f. und *Clause* 27.1 *LMA-LEV.*

[699] Gleiches gilt auch für weitere Details der vertraglichen Regelungen, zB die Überprüfungszeitpunkte und das ggf. vereinbarte Herausrechnen bestimmter GuV-Effekte und/oder Bilanzpositionen bei der Ermittlung der Erfüllung der relevanten Zahlenwerte.

[700] *„to be reported on".*

[701] *Clause* 26.2 *LMA-LEV.*

X. Allgemeine Verpflichtungen *(undertakings)*

Neben den Verpflichtungen, die wesensbestimmend für ein Kreditverhältnis sind, wie die Verpflichtung zur Rückzahlung und zur Zinszahlung, enthalten syndizierte Kreditverträge zusätzlich – neben zahlreichen Nebenpflichten oder Obliegenheiten technischer Art – eine Reihe von positiven und negativen Verhaltenspflichten. Durch ihre verhaltenssteuerende Wirkung soll eine nachteilige Veränderung des Kreditrisikos vermieden oder zumindest das Risiko des Eintrittes einer solchen Veränderung eingegrenzt werden.[702] Auch bei diesen Verpflichtungen steht **weder** der **Primäranspruch** auf Erfüllung[703] **noch** ein **Sekundäranspruch** auf Schadensersatz[704] im Fokus, sondern das sich bei Verletzung ergebende **Kündigungsrecht.**[705] Art und Umfang der dem Kreditnehmer auferlegten Verpflichtungen variieren je nach Marktsegment,[706] Funktion des Kredites und Begleitumstände der Kreditaufnahme[707] und Bonität/Standing des Kreditnehmers. Bestimmte Klauseln gehören zum **Standardkatalog.**[708] Von diesen sind von praktischer Bedeutung vor allem die **Negativerklärung** ***(negative pledge),***[709] die Beschränkung der **Veräußerung von Vermögenswerten** ***(disposals)*** und Beschränkung hinsichtlich des Eingehens von **Verschmelzungen und Abspaltungen** ***(merger).*** Hinzukommen, obwohl im *LMA-GER* Vertragsmuster nicht enthalten, oftmals Beschränkungen der Kreditvergabe[710] sowie der **Kreditaufnahme auf Tochtergesellschaftsebene.**[711] Die Verhandlungen konzentrieren sich naturgemäß auf die Ausnahmen zu diesen Verbotsklauseln. Je nach Situation des Kreditnehmers und den Umständen der Kreditaufnahme können weitere Verpflichtungen hinzukommen. Insoweit kann auf das Vertragsmuster *LMA-LEV* verwiesen werden, das eine Reihe von Musterklauseln enthält.[712] Bei vielen dieser Klauseln handelt es sich um sog. negative Verpflichtungen, die ein bestimmtes Verhalten untersagen. Es gibt aber auch eine Reihe von positiven Verpflichtungen, die zum üblichen Katalog gehören.[713] Bei den negativen Verpflichtungen steht bei der Vertragsgestaltung ohnehin weniger der Tenor der Klauseln selbst im Vordergrund, als vielmehr die jeweiligen Ausnahmekataloge. Bei manchen Klauseln sind diese Bestandteile der Klauseln selbst.[714] Oftmals 149

[702] Unter Verschlechterung des Kreditrisikos ist insoweit nicht nur eine Verschlechterung der wirtschaftlichen Verhältnisse, sondern auch die einer relativen Verschlechterung der Qualität der Kreditforderung (zB aufgrund der Besicherung der Forderungen anderer Gläubiger) zu verstehen.

[703] Anders als bei den *financial covenants* ist die Durchsetzung eines Anspruches auf Erfüllung jedoch nicht schon konzeptionell ausgeschlossen, aufgrund des Zeitablaufes bis zur Durchsetzung jedoch rein faktisch nicht von Interesse. In besonders gelagerten Fällen kann jedoch auch vorläufiger Rechtsschutz in Betracht kommen (zu denken wäre zB an die Verhinderung der Verpfändung eines bisher unbelasteten besonders wertvollen Vermögensgegenstandes unter Verletzung der Negativ-Erklärung des Kreditvertrages). In aller Regel dürfte dies jedoch eine bloß theoretische Möglichkeit darstellen. S. diesbezüglich auch *Mucke* WM 2006, 1804 (1805) und Eilers/Rödding/Schmalenbach/*Jetter* C Rn. 55.

[704] Sofern ein Schaden eintreten sollte, der beziffer- und den Kausalitätsanforderungen genügend zuordbar ist, dann ist es aus Sicht der Kreditgeber zu spät, weil es sich bei dem Schaden ja eigentlich nur um den Kreditausfall in der Insolvenz handeln kann, s. *Diem/Jahn* § 22 Rn. 58 am Bsp. der Negativ-Erklärung.

[705] S. *Clause* 23.3 *LMA-GER;* → Rn. 162 f.

[706] *Investment Grade, Leveraged, Cross Over;* → Rn. 4.

[707] Allg. Liquiditätsvorsorge oder Investitions-/Akquisitionskredit, der (jedenfalls vorübergehend) zum Anstieg der Verschuldung führt.

[708] Das sind die im *LMA-GER* vorgesehenen Klauseln: *„Authorisations", „Compliance with Laws", „Negative Pledge", „Disposals", „Mergers"* und *„Change of Business".*

[709] Eingehend hierzu *Mucke* WM 2006, 1804 ff; BuB/*Wittig/Wulfers* Rn. 4/3039 ff; *Buchheit,* S. 80–90; *Runge* Rn. 1.14 ff.

[710] *Loans and Guarantees out* – Grundgedanke ist, dass die finanzielle Stabilität des Kreditnehmers nicht in einem ungesunden Maße von der finanziellen Stabilität Dritter abhängen sollte.

[711] Zweck dieser Bestimmung ist es, eine strukturelle Subordination zu begrenzen.

[712] *Clause* 28 *LMA-LEV.*

[713] Neben den bereits genannten Klauseln *„Compliance with Laws"* und *„Authorisations"* sind zB die Verpflichtungen zu nennen, Vermögensgegenstände und Geschäftsbetrieb zu versichern und die wesentlichen IP-Rechte (insbesondere Patente und Marken) aufrechtzuerhalten.

[714] S. *Clause* 22.3 *(Negative Pledge)* und *Clause* 22.4 *(Disposals) LMA-GER.*

werden diese jedoch, dem Aufbaumuster des *LMA-LEV* folgend, im Definitionsteil des Vertrages untergebracht,[715] um bei umfangreichen Katalogen den Fließtext zu entlasten oder da die so definierten Begriffe in mehreren Klauseln verwendet werden.[716] Der Definitionsteil enthält sodann eine Fülle von Definitionen für Transaktionen, die für die Zwecke einzelner Klauseln erlaubt *(permitted)* sind. Zu beachten ist, dass die Tatsache, dass ein Geschäft oder eine Maßnahme im Definitionsteil als *„Permitted (Acquisition, Disposal, Encumbrance …)"* bezeichnet wird, nicht ohne Weiteres heißt, dass dieses Geschäft oder diese Maßnahme generell „erlaubt" ist. Aufgrund des streng **mechanischen Vertragsaufbaus** kommt es immer darauf an, im Kontext welcher Klausel die Definition sodann konkret in Bezug genommen wird. Die **Ausnahmekataloge** selbst sind sehr **einzelfallgetrieben,** obwohl es insbesondere bei der *negative pledge* und bei den Veräußerungsbeschränkungen gewisse Standardkataloge gibt. Aufgrund der Fülle der denkbaren Ausnahmen und weil es hier mehr um die Erfassung der konkreten Unternehmenssituation und das Verhandlungsergebnis im Einzelfall und weniger um besondere kautelarjuristische Problemstellungen geht, ist hier weder der Platz noch das Erfordernis gegeben, die jeweilig typischen Ausnahmekataloge in ihrer Breite darzustellen. Insoweit sei auf die weiterführende Literatur verwiesen.[717] Sinnvoll erscheinen jedoch einige generelle Hinweise zur Mechanik der Vertragsgestaltung sowie zu kautelarjuristischen und sonstigen rechtlichen Problemstellungen im Zusammenhang mit der Verhandlung, Ausformulierung und Anwendung dieser Vertragsklauseln.

1. Einbeziehung von Tochtergesellschaften

150 Bei vielen Klauseln ist zu erwägen, auch **Tochtergesellschaften** (durch eine entsprechende Verpflichtung des Kreditnehmers (oder des Garanten) als Obergesellschaft, ein bestimmtes Verhalten sicherzustellen)[718] in den **Pflichtenkreis einzubeziehen.** Je nach den Umständen des Einzelfalles kann dies bei manchen Klauseln im Interesse eines effektives Schutzes zwingend geboten sein,[719] bei anderen aber jedenfalls nicht unbedingt, da vorrangig die Einhaltung auf Ebene der Obergesellschaften von Bedeutung ist.[720]

2. Materialitätsgrenzen

151 Bei bestimmten negativen Verpflichtungen ist es sinnvoll (und aus Sicht des Kreditnehmers regelmäßig geboten), die Verpflichtung mit einer **generalklauselartigen Materialitätsgrenze** zu versehen, so zB bei der allgemeinen Verpflichtung, anwendbare Gesetze zu befolgen.[721] Bei der Ausformulierung derartiger Materialitätsgrenzen sind der Phantasie kaum Grenzen gesetzt, wobei kleine Formulierungsunterschiede durchaus deutliche Auswirkungen haben können.[722] Sofern betragsmäßige Materialitätsgrenzen (zB im Rahmen des Ausnahme-

[715] S. zB die Definitionen *„Permitted Acquisition"* und *„Permitted Transactions"* in *Clause* 1.1 *LMA-LEV.*

[716] So zB die Definition *„Permitted Transaction"*.

[717] S. *Diem/Jahn* § 22 Rn. 42 ff; s. a. die Auflistungen bei Eilers/Rödding/Schmalenbach/*Jetter* C Rn. 56 und *Runge* Rn. 1.12 ff; *Buchheit* S. 80 ff (zur *negative pledge*-Klausel), zur Einführung auch *Clark/Taylor* IFLR August 1982, 15 ff.

[718] S. zB *LMA-GER Clause* 22.3 (*„shall ensure that no other member of the Group will"*).

[719] So zB in der Regel bei der Disposalbeschränkung, die ansonsten jedenfalls dann einfach zu umgehen wäre, wenn die Veräußerung von Vermögensgegenständen im Konzern grds. freigeschaltet ist, was oft geschieht.

[720] So zB bei der *negative pledge*-Klausel, sofern die Kreditaufnahme auf Tochtergesellschaftsebene ohnehin beschränkt ist.

[721] S. *Clause* 22.2 *LMA-GER: „if failure so to comply would materially impair its ability to perform its obligations"*. Ein derartig formuliertes Materialitätserfordernis wäre bei anderen Klauseln jedoch wenig sinnvoll, da es die betroffene Vorschrift sinnentleeren würde: bei der Veräußerung von Vermögensgegenständen wird es in aller Regel nie möglich sein, darzulegen, dass die Veräußerung unmittelbar die Fähigkeit, den Kredit zurückzuzahlen, nachteilig beeinflusst.

[722] Bsp: *„could have (a material adverse effect on)"* führt zu einem deutlich sensibleren Test als *„would have"*. Der Unterschied zwischen beiden Varianten wird deutlich am Bsp von Verpflichtungsklauseln betreffend die Aufrechterhaltung von Versicherungen oder die Einhaltung wesentlicher umweltrechtlicher Vorschriften: es fällt regelmäßig schwer darzulegen, dass die Nichtaufrechterhaltung einer Versicherung oder die Verletzung

kataloges für Akquisitionsbeschränkungen) vereinbart werden, ergeben sich Besonderheiten, sofern die Formulierung eine Aggregierung über die Laufzeit des Kreditvertrages vorgibt und/oder eine Obergrenze ein Prozentsatz eines Änderungen unterworfener Betrag, wie zB der Konzernbilanzsumme, ist[723]. Die Aggregierung insinuiert, dass über die Laufzeit des Vertrages Einzeltransaktionen in Bezug auf ihr Volumen für die Zwecke dieser Aggregierung erfasst werden müssen, was *in praxi* schwierig ist und oftmals nicht geschehen dürfte. Des Weiteren stellt sich die Frage, welche **Auswirkungen** in diesem Zusammenhang ein **Schrumpfen der Bezugsgrösse (wie zB der Bilanzsumme)** hat. Eine sachgerechte Auslegung des Vertragstextes führt jedoch in derartigen Fällen zu dem Ergebnis, dass eine bei ihrer Durchführung erlaubte Transaktion hierdurch nicht im Nachhinein zu einer unerlaubten wird; maßgeblich für die Frage der Zulässigkeit unter dem Vertrag können nur die bei Vornahme der Transaktion gegebenen tatsächlichen Verhältnisse sein.

3. Gesellschaftsrechtliche Kompetenzbeschränkungen

Bei manchen Klauseln wird gelegentlich die Frage aufgeworfen, ob der Vorstand als 152
Vertretungsorgan (bzw. bei der GmbH die Geschäftsführung) des Kreditnehmers befugt sei, diese einzugehen. Dies wird zB insbesondere in Bezug auf **Dividendenbeschränkungen** diskutiert. Gängiges Argument ist hier, dass in die **Kompetenz der Hauptversammlung** bzw. der Gesellschafter eingegriffen werde und dergestalt dem Kreditnehmer (bzw. Garanten) Verpflichtungen auferlegt würden, deren Erfüllung – weil in die Kompetenz der Haupt-/Gesellschafterversammlung fallend – ihm „unmöglich" sei.[724] Die Praxis ignoriert dies[725] oder geht dergestalt mit dem Problem um, dass keine die Dividendenzahlung beschränkende Verpflichtung, sondern unmittelbar ein Kündigungsgrund aufgenommen wird, der durch die Beschlussfassung über und/oder Auszahlung einer Dividende, die über das Erlaubte hinausgeht, ausgelöst wird. Dieses Problem, das aus faktischen Gründen wohl nur bei der Aktiengesellschaft auftreten dürfte, darf nicht überbewertet werden. Der Hinweis, dass nicht der Vorstand, sondern die Hauptversammlung über die Dividendenausschüttung beschließt,[726] verkennt, dass die Hauptversammlung kein „Dritter" ist, sondern ein Organ der Gesellschaft. Auch ist zu berücksichtigen, dass die üblichen Dividendenbeschränkungen oft eine **Ausnahme** für eine **Mindestdividende im Sinne von § 254 AktG** machen und letztlich der Dividendenvorschlag an die Hauptversammlung (auch) in die Verantwortung des Vorstandes

---

eines solchen Gesetzes eine wesentliche Verschlechterung der wirtschaftlichen Verhältnisse zur Folge haben *würde*. Zunächst muss ein Schadensfall eintreten, um die Kausalkette in Gang zu setzen. Dass der Verstoß wesentliche Folgen haben *könnte* (nämlich bei Eintritt eines Schadenfalles), ist jedoch leicht darlegbar und darauf allein sollte es ankommen. Eine Feuerversicherung nicht abzuschließen, weil es selten brennt, ist kein vernünftiger Ansatz. Zwischenformen, die bei manchen Verpflichtungen sachgerecht sein können, sind zB *„could reasonably be expected to have"* oder *„is reasonably likely to have an"*.

[723] Bsp für eine Aggregierung: Definitionen *„Permitted Acquisition"* (Unterabsatz (f) (iii)), *„Permitted Disposal"* (Unterabsatz (j)) in *Clause* 1.1 *LMA-LEV*). Bspl für eine Bezugnahme auf die Bilanzsumme: *„does not exceed 15 per cent of the Group's total assets as evidenced by the most recent consolidated financial statements delivered pursuant to Clause …"*.

[724] So *Diem/Jahn* § 22 Rn. 74, die in diesem Zusammenhang auf die Pflicht des Vorstandes zur Ausführung von Gewinnverwendungsbeschlüssen verweisen. Sie versäumen es jedoch, darzulegen, was für eine „Unmöglichkeit" gemeint ist und worin diese denn begründet liegen soll – natürlich ist es einer Aktiengesellschaft eben gerade nicht „unmöglich", von der Ausschüttung von Gewinnen abzusehen (vorbehaltlich etwaiger Mindestdividenden, § 254 AktG); die Organe müssen sich halt bei der Erstellung von Gewinnverwendungsvorschlägen bzw. ihren Gewinnverwendungsbeschlüssen entsprechend verhalten.

[725] Anzumerken ist jedoch, dass Dividendenbeschränkungen jedenfalls im *investment-grade*-Bereich bei Unternehmensfinanzierungen selten vereinbart werden. Hauptanwendungsfall ist, wenn eine vormals nicht durch einen Mehrheitsgesellschafter beherrschte Aktiengesellschaft Gegenstand eines Übernahmeangebotes wird. Die Dividendenbeschränkung ist dann oft ein Zugeständnis dafür, dass die Kreditgeber nicht ihre Rechte unter der Kontrollwechsel-Klausel *(change of control)* ausüben (→ Rn. 88). Bei *leveraged loans* sind Dividendenbeschränkungen allerdings die Regel (s. *Clause* 28.21 *LMA-LEV*). Dort sind die Gesellschafter des Kreditnehmers (zB *private equity funds*) ggf. in die Verhandlung und Vereinbarung solcher Beschränkungen jedoch mit einbezogen.

[726] So *Diem/Jahn* § 22 Rn. 73 f.

fällt. Eine Alleinzuständigkeit der Hauptversammlung gibt es somit nicht. Die Separierung der Hauptversammlung als ein gewissermassen neben der juristischen Person stehender Dritter ist gekünstelt. Vielmehr wird umgekehrt ein Schuh daraus: Der Vorstand ist verpflichtet, mit der Sorgfalt eines ordentlichen Kaufmannes bei der Geschäftsführung zum Wohle der Gesellschaft zu agieren. In dem Sonderfall, dass zum Zeitpunkt des Abschlusses des Kreditvertrages bereits ein – intern bindender – Ausschüttungsbeschluss vorliegt, wird er in der Tat darauf drängen müssen, zumindest hierfür eine Ausnahme in eine etwaige die Ausschüttung von Dividenden beschränkende Klausel aufzunehmen, um nicht sehenden Auges in den Vertragsbruch zu laufen. Ansonsten gilt aber generell, dass er schlicht sorgfältig abwägen muss, ob er zum Wohle der Gesellschaft (zB um den ansonsten gefährdeten Fortbestand der Unternehmensfinanzierung zu sichern) eine Dividendenbeschränkung akzeptieren sollte oder nicht. Beide Seiten – der Vorstand des Kreditnehmers wie auch die Kreditgeber – werden hierbei auch evtl. Folgewirkungen einer Dividendenbeschränkung für Kapitalmarktmaßnahmen beachten müssen.[727] Kommt der Vorstand nach sorgfältiger Abwägung zu dem Entscheidung, eine Ausschüttungsbeschränkung zu akzeptieren, wird er dies bereits bei der Abfassung künftiger Gewinnverwendungsvorschläge an die Hauptversammlung berücksichtigen und die Hauptversammlung ist wiederum – im Interesse der Gesellschaft – gut beraten, im Rahmen ihrer gesellschaftsrechtlichen Freiräume keine gegenläufigen Beschlüsse zu fassen.

4. Beschränkungen bei Einbeziehung von Tochtergesellschaften

153 Die **Einbeziehung der Tochtergesellschaften** in den Pflichtenkreis[728] ist dann **problematisch,** wenn zu den Tochtergesellschaften **Aktiengesellschaften** gehören, mit denen kein Beherrschungsvertrag besteht.[729] Zwar könnte man auch hier, ähnlich wie bei den Überlegungen zur Dividendenbeschränkung, mit dem Konzept einer verschuldensunabhängigen Garantiehaftung arbeiten, deren Zweck allein die Auslösung eines Kündigungsrechtes im Falle der Verletzung ist. Wegen der gravierenden Folgen für die Stabilität der Finanzierung infolge eines nur bedingt kontrollierbaren Verhaltens der Tochtergesellschaft ist es in der Regel aus Sicht der Obergesellschaft jedoch nicht verantwortbar, die eigene Finanzierung durch Vorgänge außerhalb des eigenen Herrschaftsbereiches gefährden zu lassen. Des Weiteren kann dem Vorstand der Obergesellschaft daran gelegen sein, nicht den Anschein zu erwecken, aufgrund einer bestehenden Zwangslage in gesellschaftsrechtlich unzulässiger Weise Druck auf die Untergesellschaft ausgeübt zu haben. Deshalb ist es üblich, bei derartigen Konstellationen keine Einstandspflicht mit Erfolgshaftung vorzusehen, sondern nur eine Verpflichtung, im Rahmen des **gesellschaftsrechtlich Zulässigen Einfluss** auszuüben.[730] Umso wichtiger wird bei der Akquisitionsfinanzierung (betreffend den Erwerb einer Mehrheitsbeteiligung an einer Aktiengesellschaft) somit die Verpflichtung, möglichst schnell einen Beherrschungs- und Gewinnabführungsvertrag abzuschließen,[731] was allerdings einen für die qualifizierte Hauptversammlungsmehrheit hinreichenden Anteilsbesitz voraussetzt.

---

[727] Auf Dividendenbeschränkung, die sich auch nach der Kapitalmaßnahme auf die Aktionäre auswirken, kann je nach den Umständen des Einzelfalles im Kapitalerhöhungsprospekt hinzuweisen sein. Dies kann es in Restrukturierungsfällen zB sinnvoll machen, eine Dividendenbeschränkung automatisch entfallen zu lassen, wenn eine Kapitalmaßnahme mit einem bestimmten Mindesterlös durchgeführt worden ist.

[728] → Rn. 150.

[729] Tochtergesellschaften in der Form der Aktiengesellschaft sind in Deutschland allerdings relativ selten und bei der GmbH stellt sich das Problem nicht (s. §§ 37 Abs. 1, 45 GmbHG). Die typische Konstellation ist hier wiederum die des Erwerbs einer Aktiengesellschaft durch den Kreditnehmer, die sodann zu einer der vom Pflichtenkreis des Kreditvertrages erfassten Tochtergesellschaft wird.

[730] Rechtlich beschränkt dies die Handlungspflichten im Kern auf die Ausübung des Stimmrechtes und damit auf Vorgänge, bei denen Hauptversammlungsbeschlüsse bei der Tochtergesellschaft erforderlich sind. Nach deutschem Aktienrecht führt das zu relativ beschränkten Eingriffsmöglichkeiten, hinsichtlich der Veräußerung von Vermögensgegenständen zB erst, sofern der sog. „Holzmüllertest" greift.

[731] Hierfür besteht allerdings bereits deshalb ein großes Bedürfnis (was sich dann oft in einer entsprechenden Bemühensverpflichtung oder gar in einer festen Verpflichtung mit Fristsetzung niederschlägt), weil dies

5. Nachrangrisiko

Die konkrete Ausgestaltung bestimmter Verpflichtungen des Kreditnehmers (insbesondere der Verbote mit Erlaubnisvorbehalt) wird beeinflusst durch das in der Literatur diskutierte Risiko des **Nachranges** gemäß **§ 39 Abs. 1 Nr. 5 InsO,** sofern der Kreditgeber „wegen besonders intensiver Einflussnahmemöglichkeiten" einem **Gesellschafter gleichzustellen** sei. Ausgangspunkt ist die noch zu altem Recht[732] ergangene Entscheidung des BGH zum **atypischen Pfandgläubiger.**[733] Nach dieser Entscheidung kann ein Pfandgläubiger einem Gesellschafter gleichgestellt werden, wenn er infolge von Nebenabreden mit den Gesellschaftern im Rahmen einer gebotenen Gesamtbetrachtung eine „gesellschafterähnliche" Position erlangt. Die Kreditpraxis muss damit leben, dass diese BGH-Entscheidung keine klaren Vorgaben dafür macht, welche Art von Nebenabreden schädlich – da zu einer gesellschafterähnlichen Stellung führend – und welche unproblematisch sind.[734] Des Weiteren ist umstritten, ob mit Inkrafttreten der MoMiG eine Klärung der Rechtslage in dem Sinne erfolgt ist, dass die über dem Gesetzeswortlaut hinaus gehenden Konstrukte des „atypischen Pfandgläubigers" und der „gesellschafterähnlichen Stellung aufgrund weitgehender schuldrechtlicher Kontrollrechten" und die darin angeknüpften – nunmehr sich an § 39 Abs. 1 Nr. 5 InsO anhängenden – weitgehenden Konsequenzen keine Basis mehr haben.[735] In dieser **Grauzone** sieht man sich nun mit einem diffusen Meinungsbild in der Literatur konfrontiert. So ist – abgesehen von der grundsätzlichen Zulässigkeit von über den Gesetzeswortlaut hinausgreifenden Konzeptes – bereits umstritten, ob Nebenabreden mit der Gesellschaft (also nicht mit den Gesellschaftern wie im vom BGH entschiedenen Fall) zur Begründung einer gesellschafterähnlichen Stellung führen können.[736] Geht man davon aus, dass auch Nebenabreden mit der Gesellschaft selbst (also zB die positiven und negativen Verpflichtungen im Kreditvertrag) ausreichend sein können, dann stellt sich sogleich die nächste Frage, welche Art von Einflussrechten besonders und welche nicht (oder zumindest weniger) problematisch sind. Nun ist es bei der normalen Unternehmensfinanzierung zwar eher selten, dass die Kreditgeber ein Pfandrecht am *Kreditnehmer* als Sicherheit bestellt erhalten.[737] Auf eine ganz neue Ebene wird die juristische Diskussion aber sodann dadurch gehoben, dass nach einer in der **Literatur vertretenen Ansicht** rein **schuldrechtlich vermittelte Einflussmöglichkeiten,** wie sie insbesondere aus Verboten mit Erlaubnisvorbehalte im Kreditvertrag herrühren, auch ohne Vorliegen einer Pfandgläubigerposition zur Begründung einer gesellschafterähnlichen Stellung geeignet sein sollen.[738] Da diese Literaturstimmen wesentlich auf die

---

eine steuerliche Organschaft sowie eine belastbare Basis dafür schafft, die (neue) Tochtergesellschaft ggf. in das *cash pooling* des Konzerns einzubeziehen.

[732] Vor Inkrafttreten des MoMiG war § 32a GmbH *sedes materiae.* Die zum GmbH-Recht entwickelten Grundsätze waren grundsätzlich auch bei der Aktiengesellschaft anwendbar, s. nur *Dammnitz/Degenhardt* WM 2005, 583 (585) mwN. Die Regelung in § 39 Abs. 1 Nr. 5 InsO ist nun *qua* gesetzlicher Anordnung in § 39 Abs. 4 Satz 1 InsO rechtsformneutral auch bei der Aktiengesellschaft und allen anderen Gesellschaften ohne natürliche Person als Vollhafter anwendbar. Zur Übertragung der vom BGH zum altem Recht aufgestellten Grundsätze auf das neue Recht s. *Diem/Jahn* § 51 Rn. 12.

[733] BGHZ 119, 191 (195). Zur Reaktion in der Literatur und zum Meinungsstand s. ausführlich *Diem/Jahn* § 51 Rn. 8 ff.

[734] Ausführlich hierzu *Diem/Jahn* § 51 Rn. 16 ff. und *Runge* Rn. 4.29 ff. (altes Recht) und Rn. 4.74 ff. (§ 39 Abs. 1 Nr. 5 InsO).

[735] S. hierzu *Diem/Jahn* § 50 Rn. 8h und § 51 Rn. 12.

[736] Dagegen *v. Hagemeister/Bultmann* WM 1997, 549 (553); dafür insbes. *Fleischer* ZIP 1998, 313 (315 ff.).

[737] Bei *leveraged* Transaktionen kommt dies aber vor: typischerweise werden dort Kredite sowohl auf Ebene der erwerbenden *holding* als auch an die operative Gesellschaft (dort zur normalen Betriebsmittelfinanzierung) ausgereicht. Die Verpfändung der Anteile an der operativen Gesellschaft durch die *holding* macht dann aus Sicht der Kreditgeber (mit dem Fokus auf die Kredite auf der *holding*-Ebene) durchaus Sinn, um so ggf. das gesamte Unternehmen als *going concern* iRe Pfandverwertung veräussern zu können. Das Risiko eines etwaigen Nachranges der Kredite auf Ebene der operativen Gesellschaft wird sodann iRe Gesamtabwägung in Kauf genommen.

[738] *Fleischer* ZIP 1998, 313 (315 f.); *Schwintowski/Dannischewski* ZIP 2005, 840 (842 f., 846), speziell zu *financial covenants* und mit der – sehr wesentlichen – Einschränkung, dass es zu einer Einflussnahme in der

durch Einwirkungs- und Kontrollmöglichkeit vermittelte **„Leitungsmacht“**[739] der Kreditgeber abstellen und im Hinblick auf die Gefahr einer Weiterentwicklung des Fallrechts dahingehend, dass § 39 Abs. 1 Nr. 5 InsO auch bei lediglich schuldrechtlich vermittelten Einwirkungsmöglichkeiten zur Anwendung gelangt, wird – zur Risikominimierung aus Sicht der Kreditgeber – zum Teil empfohlen (und auch praktiziert), in Bezug auf bestimmten unternehmerischen Maßnahmen keine Verbote mit Erlaubnisvorbehalt in die Kreditverträge aufzunehmen, sondern lediglich Informationspflichten. Diese werden sodann gekoppelt mit einem Kündigungsrecht, sofern der Kreditnehmer trotz eines Hinweises der Kreditgeber,[740] dass dies aus Sicht der Kreditgeber zu einem *material adverse effect* führe,[741] die Maßnahmen trotzdem durchführt.[742]

154a Derartigen Konzepten ist mit **großer Zurückhaltung** zu begegnen. So lässt sich schon mit guten Gründen bezweifeln, dass die Pfandgläubigerentscheidung des BGH im Kontext des § 39 Abs. 1 Nr. 5 InsO in der Tat – unter völliger Preisgabe des Erfordernisses eines gesellschaftsrechtlichen Anknüpfungspunktes – so weitgehend extrapoliert werden kann.[743] Die zur Vermeidung oder zumindest Mitigierung des Nachrangrisikos propagierten kautelarjuristische Lösungsansätze können jedoch bereits konzeptionell wenig zu einer echten Lösung beitragen. Je nachdem, wie man den Test für das auf eine entsprechende Information des Kreditgebers ergehende Negativvotum der Kreditgeber (dessen Nichtbefolgen sodann ein Kündigungsrecht auslösen würde) ausformuliert, führt dies faktisch entweder zur weitgehenden Aufgabe jedweder Kreditgeberrechte[744] oder aber es wird im Umweg über Informationspflicht, Möglichkeit der Abgabe eines Negativvotums und Eingriff eines Kündigungsrechtes bei Nichtbefolgung des Votums letztlich auch eine ähnlich „breitflächige“ und „intensive“ Einflussmöglichkeit geschaffen, wie sie in Teilen der Literatur [745] als ggf. konstitutiv für eine gesellschafterähnliche Stellung gesehen wird. Der sich aufgrund der Technik der Verträge und dem in der Praxis vorherrschenden 2/3-Erfordernis bei Mehrheitsentscheidungen[746] ergebende Unterschied, dass in dem einen Fall eine 2/3-Mehrheit für eine Zustimmung der Kreditgeber zu der (ansonsten untersagten) Maßnahme erforderlich ist und im anderen sich eine 2/3-Mehrheit zu einem Negativvotum entschließen muss, dürfte auf die juristische Bewertung wenig Einfluss haben, da es im Prinzip gleichwohl bei der als schädlich angesehenen „Gestaltungsmacht“ des Kreditgeberkonsortiums bleibt. Insoweit ergibt sich allenfalls der

---

Krise mit der Folge der verspäteten oder nicht erfolgten Stellung eines Insolvenzantrages kommen muss; *Lutter-Hommelhoff* § 32a/b Rn. 55. Diese Literaturstimmen beziehen sich noch auf das alte Recht (§ 32a GmbHG), damals noch unter dem Aspekt des Kapitalersatzgedankens.

[739] S. insbes. *Fleischer* ZIP 1998, 313 (317).

[740] Typischerweise basierend auf einer Mehrheitsentscheidung.

[741] Hier mag man auch an einen anderen Test, wie „materielle Erhöhung des Kreditrisikos“, denken.

[742] Zum Konzept an sich s. *Diem/Jahn* § 22 Rn. 78. S. a. *Wenzel* S. 81, der das Konzept aber missversteht, indem er von einer Informationspflicht bei Verletzung von Finanzkennzahlen spricht.

[743] Insoweit zurückhaltend *Habersack* ZGR 2000, 384 (396) und ZIP 2007, 2145 f. (2148 f.); *Diem/Jahn* § 51 Rn. 28 (die es aber für „nicht fernliegend“ erachten, dass der BGH diesen nächten Schritt noch geht), abl. auch *Damnitz/Degenhardt* WM 2005, 583 (588) („konturlos“); *Runge* Rn. 4.88 („Fehlen der erforderlichen mittelbaren Beteiligung an Vermögen und Ertrag“) und generell abl. (auch in Bezug auf den „atypischen Pfandgläubiger“) Baumbach/Hueck/*Fastrich* Anh. nach § 30 Rn. 26. Auch *Gehrlein* BB 2008, 846 (850) äußert sich lediglich skeptisch gegenüber Forderungen, im Zuge der Neuregelungen des Rechts durch das MoMiG den Pfandgläubiger – auch wenn er atypisch ist – entgegen der Pfandgläubigerentscheidung des BGH grundsätzlich vom Anwendungsbereich des § 39 Abs. 1 Nr. 5 InsO auszunehmen, redet aber nicht von einer nochmaligen Erweiterung des von § 39 Abs. 1 Nr. 5 InsO erfassten Personenkreises.

[744] Selten wird man zB in der Lage sein, einen *material adverse effect* auf die finanziellen Verhältnisse oder die Fähigkeit des Kreditnehmers, den Kreditvertrag zu erfüllen, als unmittelbare Folge der Durchführung einer Veräußerung wesentlicher Gegenstände des *Anlagevermögens,* einer Kreditaufnahme auf Tochtergesellschaftsebene oder eines Wechsels der Rechtsform darzulegen. Hier wirkt sich aus, dass viele dem Kreditgeber auferlegte Verhaltenspflichten ihren Grund gerade nicht in einer ansonsten unmittelbar eintretenden wesentlichen Verschlechterung der wirtschaftlichen Verhältnisse des Kreditnehmers haben. Es geht vielmehr darum, eine grundlegende Veränderung des bei Eingehen des Kredites vorgefundenen und in der Kreditentscheidung akzeptierten Risikoprofils zu verhindern.

[745] S. nur *Fleischer* ZIP 1998, 313 ff.

[746] → Rn. 208 zum Mehrheitskonzept.

faktische Effekt, dass es aufgrund dieser Mehrheitserfordernisse weniger häufig vorkommen dürfte, dass das Kreditkonsortium bestehende Einflussmöglichkeiten tatsächlich in einer Weise ausnutzt, die in der konkreten Situation die Grenze zu einer als schädlich angesehenen Ausübung einer gesellschafterähnlichen Machtposition überschreitet oder gar zu einer Schadensersatzpflicht gemäß § 826 BGB aufgrund faktischer Geschäftsführung zum Nachteil der Gläubiger führen könnte.[747]

Bei der Ausgestaltung der Verträge ist daher – aus Sicht der Kreditgeber – abzuwägen, ob man wegen eines – in Teilen der Literatur wahrscheinlich überbetonten – Risikos eines Nachranges aufgrund einer Ausweitung des Anwendungsbereiches des § 39 Abs. 1 Nr. 5 InsO darauf verzichten soll, eigentlich zur Steuerung des Kreditrisikos für erforderlich erachtete Zustimmungsvorbehalte vorzusehen. Kommt man zu dem Ergebnis, dass ein solcher Verzicht nicht verantwortbar ist, dann dürfte es in aller Regel besser sein, **klare vertragliche Regelungen** vorzusehen, die nicht erst im Umweg und dann auch nur bedingt wirken. Sinnvoll gestaltete Kataloge mit ohne weitere Beschlussfassung der Kreditgeber von vorne herein gestatteten Maßnahmen reduzieren etwaig verbleibende rechtliche Restrisiken weiter, vermeiden unnötigen Aufwand aufgrund von Abstimmungsprozessen und geben dem Kreditnehmer Flexibilität und Planungssicherheit. Dies bietet sich insbesondere bei Klauseln an, die Akquisitionsbeschränkungen beinhalten. Sieht der Kreditvertrag auch Finanzkennzahlen vor, wird man hier oft eine Kombination von ***de minimis*-Ausnahmen** und Ausnahmen für Transaktionen, bei denen unter Berücksichtigung der Effekte der Akquisition auf Basis einer ***pro-forma*-Betrachtung** die Einhaltung der **Finanzkennzahlen** für eine bestimmte Anzahl von zukünftigen Testterminen gewährleistet erscheint, vorsehen. Die Vereinbarung von **Finanzkennzahlen** selbst ist **unkritisch** im Hinblick auf die Gefahr der „gesellschafterähnlichen Stellung" der Kreditgeber oder gar einer „faktischen Geschäftsführung", weil sie nicht im Einzelfall unternehmerische Entscheidungen den Kreditgebern zuweisen, sondern dem Kreditnehmer schon bei Eingehen des Kreditvertrages einen sich an finanziellen Kennzahlen und nicht konkreten unternehmerischen Maßnahmen orientierenden Rahmen setzen.[748] Dieser Grundsatz muss auch dann gelten, wenn die Finanzkennzahlen im Rahmen einer zukunftsgerichteten Betrachtung im Rahmen der allgemeinen Verbote mit Erlaubnisvorbehalt als Steuerungselement verwendet werden. 154b

6. Embargoklausel und ihr Konflikt mit europäischen und deutschen Embargoimportverbotsregeln

Aufgrund entsprechender Vorgaben von Kreditgebern (vornehmlich US-amerikanischen Häusern) enthalten Kreditverträge oft Klauseln, die den Kreditnehmer u. a. verpflichten[749] mit Personen bestimmter Nationalität, juristischen Personen, die in bestimmten Jurisdiktionen ansässig sind, und mit bestimmten Ländern oder Organisationen keine geschäftlichen Beziehungen zu unterhalten. In diesem Kontext wird sodann zur Abgrenzung der erfassten natürlichen und juristischen Personen, Organisationen und Gebietskörperschaften auf Em- 154c

[747] *Diem/Jahn* (§ 51 Rn. 22 und – in Bezug auf *financial covenants* und die parallele Problematik des möglichen Vorwurfes einer groben sittenwidrige Schädigung (§ 826 BGB) durch Eingriff in die Geschäftsführung – § 22 Rn. 88) weisen zu Recht darauf hin, dass es entscheidend gerade auf die Art und Weise der Ausübung eigener Ermessensentscheidungen durch die Kreditgeber im konkreten Einzelfall ankommt. Die Auffassung von *Schwintowski/Dannischewski* (ZIP 2005, 840 (842f, 846)) führt letztlich zum gleichen Ergebnis.

[748] *Diem/Jahn* § 22 Rn. 87, § 51 Rn. 30; **aA** wohl (aber oft mit unklarer Begrifflichkeit operierend und nicht überzeugend) *Fleischer* ZIP 1998, 313 (320 f.). Unklar Henn/Frodermann/Jannot AktR-HdB/*Schwintowski*, 6. Kapitel Rn. 181: mit der „Ausübung der *financial covenants* zur „Verschleierung der Krise" ist wohl die Ausübung faktischer Einflussmöglichkeiten der Kreditgeber bei einem Vertragsbruch durch den Kreditnehmer zu unzulässigen Eingriffen in die Geschäftsführung unter Schädigung anderer Gläubiger gemeint (s.a. *Schwintowski/Dannischewski* ZIP 2005, 840 (846) – dieser ggf. von § 826 BGB erfasste Tatbestand und nicht die blosse Existenz von *financial covenants* ist sodann das Problem, so zu Recht diff. *Diem/Jahn* § 22 Rn. 87.

[749] Diese Verpflichtung kann sich direkt ergeben oder indirekt aus einer zu wiederholenden Bestätigung (→ Rn. 136) oder eines Kündigungsgrunds.

bargos bestimmter Länder, der UN und/oder der EU verwiesen. Sofern die Bestimmungen über die Embargos der EU hinausgehen,[750] ergibt sich für Kreditnehmer und Kreditgeber, die im EU-Raum (bzw Deutschland) ansässig sind oder aus einer Niederlassung im EU-Raum (bzw Deutschland) heraus handeln, ein möglicher Konflikt mit europäischen und deutschen Embargoimportverbotsregelungen. Solche Bestimmungen finden sich zB in Art. 5 und 11 der Verordnung (EG) Nr. 2271/96 des Rates vom 22.11.1996 in der Fassung, die ihr durch die Delegierte Verordnung der Kommission 2018/1100 vom 6. Juni 2018 gegeben wurde (die sog. **EU Blocking Verordnung**) und – mit Wirkung für **deutsche**[751]**Kreditnehmer und Kreditgeber** und noch sehr viel ausgeprägter – **§ 7 der deutschen Außenwirtschaftsverordnung (AWV).** Der Anwendungsbereich der EU Blocking Verordnung ist insoweit eingeschränkt, als dass sie nur bestimmte spezifisch aufgelistete US-amerikanische Embargoregelungen zum Ziel haben[752], während § 7 AWV umfassend die Teilnahme an jedem nicht-deutschen[753] Embargo verbietet. Die Aufnahme derartiger Bestimmungen in den Kreditvertrag ist auch aus Perspektive US-amerikanischer Häuser eigentlich nicht notwendigerweise zwingend erforderlich, da sie die Beachtung der für sie geltenden *OFAC*-Bestimmungen im Regelfall auch durch andere Vorkehrungen[754] sicherstellen können. Gleichwohl ist sie in der Praxis oftmals die Realität, da der Kreditnehmer sich hierdurch eine Vielzahl bilateraler Diskussionen und Dokumentationserfordernisse ersparen kann. Für deutsche – aber auch für nicht-deutsche, aber durch eine in der EU ansässige juristische Person oder Niederlassung handelnde – Kreditgeber, stellt sich daher die Frage, ob die Beteiligung an einer Kredittransaktion, bei der der Kreditvertrag Sanktionsklauseln US-amerikanischer Prägung aufweist, einen (bussgeldbewehrten) Verstoss gegen § 7 AWV oder die EU Blockingvordnung darstellen kann.[755] Aus Sicht eines deutschen Kreditnehmer stellt sich wiederum die Frage, ob er solche nicht-deutschen Sanktionsklauseln überhaupt akzeptieren darf.[756] Das Vorliegen eines Verstosses gegen § 7 AWV (in Form der Beihilfe[757]) durch Beteiligte auf der Kreditgeberseite (Arrangeur, Kreditnehmer und Agent) wird unter Hinweis auf das Fehlen des notwendigen subjektiven Tatbestandes (kein Boykottzweck verfolgt) oder durch Annahme eines teleologischen Reduktion der Norm (Verhinderung der Beteiligung von deutschen Instituten an von US-amerikanischen Instituten arrangierten Finanzierungen nicht Normzweck) bezweifelt[758]. Dem ist jedenfalls in Bezug auf die Rolle des Agenten aufgrund seiner Weisungsgebundenheit und rein mechanischen Funktion zuzustimmen. Aber jedenfalls für den (deutschen) Arrangeur und Kreditgeber verbleibt – zumindest – eine unbequeme rechtliche Grauzone, die Anlass für kautelarjuristische Lösungsversuche gegeben hat[759]. Zwei

---

[750] Wie es zB die amerikanischen *OFAC*-Bestimmungen tun.

[751] Die AWV verwendet den Begriff „Inländer". Das erfasst auch Niederlassungen ausländischer Banken in Deutschland, schließt aber andererseits ausländische Niederlassungen deutscher Banken aus – in jedem Fall unter der Voraussetzung der separaten Buchführung und eigenständigen Führung der Niederlassung.

[752] Dazu gehören aber inbes. die besonders brisanten Sanktionen gegen den Iran und solche gegen Kuba.

[753] Ein EU-Embargo ist insoweit ein „deutsches".

[754] ZB *Due diligence* vor Vertragsabschluss, ggf. unterlegt durch bilaterale Bestätigungen oder Verpflichtungserklärungen.

[755] Verstöße gegen die EU-Verordnungen sind bußgeldbewehrt, sofern das Sitzland des Kreditgebers entsprechende Regelungen erlassen hat. Dies ist zB in Deutschland und – aufgrund des Brexit jetzt weniger relevant – im Vereinigten Königreich geschehen, s. § 82 (4) AWV bzw. *Extraterritorial US Legislation (Sanctions against Cuba, Iran and Libya) (Protection of Trading Interests)* Order 1996. In Bezug auf § 7 AWV ergibt sich die Bußgeld- (und unter bestimmten Voraussetzungen Straf-)bewehrung ebenfalls aus der AWV.

[756] Wenngleich sich evtl. argumentieren lässt, dass es nicht Sinn und Zweck des § 7 AWV ist, deutschen Kreditnehmern den Zugang zu ausländischen Kredigeberadressen zu versperren (s. *Arlt* ZIP 2015, 2202 (2206)), werden deutsche Kreditnehmer dies im Hinblick auf die bestehenden Rechtsrisiken idR ablehnen und als Alternative den Kreditgebern bilateral detailierte Informationen über ihre geschäftlichen Aktivitäten in problematischen Regionen geben.

[757] *Arlt* ZIP 2015, 2202 (2208).

[758] *Arlt* ZIP 2015, 2202 (2209 f.).

[759] Die *LMA* hat sich nach der Zuspitzung des Konfliktes durch den einseitigen Rückzug der USA vom *Joint Comprehensive Plan of Action on Iran's nuclear program* und die Ergänzung der EU Blocking Verordnung durch Bezugnahmen auf die US-amerikanischen Iran Sanktionen dazu veranlasst gesehen, ihre *Guidance Note – United States and European Sanctions* zu überarbeiten, jedoch bewusst ohne konkrete Klauselvorschläge zu

Ansätze gibt es hier, die man auch miteinander kombinieren kann. Nach dem einen werden Kreditgeber, für die es einen Verstoss gegen die EU Blockingverordnung und/oder § 7 AWV darstellen würde, wenn sie Begünstigte von Bestätigungen und Zusicherungen und/oder Verpflichtugen des Kreditnehmers in Bezug auf Nicht-EU Sanktionen wären, insoweit als Begünstigte der betreffenden Embargoklauseln ausgenommen ***(carve out).***[760] Welche *„Finance Parties"* dies sind, bleibt hierbei (zunächst) im *clair-obscure,* diese dürften aber ggf spätestens bei Abstimmungen des Syndikats in Bezug auf Änderungen der Sanktionsklauseln oder der Ausübung von Kreditgeberrechten infolge einer Verletzung dieser Klauseln durch den Kreditgeber durch Nichtausübung des Stimmrechtes Farbe bekennen müssen.[761] Eine andere Lösung ist das ***opt out*-Modell,** das jedem Kreditgeber ein teilweises *opting out* aus dem Schutzbereich der Embargoklauseln ermöglicht. Dies geschieht auf Basis einer entsprechenden Notifikation an den Agenten, mit der der betreffende Kreditgeber dem Agenten mitteilt, welche Bestimmungen für ihn ganz oder teilweise nicht anwendbar sein sollen. Mit Erhalt der Benachrichtigung des Agenten scheidet der betreffende Kreditgeber aus dem Kreise der Gläubiger der entsprechenden Verpflichtung (bzw. der Begünstigten einer Embargo-bezogenen Bestätigung) aus. Konsequenterweise ist in diesem Zusammenhang auch zu regeln, dass der betreffende Kreditgeber zukünftig bei (Mehrheits-)banken Entscheidungen betreffend Änderungen dieser Klauseln, Verzichtserklärungen in Bezug auf diese Klauseln und die Ausübung von Kündigungsrechten, die auf einen Verstoß gegen diese Klauseln begründet werden, kein Stimmrecht hat. Eine mögliche Kombination beider Konzepte sieht einen *carve out* (ohne Erfordernis einer Mitteilung an den Agenten) vor und übernimmt das Notifikationskonzept des *opt out* Modell nur für den Fall der Stimmrechtsausübung. So werden etwaige Unklarheiten des *carve out*-Modells in Bezug auf die Ausübung der Stimmberechtigung vermieden.[762]

XI. Kündigungsgründe *(Events of Default)*

1. Rechtsnatur und Rechtsfolgen vertraglicher Kündigungsgründe

Da Konsortialkreditverträge nahezu immer eine feste Laufzeit bis zum Endfälligkeitstag **155**
(„Termination Date") haben, kommt eine ordentliche Kündigung ohne besonderen Grund unter Einhaltung einer Kündigungsfrist nicht in Betracht.[763] Den Vertragsparteien steht es frei, neben den gesetzlichen Kündigungsgründen aus wichtigem Grund[764] weitere Gründe für eine außerordentliche Kündigung der Kreditgeber vertraglich zu vereinbaren[765] oder gesetzliche Kündigungsgründe abzubedingen.[766] Werden Kündigungsgründe individualver-

---

entwickeln (wenn man von der Aufnahme bestimmter Definitionen in das Vertragsmuster für *developing markets transactions* absieht, siehe S. 5 der *Guidance Note*). Dies ist auch insoweit folgerichtig, als dass das Vertragsmuster selbst gar keine Verpflichtungen des Kreditnehmers in Bezug auf die Einhaltung von Sanktionen enthält (auch das *LMA-LEV*-Muster nicht – es gibt lediglich in einer Fussnote einen Hinweis darauf, dass die Parteien dies ggf erwägen sollten). Es entspricht im Übrigen auch der Praxis der *LMA,* keine Klauselvorschläge für sehr einzelfallgetriebene Situationen und/oder in Fällen noch uneinheitlicher Marktpraxis zu entwickeln.

[760] Hierauf läuft der Klauselvorschlag bei Diem/Jahn/*Diem* II. 27 Rn. 25 hinaus, der auch einen *carve out* für betroffene *„Obligor"* beinhaltet.

[761] *Arlt* ZIP 2015, 2203 (2210).

[762] Es besteht auch ein materieller Unterschied zu einer blossen Nichtteilnahme an einer Abstimmung: Wer an einer Abstimmung nicht teilnimmt, wird automatisch als „Nein"-Stimme gezählt, → Rn. 208. Letztlich stimmt dieser Kreditgeber also doch mit ab.

[763] *Clauses* 7.1, 7.2 *LMA-GER; Clauses* 1.2 (e), (6), 6.3, 9.3 (b) (v) *LMA-LEV;* → Rn. 23, 30 ff. Das Recht des Kreditnehmers, Ziehungen zu verlangen, erlischt hingegen bereits am letzten Tag des Verfügbarkeitszeitraumes (*Clause* 5.5 *LMA-GER*).

[764] Insbes. § 490 Abs. 1 BGB bei Barkrediten und §§ 671 Abs. 2, 675 Abs. 1 BGB bei Avalkrediten; → Rn. 176.

[765] *Clauses* 23.13 *LMA-GER,* 29.20 *LMA-LEV.*

[766] *Wittig* WM 1996, 1381 (1387); Palandt/*Weidenkaff* § 490 Rn. 1ff; BGH WM 1986, 605 (606); → Rn. 176.

traglich vereinbart, besteht keine Notwendigkeit, diese am gesetzlichen Leitbild des § 490 Abs. 1 BGB[767] und damit am Erfordernis der Gefährdung des Rückzahlungsanspruches unter Berücksichtigung von Erlösen aus der Verwertung von Sicherheiten auszurichten.[768] § 490 BGB ist auch insoweit dispositiv.[769]

156 Eine Kündigung kann nicht von jedem Kreditnehmer individuell für seinen Anteil oder seine Abzweiglinie erklärt werden. Vielmehr wird das **Kündigungsrecht** vom Agenten auf vorherige und für ihn bindende Weisung der Kreditgebermehrheit im Namen aller und gemeinsam für alle Kreditgeber ausgeübt.[770] Die üblichen Vertragsmuster bevollmächtigen zwar den Agenten, auch ohne Weisung zu kündigen. In der Praxis wird ein Agent, dessen Aufgaben lediglich administrativer Natur sind,[771] hiervon jedoch keinen Gebrauch machen. Die Kündigung muss als empfangsbedürftige Willenserklärung (§ 130 BGB) gegenüber jedem einzelnen Kreditnehmer abgegeben werden und diesem auch zugehen. Das Kündigungsrecht ist jedoch nicht zwingend gegenüber allen Kreditnehmern einheitlich auszuüben.[772] Die Parteien vereinbaren[773] nahezu immer, dass die Kündigungserklärung der Schriftform bedarf.[774] Wollen die Kreditgeber kündigen, tragen sie die Beweislast für das Vorliegen eines Kündigungsgrundes, während die Kreditnehmer nachweisen müssen, dass der Kündigungsgrund geheilt oder auf diesen verzichtet wurde.

157 Das vertragliche Kündigungsrecht ist in **verschiedene Gestaltungsrechte** aufgespalten.[775] Dies ist zunächst das Recht, die Gesamtkreditzusage und damit die Kreditzusagen jedes Kreditgebers einschließlich der Kreditzusagen unter Abzweiglinien zu kündigen.[776] Die Kündigung der Gesamtkreditzusage bezieht sich auf die Krediteröffnungsverträge, die zwischen jedem Kreditnehmer und jedem Kreditgeber mit Unterzeichnung des Konsortialkreditvertrages entstehen.[777] Die Kreditgeber verlieren hierdurch das Recht, weitere Ziehungen zu verlangen. Zwar löst bereits der Eintritt eines Kündigungsgrundes oder eines Kündigungstatbestandes (*„Default"*)[778] ein Ziehungshindernis aus,[779] die Kündigung der Gesamtkredit-

---

767 Zur grundsätzlichen Kritik am Erfordernis, dass die Rückzahlung, auch unter Verwertung der Sicherheit, gefährdet sein muss, und der ständigen Rspr. (BGH WM 1960, 576 (578); OLG München WM 1996, 1623), die dies bereits vor der Schuldrechtsreform forderte, *Freitag* WM 2001, 2370 (2374); *Sonnenhol* WM 2002, 1259 (1265); *Becher/Gößmann* BKR 2002, 519 (524).

768 Hierfür spricht auch, dass nach §§ 490 Abs. 3, 314 BGB Kreditverträge aus wichtigem Grund gekündigt werden können, ohne dass die Rückzahlung des Kredites unter Berücksichtigung der Sicherheiten gefährdet sein muss (*Becher/Gößmann* BKR 2002, 519 (524)). Zur AGB-rechtlichen Problematik → Rn. 10.

769 *Diem/Jahn* § 23 Rn. 39; *Mülbert* WM 2002, 465 (475 f.); OLG Frankfurt a. M. ZIP 2011, 999 im Anschluss an BGH NJW 1994, 1995.

770 *Clause* 23.13 *LMA-GER*.

771 *Clause* 26.3 (f) *LMA-GER*.

772 Eine Einschränkung ergibt sich nicht aus § 425 Abs. 2 BGB, da unter den üblichen Vertragsgestaltungen Kreditnehmer keine Gesamtschuldner sind; → Rn. 98. § 351 BGB findet keine Anwendung auf die Kündigung gegenüber Teilschuldnern (BGH NJW 2002, 2866; RGZ 90, 328).

773 *Clauses* 23.13, 31.1 *LMA-GER*.

774 In der Kündigungserklärung sollte durch Verweis auf die Vertragsbestimmung klargestellt werden, welches vertragliche Gestaltungsrecht ausgeübt wird. Eine Differenzierung zwischen Krediteröffnungsverträgen und Einzelkreditverträgen ist ebensowenig erforderlich wie die Angabe des Kündigungsgrundes (BankR-HdB/ *Krepold* § 79 Rn. 243 ff; BGH WM 1986, 605). In der Praxis wird jedoch üblicherweise die Vertragsbestimmung genannt, auf die das Kündigungsrecht gestützt wird, und hierdurch zugleich klargestellt, dass es sich um eine Kündigung aus wichtigem Grund handelt.

775 *Clause* 23.13 *LMA-GER; Clause* 29.20 *LMA-LEV.* Von *US*-amerikanischen Juristen wird zum Teil angeraten, mit Eintritt von Insolvenzgründen, die einen Kreditnehmer mit Sitz in den USA betreffen, den Kredit diesem gegenüber automatisch fällig zu stellen. Hintergrund ist der *automatic stay* nach Chapter 11 des *US Bankruptcy Code* und hieran anknüpfende Zweifel, ob dies die Durchsetzung der Garantie unter dem auf die Garantie anwendbaren Vertragsrecht gefährden könnte. Da die Garantie (*Clause* 18.1 *LMA-GER*) ein selbstständiges Zahlungsverspechen begründet und der Garant sich zudem zur Schadloshaltung verpflichtet, wenn die garantierte Verbindlichkeit nicht durchsetzbar ist, besteht insoweit unter deutschem Recht keine zwingende Notwendigkeit für eine automatische Fälligstellung.

776 *Clauses* 23.13 (a) *LMA-GER;* 29.20 (a) *LMA-LEV.*

777 § 11 Rn. 4 ff; Staudinger/*Hopt/Mülbert* Vorb. §§ 607 ff Rn. 265 ff; *Hinsch/Horn* S. 93; → Rn. 6, 28, 70. Nicht erfasst werden die Einzelkreditverträge bzw. Geschäftsbesorgungsverträge bei Avalkrediten.

778 *Clauses* 1.1 Definition *„Default" LMA-GER;* → Rn. 133.

779 *Clause* 4.2 (a) (i) *LMA-GER;* → Rn. 75.

zusage bringt dieses Recht jedoch zum Erlöschen, so dass Ziehungen fortan nicht mehr durch Zustimmung der Mehrheitsbanken erlaubt werden können.[780] Des Weiteren kann der Agent sämtliche Ziehungen unter dem Konsortialkreditvertrag sowie alle Inanspruchnahmen unter Abzweiglinien ganz oder teilweise zusammen mit Zinsen und allen anderen unter den Finanzierungsdokumenten aufgelaufenen Beträgen sofort fällig stellen und Rückzahlung der Kredite sowie Barunterlegung von Avalen verlangen.[781] Durch Ausübung dieses Rechtes werden die Einzelkreditverträge bzw. Geschäftsbesorgungsverträge bei Avalen und (falls nicht bereits geschehen oder ausdrücklich durch die Kreditgebermehrheit anders bestimmt) auch die Krediteröffnungsverträge und damit konkludent die Gesamtkreditzusage gekündigt. Einer gesonderten Kündigung der Abzweiglinien bedarf es nicht.[782] Als Alternative zur Fälligstellung sieht der deutsch-rechtliche *LMA*-Mustervertrag in Anknüpfung an die englischrechtlichen Vertragsmuster vor, dass die Ziehungen als auf erstes Anfordern zahlbar erklärt werden dürfen.[783] Dieses Gestaltungsrecht hat unter deutschem Recht jedoch nahezu keine praktische Bedeutung. Sind die Forderungen der Finanzierungsparteien besichert, kann zudem der Sicherheitenagent angewiesen werden, die Rechte unter den Sicherheitenvereinbarungen auszuüben.[784]

Die **Ausübung dieser Gestaltungsrechte** bedarf nicht der vorherigen Abmahnung.[785] **158**
Die Kreditnehmer fordern in der Regel jedoch, dass eine Kündigung nur erklärt werden darf, solange der Kündigungsgrund fortbesteht, also mit anderen Worten, die Kreditgebermehrheit (oder in Ausnahmefällen jeder Kreditgeber) auf den Kündigungsgrund nicht verzichtet hat.[786] In der Praxis wird dem meist zugestimmt. In *investment grade*-Transaktionen versuchen die Kreditnehmer darüber hinaus zu erreichen, dass das **Fortbestehen eines eingetretenen Kündigungsgrundes**[787] und damit das Recht zur Kündigung auch durch Heilung endet. Auch wenn dem im Einzelfall nicht zugestimmt wird, kann eine Heilung wegen Fehlens eines schutzwürdigen Interesses nach § 242 BGB zum Verlust des Kündigungsrechtes führen, vorausgesetzt die Verpflichteten haben weder bewusst noch wiederholt gegen ihre Verpflichtungen unter den Finanzierungsdokumenten verstoßen. Darüber hinaus kann das außerordentliche Kündigungsrecht auch in anderen Fällen gemäß § 242 BGB eingeschränkt oder ausgeschlossen sein.[788] Nach überwiegender Auffassung[789] kann dies insbesondere der Fall sein, wenn Kreditgeber sich widersprüchlich verhalten *(venire contra factum proprium)*. In der Praxis kann widersprüchliches Verhalten zB dann zu **Einschränkung oder Verlust des Kündigungsrechtes** führen, wenn ein Vertragsverstoß über einen längeren Zeitraum geduldet wird und hierdurch ein schützenswertes Vertrauen auf Seiten des Kreditnehmers entsteht, dass auch zukünftig wegen dieses Verstoßes kein Kündigungsrecht ausgeübt wird.[790] Die üblichen Vertragsmuster[791] enthalten zwar eine ausdrückliche Regelung, wonach eine unter-

---

[780] Im Gegenzug entfällt die Verpflichtung zur Zahlung der Bereitstellungsgebühr.

[781] *Clause* 23.13 (b) *LMA-GER; Clauses* 29.20 (b), (d), (f) *LMA-LEV.*

[782] *Clause* 29.20 (f), (g) *LMA-LEV.*

[783] *Clauses* 23.13 (c) *LMA-GER; Clauses* 29.20 (c), (e), (g) *LMA-LEV.*

[784] *Clause* 29.20 (h) *LMA-LEV.*

[785] Das Erfordernis einer vorherigen Abmahnung nach § 314 Abs. 2 S. 1 BGB ist vertraglich abbedungen, *Runge* Rn. 7.58 ff. Von einer Abmahnung zu unterscheiden sind vertraglich vereinbarte Heilungsfristen; → Rn. 75 ff., 146 ff, 161 ff.

[786] *Clause* 1.2 (d) *LMA-GER.*

[787] Ein Kündigungsgrund ist eingetreten, wenn sämtliche Tatbestandsvoraussetzungen verwirklicht wurden. Wurde eine Heilungsfrist vereinbart, gehört zu den Tatbestandsvoraussetzungen auch der fruchtlose Ablauf der Heilungsfrist.

[788] → Rn. 11.

[789] BankR-HdB/*Krepold* § 79 Rn. 175; *Diem/Jahn* § 23 Rn. 28; *Wittig* WM 1996, 1381 (1388). Ausführlich zum Meinungsstand *Runge* Rn. 7.63 ff. Die Bedeutung anderer Ausprägungen des Grundsatzes von Treu und Glauben im Zusammenhang mit einer außerordentlichen Kündigung ist in der Praxis internationaler Konsortialkredite hingegen gering. Gegen eine Anwendung der Grundsätze der Kündigung zur Unzeit auf außerordentliche Kündigungen *Runge* Rn. 7.70 ff.

[790] BankR-HdB/*Krepold* § 79 Rn. 175 ff; *Canaris* Rn. 1265 ff; *Diem/Jahn* § 23 Rn. 28; *Wittig* WM 1996, 1381 (1388); *Wittig* WM 2004, 1381 (1388); *Obermüller* Rn. 5.213a.

[791] *Clause* 34 *LMA-GER.*

lassene oder verzögerte Ausübung von Rechten keinen Verzicht *(waiver)* auf diese begründet. Dies erhöht jedoch nur die an den Nachweis zu stellenden Anforderungen. Es kann hierdurch jedoch nicht vollständig verhindert werden, dass ein schutzwürdiges Vertrauen durch ausdrückliches oder konkludentes Handeln entstehen kann. Kreditgeber sollten insbesondere darauf achten, dass sie nicht zeitlich befristet auf Kündigungsrechte verzichten, ohne sich ihre Rechte vorzubehalten und dafür Sorge zu tragen, dass ein solcher Verzicht einem konkreten Zweck dient oder an nachprüfbare Bedingungen geknüpft ist und dies in der Praxis auch nachgehalten wird. Durch eine sachgerechte Ausgestaltung und Handhabung eines zeitlich befristeten Verzichtes, lässt sich die Verwirkung von Kündigungsrechten vermeiden. Hingegen rechtfertigt die mit der vertraglichen Vereinbarung von Finanzkennzahlen sowie von Handlungs- und Unterlassungspflichten einhergehende Beschränkung der Verpflichteten als solche keine Einschränkung des außerordentlichen Kündigungsrechtes.[792] Auch eine Erhöhung der Marge wegen Eintretens eines Kündigungsgrundes (zB in Folge einer Verletzung einer Finanzkennzahl) schränkt das Kündigungsrecht nicht ein, da die Marge lediglich an das erhöhte Kreditrisiko angepasst wird.[793] Gleiches gilt für eine Gebühr, die für den mit einem befristeten Verzicht verbundenen Aufwand gezahlt wird.

2. Tatbestandsvoraussetzungen vertraglicher Kündigungsgründe

159 Im Folgenden wird nur auf vertragliche Kündigungsgründe für *investment grade*-Transaktionen eingegangen.[794] Bei der Verhandlung von Kündigungsgründen ist zu berücksichtigen, dass deren Zweck nicht allein die *ultima ratio* der Kündigung ist. In der Praxis erzielen die Kreditgeber durch eine Kündigung meist keine Verbesserung ihrer Position, da die Kündigung häufig wertevernichtend wirkt. Dies führt dazu, dass in internationalen Finanzierungen Kündigungen äußerst selten tatsächlich ausgesprochen werden. Kündigungsgründe dienen daher auch dazu, Ereignisse zu vereinbaren, bei deren Eintritt der Kredit nicht mehr auf Basis der bisherigen Vertragsbedingungen fortgeführt werden kann, und ermöglichen es so, in Verhandlungen über eine Anpassung an die verschlechterten Verhältnisse einzutreten.

160 **a) Nichtzahlung *(non-payment)*.** Die Kreditgebermehrheit ist zur Kündigung berechtigt, wenn ein Verpflichteter einen unter einem Finanzierungsdokument fälligen Betrag nicht zahlt.[795] Es genügt die tatsächliche **Nichtzahlung am Fälligkeitstag.** Verschulden auf Seiten des Verpflichteten ist ebenso wenig erforderlich wie Verzugseintritt (§ 286 Abs. 4 BGB). Liegt jedoch eine technische Verzögerung oder ein administratives Versehen vor, kann die Zahlung innerhalb einer Heilungsfrist nachgeholt werden, bis zu deren Ablauf kein Kündigungsgrund, sondern lediglich ein Kündigungstatbestand und damit ein Ziehungshindernis eintritt.[796] Die Heilungsfrist beträgt üblicherweise 3 Banktage.[797]

161 **b) Finanzkennzahlen (financial covenants).** Der Kündigungsgrund ist eingetreten, wenn eine vereinbarte **Finanzkennzahl** *(financial covenant)* zu dem Zeitpunkt, zu dem sie einzuhalten ist, gebrochen wurde. **Heilungsfristen** werden grundsätzlich nicht vereinbart, da die Einhaltung einer Finanzkennzahl stets vergangenheitsbezogen ist und daher ihrer

---

[792] *Runge* Rn. 7.75 ff, 7.97 mwN.

[793] *Diem/Jahn* § 23 Rn. 28; → Rn. 46, 145.

[794] *Clause* 23 *LMA-GER.* Die nachfolgend unter a) bis e) sowie unter k) und l) dargestellten Kündigungsgründe knüpfen an die Nichterfüllung vertraglicher Pflichten an. Hingegen betreffen die Kündigungsgründe (f) bis (j) und (m) Umstände, deren Eintreten entweder darauf schließen lässt, dass die künftige Erfüllung vertraglicher Verpflichtungen gefährdet sein könnte oder sich das Kreditrisiko signifikant erhöht hat.

[795] *Clause* 23.1 *LMA-GER.*

[796] *Clause* 4.2 (a) (i) *LMA-GER; Clause* 4.2 (a) *LMA-LEV;* → Rn. 75.

[797] Das *LMA* Muster für *leverage,* Finanzierungen ermöglicht längere Heilungsfristen für den Fall, dass eine generelle Funktionsstörung der Kommunikations- und Zahlungssysteme sowie der für die Abwicklung von Konsortialkrediten relevanten Finanzmärkte *(„Disruption Event")* eingetreten ist. *Clauses* 1.1 Definition *„Disruption Event"*, 17.3, 29.1, 36.11 *LMA-LEV.*

Natur nach nicht geheilt werden kann.[798] Dies ist unabhängig davon zu sehen, ob die Finanzkennzahl jederzeit *(at all times)* oder stichtagsbezogen einzuhalten ist.[799]

c) Verletzung sonstiger Verpflichtungen ohne Heilungsmöglichkeit. Auch die **Verletzung anderer Handlungs- und Unterlassungspflichten** kann **ohne Heilungsmöglichkeit** unmittelbar zu einem Kündigungsgrund führen. Beispielsweise wird für Verpflichtungen zur Bestellung von Sicherheiten[800] sowie Verpflichtungen unter Sicherheitenvereinbarungen nicht selten keine Heilungsfrist vereinbart.[801] Verpflichtungen unter Sicherheitenvereinbarungen sollten jedoch nicht pauschal von einer Heilungsfrist ausgenommen werden. Ob die Erfüllung von Verpflichtungen so entscheidend ist, dass eine Heilungsmöglichkeit nicht angemessen erscheint, muss für jede Pflicht im Einzelfall entschieden werden. In *investment grade*-Transaktionen wird dies die Ausnahme sein. 162

d) Verletzung sonstiger Verpflichtungen mit Heilungsmöglichkeit. Werden **Handlungs- oder Unterlassungsverpflichtungen** verletzt, berechtigt dies in der Regel nur zur Kündigung, wenn der Verstoß (sollte er überhaupt heilbar sein) nicht innerhalb einer vertraglich vereinbarten Frist von üblicherweise 10 bis 15 Banktagen geheilt wurde.[802] Die **Heilungsfrist** beginnt nach Aufforderung durch den Agenten oder, falls früher, nach Kenntnis des Verpflichteten. Da Kenntnis oft schwer nachzuweisen ist, sind die Kreditgeber in *investment grade*-Transaktionen meist bereit, nur auf die Aufforderung des Agenten abzustellen. Eine Beschränkung auf **wesentliche Verpflichtungen** wird hingegen meist mit der Begründung abgelehnt, dass Verpflichtungen das Ergebnis von Vertragsverhandlungen sind und daher nicht so unwesentlich sein können, dass ihre Verletzung sanktionslos bleiben sollte. Gleiches gilt für die Einschränkung, dass nur ein **wesentlicher Verstoß** zur Kündigung berechtigt. Dies würde zwar nur dazu führen, dass unwesentliche Verstöße sanktionslos blieben, die Kreditgeber haben jedoch ein Interesse, über einen Verstoß informiert zu werden, um entscheiden zu können, ob die Verletzung unwesentlich ist und daher auf die Einhaltung der Verpflichtung verzichtet werden kann.[803] Statt pauschaler Wesentlichkeitseinschränkungen im Kündigungsgrund ist es besser, die Verpflichtung durch konkrete Ausnahmen so zu gestalten, dass unwesentliche Ereignisse nicht zu einer Verletzung führen. 163

e) Unrichtigkeit einer Bestätigung *(misrepresentation)*. Dieser Kündigungsgrund[804] knüpft daran an, dass eine **Bestätigung** *(representation)* oder sonstige Erklärung *(statement)* zu dem Zeitpunkt, zu dem sie abgegeben bzw. durch ausdrückliche Erklärung wiederholt *(made)* oder als abgegeben fingiert *(deemed to be made)*[805] wird, fehlerhaft oder irreführend war.[806] Entscheidend ist die objektive Unrichtigkeit unabhängig von subjektiven Kriterien wie Kenntnis oder Verschulden. Erfasst werden die im Kreditvertrag und anderen Finanzierungsdokumenten vereinbarten Bestätigungen und Zusicherungen *(representation and warranties)*[807] aber auch sonstige Erklärungen *(statement)* eines Verpflichteten in anderen Dokumenten, die 164

---

[798] *Clause* 24.2 *LMA-GER; Clause* 29.3 (a) *LMA-LEV.*

[799] → Rn. 75, 137 ff. Eine Ausnahme wird zT für Finanzkennzahlen zugestanden, die durch Nachschuss von Eigenkapital geheilt werden können.

[800] Aus Zeitgründen können konkret vereinbarte Sicherheiten oft erst nach Vertragsschluss oder sogar nach Kreditausreichung bestellt werden. Allgemeine Nachbesicherungsrechte sind in der internationalen Finanzierungspraxis hingegen unüblich.

[801] *Clause* 29.2 (b) *LMA-LEV.*

[802] *Clause* 23.3 *LMA-GER; Clause* 29.3 *LMA-LEV.*

[803] *Diem/Jahn* § 23 Rn. 41.

[804] *Clauses* 23.4 *LMA-GER;* 29.4 *LMA-LEV.*

[805] Ob unter deutschem Recht eine unrichtige Bestätigung, deren Abgabe nur fingiert wurde, einen Kündigungsgrund zur Folge haben kann, wurde bereits unter → Rn. 117 erörtert. Auch wenn die besseren Argumente gegen die mit Blick auf §§ 307, 308 Nr. 5 BGB geäußerten Bedenken sprechen, verbleiben dennoch Restzweifel, die sich nur durch eine ausdrückliche Erklärung beseitigen lassen.

[806] → Rn. 117.

[807] *Clause* 19 *LMA-GER;* 25 *LMA-LEV.*

im Zusammenhang mit einem Finanzierungsdokument abgegeben werden.[808] Im *investment grade*-Bereich ist es üblich, den Kündigungsgrund dahingehend einzuschränken, dass eine Bestätigung **in wesentlicher Hinsicht** *(in any material respect)* unrichtig sein muss. Die Wesentlichkeit richtet sich nach der Bedeutung des unrichtigen Umstandes für die Entscheidung der Kreditgeber, den Kredit (auf unveränderter Basis) zur Verfügung zu stellen oder zu belassen. **Heilungsfristen** sollten weder für den Kündigungsgrund noch für die Bestätigungen selbst vereinbart werden, da Bestätigungen stichtagsbezogen abzugeben sind und daher ihrem Zweck nach einer Heilung nicht zugänglich sind.[809] In der Praxis wird dennoch nicht selten der Forderung der Kreditnehmer nachgegeben und eine Heilungsfrist von 10 bis 15 Banktagen in den Kündigungsgrund aufgenommen.

165 ***f) Cross default/cross acceleration/cross payment default.*** Ein ***cross default*-Kündigungsgrund**[810] erlaubt, den Kredit zu kündigen, wenn Gläubiger eines Mitglieds der Gruppe unter anderen Vertragsverhältnissen zur Kündigung berechtigt sind.[811] Hierdurch soll vermieden werden, dass andere Forderungen vor den Forderungen aus den Finanzierungsdokumenten befriedigt werden und sich hierdurch die Vermögens- und Liquiditätslage der Verpflichteten verschlechtert, ohne dass die Kreditgeber ihren Interessen zeitgleich mit den anderen Gläubigern Gehör verschaffen können. Eine Gleichbehandlung wird in der Regel nur im Hinblick auf andere Finanzverbindlichkeiten erforderlich sein, die einen bestimmten Schwellenwert überschreiten. Ein *cross default*-Kündigungsgrund tritt ein, wenn (1) Finanzverbindlichkeiten bei Fälligkeit oder innerhalb einer vereinbarten Heilungsfrist nicht gezahlt wurden, (2) durch Kündigung aus wichtigem Grund oder Ausübung eines vergleichbaren Rechtes[812] Finanzverbindlichkeiten vorzeitig fällig gestellt oder eine Kreditzusage gekündigt wurde oder (3) Gläubiger zu einer unter (2) genannten Maßnahme aus den genannten Gründen berechtigt sind. Zu weitgehend wäre es, bereits das Eintreten eines potenziellen Kündigungsgrundes *(potential event of default)* abzustellen, da den Verpflichteten vereinbarte Heilungsfristen genommen würden. Umgekehrt wäre es aber auch nicht angemessen, den *cross default*-Kündigungsgrund durch eine eigenständige Heilungsfrist einzuschränken, da dies anderen Gläubigern den zeitlichen Vorteil verschafft, der mit dem *cross default*-Kündigungsgrund gerade vermieden werden soll. Sind die Kreditgeber nur in den unter (1) und (2) genannten Fällen zur Kündigung berechtigt, spricht man von ***cross acceleration.*** Soll ein Kündigungsgrund nur gegeben sein, wenn bereits der unter (1) genannte Fall der Nichtzahlung eingetreten ist, liegt ein ***cross payment default*** vor. *Cross acceleration*- und insbesondere *cross payment default*-Klauseln finden sich meist nur im oberen *investment grade*-Bereich. Zudem fordern Kreditnehmer häufig, den Kündigungsgrund auf Finanzverbindlichkeiten der Verpflichteten zu beschränken. Eine solche Einschränkung wird (außer im oberen *investment grade*-Bereich) in der Regel nur vereinbart, wenn Umsatz, Ertrag und Vermögen der Verpflichteten einen wesentlichen Teil der Gruppe widerspiegeln und auch zu erwarten ist, dass sich dies über die Laufzeit des Kredites nicht ändert. Anderenfalls sollten auch andere wesentliche Gruppenmitglieder *(„Ma-*

808 Erfasst werden insbes. schriftliche Erklärungen eines Verpflichteten auf Nachfrage einer Finanzierungspartei.

809 → Rn. 75, 118, 136 zu den Auswirkungen zu wiederholender Bestätigungen und dieses Kündigungsgrundes auf ein *rollover*-Konzept.

810 *Clauses* 23.5 *LMA-GER;* 29.5 *LMA-LEV.*

811 BankR-HdB/*Welter* § 118 Rn. 142 ff. Dieser Kündigungsgrund gehört zu den Regelungen, deren AGB-rechtliche Zulässigkeit in der Literatur diskutiert wird (*Ballo* S. 278 ff); → Rn. 10. Die Tatsache, dass es seit Jahrzehnten eine geübte Vertragspraxis gibt, ändert nichts daran, dass diese Klausel (zB mit Blick auf die dargelegten Gestaltungsmöglichkeiten) nahezu immer auch verhandelt wird.

812 Die Berücksichtigung von Gestaltungsrechten, die einer Kündigung aus wichtigem Grund vergleichbar sind *(event of default howsoever described),* dient dazu, Umgehungen zu erfassen. Eine Umgehung kann zB eine Verpflichtung zur vorzeitigen Rückzahlung *(mandatory prepayment)* sein (→ Rn. 87 ff), wenn hiermit eine vertragliche Verpflichtung und/oder ein Kündigungsgrund ersetzt wird (zB wenn statt eines Verbotes, bestimmte Vermögensgegenstände zu veräußern, ein zwingende vorzeitige Rückzahlung bei Veräußerung vereinbart ist). Ob hingegen durch den Eintritt eines Kontrollwechsels *(change of control)* und der hiermit verbundenen Verpflichtung zur vorzeitigen Rückzahlung ein *cross default* ausgelöst wird, lässt sich mit gewichtigen Argumenten in Zweifel ziehen; → Rn. 20.

terial Subsidiaries") erfasst werden, deren Umsatz, Ertrag oder Vermögen einen prozentualen Anteil der Gruppe insgesamt überschreitet. Ein weiterer Verhandlungsgegenstand ist die für *investment grade*-Transaktionen oft zugestandene Forderung, dass nicht schon die Kündigung bzw. das Recht zur Kündigung einer nicht in Anspruch genommenen Kreditzusage den Kündigungsgrund auslöst.

g) Insolvenz *(insolvency)*. Dieser Kündigungsgrund[813] greift Ereignisse und Umstände auf, **die einen Grund zur Eröffnung einer Insolvenz** darstellen können. **Heilungsfristen** werden in aller Regel nicht zugestanden. In der Praxis wird jedoch regelmäßig darüber verhandelt, ob sich der Kündigungsgrund auf alle Mitglieder der Gruppe erstreckt oder eine Einschränkung auf Verpflichtete und andere wesentliche Gruppenmitglieder geboten ist. Die einzelnen Tatbestände sollten sich idealerweise möglichst konkret an der Rechtsordnung ausrichten, die die Insolvenz des jeweiligen Gruppenmitglieds regelt. Soweit deutsches Recht Anwendung findet, verweist der deutsch-rechtliche *LMA*-Mustervertrag daher auf die Insolvenzgründe der **Zahlungsunfähigkeit** (§ 17 InsO) und der Überschuldung (§ 19 InsO).[814] An die **drohende Zahlungsunfähigkeit** (§ 18 InsO) wird hingegen nicht angeknüpft, da diese keine Pflicht zur Insolvenzanmeldung begründet. Aus Praktikabilitätsgründen beschränkt sich der Verweis auf gesetzliche Regelungen häufig auf die Rechtsordnungen der Konzernobergesellschaft und einiger wesentlicher Tochtergesellschaften. Für andere Gruppenmitglieder werden generische Tatbestände definiert, wie zB der Eintritt der Zahlungsunfähigkeit, das Eingeständnis der Zahlungsunfähigkeit, die faktische Zahlungseinstellung und die Aufnahme von Vergleichs-, Stundungs- oder Umschuldungsverhandlungen.[815] Das deutsche-rechtliche *LMA*-Muster wendet den Kündigungstatbestand der **Überschuldung** nicht nur auf Gruppenmitglieder, die deutschem Insolvenzrecht unterliegen, sondern generell auf alle Gruppenmitglieder an. Dies erscheint jedoch nur dann sinnvoll, wenn das auf diese Gruppenmitglieder anwendbare Insolvenzrecht ebenso wie das deutsche Insolvenzrecht den Insolvenzgrund der Überschuldung kennt. Darüber hinaus löst auch ein Moratorium zur Stundung von Forderungen einen Kündigungsgrund aus.[816] 166

Nach der Rechtsprechung des BGH[817] sind sog. **insolvenzabhängige Lösungsklauseln** in Verträgen über fortlaufende Lieferung von Waren und Energie, die an den Insolvenzantrag oder die Insolvenzeröffnung anknüpfen, nach § 119 InsO unwirksam, wenn Sie im Voraus die Anwendung von § 103 InsO ausschließen. Auch wenn man den vorstehend beschrieben Kündigungsgrund nach *Clause* 23.6 *LMA-GER* wegen Eintritt eines Insolvenztatbestandes sowie den nachstehend noch zu erläuternden Kündigungsgrund nach *Clause* 23.7 *LMA-GER* im Hinblick auf Maßnahmen im Vorfeld eines Insolvenzverfahrens als insolvenzabhängige Lösungsklausel ansieht, sind diese dennoch wirksam, da sie einer gesetzlich vorgesehenen Lösungsmöglichkeit entsprechen bzw. deren Wirkung lediglich vorwegnehmen. Kredite mit fester Vereinbarung hinsichtlich Auszahlung und Rückzahlung werden, soweit diese in Anspruch genommen wurden, nach § 41 InsO mit Insolvenzeröffnung zur Rückzahlung fällig, ohne dass es einer Kündigung bedarf bzw., soweit diese noch nicht ausgezahlt wurden, kann die Kreditzusage nach §§ 490 Abs. 1, 314 Abs. 1, 321 BGB fristlos gekündigt werden, auch wenn der Insolvenzverwalter Erfüllung nach § 103 InsO verlangen sollte.[818] 166a

h) Insolvenzverfahren *(insolvency proceedings)*. Nach dem deutschen *LMA* Mustervertrag[819] ist eine Kündigung auch dann erlaubt, wenn im oder im Vorfeld eines **Insolvenzverfahrens** Maßnahmen im Hinblick auf (i) eine Stundung von Forderungen oder ein 167

---

813 *Clause* 23.6 *LMA-GER*.

814 *Clause* 23.6 (b) *LMA-GER*.

815 *Clause* 23.6 (a) *LMA-GER*.

816 *Clause* 23.6 (c) *LMA-GER*. Bspw. wird hiermit der *automatic stay* nach Chapter 11 des *US Bankruptcy Code* erfasst.

817 BGH Urt. v. 15.11.2012 – IX ZR 169/11, ZInsO 2013, 292.

818 *Obermüller* ZInsO 2013, 476 (479); iErg ebenso *Huber* ZIP 2013, 493.

819 *Clause* 23.7 *LMA-GER*.

Moratorium sowie eine Reorganisation, Liquidation, Auflösung oder sonstige Abwicklung, die nicht der vollständigen Befriedigung aller Forderungen dient (*Clause* 23.7 (a) *LMA-GER*), (ii) einen Vergleich oder ähnliche Absprachen mit Gläubigern (*Clause* 23.7 (b) *LMA-GER*), (iii) die Ernennung eines (vorläufigen) Insolvenzverwalters, ein Sachwalters, Liquidators oder vergleichbaren Verwalters (*Clause* 23.7 (c) *LMA-GER*) oder (iv) die Verwertung von Sicherheiten (*Clause* 23.7 (d) *LMA-GER*) getroffen werden. Auch für diesen Kündigungsgrund wird meist gefordert, den Anwendungsbereich neben den Verpflichteten auf wesentliche Gruppenmitglieder zu beschränken. Ausgenommen werden nicht selten Insolvenzanträge und vergleichbare Maßnahmen, die **rechtsmissbräuchlich** sind und innerhalb einer kurzen Frist von in der Regel nicht mehr als 30 Tagen zurückgenommen werden. Dieser aus den englisch-rechtlichen Verträgen der *LMA* übernommene Kündigungsgrund ist bewusst generisch gehalten, um unterschiedliche Rechtsordnungen abzudecken. Die Subsumtion unter die stark *common law*-geprägte Terminologie muss unter Berücksichtigung der im konkreten Einzelfall relevanten Rechtsordnung erfolgen. In der Praxis wird der generische Ansatz häufig durch Bezugnahmen auf konkrete insolvenzrechtliche Regelungen ergänzt. Für deutsches Insolvenzrecht ist dies die Stellung eines Insolvenzantrages (§ 13 InsO) und das Ergreifen von Sicherungsmaßnahmen durch ein Insolvenzgericht (§ 21 InsO). Hingegen ist es entbehrlich, auch auf den Insolvenzeröffnungsbeschluss (§ 27 InsO) abzustellen, da die Eröffnung kraft Gesetzes zur Fälligkeit des Anspruchs auf Rückzahlung des Kredites führt (§ 41 InsO).

168 **i) Vollstreckungsmaßnahmen *(creditors' process)*.** Dieser Kündigungsgrund[820] betrifft **Beschlagnahmen, Sequestrationen, Pfändungen und sonstige Vollstreckungsmaßnahmen** in Vermögensgegenstände eines Mitglieds der Gruppe, sofern der Wert der betroffenen Vermögensgegenstände einen vereinbarten Schwellenwert überschreitet. Mögliche Heilungsfristen sind ebenso wie der Kreis der betroffenen Gruppenmitglieder anhand des Einzelfalls zu beurteilen.

169 **j) Gruppenzugehörigkeit der Verpflichteten *(ownership of the Obligors)*.** In Ergänzung zur zwingenden vorzeitigen Rückzahlung wegen Kontrollwechsel *(change of control)*,[821] der sich nur auf die Obergesellschaft der Gruppe bezieht, erfasst dieser Kündigungsgrund[822] den Fall, dass ein anderer Verpflichteter *(„Obligor")*, zB in Folge eines Verkaufs oder einer Verschmelzung mit einem Dritten, keine Tochtergesellschaft der Gruppenobergesellschaft mehr ist.

170 **k) Ungesetzlichkeit *(unlawfulness)* und Unwirksamkeit *(invalidity)*.** Die Kreditgeber haben ein berechtigtes Interesse, den Kredit kündigen zu dürfen, wenn es für einen Verpflichteten kraft Gesetzes, Gerichtsentscheidung oder behördlicher Anordnung auf Grund eines gesetzlichen Verbotes im Sinne von § 134 BGB ungesetzlich *(unlawful)* ist, seine Verpflichtungen zu erfüllen[823] oder eine dingliche Sicherheit nicht oder nicht im vereinbarten Rang vollstreckbar ist.[824] In *sub-investment grade-* und *leverage-*Transaktionen wird, zusätzlich zu der entsprechenden Bestätigung,[825] der Kündigungsgrund um den Fall erweitert,[826] dass eine Verpflichtung unter einem Finanzierungsdokument nicht rechtswirksam oder durchsetzbar ist *(is not or cease to be legal valid binding or enforceable)* und dies die Interessen der Kreditgeber wesentlich beeinträchtigt *(materially and adversely affects the interests of the Lenders)*, es sei denn dies folgt aus allgemeinen Rechtsgrundsätzen, für die in den als Ziehungsvoraussetzung

[820] *Clause* 23.8 *LMA-GER*.
[821] → Rn. 87.
[822] *Clause* 23.9 *LMA-GER*.
[823] *Clause* 23.10 *LMA-GER; Clause* 29.9 (a) *LMA-LEV*.
[824] *Clauses* 29.9 (a) *LMA-LEV*. Die vereinzelt geforderte Unterscheidung zwischen wesentlichen und unwesentlichen Verpflichtungen oder Sicherheiten ist meist aus den unter → Rn. 162 genannten Gründen auch hier nicht sachgerecht.
[825] *Clause* 19.2 *LMA*-GER; *Clause* 25.3 *LMA-LEV;* → Rn. 122.
[826] *Clauses* 29.9 (b), 1.1 Definition „Legal Reservation" *LMA-LEV*.

zu liefernden Rechtsgutachten *(legal opinion)* eine Einschränkung ***(qualification or reservation as to matters of law of general application)*** enthalten war. Solche Qualifizierungen sollten sich auf die Rechtslage bei Vertragsschluss beziehen, da durch Verweis auf die jeweilige Rechtslage der Schutz gegen Rechtsänderungen ausgehebelt wird.

l) Nichtanerkennung *(repudiation)*. Über den Kündigungsgrund der Ungesetzlichkeit hinaus soll ein Kündigungsgrund[827] auch dann bestehen, wenn **ein Verpflichteter die Rechtswirksamkeit oder Vollstreckbarkeit eines Finanzierungsdokumentes bestreitet.** Dies mag auf den ersten Blick überraschen. Wie zuvor dargelegt, entfällt bei tatsächlicher Ungesetzlichkeit oder Unwirksamkeit die Basis für die Kreditausreichung. Es kann für das Kündigungsrecht jedoch keinen Unterschied machen, ob ein Verpflichteter ungerechtfertigter Weise die Rechtswirksamkeit bestreitet oder beide Seiten übereinstimmend zu diesem Ergebnis gelangen. Auch ist das Bestreiten der Rechtswirksamkeit einer Verpflichtung deren Nichterfüllung meist zeitlich nur vorgelagert und daher ein Abwarten, bis eine Verletzung eingetreten ist, nicht sinnvoll. **171**

m) Wesentliche nachteilige Veränderungen *(material adverse change)*. In Ergänzung zu den oben dargestellten speziellen Kündigungsgründen ist die Kreditgebermehrheit zur Kündigung auch dann berechtigt, wenn Umstände eintreten, die zu einer wesentlichen nachteiligen Veränderungen *(material adverse change)* geführt haben oder voraussichtlich führen könnten *(has or is reasonably likely to have a Material Adverse Effect)*.[828] Dieser Kündigungsgrund dient in Ergänzung zu den speziellen Kündigungsgründen als **Auffangtatbestand** für nicht vorhersehbare und daher nicht durch spezielle Regelungen erfassbare Sachverhalte.[829] Die zum Teil geäußerte Besorgnis, dass die Vereinbarung von Finanzkennzahlen zu einer Einschränkung dieses Kündigungsrechtes führt, ist in dieser Allgemeinheit zwar unbegründet, der zuvor beschriebene Zweck dieses Kündigungsgrundes zeigt jedoch, dass eine wesentliche nachteilige Veränderung trotz Einhaltung umfassender, wesentliche Umstände der wirtschaftlichen Leistungsfähigkeit erfassender Finanzkennzahlen in der Regel nur dann zu bejahen sein wird, wenn besondere Umstände eintreten, die durch die Finanzkennzahlen nicht oder nur mit zeitlicher Verzögerung erfasst werden können.[830] **172**

Nur im oberen *investment grade*-Bereich und für *cp back up*-Fazilitäten[831] wird auf diesen generalklauselartigen Kündigungsgrund verzichtet. Im *sub-investment grade-* und *leverage*-Bereich kann es hingegen als erforderlich angesehen werden, den **Tatbestand der wesentlichen nachteilige Veränderung** *(„Material Adverse Effect")*[832] in Anlehnung an das englisch-rechtliche *LMA*-Muster für *leverage*-Finanzierungen möglichst umfassend dahingehend zu definieren, dass (1) die Geschäfts-, Wirtschafts-, Vermögens- oder Finanzlage oder die Geschäftsaussichten eines Verpflichteten oder der Gruppe insgesamt sich erheblich verschlechtert haben oder (2) die Erfüllung der Verpflichtung eines Verpflichteten unter einem Finanzierungsdokument ausgeschlossen, verzögert oder gefährdet ist oder (3) die Rechtswirksamkeit oder Vollstreckbarkeit eines Finanzierungsdokumentes, die Vollstreckbarkeit oder der Rang einer Sicherheit oder ein Recht einer Finanzierungspartei unter einem Finanzierungsdokument eingeschränkt, beeinträchtigt oder aufgehoben ist. **173**

In Abhängigkeit von den Umständen des Einzelfalles können insbesondere im *investment grade*-Bereich in mehrfacher Hinsicht **Anpassungen** dieses Tatbestandes vorgenommen werden. Zunächst ist zu klären, ob die Tatbestandsalternative unter (1) auf **die Verpflichte-** **174**

827 *Clause* 23.11 *LMA-GER.*

828 *Clause* 23.12 *LMA-GER; Clause* 29.19 *LMA-LEV.*

829 *Bosch* KuK-Beihefte 8, 117 (148); BankR-HdB/*Welter* § 118 Rn. 139 ff.

830 *Wittig* WM 1996, 1381 (1389); → Rn. 144.

831 *Cp back up*-Fazilitäten dienen dazu, *commercial paper* zu refinanzieren. Deren Vorhandensein und der Verzicht auf einen *material adverse change*-Kündigungsgrund, eine entsprechende Bestätigung sowie auf das Kündigungsrecht nach § 490 Abs. 1 BGB wird beim Rating der *commercial paper* positiv gewertet.

832 Die deutsch-rechtliche *LMA* Mustervereinbarung verzichtet anders als das englisch-rechtliche *leverage*-Muster für *leverage*-Finanzierungen auf einen Formulierungsvorschlag für die Definition *„Material Adverse Effect"*.

ten oder auf die Gruppe insgesamt bezogen wird. Für Unternehmensfinanzierungen sollten in der Regel jeder Verpflichtete und die Gruppe erfasst werden.[833] Des Weiteren ist zwischen den Parteien zu vereinbaren, in Bezug auf welche **Kriterien** eine nachteilige Veränderung unter (1) festgestellt werden muss. Im weitesten Sinne sind dies die Geschäfts-, Wirtschafts-, Vermögens- oder Finanzlage *(business, operations, condition (financial or otherwise))* sowie die Geschäftsaussichten *(prospects)*. Eine Veränderung der Geschäftsaussichten wird in der Praxis jedoch nur selten vereinbart. Im oberen *sub-investment-* und *investment grade-*Bereich wird meist nur auf die Wirtschafts-, Vermögens- und Finanzlage abgestellt. Von größerer Bedeutung ist jedoch die Frage, ob die Tatbestandsalternative unter (1) alternativ neben der unter (2) steht oder beide kumulativ miteinander verbunden sind. Im *investment grade-*Bereich fordern die Kreditnehmer meist, dass als Folge der Veränderung der Wirtschafts-, Vermögens- oder Finanzlage die Erfüllung der vertraglichen Verpflichtungen ausgeschlossen, verzögert oder gefährdet sein muss. Zudem wird in der Regel verhandelt, ob die Beeinträchtigung jedweder Verpflichtung unter den Finanzierungsdokumenten oder lediglich eine Beeinträchtigung von Zahlungsverpflichtungen *(payment obligations)* den Kündigungsgrund auslösen kann. Die **Beschränkung auf Zahlungsverpflichtungen** ist auch deshalb von besonderer Relevanz, weil hiermit die Einhaltung der Finanzkennzahlen aus dem Kündigungsgrund herausgenommen und damit verhindert wird, dass eine Beeinträchtigung der **Fähigkeit zur Einhaltung der Finanzkennzahlen** vor deren tatsächlicher Verletzung zu einem Kündigungsgrund führen kann. Die Kreditgeber sollten im Einzelfall entscheiden, ob es sinnvoll ist, die Erfüllung der Finanzkennzahlen in den Anwendungsbereich aufzunehmen, oder die Gründe, warum es in der Regel keinen potenziellen Kündigungsgrund bei Verletzung von Finanzkennzahlen gibt, und daher ein Ziehungshindernis erst mit Abgabe des Bestätigungsschreibens entsteht,[834] auch gegen diese Erweiterung sprechen. Einigen sich die Beteiligungen darauf, nur an Zahlungsverpflichtungen anzuknüpfen, ist des Weiteren zu klären, ob bereits die Beeinträchtigung der Zahlungsfähigkeit eines Verpflichteten den Kündigungsgrund auslöst oder die Zahlung auch bei gemeinsamer Leistung aller Verpflichteten ***(Obligors taken as a whole)*** ausgeschlossen, verzögert oder gefährdet sein muss. Die Tatbestandsalternative unter (3) schreibt die Kündigungsgründe der Ungesetzlichkeit *(unlawfulness)* und Unwirksamkeit *(invalidity)*[835] fort. Im oberen *sub-investment grade-* und *investment grade-*Bereich wird je nach Ausgestaltung der vorgenannten Kündigungsgründe daher nicht selten auf die Tatbestandsalternative unter (3) verzichtet. In Anlehnung an die englischrechtliche Vertragspraxis wird der Kündigungsgrund auch unter deutschem Recht zum Teil dahingehend ergänzt, dass die wesentliche **nachteilige Veränderung nach vernünftiger Auffassung der Kreditgebermehrheit** *(in the reasonable opinion of the Majority Lenders)* eingetreten sein muss. Folge hiervon ist zum einen, dass den Kreditgebern ein analog § 317 BGB gerichtlich überprüfbarer Ermessensspielraum eingeräumt wird. Zum anderen führt dies aber auch dazu, dass ein Kündigungsgrund, ein cross-default unter anderen Finanzierungsvereinbarungen und (sofern ein *roll over*-Konzept vereinbart wurde) auch ein Ziehungshindernis trotz Vorliegen der übrigen tatbestandlichen Voraussetzungen für *roll over*-Ziehungen erst dann entstanden ist, wenn die Kreditgebermehrheit das Vorliegen einer wesentlichen nachteiligen Veränderung bejaht hat.[836]

---

[833] Das *leverage*-Muster der *LMA* stellt auf die Gruppe in ihrer Gesamtheit ab, was sich durch den Zweck, die Akquisition der Gruppe durch einen *leverage buy-out* zu finanzieren, erklärt.

[834] → Rn. 75, 146.

[835] *Clause* 23.10 *LMA-GER; Clause* 29.9 *LMA-LEV.*

[836] → Rn. 75. Hingegen ist nach üblicher Auslegung ein Kündigungstatbestand *(„Default")* im Sinne eines potenziellen Kündigungsgrundes (*potential event of default,* vgl. *Clause* 1.1 Definition *„Default" LMA-GER*) und damit ein Ziehungshindernis bereits vor Entscheidung der Kreditgebermehrheit *(determination)* gegeben, sofern eine wesentliche nachteilige Veränderung tatsächlich vorliegt und es nur noch der Entscheidung der Kreditgebermehrheit bedarf.

3. AGB-Kündigungsrecht

Beteiligen sich Banken oder Sparkassen als Kreditgeber an einem internationalen Konsortialkredit, sind deren Allgemeine Geschäftsbedingungen für diese Finanzierung durch die spezielleren Regelungen des Konsortialkreditvertrages abbedungen.[837] Die bilaterale Vereinbarung für Abzweiglinien kann jedoch im Einzelfall für technische Aspekte die Geltung Allgemeiner Geschäftsbedingungen vorsehen.[838] Die Kündigungsgründe werden dennoch abschließend im Konsortialkreditvertrag geregelt.[839] Das **AGB-Kündigungsrecht**[840] kommt daher auch nicht unter einer Abzweiglinie zur Anwendung. Im Rahmen dieser Abhandlung soll daher auf das AGB-Kündigungsrecht nicht weiter eingegangen werden. 175

4. Gesetzliche Kündigungsrechte

Die Frage, ob neben den vertraglichen Kündigungsgründen ergänzend gesetzliche Kündigungsgründe anwendbar bleiben, wird unterschiedlich beantwortet. In Anknüpfung an das **Prinzip der abschließenden vertraglichen Regelung**[841] scheint die Auffassung nahezuliegen, dass Konsortialkreditverträge auf Grund ihrer umfangreichen Regelungen zu vertraglichen Kündigungsgründen als abschließende Regelung zu betrachten sind und daher dispositives Gesetzesrecht abbedingen.[842] Auf der anderen Seite wird in den meisten Verträgen[843] ausdrücklich bestimmt, dass die Rechte und Rechtsbehelfe der Parteien unter dem Konsortialkreditvertrag zusätzlich zu den kraft Gesetzes bestehenden Rechten vereinbart werden. Dies schließt zwar nicht aus, dass nach dem Willen der Parteien Regelungen als abschließend zu verstehen sind. Die gesetzlichen Kündigungsrechte sind jedoch nur dann zweifelsfrei abbedungen, wenn dies vertraglich geregelt ist.[844] Daher wird zB für *cp back up*-Fazilitäten[845] von Kreditnehmerseite verlangt, zusätzlich zu einem Verzicht auf den vertraglichen Kündigungsgrund der wesentlichen nachteiligen Veränderung[846] sowie einer entsprechenden Bestätigung[847] auch das gesetzliche Kündigungsrecht nach § 490 Abs. 1 BGB ausdrücklich abzubedingen. Im Folgenden werden die gesetzlichen Kündigungsrechte nur kurz zusammengefasst.[848] 176

a) Kündigungsrecht nach § 490 Abs. 1 BGB. Konsortialkredite werden mit einer festen Laufzeit zur Verfügung gestellt und können daher nur außerordentlich ohne Einhaltung einer Frist gemäß **§ 490 Abs. 1 BGB** gekündigt werden, wenn in den Vermögensverhältnissen des Darlehensnehmers oder in der Werthaltigkeit einer für das Darlehen gestellten Sicherheit eine wesentliche Verschlechterung eintritt oder einzutreten droht, durch die die Rückzahlung des Darlehens, auch unter Verwertung der Sicherheit, gefährdet wird. Droht die Verschlechterung, muss sich die hieraus resultierende Gefährdung der Rückzahlung sichtbar anhand objektiv verifizierbarer Kriterien abzeichnen.[849] 177

b) Recht zur Kündigung von Avallinien nach §§ 671 Abs. 2, 675 Abs. 1 BGB. Eine Avallinie ist ein Werkvertrag in Form eines Geschäftsbesorgungsvertrages im Sinne von §§ 631, 675 BGB, der kraft Gesetzes gemäß **§§ 671 Abs. 2, 675 Abs. 1 BGB** aus wichti- 178

[837] *Diem/Jahn* § 23 Rn. 37. Nur in sehr seltenen Fällen wird für Konsortialkreditverträge ausdrücklich vereinbart, dass Allgemeine Geschäftsbedingungen einer beteiligten Bank ergänzend Anwendung finden.
[838] → Rn. 26.
[839] *Clauses* 9.3 (c), 9.4 (c) *LMA-LEV.*
[840] Nr. 19 Abs. 3 AGB-Banken, Nr. 26 Abs. 2 AGB-Sparkassen.
[841] → Rn. 3.
[842] *Diem/Jahn* § 23 Rn. 36.
[843] *Clause* 34 Satz 2 *LMA-GER.*
[844] *Runge* Rn. 7.152.
[845] → Rn. 172.
[846] *Clause* 23.12 *LMA-GER; Clause* 29.19 *LMA-LEV.*
[847] *Clause* 25.13 (h) *LMA-LEV.*
[848] Dazu näher *Krepold* → Kap. 14 BGB §§ 489, 490 Rn. 1ff.
[849] *Diem/Jahn* § 23 Rn. 8 unter Verweis auf den Regierungsentwurf des MoMiG v. 9.5.2001, S. 598.

gem Grund gekündigt werden kann. Eine jederzeitige Kündigung ohne Kündigungsgrund scheidet aus, da § 675 Abs. 1 BGB nicht auf § 671 Abs. 1 BGB verweist[850] und auch die Avallinie mit einer festen Laufzeit zur Verfügung gestellt wird.

179 **c) Recht zur Kündigung nach §§ 490 Abs. 3, 313, 314 BGB.** Kreditverträge können wie alle Dauerschuldverhältnisse auch nach §§ 490 Abs. 3, 314 BGB aus wichtigem Grund gekündigt werden. § 490 Abs. 1 BGB geht, sofern die unter § 490 Abs. 1 BGB die Kündigung rechtfertigenden Umstände betroffen sind, der Kündigung nach **§§ 313, 314 BGB** als speziellerer Regelung jedoch vor.[851] Ein wichtiger Grund (§ 314 Abs. 1 Satz 2 BGB) liegt vor, wenn unter Berücksichtigung aller Umstände des Einzelfalls und Abwägung der beiderseitigen Interessen eine Fortsetzung nicht zugemutet werden kann. Der Gefährdung der Rückzahlung bedarf es nicht. Besteht der wichtige Grund in einer Pflichtverletzung, ist die Kündigung gemäß § 314 Abs. 2 BGB erst nach erfolglosem Ablauf einer Nachfrist oder erfolgloser Abmahnung zulässig, es sei denn, es liegt eine der in § 323 Abs. 2 BGB genannten Ausnahmen vor. Anwendbar ist auch die Kündigung wegen Störung der Geschäftsgrundlage **(§§ 490 Abs. 3, 313 BGB),** der jedoch für internationale Konsortialkreditverträge kaum praktische Bedeutung zukommt.

XII. Rechte und Pflichten der Finanzierungsparteien untereinander

1. Kreditgeber

180 Wie vorstehend bereits erläutert wurde,[852] handelt es sich bei den für internationale Finanzierungen üblichen Vertragsgestaltungen um unechte Konsortialkredite,[853] da jeder Konsortialpartner mit seinem Anteil selbst Kreditgeber wird. Gesamtschuldnerschaft sowie Gesamtgläubigerschaft (§§ 420 ff. BGB) wird ausdrücklich ausgeschlossen.[854] Durch Unterzeichnung des Konsortialkreditvertrages entsteht zwischen jedem Kreditgeber und dem Kreditnehmer ein rechtlich selbständiger **Krediteröffnungsvertrag.**[855] Des Weiteren begründet der Zugang einer Ziehungsnachricht rechtlich ebenfalls selbständige **Einzelkreditverträge** (§§ 488 ff. BGB) zwischen jedem Kreditgeber und dem Kreditnehmer.[856] Die Kreditgeber schulden als **Teilschuldner** dem Kreditnehmer die anteilige Ausreichung ihres Anteils an einer Ziehung und sind **Teilgläubiger** der Zahlungsverpflichtung des Kreditnehmers und der anderen Verpflichteten.[857] Die überwiegende Meinung nimmt basierend auf einer Geschäftspraxis im (früheren) deutschen Konsortialgeschäft an, dass die Kreditgeber eine **atypische Gesellschaft bürgerlichen Rechtes** (§§ 705 ff. BGB) ohne Gesellschaftsvermögen (§ 718 BGB) bilden, deren Zweck die gemeinsame Zurverfügungstellung des Kredites ist.[858] Betrachtet man jedoch die für internationale Finanzierungen üblichen Verträge, ist die Auffassung vorzugswürdig, dass die Regelungen zum Innenverhältnis der Kreditgeber eine schuldrechtliche **Vereinbarung *sui generis*** sind, auf die Gesellschaftsrecht keine Anwendung findet.[859] Aber auch eine Gesellschaft bürgerlichen Rechts, die kein

[850] Palandt/*Sprau* BGB § 675 Rn. 8; MüKoBGB/*Heermann* § 675 Rn. 25; **aA** *Diem/Jahn* § 23 Rn. 5; § 5 Rn. 24 ff.

[851] BankR-HdB/*Pamp* § 77 Rn. 29; *Wenzel* S. 182; *Wittig/Wittig* WM 2002, 145 (149); *Sonnenhol* WM 2002, 1259 (1265); MüKoBGB/*Berger* § 490 Rn. 46; *Diem/Jahn* § 23 Rn. 13, 18; *Mülbert* WM 2002, 465 (473); → Rn. 11.

[852] → Rn. 6, 9, 23.

[853] *Diem/Jahn* § 30 Rn. 6 ff, 32; BankR-HdB/*Hadding/Hauser* 3. Aufl. § 87 Rn. 7 ff.

[854] *Clause* 2 *LMA-GER;* → Rn. 23, 98.

[855] *Diem/Jahn* § 8 Rn. 1; § 11 Rn. 6.

[856] *Clauses* 1.1 Definition *„Utilisation Request"*, 5.1, 5.2, 5.3 und *Schedule* 3 *LMA-GER.*

[857] *Diem/Jahn* § 9 Rn. 4 ff.

[858] → Rn. 6, 9.

[859] *Klein/Tauber* S. 439 Rn. 524, *Rauch/Kaufmann* WM 2018, 652. Zu Recht führen auch BankR-HdB/*Hadding/Hauser,* 3. Aufl., § 87 Rn. 3 aus, dass eine einheitliche rechtliche Qualifikation des Innenverhältnisses der beteiligten Banken nur begrenzt möglich ist und die sich stellenden Rechtsfragen daher

Gesellschaftsvermögen bildet, geht nicht über schuldrechtliche Vereinbarungen hinaus, die nach überwiegender Meinung nahezu alle dispositiven Regelungen der §§ 705 ff. BGB abbedingen.[860] Da zudem jedes Schuldverhältnis gemäß § 241 Abs. 2 BGB nebenvertragliche Pflichten begründen kann, deren Verletzung nach § 280 BGB zum Schadenersatz verpflichtet[861] und unter beiden Auffassungen das Prinzip der abschließenden vertraglichen Regelung zu beachten ist,[862] sollten sich beide Auffassungen nur im Hinblick auf nicht dispositives Gesellschaftsrecht unterscheiden.[863] Im Folgenden sollen einige der wichtigeren, das Innenverhältnis der Kreditgeber betreffende Fragen nach beiden Auffassungen betrachtet werden.[864]

a) Teilungsklausel *(sharing clause)*. Eine Teilungsklausel ***(sharing clause)***[865] soll sicherstellen, dass Forderungen der Kreditgeber und anderer Finanzierungsparteien unter den Finanzierungsdokumenten in der vertraglich vereinbarten Tilgungsreihenfolge befriedigt werden.[866] Zu diesem Zweck ist jede Finanzierungspartei, deren Forderungen in anderer Weise als durch Zahlung über den Agenten befriedigt wurden, verpflichtet, den Agenten hierüber zu informieren. Sofern die erhaltene Tilgung den Betrag überschreitet, der ihr nach den vertraglichen Bestimmungen zustehen würde, muss sie den übersteigenden Betrag an den Agenten zur Verteilung an die übrigen Finanzierungsparteien zahlen. Die Ausgleichsberechtigten sind im Gegenzug verpflichtet, eigene Forderungen in Höhe des Ausgleichsbetrages an den Ausgleichsverpflichteten zu übertragen.[867] Ist der Ausgleichsbetrag an den Kreditnehmer oder andere Verpflichtete zurückzuzahlen, ist jede ausgleichsberechtigte Finanzierungspartei verpflichtet, den von ihr erhaltenen Betrag zuzüglich anteiliger Zinsen gegen Rückabtretung der von ihr an den Ausgleichsverpflichteten übertragenen Forderungen zurückzuzahlen. Erlangt eine Finanzierungspartei Tilgung durch ein gerichtliches Verfahren, besteht keine Ausgleichspflicht zu Gunsten einer anderen Finanzierungspartei, die es trotz Gelegenheit **181**

---

regelmäßig unter Rückgriff auf die zugrundeliegenden Vertragswerke beantwortet werden müssen. MHdB GesR I/*Schaffelhuber/Sölch* § 31 Rn. 9 weisen darauf hin, dass die Einordnung der Rechtsbeziehungen zwischen den Konsorten als BGB-Gesellschaft insbesondere bei grenzüberschreitenden Konsortialkrediten erheblichen Bedenken ausgesetzt ist, jedoch in der Praxis der gesellschaftsrechtlichen Einordnung der Rechtsbeziehungen zwischen den Konsorten allenfalls akademische Bedeutung zukommt, da die weitgehend dispositiven gesetzlichen Vorschriften der §§ 705 ff BGB in Konsortialverträgen fast ausnahmslos abbedungen werden.

[860] BankR-HdB/*Hadding/Hauser* 3. Aufl. § 87 Rn. 23, 26; MHdB GesR I/*Schaffelhuber/Sölch* § 31 Rn. 9; *Diem/Jahn* § 51 Rn. 11; *Assmann* ZHR 152 (1988), 371 (376); BuB/*Früh/Müller-Arends* Rn. 3/352b.

[861] Palandt/*Grüneberg* § 241 Rn. 6; § 280 Rn. 6.

[862] → Rn. 3. Die vertraglichen Regelungen (*Clauses* 26.5, 26.6, 26.8, 26.15, 27 *LMA-GER*), die für den Agenten und die Arrangeure klarstellen, welche Verpflichtungen von diesen nicht übernommen werden, gelten auch zwischen den Kreditnehmern entsprechend (→ Rn. 187, 189).

[863] Die nicht dispositiven Regelungen des Gesellschaftsrechtes sind im Wesentlichen § 723 Abs. 1 S. 2 BGB; → Rn. 6, 9, 185.

[864] Die Frage, ob die Kreditgeber im Verhältnis untereinander die Ausreichung des Kredites schulden, hat (in dieser Ausprägung) kaum praktische Bedeutung. Ist ein Verzicht der Kreditgeber oder eine Vertragsänderung erforderlich, geht es im Kern darum, ob die Entscheidung eines Kreditgebers angreifbar ist oder seine Stimmrechtsausübung mit der Begründung außer Betracht gelassen werden kann, es läge eine Interessenkollision vor oder ein Kreditgeber sei auf Grund von Treue- oder Nebenpflichten zu einer anderen Abstimmung verpflichtet (→ Rn. 183, 209 zu *yank the bank*-Konzepten). Ist ein Kreditgeber wirtschaftlich nicht in der Lage oder weigert er sich trotz Erfüllung aller Inanspruchnahmevoraussetzungen (zB wegen unterschiedlicher Vertragsauslegung), seinen Anteil zur Verfügung zu stellen, stehen die *defaulting lender* -Regelungen im Vordergrund (→ Rn. 201). Aus Sicht der Kreditgeber verbleibt nur die, von den Umständen des Einzelfalles abhängige, Frage, ob ihnen Schadensersatzansprüche wegen Verletzung nebenvertraglicher Pflichten (§§ 241 Abs. 2, 280 BGB) gegen den Kredit nicht ausreichenden Kreditgeber zustehen, wenn dies zur Insolvenz des Kreditnehmers führt.

[865] *Clause* 28 *LMA-GER;* BankR-HdB/*Welter* § 118 Rn. 145 ff.

[866] *Clause* 29.5 *LMA-GER;* → Rn. 39.

[867] Der Teilungsausgleich führt also weder dazu, dass eine bereits eingetretene Tilgung der Forderung des Ausgleichsverpflichteten aufgehoben, noch dass in Höhe der Ausgleichszahlungen Forderungen des Ausgleichsberechtigten getilgt werden. Konzepte dieser Art werden hingegen für Konsortialkredite, die englischem Recht unterliegen, regelmäßig vereinbart (*Clause* 35.4 (b) *LMA-LEV*). Zu unterschiedlichen Konzepten zur Umsetzung einer Teilungsklausel *Wenzel* S. 315 ff.

unterließ, dem Verfahren beizutreten oder ein gleichwertiges Verfahren anzustrengen. Übliche Teilungsklauseln erfassen nur Tilgungen von Forderungen aus einem Finanzierungsdokument. Sie schränken jedoch weder einen Verpflichteten ein, Zahlung auf Forderungen aus anderen Rechtsgeschäften mit einer Finanzierungspartei zu leisten, noch ist eine Finanzierungspartei daran gehindert, zB durch Aufrechnung Befriedigung solcher Forderungen zu erhalten und so einen Teilungsausgleich zu vermeiden.[868] Neben der Teilungsklausel werden im Einzelfall zwischen Kreditgebern auch sog. **Saldenausgleichsregelungen** zum Ausgleich einer unterschiedlichen Ausnutzung oder eines unterschiedlichen Kreditausfalles unter verschiedenen Fazilitäten vereinbart. Nur beispielhaft sei der Saldenausgleich zwischen Abzweiglinien oder zwischen Abzweiglinien und revolvierenden Kreditlinien sowie unter Avallinien genannt. Die gesetzlichen Regelungen zur Gesellschaft bürgerlichen Rechts begründen weder zwingende Anforderungen für Teilungsklauseln noch für Saldenausgleichsregelungen.

182 **b) Unterrichtungspflichten.** Kreditgeber sind zum Informationsaustausch nur verpflichtet, soweit dies zur Ausreichung und Verwaltung des Kredites erforderlich ist.[869] Hingegen treffen die Kreditgeber **keine generellen Unterrichtungspflichten.** Insbesondere sind sie nicht verpflichtet, untereinander Informationen zur finanziellen und wirtschaftlichen Lage der Verpflichteten auszutauschen.[870] Der Grund hierfür ist zum einen, dass die Rechtsverhältnisse zwischen den Finanzierungsparteien auf der Annahme basieren, dass jede Finanzierungspartei eine eigenverantwortliche Prüfung, Bewertung und Überwachung aller Risiken im Zusammenhang mit der Kreditvergabe und den Finanzierungsdokumenten vornehmen und sich die hierfür erforderlichen Informationen verschaffen muss.[871] Zum anderen sind die Kreditgeber in Bezug auf ihre sonstigen Geschäfte mit den Verpflichteten wegen gesetzlicher Bestimmungen zum Bankgeheimnis und auf Grund von Geheimhaltungsvereinbarungen auch untereinander zur Verschwiegenheit verpflichtet. Auch der Konsortialkreditvertrag[872] erlaubt keinen umfassenden Informationsaustausch unter den Kreditgebern. Zu diesem Ergebnis kommt auch die Ansicht, nach der zwischen den Kreditgebern eine Gesellschaft bürgerlichen Rechtes besteht.[873]

183 **c) Entscheidungsfindung.** Anders als in Vertragsmustern, die für die (frühere) Geschäftspraxis im deutschen Konsortialgeschäft verwendet wurden, findet sich in den für internationale Finanzierungen üblichen Vertragsmustern keine Regelung, nach der die Finanzierungsparteien die Führung des Konsortiums auf einen oder mehrere Kreditgeber als Konsortialführer[874] übertragen, die berechtigt sein könnten, Entscheidungen selbständig mit Wirkung für die anderen Finanzierungsparteien zu treffen.[875] Sind Entscheidungen zu treffen, muss dies grundsätzlich durch die Kreditgeber selbst erfolgen. Die Finanzierungsdokumente sehen nur in Bezug auf wenige Rechte (wie insbesondere die Durchsetzung fälliger Zahlungsansprüche) **ein Entscheidungsrecht jeder einzelnen Finanzierungsparteien** vor, so dass diese Rechte ohne vorherige Einbindung der anderen Kreditgeber oder Mitwirkung anderer Finanzierungsparteien selbständig ausgeübt und durchgesetzt werden können. Andere Rechte, wie zB das Recht zur Kündigung sowie zur Verwertung dinglicher Sicherheiten, werden durch **Entscheidung der Kreditgebermehrheit** ausgeübt.[876] Zudem bedürfen Vertragsänderungen und Verzichtserklärungen der Zustimmung der Kreditgebermehrheit oder in enumerativ aufgeführten Fällen der Zustimmung aller Kreditgeber.[877] Folgt man der

---

868 *Clause* 27 *LMA-GER.*

869 *Clauses* 2–17, 24–29 *LMA-GER.* Die technischen Vorgaben, wie die Kommunikation zwischen den Vertragsparteien zu erfolgen hat, regelt *Clause* 31 *LMA-GER.*

870 *Clauses* 24.5, 26.15, 27 *LMA-GER.*

871 *Clause* 26.15 *LMA-GER.*

872 *Clause* 36 *LMA-GER.*

873 *Diem/Jahn* § 31 Rn. 1 ff.

874 *De Meo* Rn. 148 ff; BankR-HdB/*Hadding/Hauser,* 3. Aufl., § 87 Rn. 31 ff.

875 Auch der Agent ist kein solcher Konsortialführer; → Rn. 189.

876 *Clauses* 2.3 (b), (c), 23.13 *LMA-GER;* → Rn. 156.

877 *Clause* 35 *LMA-GER;* → Rn. 207.

Auffassung, dass zwischen den Kreditgebern eine Gesellschaft bürgerlichen Rechtes besteht, bleibt die Geschäftsführung somit bei den Kreditgebern. Die gesetzlichen Regelungen zur Geschäftsführung nach §§ 709 Abs. 1, 711 BGB sind durch die vertraglichen Regelungen jedoch teilweise abbedungen.[878] Die üblichen Vertragsmuster enthalten auch keine Regelungen, die die Kreditgeber in der Ausübung ihres Stimmrechtes einschränken oder gar verpflichten würden, in einer bestimmten, dem Interesse aller Kreditgeber dienenden Weise abzustimmen. Auch bei Vorliegen von Interessenkollision sind die Kreditgeber nicht von der Abstimmung ausgeschlossen.[879] Sieht man die Kreditgeber als eine Gesellschaft bürgerlichen Rechtes, liegt es scheinbar nahe, dass aus der gesellschaftlichen Treuepflicht eine **Einschränkung oder Bindung der Stimmrechtsausübung** der Kreditgeber folgen könnte.[880] Dies läge, von seltenen Ausnahmefällen abgesehen, jedoch nicht im Interesse der Vertragsparteien. Nicht zuletzt in Restrukturierungssituationen sind alle Parteien darauf angewiesen, dass in möglichst kurzer Zeit verlässliche Entscheidungen zustande kommen, die von allen Parteien dem weiteren Vorgehen zugrunde gelegt werden können. Wären Entscheidungen angreifbar oder könnte eine Stimmrechtsausübung mit der Begründung außer Betracht gelassen werden, es läge eine Interessenkollision vor oder ein Kreditgeber sei auf Grund von Treuepflichten zu einer anderen Abstimmung verpflichtet, könnten erforderliche Maßnahmen wegen der bis zu einer gerichtlichen Entscheidung verbleibenden Rechtsunsicherheit nicht umgesetzt werden. In der Praxis führt daher kein Weg an einer **konsensualen Lösung** vorbei. Aus diesem Grund wird zu Recht auf vertragliche Regelungen verzichtet, nach denen Stimmrechte im gemeinsamen Interesse aller Kreditgeber auszuüben oder Kreditgeber wegen Interessenkollision von der Abstimmung ausgeschlossen wären. Zudem gehen die Finanzierungsparteien in der Praxis davon aus, dass sie insbesondere bei der Durchsetzung fälliger Forderungen, der Entscheidung über Stundungen und Forderungsverzichte sowie der Berücksichtigung ihrer Interessen unter verschiedenen Finanzierungstransaktionen mit demselben Kreditnehmer nicht durch Verpflichtungen untereinander beschränkt sind. Diese Marktpraxis über eine Treupflicht einschränken zu wollen, wäre nicht sachgerecht. Man sollte es daher auch insoweit beim Prinzip der abschließenden vertraglichen Regelung belassen.[881]. Rauch/Kaufmann[882] ist zuzustimmen, dass von einer Anwendung der gesetzlichen Regelungen über die Gesellschaft bürgerlichen Rechtes und damit der gesellschaftsrechtlichen Treupflicht auf internationale Konsortialkreditverträge eine nicht zu unterschätzende Signalwirkung ausgehen könnte, Kreditvertragsdokumentationen anstelle des deutschen Rechts vorzugsweise dem englischen Recht oder einer anderen Rechtsordnung zu unterwerfen, unter der sich ebenso wie unter englischem Recht der Grundsatz der Vertragsfreiheit umfassend aufrechterhalten lässt.

d) Sicherheitentreuhand. Bei Konsortialkrediten verwaltet ein **Sicherheitenagent** *(„Security Trustee")* dingliche Sicherheiten und hält diese soweit rechtlich möglich treuhänderisch für die Finanzierungsparteienauf Basis einer Sicherheitentreuhandvereinbarung.[883] Neben dem Sicherheitenagenten können auch sonstige Finanzierungsparteien Sicherungsnehmer sein. Auch im Hinblick auf die dinglichen Sicherheiten besteht nach überwiegender Meinung[884] zwischen den besicherten Finanzierungsparteien eine **Gesellschaft bürgerlichen** 184

[878] *Diem/Jahn* § 31 Rn. 21ff; *Diem/Jahn* § 52 Rn. 32ff.

[879] Bei Unterbeteiligung kommt es, ohne dass hierfür eine ausdrückliche vertragliche Grundlage im Vertragsmuster der *LMA* gegeben wäre, in der Praxis zum Teil vor, dass Kreditgeber, mit einem der jeweiligen Unterbeteilung entsprechenden Anteil, so abstimmen möchten, wie dies der jeweilige Unterbeteiligte vorgibt *(split voting)*. Eine ausdrückliche Regelung dieses Tatbestandes wäre anzuraten; → Rn. 203.

[880] *Diem/Jahn* § 31 Rn. 24 für den Fall der Interessenkollision, *Wenzel* S. 362 jedoch nicht für Vertragsänderungen.

[881] Das Risiko, dass im Interesse aller liegende Entscheidungen blockiert werden, kann durch den Einsatz von Mehrheitsentscheidungen, die Festlegung des hierfür erforderlichen Quorums sowie *snooze or lose*- oder *yank the bank*-Konzepte reduziert werden; → Rn. 209.

[882] *Rauch/Kaufmann* WM 2018, 652.

[883] → Rn. 99.

[884] *Diem/Jahn* § 31 Rn. 1ff; § 52 Rn. 5ff; ausführlich BankR-HdB/*Martinek/Omlor* § 97 Rn. 17ff.

Rechtes.[885] Diese bildet kein Gesellschaftsvermögen, da die dinglichen Sicherheiten nicht der Gesellschaft, sondern dem Sicherheitenagenten oder den Finanzierungsparteien bestellt werden.[886] Die besseren Argumente sprechen bei internationalen Finanzierungen für die Auffassung, dass auch die Regelungen zur Sicherheitentreuhand eine schuldrechtliche **Vereinbarung *sui generis*** sind.[887] Im Ergebnis bestimmen sich nach beiden Ansichten die Rechtsverhältnisse zwischen den besicherten Finanzierungsparteien in allen wesentlichen Fragen nach den schuldrechtlichen Vereinbarungen unter Beachtung des Prinzips der abschließenden vertraglichen Regelung. Auf die obigen Ausführungen kann weitgehend verwiesen werden. Die Finanzierungsparteien regeln neben den Rechten und Pflichten des Sicherheitenagenten insbesondere, wie Sicherheiten zur verwerten und Erlöse untereinander zu verteilen sind.[888] Alle Fragen der Verwaltung und Verwertung der dinglichen Sicherheiten werden in der Regel durch Entscheidung der Kreditgebermehrheit[889] getroffen. Die Freigabe von Sicherheiten außerhalb deren Verwertung bedarf hingegen einer Zustimmung aller Kreditgeber oder zumindest einer qualifizierten Mehrheit, die über dem Quorum für die übliche Kreditgebermehrheit liegt.[890] § 709 Abs. 1 Hs. 2 BGB ist durch die vertraglichen Vereinbarungen abbedungen.[891]

185 **e) Kündigung des Kreditkonsortiums und der Sicherheitentreuhand.** Betrachtet man das Kreditkonsortium und den Sicherheitentreuhand als Gesellschaft bürgerlichen Rechtes, können diese gemäß **§ 723 Abs. 1 S. 2 BGB** aus wichtigem Grund gekündigt werden.[892] Nach **§ 723 Abs. 3 BGB** ist ein Ausschluss oder eine Einschränkung des Kündigungsrechts nichtig, jedoch sollen an die Kündigung nach § 723 Abs. 1 S. 2 sehr hohe Anforderungen gestellt werden.[893] Sieht man Kreditkonsortium und Sicherheitentreuhand als schuldrechtliche Vereinbarung *sui generis,* kann jede Finanzierungspartei nur nach **§ 314 BGB** aus wichtigem Grund ohne Einhaltung einer Kündigungsfrist kündigen. Auch eine Kündigung nach § 314 BGB kann nach überwiegender Meinung[894] nicht vollständig ausgeschlossen werden. Man kann die Rechtsverhältnisse der Finanzierungsparteien untereinander jedoch nicht losgelöst von ihren Pflichten gegenüber dem Kreditnehmer betrachten, auch und gerade weil dieser selbst nicht Gesellschafter ist.[895] Die Finanzierungsparteien sind auch gegenüber dem Kreditnehmer verpflichtet, sich an einem (besicherten) Konsortialkredit zu beteiligen. Eine Kündigung der Konsortial- oder Sicherheitentreuhandvereinbarung bedarf daher der Zustimmung des Kreditnehmers, die dieser kaum erteilen wird.[896]

---

[885] Ist nur ein Konsortialkredit besichert, wird der Zweck der bestehenden Gesellschaft über die gemeinsame Zurverfügungstellung des Kredites hinaus lediglich auf das Halten und Verwalten der Sicherheiten erweitert. Kommen die Sicherheiten mehreren Finanzierungstransaktionen oder Gläubigergruppen zu Gute, bestünden bei einer rein deutsch-rechtlich geregelten Finanzierung zwei oder mehr Gesellschaften bürgerlichen Rechtes. Zu den Bedenken, die sich hieraus in einem internationalen Kontext ergeben → Rn. 6, 9.

[886] *Diem/Jahn* § 52 Rn. 11; BankR-HdB/*Martinek/Omlor* § 97 Rn. 17 ff, 20; *Wenzel* S. 369 ff.

[887] → Rn. 6, 9. Vgl. auch *Bourgeois* BKK 2011, 103 (104).

[888] → Rn. 104.

[889] *Clause* 42.2 *LMA-LEV.*

[890] → Rn. 208. In der Praxis wird meist ein Quorum zwischen 80 und 90 % gefordert. Sind neben dem Konsortialkreditvertrag andere Finanzierungstransaktionen besichert, sind die Regelungen von den Besonderheiten des Einzelfalls abhängig.

[891] *Diem/Jahn* § 31 Rn. 23, § 52 Rn. 23.

[892] Eine Kündigung nach § 723 Abs. 1 S. 1 BGB ist nicht möglich, da das Kreditkonsortium und die Sicherheitentreuhand bis zur Rückzahlung des Kredites bzw. zur Freigabe oder vollständigen Verwertung der Sicherheiten und damit bis zum Eintritt eines künftigen bestimmten Ereignisses eingegangen wurde (*De Meo* S. 128). Eine Kündigung nach § 728 BGB wegen Insolvenz eines Kreditgebers scheidet ebenfalls aus, da die Parteien, wie die *defaulting lender-* und *impaired agent*-Regelungen (→ Rn. 190, 201) zeigen, den Willen haben, die Finanzierung trotz Insolvenz eines Kreditgebers fortzuführen.

[893] *De Meo* S. 127; *Diem/Jahn* § 52 Rn. 37, die jedoch die Folgen der Kündigung nicht spezifizieren. Für einen Ausschluss der Kündigung durch einzelne Konsorten BuB/*Früh/Müller-Arends* Rn. 3/351.

[894] Palandt/*Grüneberg* BGB § 314 Rn. 3.

[895] BankR-HdB/*Hadding/Hauser* 3. Aufl. § 87 Rn. 24.

[896] *De Meo* führt auf S. 127 zu Recht aus, dass die Kündigung des Konsortialvertrages nur möglich ist, wenn die einzelne Konsortialbank ihre Kreditquote kündigen kann. In internationalen Finanzierungen ist dies nur durch Mehrheitsentscheidung möglich. Ähnlich BuB/*Früh/Müller-Arends* Rn. 3/352a.

2. Arrangeure („*Arranger*")

a) Aufgaben. Die Arrangeure („*Arranger*")[897] übernehmen im Rahmen einer mit dem Kreditnehmer abgeschlossenen **Mandatsvereinbarung** („*Mandate Letter*")[898] die Strukturierung der Finanzierung, die Verhandlung und Abstimmung der Finanzierungsdokumente zwischen allen Parteien sowie die Syndizierung des Konsortialkredites an die Kreditgeber (meist auf Basis einer Übersicht zu den Konditionen und Bedingungen der Finanzierung ***(term sheet)*** und eines von den Arrangeuren erstellten und vom Kreditnehmer genehmigten Informationsmemorandums **(„*Information Memorandum*"))**.[899] Mit der Erstellung der Finanzierungsdokumentation werden in internationalen Transaktionen in aller Regel externe Rechtsanwaltskanzleien betraut, die entweder von den Arrangeuren oder dem Kreditnehmer mandatiert werden. 186

Werden mehrere Arrangeure vom Kreditnehmer mit der Arrangierung beauftragt, ist es üblich, bestimmte Aufgaben im Rahmen der Arrangierung einzelnen Arrangeuren zuzuordnen und hierfür gesonderte (Zusatz-)Titel zu vergeben. Die sog. *bookrunner* koordinieren die Ansprache der potentiellen Kreditgeber, führen das sog. Syndizierungsbuch und weisen in Abstimmung mit dem Kreditnehmer den Kreditgebern ihre Beteiligungsquoten zu. Der *documentation agent* koordiniert federführend die Vertragsverhandlungen mit allen Vertragsparteien und mandatiert die externe(n) Rechtsanwaltskanzleie(n), die die Finanzierungsdokumentation („*Finance Documents*") erstellen (sofern diese nicht von den Rechtsanwälten des Kreditnehmers erstellt wird). Falls für bestimmte, einzelnen Arrangeuren zugewiesene Aufgaben gesonderte Gebühren vorgesehen werden, sind diese unabhängig von ihrer jeweiligen Bezeichnung dem Grunde nach als Bestandteil der Arrangierungsgebühr anzusehen. Von der Arrangierungsfunktion zu unterscheiden ist die Vergabe der **Titel** *Mandated Lead Arranger, Lead Arranger* oder *Arranger* sowie auch *Bookrunner* an Kreditgeber in Abhängigkeit von der Höhe der Beteiligung am Konsortialkredit aus bloßen Marketing- und *league table*-Zwecken. Die betreffenden Kreditgeber sind, obwohl sie einen der vorgenannten Titel führen, nicht in die Erfüllung der eigentlichen Arrangierungsaufgaben eingebunden und ihnen steht daher in aller Regel auch kein Anteil an der Arrangierungsgebühr *(arrangement fee)*, sondern nur die (für Kreditgeber übliche) Beteiligungsgebühr *(participation fee)* zu. Sie werden daher in aller Regel auch nicht Parteien der Mandatsvereinbarung und sollten auch nicht im Konsortialkreditvertrag in die Definition „*Arranger*" mit einbezogen werden. Eine Einbeziehung in diese Definition wird in der Praxis dennoch vereinzelt von Kreditgebern verlangt. Stimmen die (eigentlichen) Arrangeure dem zu, muss besonderes Augenmerk darauf gelegt werden, dass nicht alle Bestimmungen des Konsortialkreditvertrages unreflektiert auf Kreditgeber mit einem bloßen Marketingtitel angewendet werden. Vereinzelt fordern solche Kreditgeber, dass aus der Ihnen zustehenden Beteiligungsgebühr eine (meist geringe) Arrangierungsgebühr abgespalten wird. Im Interesse klarer Abgrenzungen sollte hiervon insbesondere unter deutschem Recht nach Möglichkeit Abstand genommen werden, auch wenn eine solche Abspaltung lediglich eine optische Gestaltungsvariante der Beteiligungsgebühr ohne materielle Auswirkungen auf deren sachliche Einordnung ist.[900] 186a

---

[897] Ausführlich zu den Rollen und Titeln beim Konsortialkredit Eilers/Rödding/Schmalenbach/*Jetter* C Rn. 12.

[898] In internationalen Transaktionen orientiert sich die Mandatsvereinbarung in der Regel an dem entsprechenden Muster der *LMA* für *Mandate Letter,* das es sowohl für *best efforts*-Transaktionen als auch für *underwriting*-Transaktionen gibt. Vgl. hierzu *Klein/Zimny* S. 281ff Rn. 220ff.

[899] Bei der Syndizierung ist zwischen *best efforts*-Transaktionen und *underwriting*-Transaktionen zu unterscheiden. Ein Underwriter verpflichtet sich bei Misserfolg der Syndizierung, fehlende Kreditzusagen bis zum Maximalbetrag seiner *underwriting*-Zusage zu übernehmen und damit dem Kreditnehmer das Syndizierungsrisiko abzunehmen. Ein *underwriting* ist keine Verpflichtung zur Ausreichung des Kredites, sondern lediglich eine unter Dokumentationsvorbehalt stehende Verpflichtung, sich bis zur Höhe der *underwriting* Zusage an diesem zu beteiligen (*Klein/Tauber* S. 430ff Rn. 500ff; *Wenzel* S. 173); → Rn. 193.

[900] → Rn. 64ff.

186b Den Arrangeuren *(„Arranger")* obliegt keine irgendwie geartete Führung des Konsortiums im Sinne eines Konsortialführers. Sie üben ihre Tätigkeit als Arrangeur im Interesse des Kreditnehmers und gerade nicht für die Kreditgeber aus. Dies gilt auch dann, wenn keine neue Finanzierung, sondern eine Verlängerung oder Änderung einer bestehenden Finanzierung arrangiert wird.

187 **b) Rechtsstellung.** Bei einem Arrangierungsmandat handelt es sich um eine **schuldrechtliche Vereinbarung *sui generis,*** die hinsichtlich Arrangierungs- und Syndizierungsverpflichtung als entgeltliche Geschäftsbesorgung (§ 675 BGB) zu qualifizieren ist. Abzulehnen ist die Ansicht,[901] dass ein solches Mandat eine Maklervereinbarung im Sinne der §§ 652 ff. BGB ist. Die Rechte und Pflichten der Arrangeure im Verhältnis zum Kreditnehmer sowie untereinander sind auch nach Unterzeichnung des Konsortialkreditvertrages in der Mandatsvereinbarung und den ergänzenden Gebührenvereinbarungen *(„Fee Letters")* geregelt.[902] Gesamtgläubigerschaft und Gesamtschuldnerschaft zwischen den Arrangeuren sind üblicherweise ausgeschlossen.[903] Das Verhältnis zwischen den Arrangeuren und anderen Finanzierungsparteien ist im Konsortialkreditvertrag geregelt und dadurch geprägt, dass die Arrangeure wie oben ausgeführt nicht für andere Finanzierungsparteien tätig werden.[904] Die Konsortialkreditverträge bestimmen daher, dass ein Arrangeur nur solche Verpflichtungen gegenüber anderen Parteien hat, die ihm in einem Finanzierungsdokument ausdrücklich zugewiesen wurden und eine Änderung dieser Verpflichtungen nur mit seiner Zustimmung erfolgen kann.[905] Zu Gunsten anderer Finanzierungsparteien übernehmen die Arrangeure (abgesehen von der Pflicht zum Teilungsausgleich *(sharing)*[906]) keine vertraglichen Pflichten.[907] Vielmehr muss jede Finanzierungspartei vor und nach Vertragsabschluss eine eigenverantwortliche Prüfung und Bewertung aller mit der Kreditvergabe und den Finanzierungsdokumenten verbundenen Risiken vornehmen und sich die hierfür erforderlichen Informationen verschaffen.[908] Des Weiteren stellt eine Vielzahl von Regelungen[909] klar, welche Verpflichtungen gerade nicht von einem Arrangeur für andere Finanzierungsparteien übernommen werden. Da diese Regelungen nahezu identisch auch für den Agenten gelten, kann auf die nachstehenden Ausführungen[910] verwiesen werden. Bei den zuvor dargestellten Regelungen handelt es sich nicht um vertragliche Haftungsausschlüsse, sondern um eine Bestätigung des Fehlens vertraglicher Hauptpflichten im Verhältnis zwischen den Arrangeuren und den anderen Finanzierungsparteien. Eine AGB-rechtliche Inhaltskontrolle unter dem Gesichtspunkt der Haftungsfreizeichnung ist daher nicht an-

---

[901] *Hinsch/Horn* S. 33 ff; *Wenzel* S. 153 ff; abl. MHdB GesR I/*Schaffelhuber/Sölch* § 31 Rn. 30.

[902] *Clause* 18.1 *LMA* Muster für *Mandate Letter – Underwritten.*

[903] *Clause* 3.2 *LMA* Muster für *Mandate Letter – Underwritten.*

[904] Gebührenvereinbarungen *(„Fee Letters")* sowie im *LMA-LEV* auch Mandatsvereinbarung *(„Mandate Letter")* sind Finanzierungsdokumente *(„Finance Documents"),* so dass in besicherten Transaktionen die Ansprüche unter diesen mitbesichert werden (*Clauses* 1.1 Definition *„Fee Letters" und „Finance Documents",* 12.2 *LMA-GER; Clauses* 1.1 Definition *„Fee Letters", „Mandate Letter"* und *„Finance Documents",* 18.2 *LMA-LEV*) und Pflichtverletzungen zu einem Kündigungsgrund führen. Es ist jedoch zu prüfen, ob alle Bestimmungen für Finanzierungsdokumente, zB das Erfordernis der Zustimmung der Mehrheitsbanken zu Vertragsänderungen, auch auf die Mandatsvereinbarung Anwendung finden sollten.

[905] *Clauses* 26.4 und 35.3 *LMA-GER.* Vgl. zum Prinzip der abschließenden vertraglichen Regelung → Rn. 3.

[906] *Clause* 28 *LMA-GER;* → Rn. 181.

[907] Den Arrangeuren können nebenvertragliche Pflichten zur Rücksichtnahme auf die Interessen anderer Finanzierungsparteien obliegen, deren Verletzung zum Schadensersatz nach §§ 241 Abs. 2, 280 BGB verpflichtet (→ Rn. 182). Die Vereinbarungen des Konsortialkreditvertrags zur Rechtsstellung der Arrangeure (*Clauses* 26.5, 26.7 (f), 26.8, 26.15, 27 *LMA-GER*) dürfen hierdurch jedoch nicht umgangen werden. Zudem ist die praktische Bedeutung solcher Nebenpflichten gering, da die Arrangeure im Konsortialkreditvertrag nahezu keine Pflichten gegenüber anderen Finanzierungsparteien übernehmen und insbes. weder Treuhänder für andere Finanzierungsparteien sind noch Vermögensfürsorge- oder Unterrichtungspflichten zu deren Gunsten übernehmen (*Clause* 26.5 *LMA-GER*); → Rn. 184.

[908] *Clause* 26.15 *LMA-GER.*

[909] *Clauses* 26.5, 26.6, 26.7 (f), 26.8, 26.15, 27 *LMA-GER.*

[910] → Rn. 189.

gebracht.[911] Auf das Verhältnis zwischen den Arrangeuren und dem Kreditnehmer soll im Rahmen dieser Abhandlung nicht weiter eingegangen werden.

3. Agent („*Agent*") und Sicherheitenagent („*Security Trustee*")

a) Aufgaben. Der Agent[912] übernimmt nach Maßgabe des Konsortialkreditvertrages **administrative Aufgaben**[913] im Zusammenhang mit der technischen und organisatorischen Abwicklung des Konsortialkredites.[914] Der Agent wird in aller Regel vom Kreditnehmer ausgewählt und mit Unterzeichnung des Konsortialkreditvertrages ernannt. Er übernimmt seine administrativen Aufgaben im Interesse der Finanzierungsparteien. Er ist hierbei jedoch weder Treuhänder anderer Finanzierungsparteien noch obliegen ihm wegen des administrativen Charakters seiner Tätigkeit Vermögensfürsorgepflichten (*Clause* 26.5 *LMA-GER*). Verwaltung, treuhänderisches Halten und Verwertung von dinglichen Sicherheiten[915] obliegen dem Sicherheitenagenten. Der Sicherheitenagent wird ebenso wie der Agent in aller Regel vom Kreditnehmer ausgewählt und mit Unterzeichnung des Konsortialkreditvertrages ernannt. Die von ihm für die Finanzierungsparteien übernommen Aufgaben sind im Konsortialkreditvertrag oder in einer Sicherheitentreuhandvereinbarung[916] sowie in den Sicherheitenvereinbarungen geregelt. Die Bestimmungen der §§ 7 ff. SchVG zum gemeinsamen Vertreter finden auch dann keine Anwendung auf einen Sicherheitenagenten, wenn dieser Sicherheiten nicht nur zum Zwecke der Besicherung eines Konsortialkredites sondern zugleich auch zur Besicherung eine Schuldverschreibung verwaltet. Auch die Aufgaben des Sicherheitenagenten sind administrativer Natur. Anders als unter der (früheren) Geschäftspraxis im deutschen Konsortialgeschäft übernimmt bei internationalen Finanzierungen weder der Agent noch der Sicherheitenagent Aufgaben, die denen eines Konsortialführers, der auch berechtigt sein kann, andere als administrative Entscheidungen selbständig mit Wirkung für die Finanzierungsparteien zu treffen, vergleichbar wären.[917] Agent und Sicherheitenagent üben vielmehr in der Regel eine durch konkrete Vorgaben in den Finanzierungsdokumenten oder durch 188

[911] **AA** *Ballo* S. 388; *Wenzel* S. 234 ff.

[912] *Clause* 26 *LMA-GER*. Für spezifische Verwaltungsaufgaben unter Avallinien oder *swingline*-Kreditlinien wird meist ein zusätzlicher Agent bestellt, dessen Aufgaben ebenfalls administrativer Natur sind und für den die nachfolgenden Ausführungen entsprechend gelten.

[913] *Clause* 26.2, 26.3 (a) und (g) *LMA-GER*. *Clause* (a) *LMA-GER* bestimmt ausdrücklich: *„The Agent's duties under the Finance Documents are solely mechanical and administrative in nature."* Dieser Bestimmung kommt grundsätzliche Bedeutung für das Verständnis der Aufgaben der Agenten zu. Von den englischen Gerichten wird diese Bestimmung für die englisch-rechtlichen *LMA*-Musterverträge umfassend dahingehend ausgelegt, dass sich die Verpflichtungen des Agenten strikt auf das vertraglich ausdrücklich Vereinbarte beschränken und nicht im Wege der Auslegung erweitert werden dürfen (zuletzt: *Torre Asset Funding Limited v The Royal Bank of Scotland plc (2013) EWHC 2670 (Ch)*). Dieses enge Verständnis der Verpflichtungen und Aufgaben der Agenten entspricht auch bei Verwendung der deutsch-rechtlichen *LMA*-Musterverträge dem Parteiwillen und ist daher auch bei diesen zugrundezulegen.

[914] Die Aufgaben umfassen unter anderem Bestätigung von Auszahlungsvoraussetzungen (*Clause* 4 *LMA-GER*), Zahlstellenfunktion bei Ausreichung und Rückzahlung (*Clauses* 2–6, 7–8 *LMA-GER*), Feststellung des Zinssatzes, Abwicklung von Zahlungen (*Clauses* 9–16, 28–29 *LMA-GER*), Kündigung des Kredites (*Clause* 23.13 *LMA-GER*), Informationsaustauch (*Clauses* 20, 26.3 (b), 31 *LMA-GER*), Überwachung dem Agenten gegenüber zu erfüllender Verpflichtungen (zB *Clauses* 20, 26.3 (f), 26.7 (b) (i) *LMA-GER*), Umsetzung von Vertragsänderungen und Verzichtserklärungen (*Clause* 35 *LMA-GER*), Übertragung von Rechten und Pflichten der Finanzierungsparteien (*Clause* 24 *LMA-GER*), Beitritt und Ausscheiden von Verpflichteten (*Clause* 25 *LMA-GER*).

[915] Die Aufgaben im Zusammenhang mit Verwaltung, Halten und Verwertung von Sicherheiten und anderen Rechten (wie zB unter einem *parallel debt*-Konzept) hängen vom Einzelfall und insbesondere den relevanten Rechtsordnungen ab; → Rn. 97.

[916] Die Regelungen zum Sicherheitenagenten finden sich in der *LMA* Dokumentation nicht im Konsortialkreditvertrag, sondern in einem englisch-rechtlichen *intercreditor agreement* oder auch *security trust agreement* (*Clauses* 21 *LMA-ICA*), das dem Grunde nach eine *trust*-Struktur auf Grundlage des *Trustee Act* 1925 und 2000 vorsieht (*Clauses* 21.26, 21.27 *LMA-ICA*). Die schuldrechtlichen Pflichten und die Ausgestaltung der Rechtsstellung des Sicherheitenagenten haben sich jedoch zu einem Marktstandard entwickelt, der auch für Dokumentationen unter deutschem Recht Beachtung findet. Im Folgenden wird daher zur Erläuterung auf Regelungen des *intercreditor agreement* der *LMA* verwiesen. Vgl. auch *Bourgeois* BKK 2011, 103 (104).

[917] BuB/*Früh*/*Müller-Arends* Rn. 3/552b; *De Meo* Rn. 148 ff, 161 ff.

Weisungen der Kreditgeber im Einzelfall gebundene Tätigkeit ohne eigenes Ermessen aus.[918] Die Agenten sind selbst bei konkreten Vorgaben in den Finanzierungsdokumenten jederzeit berechtigt, von einer Erfüllung ihrer Pflichten solange abzusehen, bis sie eine Weisung der Kreditgebermehrheit bzw. aller Kreditgeber sowie Sicherheitsleistung für Auslagen und drohende Schäden erhalten haben.[919] Wenn keine Weisungen eingeholt werden können, stünde es ihnen zwar frei, bei Erfüllung ihrer Aufgaben im besten Interesse der Finanzierungsparteien unter Ausübung eigenen Ermessens tätig zu werden.[920] Hierzu besteht jedoch weder eine Verpflichtung noch wird in der Praxis hiervon üblicherweise Gebrauch gemacht. Von speziellen Einzelfallregelungen abgesehen, die die Voraussetzungen und Grenzen einer Ermessensentscheidung möglichst konkret vorgeben und hierbei häufig vorsehen, dass sich der Agent bei der Ermessensausübung Rechtsanwälten und anderer sachverständiger Berater bedienen soll, werden die Agenten in aller Regel auf einer vorherigen Weisung bestehen. Liegt eine Weisung vor, sind die Agenten (von wenigen Ausnahmen abgesehen) an diese gebunden und dürfen sich auf diese Weisungen vollumfänglich verlassen.[921] Dem Agenten und dem Sicherheitenagenten ist es ausdrücklich nicht verwehrt, mit Verpflichteten Geschäftsbeziehungen zu unterhalten oder Rechte als Kreditgeber unter den Finanzierungsdokumenten ohne Einschränkung durch die Stellung als Agent bzw. Sicherheitenagent auszuüben.[922]

189 **b) Rechtsstellung.** Die vom Agenten übernommenen Verwaltungsaufgaben stellen eine **entgeltliche Geschäftsbesorgung im Sinne von § 675 BGB** dar, auf die, soweit nicht abbedungen, Auftragsrecht Anwendung findet.[923] Der Agent handelt nicht als Geschäftsführer einer zwischen den Kreditgebern bestehenden Gesellschaft bürgerlichen Rechtes. Auch wenn man mit der überwiegenden Meinung das Bestehen einer solchen Gesellschaft bejahen wollte, steht dem auf Grundlage der für internationale Finanzierungen üblichen Vertragsgestaltungen entgegen, dass der Agent bei Erfüllung seiner weisungsgebundenen Aufgaben nicht im Namen einer Gesellschaft bürgerlichen Rechtes, sondern entweder lediglich in Erfüllung seiner eigenen administrativen Aufgaben oder ggf. für jeden einzelnen Kreditgeber auf Grund einer von diesem erteilten Vollmacht[924] oder Zustimmung[925] tätig wird und jede Entscheidung und damit die Willensbildung der Gesellschaft allein den Kreditgebern oder der Kreditgebermehrheit vorbehalten ist.[926] Gleiches gilt für den Sicherheitenagenten.[927] Der unterschiedliche Gegenstand der Tätigkeit sowie das treuhänderische Halten bestimmter Sicherheiten ändert nichts daran, dass auch der Sicherheitenagent im Wesentlichen administrative Aufgaben auf Weisung der Kreditgeber erfüllt. Agent und Sicherheitenagent übernehmen jeweils nur Verpflichtungen gegenüber anderen Finanzierungsparteien, die ihnen ausdrücklich zugewiesen wurden.[928] Die üblichen Vertragsmuster bestimmen jedoch nicht

918 *Clauses* 26.2, 26.3 (a) und (g) *LMA-GER; Clauses* 21.3, 21.4 (a) und (f) *LMA-ICA. Diem/Jahn* § 32 Rn. 2 ff; § 52 Rn. 11, 32; § 53 Rn. 8 ff.

919 *Clause* 26.2, 26.7 *LMA-GER; Clause* 21.3, 21.8 (b) *LMA-ICA.*

920 *Clause* 26.2 (e) *LMA-GER; Clause* 21.3 (i) *LMA-ICA.*

921 *Clauses* 26.7, 26.2 (b) *LMA-GER; Clauses* 21.8, 21.3 *LMA-ICA.* Die Agenten müssen einer Weisung zB dann nicht folgen, wenn diese gegen Gesetze verstößt oder sie zuvor keinen Vorschuss für Kosten und Haftungsrisiken erhalten haben.

922 *Clauses* 26.6 *LMA-GER; Clause* 33.5 *LMA-LEV; Clause* 21.7 *LMA-ICA.*

923 *Diem/Jahn* § 32 Rn. 2, *Bourgeois* BKK 2011, 103 (104), **aA** *Wenzel* S. 289 ff für den Fall, dass der Agent zugleich Kreditgeber ist. Die Zahlung der Gebühr des Agenten und die Erstattung seiner Kosten obliegen primär dem Kreditnehmer und nur bei dessen Ausfall den Kreditgebern (*Clauses* 12.3, 17, 26.11, 26.16 *LMA-GER*).

924 *Clauses* 26.1, 26.2 *LMA-GER,* die keine Rechtsverfolgungsmaßnahmen erlauben.

925 Eine Zustimmung ist insbes. dann erforderlich, wenn eine Finanzierungspartei sich nicht vom Selbstkontrahierungsverbot nach § 181 BGB befreien kann (*Clause* 26.1 (c) *LMA-GER*).

926 *Diem/Jahn* § 31 Rn. 22ff; § 32 Rn. 2, 8; *Wenzel* S. 289 ff. **AA** wohl *Hirsch-Horn* S. 161; *De Meo* Rn. 162; BankR-HdB/*Hadding/Häuser* 3. Aufl. § 87 Rn. 31, jedoch auf Basis einer Geschäftspraxis im (früheren) deutschen Konsortialgeschäft.

927 *Diem/Jahn* § 32 Rn. 2; § 52 Rn. 11, 32; § 53 Rn. 8 ff; *Wenzel* S. 265 ff; *Bourgeois* BKK 2011, 103 (104).

928 Clause 26.4 *LMA-GER;* → Rn. 3 zum Prinzip der abschließenden vertraglichen Regelung.

nur, welche Aufgaben und Pflichten dem Agent bzw. dem Sicherheitenagenten (nachstehend kurz: die Agenten) obliegen, sondern insbesondere auch, welche nicht von ihnen zu erfüllen sind.[929] Im Folgenden soll auf einige wesentliche Regelungen eingegangen werden, die zum Schutz der administrativ tätigen Agenten die Grenzen ihrer Verpflichtungen aufzeigen. Bei Erfüllung ihrer Aufgaben sind die Agenten insbesondere nicht verpflichtet, die wirtschaftliche Angemessenheit sowie rechtliche Wirksamkeit und Durchsetzbarkeit der Finanzierungsdokumente zu beurteilen oder die ihnen zur Verfügung gestellten Informationen auf Richtigkeit oder Vollständigkeit zu überprüfen.[930] Daher ist auch der Sicherheitenagent nicht für die Durchsetzbarkeit der Sicherheiten verantwortlich noch ist er verpflichtet, eine Sicherheitenprüfung oder -bewertung durchzuführen.[931] Die Einschätzung der wirtschaftlichen, rechtlichen und sonstigen Risiken im Zusammenhang mit der Kreditvergabe und den Finanzierungsdokumenten ist nicht Teil der Verwaltungsaufgaben der Agenten, sondern obliegt ebenso wie die Erfüllung aufsichtsrechtlicher Anforderungen ausschließlich den Finanzierungsparteien.[932] Die Agenten sind in internationalen Transaktionen auch organisatorisch meist nur auf die Erfüllung ihrer spezifisch in den Vereinbarungen vorgegebenen Aufgaben und Pflichten eingestellt. Die Agenten sind auch nicht verpflichtet zu überprüfen, ob Kündigungsgründe oder Kündigungstatbestände eingetreten sind, sondern können darauf vertrauen, dass kein Kündigungsgrund oder Kündigungstatbestand eingetreten ist.[933] Ebenso dürfen sie darauf vertrauen, dass alle Bestätigungen, Mitteilungen oder Dokumente zutreffend und autorisiert sind.[934] Die Agenten sind zur Weiterleitung von Informationen nur verpflichtet, wenn sie diese in ihrer Funktion als Agent zum Zwecke der Weitergabe erhalten haben.[935] Die den Agenten zugewiesenen Aufgaben beinhalten insbesondere **keine Rechtsberatung** zu Gunsten anderer Vertragsparteien. Zwar ist jeder Agent berechtigt, sich zur Erfüllung seiner Aufgaben der Unterstützung von Rechtsanwälten und anderer sachverständiger Berater zu bedienen und darf sich auf deren Rat verlassen.[936] Dies dient jedoch in erster Linie dem Schutz der eigenen Interessen der Agenten und erweitert nicht deren Aufgabenbereich. Die Aufgaben der Agenten beinhalten auch **keine Rechtsdienstleistung** im Sinne des Rechtsdienstleistungsgesetzes. Selbst wenn einzelne Bestandteile der Tätigkeit der Agenten als Inkasso- oder Rechtsdienstleistung einzuordnen wären, prägt dies das Berufsbild jedenfalls nicht maßgeblich bzw. stellt kein eigenständiges Geschäft dar und wäre daher als erlaubnisfreie Nebentätigkeit anzusehen.[937] Verletzt der Agent seine Verpflichtungen unter den Finanzierungsdokumenten, ist er zum Schadenersatz nach §§ 280, 276 BGB verpflichtet.[938] Der Haftungsmaßstab der Sorgfalt in eigenen Angelegenheiten (§§ 708, 277 BGB) findet keine Anwendung, da den Agenten, wie oben ausgeführt, in internationalen Finanzierungen keine Geschäftsführung obliegt. Die Haftung wird in aller Regel auf **Vorsatz und grobe Fahrlässigkeit** beschränkt und zudem die Haftung für Erfüllungsgehilfen (§ 278

[929] *Clauses* 26 *LMA-GER;* 21 *LMA-ICA*. Jede Änderung dieser Bestimmungen bedarf der Zustimmung des Agenten bzw. Sicherheitenagenten, *Clauses* 35.3 *LMA-GER; Clause* 28.4 (b) *LMA-ICA*.

[930] *Clauses* 26.3 (d), 26.8 *LMA-GER; Clauses* 21.4 (c), 21.9 *LMA-ICA*.

[931] *Clauses* 21,19, 21.20 *LMA-ICA*.

[932] *Clauses 26.8,* 26.10 (d), 26.15 *LMA-GER; Clause* 21.9, 21.11, 21.16 *LMA-ICA*. Auch Identifikationspflichten (*know your customer* oder kurz: *KYC*) sind von jeder Finanzierungspartei zu erfüllen.

[933] *Clause* 26.7 (a) *LMA-GER; Clause* 21.8 (a) *LMA-ICA*. Dies gilt jedoch nicht für eine unter einem Finanzierungsdokument direkt an den Agenten zu leistende Zahlung eines Verpflichteten, da deren Eingang zuerst für den Agenten feststellbar ist.

[934] *Clause* 26.7 (a) *LMA-GER; Clause* 21.8 (a) *LMA-ICA*.

[935] *Clauses* 26.7 (g), 26.13 (b) *LMA-GER; Clauses* 121.8 (g), 21.14 *LMA-ICA*.

[936] *Clause* 26.7 (c) – (e) *LMA-GER; Clause* 21.8 (c) – (e) *LMA-ICA*.

[937] Der Antrag auf Registrierung nach dem Rechtsdienstleistungsgesetz käme für Inkassodienstleistungen (§ 10 Abs. 1 Satz 1 Nr. 2 RDG) in Betracht. Einzelne, in internationalen Finanzierungen tätige Agenten haben wegen der durch das Fehlen obergerichtlicher Rspr. verbleibenden Restunsicherheit und in Anbetracht der gravierenden Rechtsfolge einer Nichtigkeit gem. § 134 BGB, die ein gegen das Rechtsdienstleistungsgesetz verstoßendes Rechtsgeschäft treffen könnte, eine Registrierung für Inkassodienstleistungen erwirkt. Eine zwingende rechtliche Notwendigkeit hierfür wird jedoch soweit ersichtlich weder in der Literatur noch der Praxis gesehen.

[938] *Diem/Jahn* § 32 Rn. 9 ff.

BGB) sowie für entgangenen Gewinn, mittelbare Schäden, immaterielle Schäden und Strafschadenszahlungen *(punitive damages)* ausgeschlossen.[939] Wichtiger noch als die Haftungsbegrenzung sind jedoch zum einen die konkrete vertragliche Festlegung der von den Agenten übernommen Aufgaben und Pflichten sowie insbesondere auch derjenigen Verpflichtungen, welche gerade nicht von den Agenten zu erfüllen sind.[940] Zum anderen ist von erheblicher Bedeutung, dass die Agenten für Handlungen und Unterlassungen auf Weisung der Kreditgebermehrheit ausdrücklich nicht verantwortlich sind und sich auf den Rat externer Rechtsanwälte und anderer sachverständiger Berater verlassen dürfen.[941] Hierbei ist die Abteilung, die die Aufgabe des Agenten ausübt, getrennt von anderen Geschäftsbereichen zu betrachten und muss sich daher Informationen anderer Geschäftsbereiche nicht zurechnen lassen *(Chinese walls)*.[942] Die Kreditnehmer müssen die Agenten im Zusammenhang mit der Erfüllung ihrer Aufgaben von Ansprüchen Dritter freistellen und ihnen hierdurch erlittene Schäden ersetzen.[943] Zudem sind die Kreditgeber den Agenten proratarisch zur Freistellung und zum Schadenersatz verpflichtet, es sei denn die Kreditnehmer haben ihre Freistellungs- und Schadensersatzverpflichtungen gegenüber den Agenten erfüllt.[944]

190 **c) Austausch der Agenten und *impaired agent*-Regelungen.** Der Agent kann den ihm obliegenden Aufgaben durch schriftliche Mitteilung an die Finanzierungsparteien auf ein verbundenes Unternehmen übertragen oder unter Einhaltung einer vereinbarten Frist kündigen.[945] Die Bestellung des Agenten kann zudem jederzeit durch die Kreditgebermehrheit widerrufen werden *(removal of Agent)*. Damit die Agentenfunktion zu keinem Zeitpunkt vakant ist, findet eine Entbindung des Agenten von seinen Aufgaben nur statt, wenn entweder die Kreditgebermehrheit oder, wenn dies nicht innerhalb bestimmter Fristen erfolgt, der ausscheidende Agent einen Nachfolger bestimmt und dieser seine Ernennung angenommen hat. Die gesetzlichen Regelungen nach § 671 BGB sind hierdurch abbedungen. Die Parteien des Konsortialkreditvertrages sind verpflichtet, an allen Maßnahmen mitzuwirken, die für einen **Wechsel des Agenten** erforderlich sind. Die Kosten tragen die Kreditnehmer. Auf Grund der Erfahrungen der Finanzmarktkrise wurden in den *LMA*-Mustervertrag für *leverage*-Transaktionen ***impaired agent*-Regelungen** aufgenommen, die eingreifen, wenn auf Grund finanzieller und wirtschaftlicher Schwierigkeiten eines Agenten die ordnungsgemäße Erfüllung seiner Aufgaben nicht mehr gewährleistet erscheint.[946] Die Regelungen sehen neben einer Verkürzung von Fristen für den Austausch des Agenten und der Einschränkung bestimmter Zustimmungsrechte insbesondere vor, dass der Agent bis zur Ernennung eines Nachfolgers nicht mehr in die Abwicklung von Zahlungen eingebunden und eine direkte Kommunikation zwischen den Parteien unter Umgehung des Agenten

---

[939] *Clause* 26.10 *LMA-GER; Clause* 33.7 (l) und (f) *LMA-LEV; Clause* 21.11 *LMA-ICA*. Da die gesetzlichen Haftungsregelungen dispositiv sind, ist die Haftungsbeschränkung in Anbetracht der administrativen Natur der Tätigkeit der Agenten sachgerecht und im Markt akzeptiert. Für die Zulässigkeit Münch-HdB-GesR Band 1/*Schaffelhuber/Sölch* § 31 Rn. 32; *Wenzel* S. 293; *Diem/Jahn* § 32 Rn. 9. **AA** aus AGB-rechtlichen Erwägungen *Ballo* S. 391 ff. Für Einhaltung bankküblicher Sorgfalt *De Meo* S. 86; BankR-HdB/*Hadding/Häuser* 3. Aufl. § 87 Rn. 36, jedoch basierend auf der Geschäftspraxis im (früheren) deutschen Konsortialgeschäft. *Clause* 29.10 (e) *LMA-INV* und *Clause* 36.11 (e) *LMA-LEV* schließen zudem die Haftung des Agenten für grob fahrlässiges Verhalten im Zusammenhang mit einem *„Disruption Event"* aus.

[940] So auch Münch-HdB-GesR Band 1/*Schaffelhuber/Sölch* § 31 Rn. 32. Bswp. wird in *Clause* 4.1 (b) *LMA-GER* geregelt, dass die Bestätigung des Agenten zur Erfüllung der Ziehungsvoraussetzungen keine kreditmaterielle Prüfung erfordert, der Agent keine Verpflichtung zur Abgabe der Bestätigung hat und infolge dessen den Agenten auch keine Haftung für die Folgen der Abgabe bzw. unterlassenen Abgabe der Bestätigung trifft (→ Rn. 74).

[941] *Clause* 26.7 (e) *LMA-GER; Clause* 21.8 (e) *LMA-ICA*.

[942] *Clause* 26.13 *LMA-GER; Clause* 21.14 *LMA-ICA*.

[943] *Clauses* 15.3, 17 *LMA-GER; Clause 21.3,* 23 *LMA-LEV; Clauses* 24.1, 23 *LMA-ICA*. Dies umfasst auch internen Aufwand *(agent management time)*, *Clause* 26.16 *LMA-GER; Clause* 33.17 *LMA-LEV; Clause* 21.17 *LMA-ICA*.

[944] *Clauses* 26.11, 26.16 *LMA-GER; Clauses* 32.11, 33.17 *LMA-LEV; Clauses 21.12, 21.17 LMA-ICA*.

[945] *Clause* 26.12 *LMA-GER*.

[946] *Clauses* 1.1 Definition *„Impaired Agent"*, 36.5, 38.5 *LMA-LEV*.

ermöglicht wird. Regelungen zum Wechsel des Agenten, nicht jedoch die *impaired agent*-Regelungen finden üblicherweise auch auf den Sicherheitenagenten Anwendung.[947] In der Praxis ist der Austausch des Sicherheitenagenten jedoch wegen der rechtlichen Nachteile und Kosten einer Neubestellung von Sicherheiten nur in Ausnahmefällen zweckmäßig.

XIII. Syndizierung, Hinzutreten/Ausscheiden von Vertragsparteien, Unterbeteiligungen

1. Syndizierung

Im Rahmen der Syndizierung platziert der Arrangeur des Kredites den Kredit im breiteren Bankenkreis.[948] Damit kann zugleich auch eine Übertragung (eines Teiles) bereits bestehender vertraglicher Ansprüche und Verpflichtungen der ursprünglichen Kreditgeber auf die neu hinzutretenden Kreditgeber verbunden sein. Dies ist dann der Fall, wenn zum Zeitpunkt des Abschlusses der Syndizierung bereist ein unterschriebener Kreditvertrag vorliegt. In vielen Syndizierungsfällen erfolgt jedoch die Unterzeichnung des Kreditvertrages nach Abschluss der Syndizierung, so dass die im Rahmen der Syndizierung gewonnenen Kreditgeber zeitgleich mit den Arrangeuren (bzw. den zum jeweiligen Konzern gehörenden kreditausreichenden Instituten) Vertragspartei werden.[949] 191

a) *Best Efforts – Underwriting.* Die Syndizierung kann auf ***best efforts***-Basis erfolgen oder die Arrangeure (bzw. mit diesen im Konzernverbund stehende Institute) geben – auf Wunsch des Kreditnehmers und nach Einigung über die hierfür geltenden Konditionen und Bedingungen – ein ***underwriting*** ab (dh sie übernehmen ggf. das gesamte Kreditvolumen oder sichern eine solche Übernahme zu). Rechtliche und vertragstechnische Problemstellungen ergeben sich insbesondere beim *underwriting.* Ein solches *underwriting* kann unabhängig davon übernommen werden, ob der Kreditvertrag vor oder nach Abschluss der Syndizierung abgeschlossen wird. Im letzteren Fall ergibt sich dieses *underwriting* dann jedoch nicht aus dem – zu diesem Zeitpunkt ja noch nicht unterschriebenen – Kreditvertrag selbst, sondern aufgrund entsprechender Regelungen im **Mandatsbrief.**[950] Juristisch ist dies durchaus von Relevanz, weil, solange der Kreditvertrag nicht unterschrieben ist, **noch kein einklagbarer Kreditauszahlungsanspruch** (bei Erfüllung der Kreditauszahlungsbedingungen gemäß den Bestimmungen des Kreditvertrages) vorliegt. Da das der Mandatsdokumentation zur Festlegung des wesentlichen Inhaltes des noch abzuschließenden Kreditvertrages beigefügte *term sheet* noch nicht alle Details des Kreditvertrages hinreichend detailliert vorgibt (und auch nicht vorgeben kann) und die Mandatsdokumentation regelmäßig die Bestimmung enthält, dass die Verpflichtungen der mandatierten Kreditinstitute zur Kreditausreichung noch dem Einigungsvorbehalt *„subject to satisfactory documentation"* (auf Basis des *term sheets*) unterliegt, begründet die Mandatsdokumentation alleine, auch wenn sie auf *underwritten basis* erfolgt, somit noch Kreditauszahlungsanspruch des Kreditnehmers. Sie stellt in aller Regel auch **keinen Vorvertrag** dar, aus dem auf Abschluss eines Kreditvertrages geklagt werden könnte, da es an der erforderlichen[951] weitgehenden Einigung über alle *Essentialia* des Kreditvertrages fehlt. Dies heißt jedoch nicht, dass die Mandatsdokumentation keinerlei rechtliche Bindungswirkungen hat. Einzelne bindende Verpflichtungen ergeben sich aus ausdrücklichen Regelungen der Mandatsdokumentation.[952] Der Unterschied in der Qualität des *underwritings* 192

[947] *Clause* 21.13 *LMA-ICA.*

[948] Zu den Schritten vor dem Vertragsschluss s. *Wenzel* S. 69 ff. Zu den vorbereitenden Schritten einer Syndizierung s. *Diem/Jahn* § 2 Rn. 59 ff.

[949] Dies ist die Fallkonstellation, die *Diem/Jahn* § 33 Rn. 1 vor Augen haben.

[950] S. hierzu *Diem/Jahn* § 2 Rn. 21, 23 ff.

[951] Inhalt des Hauptvertrages muss sich ggf. im Wege der ergänzenden Vertragsauslegung bestimmen lassen, s. BGH, LM § 705 BGB Nr. 3, BGH WM 1976, 180 (181); BGH NJW 1990, 1234 (1235).

[952] *Diem/Jahn* § 2 Rn. 30 nennen zB Exklusivität, Kostenersatz und Vertraulichkeit; zu nennen sind aber auch die zugegebenermaßen immer nur sehr allg. zu beschreibenden Verpflichtungen der Arrangeure, sich

aufgrund eines vom *underwriter* vor Abschluss der Syndizierung bereits unterschriebenen Kreditvertrag und einem *underwriting* auf Basis der Mandatsdokumentation wirkt sich in der Praxis in aller Regel nicht aus. Schon die Angst vor **Schadenersatzansprüchen,** ggf. gestützt auf §§ 311, 241 Abs. 2, 280 Abs. 1 BGB,[953] und einem etwaigen Reputationsschaden wird renommierte Kreditinstitute davon abhalten, nach Unterzeichnung eines Mandatsbriefes mit *underwriting* sich dem Endverhandlungs- und Dokumentationsprozess oder gar die Unterschrift unter einem ausgehandelten Kreditvertrag zu verweigern, selbst wenn alle Bedingungen der Mandatsdokumentation erfüllt sind und der Kreditnehmer seine eigenen Pflichten gemäß der Mandatsdokumentation ordnungsgemäß erfüllt hat. Trotzdem gibt es durchaus praxisrelevante Unterscheide zwischen beiden Konstellationen. Solange der Kreditvertrag nicht vollständig ausgehandelt ist, besteht immer noch die Möglichkeit eines durch das *term sheet* nicht vorentschiedenen genuinen Dissenses. Sofern zu diesem Punkt keine auch für die Arrangeure/*underwriter* zufriedenstellende Lösung gefunden werden kann, besteht weder eine Verpflichtung zum Vertragsabschluss noch kommen Schadensersatzansprüche in Betracht. Des Weiteren kann auch die Involvierung interessierter dritter Parteien oder von Marktaufsichtsbehörden dazu zwingen, das *underwriting* auf Basis eines unterzeichneten Kreditvertrages darzustellen. Typisches Beispiel sind die sog. ***certain funds*-Finanzierungen:** Sofern Finanzierungssicherheit als Folge gesetzlicher Vorschriften oder sonstiger regulatorischer Vorgaben verlangt wird, verlangen die Institute, die das Vorliegen einer gesicherten Finanzierung bestätigen müssen,[954] in aller Regel, dass nicht nur eine unterzeichnete Mandatsdokumentation mit *term sheet,* sondern ein **unterzeichneter Kreditvertrag** vorliegt.[955]

193 **b) Auswirkungen in der Kreditdokumentation.** Auf die Ausgestaltung des Kreditvertrages selbst hat die Frage, in welcher Form ein eventuelles *underwriting* dargestellt wird und wie die Syndizierung abläuft, kaum Auswirkung. Zwar erfordert eine Syndizierung, die nach Abschluss des Kreditvertrages vollendet wird, Übertragungen von Kreditbeteiligungen unter dem Kreditvertrag, so dass eigentlich die Übertragungs- (und mittelbar die Vertraulichkeitsklauseln) des Kreditvertrages berührt sind. Typischerweise werden aber die damit im Zusammenhang stehenden Fragen (zB Zustimmung des Kreditnehmers zur Übertragung, sofern nach dem Kreditvertrag die Übertragung/Abtretung an die Zustimmung des Kreditnehmers gebunden ist, Zustimmung zur Informationsübermittlung) außerhalb des Kreditvertrages in der Mandatsdokumentation ausdrücklich oder zumindest konkludent geregelt. Die **Zustimmung des Kreditnehmers** zu den **Übertragungsvorgängen** wird darüber hinaus nochmals formell in aller Regel in einer nach Abschluss der Syndizierung zum Zwecke der Dokumentation des Beitritts der neuen Kreditgeber abgeschlossenen allseitigen Vereinbarung zwischen allen Kreditgebern, dem Kreditnehmer (und sonstigen Verpflichteten), den Arran-

---

um eine Platzierung des Kredites und den Abschluss des Dokumentationsprozesses zu bemühen. Die vom Kreditnehmer selbst eingegangenen „Verpflichtungen" sind – zum Teil – eher Obliegenheiten, da sie eigentlich nur deshalb aufgenommen werden, um bei einer Verletzung die Verpflichtungen der Arrangeure/*underwriter* entfallen zu lassen. Bsp. für eine solche Verpflichtung ist die sog. *clear market*-Klausel, dh die Verpflichtung des Kreditnehmers, während des Syndizierungsprozesses keine konkurrierenden Mittelaufnahmen (selbst oder durch Tochtergesellschaften) vorzunehmen. Grund hierfür ist die ansonsten eintretende Gefährdung der Platzierung, wenn die Aufnahmefähigkeit des Marktes für diese Kreditadresse durch eine solche Mittelaufnahme – evtl. sogar noch mit besseren Konditionen – zusätzlich belastet wird, und nicht, wie *Wenzel* (S. 100) irrtümlich vermutet, die aufgrund der zusätzlichen Verschuldung geringere Kreditwürdigkeit.

[953] → Rn. 71 zur vergleichbaren Thematik im Zusammenhang mit dem Zusageschreiben eingeladener Kreditinstitute. Ein Kontrahierungszwang besteht allerdings nicht (*Wenzel* S. 179).

[954] Im Geltungsbereich des deutschen Übernahmerechtes ergibt sich das Erfordernis einer solchen Finanzierungsbestätigung aus § 13 Abs. 1 WpÜG. Für die Schweiz vgl. Art. 20 Abs. 1 und 27 Abs. 1 lit c) der Schweizerischen Übernahmeverordnung und im Vereinigten Königreich *Rule 24.8* des *City Code on Takeovers and Mergers.*

[955] S. a. Baums/Thoma/*Marsch-Barner*/*Oppenhoff* WpÜG § 13 Rn. 103 und Assmann/Pötzsch/Schneider/*Krause* WpÜG § 13 Rn. 52. Darüber hinaus wird regelmässig verlangt, dass alle dokumentären Auszahlungsvoraussetzungen, die nicht rein technischer Natur sind (wie zB das Vorliegen eines rezenten Handelsregisterauszuges), nicht allein in der Macht des Kreditnehmers liegen oder erst mit oder nach dem Erfolg des Übernahmeangebotes erfüllt werden können, erfüllt sein müssen; → Rn. 79.

geuren/*underwritern* und dem Agenten dokumentiert. Diese ersetzt sodann den Abschluss einer Vielzahl von Einzelübertragungen zwischen den ursprünglichen Kreditgebern und den neuen Kreditnehmern und dient zugleich ggf., als Änderungsvertrag zum Kreditvertrag, der Regelung etwaig im Rahmen der Syndizierung vereinbarter Änderungen des Kreditvertrages.[956]

Einfluss auf den Inhalt des Kreditvertrages kann auch die Vereinbarung von sog. ***market flex***-Klauseln in der Mandatsdokumentation haben. Mit derartigen Klauseln behalten sich die Arrangeure/*underwriter* das Recht vor, bestimmte Konditionen und/oder sonstige im *term sheet* vorgezeichnete oder im abgeschlossenen Kreditvertrag bereits enthaltene Regelungen im Wege eines einseitigen Bestimmungsrechtes[957] zu ändern. Dieses Änderungsrecht ist an bestimmte Bedingungen geknüpft, die im Kern jeweils daran anknüpfen, dass eine **erfolgreiche Syndizierung** erzielt werden soll. „Erfolgreich" im Sinne dieser Klauseln ist eine Syndizierung dann, wenn genügend Banken für den Beitritt zum Kredit gewonnen werden können, um die Beteiligungsquote der *underwriter* auf ein in der Mandatsdokumentation vereinbartes Höchstniveau herunterzubringen. Derartige Klauseln sind in aller Regel Gegenstand ausführlicher Diskussionen, sowohl was die Tatbestandsvoraussetzungen[958] als auch die Qualität und den Umfang der möglichen Veränderung der Vertragskonditionen und/oder -regelungen betrifft. Die *flex*-Klausel kann sich nur auf die Anpassung von Marge und/oder Gebühren beziehen[959] oder auch sonstige Bestimmungen des Kreditvertrages[960] und sogar die Struktur der Finanzierung[961] erfassen. In Bezug auf Anpassungen der Preisgestaltung werden oft Höchstbeträge vorgesehen, die sich jeweils einzeln auf Marge und Gebührenelemente beziehen können oder aber die laufzeitgewichteten *all-in costs* zum Maßstab nehmen. 194

[956] Zwingend ist diese Vorgehensweise allerdings nicht. Im *leveraged*-Markt wird das *„signing in"* der im Rahmen der Syndizierung beitretenden Kreditgeber öfters auch so durchgeführt, dass eine Vielzahl von Einzelübertragungen stattfindet, die nicht notwendigerweise zum gleichen Tag wirksam werden. Hintergrund ist eine andere Syndizierungspraxis, die Beitritte zu unterschiedlichen Zeitpunkten und ggf. auch mit unterschiedlichen Übertragungspreisen zur Folge hat.

[957] Vgl. § 315 BGB. Gegen derartige *„market flex*-Klauseln" werden unter Berücksichtigung der Wertung des § 308 Nr. 4 BGB und wegen „fehlender Symmetrie" AGB-rechtliche Bedenken vorgebracht (*Wenzel* S. 187). Dies verkennt, dass der Kreditnehmer schon faktisch die Möglichkeit hat, jederzeit einen *reverse flex* anzustoßen, da für ihn kein Abschlusszwang besteht. Des Weiteren wird die Klausel regelmäßig „ausgehandelt".

[958] Früher war es üblich, die Anpassungsrechte daran zu knüpfen, dass die Änderungen geboten erscheinen, um eine erfolgreiche Syndizierung zu gewährleisten *(to ensure a successful syndication)*. Diese Formulierung hat sich aus Sicht der Arrangeure/*underwriter* als problematisch erwiesen, da einige Marktteilnehmer auf Kreditnehmer/Sponsoren-Seite im *private equity*-Markt in Bezug auf sie die Position vertreten haben, es sei erforderlich, darzulegen, dass nach Vornahme der Änderungen tatsächlich auch eine erfolgreiche Syndizierung erfolge. Dies fällt naturgemäß schwer bei einer dramatischen Verschlechterung der Verhältnisse im Syndizierungsmarkt. Reaktion hierauf war eine Anpassung der in den *LMA*-Mustermandatsdokumentationen vorgesehenen Standardklausel dahingehend, dass nunmehr eine Ausübung des *flex*-Rechtes nur eine Verbesserung der Erfolgsaussichten der Syndizierung voraussetzt *(to enhance the prospects of a successful syndication)*. Gegen diese Formulierung kann man – zumindest, wenn man sie wörtlich nimmt unter Außerachtlassung etablierter Marktusancen und des dem § 315 BGB innewohnenden Grundsatzes – aus Sicht des Kreditnehmers einwenden, dass eigentlich jede Konditionsverbesserung die Syndizierungsaussichten verbessern wird und die Tatbestandsvoraussetzungen der *flex*-Klausel somit immer erfüllt seien, ungeachtet des aktuellen Standes der Syndizierungseinschätzung und -bemühungen und des aktuellen Marktumfeldes. In diesem Spannungsfeld bewegen sich die Diskussionen betreffend die Tatbestandsvoraussetzungen der Klausel, wobei die Kreditnehmer sich jedoch in der Regel eher auf die inhaltliche und betragliche/prozentuale Beschränkung der durch die *flex*-Klausel ggf. einforderbaren Anpassungen und weniger auf feinsinnige Modifikationen auf der Tatbestandsseite konzentrieren.

[959] Dann spricht man von einem bloßen *price flex*.

[960] Hier werden die Arrangeure/*underwriter* vor allem eine Anpassung der Finanzkennzahlen und/oder die Einfügung neuer Finanzkennzahlen im Auge haben.

[961] *Structure flex* – hier ist an eine Veränderung des Laufzeitengefüges bei mehreren Tranchen oder aber die Einfügung einer subordinierten Tranche zu denken.

2. Übertragung von Rechten und Pflichten/Sekundärhandel

195 Typisch für syndizierte Kreditverträge, die auf Basis international üblicher Usancen (wie im *LMA*-Mustervertrag reflektiert) gestaltet sind, ist die **detaillierte Ausgestaltung** der **Übertragungsmöglichkeiten.** Der **Sekundärhandel** mit Kreditforderungen und/oder Beteiligung an Krediten[962] ist von großer Bedeutung für das Portfoliomanagement der Kreditinstitute.[963] Die Übertragungsklauseln und damit in Zusammenhang stehende Vertragsklauseln spielen aber auch eine Rolle für bestimmte Refinanzierungstransaktionen (insb Sicherungsabtretungen an Zentralbanken)[964] sowie für die Verbriefung von Kreditforderungen.[965]

196 Hinsichtlich der Einzelheiten der Voraussetzungen einer Übertragung von Kreditforderungen/-beteiligungen macht der *LMA*-Mustervertrag bestimmte Gestaltungsvorschläge, die aber im Einzelfall durch die Parteien oftmals angepasst werden, um, je nach Ergebnis der diesbezüglichen kommerziellen Diskussion, den Vertrag übertragungsfreundlicher oder – feindlicher zu gestalten. Sofern eine bestimmte Übertragung nach dem konkreten ausgehandelten Vertragstext nicht ausdrücklich gestattet ist, bestimmte andere Übertragungen jedoch ausdrücklich erlaubt sind, wird man den Vertrag ggf. so auslegen müssen, dass insoweit ein vertragliches **Abtretungsverbot gem. § 399 BGB**[966] besteht.

196a Die wesentlichen **Vorgaben** des *LMA*-Vertragsmuster für **Abtretungen** und **Übertragungen** sind:

197 **a) Eignung als *New Lender*.** Bei dem Abtretungsempfänger oder dem Vertragsübernehmer (der sog. *„New Lender"*) muss es sich um ein Kreditinstitut, eine *financial institution,* einen *trust, fund* oder andere Person handeln, die zum Zweck hat, in Kredite oder andere Finanzinstrumente zu investieren oder dies regelmäßig tut.[967]

198 **b) Zustimmung des Kreditnehmers.** Die Zustimmung des Kreditnehmers ist erforderlich, es sei denn, die Abtretung/Übertragung erfolgt an ein anderes Syndikatsmitglied oder an eine Konzerngesellschaft des übertragenden/abtretenden Kreditgebers oder eines anderen Kreditgebers[968] oder (als Gestaltungsoption) es handelt sich um eine Sicherungsabtretung an

---

[962] Dh der gesamten Kreditgeberposition einschließlich noch nicht valutierter (oder revolvierend ausnutzbarer) Auszahlungspflichten.

[963] Hauptmotivation für die Gründung der *Loan Market Association* war es, durch eine Vereinheitlichung des Dokumentationsstandards die Handelbarkeit von Kreditforderungen/-beteiligungen zu fördern.

[964] Forderungen gegen bestimmte Kreditnehmer können bei den europäischen Zentralbanken als Sicherungsgut verwendet werden. Derartige Sicherungsabtretungen werden durch *Clause* 24.8 (a) *LMA-GER* ausdrücklich gestattet. Vgl. zu den Voraussetzungen und sonstigen Details einer solchen Sicherungsabtretung Kapital 6 des Anhanges I der Leitlinie der Europäischen Zentralbank vom 20.9.2011 über geldpolitische Instrumente und Verfahren des Euro-Systems, https://www.ecb.europa.eu/ecb/legal/pdf/l_33120111214de00010095.pdf – zuletzt abgerufen am 14.7.2019, und Abschnitt V Nr. 10 der Allgemeine Geschäftsbedingungen der Deutschen Bundesbank (AGB/Bbk)), https://www.bundesbank.de/resource/blob/599352/dfe1e6aa9924fbc610e58b1973918f5d/mL/allgemeine-geschaeftsbedingungen-data.pdf, zuletzt abgerufen am 14.7.2019.

[965] Eine Übertragung der Kreditforderung an das jeweilige *CLO/CDO*-Vehikel ist allerdings nur erforderlich, sofern es sich um eine sog. *true sale*-Transaktion handelt. Bei der ganz überwiegenden Anzahl der Transaktionen handelt es sich jedoch um Gestaltungen, bei denen die Kreditforderung nicht abgetreten, sondern das Kreditrisiko in sonstiger Form übertragen wird, sog. synthetische Transaktionen (vormals Ziffer II.3. des BaKred-Rundschreibens 10/1999 vom 16. Juni 1999 – Behandlung von Kreditderivaten im Grundsatz I gemäß §§ 10, 10a KWG und im Rahmen der Großkredit- und Millionenkreditvorschriften, https://www.bafin.de/SharedDocs/Veroeffentlichungen/DE/Rundschreiben/rs_9910_ba.html – zuletzt abgerufen am 14.7.2019, und nunmehr die Art. 242ff (insbesondere 244) CRR). Sofern eine Übertragung der Kreditforderungen nicht erfolgt, sind in erster Linie nicht die Übertragungsklauseln (*Clause* 24 *LMA-GER*) relevant, sondern die Klauseln, die ggf. eine Weitergabe von Informationen gestatten (insbesondere *Clause* 36.2 (b) und (c) (ii) *LMA-GER*).

[966] Einem solchen Abtretungsverbot steht § 354a HGB nicht entgegen (s. § 354a HGB Abs. 2), sofern der Darlehensvertrag nach dem 18. August 2008 geschlossen wurde (s. Art. 64 EGBGB), was inzwischen auf fast alle noch nicht ausgelaufenen Kreditverträge zutreffen sollte.

[967] *Clause* 24.1 *LMA-GER*.

[968] *Clause* 24.2 (a) (i) *LMA-GER*.

eine Zentralbank.[969] Optional angelegt im Muster ist die – oftmals aufgenomme – (weitere) **Befreiung** vom **Zustimmungserfordernis** im Falle des Vorliegens eines **Kündigungstatbestandes** oder **Kündigungsgrundes.**[970] Das Vorliegen der Zustimmung wird vermutet, sofern der Kreditnehmer nicht innerhalb einer bestimmten Frist nach Aufforderung zur Zustimmung[971] diese ausdrücklich verweigert.[972] Die Zustimmung darf nicht aus „unvernünftigen" Gründen verweigert oder verzögert werden,[973] wobei dem Verzögerungsaspekt keine große Bedeutung beizumessen ist, sofern die Klausel zur fingierten Zustimmung nach Fristablauf im Vertrag enthalten ist.

Rechtstechnisch ist sodann zu unterscheiden zwischen einer bloßen Abtretung von Ansprüchen durch den Kreditgeber (typischerweise des Anspruches auf Kreditrückzahlung oder eines Teilbetrages des Anspruches, ggf. mitsamt aufgelaufener Zinsen) und der Übertragung der Vertragsposition (einschließlich der hinzu gehörigen Verpflichtungen) als Ganzes. Letzteres kommt insbesondere in Betracht bei einer Kreditlinie, die revolvierend in Anspruch genommen werden kann oder bei einem noch nicht (vollständig) ausgezahlten *Term Loan*. Die Übernahme der Vertragsposition erfolgt durch eine Vertragsübernahme als Vertrag *sui generis,* der die **Übertragung der gesamten Rechtsstellung**[974] zum Inhalt hat. Es handelt sich daher **weder** um eine Art **Kombination von Abtretung und Schuldübernahme**[975]**noch** – gemäß der im *LMA-GER* gewählten Gestaltung – um eine **Novation.** Insofern unterscheidet sich der *LMA-GER* von der im angelsächsischen Raum vorherrschenden Ausgestaltung (Novation).[976] Sofern der Kreditvertrag freie Abtret-/Übertragbarkeit ohne das Erfordernis einer Zustimmung des Kreditnehmers im konkreten Einzelfall **199**

[969] Die optional vorgesehene *Clause* 24.8 *LMA-GER* dispensiert vom Zustimmungserfordernis der *Clause* 24.1 LMA-GER.

[970] *Clause* 24.2 (a) (ii) *LMA-GER*

[971] Das *LMA*-Muster sieht als Standard fünf Geschäftstage vor, *Clause* 24.2 (b) *LMA-GER*.

[972] Dies ist auch AGB-rechtlich unproblematisch (*Ballo* S. 423 f.). Da gerade die Regelungen zu den Voraussetzungen der Abtret-/Übertragbarkeit regelmäßig Gegenstand konkreter Verhandlungen sind und die vertraglichen Regelungen letztlich somit einen ausgehandelten Kompromiss darstellen, dürfte die Anwendbarkeit des § 307 BGB jedenfalls ohnehin bereits aus faktischen Gründen ausscheiden. Darüber hinaus ist zweifelhaft, ob eine „unangemessene Benachteiligung" bejaht werden könnte, s. *Diem/Jahn* § 33 Rn. 12. Soweit *Diem/Jahn* allerdings darauf verweisen, dass die freie Abtretbarkeit deshalb zum Wesensmerkmal des Konsortialkreditvertrages gehört, weil es ohne die Syndizierung kein *underwriting* gebe, geht dieser Hinweis fehl: die Übertragbarkeit bzw. Pflicht, einer Übertragung zuzustimmen, ergibt sich im Falle der Syndizierung eines von einem oder mehreren *underwriter(s)* übernommenen Kreditvertrages nicht aus den für spätere Sekundärmarkttransaktionen gedachten allgemeinen Abtretungsklauseln des Kreditvertrages, sondern regelmäßig aus den Bestimmungen des ausgehandelten Mandatsbriefes (→ Rn. 193). Dieser beauftragt die Arrangeure/*Underwriter* zur Platzierung und enthält im Gegenzug, neben anderen Verpflichtungen, die Verpflichtung des Kreditnehmers, nach Abschluss der Syndizierung zur Umsetzung der Übertragungen auf die gewonnenen Syndikatsbanken ein sog. *syndication agreement* abzuschließen, das ua auch die formelle Zustimmung zur Übertragung der Vertragspositionen enthält. AGB-rechtliche Probleme stellen sich insoweit erst gar nicht.

[973] *„Must not be unreasonably withheld or delayed".* Höhere Pflichtkosten (*„Mandatory Costs"*) werden insoweit idR nicht als vernünftiger Grund angesehen (s. die – optionale – *Clause* 24.2 (c) *LMA-GER*. – Hintergrund ist die Überlegung, dass die – sehr niedrigen (→ Rn. 45) – *„Mandatory Costs"* generell vom Kreditnehmer akzeptiert werden unabhängig davon, ob es sich um solche der Europäischen Zentralbank, der Bank of England oder Gebühren handelt, die von der *Financial Services Authority* auferlegt werden, was sich auch daran zeigt, dass bei der Erstzusammenstellung des Syndikats die geringfügig unterschiedlichen *„Mandatory Costs"* regelmäßig ignoriert werden. Insofern ist zudem zu beachten, dass die *„Mandatory Costs"*, jedenfalls bei EUR-Ziehungen, nie eine praktische Rolle gespielt haben und sie in neueren Kreditverträgen regelmäßig gar nicht mehr als weiterer Preisbestandteil vereinbart werden (im *LMA*-Muster wurde der früher zur Regelung der Berechnung der Kosten enthaltene „Schedule" inzwischen kurzerhand gestrichen).

[974] Dies schließt somit auch die Verpflichtungen/Ansprüche gegen(über) die anderen Kreditgeber, dem Agenten und dem Arrangeur ein, wie sie sich zB aufgrund der Teilungsklausel *(sharing clause)* (→ Rn. 181) und den verschiedenen Freistellungsverpflichtungen ergeben.

[975] *Diem/Jahn* § 33 Rn. 8.

[976] Mit der Gestaltung als Novation will/wollte man insbesondere erreichen, dass der neue Kreditgeber nicht dem Risiko irgendwelcher Mängel bei der Begründung des Vertragsverhältnisses zwischen Kreditnehmer und ursprünglichem Kreditgeber ausgesetzt ist/war. Das weitgehende Fehlen streng akzessorischer Sicherungsrechte im angelsächsischen Rechtsraum und die dadurch unproblematische Möglichkeit, Sicherheiten einfach treuhänderisch durch einen Sicherheitentreuhänder halten zu lassen, haben zudem ein novationsfreundliches Rechtsumfeld zur Folge.

enthält, steht dem somit § 415 Abs. 1 Satz 2 BGB nicht entgegen.[977] Sofern die übernehmende Person bereits Mitglied des Konsortiums ist, wird die Auffassung vertreten, dass keine Vertragsübernahme, sondern eine (bloße) Vertragsänderung (Quotenerhöhung) vorliegt, zu der die übrigen Vertragsparteien regelmäßig vorab ihre Zustimmung erteilt haben.[978] Dies überzeugt nicht, wenn man – im Einklang mit der hier vertretenen Auffassung – die Konsortialkreditvertrag als eine Bündelung bilateraler Krediteröffnungs-/Kreditverträge[979] ansieht.[980] Von rechtlicher Relevanz ist dies jedoch letztlich nicht, da die Übertragung (an Konsorten) in einer nicht in Konflikt mit § 415 Absatz 1 Satz 2 BGB geratenden Weise geregelt wird.[981]

200 Erfolgt keine Übertragung der Vertragsposition, sondern, zB bei einem bereits voll **ausgezahlten *Term Loan,*** (nur) eine **bloße Forderungsabtretung,** ist es zusätzlich erforderlich, dass der Abtretungsempfänger gegenüber den anderen Vertragsparteien die gleichen Pflichten übernimmt, wie sie der Altkreditnehmer innehatte. Dies ist der Hintergrund der in *Clause* 24.3 (a) (i) *LMA-GER* enthaltenen Regelungen, die eine entsprechende Erklärung des neuen Kreditgebers zur Wirksamkeitsvoraussetzung erheben. Nicht gilt dies hingegen bei bloß sicherungshalber erfolgenden Abtretungen zB insbesondere an Zentralbanken im Rahmen dort bestehender Refinanzierungsmöglichkeiten.[982]

200a Folgt man der Auffassung, dass es sich bei den Konsorten der Kreditgeber um eine BGB-Gesellschaft handelt,[983] muss man sich auch der Frage stellen, welche rechtlichen Folgen der Beitritt zu dieser BGB-Gesellschaft hat. Da kein Gesellschaftsvermögen besteht,[984] beschränkt sich dies – glücklicherweise – auf die Frage, ob mit dem Beitritt ein Haftungsbeitritt in Bezug auf Altverbindlichkeiten der Gesellschaft erfolgt (scharf zu trennen von der mit der Übernahme der Vertragsposition gewollten und ausdrücklich geregelten Übernahme der Pflichtenstellung des übertragenden Kreditgebers gegenüber dem Kreditnehmer und den Konsorten). Da nach herrschender Ansicht jedoch – wenn überhaupt eine BGB-Gesellschaft – dann jedenfalls nur eine reine Innengesellschaft vorliegt,[985] stellt sich auch dieses Problem nicht. Auch dies ist allerdings ein weiteres Beispiel dafür, dass die Annahme des Vorliegens einer BGB-Gesellschaft eher zu von dem Marktteilnehmen so weder gesehenen noch gewollten Fragestellungen führt.

3. Erzwungenes Ausscheiden von Kreditgebern

201 Oft sehen die Kreditverträge vor, dass unter bestimmen Umständen der Kreditnehmer verlangen kann, dass ein Kreditgeber seine Beteiligung am Kredit vollständig auf ein anderes Mitglied des Konsortiums oder einen sodann dem Konsortium beitretenden neuen Kreditgeber überträgt. Als Auslöser für dieses Recht kommen folgende Tatbestände in Betracht: (i) in Bezug auf den betreffenden Kreditgeber ist ein Umgesetzlichkeitstatbestand *(illegality)* eingetreten, (ii) der Kreditgeber verlangt Rückzahlung wegen Eintritt eines Kontrollwechsels *(change of control)* oder (iii) der Kreditgeber macht einen Anspruch auf Zahlung unter der Kostenerhöhungsklausel *(increased costs)* oder der Steuererstattungsbestimmung *(tax gross-up)*

[977] *Diem/Jahn* § 33 Rn. 10. Wäre § 415 Abs. 1 S. 2 BGB einschlägig, müsste man konstruktiv den Weg über eine aktuell durch den Agenten im Namen aller anderen Vertragspartner erteilten Zustimmung gehen, eine früher in Verträgen durchaus übliche Gestaltung. Das *LMA-GER* folgt diesem Ansatz jedoch bewusst nicht, um hier Restrisiken aufgrund des § 181 BGB zu vermeiden.

[978] Auch die Zustimmung des Kreditnehmers: die Übertragung innerhalb des Konsortiums wird in aller Regel freigeschaltet; nur in seltenen Fällen werden insofern Beschränkungen vorgesehen, zB um ein zu großes Stimmengewicht eines Kreditgebers zu vermeiden.

[979] → Rn. 6a, 8a.

[980] Auch der *LMA-GER* behandelt die Übertragung an einen anderen Kreditgeber als Unterfall einer Übertragung und nicht als (vorab konsentierte) Vertragsänderung.

[981] *Diem/Jahn* § 33 Rn. 10.

[982] S. *Clause* 24.8 (a) *LMA-GER;* Rn. 195.

[983] → Rn. 6, 9.

[984] → Rn. 9.

[985] → Rn. 6.

geltend.[986] Der englisch-rechtliche Mustervertrag für *leveraged*-Transaktionen sieht zudem ein Recht des Kreditnehmers vor, einen Kreditgeber zur Übertragung seiner Beteiligung am Kredit zu zwingen, wenn der betreffende Kreditgeber sich geweigert hat, einer Vertragsänderung oder einem *waiver* zuzustimmen, der die Zustimmung aller Kreditgeber bedarf *(yank the bank)* oder der Kreditgeber nicht mehr in der Lage ist, seine Pflichten als Kreditgeber zu erfüllen *(defaulting lender)*.[987] Während dies in Bezug auf die ***defaulting lender*-Bestimmungen** inzwischen bereits zur allgemeinen Usance geworden ist und diese oftmals auch in auf dem deutsch-rechtlichen LMA Mustervertrag basierende Verträge übernommen werden, ist im Hinblick auf das ***yank the bank*-Konzept** eine differenziertere Betrachtung notwendig. Bei Unternehmenskrediten im *investment grade*-Bereich werden diesbezügliche Bestimmungen im allgemeinen nur bei breit syndizierten Krediten aufgenommen, nicht jedoch bei Krediten mit relativ kleinen, vornehmlich aus den Hausbanken des Kreditnehmers bestehende Konsortien, da sich dieses Konzept mit der engeren Bindung des Kreditnehmers an einen kleinen Kreditgeberkreis nicht verträgt. Im Einzelnen gelten für dieses Austauschrecht der Kreditnehmer die folgenden Voraussetzungen und Vorgaben:

Die Übertragung erfolgt grundsätzlich zu *par,* das heißt, der übernehmende Kreditgeber **201a** muss als Kaufpreis einen Betrag zahlen, der der ausstehenden Hauptforderung zuzüglich aufgelaufener Zinsen, Provisionen und einer eventuellen Vorfälligkeitsentschädigung entspricht.[988] Vereinnahmte Einmalprovisionen und sonstige *fees* sind vom ausscheidenden Kreditgeber hingegen nicht (teilweise) auszukehren.[989] Weder der Agent noch der Sicherheitenagent dürfen auf Basis dieser Bestimmungen ausgewechselt werden.[990] Geht es um die Auswechslung eines *„Non-Consenting Lender"*, dann erfordert dies zudem, dass ein gewisser Mindestprozentsatz[991] aller anderer Kreditgeber die erforderliche Zustimmung zu der vom Kreditnehmer erbetenen Vertragsanpassung (oder Verzichts- oder Zustimmungserklärung) erteilt haben.[992] Das *„defaulting Lender"*-Konzept kommt dann zum Einsatz, wenn ein Kreditgeber seine Kreditauszahlungsverpflichtung (oder seiner Verpflichtung, der *Issuing Bank* Barunterlegung zu stellen[993]) nicht nachgekommen ist oder angekündigt hat, dies nicht zu tun[994] oder wenn in Bezug auf diesen Kreditgeber ein Insolvenztatbestand vorliegt.[995]

---

[986] *Clause 8.6 und Clause 24 LMA-GER.*

[987] *Clause* 42.8 und 42.10 des *LMA-LEV.*

[988] In *Clause* 42.8 *LMA-LEV* so vorgegeben für den Fall des *„Non-Consenting Lender"* oder den durch *illegality, increased costs* oder *tax gross-up* betroffenen Kreditgeber, für den Fall des *„Defaulting Lender"* (*Clause* 42.10 (a)) ist dies nur eine von zwei alternativen Optionen s. *Clause* 42.10 (a) (iii)), da hier ein eventuelles Erfordernis gesehen wird, ggf. eine andere Regelung vorzusehen. Aufgrund der Vorgabe eines *par*-Kaufpreises sind ggf ergänzenden Vereinbarungen zwischen den Parteien erforderlich, wenn der Wert der Kreditforderung im Sekundärmarkt vom Nominalwert abweicht: Notiert der Marktpreis die Forderung unter *par,* dann wird der Kreditnehmer kaum ein anderes Institut dafür gewinnen können, die Forderung zu *par* zu kaufen, es sei denn, er kompensiert dies durch zusätzliche *fee*-Zahlungen. Liegt der Wert der Forderung hingegen über *par,* könnte es im Falle eines insolventen *„Defaulting Lender"* insolvenzrechtlich problematisch sein, den Verwalter zu einem Forderungsverkauf zum Nennwert zwingen zu wollen.

[989] *Clauses* 42.8 (b) (iv) und *Clause* 42.10 (b) (iv) *LMA-LEV.*

[990] *Clauses* 42.8 (b) (i) und 42.10 (b) (i) *LMA-LEV.* Für die Auswechslung eines *„Impaired Agent"* in seiner Eigenschaft als Agent gibt es Sonderregelungen, die den Besonderheiten einer Auswechslung des Agenten Rechnung tragen (*Clause* 36.5 LMA-LEV).

[991] Gerechnet nach Höhe der Kreditbeteiligung, dh als Prozentsatz der Gesamtkreditzusage *(„Total Commitments");* → Rn. 208.

[992] *Clause* 41.8 (d) (iii). Hier wird üblicherweise ein deutlich über der 2/3-Mehrheit liegender Prozentsatz vorgesehen, sog. *super majority;* → Rn. 208.

[993] Eine Barunterlegungspflicht wird zum Schutz der *„Issuing Bank"* oft ua für den Fall vorgesehen, dass ein Konsortialmitglied aufgrund einer Verschlechterung seines *ratings* zur *„Non Acceptable Bank"* wird, s. hierzu *Clause* 7.4 LMA-LEV.

[994] Absatz (a) der Definition *„Defaulting Lender"* in *Clause* 1.1 *LMA-LEV*: Gemäß dem Rückausnahmen (i) und (ii) der Definition gilt dies aber nicht, wenn die Nichtleistung nur auf administrativem Versehen, einer allgemeinen Störung der Zahlungsverkehrssystems *(„Disruption Event")* oder der Kreditgeber *bona fide* seine vertragliche Leistungspflicht in Frage stellt.

[995] *„Insolvency Event"* ist in der entsprechenden Definition in *Clause* 1.1 *LMA-LEV* recht weit definiert, im Einzelfall werden die Kreditgeber prüfen müssen, ob bestimmte vage Auffangtatbestände in dieser Definition angemessen sind. Wird die Definition durch ausdrückliche Bezugnahmen auf bestimmte Vorschriften des

4. Forderungserwerb durch den Kreditnehmer oder eine mit ihm verbundene Person

202 Sofern Kreditforderungen im Sekundärhandel zu Preisen unter *par* gehandelt werden, schafft dies einen ökonomischen Anreiz für den Kreditnehmer, sich durch einen Forderungsankauf teilweise zu entschulden.[996] Da im Falle des **Erwerbes durch den Kreditnehmer** selbst die Rechtsfolge – Erlöschen der Forderung – identisch ist mit der einer Tilgung der Forderung infolge einer freiwilligen (vorzeitigen) Rückzahlung, wirft dies die Frage auf, ob gegen das **Gebot der pro-ratarischen Rückzahlung** aller Kreditgeber verstoßen wird, wenn nur die Forderung eines (oder einzelner) Kreditgeber(s) angekauft wird.[997] Hierzu wird die Auffassung vertreten, eine Gleichbehandlung mit einer Rückzahlung scheide deshalb aus, da eine Rückzahlung und der Rückkauf (mit der Rechtsfolge des Erlöschens) rechtlich „nicht gleichbedeutend" seien, weil es beim Erwerb durch eine Gruppengesellschaft gerade eben nicht zu einem Erlöschen der Forderung komme.[998] Diese zirkuläre Begründung überzeugt nicht, da es vorliegend um die Frage geht, ob der zum Erlöschen der Forderung führende Schuldenrückkauf durch den Kreditnehmer selbst gerade aufgrund dieser – in der Wirkung einer Tilgung (§ 362 BGB) entsprechenden – Rechtsfolge wie eine Rückzahlung zu behandeln ist.[999] Im Ergebnis ist dieser Auffassung jedoch zuzustimmen, da angesichts der Regelungsdichte des Kreditvertrages grosse Zurückhaltung bei einer über den Wortlaut hinausgehenden erweiternden Auslegung angebracht ist. Dies gilt – jedenfalls bei Verträgen jüngeren Datums – umso mehr, da, wie im Folgenden noch ausgeführt wird, der Markt inzwischen auf das Phänomen des Schuldenrückkaufs mit der Entwicklung von Musterklauseln reagiert hat. Sofern die Parteien diesen Tatbestand regeln wollen, dann können sie dies tun. Unterlassen sie es jedoch, dann besteht insoweit eine gewollte Regelungslücke.

202a Ebenso **problematisch** ist die Auffassung, dass sich bei **Erwerb von Kreditforderungen** durch einen **Gesellschafter**[1000] oder eine **Konzerngesellschaft des Kreditnehmers** aus allgemeinen Grundsätzen des Gesellschaftsrechtes ein **Stimmverbot** ableiten lässt.[1001] Folgt man der hier vertretenen Auffassung,[1002] fehlt es bereits an einer BGB-Gesellschaft, was es

---

KWG konkretisiert, erscheint es sachgerecht, nur die §§ 46 Abs. 1 Satz 2 Nr. 2 (und Nr. 4 – 6), 46b und 46g Abs. 1 Nr. 1 und 2 KWG in Bezug zu nehmen.

[996] In Höhe des Nominalwertes der Forderung erlöscht diese durch Konfusion, sofern der Kreditnehmer selbst zurückerwirbt. Im Falle des Erwerbes durch eine Konzerngesellschaft wandelt die Forderung sich in eine Konzernbinnenforderung, die in der konsolidierten Bilanz nicht mehr als Teil der Verschuldung aufscheint.

[997] Bevor man auf diese Frage stößt, ist allerdings vorrangig zu klären, ob der Kreditnehmer das Geschäft überhaupt im Einklang mit den jeweiligen allgemeinen Verpflichtungen *(undertakings)* des Vertrages vornehmen oder veranlassen darf. Oft wird dies allerdings nicht verboten sein, insbesondere dürfte der Schuldenaufkauf keine (ggf. untersagte) verbotene Kreditgewährung darstellen, da die Forderung entweder erlischt (Konfusion) oder zukünftig eine – in der Regel gestattete – Kreditgewährung innerhalb des Konzerns vorliegt (s. *Diem/Jahn* § 34 Rn. 10). Im Einzelfall ist jedoch denkbar, dass sich Beschränkungen aus anderen Verpflichtungen der Kreditdokumentation ergeben; zB in Bezug auf den Erwerb nachrangiger Forderungen sind solche Beschränkungen in aller Regel im *Intercreditor Agreement* enthalten, vgl. *Clause* 8.4 des *LMA-ICA* (zum letzteren Fall *Diem/Jahn* § 34 Rn. 13; *von Ilberg/Tschesche* BB 2010, 259 (269)). In solchen Fällen scheidet ein Forderungsrückkauf durch den Kreditnehmer (oder ein seiner Konzerngesellschaften) aus.

[998] So mit fast identischer Begründung *Diem/Jahn* § 34 Rn. 10 und *von Ilberg/Tschesche* BB 2010, 259 (260).

[999] Den Rückkauf von Forderungen durch den Schuldner als funktionales Äquivalent zur Rückzahlung anzusehen und einzusetzen, liegt nicht fern. So wird bei *high yield bonds* oft bei Eintritt bestimmter Ereignisse ein Pflichtangebot zum Rückkauf vorgesehen (zB bei einem *change of control* – vgl. Eilers/Rödding/Schmalenbach/*Strauch* C Rn. 214) – im wirtschaftlichen Ergebnis läuft das letztlich auf eine Rückzahlung der von den annehmenden *bond holders* gehaltenen Schuldverschreibungen hinaus (ggf. unter Zahlung eines *premium*).

[1000] Beim Erwerb durch den Kreditnehmer selbst stellt sich diese Problematik nicht, da die Forderung erlischt und somit nicht mehr Träger eines Stimmrechtes sein kann.

[1001] Wegen Verfolgung „gesellschaftsfremder Sonderinteressen" – s. zu diesem – auf der Einstufung als BGB-Gesellschaft beruhenden – Begründungsansatz *Diem/Jahn* § 34 Rn. 16; *von Ilberg/Tschesche* BB 2010, 259 (261).

[1002] → Rn. 6a.

nochmals erschwert, das Stimmverbot sodann aus allgemeinen Erwägungen (§ 242 BGB) oder einer ergänzenden Vertragsauslegung herzuleiten. Darüber hinaus dürfte es oftmals schwierig sein, alle zur Begründung eines Stimmverbotes notwendigen Tatbestandselemente darzulegen und ggf. zu beweisen.[1003] Dies gilt insbesondere dann, wenn auch noch andere, nicht gesellschaftsrechtlich mit dem Kreditnehmer verbundene Kreditnehmer ihr Stimmrecht in gleicher Weise ausüben.

Um den Vertragsparteien die Möglichkeit zu geben, insoweit weitestmögliche Klarheit in der Gestaltung der vertraglichen Beziehungen zu schaffen, hat die *LMA* **Musterklauseln** entwickelt, die im *LMA-LEV* enthalten sind und, sofern die Vertragsparteien hierzu eine Veranlassung sehen,[1004] auch im Rahmen eines normalen Unternehmenskredites auf Basis des *LMA-GER* – ggf. mit gewissen Anpassungen – übernommen werden können. Diese Musterklauseln erfassen sodann jede *„Debt Purchase Transaction"* durch den Kreditnehmer (oder eine seiner Konzerngesellschaften) oder durch Gesellschafter des Kreditnehmers sowie damit verbundene Personen (*„Sponsor Affiliates"*). *„Debt Purchase Transaction"* ist weit definiert ist und auch das Eingehen einer Unterbeteiligung oder ähnliche Risikotransfers sind mit umfasst. Zwei Ausgestaltungsvarianten stehen sodann zur Auswahl:[1005] In der **einen Variante** ist dem **Kreditnehmer** (und seinen Konzerngesellschaften) eine *„Debt Purchase Transaction"* generell **untersagt.** In der **anderen** ist er nicht generell verboten, aber an die folgenden **Zulässigkeitsvoraussetzungen geknüpft:** Kaufpreis liegt unter par, es liegt kein Kündigungstatbestand vor, es ist genügend freier, das heißt nicht nach den Rückzahlungsvorschriften zur Pflichttilgung einzusetzender *„Excess Cashflow"* zur Bedienung des Kaufpreises vorhanden und es wird ein **Prozess** durchlaufen, der im Prinzip **allen Kreditgebern** auf gleicher Basis **die Möglichkeit zur Teilnahme eröffnet,**[1006] Für den Fall, dass **Gesellschafter des Kreditnehmers**[1007] Forderungen erwerben wollen, gibt es in beiden Varianten weder ein Verbot noch eine Prozessvorgabe.[1008] Der Gesellschafter (oder genauer: *„Sponsor Affiliate"*) ist aber jeweils von der Stimmrechtsausübung[1009] sowie von bestimmten Informationen und der Teilnahme an Treffen/Konferenzgesprächen der Kreditgeber[1010] ausgeschlossen. Daneben treffen den Gesellschafter selbstverständlich ggf. die gesetzlichen Folgen, die **§ 39 Abs. 1 Nr. 5 InsO** anordnet. 202b

5. Hinzutreten/Ausscheiden von Vertragsparteien auf der Kreditnehmerseite

Die Kreditverträge sehen idR auch Regelungen vor, die den Hinzutritt und/oder das Ausscheiden von Kreditnehmern und/oder Garanten ermöglichen. Für den Hinzutritt weiterer Kreditnehmer können rein praktische Erwägungen sprechen, der Hinzutritt eines weiteren Garanten kann geboten sein, um einen ggf. mit den Kreditgeber vereinbarten Mindestabdeckungsgrad (bezogen zB auf das Konzern-Anlagevermögen oder das Konzern-*EBITDA*) durch die Garanten[1011] aufrecht zu erhalten.Der *LMA*-Mustervertrag hält hierfür Klauseln[1012] vor, die im Einzelfall anzupassen sind. 203

[1003] Im Ergebnis skeptisch daher auch *Diem/Jahn* § 34 Rn. 16; *von Ilberg/Tschesche* BB 2010, 259 (261).

[1004] Der Anstoß hierzu wird typischerweise von Seiten der Kreditgeber kommen.

[1005] *Clause* 31 *LMA-LEV.*

[1006] S. *Clause* 31.1 *LMA-LEV Alternative* 2, Absätze (c) und (d). Zur Wahl stehen insoweit ein *„Solicitation Process"*, bei dem Gebote der Kreditgeber eingeholt werden oder ein *„Open Order Process"*, bei dem ein Ankaufsangebot publiziert wird, das alle Kreditgeber annehmen können, wobei sodann ggf. eine proratarische Zuteilung erfolgt. Grundgedanke beider Alternativen ist das Prinzip der gleichmäßigen Behandlung aller Konsorten.

[1007] Genauer gesagt: *„Sponsor Affiliates"* – das geht, den Realitäten des *private equity*-Marktes Rechnung tragend, weiter als die bloße Erfassung der Gesellschafter. Bei einer normalen Unternehmensfinanzierung würde man hier ggf. nur die Hauptgesellschafter erfassen wollen.

[1008] Da der Gesellschafter (noch) nicht Partei des Vertrages ist.

[1009] Technisch geschieht das dadurch, dass für diese Zwecke sein *„Commitment"* auf null gesetzt wird – *Clause* 31.2 (a) *LMA-LEV.*

[1010] *Clause* 31.2 (d) *LMA-LEV.*

[1011] Sog. *guarantor coverage.*

[1012] *Clause* 31 *LMA-GER*. Die Regelungen des *LMA-LEV* sind noch wesentlich komplexer und tragen insbesondere den bei *leveraged*-Transaktionen in der Regel vorliegenden Besicherungskonzept Rechnung (zB

203a In diesem Kontext ist zu entscheiden ist, ob der **Beitritt eines neuen Kreditnehmers** der Zustimmung der Mehrheitsbanken oder aller Banken bedarf.[1013] Aufsichtsrechtlich gibt es im Falle des Beitritts einer (weiteren) Tochtergesellschaft idR kein Erfordernis, im Hinblick auf § 18 KWG die Zustimmung aller Kreditgeber zu fordern. Die Krediteintscheidung wird typischerweise allein auf die als Garant auftretende Konzernobergesellschaft abgestellt sein. Vorbehalte gegenüber Mehrheitskonzepten ergeben sich aber aus *know your customer*-Erwägungen (dh die Berücksichtigung des sich aus rechtlichen Vorgaben ergebenden Zwanges zur ordnungsgemäßen Identifizierung und Überprüfung von Vertragspartnern)[1014] und im Hinblich auf mögliche Erhöhung regulatorischer Kosten (möglicher Beitritts eines *financial customer*[1015] als Kreditnehmer mit Auswirkungen im Rahmen der *Liquidity Cover Ratio* (s. Art. 420 (1) (d), 424 (3) – (6) CRR, Art. 31 *Delegated Act*).

203b Im Hinblick auf **§ 18 KWG** wird man allerdings davon ausgehen müssen, dass eine **Haftentlassung** der Gesellschaft, auf die die Kreditgeber nach Prüfung und Analyse der wirtschaftlichen Verhältnisse ihre **Kreditentscheidung** abgestellt haben (typischerweise die Konzernobergesellschaft als (einer der) Garant(en)), nur mit **Zustimmung aller Kreditnehmer** erfolgen darf. Die diesbezüglichen Bestimmungen im aktuellen *LMA-GER*-Vertragsmuster stellen dies sicher, ältere Versionen waren insoweit problematischer.[1016]

6. Unterbeteiligung

204 Obwohl eigentlich nicht, jedenfalls **nicht direkt,**[1017] **Regelungsgegenstand des Kreditvertrages** selbst, ist wegen ihrer Wechselwirkungen mit Bestimmungen des Kreditvertrages auch kurz auf die im Markt üblichen **Unterbeteiligungen** einzugehen. Nach herrschender

---

Entlassung von „*Obligors*" nur, sofern Erlöse zur Rückzahlung verwendet werden – *Clause* 32.3 (c) (iv), *Clause* 32.5 (b) (iv) *LMA-LEV*, Pflichtbeitritt zusätzlicher Garanten – *Clause* 32.4 (b) und (c) *LMA-LEV*). Geht mit der Entlassung eines Kreditnehmers eine befreiende Schuldübernahme nach §§ 414 ff. BGB oder eine Vertragsübernahme durch einen anderen Kreditnehmer einher (beispielsweise im Falle eines sog. *debt push down* im Rahmen von Akquisitionsfinanzierungen), können nach § 418 BGB die für die Kreditforderung bestellten Sicherheiten erlöschen, es sei denn, der Sicherungsgeber stimmt der Schuld- bzw. Vertragsübernahme zu. Ausführlich hierzu *Schumacher* BKR 2013, 270.

[1013] *Clause* 25.2 (a) (i) *LMA-GER* bietet beide Alternativen an. Ein oft gewählter Kompromiss ist, grundsätzlich die Zustimmung aller Kreditgeber vorzusehen, aber bestimmte Tochtergesellschaften vorab genehmigen zu lassen.

[1014] → Rn. 12.

[1015] Finanzkunden *(financial customer)* iSv Art. 411 (1) CRR sind beispielsweise Kreditinstitute *(credit institutions)*, Wertpapierfirmen *(investment firms)*, Zweckgesellschaften *(collective investment undertakings)*, Finanzholdinggesellschaften *(financial holding companies)* und gemischte Finanzholdinggesellschaften *(mixed activity holding companies)*.

[1016] *Clause* 25.6 (a) *LMA-GER* sieht eine eventuelle Haftentlassung ohnehin nur für sonstige Garanten (und nicht für die „*Company*") vor und darüber hinaus bedarf jedwede Haftentlassung (auch der übrigen Garanten) der Zustimmung aller Kreditgeber (*Clause* 25.6 (b) (ii) *LMA-GER*). Darüber hinaus bedürfen Änderungen der *Clause* 25 *LMA-GER* der Zustimmung aller Kreditgeber (s. *Clause* 35.2 *LMA-GER*). In Vorgängerversionen des Vertragsmusters war *Clause* 25 allerdings noch nicht in den Katalog der Bestimmungen aufgenommen, deren Änderung nur mit Zustimmung aller Kreditgeber erfolgen kann. Das führte dann zu Problemen, wenn *Clause* 25.6 (b) (ii) *LMA-GER* dahingehend abgeändert wurde, dass auch eine Mehrheitsentscheidung genügt. Dann erlaubt der Vertrag – zumindest nach seinem Wortlaut und in der Theorie – auch die „*Company*" auf Basis einer blossen Mehrheitsentscheidung (Änderung von *Clause* 25 (a) *LMA-GER* und Zustimmung unter *Clause* 25 (b) (ii) *LMA-GER* – beides möglich auf Basis einer Mehrheitsentscheidung) aus der Garantenhaft zu entlassen. *Clause* 35.2 (f) *LMA-GER* entfaltet hier keine Sperrwirkung, da die Entlassung des Garanten ja gerade „*in accordance with Clause 25 (Changes to the Obligors)*" erfolgte. Diese Schwäche des Mustervertrages ist inzwischen behoben worden, es dürften jedoch noch einige nicht ausgelaufene Kreditverträge im Markt existieren, wo dies übersehen wurde. Hier kommt ggf eine ergänzende Vertragsauslegung zur Hilfe.

[1017] Kreditverträge, die das Eingehen von Unterbeteiligungen direkt untersagen oder reglementieren, finden sich im Markt selten. Der *LMA*-Mustervertrag enthält insoweit keine einschränkenden Bestimmungen, einer Erlaubnisklausel bedarf es nicht (*Diem/Jahn* § 33 Rn. 37). Im Rahmen der Vertraulichkeitsklauseln wird aber der möglichen Existenz von Unterbeteiligungen Rechnung getragen, indem in *Clause* 36.2 (b) (ii) *LMA-GER* die Informationsweitergabe an (potenziellen) Unterbeteiligten gestattet wird. Dies ist wichtig, da zB deutsche Kreditinstitute in Bezug auf das Eingehen von Unterbeteiligungen dazu verpflichtet sein dürften,

Ansicht ist eine Unterbeteiligung als BGB-Innengesellschaft anzusehen,[1018] bei der dann jedoch wieder zahlreiche Bestimmungen des Gesellschaftsrechtes abbedungen sein sollen.[1019] Schaut man sich jedoch die Vertragsrealität der heute im Markt[1020] fast ausschließlich auf Basis eines *LMA*-Musters[1021] abgeschlossener Unterbeteilungen an, sind wiederum große Zweifel angebracht, ob hier ein „gemeinschaftlicher Zweck" im Sinne des BGB-Gesellschaftsrechtes vorliegt. Inhalt eines Vertrages über eine Liquiditätsunterbeteiligung[1022] sind im Kern folgende Regelungen: der Unterbeteiligte erwirkt die Unterbeteiligung mit Stellung der auf den Unterbeteiligungsbetrag entfallenden Kreditvaluta, Tilgung und Zinsen werden an ihn durchgeleitet, sofern und wenn der Kreditnehmer zahlt, und für die Ausübung von Stimmrechten muss der Kreditgeber sich in bestimmten Fällen gemäß den Weisungen des Unterbeteiligten richten.[1023] Der Unterbeteiligte ist daran interessiert, einen Kredit zu gewähren und die hierauf entfallenden Entgelte (insbesondere den Zins) zu vereinnahmen, kann oder will dies jedoch nicht direkt tun. Der Kreditgeber, der als *lender of record* die Unterbeteiligung gewährt, bezweckt seinerseits eine Risikoentlastung, ermöglicht diese – indirekte – Kreditgewährung und operiert als durchleitende Stelle. Die Ausgestaltung der Stimmrechte orientiert sich an und berücksichtigt die Vorgaben des Hauptvertrages und daran, ob der Unterbeteiligte eine Unterbeteiligung an der gesamten Kreditforderung oder nur einem Teilbetrag erworben hat.[1024] Hier von einem für eine gesellschaftsrechtliche Einordnung maßgeblichen gemeinsamen Zweck („gemeinsame Kreditgewährung") zu sprechen, ist bei den Fallkonstellationen, die im Sekundärhandel und Portfoliomanagement vorkommen und auf Basis der *LMA*-Muster für *(funded) sub-participations* dokumentiert werden, doch recht gekünstelt. Es handelt sich vielmehr um die **schlichte** Verwirklichung einer **Risikoweitergabe** unter gleichzeitiger Übertragung der Refinanzierungsverantwortung, bei der jeder Beteiligte seine eigenen Interessen verfolgt, oft als **Vorstufe** zu einer **Vollrechtsübertragung.** Richtigerweise wird man die Unterbeteiligung auf Basis dieser im Markt üblichen Verträge als **Vertrag *sui generis*** ansehen müssen, der Wechsel vom *LMA*-seitig eigentlich vorgegebenen englischen Recht zum deutschen Recht führt nicht dazu, dass die Parteien sich plötzlich unverhofft in einer gesellschaftsrechtlichen Bindung wiederfinden.

die gleichen Vorgaben betreffend die Offenlegung der wirtschaftlichen Verhältnisse durch den Kreditnehmer (→ Rn. 12) zu beachten wie bei der direkten Kreditvergabe.

[1018] *Diem* § 33 Rn. 34 unter Verweis auf BGH WM 1968, 1083 (1084); *Wagner* S. 105 (jedenfalls für den – üblichen – Fall, dass der Unterbeteiligte auch die Liquidität stellt); *Sittmann* WM 1996, 468 (471); *Dohm* S. 64 („Auffangtatbestand für Formen gemeinschaftlich konzipierten Handelns auf niedrigster Stufe"); Schwintowski/*Glaß* Kap. 16 Rn 126; richtigerweise diff. jedoch BankR-HdB/*Pamp* § 76 Rn. 149: „zumeist BGB-Innen-Gesellschaft", aber auch andere Gestaltungen „denkbar", die angelsächsischen Usancen folgen (sein Hinweis auf ausländisches Gesellschaftsrecht geht aber insoweit fehl, als dass insb. nach den übliche englischrechtlichen Vertragstypen gerade keine gesellschaftsrechtliche oder *„partnership"*-Bindung eingegangen wird.

[1019] Insofern treffen wir auf den gleichen Befund wie bei der rechtlichen Qualifizierung des Kreditgeberkonsortiums als BGB-(Innen-)Gesellschaft durch Teile der Literatur → Rn. 6.

[1020] Im Sekundärhandel werden auch Unterbeteiligungen behandelt, oder besser gesagt: die Kreditforderungen werden gehandelt und die Übertragung des wirtschaftlichen Interesses an der Forderung erfolgt dann ggf. in Form der Einräumung einer Unterbeteiligung. Dies kann von vornherein so gewollt sein (bewusst stille Unterbeteiligung gewünscht) oder aber es ist die Rückfalllösung, sofern die Zustimmung des Kreditnehmers zur Übertragung/Abtretung erforderlich ist und der Kreditnehmer nicht zustimmt. Marktusance im Sekundärhandel ist es sodann, den *„trade"* möglichst durch Vereinbarung einer Unterbeteiligung doch noch durchzuführen.

[1021] Vgl. zB das *LMA*-Muster *Funded Participation Agreement (Par/Distressed)*.

[1022] Dies ist der Regelfall, sog. *„funded sub-participation"*. Nur im Fall der *„funded sub-participation"* erteilt der die Unterbeteiligung einräumende Kreditnehmer eine vollständige Risikoentlastung. Ist die Unterbeteiligung hingegen nicht bar unterlegt, muss er zumindest den Unterbeteiligten als Adressenrisiko behandeln.

[1023] Das *LMA*-Muster für *Funded Participation Agreements* ist hier sehr restriktiv. Ein Weisungsrecht soll nur dann gegeben sein, wenn bestimmte Essentialia betroffen sind und auch nur dann, wenn der Unterbeteiligte eine Beteiligung in Höhe von 100 % an den Forderungen übernommen hat, vgl. *Clause* 6.2 (d) des Musters.

[1024] Dies trägt dem Umstand Rechnung, dass zumindest nach dem Wortlaut des *LMA*-Vertragsmusters ein *split-voting* für Teilbeträge des *„Commitments"*/der Kreditforderung nicht vorgesehen ist.

7. Vertraulichkeit und Weitergabe von Informationen

205 **a) Regelungen in den Kreditverträgen.** In aller Regel enthalten die Kreditverträge ausführliche Bestimmungen, die zum einen den Kreditgebern (sowie dem Agenten und den Arrangeuren) die Pflicht zur vertraulichen Behandlung der von ihnen in ihrer Eigenschaft als „Finance Party" erhaltenen vertraulichen Informationen auferlegen sowie zum anderen die Weitergabe derartiger Informationen an bestimmte dritte Personen unter näher definierten Voraussetzungen erlauben. Das *LMA*-Vertragsmuster enthält insoweit **detaillierte Formulierungsvorschläge.**[1025] Erfolgt die Aufnahme derartig detaillierter Bestimmungen (ggf in abgewandelter Form je nach dem Ergebnis der Verhandlungen der Parteien), ist nach dem Grundsatz der abschließenden Regelung[1026] davon auszugehen, dass durch diese Bestimmungen die Voraussetzungen und der Umfang der Informationsweitergabe sowie die Identität der erlaubten Informationsempfänger abschließend geregelt wurde.[1027] Ein Rückgriff auf die von Literatur[1028] und Rechtsprechung[1029] entwickelten Grundsätze zur Reichweite des Bankgeheimnisses im Zusammenhang mit der Weitergabe von Kreditgeberinformationen bedarf es sodann in Bezug auf die Hauptanwendungsfälle der Informationsweitergabe nicht, sie können allenfalls ggf ergänzend herangezogen werden. Die Bestimmungen der **DGSVO**[1030] sind – in Bezug auf Informationen über den Kreditnehmer – bereits deshalb **nicht einschlägig,** weil es sich bei den Kreditnehmern unter *LMA*-Kreditverträgen regelmäßig um juristische Personen handelt (siehe Art 1 DGSVO). Im Vordergrund des Interesses und etwaiger Diskussionen zwischen den Parteien während der Vertragsverhandlungen stehen naturgemäß die Bestimmungen, die die Informationsweitergabe an Dritte gestatten. Aus Sicht der Kreditgeber sind hier insbesondere die **Erlaubnistatbestände** von großer Bedeutung, die eine Informationsweitergabe für die Zwecke des **Portfolio- und Risikomanagements** im Zusammenhang mit Sekundärmarkttransaktionen (Abtretungen, Übertragungen, Gewährung von Unterbeteiligungen) und Verbriefungen oder für Refinanzierungszwecke erlauben, das heißt die Weitergabe an:

aa) potenzielle Erwerber (von Kreditforderungen oder der Beteiligung am Kredit) und/oder Unterbeteiligte (sowie deren *„Affiliates"*, *„Related Funds"*, *„Representatives"* und *„professional advisers"*)[1031]

bb) sonstige Personen, mit denen der Kreditgeber eine Transaktion (möglicherweise) abschließt, unter der Zahlungen unter Bezug auf den Kredit und/oder die/einen der Schuldner fließen oder fließen könnten (sowie deren *„Affiliates"*, *„Related Funds"*, *„Representatives"* und *„professional advisers"*)[1032]

cc) (mögliche) Investoren in Transaktionen der in aa) und bb) genannten Art[1033]

[1025] *Clause* 36.1 *LMA-GER:* Pflicht zur Geheimhaltung; *Clause* 1.1 *„Confidential Information" LMA-GER:* Definition einer vertraulichen Information; *Clause* 36.2 LMA-GER: erlaubte Weitergabe von vertraulichen Informationen.

[1026] → Rn. 3.

[1027] Zu der ähnlich gelagerten Problemstellung im Zusammenhang mit den Abtretungsregelungen (→ Rn. 196). Dies gilt aber nicht für gewisse selbstverständliche, insbesondere aufsichtsrechtlich induzierte Durchbrechungen des Bankgeheimnisses (wie zB Informationen und Anzeigen an Aufsichtsbehörden und Zentralbanken, Weitergabe an Konzerninstitute für Konsolidierungszwecke, Weitergabe an externe mit der Weiterentwicklung bankinterner Ratingsysteme beauftragter Dienstleister, s. hierzu im Detail Eilers/Rödding/Schmalenbach/*Schuster* G Rn. 77): Auch wenn deren Auflistung als Ausnahme vom Vertraulichkeitsgrundsatz unterlassen wurde, wird man derartige Informationsweitergaben gleichwohl als berechtigt ansehen müssen.

[1028] Vgl. nur *Früh* WM 2000, 497 ff; *Klüwer/Meister* WM 2004, 1157 ff.

[1029] BGHZ 171, 180 ff.

[1030] Verordnung (EU) 2016/679 des Europäischen Parlaments und des Rates vom 27. April 2016 zum Schutz natürlicher Personen bei der Verarbeitung personenbezogener Daten, zum freien Datenverkehr und zur Aufhebung der Richtlinie 95/46/EG.

[1031] *Clause* 36.2 (b) (i) und (ii) (erste Alternative) *LMA-GER*.

[1032] *Clause* 36.2 (b) (i) und (ii) (zweite Alternative) *LMA-GER*.

[1033] *Clause* 36.2 (b) (iv) *LMA-GER*.

dd) Personen, zu deren Gunsten eine Sicherheit an Forderungen unter dem Kreditvertrag bestellt wurde.[1034]

Die etwas komplizierte Formulierung des in (ii) beschriebenen Erlaubnistatbestandes[1035] zielt darauf ab, die Weitergabebedürfnisse im Zusammenhang mit allen üblichen Verbriefungskonzepten und *hedging*-Transaktionen abzudecken. Diese Regelungen werden ergänzt durch Vorgaben betreffend die vorherigen Einholung von Vertraulichkeitsvereinbarungen und die Information der Informationsempfänger über den möglicherweise preissensitiven Charakter der zur Verfügung gestellten Informationen, wobei insoweit eine Ausnahme gilt für Informationsempfänger, die ohnehin beruflichen (insbesondere standesrechtlichen) Vertraulichkeitspflichten unterliegen.[1036] Die weiteren Erlaubnistatbestände der Vertraulichkeitsklausel decken die üblichen Ausnahmen für die **Weitergabe von Informationen** an **Aufsichts- und sonstige Behörden,** Börsen, aufgrund von **gesetzlichen und regulatorischen Bestimmungen,** im Zusammenhang mit behördlichen, Gerichts- und sonstigen Verfahren, Dienstleister, die Abwicklungsdienste bei der Übertragung von Kreditforderungen erbringen sowie Rating Agenturen ab.[1037] Eine Sonderrolle spielt die optional vorgesehene Ausnahme für die Weitergabe an sog. *numbering service provider,*[1038] die für UK-Banken von Relevanz ist. Die formularmäßige Entbindung von der Vertraulichkeit auf Basis der *LMA*-Musterklauseln ist, auch wenn die vertraglichen Bestimmungen im Einzelfall nicht ausgehandelt werden sollten, AGB-rechtlich nicht zu beanstanden.[1039] 205a

b) Verhältnis zu vor Vertragsschluss abgeschlossenen Vertraulichkeitsvereinbarungen. Im Rahmen von Kreditsyndizierungen werden die (potenziellen) Kreditgeber regelmäßig schon vor Vertragsschluss zur Abgabe von Vertraulichkeitsvereinbarungen auf Basis der hierfür entwickelten *LMA*-Muster[1040] aufgefordert. Ablauftechnisch wird die Akzeptanz dieser Vertraulichkeitsvereinbarung zur Voraussetzung für den Erhalt des Informationsmemorandums, das potenziellen Kreditgebern im Rahmen der Syndizierung zur Verfügung gestellt wird, gemacht. Die Arrangeure wiederum unterwerfen sich in der Regel im Mandatsbrief (ähnlichen) Vertraulichkeitspflichten. Mit Abschluss des Kreditvertrages werden diese Regelungen in aller Regel durch die **Regelungen des Kreditvertrages ersetzt.**[1041] Dies ist insbesondere auch im Interesse der Kreditgeber, da – wie oben dargestellt – die diesbezüglichen Bestimmungen des Kreditvertrages (bei Übernahme der *LMA*-Musterformulierungen oder zumindest deren Substanz) Erlaubnistatbestände für Sekundärmarkt- und Absicherungstransaktionen enthalten, die in den vorkreditvertraglichen Vertraulichkeitsvereinbarungen bewusst nicht enthalten sind, da derartige Informationsweitergaben während der Syndizierungsphase gegen die üblichen *no front-running*-Verpflichtungen verstoßen würden.[1042] 206

Im Zuge der Überprüfung des gesamten regulatorischen und banktechnischen Umfelds für Quotierung, die für die LIBOR/EURIBOR-Ermittlung herangezogen werden[1043], sind nunmehr **besondere Vertraulichkeitsbestimmungen** für **„*Funding Rates*"** und **Referenzbankquotierungen** aufgenommen worden, die die Weitergabe dieser Informationen 206a

[1034] *Clause* 36 (b) (vi) *LMA-GER,* ist optional und hängt davon ab, ob eine Erlaubnisklausel betreffend die Verpfändung/Sicherungsabtretung für Refinanzierungszwecke aufgenommen wurde (→ Rn. 195).

[1035] *„other transactions under which payments are to be made or may be made by reference to one or more Finance Documents and/or one or more Obligors".*

[1036] *Clause* 36.2 (a) – (c) *LMA-GER.*

[1037] *Clause* 36.2 (b) (v) und (vi), (b) und (c) *LMA-GER.*

[1038] *Clause* 36.3 *LMA-GER.*

[1039] *Ballo* S. 8.

[1040] *LMA Confidentiality and Frontrunning Letter for Primary Syndication.*

[1041] S. Paragraph A. 5. *LMA Confidentiality and Frontrunning Letter for Primary Syndication,* für die Arrangeure ergibt sich dies regelmäßig aus den Bestimmungen des Mandatsbriefes.

[1042] Vgl. Absatz (a) der Definition *„Frontrunning"* im LMA *Confidentiality and Frontrunning Letter for Primary Syndication.* Durch das Verbot von *frontrunning*-Aktivitäten soll eine Störung der Syndizierung vermieden werden. Potenzielle Investoren sollen nur im Rahmen des geordneten Syndizierungsablaufes und nicht unkoordiniert durch andere eingeladene Banken angesprochen werden.

[1043] → Rn. 42.

durch den Agenten und die *Obligor* einem Vertraulichkeitsregime unterworfen[1044]. Hintergrund ist die Besorgnis, dass aus diesen Quotierung Rückschlüsse auf die Quotierungen der betreffenden Institute für die Zwecke der Festlegung der LIBOR oder EURIBOR gezogen werden können (sofern das betreffende Institut zu dem relevanten „Panel" gehört[1045]) und derartige Informationen wegen der Relevanz der LIBOR/EURIBOR für die Preise/Kurse vieler Finanzinstrumente somit missbräuchlich ausgenutzt werden könnten.

XIV. Vertragsänderungen *(amendments)* und Verzichtserklärungen *(waivers)*

1. Zustimmung der Verpflichteten

207 Änderungen eines Finanzierungsdokumentes bedürfen stets der Zustimmung aller Verpflichteten.[1046] Der Konsortialkreditvertrag[1047] kann lediglich vorsehen, dass ein Verpflichteter, meist die Konzernobergesellschaft, bevollmächtigt wird, für andere Verpflichtete Willenserklärungen abzugeben oder geschäftsähnliche Handlungen vorzunehmen (***obligors' agent*-Konzept**). Es findet in der Praxis keine Differenzierung danach statt, ob bestimmte Änderungen nur in die Rechte und Pflichten der Kreditnehmer, der Garanten oder einzelner Verpflichteter eingreifen. Auch wenn eine solche Unterscheidung nicht grundsätzlich ausgeschlossen ist, wird schon aus Vorsichtsgründen in der Praxis die Zustimmung aller Verpflichteten eingeholt. Sind nicht alle Sicherungsgeber zugleich auch Verpflichtete, ist im Einzelfall zu prüfen, ob eine Vertragsänderung zusätzlich auch der Zustimmung aller oder einzelner Sicherungsgeber bedarf. Des Weiteren ist zu beachten, dass Vertragsänderungen im Einzelfall auch die Zustimmung nachrangig besicherter Gläubiger erfordern können und ggf. notarielle Form einzuhalten ist. Dies kann nicht nur Sicherheitenvereinbarungen, sondern auch den Konsortialkreditvertrag oder andere Finanzierungsdokumente betreffen.

2. Zustimmung der Finanzierungsparteien

208 Finanzierungsdokumente können im Regelfall durch **Entscheidung der Kreditgebermehrheit** *(„Majority Lenders")* mit Wirkung für alle Finanzierungsparteien geändert werden. Ebenso kann mit diesem **Quorum** auf Rechte der Finanzierungsparteien unter den Finanzierungsdokumenten verzichtet werden.[1048] Wird in die Rechte eines Arrangeurs, des Agenten, des Sicherheitenagenten, einer *fronting*-Bank oder eines Kreditgebers unter einer Abzweiglinie eingegriffen, muss auch der jeweils Betroffene zustimmen.[1049] Die Kreditgebermehrheit ist erreicht, wenn Kreditgeber zustimmen, deren Anteil an der Gesamtkreditzusage *(„Total Commitments")* 66²/₃ %oder mehr ausmacht.[1050] Stimmenthaltungen werden grundsätzlich als Ablehnung gewertet. Zulässige Mehrheitsentscheidungen binden alle Finanzierungsparteien. Die Finanzierungsparteien sind daher verpflichtet, an der vertraglichen Umsetzung von Mehrheitsentscheidungen mitzuwirken,[1051] und bevollmächtigen zu diesem Zweck den Agenten, in ihrem Namen Vertragsänderungen vorzunehmen oder Verzichts-

[1044] *Clause* 37 *LMA-GER*.
[1045] S. die Ausführungen in der Fn zu → Rn. 42.
[1046] *Clause* 35.1 (a) *LMA-GER*.
[1047] *Clause* 2.5 *LMA-LEV*.
[1048] *Clause* 35.1 (a) *LMA-GER*.
[1049] *Clauses* 35.3 *LMA-GER*, 42.4 (a) *LMA-LEV*.
[1050] *Clause* 1.1 Definition *„Majority Lender" LMA-GER*. In älteren Vertragsmustern der *LMA* wurde zur Bestimmung der Kreditgebermehrheit auch auf ausstehende Kredite *(„Loans")* abgestellt. Die Kreditgebermehrheit ist danach erreicht, wenn Kreditgeber zustimmen, deren Anteil am Gesamtbetrag aller ausstehenden Kredite *(„Loans")* oder, falls keine Kredite zum Zeitpunkt der Entscheidung ausstehen, an der Gesamtkreditzusage *(„Total Commitments")* 66 ²/₃ % oder mehr ausmacht. Im US Markt liegt das Quorum bei 50 %.
[1051] Eine Mitwirkung ist insbesondere dann erforderlich, wenn im Einzelfall eine Befreiung vom Selbstkontrahierungsverbot nach § 181 BGB erforderlich ist, eine Finanzierungspartei eine solche Befreiung aber nicht erteilen kann (*Clause* 26.1 (c) *LMA-GER*).

erklärungen abzugeben.[1052] Widerruft eine Finanzierungspartei die Vollmacht oder weigert sich an der Umsetzung der Mehrheitsentscheidung mitzuwirken, können die anderen Parteien auf Mitwirkung klagen. Darüber hinaus sind die Kreditgeber in der Ausübung ihres Stimmrechtes frei und daher weder verpflichtet, in einer dem Interesse aller Kreditgeber dienenden Weise abzustimmen, noch sind sie bei Interessenkollision von der Abstimmung ausgeschlossen.[1053]

In *leverage*-Transaktionen wird von Kreditnehmern häufig gefordert, dass der Anteil von **209**
Kreditgebern, die sich der Stimme enthalten, bei Bestimmung der Kreditgebermehrheit außer Betracht bleibt.[1054] Für *investment grade*-Transaktionen wird dieses ***snooze or lose*-Konzept** in der Regel ebenso abgelehnt, wie das in *leverage*-Transaktionen häufig zu findende ***yank the bank*-Konzept.**[1055] Bei letzterem hat der Kreditnehmer das Recht, einen Kreditgeber, der einer Vertragsänderung oder einem Verzicht nicht zugestimmt hat durch einen anderen Kreditgeber zu ersetzen. Voraussetzung ist unter anderem, dass eine qualifizierte Mehrheit, deren Quorum meist zwischen 80 und 90 % liegt, für die Vertragsänderung oder den Verzicht gestimmt hat. Mehrheitsentscheidungen sind jedoch nicht uneingeschränkt zulässig. Bestimmte, im Konsortialkreditvertrag abschließend aufgeführte Vertragsbestimmungen ***(entrenched provisions),***[1056] die den Kernbereich der Rechte der Finanzierungsparteien betreffen, können nur mit **Zustimmung aller Kreditgeber** geändert werden Auch einem Verzicht auf Rechte aus diesen Bestimmungen muss jeder einzelne Kreditgeber zustimmen.

Wurden dingliche Sicherheiten bestellt, bedürfen die Freigabe von Sicherheiten sowie eine **209a**
Änderung der Verteilung von Verwertungserlösen häufig der Zustimmung aller Kreditgeber.[1057] Es kann jedoch durchaus vorzugswürdig sein, dass eine Freigabe von Sicherheiten durch eine **qualifizierte Mehrheitsentscheidung** erfolgen kann, deren Quorum zwischen 80 und 90 % liegt sollte.

[1052] *Clause* 35.1 (b) *LMA-GER.*

[1053] Die Kreditgebermehrheit kann durch einen einzelnen Kreditgeber ebenso erreicht werden, wie umgekehrt ein einzelner Kreditgeber, der einen Anteil von mehr als 33¹/₃ % hält, eine Entscheidung blockieren kann. Ist das Übergewicht einzelner Kreditgeber bereits bei Vertragsschluss bekannt, kann es angebracht sein, das Quorum anzupassen; → Rn. 183.

[1054] *Clause* 42.7 *LMA-LEV.* Der Grund hierfür ist, dass sich in diesem Marktsegment nicht nur Kreditinstitute, sondern auch andere Investoren als Kreditgeber beteiligen, die von ihrem Stimmrecht häufig keinen Gebrauch machen.

[1055] *Clause* 42.8 *LMA-LEV;* → Rn. 201. Lediglich für Änderungen, die den Referenzzinssatz ***(„Screen Rate")*** betreffen, wurden in *Clause* 35.4 *LMA-GER* ein eingeschränktes *yank the bank*-Konzept in den deutschrechtlichen *LMA*-Mustervertrag eingeführt.

[1056] *Clause* 35.2 *LMA-GER.* Es handelt sich idR um: Änderung der Definition der Kreditgebermehrheit (*Clauses* 1.1 *„Majority Lender"*, 35.2 (a) *LMA-GER*), Verlängerung von Fälligkeitsterminen (*Clause* 35.2 (b) *LMA-GER*), Reduzierung der Marge oder eines unter einem Finanzierungsdokument geschuldeten Betrages (*Clause* 35.2 (c) *LMA-GER*), Erhöhung oder Verlängerung einer Kreditzusage und der Ziehungsfrist (*Clause* 35.2 (e) *LMA-GER*), Änderung der Kreditnehmer oder der Garanten (*Clause* 35.2 (f) *LMA-GER*), Änderung einer die Zustimmung aller Kreditgeber betreffenden Vertragsbestimmung (*Clause* 35.2 (g) *LMA-GER*), Änderung der Bestimmung zur Rechtsnatur der Rechte und Pflichten *(rights and obligations several)* der Finanzierungsparteien (*Clauses* 35.2 (h), 2.3 *LMA-GER*), Änderung der Bestimmung zur Ziehungsnachricht (*Clauses* 35.2 (h), 5.1 *LMA-GER*), Änderung der Bestimmung zur Illegalität (*Clauses* 35.2 (h), 8.1 *LMA-GER*), Änderung der Bestimmung zur vorzeitigen Rückzahlung bei Kontrollwechsel (*Clauses* 35.2 (h), 8.2 *LMA-GER*), Änderung der Bestimmung zur Tilgungsreihenfolge (*Clauses* 35.2 (h), 8.8 *LMA-GER*), Änderung der Bestimmung zur Übertragung von Rechten und Pflichten der Kreditgeber (*Clauses* 35.2 (h), 24 *LMA-GER*), Änderung der Bestimmung zur Pflicht zum Teilungsausgleich *(sharing)* (*Clauses* 35.2 (h), 28 *LMA-GER*), Änderungen der Rechtsnatur und des Umfanges der Garantie (*Clauses* 35.2 (h), 18 *LMA-GER*), Änderung der Bestimmung des anwendbaren Rechtes (*Clauses* 35.2 (h), 35 *LMA-GER*), Änderung der Bestimmung des Gerichtsstandes (*Clauses* 35.2 (h), 38 *LMA-GER*), sowie eine Änderung von *Clause* 35.2 *LMA-GER* selbst (*Clause* 35.2 (h) *LMA-GER*).

[1057] *Clause* 42.3 (c) *LMA-LEV.* Zutreffend bejaht *Steinhauer* die grundsätzliche Anerkennungsfähigkeit von Sicherheiten als eigenkapitalentlastend gemäß Art. 192 ff CRR auch für den Fall, dass einer Mehrheit der Kreditgeber (oder, im Falle einer Freigabe von Sicherheiten, häufig allen Kreditgebern) das Recht eingeräumt wird, über Bestellung, Bestand und Freigabe von Sicherheiten zu entscheiden, vgl. *Steinhauer* WM 2014, 1264 (1267).

210 Die *LMA*-Musterverträge sehen ein *all lenders*-Erfordernis auch zur Änderung des anwendbaren Rechtes und Gerichtsstandes vor[1058]. Dies ist eine Reaktion auf den APCOA-Fall, in dem vom englischen *High Court of Justice*[1059] anerkannt wurde, dass durch Mehrheitsbankenentscheidung eine nachträgliche Änderung der Rechtswahl von deutschem zu englischem Recht und damit eine hinreichende Verbindung *(‚sufficient connection')* zum englischen Recht herbeigeführt werden kann, die eine Restrukturierung im Wege eines englischrechtlichen *Scheme of Arrangements* ermöglicht. In Anbetracht dessen ist, jedenfalls bei Verwendung der *LMA*-Musterverträge, für die Praxis davon auszugehen, dass ohne ein ausdrückliches vereinbartes *all lenders*-Erfordernis eine Änderung der Rechtswahl mit Zustimmung der Mehrheitsbanken möglich ist.

211 Eine Änderung der Kreditnehmer oder der Garanten erfordern nach *Clause* 35.2 (f) *LMA-GER* die Zustimmung aller Kreditgeber. *Clause* 25.6 (a) *LMA-GER* schliesst die Freigabe der Garantie der *„Company"* (in der Regel die Muttergesellschaft der Gruppe) ausdrücklich aus (s. die Formulierung ‚*(other than the Company)*'). *Clause* 25.6 *LMA-GER* gehört zudem zu den Bestimmungen des *LMA*-Mustervertrages, die nur durch alle Kreditgeber geändert werden können.[1060]

212 Auf alle Aspekte der Abgrenzung zwischen zulässiger Mehrheitsentscheidung und der Notwendigkeit einer Zustimmung aller Kreditgeber einzugehen, würde den Rahmen dieser Abhandlung sprengen. Auf weitere in der Praxis besonders bedeutsame Fragen wurde bei den Ausführungen zu der jeweiligen Vertragsbestimmung eingegangen.[1061]

XV. Rechtswahl und Gerichtsstand

1. Rechtswahl

213 Die **Rechtswahlklausel** (*Clause* 38 *LMA-GER*) unterwirft den Vertrag deutschem Recht. Optional sieht sie vor, auch nicht-vertragliche Ansprüche im Zusammenhang mit dem Vertrag (zu denken ist etwa an Ansprüche aufgrund etwaiger Verletzungen vorvertraglicher Sorgfaltspflichten) ausdrücklich dem deutschen Recht zu unterwerfen.

2. Gerichtsstand

214 Die **Gerichtsstandklausel** (*Clause* 39.1 *LMA-GER*) ist bewusst **asymetrisch** gefasst. Dies heisst, dass sie das vereinbarte deutsche Gericht (musterseitig sind die Gerichte in Frankfurt am Main vorgesehen) für ausschliesslich zuständig erklärt, diese Ausschliesslichkeit aber nur für den Kreditnehmer (und etwaige Garanten) gilt, während es den *„Finance Parties"* frei steht, auch vor jedem anderen zuständigen Gericht zu klagen (*Clause* 39.1 (c) *LMA-GER*). Diese Gestaltung soll zum einen insbesondere verhindern, dass zB ausländische Kreditnehmer durch Erhebung einer negativen Feststellungsklage in ihrem Heimatland dort ein Forum sichern und damit faktisch (zB aufgrund der Sperrwirkung des Art 29 Brüssel-Ia-VO) die Zuständigkeit des eigentlich vereinbarten – und bei einem deutschen Recht unterliegendem Vertrag wohl auch eher sachkundigen – deutschen Gerichtes unterlaufen.[1062] Zum anderen werden

[1058] *Clauses* 35.2 (h), 35 und 38 *LMA-GER*.

[1059] *Neutral Citation Number* [2014] EWHC 1867 (Ch) (http://www.bailii.org/ew/cases/EWHC/Ch/2014/1867.rtf – zuletzt abgerufen am 20.7.2019) und *Neutral Citation Number* [2014] EWHC 3849 (Ch) (http://www.bailii.org/ew/cases/EWHC/Ch/2014/3849.rtf – zuletzt abgerufen am 20.7.2019); vgl. *Schulz* ZIP 2015, 1912 ff. S. zu dieser Entscheidung auch → Rn. 6 sowie die im Anschluss ergangene Entscheidung des *High Court of Justice* zu DTEK (Neutral Citation Number [2015] EWHC 1164 (Ch) (https://www.bailii.org/ew/cases/EWHC/Ch/2015/1164.pdf – zuletzt abgerufen am 20.7.2019).

[1060] Das war nicht immer so und konnte deshalb bei in der Praxis häufig vorkommenden Anpassungen der *Clause* 25.6 (b) (ii) *LMA-GER* auf ein Mehrheitsbankenprinzip ggf unbeabsichtigt zu einer auch aus regulatorischer Sicht problematischen Vertragsgestaltung führen; → Rn. 203b.

[1061] → Rn. 23, 72, 85 und → Rn. 88, 97, 155.

[1062] Zu der Frage, ob diese Form der asymetrischen Ausgestaltung einen ausschliessliche Gerichtsstand iSd Art 31 Brüssel-Ia-VO begründet, was zu einem besonders weitgehenden Schutz unter der Brüssel-Ia-VO führt, s. *Abendroth* WM 2017, 1786 (1791).

hierdurch jedoch andere, sich ggf im Einzelfall zB aus vollstreckungstechnischen Gründen den *„Finance Parties"* anbietende Gerichtsstände (wie zB der des Sitzes des Kreditnehmers oder des Belegenheitsortes von Vermögen) nicht ausgeschlossen.

Gegen derartige asymetrisch wirkende Klausel sind in Frankreich **Bedenken** erhoben worden und der **französische *Cour de Cassation* hat** – insoweit in der Substanz denjenigen des *LMA*-Mustervertrages entsprechenden – Klauseln in zwei Urteilen die Anerkennung versagt.[1063] Seine letztlich unklar bleibenden Begründungsansätze überzeugen jedoch im Lichte der Rechtssprechung des EuGH in keinerlei Hinsicht[1064] und haben **keine Präjudizwirkung in anderen Jurisdiktionen.** Es besteht daher im Regelfall kein Anlass, die Gerichtsstandsklausel des *LMA*-Mustervertrages im Hinblick auf diese Entscheidungen in Frage zu stellen.[1065] Handelt es sich jedoch bei dem Kreditnehmer (oder einem aus kreditmaterieller Sicht wichtigen Garanten) um ein Unternehmen mit Sitz in Frankreich, muss man im Einzelfall abwägen.

[1063] *Cass. Civ., 1re, 26.septembre 2012, bulletin No. 11–26.022* (https://www.legifrance.gouv.fr/affichJuriJudi.do?oldAction=rechJuriJudi&idTexte=JURITEXT000026431679&fastReqId= – zuletzt abgerufen am 23.7.2019); *Cass. Civ., 1re, 25.3.2015, bulletin No. 13–27.264* (https://www.legifrance.gouv.fr/affichJuriJudi.do?idTexte=JURITEXT000030409294 – zuletzt abgerufen am 23.7.2019).

[1064] *Abendroth* WM 2017, 1786 (1791).

[1065] *Abendroth* WM 2017, 1786 (1792).

17. Kapitel: SchVG – Gesetz über Schuldverschreibungen aus Gesamtemissionen (Schuldverschreibungsgesetz)

Vom 31.7.2009 (BGBl. I S. 2512)

Zuletzt geändert durch Artikel 2 des Gesetzes zur Änderung des Bundesschuldenwesengesetzes vom 13.9.2012 (BGBl. I S. 1914)

Schrifttum: Arbeitskreis Reform des Schuldverschreibungsrechts, Reform des Schuldverschreibungsgesetzes, ZIP 2014, 845; *Baars/Böckel,* Argentinische Anleihen vor deutschen und argentinischen Gerichten, ZBB 2004, 445; *Baums,* Das preußische Schuldverschreibungsgesetz und F. C. von Savigny FS Möschel, 2011, 1097; *Bliesener,* Änderungen von Anleihebedingungen in der Praxis, in: *Baum/Fleckner/Hellgardt/Roth* (Hrsg.), Perspektiven des Wirtschaftsrechts, Beiträge für Hopt, 2008, 355; *Bösch,* Die Emission von Schuldverschreibungen nach schweizerischem Recht – ein Rechtsvergleich mit dem geplanten deutschen Schuldverschreibungsrecht, in: *Baums/Cahn* (Hrsg.), Die Reform des Schuldverschreibungsrechts, 2004, 199; *Bredow/Vogel,* Unternehmenssanierung und Restrukturierung von Anleihen, ZBB 2008, 221; *Bredow/Vogel,* Restrukturierung von Anleihen – Der aktuelle Regierungsentwurf eines neuen Schuldverschreibungsgesetzes, ZBB 2009, 153; Bundesministerium der Finanzen und Bundesministerium für Justiz und Verbraucherschutz, Eckpunkte für die regulatorische Behandlung von elektronischen Wertpapieren und Krypto-Token, 2019 (https://www.bundesfinanzministerium.de/Content/DE/Gesetzestexte/Gesetze_Gesetzesvorhaben/Abteilungen/Abteilung_VII/19_Legislaturperiode/2019-03-07-Eckpunktepapier-Wertpapiere-Krypto-Token/2019-03-07-Eckpunktepapier-regulatorische-Behandlung-elektronische-Wertpapiere-Krypto-Token.pdf?__blob=publicationFile&v=7); *Burn,* Bond issues under U. K. law: how the proposed German legislation compares, in: *Baums/Cahn* (Hrsg.), Die Reform des Schuldverschreibungsrechts, 2004, S. 219; Deutsches Aktieninstitut e. V., Stellungnahme zum Referentenentwurf eines Gesetzes zur Neuregelung der Rechtsverhältnisse bei Schuldverschreibungen aus Anleihen und zur Anpassung kapitalmarktrechtlicher Verjährungsvorschriften, 2008; Deutscher Anwaltverein, Stellungnahme zum Referentenentwurf eines Gesetzes zur Neuregelung der Rechtsverhältnisse bei Schuldverschreibungen aus Anleihen und zur Anpassung kapitalmarktrechtlicher Vorschriften, 2008 (https://anwaltverein.de/de/newsroom/id-2008-41?page_n27=131&file=files/anwaltverein.de/downloads/newsroom/stellungnahmen/2008/SN41.pdf); Deutsche Bundesbank, Erklärung der Deutschen Bundesbank zu DM-Emissionen, WM 1992, 1211; Deutsche Bundesbank, Monatsbericht Dezember 1999 (https://www.bundesbank.de/resource/blob/691706/60062f29983db5d36a5bfc9b73dedadc/mL/1999-12-monatsbericht-data.pdf); Deutsche Bundesbank, Monatsbericht April 2011 (https://www.bundesbank.de/resource/blob/668876/a9026a4d1ac8274b928eb3079fbc85cb/mL/2011-04-monatsbericht-data.pdf); Deutsche Bundesbank, Monatsbericht August 2011 (https://www.bundesbank.de/resource/blob/693046/c7ee65b8b82a9fe180a88db6498b485f/mL/2011-08-monatsbericht-data.pdf); Deutsche Bundesregierung, Erklärung der Bundesregierung zur Zulässigkeit von Umschuldungsklauseln bei ausländischen Staatsanleihen, die deutschem Recht unterliegen, 2000 (https://www.bundesbank.de/resource/blob/680186/85d42734a74227a276512f978e9d7545/mL/2000-02-14-erklaerung-download.pdf); Deutsche Kreditwirtschaft, Stellungnahme zum Papier „Eckpunkte für die regulatorische Behandlung von elektronischen Wertpapieren und Krypto-Token", 2019 (https://bankenverband.de/media/files/2019-04-12_DK-Stn_Eckpunkte_elektron_Wertpapiere_und_Krypto_Token.pdf); *Dey,* Collective Action Clauses Sovereign Bondholders Cornered?, Law and Business Review of the Americas 15 (2009), 486; *Dixon/Wall,* Collective action problems and collective action clauses, Financial Stability Review, 2000, 142; Europäischer Rat, Schlussfolgerungen vom 24./25. März 2011, EUCO 10/1/11 (http://www.consilium.europa.eu/uedocs/cms_data/docs/pressdata/de/ec/120313.pdf); Group of Ten, The Resolution of Sovereign Liquidity Crisis, 1996 (http://www.bis.org/publ/gten03.pdf); Group of Ten, Report of the G-10 Working Group on Contractual Clauses, 2002 (http://www.bis.org/publ/gten08.pdf); *Hofmann/Keller,* Collective Action Clauses, ZHR 175 (2011), 684; International Monetary Fund, The Design and Effectiveness of Collective Action Clauses, 2002 (http://www.imf.org/external/np/psi/2002/eng/060602.pdf); *Keller,* Neuere Entwicklungen im Bereich der emerging-markets-Staatsanleihen, BKR 2003, 313; *Keller,* Umschuldung von Staatsanleihen unter Berücksichtigung der Problematik einer Aggregation aller Anleihegläubiger, in: Baums/Cahn (Hrsg.), Die Reform des Schuldverschreibungsrechts, 2004, 157; *Keller/Kößler,* Die Bedeutung des Schuldverschreibungsgesetzes für deutsche Staatsanleihen im Lichte der jüngsten Entwicklungen, in: Baums (Hrsg.), Das neue Schuldverschreibungsrecht, 2013, 73; *Kleinlein,* Rechtsfragen staatlicher Auslandsanleihen: Odious Debts, Staatsnotstand und Immunität, AdR 44 (2006) 405; *Kleinlein,* Anforderungen an den Verzicht auf diplomatische Immunität, NJW 2007, 2591; *Kenadjan,* Bond issues under New York and U. S. law: Considerations for the German Law Maker from a U. S. Perspective, in: *Baums/Cahn* (Hrsg.), Die Reform des Schuldverschreibungsrechts, 2004, 245; *Kolling,* Aktuelle Entwicklungen in Sachen Argentinien-Anleihen – Klagen deutscher Gläubiger, BKR

2007, 481; *Müller,* Insolvenzverfahren für souveräne Staaten – Ausweg aus der Schuldenkrise?, KTS 2013, 263; *Nodoushani,* Die Restrukturierung von Staatsanleihen im Euroraum, WM 2012, 1798; *Obst/Hintner* (Hrsg.), Geld-, Bank- und Börsenwesen, 39. Aufl. 1993; *Paulus,* Geordnete Staateninsolvenzen – eine Lösung mit Hilfe des Vertragsrechts, ZIP 2011, 2433; Rat der Europäischen Union (ECOFIN), Presseerklärung vom 7. September 2002 (http://uk.fm.dk/News/Press%20releases/2002/09/Informal%20Ecofin.aspx); *Schmidtbleicher,* Die Anleihegläubigermehrheit, Diss. Frankfurt a. M. 2010; *Schneider,* Die Änderung von Anleihebedingungen durch Beschluss der Gläubiger, in: *Baums/Cahn* (Hrsg.), Die Reform des Schuldverschreibungsrechts, 2004, 69; *Schneider,* Ist das SchVG noch zu retten?, in: *Baums* (Hrsg.), Das neue Schuldverschreibungsrecht, 2013, 1; *Seibt/Westpfahl,* Auf dem Weg zu einem „Neuen Sanierungsgesellschaftsrecht"?, ZIP 2013, 2333; *Sester,* Beteiligung von privaten Investoren an der Umschuldung von Anleihen im Rahmen des European Stability Mechanism (ESM), WM 2011, 1057; *Siebel,* Rechtsfragen internationaler Anleihen, Habil. Mainz 1997; *Stadler,* Pacta sunt servanda – auch im Falle argentinischer Staatsanleihen, IPrax 2008, 405; *Than,* Kapitalmarkt und Globalurkunde FS Heinsius, 1991, 809; True Sale Initiative, Anmerkungen zu dem vom Bundesministerium der Justiz (BMJ) im April letzten Jahres vorgelegten Diskussionsentwurf eines „Gesetzes zur Änderung des Schuldverschreibungsrechts"; *Vogel,* Das Schuldverschreibungsgesetz – Gesetzgeberisches Fossil oder lebendes Kapitalmarktrecht?, ZBB 1996, 321; *Weiß,* Opt-in ausländischer Altanleihen ins neue Schuldverschreibungsgesetz, in: *Baums* (Hrsg.), Das neue Schuldverschreibungsrecht, 2013, 25; *Wood,* Law and Practice of International Finance, 1990.

Einleitung

I. Vorläufer und Genese des Gesetzes

1. Frühe Vorläufer

1 Das SchVG hat das alte SchVG 1899 abgelöst. Das SchVG 1899 war am 1.1.1900 gleichzeitig mit dem BGB in Kraft getreten.[1] Mit seinem Inkrafttreten verloren die zuvor bestehenden Landesgesetze über die gemeinsamen Rechte von Besitzern von Schuldver-

[1] Gesetz betreffend die gemeinsamen Rechte der Besitzer von Schuldverschreibungen v. 4.12.1899 (RGBl. 1899, 691, BGBl. III 4134-1).

schreibungen ihre Geltung. Derartige Gesetze gab es in zahlreichen deutschen Ländern, so in Braunschweig, Sachsen-Coburg-Gotha, Baden, Elsass-Lothringen, Mecklenburg-Schwerin und Mecklenburg-Strelitz, Schwarzburg-Sondershausen, Bayern sowie Preußen.[2] Sie sahen jeweils eine organisierte Vertretung der Anleihegläubiger vor. Zum Teil trafen sie Vorkehrungen für Gläubigerversammlungen mit dem Recht, Mehrheitsbeschlüsse zu fassen. Die Gesetze hatten allerdings im Wesentlichen nur für die dinglichen Sicherheiten der Schuldverschreibungen Bedeutung.[3]

2. Schuldverschreibungsgesetz von 1899

2 Das SchVG 1899 erlaubte – nach Maßgabe seiner Bestimmungen und abweichend vom allgemeinen Recht – in einer Versammlung der Anleihegläubiger Mehrheitsbeschlüsse mit verbindlicher Kraft für alle Anleihegläubiger zu fassen über (i) die Änderung der Anleihebedingungen, insbesondere über die Aufgabe oder Beschränkung von Rechten der Gläubiger, und (ii) die Bestellung eines Gläubigervertreters und dessen Beauftragung mit der Wahrnehmung von Rechten der Gläubiger. Das Gesetz ist während seines langen Bestehens in den Grundzügen nicht geändert worden. Es hat nur **geringe Bedeutung** in der Praxis erlangt. Das lag an dem begrenzten Anwendungsbereich des Gesetzes und der eingeschränkten Beschlusskompetenz der Gläubigerversammlung.

3 **a) Inlandsanleihen.** Das Gesetz galt nach § 1 Abs. 1 SchVG 1899 nur für Emissionen von Schuldnern, die im Inland ihren Wohnsitz oder ihre gewerbliche Niederlassung haben (sog. **Inlandsanleihen**). Die Schuldverschreibungen mussten zudem im Inland ausgestellt sein (§ 1 Abs. 1 SchVG 1899). Sie mussten ferner – als ungeschriebene weitere Voraussetzung – deutschem Recht unterstellt sein.[4] Auf Anleihen, die fremdem Recht unterstellt waren, fanden die gesetzlichen Regeln des deutschen Rechts keine Anwendung, sondern das berufene fremde Recht. Daran hat sich durch das SchVG 2009 im Ergebnis nichts geändert. Von diesem Sachverhalt ist auch die Praxis ausgegangen.[5]

4 Von der Geltung des Gesetzes ausdrücklich ausgenommen waren Anleihen des Bundes und der Länder (§ 24 Abs. 1 SchVG 1899). Auf Anleihen von Gemeinden und Gemeindeverbänden konnte das Gesetz nur angewendet werden, wenn Landesgesetze das so bestimmten (§ 24 Abs. 2 SchVG 1899).

5 **b) Auslandsanleihen.** Das Gesetz fand keine Anwendung auf Anleihen ausländischer Emittenten (sog. **Auslandsanleihen**). Damit fiel in den vergangenen Jahrzehnten der weitaus größte Teil aller nach deutschem Recht begebenen Unternehmensanleihen und Anleihen ausländischer öffentlich-rechtlicher Emittenten nicht in den Anwendungsbereich des Gesetzes. Dazu gehörten die zahllosen Anleihen deutscher Unternehmen, die über ausländische Finanzierungstöchter (etwa mit dem Sitz in den Niederlanden oder Luxemburg) unter Garantien der deutschen Muttergesellschaften begeben wurden, ebenso wie die vielen DM-Anleihen ausländischer Staaten, Körperschaften und internationaler Organisationen, die in Befolgung des bis zum 1.8.1992 geltenden „Verankerungsprinzips" der Deutschen Bundesbank deutschem Recht unterstellt und in die deutsche Giro-Sammelverwahrung einbezogen wurden.[6]

---

[2] Nachweise bei *Vogel* ZBB 1996, 321 (324). Vgl. ferner die amtliche Begründung zum Entwurf eines Gesetzes, betreffend die gemeinsamen Rechte der Besitzer von Schuldverschreibungen, Aktenstück 105, S. 907 der Aktenstücke zu den Verhandlungen des Reichtags 1898/99. Das preußische Gesetz von 1833 (dazu *Baums* FS Möschel, 2011, 1097 (1098)) ist in diesem Zusammenhang nicht zu nennen, weil es nicht die Organisation gemeinsamer Gläubigerinteressen durch gemeinsame Vertretung zum Inhalt hat, sondern in erster Linie die Ausstellung und das Inverkehrbringen von Inhaberschuldverschreibungen betraf und die dafür erforderliche staatliche Genehmigung regelte.

[3] *Vogel* ZBB 1996, 321 (324).

[4] Baums/Cahn/*Schneider* S. 69 (75); *Bredow/Vogel* ZBB 2008, 221 (222 f.); **aA** *Schmidtbleicher* Die Anleihegläubigermehrheit S. 152.

[5] Baums/Cahn/*Schneider* S. 69 (75).

[6] Vgl. Erklärung der Deutschen Bundesbank zu DM-Emissionen WM 1992, 1211; *Bliesener* Beiträge für Hopt, 2008, 355 (366). Zu den Vorläufern der ‚Erklärungen zu DM-Emissionen' der Deutschen Bundesbank:

c) Beschlusskompetenz der Gläubigerversammlung. Das SchVG 1899 erlaubte Mehrheitsbeschlüsse der Gläubigerversammlung über die „Aufgabe oder Beschränkung von Rechten der Gläubiger" ausschließlich zur „Abwendung einer Zahlungseinstellung oder des Insolvenzverfahrens über das Vermögen des Schuldners" (§ 11 Abs. 1 SchVG 1899). Jeder Eingriff in die Rechte der Gläubiger durfte längstens für die Dauer von drei Jahren beschlossen werden (§ 11 Abs. 1 S. 1 SchVG 1899). Wurde binnen dieser Frist das Insolvenzverfahren eröffnet, so wurde der Eingriff allen Insolvenzgläubigern gegenüber hinfällig (§ 11 Abs. 1 S. 2 SchVG 1899). Beschlüsse über eine Herabsetzung der Kapitalforderung waren schlechterdings unzulässig (§ 12 Abs. 3 SchVG 1899). Zu Zwecken der Sanierung des Schuldners waren damit nur Beschlüsse möglich über die Stundung der Kapitalforderung, den Verzicht auf Zinsansprüche, die Stundung von Zinsansprüchen, sowie die Nichtausübung von bereits eingetretenen oder möglicherweise noch eintretenden Kündigungsgründen, und zwar in allen diesen Fällen längstens auf die Dauer von drei Jahren. Die besonders wichtigen und vielfach angewendeten Maßnahmen zur Restrukturierung von Unternehmen und öffentlich-rechtlichen Schuldnern in der Krise waren dagegen der Kompetenz der Gläubigerversammlung entzogen, wie beispielsweise der (teilweise) Verzicht auf die Kapitalforderung, die Umwandlung der Kapitalforderung in Gesellschaftsanteile, die langfristige Stundung von Kapital- und Zinsforderungen, der Rangrücktritt der Forderungen zur Beseitigung oder Verhinderung des Eintritts einer Überschuldung, die Aufgabe von Sicherheiten, usf. Mit seiner derart eingeschränkten Beschlusskompetenz stellte das SchVG 1899 nur ein **unvollkommenes Instrumentarium** zur Restrukturierung, Sanierung und Insolvenzvermeidung von privaten und öffentlichen Schuldnern bereit. 6

Die gesetzliche Kompetenz der Gläubigerversammlung nach dem SchVG 1899 gestattete auch keine Eingriffe in Rechte der Anleihegläubiger, die lediglich der Anpassung der Anleihebedingungen an veränderte rechtliche, wirtschaftliche oder steuerliche Umstände dienen sollten, welche während der Laufzeit der Anleihe auftreten mochten.[7] Da Eingriffe in Gläubigerrechte nur zu Zwecken der Abwendung der Zahlungseinstellung oder des Insolvenzverfahrens beschlossen werden durften, verboten sich alle sonstigen Änderungen der Anleihebedingungen, die nicht dieses Ziel verfolgten. Für sie gab es ein weites Bedürfnis. 7

d) Fazit. Im Ergebnis stand das Gesetz von 1899 selbst in seinem gesetzlich normierten Anwendungsbereich der Inlandsanleihen der zweckgerechten und sinnvollen Koordinierung der Interessen der Beteiligten – Anleihegläubiger und Schuldner – entgegen. Es ermöglichte weder rechtzeitige und umfassende Maßnahmen zur Restrukturierung des Schuldners, noch eröffnete es Wege zur Anpassung von Anleihebedingungen an Änderungen der wirtschaftlichen und rechtlichen Verhältnisse während der Laufzeit der Anleihe. Für Auslandsanleihen, die außerhalb des vom Gesetz bestimmten Anwendungsbereiches lagen, blieb das SchVG 1899 ganz ohne Bedeutung. 8

3. Kautelarische Gestaltungen unter der Geltung des SchVG 1899

Während der langen Geltungsdauer des SchVG 1899 hat es so gut wie keine kautelarischen Gestaltungen unter deutschem Recht gegeben, die die Beschlusskompetenz einer Gläubigerversammlung zur nachträglichen Änderung von Anleihebedingungen vorsahen.[8] 9

Das galt namentlich für **Auslandsanleihen.** Nach allgemeiner Ansicht konnte eine **Gesamtanalogie** des Gesetzes auf Auslandsanleihen nicht wirksam vorgenommen werden.[9] Einige Stimmen in der Literatur haben indessen eine **Teilanalogie** für grundsätzlich zulässig 10

Obst/Hintner/*Thomas/Treutler* Geld-, Bank- und Börsenwesen S. 1228; *Than* FS Heinsius, 1991, 809 (823); *Bredow/Vogel* ZBB 2008, 221 (222 f.).

[7] Dazu ausführlich Baums/Cahn/*Schneider* S. 69 (81 ff.).

[8] *Siebel* Rechtsfragen internationaler Anleihen S. 685, berichtet von zwei deutschem Recht unterliegenden (im Rahmen des Brady-Plans) DM-Order-Schuldverschreibungen/1990/2019 Mexikos, bei denen der *Sicherheitenvertrag* die Möglichkeit zur Abhaltung von Gläubigerversammlungen vorgesehen habe.

[9] Baums/Cahn/*Schneider* S. 69 (85 Fn. 26).

gehalten.[10] Für eine Teilanalogie haben sich auch die Deutsche Bundesbank und die Bundesregierung in öffentlichen Erklärungen von Ende 1999 und Anfang 2000 ausgesprochen. Mehrheitlich hat die Literatur die Änderungskompetenz der Gläubiger bejaht, sofern die Anleihebedingungen selbst die Einzelheiten der Durchführung von Gläubigerversammlungen regeln und diese die Schranken der Gläubigerbefugnisse des SchVG 1899 respektieren.[11]

11 Die Praxis ist dem aus mehreren Gründen nicht gefolgt.[12] Vor allem beantworteten die amtlichen Stellungnahmen und die Literatur nicht die **grundlegende Frage,** ob – im Hinblick auf die allgemeinen Ordnungsprinzipien des Schuldrechts und die spezielle Regelung des AGB-Rechts – die Organisation und Vergemeinschaftung individueller Forderungsrechte einer Vielzahl von Gläubigern ohne einschlägige gesetzliche Grundlage zulässig ist.

4. Genese des Gesetzes

12 Die Unvollkommenheit des SchVG 1899 und seine praktische Bedeutungslosigkeit verlangten nach grundlegender gesetzlicher Reform. Das galt umso mehr, als der Kapitalmarkt immer größere Bedeutung für die Finanzierung von Unternehmen und öffentlicher Hand durch Anleihekapital gewann. Es kam hinzu, dass das sog „Verankerungsprinzip" der Deutschen Bundesbank, das bis dahin die Anwendung deutschen Rechts auf DM-Anleihen inländischer und ausländischer Emittenten sichergestellt hatte, mit Wirkung zum 1.8.1992 aufgehoben wurde.[13] Das deutsche Recht stand damit im Wettbewerb mit anderen Rechtsordnungen. Das traf vor allem zu auf das englische Recht und das Recht des Staates New York, denen beiden „Weltgeltung" zukam, aber auch für das japanische Recht, wobei namentlich das englische und das japanische Recht über ein flexibles Instrumentarium für die Koordination von Gläubigerinteressen durch Mehrheitsbeschluss verfügten. Solche Instrumentarien kannten zudem auch eine Reihe anderer Rechtsordnungen in Europa wie etwa Frankreich, Luxemburg, Österreich und die Schweiz, von denen insbesondere das französische, Luxemburger und Schweizer Recht als Anleiherechte erhebliche Bedeutung haben.[14]

13 **a) Ein erster Vorstoß 1996.** Den Vorstoß zu einer solchen Reform machte 1996 ein Kreis von Kapitalmarktjuristen aus führenden Banken und Anwaltsfirmen. Er legte dem Bundesjustizminister über den Deutschen Anwaltsverein einen kompletten Entwurf eines Schuldverschreibungsgesetzes nebst Gesetzesbegründung vor.[15] Der Entwurf trug den Anforderungen eines modernen international kompetitiven Anleiherechts Rechnung, mit umfassenden Kompetenzen der Gläubigerversammlung zur Änderung der Anleihebedingungen bei der Restrukturierung des Schuldners, einschließlich Umschuldungen ausländischer Staaten, Gebietskörperschaften und internationaler Organisationen, und – nach Maßgabe der Anleihebedingungen – die Bestellung eines Gläubigervertreters zur Wahrnehmung von Rechten der Anleihegläubiger. Der Vorstoß verhallte nahezu ungehört.

14 **b) Internationale Entwicklungen. aa) Empfehlungen zwischenstaatlicher Gremien.** Der entscheidende Anstoß für den deutschen Gesetzgeber, das Schuldverschreibungsrecht zu novellieren, erwuchs aus den Bestrebungen, geordnete Verfahren für die **Restrukturierung von Staatsanleihen** im Falle von Schuldenkrisen der Schwellenländer bereit zu

[10] Nachweise bei Baums/Cahn/*Schneider* S. 69 (85 Fn. 27).

[11] Nachweise bei Baums/Cahn/*Schneider* S. 69 (85 Fn. 28).

[12] Insbesondere riet die anwaltliche Praxis – damals wie heute aufgefordert, die Rechtswirksamkeit von Anleihen in *Legal Opinions* zu bestätigen – mit Rücksicht auf die ungeklärte Rechtslage und vor dem Hintergrund der hohen Volumina der Emissionen und der bestehenden Haftungsrisiken davon ab, in Auslandsanleihen nach deutschem Recht Regelungen über eine Beschlusskompetenz der Gläubiger zur Änderung der Anleihebedingungen vorzusehen. Sie hatte schon seit Jahren eine neue gesetzliche Grundlage angemahnt, die die engen Grenzen des SchVG 1899 für Mehrheitsentscheidungen der Gläubiger beseitigen und die gebotene Rechtssicherheit für die Zulässigkeit solcher Entscheidungen auch für Auslandsanleihen bieten würde.

[13] → Rn. 5.

[14] → Rn. 25.

[15] Der Entwurf trägt das Datum vom 5.8.1996 und ist unveröffentlicht.

stellen. Konkreter Anlass für diese Bestrebungen waren die Finanzkrisen der südamerikanischen Länder in den 80er und 90er Jahren des vergangenen Jahrhunderts. Sie erreichten einen kritischen Höhepunkt mit der **Schuldenkrise Argentiniens.** Das Land hatte sich vor allem durch Anleihen im Ausland erheblich verschuldet. Ende 2001 erklärte es sich für zahlungsunfähig und stellte die Zahlungen an seine in- und ausländischen Anleihegläubiger ein.

Eine Reihe von zwischenstaatlichen Einrichtungen und Gremien – vor allem der IWF, die G7 und die G10 – nahmen sich **in den Jahren 1996 bis 2002** der Aufgabe an, die Strukturen geordneter Verfahren *(orderly work-out)* zur Restrukturierung der Anleiheverbindlichkeiten von Schwellenländern zu entwickeln und damit die Anleihegläubiger in die Lösung von Finanzkrisen dieser Länder einzubeziehen. Dabei standen sich **zwei Grundmodelle** gegenüber. Einmal eine durch Staatsvertrag zu begründende **internationale Insolvenzordnung** für Staaten (*Sovereign Debt Resolution Mechanism* – **SDRM**).[16] Der Plan wurde vom IWF entwickelt und befürwortet, wird aber seit Jahren nicht mehr verfolgt. Das zweite Modell war ein vertraglicher Ansatz: Die Aufnahme von Klauseln in die jeweiligen Bedingungen von Staatsanleihen, die eine Umschuldung der Anleihe im Wege der Änderung der Anleihebedingungen durch Mehrheitsbeschluss der Gläubiger ermöglichen **(Umschuldungsklauseln – Collective Action Clauses).** Auf diesen Weg setzt die internationale Staatengemeinschaft bis heute.[17] **15**

Bereits 1996 legte die **Group of Ten (G10)** den Bericht einer Arbeitsgruppe von Vertretern der Zentralbanken und Finanzministerien der Mitgliedstaaten[18] vor.[19] Der Bericht – nach dem Vorsitzenden der Arbeitsgruppe **„Rey-Report"** benannt – erörterte mit Blick auf die Schwellenländer die Vorzüge der Aufnahme von Umschuldungsklauseln in die Anleihebedingungen von Staatsanleihen unter besonderer Betonung von drei Bereichen: (i) eine gemeinsame Vertretung der Gläubiger, (ii) die Befugnisse der Gläubiger, mit qualifizierter Mehrheit die Änderung der Anleihebedingungen zu beschließen, sowie (iii) die ratierliche Verteilung des Erlöses unter den Gläubigern.[20] **16**

Diese internationalen Bestrebungen fanden einen vorläufigen Abschluss im September 2002 mit der Vorlage eines weiteren Berichts einer Arbeitsgruppe der G10, „Report of the G10 Working Group on Contractual Clauses" **(G10-Bericht),** der nach dem Vorsitzenden der Arbeitsgruppe auch als „Quarles Report" bezeichnet wird.[21] Der G10-Bericht enthält konkrete Empfehlungen für die Aufnahme von Bestimmungen in Auslandsanleihen[22] der Schwellenländer, die bei Zahlungskrisen die Umschuldung der Anleihen ermöglichen und fördern sollen. Dem Bericht sind eine Reihe der empfohlenen Regelungen als Musterklauseln angehängt. Sie sind nach New Yorker Recht konzipiert, berücksichtigen aber „existing market practice (particularly with respect to bond issues under English law)". **17**

Noch im Monat der Verabschiedung des G10-Berichts (September 2002) beschlossen die Finanzminister der **EU-Mitgliedstaaten,** in ihren eigenen Auslandsanleihen (Währungsanleihen) Umschuldungsklauseln nach Art der im G10-Bericht für die Schwellenländer empfohlenen Bestimmungen aufzunehmen.[23] Der G10-Bericht ist bis heute die wichtigste **18**

[16] S. zum SDRM sowie zu dem neuen Vorschlag eines **European Crisis Resolution Mechanism (ECRM)** *Hofmann/Keller* ZHR 175 (2011), 684 (696 ff.) mwN in Fn. 41 und 42.

[17] Ausführlich dazu Veranneman/*Oulds* Vorb. zu § 5 Rn. 25 ff.; ferner *Hofmann/Keller* ZHR 175 (2011), 684 ff.

[18] Das sind: Kanada, USA, Japan, Belgien, Frankreich, Deutschland, Italien, Niederlande, Schweden, Schweiz, Vereinigtes Königreich.

[19] Vgl. Group of Ten, The Resolution of Sovereign Liquidity Crisis, May 1996, (http://www.bis.org/publ/gten03.pdf).

[20] Group of Ten, The Resolution of Sovereign Liquidity Crisis, May 1996, Abschnitt III. D. S. 15 (http://www.bis.org/publ/gten03.pdf).

[21] Group of Ten, Report of the G-10 Working Group on Contractual Clauses, 2002 (http://www.bis.org/publ/gten08.pdf). Zum Inhalt der Empfehlungen des G10-Berichts im Einzelnen → Rn. 28 ff.

[22] Unter Auslandsanleihen versteht der G10-Bericht Anleihen in anderer Währung als der des Heimatlandes des Emittenten, auf die außerdem auch ein anderes Recht als das Heimatrecht des Emittenten Anwendung findet.

[23] → Rn. 34.

Grundlage für die Aufnahme von Umschuldungsklauseln in Staatsanleihen. Er hat auch die unter den Euro-Staaten Ende 2011 vereinbarten Musterumschuldungsklauseln beeinflusst.[24]

19 **bb) Einfluss des G10-Berichts auf die deutsche Reform.** Der G10-Bericht hat darüber hinaus sowohl für die Entstehung des Gesetzes als auch für dessen Inhalt erhebliche Bedeutung gehabt. In den Jahren des Rey-Reports und des G10-Berichts und schon zuvor gehörte das deutsche Recht neben dem New Yorker, dem englischen und dem japanischen Recht zu den maßgeblichen Rechten, denen die Anleihen der Schwellenländer unterworfen waren.[25]

20 Im Rahmen der internationalen Bestrebungen um die Aufnahme von Umschuldungsklauseln in die Anleihen der Schwellenländer entstanden allerdings **Zweifel** daran, ob solche Klauseln **im deutschen Recht rechtlichen Bestand** haben. Die Deutsche Bundesbank und das Bundesfinanzministerium traten diesen Zweifeln mit Nachdruck entgegen, erstmals im Rey-Report von 1996,[26] sodann in getrennten öffentlichen Erklärungen von Ende 1999 und Anfang 2000.[27] Ein Bericht der Rechtsabteilung des IWF vom Juni 2002[28] kam gleichwohl zu dem Ergebnis, dass bei den vier dargestellten Rechtsordnungen – New Yorker, englisches, deutsches und japanisches Recht – allein beim deutschen Recht Zweifel bestünden, ob „collective action clauses" bzw. „majority restructuring provisions" in Anleihen ausländischer Staaten rechtlichen Bestand haben. Der diesem Bericht zeitlich nachfolgende G10-Bericht vermerkt in einer Fußnote die Vornahme „weiterer rechtlicher Klarstellungen" („further legal clarification") durch die deutsche Seite.[29]

21 Diese mehrfach international vorgetragenen Zweifel an der Zulässigkeit und Verbindlichkeit von Umschuldungsklauseln brachten das Gesetzgebungsverfahren in Gang. Die Gesetzesbegründung zum Diskussionsentwurf des BMJ vom April 2003 räumt ein, dass „teilweise" Rechtsunsicherheit bestehe, ob die „international üblichen Mehrheitsklauseln bei nach deutschem Recht begebenen Anleihen zulässig sind" und betont das Bestreben, im Rahmen der Novellierung „Rechtssicherheit zu schaffen".[30]

22 **c) Eine Serie amtlicher Entwürfe.** Ein „Erster Diskussionsentwurf" eines Gesetzes zur Änderung des Schuldverschreibungsrechts wurde vom BMJ im Januar 2003 vorgelegt.[31] Ihm

---

[24] → Rn. 35 ff.

[25] Laut *Dixon/Wall* Financial Stability Review 2000, 142 (146) unterlagen Auslandsanleihen der *emerging market economies* in den Jahren 1990 bis 2000 zu 27,5 % dem New Yorker Recht, zu 30,6 % dem englischen Recht, zu 19,4 % dem deutschen Recht und zu 13,1 % dem japanischen Recht. Bezogen auf das Emissionsvolumen zum 31.12.2001 unterlagen derartige Anleihen zu 59,07 % dem New Yorker Recht, zu 24,05 % dem englischen Recht, zu 10,13 % dem deutschen Recht und zu 5,85 % dem japanischen Recht (S. hierzu International Monetary Fund, The Design and Effectiveness of Collective Action Clauses, 6.6.2002 (http://www.imf.org/external/np/psi/2002/eng/060602.pdf)).

[26] In dem von der deutschen Seite beigesteuerten Länderbericht zum deutschen Recht, S. 51 f. des Rey-Reports, wird ausgeführt *„[…] where collective representation is optional, the relevant source of any obligation will be the terms and conditions of the bonds issued. Provided that any such contractual provisions complied with the basic requirements of fairness and justice as is the case with the provisions of the [SchVG 1899] it would be valid under the German Standard Contracts Act (AGB-Gesetz) which protects consumers"*.

[27] Deutsche Bundesbank, Monatsbericht Dezember 1999, S. 33, 49; Erklärung der Bundesregierung zur Zulässigkeit von Umschuldungsklauseln bei ausländischen Staatsanleihen, die deutschem Recht unterliegen (https://www.bundesbank.de/resource/blob/693068/01fc1a1bd7e4b188164d811df8841fac/mL/2011-12-monatsbericht-data.pdf).

[28] International Monetary Fund, The Design and Effectiveness of Collective Action Clauses, 6.6.2002 (http://www.imf.org/external/np/psi/2002/eng/060602.pdf).

[29] Der G10-Bericht führt hierzu aus: *„As far as Germany is concerned, statutory rules exist for domestic issuance. However, some market participants are of the view that legislative clarification would be necessary to support the validity of such clauses in sovereign bonds governed by German law. While the German government has confirmed in public the validity of such clauses in sovereign bond issues, further legal clarification is now underway in order to encourage and promote the use of collective action clauses in foreign bonds issued in Germany."* (Group of Ten, Report of the G-10 Working Group on Contractual Clauses, 2002, Fn. 3 (http://www.bis.org/publ/gten08.pdf)).

[30] BegrDiskE SchVG, April 2003, S. 9.

[31] Zu den Diskussionsentwürfen von 2003 vgl. *Bredow/Vogel* ZBB 2009, 153 (153 f.); *Bredow/Vogel* ZBB 2008, 221 (224).

folgte im April 2003 ein überarbeiteter „Diskussionsentwurf", der den Bankenverbänden, dem ZKA und dem DAV zur Stellungnahme zugeleitet wurde. Diese ersten Diskussionsentwürfe sahen vor, die vorgeschlagenen Regelungen über Gläubigerversammlungen und Gläubigervertreter in das BGB (§§ 795 ff. BGB) aufzunehmen. Im September und November 2004 gab es revidierte Diskussionsentwürfe des BMJ für ein „Gesetz über Schuldverschreibungen aus Gesamtemissionen". Damit griff das Ministerium die in dem Entwurf des Arbeitskreises von 1996 vorgeschlagene Gesetzesbezeichnung auf und sah erstmals, wie schon jener Entwurf von 1996, vor, das reformierte Anleiherecht nicht mehr im BGB zu verankern, sondern in einem eigenständigen Gesetz abschließend zu regeln.

d) Referentenentwurf und Regierungsentwürfe. Nach weiteren vier Jahren wurde das Gesetzesvorhaben mit der Vorlage des Referentenentwurfs vom 9.5.2008 weiter verfolgt. Die Kritik aus der Rechtspraxis konzentrierte sich auf eine Reihe von Rückschritten gegenüber den Diskussionsentwürfen von 2003 und 2004. Während noch die Diskussionsentwürfe von 2003 und 2004 vorschlugen, dass die Anleihebedingungen für die Einrichtung einer Gläubigerversammlung und die Bestellung eines Gläubigervertreters optieren konnten, ging der Referentenentwurf von 2008 davon aus, dass die Regelungen des Gesetzes über Gläubigerversammlungen und den gemeinsamen Vertreter kraft Gesetzes gelten sollten. Ferner bestimmten die Diskussionsentwürfe von 2003 und 2004,[32] dass das **AGB-Recht** (§§ 305–309 BGB) auf Anleihebedingungen nicht anzuwenden sei. Der Referentenentwurf kassierte jedoch diesen von der Praxis einhellig begrüßten Ansatz[33] und enthielt trotz der allseits anerkannten Bedeutung des Themas keinerlei Vorschläge dazu. Schließlich hatten sich die Entwürfe von 2004 zum Transparenzgebot bekannt,[34] jedoch verlangt, dass für die Verständlichkeit der Anleihebedingungen auf den sachkundigen Anleger abzustellen sei. Der Referentenentwurf griff dieses Konzept nicht auf. 23

Auf die Kritik aus der Praxis hin kehrten die Regierungsentwürfe vom 20.2.2009[35] und 29.4.2009[36] – und schließlich das Gesetz – zu einigen wichtigen Grundsätzen der Diskussionsentwürfe von 2004 zurück. Dazu gehört das **Transparenzgebot** des § 3, welches verlangt, dass das Leistungsversprechen des Schuldners durch einen sachkundigen Anleger ermittelt werden kann. Ebenso stellten die Regierungsentwürfe – wie dann auch das Gesetz – das **Optionsmodell** für Gläubigerversammlungen und Gläubigervertreter aus den Diskussionsentwürfen von 2003 und 2004 im Wesentlichen wieder her. Das Gesetz ist am 5.8.2009 in Kraft getreten. 24

II. Rechtsvergleichende Übersicht

Die bedeutenden Jurisdiktionen im Finanzsektor kennen ein gesetzlich geregeltes Organisationsrecht der Schuldverschreibungsgläubiger. Danach müssen die Gläubiger kraft Gesetzes einen gemeinsamen Vertreter *(common representative)* oder Treuhänder *(trustee)* haben und mit Mehrheit auch substantielle Änderungen der Anleihebedingungen beschließen können. Das gilt ua für die Schweiz, Frankreich, Luxemburg, Italien und Japan. In England werden solche „Verfassungsklauseln" der Schuldverschreibungsgläubiger seit dem 19. Jahrhundert üblicher- 25

[32] BegrDiskE SchVG November 2004 S. 24 ff.
[33] Deutscher Anwaltverein, Stellungnahme zum Referentenentwurf eines Gesetzes zur Neuregelung der Rechtsverhältnisse bei Schuldverschreibungen aus Anleihen und zur Anpassung kapitalmarktrechtlicher Vorschriften, 2008, S. 5 (https://anwaltverein.de/de/newsroom/id-2008-41?file=files/anwaltverein.de/downloads/newsroom/stellungnahmen/2008/SN41.pdf); Deutsches Aktieninstitut eV, Stellungnahme zum Referentenwurf eines Gesetzes zur Neuregelung der Rechtsverhältnisse bei Schuldverschreibungen aus Anleihen und zur Anpassung kapitalmarktrechtlicher Verjährungsvorschriften, S. 1; True Sale Initiative. Anmerkungen zu dem vom Bundesministerium der Justiz (BMJ) im April letzten Jahres vorgelegten Diskussionsentwurf eines *„Gesetzes zur Änderung des Schuldverschreibungsrechts"*, S. 3.
[34] § 2 Abs. 3 S. 2 DiskE SchVG, November 2004.
[35] RegE SchVG, BR-Drs. 180/09.
[36] RegE SchVG, BT-Drs. 16/12 814.

weise verwendet, ohne dass ein gesetzlicher Hintergrund dafür besteht. In den Vereinigten Staaten wurde die gemeinsame Rechtsstellung durch den Trust Indenture Act 1939 fixiert, wobei allerdings im Gegensatz zu allen anderen Ländern die Entscheidungsmöglichkeiten der Gläubigerversammlung stark beschnitten sind. In internationalen Anleihen nach US- (regelmäßig New Yorker) Recht, dh Anleihen, die von einem ausländischen Emittenten begeben werden, sind vertragliche Gläubigerorganisationsklauseln unbegrenzt zulässig, da der Trust Indenture Act hierauf keine Anwendung findet. Die in den vorgenannten Gesetzen der kontinentaleuropäischen Jurisdiktionen und im Falle Englands in Verträgen vorgesehenen Mehrheitserfordernisse schwanken zwischen einfacher Mehrheit (Japan) und qualifizierten Mehrheiten (England: 75 %, Frankreich: 2/3 der anwesenden Stimmen, Schweiz: 2/3 des ausstehenden Kapitals), jeweils in Abhängigkeit vom Beschlussgegenstand. Tendenziell sind die Mehrheiten höher, wenn es um Beschlüsse über die Änderung von Zahlungsbedingungen geht. Häufig werden auch bestimmte Anwesenheitsquoten für die Beschlussfähigkeit vorausgesetzt, wenn es um die Zahlungsbedingungen geht (England: 75 % des ausstehenden Kapitals, 25 % bei zweiter Abstimmung).[37]

III. Umschuldung von Staatsanleihen

26 Für die geordnete Umschuldung von Staatsanleihen setzt die Staatengemeinschaft heute auf die Aufnahme von **Umschuldungsklauseln (Collective Action Clauses).** Dies ist vornehmlich die Folge der Bestrebungen verschiedener zwischenstaatlicher Einrichtungen in den Jahren von 1996 bis 2002.[38]

27 Von besonderer Bedeutung sind heute drei zwischenstaatliche Verständigungen:

1. der Bericht der Arbeitsgruppe der Group of Ten (G-10) vom September 2002 (veröffentlicht im März 2003);[39]
2. die Erklärung der Finanzminister der Mitgliedstaaten der EU vom September 2002;[40] und
3. der ESM-Vertrag vom 2.2.2012 und die Musterumschuldungsbestimmungen für Staaten des Euro-Währungsgebiets.[41]

1. G10-Bericht

28 Die bis heute wichtigste Grundlage für die Aufnahme von Umschuldungsklauseln in Staatsanleihen ist der G10-Bericht.[42] Im internationalen Rahmen dominieren die Empfehlungen der G10 nach wie vor die zumeist unter englischem oder New Yorker Recht stehenden Staatsanleihen zahlreicher Länder. Nach den Beschlüssen des Europäischen Rates vom März 2011 über den Europäischen Stabilitätsmechanismus (ESM) sollten sie Modell stehen für die Umschuldungsklauseln in den Anleihen der Euro-Staaten; die Ende 2011

[37] S. etwa die Länderberichte in: Group of Ten, The Resolution of Sovereign Liquidity Crisis, May 1996 Annex IV (Report on the Existing Forms of Collective Representation applicable to Debt Instruments) betreffend das Vereinigte Königreich (S. 57 ff.), die USA (S. 60 ff.), die Schweiz (S. 55 ff.), Frankreich (S. 49 ff.), Italien (S. 52 f.) und Japan (S. 53 f.) sowie weitere Staaten (http://www.bis.org/publ/gten03.pdf); ferner die Länderberichte in *Wood,* Law and Practice of International Finance, Vol. 2 A, § 9.13 [6] [a], [b], [c] und [e] zur Schweiz, zu Frankreich, Belgien und Luxemburg, und Japan; ferner in Baums/Cahn die Darstellungen von *Bösch* zur Schweiz (189 ff.), *Burn* zum Vereinigten Königreich (S. 219 ff.) und *Kenadjian* zu den USA (S. 245 ff.); sowie die Länderberichte von *Schmidtbleicher,* Die Anleihegläubigermehrheit, über die Schweiz (S. 215 ff.), Frankreich (S. 240 ff.), Österreich (S. 257 ff.), die USA (S. 272 ff.) und England (S. 300 ff.); außerdem die Darstellungen von Veranneman/*Foulkes* Anhang I A zu den USA und Veranneman/*Tricot* Anhang I B zu England.

[38] → Rn. 14 ff.

[39] Zu den Mitgliedern der Group of Ten s. oben Fn. 18 zu → Rn. 16.

[40] Rat der Europäischen Union (ECOFIN), Pressemitteilung v. 7.9.2002 (http://uk.fm.dk/News/Press%20releases/2002/09/Informal%20Ecofin.aspx).

[41] Vertrag zur Einrichtung des Europäischen Stabilitätsmechanismus (https://www.esm.europa.eu/sites/default/files/20150203_-_esm_treaty_-_de.pdf).

[42] → Rn. 16 f.

zwischen den Euro-Staaten abgestimmten Musterumschuldungsbestimmungen *(Model Collective Action Clause)* realisieren die Beschlüsse vom März 2011 allerdings nur in eingeschränktem Maße.[43]

Der G10-Bericht plädiert für die Bestellung eines ständigen Gläubigervertreters **(Bondholder Representative – Anleihetreuhänder)** über die Laufzeit der Anleihe. Bei der Institution des Anleihetreuhänders denkt der Bericht primär an den Trustee des englischen und des US-amerikanischen Rechts, die jeweils im Rahmen des komplexen Regelwerkes einer Trust Deed (im englischen Recht) oder einer Trust Indenture (im US-amerikanischen Recht) tätig werden. Diesem Anleihetreuhänder sollen weit reichende Aufgaben und Befugnisse zukommen. Zunächst soll er den Dialog, die Kommunikation und die Koordination zwischen den Anleihegläubigern und dem Schuldner fördern.[44] Sodann soll die rechtliche **Durchsetzung** der Rechte der Anleihegläubiger **bei dem Treuhänder konzentriert** werden. Zu diesem Zweck soll bei Vorliegen eines Kündigungsgrundes allein der Treuhänder befugt und – auf Verlangen von Gläubigern mit einer Kapitalbeteiligung von insgesamt nicht weniger als 25 % – verpflichtet sein, die Anleihe fällig zu stellen.[45] Vorbehaltlich gewisser Ausnahmen – wie etwa der Säumnis des Treuhänders, einer Weisung der Anleihegläubiger zu folgen – soll die Befugnis zur gerichtlichen Verfolgung von Ansprüchen der Gläubiger gegen den Schuldner und etwaige Mitverpflichtete allein bei dem Treuhänder liegen. Der Treuhänder soll dabei nach den Bestimmungen der relevanten Dokumentation aus eigenem Entschluss *(at the representative's own initiative)* tätig werden können und aufgrund einer Weisung der Anleihegläubiger mit einer Kapitalbeteiligung von insgesamt nicht weniger als 25 % tätig werden müssen.[46] Ein individuelles Recht der Anleihegläubiger zur Rechtsverfolgung soll ausdrücklich ausgeschlossen werden.[47] Durch diese Vorkehrungen sollen blockierende Rechtsstreitigkeiten *(disruptive legal actions)* einzelner Gläubiger oder einer ‚organisierten Minderheit" verhindert werden. Schließlich soll nach Kündigung der Anleihe allein der Treuhänder zum Empfang aller Erlöse berechtigt und zur ratierlichen Weiterleitung an die Gläubiger verpflichtet sein, um Aktionen Einzelner zu entmutigen, die einen *orderly workout* beeinträchtigen könnten.[48] 29

Weiter soll den Anleihegläubigern die Möglichkeit eingeräumt werden, während der Laufzeit der Anleihe durch Beschluss der Gläubiger mit einer Kapitalmehrheit von nicht mehr als 66 2/3 % einen **„special bondholder representative"** zu bestellen. Aufgabe dieses weiteren Gläubigervertreters soll es sein, unverzüglich in Restrukturierungsgespräche *(restructuring discussions)* mit dem Schuldner einzutreten. Die Prärogative der Gläubiger zur Änderung der Anleihebedingungen soll dadurch nicht berührt werden.[49] 30

Große Bedeutung misst der Bericht im Interesse des Ausgleichs von Gläubiger- und Schuldnerinteressen in der Krise des Schuldners der Aufnahme von Bestimmungen über **Mehrheitsbeschlüsse der Gläubiger** zur Änderung der Anleihebedingungen und zur Vornahme gewisser anderer Maßnahmen zu. Die Beschlüsse der Gläubiger sollen in Versammlungen oder außerhalb von Versammlungen durch schriftliche Stimmabgabe gefasst werden. Was die erforderlichen Mehrheiten betrifft, so unterscheidet der Bericht zwischen wesentli- 31

---

[43] → Rn. 35 ff.

[44] Group of Ten, Report of the G-10 Working Group on Contractual Clauses, 2002, S. 2 (http://www.bis.org/publ/gten08.pdf).

[45] Group of Ten, Report of the G-10 Working Group on Contractual Clauses, 2002, S. 6 (http://www.bis.org/publ/gten08.pdf); Musterklausel: Group of Ten, Report of the G-10 Working Group on Contractual Clauses, 2002, S. 13 (http://www.bis.org/publ/gten08.pdf).

[46] Group of Ten, Report of the G-10 Working Group on Contractual Clauses, 2002, S. 6 (http://www.bis.org/publ/gten08.pdf).

[47] Group of Ten, Report of the G-10 Working Group on Contractual Clauses, 2002, S. 6 (http://www.bis.org/publ/gten08.pdf: *„[…] a provision explicitly prohibiting individual enforcement action could effectively place a break on disruptive creditor litigation"*.

[48] Group of Ten, Report of the G-10 Working Group on Contractual Clauses, 2002, S. 6 (http://www.bis.org/publ/gten08.pdf.

[49] Group of Ten, Report of the G-10 Working Group on Contractual Clauses, 2002, S. 3 (http://www.bis.org/publ/gten08.pdf.

chen Änderungen und Maßnahmen *(reserved matters)* und sonstigen Änderungen und Maßnahmen *(non-reserved matters)*. *Reserved matters* verlangen eine höhere Mehrheit (zB 75 % des ausstehenden Kapitals), der Bericht warnt jedoch vor höheren Mehrheiten als 75 %; für *non-reserved matters* empfiehlt der Bericht eine Mehrheit von höchstens 66 2/3 % (in beiden Fällen mit oder ohne eine Quorum-Regelung). *Reserved matters* sind vor allem die Zahlungsbedingungen *(Payment Terms)* der Anleihe. Dazu zählen nach der Musterklausel[50] insbesondere Änderungen der Zahlungstermine, die Herabsetzung geschuldeter Zahlungen, die Reduzierung des Zinssatzes, die Änderung der Anleihewährung oder des Zahlungsortes oder der Austausch der Schuldverschreibungen gegen andere Wertpapiere oder Finanzverbindlichkeiten des Schuldners oder eines Dritten. In der Regel sollen Gläubigerbeschlüsse in *reserved matters* der Zustimmung des Schuldners bedürfen.

32 Der G10-Bericht sieht schließlich vor, den Gläubigern die Möglichkeit einzuräumen, statt einer Änderung der Anleihebedingungen den **Umtausch** der alten in neue Schuldverschreibungen zu geänderten Bedingungen zu beschließen.[51]

33 Der Bericht ist zurückhaltend gegenüber der Möglichkeit der anleiheübergreifenden Änderung **(Aggregation),**[52] stellt aber fest, sie sei zwar wünschbar, aber bei dem rein vertraglichen Ansatz von Collective Action Clauses nicht praktikabel. Stattdessen hält er es für wünschbar und machbar, in Medium Term Note Programmen rechtliche Vorkehrungen zu treffen, die dem gleichen Ziel wie die Aggregation dienen können.[53]

2. Erklärung der Finanzminister der EU-Mitgliedstaaten von 2002

34 Die Empfehlungen der G10 von 2002 beziehen sich auf die Auslandsanleihen von Schwellenländern, haben aber zeitgleich auch Bedeutung gewonnen für die Währungsanleihen der EU-Mitgliedstaaten. Die Regierungen dieser Länder verpflichteten sich im September 2002, mit gutem Beispiel voranzugehen und in ihre eigenen Währungsanleihen Umschuldungsklauseln nach Art der von den G10 für die Schwellenländer empfohlenen aufzunehmen.[54] Deutschland ist der Politik des *„leading by example"*[55] in den Währungsanleihen des Bundes gefolgt, die vor dem Inkrafttreten der Vereinbarung der Euro-Staaten über die Aufnahme von Umschuldungsklauseln in ihre Euro- und Währungsanleihen begeben worden sind.[56]

---

[50] S. die Musterklausel *„Meetings of Holders; Modifications and Amendments"* in Group of Ten, Report of the G-10 Working Group on Contractual Clauses, 2002, S. 10 ff. (http://www.bis.org/publ/gten08.pdf).

[51] Group of Ten, Report of the G-10 Working Group on Contractual Clauses, 2002, S. 5 (http://www.bis.org/publ/gten08.pdf).

[52] Group of Ten, Report of the G-10 Working Group on Contractual Clauses, 2002, S. 5 (http://www.bis.org/publ/gten08.pdf); zum Begriff und Sinn und Zweck der Aggregation → § 5 Rn. 47 ff.

[53] Group of Ten, Report of the G-10 Working Group on Contractual Clauses, 2002, S. 5 (http://www.bis.org/publ/gten08.pdf): *„it would appear to be legally and contractually possible to have dept instruments issued pursuant to a single master agreement such as a medium-term note programme providing for blended voting under certain circumstances. This approach has a great deal of potential, especially within the context of bonds issued under the laws of a single jurisdiction, and merits further exploration, as medium-term note programmes are increasingly used by emerging market borrowers […]"*.

[54] In der Presseerklärung des Rates der Europäischen Union (ECOFIN) v. 7.9.2002 (http://uk.fm.dk/News/Press%20releases/2002/09/Informal%20Ecofin.aspx) heißt es: *„[…] On the Annual Meeting we discussed strengthening the work on handling financial crises by involving the private sector to a larger extent. An element in this work is agreement in the EU on heading the way in including so-called Collective Action Clauses in government bonds issued in other countries"*.

[55] In der Presseerklärung des Rates der Europäischen Union (ECOFIN) v. 7.9.2002 (http://uk.fm.dk/News/Press%20releases/2002/09/Informal%20Ecofin.aspx) wird festgestellt: *„Die Aufnahme von CACs in die Staatsanleihen der EU-Staaten" „[…]will make it easier for the emerging economies to include these clauses in their own contracts […]"*.

[56] Das sind die 2005 begebene USD 5.000.000.000 3,875 % Anleihe 2005/2010 und die 2009 begebene USD 4.000.000.000 1,5 % Anleihe 2009/2012.

3. Der ESM-Vertrag vom 2. Februar 2012 und die Musterumschuldungsbestimmungen für die Anleihen der Staaten des Euro-Währungsgebiets

In dem am 2.2.2012 von den 17 Staaten des Euro-Währungsgebiets unterzeichneten Vertrag zur Einrichtung des Europäischen Stabilitätsmechanismus (ESM) haben sich diese Staaten verpflichtet, ab 1.1.2013 in ihre neu begebenen Anleihen mit einer Laufzeit von mehr als einem Jahr Musterumschuldungsbestimmungen **(Model Collective Action Clause)** aufzunehmen. Auf den Inhalt dieser Musterbedingungen hatten sich die Staaten der Euro-Zone bereits Ende 2011 verständigt.[57] Gemäß Artikel 12 Abs. 3 des Vertrages soll gewährleistet sein, dass die „rechtliche Wirkung" der Umschuldungsklauseln in allen betroffenen Rechtsordnungen „identisch" ist.[58] Die Musterbestimmungen sind in englischer Sprache verfasst und entsprechen in Diktion und Anlage englischem juristischen Stil. 35

Die im Europäischen Rat im März 2011 im Rahmen seines Maßnahmepakets zur Umgestaltung der Währungsunion getroffene „Vereinbarung über die Merkmale des ESM" sah vor, dass sich die Musterbestimmungen eng an die Klauseln des G10-Berichts anlehnen. Angekündigt waren einheitlich standardisierte Umschuldungsbestimmungen, die „seit dem G10-Bericht […] auf dem US-amerikanischen und dem britischen Markt allgemein üblich sind", „die mit den im New Yorker und englischen Recht üblichen Umschuldungsklauseln vereinbar" sind, in denen für eine „angemessene Vertretung" der Gläubiger „gesorgt wird", und für die die „Verhinderung blockierender Rechtsstreitigkeiten" in Erwägung gezogen werden sollte.[59] Das ließ erwarten, dass die Institution des **Anleihetreuhänders** in der Art des *Trustee* des englischen und US-amerikanischen Rechts in die verbindlichen Musterklauseln eingeführt wird, mit seinen weit reichenden Kompetenzen für den Dialog, die Kommunikation und die Koordination unter den Anleihegläubigern sowie zwischen den Anleihegläubigern und dem Schuldner, sowie in der Durchsetzung der Rechte der Gläubiger bei einer Kündigung der Anleihe und der gerichtlichen Verfolgung von Ansprüchen der Gläubiger gegen den Schuldner mit einem damit möglicherweise verbundenen Ausschluss eines individuellen Rechts der Gläubiger zur Rechtsverfolgung ihrer Ansprüche, um auf diesem Wege blockierende Rechtsstreitigkeiten einzelner Gläubiger oder einer organisierten Minderheit zu verhindern. Nach den Beschlüssen des Europäischen Rates vom März 2011 sollten die Musterbestimmungen auch die Möglichkeit einer anleiheübergreifenden Aggregation vorsehen. 36

Von diesen Vorhaben ist in den endgültig verabschiedeten Musterumschuldungsklauseln – von der Aufnahme von Vorkehrungen für eine Aggregation abgesehen – wenig geblieben: Sie sehen nicht die Einführung einer „angemessenen Vertretung" der Anleihegläubiger durch Einführung eines Anleihetreuhänders vor.[60] **Kern der Musterumschuldungsbedingungen** ist die Möglichkeit zur Änderung der Anleihebedingungen durch Mehrheitsbeschlüsse der Gläubiger mit Zustimmung des Schuldners, mit den daraus aus der Natur der Sache weithin folgenden Regelungskomplexen: Der Unterteilung der Beschlussgegenstände in solche, die als wesentlich angesehen werden *(reserved matters)* und in sonstige Beschlussgegenstände *(non-* 37

[57] Supplemental Explanatory Note v. 26.3.2012 des EFC Sub-Committee on EU Sovereign Debt Markets – Model Collective Action Clause (https://europa.eu/efc/sites/default/files/supplemental_explanatory_note_on_the_model_cac_-_26_march_2012.pdf).

[58] Art. 12 Abs. 3 lautet: *„Collective action clauses shall be included, as of 1 January 2013, in all new euro area government securities, with maturity above one year, in a way which ensures that their legal impact is identical."*

[59] Europäischer Rat, Schlussfolgerungen v. 24./25.3.2011, EUCO 10/1/11 S. 31 (http://www.consilium.europa.eu/uedocs/cms_data/docs/pressdata/de/ec/120313.pdf).

[60] Die Bestellung eines Anleihetreuhänders ist jedoch zulässig. Im Falle seiner Bestellung können die Anleihebedingungen bestimmen, dass die Gläubiger nicht befugt sind, ihre Rechte aus der Anleihe durchzusetzen, es sei denn der damit betraute Treuhänder ist in der Wahrnehmung seiner Pflichten säumig (Supplemental Explanatory Note v. 26.3.2012 des EFC Sub-Committee on EU Sovereign Debt Markets-Model Collective Action Clauses S. 8 und Art. 3.1 Supplemental Provisions to the Standardized Collective Action Clause (CAC) v. 17.2. https://europa.eu/efc/sites/default/files/docs/pages/cac_-_supplemental_provisions.pdf).

reserved matters), die Bestimmung der *reserved matters,* die erforderlichen Mehrheiten für Beschlüsse über *reserved matters* und für solche über *non-reserved matters,* Stimmrechte (einschließlich Sonderregelungen für Zero-Coupon, Index-Linked- und Multi-Currency-Anleihen), Stimmrechtsbeschränkungen, Beschlussfassungen, Präsenzversammlungen oder schriftliche Beschlussfassung ohne Versammlung und Regelungen für anleiheübergreifende Änderungen. Aufstockungen *(tapping)* von Anleihen, die beim Inkrafttreten der Regelungen am 1.1.2013 ausstehen, sind in bestimmtem Umfang möglich, ohne dass der ausstehende und der aufgestockte Teil der Anleihe Umschuldungsklauseln enthalten müssen.[61]

38 Jedem Mitgliedstaat des Währungsgebiets obliegt es, rechtzeitig die erforderlichen Maßnahmen zu ergreifen, die sicherstellen, dass die Musterumschuldungsbedingungen Rechtswirksamkeit für ihn entfalten. In Deutschland sind die gesetzliche Grundlage für die Einführung der Musterumschuldungsbestimmungen in die **Schuldverschreibungen des Bundes** §§ 4a–4k BSchuWG.[62]

IV. Reform des Schuldverschreibungsgesetzes

1. Hintergrund

39 Das im Jahr 2009 eingeführte SchVG ist ein **Meilenstein** im deutschen Anleiherecht nach der über hundertjährigen Geltung des alten SchVG 1899, dessen Existenz weithin der Vergessenheit anheimgefallen war. Die Unvollkommenheiten des alten Gesetzes verlangten mit der wachsenden Bedeutung des internationalen Kapitalmarkts für die Finanzierung von Unternehmen und Banken seit den 60er Jahren des vergangenen Jahrhunderts eine durchgreifende gesetzliche Reform. Viele Jahre vorbereitender Bemühungen sind seit einem ersten Vorstoß von Kapitalmarktjuristen aus Banken und der Anwaltschaft im Jahr 1996 ins Land gegangen, bis das neue Schuldverschreibungsrecht Gesetz werden konnte.[63]

40 Das neue Gesetz erfüllt im Großen und Ganzen seine angestrebten Zwecke und die Bedürfnisse der Praxis. Es ist zunächst eine kluge Entscheidung des Gesetzgebers, es den Emittenten zu überlassen, ob sie im Hinblick auf die **Opt-In-Regelung des § 5 Abs. 1 S. 1** ihre Anleihen den Bestimmungen des Gesetzes unterwerfen wollen oder nicht. Auf diese Weise unterliegt das Gesetz einem ständigen **Eignungstest,** ob es seinen angestrebten Zwecken, den Bedürfnissen der Praxis und seinem Ziel, auch international wettbewerbsfähig zu sein und damit im Wettstreit der Rechte zu bestehen, gerecht wird. Solange das SchVG diesen Test meistert, findet es nicht nur bei den Kapitalmarktteilnehmern – Emittenten und Anlegern – Akzeptanz, sondern es steht auch seine Kapitalmarkttauglichkeit und Wettbewerbsfähigkeit außer Frage. Das eine bedingt das andere.

41 Das Gesetz hat eine Probezeit der Anwendung hinter sich. Dabei sind eine Reihe von **Anwendungsproblemen** aufgetreten und ein entsprechender Korrektur-, dh also **Reformbedarf,** erkennbar geworden. Diesem Reformbedarf Rechnung zu tragen, dient dem fortdauernden Bestehen des Eignungstests, dem das Gesetz ausgesetzt ist.

42 Die Anwendungsprobleme ergeben sich zum einen aus gewissen **Defiziten der gesetzlichen Regelung.** Hierzu gehört vor allem das geltende **Beschlussmängelrecht des § 20** in Gestalt eines Anfechtungsrechts gegen Beschlüsse der Gläubiger mit der Folge der Kassation des Beschlusses, das in Anlehnung an das aktienrechtliche Anfechtungsrecht **falsch konzipiert** ist und sich in der Praxis als **hinderlich in der Erreichung eines der zentralen Zwecke** eines solchen Gesetzes, der erfolgreichen **Sanierung** von Unternehmen zur Abwendung der Insolvenz, erwiesen hat. Weiter ist zu den gravierenden Anwendungsproblemen das Fehlen eines den Besonderheiten des Rechtsverhältnisses von Anleihen gerecht werdendes Regime der **Inhaltskontrolle** zu rechnen. Ein Defizit des geltenden Rechts liegt auch in

[61] Vgl. ausführlich Baums/*Keller*/*Kößler* S. 73 (83 ff.).
[62] Näheres → § 1 Rn. 53 ff.
[63] → Rn. 13.

der Unzulässigkeit eines **anleiheübergreifenden Mehrheitsprinzips für Gläubigerbeschlüsse (Aggregation),** insbesondere bei der Restrukturierung von mehreren Anleihen eines Schuldners im Vorfeld der Insolvenz.

Anwendungsprobleme mit weitreichenden praktischen Folgen können sich aber auch infolge **fehlerhafter Gesetzesanwendung in der instanzgerichtlichen Rechtsprechung** ergeben In den ersten Jahren der Geltung des SchVG ist in instanzgerichtlicher Rechtsprechung zu § 1 Abs. 1 und § 24 Abs. 2, aber auch durch nicht nachvollziehbare *obiter dicta* zu seit Jahrzehnten angewendeten Schuldnerersetzungsklauseln der Anwendungsbereich des Gesetzes erheblich rechtsfehlerhaft beschnitten worden. Inzwischen ist die Zeit – teilweise durch korrigierende Entscheidungen des BGH, teilweise durch die Praxis in ständiger Handhabung, gestützt auf eine einmütige Rechtsauffassung in der Literatur – darüber hinweggegangen. Zu nennen sind hier in Bezug auf § 1 Abs. 1 zwei Entscheidungen des LG Frankfurt a. M. aus 2011 und 2012, denen zufolge das Gesetz keine Anwendung finde, wenn die Anleihebedingungen in einem Teilbereich auf fremdes Recht verweisen[64], zu § 24 Abs. 2 auf eine Entscheidung des OLG Frankfurt a. M. aus 2012, wonach § 24 Abs. 2 einen Opt–In nur für Anleihen ermögliche, die dem SchVG 1899 unterfielen[65], sowie zum Thema Schuldnerersetzungsklausen auf eine Entscheidung des OLG Frankfurt a. M. aus 2012, wonach die standardmäßig verwendeten (klassischen) Schuldnerersetzungsklauseln wegen Verstoßes gegen § 307 BGB unwirksam seien[66]. 43

Probleme für die Anwendung des SchVG enstehen endlich auch durch **Gesetzesauslegung in der Literatur.** Das gilt besonders für die **Inhaltskontrolle von Gläubigerbeschlüssen.** Von beachtlichen Stimmen wird vertreten, diese Inhaltskontrolle sei nicht beschränkt auf die Einhaltung des Gleichbehandlungsgebots (§ 4 S. 2, § 5 Abs. 2 S. 2) und des Verbots der Verpflichtung von Gläubigern (§ 5 Abs. 1 S. 3). Gläubigerbeschlüsse müssten vielmehr auch daran gemessen werden, ob sie **„zur Wahrung der gemeinsamen Interessen der Gläubiger"** gefasst worden sind, oder auch daran, ob sie die **„ungeschriebenen Grundsätze" der materiellen Beschlusskontrolle des Aktienrechts** wahren, weil diese Grundsätze auch Geltung im SchVG beanspruchten.[67] Hierhin gehört auch die weithin vertretene Auffassung, dass die im SchVG ungeregelt gebliebene **Nichtigkeit von Gläubigerbeschlüssen** nicht nur im Rahmen der Klage nach § 20 geltend gemacht werden kann, sondern auch jederzeit im Verlaufe der Anleihe durch die unbefristete allgemeine Feststellungsklage gemäß § 256 ZPO.[68] 44

Die dargelegten Auffassungen in der Literatur bedingen einen **Quell von Rechtsunsicherheiten** in der Gesetzesanwendung und für den Bestand von Gläubigerbeschlüssen, und dies in einem Bereich, in dem Rechtssicherheit und Verlässlichkeit sowie Zuverlässigkeit der Prognose höchsten Stellenwert haben. Die Regelungen (und Nichtregelungen) des Gesetzes gebieten diese Rechtsauffassungen nicht. Sie legen vielmehr angemessenere Lösungen der Rechtmäßigkeitskontrolle von Gläubigerbeschlüssen nahe.[69] Korrekturbedarf ist auch hier von Nöten, damit das Gesetz seinen fortdauernden Eignungstest bestehen kann. 45

2. Arbeitskreis Reform des Schuldverschreibungsgesetzes

Um aufmerksam zu machen auf die vorstehend skizzierten Anwendungsprobleme des SchVG infolge (i) gewisser Defizite der gesetzlichen Regelung, (ii) fehlerhafter instanzgerichtlicher Gesetzesanwendung und (iii) einer kritischen Gesetzesauslegung in der Literatur zu Fragen der Inhaltskontrolle von Gläubigerbeschlüssen und eine Reform durch den Gesetzgeber anzustoßen, hat sich am Institute for Law and Finance der Goethe-Universität Frank- 46

[64] → § 1 Rn. 3 ff.
[65] Vgl. dazu Fn. 12 zu → § 24 Rn. 5.
[66] → § 5 Rn. 29 f.
[67] Ausführlich dazu → § 20 Rn. 43 ff.; Baums/*Schneider* S. 4 ff.
[68] Ausführlich dazu → § 20 Rn. 23 ff.; Baums/*Schneider* S. 3 f.
[69] S. Diskussion zu → § 20 Rn. 9 ff., 15 ff., 26 ff.; Baums/*Schneider* S. 3 f.

furt a. M. ein „Arbeitskreis Reform des Schuldverschreibungsgesetzes" unter dem Vorsitz von Prof. Dr. Dres. h. c. Theodor Baums gebildet. Dem Arbeitskreis gehören 25 Teilnehmer an, vorwiegend Praktiker aus Anwaltschaft und Rechtsabteilungen von Banken, sowie eine Reihe von Vertretern der Wissenschaft.[70]

3. Die Vorschläge des Reformentwurfs

47 Der **Reformentwurf**[71] misst der **Änderung des Beschlussmängelrechts** des § 20 das größte Gewicht bei. Er sieht die wichtigste Funktion des SchVG darin, im Vorfeld der Insolvenz die Anleihebedingungen rasch restrukturieren zu können und so die **Sanierung des Schuldners** auch im Interesse der Anleihegläubiger zu ermöglichen. Diese Funktion werde durch die Ausgestaltung des Anfechtungsrechts und die damit verbundene Aufhebung (Kassation) eines fehlerhaften Beschlusses – wie die Praxis gezeigt habe – in Frage gestellt. Die aus dem aktienrechtlichen Anfechtungsrecht in das Schuldverschreibungsrecht übertragenen Prinzipien seien im Schuldverschreibungsrecht **konzeptionell verfehlt.** Sie bewirkten zudem im Schuldverschreibungsrecht ein ungleich größeres **Missbrauchspotential** als bei aktienrechtlichen Kapitalmaßnahmen, Unternehmensverträgen und dergleichen. Der Vorschlag des Arbeitskreises ist es, das Anfechtungsrecht mit der möglichen Folge der Kassation des Gläubigerbeschlusses zu ersetzen durch die Begründung eines verschuldensunabhängigen Anspruchs der Gläubiger an den Schuldner auf Ersatz der durch die Vollziehung des Beschlusses eingetretenen Wertminderungen der Schuldverschreibungen **(Wertersatzanspruch).** Die Klage auf Wertersatz lässt den Bestand des Beschlusses unberührt. Neben die Klage auf Wertersatz tritt eine **Nichtigkeitsklage,** die auf Feststellung der Nichtigkeit und Beseitigung des Gläubigerbeschlusses zielt. Die Nichtigkeit ist auf besonders schwerwiegende formelle und materielle Fehler des Beschlusses, die enumerativ in einem abschließenden Katalog aufgeführt sind, beschränkt. Die Klage ist binnen eines Monats nach Bekanntmachung des Beschlusses zu erheben. Die Nichtigkeit eines Beschlusses kann nicht auf andere Weise als durch die Erhebung der Klage geltend gemacht werden.[72]

48 Hinsichtlich der **Inhaltskontrolle von Anleihebedingungen** betont der Reformentwurf, dass wegen der bei Verabschiedung des Gesetzes erwarteten, aber ausgebliebenen Klärung der Frage, ob die EU-Richtlinie über missbräuchliche Klauseln in Verbraucherverträgen auf Anleihebedingungen anzuwenden ist, es nunmehr geboten sei, auf dem durch das Transparenzgebot in § 3 vorgezeichneten Weg fortzuschreiten und eine Regelung vorzusehen, die den Besonderheiten des Anleiherechts Rechnung trägt.[73] Diese Besonderheiten verlangten, dass einzelne Klauseln, die transparent sind und in der vereinbarten Risikoprämie oder im Kurs der Anleihe berücksichtigt werden, nicht durch eine selektive Inhaltskontrolle ausgeschaltet und dadurch das Chancen-Risiko-Profil des Instruments insgesamt verändert werden könne. Daher sei eine **Generalklausel** vorzusehen, die eine **Gesamtbetrachtung** ermögliche und die eine auf einzelne Klauseln abzielende Inhaltskontrolle nach den Vorschriften der §§ 305 ff. BGB ausschließe.[74]

49 Ein gewichtiges Defizit des geltenden Rechts sieht der Reformentwurf weiter in der Unzulässigkeit eines **anleiheübergreifenden Mehrheitsprinzips für Beschlussfassungen**

---

[70] Der Reformentwurf ist abgedruckt in ZIP 2014, 845 ff. Der Kreis der Teilnehmer ist dort aufgeführt. Dazu gehören auch die Autoren dieser Kommentierung.

[71] Arbeitskreis Reform des Schuldverschreibungsrechts ZIP 2014, 845 (848, 854 f.).

[72] Zu den Einzelheiten des Gesetzesvorschlags und der Begründung dazu Arbeitskreis Reform des Schuldverschreibungsgesetzes ZIP 2014, 845, 846, 848, 854 sowie Abschnitt VI zu → § 20 Rn. 107 ff.; ferner die krit. Bewertung des geltenden Beschlussmängelrechts in den Abschnitten III und IV zu → § 20 Rn. 9 ff. sowie Baums/*Schneider* S. 3 ff.

[73] Arbeitskreis Reform des Schuldverschreibungsrechts ZIP 2014, 845 (845 f.).

[74] Zu den Einzelheiten des Gesetzesvorschlags und der Begründung dazu Arbeitskreis Reform des Schuldverschreibungsgesetzes ZIP 2014, 845, 847, 849, 851 f. und → § 3 Rn. 35 ff. sowie die Diskussion zur Anwendbarkeit der §§ 305 ff. BGB in Abschnitt II zu § 3.

der Gläubiger (Aggregation).[75] Der Reformentwurf weist darauf hin, dass die Praxis in Unternehmenskrisen gezeigt habe, dass eine umfassende Restrukturierung der Anleihen eines Schuldners an der bestehenden Unzulässigkeit scheitern könne, eine einheitliche Beschlussfassung über die Änderung mehrerer oder auch sämtlicher Anleihen eines Schuldners vorzunehmen. Es sei dringlich, das zu ändern und die Möglichkeit anleiheübergreifender Beschlussfassungen, wie sie die europäisch harmonisierten Umschuldungsklauseln inzwischen für die Anleihen des Bundes gebracht hat (§§ 4a – 4k BSchuWG) auch den Anleihen privater Schuldner einzuräumen. Der Gesetzesvorschlag sieht neben der Einführung der Aggregation im herkömmlichen Sinne noch eine besondere Art der Aggregation für sog. „verknüpfte Anleihen" vor, dh für Anleihen, die sich insbesondere im Rahmen von Verbriefungen finden, bei denen verschiedene Anleihen als aufeinander bezogene „Tranchen" begeben werden.

Der Arbeitskreis hält es auch für geboten, Unsicherheiten der Gesetzesanwendung infolge **verfehlter instanzgerichtlicher Entscheidungen**[76] durch Klarstellungen des Gesetzgebers auszuräumen. So wird einmal vorgeschlagen, durch eine textliche Ergänzung zu § 1 Abs. 1 klarzustellen, dass das Gesetz – anders als instanzgerichtlich entschieden – auch Anwendung findet auf Anleihen, die eine **Teilverweisung auf fremdes Recht** vorsehen. Zum anderen wird vorgeschlagen, durch eine Ergänzung zu § 24 Abs. 2 klarzustellen, dass – entgegen der instanzgerichtlichen Rechtsprechung – das Gesetz auch auf Altanleihen Anwendung findet, die die Kriterien des § 1 Abs. 1 erfüllen. Der Vorschlag zu § 24 Abs. 2 hat sich inzwischen durch zwei Entscheidungen des BGH erledigt, die die Anwendung des § 24 Abs. 2 auf Altanleihen bestätigen.[77] 50

Der dargelegten Auffassung in Teilen der **Literatur** zur **Inhaltskontrolle von Gläubigerbeschlüssen**[78] begegnet der Reformentwurf mit der Feststellung, dass eine derartige allgemeine Inhaltskontrolle treuepflichtähnliche Bindungen der Gläubiger voraussetze, für die es im Schuldverschreibungsrecht keinen Raum gebe.[79] Die in der Literatur weithin vertretene Auffassung betreffend die **Nichtigkeit von Gläubigerbeschlüssen**[80] würde sich mit der vom Arbeitskreis vorgeschlagenen Änderung des Beschlussmängelrechts und der damit verbundenen Nichtigkeitsklage erledigen.[81] 51

Außer den angeführten besonders dringenden Reformpunkten sind in der Praxis weitere Regelungslücken und Schwachstellen des Gesetzes aufgetreten, denen sich der Reformentwurf mit weiteren Vorschlägen zur Ergänzung oder Änderung der gesetzlichen Regelungen annimmt. Besonders hervorgehoben seien hier lediglich die Vorschläge zur **Teil- und Gesamtkündigung von Anleihen** sowie die Möglichkeit zur **nachträglichen Beseitigung** der Wirkung solcher Kündigungen durch Beschlussfassungen der Gläubiger.[82] 52

Die Vorschläge des Arbeitskreises und die sie begründenden Erwägungen werden jeweils in der Kommentierung der betreffenden Paragraphen des Gesetzes näher vorgestellt. Der für das neue **Beschlussmängelrecht** vorgeschlagene Gesetzestext sowie der Allgemeine Teil und der Besondere Teil der Begründung des Gesetzesvorschlags werden in Abschnitt VIII zu § 20 im Wortlaut wiedergegeben. 53

---

[75] Zu den Einzelheiten des Gesetzesvorschlags und der Begründung dazu Arbeitskreis Reform des Schuldverschreibungsgesetzes ZIP 2014, 845 (845–847, 850, 852) und → § 5 Rn. 52 ff. sowie die Erörterungen zur Aggregation in → § 5 Rn. 47 ff.

[76] → Rn. 43.

[77] BGHZ 202, 7 Rn. 9 f. = BB 2014, 2572 mAnm *Kessler;* BGH WM 2015, 470 Rn. 17 f. = BB 2015, 719 mAnm *Moser;* inhaltsgleich BGH 2.12.2014 – II ZB 3/14, juris Rn. 17 f.; zum Gesetzesvorschlag zu § 1 und der Begründung dazu ZIP 2014, 845 (845–846, 849) und → § 1 Rn. 6; zum Gesetzesvorschlag zu § 24 Abs. 2 ZIP 2014, 845 (848 f.) und → § 24 Rn. 5 (Fn. 12).

[78] → Rn. 44.

[79] Arbeitskreis Reform des Schuldverschreibungsgesetzes ZIP 2014, 845 (850).

[80] → Rn. 44 und → § 20 Rn. 9 ff.

[81] → Rn. 47 und → § 20 Rn. 107 f.

[82] Dazu Arbeitskreis Reform des Schuldverschreibungsgesetzes ZIP 2014, 845 (847, 851) und → § 5 Rn. 92 ff. sowie die Darlegungen zur Gesamtkündigung in Abschnitt VIII zu § 5.

54 Die Vorschläge des Arbeitskreises zum **Beschlussmängelrecht,** d.h. die Ersetzung der Anfechtungsklage mit der Folge der Kassation des fehlerhaften Beschlusses durch die Gewährung eines Anspruchs der Anleihegläubiger auf Ersatz der durch die Vollziehung verursachten Wertminderung der Schuldverschreibungen, begegnen auch **Kritik.** So sieht *Maier-Reimer*[83] die Schwäche des Reformvorschlags darin, dass es in einer Vielzahl der Fälle praktisch nicht möglich sei, belastbar festzustellen, ob überhaupt ein Schaden, d.h. eine Wertminderung, eingetreten ist, und, wenn ja, wie hoch der Schaden sei.[84] *Maier-Reimer* schlägt vor, die Anfechtungsklage beizubehalten. Ein der Klage stattgebendes Urteil soll jedoch nur für den oder die Kläger und die Anleihegläubiger, die der Klage im Wege der Nebenintervention beigetreten sind, in Rechtskraft erwachsen. Bis zum Ablauf der Klagefrist soll ein Vollzugsverbot für den Beschluss bestehen. Für diejenigen Schuldverschreibungen, für die eine Anfechtung nicht erfolgt ist, soll der Beschluss gemäß § 21 SchVG vollzogen werden, für diejenigen Schuldverschreibungen, die angefochten worden sind, soll eine neue Sammelschuldverschreibung ausgegeben werden. Wird die Klage abgewiesen oder zurückgenommen, wird die Anleihe wieder zusammengeführt. Der (möglicherweise) fehlerhafte Beschluss hat nach diesem Vorschlag Bestand für alle diejenigen, die an der Beschlussfassung nicht teilgenommen haben, sowie für diejenigen, die mit dem Beschluss einverstanden sind oder sich mit dem Mehrheitsbeschluss abfinden. Für den erfolgreichen Kläger/Nebenintervenienten sollen die ursprünglichen Anleihebedingungen unverändert weiter gelten.[85] Die von *Maier-Reimer* vorgeschlagene Lösung **wird** indes **den praktischen Anforderungen nicht gerecht,** eine **rasche und umfassende kollektive Restrukturierung,** insbesondere zur Abwendung eines Insolvenzverfahrens, zu ermöglichen. Auch die Aufteilung und anschließende Zusammenführung der Anleihe als Wertpapier würde die Einbeziehung von Schuldverschreibungen in eine durch Mehrheitsentscheidungen erleichterte Schuldenrestrukturierung erheblich behindern. Es wäre bei Zulassung der Anfechtungsklage zudem zu erwarten, dass gerade sog. räuberische Anleihegläubiger als Kläger oder Nebenintervenienten weiterhin gegenüber Emittenten ein Druckmittel für außergerichtliche Abfindungszahlungen in der Hand hielten.

4. Entmaterialisierung von Schuldverschreibungen

55 Der geltende Anwendungsbereich des SchVG nach § 1 Abs. 1 erfasst ausschließlich Forderungsrechte in urkundlich verbriefter Form.[86] Vor dem Hintergrund des Aufkommens neuer Technologien zur rechtssicheren elektronischen Dokumentation der Begebung und Übertragung von Wertrechten wird die zwingende urkundliche Materialisierung von Wertpapieren allerdings zunehmend in Frage gestellt. Insbesondere die zeitnahe Entmaterialisierung von Schuldverschreibungen ist erklärtes Ziel gesetzgeberischer Reformbestrebungen.[87]

56 Bereits im geltenden Rechtsrahmen erproben Emittenten Gestaltungen, die anstelle der Verbriefung in Urkundenform eine Fungibilität der Forderungsrechte über eine Koppelung der Übertragung der unverbrieften Forderungsrechte an die Übertragung Blockchain-basierten Token zu erreichen suchen.[88] Der Anwendungsbereich des SchVG ist im Falle unver-

[83] *Maier-Reimer* in FS Seibert, 2019, 579 ff.

[84] AaO S. 588.

[85] AaO S. 589 ff.

[86] → § 1 Rn. 15 ff.

[87] BMF/BMJV, Eckpunkte für die regulatorische Behandlung von elektronischen Wertpapieren und Krypto-Token v. 7.3.2019. Das vorgenannte Eckpunktepapier ist Teil der Blockchain-Strategie der Bundesregierung. S. dazu Deutsche Kreditwirtschaft, Stellungnahme zum Eckpunktepapier für die regulatorische Behandlung von elektronischen Wertpapieren und Krypto-Token v. 12.4.2019.

[88] Zu den zivil-, aufsichtsrechtlichen und praktischen Schwierigkeiten aktueller „Krypto-Bonds" sowie Versuche der Literatur, diese zu umgehen, umfassend *Kusserow* WM 2020, 586 ff. Aus der Praxis vgl. den Prospekt der Bitbond Finance GmbH v. 30.1.2019 für das öffentliche Angebot von „tokenisierten Schuldverschreibungen" (https://www.bitbondsto.com/files/bitbond-sto-prospectus-de.pdf). Hierin ist vorgesehen, dass den Gläubigern neben unverbrieften Namensschuldverschreibungen diese digital repräsentierende, blockchain-basierte sog. BB1-Token gewährt werden. § 5 der maßgeblichen Schuldverschreibungsbedingunen

briefter Forderungsrechte *de lege lata* nicht eröffnet, was mit Blick auf die Interessen der beteiligten Gläubiger und Schuldner, insbesondere im Krisen- oder Restrukturierungsfall, misslich ist.

Die Reformpläne zur Entmaterialisierung von Schuldverschreibungen sehen vor, die **57** Funktionen der Wertpapierurkunde durch die Erfassung der Forderungsrechte in einem elektronischen Register zu ersetzen.[89] Die so geschaffenen elektronischen Wertrechte sollen entweder kraft gesetzlicher Fiktion zu Sachen erklärt werden oder als neues Recht *sui generis* mit eigentumsähnlichem Schutzniveau ausgestaltet werden.[90] Angedacht wird auch, die Anleihebedingungen der registermäßig erfassten Schuldverschreibungen im Internet kostenlos zugänglich zu machen.[91] Die registermäßige Erfassung soll jedoch nicht die Verwahrung elektronischer Wertpapiere umfassen oder ersetzen, sondern lediglich – analog zur Urkunde – der Dokumentation des Forderungsrechts dienen.[92]

Stimmen aus der Praxis plädieren für eine Orientierung am BSchuWG.[93] Uneinigkeit **58** besteht insbesondere noch bei der Ausgestaltung des Registers als staatliches, zentrales oder von Privaten geführtes, dezentrales Register sowie bei den Anforderungen an die Übertragung. Die Reformpläne würden im Falle ihrer Umsetzung auch Anpassungen des SchVG erfordern. Neben der Erweiterung des Anwendungsbereichs auf entmaterialisierte Schuldverschreibungen wären auch die urkundsbezogenen Regelungen (zB §§ 2, 10 Abs. 3, 21) an die registermäßige Erfassung anzupassen.[94]

Abschnitt 1. Allgemeine Vorschriften

§ 1 Anwendungsbereich

(1) **Dieses Gesetz gilt für nach deutschem Recht begebene inhaltsgleiche Schuldverschreibungen aus Gesamtemissionen (Schuldverschreibungen).**

(2) [1]**Dieses Gesetz gilt nicht für die gedeckten Schuldverschreibungen im Sinne des Pfandbriefgesetzes sowie nicht für Schuldverschreibungen, deren Schuldner der Bund, ein Sondervermögen des Bundes, ein Land oder eine Gemeinde ist oder für die der Bund, ein Sondervermögen des Bundes, ein Land oder eine Gemeinde haftet.** [2]**Für nach deutschem Recht begebene Schuldverschreibungen, deren Schuldner ein anderer Mit-**

---

statuiert ein beschränktes Abtretungsverbot dergestalt, dass die begebenen Forderungsrechte nur gemeinsam mit den entsprechenden Token übertragbar sein sollen. Die rechtliche Belastbarkeit dieses Abtretungsverbots ist gegenwärtig noch ungeklärt (§ 354a Abs. 1 HGB).

[89] Dabei ist bisher offen, ob ein zentrales und öffentlich verwaltetes oder öffentlich beaufsichtigtes Register gleich dem Bundesschuldbuch nach § 5 BSchuWG oder ein dezentrales Register, gegebenenfalls auf Basis der Distributed Ledger-Technologie, zur Anwendung kommen soll (Eckpunkte für die regulatorische Behandlung von elektronischen Wertpapieren und Krypto-Token, S. 2 ff.).

[90] BMF/BMJV, Eckpunkte für die regulatorische Behandlung von elektronischen Wertpapieren und Krypto-Token, S. 2 f. Als Vorbild für ein *sui generis*-Modell dient das Schweizer Bucheffektengesetz (BEG), das Forderungsrechte mit Eintrag auf dem Konto einer Verwahrungsbank in Gestalt einer Bucheffekte absoluten Schutz gewährt (Art. 3 BEG). Die Rechtsposition entsteht mit Gutschrift auf einem Effektenkonto und Hinterlegung von Wertpapieren oder einer Sammelurkunde bzw. durch Eintragung des Wertrechts in ein Werterechtsregister (Art. 6 BEG). Der Inhaber einer Bucheffekte kann über diese durch Gutschrift verfügen.

[91] BMF/BMJV, Eckpunkte für die regulatorische Behandlung von elektronischen Wertpapieren und Krypto-Token, S. 3.

[92] BMF/BMJV, Eckpunkte für die regulatorische Behandlung von elektronischen Wertpapieren und Krypto-Token, S. 4. Dazu *Casper* BKR 2019, 209 ff.; *Heppekausen* BKR 2020, 10 ff.

[93] Deutsche Kreditwirtschaft, Stellungnahme zum Eckpunktepapier für die regulatorische Behandlung von elektronischen Wertpapieren und Krypto-Token, S. 2; DAV, Stellungnahme zu den Eckpunkten des BMF und BMJV für die regulatorische Behandlung von elektronischen Wertpapieren und Krypto-Token, S. 4.

[94] Hierzu Deutsche Kreditwirtschaft, Stellungnahme zum Eckpunktepapier für die regulatorische Behandlung von elektronischen Wertpapieren und Krypto-Token, S. 13. Abrufbar unter: https://bankenverband.de/media/files/2019-04-12_DK-Stn_Eckpunkte_elektron_Wertpapiere_und_Krypto_Token.pdf

gliedstaat des Euro-Währungsgebiets ist, gelten die besonderen Vorschriften der §§ 4a bis 4i und 4k des Bundesschuldenwesengesetzes entsprechend.

Schrifttum: Arbeitskreis Reform des Schuldverschreibungsrechts, Reform des Schuldverschreibungsgesetzes, ZIP 2014, 845; *Armbrüster,* Anmerkungen zu LG Frankfurt a. M., Beschl. v. 27.10.2011 – 3–05 O 60/11, EWiR 2012, 61; *Baums,* Weitere Reform des Schuldverschreibungsrechts!, ZHR 177 (2013), 807; *Bhatti,* Die Europäische Benchmark-Regulierung und ihre Folgen für Wertpapieremittenten, WM 2019, 389; *Böhringer/Mihm/Schaffelhuber/Seiler,* Contingent Convertibles als regulatorisches Kernkapital, RdF 2011, 48; *Bredow/Vogel,* Restrukturierung von Anleihen – Der aktuelle Regierungsentwurf eines neuen Schuldverschreibungsgesetzes, ZBB 2009, 153; *Cagalj,* Restrukturierung von Anleihen nach dem neuen Schuldverschreibungsgesetz, Diss. Freiburg 2012; *Grell/Splittgerber/Schneider,* BGH ebnet den Weg für die Restrukturierung von Anleihen – alle Fragen geklärt?, DB 2015, 111; *Groß,* Kapitalmarktrecht: Kommentar zum Börsengesetz, zur Börsenzulassungs-Verordnung und zum Wertpapierprospektgesetz, 5. Aufl. 2012; *Habersack/Mülbert/Schlitt,* Unternehmensfinanzierung am Kapitalmarkt, 4. Aufl. 2019; *Horn,* Das neue Schuldverschreibungsgesetz und der Anleihemarkt, BKR 2009, 446; *Horn,* Die Stellung der Anleihegläubiger nach neuem Schuldverschreibungsgesetz und allgemeinem Privatrecht im Licht aktueller Marktentwicklungen, ZHR 173 (2009) 12; *Keller,* Die Übergangsregelung des neuen Schuldverschreibungsgesetzes (SchVG 2009), BKR 2012, 15; *Kessler/Rühle,* Die Restrukturierung von Anleihen in Zeiten des SchVG 2009, BB 2014, 907; *Kümpel/Wittig,* Bank- und Kapitalmarktrecht, 4. Aufl. 2011; *Kusserow,* Zur Frage der Anwendbarkeit des SchVG auf Namensschuldverschreibungen, RdF 2012, 4; *Kusserow,* Auswirkungen aktueller Regulierungsvorhaben auf Schuldverschreibungsemissionen von Kreditinstituten, WM 2013, 1581; *Langenbucher,* Aktien- und Kapitalmarktrecht, 3. Aufl. 2015; *Leuering,* Das neue Schuldverschreibungsgesetz, NZI 2009, 638; *Leuering/Zetzsche,* Die Reform des Schuldverschreibungs- und Anlageberatungsrechts – (Mehr) Verbraucherschutz im Finanzmarktrecht?, NJW 2009, 2856; *Lürken,* Anmerkungen zu LG Frankfurt a. M., Beschl. v. 27.10.2011 – 3–05 O 60/11, GWR 2011, 546; *Lwowski/Fischer/Langenbucher,* Das Recht der Kreditsicherung, 9. Aufl. 2011; *Marsch-Barner/Schäfer,* Handbuch börsennotierte AG, 3. Aufl. 2014; *Mock,* Genussrechtsinhaber in der Insolvenz des Emittenten, NZI 2014, 102; *Oulds,* Restrukturierungen nach dem Schuldverschreibungsgesetz und Bundesschuldenwesengesetz, CFL 2012, 353; *Podewils,* Neuerungen im Schuldverschreibungs- und Anlegerschutzrecht – Das Gesetz zu Neuregelung der Rechtsverhältnisse bei Schuldverschreibungen aus Gesamtemissionen und zur verbesserten Durchsetzbarkeit von Ansprüchen von Anlegern aus Falschberatung, DStR 2009, 1914; *Schimansky/Bunte/Lwowski,* Bankrechts-Handbuch, 4. Aufl. 2011; *Schlitt/Hekmat/Kasten,* Aktuelle Entwicklungen bei High-Yield Bonds, AG 2011, 429; *Schlitt/Schäfer,* Die Restrukturierung von Anleihen nach dem neuen Schuldverschreibungsgesetz, AG 2009, 477; *Schneider,* Ist das SchVG noch zu retten?, in: *Baums* (Hrsg.), Das neue Schuldverschreibungsrecht, 2013, 1; *Schulenburg,* Der Schutz der Minderheit im Schuldverschreibungsrecht in vergleichender Betrachtung mit dem Aktienrecht, 2017; *Thole,* Sanierung mittels Scheme of Arrangement im Blickwinkel des Internationalen Privat- und Verfahrensrechts, ZGR 2013, 109; *Weiß,* Opt-in ausländischer Altanleihen ins neue Schuldverschreibungsgesetz, in: *Baums* (Hrsg.), Das neue Schuldverschreibungsrecht, 2013, 25.

I. Überblick

1 Die Wahl deutschen Rechts als Wertpapierrechtsstatut bestimmt den Anwendungsbereich des Gesetzes. Das Gesetz gilt gleichermaßen für Anleihen inländischer Schuldner und ausländischer Schuldner. Mit der Wahl deutschen Rechts finden zwingend die §§ 2–4 über skripturrechtliche Anforderungen an Schuldverschreibungen, das Transparenzgebot und die kollektive Bindung Anwendung. Die Kernvorschriften des Gesetzes über Mehrheitsbeschlüsse der Gläubiger und den gemeinsamen Vertreter (§§ 5–22) sind dagegen nur anwendbar, wenn die Anleihebedingungen für deren Geltung optieren.

2 Die Schuldverschreibungen können in jeder der im deutschen Recht zur Verfügung stehenden Rechtsform – als Inhaber-, Order- oder Namensschuldverschreibungen – begeben werden, und das Gesetz gilt für Schuldverschreibungen unterschiedlichster inhaltlicher Ausgestaltung. Aus dem Geltungsbereich des Gesetzes herausgenommen sind Pfandbriefe und die Schuldverschreibungen der deutschen öffentlichen Hand (Bund, Länder, Gemeinden und Sondervermögen des Bundes). Das Gleiche gilt für die Schuldverschreibungen Dritter, für die die öffentliche Hand haftet. Den Schuldverschreibungen der deutschen öffentlichen Hand gleichzustellen sind nach deutschem Recht begebene Schuldverschreibungen vergleichbarer ausländischer Emittenten (Staaten, Gliedstaaten, Provinzen, Gemeinden, internationale Organisationen und dergleichen). Den vom Gesetz freigestellten deutschen und den ihnen gleichzustellenden ausländischen Emittenten ist es unbenommen, die Bestimmungen des Gesetzes über Mehrheitsbeschlüsse der Gläubiger und den gemeinsamen Vertreter ganz oder teilweise in ihren Anleihen zu übernehmen, sie können diese Materien aber auch abweichend davon regeln. Etwas anderes gilt nur für die Staaten der Euro-Zone, die Bundesrepublik Deutschland eingeschlossen. Diese Staaten sind verpflichtet, ab dem 1.1.2013 in ihre neu begebenen Anleihen mit einer Laufzeit von mehr als einem Jahr Umschuldungsklauseln aufzunehmen, die den Musterumschuldungsbestimmungen entsprechen, auf die sie sich miteinander verständigt haben.

II. Anwendungsbereich

1. Wahl deutschen Rechts

3 Das Gesetz gilt „für nach deutschem Recht begebene" Schuldverschreibungen. Die Wahl des deutschen Rechts als **Wertpapierrechtsstatut** bestimmt somit seinen Anwendungsbereich, unabhängig von Wertpapiersach-, Gesamt- oder Insolvenzstatut.[1] Das Gesetz gilt gleichermaßen für Inlandsanleihen, dh Anleihen inländischer Schuldner, und für Auslandsanleihen, dh Anleihen ausländischer Schuldner aller Art.[2]

4 Der Anwendbarkeit des Gesetzes steht es nicht entgegen, dass einzelne Bestimmungen der Anleihebedingungen ausländischem Recht unterworfen sind, sofern die Anleihebedingungen im Übrigen in ihrem wesentlichen Inhalt deutschem Recht unterstehen.[3] Die vom

[1] *Kusserow* RdF 2012, 4 (6 f.).

[2] Damit sind zB die zahlreichen Anleihen ausländischer Finanzierungstöchter deutscher Unternehmen erfasst, vgl. *Schlitt/Schäfer* AG 2009, 477 (479); FK-SchVG/*Hartwig-Jacob* § 1 Rn. 74; *Schulenburg* Schutz der Minderheit im Schuldverschreibungsrecht S. 77.

[3] Hopt/Seibt/*Artzinger-Bolten/Wöckener* § 1 SchVG Rn. 56 ff.; Veranneman/*Oulds* § 1 Rn. 14; FK-SchVG/*Hartwig-Jacob* § 1 Rn. 97 ff.; *Lürken* GWR 2011, 526; *Keller* BKR 2012, 15 (16); *Oulds* CFL 2012,

LG Frankfurt a. M. in mehreren Entscheidungen aus den Jahren 2011 und 2012 vertretene gegenteilige Auffassung, wonach die Geltung des Gesetzes voraussetzt, dass die Anleihebedingungen *einschränkungslos* dem deutschen Recht unterliegen müssen,[4] ist abzulehnen. In der vom Gesetzgeber in Abkehr von den Regelungen des SchVG 1899[5] gewollten Anwendbarkeit des Gesetzes auf Auslandsanleihen liegt beschlossen, dass bei diesen Anleihen die für den jeweiligen Emittenten kollisionsrechtlich berufenen Normen des ausländischen Rechts der Rechtswahl entzogen sind und damit zwingend den Regeln des Rechts des ausländischen Emittenten unterliegen. Würde das Gesetz verlangen, dass ausschließlich deutsches Recht für die Rechtsbeziehungen zwischen dem Emittenten und den Anleihegläubigern gelten darf, so schieden Auslandsanleihen entgegen den erklärten Intentionen des Gesetzgebers[6] aus dem Anwendungsbereich des SchVG aus.

5 Das Wertpapierrechtsstatut entscheidet über den Inhalt, die Entstehung und den Untergang des verbrieften Rechts.[7] Das Wertpapierrechtsstatut kann nur *einer* Rechtsordnung zugewiesen werden.[8] Eine **Teilrechtsverweisung** auf ausländisches Recht für einzelne Bestimmungen der Anleihebedingungen ändert das Wertpapierrechtsstatut jedoch nicht, solange die Substanz der im Wertpapier verbrieften Forderung davon nicht betroffen ist.[9] Die Berufung des ausländischen Rechts kann „deklaratorisch" oder „konstitutiv" sein. Sie ist **deklaratorisch,** wenn der Regelungsgegenstand der dem ausländischen Recht unterworfenen Klausel kraft zwingender Normen des fremden Rechts (etwa des öffentlichen Rechts oder des Personalstatuts des Emittenten im Falle der Auflösung, Liquidation oder Insolvenz) der Rechtswahl entzogen ist. **Konstitutive** Teilrechtsverweisungen sind möglich, etwa bei der Einbeziehung von Teilen international gebräuchlicher Regelwerke von allgemeiner Marktgeltung, die nach fremdem Recht konzipiert und in fremder, insbesondere in englischer, Sprache verfasst sind (etwa die Definitionskataloge von Marktorganisationen wie der ISDA). Solche deklaratorischen oder konstitutiven Teilverweisungen auf fremdes Recht berühren das deutsche Wertpapierrechtsstatut nicht, solange die Anleihebedingungen in ihrem wesentlichen Inhalt dem deutschen Recht unterstehen.[10]

6 Der **Reformentwurf** schlägt vor, in § 1 die Wörter „nach deutschem Recht begebene" zu streichen und der Vorschrift einen S. 2 anzufügen, der bestimmt, dass „eine Teilrechtswahl ausländischen Rechts […] der Anwendung des Gesetzes nicht entgegen" steht.[11] Die Begründung zu diesem Vorschlag sieht in dieser Änderung lediglich eine *Klarstellung,* dass das SchVG nach geltendem Recht auch bei einer Teilrechtswahl ausländischen Rechts Anwendung findet. Die Zulässigkeit einer Teilrechtswahl folge bereits aus Art. 3 Abs. 1 der

353 (354); *Baums* ZHR 177 (2013), 807 (809); Baums/*Schneider* S. 1 (14 f.); Baums/*Weiß* S. 25 (34 ff.); *Fritze* jurisPR-InsR 10/2013 Anm. 5; *Thole* ZGR 2013, 109 (159); *Kessler* BB 2014, 2572 (2576); *Kessler/Rühle* BB 2014, 907 (910); *Grell/Splittgerber/Schneider* DB 2015, 111 (112); *Cagalj* Restrukturierung von Anleihen S. 82; Veranneman/*Oulds* § 1 Rn. 14. Zurückhaltender, aber ebenfalls die Auffassung des LG Frankfurt a. M. anzweifelnd BerlKommInsR/*Paul* SchVG § 1 Rn. 4a.; vgl. auch Arbeitskreis Reform des Schuldverschreibungsrechts ZIP 2014, 845 (846, 850); → Rn. 6.

[4] LG Frankfurt a. M. ZIP 2011, 2306 (2307) – Pfleiderer und LG Frankfurt a. M. Urt. v. 15.11.2011 – 3-05 O 45/11 – Pfleiderer, bestätigt in LG Frankfurt a. M. ZIP 2012, 474 (475). OLG Frankfurt a. M. ZIP 2012, 725 und OLG Frankfurt a. M. ZInsO 2012, 1990 haben sich im Verfahren Pfleiderer nicht mit der Auffassung des LG auseinandergesetzt. Im Freigabeverfahren Pfleiderer waren die umfangreichen Anleihebedingungen der niederländischen Pfleiderer International B. V. *in toto* deutschem Recht unterstellt, mit Ausnahme einer Nachrangklausel, die niederländischem Recht unterworfen war. Sie sah im Wesentlichen vor, dass die Forderungen aus den Schuldverschreibungen *„im Falle der Liquidation, der Auflösung oder der Insolvenz der Emittentin"* erst nach vollständiger Erfüllung aller vorrangigen Ansprüche bedient werden. Das LG Frankfurt a. M. befand, das Gesetz finde keine Anwendung wegen der niederländischem Recht unterworfenen Nachrangklausel.

[5] → Einl. Rn. 3.

[6] Vgl. BegrRegE SchVG, BT-Drs. 16/12814, 13.

[7] Vgl. BGHZ 164, 361 (366); Baums/*Weiß* S. 25 (35).

[8] RGZ 118, 370 (371 ff.); RGZ 126, 196 (200 f., 205 f.).

[9] BGHZ 164, 361 (365 f.).

[10] Baums/*Schneider* S. 15.

[11] Arbeitskreis Reform des Schuldverschreibungsrechts ZIP 2014, 845 (846); → Einl. Rn. 46 ff.

Rom I-VO, soweit sich die Teilfragen in Anleihebedingungen sinnvollerweise unterschiedlichen Rechten unterstellen lassen und dadurch nicht unauflösbare Widersprüche entstehen. Insbesondere bei den in der Praxis gebräuchlichen Rangrücktritts- oder Aufrechnungsverbotsklauseln sowie Bestimmungen in Anleihebedingungen zur Deckung, Besicherung, Form oder Übertragbarkeit liegen in sich abgeschlossene Regelungen vor, so dass diese Voraussetzungen gegeben seien. Die Teilrechtswahl hinsichtlich einzelner Gegenstände entspreche auch der international üblichen Kautelarpraxis, der sich das deutsche Recht nicht verschließe.

Das Gesetz findet Anwendung nicht nur, wenn die Geltung deutschen Rechts ausdrücklich in den Anleihebedingungen bestimmt ist – was üblich ist –, sondern auch dann, wenn es an einer Bestimmung über das anwendbare Recht fehlt, die Auslegung der Anleihebedingungen aber ergibt, dass die Anleihe deutschem Recht untersteht.[12] **7**

Sind die Vorschriften des § 1 über den Anwendungsbereich des Gesetzes erfüllt, so gelten die zwingenden Bestimmungen des Gesetzes über die formalen Anforderungen an die Anleihebedingungen, die Transparenz der Anleihebedingungen und die kollektive Bindung gelten (§§ 1–4).[13] **8**

Die Vorschriften der §§ 5–22 über Beschlüsse der Gläubiger finden anders als die Bestimmungen der §§ 2–4 nicht kraft Gesetzes Anwendung, sondern nur, wenn und soweit die Anleihebedingungen deren Geltung vorsehen. Die Anleihebedingungen können diese Bestimmungen nur berufen, wenn sie deutschem Recht unterstehen. **9**

2. Gesamtemission

Das Gesetz findet Anwendung auf „inhaltsgleiche Schuldverschreibungen aus Gesamtemissionen". Der Begriff der **Gesamtemission,** der sich etwa in § 151 StGB findet, entstammt den im Jahre 1990[14] aufgehobenen §§ 795 und 808a BGB, die für das Inverkehrbringen von Inhaber- und Orderschuldverschreibungen, „die Teile einer Gesamtemission darstellen", eine staatliche Genehmigung erforderten. Im Prozess des Werdens des Gesetzes wurde der Begriff in den Entwurf des Arbeitskreises von 1996[15] übernommen, fand von dort Eingang in die Diskussionsentwürfe des BMJ vom April 2003 und September/November 2004, wurde im Referentenentwurf 2008 durch den Begriff „Anleihe" ersetzt, und im Regierungsentwurf wieder aufgegriffen und in das Gesetz übernommen. Der Begriff sagt selbst, um was es geht: Eine Emission einer Vielzahl untereinander austauschbarer, dh inhaltsgleicher, Schuldverschreibungen, deren Kapitalmarktfähigkeit vorausgesetzt werden kann.[16] **10**

Eine Gesamtemission liegt auch dann vor, wenn eine einzeln verbriefte, einheitliche Forderung nachträglich durch Teilübertragung in eine Vielzahl von Forderungen aufgespalten wird.[17] Zwar spricht der Begriff Gesamtemission dafür, dass von Beginn an eine Vielzahl von Schuldverschreibungen vorliegen muss. Jedoch ist die Konstellation der nachträglichen Gesamtemission vergleichbar, und es erscheint daher sachgerecht, auch hier die durch das SchVG geschaffenen Möglichkeiten zur Änderung der Anleihebedingungen Gebrauch zu eröffnen. **11**

---

[12] Ebenso FK-SchVG/*Hartwig-Jacob* § 1 Rn. 90; Hopt/Seibt/*Artzinger-Bolten/Wöckener* § 1 SchVG Rn. 55.

[13] Ebenso FK-SchVG/*Hartwig-Jacob* § 1 Rn. 4; Hopt/Seibt/*Artzinger-Bolten/Wöckener* § 1 SchVG Rn. 60.

[14] Gesetz v. 17.12.1990, BGBl. I 1990, 2839.

[15] → Einl. Rn. 13.

[16] Ebenso FK-SchVG/*Hartwig-Jacob* § 1 Rn. 111; Hopt/Seibt/*Artzinger-Bolten/Wöckener* § 1 SchVG Rn. 24.

[17] FK-SchVG/*Hartwig-Jacob* § 1 Rn. 43. Zur Frage der Anwendbarkeit des SchVG auf Namensschuldverschreibungen, um die es sich in diesen Fällen regelmäßig handeln wird → Rn. 18 ff.

3. Inhaltsgleichheit der Schuldverschreibungen

12 Die Geltung des Gesetzes für Schuldverschreibungen aus Gesamtemissionen setzt weiter voraus, dass die Schuldverschreibungen **inhaltsgleich** sind. Dieses Erfordernis ist bereits im Begriff der Gesamtemission enthalten, weil Schuldverschreibungen aus Gesamtemissionen notwendigerweise inhaltsgleich sind.[18] Sie verbriefen gleichartige Rechte.[19] Die Gleichartigkeit begründet ihre Austauschbarkeit **(Fungibilität)** und ist damit Voraussetzung ihrer Verkehrsfähigkeit.

13 Sie ist gewahrt bei verschiedenen **Tranchen einer Anleiheserie,** die zu unterschiedlichen Zeitpunkten begeben werden, sofern für alle Tranchen gleiche Bedingungen ab dem Zeitpunkt des zeitlichen Gleichlaufs der Tranchen gelten.[20] Dem Erfordernis der Inhaltsgleichheit steht ferner nicht entgegen, dass die Schuldverschreibungen zunächst in einer vorläufigen Sammelurkunde verbrieft sind, die später gegen eine Dauersammelurkunde ausgetauscht wird,[21] dass die Emission teilweise in Einzelurkunden und teilweise in einer oder mehreren Sammelurkunden verbrieft ist,[22] dass die Schuldverschreibungen der einen Anleiheserie bei verschiedenen Verwahrern oder Zentralverwahrern hinterlegt sind,[23] dass ein Anspruch auf Auslieferung einzelner Wertpapiere besteht oder ein solcher Anspruch ausgeschlossen ist[24] und dass die Schuldverschreibungen unterschiedlich gestückelt sind[25].[26]

14 Das Erfordernis der Inhaltsgleichheit ist dagegen **nicht erfüllt** bei der Einteilung der begebenen Schuldverschreibungen in unterschiedliche **Risikoklassen,** etwa hinsichtlich der Verzinsung, der Besicherung oder des Ranges der verbrieften Forderung in der Insolvenz des Schuldners, wie es bei ***Asset Backed Securities*** üblich ist. Die verschiedenen Klassen einer solchen Emission sind keine Gesamtemission. Jede der verschiedenen Klassen verbrieft jeweils inhaltgleiche Schuldverschreibungen aus einer Gesamtemission und unterliegt damit der Anwendung des Gesetzes, wenn auch die übrigen Voraussetzungen des § 1 Abs. 1 vorliegen.[27]

4. Rechtsformen der Schuldverschreibungen

15 Das Gesetz gilt für Schuldverschreibungen in jeder Rechtsform, also für Schuldverschreibungen, die auf den Inhaber, auf den Namen des Berechtigten oder an Order ausgestellt

[18] BegrRegE SchVG, BT-Drs. 16/12814, 16.

[19] *Horn* ZHR 173 (2009), 12 (17 f.).

[20] Vgl. auch BegrRegE SchVG, BT-Drs. 16/12814, 18; Veranneman/*Oulds* § 1 Rn. 33 ff. mwN; FK-SchVG/*Hartwig-Jacob* § 1 Rn. 118 ff.; Heidel AktR/*Müller* SchVG § 1 Rn. 2; *Cagalj* Restrukturierung von Anleihen S. 75; *Schulenburg* Schutz der Minderheit im Schuldverschreibungsrecht S. 74.

[21] Unternehmensanleihen werden vielfach aus Gründen des US-Steuerrechts als sog. TEFRA-D-Emissionen begeben. Dabei wird die gesamte Anleihe zunächst durch eine vorläufige Sammelurkunde verbrieft, die frühestens 40 Tage nach ihrer Begebung durch eine Dauersammelurkunde ausgetauscht wird. Der Austausch setzt die Vorlage von Bescheinigungen voraus, dass die wirtschaftlichen Eigentümer der durch die vorläufige Urkunde verbrieften Schuldverschreibungen keine US-Steuerbürger sind. Die vorläufige Urkunde und die Dauerurkunde haben unterschiedliche Wertpapierkennnummern, was jedoch die Inhaltsgleichheit der Schuldverschreibungen nicht berührt. Vgl. etwa den Prospekt für das Emissionsprogramm der BASF SE vom September 2018 (Website der BASF Group (www.basf.com));Veranneman/*Oulds* § 1 Rn. 33; Hopt/Seibt/*Artzinger-Bolten/Wöckener* § 1 SchVG Rn. 20; FK-SchVG/*Hartwig-Jacob* § 1 Rn. 117; Heidel AktR/*Müller* SchVG § 1 Rn. 2.

[22] BegrRegE SchVG, BT-Drs. 16/12814, 16; FK-SchVG/*Hartwig-Jacob* § 1 Rn. 117; Heidel AktR/*Müller* SchVG § 1 Rn. 2.

[23] BegrRegE SchVG, BT-Drs. 16/12814, 16; NK-AktG/*Müller* SchVG § 1 Rn. 2.

[24] § 9a Abs. 3 DepotG; BegrRegE SchVG, BT-Drs. 16/12814, 16; FK-SchVG/*Hartwig-Jacob* § 1 Rn. 117.

[25] Ebenso FK-SchVG/*Hartwig-Jacob* § 1 Rn. 117; Heidel AktR/*Müller* SchVG § 1 Rn. 2; Hopt/Seibt/*Artzinger-Bolten/Wöckener* § 1 SchVG Rn. 24; **aA** Veranneman/*Oulds* § 1 Rn. 34.

[26] Das gilt nur mit der notwendigen Einschränkung der Unzulässigkeit im deutschen Recht der nach englischem Recht zulässigen Veränderung des Nennwerts bei der Übertragung (sog. *100k+1k incrementals*). Vgl. dazu auch Veranneman/*Oulds* § 1 Rn. 34, Hopt/Seibt/*Artzinger-Bolten/Wöckener* § 1 SchVG Rn. 21.

[27] Ebenso FK-SchVG/*Hartwig-Jacob* § 1 Rn. 124 ff.; Heidel AktR/*Müller* SchVG § 1 Rn. 2.

sind. Bei allen drei Formen handelt es sich um **Wertpapiere,** dh um Urkunden, ohne deren Innehabung das darin verbriefte Recht nicht geltend gemacht werden kann.[28] Schuldverschreibungen verbriefen schuldrechtliche Forderungsrechte, nicht Mitgliedschaftsrechte (wie etwa Aktien) oder Sachenrechte (wie etwa der Grundschuldbrief). Bei der Inhaberschuldverschreibung verspricht der Aussteller die Leistung dem jeweiligen Inhaber des Papiers (§ 793 Abs. 1 S. 1 BGB), bei der Namensschuldverschreibung dem darin namentlich Benannten, der (oder dessen Rechtsnachfolger) allein zur Geltendmachung des verbrieften Rechts berechtigt ist, bei der Orderschuldverschreibung dem namentlich Benannten oder gemäß dessen Order.

16 **a) Inhaberschuldverschreibungen (§§ 793 ff. BGB). Inhaberschuldverschreibungen (§§ 793 ff. BGB)** sind Urkunden, in denen der Aussteller dem Inhaber der Urkunde eine Leistung verspricht. Die Leistung kann auf Geld oder andere Güter gerichtet sein. Die Errichtung der Urkunde hat konstitutive Bedeutung. Das verbriefte Forderungsrecht kann außerhalb der Urkunde nicht entstehen. Für die Entstehung des Forderungsrechts ist außer der Urkunde Übertragung des Eigentums an der Urkunde auf den Ersterwerber erforderlich und die Einigung der Parteien über die Begründung der verbrieften Forderung. Inhaberschuldverschreibungen sind die beherrschende Rechtsform für Anleihen, die nach § 1 Abs. 1 in den Anwendungsbereich des Gesetzes fallen.[29]

17 **b) Orderschuldverschreibungen. Orderschuldverschreibungen** sind kaufmännische Verpflichtungsscheine gemäß § 363 Abs. 1 S. 2 HGB, die nur von einem Kaufmann über die Leistung von Geld, Wertpapieren oder anderen vertretbaren Sachen ausgestellt werden können, ohne dass darin die Leistung von einer Gegenleistung abhängig gemacht ist. Sie sind Wertpapiere im Sinne des § 1 Abs. 1 DepotG und qualifizieren sich damit für die Girosammelverwahrung. Sie können als Einzelurkunden oder als Sammelurkunden nach § 9a DepotG verbrieft werden, mit Blankoindossament oder Indossament auf die Wertpapiersammelbank, und stehen dann im Effektengiroverkehr Inhaberschuldverschreibungen gleich. Orderschuldverschreibungen haben zu keiner Zeit im Kapitalmarkt in Deutschland nennenswerte praktische Bedeutung erlangt.[30]

18 **c) Namensschuldverschreibungen. Namensschuldverschreibungen** spielen im Gegensatz zu Orderschuldverschreibungen in der internationalen Emissionspraxis eine wichtige Rolle. In manchen Ländern, insbesondere in den USA, ist es Marktpraxis, Anleihen nur in der Form von Namensschuldverschreibungen *(registered bonds)* zu begeben. Die Begebung von Inhaberschuldverschreibungen verbietet sich in den USA wegen damit verbundener steuerlicher Nachteile.[31]

19 Namensschuldverschreibungen deutschen Rechts werden herkömmlicherweise nicht als Gesamtemission, sondern in Gestalt von auf den Namen eines individuellen Investors ausgestellten Urkunden ohne Stückelung als „Einzelemission" begeben, auf die das Gesetz nicht anwendbar ist. Gleichwohl können Namensschuldverschreibungen wie Inhaberschuldverschreibungen und Orderschuldverschreibungen Teile einer Gesamtemission iSv § 1 Abs. 1 sein. Der BGH hat in einer Entscheidung, die „auf den Namen des Inhabers lautende, durch Indossament übertragbare […] Wandelgenussscheine" betraf,[32] unter Beru-

[28] So die hM; vgl. *Hueck/Canaris* Recht der Wertpapiere § 1 I; *Zöllner* WertpapierR § 3 III 4b; FK-SchVG/*Hartwig-Jacob* § 1 Rn. 47.

[29] Ebenso FK-SchVG/*Hartwig-Jacob* § 1 Rn. 49.

[30] Vgl. zu Orderschuldverschreibungen auch die Darstellung von FK-SchVG/*Hartwig-Jacob* § 1 Rn. 50 ff.

[31] Zu den Einzelheiten *Kusserow* RdF 2012, 4 Fn. 6 und 11 f.; *Kusserow* WM 2013, 1581 Fn. 5; FK-SchVG/*Hartwig-Jacob* § 1 Rn. 58.

[32] BGHZ 202, 7. In seinem Urt. v. 16.1.2020 (ZIP 2020, 362) hat der BGH festgestellt, dass Namensschuldverschreibungen, die nicht verbrieft sind, nicht die Anforderungen des § 2 erfüllen, dass mangels Verbriefung das SchVG auf derartige Schuldverschreibungen nicht, auch nicht entsprechend, anwendbar ist, und hat es dahingestellt sein lassen, ob das SchVG mit Hilfe einer Verweisung für anwendbar erklärt werden kann.

fung auf eine Literaturfundstelle[33] beiläufig bemerkt, dass „auch Namensschuldverschreibungen [von § 1 Abs. 1 SchVG] erfasst werden." Dieser Bemerkung ist in ihrem Zusammenhang die Auffassung des BGH zu entnehmen, dass bei Vorliegen der gesetzlichen Voraussetzungen (Geltung deutschen Rechts, Inhaltsgleichheit und Gesamtemission) Namensschuldverschreibungen ohne sonstige Voraussetzungen – wie etwa eine besondere Qualität der Fungibilität oder das Bestehen eines Einwendungsausschlusses entsprechend § 796 BGB, § 364 Abs. 2 HGB oder gar die Möglichkeit eines gutgläubigen Erwerbs – in den Anwendungsbereich des Gesetzes fallen. In der Literatur wird die Frage, ob derartige Namensschuldverschreibungen bei Vorliegen der Voraussetzungen des § 1 Abs. 1 SchVG in den Anwendungsbereich des Gesetzes fallen, unterschiedlich beantwortet.[34]

20 Mit dem Inkrafttreten des SchVG 2009 hat auch § 1 Abs. 1 S. 2 DepotG Gesetzeskraft erlangt, nach dem Namensschuldverschreibungen **Wertpapiere im Sinne des DepotG** sind, sofern „sie **auf den Namen einer Wertpapiersammelbank** ausgestellt wurden". Als Wertpapiere im Sinne des DepotG können nunmehr Namensschuldverschreibungen als Sammelurkunde (Globalurkunde) gemäß § 9a DepotG in die Girosammelverwahrung und den Effektengiroverkehr der Wertpapiersammelbank einbezogen werden. Die durch die Sammelurkunde verbrieften Namensschuldverschreibungen sind als Gesamtemission in zahlreiche Stücke unterteilt, die notwendig inhaltsgleich und damit untereinander austauschbar sind, weil sie den gleichen Bedingungen unterworfen sind. Unmittelbarer Sinn und Zweck der Ausdehnung des Wertpapierbegriffs im DepotG auf Namensschuldverschreibungen war, die Platzierung einer sog. „Globalanleihe" in der Form von Namensschuldverschreibungen nach deutschem Recht sowohl in Deutschland als auch in den USA (sowie in den internationalen Märkten) ohne nachteilige US-rechtliche steuerliche Konsequenzen zu ermöglichen.

21 Der Gesetzgeber hat es unterlassen, hinsichtlich solcher Namensschuldverschreibungen gewisse rechtstechnische Anpassungen vorzunehmen, wie es etwa für die auf den Namen einer Wertpapiersammelbank ausgestellten Sammelschuldbuchforderungen des Bundes in § 6 Abs. 2 des BSchuWG geschehen ist.[35] Nach § 6 Abs. 1 DepotG wird für in Sammelverwahrung genommene Wertpapiere ab dem Zeitpunkt der Sammelverwahrung „für die bisherigen Eigentümer Miteigentum nach Bruchteilen" begründet. Vor der Einbeziehung in die Girosammelverwahrung sind die Berechtigten an einer Namensschuldverschreibung – anders als die Inhaber von Inhaberpapieren – aber nicht „Eigentümer", sondern Forderungsgläubiger. Eine ergänzende Bestimmung, wonach die bisherigen Berechtigten an der Namensschuldverschreibung mit der Einbeziehung der Urkunde in die Sammelverwahrung als Miteigentümer nach Bruchteilen gelten – wie es § 6 Abs. 2 BSchuWG für die Sammelschuldbuchforderung vorschreibt –, hätte zugleich implizit die Geltung von § 935 Abs. 2 BGB in Bezug auf Inhaberpapiere nahe gelegt. Der Gesetzgeber hat jedoch sowohl mit der Einbeziehung von Namensschuldverschreibungen in die Definition des Begriffs „Wertpapier" im Sinne des DepotG als auch durch die Gesetzesbegründung, wonach Namensschuldverschreibungen, die auf den Namen einer Wertpapiersammelbank ausgestellt sind, **„dem sachenrechtlichen Wertpapiergiro"** unterstellt werden sollen,[36] klar zum Ausdruck gebracht, dass auf solche Namensschuldverschreibungen die Bestimmungen des DepotG entsprechend anzuwenden sind. Es bedarf einer solchen Vorschrift nicht, um dem Willen des Gesetzgebers Rechnung zu tragen.

---

[33] FK-SchVG/*Hartwig-Jacob* § 1 Rn. 60.

[34] Bejaht von FK-SchVG/*Hartwig-Jacob* § 1 Rn. 60; Veranneman/*Oulds* § 1 Rn. 27; verneint von *Kusserow* RdF 2014, 4 und 8 f.; Hopt/Seibt/*Artzinger-Bolten/Wöckener* § 1 SchVG Rn. 30 f. Die Tauglichkeit solcher Schuldverschreibungen als Handelsobjekt im Kapitalmarkt ist zu bezweifeln.

[35] Dort heißt es ua, dass die Gläubiger einer Sammelschuldbuchforderung, die auf den Namen einer Wertpapiersammelbank eingetragen ist, „*[…] als Miteigentümer nach Bruchteilen" gelten. Es wird dann ausdrücklich bestimmt, dass die „Vorschriften des […] Depotgesetzes entsprechend anzuwenden*" sind.

[36] BegrRegE SchVG, BT-Drs. 16/12814, 28.

22 Auch außerhalb des Girosammelverwahrsystems kann über Namensschuldverschreibungen eine Globalurkunde ausgestellt werden, die eine Anzahl einzelner Namensschuldverschreibungen (Stücke) verbrieft. Die Übertragung der einzelnen Namensschuldverschreibung vom Altgläubiger auf den Neugläubiger erfolgt durch Abtretung und Eintragung (die Austragung des Altgläubigers und die Eintragung des Neugläubigers) in ein Register.

23 Der **Reformentwurf** schlägt vor, die Geltung des Gesetzes nur solchen Namensschuldverschreibungen vorzubehalten, die gemäß § 1 Abs. 1 S. 2 DepotG auf den Namen einer Wertpapiersammelbank ausgestellt sind.[37] Mit ihrer Einbeziehung in die Girosammelverwahrung und in den Effektengiroverkehr gemäß § 9a DepotG wäre die Handelbarkeit – und damit die Kapitalmarkttauglichkeit – von Namensschuldverschreibungen, die als Gesamtemissionen begeben werden, wesentlich gefördert.

24 **d) Schuldscheindarlehen; Investmentanteilscheine.** Keine Schuldverschreibungen sind Schuldscheindarlehen. Der Schuldschein ist kein Wertpapier, sondern eine Beweisurkunde.[38] Auf Schuldscheindarlehen findet das Gesetz keine Anwendung.

25 Auch Investmentanteilscheine (§ 5 KAGB), die als Inhaber- oder Orderpapiere ausgestellt werden können, sind keine Schuldverschreibungen, sondern Wertpapiere eigener Art.[39] Sie verbriefen nicht nur Forderungsrechte, sondern die gesamte Rechtsstellung der Anteilsinhaber, ggf. auch die dingliche Beteiligung am Sondervermögen.[40]

26 **e) Wertrechte. Wertrechte** können nach deutschem Recht nur als Schuldbuchforderungen der öffentlichen Hand durch Eintragung in ein Schuldbuch begründet werden. Auf sie findet das SchVG nach § 1 Abs. 2 S. 1 keine Anwendung.[41] Ansonsten kennt das deutsche Recht entmaterialisierte Schuldtitel nicht.[42]

5. Emittenten

27 Von der Ausnahmeregelung für Anleihen der öffentlichen Hand abgesehen, findet das Gesetz Anwendung auf Emissionen von **Schuldnern aller Art.** Das Gesetz stellt es den Emittenten frei, durch Anwendung deutschen Rechts auf ihre Emissionen die Geltung des Gesetzes herbeizuführen. Das gilt gleichermaßen für **inländische und ausländische juristische Personen des Privatrechts und des öffentlichen Rechts.** Von besonders großer praktischer Auswirkung ist das für Anleihen der ausländischen Finanzierungsgesellschaften deutscher Unternehmen, die überwiegend nach deutschem Recht begeben und in der Regel von der Muttergesellschaft garantiert werden. Auf sie findet das Gesetz Anwendung, und die Geltung der §§ 5–22 über Gläubigerbeschlüsse und den gemeinsamen Vertreter kann durch Bestimmung in den Anleihebedingungen auf die Garantie der Muttergesellschaft ausgedehnt werden.[43]

[37] Arbeitskreis Reform des Schuldverschreibungsrechts ZIP 2014, 845 (846); → Einl. Rn. 46 ff.
[38] Dazu statt vieler Kümpel/Wittig/Früh/Seyfried/*R. Müller* Bank- und KapMarktR Rn. 15.265 f.
[39] Staudinger/*Marburger* BGB Vorbem. zu §§ 793 ff. Rn. 63.
[40] Staudinger/*Marburger* BGB Vorbem. zu §§ 793 ff. Rn. 63 mwN.
[41] → Rn. 28 ff.
[42] Zu Reformbestrebungen hinsichtlich der Entmaterialisierung von Wertpapieren → Einl. Rn. 54 ff. Zur Frage, ob und ggf. unter welchen Voraussetzungen das SchVG auch auf eine Anleihe angewendet werden kann, die zwar die Anforderungen des § 1 Abs. 1 SchVG erfüllt (Geltung deutschen Rechts, Inhaltsgleichheit, Gesamtemission), die aber nicht in einer Urkunde oder Sammelurkunde (§ 2 SchVG) verbrieft ist, sondern als Buchforderung nach ausländischem Recht (etwa dem französischen oder dem spanischen Recht) begründet ist, vgl. *Kusserow* RdF 2012, 4 und 7; FK-SchVG/*Hartwig-Jacob* § 1 Rn. 72.
[43] → § 22 Rn. 4.

III. Vom Anwendungsbereich ausgenommene Emittenten und Schuldverschreibungen

1. Überblick

28 Das Gesetz nimmt in § 1 Abs. 2 S. 1aus seinem Geltungsbereich Schuldverschreibungen der deutschen öffentlichen Hand heraus. Öffentliche Hand in diesem Sinne ist der Bund, die Sondervermögen des Bundes, die Länder und die Gemeinden. Das Gesetz findet auch keine Anwendung auf Schuldverschreibungen, für die der Bund, ein Sondervermögen des Bundes, ein Land oder eine Gemeinde haftet. Die gesetzliche Grundlage für die Emissionen des Bundes und der Sondervermögen des Bundes ist das BSchuWG, für die Schuldverschreibungen der Länder das jeweilige Schuldbuchgesetz des Landes. Danach sind die Anleihen des Bundes, der Sondervermögen des Bundes und der Länder in der Regel in der Form von Sammelschuldbuchforderungen begeben, die auf den Namen der Clearstream Banking AG als Wertpapiersammelbank eingetragen sind.

29 Den aus dem Anwendungsbereich des Gesetzes herausgenommenen Emittenten steht es frei, in ihren Anleihen Vorkehrungen für Änderungen der Anleihebedingungen durch Mehrheitsbeschlüsse der Gläubiger nach Art der Bestimmung des Gesetzes zu treffen und diese nach ihrem Ermessen zu modifizieren, unter Beachtung allerdings der Grundentscheidungen des Gesetzes über die Mehrheitsverhältnisse, die an Gläubigerbeschlüsse zu stellen sind. Das gilt seit dem 1.1.2013 nicht mehr für den Bund. Ab diesem Zeitpunkt müssen alle neu begebenen Anleihen des Bundes mit einer Laufzeit von mehr als einem Jahr die zwischen den Staaten des Euro-Währungsgebiets vereinbarten Umschuldungsklauseln enthalten.

30 Das Gesetz gilt ferner nicht für Pfandbriefe. Auch in diesem Fall steht es den Emittenten grundsätzlich frei, Änderungen der Anleihebedingungen durch Mehrheitsbeschlüsse vorzusehen.

2. Öffentlich-rechtliche Emittenten

31 Nach § 1 Abs. 2 S. 1 gilt das Gesetz nicht für „Schuldverschreibungen, deren Schuldner der Bund, ein Sondervermögen des Bundes, ein Land oder eine Gemeinde ist" und nicht für Schuldverschreibungen, für die eine dieser Personen „haftet". Zur Begründung dieser Regelung führt der Gesetzgeber die Insolvenzunfähigkeit dieser Schuldner an. Deswegen bestehe kein Bedürfnis, die Anleihebedingungen während der Laufzeit der Schuldverschreibungen zu ändern.[44] Diese Begründung ist schon deshalb wenig stichhaltig, weil das SchVG gerade auch Änderungen der Anleihebedingungen außerhalb des Kontexts der Insolvenz ermöglicht.[45]

32 Die Bereichsausnahme für die öffentliche Hand war im Referentenentwurf von 2008[46] noch nicht vorgesehen. Erst der Regierungsentwurf schloss vom Geltungsbereich die genannten Schuldner oder deren Mitverpflichtete iSd § 22 S. 1 aus. Auf Vorschlag des Rechtsausschusses erhielt die Vorschrift die nachmalige Fassung des Gesetzes. Die Änderung sollte klarstellen, dass in die Geltungsausnahme nicht nur solche Anleihen fallen, für die die öffentliche Hand auf rechtsgeschäftlicher Grundlage Sicherheit gewährt, sondern auch solche, bei denen die Sicherheit auf gesetzlicher Grundlage basiert. Für den ersten Fall verweist die amtliche Begründung auf die Garantien des Finanzmarktstablisierungsfonds,[47]

---

[44] BegrRegE SchVG, BT-Drs. 16/12814, 16; krit. FK-SchVG/*Hartwig-Jacob* § 1 Rn. 150 f.; BerlKomm-InsR/*Paul* SchVG § 1 Rn. 7.

[45] Ebenso FK-SchVG/*Hartwig-Jacob* § 1 Rn. 151; krit. auch *Cagalj* Restrukturierung von Anleihen S. 80.

[46] Referentenentwurf – Entwurf eines Gesetzes zur Neuregelung der Rechtsverhältnisse bei Schuldverschreibungen aus Anleihen und zur Anpassung kapitalmarktrechtlicher Verjährungsvorschriften, Mai 2008 (http://gesmat.bundesgerichtshof.de/gesetzesmaterialien/16_wp/schuldverschreibungsg/refe.pdf).

[47] BegrRegE SchVG, BT-Drs. 16/12814, 16.

für den zweiten führt der Bericht des Rechtsausschusses die gesetzliche Haftung des Bundes für Anleihen der KfW aufgrund von § 1a des KfW-Gesetzes an.[48]

a) Bund. Grundlage für die Emissionen des **Bundes** ist das Gesetz zur Regulierung des Schuldenwesens des Bundes vom 12.7.2006 (**Bundesschuldenwesengesetz** – BSchuWG).[49] Danach kann der Bund Anleihen sowohl in der Form von Schuldverschreibungen im herkömmlichen Sinne (verbriefte Schuldverschreibungen) als auch in der Form von Schuldbuchforderungen begeben (§ 4 Abs. 1 Nr. 1 BSchuWG). Das BSchuWG verwendet den Begriff „Schuldbuchforderung" als Unterfall des Begriffs „Schuldverschreibung". Schuldverschreibungen in § 1 Abs. 2 SchVG schließen Schuldbuchforderungen des Bundes ein. 33

Nach § 5 Abs. 3 BSchuWG wird eine Schuldbuchforderung durch Eintragung als Sammelschuldbuchforderung (§ 6 BSchuWG) oder Einzelschuldbuchforderung (§ 7 BSchuWG) in die entsprechende Abteilung des Bundesschuldbuchs begründet. Die Sammelschuldbuchforderung wird auf den Namen der Wertpapiersammelbank (Clearstream Banking AG) in das Schuldbuch eingetragen (§ 6 Abs. 1 BSchuWG) und nimmt am Effektengiroverkehr der Wertpapiersammelbank teil. 34

Was für den Bund gilt, gilt nach den Bestimmungen des BSchuWG gleichermaßen für die **Sondervermögen des Bundes.** 34a

b) Bundesländer. Entsprechende Regelungen gelten für Anleihen der Länder. Die Länder haben jeweils ihre eigenen Schuldbuchgesetze. Danach wird ein Schuldbuch des Landes[50] geführt. Die Gesetze der Länder schreiben in den meisten Fällen die sinngemäße Anwendung von Teilen des Reichsschuldbuchgesetzes von 1910 und der Verordnung über die Änderung des Reichsschuldbuchgesetzes von 1939 vor, aber auch die des BSchuWG von 2006 (so das hessische Gesetz). Die Führung des Schuldbuchs liegt in der Regel bei dem Finanzminister des betreffenden Landes, gelegentlich auch bei anderen Behörden (in Bayern beispielsweise beim Landesamt für Finanzen – Staatsschuldenverwaltung –). Nach diesen Gesetzen können die Länder wie der Bund ihre Anleihen in der Form von Sammelschuldbuchforderungen auf den Namen der Wertpapiersammelbank begeben. 35

c) Andere Emittenten. Nach § 1 Abs. 2 gilt das Gesetz auch nicht für Schuldverschreibungen, für die der Bund, ein Sondervermögen des Bundes, ein Land oder eine Gemeinde haftet. Die Haftung kann auf gesetzlicher oder rechtsgeschäftlicher Grundlage beruhen.[51] Dabei ist zu verlangen, dass eine gesetzlich oder rechtsgeschäftlich begründete Haftung[52] den Gläubigern der Schuldverschreibungen einen unmittelbaren Anspruch an die Haftungsperson gewährt. Eine Verlustausgleichspflicht, die nur das Innenverhältnis zwischen dem Schuldner der Schuldverschreibungen und der Haftungsperson berührt, fällt nicht in den Anwendungsbereich des § 1 Abs. 2.[53] 36

Ein Beispiel einer gesetzlich angeordneten Haftung des **Bundes** stellt § 1a des Gesetzes über die KfW dar.[54] Danach haftet der Bund für die von der KfW begebenen Schuldverschreibungen. 37

---

[48] BeschlEmpf. Rechtsausschuss, BT-Drs. 16/13672, 21.

[49] BGBl. I 2006, 1466; geändert durch Art. I des Gesetzes v. 13.9.2012, BGBl. I 2012, 1914.

[50] Oft „Landesschuldbuch" genannt (so in Baden-Württemberg, Brandenburg, Hessen, Niedersachsen, Nordrhein-Westfalen, Rheinland-Pfalz, Saarland, Sachsen-Anhalt, Schleswig-Holstein, Thüringen), gelegentlich auch „Staatsschuldbuch" (etwa in Bayern, Bremen,Sachsen) oder schlicht „Schuldbuch" (Berlin, Hamburg).

[51] BeschlEmpf. Rechtsausschuss, BT-Drs. 16/13672, 21.

[52] Schimansky/Bunte/Lwowski/*Tetzlaff* BankR-HdB, 4. Aufl. 2011, § 88 Rn. 52 Fn. 3 versteht hierunter offenbar nur die rechtsgeschäftliche Haftung.

[53] Ebenso Hopt/Seibt/*Artzinger-Bolten/Wöckener* § 1 SchVG Rn. 67; **aA** FK-SchVG/*Hartwig-Jacob* § 1 Rn. 147.

[54] § 1a Gesetz über die **Kreditanstalt für Wiederaufbau** v. 5.11.1948, WiGBl. S. 123, icF v. 23.6.1969, BGBl. I 1969, 573, zuletzt geändert durch Art. 1 des Gesetzes zur Änderung des Gesetzes über die Kreditanstalt für Wiederaufbau und weiterer Gesetze v. 4.7.2013, BGBl. I 2013, 2178.

38 **Sondervermögen des Bundes,** die im Zusammenhang mit § 1 Abs. 2 Bedeutung haben, sind der Finanzmarktstabilisierungsfonds (FMS)[55], der am 31. Dezember 2015 für neue Maßnahmen geschlossen wurde und nun abgewickelt wird,[56]sowie seit 2011 der Restrukturierungsfonds.[57] Der FMS wurde in seiner Stabilisierungsfunktion durch den neuen einheitlichen europäischen Abwicklungsfonds des europäischen Bankenabwicklungsmechanismus abgelöst.[58] Der Restrukturierungsfonds ist zur Stellung von Garantien ermächtigt (§ 6 Abs. 2 RStruktFG).

39 Auf Ebene der **Länder** sind vor allem Investitionsbanken, Förderbanken und vergleichbare Institute zu nennen. Die Haftung beruht in der Regel auf dem einschlägigen Landesgesetz.[59]

---

[55] § 2 Abs. 2 des Art. 1 des Gesetzes zur Umsetzung eines Maßnahmenpakets zur Stabilisierung des Finanzmarktes (Finanzmarktstabilisierungsgesetz – FMStG), dem Gesetz zur Errichtung eines Finanzmarktstabilisierungsfonds (Finanzmarktstabilisierungsfondsgesetz – FMStFG) v. 17.10.2008, BGBl. I 2008, 1982, Gesetz zuletzt geändert durch Art. 7 des Gesetzes v. 10.7.2018, BGBl. I 2018, 1102, 1110. Zum 1.1.2018 wurde der FMS in die Bundesrepublik Deutschland – Finanzagentur GmbH integriert, § 3a Abs. 1 S. 5, Abs. 2c FMStFG.

[56] § 13 Abs. 1 S. 1, 2 FMStFG. Vgl. den historischen Überblick über die Maßnahmen des FMS, Stand 31.12.2017 (https://www.deutsche-finanzagentur.de/fileadmin/user_upload/finanzmarktstabilisierung/FMS-Massnahmen_de.pdf); Chronik des FMS (https://www.fmsa.de/de/chronik/).

[57] § 1 Abs. 2 des Art. 3 des Gesetzes zur Restrukturierung und geordneten Abwicklung von Kreditinstituten, zur Errichtung eines Restrukturierungsfonds für Kreditinstitute und zur Verlängerung der Verjährungsfrist der aktienrechtlichen Organhaftung (Restrukturierungsgesetz), dem Gesetz zur Errichtung eines Restrukturierungsfonds für Kreditinstitute (Restrukturierungsfondsgesetz – RStruktFG) v. 9.12.2010, BGBl. I 2010, 1900, 1921, Gesetz zuletzt geändert durch Art. 4 des Gesetzes v. 23.12.2016, BGBl. I 2016, 3171, 3183.

[58] Art. 67 ff. der VO (EU) Nr. 806/2014 des Europäischen Parlaments und des Rates v. 15.7.2014 zur Festlegung einheitlicher Vorschriften und eines einheitlichen Verfahrens für die Abwicklung von Kreditinstituten und bestimmten Wertpapierfirmen im Rahmen eines einheitlichen Abwicklungsmechanismus und eines einheitlichen Abwicklungsfonds sowie zur Änderung der VO (EU) Nr. 1093/2010.

[59] Baden-Württemberg: § 5 Abs. 3 des Gesetzes über die **Landeskreditbank Baden-Württemberg – Förderbank** v. 11.11.1998, BWGBl. 581, 582;
Bayern: **Bayerischen Landesbodenkreditanstalt:** Art. 22 Abs. 2 des Gesetzes über die Bayerische Landesbank (Bayerisches Landesbank-Gesetz – BayLaBG) v. 19.7.2005, eingeführt durch das Gesetz v. 9.6.2005, BayGVBl. 2005, 180, 182, zuletzt geändert durch § 1 Nr. 9 des Gesetzes v. 27.7.2009, BayGVBl. 2009, 397, 399; Art. 1 Abs. 2 des Gesetzes über die **Bayerische Landesanstalt für Aufbaufinanzierung** (LfA-Gesetz – LfAG) in der Fassung der Bekanntmachung v. 20.6.2001, BayGVBl. 2001, 332, 332;
Berlin: § 4 Abs. 2 des Artikels II des Gesetzes zur rechtlichen Verselbständigung der Investitionsbank Berlin, des Gesetzes über die Errichtung der **Investitionsbank Berlin** als rechtsfähige Anstalt des öffentlichen Rechts (Investitionsbankgesetz – IBBG) v. 25.5.2004, BlnGVBl. 2004, 226, 227;
Brandenburg: § 2 Abs. 6 des Gesetzes über die **Investitionsbank des Landes Brandenburg** in der Fassung der Bekanntmachung v. 22.8.2017, BbgGVBl.I/17, Nr. 21, 2;
Bremen: **Bremer Aufbau-Bank Gesellschaft mit beschränkter Haftung** und **Hanseatische Gesellschaft für öffentliche Finanzierungen mbH Bremen:** § 5a des Gesetzes zur Übertragung von Aufgaben staatlicher Förderung auf juristische Personen des privaten Rechts v. 26. Mai 1998, § 5a eingeführt durch das Gesetz v. 1.6.1999, Brem.GBl. 1999, 138;
Hamburg: § 3 des Gesetzes über die **Hamburgische Investitions- und Förderbank** (IFBG) in der Fassung der Bekanntmachung des Art. 1 des Gesetzes v. 5.4.2013, HmbGVBl. I 2013, 148, 148;
Hessen: § 6 Abs. 2 des Gesetzes über die **Wirtschafts- und Infrastrukturbank Hessen** – rechtlich unselbstständige Anstalt in der Landesbank Hessen-Thüringen Girozentrale (Wirtschafts- und Infrastrukturbank Hessen-Gesetz) in der Fassung des Art. 2 des Gesetzes v. 16.7.2009, HessGVBl. I 2009 256, 257 f.;
Niedersachsen: § 7 Abs. 3 Nr. 1 des Gesetzes über die **Investitions- und Förderbank Niedersachsen** (NBankG) v. 13.12.2007, Nds. GVBl. 712, 713, Gesetz zuletzt geändert durch Art. 10 des Haushaltsbegleitgesetzes 2015 v. 18.12.2014, Nds. 2014 GVBl. 477, 490;
Nordrhein-Westfalen: § 4 Abs. 3 S. 2 des Gesetzes über die **NRW BANK** (NRW.Bank G), verkündet durch Art. 1 des Gesetzes v. 16.3.2004, GV. NRW. 2004, 126, 127, zuletzt geändert durch Art. 1 des Gesetzes v. 4.12.2012, GV. NRW. 2012, 636, 636;
Rheinland-Pfalz: § 10 Abs. 3 S. 2 des Landesgesetzes über die **Investitions- und Strukturbank Rheinland-Pfalz** (ISBLG) v. 20.12.2011, GVBl. 2011, 423;
Sachsen: § 5 Abs. 4 des Gesetzes zur Errichtung der **Sächsischen Aufbaubank – Förderbank** (FördbankG) v. 19.6.2003, SächsGVBL 2003, 161, 163;
Sachsen-Anhalt: **Investitionsbank Sachsen-Anhalt:** § 4 des **Investitionsbank**-Begleitgesetzes v. 18.12.2003, GVBl. LSA 2003, 371;
Schleswig-Holstein: § 4 Abs. 2 S. 1 des Gesetzes über die Errichtung der **Investitionsbank Schleswig-Holstein** als rechtsfähige Anstalt des öffentlichen Rechts (Investitionsbankgesetz – IBG) verkündet als Art. 6 des Gesetzes v. 7.5.2003, GVOBl. Schl.-H. 2003, 206, 211 f.;
Thüringen: § 1 Abs. 3 des **Thüringer Aufbaubank**gesetzes v. 21.11.2001, ThürGVBl. 2001, 317.

3. Pfandbriefe

Vom Anwendungsbereich des Gesetzes ausgenommen sind nach § 1 Abs. 2 S. 1 auch Pfandbriefe gemäß dem Pfandbriefgesetz von 2005.[60] [61] 40

Pfandbriefe sind **gedeckte Schuldverschreibungen** von Kreditinstituten, die eine Erlaubnis der Bundesanstalt für Finanzdienstleistungsaufsicht (BaFin) haben, das Pfandbriefgeschäft zu betreiben.[62] Pfandbriefe dienen diesen Kreditinstituten zur Refinanzierung von Krediten, die durch Grundpfandrechte (Hypothekenpfandbriefe), Forderungen an staatliche Stellen (öffentliche Pfandbriefe), Schiffshypotheken (Schiffspfandbriefe) und Registerpfandrechte an Luftfahrzeugen oder ausländische Flugzeughypotheken (Flugzeugpfandbriefe) gedeckt sind.[63] Pfandbriefe können als Inhaber-, Order- und Namensschuldverschreibungen begeben werden, überwiegend werden sie als Inhaberschuldverschreibungen ausgegeben. 41

Nach der amtlichen Begründung nimmt das Gesetz Pfandbriefe von seinem Anwendungsbereich aus, weil für sie Mehrheitsentscheidungen der Gläubiger nicht erforderlich seien. Vor dem Hintergrund, dass die Deckungswerte nicht in die Insolvenzmasse fallen, sei kein Bedürfnis erkennbar, die Anleihebedingungen eines gedeckten Pfandbriefs während der Laufzeit zu ändern.[64] 42

Neben den in der Gesetzesbegründung genannten Erwägungen spricht gegen eine Erstreckung des Gesetzes auf Pfandbriefe auch der Gesichtspunkt, dass Gläubiger von Ansprüchen aus in ein Deckungsregister eingetragenen Derivaten den Pfandbriefgläubigern gleichstehen (§ 30 Abs. 7 PfandBG) und Regelungen für Mehrheitsbeschlüsse solcher Derivategläubiger fehlen.[65] 43

Nicht vom Anwendungsbereich des Gesetzes ausgenommen sind **andere gedeckte Schuldverschreibungen,** die nicht auf der Grundlage des Pfandbriefgesetzes, sondern auf der Grundlage von Spezialgesetzen begeben werden. Das Recht zur Begebung derartiger gedeckter Schuldverschreibungen steht folgenden Kreditinstituten zu: DSL Bank Aktiengesellschaft;[66] DZ BANK AG Deutsche Zentral-Genossenschaftsbank;[67] Industriekreditbank AG;[68] und Landwirtschaftliche Rentenbank AöR[69].[70] 44

---

[60] BGBl. I 2005, 1373.

[61] Vgl. zur angestrebten Erweiterung dieser Ausnahme auf gedeckte Schuldverschreibungen iSd Art. 129 VO (EU) Nr. 575/2013 Arbeitskreis Reform des Schuldverschreibungsrechts ZIP 2014, 845 (846, 850 f.).

[62] *Hagen* Kap. 21; Lwowsky/Fischer/Langenbucher/*Bliesener* KreditsicherungsR § 17 Rn. 21 ff.; FK-SchVG/*Hartwig-Jacob* § 1 Rn. 129; Hobt/Seibt/*Artzinger-Bolten/Wöckener* § 1 Rn. 62; *Cagalj* Restrukturierung von Anleihen S. 78.

[63] § 1 Abs. 1 Pfandbriefgesetz.

[64] BegrRegE SchVG, BT-Drs. 16/12814, 16.

[65] Die Ausnahme der Pfandbriefe vom Anwendungsbereich des SchVG ist in der Literatur auf verbreitete Kritik gestoßen: So sehe § 30 Abs. 6 PfandBG ein gesondertes Insolvenzverfahren über das Vermögen der Pfandbriefbank vor, zu dessen Vermeidung eine Änderung der Anleihebedingungen geboten sein könne. Zudem verdeutliche gerade die Abkehr von der unter dem SchVG 1899 geltenden Voraussetzung der Insolvenz des Emittenten für einen Gläubigerbeschluss mit Kollektivwirkung, dass der Bedarf, Anleihebedingungen effektiv ändern zu können, nicht an das Vorliegen einer Insolvenz geknüpft sei. Vgl. Veranneman/*Oulds* § 1 Rn. 40 f.; *Oulds* CFL 2012, 353 (358); Schimansky/Bunte/Lwowski/*Tetzlaff* BankR-HdB, 4. Aufl. 2011, § 88 Rn. 52; FK-SchVG/*Hartwig-Jacob* § 1 Rn. 133 f.; BerlKommInsR/*Paul* SchVG § 1 Rn. 9; Hopt/Seibt/*Artzinger-Bolten/Wöckener,* § 1 Rn. 64; *Cagalj* Restrukturierung von Anleihen S. 79.

[66] §§ 7, 14 Abs. 2 des Gesetzes über die Umwandlung der Deutschen Siedlungs- und Landesrentenbank in eine Aktiengesellschaft (DSL BankUmwandlungsgesetz – DSLBUmwG) vom 16.12.1999, BGBl. I 1999, 2441, Gesetz und § 14 Abs. 2 zuletzt geändert durch Art. 11 des Gesetzes vom 10.7.2018, BGBl. I 2018, 1102.

[67] § 9 des Gesetzes zur Umwandlung der Deutschen Genossenschaftsbank (DG Bank-Umwandlungsgesetz) v. 13.8.1998, BGBl. I 1998, 2102, Gesetz zuletzt geändert durch Art. 9 des Gesetzes v. 22.5.2005, BGBl. I 2005, 1373.

[68] § 1 Abs. 1 Gesetz betreffend die Industriekreditbank Aktiengesellschaft in der im Bundesgesetzblatt Teil III, Gliederungsnummer 7627-1, veröffentlichten bereinigten Fassung, Gesetz zuletzt geändert durch Art. 170 der VO v. 29.10.2001, BGBl. I 2001, 2785.

[69] §§ 3 Abs. 5, 13 des Gesetzes über die Landwirtschaftliche Rentenbank in der Fassung der Bekanntmachung v. 12.12.2013, BGBl. I 4120, Gesetz zuletzt geändert durch Art. 14 Abs. 7 des Gesetzes v. 17.7.2017, BGBl. I 2017, 2446.

[70] Ebenso Hopt/Seibt/*Artzinger-Bolten/Wöckener* § 1 SchVG Rn. 65.

45 Der **Reformentwurf**[71] schlägt vor, den Ausschluss der Anwendung des SchVG hinsichtlich Pfandbriefen auszudehnen auf gedeckte Schuldverschreibungen iSd Art. 129 der VO (EU) Nr. 575/2013 des Europäischen Parlaments und des Rates vom 26.6.2013 über Aufsichtsanforderungen an Kreditinstitute und Wertpapierfirmen und zur Änderung der VO (EU) Nr. 646/2012.[72]

46 Die Begründung für diesen Vorschlag hebt hervor, dass die Pfandbriefe gemäß PfandBG die Anforderungen dieser Verordnung erfüllen; soweit deutsches Recht – vorbehaltlich einer Teilrechtswahl ausländischen Rechts – auf gedeckte Schuldverschreibungen ausländischer Schuldner, die diese Anforderungen erfüllen, Anwendung findet, sei es geboten, diese Schuldverschreibungen im Hinblick auf den Ausschluss des SchVG den Pfandbriefen gleichzustellen.

4. Gestaltungsfreiheit

47 **a) Vom Gesetz freigestellte Emittenten.** Auch wenn das Gesetz nicht für Anleihen der in § 1 Abs. 2 S. 1 bezeichneten Schuldner gilt, so steht es diesen jedoch frei, nach ihrem Ermessen Bestimmungen des 2. Abschnitts über Mehrheitsbeschlüsse der Gläubiger und den gemeinsamen Vertreter in ihre Anleihebedingungen aufzunehmen. § 1 Abs. 2 ist keine Norm, die den Emittenten der öffentlichen Hand verbietet, Regelungen des Gesetzes in die Anleihebedingungen zu übernehmen. Es ist vielmehr eine Norm, die sie von den gesetzlichen Regeln **freistellt.**[73] Das Gesetz hat eine Grundlage für die Vergemeinschaftung von Gläubigerrechten bei Anleihen auf breiter Basis geschaffen, die das deutsche Recht zuvor so nicht bereitgestellt hatte. Mit dem bestehenden gesetzlichen Leitbild entfallen sowohl grundsätzliche rechtliche Bedenken gegen kautelarische Gestaltungen der Vergemeinschaftung von Anleihegläubigern und der damit einhergehenden Möglichkeit zu weitgehenden Eingriffen in Individualrechte, die bei Fehlen einer derartigen gesetzlichen Vorgabe bestehen mussten, als auch Bedenken, die sich aus einer etwaigen Anwendung des AGB-Rechts ergeben konnten.[74]

48 Anleihen der vom Gesetz freigestellten Emittenten können die Bestimmungen des Gesetzes über Gläubigerbeschlüsse und den gemeinsamen Vertreter ganz oder auch zum Teil übernehmen, sie können grundsätzlich aber auch Gegenstand und Durchführung der Mehrheitsbeschlüsse von Gläubigern sowie über den gemeinsamen Vertreter abweichend regeln. Das Gesetz selbst sieht in den §§ 5, 7 und 8 erhebliche Gestaltungsmöglichkeiten für beide Gegenstände vor. Diese Gestaltungsmöglichkeiten sind für Emittenten, die von den gesetzlichen Bestimmungen freigestellt sind, naturgemäß größer als für solche, auf die das Gesetz Anwendung findet.

49 Der Bund hat vor Inkrafttreten der Umschuldungsklauseln des BSchuWG zum 1.1.2013 von den bis dahin bestehenden Gestaltungsmöglichkeiten Gebrauch gemacht. Er hat in die Anleihebedingungen von zwei US-Dollar-Anleihen Bestimmungen über Gläubigerbeschlüsse zur Änderung der Anleihebedingungen – dh Umschuldungsklauseln – aufgenommen. In der vor Inkrafttreten des Gesetzes im Jahre 2005 begebenen USD 5.000.000.000 3,875 % Anleihe 2005/2010 ist bestimmt worden, dass diese Klauseln erst Gültigkeit erlangen „am Tage des Inkrafttretens des deutschen Gesetzes, welches das Schuldverschreibungsrecht neu regelt". In der nach Inkrafttreten des SchVG im Jahre 2009 begebenen USD 4.000.000.000 1,5 % Anleihe 2009/2012 ist dieser Vorbehalt entfallen,

[71] Arbeitskreis Reform des Schuldverschreibungsrechts ZIP 2014, 845 (846); → Einl. Rn. 46 ff.

[72] ABl. 2013 L 176, 1.

[73] Im Ergebnis ebenso *Horn* BKR 2009, 446 (448); Preuße/*Preuße* § 1 Rn. 33; Hobt/Seibt/*Artzinger-Bolten/Wöckener* § 1 Rn. 75 ff. in ausführlicher Begründung; zweifelnd, im Ergebnis wohl abl. Veranneman/*Oulds* § 1 Rn. 49–51; wohl im Ergebnis ebenso abl. Schimansky/Bunte/Lwowski/*Tetzlaff* BankR-HdB, 4. Aufl. 2011, § 88 Rn. 52 f.; FK-SchVG/*Hartwig-Jacob* § 1 Rn. 154; *Cagalj* Restrukturierung von Anleihen S. 81.

[74] → Einl. Rn. 11.

und die Umschuldungsklauseln sind zu einem guten Teil den Regelungen des Gesetzes angepasst.

Nach dem Vertrag zur Einrichtung des ESM vom 2.2.2012 hat der Bund – wie alle anderen Staaten des Währungsgebiets auch – ab 1.1.2013 in alle neu begebenen Anleihen mit einer Laufzeit von mehr als einem Jahr die zwischen den Staaten des Währungsgebiets vereinbarten Umschuldungsklauseln aufzunehmen.[75] 50

b) Pfandbriefe. Die vorstehenden Überlegungen zu → Rn. 47 und Rn. 48 gelten gleichermaßen für Pfandbriefe, und zwar aus den gleichen Gründen. Auch den Pfandbriefbanken steht es frei, Bestimmungen des zweiten Abschnitts über Mehrheitsbeschlüsse der Gläubiger und den gemeinsamen Vertreter in ihre Anleihebedingungen ganz oder teilweise zu übernehmen oder auch abweichend zu regeln.[76] Das entbindet nicht von der Beachtung der Vorschriften des Pfandbriefgesetzes, insbesondere des Grundsatzes der Deckungskongruenz nach § 4 Pfandbriefgesetz und des nach § 6 Pfandbriefgesetz vorgeschriebenen Inhalts der Pfandbriefe.[77] 51

c) Freigestellten deutschen Emittenten vergleichbare ausländische Emittenten. 52 Nach § 1 Abs. 2 S. 2 gelten für Anleihen von Mitgliedstaaten des Euro-Währungsgebiets, die nach deutschen Recht begeben werden, die Umschuldungsklauseln der §§ 4a – 4j und 4k BSchuWG entsprechend. Anleihen sonstiger ausländischer Staaten, die nach deutschem Recht begeben werden und die übrigen Voraussetzungen des § 1 Abs. 1 für die Geltung des Gesetzes erfüllen, sind nicht ausdrücklich vom Anwendungsbereich des Gesetzes ausgenommen. Das Gleiche gilt für sonstige ausländische öffentlich-rechtliche oder völkerrechtliche Emittenten (Gliedstaaten, Provinzen, Gemeinden, internationale oder völkerrechtliche Organisationen, wie etwa die Weltbank oder die Europäische Investitionsbank). Diese Emittenten haben aber das gleiche Interesse wie der Bund, die Länder, Gemeinden und Sondervermögen des Bundes an weitgehender Gestaltungsfreiheit ihrer Schuldtitel. Deshalb sollten sie ebenso wenig den zwingenden Vorschriften des Gesetzes unterworfen sein. Das gilt umso mehr, als ausländische Staaten und internationale Organisationen zur Finanzierung ihrer hoheitlichen Aufgaben in erheblichem Umfang den internationalen Kapitalmarkt in Anspruch nehmen und dabei ihre eigenen Regeln für den Inhalt von Anleihen, und bei Staaten auch und gerade für Umschuldungsklauseln, entwickelt haben und ständig in die Bedingungen ihrer Anleihen aufnehmen. Es ist deshalb nicht zu erwarten, dass derartige öffentlich-rechtliche oder völkerrechtliche Emittenten bereit sein werden, sich den zwingenden Vorschriften des für sie fremden Rechts zu unterwerfen. In **Analogie zur Regelung für die deutsche öffentliche Hand** ist diesen ausländischen Emittenten die gleiche Gestaltungsfreiheit einzuräumen, wie sie den vergleichbaren deutschen Emittenten zukommt, soweit sie sich für die Anwendung deutschen Rechts auf ihre Anleihen entscheiden.[78]

d) Sonderregelung für die Staaten des Euro-Währungsgebiets. Ab 1.1.2013 müssen sämtliche von den Staaten der Euro-Zone neu begebenen Anleihen mit einer Laufzeit von mehr als einem Jahr Umschuldungsklauseln gemäß den zwischen diesen Staaten vereinbarten Musterumschuldungsbestimmungen *(Model Collective Action Clause)* enthalten.[79] 53

Was die **Anleihen des Bundes** betrifft, so endete ab dem genannten Stichtag die beschriebene Freiheit, Bestimmungen des SchVG über die Änderung der Anleihebedingungen und den gemeinsamen Vertreter in die Anleihen des Bundes ganz oder teilweise zu 54

[75] Art. 12 Abs. 3 des Vertrages zur Einrichtung des Europäischen Stabilitätsmechanismus – Treaty Establishing the European Stability Mechanism. Wegen der Einzelheiten → Einl. Rn. 35 ff.

[76] *Horn* BKR 2009, 446 (448); Preuße/*Preuße* § 1 Rn. 30; *Leuering/Zetzsche,* NJW 2009, 2856 (2857); **aA** FK-SchVG/*Hartwig-Jacob* § 1 Rn. 136 f.; Hopt/Seibt/*Artzinger-Bolten/Wöckener* § 1 SchVG Rn. 74; Veranneman/*Oulds* § 1 Rn. 51.

[77] *Horn* BKR 2009, 446 (448); Preuße/*Preuße* § 1 Rn. 30.

[78] Gegen eine derartige Gleichstellung hingegen FK-SchVG/*Hartwig-Jacob* § 1 Rn. 157.

[79] → Einl. Rn. 35 ff.

übernehmen oder abweichend davon zu regeln.[80] Die Änderung und Restrukturierung von Anleihen des Bundes sowie die Freigabe oder Änderung etwa bestellter Sicherheiten kann ab diesem Stichtag nur nach Maßgabe von Bestimmungen geschehen, die den für alle Staaten der Euro-Zone geltenden Musterumschuldungsklauseln entsprechen. Die Emissionsbedingungen für alle (wie auch immer bezeichneten) Anleihen des Bundes mit einer Laufzeit von mehr als einem Jahr müssen entsprechend gestaltet werden.

55 Die Verpflichtung zur Aufnahme der für die Staaten der Euro-Zone geltenden Umschuldungsklauseln besteht in bestimmtem Umfang nicht im Falle der **Aufstockung von Anleihen,** die am 1.1.2013 bereits ausstanden.[81]

56 Die gesetzliche Grundlage für die Einführung der Umschuldungsklauseln in die Anleihen des Bundes sind §§ 4a–4k BSchuWG.[82] § 4a BSchuWG normiert den Grundsatz, dass die Emissionsbedingungen der Schuldverschreibungen des Bundes mit einer ursprünglichen Laufzeit von mehr als einem Jahr Klauseln enthalten können, die zum Zwecke der Umschuldung eine Änderung der Emissionsbedingungen durch Mehrheitsbeschluss der Gläubiger mit Zustimmung des Bundes ermöglichen. Die Umschuldungsklauseln können auch die Möglichkeit einer anleiheübergreifenden Änderung (Aggregation)[83] vorsehen. Einzelheiten regeln die §§ 4b bis 4k BSchuWG.

56a Nach der Gesetzesbegründung sollen mit den neuen Vorschriften „die wesentlichen Grundgedanken der **Umschuldungsklauseln** verankert werden". Die Begründung verweist auf die Aussagen in der Rechtsprechung des BGH, dass Emissionsbedingungen allgemeine Geschäftsbedingungen sind – eine Festlegung, die in der Regierungsbegründung zum SchVG bewusst vermieden worden ist.[84] Die neuen Vorschriften übernähmen „[…] somit die Funktion eines Leitbildes, das die wesentlichen Inhalte der unter den Euro-Staaten abgestimmten Umschuldungsklauseln nachzeichnet."[85] Die neuen Vorschriften sind allerdings kein „Leitbild" im AGB-rechtlichen Sinn. Sie sind eine gesetzliche Ermächtigung zur Einfügung der Umschuldungsklauseln speziell in Anleihen des Bundes. Es ist fraglich, ob es wegen der bestehenden Gestaltungsmöglichkeiten bei Schuldverschreibungen der öffentlichen Hand einer solchen Ermächtigung bedurft hätte.[86] Wer nach einem Leitbild sucht, findet es im SchVG.[87]

57 Die in das BSchuWG neu eingeführten Bestimmungen sehen auch ein **Anfechtungsrecht** gegen Beschlüsse der Gläubiger von Bundesanleihen vor (§ 4i). Es ist dem Anfechtungsrecht des § 20 SchVG nachgebildet. Die Musterumschuldungsbestimmungen der Euro-Staaten verlangen das nicht. Sie sehen ein Beschlussmängelrecht irgendwelcher Art nicht vor. Das internationale Anleiherecht kennt ausdifferenzierte Vorkehrungen, um *„disruptive legal actions"* einzelner Gläubiger oder organisierter Minderheiten zu verhindern. Das Recht zur Anfechtung von Gläubigerbeschlüssen ist ein deutsches Spezifikum.[88]

58 Hinsichtlich der **übrigen Staaten der Euro-Zone** sieht der neu eingeführte S. 2 in § 1 Abs. 2 SchVG vor, dass die für die Anleihen des Bundes geltenden Vorschriften (§§ 4a–4i, 4k BSchuWG) für nach deutschem Recht begebene Schuldverschreibungen der Euro-Staaten entsprechend gelten sollen. Diese Bestimmung dürfte geeignet sein, andere Euro-Staaten davon abzuhalten, in ihren Anleihen auf deutsches Recht zu rekurrieren, nicht

---

[80] → Rn. 47 ff.

[81] → Einl. Rn. 37.

[82] Gesetz zur Änderung des Bundesschuldenwesengesetzes vom 13.9.2012, BGBl. I 1914. Dazu die eing. Kommentierung bei Hopt/Seibt/*Lendermann* Vor §§ 4a–4k bis § 4k BSchWG; ferner Veranneman/*Oulds* Vorbem. zu § 5 Rn. 43 ff.

[83] → § 5 Rn. 47 ff.

[84] BegrRegE SchVG, BT-Drs. 16/12814, 13.

[85] Begründung zum Entwurf eines Gesetzes zur Änderung des Bundesschuldenwesengesetzes, BT-Drs. 17/9049, 2. Vgl. auch BGH Urt. v. 24.2.2015 – XI ZR 47/14, juris Rn. 37; BGH Urt. v. 24.2.2015 – XI ZR 193/14, juris Rn. 38.

[86] → Rn. 47 ff.; **aA** aufgrund eines anderen Verständnisses des § 1 Abs. 2 FK-SchVG/*Hartwig-Jacob* § 1 Rn. 174.

[87] Von der anleiheübergreifenden Aggregation abgesehen.

[88] Vgl. dazu die Kommentierung zu § 20.

allein nur deshalb, weil sie sich damit auch das international unübliche deutsche Anfechtungsrecht einhandeln.

5. Rechtsfolgen für §§ 2 bis 4

59 Die Herausnahme der Anleihen der öffentlichen Hand und der Pfandbriefe aus dem Anwendungsbereich des Gesetzes erstreckt sich nach dem Wortlaut des Gesetzes auch auf die Vorschriften der **§§ 2–4.** Dafür gibt es keinen einleuchtenden Grund. Es ist nicht verständlich, dass die skripturrechtlichen Prinzipien des § 2 verbunden mit der Möglichkeit der *Incorporation by Reference* von außerhalb der Urkunde niedergelegten Bedingungen für Emissionen der öffentlichen Hand und für Pfandbriefe nicht gelten sollen. Das Gleiche gilt für das Transparenzgebot des § 3, dessen Nichtanwendung die Emissionen der öffentlichen Hand und der Pfandbriefbanken negativ präjudizieren würde. Es gilt schließlich auch für das Prinzip der kollektiven Bindung nach § 4, soweit es den Zweck verfolgt die rechtlich identische Ausgestaltung der Anleihebedingungen und damit die freie Handelbarkeit der Schuldverschreibungen sicherzustellen.[89] Die Nichtanwendung dieser Grundsätze liegt weder im Interesse der Anleger und der Emittenten noch im Interesse der Ordnung des Kapitalmarkts. Es kann deshalb angenommen werden, dass es ein **technisches Versehen des Gesetzgebers** ist, von der Herausnahme der **Schuldverschreibungen der öffentlichen Hand und der Pfandbriefe** von den Bestimmungen des Gesetzes nicht die §§ 2–4 wiederum auszunehmen. Deshalb ist davon auszugehen, dass die Grundsätze der §§ 2–4 für Schuldverschreibungen der öffentlichen Hand und Pfandbriefe wie für alle anderen Schuldverschreibungen Geltung beanspruchen.[90]

60 Wie für die Anleihen der deutschen öffentlichen Hand finden die §§ 2–4 auch Anwendung auf nach deutschem Recht begebene Anleihen ausländischer Emittenten, die den Emittenten der deutschen öffentlichen Hand vergleichbar sind.[91]

IV. Exkurs: Inhaltliche Ausgestaltung von Anleihen

61 Das Gesetz findet Anwendung auf Schuldverschreibungen jedweder inhaltlicher Ausgestaltung des darin verbrieften Leistungsversprechens.[92] Dem Gesetz unterfallen insbesondere:[93]

62 **Fest verzinsliche Anleihen** *(fixed rate notes):* Das sind Anleihen, die während ihrer Laufzeit mit einem festen Nominalzinssatz ausgestattet sind, der in wiederkehrenden Zeitabständen (zB sechs Monate, ein Jahr) geleistet wird.

63 **Variabel verzinsliche Anleihen** *(floating rate notes):* Das sind Anleihen, deren Grundform dadurch gekennzeichnet ist, dass der Zinssatz in regelmäßigen Abständen (üblicherweise von drei oder sechs Monaten) den aktuellen Marktkonditionen angepasst wird. Er bestimmt sich aus einem Zuschlag (spread) zu dem gewählten Referenzzinssatz, gelegentlich auch aus einem Abschlag von dem Referenzzinssatz oder dem Referenzzinssatz ohne Zuschlag oder Abschlag. Die am häufigsten gewählten Referenzzinssätze sind traditionell **LIBOR** (London Interbank Offered Rate) oder **EURIBOR** (European Interbank Offered Rate). Es wird erwartet, dass LIBOR nur noch bis Ende 2021 zur Verfügung stehen und bis dahin durch einen Referenzsatz ersetzt werden wird, der aus SONIA *(Sterling Overnight Index Average),* einem Overnight-Satz für Einlagen in GBP, abgeleitet ist.[94] Auch

[89] BegrRegE SchVG, BT-Drs. 16/12814, 17.

[90] Ebenso FK-SchVG/*Hartwig-Jacob* § 1 Rn. 163 ff.; Hopt/Seibt/*Artzinger-Bolten/Wöckener* § 1 Rn. 64 (in Bezug auf Pfandbriefe); **aA** Veranneman/*Oulds* § 1 Rn. 53.

[91] Ebenso FK-SchVG/*Hartwig-Jacob* § 1 Rn. 162; → Rn. 58.

[92] BegrRegE SchVG, BT-Drs. 16/12814, 16: *„Das Gesetz gilt für alle Arten von Schuldverschreibungen"*.

[93] Vgl. auch die Aufzählungen von *Horn* BKR 2009, 446 (447); *Podewils* DStR 2009, 1914.

[94] S. dazu den Bericht der *Working Group on Sterling Risk-Free Reference Rates* betreffend „Use Cases of Benchmark Rates: Compounded in Arrears, Term Rate and Further Alternatives" v. 16.01.2020 (https://

EURIBOR ist derzeit Gegenstand umfangreicher Reformbestrebungen[95]. Variabel verzinsliche Anleihen können auch mit einem Höchstzinssatz (Cap), einem Mindestzinssatz (Floor) oder beidem (Collar) ausgestattet sein. Vorgesehen werden kann auch, dass sich der Zinssatz ab einem bestimmten Zeitpunkt erhöht (step-up) oder verringert (step-down).

64 **Nullkuponanleihen** *(zero coupon notes)*: Sie gewähren keine laufend wiederkehrenden Zahlungen von Zinsen. Sie werden vielmehr auf einer abgezinsten oder aufgezinsten Basis ausgegeben. Im Falle der Abzinsung werden die Schuldverschreibungen zu einem Ausgabekurs begeben, der unter dem Nennwert liegt, und zu einem Rückzahlungskurs zurückgezahlt, der dem Nennwert entspricht. Im Falle der Aufzinsung werden sie zu einem Ausgabekurs in Höhe des Nennwerts begeben, und zu einem Rückzahlungskurs zurückgezahlt, der über dem Nennwert liegt. Der Zinseffekt, die Rendite des Anlegers, ergibt sich aus der Differenz zwischen dem Ausgabekurs und dem Rückzahlungskurs.

65 **Aktienrechtliche Schuldverschreibungen** (§ 221 AktG):[96] Dies sind Wandelanleihen, Optionsanleihen, Gewinnschuldverschreibungen und Genussrechte. Es handelt sich in allen vier Fällen um Schuldverschreibungen, die schuldrechtliche Ansprüche verbriefen. Das gilt insbesondere auch für Genussrechte gleich welchen Typs.[97] Sie dürfen nur auf Grund eines Beschlusses der Hauptversammlung begeben werden (§ 221 Abs. 1 S. 2, Abs. 3 AktG). Die Aktionäre haben auf diese Schuldverschreibungen ein Bezugsrecht (§ 221 Abs. 4 AktG). Das Gesetz schreibt für sie keine bestimmte Rechtsform vor. Sie werden in der Regel als Inhaberschuldverschreibungen begeben, können aber auch als Orderschuldverschreibungen oder Namenschuldverschreibungen ausgegeben werden. Sie sind Wertpapiere iSv § 1 Abs. 1 DepotG und eignen sich damit für die Girosammelverwahrung und den Effektengiroverkehr der Wertpapiersammelbank. **Wandelanleihen** in herkömmlicher Ausgestaltung *(convertible bonds)* sind Schuldverschreibungen, die dem Gläubiger das Recht gewähren, seinen Anspruch auf Rückzahlung des Kapitals gegen eine bestimmte Anzahl Aktien einzutauschen (§ 221 Abs. 1 S. 1 Alt. 1 AktG). Wandelschuldverschreibungen können aber auch vorsehen, dass nicht den Gläubigern das Umtauschrecht zusteht, sondern der Aktiengesellschaft das Umtauschrecht eingeräumt ist (sog. **umgekehrte Wandelanleihen** – *reverse convertible bonds*). Umgekehrte Wandelanleihen ermöglichen der Gesellschaft, einen Debt-Equity-Swap gleichermaßen auf Vorrat anzulegen und im Notfall zügig zu vollziehen und damit eine drohende Insolvenz abzuwenden.[98] Schließlich soll es möglich sein, vorzusehen, dass das Umtauschrecht sowohl den Gläubigern als auch der Aktiengesellschaft zusteht.[99] **Optionsanleihen** in traditioneller Form sind Schuldverschreibungen, die dem Gläubiger

---

www.bankofengland.co.uk/-/media/boe/files/markets/benchmarks/rfr/use-cases-of-benchmark-rates-compounded-in-arrears-term-rate-and-further-alternatives.pdf?la=en&hash=22BA20A8728D9844E5A036C837874CA3E70FEAE1) sowie die Übersicht zu den Arbeiten der Bank of England und der Financial Conduct Authority unter https://www.bankofengland.co.uk/markets/transition-to-sterling-risk-free-rates-from-libor (zuletzt abgerufen am 31.05.2020)

[95] Zur Feststellung des EURIBOR hat das European Money Market Institute (EMMI) einen neuen hybriden Ansatz entwickelt, der transaktionsbezogene und Angaben von Panel-Banken verbindet, s. dazu das EURIBOR Benchmark Statement der EMMI v. 17.07.2019 (https://www.emmi-benchmarks.eu/euribor-org/euribor-rates.html). Am 02.07.2019 erklärte die belgische Finanzmarktaufsicht EURIBOR als im Einklang mit den Anforderungen der Verordnung (EU) 2016/1011 v. 08.06.2016, ABl. EU L 171/1 v. 29.06.2016 (https://www.esma.europa.eu/press-news/esma-news/authorisation-euribor-under-benchmark-regulation). Vgl. auch *Bhatti* WM 2019, 389.

[96] Dazu Marsch-Barner/Schäfer/*Groß* AG-HdB § 51.

[97] BGHZ 202, 7 Rn. 14; BGH WM 2018, 853 (855); Hüffer/Koch/*Koch* AktG § 221 Rn. 26; *Mock* NZI 2014, 102 (105); sowie, in Abgrenzung zur Rechtslage unter dem SchVG 1899, FK-SchVG/*Hartwig-Jacob* § 1 Rn. 28 f.

[98] Hopt/Seibt/*Fest* § 221 AktG Rn. 132 ff.; Hüffer/Koch/*Koch* AktG § 221 Rn. 5b.

[99] Durch die Aktienrechtsnovelle 2016 ist in § 221 Abs. 1 S. 1 AktG die gesetzliche Definition „Wandelschuldverschreibungen" mit Wirkung zum 31.12.2015 dahin geändert worden, dass außer den Gläubigern nun auch der Gesellschaft ein Umtausch- oder Bezugsrecht eingeräumt ist (Art. 1 Nr. 24 iVm Art. 10 Abs. 2 des Gesetzes zur Änderung des AktG (Aktienrechtsnovelle 2016) v. 22.12.2015 (BGBl I 2015, 2565)). Der Wortlaut des § 221 Abs. 1 S. 1 AktG sieht lediglich vor, dass den „Gläubigern oder der Gesellschaft ein Umtausch- oder Bezugsrecht auf Aktien eingeräumt wird", jedoch ist in den Materialien zur Aktienrechts-

bei Fälligkeit einen Anspruch auf Zahlung von Kapital und Zahlung von Zinsen gewähren, sowie zusätzlich das Recht (die Option), innerhalb eines bestimmten Zeitraums zu einem festgelegten Preis eine bestimmte Anzahl von Aktien zu erwerben (§ 221 Abs. 1 S. 1 Alt. 2 AktG). Das Recht zum Bezug der Aktien wird in der Regel in Optionsscheinen verbrieft, die zunächst mit der Optionsanleihe fest verbunden sind, von einem späteren Zeitpunkt an aber von ihr getrennt und als selbständiges Wertpapier gehandelt werden können.[100] Vergleichbar den Wandelanleihen können auch Optionsanleihen vorsehen, dass das Bezugsrecht zum Erwerb der Aktien nicht den Gläubigern zusteht, sondern der Aktiengesellschaft (sog. **umgekehrte Optionsanleihen**). Darüber hinaus soll es auch möglich sein zu bestimmen, dass das Optionsrecht kumulativ den Gläubigern und der Gesellschaft eingeräumt ist.[101] **Gewinnschuldverschreibungen** sind Schuldverschreibungen, die zusätzlich zum Anspruch auf Zahlung von Kapital Rechte verbriefen, die „mit Gewinnanteilen von Aktionären in Verbindung gebracht werden" (§ 221 Abs. 1 S. 1 Var. 3 AktG): Das ist etwa der Fall, wenn sich die Höhe der Verzinsung des Kapitals nach der Höhe des Dividendenanspruchs bemisst oder der Zinsanspruch vom Vorhandensein eines entsprechenden Gewinns abhängig ist.[102] **Genussrechte.** Schuldverschreibungen über Genussrechte verbriefen schuldrechtliche Ansprüche auf aktionärstypische Vermögensrechte, die nicht schon dem Tatbestand der Wandel- oder Gewinnschuldverschreibung unterfallen.[103] Eine darüber hinausgehende weithin – oder gar allgemein – anerkannte übergreifende Definition scheint es nicht zugeben. Der Grund wird darin gesehen, dass für die inhaltliche Ausgestaltung von Genussrechten nach herrschender Meinung keine aktienrechtlichen Vorgaben bestehen.[104]

Werden Schuldverschreibungen des § 221 AktG als Gesamtemissionen begeben, so findet das Gesetz auf sie Anwendung, sofern die weiteren Voraussetzungen des § 1 Abs. 1 (Inhaltsgleichheit und Begebung nach deutschem Recht) vorliegen. Bei Emissionen von Publikumsgesellschaften wird das regelmäßig der Fall sein. Solange die Anleihebedingungen nicht gemäß § 5 Abs. 1 zu Mehrheitsbeschlüssen der Gläubiger ermächtigen oder die Bestellung eines gemeinsamen Vertreters vorsehen, führt dies allein zur Geltung der §§ 2–4.[105] Es steht jedoch rechtlich nichts entgegen, in den Anleihebedingungen dieser Schuldverschreibungen von den Optionen des § 5 Abs. 1 Gebrauch zu machen. 66

Hochzinsanleihen *(high yield bonds)* sind Anleihen von Emittenten, die über eine niedrige Bonitätsbewertung verfügen, weil anerkannte Rating-Agenturen sie dem Non-investment-grade-Segment zuordnen. Die auf die Anleihen dieser Emittenten zu zahlenden Zinsen liegen über dem Niveau, welches Investment-Grade-Emittenten auf ihre Anleihen zahlen. High yield bonds unterscheiden sich von herkömmlichen Anleihen unter anderem durch die Aufnahme von sog **covenants.** Durch diese Zusicherungen und Nebenpflichten ist der Emittent zur Vornahme oder zur Unterlassung bestimmter Handlungen verpflichtet. Dadurch soll die Zahlungsfähigkeit des Emittenten über die Laufzeit der Anleihe sichergestellt werden. Bedeutsam ist auch die Beschränkung der Möglichkeiten zur Übertragung und Veräußerung von Vermögenswerten (durch sog *asset disposal clauses*) und die Beschränkung von Restrukturierungen und etwaiger Eigentümerwechsel (durch *change of control clauses*). High yield bonds sehen in aller Regel Kündigungsrechte des Emittenten und der Gläubiger vor. Sie werden häufig auf nachrangiger Basis begeben.[106] 67

novelle zum Ausdruck gebracht, dass das Umtausch- oder Bezugsrecht auch den Gläubigern und der Gesellschaft kumulativ eingeräumt ist (Hopt/Seibt/*Fest* § 221 AktG Rn. 132).

[100] Hüffer/Koch/*Koch* AktG § 221 Rn. 6.

[101] Hopt/Seibt/*Fest* § 221 AktG Rn. 206.

[102] MüKoBGB/*Habersack* § 793 Rn. 23; Hüffer/Koch/*Koch* AktG § 221 Rn. 8.

[103] MüKoBGB/*Habersack* § 793 Rn. 24. Unverbriefte Genussrechte unterfallen nicht dem SchVG, s. BGH WM 2018, 853.

[104] *Langenbucher* AktKapMarktR, § 11 Rn. 8; vgl. insbes. Hüffer/Koch/*Koch* AktG § 221 Rn. 22–37.

[105] § 4 ist insoweit keine Abweichung vom allgemeinen Recht.

[106] S. zum Ganzen die Darstellung von Kümpel/Wittig/Früh/Seyfried/*R. Müller* Bank-KapMarktR Rn. 15.691 ff.; *Schlitt/Hekmat/Kasten* AG 2011, 429 (441 ff.).

68 **Hybridanleihen** *(hybrids)* sind Anleihen, die Merkmale sowohl von Fremd- als auch von Eigenkapital haben. Sie enthalten eine Nachrangabrede, der zufolge die Schuldverschreibungen im Falle der Insolvenz des Emittenten erst nach Befriedigung nicht nachrangiger Forderungen bedient werden dürfen. Sie haben häufig eine unbefristete Laufzeit *(perpetual bonds)* oder jedenfalls eine sehr lange Laufzeit (beispielsweise von 99 Jahren). Das Kündigungsrecht der Anleihegläubiger ist im gesetzlich zulässigen Rahmen ausgeschlossen, wohingegen der Emittent sich typischerweise Kündigungsrechte vorbehält. Der Zinssatz auf die Anleihe steigt nach einer Grundlaufzeit von einigen Jahren, häufig verbunden mit einem Wechsel von einem festen in einen – für den Emittenten teureren – variablen Zinssatz, wobei die Verteuerung der Finanzierung es dem Emittenten nahelegen soll, von seinem Kündigungsrecht Gebrauch zu machen. Die Zinszahlungspflicht des Emittenten ist von besonderen Voraussetzungen abhängig (etwa dem Vorliegen eines Bilanzgewinns und dem Unterschreiten bestimmter Finanzkennzahlen, der Zahlung einer Dividende oder sonstiger Gewinnbeteiligungen).[107]

69 **Zertifikate und Optionsscheine** sind typische Formen verbriefter Derivate.[108] Bei **Zertifikaten** wird der Anspruch auf Zahlung von Kapital und/oder Zahlung von Zinsen an die Wertentwicklung von Indices, Wertpapieren, anderer Wirtschaftsgüter oder anderer Veränderungen oder an den Eintritt oder Nichteintritt bestimmter Ereignisse geknüpft ist. Sie werden in der Regel als Inhaberschuldverschreibungen begeben. **Optionsscheine** sind Schuldverschreibungen, die bei Eintritt oder Nichteintritt bestimmter Ereignisse das Recht zum Erwerb bestimmter Wertpapiere oder einer bestimmten Geldzahlung begründen, deren Höhe sich aus der Wertentwicklung von Wertpapieren oder Indices ableitet. Sie werden in der Regel als Inhaberschuldverschreibungen begeben.

70 **Asset Backed Securities** *(ABS)* sind in ihrer Grundform Wertpapiere *(securities)* in der Form von Schuldverschreibungen, die durch Vermögenswerte *(assets)* gedeckt *(backed)* sind und bestimmte Zahlungsströme aus diesen Vermögenswerten verbriefen.[109] In der Grundform verkauft und überträgt ein Unternehmen (Originator) Vermögenswerte, in der Regel Forderungen, an eine von ihm unabhängige Zweckgesellschaft *(special purpose vehicle, SPV)*, die eigens für den Zweck errichtet worden ist. Die Zweckgesellschaft refinanziert den Kaufpreis für die erworbenen Vermögenswerte durch die Begebung von Schuldverschreibungen. Mit den auf die Vermögenswerte eingehenden Zahlungen bedient die Zweckgesellschaft dann Zinsen und Kapital der Schuldverschreibungen.

71 **Credit Linked Notes** *(CLNs)* sind Schuldverschreibungen, bei denen die Rückzahlung des Kapitals und/oder die Verzinsung von dem Eintritt eines oder mehrerer kreditrelevanter Ereignisse bei einem oder mehreren Referenzschuldnern abhängt. Die Ausgestaltung solcher Schuldverschreibungen kann in vielfältigen Formen erfolgen. Im wirtschaftlichen Ergebnis übernimmt der Erwerber einer solchen Credit Linked Note eine Ausfallgarantie bezüglich der betreffenden Referenzschuldner, die der Höhe nach begrenzt ist durch die Höhe der Kapital- und/oder Zinsansprüche aufgrund der Credit Linked Note.

72 **Collateralised Debt Obligations** *(CDOs)* sind hochkomplexe Anleihen, bei denen in ihrer Grundform Risiken verschiedener Vermögenswerte in einem Portfolio zusammengefasst werden und Anleger Schuldverschreibungen verschiedener Risikoklassen (Tranchen) erwerben können, die untereinander in einem Rangverhältnis stehen. Bei Eintritt der übernommenen Risiken verringert sich die Höhe der Kapital- und Zinszahlungen auf die Schuldverschreibungen gestuft nach der jeweiligen Risikoklasse.

73 **Katastrophenanleihen** *(Catastrophe Bonds, Cat Bonds)* sind Anleihen, die vorwiegend durch Versicherungen begeben werden und durch die Anleger wirtschaftlich Versicherungsrisiken in Bezug auf definierte Naturereignisse (Stürme, Erdbeben usw) übernehmen.

---

[107] Vgl. dazu die Darstellung von Kümpel/Wittig/Früh/Seyfried/*R. Müller* Bank-KapMarktR Rn. 15.671 ff.

[108] Vgl. zur Verbriefung von Derivaten die Darstellung von FK-SchVG/*Hartwig-Jacob* § 1 Rn. 14 ff.

[109] Zu Asset Backed Securities s. die vorzüglichen Darstellungen von Habersack/Mülbert/Schlitt/*Geiger* Unternehmensfinanzierung § 21 sowie *Geiger* Kap. 20.

Bei Eintritt solcher Risiken verringert sich die Höhe der Kapital- und Zinszahlungen auf die Anleihe.

Contingent Convertibles *(CoCo Bonds)* sind eine Form von Wandelanleihen, die durch Banken begeben werden und die automatisch bei Eintreten eines in den Anleihebedingungen festgelegten Ereignisses in eine von vornherein bestimmte Anzahl an Aktien gewandelt werden. Sie können auch als **Write-Down CoCo Bonds** ausgestattet werden. Bei Eintritt des Trigger Event wird Fremdkapital endgültig abgeschrieben. Statt einer Wandlung in Eigenkapital verliert der Anleihegläubiger sein eingesetztes Kapital. Beide Arten von Hybridanleihen dienen Banken und Versicherungen der Beschaffung regulatorischen Eigenkapitals und werden insoweit als zusätzliches Kernkapital (Additional Tier 1 Capital) eingeordnet.[110] 74

Goldanleihen. Ebenfalls als Schuldverschreibungen ausgestaltet sind Anleihen, die Lieferansprüche auf Gold, Goldmünzen oder andere Edelmetalle verbriefen.[111] 75

§ 2 Anleihebedingungen

[1] Die Bedingungen zur Beschreibung der Leistung sowie der Rechte und Pflichten des Schuldners und der Gläubiger (Anleihebedingungen) müssen sich vorbehaltlich von Satz 2 aus der Urkunde ergeben.[2] Ist die Urkunde nicht zum Umlauf bestimmt, kann in ihr auch auf außerhalb der Urkunde niedergelegte Anleihebedingungen Bezug genommen werden. [3] Änderungen des Inhalts der Urkunde oder der Anleihebedingungen nach Abschnitt 2 dieses Gesetzes werden erst wirksam, wenn sie in der Urkunde oder in den Anleihebedingungen vollzogen worden sind.

Schrifttum: *Bliesener,* Änderungen von Anleihebedingungen in der Praxis, in: *Baum/Fleckner/Hellgardt/Roth* (Hrsg.), Perspektiven des Wirtschaftsrechts, Beiträge für Hopt, 2008, 355.

I. Überblick

§ 2 befasst sich mit vier Regelungsgegenständen. Er definiert den **Begriff „Anleihebedingungen"** als „die Bedingungen zur Beschreibung der Leistung sowie der Rechte und Pflichten des Schuldners und der Gläubiger". Damit umschreibt er vollständig das Rechtsverhältnis zwischen Schuldnern und Gläubigern. S. 1 bekennt sich zu einem strengen **Skripturprinzip:** Die Anleihebedingungen müssen sich aus der Urkunde ergeben. Davon macht § 2 S. 2 eine **Ausnahme für Sammelurkunden** (Globalurkunden): Diese können auch auf außerhalb der (Sammel-)Urkunde niedergelegte Anleihebedingungen Bezug nehmen. § 2 S. 3 bestimmt, dass **Änderungen** des Inhalts der Anleihebedingungen aufgrund von Mehrheitsbeschlüssen der Gläubiger **erst wirksam** werden, **wenn sie in der Urkunde vollzogen** worden sind. Für Anleihen, die in Sammelurkunden verbrieft sind, 1

[110] Hopt/Seibt/*Artzinger-Bolten/Wöckener* § 1 SchVG Rn. 39; s. a. *Böhringer/Mihm/Schaffelhuber/Seiler* RdF 2011, 48 ff. Der Bundesverband deutscher Banken e. V. hat dazu Musterbedingungen veröffentlicht, www.bankenverband.de/service/musterbedingungen-fuer-instrumente-kernkapital.

[111] In der Praxis bekannt sind die Emissionen der Deutsche Börse Commodities GmbH (Xetra Gold) und der G. V. L. E. Gesellschaft zur Verbriefung von Lieferansprüchen auf Edelmetalle mbH (Krügerrand Gold).

richtet sich die Vollziehung derartiger Änderungen der Anleihebedingungen nach § 21 Abs. 1.

II. Die Regelungen im Einzelnen

1. Definition der Anleihebedingungen

2 § 2 S. 1 enthält eine Legaldefinition des Begriffs „Anleihebedingungen". Anleihebedingungen sind die „Bedingungen zur Beschreibung der Leistung sowie der Rechte und Pflichten des Schuldners und der Gläubiger". In der Legaldefinition nicht genannt, aber ebenfalls zu den Anleihebedingungen zu zählen, sind Nebenbestimmungen iSd § 5 Abs. 3 Nr. 10.[1] Die Anleihebedingungen sind zu verstehen als die umfassende und vollständige Konkretisierung des Rechtsverhältnisses zwischen dem Schuldner und den Gläubigern.[2] Über mögliche inhaltliche Gestaltungen von Anleihebedingungen trifft § 2 keine Aussagen.[3]

2. Ein striktes Skripturprinzip

3 Nach S. 1 müssen sich die Anleihebedingungen – abgesehen von der in S. 2 bestimmten Ausnahme für Sammelurkunden – vollständig[4] aus der Urkunde ergeben. Das Gesetz bekennt sich zu einem strengeren **Skripturprinzip,** als es für Inhaberschuldverschreibungen in §§ 793, 796 BGB normiert ist. Das Skripturprinzip wird auch durch S. 3 bestätigt, wonach Änderungen der Anleihebedingungen auf Grund von Gläubigerbeschlüssen erst wirksam werden, wenn sie „in der Urkunde vollzogen" worden sind. Selbst die Lockerung des Skripturprinzips für nicht zum Umlauf bestimmte Urkunden nach S. 2 hält das Prinzip dadurch aufrecht, dass die Bezugnahme nur auf „niedergelegte", dh schriftlich fixierte, Bedingungen zugelassen wird.

4 Die Rigorosität, mit der das Gesetz das Skripturprinzip normiert, verlangt, dass sich der Inhalt der Anleihebedingungen – vorbehaltlich der Auslegung nach Maßgabe der allgemeinen Regeln – nur nach dem schriftlich verfassten Text bestimmt. Das liegt auch § 3 zu Grunde, wonach die vom Schuldner versprochene Leistung „nach den Anleihebedingungen" zu ermitteln ist. Dieses Prinzip stärkt das Vertrauen des Markts in die Verlässlichkeit der geschriebenen Worte und dient der Verkehrsfähigkeit von Anleihen.[5]

3. Bezugnahme auf außerhalb der Urkunde niedergelegte Bedingungen

5 § 2 S. 2 sieht eine – wie die amtliche Begründung hervorhebt[6] – praktisch bedeutsame Ausnahme von dem Grundsatz vor, dass sich die Anleihebedingungen aus der Urkunde ergeben müssen: „Ist die Urkunde nicht zum Umlauf bestimmt", so kann in ihr auch „auf außerhalb der Urkunde niedergelegte Anleihebedingungen Bezug genommen werden". Diese Ausnahme von dem Grundsatz ist ein Novum im deutschen Recht der Schuldverschreibungen.[7] Es ist im Prozess des Werdens des Gesetzes nachdrücklich von Marktteilnehmern gefordert worden, um durch die Anerkennung der ***Incorporation by Reference*** mit den Möglichkeiten der Dokumentation von Anleihebedingungen im englischen und New Yorker Recht gleichzuziehen. Beide Rechtsordnungen lassen die Einbeziehung von Bedin-

[1] FK-SchVG/*Hartwig-Jacob* § 2 Rn. 15; Hopt/Seibt/*Artzinger-Bolten/Wöckener* § 2 SchVG Rn. 15. Zum Begriff der Nebenbestimmung → § 5 Rn. 32 f.

[2] Vgl. FK-SchVG/*Hartwig-Jacob* § 2 Rn. 15 und Rn. 32 ff. zur Abgrenzung des Begriffs der Anleihebedingungen von Übernahmebedingungen, Emissionsbedingungen und endgültigen Bedingungen des Angebots.

[3] Ebenso FK-SchVG/*Hartwig-Jacob* § 2 Rn. 16; → § 1 Rn. 61 ff.

[4] BegrRegE SchVG, BT-Drs. 16/12814, 17; FK-SchVG/*Hartwig-Jacob* § 2 Rn. 55.

[5] Heidel AktR/*Müller* SchVG § 2 Rn. 1.

[6] BegrRegE SchVG, BT-Drs. 16/12814, 17.

[7] Vgl. hierzu *Bliesener* Beiträge für Hopt, 2008, 355 (358).

gungen zu, die außerhalb der Urkunde liegen, und die Praxis macht davon umfassenden Gebrauch.

„Urkunden, die nicht zum Umlauf bestimmt sind", sind Sammelurkunden iSv § 9a DepotG **(Globalurkunden),** dh Wertpapiere, die mehrere Rechte verbriefen, die jedes für sich in vertretbaren Wertpapieren einer und derselben Art verbrieft sein könnten.[8] Sie sind die weithin übliche Form der Verbriefung.[9] Die Verbriefung von Inhaberschuldverschreibungen in Einzelurkunden geschieht nur noch in den seltensten Fällen. Außerhalb der Urkunde „niedergelegte Anleihebedingungen" sind verfasste Texte, die nicht mit der Globalurkunde verbunden sind. Sie können zwar mit der Globalurkunde verwahrt werden. Aber auch Bedingungen, die nicht mit der Urkunde verbunden sind oder verwahrt werden, sind „außerhalb der Urkunde niedergelegt".[10] Ein anderes Verständnis widerspräche nicht nur dem Wortlaut der Regelung, sondern auch deren Sinn und Zweck. Anleihebedingungen, die dem „Mantel" der Sammelurkunde beigefügt sind – wie es häufig der Fall ist – sind Teil der Urkunde selbst.[11] 6

Solche **außerhalb der Urkunde niedergelegten Bedingungen,** die in den Anleihebedingungen in Bezug genommen werden und damit zu ihrem Inhalt gemacht werden können, sind beispielsweise die bei Emissionsprogrammen **im Prospekt abgedruckten Emissionsbedingungen,** das Konditionenblatt **(Pricing Supplement)** einer Emission im Rahmen eines Emissionsprogramms, **Definitionen und Beschreibungen von Referenzaktiva,** auf die sich das Leistungsversprechen des Schuldners bezieht, Begriffsbestimmungen der **Definitionskataloge** von Marktorganisationen (wie etwa die von der International Swaps and Derivatives Association herausgegebenen ISDA Credit Derivatives Definitions und die ISDA Equity Derivative Definitions), **Zinsbestimmungsregeln** (wie etwa solche für LIBOR und EURIBOR oder zukünftig an deren Stelle tretende Referenzzinssätze[12]), Bestimmungen des Statuts des Schuldners oder eines auf ihn anwendbaren (insbesondere ausländischen) Gesetzes sowie Bestimmungen aus einem auf die Emission bezogenen **Zahlstellenvertrag** (Agency Agreement), **Treuhandvertrag** oder **Sicherheitenvertrag.**[13] Solche Verträge können sich namentlich bei Emissionsprogrammen auf eine Mehrzahl diverser Anleihen eines Emittenten beziehen und Regelungen enthalten, die gleichlautend für alle diese Anleihen gelten. Es macht wenig Sinn, sie in den Anleihebedingungen aller dieser Anleihen abzudrucken, zumal sie oftmals gar nicht relevant werden und dann das Verständnis der Anleihebedingungen erschweren wie bespielsweise die typischerweise im Fiscal Agency Agreement enthaltenen Regelungen zur Durchführung von Mehrheitsbeschlüssen der Gläubiger in einer Versammlung oder Abstimmung ohne Versammlung, weil es während der Laufzeit der Anleihe überhaupt nicht zu derartigen Versammlungen oder Abstimmungen kommt. 7

Die Verweisung auf den außerhalb der Urkunde niedergelegten Text kann **„statisch"** sein, dh auf einen zu einem bestimmten Zeitpunkt – etwa dem Emissionsdatum – geltenden Text. Sie kann aber auch **„dynamisch"** sein, dh auf den während der Laufzeit der Anleihe von Zeit zu Zeit sich möglicherweise ändernden Text.[14] In beiden Fällen braucht 8

[8] FK-SchVG/*Hartwig-Jacob* § 2 Rn. 57.

[9] Der Gesetzgeber spricht vom „Regelfall", s. BegrRegE SchVG, BT-Drs. 16/12814, 17.

[10] FK-SchVG/*Hartwig-Jacob* § 2 Rn. 67; Veranneman/*Oulds* § 2 Rn. 10; Hopt/Seibt/*Artzinger-Bolten/Wöckener* § 2 SchVG Rn. 33; **aA** Heidel AktR/*Müller* SchVG § 2 Rn. 2 (Niederlegung bei der Wertpapiersammelbank erforderlich).

[11] *Bliesener* Beiträge für Hopt, 2008, 355 (357 ff.); Preuße/*Röh/Dörfler* § 2 Rn. 32 äußern Zweifel an der Zulässigkeit der *Incorporation by Reference,* bekennen dann aber doch, dass *„die überwiegenden Gründe – insbesondere der Wortlaut in S. 2 – dafür [sprechen], dass eine unbeschränkte Incorporation by Referenze bei nicht zum Umlauf bestimmten Urkunden zulässig ist".* S. a. Preuße/*Röh/Dörfler* § 2 Rn. 7. Eine Bemerkung der amtlichen Begründung zu § 2 S. 2 kann dahin verstanden werden, dass die *„außerhalb der Urkunde niedergelegten Anleihebedingungen"* der Sammelurkunde angehängen und zusammen mit ihr verwahrt werden müssen. Dies ist übliche Praxis.

[12] → § 1 Rn. 63.

[13] Vgl. Veranneman/*Oulds* § 2 Rn. 11.

[14] Ebenso Hopt/Seibt/*Artzinger-Bolten/Wöckener* § 2 SchVG Rn. 37; **aA** Veranneman/*Oulds* § 2 Rn. 12 (der allerdings betont, dass die Absage an die dynamische Verweisung die Dokumentation von Schuldver-

die Sprache der Anleihebedingungen und die des außerhalb der Urkunde niedergelegten Textes, den die Anleihebedingungen einbeziehen, nicht die gleiche zu sein (zB Einbeziehung von ISDA–Definitions auf Englisch, Text der sonstigen Bestimmungen der Anleihebedingungen auf Deutsch). In jedem Fall muss die Verweisung und der in Bezug genommene Text für sich und im Zusammenhang mit dem übrigen Text das Transparenzgebot des § 3 wahren, so dass die vom Schuldner versprochene Leistung von einem sachkundigen Anleger hinsichtlich der jeweiligen Art der Anleihe ermittelt werden kann. Das kann präzise Verweisungen auf konkrete Klauseln eines in Bezug genommenen Regelwerkes notwendig machen.

9 **Dynamische Verweisungen** sind von erheblicher praktischer Relevanz insbesondere für strukturierte Anleihen, weil sie die Einbeziehung der ISDA–Regelwerke, deren Definitionskataloge von Zeit zu Zeit geändert werden, in die Anleihebedingungen ermöglichen. Sie erlauben damit die gewünschte – *lege artis* – Gestaltung des Rechtsverhältnisses. Dem sachkundigen Anleger ist die Praxis derartiger Verweisungen in strukturierten Anleihen unter englischem und New Yorker Recht, die die internationalen Märkte dominieren, gewohnt und völlig vertraut. Mit der dynamischen Verweisung haben die Anleihebedingungen bei Begebung den von Zeit zu Zeit gültigen Text ein für alle Mal als maßgeblich bestimmt und in die Anleihebedingungen einbezogen; eine nachträgliche Änderung der Anleihebedingungen findet nicht statt.[15]

10 **Kettenverweisungen,** das heißt Verweisungen in den Anleihebedingungen auf ein Dokument, welches wiederum auf ein oder mehrere andere Dokumente verweist, sind zulässig, vorausgesetzt, dass sie den Anforderungen des Transparenzgebots (§ 3) uneingeschränkt Rechnung tragen.

11 § 2 Abs. 2 des Referentenentwurfs, der den Emittenten von öffentlich angebotenen oder zum Handel an einem organisierten Markt zugelassenen Schuldverschreibungen verpflichtete, den Wortlaut der Anleihebedingungen im Internet unter seiner Adresse oder auf andere Weise zu veröffentlichen, hat keinen Eingang in die endgültige Fassung des Gesetzes gefunden. Gleichwohl ist allgemein zu verlangen, dass der Schuldner das einbezogene Regelwerk den Anlegern im Internet unter seiner Adresse oder, wenn eine solche nicht vorhanden ist, unter der in den Anleihebedingungen festgelegten Internetseite, während der Laufzeit der Anleihe **zugänglich** macht.[16] Dies gilt auch für **dynamische Verweisungen,** bei denen zu jedem Zeitpunkt der jeweils gültige Text verfügbar sein muss. Ansonsten ist die Möglichkeit der Anleihegläubiger zur Kenntnisnahme der Anleihebedingungen faktisch nicht gewährleistet.[17]

4. Vollziehung von Änderungen der Anleihebedingungen

12 S. 3 bestimmt, dass Änderungen der Anleihebedingungen aufgrund von Mehrheitsbeschlüssen der Gläubiger nach Abschnitt 2 des Gesetzes erst wirksam werden, wenn die Änderungen in den Anleihebedingungen vollzogen worden sind. Der Text spricht zusätzlich auch von „Änderungen des Inhalts der Urkunde" und von der Vollziehung solcher Änderungen „in der Urkunde". Das ist unproblematisch, weil im konkreten Zusammenhang die Begriffe „Urkunde" und „Anleihebedingungen" als Synonyme verstanden werden müssen. In der Sache geht es um Änderungen der Anleihebedingungen.[18] Das ist auch der

---

schreibungen in der Praxis erschwert und zu einem Wettbewerbsnachteil des deutschen Rechts gegenüber anderen Rechtsordnungen, bei denen eine dynamische Verweisung zulässig ist (zB die USA), führt); Preuße/*Röh/Dörfler* § 2 Rn. 35; Heidel AktR/*Müller* SchVG § 2 Rn. 3.

[15] → § 4 Rn. 14 ff.; Hopt/Seibt/*Artzinger-Bolten/Wöckener* § 2 SchVG Rn. 37

[16] Im Ergebnis für die Publizitätspflicht ebenso Preuße/*Röh/Dörfler* § 2 Rn. 34.

[17] Hopt/Seibt/*Artzinger-Bolten/Wöckener* § 2 SchVG Rn. 37; vgl. auch FK-SchVG/*Hartwig-Jacob* § 2 Rn. 71 ff.

[18] Heidel AktR/*Müller* SchVG § 2 Rn. 5.

Wortlaut der insoweit maßgeblichen Bestimmungen der § 5 Abs. 1 S. 1 und § 21 Abs. 1 S. 1.

§ 21 Abs. 1 bestimmt, wie Änderungen der Anleihebedingungen zu vollziehen sind, und unterscheidet dabei zwischen Sammelurkunden, die von einer Wertpapiersammelbank verwahrt werden, und solchen, die in sonstiger Weise verwahrt werden.[19] 13

§ 3 Transparenz des Leistungsversprechens

Nach den Anleihebedingungen muss die vom Schuldner versprochene Leistung durch einen Anleger, der hinsichtlich der jeweiligen Art von Schuldverschreibungen sachkundig ist, ermittelt werden können.

Schrifttum: Arbeitskreis Reform des Schuldverschreibungsrechts, Reform des Schuldverschreibungsgesetzes, ZIP 2014, 845; *Assmann,* Anleihebedingungen und AGB-Recht, WM 2005, 1053; *Baums,* Weitere Reform des Schuldverschreibungsrechts!, ZHR 177 (2013), 807; *Beyer,* Das Transparenzgebot und die rechtlichen Grenzen der Anpassung von Emissionsbedingungen bei Schuldverschreibungen, Diss. Freiburg 2012; *Bliesener,* Änderungen von Anleihebedingungen in der Praxis, in: *Baum/Fleckner/Hellgardt/Roth* (Hrsg.), Perspektiven des Wirtschaftsrechts, Beiträge für Hopt, 2008, 355; *Bredow/Vogel,* Restrukturierung von Anleihen – Der aktuelle Regierungsentwurf eines neuen Schuldverschreibungsgesetzes, ZBB 2009, 153; *Bungert,* Wertpapierbedingungen und Inhaltskontrolle nach dem AGB-Gesetz, DZWiR 1996, 185; *Drygala,* Inhaltskontrolle von Wertpapierbedingungen, Habil. Bonn 1999; *Einsele,* Bank- und Kapitalmarktrecht, 3. Aufl. 2014; *Ekkenga,* Wertpapier-Bedingungen als Gegenstand richterlicher AGB-Kontrolle?, ZHR 160 (1996) 59; *Habersack/Mülbert/Schlitt,* Unternehmensfinanzierung am Kapitalmarkt, 4. Aufl. 2019; *Hartwig-Jacob,* Die Vertragsbeziehungen und die Rechte der Anleger bei internationalen Anleiheemissionen, Diss. Köln 1999; *Hopt,* Änderungen von Anleihebedingungen – Schuldverschreibungsgesetz, § 796 BGB und AGBG FS Steindorff, 1990, 341; *Hopt,* Neues Schuldverschreibungsrecht – Bemerkungen und Anregungen aus Theorie und Praxis FS Schwark, 2009, 411; *Horn,* Das neue Schuldverschreibungsgesetz und der Anleihemarkt, BKR 2009, 446; *Horn,* Die Stellung der Anleihegläubiger nach neuem Schuldverschreibungsgesetz und allgemeinem Privatrecht im Licht aktueller Marktentwicklungen, ZHR 173 (2009) 12; *Joussen,* Die Inhaltskontrolle von Wertpapierbedingungen nach dem AGBG, WM 1995, 1861; *Kallrath,* Die Inhaltskontrolle der Wertpapierbedingungen von Wandel- und Optionsanleihen, Gewinnschuldverschreibungen und Genußscheinen, Diss. Köln 1993; *Krug,* Anlegerschutz bei der Emission von Schuldverschreibungen: unter besonderer Berücksichtigung der Frage der Anwendbarkeit des AGB-Rechts auf Emissionsbedingungen, Diss. Rostock 2010; *Kümpel/Wittig,* Bank- und Kapitalmarktrecht, 4. Aufl. 2011; *Leber,* Der Schutz und die Organisation der Obligationäre nach dem Schuldverschreibungsgesetz, Diss. Tübingen 2012; *Lenenbach,* Kapitalmarktrecht und kapitalmarktrelevantes Gesellschaftsrecht, 2. Aufl. 2010; *Leuering/Zetzsche,* Die Reform des Schuldverschreibungs- und Anlageberatungsrechts – (Mehr) Verbraucherschutz im Finanzmarktrecht?, NJW 2009, 2856; *Luttermann/Wicher,* Rechtsordnung für Unternehmensanleihen: Vertragsrecht, Hybridformen und Standardisierung, ZIP 2005, 1529; *Masuch,* Anleihebedingungen und AGB-Gesetz, Diss. Heidelberg 2001; *Otto,* Modernes Kapitalmarktrecht als Beitrag zur Bewältigung der Finanzkrise, WM 2010, 2013; *Podewils,* Transparenz- und Inhaltskontrolle von Zertifikatebedingungen, ZHR 174 (2010), 192; *Reps,* Rechtswettbewerb und Debt Governance bei Anleihen, Diss. München 2014; *Schäfer,* Zulässigkeit und Kündbarkeit von ewig laufenden Anleihen (Perpetuals), FS Kümpel, 2003, 453; *Schimansky/Bunte/Lwowski,* Bankrechts-Handbuch, 4. Aufl. 2011; *Schimansky/Bunte/Lwowski,* Bankrechts-Handbuch, 5. Aufl. 2017; *Schlitt/Schäfer,* Die Restrukturierung von Anleihen nach dem neuen Schuldverschreibungsgesetz, AG 2009, 477; *Schmidt/Schrader,* Leistungsversprechen und Leistungsbestimmungsrechte in Anleihebedingungen unter Berücksichtigung des neuen Schuldverschreibungsgesetzes, BKR 2009, 397; *Seibt/Schwarz,* Anleihekündigung in Sanierungssituationen, ZIP 2015, 401; *Sester,* Transparenzkontrolle von Anleihebedingungen nach Einführung des neuen Schuldverschreibungsrechts, AcP 209 (2009), 628; *Schroeter,* Verständlichkeit und Publizität im Recht der Schuldverschreibungen: Das Transparenzgebot für Anleihebedingungen (§ 3 SchVG), ZGR 2015, 769; *Ulmer/Brandnder/Hensen,* AGB-Recht, 11. Aufl. 2011; *v. Randow,* Anleihebedingungen und Anwendbarkeit des AGB-Gesetzes, ZBB 1994, 23; *v. Randow,* Die Inhaltskontrolle von Emissionsbedingungen: Abschied vom AGB-Recht, in: *Baums/Cahn* (Hrsg.), Die Reform des Schuldverschreibungsrechts, 2004, 25; *Wolf,* Anlegerschutz durch Inhaltskontrolle von Emissionsbedingungen bei Kapitalmarkttiteln, FS Zöllner, 1998, 651.

[19] Zu Einzelheiten → § 21 Rn. 5 ff, 12 ff.

I. Spezialgesetzliches Transparenzgebot

1. Überblick

1 Seit der dynamischen Entwicklung des deutschen Bondmarkts in den 90er Jahren ist die Frage umstritten, ob Anleihebedingungen allgemeine Geschäftsbedingungen (AGB) sind und das AGB-Recht auf sie Anwendung findet. Um dem praktischen Bedürfnis der Rechtssicherheit für deutschem Recht unterstehende Schuldverschreibungen in einem internationalen Kapitalmarkt Geltung zu verschaffen, wurde im Diskussionsentwurf von November 2004[1] vorgeschlagen, die Anwendung des AGB-Rechts insgesamt auszuschließen und eine eigene, am Sinn und Zweck sowie der in den Anleihebedingungen festgelegten Risikoverteilung orientierte Inhaltskontrolle einzuführen. Zusätzlich sollte die Verständlichkeit der Anleihebedingungen aus Sicht eines sachkundigen Anlegers im Gesetz

[1] → Einl. Rn. 22.

verankert werden.[2] Die Grundsatzfrage der Anwendbarkeit des AGB-Rechts wurde bei der Vorbereitung der Reform des Schuldverschreibungsgesetzes unter den interessierten Marktteilnehmern und den beteiligten Bundesministerien kontrovers diskutiert. Der Referentenentwurf 2008 enthielt dazu keine Regelung mehr. Im Kabinettsentwurf wurde die Grundsatzfrage zwar offen gelassen, aber ein auf Schuldverschreibungen zugeschnittenes, **spezialgesetzliches Transparenzgebot** statuiert.[3]

2. Abgrenzung des Transparenzgebots

Der Inhalt der Leistungs-, Verhaltens- und sonstigen Pflichten ist bei Anleihebedingungen wie bei anderen Vertragsbedingungen durch Auslegung zu ermitteln. Die Transparenzkontrolle betrifft die Darstellung des Inhalts der Bedingungen, schränkt aber nicht die materielle Gestaltung des Inhalts selbst ein **(keine Ausgewogenheitskontrolle).**[4] Ein entscheidendes Motiv für die Einführung des § 3 waren die für Investoren schwer oder gar nicht nachvollziehbaren Bedingungswerke riskanter Anleiheprodukte, die in der Finanzkrise seit 2007 zu unerwarteten Verlusten führten.[5] Ein korrigierender Eingriff in den Inhalt komplexer strukturierter Anleihen ist damit nicht bezweckt. Darin zeigt sich ein wesentlicher Unterschied zwischen Anleihebedingungen und AGB für Austauschkontrakte über Lieferungen oder Leistungen, bei denen der Vertrag bei Einigung über die *essentialia negotii* durchgeführt werden kann und die isolierte Feststellung der Intransparenz inhaltlich ausgewogener AGB eine untergeordnete Rolle spielt; denn der Kunde kann die Lieferung und Leistung in Empfang bzw. in Anspruch nehmen und soll vor ihn übervorteilenden Klauseln im „Kleingedruckten" geschützt werden, unabhängig davon, ob er versucht hat, die AGB zu durchschauen.[6] Dagegen werden Schuldverschreibungen durch die Anleihebedingungen überhaupt erst begründet und können losgelöst von ihnen nicht bestehen. Daher kommt es auf die Verständlichkeit der Anleihebedingungen an, und zwar selbstverständlich auch der rechtlich zulässigen Bestimmungen. Der Anleger ist zur Identifizierung des Investitionsgegenstands auf den Inhalt der Anleihebedingungen angewiesen, unter Umständen mit fachmännischer Unterstützung eines Anlageberaters oder eines Rechtsberaters. 2

3. Inhalt des Transparenzgebots

§ 3 fordert, dass „die vom Schuldner versprochene Leistung" auf der Grundlage der Anleihebedingungen „ermittelt" werden kann. Transparenz erleichtert, aber ersetzt nicht die Eruierung des Leistungsinhalts im Wege der Auslegung. § 3 verlangt, dass die Anleihebedingungen einschließlich der außerhalb der Urkunde niedergelegten, durch Verweis in Bezug genommenen Bedingungen (§ 2 S. 2) die Feststellung des Leistungsversprechens in allen seinen Einzelheiten ermöglichen.[7] Erforderlich ist sowohl in sprachlicher als auch inhaltlicher Hinsicht eine klare und verständliche Fassung sowie ein systematischer Aufbau der Anleihebedingungen, der sachliche Zusammenhänge berücksichtigt.[8] Für Intransparenz kann das Fehlen der Beschreibung wesentlicher Komponenten oder eine widersprüchliche Beschreibung der Leistungspflicht sprechen. 3

[2] § 2 Abs. 3 S. 2 des DiskE SchVG November 2004, unveröffentlicht.
[3] Zum zivilrechtlichen Charakter insbesondere *Schroeter* ZGR 2015, 769 (776 ff.).
[4] Nach der Begründung der Bundesregierung zielt das Transparenzgebot des § 3 insbesondere *„auf die teils hochkomplexen Bedingungen von sogenannten strukturierten Anleihen"*, BT-Drs. 16/12814, 13 re. Sp. Auch im AGB-Recht ist die Unterscheidung zwischen Transparenz und materieller Ausgewogenheit als verschiedene Facetten der Unangemessenheitskontrolle nach § 307 BGB anerkannt, s. MüKoBGB/*Wurmnest* § 307 Rn. 56; Staudinger/*Coester* BGB § 307 Rn. 174 mwN.
[5] BegrRegE SchVG, BT-Drs. 16/12814, 13 re. Sp.
[6] MüKoBGB/*Wurmnest* § 307 Rn. 56.
[7] Nach der Gesetzesbegründung *„müssen die Anleihebedingungen eine eindeutige und klare Ermittlung des Leistungsversprechens des Emittenten ermöglichen"*, BegrRegE SchVG, BT-Drs. 16/12814, 17 li. Sp.
[8] FK-SchVG/*Hartwig-Jacob* § 3 Rn. 29 ff.

4 Dies bedeutet allerdings nicht, dass sich alle Einzelheiten ausdrücklich und konkret aus den Anleihebedingungen ergeben müssten. Die Leistungspflicht oder zumindest die Methode zur Ermittlung der Leistungspflicht muss zwar eindeutig festgelegt sein, ein aus dem AGB-Recht bekanntes Bestimmtheitsgebot folgt aber nicht aus dem speziellen Transparenzgebot des § 3,[9] weil es gerade nicht Teil einer besonderen Inhaltskontrolle von Anleihebedingungen ist. Daher sind **variable oder optionale Inhaltsbestimmungen,** zB bei *floating rate notes,* indexierten Anleihen, *asset-backed securities, credit-linked notes* oder Hybridanleihen, und **Änderungsoptionen,**[10] die dem Emittenten oder Dritten in den Schranken der §§ 315, 317 BGB billiges Ermessen bei der Bestimmung von Leistungspflichten einräumen,[11] mit dem Transparenzgebot vereinbar.[12]

4. Reichweite des Transparenzgebots

5 Das Transparenzgebot gilt umfassend für **alle Bestimmungen** der Anleihebedingungen, weil die Anleihebedingungen insgesamt das Leistungsversprechen einschließlich aller Einschränkungen, Bedingungen und Modalitäten der Leistung, Beendigung und Durchsetzung festlegen und im Hinblick auf die Verständlichkeit der vertraglichen Regelungen nur eine einheitliche Behandlung von Haupt- und Nebenbestimmungen sachgerecht ist.[13] Das Transparenzgebot gilt auch für Bestimmungen in Anleihebedingungen, die durch Verweis nach § 2 S. 2 einbezogen werden.[14]

5. Referenzanleger

6 Der Maßstab, nach dem Anleihebedingungen die Ermittlung des Leistungsinhalts ermöglichen müssen, ist der Anleger, der **hinsichtlich der jeweiligen Art von Schuldverschreibungen sachkundig** ist.[15] Dies ist ein für alle Schuldverschreibungen einer Serie **einheitlicher objektiv-abstrakter Maßstab.**[16] Denn der Grundsatz der kollektiven Bindung (§ 4) verlangt eine uniforme Auslegung aller Schuldverschreibungen und Tranchen einer Serie, die anfänglich oder während der Laufzeit durch unterschiedliche Platzierungsformen, (gegebenenfalls auch kombinierte) Selbst- und Fremdemission und an ganz verschiedene Anlegergruppen verteilt werden können.[17] Die Auswahl des Referenzanlegers nach ursprünglichen Platzierungsformen oder Tranchen wäre mit dem Grundsatz der Fungibilität und mit dem ständigen anonymen Gläubigerwechsel nicht vereinbar.

7 Da das Gesetz ausdrücklich auf die „Art" der Schuldverschreibungen abstellt,[18] kommt es weder auf den Horizont der Adressaten der konkreten Anleiheplatzierung oder der kon-

---

[9] **AA** FK-SchVG/*Hartwig-Jacob* § 3 Rn. 70.

[10] Ordnet man entgegen der hier vertretenen Auffassung Anleihebedingungen als allgemeine Geschäftsbedingungen ein (→ Rn. 19 ff.), so sind Änderungsvorbehalte an § 308 Nr. 4 BGB zu messen (→ Rn. 47).

[11] Dazu *Bliesener* Beiträge für Hopt, 355 (357 ff.).

[12] Heidel AktR/*Müller* SchVG § 3 Rn. 2. Nach Preuße/*Dippel/Preuße* § 3 Rn. 72, Hopt/Seibt/*Artzinger-Bolten/Wöckener* § 3 SchVG Rn. 18 und FK-SchVG/*Hartwig-Jacob* § 3 Rn. 91 genügt ein Bestimmungsvorbehalt, der auf das billige Ermessen des Emittenten abstellt, nur dann dem Transparenzgebot des § 3, wenn die maßgeblichen Parameter der Ermessensausübung in den Anleihebedingungen festgehalten sind.

[13] IErg ebenso FK-SchVG/*Hartwig-Jacob* § 3 Rn. 63 ff. Dies entspricht auch der übergreifenden Geltung des AGB-rechtlichen Transparenzgebots nach § 307 Abs. 1 S. 2 BGB, der auch für die Leistungsbeschreibung gilt, die der richterlichen Inhaltskontrolle entzogen ist (§ 307 Abs. 3 BGB), s. nur Palandt/*Grüneberg* BGB § 307 Rn. 1.

[14] Ebenso FK-SchVG/*Hartwig-Jacob* § 3 Rn. 33.

[15] Dieser neue Grundsatz ist teilweise § 2 Abs. 3 S. 2 des Diskussionsentwurfs zu einem neuen Schuldverschreibungsgesetz von November 2004 entlehnt *(„Die Emissionsbedingungen müssen einem bezüglich der jeweiligen Schuldverschreibung sachkundigen Anleger verständlich sein.")*.

[16] *Sester* AcP 209 (2009), 629 (648); *Beyer* Das Transparenzgebot S. 133 f., 295; Preuße/*Dippel/Preuße* § 3 Rn. 13 f.; FK-SchVG/*Hartwig-Jacob* § 3 Rn. 136.

[17] Preuße/*Dippel/Preuße* § 3 Rn. 14; FK-SchVG/*Hartwig-Jacob* § 3 Rn. 136.

[18] Dies ist eine Klarstellung im Vergleich zu der Formulierung des Diskussionsentwurfs von November 2004, die noch auf die jeweilige konkrete Schuldverschreibung abstellte.

kreten Investoren noch auf die konkrete Anleihe an. Entscheidend ist **der im Hinblick auf den relevanten Anleihetypus sachkundige Investor.**[19] Nicht gemeint ist der Verbraucher (§ 13 BGB) oder der durchschnittliche Anleger, der keine besonderen Erfahrungen in einem Anlagesegment hat, ebensowenig der Kautelarjurist oder der erkennende Richter.[20] Es geht um den professionellen Kenner des Finanzprodukts, dh im Regelfall ein mit der Kapitalmarktanlage in dem jeweiligen Segment vertrauter und erfahrener, professioneller Banker, der sich von seiner Fachkenntnis und Erfahrung her als **Sachverständiger** nach §§ 402 ff. ZPO eignen würde. Anlegerschutz für (nicht professionelle) Privatanleger findet nicht im Rahmen dieses zivilrechtlichen Transparenzgebots statt, sondern im Vertriebs- und Prospektrecht durch Publizitätsregeln und Aufklärungs- und Beratungspflichten der Wertpapierdienstleistungsunternehmen.[21]

Das Gesetz ist in diesem Punkt eindeutig. Die Gesetzesbegründung ist zwar insoweit 8
missverständlich, als sie den Eindruck erweckt, es müsse auf den angesprochenen „Anlegerkreis" oder „die jeweiligen Adressaten eines bestimmten Produkts" und auf deren durchschnittlichen Verständnishorizont abgestellt werden.[22] Daran anknüpfend wollen auch Teile des Schrifttums den Maßstab des § 3 anhand der bei der Erstplatzierung anvisierten Zielgruppe bestimmen.[23] Es wird gar angenommen, der Emittent sei verpflichtet, den Adressatenkreis in den Anleihebedingungen zu bestimmen.[24] Diese Argumentation übersieht, dass das Gesetz gerade ohne Bezug auf einen bestimmten Anlegerkreis auf Kenntnisse und Erfahrungen (Sachkunde) in einem Anleihesegment abstellt. Von der privatautonomen Gestaltung der Anleihe hängt das (hohe oder durchschnittliche) Niveau der vorausgesetzten Sachkunde ab.[25] Gegen missverständliche Interpretationen, die auf konkrete Anleger abstellen, wurde in der parlamentarischen Beratung betont, dass eine Transparenzkontrolle nach Maßgabe des konkreten Erwerbers der Schuldverschreibungen nicht mit dem Wortlaut der neuen Vorschrift vereinbar wäre.[26] Damit entspricht die **Orientierung an der Sichtweise des abstrakten sachkundigen Anlegers** auch dem Willen des historischen Gesetzgebers. Dies ist im Hinblick auf die Fungibilität und ungehinderte, anonyme Handelbarkeit von Anleihen auch sachgerecht, weil konkrete Anleger oder ein ursprüngliches „Zielpublikum" einer Serie von Schuldverschreibungen von vornherein inhomogen sein oder nicht eindeutig festgestellt werden und sich jederzeit ändern können.[27]

6. Einzelne Transparenzanforderungen

a) Aufbau und Begrifflichkeit. Die wertpapier-, finanz- und abwicklungstechnischen 9
Sachverhalte, die durch Anleihebedingungen geregelt werden, rechtfertigen einen **gegliederten Aufbau** und eine **technische Begrifflichkeit.** Bei komplexen Leistungspflichten und -inhalten bietet sich die Einfügung und Verwendung von **Definitionen** oder **algebraischen Formeln** an. Bei der Beurteilung, ob ein nicht in den Anleihebedingungen

[19] Ebenso Preuße/*Dippel/Preuße* § 3 Rn. 12; Heidel AktR/*Müller* SchVG § 3 Rn. 1; Hopt/Seibt/*Artzinger-Bolten/Wöckener* § 3 SchVG Rn. 11.

[20] Zustimmend *Schroeter* ZGR 2015, 769 (788); eine Qualifikation iSd § 1 Abs. 1 S. 2 WpHG-Mitarbeiteranzeigeverordnung ist nicht erforderlich.

[21] In diese Richtung auch *Sester* AcP 209 (2009), 629 (647).

[22] BegrRegE SchVG, BT-Drs. 16/12814, 17 li. Sp.

[23] *Sester* AcP 209 (2009), 629 (650 ff., 660) (Ausrichtung an den durchschnittlichen Verständnismöglichkeiten eines unerfahrenen Anlegers); *Lenenbach* KapMarktR Rn. 2.71 ff. (Zielpublikum, wobei im Fall der Platzierung an mehr als 10 % weniger erfahrener Anleger deren Horizont zugrunde zu legen sei). Ebenso auch FK-SchVG/*Hartwig-Jacob* § 3 Rn. 152 (vom Emittenten erkennbar festgelegte Zielgruppe), der jedoch den Adressatenkreis (in erster Linie) anhand der Art der Schuldverschreibung bestimmen will, Rn. 148 ff., so dass sich freilich im Ergebnis meist kein Unterschied zu der hier vertretenen Position ergeben wird

[24] *Bredow/Vogel* ZBB 2009, 153 (155); dagegen Veranneman/*Oulds* § 3 Rn. 15; Preuße/*Dippel/Preuße* § 3 Rn. 15; FK-SchVG/*Hartwig-Jacob* § 3 Rn. 146 f.

[25] Ähnlich *Schroeter* ZGR 2015, 769 (785).

[26] S. die zu Protokoll gegebene Rede von Marco Wanderwitz, MdB, Sitzung des Deutschen Bundestages am 3.7.2009, Plenarprotokoll 16/231 S. 26226 (A).

[27] Vgl. auch Preuße/*Dippel/Preuße* § 3 Rn. 15.

eigens definierter Begriff hinreichend verständlich ist, kommt es nicht auf den tatsächlichen oder durchschnittlichen Investor, sondern ebenfalls ausschließlich auf den Anleihefachmann an, der mit technischen Bezeichnungen im Bondmarkt vertraut ist.

10 **b) Sprache.** Die rechtsverbindliche Fassung von Anleihebedingungen muss in einer Sprache abgefasst sein, die dem für den jeweiligen Anleihetyp sachverständigen Anleger im Zusammenhang mit diesem Anleihetyp vertraut ist.[28] Die Wahl der deutschen Sprache dürfte im Regelfall, muss aber nicht in allen Fällen die hinreichende Transparenz herstellen.[29] Dem Transparenzgebot wird in der Regel auch durch die **Abfassung** der Anleihebedingungen in einer in internationalen Finanzkreisen gebräuchlichen Sprache (Art. 27 Abs. 3 EU-Prospekt-VO iVm § 27 Abs. 2 WpPG), insbesondere **in englischer Sprache, genügt.**[30] Die Beifügung einer deutschen Übersetzung ist nicht erforderlich.[31] Da der Bondmarkt seit Jahren international und durch die englische Sprache geprägt ist, sind englischsprachige Anleihebedingungen für sachverständige Investoren aller Anleiheklassen verständlich. Dies gilt auch für nur in Deutschland platzierte Industrieobligationen, Covered Bonds oder Zertifikate.

7. Rechtsfolgen von Verstößen gegen das Transparenzgebot

11 Die Rechtsfolge eines Verstoßes gegen das Transparenzgebot ist im Gesetz nicht geregelt. Die Gesetzesbegründung verweist auf die „allgemeinen Vorschriften" und nennt beispielhaft die Auslegung, Schadensersatz (§§ 280 Abs. 1, 311 Abs. 2, 241 Abs. 2 BGB) und Nichtigkeit (§ 134 BGB).[32]

12 **a) Auslegung.** Die Auslegung ist keine Rechtsfolge eines Verstoßes gegen das Transparenzgebot, sondern für alle Bestimmungen in Anleihebedingungen unabhängig von deren (In-)Transparenz in jedem Fall zur Ermittlung des Leistungsinhalts rechtlich geboten.[33] Der Inhalt der geschuldeten Leistungspflicht folgt stets aus dem Ergebnis der Auslegung.

13 Als Konsequenz der Einordnung von Anleihebedingungen als allgemeine Geschäftsbedingungen[34] wendet die Rspr nicht die Grundsätze der am Willen der konkreten Parteien orientierten Vertragsauslegung nach §§ 133, 157 BGB an, sondern nimmt eine objektive Auslegung nach den für allgemeine Geschäftsbedingungen geltenden Grundsätzen vor. Ausgangspunkt der Auslegung ist der objektive Wortlaut der Anleihebedingungen. Ist dieser nicht eindeutig, ist auf das Verständnis der typischerweise an Geschäften dieser Art beteiligten Verkehrskreise abzustellen, unter Beachtung des Willens verständiger und redlicher Vertragsparteien.[35] Im Interesse der Verkehrsfähigkeit der Kapitalmarktpapiere und der Funktionsfähigkeit des Wertpapierhandels hat die **Auslegung für alle Schuldverschreibungen** einer Emission **einheitlich** zu erfolgen. Besonderheiten in der Person des einzelnen Schuldverschreibungsinhabers bleiben unberücksichtigt.[36] Konsequenz der

---

[28] Ebenso FK-SchVG/*Hartwig-Jacob* § 3 Rn. 42.

[29] Falls deutsches Recht zB für ausländische Staatsanleihen oder für eine Art von Schuldverschreibungen, die typischerweise von ausländischen Emittenten bei ausländischen Investoren platziert werden, gewählt wird, ist nicht auszuschließen, dass sachverständige Anleger die Anleihebedingungen nicht in deutscher Sprache, sondern nur in der lokalen Sprache oder auf Englisch verstehen. Zustimmend FK-SchVG/*Hartwig-Jacob* § 3 Rn. 43.

[30] Vgl. schon die Klarstellung in § 2 Abs. 3 S. 3 des Diskussionsentwurfs zu einem neuen Schuldverschreibungsgesetz von November 2004 (Emissionsbedingungen *„können auch in einer anderen Sprache abgefasst sein, die im Inland auf dem Gebiet des grenzüberschreitenden Wertpapierhandels gebräuchlich ist"*), zum Diskussionsentwurf vom November 2004 → Einl. Rn. 22.

[31] Ebenso FK-SchVG/*Hartwig-Jacob* § 3 Rn. 43; Heidel AktR/*Müller* SchVG § 3 Rn. 3.

[32] BegrRegE SchVG, BT-Drs. 16/12814, 17 re. Sp.

[33] Ebenso FK-SchVG/*Hartwig-Jacob* § 3 Rn. 4.

[34] → Rn. 19 ff.

[35] BGH NJW-RR 2009, 1641 Rn. 20; FK-SchVG/*Hartwig-Jacob* § 3 Rn. 46.

[36] BGH NJW-RR 2009, 1641 Rn. 21; Preuße/*Dippel/Preuße* § 3 Rn. 14; FK-SchVG/*Hartwig-Jacob* § 3 Rn. 47.

Einordnung als allgemeine Geschäftsbedingungen ist zudem die Anwendbarkeit des § 305c Abs. 2 BGB, so dass Zweifel bei der Auslegung zu Lasten des Schuldners gehen.[37]

Widersprüchliche Regelungen oder Regelungslücken in Anleihebedingungen können zugleich aus Sicht des einschlägigen Anleihefachmanns intransparent sein. In diesem Fall kommen gleichwohl die **allgemeinen Auslegungsgrundsätze** zur Anwendung, nach denen die allgemeine Verkehrsauffassung und in deren Rahmen auch Umstände außerhalb der Anleihebedingungen im technischen Sinn, wie Begleitumstände, Anlass und Zweck der Ausgabe der Papiere, zur Ermittlung des Leistungsinhalts zu berücksichtigen sind.[38] Bei mehrdeutigen Bestimmungen ist etwa auf der Grundlage eines Prospekts Information Memorandum oder sonstiger Anlegerinformationen oder gegebenenfalls Marktstandards für die betreffende Anleiheklasse die nach dem wirtschaftlichen Zweck passende Regelung zu suchen.[39] In der Auslegung der Klauseln liegt noch keine Sanktion für den Verstoß gegen das Transparenzgebot und auch kein Widerspruch zum Skripturprinzip des § 2 S. 2.[40] 14

b) Schadensersatz. Als Rechtsfolge eines Verstoßes gegen das Transparenzgebot kommt ein Schadensersatzanspruch gegen den Emittenten oder die an der Emission beteiligten Platzeure wegen Verschuldens bei Vertragsschluss *(culpa in contrahendo)* nach §§ 280 Abs. 1, 311 Abs. 2, 241 Abs. 2 BGB in Betracht, wenn die Voraussetzungen dafür gegeben sind, also insbesondere Kausalität der Intransparenz für den Schaden und Verschulden des Anspruchsgegners.[41] Wenn der Anleger aufgrund der intransparenten Gestaltung der Anleihebedingungen von einem Leistungsinhalt ausging, der vom Auslegungsergebnis abweicht, hat er einen Schadensersatzanspruch, der auf das negative Interesse beschränkt ist.[42] Dabei kommt es auf die Umstände des Einzelfalls an.[43] Zur Bemessung des Mindestschadens in Gestalt des entgangenen Anlagezinses (Opportunitätskosten) werden der Zinssatz für Bundeswertpapiere mit vergleichbarer Laufzeit und Ausgabezeitpunkt[44] sowie der Zinssatz einer hinsichtlich Rating des Emittenten, Emissionsdatum und Laufzeit vergleichbaren Anleihe[45] diskutiert. 15

c) Nichtigkeit. Die Nichtigkeitsfolge kommt nur in Ausnahmefällen in Betracht. Anders als bei § 307 Abs. 1 BGB kann sich die Nichtigkeit nur aus allgemeinen Vorschriften ergeben.[46] 16

Zunächst ist der Fall, dass die Anleihebedingungen in ihrer Gesamtheit als intransparent angesehen werden, nur theoretisch.[47] Denkbar sind aber Fälle, in denen einzelne Klauseln den Transparenzanforderungen nicht genügen. Allerdings ist das Transparenzgebot nach § 3 **kein Verbotsgesetz** nach § 134 BGB.[48] Denn die Qualifizierung als Verbotsgesetz würde 16a

[37] OLG Frankfurt a. M. ZIP 2014, 2176 (2179); LG Bonn ZIP 2014, 1073 (1074); Veranneman/*Veranneman* Vor § 5 Rn. 17; FK-SchVG/*Hartwig-Jacob* § 3 Rn. 48; *Just* EWiR 2014, 771 (772).

[38] BGH NJW-RR 2009, 1641 Rn. 21; Preuße/*Dippel/Preuße* § 3 Rn. 16; FK-SchVG/*Hartwig-Jacob* § 3 Rn. 47.

[39] Vgl. auch die typischen vertraglichen Auslegungsklauseln *(severability clauses)*.

[40] FK-SchVG/*Hartwig-Jacob* § 3 Rn. 49; → § 2 Rn. 3.

[41] Ebenso FK-SchVG/*Hartwig-Jacob* § 3 Rn. 161.

[42] Ebenso *Sester* AcP 209 (2009), 629 (665); Schimansky/Bunte/Lwowski/*Tetzlaff* BankR-HdB, 4. Aufl. 2011, § 88 Rn. 45; FK-SchVG/*Hartwig-Jacob* § 3 Rn. 161; *Schroeter* ZGR 2015, 769 (798).

[43] S. auch die BegrRegE SchVG, BT-Drs. 16/12814, 17 li. Sp.

[44] *Sester* AcP 209 (2009), 629 (665).

[45] FK-SchVG/*Hartwig-Jacob* § 3 Rn. 163.

[46] **AA** *Lenenbach* KapMarktR Rn. 2.80 (Analogie zu §§ 307 ff. BGB).

[47] Ebenso FK-SchVG/*Hartwig-Jacob* § 3 Rn. 157.

[48] Die Nichtigkeitsfolge wird – mit unterschiedlicher Begründung – abgelehnt von *Leuering/Zetsche* NJW 2009, 2856 (2858); Veranneman/*Oulds* § 3 Rn. 30; Preuße/*Dippel/Preuße* § 3 Rn. 22; Heidel AktR/*Müller* SchVG § 3 Rn. 4; Hopt/Seibt/*Artzinger-Bolten/Wöckener* § 3 SchVG Rn. 26; die Tauglichkeit des § 3 SchVG als Verbotsgesetz voraussetzend *Sester* AcP 209 (2009), 629 (659 ff.); FK-SchVG/*Hartwig-Jacob* § 3 Rn. 158 ff. ordnet zwar § 3 als Verbotsgesetz ein, lehnt aber zugleich die Rechtsfolge der Nichtigkeit als nicht interessengerecht ab und verweist auf Schadensersatzansprüche nach §§ 280 Abs. 1, 311 Abs. 2, 241 Abs. 2 BGB.

voraussetzen, dass § 3 bezweckt, Anleihen mit intransparenten Klauseln überhaupt zu untersagen. Das Transparenzgebot statuiert eine Pflicht des Emittenten und gegebenenfalls der emissionsbegleitenden Banken hinsichtlich der formalen Gestaltung der Anleihebedingungen und ist nicht auf die inhaltliche Steuerung von Schuldverschreibungen gerichtet. Die Nichtigkeit von intransparenten, aber auslegungsfähigen Anleihebedingungen kann die Interessen des Emittenten und der Anleihegläubiger gefährden. Darüber hinaus hätte die wegen der von § 4 geforderten uniformen Auslegung für die gesamte Anleiheserie flächendeckende Wirkung der Nichtigkeit für den Kapitalmarkt schwer darstellbare Rückabwicklungsschwierigkeiten zur Folge und passt daher nicht zum Ziel des Gesetzgebers, das Vertrauen des Wertpapierhandels zurückzugewinnen.[49]

17 Richtig ist aber, dass einzelne Anleihebedingungen in einem besonders schweren Fall der Intransparenz nichtig sein können. Dies kann auf Bestimmungen in Anleihebedingungen zutreffen, die nicht nur intransparent, sondern ihrer Art nach widersinnig und daher ausnahmsweise einer Auslegung nicht zugänglich sind. Solche Bestimmungen sind nach hM nichtig.[50] Die Nichtigkeit folgt hier aber nicht aus einem Verstoß gegen § 3, sondern aus dem unauflösbar widerspruchsvollen Inhalt.

18 Die Kassierung einer Bestimmung der Anleihebedingungen wirkt aufgrund der Rechtskraftwirkung des Urteils *erga omnes* gegenüber allen Gläubigern.[51]

II. Anwendbarkeit der §§ 305 ff. BGB (AGB-Kontrolle)

1. Verhältnis von § 3 SchVG zu § 307 Abs. 1 S. 2 BGB

19 Der Gesetzgeber des SchVG 2009 hat erkannt, dass die Frage, ob Anleihebedingungen als Allgemeine Geschäftsbedingungen (AGB) anzusehen sind und eine richterliche Inhaltskontrolle nach §§ 305 ff. BGB stattfindet, umstritten ist. Gleichwohl hat er von einer gesetzlichen Regelung dieser seit den 90er Jahren des letzten Jahrhunderts diskutierten Frage abgesehen, weil bisher die Anwendbarkeit der EU-Richtlinie über missbräuchliche Klauseln in Verbraucherverträgen (Klausel-Richtlinie)[52] auf Anleihebedingungen nicht geklärt sei.[53] Das SchVG enthält daher keinen Anwendungsausschluss hinsichtlich der §§ 305–309 BGB, wie es in § 2 Abs. 3 S. 4 des Diskussionsentwurfs von November 2004[54] vorgeschlagen worden war.[55] Gleichwohl regelt das SchVG für Anleihebedingungen ausdrücklich und speziell die Transparenzanforderungen, die auch nach der Klausel-Richtlinie[56] und § 307 Abs. 1 S. 2 BGB eine geltende Anforderung an AGB (Klarheit und Verständlichkeit) sind und deren Verletzung im Fall von AGB ein wichtiges Indiz für die unangemessene Benachteiligung des Verbrauchers ist.

20 Unabhängig von der Frage, ob Anleihebedingungen einer Inhaltskontrolle unterliegen, ist **§ 3 SchVG** daher ***lex specialis*** gegenüber **§ 307 Abs. 1 S. 2 BGB,** der daneben auf Anleihebedingungen **nicht anwendbar** ist.[57] Dafür spricht der systematische Vorrang der

---

[49] Vgl. die Beratungen im Deutschen Bundestag, Plenarprotokoll 16/231 S. 26226 (B).

[50] BGHZ 20, 109 (110 f.); Jauernig/*Mansel* BGB § 133 Rn. 2.

[51] → § 20 Rn. 82 ff.

[52] RL 93/13/EWG, ABl. 1993 L 95, 29.

[53] BegrRegE SchVG, BT-Drs. 16/12814, 13 re. Sp. Dass die Anwendbarkeit des AGB-Rechts auf Schuldverschreibungen etwa im Vereinigten Königreich abgelehnt wird und die Frage auf europäischer Ebene immer noch nicht abschließend geklärt ist, übersieht die Begründung des Gesetzentwurfs zur Änderung des Bundesschuldenwesengesetzes, BT-Drs. 17/9049, 7 li. Sp.

[54] → Einl. Rn. 22.

[55] Stattdessen war in § 2 Abs. 3 S. 1 des Diskussionsentwurfs von November 2004 vorgesehen, dass eine *„Kontrolle des Inhalts sowie die Auslegung der Emissionsbedingungen"* dem Sinn und Zweck der Bestimmungen Geltung verschaffen und insbesondere die in den Emissionsbedingungen vorgesehene Verteilung der Risiken zwischen Emittent und Gläubigern wahren müsse.

[56] Art. 4 Abs. 2, Art. 5 RL 93/13/EWG.

[57] BegrRegE SchVG, BT-Drs. 16/12814, 13 re. Sp. (*„spezialgesetzliches Transparenzgebot für Anleihebedingungen hinsichtlich des Leistungsversprechens des Emittenten"*). Ebenso die überw. Ansicht im Schrifttum: *Horn* BKR

auf den Sondersachverhalt der Schuldverschreibungen zugeschnittenen Norm, die allgemeine Vorschriften verdrängt. Darüber hinaus würde eine Doppelung des Transparenzstandards mit den daraus folgenden Abgrenzungsschwierigkeiten keinen Sinn ergeben.

2. Qualifikation von Anleihebedingungen als Allgemeine Geschäftsbedingungen

a) Herrschende Meinung. Die **hM qualifiziert Anleihebedingungen als AGB** oder 21
setzt diese Qualifikation zumindest voraus.[58] Dogmatisch ist die Einordnung als AGB und die Anwendung der Regeln über AGB schwer zu begründen. Anleihebedingungen sind als Bestandteil einer Inhaberschuldverschreibung zwar Vertragsbedingungen. Zweifelhaft ist aber, ob Anleihebedingungen „für eine Vielzahl von Verträgen vorformulierte" Vertragsbedingungen sind, die eine Vertragspartei („Verwender") der anderen bei Vertragsabschluss „stellt". Das AGB-Recht ist auf zweiseitige Austauschverträge zugeschnitten, während Schuldverschreibungen ein Schuldversprechen verbriefen und handelbar sind. Gegenstand eines Austauschvertrags sind (Haupt-)Leistungspflichten (zB Lieferung gegen Entgelt), seine Durchführung wird durch Nebenbestimmungen geregelt. Dagegen ist Gegenstand von Schuldverschreibungen ein Leistungsversprechen, bei dem Hauptleistungspflichten des Schuldners und Nebenbestimmungen eine Einheit bilden, weil das verbriefte Leistungsversprechen nach seiner Begebung von dem ursprünglichen Vertragsverhältnis losgelöst besteht und ein Rückgriff auf Nebenbestimmungen aus einem ursprünglichen Vertragsverhältnis nicht möglich ist.[59] Daher beeinflussen Durchführungsbestimmungen wie etwa Besicherungsabreden, Berechnungsmodalitäten oder Kündigungsrechte überwiegend das Chancen-Risiko-Profil der Anleihe und damit ihren Preis oder Börsenkurs.[60] Die Gesamtheit der Anleihebedingungen beschreibt die inhaltliche Ausgestaltung der Schuldverschreibungen.[61]

Zur dogmatischen Begründung wird herkömmlich nach der Form der Primärplatzierung 22
zwischen der Direktplatzierung (sog Selbst- oder Eigenemission), bei der der Emittent Anleihen unmittelbar an den Investor begibt,[62] und der sog Fremdemission unterschieden, bei der der Emittent die Anleihe an einen Emissionshelfer oder ein Emissionskonsortium begibt, sei es im Rahmen eines Festpreisgeschäfts *(firm commitment underwriting)*, sei es im Wege des Kommissionsgeschäfts *(best efforts underwriting)* zur Weiterplatzierung im Markt.

2009, 446 (453); *Leuering/Zetsche* NJW 2009, 2856 (2857); *Schmidt/Schrader* BKR 2009, 397 (400); *Schroeter* ZGR 2015, 769 (773); BerlKommInsR/*Paul* SchVG § 3 Rn. 2; Preuße/*Dippel/Preuße* § 3 Rn. 23, 65; *Baums* ZHR 177 (2013), 807 (810); FK-SchVG/*Hartwig-Jacob* § 3 Rn. 16; Heidel AktR/*Müller* SchVG § 3 Rn. 1; Hopt/Seibt/*Artzinger-Bolten/Wöckener* § 3 SchVG Rn. 29; **aA** *Lenenbach* KapMarktR Rn. 2.87 (betreffend intransparente Klauseln, die nicht die Leistung einer Anleihe bestimmen); zuletzt offen gelassen durch BGH WM 2018, 853 (857).

[58] S. BegrRegE AGB-Gesetz, BT-Drs. 7/3919, 18 (mit der unbegründeten Behauptung Anleihebedingungen seien AGB). Rspr. des BGH: BGHZ 119, 305 (Klöckner-Genussscheine); 163, 311 (Aktienanleihe); BGH WM 2009, 1500 (1501) (Änderungsvorbehalt verstößt gegen § 308 Nr. 4 BGB); BGH 24.2.2015 – XI ZR 47/14, juris Rn. 37; BGH Urt. v. 24.2.2015 – XI ZR 193/14, juris Rn. 38; BGH Urt. v. 16.01.2020, IX ZR 351/18, Rn. 23. Literatur: Ulmer/Brandner/Hensen/*P. Ulmer/M. Habersack* AGB-Recht § 305 Rn. 14, 19, 70 ff., 113; *Drygala* Inhaltskontrolle von Wertpapierbedingungen S. 18 ff., 439 ff., passim; *Podewils* ZHR 174 (2010), 192 (197 ff.); MüKoBGB/*Basedow* § 305 Rn. 9, § 310 Rn. 89; *Masuch* Anleihebedingungen und AGB-Gesetz S. 55 ff.; *Horn* ZHR 173 (2009), 12 (35); *Horn* BKR 2009, 446 (452 f); Schimansky/Bunte/Lwowski/*Grundmann* BankR-HdB, 5. Aufl. 2017, § 112 Rn. 119 ff.; *Hartwig-Jacob* Die Vertragsbeziehungen und die Rechte der Anleger bei int. Anleiheemissionen S. 207 ff.; *Hopt* FS Schwark, 2009, 441 (445 f.); *Beyer* Das Transparenzgebot S. 53 ff., 108 f.; BerlKommInsR/*Paul* SchVG § 3 Rn. 3; FK-SchVG/*Hartwig-Jacob* § 3 Rn. 6; *Kinzl/Schmidberger* WM 2016, 2160 (2161).

[59] S. a. *Sester* AcP 209 (2009), 629, 640.

[60] *Assmann* WM 2005, 1053 (1059); *Schmidt/Schrader* BKR 2009, 397 (401); **aA** *Wolf* FS Zöllner, 1998, 651 (655).

[61] *Einsele* Bank- und KapMarktR § 7 Rn. 44.

[62] Typisch für Bankanleihen, Tagesanleihe des Bundes (Finanzagentur der Bundesrepublik Deutschland) und jüngst Direktvertrieb über Freiverkehrssegmente deutscher Börsen (zB BondM der Börse Stuttgart, Entry Standard für Unternehmensanleihen der Deutsche Börse AG).

23 Bei der **Eigenemission** werden die Anleihebedingungen als vom Emittenten (Verwender) benutzte Klauseln zur Ausgestaltung der Fremdkapitalaufnahme durch Vertrieb von Wertpapieren angesehen, die an den Anleger (andere Vertragspartei) durch den Kauf- und Begebungsvertrag veräußert werden.[63] Gegenüber Privatanlegern wird der Emittent tatsächlich als Verwender anzusehen sein. Bei der Platzierung an professionelle Anleger ist dies allerdings in der Praxis vom Einzelfall abhängig.

24 Die Anwendung der AGB-Vorschriften ist bei der **Fremdemission** schwerer zu begründen, weil die Anleihebedingungen typischerweise einer individuellen Verhandlung zwischen Emittent und Emissionshaus (Manager/Dealer) unterliegen, die Vertragsparteien des Emittenten typischerweise Unternehmer (§ 14 BGB) sind und nach den Marktusancen der erste Entwurf nicht vom Emittenten, sondern von den Emissionsbanken vorgegeben („gestellt") wird, so dass die Verwenderrolle des Emittenten im Verhältnis zu seinen Vertragspartnern kaum gerechtfertigt werden kann.[64] Darüber hinaus liegt zwischen dem Emittenten und Anlegern, die Anleihen vom Bankenkonsortium oder sonst im Sekundärmarkt erwerben, kein Vertragsverhältnis vor. Gleichwohl qualifiziert die hM auch im Falle der Fremdemission Anleihebedingungen zumindest vom Zeitpunkt des Weiterverkaufs an als AGB.[65] Zur Begründung werden im Schrifttum mit unterschiedlichen Akzenten verschiedene, teilweise kombinierte Ansätze vertreten.[66]

25 Zum einen wird mit dem **Umgehungsverbot** (§ 306a BGB) argumentiert, dass die Qualifikation von Anleihebedingungen als AGB nicht durch die Gestaltung des Vertriebs in Form der Fremdemission vermieden werden könne.[67] Der Anleger sei der von den Anleihebedingungen Betroffene, der nicht durch einen gestuften Vertrieb der Anleihen benachteiligt werden dürfe. Diese Begründung ist abzulehnen, da die Fremdemission eine den wirtschaftlichen Bedürfnissen entsprechende, herkömmliche und legitime Form der Wertpapieremission darstellt, die bereits vor Schaffung der AGB-Kontrolle eingeführt war.

26 Nach einem zweiten Begründungsansatz sollen Anleihebedingungen bei einer Fremdemission als von Emittent und Emissionsbanken mit Blick auf die Platzierung an das Investorenpublikum ausgehandelte Bestimmungen sein, die zum Schutz der Investoren im Wege einer **teleologischen Auslegung oder Reduktion** des § 305 Abs. 1 S. 1 BGB Vertragsbedingungen des Emittenten im Verhältnis zum Anleger als „real betroffenem"

---

[63] OLG Frankfurt a. M. BKR 2005, 117 (119); Erman/*Roloff* BGB § 305 Rn. 11; Hellner/Steuer *Bosch*/BuB 10/160; *Hartwig-Jacob* Die Vertragsbeziehungen und die Rechte der Anleger bei int. Anleiheemissionen S. 217–223 und S. 231–235 und 237; Kümpel/Wittig/Früh/Seyfried/*R. Müller* Bank- und KapMarktR Rn. 15.337, deutlicher insoweit noch *Kümpel* Bank- und KapMarktR, 3. Aufl. 2003, Rn. 9.208- 9.210; *v. Randow* ZBB 1994, 23, besonders 25 ff.; *Assmann* WM 2005, 1053 (1057); *Assmann* kritisiert an dieser Begründung, dass der Begebungsvertrag nach der überw. vertretenen modifizierten Vertragstheorie zur Begründung der wertpapierrechtlichen Verbindlichkeit (dazu *Zöllner* WertpapierR § 6 V 4) zwar auf die Ausstellung (Skriptur) des Wertpapiers mit den in der Urkunde (Rückseite des „Mantels" oder „Allonge") verkörperten Anleihebedingungen verweise, diese Bedingungen aber nicht zum Inhalt habe, WM 2005, 1053 (1057 ff.), LG Frankfurt a. M. WM 2005, 1078 (1079). Dabei wird übersehen, dass Bestimmungen nicht nur durch Aufnahme in den Inhalt des Rechtsgeschäfts, sondern gerade auch durch Verweisung zu „Vertragsbedingungen" werden können. Insgesamt führt diese konstruktive Unterscheidung nicht weiter.

[64] *Kallrath* Die Inhaltskontrolle der Wertpapierbedingungen von Wandel- und Optionsanleihen, Gewinnschuldverschreibungen und Genußscheinen S. 37 ff.; *Ekkenga* ZHR 160 (1996), 59 (69 ff.); *Joussen* WM 1995, 1861 (1865 ff.).

[65] Kümpel/Wittig/Früh/Seyfried/*R. Müller* Bank- und KapMarktR Rn. 15.335 ff.

[66] Krit. Übersicht der Begründungsansätze bei *Assmann* WM 2005, 1053 (1063 ff.) und Preuße/*Dippel*/*Preuße* § 3 Rn. 34 ff.

[67] *Hartwig-Jacob* Die Vertragsbeziehungen und die Rechte der Anleger bei int. Anleiheemissionen S. 228 ff.; *Lenenbach* KapMarktR Rn. 2.169; *Hopt* FS Steindorff, 1990, 341 (364 f.); *v. Randow* ZBB 1994, 23 (28 f.); vgl. auch Habersack/Mülbert/Schlitt/*Kaulamo* Unternehmensfinanzierung § 16 Rn. 108. Dagegen etwa *Assmann* WM 2005, 1053 (1063); *Bungert* DZWir 1996, 185 (188 ff.) (gegen allgemeine Analogie); *Joussen* WM 1995, 1861 (1867 f.); *Kallrath* Die Inhaltskontrolle der Wertpapierbedingungen von Wandel- und Optionsanleihen, Gewinnschuldverschreibungen und Genußscheinen S. 60 ff.; Heidel AktR/*Müller* SchVG § 3 Rn. 5.

Dritten darstellen, bei dem die wirtschaftlichen Folgen der mit der Emissionsbank ausgehandelten Anleihebedingungen bestimmungsgemäß eintreten.[68]

Ferner wurde auch eine **Analogie zu §§ 305 ff. BGB** erwogen, was allerdings an der Voraussetzung einer planwidrigen Gesetzeslücke im AGB-Recht scheitern dürfte, weil es eben nur eine „Teilkodifikation" der Inhaltskontrolle zum Zweck des bilateralen Interessenausgleichs zwischen Vertragsparteien darstellt.[69] Die analoge Anwendung würde einem von §§ 305 ff. BGB nicht beabsichtigten Drittschutz zugunsten von Anlegern Geltung verschaffen, die nicht Partei des Begebungsvertrages sind.[70] Praktisch fernliegend ist der Begründungsversuch zur Qualifizierung von Anleihebedingungen als AGB, nach dem die Emissionsbank als Treuhänder für den Anleger auftrete.[71] **27**

Schließlich wird vertreten, die Anleihebedingungen bei der Fremdemission auf der Grundlage von **§ 242 BGB** wie AGB zu behandeln und einer Inhaltskontrolle zu unterwerfen.[72] **27a**

Ungeachtet der dogmatischen Begründung der Anwendbarkeit der §§ 305 ff. BGB wird auch argumentiert, dass eine Kontrolle erforderlich sei, da der Anleger mit den Anleihebedingungen vergleichbar einer allgemeinen Geschäftsbedingungen unterworfenen Vertragspartei konfrontiert werde und auf deren Inhalt keinen Einfluss habe.[73] **28**

b) Gegenansicht. Die Behandlung von Anleihebedingungen als AGB wird von gewichtigen Stimmen in der Literatur seit den 90er Jahren abgelehnt. Weder die Rechtsprechung des BGH, der in mehreren Urteilen ohne Begründung von der Qualifizierung von Anleihebedingungen als AGB ausgegangen ist, noch die Literatur hat trotz hohen Begründungsaufwands eine schlüssige Begründung geliefert. Da auch der Gesetzgeber des SchVG die Grundsatzfrage im Hinblick auf eine fehlende europäische Regelung ausdrücklich offen gelassen hat, ist die **Gegenansicht weiterhin aufrechtzuerhalten.**[74] **29**

aa) Fehlende begriffliche Voraussetzungen. Die Anwendung des AGB-typischen Modells eines statischen zweiseitigen Vertragsverhältnisses auf die komplexen Rechtsverhältnisse, in die Emittent und Anleihegläubiger von wertpapiermäßig verbrieften, am Kapitalmarkt handelbaren Schuldverschreibungen eingebettet sind, kann nicht überzeugend begründet werden. Trotz ihrer Entstehung durch Ausstellung (Skriptur) und Begebungsvertrag begründen Schuldverschreibungen weder einen zwei- oder mehrseitigen Austauschvertrag noch ein Dauerschuldverhältnis zwischen Emittent und Anleihegläubiger. Sie verbriefen vielmehr das handelbare einseitige Leistungsversprechen des Emittenten, das gegebenenfalls durch Bedingungen und Auflagen eingeschränkt ist, aber dem Anleihegläubiger keine Verpflichtungen auferlegt. Der Mangel an tragfähigen Begründungen für die **30**

---

[68] *Drygala* Inhaltskontrolle von Wertpapierbedingungen S. 444; *Masuch* Anleihebedingungen und AGB-Gesetz S. 154 ff.; Schimansky/Bunte/Lwowski/*Grundmann* BankR-HdB, 5. Aufl. 2017, § 112 Rn. 119; *Lenenbach* KapMarktR Rn. 2.168 f.; vgl. auch Habersack/Mülbert/Schlitt/*Kaulamo* Unternehmensfinanzierung § 16 Rn. 108.

[69] *Kallrath* Die Inhaltskontrolle der Wertpapierbedingungen von Wandel- und Optionsanleihen, Gewinnschuldverschreibungen und Genußscheinen S. 61 ff.

[70] *Bungert* DZWir 1996, 185 (188); *Joussen* WM 1995, 1861 (1868 f.); *Kallrath* Die Inhaltskontrolle der Wertpapierbedingungen von Wandel- und Optionsanleihen, Gewinnschuldverschreibungen und Genußscheinen S. 61 ff.; *Masuch* Anleihebedingungen und AGB-Gesetz S. 119.

[71] *Wolf* FS Zöllner, 1998, 651 (658 f.).

[72] *Kallrath* Die Inhaltskontrolle der Wertpapierbedingungen von Wandel- und Optionsanleihen, Gewinnschuldverschreibungen und Genußscheinen S. 63 ff.

[73] FK-SchVG/*Hartwig-Jacob* § 3 Rn. 52.

[74] *Assmann* WM 2005, 1053 ff. mwN; Baums/Cahn/*v. Randow* S. 25, 28 ff., 46 ff., 67 f. (de lege ferenda); *Schmidt/Schrader* BKR 2009, 397 (400 f.); *Seibt/Schwarz* ZIP 2015, 401 (406). In der Begründung des Gesetzentwurfs zur Änderung des BSchuWG wurde zwar zur Erläuterung der Leitbildfunktion der §§ 4a ff. BSchuWG auf die apodiktischen Aussagen in der Rspr. des BGH zur Qualifizierung von Anleihebedingungen als AGB verwiesen (BT-Drs. 17/9049, 7 li. Sp.). Zum einen ist die Leitbildfunktion praktisch unnötig und dogmatisch verfehlt → Rn. 45; zum anderen bleibt die nach Ansicht der Gesetzesbegründung zum SchVG 2009 auf europäischer Ebene zu klärende Frage der Anwendbarkeit des AGB-Rechts auf Schuldverschreibungen aber auch nach Änderung des BSchuWG 2012 offen.

Qualifizierung von Anleihebedingungen bei Fremdemissionen zeigt, dass das gesamte Corpus der AGB-Vorschriften trotz anderslautender Bemerkungen der Regierungsbegründung zum AGB-Gesetz 1977 nicht auf Anleihebedingungen zugeschnitten ist.[75] So werden Anleihebedingungen bei Fremdemissionen in der Praxis typischerweise mit den Emissionsbanken individuell verhandelt. Während bei einer MTN-Programmdokumentation[76] der Kern von Muster-Anleihebedingungen für eine Vielzahl von Emissionen festgelegt wird, sind sie bei *stand-alone* Emissionen nicht für eine weitere Verwendung vorformuliert. Darüber hinaus werden Anleihebedingungen im Regelfall zwischen Unternehmern (Emittenten und Emissionsbanken) vereinbart, so dass die **für Verbraucher entwickelten Standards** der Inhaltskontrolle nicht zur Anwendung kommen.

31 **bb) Unterscheidung zwischen Eigen- und Fremdemission nicht sachgerecht.** Die von der hM durchgeführte Unterscheidung zwischen Direktplatzierung und mittelbarer Platzierung (Eigenemission / Fremdemission) sollte in der Diskussion im Zusammenhang mit der Qualifizierung von Anleihebedingungen als AGB aufgegeben werden, weil sie mit der in § 4 kodifizierten kollektiven Bindung von Schuldverschreibungen aus einer Gesamtemission und der Fungibilität und Kapitalmarktfähigkeit einer Anleihe über einen bestimmten, gegebenenfalls aufstockungsfähigen Gesamtbetrag nicht vereinbar ist.[77] Denn einerseits kann man eine **Kombination von Eigen- und Fremdemission** bei einer einzelnen Tranche oder bei mehreren Aufstockungen einer einheitlichen Anleiheserie nicht ausschließen. Andererseits können die **inhaltsgleichen, handelbaren Teilschuldverschreibungen** nach ihrer Begebung vom Ersterwerber und allen späteren Erwerbern **ohne Mitwirkung des Emittenten übertragen** werden und sind nach Abschluss der Platzierung für den Anleger nicht mehr danach unterscheidbar, ob der Emittent sie anfänglich mit oder ohne Einschaltung einer Emissionsbank begeben hat. Daher darf sich die Auslegung und Inhaltskontrolle von Anleihebedingungen nicht an der Art der Platzierung orientieren.[78] Zudem würde eine Differenzierung zwischen Eigen- und Fremdemission nicht der Erwartung der Kapitalmarktteilnehmer entsprechen. Ungeachtet der Platzierungsform stellen Anleihebedingungen nicht Bedingungen des Begebungsvertrages oder eines Kaufvertrages zwischen Teilnehmern am Sekundärmarkt dar, sondern sind als inhaltliche Ausgestaltung der verbrieften Forderung („Kaufobjekt") anzusehen.[79]

32 **cc) Unterscheidung zwischen Verbraucher und Unternehmer nicht durchführbar.** Die rechtliche Behandlung von Anleihebedingungen muss der Handelbarkeit von girosammelverwahrten Schuldverschreibungen Rechnung tragen. Da zu keinem Zeitpunkt eindeutig festgestellt werden kann, ob einzelne Stücke einer Serie sich in den Händen von Unternehmern oder Privatanlegern (Verbrauchern) befinden, darf die Auslegung und Beurteilung von Anleihebedingungen nicht von der wechselnden Person des jeweiligen Gläubigers abhängen,[80] insbesondere von seiner Qualifizierung als Verbraucher oder Unternehmer, sondern muss losgelöst (abstrakt) von einzelnen Anlegern bleiben.[81] Darüber hinaus wäre es auch nur zufällig und nicht sachgerecht, die Auswahl des Maßstabs Verbraucher/Unternehmer von der Platzierungsform abhängig zu machen.

---

[75] *Assmann* WM 2005, 1053 (1063).

[76] Dokumentation eines zur Emission von Medium Term Notes (MTN) aufgelegten Programms.

[77] In diese Richtung auch *Einsele* Bank- und KapMarktR § 7 Rn. 42; *Krug* Anlegerschutz bei der Emission von Schuldverschreibungen S. 210 ff., 219 ff.

[78] Für einheitliche Auslegung ohne Berücksichtigung der Person des einzelnen Anlegers bereits BGHZ 28, 259 (263) im Anschluss an RGZ 117, 379 (382). Gegen die Berücksichtigung der Emissionsform (im Zusammenhang mit der Einbeziehungskontrolle) BGHZ 163, 311 (316); krit. auch *Einsele* Bank- und KapMarktR § 7 Rn. 42, 49 f.

[79] *Einsele* Bank- und KapMarktR § 7 Rn. 44.

[80] BGHZ 28, 259 (264 f.); 163, 311 (317).

[81] BegrDiskE November 2004 S. 27.

dd) Grenzen des Schutzzwecks. Da das handelbare Leistungsversprechen grundsätzlich jederzeit zum Marktpreis übertragen werden kann, bedarf der Gläubiger von Schuldverschreibungen nicht des für ein bilaterales Dauerschuldverhältnis typischen Schutzes. Eine Schuldverschreibung aus Gesamtemission ist ein Kapitalmarktinstrument, das sich durch seine anonyme Handelbarkeit an Börsen oder Handelsplattformen auszeichnet und dadurch etwa **von einem Darlehen unterscheidet.**[82] Da das Schuldverhältnis zwischen Emittent und Anleihegläubiger durch Verkauf der Anleihe je nach Liquidität des jeweiligen Markts beendet werden kann, begründet eine Schuldverschreibung auch **kein Dauerschuldverhältnis.** Anleihebedingungen legen die Ausstattung der Schuldverschreibung fest. Die Fungibilität und kollektive Bindung verbietet eine je nach Anlegertypus (Verbraucher/Unternehmer) unterschiedliche Auslegung. Das Sonderregime des kapitalmarktrechtlichen Vertriebsrechts trägt dem gestuften Schutzbedürfnis der Anleger hinreichend Rechnung: Im Prospektrecht werden die Transparenz- und Offenlegungsanforderungen an Kapitalmarktinformationen aufgestellt. Durch aufsichtsrechtliche Verhaltensregeln für Wertpapierdienstleistungsunternehmen[83] werden die straf- und bußgeldbewehrten, zwischen professionellen und Privatanlegern differenzierenden, Rahmenbedingungen für kompetente und umfassende Beratung des Anlegers vor Investition geschaffen.[84] 33

c) Bereichsausnahme? Wieder aufgegriffen wurde auch eine analoge Anwendung der Bereichsausnahme für Aktien (§ 310 Abs. 4 S. 1 BGB) auf Schuldverschreibungen. Wenn man mit der hM von der Qualifizierung von Anleihebedingungen als AGB ausgeht, soll eine Analogie zu Aktien damit begründet werden, dass Schuldverschreibungen nicht als schuldrechtliche Forderungen auf der Grundlage dispositiven Rechts im BGB bestehen, sondern als Kapitalmarkttitel durch das neue SchVG 2009 inzwischen wie Aktien einer eigenständigen Kodifikation unterliegen.[85] Zwar ist die Möglichkeit ungeschriebener Bereichsausnahmen seit jeher anerkannt.[86] Allerdings liegen trotz der Reform des SchVG die Voraussetzungen für eine Analogie zur Bereichsausnahme angesichts der im Gegensatz zu Aktien weitgehenden Vertragsfreiheit bei der inhaltlichen Festlegung von Anleihebedingungen nicht vor. Auch nach der Rechtsprechung fallen Anleihebedingungen nicht unter die Bereichs- und Einzelausnahmen des AGB-Rechts.[87] 34

d) Reformentwurf. *De lege ferenda* ist für die Schaffung einer Bereichsausnahme für Schuldverschreibungen zu plädieren.[88] Der Gesetzgeber hat die Frage der Einstufung von Anleihebedingungen als allgemeine Geschäftsbedingungen und somit der Anwendbarkeit der §§ 305 ff. BGB im Zuge des Erlasses des SchVG 2009 in der Hoffnung auf eine gemeinschaftsrechtliche Regelung bewusst offen gelassen. Nachdem nunmehr jedoch das Vorhaben aufgegeben wurde, die Richtlinie über missbräuchliche Klauseln in Verbraucherverträgen in die Richtlinie über Rechte der Verbraucher[89] zu integrieren, ist auf absehbare 35

---

[82] HM Preuße/*Preuße* § 1 Rn. 5; Veranneman/*Oulds* § 1 Rn. 16; **aA** LG Köln Urt. v. 26.1.2012 – 30 O 13/11, juris Rn. 27; 30 O 14/11, juris Rn. 28; 30 O 63/11, juris Rn. 27; LG Bonn ZIP 2014, 1073 (1074); *Lenenbach* KapMarktR Rn. 2.62, 2.177.

[83] §§ 63 ff. (vormals 31 ff.) WpHG iVm WpDVerOV, Compliance-Regeln.

[84] S. die BegrDiskE November 2004 S. 26 f., 28 f.; *Assmann* WM 2005, 1053 (1066); **aA** *Lenenbach* KapMarktR Rn. 2.162.

[85] *Sester* AcP 209 (2009) 629 (638 ff.).

[86] Statt vieler Ulmer/Brandner/Hensen/*P. Ulmer/C. Schäfer* AGB-Recht BGB § 310 Rn. 108, verweisend auf Ulmer/Brandner/Hensen/*P. Ulmer* AGB-Recht, 9. Aufl. 2000, § 23 Rn. 1; *Masuch* Anleihebedingungen und AGB-Gesetz S. 59 f.

[87] BGHZ 163, 311 (315). Wenn der XI. Zivilsenat des BGH in diesem Urteil darauf hingewiesen hat, dass die Bereichsausnahmen nicht abschließender Natur seien, sondern weitere Ausnahmen für andere Rechtsgebiete und Vertragstypen zuließen, so dürfte dies als Rechtfertigung für die Suspendierung der Einbeziehungskontrolle bei Anleihebedingungen durch *„funktionale Reduktion"* zu verstehen sein.

[88] Dazu auch *Reps* Rechtswettbewerb und Debt Governance bei Anleihen S. 360 ff.; *Leber* Der Schutz und die Organisation der Obligationäre nach dem SchVG S. 65 ff.

[89] RL 2011/83/EU des Europäischen Parlaments und des Rates v. 25.10.2011 über die Rechte der Verbraucher, zur Abänderung der RL 93/13/EWG des Rates und der RL 1999/44/EG des Europäischen

Zeit auf europäischer Ebene keine Klarstellung zu erwarten. Es ist somit an der Zeit für den deutschen Gesetzgeber, tätig zu werden.

36 Die Einordnung der Anleihebedingungen als allgemeine Geschäftsbedingungen ist eine deutsche Besonderheit. Die daraus resultierende AGB-rechtliche Inhaltskontrolle ist im internationalen Vergleich unüblich und entspricht weder der Erwartung noch den Interessen der Marktteilnehmer. Denn eine Inhaltskontrolle einzelner Klauseln würdigt nicht, dass die Anleihebedingungen in ihrer Gesamtheit ein Chancen-Risiko-Profil abbilden, und stellt die Kapitalmarkttauglichkeit des gesamten Gesetzes in Frage.

37 Der **Reformentwurf**[90] schlägt daher vor, unter das SchVG fallende Schuldverschreibungen vom Anwendungsbereich der §§ 305 bis 310 BGB auszunehmen. Stattdessen sollte, wie bereits mit dem Transparenzgebot geschehen, eine den Besonderheiten des Schuldverschreibungsrechts Rechnung tragende spezialgesetzliche Regelung zur Inhaltskontrolle von Anleihebedingungen geschaffen werden.

3. Einbeziehungskontrolle

38 Bei der massenhaften Begebung von Schuldverschreibungen können die strengen Einbeziehungsvoraussetzungen des § 305 Abs. 2 BGB zwischen Emittent und Anleger im Regelfall nicht erfüllt werden. Dies gilt insbesondere für Eigenemissionen gegenüber Privatanlegern. Auch wäre bei der Prüfung der Einbeziehung von Anleihebedingungen eine Unterscheidung zwischen Eigen- und Fremdemission willkürlich und bei Kombination der Platzierungsformen nicht mit der Fungibilität der Schuldverschreibungen einer Serie (§ 4 SchVG) vereinbar. Nach hM unterliegen Anleihebedingungen daher **keiner Einbeziehungskontrolle.**[91] Dies wird von der Rechtsprechung mit einer „funktionalen Reduktion" des § 305 Abs. 2 BGB[92] gerechtfertigt und dient dem Interesse der Funktionsfähigkeit des massenhaften, stückelosen Effektenverkehrs und berücksichtigt in sachgerechter Weise die bereits bestehenden kapitalmarktrechtlichen Transparenzpflichten,[93] die den Schutzzweck der Offenlegung der Vertragsbedingungen gegenüber Investoren erfüllen.

4. Inhaltskontrolle

39 **a) Herrschende Meinung.** Auf der Grundlage der hM findet eine Inhaltskontrolle der Anleihebedingungen nach §§ 307 ff. BGB statt.[94] Danach sind die Bestimmungen in Anleihebedingungen an den Klauselverboten der §§ 309, 308 BGB sowie an dem allgemeinen Verbot der unangemessenen Benachteiligung nach § 307 BGB zu messen. Darüber hinaus sind gemäß § 305c Abs. 1 BGB Klauseln unbeachtlich, die nach den Umständen so ungewöhnlich sind, dass der Anleger mit ihnen nicht zu rechnen braucht (sog überraschende Klauseln). Die mit einem hohen Standardisierungsgrad der Anleihebe-

Parlaments und des Rates sowie zur Aufhebung der RL 85/577/EWG des Rates und der RL 97/7/EG des Europäischen Parlaments und des Rates, ABl. 2011 L 304, 64.

[90] Arbeitskreis Reform des Schuldverschreibungsrechts ZIP 2014, 845 (847, 851 f.). → Einl. Rn. 46 ff. Der Regelungsvorschlag lautet: *„Eine Kontrolle des Inhalts sowie die Auslegung der Anleihebedingungen hat den Sinn und Zweck der Bestimmungen Geltung zu verschaffen und muss insbesondere die in den Anleihebedingungen vorgesehene Verteilung der Risiken zwischen Schuldner und Gläubiger wahren"*. → Einl. Rn. 48.

[91] BGHZ 163, 311 (315 ff.); OLG Frankfurt a. M. ZIP 2014, 2176 (2177 f.); *Wolf* FS Zöllner, 1998, 651 (658 ff.); Kümpel/Wittig/Früh/Seyfried/*R. Müller* Bank- und KapMarktR Rn. 15.336 bis 15.339; *Grundmann* Bank- und KapMarktR § 112 Rn. 116; Habersack/Mülbert/Schlitt/*Kaulamo* Unternehmensfinanzierung am KapMarkt § 16 Rn. 107; *Masuch* Anleihebedingungen und AGB-Gesetz S. 154 ff.; *Einsele* Bank- und KapMarktR § 7 Rn. 45 ff.; Preuße/*Dippel/Preuße* § 3 Rn. 49 ff.; **aA** *Hartwig-Jacob* Die Vertragsbeziehungen und die Rechte der Anleger bei int. Anleiheemissionen S. 235 ff.

[92] Früher § 2 Abs. 1 AGBG.

[93] Ua WpHG.

[94] Vgl. hierzu Arbeitskreis Reform des Schuldverschreibungsrechts ZIP 2014, 845 (847, 851 f.), wonach *de lege ferenda* anstelle der allgemeinen Regelung der §§ 307 ff. BGB eine spezialgesetzliche Inhaltskontrolle treten sollte, die den Besonderheiten der Schuldverschreibungen durch eine Gesamtbetrachtung der Anleihebedingungen Rechnung trägt.

dingungen einhergehende weite Verbreitung einer Klausel alleine schließt den überraschenden Charakter nicht aus.[95] Wird ein Verstoß gegen ein Klauselverbot oder eine unangemessene Benachteiligung durch eine Bestimmung in Anleihebedingungen festgestellt, ist diese Bestimmung unwirksam und wird gemäß § 306 Abs. 2 BGB durch einschlägiges dispositives Recht oder ergänzende Vertragsauslegung ersetzt.[96] Die übrigen Anleihebedingungen bleiben im Regelfall wirksam, es sei denn, die Fortführung der gesamten Anleihe stellt für einen Beteiligten eine unbillige Härte dar (§ 306 Abs. 1 und 3 BGB).

Keine Inhaltskontrolle der Leistungsbeschreibung. Anerkannt ist nach hM, dass die Beschreibung der Hauptleistungspflichten in Ermangelung eines gesetzlichen Maßstabs der richterlichen Inhaltskontrolle entzogen ist.[97] Der BGH hat bestätigt, dass der **Hauptleistungsinhalt** von Anleihebedingungen **von der Inhaltskontrolle freigestellt** ist.[98] Abzugrenzen sind daher Bestimmungen in Anleihebedingungen, die die Hauptleistungspflichten regeln und die Anleihe als Finanzprodukt charakterisieren. Hierzu gehören ua Zinsbestimmungen, Kapitalrückzahlung bzw. -erfüllungsregeln (zB ersatzweise Lieferung oder Kapitalabschreibung), Gleitklauseln (zB Zinsanpassungsregeln),[99] Nachrangklauseln, Verlustbeteiligungen, Haftungsbeschränkungen (zB *limited recourse* bei Verbriefungen) und Kündigungsregeln (zB Kündigungsoptionen des Emittenten und Anleihegläubigers), die der Inhaltskontrolle entzogen sind.[100] Bei strukturierten Anleihen, zB Aktienanleihen oder Asset-Backed Securities, bestimmen die häufig komplexen Rückzahlungs- oder Ersatzlieferbestimmungen ebenfalls das Wesen des Finanzprodukts und sind damit als unmittelbarer Gegenstand der Hauptleistung nicht kontrollfähig. 40

Ferner kommt eine AGB-Kontrolle nur für von gesetzlichen Regeln abweichenden oder sie ergänzenden Bestimmungen in Betracht.[101] Die Schuldverschreibung ist durch §§ 793 ff. BGB und das SchVG teilweise sparsam, teilweise detailreich gesetzlich geregelt. Neben der Prägung durch die seit 2009 reformierten und ergänzten Vorschriften des SchVG herrscht Vertragsfreiheit bei der Ausgestaltung von Schuldverschreibungen.[102] Soweit die gesetzliche Prägung etwa durch die Bestimmungen des SchVG besteht, kommt eine Inhaltskontrolle in Betracht. 41

b) Gegenansicht. Da Anleihebedingungen nach richtiger Ansicht keine AGB darstellen, findet nach der im Schrifttum vertretenen Gegenansicht keine Inhaltskontrolle nach §§ 307 ff. BGB, sondern lediglich nach den allgemeinen Vorschriften, insbesondere § 138 BGB, statt.[103] Selbst wenn Anleihebedingungen als AGB aufgefasst werden, ist die Erfüllung der Voraussetzungen der Inhaltskontrolle nach Grundsätzen des AGB-Rechts zweifelhaft. 42

aa) Gesamtheit der Anleihebedingungen als Leistungsbeschreibung. Zunächst lässt sich die Abschichtung von Bestimmungen, die keinen Einfluss auf den Inhalt der Leistungspflicht haben, nicht sachgerecht durchführen. Da sämtliche Bestimmungen der 43

---

[95] Vgl. BGHZ 126, 174 (178) zu einer weiten Sicherungszweckvereinbarung im Rahmen einer Bürgschaft. Zu Anleihebedingungen: FK-SchVG/*Hartwig-Jacob* § 3 Rn. 58; **aA** Preuße/*Dippel/Preuße* § 3 Rn. 57.

[96] Preuße/*Dippel/Preuße* § 3 Rn. 66; FK-SchVG/*Hartwig-Jacob* § 3 Rn. 59.

[97] BGHZ 93, 358 (360); 146, 138 (140); MüKoBGB/*Wurmnest* § 307 Rn. 12 ff. mwN; FK-SchVG/*Hartwig-Jacob* § 3 Rn. 57; Hopt/Seibt/*Artzinger-Bolten/Wöckener* § 3 SchVG Rn. 52.

[98] BGHZ 119, 305 (314 f.) (Herabsetzung des Genusskapitals ist Hauptleistungsinhalt der Klöckner-Genussscheine).

[99] MüKoBGB/*Habersack* § 793 Rn. 50; Veranneman/*Oulds* § 3 Rn. 24; Preuße/*Dippel/Preuße* § 3 Rn. 73.

[100] MüKoBGB/*Habersack* § 793 Rn. 50.

[101] Ebenso FK-SchVG/*Hartwig-Jacob* § 3 Rn. 56.

[102] jurisPK-BGB/*Pour Rafsendjani/Eulenburg* § 793 Rn. 63; *Luttermann/Wicher* ZIP 2005, 1529 (1530); Staudinger/*Marburger* BGB Vorb. zu §§ 793 ff. Rn. 20 (es gelten allg. Vorschriften der Rechtsgeschäftslehre). Zwingendes Darlehensrecht gilt nicht, auch nicht analog.

[103] *Assmann* WM 2005, 1053 (1065) (nur Inhaltskontrolle nach §§ 134, 138 BGB, nicht § 242 BGB); weiter *Einsele* Bank- und KapMarktR § 7 Rn. 50 (auch Inhaltskontrolle nach § 242 BGB unter Heranziehung der Rspr. zu §§ 307 ff. BGB).

Anleihebedingungen das Chancen-Risiken-Profil der Schuldverschreibung prägen, sind sie insgesamt als Leistungsbeschreibung zu qualifizieren und daher einer Inhaltskontrolle nicht zugänglich.[104] Auch Modalitäten des verbrieften Leistungsversprechens stellen danach nicht Nebenbestimmungen zu einer Hauptleistungspflicht dar, sondern sind Teil des Leistungsversprechens selbst.

44 **bb) Kein gesetzlicher Kontrollmaßstab für Schuldverschreibungen.** Ferner fehlt es – abgesehen von dem Gleichbehandlungsgrundsatz und dem Verbot von Verpflichtungen der Anleihegläubiger in Anleihebedingungen[105] – an einem normativen Kontrollmaßstab für Anleihebedingungen im dispositiven Recht. Schuldverschreibungen verbriefen Leistungsversprechen als umlauffähiges, von einer konkreten Vertragsbeziehung zwischen Aussteller (Schuldner) und Inhaber (Gläubiger) unabhängiges Forderungsrecht.[106] §§ 793–806 BGB enthalten keine Anforderungen an Art, Inhalt und Ausgestaltung des Leistungsversprechens der Schuldverschreibungen.[107] Typischerweise liegt ihnen ein abstraktes Schuldversprechen (§ 780 BGB) auf eine verzinsliche Geldleistung zugrunde;[108] die herkömmliche wirtschaftliche Bedeutung der Schuldverschreibung liegt denn auch in der Mobilisierung von Fremdkapital.[109] Der verbriefte Leistungsanspruch kann aber auch bedingt oder sonst beschränkt oder auf Liefer- oder andere Ansprüche gerichtet sein (§ 241 BGB).[110] Das SchVG etabliert ein – im Falle der Bestimmung *(opt-in)* in den Anleihebedingungen verbindliches – Regime für das kollektive Handeln der Anleihegläubiger im Rahmen von Beschlüssen und durch einen gemeinsamen Vertreter, enthält aber keine materiellen Vorgaben für das Leistungsversprechen selbst. Im deutschen Zivilrecht gibt es daher **keine normative Prägung** des Leistungsinhalts von Anleihebedingungen.[111] Auch deshalb ist es sachgerecht, Anleihebedingungen in ihrer Gesamtheit von der Inhaltskontrolle auszunehmen.

45 Auch die Bestimmungen der §§ 4a ff. BSchuWG über Mehrheitsbeschlüsse in Anleihebedingungen der Schuldverschreibungen des Bundes sind entgegen der Formulierung in der Gesetzesbegründung[112] in mehrfacher Hinsicht **kein Leitbild** für die Gestaltung von Anleihebedingungen. Denn sie stehen unter dem ausdrücklichen Vorbehalt einer abweichenden Bestimmung ***(Opt-out)*** in den Anleihebedingungen (§ 4a S. 3 BSchuWG). Sie enthalten eine nur auf Schuldverschreibungen des Bundes mit einer Laufzeit von über zwölf Monaten anwendbare Sonderregelung über Verfahren, Kontrolle und Vollzug von Mehrheitsbeschlüssen. Sie können keine Geltung für sonstige Anleihen beanspruchen, da für sonstige Anleihen im Anwendungsbereich des SchVG und vorbehaltlich des *Opt-in* die Bestimmungen der §§ 5 ff. anzuwenden sind.

46 **c) Einzelne Klauseln.** Auf der Grundlage der hM unterliegen jedenfalls die „Nebenbestimmungen" in Anleihebedingungen, die mit „allgemeinen Geschäftsbedingungen" eines Emittenten gegenüber seinen Anleihegläubigern vergleichbar sind, der Inhaltskontrolle.

---

[104] *Assmann* WM 2005, 1053 (1059); *Einsele* Bank- und KapMarktR § 7 Rn. 48 ff.; *Schmidt/Schrader* BKR 2009, 397 (401); *Schlitt/Schäfer* AG 2009, 477 (485); *Baums* ZHR 177 (2013), 807 (810).

[105] → § 5 Rn. 62 ff.

[106] BFH NJW 2004, 2327 (2328); OLG Bamberg NJW-RR 1989, 1449 (1450); Staudinger/*Marburger* BGB § 793 Rn. 6.

[107] MüKoBGB/*Habersack* § 793 Rn. 7.

[108] BGH WM 2014, 1624 Rn. 32; OLG München WM 1998, 1716 (1717). Nicht zutreffend ist die Annahme, es handele sich bei Schuldverschreibungen um „verbriefte Darlehen"; so aber *Lenenbach* KapMarktR Rn. 2.62 ff., der daraus die Anwendbarkeit der §§ 489 ff., 313 f. BGB auf Schuldverschreibungen folgert; für die Einstufung als Darlehen wohl auch LG Bonn ZIP 2014, 1073 (1074).

[109] Zur historischen Entwicklung der Anleihe s. *Baums* FS H. Schmidt, 2006, 333 (335 ff.).

[110] Bspw. Lieferansprüche bei Options-, Wandel- oder Aktienanleihen, Dividenden- oder Zinsforderungen bei Dividenden- bzw. Zinsscheinen (§ 803 BGB), wenn sie als Inhaberschuldverschreibungen ausgestattet sind; s. Staudinger/*Marburger* BGB Vorb. zu §§ 793 ff. Rn. 46 ff., § 793 Rn. 11, § 803 Rn. 2, jeweils mwN.

[111] S. die BegrDiskE November 2004 S. 27 (keine „Leitbilder"); Baums/Cahn/*v. Randow* S. 25, 49 ff.; *Einsele* Bank- und KapMarktR § 7 Rn. 48; *Baums* ZHR 177 (2013), 807 (810).

[112] BT-Drs. 17/9049, 7 li. Sp. Vgl. auch BGH Urt. v. 24.2.2015 – XI ZR 47/14, juris Rn. 37; XI ZR 193/14, juris Rn. 38.

aa) Leistungsänderungsvorbehalte. Nach der Rechtsprechung sind Klauseln, die dem Emittenten eine Änderung der Anleihebedingungen zur Berichtigung eines offensichtlichen Irrtums erlauben, an § 308 Nr. 4 BGB zu messen und regelmäßig unwirksam.[113] Dies wird damit begründet, dass ein Änderungsvorbehalt, der sich nicht nur auf Umstände der Leistungserbringung bezieht, sondern auch Inhalt und Umfang der Leistungserbringung betrifft, sich besonders nachteilig für den anderen Vertragsteil auswirken kann. Darüber hinaus fehlt es an einem ausreichenden Maß an Kalkulierbarkeit der möglichen Leistungsänderungen. Schließlich liegt die Richtigkeitsgewähr von Anleihebedingungen in der Sphäre des Emittenten, der offensichtliche Irrtümer bereits vor Emission hätte erkennen können. In der Praxis sollte vor der Beurteilung der Wirksamkeit eines Änderungsvorbehalts geprüft werden, ob dessen Voraussetzungen überhaupt vorliegen.[114] 47

bb) Beteiligungsrechte bei Genussscheinen. Nach der Rechtsprechung unterliegt bei Genussscheinen die Art und Weise, in der das Genusskapital herabgesetzt wird, einer an aktienrechtlichen Normen und Grundsätzen ausgerichteten Inhaltskontrolle.[115] 48

cc) Ermessens- und salvatorische Klauseln. Im Schrifttum wird ferner die Inhaltskontrolle von **Leistungsbestimmungsvorbehalten,** deren gesetzliches Leitbild das billige Ermessen nach § 315 Abs. 1 BGB ist,[116] sowie **salvatorischen Klauseln** befürwortet, die mit dem Verbot der geltungserhaltenden Reduktion bei AGB unvereinbar sind.[117] 49

dd) Nebenbestimmungen. Ein wirtschaftliches Bedürfnis an der Inhaltskontrolle kann auch bei Benachrichtigungsregeln, Frist-, Verjährungs- und Gerichtsstandsklauseln bestehen, die nicht prägend für das Leistungsprofil der Anleihe sind. Die Inhaltskontrolle setzt aber voraus, dass ein geeignetes gesetzliches Leitbild oder anwendbares dispositives Recht herangezogen werden kann. Problematisch erscheint in jedem Fall die Inhaltskontrolle anhand der Generalklauseln des § 307 Abs. 2 BGB zur Bestimmung einer unangemessenen Benachteiligung des Anlegers, weil die Ergebnisse unvorhersehbar und den Bedürfnissen des Kapitalmarkts nach Rechtssicherheit abträglich sind. Insbesondere gehören Kündigungsrechte zum wesensbildenden Kernbestand einer Schuldverschreibung und sind daher nicht kontrollfähig.[118] Die Kündigungsregeln der §§ 488 ff. BGB sind nicht – auch nicht über den Umweg einer Inhaltskontrolle – auf Anleihebedingungen anwendbar.[119] 50

---

[113] BGH WM 2009, 1500. S. dazu MüKoBGB/*Habersack* § 793 Rn. 50 ff.; *Podewils* ZHR 174 (2010), 192 (201 ff.); FK-SchVG/*Hartwig-Jacob* § 3 Rn. 82 ff. Der in den Bedingungen des zugrundeliegenden Call-Optionsscheins verwendete Änderungsvorbehalt lautete wie folgt: *„Die Emittentin kann, soweit nach dem jeweils anwendbaren Recht zulässig, die Bedingungen ohne Zustimmung einzelner oder aller Gläubiger ändern, soweit ihr dies angemessen und erforderlich erscheint, um dem wirtschaftlichen Zweck der Bedingungen gerecht zu werden, falls die Änderung die Interessen der Gläubiger nicht wesentlich nachteilig beeinflusst oder formaler, geringfügiger oder technischer Art ist oder dazu dienen soll, einen offensichtlichen Irrtum zu berichtigen oder eine mangelhafte Bestimmung dieser Bedingungen zu heilen, zu korrigieren oder zu ergänzen.“*.

[114] In einem Mistrade-Fall (s. den Sachverhalt des Urteils BGH WM 2009, 1500) kann uU der wirtschaftliche Zweck bei einem krassen Fehler in den Anleihebedingungen (im BGH-Fall wurde das Berechnungsverhältnis um Faktor 10 falsch dargestellt) nicht eindeutig zugunsten des Emittenten festgestellt werden, so dass es an der Offenkundigkeit des Fehlers mangelt und der Emittent zur Leistungsänderung nicht berechtigt ist.

[115] BGHZ 119, 305 (315 f.) (im Ergebnis stellte der BGH keinen Verstoß wegen fehlender Einräumung von Mitwirkungs- und Kontrollrechten fest).

[116] MüKoBGB/*Habersack* § 793 Rn. 52; *Podewils* ZHR 174 (2010), 192 (199 f.); FK-SchVG/*Hartwig-Jacob* § 3 Rn. 90; **aA** Preuße/*Dippel/Preuße* § 3 Rn. 70 ff. (Kontrolle von Leistungsbestimmungsrechten nur durch das Transparenzgebot); Hopt/Seibt/*Artzinger-Bolten/Wöckener* § 3 SchVG Rn. 62. Bsp. sind etwa einseitige Änderungsrechte betreffend Basiswerte von Zertifikaten, Asset-Backed Securities oder Credit-Linked Notes oder betreffend Schwellenwerte, s. Veranneman/*Oulds* § 3 Rn. 23.

[117] *Podewils* ZHR 174 (2010), 192, 207.

[118] **AA** *Podewils* ZHR 174 (2010) 192 (205 ff.); FK-SchVG/*Hartwig-Jacob* § 3 Rn. 111. Insbes. ist der Rückgriff auf Regelungen zu Dauerschuldverhältnissen (§ 314 BGB) verfehlt, da Schuldverschreibungen gerade keine Dauerschuldverhältnisse sind, → Rn. 30 und → § 5 Rn. 110, 114 f.

[119] Ausführlich → § 5 Rn. 108 ff.

§ 4 Kollektive Bindung

[1]Bestimmungen in Anleihebedingungen können während der Laufzeit der Anleihe durch Rechtsgeschäft nur durch gleichlautenden Vertrag mit sämtlichen Gläubigern oder nach Abschnitt 2 dieses Gesetzes geändert werden (kollektive Bindung). [2]Der Schuldner muss die Gläubiger insoweit gleich behandeln.

Schrifttum: *Bliesener,* Änderungen von Anleihebedingungen in der Praxis, in: *Baum/Fleckner/Hellgardt/Roth* (Hrsg.), Perspektiven des Wirtschaftsrechts, Beiträge für Hopt, 2008, 355; *Cagalj,* Restrukturierung von Anleihen nach dem neuen Schuldverschreibungsgesetz, 2013; *Grell/Splittgerber/Schneider,* BGH ebnet den Weg für die Restrukturierung von Anleihen – alle Fragen geklärt?, DB 2015, 111; *Hopt,* Änderungen von Anleihebedingungen – Schuldverschreibungsgesetz, § 796 BGB und AGBG, FS Steindorff, 1990, 341; *Lwowski/Fischer/Langenbucher,* Das Recht der Kreditsicherung, 9. Aufl. 2011; *Schimansky/Bunte/Lwowski,* Bankrechts-Handbuch, 4. Aufl. 2011; *Schimansky/Bunte/Lwowski,* Bankrechts-Handbuch, 5. Aufl. 2017; *Schlitt/Schäfer,* Die Restrukturierung von Anleihen nach dem neuen Schuldverschreibungsgesetz, AG 2009, 477; *Schnorbus/Ganzer,* Einflussmöglichkeiten auf die Gläubigerversammlung im Zusammenhang mit der Änderung der Anleihebedingungen, WM 2014, 155; *Sester,* Hybrid-Anleihen: Wirtschaftliches Eigenkapital für Aktiengesellschaften, ZBB 2006, 443; *Siebel,* Rechtsfragen internationaler Anleihen, Habil. Mainz 1997; *Simon,* Das neue Schuldverschreibungsgesetz und Treuepflichten im Anleiherecht als Bausteine eines außergerichtlichen Sanierungsverfahrens, Diss. Köln 2011; *Thole,* Der Debt Equity Swap bei der Restrukturierung von Anleihen, ZIP 2014, 2365; *Thomas,* Die Unternehmensfinanzierung durch ewige Anleihen zwischen Gesellschaftsrecht und Bürgerlichem Recht, ZHR 171 (2007), 684; *Vogel,* Die Vergemeinschaftung der Anleihegläubiger und ihre Vertretung nach dem Schuldverschreibungsgesetz, Diss. Osnabrück 1997; *Vogel.,* Der Rechtsschutz des Schuldverschreibungsgläubigers, in: *Baums* (Hrsg.), Das neue Schuldverschreibungsrecht, 2013, 39.

I. Regelungsgegenstand und Regelungszweck

1 Der Gesetzgeber hat in § 4 ein allgemein anerkanntes Prinzip der Schuldverschreibungen aus Gesamtemission bestätigt: die **Identität der Rechtsstellung der Anleihegläubiger hinsichtlich** aller Stücke **einer Serie** von Schuldverschreibungen. Unter einer Serie versteht man eine Gesamtemission von Anleihen mit denselben Anleihebedingungen, die durch eine oder mehrere Sammel- oder Einzelurkunden verbrieft sind und im Rahmen einer oder mehrerer **Tranchen** begeben werden. Üblicherweise erhält eine Serie eine einheitliche Wertpapierkennnummer (ISIN, WKN), auch wenn die Emission durch spätere Aufstockungen erweitert wurde. Die Anleihebedingungen einzelner Tranchen einer Serie können sich nur durch das Emissionsdatum *(issue date),* den Beginn des Verzinsungszeit-

raums *(interest commencement date)* und den ersten Zinszahlungstermin *(first interest payment date)* unterscheiden.

Der Hauptzweck der Identität der Ausstattung aller Schuldverschreibungen einer Serie ist die inhaltliche Austauschbarkeit **(Fungibilität),** die Voraussetzung der Handelbarkeit und der einheitlichen Preisgestaltung von Schuldverschreibungen ist.[1] Die Fungibilität von Wertpapieren ist ein elementarer Standard für die Funktionsfähigkeit des stückelosen Effektenverkehrs im internationalen Kapitalmarkt und war bereits vor Inkrafttreten des SchVG 2009 im deutschen Recht fest verankert.[2] Das SchVG 1899 betonte bereits in der Gesetzesbezeichnung die „gemeinsamen Rechte" der Anleihegläubiger.[3] Der Gesetzgeber des SchVG 2009 wählte die neue Bezeichnung der **kollektiven Bindung,** um zum Ausdruck zu bringen, dass in der Gemeinsamkeit eine Einschränkung der individuellen Rechtsmacht der Beteiligten liegt. Eine rechtsgeschäftliche Änderung oder Aufhebung des durch die Schuldverschreibung begründeten Rechtsverhältnisses ist nur beschränkt möglich. Der Emittent und die Anleihegläubiger können entweder **durch allseitige Vereinbarung** die Anleihebedingungen ändern **oder** eine Änderung **durch Gläubigerbeschluss** herbeiführen. Da es sich um eine rechtsgeschäftliche Änderung handelt, muss der Emittent stets mitwirken und einem Gläubigerbeschluss zustimmen.[4] 2

Im Hinblick auf die Regelungsgegenstände, die der kollektiven Bindung unterliegen, hat der Emittent die Anleihegläubiger gleich zu behandeln. Da Identität (Gleichheit) und Austauschbarkeit Inhalt der kollektiven Bindung sind, ist das **Gleichbehandlungsgebot** eine Konsequenz der kollektiven Bindung.[5] 3

Das Kollektiv der Anleihegläubiger wird überwiegend als Rechtsform *sui generis* eingestuft, basierend auf den Vorschriften des SchVG und in der jeweiligen Ausgestaltung der Anleihebedingungen.[6] Es liegt jedenfalls keine Gesamtgläubigerschaft nach § 428 BGB[7] und nach hL keine Gesellschaft bürgerlichen Rechts nach §§ 705 ff. BGB vor; denn auch im Rahmen gemeinsamer Beschlussfassungen verfolgen Anleihegläubiger individuelle Interessen, fehlt ein gemeinsamer Zweck.[8] Festzuhalten ist, dass es an einer schuldrechtlichen Sonderverbindung fehlt und die **Anleihegläubiger** daher **untereinander keine Treuepflicht** trifft.[9] 4

[1] BegrRegE SchVG, BT-Drs. 16/12814, 17 re. Sp.; FK-SchVG/*Friedl/Schmidtbleicher* § 4 Rn. 6.

[2] BGHZ 163, 311 (315).

[3] Gesetz betreffend die gemeinsamen Rechte der Besitzer von Schuldverschreibungen v. 4.12.1899, bereinigte Fassung in BGBl. III, Gliederungsnummer 4134-1.

[4] Ebenso FK-SchVG/*Friedl/Schmidtbleicher* § 4 Rn. 7.

[5] → Rn. 26 ff.

[6] Veranneman/*Oulds* § 4 Rn. 15; Preuße/*Röh/Dörfler* § 4 Rn. 47. Vgl. auch FK-SchVG/*Friedl/Schmidtbleicher* § 4 Rn. 18, die sich ebenfalls für die Einstufung als Rechtsform *sui generis* aussprechen, jedoch aufbauend auf einer Teilgläubigerschaft iSd § 420 BGB. **AA** *Liebenow* SchVG als Anleiheorganisationsrecht S. 266 ff., der in der Einordnung als Rechtsform *sui generis* eine „Verlegenheitslösung" erblickt und das Gläubigerkollektiv als gesellschaftsrechtlichen „(Publikums-) Innenverband" qualifiziert.

[7] Veranneman/*Oulds* § 4 Rn. 22; Preuße/*Röh/Dörfler* § 4 Rn. 42; FK-SchVG/*Friedl/Schmidtbleicher* § 4 Rn. 16; Hopt/Seibt/*Thole* § 4 SchVG Rn. 11.

[8] Veranneman/*Oulds* § 4 Rn. 17; Preuße/*Röh/Dörfler* § 4 Rn. 45; FK-SchVG/*Friedl/Schmidtbleicher* § 4 Rn. 21; Hopt/Seibt/*Thole* § 4 SchVG Rn. 6; *Cagalj* Restrukturierung von Anleihen S. 104; ausführlich *Simon* SchVG und Treuepflichten im Anleiherecht S. 204 ff.; **aA** *Horn* ZHR 173 (2009), 12 (48 f.), der die *„Bündelung der Anstrengungen"* als gemeinsamen Zweck ausreichen lässt.

[9] OLG Frankfurt a. M. ZIP 2014, 2176 (2180); LG Bonn ZIP 2014, 1073 (1075); LG Köln Urt. v. 26.1.2012 – 30 O 13/11, juris Rn. 32; 30 O 14/11, juris Rn. 33; 30 O 63/11 juris Rn. 32; FK-SchVG/*Friedl/Schmidtbleicher* § 4 Rn. 22; Hopt/Seibt/*Thole* § 4 SchVG Rn. 8; **aA** *Seibt/Schwarz* ZIP 2015, 401 (411); *Simon* SchVG und Treuepflichten im Anleiherecht S. 220 ff.

II. Reichweite der kollektiven Bindung

1. Universelle Geltung der kollektiven Bindung

5 Die kollektive Bindung ist ein allgemeines Prinzip des Rechts der Schuldverschreibung und wird deshalb vom Gesetz nicht in seiner Reichweite beschränkt. Nach der Begründung der Bundesregierung reicht die kollektive Bindung soweit, wie ihr Zweck, die Austauschbarkeit und Handelbarkeit von Schuldverschreibungen zu einem einheitlichen Preis zu gewährleisten, dies gebietet.[10] Im Regelfall soll die kollektive Bindung alle Vertragsinhalte der Anleihebedingungen betreffen.

6 Die Identität der Anleihebedingungen aller Stücke einer Serie ist das fundamentale Grundprinzip von Schuldverschreibungen aus Gesamtemissionen und muss jederzeit gewahrt werden. Eine Serie ist eine Vielzahl von Stücken, die identisch ausgestattet sind und daher unter einer ISIN/WKN handelbar sind.

7 Die kollektive Bindung erfasst daher alle Tranchen und Aufstockungen derselben Anleiheserie.[11] Die kollektive Bindung besteht insbesondere nicht bei den unterschiedlichen Anleiheemissionen eines Daueremittenten und bei verschiedenen Klassen einer Verbriefungsemission.

8 **a) Unterschiedliche Anleiheemissionen eines Daueremittenten.** Einlagenkreditinstitute und andere Kreditinstitute, die dauernd oder wiederholt Schuldverschreibungen im Inland anbieten, genossen als sog Daueremittenten früher Privilegien im Prospektrecht.[12] Heute versteht man darunter Emittenten aus dem Bankensektor, die in einem Kalenderjahr mit mehreren Emissionen an den Markt treten. Dabei handelt es sich um voneinander abweichende Schuldverschreibungen mit gegebenenfalls unterschiedlichen Laufzeiten, Währungen usf. Nicht gemeint sind damit Aufstockungen einer Emission, die der kollektiven Bindung unterliegen.

9 **b) Verschiedene Klassen einer Verbriefungsemission.** Bei *True-Sale*-Verbriefungen oder *Credit-Linked Notes* wird das Finanzierungsvolumen häufig horizontal in zwei oder mehr Klassen tranchiert. Dabei trägt die unterste Klasse das höchste Ausfall- oder Abschreibungsrisiko. Die Tranchierung dient der Kreditverstärkung der höchsten Klasse, die das geringste Risiko trägt. Soweit die Finanzierung durch die Ausgabe von Schuldverschreibungen dargestellt wird, schlägt sich diese Aufteilung in der verbriefungstypischen Einordnung jeder einzelnen Klasse in eine Rangfolge („Wasserfall") bei der Zuordnung von Ausfällen oder Bonitätsminderungen hinsichtlich des verbrieften Portfolios und weiteren Spezifika nieder, etwa bei der Finanzierungsvergütung (Zins) und der Teilhabe an Sicherheitenerlösen. Damit besitzt jede Klasse ein ihr eigenes rechtliches und wirtschaftliches Chancen- und Risikoprofil. Daher werden alle Klassen als eigenständige Anleiheserien mit gesonderten Anleihebedingungen[13] begeben, die jeweils separat der kollektiven Bindung unterliegen. Da die Rechtsstellung der Gläubiger unterschiedlicher Klassen eng miteinander verwoben ist, bietet sich bei Restrukturierungsbedarf eine gemeinsame Willensbildung der Gläubigerkollektive aller Klassen an, soweit die angestrebte Änderung der Anleihebedingungen einer einzelnen Klasse einen Eingriff in die Rechte einer anderen Klasse erfordert. Falls die Anleihebedingungen mehrerer oder aller Klassen geändert werden

[10] BegrRegE SchVG, BT-Drs. 16/12814, 17 re. Sp.

[11] BerlKommInsR/*Paul* SchVG § 4 Rn. 8; FK-SchVG/*Friedl/Schmidtbleicher* § 4 Rn. 27 f.

[12] Ein Daueremittent muss die Voraussetzungen des Art. 20 Abs. 11 iVm Abs. 2 UAbs. 1, 2 und Abs. 3 der EU-Prospekt-VO erfüllen. Dieser Status erlaubt ein beschleunigtes Billigungsverfahren nach Art. 20 Abs. 6 EU-Prospekt-VO.

[13] In der Praxis werden die Anleihebedingungen aller Klassen vielfach zwecks effizienter und einfacherer Darstellung in einem gemeinsamen Dokument festgehalten, das die Anleihebedingungen aller Klassen verkörpert, s. zB die Anleihen bei der Verbriefung von Kfz-Finanzierungsdarlehen der SC Germany Auto 2011-1 UG.

sollen, setzt die Änderung separate Mehrheitsbeschlüsse der Gläubiger aller betroffenen Klassen voraus.

10 Die kollektive Bindung wirkt nur im Rahmen des durch die Schuldverschreibung begründeten Rechtsverhältnisses. Bestehen zwischen dem Emittenten und einzelnen Anleihegläubigern noch andere Rechtsverhältnisse, sind die Beteiligten bei deren rechtsgeschäftlicher Gestaltung frei.

2. Keine Befristung der kollektiven Bindung

11 Nach dem Gesetz bestehen die Beschränkungen der kollektiven Bindung „während der Laufzeit" der Anleihe. Diese Angabe ist nur als eine Klarstellung zu verstehen, dass die Beschränkungen der rechtsgeschäftlichen Änderung nach § 4 solange bestehen, bis die Leistungspflichten aus den Schuldverschreibungen **vollständig und endgültig erfüllt** sind.[14] Da diese Erfüllung auch nach dem Laufzeitende eintreten kann, beschreibt der Gesetzestext **(„während der Laufzeit")** nur den **Standardfall** einer zum Rückzahlungstermin fälligen und ordnungsgemäß getilgten Anleihe. Nach dem Sinn und Zweck des Grundprinzips der identischen Ausstattung aller Stücke einer Serie kann die kollektive Bindung gegebenenfalls vor Laufzeitende durch Kündigung und vollständige Rückzahlung enden oder über das Laufzeitende hinausreichen, weil die vollständige Rückzahlung bei Laufzeitende noch nicht eingetreten ist. Dass die Beschränkung der kollektiven Bindung auf die Laufzeit nur den Standardfall einer unstrukturierten Anleihe bezeichnet, zeigen Gestaltungen bei *Mortgage Backed Securities* und anderen Verbriefungsanleihen, bei denen es eine reguläre, den Erwartungen bei Emission entsprechende Laufzeit (bis *Scheduled Maturity*) und eine erweiterte, einen Vollstreckungszeitraum für Portfoliogegenstände einschließende Laufzeit (bis *Legal Maturity*) gibt, oder bei sog ewigen Anleihen *(perpetual bonds)*,[15] die per definitionem kein festes Fälligkeitsdatum, sondern allenfalls Kündigungsrechte des Emittenten aufweisen. Ein Wegfall der kollektiven Bindung macht auch nach *Legal Maturity* oder Kündigung keinen Sinn, solange einer Vielzahl von Anleihegläubigern gleichgeartete Ansprüche gegen den Emittenten zustehen.

3. Änderungen ohne Vereinbarung oder Gläubigerbeschluss

12 Änderungen in Anleihebedingungen, die durch Rechtsgeschäft herbeigeführt werden, müssen nach § 4 S. 1 entweder durch allseitige Änderungsvereinbarung oder nach §§ 5 ff. durch Gläubigerbeschluss mit Zustimmung des Emittenten erfolgen. Davon abzugrenzen sind Änderungen, die sich im materiellen Gehalt der Anleihebedingungen ohne nachträgliche rechtsgeschäftliche Intervention ergeben, sondern bereits in den Anleihebedingungen ausdrücklich angelegt sind. Hierzu gehören insbesondere **variable und optionale Inhaltsbestimmungen** sowie **Leistungsbestimmungsrechte und Änderungsoptionen** des Emittenten, der Anleihegläubiger oder Dritter.[16] So können Anleihebedingungen den Inhalt der Leistungspflicht von der Entwicklung künftiger Ereignisse abhängig machen, deren Feststellung in den Anleihebedingungen so bestimmt wird, dass eine Änderung des Wortlauts nicht erforderlich ist. Die Änderungen, die aufgrund dieser Bestimmungen der Anleihebedingungen selbst eintreten, bedürfen weder einer Vereinbarung noch eines Gläubigerbeschlusses. Dies gilt selbst dann, wenn nach den Anleihebedingungen im Hinblick auf die geänderten Vertragsinhalte ein Gläubigerbeschluss möglich wäre, weil der Vertragsinhalt von der Beschlusskompetenz der Anleihegläubiger erfasst ist.

---

[14] BGH Urt. v. 8.12.2015 – XI ZR 488/14, BeckRS 2016, 02767. FK-SchVG/*Friedl/Schmidtbleicher* § 4 Rn. 37; Heidel AktR/*Müller* SchVG § 4 Rn. 2; Hopt/Seibt/*Thole* § 4 SchVG Rn. 21; *Cagalj* Restrukturierung von Anleihen S. 129; iErg ebenso BerlKommInsR/*Paul* SchVG § 4 Rn. 9 (Fortwirkung der kollektiven Bindung).

[15] Dazu *Schäfer* FS Kümpel, 2003, 453; *Sester* ZBB 2006, 443; *Thomas* ZHR 171 (2007), 684; *Lenenbach* KapMarktR Rn. 2.116 ff.

[16] Ebenso FK-SchVG/*Friedl/Schmidtbleicher* § 4 Rn. 30.

13 Die **Korrektur** von offensichtlichen Fehlern, insbesondere Schreibfehlern, ist zweckmäßigerweise im **Rahmen der Auslegung** und Anwendung von Anleihebedingungen durchzuführen. Eine skripturmäßige Berichtigung auf der Sammelurkunde ist prinzipiell möglich, aber mit erhöhten Haftungsrisiken gegenüber Anlegern, die die Korrektur bestreiten können, verbunden. Im Schrifttum wird teilweise empfohlen, bereits in den Anleihebedingungen Richtlinien und Grenzen für die Korrektur offensichtlicher Fehler festzulegen.[17]

14 **a) Variable und optionale Inhaltsbestimmungen.** Der Inhalt der Leistungsversprechen wird bei Begebung der Schuldverschreibung in den Anleihebedingungen festgelegt. Dabei kann von vornherein auf per se veränderliche Umstände als Bezugspunkte des Leistungsinhalts verwiesen werden. Der Text der Urkunde nimmt auf außerhalb der Urkunde bestehende Sachverhalte Bezug, die in einem oder mehreren zukünftigen Zeitpunkt (en) festzustellen sind. Die Verwendung von variablen Inhaltsbestimmungen wird durch § 2 S. 2 *(incorporation by reference)* für den Regelfall der zentral verwahrten Sammelurkunde ausdrücklich autorisiert[18] und erfüllt sowohl die skripturrechtliche Anforderung (§§ 793, 796 BGB), dass die wesentlichen Leistungsinhalte und –einwendungen im Text der Urkunde festgelegt oder aus dem Gesetz zu entnehmen sind,[19] als auch die Transparenzanforderungen nach § 3, soweit auf in der Urkunde bezeichnete, wenn auch außerhalb der Urkunde liegende Umstände Bezug genommen wird.[20] Ein einfaches Beispiel sind variabel verzinsliche Anleihen *(Floating Rate Notes),* deren Zinsindex (zB EURIBOR, LIBOR) periodisch von Nachrichtendiensten (zB Reuters) abgefragt oder durch Quotierungen von Referenzbanken festgesetzt wird (sog. **Gleitklausel**). Ein anderes Beispiel findet sich bei Verbriefungen: Die Rückzahlung der im Rahmen einer *True-sale*-Verbriefung emittierten Anleihen hängt von den tatsächlichen Erlösen, gegebenenfalls auch aus der Verwertung von Sicherheiten, des verbrieften Portfolios ab. Ähnliches gilt für *Credit-Linked Notes,* deren Rückzahlung typischerweise von der einmalig oder periodisch festgestellten Bonität eines Referenzaktivums oder eines definierten Referenzportfolios abhängt. Gleiches gilt allgemein für Änderungen des Inhalts der Anleihebedingungen bei dynamischen Verweisungen der Anleihebedingungen[21] auf außerhalb der Urkunde niedergelegte Bedingungen, die sich inhaltlich ändern.

15 **b) Leistungsbestimmungsrechte und Änderungsoptionen.** Variable Elemente oder Änderungsvorbehalte in Anleihebedingungen können aber auch in das Ermessen eines Beteiligten (Emittent, Sicherheitentreuhänder oder Anleihegläubiger) oder eines Dritten gestellt werden.[22] Als Beispiele sind die Änderung von Zahlstellen, Berechnungsstellen oder Gutachtern, die Änderung des Zinsindexes bei Floating Notes (etwa bei Einstellung oder Änderung des Industriestandards EURIBOR o. ä.), die Schuldnerersetzung in Anwendung einer in den Anleihebedingungen enthaltenen Schuldnerersetzungsklausel, die Ersetzung

---

[17] Vgl. FK-SchVG/*Friedl/Schmidtbleicher* § 4 Rn. 57.

[18] → § 2 Rn. 5 ff. Vor Inkrafttreten des SchVG 2009 war zweifelhaft, ob der Rückgriff auf außerhalb der Urkunde liegende Umstände, die in ihr nicht ausdrücklich bezeichnet oder angelegt sind, den skripturrechtlichen Anforderungen genügt, s. nur *Hopt* FS Steindorff, 1990, 341 (354 f., 362 f.); Staudinger/*Marburger* BGB § 793 Rn. 9. Daher war in der alten Praxis die möglichst umfassende Eingliederung von Angaben oder Bestimmungsmerkmalen zu den Referenzaktiva in den Urkundentext üblich. Die Begründung der Bundesregierung geht offenbar davon aus, dass lediglich auf Anleihebedingungen verwiesen werden darf, die ihrerseits mit der Urkunde zentral verwahrt werden, s. BegrRegE SchVG, BT-Drs. 16/12814, 17 li. Sp. Da die dem Urkundenmantel angehängten Anleihebedingungen nach allg. Praxis einen integralen Bestandteil der Urkunde darstellen, würde ein solches Verständnis des Gesetzes nur die alte Rechtslage wiederholen und den erstrebten Zweck einer Erweiterung der Verweisungsmöglichkeiten verfehlen.

[19] S. *Bliesener* Beiträge für Hopt, 355 (357 f.); *Hopt* FS Steindorff, 1990, 341 (362); Schimansky/Bunte/Lwowski/*Grundmann* BankR-HdB, 5. Aufl. 2017, § 112 Rn. 118.

[20] Vgl. Schimansky/Bunte/Lwowski/*Grundmann* BankR-HdB, 5. Aufl. 2017, § 112 Rn. 118; BGHZ 28, 259 (263 f.).

[21] Zum Begriff → § 2 Rn. 8.

[22] S. *Hopt* FS Steindorff, 1990, 341 (353 f.).

des Sicherheitentreuhänders sowie der Austausch von Sicherheiten zu nennen. In diesem Fall gelten die Beschränkungen der §§ 315, 317 BGB in Verbindung mit den AGB-rechtlichen Grundsätzen.[23] In der Praxis sind Optionen des Emittenten zu beobachten, die mit Kündigungsrechten der Anleihegläubiger einhergehen. Ferner kommen Anpassungsmechanismen dieser Art bei konzerninternen Sachverhalten in Betracht. Im Fall wesentlicher materieller Änderungen wie der Änderung des Zinsindexes oder der Schuldnerersetzung ist die Vollziehung in der Urkunde wie bei Gläubigerbeschlüssen (§ 21) zulässig und zweckmäßig.

Das einseitige Recht zur Änderung von konkreten Bestimmungen der Anleihebedingungen kann aber auch ausdrücklich dem Emittenten allein vorbehalten oder Dritten oder einer Mehrheit der Anleihegläubiger eingeräumt werden. Solange sich ein Änderungsvorbehalt auf einzelne konkrete Bestimmungen (zB Anpassung des Zinssatzes, Verlängerung der Laufzeit) bezieht, ist keine Umgehung der Beschränkungen des SchVG oder der nach hM anwendbaren, am Leitbild des SchVG orientierten AGB-rechtlichen Beschränkungen gegeben. Soweit variable Bestimmungen und Änderungsoptionen zur Ausstattung der Schuldverschreibung gehören, liegt kein Fall der nachträglichen Änderung, sondern lediglich eine nach vorgegebenen Kriterien konkretisierende Ausfüllung der bestehenden Anleihebedingungen vor.[24] Unschädlich ist auch, wenn im Zusammenhang mit der Konkretisierung weitere einseitige oder mehrseitige Rechtsgeschäfte vorgenommen werden. Beispielsweise gibt der Emittent bei der einseitigen Schuldnerersetzung nach typischen Klauseln in Anleihebedingungen eine Ausübungserklärung ab; anschließend tritt der neue Emittent in eine Reihe von Verträgen ein oder schließt dieselben neu ab.[25] 16

Ebenfalls auf die materielle Änderung der Anleihebedingungen gerichtet kann die **Ausübung von Weisungsrechten der Gläubiger** sein. Ob und auf Grundlage welcher Mehrheiten die Gläubiger einem Sicherheitentreuhänder Weisungen hinsichtlich der Verwertung erteilen können, unterliegt nicht dem Regelwerk betreffend die Änderung von Anleihebedingungen nach §§ 5 ff., sondern kann in den Anleihebedingungen festgelegt werden. 17

III. Änderungsvereinbarungen

18 Änderungen der Anleihebedingungen mit Zustimmung aller Gläubiger sind nach § 4 S. 1 ausdrücklich anerkannt. Diese Klarstellung fehlte zunächst im Referentenentwurf von Mai 2008.[26] Denn die Beschränkung der rechtsgeschäftlichen Änderung von Anleihebedingungen bezweckt, bilaterale Vereinbarungen zwischen dem Emittenten und einzelnen Gläubigern unter Missachtung des Gleichbehandlungsgebots und Diskriminierung anderer Gläubiger auszuschließen. Allseitige Änderungsvereinbarungen sind von dieser Zielrichtung offensichtlich nicht erfasst, weil durch sie die kollektive Bindung nicht durchbrochen wird.

19 Schon vor Inkrafttreten des SchVG 2009 war anerkannt, dass Anleihebedingungen zivilrechtlich Vertragscharakter haben und deshalb jederzeit eine konsensuale Änderung zulässig ist.[27] Allerdings schließt § 4 im Interesse der kollektiven Bindung bilaterale Ände-

[23] Vgl. *Vogel* Die Vergemeinschaftung der Anleihegläubiger und ihre Vertretung nach dem SchVG S. 245; FK-SchVG/*Hartwig-Jacob* § 3 Rn. 93 ff.

[24] *Schmidt/Schrader* BKR 2009, 397 (402); Preuße/*Röh/Dörfler* § 4 Rn. 17; *Cagalj* Restrukturierung von Anleihen S. 116.

[25] § 23 Referentenentwurf – Entwurf eines Gesetzes zur Neuregelung der Rechtsverhältnisse bei Schuldverschreibungen aus Anleihen und zur Anpassung kapitalmarktrechtlicher Verjährungsvorschriften, Mai 2008 (http://www.gesmat.bundesgerichtshof.de/gesetzesmaterialien/16_wp/schuldverschreibungsg/refe.pdf). S. dazu die Begründung, Teil A. 1, Abs. 6 sowie Teil B zu § 23 (Schuldnerersetzung).

[26] S. § 3 Abs. 1 S. 1: *„Bestimmungen in Anleihebedingungen können während der Laufzeit der Anleihe durch Rechtsgeschäft nur nach Abschnitt 2 dieses Gesetzes geändert werden (kollektive Bindung).“.*

[27] Nur in Extremfällen ist an eine Zustimmungspflicht der Anleihegläubiger auf der Grundlage von § 242 BGB oder eine Anpassung wegen Störung der Geschäftsgrundlage zu denken, s. *Hopt* FS Steindorff, 1990,

rungsvereinbarungen aus.[28] Vielmehr bedarf es einer **allseitigen Vereinbarung** über die Änderung der Anleihebedingungen zwischen dem Emittenten und sämtlichen Gläubigern. Praktisch kann eine allseitige Vereinbarung nur selten und nur bei Anleihen erreicht werden, die an ein zahlenmäßig überschaubares Investorenpublikum platziert wurden und bei denen die aktuellen Anleger wegen der relativen Illiquidität des Markts bekannt sind.[29]

20 Bei Änderungsvereinbarungen gilt das Gleichbehandlungsgebot nach § 4 S. 2.[30] Dieser Grundsatz gilt allerdings wie bei Änderungen durch Mehrheitsbeschlüsse nicht ausnahmslos. Im Gesetz fehlt zwar eine ausdrückliche Öffnungsklausel, die – wie § 5 Abs. 2 S. 2 aE für Mehrheitsbeschlüsse – Benachteiligungen einzelner Anleihegläubiger bei Zustimmung der betroffenen Gläubiger zu ihrer Benachteiligung ermöglicht. Die ausnahmsweise Durchbrechung der kollektiven Bindung ist aber für beide Formen der rechtsgeschäftlichen Änderung von Anleihebedingungen parallel zu behandeln und gilt analog § 5 Abs. 2 S. 2 aE auch für Änderungsvereinbarungen. Sachliche Gründe für eine strengere Regelung von allseitigen Änderungsvereinbarungen im Vergleich zu Mehrheitsbeschlüssen sind nicht ersichtlich. Denn eine Einschränkung der Privatautonomie im Hinblick auf rechtsgeschäftliche Vereinbarungen über kollektive Rechtsverhältnisse, an denen alle rechtszuständigen Beteiligten mitwirken, ist nicht gerechtfertigt. Der Emittent und die Anleihegläubiger können das kollektive Rechtsverhältnis der Anleihe jederzeit vertraglich aufheben oder – *a maiore ad minus* – über den Inhalt der Anleihebedingungen verfügen und das kollektive Rechtsverhältnis so umgestalten, dass nicht mehr alle Anleihegläubiger dieselbe Rechtsposition innehaben und aus der ursprünglichen Anleihe mehrere Anleiheserien geschaffen werden.[31]

21 Die **Vollziehung** von Änderungsvereinbarungen richtet sich **analog § 21 Abs. 1 S. 1** nach den für die Vollziehung von Mehrheitsentscheidungen vorgesehenen Regeln. Danach ist die maßgebliche Sammelurkunde dem Inhalt der Änderungsvereinbarung entsprechend zu ergänzen oder abzuändern. Es ist im Fall der Verwahrung der Sammelurkunde durch eine Wertpapiersammelbank zweckmäßig, analog § 21 Abs. 1 S. 2 der Wertpapiersammelbank eine Kopie der Änderungsvereinbarung zwecks Beifügung zur Sammelurkunde zu übermitteln.

IV. Änderungsbeschlüsse

22 Die Anleihebedingungen können durch Mehrheitsbeschluss der Gläubiger nach Maßgabe der §§ 5 ff. und Zustimmung des Emittenten geändert werden.[32] Änderungen der Anleihebedingungen sind durch Ergänzung oder Abänderung der maßgeblichen Sammelurkunde gemäß § 21 Abs. 1 S. 1 zu vollziehen.

341 (377 ff.). Ein anderer Ausnahmefall ist die Änderung, die nur zugunsten der Anleihegläubiger vorgenommen wird, etwa die Aufhebung eines in der Anleihe bestimmten Nachrangs. Diese Änderung kann auch durch Vereinbarung des Emittenten mit einem Treuhänder zugunsten der Schuldverschreibungsgläubiger als echter Vertrag zugunsten Dritter (§ 328 BGB) umgesetzt werden.

[28] Vgl. nur *Siebel* Rechtsfragen internationaler Anleihen S. 606 f.; Schwintowski/Schäfer/*Schäfer* BankR 2003, § 23 Rn. 89; FK-SchVG/*Friedl/Schmidtbleicher* § 4 Rn. 9; s. auch Staudinger/*Marburger* BGB Vorb. zu §§ 793–808 Rn. 20: Für die in der Inhaberschuldverschreibung verbriefte Forderung gelten ergänzend die Regeln des allg. Schuldrechts. **AA** Schimansky/Bunte/Lwowski/*Tetzlaff* BankR-HdB, 4. Aufl. 2011, § 88 Rn. 55 mwN.

[29] Vgl. FK-SchVG/*Friedl/Schmidtbleicher* § 4 Rn. 39.

[30] → Rn. 26 ff.

[31] Die Vollziehung setzt regelmäßig die Änderung der Anleihebedingungen der bestehenden Anleihe und die Begebung einer neuen Anleihe voraus.

[32] Einzelheiten → § 5 Rn. 1 ff.

V. Änderung durch gerichtliche Entscheidung

23 Eine Änderung der Anleihebedingungen durch eine gerichtliche Entscheidung nach § 20 wirkt aufgrund der stets gegebenen Rechtskraftwirkung *erga omnes*[33] ausnahmslos gegenüber allen Gläubigern. Ein Widerspruch zur kollektiven Bindung droht daher nicht.

24 Wirkt ein die Anleihebedingungen gestaltendes Urteil hingegen nur inter partes[34], ist der Schuldner aufgrund des Gleichbehandlungsgebots[35] verpflichtet, eine aufgrund einer vorteilhaften Entscheidung gebotene Auslegung oder Behandlung eines Anleihegläubigers auch auf alle anderen Anleihegläubiger zu erstrecken.[36] Hingegen ist der Anleiheschuldner nicht berechtigt, die Abweisung einer entsprechenden Klage eines Anleihegläubigers auch den übrigen Anleihegläubigern entgegenzuhalten.[37]

25 Ein Klageweg nach UKlaG *(actio pro creditoribus)* und der Richtlinie 98/27/EG des Europäischen Parlaments und des Rates vom 19.5.1998 über Unterlassungsklagen zum Schutz der Verbraucherinteressen[38] ist hingegen nicht eröffnet. Auch die dogmatische Einordnung des Kollektivs der Anleihegläubiger[39] ermöglicht nicht die Erhebung einer Klage für und gegen die Gesamtheit der Anleihegläubiger.[40]

VI. Gleichbehandlungsgrundsatz

1. Gleichbehandlung als Funktion der kollektiven Bindung

26 **a) Grundsätze.** Der Emittent ist verpflichtet, die Anleihegläubiger insoweit gleich zu behandeln, als die kollektive Bindung betroffen ist. Danach ist im Zusammenhang mit der rechtsgeschäftlichen Änderung durch Vereinbarung oder Gläubigerbeschluss eine Ungleichbehandlung einzelner Gläubiger durch den Emittenten unzulässig. Das Gleichbehandlungsgebot dient nicht dem individuellen Gläubigerschutz, sondern stellt die Kontinuität der Austauschbarkeit und Verkehrsfähigkeit aller Stücke einer Anleiheserie und damit die Funktionsfähigkeit des Kapitalmarkts und die Rechtssicherheit des Anleihehandels sicher. Ferner dient die Gleichbehandlung im Hinblick auf die kollektive Bindung der Schuldverschreibungen dem Vertrauen der Anleger in die Diskriminierungsfreiheit und Integrität des Kapitalmarkts. Als Reflex der kollektiven Bindung folgt daraus auch die Abwehr von bevorzugenden oder benachteiligenden Behandlungen zugunsten jedes einzelnen Gläubigers. Das Gleichbehandlungsgebot erfordert nach Ansicht der Bundesregierung, dass die Anleihegläubiger vom Emittenten „im Hinblick auf die der kollektiven Bindung unterliegenden Vertragsinhalte materiell gleich behandelt" werden müssen.[41] Dies bedeutet, dass eine Gleichbehandlung in Bezug auf die durch die Schuldverschreibungen gewährte Rechtsstellung und Ansprüche des Anleihegläubigers erforderlich ist.[42]

27 Die Gleichbehandlung setzt sich fort bei der Gestaltung von Mehrheitsbeschlüssen. Grundsätzlich soll auch nach Änderung der Anleihebedingungen durch Mehrheitsbeschlüsse das Prinzip der Gleichartigkeit und Verkehrsfähigkeit aller Schuldverschreibungen einer

[33] → § 20 Rn. 92 ff.

[34] Dies wird teilweise für die gerichtliche Geltendmachung rechtsfehlerhafter Gläubigerbeschlüsse vertreten, vgl. → § 20 Rn. 23 f. und 99.

[35] → Rn. 26 ff.

[36] Baums/*Vogel* S. 39 (56); FK-SchVG/*Friedl/Schmidtbleicher* § 4 Rn. 52; Heidel AktR/*Müller* SchVG § 4 Rn. 2.

[37] FK-SchVG/*Friedl/Schmidtbleicher* § 4 Rn. 54.

[38] ABl. 1998 L 166, 51.

[39] → Rn. 4.

[40] FK-SchVG/*Friedl/Schmidtbleicher* § 4 Rn. 48.

[41] BegrRegE SchVG, BT-Drs. 16/12814, 17 re. Sp.

[42] Krit. *Vogel* Die Vergemeinschaftung der Anleihegläubiger und ihre Vertretung nach dem SchVG S. 151 f.

Serie eingehalten werden. Nach § 5 Abs. 2 S. 2 ist daher ein Mehrheitsbeschluss, der nicht für alle Gläubiger gleiche Bedingungen vorsieht, unwirksam. Allerdings werden bei der Änderung von Anleihebedingungen durch Mehrheitsbeschluss[43] **Ausnahmen von der Gleichbehandlung** zugelassen, vorausgesetzt, dass die benachteiligten Gläubiger ihrer Benachteiligung ausdrücklich zustimmen. Diese Ungleichbehandlung führt zur Aufhebung der kollektiven Bindung, die durch Trennung der Anleihe in zwei unterschiedliche Serien mit separaten Wertpapierkennnummern (ISIN/WKN) umzusetzen ist. Die Ausnahmeregelung nach § 5 Abs. 2 S. 2 aE ist analog auf Änderungsvereinbarungen anzuwenden.[44]

28 **b) Einzelne Gleichbehandlungsgebote.** Nach § 4 S. 2 ist etwa eine Tilgung von Stücken einzelner Anleihegläubiger oder die Stellung von (zusätzlichen) Sicherheiten zugunsten einzelner Gläubiger rechtswidrig.

28a Soweit zu einzelnen Anleihegläubigern andere Rechtsverhältnisse bestehen, ist der Emittent aber in der rechtsgeschäftlichen Gestaltung frei. Der Emittent ist auch frei, mit einem oder mehreren Anleihegläubigern neue Rechtsverhältnisse zu begründen.[45] Der Emittent kann mit einzelnen Gläubigern schuldrechtliche Vereinbarungen über die Ausübung oder Erfüllung von Rechten und Pflichten aus den Schuldverschreibungen, zB Stillhalteabkommen,[46] abschließen, wenn die Rechtsstellung aller Gläubiger dabei unangetastet bleibt. Rückkauf- oder Umtauschangebote hinsichtlich einer Anleihe werden von dem Gleichbehandlungsgebot des § 4 S. 2 nicht erfasst.[47]

29 Eine einseitige Änderung der Anleihebedingungen durch bilaterale Vereinbarung zwischen dem Emittenten und einem Anleihegläubiger ist nichtig. Bilaterale Vereinbarungen zwischen Emittenten und Anleihegläubigern, etwa über Verzicht, Stundung oder Rückkauf, werden aber durch das Gleichbehandlungsgebot des § 4 S. 2 nicht berührt, soweit die Identität der Ausstattung aller Stücke der betreffenden Schuldverschreibung gewahrt bleibt.[48] Die Anleihebedingungen dürfen nach Vollziehung der Änderungsvereinbarung nicht unterschiedliche Rechte für einzelne Anleihegläubiger vorsehen. Sollten allseitige Änderungsvereinbarungen oder Mehrheitsbeschlüsse mit Zustimmung betroffener Anleihegläubiger Benachteiligungen oder sonstige Ungleichbehandlungen einzelner Gläubiger vorsehen, ist die Anleiheserie in zwei oder mehrere Schuldverschreibungen mit separaten Sammelurkunden und Wertpapierkennnummern aufzuteilen.

30 **c) Rechtsfolgen von Verstößen gegen das Gleichbehandlungsgebot.** Mehrheitsbeschlüsse, die nicht gleiche Bedingungen für alle Gläubiger vorsehen, sind nach § 5 Abs. 2 S. 2 nichtig. Eine Ausnahme besteht für Benachteiligungen durch Mehrheitsbeschlüsse, wenn die benachteiligten Anleihegläubiger ausdrücklich zustimmen; ebenso sind Ungleichbehandlungen durch allseitige Änderungsvereinbarungen zulässig und wirksam. Verstöße des Emittenten gegen das Gleichbehandlungsgebot, die durch Rechtsgeschäft oder sonstiges dem Emittenten zurechenbares Handeln oder Unterlassen eintreten, sind rechtswidrig und können Unterlassungs- und Schadensersatzansprüche der benachteiligten Anleihegläubiger auslösen. § 4 S. 2 ist aber **kein Verbotsgesetz** im Sinne des § 134 BGB.[49] § 4 S. 2 soll die Fungibilität der einzelnen Schuldverschreibungen sicherstellen,[50] richtet sich aber nicht

[43] Im Rahmen einer allseitigen Änderungsvereinbarung ist mangels einer § 5 Abs. 2 S. 2 aE SchVG vergleichbaren Vorschrift eine gezielte Ungleichbehandlung trotz Zustimmung der benachteiligten Gläubiger zu ihrer Benachteiligung nicht zulässig.

[44] → Rn. 20. **AA** Preuße/*Röh/Dörfler* § 4 Rn. 53.

[45] Bspw. kann der Emittent einem Anleihegläubiger während der Laufzeit einer Anleihe ein Darlehen gewähren, dessen Rückzahlungsanspruch später mit einem fälligen Anspruch aus den Schuldverschreibungen verrechnet oder zur Aufrechnung gebracht wird.

[46] Vgl. *Grell/Splittgerber/Schneider* DB 2015, 111 (113).

[47] Ebenso Preuße/*Röh/Dörfler* § 4 Rn. 52. Vgl. zur Zulässigkeit von Risikoprämien bei Umtauschangeboten *Schnorbus/Ganzer* WM 2014, 155 (157 ff.); *Thole* ZIP 2014, 2365 (2367 f.) sowie *Grell/Splittgerber/Schneider* DB 2015, 111 (113).

[48] Ebenso FK-SchVG/*Friedl/Schmidtbleicher* § 4 Rn. 9 und Rn. 63 ff.

[49] Heidel AktR/*Müller* SchVG § 4 Rn. 5.

[50] Zu diesem Normzweck vgl. Veranneman/*Oulds* § 4 Rn. 11.

gegen das wirtschaftliches Ergebnis[51] und die zivilrechtliche Wirksamkeit eines Rechtsgeschäfts, das eine Ungleichbehandlung der Anleihegläubiger in Bezug auf Gegenstände, die der kollektiven Bindung unterliegen, nach sich zieht. Da das SchVG insoweit die zivilrechtliche Regelungskompetenz der Gläubiger beschränkt,[52] ist § 134 BGB nicht anwendbar.

2. Andere Gleichbehandlungsgebote

§ 4 S. 2 begründet **kein universelles Gleichbehandlungsprinzip** im Recht der Schuldverschreibung. Ein spezielles Gleichbehandlungsgebot für an einem organisierten Markt zugelassene Wertpapiere statuiert **§ 48 Abs. 1 Nr. 1 WpHG.** Danach müssen Emittenten, für die die Bundesrepublik Deutschland der Herkunftsstaat ist, sicherstellen, dass alle Inhaber der zugelassenen Wertpapiere unter gleichen Voraussetzungen gleich behandelt werden. Dieses Gleichbehandlungsgebot ist grundsätzlich auf börsennotierte Schuldverschreibungen anwendbar. 31

VII. Sicherheiten

Die kollektive Bindung erstreckt sich auch auf Sicherheiten, die für Schuldverschreibungen gestellt werden. Dies gilt insbesondere für **Garantien,** die etwa von Konzernobergesellschaften für Finanzierungstöchter gewährt werden, welche Fremdkapital durch Emission von Anleihen aufnehmen. Anleihegläubiger erhalten Rechte aus der Garantie typischerweise durch die Vereinbarung des Garantievertrags zwischen dem Garanten und einem Dritten (zB Zahlstelle oder Emissionsbank) als echter Vertrag zugunsten Dritter (§ 328 Abs. 1 BGB).[53] **Dingliche Sicherheiten** werden typischerweise vom Emittenten oder Drittsicherungsgeber zugunsten eines Sicherheitentreuhänders bestellt, der gegenüber den Anleihegläubigern zur Verwaltung und gegebenenfalls Durchsetzung und Verwertung der Sicherheiten verpflichtet ist, wobei die Rechtsstellung der Anleihegläubiger im Rahmen des Sicherheitentreuhandvertrags wiederum durch echten Vertrag zugunsten Dritter begründet wird.[54] Sicherungsgeber und Sicherungstreuhänder haben Anleihegläubiger in Bezug auf ihre durch die Sicherungsverträge geschaffene Rechtsposition gleich zu behandeln. Zwar bestimmt § 22 nur ausdrücklich, dass nach Maßgabe der Anleihebedingungen die Geltung der §§ 5–21 für Sicherheiten entsprechend angeordnet werden kann. Die uneingeschränkte Geltung des § 4 für die Gestaltung von dinglichen oder Personalsicherheiten ist unabhängig von der Festlegung eines Änderungsvorbehalts hinsichtlich der Sicherheiten in den Anleihebedingungen und folgt schon daraus, dass die Gleichartigkeit der Besicherung der einzelnen Teilschuldverschreibungen Voraussetzung für die Identität und Verkehrsfähigkeit der Schuldverschreibungen einer Serie ist.[55] 32

Die Änderung der Bedingungen einer Garantie oder eines Vertrags zur Bestellung einer dinglichen Sicherheit oder der Sicherungsabrede setzt voraus, dass alle Anleihegläubiger zustimmen oder, soweit die Anleihebedingungen die Änderung von Sicherheitenverträgen durch Gläubigerbeschluss vorsehen, ein entsprechender Mehrheitsbeschluss gefasst wird. Die kollektive Bindung der Sicherheitenverträge, die den Anleihegläubigern Rechte einräumen, ist unabhängig von dem auf die Sicherheiten anwendbaren Recht. Um die 33

[51] Zu dieser Definition eines Verbotsgesetzes vgl. BGH NJW 1968, 2268.

[52] Begr. RegE SchVG, BT-Drs. 16/12814, 17 re. Sp. Hierzu allg. MüKoBGB/*Armbrüster* § 134 Rn. 5.

[53] Lwowski/Fischer/Langenbucher/*Bliesener* KreditsicherungsR § 17 Rn. 5 ff.; FK-SchVG/*Friedl/Schmidtbleicher* § 4 Rn. 36; FK-SchVG/*Lawall* § 22 Rn. 9; Heidel AktR/*Müller* SchVG § 4 Rn. 2; Hopt/Seibt/*Thole* § 4 SchVG Rn. 19.

[54] Lwowski/Fischer/Langenbucher/*Bliesener* KreditsicherungsR § 17 Rn. 12 ff.

[55] **AA** Preuße/*Röh/Dörfler* § 4 Rn. 58, die annehmen, dass die kollektive Bindung und das Gleichbehandlungsgebot nur gelten, sofern die Bedingungen einer Garantie auf den in den Anleihebedingungen vorgesehenen Änderungsvorbehalt verweisen; ähnlich: Veranneman/*Oulds* § 4 Rn. 32; *Schlitt/Schäfer* AG 2009, 477 (480 f.).

Durchsetzbarkeit von Änderungen durch Mehrheitsbeschluss in einem auf die Sicherheit anwendbaren ausländischen Recht zu gewährleisten, sollte die Sicherungszweckvereinbarung oder der Sicherheitentreuhandvertrag deutschem Recht unterliegen. Die Rechtsposition der Anleihegläubiger aufgrund von Grundpfandrechten oder Sicherungszessionen, die ausländischem Recht unterliegen, kann jedenfalls nur in den Grenzen des § 4 geändert werden.[56] Ebenso haben Sicherheitengeber und Sicherheitentreuhänder alle Anleihegläubiger in Bezug auf deren Rechtsstellung nach den Sicherheitenverträgen gleich zu behandeln.

Abschnitt 2. Beschlüsse der Gläubiger

§ 5 Mehrheitsbeschlüsse der Gläubiger

(1) [1] **Die Anleihebedingungen können vorsehen, dass die Gläubiger derselben Anleihe nach Maßgabe dieses Abschnitts durch Mehrheitsbeschluss Änderungen der Anleihebedingungen zustimmen und zur Wahrnehmung ihrer Rechte einen gemeinsamen Vertreter für alle Gläubiger bestellen können.** [2] **Die Anleihebedingungen können dabei von den §§ 5 bis 21 zu Lasten der Gläubiger nur abweichen, soweit es in diesem Gesetz ausdrücklich vorgesehen ist.** [3] **Eine Verpflichtung zur Leistung kann für die Gläubiger durch Mehrheitsbeschluss nicht begründet werden.**

(2) [1] **Die Mehrheitsbeschlüsse der Gläubiger sind für alle Gläubiger derselben Anleihe gleichermaßen verbindlich.** [2] **Ein Mehrheitsbeschluss der Gläubiger, der nicht gleiche Bedingungen für alle Gläubiger vorsieht, ist unwirksam, es sei denn, die benachteiligten Gläubiger stimmen ihrer Benachteiligung ausdrücklich zu.**

(3) [1] **Die Gläubiger können durch Mehrheitsbeschluss insbesondere folgenden Maßnahmen zustimmen:**

1. **der Veränderung der Fälligkeit, der Verringerung oder dem Ausschluss der Zinsen;**
2. **der Veränderung der Fälligkeit der Hauptforderung;**
3. **der Verringerung der Hauptforderung;**
4. **dem Nachrang der Forderungen aus den Schuldverschreibungen im Insolvenzverfahren des Schuldners;**
5. **der Umwandlung oder dem Umtausch der Schuldverschreibungen in Gesellschaftsanteile, andere Wertpapiere oder andere Leistungsversprechen;**
6. **dem Austausch und der Freigabe von Sicherheiten;**
7. **der Änderung der Währung der Schuldverschreibungen;**
8. **dem Verzicht auf das Kündigungsrecht der Gläubiger oder dessen Beschränkung;**
9. **der Schuldnerersetzung;**
10. **der Änderung oder Aufhebung von Nebenbestimmungen der Schuldverschreibungen.**

[2] **Die Anleihebedingungen können die Möglichkeit von Gläubigerbeschlüssen auf einzeln benannte Maßnahmen beschränken oder einzeln benannte Maßnahmen von dieser Möglichkeit ausnehmen.**

(4) [1] **Die Gläubiger entscheiden mit der einfachen Mehrheit der an der Abstimmung teilnehmenden Stimmrechte.** [2] **Beschlüsse, durch welche der wesentliche Inhalt der Anleihebedingungen geändert wird, insbesondere in den Fällen des Absatzes 3 Nummer 1 bis 9, bedürfen zu ihrer Wirksamkeit einer Mehrheit von mindestens 75 Prozent der teilnehmenden Stimmrechte (qualifizierte Mehrheit).** [3] **Die Anleihebedingungen können für einzelne oder alle Maßnahmen eine höhere Mehrheit vorschreiben.**

(5) [1] **Ist in Anleihebedingungen bestimmt, dass die Kündigung von ausstehenden Schuldverschreibungen nur von mehreren Gläubigern und einheitlich erklärt werden**

[56] Zu dieser Problematik Veranneman/*Oulds* § 4 Rn. 33; FK-SchVG/*Friedl*/*Schmidtbleicher* § 4 Rn. 35.

kann, darf der für die Kündigung erforderliche Mindestanteil der ausstehenden Schuldverschreibungen nicht mehr als 25 Prozent betragen. [2]Die Wirkung einer solchen Kündigung entfällt, wenn die Gläubiger dies binnen drei Monaten mit Mehrheit beschließen. [3]Für den Beschluss über die Unwirksamkeit der Kündigung genügt die einfache Mehrheit der Stimmrechte, es müssen aber in jedem Fall mehr Gläubiger zustimmen als gekündigt haben.

(6) **[1]Die Gläubiger beschließen entweder in einer Gläubigerversammlung oder im Wege einer Abstimmung ohne Versammlung. [2]Die Anleihebedingungen können ausschließlich eine der beiden Möglichkeiten vorsehen.**

Schrifttum: Arbeitskreis Reform des Schuldverschreibungsrechts, Reform des Schuldverschreibungsgesetzes, ZIP 2014, 845; *Baums,* Die gerichtliche Kontrolle von Beschlüssen der Gläubigerversammlung nach dem Referentenentwurf eines neuen Schuldverschreibungsgesetzes, ZBB 2009, 1; *Baums,* Weitere Reform des Schuldverschreibungsrechts!, ZHR 177 (2013), 807; *Becker/Pospiech,* Die Prospektpflicht beim Debt-to-Equity-Swap von Anleihen, NJW-Spezial 2014, 591; *Bliesener,* Änderungen von Anleihebedingungen in der Praxis, in: *Baum/Fleckner/Hellgardt/Roth* (Hrsg.), Perspektiven des Wirtschaftsrechts, Beiträge für Hopt, 2008, 355; *Bösch,* Die Emission von Schuldverschreibungen nach schweizerischem Recht – ein Rechtsvergleich mit dem geplanten deutschen Schuldverschreibungsrecht, in: *Baums/Cahn* (Hrsg.), Die Reform des Schuldverschreibungsrechts, 2004, 189; *Bücker/Petersen,* Kapitalmarkttransparenz bei Restrukturierungen – Loan-to-own-Strategien im Lichte des derzeit geltenden Melderegimes, ZGR 2013, 802; Bundesverband Investment und Asset Management e. V. (BVI)/Deutsche Vereinigung für Finanzanalyse und Asset Management e. V. (DVFA), Standards für Unternehmensanleihen unter dem Schuldverschreibungsgesetz (SchVG), März 2012 (http://www.dvfa.de/fileadmin/downloads/Publikationen/Standards/dvfa_bvi_standards_schvg.pdf); *Burn,* Bond issues under U. K. law: how the proposed German legislation compares, in: *Baums/Cahn* (Hrsg.), Die Reform des Schuldverschreibungsrechts, 2004, 219; *Cagalj,* Restrukturierung von Anleihen nach dem neuen Schuldverschreibungsgesetz, 2013; *Cahn/Hutter/Kaulamo/Meyer/Weiß,* Regelungsvorschläge zu ausgewählten Rechtsfragen bei Debt-to-Equity Swaps von Anleihen, WM 2014, 1309; *Cahn/Simon/Theiselmann,* Debt Equity Swap zum Nennwert!, DB 2010, 1629; *Cahn/Simon/Theiselmann,* Nennwertanrechnung beim Debt Equity Swap!, DB 2012, 501; Deutsches Aktieninstitut e. V., Stellungnahme zum Referentenentwurf eines Gesetzes zur Neuregelung der Rechtsverhältnisse bei Schuldverschreibungen aus Anleihen und zur Anpassung kapitalmarktrechtlicher Verjährungsvorschriften; *Florstedt,* Reformbedarf und Reformperspektiven im Schuldverschreibungsrecht, WiVerw 2014, 155; *Florstedt/von Randow,* Die Kündigung des Anleiheschuldverhältnisses aus wichtigem Grund, ZBB 2014, 345; *Friedl,* Der Tausch von Anleihen in Aktien, BB 2012, 1102; *Groß,* Kapitalmarktrecht, 5. Aufl. 2012; Group of Ten, Report of the G-10 Working Group on Contractual Clauses, 2002 (http://www.bis.org/publ/gten08.pdf); *Hofmann/Keller,* Collective Action Clauses, ZHR 175 (2011), 684; *Horn,* Das neue Schuldverschreibungsgesetz und der Anleihemarkt, BKR 2009, 446; *Horn,* Die Stellung der Anleihegläubiger nach neuem Schuldverschreibungsgesetz und allgemeinem Privatrecht im Licht aktueller Marktentwicklungen, ZHR 173 (2009), 12; *Horn,* Das Recht der internationalen Anleihen, Habil. Frankfurt a. M. 1972; *Keller,* Umschuldung von Staatsanleihen unter Berücksichtigung der Problematik einer Aggregation aller Anleihegläubiger, in: *Baums/Cahn* (Hrsg.), Die Reform des Schuldverschreibungsrechts, 2004, 157; *Kenadjian,* Bond issues under New York and U. S. law: Considerations for the German law Maker from a U. S. Perspective, in: *Baums/Cahn* (Hrsg.), Die Reform des Schuldverschreibungsrechts, 2004, 245; *Kessler/Rühle,* Die Restrukturierung von Anleihen in Zeiten des SchVG 2009, BB 2014, 907; *Lenenbach,* Kapitalmarktrecht und kapitalmarktrelevantes Gesellschaftsrecht, 2. Aufl. 2010; *Lwowski/Fischer/Langenbucher,* Das Recht der Kreditsicherung, 9. Aufl. 2011; *Maier-Reimer,* Zwangswandlung von Schuldverschreibungen in deutsche Aktien, FS Götte, 2011, 299; *Maier-Reimer,* Rechtsfragen der Restrukturierung, insbesondere der Ersetzung des Schuldners, in: *Baums/Cahn* (Hrsg.), Die Reform des Schuldverschreibungsrechts, 2004, 129; *Maier-Reimer,* Debt Equity Swap, Gesellschaftsrecht in der Diskussion, 2011; *Otto,* Gläubigerversammlungen nach dem SchVG – Ein neues Tätigkeitsgebiet für Notare, DNotZ 2012, 809; *Paulus,* Schuldverschreibungen, Restrukturierungen, Gefährdungen, WM 2012, 1109; *Podewils,* Neuerungen im Schuldverschreibungs- und Anlegerschutzrecht – Das Gesetz zur Neuregelung der Rechtsverhältnisse bei Schuldverschreibungen aus Gesamtemissionen und zur verbesserten Durchsetzbarkeit von Ansprüchen von Anlegern aus Falschberatung, DStR 2009, 1914; Rat der Europäischen Union (ECOFIN), Press release of 7 Sep 2002 (http://uk.fm.dk/News/Press%20releases/2002/09/Informal%20Ecofin.aspx); *Reps,* Rechtswettbewerb und Debt Governance bei Anleihen, Diss. München 2014; *Schimansky/Bunte/Lwowski,* Bankrechts-Handbuch, 4. Aufl. 2011; *Schlitt/Schäfer,* Die Restrukturierung von Anleihen nach dem neuen Schuldverschreibungsgesetz, AG 2009, 477; *Schmidt/Schlitt,* Debt Equity-Swap – Eine attraktive Form der Restrukturierung?, Der Konzern 2009, 279; *Schmidtbleicher,* Die Anleihegläubigermehrheit, Diss. Frankfurt a. M. 2010; *Schneider,* Die Änderung von Anleihebedingungen in der Praxis, in: *Baums/Cahn* (Hrsg.), Die Reform des Schuldverschreibungsrechts, 2004, 69; *Schnorbus/Ganzer,* Einflussmöglichkeiten auf die Gläubigerversammlung im Zusammenhang mit der Änderung von Anleihebedingungen, WM 2014, 155; *Schulenburg,* Der Schutz der Minderheit im Schuldverschreibungsrecht in vergleichender Betrachtung mit dem Aktienrecht, 2017; *Schwark/Zimmer,* Kapitalmarktrechts-Kommentar, 4. Aufl. 2010; *Seibt/Schwarz,* Anleihekündigung in Sanierungssituationen, ZIP 2015, 401; *Sester,* Transparenzkontrolle von Anleihebedingungen nach Einführung des neuen Schuldverschreibungsgesetzes, AcP 209 (2009), 629; *Terlau,* Neuer Weg für Restrukturierungen, Börsen-Zeitung v. 14.3.2015, 9; *Thole,* Der Debt Equity Swap bei der Restrukturierung von Anleihen, ZIP 2014, 2365; *Wasmann/Steber,* Rechtsfragen im Zusammenhang mit der Durchführung einer Gläubigerversammlung nach dem Schuldverschreibungsgesetz, ZIP 2014, 2005; *Westphal,* Debt Equity Swap von Schuldverschreibungen in der Insolvenz, FS Kübler, 2015, 773.

I. Überblick

§ 5 ist die **Grundnorm des durch das Gesetz geschaffenen Organisationsrechts der Anleihegläubiger.** Sofern die Anleihebedingungen es vorsehen, können die Gläubiger durch Mehrheitsbeschluss (i) einer Änderung der Anleihebedingungen zustimmen und (ii) einen gemeinsamen Vertreter zur Wahrnehmung ihrer Rechte bestellen. Die Anleihebedingungen können beides zulassen, also den Gläubigern sowohl eine Zuständigkeit zur Änderung der Anleihebedingungen als auch zur Bestellung eines gemeinsamen Vertreters einräumen. Sie können aber auch den **Umfang der Zuständigkeit der Gläubiger** auf die Änderung der Anleihebedingungen **oder** die Bestellung eines gemeinsamen Vertreters **beschränken.** Die Beschlusskompetenz der Gläubiger zur Änderung der Anleihebedingungen kann umfassend gestaltet werden oder auch begrenzt sein auf bestimmte Umstände oder Ereignisse. Beschlüsse der Gläubiger über die Änderung der Anleihebedingungen bedürfen stets der **Zustimmung des Schuldners.** Ein Beschluss über die Bestellung eines gemeinsamen Vertreters unterliegt keinem solchen Zustimmungserfordernis. 1

Die Vorschrift bestimmt die materiellen Anforderungen an die Mehrheitsentscheidungen der Gläubiger: Eine Verpflichtung zur Leistung kann für die Gläubiger nicht durch Mehrheitsbeschuss begründet werden. Mehrheitsbeschlüsse müssen grundsätzlich für alle Gläubiger gleiche Bedingungen vorsehen. Abweichungen von den Bestimmungen des Gesetzes sind zulasten der Gläubiger nur zulässig, soweit das Gesetz das ausdrücklich vorsieht. Die Vorschrift bestimmt die Mehrheitserfordernisse für wesentliche Änderungen der Anleihebedingungen und ordnet die verbindliche Kraft der Mehrheitsbeschlüsse für alle Gläubiger derselben Anleihe an. Schließlich erlaubt die Vorschrift die Kündigung der gesamten Anleihe durch eine qualifizierte Minderheit und die Rücknahme einer solchen Gesamtkündigung mit einfacher Mehrheit. 2

§ 5 eröffnet die Möglichkeit, den Anleihegläubigern durch Bestimmung in den Anleihebedingungen eine **umfassende Beschlusskompetenz** zur Änderung der Anleihebedingungen einzuräumen. Anders als unter der Geltung des SchVG 1899 erlaubt diese umfassende Beschlusskompetenz in der Krise des Schuldners sinnvolle Beiträge der Gläubiger zu einer effektiven Sanierung des Schuldners. Sie erlaubt **auch außerhalb der Krise** des Schuldners **Anpassungen** der Anleihebedingungen an geänderte rechtliche, wirtschaftliche und steuerliche Verhältnisse, die Schuldner und Gläubigern zweckmäßig oder geboten erscheinen und die im beiderseitigen Interesse liegen. Die umfassende Beschlusskompetenz wahrt auch ihren ursprünglichen Zweck, sicherzustellen, dass Umschuldungsklauseln nach deutschem Recht zulässig sind. Derartige Umschuldungsklauseln sollen nach den Absprachen in der Europäischen Union von 2002[1] in die Bedingungen der Währungsanleihen der Mitgliedstaaten und nach den Beschlüssen des Europäischen Rates von 2011 über den ESM[2] ab 2013 in alle Staatsanleihen der Mitgliedstaaten der Währungsunion Eingang finden. 3

[1] Rat der Europäischen Union (ECOFIN), Press release of 7.9.2002 (http://uk.fm.dk/News/Press%20releases/2002/09/Informal%20Ecofin.aspx). → Einl. Rn. 34.
[2] → Einl. Rn. 35 ff.

II. Die Änderung der Anleihebedingungen

1. Möglichkeiten zur Änderung von Anleihebedingungen

4 Nach § 4 S. 1 können die Anleihebedingungen während der Laufzeit der Anleihe auf zwei Wegen durch **Rechtsgeschäft** geändert werden: Entweder durch einen gleichlautenden Vertrag des Schuldners mit sämtlichen Gläubigern[3] oder mittels eines Mehrheitsbeschlusses der Gläubiger, der der Zustimmung des Schuldners bedarf.[4]

5 § 4 S. 1 erfasst – nach seinem ausdrücklichen Wortlaut – Änderungen der Anleihebedingungen durch Rechtsgeschäft. Die Vorschrift erfasst nicht Änderungen des Inhalts der Anleihebedingungen, die aufgrund von speziellen Regelungen der Anleihebedingungen bereits **in den Anleihebedingungen selbst angelegt sind** und sich ohne Vornahme eines Rechtsgeschäfts vollziehen. Derartige Regelungen sind unterschiedlicher Art.[5] Ihnen unterfallen beispielsweise in die Entscheidung des Schuldners gestellte Änderungen der Person von „Funktionsträgern" (etwa des Fiscal Agent, einer Zahlstelle oder Berechnungsstelle, von Gutachtern, des Vertragsvertreters, eines Sicherheitentreuhänders usw), eine Schuldnerersetzung in Anwendung einer in den Anleihebedingungen enthaltenen Schuldnerersetzungsklausel, Veränderungen unterliegende Faktoren der Leistungsbestimmung (wie etwa Zinsbestimmungsregeln bei variabel verzinslichen Anleihen); Rückfallklauseln (fall back provisions), die eingreifen, wenn sich die Ausgangsregel nicht als durchführbar erweist; Änderungen nach Marktstörungsereignissen; Änderungen des Underlyings; Änderungen des Inhalts der Anleihebedingungen bei dynamischen Verweisungen der Anleihebedingungen[6] auf außerhalb der Urkunde niedergelegte Bedingungen, die sich inhaltlich ändern; und insbesondere in den Anleihebedingungen konkretisierte Leistungsbestimmungsrechte des Schuldners oder Dritter sowie Änderungsoptionen des Schuldners oder Dritter.[7]

6 Das **Prinzip der kollektiven Bindung** verlangt für alle Änderungen von Anleihebedingungen, dass die Änderungen für alle Schuldverschreibungen der Anleihe einheitlich sind, damit die **Inhaltsgleichheit** aller Schuldverschreibungen der Gesamtemission gewahrt bleibt.[8]

2. Änderungen während der Laufzeit der Anleihe

7 Die in dem Prinzip der kollektiven Bindung liegenden Beschränkungen in den Möglichkeiten der Änderung von Anleihebedingungen bestehen (nur) **„während der Laufzeit der Anleihe"**. Das ist keine zeitliche Befristung der Änderungsmöglichkeiten, denn die Laufzeit einer Anleihe endet erst mit dem vollständigen **Erlöschen** (§§ 362 ff. BGB) aller Ansprüche der Gläubiger. Die statutarische **Endfälligkeit** beendet die Laufzeit nur, wenn sämtliche Ansprüche der Gläubiger im Zeitpunkt der Endfälligkeit durch Erfüllung erloschen sind. Das Erlöschen kann vor der Endfälligkeit eintreten, insbesondere im Falle der Kündigung und vollständigen Rückzahlung des Kapitals und Zahlung der aufgelaufenen Zinsen, aber auch nach der Endfälligkeit, wenn der Schuldner in der pünktlichen und ordnungsgemäßen Erfüllung der Ansprüche säumig ist. Die Laufzeit der Anleihe endet auch bei Vorliegen der weiteren gesetzlichen Erlöschenstatbestände, wie Zeitablauf (§ 801 Abs. 1 BGB), Hinterlegung mit Rücknahmeverzicht im Falle des Annahmeverzugs der Gläubiger (§§ 372, 378 BGB), Erlass (§ 397 BGB), Ablauf etwaiger Ausschlussfristen oder auch Ablauf von Verjährungsfristen, sofern der Schuldner verbindlich erklärt, die Leistung nach Ablauf der Frist zu verweigern.[9]

---

[3] → § 4 Rn. 18 ff.
[4] → Rn. 77 ff.
[5] → § 4 Rn. 12 f., 14 ff.
[6] Zum Begriff → § 2 Rn. 8.
[7] Ausführlich zum Vorstehenden → § 4 Rn. 12.
[8] BegrRegE SchVG, BT-Drs. 16/12814, 17 re. Sp.
[9] Zum Vorstehenden → § 4 Rn. 11.

III. Mehrheitsbeschlüsse der Gläubiger

1. Mehrheitsbeschlüsse der Gläubiger kraft Bestimmung in den Anleihebedingungen

a) Optionsmodell. Es war eine der Grundfragen während des Gesetzgebungsprozesses, ob die Regelungen über Mehrheitsbeschlüsse der Gläubiger – wie beim SchVG 1899 – **kraft Gesetzes** Geltung haben sollen, oder ob deren Geltung der Bestimmung des Schuldners in den Anleihebedingungen überlassen sein soll. Das Gesetz entscheidet sich für den zweiten Weg – das **Optionsmodell:** Die Befugnis der Gläubiger, Änderungen der Anleihebedingungen mittels Mehrheitsbeschluss zuzustimmen, verlangt, dass der Schuldner den Gläubigern diese Befugnis in den Anleihebedingungen eingeräumt hat. Das Gesetz bringt das mit den Worten zum Ausdruck, dass die Anleihebedingungen Gläubigerbeschlüsse vorsehen „können“.[10] 8

Die Entscheidung für Mehrheitsklauseln steht **im freien Ermessen** des Schuldners und des Platzierungskonsortiums oder (bei einer Direktplatzierung) des übernehmenden Investors.[11] Sehen die Anleihebedingungen Mehrheitsbeschlüsse der Gläubiger nicht vor, so haben die Gläubiger nicht die Möglichkeit, einer Änderung der Anleihebedingungen durch Mehrheitsbeschluss zuzustimmen. Dann bleibt lediglich die Möglichkeit des Abschlusses gleichlautender Verträge nach § 4 S. 1. 9

b) Zweckmäßigkeit des Optionsmodells. Für das Optionsmodell sprechen praktische Überlegungen, neben der grundsätzlichen Wünschbarkeit, flexible und zweckmäßige Gestaltungen für die Vielzahl unterschiedlicher Anleihearten zu ermöglichen. Die zwingende Geltung von Mehrheitsbeschlüssen für alle **Arten von Anleihen** wäre nicht sachgerecht, da es Arten von Anleihen gibt, bei denen Mehrheitsbeschlüsse der Gläubiger nicht opportun sind. 10

Für **Pfandbriefe** schließt das Gesetz selbst die Geltung der Bestimmungen über Mehrheitsbeschlüsse der Gläubiger aus, weil sie nach der Gesetzesbegründung wegen der gesetzlich vorgeschriebenen Deckung und der Sicherungsmechanismen bei Insolvenz der Pfandbriefbank (§§ 30 ff. PfandBG) unangebracht seien. 11

Geldmarktpapiere *(Commercial Paper)* haben regelmäßig eine Laufzeit von einem Tag bis zu höchstens einem Jahr. Bei diesen Papieren ist die Möglichkeit der Änderung der Anleihebedingungen durch Mehrheitsbeschluss der Gläubiger schlechthin unerwünscht. Vergleichbar Wechseln und Schecks sind sie so zu erfüllen wie geschrieben. Leistungsstörungen sind *per se* nicht eingeplant. 12

Zertifikate enthalten von alters her Regeln für die Anpassung der Leistungspflicht und des Leistungsinhalts im Falle des Eintritts unerwarteter Umstände. Diese Regeln sind als abschließend konzipiert. Auch für Zertifikate kommen Eingriffe durch Mehrheitsbeschlüsse der Gläubiger in der Praxis nicht in Betracht. 13

Strukturierte Schuldverschreibungen (ua *Asset-Backed Securities, Credit-Linked Notes*) bedürfen einer ausgeprägten Flexibilität bei der Gestaltung von Anleihebedingungen im Allgemeinen und den Regelungen über Mehrheitsbeschlüsse im Besonderen. Diesem 14

[10] Die amtliche Begründung betont diesen Grundsatz wie folgt: *„Anders als das SchVG von 1899 – das mit seinem engen Anwendungsbereich zwingend, d. h. auch ohne Regelungen in den Anleihebedingungen gilt – soll es künftig den Regelungen in den Anleihebedingungen überlassen bleiben, ob und in welchem Umfang der Schuldner von der Möglichkeit Gebrauch machen kann, eine Änderung der Anleihebedingungen durch Mehrheitsbeschluss anzustreben.“*, BegrRegE SchVG, BT-Drs. 16/12814, 14.

[11] BVI/DVFA, Standards für Unternehmensanleihen unter dem Schuldverschreibungsgesetz (SchVG) (http://www.dvfa.de/fileadmin/downloads/Publikationen/Standards/dvfa_bvi_standards_schvg.pdf), S. 6 f., empfehlen, Mehrheitsbeschlüsse insbes. zu in § 5 Abs. 3 Nr. 1–9 aufgeführten Maßnahmen zuzulassen, sofern nicht die Beschlussgegenstände in den Anleihebedingungen abschließend geregelt sind.

Bedürfnis kommt das Optionsmodell entgegen, weil es dem Emittenten völligen Freiraum lässt hinsichtlich des Umfangs der Befugnisse der Gläubiger.

15 Ebenso verhält es sich mit **Hochzinsanleihen** *(High Yield Bonds)*. Die Anleihebedingungen müssen sehr produktbezogen die Voraussetzungen für Mehrheitsbeschlüsse der Gläubiger regeln. Das ist nach dem Optionsmodell, so wie es das Gesetz vorsieht, möglich.

16 So wie es wichtige Arten von Anleihen gibt, für die Mehrheitsbeschlüsse der Gläubiger praktisch nicht in Betracht kommen, so gibt es **Arten von Schuldnern,** für die es unangebracht ist, Mehrheitsbeschlüsse der Gläubiger zwingend vorzuschreiben.

17 Das ist vor allem so für inländische und ausländische **öffentlich-rechtliche Schuldner,** um wenige zu nennen: der Bund, die Länder, die KfW, ausländische Staaten und Gliedstaaten, internationale Organisationen.

18 Auch inländischen und ausländischen **privaten Schuldnern,** insbesondere solchen von unzweifelhaftem Standing, kann daran gelegen sein, die Möglichkeit zu Eingriffen in ihre Anleihen durch Mehrheitsbeschlüsse generell, oder jedenfalls für bestimmte Arten ihrer Anleihen, auszuschließen.

19 Was schließlich die **Schwellenländer** betrifft, für die der G10-Bericht die Aufnahme von **Collective Action Clauses** in die Anleihebedingungen empfiehlt, ist zu bedenken, dass der G10-Bericht davon ausgeht, dass bei den Anleihen dieser Länder das Recht der Mehrheitsbeschlüsse der Gläubiger im Einzelnen in den Anleihebedingungen selbst geregelt wird. Damit wird dem ausländischen Staat die Möglichkeit gegeben, auf den Inhalt der Regelungen unmittelbar Einfluss zu nehmen. Die zwingende Geltung der durch deutsches Gesetzesrecht vorgegebenen Organisation des Gläubigerkollektivs lässt sich damit nicht vereinbaren.

20 **c) Umfang der Änderungskompetenz.** Das Gesetz beschränkt den Schuldner und die Platzeure nicht darin, den Umfang der Befugnisse der Gläubiger zu Mehrheitsbeschlüssen festzulegen. So wie keinerlei Änderungsmöglichkeiten durch Mehrheitsbeschlüsse der Gläubiger vorgesehen werden können, so können in die Änderungsmöglichkeit sämtliche Bestimmungen der Anleihebedingungen einbezogen werden.[12] Auch eine Öffnungsklausel ist denkbar, die die Gläubiger zu Mehrheitsentscheidungen über **alle rechtlich zulässigen Gegenstände** ermächtigt. Die Anleihebedingungen können etwa die Änderungsmöglichkeit auf **sämtliche Beschlussgegenstände des § 5 Abs. 3 S. 1 Nr. 1–10** erstrecken, sei es durch pauschale Verweisung oder enumerative Wiedergabe in den Anleihebedingungen; die Bedingungen können diese **Beschlussgegenstände auch erweitern.** Die Aufzählung der Beschlussgegenstände in § 5 Abs. 3 S. 1 Nr. 1–10 ist, wie sich aus dem Wort „insbesondere" in § 5 Abs. 3 S. 1 ergibt, „nicht vollständig" und soll „der Klarstellung dienen und so Rechtssicherheit schaffen".[13] Umgekehrt können die Anleihebedingungen die Möglichkeit der Änderung mittels der in § 5 Abs. 3 S. 1 Nr. 1–10 aufgeführten Maßnahmen einschränken, indem diese Möglichkeit – wie in § 5 Abs. 3 S. 2 vorgesehen – auf einzeln benannte Maßnahmen beschränkt wird oder „einzeln benannte Maßnahmen von dieser Möglichkeit" ausgenommen werden. Sie können die Änderungsmöglichkeit auch unter Voraussetzungen stellen und an Bedingungen knüpfen und von dem Eintritt bestimmter, ungewisser, auch unvorhergesehener, zukünftiger Umstände (wie die Krise des Schuldners) oder Ereignisse (wie eine Änderung des steuerlichen Regimes oder eine Umstrukturierung des Konzerns) abhängig machen. Nicht zuletzt im Hinblick auf die Vielzahl von Anleihearten werden die Möglichkeiten von Mehrheitsbeschlüssen nicht nur zu Zwecken der Sanierung des Schuldners zur Anwendung kommen, sondern auch zu Zwecken der Anpassung der Anleihebedingungen bei (nicht erwarteten) Veränderungen in den Verhältnissen des Schuldners außerhalb einer Krise oder bei allgemeinen Veränderun-

[12] Vgl. RegBegr SchVG, BT-Drs. 16/12814, 18: *„In der Sache können die Gläubiger […] grundsätzlich jeder Änderung der Anleihebedingungen zustimmen."*.

[13] RegBegr SchVG, BT-Drs. 16/12814, 18; FK-SchVG/*Friedl/Schmidtbleicher* § 5 Rn. 35; *Schulenburg* Schutz der Minderheit im Schuldverschreibungsrecht S. 82.

gen der für die Anleihe relevanten rechtlichen, steuerlichen oder wirtschaftlichen Umstände. Das Gesetz bietet einen weiten Spielraum für zweckmäßige Gestaltungen, und Emittenten werden in der Regel gut daran tun, davon in sinnvoller Weise unter Berücksichtigung der Art der Anleihe, der Interessen der Gläubiger und der Wahrung der Anforderungen und Erwartungen des Kapitalmarkts Gebrauch zu machen.

d) Abweichung zu Lasten der Gläubiger. Nach § 5 Abs. 1 S. 2 dürfen die Anleihebedingungen von den §§ 5 bis 21 zu Lasten der Gläubiger nur abweichen, wenn dies im Gesetz ausdrücklich vorgesehen ist. Eine besondere Regelung der Rechtsfolgen eines Verstoßes gegen diese Vorschrift ist nicht erfolgt. Im Schrifttum wird eine geltungserhaltende Reduktion auf den im Einklang mit dem Gesetz stehenden Kern in Erwägung gezogen, um gleichzeitig den Emittenten zu sanktionieren und die Interessen der Anleihegläubiger zu wahren.[14] Dagegen wird eingewandt, dass zugleich ein Verstoß gegen das Transparenzgebot des § 3 vorliegen könne und dass eine geltungserhaltende Reduktion im Recht der Allgemeinen Geschäftsbedingungen nicht zulässig sei.[15] Zu beachten ist insofern die Ausgestaltung der abweichenden Regelung. Erklären die Anleihebedingungen die §§ 5 bis 21 für anwendbar und treffen daneben eine für die Gläubiger nachteilige, davon abweichende Regelung, so bewirkt eine geltungserhaltende Reduktion ohnehin nur, was sich auch aus § 134 BGB ergibt: Die Abweichung von §§ 5–21 ist unwirksam und es verbleibt bei der gesetzlichen Regelung. Aber auch für den Fall einer einheitlichen Regelung, bei der für die Gläubiger nachteilige Abweichung von den §§ 5 bis 21 und Ermächtigung zu Mehrheitsbeschlüssen untrennbar zusammenfallen, wird man im Wege der ergänzenden Vertragsauslegung zur Anwendbarkeit der gesetzlichen Regelung kommen. 21

2. Beschlussgegenstände des § 5 Abs. 3 S. 1 Nr. 1 bis 10

§ 5 Abs. 3 S. 1 zählt beispielhaft eine Reihe von Maßnahmen auf, denen die Gläubiger durch Mehrheitsbeschluss zustimmen können. Die Aufzählung lehnt sich an die Beschlussgegenstände an, die der G10-Bericht in der Modellklausel „Meetings of Holders; Modifications and Amendments" aufführt.[16] Sie erfüllt damit eine Forderung der Group of Ten und beseitigt alle Zweifel, dass Collective Action Clauses in nach deutschem Recht begebene Anleihen rechtswirksam einbezogen werden können. 22

a) Einbeziehung. Die **Einbeziehung** der Beschlussgegenstände des § 5 Abs. 3 S. 1 Nr. 1–10 in die Anleihebedingungen kann erfolgen **durch pauschale Verweisung** auf das Gesetz schlechthin, auf Abschnitt 2 des Gesetzes, auf § 5 Abs. 1–4, oder die **wörtliche Wiedergabe** von § 5 Abs. 1 S. 1 Nr. 1–10 oder in Anwendung von § 5 Abs. 3 S. 2. In der Einbeziehung kann der Katalog geändert werden, die genannten Maßnahmen können erweitert oder auch beschränkt werden, von Voraussetzungen abhängig gemacht, an Bedingungen geknüpft und anderen Modifizierungen unterstellt werden.[17] 23

b) Wesentliche Maßnahmen (§ 5 Abs. 3 S. 1 Nr. 1–9). Beschlüsse betreffend Maßnahmen nach § 5 Abs. 3 S. 1 Nr. 1–9 bedürfen einer **Mehrheit von mindestens 75 %** der teilnehmenden Stimmrechte (§ 5 Abs. 4 S. 2). Das Gleiche kann für Beschlüsse nach Nr. 10 gelten, sofern im Einzelfall durch die „Änderung oder Aufhebung von Nebenbestimmungen" der „wesentliche Inhalt" der Anleihebedingungen geändert wird.[18] Die Anleihebedingungen können höhere Mehrheiten vorsehen.[19] 24

Die Beschlussgegenstände des § 5 Abs. 3 S. 1 betreffen in mehrfacher Hinsicht die **Hauptforderung.** Diese kann nicht nur eine Forderung auf Zahlung, sondern auch eine 25

---

[14] Veranneman/*Veranneman* § 5 Rn. 8.
[15] FK-SchVG/*Friedl/Schmidtbleicher* § 5 Rn. 26.
[16] → Einl. Rn. 17, 20.
[17] Ebenso FK-SchVG/*Friedl/Schmidtbleicher* § 5 Rn. 78.
[18] → Rn. 76.
[19] → Rn. 74.

solche auf Lieferung (wie zB Edelmetalle, Wertpapiere oder andere Güter) sein. Die Anleihebedingungen können hinsichtlich der Hauptforderung vorsehen, dass die Gläubiger Änderungen der Fälligkeit (Nr. 2) und der Höhe (Nr. 3) zustimmen. Hingegen kann auf die Hauptforderung nicht vollständig verzichtet werden.[20] Allerdings wird eine Herabsetzung auf einen Betrag „nahe null" als eine zulässige „Verringerung der Hauptforderung" iSd Nr. 3 angesehen.[21] Ebenfalls zulässig ist die Änderung des Rangs für das Insolvenzverfahren (Nr. 4). Die Anleihebedingungen können sodann bestimmen, dass die Gläubiger der Umwandlung oder dem Umtausch der Schuldverschreibungen in Gesellschaftsanteile, andere Wertpapiere oder andere Leistungsversprechen zustimmen (Nr. 5).[22] Schließlich kann den Gläubigern in den Anleihebedingungen die Möglichkeit eingeräumt werden, der Änderung der Währung (Nr. 7) sowie der Ersetzung des Schuldners zuzustimmen (Nr. 9).

26 In ähnlicher Weise kann die Zustimmung der Gläubiger zur Änderung von **Nebenforderungen,** dh vor allem der Zinsansprüche, gefordert sein. Anders als die Hauptforderung können die Zinsansprüche in vollem Umfang erlassen werden.

27 **Die Umwandlung oder der Umtausch von Schuldverschreibungen in Gesellschaftsanteile** (wie Aktien) oder **andere Wertpapiere** (wie Schuldverschreibungen) gemäß § 5 Abs. 3 Nr. 5: Soweit die Anleihebedingungen die Gläubiger kurzerhand zu den in § 5 Abs. 3 S. 1 Nr. 5 vorgesehenen Maßnahmen ermächtigen, kann eine Umwandlung oder ein Umtausch[23] der Schuldverschreibungen des Schuldners erfolgen: (a) in **Gesellschaftsanteile** des Schuldners (ggf. bei Auslandsanleihen der Garantin), dh vor allem **in Aktien** – der Umtausch in GmbH-Geschäftsanteile oder in Anteile an einer Personengesellschaft ist kein sonderlich realistisches Szenario; (b) **in andere Wertpapiere,** insbesondere in eine oder mehrere neue Anleihen des Schuldners zu anderen Konditionen als der umzutauschenden Anleihe; oder (c) in **andere Leistungsversprechen.**

Der Umtausch der Schuldverschreibungen in Aktien, also ein **Debt-Equity-Swap,** kann ein probates Mittel sein, um eine Überschuldung zu beseitigen oder einen Beitrag dazu zu leisten. Der Umtausch der Anleihe in eine neue Anleihe zu Konditionen, die dem Schuldner entgegenkommen, kann gleichermaßen diesem Zweck dienen. Er lässt sich aber auch durch eine geeignete Änderung der Anleihebedingungen selbst erreichen.[24]

28 Die Stundung der Kapitalforderung und der Zinsansprüche, der teilweise Kapitalverzicht, der teilweise Verzicht auf die Zinsforderung oder deren vollständiger Erlass, der Umtausch der Anleihe in eine neue Anleihe, die Umwandlung von Haupt- und Nebenforderungen in Eigenkapital oder Eigenkapitalsurrogate oder Genussrechte, der Rangrücktritt der Kapital- und/oder Zinsforderung zur Beseitigung oder Verhinderung des Eintritts der Überschul-

---

[20] **AA** Veranneman/*Veranneman* § 5 Rn. 28, der einen „Komplettverzicht auf die Hauptforderung" für zulässig erachtet. Dem ist nicht zu folgen. Der Gesetzgeber hat mit Bedacht seine Wortwahl getroffen; hätte er zu einem Komplettverzicht ermächtigen wollen, so hätte nichts näher gelegen, als eine Wortwahl vergleichbar der in § 5 Abs. 3 Ziff. 3 zu verwenden, der von „Verringerung oder dem *Ausschluss*" der Zinsforderung spricht. Auch die amtliche Begründung zu § 5 Abs. 3 Ziff. 3 hält (nur) einen „*teilweisen* Verzicht auf die Hauptforderung für zulässig" (BegrRegE SchVG, BT-Drs. 16/12814, 18). Im Übrigen ist die Gegenansicht unvereinbar mit der Anforderung des § 5 Abs. 1 S. 1, wonach nicht nur die Ermächtigung, sondern auch die geänderten Anleihebedingungen (Hopt/Seibt/*Thole* § 5 SchVG Rn. 21 und 27) von den §§ 5 bis 21 zu Lasten der Gläubiger nur abweichen dürfen, „soweit in diesem Gesetz *ausdrücklich* vorgesehen" (Hervorhebungen hinzugefügt). Eine solche ausdrückliche Abweichung sieht das Gesetz nicht vor.

[21] Preuße/*Vogel* § 5 Rn. 32; FK-SchVG/*Friedl/Schmidtbleicher* § 5 Rn. 40; Hopt/Seibt/*Thole* § 5 SchVG Rn. 44. Sie alle betonen zu Recht, dass die Ermächtigung zur Reduktion der Hauptforderung auf „nahe Null" das Risiko missbräuchlicher Ausübung der Mehrheitsmacht (§ 138 BGB) in sich birgt und halten zur Vermeidung eines solchen Missbrauchs besondere Anforderungen für geboten (vgl. etwa Preuße/*Vogel* a. a. O.). Zweifelsohne bedarf die Ausnutzung der Ermächtigung im Interesse des Minderheitenschutzes einer den gegebenen Umständen Rechnung tragenden sachlichen Erforderlichkeit.

[22] Vgl. zum Kontrollerwerb durch Umwandlung von Fremd- in Eigenkapital *Bücker/Petersen* ZGR 2013, 802 sowie zu gesellschaftsrechtlichen Fragen *Maier-Reimer* FS Goette, 2011, 299 (305 ff.); *Friedl* BB 2012, 1102 (1103 ff.); *Cahn/Hutter/Kaulamo/Meyer/Weiß* WM 2014, 1309.

[23] Im Folgenden steht das Wort „Umtausch" für „Umwandlung" und „Umtausch" iSv § 5 Abs. 3 S. 1 Nr. 5.

[24] → Rn. 25, 28.

dung sind (neben der Zuführung frischen Kapitals) die klassischen und vorrangigen **Maßnahmen der Unternehmenssanierung.** Bevorzugt wird vielfach der **Umtausch der Anleihe** oder Anleihen in eine oder mehrere neue Anleihen zu geänderten Konditionen (wie etwa der Reduzierung des Nennbetrages, der Herabsetzung des Kupons, einer längeren Laufzeit, möglicherweise auch mit teilweiser Besicherung) oder in Aktien oder Geschäftsanteile des Emittenten oder eines Dritten. Ein solcher Umtausch kann auf „freiwilliger Basis" erfolgen mittels eines Umtauschangebots des Schuldners an die Gläubiger, in deren individueller Entscheidung es dann steht, das Angebot anzunehmen oder nicht. Staatsanleihen sind in der Vergangenheit in erheblichem Umfang auf derart freiwilliger Basis umgeschuldet worden. Der Umtausch kann aber auch im Rahmen der Nr. 5 auf „zwingender Basis" nach einem entsprechenden Mehrheitsbeschluss der Gläubiger erfolgen, der dann sämtliche Gläubiger zum Umtausch verpflichtet. Auch der Austausch oder die Freigabe von Sicherheiten (Nr. 6), der Verzicht auf Kündigungsrechte der Gläubiger oder deren Beschränkung (Nr. 8) und die Änderung oder Aufhebung von Nebenbestimmungen (Nr. 10) (zB der Negativklausel) können Maßnahmen zu Zwecken der Sanierung sein, während Änderungen der Währung einer Anleihe (Nr. 7) und der Ersetzung des Schuldners (Nr. 9) nur in Ausnahmefällen Bedeutung bei einer Sanierung zukommen dürften. Allerdings kann ein Umtausch von Anleihen, die in unterschiedlichen Währungen denominiert sind, in eine oder mehrere Anleihen in einer einzigen Währung (zB US-Dollar) geeignet sein, die Umtauschbereitschaft der Gläubiger – und damit die Sanierung des Schuldners – zu fördern.

Die Ersetzung des Schuldners (Nr. 9) wird gewöhnlich in Anleihen, die nach deut- 29
schem Recht begeben werden, durch eine Schuldnerersetzungsklausel eigens in den Anleihebedingungen geregelt, ohne dass für die Ersetzung des Schuldners eine Beschlussfassung der Anleihegläubiger nach § 5 Abs. 3 Nr. 9 erforderlich ist. Der Schuldner hat sich in den Anleihebedingungen das Recht vorbehalten, die Schuldnerersetzung ohne weitere Zustimmung der Anleihegläubiger gemäß den Bedingungen der Schuldnerersetzungsklauseln vorzunehmen. Derartige **Schuldnerersetzungsklauseln** sind die Regel bei Anleihen ausländischer Finanzierungstöchter deutscher Unternehmen, bei denen die Muttergesellschaft eine Garantie für die Verbindlichkeiten der Tochter aus der Anleihe stellt. Es sind vor allem **steuerliche Gründe,** die es im Falle einer Änderung des bei Begebung der Anleihe geltenden steuerlichen Regimes am Sitz des Schuldners bei den klassischen Anleihen (für den Schuldner)[25] oder bei *asset backed securities* (für die Gläubiger)[26] zur Vermeidung unerwünschter finanzieller Nachteile notwendig machen können, den ursprünglichen Schuldner durch einen neuen Schuldner zu ersetzen und in diesem Zusammenhang die rechtliche Struktur der Anleihe zu verändern. Aber auch aus **anderen als steuerlichen Gründen** kann ein Schuldnerwechsel geboten sein, so etwa bei Umstrukturierungen im Konzern.[27]

Der Diskussionsentwurf von April 2003 enthielt – schon wie der Entwurf der Arbeits- 30
gruppe von 1996 (in § 7) – eine Regelung (§ 795a BGB), dass die Anleihebedingungen unter bestimmten Voraussetzungen vorsehen können, dass der Schuldner durch ein verbundenes Unternehmen ersetzt wird. Die nachfolgenden Diskussionsentwürfe vom September und November 2004 haben die Voraussetzungen für die Zulässigkeit des Schuldnerwechsels eingehender beschrieben (in § 3). Der Referentenentwurf von 2008 hat den Plan noch weiter fortgeschrieben (in § 23). Der Regierungsentwurf und schließlich das Gesetz

[25] Anleihebedingungen enthalten regelmäßig eine Bestimmung, wonach der Schuldner (ggf. der Garant) bei einer Erhebung von Quellensteuern auf seine Zahlungen an die Gläubiger verpflichtet ist, den Quellensteuerabzug auszugleichen *(gross-up clause)*.

[26] Bei *asset backed securities* stehen den Gläubigern nur die Erträge aus den zugrundeliegenden Vermögenswerten des Emissionsvehikels zur Bedienung der Anleihe zur Verfügung. Werden diese durch Steuern gemindert, so kann zur Vermeidung von Nachteilen für den Gläubiger ein Wechsel des Emissionsvehikels geboten sein.

[27] Zu den Gründen und Voraussetzungen für eine Schuldnerersetzung vgl. insbes. Baums/Cahn/*Maier-Reimer* S. 129, 145 ff.; FK-SchVG/*Friedl/Schmidtbleicher* § 5 Rn. 73.

haben das Vorhaben aller vorangegangenen Entwürfe aufgegeben. Der Gesetzgeber hielt es nicht für erforderlich, gesetzliche Vorgaben für solche Bedingungen zu machen, die kautelarisch so geregelt werden können, dass sie den rechtlichen Anforderungen und den Erwartungen der Anleger gerecht werden.[28] Um diesen Anforderungen Rechnung zu tragen, und eine unangemessene Benachteiligung der Gläubiger auszuschließen, müssen Schuldnerersetzungsklauseln Voraussetzungen und Folgen des Schuldnerwechsels so regeln, dass die wirtschaftlichen Grundlagen der von den Gläubigern getragenen Risiken im Wesentlichen unverändert bleiben und die Rechtsstellung der Gläubiger sich nicht verschlechtert,[29] Anforderungen, denen diese Klauseln in den aufgelegten Emissionsprogrammen der Emittenten von Unternehmensanleihen so gut wie ausnahmslos Rechnung tragen.[30] Umso erstaunlicher ist die vom OLG Frankfurt a. M. in einem *obiter dictum* geäußerte Ansicht, wonach eine (klassische) Schuldnerersetzungsklausel von wesentlichen Grundgedanken des Vertragsrechts abweiche und daher nach § 307 Abs. 1 Abs. 2 Nr. 1 BGB wegen unangemessener Benachteiligung des Anleihegläubigers unwirksam sei,[31] die in der Kritik zu Recht als „unhaltbar" bezeichnet wird[32] und als geeignet, „[…] Kapitalnachfrager in den ‚sicheren Hafen' ausländischer Rechtsordnungen zu treiben."[33]

31 Sehen die Anleihebedingungen gemäß § 5 Abs. 3 Nr. 9 die Möglichkeit der Schuldnerersetzung durch Zustimmung der Gläubiger vor, so erfolgt die Ersetzung zweckmäßigerweise nach § 415 BGB durch Vertrag zwischen dem neuen Schuldner (Übernehmer) und dem alten Schuldner sowie der Genehmigung der Gläubiger. Die Gläubiger erteilen die Genehmigung durch Beschluss. Der Beschluss bedarf nach § 5 Abs. 4 S. 2 der qualifizierten Mehrheit.

31a Ist die Anleihe in einer sammelverwahrten Globalurkunde verbrieft, wird die Schuldnerersetzung vollzogen entweder durch Austausch der Globalurkunden oder dadurch, dass die Übernahme des Neuschuldners auf der Globalurkunde angebracht oder mit ihr verbunden wird.[34]

32 **c) Nebenbestimmungen.** Der Katalog der Beschlussgegenstände führt in Nr. 10 die **Nebenbestimmungen** an, deren Änderung oder Aufhebung die Gläubiger mittels Mehrheitsbeschlüssen zustimmen können, sofern die Anleihebedingungen den Gläubigern diese Möglichkeit einräumen. Die Nebenbestimmungen in Anleihebedingungen sind so vielfältig und zahlreich oder können jedenfalls so vielfältig und zahlreich sein, dass ihre Benennung ohne Ende wäre. Es fallen darunter Bestimmungen über das anwendbare Recht, den Gerichtsstand, Anforderungen an die gerichtliche Geltendmachung von Ansprüchen, Fristen für die Ausübung von Rechten der Gläubiger, Vorlegungs- und Verjährungsfristen, über den Zahlungsort, die Modalitäten der Zahlung, formale Anforderung an die Art der Verbriefung, über die Hinterlegung der Urkunde, über Voraussetzungen für den Austausch von Urkunden, über die Stückelung der Schuldverschreibungen und (möglicherweise) vieles Andere mehr.

33 Nebenbestimmungen iSv Nr. 10 können auch Nebenverpflichtungen umfassen. Nebenverpflichtungen sind alle vom Schuldner in den Anleihebedingungen übernommenen Handlungs- und Unterlassungspflichten, die nicht Zahlungs- oder Lieferpflichten sind, und die dem Schuldner Beschränkungen in seiner wirtschaftlichen Freiheit auferlegen. In den klassischen zinstragenden Anleihen sind derartige Nebenverpflichtungen in der deutschen

---

[28] Ebenso auch FK-SchVG/*Hartwig-Jacob* § 3 Rn. 99.

[29] Vgl. Baums/Cahn/*Maier-Reimer* S. 156.

[30] Vgl. statt vieler etwa die Schuldnerersetzungsklauseln in den Musteranleihebedingungen der Emissionsprogramme der BASF SE und BASF Finance Europe N. V. im Emissionsprospekt EUR 20,000,000,000 Debt Issuance Programme vom 11.9.2018 (S. 144 f. und 162 f.).

[31] OLG Frankfurt a. M. BB 2012, 1305 (1308) mAnm *Friedl* BB 2012, 1309 f.

[32] FK-SchVG/*Hartwig-Jacob* § 3 Rn. 99 in Fn. 199.

[33] *Reps* Rechtswettbewerb und Debt Governance bei Anleihen S. 136.

[34] Baums/Cahn/*Maier-Reimer* S. 154; Preuße/*Vogel* § 5 Rn. 46; FK-SchVG/*Friedl*/*Schmidtbleicher* § 5 Rn. 74.

Anleihepraxis eher selten im Unterschied zu Anleihen etwa unter englischem Recht. Ausnahme sind die **Negativklauseln,** die bei Emittenten, die nicht Kredit- oder Finanzinstitute sind, nahezu regelmäßig in den Anleihebedingungen enthalten sind.[35] Zu den Nebenverpflichtungen gehören bei strukturierten Anleihen und oftmals bei High Yield Bonds die umfangreichen Zusicherungen **(Covenants),** die sicherstellen sollen, dass der Schuldner die Anleihe zuverlässig erfüllt. Nebenverpflichtungen ergeben sich häufig auch mittelbar aus den in den Anleihebedingungen niedergelegten Kündigungsgründen. Räumt die Kündigungsklausel dem Anleihegläubiger etwa ein außerordentliches Kündigungsrecht ein, wenn die Emittentin und ggf. die Garantin mit der Erfüllung definierter Verbindlichkeiten (etwa andere Anleihen oder Darlehen) in Verzug gerät *(cross default),* eine wesentliche Tochtergesellschaft veräußert, einen Beherrschungsvertrag abschließt oder beendet oder mit anderen Unternehmen eine Unternehmensverbindung eingeht, oder ihren Betrieb nachhaltig verändert oder aufhört, Tochtergesellschaft der Garantin zu sein, begründen derartige Kündigungsklauseln mittelbare Verhaltenspflichten, an deren Erhaltung dem Emittenten wegen der andernfalls drohenden Kündigung der Anleihe gelegen sein muss. Derartige schuldrechtliche Abreden sind keine Sicherheiten iSv § 5 Abs. 3 S. 1 Nr. 6, sondern Nebenbestimmungen iSv § 5 Abs. 3 S. 1 Nr. 10.[36]

3. Debt-Equity-Swap

Im Vordergrund von § 5 Abs. 3 S. 1 Nr. 5 steht der Debt-Equity-Swap im Wege eines – in der Konzeption der Bestimmung[37] – Mehrheitsbeschlusses, durch den sämtliche Gläubiger, auch die dissentierenden und die nicht an der Abstimmung teilnehmenden, gezwungen werden, ihre Schuldverschreibungen in Aktien umzutauschen, und die mit dem Vollzug des Beschlusses Aktionäre der Gesellschaft mit allen damit verbundenen Rechten und Pflichten werden. **34**

Ein derartiger zwangsweiser Debt-Equity-Swap verlangt ein besonderes Eingehen auf verschiedene rechtliche Fragen, die teilweise nicht abschließend geklärt sind. Soweit sie geklärt sind, können sie mit praktischen Folgen verbunden sein, die die Durchführung eines solchen Debt-Equity-Swaps unter den gegebenen Umständen erschweren oder gar verhindern.[38] **35**

Gegen einen zwangsweisen Debt-Equity-Swap werden verfassungsrechtliche Bedenken geltend gemacht.[39] Sie werden aus dem verfassungsrechtlichen Grundrecht der **negativen Vereinigungsfreiheit** (Art. 9 Abs. 1 GG) hergeleitet, demzufolge kein Gläubiger gegen seinen Willen in eine Gesellschafterposition gedrängt werden dürfe. Die Gegenansicht sieht in dem Zwangsaustausch jedenfalls dann keinen Verstoß gegen das Grundrecht der negativen Vereinigungsfreiheit, wenn der Umtausch der Anleihe in frei handelbare Aktien einer deutschen Aktiengesellschaft erfolgt,[40] was regelmäßig der Fall sein wird. **36**

Im Schrifttum wird erörtert, ob bei einem Zwangsumtausch in Aktien[41] die Einladung zur Gläubigerversammlung oder die Aufforderung zur Stimmabgabe ohne Versammlung[42] **37**

[35] In ihnen verpflichtet sich der Schuldner, für andere Finanzschulden des Emittenten oder eines Dritten keine Sicherheiten zu bestellen, sofern er nicht zumindest gleichzeitig im gleichen Rang und im gleichen Verhältnis die gleiche (oder eine gleichwertige) Sicherheit für die Verbindlichkeiten aus der Anleihe bestellt. Diese Negativklauseln sind von Schuldner zu Schuldner unterschiedlich ausgestaltet.

[36] FK-SchVG/*Friedl/Schmidtbleicher* § 5 Rn. 68; **aA** wohl Preuße/*Vogel* § 5 Rn. 38.

[37] Vgl. Veranneman/*Veranneman* § 5 Rn. 29; Hopt/Seibt/*Thole* § 5 SchVG Rn. 56.

[38] Vgl. zum Folgenden auch Veranneman/*Veranneman* § 5 Rn. 29.

[39] FK-SchVG/*Friedl/Schmidtbleicher* § 5 Rn. 44 ff., die betonen (in Rn. 52), „dass sich vor dem unklaren Verhältnis von § 5 Abs. 3 S. 1 Nr. 5 und Artikel 9 Abs. 1 GG ein erzwungener Debt-Equity-Swap der Gläubiger verbietet"; *Schmidtbleicher* Die Anleihegläubigermehrheit S. 203f; ferner FK-SchVG/*Friedl* § 19 Rn. 74 und § 20 Rn. 22; *Friedl* BB 2012, 1102 (1103).

[40] *Maier-Reimer* FS Goette, 2011, 299 (303 f.); *Friedl* BB 2012, 1102 (1103); FK-SchVG/*Friedl* § 19 Rn. 74; *Kessler/Rühle* BB 2014, 907 (912); Hopt/Seibt/*Thole* § 5 SchVG Rn. 58.

[41] Die vorigen Überlegungen gelten gleichermaßen für einen Umtausch in andere Wertpapiere.

[42] So *Becker/Pospiech* NJW-Spezial 2014, 591.

oder die Beschlussvorlage zum Umtausch der Aktien[43] gemäß § 5 Abs. 3 S. 1 Nr. 5 ein **öffentliches Angebot** im Sinne von Art. 2 lit.d EU-Prospekt-VO ist. Wird die Frage bejaht, hat das zur Folge,[44] dass nach Artt. 3 Abs. 1, 21 Abs. 1 EU-Prospekt-VO einen Werktag vor der öffentlichen Bekanntmachung der Einladung zur Gläubigerversammlung[45] ein von der BaFin gebilligter Prospekt veröffentlicht werden muss. Soll der Umtausch zwecks Vermeidung der Insolvenz einer Sanierung des Schuldners dienen oder dazu beitragen, wird vielfach die erforderliche Zeit für die Vorbereitung, Erstellung, Billigung und Veröffentlichung des Prospekts nicht zur Verfügung stehen, so dass der Debt-Equity-Swap in der Konzeption des § 5 Abs. 3 S. 1 Nr. 5 als taugliches Mittel der Sanierung ausscheiden würde. Die Prospektpflicht nach den genannten Vorschriften wird in der Literatur Anh. (1.) teils bejaht,[46] mehrheitlich verneint.[47]

38 Die Einladung zur Gläubigerversammlung oder die Aufforderung zur Stimmabgabe ohne Versammlung oder die Beschlussvorlage zum Umtausch der Schuldverschreibung in Aktien begründet ein öffentliches Angebot gemäß Art. 2 lit. d EU-Prospekt-VO und erfordert nach Art. 3 Abs. 1 EU-Prospekt-VO die Veröffentlichung eines von der BaFin gebilligten Prospekts.[48]

39 Ein rechtliches Problem des Debt-Equity-Swaps in der in § 5 Abs. 3 S. 1 Nr. 5 vorgesehenen Weise wird weiter darin gesehen, dass die – (dissentierenden) – Anleihegläubiger (unfreiwillig) durch den Zwangsumtausch in das Risiko der **Differenzhaftung** getrieben werden.[49] Das ist allerdings nur der Fall, wenn der mehrheitlich vertretenen Auffassung zu folgen ist, dass die Schuldverschreibung zum Verkehrswert einzubringen ist.[50] Der Verkehrswert ist durch einen Gutachter zu ermitteln und dem Handelsregister nachzuweisen (§§ 183 Abs. 3, 33 Abs. 3–5, 34, 35 AktG). In der Krisensituation des Schuldners würde das bedeuten, dass die Anleiheforderung der Gläubiger mit einem erheblichen Abschlag auf den Nennwert in Ansatz zu bringen wäre. Für die Anleihegläubiger bedeutet die Differenzhaftung ein außerordentliches Risiko; sie haften verschuldensunabhängig und können sich nicht durch das Werthaltigkeitsgutachten entlasten.[51] Die Gegenauffassung betont demgegenüber, dass die Forderungen zum Nennwert anzusetzen sind.[52] Für das SchVG wird *de lege ferenda* eine entsprechende Klarstellung empfohlen.[53] Die Werthaltigkeitsprüfung wäre dann entbehrlich, eine Differenzhaftung entfiele.

40 Schließlich gibt es beim Debt-Equity-Swap geteilte Auffassungen darüber, ob die börsennotierten Schuldverschreibungen nur in ebenfalls börsennotierte Geschäftsanteile getauscht werden können.[54]

---

[43] So FK-SchVG/*Friedl/Schmidtbleicher* § 5 Rn. 64.

[44] Die Ausnahmen der Artt. 1 Abs. 4, 5 EU-Prospekt-VO, Art. 3 Abs. 2 EU-Prospekt-VO iVm § 3 WpPG werden in der Regel nicht vorliegen.

[45] *„Einladung zur Gläubigerversammlung"* bezieht sich auch auf die *„Aufforderung zur Abstimmung ohne Versammlung"*.

[46] FK-SchVG/*Friedl/Schmidtbleicher* § 5 Rn. 64; *Becker/Pospiech* NJW-Spezial 2014, 591.

[47] *Cahn/Hutter/Kaulamo/Meyer/Weiß* WM 2014, 1309 (1313 ff.); Schwark/Zimmer/*Heidelbach* § 2 WpPG Rn. 25; *Westphal* FS Kübler 2015, 773 (779 f.); ebenso die Verf. in der → 2. Aufl. 2016, § 5 Rn. 35; Hopt/Seibt/*Thole* § 5 SchVG Rn. 74 lässt die Frage offen und plädiert für eine gesetzliche Klarstellung.

[48] Die vormals auch von der BaFin gehandhabte Praxis, dass im vergleichbaren Fall einer Bezugsrechtskapitalerhöhung wegen des beschränkten Personenkreises kein öffentliches Angebot i. S. v. Art. 2 lit.d EU-ProspektVO vorliegt, ist mit der Einführung von Art. 14 f. EU-Prospekt-VO nicht mehr haltbar.

[49] Veranneman/*Veranneman* § 5 Rn. 29.

[50] Hopt/Seibt/*Thole* § 5 SchVG Rn. 66 und 67 mit umfangreichen weiteren Nachweisen in Fn. 101.

[51] FK-SchVG/*Friedl* § 19 Rn. 89; s. a. *Cagalj* Restrukturierung von Anleihen S. 209, die allerdings darauf hinweist, dass es dem Insolvenzverwalter in einem Rechtsstreit über die Differenzhaftung schwer fallen dürfte, ein vorgelegtes Werthaltigkeitsgutachten zu entkräften.

[52] Hopt/Seibt/*Thole* § 5 SchVG Rn. 66; *Cahn/Simon/Theiselmann* DB 2010, 1629 (1631 f.); *Cahn/Simon/Theiselmann* DB 2012, 501 ff.; *Maier-Reimer* Gesellschaftsrecht in der Diskussion S. 107 (113 ff.).

[53] *Cahn/Hutter/Kaulamo/Meyer/Weiß* WM 2014, 1309 (1310).

[54] Bejahend *Otto* DNotZ 2012, 809 (812); verneinend Praxishandbuch des Restrukturierungsrechts/*Lürken* Kap. 5 Rn. 127; Hopt/Seibt/*Thole* § 5 SchVG Rn. 71. Nach Otto wäre der Umtausch der Anleihe in GmbH-Geschäftsanteile oder in Anteile an einer personalistisch à tous pris geprägten Gesellschaft unzulässig.

Einer kritischen Auseinandersetzung mit den in Rn. 34–40 aufgeworfenen rechtlichen Fragestellungen bedarf es nicht. Diese Fragestellungen werden in der Rechtspraxis umgangen. Die Praxis wendet § 5 Abs. 3 S. 1 Nr. 5 nicht in der darin vorgesehenen Weise eines Zwangsumtausches der gesamten Anleihe in neue Aktien an. Stattdessen beschließen die Gläubiger auf Vorschlag des Schuldners den Umtausch der Anleihe in **nicht verbriefte Rechte zum Erwerb der Aktien (Erwerbsrecht).** Das Erwerbsrecht stellt einen Anspruch der Anleihegläubiger gegen die mandatierte Abwicklungsstelle auf Lieferung der Aktien dar. Die Einladung zur Gläubigerversammlung oder die Aufforderung zur Stimmabgabe ohne Versammlung oder die Beschlussvorlage über den Umtausch der Anleihe in Erwerbsrechte begründen keine Prospektpflicht, weil das Erwerbsrecht mangels Verbriefung kein Wertpapier ist. Die Ausübung des Erwerbsrechts ist jedoch erst möglich, wenn ein von der BaFin gebilligter Prospekt veröffentlicht worden ist. Beginn und Ende der Erwerbsfrist werden von der Emittentin bestimmt und bekannt gemacht, sobald der gebilligte Prospekt veröffentlicht worden ist und sämtliche weitere Bedingungen für die Ausübung des Erwerbsrechts eingetreten sind, dh insbesondere etwa erforderliche Kapitalmaßnahmen beschlossen und deren Durchführung im Handelsregister eingetragen ist. Den Gläubigern steht es frei, das Erwerbsrecht auszuüben. Soweit sie es nicht ausüben, werden die ihrem Erwerbsrecht unterliegenden Aktien durch Verkauf verwertet und der Verwertungserlös abzüglich Verwertungskosten an sie ausgekehrt.[55] 41

Durch die Festsetzung des Beginns der Erwerbsfrist auf einen Zeitpunkt nach Veröffentlichung des gebilligten Prospekts und sämtlicher weiterer Erfordernisse für die Ausübung des Erwerbsrechts wird insbesondere in Fällen der Unternehmenssanierung die erforderliche Zeit für die Erstellung, Billigung und Veröffentlichung des Prospekts gewonnen. Dieses Vorgehen erlaubt es möglicherweise auch, nach einer Anfechtung des Gläubigerbeschlusses den Ausgang eines Freigabeverfahrens nach § 20 Abs. 3 S. 4 abzuwarten. 41a

Die **Durchführung des Debt-Equity-Swaps** kann eine Interaktion der Aktionäre des Schuldners und der Anleihegläubiger erforderlich machen. Neben dem Beschluss der Anleihegläubiger nach § 5 Abs. 3 S. 1 Nr. 5 verlangt der Umtausch der Schuldverschreibungen in neue Aktien einen Beschluss der Hauptversammlung des Schuldners über eine Kapitalerhöhung gegen Sacheinlage (§§ 183 ff. AktG) und den Ausschluss des Bezugsrechts der Aktionäre (§ 186 Abs. 3 AktG). Der Kapitalerhöhung wird häufig ein Kapitalschnitt im Wege einer vereinfachten Kapitalherabsetzung vorausgehen (§§ 229 ff. AktG). Der Mitwirkung der Aktionäre bedarf es nicht, wenn auf ein genehmigtes Kapital (§§ 202 ff. AktG) zurückgegriffen werden kann, sofern – wie üblich – das genehmigte Kapital eine Ermächtigung zum Ausschluss des Bezugsrechts enthält.[56] 42

4. Wirkung der Mehrheitsbeschlüsse

§ 5 Abs. 2 S. 1 ordnet an, dass die Mehrheitsentscheidungen der Gläubiger verbindliche Kraft für alle Gläubiger derselben Anleihe haben.[57] Die Bestimmung ist klarstellender Natur, denn dieselbe Rechtsfolge ergibt sich bereits aus der Befugnis in § 5 Abs. 1.[58] Voraussetzung für die verbindliche Wirkung ist es, dass der Beschluss gleiche Bedingungen für alle Gläubiger der Anleihe vorsieht, dass also die Inhaltsgleichheit der Schuldverschreibungen (§ 1 Abs. 1) sowohl vor als auch nach dem Beschluss gewahrt ist. Sieht der Beschluss nicht gleiche Bedingungen für alle Gläubiger der Anleihe vor, so ist er unwirksam und nichtig;[59] eine 43

[55] Dieser Weg ist erstmals von der Pfleiderer AG beschritten worden. Er ist im Einzelnen für einen Debt-Equity-Swap dargestellt in der Bekanntmachung der Einladung zur Gläubigerversammlung der Pfleiderer Finance B. V. vom 30.5.2011 zu Beschlussfassungen nach § 24 Abs. 2 SchVG über ein Opt-In und über den Umtausch der Schuldverschreibungen in Erwerbsrechte auf Aktien der Pfleiderer AG.

[56] Ausführlich zu den erforderlichen Kapitalmaßnahmen im Rahmen eines Debt-Equity-Swaps *Maier-Reimer* FS Goette, 2011, 299 ff.; ferner FK-SchVG/*Friedl* § 19 Rn. 71 ff.

[57] Zum Begriff *„Gläubiger derselben Anleihe"* → Rn. 46.

[58] BegrRegE SchVG, BT-Drs. 16/12814, 17.

[59] BegrRegE, BT-Drs. 16/12814, 17.

Ausnahme gilt in diesem Fall nur dann, wenn die benachteiligten Gläubiger ihrer Benachteiligung ausdrücklich zustimmen.[60] Die bis dahin einheitliche Anleihe von gleichartigen Schuldverschreibungen verteilt sich dann in verschiedene Serien mit jeweils unterschiedlichen Bedingungen, die unter sich gleichartig sind und die im Effektengiroverkehr voneinander zu separieren sind.[61]

44 Mehrheitsbeschlüsse der Gläubiger haben Verbindlichkeit nur für die Gläubiger der konkreten Anleihe, niemals auch für Gläubiger anderer Anleihen desselben Schuldners.[62]

45 Die Verbindlichkeit von Mehrheitsbeschlüssen setzt naturgemäß voraus, dass die Beschlüsse nicht nichtig oder erfolgreich angefochten sind.

5. Personeller Geltungsumfang

46 **a) Gläubiger derselben Anleihe.** § 5 Abs. 3 S. 1 und § 5 Abs. 2 S. 1 beschränken den Geltungsumfang für Mehrheitsbeschlüsse auf alle „Gläubiger derselben Anleihe". § 5 Abs. 1 S. 1 bestimmt, dass die Gläubiger derselben Anleihe Änderungen der Anleihebedingungen zustimmen können, und § 5 Abs. 2 S. 1 ordnet an, dass die Mehrheitsbeschlüsse der Gläubiger für alle Gläubiger derselben Anleihe gleichermaßen verbindlich sind. Der Kreis der Gläubiger der jeweils selben Anleihe ergibt sich aus § 1. Es sind die Gläubiger der inhaltsgleichen Schuldverschreibung aus der jeweiligen Gesamtemission. Sie können an Mehrheitsbeschlüssen im Rahmen der Anleihe teilnehmen und unterliegen der verbindlichen Kraft der Beschlüsse. Zu ihnen gehören auch die Gläubiger von Tranchen einer Anleiheserie, die zu unterschiedlichen Zeitpunkten begeben worden sind, sofern für alle Tranchen das Erfordernis der Inhaltsgleichheit ab dem Zeitpunkt des zeitlichen Gleichlaufs der Tranchen gewährleistet ist.[63]

47 **b) Aggregation.** Aggregation ist ein **anleiheübergreifendes, gemeinsames Mehrheitsprinzip** für Gläubiger mehrerer Anleihen des gleichen Schuldners. Der **G10-Bericht** hielt die Möglichkeit der Aggregation zwar für wünschbar, bei einem rein vertraglichen Ansatz von Collective Action Clauses aber nicht für durchführbar.[64]

48 **aa) Bedeutung.** Aggregation wird typischerweise (aber nicht zwingend) relevant bei der **Restrukturierung der Anleihen** eines Schuldners nach einem für alle – oder für alle sich in ihren wirtschaftlichen Konditionen (wie Laufzeit und Zinsen) entsprechenden – Anleihen zur Abstimmung gestellten **Restrukturierungsplan.** Die Annahme des Plans bedarf für jede teilnehmende Anleihe grundsätzlich eines Gläubigerbeschlusses mit qualifizierter Mehrheit (beispielsweise 75 %). Kommt eine solche qualifizierte Mehrheit „anleiheübergreifend", dh aggregiert für die Gesamtheit der teilnehmenden Anleihen, zustande, so ist der Restrukturierungsplan auch für die Gläubiger derjenigen Anleihen verbindlich, bei denen die qualifizierte Mehrheit nicht (sondern vielleicht nur eine einfache Mehrheit) erreicht wurde. Die Einzelheiten der Aggregation können sehr komplex gestaltet sein.[65] Ein einfaches gesetzliches Modell findet sich im Schweizer Obligationenrecht.[66]

---

[60] § 5 Abs. 2 S. 2 aE; zum Gleichbehandlungsgebot → Rn. 64 ff.
[61] → Rn. 69.
[62] → Rn. 46.
[63] BegrRegE SchVG, BT-Drs. 16/12814, 18.
[64] Group of Ten, Report of the G-10 Working Group on Contractual Clauses, 2002, S. 5 (http://www.bis.org/publ/gten08.pdf).
[65] Vgl. Baums/Cahn/*Keller* S. 157, 167 ff.; *Hofmann/Keller* ZHR 175 (2011), 684 (722 f.).
[66] Artikel 1171 bestimmt: „*(1) Bei einer Mehrheit von Gläubigergemeinschaften kann der Schuldner eine oder mehrere der im vorangehenden Artikel vorgesehenen Massnahmen den Gemeinschaften gleichzeitig unterbreiten, im ersten Falle mit dem Vorbehalte, dass die Massnahme nur gültig sein soll, falls sie von allen Gemeinschaften angenommen wird, im zweiten Falle mit dem weitern Vorbehalte, dass die Gültigkeit jeder Massnahme von der Annahme der übrigen abhängig ist.*".
(2) „Die Vorschläge gelten als angenommen, wenn sie die Zustimmung der Vertretung von mindestens zwei Dritteln des im Umlauf befindlichen Kapitals aller dieser Gläubigergemeinschaften zusammen gefunden haben, gleichzeitig von der

bb) Zulässigkeit. Aggregation setzt voraus, dass sie entweder gesetzlich oder in den einschlägigen Anleihebedingungen im Einklang mit den relevanten gesetzlichen Bestimmungen ermöglicht wird. 49

Das **Gesetz** selbst **sieht Aggregation nicht vor.**[67] Das Gesetz erlaubt Mehrheitsbeschlüsse nur für die Gläubiger derselben Anleiheserie und kennt kein anleiheübergreifendes Mehrheitsprinzip für mehrere Anleihen desselben Schuldners. Auf Anregung der Praxis[68] hatten die Diskussionsentwürfe des BMJ vom September/November 2004 in § 5 Abs. 2 solche Bestimmungen vorgesehen. Der Referentenentwurf hat die Vorschläge der Diskussionsentwürfe jedoch nicht aufgegriffen, der Regierungsentwurf hat die Einführung eines anleiheübergreifenden gemeinsamen Mehrheitsprinzips ausdrücklich zurückgewiesen.[69] 50

Die Zulässigkeit der Aggregation lässt sich für den Regelfall auch **nicht durch Vorkehrungen in den Anleihebedingungen** erreichen.[70] Aggregation verlangt für die einzelnen in die Aggregation einbezogenen Anleihen eine Absenkung der für den Beschlussgegenstand erforderlichen qualifizierten Mehrheit auf eine geringere als die nach dem Gesetz zulässige Mehrheit – etwa die einfache oder eine Zwei-Drittel-Mehrheit. Nach dem Gesetz scheitert sie daran, dass § 5 Abs. 4 für die Änderung der finanziellen Bedingungen des Leistungsversprechens des Schuldners stets eine qualifizierte Mehrheit von mindestens 75 % der teilnehmenden Stimmrechte verlangt. Eine Absenkung dieser Schwelle verbietet § 5 Abs. 4 S. 3 und § 5 Abs. 1 S. 2. Die Aggregation ist allerdings dann denkbar, wenn die Anleihebedingungen vorsehen, dass wesentliche Beschlüsse, die eine anleiheübergreifende Änderung betreffen, einer aggregierten Mehrheit von mindestens (beispielsweise) 85 % oder 90 % der teilnehmenden Stimmrechte hinsichtlich *aller* von der Änderung betroffenen Anleihen bedürfen, sowie einer Mehrheit von mindestens 75 % der teilnehmenden Stimmrechte *jeder einzelnen* von der Änderung betroffenen Anleihe. 51

cc) Reformentwurf. Der **Reformentwurf**[71] sieht die Einführung der Möglichkeit zur Aggregation als besonders dringlich an.[72] Die praktischen Erfahrungen der Unternehmenssanierung haben gezeigt, dass häufig die Notwendigkeit besteht, alle Anleihen eines Schuldners aufgrund eines einheitlichen Planes zugleich zu restrukturieren.[73] Die Möglichkeiten, welche die die Aggregation erlaubenden Regelungen in den europäisch harmonisierten Umschuldungsklauseln für die Anleihen des Bundes (§§ 4a – 4k BSchuWG) gebracht haben, sollten – wie in anderen Rechtsordnungen – auch für die Anleihen privater Schuldner nutzbar gemacht werden.[74] 52

Der Gesetzesvorschlag lautet: 53

„Die Anleihebedingungen können die Möglichkeit einer einheitlichen Beschlussfassung für Schuldverschreibungen verschiedener Anleihen vorsehen. Einheitliche Beschlüsse, durch welche der wesentliche Inhalt der Anleihebedingungen geändert wird, bedürfen zu ihrer Wirksamkeit der qualifizierten Mehrheit der an der Abstimmung teilnehmenden Stimmrechte aller betreffenden

---

Mehrheit der Gemeinschaften angenommen worden sind und in jeder Gemeinschaft mindestens die einfache Mehrheit des vertretenen Kapitals zugestimmt hat.".

[67] Vgl. dazu den die Aggregation befürwortenden Reformentwurf des Arbeitskreises Reform des Schuldverschreibungsrechts ZIP 2014, 845 (847, 852); → Rn. 52; *Baums* ZHR 177 (2013), 807 (811 f.); *Florstedt* WiVerw 2014, 155 (159 f.).

[68] So etwa Deutsches Aktieninstitut eV, Stellungnahme zum Referentenentwurf eines Gesetzes zur Neuregelung der Rechtsverhältnisse bei Schuldverschreibungen aus Anleihen und zur Anpassung kapitalmarktrechtlicher Verjährungsvorschriften (SchVG-E), S. 6.

[69] BegrRegE SchVG, BT-Drs. 16/12814, 18.

[70] Ebenso FK-SchVG/*Friedl/Schmidtbleicher* § 5 Rn. 13; **aA** Preuße/*Vogel* § 5 Rn. 7.

[71] Arbeitskreis Reform des Schuldverschreibungsrechts ZIP 2014, 845 (847); → Einl. Rn. 46 ff.

[72] Arbeitskreis Reform des Schuldverschreibungsrechts ZIP 2014, 845 (846).

[73] Arbeitskreis Reform des Schuldverschreibungsrechts ZIP 2014, 845 (850).

[74] Arbeitskreis Reform des Schuldverschreibungsrechts ZIP 2014, 845 (846).

Anleihen sowie jeweils der einfachen Mehrheit der teilnehmenden Stimmrechte jeder einzelnen betreffenden Anleihe."[75]

54 Danach müssen die Anleihebedingungen aller in die einheitliche Beschlussfassung einbezogenen Anleihen die Möglichkeit der Aggregation ausdrücklich vorsehen. Gläubigerbeschlüsse, welche den wesentlichen Inhalt der Anleihebedingungen ändern, bedürfen „anleiheübergreifend" der qualifizierten Mehrheit (§ 5 Abs. 4 SchVG) der an der Beschlussfassung teilnehmenden Stimmrechte sämtlicher einbezogenen Anleihen sowie für jede einzelne einbezogene Anleihe der einfachen Stimmenmehrheit. Nach § 5 Abs. 4 S. 3 SchVG können die Anleihebedingungen auch höhere Mehrheiten vorschreiben. Die Vorschrift soll (unter Aufhebung des jetzigen § 5 Abs. 5 SchVG) als Abs. 5 in § 5 in das Gesetz eingefügt werden.

55 Der **Reformentwurf**[76] sieht weiter eine besondere Art der Aggregation für sog. **„verknüpfte Anleihen"** vor, die als Abs. 6 in § 5 des Gesetzes aufgenommen werden soll. Zu verstehen sind darunter (verschiedene) Anleihen, die kraft Bestimmung in den Anleihebedingungen ausdrücklich unter Bezugnahme aufeinander begeben und in Hinblick auf die Forderungen der Gläubiger dieser Anleihen in ein Rangverhältnis gestellt werden. Derartig verknüpfte Anleihen finden sich insbesondere im Rahmen von **Verbriefungen,** bei denen verschiedene Anleihen als aufeinander bezogene „Tranchen" begeben werden.

56 Der Gesetzesvorschlag lautet:

„Soweit die Anleihebedingungen von Schuldverschreibungen verschiedener Anleihen, welche ausdrücklich gegenseitig aufeinander Bezug nehmen und untereinander im Hinblick auf die Forderungen der Gläubiger in einem Rangverhältnis stehen, die Möglichkeit zur einheitlichen Beschlussfassung vorsehen, gelten diese als Schuldverschreibungen derselben Anleihe im Sinne von Absatz 1 Satz 1."

57 Nach dieser Regelung können die Anleihebedingungen der verschiedenen Anleihen (Tranchen) bestimmen, dass eine anleiheübergreifende einfache oder qualifizierte Mehrheit von Gläubigern aller Anleihen für die Wirksamkeit des Beschlusses ausreicht. Das Erreichen einer Gläubigermehrheit bei einer einzelnen verknüpften Anleihe (Tranche) ist für die Wirksamkeit des Beschlusses nicht erforderlich.[77]

58 **dd) Anleiheübergreifende Abstimmungsverfahren.** Anders als anleiheübergreifende Mehrheitserfordernisse sind nach dem Gesetz **anleiheübergreifende Abstimmungsverfahren** zulässig.[78]

59 **ee) Aggregation und Anleihen der Euro-Staaten.** Anders als es die G10 im Jahre 2002 für praktikabel hielten, haben sich die **Euro-Staaten** in den **Musterumschuldungsbestimmungen** von 2011 darauf verständigt, die Möglichkeit einer anleiheübergreifenden Aggregation vorzusehen und haben die Einzelheiten geregelt.[79] Das Gesetz zur Änderung des BSchuWG[80] sieht demgemäß Vorschriften über die anleiheübergreifende Aggregation vor (§§ 4a und 4b Abs. 3, 4, 5 und 6). Angesichts ihres spezialgesetzlichen Charakters bieten diese Vorschriften keine Grundlage für Analogieschlüsse und sind auch kein „Leitbild" für AGB-rechtliche Zwecke.

59a **ff) Aggregation und Anleihen des Bundes.** Die nach dem SchVG am 13.9.2012 in Kraft getretenen Umschuldungsklauseln des BSchuWG (§§ 4a bis 4k)[81] eröffnen erstmals und bislang einmalig für den deutschen Rechtskreis die Möglichkeit eines **anleiheüber-**

[75] Arbeitskreis Reform des Schuldverschreibungsrechts ZIP 2014, 845 (847). → Einl. Rn. 46 ff.
[76] Arbeitskreis Reform des Schuldverschreibungsrechts ZIP 2014, 845 (847).
[77] Arbeitskreis Reform des Schuldverschreibungsrechts ZIP 2014, 845 (852).
[78] → Rn. 101.
[79] → Einl. Rn. 35 ff.
[80] Gesetz zur Änderung des Bundesschuldenwesengesetzes v. 13.9.2012, BGBl. I 2012, 1914.
[81] Gesetz zur Änderung des Bundesschuldenwesengesetzes v. 13.9.2012, BGBl. I 2012, 1914.

greifenden Mehrheitsbeschlusses durch Gläubiger verschiedener Anleihen desselben Emittenten. Die Umschuldungsklauseln des BSchuWG schaffen die gesetzliche Grundlage für die von den Staaten der Euro-Zone im Vertrag zur Errichtung des Europäischen Stabilitätsmechanismus (ESM) übernommene Verpflichtung, ab dem 1.1.2013 in ihre neu begebenen Anleihen mit einer ursprünglichen Laufzeit von mehr als einem Jahr die miteinander vereinbarten Musterumschuldungsbedingungen **(Model Collective Action Clause)** aufzunehmen.[82]

Die Umschuldungsklauseln sind zum 1.1.2013 **als Anhang in die Emissionsbedingungen Bund** aufgenommen worden. Sie sind damit verbindlicher Vertragsbestandteil der Bundesanleihen, Bundesobligationen, Bundesschatzanweisungen und unverzinslichen Schatzanweisungen des Bundes, ausgenommen die Bundeswertpapiere, deren Laufzeit nicht mehr als ein Jahr beträgt.[83] **59b**

§ 4a S. 2 BSchuWG bestimmt, dass die Umschuldungsklauseln in Bundesanleihen die Möglichkeit zur einheitlichen Beschlussfassung für Schuldverschreibungen verschiedener Anleihen vorsehen können („anleiheübergreifende Änderung"). Die maßgeblichen **Mehrheitserfordernisse** für anleiheübergreifende Änderungen differenzieren zwischen Beschlussfassungen in einer Gläubigerversammlung und Beschlussfassungen im Wege einer schriftlichen Abstimmung. Beschlüsse, die in einer Gläubigerversammlung gefasst werden, bedürfen einer Mehrheit von mindestens 75 % des bei der Beschlussfassung vertretenen Nennwerts aller in die Aggregation einbezogenen Anleihen sowie jeweils einer Mehrheit von mindestens 66 2/3 % des bei der Beschlussfassung vertretenen Nennwerts jeder einzelnen einbezogenen Anleihe (§ 4b Abs. 3 S. 3 BSchuWG). Bei einer Beschlussfassung im Wege einer schriftlichen Abstimmung sind die entsprechenden Prozentsätze auf 66 2/3 % und 50 % abgesenkt (§ 4b Abs. 4 S. 3 BSchuWG). Das Gesetz sieht auch die Möglichkeit einer **Teilaggregation** vor, bei der nur diejenigen einzelnen Anleihen in die anleiheübergreifende Änderung einbezogen werden, bei denen die erforderliche Mehrheit erreicht worden ist (§ 4b Abs. 6 S. 2 BSchuWG). Die Voraussetzungen für eine Teilaggregation müssen vom Bund binnen bestimmter Frist vor der Beschlussfassung bekannt gemacht werden. **59c**

c) Mitverpflichtete (§ 22). In Anwendung des § 22 kann sich der personelle Geltungsbereich auch erstrecken auf die Gläubiger einer Sicherheit, die von einem Dritten für die Verpflichtungen des Schuldners aus der Anleihe gewährt worden ist. Hauptanwendungsfall des § 22 sind **Anleihegarantien.**[84] Die Gläubiger der Anleihe sind bei der üblichen rechtlichen Gestaltung zugleich auch Gläubiger der Verpflichtungen des Garanten aus der Garantie. Die Garantie ist in der Regel als echter Vertrag zu ihren Gunsten im Sinne des § 328 Abs. 1 BGB ausgestaltet. § 22 ermöglicht den Anleihegläubigern, als Gläubiger der Ansprüche aus der Garantie auch einer Änderung der Garantiebedingungen durch Mehrheitsbeschluss zuzustimmen. Eine solche Änderung der Garantiebedingungen setzt nicht notwendigerweise eine damit in Zusammenhang stehende Änderung der Anleihebedingungen voraus.[85] **60**

6. Materielle Anforderungen an Mehrheitsbeschlüsse

Das Gesetz normiert einige materielle Anforderungen an Mehrheitsbeschlüsse der Gläubiger. **61**

a) Verbot der Begründung von Leistungspflichten. Durch Mehrheitsentscheid der Gläubiger kann eine Verpflichtung zur Leistung für die Gläubiger nicht begründet werden (§ 5 Abs. 1 S. 3).[86] Das würde auch dann gelten, wenn die Anleihebedingungen die **62**

[82] → § 1 Rn. 53 ff.

[83] Hopt/Seibt/*Lendermann* Vor §§ 4a–4k BSchuWG Rn. 72.

[84] Dazu Lwowsky/Fischer/Langenbucher/*Bliesener* KreditsicherungsR § 17 Rn. 5 ff.

[85] Zum Vorstehenden → § 22 Rn. 4 f.

[86] Eine inhaltsgleiche Bestimmung enthielt schon § 1 Abs. 3 SchVG 1899.

Gläubiger ausdrücklich zu Beschlüssen ermächtigen würden, die für die Gläubiger eine Verpflichtung zur Leistung begründen. Eine solche Bestimmung in den Anleihebedingungen wäre gemäß § 5 Abs. 1 S. 2 unzulässig, da sie von den §§ 5–21 zu Lasten der Gläubiger abwiche, ohne dass dies im Gesetz ausdrücklich vorgesehen ist. Der Grundsatz des § 5 Abs. 1 S. 3 entspricht dem Grundverständnis von Finanzanlagen.[87] Anleihegläubiger haben als Fremdkapitalgeber gegebenenfalls zwar Kapitalverluste zu tragen, sie übernehmen darüber hinaus jedoch keine weiteren Pflichten, insbesondere keine Nachschusspflichten.[88] Anleihebedingungen können die Gläubiger auch nicht zu Mehrheitsbeschlüssen ermächtigen, die die Gläubiger zur Tragung von Kosten, Aufwendungen oder Vergütungen des gemeinsamen Vertreters heranziehen, die der Schuldner zu tragen hat.[89] Gleiches gilt für die Kosten von Gläubigerversammlungen[90] oder von Abstimmungen ohne Versammlung.[91]

63 Das Verbot der Begründung von Leistungspflichten der Gläubiger ist allerdings einschränkend so zu verstehen, dass es nur einseitige finanzielle Verpflichtungen der Gläubiger erfasst.[92] Nicht erfasst von dem Verbot sind Maßnahmen nach § 5 Abs. 3 S. 1 Nr. 5 betreffend die Umwandlung oder den Umtausch der Schuldverschreibungen in andere Rechte. Das gilt auch für die Umwandlung oder den Umtausch der Schuldverschreibungen in Gesellschaftsanteile *(Debt-Equity-Swap)*[93] einschließlich damit verbundener gesetzlicher Folgepflichten wie der Differenzhaftung für Aktien.[94]

64 **b) Gleichbehandlungsgebot.** Mehrheitsbeschlüsse der Gläubiger müssen für alle Gläubiger gleiche Bedingungen vorsehen (§ 5 Abs. 2 S. 2 Hs. 1). Ein Mehrheitsbeschluss, der das Gleichbehandlungsgebot nicht befolgt, entfaltet keine verbindliche Wirkung. Er bleibt auch dann nichtig, wenn er nicht angefochten worden ist; die beschlossene Änderung kann auch bei ordnungsgemäßer Vollziehung des Beschlusses nicht wirksam werden.[95]

65 Alle Gläubiger derselben Anleihe (§ 5 Abs. 2 S. 1) müssen dieselben Rechte gegen den Schuldner haben. Die Inhaltsgleichheit aller Schuldverschreibungen begründet den Begriff der Gesamtemission gemäß § 1 Abs. 1, auf die das Gesetz allein Anwendung findet, und sie ist Voraussetzung für die Verkehrsfähigkeit der Schuldverschreibungen. Dieses Grundprinzip, so betont es die amtliche Begründung,[96] kann durch eine Mehrheitsentscheidung der Gläubiger nicht wirksam aufgehoben werden.

66 Das Gesetz anerkennt indessen eine **Ausnahme:** Der Mehrheitsbeschluss ist wirksam, wenn die benachteiligten Gläubiger ihrer Benachteiligung ausdrücklich zustimmen (§ 5 Abs. 2 S. 2 Hs. 2).

67 Das Gesetz gebietet „ausdrückliche" Zustimmung. Das ist wörtlich zu verstehen.[97] Wird sie in der Gläubigerversammlung oder bei einer Abstimmung ohne Versammlung während des Abstimmungszeitraums erklärt, so ist sie in der Niederschrift gemäß § 16 Abs. 3 oder § 18 Abs. 4 S. 3 zu vermerken. Die Benachteiligung kann auch nach Ablauf der Versammlung oder des Abstimmungszeitraums durch ausdrückliche Erklärung an den Schuldner genehmigt werden. Bis zur Genehmigung ist die Benachteiligung gegenüber dem benach-

---

[87] Vgl. auch BegrRegE SchVG, BT-Drs. 16/12814, 18.

[88] BegrRegE SchVG, BT-Drs. 16/12814, 18.

[89] Vgl. § 7 Abs. 6, → § 7 Rn. 50 ff.

[90] Vgl. § 9 Abs. 4, → § 9 Rn. 26 f.

[91] Vgl. § 18 Abs. 6, → § 18 Rn. 23.

[92] Veranneman/*Veranneman* § 5 Rn. 13; Preuße/*Vogel* § 5 Rn. 22.

[93] → Rn. 34 ff. Ausführlich zum Debt Equity Swap *Maier-Reimer* FS Goette, 2011, 299. Ferner *Schmidt/Schlitt* Der Konzern 2009, 279 (286 f.); FK-SchVG/*Friedl* § 19 Rn. 69 ff. sowie krit. mit Blick auf eine mögliche Differenzhaftung BerlKommInsR/*Paul* SchVG § 5 Fn. 7.

[94] Dazu Veranneman/*Veranneman* § 5 Rn. 13; Preuße/*Vogel* Rn. 22.

[95] BegrRegE SchVG, BT-Drs. 16/12814, 18; BGHZ 202, 7 Rn. 21; *Fischer* WM 2018, 1529, 1530; → § 20 Rn. 29.

[96] BegrRegE SchVG, BT-Drs. 16/12814, 18.

[97] Wie hier Veranneman/*Veranneman,* § 5 Rn. 17; FK-SchVG/*Friedl/Schmidtbleicher* § 5 Rn. 32; Preuße/*Vogel* § 5 Rn. 25; **aA** Hopt/Seibt/*Thole* § 5 SchVG Rn. 35: „Die Zustimmung (…) kann richtigerweise auch konkludent erfolgen.".

teiligten Gläubiger schwebend unwirksam.[98] Wird die nachträgliche Genehmigung nicht binnen einer etwa in dem Beschluss dafür bestimmten Frist erteilt, ist die Benachteiligung gegenüber dem betreffenden Gläubiger endgültig unwirksam.

Der Beschluss kann auch vorsehen, dass die Wirksamkeit der Benachteiligung die Zustimmung sämtlicher benachteiligter Gläubiger oder eines bestimmten Prozentsatzes der von ihnen gehaltenen Schuldverschreibungen voraussetzt und im Falle nachträglicher Genehmigungen binnen bestimmter Frist erklärt sein muss. **68**

Mit dem Wirksamwerden der Zustimmungen zu den benachteiligenden Bedingungen zerfällt die bis dahin einheitliche Anleihe in unterschiedliche Anleiheserien, jeweils bestehend aus ihrerseits inhaltsgleichen Schuldverschreibungen. Der Schuldner hat sicherzustellen, dass die unterschiedlichen Serien im Effektengiroverkehr durch unterschiedliche Wertpapierkennnummern voneinander separiert werden.[99] **69**

c) Notlage des Schuldners? Anders als das SchVG 1899 setzt das Gesetz für Beschlüsse über Eingriffe in Rechte der Gläubiger nicht mehr voraus, dass sie der „Abwendung einer Zahlungseinstellung oder des Insolvenzverfahrens über das Vermögen des Schuldners" dienen.[100] Es erlaubt vielmehr **umfassende und frühzeitige Beschlüsse** nicht nur zur finanziellen Restrukturierung des Schuldners, sondern auch zur vorausschauenden Verhinderung einer möglichen finanziellen Krise des Schuldners, wie überhaupt Beschlüsse über Änderungen der Anleihebedingungen, die während der Laufzeit der Anleihe der Gläubigermehrheit zweckmäßig oder geboten erscheinen. **70**

d) Wahrung der gemeinsamen Interessen der Gläubiger? Das SchVG 1899 bestimmte in seiner Eingangsvorschrift (§ 1 Abs. 1 SchVG 1899), dass Beschlüsse der Gläubiger nur dann verbindliche Kraft für alle Gläubiger entfalten, wenn sie „zur Wahrung ihrer gemeinsamen Interessen gefasst werden". Die in dieser Anforderung liegende Einschränkung der Entscheidungsfreiheit der Gläubiger gilt nach dem Gesetz nicht mehr.[101] **71**

IV. Mehrheitsbeschlüsse kraft Gesetzes

In einer Reihe von Fällen haben die Gläubiger kraft Gesetzes das Recht, Mehrheitsentscheidungen zu treffen, ohne dass es dafür einer Ermächtigung in den Anleihebedingungen bedarf. Nach § 5 Abs. 5 S. 2 und 3 können die Gläubiger durch Mehrheitsbeschluss einer vorangegangenen Gesamtkündigung gemäß § 5 Abs. 5 S. 1 die Wirksamkeit entziehen. Nach § 8 Abs. 4 iVm § 7 Abs. 2–6 sind die Gläubiger berechtigt, mittels Mehrheitsbeschluss dem Vertragsvertreter Weisungen zu erteilen, die Haftung des Vertragsvertreters durch Mehrheitsbeschluss zu beschränken, über die Geltendmachung von Ersatzansprüchen gegen den Vertragsvertreter durch Mehrheitsbeschluss zu entscheiden, und den Vertragsvertreter mittels Mehrheitsbeschluss abzuberufen. Schließlich sind die Gläubiger nach § 19 Abs. 2 S. 1 im Falle der Eröffnung eines Insolvenzverfahrens über das Vermögen des Schuldners kraft Gesetzes befugt, durch Mehrheitsbeschluss einen gemeinsamen Vertreter zur Wahrnehmung ihrer Rechte zu bestellen. Die aufgeführten Befugnisse der Gläubiger leiten sich unmittelbar aus dem Gesetz ab. Sie sind eigenständige Rechte der Gläubiger. Die Beschlüsse bedürfen deshalb nicht der Zustimmung des Schuldners. Sie werden nach § 5 Abs. 4 S. 1 mit der einfachen Mehrheit der an der Abstimmung teilnehmenden Stimmrechte gefasst. Die Anleihebedingungen können nicht nach § 5 Abs. 4 S. 3 eine höhere Mehrheit vorschreiben. **72**

---

[98] Ebenso FK-SchVG/*Friedl/Schmidtbleicher* § 5 Rn. 32.
[99] Zustimmend Hopt/Seibt/*Thole* § 5 SchVG Rn. 34; Veranneman/*Veranneman* § 5 Rn. 17.
[100] So in § 11 Abs. 1 S. 1 SchVG 1899.
[101] **AA** *Baums* ZBB 2009, 1 (6), nach dem diese Anforderung als *„ungeschriebene Anforderung"* fortgelte. Dieser Auffassung kann aus den in → § 20 Rn. 43 ff. dargelegten Gründen nicht gefolgt werden. Im Anschluss an *Baums* auch *Horn* ZHR 173 (2009), 12, 62.

V. Bestellung eines gemeinsamen Vertreters

73 Das Gesetz (§ 5 Abs. 1 S. 1) bestimmt, dass die Anleihebedingungen vorsehen können, den Gläubigern eine Zuständigkeit sowohl zur Änderung der Anleihebedingungen als auch zur Bestellung eines gemeinsamen Vertreters – des **Wahlvertreters** – einzuräumen. Die Anleihebedingungen können die Gläubigerzuständigkeit aber auch auf das Eine oder das Andere beschränken, also lediglich zu Beschlüssen über die Änderung der Anleihebedingungen oder zu Beschlüssen über die Bestellung eines Wahlvertreters ermächtigen.[102] Einzelheiten zum Wahlvertreter regelt § 7.[103] Anders als Beschlüsse über die Änderung der Anleihebedingungen bedarf ein Beschluss über die Bestellung eines Wahlvertreters nicht der Zustimmung des Schuldners.[104] Ein gemeinsamer Vertreter der Gläubiger kann gemäß § 8 bereits in den Anleihebedingungen bestellt werden – der **Vertragsvertreter.**[105]

VI. Mehrheitserfordernisse

74 § 5 Abs. 4 bestimmt die Mehrheitserfordernisse für Gläubigerbeschlüsse. Grundsätzlich bedürfen die Beschlüsse der **einfachen Mehrheit** der an der Abstimmung teilnehmenden Stimmrechte (S. 1). Beschlüsse, durch welche der wesentliche Inhalt der Anleihebedingungen geändert wird, bedürfen einer Mehrheit von mindestens 75 % der teilnehmenden Stimmrechte – **qualifizierte Mehrheit** (§ 5 Abs. 4 S. 2). Bei der Berechnung der Stimmenmehrheit finden Enthaltungen keine Berücksichtigung.[106] Die Mehrheitserfordernisse des § 5 Abs. 4 sind nur Mindestanforderungen. Die Anleihebedingungen können für einzelne oder alle Beschlüsse eine höhere Mehrheit vorschreiben (§ 5 Abs. 4 S. 3).[107]

75 Hinzukommen muss die **Beschlussfähigkeit.** Sie ist für die Gläubigerversammlung in § 15 Abs. 3 und für die Abstimmung ohne Versammlung in § 18 Abs. 1 und 4 geregelt.[108]

76 Eine **wesentliche Änderung** des Inhalts der Anleihebedingungen liegt stets vor in den Fällen des § 5 Abs. 3 S. 1 Nr. 1–9 (§ 5 Abs. 4 S. 2). Die Aufzählung ist nicht abschließend. Vergleichbare, dort nicht aufgezählte Änderungen, können ebenfalls dem qualifizierten Mehrheitserfordernis unterfallen.[109] Das gilt je nach den Umständen möglicherweise selbst für die Änderung oder Aufhebung von Nebenbestimmungen und von wesentlichen Nebenverpflichtungen iSv§ 5 Abs. 3 S. 1 Nr. 10.[110] Zu denken ist insoweit etwa an die Aufhebung eines wichtigen Covenants, die Änderung der Rechtswahlklausel oder die Verlagerung des Gerichtsstands in ein anderes Land, die Änderung der eines Mehrheitsbeschlusses fähigen Maßnahmen, die Einführung eines Quorums für Kündigungen nach § 5 Abs. 5, die Änderung der Verfahrensvorschriften für Gläubigerversammlung oder Abstimmung ohne Versammlung sowie den Beschluss über einen Insolvenzplan.[111] Ob im Einzelfall eine wesentliche Änderung vorliegt, kann daran gemessen werden, ob die vor-

[102] Heidel AktR/*Müller* SchVG § 5 Rn. 8; **aA** *Horn* BKR 2009, 446 (452); Preuße/*Nesselrodt* § 8 Rn. 5.
[103] S. hierzu die Kommentierung zu § 7.
[104] Ebenso FK-SchVG/*Friedl/Schmidtbleicher* § 5 Rn. 23; → § 7 Rn. 11.
[105] S. hierzu die Kommentierung zu → § 8. Dies entspricht der Empfehlung von BVI/DVFA, Standards für Unternehmensanleihen unter dem Schuldverschreibungsgesetz (SchVG) (http://www.dvfa.de/fileadmin/downloads/Publikationen/Standards/dvfa_bvi_standards_schvg.pdf), S. 7 ff.
[106] Vgl. entspr. im Aktienrecht BGHZ 129, 136 (153); Hüffer/Koch/*Koch* AktG § 133 Rn. 12.
[107] Zur Behandlung von Enthaltungen vgl. *Wasmann/Steber* ZIP 2014, 2005 (2011 f.).
[108] → § 15 Rn. 9 ff. und → § 18 Rn. 14.
[109] BegrRegE SchVG, BT-Drs. 16/12814, 19; BerlKommInsR/*Paul* SchVG § 5 Rn. 13; FK-SchVG/*Friedl/Schmidtbleicher* § 5 Rn. 86; *Schnorbus/Ganzer* WM 2014, 155.
[110] Ebenso FK-SchVG/*Friedl/Schmidtbleicher* § 5 Rn. 86; Veranneman/*Veranneman* § 5 Rn. 40; Hopt/Seibt/*Thole* § 5 SchVG Rn. 95; vgl. auch *Schulenburg* Schutz der Minderheit im Schuldverschreibungsrecht S. 163; **aA** Preuße/*Vogel* § 5 Rn. 52; *Cagalj* Restrukturierung von Anleihen S. 269.
[111] BerlKommInsR/*Paul* SchVG § 5 Rn. 19; FK-SchVG/*Friedl/Schmidtbleicher* § 5 Rn. 88 ff.

geschlagene Änderung in ihrer Intensität mit den in § 5 Abs. 3 S. 1 Nr. 1–9 aufgeführten Fällen vergleichbar ist.[112] Das wird oftmals nicht mit letzter Zuverlässigkeit zu bestimmen sein. Um dem Risiko einer erfolgreichen Anfechtung des Beschlusses zu entgehen, wird deshalb im Zweifel eine qualifizierte Mehrheit anzustreben sein.[113]

VII. Zustimmung des Schuldners

Mehrheitsbeschlüsse der Gläubiger über die **Änderung der Anleihebedingungen** 77
bedürfen in allen Fällen der Zustimmung des Schuldners.[114] Das Gesetz hat das zwar nicht ausdrücklich bestimmt. Nur in dem Sonderfall des § 24 Abs. 2 einer nachträglichen Einführung der Wahlmöglichkeiten des Gesetzes in Schuldverschreibungen, die vor dem Inkrafttreten des Gesetzes ausgegeben worden sind, ist *expressis verbis* normiert, dass die Beschlussfassung der Gläubiger der Zustimmung des Schuldners bedarf. Die Zustimmung des Schuldners zu den Mehrheitsbeschlüssen der Gläubiger ist eine nicht normierte – vom Gesetzgeber als selbstverständlich angesehene – unerlässliche Voraussetzung für die Wirksamkeit der Änderung der Anleihebedingungen.[115] Änderungen der Anleihebedingungen können zu einer weit reichenden Umgestaltung des Vertragsverhältnisses zwischen Gläubigern und Schuldner führen und damit die Rechtsstellung des Schuldners nachhaltig verändern. Es ist davon auszugehen, dass das Gesetz derartige **Eingriffe** in die Rechtsstellung des Schuldners nur mit dessen Zustimmung ermöglichen will.

Die Zustimmung kann vor der Beschlussfassung **(Einwilligung)** sowie nach der Be- 78
schlussfassung **(Genehmigung)** erklärt werden.[116] Sind die Gläubiger in ihrem Beschluss einem Beschlussvorschlag des Schuldners gefolgt, so wird darin eine konkludente Zustimmung gesehen werden können. Verweigert der Schuldner die Zustimmung, ist der Gläubigerbeschluss ohne Wirkung.[117]

Die Zustimmung des Schuldners ist nicht erforderlich für einen Beschluss über die 79
Bestellung oder Abberufung des gemeinsamen Vertreters.[118] Er fällt in die Autonomie der Gläubiger. Ebenso bedarf es keiner Zustimmung des Schuldners in den Fällen, in denen die Gläubiger kraft Gesetzes Mehrheitsentscheidungen bezüglich des Vertragsvertreters treffen können.[119]

Da das Gesetz zum Erfordernis der Schuldnerzustimmung schweigt, bleibt auch die 80
Form, in der die Zustimmung erklärt werden kann, ungeregelt.[120] Beschlüsse der Gläubiger über die Änderung der Anleihebedingungen bedürfen zu ihrer Wirksamkeit der Vollziehung nach § 21. Erst dann werden sie nach § 2 Abs. 1 S. 3 wirksam. Bei der üblichen Verwahrung der Sammelurkunde durch eine Wertpapiersammelbank muss zum Zwecke der Vollziehung der Versammlungs- oder Abstimmungsleiter den in der Niederschrift dokumentierten Beschlussinhalt über die (einvernehmlichen) Änderungen der Wertpapiersammelbank übermitteln. Ist die Zustimmung des Schuldners nicht zur Niederschrift

[112] Vgl. Veranneman/*Veranneman* § 5 Rn. 40; *Schulenburg* Schutz der Minderheit im Schuldverschreibungsrecht S. 163.

[113] Vgl. auch die Kritik von FK-SchVG/*Friedl/Schmidtbleicher* § 5 Rn. 85 f.

[114] BGH WM 2015, 470 Rn. 44; inhaltsgleich BGH Urt. v. 2.12.2014 – II ZB 3/14, juris Rn. 44; Veranneman/*Oulds* § 4 Rn. 3 ff.; Veranneman/*Veranneman* § 5 Rn. 18; Preuße/*Vogel* § 5 Rn. 1; FK-SchVG/*Friedl/Schmidtbleicher* § 5 Rn. 21; *Kessler/Rühle* BB 2014, 907 (911); *Cagalj* Restrukturierung von Anleihen S. 176; *Schulenburg* Schutz der Minderheit im Schuldverschreibungsrecht S. 81.

[115] Im Laufe des Gesetzgebungsverfahrens ist eine ausdrückliche Aufnahme des Zustimmungserfordernisses seitens des Schuldners in das Gesetz vorgeschlagen worden (Deutsches Aktieninstitut eV, Stellungnahme zum Referentenentwurf eines Gesetzes zur Neuregelung der Rechtsverhältnisse bei Schuldverschreibungen aus Anleihen und zur Anpassung kapitalmarktrechtlicher Verjährungsvorschriften, S. 6).

[116] Ebenso FK-SchVG/*Friedl/Schmidtbleicher* § 4 Rn. 43, § 5 Rn. 22; Veranneman/*Oulds* § 4 Rn. 4.

[117] FK-SchVG/*Friedl/Schmidtbleicher* § 5 Rn. 22.

[118] → § 7 Rn. 11.

[119] → Rn. 72.

[120] Ebenso FK-SchVG/*Friedl/Schmidtbleicher* § 4 Rn. 44, § 5 Rn. 22; Veranneman/*Oulds* § 4 Rn. 4.

erklärt, so muss die Zustimmungserklärung in einem separaten beglaubigten Dokument enthalten sein, welches der Wertpapiersammelbank zusammen mit der Niederschrift zu übermitteln ist.[121]

VIII. Gesamtkündigung

81 Nach § 5 Abs. 5 können die Anleihebedingungen eine Kündigung der gesamten Anleihe durch eine qualifizierte Minderheit von Gläubigern vorsehen. Einer solchen **Gesamtkündigung** kann durch Mehrheitsbeschluss der Gläubiger binnen drei Monaten nach der Gesamtkündigung die Wirkung entzogen werden.

1. Hintergrund der Regelung

82 Anleihen nach deutschem Recht bestimmen herkömmlicherweise, dass bei Vorliegen eines außerordentlichen Kündigungsgrundes jeder Gläubiger einzeln die von ihm gehaltenen Schuldverschreibungen kündigen kann **(Einzelkündigungsrecht).** Allerdings treffen Anleihebedingungen dabei häufig Vorkehrungen, dass bei bestimmten Kündigungsgründen Kündigungen der Gläubiger erst wirksam werden, wenn auch weitere Gläubiger kündigen und die Gesamtzahl der erklärten Kündigungen einen bestimmten Prozentsatz (üblich sind 10 oder 25 %)[122] des ausstehenden Kapitals erreicht. Die Kündigungsgründe, die die Wirksamkeit von Einzelkündigungen unter eine solche Voraussetzung stellen, sind in der Regel weniger gravierend (wie der Verstoß des Schuldners gegen Nebenverpflichtungen). Beim Verzug in der Erfüllung von Hauptleistungspflichten und bei anderen gravierenden Ereignissen, die die Erfüllung der Hauptleistungspflichten bei Fälligkeit in Frage stellen können, bleibt es regelmäßig bei dem voraussetzungslosen Einzelkündigungsrecht jedes Gläubigers. Derartige Regelungen geben also das Prinzip nicht auf: Die Kündigungen auch einer qualifizierten Minderheit entfalten Wirkung nur für die kündigenden Gläubiger.[123]

83 Das Einzelkündigungsrecht ist mit erheblichen Problemen verbunden.[124] Es ist geeignet, zu übereilten Kündigungen einzelner Gläubiger, gelegentlich zu sich überstürzenden Kündigungen vieler Gläubiger („Windhundrennen"), zu führen, die dem Schuldner keine andere Wahl lassen, als die Eröffnung des Insolvenzverfahrens wegen Zahlungsunfähigkeit zu beantragen, auch wenn andernfalls zum Vorteil aller Gläubiger die Insolvenz des Schuldners vermeidbar und die Bedienung der Anleihe möglich wäre. Den Anleihegläubiger trifft keine Treuepflicht, die ihn in dieser Situation die Ausübung seines Kündigungsrechts verbieten würde.[125] Darüber hinaus bringt das Einzelkündigungsrecht für die Girosammelverwahrung erhebliche praktische und rechtliche Schwierigkeiten mit sich, die, so wie die Dinge stehen, nicht in befriedigender, praxisgerechter Weise zu lösen sind.[126]

84 Im Unterschied zum herkömmlichen „deutschen" Einzelkündigungsrecht steht in Anleihen, die englischen oder amerikanischen oder schweizerischem Recht unterstehen und einen Treuhänder *(Trustee)* vorsehen, das Recht zur außerordentlichen Kündigung der gesamten Anleihe in allen Fällen, also auch beim Verzug des Schuldners in der Erfüllung seiner Hauptleistungspflichten, dem Treuhänder zu. Der englische und amerikanische

---

[121] Zutreffend Veranneman/*Oulds* § 4 Rn. 4; Veranneman/*Hofmeister* § 21 Rn. 5; → § 21 Rn. 7.

[122] Vgl. auch FK-SchVG/*Friedl/Schmidtbleicher* § 5 Rn. 94.

[123] Als Bsp. für eine derartige Bestimmung sei eine Klausel aus den Anleihebedingungen des Emissionsprogramms der RWE AG zitiert: *„(2) Quorum. In den Fällen des Absatz (1)(b) oder 1(c) wird eine Kündigung, sofern nicht bei deren Eingang zugleich einer der in Absatz (1)(a), (1)(d), (1)(e) oder (1)(f) bezeichneten Kündigungsgründe vorliegt, erst wirksam, wenn bei dem Fiscal Agent Kündigungserklärungen von Gläubigern von Schuldverschreibungen im Nennbetrag von mindestens 1/10 der dann ausstehenden Schuldverschreibungen eingegangen sind."*.

[124] Dazu Baums/Cahn/*Schneider* S. 89 Fn. 34.

[125] OLG Frankfurt a. M. ZIP 2014, 2176 (2180); LG Bonn ZIP 2014, 1073 (1075); LG Köln 26.1.2012 – 30 O 13/11, juris Rn. 32; 30 O 14/11, juris Rn. 33; 30 O 63/11 juris Rn. 32; **aA** *Seibt/Schwarz* ZIP 2015, 401 (411).

[126] Dazu eing. Baums/Cahn/*Schneider* S. 90 Fn. 35.

Treuhänder hat das Recht, bei Verlangen einer Minderheit der Gläubiger (üblicherweise von 25 % des ausstehenden Kapitals) die Pflicht, die gesamte Anleihe bei Vorliegen eines außerordentlichen Kündigungsgrundes fällig zu stellen. Ein Einzelkündigungsrecht der Gläubiger besteht erst und nur dann, wenn der Treuhänder in der Ausübung seiner Pflicht säumig ist.[127]

In Übereinstimmung mit dieser Praxis empfiehlt der **G10-Bericht** für die Anleihen der Schwellenländer Regelungen, wonach eine qualifizierte Minderheit von nicht weniger als 25 % des ausstehenden Kapitals den Anleihetreuhänder verbindlich anweisen kann, die gesamte Anleihe zu kündigen, und eine qualifizierte Mehrheit von 66 2/3 % die Kündigung zurücknehmen kann. Die Möglichkeit zur Rücknahme bezweckt, die Restrukturierung des Schuldners zu fördern. Ein Einzelkündigungsrecht besteht nur, wenn der Anleihetreuhänder der Weisung der Gläubiger nicht entspricht.[128] **85**

2. Staatenpraxis

Die Staatenpraxis ist der beschriebenen Praxis im englischen und amerikanischen Recht sowie der Empfehlung des G10-Berichts gefolgt.[129] Die Anleihen der Staaten sehen in vielen Fällen die Kündigung der gesamten Anleihe durch eine qualifizierte Minderheit und die Möglichkeit der Rücknahme der Gesamtkündigung durch eine qualifizierte Mehrheit vor, und zwar auch dann, wenn ein Anleihetreuhänder nicht bestellt ist.[130] Die qualifizierte Minderheit, die die Kündigung verlangen kann, beträgt dabei regelmäßig 25 %, die Mehrheit, die die Kündigung zurücknehmen kann, wird häufig von 66 2/3 % auf die einfache Mehrheit abgesenkt.[131] **86**

Die jüngste Entwicklung in Europa bestätigt diese Staatenpraxis. Die **Musteranleihebedingungen** (Model Collective Action Clause) der **Staaten der Euro-Zone** sehen eine Bestimmung vor, die bei Vorliegen eines Kündigungsgrundes die Kündigung der gesamten Anleihe durch eine qualifizierte Minderheit von mindestens 25 % des ausstehenden Kapitals und die Rücknahme einer solchen Gesamtkündigung mit einer Mehrheit von mehr als 50 % des ausstehenden Kapitals zulässt, und zwar ebenfalls ohne dass ein Anleihetreuhänder bestellt ist. Die Aufnahme einer solchen Klausel in die Anleihebedingungen ist nicht zwingend, wird aber den Euro-Staaten empfohlen.[132] Die Bestimmungen des BSchuWG über die Aufnahme von Umschuldungsklauseln in die Emissionsbedingungen des Bundes folgen dieser Empfehlung nicht. **87**

---

[127] S. Baums/Cahn/*Bösch* S. 189, 207 f.; Baums/Cahn/*Burn* S. 219, 231; Baums/Cahn/*Kenadjian* S. 245, 262.

[128] Musterklausel: Group of Ten, Report of the G-10 Working Group on Contractual Clauses, 2002, S. 13 (http://www.bis.org/publ/gten08.pdf).

[129] Die Supplemental Explanatory Note des EFC Sub-Committee on EU Sovereign Debt Markets – Model Collective Action Clause S. 7 – stellt fest, derartige Klauseln *„[…] are found in many (but not all) collective action clauses now trading in the international debt market […]"* (https://europa.eu/efc/sites/default/files/supplemental_explanatory_note_on_the_model_cac_-_26_march_2012.pdf).

[130] *Hofmann/Keller* ZHR 175 (2011), 684, 702 sprechen im Zusammenhang mit derartigen Bestimmungen von einem *„zentralen Regelungsgegenstand"* in Umschuldungsklauseln von Staatsanleihen.

[131] Derartige Klauseln finden sich etwa in den SEC-registrierten Emissionsprogrammen für USD-Anleihen des Vereinigten Königreichs, von Italien, Polen, Brasilien, Mexiko, Südafrika und der Türkei. Als Bsp. diene die Gesamtkündigungsklausel Polens – auszugsweise zitiert: *„If one or more of the following events shall have occurred and be continuing […]: The Fiscal Agent shall, upon receipt of written requests to the State Treasury […] from holders of not less than 25 percent in aggregate outstanding principal amount of the Securities, declare the Securities due and payable, in each case at their principal amount together with accrued interest without further formality. […] After such declaration, if all amounts then due with respect to the Securities are paid (other than amounts due solely because of such declaration) and all other defaults with respect to the Securities are cured, such declaration may be annulled and rescinded by holders of not less than 50 percent in aggregate outstanding principal amount of the Securities."* (*The State Treasury of the Republic of Poland,* Prospectus Supplement to Prospectus Dated April 12, 2011 (http://www.sec.gov/Archives/edgar/data/79312/000119312511283201/d245507d424b5.htm)).

[132] Supplemental Explanatory Note v. 26.3.2012 des EFC Sub-Committee on EU Sovereign Debt Markets – Model Collective Action Clause S. 7 f. (https://europa.eu/efc/sites/default/files/supplemental_explanatory_note_on_the_model_cac_-_26_march_2012.pdf).

3. Die Regelungen im Einzelnen

88 § 5 Abs. 5 transportiert die international üblichen Bestimmungen über die Gesamtkündigung von Anleihen und die Möglichkeit der Rückgängigmachung der Kündigung in das deutsche Anleiherecht.[133]

89 **a) Kündigung.** Die Anleihebedingungen können bestimmen, dass die **Kündigung** von ausstehenden Schuldverschreibungen nur von mehreren Gläubigern und nur einheitlich erklärt werden kann. Den für die Kündigung erforderlichen Mindestanteil dürfen die Anleihebedingungen auf nicht mehr als 25% der ausstehenden Schuldverschreibungen festsetzen. Die Beschränkung des Kündigungsrechts durch entsprechende Beschlussfassung der Gläubigerversammlung entfaltet keine Rückwirkung und gilt daher nicht für eine zu diesem Zeitpunkt bereits wirksam erklärte Kündigung.[134]

90 Die Kündigung bedarf keines Beschlusses der Gläubiger.[135] Zweckmäßigerweise werden die Anleihebedingungen vorsehen, dass die kündigungswilligen Gläubiger ihre Kündigungserklärungen gegenüber dem Fiscal Agent als Vertreter des Schuldners abgeben. Ist ein gemeinsamer Vertreter in den Anleihebedingungen bestellt, so können die Anleihebedingungen ihm gemäß § 8 Abs. 2 S. 1 auch die Gesamtkündigung der Anleihe gegenüber dem Schuldner übertragen, die er zu erklären hat, wenn er dazu von der in den Anleihebedingungen bestimmten qualifizierten Minderheit aufgefordert wird. Auf einen durch Mehrheitsbeschluss der Gläubiger bestellten gemeinsamen Vertreter kann diese Aufgabe nach § 7 Abs. 2 S. 1 Alt. 1 übertragen werden.[136]

91 **b) Rücknahme der Kündigung.** Das Recht zur Rücknahme der Kündigung ergibt sich unmittelbar aus dem Gesetz. Anders als die Kündigung verlangt die Rücknahme der Kündigung einen Beschluss der Gläubiger nach § 5 Abs. 5 S. 2 und 3. Der Beschluss muss binnen drei Monaten nach der Kündigung gefasst werden. Für den Beschluss genügt die einfache Mehrheit der Stimmrechte, wobei streitig ist, ob auf den ausstehenden Nennbetrag[137] oder die abgegebenen Stimmen[138] abzustellen ist. Die Anleihebedingungen können nicht nach § 5 Abs. 4 S. 3 eine höhere Mehrheit vorsehen,[139] denn das Recht, der vorausgegangenen Gesamtkündigung der Anleihe die Wirkung zu entziehen, steht den Gläubigern kraft Gesetzes zu, nicht aufgrund Bestimmung in den Anleihebedingungen. Neben der einfachen Mehrheit verlangt § 5 Abs. 4 S. 3 Hs. 2 für den Beschluss, dass „auf jeden Fall mehr Gläubiger zustimmen als gekündigt haben". Dies ist nicht im Sinne einer Mehrheit nach Köpfen zu verstehen, sondern in Anwendung von § 6 Abs. 1 S. 1 dahin, dass die dem Beschluss zustimmenden Gläubiger nach dem Nennwert ihrer Schuldverschreibungen mehr Stimmrechte auf sich vereinen als die kündigenden Gläubiger.[140]

91a § 5 Abs. 5 S. 2 regelt einzig die Rücknahme einer Gesamtkündigung. Die Rücknahme einer erklärten Einzelkündigung durch entsprechenden Mehrheitsbeschluss der Anleihegläubiger ist nicht möglich.[141]

---

[133] RegBegr SchVG, BT-Drs. 16/12814, 19 sagt einleitend zu § 5 Abs. 5: „*Absatz 5 enthält spezielle Mehrheitserfordernisse für* international übliche Bestimmungen *in Anleihebedingungen, wonach das Kündigungsrecht nicht vom einzelnen Gläubiger, sondern nur gemeinsam mit anderen Gläubigern ausgeübt werden kann (sogenannte Gesamtkündigung)*.".

[134] OLG Frankfurt a. M. ZIP 2014, 2176 (2180). Vgl. auch *Seibt/Schwarz* ZIP 2015, 401 (412 f.) wonach die mittelbare Rücknahme erklärter Einzelkündigungen durch Vereinbarung des gemeinsamen Vertreters mit dem Schuldner möglich sein soll.

[135] Ebenso FK-SchVG/*Friedl/Schmidtbleicher* § 5 Rn. 96; Heidel AktR/*Müller* SchVG § 5 Rn. 6; **aA** *Schmidtbleicher* Die Anleihegläubigermehrheit S. 182, 186.

[136] Ebenso FK-SchVG/*Friedl/Schmidtbleicher* § 5 Rn. 96. Zu den durch die Kündigung ggf. ausgelöste Insolvenzantragspflichten s. Schimansky/Bunte/Lwowski/*Tetzlaff* BankR-HdB, 4. Aufl. 2011, § 88 Rn. 25.

[137] So Veranneman/*Veranneman* § 5 Rn. 48.

[138] So FK-SchVG/*Friedl/Schmidtbleicher* § 5 Rn. 98.

[139] Veranneman/*Veranneman* § 5 Rn. 48.

[140] Veranneman/*Veranneman* § 5 Rn. 49; *Podewils* DStR 2009, 1914 (1916).

[141] LG Bonn ZIP 2014, 1073 (1075).

c) Wirkung der Kündigung. Die Kündigung durch die in den Anleihebedingungen bestimmte qualifizierte Minderheit gem. § 5 Abs. 5 hat nicht nur Wirkung für die kündigenden Gläubiger **(Einzelwirkung),** sondern wirkt für und gegen sämtliche Gläubiger und hat die Kündigung der gesamten Anleihe zur Folge **(Gesamtwirkung).**[142] 92

Die auch in der Gesetzesbegründung[143] vertretene **Gegenauffassung,** die Kündigung der qualifizierten Mehrheit bewirke nur die Kündigung der Schuldverschreibungen, die von den kündigenden Gläubigern gehalten werden, ist nicht im Wortlaut von § 5 Abs. 5 begründet. Sie ist nicht zu vereinbaren mit dem Recht der Gläubigermehrheit, den (so verstandenen) Einzelkündigungen die Rechtswirksamkeit zu entziehen. Schließlich widerspricht sie dem Sinn und Zweck der Vorschrift, dem deutschen Anleiherecht „international übliche Bestimmungen" zu erschließen. 93

Der Wortlaut von § 5 Abs. 5 äußert sich nicht zur Wirkung der Kündigung, weder in dem einen noch dem anderen Sinne. Der Gegenauffassung liegt das im deutschen Recht herkömmliche Konzept des Einzelkündigungsrechts zugrunde: Die Kündigung entfaltet Wirkung nur für diejenigen Gläubiger, die sie erklärt haben; dabei ist allerdings die Rechtswirksamkeit der Einzelkündigungen an die Voraussetzung geknüpft, dass ein bestimmter Prozentsatz von Gläubigern kündigt. Mit dem Prinzip des Einzelkündigungsrechts ist indessen das Recht der Mehrheit, den Einzelkündigungen die Wirkung zu entziehen, unvereinbar. Wäre das grundlegende Prinzip des § 5 Abs. 5 das Einzelkündigungsrecht, so hätten die kündigenden Gläubiger mit ihren Einzelkündigungen und dem Erreichen des bestimmten Prozentsatzes von Einzelkündigungen ihre Gestaltungsrechte endgültig ausgenutzt, die betreffenden Schuldverschreibungen wären fällig gestellt und zurückzuzahlen, der Vorgang wäre abgeschlossen. In dieser Lage gäbe es keine sachlich und rechtlich befriedigende Erklärung dafür, dass die Mehrheit der Gläubiger, die von den zuvor ausgesprochenen Einzelkündigungen in ihren Rechten gar nicht berührt ist, den erfolgten Einzelkündigungen der Minderheit die Rechtswirksamkeit entziehen können soll. Die Aufhebung der Kündigung der Gläubigerminderheit durch die Gläubigermehrheit ist sachlich nur zu rechtfertigen, wenn sich die Kündigung der Minderheit auf die gesamte Anleihe erstreckt. Anleihebedingungen nach deutschem Recht bestimmen zwar häufig, dass die Wirksamkeit der (Einzel-)Kündigung an die Voraussetzungen geknüpft ist, dass die Anleihe von einer größeren Zahl von weiteren Gläubigern gekündigt wird.[144] Folgerichtig kennen derartige Klauseln aber kein Recht der Mehrheit, den ausgesprochenen Einzelkündigungen wieder den Boden zu entziehen. 94

Zudem verkennt die amtliche Begründung den eigentlichen Sinn und Zweck der Bestimmung in mehrfacher Weise. Der von ihr selbst hervorgehobene vordergründige Zweck der Regelung ist es, „international übliche Bestimmungen" in das deutsche Anleiherecht einzuführen.[145] Folgte man der These der amtlichen Begründung, so würde das Gegenteil erreicht. Der weitergehende Sinn und Zweck dieser „international üblichen Bestimmungen"[146] liegt darin, sowohl durch das **Drohpotential einer Kündigung der gesamten Anleihe** als auch durch die **Möglichkeit der Rücknahme der Kündigung** die geordnete Restrukturierung des Schuldners zu erleichtern. Die Bestimmung gibt den Gläubigern einen taktischen Vorteil gegenüber dem Schuldner, und dem Schuldner einen doppelten Anreiz, seinen Beitrag zur Erreichung dieses Ziels zu leisten. Ihren Sinn erfüllt die Möglichkeit der Rückgängigmachung der Gesamtkündigung nicht darin, dass die Mehrheit die Minderheit überstimmen kann.[147] 95

---

[142] So ausdrücklich § 9 Abs. 3 der Diskussionsentwürfe von 2004; so auch das Verständnis von *Schmidtbleicher* S. 204/205 ff. und *Hofmann/Keller* ZHR 175 (2011), 684 (703); **aA** (nur Wirkung für die kündigende Gläubigerminderheit) Veranneman/*Veranneman* § 5 Rn. 45; Preuße/*Vogel* § 5 Rn. 57; *Podewils* DStR 2009, 1914 (1916); *Schlitt/Schäfer* AG 2009, 477 (486 f.); FK-SchVG/*Friedl/Schmidtbleicher* § 5 Rn. 100.

[143] BegrRegE SchVG, BT-Drs. 16/12814, 18.

[144] → Rn. 82.

[145] BegrRegE SchVG, BT-Drs. 16/12814, 19.

[146] → Rn. 86.

[147] Der Umstand, dass es sich bei der Kündigung um eine Entscheidung einer Minderheit handele, *„rechtfertigt es, dass Gläubiger eine solche Kündigung mit Mehrheit überstimmen können."*. (aaO, Fn. 145).

96 **d) Reformentwurf.** Der Reformentwurf[148] schlägt vor, die Kündigung einer Anleihe durch eine qualifizierte Minderheit abschließend in einem neuen § 2a zu regeln. Die Verschiebung der Kündigungsregelung aus dem Abschnitt 2 (Beschlüsse der Gläubiger) in den Abschnitt 1 (Allgemeine Vorschriften) soll zum einen klarstellen, dass Bestimmungen in den Anleihebedingungen über die Kündigung der Anleihe durch eine qualifizierte Minderheit zulässig sind, auch wenn die Anleihebedingungen nicht gem. § 5 Abs. 1 S. 1 Mehrheitsbeschlüsse der Gläubiger vorsehen. Zum anderen bedarf die Aufhebung einer derartigen Kündigung keines Gläubigerbeschlusses. Der Gesetzesvorschlag des Reformentwurfs lautet wie folgt:

97 *„§ 2a Kündigung von Schuldverschreibungen*

(1) Soweit die Anleihebedingungen nichts Abweichendes bestimmen, hat die Kündigung von Schuldverschreibungen nur Wirkung für die kündigenden Gläubiger.

(2) [1]Ist in Anleihebedingungen bestimmt, dass eine Kündigung, welche nur Wirkung für den kündigenden Gläubiger hat, erst wirksam wird, wenn sie von einem oder mehreren Gläubigern, die insgesamt einen in den Anleihebedingungen festgelegten Mindestanteil der ausstehenden Schuldverschreibungen halten, erklärt wird, darf dieser Mindestanteil nicht mehr als 25 Prozent betragen. [2]Ist in Anleihebedingungen bestimmt, dass eine Kündigung Wirkung für sämtliche Gläubiger hat und erst wirksam wird, wenn sie von einem oder mehreren Gläubigern, die insgesamt einen in den Anleihebedingungen festgelegten Mindestanteil der ausstehenden Schuldverschreibungen halten, erklärt wird, darf dieser Mindestanteil nicht weniger als 25 Prozent betragen. [3]Die Anleihebedingungen können vorsehen, dass die Wirkung einer Kündigung nach Satz 1 oder 2 entfällt, wenn Gläubiger, die eine Mehrheit der ausstehenden Schuldverschreibungen halten, dies verlangen. [4]Dies muss dem Schuldner binnen drei Monaten in Textform mitgeteilt werden; § 17 Absatz 1 gilt entsprechend. [5]Für die Bestimmung des Mindestanteils und der Mehrheit der Gläubiger gilt § 6 Absatz 1 entsprechend.“

98 Abs. 1 des Vorschlags normiert den Grundsatz. Abs. 2 S. 1 ermöglicht, in den Anleihebedingungen vorzusehen, dass die Kündigung durch eine qualifizierte Mehrheit nur Wirkung für die kündigenden Gläubiger hat **(Einzelwirkung).** Nach Abs. 2 S. 2 können die Anleihebedingungen auch bestimmen, dass die Kündigung der qualifizierten Minderheit für sämtliche Gläubiger wirkt **(Gesamtwirkung),** also zur Kündigung der gesamten Anleihe führt. Bei der Kündigung mit Einzelwirkung darf der für die Kündigung erforderliche Mindestanteil *höchstens* 25 % der ausstehenden Schuldverschreibungen betragen, bei der Kündigung mit Gesamtwirkung muss er *mindestens* 25 % betragen. In beiden Fällen können die Anleihebedingungen bestimmen, dass die Wirkung der Kündigung entfällt, wenn die Gläubiger, die eine Mehrheit der ausstehenden Schuldverschreibungen halten, dies binnen einer Frist von drei Monaten verlangen. „Mehrheit“ ist die in den Anleihebedingungen bestimmte einfache oder eine höhere Mehrheit.

99 **e) Folgen der Kündigung – Zurückbehaltungsrecht?** Die amtliche Begründung[149] legt dar, dass der Schuldner bis zum Ablauf der in § 5 Abs. 5 S. 2 bestimmten Drei-Monats-Frist ein **Zurückbehaltungsrecht** habe.[150] Dem Gesetz selbst ist Derartiges nicht zu entnehmen. Ein gesetzliches Zurückbehaltungsrecht (§§ 273, 320, 321, 242 BGB) besteht nicht.[151] Die amtliche Begründung kann es nicht dekretieren und ist insoweit unbeachtlich. Ein solches Zurückbehaltungsrecht hätte auch negative Implikationen. Es würde eine noch größere Gefährdung für die Erfüllung der Ansprüche der Gläubiger bedingen als es die Krise des Schuldners ohnehin tut. Die Anleihebedingungen können, wenn das opportun erscheint, die Folgen der Gesamtkündigung während der Drei-Monats-Frist regeln – etwa Zahlung gegen die Stellung von Sicherheiten oder Zahlung an den gemeinsamen Vertreter als doppelten Treuhänder.[152]

[148] Arbeitskreis Reform des Schuldverschreibungsrechts ZIP 2014, 845 (847); → Einl. Rn. 46 ff.
[149] BegrRegE SchVG, BT-Drs. 16/12814, 19.
[150] Preuße/*Vogel* § 5 Rn. 57 verweist (ohne eigene Stellungnahme) hierauf.
[151] Anders als in der Vorauflage nun auch Veranneman/*Veranneman* § 5 Rn. 46.
[152] Zustimmend FK-SchVG/*Friedl/Schmidtbleicher* § 5 Rn. 101.

IX. Abstimmungsverfahren

1. Gläubigerversammlung; Abstimmung ohne Versammlung

100 Nach § 5 Abs. 6 können die Beschlüsse der Gläubiger entweder in einer **Gläubigerversammlung** (§§ 9–17) oder einer **Abstimmung ohne Versammlung** (§ 18)[153] gefasst werden. Die Anleihebedingungen können die Wahl offen lassen, indem sie dazu keine Bestimmung treffen oder diese Wahlmöglichkeit ausdrücklich vorsehen. Die Anleihebedingungen können nach § 5 Abs. 6 S. 2 aber auch das Verfahren für Gläubigerbeschlüsse auf eine der beiden Möglichkeiten beschränken.[154] Bei Wahl der Abstimmung ohne Versammlung kann nach § 18 Abs. 4 S. 2 bei fehlender Beschlussfähigkeit keine zweite Abstimmung ohne Versammlung, sondern nur eine Gläubigerversammlung einberufen werden, die als zweite Versammlung iSv § 15 Abs. 3 S. 3 gilt.[155]

2. „Anleiheübergreifende" Abstimmungsverfahren

101 Ein **anleiheübergreifendes Mehrheitsprinzip (Aggregation)** für Anleihen des gleichen Schuldners erlaubt das Gesetz nicht.[156] Das Gesetz steht jedoch **anleiheübergreifenden Abstimmungsverfahren** nicht entgegen. Für die mehreren Anleihen eines Schuldners können grundsätzlich Gläubigerversammlungen – **Parallelversammlungen** – zur gleichen Zeit, am gleichen Ort, mit gleicher Tagesordnung und gleicher Versammlungsleitung durchgeführt werden. Das ist zweckmäßig insbesondere bei einer Restrukturierung der verschiedenen Anleihen eines Schuldners auf der Grundlage eines einheitlichen Restrukturierungsplans. Derartige Parallelversammlungen eröffnen die Möglichkeit eines **einheitlichen Informationsstandes,** auch mittels des Auskunftsrechts der Gläubiger und der Auskunftspflicht des Schuldners, und damit zu einer **einheitlichen Entscheidungsgrundlage** der Gläubiger. Sie lassen auch **Probeabstimmungen** zu, die das Erreichen der Mehrheitserfordernisse bei jeder Anleihe fördern und dadurch der angestrebten Restrukturierung zum Erfolg verhelfen können.

101a So wie Parallelversammlungen nach dem Gesetz möglich sind, so sind es auch **parallele Abstimmungen ohne Versammlung.**

X. Exkurs: Außerordentliche Kündigungsgründe in Anleihen

Schrifttum: *Baums,* Kündigung von Unternehmensanleihen in Baums, Beiträge zum Recht der Unternehmensfinanzierung 2016, 549; *Fischer,* Die Rechtsstellung der Anleihegläubiger in Krise und Insolvenz des Emittenten, WM 2018, 1529; *Florstedt/v. Randow,* Die Kündigung des Anleiheschuldverhältnisses aus wichtigem Grund, ZBB 2014, 345; *Maier-Reimer,* Rechtsfragen der Restrukturierung, insbesondere der Schuldnerersetzung, in: *Baums/Cahn* (Hrsg.), Die Reform des Schuldverschreibungsrechts, 2004, S. 129; *Seibt/Schwarz,* Anleihekündigung in Sanierungssituationen ZIP 2015, 401; *Trautrims,* Anm. zu LG Köln – 30 O 63/11 v. 26.1.2012, BB 2012, 1823.

102 Das Gesetz enthält – abgesehen von § 5 Abs. 3 Nr. 8 betreffend Mehrheitsbeschlüsse über den „Verzicht auf das Kündigungsrecht der Gläubiger oder dessen Beschränkung" und von § 5 Abs. 5 über die „von mehreren Gläubigern und einheitlich" erklärte „Kündigung von ausstehenden Schuldverschreibungen" (Gesamtkündigung)[157] – keine speziellen Nor-

[153] Dazu ausführlich → § 18 Rn. 1 ff.

[154] Veranneman/*Veranneman* § 5 Rn. 51; Preuße/*Vogel* § 5 Rn. 58. BVI/DVFA, Standards für Unternehmensanleihen unter dem Schuldverschreibungsgesetz (SchVG) (http://www.dvfa.de/fileadmin/downloads/Publikationen/Standards/dvfa_bvi_standards_schvg.pdf), S. 7, befürchten eine unzureichende Information mittlerer und kleiner Investoren im Vorfeld einer Abstimmung ohne Versammlung und sprechen sich deshalb gegen eine Beschränkung auf dieses Abstimmungsverfahren aus.

[155] FK-SchVG/*Friedl/Schmidtbleicher* § 5 Rn. 102.

[156] → Rn. 47 ff.

[157] → Rn. 81 ff.

men über die Kündigung von Schuldverschreibungen einer Anleihe.[158] Nach der amtlichen Begründung bezieht sich die Regelung der Mehrheitserfordernisse in § 5 Abs. 5 auf „international übliche Bestimmungen in Anleihebedingungen".[159] Sowohl § 5 Abs. 3 Nr. 8 als auch § 5 Abs. 5 gehen ersichtlich von **vertraglichen Kündigungsrechten** der Gläubiger aus, die in den Anleihebedingungen ausdrücklich bestimmt sind, und beziehen sich nicht auf außerordentliche – gesetzliche – Kündigungsgründe.

103 Inhaberschuldverschreibungen verbriefen ein einseitiges abstraktes Schuldversprechen des Schuldners. Sie können Laufzeiten von langer Dauer haben. Die Bestimmungen der **§§ 793 ff. BGB** über die Rechtsverhältnisse von Inhaberschuldverschreibungen kennen (gleichwohl) keine Regelungen über die Kündigung des verbrieften Forderungsrechts.

104 Vor dem Hintergrund der in den vergangenen Jahren zunehmenden Zahl von Bemühungen zur finanziellen Restrukturierung von Anleiheschuldnern im Rahmen des § 5 wird in Rechtsprechung und Schrifttum erörtert, ob die Schuldverschreibungen einer Anleihe bei einer Verschlechterung der wirtschaftlichen Verhältnisse des Schuldners und einer daraus erwachsenden Gefährdung der Zahlungsansprüche des Gläubigers einem **gesetzlichen Kündigungsrecht** unterliegen. Ein solches Recht kann nur aus einem zwischen den Vertragsparteien bestehenden Dauerschuldverhältnis hergeleitet werden, es sei denn, es lässt sich unmittelbar auf die Grundsätze von Treu und Glauben iSv § 242 BGB stützen.[160] Gerichte und Literatur rekurrieren auf die Bestimmungen über die außerordentliche Kündigung von Darlehen (§ 490 Abs. 1 BGB) oder von Dauerschuldverhältnissen (§ 314 Abs. 1 BGB). Überwiegend wird dabei die Geltung von § 490 Abs. 1 BGB verneint, die von § 314 Abs. 1 BGB bejaht.[161] Auch der **BGH** hat die Anwendung von § 490 Abs. 1 BGB verneint, die Anwendbarkeit von § 314 Abs. 1 BGB dahinstehen lassen, dabei aber deutlich zum Ausdruck gebracht, dass es dem in dieser Vorschrift zum Ausdruck kommenden allgemeinen Grundsatz widersprechen würde, wonach den Vertragsparteien eines Dauerschuldverhältnisses stets ein Recht zur außerordentlichen Kündigung aus wichtigem Grund zustehen muss.[162]

105 **Klassische Unternehmensanleihen** (*fixed* und *floating*) bestimmen in den Anleihebedingungen – so gut wie ausnahmslos – außerordentliche Kündigungsrechte **(vertragliche Kündigungsgründe).**[163] Wäre es anders, wären die Anleihen schlechterdings nicht beim Publikum zu platzieren.[164] Die vertraglichen Kündigungsgründe verdrängen faktisch die Möglichkeit der Berufung auf ein gesetzliches Kündigungsrecht.[165] Sind Inhaberschuldverschreibungen (§§ 793 ff BGB) **von Gesetzes wegen unkündbar,** was in Rechtsprechung und Literatur teilweise vertreten wird,[166] so bedarf es auch dann vertraglicher Kündigungsgründe, damit die betreffende Anleihe Abnahme im Markt findet.

106 Die folgenden Erörterungen beziehen sich auf klassische Unternehmensanleihen einschließlich Anleihen von Kreditinstituten. Sie beziehen sich nicht auf Anleihen, die wegen ihrer abweichenden Strukturen keine Kündigungsrechte der Gläubiger kennen, wie etwa nachrangige Hybridanleihen[167], *Asset-Backed Securities*[168], Pfandbriefe, die ohnehin vom Anwendungsbereich des Gesetzes ausgenommen sind[169], *Commercial Paper*[170], Zertifikate und Optionsanleihen.[171]

---

[158] Die im Referentenentwurf enthaltene Vorschrift (§ 22 Abs. 1), dass die Anleihebedingungen die Kündigungsgründe abschließend bestimmen können, hat keinen Eingang in das Gesetz gefunden.
[159] BegrRegE SchVG, BT-Drs. 16/12814, 19.
[160] → Rn. 119 f.
[161] → Rn. 108–118.
[162] BGH WM 2016, 1293, 1295; → Rn. 118.
[163] → Rn. 107.
[164] Es sei denn zu so hohen Zinssätzen, die die Investoren zwar geneigt, möglicherweise aber auch skeptisch stimmen dürften.
[165] → Rn. 123 ff.
[166] → Rn. 121.
[167] → § 1 Rn. 68.
[168] → § 1 Rn. 70.
[169] → § 1 Rn. 40 ff.
[170] → Rn. 12.
[171] → § 1 Rn. 69.

1. Vertragliche Kündigungsrechte

Die Anleihebedingungen klassischer Unternehmensanleihen enthalten regelmäßig **Kataloge zulässiger Kündigungsrechte der Gläubiger.** Diese Kataloge sind – wie ein Blick auf die Prospekte der Emissionsprogramme (Debt Issuance Programmes) der DAX-30-Unternehmen zeigt – **im Wesentlichen identisch.**[172] Die Anleihebedingungen bestimmen in der Regel *nicht ausdrücklich,* dass der Katalog die zulässigen Kündigungsgründe abschließend aufführt. So soll der Katalog jedoch verstanden werden und so wird er auch verstanden: Er findet allseitige Akzeptanz bei den Emittenten und den Arrangeuren, die die Anleihebedingungen miteinander verhandeln, sowie bei den anleiheplatzierenden Banken im In– und Ausland und den professionellen Anlegern und entspricht damit den Erwartungen des Marktes. Die Kataloge der Kündigungsgründe umfassen – unter Umständen neben einzelnen ergänzenden Tatbeständen – folgende Grundtatbestände: (1) Nichtzahlung von Kapital bei Fälligkeit, ggf. mit einer Nachfrist *(grace period);* (2) Nichtzahlung von Zinsen bei Fälligkeit, ggf. mit einer Nachfrist; (3) Nichterfüllung einer in den Anleihebedingungen übernommenen Verpflichtung (beispielsweise eines *negative pledge*), ggf. nach Ablauf einer Frist, um Heilung zu ermöglichen; (4) Insolvenz und Bekanntgabe der Zahlungsunfähigkeit, Zahlungseinstellung und Beantragung eines Insolvenzverfahrens durch den Schuldner; (5) Liquidation des Emittenten, es sei denn im Zusammenhang mit dem Zusammenschluss mit einer anderen Gesellschaft, welche die Verpflichtungen aus der Anleihe übernimmt. Oftmals ist auch der Tatbestand des *cross default* einbezogen. Danach kann die konkrete Anleihe gekündigt werden, wenn andere (definierte) Finanzverbindlichkeiten des Emittenten (und ggfs. der Garantin) außerordentlich gekündigt oder bei Fälligkeit nicht erfüllt werden. Die Ausübung des Kündigungsrechts kann je nach Art und Umfang der definierten Finanzverbindlichkeiten, die wiederum *cross-default*-Klauseln enthalten können – wie es bei den anderen Anleihen des Emittenten der Fall sein wird – zum sofortigen finanziellen Zusammenbruch des Emittenten führen und dessen Sanierung im Vorfeld der Insolvenz vereiteln. Es gibt deshalb gute Gründe, eine *cross-default*-Klausel nicht in den Kernbestand des Kündigungskatalogs aufzunehmen, und sie sollte kein *essentialia* der vertraglichen Kündigungsgründe sein.[173] 107

[172] Vgl., stellvertretend für andere, etwa die Emissionsprogramme *(Debt Issuance Program)* RWE AG, Debt Issuance Programme Prospectus v. 10.5.2019, EUR 10,000,000,000 Debt Issuance Programme; BASF SE, Debt Issuance Program Prospectus v. 11.9.2018, EUR 20,000,000,000 Debt Issuance Program; Deutsche Lufthansa AG, Debt Issuance Programme Prospectus v. 4.7.2019, EUR 4,000,000,000 Debt Issuance Programme; HeidelbergCement AG, Medium Term Note Programme Prospectus v. 3.4.2019, EUR 10,000,000,000 Medium Term Note Programme; ferner *Seibt/Schwarz* ZIP 2015, 401 (402 f. Fn. 24) mit einer Auflistung weiterer Programme.

[173] Bis vor einigen Jahren bestimmten diese Kataloge regelmäßig ein weiteres Kündigungsrecht für den Fall, dass „ … *die Emittentin eine allgemeine Schuldenregelung zugunsten ihrer Gläubiger anbietet oder trifft*". Gemeint waren damit nicht „die Gläubiger" der in Rede stehenden Anleihe, also die Anleihegläubiger, sondern „*alle* ihre Gläubiger". Das OLG Frankfurt am Main hat in seinem Urt. v. 17.9.2014 (→ Rn. 125) den missverständlichen Wortlaut dieser „marktüblichen Kündigungsklausel" (*Seibt/Schwarz* ZIP 2015, 401 (407)) nicht so ausgelegt, wie er gemeint war, sondern dahin, dass unter „Gläubiger" die Anleihegläubiger verstanden werden müssen, und sah in der Einladung zu einer Gläubigerversammlung, die über Maßnahmen zur Restrukturierung der Emittentin beschließen sollte, den Tatbestand des Kündigungsgrundes als erfüllt an und hat die vor der Beschlussfassung erklärte Kündigung des Gläubigers für wirksam erklärt. Der BGH hat als Revisionsinstanz in seinem Urt. v. 8.12.2015 (BGHZ 208, 171 Rn. 14 ff = BGH WM 2016, 305) ausgeführt, dass ein Gläubigerbeschluss über Maßnahmen zur Restrukturierung des Schuldners auch für diejenigen Gläubiger verbindlich ist, die vor der Beschlussfassung ihre (noch nicht erfüllten) Schuldverschreibungen gekündigt haben (→ Rn. 130). Die Klausel ist inzwischen in den Standardkatalogen zumeist gestrichen worden. Vgl. hierzu die in Fn. 172 aufgeführten Emissionsprogramme.

2. Gesetzliche Kündigungsgründe

108 **a) Kündigung nach § 490 Abs. 1 BGB?** Die Schuldverschreibung einer Anleihe begründet **kein Darlehensverhältnis.**[174] Die außerordentliche Kündigung einer Anleihe kann deshalb nicht auf das Kündigungsrecht des § 490 Abs. 1 BGB gestützt werden.[175]

109 Darlehen sind in den §§ 488 ff. BGB, Schuldverschreibungen in den §§ 793 ff. BGB **systematisch getrennt voneinander** geregelt. Darlehen sind Kreditgewährungen; Schuldverschreibungen sind ohne Kreditcharakter. Der Anleihegläubiger überlässt dem Schuldner nicht – wie der Darlehensgeber – Kapital, sondern erwirbt Ansprüche auf Zahlung (nicht Rückzahlung) von Kapital und Zinsen aus der Schuldverschreibung durch Kauf der Schuldverschreibung von einem Dritten (einem Vorerwerber, u. U. auch von dem Finanzinstitut, welches die Anleihe ursprünglich vom Emittenten übernommen hat).

110 Der **Darlehensvertrag** begründet **Rechte und Pflichten beider Seiten** und ist ein **Dauerschuldverhältnis iSv § 314 BGB.** Deshalb bestehen die gesetzlichen Kündigungsrechte des § 490 Abs. 1 BGB wegen einer wesentlichen Verschlechterung der Vermögensverhältnisse und des § 314 Abs. 1 BGB aus wichtigem Grund nebeneinander (§ 490 Abs. 3 BGB). Die Schuldverschreibung begründet dagegen kein Dauerschuldverhältnis iSd § 314 Abs. 1 BGB.[176] **Inhaberschuldverschreibungen** sind abstrakte Schuldversprechen[177] und verbriefen das handelbare **einseitige Leistungsversprechen des Emittenten,** das möglicherweise durch Bedingungen oder Auflagen eingeschränkt sein kann, aber dem **Anleihegläubiger keine Verpflichtungen** auferlegt.

111 Ein grundlegender Unterschied zwischen Darlehen und Schuldverschreibung liegt nicht zuletzt in dem Umstand, dass die Schuldverschreibung **Finanzinstrument** ist. Sie ist Handelsgegenstand, verkehrsfähig und verkehrsbestimmt, und im praktischen Ergebnis durch Bucheintrag übertragbar, wobei Veräußerer wie Erwerber beiderseits anonym bleiben, ein Vorgang, von dem der Schuldner keine Kenntnis erlangt. Darin unterscheidet sich die Schuldverschreibung grundlegend von einem Darlehen, auch Schuldscheindarlehen, das durch Abtretung oder Vertragsübernahme bzw. -beitritt übertragen wird und bei dem im Fall der Abtretung im Interesse der Durchsetzbarkeit gegenüber dem Schuldner eine Anzeige oder im Fall der Vertragsübernahme bzw. des -beitritts die Mitwirkung des Schuldners erforderlich ist, soweit er nicht von vornherein in bestimmten Fällen seine Zustimmung erklärt hat.

112 Auch nach Auszahlung des Darlehensbetrages unterscheidet sich die *Rückzahlungsforderung* des Darlehensgebers in rechtlicher Qualität und praktischer Relevanz von der *Zahlungsforderung* des Anleihegläubigers aus dem abstrakten Schuldversprechen des Anleiheschuldners.[178] Die Forderung aus dem Finanzinstrument unterliegt nach wie vor den besonderen Anforderungen des Kapitalmarkts. Das allein verbietet auch eine analoge Anwendung des § 490 Abs. 1 BGB auf die Schuldverschreibung.[179]

113 **b) Kündigung nach § 314 Abs. 1 BGB?** § 314 BGB findet sich im 2. Buch des BGB, Abschnitt 3 überschrieben mit „Schuldverhältnisse aus Verträgen (§§ 311 – 361)“, Untertitel 3 betitelt „Anpassung und Beendigung von Verträgen (§§ 313, 314) und gewährt *„jedem Vertragsteil“* das Recht, aus wichtigem Grund zu kündigen. Es ist zu Recht die Frage

---

[174] → § 3 Rn. 30.

[175] BGH WM 2016, 1293 Rn. 30; OLG Köln ZIP 2015, 1924 (1926); OLG München ZIP 2015, 2174 (2175); *Fischer* WM 2018, 1529 (1531); Baums/Cahn/*Maier-Reimer* S. 135 f.; *Seibt/Schwarz* ZIP 2015, 401 (407 f.); *Florstedt/v. Randow* ZBB 345 (353, 356); *Trautrims* BB 2012, 1823; *Schmidtbleicher* S. 337 f.; **aA** LG Köln BB 2012, 1821 (1823); Baums/*Baums* S. 557 ff.; Albrecht/Karahan/Lenenbach/*Lenenbach* § 36 Rn. 88; *Lenenbach* Rn. 2.112 bis 2.115.

[176] Dazu → § 3 Rn. 30.

[177] BGH WM 2014, 1624 Rn. 32; BGH WM 2016, 1293 Rn. 31.

[178] **AA** Baums/*Baums* S. 559.

[179] Für analoge Anwendung des § 490 Abs. 1 BGB Baums/*Baums* S. 557 ff. S. auch BGH WM 2016, 1293 Rn. 31: „… Für eine (entsprechende) Anwendung des § 490 Abs. 1 BGB (auf Inhaberschuldverschreibungen) fehlt es … an einem Bedürfnis“.

aufgeworfen worden, ob die in Abschnitt 8 des 2. Buches, Titel 24, geregelten „Schuldverschreibungen auf den Inhaber (§§ 793 – 808) und die darin normierten Rechtsverhältnisse solche aus *Verträgen*" sind.[180] Darüber hinaus kann bei einem einseitigen abstrakten Leistungsversprechen wie der Schuldverschreibung nicht „*jedem* Vertragsteil" ein außerordentliches Kündigungsrecht aus wichtigem Grund zur Seite stehen, sondern nur dem einen Vertragsteil Anleihegläubiger, den keinerlei Verpflichtungen aus dem Rechtsverhältnis treffen. Die Frage, ob nicht auch der Schuldner das Rechtsverhältnis aus wichtigem Grund kündigen kann, stellt sich nicht. Schon aus diesem Grund ist die Anwendung von § 314 BGB auf Schuldverschreibungen abzulehnen.

Die Schuldverschreibungen einer Anleihe begründen zudem **kein Dauerschuldverhältnis iSv § 314 Abs. 1 BGB.** Ein gesetzliches Recht zur Kündigung jeder Partei aus „wichtigem Grund" kann deshalb nicht aus § 314 Abs. 1 BGB hergeleitet werden.[181] 114

Der Begriff „Dauerschuldverhältnis" ist in § 314 BGB nicht definiert. Ein Dauerschuldverhältnis ist ein Vertrag, der auf ein fortgesetztes Verhalten gerichtet ist und aus dem sich während der Vertragslaufzeit immer wieder neue Rechte und Pflichten *beider Parteien* ergeben.[182] Eine Schuldverschreibung verbrieft lediglich eine Forderung des Gläubigers und begründet ein einseitig den Schuldner verpflichtendes abstraktes Schuldversprechen. 115

Nach der **Gesetzesbegründung** zu § 314 BGB sollten mit § 314 BGB die bis dahin von der Rechtsprechung zu Dauerschuldverhältnissen entwickelten Grundsätze gesetzlich verankert werden.[183] Diese Rechtsprechung befasste sich vor allem mit der Befreiung einer Partei von unzumutbaren dauerhaften Verpflichtungen.[184] Vor diesem Hintergrund ist wesentlicher Zweck des § 314 BGB, diejenige Partei, der die übernommenen Verpflichtungen nach Treu und Glauben mit Blick auf die Fortdauer des Rechtsverhältnisses nicht mehr zugemutet werden können, von der Fortsetzung der Leistungspflicht zu befreien. Die Kündigung einer Schuldverschreibung, mit der keine Leistungspflicht beendet, sondern die vorgezogene Fälligkeit der Forderung herbeigeführt wird, hat mit dem Sachverhalt, den der Gesetzgeber zu regeln die Absicht hatte, nichts gemein. 116

Die Schuldverschreibung einer Anleihe ist **Instrument des Kapitalmarkts.** Sie ist Handelsobjekt, verkehrsfähig und zum Verkehr bestimmt. Der Gläubiger kann jederzeit, in der Regel zum Tageskurs, das Schuldverhältnis durch Veräußerung der Schuldverschreibung beenden. Auch das spricht gegen die Geltung des § 314 BGB über Dauerschuldverhältnisse auf das Rechtsverhältnis von Schuldverschreibungen.[185] 117

Die **instanzgerichtliche Rechtsprechung** wendet indessen überwiegend § 314 Abs. 1 BGB auf das Anleiheschuldverhältnis an,[186] ebenso die überwiegende Auffassung im Schrifttum[187], zumeist ohne Auseinandersetzung mit der Frage, ob Schuldverschreibungen aus Anleihen ein Dauerschuldverhältnis im Sinne dieser Vorschrift begründen. Dabei wird 118

---

[180] Baums/Cahn/*Maier-Reimer* S. 135.

[181] **AA** OLG Frankfurt a. M. ZIP 2014, 2176 (2177 f.); LG Köln BB 2012, 1821; LG Bonn GWR 2014, 244; Baums/*Baums* S. 560 ff., der überdies ein Kündigungsrecht in § 490 BGB sieht. Das OLG Köln ZIP 2015, 1924 (1927), sieht in einem Fall, in dem die Anleihebedingungen keine vertraglichen Kündigungsgründe vorsahen, eine Kündigung nach § 314 BGB als zulässig an, auch wenn es sich bei einer Anleihe nicht um ein Dauerschuldverhältnis handele, *„weil § 314 BGB Ausfluss des Gedankens von Treu und Glauben iSv § 242 BGB ist und daher grundsätzliche Bedeutung hat."*. Zur Auffassung des BGH → Rn. 118

[182] OLG Köln ZIP 2015, 1924 (1927); MüKoBGB/*Gaier* § 314 Rn. 7; Baums/Cahn/*Maier-Reimer* S. 135; *Schmidtbleicher* Die Anleihegläubigermehrheit S. 337.

[183] BT-Drs. 14/6040, 94. Die Vorschrift ist durch das Gesetz zur Modernisierung des Schuldrechts vom 26.11.2001, BGBl. I 2001, 3138 eingeführt worden.

[184] Exemplarisch: BGH NJW 1964, 1129; NJW 1989, 1482; NJW 1997, 1702.

[185] Baums/Cahn/*Maier-Reimer* S. 134 (136).

[186] OLG Frankfurt a. M. ZIP 2014, 2176 (2177 f.); OLG Köln, ZIP 2015, 1924 (1927); LG Köln BB 2012, 1821; LG Bonn GWR 2014, 244.

[187] Veranneman/*Veranneman* § 5 Rn. 35; FK-SchVG/*Hartwig-Jacob* § 3 Rn. 120; Preuße/*Vogel* § 5 Rn. 56; Albrecht/Karahan/Lenenbach/*Lenenbach* § 36 Rn. 84, 91; Spindler/Stilz/*Seiler* § 221 AktG Rn. 173; mit Einschränkungen *Florstedt/v. Randow* ZBB 2014, 345 (356); *Lenenbach* Kapitalmarktrecht, 2. Aufl. 2010, Rn. 2.115; *Horn* BKR 2009, 446 (450); dies jedenfalls nicht ausschließend auch *Seibt/Schwarz* ZIP 2015, 401 (407 ff.).

unter Hinweis auf die Motive des Gesetzgebers[188] angeführt, dass § 314 BGB im „Kern" zwingendes Recht darstellte und nicht vollständig ausgeschlossen, sondern nur beschränkt werden könne. Der **Bundesgerichtshof** hat es dahinstehen lassen, ob das Kündigungsrecht nach § 314 BGB ausgeschlossen werden kann oder bei Inhaberschuldverschreibungen sogar generell nicht zur Anwendung kommt. Er hat aber sogleich darauf hingewiesen, dass dies dem in § 314 BGB zum Ausdruck gekommenen Grundsatz widersprechen würde, dass den Vertragsparteien eines Dauerschuldverhältnisses stets ein Recht zur außerordentlichen Kündigung aus wichtigem Grund zustehen muss.[189] Der BGH hat diesen Aussagen ein *obiter dictum* folgen lassen und ausgeführt, dass der Anleihegläubiger mit dem Erwerb der Schuldverschreibungen das **Bonitätsrisiko des Emittenten** übernehme.[190] Da der Kündigungsgrund aus Umständen erwachse, die in die Risikosphäre des Anleihegläubigers fielen, sei die **Kündigung** wegen einer Gefährdung seiner Ansprüche **nur ausnahmsweise gerechtfertigt.** Dem Anleihegläubiger bleibe es unbenommen, seine Schuldverschreibungen über den Kapitalmarkt zu veräußern.[191]

119 **c) Kündigung nach § 242 BGB?** Die Andersartigkeit der Rechtsverhältnisse von Darlehen (§§ 488 ff. BGB) und Dauerschuldverhältnissen (§ 314 BGB) einerseits und Inhaberschuldverschreibungen (§§ 793 ff. BGB) andererseits, die beide auch „Ausfluss des Gedankens von Treu und Glauben iSv. § 242 BGB" sind,[192] legt es nahe, als Rechtsgrundlage für die gesetzliche Kündigung von Schuldverschreibungen die Grundsätze des § 242 BGB, die für alle Schuldverhältnisse gelten, unmittelbar heranzuziehen.

120 Die **unmittelbare Anwendung von § 242 BGB** führt zur Verabschiedung der „zwingenden" unbestimmten Rechtsbegriffe der §§ 314 Abs. 1, 490 Abs. 1 BGB („wichtiger Grund"; „wesentliche Verschlechterung der Vermögensverhältnisse"; „Unzumutbarkeit der Fortsetzung des Vertrages" usw.). Sie ermöglicht es bei der Zuordnung der Risiken, die aufgrund der Anerkennung eines Kündigungsrechts für Emittent und Anleihegläubiger bestehen, den berechtigten Interessen beider Seiten Rechnung zu tragen und dabei auch auf die Anforderungen des Kapitalmarktes an die Vermeidung von Unsicherheiten und die Gewährung von Rechtssicherheit Rücksicht zu nehmen. Die konkrete Risikoverteilung und Interessengewichtung im Verhältnis der Parteien eines Schuldverhältnisses ist durch § 242 BGB nicht zwingend vorgegeben.[193] Diese Risikoallokation wird für klassische Unternehmensanleihen durch die Aufnahme eines **abschließenden Katalogs von Kündigungsgründen** in die Anleihebedingungen vollzogen.

121 **d) Unkündbarkeit von Inhaberschuldverschreibungen.** In Teilen der Rechtsprechung und Literatur wird – mit beachtenswerten Gründen – die Ansicht vertreten, dass Inhaberschuldverschreibungen aus Anleihen nach §§ 793 ff BGB **keinem gesetzlichen Kündigungsrecht** unterliegen.[194] Sie wären danach nur kündbar, wenn und soweit die Anleihebedingungen Kündigungsrechte der Gläubiger vorsehen. Klassische Unternehmensanleihen verlangen – unbeschadet des Bestehens eines gesetzlichen Kündigungsrechts – die Aufnahme des weithin standardisierten Katalogs von Kündigungsrechten,[195] andernfalls wären sie nicht platzierbar. Die gleichen Anforderungen würden auch für klassische Unternehmensanleihen gelten, wenn sie keinem gesetzlichen Kündigungsrecht unterliegen.

[188] BT-Drs. 14/6040, 176.
[189] BGH WM 2016, 1293 Rn. 33.
[190] BGH WM 2016, 1293 Rn. 37.
[191] BGH WM 2016, 1293 Rn. 35, 37; *Fischer* WM 2018, 1529 (1531).
[192] Vgl. OLG Köln ZIP 2014, 1924 (1927).
[193] MüKoBGB/*Roth/Schubert* § 242 Rn. 91; Staudinger/*Looschelders/Olzen* § 242 Rn. 109; Palandt/*Grüneberg* § 242 Rn. 20; Bamberger/Roth/*Sutschet* § 242 Rn. 38; Soergel/*Teichmann* § 242 Rn. 109; Dauner-Lieb/Langen/*Krebs* § 242 Rn. 36.
[194] OLG München ZIP 2015, 2174 (2175); Baums/Cahn/*Maier-Reimer* S. 134 ff.; *Schmidtbleicher* Die Anleihegläubigermehrheit S. 336 ff.; *Trautrims* BB 2012, 1823.
[195] → Rn. 107.

Die Unkündbarkeit von Inhaberschuldverschreibungen wird einmal damit begründet, dass eine Kündigung aus wichtigem Grund ein Dauerschuldverhältnis voraussetzt, was das einseitig verpflichtende Rechtsverhältnis der Inhaberschuldverschreibung nicht ist.[196] Zum anderen wird der Grund für die Unkündbarkeit von Inhaberschuldverschreibungen in der speziellen Regelung der §§ 793 ff. BGB gesehen, die eine außerordentliche Kündigung des Rechtsverhältnisses nicht vorsieht und der es auch nicht bedarf, weil der Gläubiger sich jederzeit vor Fälligkeit von seinem Investment trennen kann.[197] 122

3. § 314 BGB und vertragliche Kündigungsrechte

Für die Praxis ist mit der herrschenden Meinung in Rechtsprechung und Literatur davon auszugehen, dass Inhaberschuldverschreibungen dem gesetzlichen Kündigungsrecht aus wichtigem Grund nach § 314 Abs. 1 BGB unterliegen. Dieses Recht kann nicht vollständig ausgeschlossen, es kann jedoch vertraglich eingeschränkt werden. 123

In der Anleihepraxis wird diesen Anforderungen bei klassischen Unternehmensanleihen durch die Aufnahme eines weitgehend standardisierten Katalogs vertraglicher Kündigungsgründe Rechnung getragen. Die darin benannten Kündigungsgründe berechtigen die Gläubiger zur Kündigung. Denkbare, aber nicht benannte Kündigungsgründe – wie etwa die wesentliche Verschlechterung der Vermögensverhältnisse des Emittenten – schließen das Kündigungsrecht aus. 124

Richtungweisend ist das **Urteil des OLG Frankfurt a. M. vom 17.9.2014**[198]. Die Anleihebedingungen des beklagten Emittenten enthielten den üblichen standardmäßigen Katalog von außerordentlichen Kündigungsrechten und bestimmten, wie ebenfalls üblich, nicht ausdrücklich, dass der Katalog die Kündigungsrechte abschließend regelt. Der (klagende) Anleihegläubiger stützte seine Kündigung auf den *nicht* im Kündigungskatalog benannten Tatbestand der wesentlichen Vermögensverschlechterung der Vermögensverhältnisse des Emittenten, im Katalog benannte Kündigungsgründe lagen (mit einer Ausnahme) nicht vor. Das Urteil stellte grundsätzlich fest: 125

„[…] der Kerngehalt von § 314 BGB stellt zwingendes Recht [dar] und kann nicht vollständig ausgeschlossen, sondern nur beschränkt werden, dies auch aufgrund des Ausschlusses des Rechts zur Kündigung aus wichtigem Grund aus dem Grundsatz von Treu und Glauben. ***Allerdings ist es zulässig, einzelne Umstände und bestimmte Gründe als zur außerordentlichen Kündigung berechtigenden wichtigen Grund auszuschließen.*** *"*[199] 126

Das Gericht führte sinngemäß aus, dass die tatbestandlich nicht erfüllten Kündigungsgründe des Katalogs das nicht aufgeführte allgemeine Kündigungsrecht wegen Vermögensverschlechterung verdränge. Es handele sich ersichtlich um eine **abschließende Regelung** des Kündigungsrechts und den **konkludenten Ausschluss** der Zulässigkeit einer Kündigung aus anderen als den benannten wichtigen Gründen. Eine derartige Verteilung der Risiken zwischen Gläubiger und Schuldner verstoße nicht gegen § 307 BGB. 127

[196] Baums/Cahn/*Maier-Reimer* S. 134 ff.; *Schmidtbleicher* Die Anleihegläubigermehrheit S. 336 ff.

[197] OLG München ZIP 2015, 2174 (2175): *„Eine solche außerordentliche Kündigungsmöglichkeit ergibt sich auch nicht aus Sinn und Zweck der §§ 793 ff. BGB. Im Gegenteil besteht bei börsennotierten Inhaberschuldverschreibungen … im Hinblick auf deren Fungibilität keine Notwendigkeit für eine derartige außerordentliche Kündigungsmöglichkeit. Vielmehr werden die Vermögensverhältnisse der Schuldnerin und die Erwartung der Marktteilnehmer, wie wahrscheinlich es ist, dass der Schuldner pünktlich und vollständig zahlen kann, in den Börsenkurs der Inhaberschuldverschreibung eingepreist. Während der Gläubiger einer … Darlehensforderung – gäbe es* <u>*§ 490 BGB*</u> *nicht – keine realistische Möglichkeit hätte, sich vor Fälligkeit von seinem Investment zu trennen, ist dies bei börsennotierten Inhaberschuldverschreibungen möglich, allerdings unter Inkaufnahme von Abschlägen beim Kurswert. Letztere stellen aber das notwendige Korrelat zu möglichen Kursgewinnen dar, …"*; *Trautrims* BB 2012, 1823.

[198] OLG Frankfurt a. M. ZIP 2014, 2176. Die oben dargelegten Erwägungen des OLG Frankfurt werden durch das auf die Revision gegen das Urteil des Gerichts ergangene Urteil des BGH v. 8.12.2015 (BGHZ 208, 171) nicht in Frage gestellt.

[199] Hervorhebung durch die Verfasser.

128 Das bedeutet *in summa:* Der Anleger trägt das Bonitätsrisiko des Emittenten. Bei Vorliegen eines vertraglichen Kündigungsgrundes kann er seine Schuldverschreibungen kündigen. Im Übrigen ist es ihm bei Vorliegen sowie bei Nichtvorliegen eines vertraglichen Kündigungsrechtes – in den Worten des BGH – „unbenommen, seine Schuldverschreibungen über den Kapitalmarkt zu veräußern".[200] Sehen die Anleihebedingungen in Ausnahmefällen keine vertraglichen Kündigungsgründe vor, ist die Kündigung nach § 314 BGB – in den Worten des BGH – „nur ausnahmsweise gerechtfertigt".

4. Überholender Gläubigerbeschluss

129 Das **OLG Köln** hat mit **Urteil vom 9.7.2015**[201] die Wirksamkeit der auf § 314 BGB gestützten Gläubigerkündigung vor der geplanten Einberufung einer (zweiten) Gläubigerversammlung zur Beschlussfassung über Restrukturierungsmaßnahmen für den Emittenten daran scheitern lassen, dass sie zur Unzeit erfolgt ist. Es sei dem Gläubiger zuzumuten, die Beschlussfassung der Gläubigerversammlung im Interesse der kollektiven Bindung aller Gläubiger und der sich daraus ergebenden Vorrangstellung der Gläubigerversammlung abzuwarten und damit eine Einschätzung der Sanierungsmöglichkeit durch alle Gläubiger ermöglichen. Nur dann sei das Primat der Gläubigerversammlung gewährleistet.

130 Nach dem Urteil des **BGH vom 8.12.2015**[202] in der Revision des Urteils des OLG Köln ist ein Mehrheitsbeschluss der Gläubiger nach § 5 auch dann für die Gläubiger der Anleihe verbindlich, die bereits zuvor ihre Schuldverschreibung aufgrund eines vertraglichen oder gesetzlichen Kündigungsrechts (§§ 314, 490 Abs. 1 BGB) wirksam gekündigt haben. Das Urteil stellt in Übereinstimmung mit der Literatur fest, dass der kündigende Gläubiger auch nach der Kündigungserklärung bis zur vollständigen und endgültigen Erfüllung seiner Forderung Gläubiger bleibt.[203] Die kollektive Bindung der Anleihegläubiger (§ 4 S. 2) und das Prinzip der Verbindlichkeit des Mehrheitsbeschlusses für alle Gläubiger (§ 5 Abs. 2 S. 1) verlangen, dass auch Gläubiger, die vor der Beschlussfassung oder gar noch bis zum Vollzug eines solchen Beschlusses (nach § 21 Abs. 1 S. 1) gekündigt haben, den Beschluss gegen sich gelten lassen müssen. Das diene dem Sinn und Zweck der Regelungen des Gesetzes, die Anleihegläubiger in der Krise des Schuldners an dessen vorinsolvenzrechtlicher Sanierung gleichmäßig zu beteiligen.

131 Der **BGH** hat mit **Urteil vom 31.5.2016**[204] als Revisionsinstanz entschieden, dass es an einem wichtigen Grund für die Kündigung gem. § 314 BGB fehle, wenn die Emittentin zum Zeitpunkt der Kündigungserklärung bereits Sanierungsbemühungen beabsichtigt und zeitnah entfaltet hat.[205]

§ 6 Stimmrecht

(1) [1]**An Abstimmungen der Gläubiger nimmt jeder Gläubiger nach Maßgabe des Nennwerts oder des rechnerischen Anteils seiner Berechtigung an den ausstehenden Schuldverschreibungen teil.** [2]**Das Stimmrecht ruht, solange die Anteile dem Schuldner oder einem mit ihm verbundenen Unternehmen (§ 271 Absatz 2 des Handelsgesetzbuchs) zustehen oder für Rechnung des Schuldners oder eines mit ihm verbundenen Unternehmens gehalten werden.** [3]**Der Schuldner darf Schuldverschreibungen, deren Stimmrechte ruhen, einem anderen nicht zu dem Zweck überlassen, die Stimmrechte an seiner Stelle auszuüben; dies gilt auch für ein mit dem Schuldner verbundenes**

[200] BGH WM 2016, 1293 Rn. 37.
[201] OLG Köln ZIP 2015, 1294.
[202] BGHZ 208, 171 Rn. 14 ff = WM 2016, 305.
[203] → § 4 Rn. 11.
[204] BGH WM 2016, 1293.
[205] BGH WM 2016, 1293 Rn. 38.

Unternehmen. [4]**Niemand darf das Stimmrecht zu dem in Satz 3 erster Halbsatz bezeichneten Zweck ausüben.**

(2) **Niemand darf dafür, dass eine stimmberechtigte Person bei einer Gläubigerversammlung oder einer Abstimmung nicht oder in einem bestimmten Sinne stimme, Vorteile als Gegenleistung anbieten, versprechen oder gewähren.**

(3) **Wer stimmberechtigt ist, darf dafür, dass er bei einer Gläubigerversammlung oder einer Abstimmung nicht oder in einem bestimmten Sinne stimme, keinen Vorteil und keine Gegenleistung fordern, sich versprechen lassen oder annehmen.**

Schrifttum: *Grell/Splittgerber/Schneider,* BGH ebnet den Weg für die Restrukturierung von Anleihen – alle Fragen geklärt?, DB 2015, 111; *Schnorbus/Ganzer,* Einflussmöglichkeiten auf die Gläubigerversammlung im Zusammenhang mit der Änderung von Anleihebedingungen, WM 2014, 155; *Thole,* Der Debt Equity Swap bei der Restrukturierung von Anleihen, ZIP 2014, 2365.

I. Schuldverschreibungen und Stimmrecht

1 Schuldverschreibungen verbriefen schuldrechtliche Forderungen. Sie verkörpern keine gesellschaftsrechtlichen Mitgliedschaftsrechte. Ein Stimmrecht ist mit ihnen nur ausnahmsweise verbunden. Es wächst den Gläubigern nur und erst dann zu, wenn die Anleihebedingungen nach den Vorschriften des Gesetzes für die Anwendung des Gesetzes optiert haben und sie darüber hinaus zu einer Abstimmung, sei es in einer Gläubigerversammlung oder ohne eine Versammlung, berufen worden sind.

2 § 5 Abs. 1 S. 1 begründet unter diesen Voraussetzungen das Stimmrecht der Anleihegläubiger. Ein Stimmrecht ohne Schuldverschreibung gibt es nicht. Das Stimmrecht kann also einem Dritten nicht durch isolierte Übertragung verschafft werden.[1] Es hat aber keinen höchstpersönlichen Charakter.[2] Ein Gläubiger kann sich in der Abstimmung durch einen jeden Dritten als **Bevollmächtigten** vertreten lassen (§ 14 Abs. 1 S. 1). Auch eine **Legitimationsübertragung** ist zulässig.[3] Hierbei wird der Dritte nach Außen hin als Inhaber der Schuldverschreibung legitimiert, verbunden mit der Ermächtigung, gemäß § 185 BGB im eigenen Namen das Stimmrecht (und gegebenenfalls weitere Rechte aus der Schuldverschreibung) auszuüben.

3 Wird eine Schuldverschreibung verpfändet, verbleibt das Stimmrecht beim Eigentümer. Es können jedoch im Innenverhältnis zwischen Verpfänder und Pfandgläubiger Einschränkungen vereinbart werden. Gleiches gilt für den Fall des Nießbrauchs. Im Fall der Sicherungsübereignung erwirbt der Sicherungsnehmer mit dem Eigentum an der Schuldverschreibung auch das daraus resultierende Stimmrecht.[4]

[1] Veranneman/*Veranneman* § 6 Rn. 7; **aA** FK-SchVG/*Schmidtbleicher* § 6 Rn. 13 (gezielte Pfändung oder Verpfändung des Stimmrechts) und Rn. 37 (kein Abspaltungsverbot); Hopt/Seibt/*Thole* § 6 SchVG Rn. 34 (Verpfändung des Stimmrechts).

[2] Preuße/*Vogel* § 6 Rn. 15.

[3] Veranneman/*Wasmann/Steber* § 14 Rn. 3; Preuße/*Vogel* § 6 Rn. 16; FK-SchVG/*Schmidtbleicher* § 6 Rn. 17; Hopt/Seibt/*Thole* § 6 SchVG Rn. 23.

[4] Vgl. zum Vorstehenden FK-SchVG/*Schmidtbleicher* § 6 Rn. 11 ff.

II. Bemessung des Stimmrechts

4 Der Stimmanteil eines Gläubigers in der Abstimmung bestimmt sich nach seinem Anteil an den (noch) ausstehenden Schuldverschreibungen. Im Regelfall der auf einen Gesamtnennbetrag lautenden Anleihe bestimmt sich das Stimmrecht nach dem **Nennwert** der Schuldverschreibungen; in dem ungewöhnlichen Fall einer nennwertlosen Anleihe bestimmt sich das Stimmrecht nach dem **rechnerischen Anteil** der Schuldverschreibungen an den ausstehenden Schuldverschreibungen (§ 6 Abs. 1 S. 1). Ausstehend sind alle Schuldverschreibungen, die noch nicht (voll) erfüllt sind.[5]

4a Auch bei Schuldverschreibungen, die vom Gläubiger nur zum Teil eingezahlt sind oder vom Schuldner nur teilweise getilgt sind, bemisst sich das Stimmrecht nach dem Nennwert der Schuldverschreibung.[6]

5 Jede Schuldverschreibung der kleinsten Stückelung gewährt eine Stimme.[7] Ist der Gläubiger Inhaber von Schuldverschreibungen verschiedener Stückelungen, beträgt die Zahl seiner Stimmrechte das in den höheren Stückelungen insgesamt enthaltene Mehrfache der niedrigsten Stückelung.[8] Neuere Schuldverschreibungen, die üblicherweise durch eine Sammelurkunde (Globalurkunde) verbrieft sind, sehen in der Regel eine einheitliche Stückelung vor.

III. Ruhen des Stimmrechts

6 § 6 Abs. 1 S. 1–4 ordnet das Ruhen des Stimmrechts an für Schuldverschreibungen, die dem Schuldner unmittelbar oder mittelbar zuzurechnen sind. In den Worten der amtlichen Begründung soll damit verhindert werden, dass die Beschlüsse der Gläubiger durch Interessenkonflikte verfälscht werden.[9]

7 S. 2 Alt. 1 bestimmt das Ruhen des Stimmrechts für die Schuldverschreibungen, die dem Schuldner oder einem ihm verbundenen Unternehmen (§ 271 HGB) zustehen. S. 2 Alt. 2 bestimmt das Gleiche für Schuldverschreibungen, die von einem Dritten für Rechnung des Schuldners oder eines mit ihm verbundenen Unternehmens gehalten werden; das ist der Fall, wenn der Schuldner oder ein mit ihm verbundenes Unternehmen die mit den Schuldverschreibungen verbundenen wirtschaftlichen Chancen und Risiken trägt.[10] Nach S. 3 dürfen der Schuldner und ein mit ihm verbundenes Unternehmen Schuldverschreibungen, deren Stimmrechte ruhen, nicht einem Andern zu dem Zweck überlassen, die Stimmrechte an ihrer Stelle auszuüben. S. 4 verbietet auch die Ausübung solcher Stimmrechte durch einen Dritten. Damit soll die Ruhensregelung gegen Umgehung geschützt werden. Ein Verstoß gegen S. 4 bewirkt die Nichtigkeit der Stimmabgabe.[11]

8 S. 4 bezieht sich nur auf S. 3 und erfasst daher nur den Fall, dass eine Schuldverschreibung, deren Stimmrecht ruht, zwecks Ausübung des Stimmrechts vom Schuldner oder einem mit dem Schuldner verbundenen Unternehmen auf einen Dritten übertragen wird.

[5] BegrRegE SchVG, BT-Drs. 16/12814, 19; **aA** hingegen FK-SchVG/*Schmidtbleicher* § 6 Rn. 4 f., wonach bei einer auf einen Gesamtnennbetrag laufenden Anleihe auf den ausstehenden Nennbetrag abzustellen ist.

[6] Preuße/*Vogel* § 6 Rn. 6; Heidel AktR/*Müller* SchVG § 6 Rn. 2; für Teilzahlung des Gläubigers auch FK-SchVG/*Schmidtbleicher* § 6 Rn. 7.

[7] So die BegrRegE SchVG, BT-Drs. 16/12814, 19; Veranneman/*Veranneman* § 6 Rn. 4; Preuße/*Vogel* § 6 Rn. 7; Hopt/Seibt/*Thole* § 6 SchVG Rn. 9.

[8] Dabei hat das gewährte Stimmrecht exakt das Verhältnis der Nennwerte der kleinsten Stückelung und der höheren Stückelung nachzubilden, FK-SchVG/*Schmidtbleicher* § 6 Rn. 6; **aA** Preuße/*Vogel* § 6 Rn. 7, wonach *„freie Spitzen"* unberücksichtigt bleiben.

[9] BegrRegE SchVG, BT-Drs. 16/12814, 19.

[10] FK-SchVG/*Schmidtbleicher* § 6 Rn. 24, der vorschlägt, zur Auslegung Rspr. und Lit. zu der gleichlautenden Bestimmung des § 34 (vormals 22) Abs. 1 S. 1 Nr. 2 WpHG heranzuziehen.

[11] FK-SchVG/*Schmidtbleicher* § 6 Rn. 26.

Mangels Verweises auf S. 2 ist hingegen nicht erfasst, dass eine Schuldverschreibung, die von einem Dritten für den Schuldner oder ein verbundenes Unternehmen gehalten wird, von diesem Dritten zwecks Stimmrechtsausübung weiterübertragen wird. Da S. 4 nach § 23 Abs. 1 Nr. 2 bußgeldbewehrt ist, scheidet eine analoge Anwendung angesichts des im Ordnungswidrigkeitenrecht geltenden Analogieverbots[12] aus.

Neben diesen gesetzlichen Stimmverboten können keine weiteren Stimmverbote – etwa ein Verbot der Abstimmung in eigenen Angelegenheiten – aufgestellt werden.[13] Bereits das Reichsgericht hat unter Geltung des SchVG 1899 nicht gesetzlich normierte Stimmverbote abgelehnt.[14] 9

Das Stimmrecht lebt wieder auf, sobald die Schuldverschreibung mit ruhendem Stimmrecht auf einen unabhängigen Gläubiger übertragen worden ist.[15] 10

IV. Ordnungswidrigkeiten

§ 6 Abs. 2 verbietet den Stimmenkauf. § 6 Abs. 3 verbietet die Bestechlichkeit. Beide Verbote schützen die freie Willenbildung der Gläubiger vor Fremdeinflüssen.[16] Inhaltlich entsprechen die Verbotstatbestände denen in § 405 Abs. 3 Nr. 6 und Nr. 7 AktG. Kein Stimmenkauf ist die Gewährung einer Vergütung durch den Emittenten oder den die Abstimmung initiierenden gemeinsamen Vertreter für die Teilnahme an der Abstimmung, die mit dem Ziel erfolgen kann, die Beschlussfähigkeit sicherzustellen.[17] Die Zuwiderhandlungen nach § 6 Abs. 2 und 3 sind Ordnungswidrigkeiten, die nach § 23 Abs. 1 Nr. 3 und 4 mit einer Geldbuße bis zu 100.000 EUR geahndet werden können.[18] 11

Gleichermaßen sind die Ausübungsverbote gemäß § 6 Abs. 1 S. 3 und S. 4 als Ordnungswidrigkeiten nach § 23 Abs. 1 Nr. 1 und 2 mit einer Geldbuße bis zu 100.000 EUR bedroht (§ 23 Abs. 3 SchVG). 12

§ 7 Gemeinsamer Vertreter der Gläubiger

(1) **¹Zum gemeinsamen Vertreter für alle Gläubiger kann jede geschäftsfähige Person oder eine sachkundige juristische Person bestellt werden. ²Eine Person, welche**

1. Mitglied des Vorstands, des Aufsichtsrats, des Verwaltungsrats oder eines ähnlichen Organs, Angestellter oder sonstiger Mitarbeiter des Schuldners oder eines mit diesem verbundenen Unternehmens ist,
2. am Stamm- oder Grundkapital des Schuldners oder eines mit diesem verbundenen Unternehmens mit mindestens 20 Prozent beteiligt ist,
3. Finanzgläubiger des Schuldners oder eines mit diesem verbundenen Unternehmens mit einer Forderung in Höhe von mindestens 20 Prozent der ausstehenden Anleihe oder Organmitglied, Angestellter oder sonstiger Mitarbeiter dieses Finanzgläubigers ist oder
4. auf Grund einer besonderen persönlichen Beziehung zu den in den Nummern 1 bis 3 aufgeführten Personen unter deren bestimmendem Einfluss steht,

muss den Gläubigern vor ihrer Bestellung zum gemeinsamen Vertreter die maßgeblichen Umstände offenlegen. ³Der gemeinsame Vertreter hat die Gläubiger unverzüglich in geeigneter Form darüber zu unterrichten, wenn in seiner Person solche Umstände nach der Bestellung eintreten.

---

[12] Vgl. zum Analogieverbot KK-OWiG/*Rogall* § 3 Rn. 51 ff.
[13] **AA** FK-SchVG/*Schmidtbleicher* § 6 Rn. 28 ff.; Hopt/Seibt/*Thole* § 6 SchVG Rn. 41.
[14] RGZ 148, 3 (14 ff.); RGZ 153, 52 (54 ff.).
[15] BegrRegE SchVG, BT-Drs. 16/12814, 19.
[16] BegrRegE SchVG, BT-Drs. 16/12814, 19.
[17] → § 10 Rn. 16.
[18] Vgl. zur Zulässigkeit von Risikoprämien und Anreizmöglichkeiten *Schnorbus/Ganzer* WM 2014, 155 (156 ff.); *Thole* ZIP 2014, 2365 (2367); *Grell/Splittgerber/Schneider* DB 2015, 111 (113).

(2) [1]**Der gemeinsame Vertreter hat die Aufgaben und Befugnisse, welche ihm durch Gesetz oder von den Gläubigern durch Mehrheitsbeschluss eingeräumt wurden.** [2]**Er hat die Weisungen der Gläubiger zu befolgen.** [3]**Soweit er zur Geltendmachung von Rechten der Gläubiger ermächtigt ist, sind die einzelnen Gläubiger zur selbständigen Geltendmachung dieser Rechte nicht befugt, es sei denn, der Mehrheitsbeschluss sieht dies ausdrücklich vor.** [4]**Über seine Tätigkeit hat der gemeinsame Vertreter den Gläubigern zu berichten.**

(3) [1]**Der gemeinsame Vertreter haftet den Gläubigern als Gesamtgläubigern für die ordnungsgemäße Erfüllung seiner Aufgaben; bei seiner Tätigkeit hat er die Sorgfalt eines ordentlichen und gewissenhaften Geschäftsleiters anzuwenden.** [2]**Die Haftung des gemeinsamen Vertreters kann durch Beschluss der Gläubiger beschränkt werden.** [3]**Über die Geltendmachung von Ersatzansprüchen der Gläubiger gegen den gemeinsamen Vertreter entscheiden die Gläubiger.**

(4) **Der gemeinsame Vertreter kann von den Gläubigern jederzeit ohne Angabe von Gründen abberufen werden.**

(5) **Der gemeinsame Vertreter der Gläubiger kann vom Schuldner verlangen, alle Auskünfte zu erteilen, die zur Erfüllung der ihm übertragenen Aufgaben erforderlich sind.**

(6) **Die durch die Bestellung eines gemeinsamen Vertreters der Gläubiger entstehenden Kosten und Aufwendungen, einschließlich einer angemessenen Vergütung des gemeinsamen Vertreters, trägt der Schuldner.**

Schrifttum: *Ansmann,* Schuldverschreibungsgesetz, 1933; *Antoniadis,* Kosten und Auslagen des gemeinsamen Vertreters von Anleihegläubigern im Insolvenzverfahren über das Vermögen des Emittenten, NZI 2014, 785; *Barella,* Die besonderen Schutzrechte der Obligationäre einer Aktiengesellschaft, BB 1952, 764; *Bliesener,* Der gemeinsame Vertreter der Anleihegläubiger, Bond Yearbook 2010, 40; *Brenner,* Die Vergütung des gemeinsamen Vertreters nach § 7 VI SchVG außerhalb und in der Insolvenz des Emittenten, NZI 2014, 789; Bundesverband Investment und Asset Management e. V. (BVI)/Deutsche Vereinigung für Finanzanalyse und Asset Management e. V. (DVFA), Standards für Unternehmensanleihen unter dem Schuldverschreibungsgesetz (SchVG), März 2012 (http://www.dvfa.de/fileadmin/downloads/Publikationen/Standards/dvfa_bvi_standards_schvg.pdf); *Burn,* Bond issues under U. K. law: how the proposed German legislation compares, in: *Baums/Cahn* (Hrsg.), Die Reform des Schuldverschreibungsrechts, 2004, 219; Deutsches Aktieninstitut e. V., Stellungnahme zum Referentenentwurf eines Gesetzes zur Neuregelung der Rechtsverhältnisse bei Schuldverschreibungen aus Anleihen und zur Anpassung kapitalmarktrechtlicher Verjährungsvorschriften, 2008; *Horn,* Das neue Schuldverschreibungsgesetz und der Anleihemarkt, BKR 2009, 446; *Horn,* Die Stellung der Anleihegläubiger nach neuem Schuldverschreibungsgesetz und allgemeinem Privatrecht im Lichte aktueller Marktentwicklungen, ZHR 173 (2009), 12; *Kenadjian,* Bond issues under New York und U. S. law: Considerations for the German Law Maker from a U. S. Perspective, in: *Baums/Cahn* (Hrsg.), Die Reform des Schuldverschreibungsrechts, 2004, 245; *Klerx/Penzlin,* Schuldverschreibungsgesetz von 1899 – ein Jahrhundertfund?, BB 2004, 791; *Kuder/Obermüller,* Insolvenzrecht in der Bankpraxis, 8. Aufl. 2011; *Kuder/Obermüller,* Insolvenzrechtliche Aspekte des neuen Schuldverschreibungsgesetzes, ZInsO 2009, 2025; *Lederer,* Die Verwaltungs- und Kontrollbefugnisse der Obligationäre einer Aktiengesellschaft nach inländischem und ausländischem Recht (unter Berücksichtigung der Entwürfe), Diss. Marburg a. d. Lahn 1941; *Litten,* Sorgfaltspflichten und Haftung des Anleihetreuhänders nach deutschem Recht, ZBB 2013, 32; *Podewils,* Neuerungen im Schuldverschreibungs- und Anlegerschutzrecht – Das Gesetz zur Neuregelung der Rechtsverhältnisse bei Schuldverschreibungen aus Gesamtemissionen und zur verbesserten Durchsetzbarkeit von Ansprüchen von Anlegern aus Falschberatung, DStR 2009, 1914–1920; *von Randow,* Das Handeln des Gemeinsamen Vertreters – Engagiert oder „zur Jagd getragen"? Rückkoppelungseffekte zwischen *business judgment rule* und Weisungserteilung, in: *Baums* (Hrsg.), Das neue Schuldverschreibungsrecht, 2013, 63–71; *Rubner/Leuering,* Der gemeinsame Vertreter der Anleihegläubiger, NJW-Spezial 2014, 15; *Schimansky/Bunte/Lwowski,* Bankrechts-Handbuch, 4. Aufl. 2011; *Schlitt/Schäfer,* Die Restrukturierung von Anleihen nach dem neuen Schuldverschreibungsgesetz, AG 2009, 477; *Schmolke,* Der gemeinsame Vertreter im Referentenentwurf eines Gesetzes zur Neuregelung des Schuldverschreibungsgesetzes – Bestellung, Befugnisse, Haftung, ZBB 2009, 8–19; *Simon,* Restrukturierung von Schuldverschreibungen nach neuem SchVG, CF Law 2010, 159; *Schulenburg,* Der Schutz der Minderheit im Schuldverschreibungsrecht in vergleichender Betrachtung mit dem Aktienrecht, 2017; *Thole,* Die Restrukturierung von Schuldverschreibungen im Insolvenzverfahren, ZIP 2014, 293–302; *Vogel,* Die Vergemeinschaftung der Anleihegläubiger und ihre Vertretung nach dem Schuldverschreibungsgesetz, Diss. Osnabrück 1997.

I. Regelungsgegenstand

Das Verhältnis zwischen dem Emittenten und einer Vielzahl von Anleihegläubigern stellt insbesondere im Krisen- oder Restrukturierungsfall ein Kollektivverhandlungsproblem dar.[1] **1**

[1] Veranneman/*Veranneman* §§ 7, 8 Rn. 2.

Ein Repräsentant kann die Koordination unter den Gläubigern und die Kommunikation und Abstimmung mit dem Emittenten fördern und beschleunigen. Im angloamerikanischen Rechtskreis ist die Einschaltung eines Treuhänders *(trustee)* der Anleihegläubiger, gegebenenfalls bereits mit der Begebung, seit jeher bekannt.[2] Auch im SchVG 1899 gab es einen „Vertreter der Gläubiger",[3] dem allerdings in der Praxis eine geringe Bedeutung zukam. Die Reform des Schuldverschreibungsrechts 2009 hat das Institut des gemeinsamen Vertreters ausgebaut und den Vertreter mit einem größeren Aufgabenkreis ausgestattet.

2 Zu unterscheiden sind der **Vertragsvertreter,** der bereits in den Anleihebedingungen bestellt wird,[4] und der **Wahlvertreter,** der durch Gläubigerbeschluss bestellt wird. Der Wahlvertreter ist der Archetyp des Gesetzes, das die Grundlagen der Rechtsverhältnisse des gemeinsamen Vertreters in § 7 regelt. § 8 statuiert die Besonderheiten, die für den Vertragsvertreter gelten. Die Gläubiger können mehrere gemeinsame Vertreter bestellen.

3 Der gemeinsame Vertreter kann sehr unterschiedliche Aufgaben wahrnehmen. Sein Mandat kann von einer rein administrativen Botenrolle bis zu einer aktiven und kontinuierlichen Kontroll- und Überwachungsfunktion reichen.[5]

II. Begründung und Beendigung des Mandats eines Wahlvertreters

1. Bestellung

4 Soweit die Bestellung eines gemeinsamen Vertreters in den Anleihebedingungen überhaupt vorgesehen ist,[6] haben die Gläubiger das Recht, einen gemeinsamen Vertreter zu bestellen **(Wahlvertreter).** Hinsichtlich der Begründung seines Mandats legt das Gesetz (§ 5 Abs. 1 S. 1) lediglich fest, dass der gemeinsame Vertreter durch Mehrheitsbeschluss der Anleihegläubiger bestellt wird.

5 **a) Geschäftsbesorgungsvertrag.** Der Bestellung des Wahlvertreters liegt seine Mandatierung durch Vertrag zwischen den Anleihegläubigern und dem Vertreter zugrunde.[7] Es handelt sich in der Regel um einen entgeltlichen **Geschäftsbesorgungsvertrag,**[8] wobei der Emittent gemäß § 7 Abs. 6 die Kosten und Vergütung des Vertreters trägt. Im Rahmen des Mandats kann dem gemeinsamen Vertreter Vollmacht für die Vertretung der Gläubiger eingeräumt werden.[9]

6 **b) Vertragsschluss.** Das Gesetz trifft keine ausdrückliche Regelung über das Zustandekommen des Mandatsvertrages. Die Gesetzesbegründung geht davon aus, dass zwischen jedem Gläubiger und dem gemeinsamen Vertreter „gleichlautende Auftragsverhältnisse" bestehen. Seitens des gemeinsamen Vertreters bedarf es einer Willenserklärung, die zweckmäßigerweise nicht erst nach, sondern vor dem Gläubigerbeschluss abgegeben wird. Andernfalls könnte bei Weigerung oder Nachverhandlungen ein zweiter Gläubi-

---

[2] S. zum englischen Recht Baums/Cahn/*Burn* S. 219, 230 ff. sowie zum U. S.-amerikanischen Recht Baums/Cahn/*Kenadjian* S. 245, 248 f.

[3] §§ 14 ff. SchVG 1899.

[4] → § 8 Rn. 4 f.

[5] Vgl. Veranneman/*Veranneman* §§ 7, 8 Rn. 2; zurückhaltender FK-SchVG/*Wöckener* § 7 Rn. 6 (ergänzende Koordinationsfunktion). Baums/*v. Randow* S. 63 (65 ff.) sieht eine effektive Aufgabenwahrnehmung durch bestehende Haftungsrisiken gefährdet.

[6] → Rn. 10 und → § 8 Rn. 5.

[7] RGZ 90, 211 (214) spricht noch allgemeiner von einem „Vertragsverhältnis"; **aA** FK-SchVG/*Friedl* § 19 Rn. 49 und *Thole* ZIP 2014, 293 (299) (Schuldner als Vertragspartner des gemeinsamen Vertreters).

[8] Zutreffend Veranneman/*Veranneman* §§ 7, 8 Rn. 26; FK-SchVG/*Wöckener* § 7 Rn. 28; Heidel AktR/*Müller* SchVG § 7 Rn. 2; *Antoniadis* NZI 2014, 785 (786); *Schulenburg* Schutz der Minderheit im Schuldverschreibungsrecht S. 84; die Gesetzesbegründung geht davon aus, dass im Regelfall Auftragsrecht Anwendung findet, BegrRegE SchVG, BT-Drs. 16/12814, 20.

[9] RGZ 90, 211 (214).

gerbeschluss notwendig werden.[10] Daher wird der prospektive gemeinsame Vertreter den Anleihegläubigern vor der Abstimmung ein vollständiges und verbindliches **Angebot zur Übernahme des Mandats** unterbreiten, das in den Beschlussvorschlag aufgenommen wird. Diese Willenserklärung enthält bereits alle *essentialia negotii* und wird typischerweise bereits das Ergebnis von Vertragsverhandlungen mit dem gemeinsamen Vertreter sein, die einzelne Gläubiger oder der Emittent oder ihre Beauftragten geführt haben.

Der Vertragsschluss durch Annahme des Angebots seitens der Anleihegläubiger vollzieht sich nach den allgemeinen Regeln der Rechtsgeschäftslehre. Die Gläubiger erklären die Annahme des Angebots, indem sie über die Beschlussvorlage abstimmen. In der Stimmabgabe liegt neben der **Abstimmungserklärung** (Zustimmung oder Ablehnung des Beschlussvorschlags) die **Annahmeerklärung,** dh der zustimmende Gläubiger erklärt die Annahme des Angebots des gemeinsamen Vertreters (gegebenenfalls einschließlich der Erteilung rechtsgeschäftlicher Vertretungsmacht) unter der aufschiebenden Bedingung, dass ein entsprechender Mehrheitsbeschluss durch die Gläubiger wirksam gefasst wird. Die Mandatsverträge sind so auszulegen, dass sie den nicht an der Abstimmung teilnehmenden Gläubigern und den die Beschlussvorlage ablehnenden Gläubigern jeweils eigene Leistungsforderungsrechte im Sinne eines echten Vertrags zu Gunsten Dritter nach § 328 BGB einräumen.[11] 7

c) Mehrheitsbeschluss. Wenn die Anleihebedingungen keine höhere Mehrheit vorsehen, genügt die **einfache Mehrheit** der teilnehmenden Stimmrechte (§ 5 Abs. 4 S. 1). Die **qualifizierte Mehrheit** von 75 % der teilnehmenden Stimmrechte ist erforderlich, wenn der Gläubigerbeschluss zugleich den Inhalt der Anleihebedingungen wesentlich ändert; dies ist zB der Fall, wenn der gemeinsame Vertreter damit beauftragt werden soll, einer wesentlichen Änderung der Anleihebedingungen zuzustimmen.[12] 8

Da die Bestellung eines gemeinsamen Vertreters die Anleihebedingungen in der Regel nicht ändert oder ergänzt,[13] ist keine Vollziehung nach § 21 Abs. 1 notwendig.[14] Allerdings darf der gemeinsame Vertreter von der ihm erteilten Vollmacht oder Ermächtigung keinen Gebrauch machen, solange ein Vollzugshindernis besteht (§ 21 Abs. 2).[15] 9

d) Ausschluss der Bestellung eines gemeinsamen Vertreters. Die Bestellung eines gemeinsamen Vertreters kann **in den Anleihebedingungen ausgeschlossen** werden. § 5 Abs. 1 S. 1 erlaubt die Einführung zweier Organe im Rahmen der Gläubigerorganisation, die Gesamtheit der Gläubiger, die Beschlüsse in Versammlungen oder durch Abstimmungen ohne Versammlung fasst (§ 5 Abs. 6 S. 1), **und** den gemeinsamen Vertreter.[16] Dies bedeutet aber nicht, dass nur entweder Gläubigerbeschlüsse und die Bestellung eines gemeinsamen Vertreters zugelassen werden oder beide Instrumente ausgeschlossen werden 10

[10] So auch Heidel AktR/*Müller* SchVG § 7 Rn. 2.

[11] Zustimmend Anh. (2.) § 7 Rn. 2 SchVG. Abzulehnen ist eine „Vertreterkonstruktion", bei der der Versammlungsleiter als Stellvertreter der Gläubiger dem gewählten gemeinsamen Vertreter ein Angebot jedes einzelnen Gläubigers übermitteln würde, welches der Vertreter unter Verzicht auf den Zugang der Annahmeerklärung (§ 151 S. 1 Alt. 2 BGB) oder gegenüber dem Versammlungsleiter als Empfangsvertreter für jeden Gläubiger (§ 164 Abs. 1 S. 1 iVm Abs. 3 BGB) annehmen würde. Diese Konstruktion geht regelmäßig am Willen der ablehnenden Gläubiger vorbei, da sie deren (ablehnende) Stimmabgabe als Bevollmächtigung zur Mandatierung werten würde, und kann auch nicht erklären, wie die nicht teilnehmenden Gläubiger vertraglich gebunden werden sollen. Ebensowenig überzeugend wäre eine Analogie zur Erstanstellung des GmbH-Geschäftsführers durch die Gesellschafterversammlung, die mangels abweichender Satzungsregelung in die Annexkompetenz der Gläubigerversammlung nach § 46 Nr. 5 Alt. 1 GmbHG fällt, s. nur Scholz/*K. Schmidt* GmbHG § 46 Rn. 71. Da allerdings die Gläubigerversammlung im Gegensatz zur Gesellschafterversammlung gerade keine rechtliche Einheit vertritt, die von ihr selbst verschieden ist, kann diese Lösung nicht auf das SchVG übertragen werden.

[12] BegrRegE SchVG, BT-Drs. 16/12814, 20 li. Sp.

[13] BegrRegE SchVG, BT-Drs. 16/12814, 26 re. Sp.

[14] → § 21 Rn. 18.

[15] → § 21 Rn. 19.

[16] *Horn* ZHR 173 (2009), 12 (55).

dürfen („alles oder nichts").[17] Vielmehr spricht nach dem Gesetz nichts dagegen, **nur Gläubigerbeschlüsse** unter Ausschluss eines gemeinsamen Vertreters zu erlauben **oder lediglich die Bestellung eines gemeinsamen Vertreters** zu autorisieren.[18] Im Regelfall wird es allerdings sinnvoll sein, in den Anleihebedingungen die Möglichkeit sowohl von Gläubigerbeschlüssen als auch der Bestellung eines gemeinsamen Vertreters vorzusehen.

11 **e) Keine Zustimmung des Emittenten.** Die Bestellung des Wahlvertreters bedarf keiner Zustimmung des Emittenten.[19] Ein solches Zustimmungserfordernis folgt nicht aus **§ 4,** da dieser nur die Änderung, nicht aber die bloße Ausführung der Anleihebedingungen einem Zustimmungsvorbehalt unterwirft.[20] Auch kann der Emittent **kein Zustimmungserfordernis in den Anleihebedingungen** statuieren, da eine solche Regelung unzulässig zu Lasten der Gläubiger von den §§ 5 ff. abwiche (§ 5 Abs. 1 S. 2). Die Auswahl und Bestellung eines gemeinsamen Vertreters gehört zum Kernbestand der Selbstorganisationsregeln, die das Gesetz zur Verfügung stellt, und darf daher nicht durch Zustimmungs- oder Vetorechte des Emittenten beschränkt werden. Ferner besteht auch kein Bedürfnis des Emittenten, eine Zustimmungspflicht in die Anleihebedingungen zu übernehmen, denn es steht ihm und dem Übernahmekonsortium frei, die Geltung der §§ 5 ff. vollständig abzubedingen oder selektiv die Möglichkeit vorzusehen, nur Änderungsbeschlüsse zu fassen oder nur einen gemeinsamen Vertreter zu bestellen.[21] Schließlich war auch in den §§ 14 ff. SchVG 1899 eine Zustimmungspflicht des Schuldners nicht normiert. In den Materialien zum SchVG 2009 finden sich keine Anhaltspunkte für den Willen des Gesetzgebers, eine hiervon abweichende Regelung zu treffen.

2. Beendigung der Tätigkeit des gemeinsamen Vertreters

12 **a) Abberufung durch die Gläubigerversammlung.** § 7 Abs. 4 stellt klar, dass auch die Abberufung des gemeinsamen Vertreters durch die Gläubiger im Wege eines Mehrheitsentscheids – nicht etwa nur durch einzelne Gläubiger in ihren jeweiligen Vertragsbeziehungen zum gemeinsamen Vertreter – erfolgen muss.[22] Für die Abberufung als Spiegelbild der Bestellung gelten die Abstimmungsquoren entsprechend.[23] Wie bei der Bestellung liegt in der Stimmabgabe der Gläubigermehrheit eine für alle Gläubiger verbindliche Kündigungserklärung gegenüber dem gemeinsamen Vertreter.

13 **b) Kündigung durch den gemeinsamen Vertreter.** Der gemeinsame Vertreter kann in der Regel sein Mandat durch Kündigung gemäß § 671 Abs. 1 iVm § 675 Abs. 1 BGB niederlegen. Auch hier ist zu bedenken, dass die Kündigung nur gegenüber allen Gläubigern erklärt werden kann – zwar bestehen Vertragsverhältnisse zu jedem einzelnen Gläubiger, die Gläubiger müssen sich jedoch als Gesamtheit behandeln lassen.[24]

---

[17] **AA** *Horn* BKR 2009, 446 (452); BerlKommInsR/*Paul* SchVG § 7 Rn. 2; Preuße/*Nesselrodt* § 8 Rn. 5.

[18] Gegen diese Schlussfolgerung kann nicht eine gläubigerbelastende Abweichung von § 9 Abs. 1 S. 2 angeführt werden, der die Einberufung einer Gläubigerversammlung auf Verlangen einer qualifizierten Minderheit zur Bestellung bzw. Abberufung eines gemeinsamen Vertreters oder zur Entscheidung über das Entfallen der Kündigungswirkung nach § 5 Abs. 5 S. 2 verlangt; denn beide Gründe können nur geltend gemacht werden, wenn die Anleihebedingungen überhaupt den gemeinsamen Vertreter bzw. die einheitliche Kündigung vorsehen.

[19] Zur Möglichkeit des Emittenten, den gemeinsamen Vertreter schon in den Anlagebedingungen zu bestellen, → § 8 Rn. 4 f.

[20] Zum Erfordernis der Zustimmung des Emittenten für die Änderung der Anleihebedingungen → § 5 Rn. 77 ff.

[21] → § 5 Rn. 1.

[22] BegrRegE SchVG, BT-Drs. 16/12814, 20 re. Sp.

[23] → Rn. 8.

[24] Zur Behandlung der Gläubiger als Gesamtheit s. BegrRegE SchVG, BT-Drs. 16/12814, 20 li. Sp.

III. Anforderungen an die Person des gemeinsamen Vertreters

1. Persönliche Voraussetzungen

a) Natürliche Personen. Jede natürliche Person, die voll geschäftsfähig ist, kann zum gemeinsamen Vertreter bestellt werden. Erforderlich ist nur die volle Geschäftsfähigkeit, damit der gemeinsame Vertreter die Tragweite seiner Entscheidungen erfassen kann.[25] Das Erfordernis einer besonderen Sachkunde, wie es § 7 Abs. 1 S. 1 Alt. 2 für juristische Personen erfordert, kennt Alt. 1 bei natürlichen Personen nicht.[26] 14

b) Juristische Personen. Das Gesetz ermöglicht auch die Bestellung einer juristischen Person zum gemeinsamen Vertreter.[27] Dies dürfte von weitgehender praktischer Bedeutung sein. Der Kreis der für die Position des gemeinsamen Vertreters tauglichen juristischen Personen ist durch das Kriterium der **Sachkunde** eingeschränkt. Entscheidend sind insbesondere Kenntnisse im Kapitalmarkt-, Handels-, Gesellschafts-, und Steuerrecht, da der gemeinsame Vertreter wirtschaftliche und unternehmerische Kennzahlen richtig interpretieren und gegebenenfalls darauf basierende, informierte Entscheidungen treffen muss.[28] Daher dürften insbesondere Wirtschaftsprüfungs- oder Steuerberatungsgesellschaften, unabhängig von ihrer Rechtsform,[29] aber auch Rechtsanwälte oder Kreditinstitute mit entsprechendem Know-How in Betracht kommen.[30] 15

c) Relevanter Zeitpunkt für das Vorliegen der persönlichen Voraussetzungen. Entscheidend für die Prüfung der vollen Geschäftsfähigkeit bzw. der Sachkunde ist der Zeitpunkt der Bestellung, dh beim Wahlvertreter der Zeitpunkt der **Beschlussfassung** durch die Gläubiger.[31] Fehlt das gesetzlich geforderte Merkmal zu diesem Zeitpunkt, ist der entsprechende Bestellungsbeschluss nach § 20 Abs. 1 S. 1 Alt. 1 anfechtbar. 16

2. Interessenkonflikte

a) Regelung vor der Reform 2009. § 14a SchVG 1899[32] löste Interessenkonflikte dadurch auf, dass enumerativ bestimmte dem Schuldner nahestehende Personen nicht bestellt werden „sollten" und anderenfalls gegen den Bestellungsbeschluss vor dem Amtsgericht am Sitz des Schuldners Widerspruch erhoben werden konnte, bei dessen Erfolg ein anderer Vertreter vom Gericht bestellt wurde.[33] 17

b) Informationsmodell. Das 2009 in Kraft getretene SchVG ist trotz Kritik[34] von dem Inkompatibilitätsmodell abgerückt und basiert auf einem Informationsmodell. Interessen- 18

[25] Preuße/*Nesselrodt* § 7 Rn. 2.

[26] BVI/DVFA, Standards für Unternehmensanleihen unter dem Schuldverschreibungsgesetz (SchVG) (http://www.dvfa.de/fileadmin/downloads/Publikationen/Standards/dvfa_bvi_standards_schvg.pdf), S. 8, empfehlen dennoch, allgemein nur einen sachkundigen Vertreter zu bestellen.

[27] Diese Alternative wurde erst auf Drängen der Praxis im Regierungsentwurf eingefügt, obgleich der Referentenentwurf sie nicht ausdrücklich ausgeschlossen hatte.

[28] Preuße/*Nesselrodt* § 7 Rn. 11. Vgl. auch BVI/DVFA Standards für Unternehmensanleihen unter dem Schuldverschreibungsgesetz (SchVG) (http://www.dvfa.de/fileadmin/downloads/Publikationen/Standards/dvfa_bvi_standards_schvg.pdf), S. 8.

[29] So ist auch die GbR, die rechtsfähig ist, ohne juristische Person zu sein (BGHZ 146, 341 = NJW 2001, 1056), ein tauglicher gemeinsamer Vertreter. Gleiches gilt für Kommandit- oder Partnerschaftsgesellschaften sowie entsprechende ausländische Gesellschaftsformen, FK-SchVG/*Wöckener* § 7 Rn. 11; *Rubner/Leuering* NJW-Spezial 2014, 15; Hopt/Seibt/*Thole* § 7 SchVG Rn. 5.

[30] Preuße/*Nesselrodt* § 7 Rn. 11; FK-SchVG/*Wöckener* § 7 Rn. 10; *Rubner/Leuering* NJW-Spezial 2014, 15.

[31] Veranneman/*Veranneman* §§ 7, 8 Rn. 8.

[32] § 14a SchVG 1899 wurde 1932 durch eine Notverordnung als Reaktion zu Entwicklungen während der Weltwirtschaftskrise eingefügt, vgl. *Schmolke* ZBB 2009, 8 (12).

[33] § 14a Abs. 2 S. 1 und 2 SchVG 1899.

[34] *Podewils* DStR 2009, 1914 (1918); BerlKommInsR/*Paul* SchVG § 7 Rn. 5; zur amtlichen Begründung der Regierung s. BegrRegE SchVG, BT-Drs. 16/12814, 19 re. Sp. BVI/DVFA, Standards für Unternehmens-

konflikte des gemeinsamen Vertreters, die die Rechte der Gläubiger beeinträchtigen könnten, sollen zwar seine Bestellung nicht verhindern. Der gemeinsame Vertreter hat aber eine **Informationspflicht** gegenüber den Gläubigern, wenn besondere Beziehungen zum Emittenten bestehen. Diese Regelung stellt einen **sinnvollen Ausgleich** zwischen den Interessen der Gläubiger und den Interessen des Schuldners dar:[35] Die Anleihegläubiger benötigen verlässliche Informationen über die wirtschaftliche Lage des Emittenten. Der Emittent benötigt eine Person, die die von ihm geplanten Maßnahmen effektiv und mit Sachverstand an die Gläubiger kommuniziert.

19 **c) Einzelne Informationspflichten.** Die in § 7 Abs. 1 S. 2 Nr. 1–4 genannten Fallgruppen sind abschließend.[36]

20 **aa) Organmitglieder; Mitarbeiter.** *Nr. 1* erfasst Mitglieder des Vorstands, des Aufsichtsrats, des Verwaltungsrats oder eines ähnlichen Organs, Angestellte und sonstige Mitarbeiter des Schuldners oder eines mit diesem verbundenen Unternehmens. Ein ähnliches Organ in diesem Sinne ist zB ein Beirat mit Kontrollfunktion, nicht aber ein rein wissenschaftlicher Beraterkreis.[37] Unter den Begriff der sonstigen Mitarbeiter fallen abhängig Beschäftigte, freie Mitarbeiter und selbständige Handelsvertreter.[38]

21 **bb) Gesellschafter.** *Nr. 2* erfasst diejenigen Personen, die mit mindestens 20 Prozent am Stamm- oder Grundkapital des Schuldners oder eines mit ihm verbundenen Unternehmens beteiligt sind.

22 **cc) Finanzgläubiger.** *Nr. 3* betrifft zunächst Finanzgläubiger des Schuldners oder eines mit diesem verbundenen Unternehmens mit einer Forderung, deren Betrag mindestens 20 Prozent der relevanten Anleihe entspricht. Ferner erfasst diese Norm Organmitglieder, Angestellte oder sonstige Mitarbeiter dieses Finanzgläubigers. Finanzgläubiger schließt dabei jeden Fremdkapitalgeber, insbesondere Darlehensgeber, ein.[39]

23 **dd) Persönliche Beziehung.** *Nr. 4* erfasst Personen, die auf Grund einer besonderen persönlichen Beziehung[40] zu den in den anderen Fallgruppen aufgeführten Personen unter deren bestimmendem Einfluss stehen.

24 **d) Zeitpunkt der Informationspflicht.** Das Gesetz fordert den prospektiven gemeinsamen Vertreter dazu auf, bereits vor seiner Bestellung die maßgeblichen Umstände zu offenbaren (§ 7 Abs. 1 S. 2 aE). Treten nach der Bestellung zum gemeinsamen Vertreter die in § 7 Abs. 1 S. 2 genannten Umstände ein, ist der gemeinsamen Vertreter zur Unterrichtung verpflichtet (§ 7 Abs. 1 S. 3). Die Unterrichtung muss „in geeigneter Form" erfolgen. Geeignet ist zB die Veröffentlichung im **Bundesanzeiger,** jedenfalls wenn der Schuldner seinen Sitz im Inland hat.[41] Die Unterscheidung zwischen **Offenlegungs- und Unterrichtungspflicht** hat nach geltender Rechtslage Bedeutung für die Sanktion von Zuwiderhandlungen.

---

anleihen unter dem Schuldverschreibungsgesetz (SchVG) (http://www.dvfa.de/fileadmin/downloads/Publikationen/Standards/dvfa_bvi_standards_schvg.pdf), S. 8, raten von der Bestellung eines gemeinsamen Vertreters, der einem Interessenkonflikt ausgesetzt ist, ab.

[35] Vgl. Preuße/*Nesselrodt* § 7 Rn. 15 f.

[36] BegrRegE SchVG, BT-Drs. 16/12814, 19 re. Sp.

[37] Veranneman/*Veranneman* §§ 7, 8 Rn. 11; FK-SchVG/*Wöckener* § 7 Rn. 16; Hopt/Seibt/*Thole* § 7 SchVG Rn. 10.

[38] Veranneman/*Veranneman* §§ 7, 8 Rn. 11.

[39] Preuße/*Nesselrodt* § 7 Rn. 13; Veranneman/*Veranneman* §§ 7, 8 Rn. 13; FK-SchVG/*Wöckener* § 7 Rn. 18; Hopt/Seibt/*Thole* § 7 SchVG Rn. 12.

[40] Veranneman/*Veranneman* §§ 7, 8 Rn. 15, schlägt als Definition *„eine biographisch gewachsene Beziehung und wechselseitiges Zusammengehörigkeits- beziehungsweise Verantwortungsgefühl sowie eine häufige, enge und persönliche Interaktion über einen längeren Zeitraum"* vor. Vgl. auch FK-SchVG/*Wöckener* § 7 Rn. 19.

[41] Veranneman/*Veranneman* §§ 7, 8 Rn. 18; Heidel AktR/*Müller* SchVG § 7 Rn. 7.

e) Verstöße gegen die Informationspflichten. Der Verstoß gegen die **Offenlegungspflicht** ist gemäß § 23 Abs. 2 bußgeldbewehrt. Im Gegensatz hierzu ist der Verstoß gegen die **Unterrichtungspflicht** keine Ordnungswidrigkeit.[42] Diese Unterscheidung ist wegen der Inhaltsgleichheit der beiden Pflichten und der entsprechenden Interessenlage nicht nachvollziehbar.[43] Gleichwohl gilt auch im Ordnungswidrigkeitenrecht der Grundsatz *nulla poena sine lege* (§ 3 OWiG). 25

IV. Aufgaben, Rechte, Pflichten

1. Aufgaben

Die Aufgaben und Befugnisse des gemeinsamen Vertreters ergeben sich aus dem Gesetz und seinem Mandat. Für die Gestaltung des Mandats gilt **Vertragsfreiheit.**[44] Daher kann der Umfang der Aufgaben des gemeinsamen Vertreters je nach Einzelfall erheblich variieren. Im Rahmen der ihm zugewiesenen Aufgaben handelt der gemeinsame Vertreter als rechtsgeschäftlicher Vertreter der Anleihegläubiger.[45] 26

a) Aufgaben nach Gesetz (§ 7 Abs. 2 S. 1 Alt. 1). Der gemeinsame Vertreter hat unentziehbar die Aufgaben und Befugnisse, die ihm **durch Gesetz** eingeräumt wurden.[46] In Anlehnung an die Empfehlungen des Quarles Report, welcher in dem gemeinsamen Vertreter eine Instanz zur gebündelten Informationsbeschaffung, Entscheidungsvorbereitung und Kommunikation sieht,[47] gewährt das SchVG dem gemeinsamen Vertreter ein **Auskunftsrecht** (§ 7 Abs. 5)[48] und das Recht, die Gläubigerversammlung einzuberufen (§ 9 Abs. 1 S. 1 Alt. 2).[49] Ferner kann er Vorsitzender der Gläubigerversammlung (§ 15 Abs. 1 iVm § 9 Abs. 1 S. 1 Alt. 1) oder Abstimmungsleiter im Falle der Abstimmung ohne Versammlung (§ 18 Abs. 2 S. 2 Alt. 2) sein und ist im Falle der Insolvenz des Schuldners allein berechtigt und verpflichtet, die Rechte der Anleihegläubiger im Insolvenzverfahren geltend zu machen (§ 19 Abs. 3). 27

b) Aufgaben nach Mandat (§ 7 Abs. 2 S. 1 Alt. 2). War nach altem Recht[50] der Umfang seiner Befugnisse zwingend zugleich mit seiner Bestellung festzulegen, steht es heute den Gläubigern grundsätzlich frei, im Mandat keine besonderen Aufgaben und Befugnisse festzulegen und den gemeinsamen Vertreter damit auf die Wahrnehmung seiner gesetzlichen Rechte zu beschränken. Die pauschale Übertragung eines Aufgabenkreises ohne konkrete Bezeichnung der einzelnen übertragenen Aufgaben und Befugnisse ist zulässig[51]. Das Mandat kann auch jederzeit mit Zustimmung des gemeinsamen Vertreters durch Gläubigerbeschluss erweitert werden. 28

Welche Mehrheit die Mandatierung erfordert, richtet sich nach **§ 5 Abs. 4.** Danach genügt die einfache Mehrheit der an der Abstimmung teilnehmenden Stimmrechte, es sei 29

[42] Veranneman/*Veranneman* § 23 Rn. 4; FK-SchVG/*Friedl* § 23 Rn. 3.
[43] Die Unterscheidung beruht möglicherweise auf einem Redaktionsversehen, s. Preuße/*Nesselrodt* § 7 Rn. 36.
[44] BegrRegE SchVG, BT-Drs. 16/12814, 20 li. Sp.
[45] BGH WM 2018, 853 Rn. 22; Veranneman/*Veranneman* §§ 7, 8 Rn. 67.
[46] Veranneman/*Veranneman* §§ 7, 8 Rn. 45 f.; *Rubner/Leuering* NJW-Spezial 2014, 15 (15 f.); **aA** FK-SchVG/*Wöckener* § 7 Rn. 36 f.
[47] Group of Ten, Report of the G-10 Working Group on Contractual Clauses, 2002, S. 2, 3 (http://www.bis.org/publ/gten08.pdf).
[48] → Rn. 34 ff.
[49] Bzw. das Recht zur Initiierung einer Abstimmung ohne Versammlung: § 9 Abs. 1 S. 1 Alt. 2 iVm § 18 Abs. 1.
[50] § 14 Abs. 1 SchVG 1899.
[51] Nach OLG München BKR 2018, 482 Rn. 15 beinhaltet die Bestellung eines gemeinsamen Vertreters, „der den Sanierungsweg der Gesellschaft begleitet", ein hinreichend konkretes Mandat.

denn der gemeinsame Vertreter wird mit der Änderung des wesentlichen Inhalts der Anleihebedingungen[52] beauftragt.[53]

30 **c) Verdrängende Zuständigkeit.** Wenn und soweit der gemeinsame Vertreter zur Geltendmachung von Gläubigerrechten ermächtigt ist, sind die Gläubiger vorbehaltlich eines entgegenstehenden Mehrheitsbeschlusses nicht befugt, diese Rechte selbständig geltend zu machen. Die Regelung dient einer effektiven einheitlichen Geltendmachung der Gläubigerrechte.[54]

31 **aa) Grundsatz.** Der Grundsatz der verdrängenden Zuständigkeit gilt nur und erst dann, **wenn und soweit** der gemeinsame Vertreter überhaupt dazu **mandatiert** ist, Rechte der Gläubiger geltend zu machen. In diesem Fall bestehen die Rechte der Gläubiger fort, ihre Zuständigkeit zur Geltendmachung ruht, vorbehaltlich etwaiger Weisungen.[55] Insbesondere im Zusammenhang mit der Ausübung von Kündigungsrechten bei Leistungsstörungen, die keinen unmittelbaren Schaden hervorrufen, kann übereilten Reaktionen einzelner Anleihegläubiger mit gegebenenfalls verheerenden Kettenreaktionen vorgebeugt werden.[56] Soweit das Mandat auch die gerichtliche Geltendmachung von Gläubigerrechten umfasst, bleiben die Anleihegläubiger hierbei zwar Prozesspartei, werden jedoch im Prozess durch den gemeinsamen Vertreter vertreten; sie sind selbst nicht prozessfähig.[57]

32 **bb) Ausnahme(§ 7 Abs. 2 S. 3 Hs. 2).** Der gemeinsame Vertreter ist nicht zur Geltendmachung von Gläubigerrechten befugt, und die Gläubiger behalten ihre Zuständigkeit für die Geltendmachung ihrer Rechte, wenn ein **Gläubigerbeschluss** dies bestimmt. Soweit durch Gläubigerbeschluss nur einzelne Anleihegläubiger selbst zur Geltendmachung befugt sind, üben sie Stimmrechte auf derselben Stufe wie der gemeinsame Vertreter aus.[58]

33 **cc) Weitere Ausnahmen?** Das SchVG selbst nennt außer der Ermächtigung durch Gläubigerbeschluss[59] **keine weiteren Ausnahmen.** Verhält sich der gemeinsame Vertreter aber pflichtwidrig, zB durch **pflichtwidriges Untätigbleiben,**[60] fällt die Befugnis zur Geltendmachung von Gläubigerrechten auf die Gläubiger zurück. **Pflichtverletzungen des Schuldners,** wie zB die Nichtzahlung der Hauptleistungen oder Zinsen, führen nicht automatisch zu einem Rückfall zB des Rechts zur Kündigung aus wichtigem Grund an die Gläubiger.[61] Diese können das Kündigungsrecht aber von vornherein von der Mandatierung und damit der verdrängenden Zuständigkeit ausnehmen.

2. Auskunftsrecht (§ 7 Abs. 5)

34 **a) Voraussetzungen und Reichweite des Auskunftsrechts.** § 7 Abs. 5 gibt dem gemeinsamen Vertreter das Recht, vom Schuldner alle Auskünfte zu verlangen, die zur Erfüllung der ihm übertragenen Aufgaben erforderlich sind.

35 Der gemeinsame Vertreter hat einen Anspruch auf Information.[62] Die Information muss zum Zweck der Durchführung seines Mandats und zur Erfüllung der ihm übertragenen

---

[52] Hierzu gehören auch Beschlüsse nach § 5 Abs. 3 S. 1 SchVG.

[53] § 5 Abs. 4 S. 2; BegrRegE SchVG, BT-Drs. 16/12814, 20 li. Sp.

[54] *Schmolke* ZBB 2009, 8 (16); FK-SchVG/*Wöckener* § 7 Rn. 30. Diese Vorschrift kehrt die in § 14 Abs. 2 S. 1 SchVG 1899 enthaltene Regelung um, wonach der gemeinsame Vertreter nur dann ausschließlich zuständig war, wenn die Gläubiger dies ausdrücklich beschlossen hatten; s. a. *Schlitt/Schäfer* AG 2009, 477 (484).

[55] Der gemeinsame Vertreter ist stets an die Weisungen der Gläubiger gebunden; → Rn. 40.

[56] *Schmolke* ZBB 2009, 8 (16).

[57] BGH NJW 2018, 2193 Rn. 23 f.; OLG München BKR 2018, 482 Rn. 3.

[58] Preuße/*Nesselrodt* § 7 Rn. 56.

[59] → Rn. 32.

[60] *Schmolke* ZBB 2009, 8 (16).

[61] So aber *Schmolke* ZBB 2009, 8 (16).

[62] Der Regierungsentwurf sprach noch ganz allg. von Information, s. BegrRegE SchVG, BT-Drs. 16/12814, 20 re. Sp.

Aufgaben dienlich und **erforderlich** sein. Das Merkmal der Erforderlichkeit ist weit auszulegen, da der gemeinsame Vertreter das zentrale Informations- und Kommunikationsorgan der Gläubiger ist.[63] Das Auskunftsrecht nach § 7 Abs. 5 steht nicht den Gläubigern selbst zu, die ein eigenes Auskunftsrecht nur im Rahmen der Gläubigerversammlung haben (§ 16 Abs. 1).

Das Auskunftsrecht ist ein Hilfsrecht, das der Verwirklichung anderer Rechte dient.[64] Die 36 Beschränkung auf das zur Erfüllung der ihm übertragenen Aufgaben erforderliche Maß darf nicht unterschätzt werden, da es das Auskunftsrecht des gemeinsamen Vertreters im Falle eines beschränkten Aufgabenkreises sehr stark einengt. Andererseits ist ein höherer Informationsbedarf gerechtfertigt, wenn der gemeinsame Vertreter durch spezifischen Gläubigerbeschluss mit der Verhandlung und Entscheidung über einen Kapitalverzicht oder andere wesentliche Änderungen der Anleihebedingungen betraut ist.

b) Geltendmachung des Auskunftsrechts. Dem gemeinsamen Vertreter steht das 37 Recht zu, dem Schuldner mündlich, in Textform oder in sonstiger Weise **Fragen** zu stellen. Auf der Grundlage des Auskunftsrechts hat der gemeinsame Vertreter aber **kein Recht zur Einsichtnahme in Bücher und Schriften** des Emittenten.[65] Im Referentenentwurf fand sich noch eine Vorschrift, nach der der gemeinsame Vertreter zum Zwecke der Auskunft „insbesondere" Einsicht in die Bücher des Schuldners nehmen könne.[66] Diese allzu weitgehende Informationsbefugnis war bereits im Regierungsentwurf nicht mehr enthalten und widerspricht damit klar dem Willen des Gesetzgebers.[67] Ein solches Auskunftsrecht des gemeinsamen Vertreters würde die durch den gemeinsamen Vertreter repräsentierten Fremdkapitalgläubiger zu stark an Eigenkapitalgeber annähern.

c) Auskunftspflicht des Schuldners. Soweit dem gemeinsamen Vertreter ein Aus- 38 kunftsrecht zusteht, ist der Schuldner zur Beantwortung der Fragen oder Übermittlung der verlangten Informationen verpflichtet. Gläubiger dieser Verpflichtung sind weder die Anleihegläubiger[68] noch die Gläubigerversammlung,[69] sondern allein der gemeinsame Vertreter.

d) Auskunftsverweigerungsrecht. § 7 Abs. 5 normiert keine Grenzen des Auskunfts- 39 anspruchs. Gleichwohl kann das Auskunftsrecht mit berechtigten Interessen des Schuldners kollidieren. Im Aktienrecht ist vorgesehen, dass die Erteilung der Auskunft an den Aktionär verweigert werden kann, wenn sie nach vernünftiger kaufmännischer Beurteilung geeignet ist, der Gesellschaft oder einem verbundenen Unternehmen einen nicht unerheblichen Nachteil zuzufügen (§ 131 Abs. 3 Nr. 1 AktG), oder zur Strafbarkeit des antwortenden

[63] → Rn. 1.

[64] *Lederer* Die Verwaltungs- und Kontrollbefugnisse der Obligationäre einer Aktiengesellschaft nach inländischem und ausländischem Recht (unter Berücksichtigung der Entwürfe) S. 99 f.; *Schulenburg* Schutz der Minderheit im Schuldverschreibungsrecht S. 85.

[65] Preuße/*Nesselrodt* § 7 Rn. 90; Veranneman/*Veranneman* §§ 7, 8 Rn. 56; *Schlitt/Schäfer* AG 2009, Rn. 89; Heidel AktR/*Müller* SchVG § 7 Rn. 12; Hopt/Seibt/*Thole* § 7 SchVG Rn. 63; **aA** mit Blick auf die Erfahrungen unter dem SchVG 1899 *Vogel,* Die Vergemeinschaftung der Anleihegläubiger und ihre Vertretung nach dem SchVG, S. 200. BVI/DVFA, Standards für Unternehmensanleihen unter dem Schuldverschreibungsgesetz (SchVG) (http://www.dvfa.de/fileadmin/downloads/Publikationen/Standards/dvfa_bvi_standards_schvg.pdf), S. 8 f., empfehlen, den gemeinsamen Vertreter zu berechtigen, an Kapitalmarktgesprächen und Unternehmensveranstaltungen teilzunehmen, bondspezifische, halbjährliche Kennzahlen des Emittenten zu erhalten und Einzelgespräche mit Mitgliedern der Geschäftsführung des Emittenten zu führen.

[66] § 7 S. 2 Referentenentwurf – Entwurf eines Gesetzes zur Neuregelung der Rechtsverhältnisse bei Schuldverschreibungen aus Anleihen und zur Anpassung kapitalmarktrechtlicher Verjährungsvorschriften, Mai 2008 (http://www.gesmat.bundesgerichtshof.de/gesetzesmaterialien/16_wp/schuldverschreibungsg/refe.pdf).

[67] Krit. Deutsches Aktieninstitut eV, Stellungnahme zum Referentenentwurf eines Gesetzes zur Neuregelung der Rechtsverhältnisse bei Schuldverschreibungen aus Anleihen und zur Anpassung kapitalmarktrechtlicher Verjährungsvorschriften S. 8 f.

[68] → § 16 Rn. 1 ff.

[69] Veranneman/*Veranneman* §§ 7, 8 Rn. 56.

Vertreters der Gesellschaft führen würde (§ 131 Abs. 3 Nr. 5 AktG), und deshalb ein Auskunftsverweigerungsrecht besteht. Da im Interesse der ordnungsgemäßen Erfüllung der Verpflichtungen des Schuldners nach den Anleihebedingungen mit der Erteilung von Auskünften an den gemeinsamen Vertreter nicht die wirtschaftliche Lage des Schuldners gefährdet werden soll, ist im Sinne einer **teleologischen Reduktion** des § 7 Abs. 5 davon auszugehen, dass der Schuldner in einem Fall des § 131 Abs. 3 Nr. 1 AktG die Auskunft verweigern darf. Gleiches gilt für den Fall, dass sich ein Vertreter des Schuldners bei Erteilung einer ersuchten Auskunft strafbar machen würde.[70]

3. Pflichten

40 **a) Weisungsgebundenheit.** Gemäß § 7 Abs. 2 S. 2 hat der gemeinsame Vertreter die Weisungen der Gläubiger zu befolgen. Diese Norm ist **lex specialis zu § 665 BGB.**[71] Damit kann der gemeinsame Vertreter selbst bei hypothetischer Billigung durch die Gläubiger nicht von deren Weisungen abweichen. Die Weisungen können durch Mehrheitsbeschluss (innerhalb oder außerhalb einer Gläubigerversammlung) oder durch gleichgerichtete Willensbekundungen der Gläubigermehrheit erteilt werden; der gemeinsame Vertreter darf hiervon abweichende Weisungen einzelner Gläubiger nicht befolgen.[72] Soweit das Mandat des gemeinsamen Vertreters die Befugnis zur Vornahme der Handlungen umfasst, die Gegenstand der Weisung sind, kommt lediglich die Anfechtung des oder der Mehrheitsbeschlüsse in Betracht, durch den bzw. durch die der gemeinsame Vertreter bestellt wird. Da ein doppeltes Anfechtungsverfahren gegen dieselbe Maßnahme verhindert werden sollte, ist die Anfechtung gegen einen Beschluss, mit dem lediglich Weisungen zum Gebrauch der Befugnisse erteilt werden, nicht statthaft.

41 **b) Berichtspflicht.** Nach § 7 Abs. 2 S. 4 besteht eine Berichtspflicht, die sich in der Regel auch aus dem Mandat des gemeinsamen Vertreters ergibt. Die Berichtspflicht besteht nicht gegenüber jedem einzelnen Gläubiger, sondern gegenüber den Gläubigern als Gesamtheit.[73] Der gemeinsame Vertreter hat die Gläubiger über relevante Ereignisse im Zusammenhang mit der Erfüllung seiner Aufgaben unaufgefordert zu benachrichtigen.[74] Eine allgemeine Auskunfts- und Rechenschaftspflicht besteht nur auf Verlangen der Gläubigermehrheit.[75]

V. Haftung des gemeinsamen Vertreters

42 Der gemeinsame Vertreter haftet den Gläubigern gemäß § 7 Abs. 3 S. 1 für Verschulden bei der Erfüllung seiner Aufgaben. Die Haftung erstreckt sich auf die ordnungsgemäße Umsetzung seiner Aufträge einschließlich besonderer Weisungen.[76] Grundlage der Haftung ist § 280 Abs. 1 BGB.[77]

1. Sorgfaltsmaßstab

43 Bei seiner Tätigkeit hat der gemeinsame Vertreter die Sorgfalt eines **ordentlichen und gewissenhaften Geschäftsleiters** anzuwenden (§ 7 Abs. 3 S. 1 Hs. 2). Das SchVG statuiert einen besonderen Sorgfaltsmaßstab iSv § 276 Abs. 1 S. 1 BGB für den im Gläubiger-

[70] **AA** Heidel AktR/*Müller* SchVG § 7 Rn. 13 (Auskunftsverweigerungsrecht nur bei Geschäftsgeheimnissen und Strafbarkeit).
[71] BegrRegE SchVG, BT-Drs. 16/12814, 20 li. Sp.
[72] Preuße/*Nesselrodt* § 7 Rn. 49; FK-SchVG/*Wöckener* § 7 Rn. 29; Hopt/Seibt/*Thole* § 7 SchVG Rn. 40.
[73] BegrRegE SchVG, BT-Drs. 16/12814, 20 li. Sp.; FK-SchVG/*Wöckener* § 7 Rn. 42.
[74] Ebenso FK-SchVG/*Wöckener* § 7 Rn. 43.
[75] So auch Preuße/*Nesselrodt* § 7 Rn. 61.
[76] So auch Preuße/*Nesselrodt* § 7 Rn. 62.
[77] BegrRegE SchVG, BT-Drs. 16/12814, 20 li. Sp.; FK-SchVG/*Wöckener* § 7 Rn. 45.

interesse tätigen gemeinsamen Vertreter. Die Anlehnung an die Begrifflichkeit des § 93 Abs. 1 S. 1 AktG[78] passt insofern, als der gemeinsame Vertreter wie ein Vorstand der Aktiengesellschaft treuhänderisch die Interessen Dritter (Anleihegläubiger statt Aktionäre) wahrnimmt. Insgesamt ist die Bezugnahme auf die Sorgfaltspflicht eines Geschäftsleiters aber verunglückt, weil der gemeinsame Vertreter nicht umfassend und mit weitem Gestaltungsspielraum die Interessen eines Unternehmens wahrnehmen, sondern die ihm durch die Mehrheit individueller Anleihegläubiger aufgetragenen Maßnahmen oder Einzelweisungen umsetzen soll.[79]

Inhaltlich bedeutet die Sorgfaltspflicht eines ordentlichen und gewissenhaften Geschäftsleiters, dass der gemeinsame Vertreter rechtmäßig und auf der Grundlage angemessener Information zum Wohle der Anleihegläubiger in ihrer Gesamtheit entweder konkrete Aufgaben erfüllt und Weisungen umsetzt oder, soweit die Anleihegläubiger ihm Ermessen eingeräumt haben, vertretbare Entscheidungen trifft. 44

2. Exkulpation bei Prognoseentscheidungen

Das SchVG enthält keine Vorschriften zur Exkulpation des gemeinsamen Vertreters, wie sie in § 93 Abs. 1 S. 2 AktG als Privileg des aktiv handelnden Unternehmensleiters *(Business Judgement Rule)* vorgesehen sind.[80] Da die Tätigkeit eines gemeinsamen Vertreters in aller Regel nicht mit derjenigen eines Leitungsorgans der Aktiengesellschaft vergleichbar ist und daher vom Gesetz bewusst nicht für anwendbar erklärt wird,[81] gilt die aktienrechtliche Exkulpationsregel nicht automatisch für das SchVG.[82] Eine Enthaftung des gemeinsamen Vertreters für Prognose- und andere Entscheidungen kann aber im Vorhinein vertraglich vereinbart werden. Auch kann der gemeinsame Vertreter die Amtsübernahme von einer Haftungsfreistellung durch Gläubigerbeschluss nach § 7 Abs. 3 S. 2 abhängig machen.[83] 45

3. Beweislast

Nach allgemeinen Grundsätzen muss jede Partei das Vorliegen der Tatbestandsvoraussetzungen derjenigen Norm beweisen, deren Anwendung für sie nützlich ist.[84] Demnach müsste grundsätzlich der Anspruchsteller – hier die Gesamtheit der Gläubiger – beweisen, dass der gemeinsame Vertreter eine Pflicht aus dem Schuldverhältnis verletzt hat. Das Verschulden würde nach § 280 Abs. 1 S. 2 BGB widerleglich vermutet. Der gemeinsame Vertreter muss beweisen, dass er nicht schuldhaft gehandelt hat und/oder – soweit vertraglich vereinbart – dass die Voraussetzungen des Exkulpationstatbestandes vorliegen. 46

Eine Anwendung der **Beweislastumkehr** des § 93 Abs. 2 S. 2 AktG[85] auf die Haftung des gemeinsamen Vertreters hätte einer gesetzlichen Anordnung bedurft[86] und ist daher 47

[78] BegrRegE SchVG, BT-Drs. 16/12814, 20 li. Sp.

[79] So auch Heidel AktR/*Müller* SchVG § 7 Rn. 14.

[80] § 93 Abs. 1 S. 2 AktG bestimmt: *„Eine Pflichtverletzung liegt nicht vor, wenn das Vorstandsmitglied bei einer unternehmerischen Entscheidung vernünftigerweise annehmen durfte, auf der Grundlage angemessener Information zum Wohle der Gesellschaft zu handeln."* Vgl. hierzu *Langenbucher* AktKapMarktR § 4 Rn. 73 ff.

[81] GgÄußerung BReg RegE SchVG, BT-Drs. 16/12814, 36.

[82] Ebenso Heidel AktR/*Müller* SchVG § 7 Rn. 14; Hopt/Seibt/*Thole* § 7 SchVG Rn. 50; **aA** Schimansky/Bunte/Lwowski/*Tetzlaff* BankR-HdB, 4. Aufl. 2011, § 88 Rn. 99; *Schmolke* ZBB 2009, 9 (18); Baums/*v. Randow* S. 63 (66); FK-SchVG/*Wöckener* § 7 Rn. 47; *Litten* ZBB 2013, 32 (37).

[83] GgÄußerung BReg RegE SchVG, BT-Drs. 16/12814, 36; Heidel AktR/*Müller* SchVG § 7 Rn. 14.

[84] *Rosenberg/Schwab/Gottwald* ZivilprozR § 117 II 2.

[85] Nach § 93 Abs. 2 S. 2 AktG genügt auf Seiten der Anspruchsteller schon die Darlegung einer möglicherweise schadensbegründenden Handlung und des Eintritts eines Schadens. Gelingt die Darlegung und gegebenenfalls der Beweis, hat der Anspruchsgegner darzulegen und ggf. zu beweisen, dass seine Handlung nicht pflichtwidrig oder nicht schuldhaft gewesen ist, s. Hüffer/Koch/*Koch* AktG § 93 Rn. 53.

[86] Die ausdrückliche Anordnung der entspr. Anwendbarkeit aktiengesetzlicher Normen findet sich etwa in § 20 SchVG. Vgl. auch Veranneman/*Veranneman* §§ 7, 8 Rn. 70; Preuße/*Nesselrodt* § 7 Rn. 75.

abzulehnen. Zwischen dem Leitungsorgan einer Aktiengesellschaft und der Person des gemeinsamen Vertreters bestehen wesentliche Unterschiede, die eine Gleichbehandlung in Bezug auf die Beweislast verbieten. So übt der Vorstand typischerweise nur ein einziges Mandat aus und ist weitgehend eigenverantwortlich und frei von Weisungen tätig. Der gemeinsame Vertreter kann im Gegensatz hierzu mehrere Mandate ausüben und ist jederzeit an die allgemeinen und besonderen Weisungen der Gläubigermehrheit gebunden. Eine durch die Beweislastumkehr bedingte Erhöhung seines Haftungsrisikos ist nicht gerechtfertigt.[87]

4. Haftungsbeschränkung

48 § 7 Abs. 3 S. 2 weist ausdrücklich auf die Möglichkeit hin, die Haftung des gemeinsamen Vertreters zu beschränken. Damit kann der erhöhte Sorgfaltsmaßstab des ordentlichen und gewissenhaften Geschäftsleiters gelockert werden. In Einzelfällen kann auch die Haftung ganz ausgeschlossen werden.[88] Der gemeinsame Vertreter kann die **Übernahme** seines Amtes von einer Haftungsbeschränkung abhängig machen.[89]

5. Geltendmachung von Ersatzansprüchen gegen den gemeinsamen Vertreter

49 Die Anleihegläubiger sind nach § 7 Abs. 3 S. 1 Hs. 1 Gesamtgläubiger von Ersatzansprüchen gegen den gemeinsamen Vertreter. § 428 BGB gilt unter der Bedingung, dass die Gläubiger die Leistung erst fordern können, nachdem sie einen entsprechenden **Gläubigerbeschluss** (§ 7 Abs. 3 S. 3) gefasst haben. Da die Gläubiger als Gesamtheit nicht prozessfähig sind, müssen sie in ihrem Beschluss auch festlegen, wer die Ansprüche gegen den gemeinsamen Vertreter geltend macht.[90] In der Praxis kann der gemeinsame Vertreter abberufen und ein neu bestellter gemeinsamer Vertreter mit der Verfolgung der Ansprüche beauftragt werden.

VI. Kostentragung

50 Gemäß § 7 Abs. 6 trägt der Schuldner die **Kosten und Aufwendungen,** die durch die Bestellung und Abberufung eines gemeinsamen Vertreters entstehen. Hiervon erfasst ist auch eine **angemessene Vergütung** für den gemeinsamen Vertreter. Da unter den Begriff der Aufwendung jedes freiwillige Vermögensopfer fällt, wird im Schrifttum eine Beschränkung auf erforderliche Aufwendungen iSd § 670 BGB vorgeschlagen.[91] Dies erscheint sachgerecht, und dafür spricht auch der Verweis der Gesetzesbegründung auf § 670 BGB.[92]

51 Die Ansprüche des gemeinsamen Vertreters richten sich direkt **gegen den Emittenten.**[93] Die Gläubiger sollen nicht mit Kosten belastet werden, weil sie nicht über gemeinsame Mittel verfügen.[94] Der Emittent kann dem gemeinsamen Vertreter dessen Kosten im Nachhinein erstatten oder ihn bereits vorab davon freistellen.

---

[87] *Schlitt/Schäfer* AG 2009, 477 (485); vgl. auch Heidel AktR/*Müller* SchVG § 7 Rn. 14.

[88] Preuße/*Nesselrodt* § 7 Rn. 80. Vgl. zum Vorstehenden auch *Litten* ZBB 2013, 32 (38).

[89] GgÄußerung BReg RegE SchVG, BT-Drs. 16/12814, 36.

[90] BegrRegE SchVG, BT-Drs. 16/12814, 20 re. Sp.; FK-SchVG/*Wöckener* § 7 Rn. 49; Heidel AktR/*Müller* SchVG § 7 Rn. 14; **aA** Hopt/Seibt/*Thole* § 7 SchVG Rn. 56, der jedem einzelnen Gläubiger ein Klagerecht (gerichtet auf Leistung an alle) zugesteht, sobald ein Beschluss über die Geltendmachung des Anspruchs gefasst ist.

[91] FK-SchVG/*Wöckener* § 7 Rn. 51.

[92] BegrRegE SchVG, BT-Drs. 16/12 814, 20 re. Sp. Nach *Brenner* NZI 2014, 789 (791) kommen in Betracht sowohl ein am geschätzten Aufwand orientiertes Pauschalhonorar als auch eine Abrechnung nach Stunden, jeweils berechnet auf Grundlage des Stundensatzes oder Nr. 3313 ff. und Nr. 1008 RVG Anlage 1.

[93] *Brenner* NZI 2014, 789 (791); **aA** *Antoniadis* NZI 2014, 785 (787) (Befreiungsanspruch der Anleihegläubiger gegen den Emittenten nach § 257 BGB).

[94] BegrRegE SchVG, BT-Drs. 16/12814, 20 re. Sp.

Die Gläubiger können grundsätzlich mehrere gemeinsame Vertreter bestellen; der Schuldner muss aber zu jeder Zeit nur für die Vergütung und Kosten eines einzigen gemeinsamen Vertreters aufkommen.[95] 52

§ 8 Bestellung des gemeinsamen Vertreters in den Anleihebedingungen

(1) [1] **Ein gemeinsamer Vertreter der Gläubiger kann bereits in den Anleihebedingungen bestellt werden.** [2] **Mitglieder des Vorstands, des Aufsichtsrats, des Verwaltungsrats oder eines ähnlichen Organs, Angestellte oder sonstige Mitarbeiter des Schuldners oder eines mit ihm verbundenen Unternehmens dürfen nicht bereits in den Anleihebedingungen als gemeinsamer Vertreter der Gläubiger bestellt werden.** [3] **Ihre Bestellung ist nichtig.** [4] **Dies gilt auch, wenn die in Satz 1 genannten Umstände nachträglich eintreten.** [5] **Aus den in § 7 Absatz 1 Satz 2 Nummer 2 bis 4 genannten Personengruppen kann ein gemeinsamer Vertreter der Gläubiger bestellt werden, sofern in den Emissionsbedingungen die maßgeblichen Umstände offengelegt werden.** [6] **Wenn solche Umstände nachträglich eintreten, gilt § 7 Absatz 1 Satz 3 entsprechend.**

(2) [1] **Mit der Bestellung ist der Umfang der Befugnisse des gemeinsamen Vertreters zu bestimmen.** [2] **Zu einem Verzicht auf Rechte der Gläubiger, insbesondere zu den in § 5 Absatz 3 Satz 1 Nummer 1 bis 9 genannten Entscheidungen, kann der Vertreter nur auf Grund eines Beschlusses der Gläubigerversammlung ermächtigt werden.** [3] **In diesen Fällen kann die Ermächtigung nur im Einzelfall erteilt werden.**

(3) **In den Anleihebedingungen kann die Haftung des gemeinsamen Vertreters auf das Zehnfache seiner jährlichen Vergütung begrenzt werden, es sei denn, dem gemeinsamen Vertreter fällt Vorsatz oder grobe Fahrlässigkeit zur Last.**

(4) **Für den in den Anleihebedingungen bestellten gemeinsamen Vertreter gilt § 7 Absatz 2 bis 6 entsprechend.**

Schrifttum: S. die bei § 7 angegebene Literatur.

[95] BegrRegE SchVG, BT-Drs. 16/12814, 20 re. Sp.; FK-SchVG/*Wöckener* § 7 Rn. 53; Heidel AktR/*Müller* SchVG § 7 Rn. 15.

I. Regelungsgegenstand und -zweck

1 § 8 Abs. 1 S. 1 ermöglicht die Bestellung eines gemeinsamen Vertreters bereits bei Begebung der Anleihe **(Vertragsvertreter).**[1] Mit der Bestellung eines gemeinsamen Vertreters wird die Handlungsfähigkeit des Gläubigerkollektivs von Anfang an gestärkt. In diesem Fall kann der Emittent Einfluss auf die Person des gemeinsamen Vertreters nehmen und hat ab Laufzeitbeginn einen Ansprechpartner zur raschen und effizienten Vorbereitung von Restrukturierungen oder sonstigen Änderungen der Anleihebedingungen. Zugleich erhalten die Gläubiger einen auf ihre Interessen verpflichteten Repräsentanten, ohne dass sie sich im Vorfeld von Sachentscheidungen zunächst um die Auswahl und Bestellung eines gemeinsamen Vertreters kümmern müssen.

2 Die Möglichkeit der Bestellung des gemeinsamen Vertreters in den Anleihebedingungen war im Referentenentwurf noch nicht vorgesehen,[2] wurde aber auf die Kritik aus der Rechtspraxis[3] hin in den Regierungsentwurf aufgenommen. Diese Möglichkeit bestand bereits unter dem SchVG 1899.

3 Der Vertragsvertreter ist grundsätzlich denselben Regeln unterworfen wie der Wahlvertreter; besondere Regeln gelten nur, soweit § 8 dies bestimmt (§ 8 Abs. 4). Daher können alle Fragen, die § 8 unbeantwortet lässt, mit Hilfe von § 7 Abs. 2–4 beantwortet werden.

II. Begründung und Beendigung des Mandats eines Vertragsvertreters

1. Bestellung in den Anleihebedingungen

4 **a) Mandatierung.** Wenn das Gesetz von der Bestellung des gemeinsamen Vertreters „in den Anleihebedingungen" spricht, ist damit gemeint, dass die Person des zunächst bestellten gemeinsamen Vertreters der Gläubiger in den Anleihebedingungen verbindlich bezeichnet ist. Die Bestellung selbst kann nicht allein in den Anleihebedingungen, sondern nur durch Abschluss eines Geschäftsbesorgungsvertrags mit dem gemeinsamen Vertreter erfolgen.[4] Der Mandatsvertrag kann durch Einbeziehung nach § 2 S. 2 zum Gegenstand der Anleihebedingungen gemacht werden. Die Initiative auf Bestellung eines gemeinsamen Vertreters kann vom Emittenten, Mitgliedern des Übernahmekonsortiums oder Investoren ausgehen. Zweckmäßigerweise schließt der Emittent oder eine andere an der Emission beteiligte Person mit dem Vertragsvertreter den Mandatsvertrag, der als echter Vertrag zu Gunsten der Anleihegläubiger auszugestalten ist. Da Anleihegläubiger durch den Erwerb von kapitalmarktfähigen Schuldverschreibungen keine vertraglichen Haupt- oder Nebenpflichten übernehmen sollen, tritt der Vertragspartner des gemeinsamen Vertreters beim Vertragsschluss nicht als Repräsentant der Gläubiger auf.[5]

---

[1] Zu den Vorzügen der Bestellung schon in den Anleihebedingungen vgl. *Schlitt/Schäfer* AG 2009, 477 (483 f.).

[2] Der Ausschluss der Bestellung bei Emission war noch damit begründet worden, dass eine solche Konstruktion nicht in das deutsche Zivilrecht passe und *„ohne erhebliche Systembrüche mit der Gefahr unübersehbarer Folgen nicht übernommen werden"* könne, s. Referentenentwurf – Entwurf eines Gesetzes zur Neuregelung der Rechtsverhältnisse bei Schuldverschreibungen aus Anleihen und zur Anpassung kapitalmarktrechtlicher Verjährungsvorschriften, Mai 2008, S. 21 (http://www.gesmat.bundesgerichtshof.de/gesetzesmaterialien/16_wp/schuldverschreibungsg/refe.pdf).

[3] S. etwa *Schmolke* ZBB 2009, 8 (12); *Horn* ZHR 173 (2009), 12, 63 mwN.

[4] Zur Rechtsnatur des Mandatsverhältnisses des gemeinsamen Vertreters allg. → § 7 Rn. 4 ff.

[5] Zust. Hopt/Seibt/*Thole* § 8 SchVG Rn. 7; **aA** Veranneman/*Veranneman* §§ 7, 8 Rn. 42 f. (Vertragsschluss zwischen dem Emittenten als *falsus procurator* und dem gemeinsamen Vertreter, der durch die Gläubiger mit Erwerb der Schuldverschreibungen konkludent genehmigt werde); *Antoniadis* NZI 2014, 785 (786) (Verweis auf Aufwendungsersatzanspruch nach § 7 Abs. 6 sei bei bestehendem Vertragsverhältnis zwischen gemeinsamen Vertreter und Emittent überflüssig); *Brenner* NZI 2014, 789; unentschlossen FK-SchVG/*Wöckener* § 8 Rn. 13.

b) Ausschluss der Bestellung eines gemeinsamen Vertreters. Die Bestellung eines gemeinsamen Vertreters kann **in den Anleihebedingungen ausgeschlossen** werden.[6] 5

2. Abberufung und Kündigung

Mangels besonderer Anordnung in § 8 richtet sich die Abberufung und Kündigung des Vertragsvertreters nach allgemeinen Regeln (§ 7 Abs. 4 iVm § 8 Abs. 4). Die Gläubiger können den gemeinsamen Vertreter jederzeit ohne Angabe von Gründen abberufen. Damit ist er faktisch nur ein vorläufiger Vertreter.[7] 6

III. Anforderungen an die Person des Vertragsvertreters

1. Inkompatibilität

a) Schutzgedanke. Da die Anleihegläubiger an der Bestellung des Vertragsvertreters nicht beteiligt sind, bestimmt das Gesetz neben den Informationsregeln für Interessenkonflikte eines gemeinsamen Vertreters, dass eine in der Liste des § 7 Abs. 1 S. 2 Nr. 1 aufgeführte, dem Emittenten nahestehende Person – anders als beim Wahlvertreter – trotz Offenlegung ihres Näheverhältnisses als gemeinsamer Vertreter nicht bestellt werden darf. 7

b) Untaugliche Personen. Gemäß § 8 Abs. 1 S. 2 sind Mitglieder des Vorstands, des Aufsichtsrats, eines Verwaltungsrats oder eines ähnlichen Organs, Angestellte und sonstige Mitarbeiter des Schuldners oder eines mit ihm verbundenen Unternehmens von der Übernahme des Amts eines gemeinsamen Vertreters ausgeschlossen. 8

c) Nichtigkeitssanktion. Gemäß § 8 Abs. 1 S. 3 ist die Bestellung untauglicher Personen nichtig. Dieser Satz betrifft die Nichtigkeitssanktion im Falle der Bestellung eines **anfänglich untauglichen** gemeinsamen Vertreters. Anfänglich bezeichnet den Zeitpunkt des Wirksamwerdens der Bestellung; die Nichtigkeit wirkt hier **ex tunc.**[8] 9

Falls die Umstände, die nach § 8 Abs. 1 S. 2 zur Untauglichkeit eines bei Emission bestellten und in den Anleihebedingungen bezeichneten gemeinsamen Vertreters führen, erst **nachträglich** eintreten, ist die Bestellung ebenfalls nach § 8 Abs. 1 S. 4 nichtig,[9] die Nichtigkeit wirkt aber erst **ex nunc.**[10] Die Wortwahl des Gesetzes ist zwar nicht eindeutig. Allerdings wäre eine vom Zeitpunkt der Bestellung wirkende Unwirksamkeit nicht zweckmäßig, weil zum Bestellungszeitpunkt noch keine Inkompatibilität in der Person des gemeinsamen Vertreters gegeben war. Ihm die Position als gemeinsamer Vertreter in diesem Falle rückwirkend zu entziehen, würde Rechtsakte in Zweifel ziehen, an denen der gemeinsame Vertreter während der Zeit mitgewirkt hat, in der noch keine Inkompatibilität vorlag, und ginge damit über den Schutzgedanken des § 8 Abs. 1 S. 2 hinaus 10

2. Taugliche Vertragsvertreter

a) Allgemeine Anforderungen. Personen, die nicht unter § 8 Abs. 1 S. 2 fallen, sind grundsätzlich taugliche Vertragsvertreter, wenn sie die Anforderungen des **§ 7 Abs. 1 S. 1** erfüllen. Ferner gelten die Informationsregeln des § 7 Abs. 1 S. 2 Nr. 2–4 iVm § 8 Abs. 1 S. 5. 11

---

[6] → § 7 Rn. 10.

[7] BegrRegE SchVG, BT-Drs. 16/12814, 21 li. Sp.

[8] Veranneman/*Veranneman* §§ 7, 8 Rn. 30; FK-SchVG/*Wöckener* § 8 Rn. 8.

[9] Die Bezugnahme des § 8 Abs. 1 S. 4 auf S. 1 ist ein Redaktionsversehen.

[10] Im Ergebnis ebenso Veranneman/*Veranneman* §§ 7, 8 Rn. 30; FK-SchVG/*Wöckener* § 8 Rn. 10; Heidel AktR/*Müller* SchVG § 8 Rn. 3; Hopt/Seibt/*Thole* § 8 SchVG Rn. 3; **aA** Preuße/*Nesselrodt* § 8 Rn. 8.

12 **b) Offenlegung und Unterrichtung bei Interessenkonflikten.** § 8 Abs. 1 S. 5 erlaubt die Bestellung von Vertragsvertretern, die einen Interessenkonflikt im Verhältnis zum Schuldner im Sinne des § 7 Abs. 1 S. 2 Nr. 2–4 haben. Die Umstände, die den Interessenkonflikt begründen, sind – soweit sie bei Emission vorliegen – in den Anleihebedingungen offenzulegen. Falls die Umstände später eintreten, sind die Anleihegläubiger nach § 7 Abs. 1 S. 3 „unverzüglich in geeigneter Form" zu unterrichten. Geeignet ist eine Bekanntmachung in einer überregionalen Tageszeitung oder einem sonstigen Publikationsorgan oder eine Mitteilung über die Clearingsysteme, soweit diese Medien in den Anleihebedingungen zur Unterrichtung der Anleihegläubiger zugelassen sind.[11]

13 **c) Sanktionen bei unterlassener Offenlegung/Unterrichtung.** Der Verstoß gegen die Offenlegungspflicht ist – im Unterschied zur Verletzung der Offenlegungspflicht beim Wahlvertreter – **nicht bußgeldbewehrt.**[12] Denkbar ist allerdings eine Haftung des Schuldners aus §§ 9 f. WpPG.[13] Der Verstoß gegen die Unterrichtungspflicht ist ebenso wenig bußgeldbewehrt.[14] Denkbar ist hier aber eine Haftung des Vertragsvertreters auf Schadensersatz wegen Pflichtverletzung im Rahmen des Mandatsverhältnisses.[15]

IV. Rechte und Pflichten des Vertragsvertreters

1. Aufgaben nach Gesetz und Mandat

14 Neben den gesetzlichen Rechten und Pflichten (§ 7 Abs. 2 S. 1 Alt. 1 iVm § 8 Abs. 4)[16] ergeben sich die Befugnisse und Aufgaben des Vertragsvertreters aus dem Mandatsvertrag (§ 8 Abs. 2 S. 1). Die dem Vertreter zu übertragenden Rechte und Pflichten können wie beim Wahlvertreter frei ausgestaltet werden. Für den Vertragsvertreter gelten auch die allgemeinen Bestimmungen, insbesondere über das Auskunftsrecht, die Weisungsgebundenheit und die Berichtspflicht des gemeinsamen Vertreters, entsprechend (§ 8 Abs. 4).[17]

2. Grenzen der Beauftragung eines Vertragsvertreters

15 § 8 Abs. 2 S. 2 und 3 legen fest, dass ein Vertragsvertreter bei Bestellung „zu einem Verzicht auf Rechte der Gläubiger, insbesondere zu den in § 5 Abs. 3 S. 1 Nummer 1 bis 9 genannten Entscheidungen" nur auf Grund eines Gläubigerbeschlusses und nur für den Einzelfall ermächtigt werden kann.

16 **a) Kein Verzicht auf Gläubigerrechte.** § 8 Abs. 2 S. 2 verbietet es, den gemeinsamen Vertreter bereits bei seiner Bestellung dazu zu ermächtigen, auf Rechte der Gläubiger zu verzichten. Da die Anleihegläubiger an der Bestellung des Vertragsvertreters nicht mitwirken, soll ein Verzicht auf wesentliche Rechte nur ad hoc aufgrund eines Mehrheitsbeschlusses der Gläubiger angeordnet werden können.

17 **b) Keine Zustimmung zu wesentlichen Änderungen der Anleihebedingungen.** Nach § 8 Abs. 2 S. 2 darf der Vertragsvertreter nicht bereits bei seiner Bestellung zur Entscheidung über die in § 7 Abs. 3 S. 1 Nr. 1–9 genannten wesentlichen Maßnahmen ermächtigt werden. Der Wortlaut der Norm („insbesondere") ist grammatikalisch korrekt, aber unglücklich, weil zwar nicht die Ermächtigung zu einem Verzicht „auf" die Entscheidungen über wesentliche Maßnahmen, sondern die Ermächtigung „zu" den wesentlichen Entscheidungen unter den Vorbehalt eines Gläubigerbeschlusses gestellt wird, aber

11 Preuße/*Nesselrodt* § 8 Rn. 18; FK-SchVG/*Wöckener* § 8 Rn. 11.
12 → § 23 Rn. 2.
13 Veranneman/*Veranneman* §§ 7, 8 Rn. 36.
14 → § 23 Rn. 2.
15 Veranneman/*Veranneman* §§ 7, 8 Rn. 37.
16 → § 7 Rn. 27.
17 → § 7 Rn. 34 ff.

diese Entscheidungen als Unterfall des Verzichts auf Gläubigerrechte dargestellt werden.[18] Dieses Ergebnis ist auch sachgerecht. Die Begrenzung der Befugnisse eines ohne Mitwirkung der Gläubiger bestellten Vertragsvertreters dient dem Schutz der Gläubiger, die Entscheidungen, die für sie bedeutende wirtschaftliche Auswirkungen haben können, grundsätzlich selbst treffen und sie nur im Einzelfall auf den gemeinsamen Vertreter übertragen können. Das Gesetz stuft den Verzicht auf Gläubigerrechte als potenziell wirtschaftlich folgenreich ein. Ebenso wirtschaftlich folgenreich können Entscheidungen über wesentliche Änderungen der Anleihebedingungen (§ 5 Abs. 3 S. 1 Nr. 1–9) sein, während die Änderung oder Aufhebung bloßer Nebenbedingungen (§ 5 Abs. 1 S. 1 Nr. 10) auch einem Vertragsvertreter übertragen werden kann.[19] Dies steht auch im Einklang mit der Erwägung des Regierungsentwurfs, wonach der Vertragsvertreter faktisch ein nur vorläufiger Vertreter sein soll[20] und die Gläubiger den gemeinsamen Vertreter durch Mandatierung aufgrund eines Gläubigerbeschlusses mit umfassenderen Rechten ausstatten können.

c) Keine Generalermächtigung. Der Vertragsvertreter kann von den Gläubigern durch Mehrheitsbeschluss zum Verzicht auf Gläubigerrechte oder der Entscheidung über wesentliche Änderungen der Anleihebedingungen ermächtigt werden. Ein solcher Gläubigerbeschluss muss aber nach § 8 Abs. 2 S. 3 für jeden Einzelfall gesondert gefasst werden, dh eine generelle Ermächtigung durch die Gläubiger ist unzulässig. 18

V. Haftung

Grundsätzlich richtet sich die Haftung des Vertragsvertreters nach §§ 8 Abs. 4, 7 Abs. 3 und entspricht dem Haftungsregime des Wahlvertreters.[21] Eine Ausnahme gilt für die Haftungsbegrenzung und den Haftungsausschluss: Nach § 8 Abs. 3 kann die Haftung des Vertragsvertreters in den Anleihebedingungen nur **auf das Zehnfache seiner jährlichen Vergütung begrenzt** werden. Wegen des Verschlechterungsverbots des § 5 Abs. 1 S. 2 ist eine Haftungsbegrenzung in geringerem Umfang nicht zulässig. Im Mandat eines Vertragsvertreters kann keine Haftungsbegrenzung für Vorsatz oder grobe Fahrlässigkeit vereinbart werden. Im Verlauf seines Mandats ist es aber zulässig, **durch Gläubigerbeschluss** die Haftung unter den in § 8 Abs. 3 S. 1 genannten Minimalbetrag abzusenken, vollständig auszuschließen oder weitgehende Ausnahmen zu vereinbaren.[22] 19

VI. Kostentragung

Der Schuldner hat nach §§ 8 Abs. 4, 7 Abs. 6 die Kosten und Aufwendungen sowie eine angemessene Vergütung des Vertragsvertreters zu tragen.[23] Falls der Vertragsvertreter durch Vereinbarung mit dem Schuldner mandatiert wird,[24] kann die gesetzliche Anordnung auch im Mandatsvertrag dokumentiert werden. Sind mehrere gemeinsame Vertreter bestellt, hat der Schuldner lediglich die Kosten eines gemeinsamen Vertreters zu tragen.[25] 20

---

[18] Im Ergebnis ebenso *Kuder/Obermüller* ZInsO 2009, 2025 (2025); *Simon* CF Law 2010, 159 (163). **AA** (Verzicht auf die in § 5 Abs. 3 S. 1 Nr. 1–9 genannten Rechte) Preuße/*Nesselrodt* § 8 Rn. 23. Ungenau insoweit Veranneman/*Veranneman* §§ 7, 8 Rn. 58; *Schlitt/Schäfer* AG 2009, 477 (484).

[19] Preuße/*Nesselrodt* § 8 Rn. 25.

[20] BegrRegE SchVG, BT-Drs. 16/12814, 21 li. Sp.

[21] → § 7 Rn. 42 ff.

[22] Preuße/*Nesselrodt* § 8 Rn. 29.

[23] Zur Frage der Bemessung → § 7 Rn. 50.

[24] → Rn. 4.

[25] **AA** Heidel AktR/*Müller* SchVG § 8 Rn. 8.

§ 9 Einberufung der Gläubigerversammlung

(1) [1]**Die Gläubigerversammlung wird vom Schuldner oder von dem gemeinsamen Vertreter der Gläubiger einberufen.** [2]**Sie ist einzuberufen, wenn Gläubiger, deren Schuldverschreibungen zusammen 5 Prozent der ausstehenden Schuldverschreibungen erreichen, dies schriftlich mit der Begründung verlangen, sie wollten einen gemeinsamen Vertreter bestellen oder abberufen, sie wollten nach § 5 Absatz 5 Satz 2 über das Entfallen der Wirkung der Kündigung beschließen oder sie hätten ein sonstiges besonderes Interesse an der Einberufung.** [3]**Die Anleihebedingungen können vorsehen, dass die Gläubiger auch aus anderen Gründen die Einberufung verlangen können.**

(2) [1]**Gläubiger, deren berechtigtem Verlangen nicht entsprochen worden ist, können bei Gericht beantragen, sie zu ermächtigen, die Gläubigerversammlung einzuberufen.** [2]**Das Gericht kann zugleich den Vorsitzenden der Versammlung bestimmen.** [3]**Auf die Ermächtigung muss in der Bekanntmachung der Einberufung hingewiesen werden.**

(3) [1]**Zuständig ist das Gericht, in dessen Bezirk der Schuldner seinen Sitz hat oder mangels eines Sitzes im Inland das Amtsgericht Frankfurt am Main.** [2]**Gegen die Entscheidung des Gerichts ist die Beschwerde statthaft.**

(4) **Der Schuldner trägt die Kosten der Gläubigerversammlung und, wenn das Gericht dem Antrag nach Absatz 2 stattgegeben hat, auch die Kosten dieses Verfahrens.**

Schrifttum zu §§ 9–18: Arbeitskreis Reform des Schuldverschreibungsrechts, Reform des Schuldverschreibungsgesetzes, ZIP 2014, 845; *Baums,* Weitere Reform des Schuldverschreibungsrechts!, ZHR 177 (2013), 807; *Bertelmann/Schönen,* Gläubigerrechte und Emittentenpflichten bei der Abstimmung ohne Versammlung nach dem Schuldverschreibungsgesetz, ZIP 2014, 353; *Bliesener,* Änderungen von Anleihebedingungen in der Praxis, in: *Baum/Fleckner/Hellgardt/Roth* (Hrsg.), Perspektiven des Wirtschaftsrechts, Beiträge für Hopt, 2008, 355; *Florstedt,* Reformbedarf und Reformperspektiven im Schuldverschreibungsrecht, WiVerw 2014, 155; *Habersack/Mülbert/Schlitt,* Handbuch der Kapitalmarktinformation, 2. Aufl. 2013; *Horn,* Das neue Schuldverschreibungsgesetz und der Anleihemarkt, BKR 2009, 446; *Horn,* Die Stellung der Anleihegläubiger nach neuem Schuldverschreibungsgesetz und allgemeinem Privatrecht im Licht aktueller Marktentwicklungen, ZHR 173 (2009), 12; *Hutter/Kaulamo,* Das Tranzparenzrichtlinie-Umsetzungsgesetz: Änderungen der anlassabhängigen Publizität, NJW 2007, 471; *Kessler/Rühle,* Die Restrukturierung von Anleihen in Zeiten des SchVG 2009, BB 2014, 907; *Liebenow,* Das Schuldverschreibungsgesetz als Anleiheorganisationsrecht und Gesellschaftsrecht, Diss. 2015; *Mühe,* Änderungen von Anleihebedingungen – Herausforderungen und praktische Erfahrungen bei der Durchführung von Gläubigerabstimmungen, BKR 2017, 50; *Otto,* Gläubigerversammlungen nach dem SchVG – Ein neues Tätigkeitsgebiet für Notare, DNotZ 2012, 809; *Pirner/Lebherz,* Wie nach dem Transparenzrichtlinie-Umsetzungsgesetz publiziert werden muss, AG 2007, 19; *Schlitt/Schäfer,* Die Restrukturierung von Anleihen nach dem neuen Schuldverschreibungsgesetz, AG 2009, 477; *Schwark/Zimmer,* Kapitalmarktrechts-Kommentar, 4. Aufl. 2010; *Seibt,* Praxisfragen der außerinsolvenzlichen Anleihenrestrukturierung nach dem SchVG, ZIP 2016, 997; *Schulenburg,* Der Schutz der Minderheit im Schuldverschreibungsrecht in vergleichender Betrachtung mit dem Aktienrecht, Diss. Hamburg 2016; *Vogel,* Die Vergemeinschaftung der Anleihegläubiger und ihre Vertretung nach dem Schuldverschreibungsgesetz, Diss. Osnabrück 1997; *Wasmann/Steber,* Rechtsfragen im Zusammenhang mit der Durchführung einer Gläubigerversammlung nach dem Schuldverschreibungsgesetz, ZIP 2014, 2005.

I. Regelungsgegenstand und -zweck

Die Vorschrift regelt die **Befugnis zur Einberufung** der Gläubigerversammlung. Vorbehaltlich der Initiative von Anleihegläubigern sind der Emittent und ein etwaiger gemeinsamer Vertreter zur Einberufung befugt. 1

Die Regelung des § 9 stärkt die Rechte der Anleihegläubiger und dient zugleich dem **Minderheitenschutz** im Gläubigerkollektiv, indem sie Gläubigern, die – gemessen am ausstehenden Gesamtnennbetrag – fünf Prozent einer Anleihe halten, das Recht einräumt, die Einberufung einer Gläubigerversammlung zu verlangen. Damit können Gläubiger selbst die Initiative zur Durchführung einer Versammlung und Abstimmung ergreifen, auch wenn der Schuldner eine zeitnahe Versammlung bzw. Abstimmung ablehnt.[1] 2

Sollte der Schuldner oder gegebenenfalls der gemeinsame Vertreter einem Einberufungsverlangen der qualifizierten Gläubigerminderheit, das nach § 9 Abs. 1 S. 2 oder gegebenenfalls nach Bestimmungen in den Anleihebedingungen berechtigt ist, nicht nachkommen, können ein oder mehrere **Gläubiger** die Durchführung der Versammlung erzwingen, indem sie auf Antrag selbst **vom Gericht zur Einberufung ermächtigt** werden.[2] 3

Die **Anleihebedingungen** können vorsehen, dass Gläubiger unter bestimmten Voraussetzungen selbst zur Einberufung befugt sind. Die Möglichkeit der **Ausstattung der Anleihegläubiger mit einer eigenständigen Einberufungsbefugnis** ist zwar im Gesetz nicht vorgesehen, aber als Erweiterung der Kompetenzen der Gläubiger auch unter dem Blickwinkel von § 5 Abs. 1 S. 2, der gläubigerbelastende Abweichungen von §§ 5–21 verbietet, unbeschränkt zulässig.[3] 4

II. Regelbefugnis des Schuldners und des gemeinsamen Vertreters

Die Gläubigerversammlung kann durch den **Schuldner** oder durch den **gemeinsamen Vertreter** einberufen werden, sofern ein gemeinsamer Vertreter bestellt wurde. Ist der Schuldner eine Kapitalgesellschaft, beruft das vertretungsberechtigte Organ die Gläubigerversammlung ein.[4] Die Einberufung liegt **im Ermessen** des Schuldners bzw. des gemeinsamen Vertreters, ohne dass besondere Gründe vorliegen oder sonstige Voraussetzungen erfüllt sein müssen.[5] Darüber hinaus kann der gemeinsame Vertreter **durch Mehrheitsbeschluss der Gläubiger** zur Einberufung einer Gläubigerversammlung angewiesen werden. 5

---

[1] *Horn* ZHR 173 (2009), 12, 56. Vgl. auch Veranneman/*Wasmann/Steber* § 9 Rn. 3.
[2] Dazu sogleich → Rn. 6 ff.
[3] Ebenso Veranneman/*Wasmann/Steber* § 9 Rn. 14; Preuße/*Schindele* § 9 Rn. 7; Heidel AktR/*Müller* SchVG § 9 Rn. 1.
[4] Veranneman/*Wasmann/Steber* § 9 Rn. 5; Hopt/Seibt/*Binder* § 9 SchVG Rn. 18; **aA** FK-SchVG/*Schmidtbleicher* § 9 Rn. 6.
[5] Ebenso Hopt/Seibt/*Binder* § 9 SchVG Rn. 17; *Seibt* ZIP 2016, 997 (1001).

III. Einberufung auf Verlangen einer qualifizierten Minderheit

6 Der Schuldner und gegebenenfalls der gemeinsame Vertreter sind auch **zur Einberufung verpflichtet,** wenn es eine qualifizierte Minderheit unter den Voraussetzungen des § 9 Abs. 1 S. 2 oder im Einklang mit den in den Anleihebedingungen geregelten Voraussetzungen an Form, Grund und Quorum der beantragenden Gläubiger verlangt. Wird auf Grund eines derartigen Verlangens eine Gläubigerversammlung einberufen, die nicht beschlussfähig ist, so kann jedoch nicht nach § 9 Abs. 2 eine zweite Versammlung iSd § 15 Abs. 3 S. 2 verlangt werden.[6]

1. Voraussetzungen des Einberufungsverlangens

7 **a) Antragsberechtigung.** Ein oder mehrere Anleihegläubiger, deren Schuldverschreibungen zusammen mindestens 5 Prozent des ausstehenden Gesamtnennwerts[7] der Schuldverschreibungen erreichen **(qualifizierte Minderheit),** können die Einberufung einer Gläubigerversammlung verlangen, wenn sie bestimmte vom Gesetz oder in den Anleihebedingungen vorgesehene Gründe oder ein sonstiges besonderes Interesse geltend machen. Die **Anleihebedingungen** können eine **niedrigere Schwelle** festlegen. Bei der Bestimmung des Quorums sind Schuldverschreibungen nicht einzubeziehen, deren Stimmrecht nach § 6 Abs. 1 S. 2 ruht.[8] Der Grundsatz, dass Schuldverschreibungen, deren Stimmrechte ruhen, nicht als ausstehende Schuldverschreibungen anzusehen sind, ist bereits in § 15 Abs. 3 S. 4 ausgedrückt. Würden vom Emittenten zurückerworbene Stücke mitgezählt, wäre der in der Antragsberechtigung der Gläubiger zum Ausdruck kommende Minderheitenschutz unangemessen eingeschränkt.

8 **b) Einberufungsgründe.** Das Einberufungsverlangen der qualifizierten Minderheit der Anleihegläubiger kann nur auf bestimmte Gründe gestützt werden.

9 **aa) Gesetzliche Einberufungsgründe.** Vom Gesetz anerkannt ist das Einberufungsverlangen mit dem Begehren, (i) über die Bestellung oder Abberufung eines gemeinsamen Vertreters zu entscheiden, oder (ii) über das Entfallen der Wirkung einer Kündigung nach § 5 Abs. 5 S. 2 zu beschließen. In diesen Fällen bedarf es keines weiteren Nachweises eines besonderen Interesses an der Einberufung.

10 **bb) Einberufungsgründe in den Anleihebedingungen.** § 9 Abs. 1 S. 3 ermöglicht die Bestimmung **zusätzlicher Einberufungsgründe** („auch aus anderen Gründen") in den Anleihebedingungen, auf die Anleihegläubiger ohne weiteren Nachweis eines besonderen Interesses ihr Einberufungsverlangen stützen können.

11 **cc) Sonstiges besonderes Interesse.** Darüber hinaus kann die Einberufung verlangt werden, wenn die qualifizierte Minderheit der Anleihegläubiger ein **sonstiges besonderes Interesse** geltend machen kann. Bei Annahme sonstiger besonderer Interessen müssen die Gläubigerrechte in einem den gesetzlich anerkannten Einberufungsgründen („Regelbeispiele") ähnlichen Umfang betroffen sein, wobei im Einzelfall festzustellen ist, ob das

[6] BGH WM 2015, 470 Rn. 20 ff. = BB 2015, 719 mAnm *Moser;* inhaltsgleich BGH 2.12.2014 – II ZB 3/14, juris Rn. 20 ff.; ebenso in der Vorinstanz OLG Schleswig WM 2014, 744 (747 f.); **aA** *Kessler/Rühle* BB 2014, 907 (911); *Kusserow* WuB I G 7 – 1.14; *Lürken* GWR 2014, 87. Davon zu unterscheiden ist die zulässige Einberufung einer ersten (regulären) Gläubigerversammlung nach § 9, nachdem im Insolvenzverfahren eine nach § 19 Abs. 2 S. 2 einberufene Gläubigerversammlung gescheitert ist.

[7] Die Bedeutung dieser Abweichung vom Gesetzeswortlaut („*5 % der ausstehenden Schuldverschreibungen*") erschöpft sich in dem heutzutage ungewöhnlichen Fall einer Anleihe mit mehreren unterschiedlichen Stückelungen, FK-SchVG/*Schmidtbleicher* § 9 Rn. 16.

[8] Ebenso Preuße/*Schindele* § 9 Rn. 4; dahingehend auch FK-SchVG/*Schmidtbleicher* § 9 Rn. 17 f.; **aA** Hopt/Seibt/*Binder* § 9 SchVG Rn. 22; *Schulenburg* Schutz der Minderheit im Schuldverschreibungsrecht S. 117.

Interesse so gewichtig ist, dass vom Regelfall der Einberufung durch den Schuldner oder den gemeinsamen Vertreter abgewichen werden muss.[9] Der Auslegungsspielraum bei der Bestimmung sonstiger besonderer Interessen birgt Streitpotential und das Risiko einer häufigen Inanspruchnahme des gerichtlichen Verfahrens nach § 9 Abs. 2.

c) Relevanter Zeitpunkt. Die Voraussetzungen des Einberufungsverlangens müssen jedenfalls (noch) im Zeitpunkt des Zugangs des schriftlichen Verlangens zur Einberufung bestehen.[10] Eine bestimmte Vorbesitzperiode ist für Gläubiger, die die Einberufung der Gläubigerversammlung verlangen, nicht erforderlich. Dass Gläubigereigenschaft und Quorum darüber hinaus noch im Zeitpunkt der Einberufung oder der Durchführung der Versammlung vorliegen müssten, lässt sich dagegen weder dem Wortlaut noch dem Zweck der Regelung entnehmen. 12

2. Geltendmachung des Einberufungsverlangens

a) Form. Das Verlangen der qualifizierten Gläubigerminderheit muss in Schriftform erfolgen und eine Begründung enthalten, aus der hervorgeht, dass das Verlangen zur Einberufung nach Maßgabe des § 9 Abs. 2 S. 1 berechtigt ist. Sowohl die Gläubigereigenschaft als auch das Quorum können analog § 10 Abs. 3 durch Vorlage eines in Textform erstellten Nachweises des depotführenden Instituts dargetan werden.[11] Ein Hinterlegungserfordernis besteht nicht. 13

b) Adressat. Adressat kann der Schuldner oder der gemeinsame Vertreter sein. Sofern die Formvorschriften eingehalten werden und ein Einberufungsgrund besteht, ist der Adressat mit Zugang des Verlangens zur Einberufung verpflichtet. 14

IV. Gerichtliche Ermächtigung der Gläubiger zur Einberufung

Kommt der Schuldner oder der gemeinsame Vertreter einem berechtigten Einberufungsverlangen der qualifizierten Gläubigerminderheit nicht nach, stellt das Gesetz den Gläubigern ein Verfahren zur Verfügung, das den Gläubigern selbst die Einberufung ermöglicht. 15

1. Verfahren

Ein Antrag auf Ermächtigung zur Einberufung ist nicht nur nach Ablehnung des Einberufungsverlangens zulässig, sondern auch dann, wenn die Entscheidung über die Einberufung unangemessen verzögert oder dem Verlangen nur mit Einschränkungen nachgekommen wird.[12] Das Verfahren richtet sich nach dem Gesetz über das Verfahren in Familiensachen und in den Angelegenheiten der freiwilligen Gerichtsbarkeit (§§ 1, 375 Nr. 16 FamFG). Verfahrensbeteiligte sind die qualifizierte Minderheit der Gläubiger als Antragsteller kraft Gesetzes (§ 7 Abs. 1 FamFG) sowie der Schuldner, der als Antragsgegner und somit unmittelbar Betroffener hinzuzuziehen ist (§ 7 Abs. 2 Nr. 1 FamFG), nicht aber der gemeinsame Vertreter, da dessen Rechte nicht unmittelbar betroffen sind.[13] 16

[9] Ebenso Veranneman/*Wasmann/Steber* § 9 Rn. 13; Preuße/*Schindele* § 9 Rn. 7; Hopt/Seibt/*Binder* § 9 SchVG Rn. 27; *Schulenburg* Schutz der Minderheit im Schuldverschreibungsrecht S. 114 **aA** FK-SchVG/*Schmidtbleicher* § 9 Rn. 32.

[10] S. Veranneman/*Wasmann/Steber* § 9 Rn. 9; Preuße/*Schindele* § 9 Rn. 5; FK-SchVG/*Schmidtbleicher* § 9 Rn. 26.

[11] Ebenso FK-SchVG/*Schmidtbleicher* § 9 Rn. 28; *Bertelmann/Schönen* ZIP 2014, 353 (355).

[12] Veranneman/*Wasmann/Steber* § 9 Rn. 15; FK-SchVG/*Schmidtbleicher* § 9 Rn. 34; Hopt/Seibt/*Binder* § 9 SchVG Rn. 35.

[13] Eine vergleichbare Regelung findet sich zur Einberufung der Hauptversammlung einer Aktiengesellschaft in § 122 AktG, der bei der Auslegung des § 9 Abs. 2 SchVG herangezogen werden kann, s. Begr. RegE SchVG, BT-Drs. 16/12814, 21 li. Sp; **aA** Heidel AktR/*Müller* SchVG § 9 Rn. 4 .

2. Antrag

17 **a) Antragsteller.** Antragsteller kann jeder einzelne oder alle Anleihegläubiger der qualifizierten Gläubigerminderheit sein, deren Verlangen nach § 9 Abs. 1 S. 2 erfolglos geblieben ist. Grundsätzlich müssen die Gläubigereigenschaft und das Quorum jedenfalls bis zum **Zeitpunkt der letzten Tatsachenentscheidung des Gerichts** vorliegen.[14]

18 Soweit das Quorum im Zeitpunkt der letzten Tatsachenverhandlung gegeben ist, sind **zwischenzeitliche Änderungen** in der Zusammensetzung der qualifizierten Gläubigerminderheit **unschädlich.**[15] Ein erneutes Gesuch nach § 9 Abs. 1 S. 2 an den Schuldner ist nicht notwendig, weil es – anders als im Aktienrecht[16] – in materieller Hinsicht allein auf das gerechtfertigte Interesse einer qualifizierten Minderheit an der Einberufung ankommt und daher die Identität und Zusammensetzung dieser Gläubigerminderheit für die Berechtigung zur Einberufung keine Rolle spielt. Ein neues Einberufungsverlangen an den Schuldner oder gegebenenfalls den gemeinsamen Vertreter ist freilich statthaft und kann bei längerem Zeitablauf seit dem ursprünglichen Einberufungsverlangen zweckmäßig sein.

19 **b) Antragsinhalt.** Der Antrag muss mit dem Verlangen nach Einberufung übereinstimmen, denn es muss dem Schuldner möglich bleiben, die Folgen seiner Ablehnung einschließlich der von ihm zu tragenden Kosten des Gerichtsverfahrens abzusehen. Dies ist nicht der Fall, wenn der gerichtliche Antrag durch Erweiterungen, etwa Benennung eines sonstigen besonderen Interesses, über die reine Überprüfung der Ablehnung durch den Schuldner hinausgeht. Hingegen sind bloße Präzisierungen zulässig.[17]

20 **c) Zuständigkeit.** Die sachliche Zuständigkeit der Amtsgerichte ergibt sich aus § 23a Abs. 1 Nr. 2 GVG iVm § 23a Abs. 2 Nr. 4 GVG, § 375 Nr. 16 FamFG.

20a Hat der Schuldner seinen **Sitz im Inland,** so ist das Amtsgericht zuständig, in dessen Bezirk der **Sitz des Schuldners** liegt (§ 9 Abs. 3 S. 1 Alt. 1). Allerdings kommt es zu einer Konzentration der Zuständigkeit. Danach ist das Amtsgericht, in dessen Bezirk ein Landgericht seinen Sitz hat, für den gesamten Bezirk dieses Landgerichts zuständig und vereint somit die Zuständigkeit jener anderen Amtsgerichte innerhalb des Landgerichtsbezirks auf sich (§§ 375 Nr. 16, 376 Abs. 1, 377 Abs. 1 FamFG iVm § 9 Abs. 3 S. 1 Alt. 1 SchVG). Es ist ferner zu berücksichtigen, dass § 376 Abs. 2 FamFG den Landesregierungen gestattet, von dieser Regelung durch Rechtsverordnung abzuweichen.

21 Hat der Schuldner seinen **Sitz im Ausland,** ist das **Amtsgericht Frankfurt a. M.** zuständig (§ 9 Abs. 3 S. 1 Alt. 2). Diese Zuständigkeit ist ausschließlich,[18] auch wenn § 377 Abs. 1 FamFG dies nur für die inländischen Gerichtsstände explizit feststellt. Die Möglichkeit einer Gerichtstandsvereinbarung ist vorbehaltlich einer anderweitigen Regelung durch Rechtsverordnung der jeweiligen Landesregierung (§ 376 Abs. 2 FamFG) nicht zulässig.

22 **d) Rechtsschutzbedürfnis.** Wurde das Verlangen nur an den gemeinsamen Vertreter oder nur an den Schuldner gerichtet, so ist vor dem Antrag bei Gericht zunächst die

[14] OLG Düsseldorf NZG 2004, 239 zu § 122 AktG; vgl. Preuße/*Schindele* § 9 Rn. 15; FK-SchVG/*Schmidtbleicher* § 9 Rn. 27; Heidel AktR/*Müller* SchVG § 9 Rn. 4 SchVG. Das OLG Zweibrücken ZInsO 2013, 2119 (2119 f.) hat es mit Blick auf die Besonderheiten des Falles, dass sowohl Antragsteller als auch -gegner zunächst irrig vom Erreichen des Quorums ausgingen und dass ein erneutes außergerichtliches Verlangen absehbar erfolglos gewesen wäre, ausreichen lassen, dass das Quorum erst im Laufe des gerichtlichen Verfahrens erreicht wurde.

[15] So auch Veranneman/*Wasmann/Steber* § 9 Rn. 17; **aA** BerlKommInsR/*Paul* SchVG § 9 Rn. 11; Preuße/*Schindele* § 9 Rn. 15; FK-SchVG/*Schmidtbleicher* § 9 Rn. 27; Heidel AktR/*Müller* SchVG § 9 Rn. 4; Hopt/Seibt/*Binder* § 9 SchVG Rn. 36; *Schulenburg* Schutz der Minderheit im Schuldverschreibungsrecht S. 127.

[16] Im aktienrechtlichen Parallelfall müssen nach hM dieselben Gläubiger, deren Einberufungsverlangen zurückgewiesen wurde, als Antragsteller auftreten, s. OLG Düsseldorf NZG 2004, 239; Hüffer/Koch/*Koch* AktG § 122 Rn. 10.

[17] So auch Veranneman/*Wasmann/Steber* § 9 Rn. 18; FK-SchVG/*Schmidtbleicher* § 9 Rn. 38.

[18] Ebenso FK-SchVG/*Schmidtbleicher* § 9 Rn. 37.

Unterrichtung der anderen einberufungsberechtigten Stelle erforderlich, um dieser die Gelegenheit zur Einberufung der Gläubigerversammlung zu geben. Andernfalls fehlt dem gerichtlichen Antrag das Rechtsschutzbedürfnis.[19]

3. Entscheidung des Gerichts

Das Gericht prüft die Zulässigkeit und Begründetheit des Antrags. Es gilt der Amtsermittlungsgrundsatz (§ 26 FamFG). Die Entscheidung erfolgt durch begründeten Beschluss (§ 38 Abs. 1, 3 FamFG), welcher bei Vorliegen eines berechtigten Verlangens die stattgebende Ermächtigung der Gläubiger zur Einberufung der Gläubigerversammlung, andernfalls eine abschlägige Bescheidung enthält. Das Gericht kann eine Frist, nicht aber einen konkreten Zeitpunkt oder Ort bestimmen, innerhalb derer die gerichtliche Ermächtigung auszuüben ist.[20] Zudem darf das Gericht gemäß § 9 Abs. 2 S. 2 den Vorsitzenden der Gläubigerversammlung bestimmen. Dies ist im Regelfall erforderlich, weil sich die Gläubigerminderheit aus mehreren Gläubigern zusammensetzt, die nicht gemeinsam den ihnen nach § 15 Abs. 1 zustehenden Vorsitz übernehmen können.[21] 23

4. Beschwerde

Gegen die Entscheidung des Gerichts ist die Beschwerde statthaft. Nach § 9 Abs. 3 S. 2 SchVG iVm § 59 FamFG ist beschwerdeberechtigt, wer in seinen Rechten beeinträchtigt ist. Bei ablehnender Entscheidung trifft dies auf die Mitglieder der Gläubigerminderheit zu, bei stattgebendem Beschluss jedenfalls auf den Schuldner wegen seiner Kostentragungslast. Die Frist nach § 63 Abs. 1 FamFG ist einzuhalten. Die Einlegung der Beschwerde entfaltet keine aufschiebende Wirkung, jedoch kann eine einstweilige Anordnung getroffen werden (§ 64 Abs. 3 FamFG). 24

5. Ausübung der Ermächtigung

Die Einberufung durch die Gläubigerminderheit muss den Anforderungen des § 12 Abs. 1, 2 genügen. Zudem muss die Einberufung einen Hinweis enthalten, dass sie „kraft gerichtlicher Ermächtigung" ergeht (§ 9 Abs. 2 S. 3).[22] Die Ermächtigung muss innerhalb der gerichtlich gesetzten, ansonsten innerhalb „angemessener Frist" ausgeübt werden, um der Dringlichkeit der zu beschließenden Maßnahme, insbesondere in Krisensituationen des Schuldners, zu entsprechen.[23] Das Quorum muss zum Zeitpunkt der Einberufung aufgrund der gerichtlichen Ermächtigung noch gewahrt sein.[24] 25

V. Kosten

Der Schuldner trägt die Kosten der Gläubigerversammlung und bei erfolgreichem gerichtlichen Vorgehen der qualifizierten Minderheit auch die Kosten des Verfahrens (§ 9 Abs. 4).[25] Aus Sicht des Gesetzgebers dient die Versammlung in erster Linie dem Interesse des Schuldners.[26] Im Falle der Ablehnung des Antrags und über außergerichtliche Kosten 26

---

[19] FK-SchVG/*Schmidtbleicher* § 9 Rn. 29, 39; Hopt/Seibt/*Binder* § 9 SchVG Rn. 40; *Schulenburg* Schutz der Minderheit im Schuldverschreibungsrecht S. 129; **aA** Preuße/*Schindele* § 9 Rn. 17 und der Sache nach auch Heidel AktR/*Müller* SchVG § 9 Rn. 9 sowie Veranneman/*Wasmann/Steber* § 9 Rn. 21.

[20] Zum beim Antragsverfahren der freiwilligen Gerichtsbarkeit durch die Offizialmaxime nur eingeschränkt geltenden Dispositionsgrundsatzes vgl. Keidel/*Sternal* FamFG § 26 Rn. 6 ff.; BeckOK FamFG/*Burschel* § 26 Rn. 31 f.

[21] Veranneman/*Wasmann/Steber* § 9 Rn. 23; FK-SchVG/*Schmidtbleicher* § 9 Rn. 44.

[22] Veranneman/*Wasmann/Steber* § 9 Rn. 26; FK-SchVG/*Schmidtbleicher* § 9 Rn. 46.

[23] Veranneman/*Wasmann/Steber* § 9 Rn. 26; FK-SchVG/*Schmidtbleicher* § 9 Rn. 47.

[24] Zutr. Veranneman/*Wasmann/Steber* § 9 Rn. 9; FK-SchVG/*Schmidtbleicher* § 9 Rn. 27.

[25] **AA** FK-SchVG/*Schmidtbleicher* § 9 Rn. 60 f.

[26] S. BegrRegE SchVG, BT-Drs. 16/12814, 21 re. Sp.; krit. dazu BerlKommInsR/*Paul* SchVG § 9 Rn. 19.

der Gläubigerminderheit (zB Rechtsberatungskosten) entscheidet das Gericht nach billigem Ermessen (§ 81 Abs. 1 FamFG).

27 Zu beachten ist, dass der Schuldner auch dann die Kosten eines etwaigen gerichtlichen Verfahrens nach § 9 Abs. 2 trägt, wenn der gemeinsame Vertreter angesprochen wurde und ein berechtigtes Einberufungsverlangen zurückweist. Jedenfalls ein Vertragsvertreter, dessen Mandatsvertrag mit dem Emittenten abgeschlossen wurde, ist bei Ablehnung des Einberufungsverlangens aufgrund seiner vertraglichen Treuepflicht zur Benachrichtigung des Emittenten verpflichtet, damit dieser durch die Einberufung der Gläubigerversammlung die Kosten einer gerichtlichen Erzwingung vermeiden kann.[27]

§ 10 Frist, Anmeldung, Nachweis

(1) **Die Gläubigerversammlung ist mindestens 14 Tage vor dem Tag der Versammlung einzuberufen.**

(2) [1]**Sehen die Anleihebedingungen vor, dass die Teilnahme an der Gläubigerversammlung oder die Ausübung der Stimmrechte davon abhängig ist, dass sich die Gläubiger vor der Versammlung anmelden, so tritt für die Berechnung der Einberufungsfrist an die Stelle des Tages der Versammlung der Tag, bis zu dessen Ablauf sich die Gläubiger vor der Versammlung anmelden müssen.** [2]**Die Anmeldung muss unter der in der Bekanntmachung der Einberufung mitgeteilten Adresse spätestens am dritten Tag vor der Gläubigerversammlung zugehen.**

(3) [1]**Die Anleihebedingungen können vorsehen, wie die Berechtigung zur Teilnahme an der Gläubigerversammlung nachzuweisen ist.** [2]**Sofern die Anleihebedingungen nichts anderes bestimmen, reicht bei Schuldverschreibungen, die in einer Sammelurkunde verbrieft sind, ein in Textform erstellter besonderer Nachweis des depotführenden Instituts aus.**

Schrifttum: S. die bei § 9 angegebene Literatur.

[27] Eine Verpflichtung der qualifizierten Minderheit der Anleihegläubiger lässt sich nicht begründen; zust. Veranneman/*Wasmann/Steber* § 9 Rn. 21.

I. Einberufungsfrist

1. Fristlänge

Die Gläubigerversammlung ist **mindestens 14 Tage vor dem Tag der Versammlung** einzuberufen. Die 14-tägige Mindestfrist stellt eine ausreichende Vorbereitungszeit für die Teilnehmer sicher. Die freiwillige Einhaltung einer längeren Frist ist möglich, ohne dass dies in den Anleihebedingungen festgelegt werden müsste.[1] Eine 14-tägige Einberufungsfrist ermöglicht in einer insolvenznahen Krise des Schuldners noch nach Eintritt der Zahlungsunfähigkeit oder Überschuldung die Durchführung einer Gläubigerversammlung, bevor nach spätestens drei Wochen Insolvenzantrag gestellt werden muss (§ 15a InsO). 1

2. Fristberechnung

Die Fristberechnung richtet sich nach den allgemeinen Vorschriften der **§§ 186 ff. BGB.** Ein Rückgriff auf §§ 121 Abs. 7, 123 Abs. 1 S. 2 AktG ist nicht gesetzlich angeordnet; eine Analogie zum Aktiengesetz würde eine planwidrige Regelungslücke im SchVG voraussetzen, die wegen der nahezu zeitgleichen Reform der aktienrechtlichen Fristregelung durch das ARUG nicht angenommen werden kann.[2] 2

Die rückwärts vom Termin der Gläubigerversammlung aus zu berechnende Einberufungsfrist beginnt mit dem Kalendertag vor der geplanten Gläubigerversammlung[3] und endet um 0:00 Uhr des letzten Tages der Frist.[4] Die Einberufung, die nach § 12 Abs. 2 eine öffentliche Bekanntmachung im Bundesanzeiger und gegebenenfalls zusätzliche Publikationen voraussetzt, darf frühestens am Tag vor Fristende ergehen. Bei einer 14-tägigen Einberufungsfrist kann am 15. Tag vor dem Versammlungstermin einberufen werden. Zu beachten ist, dass die Einberufung nur an einem Wochentag im Bundesanzeiger veröffentlicht werden kann[5] und sich deshalb die Einberufungsfrist gegebenenfalls verlängert. 3

Ist in den Anleihebedingungen die Anmeldung der Anleihegläubiger zur Vorbereitung einer Gläubigerversammlung vorgesehen, wird die Einberufungsfrist nicht vom Termin der geplanten Gläubigerversammlung, sondern von dem Termin aus berechnet, bis zu dessen Ablauf sich die Gläubiger anmelden müssen (§ 10 Abs. 2 S. 1). 4

II. Anmeldung zur Gläubigerversammlung

1. Gesetzliche Ausgangslage und Regelungszweck

Das Gesetz unterscheidet bei der Legitimierung der Anleihegläubiger zwischen dem obligatorischen **Nachweis der Berechtigung des Gläubigers** (§ 10 Abs. 3) und der fakultativen **Anmeldung,** mit der der Gläubiger zur Vorbereitung der Versammlung bzw. 5

---

[1] Ebenso Heidel AktR/*Müller* SchVG § 10 Rn. 1.

[2] Wie hier Anh. (2) § 10 Rn. 1 SchVG; Veranneman/*Wasmann/Steber* § 10 Rn. 2; Hopt/Seibt/*Binder* § 10 SchVG Rn. 5; *Seibt* ZIP 2016, 997 (1002); *Schulenburg* Schutz der Minderheit im Schuldverschreibungsrecht S. 184; iErg ebenso *Otto* DNotZ 2012, 809 (814); FK-SchVG/*Schmidtbleicher* § 10 Rn. 3; **aA** BerlKommInsR/*Paul* SchVG § 10 Rn. 3; *Cagalj* Restrukturierung von Anleihen S. 252. BegrRegE SchVG, BT-Drs. 16/12814, 14, spricht auch lediglich allg. von einer Nachbildung „im Wesentlichen" zu den aktienrechtlichen Vorschriften. In der Sache wäre aber eine Anpassung an das aktienrechtliche Regime und damit an die Erwartung internationaler Kapitalmärkte zweckmäßig, vgl. BegrRegE ARUG, BT-Drs. 16/11642, 28 f.

[3] Preuße/*Schindele* § 10 Rn. 3; *Otto* DNotZ 2012, 809 (814); FK-SchVG/*Schmidtbleicher* § 10 Rn. 3; Heidel AktR/*Müller* SchVG § 10 Rn. 12 SchVG.

[4] §§ 187 f. BGB analog. Zur spiegelbildlichen Anwendung der Fristvorschriften bei sog. Rückwärtsfristen s. a. *Pletsch* VersR 2006, 483; MüKoBGB/*Grothe* § 187 Rn. 4.

[5] Nr. 5 der AGB für die entgeltliche Einreichung zur Publikation im Bundesanzeiger (Stand: 8.11.2014; abrufbar unter https://www.bundesanzeiger.de/ebanzwww/i18n/doc//D042.pdf?document=D5&language=de).

Abstimmung seinen Willen zur Teilnahme erklärt.[6] Eine Anmeldung ist nur dann erforderlich, wenn sie in den Anleihebedingungen vorgesehen ist. Die Modalitäten der Anmeldung bezüglich Form, Adresse oder Frist sind gesetzlich nicht vorgegeben und können in den Anleihebedingungen festgelegt werden.

5a Die Anmeldung dient der logistischen **Vorbereitung einer Versammlung.** Die Anmeldung des Anleihegläubigers kann in den Anleihebedingungen als Voraussetzung für die Teilnahme an der Versammlung und[7] die Stimmrechtsausübung vorgesehen werden.

2. Ausgestaltung der Anmeldung durch Gesetz und Anleihebedingungen

6 **a) Inhalt der Anmeldung.** Die Anmeldung ist eine einseitige, empfangsbedürftige Willenserklärung, die gegenüber der oder den einberufenden Personen abzugeben ist. Zur organisatorischen Vorbereitung der Versammlung sollte die Anmeldung zweckmäßigerweise **Angaben zur Person** des Anleihegläubigers enthalten, die auch für die Erstellung eines Teilnehmerverzeichnisses nach § 15 Abs. 2 hilfreich sind. Zusätzlich kann die Anzahl der gehaltenen Stücke angegeben werden. Die wertpapierbezogenen Angaben beschränken nicht den Erwerb weiterer Stücke nach Zugang der Anmeldung.

7 **b) Anmeldefrist.** Die Anmeldung muss **spätestens am dritten Tag vor der Gläubigerversammlung** erfolgen. Dabei ist der Tag des Eingangs der Anmeldung mitzurechnen.[8] Besteht ein Anmeldeerfordernis, so verlängert sich die Einberufungsfrist um die Anmeldefrist, denn maßgeblich für die Fristberechnung ist dann nicht der Versammlungstermin, sondern der Ablauftag der Anmeldefrist. Die Anleihebedingungen können eine kürzere, für die Gläubiger günstigere Mindestfrist für die Anmeldung vorsehen.[9] Die dreitägige Anmeldefrist soll sicherstellen, dass eine Gläubigerversammlung auch mit Anmeldung noch innerhalb der dreiwöchigen Frist für die Stellung eines Insolvenzantrags durchgeführt werden kann.[10]

8 **c) Mitteilung der Adresse für die Anmeldung.** Die Anmeldung muss unter der in der Bekanntmachung der Einberufung benannten Adresse zugehen (§ 10 Abs. 2 S. 2 SchVG, § 130 Abs. 1 BGB). Soweit der Schuldner die Versammlung einberuft und keine Adresse in der Bekanntmachung der Einberufung mitgeteilt wird, genügt die Anmeldung an der Anschrift der Geschäftsleitung oder der Hauptverwaltung. Die Adresse kann als **postalische, Telefax- oder elektronische Anschrift** gestaltet werden; auch mehrere alternative Adressangaben und die Einschaltung von Empfangsvertretern sind zulässig.[11] Geht eine inhaltlich vollständige Anmeldung an einer anderen als der genannten Adresse ein, so steht es dem Einberufenden frei, diese gleichwohl zu akzeptieren, da das Anmeldeerfordernis generell zu seiner Disposition steht.[12] Die Beweislast hinsichtlich des Zugangs trägt grundsätzlich der Gläubiger.[13]

9 **d) Form.** Eine bestimmte Form ist nicht gesetzlich vorgeschrieben. Die Anleihebedingungen können auch eine mündliche Anmeldung oder die Benutzung bestimmter Anmel-

---

[6] In der Praxis der englischem Recht unterliegenden Anleihen sind Hinterlegungserfordernisse bis 48 Stunden vor der Versammlung beim Paying Agent üblich, um sog. *voting certificates* zu erhalten oder Vollmachten zu erteilen.

[7] Nach dem Sinn und Zweck der Regelung kann insbes. bei einer Präsenzversammlung entgegen dem Wortlaut des Gesetzes („oder") die Anmeldung zur Voraussetzung sowohl der Teilnahme als auch der Stimmrechtsausübung gemacht werden.

[8] FK-SchVG/*Schmidtbleicher* § 10 Rn. 5 (keine Zwischenfrist).

[9] Arg. § 5 Abs. 1 S. 2 SchVG; vgl. § 123 Abs. 2 S. 3 AktG. S. BegrRegE SchVG, BT-Drs. 16/12814, 21 re. Sp. *(„höchstens drei Tage");* Preuße/*Schindele* § 10 Rn. 6.

[10] So BegrRegE SchVG, BT-Drs. 16/12814, 21 re. Sp.; krit. zur Praktikabilität der zeitlichen Abstimmung mit der insolvenzrechtlichen Antragspflicht *Horn* BKR 2009, 446, Fn. 40.

[11] Vgl. Kölner Komm AktG/*Noack/Zetzsche* § 123 Rn. 107.

[12] **AA** Heidel AktR/*Müller* SchVG § 10 Rn. 2.

[13] So zum Aktienrecht MüKoAktG/*Kubis* § 123 Rn. 45.

dungsformulare statuieren.[14] Eine Versagung der Teilnahme bei Nichtbenutzung des Formulars dürfte allerdings mangels Schutzwürdigkeit rechtsmissbräuchlich sein, wenn sämtliche Informationen unter der angegebenen Adresse fristgemäß in anderer Form zugehen.

e) Teilnahmevoraussetzung. Die Anleihebedingungen können vorsehen, dass nur der ordnungsgemäß angemeldete Gläubiger zur Teilnahme an der Gläubigerversammlung berechtigt ist. Die Anmeldung kann aber auch als ein freiwilliges Procedere ausgestaltet sein, das den Abstimmungsprozess erleichtern soll, aber keine Teilnahmevoraussetzung darstellt. 10

Wenn die Anleihebedingungen vorsehen, dass die Anmeldung eine Teilnahmevoraussetzung ist, kann bei unvollständigen oder verfristeten Anmeldungen die Teilnahme versagt werden. Der ordnungsgemäß angemeldete **Gläubiger** oder dessen ordnungsgemäß **Bevollmächtigter** haben dagegen einen Teilnahmeanspruch unter Vorbehalt der Legitimation, dh der Zuordnung des Anleihebestandes zur teilnehmenden Person.[15] Die Anmeldung legt allerdings nicht die Person des tatsächlichen Teilnehmers fest: Der angemeldete Gläubiger kann sich vertreten lassen (§ 14) und der durch einen Vertreter angemeldete Gläubiger kann selbst teilnehmen.[16] Die Anmeldung zieht **keine Verfügungssperre** nach sich. 11

Da die Anmeldung der Erleichterung der Organisation durch den Einberufenden dient, unterliegt das Anmeldungserfordernis auch fortwährend seiner Disposition. Daher kann der Einberufende, der den Vorsitz der Versammlung innehat (§ 15 Abs. 1), auch nicht ordnungsgemäß angemeldete Anleihegläubiger zur Teilnahme an der Versammlung und Abstimmung zulassen.[17] Soweit sich die Teilnahme von Gläubigern an einer Versammlung auf Teile der Anleihebedingungen, die der kollektiven Bindung unterliegen, auswirken kann,[18] ist eine Differenzierung bei der Zulassung nicht ordnungsgemäß angemeldeter Gläubiger wegen des **Gleichbehandlungsgebots** (§ 4 S. 2) unzulässig. Denn durch das Gleichbehandlungsgebot soll gewährleistet werden, dass die Anleihebedingungen nicht geändert werden, ohne dass alle Gläubiger in diesen Prozess gleichermaßen eingebunden sind. 12

III. Legitimation zur Teilnahme an der Gläubigerversammlung

1. Regelungszweck

Die Legitimation dient als Nachweis der Berechtigung zur Teilnahme und Stimmrechtsausübung.[19] Auf den Nachweis der Berechtigung zur Teilnahme an Abstimmungen der Gläubiger kann in den Anleihebedingungen nicht verzichtet werden, damit die kollektive Willensbildung und Entscheidung der Anleihegläubiger und des Emittenten nicht durch Fremdeinflüsse gestört oder verfälscht wird. Die Legitimation betrifft sowohl die **Identität** der teilnehmenden Person als auch den **Umfang der Stimmrechtsmacht,** der anhand des durch sie vertretenen Anteils am ausstehenden Gesamtnennbetrag der Anleihe bestimmt wird. 13

[14] Ohne Begründung anders für das aktienrechtliche Anmeldeerfordernis: Kölner Komm AktG/*Noack*/*Zetzsche* § 123 Rn. 100.

[15] S. Kölner Komm AktG/*Noack*/*Zetzsche* § 123 Rn. 122.

[16] MüKoAktG/*Kubis* § 123 Rn. 10.

[17] **AA** Heidel AktR/*Müller* SchVG § 10 Rn. 2.

[18] Das Gleichbehandlungsgebot des SchVG ist enger als das verbandsrechtlich geprägte Gleichbehandlungsgebot der Aktiengesellschaft gegenüber ihren Aktionären (§ 53a AktG).

[19] Der auf die Berechtigung *„zur Teilnahme an der Gläubigerversammlung"* verengte Wortlaut des Gesetzes ist ungenau, während die Begründung des Regierungsentwurfs zutr. auf die Stimmabgabe abstellt, für die die Legitimation unerlässlich ist, BegrRegE SchVG, BT-Drs. 16/12814, 21 re. Sp. Zur Notwendigkeit der Legitimation s. a. Veranneman/*Wasmann*/*Steber* § 10 Rn. 9.

2. Form der Legitimation

14 Der Gesetzgeber gewährt weitgehende Gestaltungsfreiheit in den Anleihebedingungen und im Einzelfall.[20] Jedenfalls muss sich die Legitimationsprüfung auf die Angaben erstrecken, die zur Feststellung der Identität und der Berechtigung des Gläubigers unerlässlich sind.[21] Es empfiehlt sich allerdings eine genaue Beschreibung der zur Legitimation der Person und zum Umfang der Berechtigung tauglichen Dokumente, um für alle Teilnehmer Rechtssicherheit und einen reibungslosen Ablauf bei der Einlasskontrolle oder Stimmrechtsprüfung (im Fall der Abstimmung ohne Versammlung) zu gewährleisten. Die Teilnehmer der Gläubigerversammlung müssen ihre Identität nachweisen, zB durch Vorlage eines gültigen Ausweispapiers. Die Vertreter von juristischen Personen oder Personengesellschaften müssen zusätzlich ihre Vertretungsbefugnis nachweisen.

15 Sofern die Anleihebedingungen die Form der Legitimation nicht gesondert regeln und die Teilschuldverschreibungen, wie bei kapitalmarktfähigen Anleihen regelmäßig der Fall, durch eine zentral verwahrte Sammelurkunde verbrieft sind, reicht hinsichtlich des Umfangs der Stimmrechtsmacht ein Nachweis des depotführenden Instituts **(Depotauszug) in Textform** (§ 126b BGB) aus.

15a **In den Anleihebedingungen** sollte die **Form der Legitimation nicht zu eng** vorgegeben werden. So ist insbesondere der in Deutschland übliche Depotauszug in anderen Ländern nicht immer gebräuchlich. Internationale Investoren lassen ihren Wertpapierbestand oftmals auf der Grundlage umfassender Vertragswerke von spezialisierten Depotbanken im Rahmen sog. Global Custody Services verwalten. Dabei sind die Prozesse weitgehend automatisiert. Das Einholen einer papiergebundenen Depotbescheinigung für ein bestimmtes Wertpapier kann daher für den Anleihegläubiger zusätzlichen Aufwand bedeuten, der ihn möglichweise von der Teilnahme an der Abstimmung abhält. Das gilt insbesondere im Falle einer Abstimmung ohne Versammlung, bei der die Stimmabgabe üblicherweise auf elektronischem Wege erfolgt. Der Emittent kann eine Vergütung für die Teilnahme an der Abstimmung anbieten, um die Beschlussfähigkeit zu gewährleisten.[22] Sollen die Anleihebedingungen die Form der Legitimation regeln, ist zu empfehlen, neben dem Depotauszug jede andere geeignete Form der Legitimation zuzulassen. Geeignet ist dabei jeder Nachweis, der sicherstellt, dass nur Anleihegläubiger, und dabei nur im Umfang der von ihnen gehaltenen Schuldverschreibungen, stimmbrechtigt sind und das Stimmrecht aus jeder Schuldverschreibung im Laufe des Abstimmungsverfahrens nur einmal ausgeübt werden kann.[23]

3. Zeitpunkt

16 Der Legitimationsnachweis muss sich auf den Zeitpunkt der Abstimmung beziehen.[24] Sollte ein genau auf den Versammlungstag bezogener Depotnachweis praktisch nicht zu erbringen sein oder der Berechtigungsnachweis nach Maßgabe der Anleihebedingungen oder der Einberufung auf einen einheitlichen früheren Stichtag **(Record Date)** bezogen sein,[25] bedarf es eines zusätzlichen Nachweises, dass dem Betreffenden die Rechte zustehen. Ein solcher Nachweis kann zB durch eine Bescheinigung über einen **Sperrvermerk** der

[20] Die schwierige Aufgabe der Prüfung der Legitimation vor Ort müsse von den Beteiligten gelöst werden, s. Begr. RegE SchVG, BT-Drs. 16/12814, 21.

[21] Begr. RegE SchVG, BT-Drs. 16/12814, 21.

[22] Diese Vergütung stellt keinen unzulässigen Stimmenkauf dar, → § 6 Rn. 11.

[23] → § 18 Rn. 16 f.

[24] Begr. RegE SchVG, BT-Drs. 16/12814, 21 *(„im Zeitpunkt der Abstimmung")*.

[25] Eine solche Regelung lehnt sich an § 123 Abs. 4 S. 2 AktG an, s. dazu *Schlitt/Schäfer* AG 2009, 477 (481); einschränkend FK-SchVG/*Schmidtbleicher* § 10 Rn. 8 ff. sowie Hopt/Seibt/*Binder* § 10 SchVG Rn. 24; gänzlich abl. Veranneman/*Wasmann/Steber* § 10 Rn. 12. Eine Record Date-Regelung führt zwar dazu, dass die Gläubiger, die die Schuldverschreibungen erst kurz vor der Versammlung erworben haben, von der Versammlung gegebenenfalls ausgeschlossen sind. Diese zeitliche Diskrepanz von Legitimationszeitpunkt und Zeitpunkt der Rechtsausübung stellt daher zwar eine Einschränkung von Gläubigerrechten dar, ist aber vor

Depotbank hinsichtlich der gehaltenen Schuldverschreibungen geführt werden. Die Depotsperre muss bis zum Ende der Gläubigerversammlung oder der Abstimmung ohne Versammlung andauern.[26]

4. Legitimationsfehler

Die unberechtigte Abweisung von ordnungsgemäß Legitimierten verstößt gegen § 10 Abs. 3 S. 2 und kann zur Anfechtbarkeit der gefassten Beschlüsse und darüber hinaus zu Schadensersatzsprüchen führen.[27] Wenn allerdings bei klaren Mehrheitsverhältnissen der Beschluss auch bei Beteiligung der unberechtigt abgewiesenen Gläubiger gefasst worden wäre, fehlt es an der Kausalität des Fehlers.[28] Entsprechend verhält es sich bei der unberechtigten Zulassung nicht ordnungsgemäß Legitimierter. Auch hier kommt es für die Anfechtbarkeit auf die Relevanz des ihnen konkret zukommenden Stimmrechtseinflusses an.[29] 17

§ 11 Ort der Gläubigerversammlung

[1] Die Gläubigerversammlung soll bei einem Schuldner mit Sitz im Inland am Sitz des Schuldners stattfinden. [2] Sind die Schuldverschreibungen an einer Wertpapierbörse im Sinne des § 1 Absatz 3e des Kreditwesengesetzes zum Handel zugelassen, deren Sitz innerhalb der Mitgliedstaaten der Europäischen Union oder der anderen Vertragsstaaten des Abkommens über den Europäischen Wirtschaftsraum ist, so kann die Gläubigerversammlung auch am Sitz dieser Wertpapierbörse stattfinden. [3] § 48 Absatz 2 des Wertpapierhandelsgesetzes bleibt unberührt.

Schrifttum: S. die bei § 9 angegebene Literatur.

I. Versammlungsort bei Schuldnern mit Sitz im Inland

1. Regelort

Hat der Schuldner seinen Sitz im Inland, soll die Gläubigerversammlung am **Sitz des Schuldners** stattfinden. § 11 S. 1 hat den Zweck, Rechtssicherheit zu schaffen und Streit darüber zu vermeiden, ob die Wahl eines bestimmten Ortes die Interessen der Gläubiger 1

dem Hintergrund des § 5 Abs. 1 S. 2 SchVG akzeptabel, um eine praktikable Durchführung der Legitimationsprüfung sicherzustellen.

[26] Wie hier *Otto* DNotZ 2012, 809 (816); Heidel AktR/*Müller* SchVG § 10 Rn. 3; vgl. auch Veranneman/*Wasmann/Steber* § 10 Rn. 11, die allerdings einen Sperrvermerk bis zum Ablauf des Tages der Gläubigerversammlung vorschlagen; **aA** Preuße/*Schindele* § 10 Rn. 10, nach dem ein Gläubiger, der seine Schuldverschreibungen nach dem Stichtag veräußert, seine versammlungsbezogenen Rechte behalten soll.

[27] Begr. RegE SchVG, BT-Drs. 16/12814, 21.

[28] **AA** Heidel AktR/*Müller* SchVG § 10 Rn. 4. Zu dieser Frage im Aktienrecht Kölner Komm AktG/*Noack/Zetzsche* § 123 Rn. 78 ff.

[29] Wohl auch insofern **aA** Heidel AktR/*Müller* SchVG § 10 Rn. 4. Vgl. zu dieser Frage im Aktienrecht Kölner Komm AktG/*Noack/Zetzsche* § 123 Rn. 84.

beeinträchtigt.[1] Bei Aktiengesellschaften und GmbH ist mit dem Sitz der durch Satzung oder Gesellschaftsvertrag bestimmte Sitz der Gesellschaft (§ 5 AktG, § 4a GmbHG) gemeint.[2] Bei Personengesellschaften kommt es auf den Ort der tatsächlichen Geschäftsführung an.[3]

2 Da es sich um eine **Soll-Vorschrift** handelt, sind abweichende Bestimmungen des Orts der Gläubigerversammlung möglich, bedürfen aber in der Einberufung einer sachlichen Rechtfertigung.[4] Beispielsweise ist der Sitz des Schuldners ungeeignet, wenn dort die erforderlichen Räumlichkeiten fehlen.[5] Darüber hinaus kommt eine Erweiterung der zulässigen Versammlungsorte durch die Anleihebedingungen, insbesondere an verkehrstechnisch leicht zu erreichenden Orten, in Betracht und führt grundsätzlich nicht zu einer Schlechterstellung der Gläubiger iSv§ 5 Abs. 1 S. 2.[6]

2. Zusätzliche Versammlungsorte

3 **a) Sitz der Börse.** § 11 S. 2 erlaubt die Abhaltung der Gläubigerversammlung auch am **Sitz einer Wertpapierbörse**[7] innerhalb der Mitgliedstaaten der Europäischen Union oder der anderen Vertragsstaaten des Abkommens über den Europäischen Wirtschaftsraum (EWR), wenn die Schuldverschreibungen an dieser Börse zum Handel zugelassen sind. Eine Rangordnung zwischen S. 1 und S. 2, dahingehend, dass auf den Sitz der Wertpapierbörse nur zurückgegriffen werden darf, wenn der Sitz des Schuldners ungeeignet ist,[8] gebietet die Vorschrift nicht.

4 **b) Ort im Ermessen des Schuldners.** Nach § 11 S. 3, der auf § 48 Abs. 2 WpHG verweist, können Emittenten von Schuldverschreibungen,[9] für die die Bundesrepublik Deutschland der Herkunftsstaat ist, die Gläubigerversammlung in einem nach billigem Ermessen ausgewählten Mitgliedstaat der Europäischen Union oder sonstigen EWR-Vertragsstaat unter der Voraussetzung abhalten, dass (i) die Schuldverschreibungen eine Mindeststückelung von 100.000 EUR (oder dem am Ausgabetag entsprechenden Gegenwert in einer anderen Währung) oder, wenn die Schuldtitel bereits vor dem 31.12.2010 zum Handel an einem organisierten Markt im Inland oder in einem anderen Mitgliedstaat der Europäischen Union oder einem sonstigen EWR-Vertragsstaat zugelassen worden sind, die noch ausstehenden Schuldverschreibungen eine Mindeststückelung von 50.000 EUR (oder dem am Ausgabetag entsprechenden Gegenwert in einer anderen Währung) aufweisen und (ii) in dem Staat alle für die Ausübung der Rechte erforderlichen Einrichtungen und Informationen für die Anleihegläubiger verfügbar sind.

3. Rechtsfolge bei unzulässigem Versammlungsort

5 Die Wahl eines unzulässigen Versammlungsortes verletzt das Gesetz und führt zur Anfechtbarkeit der Beschlüsse.[10]

---

[1] BegrRegE SchVG, BT-Drs. 16/12814, 22.
[2] Ebenso FK-SchVG/*Schmidtbleicher* § 11 Rn. 2.
[3] Baumbach/Hopt/*Roth* HGB § 106 Rn. 8 mwN.
[4] Ebenso FK-SchVG/*Schmidtbleicher* § 11 Rn. 3.
[5] Veranneman/*Wasmann/Steber* § 11 Rn. 1. Ob der Ort für die Gesellschafter des Emittenten günstig ist, bleibt außer Betracht; **aA** Preuße/*Schindele* § 11 Rn. 5.
[6] Zust. Hopt/Seibt/*Binder* § 11 SchVG Rn. 3; **aA** Veranneman/*Wasmann/Steber* § 11 Rn. 1.
[7] Zur Definition s. § 1 Abs. 3e KWG.
[8] So FK-SchVG/*Schmidtbleicher* § 11 Rn. 5.
[9] Schuldtitel iSv § 48 Abs. 1 Nr. 6 WpHG.
[10] Preuße/*Schindele* § 11 Rn. 9; Hopt/Seibt/*Binder* § 11 SchVG Rn. 8.

II. Versammlungsort bei Schuldnern mit Sitz im Ausland

Der Ort der Gläubigerversammlung von Schuldnern mit Sitz im Ausland ist nicht gesetzlich geregelt. Daher besteht grundsätzlich **Wahlfreiheit** hinsichtlich des Versammlungsortes. Nicht erforderlich ist ein sachlicher Grund für die Wahl des Versammlungsortes.[11] Die Ortswahl kann aber rechtsmissbräuchlich sein, wenn keinerlei Bezug zum Emittenten, den Schuldverschreibungen oder dem Investorenpublikum vorliegt. Darüber hinaus gilt § 48 Abs. 2 WpHG.[12] Wird ein unzulässiger Versammlungsort gewählt, sind die gefassten Beschlüsse anfechtbar.[13] In der Praxis wird eine sachgerechte Ortswahl bereits im Interesse des Schuldners an der Erreichung der Beschlussfähigkeit der Gläubiger liegen.[14] Ferner ist zu berücksichtigen, dass die Durchführung einer Gläubigerversammlung nach den Bestimmungen des deutschen SchVG und der Anleihebedingungen bestimmten formalen Voraussetzungen (zB notarielle Beurkundung) genügen muss, die nicht an allen Auslandsstandorten problemlos gegeben sind. Bei Anleihen von ausländischen Emissionstöchtern eines deutschen Konzerns bietet sich als Versammlungsort der Sitz der Konzernobergesellschaft an.[15] 6

§ 12 Inhalt der Einberufung, Bekanntmachung

(1) **In der Einberufung müssen die Firma, der Sitz des Schuldners, die Zeit und der Ort der Gläubigerversammlung sowie die Bedingungen angeben werden, von denen die Teilnahme an der Gläubigerversammlung und die Ausübung des Stimmrechts abhängen.**

(2) [1]**Die Einberufung ist unverzüglich im Bundesanzeiger öffentlich bekannt zu machen.** [2]**Die Anleihebedingungen können zusätzliche Formen der öffentlichen Bekanntmachung vorsehen.** [3]**Die Kosten der Bekanntmachung hat der Schuldner zu tragen.**

(3) **Der Schuldner hat die Einberufung und die genauen Bedingungen, von denen die Teilnahme an der Gläubigerversammlung und die Ausübung des Stimmrechts abhängen, vom Tag der Einberufung an bis zum Tag der Gläubigerversammlung im Internet unter seiner Adresse oder, wenn eine solche nicht vorhanden ist, unter der in den Anleihebedingungen festgelegten Internetseite den Gläubigern zugänglich zu machen.**

Schrifttum: S. die bei § 9 angegebene Literatur.

[11] **AA** *Horn* ZHR 173 (2009), 12, 57.
[12] → Rn. 4.
[13] → Rn. 5.
[14] Ähnlich Veranneman/*Wasmann/Steber* § 11 Rn. 5; FK-SchVG/*Schmidtbleicher* § 11 Rn. 1.
[15] Ebenso FK-SchVG/*Schmidtbleicher* § 11 Rn. 6.

I. Regelungsgegenstand

1 § 12 regelt **Form und Inhalt der Einberufung** einer Gläubigerversammlung. Das Gesetz legt einen **Mindeststandard** fest, der durch die Anleihebedingungen ergänzt oder erweitert werden kann, soweit zusätzliche Regelungen in den Anleihebedingungen durch § 12 gedeckt sind oder sich jedenfalls nicht zu Lasten der Anleihegläubiger auswirken.[1]

II. Mindestinhalt der Einberufung

2 Die für die Einberufung erforderlichen Mindestangaben sind in § 12 Abs. 1 nur **unvollständig geregelt.** Einige zusätzliche Pflichtangaben ergeben sich aus dem Sinn und Zweck der Einberufung, durch die der Leser sicher feststellen soll, wer Adressat der Einberufung ist. Zur Gewährleistung eines reibungslosen Versammlungsablaufs sowie höchstmöglicher Rechtssicherheit sind in die Einberufung verständliche und eindeutige Vorgaben, insbesondere betreffend die Erfordernisse der Anmeldung und die Form der Legitimation, aufzunehmen.

1. Firma und Sitz des Emittenten

3 Die Einberufung hat Angaben zur Firma (§ 17 Abs. 1 HGB) einschließlich Rechtsformzusatz und zum Sitz des Schuldners zu enthalten. Bei Doppelsitz sind beide Sitze anzugeben.[2]

2. Versammlungsort

4 Es ist die vollständige **postalische Anschrift** und gegebenenfalls die Bezeichnung des Versammlungsraumes anzugeben.[3] Wird von dem gesetzlichen Regelort der Versammlung bei einem inländischen Schuldner (§ 11 S. 1) abgewichen, ist es zwar nicht erforderlich, aber zweckmäßig, auf den abweichenden Versammlungsort gesondert hinzuweisen, um eine Irreführung zu vermeiden.

3. Termin

5 Es muss der **Tag** und die **Uhrzeit** des Beginns der Versammlung angegeben werden.[4] Eine Angabe über die voraussichtliche Versammlungsdauer ist nicht erforderlich.[5] Bei einer absehbaren Dauer der Gläubigerversammlung über Mitternacht hinaus kommt eine Einberufung für zwei Tage in Betracht.[6]

---

1 Ebenso zur Abstimmung ohne Versammlung *Bertelmann/Schönen* ZIP 2014, 353 (364).

2 So in Anlehnung an das Aktienrecht Preuße/*Schindele* § 12 Rn. 2; Veranneman/*Wasmann/Steber* § 12 Rn. 1; FK-SchVG/*Schmidtbleicher* § 12 Rn. 2; zu § 121 AktG s. Hüffer/Koch/*Koch* AktG § 121 Rn. 9.

3 Zu Einzelheiten im Aktienrecht vgl. MüKoAktG/*Kubis* § 121 Rn. 39.

4 Ebenso FK-SchVG/*Schmidtbleicher* § 12 Rn. 3.

5 Preuße/*Schindele* § 12 Rn. 3.

6 Zur entspr. Diskussion im Aktienrecht s. Kölner Komm AktG/*Noack/Zetzsche* § 121 Rn. 70.

4. Teilnahmebedingungen

Bedingungen, von denen die Teilnahme und die Ausübung des Stimmrechts abhängen, sind in der Einberufung aufzuführen. Dazu gehören die gesetzlichen Vorgaben über die Legitimation des Anleihegläubigers (§ 10 Abs. 3) und etwaige Detailregelungen zur Legitimation, die in den Anleihebedingungen enthalten sind, sowie gegebenenfalls das Erfordernis der Anmeldung und die in den Anleihebedingungen dazu spezifizierten Anforderungen (§ 10 Abs. 2). § 12 Abs. 1 stellt keine autonome Ermächtigung zur Statuierung weiterer Teilnahmebedingungen in den Anleihebedingungen dar. 6

5. Bezeichnung der Schuldverschreibungen

In der Einberufung sind die Schuldverschreibungen durch Angabe der auf der Sammelurkunde oder in den Anleihebedingungen enthaltenen oder sonst marktüblichen **Bezeichnung** und der **Wertpapierkennnummer** (ISIN/WKN) zu beschreiben.[7] 7

6. Einberufende Person(en)

Aus der Einberufung muss ferner der oder die Einberufende(n) ersichtlich sein. Dies ist jedenfalls für die Einberufung durch eine qualifizierte Gläubigerminderheit aufgrund gerichtlicher Ermächtigung in § 9 Abs. 2 S. 3 explizit angeordnet, da in diesem Fall der Hinweis auf diese Ermächtigung erforderlich ist. Aber auch in allen anderen Fällen ist anzugeben, wer die Versammlung einberufen hat (Emittent oder gemeinsamer Vertreter), um den Gläubigern eine Prüfung zu ermöglichen, ob die Einberufung durch eine befugte Stelle ordnungsgemäß erfolgt ist.[8] 8

7. Tagesordnung mit Beschlussvorschlägen

Nach § 13 Abs. 2 S. 1 ist zudem mit der Einberufung eine Tagesordnung mit Beschlussvorschlägen bekannt zu machen. Das Gesetz sieht die Einberufung und die Tagesordnung als zwei unterschiedliche Dokumente an, die nach denselben Vorschriften bekannt zu machen sind (§ 13 Abs. 2 S. 2 iVm § 12 Abs. 2 und 3). In der Praxis kann es zweckmäßig sein, die Angaben über die Einberufung und die Tagesordnung in einer einheitlichen Bekanntmachung zusammenzufassen. 9

8. Rechtsfolgen von Fehlern bei der Einberufung

Mängel bei der inhaltlichen Gestaltung der Einberufung können zur Anfechtbarkeit nach § 20 führen, wenn die in §§ 12 Abs. 1, 9 Abs. 2 S. 3 genannten Mindestangaben fehlen.[9] 10

III. Publizität der Einberufung

1. Öffentliche Bekanntmachung

Die Einberufung sowie die Tagesordnung mit Beschlussvorschlägen (§ 13 Abs. 2) sind **im Bundesanzeiger** zu veröffentlichen. Wie schon im SchVG 1899 wird auf persönliche Einladungen verzichtet.[10] Da die Einberufung erst durch die Bekanntmachung 11

[7] Heidel AktR/*Müller* SchVG § 12 Rn. 2.
[8] Preuße/*Schindele* § 12 Rn. 5.
[9] So etwa Preuße/*Schindele* § 12 Rn. 6; Hopt/Seibt/*Binder* § 12 SchVG Rn. 14.
[10] Vgl. die – mit Blick auf die eindeutige Praxisuntauglichkeit – extensive Begründung der BegrRegE SchVG, BT-Drs. 16/12814, 22.

erfolgt, geht die gesetzliche Anordnung, dass sie „unverzüglich" bekannt zu machen ist, ins Leere.[11]

12 Zur Bekanntmachung verpflichtet ist stets der Einberufende. Dies ist nicht notwendigerweise der Emittent, sondern gegebenenfalls der gemeinsame Vertreter oder die vom Gericht ermächtigte qualifizierte Gläubigerminderheit.[12] Es genügt jedoch nicht, wenn die Konzernobergesellschaft die Einberufung für die emittierende Tochtergesellschaft vornimmt.

12a Die Bekanntmachungspflicht hinsichtlich der Einberufung sowie der Tagesordnung im Bundesanzeiger deckt sich mit der Bekanntmachungspflicht nach § 49 Abs. 2 Nr. 1 WpHG.[13]

13 Zusätzlich können die Anleihebedingungen nach § 12 Abs. 2 S. 2 weitere Formen der öffentlichen Bekanntmachung statuieren. Ferner sind zusätzliche freiwillige Bekanntmachungen möglich. Dadurch kann im Einzelfall mit Rücksicht auf die Gläubigerstruktur, etwa bei weltweiter Streuung der Gläubiger, eine effektive Verbreitung der Einberufung sichergestellt werden.[14] Andererseits ist zu berücksichtigen, dass zusätzliche Bekanntmachungspflichten mehr Fehlerpotential und somit höhere Anfechtungsrisiken bergen. Der Schuldner trägt die Kosten aller Bekanntmachungen (§ 12 Abs. 2 S. 3).

2. Veröffentlichung im Internet

14 Eine Aufwertung der Internetseite börsennotierter Gesellschaften als Informationsbasis für Investoren, die bereits für Aktionäre im Rahmen des ARUG erfolgt ist, wird durch § 12 Abs. 3 auf Anleihegläubiger übertragen.[15] Daneben kommt der Internetseite in weiteren Fällen Bedeutung zu, etwa bei der Veröffentlichung von Gegenanträgen nach § 13 Abs. 4 und Bekanntmachungen nach § 17 Abs. 2 und § 19 Abs. 5.

15 Adressat der Regelung ist, im Unterschied zur Veröffentlichungspflicht nach § 12 Abs. 2, nicht der Einberufende, sondern der Schuldner selbst. Zu beachten ist, dass die Veröffentlichung im Internet nach § 12 Abs. 3 keine **öffentliche Bekanntmachung** darstellt und diese deshalb nicht ersetzt. Daher kann der Schuldner Informationen im Internet auch exklusiv, etwa in einem nur für die Gläubiger zugänglichen passwortgeschützten Bereich, bereitstellen.

3. Rechtsfolgen von Fehlern bei der Bekanntmachung

16 Verstöße der Einberufenden (Schuldner, Gläubigerminderheit oder gemeinsamer Vertreter) gegen die Bekanntmachungspflicht in § 12 und Verstöße des Schuldners gegen die Informationspflicht nach § 12 Abs. 3 führen grundsätzlich zur Anfechtbarkeit der gefassten Beschlüsse nach § 20.[16] Die gegebenenfalls abweichende Verantwortlichkeit für die öffentliche Bekanntmachung einerseits und die Erfüllung der Verpflichtung nach § 12 Abs. 3 andererseits kann zu Problemen bei der Abgrenzung der Risikosphären und der Feststellung der Verantwortlichkeit für inhaltliche Mängel führen, was bei Schadenersatzansprüchen wegen fehlerhafter Bekanntmachungen relevant werden kann.

---

[11] So auch Veranneman/*Wasmann/Steber* § 12 Rn. 4; Preuße/*Schindele* § 12 Rn. 7; *Otto* DNotZ 2012, 809 (815); BerlKommInsR/*Paul* SchVG § 12 Rn. 4; Hopt/Seibt/*Binder* § 12 SchVG Rn. 10; **aA** FK-SchVG/*Schmidtbleicher* § 12 Rn. 11.

[12] Dies ergibt sich auch *e contrario* aus § 12 Abs. 3 SchVG, welcher für die Veröffentlichung im Internet unabhängig von der Person des Einberufenden den Schuldner als Verpflichteten ausweist.

[13] Veranneman/*Wasmann/Steber* § 12 Rn. 4; Hopt/Seibt/*Binder* § 12 SchVG Rn. 10.

[14] Hopt/Seibt/*Binder* § 12 SchVG Rn. 11; krit. Veranneman/*Wasmann/Steber* § 12 Rn. 5 wegen der damit einhergehenden Verzögerung des Wirksamwerdens der Einberufung.

[15] BegrRegE SchVG, BT-Drs. 16/12814, 22.

[16] BegrRegE SchVG, BT-Drs. 16/12814, 22.

§ 13 Tagesordnung

(1) **Zu jedem Gegenstand, über den die Gläubigerversammlung beschließen soll, hat der Einberufende in der Tagesordnung einen Vorschlag zur Beschlussfassung zu machen.**

(2) [1]**Die Tagesordnung der Gläubigerversammlung ist mit der Einberufung bekannt zu machen.** [2]**§ 12 Absatz 2 und 3 gilt entsprechend.** [3]**Über Gegenstände der Tagesordnung, die nicht in der vorgeschriebenen Weise bekannt gemacht sind, dürfen Beschlüsse nicht gefasst werden.**

(3) [1]**Gläubiger, deren Schuldverschreibungen zusammen 5 Prozent der ausstehenden Schuldverschreibungen erreichen, können verlangen, dass neue Gegenstände zur Beschlussfassung bekannt gemacht werden; § 9 Absatz 2 bis 4 gilt entsprechend.** [2]**Diese neuen Gegenstände müssen spätestens am dritten Tag vor der Gläubigerversammlung bekannt gemacht sein.**

(4) **Gegenanträge, die ein Gläubiger vor der Versammlung angekündigt hat, muss der Schuldner unverzüglich bis zum Tag der Gläubigerversammlung im Internet unter seiner Adresse oder, wenn eine solche nicht vorhanden ist, unter der in den Anleihebedingungen festgelegten Internetseite den Gläubigern zugänglich machen.**

Schrifttum: S. die bei § 9 angegebene Literatur.

I. Regelungszweck

Bei den Regelungen zur Tagesordnung ist eine starke Orientierung an den Normen des Aktienrechts, insbesondere §§ 122, 124 AktG, erkennbar. Daher ist eine Übertragung der entsprechenden aktienrechtlichen Erfahrungen und Rechtsprechung weitgehend zweckdienlich.[1] Der Sinn der Regelungen besteht darin, den Gläubigern die Wahrnehmung ihrer Rechte in der Gläubigerversammlung zu ermöglichen und die Entscheidungsfindung der Gläubiger sachgerecht vorzubereiten. 1

II. Erstellung einer Tagesordnung mit Beschlussvorschlägen

1. Pflicht des Einberufenden

Der Einberufende hat die Tagesordnung zu erstellen. Hinsichtlich der Anforderungen an die Bezeichnung, Ordnung und inhaltliche Detailliertheit kann auf die aktienrechtlichen Parallelregelungen zurückgegriffen werden (§ 121 Abs. 3 S. 2 AktG).[2] Sinn und Zweck der 2

[1] Preuße/*Schindele* § 13 Rn. 1.
[2] S. hierzu Spindler/Stilz/*Rieckers* AktG § 121 Rn. 27 ff.

Tagesordnung ist es, in verständlicher und umfassender Weise darüber zu informieren, was verhandelt und beschlossen werden soll.[3] Die Beschlussvorschläge können auch Alternativ- oder Eventualvorschläge enthalten.[4]

2. Begründung

3 Der Einberufende ist grundsätzlich frei in der Begründung der Beschlussvorschläge. Eine Erläuterung der wirtschaftlichen Umstände des Schuldners oder der verbrieften Risikopositionen (zB durch ein Information Memorandum) ist im Zusammenhang mit dem Vorschlag zur Änderung der Anleihebedingungen zweckmäßig. Besondere Anforderungen an die Begründung können hinsichtlich der Einberufung durch den Schuldner in den Anleihebedingungen vorgesehen werden. Die Einführung von Begründungspflichten für die Einberufung durch den gemeinsamen Vertreter oder die qualifizierte Gläubigerminderheit muss mit dem Verschlechterungsverbot (§ 5 Abs. 1 S. 2) in Einklang stehen.[5]

3. Bindungswirkung

4 Nach dem Gesetz ist der Einberufende an die Beschlussvorschläge der Tagesordnung in der späteren Versammlung nicht gebunden. Allerdings darf durch Abweichungen von der ursprünglichen Beschlussfassung der Informationszweck von § 13 Abs. 1 nicht unterlaufen werden (§ 13 Abs. 2 S. 3). Daher sollte zumindest ein sachlicher, zwischenzeitlich eingetretener Anlass für die Abweichung bestehen.[6]

III. Bekanntmachung der Tagesordnung

5 Die Bekanntmachung der Tagesordnung geht **mit der Einberufung** nach § 13 Abs. 2 und 3 einher. Die Bekanntmachungspflicht trifft den Einberufenden, nicht den Schuldner.[7] Der Schuldner trägt die Kosten dieser Bekanntmachung. Für die Gläubiger dient die Bekanntmachung neben der Unterrichtung über die Beschlussgegenstände vor allem dazu, die Voraussetzungen zur Einbringung eigener Beschlussvorschläge nach § 13 Abs. 3 sowie etwaiger Gegenanträge nach § 13 Abs. 4 zu schaffen.[8] *E contrario* § 17 Abs. 2 besteht bei Vorschlägen zur Änderung der Anleihebedingungen **keine Pflicht zur Bekanntmachung des ursprünglichen Wortlauts** der zu ändernden Bestimmungen der Anleihebedingungen.[9]

IV. Zusätzliche Bekanntmachung auf Verlangen der Gläubiger

6 Eine qualifizierte Minderheit der Gläubiger kann die Bekanntmachung zusätzlicher Beschlussgegenstände verlangen. Vorbehaltlich anderweitiger Regelungen in den Anleihebedingungen, die die Grenzen des § 9 Abs. 2–4 einhalten müssen, liegt das **Minderheitenquorum** – wie bei der Einberufung – bei 5 % des ausstehenden Gesamtnennbetrags der Anleihe.

7 Für das Verlangen der **Bekanntmachung zusätzlicher Beschlussgegenstände** ist keine besondere Form vorgeschrieben. Dies wird man mit Blick auf das entsprechende

---

[3] Zum Aktienrecht K. Schmidt/Lutter/*Ziemons* AktG § 121 Rn. 37.
[4] Hopt/Seibt/*Binder* § 13 SchVG Rn. 5.
[5] Vgl. auch FK-SchVG/*Schmidtbleicher* § 13 Rn. 4.
[6] Ähnlich auch FK-SchVG/*Schmidtbleicher* § 13 Rn. 5.
[7] FK-SchVG/*Schmidtbleicher* § 13 Rn. 6; Veranneman/*Wasmann/Steber* § 13 Rn. 6; Hopt/Seibt/*Binder* § 13 SchVG Rn. 7.
[8] Veranneman/*Wasmann/Steber* § 13 Rn. 7; Heidel AktR/*Müller* SchVG § 13 Rn. 1.
[9] Veranneman/*Wasmann/Steber* § 13 Rn. 6; FK-SchVG/*Schmidtbleicher* § 13 Rn. 3; Heidel AktR/*Müller* SchVG § 13 Rn. 2; vgl. auch Hopt/Seibt/*Binder* § 13 SchVG Rn. 4.

Schriftformerfordernis in § 122 Abs. 2 AktG und § 7 Abs. 2 SchVG 1899 als redaktionelles Versehen ansehen können.[10]

Der **Reformentwurf**[11] schlägt vor, dies zwecks Beseitigung der bestehenden Rechtsunsicherheit gesetzlich klarzustellen und in § 13 Abs. 3 S. 1 vor dem Wort „verlangen" das Wort „schriftlich" einzufügen. 8

Adressat des Verlangens ist der Einberufende, der für die Erstellung der Tagesordnung verantwortlich ist. Das Minderheitenquorum ist wie bei § 9 Abs. 1 S. 2 nachzuweisen.[12] Nach § 13 Abs. 3 S. 2 muss die aufgrund neuer Beschlussgegenstände erweiterte Tagesordnung spätestens am dritten Tag vor der Gläubigerversammlung bekannt gemacht werden. Daraus ergibt sich, dass die neuen Beschlussgegenstände beim Einberufenden entsprechend früher zugehen müssen, ohne dass hierfür ein bestimmter Zeitrahmen vorgegeben ist.[13] 9

Der Einberufende darf eine sachlich richtige Zusammenfassung des Ergänzungsverlangens vornehmen.[14] Er darf das Ergänzungsverlangen nur ablehnen, wenn es offensichtlich rechtswidrig ist.[15] 10

Wird dem Verlangen der Minderheit nicht entsprochen, können die neuen Beschlussgegenstände mittels gerichtlicher Anordnung entsprechend § 9 Abs. 2–4 auf die Tagesordnung gesetzt werden. Der Schuldner hat gemäß § 9 Abs. 4 auch die Kosten der gerichtlichen Durchsetzung einer Erweiterung der Tagesordnung zu tragen. Dies gilt auch dann, wenn der Schuldner nicht der Einberufende und Antragsgegner ist und somit die Streitigkeit allein zwischen Gläubigern und dem gemeinsamen Vertreter stattfindet. 11

V. Fehler bei der Bekanntmachung

Eine Beschlussfassung über nicht in vorgeschriebener Weise bekanntgemachte Beschlussvorschläge ist nach § 13 Abs. 2 S. 3 unzulässig. Tagesordnung und Beschlussgegenstände haben damit eine Begrenzungsfunktion, die den nicht rechtzeitig und umfassend informierten Gläubiger vor Überrumpelung schützen soll.[16] Dies gilt auch für die nach § 13 Abs. 3 bekannt zu machenden Ergänzungen der Tagesordnung auf Verlangen einer qualifizierten Minderheit. Beschlüsse außerhalb der durch die Tagesordnung vorgegebenen Gegenstände sind nach Maßgabe des § 20 anfechtbar.[17] 12

VI. Veröffentlichung von Gegenanträgen

1. Gegenanträge

Das Recht, Gegenanträge zu stellen, steht **jedem Gläubiger** einzeln zu. Im Unterschied zu § 126 Abs. 1 S. 1 AktG muss ein Gegenantrag nicht begründet werden. Wegen § 5 Abs. 1 S. 2 kann dies auch nicht in den Anleihebedingungen gefordert werden.[18] 13

---

[10] FK-SchVG/*Schmidtbleicher* § 13 Rn. 9; **aA** Preuße/*Schindele* § 13 Rn. 7 und Heidel AktR/*Müller* SchVG § 13 Rn. 3 (kein Formerfordernis); Veranneman/*Wasmann/Steber* § 13 Rn. 8 und *Bertelmann/Schönen* ZIP 2014, 353 (354) (Textform erforderlich, aber auch ausreichend); s. a. Hopt/Seibt/*Binder* § 13 SchVG Rn. 10 (elektronische Form ausreichend).

[11] Arbeitskreis Reform des Schuldverschreibungsrechts ZIP 2014, 845 (847); → Einl. Rn. 46 ff.

[12] Hopt/Seibt/*Binder* § 13 SchVG Rn. 11; *Bertelmann/Schönen* ZIP 2014, 353 (355).

[13] Vgl. Veranneman/*Wasmann/Steber* § 13 Rn. 9.

[14] Ebenso FK-SchVG/*Schmidtbleicher* § 13 Rn. 11.

[15] Ebenso Preuße/*Schindele* § 13 Rn. 7; FK-SchVG/*Schmidtbleicher* § 13 Rn. 11.

[16] Preuße/*Schindele* § 13 Rn. 6.

[17] Vergleiche die Kommentierung zu § 20.

[18] Wie hier FK-SchVG/*Schmidtbleicher* § 13 Rn. 17; *Bertelmann/Schönen* ZIP 2014, 353 (355).

2. Form

14 § 13 Abs. 4 lässt sich **kein Formerfordernis** für die Ankündigung eines Gegenantrags entnehmen.[19]

3. Veröffentlichung

15 Der Schuldner muss den ihm angekündigten Gegenantrag auf seiner Internetseite oder – wenn eine solche nicht besteht – auf der in den Anleihebedingungen festgelegten Internetseite publizieren.[20] Diese Pflicht entspricht der Regelung in § 12 Abs. 3. Die Veröffentlichung muss unverzüglich nach Zugang der Ankündigung über die Gegenanträge erfolgen.

16 § 13 Abs. 4 betrifft nur die Veröffentlichung angekündigter Gegenanträge. Ein teilnahmeberechtigter Gläubiger kann in der Versammlung ad hoc einen Gegenantrag stellen, ohne dass es auf eine vorherige Veröffentlichung ankäme.[21]

§ 14 Vertretung

(1) [1]**Jeder Gläubiger kann sich in der Gläubigerversammlung durch einen Bevollmächtigten vertreten lassen.** [2]**Hierauf ist in der Einberufung der Gläubigerversammlung hinzuweisen.** [3]**In der Einberufung ist auch anzugeben, welche Voraussetzungen erfüllt sein müssen, um eine wirksame Vertretung zu gewährleisten.**

(2) [1]**Die Vollmacht und Weisungen des Vollmachtgebers an den Vertreter bedürfen der Textform.** [2]**Wird ein vom Schuldner benannter Stimmrechtsvertreter bevollmächtigt, so ist die Vollmachtserklärung vom Schuldner drei Jahre nachprüfbar festzuhalten.**

Schrifttum: S. die bei § 9 angegebene Literatur.

I. Zulässigkeit der Stellvertretung

1 Das Gesetz stellt ausdrücklich klar, dass die Vertretung eines Anleihegläubigers in der Gläubigerversammlung möglich ist. Der Stellvertreter kann bei entsprechender Vollmacht die gesamte dem Gläubiger zukommende Rechtsposition einschließlich der Stimmberechtigung wahrnehmen. Damit im Interesse der Sicherstellung der Beschlussfähigkeit (§ 15 Abs. 3) möglichst viele Teilschuldverschreibungen in der Gläubigerversammlung repräsen-

[19] Ebenso FK-SchVG/*Schmidtbleicher* § 13 Rn. 18; **aA** *Bertelmann/Schönen* ZIP 2014, 353 (357) (Textform).

[20] *Bertelmann/Schönen* ZIP 2014, 353 (356).

[21] FK-SchVG/*Schmidtbleicher* § 13 Rn. 19; BerlKommInsR/*Paul* SchVG § 13 Rn. 14. *Bertelmann/Schönen* ZIP 2014, 353 (357) sprechen sich *de lege ferenda* für die Anwendung der Frist für Tagesordnungsergänzungsverlangen nach § 13 Abs. 3 S. 2 aus.

tiert sind, ist in der Einberufung auf die Möglichkeit der Stellvertretung sowie auf die Voraussetzungen einer wirksamen Vertretung hinzuweisen.[1]

II. Vollmacht

Die Vertretung eines Anleihegläubigers in der Gläubigerversammlung richtet sich nach den allgemeinen Grundsätzen der **§§ 164 ff. BGB.**[2] Nicht erfasst von § 14 werden organschaftliche und gesetzliche Vertreter oder Amtswalter, die im Rahmen ihrer statutarischen oder gesetzlichen Stellung handeln.[3] 2

1. Stimmrechtsvertreter des Anleihegläubigers

Als Vertreter kann eine natürliche Person auftreten, die vom Anleihegläubiger zur Teilnahme und Wahrnehmung des Stimmrechts in der Gläubigerversammlung bevollmächtigt (Sondervollmacht) oder allgemein als Vertreter mit einer Geschäftskompetenz bestellt ist, in die auch die Wahrnehmung von Teilnahme- und Stimmrechten der betroffenen Schuldverschreibungen fallen (zB Generalvollmacht, Prokura). Der gemeinsame Vertreter ist in der Regel nicht zur Vertretung einzelner oder sämtlicher Anleihegläubiger in der Gläubigerversammlung bevollmächtigt, weil die Gläubigerversammlung das originäre kollektive Beschlussorgan der Gläubiger selbst ist und gegebenenfalls die Beauftragung und Instruktion eines gemeinsamen Vertreters beschließen oder unter dessen Vorsitz tagen soll.[4] 3

2. Vom Schuldner benannte Stimmrechtsvertreter

Nach § 14 Abs. 2 S. 2 kann – ähnlich wie in § 134 Abs. 3 S. 3 AktG – das Stimmrecht auch durch einen vom Schuldner benannten Stimmrechtsvertreter wahrgenommen werden. In einem solchen Fall soll die entsprechende Vollmacht des Gläubigers auch über einen längeren Zeitraum nachprüfbar sein, daher hat der Schuldner die Vollmachtserklärung für drei Jahre aufzubewahren. 4

Die Stimmrechtsvertretung durch vom Schuldner benannte Vertreter folgt den allgemeinen Regeln und ist auch wirksam, wenn der Gläubiger in der Vollmacht nicht festlegt, wie zu einem bestimmten Punkt der Tagesordnung abgestimmt werden soll.[5] 5

Es empfiehlt sich, die Vollmacht so auszugestalten, dass sie auch für eine etwaige Wiederholungsversammlung Gültigkeit hat. Auf diese Weise kann das Erreichen einer abgesenkten Beschlussfähigkeitsschwelle bei der Wiederholungsabstimmung leichter sichergestellt werden, weil die Anleihegläubiger nicht erneut zur Teilnahme an der Abstimmung motiviert werden müssen. 6

Schuldverschreibungen, für die eine Stimmrechtvollmacht ausgestellt wurde, müssen **während der Gültigkeitsdauer der Vollmacht gesperrt** bleiben. Da Anleihegläubiger nicht immer bereit sind, auf die Verfügungsbefugnis über ihre Schulderschreibungen für längere Zeiträume zu verzichten, muss die Vollmacht widerruflich ausgestaltet sein. Mit Widerruf entfällt die Depotsperre für die Schuldverschreibungen. 7

Die Stimmrechtsmanipulation durch Vereinbarung zwischen dem Schuldner und einem Gläubiger ist unzulässig. Dies ergibt sich angesichts der vergleichbaren Interessenlage aus der analogen Anwendung des § 136 Abs. 2 AktG.[6] 8

---

[1] Preuße/*Kirchner* § 14 Rn. 4.
[2] Vgl. allg. *Müller-von Münchow* NotBZ 2010, 31.
[3] S. Preuße/*Kirchner* § 14 Rn. 8.
[4] Vgl. auch Heidel AktR/*Müller* SchVG § 14 Rn. 2 (Einzelvertretung durch gemeinsamen Vertreter mit dessen Amt unvereinbar).
[5] Wie hier Heidel AktR/*Müller* SchVG § 14 Rn. 3; Veranneman/*Wasmann/Steber* § 14 Rn. 6.
[6] **AA** Veranneman/*Wasmann/Steber* § 14 Rn. 6.

3. Kein Depotstimmrecht

9 Im Gegensatz zum Aktienrecht (§ 135 AktG) sieht das SchVG keine gesonderte Regelung des Depotstimmrechts, insbesondere keine Pflicht bestimmter Kreditinstitute, als Stimmrechtsvertreter zu agieren, vor. Das Depotstimmrecht unterliegt somit den allgemeinen Grundsätzen der Stellvertretung unter dem SchVG.[7]

4. Form

10 Um einen reibungslosen Ablauf der Versammlung zu gewährleisten, sollen Vertretungsregelungen möglichst einfach nachvollziehbar sein. Daher schreibt § 14 Abs. 2 vor, dass die Vollmacht sowie etwaige Weisungen des Vollmachtgebers in **Textform** (§ 126b BGB) ergehen. Angesichts der klaren Regelung (Textform) ist es nicht mit dem Verschlechterungsverbot (§ 5 Abs. 1 S. 2) vereinbar und daher unzulässig, in den Anleihebedingungen die strengere Schriftform (§ 126 BGB) vorzuschreiben.[8]

5. Übertragung des Stimmrechts

11 Neben der Stellvertretung kommt auch analog § 185 BGB eine treuhänderische Abtretung des Stimmrechts und anderer Gläubigerrechte zur Wahrnehmung im eigenen Namen in Betracht. Dies war bereits im Rahmen des SchVG 1899 anerkannt.[9]

III. Hinweis auf die Möglichkeit der Bevollmächtigung

1. Inhalt des Hinweises

12 In der Einberufung ist auf die Möglichkeit hinzuweisen, dass der Anleihegläubiger sich in der Gläubigerversammlung vertreten lassen kann. Der Hinweis auf die Voraussetzungen für eine wirksame Stellvertretung ist im Vergleich zum SchVG 1899 eine Neuerung, die sich an das aktienrechtliche Prozedere anlehnt. Dem Hinweis kommt insofern besondere Bedeutung zu, als bereits in § 14 Abs. 2 über §§ 164 ff. BGB hinausgehende Vorgaben für die Vollmacht und Weisungen aufgestellt werden, die bei einer Stellvertretung zu berücksichtigen sind.

2. Umsetzung

13 Schuldner der Hinweispflicht ist der jeweilige Einberufende. Da der Hinweis auf die Vertretung und deren Voraussetzungen **Teil der Einberufung** ist, muss auch in jedem Fall der Schuldner diesen Hinweis bei der Bereitstellung der Einberufung und weiteren Informationen im Internet nach § 12 Abs. 3 berücksichtigen.

14 Zudem müssen Emittenten, für die die Bundesrepublik Deutschland der Herkunftsstaat (§§ 2 Abs. 13 WpHG) ist, gemäß **§ 48 Abs. 1 Nr. 6 WpHG** gewährleisten, dass im Falle von Schuldverschreibungen im Sinne des § 2 Abs. 1 Nr. 3 WpHG, die an einem organisierten Markt zugelassenen sind,[10] jeder stimmberechtigten Person zusammen mit der Einberufung zur Gläubigerversammlung oder nach deren Anberaumung auf Verlangen rechtzeitig in Textform ein Formular für die Erteilung einer Vollmacht für die Gläubiger-

[7] Preuße/*Kirchner* § 14 Rn. 6; FK-SchVG/*Schmidtbleicher* § 14 Rn. 11; Veranneman/*Wasmann/Steber* § 14 Rn. 7; Hopt/Seibt/*Binder* § 14 SchVG Rn. 10.

[8] Wie hier Preuße/*Kirchner* § 14 Rn. 13; FK-SchVG/*Schmidtbleicher* § 14 Rn. 4; Veranneman/*Wasmann/Steber* § 14 Rn. 4; Hopt/Seibt/*Binder* § 14 SchVG Rn. 5.

[9] S. *Vogel* Die Vergemeinschaftung der Anleihegläubiger und ihre Vertretung nach dem SchVG, S. 166; Preuße/*Kirchner* § 14 Rn. 9 mwN („Legitimationszession").

[10] Ausgenommen sind nach § 48 Abs. 1 Nr. 6 WpHG Wertpapiere, die zugleich unter § 2 Abs. 1 Nr. 2 WpHG fallen oder die ein zumindest bedingtes Recht auf den Erwerb von Wertpapieren nach § 2 Abs. 1 Nr. 1 oder Nr. 2 WpHG begründen.

versammlung übermittelt wird. In diesem Fall ist es zweckmäßig, das **Vollmachtsformular** zugleich mit der Einberufung und Tagesordnung zur Verfügung zu stellen. Zweckmäßigerweise dürfte es ausreichen, das Vollmachtsformular im Internet zum Abruf bereitzustellen.[11] Die Verpflichtung aus § 48 Abs. 1 Nr. 6 WpHG besteht nur bei Einberufung der Gläubigerversammlung durch den Schuldner, nicht jedoch für eine Einberufung durch den gemeinsamen Vertreter oder eine qualifizierte Gläubigerminderheit nach deren gerichtlicher Ermächtigung (§ 9 Abs. 2 S. 1).[12]

§ 15 Vorsitz, Beschlussfähigkeit

(1) **Der Einberufende führt den Vorsitz in der Gläubigerversammlung, sofern nicht das Gericht einen anderen Vorsitzenden bestimmt hat.**

(2) **[1] In der Gläubigerversammlung ist durch den Vorsitzenden ein Verzeichnis der erschienenen oder durch Bevollmächtigte vertretenen Gläubiger aufzustellen. [2] Im Verzeichnis sind die Gläubiger unter Angabe ihres Namens, Sitzes oder Wohnorts sowie der Zahl der von jedem vertretenen Stimmrechte aufzuführen. [3] Das Verzeichnis ist vom Vorsitzenden der Versammlung zu unterschreiben und allen Gläubigern unverzüglich zugänglich zu machen.**

(3) **[1] Die Gläubigerversammlung ist beschlussfähig, wenn die Anwesenden wertmäßig mindestens die Hälfte der ausstehenden Schuldverschreibungen vertreten. [2] Wird in der Gläubigerversammlung die mangelnde Beschlussfähigkeit festgestellt, kann der Vorsitzende eine zweite Versammlung zum Zweck der erneuten Beschlussfassung einberufen. [3] Die zweite Versammlung ist beschlussfähig; für Beschlüsse, zu deren Wirksamkeit eine qualifizierte Mehrheit erforderlich ist, müssen die Anwesenden mindestens 25 Prozent der ausstehenden Schuldverschreibungen vertreten. [4] Schuldverschreibungen, deren Stimmrechte ruhen, zählen nicht zu den ausstehenden Schuldverschreibungen. [5] Die Anleihebedingungen können jeweils höhere Anforderungen an die Beschlussfähigkeit stellen.**

Schrifttum: S. die bei § 9 angegebene Literatur.

[11] Ebenso BerlKommInsR/*Paul* SchVG § 14 Rn. 5; Preuße/*Kirchner* § 14 Rn. 17; **aA** FK-SchVG/*Schmidtbleicher* § 14 Rn. 9.

[12] Preuße/*Kirchner* § 14 Rn. 17; **aA** FK-SchVG/*Schmidtbleicher* § 14 Rn. 9; Veranneman/*Wasmann/Steber* § 14 Rn. 10.

I. Regelungsgegenstand

1 § 15 regelt wichtige organisatorische Voraussetzungen der Versammlung und Abstimmung der Anleihegläubiger. Die Versammlung ist von einem Vorsitzenden zu leiten, der im Interesse der Richtigkeitsgewähr und Nachprüfbarkeit von Abstimmungen ein Teilnehmerverzeichnis erstellt[1] und die Beschlussfähigkeit der Versammlung feststellt.

II. Vorsitzender der Gläubigerversammlung

1. Bestimmung des Vorsitzenden

2 Um einen reibungslosen Ablauf zu gewährleisten, wird die Gläubigerversammlung von einem Vorsitzenden geleitet (§ 15 Abs. 1). Grundsätzlich ist Vorsitzender der Einberufende, im Regelfall ein Vertreter des Schuldners oder der gemeinsame Vertreter (bei juristischen Personen sein Vertreter) (§ 9 Abs. 1 S. 1). Wird die Versammlung vom Schuldner einberufen, kann der Vorsitz von einem Mitglied des Vorstands als gesetzlichem Vertreter (nicht vom Aufsichtsrat wie in der Hauptversammlung einer Aktiengesellschaft) oder einem anderen unternehmensinternen Vertreter, insbesondere einem im Handelsregister eingetragenen Prokuristen, wahrgenommen werden.[2] Eine Übertragung des Vorsitzes auf einen Dritten erlaubt das Gesetz nicht.[3]

2a Der **Reformentwurf**[4] schlägt *de lege ferenda* vor, durch die Einfügung eines Satzes in § 15 Abs. 1 vorzusehen, dass der Einberufende den Vorsitz in der Gläubigerversammlung nach billigem Ermessen einem Dritten übertragen kann.

3 Sofern eine qualifizierte Gläubigerminderheit nach § 9 Abs. 2 gerichtlich zur Einberufung ermächtigt wird, sieht § 9 Abs. 2 S. 2 vor, dass das Gericht zugleich auch den Vorsitzenden bestimmen kann. Dem wiederum trägt § 15 Abs. 1 Rechnung, da dessen Grundregel dann zurücktritt, wenn der Vorsitzende durch das Gericht bestimmt wurde.

4 Die **gerichtliche Bestimmung des Vorsitzenden** ist fakultativ. Bestimmt das Gericht keinen Vorsitzenden, hätte nach der Gesetzessystematik des § 15 Abs. 1 die qualifizierte Minderheit als Einberufende den Vorsitz. Besteht diese Minderheit jedoch aus einer Personenmehrheit, so fehlt es an einem genau bestimmbaren einzelnem Vorsitzenden. Wie auch in anderen Fällen eines fehlenden Vorsitzes, etwa aufgrund Nichterscheinens des Vorsitzenden, kann die Gläubigerversammlung in diesem Fall einen Vorsitzenden aus ihrer Mitte wählen.[5] Für die Wahl ist die einfache Mehrheit nach § 5 Abs. 4 S. 1 erforderlich.

2. Befugnisse und Pflichten des Vorsitzenden

5 § 15 Abs. 1 lässt offen, welche Rechte und Befugnisse dem Vorsitzenden in der Gläubigerversammlung zukommen. Neben der Pflicht zur Erstellung eines Teilnehmerverzeich-

[1] Das Institut des Teilnehmerverzeichnisses ist bereits aus § 8 SchVG 1899 bekannt und ist auch Bestandteil der aktienrechtlichen Regeln zur Durchführung einer Hauptversammlung (§ 129 Abs. 1 S. 2 AktG).

[2] Veranneman/*Wasmann/Steber* § 15 Rn. 2; BerlKommInsR/*Paul* SchVG § 15 Rn. 3; Preuße/*Kirchner* § 15 Rn. 4; *Otto* DNotZ 2012, 809 (816); Heidel AktR/*Müller* SchVG § 15 Rn. 1; *Wasmann/Steber* ZIP 2014, 2005 (2006). Weitergehend Hopt/Seibt/*Binder* § 15 SchVG Rn. 18, der auch einen Vorsitz durch sonstige Vertreter des Schuldners als zulässig erachtet. Die Gegenansicht, die Mitgliedern der Geschäftsleitung des Schuldners wegen Interessenkonflikts regelmäßig den Vorsitz verwehren will (so FK-SchVG/*Schmidtbleicher* § 15 Rn. 6), widerspricht dem Gesetzeswortlaut und ist auch deshalb abzulehnen, weil der Vorsitz richtiger Ansicht nach nicht auf einen Dritten übertragen werden kann.

[3] **AA** FK-SchVG/*Schmidtbleicher* § 15 Rn. 2; *Wasmann/Steber* ZIP 2014, 2005 (2006); so wohl auch OLG Karlsruhe WM 2016, 605 (613).

[4] Arbeitskreis Reform des Schuldverschreibungsrechts ZIP 2014, 845 (847); → Einl. Rn. 46 ff.

[5] Preuße/*Kirchner* § 15 Rn. 4; *Otto* DNotZ 2012, 809 (816); *Müller* in Heidel, Aktienrecht § 15 Rn. 1; **aA** FK-SchVG/*Schmidtbleicher* § 15 Rn. 3; Veranneman/*Wasmann/Steber* § 15 Rn. 1; *Wasmann/Steber* ZIP 2014, 2005 (2005 f.); Hopt/Seibt/*Binder* § 15 SchVG Rn. 17.

nisses (§ 15 Abs. 2) hat der Vorsitzende alle **organisatorischen Rechte und Pflichten,** die **zur sachgerechten Durchführung der Versammlung** erforderlich sind.[6] Typische Aufgaben sind – wie beim Vorsitzenden der Hauptversammlung der Aktiengesellschaft[7] – die Eröffnung und Schließung der Versammlung sowie gegebenenfalls deren Unterbrechung, die Erteilung des Wortes und die Bestimmung der Redezeit,[8] die Abhandlung der Tagesordnungspunkte oder gegebenenfalls die Feststellung der mangelnden Beschlussfähigkeit nach § 15 Abs. 3 S. 2. Im Interesse aller Gläubiger ist der Vorsitzende gehalten, den ordnungsgemäßen Ablauf der Versammlung sicherzustellen, indem er gegebenenfalls Rügen erteilt oder andere Maßnahmen ergreift, um Störungen des Ablaufs zu verhindern. Richtschnur ist dabei stets die Verhältnismäßigkeit der jeweiligen Maßnahme im Hinblick auf das Ziel des reibungslosen Ablaufs der Versammlung.[9] Ohne Beteiligung und Beschluss der Gläubiger selbst darf der Vorsitzende hingegen keine materiellen, über das rein Organisatorische hinausgehende Entscheidungen treffen, wie etwa die Versammlung zu vertagen oder einen Tagesordnungspunkt fallen zu lassen.[10] Überschreitet der Vorsitzende seine Befugnisse, kommt die Anfechtung der Beschlüsse in Betracht, wenn sich der Fehler in den Beschlüssen auswirkt.

III. Teilnehmerverzeichnis

Eine der Aufgaben des Vorsitzenden besteht darin, eine Übersicht über die teilnehmenden Gläubiger zu erstellen, anhand derer sowohl die Beschlussfähigkeit nach § 15 Abs. 3 als auch gegebenenfalls die für eine einfache oder qualifizierte Abstimmungsmehrheit erforderlichen nominellen Zahlen nachvollziehbar werden. 6

1. Inhalt

Nach § 15 Abs. 2 S. 2 muss das Verzeichnis den **Namen,**[11] den **Sitz oder Wohnort** sowie die **Zahl der vertretenen Stimmrechte** für jeden einzelnen Gläubiger aufführen. Dabei ist davon auszugehen, dass jede Teilschuldverschreibung einer Anleiheserie ein Stimmrecht gewährt.[12] Die Aufnahme in das Verzeichnis erfordert die Legitimation des Anleihegläubigers, wofür der Vorsitzende zuständig ist (§ 10 Abs. 3). Diese Prüfung kann mit der **Eingangskontrolle** verbunden werden.[13] Zu beachten ist ferner, dass verspätetes Erscheinen oder vorzeitiges Verlassen der Versammlung im Verzeichnis festgehalten werden muss, damit die Beschlussfähigkeit zu jedem Zeitpunkt überprüft werden kann.[14] Hilfreich für die organisatorische Erstellung des Teilnehmerverzeichnisses ist die gegebenenfalls in den Anleihebedingungen vorgesehene Anmeldung nach § 10 Abs. 2 S. 1. 7

[6] Vgl. ausführlich FK-SchVG/*Schmidtbleicher* § 15 Rn. 9 ff.
[7] Vgl. Hüffer/Koch/*Koch* AktG § 129 Rn. 22 ff.
[8] FK-SchVG/*Schmidtbleicher* § 15 Rn. 21 f.; *Wasmann/Steber* ZIP 2014, 2005 (2010 f.); *Schulenburg,* Schutz der Minderheit im Schuldverschreibungsrecht S. 220; für den Vorsitzenden der AG Hauptversammlung Hüffer/Koch/*Koch* AktG § 129 Rn. 23 f. Vgl. auch Arbeitskreis Reform des Schuldverschreibungsrechts ZIP 2014, 845 (847, 853), wonach § 131 Abs. 2 S. 2 AktG *de lege ferenda* anwendbar sein sollte; → § 16 Rn. 9 ff.
[9] FK-SchVG/*Schmidtbleicher* § 15 Rn. 10; *Wasmann/Steber* ZIP 2014, 2005 (2007). Vgl. weitere Bsp. betreffend den Vorsitzenden der Hauptversammlung einer Aktiengesellschaft Hüffer/Koch/*Koch* AktG § 129 Rn. 24.
[10] So für den Vorsitzenden der AG Hauptversammlung Hüffer/Koch/*Koch* AktG § 129 Rn. 22 ff. mit weiteren Bsp.
[11] Also ggf. die Firma einer Handelsgesellschaft, § 17 Abs. 1 HGB.
[12] Bspw. gewährt ein Anleihepaket mit ausstehendem Nennwert von 850.000 EUR bei einer Stückelung von 50.000 EUR 17 Stimmrechte.
[13] Veranneman/*Wasmann/Steber* § 15 Rn. 6; FK-SchVG/*Schmidtbleicher* § 15 Rn. 31.
[14] Preuße/*Kirchner* § 15 Rn. 10.

2. Form und Bereitstellung

8 Eine bestimmte Form ist für das Teilnehmerverzeichnis zwar nicht vorgeschrieben. Nach § 15 Abs. 2 S. 3 muss das Verzeichnis aber vom Vorsitzenden unterschrieben und allen Gläubigern **unverzüglich zugänglich gemacht** werden. Wie das Verzeichnis den Gläubigern zugänglich gemacht wird, bleibt dem Vorsitzenden überlassen, so dass hier auch eine Bereitstellung via Internet ohne weiteres zulässig ist.[15] Dabei bedeutet „unverzüglich"[16] nicht wie in der Vorgängerregelung des § 8 SchVG 1899 und in § 129 Abs. 4 S. 1 AktG, dass bereits vor der ersten Abstimmung das Verzeichnis zur Verfügung gestellt werden muss, sondern nur, dass den Gläubigern rechtzeitig Einsicht in das Verzeichnis gewährt wird, um das Abstimmungsergebnis innerhalb der Anfechtungsfristen überprüfen zu können.[17]

IV. Beschlussfähigkeit

1. Grundlagen

9 Damit die Gläubigerversammlung wirksam Beschlüsse treffen kann, muss sie beschlussfähig sein. Dazu gibt § 15 Abs. 3 verschiedene Quoren vor, welche sich jeweils darauf beziehen, dass ein gewisser Anteil der ausstehenden Schuldverschreibungen in der Versammlung vertreten ist. Grundlage für die Nachprüfung ist daher die Erstellung des Teilnehmerverzeichnisses und die Legitimationsprüfung. Die Beschlussfähigkeit der Gläubigerversammlung wird vorausgesetzt, wenn in § 5 Abs. 4 bestimmte bei Abstimmungen erforderliche Mehrheiten genannt sind, denn wenn die Versammlung nicht beschlussfähig ist, spielt es keine Rolle, welche Mehrheit ein Beschluss findet.

10 **a) Ruhen des Stimmrechts.** Bei der **Berechnung** der ausstehenden Schuldverschreibungen muss beachtet werden, dass hierzu nicht diejenigen Schuldverschreibungen, deren Stimmrechte ruhen, zählen (§ 15 Abs. 3 S. 4). Das Stimmrecht wiederum ruht, solange die Anteile dem Schuldner oder einem mit ihm verbundenen Unternehmen (§ 271 Abs. 2 HGB) zustehen oder für Rechnung des Schuldners oder eines mit ihm verbundenen Unternehmens gehalten werden (§ 6 Abs. 1 S. 2). Die Prüfung, ob ein Stimmrecht ruht, obliegt dem Vorsitzenden.

11 **b) Erhöhung der Quoren in den Anleihebedingungen.** Nach § 15 Abs. 3 S. 5 können die **Anforderungen** an die Beschlussfähigkeit auch **höher** sein als der gesetzliche Mindeststandard in § 15 Abs. 3. Ein höheres Quorum muss in den Anleihebedingungen des Schuldners bezeichnet sein.[18]

2. Beschlussfähigkeit in der ersten Versammlung

12 **a) Quorum.** In der regulären Gläubigerversammlung setzt die Beschlussfähigkeit voraus, dass die anwesenden Gläubiger zusammen wertmäßig **mindestens die Hälfte der ausstehenden Schuldverschreibungen** auf sich vereinen. Diese relativ strenge Anforderung bezweckt den **Schutz von Minderheiten,** da so verhindert werden kann, dass ein kleiner Kreis von anwesenden Gläubigern weitreichende Beschlüsse mit verbindlichen Konsequen-

[15] Dabei sind ggfs. anwendbare datenschutzrechtliche Bestimmungen zu beachten; FK-SchVG/*Schmidtbleicher* § 15 Rn. 34; dahingehend auch Preuße/*Kirchner* § 15 Rn. 11.

[16] Ohne schuldhaftes Zögern iSv § 121 Abs. 1 S. 1 BGB.

[17] BegrRegE SchVG, BR-Drs. 180/09, 34; Veranneman/*Wasmann/Steber* § 15 Rn. 8; FK-SchVG/*Schmidtbleicher* § 15 Rn. 33; Heidel AktR/*Müller* SchVG § 15 Rn. 3 *Wasmann/Steber* ZIP 2014, 2005 (2012); Hopt/Seibt/*Binder* § 15 SchVG Rn. 21; *Schulenburg* Schutz der Minderheit im Schuldverschreibungsrecht S. 230; *Cagalj* Restrukturierung von Anleihen S. 261; **aA** BerlKommInsR/*Paul* SchVG § 15 Rn. 8.

[18] Es handelt sich hierbei um eine explizite Ermächtigung, vom Gesetzesrahmen zum Nachteil der Gläubiger abzuweichen, vgl. § 5 Abs. 1 S. 2.

zen für alle Gläubiger durchsetzen kann. Die im Vergleich zur Hauptversammlung, bei der es keine gesetzlichen Vorschriften zur Beschlussfähigkeit gibt, insoweit stärkere Ausprägung des Minderheitenschutzes beruht auf dem Gedanken, dass der Schuldverschreibungsgläubiger anders als ein Aktionär dem Emittenten lediglich Kapital gegen Zinsen zur Verfügung stellt, also gerade nicht aktiver Teil des Unternehmens wird und somit womöglich eher seine gestalterischen Möglichkeiten nach dem SchVG verkennt, als dies beim Aktionär hinsichtlich der Hauptversammlungsvorschriften im AktG der Fall ist.[19] Im Vergleich zum SchVG 1899, nach dessen Quorumsregelung eine Entscheidung gegen die Mehrheit der ausstehenden Schuldverschreibungen nicht möglich war, gewährt die Regelung des § 15 Abs. 3 eine wesentliche höhere Flexibilität.[20]

b) Feststellung der Beschlussfähigkeit. Die Beschlussunfähigkeit muss nicht festgestellt werden, sondern ergibt sich bereits unmittelbar daraus, dass nicht ausreichend Teilnehmer anwesend sind. Die fehlende Beschlussfähigkeit kann gleichwohl deklaratorisch festgestellt werden, um die sachliche Voraussetzung für das Recht des Vorsitzenden, eine neue Versammlung (§ 15 Abs. 3 S. 2) einzuberufen, zu dokumentieren. 13

3. Beschlussfähigkeit in der zweiten Versammlung

a) Voraussetzung und Zweck. Zunächst muss eine erste Gläubigerversammlung stattgefunden haben, in der der Vorsitzende formal gemäß § 15 Abs. 3 S. 2 die fehlende Beschlussfähigkeit festgestellt und daraufhin eine zweite Versammlung einberufen hat. Für die Einberufung der zweiten Versammlung gelten die gleichen Verfahrensregeln wie für die reguläre Einberufung, insbesondere §§ 10, 12 und 13.[21] Derjenige, der auch die erste Versammlung einberufen hat, führt den Vorsitz. Während das hohe Anwesenheitsquorum in der ersten Versammlung dem Schutz von Minderheiten dient, soll die Regelung in § 15 Abs. 3 S. 3 ausschließen, dass Gläubiger durch Obstruktion oder Boykott eine Beschlussfassung verhindern. Zugleich werden durch die **Mindestanwesenheitsschwelle** von 25 Prozent des ausstehenden Anleihekapitals Extremfälle verhindert, in denen zum Beispiel ein einziger anwesender Gläubiger mit verschwindend geringem Stimmenanteil über das Schicksal aller Schuldverschreibungen bestimmen könnte.[22] Eine zweite Versammlung kann nicht nach § 9 Abs. 1 S. 2 von einer Gläubigerminderheit erwirkt werden.[23] 14

b) Beschlüsse mit einfacher Mehrheit. Nach § 15 Abs. 3 S. 3 Hs. 1 ist die ordnungsgemäß einberufene zweite Versammlung grundsätzlich beschlussfähig, sofern der Beschlussgegenstand ein solcher ist, für den eine einfache Mehrheit der an der Abstimmung teilnehmenden Stimmrechte ausreicht. Dies bestimmt sich nach § 5 Abs. 4. 15

c) Beschlüsse mit qualifizierter Mehrheit. Sofern der Beschlussgegenstand aufgrund § 5 Abs. 4 S. 2 oder S. 3 eine qualifizierte Mehrheit von mindestens 75 Prozent der teilnehmenden Stimmrechte erfordert, gibt § 15 Abs. 3 S. 3 Hs. 2 vor, dass die Beschlussfähigkeit erst gegeben ist, wenn mindestens 25 Prozent der ausstehenden Schuldverschreibungen in der Versammlung vertreten sind. Auch hier gilt, dass die Beschlussunfähigkeit keiner gesonderten Feststellung bedarf. 16

d) Reformentwurf. Der Reformentwurf[24] sieht zu Zwecken der Zeitersparnis und einer erhöhten Effizienz des Abstimmungsverfahrens vor, dass zugleich mit der Einberufung 17

[19] Preuße/*Kirchner* § 15 Rn. 15.
[20] Preuße/*Kirchner* § 15 Rn. 15.
[21] BGH WM 2015, 470 Rn. 33; inhaltsgleich BGH Beschl. v. 2.12.2014 – II ZB 2/14, juris Rn. 33; einschränkend FK-SchVG/*Schmidtbleicher* § 15 Rn. 41.
[22] Krit. zur dadurch möglichen Majorisierung von Minderheiten *Florstedt* WiVerw 2014, 155 (161).
[23] BGH WM 2015, 470 Rn. 20 ff.; inhaltsgleich BGH Beschl. v. 2.12.2014 – II ZB 2/14, juris Rn. 33; ebenso in der Vorinstanz OLG Schleswig WM 2014, 744 (747 f.); **aA** *Kessler/Rühle* BB 2014, 907 (911); *Kusserow* WuB I G 7 – 1.14; *Lürken* GWR 2014, 87.
[24] Arbeitskreis Reform des Schuldverschreibungsrechts ZIP 2014, 845 (847); → Einl. Rn. 46 ff.

der ersten Versammlung nach § 9 *vorsorglich* bereits die zweite Versammlung einberufen werden kann.[25] Der Vorschlag lautet:

18 *„Die Einberufung der zweiten Versammlung kann gleichzeitig mit der Einberufung der Gläubigerversammlung nach § 9 erfolgen. Abweichend von § 10 Absatz 1 beträgt die Einberufungsfrist im Falle des Satzes 3 mindestens 21 Tage vor dem Tag der zweiten Versammlung. Gegenanträge und Ergänzungsverlangen, die während der Gläubigerversammlung gestellt worden sind, gelten für die zweite Versammlung nicht fort."*

§ 16 Auskunftspflicht, Abstimmung, Niederschrift

(1) **Der Schuldner hat jedem Gläubiger auf Verlangen in der Gläubigerversammlung Auskunft zu erteilen, soweit sie zur sachgemäßen Beurteilung eines Gegenstands der Tagesordnung oder eines Vorschlags zur Beschlussfassung erforderlich ist.**

(2) **Auf die Abgabe und die Auszählung der Stimmen sind die Vorschriften des Aktiengesetzes über die Abstimmung der Aktionäre in der Hauptversammlung entsprechend anzuwenden, soweit nicht in den Anleihebedingungen etwas anderes vorgesehen ist.**

(3) **[1]Jeder Beschluss der Gläubigerversammlung bedarf zu seiner Gültigkeit der Beurkundung durch eine über die Verhandlung aufgenommene Niederschrift. [2]Findet die Gläubigerversammlung im Inland statt, so ist die Niederschrift durch einen Notar aufzunehmen; bei einer Gläubigerversammlung im Ausland muss eine Niederschrift gewährleistet sein, die der Niederschrift durch einen Notar gleichwertig ist. [3]§ 130 Absatz 2 bis 4 des Aktiengesetzes gilt entsprechend. [4]Jeder Gläubiger, der in der Gläubigerversammlung erschienen oder durch Bevollmächtigte vertreten war, kann binnen eines Jahres nach dem Tag der Versammlung von dem Schuldner eine Abschrift der Niederschrift und der Anlagen verlangen.**

Schrifttum: S. die bei § 9 angegebene Literatur.

[25] Zur Begründung s. Arbeitskreis Reform des Schuldverschreibungsrechts ZIP 2014, 845 (853). Vgl. dazu auch *Baums* ZHR 177 (2013), 807 (812 f.).

I. Regelungsgegenstand und -zweck

§ 16 regelt ergänzend zu § 15 organisatorische Voraussetzungen der Versammlung und Abstimmung der Anleihegläubiger sowie eine Auskunftspflicht des Emittenten in der Gläubigerversammlung. Hinsichtlich der Abgabe und Auszählung von Stimmen wird vorbehaltlich der Anleihebedingungen auf die Vorschriften des Aktiengesetzes zur Abstimmung der Aktionäre in der Hauptversammlung verwiesen. Im Interesse der Richtigkeitsgewähr und Nachprüfbarkeit von Abstimmungen ist eine Niederschrift über die Beschlüsse der Gläubigerversammlung aufzunehmen. Die **Auskunftspflicht** des Emittenten und das damit korrespondierende Fragerecht der Anleihegläubiger in der Versammlung ist ein **Novum im Recht der Schuldverschreibung** und – zusammen mit dem Auskunftsrecht des gemeinsamen Vertreters nach § 7 Abs. 5 – eine einschneidende Aufwertung der Rechtsposition von Schuldverschreibungsgläubigern. Das Auskunftsrecht in der Gläubigerversammlung stellt eine **Durchbrechung der Anonymität** des durch eine verkehrsfähige Schuldverschreibung konstituierten Rechtsverhältnisses dar. Sie ist nur gerechtfertigt durch die Notfallsituation, die eine Restrukturierung durch Änderung der Anleihebedingungen mit sich bringt, und besteht daher nur insoweit, als die Auskunft zur sachgemäßen Beurteilung eines Tagesordnungspunkts oder eines Beschlussvorschlages erforderlich ist. Das Auskunftsrecht des Anleihegläubigers ergänzt die rechtsgeschäftlich festgelegten Anleihebedingungen, sofern diese Mehrheitsbeschlüsse in Gläubigerversammlungen vorsehen. 1

II. Auskunftspflicht

Nach § 16 Abs. 1 unterliegt der Emittent einer weitreichenden Auskunftspflicht. Danach steht dem Gläubiger dieser **Auskunftsanspruch nur in der Gläubigerversammlung** zu. 2

1. Reichweite der Auskunftspflicht

a) Materielle Voraussetzungen. Ein Auskunftsverlangen ist nur zulässig, wenn die ersuchte Information **zur sachgemäßen Beurteilung** eines Gegenstands **der Tagesordnung** oder eines Vorschlags zur Beschlussfassung **erforderlich** ist. Ob eine Information erforderlich ist, beurteilt sich vom Standpunkt eines im Hinblick auf die Lage des Schuldners objektiven, durchschnittlichen Gläubigers aus. Dabei obliegt es dem Gläubiger, die Erforderlichkeit der Information zu begründen, damit diese für den Schuldner nachvollziehbar ist. Nach allgemeinen Grundsätzen können Auskunftsverlangen in engen Grenzen unzulässig sein, wenn sie rechtsmissbräuchlich darauf ausgerichtet sind, den Versammlungsablauf zu stören. 3

b) Keine Generalanalogie zu § 131 AktG. Der Vergleich zum Auskunftsrecht des Aktionärs nach § 131 AktG und die Übertragung der Rechtsprechung zum Auskunftsrecht des Aktionärs sind insofern nur sehr begrenzt möglich, als das Informationsinteresse der Aktionäre über Fragen der Bonität weit hinausgeht und allgemein die Angelegenheiten der Gesellschaft betrifft.[1] Der Schuldverschreibungsgläubiger ist gerade kein Gesellschafter. Dieser prinzipiellen Unterscheidung muss bei der Auslegung des § 16 Rechnung getragen werden. 4

c) Einzelfragen der Erforderlichkeit. Die Gläubiger sollen sich zur Vorbereitung einer sachgerechten Entscheidung über die für den konkreten Beschluss maßgeblichen wirtschaftlichen Hintergründe durch Fragen an den Emittenten unterrichten können. Die 5

[1] Preuße/*Kirchner* § 16 Rn. 20; *Wasmann/Steber* ZIP 2014, 2005 (2009); **aA** BerlKommInsR/*Paul* SchVG § 16 Rn. 11; FK-SchVG/*Schmidtbleicher* § 16 Rn. 6; dazu auch *Liebenow* SchVG als Anleiheorganisationsrecht S. 178, der von einem „sehr ähnlichen" Informationsbedarf der Anleihegläubiger spricht.

Auskunft bezieht sich bei nicht strukturierten Anleihen auf die Bonität des Schuldners und gegebenenfalls auch eines oder mehrerer Garanten, wenn deren wirtschaftliche Situation für die Rückzahlung der Anleihe von Bedeutung ist.[2] Falls die Bonität – wie bei einer im Rahmen einer Verbriefung begebenen Anleihe oder bei einem Emissionsvehikel, das zu 100 % von der Konzernobergesellschaft gehalten wird – von der Entwicklung der verbrieften Risikopositionen oder des Konzerns, zu dem das Emissionsvehikel gehört, abhängt, kann zur Beurteilung von Änderungsvorschlägen auch die Information über außerhalb des Unternehmens des Emittenten liegende Umstände und Verhältnisse erforderlich sein. Dabei richtet sich aber der Auskunftsanspruch stets nur gegen den Schuldner, nicht etwa gegen den Originator von Verbriefungspositionen oder die Konzernobergesellschaft.

2. Geltendmachung des Auskunftsrechts

6 Zur Geltendmachung des Auskunftsanspruchs genügt das „Verlangen" eines Gläubigers. Die Einhaltung einer bestimmten Form ist nicht erforderlich. Somit kann nicht gefordert werden, dass das Verlangen nur mündlich vorzubringen ist.[3] Die praktische Handhabung der Informationsansprüche im organisatorischen Prozess der Versammlung legt der Vorsitzende fest.

3. Auskunftserteilung durch den Schuldner

7 **a) Mündliche Beantwortung; Vorbereitung.** Ein Vertreter des Schuldners oder ein von diesem dazu veranlasster, qualifizierter Dritter[4] muss in der Versammlung mündlich[5] antworten. Der Schuldner hat sich anhand der ihm vorher bekannten Tagesordnung mit Beschlussvorschlägen (§ 13) auf mögliche Auskunftsverlangen der Gläubiger angemessen vorzubereiten und während der Versammlung organisatorische und personelle Vorkehrungen zu treffen, um die bei ihm verfügbaren Informationen bereitzustellen. Bei komplexen Themen können Gläubiger dem Schuldner eine eingehende Vorbereitung durch **Ankündigung** der Frage **vor der Gläubigerversammlung** ermöglichen.[6]

8 **b) Auskunftsverweigerung.** § 16 Abs. 1 sieht kein Auskunftsverweigerungsrecht vor, wie es etwa **§ 131 Abs. 3 AktG** in abschließender Form für den Vorstand der Aktiengesellschaft bei der Hauptversammlung normiert ist.[7] Es kann allerdings nicht ausgeschlossen werden,[8] dass im Einzelfall Auskünfte verlangt werden, deren Erteilung nach vernünftiger kaufmännischer Beurteilung geeignet ist, dem Schuldner oder einem mit ihm verbundenen Unternehmen einen nicht unerheblichen Nachteil zuzufügen (§ 131 Abs. 3 Nr. 1 AktG), oder zur Strafbarkeit des antwortenden Vertreters des Schuldners führen würde (§ 131 Abs. 3 Nr. 5 AktG). Da das Dilemma zwischen Auskunftsrecht des Anlegers und Geheimhaltungsinteresse wegen erheblicher Nachteile oder drohender Strafbarkeit

---

[2] *Wasmann/Steber* ZIP 2014, 2005 (2009).

[3] So aber Veranneman/*Wasmann/Steber* § 16 Rn. 5; NK-AktG/*Müller* SchVG § 16 Rn. 1; wie hier BerlKommInsR/*Paul* SchVG § 16 Rn. 8; Hopt/Seibt/*Binder* § 16 SchVG Rn. 23. *Wasmann/Steber* ZIP 2014, 2005 (2008) schlagen vermittelnd vor, dass der Vorsitzende schriftliche Anfragen verliest, sofern sich der Fragesteller weigert, diese mündlich vorzutragen. Dazu gehört auch die Sprache, in der das Auskunftsverlangen und die Auskunftserteilung vorzutragen sind. Nach *Bertelmann/Schönen* ZIP 2014, 353 (362) soll sich das in beiden Fällen nach der in den Anleihebedingungen verwendeten Sprache richten. Eine derartige Einschränkung ist nach dem Gesetz geboten. Die Handhabung der Informationsansprüche, einschließlich des Sprachenregimes, obliegt dem Vorsitzenden der Versammlung.

[4] Preuße/*Kirchner* § 16 Rn. 14; FK-SchVG/*Schmidtbleicher* § 16 Rn. 5; *Bertelmann/Schönen* ZIP 2014, 353 (361).

[5] *Wasmann/Steber* ZIP 2014, 2005 (2008).

[6] So auch *Bertelmann/Schönen* ZIP 2014, 353 (360 f.).

[7] Vgl. *Baums* ZHR 177 (2013), 807 (813).

[8] **AA** Preuße/*Kirchner* § 16 Rn. 32 ff., nach der eine Auskunft, die bei der Hauptversammlung etwa unter § 131 Abs. 3 Nr. 1 und Nr. 5 AktG fallen würde, im SchVG schon gar keine zur sachgemäßen Beurteilung eines Gegenstandes der Tagesordnung oder eines Vorschlages zur Beschlussfassung erforderliche Information sein soll, so dass es bereits an einem Auskunftsanspruch fehlen würde.

beim Aktionär und beim Anleihegläubiger vergleichbar ist, ist eine **teilweise analoge Anwendung des § 131 Abs. 3 Nr. 1 und Nr. 5 AktG** gerechtfertigt.[9] Daher kann sich der Schuldner bei **Insiderinformationen** (Art. 7 MMVO[10]), deren unbefugte Mitteilung oder Zugänglichmachung strafbar ist,[11] gegenüber den Anleihegläubigern auf ein Auskunftsverweigerungsrecht berufen. Da Insiderinformationen zu veröffentlichen sind, betrifft dies den Fall der Zurückhaltung von Insiderinformationen durch Aufschieben der Veröffentlichung (Art. 17 Abs. 1, Abs. 4 MMVO).[12]

c) Reformentwurf. Der Reformentwurf[13] schlägt vor, § 16 Abs. 1 dahin zu ergänzen, dass § 131 Abs. 2 S. 2 und Abs. 3 AktG entsprechend gelten. Die Begründung des Entwurfs zur analogen Anwendung dieser aktienrechtlichen Bestimmungen betont ua: 9

„Die […] in das Aktiengesetz aufgenommene Regelung des § 131 Absatz 2 Satz 2 soll dazu beitragen, Missbräuche des Auskunftsrechts durch einzelne Aktionäre, insbesondere die Provokation von zur Beschlussanfechtung berechtigenden Informationsmängeln, einzudämmen und gleichzeitig die Qualität der Hauptversammlungen zu steigern. Die gleichen Gründe sprechen auch im Schuldverschreibungsrecht für die Möglichkeit der Eindämmung des Frage- und Rederechts in den Anleihebedingungen oder einer gesonderten durch Gläubigerbeschluss bestimmten Geschäftsordnung für die Gläubigerversammlung. Eine ausdrückliche gesetzliche Regelung ist geboten, da eine Beschränkung des Fragerechts zu Lasten der Gläubiger ginge und eine analoge Anwendung des § 131 Absatz 2 Satz 2 AktG an die Grenze des § 5 Absatz 1 Satz 2 stieße. 10

Entsprechendes gilt für die in § 131 Absatz 3 AktG genannten Auskunftsverweigerungsrechte. Denn wenn schon Gesellschaftern unter bestimmten Voraussetzungen Auskünfte verweigert werden dürfen, dann erst recht Gläubigern, sofern es eines Schutzes des Schuldners vor erheblichen Nachteilen bei Offenlegung geheimhaltungsbedürftiger Tatsachen bedarf. In § 16 Absatz 1 wird daher auch § 131 Absatz 3 AktG für anwendbar erklärt.“ 11

4. Rechtsfolgen der Verletzung der Auskunftspflicht

Kommt der Schuldner einem berechtigten Auskunftsersuchen nicht nach, indem er entweder unrichtig oder unvollständig antwortet oder die Antwort verweigert, sind die in der Gläubigerversammlung gefassten Beschlüsse uU anfechtbar. Dies setzt gemäß § 20 Abs. 1 S. 2 voraus, dass ein objektiv urteilender Gläubiger die Erteilung der Information als wesentliche Voraussetzung für sein Abstimmungsverhalten angesehen hätte.[14] 12

[9] Veranneman/*Wasmann/Steber* § 16 Rn. 12, 14; BerlKommInsR/*Paul* SchVG § 16 Rn. 11; Heidel AktR/*Müller* SchVG § 16 Rn. 3; *Wasmann/Steber* ZIP 2014, 2005 (2009); *Cagalj* Restrukturierung von Anleihen S. 263; *Liebenow* SchVG als Anleiheorganisationsrecht S. 184; iErg ebenso FK-SchVG/*Schmidtbleicher* § 16 Rn. 10 ff., der aus allg. Erwägungen ein Auskunftsverweigerungsrecht für die Fälle herleiten will, dass die Auskunft mittelbar die Gläubiger schädigt oder dass die Erteilung der Auskunft eine Straftat darstellt; **aA** *Florstedt* WiVerw 2014, 155 (159) (Analogieschluss *de lege lata* Verstoß gegen § 5 Abs. 1 S. 2); Hopt/Seibt/*Binder* § 16 SchVG Rn. 14; *Schulenburg* Schutz der Minderheit im Schuldverschreibungsrecht S. 218.

[10] VO (EU) Nr. 596/2014 des Europäischen Parlaments und des Rates v. 16.4.2014 über Marktmissbrauch und zur Aufhebung der RL 2003/6/EG des Europäischen Parlaments und des Rates und der RL 2003/124/EG, 2003/125/EG und 2004/72/EG der Kommission – Marktmissbrauchsverordnung.

[11] Art. 14 lit. c MMVO iVm § 119 Abs. 3 Nr. 3 WpHG.

[12] Hopt/Seibt/*Binder* § 16 SchVG Rn. 19; **aA** FK-SchVG/*Schmidtbleicher* § 16 Rn. 15 *Wasmann/Steber* ZIP 2014, 2005 (2009).

[13] Arbeitskreis Reform des Schuldverschreibungsrechts ZIP 2014, 845 (847); → Einl. Rn. 46 ff.

[14] Preuße/*Kirchner* § 16 Rn. 38 und FK-SchVG/*Schmidtbleicher* § 16 Rn. 21 befürworten eine Leistungsklage zur Durchsetzung des Auskunftsanspruchs, die in aller Regel jedoch für ein reaktives Handeln des Gläubigers zu späte Ergebnisse zeitigen wird und für die es deshalb auch am Rechtsschutzbedürfnis fehlen kann.

III. Abstimmung

13 § 16 Abs. 2 gibt den rechtlichen Rahmen für die Abgabe und Auszählung der Stimmen vor. Vorrang haben dabei Verfahrensregelungen, die in den Anleihebedingungen getroffen wurden. Sollten diese keine Regelungen zum Abstimmungsablauf enthalten, sind die Vorschriften des Aktiengesetzes über die Abstimmung in der Hauptversammlung entsprechend anzuwenden.

1. Vorrang der Anleihebedingungen

14 Die Anleihebedingungen können konkret festlegen, welche Verfahren bei einer Gläubigerversammlung zur Anwendung kommen.[15] Dabei ist es angesichts der technischen Weiterentwicklungen hinsichtlich Abstimmungs- und Auszählungsverfahren während der gegebenenfalls langen Laufzeit der Schuldverschreibungen sinnvoll, nur eine abstrakte Regelung zu treffen, aufgrund der dann im tatsächlichen Fall einer Versammlung eine genaue Verfahrensweise jeweils festgelegt und entsprechend bekannt gemacht werden kann (§ 12 Abs. 3).[16]

2. Analoge Anwendung des Aktiengesetzes

15 Das AktG stellt keine genauen Vorgaben zur Stimmenabgabe und -auszählung auf, sondern verweist auf die jeweilige Satzung der Gesellschaft. Es gelten somit die allgemeinen Anforderungen an empfangsbedürftige Willenserklärungen, wobei in praxi vor allem **Stimmkarten, Zuruf oder elektronische Stimmabgabe** in Betracht kommen.[17] Um Unsicherheiten zu vermeiden, ist anzuraten, in den Anleihebedingungen oder in der Einberufung das Abstimmungsverfahren festzulegen. Der Verweis auf das AktG umfasst auch die Möglichkeiten der Online-Teilnahme oder -Abstimmung und der Briefwahl (§ 118 Abs. 1 und Abs. 2 AktG), wobei aber stets die Nachweisbarkeit und Nachprüfbarkeit nach Maßgabe des § 130 Abs. 2 AktG gewährleistet sein müssen.[18]

IV. Niederschrift

16 Nach § 16 Abs. 3 S. 1 ist ein Beschluss der Gläubigerversammlung nur wirksam, wenn eine Niederschrift der entsprechenden Verhandlung beurkundet wird. Dies dient der **Rechtssicherheit.** Ein Beschluss liegt nur dann vor, wenn eine Abstimmung durch die Gläubiger in der Versammlung erfolgt ist, also nicht etwa bei Anordnungen des Versammlungsleiters.

1. Versammlung im Inland (§ 16 Abs. 3 S. 2 Alt. 1)

17 Sofern die Versammlung im Inland stattfindet, wird – anknüpfend an den Versammlungsort – festgelegt, dass die Niederschrift durch einen **Notar** aufzunehmen ist. Die Kosten trägt wegen § 9 Abs. 4 der Schuldner. Der Notar muss während der Versammlung tatsächlich die Niederschrift fertigen, darf sich aber Hilfsmittel wie Tonbänder oder Stenographen ergänzend bedienen.[19]

---

[15] Regelungen über Abstimmungsverfahren zu Schuldverschreibungen in der Satzung des Emittenten sind wirkungslos, s. auch Preuße/*Kirchner* § 16 Rn. 44.

[16] Preuße/*Kirchner* § 16 Rn. 45 f.

[17] Veranneman/*Wasmann/Steber* § 16 Rn. 18 f.

[18] Preuße/*Kirchner* § 16 Rn. 49 ff.; Hopt/Seibt/*Binder* § 16 SchVG Rn. 31; *Schulenburg* Schutz der Minderheit im Schuldverschreibungsrecht S. 254; **aA** FK-SchVG/*Schmidtbleicher* § 16 Rn. 24; Veranneman/*Wasmann/Steber* § 16 Rn. 20.

[19] Preuße/*Kirchner* § 16 Rn. 69; **aA** Heidel AktR/*Müller* SchVG § 16 Rn. 5.

2. Versammlung im Ausland (§ 16 Abs. 3 S. 2 Alt. 2)

18 Liegt der Versammlungsort außerhalb Deutschlands, muss eine Niederschrift erstellt werden, die der durch einen deutschen Notar angefertigten Niederschrift **gleichwertig** ist. Es wird somit nicht darauf abgestellt, dass im Ausland eine Urkundsperson mit einer bestimmten Qualifikation die Niederschrift vornimmt, sondern vielmehr auf eine entsprechende Qualität der Niederschrift selbst. Daher muss im Ausland zwar nicht zwingend ein Notar die Niederschrift fertigen, aber der Schriftführer im Ausland muss über eine vergleichbare Qualifikation und Unabhängigkeit verfügen.[20]

3. Inhalt und Verfahren

19 Hinsichtlich des weiteren Inhalts der Niederschrift verweist § 16 Abs. 3 S. 3 auf das Aktiengesetz. Es gelten zunächst die inhaltlichen Anforderungen des **§ 130 Abs. 2 und Abs. 3 AktG.** Danach müssen Ort und Tag der Verhandlung, der Name des Notars (bei Versammlungen im Ausland der Name der entsprechenden Urkundsperson), Art und Ergebnis der Abstimmung sowie die Feststellung des Versammlungsleiters über die Beschlussfassung angegeben werden. Die Angaben zur Abstimmung umfassen die genaue Abstimmungsweise und den Zählmodus. Ferner muss angegeben werden, ob ein Antrag angenommen oder abgelehnt wurde.[21]

20 Bei börsennotierten Gesellschaften muss gemäß § 16 Abs. 3 S. 3 iVm § 130 Abs. 2 S. 2 AktG die Feststellung über die Beschlussfassung für jeden Beschluss auch die Zahl der Teilschuldverschreibungen (Stücke einer Gesamtemission), für die gültige Stimmen abgegeben wurden, der Anteil des durch die gültigen Stimmen vertretenen Nennbetrags der Anleihe sowie die Zahl der für einen Beschluss abgegebenen Stimmen, Gegenstimmen und gegebenenfalls die Zahl der Enthaltungen umfassen,[22] sofern sich nicht der Versammlungsleiter auf die Feststellung des Erreichens der erforderlichen Mehrheit beschränken darf, weil keiner der Gläubiger diese detaillierten Feststellungen gefordert hat. Sind die Belege über die Einberufung der Versammlung nicht unter Angabe ihres Inhalts in der Niederschrift aufgeführt, so sind sie der Niederschrift als Anlage beizufügen (§ 16 Abs. 3 S. 3 SchVG iVm § 130 Abs. 3 AktG).

20a Der Notar muss die Niederschrift eigenhändig **(§ 130 Abs. 4 AktG)** und unverzüglich in oder nach der Hauptversammlung unterschreiben.[23] Der Hinzuziehung von Zeugen bedarf es nicht.

4. Anspruch auf Abschrift (§ 16 Abs. 3 S. 4)

21 Gläubiger, die selbst oder durch Vertreter an der Versammlung teilgenommen haben, können innerhalb eines Jahres nach dem Tag der Versammlung von dem Schuldner eine Kopie der Niederschrift und ihrer Anlagen verlangen. Die Beschränkung auf die teilnehmenden Gläubiger ist vor dem Hintergrund des Gleichbehandlungsgebots unverständlich und entspricht nicht dem umfassenden Informationsbedürfnis aller Anleihegläubiger. Alle sonstigen Gläubiger sind daher auf öffentliche Bekanntmachungen und Internet-Veröffentlichungen hinsichtlich der Beschlüsse angewiesen (§ 17).

[20] BerlKommInsR/*Paul* SchVG § 16 Rn. 18; Preuße/*Kirchner* § 16 Rn. 65 (vergleichbare Qualifikation); FK-SchVG/*Schmidtbleicher* § 16 Rn. 33 (Unabhängigkeit des Schriftführers von Beteiligten der Versammlung); *Schulenburg* Schutz der Minderheit im Schuldverschreibungsrecht S. 237 (vergleichbare Qualifikation und Unabhängigkeit des Schriftführers von Beteiligten der Versammlung); Heidel AktR/*Müller* SchVG § 16 Rn. 5 (Befugnis zur Herstellung einer öffentlichen Urkunde); Veranneman/*Wasmann/Steber* § 16 Rn. 26 (vergleichbare Qualifikation und entsprechende Qualität der Niederschrift); Hopt/Seibt/*Binder* § 16 SchVG Rn. 37 (vergleichbare Qualifikation und entsprechende Qualität der Niederschrift).

[21] Ebenso Veranneman/*Wasmann/Steber* § 16 Rn. 27; FK-SchVG/*Schmidtbleicher* § 16 Rn. 29 ff.

[22] Ebenso Preuße/*Kirchner* § 16 Rn. 75; *Otto* DNotZ 2012, 809 (819); **aA** FK-SchVG/*Scamidtbleicher* § 16 Rn. 32 (entspr. Anwendung des § 130 Abs. 2 S. 2 AktG unabhängig von Börsennotierung).

[23] Veranneman/*Wasmann/Steber* § 16 Rn. 27.

22 Die für die Abschrift anfallenden Kosten hat der Schuldner zu tragen.[24] Eine öffentliche Bekanntmachung der Niederschrift oder eine Veröffentlichung der festgestellten Abstimmungsergebnisse[25] ist nicht erforderlich.

§ 17 Bekanntmachung von Beschlüssen

(1) [1]**Der Schuldner hat die Beschlüsse der Gläubiger auf seine Kosten in geeigneter Form öffentlich bekannt zu machen.** [2]**Hat der Schuldner seinen Sitz im Inland, so sind die Beschlüsse unverzüglich im Bundesanzeiger zu veröffentlichen; die nach § 50 Absatz 1 des Wertpapierhandelsgesetzes vorgeschriebene Veröffentlichung ist jedoch ausreichend.** [3]**Die Anleihebedingungen können zusätzliche Formen der öffentlichen Bekanntmachung vorsehen.**

(2) **Außerdem hat der Schuldner die Beschlüsse der Gläubiger sowie, wenn ein Gläubigerbeschluss die Anleihebedingungen ändert, den Wortlaut der ursprünglichen Anleihebedingungen vom Tag nach der Gläubigerversammlung an für die Dauer von mindestens einem Monat im Internet unter seiner Adresse oder, wenn eine solche nicht vorhanden ist, unter der in den Anleihebedingungen festgelegten Internetseite der Öffentlichkeit zugänglich zu machen.**

Schrifttum: S. die bei § 9 angegebene Literatur.

I. Regelungsgegenstand und -zweck

1 Werden auf einer Gläubigerversammlung oder durch eine Abstimmung ohne Versammlung Beschlüsse gefasst, ist der Emittent sowohl zu einer **öffentlichen Bekanntmachung** (§ 17 Abs. 1) als auch zu einer zumindest temporären **Veröffentlichung auf einer Internet-Seite** verpflichtet (§ 17 Abs. 2). Dies gilt auch dann, wenn nicht der Emittent, sondern ein gemeinsamer Vertreter oder die qualifizierte Gläubigerminderheit (§ 9 Abs. 2 S. 1) die Versammlung einberufen hat.[1] Die Regelung des § 17 trägt dem Informationsbedürfnis der Anleger Rechnung. Denn Mehrheitsbeschlüsse, die die Anleihebedingungen ändern, sind nach § 21 durch **Änderung oder Ergänzung der maßgeblichen Sammelurkunde** zu vollziehen.[2] Da Sammelurkunden bei einer deutschen Wertpapiersammelbank (Clearstream Banking AG), bei einer Verwahrstelle (*common depositary* oder *common safekeeper*[3]) der internationalen Clearingsysteme (Euroclear N. V./S. A., Brüssel, und Clear-

[24] So auch Preuße/*Kirchner* § 16 Rn. 80; *Wasmann/Steber* ZIP 2014, 2005 (2013).
[25] § 16 Abs. 3 S. 3 SchVG verweist nicht auf § 130 Abs. 6 AktG.
[1] Preuße/*Kirchner* § 16 Rn. 80.
[2] S. im Einzelnen die Kommentierung von § 21.
[3] Diese neuere Bezeichnung wird bei der Begebung von Anleihen in Form von *New Global Notes* (NGN) verwendet, s. *Bliesener* Beiträge für Hopt, 2008, 355 (367).

stream Banking S. A., Luxemburg) oder bei anderen Depositären verwahrt werden, können Investoren von Änderungen der Anleihebedingungen nicht ohne weiteres Kenntnis nehmen. Dies ist insbesondere für Gläubiger, die nicht an der Gläubigerversammlung teilgenommen haben und daher keinen Anspruch auf Erteilung einer Abschrift der Niederschrift haben (§ 16 Abs. 3), die einzige Möglichkeit, von den Beschlüssen zuverlässige Kenntnis zu erhalten.

II. Öffentliche Bekanntmachung

Gläubigerbeschlüsse sind einmalig „in geeigneter Form" öffentlich bekannt zu machen. 2
Die öffentliche Bekanntmachung hat unverzüglich (§ 121 Abs. 1 BGB) zu erfolgen.[4] Sie setzt nach § 20 Abs. 3 S. 1 die einmonatige Anfechtungsfrist in Gang. Der Emittent trägt die Kosten der Bekanntmachung (§ 17 Abs. 1 S. 1).

1. Veröffentlichung im Bundesanzeiger durch Schuldner mit Sitz im Inland

Hat der Schuldner seinen Sitz im Inland, schreibt das Gesetz eine **Bekanntmachung im** 3
Bundesanzeiger vor. Diese Veröffentlichung kann entfallen, wenn die nach **§ 50 Abs. 1 WpHG** vorgeschriebenen Veröffentlichungspflichten erfüllt werden. § 50 Abs. 1 S. 1 Nr. 1 lit. b WpHG iVm §§ 1 Nr. 11, 22, 3a–3c WpAV verpflichtet Inlandsemittenten (§ 2 Abs. 14 WpHG) im Hinblick auf Änderungen der Anleihebedingungen zur Veröffentlichung in Medien, die eine Verbreitung in der gesamten Europäischen Union und in den übrigen Vertragsstaaten des Abkommens über den Europäischen Wirtschaftsraum ermöglichen („Medienbündel"),[5] sowie die zeitgleiche Mitteilung dieser Veröffentlichung an die Bundesanstalt für Finanzdienstleistungsaufsicht (BaFin). Zusätzlich ist nach § 50 Abs. 1 S. 2 WpHG der Inhalt der Veröffentlichung unverzüglich nach der Veröffentlichung dem Unternehmensregister (§ 8b HGB) zur Speicherung zu übermitteln. § 17 Abs. 1 S. 2 Hs. 2 ist eine Rechtsgrundverweisung und setzt voraus, dass der Anleiheschuldner unter den Tatbestand des § 50 Abs. 1 WpHG fällt. Sollte dies ausnahmsweise nicht der Fall sein, reicht eine freiwillige Veröffentlichung nach den Vorschriften des WpHG und der WpAV nicht aus, sondern es verbleibt bei der Bekanntmachungspflicht nach Hs. 1.[6]

2. Veröffentlichung durch Schuldner mit Sitz im Ausland

Hat der Schuldner seinen Sitz im Ausland, enthält das Gesetz keine konkreten Vorgaben 4
zum Publikationsorgan. § 50 WpHG kommt nur in Betracht, wenn der Herkunftsstaat des Emittenten ein Mitgliedstaat der EU oder ein Vertragsstaat des EWR ist und die Schuldverschreibungen nur in Deutschland zum Handel an einem organisierten Markt zugelassen sind (§ 2 Abs. 14 Nr. 2 WpHG).[7] Teilweise wird empfohlen, sich an § 50 WpHG bzw. §§ 22, 3a, 3b WpAV zu orientieren.[8] Eine analoge Anwendung des § 17 Abs. 1 S. 2 auf ausländische Schuldner scheidet aus.[9] Die alleinige Veröffentlichung im Internet reicht nicht aus.[10] Aus der allgemeinen Anforderung, dass die Veröffentlichung in geeigneter

[4] Hinsichtlich der Bekanntmachung im Bundesanzeiger durch Emittenten mit Sitz im Inland verlangt das Gesetz eine unverzügliche Veröffentlichung. Dies gilt auch für sämtliche sonstigen Veröffentlichungen, um dem Zweck einer umfassenden und zeitgerechten Anlegerinformation zu entsprechen.

[5] Zu dieser Veröffentlichungspflicht allg. Habersack/Mülbert/Schlitt/*Kiem* Kapitalmarktinf-HdB § 12 Rn. 32 ff.; Schwark/Zimmer/*Heidelbach* WpHG § 30e Rn. 28 ff.; *Hutter/Kaulamo* NJW 2007, 471 (477).

[6] Veranneman/*Hofmeister* § 17 Rn. 6; Preuße/*Kirchner* § 17 Rn. 6; FK-SchVG/*Schmidtbleicher* § 17 Rn. 5; Hopt/Seibt/*Binder* § 17 SchVG Rn. 4; *Cagalj* Restrukturierung von Anleihen S. 278.

[7] Vgl. zur möglichen Richtlinienwidrigkeit Assmann/Schneider/*Mülbert* WpHG § 50 Rn 3 ff. mwN.

[8] Veranneman/*Hofmeister* § 17 Rn. 7; Preuße/*Kirchner* § 17 Rn. 7; FK-SchVG/*Schmidtbleicher* § 17 Rn. 9 f.

[9] **AA** FK-SchVG/*Schmidtbleicher* § 17 Rn. 10.

[10] Veranneman/*Hofmeister* § 17 Rn. 7; FK-SchVG/*Schmidtbleicher* § 17 Rn. 9.

Weise zu erfolgen hat, folgt derzeit noch das Gebot, eine oder mehrere Finanztageszeitungen oder andere Publikationsorgane mit möglichst weiter Verbreitung zu wählen, wobei im Regelfall mindestens ein Medium in der Sprache der Anleihebedingungen erscheinen sollte.[11]

3. Zusätzliche Veröffentlichung nach Maßgabe der Anleihebedingungen

5 Die Anleihebedingungen können die Veröffentlichung in weiteren Medien vorsehen. Typischerweise enthalten Anleihebedingungen Bestimmungen über die Bekanntmachung von Anlegerinformationen wie etwa die Ausübung von Kündigungsrechten oder periodisch festzustellenden Zinssätzen. Hat der Schuldner seinen Sitz im Inland, ersetzt die in den Anleihebedingungen statuierte Veröffentlichung in Medien nicht die Publikation im Bundesanzeiger oder nach Maßgabe des § 50 Abs. 1 WpHG.[12]

4. Inhalt der Bekanntmachung

6 Die öffentliche Bekanntmachung hat den Wortlaut der Beschlüsse der Gläubiger wiederzugeben. Zusätzliche Angaben sind nicht erforderlich. Insbesondere ist es nicht erforderlich, den Kontext zu beschreiben oder den ursprünglichen Text oder die geänderte oder ergänzte Fassung der Anleihebedingungen abzudrucken.[13]

III. Veröffentlichung im Internet

7 Zusätzlich zur öffentlichen Bekanntmachung hat der Schuldner für eine Veröffentlichung im Internet zu sorgen. Die Vorschrift spiegelt den aktuellen technischen Standard für den Zugang zu Finanz- und Investorenkommunikation wider. Der Emittent trägt die Kosten der Internet-Veröffentlichungen.[14]

1. Internet-Seite

8 Die Veröffentlichung hat auf der Internetseite (Homepage) des Emittenten zu erfolgen. Falls der Emittent (zB ein Tochtergesellschaft im Konzern oder uU eine Zweckgesellschaft im Rahmen von Verbriefungstransaktionen) nicht über eine eigene Internetseite verfügt, kann die Veröffentlichung auf einer in den Anleihebedingungen angegebenen Internetseite erfolgen.

2. Inhalt der Veröffentlichung

9 Die Veröffentlichung im Internet erlaubt angesichts der geringeren Kosten eine ausführlichere Information der Investoren. Daher ist neben dem Wortlaut der Beschlüsse zusätzlich der Wortlaut der ursprünglichen Anleihebedingungen wiederzugeben.[15] Dies soll dem Anleihegläubiger oder prospektiven Investor ein vollständiges Bild über den jeweils aktuellen Stand der Anleihebedingungen vermitteln.

---

[11] So auch Heidel AktR/*Müller* SchVG § 17 Rn. 2.

[12] So auch FK-SchVG/*Schmidtbleicher* § 17 Rn. 6.

[13] *E contrario* § 17 Abs. 2; *Wasmann/Steber* ZIP 2014, 2005 (2012); *Cagalj* Restrukturierung von Anleihen S. 279; **aA** Preuße/*Kirchner* § 17 Rn. 4.

[14] Die Kostentragung ist in § 17 Abs. 1 S. 1 ausdrücklich für öffentliche Bekanntmachungen bestimmt, gilt aber auch für Internet-Veröffentlichungen, soweit dabei Kosten entstehen. IErg ebenso Veranneman/*Hofmeister* § 17 Rn. 2; FK-SchVG/*Schmidtbleicher* § 17 Rn. 12.

[15] FK-SchVG/*Schmidtbleicher* § 17 Rn. 11 beschränkt die Mitteilungspflicht entgegen Wortlaut und Sinn der Vorschrift auf die Angabe (nur) der „geänderten Bedingung".

3. Dauer der Veröffentlichung im Internet

Das Gesetz schreibt als **Mindestdauer** der Veröffentlichung im Internet **einen Monat** vom Tag nach der Gläubigerversammlung an vor. Es ist im Sinne einer umfassenden Anlegerinformation wünschenswert, dem Investorenpublikum während der gesamten Laufzeit der Anleihe einen permanenten Zugriff auf die jederzeit aktuelle Fassung der Anleihebedingungen zu ermöglichen.[16] 10

IV. Rechtsfolgen von Publikationsmängeln

Das Versäumnis der nach § 17 vorgeschriebenen Publikationen oder eine fehlerhafte Publikation stellt eine Gesetzesverletzung durch den Schuldner dar. Daraus können sich uU **Schadensersatzansprüche** der Anleihegläubiger ergeben. Eine **Anfechtung** der zugrundeliegenden Beschlüsse nach § 20 ist gleichwohl **nicht eröffnet,** weil der Beschluss an sich weder das Gesetz noch die Anleihebedingungen verletzt.[17] § 20 Abs. 2 Nr. 2 bezieht sich auf die Bekanntmachung der Tagesordnung nach § 13 Abs. 2 S. 1, nicht auf Beschlüsse der Gläubigerversammlung.[18] 11

§ 18 Abstimmung ohne Versammlung

(1) **Auf die Abstimmung ohne Versammlung sind die Vorschriften über die Einberufung und Durchführung der Gläubigerversammlung entsprechend anzuwenden, soweit in den folgenden Absätzen nichts anderes bestimmt ist.**

(2) **[1]Die Abstimmung wird vom Abstimmungsleiter geleitet. [2]Abstimmungsleiter ist ein vom Schuldner beauftragter Notar oder der gemeinsame Vertreter der Gläubiger, wenn er zu der Abstimmung aufgefordert hat, oder eine vom Gericht bestimmte Person. [3]§ 9 Absatz 2 Satz 2 ist entsprechend anwendbar.**

(3) **[1]In der Aufforderung zur Stimmabgabe ist der Zeitraum anzugeben, innerhalb dessen die Stimmen abgegeben werden können. [2]Er beträgt mindestens 72 Stunden. [3]Während des Abstimmungszeitraums können die Gläubiger ihre Stimme gegenüber dem Abstimmungsleiter in Textform abgeben. [4]In den Anleihebedingungen können auch andere Formen der Stimmabgabe vorgesehen werden. [5]In der Aufforderung muss im Einzelnen angegeben werden, welche Voraussetzungen erfüllt sein müssen, damit die Stimmen gezählt werden.**

(4) **[1]Der Abstimmungsleiter stellt die Berechtigung zur Stimmabgabe anhand der eingereichten Nachweise fest und erstellt ein Verzeichnis der stimmberechtigten Gläubiger. [2]Wird die Beschlussfähigkeit nicht festgestellt, kann der Abstimmungsleiter eine Gläubigerversammlung einberufen; die Versammlung gilt als zweite Versammlung im Sinne des § 15 Absatz 3 Satz 3. [3]Über jeden in der Abstimmung gefassten Beschluss ist eine Niederschrift aufzunehmen; § 16 Absatz 3 Satz 2 und 3 gilt entsprechend. [4]Jeder Gläubiger, der an der Abstimmung teilgenommen hat, kann binnen eines Jahres nach Ablauf des Abstimmungszeitraums von dem Schuldner eine Abschrift der Niederschrift nebst Anlagen verlangen.**

(5) **[1]Jeder Gläubiger, der an der Abstimmung teilgenommen hat, kann gegen das Ergebnis schriftlich Widerspruch erheben binnen zwei Wochen nach Bekanntmachung der Beschlüsse. [2]Über den Widerspruch entscheidet der Abstimmungsleiter. [3]Hilft er dem Widerspruch ab, hat er das Ergebnis unverzüglich bekannt zu machen; § 17 gilt**

[16] Ebenso Heidel AktR/*Müller* SchVG § 17 Rn. 3.

[17] Ebenso Preuße/*Kirchner* § 17 Rn. 11; Heidel AktR/*Müller* SchVG § 17 Rn. 4; Hopt/Seibt/*Binder* § 17 SchVG Rn. 9.

[18] Wie hier Preuße/*Vogel* § 20 Rn. 43; **aA** Preuße/*Kirchner* § 17 Rn. 5.

entsprechend. [4]Hilft der Abstimmungsleiter dem Widerspruch nicht ab, hat er dies dem widersprechenden Gläubiger unverzüglich schriftlich mitzuteilen.

(6) **Der Schuldner hat die Kosten einer Abstimmung ohne Versammlung zu tragen und, wenn das Gericht einem Antrag nach § 9 Absatz 2 stattgegeben hat, auch die Kosten des Verfahrens.**

Schrifttum: S. die bei § 9 angegebene Literatur.

I. Regelungsgegenstand und -zweck

1 Nach § 18 können Abstimmungen der Anleihegläubiger auch ohne eine Versammlung abgehalten werden. Anders als bei der Hauptversammlung der Aktiengesellschaft ist der Hauptzweck einer Versammlung der Anleihegläubiger die Abstimmung über Beschlussvorschläge zur Änderung der Anleihebedingungen. Dieser Zweck kann auch durch eine reine Abstimmung ohne Versammlung erreicht werden. Daher konstituiert § 18 kein Parallelverfahren zur Hauptversammlung im Wege elektronischer Kommunikation nach § 118 Abs. 1 S. 2 AktG, sondern begründet ein **vereinfachtes Abstimmungsverfahren ohne physische Präsenz der Telnehmer,**[1] das einer Beschlussfassung im Rahmen einer Gläubigerversammlung in seinem Anwendungsbereich und seiner Wirksamkeit gleichwertig ist.

2 Wenn die Anleihebedingungen Gläubigerbeschlüsse nach §§ 5 ff. vorsehen, kann zugleich festgelegt werden, dass Beschlüsse ausschließlich im Rahmen von Versammlungen oder ohne Versammlung gefasst werden (§ 5 Abs. 6). Die Wahl der einen oder anderen Beschlussform schließt die Durchführung einer Abstimmung in der abgewählten Form – abgesehen von dem Fall einer Versammlung im Anschluss an eine wegen Beschlussunfähig-

[1] **AA** *Liebenow* SchVG als Anleiheorganisationsrecht S. 154, der die Abstimung ohne Versammlung als „virtuelles Pendant zur Präsenzversammlung" ansieht.

keit gescheiterte Abstimmung ohne Versammlung – aus. Die Anleihebedingungen können aber auch vorsehen, dass beide Formen der Abstimmung zulässig sind.[2]

§ 18 erlaubt die Stimmabgabe der Anleihegläubiger während eines angegebenen Abstimmungszeitraums. Auf die Abstimmung ohne Versammlung sind vorbehaltlich der Sonderregeln des § 18 Abs. 2–6 die Regeln über die Einberufung und Durchführung der Gläubigerversammlung entsprechend anzuwenden (§ 18 Abs. 1). 3

II. Entsprechend anwendbare Vorschriften und Sonderregeln der Abstimmung ohne Versammlung

1. Aufforderung zur Stimmabgabe (§ 18 Abs. 3 S. 1, Abs. 1 iVm § 9)

Die **Aufforderung zur Stimmabgabe** ersetzt die Einberufung der Versammlung.[3] Zuständig für die Aufforderung ist entsprechend § 9 Abs. 1–3 der Schuldner, der gemeinsame Vertreter oder nach Ermächtigung durch das Gericht eine qualifizierte Gläubigerminderheit.[4] 4

Der in der Aufforderung anzugebende **Abstimmungszeitraum** muss mindestens 72 Stunden betragen. Da die Stimmabgabe innerhalb des Abstimmungszeitraums beim Abstimmungsleiter zugehen muss, ist die Wahl eines angemessenen Zeitraums zweckmäßig, der bei entsprechender Streuung der Investoren die Übermittlungsdauer von Orten außerhalb in- oder ausländischer Finanzzentren berücksichtigt.[5] 5

2. Frist, Anmeldung, Nachweis, Abstimmungszeitraum (§ 18 Abs. 1 iVm § 10)

Die vierzehntägige Frist für die Aufforderung der Stimmabgabe (§ 10 Abs. 1) beginnt mit dem Tag, in den der Beginn des mindestens 72 Stunden dauernden Abstimmungszeitraums fällt, welcher insoweit den Termin der Versammlung ersetzt.[6] Anmeldungs- und Nachweiserfordernisse des § 10 sind entsprechend anzuwenden. 6

Abgegebene Stimmen müssen dem Abstimmungsleiter innerhalb des Abstimmungszeitraums zugehen. Die Erfüllung dieser scheinbar einfachen Gültigkeitsvoraussetzung stößt in der Praxis auf Schwierigkeiten. Insbesondere zu frühe und deshalb unwirksame Stimmabgaben kommen vor, weil die Aufforderung zur Stimmabgabe mindestens 14 Tage vor Beginn des Abstimmungszeitraums erfolgt und die Details des Abstimmungsprozesses nicht immer vollständig zur Kenntnis genommen werden. Um dieses Problem zu vermeiden, empfiehlt sich die **Benennung eines Stimmrechtsvertreters** (§ 14 Abs. 2 S. 2), den die Anleihegläubiger zur Stimmabgabe bevollmächtigen. Die Vollmachterteilung ist an keinen Zeitraum gebunden und kann unmittelbar mit der Aufforderung beginnen. Der Stimmrechtsvertreter trägt dann für die eigentliche Stimmabgabe innerhalb des Abstimmungszeitraums Sorge. 7

3. Inhalt und Bekanntmachung der Aufforderung zur Stimmabgabe (§ 18 Abs. 3 S. 1, Abs. 1 iVm § 12)

Die allgemeinen Regeln zum Inhalt und zur Bekanntmachung der Einberufung sind auf die Aufforderung zur Stimmabgabe entsprechend anzuwenden. In der Aufforderung zur Stimmabgabe sind die Voraussetzungen anzugeben, unter denen die abgegebenen Stimmen 8

[2] → § 5 Rn. 100; Veranneman/*Hofmeister* § 18 Rn. 5, 7; § 5 Rn. 42; *Schlitt/Schäfer* AG 2009, 477 (481); Preuße/*Kirchner* § 18 Rn. 6 f.

[3] BegrRegE SchVG, BT-Drs. 16/12814, 24 li. Sp.

[4] Preuße/*Kirchner* § 18 Rn. 11; Veranneman/*Hofmeister* § 18 Rn. 9.

[5] BegrRegE SchVG, BT-Drs. 16/12814, 24 li. Sp. (Berücksichtigung der Postlaufzeiten).

[6] Preuße/*Kirchner* § 18 Rn. 16.

gezählt werden (§ 18 Abs. 3 S. 5). Dies betrifft neben Fragen zur Anmeldung und Legitimation insbesondere den **Abstimmungszeitraum** und die **Form der Stimmabgabe.** Die Stimmabgabe hat in **Textform** (§ 18 Abs. 3 S. 3 iVm § 126b BGB) zu erfolgen. Danach kann sie auf dem **Postweg** oder durch **elektronische Kommunikationsmittel** (zB E-Mail oder gegebenenfalls über die Clearingsysteme) übermittelt werden. Die Anleihebedingungen können weitere Formen der Stimmabgabe zulassen.

9 In der internationalen Praxis[7] kommt regelmäßig ein **elektronisches Abtimmungsverfahren** zur Anwendung, Dabei besteht eine besondere Herausforderung darin, die im SchVG vorgegebenen Verfahrens- und Formverschriften, insbesondere das Erfordernis der notariellen Beurkundung von Beschlüssen, mit der elektronischen Abstimmung in Einklang zu bringen.[8] Das angewandte Verfahren muss für den Notar nachvollziehbar sein und sicherstellen, dass nur Inhaber der betreffenden Schuldverschreibungen nach Maßgabe ihres Gesamtnennwerts an der Abstimmug teilnehmen können und die dem Stimmrecht zu Grunde liegenden Schuldverschreibungen während des Abstimmungsprozesses gesperrt bleiben, um die doppelte Ausübung des Stimmrechts auszuschließen.

10 Anstatt des Versammlungsortes ist die postalische oder elektronische Adresse oder der sonstige Ort anzugeben, an dem der Versammlungsleiter den Zugang der Stimmabgaben erwartet.

4. Tagesordnung, Vertretung (§ 18 Abs. 1 iVm §§ 13, 14)

11 Die Bestimmungen der §§ 13 und 14 über die Tagesordnung und Vertretungsregeln sind auf die Abstimmung ohne Versammlung entsprechend anzuwenden.[9] Zu beachten ist, dass **Gegenanträge** vor Beginn des Abstimmungszeitraums tatsächlich gestellt werden müssen; eine bloße Ankündigung verpflichtet den Emittenten nicht, diese auch bei der Abstimmung ohne Versammlung nach § 13 Abs. 4 zugänglich zu machen.[10]

5. Abstimmungsleitung, Beschlussfähigkeit (§ 18 Abs. 2, Abs. 1 iVm § 15 Abs. 2 und 3)

12 **a) Abstimmungsleiter.** Bei der Abstimmung ohne Versammlung tritt der **Abstimmungsleiter** an die Stelle des Vorsitzenden der Versammlung (§ 18 Abs. 2 S. 1). Während bei der Präsenzversammlung der Einberufende zugleich den Vorsitz führt, ist im Rahmen der Abstimmung ohne Versammlung Abstimmungsleiter ein vom Schuldner beauftragter Notar oder der gemeinsame Vertreter der Gläubiger (§ 18 Abs. 2 S. 2) oder (im Falle des § 9 Abs. 2) eine vom Gericht bestimmte Person. Die Bestellung eines Notars zum Abstimmungsleiter bezweckt, eine einseitige Bindung des Abstimmungsleiters an die Interessen des Schuldners zu vermeiden.[11] Der Schuldner kann dabei sowohl einen deutschen als auch einen nach Ausbildung und Stellung vergleichbaren ausländischen Notar[12] mit der Abstimmungsleitung beauftragen.

13 **b) Feststellung der Stimmberechtigung und Beschlussfähigkeit.** Auf der Grundlage der eingereichten Nachweise hat der Abstimmungsleiter die Berechtigung zur Stimm-

[7] S. den Praxisfall der Consent Solicitations der RWE/Innogy Finance B. V., abrufbar unter www.bundesanzeiger.de.

[8] *Mühe* BKR 2017, 50 (51).

[9] Vgl. hierzu ausführlich *Bertelmann/Schönen* ZIP 2014, 353 (354 ff.).

[10] Veranneman/*Hofmeister* § 18 Rn. 13b; FK-SchVG/*Wöckener* § 18 Rn. 9; *Bertelmann/Schönen* ZIP 2014, 353 (355). Vgl. auch Arbeitskreis Reform des Schuldverschreibungsrechts ZIP 2014, 845 (847, 854).

[11] Veranneman/*Hofmeister* § 18 Rn. 18.

[12] Veranneman/*Hofmeister* § 18 Rn. 18; *Horn* BKR 2009, 446 (452); Preuße/*Kirchner* § 18 Rn. 12. Weitergehend FK-SchVG/*Wöckener* § 18 Rn. 12 (ausländischer Notar darf ungeachtet seiner Sachkunde grds. als Abstimmungsleiter berufen werden). **AA** Heidel AktR/*Müller* SchVG § 18 Rn. 3; Hopt/Seibt/*v. Wissel/Diehn* § 18 SchVG Rn. 47; ebenfalls krit. *Horn* ZHR 173 (2009), 12 (60 f.).

abgabe festzustellen und ein **Verzeichnis** der stimmberechtigten Gläubiger zu erstellen (§ 18 Abs. 4 S. 1). Hierfür gilt § 15 Abs. 2 S. 2 und 3.

Sodann hat der Abstimmungsleiter an Hand der ihm während des Abstimmungszeitraums zugegangenen Stimmerklärungen festzustellen, ob **Beschlussfähigkeit** erreicht wurde.[13] Dabei zählen sämtliche Äußerungen, auch wenn es sich um Enthaltungen oder ungültige Stimmerklärungen handelt. Wurde die Beschlussfähigkeit nicht erreicht, hat der Abstimmungsleiter das Recht, eine **Gläubigerversammlung** einzuberufen, die **als zweite Versammlung** im Sinne des § 15 Abs. 3 S. 3 (§ 18 Abs. 4 S. 2 Hs. 2) gilt.[14] Falls ein vom Schuldner beauftragter Notar als Abstimmungsleiter fungiert, hat dieser – gegebenenfalls mit Unterstützung des ihn beauftragenden Schuldners – die Gläubigerversammlung einzuberufen.[15] 14

6. Abstimmung, Niederschrift, Bekanntmachung (§ 18 Abs. 4, Abs. 1 iVm § 16 Abs. 2 und 3, § 17)

a) Zugang und Prüfung der Stimmerklärung und Nachweise der Stimmberechtigung. Die Stimmabgabe muss dem Abstimmungsleiter innerhalb des Abstimmungszeitraumes **zugehen.**[16] Hierfür trägt der Gläubiger das Risiko; zu früh oder zu spät zugegangene Stimmen werden nicht gezählt.[17] 15

Mit der Stimmabgabe muss dem Abstimmungsleiter der **Nachweis der Stimmberechtigung** zugehen.[18] Dies geschieht in der Regel durch einen Sperrvermerk des depotführenden Instituts (§ 10 Abs. 3 S. 2).[19] 16

Nach der Gesetzesbegründung haben der Abstimmungsleiter und der Schuldner die **„Integrität und Authentizität“** der Stimmabgabe sicherzustellen.[20] Damit ist die sorgfältige Prüfung von Stimmerklärungen und Nachweisen gemeint, um den Einfluss von Fälschungen und Manipulationen auf die Abstimmung zu verhindern. Soweit in den Anleihebedingungen oder der Aufforderung zur Stimmabgabe zulässige elektronische Kommunikationswege vorgesehen sind, hat der Abstimmungsleiter die technischen Vorkehrungen für eine vor unberechtigtem Zugriff geschützte Datenübertragung zu treffen.[21] In der **Praxis** kann es vorkommen, dass der vorgelegte Nachweis nicht aussagekräftig, lückenhaft oder fehlerhaft ist. Zweifelt der Abstimmungsleiter an der Richtigkeit des Nachweises oder ist dieser offensichtlich unrichtig, so ist er verpflichtet, im Rahmen des zeitlich und tatsächlich Zumutbaren auf die Einreichung eines korrekten Nachweises hinzuwirken.[22] Bei Zweifeln an der Richtigkeit obliegt dem Abstimmungsleiter eine Nachforschungspflicht. Im Fall der offensichtlichen Unrichtigkeit hat er durch Benachrichtigung des Gläubigers oder der Depotbank die Übermittlung eines korrekten Nachweises zu veranlassen.[23] 17

---

[13] Vgl. Veranneman/*Hofmeister* § 18 Rn. 14.

[14] Krit. zur fehlenden Möglichkeit einer zweiten Abstimmung ohne Versammlung, FK-SchVG/*Wöckener* § 18 Rn. 20.

[15] Ebenso FK-SchVG/*Wöckener* § 18 Rn. 19; **aA** Veranneman/*Hofmeister* § 18 Rn. 30; Preuße/*Kirchner* § 18 Rn. 27; Heidel AktR/*Müller* SchVG § 18 Rn. 4, die gegen den eindeutigen Gesetzeswortlaut (§ 18 Abs. 4 S. 2 SchVG) eine „berichtigende“ Auslegung befürworten, nach der der Schuldner selbst zur Einberufung verpflichtet sein soll. *De lege ferenda* in diesem Sinne auch Arbeitskreis Reform des Schuldverschreibungsrechts ZIP 2014, 845 (847, 854).

[16] Veranneman/*Hofmeister* § 18 Rn. 20; FK-SchVG/*Wöckener* § 18 Rn. 25.

[17] BerlKommInsR/*Paul* SchVG § 18 Rn. 10; Preuße/*Kirchner* § 18 Rn. 21; FK-SchVG/*Wöckener* § 18 Rn. 28 f.; Heidel AktR/*Müller* SchVG § 18 Rn. 4 SchVG; Hopt/Seibt/*v. Wissel/Diehn* § 18 SchVG Rn. 106.

[18] *Schmidtbleicher* Die Anleihegläubigermehrheit S. 185; FK-SchVG/*Wöckener* § 18 Rn. 31.

[19] → § 10 Rn. 15.

[20] BegrRegE SchVG, BT-Drs. 16/12814, 24 re. Sp.

[21] Veranneman/*Hofmeister* § 18 Rn. 27.

[22] *Mühe* BKR 2017, 50 (53); ähnlich Hopt/Seibt/*v. Wissel/Diehn* § 18 SchVG Rn. 161.

[23] *Mühe* BKR 2017, 50 (53).

18 **b) Auszählung und Niederschrift.** Wurde die Beschlussfähigkeit erreicht, zählt der Abstimmungsleiter die Stimmen aus (§ 16 Abs. 2 iVm § 18 Abs. 1) und lässt durch einen Notar (§ 16 Abs. 3 S. 2 iVm § 18 Abs. 1),[24] der mit dem Abstimmungsleiter identisch sein kann,[25] zu jedem gefassten Beschluss eine Niederschrift aufnehmen. Die **Niederschrift** ist Gültigkeitsvoraussetzung für den Beschluss.[26] **Widersprüchliche Stimmen** sind zunächst auszulegen; führt dies zu keinem Ergebnis, werden sie nicht gezählt.[27] Wird aus derselben Teilschuldverschreibung etwa in Folge ihrer Veräußerung **mehrfach abgestimmt,** zählt nur die erste Stimme.[28]

19 **c) Bekanntmachung.** § 17 ist auf Beschlüsse, die durch Abstimmung ohne Versammlung zustande kommen, entsprechend anzuwenden.[29]

7. Beschlusskontrolle (§ 18 Abs. 5)

20 § 18 Abs. 5 S. 1 regelt den **Widerspruch** gegen das Ergebnis der Abstimmung etwa wegen Mängeln beim Zustandekommen des Beschlusses[30] wie zB Zählfehlern oder der Berücksichtigung ungültiger Stimmen.[31] Die unterschiedliche Fassung des § 18 Abs. 5 S. 1 (Widerspruch gegen das Ergebnis) und des § 20 Abs. 1 S. 1 (Anfechtung des Beschlusses) wirft Fragen auf. Denn einerseits ist davon auszugehen, dass § 18 Abs. 5 S. 1 inhaltliche Beschlussmängel nicht erfasst. Andererseits ist aber zu berücksichtigen, dass die Anfechtungsbefugnis des an der Abstimmung teilnehmenden Gläubigers nach § 20 Abs. 2 Nr. 1 die Erklärung eines Widerspruchs voraussetzt. Die Erhebung eines Widerspruchs muss daher auch bei inhaltlichen Beschlussmängeln möglich sein. Da eine Erhebung zur Niederschrift entsprechend § 245 Nr. 1 AktG wie im Fall einer Gläubigerversammlung nicht möglich ist, wird in diesen Fällen § 18 Abs. 5 entsprechend anzuwenden sein.[32]

21 Zur Einlegung des Widerspruchs befugt ist jeder an der Abstimmung teilnehmende Gläubiger (§ 18 Abs. 5 S. 1). Dieser hat den Widerspruch schriftlich binnen zwei Wochen nach Bekanntmachung der Beschlüsse zu erklären (§ 18 Abs. 5 S. 1). Der Abstimmungsleiter ist gehalten, innerhalb der Frist des § 20 Abs. 3 S. 1 über den Widerspruch zu entscheiden[33] und bei Erfolg des Widerspruchs diesem abzuhelfen, seine Entscheidung wie einen Beschluss bekannt zu machen (§ 18 Abs. 5 S. 3 iVm § 17) und die Niederschrift entsprechend zu ergänzen.[34] Im Falle der Ablehnung hat der Abstimmungsleiter den widersprechenden Gläubiger unverzüglich zu unterrichten (§ 18 Abs. 5 S. 4). Aus der gerichtlichen Zuständigkeit für Anfechtungsklagen folgt, dass der Abstimmungsleiter jedenfalls der Rüge inhaltlicher Mängel des Beschlussergebnisses nicht abhelfen darf.

22 Legt ein **weiterer Gläubiger** Widerspruch gegen die Abhilfeentscheidung ein, gilt § 18 Abs. 5 entsprechend.[35]

---

[24] An die Stelle des Ortes der Gläubigerversammlung tritt der Geschäftssitz des Schuldners, vgl. Veranneman/*Hofmeister* § 18 Rn. 34.

[25] FK-SchVG/*Wöckener* § 18 Rn. 22; Heidel AktR/*Müller* SchVG § 18 Rn. 4. *Schmidtbleicher* Die Anleihegläubigermehrheit S. 185 geht davon aus, dass der Abstimmungsleiter selbst über jeden Beschluss eine Niederschrift anfertigen muss; **aA** Preuße/*Kirchner* § 18 Rn. 32, der jedoch betont, dass eine Trennung nicht zwingend im Gesetz „verankert" ist; *Cagalj* Restrukturierung von Anleihen S. 289.

[26] Preuße/*Kirchner* § 18 Rn. 30.

[27] Veranneman/*Hofmeister* § 18 Rn. 32a.

[28] Veranneman/*Hofmeister* § 18 Rn. 33.

[29] Ebenso FK-SchVG/*Wöckener* § 18 Rn. 22.

[30] Preuße/*Kirchner* § 18 Rn. 38.

[31] Veranneman/*Hofmeister* § 18 Rn. 38; FK-SchVG/*Wöckener* § 18 Rn. 36.

[32] Veranneman/*Hofmeister* § 18 Rn. 38 f. Vgl. auch Preuße/*Kirchner* § 18 Rn. 37; FK-SchVG/*Wöckener* § 18 Rn. 36

[33] Veranneman/*Hofmeister* § 18 Rn. 40.

[34] Veranneman/*Hofmeister* § 18 Rn. 41.

[35] Veranneman/*Hofmeister* § 18 Rn. 43; FK-SchVG/*Wöckener* § 18 Rn. 40; einschränkend Heidel AktR/*Müller* SchVG § 18 Rn. 6; **aA** FK-SchVG/*Friedl* § 20 Rn. 57 (Widerspruch gegen Abhilfeentscheidung nicht erforderlich, sondern sofortige Anfechtungsklage möglich).

8. Kostentragung (§ 18 Abs. 6)

23 Der Schuldner trägt die **Kosten** der Abstimmung ohne Versammlung und gegebenenfalls die Kosten des Verfahrens nach § 9 Abs. 2. Diese Regelung entspricht inhaltlich § 9 Abs. 4.[36] Die **Kosten** des Widerspruchsverfahrens trägt ebenfalls der Schuldner.[37]

III. Unanwendbare Vorschriften der §§ 9–17

1. Verdrängte und irrelevante Regeln

24 Einzelne Vorschriften der §§ 9–17 werden von Sonderregeln als *lex specialis* verdrängt, zB § 15 Abs. 1 durch § 18 Abs. 2. Darüber hinaus sind für die Abstimmung ohne Versammlung solche Vorschriften nicht relevant und daher nicht entsprechend anzuwenden, die die physische Präsenz der Teilnehmer voraussetzen oder spezifisch regeln. Dazu gehört § 11, der den Ort der Versammlung zum Gegenstand hat. Ferner ist § 12 Abs. 1, soweit in der Aufforderung zur Abstimmung Zeit und Ort anzugeben sind, im Verfahren nach § 18 nicht anzuwenden.[38]

2. Keine Auskunftspflicht während der Abstimmung ohne Versammlung

25 Das Auskunftsrecht des Anleihegläubigers nach § 16 Abs. 1 gilt nicht allgemein, sondern nur im Rahmen einer Gläubigerversammlung. Gläubiger, die an einer Abstimmung ohne Versammlung teilnehmen, können sich auf diese Vorschrift, auf die nach dem Wortlaut des § 18 Abs. 1 für Zwecke der Abstimmung ohne Versammlung verwiesen wird, nicht berufen. Das folgt insbesondere aus dem Schutz der Gleichbehandlung aller Anleihegläubiger im Hinblick auf Auskünfte zu Beschlussgegenständen, die die kollektive Bindung der Schuldverschreibungen betreffen können. Im Rahmen einer Abstimmung ohne Versammlung steht dem Anleihegläubiger daher kein Auskunftsrecht zu.[39]

26 Bei einer Präsenzversammlung kann ein Gläubiger dem Schuldner einzelne Fragen und Auskunftsersuchen bereits vor der Versammlung mitteilen. Die Beantwortung erfolgt jedoch innerhalb der Versammlung und stellt dadurch einen gleichmäßigen Informationsstand aller abstimmenden Gläubiger oder ihrer Vertreter vor der Abstimmung sicher. Bei der Abstimmung ohne Versammlung könnte hingegen während eines laufenden Abstimmungszeitraums weder die rechtzeitige Beantwortung noch die Übermittlung der Antworten und Auskünfte an alle Gläubiger **vor** ihrer Stimmabgabe gewährleistet werden.

IV. Reformvorschläge

27 Der **Reformentwurf**[40] enthält eine Reihe von Vorschlägen zur Ergänzung und Änderung der Bestimmungen des § 18.

28 Zunächst wird vorgeschlagen zu bestimmen, dass die **Auskunftspflicht des Schuldners** gem. § 16 Abs. 1 und das damit korrespondierende Auskunftsrecht der Gläubiger im Rahmen einer Abstimmung ohne Versammlung keine Anwendung findet. Zu diesem

[36] BegrRegE SchVG, BT-Drs. 16/12814, 25 li. Sp.
[37] Veranneman/*Hofmeister* § 18 Rn. 44; **aA** Heidel AktR/*Müller* SchVG § 18 Rn. 6 (nur sofern Widerspruch Erfolg hat).
[38] BegrRegE SchVG, BT-Drs. 16/12814, 24 li. Sp.
[39] Veranneman/*Wasmann/Steber* § 16 Rn. 4; Veranneman/*Hofmeister* § 18 Rn. 15; Heidel AktR/*Müller* SchVG § 18 Rn. 5; *Schulenburg* Schutz der Minderheit im Schuldverschreibungsrecht S. 215; *Bertelmann/Schönen* ZIP 2014, 353 (358 f., 363, die sich jedoch *de lege ferenda* für ein Auskunftsrecht aussprechen); **aA** Preuße/*Kirchner* § 18 Rn. 28; FK-SchVG/*Wöckener* § 18 Rn. 21; *Liebenow* SchVG als Anleiheorganisationsrecht S. 158; iErg wohl auch Hopt/Seibt/*v. Wissel/Diehn* § 18 SchVG Rn. 172 ff.
[40] Arbeitskreis Reform des Schuldverschreibungsrechts ZIP 2014, 845 (847); → Einl. Rn 46 ff.

Zweck soll nach § 18 Abs. 1 ein neuer Abs. 2 eingefügt werden, der bestimmt, dass § 16 Abs. 1 keine Anwendung findet.

29 Weiter soll durch einen neuen Abs. 3 in § 18 bestimmt werden, dass **Ergänzungsverlangen** iSd § 13 Abs. 3 S. 1 sowie **Gegenanträge** spätestens am dritten Tag vor dem Tag, auf den der Beginn des Abstimmungszeitraums fällt, bekannt gemacht sein müssen, und zwar in den gleichen Medien wie die Aufforderung zur Stimmabgabe selbst (vgl. § 18 Abs. 1, § 12 Abs. 2). Gegenanträge sollen in der Reihenfolge des Eingangs beim Einberufenden bekannt gemacht und in eben dieser Reihenfolge zur Abstimmung gestellt werden, so dass der Antrag des Einberufenden bzw. ein Gegenantrag angenommen ist, auch wenn ein zeitlich späterer Gegenantrag eine größere Stimmenmehrheit erhält **(Prioritätsprinzip).**

30 Schließlich soll § 18 Abs. 4 S. 2 dahin geändert werden, dass das Recht zur **Einberufung einer Gläubigerversammlung** im Anschluss an eine Abstimmung ohne Versammlung mit fehlender Beschlussfähigkeit **nicht dem Abstimmungsleiter,** sondern dem *„Einberufenden der Abstimmung ohne Versammlung“* zusteht.

§ 19 Insolvenzverfahren

(1) [1] **Ist über das Vermögen des Schuldners im Inland das Insolvenzverfahren eröffnet worden, so unterliegen die Beschlüsse der Gläubiger den Bestimmungen der Insolvenzordnung, soweit in den folgenden Absätzen nichts anderes bestimmt ist.** [2] **§ 340 der Insolvenzordnung bleibt unberührt.**

(2) [1] **Die Gläubiger können durch Mehrheitsbeschluss zur Wahrnehmung ihrer Rechte im Insolvenzverfahren einen gemeinsamen Vertreter für alle Gläubiger bestellen.** [2] **Das Insolvenzgericht hat zu diesem Zweck eine Gläubigerversammlung nach den Vorschriften dieses Gesetzes einzuberufen, wenn ein gemeinsamer Vertreter für alle Gläubiger noch nicht bestellt worden ist.**

(3) **Ein gemeinsamer Vertreter für alle Gläubiger ist allein berechtigt und verpflichtet, die Rechte der Gläubiger im Insolvenzverfahren geltend zu machen; dabei braucht er die Schuldurkunde nicht vorzulegen.**

(4) **In einem Insolvenzplan sind den Gläubigern gleiche Rechte anzubieten.**

(5) **Das Insolvenzgericht hat zu veranlassen, dass die Bekanntmachungen nach den Bestimmungen dieses Gesetzes zusätzlich im Internet unter der durch § 9 der Insolvenzordnung vorgeschriebenen Adresse veröffentlicht werden.**

Schrifttum: *Antoniadis,* Kosten und Auslagen des gemeinsamen Vertreters von Anleihegläubigern im Insolvenzverfahren über das Vermögen des Emittenten, NZI 2014, 785; *Bliesener,* Interventionsmechanismen nach dem deutschen Restrukturierungsgesetz, in: *Kenadjian* (Hrsg.), Too Big To Fail – Brauchen wir ein Sonderinsolvenzrecht für Banken?, 2011, 129; *Brenner,* Die Vergütung des gemeinsamen Vertreters nach § 7 VI SchVG außerhalb und in der Insolvenz des Emittenten, NZI 2014, 789; *Cagalj,* Restrukturierung von Anleihen nach dem neuen Schuldverschreibungsgesetz, 2013; *Desch,* Schutzschirmverfahren nach dem RegE-ESUG in der Praxis, BB 2011, 841; *Eidenmüller,* Finanzkrise, Wirtschaftskrise und das deutsche Insolvenzrecht, 2009; *Fischer,* Die Rechtsstellung der Anleihegläubiger in Krise und Insolvenz des Emittenten, WM 2018, 1529; *Gloeckner/Bankel,* Etablierung und Aufgaben des Gemeinsamen Vertreters nach dem Schuldverschreibungsgesetz, ZIP 2015, 2393; *Horn,* Der gemeinsame Vertreter der Anleihegläubiger in der Insolvenz, BKR 2014, 449; *Kessler/Rühle,* Die Restrukturierung von Anleihen in Zeiten des SchVG 2009, BB 2014, 907; *Kuder/Obermüller,* Insolvenzrecht in der Bankpraxis, 8. Aufl. 2011; *Kuder/Obermüller,* Insolvenzrechtliche Aspekte des neuen Schuldverschreibungsgesetzes, ZInsO 2009, 2025; *Leuring,* Das neue Schuldverschreibungsgesetz, NZI 2009, 638; *Penzlin/Klerx,* Das Schuldverschreibungsgesetz – Insolvenzrechtliche Sonderregeln für Anleihegläubiger, ZInsO 2004, 311; *Rüberg,* Die Anleihe in der Insolvenz, Die Abwicklung von Insolvenzverfahren im Spanungsverhältnis zwischen Schuldverschreibungsgesetz und Insolvenzordnung, Diss. Halle-Wittenberg 2018; *Schimansky/Bunte/Lwowski,* Bankrechts-Handbuch, 4. Aufl. 2011; *Schuster/Westpfahl,* Neue Wege zur Bankensanierung – Ein Beitrag zum Restrukturierungsgesetz (Teil I), BB 2011, 221; *Scholz,* Die Vergütung des gemeinsamen Vertreters nach dem Schuldverschreibungsgesetz 2009 (SchVG) im Insolvenzverfahren, DZWIR 2016, 451; *Thole,* Sanierung mittels Scheme of Arrangement im Blickwinkel des Internationalen Privat- und Verfahrensrechts, ZGR 2013, 109; *Thole,* Die Restrukturierung von Schuldverschreibungen im Insolvenzverfahren, ZIP 2014, 293; *Thole,* Der Debt Equity Swap bei der Restrukturierung von Anleihen, ZIP 2014, 2365.

I. Überblick

Mit der Eröffnung des Insolvenzverfahrens über das Vermögen des Anleiheschuldners wird das Rechtsverhältnis zwischen dem Anleiheschuldner und den Anleihegläubigern sowohl der InsO als auch dem SchVG unterworfen. § 19 Abs. 1 S. 1 bestimmt eine **Rangordnung** zwischen den beiden Gesetzen. Die Vorschriften der InsO haben in ihrem Anwendungsbereich grundsätzlich Vorrang vor den Vorschriften des SchVG. Dem Wortlaut des § 19 Abs. 1 S. 1 ließe sich zwar entnehmen, dass dieser Vorrang allein in Ansehung der **Beschlüsse der Gläubiger** besteht. Die Gesetzesbegründung zu § 19[1] stellt jedoch klar, dass mit der Eröffnung des Insolvenzverfahrens die Vorschriften der InsO in ihrem Anwendungsbereich generell den Vorschriften des SchVG vorgehen, soweit nicht in § 19 Abs. 2 bis 5 ausdrücklich etwas anderes bestimmt ist.[2] Der Gesetzgeber verweist in diesem Zusammenhang auf den Grundsatz des § 87 InsO, nach dem die Insolvenzgläubiger – darin eingeschlossen die Anleihegläubiger – ihre Forderungen nach den Regeln der InsO verfolgen können.[3] Der Vorrang der InsO gilt jedoch – wie der Gesetzgeber hervorhebt – nur **in deren Anwendungsbereich.** Das SchVG bleibt anwendbar, soweit die InsO keinen Geltungsanspruch erhebt und soweit das SchVG nicht im Widerspruch zu Regelungen der InsO steht.[4] 1

[1] BegrRegE SchVG, BT-Drs. 16/12814, 25.

[2] Preuße/*Scherber* § 19 Rn. 5; FK-SchVG/*Friedl* § 19 Rn. 8; Hopt/Seibt/*Knapp* § 19 SchVG Rn. 5; Veranneman/*Rattunde* § 19 Rn. 6.

[3] Veranneman/*Rattunde* § 19 Rn. 6; Preuße/*Scherber* § 19 Rn. 6.

[4] FK-SchVG/*Friedl* § 19 Rn. 9; Hopt/Seibt/*Knapp* § 19 SchVG Rn. 5.

2 Im Übrigen sieht **§ 19 Abs. 2** vor, dass die Anleihegläubiger einen gemeinsamen Vertreter bestellen können – aber nicht müssen – und dass das Insolvenzgericht zu diesem Zweck eine Anleihegläubigerversammlung einzuberufen hat. **§ 19 Abs. 3** bestimmt, dass der gemeinsame Vertreter allein berechtigt und verpflichtet ist, die Rechte der Anleihegläubiger im Insolvenzverfahren geltend zu machen. **§ 19 Abs. 4** schreibt vor, dass in einem Insolvenzplan den Anleihegläubigern gleiche Rechte anzubieten sind. **§ 19 Abs. 5** ordnet an, dass die Bekanntmachungen nach dem SchVG zusätzlich in besonderer Weise gem. § 9 InsO zu veröffentlichen sind. Außerdem bestimmt § 19 Abs. 1 S. 2, dass die kollisionsrechtliche Sonderregelung in § 340 InsO von der grundlegenden Vorschrift des § 19 Abs. 1 S. 1 unberührt bleibt.

II. Anwendungsbereich

1. Eröffnung eines Insolvenzverfahrens

3 Voraussetzung für die Anwendung des § 19 ist die **Eröffnung eines Insolvenzverfahrens** über das Vermögen des Schuldners **im Inland** (§ 19 Abs. 1 S. 1). Für die Anwendung des § 19 macht es keinen Unterschied, ob das Insolvenzverfahren als Regelinsolvenzverfahren oder als Insolvenzplanverfahren durchgeführt wird.[5] Insolvenzverfahren iSd § 19 sind auch ein territorial auf das Inlandsvermögen beschränktes **Partikularverfahren** (§ 354 InsO) und ein **Sekundärinsolvenzverfahren** (§ 356 InsO).[6] Ein Insolvenzeröffnungsverfahren[7] oder ein vorläufiges Insolvenzverfahren[8] genügt nicht, auch nicht, wenn ein vorläufiger Insolvenzverwalter mit Verfügungsgewalt bestellt wird (§ 21 Abs. 2 Nr. 2 InsO), und es genügt auch nicht das durch das ESUG eingeführte Schutzschirmverfahren (§ 270b InsO).[9] § 19 kommt ebenfalls nicht zur Anwendung, wenn die Eröffnung des Insolvenzverfahrens gem. § 26 InsO mangels Masse abgelehnt wird.

2. Geltung des SchVG

4 Die Anwendung des § 19 erfordert, dass die Anleihe dem Anwendungsbereich des SchVG unterfällt, dass es sich bei der Anleihe also um „nach deutschem Recht begebene inhaltsgleiche Schuldverschreibungen aus Gesamtemissionen" handelt. Nicht vorausgesetzt für die Geltung des § 19 und die Anwendung von § 19 Abs. 2 (Bestellung eines gemeinsamen Vertreters) ist es dagegen, dass die Anleihebedingungen nach § 5 Abs. 1 S. 1 für die Bestellung eines gemeinsamen Vertreters optiert haben.[10]

3. Internationale Zuständigkeit

5 Der Gesetzgeber regelt das internationale Insolvenzrecht in den §§ 335 ff. InsO. Nach § 335 InsO findet auf das Insolvenzverfahren das Recht des Staates Anwendung, in dem das Verfahren eröffnet wird **(lex fori concursus).** Das bedeutet, dass bei Eröffnung eines Insolvenzverfahrens im Inland deutsches Recht auch im Ausland zur Anwendung kommen kann und dass bei Eröffnung eines Insolvenzverfahrens im Ausland das ausländische Recht

[5] FK-SchVG/*Friedl* § 19 Rn. 13; Hopt/Seibt/*Knapp* § 19 SchVG Rn. 9.

[6] FK-SchVG/*Friedl* § 19 Rn. 10; Preuße/*Scherber* § 19 Rn. 13; *Thole* ZGR 2013, 109 (161 f.); *Thole* ZIP 2014, 293 (295).

[7] Dies folgt aus dem durch die BegrRegE SchVG, BT-Drs. 16/12814, 25 li. Sp., in Bezug genommenen § 87 InsO, s. hierzu Jaeger/*Windel* InsO § 87 Rn. 2. Wie hier FK-SchVG/*Friedl* § 19 Rn. 13; *Thole* ZIP 2014, 293 (295).

[8] BerlKommInsR/*Paul* SchVG § 19 Rn. 2; FK-SchVG/*Friedl* § 19 Rn. 13.

[9] § 270b InsO. Das Schutzschirmverfahren stellt eine Sonderform des Eröffnungsverfahrens dar, s. *Desch* BB 2011, 841 (841); **aA** *Brenner* NZI 2014, 789 (790), die sich für eine analoge Anwendung des § 19 im Schutzschirmverfahren ausspricht.

[10] BGH WM 2018, 42 Rn. 23.

auch im Inland anerkannt wird.[11] Der Gesetzgeber versteht § 19 als insolvenzrechtliche Regelung und verlangt deshalb einen „Gleichlauf mit den Grundsätzen der internationalen Zuständigkeit im Insolvenzverfahren". Die Bestimmung soll nur Anwendung finden, wenn das **centre of main interest** (COMI), dh der Mittelpunkt der hauptsächlichen Interessen des Schuldners, im Inland belegen ist. Damit rekurriert der Gesetzgeber auf Art. 3 EuInsVO über die internationale Zuständigkeit bei grenzüberschreitenden Insolvenzverfahren der EU Mitgliedstaaten. Für Gesellschaften und juristische Personen wird gem. Art. 3 Abs. 1 S. 2 EuInsVO widerlegbar vermutet, dass der Mittelpunkt ihrer hauptsächlichen Interessen der Ort des satzungsmäßigen Sitzes ist. Dementsprechend regelt die InsO die Zuständigkeit für das internationale Insolvenzrecht nach §§ 335 ff. InsO in § 3 Abs. 1 InsO. Das deutsche Insolvenzgericht ist für die Eröffnung eines Insolvenzverfahrens zuständig, wenn der Schuldner seinen allgemeinen Gerichtsstand oder einen davon abweichenden Mittelpunkt seiner selbständigen wirtschaftlichen Tätigkeit im Inland hat.[12]

4. Kollisionsrechtliche Sonderanknüpfung für organisierte Märkte (§ 340 Abs. 1 InsO)

§ 19 Abs. 1 S. 2 bestimmt, dass die kollisionsrechtliche Sonderanknüpfung des § 340 InsO von der Regelung des § 19 Abs. 1 unberührt bleibt. Nach § 340 Abs. 1 InsO unterliegen die Wirkungen des Insolvenzverfahrens auf die Rechte und Pflichten der Teilnehmer an einem organisierten Markt nach § 2 Abs. 11 WpHG (vormals § 2 Abs. 5 WpHG) nicht dem Recht der ***lex fori concursus,*** sondern ausschließlich dem **Recht, das für den betreffenden organisierten Markt gilt *(lex causae).*** Die Verweisung in § 340 Abs. 1 InsO erfasst das gesamte materielle Recht der *lex causae* und nicht nur dessen Insolvenzrecht.[13] Dadurch soll verhindert werden, dass das Funktionieren eines solchen Systems zur Zahlung und Abwicklung von Transaktionen im Falle der Insolvenz eines Teilnehmers durch die Geltung eines fremden Insolvenzrechts nachhaltig gestört wird.[14] 6

§ 340 InsO findet nur dann Anwendung, wenn die Bestimmungen der EuInsVO nicht gelten. Da die EuInsVO nach Art. 1 Abs. 2 nicht Insolvenzverfahren von Versicherungsunternehmen, Kreditinstituten und diversen anderen Finanzinstituten erfasst, hat § 340 InsO ein breites Anwendungsfeld. Die Legaldefinition des organisierten Marktes in § 2 Abs. 11 WpHG erfasst in Deutschland den **regulierten Markt** der Börsen iSv § 32 BörsG sowie die **Terminbörse EUREX.**[15] Die ausländischen regulierten Märkte im territorialen Anwendungsbereich des § 2 Abs. 11 WpHG – das sind die EU-Mitgliedstaaten und die EWR-Staaten – werden einmal jährlich im Amtsblatt der EU veröffentlicht.[16] 7

5. Opt-In (§ 24 Abs. 2) und Gemeinsamer Vertreter

Gem. § 24 Abs. 2 können die Gläubiger von Schuldverschreibungen die vor dem Inkrafttreten des SchVG am 5.8.2009 begeben worden sind („Altanleihen") mit Zustimmung des Schuldners die Anwendung des SchVG auf Altanleihen beschließen. Das kann nach § 24 Abs. 2 S. 1 technisch im Wege entweder einer **Gesamtoption** oder einer **Austauschoption** geschehen. Bei einer Gesamtoption stehen den Gläubigern zwei Vorgehensweisen zur Verfügung. Sie können lediglich einen Grundlagenbeschluss fassen, durch den das SchVG in seiner Gesamtheit auf die inhaltlich unveränderte Altanleihe für anwendbar erklärt wird („Opt-In Beschluss"). Sie können aber auch einen solchen Grundlagenbeschluss fassen und in dessen Ausführung in einem weiteren Beschuss die Bestellung eines 8

[11] Veranneman/*Rattunde* § 19 Rn. 18.

[12] Veranneman/*Rattunde* § 19 Rn. 19; Preuße/*Scherber* § 19 Rn. 13 Fn. 12; MüKoInsO/*Ganter/Lohmann* § 3 Rn. 24.

[13] Kayser/Thole/*Swierczok* § 340 InsO Rn. 4.

[14] Kayser/Thole/*Swierczok* § 340 InsO Rn. 5; MüKoInsO/*Jahn/Fried* § 340 Rn. 3.

[15] Fuchs/*Fuchs* WpHG § 2 Rn. 163.

[16] Fuchs/*Fuchs* WpHG § 2 Rn. 164.

gemeinsamen Vertreters und/oder die Änderung der konkreten Altanleihe beschließen („Ausführungsbeschluss").[17] Stets erfordern die Optionen nach § 24 Abs. 2 S. 1, dass die Schuldverschreibungen der Altanleihe die Kriterien des § 1 Abs. 1 erfüllen, also – vorbehaltlich einer zulässigen Teilverweisung auf fremdes Recht[18] – nach deutschem Recht begebene inhaltsgleiche Schuldverschreibungen aus Gesamtemission sind. Unter dieser Voraussetzung gelten die Optionen des § 24 Abs. 2 S. 1 sowohl für Altanleihen, die dem SchVG 1899 unterfallen, als auch für solche, die nicht von dem Anwendungsbereich des SchVG 1899 erfasst wurden, darunter Inlandsanleihen und Auslandsanleihen.[19]

9 Das **OLG Dresden**[20] hat mit Urteil vom 9.12.2015 in einem Streitfall, bei dem die Gläubiger *nach* Eröffnung des Insolvenzverfahrens mit Zustimmung des Insolvenzverwalters einen Grundlagenbeschluss und einen Ausführungsbeschluss gem. § 24 Abs. 2 für die Bestellung eines gemeinsamen Vertreters gefasst hatten, im Einklang mit der überwiegenden Meinung in der Literatur entschieden, dass die Möglichkeit zur Bestellung eines gemeinsamen Vertreters nach § 19 Abs. 1 nur dann besteht, wenn der Opt-In *vor* der Eröffnung des Insolvenzverfahrens beschlossen worden ist. *Nach* Eröffnung eines Insolvenzverfahrens seien, von der Bestellung eines gemeinsamen Vertreters nach § 19 Abs. 2 abgesehen, weitere im SchVG vorgesehene Mehrheitsbeschlüsse und damit auch eines Opt–In-Beschlusses nach § 24 Abs. 2 nicht mehr zulässig.

10 Der **Bundesgerichtshof**[21] ist in der Revision des OLG–Urteils im Urteil vom 16.11.2017 dieser Auffassung nicht gefolgt und hat entschieden, dass die Anleihegläubiger auch nach Eröffnung des Insolvenzverfahrens gem. § 24 Abs. 2 einen Grundlagenbeschluss mit einem Ausführungsbeschluss zur Bestellung eines gemeinsamen Vertreters fassen können. Der Grundlagenbeschluss lasse die Anleihebedingungen der Altanleihe unverändert. Soweit § 19 Abs. 1 S. 1 eine Änderung der Anleihebedingungen verbiete, könne §§ 19 Abs. 1, § 5 Abs. 1 S. 1 nur verletzt werden, wenn die Gläubiger im Anschluss an den Grundlagenbeschluss durch einen Ausführungsbeschluss die konkreten Anleihebedingungen umgestalten. Dagegen bestehe kein Hinderungsgrund, gem. § 24 Abs. 2 S. 1 nach Verfahrenseröffnung durch einen Grundlagenbeschuss iVm der Bestellung eines gemeinsamen Vertreters ohne Änderung der Anleihebedingungen für das Neurecht zu optieren und zugleich darüber hinaus mit einem Ausführungsbeschluss einen gemeinsamen Vertreter zu bestellen.

III. Der Gemeinsame Vertreter im Insolvenzverfahren

11 Im Insolvenzverfahren ist die kollektive Repräsentanz der Anleihegläubiger einer Anleihe durch einen gemeinsamen Vertreter „in aller Regel wünschenswert".[22] Sie erlaubt das Insolvenzverfahren – in den Worten der Gesetzesbegründung – „unter Beteiligung einer sehr großen Anzahl von Anleihegläubigern rechtsicher und zügig durchführen zu können und … dabei die Gleichbehandlung der Gläubiger zu gewährleisten".[23] Ist bei der Eröffnung des Insolvenzverfahrens noch kein gemeinsamer Vertreter bestellt, muss das Insolvenzgericht zum Zwecke der Bestellung eine Anleihegläubigerversammlung einberufen. Die Gläubiger können dann durch einen Beschluss mit einfacher Mehrheit einen gemeinsamen Vertreter zur Wahrnehmung ihrer Interessen im Insolvenzverfahren bestellen. Eine Bestel-

[17] Wegen der Einzelheiten wird auf → § 24 Rn. 8 ff. verwiesen.
[18] → § 1 Rn. 5.
[19] → § 24 Rn. 5.
[20] OLG Dresden WM 2016, 643.
[21] BGH WM 2018, 42. Das Urteil lässt die Frage offen, ob und inwieweit die Anleihegläubiger nach Eröffnung des Insolvenzverfahrens Änderungen der Anleihebedingungen beschließen können. Thole ZIP 2017, 2312, 2316; HmbKommInsR/*Knof* Anhang II SchVG Rn. 12; *Rüberg*, Die Anleihe in der Insolvenz S. 104.
[22] BegrRegE SchVG, BT-Drs. 16/12814, 25.
[23] BegrRegE SchVG, BT-Drs. 16/12814, 25.

lung liegt in der freien Entscheidung der Anleihegläubiger. Der gemeinsame Vertreter ist allein berechtigt und verpflichtet, die Rechte der Gläubiger im Insolvenzverfahren geltend zu machen. Das gilt gleichermaßen für einen schon vor Eröffnung des Insolvenzverfahrens bestellten gemeinsamen Vertreter, der mit der Eröffnung des Insolvenzverfahrens sein Amt fortsetzt, möglicherweise mit einer erheblichen Zunahme an Rechten und Pflichten. Die Anleihegläubiger sind dann nicht mehr befugt, ihre Rechte im Insolvenzverfahren selbständig geltend zu machen. Sie können die alleinige Berechtigung des gemeinsamen Vertreters zur Geltendmachung ihrer Rechte weder gemeinsam durch Mehrheitsbeschluss noch jeder für sich zurücknehmen.[24] Gibt es keinen gemeinsamen Vertreter, kann jeder Anleihegläubiger seine Rechte im Verfahren selbständig geltend machen.

1. Bestellung in der Gläubigerversammlung

a) Eignung. Ein gemeinsamer Vertreter, der als Vertrags- oder Wahlvertreter bereits vor 12
der Eröffnung des Insolvenzverfahrens bestellt war, führt sein Amt im Insolvenzverfahren fort. Ist noch kein gemeinsamer Vertreter bestellt, muss eine **Abstimmung im Rahmen einer Gläubigerversammlung** herbeigeführt werden, in der über die Bestellung entschieden wird (§ 19 Abs. 2 S. 2). Zum gemeinsamen Vertreter kann nach § 7 Abs. 1 jede geschäftsfähige oder eine sachkundige juristische Person bestellt werden. Interessenkonflikte gemäß § 7 Abs. 1 S. 2 Nr. 1–4 müssen vom Kandidaten vor seiner Bestellung den Anleihegläubigern offengelegt werden, hindern aber die Bestellung nicht. Hinsichtlich eines bei der Insolvenzeröffnung bereits vorhandenen gemeinsamen Vertreters, der in den Personenkreis des § 7 Abs. 1 Nr. 1–4 fällt, wird geltend gemacht, dass die Anleihegläubiger die Möglichkeit haben müssen, einen neuen gemeinsamen Vertreter zu bestellen.[25] Das Insolvenzgericht muss deshalb auf Antrag eine Gläubigerversammlung zur Abbestellung des alten und zur Neuwahl eines neuen gemeinsamen Vertreters gemäß § 19 Abs. 2 S. 2 iVm § 75 InsO analog einberufen.[26] Nicht zum gemeinsamen Vertreter bestellt werden kann der Insolvenzverwalter, da dieser nach § 56 Abs. 1 InsO von den Gläubigern und dem Schuldner unabhängig sein muss.[27]

b) Einberufung. Für die Einberufung der Gläubigerversammlung ist in Abweichung 13
von § 9[28] das **Insolvenzgericht ausschließlich zuständig** (§ 19 Abs. 2 S. 2). Die Einberufung richtet sich gemäß § 19 Abs. 2 S. 2 nach den Vorschriften dieses Gesetzes.[29] Die Einberufung und Durchführung der Versammlung setzt nicht voraus, dass die Anleihebedingungen nach § 5 Abs. 1 S. 1 für die Möglichkeit der Bestellung eines gemeinsamen Vertreters optiert haben.[30] §§ 74 ff. InsO sind auf die Einberufung nicht anzuwenden.[31] Die Einberufung hat – wie noch ausdrücklich im SchVG 1899 gefordert – nach allgemeiner Meinung **unverzüglich** zu erfolgen.[32]

Für die Einberufung der Versammlung gilt § 10 Abs. 1. Danach ist eine Mindestfrist von 14
14 Tagen zwischen Einberufung und Versammlung einzuhalten, muss die Einberufung die in § 12 Abs. 1 bestimmten Angaben enthalten, ist mit der Einberufung die Tagesordnung –

[24] Dh § 7 Abs. 2 S. 3 Hs. 2 gilt nicht; → Rn. 26.

[25] Veranneman/*Rattunde* § 19 Rn. 74 ff.

[26] Veranneman/*Rattunde* § 19 Rn. 75; *Gloeckner/Bankel,* ZIP 2015, 2393 (2398).

[27] BerlKommInsR/*Paul* SchVG § 19 Rn. 23; FK-SchVG/*Friedl* § 19 Rn. 48.

[28] FK-SchVG/*Friedl* § 19 Rn. 20; Heidel AktR/*Müller* SchVG § 19 Rn. 4.

[29] *Leuering* NZI 2009, 638 (640); Heidel AktR/*Müller* SchVG § 19 Rn. 4; *Thole* ZIP 2014, 293 (296).

[30] BGH WM 2018, 42 Rn. 23; *Fischer* WM 2018, 1529 (1533); Veranneman/*Veranneman* § 5 Rn. 15; Veranneman/*Rattunde* § 19 Rn. 49; *Rüberg* Die Anleihe in der Insolvenz S. 139.

[31] So auch Hopt/Seibt/*Knapp* § 19 SchVG Rn. 33; **aA** mit Verweis auf Zweckmäßigkeitserwägungen Preuße/*Scherber* § 19 Rn. 25; Veranneman/*Rattunde* § 19 Rn. 52; so auch *Cagalj* Restrukturierung von Anleihen S. 164. Die Auffassung widerspricht dem eindeutigen Wortlaut des § 19 Abs. 2 S. 2.

[32] § 18 Abs. 3 SchVG 1899; ebenso Preuße/*Scherber* § 19 Rn. 26; Veranneman/*Rattunde* § 19 Rn. 51; Hopt/Seibt/*Knapp* § 19 SchVG Rn. 21; BerlKommInsR/*Paul* SchVG § 19 Rn. 14 f.; FK-SchVG/*Friedl* § 19 Rn. 25; *Thole* ZIP 2014, 293 (296); *Rüberg* Die Anleihe in der Insolvenz S. 144 f.

hier die Bestellung eines gemeinsamen Vertreters – bekannt zu machen (§ 13 Abs. 2) und sind die Veröffentlichungspflichten nach § 12 Abs. 2 S. 1, Abs. 3 und die nach § 19 Abs. 5 gemäß § 9 InsO zusätzlich geforderte Bekanntmachungsform zu beachten.[33]

15 Das Insolvenzgericht ist zur Einberufung der Versammlung der Anleihegläubiger von Amts wegen **verpflichtet,** falls im Zeitpunkt der Eröffnung kein gemeinsamer Vertreter bestellt ist (§ 19 Abs. 2 S. 2). Ein gemeinsamer Vertreter ist bestellt, wenn der Beschluss zur Bestellung vollziehbar ist und der gemeinsame Vertreter die Bestellung angenommen hat.[34] Anders als im SchVG 1899 bestimmt war,[35] ist ein früherer Gläubigerbeschluss, nach dem kein gemeinsamer Vertreter bestellt werden soll, unbeachtlich.

16 Das Gesetz räumt dem Insolvenzgericht kein Ermessen bei der Entscheidung über die Einberufung ein.[36] Verweigert das Insolvenzgericht zu Unrecht die Einberufung der Gläubigerversammlung, steht den Anleihegläubigern in entsprechender Anwendung von § 75 Abs. 3 InsO die sofortige Beschwerde zu.[37]

17 Eine Rechtspflicht des Insolvenzgerichts zur Einberufung einer Gläubigerversammlung ist allerdings dann zu verneinen, wenn unter keinem Gesichtspunkt ein vernünftiger Grund für die Durchführung der Versammlung ersichtlich ist.[38] Im Wege der teleologischen Reduktion des § 19 Abs. 2 S. 2 kann **ausnahmsweise** von der Abhaltung einer Gläubigerversammlung abgesehen werden, wenn mit an Sicherheit grenzender Wahrscheinlichkeit feststeht, dass selbst eine partielle Befriedigung der Anleihegläubiger ausbleiben wird. Das ist der Fall, wenn die Schuldverschreibungen zweifelsfrei nachrangig (§ 39 Abs. 2 InsO) sind und eine Vollbefriedigung der nicht nachrangigen Gläubiger nicht zu erwarten ist. Nachrangige Gläubiger sind nach § 77 Abs. 1 S. 2 InsO in der insolvenzrechtlichen Gläubigerversammlung nicht stimmberechtigt und nach § 174 Abs. 3 S. 1 InsO nur auf besondere Aufforderung durch das Insolvenzgericht zur Anmeldung ihrer Forderung berechtigt.[39] Die Gläubigerversammlung ist jedoch einzuberufen, wenn die Einordnung der Forderungen der Anleihegläubiger zweifelhaft oder streitig ist[40] oder sich nachträglich herausstellt, dass die Forderungen der Insolvenzgläubiger im Rang des § 38 InsO vollständig befriedigt werden.[41] Ist über einen Insolvenzplan abzustimmen, so ist eine Gläubigerversammlung nur einzuberufen, wenn der Insolvenzplan abweichend von § 225 Abs. 1 InsO Zahlungen an die nachrangigen Gläubiger vorsieht.[42] Nur dann nehmen diese nach § 222 Abs. 1 S. 2 Nr. 3 InsO überhaupt als Gruppe am Insolvenzplanverfahren teil, was wiederum Voraussetzung für ein Stimmrecht nach § 237 InsO ist.[43]

---

[33] FK-SchVG/*Friedl* § 19 Rn. 26; Hopt/Seibt/*Knapp* § 19 SchVG Rn. 36 und 37.

[34] FK-SchVG/*Friedl* § 19 Rn. 21.

[35] § 18 Abs. 3 Hs. 2 SchVG 1899.

[36] *Fischer* WM 2018, 1529 (1533); Hopt/Seibt/*Knapp* § 19 SchVG Rn. 23.

[37] *Fischer* WM 2018, 1529 (1533).

[38] *Fischer* WM 2018, 1529 (1533). Ebenso mit anderer Begründung (kein Einberufen „zu diesem Zweck" iSv § 19 Abs. 2) HmbKommInsR/*Knof,* Anhang II SchVG Rn. 28 f.

[39] AG Bonn Beschl. v. 14.11.2013 – 99 IN 153/13, juris Rn. 9 ff. *(obiter dictum);* Veranneman/*Rattunde* § 19 Rn. 50; BerlKommInsR/*Paul* SchVG § 19 Rn. 17; Heidel AktR/*Müller* SchVG § 19 Rn. 4; Hopt/Seibt/*Knapp* § 19 SchVG Rn. 26; *Kessler/Rühle* BB 2014, 907 (911 f.); *Thole* ZIP 2014, 293 (296); ebenso zu § 18 SchVG 1899 LG Bonn ZIP 2014, 983 (984 ff.); **aA** FK-SchVG/*Friedl* § 19 Rn. 24; *Friedl* EWiR 2014, 395 (396).

[40] Schimansky/Bunte/Lwowski/*Tetzlaff* BankR-HdB, 4. Aufl. 2011, § 88 Rn. 102; **aA** BerlKommInsR/*Paul* SchVG § 19 Rn. 19; kritisch zu dieser Differenzierung generell HmbKommInsR/*Knof,* Anhang II SchVG Rn. 28.

[41] AG Bonn Beschl. v. 14.11.2013 – 99 IN 153/13, juris Rn. 9 ff. *(obiter dictum);* BerlKommInsR/*Paul* SchVG § 19 Rn. 17; *Thole* ZIP 2014, 293 (296); ebenso zu § 18 SchVG 1899 LG Bonn ZIP 2014, 983 (985).

[42] → Rn. 41 ff.; AG Bonn Beschl. v. 14.11.2013 – 99 IN 153/13, juris Rn. 9 ff. *(obiter dictum); Thole* ZIP 2014, 293 (296 f.); ebenso zu § 18 SchVG 1899 LG Bonn ZIP 2014, 983 (985); **aA** wohl BerlKommInsR/*Paul* SchVG § 19 Rn. 18.

[43] Braun/*Braun/Frank* InsO § 237 Rn. 7; Nerlich/Römermann/*Braun* InsO § 237 Rn. 34; K. Schmidt/*Spliedt* InsO § 237 Rn. 5; Uhlenbruck/*Lüer* InsO § 237 Rn. 4; MüKoInsO/*Hintzen* § 237 Rn. 10; Kübler/Prütting/Bork/*Pleister* InsO § 237 Rn. 6.

c) Durchführung und Beschlussfassung. Anders als die Einberufung richten sich Durchführung und Beschlussfassung der Anleihegläubigerversammlung nicht nach den Bestimmungen des SchVG, sondern nach § 19 Abs. 1 S. 1, §§ 76 ff. InsO.[44] Die **Leitung der Versammlung** obliegt dem Insolvenzgericht.[45] Die **Beschlussfähigkeit** der Versammlung bestimmt sich nicht nach § 15 Abs. 3.[46] Sie liegt vor, wenn nur ein stimmberechtigter Anleihegläubiger erscheint.[47] 18

Stimmrecht in der Gläubigerversammlung hat jeder, der im Zeitpunkt der Versammlung Anleihegläubiger ist. Die Stimmberechtigung eines Anleihegläubigers setzt nicht – wie nach § 77 Abs. 1 S. 1 InsO gefordert – die vorherige Anmeldung und Unbestrittenheit seiner Forderung voraus, weil die Anmeldung der Forderung dem gerade in der Versammlung zu wählenden gemeinsamen Vertreter vorbehalten ist.[48] Die bestehende Legitimationslücke kann durch entsprechende Anwendung des § 10 Abs. 3 SchVG geschlossen werden.[49] Entgegen § 77 Abs. 1 S. 2 InsO haben auch die nachrangigen Anleihegläubiger ein Stimmrecht zur Wahl des gemeinsamen Vertreters.[50] 19

Der Beschluss zur Bestellung des gemeinsamen Vertreters bedarf nach § 19 Abs. 1 S. 1, § 76 Abs. 2 InsO nur der **einfachen Mehrheit.** Danach muss die Summe der Forderungsbeträge der zustimmenden Gläubiger mehr als die Hälfte der Summe der Forderungsbeträge der abstimmenden Gläubiger betragen.[51] 20

Die Anleihegläubiger können sich in der Versammlung vertreten lassen. Die **Vertretung** richtet sich nach § 4 InsO iVm §§ 80 ff. ZPO.[52] 21

Die **schriftliche Fixierung** der Beschlüsse der Versammlung der Anleihegläubiger erfolgt durch Protokollierung des Insolvenzgerichts, die eine etwa vorgeschriebene Form der notariellen oder gerichtlichen Beurkundung ersetzt (§ 4 InsO iVm §§ 159 ff. ZPO).[53] Einer Analogie zu § 127a BGB bedarf es nicht.[54] 22

d) Inhalt des Bestellungsbeschlusses. Gemäß § 19 Abs. 2 S. 1 können die Gläubiger durch Mehrheitsbeschluss zur Wahrnehmung ihrer Rechte im Insolvenzverfahren einen gemeinsamen Vertreter für alle Gläubiger bestellen. Sonstige Mehrheitsbeschlüsse, etwa über die Änderung der Anleihebedinungen oder die in § 5 Abs. 3 S. 1 aufgeführten Maßnahmen, sind unzulässig.[55] Die Gläubiger können keinen „Anleihegläubigerausschuss" 23

[44] Veranneman/*Rattunde* § 19 Rn. 52; BerlKommInsR/*Paul* SchVG § 19 Rn. 13a; Heidel AktR/*Müller* SchVG § 19 Rn. 4; Hopt/Seibt/*Knapp* § 19 SchVG Rn. 38; *Horn* BKR 2014, 449, HmbKommInsR/*Knof* Anhang II SchVG Rn. 39 f.; **aA** zur Durchführung der Versammlung FK-SchVG/*Friedl* § 19 Rn. 27; *Rüberg* Die Anleihe in der Insolvenz S. 150.

[45] Veranneman/*Rattunde* § 19 Rn. 52; BerlKommInsR/*Paul* SchVG § 19 Rn. 13; Hopt/Seibt/*Knapp* § 19 SchVG Rn. 38; iErg ebenso FK-SchVG/*Friedl* § 19 Rn. 27.

[46] Veranneman/*Rattunde* § 19 Rn. 56; FK-SchVG/*Friedl* § 19 Rn. 38; Hopt/Seibt/*Knapp* § 19 SchVG Rn. 46.

[47] FK-SchVG/*Friedl* § 19 Rn. 38; Heidel AktR/*Müller* SchVG § 19 Rn. 4; *Horn* BKR 2014, 449; HmbKommInsR/*Knof,* Anhang II SchVG Rn. 45; *Rüberg* Die Anleihe in der Insolvenz S. 154. Allg. zu § 76 InsO Braun/*Herzig* InsO § 76 Rn. 7.

[48] Ebenso FK-SchVG/*Friedl* § 19 Rn. 38.

[49] Hopt/Seibt/*Knapp* § 19 SchVG Rn. 46, HmbKommInsR/*Knof* Anhang II SchVG Rn. 40.

[50] Hopt/Seibt/*Knapp* § 19 SchVG Rn. 46; FK-SchVG/*Friedl* § 19 Rn. 38, HmbKommInsR/*Knof* Anhang II SchVG Rn. 40; **aA** Veranneman/*Rattunde,* § 19 Rn. 58.

[51] Vgl. Schimansky/Bunte/Lwowski/*Tetzlaff* BankR-HdB, 4. Aufl. 2011, § 88 Rn. 101, 29; FK-SchVG/*Friedl* § 19 Rn. 40; *Thole* ZIP 2014, 293 (297). Eine Anwendung des § 6 Abs. 1 S. 1 SchVG ist nicht erforderlich; **aA** Veranneman/*Rattunde* § 19 Rn. 58; Preuße/*Scherber* § 19 Rn. 9.

[52] Ähnlich *Thole* ZIP 2014, 293 (296), der § 14 SchVG durch § 4 InsO iVm §§ 80 ff. ZPO ergänzen will; **aA** lediglich in Bezug auf die Anwendung von § 80 ZPO, dem § 14 SchVG vorzuziehen sei: HmbKommInsR/*Knof,* Anhang II SchVG Rn. 67.

[53] Heidel AktR/*Müller* SchVG § 19 Rn. 4; *Thole* ZIP 2014, 293 (296). Hierzu Uhlenbruck/*Uhlenbruck* InsO § 76 Rn. 18 f.

[54] **AA** (für eine Analogie) Veranneman/*Rattunde* § 19 Rn. 60; Preuße/*Scherber* § 19 Rn. 12; FK-SchVG/*Friedl* § 19 Rn. 39.

[55] Vgl. BegrRegE SchVG, BT-Drs. 16/12814, 25; Preuße/*Scherber* § 19 Rn. 28; Veranneman/*Rattunde* § 19 Rn. 59; FK-SchVG/*Friedl* § 19 Rn. 36; Heidel AktR/*Müller* SchVG § 19 Rn. 4; *Thole* ZIP 2014, 293 (295); einschränkend BerlKommInsR/*Paul* SchVG § 19 Rn. 20.

einsetzen.[56] Zulässig ist es allerdings, dass die Gläubiger dem gemeinsamen Vertreter mit seiner Bestellung bestimmte **Weisungen** zu seiner Amtsführung erteilen.[57] Auch die Erteilung solcher Weisungen gelegentlich der Bestellung bedarf nur der einfachen Mehrheit gem. § 76 Abs. 2 InsO.[58]

24 **e) Beschlusskontrolle.** Der Beschluss der Gläubigerversammlung über die Bestellung des gemeinsamen Vertreters unterliegt gemäß § 19 Abs. 1 S. 1 der **Beschlusskontrolle nach § 78 InsO.**[59] § 20 ist nicht anwendbar,[60] wodurch eine unerwünschte Aufschiebung der Klärung der Rechtmäßigkeit infolge der Anfechtungsfrist (§ 20 Abs. 3 S. 1) und der Vollzugssperre (§ 20 Abs. 3 S. 4) vermieden wird.[61] Widerspricht der Beschluss dem gemeinsamen Interesse der Anleihegläubiger, so hat das Insolvenzgericht ihn aufzuheben, wenn ein Anleihegläubiger dies in der Versammlung der Anleihegläubiger beantragt (§ 78 Abs. 1 InsO). Den Anleihegläubigern steht sowohl gegen die Aufhebung des Beschlusses als auch gegen die Versagung der Ablehnung des Antrags auf Aufhebung des Beschlusses gemäß § 78 Abs. 1, Abs. 2 S. 2 und 3 InsO die **sofortige Beschwerde** offen, die nach § 570 Abs. 1 ZPO insbesondere im Falle der Versagung der Beschussaufhebung keine aufschiebende Wirkung hat.[62] Diese Rechte stehen den Anleihegläubigern auch im Falle der **Nachrangigkeit der Anleihe** zu.[63]

25 **f) Kosten.** Die Kosten der vom Insolvenzgericht nach § 19 Abs. 2 S. 2 einzuberufenden Gläubigerversammlung sind analog §§ 53, 54 Nr. 1 InsO[64] vorweg aus der Insolvenzmasse zu berichtigen.[65]

2. Die Rechtsstellung des gemeinsamen Vertreters

26 **a) Außenverhältnis.** Gemäß § 19 Abs. 3 ist der gemeinsame Vertreter für alle Gläubiger **allein berechtigt und verpflichtet,** die Rechte der Gläubiger im Insolvenzverfahren geltend zu machen. Diese Vertretungsmacht des gemeinsamen Vertreters ist im Außenverhältnis nicht beschränkbar. Sie überträgt dem gemeinsamen Vertreter, in den Worten des BGH, „umfassend sämtliche insolvenzspezifischen Rechte der Schuldverschreibungsgläubiger".[66] Dazu gehören die verbrieften und vertraglichen Rechte der Gläubiger, nicht jedoch deliktische und gesetzliche Ansprüche, wie etwa solche aus Prospekthaftung.[67] Die Vertretungsmacht des gemeinsamen Vertreters erstreckt sich insbesondere auf die Anmeldung der Forderungen der Anleihegläubiger zur Insolvenztabelle (§ 174 InsO), die Teilnahme an Insolvenzgläubigerversammlungen, die Teilnahme an Abstimmungen über Gegenstände, die in die Zuständigkeit der Insolvenzgläubigerversammlung fallen[68] und um-

[56] Preuße/*Scherber* § 19 Rn. 29; FK-SchVG/*Friedl* § 19 Rn. 36.
[57] Veranneman/*Rattunde* § 19 Rn. 59; Hopt/Seibt/*Knapp* § 19 Rn. 43; *Rüberg* Die Anleihe in der Insolvenz S. 147.
[58] Hopt/Seibt/*Knapp* § 19 SchVG Rn. 48.
[59] BGH WM 2018, 42 Rn. 10.
[60] LG Leipzig ZIP 2015, 285 (286); Preuße/*Scherber* § 19 Rn. 31; Heidel AktR/*Müller* SchVG § 19 Rn. 5; *Thole* ZIP 2014, 293 (297); Veranneman/*Rattunde* § 19 Rn. 63; Hopt/Seibt/*Knapp* § 19 SchVG Rn. 53; **aA** *Kuder/Obermüller* ZInsO 2009, 2025 (2028); BerlKommInsR/*Paul* SchVG § 19 Rn. 33; FK-SchVG/*Friedl* § 19 Rn. 43; *Rüberg* Die Anleihe in der Insolvenz S. 157 ff.
[61] → § 20 Rn. 58 ff.; 77.
[62] BGH WM 2018, 42 Rn. 13; Hopt/Seibt/*Knapp* § 19 SchVG Rn. 54.
[63] Hopt/Seibt/*Knapp* § 19 SchVG Rn. 54.
[64] Veranneman/*Rattunde* § 19 Rn. 55; FK-SchVG/*Friedl* § 19 Rn. 34; Hopt/Seibt/*Knapp* § 19 SchVG Rn. 68.
[65] Veranneman/*Rattunde* § 19 Rn. 55; Preuße/*Scherber* § 19 Rn. 27; FK-SchVG/*Friedl* § 19 Rn. 34; **aA** *Thole* ZIP 2014, 293 (298).
[66] BGH WM 2018, 853, Rn. 25 im Anschluss an Hopt/Seibt/*Knapp,* § 19 Rn. 74.
[67] *Horn* BKR 2014, 449 (459); Veranneman/*Rattunde* § 19 Rn. 78; *Fischer* WM 2018, 1529 (1534).
[68] Hierzu zählt ua die Wahl eines Insolvenzverwalters nach § 57 InsO sowie die Zustimmung zu besonders bedeutsamen Rechtshandlungen des Insolvenzverwalters nach § 160 InsO; vgl. auch BerlKommInsR/*Paul* SchVG § 18 Rn. 30.

fasst etwa auch den Widerspruch gegen die Forderungsanmeldung eines anderen Gläubigers sowie die Vertretung der Anleihegläubiger in einem von diesem anderen Gläubiger angestellten Feststellungsprozess.[69] Die Anleihegläubiger sind nach der Bestellung eines gemeinsamen Vertreters nicht mehr individuell zur Geltendmachung ihrer Rechte befugt[70]. § 19 Abs. 3 Hs. 1 ist *lex specialis* zu § 7 Abs. 2 S. 3, die Anleihegläubiger können also die Befugnis zur Geltendmachung ihrer Rechte nicht allgemein oder im Einzelfall wieder an sich ziehen.[71]

27 Der gemeinsame Vertreter ist **rechtsgeschäftlicher,** nicht gesetzlicher oder organschaftlicher, **Vertreter** der Anleihegläubiger. In einem Prozess namens der Gläubiger ist er nicht Partei kraft Amtes oder Prozessstandschafter.[72] Der gemeinsame Vertreter hat vielmehr die Rechte der Gläubiger in deren Namen geltend zu machen.[73] Die Gläubiger sind von der eigenen Verfolgung ihrer Ansprüche ausgeschlossen; sie sind prozessunfähig.[74]

28 Das **Stimmrecht** des gemeinsamen Vertreters in der Insolvenzgläubigerversammlung bemisst sich nach dem Gesamtbetrag der Anleihe, und die **Stimmabgabe** des gemeinsamen Vertreters hat **einheitlich** für die gesamte Anleihe zu erfolgen.[75] Bei der Abstimmung über einen **Insolvenzplan** ist nach § 244 Abs. 1 InsO für die Annahme des Planes in jeder Gruppe[76] eine Kapitalmehrheit **(Summenmehrheit)** sowie eine Mehrheit der Anleihegläubiger **(Kopfmehrheit)** erforderlich. Der gemeinsame Vertreter hat für die Feststellung der Kopfmehrheit für jeden Anleihegläubiger eine Stimme.[77] Sind die Anleihegläubiger mit anderen Insolvenzgläubigern in einer Gruppe zusammengefasst, so wird es unvermeidlich sein, die Anzahl der Anleihegläubiger anhand von Depotbescheinigungen mit Sperrvermerken, die das Datum der Abstimmung mitumfassen, festzustellen; bilden dagegen die Gläubiger der Anleihe eine Gruppe für sich, was der Regelfall sein wird, erübrigt sich die Frage nach der Kopfmehrheit.[78]

29 Bei der Geltendmachung der Rechte der Anleihegläubiger braucht der gemeinsame Vertreter nach § 19 Abs. 3 Hs. 2 in Abweichung zu § 174 Abs. 1 S. 2 InsO die **Schuldurkunde** nicht vorzulegen.

30 **b) Innenverhältnis.** Die InsO regelt nicht das Innenverhältnis zwischen dem gemeinsamen Vertreter und den Anleihegläubigern. Das Innenverhältnis bestimmt sich nach § 7.[79] Nach § 7 Abs. 2 S. 1 hat der gemeinsame Vertreter die Aufgaben und Befugnisse, die ihm durch Gesetz oder durch Mehrheitsbeschluss der Gläubiger eingeräumt werden. Sie entsprechen denen, die seine Vertretungsmacht im Außenverhältnis bestimmen.[80] Das gilt insbesondere für § 7 Abs. 2 S. 3, der mit der Vertretungsmacht des gemeinsamen Vertreters im Außenverhältnis korrespondiert, ausgenommen ist die Regelung des 2. Halbsatzes in § 7 Abs. 2 S. 3, die im Insolvenzverfahren nicht gilt.[81] Der gemeinsame Vertreter hat bei seiner Tätigkeit im Interesse der Gläubiger die Sorgfalt eines ordentlichen und gewissenhaf-

[69] BGH WM 2018, 853 Rn. 25.

[70] Vgl. BegrRegE SchVG, BT-Drs. 16/12814, 25; Veranneman/Rattunde § 19 Rn. 72.

[71] BegrRegE SchVG, BT-Drs. 16/12814, 25; Preuße/*Scherber* § 19 Rn. 32; *Horn* BKR 2014, 449 (451).

[72] BGH WM 2018, 853 Rn. 22; *Fischer* WM 2018, 1529 (1534).

[73] BGH WM 2018, 853 Rn. 23.

[74] BGH WM 2018, 853 Rn. 21–25; vgl. auch BGH WM 2016, 1589, Rn. 9, 22; *Fischer* WM 2018, 1529 (1534).

[75] FK-SchVG/*Friedl,* § 19 Rn. 51; Verannemann/*Rattunde,* § 19 Rn. 79; Hopt/Seibt/*Knapp,* § 19 Rn. 117; *Fischer* WM 2018, 1529 (1535).

[76] → dazu Rn. 42.

[77] Hopt/Seibt/*Knapp* § 19 Rn. 112; ferner HmbKommInsR/*Knof* Anhang II SchVG, Rn. 83; **aA** *Rüberg* Die Anleihe in der Insolvenz S. 196: Der Gemeinsame Vertreter habe für alle Anleihegläubiger nur *eine* Kopfstimme; ebenso *Martini* in Bork/Hölzle InsR-HdB Anleihen in der Insolvenz, Rn. 124 ff.

[78] Hopt/Seibt/*Knapp,* § 19 Rn. 112.

[79] FK-SchVG/*Friedl* § 19 Rn. 54; Veranneman/*Rattunde* § 19 Rn. 80; Hopt/Seibt/*Knapp* § 19 SchVG Rn. 77.

[80] → Rn. 26.

[81] BegrRegE SchVG, BT-Drs. 16/12814, 25; Preuße/*Scherber* § 19 Rn. 32; *Horn* BKR 2014, 449 (451).

ten Geschäftsleiters anzuwenden; er haftet den Gläubigern für die ordnungsgemäße Erfüllung seiner Aufgaben (§ 7 Abs. 3).

31 Nach § 7 Abs. 2 S. 2 hat der gemeinsame Vertreter die **Weisungen,** die ihm die Gläubiger durch Mehrheitsbeschluss erteilen, zu befolgen. Er darf davon nicht abweichen, selbst dann nicht, wenn er den Umständen nach annehmen durfte, dass die Anleihegläubiger bei Kenntnis der Sachlage die Abweichung billigen würden. § 7 Abs. 2 S. 2 ist *lex specialis* zu § 665 BGB. Die Gläubiger können durch Weisungen etwa auf das Abstimmungsverhalten des gemeinsamen Vertreters in der Insolvenzgläubigerversammlung Einfluss nehmen, und der allgemeine Vertreter kann sich durch Einholung von Weisungen gegen sein Haftungsrisiko aus § 7 Abs. 3 absichern wollen. Solche Weisungen können sowohl in der ersten Gläubigerversammlung nach § 19 Abs. 2, die vom Insolvenzgericht einzuberufen ist,[82] als auch in weiteren Gläubigerversammlungen[83] erteilt werden. Die **Einberufung, Durchführung, Beschlussfassung und Beschlusskontrolle** der ersten Gläubigerversammlung unterliegen den in Rn. 13 ff. dargelegten Regeln. Das gilt nicht nur für die Beschlussfassung über die Bestellung des gemeinsamen Vertreters, sondern auch für etwaige ergänzende Weisungsbeschlüsse.[84] Die Weisungen müssen sich im Rahmen der insolvenzrechtlichen Bestimmungen halten. Änderungen der Anleihebedingungen (§ 5 Abs. 1) sowie Maßnahmen nach § 5 Abs. 3 können die Anleihegläubiger nicht beschließen,[85] eine Ausnahme gilt im Insolvenzplanverfahren.[86]

32 Die Gläubiger einer Altanleihe können auch *nach* der Eröffnung des Insolvenzverfahrens gemäß § 24 Abs. 2 mit Zustimmung des Insolvenzverwalters durch einen Grundlagenbeschluss für die Anwendung des SchVG optieren und zugleich in einem Ausführungsbeschluss die Bestellung eines gemeinsamen Vertreters beschließen.[87]

3. Vergütung des gemeinsamen Vertreters

33 Schuldner des Vergütungsanspruchs des gemeinsamen Vertreters ist der Emittent (§ 7 Abs. 6).[88] Die Einordnung der Forderung ist nach allgemeinen insolvenzrechtlichen Grundsätzen vorzunehmen (§ 19 Abs. 1 S. 1).[89] Danach ist die zur Zeit der Eröffnung des Insolvenzverfahrens begründete[90] Forderung eines bereits vor Eröffnung des Insolvenzverfahrens bestellten gemeinsamen Vertreters Insolvenzforderung iSv § 38 InsO.[91] Bei der insolvenzrechtlichen Einordnung des Vergütungsanspruchs für Tätigkeiten eines gemeinsamen Vertreters (auch eines vor Eröffnung des Insolvenzverfahrens bestellten gemeinsamen Vertreters) ab der Eröffnung des Insolvenzverfahrens divergieren die Auffassungen. Die **Literatur** hat überwiegend die Einordnung des Vergütungsanspruchs für die Zeit ab Insolvenzeröffnung als Masseverbindlichkeit befürwortet, sei es in analoger Anwendung der §§ 53, 54 Nr. 2 InsO[92], sei es in direkter oder analoger Anwendung von § 55 Abs. 1 Nr. 1 Fall 2 InsO[93] oder § 55

[82] FK-SchVG/*Friedl* § 19 Rn. 20; Veranneman/*Rattunde* § 19 Rn. 50; Hopt/Seibt/*Knapp* § 19 SchVG Rn. 22.
[83] Veranneman/*Rattunde* § 19 Rn. 67; Hopt/Seibt/*Knapp* § 19 SchVG Rn. 58.
[84] Hopt/Seibt/*Knapp* § 19 SchVG Rn. 49.
[85] Vgl. BegrRegE SchVG, BT-Drs. 16/12814, 25; Preuße/*Scherber* § 19 Rn. 28; Veranneman/*Rattunde* § 19 Rn. 59; FK-SchVG/*Friedl* § 19 Rn. 36; Heidel AktR/*Müller* SchVG § 19 Rn. 4; *Thole* ZIP 2014, 293 (295); *Rüberg* Die Anleihe in der Insolvenz S. 173 f. einschränkend BerlKommInsR/*Paul* SchVG § 19 Rn. 20. **AA** (§§ 4, 5 ff. SchVG gelten uneingeschränkt) HmbKommInsR/*Knof* Anhang II SchVG Rn. 103 ff., 111.
[86] → Rn. 43.
[87] → Rn. 8.
[88] Ebenso FK-SchVG/*Friedl* § 19 Rn. 49. Zur Anwendbarkeit des § 7 im Rahmen der Insolvenz des Emittenten → Rn. 30.
[89] BerlKommInsR/*Paul* SchVG § 19 Rn. 5.
[90] Hierbei sind die Regeln der §§ 40 ff. InsO zu beachten.
[91] Preuße/*Scherber* § 19 Rn. 35; Hopt/Seibt/*Knapp* § 19 SchVG Rn. 88; Veranneman/*Rattunde* § 19 Rn. 86; BerlKommInsR/*Paul* SchVG § 19 Rn. 41.
[92] So die Vorauflage → 2. Aufl. 2016 SchVG § 19 Rn. 24; ebenso Preuße/*Scherber* § 19 Rn. 35; *Cagalj* Restrukturierung von Anleihen S. 170.

Abs. 1 Nr. 2 Fall 2 InsO[94]. Der **BGH** ist allen diesen Auffassungen entgegengetreten.[95] Der Anspruch des nach § 19 Abs. 2 S. 1 bestellten gemeinsamen Vertreters auf Vergütung für seine Tätigkeit zählt weder zu den Kosten des Insolvenzverfahrens nach § 54 InsO noch stellt er eine sonstige Masseverbindlichkeit iSv § 55 InsO dar, die gem. § 53 InsO aus der Insolvenzmasse vorab zu befriedigen wäre.

Der nach Verfahrenseröffnung bestellte gemeinsame Vertreter kann den ihm nach § 7 Abs. 6 gegen den Schuldner zustehenden Vergütungsanspruch auch nicht als Insolvenzforderung geltend machen, weil dieser Anspruch zum Zeitpunkt der Eröffnung des Verfahrens noch nicht begründet war. Es liegt eine **Neuforderung** vor, für die der Schuldner dem gemeinsamen Vertreter nur unter Beachtung des § 89 Abs. 2 InsO mit seinem insolvenzfreien Vermögen haftet.[96] Der gemeinsame Vertreter kann daher am Insolvenzverfahren nur teilnehmen, wenn ihm die Anleihegläubiger ihren aus § 7 Abs. 6 folgenden Freistellungsanspruch gegen den Schuldner abtreten, der nunmehr auf Zahlung gerichtet ist. Da der Anspruch Kosten betrifft, die durch die Teilnahme am Verfahren entstanden sind, ist er gem. § 39 Abs. 1 Nr. 2 InsO **nur nachrangig** zu berücksichtigen.[97] 34

Dem gemeinsamen Vertreter bleibt die Möglichkeit, die Übernahme der Tätigkeit davon abhängig zu machen, dass er die ihm zustehende Vergütung unmittelbar oder mittelbar aus der erzielten Befriedigungsquote erhält.[98] Auch kann durch eine Vergütungsvereinbarung zwischen dem Insolvenzverwalter und dem gemeinsamen Vertreter eine Masseverbindlichkeit nach § 55 Abs. 1 Nr. 1 Fall 1 InsO begründet werden, sofern die der Masse daraus entstehenden Kosten durch die aus der Tätigkeit des gemeinsamen Vertreters entstehenden Vorteile ausgeglichen werden.[99] 35

4. Weitere Anleihegläubigerversammlung im Insolvenzverfahren

Mit der Durchführung der ersten Anleihegläubigerversammlung gem. § 19 Abs. 2 ist der Zweck der Vorschrift erreicht, den Anleihegläubigern die Möglichkeit zu geben, einen gemeinsamen Vertreter zur Wahrnehmung ihrer Rechte zu bestellen.[100] Die Insolvenzordnung steht der Durchführung weiterer Gläubigerversammlungen nach den Regeln des SchVG nicht entgegen, sofern sie den **Vorrang der insolvenzrechtlichen Regelungen in deren Anwendungsbereich**[101] **nicht in Frage stellen.** Auch der Hinweis des Gesetzgebers stört nicht, dass die Anleihegläubiger *„nach Eröffnung des Insolvenzverfahrens … (abweichend von § 5 Abs. 1 S. 1) nur befugt sind, durch Mehrheitsbeschluss einen gemeinsamen Vertreter … zu bestellen“*.[102] Nach Auffassung des BGH ist dieser Hinweis „allenfalls“ dahin zu deuten, dass die durch § 5 Abs. 1 eröffnete Möglichkeit einer Änderung der Anleihebedingungen nach Verfahrenseröffnung verschlossen ist. Der BGH hat in dieser Aussage keinen Hinderungsgrund gesehen, nach Verfahrenseröffnung auf der Grundlage des § 24 36

[93] BerlKommInsR/*Paul* SchVG § 19 Rn. 41; *Horn* BKR 2014, 449 (452 f.); Hopt/Seibt/*Knapp* § 19 SchVG Rn. 92; umfassend hierzu und zur zulässigen Höhe der Vergütung HmbKommInsR/*Knof* Anhang II SchVG Rn. 75.

[94] *Thole* ZIP 2014, 293 (299).

[95] BGH WM 2017, 379; vgl. zum Folgenden *Fischer* WM 2018, 1529, 1532 f. sowie *Stahlschmidt/Borowski* ZInsO 2018, 2445 ff.; zum Thema auch BGH WM 2016, 1589 sowie BGH WM 2016, 1691.

[96] BGH WM 2017, 379 Rn. 26. **AA** *Rüberg* Die Anleihe in der Insolvenz S. 196 – 210, mit der Begründung, dass § 7 Abs. 6 als gesetzliche Ausnahmeregelung entgegen der Auffassung des BGH und der überwiegenden Meinung in der Literatur im Insolvenzverfahren nicht fortgelte und es deshalb bei den üblichen Regelungen des entgeltlichen Geschäftsbesorgungsvertrages gem. § 675 Abs. 1 BGB bleibe; der Vergütungs- und Kostenerstattungsanspruch des gemeinsamen Vertreters richte sich an die Anleihegläubiger.

[97] BGH WM 2017, 379 Rn. 27.

[98] BGH WM 2017, 379 Rn. 28; LG Düsseldorf ZIP 2016, 1036 (1038); *Antoniadis* NZI 2014, 785 (789).

[99] BGH WM 2017, 379 Rn. 28.

[100] FK-SchVG/*Friedl* § 19 Rn. 30; Veranneman/*Rattunde* § 19 Rn. 66; Hopt/Seibt/*Knapp* § 19 SchVG Rn. 47.

[101] → Rn. 1.

[102] BegrRegE SchVG, BT-Drs. 16/12814, 25.

Abs. 2 einen Opt–In–Beschluss zu fassen.[103] Der Vorrang der insolvenzrechtlichen Regeln in deren Anwendungsbereich ist gewahrt, soweit die Beschlussfassungen in der weiteren Gläubigerversammlung das Innenverhältnis der Gläubiger untereinander sowie zwischen den Gläubigern und dem gemeinsamen Vertreter betreffen.[104] Dazu gehören insbesondere **Weisungen der Gläubiger an den gemeinsamen Vertreter,** namentlich auch vom gemeinsamen Vertreter zur Absicherung seines Haftungsrisikos erbetene, die Bestellung eines gemeinsamen Vertreters im Laufe des Verfahrens, wenn in der ersten Gläubigerversammlung gem. § 19 Abs. 2 kein gemeinsamer Vertreter bestellt worden ist oder der bestellte gemeinsame Vertreter an der Ausübung seines Amtes (etwas infolge Krankheit) gehindert ist.[105] Die **Einberufung, Durchführung, Beschlussfassung und die Beschlusskontrolle** einer weiteren Gläubigerversammlung bestimmen sich nach den Regelungen des SchVG.[106] Zur Einberufung der Versammlung sind nach § 9 Abs. 1 S. 1 der Schuldner oder der gemeinsame Vertreter befugt oder nach Maßgabe von § 9 Abs. 1 S. 2 auch Minderheitsgläubiger.

37 Die **Kosten,** die durch eine weitere Versammlung entstehen, gehören weder zu den Massekosten noch zu den Masseschulden, weil sie allein zur Wahrung der Interessen der Anleihegläubiger entstanden sind.[107] Sie begründen auch keine Insolvenzforderung an den Schuldner nach § 38 InsO, weil sie erst nach Eröffnung des Insolvenzverfahrens entstanden sind.[108] Nach überwiegender Meinung in der Literatur stellen die Kosten nachrangige Insolvenzforderungen gem. § 39 Abs. 1 Nr. 2 InsO dar, weil sie den Insolvenzgläubigern durch die Teilnahme am Verfahren entstehen.[109]

IV. Individuelle Geltendmachung von Rechten durch Anleihegläubiger

38 Ist ein gemeinsamer Vertreter der Anleihegläubiger nicht bestellt, müssen die Anleihegläubiger ihre Rechte im Insolvenzverfahren **selbständig wahrnehmen.**

39 Jeder Anleihegläubiger hat seine Forderungen aus der Anleihe beim Insolvenzverwalter anzumelden (§ 174 Abs. 1 S. 1 InsO). Für die Anmeldung gelten die §§ 174 ff InsO. **Nachrangige Forderungen,** etwa aus einer Hybridanleihe, sind nur anzumelden, soweit das Insolvenzgericht zur Anmeldung der Forderungen aufruft (§ 174 Abs. 3 S. 1). Der Forderungsanmeldung soll ein **Abdruck der Urkunde** beigefügt werden, aus der sich die Forderung ergibt(§ 174 Abs. 1 S. 2 InsO).[110] Schuldverschreibungen aus einer Gesamtemission sind regelmäßig in einer Sammelurkunde (§ 9a Abs. 1 S. 1 DepotG) unter Ausschluss der Auslieferung von Einzelurkunden verbrieft. Von der Wertpapiersammelbank, die die Urkunde aufbewahrt, kann die Auslieferung von einzelnen Urkunden nicht verlangt

[103] BGH WM 2018, 42 Rn. 21.

[104] *Fischer* WM 2018, 1529 (1535).

[105] Vgl. die Bsp. bei Veranneman/*Rattunde* § 14 Rn. 67; FK-SchVG/*Friedl* § 19 Rn. 36; Hopt/Seibt/*Knapp* § 19 SchVG Rn. 57

[106] Veranneman/*Rattunde* § 14 Rn. 68–71; FK-SchVG/*Friedl* § 19 Rn. 31; Hopt/Seibt/*Knapp* § 19 SchVG Rn. 61 bis 66, HmbKommInsR/*Knof* Anhang II SchVG Rn. 64; **aA** *Rüberg* Die Anleihe in der Insolvenz S. 177 ff.: Einberufung, Durchführung und Beschlusskontrolle jeder weiteren Anleihegläubigerversammlung richteten sich nach § 19 Abs. 1 iVm §§ 74 ff. InsO analog nach den insolvenzrechtlichen Bestimmungen. Vgl. auch Veranneman/*Rattunde* § 19 Rn. 75 f. mit dem Vorschlag, auf die Einberufung und Durchführung einer Anleihegläubigerversammlung nach Eröffnung des Insolvenzverfahrens zum Zweck der Abberufung eines vorhandenen, dem Schuldner nahestehenden gemeinsamen Vertreters und der Bestellung eines neuen gemeinsamen Vertreters statt der §§ 9 ff. das Verfahrensrecht der Insolvenzordnung entsprechend anzuwenden.

[107] *Fischer,* WM 2018, 1529 (1535).

[108] Hopt/Seibt/*Knapp* § 19 SchVG Rn. 69.

[109] Veranneman/*Rattunde* § 14 Rn. 71; FK-SchVG/*Friedl* § 19 Rn. 35; Hopt/Seibt/*Knapp* § 19 SchVG Rn. 69; *Thole* ZIP 2014, 293 (298), HmbKommInsR/*Knof* Anhang II SchVG Rn. 66, 74 f; **aA** BerlKomm InsR/*Paul* SchVG § 19 Rn. 42.

[110] § 19 Abs. 3 Hs. 2 gilt nur für den gemeinsamen Vertreter; s. hierzu auch Veranneman/*Rattunde* § 19 Rn. 83; FK-SchVG/*Friedl* § 19 Rn. 57.

werden (§ 9a Abs. 3 S. 2 DepotG). Deshalb muss die Vorlage eines aktuellen Depotauszugs ohne Sperrvermerk der Forderung des § 174 Abs. 1 S. 2 InsO genügen. Ein Sperrvermerk ist untunlich, weil die Schuldverschreibungen fortlaufend weiter gehandelt werden können. Für die Teilnahme an Abstimmungen in der Insolvenzgläubigerversammlung ist zum Nachweis der Forderungsurheberschaft jedoch die Vorlage eines Depotauszuges mit Sperrvermerk, der den Tag der Abstimmung mitumfasst, erforderlich.[111]

Im Übrigen nehmen die Anleihegläubiger wie die weiteren Insolvenzgläubiger am Insolvenzverfahren teil, insbesondere durch die Teilnahme und Abstimmung in insolvenzrechtlichen Gläubigerversammlungen, die Ausübung des Frage- und Auskunftsrechts sowie die Teilnahme an der Verteilung der Insolvenzmasse. 40

V. Insolvenzplanverfahren (§ 19 Abs. 4)

1. Verfahren

Das **Insolvenzplanverfahren,** das den Erhalt des Unternehmens des Schuldners bezweckt,[112] setzt einen in der Regel vom Schuldner oder Insolvenzverwalter vorgelegten Insolvenzplan (§ 218 InsO) voraus. Der gestaltende Teil enthält Festlegungen über die durch den Plan zu ändernde Rechtsstellung der Beteiligten (§ 221 InsO). Im Plan werden die Gläubiger in Gruppen eingeteilt (§ 222 Abs. 1 InsO), innerhalb deren alle Mitglieder gleich zu behandeln sind (§ 226 Abs. 1 InsO). Der Plan bedarf der Zustimmung des Schuldners (§ 247 InsO). Er wird wirksam, sobald er durch **Kopf- und Summenmehrheit** in jeder Gruppe angenommen(§ 244 Abs. 1 InsO), durch das Insolvenzgericht bestätigt (§ 248 Abs. 1 InsO) und die Bestätigung rechtskräftig geworden ist (§ 254 Abs. 1 InsO). 41

2. Insolvenzplan unter Beteiligung von Anleihegläubigern

Nach § 19 Abs. 4 sind in einem Insolvenzplan den Gläubigern derselben Anleihe gleiche Rechte anzubieten. Die Vorschrift korrespondiert mit dem Gleichbehandlungsgebot des § 226 Abs. 1 InsO, demzufolge **Gläubigern einer** nach Maßgabe des § 222 InsO gebildeten **Gruppe** gleiche Rechte anzubieten sind. Es wird in aller Regel geboten sein, die Gläubiger ein und derselben Anleihe in einer einzigen Gruppe zusammenzufassen. Eine Zusammenlegung von anderen Insolvenzgläubigern mit den Gläubigern von identischen Rechten aus inhaltsgleichen Schuldverschreibungen einer Gesamtemission wird grundsätzlich den Anforderungen des § 222 Abs. 2 InsO für die Bildung einer Gruppe – gleiche Rechtstellung, gleichartige wirtschaftliche Interessen, Sachgerechtigkeit – nicht gerecht werden können.[113] Sind die Gläubiger einer Anleihe in einer Gruppe zusammengefasst, gilt § 226 Abs. 1 InsO, sind sie auf mehrere Gruppen verteilt, kommt § 19 Abs. 4 zur Anwendung; den Gläubigern der einen Anleihe müsste dann über die Gruppe hinweg gleiche Rechte angeboten werden, was wiederum nach § 226 Abs. 2 InsO verlangen würde, den anderen Beteiligten in diesen Gruppen gleiche Rechte wie den Anleihegläubigern anzubieten. Ein gemeinsamer Vertreter darf einem Plan, der für die Gläubiger einer Anleihe unterschiedliche Rechte vorsieht, nicht zustimmen.[114] 42

Ein Insolvenzplan kann grundsätzlich alle in § 5 Abs. 3 vorgesehenen Maßnahmen enthalten.[115] Von besonderer praktischer Bedeutung für die Restrukturierungspraxis in der Insolvenz des Schuldners ist der **Debt-Equity-Swap** nach § 5 Abs. 3 Nr. 5 Alt. 1. Die 43

[111] Hopt/Seibt/*Knapp* § 19 SchVG Rn. 105 und Rn. 114.

[112] Hierzu und zum Folgenden s. nur *Jauernig/Berger* ZwangsVollstrR/InsR § 59 Rn. 1 ff.

[113] FK-SchVG/*Friedl* § 19 Rn. 45; Hopt/Seibt/*Knapp* § 19 SchVG Rn. 130; Veranneman/*Rattunde* § 19 Rn. 110.

[114] BegrRegE SchVG, BT-Drs. 16/12814, 25; FK-SchVG/*Friedl* § 19 Rn. 46; Hopt/Seibt/*Knapp* § 19 SchVG Rn. 130.

[115] *Thole* WM 2014, 293 (299); *Fischer* WM 2018, 1529 (1535), Hopt/Seibt/*Knapp* § 19 SchVG Rn. 50. Neben diesen Maßnahmen erachtet HmbKommInsR/*Knof,* Anhang II SchVG Rn. 103 ff., 111 auch nach

Umwandlung der Forderungsrechte der Anleihegläubiger in Anteils– oder Mitgliedschaftsrechte am Schuldner ist nach § 225a Abs. 2 S. 2 InsO nur mit Zustimmung aller betroffenen Gläubiger zulässig und die Umwandlung kann nur wirksam werden, wenn dem Plan die zustimmende Erklärung jedes Gläubigers beigefügt wird (§ 230 Abs. 2 InsO). Ist ein gemeinsamer Vertreter bestellt, so hat er für die Gläubiger der Anleihe ein einheitliches Votum abzugeben. Die für alle Gläubiger der Anleihe abgegebene Erklärung des gemeinsamen Vertreters ist als Zustimmung eines jeden Gläubigers zu werten, sofern die Gläubiger zuvor einen entsprechenden internen Weisungsbeschluss nach § 5 Abs. 3 Nr. 5 mit qualifizierter Mehrheit (§ 5 Abs. 4) gefasst haben.[116]

44 Ist ein gemeinsamer Vertreter bestellt, nimmt er für die Anleihegläubiger an der **Abstimmung über den Insolvenzplan** teil (§ 19 Abs. 3). Bei der Abstimmung nach § 244 Abs. 1 InsO für die Annahme des Insolvenzplans in jeder Gruppe[117] eine **Summenmehrheit,** dh Kapitalmehrheit, und eine **Kopfmehrheit,** dh Mehrheit der abstimmenden Gläubiger, erforderlich. Hinsichtlich jeder der beiden Mehrheiten stimmt der gemeinsame Vertreter **einheitlich** für die Anleihegläubiger ab.[118]

45 Ist kein gemeinsamer Vertreter bestellt, nehmen die Anleihegläubiger selbst an der Abstimmung teil.

VI. Bekanntmachungen

46 § 19 Abs. 5 verpflichtet das Insolvenzgericht, von Amts wegen die nach SchVG vorgeschriebenen Bekanntmachungen auf der durch § 9 InsO vorgeschriebenen Internetadresse (http://www.insolvenzbekanntmachungen.de) zu veröffentlichen. Dies dient der zentralen Abrufbarkeit aller das Insolvenzverfahren betreffenden Informationen.[119]

§ 20 Anfechtung von Beschlüssen

(1) [1]**Ein Beschluss der Gläubiger kann wegen Verletzung des Gesetzes oder der Anleihebedingungen durch Klage angefochten werden.** [2]**Wegen unrichtiger, unvollständiger oder verweigerter Erteilung von Informationen kann ein Beschluss der Gläubiger nur angefochten werden, wenn ein objektiv urteilender Gläubiger die Erteilung der Information als wesentliche Voraussetzung für sein Abstimmungsverhalten angesehen hätte.** [3]**Die Anfechtung kann nicht auf die durch eine technische Störung verursachte Verletzung von Rechten, die nach § 18 auf elektronischem Wege wahrgenommen worden sind, gestützt werden, es sei denn, dem Schuldner ist grobe Fahrlässigkeit oder Vorsatz vorzuwerfen.**

(2) **Zur Anfechtung ist befugt**

Eröffnung des Insolvenzverfahrens und sogar innerhalb eines Insolvenzplanverfahrens Maßnahmen der Gläubigerversammlung nach §§ 4, 5 ff. SchVG für zulässig.

[116] *Thole* WM 2014, 293 (300); *Fischer* WM 2018, 1529 (1535). *Rüberg* Die Anleihe in der Insolvenz, S. 169. IErg ebenso Veranneman/*Rattunde* § 19 Rn. 104 ff. und Hopt/Seibt/*Knapp* § 19 SchVG Rn. 50 und 52, beide unter der Voraussetzung, dass der gemeinsame Vertreter außerhalb des Insolvenzverfahrens einen legitimierenden (Weisungs–) Beschluss der Anleihegläubiger mit der erforderlichen qualifizierten Mehrheit nach dem SchVG eingeholt hat, der im Wege einer Planbedingung (§ 249 InsO) mit dem Insolvenzplanverfahren verknüpft wird. So auch *Thole* ZIP 2014, 2365 (2368). Der interne Beschluss unterliegt der Beschlusskontrolle, gegebenenfalls einer Vollzugssperre, gem. § 20 und nicht des vorrangigen § 19 Abs. 1 S. 1 iVm § 78 InsO. Das Insolvenzgericht darf den Plan erst bestätigen, wenn die Planbedingungen eingetreten sind (§ 249 S. 1 InsO). Es wird deshalb vorgeschlagen, dass das Insolvenzgericht im Interesse einer zügigen Klärung den Insolvenzplan bereits bei einem Freigabebeschluss nach § 20 SchVG iVm § 246a AktG bestätigt und nicht erst mit Rechtskraft des Beschlusses (*Thole* ZIP 2014, 2365 (2369); Veranneman/*Rattunde* § 19 Rn. 108).

[117] → Rn. 42

[118] Näheres→ Rn. 28.

[119] Preuße/*Scherber* § 19 Rn. 37; FK-SchVG/*Friedl* § 19 Rn. 58.

1. **jeder Gläubiger, der an der Abstimmung teilgenommen und gegen den Beschluss fristgerecht Widerspruch erklärt hat, sofern er die Schuldverschreibung vor der Bekanntmachung der Einberufung der Gläubigerversammlung oder vor der Aufforderung zur Stimmabgabe in einer Abstimmung ohne Versammlung erworben hatte;**
2. **jeder Gläubiger, der an der Abstimmung nicht teilgenommen hat, wenn er zur Abstimmung zu Unrecht nicht zugelassen worden ist oder wenn die Versammlung nicht ordnungsgemäß einberufen oder zur Stimmabgabe nicht ordnungsgemäß aufgefordert worden ist oder wenn ein Gegenstand der Beschlussfassung nicht ordnungsgemäß bekannt gemacht worden ist.**

(3) [1] **Die Klage ist binnen eines Monats nach der Bekanntmachung des Beschlusses zu erheben.** [2] **Sie ist gegen den Schuldner zu richten.** [3] **Zuständig für die Klage ist bei einem Schuldner mit Sitz im Inland ausschließlich das Landgericht, in dessen Bezirk der Schuldner seinen Sitz hat, oder mangels eines Sitzes im Inland das Landgericht Frankfurt am Main; § 246 Absatz 3 Satz 2 bis 6 des Aktiengesetzes gilt entsprechend.** [4] **Vor einer rechtskräftigen Entscheidung des Gerichts darf der angefochtene Beschluss nicht vollzogen werden, es sei denn, ein Senat des dem nach Satz 3 zuständigen Gericht im zuständigen Rechtszug übergeordneten Oberlandesgerichts stellt auf Antrag des Schuldners nach Maßgabe des § 246a des Aktiengesetzes fest, dass die Erhebung der Klage dem Vollzug des angefochtenen Beschlusses nicht entgegensteht; § 246a Absatz 1 Satz 1 und 2, Absatz 2 und 3 Satz 1 bis 4 und 6, Absatz 4 des Aktiengesetzes gilt entsprechend.**

Schrifttum: Arbeitskreis Reform des Schuldverschreibungsrechts, Reform des Schuldverschreibungsgesetzes, ZIP 2014, 845; *Baums,* Die gerichtliche Kontrolle von Beschlüssen der Gläubigerversammlung nach dem Referentenentwurf eines neuen Schuldverschreibungsgesetzes, ZBB 2009, 1; *Baums,* Weitere Reform des Schuldverschreibungsrechts!, ZHR 177 (2013), 807; *Cagalj,* Restrukturierung von Anleihen nach dem neuen Schuldverschreibungsgesetz, 2013; Deutscher Anwaltverein, Stellungnahme zum Referentenentwurf eines Gesetzes zur Neuregelung der Rechtsverhältnisse bei Schuldverschreibungen aus Anleihen und zur Anpassung kapitalmarktrechtlicher Verjährungsvorschriften 2008; *Florstedt,* Reformbedarf und Reformperspektiven im Schuldverschreibungsrecht, WiVerw 2014, 155; *Florstedt,* Neue Wege zur Sanierung ohne Insolvenz, ZIP 2014, 1513–1519; *Hofmann/Keller,* Collective Action Clauses, ZHR 175 (2011), 684 *Horn,* Das neue Schuldverschreibungsgesetz und der Anleihemarkt, BKR 2009, 446; *Horn,* Die Stellung der Anleihegläubiger nach neuem Schuldverschreibungsgesetz und allgemeinem Privatrecht im Licht aktueller Marktentwicklungen, ZHR 173 (2009), 12; *Horn,* Der gemeinsame Vertreter der Anleihegläubiger in der Insolvenz, BKR 2014, 449; *Kuder/Obermüller,* Insolvenzrechtliche Aspekte des neuen Schuldverschreibungsgesetzes, ZInsO 2009, 1015; *Liebenow,* Das Schuldverschreibungsgesetz als Anleiheorganisationsrecht und Gesellschaftsrecht, 2015; *Maier-Reimer,* Fehlerhafte Gläubigerbeschlüsse nach dem Schuldverschreibungsgesetz, NJW 2010, 1317; *ders.,* Räuberische Anleihegläubiger – Ein Vorschlag *de lege ferenda,* Festschrift für Ulrich Seibert (2019) S. 579 ff.; *Otto,* Gläubigerversammlungen nach dem SchVG – Ein neues Tätigkeitsgebiet für Notare, DNotZ 2012, 809; *Paulus,* Berufskläger als Sanierungshemmnis, BB 2012, 1556; *Podewils,* Neuerungen im Schuldverschreibungs- und Anlegerschutzrecht – Das Gesetz zur Neuregelung der Rechtsverhältnisse bei Schuldverschreibungen aus Gesamtemissionen und zur verbesserten Durchsetzbarkeit von Ansprüchen von Anlegern aus Falschberatung, DStR 2009, 1914; *Schlitt/Schäfer,* Die Restrukturierung von Anleihen nach dem neuen Schuldverschreibungsgesetz, AG 2009, 477; *Schmidtbleicher,* Die Anleihegläubigermehrheit, Diss. Frankfurt a. M. 2010/2011; *Schneider,* Ist das SchVG noch zu retten?, in: *Baums* (Hrsg.), Das neue Schuldverschreibungsrecht, 2013, 1; *Schulenburg,* Der Schutz der Minderheit im Schuldverschreibungsrecht in vergleichender Betrachtung mit dem Aktienrecht, 2017; *Seibt/Westpfahl,* Auf dem Weg zu einem „Neuen Sanierungsgesellschaftsrecht“?, ZIP 2013, 2333; *Simon,* Das neue Schuldverschreibungsgesetz und Treuepflichten im Anleiherecht als Bausteine eines außergerichtlichen Sanierungsverfahrens, Diss. Köln 2011; *Simon,* Restrukturierung von Schuldverschreibungen nach neuem SchVG, CF Law 2010, 159; *Thole,* Klagen geschädigter Privatanleger gegen Griechenland vor deutschen Gerichten?, WM 2012, 1793; *Thole,* Sanierung mittels Scheme of Arrangement im Blickwinkel des Internationalen Privat- und Verfahrensrechts, ZGR 2013, 109; *Thole,* Der Debt Equity Swap bei der Restrukturierung von Anleihen, ZIP 2014, 2365; *Vogel,* Der Rechtsschutz des Schuldverschreibungsgläubigers, in: *Baums* (Hrsg.), Das neue Schuldverschreibungsrecht, 2013, 39.

I. Überblick

1 § 20 regelt die gerichtliche Geltendmachung rechtsfehlerhafter Gläubigerbeschlüsse. § 20 Abs. 1 S. 1 bestimmt, dass ein Beschluss der Gläubiger **„wegen Verletzung des Gesetzes oder der Anleihebedingungen"** durch Klage angefochten werden kann.

Die Bestimmung entspricht der korrespondierenden Vorschrift der aktienrechtlichen Anfechtungsklage, nach welcher ein Beschluss der Hauptversammlung „wegen Verletzung des Gesetzes oder der Satzung" durch Klage angefochten werden kann (§ 243 Abs. 1 AktG). Der Klage nach § 20 unterfallen sowohl **nichtige** als auch **anfechtbare** Beschlüsse. Nichtigkeits– und Anfechtungsgründe definiert – konkretisiert – das Gesetz nicht, mit der einzigen Ausnahme des Nichtigkeitsgrundes gemäß § 5 Abs. 2 S. 2 (Verstoß gegen das Gleichbehandlungsgebot). § 20 Abs. 2 regelt die **Klagebefugnis** der Gläubiger in der gleichen Weise für nichtige und anfechtbare Beschlüsse, in Nr. 1 hinsichtlich der Gläubiger, die an der Abstimmung teilgenommen haben, in Nr. 2 für Gläubiger, die an der Abstimmung nicht teilgenommen haben. Voraussetzung für die Klagebefugnis eines an der Abstimmung teilnehmenden Gläubigers ist es, dass er gegen den Beschluss Widerspruch erklärt hat und dem Widerspruch nicht abgeholfen worden ist (§ 20 Abs. 2 Nr. 1, § 18 Abs. 5). Die **Klagefrist** beträgt einen Monat ab Bekanntmachung des Beschlusses (§ 20 Abs. 3 S. 1). Die Klage ist gegen den Schuldner zu erheben (§ 20 Abs. 3 S. 2). § 20 Abs. 3 S. 3 bestimmt die gerichtliche Zuständigkeit und trifft unter Verweisung auf § 246 Abs. 3 S. 2 bis 6 AktG weitere Regelungen für das Klageverfahren. Vor der rechtskräftigen Entscheidung des Gerichts darf der angefochtene Beschluss nicht vollzogen werden (§ 20 Abs. 3 S. 4 Hs. 1, sogenannte **Vollzugssperre**). Das gilt nicht, wenn der zuständige OLG–Senat auf Antrag des Schuldners feststellt, dass „die Erhebung der Klage dem Vollzug des angefochtenen Beschlusses nicht entgegensteht" (§ 20 Abs. 2 S. 4 Hs. 2, sogenanntes **Freigabeverfahren**). Der Beschluss des OLG ist unanfechtbar. Der Gläubigerbeschluss kann nach § 20 Abs. 3 S. 4 vollzogen werden, auch wenn sich die Klage am Ende als erfolgreich erweist. Die Bestimmungen des § 20 über das Klageverfahren, Vollzugssperre und Freigabeverfahren eingeschlossen, finden Anwendung auf alle rechtsfehlerhaften Beschlüsse, gleichgültig ob ihnen ein Nichtigkeitsgrund oder ein Anfechtungsgrund zugrunde liegt. Rechtsfehlerhafte Beschlüsse – anfechtbare und nichtige –, die nicht erfolgreich mit der Klage angefochten worden sind, werden mit deren Vollzug wirksam, ausgenommen ein Beschluss, der wegen Verletzung des Gleichbehandlungsgebots (§ 5 Abs. 2 S. 2) nichtig ist. Das stattgebende Urteil erwächst in Rechtskraft gegenüber dem Schuldner und sämtlichen Gläubigern. Neben der Klage nach § 20 ist für die allgemeine Feststellungsklage eines Gläubigers nach § 256 ZPO kein Raum. 2

II. Anwendungsbereich

§ 20 betitelt „Anfechtung von Beschlüssen" bestimmt in Abs. 1 S. 1 das „ein Beschluss der Gläubiger … wegen Verletzung des Gesetzes und der Anleihebedingungen" durch Klage angefochten werden kann.[1] 3

Anfechtungsgegenstand ist jeder **Beschluss der Gläubiger,** dh die Äußerung der Gesamtheit der Gläubiger nach Maßgabe der §§ 5 ff., so wie sie in der vorgeschriebenen Niederschrift festgestellt ist. Nicht anfechtbar ist ein Minderheitsverlangen über Beschlussgegenstände nach § 13 Abs. 3 oder ein unbeachteter Beschlussantrag. Anfechtbar sind hingegen nichtige Beschlüsse, Scheinbeschlüsse sowie wirkungslose Beschlüsse.[2] 4

Anfechtungsgrund ist jeder Verstoß eines Gläubigerbeschlusses gegen Bestimmungen des Gesetzes oder der Anleihebedingungen. 5

Unter **Gesetz** in § 20 Abs. 1 S. 1 ist nicht nur das Schuldverschreibungsgesetz selbst zu verstehen, sondern jede Rechtsnorm im Sinne des **Art. 2 EGBGB.**[3] Darunter fallen 6

[1] In der Lit. wird die Klage nach § 20 gemeinhin als „Anfechtungsklage" bezeichnet, ein Terminus, den das Gesetz und auch die Amtliche Begründung zu § 20 für die Klage vermeiden – unbeschadet des Umstands, dass die Bestimmungen des § 20 den Regeln der im AktG so bezeichneten „Anfechtungsklage" (§ 246 AktG) entlehnt sind.

[2] FK-SchVG/*Friedl* § 20 Rn. 13 ff.

[3] Hüffer/Koch/*Koch* AktG § 243 Rn. 5; FK-SchVG/*Friedl* § 20, Rn. 18.

formelle Gesetze, Rechtsverordnungen, Satzungen öffentlich-rechtlicher Körperschaften, geschriebene und ungeschriebene Rechtsnormen, soweit deren Geltungsanspruch den Schuldner und die Schuldverschreibungen erfasst. [4] In aller Regel wird es um die Verletzung des SchVG gehen.

7 **Anleihebedingungen** sind der gesetzlichen Definition in § 2 S. 1 entsprechend die Bedingungen zur Beschreibung der Leistung sowie der Rechte und Pflichten der Gläubiger. Sie umfassen das gesamte nach den Bestimmungen des § 2 urkundsmäßig konkretisierte Rechtsverhältnis zwischen dem Schuldner und den Gläubigern. Als Verstöße gegen die Anleihebedingungen kommen im Hinblick auf Gläubigerbeschlüsse insbesondere die Nichteinhaltung etwa darin bestimmter Verfahrensregeln zur Einberufung, Teilnahme oder Durchführung von Abstimmungen oder darin festgelegter Mehrheitsquoten in Betracht.[5]

8 **Gegenstand der Klage nach § 20** ist die Anfechtung, dh die klageweise Geltendmachung jedes rechtsfehlerhaften Beschlusses der Gläubiger.

III. Nichtigkeit von Beschlüssen

1. Nichtigkeitsgründe

9 **a) Einleitung.** Das Gesetz bestimmt keine Gesetzesverstöße, die die Nichtigkeit von Gläubigerbeschlüssen begründen, von dem Verstoß gegen § 5 Abs. 2 Satz 2 abgesehen, im Unterschied zum Aktiengesetz, welches in den §§ 241 (und den darin durch Verweisung bestimmten weiteren Vorschriften), 250, 253 und 256 AktG die Nichtigkeitsgründe für Beschlüsse der Hauptversammlung im Einzelnen – abschließend – normiert. In dem Verständnis, dass der Gesetzgeber damit die Definition von Nichtigkeitsgründen im Beschlussmängelrecht des Schuldverschreibungsrechts der Rechtsprechung und Literatur überlassen hat[6], hat sich jedenfalls die Literatur dieser Aufgabe zugewendet. Sie wendet den allgemeinen zivilrechtlichen Grundsatz, dass Rechtsakten, die schwerwiegenden Gesetzesverstößen unterliegen, von vornherein jede Anerkennung versagt werden muss, auf Gläubigerbeschlüsse an.

10 Mit Bezug auf diese „allgemeine Meinung" der Literatur hat der Bundesgerichtshof entschieden, dass ein gegen § 5 Abs. 2 S. 2 verstoßender Beschluss auch ohne erfolgreiche Anfechtung dauerhaft unwirksam ist und im übrigen mit Bezug auf nichtige Beschlüsse geurteilt, dass ein Beschluss, der nicht wirksam angefochten worden ist, vollzogen werden kann und die beschlossenen Änderungen der Anleihebedingungen durch die Vollziehung wirksam werden können.[7]

11 **b) Nichtigkeitsgründe im Einzelnen.** Die von der Literatur benannten Gesetzesverstöße, die jeweils die Nichtigkeit eines Gläubigerbeschlusses auslösen, können in formalrechtliche und materiellrechtliche Gesetzesverstöße unterteilt werden.

12 Zu den **formalrechtlichen Verstößen** gehören schwerwiegende Fehler bei der Einberufung der Gläubigerversammlung – bei der Abstimmung ohne Versammlung der Aufforderung zur Stimmabgabe – wie die Einberufung durch eine nicht nach § 9 oder nach § 15 Abs. 3 S. 3 zuständige Person[8], das Fehlen der in § 12 Abs. 1 geforderten Angaben zu Firma und Sitz des Schuldners, Zeit und Ort der Gläubigerversammlung[9], die fehlende

---

[4] Hüffer/Koch/*Koch* AktG § 243 Rn. 5; FK-SchVG/*Friedl* § 20 Rn. 18.

[5] FK-SchVG/*Friedl* § 20 Rn. 24; Hopt/Seibt/*Kiem* § 20 SchVG Rn. 51 f.

[6] Preuße/*Vogel* § 20 Rn. 10; FK-SchVG/*Friedl* § 20 Rn. 99; *Schmidtbleicher* Die Anleihegläubigermehrheit S. 195.

[7] BGHZ 202, 7 Rn. 19 ff.

[8] Preuße/*Vogel* § 20 Rn. 14; FK-SchVG/*Friedl* § 20 Rn. 100; Hopt/Seibt/*Kiem* § 20 SchVG Rn. 31; Veranneman/*Wasmann/Steber* § 20 Rn. 5.

[9] Preuße/*Vogel* § 20 Rn. 14; Veranneman/*Wasmann/Steber* § 20 Rn. 5; Hopt/Seibt/*Kiem* § 20 SchVG Rn. 32 verlangt zusätzlich, dass dadurch bei objektiver Betrachtung eine Teilnahme der Gläubiger nicht möglich gewesen oder erheblich erschwert worden ist.

oder gegen § 12 Abs. 2 S. 1 und 2 verstoßende Bekanntmachung der Einberufung[10] sowie die Einberufung nur eines begrenzten (möglicherweise ausgewählten) Teiles der Gläubiger.[11] Formalrechtliche Gesetzesverstöße, die ebenfalls die Nichtigkeit des Beschlusses begründen, sind auch bestimmte Beurkundungsmängel, wie das Unterbleiben der Beurkundung, die fehlende Unterschrift des Notars und das Fehlen weiterer förmlicher Essentialia der Beurkundungsvorschriften gem. § 16 Abs. 3.[12]

Verstöße gegen **materiellrechtliche Normen,** die die Nichtigkeit des Beschlusses zur Folge haben, liegen in der Verletzung des Gleichbehandlungsgrundsatzes in § 5 Abs. 2 S. 2[13], in der Begründung einer Leistungsverpflichtung der Gläubiger entgegen § 5 Abs. 1 S. 3[14] sowie in der Sittenwidrigkeit eines Beschlusses (§ 138 BGB), sei es, weil der Beschluss aufgrund seines Inhalts gegen die guten Sitten verstößt[15], sei es, weil die äußeren Umstände des Beschlusses die Sittenwidrigkeit des Beschlusses bestimmen.[16] Es wird eingeräumt, dass es schwer ist, sich Fallgestaltungen sittenwidriger Beschlüsse auszumalen.[17] Schließlich sind Beschlüsse nichtig, die die Kompetenz der Gläubiger überschreiten. Das ist der Fall, wenn der Beschluss nicht in die Zuständigkeit der Gläubiger nach §§ 5 ff. SchVG oder der Anleihebedingungen fällt.[18] 13

Allgemein ist festzustellen, dass die Nichtigkeit von Gläubigerbeschlüssen bei den Anforderungen des Schrifttums an deren Vorliegen, den Anforderungen des Gesetzes an die Vorbereitung, Einleitung, Durchführung und Publizität der Beschlussfassung und der zu beobachtenden Professionalität der fachlichen und rechtlichen Begleitung sowohl des Schuldners als auch institutioneller Investoren im Prozess der Beschlussfassung **von kaum nennenswerter praktischer Bedeutung** ist.[19] 14

2. Klagearten

a) Klage nach § 20. Es ist die unbestrittene und zutreffende Ansicht des Schrifttums, dass die Klage nach § 20 der **Beschlusskontrolle sowohl anfechtbarer als auch nichtiger Gläubigerbeschlüsse** dient.[20] Die Bestimmungen des § 20 finden insgesamt und uneingeschränkt auf jeden das Gesetz oder die Anleihebedingungen verletzenden Gläubigerbeschluss Anwendung. 15

Der Gegenstand der Klage nach § 20 findet sich in der Abgrenzung zur aktienrechtlichen Anfechtungsklage, an deren Vorschriften sich die Klage nach § 20 anlehnt, und der aktienrechtlichen Nichtigkeitsklage. Anders als das Aktiengesetz kennt das Schuldverschreibungsgesetz keine spezifische und so bezeichnete „Anfechtungsklage" (§ 246 AktG) und in Abgrenzung dazu keine ebensolche „Nichtigkeitsklage" (§ 249 AktG), und keine spezi- 16

[10] Veranneman/*Wasmann/Steber* § 20 Rn. 5.

[11] Preuße/*Vogel* § 20 Rn. 14; FK-SchVG/*Friedl* § 20 Rn. 100; Hopt/Seibt/*Kiem* § 20 SchVG Rn. 33; Veranneman/*Wasmann/Steber* § 20 Rn. 5.

[12] Preuße/*Vogel* § 20 Rn. 15; FK-SchVG/*Friedl* § 20 Rn. 100; Hopt/Seibt/*Kiem* § 20 SchVG Rn. 34; Veranneman/*Wasmann/Steber* § 20 Rn. 5.

[13] Preuße/*Vogel* § 20 Rn. 12; FK-SchVG/*Friedl* § 20 Rn. 99; Hopt/Seibt/*Kiem* § 20 SchVG Rn. 38; Veranneman/*Wasmann/Steber* § 20 Rn. 4.

[14] Veranneman/*Wasmann/Steber* § 20 Rn. 4.

[15] Preuße/*Vogel* § 20 Rn. 10; Hopt/Seibt/*Kiem* § 20 SchVG Rn. 39; Veranneman/*Wasmann/Steber* § 20 Rn. 7.

[16] Preuße/*Vogel* § 20 Rn. 10; Hopt/Seibt/*Kiem* § 20 SchVG Rn. 39; offen gelassen von Veranneman/*Wasmann/Steber* § 20 Rn. 7.

[17] Hopt/Seibt/*Kiem* § 20 SchVG Rn. 39 unter Hinweis auf Baums/*Vogel* S. 39 (47): „Der Nichtigkeitsfolge unterliegen dürften nur extreme Fälle des kollusiven Zusammenwirkens und nicht bereits jeder Fall, in dem ein Gläubiger neben seinen Gläubigerinteressen möglicherweise auch noch ansonstige Interessen verfolgt.".

[18] Preuße/*Vogel* § 20 Rn. 11; Hopt/Seibt/*Kiem* § 20 SchVG Rn. 35.

[19] Vgl. auch *Baums* ZBB 2009,1 (4), der Nichtigkeitsgründe als „eher selten" einstuft und FK-SchVG/*Friedl* § 20 Rn. 101, der vermutet, dass der Gesetzgeber von einer Regelung des Vorgehens gegen nichtige Beschlüsse wegen ihrer geringen Relevanz abgesehen hat.

[20] Hopt/Seibt/*Kiem* § 20 SchVG Rn. 41 und 47; Veranneman/*Wasmann/Steber* § 20 Rn. 10; Preuße/*Vogel* § 20 Rn. 18; FK-SchVG/*Friedl* § 20 Rn. 101.

fischen und so bezeichneten „Anfechtungsgründe“ (§ 243 AktG) und keine ebensolchen „Nichtigkeitsgründe (§ 241 AktG). Das Aktiengesetz definiert im Einzelnen – enumerativ und abschließend – in den §§ 241, 250, 253 und 256 AktG die Nichtigkeitsgründe für Beschlüsse der Hauptversammlung und grenzt damit die aktienrechtliche Anfechtungsklage grundsätzlich (von gewissen Spezialregelungen in den §§ 251, 254, 255 AktG abgesehen) auf jede sonstige – der Bestimmung in § 20 Abs. 1 Satz 1 SchVG entsprechende – „Verletzung des Gesetzes und der Satzung“ ein (§ 243 Abs. 1 AktG). Im Unterschied dazu ist **Gegenstand der Klage nach § 20** mangels jedweder gesetzlicher Definition von Anfechtungs– und Nichtigkeitsgründen und deren Abgrenzung und Differenzierung und mangels irgendwelcher gesetzlicher Vorkehrungen für differenzierende separate Klagen einheitlich die **Anfechtung, dh die klageweise Geltendmachung jedes rechtsfehlerhaften – anfechtbaren oder nichtigen – Beschlusses** der Gläubiger.

17 Die Bestimmungen des § 20 finden insgesamt und uneingeschränkt auf jeden das Gesetz oder die Anleihebedingungen verletzenden – anfechtbaren oder nichtigen – Gläubigerbeschluss Anwendung. Das gilt, wie eingangs betont und im Weiteren dargelegt, nicht nur für Klagegrund, Klagebefugnis und Klagefrist, sondern insbesondere auch für die Vollzugssperre und das Freigabeverfahren[21], die Vollziehung fehlerhafter Beschlüsse, die nicht angefochten worden sind und grundsätzlich mit formell ordnungsgemäßer Vollziehung wirksam werden[22], die Rechtskrafterstreckung des stattgebenden rechtskräftigen Urteils gegenüber dem Schuldner und allen Gläubigern[23] und schließlich für die Verdrängung der allgemeinen Feststellungsklage (§ 256 ZPO) durch die Klage nach § 20[24]. Eine Ausnahme besteht für einen Beschluss, der gegen das Gleichbehandlungsgebot verstößt und der nach § 5 Abs. 2 Satz 2 „unwirksam“ – nach der Amtlichen Begründung zu § 5 „unwirksam und nichtig“ [25] – ist insoweit als er im Unterschied zu anderen fehlerhaften Beschlüssen, die nicht angefochten worden sind, nicht vollzogen und damit nicht wirksam werden kann.[26]

18 § 20 ist für das Beschlussmängelrecht des Schuldverschreibungsrechts eine **Abkehr vom Beschlussmängelrecht im Gesellschaftsrecht.** Das Beschlussmängelrecht im Gesellschaftsrecht – der AG[27], GmbH[28] und Genossenschaft[29] – ist übereinstimmend geprägt durch das **Konzept der Parallelität separater Klagen:** der Anfechtungsklage zur Anfechtung, dh klageweisen Geltendmachung, anfechtbarer Beschlüsse, und der Nichtigkeitsklage zur Anfechtung nichtiger Beschlüsse der Gesellschafter. Das Beschlussmängelrecht des Schuldverschreibungsrechts wendet sich von diesem Konzept des Gesellschaftsrechts ab. Es sieht in § 20 eine einzige Klage für die Anfechtung anfechtbarer und nichtiger Beschlüsse vor. Das Gesetz trägt damit dem augenfälligen Umstand Rechnung, dass das Beschlussmängelrecht im Schuldverschreibungsrecht nicht der komplexen Regelung des gesellschaftsrechtlichen Beschlussmängelrechts bedarf, der sich aus der Verfassung der Gesellschaft und ihren Strukturen ergibt und den daraus folgenden vielfältigen und auch komplexen Tatbeständen, die der Beschlussfassung der Gesellschafter unterliegen.

19 Das Gesetz anerkennt diesen Sachverhalt im Beschlussmängelrecht des SchVG in der Klage nach § 20 zur einheitlichen Kontrolle anfechtbarer und nichtiger Beschlüsse und sieht deren Regelung im Einzelnen in der Anlehnung der Klage an die Anfechtungsklage des Aktiengesetzes als geeignet an.

---

[21] → Rn. 77 ff., 80 ff.
[22] → Rn. 26 ff.
[23] → Rn. 99 ff.; 103 ff.
[24] → Rn. 23 ff.
[25] BegrRegE SchVG BT-Drs. 16/12814, 18 re. Sp.
[26] → Rn. 28 f.
[27] Hüffer/Koch/*Koch* AktG § 246 Rn. 12 und § 249 Rn. 10.
[28] Baumbach/Hueck/*Zöllner/Noack* GmbHG Anh. § 47 Rn. 1, 69 und 82; Roth/Altmeppen/*Altmeppen* GmbHG Anh. § 47 Rn. 69.
[29] Henssler/Strohn/*Geibel* § 51 GenG Rn. 1.

Die Beschlussmängelklage des **§ 4i BSchuWG,** deren Regelung drei Jahre nach dem SchVG in Kraft getretenen ist, bestätigt diese Abkehr durch die Übernahme des Konzeptes der Klage nach § 20 in enger Anlehnung an deren Vorschriften. 20

b) Nichtigkeitsklage. In der **Abkehr** des Beschlussmittelrechts des SchVG **von der** im Aktienrecht – und auch im Recht der GmbH und der Genossenschaft – bestehenden **Parallelität der Anfechtungsklage und der Nichtigkeitsklage** durch die Klage nach § 20, die einheitlich der Anfechtung aller rechtsfehlerhafter Gläubigerbeschlüsse dient, liegt die unmissverständliche Absage des Gesetzes, die Beschlussnichtigkeit und ihre klageweise Geltendmachung im SchVG spezifisch zu regeln. Eine analoge Anwendung der Bestimmungen der aktienrechtlichen Nichtigkeitsklage zwecks Einführung einer schuldverschreibungsrechtlichen Nichtigkeitsklage verbietet sich damit.[30] Dieser im Schrifttum ganz überwiegend vertretenen Auffassung ist zuzustimmen. 21

Eine von *Wasmann und Steber*[31] vertretene **Gegenansicht** plädiert für die Zulässigkeit einer Nichtigkeitsklage in entsprechender Anwendung von § 249 AktG mit Urteilswirkung *erga omnes* des stattgebenden Urteils. Für diese Nichtigkeitsklage gelte weder eine Klagefrist noch bedürfe es einer gesonderten Klagebefugnis. Die *erga-omnes*-Wirkung ergebe sich aus der Verweisung in § 249 Abs. 1 S 1 AktG auf § 248 Abs. 1 S. 1 AktG. Im Übrigen gelte für diese Nichtigkeitsklage im Schuldverschreibungsgesetz § 20 Abs. 3 S. 2 bis 4 entsprechend. Unter Berufung auf die Rechtsprechung des BGH zur Genossenschaft[32] sei die allgemeine Feststellungsklage nach § 256 ZPO im Anwendungsbereich der Nichtigkeitsklage durch diese verdrängt. 22

Dieser Ansicht steht jedoch die Entscheidung des Gesetzgebers entgegen, Beschlussnichtigkeit und ihre klageweise Geltendmachung im SchVG nicht spezifisch zu regeln, sondern – wie vorstehend dargelegt[33] – für die Beschusskontrolle sowohl von anfechtbaren als auch von nichtigen Beschlüssen allein die im Gesetz geregelte Anfechtungsklage vorzusehen.

c) Feststellungsklage (§ 256 ZPO)? Nach **überwiegender, allerdings bestrittener Meinung im Schrifttum** kann ein Gläubiger neben der Klage nach § 20 die Beschlussnichtigkeit auch mit der allgemeinen **Feststellungsklage nach § 256 ZPO** geltend machen.[34] Dies wird im Wesentlichen damit begründet, dass der Gesetzgeber darauf verzichtet hat, im Beschlussmängelrecht des SchVG in Anlehnung an § 249 AktG eine spezielle Nichtigkeitsklage vorzusehen und damit zum Ausdruck gebracht hat, es bei der Geltung der allgemeinen Grundsätze zu belassen. Die Rechtsfolge der Nichtigkeit trete ohnehin von Gesetzes wegen ein. Dem einzelnen Gläubiger stehe zur gerichtlichen Feststellung der Nichtigkeit die Klage gemäß § 256 ZPO zur Verfügung. Danach bedarf es nicht der Klagebefugnis nach § 20 Abs. 2, auch nicht der Einhaltung der Klagefrist nach § 20 Abs. 3, S. 1, ebenso gelten dafür nicht die Verfahrensregeln nach § 20 Abs. 3, und auch das Freigabeverfahren gemäß § 20 Abs. 3 S. 4 findet darauf keine Anwendung.[35] 23

Neben der Beschlussmängelklage nach § 20, mit der sowohl die Anfechtbarkeit als auch die Nichtigkeit eines Beschlusses geltend gemacht werden kann, ist die Erhebung einer 24

[30] So iErg auch die ganz überw. Meinung. Vgl. Hopt/Seibt/*Kiem* § 20 SchVG Rn. 44 (ausführlich); FK-SchVG/*Friedl* § 20 Rn. 101; Preuße/*Vogel* § 20 Rn. 16; *Schulenburg* Schutz der Minderheit im Schuldverschreibungsrecht S. 369 ff.

[31] Veranneman/*Wasmann/Steber* § 20 Rn. 11 mit Verweis auf *Maier-Reimer* NJW 2010, 1317 (1319).

[32] BGHZ 70, 384, 388 = BGH NJW 1978, 1325.

[33] → Rn. 15 ff.

[34] Hopt/Seibt/*Kiem* § 20 SchVG Rn. 41, 43; Preuße/*Vogel* § 20 Rn. 16; FK-SchVG/*Friedl* § 20 Rn. 101; *Maier-Reimer* NJW 2010, 1317 (1319); *Schmidtbleicher* Die Anleihegläubigermehrheit S. 195; *Schulenburg* Schutz der Minderheit im Schuldverschreibungsrecht S. 369; *Cagalj* Restrukturierung von Anleihen S. 332. **AA** Heidel AktR/*Müller* SchVG § 20 Rn. 2; FK-SchVG/*Friedl* § 20 Rn. 9 (anders allerdings in § 20 Rn. 101); Veranneman/*Wasmann/Steber* § 20 Rn. 24; Baums/*Schneider* S. 1 (3 f.). So auch in der Vorauflage → 2. Aufl. 2016 SchVG § 20 Rn. 12.

[35] Preuße/*Vogel* § 20 Rn. 16; FK-SchVG/Friedl § 20 Rn. 101.

Feststellungsklage nach § 256 ZPO unzulässig. Die Klage nach § 256 ZPO setzt ein rechtlich erhebliches **Feststellungsinteresse** voraus.[36] Daran fehlt es einem klagenden Gläubiger bei einer Klage nach § 256 ZPO mit Urteilswirkung *inter partes,* der die Beschlussnichtigkeit mittels einer Klage nach § 20 mit Urteilswirkung *erga omnes* geltend machen kann. Diese Subsidiarität der Feststellungsklage ist für das Beschlussmängelrecht des Gesellschaftsrechts – für die AG, die GmbH und die Genossenschaft – in Rechtsprechung und Schrifttum anerkannt. Im Genossenschaftsrecht ist anerkannt, dass neben den Anfechtungs- und Nichtigkeitsklagen die Feststellungsklage nach § 256 ZPO nicht zur Verfügung steht, weil an einer nur zwischen den Prozessparteien wirkenden Feststellung jedenfalls für solche Beschlüsse kein rechtsschutzwürdiges Interesse besteht, die alle Mitglieder der Körperschaft und nicht nur das Rechtsverhältnis einzelner Personen betreffen.[37] Auch im Aktienrecht kann von dem dazu nach § 249 Abs. 1 S. 1 befugten Personenkreis und dem Vorstand die Nichtigkeit eines Hauptversammlungsbeschlusses nur mit der Nichtigkeitsklage (§ 249 Abs. 1), nicht auch mit der Feststellungsklage gem. § 256 ZPO geltend gemacht werden. [38]. Im Recht der GmbH gelten per Analogie die aktienrechtliche Anfechtungs– und Nichtigkeitsklage. Auch hier verdrängt die Nichtigkeitsklage analog § 249 AktG die Klage gem. § 256 ZPO wegen fehlenden Feststellungsinteresses des klagebefugten Gesellschafters oder Organmitglieds. [39]

25 Die Gründe, die für die **Verdrängung der allgemeinen Feststellungsklage** nach § 256 ZPO durch die Nichtigkeitsklage im Recht der AG, GmbH und Genossenschaft gelten, beanspruchen gleiche Geltung für die Klage nach § 20 im SchVG. Das Gesetz führt in § 20 die Geltendmachung anfechtbarer und nichtiger Beschlüsse zusammen, und die Rechtskraft des stattgebenden Urteils erstreckt sich auf den Schuldner und sämtliche Gläubiger.[40] Dem nach § 20 Abs. 2 klagebefugten Gläubiger fehlt für eine nur zwischen ihm und dem Schuldner wirkende Feststellung bei der Möglichkeit, ein gegenüber dem Schuldner und sämtlichen Gläubigern wirkendes Urteil zu erstreiten, ein rechtsschutzwürdiges Interesse. Die Fristgebundenheit der Klage nach § 20 kommt dem Bedürfnis entgegen, die mögliche Rechtswidrigkeit eines Beschlusses, insbesondere eines schwerwiegenden Verstoßes gegen das Gesetz oder die Anleihebedingungen, schnellstmöglich zu klären.[41] Diese Regelung befördert Bestand und Verlässlichkeit unangefochten gebliebener Gläubigerbeschlüsse, dient der Rechtssicherheit und liegt damit im Interesse aller Beteiligten sowie der Ordnung des Marktes.[42]

3. Vollzug unangefochtener Gläubigerbeschlüsse

26 **a) Allgemein: Vollzug unangefochtener fehlerhafter Beschlüsse.** Es ist allgemeine Meinung, dass ein unangefochten gebliebener Beschluss, dem ein **Anfechtungsgrund** zugrunde liegt, vollzogen werden darf und mit seinem Vollzug – etwa bei einem Beschluss

[36] Vgl. Zöller/*Greger* ZPO § 256 Rn. 7; Hopt/Seibt/*Kiem* § 20 SchVG Rn. 45; FK-SchVG/*Friedl* § 20 Rn. 101.

[37] Die grundlegende Entscheidung des BGH (BGHZ 70, 384, 388 = NJW 1978, 1325; vgl. dazu auch OLG Koblenz, NZG 2006, 270, 271) ist mit Bezug sowohl auf die im Genossenschaftsrecht kraft Analogie geltende Nichtigkeitsklage (§§ 249 Abs. 1 S. 1, 248 Abs. 1 S. 1 AktG) als auch die in § 51 GenG positiv rechtlich geregelte, auf einen Monat befristete, Anfechtungsklage „wegen Verletzung des Gesetzes oder der Satzung" ergangen (§ 51 Abs. 1 S. 1), dazu Henssler/Strohn/*Geibel* § 51 GenG Rn. 1.

[38] Hüffer/Koch/*Koch* AktG § 249 Rn. 2; MüKoAktG/*Hüffer/Schäfer* § 249 Rn. 7; Hopt/Wiedemann/*Hopt/Wiedemann* AktG § 249 Rn. 36; Schmidt/Lutter/*Schwab* AktG § 249 Rn. 11.

[39] Scholz/*K. Schmidt* GmbHG § 45 Rn. 82. Das OLG Hamburg (NJW-RR 1996, 1065) hat das Prinzip mit Bezug auf § 249 AktG analog bündig beschrieben: „Angesichts der für den Gesellschafter gegebenen Möglichkeit einer solchen „kassatorischen Klage", die schon wegen ihrer Wirkung „für und gegen alle" … den umfassenderen Rechtsschutz gewährt, besteht insoweit kein berechtigtes Interesse für eine allgemeine Feststellungsklage gem. § 256 ZPO, die nur Wirkung zwischen den Parteien haben könnte.".

[40] → Rn. 92 ff.

[41] *Maier-Reimer* NJW 2010, 1317 (1319).

[42] Ausführlich Baums/*Schneider* S. 1 (3 f.); Heidel AktR/*Müller* SchVG § 20 Rn. 2.

über die Änderungen der Anleihebedingungen gem. § 21 Abs. 1 durch Ergänzung oder Änderung der Sammelurkunde – wirksam wird (§ 2 Satz 3).[43]

b) Insbesondere: Vollzug unangefochtener Beschlüsse bei Nichtigkeitsgrund. aa) Überwiegende Meinung in der Literatur. Das ist nach allgemeiner Ansicht in der Literatur anders bei einem unangefochten gebliebenen Beschluss, dessen Fehlerhaftigkeit durch einen **Nichtigkeitsgrund** begründet ist. Ein solcher Beschluss sei *ipso iure* nichtig, dürfe nicht vollzogen werden, und eine Anfechtung des Beschlusses sei nicht notwendig.[44] 27

bb) Gegenansicht. Der **BGH** sieht das zu Recht anders. In dem ***Immovest*-Urteil** vom 1.7.2014[45] hat das Gericht die – augenscheinlich weithin unbemerkt gebliebene – Feststellung getroffen, dass nichtige Beschlüsse, die nicht erfolgreich angefochten werden, mit formell ordnungsgemäßer Vollziehung wirksam werden. Das gelte jedoch nicht für einen Beschluss, der gegen das Gleichbehandlungsgebot gem. § 5 Abs. 2 Satz 2 verstößt, weil das Gesetz die *„Nichtigkeit eines [solchen] Beschlusses der Gläubigerversammlung unabhängig von einer erfolgreichen Anfechtung anordnet"*[46]. 28

Der dem Urteil zugrundeliegende Beschluss der Gläubigerversammlung einer Wandelgenussschein-Anleihe der Immovest AG sah vor, dass sich für diejenigen Gläubiger, die *nicht* auf das ihnen in den Anleihebedingungen eingeräumte Wandlungsrecht verzichten, die Laufzeit der Anleihe um 4 Jahre verlängert, und es für diejenigen Gläubiger, die auf ihr Wandlungsrecht verzichten, bei der ursprünglichen Laufzeit verbleibt. Der BGH führt aus, dass der Beschluss nicht gleiche Bedingungen für alle Gläubiger vorsieht und deshalb „bereits nach dem Wortlaut von § 5 Abs. 2 Satz 2 unwirksam ist". 29

Sodann stellt das Urteil fest: *„Ein Beschluss, der nicht angefochten worden ist, kann dagegen vollzogen werden, ist also nicht unwirksam, und die beschlossenen Änderungen der Anleihebedingungen können durch Vollziehung wirksam werden."*[47] 30

Das Urteil wiederholt das Prinzip in wechselnden Worten: *„Ein Mehrheitsbeschluss der Gläubiger, der gegen das Gesetz verstößt, kann wirksam werden, wenn er nicht durch Klage angefochten wird."*[48] *„Das ist* [auch bei einem nichtigen Beschluss] *dahin zu verstehen, dass ein Erfolg der Anfechtungsklage die Vollziehung und damit das Wirksamwerden der beschlossenen Änderungen dauerhaft verhindert."*[49] 31

Die ***Immovest*-Rechtsprechung des BGH** stellt die dauerhafte Unwirksamkeit eines nichtigen Beschlusses unter den Vorbehalt der Klage nach § 20. Das heißt: Voraussetzung für die dauernde Nichtigkeit eines Gläubigerbeschlusses ist die definitive **gerichtliche Klärung** durch ein der Anfechtung stattgebendes rechtskräftiges Urteil mit Wirkung gegenüber dem Schuldner und sämtlichen Gläubigern oder, was dem gleichzusetzen ist, einen unanfechtbaren Beschluss des OLG, der einem etwaigen Antrag des Schuldners auf Freigabe des Vollzugs nach § 20 Abs. 3 Satz 4 in Verbindung mit § 246a AktG ablehnt; das wird bei einem nichtigen Beschluss die Regel sein, weil ein Freigabebeschluss nicht ergehen darf, wenn in dem Beschluss eine *„besondere Schwere des Rechtsverstoßes vorliegt"* (§ 20 Abs. 3 Satz 4, § 246a Abs. 2 Nr. 3 AktG). 32

Es dient der **Rechtssicherheit** und damit dem billigen Interesse der Beteiligten sowie den Anforderungen eines geordneten Marktes, dass schwerwiegende Verstöße eines Gläubigerbeschlusses gegen das Gesetz oder die Anleihebedingungen mit der Klage nach § 20 binnen der gesetzlichen Frist von 4 Wochen angefochten werden und ihre Fehlerhaftigkeit 33

---

[43] Statt vieler Hopt/Seibt/*Kiem* § 20 SchVG Rn. 28; *Maier-Reimer* NJW 2010, 1317 (1321).

[44] Hopt/Seibt/*Kiem* § 20 SchVG Rn. 28; Veranneman/*Wasmann/Steber* § 20 Rn. 3; FK-SchVG/*Friedl* § 20 Rn. 101; Baums ZBB 2009, 1 (4); Horn ZHR 173 (2009), 12 (62); *Maier-Reimer* NJW 2010, 1317 (1319); *Schmidtbleicher* Die Anleihegläubigermehrheit S. 194 f.; *Cagalj* Restrukturierung von Anleihen S. 327.

[45] BGHZ 202,7.

[46] BGHZ 202,7 Rn. 21

[47] BGHZ 202, 7 Rn. 21.

[48] BGHZ 202, 7 Rn. 17.

[49] BGHZ 202, 7 Rn. 18 aE.

gerichtlich – sei es durch Urteil oder einen die Freigabe ablehnenden Gerichtsbeschluss – entschieden wird. Ihre Vollziehung ist dann von Anbeginn ausgeschlossen.

34 Die bisher in der Literatur vertretene Ansicht, dass nichtige Beschlüsse – weil *eo ipso* nichtig – keiner Anfechtung bedürfen und dass gegen sie ohne Einhaltung einer Frist Klage auf Feststellung ihrer Nichtigkeit erhoben werden darf, ist mit den Anforderungen eines geordneten Marktes unvereinbar. Der nichtige Beschluss könnte vollzogen werden, würde damit zwar nach dieser Ansicht nicht rechtmäßig, gleichwohl würde die Anleihe zu den unrechtmäßigen Bedingungen des Beschlusses gehandelt, statt zu den rechtmäßigen der unveränderten Anleihebedingungen. Die unrechtmäßigen Bedingungen des Beschlusses würden dann etwa die „geänderte" Laufzeit und den „geänderten" Zinssatz der Anleihe bestimmen und damit zu einem falschen Kurs der Schuldverschreibungen führen – wohlgemerkt eines Handelsobjekts, weitergegeben von Gläubiger zu Gläubiger oftmals in außerordentlichen Volumina und über lange Laufzeiten. Der Handel der Anleihe zu falschen Bedingungen und zu falschen Kursen kann zudem zu Kursmanipulationen Anlass geben.

35 Um diese Folgen zu vermeiden, gebietet es die Rechtssicherheit, dass nichtige Beschlüsse zwecks gerichtlicher Feststellung ihrer Fehlerhaftigkeit angefochten und nicht vollzogen werden. Die Rechtssicherheit gebietet gleichermaßen, dass nichtige Beschlüsse, die unangefochten geblieben sind, mit formell ordnungsgemäßer Vollziehung von unanfechtbarem Bestand sind. Das befördert Bestand und Verlässlichkeit unangefochten gebliebener Gläubigerbeschlüsse und erfüllt die Anforderungen eines geordneten Marktes.

36 Eine Parallele kennt das Aktiengesetz in § 242 AktG bei der Heilung eines nichtigen Hauptversammlungsbeschlusses durch Eintragung des Beschlusses in das Handelsregister als verbindlicher gesellschaftsrechtlicher Dokumentation. Für das Schuldverschreibungsrecht steht die ordnungsgemäße Vollziehung des nichtigen Gläubigerbeschlusses der Handelsregistereintragung des nichtigen Hauptversammlungsbeschlusses gleich.

37 Was fehlt und noch hinzukommen muss, ist die Verpflichtung des Schuldners, sowohl die **Erhebung der Klage** nach § 20 als auch die **Verfahrensbeendigung öffentlich bekannt zu machen.** Anders als das Aktiengesetz, das – wie in → Rn. 92 ausgeführt – die öffentliche Bekanntmachung in vergleichbaren Umständen gebietet, verlangt das SchVG das nicht ausdrücklich. Hierin liegt eine planwidrige Gesetzeslücke, die von den Gerichten in analoger Anwendung der aktienrechtlichen Bestimmungen geschlossen werden sollte.

IV. Anfechtbare Gläubigerbeschlüsse

38 Im Unterschied zu nichtigen Gläubigerbeschlüssen, die von Gesetzes wegen von vorneherein *ipso iure* unwirksam sind, sind anfechtbare Gläubigerbeschlüsse von Anbeginn wirksam und werden nur und erst unwirksam mit der Rechtskraft des Urteils, das die Nichtigkeit des Beschlusses erklärt. Nichtigen und anfechtbaren Beschlüssen liegt eine „Verletzung des Gesetzes oder der Anleihebedingungen" (§ 20 Abs. 1 S. 1) zugrunde.

39 Gläubigerbeschlüsse können anfechtbar sein wegen Verfahrensfehlern, technischer Störungen und Inhaltsfehlern. Verfahrensfehler umfassen Fehler beim Zustandekommen des Beschlusses und die Verletzung von Informationspflichten.

1. Verfahrensfehler

40 **a) Verfahrensfehler beim Zustandekommen des Beschlusses.** Ein Verfahrensfehler liegt vor, wenn Bestimmungen des Gesetzes oder der Anleihebedingungen beim Zustandekommen des Beschlusses, also bei der Einberufung und Durchführen der Versammlung oder der Abstimmung ohne Versammlung sowie der Abstimmung selbst und der Feststellung des Abstimmungsergebnisses verletzt werden.[50] Unbeachtlich sind dabei Verfahrensfehler, die auf das Beschlussergebnis keinerlei Einfluss gehabt haben.[51] Ausnahmen von den Einberufungsvorschriften der §§ 9–14 sind in Anlehnung an das Aktienrecht[52] zudem in Erwägung zu ziehen, sofern alle Anleihegläubiger auf der Gläubigerversammlung anwesend sind, sog. Universal- oder Vollversammlung, und kein Gläubiger widerspricht.[53]

b) Verfahrensfehler wegen Verletzung von Informationspflichten. Auch die Verletzung von Informationspflichten kann als Verletzung des Gesetzes in der Variante des Verfahrensfehlers zur Anfechtbarkeit des Beschlusses führen.[54] § 16 Abs. 1 begründet die **Auskunftspflicht** des Schuldners gegenüber den Gläubigern. Danach hat der Schuldner jedem Gläubiger auf Verlangen in der Gläubigerversammlung Auskunft zu erteilen, soweit sie zur sachgemäßen Beurteilung eines Gegenstands der Tagesordnung oder eines Vorschlags zur Beschlussfassung erforderlich ist.[55] Der Auskunftspflicht des Schuldners entspricht ein Fragerecht des Gläubigers. Beides reicht nur soweit, wie es zur sachgemäßen Beurteilung des Beschlussgegenstandes erforderlich ist.[56] Besteht diese Erforderlichkeit nicht, so kommt ein Anfechtungsrecht grundsätzlich nicht in Betracht. War dagegen die begehrte Auskunft zur sachgemäßen Beurteilung des Beschlussgegenstandes erforderlich und ist sie unterblieben oder unrichtig oder unvollständig erteilt worden, so kann nach § 20 Abs. 1 S. 2 (der § 243 Abs. 4 AktG entspricht) der ergangene Beschluss angefochten werden, wenn ein objektiv urteilender Gläubiger die Erteilung der Information als **wesentliche Voraussetzung für sein Abstimmungsverhalten** angesehen hätte. Die Information muss eine „wesentliche" Voraussetzung für die Urteilsbildung gewesen sein. War sie dafür kein erhebliches Element, so besteht ein Anfechtungsrecht nicht.[57] 41

c) Technische Störungen. Nach § 20 Abs. 1 S. 3, der § 243 Abs. 3 Nr. 1 AktG nachgebildet ist, kann bei einer Abstimmung ohne Versammlung die Anfechtung nicht auf die durch eine technische Störung verursachte Verletzung von Rechten, die auf elektronischem Weg wahrgenommen worden sind, gestützt werden, es sei denn, dem Schuldner ist grobe Fahrlässigkeit oder Vorsatz vorzuwerfen. 42

2. Inhaltsfehler

Ein Beschluss darf nicht gegen die im Gesetz ausdrücklich bestimmten Einschränkungen der Entscheidungsfreiheit der Gläubiger verstoßen. Das sind das Gleichbehandlungsgebot (§ 4 S. 2, § 5 Abs. 2 S. 2) und das Verbot der Verpflichtung zur Leistung (§ 5 Abs. 1 S. 3). Ein Verstoß gegen § 5 Abs. 2 S. 2 begründet die Nichtigkeit des Beschlusses.[58] 43

Es ist eine grundlegende Frage des Anfechtungsrechts, ob darüber hinaus die Beschlüsse der Gläubigerversammlung über die Änderung von Anleihebedingungen einer allgemeinen Inhaltskontrolle oder nur einer Missbrauchskontrolle unterliegen. Die weitergehende Inhaltskontrolle wird im Wesentlichen damit begründet, dass die Gläubigermehrheit, die mit dem Beschluss nicht nur über ihre eigenen Rechte, sondern auch über die der Minderheit 44

[50] Veranneman/*Wasmann/Steber* § 20 Rn. 15; Preuße/*Vogel* § 20 Rn. 19; FK-SchVG/*Friedl* § 20 Rn. 26; Heidel AktR/*Müller* SchVG § 20 Rn. 5. Vgl. auch zum AktG Hüffer/Koch/*Koch* AktG § 243 Rn. 14 ff.

[51] Ebenso FK-SchVG/*Friedl* § 20 Rn. 40 f. Vgl. dazu und zu den dabei maßgeblichen Kriterien, ausführlich zum AktG Hüffer/Koch/*Koch* AktG § 243 Rn. 12 f.

[52] Vgl. § 121 Abs. 6 AktG; Hüffer/Koch/*Koch* AktG § 121 Rn. 19 ff.

[53] Vgl. dazu FK-SchVG/*Schmidtbleicher* § 9 Rn. 49 ff.

[54] Vgl. zum AktG Hüffer/Koch/*Koch* AktG § 243 Rn. 17 und 45 ff.

[55] Zu § 16 Abs. 1 → § 16 Rn. 2 ff.

[56] BegrRegE SchVG, BT-Drs. 16/12814, 23.

[57] Ebenso FK-SchVG/*Friedl* § 20 Rn. 30; Veranneman/*Wasmann/Steber* § 20 Rn. 15; Preuße/*Vogel* § 20 Rn. 23.Vgl. auch zum AktG Hüffer/Koch/*Koch* AktG § 243 Rn. 47.

[58] → Rn. 9, 13.

verfügt, einer **treuhänderischen Bindung** unterliegt.[59] Die Gläubigermehrheit habe deshalb bei der Beschlussfassung in **Wahrung der gemeinsamen Interessen der Gläubiger** zu handeln, wie es das SchVG 1899 als Voraussetzung für die verbindliche Kraft der Mehrheitsbeschlüsse gefordert habe.[60] Daraus wird abgeleitet, dass die beschlossene Maßnahme allen Gläubigern *objektiv nützlich* sein oder diesen *Nutzen anstreben* muss, dass sie *geeignet* und *erforderlich* sein muss, das mit dem Beschluss angestrebte Ziel zu erreichen, und dass sie überdies *verhältnismäßig* sein muss dergestalt, dass die Vorteile der Maßnahme die Nachteile der Gläubiger, die mit dem Eingriff in ihre Rechte verbunden sind, überwiegen.[61]

45 Die Auffassung der Vertreter der **Inhaltskontrolle** überzeugt nicht und ist aus einer Reihe von Überlegungen **abzulehnen.**[62] Die vorgetragenen Kriterien der Inhaltskontrolle – namentlich der objektive Nutzen, die Geeignetheit, die Erforderlichkeit und die Verhältnismäßigkeit – sind die ungeschriebenen Grundsätze der materiellen Beschlusskontrolle des *Aktienrechts.* Diese aktienrechtlichen Grundsätze finden ihre Rechtsgrundlage in der *Mitgliedschaft* und der *gesellschaftsrechtlichen Treuepflicht* der Aktionäre.[63] Die aus der Mitgliedschaft begründete Treuepflicht kann nicht auf die Gläubiger der Gesellschaft übertragen werden.[64] Gläubiger handeln nach anderen Interessen als Aktionäre und unterliegen keiner Interessenwahrungspflicht und damit keiner treuhänderischen Bindung zu Gunsten der anderen Gläubiger.[65]

46 Die Übertragung der ungeschriebenen aktienrechtlichen Kriterien der Inhaltskontrolle von Hauptversammlungsbeschlüssen auf die von Gläubigerbeschlüssen führt zu einer nachhaltigen Einschränkung der Entscheidungsfreiheit der Gläubiger. Das SchVG 1899 enthielt zahlreiche **Einschränkungen der Entscheidungskompetenz der Gläubiger.**[66] Diese Einschränkungen waren einer der Hauptgründe, weswegen das SchVG 1899 in den langen Jahren seiner Geltungsdauer für die Praxis ohne nennenswerte Bedeutung blieb. Das Gesetz hat die im SchVG 1899 beschlossenen Einschränkungen der Entscheidungsfreiheit der Gläubiger nahezu ausnahmslos aufgehoben. Geblieben sind lediglich das Verbot von Verpflichtungen zu Leistungen[67] und das Gleichbehandlungsgebot nach § 5 Abs. 2 S. 2.[68] Aufgehoben wurde auch die Bestimmung des SchVG 1899, wonach die Mehrheitsentscheidungen der Gläubiger verbindliche Kraft nur dann entfalten, wenn sie „zur Wahrung ihrer gemeinsamen Interessen gefasst werden". Das Gesetz bringt damit unmissverständlich

---

[59] Vgl. *Horn* ZHR 173 (2009), 12 (62); *Baums* ZBB 2009, 1 (6); Preuße/*Vogel* § 20 Rn. 26; Baums/*Vogel* S. 39 (52); *Simon* SchVG und Treuepflichten im Anleiherecht S. 220 ff., der eine Inhaltskontrolle mit der von ihm vertretenen Treuepflicht der Anleihegläubiger begründet; **aA** insofern FK-SchVG/*Friedl* § 20 Rn. 38.

[60] Vgl. *Horn* ZHR 173 (2009), 12 (62); Preuße/*Vogel* § 20 Rn. 29; Baums/*Vogel* S. 39 (53 f.); FK-SchVG/*Friedl* § 20 Rn. 38.

[61] *Horn* ZHR 173 (2009), 12 (62) und Preuße/*Vogel* § 20 Rn. 29, 30; noch weitergehend *Simon* SchVG und Treuepflichten im Anleiherecht S. 225 ff.; offengelassen, aber mit restriktiver Tendenz *Podewils* DStR 2009, 1914 (1918): Erforderlichkeit und Verhältnismäßigkeit abl. FK-SchVG/*Friedl* § 20 Rn. 38.

[62] Ausführlich dazu: Hopt/Seibt/*Kiem* § 20 SchVG Rn. 76 ff. und *Cagalj* Restrukturierung von Anleihen S. 344 ff.; *Simon* CF Law 2010, 159 (161 f.); Veranneman/*Veranneman* § 5 Rn. 14; Veranneman/*Wasmann*/*Steber* § 20 Rn. 17; Baums/*Schneider* S. 1 (5 ff.); Heidel AktR/*Müller* SchVG § 20 Rn. 6; *Thole* ZIP 2014, 2365 (2367); krit. *Podewils* DstR 2009, 1914 (1918) gegen eine „undifferenzierte Übertragung der aktienrechtlichen Grundsätze"; iErg auch *Schlitt*/*Schäfer* AG 2009, 477 (479 f.). S. ferner *Hofmann*/*Keller* ZHR 175 (2011), 684 (717 ff.).

[63] Hüffer/Koch/*Koch* AktG § 243 Rn. 21.

[64] OLG Frankfurt a. M. ZIP 2014, 2176 (2180); LG Bonn ZIP 2014, 1073 (1075); LG Köln Urt. v. 26.1.2012 – 30 O 13/11, juris Rn. 32; 30 O 14/11, juris Rn. 33; 30 O 63/11 juris Rn. 32; Hopt/Seib/*Kiem* § 20 Rn. 76 f.; *Cagalj* Restrukturierung von Anleihen S. 346; *Schmidtbleicher* Die Anleihegläubigermehrheit S. 205; *Müller* in Heidel, Aktienrecht § 20 Rn. 6 SchVG. Vgl. auch FK-SchVG/*Friedl* § 20 Rn. 38, der daraus jedoch nur den Schluss zieht, geringere Anforderungen an die Inhaltskontrolle zu stellen als im Aktienrecht.

[65] Ebenso *Hofmann*/*Keller* ZHR 175 (2011), 684 (718 f.).

[66] → Einl. Rn. 6 f; vgl. auch Baums/*Schneider* S. 1 (6).

[67] → § 5 Rn. 62 f.

[68] Entspr. § 12 Abs. 1 S. 1 und 2 SchVG 1899; → § 5 Rn. 64 ff.

zum Ausdruck, dass die **Entscheidungsfreiheit der Gläubiger grundsätzlich nicht gesetzlich beschränkt** ist. Darüber hinaus hat die amtliche Begründung des Gesetzes in diesem Zusammenhang ausdrücklich hervorgehoben, dass die Gläubiger „keines übertriebenen Schutzes durch die gesetzliche Einschränkung ihrer Entscheidungsbefugnisse" bedürfen, und dass die Gläubiger deshalb „inhaltlich […] in ihrer Entscheidung nach dem neuen Recht […] weitgehend frei" sind.[69] Es ist eine Grundvoraussetzung des Beschlussrechts, dass die Mehrheit die Minderheit überstimmen darf und die Mehrheitsentscheidung als solche respektiert wird.

Das Gesetz schützt die Minderheit durch die zwingenden Regelungen der §§ 5–21, 47 durch die gesetzlichen Mehrheitserfordernisse für die Beschlussfassungen der Gläubiger, durch die Stimmverbote des § 6 für Schuldverschreibungen des Schuldners oder eines mit ihm verbundenen Unternehmens, durch die ausdrücklich normierten materiellen Anforderungen an Mehrheitsbeschlüsse[70] und durch die eingehenden Vorschriften über die Abstimmungsverfahren, durch das Gleichbehandlungsgebot (§ 4 S. 2, § 5 Abs. 2 S. 2) und das Verbot der Verpflichtung zu Leistungen (§ 5 Abs. 1 S. 3) und nicht zuletzt auch durch die Klage nach § 20.[71] Darüber hinaus sind Mehrheitsbeschlüsse der Gläubiger in Anwendung der zwingenden Vorschrift des § 138 BGB der **Missbrauchskontrolle** unterworfen.[72] Weiterer ungeschriebener Anforderungen bedarf es nicht.[73] Sie sind auch ungeeignet, die wünschenswerte Anwendung des Gesetzes, die eine freiwillige Entscheidung des Emittenten und des Platzierungskonsortiums oder (bei Direktplatzierung) des übernehmenden Investors voraussetzt, und die vom Gesetzgeber angestrebte Angleichung des deutschen Schuldverschreibungsrechts an internationale Maßstäbe zu fördern.

V. Klageverfahren (§ 20 Abs. 2 und 3)

1. Klagebefugnis

§ 20 Abs. 2 bestimmt die Klagebefugnis, Nr. 1 für die Gläubiger, die an der Abstimmung 48 teilgenommen haben, Nr. 2 für die Gläubiger, die an der Abstimmung nicht teilgenommen haben. Nr. 1 entspricht im wesentlichen § 245 Nr. 1 AktG, Nr. 2 entspricht im wesentlichen § 245 Nr. 2 AktG. Die Vorschrift bezweckt die Begrenzung des anfechtungsberechtigten Personenkreises.[74] Fehlt die Anfechtungsbefugnis, so ist die Klage unbegründet, nicht unzulässig.[75]

a) An der Abstimmung teilnehmende Gläubiger. Ein Gläubiger, der an der Ab- 49 stimmung teilgenommen hat, ist nach dem Wortlaut von Nr. 1 zur Anfechtung befugt, wenn er gegen den Beschluss fristgerecht Widerspruch erklärt hat und er die Schuldverschreibung vor der Bekanntmachung der Einberufung der Gläubigerversammlung oder vor der Aufforderung zur Stimmabgabe in einer Abstimmung ohne Versammlung erworben hat. Im Aktienrecht ist für die Befugnis des Aktionärs zur Anfechtung sein Erscheinen in der Hauptversammlung Voraussetzung (§ 245 Nr. 1 AktG). Mit Rücksicht auf die Mög-

[69] BegrRegE SchVG, BT-Drs. 16/12814, 14.

[70] → § 5 Rn. 61 ff.

[71] Vgl. auch *Cagalj* Restrukturierung von Anleihen S. 345.

[72] *Simon* CF Law 2010, 159 (161); Veranneman/*Veranneman* § 5 Rn. 14; Hopt/Seibt/*Kiem* § 20 SchVG Rn. 84 ff.; *Cagalj* Restrukturierung von Anleihen S. 345 f.

[73] **AA** *Liebenow* SchVG als Anleiheorganisationsrecht S. 304 ff. und *Simon* SchVG und Treuepflichten im Anleiherecht S. 220 ff, welche die Mehrheitsmacht unter Rückgriff auf aktienrechtliche Rechtsinstitute (Treuepflicht) abstecken wollen.

[74] Hüffer/Koch/*Koch* AktG § 245 Rn. 1; Veranneman/*Wasmann/Steber* § 20 Rn. 1 und 18.

[75] Veranneman/*Wasmann/Steber* § 20 Rn. 18; Hopt/Seibt/*Kiem* § 20 SchVG Rn. 93; Preuße/*Vogel* § 20 Rn. 32; FK-SchVG/*Friedl* § 20 Rn. 42. Ganz herrschende Meinung im Aktienrecht, vgl. Hüffer/Koch/*Koch* AktG § 245 Rn. 2. Darüber hinaus befürwortet *Horn* BKR 2014, 449 (451), dem gemeinsamen Vertreter analog § 245 Nr. 5 AktG ein Klagerecht gegen Beschlüsse einzuräumen, durch deren Ausführung er eine strafbare Handlung oder Ordnungswidrigkeit begehen oder sich ersatzpflichtig machen würde.

lichkeit der Abstimmung ohne Versammlung sieht Nr. 1 für beide Abstimmungsverfahren übereinstimmend die **Teilnahme an der Abstimmung** als maßgeblich an. Die bloße körperliche Anwesenheit in einer Gläubigerversammlung bzw. die bloße Eintragung in das Teilnehmerverzeichnis im Falle der Abstimmung ohne Versammlung reicht nicht aus.[76] Vielmehr ist die tatsächliche Stimmabgabe erforderlich.[77]

50 Nr. 1 verlangt weiter, dass der an der Abstimmung teilnehmende Gläubiger fristgerecht Widerspruch gegen den Beschluss erklärt hat. **Widerspruch** ist jede Erklärung eines Gläubigers, mit der dieser sich gegen die Wirksamkeit des Beschlusses verwahrt. Die Bezeichnung als Widerspruch ist ebenso wenig erforderlich wie eine Begründung. Jedoch stellt das bloße Abstimmen gegen den Beschluss keinen Widerspruch dar. Hat der Gläubiger dem Beschluss zugestimmt, so steht dies der Erhebung eines Widerspruchs nicht entgegen.[78]

51 Im Weiteren ist nach dem Abstimmungsverfahren zu differenzieren. Das **Fristerfordernis** bezieht sich ausschließlich auf die **Abstimmung ohne Versammlung.** Nach § 18 Abs. 5 S. 1 muss bei der Abstimmung ohne Versammlung Widerspruch nicht umgehend zur Niederschrift erklärt werden; der Widerspruch kann vielmehr binnen zwei Wochen nach Bekanntgabe des Beschlusses schriftlich (§ 126 BGB) erhoben werden. Der Widerspruch muss **erfolglos** geblieben sein. Er ist erfolglos, wenn der Abstimmungsleiter dem Widerspruch nicht abhilft, was er dem widersprechenden Gläubiger unverzüglich schriftlich mitzuteilen hat (§ 18 Abs. 5 S. 4). Sollte der Abstimmungsleiter dieser Pflicht nicht genügen, so dürfte es für die Anfechtungsbefugnis ausreichen, wenn der Abstimmungsleiter den vom Gläubiger vorgetragenen Bedenken nicht innerhalb einer angemessenen Frist Rechnung trägt.[79]

52 Hilft der Versammlungsleiter dem Widerspruch ab, so hat er das Ergebnis bekanntzumachen (§ 18 Abs. 5 S. 3). Für die Gläubiger, die es bei der ursprünglichen (mit dem Widerspruch angegriffenen) Feststellung belassen möchten, bedarf es für die Anfechtungsbefugnis keines erneuten Widerspruchs, weil ein Widerspruch und die Abhilfe dagegen nur für das ursprüngliche Beschlussergebnis vorgesehen sind, nicht auch für das auf den Widerspruch hin abgeänderte Ergebnis.[80]

53 Wird der Beschluss in einer **Gläubigerversammlung** gefasst, so ist der Widerspruch – wie in der Hauptversammlung entsprechend § 245 Nr. 1 AktG – zur Niederschrift zu erklären.[81] Der Widerspruch kann während der gesamten Dauer der Gläubigerversammlung, auch schon vor Beschlussfassung, erhoben werden.[82] Auch für diesen Fall steht dem Vorsitzenden das Recht zu, dem Widerspruch abzuhelfen. In der Aufnahme des Widerspruchs in die Niederschrift liegt die Ablehnung, dem Widerspruch abzuhelfen.[83]

54 Hilft der Vorsitzende bzw. der Abstimmungsleiter dem Widerspruch ab, so kann gegen den – nunmehr geänderten – Beschluss nicht sofort Anfechtungsklage erhoben werden, sondern es ist wiederum zunächst Widerspruch zu erheben.[84]

55 In allen Fällen muss der Gläubiger darlegen und gegebenenfalls beweisen, dass er gegen den Beschluss Widerspruch ordnungsgemäß erklärt hat.[85]

---

[76] So jedoch Preuße/*Vogel* § 20 Rn. 40.

[77] FK-SchVG/*Friedl* § 20 Rn. 47; Hopt/Seibt/*Kiem* § 20 SchVG Rn. 99; **aA** Veranneman/*Wasmann*/*Steber* § 20 Rn. 19.

[78] FK-SchVG/*Friedl* § 20 Rn. 49; Preuße/*Vogel* § 20 Rn. 36. Vgl. auch zum AktG Hüffer/Koch/*Koch* AktG § 245 Rn. 13 f.

[79] BegrRegE SchVG, BT-Drs. 16/12814, 26; FK-SchVG/*Friedl* § 20 Rn. 56.

[80] *Maier-Reimer* NJW 2010, 1317 (1320).

[81] BegrRegE SchVG BT-Drs. 16/12814, 24 re. Sp.; *Maier-Reimer* NJW 2010, 1317 (1320); FK-SchVG/*Friedl* § 20 Rn. 50; *Schlitt/Schäfer* AG 2009, 477 (483) möchten auf den Widerspruch im Übrigen § 18 Abs. 5 entsprechend anwenden.

[82] FK-SchVG/*Friedl* § 20 Rn. 52. Vgl. zu § 245 AktG BGHZ 180, 9 Rn. 17.

[83] FK-SchVG/*Friedl* § 20 Rn. 48.

[84] Veranneman/*Hofmeister* § 18 Rn. 43; FK-SchVG/*Wöckener* § 18 Rn. 40; **aA** FK-SchVG/*Friedl* § 20 Rn. 57.

[85] Ebenso FK-SchVG/*Friedl* § 20 Rn. 50 f.

Schließlich ist es zur Begründung der Klage erforderlich, dass der Gläubiger die Schuldverschreibungen vor Bekanntmachung der Einberufung der Gläubigerversammlung oder vor der Aufforderung zur Stimmabgabe ohne Versammlung erworben hat. Damit soll missbräuchlichen Anfechtungen vorgebeugt werden. 56

b) An der Abstimmung nicht teilnehmende Gläubiger. Gläubiger, die an der Abstimmung nicht teilgenommen haben, sind nach § 20 Abs. 2 Nr. 2 zur Anfechtung nur befugt, wenn sie zur Abstimmung zu Unrecht nicht zugelassen worden sind, oder wenn die Versammlung nicht ordnungsgemäß oder – bei einer Abstimmung ohne Versammlung – zur Stimmangabe nicht ordnungsgemäß aufgefordert worden sind oder wenn ein Gegenstand der Beschlussfassung nicht ordnungsgemäß bekannt gemacht worden ist. In allen drei Fällen setzt das Anfechtungsrecht keinen Widerspruch gegen den Beschluss voraus. Die nicht ordnungsgemäße Bekanntmachung eines Gegenstands der Beschlussfassung bezieht sich auf die Bekanntmachung der Tagesordnung nach § 13 Abs. 2 S. 1, nicht auf die Bekanntmachung eines Beschlusses nach § 17.[86] 57

2. Klagefrist

Die Klage ist nach § 20 Abs. 3 S. 1 innerhalb eines Monats nach der öffentlichen Bekanntmachung des Beschlusses zu erheben. Die Bekanntmachung regelt § 17.[87] Die **Monatsfrist** ist zwingend. Sie kann von den Prozessparteien nicht verlängert werden. Die Frist ist eine materiell-rechtliche Ausschlussfrist.[88] Eine verspätete Klage ist deshalb nicht unzulässig, sondern unbegründet.[89] Die Wiedereinsetzung in den vorigen Stand (§§ 233 ff. ZPO) ist ausgeschlossen.[90] 58

Maßgeblich für den Fristbeginn ist der Tag der öffentlichen Bekanntmachung.[91] Für die Berechnung der Frist gelten die allgemeinen Vorschriften der §§ 186 ff. BGB. Die Frist kann sich deshalb gemäß § 193 BGB verlängern. 59

Die Klage muss innerhalb der Anfechtungsfrist erhoben werden. Dafür ist erforderlich, dass die **Anfechtungsgründe** innerhalb der Frist **in ihrem wesentlichen tatsächlichen Kern** dargelegt werden. Nachgeschobene Anfechtungsgründe sind unbeachtlich.[92] 60

Verspätete Klagen berühren die Bestandskraft des Gläubigerbeschlusses nicht und hindern nicht dessen Vollzug. Die behauptete Unwirksamkeit des Beschlusses kann auch nicht im Rahmen einer anderen Klage, zum Beispiel einer Zahlungsklage, vorgebracht oder eingewendet werden.[93] 61

3. Klagegegner

Die Klage ist gegen den Schuldner zu richten (§ 20 Abs. 3 S. 2). Das gilt auch in den Fällen, in denen den Gläubigern nicht in den Anleihebedingungen, sondern kraft Gesetzes ein eigenes Recht zu Mehrheitsbeschlüssen eingeräumt ist, welche nicht der Zustimmung des Schuldners bedürfen.[94] Auch in der Insolvenz des Anleiheschuldners ist Klagegegner grundsätzlich der Schuldner und nur dann ausnahmsweise der Insolvenzverwalter, wenn die 62

[86] So jedoch Preuße/*Kirchner* § 17 Rn. 5; wie hier Preuße/*Vogel* § 20 Rn. 43; FK-SchVG/*Friedl* § 20 Rn. 61.
[87] → § 17 Rn. 2 ff.
[88] Hopt/Seibt/*Kiem* § 20 SchVG Rn. 126; Veranneman/*Wasmann/Steber* § 20 Rn. 25.
[89] Hopt/Seibt/*Kiem* § 20 SchVG Rn. 126; Veranneman/*Wasmann/Steber* § 20 Rn. 25.
[90] Ebenso FK-SchVG/*Friedl* § 20 Rn. 65. Zum Vorstehenden s. a. Hüffer/Koch/*Koch* AktG § 246 Rn. 20.
[91] Ebenso FK-SchVG/*Friedl* § 20 Rn. 66; Hopt/Seibt/*Kiem* § 20 SchVG Rn. 127; **aA** Preuße/*Vogel* § 20 Rn. 48.
[92] Ebenso FK-SchVG/*Friedl* § 20 Rn. 67; Hopt/Seibt/*Kiem* § 20 SchVG Rn. 128; Veranneman/*Wasmann/Steber* § 20 Rn. 25; Heidel AktR/*Müller* SchVG § 20 Rn. 8. Zum Vorstehenden s. a. Hüffer/Koch/*Koch* AktG § 246 Rn. 26.
[93] Veranneman/*Wasmann/Steber* § 20 Rn. 25.
[94] → § 5 Rn. 72; Hopt/Seibt/*Kiem* § 20 SchVG Rn. 129; Veranneman/*Wasmann/Steber* § 20 Rn. 26.

Klage die Insolvenzmasse betrifft, dh die erfolgreiche Anfechtung die Aktiva mindert oder die Passiva erhöht.[95]

4. Gerichtliche Zuständigkeit (§ 20 Abs. 3 S. 3)

63 Die Zuständigkeitsregelung des § 20 Abs. 3 S. 3 wird bei **grenzüberschreitenden Sachverhalten** durch die vorrangig anwendbaren Bestimmungen der EuGVVO[96], im Verhältnis zu Island, Norwegen und der Schweiz durch das LugÜ[97] und im Verhältnis zu einigen Überseegebieten, darunter die britischen Kanalinseln, durch das EuGVÜ[98] überlagert. Die Bestimmungen dieser Verordnung und dieser Übereinkommen gelten allgemein für Zivil- und Handelssachen und schließen damit Anfechtungsklagen nach § 20 ein.

64 Haben Emittent oder Anfechtungskläger ihren (Wohn-)Sitz in einem dieser Staaten, gilt § 20 Abs. 3 S. 3 nicht.[99] Dies gilt ebenso, wenn der Anfechtungskläger seinen (Wohn-)Sitz in einem Drittstaat hat.[100]

65 Die Bestimmungen der EuGVVO, des EuGVÜ und des LugÜ finden auf **reine Inhaltssachverhalte** keine Anwendung. Ein Anleihegläubiger mit (Wohn-)Sitz im Inland muss daher weiterhin eine Anfechtungsklage gegen einen Emittenten mit Sitz im Inland am ausschließlichen Gerichtsstand des § 20 Abs. 3 S. 3, d. h. am Sitz des Emittenten, erheben.

66 Nach Art. 4 Abs. 1 EuGVVO, Art. 2 Abs. 1 EuGVÜ bzw. Art. 2 Abs. 1 LugÜ besteht ein **allgemeiner Gerichtsstand am Sitz des (beklagten) Emittenten,** bei einem ausländischen Emittenten also an dessen Sitz im Ausland, und nach Art. 7 Nr. 1 EuGVVO, Art. 5 Nr. 1 EuGVÜ bzw. Art. 5 Nr. 1 LugÜ ein besonderer **Gerichtsstand am Erfüllungsort.**[101] Der Erfüllungsort kann an den unterschiedlichsten Orten in den Mitgliedsstaaten liegen, je nach dem, bei welchem (nationalen oder internationalen) Clearing- oder Verwahrungssystem der Emittent seine Leistungen zu erbringen hat. Es liegt auf der Hand, dass diese Gerichtsstände das im § 20 Abs. 3 S. 3 zum Ausdruck gekommene Bestreben des Gesetzgebers vereiteln, die Zuständigkeit für Anfechtungsklagen für die dem SchVG unterfallenden Anleihen bei Gerichten im Inland zu verankern und dabei für Auslandsanleihen eine Konzentration der Anfechtungsverfahren auf *ein* Gericht zu bewirken, auch um damit die Gefahr widersprechender Entscheidungen einzugrenzen.

67 Abhilfe bietet hier Art. 25 EuGVVO, Art. 3 EuGVÜ bzw. Art. 23 LugÜ. Danach kann eine **ausschließliche Zuständigkeit** für eine „[…] aus einem bestimmten Rechtsverhältnis entspringende Rechtsstreitigkeit […]" durch eine **Gerichtsstandsvereinbarung** begründet werden.[102] Darunter fällt auch die Klage nach § 20, die aus dem Rechtsverhältnis

[95] LG Leipzig ZIP 2015, 285 (286 f.); FK-SchVG/*Friedl* § 20 Rn. 68; BerlKommInsR/*Paul* SchVG § 20 Rn. 28.

[96] VO (EU) Nr. 1215/2012 des Europäischen Parlaments und des Rates v. 12.12.2012 über die gerichtliche Zuständigkeit und die Anerkennung und Vollstreckung von Entscheidungen in Zivil- und Handelssachen, ABl. 2012 L 351, 1, zuletzt geändert durch Art. 1 VO (EU) Nr. 2015/281, ABl. 2015 L 54, 1. Diese findet im Wege des Abkommens zwischen der Europäischen Gemeinschaft und dem Königreich Dänemark über die gerichtliche Zuständigkeit und die Anerkennung und Vollstreckung von Entscheidungen in Zivil- und Handelssachen, ABl. 2005, L 299, 62 u. Mitteilung v. 21.3.2013, ABl. 2013, L 79, 4 [seit dem **1.7.2007**] auch Anwendung im Verhältnis zu Dänemark. Für Altfälle gilt in diesem Zusammenhang weiter das EuGVÜ, Saenger/*Dörner* EuGVVO Vorb. Rn. 13.

[97] Übereinkommen über die gerichtliche Zuständigkeit und die Anerkennung und Vollstreckung von Entscheidungen in Zivil- und Handelssachen v. 16.9.1988, ABl. 1988, L 319, 9 ff., idF. v. 30.10.2007, ABl. 2005, L 299, 64 ff.

[98] Übereinkommen über die gerichtliche Zuständigkeit und die Anerkennung und Vollstreckung von Entscheidungen in Zivil- und Handelssachen v. 21.12.2007, ABl. 2007 L 339, 3, berichtigt in ABl. 2009 L 147, 44 sowie ABl. 2011 L 115, 31. Zum Anwendungsbereich des EuGVÜ: Art. 68 Abs. 1 EuGVVO iVm Art. 355 AEUV.

[99] *Otto* DNotZ 2012, 809 (823); *Thole* ZGR 2013, 109 (160).

[100] MüKoZPO/*Gottwald*, 4. Aufl. 2013, Art. 2 EuGVVO Rn. 29; Musielak/Voit/*Stadler* ZPO, 15. Aufl. 2018, Art. 2 EuGVVO Rn. 2; Kropholler/von Hein EurZivilProzR Vor Art. 2 Rn. 8.

[101] Vgl. zur Ermittlung des Erfüllungsortes *Thole* ZGR 2013, 109 (161).

[102] Art. 25 Abs. 1 lautet (soweit relevant): *„(1) Haben die Parteien unabhängig von ihrem Wohnsitz vereinbart, dass ein Gericht […] eines Mitgliedsstaates […] über eine künftige aus einem bestimmten Rechtsverhältnis entspringende*

zwischen Emittent und Anleihegläubiger und der Option der Anleihebedingungen gemäß § 5 Abs. 1 S. 1 „entspringt".[103]

Eine Gerichtsstandsvereinbarung entfaltet jedoch keine Wirkung, wenn die betreffende Anfechtungsklage als **Verbrauchersache** zu werten ist.[104] Ist das der Fall, so kann ein Verbraucher die Anfechtungsklage sowohl vor den Gerichten des Mitgliedsstaates erheben, in dem der Emittent seinen Sitz hat, als auch vor dem Gericht des Ortes, an dem der Verbraucher seinen Wohnsitz hat.[105] Unterstellt man, dass Verbraucher mit Wohnsitz in einer Anzahl von Mitgliedsstaaten Schuldverschreibungen aus einer Anleihe erworben haben, so könnten Anfechtungsklagen – außer im Sitzland des Emittenten – in allen diesen Mitgliedsstaaten erhoben werden. **68**

Eine Verbrauchersache liegt vor, wenn – *erstens* – „ein Vertrag oder Ansprüche aus einem Vertrag, den eine Person, der Verbraucher, zu einem Zweck geschlossen hat, der nicht der beruflichen oder gewerblichen Tätigkeit dieser Person zugerechnet werden kann, den Gegenstand des Verfahres [bildet]". Hinzu kommen muss – *zweitens* –, dass der Vertragspartner des Verbrauchers, im Kontext der Anfechtungsklage, also der beklagte Emittent, in dem Wohnsitzstaat des Verbrauchers „eine berufliche oder gewerbliche Tätigkeit ausübt, oder eine solche auf irgendeinem Wege auf diesen [Wohnsitzstaat] oder auf mehrere Staaten, einschließlich dieses [Wohnsitzstaates] ausrichtet und der Vertrag in den Bereich dieser Tätigkeit fällt".[106] **69**

Im Ergebnis lässt sich sagen, dass eine Anfechtungsklage die Anforderungen an eine „Verbrauchersache" *nicht* erfüllt. **70**

Es besteht kein Zweifel daran, dass Privatanleger „Verbraucher" im Sinne der ersten Voraussetzung (→ Rn. 69) sein können. Zweifel können je nach Sachverhalt daran bestehen, ob die zweite Voraussetzung (→ Rn. 69) im Einzelfall vorliegt. Ist der „Vertragspartner" des Privatanlegers, dh der beklagte Emittent, Finanzinstitut und haben Privatanleger und Emittent ihren (Wohn-)Sitz im gleichen Mitgliedsstaat, so kann diese Voraussetzung erfüllt sein. Ist ein Industrieunternehmen „Vertragspartner" des Privatanlegers, ist dies eher zweifelhaft. Diese Voraussetzung dürfte auch nicht erfüllt sein, wenn die Anleihe von einem Emissionsvehikel begeben wird oder eine (ggf. von einer Konzerngesellschaft garantierte) Unternehmensanleihe von einer Tochtergesellschaft emittiert wird, deren Geschäft sich auf die Begebung von Anleihen zur Finanzierung der Unternehmenszwecke beschränkt. Die erste Voraussetzung verlangt weiter, dass eine *vertragliche Angelegenheit* den Gegenstand des Verfahrens bildet („[…] Vertrag oder Ansprüche aus einem Vertrag […]"). Die Anfechtungsklage ist keine derartige vertragliche Angelegenheit. Gegenstand des Anfechtungsverfahrens ist kein Vertrag oder vertraglicher Anspruch, keine freiwillige Vereinbarung,[107] sondern ein unmittelbar allein *durch Gesetz gewährtes Recht.* Dieses Recht ermöglicht es, den Beschluss eines Kollektivs von Anleihegläubigern mit der Begründung zu **71**

Rechtsstreitigkeit entscheiden sollen, so [ist] dieses Gericht […] dieses Mitgliedsstaates zuständig, es sei denn, die Vereinbarung ist nach dem Recht dieses Mitgliedsstaates materiell nichtig. Dieses Gericht […] dieses Mitgliedsstaates [ist] ***ausschließlich zuständig,*** *sofern die Parteien nichts anderes vereinbart haben.*' (Hervorhebung durch die Verfasser).

[103] Die Gerichtsstandvereinbarung in den Anleihebedingungen sollte zweckmäßigerweise so gefasst sein, dass keine Zweifel daran möglich sind, dass die Vereinbarung auch für etwaige Anfechtungsverfahren gilt, also nicht nur für Ansprüche aus den Schuldverschreibungen.

[104] Das Thema Anfechtungsklage und Verbrauchergerichtsstand ist Neuland im Schrifttum und in der Rechtsprechung. *Otto* DNotZ 2012, 809 (823) befasst sich kurz damit, allerdings ohne in eine Analyse einzutreten, ob Anfechtungsklagen von Privatanlegern im internationalen Kontext den Verbrauchergerichtsstand begründen. *Thole* WM 2012, 1793 (1795 f.); *Thole* WM 2014, 1205 ff. und *Müller* EuZW 2015, 218 ff. äußern sich allg. zu Anleihebedingungen, Gerichtsstandsklauseln und Verbrauchergerichtsstand, jedoch nicht zur Anfechtungsklage in diesem Zusammenhang. Es gibt, soweit ersichtlich, auch keine Gerichtsentscheidungen zu dem speziellen Thema Anfechtungsklage.

[105] Art. 18 Abs. 2 EuGVVO; Art. 14 Abs. 2 EuGVÜ; Art. 16 Abs. 2 LugÜ.

[106] Art. 17 Abs. 1 lit. c EuGVVO; Art. 15 Abs. 1 lit. c EuGVÜ; ähnlich Art. 13 Abs. 1 Nr. 3 EuGVÜ.

[107] Diese voraussetzend EuGH Urt. v. 28.1.2015 – C-375/13 Rn. 20 ff.

Fall zu bringen, dass der Beschluss Gesetz oder Anleihebedingungen verletzt. Mit „Vertrag oder Ansprüchen aus einem Vertrag" hat das nichts gemein.

72 Das Anfechtungsrecht kann auch nicht als Annex des „Anleihevertrages" angesehen werden und deshalb wie eine vertragliche Angelegenheit gewertet werden. Der EuGH hat in der Sache *Kolassa / Barclays Bank plc.* einem Privatanleger, der vor dem Handelsgericht in Wien die Bank mit Sitz in London wegen Ansprüchen aus einer von der Bank emittierten Inhaberschuldverschreibung sowie aus gesetzlichen Anspruchsgrundlagen (Prospekthaftung und Verletzung von Informationspflichten) in Anspruch genommen hatte, die Zuständigkeit des Wiener Gerichts als Verbrauchergerichtsstand nach Art. 15 Abs. 1 VO (EG) Nr. 44/2001 (jetzt Art. 17 Abs. 1 EuGGVO) wegen des Fehlens eines zwischen dem Kläger und der Emittentin geschlossenen Vertrages versagt. Wegen der geltend gemachten Schadensersatzansprüche aus den gesetzlichen Anspruchsgrundlagen hat es den Kläger auf den Gerichtsstand gemäß (jetzt) Art. 7 Abs. 1 Nr. 2 EuGVVO verwiesen.[108]

73 Jedenfalls bei einer **Fremdemission** – liegt die erste Voraussetzung (→ Rn. 65) insoweit nicht vor, als sie verlangt, dass ein Vertrag *zwischen Verbraucher und Vertragspartner geschlossen* worden ist.[109] Bei einer Fremdemission gibt es keinen Vertrag zwischen Emittent und Privatanleger; der Privatanleger erwirbt seine Schuldverschreibung von einem Dritten, sei es von einem Finanzinstitut, welches die Anleihe ganz oder teilweise übernommen hat, oder einem Vorerwerber, etwa seiner Bank oder einem sonstigen Dritten. Das gilt unabhängig davon, ob der Privatanleger Eigentum an der Schuldverschreibung erwirbt und damit als Inhaber der Schuldverschreibung unmittelbare Rechte und Ansprüche aus der Schuldverschreibung an den Emittenten hat, oder – wie in dem vom EuGH entschiedenen Fall – die Schuldverschreibung Teil eines Deckungsbestandes ist, den die Bank des Kunden im eigenen Namen für Rechnung ihrer Kunden unterhält, so dass dem Privatanleger ohne Übertragung des Wertpapiers nur einen Anspruch auf Lieferung der Schuldverschreibung aus dem entsprechenden Anteil am Deckungsbestand zusteht. In beiden Fällen fehlt es an dem geforderten Vertrag zwischen Privatanleger und Emittent.

74 Auch bei einer **Eigenemission (Direktemission),** bei der eine Bank als Emittentin Schuldverschreibungen unmittelbar an ihre Kunden ausgibt, liegt **keine Verbrauchersache** vor. Zwar sehen die Anleihebedingungen derartiger Emissionen – wenn überhaupt, so nur in Ausnahmefällen – ein Opt-In nach § 5 Abs. 1 und damit die Möglichkeit eines Anfechtungsverfahrens vor. Dann erledigt sich das Thema von selbst. Ist das anders, so fehlt es hier nicht – im Unterschied zur Fremdemission – an einem Vertrag, weil mit dem Direkterwerb ein Vertragsverhältnis zwischen Emittent und Anleger zustande kommt. „Gegenstand des Verfahrens" sind aber weder der Kaufvertrag des Erwerbsgeschäfts noch die Schuldverschreibung und die Ansprüche daraus, sondern das allein durch Gesetz gewährte Anfechtungsrecht.

75 Zusammenfassend ist festzuhalten, dass eine Anfechtungsklage keinen Verbrauchergerichtsstand begründet. Durch eine Gerichtsstandsvereinbarung in den Anleihebedingungen kann **eine ausschließliche Zuständigkeit** für das Rechtsverhältnis aus der Schuldverschreibung *und* für ein Anfechtungsverfahren bestimmt werden.[110] Die zwingenden Gerichtsstände des § 20 Abs. 3 S. 3 1. Halbs. sind bei internationalen Sachverhalten ohne Geltung.

76 Bei dieser Sachlage ist es angezeigt, dass der Gesetzgeber schnellstmöglich diese zwingenden Gerichtsstände des § 20 Abs. 3 S. 3 1. Halbs. aufhebt und dem Emittenten anheimstellt, das zuständige Gericht für die Anfechtungsklage in einer Gerichtsstandsvereinbarung in den Anleihebedingungen zu bestimmen. Es macht keinen Sinn, für reine Inlandssachverhalte den zwingenden Gerichtsstand am Sitz des inländischen Emittenten gemäß § 20 Abs. 3 S. 3 beizubehalten. Mit der Aufhebung dieses zwingenden Gerichtsstands würde

---

[108] EuGH Urt. v. 28.1.2015 – C-375/13 Rn. 57.
[109] Vgl. dazu EuGH Urt. v. 28.1.2015 – C-375/13 Rn. 20 ff.
[110] → Rn. 67.

eine andernfalls mögliche doppelte Gerichtszuständigkeit auch für Inlandssachverhalte verhindert.Für gewisse Besonderheiten des Klageverfahrens verweist § 20 Abs. 3 S. 3 Hs. 2 auf § 246 Abs. 3 S. 2–6 AktG.

5. Vollzugssperre

§ 20 Abs. 3 S. 4 verbietet den Vollzug eines angefochtenen Gläubigerbeschlusses bis zur rechtskräftigen Entscheidung der Klage, es sei denn, das Gericht beschließt auf Antrag des Schuldners im Freigabeverfahren entsprechend § 246a AktG, dass die Klageerhebung dem Vollzug des angefochtenen Beschlusses nicht entgegensteht. 77

Der Vollzug eines Beschlusses, der eine Änderung oder Ergänzung der Anleihebedingungen vorsieht, bedarf der Änderung oder Ergänzung der maßgeblichen Sammelurkunde (§ 21 Abs. 1 S. 1), die die Wirksamkeit des Beschlusses begründet (§ 2 S. 3). Für andere Beschlüsse ist der Vollzug die tatsächliche Umsetzung des Beschlusses, bei einem Debt-Equity–Swap etwa die Durchführung der Kapitalerhöhung[111]. Wird ein **anfechtbarer Beschluss** angefochten, so bleibt er bis zum stattgebenden rechtskräftigen Urteil wirksam und wird mit dem Urteil *ex tunc* nichtig.[112] Das gilt nicht, wenn das Gericht auf Antrag des Schuldners im Freigabeverfahren nach § 20 Abs. 3 S. 4 iVm § 246a AktG analog feststellt, dass die Erhebung der Klage dem Vollzug des angefochtenen Beschlusses nicht entgegensteht. Das gilt selbst dann, wenn der Beschluss durch das das Verfahren beendende rechtskräftige Urteil für nichtig erklärt wird.[113] Der Freigabebeschluss führt nicht zur Erledigung der Hauptsache.[114] Wird ein **nichtiger Beschluss** angefochten, so wird das Gericht einem Freigabeantrag des Schuldners in der Regel nicht stattgeben, da die Freigabe nach § 20 Abs. 3 S. 4, § 246a Abs. 2 Nr. 3 AktG ausgeschlossen ist, wenn in dem Beschluss „eine besondere Schwere des Rechtsverstoßes" vorliegt.[115] Der Rechtsverstoß muss auf den Inhalt des Beschlusses oder seines Zustandekommens bezogen sein. 78

Die Vollzugssperre **beginnt** mit dem Anfang der Laufzeit der Klagefrist, dh der Bekanntmachung des Beschlusses (§ 17).[116] Die Vollzugssperre **endet** mit dem Ablauf der Klagefrist, wenn bis dahin keine Anfechtungsklage erhoben ist, oder bei Klageerhebung binnen der Klagefrist mit der rechtskräftigen Abweisung der Klage (§ 20 Abs. 3 S. 4) oder einem Freigabebeschluss (§ 20 Abs. 3 S. 4, § 246a AktG). Dem Regelungszweck der Vorschrift entsprechend gilt das auch für jede andere Beendigung des Klageverfahrens wie der Klagerücknahme, der Erledigung der Hauptsache oder einem Prozessvergleich.[117] Wird der Klage durch rechtskräftiges Urteil stattgegeben, hat das ein dauerhaftes Vollzugsverbot zur Folge.[118] 79

6. Freigabeverfahren

a) Überblick. Das Gesetz sieht die Möglichkeit vor, die Vollzugssperre des § 20 Abs. 3 S. 4 zu durchbrechen. Ein Senat des zuständigen[119] OLG kann auf Antrag des Schuldners in 80

---

[111] Vgl. Preuße/*Vogel* § 20 Rn. 4.

[112] → Rn. 26.

[113] Hopt/Seibt/*Kiem* § 20 SchVG Rn. 190; Preuße/*Vogel* § 20 Rn. 58; vgl. auch FK-SchVG/*Friedl* § 20 Rn. 88. Vgl. → Rn. 80, 86 f.

[114] Hopt/Seibt/*Kiem* § 20 SchVG Rn. 192.

[115] → Rn. 87.

[116] *Maier-Reimer* NJW 2010, 1317 (1321); Baums/*Vogel* S. 39 (58); Veranneman/*Wasmann/Steber* § 20 Rn. 28; *Cagalj* Restrukturierung von Anleihen S. 354. **AA** Hopt/Seibt/*Kiem* § 20 SchVG Rn. 146 (Wirksamwerden des Beschlusses durch Beurkundung in der Niederschrift); FK-SchVG/*Friedl* § 20 Rn. 73; Preuße/*Vogel* § 20 Rn. 54 (Erklärung des Widerspruchs).

[117] Vgl. Veranneman/*Wasmann/Steber* § 20 Rn. 28; Hopt/Seibt/*Kiem* § 20 SchVG Rn. 147; *Maier-Reimer* NJW 2010, 1317 (1321); FK-SchVG/*Friedl* § 20 Rn. 72; *Cagalj* Restrukturierung von Anleihen S. 355.

[118] Veranneman/*Wasmann/Steber* § 20 Rn. 28.

[119] Zur internationalen Zuständigkeit → Rn. 63 ff.; *Otto* DNotZ 2012, 809 (824); *Thole* ZGR 2013, 109 (161).

weitgehend analoger Anwendung des aktienrechtlichen Freigabeverfahrens gemäß § 246a AktG beschließen, dass „die Erhebung der Klage dem Vollzug des angefochtenen Beschlusses nicht entgegensteht". Dies kann ein Beschluss sein, der die Änderung der Anleihebedingungen vorsieht, und dessen Vollzug sich nach § 2 S. 3, § 21 Abs. 1 bestimmt oder ein Beschluss, dessen Vollzug durch tatsächliche Umsetzung erfolgt, wie etwa ein Debt–Equity –Swap. Mit dem stattgebenden Freigabebeschluss kann der Beschluss auch bei dessen etwaiger Fehlerhaftigkeit vollzogen werden und zwar – in entsprechender Anwendung des § 246a Abs. 1 S. 1 und § 246a Abs. 4 S. 2 Hs. 1 AktG, auf den § 20 Abs. 3 S. 4 letzter Hs. verweist – auch dann, wenn der Klage später durch rechtskräftiges Urteil stattgegeben wird. Der Freigabebeschluss führt nicht zur Erledigung der Hauptsache. Das Hauptsacheverfahren wird ungeachtet des Ausgangs des Freigabeverfahrens fortgesetzt.

81 Das Gesetz will mit dem Freigabeverfahren der sich aus der Vollzugssperre ergebenden Gefahr missbräuchlicher Klagen nach § 20 begegnen.

82 **b) Freigabebeschluss. aa) Beschlussvoraussetzungen.** Der Freigabebeschluss ergeht auf Antrag des Schuldners (§ 20 Abs. 3 S. 4 Hs. 2 iVm § 246a Abs. 2 Nr. 1–3 AktG),[120] wenn (i) die Klage unzulässig oder offensichtlich unbegründet ist; oder (ii) der Kläger nicht innerhalb einer Woche nach Zustellung des Antrags durch Urkunden nachgewiesen[121] hat, dass er seit Bekanntmachung der Einberufung einen „anteiligen Betrag von mindestens EUR 1.000 hält"; oder (iii) das alsbaldige Wirksamwerden des Beschlusses vorrangig erscheint, weil die vom „Antragsteller (d. h. Schuldner) dargelegten wesentlichen Nachteile für die Gesellschaft (d. h. für den Schuldner) und ihre Aktionäre (d. h. die Gläubiger) nach freier Überzeugung des Gerichts die Nachteile für den Antragsgegner (d. h. für den Anfechtungskläger) überwiegen, es sei denn, es liegt eine besondere Schwere des Rechtsverstoßes vor". Der Antrag ist gegen sämtliche Anfechtungskläger zu stellen. Etwaige Nebenintervenienten können unberücksichtigt bleiben.[122]

83 Die Übertragung der aktienrechtlichen Beschlussvoraussetzungen gemäß (i) (Unzulässigkeit oder offensichtliche Unbegründetheit der Klage) auf den Anwendungsbereich von § 20 macht keine Schwierigkeiten. Das Gleiche gilt für die Voraussetzung gemäß (ii) („anteiliger Betrag von mindestens EUR 1.000"), für die im Rahmen von § 20 auf einen Anleihenennbetrag von mindestens 1.000 EUR abzustellen ist.[123]

84 Für die Voraussetzung gemäß (iii) gibt weder das Gesetz noch die amtliche Begründung zu § 20 einen Hinweis, wie die Positionen der Gesellschaft und der Aktionäre in der geforderten Abwägung zu besetzen sind.[124] Auch im unmittelbaren Anwendungsbereich der aktienrechtlichen Anfechtungsklage bietet die Vorschrift erhebliche Schwierigkeiten in der Auslegung und Anwendung.[125] Die Interessenlage für eine Abwägung bei Gläubigerbeschlüssen unterscheidet sich grundlegend von der Lage im Aktienrecht. Dies hat *Maier-Reimer*[126] prägnant auf den Punkt gebracht. Ist der schnelle Vollzug des möglicherweise rechtswidrigen Beschlusses der Hauptversammlung für die Aktiengesellschaft von Vorteil, partizipiert der klagende Aktionär an diesem Vorteil. Ein ökonomischer Vorteil des schnel-

[120] *Liebenow* SchVG als Anleiheorganisationsrecht S. 218 plädiert über den Wortlaut von § 20 Abs. 3 S. 4 hinaus für ein Antragsrecht der einzelnen Gläubiger, wenn es um Beschlüsse geht, die zum Nachteil des Schuldners gereichen (etwa Forderungsbeitreibung). Abl. FK-SchVG/*Friedl* § 20 Rn. 84; Hopt/Seibt/*Kiem* § 20 SchVG Rn. 162; Veranneman/*Wasmann/Steber* § 20 Rn. 32.

[121] Der Nachweis ist nach überw. Rspr. auch dann zu erbringen, wenn das Quorum zwischen den Parteien unstreitig ist. Zum Nachweis genügt die Vorlage einer Depotbescheinigung. So OLG Bamberg Beschl. v. 28.3.2013 – 3 AktG 1/13, BeckRS 2014, 03422 mwN.

[122] FK-SchVG/*Friedl* § 20 Rn. 85; vgl. auch Hüffer/Koch/*Koch* AktG § 246a Rn. 6.

[123] Vgl. OLG Bamberg Beschl. v. 28.3.2013 – 3 AktG 1/13, BeckRS 2014, 03422; Preuße/*Vogel* § 20 Rn. 56; *Liebenow* SchVG als Anleiheorganisationsrecht S. 209. Veranneman/*Wasmann/Steber* § 20 Rn. 33 messen dem Mindestwert zu Recht geringe Bedeutung für die Praxis zu, da einzelne Anleihen gewöhnlich nicht unter 1.000 EUR liegen; ebenso FK-SchVG/*Friedl* § 20 Rn. 90.

[124] *Schmidtbleicher* Die Anleihegläubigermehrheit S. 192 f.

[125] S. Hüffer/Koch/*Koch* AktG § 246a Rn. 21 f.

[126] *Maier-Reimer* NJW 2010, 1317 (1322); *ders.* in FS Seibert, 2019, 579 (584 f.).

len Vollzugs der Aktiengesellschaft schließt in der Regel einen ökonomischen Nachteil der Aktionäre aus. Hat dagegen der schnelle Vollzug des möglicherweise fehlerhaften Gläubigerbeschlusses für den Schuldner einen ökonomischen Vorteil, bedeutet das für den klagenden Gläubiger – und mit ihm für sämtliche Gläubiger – tendenziell einen ökonomischen Nachteil.

Die Übertragung der aktienrechtlichen Regeln für die Interessenabwägung in das Schuldverschreibungsrecht führt wegen der „gänzlich anderen Ausgangslage'[127] im Schuldverschreibungsrecht unvermeidlich zu erheblichen Unstimmigkeiten, die für das Beschlussmängelrecht des Schuldverschreibungsgesetzes eines interessengerechten Ausgleichs bedürfen.[128] **85**

Erste zum SchVG ergangene Rechtsprechung berücksichtigt neben dem bei Nichtvollziehung eines Gläubigerbeschlusses unmittelbar dem Schuldner drohenden Nachteil (etwa Zahlungsunfähigkeit) auch daraus resultierende mittelbare Konsequenzen für die Gläubiger (Insolvenzquote).[129] In der Abwägung keine Berücksichtigung finden die Interessen Dritter, etwa der Aktionäre des Schuldners.[130] Insbesondere soll die Ausnahme eines besonders schweren Rechtsverstoßes nur dann greifen, wenn die verletzte Rechtsnorm nicht lediglich dem Schutz Dritter, sondern vielmehr gerade dem Schutz der Anleihegläubiger dient.[131] **86**

Ein Freigabebeschluss darf nicht ergehen, wenn *„eine besondere Schwere des Rechtsverstoßes vorliegt"*. Der Rechtsverstoß muss sich auf den Inhalt oder das Zustandekommen des Beschlusses beziehen. Der unbestimmte Rechtsbegriff „besondere Schwere des Rechtsverstoßes" ist begrifflich schwerlich unterscheidbar von dem unbestimmten Rechtsbegriff des „schwerwiegenden Fehlers" – dh des schwerwiegenden Gesetzesverstoßes –, der die Nichtigkeit eines Gläubigerbeschlusses begründet. Beide Begriffe sind grundsätzlich gleichzusetzen. Das mag Anlass sein, den bestehenden Ermessensspielraum für das Beschlussmängelrecht des SchVG allgemein zu nutzen und insbesondere bei formalrechtlichen Verstößen je nach ihrem geringeren oder schwereren Gewicht die Zuordnung zu den Anfechtungsgründen statt zu den Nichtigkeitsgründen vorzunehmen und damit die Freigabe zu ermöglichen.[132] **87**

bb) Verfahren. Auf das Verfahren finden nach § 20 Abs. 3 S. 4 Hs. 2 die Vorschriften des § 246a Abs. 3 S. 2, 3 und 6 AktG Anwendung, die der Beschleunigung des Verfahrens dienen sollen. Nach S. 6 soll der Freigabebeschluss spätestens drei Monate nach der Antragstellung ergehen; Verzögerungen der Entscheidung sind durch unanfechtbaren Beschluss zu begründen. **88**

Der Freigabebeschluss des OLG ist unanfechtbar; das OLG entscheidet in erster und letzter Instanz. **89**

cc) Wirkung des Freigabebeschlusses. Mit der Vollziehung des Gläubigerbeschlusses über die Änderung der Anleihebedingungen gemäß § 21 Abs. 1 wird die Änderung der Anleihebedingungen wirksam (§ 2 S. 3). Für die in § 20 Abs. 3 S. 4 letzter Hs. angeordnete analoge Anwendung der Bestimmungen des § 246a AktG steht die Wirksamkeit der Änderung der Anleihebedingungen der Eintragung des Aktionärsbeschlusses im Handels- **90**

[127] So Hopt/Seibt/*Kiem* § 20 SchVG Rn. 174.

[128] Ausführlich zu der in § 20 geforderten Interessenabwägung und den dabei maßgeblichen Kriterien Hobt/Seipt/*Kiem* § 20 Rn. 173 ff.; vgl. ferner *Maier-Reimer* NJW 2010, 1317 (1322); FK-SchVG/*Friedl* § 20 Rn. 91 ff. Heidel AktR/*Müller* SchVG § 20 Rn. 10; *Simon* SchVG und Treuepflichten im Anleiherecht S. 276 ff.

[129] OLG Köln ZIP 2014, 268 (269) – Solarworld; FK-SchVG/*Friedl* § 20 Rn. 93; krit. *Florstedt* ZIP 2014, 1513 (1516).

[130] OLG Köln ZIP 2014, 268 (269) – Solarworld; FK-SchVG/*Friedl* § 20 Rn. 93; *Thole* ZIP 2014, 2365 (2367).

[131] OLG Köln ZIP 2014, 268 (269 f.) – Solarworld; **aA** zum AktG Hüffer/Koch/*Koch* AktG § 246a Rn. 22.

[132] Im aktienrechtlichen Freigabeverfahren ist nach hM bei formalen Nichtigkeitsgründen geringeren Gewichts die Freigabe möglich, s. dazu Hüffer/Koch/*Koch* AktG § 246a Rn. 22.

register gleich. Die entsprechende Anwendung des § 246a Abs. 1 S. 1 und § 246a Abs. 4 S. 2 AktG bedeutet, dass im Falle eines stattgebenden Gerichtsbeschlusses etwaige Mängel des Gläubigerbeschlusses die Wirksamkeit der Änderung der Anleihebedingungen unberührt lassen und die Durchführung der beschlossenen Änderungen nicht behindern, selbst wenn sich die Klage am Ende als erfolgreich erweist. Für Beschlüsse, die durch tatsächliche Umsetzung vollzogen werden, gilt das Gleiche. Sie können durchgeführt oder ihre bis dahin unvollendete Durchführung weitergeführt werden, auch wenn der Klage am Ende stattgegeben wird.

91 Der Kläger wird in diesen Fällen nach § 246a Abs. 4 S. 1 AktG auf Schadensersatz in Geld verwiesen.[133] Naturalrestitution ist nach § 246a Abs. 4 S. 2 Hs. 2 AktG ausgeschlossen.

7. Wirkungen des stattgebenden Urteils

92 Das Gesetz trifft keine Aussage zur Wirkung des stattgebenden Urteils auf eine erfolgreiche Klage nach § 20. Es erklärt nicht die insoweit maßgebenden Bestimmungen des Aktienrechts für anwendbar, die für die Anfechtungsklage und die Nichtigkeitsklage die Rechtskrafterstreckung des stattgebenden Urteils bestimmen. Anders als das AktG verlangt das SchVG auch nicht die öffentliche Bekanntmachung der Erhebung der Anfechtungsklage (§ 246 Abs. 4 AktG) sowie der Nichtigkeitsklage (§ 249, 246 Abs. 4 AktG) und auch nicht die öffentliche Bekanntmachung der Verfahrensbeendigung des Anfechtungsprozesses (§ 248a AktG) sowie des Nichtigkeitsprozesses bei börsennotierten Gesellschaften (§§ 249 Abs. 1 S. 1, 248a AktG).

93 Im **Aktienrecht** erstreckt sich die materielle Rechtskraft sowohl des stattgebenden Anfechtungsurteils (§§ 241 Nr. 5, 248 Abs. 1 S. 1 AktG) als auch des stattgebenden Nichtigkeitsurteils (§§ 249 Abs. 1 S. 1, 248 Abs. 1 S. 1 AktG) „für und gegen" den in § 248 Abs. 1 S. 1 AktG bestimmten Personenkreis (alle Aktionäre sowie die Mitglieder des Vorstands und des Aufsichtsrats). Dagegen beschränkt sich die Gestaltungswirkung des stattgebenden Anfechtungsurteils nicht auf den in § 248 Abs. 1 S. 1 AktG bestimmten Personenkreis, weil die Nichtigkeit des Beschlusses als materiell–rechtliche Folge des Urteils (§ 241 Nr. 5 AktG) für und gegen jedermann eintritt.[134] Die Anfechtungsklage ist nach allgemeiner Meinung **Gestaltungsklage.** [135] Die Nichtigkeitsklage ist nach ganz überwiegender Meinung **Feststellungsklage**[136] – nach der Mindermeinung ist sie ebenso wie die Anfechtungsklage Gestaltungsklage[137]. Das Anfechtungsurteil „erklärt" die Nichtigkeit, das Nichtigkeitsurteil „stellt sie fest". [138]

94 **Die Klage nach § 20** dient der Anfechtung, dh der klageweisen Geltendmachung, aller rechtsfehlerhaften – anfechtbaren und nichtigen – Gläubigerbeschlüsse.[139] Die Klage führt gleichsam die Anfechtungs– und die Nichtigkeitsklage des Aktienrechts in einer Klage zusammen. Gleichwohl erörtert die Literatur bislang die Frage nach der Gestaltungswirkung und der Erstreckung der materiellen Rechtskraft des stattgebenden Urteils, ohne diesen besonderen Umstand zu berücksichtigen. Die Diskussion beschränkt sich auf die Wirkungen des Urteils, welches einen **anfechtbaren Beschluss** für nichtig erklärt. Sie ist zu ergänzen um die Wirkungen eines Urteils, das die Nichtigkeit eines **nichtigen Be-**

[133] FK-SchVG/*Friedl* § 20 Rn. 88. Zur Frage, ob der Schuldner aufgrund des Gleichbehandlungsgebots verpflichtet ist, neben dem Anfechtungskläger allen Gläubigern Ersatz zu gewähren, eing. Hopt/Seibt/*Kiem* § 20 SchVG Rn. 200 f. Grundlegende Kritik an der Beschränkung des Schadensersatzanspruchs auf den Anfechtungskläger übt *Liebenow* SchVG als Anleiheorganisationsrecht S. 226 f.
[134] Hüffer/Koch/*Koch* AktG § 248 Rn. 5.
[135] Hüffer/Koch/*Koch* AktG § 246 Rn. 8 mwN.
[136] Vgl. nur Hüffer/Koch/*Koch* AktG § 249 Rn. 10.
[137] Scholz/*K. Schmidt* GmbHG § 45 Rn. 46 und 48.
[138] Hüffer/Koch/*Koch* AktG § 246 Rn. 14.
[139] → Rn. 15 ff.

schlusses feststellt. Auch wenn beide Fälle einheitlich den sämtlichen Regelungen des § 20 unterworfen sind, bedürfen sie der Differenzierung.

Ausgangspunkt der Erörterungen ist dabei, dass § 20 weder die Gestaltungswirkung noch die Erstreckung der materiellen Rechtskraft des stattgebenden Urteils auf einen **anfechtbaren Beschluss** regelt, noch die Erstreckung der materiellen Rechtskraft des Urteils auf einen **nichtigen Beschluss.** Die gegen einen anfechtbaren Beschluss gerichtete Klage und das darauf ergehende Urteil werden im Folgenden als „Anfechtungsklage" und „Anfechtungsurteil" bezeichnet, die gegen einen nichtigen Beschluss erhobene Klage und ein darauf ergehendes Urteil werden als „Nichtigkeitsklage" und „Nichtigkeitsurteil" bezeichnet. § 20 und die amtliche Begründung kennen diese Begriffe nicht; sie werden hier nur verwendet, um Umständlichkeiten im Sprachgebrauch zu vermeiden. 95

a) Die Wirkungen des Anfechtungsurteils. Nach **überwiegender Meinung** im Schriftum ist das der Klage stattgebende rechtskräftige Anfechtungsurteil Gestaltungsurteil mit Urteilswirkung gegenüber jedermann und materieller Rechtskrafterstreckung gegen den Schuldner und sämtliche Gläubiger.[140] Eine Minderheit in der Literatur bejaht ebenfalls die Gestaltungswirkung des stattgebenden Urteils. Nach ihr erstreckt sich aber die materielle Rechtskraft des Urteils nicht auf Schuldner und sämtliche Gläubiger, sondern nur *inter partes* auf die Klageparteien.[141] 96

Die überwiegende Meinung verdient den Vorzug. 97

aa) Gestaltungswirkung des Anfechtungsurteils. Ein anfechtbarer Beschluss ist wirksam bis zum rechtskräftigen Urteil, das ihn für nichtig erklärt. Die Anfechtungsklage ist Gestaltungsklage. Die Klage verfolgt eine Änderung der materiellen Rechtslage. Der zunächst wirksame Beschluss soll wegen seiner Fehlerhaftigkeit – als Folge seiner von Anfang an bestehenden Rechtswidrigkeit rückwirkend – für nichtig erklärt werden. Mit der materiell–rechtlichen Folge des rechtskräftigen Urteils – der Nichtigkeit des Beschlusses – ist der Beschluss „aus der Welt" und die Rechtslage gegenüber jedermann verändert.[142] Die Wirkung eines Gestaltungsurteils für und gegen jedermann ist allgemein anerkannt und keine Besonderheit des (aktienrechtlichen) Anfechtungsprozesses.[143] Die Gestaltungswirkung ist der Anfechtungsklage immanent, und sie bedarf keiner gesetzlichen Norm, die sie anordnet.[144] 98

bb) Rechtskrafterstreckung des Anfechtungsurteils. Eine Minderheit in der Literatur vertritt die Auffassung, dass sich die materielle Rechtskraft des stattgebenden Anfechtungsurteils nur auf die Klageparteien – Schuldner und klagender Gläubiger – erstreckt.[145] Sie wird vor allem mit dem Fehlen einer gesetzlichen Anordnung der Rechtskrafterstreckung auf Dritte begründet, die das Aktienrecht für das Anfechtungsurteil in §§ 248 Abs. 1 S. 1, 241 Abs. 1 Nr. 5 für den in § 248 Abs. 1 S. 1 genannten Personenkreis (alle Aktionäre und die Mitglieder des Vorstands und des Aufsichtsrats) vorsieht.[146] Die Auffassung der Minderheit führt zu dem unglücklichen Ergebnis, dass Klagen der an der Anfechtungsklage nicht beteiligten Gläubiger bei gleichem Streitgegenstand nicht als unzulässig abgewiesen werden und auch der Klagegrund ihnen gegenüber nicht rechtsverbindlich festgestellt ist.[147] 99

Dagegen vertritt die überwiegende Meinung zu Recht die Auffassung, dass das stattgebende rechtskräftige Anfechtungsurteil in Rechtskraft zwischen dem Schuldner und 100

---

[140] → Rn. 98.
[141] → Rn. 99.
[142] Vgl. Hüffer/Koch/*Koch* AktG § 246 Rn. 8 sowie § 248 Rn. 4 und 5.
[143] Hüffer/Koch/*Koch* AktG § 248 Rn. 5; RGZ 80, 317, 323 f.; MüKoZPO/*Gottwald* § 322 Rn. 19.
[144] Hopt/Seibt/*Kiem* § 20 Rn. 143; *Schulenburg* Schutz der Minderheit im Schuldverschreibungsrecht S. 362; *Maier-Reimer* NJW 2010, 1317 (1321); *Cagalj* Restrukturierung von Anleihen S. 357 f.
[145] Hopt/Seibt/*Kiem* § 20 SchVG Rn. 143; *Schulenburg* Schutz der Minderheit im Schuldverschreibungsrecht S. 363; *Otto* DNotZ 2012, 809, 824; Heidel AktR/*Müller* SchVG § 20 Rn. 3.
[146] Hopt/Seibt/*Kiem* § 20 SchVG Rn. 143; so auch die Vorauflage.
[147] So Hopt/Seibt/*Kiem* § 20 SchVG Rn. 43.

sämtlichen Gläubigern erwächst.[148] Der zunächst wirksame Beschluss wird mit dem rechtskräftigen Anfechtungsurteil nichtig.

101 Der gegenteiligen Auffassung ist zunächst entgegen zu halten, dass die Rechtskrafterstreckung auf Dritte, nicht an dem Prozess Beteiligte, auch im Aktienrecht nicht schlechthin einer ausdrücklichen gesetzlichen Anordnung nach Art des § 248 Abs. 1 S. 1 AktG für das aktienrechtliche Anfechtungsurteil bedarf. Eine Durchbrechung dieses Grundsatzes findet sich in vielen Fällen unterschiedlicher Art.[149] Überdies verbietet dieses Prinzip nicht die analoge Anwendung des § 248 Abs. 1 S. 1 AktG, die der starke Bezug der schuldverschreibungsrechtlichen Anfechtungsklage zur aktienrechtlichen Anfechtungsklage nahelegt.

102 Die Erstreckung der Rechtskraft des Anfechtungsurteils auf den Schuldner und sämtliche Gläubiger fordern vor allem die Regelungen des § 20 selbst, die sämtliche Gläubiger gleichermaßen unmittelbar betreffen.[150] Das ist einmal das vorläufige Vollzugsverbot des § 20 Abs. 3 S. 4[151] und in noch stärkerem Maße das dauerhafte Vollzugsverbot nach stattgebendem rechtskräftigem Urteil. Das Vollzugsverbot bezieht alle Gläubiger ein; das hat eine Berechtigung nur, wenn auch das stattgebende Urteil gegenüber allen Gläubigern Wirkung entfaltet. Was für das Vollzugsverbot gilt, gilt in gleicher Weise für das Freigabeverfahren; der Beschluss des Gerichts, der der Freigabe stattgibt oder sie ablehnt, erfasst in seinen Wirkungen alle Gläubiger, und selbst auch dann noch, wenn bei einer Freigabe das rechtskräftige Urteil am Ende feststellt, dass der Gläubigerbeschluss rechtswidrig ist. Auch die Vorschrift des § 20 Abs. 3 Hs. 2 iVm § 246 Abs. 3 S. 6 AktG, wonach mehrere Anfechtungsprozesse zu gleichzeitiger Verhandlung und Entscheidung zu verbinden sind, sowie der Umstand, dass ein Gläubiger wegen § 20 Abs. 3 S. 2 nicht die Möglichkeit hat, ein Urteil gegen die anderen Gläubiger zu erwirken, finden eine Rechtfertigung allein dadurch, dass das stattgebende Urteil gegenüber allen Gläubigern wirkt. Schließlich wahrt die Erstreckung der Rechtskraft auf alle Gläubiger die Fungibilität der Schuldverschreibungen einer Anleihe.[152]

103 **b) Rechtskrafterstreckung des Nichtigkeitsurteils.** § 20 trifft keine Bestimmung über die Erstreckung der Rechtskraft eines Urteils, welches der Klage gegen einen nichtigen Beschluss der Gläubiger stattgibt. Das Aktienrecht bestimmt explizit, dass ein Urteil, welches die Nichtigkeit eines Beschlusses der Hauptversammlung feststellt, „für und gegen alle Aktionäre sowie die Mitglieder des Vorstands und des Aufsichtsrats [wirkt], auch wenn sie nicht Partei sind" (§ 249 Abs. 1 S. 1, § 248 Abs. 1 S. 1 analog).

104 In der Literatur zum SchVG wird die Frage der Rechtskrafterstreckung eines stattgebenden Urteils, das in Anwendung des § 20 die Nichtigkeit eines Gläubigerbeschlusses feststellt, nicht erörtert.

105 Die Rechtskraft eines solchen Nichtigkeitsurteils erstreckt sich – wie die Rechtskraft eines Anfechtungsurteils – auf den Schuldner und sämtliche Gläubiger. Es gelten in gleicher Weise die für die Erstreckung der Rechtskraft eines Anfechtungsurteils in → Rn. 101 f. dargelegten Gründe für die Nichtigkeitsklage.

106 **c) Positive Beschlussfeststellungsklage.** Die Klage nach § 20 kann den angegriffenen Beschluss lediglich beseitigen, nicht jedoch einen ohne den Verstoß gegen Gesetz oder Anleihebedingungen ansonsten wirksam ergangenen Beschluss begründen. Entsprechend

[148] So Veranneman/*Wasmann/Steber* § 20 Rn. 30; *Cagalj* Restrukturierung von Anleihen S. 357f; *Baums* ZBB 2009, 1 (3); *Horn* ZHR 173 (2009), 12 (62); *Simon* CF Law 2010, 159 (164); *Maier-Reimer* NJW 2010, 1317 (1321); *Schmidtbleicher* Die Anleihegläubigermehrheit S. 191; *Schlitt/Schäfer* AG 2009, 477 (483); FK-SchVG/*Friedl* § 20 Rn. 6 und 78.

[149] Vgl. etwa Zöller/*Vollkommer* ZPO § 325 Rn. 28 ff.; Saenger/*Saenger* ZPO § 325 Rn. 15 ff.; Stein/Jonas/*Althammer* ZPO § 325 Rn. 49 ff. und 80 ff.

[150] Hierauf haben namentlich *Wassman* und *Steber* in Veranneman § 20 Rn. 30 hingewiesen. Die folgenden Darlegungen machen sie sich – mit einigen ergänzenden Überlegungen – zu eigen.

[151] So auch *Schmidtbleicher* Die Anleihegläubigermehrheit S. 191 und *Cagalj* Restrukturierung von Anleihen S. 358.

[152] S. insoweit insbes. Baums/*Vogel* S. 39 (55 f.); *Cagalj* Restrukturierung von Anleihen S. 358.

der aktienrechtlichen Praxis soll deshalb die Klage nach § 20 um einen positiven Feststellungsantrag, gerichtet auf Feststellung, dass der Beschluss mit dem näher bezeichneten Inhalt zustande gekommen ist, ergänzt werden können.[153]

VI. Reform des Beschlussmängelrechts

Im Vordergrund des **Reformentwurfs**[154] steht die grundlegende Umgestaltung des Beschlussmängelrechts des SchVG. 107

1. Einleitung

Die Struktur des geltenden Rechts ist beherrscht von wesentlichen Prinzipien des aktienrechtlichen Anfechtungsrechts. Der Reformentwurf sieht darin eine „konzeptionelle Schwäche" der Regelung des Anfechtungsrechts in § 20. Sie ergebe sich daraus, dass der Gesetzgeber nicht den unterschiedlich ausgeprägten Interessen der Aktionäre einerseits und der Anleihegläubiger andererseits Rechnung getragen habe. Das Interesse der Anleihegläubiger sei auf **Vermögensschutz** gerichtet, nicht dagegen auf die Aufhebung des fehlerhaften Beschlusses insgesamt. Es sei daher geboten, das Anfechtungsrecht gem. § 20 zu einem **Recht auf Wertersatz** des dissentierenden Gläubigers bei fehlerhaften Beschlüssen umzugestalten und daneben eine ergänzende Nichtigkeitsklage bei bestimmten besonders schwerwiegenden Rechtsverstößen vorzusehen. Es komme hinzu, dass mit der Übertragung aktienrechtlicher Prinzipien in das Anfechtungsrecht des SchVG überstimmten Gläubigern die damit verbundenen Möglichkeiten zum **Missbrauch** eröffnet worden sind. Das mit dem Anfechtungsrecht des § 20 verbundene Missbrauchspotential bei eilbedürftigen Sanierungsschlüssen im Vorfeld einer drohenden Insolvenz des Schuldners sei im Anleiherecht ungleich größer als bei aktienrechtlichen Kapitalmaßnahmen. Zudem stelle im internationalen Anleihemarkt das Anfechtungsrecht einen wesentlichen **Wettbewerbsnachteil** gegenüber anderen Rechtsordnungen dar.[155] 108

Der Reformentwurf schlägt vor, § 20 SchVG grundlegend neu zu gestalten und zur Beschlusskontrolle fehlerhafter Gläubigerbeschlüsse an die Stelle der jetzigen Anfechtungsklage zwei neue Klagearten einzuführen: Eine **Nichtigkeitsklage,** die auf die Beseitigung des fehlerhaften Beschlusses zielt; sowie eine Klage auf Feststellung des vom Emittenten geschuldeten Ersatzes für die durch die Vollziehung des fehlerhaften Beschlusses eingetretene Wertminderung der Schuldverschreibungen (**„Wertersatzklage"**).[156] 109

2. Die Klagearten

a) Nichtigkeitsklage. Die Nichtigkeitsklage wird in § 20 Abs. 1 bis Abs. 3 des Gesetzesentwurfes geregelt. 110

Ein Gläubigerbeschluss ist nur nichtig, wenn er einen der in einem Katalog abschließend aufgeführten Nichtigkeitsgründe erfüllt (§ 20 Abs. 1). Die Nichtigkeit des Beschlusses kann nur durch Klage geltend gemacht werden (§ 20 Abs. 2 S. 2). Jeder Gläubiger ist befugt, die Klage zu erheben (§ 20 Abs. 2 S. 1). Die Nichtigkeitsklage ist wie die Anfechtungsklage binnen eines Monats nach Bekanntgabe des Gläubigerbeschlusses zu erheben (§ 20 Abs. 3 S. 1). Anders als im geltenden Recht für die Anfechtungsklage, welches für Inlandsanleihen die ausschließliche Zuständigkeit des Landgerichtes des Sitzes und für Auslandsanleihen die ausschließliche Zuständigkeit des Landgerichts Frankfurt a. M. bestimmt, ist für die Nich- 111

[153] FK-SchVG/*Friedl* § 20 Rn. 80; Veranneman/*Wasmann/Steber* § 20 Rn. 24; *Maier-Reimer* NJW 2010, 1317 (1319); vgl. zum AktG Hüffer/Koch/*Koch* AktG § 246 Rn. 42.
[154] *Arbeitskreis Reform des Schuldverschreibungsrechts* ZIP 2014, 845; → Einl. Rn. 46 ff.
[155] Zum Vorstehenden Arbeitskreis Reform des Schuldverschreibungsrechts ZIP 2014, 845 (846).
[156] Arbeitskreis Reform des Schuldverschreibungsrechts ZIP 2014, 845 (848); → Einl. Rn. 46 ff.

tigkeitsklage grundsätzlich die ausschließliche Zuständigkeit des Landgerichts begründet, welches in den Anleihebedingungen als ausschließlicher Gerichtsstand bestimmt ist.

112 Die Erhebung der Klage bewirkt anders als die geltende Anfechtungsklage keine Vollzugssperre. Der Beschluss ist daher sofort vollziehbar. Damit entfällt ein Freigabeverfahren. Ein Gläubiger, der die Vollziehung des Beschlusses vor einer rechtskräftigen Entscheidung verhindern will, muss einstweiligen Rechtsschutz suchen und eine einstweilige Verfügung erwirken (vgl. § 20 Abs. 3 S. 8). Das stattgebende rechtskräftige Urteil wirkt für und gegen jedermann (§ 20 Abs. 3 S. 6).

113 **b) Wertersatzklage.** Die Wertersatzklage wird in § 20 Abs. 4 bis Abs. 6 des Gesetzesentwurfes geregelt.

114 Die Wertersatzklage steht neben der Nichtigkeitsklage. Sie soll insofern an die Stelle der Anfechtungsklage treten, als mit ihr wie bei der Anfechtungsklage alle Gläubigerbeschlüsse, die „das Gesetz oder die Anleihebedingungen verletzen", gerügt werden können (§ 20 Abs. 4 S. 1). Anders als die derzeitige Anfechtungsklage und die vorgeschlagene Nichtigkeitsklage hat die Wertersatzklage nicht die Kassation des Gläubigerbeschlusses zum Ziel, sondern allein die Feststellung von Grund und Höhe des Anspruchs der Gläubiger an den Schuldner auf Ersatz der durch die Vollziehung des fehlerhaften Beschlusses eingetretenen Wertminderung der Schuldverschreibungen (§ 20 Abs. 4 S. 1). Die Befugnis zur Klageerhebung ist wie im geltenden Anfechtungsrecht geregelt. Die zuerst zugestellte Wertersatzklage ist öffentlich bekannt zu machen (§ 20 Abs. 5 S. 1). Klageberechtigte Gläubiger können sich der zuerst zugestellten Klage binnen einer Monatsfrist ab der Bekanntmachung als Nebenintervenienten anschließen (§ 20 Abs. 5 S. 2). Das stattgebende Urteil stellt den Betrag der Ersatzpflicht des Schuldners bezogen auf den Nennbetrag der kleinsten Stückelung oder des kleinsten rechnerischen Anteils der Schuldverschreibung fest (§ 20 Abs. 6 S. 1). Das Urteil wirkt für und gegen alle Gläubiger (§ 20 Abs. 6 S. 2 Hs. 1). Ersatzberechtigt sind die Gläubiger, die zur Erhebung der Klage befugt sind (§ 20 Abs. 6 S. 4). Die Klage lässt den Bestand des Gläubigerbeschlusses unberührt (§ 20 Abs. 6 S. 2 Hs. 2). Die Anfechtung des Beschlusses sowie Ansprüche auf Wiederherstellung des ursprünglichen Zustands sind ausgeschlossen (§ 20 Abs. 4 S. 4). Wertersatz- und Nichtigkeitsverfahren können verbunden werden (§ 20 Abs. 4 S. 6).

3. Der Gesetzesvorschlag im Wortlaut

115 *„§ 20 Beschlussmängel*

(1) Ein Beschluss der Gläubiger ist nur nichtig, wenn er

1. *in einer Gläubigerversammlung gefasst worden ist, zu der nicht unter Nennung von Ort und Zeit durch Bekanntmachung im Bundesanzeiger einberufen war,*
2. *nicht nach § 16 Absatz 3 Satz 1 oder Satz 2, § 18 Absatz 6 Satz 3 beurkundet ist,*
3. *nicht einstimmig gefasst worden ist und die Anleihebedingungen nicht vorsehen, dass die Gläubiger einen Mehrheitsbeschluss fassen können,*
4. *außer in Fällen des § 5 Absatz 3 Nr. 5 für die Gläubiger eine Verpflichtung zur Leistung begründet,*
5. *nicht gleiche Bedingungen für alle Gläubiger vorsieht, es sei denn, die benachteiligten Gläubiger haben ihrer Benachteiligung ausdrücklich zugestimmt,*
6. *durch seinen Inhalt gegen die guten Sitten verstößt.*

(2) [1]Zur Erhebung der Klage auf Feststellung der Nichtigkeit eines Beschlusses der Gläubiger ist jeder Gläubiger befugt. [2]Es ist ausgeschlossen, die Nichtigkeit auf andere Weise als durch Erhebung der Klage geltend zu machen.

(3) [1]Die Klage ist binnen eines Monats nach Bekanntmachung des Beschlusses zu erheben. [2]Sie ist gegen den Schuldner zu richten. [3]Zuständig für die Klage ist ausschließlich das Landgericht, das in den Anleihebedingungen als ausschließlicher Gerichtsstand bestimmt ist. [4]Ist eine solche Bestimmung nicht erfolgt, ist bei einem Schuldner mit Sitz im Inland ausschließlich das Landgericht zuständig, in dessen Bezirk der Schuldner seinen Sitz hat, oder mangels eines Sitzes im Inland das Landgericht Frankfurt am Main. [5]§ 246 Absatz 3 Satz 2 bis 6 des Aktiengesetzes gilt

entsprechend; § 247 AktG gilt mit der Maßgabe entsprechend, dass in § 247 Absatz 1 Satz 2 AktG der Verweis auf das Grundkapital entfällt. [6]Soweit der Beschluss durch rechtskräftiges Urteil für nichtig erklärt ist, wirkt das Urteil für und gegen alle Gläubiger sowie den Schuldner; eine Klage nach Absatz 4 ist insoweit nicht zulässig. [7]Der Schuldner hat das Urteil öffentlich bekannt zu machen; § 17 gilt entsprechend. [8]Eine einstweilige Verfügung, die darauf gerichtet ist, die Vollziehung des Beschlusses vor einer rechtskräftigen Entscheidung zu untersagen, ist nur zulässig, wenn der Antragsteller in seinem Antrag glaubhaft macht, dass er seit Bekanntmachung der Einberufung Schuldverschreibungen im Nennwert von mindestens 1.000 EUR hält.

(4) [1]Sofern ein Beschluss der Gläubiger das Gesetz oder die Anleihebedingungen verletzt, ist der Schuldner

1. jedem Gläubiger, der an der Abstimmung teilgenommen und gegen den Beschluss fristgerecht Widerspruch erklärt hat, insofern er die Schuldverschreibung vor Bekanntmachung der Einberufung der Gläubigerversammlung oder vor der Aufforderung zur Stimmabgabe in einer Abstimmung ohne Versammlung erworben hatte,

2. jedem Gläubiger, der an der Abstimmung nicht teilgenommen hat, wenn er zur Abstimmung zu Unrecht nicht zugelassen worden ist oder wenn die Versammlung nicht ordnungsgemäß einberufen oder zur Stimmabgabe nicht ordnungsgemäß aufgefordert worden ist oder wenn ein Gegenstand der Beschlussfassung nicht ordnungsgemäß bekannt gemacht worden ist,

zum Ersatz der durch die Vollziehung des Beschlusses eingetretenen Wertminderung der Schuldverschreibung verpflichtet. [2]Wegen unrichtiger, unvollständiger oder verweigerter Erteilung von Informationen besteht ein Ersatzanspruch nur, wenn ein objektiv urteilender Gläubiger die Erteilung der Information als wesentliche Voraussetzung für sein Abstimmungsverhalten angesehen hätte. [3]Ein Ersatzanspruch kann nicht auf die durch eine technische Störung verursachte Verletzung von Rechten, die nach § 18 auf elektronischem Weg wahrgenommen worden sind, gestützt werden, es sei denn, dem Schuldner ist grobe Fahrlässigkeit oder Vorsatz vorzuwerfen. [4]Der Ersatzanspruch ist durch Klage geltend zu machen; die Anfechtung des Beschlusses sowie Ansprüche auf Wiederherstellung des ursprünglichen Zustands sind ausgeschlossen. [5]Absatz 3 Satz 1 bis 4 gilt entsprechend. [6]Ersatz- und Nichtigkeitsprozesse können verbunden werden.

(5) [1]Der Schuldner hat die Erhebung der zuerst zugestellten Klage nach Absatz 4 und den Termin zur mündlichen Verhandlung unverzüglich im Bundesanzeiger bekannt zu machen. [2]Ein Gläubiger, der gemäß Absatz 4 zur Klage befugt ist, kann sich als Nebenintervenient nur innerhalb eines Monats nach der Bekanntmachung an der zuerst zugestellten Klage beteiligen.

(6) [1]Gibt das Gericht erstmals einer Klage nach Absatz 4 statt, so stellt es die Ersatzpflicht des Schuldners und den Betrag fest, der als Ersatz bezogen auf den Nennbetrag der kleinsten Stückelung oder des kleinsten rechnerischen Anteils der Schuldverschreibung zu zahlen ist. [2]Die Entscheidung wirkt für und gegen alle Gläubiger; sie lässt den Bestand des Beschlusses unberührt. [3]Der Schuldner, dessen Ersatzpflicht festgestellt ist, schuldet den ausgleichsberechtigten Gläubigern Ersatz, der auf der Grundlage des vom Gericht festgestellten Betrages zu berechnen ist. [4]Ausgleichsberechtigt ist nur, wer gemäß Absatz 4 zur Klage befugt ist."[157]

4. Die Begründung des Gesetzesvorschlags im Wortlaut

a) Allgemeiner Teil

„Das Schuldverschreibungsgesetz vom 31. Juli 2009 (BGBl. I S. 2512, SchVG) hat einen neuen Rahmen für die Einbeziehung von Anleihegläubigern in eine Umschuldung und Restrukturierung von Unternehmen geschaffen. Bestimmungen in Anleihebedingungen, durch die eine Änderung im Rahmen von Mehrheitsbeschlüssen der Gläubiger nach Maßgabe des SchVG ermöglicht wird, haben in den letzten Jahren in der Praxis vielfache Verbreitung gefunden. Zugleich liegen neben Erfahrungen der Praxis mit Gläubigerabstimmungen erste instanzgerichtliche Entscheidungen zum SchVG vor. Der durch Anwendungsprobleme deutlich gewordene Klarstellungsbedarf im SchVG betrifft, neben einigen Anpassungen der Regelungen über die effiziente Durchführung von Abstimmungen der Gläubiger, der Kündigung von Schuldverschreibungen durch mehrere Gläubiger und dem Vollzug von Änderungsbeschlüssen, insbesondere den Anwendungsbereich des Gesetzes, die Inhaltskontrolle von Anleihebedingungen, den Rechts- 116

[157] Arbeitskreis Reform des Schuldverschreibungsrechts ZIP 2014, 845 (848).

schutz gegen Mehrheitsbeschlüsse und die Möglichkeit anleiheübergreifender Änderungsbeschlüsse.

[…]

Das SchVG hat den individuellen Rechtsschutz der Anleihegläubiger gegen Gläubigerbeschlüsse der Anfechtungsklage des Aktienrechts nachgebildet. Praktische Erfahrungen haben gezeigt, dass dieser auf den Schutz von Mitgliedschaftsrechten ausgerichtete gesellschaftsrechtliche Rechtsbehelf für das Schuldverschreibungsrecht aus mehreren Gründen konzeptionelle Schwächen aufweist. Die Durchführung eines angefochtenen Mehrheitsbeschlusses dient typischerweise der Vermeidung eines Insolvenzverfahrens des Schuldners und steht unter hohem Zeitdruck. Infolgedessen behindert die mit der Klageerhebung eintretende Vollzugssperre in Verbindung mit der Dauer des Freigabeverfahrens eine effektive Bewältigung von Unternehmenskrisen und begünstigt auch die Erhebung missbräuchlicher Anfechtungsklagen. Abgesehen davon stellt die bisher vorgesehene Anfechtungsklage, die als zwingende Rechtsfolge eines stattgebenden Urteils die Kassation eines fehlerhaften Beschlusses vorsieht, keinen sachgerechten Rechtsbehelf dar, weil bei einem Eingriff in die Rechtsstellung eines Schuldverschreibungsgläubigers durch Beschluss der Gläubigerversammlung ausnahmslos Vermögensinteressen, nicht Mitgliedschaftsrechte, in Rede stehen. Insofern erscheint ein auf Wertersatz als Regelfall ausgelegtes Rechtsschutzsystem auf die schuldverschreibungsspezifischen Besonderheiten besser zugeschnitten als ein auf bloße Kassation ausgerichtetes Beschlussmängelrecht. Daher empfiehlt sich eine grundlegende Weiterentwicklung der bisherigen Anfechtungsklage zu einer auf Feststellung der Wertersatzpflicht des Schuldners gerichteten Klage. Dabei kann auf zur Reform des aktienrechtlichen Beschlussmängelrechts angestellte Überlegungen zurückgegriffen werden. Denn auch im aktienrechtlichen Beschlussmängelrecht wird die Rechtsfolge der Kassation zunehmend als nicht mehr angemessen angesehen.

Ein Beschluss der Gläubigerversammlung, dem ein besonders schwerwiegender Mangel anhaftet, darf indessen auch im künftigen Recht keinen Bestand haben; ein solcher Beschluss ist nichtig. In Fortentwicklung des bislang bestehenden Rechtsschutzsystems soll daher künftig die Nichtigkeitsklage als weitere Klageart eingeführt werden. Die Geltendmachung der Nichtigkeit des Beschlusses der Gläubigerversammlung ist auf besonders schwerwiegende formelle und materielle Fehler des Beschlusses zu beschränken. Insoweit ist – soweit geboten, in Anlehnung an den Katalog der Nichtigkeitsgründe des § 241 AktG – ein Katalog zu entwickeln, der die Nichtigkeitsgründe abschließend auflistet.

Daneben bleibt für eine allgemeine Inhaltskontrolle des Beschlusses, wie sie teilweise im Schrifttum befürwortet worden ist, kein Raum. Eine Inhaltskontrolle des Beschlusses würde treuepflichtähnliche Bindungen der Gläubiger voraussetzen, die dem Schuldverschreibungsrecht fremd sind. Verfehlt wäre auch eine Inhaltskontrolle des Beschlusses der Gläubigerversammlung danach, ob die den Beschluss tragende Mehrheit Sondervorteile im Sinne von § 243 Absatz 2 AktG verfolgt. Eine Inhaltskontrolle des Beschlusses kommt im Schuldverschreibungsrecht nur, von den seltenen Fällen eines Verstoßes gegen Gesetz oder die guten Sitten abgesehen, insofern in Betracht, als der Gleichbehandlungsgrundsatz gewahrt sein muss. Außerhalb des Beschlussinhalts sich niederschlagende Interessen einzubeziehen wäre verfehlt: Dies würde nicht nur den Prozessstoff über das gebotene Maß hinaus ausdehnen und schwer eingrenzbare Abwägungen erfordern; eine solche Regelung würde auch nicht den typischerweise divergierenden Interessen in einer Restrukturierungssituation gerecht werden können.

Im bisher geltenden Recht wird hinsichtlich der Vollziehbarkeit des angefochtenen Beschlusses weitgehend auf das aktienrechtliche Freigabeverfahren verwiesen. Auch dieser Verweis auf die anders gelagerten Verhältnisse des Aktienrechts hat sich nicht bewährt. Da eine Änderung der Anleihebedingungen typischerweise in Restrukturierungssituationen erfolgt, ist der Zeitdruck für eine schnelle Umsetzung der eingeleiteten Sanierungsschritte im Schuldverschreibungsrecht die für den Erfolg oder Misserfolg entscheidende Größe. Außerdem stehen bei nichtigen oder fehlerhaften Beschlüssen der Gläubigerversammlung ausschließlich Vermögensinteressen der Gläubiger in Rede, die einen Aufschub der Vollziehung des Beschlusses nicht erfordern. Künftig soll es daher dem Gläubiger überlassen bleiben, durch Erwirken einer einstweiligen Verfügung den Vollzug des Beschlusses aufzuhalten."

b) Besonderer Teil

*„**Zu Absatz 1:** Da die Nichtigkeitsklage auf die Beseitigung des Beschlusses abzielt, geht sie der Klage auf Wertersatz sachlich vor und wird auch in der Systematik des § 20 vorangestellt. Der neue Absatz 1 regelt die Nichtigkeitsgründe. Der Beschluss der Gläubigerversammlung weist dann einen so schwerwiegenden formalen oder inhaltlichen Mangel auf, dass er keinen weiteren Bestand haben kann, wenn er mit zentralen Wertungen der Rechtsordnung, insbesondere des Schuldverschreibungsrechts, nicht in Einklang zu bringen ist. Schwerwiegende Inhaltsmängel haften dem Beschluss an, wenn die Anleihebedingungen ein Opt-in in gar nicht vorsehen (Absatz 1 Nr. 3), der Beschluss entgegen § 5 Absatz 1 Satz 3 eine Verpflichtung zur Leistung begründet (Absatz 1 Nr. 4), oder wenn gegen den in § 5 Absatz 2 Satz 2 verankerten Gleichbehandlungsgrundsatz verstoßen wird (Absatz 1 Nr. 5). In Absatz 1 Nr. 4 wird dabei klargestellt, dass im Falle eines sog. Debt-to-Equity Swap durch Mehrheitsbeschluss nach § 5 Absatz 3 Nr. 5 die Nichtigkeitsklage nicht eröffnet sein soll. Die Klarstellung ist geboten, weil beispielsweise die Einbringung der Schuldverschreibungen gegen Ausgabe neuer Anteile im Rahmen eines Debt-to-Equity Swap durch Kapitalerhöhung gegen Sacheinlage als „Leistung" angesehen werden könnte. Jedoch bedeutet dieser Umtausch gerade keinen von der Regelung in Nr. 4 ausgeschlossenen Nachschuss, sondern im Ergebnis nur eine Veränderung der Rechtsposition des bisherigen Gläubigers aus der Schuldverschreibung. Insbesondere wird nicht vom Gläubiger verlangt, zusätzliche Mittel für den Aktienerwerb aufzubringen.* **117**

In Anlehnung an § 241 Nr. 4 AktG ist dem Beschluss überdies die Bestandskraft zu versagen, wenn er durch seinen Inhalt gegen die guten Sitten verstößt (Absatz 1 Nr. 6).

Nur schwerwiegende Verfahrensmängel sollen zur Nichtigkeit des Beschlusses führen. Dies ist der Fall, wenn der Beschluss nicht nach § 16 Absatz 3 Satz 1 oder Satz 2, § 18 Absatz 6 Satz 3 beurkundet ist (Absatz 1 Nr. 2). Demgegenüber sollen sonstige Verfahrensfehler die Wirksamkeit des Beschlusses nicht berühren. Anders als die Hauptversammlung einer Aktiengesellschaft ist die Gläubigerversammlung nicht auf die Ausübung von Mitgliedschaftsrechten angelegt, sondern lediglich der Ort, an dem die Mehrheit innerhalb der Gläubigerschaft einer Anleihe nach Maßgabe von Gesetz und Anleihebedingungen deren Entscheidungen über ihre schuldrechtlichen Rechtspositionen treffen soll. Weder steht die Erörterung von Beschlussgegenständen noch sonst der verbandsrechtliche Willensbildungsprozess wie bei einer Hauptversammlung im Vordergrund. Deswegen ist es nicht angezeigt, etwa in Anlehnung an § 241 Nr. 1 AktG, die Nichtbeachtung der Einberufungsformalitäten des § 12 als Nichtigkeitsgrund anzusehen. Indessen ist die nicht unter Angabe von Zeit und Ort der Versammlung erfolgte Einberufung mit der Nichtigkeit des Beschlusses zu sanktionieren (Absatz 1 Nr. 1).

__Zu Absatz 2:__ Der neue Absatz 2 bestimmt, dass jeder Gläubiger zur Erhebung der Nichtigkeitsklage befugt ist. Unabhängig von der Beteiligung am Zustandekommen des Gläubigerbeschlusses muss es jedem Gläubiger von Schuldverschreibungen ermöglicht werden, Rechtsverstöße geltend zu machen, die so erheblich sind, dass die Rechtsordnung den betroffenen Beschlüssen die Wirksamkeit versagt. Im Interesse der Rechtssicherheit der Beteiligten ist es geboten, dass die Nichtigkeit von Gläubigerbeschlüssen ausschließlich im Klagewege geltend gemacht werden kann. **118**

__Zu Absatz 3:__ Der neue Absatz 3 Satz 1 bis 4 fußt auf dem bisherigen Absatz 3. Satz 1 regelt, dass die Nichtigkeitsklage ebenso wie die bisherige Anfechtungsklage nur binnen eines Monats nach Bekanntmachung des Beschlusses (§ 17) erhoben werden kann. Aus Gründen der Verfahrensbeschleunigung und der Rechtssicherheit ist auch die Nichtigkeitsklage zu befristen. **119**

Das bisher geltende Recht ordnet bei Auslandsanleihen die ausschließliche Entscheidungszuständigkeit der Gerichte in Frankfurt am Main an. Für diesen Eingriff in die Gestaltungsfreiheit besteht keine Notwendigkeit, wenn die Anleihebedingungen einen ausschließlichen inländischen Gerichtsstand bestimmen. Insbesondere angesichts der verbreiteten Praxis deutscher Unternehmen, Anleihen über ausländische Finanzierungstöchter zu begeben, besteht das Bedürfnis, auch in den Auslandsanleihen die Wahl eines ausschließlichen Gerichtsstands am Sitz des inländischen Mutterunternehmens festzulegen. Damit wäre es einem ausländischen Schuldner möglich, das Gericht am Sitz des Mitverpflichteten für zuständig zu erklären, womit ein Gleichlauf zwischen Auslands- und Inlandsanleihen hergestellt würde. Es empfiehlt sich daher, dem Schuldner die Möglichkeit einzuräumen, den ausschließlichen Gerichtsstand in den Anleihebedingungen festzulegen. Ist eine solche Festlegung nicht erfolgt, verbleibt es bei der Zuständigkeit der Gerichte in Frankfurt am Main.

Satz 5 sieht außerdem einen Verweis auf § 247 AktG vor. Die Streitwertfestsetzung darf sich im Interesse der Gläubigermehrheit, die hinter dem Beschluss steht, nicht ausschließlich am Wert der Klage für den jeweils klagenden Gläubiger orientieren. Eine ausschließliche Berücksichtigung des Werts für den beklagten Schuldner scheidet ebenfalls aus, weil sonst die dem klagenden Gläubiger drohende Prozesskostenbelastung prohibitiv wirken könnte.

Ein auf eine erhobene Nichtigkeitsklage ergehendes Urteil, das die Nichtigkeit des Beschlusses feststellt, ergeht mit Wirkung für und gegen jedermann. Nach bisher geltendem Recht ist die erga omnes-Wirkung des der Anfechtungsklage stattgebenden Urteils nicht zweifelsfrei. Deshalb soll dies in Satz 6 klargestellt werden. So lassen sich zuverlässig divergierende Entscheidungen vermeiden. Satz 6 stellt zudem klar, dass die Nichtigkeitsklage gegenüber der Klage nach Absatz 4 das speziellere, vorrangige Rechtsmittel ist. Nach einem Urteil, das die Nichtigkeit des Beschlusses feststellt, ist eine Klage nach Absatz 4 unzulässig.

Der einstweilige Rechtsschutz bleibt auch bei Erhebung der Nichtigkeitsklage möglich. Da auch bei nichtigen Beschlüssen ausschließlich Vermögensinteressen der Schuldverschreibungsgläubiger betroffen sind, wäre es nicht sachgerecht, die Vollziehung des Mehrheitsbeschlusses allein als Folge der Erhebung einer Nichtigkeitsklage auszusetzen oder sogar rückgängig zu machen. Der Beschluss der Gläubigerversammlung ist daher trotz erhobener Klage sofort vollziehbar, ohne dass eine rechtskräftige Entscheidung des Gerichts abgewartet werden muss. Deshalb entfällt künftig ein Freigabeverfahren. Will ein Gläubiger die Vollziehung des Beschlusses aufhalten, hat er um einstweiligen Rechtsschutz nachzusuchen. Der Verweis auf § 246a AktG entfällt somit. Einstweilige Verfügungen sollen nach Absatz 8 in Anlehnung an § 246a Absatz 2 AktG zulässig sein, wenn die Investition des Klägers in die Schuldverschreibungen seit Bekanntmachung der Einberufung der Gläubigerversammlung einen Mindestnennwert (1.000 Euro) nicht unterschreitet. Im Übrigen sind auf das Verfahren des einstweiligen Rechtsschutzes die allgemeinen Vorschriften anzuwenden.

120 ***Zu Absatz 4:*** *Der neue Absatz 4 passt die bisherigen Absätze 1 und 2 an das weiterentwickelte Rechtsschutzsystem des Schuldverschreibungsrechts an. Die Rüge von Beschlussmängeln erfolgt künftig – abgesehen von der Nichtigkeit des Gläubigerbeschlusses – ausschließlich durch die Erhebung einer besonders ausgestalteten Feststellungsklage. Der neue Absatz 4 Satz 1 regelt deren Ausgestaltung, die sich eng an die bisherige Anfechtungsklage anlehnt, auch wenn künftig als Klageziel nicht mehr die Kassation des beanstandeten Beschlusses, sondern allein die Feststellung der Wertersatzpflicht des Schuldners in Rede steht. Der Schuldner schuldet Ersatz für die durch die Vollziehung des Beschlusses eingetretene Wertminderung. Bei dem Wertersatzanspruch des Gläubigers handelt es sich nicht um einen Schadensersatzanspruch. Vielmehr geht es um die Korrektur der unrechtmäßig eingetretenen Verkürzung seiner Rechtsposition in einer typisierenden Betrachtung. Der Gläubiger hat einen vom Verschulden des Schuldners unabhängigen Anspruch auf Ausgleich der Differenz zwischen dem tatsächlichen Wert der Schuldverschreibung im Zeitpunkt der Fassung des rechtswidrigen Beschlusses und ihrem durch die Vollziehung des Beschlusses geminderten Wert.*

Hinsichtlich des tatsächlichen Werts bei Beschlussfassung ist der voraussichtliche Ereignisverlauf zu berücksichtigen, der im Fall der Aussetzung der Vollziehung zu erwarten gewesen wäre. Falls ohne die Durchführung der Sanierungsmaßnahmen, die Gegenstand des Mehrheitsbeschlusses sind, der Schuldner wahrscheinlich im Rahmen eines Insolvenzverfahrens liquidiert worden wäre, ist die Klage auf Wertersatz nur erfolgreich, wenn die voraussichtliche Insolvenzquote den Wert der durch die Vollziehung des Beschlusses gekürzten Forderungsrechte des Klägers überschritten hätte. Über die anzunehmende Wertminderung befindet das Gericht unter Berücksichtigung aller Umstände nach freier Überzeugung (§ 287 ZPO).

Der neue Absatz 4 Satz 2 und 3 entspricht dem bisherigen Absatz 1 Satz 2 und 3; hier erfolgt eine Anpassung an die neue Terminologie. Satz 4 stellt klar, dass der Ersatzanspruch klageweise geltend zu machen ist, eine Anfechtungsklage ausgeschlossen ist, und eine Wiederherstellung des ursprünglichen Zustands nicht verlangt werden kann. Satz 5 verweist hinsichtlich der Klagefrist, des Klagegegners und der Zuständigkeit auf Absatz 3 Satz 1 bis 4. Für beide Klagearten, Nichtigkeits- und Ersatzklage, ist dasselbe Gericht zuständig. Satz 6 regelt, dass bei gleichzeitiger Erhebung der Klage auf Wertersatz und der Nichtigkeitsklage durch einen oder mehrere Kläger die Verbindung zur gleichzeitigen Verhandlung und Entscheidung möglich ist, um die Verfahrenseffizienz zu erhöhen.

***Zu Absatz 5:** Die Bestimmung des neuen Absatzes 5 ist § 246 Absatz 4 AktG entlehnt.* **121** *Durch die Bekanntmachung der zuerst zugestellten Klage soll den anderen Gläubigern die Möglichkeit der Nebenintervention in dem Pilotprozess eingeräumt werden, in dem das ausschließlich zuständige Gericht den Anspruch und die Höhe des Wertersatzes der Schuldverschreibungsgläubiger feststellt.*

***Zu Absatz 6:** Absatz 6 legt den Inhalt des Urteils fest, wenn erstmals über den geltend* **122** *gemachten Anspruch entschieden und der Klage stattgegeben wird. Verletzt der Beschluss das Gesetz oder die Anleihebedingungen und sind die übrigen Sachurteilsvoraussetzungen erfüllt, hat das Gericht die Ersatzpflicht des Schuldners festzustellen und den Betrag festzulegen, den dieser, bezogen auf die kleinste Stückelung oder, bei einer nennwertlosen Anleihe, den kleinsten rechnerischen Anteil der Schuldverschreibung, als Wertersatz zu zahlen hat. Damit ist sichergestellt, dass jeder anspruchsberechtigte Gläubiger den auf ihn entfallenden Wertersatz ohne weiteres berechnen und geltend machen kann. Der Ersatzanspruch des Gläubigers ist verschuldensunabhängig. Die Geltendmachung weitergehender Ansprüche auf Schadensersatz, beispielsweise aus unerlaubter Handlung, bleibt unberührt.*

Neben dem Feststellungsantrag kann der Kläger bereits einen Leistungsantrag stellen, der zusammen mit dem Feststellungsantrag beschieden werden kann. Hierfür gelten keine Besonderheiten. Festzuhalten ist nur, dass die Zuerkennung des Wertersatzes voraussetzt, dass ein Feststellungsurteil gemäß Absatz 4 bereits ergangen ist oder gleichzeitig ergeht.

Nach Absatz 6 Satz 2 ergeht die Entscheidung über die Ersatzpflicht des Schuldners und die Bestimmung des Wertersatzes mit Wirkung für und gegen alle Gläubiger. So lassen sich zuverlässig divergierende Entscheidungen vermeiden. Im Übrigen wird damit ermöglicht, dass der gerichtlich bestimmte Wertersatz allen zur Klage befugten Gläubigern zukommt, ohne dass diese selbst Klage erheben oder sich einer erhobenen Klage anschließen müssten. Satz 3 stellt klar, dass der Schuldner, dessen Wertersatzpflicht durch Urteil festgestellt ist, materiell-rechtlich zur Leistung von Wertersatz an alle ausgleichsberechtigten Gläubiger verpflichtet ist.

Zum Wertersatz berechtigt sind diejenigen Gläubiger, die gemäß Absatz 4 zur Klage befugt sind, also Widerspruch zur Niederschrift erklärt haben oder unrechtmäßig nicht zur Gläubigerversammlung zugelassen wurden. Damit wird neben der im Sinne der Prozessökonomie gebotenen Verfahrensvereinfachung auch sichergestellt, dass die den Beschluss tragende Mehrheit der Gläubiger keinen Wertersatz verlangen kann, wenn das Gericht der Klage gegen den Beschluss stattgibt, der mit ihrer Stimme gefasst wurde oder gegen den sie keinen Widerspruch erhoben hat."

§ 21 Vollziehung von Beschlüssen

(1) [1]**Beschlüsse der Gläubigerversammlung, durch welche der Inhalt der Anleihebedingungen abgeändert oder ergänzt wird, sind in der Weise zu vollziehen, dass die maßgebliche Sammelurkunde ergänzt oder geändert wird.** [2]**Im Fall der Verwahrung der Sammelkurkunde durch eine Wertpapiersammelbank hat der Versammlungs- oder Abstimmungsleiter dazu den in der Niederschrift dokumentierten Beschlussinhalt an**

die Wertpapiersammelbank zu übermitteln mit dem Ersuchen, die eingereichten Dokumente den vorhandenen Dokumenten in geeigneter Form beizufügen. [3]Er hat gegenüber der Wertpapiersammelbank zu versichern, dass der Beschluss vollzogen werden darf.

(2) **Der gemeinsame Vertreter darf von der ihm durch Beschluss erteilten Vollmacht oder Ermächtigung keinen Gebrauch machen, solange der zugrunde liegende Beschluss noch nicht vollzogen werden darf.**

Schrifttum: Arbeitskreis Reform des Schuldverschreibungsrechts, Reform des Schuldverschreibungsgesetzes, ZIP 2014, 845; *Baums,* Weitere Reform des Schuldverschreibungsrechts!, ZHR 177 (2013), 807; *Bliesener,* Änderungen von Anleihebedingungen in der Praxis, in: *Baum/Fleckner/Hellgardt/Roth* (Hrsg.), Perspektiven des Wirtschaftsrechts, Beiträge für Hopt, 2008, 355; *Bredow/Vogel,* Restrukturierung von Anleihen – Der aktuelle Regierungsentwurf eines neuen Schuldverschreibungsgesetzes, ZBB 2009, 153.

I. Überblick

1 Änderungen der Anleihebedingungen aufgrund von Mehrheitsbeschlüssen werden nach der grundlegenden Vorschrift des § 2 S. 3 erst wirksam, wenn sie in der Urkunde oder in den Anleihebedingungen „vollzogen" worden sind.[1] § 21 Abs. 1 bestimmt für **Sammelurkunden,** dass die beschlossenen Änderungen in der Weise zu vollziehen sind, dass die maßgebliche „Sammelurkunde ergänzt oder geändert wird". Dafür genügt es, dass der in der Niederschrift dokumentierte, die Anleihebedingungen ändernde oder ergänzende Beschluss der Sammelurkunde beigefügt wird. Bei Sammelurkunden, die von einer Wertpapiersammelbank verwahrt werden, muss der Versammlungsleiter oder – im Falle einer Abstimmung ohne Versammlung nach § 18 – der Abstimmungsleiter zu diesem Zweck („dazu") den in der Niederschrift dokumentierten Beschluss an die Wertpapiersammelbank übermitteln mit dem Ersuchen, die eingereichten Dokumente den vorhandenen Dokumenten in geeigneter Form beizufügen, und der Wertpapiersammelbank versichern, dass der Beschluss vollzogen werden darf. Die Wertpapiersammelbank hat alsdann den in der Niederschrift dokumentierten Beschluss der Sammelurkunde beizufügen. Für Sammelurkunden, die nicht durch eine Wertpapiersammelbank verwahrt werden, bleibt es dabei, dass die Sammelurkunde ergänzt oder geändert wird.

2 **„Wertpapiersammelbanken"** sind für diese Zwecke die deutsche Wertpapiersammelbank – Clearstream Banking AG **(CBF)** – und ausländische Wertpapiersammelbanken, die die Kriterien des § 5 Abs. 4 S. 1 DepotG erfüllen. Dazu zählen alle ausländischen Wertpapierzentralverwahrer, die nach § 5 Abs. 4 DepotG eine gegenseitige Kontoverbindung mit CBF unterhalten, einschließlich Clearstream Banking, société anonyme, Luxembourg **(CBL).** Hinzu kommt Euroclear Bank S. A./N. V., Brüssel **(Euroclear).**

[1] → § 2 Rn. 12 f.

2a Für die Vollziehung von Beschlüssen über die Änderung von Anleihebedingungen, die in **Einzelurkunden** verbrieft sind, enthält § 21 keine Regelung.

3 Gläubigerbeschlüsse über Änderungen der Anleihebedingungen dürfen erst vollzogen werden, wenn keine **Vollzugshindernisse** mehr entgegenstehen, also entweder die Klagefrist von einem Monat verstrichen ist, ohne dass Anfechtungsklage erhoben wurde oder die Klage rechtskräftig abgewiesen wurde oder das Gericht die Freigabe der Vollziehung eröffnet hat.

4 § 21 Abs. 2 richtet sich an den **gemeinsamen Vertreter,** der durch einen Gläubigerbeschluss bestellt worden ist, und untersagt ihm die Ausübung der darin erteilten Befugnisse solange der zugrunde liegende Beschluss nicht vollzogen werden darf.

4a Die Grundsätze des § 21 sind bei der Vollziehung wesentlicher materieller Änderungen in der Urkunde infolge der Ausübung von Änderungsoptionen[2] entsprechend anzuwenden.

II. Sammelurkunden, die von einer Wertpapiersammelbank verwahrt werden

1. Übermittlung der Niederschrift

5 Zur Vollziehung des Gläubigerbeschlusses über die Änderung der Anleihebedingungen ist es nach § 2 S. 3 iVm § 21 Abs. 1 S. 1 erforderlich, dass die von der Wertpapiersammelbank verwahrte Sammelurkunde ergänzt oder geändert wird. § 21 Abs. 1 S. 2 bestimmt, dass zu diesem Zweck der Versammlungsleiter oder – bei einer Abstimmung ohne Versammlung – der Abstimmungsleiter den in der Niederschrift (§ 16 Abs. 3 und § 18 Abs. 4 S. 3) dokumentierten Beschlussinhalt an die Wertpapiersammelbank zu übermitteln und diese zu ersuchen hat, die eingereichten Dokumente den vorhandenen Dokumenten in geeigneter Form beizufügen.[3] Er hat dabei gegenüber der Wertpapiersammelbank zu versichern, dass der Beschluss vollzogen werden darf.[4] Die Vollziehung kann in der Weise geschehen, dass der in der Niederschrift dokumentierte, die Anleihebedingungen ändernde oder ergänzende Beschluss der Sammelurkunde beigefügt wird.[5] Die Beifügung der Niederschrift zur Sammelurkunde ist von der Wertpapiersammelbank vorzunehmen. Zulässig ist auch der Tausch der alten gegen eine neue Sammelurkunde.[6]

6 Der **Reformentwurf**[7] schlägt vor, § 21 Abs. 1 um folgende S. 4 und 5 zu ergänzen:

„Mit der Beifügung wird die Änderung der Anleihebedingungen nach Maßgabe der beigefügten Beschlüsse wirksam. Der Schuldner hat die Beifügung sowie das Datum der Beifügung unter Hinweis auf Ort und Datum der Veröffentlichung des entsprechenden Beschlussinhalts unverzüglich entsprechend § 17 den Gläubigern bekannt zu machen.“

6a Mit diesem Vorschlag wird zum einen klargestellt, zu welchem Zeitpunkt die Änderung der Anleihebedingungen wirksam wird und zum anderen, und vor allem, bewirkt, dass die Gläubiger über den Vollzug und den Zeitpunkt der beschlossenen Änderung der Anleihebedingungen mittels öffentlicher Bekanntmachung unterrichtet werden.

---

[2] → § 4 Rn. 15.

[3] Vgl. dazu auch Arbeitskreis Reform des Schuldverschreibungsrechts ZIP 2014, 845 (848, 856); → Einl. Rn. 46 ff.

[4] BegrRegE SchVG, BT-Drs. 16/12814, 26 führt aus, dass es bei einer von einer Wertpapiersammelbank verwahrten Sammelurkunde für die Vollziehung der Änderung ausreiche, dass der Versammlungs-/Abstimmungsleiter nach § 21 Abs. 1 S. 2 vorgehe. Das steht im Widerspruch zum Wortlaut des Gesetzes. § 21 Abs. 1 S. 2 gibt lediglich Verfahrensschritte vor und modifiziert nicht S. 1. Die Auslassung in der Begründung ist auch nicht mit § 2 S. 3 zu vereinbaren („*[…] in der Urkunde vollzogen […]*“).

[5] So ausdrücklich – und ganz und gar richtig – RegBegrSchVG, BT-Drs. 16/12814, 17.

[6] Veranneman/*Hofmeister* § 21 Rn. 5; FK-SchVG/*Friedl* § 21 Rn. 10; Hopt/Seibt/*Kern* § 21 SchVG Rn. 10.

[7] Arbeitskreis Reform des Schuldverschreibungsrechts ZIP 2014, 845 (848); → Einl. Rn. 46 ff.

6b Der **Reformentwurf** schlägt ferner vor, in Anlehnung an § 16 Abs. 2 HGB folgende Bestimmung als Abs. 2 in § 21 aufzunehmen:

„Ist durch eine rechtskräftige oder vollstreckbare Entscheidung des Gerichts die Vollziehung des Beschlusses für unzulässig erklärt, so darf die Vollziehung nicht gegen den Widerspruch desjenigen erfolgen, welcher die Entscheidung erwirkt hat."

2. Nachweis der Zustimmung des Schuldners

7 Beschlüsse der Gläubiger über die Änderung der Anleihebedingungen bedürfen zu ihrer Wirksamkeit in allen Fällen der Zustimmung des Schuldners.[8] Ohne diese Zustimmung kann ein Beschluss nicht vollzogen werden. Zum Zwecke der Vollziehung ist die Zustimmung des Schuldners zu dokumentieren. Wird die Zustimmung zur Niederschrift der Gläubigerversammlung (§ 16 Abs. 3) oder der Abstimmung ohne Versammlung (§ 18 Abs. 4 S. 3) erklärt, so ist sie Teil des „in der Niederschrift dokumentierten Beschlussinhalts" (§ 21 Abs. 1 S. 2), den der Versammlungs- oder Abstimmungsleiter der Wertpapiersammelbank zu übermitteln hat. Hat der Schuldner die Zustimmung nicht zur Niederschrift erklärt, so muss sie in einem separaten beglaubigten Dokument enthalten sein, welches der Wertpapiersammelbank zusammen mit der Niederschrift zu übermitteln ist.[9]

3. Versicherung des Versammlungs- oder Abstimmungsleiters

8 Der Versammlungsleiter der Gläubigerversammlung oder der Abstimmungsleiter der Abstimmung ohne Versammlung hat gemäß § 21 Abs. 1 S. 3 gegenüber der Wertpapiersammelbank zu versichern, „dass der Beschluss vollzogen werden darf". Es entspricht der Bedeutung dieser Erklärung, für sie **Schriftform (§ 126 BGB)** zu verlangen.[10] Die Versicherung kann nur abgegeben werden, wenn der Beschluss nicht nichtig ist, und erst dann, wenn gemäß § 20 Abs. 3 S. 1 die Anfechtungsfrist von einem Monat ab Bekanntmachung des Beschlusses (§ 17 Abs. 1 und 2) verstrichen ist, ohne dass eine Anfechtungsklage erhoben wurde, wenn die Klage rechtskräftig abgewiesen oder zurückgenommen worden ist, oder wenn im Falle einer Klage das Gericht die Freigabe der Vollziehung durch rechtskräftigen Beschluss eröffnet hat (§ 20 Abs. 3 S. 4 1. Hs.). Ist der Versammlungs- oder Abstimmungsleiter nicht der Schuldner, sondern der gemeinsame Vertreter (§ 15 Abs. 1 iVm § 9 Abs. 1 S. 1), so hat der Schuldner sicherzustellen, dass der gemeinsame Vertreter in seiner Eigenschaft als Versammlungs- oder Abstimmungsleiter über den jeweiligen Stand eines Klage- und Freigabeverfahrens unterrichtet wird, der für die korrekte und rechtzeitige Versicherung des Versammlungs- oder Abstimmungsleiters relevant ist.[11] Eine schuldhaft unzutreffende oder verspätete Versicherung ist ein Verstoß gegen die gesetzliche Amtspflicht des Versammlungs- oder Abstimmungsleiters und kann eine Schadensersatzpflicht gegenüber dem Schuldner und den Gläubigern begründen.[12]

4. Wertpapiersammelbank

9 Bei zahlreichen Anleihen, auf die das Gesetz Anwendung findet, weil sie die Voraussetzungen des § 1 Abs. 1 erfüllen, und die deshalb von den Wahlrechten des § 5 Abs. 1 S. 1

---

[8] → § 5 Rn. 77 ff.

[9] Veranneman/*Oulds* § 4 Rn. 4; Veranneman/*Hofmeister* § 21 Rn. 5; **aA** FK-SchVG/*Friedl* § 21 Rn. 9 (kein Formerfordernis).

[10] **AA** FK-SchVG/*Friedl* § 21 Rn. 14; Hopt/Seibt/*Kiem* § 21 SchVG Rn. 16 („… die Wertpapiersammelbank wird (…) die Einhaltung dieser Form einfordern.").

[11] Veranneman/*Hofmeister* § 21 Rn. 8; FK-SchVG/*Friedl* § 21 Rn. 13; Hopt/Seibt/*Kiem* § 21 SchVG Rn. 18.

[12] IErg ebenso FK-SchVG/*Friedl* § 21 Rn. 17; Veranneman/*Hofmeister* § 21 Rn. 9; Hopt/Seibt/*Kiem* § 21 SchVG Rn. 20 ff.

Gebrauch machen können, wird die Sammelurkunde nicht von CBF – der (alleinigen) deutschen Wertpapiersammelbank –, sondern von einer ausländischen Wertpapiersammelbank verwahrt, namentlich von CBL und Euroclear, den International Central Securities Depositaries **(ICSD),** die gemeinsam die Verwahrung von Sammelurkunden (Global Notes) in beiden Formen der New Global Notes (NGNs)[13] und der Classical Global Notes (CGNs) betreiben. Das gilt besonders für Anleihen inländischer und ausländischer Emittenten in fremder Währung (wie etwa US Dollar, Pound Sterling, Schweizer Franken, Japanische Yen usw), aber auch für Euro-Anleihen.

Der Begriff „Wertpapiersammelbank" in § 21 Abs. 1 ist nicht im Sinne der Gesetzesdefinition des § 1 Abs. 3 DepotG zu verstehen, sondern als generischer Begriff, der Institute einschließt, die im Ausland die Aufgaben einer Wertpapiersammelbank wahrnehmen. Die fehlende Begrenzung des Begriffs auf die Definition des § 1 Abs. 3 DepotG folgt zwanglos schon aus der Wortwahl des § 21 Abs. 1 S. 2, die nicht eine bestimmte, dh die einzige deutsche Wertpapiersammelbank ins Auge fasst. Es ist allerdings zu verlangen, dass die ausländische Wertpapiersammelbank in der Wahrnehmung ihrer Aufgaben in ihrem Sitzstaat – ebenso wie die deutsche Wertpapiersammelbank – einer öffentlichen Aufsicht oder jedenfalls einer anderen für den Anlegerschutz gleichwertigen Aufsicht unterliegt.[14] Damit fallen unter den Begriff „Wertpapiersammelbank" sämtliche ausländische Wertpapier-Zentralverwahrer, mit denen CBF nach § 5 Abs. 4 DepotG eine gegenseitige Kontoverbindung zur Durchführung des grenzüberschreitenden Effektengiroverkehrs unterhält.[15] 10

5. Verbindlichkeit der Erklärungen des Versammlungsleiters

Die Versicherung des Versammlungs- oder Abstimmungsleiters ist für die Wertpapiersammelbank verbindlich. Die Wertpapiersammelbank hat bei der Abwicklung des Vollzugs eine rein verwaltende Tätigkeit zu erfüllen. Sie hat den Beschluss der Gläubiger auf der Grundlage formal ordnungsgemäßer Erklärungen des Versammlungs- oder Abstimmungsleiters gemäß § 21 Abs. 1 S. 1 und 2 zu vollziehen. Leidet die Übermittlung der Niederschrift oder das Ersuchen oder die Versicherung des Versammlungs- oder Abstimmungsleiters an formalen Mängeln, hat die Wertpapiersammelbank das gegenüber dem Versammlungs- oder Abstimmungsleiter zu beanstanden und ihn zur Abhilfe aufzufordern. Die Wertpapiersammelbank hat dagegen **kein materielles Prüfungsrecht** und keine Prüfungspflicht hinsichtlich der Wirksamkeit des Gläubigerbeschlusses.[16] 11

III. Sammelurkunden, die nicht von einer Wertpapiersammelbank verwahrt werden

Während Sammelurkunden, die öffentlich angebotene Anleihen verbriefen, in der Regel durch eine Wertpapiersammelbank verwahrt werden, ist das bei privat platzierten Emissionen oftmals nicht der Fall. Insbesondere bei privat platzierten Eigenemissionen von Banken wird die Sammelurkunde häufig von der emittierenden Bank selbst verwahrt. Den 12

[13] Dazu *Bliesener* Beiträge für Hopt, 2008, 355 (367).

[14] Ebenso Hopt/Seibt/*Kiem* § 21 SchVG Rn. 11.

[15] Das sind derzeit: ESES Euroclear Belgium (Belgien), NBB (Belgien), VP (Dänemark), Euroclear Finland (Finnland via CBL), Euroclear France (Frankreich), CBL (Internationale Märkte), Monte Titoli S. p. A. (Italien), LuxCSD, Malta, Euroclear Netherlands (Niederlande), Oesterreichische Kontrollbank (Österreich), SIX SIS (Schweiz), Iberclear (Spanien), DTCC (USA). Die Anforderung hinsichtlich der „öffentlichen Aufsicht oder einer anderen für den Anlegerschutz gleichwertigen Aufsicht" ergibt sich aus § 5 Abs. 4 S. 1 Nr. 1 DepotG, die ausländische Wertpapier-Zentralverwahrer, mit denen CBF eine derartige Kontoverbindung unterhalten darf, neben den weiteren Voraussetzungen des § 5 Abs. 4 Nr. 2–4 erfüllen müssen.

[16] Ebenso Hopt/Seibt/*Kiem* § 21 SchVG Rn. 27.

Kunden der Bank wird deren Anteil an der Emission auf den Wertpapierkonten gutgeschrieben, die sie bei der Bank unterhalten.[17]

13 Nach § 21 Abs. 1 S. 1 ist bei Sammelurkunden, die nicht durch eine Wertpapiersammelbank verwahrt werden, der Gläubigerbeschluss über die Änderungen der Anleihebedingungen **durch Ergänzung oder Änderung der Sammelurkunde** zu vollziehen. § 21 Abs. 1 S. 2 und 3 finden keine Anwendung.[18] Die Vollziehung der Änderung kann dadurch geschehen, dass der abändernde oder ergänzende **Beschluss der Sammelurkunde beigefügt** wird und damit Teil der Urkunde (der Anleihebedingungen) wird oder dass der Schuldner eine neue Urkunde mit den geänderten Anleihebedingungen im **Austausch** gegen die alte Urkunde erstellt und in Verwahrung gibt[19] oder – insbesondere wenn die Emittentin eine Bank ist – selbst verwahrt.

14 Die Vollziehung der Änderung darf erst vorgenommen werden, wenn Vollziehungshindernisse nicht mehr vorliegen.[20]

IV. Einzelurkunden

15 Es ist nicht ausgeschlossen, dass Anleihen, die die Voraussetzungen des § 1 Abs. 1 erfüllen und damit in den Anwendungsbereich des Gesetzes fallen, ganz oder teilweise durch Einzelurkunden verbrieft sind, wenngleich derartig verbriefte Emissionen jedenfalls in neuerer Zeit eher Seltenheitswert haben.

16 § 21 enthält keine Regelung für die Vollziehung von Gläubigerbeschlüssen über die Änderung von Anleihebedingungen, die durch Einzelurkunden verbrieft werden. Die Vollziehung der Änderungen bestimmt sich deshalb unmittelbar nach § 2 S. 3.[21] Um die Wirksamkeit der beschlossenen Änderungen zu bewirken, müssten die Änderungen – zwecks Wahrung der Inhaltsgleichheit aller Schuldverschreibungen der Anleihe gemäß § 1 Abs. 1 und damit der Verkehrsfähigkeit der Anleihe – in sämtliche Urkunden aufgenommen werden. Das ist möglich, wenn alle Einzelurkunden zentral verwahrt werden. Die Änderungen können dann etwa durch einen Aufdruck auf der Urkunde, auch mittels eines Stempels, und faksimilierten Unterschriften des Emittenten (§ 792 Abs. 2 S. 2 BGB) auf den Urkunden „vollzogen" werden. Befinden sich die Einzelurkunden im Besitz einer Vielzahl von Gläubigern, ist eine Änderung der Anleihebedingungen praktisch ausgeschlossen.[22]

V. Publizität

17 § 50 WpHG sowie § 17 Abs. 1 und § 17 Abs. 2 verlangen im Zusammenhang mit Gläubigerbeschlüssen über die Änderung von Anleihebedingungen diverse öffentliche Bekanntmachungen. Die Anleihebedingungen selbst können darüber hinaus zusätzliche öffentliche Bekanntmachungen fordern.[23]

---

[17] Dazu gehören auch Eigenemissionen von Zentralinstituten, wie etwa die DZ Bank, die die Schuldverschreibungen über die angeschlossenen Institute bei deren Kunden platzieren.

[18] BegrRegE SchVG, BT-Drs. 16/12814, 26; Hopt/Seibt/*Kiem* § 21 SchVG Rn. 11.

[19] FK-SchVG/*Friedl* § 21 Rn. 8; vgl. auch Veranneman/*Hofmeister* § 21 Rn. 5.

[20] → Rn. 3.

[21] Ebenso FK-SchVG/*Friedl* § 21 Rn. 20.

[22] *Bredow/Vogel* ZBB 2009, 153 (156); Veranneman/*Hofmeister* § 21 Rn. 4; FK-SchVG/*Friedl* § 21 Rn. 21. Preuße/*Dippel/Preuße* § 21 Rn. 7 schlagen für Einzelurkunden vor, in den Anleihebedingungen ein Vollzugsverfahren vorzusehen, das an die Bekanntmachung des Gläubigerbeschlusses nach § 17 anknüpft. § 5 (1) S. 2 stehe nicht entgegen, weil § 21 den Vollzug von Änderungsbeschlüssen bei Einzelurkunden nicht regele. Der Vorschlag übersieht die Grundnorm in § 2 S. 3, wonach Änderungen der Anleihebedingungen *„[...] in der Urkunde [...] vollzogen"* werden müssen.

[23] → § 17 Rn. 5.

VI. Gemeinsamer Vertreter

Sehen die Anleihebedingungen vor, dass die Gläubiger einen gemeinsamen Vertreter bestellen können, so beinhaltet ein entsprechender Bestellungsbeschluss der Gläubiger für sich keine Änderung der Anleihebedingungen. Er ist deshalb nicht gemäß § 21 Abs. 1 zu vollziehen. 18

§ 21 Abs. 2 ordnet an, dass der gemeinsame Vertreter von einer ihm durch den Beschluss erteilten Vollmacht oder Ermächtigung erst dann Gebrauch machen darf, wenn der zugrunde liegende Beschluss vollzogen werden darf. Dies ist nicht der Fall solange eine Anfechtungsklage gegen den Beschluss erhoben werden kann oder eine erhobene Anfechtungsklage nicht rechtskräftig entschieden oder anderweitig beendet ist oder durch einen Freigabebeschluss für vollziehbar erklärt worden ist. Der gemeinsame Vertreter ist verpflichtet, vom Schuldner die erforderlichen Informationen einzuholen, und der Schuldner ist verpflichtet, dem gemeinsamen Vertreter diese Informationen zu erteilen. 19

§ 22 Geltung für Mitverpflichtete

[1] Die Anleihebedingungen können vorsehen, dass die §§ 5 bis 21 für Rechtsgeschäfte entsprechend gelten, durch welche andere Personen als der Schuldner für die Verpflichtungen des Schuldners aus der Anleihe Sicherheiten gewährt haben (Mitverpflichtete). [2] In diesem Fall müssen die Anleihebedingungen Mehrheitsbeschlüsse der Gläubiger unter Benennung der Rechtsgeschäfte und der Mitverpflichteten ausdrücklich vorsehen.

Schrifttum: *Hellner/Steuer,* Bankrecht und Bankpraxis, Loseblatt, Stand 12/2014; *Kusserow,* Opt-in Beschlüsse nach dem neuen Gesetz über Schuldverschreibungen aus Gesamtemissionen, WM 2011, 1645; *Lwowski/Fischer/Langenbucher,* Das Recht der Kreditsicherung, 9. Aufl. 2011; *Schlitt/Schäfer,* Die Restrukturierung von Anleihen nach dem neuen Schuldverschreibungsgesetz, AG 2009, 477.

I. Überblick

§ 22 eröffnet die Möglichkeit, Änderungsbeschlüsse und die Bestellung eines gemeinsamen Vertreters auch auf für die Schuldverschreibungen gestellte Sicherheiten zu erstrecken. § 22 ist aus dem Referentenentwurf von 2008 (dort § 21)[1] in den Regierungsentwurf und das Gesetz übernommen worden. Die Diskussionsentwürfe des BMJ von 2003 und 2004[2] enthielten keine § 22 vergleichbaren Bestimmungen.[3] 1

§ 22 erlaubt die weitestmögliche Bestimmung seines Anwendungsbereiches. Der Begriff „Sicherheiten" schließt alle Arten von Sicherheiten ein, einschließlich die in § 232 BGB genannten, auch jede mögliche Art und Form der Bestellung.[4] Sicherheiten der in § 232 2

[1] Referentenentwurf – Entwurf eines Gesetzes zur Neuregelung der Rechtsverhältnisse bei Schuldverschreibungen aus Anleihen und zur Anpassung kapitalmarktrechtlicher Verjährungsvorschriften, Mai 2008 (http://www.gesmat.bundesgerichtshof.de/gesetzesmaterialien/16_wp/schuldverschreibungsg/refe.pdf).

[2] → Einl. Rn. 22.

[3] Allerdings enthielt der dem BMJ vorgelegte Entwurf der Kapitalmarktjuristen von 1996 (→ Einl. Rn. 21) für ein Schuldverschreibungsgesetz den Vorschlag, dass das Gesetz auf Haftungsübernahmen Dritter („Mitverpflichteter") für die Verbindlichkeiten aus Schuldverschreibungen entsprechende Anwendung finden sollte.

[4] Ebenso FK-SchVG/*Lawall* § 22 Rn. 6.

BGB genannten Art sind in der Praxis nicht üblich. Denkbar ist allerdings, dass Verbindlichkeiten aus Anleihen mit Wertpapieren unterlegt werden. Das ist insbesondere im Zusammenhang mit der Restrukturierung von Staatsanleihen der Fall.

3 § 22 gilt für Sicherheiten, die deutschem Recht unterliegen. Die Änderung von Sicherungsvereinbarungen, die fremdem Recht unterliegen, richtet sich nach dem anwendbaren fremden Recht. Dieses bestimmt auch, ob eine Zustimmung der Anleihegläubiger für die Änderung erforderlich ist und wie sie ggf. herbeigeführt werden kann.[5] Soweit ein Sicherheitentreuhandvertrag nach deutschem Recht hinsichtlich **ausländischem Recht unterliegender Sicherheiten** abgeschlossen wurde, kann die Änderung der darin bestimmten Sicherungszweckvereinbarung durch Mehrheitsbeschluss vorgesehen werden.

II. Anleihegarantien und Verpflichtungserklärungen

4 Hauptanwendungsfall für § 22 sind **Anleihegarantien.**[6] Sie dienen als Sicherheit für die Verpflichtungen des Schuldners vor allem bei Anleihen, die von Holding- oder Tochtergesellschaften, insbesondere von Finanzierungsgesellschaften, begeben werden, die nur über geringfügige eigene Vermögenswerte verfügen. Die Verpflichtungen des Schuldners aus der Anleihe werden in diesen Fällen durch die Garantie einer wesentlichen Konzerngesellschaft besichert. Typischerweise sind die Garantien als echte Verträge zugunsten der Anleihegläubiger als begünstigte Dritte gemäß § 328 Abs. 1 BGB ausgestaltet. Sie begründen unmittelbare Ansprüche der Anleihegläubiger an den Garanten zur Zahlung aller nach den Anleihebedingungen geschuldeter Beträge. Der Garantievertrag wird zwischen dem Garanten und einer dritten Person abgeschlossen, häufig mit dem Fiscal Agent, aber auch mit der konsortialführenden Bank. Die Anleihegläubiger sind sowohl Gläubiger des Schuldners als auch Gläubiger des Garanten.

5 § 22 bietet die Möglichkeit, neben Änderungen der Anleihebedingungen auch **Änderungen der Garantiebedingungen** mit Zustimmung der Anleihegläubiger vorzunehmen oder einen gemeinsamen Vertreter der Garantiegläubiger zu bestellen.[7] Hierfür ist nach dem Gesetz erforderlich, dass die Anleihebedingungen unter Wahrung der Anforderungen des § 22 S. 2 bestimmen, dass die §§ 5–21 auf die Garantie entsprechende Anwendung finden. Da der Garant nicht durch die Anleihebedingungen verpflichtet wird, muss für eine zweckentsprechende Regelung auch der Garantievertrag die singgemäße Anwendung dieser Vorschriften vorsehen. Die Änderung der Garantiebedingungen setzt die Zustimmung der Vertragsparteien der Garantie, nicht aber eine Änderung der Anleihebedingungen voraus. Die Regelungen der §§ 5–21 können nur *vollständig* übernommen werden.[8]

6 Was im Rahmen von § 22 für Garantien gilt, gilt auch für sog **Verpflichtungserklärungen.** Auch sie werden von Konzerngesellschaften für ihre Finanzierungsgesellschaften zur Absicherung von deren Anleihen übernommen. Sie enthalten Nebenpflichten der Konzerngesellschaft unterschiedlicher Art, die die Erfüllung der Anleiheverbindlichkeiten fördern sollen. Ebenso wie Garantien sind sie üblicherweise echte Verträge zu Gunsten der Anleihegläubiger als begünstigte Dritte nach § 328 Abs. 1 BGB, die unmittelbare Ansprüche der Anleihegläubiger an den Aussteller der Verpflichtungserklärung begründen. Für die **Änderung der Bedingungen von Verpflichtungserklärungen** gelten die vorstehenden Ausführungen über Änderungen der Garantiebedingungen sinngemäß.

[5] Veranneman/*Hofmeister* § 22 Rn. 5; *Kusserow* WM 2011, 1645 (1651); Preuße/*Dippel/Preuße* § 22 Rn. 11; FK-SchVG/*Lawall* § 22 Rn. 10; Hopt/Seibt/*Thole* § 22 SchVG Rn. 8.

[6] Lwowski/Fischer/Langenbucher/*Bliesener* KreditsicherungsR § 17 Rn. 5 ff.; vgl. auch *Schlitt/Schäfer* AG 2009, 477 (480).

[7] Lwowski/Fischer/Langenbucher/*Bliesener* KreditsicherungsR § 17 Rn. 10.

[8] BegrRegE SchVG, BT-Drs. 16/12814, 26.

III. Dingliche Sicherheiten

§ 22 ist auch auf **dingliche Sicherheiten** anwendbar. Dingliche Sicherungsrechte an Forderungen, Wertpapieren, Immobilien oder sonstigen Vermögensgegenständen können sowohl vom Emittenten selbst als auch von Dritten eingeräumt werden. In der Praxis kommt die Besicherung von Schuldverschreibungen insbesondere bei Hochzinsanleihen *(High Yield Bonds),* deren Schuldner über kein Investment-Grade-Rating verfügen, oder bei *Asset Backed Securities* vor, wobei die Zweckgesellschaft typischerweise Sicherheiten an den Vermögenswerten einräumt, mit denen die Anleihen gedeckt sind. Die Fungibilität einer besicherten Anleihe kann dadurch hergestellt werden, dass dingliche Sicherheiten zugunsten eines Sicherheitentreuhänders bestellt werden, der sie treuhänderisch für die Anleihegläubiger hält.[9] Das Rechtsverhältnis zwischen Sicherungsgeber und Sicherheitentreuhänder kann als Vertrag zugunsten der Anleihegläubiger (§ 328 Abs. 1 BGB) ausgestaltet werden. 7

Die Ersetzung von Sicherheiten und des Sicherheitentreuhänders kann in den Anleihebedingungen oder den Sicherheitenverträgen unter darin festgelegten Bedingungen dem Emittenten, dem Sicherheitentreuhänder oder Dritten ohne Mitwirkung der Anleihegläubiger und ohne Änderung der Sicherheitenverträge zugewiesen werden. Die Anleihebedingungen und der Sicherheitenvertrag können aber zusätzlich die Möglichkeit eröffnen, eine **Änderung der Sicherheitenverträge** mit Zustimmung der begünstigten Anleihegläubiger vorzunehmen oder einen gemeinsamen Vertreter der Anleihegläubiger in ihrer Eigenschaft als von den Sicherheiten Begünstigte zu bestellen. Nach § 22 S. 1 ist das Rechtsgeschäft, welches die Anleihebedingungen den Regeln der §§ 5–21 unterwerfen können, der Sicherheitentreuhandvertrag einschließlich der zur dinglichen Bestellung der Sicherheiten vorgenommen Rechtsgeschäfte. 8

Soweit der **Sicherungsgeber** „eine andere Person als der Schuldner" ist, wird er vom Gesetz als **Mitverpflichteter** bezeichnet, auch wenn diese Bezeichnung für einen Sicherungsgeber außerhalb des Bereichs der Personalsicherheiten unüblich ist. Werden Änderungen im Sicherheitenvertrag erforderlich, kann nach Maßgabe der Anleihebedingungen eine Versammlung oder eine Abstimmung ohne Versammlung der Anleihegläubiger durchgeführt werden. Der Inhalt des Sicherheitenvertrags wird dann durch Mehrheitsbeschluss und mit Zustimmung des Sicherungsgebers und gegebenenfalls anderer Begünstigter geändert. 9

Nicht ausdrücklich geregelt ist der Fall, in dem nicht ein dritter Sicherungsgeber als Mitverpflichteter auftritt, sondern der **Emittent selbst Sicherungsgeber** ist. Gleichwohl ist die Interessenlage der Beteiligten vergleichbar; denn auch bei vom Emittenten gestellten Sicherheiten, deren vertragliche Grundlagen nicht Bestandteil der Anleihebedingungen sind, kann das Bedürfnis entstehen, eine inhaltliche Änderung herbeizuführen. § 22 SchVG ist auf diesen Fall analog anzuwenden.[10] 10

[9] Lwowski/Fischer/Langenbucher/*Bliesener* KreditsicherungsR § 17 Rn. 12; Hellner/Steuer/*Bosch/Groß* BuB Rn. 10/194 ff.

[10] Heidel AktR/*Müller* SchVG § 22 Rn. 4; a. A. Hopt/Seibt/*Thole* § 22 Rn. 3, der meint, denklogisch gehörten die Abreden über die Stellung von dinglichen Sicherheiten durch den Emittenten in die Anleihebedingungen, dabei aber verkennt, dass sie typischerweise zugunsten eines Sicherungstreuhänders in einem Sicherheitentreuhändervertrag im Wege des echten Vertrages zugunsten Dritter – der Anleihegläubiger – bestellt werden, in gleicher Weise wie die von Dritten bereitgestellten dinglichen Sicherheiten.

Abschnitt 3. Bußgeldvorschriften; Übergangsbestimmungen

§ 23 Bußgeldvorschriften

(1) **Ordnungswidrig handelt, wer**

1. entgegen § 6 Absatz 1 Satz 3 erster Halbsatz Schuldverschreibungen überlässt,
2. entgegen § 6 Absatz 1 Satz 4 das Stimmrecht ausübt,
3. entgegen § 6 Absatz 2 einen Vorteil anbietet, verspricht oder gewährt oder
4. entgegen § 6 Absatz 3 einen Vorteil oder eine Gegenleistung fordert, sich versprechen lässt oder annimmt.

(2) **Ordnungswidrig handelt, wer vorsätzlich oder leichtfertig entgegen § 7 Absatz 1 Satz 2 einen maßgeblichen Umstand nicht, nicht richtig, nicht vollständig oder nicht rechtzeitig offenlegt.**

(3) **Die Ordnungswidrigkeit kann mit einer Geldbuße bis zu hunderttausend Euro geahndet werden.**

1 § 23 Abs. 1 bestimmt, dass die darin bezeichneten Verstöße gegen Bestimmungen des § 6 über das Stimmrecht der Gläubiger Ordnungswidrigkeiten sind. Diese Verstöße können nur vorsätzlich begangen werden.

2 Nach § 23 Abs. 2 stellt die vorsätzliche oder leichtfertige Verletzung der Offenlegungspflicht des **Wahlvertreters** gemäß § 7 Abs. 1 S. 2 ebenfalls eine Ordnungswidrigkeit dar. Den **Vertragsvertreter** des § 8 trifft keine Offenlegungspflicht.[1] Nicht mit Bußgeld belegt ist dagegen die Verletzung der Unterrichtungspflicht des Wahlvertreters (§ 7 Abs. 1 S. 3). Diese unterschiedliche Behandlung der letztlich inhaltsgleichen Offenlegungs- und Unterrichtungspflicht ist auch angesichts der gleichen Interessenlage auf Seiten der Gläubiger nicht nachvollziehbar; Gleichwohl gilt im Recht der Ordnungswidrigkeiten das Prinzip *nulla poena sine lege* (§ 3 OWiG).[2]

§ 24 Übergangsbestimmungen

(1) [1]**Dieses Gesetz ist nicht anzuwenden auf Schuldverschreibungen, die vor dem 5. August 2009 ausgegeben wurden.** [2]**Auf diese Schuldverschreibungen ist das Gesetz betreffend die gemeinsamen Rechte der Besitzer von Schuldverschreibungen in der im Bundesgesetzblatt Teil III, Gliederungsnummer 4134-1, veröffentlichten bereinigten Fassung, das zuletzt durch Artikel 53 des Gesetzes vom 5. Oktober 1994 (BGBl. I S. 2911) geändert worden ist, weiter anzuwenden, soweit sich aus Absatz 2 nichts anderes ergibt.**

(2) [1]**Gläubiger von Schuldverschreibungen, die vor dem 5. August 2009 ausgegeben wurden, können mit Zustimmung des Schuldners eine Änderung der Anleihebedingungen oder den Austausch der Schuldverschreibungen gegen neue Schuldverschreibungen mit geänderten Anleihebedingungen beschließen, um von den in diesem Gesetz gewährten Wahlmöglichkeiten Gebrauch machen zu können.** [2]**Für die Beschlussfassung gelten die Vorschriften dieses Gesetzes entsprechend; der Beschluss bedarf der qualifizierten Mehrheit.**

Schrifttum: Arbeitskreis Reform des Schuldverschreibungsrechts, Reform des Schuldverschreibungsgesetzes, ZIP 2014, 845; *Baums/Schmidtbleicher,* Neues Schuldverschreibungsrecht und Altanleihen, ZIP 2012, 204; *Baums,* Weitere Reform des Schuldverschreibungsrechts!, ZHR 177 (2013), 807; *Cagalj,* Restrukturierung von Anleihen nach dem neuen Schuldverschreibungsgesetz, 2013; *Florstedt,* „Korporatives Denken“ im

[1] Vgl. zu Einzelheiten Veranneman/*Veranneman* § 23 Rn. 4; Preuße/*Dippel* § 23 Rn. 6; FK-SchVG/*Friedl* § 23 Rn. 9; Hopt/Seibt/*Thole* § 23 SchVG Rn. 6.

[2] → § 7 Rn. 25.

Schuldverschreibungsrecht – ein Holzweg?, ZIP 2012, 2286; *Florstedt,* Reformbedarf und Reformperspektiven im Schuldverschreibungsrecht, WiVerw 2014, 155; *Grell/Splittgerber/Schneider,* BGH ebnet den Weg für die Restrukturierung von Anleihen – alle Fragen geklärt?, DB 2015, 111; *Keller,* Die Übergangsregelungen des neuen Schuldverschreibungsgesetzes, BKR 2012, 15; *Kessler/Rühle,* Die Restrukturierung von Anleihen in Zeiten des SchVG 2009, BB 2014, 907; *Kusserow,* Opt-in Beschlüsse nach dem neuen Gesetz über Schuldverschreibungen aus Gesamtemissionen, WM 2011, 1645; *Otto,* Gläubigerversammlungen nach dem SchVG – Ein neues Tätigkeitsgebiet für Notare, DNotZ 2012, 809; *Oulds,* Restrukturierungen nach dem Schuldverschreibungsgesetz und Bundesschuldenwesengesetz, CFL 2012, 353; *Paulus,* EWiR § 24 SchVG 1/12, 259, EWiR 2012, 259; *Paulus,* Schuldverschreibungen, Restrukturierungen, Gefährdungen, WM 2012, 1109; *Schneider,* Ist das SchVG noch zu retten?, in: *Baums* (Hrsg.), Das neue Schuldverschreibungsrecht, 2013, 1; *Thole,* Sanierung mittels Scheme of Arrangement im Blickwinkel des Internationalen Privat- und Verfahrensrechts, ZGR 2013, 109; *Weiß,* Opt-in ausländischer Altanleihen ins neue Schuldverschreibungsgesetz, in: *Baums* (Hrsg.), Das neue Schuldverschreibungsrecht, 2013, 25.

I. Überblick

Das Gesetz ist am 5.8.2009 in Kraft getreten. Mit dem Inkrafttreten des Gesetzes ist das SchVG 1899 außer Kraft getreten.[1] § 24 Abs. 1 bestimmt, dass das Gesetz nicht anzuwenden ist auf Schuldverschreibungen, die vor dem Datum seines Inkrafttretens ausgegeben worden sind („Altanleihen"), und ordnet an, dass auf Altanleihen grundsätzlich das SchVG 1899 weiterhin Anwendung findet. 1

Die Gläubiger von Altanleihen können jedoch mit Zustimmung des Schuldners die Anwendung des neuen Rechts auf Altanleihen beschließen (§ 24 Abs. 2 S. 1). Das kann in zweifacher Weise geschehen. Einmal in der Weise, dass die Geltung des Gesetzes in seiner Gesamtheit[2] für die Altanleihe eingeführt wird **(Gesamtoption).** Es kann zum anderen auch dadurch geschehen, dass die Gläubiger mit Zustimmung des Schuldners beschließen, die Schuldverschreibungen der Altanleihen gegen neue Schuldverschreibungen mit geänderten Anleihebedingungen auszutauschen **(Austauschoption).** Auf die Beschlussfassung sowohl der Gesamtoption wie auch der Austauschoption finden jeweils die Vorschriften des neuen Rechts Anwendung (§ 24 Abs. 2 S. 2 Hs. 1), so dass auch eine Gläubigerminderheit nach Maßgabe des § 9 die Einberufung einer Gläubigerversammmlung zum Zweck des Opt-In erwirken kann.[3] Der Beschluss für jede Variante bedarf nach § 24 Abs. 2 S. 2 Hs. 2 einer qualifizierten Mehrheit von 75 % der teilnehmenden Stimmrechte (§ 5 Abs. 4 S. 2). 2

---

[1] Art. 8 des Gesetzes zur Neuregelung der Rechtsverhältnisse bei Schuldverschreibungen aus Gesamtemissionen und zur verbesserten Durchsetzbarkeit von Ansprüchen von Anlegern aus Falschberatung v. 31.7.2009, BGBl I 2009, 2512.

[2] Damit ist in der Präzisierung der amtlichen Begründung gemeint, dass die Gläubiger *„für die Anwendung des neuen SchVG",* also für die Anwendbarkeit der §§ 1–24 in ihrer Gesamtheit, „optieren" können, BegrRegE SchVG, BT-Drs. 16/12 814, 27; Veranneman/*Veranneman* § 24 Rn. 6; Preuße/*Lippel/Preuße* § 24 Rn. 8.

[3] Vgl. den Sachverhalt zu BGH WM 2015, 470 sowie BGH 2.12.2014 – II ZB 3/14, juris Rn. 1 ff.

II. Maßgeblicher Zeitpunkt für die Geltung des alten und des neuen Rechts

3 Für Anleihen, die ab dem 5.8.2009 „ausgegeben" worden sind, gilt das Gesetz.[4] „Ausgegeben" ist gleichzusetzen mit „begeben".[5] Inhaberschuldverschreibungen, die klassische Rechtsform von Anleiheschuldverschreibungen, setzen für die Begebung die Errichtung der Urkunde und einen Begebungsvertrag voraus, durch den der Aussteller das Eigentum an der Urkunde auf den ersten Nehmer überträgt und beide sich darüber einig sind, mit der Übertragung der Urkunde die verbriefte Forderung zu begründen.[6] Bei Anleihen ist der Tag der Begebung in der Regel der **Tag der Übernahme** der Schuldverschreibungen im Rahmen des Übernahmevertrages (Subscription Agreement) zwischen dem Emittenten und dem Übernahmekonsortium.[7]

4 Für Anleihen, die vor dem 5.8.2009 begeben worden sind **(Altanleihen)** und der Geltung des SchVG 1899 unterfielen, gilt das SchVG 1899 weiter, soweit die Gläubiger mit Zustimmung des Schuldners nicht nach § 24 Abs. 2 S. 1 entweder die Gesamtoption oder die Austauschoption für die betreffende Anleihe beschließen.[8]

III. Anwendungsbereich

5 Nach einem **Grundsatzurteil des BGH** vom 1.7.2014[9] zum Anwendungsbereich des § 24 Abs. 2, ist Voraussetzung für die Anwendung der Vorschrift, dass die Schuldverschreibungen der Altanleihe die Kriterien des § 1 Abs. 1 erfüllen, also – vorbehaltlich einer zulässigen Teilverweisung auf ausländisches Recht[10] – nach deutschem Recht begebene inhaltsgleiche Schuldverschreibungen aus einer Gesamtemission sind. Das gilt gleichermaßen für Altanleihen, die dem SchVG 1899 unterfallen, wie für solche, die nicht darunter fallen, sodass die Optionen des § 24 Abs. 2 S. 1 sowohl für Altanleihen inländischer Emittenten **(Inlandsanleihen)** als auch für Anleihen ausländischer Emittenten **(Auslandsanleihen)** offen stehen.[11,12] Die Vorschrift gilt auch dann, wenn die Anleihebedingungen

[4] Art. 8 des Gesetzes zur Neuregelung der Rechtsverhältnisse bei Schuldverschreibungen aus Gesamtemissionen und zur verbesserten Durchsetzbarkeit von Ansprüchen von Anlegern aus Falschberatung v. 31.7.2009, BGBl I 2009, 2512.

[5] Ebenso FK-SchVG/*Hartwig-Jacob/Friedl* § 24 Rn. 5; Hopt/Seibt/*Artzinger-Bolten/Wöckener* § 24 SchVG Rn. 3.

[6] *Hueck/Canaris* Recht der Wertpapiere § 3 I 2; *Zöllner* WertpapierR § 6 V 4.

[7] Vgl. auch Veranneman/*Veranneman* § 24 Rn. 4, der das im Prospekt oder Konditionenblatt (Pricing Supplement) angegebene Emissionsdatum (Issue Date) für maßgeblich hält. Im Allgemeinen ist das Emissionsdatum der Tag der Übernahme. S. ferner Preuße/*Dippel/Preuße* § 24 Rn. 3 f.; FK-SchVG/*Hartwig-Jacob/Friedl* § 24 Rn. 6; Hopt/Seibt/*Artzinger-Bolten/Wöckener* § 24 SchVG Rn. 5; *Cagalj* Restrukturierung von Anleihen S. 85.

[8] → Rn. 9 ff., 16 ff.

[9] BGHZ 202, 7 Rn. 9 ff.

[10] → § 1 Rn. 4 ff.

[11] Veranneman/*Veranneman* § 24 Rn. 7; *Friedl* BB 2012, 1309; *Lürken* GWR 2012, 227; *Paulus* EWiR 2012, 259 (259 f.); *Paulus* WM 2012, 1109 (1112 f.); *Weckler* NZI 2012, 477 (480); *Florstedt* ZIP 2012, 2286 (2288 f.); *Oulds* CFL 2012, 353 (355 ff.); BerlKommInsR/*Paul* SchVG § 24 Rn. 3; *Baums* ZHR 177 (2013), 807 (808); Baums/*Schneider* S. 1 (8 ff.); Baums/*Weiß* S. 25 (26 ff.); FK-SchVG/*Hartwig-Jacob/Friedl* § 24 Rn. 13; *Than* WuB I G 7. – 1.13; *Thole* ZGR 2013, 109 (160); *Florstedt* WiVerw 2014, 155 (159); *Kessler/Rühle* BB 2014, 907 (908).

[12] Demgegenüber hatte das OLG Frankfurt a.M in einem Beschl. v. 27.3.2012 (ZIP 2012, 725 (726)) mit einer fragwürdigen Begründung und im Gegensatz zur praktisch einhelligen Auffassung des Schrifttums geurteilt, dass § 24 Abs. 2 S. 1 nur für solche Altanleihen gelte, die dem Anwendungsbereich des SchVG 1899 unterfielen. Damit hatte das Gericht die Anwendung der Vorschrift auf den schmalen Bereich der Inlandsanleihen beschränkt und dem Gros der deutschen Unternehmensanleihen, die über ausländische Tochtergesellschaften begeben werden, den Opt-In in das SchVG verwehrt. Der **Reformentwurf** hat – im Hinblick auf die Entscheidung des OLG Frankfurt a. M. v. 27.3.2012 und die ausschließliche Kompetenz der Frankfurter Gerichte für Anfechtungsklagen bei Auslandsanleihen sowie die Monopolkompetenz des OLG

der Altanleihe keine Minderheitsentscheidungen oder Mehrheitsentscheidungen nur beschränkt zulassen. Kurzum, § 24 Abs. 2 eröffnet für Altanleihen den Weg, von den im SchVG 2009 „gewährten Wahlmöglichkeiten" umfassend Gebrauch zu machen. Voraussetzung dafür ist allein, dass die Altanleihe gemäß § 1 Abs. 1 in den Anwendungsbereich des SchVG 2009 fällt.[13]

Der Anwendungsbereich des § 24 Abs. 2 S. 1 erstreckt sich auch auf ein Insolvenzverfahren. Nach dem **Urteil des BGH vom 16.11.2017**[14] können die Gläubiger einer Altanleihe auch nach Eröffnung eines Insolvenzverfahrens über das Vermögen des Anleiheschuldners mit Zustimmung des Insolvenzverwalters einen Opt–In–Beschluss fassen, durch den das SchVG auf die Altanleihe in seiner Gesamtheit für anwendbar erklärt wird, und diesen Opt–In–Beschluss mit einem Ausführungsbeschluss über die Bestellung eines gemeinsamen Vertreters verbinden.[15] Auf die Beschlusskontrolle findet § 19 Abs. 2 S. 1, § 78 InsO Anwendung. Der Beschluss kann nur durch das Insolvenzgericht aufgehoben werden.[16] 6

§ 24 Abs. 2 stellt einen Fall verfassungsrechtlich grundsätzlich zulässiger unechter Rückwirkung dar, denn sie wirkt auf einen noch nicht abgeschlossenen Sachverhalt ein und die durch sie bewirkten Rechtsfolgen treten ausschließlich für die Zukunft ein.[17] 7

IV. Optionen für die Anwendung des neuen Rechts

§ 24 Abs. 2 S. 1 sieht zwei Varianten vor, die Schuldner und Gläubigermehrheit zur Verfügung stehen, um für Altanleihen – wie es aE von S. 1 heißt – „von den in diesem Gesetz gewährten Wahlmöglichkeiten Gebrauch zu machen". Die Gläubiger können mit Zustimmung des Schuldners (i) „eine Änderung der Anleihebedingungen" **(Gesamtoption)** oder (ii) „den Austausch der Schuldverschreibungen gegen neue Schuldverschreibungen mit geänderten Anleihebedingungen" **(Austauschoption)** beschließen. 8

1. Gesamtoption

Im Rahmen einer Gesamtoption können die Gläubiger mit Zustimmung des Schuldners (a) lediglich einen **Opt-In-Beschluss** fassen, das heißt einen Beschluss über die Anwendbarkeit des gesamten Gesetzes auf die Altanleihe oder auch (b) einen Opt-In-Beschluss fassen und damit einen **Ausführungsbeschluss** über die Änderung der Anleihebedingungen der Altanleihe oder die Bestellung eines gemeinsamen Vertreters verbinden, oder (c) einen Opt-In-Beschluss fassen und damit Ausführungsbeschlüsse verbinden (i) über die Anwendung der §§ 5–21 auf eine für die Altanleihe gestellte Sicherheit eines Dritten (zB Garantie) sowie (ii) über die gleichzeitige Änderung der Anleihebedingungen der Altanleihe und der Bedingungen des Sicherungsgeschäfts oder nur der Bedingungen des Sicherungsgeschäfts. Der Opt-In-Beschluss und die Ausführungsbeschlüsse gemäß (b) und (c) können in einem **einzigen Abstimmungsverfahren** – sei es eine Gläubigerversammlung oder Abstimmung ohne Versammlung – gefasst werden.[18] 9

Frankfurt a. M. im Freigabeverfahren als erste und letzte Instanz bei Auslandsanleihen (§ 20 Abs. 3 S. 3 und 4) – textliche Ergänzungen zu § 24 Abs. 2 vorgeschlagen, die klarstellen, dass § 24 Abs. 2 S. 1 auf alle Anleihen, dh Inlands- und Auslandsanleihen, Anwendung findet, die vor dem Inkrafttreten des SchVG begeben worden sind.

[13] So auch die hM: OLG Schleswig ZIP 2014, 221 (223); *Baums/Schmidtbleicher* ZIP 2012, 204 (205 ff.); *Paulus* WM 2012, 1109 (1112 f.); *Keller* BKR 2012, 15 (17); FK-SchVG/*Friedl* § 24 Rn. 13; Hopt/Seibt/*Artzinger-Bolten/Wöckener* § 24 SchVG Rn. 9.

[14] BGH WM 2018, 42.

[15] → § 19 Rn. 8 ff.

[16] BGH WM 2018, 42 Rn. 8 bis 10.

[17] BGHZ 202, 7 Rn. 12; Veranneman/*Veranneman* § 24 Rn. 1; *Veranneman* DB 2014, 2395; FK-SchVG/*Hartwig-Jacob/Friedl* § 24 Rn. 3. Ausführlich *Baums/Schmidtbleicher* ZIP 2012, 204 (214 ff.): *„§ 24 Abs. 2 verstößt nicht gegen das aus Art. 20 GG abzuleitende rechtsstaatliche Rückwirkungsverbot"* (S. 214).

[18] *Otto* DNotZ 2012, 809 (811); FK-SchVG/*Hartwig-Jacob/Friedl* § 24 Rn. 28; *Müller-Eising* EWiR 2014, 611 (612); *Veranneman* DB 2014, 2395 (2395 f.); *Grell/Splittgerber/Schneider* DB 2015, 111 (112).

10 **a) Opt-In-Beschluss.** Die Gläubiger können mit Zustimmung des Schuldners nach § 24 Abs. 2 lediglich einen Opt-In-Beschluss fassen, dass das Gesetz in seiner Gesamtheit auf die Anleihe anwendbar sein soll, ohne in Ausführung des Opt-In-Beschlusses weitere Vorkehrungen zur Änderung der Bedingungen der Altanleihe oder einer dafür gestellten Sicherheit eines Dritten oder die Bestellung eines gemeinsamen Vertreters zu treffen. Für die Beschlussfassung über die Anwendbarkeit des Gesetzes in seiner Gesamtheit, dh die Geltung der §§ 1–24, auf die Altanleihe, gelten nach § 24 Abs. 2 S. 2 Hs. 1 die Vorschriften des SchVG 2009 entsprechend. Die Beschlussfassung kann demnach sowohl in einer Gläubigerversammlung als auch in einer Abstimmung ohne Versammlung erfolgen. Für die Einberufung und Durchführung der Gläubigerversammlung gelten die §§ 9–17. Für die Abstimmung ohne Versammlung gilt § 18. Eine etwaige Anfechtung des Beschlusses richtet sich nach § 20. Die Vollziehung des Beschlusses bestimmt sich nach § 21.

11 Der Beschluss bedarf nach § 24 Abs. 2 S. 2 Hs. 2 einer Mehrheit von 75 % der teilnehmenden Stimmrechte (qualifizierte Mehrheit).

12 **b) Opt-In-Beschluss und Ausführungsbeschlüsse.** In der Regel wird § 24 Abs. 2 angewendet werden, um konkrete Änderungen der Anleihebedingungen der Altanleihe vorzunehmen (beispielsweise die Negativverpflichtung aufheben oder ändern, die Laufzeit der Anleihe verlängern, oder die bislang feste Verzinsung in eine variable Verzinsung ändern usw) oder einen gemeinsamen Vertreter zu bestellen. Im Rahmen der Gesamtoption sind dafür – im Unterschied zur Austauschoption[19] – **zwei Beschlüsse**[20] erforderlich: einmal der Opt-In-Beschluss über die Anwendbarkeit des Gesetzes in seiner Gesamtheit mit der daraus folgenden Ermächtigung zur Änderung der Anleihebedingungen oder zur Bestellung eines gemeinsamen Vertreters nach §§ 5 ff., sodann in Ausführung des Opt-In-Beschlusses der Ausführungsbeschluss über die Änderung der Anleihebedingungen oder die Bestellung des gemeinsamen Vertreters. Der Opt-In-Beschluss und der Ausführungsbeschluss können in **zwei separaten Abstimmungsverfahren,** also in zwei aufeinander folgenden Gläubigerversammlungen oder Abstimmungen ohne Versammlung, gefasst werden, wobei der Ausführungsbeschluss erst gefasst wird, wenn der Opt-In-Beschluss nach § 2 S. 3, § 21 Abs. 1 vollzogen und damit wirksam ist.

13 Der umständliche zeit- und kostenaufwändige Weg über zwei separate Abstimmungsverfahren lässt sich vermeiden, wenn der Opt-In-Beschluss und der Ausführungsbeschluss in **einem einzigen Abstimmungsverfahren** gefasst werden. Es ist ein anerkanntes Rechtsprinzip des „Beschlussrechts", dass sog. Ausführungsbeschlüsse, die einen vorangehenden Grundlagenbeschluss voraussetzen, welcher erst durch einen formalen Rechtsakt (zB die Eintragung in das Handelsregister) wirksam wird, bereits vor der Vornahme dieses Rechtsakts gefasst werden dürfen. Der Grundsatz gilt für das Aktienrecht,[21] das GmbH-Recht[22] und das Vereinsrecht[23]. Die Wirksamkeit des Ausführungsbeschlusses kann allerdings erst eintreten, nachdem der Grundlagenbeschluss durch Vornahme des formalen Rechtsaktes wirksam geworden ist. Im vorliegenden Zusammenhang heißt das, dass der Gläubigerbeschluss über die Änderung der Anleihebedingungen oder die Bestellung des gemeinsamen Vertreters unter den **Vorbehalt** gestellt werden muss, dass der **Opt-In-Beschluss vollzogen ist.**[24]

14 Auch Sinn und Zweck des Gesetzes gebieten in vielen Fällen die Durchführung nur eines Abstimmungsverfahrens für Opt-In-Beschluss und Ausführungsbeschluss. Im Falle der

---

[19] → Rn. 16.

[20] Ebenso FK-SchVG/*Hartwig-Jacob/Friedl* § 24 Rn. 22; Hopt/Seibt/*Artzinger-Bolten/Wöckener* § 24 SchVG Rn. 12.

[21] K. Schmidt/Lutter/*Seibel* AktG § 181 Rn. 37; MüKoAktG/*Stein* § 181 Rn. 72.

[22] Scholz/*Priester/Veil* GmbHG § 54 Rn. 62; Roth/Altmeppen/*Roth* GmbHG § 54 Rn. 15.

[23] OLG München NJW-RR 1998, 966; Palandt/*Ellenberger* BGB § 71 Rn. 1; BeckOK BGB/*Schöpflin* § 71 Rn. 10.

[24] So iErg auch *Kusserow* WM 2011, 1645 (1648); FK-SchVG/*Hartwig-Jacob/Friedl* § 24 Rn. 28 ff.; Heidel AktR/*Müller* SchVG § 24 Rn. 3.

Sanierung eines Unternehmens etwa, die Beschlüsse in zwei Abstimmungsverfahren in zeitlichem Abstand erfordern würde, können Anfechtungsklagen selbst bei zwei erfolgreichen Freigabeverfahren solche zeitlichen Verzögerungen bedingen, dass die Sanierung regelmäßig scheitern müsste.

Die bisherige Anwendung des § 24 Abs. 2 in der Praxis macht von der Möglichkeit Gebrauch, Opt-In-Beschluss und Ausführungsbeschluss in einem Abstimmungsverfahren zu fassen.[25] **14a**

Die beiden in einem einzigen Abstimmungsverfahren, sei es in einer Gläubigerversammlung oder Abstimmung ohne Versammlung, gefassten Beschlüsse sind nach § 17 oder § 18 Abs. 1 iVm § 17 gleichzeitig bekannt zu machen, so dass für beide Beschlüsse die **gleiche Klagefrist** besteht. **14b**

c) Opt-In-Beschluss und Sicherheitenverträge. § 24 Abs. 2 lässt auch zu, Sicherheiten, die für eine Altanleihe von dritter Seite gestellt worden sind – insbesondere Garantien, Verpflichtungserklärungen und dingliche Sicherheiten –[26] den Änderungsmöglichkeiten des SchVG zu unterwerfen. Der Opt-In-Beschluss nach § 24 Abs. 2 erklärt das SchVG in seiner Gesamtheit für anwendbar auf die Altanleihe; damit gilt für die Altanleihe auch § 22. Ein weiterer Gläubigerbeschluss ändert die Anleihebedingungen dahin, dass die §§ 5–21 auf das betreffende Sicherungsgeschäft Anwendung finden. Ein dritter Beschluss ändert schließlich die Anleihebedingungen der Altanleihe und die Bedingungen des Sicherungsgeschäfts oder auch nur das Eine oder das Andere.[27] Der nachfolgende, auf den vorangehenden aufbauende Beschluss ist jeweils unter den **Vorbehalt** zu stellen, dass der vorangehende Beschluss gemäß § 2 S. 3, § 21 Abs. 1 vollzogen ist.[28] Alle Beschlüsse sind mit den jeweils geforderten Mehrheiten zu fassen. Sie bedürfen sämtlich der Zustimmung des Schuldners. Alle Beschlüsse können in einem **einzigen Abstimmungsverfahren** – Gläubigerversammlung oder Abstimmung ohne Versammlung – gefasst werden und haben bei gleichzeitiger Bekanntmachung eine gleich laufende Klagefrist.[29] [30] **15**

2. Austauschoption

Schuldner und Gläubigermehrheit können sich statt für die Gesamtoption auch für die Austauschoption entscheiden und den **Austausch der Schuldverschreibungen der Altanleihe** gegen „neue Schuldverschreibungen mit geänderten Anleihebedingungen" beschließen. **16**

Die geänderten Anleihebedingungen der neuen Schuldverschreibungen können (i) lediglich die Anwendbarkeit der §§ 1–24 vorsehen oder (ii) lediglich die Änderung bestimmter Bedingungen der Altanleihe enthalten (beispielsweise die Negativverpflichtung der Altanleihe aufheben oder ändern, die Laufzeit der Anleihe verlängern, oder die bislang feste Verzinsung in eine variable Verzinsung ändern usw) oder (iii) zugleich (i) und (ii) verbinden, und die allgemeine Geltung der §§ 1–24 vorsehen sowie konkrete Änderungen bestimmter Anleihebedingungen vornehmen. **16a**

Die vorstehenden Ausführungen zur Beschlussfassung über eine Gesamtoption[31] gelten für die Beschlussfassung über die Austauschoption gleichermaßen. **16b**

---

[25] Pfleiderer Finance B. V., Einladung zur Gläubigerversammlung v. 30.5.2011; Konservenfabrik Zachow GmbH&Co. KG, Einladung zur Gläubigerversammlung v. 13.8.2010; German Asset Managers AG, Einladung zur Gläubigerversammlung v. 4.3.2011; WINDSOR AG, Einladung zur Gläubigerversammlung v. 21.12.2009; MAGNUM AG, Einladung zur Gläubigerversammlung v. 26.8.2010.

[26] → § 22 Rn. 5 ff.; 7 ff.

[27] Hopt/Seibt/*Artzinger-Bolten/Wöckener* § 24 SchVG Rn. 13.

[28] → Rn. 13 f.

[29] → Rn. 14 ff.

[30] Zum Vorstehenden *Kusserow* WM 2011, 1645 (1651) speziell im Hinblick auf Anleihegarantien, der zu Recht einen unmittelbaren Opt-In direkt in die Garantie für unzulässig hält.

[31] → Rn. 9 ff.

17 Soll die Anpassung einer Altanleihe dazu dienen, konkrete Änderungen der Anleihebedingungen der Altanleihe vorzunehmen – was regelmäßig der Fall sein dürfte –, so erweist sich der Weg über die Austauschoption als vorzugswürdig. Es bedarf nur eines Beschlusses über den Austausch der Schuldverschreibungen der Altanleihe in die neuen Schuldverschreibungen mit geänderten Anleihebedingungen. Die neuen Schuldverschreibungen können sowohl die allgemeine Geltung der §§ 1–24 bestimmen, als auch die Änderung konkreter Bedingungen der alten Schuldverschreibungen in den neuen Schuldverschreibungen vornehmen.

V. Aufstockung von Altanleihen

18 Es ist eine Voraussetzung für die Aufstockung einer Anleihe, die vor dem Inkrafttreten des Gesetzes am 5.8.2009 begeben worden ist (die „erste Tranche"), mit einer Anleihe, die danach begeben wird (die „zweite Tranche"), dass die Schuldverschreibungen ab dem Zeitpunkt des zeitlichen Gleichlaufs beider Tranchen „inhaltsgleich" iSv § 1 Abs. 1 sind. Das ist nur dann der Fall, wenn die Anleihebedingungen der zweiten Tranche identisch sind mit den Anleihebedingungen der ersten Tranche.[32]

19 Um das im Hinblick auf das Gesetz zu erreichen, dürfen die Anleihebedingungen der zweiten Tranche nicht für die Geltung der §§ 5–21 optieren. Der Umstand, dass vor der Aufstockung im Unterschied zur ersten Tranche auf die zweite Tranche die §§ 1–4 zwingend Anwendung finden, stört nicht. Die Anleihebedingungen der beiden Tranchen sind identisch. Damit ist die Austauschbarkeit der Schuldverschreibungen beider Tranchen als Voraussetzung für die Verkehrsfähigkeit der gesamten Anleiheserie gewahrt.[33] Nach der Vereinigung beider Tranchen sind die §§ 1–4 auf die gesamte Anleiheserie anzuwenden.[34]

20 Soll indessen die zweite Tranche für die Geltung der §§ 5–21 optieren, müssen zur Herstellung der Inhaltsgleichheit beider Tranchen die Anleihebedingungen der Altanleihe – der ersten Tranche – in Anwendung von § 24 Abs. 2 dahingehend geändert werden, dass sie die Geltung des Gesetzes vorsehen.[35] Die Inhaltsgleichheit beider Tranchen tritt allerdings erst ein, wenn der Beschluss über die Änderung der ersten Tranche – dh der Altanleihe – nach § 21 vollzogen ist. Aus der Perspektive zur Zeit der Begebung der zweiten Tranche kann das in vielen Fällen ein ungewisses Ereignis zu einem ungewissen Zeitpunkt in der Zukunft sein. Unter Umständen kann der zeitliche Gleichlauf beider Tranchen nicht oder nur mit erheblicher zeitlicher Verzögerung erreicht werden. Eine Aufstockung unter solchen Bedingungen ist in der Regel nicht praktikabel.

[32] Ebenso FK-SchVG/*Hartwig-Jacob/Friedl* § 24 Rn. 8.

[33] Ebenso Preuße/*Dippel* § 24 Rn. 7; Veranneman/*Oulds* § 1 Rn. 37; Hopt/Seibt/*Artzinger-Bolten/Wöckener* § 24 SchVG Rn. 7; *Cagalj* Restrukturierung von Anleihen S. 92; **aA** Veranneman/*Veranneman* § 24 Rn. 5; FK-SchVG/*Hartwig-Jacob/Friedl* § 24 Rn. 10 sowie Heidel AktR/*Müller* SchVG § 24 Rn. 1 gehen von einer zwingenden, einheitlichen Anwendbarkeit des SchVG 1899 aus, ohne Möglichkeit der Optierung für das neue Recht und wollen anscheinend auch §§ 1–4 SchVG 2009 nicht anwenden.

[34] → § 4 Rn. 1.

[35] Ebenso Hopt/Seibt/*Artzinger-Bolten/Wöckener* § 24 SchVG Rn. 7.

18. Kapitel: Das Leasing-Geschäft, das Factoring-Geschäft und das Forfaiting-Geschäft

Schrifttum: *Ady/Paetz,* Die Umsetzung der Verbraucherkreditrichtlinie in deutsches Recht und besondere verbraucherpolitische Aspekte, WM 2009, 1061; *Amman/Hucke,* Rechtliche Grundlagen des Leasing und dessen Bilanzierung nach HGB, US-GAAP sowie IAS, IStR 2000, 87; *Arnold,* Gewährleistung beim Finanzierungsleasing nach der Schuldrechtsreform, DStR 2002, 1049; *Assies,* Schuldrechtsreform – Das Aus für Leasinggeschäfte?, BKR 2002, 317; *Bartels,* Einwendungs- und Rückforderungsdurchgriff beim Verbraucherfinanzierungsleasing nach § 506 BGB n. F., ZGS 2009, 544; *Beckert/Schilling,* Jahressteuergesetz 2009: Leasingunternehmen und das Bankenprivileg, BB 2009, 360; *Beckmann,* Auswirkungen des Schuldrechtsmodernisierungsgesetzes auf die Leasing-Branche, FLF 2002, 46; *Beckmann,* Aktuelle Rechtsfragen bei Finanzierungsleasinggeschäften, DStR 2006, 1329; *Beckmann,* Haftungsbeschränkung des Leasinggebers im Rahmen der leasingtypischen Abtretungskonstruktion für sämtliche Leistungsstörungen aus dem Liefervertrag, DB 2006, 320; *Beckmann,* Aktuelle Rechtsfragen aus Finanzierungsleasingverträgen, DStR 2007, 157; *Beckmann/Scharff,* Leasingrecht, 4. Aufl. 2015; *Berger,* Typus und Rechtsnatur des Herstellerleasing, 1988; *Bernstein,* Der Tatbestand des Mobilien-Finanzierungsleasingvertrages und seine rechtliche Einordnung als Vertrag „sui generis", 1983; *Bitz/Stark,* Finanzdienstleistungen, 9. Aufl. 2014; *Bizenberger,* Informal Private Debt, 2008; *Blomeyer,* Das Finanzierungsleasing unter dem Blickwinkel der Sachmängelhaftung und des Abzahlungsgesetzes, NJW 1978, 973; *Bordewin,* Diskussionsbeitrag – Vermieten beim Immobilienleasing, FR 1977, 10; *Canaris,* Bankvertragsrecht, 2. Aufl. 1981; *ders.,* Finanzierungsleasing und Wandelung, NJW 1982, 305; *ders.,* Interessenlage, Grundprinzipien und Rechtsnatur des Finanzierungsleasing, AcP 190 (1990), 410; *ders.,* Grundprobleme des Finanzierungsleasing im Lichte des Verbraucherkreditgesetzes, ZIP 1993, 401; *Dageförde,* Internationales Finanzierungsleasing – Deutsches Kollisionsrecht und Konvention von Ottawa, 1992; *Derleder,* Die vollharmonisierende Europäisierung des Rechts der Zahlungsdienste und des Verbraucherkredits, NJW 2009, 3195; *Döllerer,* Leasing, Wirtschaftliches Eigentum oder Nutzungsrecht?, BB 1971, 535; *Ebenroth,* Der Finanzierungs-Leasing-Vertrag als Rechtsgeschäft zwischen Miete und Kauf, JuS 1978, 588; *ders.,* Das Recht der Leistungsstörungen beim Leasing, JuS 1985, 425; *Eckert,* Leasingraten – Masseschulden oder Konkursforderungen?, ZIP 1997, 2077; *Einsele,* Auswirkungen der Rom I-Verordnung auf Finanzdienstleistungen, WM 2009, 289; *Emmerich,* Grundprobleme des Leasings, JuS 1990, 1; *Engel,* Grundzüge des Immobilienleasings, NZM 1998, 785; *ders.,* Die fristlose Kündigung des Leasingvertrags wegen Zahlungsverzugs, NZM 2000, 953; *Findeisen/Sabel,* Definition des Finanzierungsleasings i. S. des KWG nach dem Merkblatt der BaFin, DB 2009, 801; *Fischbach/Stein,* Bilanzierungsstandard IFRS 16: Gestaltungsmöglichkeiten für den Leasinggeber, IRZ 2019, 159; *Flume,* Das Rechtsverhältnis des Leasing in zivilrechtlicher und steuerrechtlicher Sicht, Teil I-IV, DB 1972, 1, 53, 105 und 152; *ders.,* Die Rechtsfigur des Finanzierungsleasing, DB 1991, 265; *Frisse/Glaßl/Baranowski/Duwald,* Unternehmenssicherheit bei Banken, BKR 2018, 177; *Gabele/Kroll,* Grundlagen des Immobilien-Leasing, DB 1991, 241; *Gebler/Müller,* Finanzierungsleasing: Die Auswirkungen der Schuldrechtsreform und neuere Entwicklungen der Vertragspraxis, ZBB 2002, 107; *Gerhardt,* Die neuere Rechtsprechung zu den Mobiliarsicherheiten, JZ 1986, 736; *Gerken,* Tod des Leasingnehmers bei Finanzierungsleasing, DB 1997, 1703; *Gitter,* Gebrauchsüberlassungsverträge, 1988; *Gzuk,* Finanzierungsleasing als alternative Investitionsform, AcP 190 (1990), 208; *Habersack,* Verbraucherleasing nach der Schuldrechtsreform, BB-Beilage 6/2003, 2; *Hadding/Hopt* (Hrsg.), Das neue Verbraucherkreditgesetz, 1991; *Hager,* Rechtsfragen des Finanzierungsleasing von Hard- und Software, AcP 190 (1990), 324; *Hartleb,* Leasingvertragsklauseln und Inhaltskontrolle nach dem AGB-Gesetz, NZM 1998, 295; *Hartmann-Wendels/Pytlik,* Die Finanzkrise und die Refinanzierungsbedingungen im Leasing. Auswirkungen auf die Leasing-Gesellschaften, FLF 2010, 65; *Hartmann-Wendels,* Regulierung von Leasing- und Factoringunternehmen, ZBB 2010, 96; *Heermann,* Drittfinanzierte Erwerbsgeschäfte, 1998; *Herresthal,* Die Verpflichtung zur Bewertung der Kreditwürdigkeit und zur angemessenen Erläuterung nach der neuen Verbraucherkreditrichtlinie 2008/48/EG, WM 2009, 1174; *Höpfner,* Die Auswirkungen der Schuldrechtsreform auf das Finanzierungsleasing – Typologische Einordnung, FLF 2004, 72; *ders.,* Finanzierungsleasing mit Verbraucherbeteiligung als Umgehungstatbestand im Sinne des § 475 Abs. 1 Satz 2 BGB, ZBB 2006, 200; *Klaas,* Die Risikoverteilung bei neueren Finanzierungsmethoden, NJW 1968, 1502; *Klamroth,* Inhaltskontrolle von Finanzierungs-Leasing-Verträgen über bewegliche Gegenstände nach dem „Leitbild des Leasing-Vertrages", BB 1982, 1949; *Knops,* Die rechtliche Bindung des Leasinggebers an Zusagen des Lieferanten, BB 1994, 947; *Künkele/Zwirner,* BilMoG: Handelsrechtliche Reform mit steuerlichen Konsequenzen?, DStR 2009, 1277; *Küting/Koch,* Das Sale-and-Lease-back-Verfahren im Jahresabschluss des Verkäufers/Leasingnehmers nach HGB und IFRS, Teile I und II, KoR 2007, 533, 607; *Lange/Müller,* Neue Regeln für die Bilanzierung von Leasingverhältnissen, IRZ 2016, 111; *Larenz,* Schuldrecht BT, 12. Aufl. 1981; *Larenz/Canaris,* Schuldrecht BT, 13. Aufl. 1994; *Leenen,* Die Pflichten des Leasing-Gebers, AcP 190 (1990), 260; *Lieb,* Das Leitbild des Finanzierungs-Leasing im Spannungsfeld von Vertragsfreiheit und Inhaltskontrolle, DB 1988, 946; *ders.,* Gewährleistung beim reinen Finanzierungsleasing, DB 1988, 2495; *ders.,* § 9 Verbraucherkreditgesetz und Finanzierungsleasing, WM 1991, 1533; *ders.,* Zur Rügepflicht des nichtkaufmännischen Leasingnehmers bei Direktbelieferung durch den Verkäufer, wenn der Leasinggeber Kaufmanneigenschaft besitzt, JZ 1990, 976; *Leible,* Finanzierungsleasing und „arrendiamento financiero", 1996; *Löbbe,* Der Finanzierungsleasingvertrag nach der Schuldrechtsreform, BB-Beilage 6/2003, 32; *Lüdicke/Kind,* Finanzierungsleasing als Finanzdienstleistung – Vorschlag einer Begriffsbestimmung, DStR 2009, 709; *Lühn,* Bilanzierung von Sale-and-Lease-Back-Transaktionen nach IFRS 16, IRZ 2016, 193; *Lwowski,* Erwerbsersatz durch Nutzungsverträge, 1967; *Martinek,* Moderne Vertragstypen, Bd. I: Leasing und Factoring, 1991; *Martinek/Stoffels/Wimmer-Leonhardt* (Hrsg.), Handbuch des Leasingrechts, 2. Aufl. 2008; *Meincke,* Steuerbezogene Argumente in der Zivilrechtsprechung zum Finanzierungsleasing, AcP 190 (1990), 358; *Mörtenkötter,* Immobilienleasing in der notariellen Praxis, MittBayNot 1995, 329; *Nemet,* Gesetzliche Neuerungen – Herausforderungen für die Leasingbranche, ZfgKredW 2010, 787; *Oechsler,* Gerechtigkeit im modernen Austauschvertrag, 1997; *Omlor,* „Verbrauchsgüterleasing" als neue Kategorie, ZGS 2008, 220; *ders.*, Finanzierungsleasing unter der neuen Verbraucherkreditrichtlinie, NJW 2010, 2694; *ders.,* Leasingrecht im Dreieck von Gewährleistungs-, Verbraucherschutz und Aufsichtsrecht, JuS 2011, 305; *ders.,* Die Wohnimmobilienkreditrichtlinie und ihre Umsetzung in Deutschland, ZIP 2017, 112; *ders.,* Neuregelung der Finanzierung von Wohnimmobilien, NJW 2017, 1633; *ders.,* Leitlinien für die Kreditwürdigkeitsprüfung bei Immobiliar-Verbraucherdarlehen, NJW 2018, 2445; *Papapostolou,* Die Risikoverteilung beim Finanzierungsleasingvertrag über bewegliche Sachen, 1987; *Paulus,* Die steuerrechtliche Behandlung des Leasing, BB-Beilage 8/1984; *Passardi/Davidson,* IFRS 16 – Leasing von Immobilien nach IFRS und Obligationenrecht, IRZ 2018, 479; *Petersen/Zwirner,* Rechnungslegung und Prüfung im Umbruch: Überblick über das neue deutsche Bilanzrecht, KoR 2009, Beihefter 1 zu Heft 5; *Reiner/Kaune,* Die Gestaltung von Finanzierungsleasingverträgen nach der Schuldrechtsreform, WM 2002, 2314; *Reinicke/Tiedtke,* Kaufrecht, 8. Aufl. 2009; *dies.*, Finanzierungsleasing und Sachmängelhaftung, BB 1982, 1142; *Reinking/Eggert,* Der Autokauf, 14. Aufl. 2020; *Ritzer,* Anwendungsfragen zur Hinzurechnung von Finanzierungsanteilen nach § 8 Nr. 1 GewStG i. d. F. des UntStRefG 2008, DStR 2008, 1613; *Reschke,* Finanzierungsleasing und Factoring – Zwei neue Erlaubnistatbestände im Kreditwesen, BKR 2009, 141; *H. Roth,* Zur gerichtlichen Inhaltskontrolle von Finanzierungs-Leasingverträgen, AcP 90 (1990), 292; *Rösler/Werner,* Erhebliche Neuerungen im zivilen Bankrecht: Umsetzung von Verbraucherkredit- und Zahlungsdiensterichtlinie, BKR 2009, 1; *Runge/Bremser/Zöller,* Leasing – betriebswirtschaftliche, handels- u. steuerrechtliche Grundlagen, 1978; *Sannwald,* Finanzierungsleasingvertrag über bewegliche Sachen mit Nicht-Kaufleuten, 1982; *Schattenkircher,* Die aktuellen Entwicklungen im Leasingrecht, NJW 2013, 2398; *Schmalenbach/Sester,* Fortschreibung der typischen Vertragsstruktur für Leasingtransaktionen nach der Schuldrechtsreform, WM 2002, 2184; *dies.,* Zur Einführung des Flugzeugpfandbriefes, WM 2009, 725; *Schimansky/Bunte/Lwowski* (Hrsg.), Bankrechts-Handbuch, 5. Aufl. 2017; *Schmid-Burgk,* Leasingraten – Masseschulden oder Konkursforderungen?, ZIP 1998, 1022; *Schwerdtfeger,* Europäischer Pass für Leasing und Factoring, BKR 2010, 53; *Seibel,* Vertragsgestaltung im Immobilienleasing, NZM 1999, 197; *Sester,* US-Cross-Border Leasing – Eine Risikoanalyse, WM 2003, 1833; *ders.,* Tatbestand und rechtliche Struktur des Cross-Border-Leasings, ZBB 2003, 94; *Siems,* Die neue Verbraucherkreditrichtlinie und ihre Folgen, EuZW 2008, 454; *Slama,* Leasingspezifische Regelungen des Verbraucherkreditgesetzes, WM 1991, 569; *Sonnenberger,* Rechtsfragen beim Leasing beweglicher Sachen, NJW 1983, 2217; *Tesche/Küting,* IFRS 16: Paradigmenwechsel in der Leasing(nehmer) bilanzierung, DStR 2016, 620; *Tiedtke,* Zur Sachmängelhaftung des Leasinggebers, JZ 1991, 907; *Tonner,* Leasing im Steuerrecht, 6. Aufl. 2014; *Weber,* Die Entwicklung des Leasingrechts von Mitte 2003 bis Mitte 2005, NJW 2005, 2195; *Weber,* Die Entwicklung des Leasingrechts von Mitte 2007 bis Mitte 2009, NJW 2009, 2927; *Wehrheim,* Finanzcontrolling durch Forfaitierung von Forderungen aus Leasingverträgen, BB 1996, 1103; *Wolf,* Die Rechtsnatur des Finanzierungsleasings, JuS 2002, 335; *von Westphalen* (Hrsg.), Der Leasingvertrag, 7. Aufl. 2015; *ders.,* Die Haftung des Leasinggebers beim „sale-and-lease-back", BB 1991, 149; *ders.,* Leistungsfähigkeit und Leistungswilligkeit des Lieferanten – ein Risiko des Leasinggebers, ZIP 1985, 1436; *ders.,* Das Schuldrechtsmodernisierungsgesetz und Leasing, DB 2001, 1291; *ders.,* Die Auswirkungen der Schuldrechtsreform auf die „Abtretungskonstruktion" beim Leasing, ZIP 2001, 2258; *ders.*, Immobilien-Leasing-Verträge – einige Aspekte zur notariellen Praxis, MittBayNot 2004, 13; *ders.*, AGB-Recht im Jahr 2008, NJW 2009, 2355; *Zahn,* Die Leistung des Leasinggebers nach Übergabe – wertlos?, DB 1998, 1701; *Zahn,* Der kaufrechtliche Nacherfüllungsanspruch – ein Trojanisches Pferd im Leasingvertrag?, DB 2002, 985.

Übersicht

I. Das Leasing-Geschäft

1. Grundlagen

1 **a) Wirtschaftliche Konzeption.** Gegenstand des Leasinggeschäfts ist die (regelmäßig längerfristige) Verschaffung der Einsatz- und Verwendungsmöglichkeiten eines Wirtschaftsgutes gegen Zahlung eines ratenweise zu entrichtenden Entgelts.[1] Dem Leasinggeschäft liegt dabei in aller Regel eine Dreieckskonstellation zugrunde: Der **Leasingnehmer** hat ein Interesse an der Verwendung des Wirtschaftsgutes für eigene Zwecke; der Erwerb zu Volleigentum ist aber aus verschiedenen (vor allem bilanz- und steuerrechtlichen) Gründen für ihn unvorteilhaft. Der **Leasinggeber** sucht eine Investitionsmöglichkeit und übernimmt die Rolle des Financiers: Er erwirbt das zu überlassende Leasinggut – in aller Regel auf direkte Veranlassung des Leasingnehmers – beim **Lieferanten** mit eigenen Mitteln. Das nunmehr in seinem Eigentum stehende Leasinggut überlässt er dem Leasingnehmer für einen bestimmten Zeitraum. Der Leasingnehmer wird durch die Gebrauchsüberlassung in die Lage versetzt, mit Hilfe des Leasinggutes zu produzieren und Kapital zu erwirtschaften. Von diesem bedient er periodische, von vornherein festgelegte Zahlungen an den Leasinggeber als Gegenleistung für die Gebrauchsüberlassung. Im Idealfall erfolgt die Ratenzahlung gerade aus den unter Einsatz des Leasinggutes erwirtschafteten Gewinnen (pay as you earn).

2 Die Besonderheit des Leasinggeschäftes gegenüber anderen Formen der Finanzierung liegt darin, dass die Parteien ein Interesse daran haben, dass das Leasinggut **im Anlagevermögen des Leasinggebers aktiviert** wird.[2] Er erwirbt folglich nicht nur treuhänderisch gebundenes Eigentum, sondern Volleigentum. Hintergrund ist die steuer- wie bilanzrechtliche Behandlung des Leasings, die eine wirtschaftliche Eigentümerstellung des Leasinggebers vorteilhaft machen.[3]

3 In aller Regel wird der Leasinggeber mit dem an die Produktionsbedürfnisse des Leasingnehmers angepassten Leasinggut selbst wenig anzufangen wissen. Sein Interesse beschränkt sich darauf, aus der Entgeltzahlung des Leasingnehmers Gewinne für sein eingesetztes Investitionskapital zu erwirtschaften (sog. **Finanzierungsleasing**). Regelmäßig sind daher schon die vom Leasingnehmer für die Überlassung zu entrichtenden Raten so berechnet, dass der Leasinggeber aus ihnen das für den Erwerb des Leasinggutes eingesetzte Kapital nebst Zinsen und Gewinn erwirtschaften kann (sog. **Vollamortisation**). Dazu wird zwischen Leasingnehmer und Leasinggeber eine bestimmte Vertragslaufzeit vereinbart, innerhalb derer die ordentliche Kündigung des Vertrages ausgeschlossen ist. Häufig tritt die volle Amortisation aber auch nicht alleine durch die Leasingraten ein, sondern wird durch **Einmalzahlungen** (Sonderzahlungen oder Abschlusszahlungen) oder eine **Verwertung** des Leasinggutes bei Vertragsbeendigung erreicht.

---

[1] BGHZ 128, 255 (261) = NJW 1995, 1019 (1021); *Canaris* ZIP 1993, 401; BankR-HdB/*Martinek/Omlor* § 101 Rn. 1 mwN.
[2] MüKoBGB/*Koch* Finanzierungsleasing Rn. 1.
[3] → Rn. 16, 31.

4 **b) Bankwirtschaftliche Bedeutung.** Die Entwicklung des Leasings lässt sich in den USA bis in die 1870er Jahre zurückverfolgen, spielte aber in der Bundesrepublik zunächst keine Rolle. Erst seit Anfang der 1970er Jahre, nachdem die steuer- und bilanzrechtlichen Grundlagen weitgehend geklärt waren, erlangte der Leasingmarkt auch hierzulande zunehmende Bedeutung. War das Leasinggeschäft dabei zunächst auf den unternehmerischen Markt beschränkt, so ist mittlerweile diese Form der Finanzierung bei der Anschaffung höherwertiger Wirtschaftsgüter auch für die privaten Haushalte üblich.[4]

5 Die wohl als Erfolgsgeschichte zu bezeichnende Entwicklung des Leasings lässt sich mit eindrücklichen Zahlen belegen: Betrug der Anteil leasingfinanzierter Investitionen an den gesamtwirtschaftlichen Investitionen (sog. **Leasingquote**) zu Beginn des Aufstiegs des Leasingmarktes nur knapp 3 % (2 Mrd. DM), lag er bei der Wiedervereinigung bereits bei 10,1 % (35,5 Mrd. DM). Im Jahr 2013 erreichte die Leasingquote bereits einen Wert von 15,3 % (47,9 Mrd. EUR) und lag im Jahr 2018 bei 15,5 %.[5] Zu beobachten ist seit 2006 ein Auseinanderfallen der Leasingquoten in Bezug auf Mobilien und Immobilien: Während die Leasingquote für Mobilien von 22,0 % leicht auf 23,2 % im Jahr 2018 stieg, sank sie im selben Zeitraum für Immobilien von 8,3 % auf nur noch 1,1 %.

6 Der Grund für die beachtliche Marktakzeptanz des Leasings als Finanzierungsinstrument liegt im **Zusammenwirken mehrerer für den Leasingnehmer positiver Effekte:**[6] Als Fremdfinanzierungsinstrument ermöglicht das Leasing dem Leasingnehmer zunächst die Anschaffung des Leasinggutes ohne sofortige Liquiditätsbelastung und ohne zusätzliche anderweitige Sicherheitsleistung **(Liquiditätseffekt).** Die zu leistenden Raten werden – idealtypisch – aus den mithilfe des Leasinggutes erwirtschafteten Erträgen beglichen (pay as you earn). Durch den Verbleib der wirtschaftlichen Eigentümerstellung beim Leasinggeber steigt dabei zugleich die Eigenkapitalquote des Leasingnehmers **(Bilanzeffekt).**[7] Dadurch entstehen zugleich steuerliche Vorteile: So sind die Leasingraten regelmäßig als Betriebsausgaben steuerlich absetzbar und vermindern so die Steuerlast des Leasingnehmers; zugleich besteht für den Leasinggeber die Möglichkeit der Abschreibung über die betriebsgewöhnliche Nutzungsdauer **(Steuereffekt).**[8] Durch die nur zeitlich begrenzte Bindung bietet Leasing zudem die Möglichkeit, auf konjunkturbedingte Bedarfsschwankungen flexibel zu reagieren **(Auslastungseffekt);** dadurch wird zugleich das – gerade bei hochtechnologischem Anlagegut besonders ausgeprägte – wirtschaftliche Risiko eines „Veraltens" des Leasinggutes aus Sicht des Leasingnehmers minimiert **(Innovationseffekt).**

7 **c) Erscheinungsformen und Untertypen. aa) Finanzierungsleasing.** Das Finanzierungsleasing als spezifische Form der Fremdfinanzierung ist grundsätzlich auf den **Erwerb des Leasinggegenstandes** durch den Leasingnehmer ausgerichtet.[9] Funktional liegt ein Substitut zum Kauf vor.[10] Obgleich der Leasinggeber zivilrechtlicher Eigentümer des Leasinggegenstandes ist, werden sämtliche Investitionsrisiken auf den Leasingnehmer überwälzt; der Leasinggeber behält einzig das fremdfinanzierungstypische Kreditrisiko.[11]

8 Kennzeichnend für das Finanzierungsleasing ist, dass beiden Parteien daran gelegen ist, dass trotz ausschließlicher Nutzung durch den Leasingnehmer sowohl das zivilrechtliche Eigentum als auch die **wirtschaftliche Eigentümerstellung** so lange wie möglich beim **Leasinggeber** verbleiben, um bilanzielle und steuerrechtliche Vorteile zu nutzen.[12] Entsprechend lassen sich solche Leasingverhältnisse unterscheiden, die dieses Ziel einer wirtschaftlichen Zurechnung zum Leasinggeber erreichen (sog. **erlasskonformes** Finanzie-

[4] Vgl. dazu *Martinek* S. 40 f.; *Gitter* S. 278; BankR-HdB/*Martinek/Omlor* § 101 Rn. 3.
[5] Vgl. dazu www.destatis.de.
[6] *Bizenberger* S. 49; *Bitz/Stark* S. 113 f.; BankR-HdB/*Martinek/Omlor* § 101 Rn. 4.
[7] → Rn. 31.
[8] → Rn. 16.
[9] Vgl. BGHZ 128, 255 (261 ff.) = NJW 1995, 1019 (1021).
[10] BankR-HdB/*Martinek/Omlor* § 101 Rn. 1.
[11] MüKoBGB/*Koch* Finanzierungsleasing Rn. 4.
[12] *Gzuk* AcP 190 (1990), 208; *Meincke* AcP 190 (1990), 358.

rungsleasing), und solche, bei denen das nicht der Fall ist (sog. **nicht-erlasskonformes** Finanzierungsleasing).

Ferner lassen sich **Vollamortisationsverträge** (full-pay-out-Leasing) und **Teilamortisationsverträge** (non-full-pay-out-Leasing) gegenüberstellen.[13] Bei Vollamortisationsverträgen sind die Leasingraten so berechnet, dass allein aus diesen die vereinbarte Schuld (Preis des Leasinggutes, Zinsanteil, Kosten und Gewinnanteil des Leasinggebers) getilgt wird, während bei Teilamortisationsverträgen darüber hinaus entsprechende Einmalzahlungen notwendig sind. Gemeinsam ist beiden Formen die Vereinbarung einer Grundlaufzeit, während der die ordentliche Kündigung durch den Leasingnehmer ausgeschlossen ist. 9

Innerhalb der Rubrik der Vollamortisationsverträge lassen sich solche mit **Kauf- oder Verlängerungsoption** und solche ohne diese Option unterscheiden. Bei Teilamortisationsverträgen sind gebräuchliche Klauseln ein **Andienungsrecht** des Leasinggebers, ein **Veräußerungsrecht** des Leasingnehmers **mit Verteilung des Mehrerlöses** oder ein **Veräußerungsrecht mit Anrechnung des Erlöses** auf die vom Leasingnehmer geschuldete Schlusszahlung.[14] 10

bb) Operating-Leasing. Beim Operating-Leasing steht im Gegensatz zum Finanzierungsleasing nicht der langfristige Erwerb, sondern die **kurzfristige Gebrauchs- und Nutzungsüberlassung** des Leasinggegenstandes im Vordergrund. In der Regel besteht daher weder eine Grundlaufzeit mit Ausschluss des ordentlichen Kündigungsrechts noch eine Verpflichtung zur Leistung einer Abschlusszahlung. Anders als beim Finanzierungsleasing ist somit beim Operating-Leasing die **Amortisation nicht vertraglich gesichert;** der Leasinggeber trägt neben dem Kredit- auch das Investitions- und Absatzrisiko.[15] Gegenstand sind in aller Regel Wirtschaftsgüter mit hoher Fungibilität und Austauschbarkeit.[16] 11

Entsprechend ist für die **Abgrenzung** zwischen Finanzierungsleasing und Operating-Leasing darauf abzustellen, ob für den Leasinggeber der **überlassungshalber erfolgende Absatz vorrangig** ist und für den Leasingnehmer **lediglich ein Interesse an der entgeltlichen Nutzung** besteht. Hinzutreten können weitere indizielle Kriterien (Lang- oder Kurzfristigkeit, ordentliches Kündigungsrecht oder fixe Grundlaufzeit; mehrfache Verwendung des Leasinggutes für verschiedene Leasingnehmer; vereinbarter Austausch technisch überholter Leasinggegenstände, sog. revolving leasing etc).[17] 12

cc) Hersteller- und Händlerleasing. Übernimmt der **Lieferant** zugleich die **Rolle des Leasinggebers,** spricht man vom Hersteller- bzw. Händlerleasing.[18] Statt eines wirtschaftlich und organisationsrechtlich unabhängigen Finanzdienstleisters erfolgt das Leasing entweder **durch den Hersteller/Händler selbst** (direktes Hersteller- bzw. Händlerleasing) oder durch ein mit ihm organisationsrechtlich oder wirtschaftlich **verbundenes Unternehmen** (indirektes Hersteller- bzw. Händlerleasing). Die Leasingfinanzierung dient hier primär der Absatzförderung der eigenen Produkte.[19] 13

dd) Immobilienleasing. Als Gegenstand des Immobilienleasings kommen neben beweglichen Sachen auch **Grundstücke, Gebäude und Gebäudeteile** in Betracht.[20] Da- 14

[13] Vgl. EBJS/*Schmalenbach* Bank- und Börsenrecht Rn. V57; MüKoBGB/*Koch* Finanzierungsleasing Rn. 6.

[14] BankR-HdB/*Martinek/Omlor* § 101 Rn. 12; Derleder/Knops/Bamberger/*Mankowski/Knöfel* § 23 Rn. 7.

[15] Vgl. BGH NJW 1998, 1637 (1639); 2003, 505 (507); *Martinek* S. 54; Martinek/Stoffels/Wimmer-Leonhardt/*Martinek* § 3 Rn. 2 f.

[16] *Leible* S. 39; Martinek/Stoffels/Wimmer-Leonhardt/*Martinek* § 3 Rn. 10.

[17] Vgl. BankR-HdB/*Martinek/Omlor* § 101 Rn. 14; zur Abgrenzung näher auch *Lüdicke/Kind* DStR 2009, 709 (710).

[18] Vgl. dazu *Berger* S. 4 ff., 26 ff.; *Ebenroth* JuS 1978, 588 (589); *Emmerich* JuS 1990, 1 (3); *Beckmann* DStR 2006, 1329 (1330); von Westphalen/*von Westphalen* Rn. A78 ff.

[19] MüKoBGB/*Koch* Finanzierungsleasing Rn. 7; *Gerhardt* JZ 1986, 736 (743).

[20] Vgl. dazu ausführlich: *Gabele/Kroll* DB 1991, 241; *Engel* NZM 1998, 785.; MüKoBGB/*Koch* Finanzierungsleasing Rn. 10 ff. mwN; zur Vertragsgestaltung vgl. *Seibel* NZM 1999, 197; *von Westphalen* MittBayNot 2004, 13.

neben bilden auch diesen rechtlich weitgehend gleichgestellte Großobjekte wie **Flugzeuge oder Schiffe** taugliche Leasingobjekte.[21] In der Praxis erfolgt eine Gleichstellung aufgrund der Höhe des Investitionsvolumens („Big-Ticket-Leasing").[22] Oftmals übernimmt der Leasinggeber beim Immobilienleasing neben der reinen Finanzierung auch weitere Dienstleistungen im Zusammenhang mit Errichtung und Betrieb des Objekts (sog. **Brutto-Leasing**).

15 **ee) Sale-and-lease-back-Geschäfte.** Bei sale-and-lease-back-Transaktionen **veräußert der Eigentümer** den Leasinggegenstand an den Leasinggeber, um ihn **anschließend** von diesem (nunmehr als bloßer Leasingnehmer) zurück zu leasen.[23] Sale-and-lease-back-Geschäften fehlt es somit an dem ansonsten leasingtypischen Dreiecksverhältnis; sie sind nicht mehr als Finanzierungsleasing im engeren Sinn zu qualifizieren.[24] Ziel der Transaktion ist ein **kurzfristiger Gewinn von Liquidität;** hinzutreten können weitere Vorteile bilanz- und steuerrechtlicher Art.

16 **d) Grundzüge der steuerrechtlichen Behandlung. aa) Wirtschaftliche Eigentümerstellung.** Bei der ertragssteuerlichen Behandlung des Leasinggeschäfts ist danach zu differenzieren, wem das **wirtschaftliche Eigentum am Leasinggut** zuzuordnen ist.[25] Nach § 39 Abs. 2 Nr. 1 AO ist wirtschaftlicher Eigentümer eines Wirtschaftsgutes, wer die tatsächliche Herrschaft darüber in einer Weise ausübt, dass er **den bürgerlich-rechtlichen Eigentümer für die gewöhnliche Nutzungsdauer von der Einwirkung auf das Wirtschaftsgut ausschließen kann.** Zur Konkretisierung dieser abstrakten Definition hat zunächst der BFH in seinem Urteil vom 26.1.1970[26] leasingspezifische Zurechnungskriterien entwickelt; diese wurden in der Folgezeit ergänzt durch die vier sog. **Leasing-Erlasse** des BMF aus den Jahren 1971 (sog. Vollamortisationserlass[27]), 1972 (sog. Immobilien-Leasingerlass[28]), 1975 (sog. Teilamortisationserlass[29]) und 1991 (sog. Immobilien-Teilamortisationserlass[30]). Wirtschaftliche Gestaltungen, bei denen die wirtschaftliche Zuordnung der Eigentümerstellung zum Leasingnehmer vermieden wird, bezeichnet man daher auch als sog. „erlasskonformes Leasing".[31]

17 **(1) Mobilienleasing.** Im Bereich des Mobilienleasings richtet sich die Zuordnung des wirtschaftlichen Eigentums bei **Vollamortisationsverträgen** nach dem Verhältnis der Grundlaufzeit zur betriebsgewöhnlichen Nutzungsdauer. Bei einer **Grundlaufzeit von über 90 %** ist der zivilrechtliche Eigentümer über (nahezu) die gesamte Nutzungsdauer von der Einwirkung auf das Leasinggut ausgeschlossen; wirtschaftlicher Eigentümer ist dann der **Leasingnehmer.**[32] Umgekehrt wird eine **Grundlaufzeit von unter 40 %** als versteckter Ratenkauf gewertet; auch hier ist wirtschaftlicher Eigentümer der **Leasingnehmer.** Innerhalb des Rahmens von **40–90 %** der betriebsgewöhnlichen Nutzungsdauer ist grundsätzlich der **Leasinggeber** als wirtschaftlicher Eigentümer anzusehen.[33] Etwas ande-

---

[21] Zur Finanzierungsstruktur vgl. *Schmalenbach/Sester* WM 2009, 725 (727).

[22] Martinek/Stoffels/Wimmer-Leonhardt/*Martinek* § 3 Rn. 18.

[23] Vgl. dazu *Ebenroth* JuS 1978, 588 (589); *Ebenroth* JuS 1985, 425 (426); *Gitter* S. 283; Derleder/Knops/Bamberger/*Mankowski/Knöfel* § 23 Rn. 32; von Westphalen/*Hansen* Rn. N5.

[24] *Papapostolou* S. 31; *von Westphalen* BB 1991, 491 ff.; BankR-HdB/*Martinek/Omlor* § 101 Rn. 19; **aA** BGHZ 109, 250 = NJW 1990, 829 (831); *Larenz/Canaris* S. 103; MüKoBGB/*Koch* Finanzierungsleasing Rn. 13 mwN.

[25] Vgl. dazu auch EBJS/*Schmalenbach* Rn. V61; Derleder/Knops/Bamberger/*Mankowski/Knöfel* § 23 Rn. 14; BankR-HdB/*Martinek/Omlor* § 101 Rn. 5.

[26] BFH BStBl. II 1970, 264, abgedruckt in NJW 1970, 1148; vgl. dazu *Paulus* BB-Beilage 8/1984.

[27] BMF v. 19.3.1971, BStBl. I 1971, 264, abgedruckt in BB 1971, 506 ff.

[28] BMF v. 21.3.1972, BStBl. I 1972, 188, abgedruckt in BB 1972, 433 ff.

[29] BMF v. 22.12.1975 – IV B 2 – S. 2170 – 161/75, abgedruckt in DB 1976, 172.

[30] BMF v. 23.12.1991, BStBl. I 1992, 1 (13), abgedruckt in BB 1992, 181.

[31] EBJS/*Schmalenbach* Rn. V61.

[32] BFH BStBl. II 1970, 264 (273); dazu *Tonner* Kap. 2 Rn. 28.

[33] Lüdicke/Sistermann/*Brinkmann/Walter-Yadegardjam* UnternehmenStR § 10 Rn. 71; *Tonner* Kapitel 2 Rn. 30.

res gilt bei Leasingverträgen mit **Kauf- oder Verlängerungsoption,** wenn der Kaufpreis bzw. die Anschlussmiete nicht dem nach der AfA-Tabelle ermittelten Buchwert oder dem niedrigeren gemeinen Wert des Leasinggutes am Ende der Grundmietzeit entsprechen.[34] Dasselbe gilt grundsätzlich auch für **Leasingverträge mit automatischer Verlängerung** für den Fall der Nicht-Kündigung.[35]

Für **Teilamortisationsverträge** hat das BMF für einige typische Vertragsgestaltungen Vorgaben zur Anwendung des § 39 AO erlassen.[36] Auch hier gilt der Grundsatz, dass sich die unkündbare Grundmietzeit innerhalb des 40–90 %-Rahmens zu bewegen hat; im Übrigen wird nach dem Vertragsinhalt differenziert: Hat der Leasinggeber nach Ablauf der Grundmietdauer zwar ein **Andienungsrecht,** der Leasingnehmer aber keinen entsprechenden Anspruch, dh ist ihm im Vertrag kein entsprechendes Optionsrecht eingeräumt, so ist der **Leasinggeber** wirtschaftlicher Eigentümer; er behält die Chance einer evtl. Wertsteigerung, ohne umgekehrt zu einem möglicherweise geringeren Wert verkaufen zu müssen, so dass er das Wertverlustrisiko trägt.[37] Gleiches gilt, wenn der Vertrag vorsieht, dass bei Ablauf der Grundmietzeit der Leasinggeber das Leasinggut veräußert und bei einem Überschuss des Erlöses im Vergleich zur Restamortisation der **Mehrerlös geteilt** wird, bzw. bei Unterdeckung der Leasingnehmer eine Einmalzahlung in Höhe der Restamortisation zu leisten hat.[38] Wird der Veräußerungserlös nicht aufgeteilt, sondern lediglich auf eine vom Leasingnehmer zu leistende **Schlusszahlung angerechnet,** kommt ein Mehrerlös regelmäßig allein dem Leasinggeber zugute. Dann ist er als wirtschaftlicher Eigentümer zu behandeln.[39] In Fällen einer **Doppeloption,** also bei Bestehen eines Andienungsrechts seitens des Leasinggebers und einer Kaufoption des Leasingnehmers zu einem bereits bei Vertragsschluss festgelegten Kaufpreis, ist wirtschaftlicher Eigentümer dagegen der Leasingnehmer; er trägt das Risiko der Wertminderung, hat aber zugleich die Chance der Wertsteigerung.[40] 18

Zusammenfassend lässt sich damit feststellen, dass sämtliche erlasskonformen Teilamortisationsverträge, dh solche, bei denen die wirtschaftliche Eigentümerstellung dem Leasinggeber zuzurechnen ist, trotz ihrer Bezeichnung **auf Vollamortisation gerichtet** sind.[41] 19

(2) Immobilienleasing. Im Bereich des **Immobilienleasings** ist zu beachten, dass Grund und Boden und die darauf stehenden Gebäude unabhängig von der zivilrechtlichen Beurteilung grundsätzlich eigenständige Wirtschaftsgüter darstellen. Auch sind hier Vollamortisationsverträge praktisch eher selten; wer Anschaffungs- und Herstellungskosten für eine Immobilie vollständig aufbringt, will in der Regel auch deren Eigentümer werden.[42] 20

Bei Immobilien-Teilamortisationsverträgen ist der **Grund und Boden** grundsätzlich demjenigen zuzurechnen, dem auch die wirtschaftliche Eigentümerstellung des Gebäudes zuerkannt wird. Dies ist **grundsätzlich der Leasinggeber;** der 40–90 %-Rahmen ist bei Teilamortisationsverträgen ohne Kauf- oder Mietverlängerungsoption nicht anzuwenden.[43] 21

Bei Immobilien-Teilamortisationsverträgen mit **Kauf- oder Verlängerungsoption** wird das wirtschaftliche Eigentum an Grund und Boden und dem Gebäude dem Leasingnehmer dann zugerechnet, wenn die Grundlaufzeit 90 % der betriebsgewöhnlichen Nutzungsdauer übersteigt oder wenn die bei Ausübung der Option zu zahlende Leistung nicht als adäquate Kompensation erscheint.[44] Letzteres ist beim Vertrag mit Kaufoption dann der Fall, wenn 22

---

[34] Vgl. Lüdicke/Sistermann/*Brinkmann/Walter-Yadegardjam* UnternehmenStR § 10 Rn. 71.
[35] Vgl. Lüdicke/Sistermann/*Brinkmann/Walter-Yadegardjam* UnternehmenStR § 10 Rn. 72.
[36] BMF v. 22.12.1975 – IV B 2 – S. 2170 – 161/75, abgedruckt in DB 1976, 172.
[37] BMF v. 22.12.1975 – IV B 2 – S. 2170 – 161/75, Tz. 2. a).
[38] BMF v. 22.12.1975 – IV B 2 – S. 2170 – 161/75, Tz. 2. b).
[39] BMF v. 22.12.1975 – IV B 2 – S. 2170 – 161/75, Tz. 2. c).
[40] Vgl. *Tonner* Kapitel 2 Rn. 48; Lüdicke/Sistermann/*Brinkmann/Walter-Yadegardjam* UnternehmenStR § 10 Rn. 80.
[41] *Larenz/Canaris* S. 101.
[42] Vgl. Lüdicke/Sistermann/*Brinkmann/Walter-Yadegardjam* UnternehmenStR § 10 Rn 87; *Engel* NZM 1998, 785 (788).
[43] BMF v. 23.12.1991 – IV B 2 – S. 2170 – 115/91 – BStBl. I 1992, 13, Tz. 2a); *Tonner* Kapitel 2 Rn. 51.
[44] BMF v. 23.12.1991 – IV B 2 – S. 2170 – 115/91 – BStBl. I 1992, 13, Tz. 2b) bb).

der vereinbarte Kaufpreis geringer ist als der bei Ablauf der Grundlaufzeit bestehende Restbuchwert des Grundstücks nach Maßgabe des § 7 Abs. 4 EStG, bei Verträgen mit Verlängerungsoption dann, wenn die Anschlussraten nicht mindestens 75 % des marktüblichen Entgeltes beträgt.[45]

23 Schließlich erfolgt eine Zurechnung zum Leasingnehmer dann, wenn dieser im Vertrag bestimmte besondere Verpflichtungen übernimmt. Der Immobilien-Teilamortisationserlass des BMF nennt hierfür insgesamt sechs Fallgruppen.[46] Allen gemeinsam ist, dass der Leasingnehmer **eigentümerspezifische Risiken** übernimmt, insbesondere dass er die Gefahr der unverminderten Leistungspflicht bei zufälligem Untergang des Leasinggutes und damit die Preisgefahr trägt.

24 **bb) Einkommens- und Körperschaftssteuer.** Liegt danach das wirtschaftliche Eigentum beim Leasinggeber (**erlasskonformes** Leasing), zählt das Leasinggut in der Regel zu dessen Anlagevermögen. Der Leasinggeber ist berechtigt, eine **Absetzung für Abnutzung** (AfA) vorzunehmen, die sich an der zu erwartenden tatsächlichen Nutzungsdauer orientiert.[47] In der Praxis erfolgt eine Bemessung auf Grundlage der amtlichen AfA-Tabellen.[48] Für den Leasingnehmer sind die **Leasingraten** als Entgelt für die Gebrauchsüberlassung wie Mietzahlungen zu behandeln und wirken als **Betriebsausgaben** nach § 4 Abs. 4 EStG gewinnmindernd. **Sonderzahlungen,** die im Hinblick auf die zukünftige Gebrauchsüberlassung bezahlt werden, sind wie Vorauszahlungen linear über die Grundlaufzeit **zu verteilen.**[49] Erfolgen die Sonderzahlungen nicht im Hinblick auf die künftige Gebrauchsüberlassung, ist von sofort abzugsfähigen Betriebsausgaben auszugehen.[50]

25 Ist das wirtschaftliche Eigentum dagegen dem Leasingnehmer zuzurechnen (**nicht-erlasskonformes** Leasing), hat nicht der Leasinggeber, sondern der Leasingnehmer das Leasinggut in seiner Handels- und Steuerbilanz auszuweisen. Eine AfA seitens des Leasinggebers scheidet aus; er hat stattdessen die **Forderung gegen den Leasingnehmer** mit ihrem Barwert zu aktivieren.[51] Die Bewertung beim Leasingnehmer erfolgt mit den **Anschaffungs- und Herstellungskosten** gem. § 6 Abs. 1 Nr. 1 oder 2 EStG. Zugrunde zu legen sind dabei nur solche Kosten, die der Leasingnehmer hätte aufbringen müssen, wenn er das Leasinggut direkt beim Lieferanten erworben und diesen Erwerb fremdfinanziert hätte.[52] Sonstige Kosten wie Verwaltungsgebühren, Zinsen und Gewinn, die der Leasingnehmer vertraglich übernommen hat, bleiben unberücksichtigt. Die **Verbindlichkeit gegenüber dem Leasinggeber** schließlich ist wie eine ratenweise Kaufpreisschuld zu behandeln und in Zins- und Kostenanteile aufzuteilen.[53]

26 **cc) Gewerbesteuer.** Auf der Ebene des Leasingnehmers erfolgt beim erlasskonformen Leasing eine **Hinzurechnung** eines Viertels der Finanzierungsanteile des § 8 Nr. 1 GewStG zum Gewinn des Leasingnehmers, soweit diese den gemeinsamen Freibetrag von 100.000 EUR übersteigen. Als Finanzierungsanteil beim **Mobilien-Leasing** bestimmt § 8 Nr. 1 lit. d GewStG ein Fünftel der Leasingraten; hinzuzurechnen sind damit **effektiv 5 %** der Leasingraten. Beim **Immobilienleasing** beträgt der Finanzierungsanteil seit dem Wachstumsbeschleunigungsgesetz[54] nunmehr die Hälfte der Leasingraten, der effektive Hinzurechnungsbetrag damit **12,5 %** (§ 8 Nr. 1 lit. e GewStG).[55] Die frühere Hinzurech-

---

[45] BMF v. 23.12.1991 – IV B 2 – S. 2170 – 115/91 – BStBl. I 1992, 13, Tz. 2b) bb).
[46] BMF v. 23.12.1991 – IV B 2 – S. 2170 – 115/91 – BStBl. I 1992, 13, Tz. 2b) dd).
[47] MüKoBGB/*Koch* Finanzierungsleasing Rn. 18.
[48] Vgl. EBJS/*Schmalenbach* Rn. V61.
[49] Vgl. Lüdicke/Sistermann/*Brinkmann/Walter-Yadegardjam* UnternehmenStR § 10 Rn. 103.
[50] Str.; vgl. *Bordewin* FR 1977, 10; Runge/Bremser/Zöller/*Runge* Leasing S. 303.
[51] Str.; vgl. *Wehrheim* BB 1996, 1103; Blümich/*Buciek* § 5 Rn. 1047.
[52] Vgl. Lüdicke/Sistermann/*Brinkmann/Walter-Yadegardjam* UnternehmenStR § 10 Rn. 114.
[53] BMF vom 19.4.1971, BStBl. I 1971, 264, Tz. V 1; BMF v. 21.3.1972, BStBl. I 1972, 188, Tz. II 1a).
[54] Wachstumsbeschleunigungsgesetz v. 22.12.2009 (BGBl. I S. 3950); zuvor war der Finanzierungsanteil mit 13/20 (65 %) zu berechnen.
[55] Vgl. *Barzen* BC 2008, 317 ff.

nungsvorschrift des § 8 Nr. 7 GewStG aF ist mit der Unternehmenssteuerreform 2008[56] weggefallen.[57]

Auf der Ebene des **Leasinggebers** hat der Gesetzgeber mit dem JStG 2009[58] das sog. **Bankenprivileg** des § 19 GewStDV auch auf bestimmte Leasing- und Factoringunternehmen ausgeweitet. Für sie ergeben sich neue Regelungen für die Hinzurechnung von Refinanzierungszinsen. **27**

Für die privilegierten Unternehmen sind **Entgelte für Schulden und diesen gleichgestellte Beträge** iSd § 8 Nr. 1 GewStG damit dem Gewinn aus dem Gewerbebetrieb nur noch in dem Maße hinzuzurechnen, wie die Wertansätze der in § 19 Abs. 1 GewStDV bestimmten Wirtschaftsgüter (Grundstücke, Gebäude, Betriebs- und Geschäftsausstattung, Schiffe, Anteile an Kreditinstituten und sonstigen Unternehmen sowie Forderungen aus Vermögenseinlagen als stiller Gesellschafter und aus Genussrechten) das steuerliche Eigenkapital überschreiten. Damit wird die durch die Unternehmenssteuerreform verursachte **Benachteiligung des Finanzierungsleasings** im Vergleich zum klassischen Bankkredit (Gewerbesteuerpflichtigkeit von Zinsen sowohl beim Leasingnehmer als auch beim Leasinggeber, **Doppelbesteuerung**) mit Rückwirkung für das Jahr 2008 beseitigt. **28**

Zunächst hatte der Gesetzgeber die Ausweitung des Gewerbesteuerprivilegs allerdings sehr restriktiv verfasst.[59] Nach § 19 Abs. 3 Nr. 4 GewStDV i. d. Fassung des JStG 2009 sollte das Bankenprivileg nur auf Unternehmen anwendbar sein, die **„nachweislich ausschließlich“** erlaubnispflichtige Finanzdienstleistungen iSd § 1 Abs. 1a KWG erbringen. Hierzu zählten jedenfalls solche Leasingunternehmen, die ausschließlich Finanzierungsleasing betreiben, § 1 Abs. 1a Nr. 10 KWG.[60] Dieses **Ausschließlichkeitsgebot** wurde von der Finanzverwaltung zudem sehr restriktiv ausgelegt.[61] Begünstigt sollten danach neben Finanzdienstleistungen iSd KWG nur reine Hilfs- und Nebentätigkeiten sowie bestimmte Zwischenanlagen des Eigenkapitals sein. Nicht begünstigt sollten dagegen solche Tätigkeiten des Leasinggebers werden, die Ausfluss der Nutzung durch den Leasingnehmer (zB auftragsgemäße Inspektion des Leasinggegenstandes) oder Vermittlungstätigkeiten waren, und zwar selbst dann, wenn sie sich auf Finanzdienstleistungen iSd § 1 Abs. 1a KWG bezogen. Für die nicht begünstigten Tätigkeiten sollte dabei eine (sehr knapp bemessene) Schwelle von 1 % des Gesamtumsatzes gelten **(Billigkeitsregel),** unterhalb derer die nicht begünstigten Tätigkeiten der Anwendung des Gewerbesteuerprivilegs (noch) nicht entgegenstehen sollten. **29**

In der Praxis hat diese restriktive Normierung dazu geführt, dass kaum ein Leasingunternehmen in den Genuss des Gewerbesteuerprivilegs gekommen ist.[62] Der Gesetzgeber hat insofern reagiert und **nachgebessert.**[63] Nach **§ 19 Abs. 4 GewStDV** unterbleibt nunmehr eine Hinzurechnung, soweit die Refinanzierungszinsen unmittelbar auf Finanzdienstleistungen entfallen. **30**

e) Grundzüge der bilanziellen Behandlung. aa) Rechnungslegung nach HGB. **31**
Mit der Änderung des § 246 Abs. 1 S. 2 HGB im Rahmen des BilMoG[64] ist der Grundsatz der **wirtschaftlichen Zurechnung** als Maßstab für die **handelsrechtliche Rechnungslegung** nunmehr auch explizit im HGB genannt. Abzustellen ist auf eine wirtschaftliche Betrachtungsweise unter Zugrundelegung der Chancen- und Risikoverteilung. Ein Ver-

[56] Unternehmenssteuerreformgesetz v. 14.7.2007 (BGBl. I 2007, 1912).
[57] Vgl. zum Ganzen *Ritzer* DStR 2008, 1613 (1619).
[58] Jahressteuergesetz 2009, BGBl I 2009, 2794.
[59] Zu den Auslegungsfragen vgl. *Beckert/Schilling* BB 2009, 360 ff.
[60] Vgl. zum Begriff → Rn. 48.
[61] Oberste Finanzbehörden der Länder, gleichlautender Erlass v. 27.11.2009, abgedruckt in DStR 2009, 2595.
[62] Vgl. etwa *Farle* Immobilien Zeitung Nr. 19 v. 13.5.2010, S. 11.
[63] Art. 4 des Gesetzes zur Umsetzung steuerlicher EU-Vorgaben sowie zur Änderung steuerlicher Vorschriften vom 8.4.2010 (BGBl. I S. 386); vgl. dazu *Nemet* ZfgKredW 2010, 787.
[64] Bilanzrechtsmodernisierungsgesetz v. 25.5.2009 (BGBl. I 2009, 1102).

mögensgegenstand ist somit von dem Unternehmen zu bilanzieren, dem die wesentlichen Chancen und Risiken daraus zuzurechnen sind.[65] Da auch die steuerrechtlichen Leasingerlasse dieses Kriterium zugrunde legen, besteht damit ein grundsätzlicher **Gleichlauf** zwischen **handelsbilanzieller** und **steuerrechtlicher Zurechnung.**[66]

32 Ist der Leasingvertrag primär auf die Nutzungsüberlassung ohne Einräumung wirtschaftlichen Eigentums gerichtet und somit als Miet- oder Pachtvertrag zu qualifizieren **(Operating-Leasing),** bleibt der Leasinggeber sowohl zivilrechtlicher als auch wirtschaftlicher Eigentümer. Der Vermögensgegenstand ist daher in seiner Bilanz auszuweisen.[67]

33 Beim **erlasskonformen Finanzierungsleasing** bleibt die wirtschaftliche Eigentümerstellung ebenfalls beim Leasinggeber. Beim **nicht-erlasskonformen Leasing** hingegen ist der Leasinggegenstand wirtschaftlich dem Leasingnehmer zuzurechnen und in seiner Bilanz zu aktivieren. Der Leasinggeber hat hier lediglich seine Forderung gegenüber dem Leasingnehmer auszuweisen. Die Zurechnung entscheidet auch beim **sale-and-lease-back.**[68]

34 **bb) Bilanzierung nach IFRS.** Einschlägig für die Bilanzierung von Leasinggegenständen ist die vom International Accounting Standards Board (IASB) herausgegebene **IFRS 16**[69], welcher für **ab dem 1.1.2019** beginnende Geschäftsjahre die Nachfolge von IAS 17[70] angetreten hat. Der zentrale Unterschied zur bisherigen Regelung liegt darin, dass regelmäßig **sämtliche Leasingverhältnisse in der Bilanz des Leasingnehmers** erfasst werden sollen. Auch ist die Differenzierung zwischen Finanzierungs- und Operating-Leasing für den Leasingnehmer nicht mehr erforderlich. Den Änderungen war wegen dieser Paradigmenwechsel eine längere Umstellungszeit von Januar 2016 bis zum Jahresbeginn 2019 vorausgegangen. Mit **US-GAAP** besteht keine vollständige Übereinstimmung.[71]

35 Der neue Bilanzierungsstandard kennt keine bilanzneutrale Abbildung von Leasinggeschäften mehr, sondern ordnet sämtliche Leasingverhältnisse als **Nutzungsrechte** beim **Leasingnehmer** ein.[72] Der „Risk-and-reward"-Ansatz der IAS 17 wurde durch den **„Right-of-use"-Ansatz** der IFRS 16 ersetzt.[73] Zugrunde liegt die Annahme, wonach der Leasinggeber durch Zurverfügungstellung des Leasingobjekts seine Pflicht erfüllt habe und danach nur noch eine Zahlungsverpflichtung des Leasingnehmers bestehe.[74] Demgegenüber hat die Bilanzierung auf Seiten des Leasinggebers keine durchgreifenden Änderungen gegenüber IAS 17 erfahren.[75] Der **Leasinggeber** hat weiterhin eine Einordnung als **Operating-Leasing oder Finanzierungsleasing** vorzunehmen (IFRS 16.61 ff.).

36 Den zentralen Tatbestand bildet die **Definition eines Leasingverhältnisses in IFRS 16.9.** Danach liegt ein Leasingverhältnis vor, „wenn der Vertrag dazu berechtigt, die Nutzung eines identifizierten Vermögenswerts gegen Zahlung eines Entgelts für einen bestimmten Zeitraum zu kontrollieren". Damit ist keine Ausdehnung des Anwendungsbereichs angestrebt,[76] auch wenn grundsätzlich Leasingverhältnisse „jeglicher Art" (IFRS 16.3) einbezogen sind. Ob ein Leasingverhältnis vorliegt, ist einer eigenständigen Würdigung nach dieser Definition zu unterziehen; die zivilrechtliche Einordnung kann im

---

[65] *Künkele/Zwirner* DStR 2009, 1277 (1279); *Petersen/Zwirner* KoR 2009, Beiheft 1 zu Heft 5, S. 9.

[66] EBJS/*Schmalenbach* Rn. V64; *Lüdicke/Kind* DStR 2009, 709 (711); *Künkele/Zwirner* DStR 2009, 1277 (1279).

[67] MüKoHGB/*Ballwieser* § 246 Rn. 45.

[68] Dazu jüngst BFHE 255, 386 = DStR 2017, 300; Überblick bei BilanzHdb/*Winnefeld* Kap. D Rn. 305; *Küting/Koch* KoR 2007, 533 (607).

[69] Übernommen in VO (EU) 2017/1986 v. 31.10.2017, ABl. EU Nr. L 291, 1, v. 9.11.2017.

[70] International Accounting Standard 17 – Leasingverhältnisse; übernommen durch VO (EG) Nr. 1126/2008 vom 3.11.2008, ABl. EU Nr. L 320, S. 1 (83); Überblick bei *Lüdicke/Kind* DStR 2009, 709 (711); MüKoHGB/*Ballwieser* § 246 Rn. 106 ff.

[71] Vgl. zu den Abweichungen IFRS 16, Effect Analysis, 66 ff.

[72] *Lange/Müller* IRZ 2016, 111.

[73] *Fischbach/Stein* IRZ 2019, 159 (160).

[74] *Tesche/Küting* DStR 2016, 620 (621).

[75] *Lange/Müller* IRZ 2016, 111.

[76] *Lange/Müller* IRZ 2016, 111 (112).

Einzelfall divergieren.[77] Hinsichtlich der **Identifizierbarkeit des Vermögenswerts** ist erforderlich, dass er physisch von anderen abgrenzbar ist.[78] Zudem kommt es nach IFRS 16.B13 darauf an, ob eine konkrete Spezifizierung im Vertrag erfolgt ist; alternativ kommt eine stillschweigende Spezifizierung durch Zurverfügungstellung an den Kunden in Betracht. Eine **Kontrolle** iSv IFRS 16.9 liegt vor, wenn der Leasingnehmer unter anderem über den Einsatzzweck, den Produktionszeitpunkt und -ort sowie die Produktionsmenge frei entscheiden kann (IFRS 16.B25 ff.).[79]

Bestimmte Konstellationen **nimmt IFRS 16.3 aus dem Anwendungsbereich aus.** 37
Dazu zählen Leasingverhältnisse zur Exploration von nicht regenerativen Ressourcen (zB Öl, Erdgas, Mineralien), zu biologischen Vermögenswerten nach IAS 41 *Landwirtschaft,* Dienstleistungskonzessionsvereinbarungen nach IFRIC 12, zu Lizenzen zur Nutzung geistigen Eigentums im Anwendungsbereich von IFRS 15 *Erlöse aus Verträgen mit Kunden* sowie Rechte aus Lizenzvereinbarungen nach IAS 38 Immaterielle Vermögenswerte (zB Filme, Patente). Überwiegend handelt es sich dabei um **Subsidiaritätsanordnungen** gegenüber vorrangigen Regelungen.

Der Leasingnehmer hat im Leasingmodell nach IFRS 16 das Recht zur Nutzung des 38
Leasinggegenstands, ihn trifft die Pflicht zur Zahlung der Leasingraten und zur Rückgabe mit dem Ende der Laufzeit.[80] Bis zum Zeitpunkt der Zurverfügungstellung des Leasinggegenstands an den Leasingnehmer liegt ein **schwebendes Geschäft** vor.[81] In der Folge bedarf es zumindest auf Seiten des Leasingnehmers keiner Einordnung von Leasingverhältnissen mehr, da sie im Regelfall ab der Zurverfügungstellung bilanzwirksam sind.

Einen Sonderfall stellen **sale-and-lease-back**-Fälle dar. Der Verkäufer-Leasingnehmer 39
schreibt das verbleibende Nutzungsrecht planmäßig ab und passiviert eine Leasing-Verbindlichkeit.[82] Demgegenüber besteht beim Käufer-Leasinggeber eine weitgehende Kontinuität zu IAS 17. Der Leasinggeber hat daher nach Maßgabe von IFRS 16.61 ff. das Leasingverhältnis als Operating- oder Finanzierungsleasing zu klassifizieren.[83] Je nach Einordnung hat der Leasinggeber das Leasinggut oder die Leasingforderung in seiner Bilanz zu aktivieren.

Für **Folgebewertungen** greift grundsätzlich das **Anschaffungskostenmodell** ein 40
(IFRS 16.29). Alternativ ist das **Zeitwertmodell** nach IAS 40 *Als Finanzinvestition gehaltene Immobilien* anzuwenden, sofern der Leasingnehmer dieses Modell auch auf seine als Finanzinvestitionen gehaltenen Immobilien anwendet (IFRS 16.34). Demgegenüber besteht die Wahlmöglichkeit nach IFRS 16.35, das **Neubewertungsmodell** aus IAS 16 für Nutzungsrechte an Sachanlagevermögenswerte zu nutzen. In diesem Fall bedarf es jedoch einer einheitlichen Anwendung des Neubewertungsmodells für sämtliche Sachanlagevermögenswerte einer Klasse und alle „right-of-use"-Vermögenswerte dieser Klasse.[84]

f) Rechtsnatur des Leasings. Der **BGH** und Teile der Literatur qualifizieren den 41
Finanzierungsleasingvertrag im Wesentlichen als **atypischen Mietvertrag.**[85] Diese Ansicht rückt die Eigentümerstellung des Leasinggebers und die entgeltliche Gebrauchsüberlassung an den Leasingnehmer in den Vordergrund, aus der sie eine weitgehend

77 *Passardi/Davidson* IRZ 2018, 479 (481).
78 *Fischbach/Stein* IRZ 2019, 159 (160).
79 *Lange/Müller* IRZ 2016, 111 (112).
80 *Tesche/Küting* DStR 2016, 620 (623).
81 *Tesche/Küting* DStR 2016, 620 (624).
82 *Lühn* IRZ 2016, 193 (194 f.).
83 *Lühn* IRZ 2016, 193 (194).
84 *Tesche/Küting* DStR 2016, 620 (625).
85 BGHZ 68, 118 (123) = NJW 1977, 848; BGH NJW 1989, 460 (461); BGHZ 111, 84 (95) = NJW 1990, 1785; BGHZ 128, 255 (261 f.) = NJW 1995, 1019; BGH NJW 1996, 2860; 2002, 133 (135); *Schmalenbach/Sester* WM 2002, 2184; *Gebler/Müller* ZBB 2002, 107 (108); *Flume* DB 1991, 265 (267); *Wolf* JuS 2002, 335 f.; von Westphalen/*von Westphalen* Rn. A14 ff.; vgl. auch *Reinicke/Tiedtke* BB 1982, 1142 (1146); *Blomeyer* NJW 1978, 973; *Döllerer* BB 1971, 535 (539); *Sonnenberger* NJW 1983, 2217 (2218); *Sannwald* S. 87 ff.; Derleder/Knops/Bamberger/*Mankowski/Knöfel* § 23 Rn. 36, jeweils mwN.

entsprechende Anwendung der mietvertraglichen Vorschriften herleitet. Auf das Finanzierungsleasing sei damit „in erster Linie" Mietrecht anzuwenden.[86] Dennoch betont auch der BGH zunehmend die wirtschaftliche **Finanzierungsfunktion** des Leasingvertrages. So erkennt er unter anderem einen „leasingtypischen" Vollamortisationsanspruch des Leasinggebers an[87] und rekurriert bei der Inhaltskontrolle von Vertragsklauseln auf die leasingtypische Interessenlage, die Abweichungen vom mietvertraglichen Leitbild erforderlich machen könne.[88] Sogar ein eigenständiges leasingvertragliches Leitbild findet Anerkennung.[89]

42 Die mietrechtliche Qualifikation wird in großen Teilen des **Schrifttums abgelehnt.**[90] Von einer Einordnung als **gemischttypischer Vertrag,** der darlehensrechtliche und geschäftsbesorgungsrechtliche Elemente vereine, geht namentlich Canaris aus.[91] Diese geschäftsbesorgungsvertragliche Theorie hat sich jedoch neuerdings der sui generis-Theorie angenähert.[92] Nach der im Vordringen befindlichen und **vorzugswürdigen** Literaturansicht[93] handelt es sich beim Leasingvertrag um einen **Vertrag sui generis,** wonach eine **finanzierte Gebrauchsüberlassung eigener Art** vorliegt. Im Hinblick auf die Finanzierungsfunktion und den leasingtypischen Beschaffungsvorgang einerseits und die Gebrauchsüberlassungspflicht andererseits sind die Abweichungen von den gesetzlichen Vertragstypen zu ausgeprägt. Aus dem Finanzierungsleasingvertrag trifft den Leasinggeber die Pflicht, das Leasingobjekt durch Abschluss eines Liefervertrages mit einem Dritten (Lieferanten) zu finanzieren sowie während der Leasingzeit seinen Gebrauch zunächst zu über- und danach zu belassen. Demgegenüber entrichtet der Leasingnehmer die vereinbarten Leasingraten und stellt bei Teilamortisationsverträgen die Vollamortisation (zB durch eine Abschlusszahlung) sicher. Im Gegensatz zur mietvertraglichen Theorie der Rechtsprechung vermeidet die sui generis-Lehre, dass die fehlende Gebrauchstauglichkeit des Leasingguts originär als Pflichtverletzung des Leasinggebers zu werten ist und eine solche interessenwidrige Rechtsfolge erst über einen am AGB-Recht zu messenden Haftungsausschluss vermieden werden kann.

2. Grenzüberschreitendes Leasinggeschäft und anwendbares Recht

43 **a) Kollisionsrechtliche Behandlung.** Haben die Vertragspartner ihren Sitz oder ihre Niederlassung in verschiedenen Staaten, liegt ein grenzüberschreitender Sachverhalt vor (sog. **cross-border-leasing**).[94] In aller Regel werden die Parteien im Vertrag eine vorrangige Rechtswahl treffen (Art. 3 Rom I-VO[95]). Mangels Rechtswahl unterliegt der Vertrag dem Recht des Staates, in dem die Partei, welche die für den Vertrag charakteristische Leistung zu erbringen hat, ihren gewöhnlichen Aufenthalt hat (Art. 4 Abs. 2 Rom I-VO), soweit keine spezielle Verweisung für den jeweiligen Vertragstypus vorgesehen ist (Art. 4 Abs. 1 Rom I-VO). Subsidiär ist an dasjenige Recht anzuknüpfen, zu dem der Vertrag die engste Verbindung aufweist (Art. 4 Abs. 4 Rom I-VO).[96] Innerhalb des Leasings sind die

---

[86] Explizit BGH NJW 1977, 195 (196).

[87] BGHZ 95, 39 (49) = NJW 1985, 2253 (2255).

[88] BGHZ 112, 65 (71) = NJW 1990, 3016; vgl. auch *Gebler/Müller* ZBB 2002, 107 (108).

[89] BGH NJW 1982, 1747 (1748).

[90] Umfassender Überblick zum Meinungsstand bei Martinek/Stoffels/Wimmer-Leonhardt/*Martinek* § 4 mwN.

[91] *Canaris* NJW 1982, 305 (306 f.); *Canaris* AcP 190 (1990), 410 (446 f.); *Lieb* DB 1988, 2495; *Roth* AcP 190 (1990), 292 (301 ff.); *Leenen* AcP 190 (1990), 260 (275).

[92] Vgl. dazu Staudinger/*Martinek/Omlor,* 2017, § 675 Rn. B139 f.

[93] MüKoBGB/*Koch* Finanzierungsleasing Rn. 32; Staudinger/*Stoffels,* 2018, Leasing Rn. 76; *Martinek* S. 88 ff.; *Gitter* S. 305; *Bernstein* S. 133, 149; *Klamroth* BB 1982, 1949 (1951); *Klaas* NJW 1968, 1502 (1507); *Larenz* § 63 II; *Lieb* DB 1988, 946 (951); *Lieb* WM 1991, 1533; *Lwowski* S. 98 f.; *Höpfner* FLF 2004, 72; *Omlor* ZGS 2008, 220.

[94] Vgl. dazu *Sester* WM 2003, 1833; *Sester* ZBB 2003, 94.

[95] VO (EG) Nr. 593/2008 des Europäischen Parlaments und des Rates v. 17.6.2008 über das auf vertragliche Schuldverhältnisse anzuwendende Recht, ABl. EU Nr. L 177, 6.

[96] Vgl. zum Ganzen *Einsele* WM 2009, 289 ff.

einzelnen Vertragsbeziehungen weder einheitlich noch akzessorisch anzuknüpfen.[97] Kaufvertrag und Leasingvertrag sind damit getrennt zu behandeln. Für Direktansprüche des Leasingnehmers gegen den Lieferanten wird eine Kombination erwogen.[98]

Der **Kaufvertrag** beurteilt sich danach als Warenkauf gem. Art. 4 Abs. 1 lit. a Rom I-VO nach dem Recht des Staates, in dem der Lieferant seinen gewöhnlichen Aufenthalt hat. Der **Leasingvertrag** enthält üblicherweise eine Gemengelage schuldrechtlicher und sachenrechtlicher Aspekte. Diese sind nach hM kollisionsrechtlich voneinander zu trennen.[99] Sachenrechtliche Fragen sind nach dem Recht des Staates zu beurteilen, in dem die Sache belegen ist (lex rei sitae, Art. 43 EGBGB).[100] Die schuldrechtlichen Beziehungen zwischen Leasingnehmer und Leasinggeber unterliegen beim Mobilienleasing dem Recht am Niederlassungsort des Leasinggebers, da dieser die Gebrauchsüberlassung als charakteristische Leistung erbringt (Art. 4 Abs. 2 Rom I-VO).[101] Beim Immobilienleasing findet das Recht des Belegenheitsorts Anwendung.[102] Ist der Leasingnehmer Verbraucher, untersteht der Leasingvertrag dem Recht seines gewöhnlichen Aufenthaltes (Art. 6 Rom I-VO).[103] 44

b) Rechtsvereinheitlichung. International vereinheitlichtes Recht besteht für grenzüberschreitende Leasinggeschäfte in Form des **UNIDROIT Übereinkommens von Ottawa** vom 28.5.1988 über das internationale Finanzierungsleasing.[104] Das Übereinkommen enthält neben vereinheitlichtem Sachrecht auch kollisionsrechtliche Regelungen betreffend die Eigenschaft von Leasinggut als Bestandteil oder Zubehör von Grundstücken (Art. 4 Abs. 2) und der Rechtsstellung des Leasinggebers in der Insolvenz des Leasingnehmers (Art. 7). Das Übereinkommen wurde von Deutschland bislang nicht ratifiziert. 45

Zukünftig starke Bedeutung könnte das **UNIDROIT Übereinkommen von Kapstadt** vom 16.11.2001 über internationale Sicherungsrechte an mobiler Ausrüstung erlangen.[105] Neben der Basis-Konvention sind drei ergänzende Protokolle vorgesehen, von denen bislang nur das Protokoll über Luftfahrtgegenstände[106] in Kraft getreten ist.[107] Das Übereinkommen wurde bisher von 80 Staaten (Stand: März 2020) ratifiziert, darunter auch von den USA und China.[108] Zweck der Konvention ist es, bei der Akquisition von Großmobilien ein internationales Sicherungsrecht bestellen zu können, das in ein internationales Register eingetragen wird. Für den Leasinggeber ergäbe sich daraus die Möglichkeit, seine Rechtsposition durch Eintragung eines internationalen Sicherungsrechts abzusichern.[109] Deutschland hat allerdings das Übereinkommen noch nicht ratifiziert. 46

3. Bankaufsichtsrechtliche Regulierung

a) Regelungszweck. Seit Inkrafttreten des JStG 2009 zählt zu den erlaubnispflichtigen Finanzdienstleistungen gem. **§ 1 Abs. 1a S. 2 Nr. 10 KWG** nunmehr auch „der Abschluss von Finanzierungsleasingverträgen und die Verwaltung von Objektgesellschaften im Sinne des § 2 Abs. 6 Satz 1 Nr. 17 (Finanzierungsleasing)." Hintergrund dieses Paradigmenwech- 47

[97] MüKoBGB/*Martiny* Rom I-VO Art. 4 Rn. 53.
[98] Reithmann/Martiny/*Dageförde* IntVertragsR Rn. 1138.
[99] MüKoBGB/*Wendehorst* EGBGB Art. 43 Rn. 74.
[100] V. Marschal/*Sonnenberger* Leasingverträge im Handelsverkehr, 1980, S. 9 (56).
[101] Staudinger/*Magnus* Art. 4 Rom I-VO Rn. 265 mwN.
[102] Staudinger/*Magnus* Art. 4 Rom I-VO Rn. 266.
[103] MüKoBGB/*Martiny* Rom I-VO Art. 4 Rn. 53.
[104] Abgedruckt in RabelsZ 51 (1987) 736 (englische und französische Fassungen); *Dageförde* S. 162 (deutsche Übersetzung); dazu im Einzelnen Martinek/Stoffels/Wimmer-Leonhardt/*Ackermann* § 87.
[105] Vgl. dazu ausführlich *Schmalenbach/Sester* WM 2005, 301 ff.; vgl. EBJS/*Schmalenbach* Rn. V119; abrufbar im Volltext unter www.unidroit.org/instruments/security-interests/cape-town-convention.
[106] *Protocol to the Convention on International Interests in Mobile Equipment on Matters Specific to Aircraft Equipment,* abrufbar unter http://www.unidroit.org/instruments/security-interests/aircraft-protocol.
[107] Das *Protocol to the Convention on International Interests in Mobile Equipment on Matters Specific to Railway Rolling Stock* wurde am 23.2.2007 in Luxemburg verabschiedet, ist aber bislang nicht in Kraft getreten.
[108] Der jeweils aktuelle Umsetzungsstand ist abrufbar unter www.unidroit.org/status-2001capetown.
[109] EBJS/*Schmalenbach* Rn. V120.

sels im Aufsichtsrecht ist zum einen die Erstreckung des **Gewerbesteuerprivilegs** für Refinanzierungszinsen von Banken auf die Leasingbranche.[110] Zum anderen sieht der Gesetzgeber das wesentliche Regulierungsmotiv in der **zentralen Rolle der Leasing- und Factoringbranche für die Finanzierung** der deutschen Industrie und insbesondere des Mittelstandes. Die Gesetzesbegründung nimmt vor allem darauf Bezug, dass die Leasing- und Factoringwirtschaft mittlerweile einen Stellenwert erreicht habe, wie dies bei der klassischen Kreditwirtschaft der Fall sei.[111] Erlaubnispflicht und Aufsicht haben angesichts dessen spezifische Steuerungsfunktionen auf volkswirtschaftlicher Ebene zur **Vermeidung von Funktionsstörungen** und zum **Eindämmen systemischer Risiken.**[112]

48 **b) Leasingbegriff des KWG.** Angesichts der vielfältigen Gestaltungsformen in der Vertragspraxis macht die Anknüpfung der gesetzlichen Regelung an den Begriff des **Finanzierungsleasings** in § 1 Abs. 1a S. 2 Nr. 10 KWG eine Umgrenzung erforderlich.[113]

49 In einem zur Vorgängerregelung des **§ 1 Abs. 3 S. 1 Nr. 3 KWG aF** herausgegebenen Merkblatt stellte das **BAKred** insofern maßgeblich auf drei Merkmale ab.[114] Für das Finanzierungsleasing seien (1) eine im Unterschied zum Operating-Leasing längere **Vertragslaufzeit** mit erschwerter Kündigung, (2) eine **Vollamortisation** aus den zu entrichtenden Leasingraten (unter Berücksichtigung der Schlussverwertung) und (3) eine Verschiebung der mietrechtlichen **Gefahrtragungs- und Instandhaltungsregeln zu Lasten des Leasingnehmers** typprägende Indizien.

50 Auch in den von der **BaFin** zur Änderung des KWG herausgegebenen Merkblättern wird auf diesen Indizienkatalog Bezug genommen.[115] Die BaFin weist dem erlaubnispflichtigen Finanzierungsleasing im Wesentlichen zwei Funktionen zu: die Gebrauchsüberlassung des Leasingobjekts und die Finanzierungsfunktion. Für die Finanzierungsfunktion sei entscheidend, dass der **Leasingnehmer das Investitionsrisiko** trage. Wichtigste Indizien seien planmäßige Vollamortisation und die schuldrechtliche Verlagerung der Gefahrtragung. Hinsichtlich der Amortisation seien jedenfalls die **erlasskonformen Vertragsgestaltungen** als Leasingverträge iSv § 1 Abs. 1a S. 2 Nr. 10 KWG anzusehen. Im Gegensatz dazu wird Operating-Leasing definiert als Geschäftsmodell, bei dem die Amortisation planmäßig erst durch das mehrfache Überlassen des Leasinggegenstandes eintrete. Mietkaufverträge seien dagegen als erlaubnispflichtige Finanzierungsleasingverträge zu qualifizieren, wenn die mietvertraglichen Gewährleistungsbedingungen zum Nachteil des Mietkäufers abbedungen werden. Darüber hinaus nennt die BaFin als erlaubnispflichtige Finanzdienstleistungen sale-and-lease-back-Konstruktionen sowie die typischen Kilometerabrechnungsverträge.

51 Nach der **Gesetzesbegründung** selbst soll vom Anwendungsbereich des KWG nur der Abschluss solcher Leasingverträge erfasst sein, bei denen die **Finanzierungsfunktion im Vordergrund** stehe. Nur dann ähnelten sie in wirtschaftlicher Weise dem Kreditgeschäft und nur dann bestehe ein Bedürfnis für eine Beaufsichtigung unter dem Aspekt des Finanzdienstleistungscharakters.

52 **Zusammenfassend** steht somit bei der Auslegung des Begriffs des Finanzierungsleasings in § 1 Abs. 1a S. 2 Nr. 10 KWG die Frage im Vordergrund, ob der betreffende Vertrag als **Funktionsäquivalent zu einer Kreditfinanzierung** dient.[116] Erforderlich ist eine wirt-

---

[110] Krit. *Hartmann-Wendels* ZBB 2010, 96 ff.

[111] BT-Drs. 16/11 108, 54.

[112] Vgl. *Glos/Sester* WM 2009, 1209; **aA** *Hartmann-Wendels* ZBB 2010, 96 (101 ff.).

[113] Vgl. dazu *Glos/Sester* WM 2009, 1209 ff.; *Lüdicke/Kind* DStR 2009, 709 ff.; *Reschke* BKR 2009, 141 (144 ff.); *Findeisen/Sabel* DB 2009, 801 ff.

[114] BAKred-Schreiben v. 10.3.1999, § 1 Abs. 3 Satz 1 Nr. 3 KWG – Leasinggeschäft Abgrenzung, Geschäftszeichen: I 3–1113 – 3/98.

[115] BaFin-Merkblatt – Voraussetzungen für die Erlaubnisfiktion im Anzeigeverfahren gem. § 64j Abs. 2 KWG für das Factoring (§ 1 Abs. 1a Satz 2 Nr. 9 KWG) und das Finanzierungsleasing (§ 1 Abs. 1a Satz 2 Nr. 10 KWG) v. 18.12.2008; BaFin-Merkblatt – Hinweise zum Tatbestand des Finanzierungsleasing (§ 1 Abs. 1a Satz 2 Nr. 10 KWG) v. 19.1.2009.

[116] Vgl. *Glos/Sester* WM 2009, 1209 (1211).

schaftliche und keine dogmatische Betrachtungsweise. Eine funktionale Vergleichbarkeit liegt dann nahe, wenn der Leasinggeber davon abhängig ist, wie sich langfristig die Solvenz des Leasingnehmers entwickelt. Je weniger Sicherheit ihm die zivilrechtliche Eigentümerstellung bietet, desto ausgeprägter ist der Finanzierungscharakter des Geschäfts. Indiziellen Charakter hat damit neben den genannten Kriterien, ob der Leasinggeber sich zusätzliche Sicherheiten einräumen lässt und wie stark die Amortisation vom Restwert bzw. der Verteilung des Restwertrisikos abhängig ist.[117]

c) Ausnahmeregelung für fremdverwaltete Objekt-Gesellschaften. Gem. **§ 2 Abs. 6 S. 1 Nr. 17 KWG** gelten Objektgesellschaften ausnahmsweise dann nicht als Finanzdienstleistungsinstitute, wenn sie **fremdverwaltet** sind, dh **keine eigenen geschäftspolitischen Entscheidungen** treffen. Tendenziell ist die Ausnahmevorschrift eher weit auszulegen.[118] Abzustellen ist auf eine **funktional-wirtschaftliche Betrachtungsweise.** So verstanden hindern weder die Mitwirkung der Gesellschafter der Objektgesellschaft an Grundlagengeschäften noch die Existenz gesellschaftsrechtlicher Kontrollrechte die Annahme einer Fremdverwaltung im Sinne der Ausnahmevorschrift.[119] Auch lässt sich so besser definieren, was als „einzelnes Leasingobjekt" im Sinne der Vorschrift zu verstehen ist.[120] 53

d) Reichweite der Aufsicht. Durch die Qualifikation als Finanzdienstleistung sind Leasing (und Factoring) **erlaubnispflichtig.**[121] Dem Erlaubnisvorbehalt unterfallen die Geschäfte nur dann, wenn sie (auch) im Inland betrieben werden und gewerbsmäßig oder in einem Umfang erfolgen, der einen kaufmännischen Geschäftsbetrieb erforderlich macht. Die Erlaubnispflicht erfasst auch ausländische Anbieter, die zielgerichtet im inländischen Markt tätig werden (Marktortprinzip).[122] Hierbei besteht für Gesellschaften mit Sitz in anderen EWR-Staaten die Möglichkeit, auf Grundlage des Notifizierungsverfahrens über den **Europäischen Pass** im Inland **erlaubnisfrei** tätig zu werden.[123] 54

Betreffend die laufende Aufsicht unterliegen Leasingunternehmen gem **§ 2 Abs. 7a KWG** allerdings einem deutlich eingeschränkten Regulierungsumfang (sog. **„KWG light"**). Das gilt trotz des restriktiven Wortlautes auch dann, wenn neben dem Finanzierungsleasing Nicht-Finanzdienstleistungen erbracht werden.[124] **Erleichterungen** bestehen danach etwa im Hinblick auf die Vorschriften über Eigenmittelausstattung (§ 10 KWG,[125] SolvV), Liquidität (§ 11 KWG, LiqV), Großkredite (§ 13 KWG, GroMiKV) und Mindestanfangskapital (§ 33 Abs. 1 S. 1 Nr. 1 KWG). Leasingunternehmen unterliegen danach unter der „Aufsicht light" vor allem bestimmten kapitalmarktrechtlichen **Offenlegungs-, Melde-, Anzeigepflichten** (§§ 14, 26, 26a, 44 KWG). Daneben treffen sie insbesondere die Mindestanforderungen an das Risikomanagement **(MaRisk).**[126]

[117] Vgl. *Glos/Sester* WM 2009, 1209 (1211).
[118] BaFin-Merkblatt v. 19.1.2009, Tz. IV: „weite Ausnahme".
[119] Vgl. *Glos/Sester* WM 2009, 1209 (1213).
[120] Das kann im Einzelfall problematisch sein, vgl. *Glos/Sester* WM 2009, 1209 (1213) für Flugzeuge und Triebwerke; *Findeisen/Sabel* DB 2009, 801 (805) für Immobilien.
[121] Vgl. dazu *Reschke* BKR 2009, 141 (148).
[122] BaFin-Merkblatt – Hinweise zur Erlaubnispflicht nach § 32 Abs. 1 KWG in Verbindung mit § 1 Abs. 1 und Abs. 1a KWG von grenzüberschreitend betriebenen Bankgeschäften und/oder grenzüberschreitend erbrachten Finanzdienstleistungen v. 1.4.2005; vgl. dazu auch BVerwG WM 2009, 1553.
[123] Vgl. ausführlich *Schwerdtfeger* BKR 2010, 53 ff.
[124] Vgl. *Glos/Sester* WM 2009, 1209 (1214 ff.).
[125] Zu § 10a KWG vgl. auch *Glos/Sester* WM 2009, 1209 (1215).
[126] Vgl. Rundschreiben 15/2009 (BA) der BaFin v. 14.8.2009; zur Anwendung vgl. Begleitschreiben der BaFin und der Bundesbank für Finanzierungsleasing- und Factoringinstitute zu den Mindestanforderungen an das Risikomanagement (MaRisk), abrufbar unter www.BaFin.de; *Hartmann-Wendels* ZBB 2010, 96 (97, 101 ff.); ausführlich *Nemet* ZfgKrW 2010, 787 (788 ff.).

4. Rechtsprobleme der Vertragsabwicklung im Überblick

55 **a) Leasing und Verbraucherdarlehen.** Mit Wirkung zum 11.6.2010 hat der deutsche Gesetzgeber die bislang für Verbraucherkreditgeschäfte in den §§ 491 ff. BGB aufgestellten Regelungen zum Teil tiefgreifend geändert. Er setzte damit die europarechtlichen Vorgaben der neugefassten Verbraucherkreditrichtlinie[127] (VerbKrRL) um.[128] Umfangreiche Änderungen erfuhren die §§ 491 ff. BGB sodann durch das Gesetz zur Umsetzung der Wohnimmobilienkreditrichtlinie und zur Änderung handelsrechtlicher Vorschriften vom 11.3.2016[129], wodurch neben der Einführung der Vertragstypen Allgemein- und Immobiliar-Verbraucherdarlehensvertrag auch umfangreiche Regelungen zur Kreditwürdigkeitsprüfung Eingang in das BGB fanden.[130] Ergänzend erfolgten Änderungen zu Immobilienverzehrkreditverträgen durch das Finanzaufsichtsrechtsergänzungsgesetz vom 6.6.2017[131].

56 Die bislang für Finanzierungsleasingverträge geltende Verweisungsnorm des **§ 500 BGB aF** wurde im Rahmen der Richtlinienumsetzung **gestrichen.** Zentrale Norm für Leasinggeschäfte mit Verbrauchern ist seither **§ 506 BGB.** Gilt der Leasingvertrag nach den Voraussetzungen des § 506 Abs. 2 BGB als **„entgeltliche Finanzierungshilfe“,** dann sind auf ihn nach § 506 Abs. 1 BGB neben den Vorschriften über das Widerrufsrecht bei verbundenen oder zusammenhängenden Verträgen (§§ 358–360 BGB) – mit wenigen Ausnahmen[132] – auch die Regelungen über Allgemein-Verbraucherdarlehensverträge der §§ 491a ff. BGB anzuwenden **(Rechtsgrundverweisung).**

57 Erfasst werden zunächst solche entgeltlichen Leasingverträge, die eine **Erwerbspflicht** (§ 506 Abs. 2 Nr. 1 BGB) des Leasingnehmers oder ein **Andienungsrecht** des Leasinggebers (§ 506 Abs. 2 Nr. 2 BGB) vorsehen. Eine **Kaufoption** reicht **nicht** aus, da deren Ausübung im Belieben des Verbrauchers steht und so dessen Schutzbedürftigkeit entfällt. Da dem **operating leasing** sowohl Erwerbspflicht als auch Finanzierungscharakter fehlen, sind die Sonderregelungen der Verbraucherdarlehen hierauf nicht anwendbar. Bei **sale-and-lease-back-Verträgen** besteht hingegen zwar Finanzierungscharakter, eine Erwerbsverpflichtung dürfte allerdings in der Praxis kaum vorkommen.[133]

58 Über die Vorgaben der VerbrKrRL hinaus lässt der deutsche Gesetzgeber auch solche Verträge genügen, die eine Vollamortisation über eine **Restwertgarantie** oder einen **Restwertausgleich** des Leasingnehmers erreichen **(§ 506 Abs. 2 Nr. 3 BGB).** Die Restwertverantwortlichkeit muss sich dabei auf einen bereits bei Vertragsschluss bestimmten Betrag beziehen;[134] daran fehlt es bei Kilometerabrechnungsverträgen.[135]

59 Daneben unterfallen nunmehr auch **Mietkaufverträge** nur bei Bestehen einer **Erwerbsverpflichtung** des Mietkäufers iSd § 506 Abs. 2 Nr. 1 bzw. Nr. 2 BGB den verbraucherdarlehensrechtlichen Regelungen; Mietkaufverträge sind damit seit der Neufas-

---

[127] RL 2008/48/EG v. 23.4.2008, ABl. Nr. L 133, 66; vgl. dazu *Siems* EuZW 2008, 454; *Derleder* NJW 2009, 3195 (3198); *Rösler/Werner* BKR 2009, 1 ff.; *Ady/Paetz* WM 2009, 1061 ff.; *Herresthal* WM 2009, 1174 ff.; *Omlor* NJW 2010, 2694 ff.

[128] Die VerbKrRL folgt dem Prinzip der Vollharmonisierung: Den Mitgliedsstaaten ist es untersagt, innerhalb des Anwendungsbereichs der Richtlinie abweichende – inklusive strengerer – Regelungen zu treffen. Der Unionsgesetzgeber verfolgt damit das Ziel eines unionsweit einheitlichen Verbraucherschutzstandards in Bezug auf die geregelte Materie. Möglich bleibt, außerhalb des Regelungsbereichs der VerbKrRL Regelungen zu Leasingverträgen aufzustellen, wovon der deutsche Gesetzgeber auch Gebrauch gemacht hat (§ 506 Abs. 2 S. 1 Nr. 3; §§ 506 Abs. 4 S. 1, 491 Abs. 2 BGB); vgl. dazu *Omlor* NJW 2010, 2694 (2697).

[129] BGBl. I 2016, 396.

[130] Überblick bei *Omlor* ZIP 2017, 112 ff.; *Omlor* NJW 2017, 1633 ff.; *Omlor* NJW 2018, 2445.

[131] Gesetz zur Ergänzung des Finanzdienstleistungsaufsichtsrechts im Bereich der Maßnahmen bei Gefahren für die Stabilität des Finanzsystems und zur Änderung der Umsetzung der Wohnimmobilienkreditrichtlinie (BGBl. I 2017, 1495).

[132] § 492 Abs. 4 BGB.

[133] Vgl. *Omlor* NJW 2010, 2694 (2697).

[134] BT-Drs. 16/11 643, 92.

[135] *Omlor* NJW 2010, 2694 (2697); H. Beckmann/*Scharff* § 21 Rn. 14 ff.; **aA** OLG Düsseldorf NJW-RR 2013, 1069 Rn. 20 ff. = WM 2013, 1095 = WuB I E 2 § 506 BGB 1.13 *(Peters);* AG Bielefeld DAR 2012, 468 Rn. 21; Staudinger/*Stoffels* Leasing Rn. 37b; wohl auch *Schattenkirchner* NJW 2013, 2398 (2399).

sung den Finanzierungsleasingverträgen gleichgestellt.[136] Mietkaufverträge mit Erwerbsoption sind auch weiterhin keine Teilzahlungsgeschäfte iSv § 506 Abs. 3 BGB, da die Optionsausübung bei Vertragsschluss noch ungewiss ist. Leasing- und Liefervertrag stellen keine verbundenen Verträge iSd § 358 Abs. 3 BGB dar.[137]

b) Vertragsanbahnung und Zustandekommen. Typisch für das Finanzierungsleasing ist die **Vertragsanbahnung** zwischen Leasingnehmer und Lieferant: der Leasingnehmer wählt beim Lieferanten das Leasinggut aus und einigt sich mit diesem über Kaufpreis und Leistungsmodalitäten. Vor dem endgültigen Abschluss des Liefervertrages wird dann regelmäßig der Leasingvertrag zwischen dem Leasinggeber und Leasingnehmer geschlossen.[138] In der Praxis ist der Lieferant dabei häufig dergestalt eingebunden, dass er die **Antragsformulare** des Leasinggebers vorhält und dem Leasingnehmer aushändigt bzw. mit diesem zusammen ausfüllt. Er handelt dabei in der Regel allein faktisch, ist **kein Bevollmächtigter** und – infolge entsprechender branchenüblicher Vertragsklauseln – auch **kein Vertreter kraft Rechtsscheins.**[139] 60

Im Gegensatz dazu wird beim sog. **Eintrittsmodell** der Liefervertrag nicht lediglich angebahnt, sondern als Erstes abgeschlossen. Erst im zweiten Schritt kommt es zum Abschluss des Leasingvertrages, in dem der Leasinggeber sich verpflichtet, in den Liefervertrag einzutreten und die Vertragsstellung des Lieferanten zu übernehmen.[140] Hierin liegt eine Vertrags- bzw. Schuldübernahme im Sinne der §§ 414 f. BGB, nicht etwa eine Erfüllungsübernahme iSv § 329 BGB.[141] Kommt es nicht zur Übernahme, bleibt der Leasingnehmer an den Leasingvertrag grundsätzlich gebunden, es sei denn, es wurde vertraglich vereinbart, dass der Liefervertrag durch die Nichtübernahme auflösend bedingt sein soll (sog. **Leasingfinanzierungsklausel**).[142] Auch im Eintrittsmodell stellen Leasing- und Liefervertrag **keine verbundenen Verträge** iSd § 358 Abs. 3 BGB dar,[143] so dass sich ein Leasingnehmer mit Verbrauchereigenschaft über einen Widerruf nicht zugleich vom verbundenen Vertrag lösen kann. 61

Finanzierungsleasingverträge können grundsätzlich **formfrei** geschlossen werden; im Verhältnis zu Verbrauchern unterliegen sie der **erleichterten Schriftform** (§ 506 Abs. 1 BGB iVm § 492 Abs. 1 BGB). Üblich ist eine formularmäßig vereinbarte **Antragsbindung** des Leasingnehmers bis zu vier Wochen, um dem Leasinggeber die Prüfung der Bonität von Leasingnehmer und Lieferant zu ermöglichen; sie ist innerhalb dieser zeitlichen Grenzen AGB-rechtlich zulässig.[144] Ein formularmäßiger **Verzicht** des Leasingnehmers auf den **Zugang der Annahmeerklärung** gem. § 151 S. 1 BGB ist zulässig,[145] allerdings nur dann, wenn sich der Leasinggeber für den Fall der Ablehnung des Antrags zugleich verpflichtet, den Leasingnehmer unverzüglich zu benachrichtigen.[146] 62

Auch wenn – mit Ausnahme des Eintrittsmodells – Leasingnehmer und Lieferant nicht unmittelbar miteinander vertraglich kontrahieren, so besteht dennoch eine Rechtsbezie- 63

[136] *Omlor* NJW 2010, 2694 (2697).

[137] *Martinek* S. 111 und 189; *Reinicke/Tiedtke* Rn. 1714; Hadding/Hopt/*Lieb* S. 115 ff.; *Lieb* WM 1991, 1533 (1534); *Slama* WM 1991, 569 (572); *Zahn* DB 1991, 81 (93); *Habersack* BB-Beilage 6/2003, 2, 5; *Omlor* NJW 2010, 2694 (2699 f.); **aA** *Bartels* ZGS 2009, 544 (545).

[138] Martinek/Stoffels/Wimmer-Leonhardt/*H. Beckmann* § 5 Rn. 7 ff.; MüKoBGB/*Koch* Finanzierungsleasing Rn. 43.

[139] BGH NJW 1988, 204 (206); vgl. aber OLG Dresden NJW-RR 2003, 269.

[140] Derleder/Knops/Bamberger/*Mankowski/Knöfel* § 23 Rn. 30 mwN.

[141] BGHZ 96, 302 (307 ff.) = NJW 1986, 918; 110, 130 (139 ff.) = NJW 1990, 1290; Martinek/Stoffels/Wimmer-Leonhardt/*H. Beckmann* § 5 Rn. 28.

[142] BGH NJW 1980, 698; BGH NJW-RR 1990, 1009 (1011); BankR-HdB/*Martinek/Omlor* § 101 Rn. 60.

[143] BGH NJW 2014, 1519 Rn. 28; BankR-HdB/*Martinek/Omlor* § 101 Rn. 93 f. mwN.

[144] Vgl. auch OLG Hamm NJW-RR 1986, 927 (928); Staudinger/*Stoffels* Leasing Rn. 100; *Hartleb* NZM 1998, 295 (296); *Beckmann* DStR 2007, 157.

[145] Vgl. BGH NJW 2004, 2692.

[146] OLG Celle OLGR 2000, 264; OLG Düsseldorf OLGR 2000, 91; NJW-RR 2003, 126 (127); *Beckmann* DStR 2007, 157.

hung zwischen ihnen. Aus dem Kaufvertrag zwischen Leasinggeber und Lieferant folgt nach **§ 328 Abs. 1 BGB** ein Anspruch des Leasingnehmers auf Übergabe der Leasingsache.[147] Ebenso werden **unmittelbar die kaufvertraglichen Rechte aus § 437 BGB zugunsten des Leasingnehmers** begründet.[148] In Sachmängelangelegenheiten ist daher der Lieferant, nicht der Leasinggeber der Ansprechpartner des Leasingnehmers. Der Lieferant weiß um seine Mitwirkung an einem Leasinggeschäft und um die entsprechende Interessenlage im Leasingdreieck. Daher setzte er sich in Widerspruch zu seinem eigenen Leistungsversprechen, wenn er gegenüber dem Leasinggeber die Sachmängelhaftung ablehnte.

64 Übernimmt der Lieferant mit Wissen und Wollen des Leasinggebers die **Vorverhandlungen** über den Leasingvertrag, so muss dieser sich die Verletzung von **Beratungs- und Aufklärungspflichten** durch den Lieferanten nach § 278 BGB zurechnen lassen.[149] Der Lieferant wird insofern als **Verhandlungsgehilfe** im Pflichtenkreis des Leasinggebers tätig. Dafür reicht es aus, wenn der Leasinggeber dem Lieferanten **Antragsformulare** in der Erwartung überlässt, dass diese auf Grundlage vorbereitender Gespräche mit dem Lieferanten ausgefüllt und unterzeichnet werden.[150] Einer ständigen Geschäftsbeziehung zwischen Lieferant und Leasinggeber bedarf es nicht.[151] Ein **vertraglicher Ausschluss** der Haftung für das Verschulden des Lieferanten ohne jede Einschränkung ist auch im kaufmännischen Verkehr unwirksam.[152]

65 Übernimmt der Lieferant dergestalt als Verhandlungsgehilfe die Vorverhandlungen mit dem Leasingnehmer, so muss er ihn hinsichtlich der sich aus dem Leasingvertrag ergebenden **Finanzierungsfragen** beraten und ggf. aufklären.[153] Aussagen des Lieferanten hinsichtlich **Eignung und Beschaffenheit des Leasinggutes** sind als Beschaffenheitsvereinbarung über § 166 Abs. 1 BGB dem Leasinggeber zuzurechnen und werden Bestandteil des Leasingvertrages auch dann, wenn sie ohne Wissen des Leasinggebers erfolgen.[154] Allgemein setzt eine **Bindung an Zusagen des Lieferanten** voraus, dass die Zusage in einem inneren sachlichen Zusammenhang mit den Aufgaben steht, die der Leasinggeber dem Lieferanten zugewiesen hat.[155] Geht der Lieferant erkennbar über seinen Pflichtenkreis hinaus und widerspricht die Zusage dem Interesse des Leasinggebers, kommt nur eine Eigenhaftung des Lieferanten in Betracht.[156]

66 Beim **Eintrittsmodell** scheidet eine Haftung des Leasinggebers für eine Verletzung von Beratungspflichten durch den Lieferanten nach Abschluss des Leasingvertrages grundsätzlich aus.[157] Ebenso wenig braucht sich der Leasinggeber das Verhalten und Wissen des Lieferanten zurechnen zu lassen, wenn sich der Leasingnehmer erst nachträglich, dh nach Abschluss des unbedingten Kaufvertrages, zu einer Leasingfinanzierung entschließt und hierbei den Lieferanten einschaltet.[158]

67 **c) Lieferung und Abnahme.** Leasingtypisch erfolgt die **Lieferung** des Leasinggegenstandes **direkt vom Lieferanten an den Leasingnehmer.** Rechtlich erfüllt die Durch-

---

[147] BankR-HdB/*Martinek/Omlor* § 101 Rn. 79.

[148] Vgl. zur Konstruktion *Oechsler* S. 324 ff., 388 ff.

[149] BGHZ 95, 170 (179 f.) = NJW 1985, 2258; BGH NJW 1989, 287 (288); OLG Köln NJW-RR 1996, 411; OLG Düsseldorf NJW-RR 2005, 700; von Westphalen/*Assies* Rn. D102.

[150] BGHZ 95, 170 (179 ff.) = NJW 1985, 2258; BGH NJW 1989, 287 (288); NJW-RR 1988, 241 (242); NJW 2005, 365; *Martinek* S. 120; von Westphalen/*Assies* Rn. D100.

[151] Vgl. BGHZ 95, 170 (179 ff.) = NJW 1985, 2258; BGH NJW-RR 1988, 241; BGH NJW 1989, 287.

[152] BGH NJW 1985, 2258.

[153] Vgl. BGHZ 95, 170 (175 ff.) = NJW 1985, 2258; BGH NJW-RR 1988, 241 (242 ff.); NJW 1989, 287 (288); vgl. ausführlich *Knops* BB 1994, 947 ff.

[154] Vgl. BGHZ 81, 298 (304 ff.) = NJW 1982, 105; *Canaris* NJW 1982, 305 (307).

[155] OLG München DB 2002, 2373.

[156] BGH NJW 1963, 3166 (2167); 1989, 1542; 1994, 3344; 2001, 3190; OLG München DB 2002, 2373.

[157] BGH NJW-RR 1989, 1140 (1142).

[158] Vgl. OLG Dresden NJW-RR 1996, 625; OLG Düsseldorf NJW-RR 1997, 1142; *Beckmann* DStR 2006, 1329 (1331).

lieferung mehrere **Funktionen:**[159] (1) Der **Lieferant** erfüllt zunächst seine **eigene Lieferpflicht** gegenüber dem Leasinggeber, der durch die unmittelbare Fremdbesitzerlangung des Leasingnehmers den mittelbaren Eigenbesitz und das Eigentum am Leasinggegenstand (§§ 929 S. 1, 868 BGB) erlangt. (2) Zugleich erfüllt der **Leasinggeber** unter Zuhilfenahme des Leasingnehmers als Erfüllungsgehilfen (§ 278 BGB) seine **Abnahmepflicht** gegenüber dem Lieferanten; dadurch wird seine Zahlungsverpflichtung aus dem Liefervertrag fällig. (3) Schließlich erfüllt der **Lieferant als Erfüllungsgehilfe** des **Leasinggebers** dessen **Gebrauchsüberlassungsverpflichtung** aus dem Leasingvertrag; dadurch tritt zugleich die Fälligkeit der Zahlungspflicht des Leasingnehmers ein.

Sehr häufig ist im Leasingvertrag vorgesehen, dass der Leasingnehmer bei Erhalt des **68** Leasinggegenstands eine schriftliche **Abnahme- und Übernahmebestätigung** abzugeben hat. Damit bescheinigt der Leasingnehmer den vollständigen Erhalt des Leasinggegenstands sowie dessen Mangelfreiheit und Gebrauchstauglichkeit. Sie entfaltet mehrere rechtliche Wirkungen:

Im **Verhältnis** des Leasingnehmers **zum Leasinggeber** wirkt die Bestätigung zunächst **69** als **Quittung** iSv § 368 BGB für die Erfüllung der Gebrauchsüberlassungspflicht aus dem Leasingvertrag.[160] Der Leasingnehmer bestätigt, den Leasinggegenstand in gebrauchstauglichem Zustand erhalten zu haben, wodurch seine Verpflichtung zur Zahlung der Leasingraten sofort fällig wird. Eine Berufung auf Mängel der Leasingsache im Nachhinein ist nicht ausgeschlossen, der Leasingnehmer ist aber darlegungs- und beweisbelastet (§ 363 BGB).

Eine weitergehende Koppelung der Wirksamkeit des Leasingvertrages, speziell im Sinne **70** einer **aufschiebenden Bedingung** durch den Zugang der Abnahme- und Übernahmebestätigung, ist in aller Regel nicht gegeben.[161] Ist im Einzelfall dennoch explizit eine solche Abrede getroffen, tritt sie hinter individualvertraglich bestimmten Lieferterminen zurück. Verschuldet der Leasinggeber die Nichtabgabe, so ist es ihm nach § 162 Abs. 2 BGB verwehrt, sich auf den fehlenden Bedingungseintritt zu berufen.[162]

Im **Verhältnis** des Leasinggebers **zum Lieferanten** wird durch die Bestätigung des **71** Leasingnehmers ebenfalls die Erfüllung bescheinigt. Der **Leasingnehmer** fungiert hier als **Erfüllungsgehilfe** des Leasinggebers, der die Sache abzunehmen hat (§§ 433 Abs. 2, 640 Abs. 1 BGB). Besteht leasingtypisch eine Vorleistungspflicht des Lieferanten, so leistet der Leasinggeber erst aufgrund des vom Leasingnehmer quittierten Empfangs.

Ein diesbezügliches **Verschulden des Leasingnehmers** ist dem **Leasinggeber** nach **72** **§ 278 BGB** zuzurechnen. Bestätigt der Leasingnehmer den Erhalt des Gegenstandes verzögert, kommt eine Haftung des Leasinggebers gem. §§ 280, 286 BGB in Betracht. Bestätigt der Leasingnehmer den (vollständigen) Erhalt zu Unrecht, ist er dem Leasinggeber nach §§ 280 Abs. 1, 241 Abs. 2 BGB für den Schaden verantwortlich, der dadurch entsteht, dass er den an den Lieferanten gezahlten Kaufpreis – etwa infolge Zahlungsunfähigkeit – nicht wiedererlangen kann.[163] Eine solche Haftung kommt insbesondere dann in Betracht, wenn der Leasingnehmer die Bestätigung ohne zureichende Prüfung ungelesen oder vorschnell abgibt.[164]

Anspruchsmindernd kann sich ein eigenes **Mitverschulden des Leasinggebers** aus- **73** wirken.[165] Die Spruchpraxis, wonach der Leasinggeber sich darüber hinaus auch ein **Mit-**

---

[159] Martinek/Stoffels/Wimmer-Leonhardt/*Wimmer-Leonhardt* § 12 Rn. 2 f.; MüKoBGB/*Koch* Finanzierungsleasing Rn. 79.

[160] BGH NJW 1985, 2328; 1989, 3222; Martinek/Stoffels/Wimmer-Leonhardt/*Wimmer-Leonhardt* § 13 Rn. 6.

[161] Zur Auslegung als Fälligkeitsbestimmung vgl. BGH NJW 1993, 1381; vgl. auch MüKoBGB/*Koch* Finanzierungsleasing Rn. 80 unter Hinweis auf § 305c Abs. 2 BGB.

[162] *von Westphalen* ZIP 1985, 1436 (1440); Martinek/Stoffels/Wimmer-Leonhardt/*Wimmer-Leonhardt* § 13 Rn. 9.

[163] BGH NJW 2005, 365.

[164] OLG Düsseldorf ZMR 2004, 670 ff.; *Weber* NJW 2005, 2195 (2196); *Beckmann* DStR 2006, 1329 (1332).

[165] *Beckmann* DStR 2000, 1185 (1190).

verschulden des Lieferanten gem. §§ 254 Abs. 2 S. 2, 278 BGB zurechnen lassen muss, etwa wenn es der Lieferant versäumt hat, den Leasingnehmer deutlich darauf hinzuweisen, dass die Übernahmebestätigung einzuschränken ist,[166] hat der BGH **aufgegeben.**[167] Er geht nunmehr davon aus, dass die Abgabe der Übernahmeerklärung eine **Vertragspflicht des Leasingnehmers gegenüber dem Leasinggeber** ist, bei der folglich der Lieferant nicht als Erfüllungsgehilfe des Leasinggebers auftreten kann.[168] Eine Zurechnung analog § 166 Abs. 1 BGB scheidet aus, da der Leasinggeber sich hinsichtlich der Prüfung der Lieferung gerade des Leasingnehmers und nicht des Lieferanten bedient.[169]

74 Bei **kollusivem Zusammenwirken** zum Nachteil des Leasinggebers haften Lieferant und Leasingnehmer **gesamtschuldnerisch** nach § 823 Abs. 2 iVm § 263 StGB, §§ 826, 840 BGB.[170] Die Wirksamkeit von Liefer- und Leasingvertrag wird durch die Kollusion in der Regel nicht berührt; anders kann es im Einzelfall beim Eintrittsmodell liegen.

75 Umstritten ist, wie die Abnahme- und Übernahmebestätigung im Zusammenhang mit der handelsrechtlichen **Untersuchungs- und Mängelrügeobliegenheit** des **§ 377 HGB** zu behandeln ist. Ist der Liefervertrag – wie meist – für beide Seiten ein Handelsgeschäft, so trifft den Leasinggeber als Vertragspartner grundsätzlich die Rügepflicht des § 377 HGB.

76 Nach der zutreffenden Ansicht des **BGH** trifft den Leasinggeber die **Rügepflicht** auch, wenn er selbst infolge der Durchlieferung an den Leasingnehmer keinen Zugriff auf das Leasinggut hat; dies gilt sogar dann, wenn der **Leasingnehmer** selbst **kein Kaufmann** iSd §§ 1 ff. HGB ist.[171] Unterlässt der Leasingnehmer die Prüfung und Mängelanzeige gegenüber dem Leasinggeber und kann dieser gegebene Mängel in der Folge nicht dem Lieferanten anzeigen, verliert der Leasinggeber seine Gewährleistungsansprüche gegen den Lieferanten. Infolge der leasingtypischen Gewährleistungsregelungen haftet der Leasinggeber sodann dem Leasingnehmer wegen Nebenpflichtverletzung auf Schadensersatz. Dies soll auch dann gelten, wenn nach dem Eintrittsmodell der Liefervertrag zunächst zwischen dem Lieferanten als Kaufmann und dem Leasingnehmer als Nicht-Kaufmann abgeschlossen wird und der Leasinggeber erst im Nachhinein eintritt.[172]

77 Im **Schrifttum** ist diese Rechtsprechung kritisiert worden.[173] Unter Verweis auf die fehlende Sachherrschaft des Leasinggebers, wie sie für den leasingtypischen Beschaffungsvorgang charakteristisch ist, wird teils von einer konkludenten Abbedingung[174] der Rügepflicht, teils von einer teleologischen Reduktion[175] des § 377 HGB ausgegangen. Zentral ist dabei zum einen die Überlegung, dass der **Lieferant** (insbesondere beim Eintrittsmodell) einen **Nichtkaufmann als Abnehmer akzeptiert** hat,[176] zum anderen eine wertende Betrachtung der von einem „einfachen" Streckengeschäft abweichenden Rolle des **Leasinggebers als bloßer Financier.**[177]

78 Um die sich aus der grundsätzlichen Anwendbarkeit des § 377 HGB ergebende Rechtslage in der **Praxis** zu modifizieren, kommen zwei Gestaltungen in Betracht: Zum einen kann der Leasinggeber seine Mängelrügepflicht mit Einverständnis des Lieferanten **abbedingen.**[178] Zum anderen kann der Leasinggeber dem Leasingnehmer vertraglich eine

---

[166] So noch BGH NJW 1988, 204 (206 f.); OLG Bremen ZIP 1989, 579 (580); OLG Hamm BB 1993, 680 (681).
[167] BGH NJW 2005, 365 (366); vgl. dazu *Weber* NJW 2005, 2195 (2196).
[168] BGH NJW 2005, 365 (366).
[169] BGH NJW 2005, 365 (367).
[170] BGH NJW 1988, 204 (207); OLG Düsseldorf NJW-RR 1990, 666.
[171] BGHZ 110, 130 (140) = NJW 1990, 1290 = JZ 1990, 972 mAnm *Lieb.*
[172] BGHZ 110, 130 (139); *Martinek* S. 124; *von Westphalen* BB 1990, 4.
[173] Darstellung bei *Knops* Jus 1994, 106 (108) mwN.
[174] So *Canaris* AcP 190 (1990), 410 (428).
[175] So *Hager* AcP 190 (1990), 348; *Lieb* JZ 1990, 976 (977); *Tiedtke* JZ 1991, 907 (909); Staudinger/*Stoffels* Leasing Rn. 181.
[176] *Canaris* AcP 190 (1990), 410 (429).
[177] EBJS/*Müller* § 377 Rn. 18 mit Verweis auf *Flume* DB 1991, 265 (269).
[178] *Lieb* JZ 1990, 976 (977 ff.); *von Westphalen* BB 1990, 1 (5); Martinek/Stoffels/Wimmer-Leonhardt/*Wimmer-Leonhardt* § 14 Rn. 14.

eigene Untersuchungs- und Rügepflicht auferlegen, die sich an den Anforderungen des § 377 HGB orientiert.[179] Ist der Leasingnehmer Nichtkaufmann, sind solche Klauseln jedoch entsprechend § 309 Nr. 8 lit. b ee) BGB auf offensichtliche Mängel beschränkt.[180]

d) Vertragliche Sicherung der Geschäftsdurchführung. aa) Nichtlieferungs- und 79
Verspätungsklauseln. In der Praxis sind häufig leasingvertragliche Klauseln vorzufinden, die eine Haftungsfreizeichnung des Leasinggebers für nicht oder nicht rechtzeitig erbrachte Leistungen enthalten (sog. **Nichtlieferungs- bzw. Verspätungsklauseln**).

Gegenüber Verbrauchern sind solche Klauseln wegen Verstoßes gegen § 309 Nr. 7 lit. b, 80
Nr. 8 lit. a BGB **unwirksam.** Soweit darin explizit[181] nur die Haftung wegen **einfacher Fahrlässigkeit** wegen Nicht-Personenschäden ausgeschlossen wird, sind die Klauseln nach § 307 Abs. 1, Abs. 2 Nr. 2 BGB unwirksam: Die **Lieferpflicht** ist **Kardinalpflicht** des Leasinggebers, der Haftungsausschluss benachteiligt den Vertragspartner unangemessen.[182] Gleiches gilt, wenn Nichtlieferungs- oder Verspätungsklauseln gegenüber Unternehmern Verwendung finden.[183]

bb) Drittverweisungsklauseln. Umstritten ist unter den Anhängern der mietvertrag- 81
lichen Einordnung des Leasingvertrages, ob der Leasinggeber der Unwirksamkeitsfolge durch eine sog. **Drittverweisungsklausel** entgehen kann. Hier sucht sich der Leasinggeber von einer vermeintlich eigenen Haftung für das Verschulden des Lieferanten bei der Lieferung zu befreien, indem er dem Leasingnehmer seine Ansprüche gegen den Lieferanten abtritt (sog. **Abtretungskonstruktion**) oder ihn gem. § 185 BGB zur Geltendmachung im eigenen Namen ermächtigt (sog. **Ermächtigungskonstruktion**).

Die Zulässigkeit der **Ermächtigungskonstruktion** wird heute teilweise kritisch beur- 82
teilt.[184] Sie bürde dem Leasingnehmer das **Kosten- und Prozessführungsrisiko** für fremde Ansprüche auf, ohne dass er die Möglichkeit bekomme, seinen Eigenschaden zu liquidieren und dadurch eine adäquate Kompensation für die fehlende Haftung des Leasinggebers erhielte. Die leasingtypische Risikoverteilung werde außer Kraft gesetzt und der Leasingnehmer unangemessen benachteiligt.

Überwiegend bejaht wird dagegen die Zulässigkeit der sog. **Abtretungskonstrukti-** 83
on.[185] Zwar führe auch sie zu einer Einschränkung der Gebrauchsverschaffungspflicht (als der Kardinalpflicht) des Leasinggebers. Mit Blick auf den leasingtypischen Beschaffungsvorgang erscheine eine Drittverweisung mittels Abtretung aber jedenfalls dann als hinnehmbar, wenn dadurch die leasingtypische Risikoverteilung gewahrt bleibe.[186] Dies könne erreicht werden, indem die Abtretung lediglich **erfüllungshalber** (§ 364 Abs. 2 BGB) erfolge, wodurch der Leasinggeber das Risiko einer Insolvenz des Lieferanten behalte.[187] Ferner müsse gewährleistet sein, dass der Leasingnehmer vor der Gebrauchsverschaffung nicht der Einrede aus § 320 BGB verlustig gehe.[188] Für die Zulässigkeit spreche auch, dass

---

[179] *Martinek* S. 125.

[180] *Von Westphalen* BB 1990, 1 (5).

[181] Klauseln, die zwischen Verschuldensgrad und Schadensart nicht differenzieren, sind gem. § 305c Abs. 2 BGB so auszulegen, dass sie auch die Haftung für grobe Fahrlässigkeit umfassen sollen und damit unwirksam sind; vgl. BankR-HdB/*Martinek/Omlor* § 101 Rn. 62.

[182] *Martinek* S. 132; MüKoBGB/*Koch* Finanzierungsleasing Rn. 92.

[183] BankR-HdB/*Martinek/Omlor* § 101 Rn. 62.

[184] Vgl. *von Westphalen* ZIP 1985, 1436 (1439 ff.); *Martinek* S. 137; die Einziehungsermächtigung behält dennoch Relevanz, soweit es um die Gestaltungsrechte Minderung und Rücktritt geht, vgl. *von Westphalen* DB 2001, 1291 (1293); *von Westphalen* ZIP 2001, 2259 (2263); → Rn. 105.

[185] Str.: von Westphalen/*von Westphalen* Rn. I74.; *ders.* ZIP 1985, 1436 (1439 f.); *Beckmann* DB 2006, 320 (321); Erman/*Dickersbach* Anh. § 535 Rn. 43; Staudinger/*Stoffels* Leasing Rn. 215; offen *Reinking/Eggert* Rn. L67 f.

[186] MüKoBGB/*Koch* Finanzierungsleasing Rn. 110.

[187] *Beckmann* DB 2006, 320 (322); anschaulich *von Westphalen* BB 2009, 240 unter Hinweis auf BGH NJW 1990, 314: Wo sich das Insolvenzrisiko des Lieferanten realisiere, sei „die nicht zu überschreitende Grenze" erreicht.

[188] *Von Westphalen* ZIP 1985, 1436 (1439 ff.).

der Leasingnehmer hier – anders als bei der Einziehungsermächtigung – seinen Eigenschaden liquidieren kann und so eine adäquate Kompensation für den Wegfall der Haftung des Leasinggebers erhält.[189]

84 Auf der Grundlage der vorzugswürdigen *sui generis*-Theorie[190] **bedarf es keiner Ermächtigungs- oder Abtretungskonstruktion,** um Gewährleistungsrechte des Leasingnehmers gegenüber dem Lieferanten zu begründen. Vielmehr folgt aus einer interessengerechten Auslegung des Liefervertrags zwischen Lieferant und Leasinggeber, dass zugunsten des Leasingnehmers nach § 328 Abs. 1 BGB die Rechte aus § 437 BGB begründet werden.[191] Auch muss kein Ausgleich für ausgeschlossene Gewährleistungsansprüche im leasingvertraglichen Verhältnis geschaffen werden, da solche Rechte von vornherein nicht bestehen.

85 **cc) Aufwendungsersatzklauseln.** Aus der Einordnung der Gebrauchsüberlassungspflicht als Hauptleistungspflicht des Leasinggebers folgt auch, dass er im Falle des **Verzuges** oder der Unmöglichkeit der Lieferung seinen Anspruch auf Zahlung der Leasingraten verlieren kann (§ 326 Abs. 1 S. 1 Halbs. 1 BGB). Dennoch können ihm durch die fehlgeschlagene Abwicklung erhebliche Aufwendungen entstanden sein, insbesondere Kosten für die Refinanzierung.

86 Versuchen, dem Leasingnehmer eine vertragliche Erstattungspflicht für diese vergeblichen Aufwendungen aufzuerlegen (sog. **Aufwendungsersatzklauseln**), hat der **BGH** indes eine **Absage erteilt.**[192] Unter Hinweis auf die mietrechtliche Einordnung des Finanzierungsleasings stützt der **BGH** seine Entscheidung vor allem auf das **Äquivalenzprinzip:** Die Äquivalenz des Vertrages wäre schwer gestört, wenn zwar einerseits der Leasinggeber von seiner Hauptleistungspflicht frei werde, andererseits der Leasingnehmer aber verpflichtet werde, seine – einen erheblichen Teil der Gegenleistung ausmachenden – Aufwendungen zu ersetzen. Den Einwand, der Leasingnehmer habe den Lieferanten ausgewählt und sei daher weit eher in der Lage, dessen Leistungsfähigkeit zu beurteilen,[193] lässt der BGH nicht gelten; wo dies im Einzelfall zutreffe, bestünden allenfalls Hinweis- und Aufklärungspflichten des Leasingnehmers, die einen Schadensersatzanspruch begründen könnten. Eine generelle formularvertragliche Aufwendungsersatzpflicht dagegen stehe im Widerspruch zum mietrechtlich verankerten Leitbild und sei unwirksam (§ 307 Abs. 2 Nr. 1 BGB). An dieser Entscheidung offenbaren sich die Nachteile einer sklavischen und interessenwidrigen Ausrichtung des Leasingvertrags auf das Mietrecht, welche die eigenständige Finanzierungskomponente des Leasings verkennt. Auf Grundlage der ***sui generis*-Theorie** kann ein Anspruch des Leasinggebers gegen den Leasingnehmer gem. **§ 284 BGB** auf Ersatz der frustrierten Finanzierungsaufwendungen bestehen.[194]

87 **dd) Insolvenzrisikoverteilung.** Kommt es zur Insolvenz des Lieferanten, so liegt ein Sonderfall des fehlgeschlagenen Liefergeschäfts vor. Der BGH hat in Leasing-AGB enthaltene **Insolvenzrisikoklauseln,** wonach der Leasinggeber für eine Nichtlieferung infolge der Insolvenz des Lieferanten nicht hafte, als unwirksam angesehen.[195] Allerdings erscheint diese pauschale Betrachtung sämtlicher Leasingverträge als zu weitgehend.[196] Im Eintrittsmodell übernimmt nämlich der Leasingnehmer die Auswahl des Lieferanten, so dass ihm auch dessen Insolvenzrisiko aufgebürdet werden darf.[197] Eine bedingungslose

---

[189] Zur Maßgeblichkeit der Person des Zessionars für die Bestimmung des Verzugsschadens vgl. BGH NJW-RR 1992, 219; BGHZ 128, 371 (376) = NJW 1995, 1282; vgl. MüKoBGB/*Koch* Finanzierungsleasing Rn. 108.

[190] → Rn. 42.

[191] → Rn. 63.

[192] BGH NJW 1986, 179 in Ergänzung zu BGH NJW 1982, 105 (107).

[193] → Rn. 88.

[194] BankR-HdB/*Martinek/Omlor* § 101 Rn. 67.

[195] Vgl. auch BGHZ 96, 103 (109) = NJW 1986, 179 (180); zustimmend Martinek/Stoffels/Wimmer-Leonhardt/*H. Beckmann* § 29 Rn. 33.

[196] *Flume* DB 1972, 53 (56).

[197] BankR-HdB/*Martinek/Omlor* § 101 Rn. 68.

Zuweisung des Insolvenzrisikos an den Leasinggeber birgt überdies die Gefahr, dass der Leasingnehmer sich im Zweifel für die **preisgünstigeren und bonitätsschwächeren** Lieferanten entscheidet, da dieser Aspekt für ihn irrelevant sei.[198]

Der **BGH** hatte darüber hinaus über die Zulässigkeit einer Klausel zu entscheiden, nach der dem Leasinggeber (auch) für den Fall der Nichtlieferung ein **vertragliches Rücktrittsrecht** zustehen sollte (sog. **Rücktrittsklausel**).[199] Ziel dieser Gestaltungen ist es, durch den Rücktritt vom Leasingvertrag eventuellen Haftungsansprüchen des Leasingnehmers die Grundlage zu entziehen. 88

Der BGH hat solche Klauseln für gem. **§ 307 Abs. 2 BGB** auch im kaufmännischen Verkehr **unwirksam** erklärt.[200] Er hat damit seine Rechtsprechungslinie zum Aufwendungsersatz fortgeschrieben und darüber hinaus den Fall zum Anlass genommen, eine Reihe grundsätzlicher und wohl vorläufig endgültiger[201] **Erwägungen zur Verteilung des Insolvenzrisikos** anzustellen. Er führt aus, der Leasinggeber sei als Eigentümer und Vermögensinhaber der Leasingsache **zur Gebrauchsüberlassung verpflichtet.** Infolge der **Stellung des Lieferanten als Erfüllungsgehilfe**[202] könne sich der Leasinggeber daher insbesondere im Hinblick auf das Risiko der Insolvenz des Lieferanten nicht entziehen. Die Anbahnung des Leasingvertrages enthalte **keine generelle Risikozuweisung an den Leasingnehmer.** Die Leistungsfähigkeit des Lieferanten sei kein Umstand, der allgemein vom Leasingnehmer besser beurteilt werden könne als vom Leasinggeber.[203] 89

Für die Praxis hat dies zur **Konsequenz,** dass eine rechtssichere Risikozuweisung formularvertraglich[204] nur im Rahmen von **Drittverweisungsklauseln** möglich ist. Die **Grenze** ist erreicht, wo sich das **Insolvenzrisiko** realisiert und gerade **hierauf die Nichtlieferung** beruht.[205] 90

Entgegen dieser **BGH**-Judikatur erscheint eine **differenzierende Betrachtung** geboten.[206] Der Leasinggeber vermag sich durch eine Rücktrittsklausel nicht vor den Folgen eines von ihm verschuldeten Fehlschlagens der Lieferung zu schützen. Eine Rücktrittsklausel hält lediglich dann einer AGB-Kontrolle statt, wenn sie sich lediglich auf Fälle bezieht, in denen das Fehlschlagen der Lieferung nicht vom Leasinggeber verschuldet wurde. 91

e) Gestaltung der Gefahrtragung. aa) Gesetzliche Risikoverteilung und vertragliche Gestaltung. Die **Sach- und Preisgefahr** trägt beim Leasing grundsätzlich der Leasinggeber.[207] Etwaigen Klauseln in Leasingverträgen, die eine „Übertragung" der Sach- und Preisgefahr auf den Leasinggeber vorsehen, kommt dabei nur eine **klarstellende Bedeutung** zu, da diese Gefahrtragung bereits aus dem Leitbild des Leasingvertrages folgt.[208] Sie trägt dem Umstand Rechnung, dass der Leasinggeber entsprechend seiner Funktion als Financier zwar zur **Gebrauchsüberlassung, nicht** aber zur **fortlaufenden Gebrauchsgewährung** verpflichtet wird. Im Falle des zufälligen Untergangs oder der zufälligen erheblichen[209] Verschlechterung des Leasinggegenstandes ist er daher nicht verpflichtet, dem Leasingnehmer einen Ersatz zu stellen, während dieser weiterhin verpflichtet 92

198 *Weber* NJW 2009, 2927 (2931).
199 Vgl. BGH NJW 2009, 575.
200 BGH NJW 2009, 575 (577).
201 Ebenso *von Westphalen* BB 2009, 236 (239); *von Westphalen* NJW 2009, 2355 (2360).
202 Vgl. BGH NJW 1988, 189; 2005, 365; **aA** *Canaris* AcP 190 (1990), 410 (432); *Flume* DB 1991, 269; → Rn. 64.
203 BGH NJW 1986, 179.
204 Zu den strengen Anforderungen an eine individualvertragliche Abrede vgl. BGH NJW 2000, 1110 (1111 ff.).
205 *von Westphalen* BB 2009, 239 (240).
206 BankR-HdB/*Martinek/Omlor* § 101 Rn. 69.
207 *Martinek* S. 143 ff. mwN.
208 *Martinek* S. 145; für eine konstitutive Bedeutung hingegen Martinek/Stoffels/Wimmer-Leonhardt/*Ackermann* § 31 Rn. 5.
209 Eine formularvertragliche Schwelle von 80 % ist unzulässig, vgl. BGH NJW 1998, 2284.

bleibt, die Leasingraten zu leisten. Will sich der Leasingnehmer schadlos stellen, hat er eine **Sachversicherung** abzuschließen.[210] Einer **ausdrücklichen Regelung,** dass die insoweit bestehenden **Ansprüche des Leasinggebers** und die darauf erfolgenden Versicherungsleistungen dem Leasingnehmer zugute kommen sollen, bedarf es **nicht.**[211] Als Ausgleich für die Tragung der Sach- und Preisgefahr ist dem Leasingnehmer ein **außerordentliches Kündigungsrecht** nach § 314 Abs. 1 BGB einzuräumen.[212]

93 Nur Risiken in seinem Einflussbereich hat der Leasingnehmer zu tragen. Angesichts der Gebrauchsüberlassungspflicht des Leasinggebers können **vor der vollständigen Lieferung** liegende Risiken **nicht** dem Leasingnehmer zugewiesen werden.[213] Gleiches gilt für Risiken des Untergangs oder der Verschlechterung, die aus der vertragsgemäßen Durchführung von **Nachbesserungsarbeiten in den Räumen des Lieferanten** entspringen.[214]

94 Im Bereich des **Kfz-Leasings** soll die „Übertragung" der Sach- und Preisgefahr auf den Leasingnehmer indes nur dann wirksam sein, wenn dem Leasingnehmer zugleich als Kompensation für die daraus erwachsenden Härten ein **sofortiges Kündigungsrecht** eingeräumt wird.[215] Diese **Sonderstellung** des Kfz-Leasings begründet der BGH mit einem hier besonders hervortretenden, schutzwürdigen **Interesse des Leasingnehmers** an einem risikofreien, fabrikneuen Leasinggegenstand.[216] Mache der Leasingnehmer von diesem Kündigungsrecht Gebrauch, habe der **Leasinggeber** einen **Anspruch** auf **Ausgleich** seines zum Kündigungszeitpunkt **noch nicht amortisierten Gesamtaufwands.**[217] Hinsichtlich der **Berechnung** brauche sich der Leasinggeber nicht schlechter zu stellen, dürfe sich aber auch nicht besser stellen, als er bei kündigungsfreiem Ablauf bzw. der kalkulierten Amortisationsdauer gestanden hätte.[218] Zulässig sei, wenn der Leasingnehmer zu einer Entschädigung in Höhe der ausstehenden Raten nebst Restwert **abgezinst zu 4 % über dem Basiszinssatz** verpflichtet werde.[219] Die vom BGH vorgenommene Differenzierung zwischen Kraftfahrzeugen und anderen Wirtschaftsgütern vermag jedoch **nicht zu überzeugen.**[220] Vielmehr besteht ein außerordentliches Kündigungsrecht des Leasingnehmers nach § 314 Abs. 1 BGB auch jenseits des Kfz-Leasings.[221]

95 Die **Wirksamkeitskontrolle** der Gefahrtragungsklauseln in Leasingverträgen richtet sich nach **§ 307 Abs. 2 Nr. 2 BGB.** Die Zuweisung der Sach- und Preisgefahr an den Leasingnehmer bildet das leasinginhärente Leitbild. Nach Auffassung des BGH soll der **Leasinggeber** in der Folge die **Sach- und Preisgefahr** tragen.[222] Eine geltungserhaltende Reduktion komme zwar nicht in Betracht, die Rechtsprechung arbeitet – angesichts der leasingtypischen Risikobeherrschung durch den Leasingnehmer durchaus sachgerecht – aber besonders großzügig mit der Teilaufrechterhaltung logisch trennbarer Klauselbestandteile[223] (sog. **blue pencil-Test**[224]).

---

[210] BGH NJW 1988, 198 (200); 2007, 290 (292).

[211] So BGH NJW 2004, 1041 (1042) zum alten Schuldrecht; nach dem SMG ergibt sich dies insbesondere aus § 285 BGB, vgl. BankR-HdB/*Martinek/Omlor* § 101 Rn. 70.

[212] *Martinek* S. 150 f.

[213] Martinek/Stoffels/Wimmer-Leonhardt/*Ackermann* § 31 Rn. 10.

[214] BGHZ 94, 44 (54 ff.) = NJW 1985, 1535; *Reinking/Eggert* Rn. L56.

[215] BGH NJW 1987, 377 (379); WM 1992, 2063; NJW 1996, 2367; 1998, 2284.

[216] BGH NJW 1988, 198 (200); 1998, 3270 (3271); zur Kritik vgl. MüKoBGB/*Koch* Finanzierungsleasing Rn. 96 mwN.

[217] BGH NJW 2004, 1041 mwN; zulässig ist im Hinblick auf die Eigentümerstellung des Leasinggebers stattdessen auch ein Anspruch auf Erstattung des Zeitwertes der Sache, vgl. BGH NJW 2007, 290 (292).

[218] BGHZ 95, 95 = BGH NJW 1985, 2253; BGH NJW 1986, 1335 (1337).

[219] BGH WM 1991, 794; zur Kritik vgl. BankR-HdB/*Martinek/Omlor* § 101 Rn. 71; zur Wertberechnung beim Kfz vgl. BGH NJW 2007, 290.

[220] Staudinger/*Stoffels* Leasing Rn. 206 mwN.

[221] BankR-HdB/*Martinek/Omlor* § 101 Rn. 71.

[222] Vgl. BGH NJW 1987, 377 (378); BGHZ 116, 278 (288 ff.) = NJW 1992, 683.

[223] MüKoBGB/*Koch* Finanzierungsleasing Rn. 97 mit Hinweis auf BGH NJW 1998, 2284 (2285 ff.).

[224] Vgl. dazu BGHZ 93, 29 (37, 48); 106, 19 (25); 125, 343 (348).

bb) Sachversicherungsklauseln. Zulässig ist es, wenn dem Leasingnehmer darüber 96
hinaus auch die **Pflicht** auferlegt wird, **den Leasinggegenstand auf eigene Kosten** gegen Beschädigung, Untergang oder Diebstahl **zu versichern.**[225] Dabei kann auch vereinbart werden, dass der Versicherungsvertrag gem. § 43 VVG zugunsten des Leasinggebers abzuschließen ist[226] bzw. die künftigen Ersatzansprüche gegen die Versicherung im Voraus an den Leasinggeber abgetreten werden.

Im Schadensfall ist die Versicherungsleistung **zweckgebunden** und darf ausschließlich 97
für Reparatur bzw. Ersatzbeschaffung verwendet werden. Dem Leasingnehmer steht insoweit ein **Anspruch auf Auszahlung** der Entschädigungssumme **an den Lieferanten** zu, der nicht formularvertraglich ausgeschlossen werden kann.[227] Eine **Aufrechnung** mit Ansprüchen des Leasinggebers auf Zahlung der Leasingraten kann in AGB nicht vereinbart werden. Dagegen ist die Versicherungsleistung auf den nach **vorzeitiger Vertragsbeendigung** durch den Leasingnehmer entstehenden Ausgleichsanspruch des Leasinggebers auch **ohne ausdrückliche vertragliche Vereinbarung** anzurechnen.[228]

Übersteigt die Versicherungssumme den geschuldeten Restbetrag, steht der Überschuss 98
grundsätzlich dem **Leasinggeber** als Eigentümer der Sache zu.[229] Etwas anderes kann sich dann ergeben, wenn der Leasinggeber in seinen AGB zum Ausdruck bringt, dass sein Interesse alleine auf volle Amortisation des Finanzierungsaufwands einschließlich des Gewinns gerichtet ist.[230]

Hat der Leasinggeber einen Erstattungsanspruch gegen die Versicherung, so muss er 99
zunächst versuchen, diesen zu realisieren; **Restwertausgleichsansprüche** gegen den Leasingnehmer sind bis zum endgültigen Scheitern **gestundet.**[231] Ist Anspruchsinhaber der Leasingnehmer, tritt die Stundungswirkung **nicht** ein. Der Leasinggeber ist aber verpflichtet, an der zügigen Abwicklung **mitzuwirken** und kann sich ggf. schadensersatzpflichtig machen.[232]

cc) Instandhaltung, Instandsetzung und Ersatzbeschaffung. In der Praxis sind 100
häufig solche Klauseln anzutreffen, nach denen der Leasinggeber den Leasinggegenstand auf eigene Kosten **vor Abnutzung zu bewahren** (sog. Instandhaltungsklauseln) bzw. bei bereits eingetretenen **Schäden** diese **zu reparieren** hat (sog. Instandsetzungsklauseln). Gerade bei hochtechnologischen oder besonders wartungsbedürftigen Anlagen (zB Computerhardware, Wasseraufbereitungsanlagen) erfolgt dabei zugleich die Verpflichtung zum **Abschluss eines Service-Vertrages.** Weiter finden sich häufig Klauseln, nach denen der Leasingnehmer verpflichtet ist, im Falle des Untergangs der Leasingsache auf eigene Kosten für gleichartigen und gleichwertigen Ersatz zu sorgen. Mit Blick auf das **Erhaltungsinteresse des Leasinggebers** und die leasingspezifische Risikoverteilung sind solche Klauseln als **zulässig** einzustufen.[233]

f) Mängelgewährleistungsregime. aa) Drittverweisungsklauseln und Eigenhaftung. Aus der Sicht der mietvertraglichen Einordnung des Leasingvertrages ist für das 101
Finanzierungsleasing charakteristisch, dass der Leasinggeber sich formularmäßig von seinen **Gewährleistungspflichten** (§§ 536 ff. BGB) gegenüber dem Leasingnehmer freizeichnet, indem er entweder seine Sachmängelansprüche aus dem **Verhältnis zum Lieferanten** an den Leasingnehmer **abtritt** (sog. **Abtretungskonstruktion**) oder ihm eine Ermächtigung

[225] Vgl. BGHZ 116, 278 (283) = NJW 1992, 683.
[226] MüKoBGB/*Koch* Finanzierungsleasing Rn. 98.
[227] Vgl. BGHZ 93, 391 (398 ff.) = NJW 1985, 1537; 116, 278 (284) = NJW 1992, 683.
[228] Vgl. BGH NJW 2004, 1041 (1042); zu den AGB-rechtlichen Grenzen von Ausgleichsansprüchen des Leasinggebers OLG München NJW-RR 2017, 437.
[229] BGH NJW 2008, 989 (991) mAnm *Martinek/Omlor* JZ 2008, 413; OLG München MDR 2019, 161.
[230] OLG Düsseldorf NJW-RR 2003, 775 (776); offen gelassen von BGH NJW 2008, 989 (991).
[231] BGHZ 116, 278 (282 ff.) = NJW 1992, 683; OLG Koblenz NJW-RR 1996, 174 (175).
[232] OLG Koblenz NJW-RR 1996, 174 (175).
[233] LG Koblenz NJW 1973, 706 (708); BankR-HdB/*Martinek/Omlor* § 101 Rn. 76; von Westphalen/*Artz* Rn. J52.

(§ 185 BGB) zur **Geltendmachung im eigenen Namen** erteilt (sog. **Ermächtigungskonstruktion**).

102 Die **typische Form** der Freizeichnung in Standard-Leasingverträgen ist die **Abtretungskonstruktion.** Dies ist sachgerecht, denn die Abtretung vermeidet die der **Ausübungsermächtigung** immanente **Beschränkung** auf eine Liquidierung des **Fremdschadens.** Eine „Renaissance" der Ermächtigungskonstruktion ist auch durch die Ausgestaltung des **Rücktrittsrechts als Gestaltungsrecht** nach dem Schuldrechtsmodernisierungsgesetz nicht angezeigt.[234] Zwar ist noch nicht abschließend geklärt, ob Gestaltungsrechte einer **isolierten Zession** zugänglich sind.[235] Indes bestehen keine Bedenken gegen eine **gemeinsame Übertragung** von Forderung und Rücktrittsrecht nach Maßgabe des **§ 413 BGB.**[236]

103 Entscheidende Bedeutung im Rahmen der **AGB-Kontrolle** misst die Rechtsprechung dem Gesichtspunkt zu, ob der Leasingnehmer in Relation zu seinen Rechten aus §§ 536 ff. BGB **unangemessen benachteiligt** wird. Er müsse in die Lage versetzt werden, die ihm als **Ausgleich für den Verlust eigener Rechte** übertragenen Rechte des Leasinggebers unmittelbar gegen den Lieferanten geltend zu machen. Daher müssten ihm die kaufrechtlichen Gewährleistungsansprüche des Leasinggebers **vorbehaltlos, unmittelbar und unbedingt** übertragen werden.[237] Anderenfalls scheitere die Freizeichnung nach Ansicht des BGH an § 307 Abs. 2 Nr. 1 BGB. Unzulässig sei daher eine Klausel, in der sich der Leasinggeber vorbehalte, die **Übertragung jederzeit zu widerrufen** und die Geltendmachung der Gewährleistungsansprüche an sich zu ziehen.[238] Unwirksam sei ebenso, wenn die Übertragung nur **Zug um Zug** gegen Erfüllung der Verbindlichkeiten aus dem Leasingvertrag erfolgte.[239] Möglich sei dagegen, die Übertragung unter die **auflösende Bedingung der Vertragsbeendigung** zu stellen.[240] An der (so verstandenen) grundsätzlichen **Zulässigkeit der Freizeichnung** mittels Drittverweisungsklauseln hat sich auch durch das **Schuldrechtsmodernisierungsgesetz** nichts geändert.[241] Ist der Leasingnehmer Verbraucher, steht insbesondere **§ 476 BGB** nicht entgegen: es liegt **kein Umgehungsgeschäft** vor, da das Leasingverhältnis gerade auf dem **Wunsch des Leasingnehmers** nach einer Finanzierungshilfe beruht.[242]

104 Sind Abtretung bzw. Ausübungsermächtigung **unvollständig oder unwirksam,** soll nach der mietvertraglichen Konzeption des Leasings die **Eigenhaftung des Leasinggebers** nach den §§ 536 ff. BGB **wieder aufleben.**[243] Das gelte insbesondere für den Fall, dass bei einem Leasingverhältnis zu einem Verbraucher zwischen Lieferant und Leasinggeber ein **Gewährleistungsausschluss** vereinbart worden ist, so dass die Rechtsstellung des Leasingnehmers im Ergebnis vollständig leerliefe.[244]

---

[234] Dafür insbesondere *von Westphalen* ZIP 2001, 2258 (2261, 2263); *von Westphalen* DB 2001, 1291 (1293); dagegen Derleder/Knops/Bamberger/*Mankowski/Knöfel* § 23 Rn. 77 mwN.

[235] Vgl. BGH NJW 1973, 1793 (1794); BGHZ 95, 250 (252 ff.) = NJW 1985, 2822; BGH NJW 1998, 896.

[236] BGH NJW 1973, 1793 (1794); 1985, 2640 (2641 ff.); MüKoBGB/*Koch* Finanzierungsleasing Rn. 107.

[237] Vgl. BGH NJW 1987, 1072 = WM 1987, 349; 2006, 1066 (1068); BGHZ 81, 298 (303) = WM 1981, 1219; BGH WM 1987, 349; BGHZ 109, 139 (143) = NJW 1990, 314; WM 1992, 1609.

[238] BGH NJW 1987, 1072 (1073); 1988, 2465 (2467); WM 1992, 1609 (1611); NJW-RR 2003, 51 (52); nicht unangemessen benachteiligt wird der Leasingnehmer dagegen, wenn die Widerrufbarkeit an seine eigene Vertragsuntreue anknüpft, vgl. OLG Rostock NJW-RR 2002, 1712.

[239] BGH NJW 1984, 2687 (2688).

[240] BGH NJW 1988, 2465 (2467); BGHZ 109, 139 (143) = NJW 1990, 314; BGH WM 1992, 609 (611); Staudinger/*Stoffels* Leasing Rn. 220.

[241] Vgl. schon *Schmalenbach/Sester* WM 2002, 2184 (2192); ebenso *Arnold* DStR 2002, 1049 (1050); *Assies* BKR 2002, 317 (319); *Gebler/Müller* ZBB 2002, 107 (108 f., 111); *Reiner/Kaune* WM 2002, 2314 (2320); *Zahn* DB 2002, 985; *Löbbe* BB-Beilage 6/2003, 7.

[242] BGH NJW 2006, 1066 (1067).

[243] **AA** MüKoBGB/*Koch* Finanzierungsleasing Rn. 129: kaufrechtliche Haftung; gegen eine mietrechtliche Einstandspflicht auch *Höpfner* ZBB 2006, 200 (202); Staudinger/*Stoffels* Leasing Rn. 222.

[244] BGH NJW 2006, 1066 (1067); *von Westphalen* DB 2008, 2 (6).

Kritik: Die Konstruktion der (noch) hM, die Abtretung der Gewährleistungsrechte aus dem Liefervertrag an den Leasingnehmer als Ausgleich für den Ausschluss der Eigenhaftung des Leasinggebers anzusehen, beruht auf der fehlsamen Einordnung des Leasingvertrages als atypischer Mietvertrag.[245] Den Leasinggeber trifft von vornherein keine miet- oder leasingvertragliche Eigenhaftung gegenüber dem Leasingnehmer. Stattdessen stehen dem Leasingnehmer bereits **originär** infolge der Drittwirkungen **(§ 328 Abs. 1 BGB)** des Liefervertrags die **Gewährleistungsrechte aus § 437 BGB gegen den Lieferanten** zu.[246] Aus dem Leasingvertrag selbst folgt lediglich eine **selbständige Nebenleistungspflicht** des Leasinggebers, im liefervertraglichen Rechtsverhältnis für eine solche Verschaffung der Rechte aus § 437 BGB an den Leasingnehmer zu sorgen.[247] Eine Verletzung dieser nicht im Synallagma stehenden Pflicht kann Schadensersatzansprüche des Leasingnehmers aus §§ 280 ff. BGB begründen. 105

Wegen der Besonderheiten des Leasingdreiecks richtet sich die **Inhaltskontrolle** der Geschäftsbedingungen im Liefervertrag gemäß §§ 307 ff. BGB **nach der Person des Leasingnehmers,** nicht des Leasinggebers als eigentlichen Vertragspartners.[248] Der Leasingnehmer ist wirtschaftlich so zu stellen, als sei er selbst Käufer der Leasingsache.[249] Daraus folgt zudem, dass der Leasingnehmer ihm Gewährleistungsrechte im Umfang der §§ 474 ff. BGB verschaffen muss, sofern bei einem Direkterwerb vom Lieferanten hypothetisch ein Verbrauchsgüterkauf vorgelegen hätte **(„Verbrauchsgüterleasing").**[250] 106

bb) Nacherfüllung durch den Lieferanten. Dem Leasingnehmer stehen nach §§ 437 Nr. 1, 439 Abs. 1 iVm § 328 Abs. 1 BGB **beide Alternativen der Nacherfüllung** offen. Der Anspruch auf Nachlieferung ist nicht angesichts des Prinzips der Vollamortisation ausgeschlossen.[251] Formularvertraglich kann ohne Verstoß gegen § 307 BGB im Leasingvertrag vereinbart werden, dass der Leasingnehmer einen Vermögensvorteil an den Leasinggeber herauszugeben hat, der ihm infolge der späteren Ingebrauchnahme des Leasingguts zufällt.[252] Ein vollständiger Ausschluss des Nachlieferungsanspruchs ist gegenüber einem Leasingnehmer mit Verbrauchereigenschaft unwirksam, gegenüber einem unternehmerischen Leasingnehmer hingegen möglich.[253] Ein **Leistungsverweigerungsrecht,** etwa aus § 320 BGB, steht dem Leasingnehmer gegenüber dem Leasinggeber in Bezug auf die Leasingraten nicht zu, sofern lediglich Nacherfüllung verlangt wird. 107

cc) Durchführung und Rechtsfolgen des Rücktritts vom Vertrag. Die leasingspezifische Risikoverteilung hat insbesondere gravierende Auswirkungen auf den Rücktrittsmechanismus: Die **Rückabwicklung** erfolgt „übers Eck" nur **innerhalb der jeweiligen Vertragsbeziehungen.** 108

Macht der Leasingnehmer von den ihm gewährten Gewährleistungsrechten Gebrauch und tritt nach erfolglos gebliebenem Nacherfüllungsbegehren vom **Kaufvertrag** (Liefervertrag) zurück, erfolgt dessen **Rückabwicklung** somit **zwischen Leasinggeber und Lieferant:** Der **Leasinggeber** ist zur Rückgabe der Sache an den Lieferanten **Zug-um-Zug** (§ 348 BGB) gegen Rückzahlung des Kaufpreises verpflichtet (§ 346 Abs. 1 BGB). Typischerweise dient der **Leasingnehmer** insoweit **als Erfüllungsgehilfe** des Leasinggebers, indem er die Sache dem Lieferanten ohne Umweg über den Leasinggeber direkt übergibt. 109

---

[245] IE *Martinek* S. 162 ff.; BankR-HdB/*Martinek/Omlor* § 101 Rn. 79 mwN.
[246] → Rn. 63.
[247] *Martinek* S. 164.
[248] *Hager* AcP 190 (1990), 324 (344 f.); *Heermann* S. 288 f.
[249] BGHZ 81, 298 (302); BGH NJW 1982, 105 mwN.
[250] *Omlor* ZGS 2008, 220 (221 ff.).
[251] Martinek/Stoffels/Wimmer-Leonhardt/*H. Beckmann* § 26 Rn. 76, 83; **aA** *Zahn* DB 2002, 985 (987 ff.); *Habersack* BB-Beilage 6/2003, 2 (6).
[252] BankR-HdB/*Martinek/Omlor* § 101 Rn. 82a.
[253] Weitergehend hingegen Staudinger/*Stoffels* Leasing Rn. 231.

110 Durch den Rücktritt vom Kaufvertrag entfällt **ex nunc** die **Geschäftsgrundlage des Leasingvertrages.**[254] Die frühere BGH-Rechtsprechung, welche eine ex tunc-Wirkung annahm,[255] kann seit der Schuldrechtsreform nicht mehr aufrechterhalten werden. Anzuwenden auf den Leasingvertrag ist **§ 313 Abs. 3 S. 2 BGB.** Zum einen kennt das Finanzierungsleasing auch ansonsten nur die außerordentliche Vertragsbeendigung durch Kündigung, nicht durch Rücktritt. Zum anderen handelt es sich um ein Dauerschuldverhältnis, das deshalb einer ex nunc wirkenden Kündigung unterworfen wird, weil eine vollständige Rückabwicklung nach §§ 346 ff. BGB wegen der unter Umständen langen Vertragsdauer und eines komplexen Leistungsaustausches nicht sachgerecht erscheint.

111 Durch die Neuregelung des Rücktritts als Gestaltungsrecht wurde ferner die Frage virulent, ob der Leasingnehmer **bereits** ab **Rücktrittserklärung** (§ 349 BGB)[256] oder **erst** mit der **gerichtlichen Geltendmachung** des Rückgewähranspruches berechtigt ist, die **Zahlung** weiterer Leasingraten **zu verweigern.**[257] Letzteres galt unter dem alten Schuldrecht für die Wandelungsklage.[258] Der **BGH** hat mittlerweile im Sinne der zweiten Alternative entschieden.[259] Den Hintergrund bildet die **leasingtypische Interessenlage im Dreieck,** wonach der Streit über Gewährleistungsrechte vorrangig zwischen dem Leasingnehmer und dem Lieferanten ausgetragen werden muss.[260] Dies ist auch aus Gründen der Anreizkompatibilität sachgerecht: Prozessrisiko und die weiteren Folgen einer unberechtigten Klage gegen den Lieferanten – etwa die Hemmung der Verjährung nach § 205 BGB in Bezug auf vom Leasingnehmer zurückgehaltene Leasingraten[261] – erzeugen beim Leasingnehmer eine Hemmschwelle und bewegen ihn dazu, sich ernsthafte Gedanken über das Vorliegen eines Mangels zu machen; rechtsmissbräuchlichen Rücktrittserklärungen und unbegründeter Zahlungsverweigerung wird damit vorgebeugt.[262]

110–112 *(einstweilen unbesetzt)*

113 **dd) Abwicklung der Gewährleistungsrechte.** Seine ihm nach § 328 Abs. 1 BGB originär zustehenden Gewährleistungsrechte hat der **Leasingnehmer selbständig wahrzunehmen und ggf. gerichtlich geltend zu machen.** Der **Leasinggeber** ist **an das Ergebnis** dieser Auseinandersetzung **gebunden.**[263] Die Bindung ergibt sich weniger aus einer interessengerechten Auslegung der Drittverweisungsklauseln,[264] sondern vielmehr aus den liefervertraglichen Vereinbarungen, welche auch die Grundlage der eigenen Gewährleistungsrechte des Leasingnehmers bilden. Dem Leasingnehmer muss auch nicht der Streit verkündet werden (§ 72 ZPO). Die **Bindung** umfasst grundsätzlich auch eine **außergerichtliche Einigung** zwischen Leasingnehmer und Lieferant. Die Grenze der Bindung ist

---

[254] OLG Frankfurt a. M. OLG-Rp 2009, 157 (158); OLG Düsseldorf Urt. v. 8.3.2016 – I-24 U 120/15 = BeckRS 2016, 9625; *Arnold* DStR 2002, 1049 (1053 ff.); *Dauner-Lieb/Dötsch* NJW 2003, 921 ff.; Staudinger/*Stoffels* Leasing Rn. 245, 251 ff. („von Gesetzes wegen … unabweisbare Korrektur"); BankR-HdB/*Martinek/Omlor* § 101 Rn. 82b; zum alten Recht bereits *Canaris* NJW 1982, 305 (309 ff.); *Canaris* AcP 190 (1990), 410 (416 ff.); **aA** OLG Karlsruhe Urt. v. 30.1.2007 – 8 U 143/06 = BeckRS 2007, 05350; OLG Frankfurt Urt. v. 27.6.2012 – 17 U 13/12 = BeckRS 2012, 16592.

[255] StRspr seit BGHZ 68, 118 (126) = NJW 1977, 848.

[256] So *von Westphalen* ZIP 2001, 2261; *von Westphalen* ZIP 2006, 1653; *von Westphalen* DAR 2006, 626; *Gebler/Müller* ZBB 2002, 113; *Reinking* ZGS 2002, 229; *Löbbe* BB-Beilage 6/2003, 11.

[257] *Assies* BKR 2002, 318; *Zahn* DB 2002, 987; *Beckmann* WM 2006, 958; MüKoBGB/*Koch* Finanzierungsleasing Rn. 120; Staudinger/*Stoffels* Leasing Rn. 244.

[258] BGHZ 97, 135. = WM 1986, 591.

[259] BGH NJW 2010, 2798 (2800); BGH NJW 2014, 1583 Rn. 16; vgl. dazu *Tavakoli* NJW 2010, 2768.

[260] *Omlor* JuS 2011, 305 (306).

[261] BGH NJW 2016, 397 Rn. 18 ff.

[262] Vgl. dazu schon *Schmalenbach/Sester* WM 2002, 2184 (2185).

[263] BGHZ 81, 298 (305) = NJW 1982, 105; 114, 57 (62) = NJW 1991, 1746; BGH NJW 1994, 576 (577).

[264] BGHZ 81, 298 (305) = NJW 1982, 105; BGH NJW 1993, 122 (124); MüKoBGB/*Koch* Finanzierungsleasing Rn. 123.

freilich bei kollusivem Zusammenwirken erreicht, etwa wenn ein Rücktritt vereinbart wird, obwohl beiden Seiten bewusst ist, dass kein Mangel vorliegt.[265]

Im Hinblick auf die Bindung ist der Leasingnehmer auch ohne ausdrückliche Vereinbarung verpflichtet, den **Leasinggeber** vom Mangel und der beabsichtigten Geltendmachung der abgetretenen Mängelrechte **zu benachrichtigen.**[266] Nach Anzeige hat der Leasinggeber die Möglichkeit der **Nebenintervention** gem. § 66 ZPO, um auf den Prozessverlauf einzuwirken. Im Rahmen der Abwicklung eines Rückgewähranspruches nach erfolgtem Rücktritt hat der Leasingnehmer die Interessen des Leasinggebers zu wahren, insbesondere sicherzustellen, dass er die Sache nur **Zug-um-Zug gegen Rückzahlung** des Kaufpreises an den Leasinggeber herausgibt. 114

5. Beendigung, Abrechnung und Insolvenz

a) Ordentliche Beendigung. aa) Ordentliche Vertragsbeendigung. Ist der Leasingvertrag **befristet,** dh von vornherein auf bestimmte Zeit abgeschlossen worden, so endet er mit deren Ablauf **automatisch.** Dann ist der Leasingnehmer verpflichtet, den Leasinggegenstand in vertragsgemäßem Zustand an den Leasinggeber herauszugeben. Ein einseitiges Leistungsbestimmungsrecht des Leasinggebers in einer Rückgabeklausel unterliegt nach § 307 Abs. 1 Satz 1 BGB einer Inhaltskontrolle.[267] Weist die Sache **Beschädigungen** auf, kann der Leasingnehmer hierfür nach den §§ 280 ff., § 823 BGB haftbar sein.[268] Bei **verspäteter Rückgabe** soll dem Leasinggeber nach Ansicht des BGH ein Anspruch auf **Nutzungsentschädigung** gem. § 546a Abs. 1 BGB in Höhe der vereinbarten Leasingraten zustehen.[269] Der Anspruch soll auch bei Vollamortisationsverträgen greifen, bei denen bereits alle vereinbarten Leasingraten gezahlt worden sind, und unabhängig davon sein, ob dem Leasinggeber ein Schaden entstanden ist oder der Leasingnehmer einen entsprechenden Nutzen hat ziehen können.[270] Entgegen dieser BGH-Judikatur kommt eine Anwendung von **§ 546a Abs. 1 BGB** jedoch **nicht in Betracht.** Im fraglichen Zeitpunkt hat der Leasingnehmer durch seine Zahlungen bereits die Vollamortisation bewirkt, so dass allenfalls die um Finanzierungskosten, Gewinnanteile und Verwaltungsaufwand bereinigten Leasingraten geschuldet sein könnten.[271] Zu weit setzt demgegenüber der BGH[272] die Grenze erst bei einem Rechtsmissbrauch, sofern der Verkehrswert infolge Abnutzung soweit gesunken ist, dass Leasingraten und Zeitwert völlig außer Verhältnis stehen **(Billigkeitskontrolle).** 115

Ist **keine feste Vertragslaufzeit** bestimmt, endet der Vertrag mit der ordentlichen **Kündigung.** Regelmäßig ist dabei die ordentliche Kündigung bei unbefristeten Verträgen während einer vertraglich festgelegten **Grundlaufzeit** ausgeschlossen. Dieser Zeitraum liegt meist zwischen 50 % und 90 % der betriebsgewöhnlichen Nutzungsdauer des Leasinggegenstandes. Der Kündigung bedarf es auch nach bereits eingetretener Vollamortisation; ohne Kündigung läuft der Vertrag weiter.[273] 116

bb) Endschaftsregelungen bei Teilamortisationsverträgen. In der Vertragspraxis hat sich für Teilamortisationsverträge eine Reihe von typischen Vertragsmodellen ent- 117

[265] BGHZ 94, 44 (52) = NJW 1985, 1535; 114, 57 (64) = NJW 1991, 1746.

[266] BGHZ 81, 298 (306) = NJW 1982, 105; BGH NJW 1987, 1072 (1074); BGHZ 110, 130 (142) = NJW 1990, 1290; 114, 57 (63) = NJW 1991, 1746.

[267] Einzelheiten bei BGHZ 213, 302 Rn. 20 ff.

[268] MüKoBGB/*Koch* Finanzierungsleasing Rn. 130.

[269] BGH NJW 2005, 1081; krit. MüKoBGB/*Koch* Finanzierungsleasing Rn. 131, der zu bedenken gibt, dass Leasingrate und Nutzwert sich infolge des zusätzlichen Amortisationszweckes nicht entsprechen müssen.

[270] BGHZ 107, 123 (127) = NJW 1989, 1730; Martinek/Stoffels/Wimmer-Leonhardt/*Berninghaus* § 35 Rn. 27 ff.

[271] *Canaris* AcP 190 (1990), 412 f., 441 f.; *Martinek* S. 193 f.; Staudinger/*Stoffels* Leasing Rn. 286 mwN.

[272] BGH NJW 2005, 1081.

[273] Martinek/Stoffels/Wimmer-Leonhardt/*Berninghaus* § 34 Rn. 4; BankR-HdB/*Martinek*/*Omlor* § 101 Rn. 110.

wickelt, um bei Vertragsbeendigung die Restamortisation zu gewährleisten (sog. **Endschaftsregelungen**):

118 Bei einem Teilamortisationsvertrag mit **Aufteilung des Mehrerlöses** endet der Vertrag nach Ablauf der Grundlaufzeit automatisch. Der Leasinggegenstand ist vom Leasinggeber bestmöglich zu verwerten.[274] Liegt der erzielte Verwertungserlös unter dem vertraglich vereinbarten Restwert, ist der Leasingnehmer verpflichtet, durch eine weitere Abschlusszahlung die Vollamortisation herbeizuführen. Übersteigt der Verwertungserlös den vereinbarten Restwert, wird der Mehrerlös zwischen den Parteien geteilt. Üblich ist eine Aufteilung im Verhältnis 3:1 zugunsten des Leasinggebers.[275]

119 Auch der Teilamortisationsvertrag mit **Andienungsrecht** endet ohne Kündigung. Der Leasinggeber hat das Recht, den Gegenstand dem Leasingnehmer zum vorab festgelegten Preis anzudienen, um so Vollamortisation herzustellen. Ist nicht zugleich auch eine **Kaufoption** des Leasingnehmers festgelegt, so profitiert bei diesem Modell allein der Leasinggeber von einer etwa eingetretenen Wertsteigerung.

120 Schließlich besteht die Möglichkeit, den Teilamortisationsvertrag so auszugestalten, dass er nur durch Kündigung endet und die Vollamortisation durch eine **Abschlusszahlung** des Leasingnehmers herbeigeführt wird.[276] Bei Vertragsklauseln, die die Höhe der zu leistenden Zahlung abstrakt festlegen sollen, handelt es sich nicht um Preisabreden, die gem. § 307 Abs. 3 BGB der Inhaltskontrolle entzogen sind.[277] In der Folge hat die Rechtsprechung in der Vergangenheit im Rahmen der AGB-Kontrolle hohe Hürden für ihre Wirksamkeit aufgestellt.[278] Das ist insofern unschädlich, als auch bei unwirksamen Klauseln ein **vertragsimmanenter** Ausgleichsanspruch bejaht wird, dessen Höhe im Einzelfall zu berechnen ist.[279]

121 **cc) Kilometerabrechnungsverträge.** Im Bereich des **Kfz-Leasings** sind Vertragsmodelle üblich, die dem Leasingnehmer eine bestimmte **Gesamtfahrleistung** gewähren. Die Leasingraten werden anhand des geschätzten Wertverlustes festgelegt. Eine bei Beendigung festgestellte **Differenz** zu den tatsächlich gefahrenen Kilometern ist nach Maßgabe der vertraglichen Regelung zwischen den Parteien **auszugleichen.** Das Restwertrisiko trägt idR allein der Leasinggeber;[280] typischerweise liegen die vorab geschätzten Restwerte aber unter dem tatsächlich erzielbaren Erlös. Oftmals hat der Leasinggeber auch einen vertraglichen Anspruch auf Rücknahme zum kalkulierten Restwert gegen den Lieferanten.

122 **b) Außerordentliche Beendigung.** Das Vertragsverhältnis kann darüber hinaus vorzeitig durch **außerordentliche Kündigung** enden. Standard-Leasingverträge enthalten zumeist detaillierte Regelungen für außerordentliche Kündigungsrechte. Im Vordergrund stehen dabei in aller Regel **Pflichtverletzungen des Leasingnehmers.**

123 Im Fall des **Zahlungsverzuges** des Leasingnehmers spricht die hM dem Leasinggeber ein Kündigungsrecht nach Maßgabe des **§ 543 Abs. 2 S. 1 Nr. 3 BGB analog** zu.[281] Von dessen Voraussetzungen kann auch im unternehmerischen Verkehr in AGB nicht zum Nachteil des Leasingnehmers abgewichen werden.[282] Ebenfalls analog § 543 BGB bemisst sich das Recht zur außerordentlichen Kündigung bei **vertragswidrigem Gebrauch** der

---

[274] Vgl. zur Bedeutung eines sachverständig ermittelten Marktwerts OLG Düsseldorf BeckRS 2018, 27991.

[275] EBJS/*Schmalenbach* Rn. V91.

[276] BankR-HdB/*Martinek/Omlor* § 101 Rn. 112.

[277] MüKoBGB/*Koch* Finanzierungsleasing Rn. 134; Staudinger/*Stoffels* Leasing Rn. 301.

[278] BGHZ 82, 121 (130) = NJW 82, 870 (872); 97, 65 (73) = NJW 1986, 1335 (1336); BGH NJW 86, 1746.

[279] BGHZ 95, 39 (54 ff.) = NJW 1985, 2253; 111, 237 (242) = NJW 1990, 2377; BGH NJW 1997, 3166 (3167); zur Berechnung vgl. MüKoBGB/*Koch* Finanzierungsleasing Rn. 137 ff.

[280] EBJS/*Schmalenbach* Rn. V96.

[281] BGHZ 82, 121 (129 ff.) = NJW 1982, 870; 94, 195 (215) = NJW 1985, 1539; Martinek/Stoffels/Wimmer-Leonhardt/*Berninghaus* § 38 Rn. 7 ff.; vgl. zu § 554 BGB aF ausführlich *Engel* NZM 2000, 953 ff.

[282] MüKoBGB/*Koch* Finanzierungsleasing Rn. 144.

Leasingsache.[283] Hierhin gehört die unbefugte Gebrauchsüberlassung an Dritte ebenso wie die Missachtung vertraglicher Instandhaltungs- oder Wartungspflichten. Dadurch wird das Interesse des Leasinggebers an der Werthaltigkeit der ihm als Sicherheit dienenden Leasingsache gefährdet. Formularvertragliche Abweichungen von den Voraussetzungen analog § 543 Abs. 2 S. 1 Nr. 3 BGB unterliegen einer **Leitbildkontrolle** nach § 307 Abs. 2 BGB. Handelt es sich beim Leasingnehmer um einen Verbraucher, findet im Anwendungsbereich von § 506 Abs. 2 BGB die Sonderregelung des **§ 498 BGB** Anwendung.[284]

Daneben besteht die subsidiäre Kündigungsmöglichkeit nach **§ 314 BGB,** wenn ein **sonstiger wichtiger Grund** vorliegt. Diese Möglichkeit kann in den AGB konkretisiert, nicht aber wesentlich ausgeweitet werden.[285] Als wichtiger Grund in Betracht kommt insbesondere die konkrete **Gefährdung der vollständigen Erfüllung** des Leasingvertrages durch den Leasingnehmer, zB eine wesentliche Verschlechterung seiner wirtschaftlichen Verhältnisse.[286] 124

Außerordentliche Kündigungsrechte des **Leasingnehmers** finden sich vor allem für die **Nichtgewährung des vertragsgemäßen Gebrauchs** (freilich außerhalb der Geltung der übertragenen Gewährleistungsrechte) sowie für die **Insolvenz** des Leasinggebers.[287] 125

Hat der Leasingnehmer den Kündigungsgrund zu vertreten, so ist er nach §§ 280 Abs. 1 und 3, 281 BGB ersatzpflichtig **(Schadensersatz statt der Leistung).** Obergrenze ist das **Erfüllungsinteresse** des Leasinggebers. Zugrundezulegen ist daher die vertraglich geschuldete Vollamortisation abzüglich der ersparten Aufwendungen, Refinanzierungszinsen, Kosten, Steuern und Abgaben unter grundsätzlich vollständiger[288] Anrechnung der optimal zu verwertenden[289] Leasingsache. **Pauschalierende Schadensersatzklauseln** in den Leasing-AGB sind grundsätzlich zulässig, begegnen in der Rechtsprechung aber hohen Hürden;[290] im Zweifel hat eine konkrete Berechnung zu erfolgen.[291] 126

c) Leasinggut in der Zwangsvollstreckung. aa) Zwangsvollstreckung durch Gläubiger des Leasingnehmers. Gegen eine Zwangsvollstreckung durch Gläubiger des Leasingnehmers steht dem Leasinggeber als Eigentümer der Leasingsache die **Drittwiderspruchsklage** gem. § 771 ZPO zu.[292] Der Leasingnehmer ist nach § 241 Abs. 2 BGB verpflichtet, ihm deren Geltendmachung zu ermöglichen, indem er unverzüglich eine bevorstehende Pfändung anzeigt. Einen bereits erzielten **Verwertungserlös** kann der Leasinggeber nach § 812 Abs. 1 S. 1 Alt. 2 BGB beim Vollstreckungsgläubiger **kondizieren.**[293] Das Nutzungsrecht des Leasingnehmers ist vertraglich in aller Regel nicht übertragbar und unterliegt damit gem. § 857 Abs. 3 ZPO nicht der Zwangsvollstreckung.[294] Das gleiche gilt für ein Optionsrecht des Leasingnehmers, das weder frei übertragbar ist noch ein Anwartschaftsrecht begründet, da der Leasinggeber seine dingliche Erklärung bis zur Annahme widerrufen kann.[295] Pfändbar ist daher alleine der Anspruch des Leasingnehmers auf künftige Beteiligung am Mehrerlös (§§ 829, 835 ZPO).[296] 127

[283] BankR-HdB/*Martinek/Omlor* § 101 Rn. 124.
[284] Staudinger/*Stoffels* Leasing Rn. 318.
[285] OLG Hamm ZMR 1992, 152.
[286] BGH NJW 1984, 163; WM 1984, 871; BGHZ 112, 279 (284) = NJW 1991, 102 (104).
[287] EBJS/*Schmalenbach* Rn. V97.
[288] Insoweit klarstellend BGHZ 151, 188 (192 ff.) = NJW 2002, 2713; nur bei kündbaren Teilamortisationsverträgen mit Abschlusszahlung genügt ein Ansatz von 90 %, vgl. BGHZ 95, 39 (56 ff.) = NJW 1985, 2253; BGH NJW 1986, 1746; 1987, 842.
[289] BGH WM 1996, 311 (314).
[290] Eingehend BGH NJW 1996, 455.
[291] BGHZ 151, 188 (195) = NJW 2002, 2713; zu deren Einzelheiten vgl. BankR-HdB/*Martinek/Omlor* § 101 Rn. 131.
[292] Martinek/Stoffels/Wimmer-Leonhardt/*Hau* § 48 Rn. 5 ff.
[293] BGHZ 100, 95 (99 ff.) = NJW 1987, 1881.
[294] OLG Düsseldorf NJW 1988, 1676 f.; von Westphalen/*R. Koch* Rn. Q45; BankR-HdB/*Martinek/Omlor* § 101 Rn. 136; MüKoBGB/*Koch* Finanzierungsleasing Rn. 152; **aA** *Canaris* Rn. 1776.
[295] MüKoBGB/*Koch* Finanzierungsleasing Rn. 152; MüKoZPO/*Smid* § 857 Rn. 27.
[296] MüKoBGB/*Koch* Finanzierungsleasing Rn. 152; von Westphalen/*R. Koch* Rn. Q46.

128 **bb) Zwangsvollstreckung durch Gläubiger des Leasinggebers.** Eine Pfändung des Eigentums an der Leasingsache durch Gläubiger des Leasinggebers scheitert beim Mobilienleasing regelmäßig an den §§ 808, 809 ZPO. Danach hat eine Pfändung zu unterbleiben, wenn der Leasingnehmer als **Gewahrsamsinhaber nicht herausgabebereit** ist. Einem Verstoß kann mit der Erinnerung (§ 766 ZPO) begegnet werden.[297] Pfändbar ist hingegen der Herausgabeanspruch, die Einwendungen aus dem Leasingvertrag gehen aber ebenso mit über wie ein Kaufoptionsrecht (§§ 404, 412, 986 BGB).[298] Die Gläubiger sind somit primär auf die **Pfändung der Ansprüche auf Zahlung der Leasingraten** bzw. der Schlussraten verwiesen (§§ 829, 835 ZPO), soweit diese nicht bereits dem Refinanzierer zur Sicherheit übertragen worden sind.[299]

129 **d) Leasinggut in der Insolvenz. aa) Insolvenz des Leasingnehmers. (1) Kündigung durch den Leasinggeber.** War der Leasingvertrag im Zeitpunkt der Stellung des Insolvenzantrages wegen Zahlungsverzugs bereits **wirksam gekündigt,** bleibt die Kündigung wirksam. Der Leasinggeber kann die Herausgabe verlangen. Nach Eröffnung des Verfahrens kann er kraft seines Volleigentums das **Leasinggut gem. § 47 InsO aussondern.**[300]

130 Lag im Zeitpunkt der Antragstellung hingegen **noch keine wirksame Kündigung** vor, greift die gem. § 119 InsO unabdingbare **Kündigungssperre** des § 112 InsO.[301] Sie schneidet dem Leasinggeber zwei Kündigungsgründe ab: Weder darf er infolge eines vor Antragstellung eingetretenen Zahlungsverzugs (Nr. 1) noch wegen einer (vor oder nach Antragstellung) eingetretenen Verschlechterung der Vermögensverhältnisse des Leasingnehmers (Nr. 2) kündigen.[302] Die Kündigungsrechte wegen sonstiger Pflichtverletzungen bleiben unberührt; insbesondere kann der Leasinggeber kündigen, wenn ein Zahlungsverzug zwischen Antragstellung und der Entscheidung über die Eröffnung des Insolvenzverfahrens eintritt.[303] Der Zahlungsverzug kann sich dabei auch daraus ergeben, dass der Leasinggeber Zahlungen des vorläufigen Insolvenzverwalters zurückweist, weil sie nach § 130 InsO angefochten werden könnten.[304]

131 **(2) Mobilienleasing.** Nach Eröffnung des Insolvenzverfahrens steht dem Insolvenzverwalter das **Erfüllungswahlrecht** gem. § 103 InsO zu. Wählt er **Erfüllung,** so ist er an den Leasingvertrag **vollumfänglich gebunden.** Umstritten ist, ob die **nach Erfüllung fälligen Raten in vollem Umfang** Masseverbindlichkeiten gem. **§ 55 Abs. 1 Nr. 2 Alt. 1 InsO** werden. Die **hM** bejaht dies.[305] Abzustellen sei auf die fortlaufende Gebrauchsgewähr, die aus Sicht des Leasingnehmers den Leistungsschwerpunkt des Leasinggebers bilde und eine Gleichstellung mit Mietforderungen gebiete. Dies entspreche auch dem in § 108 Abs. 1 S. 2 InsO zum Ausdruck gekommenen Willen des Gesetzgebers für Gleichstellung von Mietverträgen und Leasingverträgen im Insolvenzverfahren. Die **Gegenmeinung** will dagegen die nach Verfahrenseröffnung fälligen Raten in einen massewirksamen Gebrauchsgewährungsteil und einen (größeren) nur tabellenwirksamen Finanzierungsanteil aufspalten.[306] Begründet wird dies damit, dass der Schwerpunkt des Leasingverhältnisses in der Finanzierung des Erwerbs liege; abzustellen sei daher primär auf die vorgelagerte

---

[297] Martinek/Stoffels/Wimmer-Leonhardt/*Hau* § 48 Rn. 27.
[298] *Canaris* Rn. 1780; Martinek/Stoffels/Wimmer-Leonhardt/*Hau* § 48 Rn. 28.
[299] Von Westphalen/*R. Koch* Rn. Q75 ff.; *Martinek* S. 218.
[300] MüKoInsO/*Ganter* § 47 Rn. 223; Braun/*Bäuerle* § 47 Rn. 57; Uhlenbruck/*Brinkmann* InsO § 47 Rn. 122.
[301] MüKoBGB/*Koch* Finanzierungsleasing Rn. 154; EBJS/*Schmalenbach* Rn. V108.
[302] MüKoInsO/*Ganter* § 47 Rn. 224; *Engel* NZM 2000, 953 (954).
[303] BGHZ 151, 353 (371 ff.) = NJW 2002, 3326; OLG Köln ZIP 2003, 543 (544); von Westphalen/*R. Koch* Rn. R4, R9.
[304] MüKoBGB/*Koch* Finanzierungsleasing Rn. 154; MüKoInsO/*Ganter* § 47 Rn. 226.
[305] OLG Düsseldorf ZIP 2010, 2212 (2214); *Schmid-Burgk* ZIP 1998, 1022 (1023); *Zahn* DB 1998, 1701 (1704 ff.); Braun/*Kroth* § 105 Rn. 11; Uhlenbruck/*Sinz* § 108 Rn. 99, 101.
[306] *Eckert* ZIP 1997, 2077 (2078 ff.).

Gebrauchsüberlassung, deren folglich überwiegender Anteil an den Raten wie eine Darlehensforderung als reine Insolvenzforderung zu behandeln sei.

Lehnt der Insolvenzverwalter die **Erfüllung** ab, so endet der Leasingvertrag, und der Leasinggeber kann **Aussonderung** verlangen.[307] Für die Geltendmachung seines Forderungsausfalls **(Schadensersatz statt der Leistung)** ist er auf die Anmeldung einer Insolvenzforderung verwiesen, § 103 Abs. 2 S. 1 InsO.[308] Das Gleiche gilt gem. §§ 105, 108 Abs. 2 InsO für die vor Antragstellung entstandenen Forderungen. Die zwischen Antragstellung und Verfahrenseröffnung aufgelaufenen Ansprüche sind hingegen gem. § 55 Abs. 2 InsO Masseverbindlichkeiten. Fand zwischen Verfahrenseröffnung und Ausübung des Wahlrechts eine Nutzung des Leasinggutes statt, kann der Leasinggeber darüber hinaus diesen Gebrauchsvorteil in Form von Wertersatz massewirksam kondizieren.[309] 132

(3) Immobilienleasing. Gem. § 108 Abs. 1 S. 1 InsO besteht bei Leasingverträgen über unbewegliche Gegenstände **kein Erfüllungswahlrecht** des Insolvenzverwalters. Sie bleiben *ipso iure* mit Wirkung gegen die Insolvenzmasse bestehen. Der Insolvenzverwalter kann jedoch auch ungeachtet einer festen Vertragslaufzeit den Vertrag kündigen (§ 109 Abs. 1 S. 1 InsO). Tut er dies, kann der Leasinggeber Schadensersatz statt der Leistung und Aussonderung des Leasingguts verlangen. Dem Leasinggeber steht lediglich ein Rücktrittsrecht zu, wenn der Vertrag noch nicht in Vollzug gesetzt worden ist.[310] 133

bb) Insolvenz des Leasinggebers. Auch in der Insolvenz des Leasinggebers besteht der Leasingvertrag vorläufig fort. Der Insolvenzverwalter hat das **Erfüllungswahlrecht** aus § 103 InsO. Wählt er Erfüllung, bleibt er an den Leasingvertrag vollumfänglich gebunden; insbesondere eine bestehende Verlängerungsoption bleibt dem Leasingnehmer erhalten.[311] 134

Lehnt der Insolvenzverwalter die weitere Erfüllung ab, so ist der Leasingnehmer verpflichtet, das Leasinggut herauszugeben. Entgegen der Rechtslage vor Inkrafttreten der InsO ist das Nutzungsrecht des Leasingnehmers also nicht insolvenzfest.[312] 135

Zum Schutz des Refinanzierers ist das Wahlrecht des Verwalters gem. § 108 Abs. 1 S. 2 InsO ausgeschlossen, wenn die Leasinggüter an einen Dritten zur Sicherheit übertragen worden sind, der die Anschaffung oder Herstellung finanziert hat.[313] Die Bestimmung verhindert die ansonsten gem. § 91 InsO eintretende Erlöschensfolge bei Ausübung des Wahlrechts.[314] An der zur Sicherheit übereigneten Leasingsache steht nach Ansicht des BGH dem Insolvenzverwalter gem. § 166 Abs. 1 InsO ein Verwertungsrecht auch dann zu, wenn der Leasinggeber nur mittelbaren Besitz hat.[315] 136

e) Tod des Leasingnehmers. Verstirbt der Leasingnehmer vor Vertragsende, steht seinem Erben **kein außerordentliches Kündigungsrecht** analog § 580 BGB zu.[316] Dieses könnte in jedem Fall auch in einem Formularvertrag wirksam abbedungen werden.[317] 137

---

[307] BGHZ 94, 44 (49) = NJW 1985, 1535; MüKoInsO/*Ganter* § 47 Rn. 230; Uhlenbruck/*Sinz* § 108 Rn. 85, jeweils mwN.

[308] Uhlenbruck/*Sinz* § 108 Rn. 85; Nerlich/Römermann/*Balthasar* § 103 Rn. 62; MüKoInsO/*Ganter* § 47 Rn. 231.

[309] MüKoBGB/*Koch* Finanzierungsleasing Rn. 156; Uhlenbruck/*Sinz* § 108 Rn. 86.

[310] Uhlenbruck/*Sinz* § 108 Rn. 116; MüKoInsO/*Ganter* § 47 Rn. 235; Martinek/Stoffels/Wimmer-Leonhardt/*Klinck* § 49 Rn. 58 f.

[311] EBJS/*Schmalenbach* Rn. V111.

[312] Vgl. aber die Ausnahmeregelung des § 108 Abs. 1 S. 1 für das Immobilienleasing.

[313] Vgl. dazu Nerlich/Römermann/*Balthasar* § 108 Rn. 13 (kausale Beziehung).

[314] Uhlenbruck/*Sinz* § 108 Rn. 133.

[315] BGHZ 166, 215 Rn. 24 = NJW 2006, 1873; BGH Urt. v. 11.1.2018 – IX ZR 295/16 = NJW 2018, 1471; **aA** (Verwertungsrecht des Zessionars): *Zahn* DB 2003, 2371 (2375); Uhlenbruck/*Sinz* § 108 Rn. 142.

[316] *Gerken* DB 1997, 1703; MüKoBGB/*Koch* Finanzierungsleasing Rn. 143; EBJS/*Schmalenbach* Rn. V100; BankR-HdB/*Martinek/Omlor* § 101 Rn. 141; **aA** LG Gießen NJW 1986, 2116; LG Meiningen DAR 1997, 203; LG Wuppertal NJW-RR 1999, 493; zum umgekehrten Fall vgl. OLG Düsseldorf NJW-RR 1990, 1469.

[317] LG Wuppertal NJW-RR 1999, 493.

II. Das Factoring-Geschäft

Schrifttum zu II: *Basedow,* Internationales Factoring zwischen Kollisionsrecht und Unidroit-Konvention, ZeuP 1997, 615; *Bette,* Das Factoring-Geschäft, 1973; *Bette,* Factoring und neues Insolvenzrecht, FLF 1997, 133; *Blaurock,* Die Factoring-Zession, ZHR 142 (1978), 325; *Börger/Elprana,* Die Bilanzierung des Handelswechsels nach IFRS – Eine Darstellung unter besonderer Berücksichtigung der Ansatz- und Ausbuchungsvorschriften des IAS 39, DStR 2005, 1707; *Brink,* Rechtsprobleme des Factors in der Insolvenz seines Kunden, ZIP 1987, 817; *Brink,* Forfaitierung und Factoring im Licht der Schuldrechtsreform, WM 2003, 1355; *Canaris,* Verlängerter Eigentumsvorbehalt und Forderungseinzug durch Banken, NJW 1981, 249; *ders.,* Befremdliches zur Barvorschußtheorie beim Factoring, NJW 1981, 1347; *Denck,* Vorausabtretung und Aufrechnung, DB 1977, 1493; *Eidenmüller,* Rechtskauf und Unternehmenskauf, ZGS 2002, 290; *Einsele,* Auswirkungen der Rom I-Verordnung auf Finanzdienstleistungen, WM 2009, 289; *Flessner,* Die internationale Forderungsabtretung nach der Rom I-Verordnung, Iprax 2009, 35; *Glomb,* Finanzierung durch Factoring, 1969; *Klaas,* Die Risikoverteilung bei neueren Finanzierungsmethoden, NJW 1968, 1502; *Lips/Schönberger,* Unechtes Factoring im Gesundheitswesen: Ein Geschäftsmodell vor dem Aus?, NJW 2007, 1567; *Lunckenbein,* Rechtsprobleme des Factoring-Vertrages, 1983; *Martinek,* Moderne Vertragstypen, Bd. I: Leasing und Factoring, 1991; *Peters/Wiechmann,* Die Sicherung des Eigentumsvorbehaltslieferanten gegen Benachteiligung durch echtes Factoring, NJW 1985, 2932; *Reuter/Martinek,* Ungerechtfertigte Bereicherung, 1983; *Rödl,* Rechtsfragen des Factoring-Vertrages, BB 1967, 1301; *Rudolf,* Einheitsrecht für internationale Forderungsabtretungen, 2006; *Seggewiße,* Das Kaufmännische Abtretungsverbot und seine Rechtsfolgen, NJW 2008, 3256; *Schimansky/Bunte/Lwowski* (Hrsg.), Bankrechts-Handbuch, 5. Aufl. 2017; *Schmeisser/Thiermeier/Greulich,* Zur Problematik der Factoringfähigkeit und des Nutzens des Factoring von mittleren Unternehmen, DStR 2005, 1199; *Schmitz-Weckauf,* Der Schutz des Eigentumsvorbehaltslieferanten bei echtem Factoring, NJW 1985, 466; *Serick,* Eigentumsvorbehalt und Sicherungsübereignung, Bd. IV, 1976; *ders.,* Neuere Entwicklungen beim Factoring-Geschäft, BB 1979, 845; *ders.,* „Befremdliches" zur Behandlung der Barvorschußtheorie beim Factoring-Geschäft?, NJW 1981, 794; *ders.,* Nochmals – Befremdliches zur Barvorschusstheorie beim Factoring, NJW 1981, 1715; *Sester,* Projektfinanzierungsvereinbarungen als Gestaltungs- und Regulierungsaufgabe, 2004; *ders.,* Gläubiger- und Anlegerschutz bei evidenten Fairnessverstößen über eine deliktsrechtliche Haftung der handelnden Personen, ZGR 2006, 1; *Wassermann,* Factoring in Deutschland: 125,86 Milliarden Marktvolumen erreicht, FLF 2009, 181; *Weller,* Die UNIDROIT-Konvention von Ottawa über internationales Factoring, RIW 1999, 161; *Zaccaria,* Internationales Factoring nach Inkrafttreten der Konvention von Ottawa, Iprax 1995, 279.

1. Grundlagen

138 **a) Wirtschaftliche Konzeption.** Der **Begriff** des Factorings bezeichnet den entgeltlichen Erwerb einer Forderung durch den Factor zur Geltendmachung und Einziehung im eigenen Namen und für eigene Rechnung.[318] Der Zedent (sog. **Anschlusskunde**) überträgt seine künftigen Ansprüche gegen den Drittschuldner (sog. **Debitor**) an den Zessionar (sog. **Factor**) und erhält von diesem im Gegenzug den Wert der Forderung abzüglich Gebühren, Vorfälligkeitszinsen und Risikoabschlag sofort ausbezahlt.

139 Aus **Sicht des Anschlusskunden** bietet diese Konstruktion mehrere **Vorteile:**[319] Zum einen erhält er bereits jetzt den Gegenwert seiner Forderungen ausbezahlt, ohne das oft längerfristige Zahlungsziel des Debitors abwarten zu müssen (sog. **Liquiditätsfunktion**). Dadurch ist er in der Lage, seine eigenen Verbindlichkeiten gegenüber Lieferanten äußerst kurzfristig zu bedienen und damit zumeist günstigere Bedingungen (zB Skonto, Rabatte) auszuhandeln, ohne dass er hierfür auf eine Kreditaufnahme angewiesen wäre.[320]

140 Zusätzlich erspart sich der Anschlusskunde den mit der Geltendmachung der Forderungen verbundenen Aufwand (sog. **Servicefunktion**). Als neuer Forderungsinhaber übernimmt der Factor die gesamte Debitorenbuchhaltung von der Rechnungsstellung über das Mahnwesen bis hin zur Forderungsbeitreibung. Durch Spezialisierung und zunehmende Routine im Massengeschäft treten beim Factor in der Regel Skaleneffekte (economies of scale) ein. So ist das an den Factor für die Debitorenverwaltung zu entrichtende Serviceentgelt häufig geringer als die erforderlichen Personal- und Sachkosten für eine eigene Buchhaltung.[321]

[318] EBJS/*Wagner* Rn. V1.
[319] Vgl. ausführlich *Bette* S. 32 ff.; *Glomb* S. 18 ff.
[320] *Schmeisser/Thiermeier/Greulich* DStR 2005, 1199 (1203).
[321] BankR-HdB/*Martinek/Omlor* § 102 Rn. 2.

Schließlich wird (beim sog. echten Factoring) der Anschlusskunde vom Risiko der Uneinbringlichkeit der Forderungen entlastet (sog. **Delkrederefunktion**). Hier verzichtet der Factor vertraglich auf einen Regress beim Anschlusskunden für den Fall der fehlenden Bonität des Debitors. Seine Verantwortlichkeit beschränkt sich damit auf eine Veritätshaftung für den Bestand der übertragenen Forderung. **141**

b) Bankwirtschaftliche Bedeutung. Factoring als Finanzierungsinstrument bietet den Vorteil der kurzfristigen und **umsatzkongruenten Liquiditätsbeschaffung.**[322] Gerade für kleine und mittlere Unternehmen mit geringem Eigenkapital bietet es den Vorteil einer dynamischen, an die Geschäftsbedingungen angepassten Finanzierungsform. Zudem tritt namentlich bei kleinen und mittleren Unternehmungen das **Einsparpotential** durch die Übernahme der Servicefunktionen durch den Factor besonders hervor.[323] **142**

Die **volkswirtschaftliche Bedeutung** des Factoringgeschäfts ist beachtlich. 2018 erwirtschafteten die Factoring-Institute ein Umsatzvolumen von insgesamt 241,8 Mrd. EUR (2014: 189,8 Mrd. EUR).[324] Gemessen am BIP erreichte das heimische Factoring-Volumen damit einen Anteil von **7,1 %** (sog **Factoringquote**). Hauptnachfrager sind die Branchen Handel und Dienstleistungen sowie die metallerzeugende und -verarbeitende Industrie. Als besonders erfolgreiche Variante hat sich zunehmend das sog. **Inhouse-Factoring** erwiesen.[325] So betrug im Jahr 2018 der Anteil des Inhouse-Factorings am gesamten deutschen Factoring-Volumen bezogen auf den Umsatz 75,8 % (2014: 75,6 %).[326] **143**

Unter der Finanzkrise besonders gelitten hat das für globale Konjunkturschwankungen in besonderem Maße sensible **internationale Factoringgeschäft.** Beim Export-Factoring konnten die deutschen Factoring-Institute ihr Volumen im Jahr 2018 mit 71,7 Mrd. EUR im Verhältnis zum Vorjahr etwas verhaltener um 5,3 % (2014: 19,6 %) steigern, so wuchs der Markt für das Import-Factoring jedoch um 17 % (2014: 4,8 %) auf 4,3 Mrd. EUR.[327] Eine anziehende Weltkonjunktur und eine wirtschaftliche Prosperität in Deutschland dürfte auch weiter steigende Umsätze im internationalen Factoringgeschäft erwarten lassen. **144**

c) Erscheinungsformen und Untertypen. aa) Echtes und unechtes Factoring. Im Gegensatz zum echten Factoring übernimmt der Factor beim **unechten Factoring** von den drei Funktionen **lediglich** die **Finanzierungs- und Servicefunktion.** Das **Risiko der Uneinbringlichkeit** der Forderung infolge mangelnder Bonität des Debitors **verbleibt** beim Anschlusskunden.[328] Ist der Debitor nicht zahlungsfähig bzw. -willig, so erfolgt nach Überschreiten des Zahlungszieles idR eine automatische **Rückbelastung** der abgetretenen Forderung zulasten des Anschlusskunden.[329] Dem **Factor** verbleibt damit lediglich das kredittypische **Ausfallrisiko** bei Insolvenz des Anschlusskunden. Entsprechend konzentriert sich seine Solvenzüberwachung und Bonitätsprüfung statt auf den Debitor auf den Anschlusskunden selbst.[330] **145**

bb) Full-Service-, Inhouse- und Eigenservice-Factoring. Ausgehend von den drei Funktionen lassen sich weiter Full-Service-, Inhouse- und Eigenservice-Factoring unterscheiden. Beim sog. **Inhouse-Factoring** behält der Anschlusskunde – überwacht vom Factor – die Debitorenbuchhaltung einschließlich des Mahnwesens; im Gegenzug verringert sich das an den Factor zu zahlende Entgelt. Dem Factor verbleiben schwerpunkt- **146**

---

322 *Martinek* S. 223.

323 EBJS/*Wagner* Rn. V3; ausführlich zur Kosten-Nutzen-Analyse für KMU *Schmeisser/Thiermeier/Greulich* DStR 2005, 1199 (1203).

324 Deutscher Factoring Verband eV, Jahresbericht 2018, S. 6, abrufbar unter www.factoring.de/jahresbericht-2018.

325 Zum Begriff → Rn. 9.

326 Deutscher Factoring Verband eV, Jahresbericht 2018, S. 11.

327 Deutscher Factoring Verband eV, Jahresbericht 2018, S. 17.

328 Vgl. etwa BGHZ 100, 353 (358 f.) = NJW 1987, 1878 (1879); OLG Koblenz WM 1988, 45; Baumbach/Hopt/*Hopt* Bankgeschäfte Rn. O/3; abl. EBJS/*Wagner* Rn. V8, V20.

329 *Glomb* S. 31; BankR-HdB/*Martinek/Omlor* § 102 Rn. 19.

330 BankR-HdB/*Martinek/Omlor* § 102 Rn. 19.

mäßig Finanzierungs- und Delkrederefunktion sowie die gerichtliche Geltendmachung und Beitreibung nach Abschluss des außergerichtlichen Mahnverfahrens.[331]

147 Demgegenüber verkürzt sich beim sog. **Eigenservice-Factoring** die Rolle des Factors fast zur Gänze auf die des verwaltenden Dienstleisters. Der Factor übernimmt hier treuhänderisch das Debitorenmanagement und die Einziehung der Forderungen. Die Abtretung erfolgt über eine gewöhnliche Inkassozession, das Entgelt stellt eine bloße Servicegebühr dar.[332]

148 Umfassend bedient wird der Anschlusskunde beim sog. **Full-Service-Factoring.** Hier übernimmt der Factor sowohl das Debitorenmanagement als auch die Finanzierungsfunktion. Dafür muss der Kunde höhere Abschläge auf den Wert seiner Forderung hinnehmen.[333]

149 **cc) Vorschuss-, Fälligkeits- und Diskontverfahren.** Bezogen auf die Abwicklung lassen sich das Vorschussverfahren, das Fälligkeitsverfahren und das Diskontverfahren unterscheiden. Beim **Vorschussverfahren** (collection factoring) erfolgt die Auszahlung des Factors an den Anschlusskunden am und mit dem Wert des Fälligkeits- bzw. Zahlungstages. Zuvor leistet er hierauf einen Vorschuss, sobald Bestand der Forderung und Bonität des Debitors geprüft wurden.[334] Fehlt es an einem solchen Vorschuss, spricht man vom sog. **Fälligkeitsverfahren** (maturity factoring). Hier ist durch die späte Auszahlung die Finanzierungsfunktion deutlich herabgesetzt, was zu einem nur geringen Verbreitungsgrad in Deutschland geführt hat.[335] Beim sog. **Diskontverfahren** (advance factoring) wird die Forderung dagegen zum Wert am Ankaufstag übernommen, ihre Valutierung wird am Tag der Rechnungseinreichung beim Factor fällig.

150 **dd) Bedingungs- und Rücktrittsvariante.** Weitere Gestaltungsmöglichkeiten ergeben sich in Bezug auf das Verhältnis von schuldvertraglichem Forderungskauf und dinglicher Forderungsübertragung.[336] Bei der sog. Bedingungsvariante wird die Zession aufschiebend bedingt durch eine positive Bonitätsprüfung seitens des Factors. Bei der Rücktrittsvariante entfällt der Bedingungszusammenhang, dafür behält sich der Factor bei negativer Bonitätsprüfung ein vertragliches Rücktrittsrecht vor.

151 **d) Grundzüge der bilanziellen Behandlung. aa) Bilanzielle Behandlung nach HGB.** Dem allgemeinen Realisationsprinzip folgend sind die Forderungen dann zu erfassen, wenn die Realisierung gleichsam sicher ist, dh die wesentlichen Chancen und Risiken auf den Forderungskäufer übergegangen sind (§ 246 Abs. 1 HGB). Entscheidend ist, ob das Delkredererisiko auf den Factor übergeht (echtes Factoring) oder beim Anschlusskunden verbleibt (unechtes Factoring).[337] Beim **unechten Factoring** ist eine **gesicherte Darlehensaufnahme** zu bilanzieren. Die Forderungen bleiben bis zum Zahlungseingang in der Bilanz des Anschlusskunden erfasst.[338] In der Praxis kann dagegen die Forderung auch ausgebucht und das verbleibende Risiko als Eventualschuld unter der Bilanz (§§ 251, 268 Abs. 7 HGB) oder als Rückstellung im Anhang (§§ 249 Abs. 1, 253 Abs. 1, 2 HGB) dokumentiert werden.[339] Beim **echten Ankaufsfactoring** scheidet dagegen **analog zum Rechtskauf** die Forderung mit der Abtretung aus dem Vermögen des Anschlusskunden aus

---

[331] EBJS/*Wagner* Rn. V12.

[332] BankR-HdB/*Martinek/Omlor* § 102 Rn. 7.

[333] *Glomb* S. 82 ff.; MüKoBGB/*Roth/Kieninger* § 398 Rn. 159.

[334] BankR-HdB/*Martinek/Omlor* § 102 Rn. 22.

[335] EBJS/*Wagner* Rn. V12; 2018 konstatiert der Deutsche Factoring Verband eV einen Anteil von lediglich 6,6 % am Gesamtvolumen, vgl. Jahresbericht 2018, S. 11.

[336] Vgl. ausführlich *Martinek* S. 235 ff.

[337] MüKoHGB/*Ballwieser* § 246 Rn. 57 f.

[338] BeckIFRSHdb/*von Oertzen* § 10 Rn. 79.

[339] MüKoHGB/*Ballwieser* § 246 Rn. 58; Baumbach/Hopt/*Merkt* § 255 Rn. 8; BeBiKo/*Schubert/Berberich* § 247 Rn. 113.

und ist fortan **vom Factor in seiner Bilanz auszuweisen.**[340] Der Anschlusskunde bucht seinerseits die Forderung gegen das erhaltene Entgelt aus.

bb) Bilanzielle Behandlung nach IFRS. Auch im Rahmen der IFRS ist zunächst die **Übertragung der Risiken** maßgeblich. Werden alle wesentlichen Chancen und Risiken übertragen, ist die Forderung beim Verkäufer auszubuchen.[341] Werden die Risiken nur zum Teil übertragen, ist zusätzlich zu bestimmen, ob die Verfügungsmacht übertragen worden ist (control approach).[342] Entscheidend ist, ob der Factor die Forderung ohne Zustimmung eines Dritten veräußern kann.[343] Wenn der Anschlusskunde die Verfügungsmacht an der Forderung behält, hat er die Forderung in Höhe seines Risikoanteils (continuing involvement) weiterzuführen.[344] 152

2. Grenzüberschreitendes Factoringgeschäft und anwendbares Recht

a) Kollisionsrechtliche Behandlung. Haben die Parteien ausnahmsweise keine (wirksame) Rechtswahl im Vertrag getroffen (Art. 3 Rom I-VO), ist eine objektive Anknüpfung vorzunehmen. Hierbei ist zwischen den einzelnen Verträgen und Verfügungen zu unterscheiden. 153

Der **Factoring-Rahmenvertrag** sowie die schuldrechtlichen **Einzelverträge** unterliegen grundsätzlich dem Recht des Staates, in dem der **Factor** seinen **gewöhnlichen Aufenthalt** hat. Ausschlaggebend ist die Dienstleistungskomponente, die dem Factoringvertrag sein typisches Gepräge gibt (Art. 4 Abs. 1 lit. b Rom I-VO).[345] Beim Zwei-Factor-System ist auf den Aufenthaltsort des Import-Factors abzustellen.[346] Die **Forderungszession** unterliegt dem **Recht der Abtretung** (Art. 14 Rom I-VO),[347] dh je nach Fragestellung ist an das Abtretungs- (Abs. 1) oder das Forderungsstatut (Abs. 2) anzuknüpfen.[348] 154

b) Rechtsvereinheitlichung. aa) UNIDROIT Übereinkommen von Ottawa. Das UNIDROIT Übereinkommen vom 28.5.1988 über internationales Factoring (FactÜ) stellt ein einheitliches Regelwerk für Factoringverträge und Forderungsabtretungen auf, um Handelshemmnisse zu beseitigen, die sich gerade für das starke internationale Factoringgeschäft aus der Existenz einer Vielzahl von unterschiedlichen Grundsätzen folgenden Rechtsordnungen ergeben.[349] Das Übereinkommen ist am 1.5.1995 in Kraft getreten. Sein internationaler Anwendungsbereich setzt gem. Art. 2 FactÜ nicht nur einen **grenzüberschreitenden Warenkaufvertrag** voraus, sondern zudem entweder einen Bezug zu mindestens zwei Vertragsstaaten (Art. 2 Abs. 1 lit. a FactÜ) oder eine kollisionsrechtliche Verweisung auf Vertragsstaatenrecht (Art. 2 Abs. 1 lit. b FactÜ).[350] Zu den Vertragsstaaten zählen Belgien, Deutschland, Frankreich, Italien, Litauen, Nigeria, Russland, die Ukraine und Ungarn (Stand: Mai 2019).[351] 155

bb) UN-Konvention vom 12.12.2001. Über das Übereinkommen von Ottawa hinaus geht die UN-Konvention über Forderungsabtretungen im internationalen Handel vom 156

[340] BeBiKo/*Schubert*/*Berberich* § 247 Rn. 112.
[341] IAS 39.20a; vgl. dazu BeckIFRSHdb/*von Oertzen* § 10 Rn. 57 ff., 60.
[342] IAS 39.20a(i); vgl. BeckIFRSHdb/*Hartenberger* § 3 Rn. 110 ff.
[343] IAS 39.23.
[344] IAS 39.20a(i); vgl. auch die Darstellung bei *Börger*/*Elprana* DStR 2005, 1707.
[345] *Basedow* ZEuP 1997, 615 (619); MüKoBGB/*Martiny* Rom I-VO Art. 4 Rn. 104; **aA** (Anknüpfung beim echten Factoring an den Aufenthaltsort des Anschlusskunden als Verkäufer der Forderung) Soergel/*Hoffmann* EGBGB Art. 28 Rn. 326; Czernich/Heiss/*Czernich* EVÜ Art. 4 Rn. 74.
[346] *Basedow* ZEuP 1997, 615 (620).
[347] Vgl. dazu *Einsele* WM 2009, 289 (297 ff.); *Flessner* IPrax 2009, 35 ff.
[348] Zur Unterscheidung vgl. *Flessner* IPrax 2009, 35 (38); MüKoBGB/*Martiny* Rom I-VO Art. 14 Rn. 21.
[349] Vgl. zum Abkommen *Zaccaria* IPRax 1995, 277 ff.; *Weller* RIW 1999, 161 ff.
[350] Einzelheiten bei MüKoHGB/*Ferrari* FactÜ Art. 2 Rn. 3 ff.
[351] Aktueller Stand abrufbar unter www.unidroit.org/status-1988-factoring.

12.12.2001.[352] Die Konvention bezweckt eine grundsätzliche Vereinheitlichung internationaler Abtretungen. Gegenüber dem UNIDROIT Übereinkommen ist die Konvention vorrangig (Art. 38), erstere gilt nur subsidiär (Art. 38 Abs. 2). Die Konvention ist bislang **nicht in Kraft** getreten.

3. Regulatorische Fragen

157 **a) Bankaufsichtsrechtliche Regulierung.** Mit Art. 27 des JStG 2009 hat der Gesetzgeber neben dem Leasing gem. **§ 1 Abs. 1a S. 2 Nr. 9 KWG** auch das Factoringgeschäft als **Finanzdienstleistung** in den Anwendungsbereich des KWG einbezogen.[353] Damit will der Gesetzgeber der praktischen Bedeutung des Factorings für die Finanzierung deutscher Unternehmen Rechnung tragen, Funktionsstörungen verhindern und systemische Risiken eindämmen. Gegenüber Kreditinstituten ist der Aufsichtsumfang allerdings erheblich eingeschränkt (sog. **„KWG light"**).[354]

158 Erfasst werden sowohl das echte Ankaufsfactoring als auch das unechte Darlehensfactoring. Voraussetzung ist jedoch, dass der laufende Forderungsankauf auf Basis eines **Rahmenvertrages** erfolgt. Der Rahmenvertrag muss nicht schriftlich fixiert werden, es genügt auch eine konkludente Vereinbarung, sofern diese über den Ankauf eines einzelnen Forderungsbestandes hinaus Gültigkeit haben soll und eine laufende Geschäftsbeziehung zwischen den Parteien besteht. Dabei muss nicht notwendigerweise ein ganzer Forderungsbestand angekauft werden, auch der wiederholte Ankauf einzelner Forderungen (sog. Einzelfactoring) reicht aus.[355] Für den erstmaligen Ankauf ist auf die Absicht der Parteien abzustellen. Der gesetzliche Tatbestand lässt offen, zwischen wem der Rahmenvertrag bestehen muss. Daher sind auch Fälle des sog. Reverse-Factoring erfasst, bei denen die Initiative vom Debitor ausgeht, der Rahmenvertrag also zwischen ihm und dem Factor vereinbart wird.

159 Entscheidend ist ferner, ob das Geschäft im Einzelfall eine Finanzierungsfunktion erfüllt. Daran fehlt es typischerweise beim Fälligkeitsfactoring. Ähnliches soll für das Rücklastschriftgeschäft gelten: Hier kauft der Geschäftsbesorger fällige, jedoch gestörte Forderungen gegen Verbraucher unter Ausschluss des Regresses an und zahlt den Händler direkt aus. Die BaFin sieht darin eher ein Zahlungsersatzinstrument vergleichbar einer Kreditkartenzahlung und keine Finanzierungsfunktion im Hinblick auf den Händler.

160 Zum **Verhältnis** des **Factorings zum Kreditgeschäft** (§ 1 Abs. 1 S. 2 Nr. 2 KWG) vertreten BaFin und Gesetzesbegründung – entgegen der bisher hL[356] – den Standpunkt, dass das unechte Factoring den gesetzlichen Tatbestand des Kreditgeschäftes grundsätzlich erfülle.[357] Der neue Tatbestand des Factorings sei jedoch die speziellere vorrangige Norm, wodurch das in § 1 Abs. 1a S. 1 KWG normierte Vorrangprinzip des Bankgeschäfts durchbrochen werde.[358] Erfolge der Forderungsankauf gerade nicht aufgrund einer Rahmenvereinbarung, sondern werde von Factor und Anschlusskunde individuell ausgehandelt, soll nach Auffassung der BaFin die verdrängte Aufsichtspflicht des § 1 Abs. 1 S. 2 Nr. 2 KWG wieder aufleben. Damit kommt es zu einer partiellen **Ungleichbehandlung** von echtem und unechtem Factoring, die der Gesetzgeber nicht beabsichtigt hat. Diese Auffassung führt schließlich dazu, dass ein Unternehmen, welches laufend Forderungen mit Rückgriff

---

[352] UNCITRAL Convention on the Assignment of Receivables in International Trade vom 12.12.2001; abrufbar unter www.uncitral.org; vgl. dazu umfassend *Rudolf* (passim), insbesondere S. 55 ff., 223 ff., 264 ff., 299 ff., 328 ff., 498 ff.

[353] Vgl. zum Leasing *Omlor* → Kap. 18 I Rn. 47.

[354] Vgl. im Einzelnen die Kommentierung zur insoweit gleichlaufenden Regulierung des Finanzierungsleasings *Omlor* → Kap. 18 I Rn. 53.; zur gewerbesteuerlichen Konsequenz vgl. *Omlor* → Kap. 18 A. Rn. 26.

[355] BaFin Merkblatt – Hinweise zum Tatbestand des Factoring (§ 1 Abs. 1a Satz 2 Nr. 9 KWG) v. 5.1.2009.

[356] *Brink* ZIP 1987, 817 (819) in Fn. 27; Boos/Fischer/Schulte-Mattler/*Schäfer*, 3. Aufl. 2008, § 1 Rn. 51 mwN.

[357] BaFin Merkblatt v. 5.1.2009, Tz. V.

[358] BaFin Merkblatt v. 5.1.2009, Tz. V.

ankauft, nur der vergleichsweise leichten Regulierung als Factoringunternehmen unterliegt, während ein Unternehmen, welches einzelne Forderungskäufe mit Rückgriff abschließt, der vollen Aufsicht als Kreditinstitut unterliegen soll.[359]

b) Factoring und Rechtsdienstleistungsgesetz. Das Rechtsdienstleistungsgesetz regelt die Befugnis zur Erbringung außergerichtlicher Rechtsdienstleistungen (§ 1 Abs. 1 RDG). Als Rechtsdienstleistungen bezeichnet das Gesetz solche rechtlichen Tätigkeiten, die eine Prüfung im Einzelfall erforderlich machen (§ 2 Abs. 1 RDG). Unabhängig von diesem Erfordernis liegt eine Rechtsdienstleistung immer dann vor, wenn es um die Einziehung fremder oder **zur Einziehung auf fremde Rechnung abgetretener Forderungen** geht, solange die Einziehung als eigenständiges Geschäft betrieben wird (**Inkassodienstleistung,** § 2 Abs. 2 RDG). Diese dürfen nur von registrierten Personen unter Nachweis einer besonderen Sachkunde erbracht werden (§ 10 Abs. 1 Nr. 1 RDG).[360] 161

Bereits für die Vorgängernorm (Art. 1 Abs. 1 RBerG aF) ging die Rspr. davon aus, dass weder das echte noch das unechte Factoring eine erlaubnispflichtige Tätigkeit (damals: Rechtsberatung) darstellt.[361] Beim **echten Factoring** erfolgt die Einziehung gerade nicht für fremde Rechnung, sondern um sie endgültig für sich zu erwerben.[362] Beim **unechten Factoring** erfolgt die Abtretung ebenfalls nicht „zur Einziehung auf fremde Rechnung", sondern zu Sicherungszwecken. Der BGH stellt hier insbesondere auf eine wirtschaftliche Betrachtungsweise ab, nach der sich das unechte Factoring kaum von einer gewöhnlichen Sicherungszession unterscheide.[363] Der Factor nimmt keine fremde, sondern eine eigene Rechtsangelegenheit wahr.[364] 162

4. (Echtes) Ankaufsfactoring

a) Rechtliche Konstruktion. In der Praxis handelt es sich beim unechten wie beim echten Factoring nicht um Geschäfte, die für eine einzelne Forderung abgeschlossen werden. Sie sind vielmehr zweistufig aufgebaut. Der dauerhaften Geschäftsbeziehung zwischen Anschlusskunden und Factor liegt ein sog. Factoring-Rahmenvertrag zugrunde. In ihm legen die Parteien die gegenseitigen Rechte und Pflichten fest und begründen ein Dauerschuldverhältnis. Auf dessen Basis werden im Anschluss sukzessive die Einzelverträge geschlossen, die jeweils die schuldrechtlichen Kausalgeschäfte für die dinglichen Übertragungsakte bilden. 163

b) Die Rechtsgeschäfte im Einzelnen. aa) Der Factoring-Rahmenvertrag. Nach hM handelt es sich bei dem Rahmenvertrag um einen **Typenkombinationsvertrag,** der Elemente mehrerer schuldrechtlicher Vertragstypen (insbesondere Kaufvertrag, Geschäftsbesorgungsvertrag, Darlehensvertrag) kombiniert.[365] Hinzu treten zumeist verfügende Elemente (zB Globalzession, Einziehungsermächtigung, etc). Er begründet zwischen den Parteien ein Dauerschuldverhältnis (§ 314 BGB).[366] 164

Der Anschlusskunde verpflichtet sich, seine künftigen Forderungen dem Factor zum Kauf anzubieten **(Andienungspflicht),** der Factor verpflichtet sich, die ihm angebotenen Forderungen zu kaufen **(Ankaufspflicht).** Vor allem die Ankaufspflicht wird vertraglich zumeist eingeschränkt (sog. **Ankaufsbedingungen**).[367] 165

Üblich ist etwa die **Beschränkung auf** seitens des Anschlusskunden **vollständig erfüllte Verträge,** um mit Blick auf § 320 BGB einen einredefreien Erwerb zu gewährleisten. 166

---

[359] Abl. daher *Glos/Sester* WM 2009, 1209 (1212).
[360] Zur Rechtsfolge eines Verstoßes vgl. BGH NJOZ 2015, 406; BGH NJW-RR 2017, 410.
[361] BGHZ 58, 364 = NJW 1972, 1715; 76, 119 (125) = NJW 1980, 1394; BGH NJW 2001, 756.
[362] BGH NJW 2018, 2254 Rn. 24 ff.; BankR-HdB/*Martinek/Omlor* § 102 Rn. 88.
[363] BGH NJW 2001, 756.
[364] BGHZ 58, 364 (367); BGH NJW 2001, 756.
[365] *Blaurock* ZHR 142 (1978), 325; *Martinek* S. 255; MüKoBGB/*Roth/Kieninger* § 398 Rn. 158.
[366] MüKoBGB/*Roth/Kieninger* § 398 Rn. 161; EBJS/*Wagner* Rn. V6.
[367] EBJS/*Wagner* Rn. V16.

Flankierend werden in aller Regel umfassende Informationspflichten des Anschlusskunden vereinbart, etwa im Hinblick auf Leistungsstörungen im Verhältnis zum Debitor.

167 In der Praxis häufig ist auch eine summenmäßige Begrenzung, bis zu der der Factor das Delkredererisiko zu tragen bereit ist **(Limit).** Neben Limitierungen für Einzelforderungen sind zumeist auch Limits für den Gesamtwert aller Forderungen des Kunden vorgesehen. Überschießende Forderungen können dann je nach Gestaltung zunächst noch im Wege des unechten Factorings auf den Factor übergehen. Scheiden einzelne Forderungen aus dem echten Factoring aus, kann ein Nachrücken dieser Forderung vorgesehen werden (sog. **Silo-Prinzip**).[368]

168 **bb) Die Einzelverträge.** Nach hM sind beim echten Factoring die auf die einzelnen Forderungen bezogenen Verträge auf schuldrechtlicher Ebene als Kaufverträge (Rechtskauf, §§ 453, 433 BGB) zu qualifizieren.[369] Der Anschlusskunde als Verkäufer wird zur Übertragung der Forderung, der Factor als Käufer zur Mitwirkung an der Übertragung (Abnahme) und zur Zahlung des vereinbarten Kaufpreises verpflichtet.

169 Insbesondere die Pflichten des Factors sind schon umfassend im Rahmenvertrag festgelegt, so dass der Vertragsschluss zumeist nur noch konkludent erfolgt. Das Angebot des Anschlusskunden liegt darin, dass er die entsprechende Rechnung an den Debitor beim Factor einreicht. Der Factor nimmt das Angebot an, indem er die Zahlung des vereinbarten Entgelts einleitet.[370]

170 Beim echten Factoring **haftet** der Anschlusskunde lediglich für die **Verität,** dh für das Bestehen und die Einredefreiheit der einzelnen Forderungen. Der Ersatzanspruch des Factors aus § 311a Abs. 2 BGB setzt grundsätzlich (vermutetes) Verschulden voraus.[371] Die vor der Schuldrechtsreform von der hM aus § 437 BGB aF abgeleitete Veritätsgarantie besteht nach geltendem Recht nicht mehr. Zwar kann auch im Rahmen des § 276 BGB eine strengere Haftung ausdrücklich oder stillschweigend vereinbart werden.[372] Die gesetzgeberische Grundentscheidung zur Abkehr von der verschuldensunabhängigen Haftung bei Factoringgeschäften darf aber nicht durch eine generelle Annahme einer Garantiehaftung des Anschlusskunden konterkariert werden.[373]

171 **cc) Die Globalzession.** In der Regel enthält bereits der Factoring-Rahmenvertrag eine vorweggenommene Abtretung aller nach Vertragsschluss entstehenden Geldforderungen des Anschlusskunden gegen alle bzw. bestimmte Vertragspartner (antizipierte Globalzession). Diese Vorausabtretung ist beim echten Factoring aufschiebend bedingt durch den Ankauf der einzelnen Forderung durch den Factor. Dadurch wird der Factor gem. § 161 Abs. 1 BGB vor anderweitigen Verfügungen des Anschlusskunden und vor dessen Gläubigern geschützt.

172 Davon abweichend kann auch schon die **Vorausabtretung** im Rahmenvertrag **unbedingt** erfolgen.[374] Bis zum Abschluss des Einzelvertrages dient die Forderung dem Factor dann als fiduziarische Sicherheit. Der Einzelvertrag setzt dann nachträglich den Rechtsgrund für das Behaltendürfen. Kommt es nicht zu dessen Abschluss, ist folglich nach Bereicherungsrecht rückabzuwickeln.[375]

---

[368] Vgl. dazu OLG Köln NJW-RR 2001, 539; BankR-HdB/*Martinek/Omlor* § 102 Rn. 21.

[369] BGHZ 58, 364 (366) = NJW 1972, 1715; 69, 254 (257) = NJW 1977, 2207; BGH NJW 1977, 1520 (1521); BGHZ 72, 15 (20) = NJW 1978, 1972; 100, 353 (358) = NJW 1987, 1878; *Klaas* NJW 1968, 1502 (1506); *Rödl* BB 1967, 1301 (1305); *Blaurock* ZHR 142 (1978), 325 (341).

[370] EBJS/*Wagner* Rn. V17.

[371] *Eidenmüller* ZGS 2002, 290 (292).

[372] Für ein konkludentes Garantieversprechen bei der Kettenabtretung BeckOK BGB/*Faust* § 453 Rn. 18 f.; **aA** Erman/*Grunewald* § 453 Rn. 8.

[373] Ebenso MüKoBGB/*Westermann* § 453 Rn. 10; BeckOK BGB/*Faust* § 453 Rn. 18; für eine analoge Anwendung des § 122 BGB *Canaris* JZ 2001, 499 (507 ff.); dagegen *Eidenmüller* ZGS 2002, 290 (293).

[374] BGH NJW 1978, 1972.

[375] Vgl. zum Ganzen BankR-HdB/*Martinek/Omlor* § 102 Rn. 42.

173 Aus Sicht des Factors ungünstig – und damit im Rahmen des § 157 BGB regelmäßig nicht anzunehmen – ist die Vereinbarung einer sog. **Mantelzession.**[376] Entgegen der missverständlichen Bezeichnung handelt es sich dabei um die rein schuldrechtliche Abrede, künftige Forderungen jeweils einzeln nach § 398 BGB zu übertragen. Der Anschlusskunde bleibt bis dahin dinglich Berechtigter, der Factor ist nicht nach § 161 BGB geschützt.[377]

174 **dd) Die einzelnen Forderungszessionen.** Entsprechend der kaufrechtlichen Einordnung des echten Factorings werden die einzelnen Forderungen als Erfüllungsgeschäft des jeweiligen Einzelvertrages an den Factor abgetreten. Der Factor wird dadurch vollwirksam dinglicher Berechtigter (§ 398 S. 2 BGB); er ist weder fiduziarisch gebunden noch liegt eine Verwaltungstreuhand vor.

5. (Unechtes) Darlehensfactoring

175 Ebenso wie beim echten Ankaufsfactoring erfolgen beim unechten Darlehensfactoring die einzelnen Forderungsgeschäfte regelmäßig auf Grundlage eines **Rahmenvertrages,** der nach hM als **Typenkombinationsvertrag** aufzufassen ist.

176 Die hierauf fußenden Einzelverträge sind beim unechten Factoring nach ganz hA als atypische **Darlehensverträge** zu qualifizieren.[378] Durch die fehlende Übernahme des Delkredererisikos hat das unechte Factoring den Charakter eines Kreditgeschäfts. Die **Forderungszessionen** erfolgen erfüllungshalber und haben Sicherungscharakter.[379] Der Factor hat sich primär aus der sicherungshalber abgetretenen Forderung zu befriedigen; erst in zweiter Linie trifft den Anschlusskunden eine Rückzahlungsverpflichtung.[380]

6. Kollision mit verlängertem Eigentumsvorbehalt und Sicherungszession

177 **a) Einschlägige Sachverhalte.** Die Globalzession im Rahmen des Factoring-Rahmenvertrages erfasst in der Regel sämtliche künftigen Geldforderungen des Anschlusskunden gegenüber seinen Abnehmern. Dadurch kann es zu einer Kollision mit anderweitigen Forderungsabtretungen zugunsten Dritter kommen. Einschlägig sind insbesondere zwei Konstellationen:[381]

178 Zum einen kann die Globalzession mit dem **verlängerten Eigentumsvorbehalt eines Warenkreditgebers** in Konflikt geraten. Der Eigentumsvorbehalt sichert den Warenkreditgeber dadurch, dass die Übereignung an den Anschlusskunden (Erstkäufer) aufschiebend bedingt wird durch die vollständige Zahlung des Kaufpreises. Die „Verlängerung" ermöglicht nun dem Anschlusskunden, die Ware auch vor Bedingungseintritt an den Endkunden (Zweitkäufer) weiter zu veräußern (§ 185 BGB), wofür dem Warenkreditgeber im Voraus die aus der Weiterveräußerung resultierende Forderung abgetreten wird. Diese Zession kollidiert mit der Globalzession zugunsten des Factors.

179 Zum zweiten kann sich eine Kollision auch mit einer **Sicherungszession** ergeben. Hier sichert sich ein Geldkreditgeber seinen Rückforderungsanspruch dadurch, dass er sich künftige Forderungen des Darlehensnehmers (Anschlusskunden) gegen seine Abnehmer global im Voraus abtreten lässt.

180 In beiden Fällen besteht der Konflikt darin, dass der Anschlusskunde über eine Forderung verfügt hat, die ihm an sich nicht mehr zusteht. Denn nach dem **Prioritätsprinzip**[382] kann

[376] MüKoBGB/*Roth*/*Kieninger* § 398 Rn. 161.
[377] BankR-HdB/*Martinek*/*Omlor* § 102 Rn. 43.
[378] BGHZ 58, 364 (367) = NJW 1972, 1715; BGHZ 61, 317 (324 ff.) = NJW 1974, 50; BGHZ 69, 254 (257 ff.) = NJW 1977, 2207 (2208); BGHZ 82, 50 (61) = NJW 1982, 164; BGHZ 100, 353 (358) = NJW 1987, 1878; *Canaris* NJW 1981, 249 (250 ff.); *Martinek* S. 248.
[379] BankR-HdB/*Martinek*/*Omlor* § 102 Rn. 48.
[380] BankR-HdB/*Martinek*/*Omlor* § 102 Rn. 44.
[381] Vgl. auch die Darstellungen bei BankR-HdB/*Martinek*/*Omlor* § 102 Rn. 49.
[382] Vgl. etwa BGHZ 82, 283 (287) = NJW 1982, 571; BGHZ 104, 351 (353) = NJW 1989, 458; BGH NJW-RR 1998, 1123.

bei mehrfacher Abtretung nur die **zeitlich erste wirksam sein,** während die **zweite mangels Forderungsinhaberschaft ins Leere** geht. Dieses Ergebnis bedarf je nach Fallgestaltung einer Korrektur.

181 **b) Zeitlich vorrangige echte Factoring-Globalzession. aa) Kollision mit verlängertem Eigentumsvorbehalt.** Erfolgt die Globalzession zugunsten des Factors zeitlich vor der Vereinbarung des verlängerten Eigentumsvorbehalts, sind nach **hM** die zur Kollision von kreditsichernder Globalzession und verlängertem Eigentumsvorbehalt geltenden Regeln entsprechend anzuwenden.[383] Entscheidend ist danach, ob die zeitlich vorrangige Globalzession den Zedenten dazu verleitet, trotz vorheriger Globalzession Waren unter verlängertem Eigentumsvorbehalt zu verkaufen und damit gegenüber dem Warenkreditgeber vertragsbrüchig zu werden (sog. **Vertragsbruchtheorie**[384]). Rechtsfolge wäre eine Unwirksamkeit der Globalzession gem. **§ 138 Abs. 1 BGB** wegen Sittenverstoßes.

182 Indes hält die Globalzession im Rahmen des echten Factorings der **Sittenwidrigkeitsprüfung stand.**[385] Entsprechend der kaufrechtlichen Einordnung geht es hier zwar um die Kollision zweier Abtretungen, **nicht** jedoch **um die Kollision zweier Sicherungsgeber.** Durch die Vereinbarung des verlängerten Eigentumsvorbehaltes erklärt sich der Warenkreditgeber mit der Veräußerung der Ware vor Bedingungseintritt im Wege eines Bargeschäftes einverstanden. Dem steht es praktisch gleich, wenn der Warenkreditnehmer (Anschlusskunde) stattdessen seine Forderung aus dem Verkauf an den Factor abtritt und dafür eine äquivalente Gegenleistung erhält.[386] Anders als bei einer sicherungshalben Globalzession ohne direkte Gegenleistung wird **hier** der **Warenkreditgeber im Ergebnis nicht schlechter gestellt.**

183 **bb) Kollision mit Sicherungs-Globalzession.** Kollidiert die Factoring-Globalzession zugunsten des Factors mit einer kreditsichernden Globalzession zugunsten eines Geldkreditgebers, gilt grundsätzlich das **Prioritätsprinzip.**[387] Bei zeitlichem Vorrang der Factoring-Globalzession ist diese wirksam, die Sicherungszession geht mangels Forderungsinhaberschaft ins Leere.

184 **c) Zeitlich nachrangige echte Factoring-Globalzession. aa) Kollision mit verlängertem Eigentumsvorbehalt.** Erfolgt die Vereinbarung der **Factoring-Globalzession zeitlich nach** der des **verlängerten Eigentumsvorbehalts,** stellt sich nicht die Frage, ob der Anschlusskunde gegenüber seinem Warenkreditgeber vertragsbrüchig wird. Fraglich ist vielmehr, ob die **spätere Globalzession** im Rahmen des Factoring-Rahmenvertrags **auch die Forderungen aus den Weiterverkäufen** der Vorbehaltsware **erfasst.**

185 Im Einklang mit der **hM** muss dies **bejaht** werden.[388] Die dem Vorbehaltskäufer (Anschlusskunde) erteilte Ermächtigung zur Einziehung der Forderung aus dem Warenverkauf ist bei verständiger Würdigung dahingehend auszulegen, dass er die Forderung auch nochmals anderweitig an den Factor abtreten darf (§ 185 Abs. 1 BGB).[389] Zwar verliert der

---

[383] **AA** *Canaris* NJW 1981, 249 (250 ff.); vgl. ausführlich zu den einzelnen Gegenauffassungen BankR-HdB/*Martinek/Omlor* § 102 Rn. 56 ff. mwN.

[384] BGHZ 30, 149 (153) = NJW 1959, 1533; BGH NJW 1968, 1516 (1518); 1969, 318 (319); 1974, 942; 1983, 2502 (2504); 1999, 126 (127); *Serick* BB 1979, 850; *Serick* NJW 1981, 794 (1715); *Kübler* ZIP 1980, 546; *Lambsdorff* ZIP 1980, 543.

[385] BGHZ 69, 254 (258) = NJW 1977, 2207 (2208); 72, 15 = NJW 1978, 1972; MüKoBGB/*Roth/Kieninger* § 398 Rn. 165 ff.; krit. *Bülow* NJW 1982, 1630 f.

[386] Sog. „Barkauftheorie". Es verbleibt insofern ein theoretischer Nachteil, als ein Widerruf der Einziehungsermächtigung durch den Lieferanten nicht mehr möglich ist, sobald der Factor den Anschlusskunden ausbezahlt hat; vgl. dazu *Canaris* NJW 1981, 249 (251); *Canaris* NJW 1981, 1347 (1349); *Serick* NJW 1981, 794 (797); vgl. auch BankR-HdB/*Martinek/Omlor* § 102 Rn. 54 mwN.

[387] BGHZ 75, 391 = NJW 1980, 772; *Serick* S. 591, 604.

[388] BGHZ 72, 15 (21) = NJW 1978, 1972; 82, 50 = NJW 1982, 164; 82, 283 (288) = NJW 1982, 571; *Canaris* NJW 1981, 249 (253 f.); *Blaurock* ZHR 142 (1978), 338 ff.; *Serick* S. 575, 589, 605; MüKoBGB/*Roth/Kieninger* § 398 Rn. 165 f.

[389] Zur Frage der Wirksamkeit eines Abtretungsverbotes → Rn. 57.

Warenkreditgeber die Forderung gegen den Endkunden an den Factor. Im Gegenzug erzielt der Vorbehaltskäufer aber als Einnahme die nahezu gleichwertige Zahlung (Entgelt bzw. Barvorschuss) des Factors. Der Warenkreditgeber steht damit nicht wesentlich anders, als er bei einem direkten Bargeschäft des Anschlusskunden mit dem Endkunden stehen würde.

Anders zu beurteilen ist das nur in den Fällen der – in der Praxis seltenen – **unbedingten Factoring-Globalzession.**[390] Durch die fehlende aufschiebende Bedingung verliert hier der Warenkreditgeber seine Forderung, schon bevor es zu einem entsprechenden Zufluss beim Anschlusskunden kommt. In diesem Fall bedarf das Prioritätsprinzip keiner Korrektur, die zeitlich nachrangige Factoring-Globalzession ist unwirksam. **186**

bb) Kollision mit Sicherungs-Globalzession. Folgt die **Factoring-Globalzession** einer **Sicherungs-Globalzession zeitlich nach,** ist sie nach dem **Prioritätsprinzip** grundsätzlich **unwirksam.** Nach **hM** gilt dies jedoch dann **nicht,** wenn der Kreditnehmer (Anschlusskunde) als Gegenleistung den **ungeschmälerten Gegenwert der Forderung** bezogen auf den Zeitpunkt der Abtretung endgültig erhält.[391] Die Einziehungsermächtigung des Geldkreditgebers ist entsprechend auszulegen.[392] Nach der Rechtsprechung schützt die Sicherungszession danach nur gegen eine Schmälerung der Sicherungssubstanz (etwa durch Abzug von Zinsen und Gebühren seitens des Factors[393]), nicht aber gegen eine Veränderung ihrer Zusammensetzung. **187**

d) Unechte Factoring-Globalzession. aa) Kollision mit verlängertem Eigentumsvorbehalt. Entsprechend der darlehensrechtlichen Einordnung des unechten Factorings dient die Globalzession hier einem Sicherungszweck. Nach **hM** findet daher hier die **Vertragsbruchtheorie** uneingeschränkt Anwendung. Daran soll auch der vom Factor geleistete Vorschuss nichts ändern: anders als beim echten Factoring verbleibe das Delkredererisiko beim Anschlusskunden; im Fall der Uneinbringlichkeit der Forderung könne der Factor den geleisteten Vorschuss nach § 488 Abs. 1 S. 2 BGB zurückverlangen (sog. **Rechtsgrundtheorie**).[394] Die Gegenauffassung befürwortet dagegen eine Gleichbehandlung beider Factoring-Arten und stellt primär darauf ab, dass dem Anschlusskunden durch den Barvorschuss des Factors liquide Mittel zugeflossen seien (sog. **Barvorschusstheorie**).[395] **188**

Folgt man der vorzugswürdigen Rechtsgrundtheorie, so ist eine **zeitlich vorrangige unechte Factoring-Globalzession** nach **§ 138 Abs. 1 BGB** grundsätzlich **nichtig.** Subjektiv genügt schon die Kenntnis der Branchenüblichkeit des Wareneinkaufs unter verlängertem Eigentumsvorbehalt: aus dieser ergibt sich evident die Zwangslage des Anschlusskunden.[396] Die später erfolgende Abtretung im Rahmen des verlängerten Eigentumsvorbehaltes ist infolge dieser Nichtigkeit wirksam. Die Sittenwidrigkeit der gesamten Globalzession kann durch eine **dingliche Teilverzichtsklausel** vermieden werden, etwa eine auflösende Bedingung, soweit die Forderungen später weiter abgetreten und eine Rückbelastung an den Factor stattfindet.[397] **189**

---

390 S. dazu BankR-HdB/*Martinek/Omlor* § 102 Rn. 68.

391 BGHZ 82, 283 = NJW 1982, 571.

392 *Canaris* NJW 1981, 249 (253).

393 BGHZ 72, 15 (21) = NJW 1978, 1972; vgl. aber auch BGHZ 75, 391 (397) = NJW 1980, 772: Unwirksamkeit der nachrangigen Factoring-Globalzession bei Abzug von 16,5 % der Forderung, obwohl in concreto die Sicherheitsmarge 30 % betrug.

394 Vgl. BGHZ 82, 50 (60) = NJW 1982, 164 (166); 100, 353 (358) = NJW 1987, 1878 (1879); *Serick* S. 581 ff.; *Kübler* ZIP 1980, 546; *Lambsdorff* ZIP 1980, 543 ff.; *Martinek* S. 286 ff.

395 Vgl. *Rödl* BB 1967, 1301 (1303); *Blaurock* NJW 1978, 1974 (1975); *Canaris* NJW 1981, 249 (250 ff.).

396 Krit. EBJS/*Wagner* Rn. V26; zum Evidenzmaßstab bei Fairnessverstößen im geschäftlichen Verkehr vgl. *Sester* S. 398.; *Sester* ZGR 2006, 1.

397 Vgl. BGH NJW 1995, 1668 (1669). Eine schuldrechtliche Teilverzichtsklausel reicht nicht aus, vgl. BGH NJW 1979, 365.

190 Bezogen auf die **zeitlich nachrangige unechte Factoring-Globalzession** kommt die Rechtsgrundtheorie zu einer strikten Anwendung des **Prioritätsprinzips:** Die spätere Globalzession im Rahmen des Factoring-Rahmenvertrages geht ins Leere. Einer Korrektur wie beim echten Factoring bedarf es nicht, da der Barvorschuss beim unechten Factoring nicht als ausreichende Gegenleistung und damit nicht als ausreichende Grundlage im Rahmen der Auslegung der Einziehungsermächtigung anzusehen ist.[398]

191 **bb) Kollision mit Sicherungs-Globalzession.** Bei der Kollision von Sicherungs-Globalzession und Globalzession im Rahmen eines unechten Darlehensfactorings stehen sich zwei kreditsichernde Globalzessionen gegenüber. Nach dem **Prioritätsprinzip** geht die zeitlich nachrangige ins Leere. Im Gegensatz zum echten Factoring kommt eine Korrektur zugunsten der Factoring-Globalzession auf dem Boden der Rechtsgrundtheorie nicht in Frage: Mangels Gleichwertigkeit der Factor-Gegenleistung fehlt es an einer vergleichbaren Interessenlage.[399]

7. Rechtsprobleme des Factorings im Überblick

192 **a) Abtretungsverbote. aa) Gesetzliche Abtretungsverbote aus Geheimhaltungspflichten.** Nach **stRspr** des BGH können die in **§ 203 StGB** normierten Geheimhaltungspflichten auf die Zession solcher Forderungen durchschlagen, die aus einer der genannten Tätigkeiten gegen den Geschützten entstehen. Ist mit der Abtretung wegen § 402 BGB auch die Weitergabe der in § 203 StGB geschützten Daten an den Zessionar verbunden, erfordert der hier normierte Persönlichkeitsschutz des Betroffenen, dass die Abtretung ohne dessen Einwilligung[400] unterbleibt. Der BGH schlussfolgert daraus im Ergebnis ein **gesetzliches Abtretungsverbot.** Bei einem Verstoß sind sowohl das schuldrechtliche **Verpflichtungsgeschäft** als auch das dingliche **Erfüllungsgeschäft** nach § 134 BGB nichtig.[401] Unwirksam ist neben den Einzelverträgen und einzelnen Forderungszessionen auch die zugrunde liegende **Rahmenvereinbarung.**[402]

193 Unwirksam sind zB die Abtretung (zahn)ärztlicher Honorarforderungen an eine gewerbliche Verrechnungsstelle,[403] die Weitergabe einer Patienten- und Berufskartei,[404] die Abtretung einer anwaltlichen Honorarforderung,[405] die Abtretung von Vergütungsansprüchen nichtärztlicher Leistungserbringer iSd SGB V an ein Rechenzentrum[406] sowie die Zession des Provisionsanspruches eines Handelsvertreters.[407]

194 **bb) Abtretungsverbote von Vorbehaltslieferanten.** Vereinbaren Warenkreditgeber und Erstkäufer (Anschlusskunde) bei der Lieferung unter verlängertem Eigentumsvorbehalt, dass es dem **Erstkäufer untersagt** sein soll, seine Forderung gegen den Zweitkäufer (Endabnehmer) **an einen Dritten abzutreten,** liegt hierin kein technisches Abtretungsverbot iSv § 399 Alt. 2 BGB, § 354a HGB. Denn durch die antizipierte Globalzession zugunsten des **Warenkreditgebers** wird dieser mit Entstehung der Forderung **automatisch** deren **Inhaber.** Als solcher ist ohnehin nur er alleine befugt, seine Forderungen an Dritte

---

398 BankR-HdB/*Martinek/Omlor* § 102 Rn. 71.

399 Krit. EBJS/*Wagner* Rn. V28.

400 Zu den Anforderungen vgl. etwa OLG Bremen NJW 1992, 757; *Frisse/Glaßl/Baranowski/Duwald* BKR 2018, 177 (183).

401 BGHZ 122, 115 (119) = NJW 1993, 1638; BGH WM 1993, 1251 (1252); 1993, 1849 (1850).

402 OLG Hamm NJW 1993, 791.

403 BGHZ 115, 123 (130) = NJW 1991, 2955 (2956); BGH NJW 1992, 2348 (2349); 1993, 2371 (2372); OLG Köln NJW 1991, 753 mAnm *König;* OLG Bremen NJW 1992, 757; OLG Oldenburg NJW 1992, 758.

404 BGHZ 116, 268 (272) = NJW 1992, 737 (739).

405 BGH NJW 1993, 1638; vgl. nunmehr § 49 Abs. 4 S. 2 BRAO.

406 OLG Hamm NJW 2007, 849 (850). Die von *Lips/Schönberger* NJW 2007, 1567 vorgebrachte Kritik überzeugt im Ergebnis nicht (im Einzelnen BankR-HdB/*Martinek/Omlor* § 102 Rn. 100a).

407 BGH NJW 2010, 2509; nicht Gegenstand der Entscheidung war der handelsrechtliche Ausgleichsanspruch; die Begründung legt aber nahe, dass hier ebenso zu entscheiden ist, vgl. *Möller* LMK 2010, 308 (401).

abzutreten bzw. hierfür die Ermächtigung zu erteilen. Ein solches „Abtretungsverbot" kann damit nur den Zweck verfolgen, zu verhindern, dass der Einziehungsermächtigung im Wege der Auslegung auch eine Gestattung der Weiterabtretung entnommen wird.[408]

Enthält die vertragliche Regelung eine **allgemeine Untersagung aller Abtretungen,** wird dieser Zweck verfehlt. Die Klausel ist mangels eines schutzwürdigen Interesses des Warenkreditgebers **einschränkend** dahingehend **auszulegen,** dass nur die Zession **zur Sicherung eines Geldkreditgebers** umfasst wird. Es gelten insofern dieselben Argumente wie bei der Kollision von Sicherungsglobalzession und echter Factoring-Globalzession.[409] **195**

Zielt die vertragliche Regelung dagegen **explizit** auf die Verhinderung von **Factoring-Globalzessionen** ab, soll sie nach dem **BGH** grundsätzlich **wirksam** sein.[410] Die zutreffende **hL** entnimmt einer solchen Klausel für das echte Factoring dagegen eine unangemessene **Einschränkung der wirtschaftlichen Dispositionsfreiheit** des Erstkäufers und befürwortet eine Unwirksamkeit nach **§§ 138 Abs. 1, 307 Abs. 1 S. 1 BGB.**[411] **196**

cc) Abtretungsverbote von Debitoren. Vereinbaren **Debitor und Anschlusskunde** ein **Abtretungsverbot** (§ 399 Alt. 2 BGB) im Hinblick auf die zwischen ihnen bestehende Geldforderung und war das zugrunde liegende Geschäft – wie regelmäßig in diesen Fällen – ein **beiderseitiges Handelsgeschäft** iSv § 343 HGB, so bewirkt § 354a Abs. 1 S. 1 HGB die **absolute Wirksamkeit der Abtretung.**[412] Das Abtretungsverbot wird zwar nicht unwirksam, die Forderung bleibt aber fungibel; es entsteht eine „gestörte Gesamtgläubigerschaft":[413] Wird die Forderung trotz Vinkulierung abgetreten, wird der Zessionar (Factor) dennoch Forderungsinhaber, der **Zedent** (Anschlusskunde) **verliert** die **Forderungszuständigkeit.**[414] Zur weiteren Einziehung der Forderung ist der Zedent nur berechtigt, wenn der Zessionar ihn dazu vertraglich ermächtigt (zB Inhouse-Factoring). Das (unwirksame) Abtretungsverbot bewirkt jedoch, dass der **Zedent empfangszuständig** bleibt: Leistungen des Debitors an den Anschlusskunden behalten ihre schuldbefreiende Wirkung (§ 354a Abs. 1 S. 2 HGB); erfolgt eine solche Leistung, muss der Zessionar sie beim Zedenten nach § 816 Abs. 2 BGB kondizieren. Weder die Unwirksamkeit des Abtretungsverbotes noch das Wahlrecht des Schuldners können vertraglich abbedungen werden (§ 354a Abs. 1 S. 3 HGB).[415] **197**

b) Uneinbringlichkeit der Forderung und Umsatzsteuerrückerstattung. Wird die im Rahmen eines **echten Factorings** zedierte Forderung infolge einer Insolvenz des Debitors uneinbringlich und hat der Anschlusskunde im Falle einer steuerbaren Lieferung bereits Umsatzsteuer abgeführt, steht der **Anspruch auf Rückerstattung** nach Ansicht des **BGH** dem **Anschlusskunden** zu.[416] Er begründet dies damit, dass alleine der Anschlusskunde Steuerschuldner iSv § 13a Abs. 1 UStG und auch nur er bei Uneinbringlichkeit als Zedent gem. § 17 UStG dazu verpflichtet sei, den Steuerbetrag zu berichtigen. Wirtschaftlich betrachtet trägt dadurch der Factor im Ergebnis alle Nachteile aus der Insolvenz des Debitors, während der Anschlusskunde um die Umsatzsteuerrückerstattung bereichert ist.[417] **198**

---

[408] Vgl. zu Vertragsgestaltungen zum „Schutz" des Vorbehaltslieferanten *Peters/Wiechmann* NJW 1985, 2932; *Schmitz-Weckauf* NJW 1985, 466 ff.

[409] → Rn. 50.

[410] Echtes Factoring: BGHZ 75, 391 = NJW 1980, 772; vgl. aber BGHZ 82, 283 = NJW 1982, 571; Unechtes Factoring: BGHZ 82, 51 (61) = NJW 1982, 164 (165).

[411] *Canaris* NJW 1981, 249 (254); BankR-HdB/*Martinek/Omlor* § 102 Rn. 104; vgl. auch *Glomb* S. 125; *Blaurock* NJW 1978, 74; krit. MüKoBGB/*Roth/Kieninger* § 398 Rn. 180 unter Betonung der Privatautonomie.

[412] Baumbach/Hopt/*Hopt* § 354a Rn. 1; MüKoHGB/*K. Schmidt* § 354a Rn. 16.

[413] Vgl. eingehend *Seggewiße* NJW 2008, 3256 ff.; vgl. auch MüKoHGB/*K. Schmidt* § 354a Rn. 17.

[414] MüKoHGB/*K. Schmidt* § 354a Rn. 22.

[415] Zur einschränkenden Auslegung von § 354a Abs. 1 S. 3 HGB vgl. BGH NJW 2018, 2254 mAnm *Omlor* BB 2019, 661.

[416] BGH ZIP 1997, 734 (735).

[417] BankR-HdB/*Martinek/Omlor* § 102 Rn. 94.

199 **c) Aufrechnung des Debitors.** Eine **schuldbefreiende Aufrechnung des Debitors** gegenüber dem Anschlusskunden bleibt trotz Abtretung nach **§ 406 BGB** wirksam, solange er von der Abtretung noch **keine Kenntnis** erlangt hat. Im Regelfall erfolgt die Anzeige der Abtretung bereits mit der Rechnungserteilung seitens des Anschlusskunden **(offenes Factoring).**[418] Für eine schuldnerschützende Aufrechnung im Rahmen des § 406 BGB verbleibt damit nur beim verdeckten oder halboffenen Factoring sowie in der Schwebezeit zwischen einer bedingten Factoring-Globalzession und dem Bedingungseintritt (Bonitätsprüfung) Raum.[419]

200 Haben Anschlusskunde und Debitor ein **Aufrechnungsverbot** vereinbart, gilt dieses **auch zugunsten des Factors.** Ein Abtretungsverbot steht beim beiderseitigen Handelsgeschäft der schuldbefreienden Aufrechnung des Debitors mit dem Anschlusskunden wegen **§ 354a Abs. 1 S. 2 HGB** nicht entgegen. Die Aufrechnung kann der Debitor in diesen Fällen **auch gegenüber dem Zessionar erklären.** Die Aufrechnungsmöglichkeit besteht auch dann, wenn der Debitor die Gegenforderung in Kenntnis der Abtretung erworben hat oder wenn sie nach Kenntnisnahme und später als die abgetretene Forderung fällig geworden ist; §§ 406, 407 BGB finden insofern keine Anwendung.[420]

201 **d) Rückabwicklung.** Bereicherungsrechtlich sind beim Factoring drei Rechtsverhältnisse zu unterscheiden: Das Verhältnis zwischen **Anschlusskunde und Debitor** (Deckungsverhältnis), zwischen **Anschlusskunde und Factor** (Valutaverhältnis) sowie zwischen **Factor und Debitor** (Zuwendungsverhältnis).[421]

202 Den Rechtsgrund iSd § 812 BGB im **Valutaverhältnis** bildet ein Kauf- (echtes Factoring) bzw. Darlehensvertrag (unechtes Factoring). Ist der Vertrag mangelhaft und fehlt es daher an einem Rechtsgrund, sind die empfangenen Leistungen nach § 812 Abs. 1 S. 1 Alt. 1 BGB herauszugeben. Der Anschlusskunde hat dann einen Anspruch auf Rückübertragung der Forderung gegen den Factor. Wurde die Forderung bereits beglichen, richtet sich der Anspruch auf Herausgabe des erlangten Geldbetrages (§ 818 Abs. 1 BGB). Ist außer dem schuldrechtlichen Kausalverhältnis auch die dingliche Zession nichtig, bleibt der Anschlusskunde *ipso iure* Forderungsinhaber, einer Kondiktion bedarf es nicht. Hat der Debitor trotzdem bereits an den Factor geleistet, ist der geleistete Betrag nach § 816 Abs. 2 BGB vom Factor an den eigentlich berechtigten Anschlusskunden herauszugeben.

203 Besteht im **Deckungsverhältnis** ein Mangel und hat der Debitor an den Factor als Scheingläubiger geleistet, richtet sich nach Ansicht des **BGH** sein Kondiktionsanspruch gleichwohl **gegen den Anschlusskunden.**[422] Der BGH begründet dies mit dem synallagmatischen Zusammenhang der Leistung des Debitors mit der Gegenleistung des Anschlusskunden und damit, dass der Debitor nur das **Insolvenzrisiko** des Anschlusskunden tragen solle, den er sich als Vertragspartner ausgesucht habe, und durch eine Zession nicht schlechter gestellt werden dürfe (§§ 404 ff. BGB).[423] Die zutreffende **Gegenansicht** gewährt dem Debitor dagegen einen **Direktanspruch gegen den Zessionar** im Zuwendungsverhältnis.[424] Bei wirtschaftlicher Betrachtungsweise erfolgt die Leistung des Debitors zur Erfüllung einer vermeintlichen Schuld gegen den vermeintlichen Gläubiger; hierin liegt gerade keine Drittleistung iSv § 267 BGB, die für eine Rückabwicklung über Eck typisch ist. Gegenüber der Verlagerung des Insolvenzrisikos muss sich der Debitor durch Vereinbarung eines Abtretungsverbotes selbst schützen.

---

[418] Kenntnis der Vorausabtretung steht der Kenntnis der Abtretung gleich, vgl. BGH NJW 1982, 2371 (2372); NJW 2002, 2865; *Brink* WM 2003, 1355 (1362); **aA** *Denck* DB 1977, 1493 (1494 ff.).

[419] BankR-HdB/*Martinek/Omlor* § 102 Rn. 124.

[420] Uhlenbruck/*Sinz* § 116 Rn. 83a.

[421] Vgl. zum Ganzen auch BankR-HdB/*Martinek/Omlor* § 102 Rn. 127.

[422] BGH NJW 2005, 1369; vgl. auch BGHZ 105, 365 = NJW 1989, 900; 122, 46 = NJW 1993, 1578; BGH NJW 2006, 1731 (1732).

[423] BGH NJW 2005, 1369 (1370).

[424] *Reuter/Martinek* S. 491; BankR-HdB/*Martinek/Omlor* § 102 Rn. 132 f.; vgl. auch OLG Karlsruhe OLGR 2006, 793 (795).

Dieselbe Streitfrage wird beim **Doppelmangel** virulent. Nach Ansicht des **BGH** hat eine **Rückabwicklung über Eck** zu erfolgen. Nach der vorzugswürdigen **Gegenansicht** bestehen Leistungskondiktionsansprüche **des Debitors direkt gegen den Factor** auf Herausgabe des auf die vermeintliche Forderung geleisteten Geldbetrages sowie des **Factors gegen den Anschlusskunden** auf Rückzahlung des geleisteten Entgelts bzw. Barvorschusses.[425] 204

8. Factoring und Insolvenz

a) Insolvenz des Anschlusskunden. Wird über das Vermögen des Anschlusskunden das Insolvenzverfahren eröffnet, erlischt nach hM der **Factoring-Rahmenvertrag** (§§ 115, 116 InsO).[426] Darüber hinaus wird für diesen Fall regelmäßig ein außerordentliches Kündigungsrecht des Factors vereinbart.[427] 205

Ist der **Einzelvertrag** vor Verfahrenseröffnung **von mindestens einer Seite vollständig erfüllt,** ist die Abtretung insolvenzfest. Ansonsten steht dem Insolvenzverwalter ein Wahlrecht nach § 103 InsO zu. Das Wahlrecht ist beim **echten Factoring** ausgeschlossen, wenn die Forderung bereits vor Verfahrenseröffnung abgetreten worden und auch entstanden ist. Voraussetzung hierfür ist nicht nur, dass der die Forderung begründende Vertrag mit dem Debitor bereits vor Verfahrenseröffnung abgeschlossen war, sondern auch, dass der Anschlusskunde die hieraus geschuldete Leistung vollständig erbracht hat.[428] Beim **unechten Factoring** ist hingegen der Einzelvertrag solange nicht beiderseits vollständig erfüllt, wie der Factor die Forderung nicht beim Debitor eingezogen und deshalb den Sicherungseinbehalt an den Anschlusskunden ausgekehrt hat.[429] 206

Soweit kein Wahlrecht besteht, kann der Factor beim **echten Factoring** die ihm zustehende und bezahlte Forderung gem. § 47 InsO **aussondern.** Beim **unechten Factoring** nimmt die hM mit Verweis auf den Sicherungscharakter der Abtretung lediglich ein **Absonderungsrecht** nach § 166 Abs. 2 InsO an;[430] folglich geht hier die Einziehungsbefugnis auf den Insolvenzverwalter über, der Factor erlangt die Forderung nur abzüglich des Kostenbeitrages (§§ 51 Nr. 1, 170 f., 52 S. 2 InsO). 207

Leistet der Debitor **vor Verfahrenseröffnung** mit befreiender Wirkung **an den Anschlusskunden** (§ 407 BGB, § 354a Abs. 1 S. 2 HGB), hat der Factor einen Weiterleitungsanspruch, allerdings nur als Insolvenzgläubiger.[431] Nimmt der Debitor die Leistung **nach Verfahrenseröffnung** vor, hat der Factor ein Ersatzaussonderungsrecht (§ 48 InsO). Ist die Forderung in der Masse nicht mehr unterscheidbar vorhanden, kann er eine Massebereicherung (§ 55 Abs. 1 Nr. 3 InsO) geltend machen.[432] 208

b) Insolvenz des Factors. In der Insolvenz des Factors finden §§ 115, 116 InsO keine Anwendung, da diese eine Insolvenz des aus dem Vertrag berechtigten Geschäftsherrn voraussetzen.[433] Dem Insolvenzverwalter steht im Hinblick auf den **Factoring-Rahmenvertrag** das **Wahlrecht** aus § 103 Abs. 1 InsO zu.[434] Wählt er Erfüllung, wird ein Recht des Anschlusskunden zur **außerordentlichen Kündigung** aus wichtigem Grund (§ 314 BGB) befürwortet.[435] 209

---

425 BankR-HdB/*Martinek/Omlor* § 102 Rn. 127.
426 Nerlich/Römermann/*Balthasar* § 103 Rn. 21; Uhlenbruck/*Sinz* § 116 Rn. 39 mwN.
427 MüKoInsO/*Ganter* § 47 Rn. 262.
428 MüKoInsO/*Ganter* § 47 Rn. 268.
429 BankR-HdB/*Martinek/Omlor* § 102 Rn. 142.
430 MüKoInsO/*Ganter* § 47 Rn. 266; *Bette* FLF 1997, 133 (135); BankR-HdB/*Martinek/Omlor* § 102 Rn. 142; **aA** Uhlenbruck/*Sinz* § 116 Rn. 44.
431 Uhlenbruck/*Sinz* § 116 Rn. 61.
432 EBJS/*Wagner* Rn.V 31.
433 Nerlich/Römermann/*Balthasar* § 103 Rn. 21.
434 *Canaris* Rn. 1680; KölnerSchrift/*Sinz* Rn. 92.
435 *Glomb* S. 88; *Lunckenbein* S. 171.

210 Auf die **Einzelverträge** ist § 103 InsO nicht anzuwenden, wenn die Forderung bereits abgetreten und bezahlt worden, aber noch nicht eingezogen ist.[436] Die bereits angekauften Forderungen sind dann vom Insolvenzverwalter **vertragsgemäß abzuwickeln,** unabhängig davon, ob er im Hinblick auf den Rahmenvertrag Erfüllung gewählt hat oder nicht. Insbesondere bleibt beim echten Factoring das Delkredererisiko erhalten.[437]

211 Ein **Aussonderungsrecht** (§ 47 InsO) hinsichtlich der Forderung steht dem Anschlusskunden wegen des sicherungsweisen Charakters der Zession nur beim **unechten Factoring** zu.[438] Hat der Insolvenzverwalter die Forderung eingezogen, ist der Anschlusskunde zur Ersatzaussonderung (§ 48 InsO) des Erlöses berechtigt.

212 **Sperrguthaben** des Anschlusskunden bildet **grundsätzlich kein Treugut;** der Anschlusskunde ist diesbezüglich **einfacher Insolvenzgläubiger.**[439] Etwas anderes gilt nur dort, wo der Forderungserwerb ausnahmsweise treuhänderisch auf einer ergänzenden Inkassoabrede beruhte. Hier ist der Anschlusskunde nach wie vor Forderungsinhaber und kann Aussonderung verlangen.[440]

213 **c) Insolvenz des Debitors.** In der **Insolvenz des Debitors** ist der Factor bzgl. der zedierten Forderungen **einfacher Insolvenzgläubiger.**[441] Das schuldrechtliche Factoring-Kausalgeschäft und die einzelnen Abtretungen werden durch die Insolvenz grundsätzlich nicht berührt. Eine **Ausnahme** gilt bei **nicht voll valutierten Forderungen:** da die Forderung einredebehaftet ist, haftet der Anschlusskunde dem Factor für die Verität der Forderung und kann selbst im Insolvenzverfahren des Debitors nur die Quote verlangen. Nur wenn der Insolvenzverwalter des Debitors hinsichtlich des Geschäftes Erfüllung wählt, ist der Anspruch des Anschlusskunden als Masseforderung wieder durchsetzbar (§ 55 Abs. 1 Nr. 2 InsO).[442]

III. Das Forfaiting-Geschäft

Schrifttum: *Bannier,* Die schuldrechtlichen und wechselrechtlichen Haftungsprobleme bei der Forfaitierung von Exportforderungen, 2005; *Bien,* Die Insolvenzfestigkeit von Leasingverträgen nach § 108 Abs 1 Satz 2 InsO, ZIP 1998, 1017; *Bunsen/Sester,* Finanzierungsverträge für PPP-Projekte im öffentlichen Hochbau und Refinanzierung durch Pfandbriefe, ZfIR 2005, 81; *Canaris,* Bankvertragsrecht, 2. Aufl. 1981; *Hahne,* Steuerrisiken aus einer gewerbesteuerlichen Hinzurechnung entgehender Zinserträge beim Verkauf verzinslicher Forderungen, BB 2008, 2546; *Helm,* Zur Rechtsnatur des Wechseldiskontgeschäfts, WM 1968, 930; *Nickel/Kopf,* Ein Ausweg aus der Finanzkrise der öffentlichen Hand? Private Finanzierung öffentlicher Hochbaumaßnahmen in Deutschland, ZfBR 2004, 9; *Ritzer,* Anwendungsfragen zur Hinzurechnung von Finanzierungsanteilen nach § 8 Nr. 1 GewStG i. d. F. des UntStRefG 2008, DStR 2008, 1613; *Schimansky/Bunte/Lwowski* (Hrsg.), Bankrechts-Handbuch, 5. Aufl. 2017; *Schütze,* Zession und Einheitsrecht, 2005; *von Westphalen,* Rechtsprobleme der Exportfinanzierung, 3. Aufl. 1987.

1. Grundlagen

214 **a) Funktion und bankwirtschaftliche Bedeutung.** Forfaitierung bezeichnet den **Ankauf einer Forderung unter Verzicht auf den Regress gegen den Verkäufer** (echtes Forfaiting).[443] Der Verkäufer (Forfaitist) haftet dem Käufer (Forfaiteur) ausschließlich für den Bestand und die Einredefreiheit der Forderung (sog. Veritätshaftung). Ausnahmsweise wird der Rückgriff auch in sonstigen Fällen vorbehalten (unechtes Forfaiting).[444]

---

436 *Gottwald/Adolphsen* Insolvenzrechts-Handbuch § 40 Rn. 60; Uhlenbruck/*Sinz* § 116 Rn. 99.
437 Uhlenbruck/*Sinz* § 116 Rn. 102.
438 MüKoInsO/*Ganter* § 47 Rn. 277; BankR-HdB/*Martinek/Omlor* § 102 Rn. 147.
439 MüKoInsO/*Ganter* § 47 Rn. 282; Uhlenbruck/*Sinz* § 116 Rn. 107.
440 *Glomb* S. 88; BankR-HdB/*Martinek/Omlor* § 102 Rn. 147.
441 EBJS/*Wagner* Rn. V31.
442 Uhlenbruck/*Sinz* § 116 Rn. 112.
443 BGHZ 126, 261 = NJW 1994, 2483; vgl. auch Baumbach/Hopt/*Hopt* Bankgeschäfte Rn. J/4; EBJS/*Hakenberg* Rn. V36.
444 MüKoBGB/*Roth/Kieninger* § 398 Rn. 183.

Forfaiting gilt als klassisches Instrument der **Exportfinanzierung.**[445] Anfangs wechselbezogen ist heutzutage auch die Forfaitierung sonstiger Forderungen aus **grenzüberschreitenden Warenlieferungen oder Dienstleistungen** üblich. Daneben hat das Forfaiting erhebliche Bedeutung bei der finanziellen Abwicklung von **Leasingtransaktionen** erlangt.[446] In den letzten Jahren ist zudem der Stellenwert des Forfaiting bei der Projektfinanzierung im Rahmen von **Public Private Partnerships** beständig gewachsen.[447] 215

Die Forfaitierung bringt für den Forfaitisten mehrere **Vorteile:**[448] Der Erlös aus dem Forderungsverkauf fließt dem Verkäufer unmittelbar zu und schafft bei ihm **Liquidität.** Der Verkäufer erhält eine sichere Planungsgrundlage; er wird vom **Bonitätsrisiko** ebenso entlastet wie von **Währungsrisiken,** wirtschaftlichen und politischen **Länderrisiken** und dem **Zinsrisiko.** Darüber hinaus erzielt der Forfaitist durch die Umwandlung des Kreditgeschäfts in ein Bargeschäft einen positiven **Bilanzeffekt** und kann eine **Gewerbesteuerminderung** erreichen. Diese Vorteile erkauft sich der Forfaitist freilich mit nicht unbeträchtlichen Kosten (zB Bereitstellungsprovision, Gebühren, Kurssicherungskosten und Zinsen). 216

b) Forfaitierung und Export-Factoring. Die Forfaitierung von Exportforderungen und das Export-Factoring weisen Gemeinsamkeiten auf, unterscheiden sich aber in ihrer Zweckrichtung. Gegenstand des Forfaiting sind in der Regel Einzelgeschäfte über **mittel- bis langfristige hochvolumige Einzelforderungen,** während das Export-Factoring als Dauerschuldbeziehung eine Vielzahl kurzfristiger Forderungen niedrigerer Höhe umfasst.[449] Entsprechend nimmt der Forfaiteur auch nicht die beim Factoring üblichen **Services** in Anspruch, da bei einzelnen Forderungen ein Debitorenmanagement meist entbehrlich wird.[450] Weiter werden bei der Forfaitierung im Gegensatz zum Factoring nicht nur Buchforderungen, sondern häufig auch wechselmäßig verbriefte Forderungen übertragen.[451] Schließlich fehlt dem Export-Factoring der für das (echte) Forfaiting charakteristische **umfassende Regressverzicht** auch für externe Risiken (Währungs-, Zins-, Länderrisiken). Das Forfaiting weist damit eine höhere **Sicherungsfunktion** als das Factoring auf.[452] 217

c) Abwicklung in der Praxis. Das Forfaiting-Geschäft kommt in aller Regel auf Initiative des Forfaitisten zustande, oftmals auch erst nach Abschluss des Vertrages mit dem ausländischen Abnehmer. Musterverträge sind üblich, werden aber aufgrund der individuellen Natur der einzelnen Transaktion regelmäßig stark abgewandelt. Der Vertrag enthält eine genaue **Bezeichnung** der abzutretenden **Forderungen** nebst bestehender **Sicherheiten** (Aval, Akkreditive, Garantien[453]). Ferner werden die vom Forfaitisten zu beschaffenden **Dokumente und Genehmigungen** bestimmt sowie die vom Forfaiteur **übernommenen Risiken** einzeln aufgelistet.[454] 218

Die übernommenen Risiken und die aktuellen Refinanzierungskosten bestimmen maßgeblich die Höhe des **Kaufpreises.** Der Forfaitist erhält den **abgezinsten Nettobetrag** der Forderung. Abgezogen werden in der Regel Risiko- und Gewinnmargen des Forfaiteurs, einschließlich der Kosten der Einziehung und einer Bereitstellungsprovision. Die 219

---

[445] Baumbach/Hopt/*Hopt* Bankgeschäfte Rn. J/4.

[446] → Rn. 14.

[447] Vgl. dazu *Bunsen/Sester* ZfIR 2005, 81; *Nickel/Kopf* ZfBR 2004, 9 (10 ff.).

[448] *von Westphalen* S. 485; Knops/Bamberger/Maier-Reimer/*Bovenschen* § 8 Rn. 43; Derleder/Knops/Bamberger/*R. Freitag* § 75 Rn. 95.

[449] BankR-HdB/*Martinek/Omlor* § 103 Rn. 5; *Schütze* S. 112; EBJS/*Hakenberg* Rn. V49.

[450] Baumbach/Hopt/*Hopt* Bankgeschäfte Rn. J/4; Knops/Bamberger/Maier-Reimer/*Bovenschen* § 8 Rn. 39.

[451] Knops/Bamberger/Maier-Reimer/*Bovenschen* § 8 Rn. 40; *Schütze* S. 112.

[452] BankR-HdB/*Martinek/Omlor* § 103 Rn. 5.

[453] Zu den Besicherungsmöglichkeiten → Rn. 10.

[454] EBJS/*Hakenberg* Rn. V50.

Berechnung des Diskonts wird vertraglich geregelt. Üblich sind Forfaitierungstabellen, die Richtwerte gestaffelt nach Ländern und Laufzeiten enthalten.

2. Erscheinungsformen und Rechtsnatur

220 **a) Forfaitierung von Wechselforderungen.** Die Forfaitierung erfolgt meist auf der Grundlage von **Solawechseln** des ausländischen Importeurs (sog. Wechselforfaiting).[455] Der Solawechsel (Eigenwechsel, promissory note) stellt das wechselrechtlich verstärkte Schuldversprechen des Importeurs dar, bei Fälligkeit zu leisten.[456] Der Forfaitist überträgt den Wechsel durch **Blankoindossament** (Art. 13 Abs. 2, 77 WG) und schließt seine eigene wechselmäßige Haftung durch Zusatz (ohne Obligo, sans recours, without recourse) aus (Art. 15 Abs. 1 WG, sog. **Angstklausel**).[457] Stattdessen kann auch ein vom Forfaitist ausgestellter und auf den Importeur trassierter und von ihm akzeptierter Wechsel (Akzept, Tratte) übertragen werden, dann allerdings wirkt der Haftungsausschluss nicht wechselrechtlich (Art. 9 Abs. 2 WG), sondern als persönliche Einwendung (Art. 17 WG).[458]

221 **b) Forfaitierung von Buchforderungen.** Im Vergleich zu Wechselforderungen haben Buchforderungen für die Forfaitierung den entscheidenden **Nachteil,** dass sie nicht vom Grundgeschäft unabhängig (abstrakt) und damit Einreden aus dem Grundgeschäft ausgesetzt sind. Daraus folgt zum einen, dass im Forfaitingvertrag die **Einzelheiten des Grundgeschäftes möglichst exakt** festgelegt werden müssen, wodurch sich Kosten und Dauer der Transaktion erhöhen.[459] Zum anderen sind damit grds. nur solche Buchforderungen forfaitierungsfähig, die aus einem **bereits vollständig abgeschlossenen Grundgeschäft** stammen und **keinen Gewährleistungsansprüchen mehr ausgesetzt** sind. Mangels Möglichkeit der Avalierung können Buchforderungen nur durch Bankgarantie oder Akkreditiv gesichert werden.

222 **c) Rechtsnatur.** Der Forfaitingvertrag ist sowohl beim Forderungsforfaiting als auch beim Wechselforfaiting typologisch als **Rechtskauf** (§§ 453, 433 BGB) einzuordnen.[460] Der Forfaitist schuldet die Übertragung der Forderung, der Forfaiteur die Mitwirkung hieran und die Zahlung des vereinbarten Kaufpreises. Für den Bestand und die Einredefreiheit (Verität) haftet der Forfaitist aus vermutetem Verschulden. In der Regel enthalten die Forfaitingverträge detaillierte Regelungen, die den Umfang der Veritätshaftung genau bestimmen.

3. Besicherungsmöglichkeiten

223 Häufig hat der Forfaiteur ein Interesse an einer über den Solawechsel hinausgehenden Sicherung. In Betracht kommen als Sicherungsgeber vor allem **staatliche Stellen** oder **international renommierte Banken,** die im Staat des Importeurs tätig sind.[461] In der Praxis am häufigsten zur Sicherung genutzt werden **Wechsel, Akkreditive, Bankgarantien und Ausfuhrbürgschaften.**

224 Das primär übliche Sicherungsinstrument ist die **Wechselbürgschaft** (Aval). Der Wechselbürge (Avalist) verpflichtet sich durch Vermerk auf dem Wechsel, für die Schuld des Avalaten (Aussteller, Akzeptant bzw. Indossant) einzustehen (Art. 32 WG). Dadurch wird

---

455 BankR-HdB/*Martinek/Omlor* § 103 Rn. 22.

456 Knops/Bamberger/Maier-Reimer/*Bovenschen* § 8 Rn. 33; *Bannier* S. 62; EBJS/*Hakenberg* Rn. V41.

457 EBJS/*Hakenberg* Rn. V41; Baumbach/Hopt/*Hopt* Bankgeschäfte Rn. J/4.

458 EBJS/*Hakenberg* Rn. V43; BankR-HdB/*Martinek/Omlor* § 103 Rn. 23.

459 BankR-HdB/*Martinek/Omlor* § 103 Rn. 25.

460 HM; vgl. BGH NJW 1994, 2483 (2484); OLG Hamburg ZIP 1983, 46 (47); *von Westphalen* S. 486; Baumbach/Hopt/*Hopt* Bankgeschäfte Rn. J/4a; MüKoBGB/*Berger* vor § 488 Rn. 20; BankR-HdB/*Martinek/Omlor* § 103 Rn. 14; aA *Canaris* Rn. 1584; *Helm* WM 1968, 933.

461 BankR-HdB/*Martinek/Omlor* § 103 Rn. 17.

eine zusätzliche wechselrechtliche Verpflichtung begründet, die losgelöst ist vom Bestand der Hauptschuld.[462]

Insbes. bei Buchforderungen hat sich auch die **Bankgarantie** als Sicherungsinstrument 225
durchgesetzt. Dabei muss die Garantieerklärung **unwiderruflich, übertragbar und unbedingt** erfolgen und vom Grundbestand der zu sichernden Forderung abstrakt sein.[463]

Eine weitere Möglichkeit der Besicherung sind **Dokumenten- und Warenakkrediti-** 226
ve. Der Importeur beantragt bei seiner Bank die Eröffnung eines Akkreditivs, diese sichert die forfaitierte Forderung durch ein **abstraktes selbstschuldnerisches Zahlungsversprechen** gegen Vorlage akkreditivkonformer Dokumente ab.[464] Wird darüber hinaus ein Zahlungsversprechen (Bestätigung) einer anderen Bank (zB Bank des Exporteurs) ausgesprochen, spricht man vom bestätigten Akkreditiv. Die Forfaitierung **bestätigter Akkreditivforderungen** bringt dem Exporteur nur noch einen geringen Zusatznutzen bei beträchtlich höheren Kosten; sie ist daher in der Praxis nicht üblich.[465]

4. Forfaitierung von Leasingforderungen

Der **regresslose Ankauf von Leasingforderungen** ist eine in der Praxis übliche 227
Sonderform der Forfaitierung, die zur Refinanzierung von Leasinggeschäften dient. Der Leasinggeber verkauft seine **künftigen Forderungen** aus dem Leasingvertrag an ein Kreditinstitut, um auf diese Weise **liquide Mittel** für den Erwerb neuer Leasinggegenstände zu erhalten.[466] Dadurch **minimiert** der Leasinggeber auch bei einem höheren Volumen an Leasingtransaktionen seinen Kapitaleinsatz. Zugleich **erspart** er sich häufig **Kosten** für die **Überwachung und Einziehung** der Forderungen beim Leasingnehmer, die der Finanzierer übernimmt. Schließlich befreit sich der Leasinggeber vom **Bonitätsrisiko** in Bezug auf den Leasingnehmer.

Im Gegensatz zu sonstigen (Einzel-)Forfaitierungen liegt dem regresslosen Ankauf von 228
Leasingforderungen mit dem Leasingvertrag ein noch nicht vollständig abgewickeltes **Dauerschuldverhältnis** zugrunde.[467] Daher lässt sich der Forfaiteur/Finanzierer hier zumeist das **Leasinggut zur Sicherung** eines möglichen **Regressanspruchs** aus der Veritätshaftung des Forfaitisten/Leasinggebers **übereignen.**

Seit der Unternehmenssteuerreform 2008 unterfällt in Verschärfung der bisherigen 229
Rechtslage nunmehr auch die Forfaitierung der **Hinzurechnung** im Rahmen der **Gewerbesteuer.** Gem. § 8 Nr. 1 lit. a S. 3 GewStG gilt bei der Veräußerung einer Forderung aus einem schwebenden Vertragsverhältnis die Differenz zwischen dem Wert der Forderung, wie ihn die Vertragsparteien im Zeitpunkt des Vertragsschlusses der Veräußerung zugrunde gelegt haben, und dem vereinbarten (geringeren) Veräußerungserlös als bei der Gewinnermittlung abgesetzt.[468]

In der **Insolvenz des Leasinggebers** sind Leasingverträge grds. dem Wahlrecht des 230
Insolvenzverwalters unterworfen (§ 103 InsO), die Forderungen sind damit nicht insolvenzfest. Für die Refinanzierung im Wege der Forfaitierung kann sich aus **§ 108 Abs. 1 S. 2 InsO** etwas anderes dann ergeben, wenn dem Institut, das den Erwerb des Leasingguts finanziert hat, selbiges vor Verfahrenseröffnung zur Sicherheit übertragen worden ist. Die Ausnahme will verhindern, dass der Masse noch Leasingraten zufließen, obwohl sich die Abwicklung des Leasingvertrages nur zwischen Leasingnehmer und Refinanzierer vollzieht und obwohl der Leasinggeber bereits den Gegenwert des Leasinggutes erhalten hat.[469]

---

[462] Baumbach/Hopt/*Hopt* § 349 Rn. 21; BankR-HdB/*Martinek/Omlor* § 103 Rn. 18.
[463] Knops/Bamberger/Maier-Reimer/*Bovenschen* § 8 Rn. 35; vgl. auch *von Westphalen* S. 303.
[464] Knops/Bamberger/Maier-Reimer/*Bovenschen* § 8 Rn. 34.
[465] BankR-HdB/*Martinek/Omlor* § 103 Rn. 19.
[466] BankR-HdB/*Martinek/Omlor* § 103 Rn. 31.
[467] EBJS/*Hakenberg* Rn. V55.
[468] Vgl. zu den Einzelheiten BMF v. 4.7.2008, BStBl. I 2008, 730; *Hahne* BB 2008, 2546; *Ritzer* DStR 2008, 1613.
[469] Uhlenbruck/*Sinz* § 108 Rn. 133.

231 Voraussetzung ist, dass ein **ausreichend enger Zusammenhang** zwischen der **Anschaffung** des Leasinggutes und der **Finanzierung** besteht („finanziert hat"). Umfasst ist auch eine nachträgliche Refinanzierung, wenn die zwischengeschaltete Eigenfinanzierung von vorneherein nur überbrückungshalber erfolgt ist.[470] Der Zusammenhang fehlt dagegen bei einer späteren Darlehensaufnahme ohne Bezug zum Vertragsschluss ebenso wie bei der nachträglichen Sicherheitsübertragung zur Absicherung eines unspezifischen Betriebsmittelkredits.[471]

232 Sind vom Leasinggeber noch **Nebenleistungen** aus dem Leasingvertrag zu erbringen, ist nach vorzugswürdiger Ansicht der Leasingvertrag dennoch einheitlich nach § 108 Abs. 1 S. 2 InsO zu behandeln. Die Masse hat insoweit aber einen Kondiktionsanspruch gegen den Zessionar (§ 812 Abs. 1 S. 1 Alt. 2 BGB), weil sie durch die Erbringung der Nebenleistungen dem Leasingnehmer die Einrede des § 320 BGB ggü. dem Refinanzierer nimmt.[472]

[470] MüKoInsO/*Eckert* vor § 108 Rn. 46.
[471] Nerlich/Römermann/*Balthasar* § 108 Rn. 13; Andres/Leithaus/*Andres* § 108 Rn. 8.
[472] *Bien* ZIP 1998, 1017 (1021); Uhlenbruck/*Sinz* § 108 Rn. 139; BankR-HdB/*Martinek*/*Omlor* § 103 Rn. 39, jeweils mwN.

19. Kapitel: Außenhandelsfinanzierung

Schrifttum: *Basedow/Remien/Wenckstern* (Hrsg.), Europäisches Kreditsicherungsrecht, Symposium im Max-Planck-Institut für ausländisches und internationales Privatrecht zu Ehren von Ulrich Drobnig am 12. Dezember 2008, Tübingen 2010; *Baumbach/Hopt,* HGB, 38. Aufl., München, 2018, Baums/*Baums,* Das Recht der Unternehmensfinanzierung, 1. Aufl. 2017; *Graf v. Bernstorff,* Die Exportfinanzierung mit praxisgerechten Erläuterungen zur Finanzierung von Exportgeschäften, Köln 2007; *ders.,* INCOTERMS 2010 der Internationalen Handelskammer (ICC), Kommentierung für die Praxis inklusive offiziellem Regelwerk, Köln 2010; *Bode,* Die Wirksamkeit einer Forderungsübertragung gegenüber Dritten vor dem Hintergrund der internationalen Forderungsfinanzierung, Frankfurt a. M. 2007, zugl. Diss. Heidelberg 2006; *Calliess* (Hrsg.), Rome Regulations, Commentary on the European Rules of the Conflict of Laws, Alphen aan den Rijn, 2. Aufl. 2015;; *Eistert,* Private Ausfuhrkreditversicherung in Deutschland, RIW 1996, 805; *Fehr,* Rechtsverhältnisse innerhalb Euler-Hermes-gedeckter Exportfinanzierung (Bestellerkredit), RIW 2004, 440; *Fischer* in Bankrechts-Handbuch, 5. Aufl., 2017; *Führer,* Die Entwicklung eines Prämienmodells für die Warenkreditversicherung, Karlsruhe 2001; *Häberle,* Handbuch der Außenhandelsfinanzierung, München, 3. Aufl. 2002; *Hermann,* Beckmann/Matusche-Beckmann, Versicherungsrechts-Handbuch 3. Auflage 2015; *Jäger/Haas* in Bankrechts-Handbuch, 5. Aufl. 2017; *Koch,* Die Harmonisierung der nationalen Exportkreditversicherungen: Die Richtlinie 98/29/EG im Lichte gemeinschaftsrechtlicher Vorgaben für staatliche Exportkreditversicherungen, ZBB 1998, 393; *Kronke/Melis/Schnyder* (Hrsg.), Handbuch Internationales Wirtschaftsrecht, Köln 2005; *Kuttner,* Mittel- und langfristige Exportfinanzierung: besondere Erscheinungsformen in der Außenhandelsfinanzierung, Wiesbaden, 2. Aufl. 1988; *Martiny* in Münchner Kommentar BGB, 7. Aufl. 2018, Rom I-VO; *Matschke/Olbrich,* Internationale Außenhandelsfinanzierung, München 2000; *Nielsen,* Im- und Exportsicherung, in Hellner/Steuer (Hrsg.), Bankrecht und Bankpraxis, Köln Stand September 2015.1.93, 5/77 ff.; *Oechsler* in Münchner Kommentar, BGB, 7. Aufl. 2017, § 931; *Pörschke,* Die private Ausfuhrkreditversicherung, Karlsruhe 1991; *Rakob,* Mobiliarsicherungsrechte, in Kronke/Melis/Schnyder (Hrsg.), Handbuch Internationales Wirtschaftsrecht, Köln 2005, Teil H Rn. 579 ff.; *ders.,* Ausländische Mobiliarsicherheiten im Inland: Substitutionsfragen am Beispiel des US-amerikanischen Sicherungsrechts nach Artikel 9 UCC, Heidelberg 2001, zugl. Diss. Heidelberg 2000; *Reithmann/Martiny,* Internationales Vertragsrecht, Köln, 8. Aufl. 2015; *Roth,* Korruptionsbekämpfung durch staatliche Exportförderungsagenturen, RIW 2010, 737; *Schallmeiner,* Exportkreditversicherung und Exportfinanzierungsverfahren in den Ländern Skandinaviens, Norderstedt 2005; *Schnauder,* Sachenrechtliche und wertpapierrechtliche Wirkungen der kaufmännischen Traditionspapiere, NJW 1991, 1642; *Schnoor,* Exportkreditversicherte Flugzeugfinanzierung, RIW 1997, 733; *Sieg,* Investitionsgüterkreditversicherung in Deutschland, BB 1997, 2066; *Stewing,* Staatliche Ausfuhrkreditversicherung im europäischen Binnenmarkt, EWS 1993, 237; *Voigt/Müller,* Handbuch der Exportfinanzierung, Frankfurt a. M., 4. Aufl. 1996;; *Wedemann* in Münchner Kommentar zum HGB, 4. Aufl. 2019; *Welter* in Bankrechts-Handbuch, 5. Aufl., 2017; *Wendehorst* in Münchner Kommentar zum BGB, 7. Aufl. 2018; *Weller,* Überweisung, in Kronke/Melis/Schnyder (Hrsg.), Handbuch Internationales Wirtschaftsrecht, Köln 2005, Teil I Rn. 117 ff.; *ders.,* Mittel- bis langfristige Finanzierungsinstrumente, in Kronke/Melis/Schnyder (Hrsg.), Handbuch Internationales Wirtschaftsrecht, Köln 2005, Teil H Rn. 167 ff.; *ders.,* Ausfuhrversicherungen, in Kronke/Melis/Schnyder (Hrsg.), Handbuch Internationales Wirtschaftsrecht, Köln 2005, Teil H Rn. 196 ff.; *ders.,* Die UNIDROIT-Konvention von Ottawa über internationales Factoring, RIW 1999, 161; *H. P. Westermann* in Münchner Kommentar zum BGB, 8. Aufl. 2019;*Graf v. Westphalen/Zöchling-Jud* (Hrsg.), Die Bankgarantie im internationalen Handelsverkehr, Frankfurt a. M., 4. Aufl. 2014; *v. Wilmowsky,* Europäisches Kreditsicherungsrecht: Sachenrecht und Insolvenzrecht unter dem EG-Vertrag, Tübingen 1996, zugl. Habil. Frankfurt 1994; *Wittchen,* Die Warenkreditversicherung, Karlsruhe 1995, zugl. Diss. Hamburg 1994; *Zahn/Ehrlich/Haas,* Zahlung und Zahlungssicherung im Außenhandel, Berlin, 8. Aufl. 2010.

Übersicht

I. Überblick

1 Von dem unscharfen, aber gebräuchlichen Sammelbegriff der Außenhandelsfinanzierung werden regelmäßig neben der eigentlichen kurz- und mittel- bis langfristigen Finanzierung von Im- und Exportgeschäften auch sämtliche Aspekte des Zahlungsverkehrs mit Auslandsberührung erfasst.[1] Die Außenhandelsfinanzierung berührt damit eine Fülle von bankrechtlichen Einzelfragen. Der nachstehende Abschnitt enthält einen Überblick mit Verweisen auf eingehende Darstellungen dieser Einzelfragen an anderer Stelle und konzentriert sich sodann auf Spezialfragen der Außenhandelsfinanzierung.

1. Zahlungsbedingungen in Außenhandelsverträgen

2 Ausgangspunkt für Finanzierungsbedarf und Finanzierungsmöglichkeiten kreditgebender Banken ist die Frage, welche Zahlungsbedingungen im Außenhandelsvertrag vereinbart worden sind.[2] Maßgeblich ist die konkrete Parteivereinbarung, gegebenenfalls ergänzt durch den Verweis auf international gebräuchliche Handelsklauseln, für welche die International Chamber of Commerce **(ICC)** ein Regelwerk zur Auslegung (INCOTERMS) erarbeitet und regelmäßig erneuert.[3] Derzeit liegen die **INCOTERMS 2010** vor.[4] Ab 1. Januar 2020 ist die neue Fassung Incoterms®2020 in Kraft getreten. Schließlich ist das nach Maßgabe der Rom I-Verordnung[5] anwendbare Vertragsrecht zu beachten. Bei dessen Bestimmung ist für Import- und Exportverträge im Warenhandel auch daran zu denken, dass die UN-Konvention zum internationalen Warenkauf **(CISG)** anwendbar sein könnte,[6] sei es unmittelbar über Art. 1 Abs. 1 lit. a CISG, wenn die Parteien ihren Sitz jeweils in Vertragsstaaten haben, sei es nach Art. 1 Abs. 1 lit. b CISG kraft kollisionsrechtlicher Verweisung über die Berufung des Vertragsrechts eines Vertragsstaates als *lex contractus,* es sei denn, die Vertragsparteien des Außenhandelsvertrags haben die Anwendung des CISG ausdrücklich ausgeschlossen. Dies geschah in der Vergangenheit häufig.

3 Als **Zahlungsmodalität** denkbar ist zunächst die Vereinbarung von (Teil- oder „pro rata"-)Vorauszahlungen an den Verkäufer *(advance payment).*[7] Der Verkäufer hat dann keinen Finanzierungsbedarf,[8] die Finanzierungslast trägt vielmehr vollständig der Käufer. Denkbar,

---

[1] *Zahn/Ehrlich/Haas* Zahlung und Zahlungssicherung im Außenhandel Rn. 2/1 ff.; *Graf v. Bernstorff* Exportfinanzierung S. 31 ff.; *Häberle* Handbuch der Außenhandelsfinanzierung S. 1.

[2] BankR-HdB/*Jäger* § 100 Rn. 1; *Häberle* Handbuch der Außenhandelsfinanzierung S. 62 ff.

[3] Bei diesem Regelwerk handelt es sich um Allgemeine Geschäftsbedingungen iSv § 305 ff. BGB (soweit deutsches Recht auf den Vertrag Anwendung findet), Baumbach/Hopt HGB 2. Teil, IV (6) A 3) Rn. 14, *Graf v. Bernstorff* Incoterms, Rn. 71; *Zahn/Ehrlich/Haas,* Zahlung und Zahlungssicherung im Außenhandel, Rn. 1/25; MüKoHGB/*K. Schmidt* § 346 Rn. 111. Alternativ können je nach Vertragsgegenstand relevant werden die Klauselwerke der Fédération Internationale des Ingénieurs-Conseils (FIDIC-Conditions) für das internationale Bau- und Anlagengeschäft sowie der Economic Commission for Europe (ECE), ebenfalls für den Anlagenbau.

[4] Hierzu eingehend *Graf v. Bernstorff* Incoterms, passim.

[5] Verordnung (EG) Nr. 593/2008 des Europäischen Parlaments und des Rates v. 17.6.2008 über das auf vertragliche Schuldverhältnisse anzuwendende Recht (Rom I), ABl. 2008 L 177, S. 6, in Kraft getreten nach Maßgabe von Art. 29 Rom I-VO im Wesentlichen am 17.12.2009. Die Verordnung überführt das Übereinkommen 80/934/EWG über das auf vertragliche Schuldverhältnisse anzuwendende Recht von 1980 (EVÜ/Römer Übereinkommen) in einen Sekundärrechtsakt, der kraft seines Anwendungsvorrangs entgegenstehendes nationales Kollisionsrecht verdrängt. Der deutsche Gesetzgeber hat deswegen die Art. 27–37 EGBGB, welche zuvor das EVÜ in deutsches Recht inkorporiert hatten, aufgehoben.

[6] Convention on Contracts for the International Sale of Goods (CISG). Zum Anwendungsbereich im Einzelnen vgl. zB MüKoBGB/*H. P. Westermann* CISG Art. 1 Rn. 1 ff.

[7] *Matschke/Olbrich* Außenhandelsfinanzierung S. 31; *Häberle* Handbuch der Außenhandelsfinanzierung S. 74.

[8] Er muss dafür aber nicht selten eine Anzahlungsgarantie (Bankaval) stellen, die dem Käufer die Rückzahlung seiner Anzahlungen für den Fall garantiert, dass der Käufer die Ware nicht erhält. Zum Avalgeschäft *Steffek* → Kap. 12 Rn. 49.

und immer dann gegeben, wenn keine abweichende Vereinbarung getroffen wird, ist aber auch die Vereinbarung der Zahlung nach Erhalt der Ware und Rechnung *(clean payment, open account).* Der Verkäufer trägt dann vollständig das Zahlungsrisiko und finanziert seine Leistung vor. Er gewährt damit dem Käufer einen Personalkredit, der durch Zahlungsziele für den Käufer noch verlängert werden kann (Liefervertragskredit[9]). Entsprechender Refinanzierungsbedarf entsteht dann beim Verkäufer (Lieferantenkredit[10]). Sobald die Zahlung nach der jeweiligen Vereinbarung fällig ist, kann sie durch internationale Banküberweisung oder andere grenzüberschreitend praktikable Zahlungsinstrumente bewirkt werden.[11] „Zahlung bei Lieferung" bzw. *cash on delivery (c. o. d.)* schließlich bedeutet, dass die Ware nur und erst gegen Zahlung ausgehändigt wird. Die Zahlung kann durch Barzahlung oder Scheck, gegen quittierte Banküberweisung oder Nachnahme erfolgen. Bei Barzahlung räumt der Verkäufer dem Käufer nicht selten einen Barzahlungsnachlass (Skonto) ein.

Regelmäßig vereinbaren die Parteien aber die Zahlung per **Dokumenteninkasso** („Dokumente gegen Zahlung", *documents against payment,* D/P Inkasso, oder auch, wenn anstelle 4
der Zahlung der Käufer eine auf ihn gezogene Tratte akzeptieren soll, „Dokumente gegen Akzept", *documents against acceptance,* D/A Inkasso) oder per **Dokumentenakkreditiv** (zB „Zahlung der Kaufsumme aus einem bei der Bank des Käufers zu eröffnenden Akkreditiv zugunsten des Verkäufers" gegen Vorlage benannter Dokumente bis zum bestimmten Datum, auch *letter of credit, l/c*), wobei die Parteien die genaue Ausgestaltung dieser Zahlungsinstrumente, die in ganz verschiedenen Formen gebräuchlich sind, ebenso festlegen müssen[12] wie die Frage, wer die Kosten tragen soll. Für den Verkäufer spielt die Sicherung der Zahlung des Käufers Zug um Zug gegen den Erhalt der Ware eine entscheidende Rolle, wobei die Übergabe der Ware im internationalen Warenhandel regelmäßig durch die Übergabe der Warendokumente ersetzt wird, um die Sicherung der Zahlung zu vereinfachen. Die Ware folgt dann nach, indem der Käufer seine aus den Warendokumenten hervorgehenden Ansprüche insbesondere gegen Transportpersonen geltend macht. Für den Käufer besteht das Sicherungsinteresse spiegelbildlich darin, den Kaufpreis nur Zug um Zug gegen den Erhalt der Ware bzw. der sie repräsentierenden Dokumente zu leisten. Vor diesem Hintergrund unterscheidet man generell zwischen nichtdokumentären und dokumentären Zahlungsinstrumenten.

2. Nichtdokumentäre Zahlungsinstrumente

Nichtdokumentäre Zahlungsinstrumente enthalten keine dokumentengestützte Siche- 5
rung der Kaufpreiszahlung vor Übergang der Verfügungsgewalt der Ware auf den Käufer. Zu diesen Zahlungsinstrumenten zählen damit neben der – vollständigkeitshalber zu nennenden Möglichkeit der – Barzahlung und der Wechselzahlung vor allem die internationale **Banküberweisung**[13] sowie die Zahlung durch **Auslandsscheck.**[14] Die Zahlung durch Scheck gewährt dem Zahlungspflichtigen durch längere Post- und Verrechnungslaufzeiten faktisch ein Zahlungsziel,[15] wenn die Zahlung nicht bis zu einem bestimmten Zeitpunkt unabhängig vom Zahlungsinstrument bewirkt sein muss.

---

[9] Allg. dazu: Baums/*Baums* § 69 Rn. 3 ff.; zum Liefervertragskredit noch genauer → Rn. 15.
[10] Zum Lieferantenkredit noch genauer → Rn. 16.
[11] → Rn. 5.
[12] *Häberle* Handbuch der Außenhandelsfinanzierung S. 75.
[13] Für die rechtlichen Grundlagen des Überweisungsverkehrs *Langenbucher* → Kap. 3 Rn. 1 ff.; zum Auslandszahlungsverkehr durch nichtdokumentäre Zahlung allg. Kronke/Melis/Kuhn Teil I Rn. 117 ff.
[14] *Häberle* Handbuch der Außenhandelsfinanzierung S. 107.
[15] *Häberle* Handbuch der Außenhandelsfinanzierung S. 121.

3. Dokumentäre Zahlungsinstrumente

6 Dokumentäre Zahlungsinstrumente sind vor allem das **Dokumentenakkreditiv** und das **Dokumenteninkasso.** Die Zahlung erfolgt hier erst nach Vorlage bestimmter Dokumente durch den Verkäufer.

7 **a) Dokumentenakkreditiv.** Das Dokumentenakkreditiv ist im Kern ein **vom Grundgeschäft abstraktes Zahlungsversprechen** einer Bank.[16] Das Zahlungsversprechen unterliegt regelmäßig den von der ICC erarbeiteten „Einheitlichen Richtlinien und Gebräuchen für Dokumenten-Akkreditive" (ERA)/*Uniform Customs and Practice for Documentary Credits* (UCP), und zwar seit der erneuten Revision zum 1.7.2007 in der jüngsten Fassung der **ERA/UCP 600.**[17] Grundsätzlich gibt die Bank das Zahlungsversprechen im Auftrag des Käufers zu Gunsten des Verkäufers ab, „eröffnet" ihm also ein Akkreditiv. Voraussetzung ist damit, dass der Käufer ein entsprechendes Guthaben oder eine Finanzierungsvereinbarung mit der Bank hat. Andernfalls prüft die eröffnende Bank, bevor sie das Akkreditiv „herauslegt", zunächst die Bonität des Käufers. Regelmäßig hat die eröffnende Bank ihren Sitz im Sitzstaat des Käufers. Sie schaltet deswegen typischerweise eine Korrespondenzbank, die avisierende Bank **(Avisbank),** auch Zweitbank genannt, im Sitzstaat des Verkäufers ein.[18] Häufig ist dies die Hausbank des Verkäufers. Manchmal bestehen allerdings zwingende Maßgaben im Außenhandelsrecht des Sitzstaates der eröffnenden Bank bei der Auswahl der Zweitbank. Die Zweitbank prüft das Akkreditiv der eröffnenden Erstbank und avisiert dem Verkäufer sodann das Akkreditiv. Ab diesem Zeitpunkt verfügt der Verkäufer über ein **abstraktes Zahlungsversprechen,** das er zur Finanzierung seines Außenhandelsgeschäfts verwenden kann. Hierin liegt die Finanzierungsfunktion des Akkreditivs für den Verkäufer und Akkreditivbegünstigten. „Bestätigt" die Zweitbank das Akkreditiv ihrerseits *(confirmed letter of credit),* erwächst hieraus ein zusätzlicher, wiederum abstrakter und vom Anspruch gegen die Erstbank unabhängiger Zahlungsanspruch des Verkäufers.[19] Damit sichert sich der Verkäufer gegen das Risiko der Zahlungsunfähigkeit der ausländischen Bank sowie gegen politische Transferrisiken ab. Das Akkreditiv kann widerruflich vereinbart werden *(revocable letter of credit),*[20] in aller Regel allerdings wird es unwiderruflich vereinbart *(irrevocable).* Gemäß den ERA 600 sind alle Akkreditive automatisch unwiderruflich, vgl Art 3 ERA 600. In der Praxis sehen die Aufträge daher bereits den Hinweis vor, dass es sich um ein unwiderrufliches Akkreditiv handelt. Ein widerrufliches Akkreditiv ist nur noch unter ERA 500 möglich.[21] Dann verpflichtet sich die eröffnende Bank verbindlich, dem Begünstigten bei Vorlage der vereinbarten Dokumente den Akkreditivbetrag auszuzahlen. Ein übertragbares Akkreditiv *(transferable letter of credit)* kommt in Betracht, wenn der Verkäufer als Zwischenhändler fungiert.[22] Damit bezweckt der Zwischenhändler, dass Vorlieferant und Endabnehmer nicht über die Dokumente voneinander erfahren und auch die jeweiligen Preise nicht bekannt werden. Alternativ kommt ein Gegenakkreditiv *(back-to-back letter of credit)* in Betracht. Der Zwischenhändler eröffnet dann ein eigenständiges Akkreditiv zugunsten seines Lieferanten, während der Endabnehmer ein Akkreditiv zugunsten des Zwischenhändlers eröffnet. Das zweite Akkreditiv kann dann als Sicherheit für das erste dienen. Bei fortlaufenden Lieferverträgen bietet sich ein Akkreditiv an, das die jeweils fälligen Forderungen absichert und, etwa monatlich, mit einem bestimmten Betrag

---

[16] Für die rechtlichen Grundlagen im Einzelnen *Segna* → Kap. 10 Rn. 1 ff.; Baumbach/Hopt/*Hopt* HGB (7) Bankgeschäfte K/1; MüKoHGB/*Nielsen,* Band 6, Bankgeschäfte, Rn. H 56 ff.

[17] Abgedruckt bei *Zahn/Ehrlich/Haas* Zahlung und Zahlungssicherung im Außenhandel Rn. 10/1. Zur Frage, ob die ERA eher als Handelsbrauch einzuordnen sind oder ihnen aber AGB-Charakter zukommen soll (so die hL), s. MüKoHGB/*Nielsen* Rn. H 63 ff. mwN.

[18] Zum Kollisionsrecht dieser Rechtsverhältnisse *Segna* → Kap. 10 Rn. 55 ff.

[19] *Zahn/Ehrlich/Haas* Zahlung und Zahlungssicherung im Außenhandel Rn. 2/187.

[20] *Häberle* Handbuch der Außenhandelsfinanzierung S. 383.

[21] Baumbach/Hopt/*Hopt* HGB (7) Bankgeschäfte K/12.

[22] *Zahn/Ehrlich/Haas* Zahlung und Zahlungssicherung im Außenhandel Rn. 2/199.

immer wieder auflebt (**revolvierendes Akkreditiv,** *revolving letter of credit*). Beim **Akzeptleistungsakkreditiv** *(acceptance letter of credit)* sind eröffnende bzw. bestätigende Bank verpflichtet, einen vom Begünstigten gezogenen Wechsel („Tratte") zu akzeptieren und diesen bei Fälligkeit zu zahlen. Artikel 6c ERA 600 hat die bereits in Art. 9a (iv) und 9b (iv) ERA 500 enthaltene Regelung noch weiter verstärkt, gemäß der Trattenziehungen nur noch auf eine am Akkreditiv beteiligte Bank, nicht aber mehr auf den Auftraggeber des Akkreditivs erfolgen dürfe.[23] Bei einem Akkreditiv mit hinausgeschobener Zahlung (*deferred payment*-Akkreditiv) besteht für die eröffnende bzw. bestätigende Bank gemäß Art. 7a (i), 8a (i) a) ERA 600 die Verpflichtung, gemäß Unterabsatz b der Definition von „Honorieren" „eine Verpflichtung zur hinausgeschobenen Zahlung zu übernehmen und bei Fälligkeit zu zahlen". Bei einem **negoziierbaren Akkreditiv** *(commercial letter of credit)* erfolgt gemäß der neuen Definition des Negoziierungsbegriffes in Art. 2 ERA 600 ein Ankauf („purchase") von Tratten (die auf eine andere Bank als die benannte Bank gezogen sind) und/oder Dokumenten durch eine benannte Bank „unter Vorleistung oder Übernahme einer Verpflichtung zur Vorleistung von Geldmitteln"..[24] Der im anglo-amerikanischen Rechtskreis verbreitete ***standby letter of credit*** hingegen dient nicht der Sicherung von Zahlungsansprüchen aus Warenlieferungen. Vielmehr handelt es sich um die Verpflichtung einer Bank, an den Begünstigten zu zahlen für den Fall, dass ein Dritter mit seinen vertraglichen Verpflichtungen gegenüber dem Begünstigten ausfällt. Funktional steht der abstrakte und unwiderrufliche *standby letter of credit* damit der Bürgschaft bzw. der Garantie nahe.[25]

Auf das Zahlungsversprechen leistet die eröffnende Bank erst, wenn der Verkäufer die Bedingungen des Zahlungsversprechens erfüllt hat. Diese Bedingungen bestehen darin, der Bank die vereinbarten Dokumente vorzulegen. Die Dokumentenvorlage soll sicherstellen, dass Zahlung an den Verkäufer erst dann erfolgt, wenn der Erhalt vertragsgemäßer Ware für den Käufer über den Zugriff auf die Dokumente gesichert ist. Im Gegensatz zum **Sichtakkreditiv,** bei dem die Auszahlung tatsächlich Zug um Zug gegen Einreichung akkreditivkonformer Dokumente erfolgt,[26] wird dem Käufer mit einem **Nachsichtakkreditiv** ein Zahlungsziel eingeräumt.[27] **8**

Bis zur Übergabe der Dokumente hat der Verkäufer über diese Dokumente die Ware unter Kontrolle. Die Ware kann also dem Verkäufer bis zu diesem Zeitpunkt als Kreditsicherung dienen. Die wirksame Kreditsicherung stützt sich dabei ebenso wie das dokumentäre Zahlungsinstrument mit seiner **Zahlungssicherungsfunktion** auf die im Außenhandel gebräuchlichen, die Ware während ihres Transportes repräsentierenden Dokumente. Die kreditgebende Bank muss also darauf achten, dass sie zur Sicherung ihrer Vorfinanzierung immer wirksamen Zugriff auf die – sich über Staatengrenzen hinwegbewegende – Sache durch die entsprechenden Dokumente hat. Darin liegt die Besonderheit der Kreditsicherung zur Finanzierung von Außenhandelsgeschäften. Sobald der Käufer die Dokumente erhalten hat, gilt entsprechendes für die den Kauf finanzierende Bank des Käufers im Rahmen einer gesonderten Importfinanzierung. **9**

Für den **Käufer** stellt sich im Übrigen die Frage nach der **Finanzierung** des von ihm bei seiner Bank in Auftrag gegebenen Akkreditivs. Regelmäßig schafft der Käufer den Gegenwert des Akkreditivs nicht zuvor an. Nicht selten vereinbaren Käufer und Bank, dass der Käufer an die Bank zahlt, sobald diese selbst auf ihr Zahlungsversprechen gegenüber dem Verkäufer zahlen muss. Die **Bank** fungiert dann lediglich als **Garantin der Kauf-** **10**

---

[23] Schimansky/Bunte/Lwowski/*Jäger/Haas* BankR-HdB § 120 Grundlagen des Akkreditivgeschäftes Rn. 37.

[24] Schimansky/Bunte/Lwowski/*Jäger/Haas* BankR-HdB § 120 Rn. 36, 40; *Zahn/Ehrlich/Haas* Zahlung und Zahlungssicherung im Außenhandel Rn. 8/1 ff.

[25] *Zahn/Ehrlich/Haas* Zahlung und Zahlungssicherung im Außenhandel Rn. 8/5; Graf v. Westphalen/Zöchling-Jud/*Graf v. Westphalen* Die Bankgarantie im internationalen Handelsverkehr Kap. H Rn. 6 ff.

[26] *Graf v. Bernstorff* Exportfinanzierung, S. 49.

[27] Übersicht bei MüKoHGB/*Wedemann* H I. Rn. 28, zum Risiko bei vorzeitiger Auszahlung eines Nachsichtakkreditivs vgl. Rn. 144 ff.

preiszahlung und leiht dem Käufer ihre Kreditwürdigkeit („Kreditleihe").[28] Hiervon zu trennen ist eine **Importfinanzierung,** bei der die Bank über den Zeitpunkt der Zahlung des Gegenwertes des Akkreditivs durch den Käufer hinaus den Erwerb der Ware finanziert **(„Anschlussfinanzierung").** Verschiedene Finanzierungszeiträume sind denkbar. Es kann die (Zwischen-)Finanzierung bis zur Aus- und Umladung der Ware oder bis zum Verkauf an den Abnehmer oder schließlich bis zum Eintritt der dem Abnehmer eingeräumten Zahlungsziele gewünscht sein. Diese Anschlussfinanzierung kann in allgemeinen Kreditlinien des Käufers bei seiner Bank erfolgen, etwa über die Belastung eines bereits eingeräumten (und gesicherten) Kontokorrentkredits. Nur wenn gerade das in Aussicht genommene Geschäft des Käufers mit seinem Abnehmer das Außenhandelsgeschäft zur Beschaffung der Ware finanzieren soll, bedarf es einer speziell strukturierten, „self-liquidating" Importfinanzierung.[29]

11 **b) Dokumenteninkasso.** Vereinbaren die Parteien „Kasse gegen Dokumente" oder „Dokumente gegen Akzeptleistung", regelmäßig unter den **Einheitlichen Richtlinien für Inkassi (ERI),** derzeit in der Fassung der **ERI 522,**[30] dann lässt der Verkäufer nach Versand der Ware die Transportdokumente, die Rechnung und gegebenenfalls weitere vereinbarte Dokumente dem Käufer über eine vom Verkäufer eingeschaltete Bank zukommen, und erst, wenn dem Käufer diese Dokumente in der vereinbarten Weise angedient sind, hat der Käufer den Kaufpreis zu zahlen bzw. einen Wechsel zu akzeptieren oder einen unwiderruflichen Zahlungsauftrag zu erteilen. Die beauftragte Bank übernimmt also keine eigene Zahlungsverpflichtung. Vielmehr unternimmt sie es lediglich, den Kaufpreis einzuziehen. Den dadurch verminderten Kosten des Zahlungsinstruments steht das gesteigerte Risiko für die Vertragsparteien gegenüber. Denn der Verkäufer muss die Ware versenden, bevor er Gewissheit über Zahlungswilligkeit und Zahlungsfähigkeit des Käufers hat. Zahlt der Käufer nicht, erhält dieser allerdings auch nicht die Dokumente und deswegen auch nicht die Ware, vorausgesetzt, es handelt sich bei den Warendokumenten um Traditionspapiere. Denn bei sonstigen Warendokumenten (einfacher Frachtbrief) läuft der Exporteur das Risiko, dass die Ware dem Importeur auch ohne Freigabe der Dokumente ausgeliefert wird, sofern er keine anderen Vorkehrungen trifft. [31] Der Verkäufer hat dann aber immer noch den Rücktransport zu tragen, und die Ware mag bei Spezialanfertigung nicht anderweitig verwertbar sein.

12 **c) Dokumente.** Entscheidend für die Funktion dokumentärer Zahlungsinstrumente und noch mehr für die aus ihnen erwachsenden Finanzierungsmöglichkeiten ist deswegen, welche im Außenhandel gebräuchlichen Dokumente relevant sein können.[32] Als essentialia negotii und wegen des Grundsatzes der Dokumentenstrenge müssen alle Akkreditivaufträge genau die Dokumente bezeichnen, gegen deren Vorlage eine Honorierung des Akkreditivs erfolgen soll. Streitigkeiten über die Auszahlungsvoraussetzungen muss die eröffnende vermeiden Die ERA 600 unterscheiden folgende Kategorien von Akkreditivdokumenten, nämlich erstens **Handelsrechnungen** *(commercial invoice)* iSv Art. 18 ERA 600, zweitens **Transportdokumente** iSv Art. 19–28 ERA 600, und zwar Transportdokumente über mindestens zwei verschiedene Beförderungsarten (Art. 19 ERA 600), das **Konnossement** (*bill of lading,* Art. 20 ERA 600), den nicht begebbaren **Seefrachtbrief** (*non-negotiable sea waybill,* Art. 21 ERA 600), das **Charterpartie-Konnossement** (*charter party bill of lading,* Art. 22 ERA 600), das **Lufttransportdokument** (*air transport document,* Art. 23 ERA 600), **Dokumente des Straßen-, Eisenbahn- oder Binnenschiffstransports** (Art. 24 ERA 600) und schließlich **Kurierempfangsbestätigungen** und **Posteinlieferungs-/Post-**

[28] *Zahn/Ehrlich/Haas* Zahlung und Zahlungssicherung im Außenhandel Rn. 2/453.
[29] BankR-HdB/*Jäger* § 100 Rn. 3: „Transaktionsfinanzierung"; *Zahn/Ehrlich/Haas* Zahlung und Zahlungssicherung im Außenhandel Rn. 2/455.
[30] Abgedruckt bei *Zahn/Ehrlich/Haas* Zahlung und Zahlungssicherung im Außenhandel Anhang 10/2.
[31] MüKoHGB/*Wiedemann* I Rn 1,2.
[32] Umfassend *Häberle* Handbuch der Außenhandelsfinanzierung S. 193–274.

empfangsscheine bzw. den **Postversandnachweis** (Art. 25 ERA 600), drittens **Versicherungsdokumente** iSv Art. 28 ERA 600. Bei diesen Dokumenten muss zusätzlich zu einer Nennung nur dann zusätzliche Weisungen des Auftraggebers an die eröffnende Bank gegeben werden, wenn der Auftraggeber von dem Anforderungskatalog der Richtlinien abweichen will. In Art. 14 f ERA 600 wird auf sonstige Dokumente verwiesen, etwa Qualitätszertifikate für die Ware durch unabhängige Sachverständige, Ursprungszertifikate, Zolldokumente, insbesondere Export- bzw. Importlizenzen oder Lagerscheine, können gegebenenfalls in das Akkreditiv aufgenommen werden, wobei zu diesen im Akkreditivauftrag Inhalt und Aussteller genau bezeichnet werden müssen.[33] Für die Außenhandelsfinanzierung stellt sich vor allem die Frage, welche Dokumente der finanzierenden Bank eine Realsicherheit an der Ware vermitteln können.[34]

4. Kurzfristige Finanzierungsinstrumente

Finanzierungsinstrumente mit einem Zeithorizont von sechs Monaten bis zu einem Jahr werden in Anlehnung an bankaufsichtsrechtliche Vorgaben häufig als „kurzfristig" bezeichnet, als „langfristig" gelten demgegenüber Finanzierungszeiträume ab vier Jahren.[35] Zu den kurzfristigen Finanzierungsinstrumenten (nicht nur) des Außenhandels gehören danach insbesondere der **Kontokorrentkredit,**[36] der **Eurokredit,**[37] der **Wechseldiskontkredit,**[38] der **Akzeptkredit bzw. das Bankakzept,**[39] der **Negoziierungskredit**[40] und das **Exportfactoring.**[41] 13

5. Mittel- bis langfristige Finanzierung

Das Bedürfnis nach mittel- bis langfristiger Finanzierung entsteht vor allem bei Investitionsgütergeschäften und im Anlagenbau. Für den Verkäufer bzw. Lieferanten erwachsen gesteigerte Risiken aus vergleichsweise hohen Produktionszeiträumen und insgesamt hohen Produktionskosten. Scheitert das Geschäft, scheidet zudem regelmäßig eine anderweitige Verwertung der Leistung aus. Hinzu treten durch die verlängerten Zeiträume der Transaktion gesteigerte Wechselkurs- und politische Risiken im Staat des Bestellers bzw. des Lieferortes. Für den Käufer stellt sich das Problem, Vorleistungen nach Produktionsfortschritt zu finanzieren, bevor er das Produkt gewinnbringend nutzen kann. Vor diesem Hintergrund haben sich im Wesentlichen folgende Erscheinungsformen der mittel- bis langfristigen Finanzierung des Außenhandels etabliert: 14

a) Lieferverträge. Mit einem Liefervertragskredit gewährt der Verkäufer dem Käufer ein **Zahlungsziel.** Für den Zeitraum bis zum Zahlungsziel kann ein – variabler oder fester – Liefervertragszinssatz vereinbart werden, was jedoch in der Praxis eher unüblich ist.[42] Der Verkäufer lässt sich ggf. dann seinen gestundeten Anspruch auf die Gegenleistung regelmäßig durch Übernahme eines **Avals** einer Bank des Käufers und über **Exportkreditversicherungen**[43] absichern. Seine Aufwendungen während der Produktionsphase sowie das gewährte Zahlungsziel refinanziert der Verkäufer dann über einen Lieferantenkredit: 15

[33] Schimansky/Bunte/Lwowski/*Jäger/Haas* BankR-HdB § 120 Rn. 99.
[34] → Rn. 26.
[35] *Häberle* Handbuch der Außenhandelsfinanzierung S. 691.
[36] Zum Kontokorrentkredit *Steffek* → Kap. 12 Rn. 42.
[37] Vgl. zB Schimansky/Bunte/Lwowski/*Welter* BankR-HdB § 118 Rn. 48 ff.
[38] Zum Wechseldiskontkredit Boos/Fischer/Schulte-Mattler/*Bock* KWG § 21 Rn. 20.
[39] Vgl. zB Schimansky/Bunte/Lwowski/*Peters* BankR-HdB § 65 Rn. 16 ff.
[40] Zum Negoziierungskredit *Zahn/Ehrlich/Haas* Zahlung und Zahlungssicherung im Außenhandel Rn. 8/24.
[41] Zum Factoring *Omlor* in Kap. 18.
[42] Vgl. auch zu weiteren Details Baums/*Baums* Das Recht der Unternehmensfinanzierung § 32 Rn. 5 ff. Kronke/Melis/Schnyder/*Weller* Teil H Rn. 171; *Kuttner* Exportfinanzierung S. 10.
[43] Zu Exportkreditversicherungen → Rn. 36.

16 **b) Lieferantenkredit.** Beim Lieferantenkredit handelt es sich um einen **Bankkredit** an den Verkäufer zur Refinanzierung seines Liefervertragskredits. Besonderheit bei der Finanzierung des Außenhandels ist die Möglichkeit des Verkäufers, Exportkreditversicherungen in die Finanzierung einzubeziehen. Der Lieferantenkredit belastet die Bilanz des Verkäufers und kann infolge häufig dünner Kapitaldecken des exportierenden Mittelstands die Gewährung anderer Kredite in Frage stellen.[44] Als Alternative kommen Bestellerkredite oder die Forfaitierung in Betracht:

17 **c) Bestellerkredit.** Beim Bestellerkredit oder auch gebundenen Finanzkredit[45] gewährt die Bank des Verkäufers dem Käufer einen Kredit, sei es – selten – unmittelbar (Bestellerkredit im eigentlichen Sinne), sei es mittelbar über die Bank des Käufers, die dann ihrerseits dem Käufer einen entsprechenden Kredit gewährt **(Bank-zu-Bank-Kredit).**[46] Den Kreditantrag stellt allerdings nicht der Käufer, sondern der Verkäufer bei seiner Bank. Die Kreditsicherung erfolgt wiederum regelmäßig durch Avalgeber des Käufers und Exportkreditversicherungen. Hinzu kommt die in der Praxis so genannte **Exporteurgarantie** in Gestalt von Verpflichtungserklärungen vielfältigen Inhalts des exportierenden Verkäufers gegenüber der finanzierenden Bank, etwa die Versicherung, das Entgelt der Exportkreditversicherung zu bezahlen, oder die Übernahme von Selbstbehalten des Ausfallrisikos.[47] Die Auszahlung des Kredits erfolgt unmittelbar an den Verkäufer entsprechend der von ihm erbrachten Lieferungen oder entsprechend des Produktionsfortschritts *(progress payment)*. Der Käufer wiederum zahlt bei Fälligkeit der jeweiligen Tilgungsrate über seine Bank an die kreditgebende Bank des Verkäufers.

18 **d) Forfaitierung.** Ferner gilt im Außenhandel die Forfaitierung als mittel- bis langfristiges Finanzierungsinstrument. Bei der Forfaitierung handelt es sich im Kern um den Verkauf der Kaufpreisforderung aus dem Außenhandelsgeschäft unter Übernahme aller Forderungsrisiken durch den Erwerber (Forfaiteur). Außenhandelsspezifische Besonderheiten bestehen nicht,[48] es gelten die allgemeinen Regeln zur Forfaitierung.[49]

19 **e) (Export-)Leasing.** Entsprechendes gilt für das zur Finanzierung des Außenhandels zuweilen eingesetzte „Exportleasing".[50] Im Kern geht es um die **Nutzungsüberlassung von langlebigen Investitions- und Gebrauchsgütern** auf Zeit gegen Entgelt durch einen Leasinggeber an einen Leasingnehmer, wobei beim „Exportleasing" der Leasingnehmer typischerweise seinen Sitz im Ausland hat, der Hersteller und der Leasinggeber im Inland. Im umgekehrten Fall wird von Importleasing gesprochen. Neben den aus jedem *cross-border leasing* erwachsenden allgemein-kollisionsrechtlichen Fragen[51] besteht die weitere Besonderheit, dass auch hier staatliche Exportgarantien zum Einsatz kommen können.[52]

6. Alternative Finanzierungsformen

20 Schließlich kommen (wiederum längst nicht nur) zur Finanzierung des Außenhandels noch andere, zuweilen „alternativ" genannte[53] Finanzierungsformen in Betracht wie etwa **Asset Backed Securities,** oder die **Mezzanine-Finanzierung.** Spezifische bankrechtliche Fragen aus dem Umstand, dass der Finanzierungsbedarf aus einem Außenhandels-

---

[44] Kronke/Melis/Schnyder/*Weller* Teil H Rn. 174; *Kuttner* Exportfinanzierung S. 1 f.
[45] *Häberle* Handbuch der Außenhandelsfinanzierung S. 693.
[46] Baums/*Baums* Das Recht der Unternehmensfinanzierung § 72 Rn. 38 ff.
[47] Schimansky/Bunte/Lwowski/*Janus/Scheibe* BankR-HdB § 122 Rn. 5 ff.
[48] Zu den kollisionsrechtlichen Fragen MüKo/*Martiny* Rom I-VO, Art. 4 Rn. 106.
[49] Hierzu *Omlor* → Kap. 18 III Rn. 1 ff.; *Graf v. Bernstorff* Exportfinanzierung S. 130 ff.; *Eckert/Schmidt* Ausfuhrkreditversicherung S. 21.
[50] *Graf v. Bernstorff* Exportfinanzierung S. 73 ff.; *Häberle* Handbuch der Außenhandelsfinanzierung S. 793.
[51] Hierzu MüKo/*Martiny* Rom I-VO Art. 4, Rn. 152 f.
[52] *Häberle* Handbuch der Außenhandelsfinanzierung S. 808 ff.
[53] Etwa *Graf v. Bernstorff* Exportfinanzierung S. 20 f., 139 ff.

geschäft erwächst, bestehen abgesehen von allgemein-kollisionsrechtlichen Problemstellungen nicht.

II. Spezifische Fragen

Spezifische Fragen zur Außenhandelsfinanzierung stellen sich vor allem hinsichtlich der Sicherungsabtretung von Ansprüchen aus Außenhandelsverträgen und der Sicherungsübereignung oder sonstigen Belastung der gehandelten Waren zur Kreditsicherung. Hinzu tritt die Übertragung von weiteren Sicherheiten anlässlich der Sicherungsabtretung wie etwa die Abtretung der Zahlungsforderung aus einem Akkreditiv. Schließlich stellt sich die Sonderfrage nach Möglichkeiten zur Exportkreditversicherung. Aus praktischer Sicht bietet sich die Abhandlung dieser Fragen zunächst für den Export und sodann für den Import an. 21

1. Exportfinanzierung

Finanziert die Bank bereits die Beschaffung der gehandelten Ware bzw. die Herstellungsphase („Exportvorfinanzierung"), dann kommt zunächst die **Abtretung der Ansprüche des Exporteurs gegen seine Lieferanten** auf Verschaffung der Ware bzw. der Ansprüche auf Verschaffung der Materialien zur Herstellung sowie die **Sicherungsübereignung** der auf diese Ansprüche gelieferten Waren einschließlich der dazu gehörigen Dokumente in Betracht. Hinzu tritt die **Sicherungsabtretung der Kaufpreiszahlungsansprüche** aus dem Exportgeschäft.[54] Kollisionsrechtliche Fragen durch Auslandsberührung des Sachverhalts können sich stellen, wenn der Lieferant des Exporteurs seinen Sitz im Ausland hat oder die inländischen Parteien ein ausländisches Recht wählen, vor allem aber hinsichtlich der Abtretung der Kaufpreisforderung aus dem Exportgeschäft mit dem ausländischen Vertragspartner.[55] Die vorgenannten Sicherungen können in Einzelverträgen wie auch in Mantelverträgen vereinbart werden.[56] 22

a) Sicherungsabtretung der Kaufpreisforderung. Kern der Exportfinanzierung ist die Sicherungsabtretung der Kaufpreisforderung aus dem Außenhandelsgeschäft. Das **Kollisionsrecht der Abtretung** ist komplex. **Art. 14 Abs. 1 Rom I-VO** sieht im Zusammenhang mit der **„Übertragung von Forderungen"** vor, dass das Verhältnis zwischen Zedent und Zessionar aus der Übertragung einer Forderung gegen eine andere Person dem Recht unterliegt, das nach der Rom I-Verordnung auf den Vertrag zwischen Zedent und Zessionar anzuwenden ist (sog. „Abtretungsstatut"). „Übertragung" meint nach Art. 14 Abs. 3 Rom I-VO „die vollkommene Übertragung von Forderungen, die Übertragung von Forderungen zu Sicherungszwecken sowie von Pfandrechten oder anderen Sicherungsrechten an Forderungen". Hingegen bestimmt nach Art. 14 Abs. 2 Rom I-VO das Recht, dem die übertragene Forderung unterliegt (sog. „Forderungsstatut"), ihre Übertragbarkeit, das Verhältnis zwischen Zessionar und Schuldner, die Voraussetzungen, unter denen die Übertragung dem Schuldner entgegengehalten werden kann, und die befreiende Wirkung einer Leistung durch den Schuldner. Offen bleibt damit die **Wirkung der Abtretung gegenüber Dritten.** Im Einzelnen ist wie schon zuvor unter Art. 12 EVÜ (= Art. 33 EGBGB) vieles streitig.[57] Dies führt vor allem deswegen zu praktischen Schwierigkeiten, 23

[54] BuB/*Nielsen* 5/202.

[55] Zum Kollisionsrecht der Abtretung im Rahmen der Exportfinanzierung zB Schimansky/Bunte/Lwowski/*Jäger/Haas* BankR-HdB § 100 Rn. 53.

[56] Muster bei BuB/*Nielsen* 5/208 ff., dort auch zu den bankintern notwendigen organisatorischen Maßnahmen.

[57] Zum Streitstand zB Calliess/*Bauer* Art. 14 Rome I-Regulation Rn. 17 ff.; Reithmann/Martiny/*Martiny* Rn. 3.288 ff.; MüKoBGB/*Martiny* Art. 14 Rom I-VO Rn. 8 ff.; monographisch zu Art. 12 EVÜ bzw. Art. 33 EGBGB zB *Bode* Die Wirksamkeit einer Forderungsübertragung gegenüber Dritten vor dem Hintergrund der internationalen Forderungsfinanzierung.

weil die Forderungsabtretung in den einzelnen Rechtsordnungen ganz unterschiedlich geregelt ist.[58]

24 Denkbar ist ferner auch die Vorfinanzierung der Kaufpreisforderung im Wege des unechten Factoring oder – echtes Factoring – die Übernahme des Bonitätsrisikos durch Versicherung des Ausfallsrisikos der Kaufpreisforderung.[59] Gegenüber der Rom I-Verordnung findet gegebenenfalls vorrangig das Kollisionsrecht der **UNIDROIT-Konvention von Ottawa über das internationale Factoring** vom 28.5.1988 Anwendung.[60] Soweit die Konvention nicht anwendbar ist und damit die Rom I-Verordnung gilt, unterliegt der Factoring-Vertrag primär dem gewählten Recht. Fehlt eine Rechtswahl, kommt das Recht des Staates zur Anwendung, in dem der Factor sitzt, weil er mit Einzug und Vorfinanzierung der Forderungen die vertragscharakteristischen Leistungen iSv Art. 4 Abs. 1 lit. b Rom I-Verordnung erbringt. Entsprechendes gilt bei unechtem Factoring.

25 **b) Übertragung von Sicherungen der Kaufpreisforderung.** Sobald dem Exporteur das Akkreditiv der Erstbank und gegebenenfalls das bestätigende Akkreditiv der Zweitbank eröffnet wurde, verfügt er mit diesen abstrakten Zahlungsansprüchen über weitere, für die Exportfinanzierung spezifische Sicherungsmittel. Die finanzierende Bank lässt sich diese (ggf. bedingten) Zahlungsansprüche regelmäßig abtreten. Für die kollisionsrechtlichen Fragen dieser Abtretung gelten die vorgenannten Grundsätze zur Sicherungsabtretung. Hinzu tritt gegebenenfalls die Abtretung bzw. sonstige Übertragung weiterer, im Zuge der Durchführung des Exportgeschäfts angefallener Sicherungsmittel wie etwa Ansprüche aus Wechseln[61] und Garantien.[62]

26 **c) Dokumentäre Sicherungsübereignung der Ware.** Weiterer Bestandteil der Exportfinanzierung ist die dokumentäre Sicherungsübereignung der gehandelten Ware bis zur Übergabe an den Käufer.

27 **aa) Anwendbares Recht.** Die kollisionsrechtliche Rechtslage ist allerdings komplex und in vielen Fragen höchstrichterlich nicht geklärt. Sie kann hier nur angedeutet werden. Nach der sachenrechtlichen Grund-Kollisionsregel der ***lex rei sitae*** – Rechte an einer Sache unterliegen dem Recht des Staates, auf dessen Territorium sich die Sache befindet[63] – ändert sich das anwendbare Recht **(„Statutenwechsel")**, sobald die Ware die Grenze überschreitet. Die situs-Regel gilt dem Grundsatz nach in den allermeisten Rechtsordnungen[64] und damit aller Wahrscheinlichkeit nach auch im Sitzstaat des Importeurs. Dies gilt im Ausgangspunkt auch für die hier betrachteten internationalen Verkehrsgeschäfte, bei denen sich der Veräußerer verpflichtet, die Ware von einem Staat in einen anderen zu liefern (internationaler Versendungskauf), so dass es im Vollzug des Geschäfts zu einem Statutenwechsel kommt. Eine abweichende Anknüpfung nach Maßgabe der Ausweichklausel des Art. 46 EGBGB, etwa ausschließlich an das Recht des Bestimmungsstaates als „wesentlich engere Verbindung" des Sachverhaltes zu dem Recht dieses Staates, kommt

[58] Überblick bei Reithmann/Martiny/*Martiny* Rn. 3.265 ff.

[59] Zum Factoring *Omlor* in Kap. 18; zum Kollisionsrecht des Factoring MüKo/*Martiny* Rom I-VO Art. 4 Rn. 10 ff.

[60] Zu den Anwendungsvoraussetzungen im Einzelnen Art. 2 des Übereinkommens; Reithmann/Martiny/*Martiny* Rn. 6.625; *Weller* RIW 1999, 161 ff., in Kraft seit 1.5.1995 und gilt seit 1.12.1998 für Deutschland im Verhältnis zu Belgien (1.10.2010), Frankreich, Italien, Lettland, Nigeria, Ukraine (1.7.2007) und Ungarn.

[61] Zum Kollisionsrecht zB Schimansky/Bunte/Lwowski/*Welter* BankR-HdB § 66 Rn. 54 ff, insbes. mit Erläuterungen zu Art. 91–98 WechselG, die Art. 2–9 des Abkommens über Bestimmungen auf dem Gebiet des Internationalen Wechselprivatrechts umsetzen. Das allgemeine Kollisionsrecht für vertragliche Schuldverhältnisse der Art. 3 ff. Rom I-VO findet keine Anwendung, Art. 1 Abs. 2 lit. d Rom I-VO, zu den Gründen dieses Ausschlusses zB Calliess/*Weller* Art. 1 Rome I-Regulation Rn. 30; MüKoBGB/*Martiny* Art. 1 Rom I-VO Rn. 34 ff.

[62] Zum internationalen Avalgeschäft Schimansky/Bunte/Lwowski/*Fischer* BankR-HdB § 121, zur Abtretbarkeit von Ansprüchen aus Garantien Rn. 253 ff.

[63] Art. 43 EGBGB ff.; eingehend MüKoBGB/*Wendehorst* EGBGB Art. 43 Rn. 3, 5 ff.

[64] Vgl. nur RefE Gesetz zum Internationalen Privatrecht für außervertragliche Schuldverhältnisse und für Sachen, BT-Drs. 14/343, 15, li. Sp.

nach überwiegender Auffassung nicht in Betracht.[65] Anderes wird freilich erwogen bei Verfügungen über Sachen während ihres grenzüberschreitenden Transportes ***(res in transitu).*** Denn der Lageort der transportierten Sache und damit das auf die Verfügung anwendbare Recht hängen während des Transportes von Zufällen ab oder lassen sich für den Zeitpunkt der Verfügung nicht mehr verlässlich feststellen. Zugleich tritt das Bedürfnis nach Verkehrsschutz für diejenigen Staaten zurück, durch welche die Sache auf ihrem Transport lediglich kurz transportiert wird. Überwiegend wird deswegen für Verfügungen über die *res in transitu* die Anknüpfung an das Recht des Bestimmungsstaates vertreten.[66]

Soweit nach diesen Maßgaben ein Statutenwechsel beim Vollzug des Exportgeschäfts eintritt, kommt es darauf an, ob die sachenrechtliche Verfügung über die Ware bis zum Grenzübertritt nach Maßgabe des bis dahin anwendbaren Sachenrechts abgeschlossen ist. Dann besteht grundsätzlich die Möglichkeit, dass das ausländische Sachenrecht, das nach Grenzübertritt Anwendung findet, die **vorherige, rechtlich vollendete Verfügung** anerkennt, die Sache also gleichsam in ihrer „sachenrechtlichen Prägung" durch das zuvor anwendbare Sachstatut sieht und nur noch die konkreten Rechtswirkungen dieser Prägung dem nun geltenden Sachstatut entnimmt.[67] **Besitzlose Mobiliarsicherheiten** aus Staaten wie etwa Deutschland stoßen allerdings vor Gerichten in ausländischen Staaten, deren Sachenrecht unmittelbaren Besitz oder Publizität verlangen, auf Akzeptanzprobleme.[68] Im europäischen Binnenmarkt könnte freilich aus den unionsrechtlichen Grundfreiheiten der Warenverkehrs- und Dienstleistungsfreiheit ein primärrechtliches Herkunftslandprinzip oder aber auch das Recht der Parteien zur Rechtswahl bei Mobiliarsicherungsgeschäften erwachsen.[69] 28

Schließlich stellt sich die Frage nach dem anwendbaren Recht auf den Erwerb der die Exportware repräsentierenden Dokumente. Soweit es sich um **Wertpapiere,** also um Urkunden handelt, in denen ein Recht in der Weise verbrieft ist, dass zur Ausübung des Rechts die Innehabung des Papiers erforderlich ist, gelten folgende Anknüpfungsgrundsätze: Das Recht am Papier unterliegt nach der (noch) überwiegenden Auffassung dem Recht der Belegenheit des Papiers (***lex cartae sitae*** bzw. **Wertpapiersachstatut**) und ist damit Teil des internationalen Sachenrechts.[70] Ob überhaupt ein Wertpapier vorliegt, die Art seiner Verbriefung (Inhaber-, Order- oder Rektapapier) bzw. der Inhalt des verbrieften Rechts richtet sich hingegen nach dem **Wertpapierrechtsstatut** („Hauptstatut"). Seine Bestimmung wiederum hängt davon ab, welche Art von Recht verbrieft wird. Bei Verbriefung von Forderungen ist das Forderungsstatut maßgeblich, bei Verbriefung von Sachenrechten das Sachstatut, also das Recht am Belegenheitsort der Sache *(lex rei sitae),* und bei Mitgliedschaftsrechten das Gesellschaftsstatut. Bei Warenpapieren ist Hauptstatut nach überwiegender Auffassung das Warensachstatut, also das nach der *lex rei sitae* anwendbare Sachenrecht. Ob und inwieweit die Übergabe des Papiers die gegebenenfalls für die Verfügung über die Handelsware notwendige Übergabe der Sache ersetzt (hierzu sogleich für das deutsche Recht), ist wiederum Frage des Warensachstatuts, also der *lex rei sitae.*[71] 29

[65] MüKoBGB/*Wendehorst* EGBGB Art. 43 Rn. 167 und EGBGB Art. 46 Rn. 39, jeweils mwN zum Streitstand.

[66] Überblick über den Meinungsstand und zugleich Zweifel bei MüKoBGB/*Wendehorst* EGBGB Art. 46 Rn. 44, die eher für ein Festhalten am Grundsatz der *lex rei sitae* und eine analoge Anwendung des Art. 43 Abs. 3 EGBGB plädiert.

[67] Einzelheiten bei MüKoBGB/*Wendehorst* EGBGB Art. 43 Rn. 136 ff.; Kronke/Melis/Schnyder/*Rakob* Teil H Rn. 580 ff.; monographisch *Rakob* Ausländische Mobiliarsicherheiten im Inland: Substitutionsfragen am Beispiel des US-amerikanischen Sicherungsrechtes nach Artikel 9 UCC.

[68] BuB/*Nielsen* 5/158.

[69] Zum Streitstand MüKoBGB/*Wendehorst* EGBGB Art. 43 Rn. 154 ff. („europarechtlich brisant"); ferner *Basedow/Remien/Wenckstern* (Hrsg.) Europäisches Kreditsicherungsrecht, Symposium im Max-Planck-Institut für ausländisches und internationales Privatrecht zu Ehren von Ulrich Drobnig am 12.12.2008; monographisch *v. Wilmowsky* Europäisches Kreditsicherungsrecht: Sachenrecht und Insolvenzrecht unter dem EG-Vertrag.

[70] BGHZ 108, 353 (356), zum auf einen im Ausland (Schweiz) ohne Indossament übertragenen Orderscheck anzuwendenden Recht; differenzierend BankR-HdB/*Welter* § 26 Rn. 123 ff.

[71] Vgl. zusammenfassend MüKoBGB/*Wendehorst* EGBGB Art. 43 Rn. 194 ff., 197 ff.

30 Einen Herausgabeanspruch kann die Bank als Sicherungsnehmerin entweder im Inland oder im Ausland geltend machen. Zu beachten ist allerdings, dass der Belegenheitsort der beweglichen Sache im Anwendungsbereich des europäischen Zuständigkeitsrechts, anders als nach § 23 ZPO für das autonome internationale Zuständigkeitsrecht Deutschlands im Verhältnis zu Drittstaaten, keine internationale Zuständigkeit begründet.[72] Praktisch relevant ist die **Herausgabeklage der Bank** aus ihrem Sicherungseigentum am ausländischen Belegenheitsort der Außenhandelsware allerdings wenig, weil die im Außenhandelsvertrag typischerweise vereinbarten Zahlungsmodalitäten vorsehen, die Dokumente nur gegen Zahlung bzw. Wechselakzept oder gegen Eröffnung entsprechender, die Zahlung sichernder Instrumente wie insbesondere das Akkreditiv freizugeben.[73]

31 **bb) Dokumentengestützte Übergabe zur Begründung von Sicherungseigentum.** Gilt nach den vorgenannten Kollisionsregeln für die Handelsware deutsches Recht, dann stellt sich die sachenrechtliche Frage, inwieweit Warendokumente die Sache repräsentieren und damit die zur Begründung von Sicherungseigentum notwendige Übergabe der Sachen während ihres Transportes erleichtern bzw. ersetzen können. Zu unterscheiden sind hierbei verschiedene Dokumenten-Klassen:

32 **Traditionspapiere** sind handelsrechtliche Wertpapiere, die Ansprüche auf Herausgabe eingelagerter oder zu transportierender Güter verbriefen und zugleich die in ihnen bezeichnete Ware repräsentieren. Hierzu gehören der Lagerschein sowie das Konnossement und der Ladeschein unabhängig davon, ob diese Papiere an Order gestellt sind.[74] Nach §§ 448, 475g, 524 HGB ersetzt die Übergabe des Papiers die Übergabe der Ware. Einigung und Übergabe des Papiers können also eine sachenrechtliche Verfügung über die Sache, etwa die Eigentumsübertragung oder die Pfandrechtsbestellung bewirken.

33 Dogmatisch erwuchs aus der Traditionsfunktion die lange streitige Frage, ob sich der Erwerb allein nach § 931 BGB vollzieht („relative Theorie"), allein nach § 929 S. 1 BGB durch Übergabe des Papiers anstelle der Sache („absolute Theorie") oder beide Vorschriften zusammenwirken („Repräsentationstheorie").[75] Der Erwerb nach § 931 BGB durch Abtretung des Herausgabeanspruchs ist unter allen Theorien möglich,[76] allerdings muss auch das Papier ausgehändigt werden, weil es den Herausgabeanspruch „verkörpert" und nur die Übergabe des Papiers die Besitzbeziehung zur Sache auflöst.[77] Nach der relativen Theorie ist die Übereignung nach § 931 BGB zugleich die einzige Möglichkeit, denn Prämisse dieser Theorie ist es, dass selbst das Traditionspapier lediglich den Herausgabeanspruch nach § 931 BGB verbrieft, nicht aber den Besitz an der Ware ersetzende bzw. repräsentierende Funktion hat. Nach der Repräsentationstheorie hingegen ist letzteres gerade anders. Danach repräsentiert das Traditionspapier den Besitz an der Ware.[78] Ein Erwerb durch Papierübergabe anstelle der Warenübergabe nach § 929 S. 1 BGB wird damit möglich. Voraussetzung der Repräsentationswirkung des Papiers ist allerdings, dass tatsächlich mittelbarer Besitz besteht. Diese Position der nunmehr überwiegenden Auffassung eines Erfordernis eines fortdauernden Besitzes an dem Gut ist im Zuge der Neufassung der § 448, § 475g und § 524 durch das Seehandelsrechtsreformgesetz auch ausdrücklich in den Gesetzeswort-

---

[72] Abweichendes sah zwar noch der Vorschlag der Kommission zur Verordnung über die gerichtliche Zuständigkeit und die Anerkennung und Vollstreckung von Entscheidungen in Zivil- und Handelssachen v. 14.12.2010 vor, nach dem ein konkurrierender Gerichtsstand der Belegenheit der beweglichen Sache eingeführt werden sollte, KOM(2010) 748 endg., S. 10 und 26. Eine entsprechende Regelung wurde aber letztlich nicht in die Verordnung (EU) Nr. 1215/2012 des Europäischen Parlaments und des Rates v. 12.12.2012 über die gerichtliche Zuständigkeit und die Anerkennung und Vollstreckung von Entscheidungen in Zivil- und Handelssachen, ABl. 2012 L 351, 1, aufgenommen.

[73] BuB/*Nielsen* 5/78.

[74] *Zahn/Ehrlich/Haas* Zahlung und Zahlungssicherung im Außenhandel Rn. 2/461; Oetker HGB/*Maultzsch* § 363 Rn. 17; *Schnauder* NJW 1991, 1642 (1643).

[75] Eingehend Oetker HGB/*Canaris* § 363 Rn. 15 ff.

[76] MüKoBGB/*Oechsler* § 931 Rn. 24.

[77] MüKoHGB/*Schmidt/Langenbucher* § 363 Rn. 73.

[78] MüKoBGB/*Oechsler* § 931 Rn. 24.

laut aufgenommen worden. Das Traditionspapier fingiert also den Besitz nicht. Eine Verfügung über zerstörte oder abhanden gekommene Ware mittels des Traditionspapiers scheidet daher aus.[79]

Von Traditionspapieren abzugrenzen sind **Papiere, die ohne Traditionsfunktion einen Herausgabeanspruch verbriefen.** Hierzu zählen **Rektapapiere** und **Inhaberpapiere.** Die Übertragung des im Rektapapier verbrieften Rechts erfolgt durch Zession nach §§ 398 ff. BGB. Die dokumentengestützte Verfügung über die betreffende Ware ist dann von vornherein nur nach §§ 929, 931 BGB durch Abtretung des Herausgabeanspruchs möglich. Warendokumente werden selten als Rektapapiere ausgestellt.[80] Ähnliches gilt für Inhaberpapiere, deren Übertragung durch Übereignung der Urkunde nach §§ 929 ff. BGB erfolgt.[81] 34

Schließlich gibt es **Papiere mit bloßer Beweisfunktion.** Dies sind etwa Warendokumente, die lediglich die Einlagerung der Ware bzw. ihre Übernahme zum Transport bescheinigen wie etwa der Frachtbrief nach § 409 HGB oder der Lager- bzw. Empfangsschein, wenn nicht an Order gestellt. Manche dieser Warenpapiere haben über die bloße Beweisfunktion hinaus auch in der Weise eine **Sperrfunktion,** dass der Versender mit Übergabe an einen Dritten nicht mehr in den Lauf des Transportes eingreifen kann. Hierzu zählen insbesondere die Transportpapiere des grenzüberschreitenden Frachtverkehrs.[82] Händigt der versendende Exporteur solche Dokumente an seinen ausländischen Käufer oder dessen Bank gegen Kaufpreiszahlung aus, liegt darin eine konkludente Erklärung zur Übereignung der Ware im Wege der Abtretung des Herausgabeanspruchs nach §§ 929, 931 BGB.[83] 35

d) Exportkreditversicherungen. Exportkreditversicherungen sind häufig Bestandteil der Finanzierung von Außenhandelsgeschäften.[84] Dem Exporteur stehen privatwirtschaftliche Ausfuhrkreditversicherungen oder staatliche **Exportkreditgarantien** („Hermes-Deckungen") zur Verfügung („duales System").[85] 36

aa) Private Ausfuhrkreditversicherungen. Private[86] Ausfuhrkreditversicherungen decken in erster Linie das Forderungsausfallrisiko des deutschen Exporteurs gegenüber seinem ausländischen Abnehmer **(Delkredereversicherung).**[87] Zusätzlich ist die Versicherung des Zahlungsverzugs- *(protracted defaults)*[88] und – bei aufwendigen Spezialanfertigungen sinnvoll – des Fabrikationsrisikos möglich.[89] Form und Zuschnitt der Deckung im Hinblick auf 37

[79] MüKoBGB/*Oechsler* § 931 Rn. 24; BuB/*Nielsen* 5/170.

[80] BankR-HdB/*Jäger* § 100 Rn. 30.

[81] BankR-HdB/*Jäger* § 100 Rn. 33.

[82] Nach BankR-HdB/*Jäger* § 100 Rn. 28, sind dies: Frachtbriefdoppel des internationalen Eisenbahnverkehrs, Art. 21 § 2 und Art. 8 § 5 CIM, Erstausfertigung des Frachtbriefs im internationalen Straßengüterverkehr, Art. 5 Abs. 1 und Art. 12 Abs. 2 CMR; Frachtbriefdritt im Luftfrachtrecht, Art. 6 Abs. 2 S. 3 und Art. 12 Abs. 3 WA sowie die Spediteurübernahmebescheinigung der FIATA.

[83] OLG Frankfurt a. M. RIW 1986, 905 (908).

[84] ZB *Fehr* RIW 2004, 440 (441).

[85] Versicherungsrechts-Handbuch *Hermann* § 39 Rn. 102 f.; Kronke/Melis/Schnyder/*Weller* Teil H Rn. 196.

[86] Zu den versicherungsvertragsrechtlichen Besonderheiten im Überblick Kronke/Melis/Schnyder/*Weller* Teil H Rn. 201; ferner zB *Pörschke* Private Ausfuhrkreditversicherung S. 7 ff.; *Wittchen* Warenkreditversicherung S. 13 ff.; zu beachten sind insbes. die AVB Ausfuhrkredit bzw. die AVB Investitionskredit in ihrer jeweils gültigen Fassung. Vgl. auch OLG Koblenz VersR 2011, 70, zu den Folgen bei Überschreitung des äußersten Kreditziels bzw. zur Leistungsfreiheit für fällige Forderungen bei Verletzung der Meldeobliegenheit im Zusammenhang mit Warenkredit- und Ausfuhrkreditversicherungen, konkret § 7 Nr. 2 und Nr. 3 AVB Ausfuhrkredit 1999; aus versicherungswirtschaftlicher Sicht *Führer* Die Entwicklung eines Prämienmodells für die Warenkreditversicherung.

[87] *Pörschke* Private Ausfuhrkreditversicherung S. 5; *Häberle* Handbuch der Außenhandelsfinanzierung S. 937; *Eistert* RIW 1996, 805.

[88] Rechtstechnisch geschieht dies dadurch, dass der Versicherungsfall des Zahlungsausfalls unter erleichterten Voraussetzungen angenommen wird, nämlich schon nach fruchtlosem Ablauf einer bestimmten Zahlungsfrist, vgl. *Eistert* RIW 1996, 805.

[89] *Häberle* Handbuch der Außenhandelsfinanzierung S. 937; *Voigt/Müller* Exportfinanzierung S. 78.

bestimmte Forderungs-, Länder- oder Kundengruppen sowie Anbietungsgrenzen, Höchsthaftungsgrenzen und Prämienhöhen werden weitgehend individuell vereinbart.[90] Verbreitet sind **Pauschal- bzw. Manteldeckungen** des Delkredererisikos, die alle Auslandsforderungen – ggf. beschränkt auf einzelne Länder – aus Warenlieferungen, Werk- und Dienstleistungen erfassen.[91] Typische Zahlungsziele des Liefervertragskredits bewegen sich zwischen 30 und 180 Tagen. Die Prämienberechnung beruht auf der Basis des versicherten Jahresumsatzes bzw. der versicherten Forderungen. Aufgrund der längeren Fabrikationsphase und damit Finanzierungsphase gilt die Investitionsgüterkreditversicherung als eigenständige Finanzierungsform[92] und beruht noch stärker auf individuellen Lösungen im Verbund mit anderen Finanzierungsformen wie Forfaitierung oder Leasing. Die Kreditlaufzeiten bewegen sich hier zwischen sechs Monaten und fünf Jahren. Einzeldeckungen sind bis zu einer Laufzeit von zwei Jahren möglich. Regelmäßig besteht für den Exporteur eine Anbietungspflicht. Er muss dann alle seiner sachlich einschlägigen Forderungen versichern. Üblich ist die Vereinbarung von **Selbstbeteiligungen** zwischen 10 und 20 Prozent.[93]

38 Politische Risiken sind hingegen privatwirtschaftlich nur eingeschränkt versicherbar.[94] Gleiches gilt für Wechselkursrisiken und langfristige Risiken.[95] Insoweit kommen staatliche Exportkreditgarantien in Betracht.

39 **bb) Staatliche Exportkreditgarantien.** Staatliche Exportkreditversicherungen erreichen einen erheblichen Umfang, nehmen jedoch seit einigen Jahren wieder ab. Während die Bundesregierung im Jahre 2011 29,8 Mrd. Euro betrugen,[96] sanken diese seit 2013 (27,9 Mrd. Euro) auf 16,9 Mrd. Euro im Jahr 2017 und stiegen im Jahr 2018 wiederum leicht auf 19,8 Mrd. Euro.[97]

40 **e) Beihilfe- und subventionsrechtliche Aspekte.** Staatliche Exportkreditversicherungen fallen als Ausfuhrbeihilfen unter Art. 107 AEUV (= Art. 87 EGV und früher zusätzlich unter Art. 132 EGV[98])[99] und sind damit grundsätzlich nur zur Sicherung nicht versicherungsmarktfähiger Risiken zulässig. Die Europäische Union hat in der jüngeren Vergangenheit allerdings unter bestimmten Voraussetzungen in Reaktion auf die Finanzkrise kurzfristige Exportkreditversicherungsprogramme für einzelne Mitgliedstaaten und bestimmte Unternehmen genehmigt, etwa für Dänemark, Finnland und Deutschland und Ungarn für

---

[90] *Eistert* RIW 1996, 805; *Voigt/Müller* Exportfinanzierung S. 25.

[91] *Eckert/Schmidt* Ausfuhrkreditversicherung S. 10.

[92] *Sieg* BB 1997, 2066.

[93] *Eckert/Schmidt* Ausfuhrkreditversicherung S. 11; zu den üblichen Bedingungen s. insbes. auch Allgemeine Versicherungsbedingungen für die Warenkreditversicherung (zB https://www.eulerhermes.de/content/dam/onemarketing/euh/eulerhermes_de/dokumente/kreditversicherung-kleine-mittlere-unternehmen-versicherungsbedingungen1.pdf).

[94] *Eistert* RIW 1996, 805.

[95] *Schnoor* RIW 1997, 733 f.; *Eistert* RIW 1996, 805; *Stewing* EWS 1993, 237 f.; BankR-HdB/*Janus/Scheibe* § 122, Rn. 9

[96] http://www.agaportal.de/pdf/berichte/jb_2011.pdf (3.3.2015).

[97] https://www.agaportal.de/_Resources/Persistent/20bc97e589de419925a1fcb7ceab2d54d259bba3/Highlights-EKG-180323.pdf; https://www.agaportal.de/_Resources/Persistent/5c1cfa75d5c5bb65a1ffccb7b1b5c9d979f20822/jb_2018.pdf.

[98] Art. 132 EGV sprach „die Systeme der von den Mitgliedstaaten für die Ausfuhr nach dritten Ländern gewährten Beihilfen" unmittelbar an und sah deren schrittweise Vereinheitlichung vor. Im Verhältnis zu Art. 133 EGV konkretisierte Art. 132 EGV damit einen zentralen Bereich der europäischen Gemeinsamen Handelspolitik unter Titel IX des EG-Vertrags. Aus Art. 133 EGV erwuchs deswegen auch eine Kompetenz der EG zur Harmonisierungsgesetzgebung für staatliche Ausfuhrgewährleistungen, die zum Erlass von RL 98/29/EG des Rates v. 7.5.1998 zur Harmonisierung der wichtigsten Bestimmungen über die Exportkreditversicherung zur Deckung mittel- und langfristiger Geschäfte, ABl. 1998 L 148/22, S. 22 ff., führte. Vgl. hierzu ergänzend die Entscheidung des Rates vom 13.11.2006 über die Verfahren für Konsultationen und Notifizierungen auf dem Gebiet der Kreditversicherung, der Bürgschaft und der Finanzkredite, ABl. 2006 L 319/37, S. 37 ff.

[99] Mitteilung der Kommission an die Mitgliedstaaten nach Art. 93 Abs. 1 EGV zur Anwendung der Artt. 92 und 93 EGV auf die kurzfristige Exportkreditversicherung, ABl. 1997 C 281, S. 4, Ziff. 1.1; *Koch* ZBB 1998, 393 (394).

KMU mit begrenztem Ausfuhrumsatz.[100] Neben dem Beihilferecht der Europäischen Union sind die einschlägigen Maßgaben der WTO für Subventionen zu beachten.[101] Schließlich erarbeitet die OECD seit dem 1976 erstmals vereinbarten „Konsens" über Mindestanforderungen für Exportkredite laufend Leitlinien zu staatlichen Ausfuhrgewährleistungen.[102] Im Übrigen hat die Berner Union, der weltweit größte internationale Zusammenschluss privater und staatlicher bzw. im staatlichen Auftrag handelnder Exportkredit- und Investitionsversicherer mit mittlerweile über 50 Mitgliedsorganisationen aus mehr als 40 Ländern,[103] ein „General Understanding" beschlossen, das auf der Grundlage des OECD-Konsensus präzisierende Regelungen für maximal zulässige Kreditlaufzeiten, insbesondere für Kreditlaufzeiten unter zwei Jahren, vorsieht.[104]

f) Durchführung und Bearbeitung der Fördermaßnahmen. Die Durchführung und Bearbeitung von Fördermaßnahmen Deutschlands zur „Auslandsgeschäftsabsicherung" (AGA)[105] übernehmen als **Mandatare der Bundesregierung** die Euler Hermes Aktiengesellschaft (Euler Hermes) und PricewaterhouseCoopers Aktiengesellschaft Wirtschaftsprüfungsgesellschaft (PwC). Dieses Mandatarkonsortium versteht sich als direkter Ansprechpartner für Exporteure und Banken in allen Fragen der **Auslandsgeschäftsabsicherung,**[106] wobei Euler Hermes federführend zuständig ist für Exportkreditgarantien, während Investitionsgarantien und Garantien für Ungebundene Finanzkredite („UFK-Garantien") von der PwC bearbeitet werden. 41

g) Fördermaßnahmen. Unterschieden werden Exportkreditgarantien, Ungebundene Finanzkredite und Investitionsgarantien: 42

aa) Exportkreditgarantien. Die staatliche **Exportkreditgarantie** stellt bestimmte, in weiten Teilen auf dem OECD-Konsensus beruhende Anforderungen an das zugrunde liegende Liefergeschäft hinsichtlich der Höhe des Länderrisikos, der Förderungswürdigkeit und der ökologischen und sozialen Nachhaltigkeit. Der Antrag muss vor Risikobeginn gestellt werden. Die Exportware muss überwiegend deutschen Ursprungs sein (grundsätzlich sind Zulieferungen aus EU-Mitgliedstaaten bis 40 % und aus Drittstaaten bis 30 % zulässig). Die Zahlungsbedingungen müssen als handelsüblich gelten.[107] Für das Risikomanagement bei mittel- bis langfristiger Finanzierung bestehen so genannte „Länderplafonds" mit jeweiligen Höchstgrenzen für Deckungszusagen insgesamt und spezifischen Richtlinien 43

---

[100] Pressemitteilung der Europäischen Kommission IP/10/1762 v. 21.12.2010; vgl. ferner ergänzend Mitteilungen der Kommission zur Anwendung der Artikel 107 und 108 des Vertrags über die Arbeitsweise der Europäischen Union auf die kurzfristige Exportkreditversicherung, ABl. 2012 C 392 v. 19.12.2012 sowie deren Änderung, ABl. 2015 C 28 v. 28.1.2015.

[101] Vgl. insbes. Art. XVI GATT 1994 iVm Anhang I lit. j des Übereinkommens über Subventionen und Ausgleichsmaßnahmen (Agreement on Subsidies and Countervailing Measures); zu den Einzelheiten zB BankR-HdB/*Janus* § 122 Rn. 19; Kronke/Melis/Schnyder/*Weller* Teil H Rn. 217 ff.; *Scaallmeiner* Exportkreditversicherung S. 34 ff.

[102] Vgl. zuletzt OECD, Arrangement on Officially Supported Export Credits, 15.10.2015, TAD/PG (2015) 7. Diese Arrangements bezeichnen sich selbst als „Gentlemen's Agreement among the Participants", zu denen neben Australien, Kanada, Japan, Südkorea, Neuseeland, Norwegen, der Schweiz und den Vereinigten Staaten von Amerika auch die Europäische Union gehört. Zu Compliance-Anforderungen unter dem Aspekt der Korruptionsbekämpfung im Zusammenhang mit staatlicher Exportförderung *Roth* RIW 2010, 737.

[103] Vgl. neben der allgemeinen Abstimmung der Exportförderung auch die Berne Union Value Statements zu ethischen und umweltrelevanten Werten im Zusammenhang mit der Förderung von Exporten und Auslandsinvestitionen.

[104] Vgl. im Einzelnen das sog. Berne Union General Understanding.

[105] Vgl. umfassende Informationen auf dem „AGA-Portal", www.agaportal.de.

[106] http://www.agaportal.de/pages/portal/index.html (11.3.2015).

[107] Einzelheiten zB bei *Eckert/Schmidt* Ausfuhrkreditversicherung S. 14: Eingang von 15 % des Auftragswertes vor Versand als An- und Zwischenzahlung, erste Tilgung sechs Monate nach Liefertermin, wobei dieser je nach den Eigenheiten der Lieferung festgesetzt werden kann („starting point"), Einhaltung der Höchstgrenzen bei Einräumung von Zahlungszielen (180 Tage bei Konsumgütern, 5 Jahre bei Investitionsgütern).

für die Zusage einzelner Deckungen.[108] Die bisherige Unterscheidung zwischen ausländischen Käufern in Form von natürlichen oder privatrechtlich verfassten juristischen Personen (dann „Garantien") und in Form von ausländischen Staaten (dann „Bürgschaften) ist überholt. Unterschieden wird nun nach den Objekten der Deckungen: Forderungen und insoweit die Übernahme darauf bezogener Erfüllungsrisiken, im Zuge eines Exportgeschäftes anfallende Selbstkosten, im Zusammenhang mit einem Export ins Ausland gebrachte Sachgüter sowie Garantiebeträge aus Vertragsgarantien, die im Zusammenhang mit einem Exportgeschäft beigebracht werden müssen.[109]

Ferner werden „Sonderdeckungen" zB für Leasinggeschäfte, zur Absicherung von Akkreditivbestätigungen und für Projektfinanzierungen erteilt. Schließlich gibt es auch die Möglichkeit, dass sich die öffentliche Hand mit Avalgarantien am Risiko der finanzierenden Bank beteiligt. In Abgrenzung zu den vorgenannten Einzeldeckungen kommen Sammeldeckungen, etwa revolvierende Deckungen für Forderungen aus einer bestimmten Lieferbeziehung oder „Ausfuhr-Pauschal-Gewährleistungen" (APG)[110] für Forderungen aus verschiedenen Lieferbeziehungen in Betracht, wenn zahlreiche Forderungen ohne Einzelprüfung gesichert werden sollen.

44 **bb) Ungebundene Finanzkredite. Ungebundene Finanzkredite** sind Kredite, die für ein bestimmtes, als förderungswürdig erachtetes Projekt im Ausland ausgereicht werden und dabei nicht an deutsche Lieferungen und Leistungen gebunden sind oder der Ablösung von Verpflichtungen aus in- oder ausländischen Liefer- und Leistungsgeschäften im Rahmen einer Umschuldung dienen. Kreditnehmer können sowohl private ausländische Schuldner als auch Staaten, Gebietskörperschaften oder vergleichbare Institutionen im Ausland sein. Der Versicherungsschutz umfasst den Ausfall der gedeckten Forderung aufgrund politischer und wirtschaftlicher Risiken. UFK-Garantien können auch mit Exportkredit- und Investitionsgarantien gewährt werden. Garantien werden von der Bundesrepublik Deutschland auf der Grundlage jährlich festgesetzter haushaltsrechtlicher Ermächtigungen übernommen. Betragsmäßige Begrenzungen für Projekte oder Länder bestehen nicht. Maßgeblich für die Ausgestaltung der Garantie im Einzelfall ist ausschließlich die jeweilige Garantieerklärung in Verbindung mit den Allgemeinen Bedingungen für die Übernahme von Garantien für Forderungen aus Ungebundenen Finanzkrediten (AB-UFK) in ihrer jeweils gültigen Fassung.[111]

45 **cc) Investitionsgarantien. Investitionsgarantien** zielen schließlich speziell auf die Absicherung schwer absehbarer und damit kaum sonst versicherbarer politischer Risiken im Zusammenhang mit längerfristigen Finanzierungen.[112]

2. Importfinanzierung

46 **a) Sicherungsabtretung der Ansprüche aus dem Importgeschäft.** Zunächst kann sich die finanzierende Bank den Anspruch auf Warenlieferung aus dem Importgeschäft sicherungshalber abtreten lassen. Dies betrifft natürlich vor allem den Anspruch auf Ver-

[108] Über Bestand und Zuschnitt dieser Plafonds beschließt der „Interministerielle Ausschuss" (IMA), bestehend aus dem Bundeswirtschaftsministerium, dem Bundesfinanzministerium, dem Auswärtigen Amt und dem Bundesministerium für wirtschaftliche Zusammenarbeit und Entwicklung nach Bedarf für ein Schuldnerland insgesamt (Länderplafond) oder konkret für ein Projekt (Projektrahmen).

[109] BankR-HdB/*Janus / Scheibe* § 122 Rn. 60.

[110] Genauer unter https://www.agaportal.de/exportkreditgarantien/grundlagen/apg (Stand: 1.10.2019). Für kurzfristige Forderungen und nur zur Sicherung des Risikos der Nichtzahlung innerhalb von sechs Monaten nach Fälligkeit *(protracted default)* auch in Gestalt der „Ausfuhr-Pauschal-Gewährleistung-light (APG light)". Einzelheiten unter https://www.agaportal.de/exportkreditgarantien/grundlagen/apg-light (Stand: 10.10.2019).

[111] Abrufbar unter https://www.agaportal.de/ufk-garantien/grundlagen-ufk/grundzuege-ufk (Stand: 10.10.2019).

[112] Zu den Förderungsbedingungen im Einzelnen https://www.agaportal.de/_Resources/Persistent/7fd77861ebd0c4f46cec465f3288996db5ae734c/ab-ufk-garantien.pdf (Stand: 10.10.2019).

schaffung der Ware. Für das Kollisionsrecht der Abtretung wird auf die Ausführungen zur Exportfinanzierung verwiesen.[113]

b) Sicherungsübereignung der Ware. Vor allem aber wird sich die Bank Sicherungsrechte an der Ware und den sie repräsentierenden Dokumenten einräumen lassen. Damit es zu keinem Zwischenerwerb beim Importeur kommt, nimmt die Bank, die dem Lieferanten regelmäßig ein Akkreditiv eröffnet hat, das Angebot des ausländischen Lieferanten auf – gegebenenfalls dokumentär gestützte – Eigentumsübertragung für sich selbst an.[114] Dies ist jedenfalls dann möglich, wenn man die **Eigentumsübertragung des Lieferanten** bei Andienung der Dokumente als ein **Geschäft für den, den es angeht,** versteht und nicht als ein Angebot auf Übereignung gerichtet gerade an den inländischen Importeur. Voraussetzung hierfür ist, dass der Lieferant hinsichtlich der Person des Erwerbers kein Interesse hat. Dies ist dann der Fall, wenn in jedem Fall unabhängig von der Person des Erwerbers – inländischer Importeur oder seine das Akkreditiv zugunsten des ausländischen Lieferanten eröffnende Bank – Erfüllung bewirkt wird und damit keine Gefahr der erneuten Inanspruchnahme besteht. Dies wird überwiegend angenommen,[115] wohl gestützt auf die verkehrstypische Einschaltung der finanzierenden Bank durch den Importeur in die Abwicklung des Importgeschäfts. Genau genommen handelt es sich dann bei der Erklärung des Lieferanten nicht um ein Geschäft für den, den es angeht, sondern um ein Angebot zur Eigentumsübertragung alternativ an den inländischen Importeur oder seine finanzierende Bank. 47

Ergänzend kann die Bank mit dem Importeur vereinbaren, dass der inländische Importeur, sollte er das Eigentum erwerben, dieses **Eigentum auf die Bank sicherungshalber** überträgt. Dies vermeidet zwar nicht den Durchgangserwerb beim finanzierten Importeur. Eine Unterbrechung der dinglichen Sicherung der finanzierenden Bank lässt sich aber auch sonst, insbesondere mit Blick auf die Weiterveräußerung der Ware, nicht immer vermeiden.[116] 48

---

113 → Rn. 22.

114 *Zahn/Ehrlich/Haas* Zahlung und Zahlungssicherung im Außenhandel Rn. 2/461.

115 *Zahn/Ehrlich/Haas* Zahlung und Zahlungssicherung im Außenhandel Rn. 2/461 mwN.

116 *Zahn/Ehrlich/Haas* Zahlung und Zahlungssicherung im Außenhandel Rn. 2/460.

20. Kapitel: Verbriefung von Bankforderungen

Schrifttum: *Arlt,* True Sale Securitisation unter besonderer Berücksichtigung der Rechtslage in Deutschland und Italien, 2009; *Boos/Fischer/Schulte-Mattler* (Hrsg.), Kreditwesengesetz, 5. Aufl. 2016; *Caliebe,* Asset-Backed-Securities-Transaktionen und ihre Vereinbarkeit mit dem Rechtsberatungsgesetz, BB 2000, 2369; *Fleckner,* Insolvenzrechtliche Risiken bei Asset Backed Securities, ZIP 2004, 585; *ders.,* Das Refinanzierungsregister, WM 2006, 697; *Freitag,* Der Darlehensvertrag in der Insolvenz, ZIP 2004, 2368; *Ganter,* Sicherungsmaßnahmen gegenüber Aus- und Absonderungsberechtigten im Insolvenzeröffnungsverfahren, NZI 2007, 549; *Gehrlein,* Behandlung eines Darlehens in der Insolvenz des Darlehensgebers, ZInsO 2012, 101; *ders.,* Zur Anwendung des § 103 InsO bei einem Factoringvertrag, ZInsO 2015, 1645; *Glüder/Böhm,* Neue KfW-Modelle – Innovationen im Fördergeschäft, Kreditwesen 2003, 646; *Habersack/Mülbert/Schlitt* (Hrsg.), Handbuch der Unternehmensfinanzierung, 4. Aufl. 2019; *Hellgardt,* Der europäische Rechtsrahmen für Verbriefungen, EuZW 2018, 709; *Jaeger* (Hrsg.), Konkursordnung, Großkommentar, 9. Aufl. 1997; *Kayser/Thole* (Hrsg.), Insolvenzordnung, 9. Aufl. 2018, *Kirchhof,* Probleme bei der Einbeziehung von Aussonderungsrechten in das Insolvenzeröffnungsverfahren, ZInsO, 2007, 227; *Klüwer,* Asset-Backed Securitisation, 2001; *Kronke/Melis/Kuhn* (Hrsg.), Handbuch Internationales Wirtschaftsrecht, 2. Aufl. 2017; *Kübler/Prütting/Bork,* Kommentar zur Insolvenzordnung, Stand: 10/2019; *Kümpel/Mülbert/Früh/Seyfried,* Bank- und Kapitalmarktrecht, 5. Aufl. 2019; *Kusserow/Dittrich,* Rechtsprobleme bei Asset-Backed Securities-Transaktionen deutscher Kreditinstitute unter besonderer Berücksichtigung datenschutzrechtlicher Aspekte, WM 1997, 1786; *Meljnik/Schneider,* Verbriefungen, Neues Europäisches Rahmenwerk und geänderte Anforderungen nach der Eigenmittelverordnung, BaFinJournal 11/2017, 40; *Mülbert,* Das existente Anwartschaftsrecht und seine Alternativen, AcP 202 (2002), 912; *Obermüller,* Insolvenzrecht in der Bankpraxis, 9. Aufl. 2016; *ders.,* Insolvenzrechtliche Fragen bei der Verbriefung von Bankforderungen, in: Verschuldung – Haftung – Vollstreckung – Insolvenz, FS Kreft, 2004, 427; *ders.,* Das Refinanzierungsregister, ZInsO 2005, 1079; *Pannen/Wolff,* ABS-Transaktionen in der Insolvenz des Originators – das Doppeltreuhandmodell und die neuen Refinanzierungsregister, ZIP 2006, 52; *Schimansky/Bunte/Lwowski* (Hrsg.), Bankrechts-Handbuch, 5. Aufl. 2017; *Schmalenbach/Sester,* Voraussetzungen und Rechtsfolgen der Eintragung in das neu geschaffene Refinanzierungsregister, WM 2005, 2025; *Schmerbach/Wegener,* Insolvenzrechtsänderungsgesetz 2006, ZInsO 2006, 400; *Tollmann,* Die Sicherstellung der Insolvenzfestigkeit bei der Asset Backed Securitization nach dem neuen Refinanzierungsregister gemäß §§ 22a ff. KWG, WM 2005, 2017; *ders.,* Die Bedeutung des neuen Refinanzierungsregisters für Asset Backed Securities, ZHR 169 (2005) 594; *Uhlenbruck* (Hrsg.), Insolvenzordnung, 15. Aufl. 2019; *Weber,* Die insolvenzfeste Refinanzierung von Forderungen durch Asset-Backed Securities, 2011; *Zerey* (Hrsg.), Finanzderivate, 4. Aufl. 2016.

Übersicht

I. Einleitung

1. Begriff

Verbriefung bezeichnet eine Transaktion, durch die ein Portfolio meist vergleichsweise illiquider Vermögensgegenstände so strukturiert wird, dass es am Kapitalmarkt handelbar wird.[1] Man spricht im Englischen neben der *securitisation* auch von der *monitisation* von Vermögensgegenständen, also dem „Zu-Geld-Machen". Die Wertpapiere, die als Resultat einer Verbriefungstransaktion begeben werden, nennt man Asset-Backed Securities oder kurz ABS. Die Wertpapiere *(securities)* sind durch Vermögensgegenstände *(assets)* gedeckt *(backed)*. Neben der Finanzierung dient die Verbriefung auch der Risikosteuerung sowie der Bilanzentlastung und damit sowohl der Reduzierung des bankaufsichtsrechtlich erforderlichen Eigenkapitals als auch der Verbesserung der Bilanzkennzahlen. **1**

2. Grundstruktur

Im Rahmen einer Verbriefungstransaktion überträgt eine Bank *(originator)* Vermögensgegenstände an eine zumeist nur zu diesem Zweck gegründete Gesellschaft (*special purpose vehicle;* SPV). Die Verwaltung der Vermögensgegenstände verbleibt beim Originator als Verwalter *(servicer)* unter einem Verwaltungsvertrag mit dem SPV. Das SPV begibt Wertpapiere als Asset-Backed Securities und reicht die Erlöse der Emission als Kaufpreis an den Originator weiter. Ein Treuhänder *(trustee)* hält Sicherungsrechte an sämtlichen Vermögensgegenständen des SPV zugunsten der Gläubiger des SPV, insbesondere der Inhaber der ABS. **2**

3. ABCP und ABMTN Transaktionen

Je nach der Laufzeit der emittierten Wertpapiere unterscheidet man zwischen kurzlaufenden asset-backed commercial paper (ABCP)-Transaktionen und länger laufenden asset-backed medium term note (ABMTN)-Transaktionen. Dabei muss die Laufzeit der verbrieften Vermögensgegenstände nicht zwangsläufig parallel zu den emittierten Wertpapieren sein. Es können sowohl langlaufende Darlehensforderungen mithilfe von ABCP als auch kurzlaufende Handelsforderungen durch ABMTN verbrieft werden. Aus den daraus folgenden Fristentransformationen ergeben sich jedoch besondere Herausforderungen, zum einen im Hinblick auf die Liquidität der Märkte, zum anderen im Hinblick auf die Notwendigkeit der Bereitstellung neuer zu verbriefender Vermögensgegenstände durch den Originator zur Abdeckung der noch nicht fälligen ABS. **3**

a) Asset Backed Commercial Paper-Transaktionen. Commercial Paper sind Wertpapiere mit einer Laufzeit von unter einem Jahr. Diese werden auf den Geldmärkten *(money markets)* gehandelt. Im Zuge der Finanzkrise und dem damit einhergehenden Verschwinden einer Reihe von Investoren, insbesondere von Structured Investment Vehicles (SIVs) war der europäische ABCP Markt fast vollständig ausgetrocknet, verzeichnet jedoch in jüngster Zeit stark steigende Emissionstätigkeit[2]. Die Volumina des US ABCP-Marktes sind zwar von einem Höhepunkt bei ungefähr USD 1.200 Mrd. auf rund USD 250 Mrd. zurückgegangen, sind aber seit einiger Zeit stabil.[3] **4**

---

[1] Zur aufsichtsrechtlichen Definition des Art 2 Nr. 1 VO (EU) 2017/2402 („Verbriefungs-VO"), → Rn. 69.

[2] Laut AFME wurden im 1. Quartal 2019 mehr als EUR 150 Mrd. Euro ABCP begeben; ein Anstieg von mehr als 100% im Vergleich zum selben Zeitraum des Vorjahres, s. www.afme.eu/reports/data/details/securitisation-data-report-q1–2019.

[3] S. Board of Govenors of the Federal Reserve System (US) v. 3.6.2020.

ABCP Programme werden in der Regel durch ein Kreditinstitut aufgelegt, das dabei als Sponsor agiert.[4] Es handelt sich oft um multi-seller Programme, bei denen typischerweise für jede Transaktion ein eigenes SPV gegründet wird, das die Vermögenswerte als Käufer erwirbt. Angekauft werden zumeist kurzlaufende Forderungen wie Handelsforderungen oder Kreditkartenforderungen, seltener auch längerlaufende wie Leasing- oder Konsumentenkreditforderungen. Der Ankauf erfolgt häufig revolvierend in der Weise, dass eingezogene Forderungen durch neu entstandene ersetzt werden und die durch den Verkäufer eigentlich abzuführenden eingezogenen Gelder mit dem Kaufpreisanspruch aus der Veräußerung neuer Forderungen verrechnet werden. Jede der Ankaufsgesellschaften erhält die für den Ankauf erforderliche Liquidität auf der Basis eines Auftragsvertrages (Commissioning Agreement) oder eines Darlehens von einem weiteren SPV, das als Emittent der ABCP fungiert. Der Sponsor agiert entweder selbst als Forderungsverkäufer oder führt dem Programm Originatoren zu und verhandelt im Auftrag des Käufer-SPVs Ankaufs- und Verwaltungsvertrag sowie gegebenenfalls weitere Vereinbarungen. Wegen der Kurzfristigkeit der begebenen Wertpapiere muss der Emittent zum Schutz der Investoren eine Liquiditätsfazilität von einer Bank bereitstellen lassen, die fällig werdende ABCP in den Fällen ablöst, in denen etwa als Folge von Marktstörungen keine weiteren ABCP begeben werden können. In der Regel stellt der Sponsor diese Fazilität. Seit der Finanzkrise übernehmen Sponsoren in aller Regel die Kreditrisiken aus den verbrieften Forderungen insgesamt, indem die Liquiditätsfazilität auch dann gezogen werden kann, wenn Verluste aufgrund von uneinbringlichen Forderungen entstanden sind. Man spricht dann von *fully supported programmes.*

5 **b) Asset Backed Medium Term Note-Transaktionen.** Asset Backed Medium Term Notes sind bisweilen als Option in den unter a) beschriebenen Programmen verfügbar, häufiger werden sie allerdings im Rahmen einer Einzeltransaktion begeben. Es gibt dann nur ein SPV, das zugleich als Ankaufsgesellschaft und als Emittent der Wertpapiere agiert. Typische Laufzeit der Wertpapiere sind drei bis sieben Jahre, insbesondere bei der Verbriefung von Wohnungsbaukrediten aber auch sehr viel länger. Soweit es sich um sogenannte True Sale-Transaktionen handelt, verkauft auch in diesen Transaktionen ein Originator ein Portfolio von Vermögenswerten an ein SPV, das den Ankauf über die Emission von Wertpapieren refinanziert. Das SPV überträgt alle im Rahmen der Transaktion erworbenen Ansprüche und Vermögenswerte zur Sicherheit an einen Sicherheitentreuhänder, der diese zugunsten der Gläubiger des SPV hält. Die begebenen Wertpapiere werden von einem Übernahmekonsortium übernommen und oft an einer Börse gelistet, meist an der in Luxemburg oder Irland.

II. Rechtliche Fragestellungen

1. Kauf und Übertragung – Legal True Sale

6 Kernelement jeder True Sale Verbriefungstransaktion ist der Kauf von Vermögenswerten durch das SPV vom Originator. Da es sich bei den zu übertragenden Vermögenswerten zumeist um Forderungen handelt, liegt ein Rechtskauf gemäß § 453 BGB vor und richtet sich die Übertragung als Erfüllungsgeschäft nach den §§ 398 ff. BGB.[5] Die Forderungen müssen bestimmt oder jedenfalls bestimmbar sein,[6] dh Gegenstand und Umfang der

[4] Bekannte Ausnahme in Deutschland war das von der Siemens AG aufgelegte, in der Zwischenzeit aber wieder eingestellte Programm SieFunds Corporation LLC. Zum Begriff des Sponsors s. Art. 2 Nr. 5 der Verbriefungs-VO.

[5] Die Darstellung beschränkt sich auf die Verbriefung deutschrechtlicher Vermögenswerte. Zu IPR-Fragen bzgl. der Übertragung von Forderungen s. Art. 14 der Rom I-Verordnung (Verordnung (EU) Nr. 593/2008 v. 17.6.2008).

[6] S. nur BGHZ 7, 365; BGH NJW 1995, 1668; MüKoBGB/*Roth/Kieninger* § 398 Rn. 66 ff.

Abtretung muss sich aus der Abtretungserklärung selbst oder aus weiteren Umständen ergeben, die nach allgemeinen Auslegungsgrundsätzen herangezogen werden können. Diese Voraussetzung muss zu dem Zeitpunkt erfüllt sein, in dem die Abtretung wirksam werden soll, also im Falle der Abtretung künftiger Forderungen im Zeitpunkt des Entstehens der Forderung.[7] In der Praxis wird dieses Erfordernis durch Anfügen einer Forderungsliste an den Forderungskaufvertrag erfüllt, meist ein Auszug aus den in der Buchhaltung des Originators vorhandenen Datenbeständen. Globalzessionen kommen bisweilen im Bereich der Unternehmensfinanzierung vor, sind jedoch bei Verbriefungen von Bankforderungen sehr selten.

Die Zession ist zunächst still, dh es unterbleibt die Offenlegung der Abtretung an die Schuldner. Die aus der mangelnden Offenlegung resultierenden Schuldnerrechte der §§ 404 ff. BGB werden dabei in Kauf genommen. Allerdings darf die Offenlegung nicht von vornherein ausgeschlossen sein, denn in diesem Fall nimmt die Rechtsprechung an, dass eine Abtretung nicht wirklich gewollt ist und damit keine wirksame Abtretung vorliegt.[8] In der Praxis findet sich zumeist eine Regelung, wonach die Offenlegung unter bestimmten Umständen zu erfolgen hat, zB bei Verschlechterung der Kreditqualität des Forderungsverkäufers oder wenn sonst berechtigte Interessen des Forderungserwerbers die Offenlegung gebieten. Der Forderungsverkäufer übergibt dem Käufer schon bei Abschluss der Transaktion eine Anzahl von blanko unterschriebenen Abtretungsanzeigen, damit dieser im Zweifelsfall schnell reagieren kann. **7**

Abtretungsverbote sind im privaten Rechtsverkehr nach § 399 Fall 2 BGB beachtlich, im kaufmännischen Verkehr stehen sie gemäß § 354a HGB der Wirksamkeit der Abtretung nicht entgegen. Allerdings hat der Gesetzgeber im Rahmen des Risikobegrenzungsgesetzes in § 354a Abs. 2 HGB eine Ausnahme für Abtretungen von Darlehensforderungen durch Kreditinstitute normiert, um insbesondere mittelständischen Unternehmen die Möglichkeit zu geben, sich vor unliebsamen Gläubigerwechseln zu schützen. Soweit danach § 354a HGB gilt, kann der Schuldner auch dann weiterhin an den ursprünglichen Gläubiger zahlen, § 354a Satz 2 HGB. Damit bleibt dem SPV die Möglichkeit verschlossen, gegebenenfalls die Schuldner der Forderungen zur Zahlung an sich selbst zu verpflichten, selbst wenn dies aus Gründen etwa der Vermögensverschlechterung beim Originator angezeigt erscheinen sollte.[9] **8**

a) Vollübertragung versus Sicherungsübertragung. In aller Regel wird eine Vollübertragung im Gegensatz zu einer bloßen Sicherungsübertragung angestrebt. Die Vollübertragung wird auch als legal true sale bezeichnet und gewährt dem SPV und damit mittelbar den Investoren eine in der Insolvenz des Originators deutlich stärkere Position: Der Erwerber ist zur Aussonderung nach § 47 InsO berechtigt und nicht auf die Absonderung nach § 51 Abs. 1 InsO verwiesen. Insbesondere darf der Vollerwerber anders als bei der Sicherungsabtretung nach § 166 Abs. 2 InsO in der Insolvenz des Veräußerers selbst einziehen und muss die Gebühren an den Insolvenzverwalter in Höhe von regelmäßig 9% des Verwertungserlöses nach § 171 Abs. 1 und 2 InsO nicht bezahlen. Nicht relevant ist dieser Punkt allerdings in Bezug auf Darlehensforderungen, die als Finanzsicherheiten anzusehen sind, § 1 Abs. 17 KWG, § 166 Abs. 3 InsO. **9**

Nach kaufrechtlichen Vorschriften haftet der Verkäufer mangels abweichender Vereinbarung für die Verität der verkauften Forderungen, also für ihren einredefreien Bestand. **10**

---

[7] MüKoBGB/*Roth/Kieninger* § 398 Rn. 80. Die Frage des Direkt- oder Durchgangserwerbs künftiger Forderungen hat der BGH im Sinne einer „Rechtsbodentheorie" entschieden. Es kommt also darauf an, ob der „Rechtsboden" für die Forderung im Zeitpunkt der Abtretung bereits gelegt war, s. BGHZ 135, 25, BGH NJW-RR 2003, 1690, MüKoBGB/*Roth/Kieninger* § 398 Rn. 83; anders *Mülbert* AcP 202 (2002), 912 (945 f.). Die Frage ist bedeutsam, wenn der Forderungsverkäufer nach Abschluss des Forderungskaufvertrages aber vor Entstehung der Forderung insolvent wird.

[8] RG JW 1914, 528 ff.; 1936, 1953 ff.; 1938, 1329 (1330); BGH WM 1960, 259 (261); Palandt/*Grüneberg* § 398 Rn. 4.

[9] → Rn. 30 f.

Dies ergibt sich nunmehr aus den §§ 453 Abs. 1, 433 Abs. 1 Satz 1 BGB.[10] Dagegen haftet der Verkäufer im Zweifel nicht für die Bonität der Forderungen, die Zahlungsunfähigkeit des Schuldners ist kein Rechtsmangel.[11] Das Delkredererisiko liegt folglich nach dem gesetzlichen Leitbild beim Käufer.

11 Die Abgrenzung von Forderungskauf und besichertem Darlehen und daraus folgend zwischen Vollübertragung und Sicherungsübertragung ist nicht immer einfach. Die Rechtsprechung hat sie für das Factoring in denjenigen Fällen geklärt, in denen entweder der Veräußerer oder der Erwerber das Risiko des Forderungsausfalls vollständig tragen. Übernimmt der Erwerber das Delkredererisiko, greifen die Grundsätze des echten Factorings ein, in denen die Rechtsprechung und herrschende Literatur einen Kauf, und folglich auch eine Vollübertragung, annehmen.[12] Behält dagegen der Veräußerer das Delkredererisiko zurück, liegt unechtes Factoring vor. Dies gilt auch, wenn der Käufer zwar formal das Delkredererisiko übernimmt, aber aufgrund von Rücktrittsrechten des Käufers im Falle der Uneinbringlichkeit der Forderung oder aufgrund des Stellens von zusätzlichen Sicherheiten aus dem Vermögen des Verkäufers das Delkredere des Käufers weitgehend ausgehöhlt ist.[13] Das unechte Factoring wird überwiegend als Darlehen und folglich die Übertragung als Sicherungsübertragung qualifiziert. Allerdings haben jüngst einige Stimmen in der Literatur[14] zurecht auch das unechte Factoring als Kauf eingeordnet und qualifizieren daher vermutlich – ohne dies, soweit ersichtlich, ausdrücklich auszusprechen – die im Rahmen des unechten Factoring erfolgende Abtretung als Vollabtretung. Diese Grundsätze werden auch auf andere Forderungskäufe als solche im Rahmen von Factoringtransaktionen angewandt, insbesondere auf Verbriefungstransaktionen.[15] Damit sind die sich in der Praxis stellenden Probleme aber noch nicht gelöst. Sie behandeln nämlich nicht die Einordnung in den für Verbriefungstransaktionen typischen Fällen, in denen der Verkäufer in bestimmter, begrenzter Höhe eine Delkredereeserve stellt, das Ausfallrisiko im Übrigen aber auf den Käufer verlagert wird. Zum Beispiel erhält der Verkäufer den größten Teil des Kaufpreises sofort, einen kleinen Teil allerdings erst nach erfolgtem Einzug der Forderungen abzüglich des Betrages der ausgefallenen Forderungen, der ja zu diesem Zeitpunkt dann feststeht. Für Zwecke der handels- und steuerbilanziellen Behandlung hat man ausgeklügelte Systeme entwickelt, um festzustellen, ob die konkrete Höhe des Risikoeinbehalts die Bilanzierung beim Verkäufer oder Käufer nach sich zieht.[16] Für die zivilrechtliche Einordnung sind solche Überlegungen dagegen richtigerweise nicht angestellt worden: die Transaktion ist Kauf, soweit der Verkäufer den sofort gezahlten Kaufpreisteil endgültig behalten darf und diesbezüglich keinen Rückgriff fürchten muss.[17]

12 Das 2006 in den §§ 22a ff. KWG eingeführte Refinanzierungsregister[18] verlangt für seine Anwendbarkeit zwar eine Veräußerung im Gegensatz zu einer Sicherheitenbestel-

---

[10] S. BT-Drs. 14/6040, 202, *Arlt* S. 557 f.

[11] S. statt aller Palandt/*Weidenkaff* § 453 Rn. 22.

[12] S. BGHZ 58, 364 (366 f.), 100, 353 (358) und statt vieler *Canaris* NJW 1981, 249 (250 f.) und *Serick* BB 1976, 425 (429 ff.).

[13] BGHZ 69, 254 (257 f.), 100, 353 (358 f.), OLG Koblenz WM 1988, 45 (46), *Fleckner* ZIP 2004, 585 (593), *Papperitz* DStR 1993, 1841 (1842 ff.); s. auch *Obermüller* FS Kreft, 2004, 427 (429, 439).

[14] Staudinger/*Mülbert* § 488 Rn. 706 f., Kümpel/Mülbert/Früh/Seyfried/*Freis-Janik* Rn. 6.329 ff. Zum Meinungsstand s. a. BankR-HdB/*Martinek/Omlor* § 102 Rn. 44 ff.; *Gehrlein* (in ZInsO 2015, 1645) hat jüngst das unechte Factoring zwar als Darlehen eingeordnet (S. 1647), jedoch dem Factor dennoch ein Aussonderungsrecht an den Forderungen zugebilligt (S. 1649).

[15] S. etwa *Fleckner* ZIP 2004, 585 (593 f.), *Pannen/Wolff* ZIP 2006, 52 (55).

[16] S. etwa BFH 26.8.2010 – I R 17/09, WM 2011, 311 für Zwecke der Gewerbesteuer.

[17] Anders offenbar *Pannen/Wolff* ZIP 2006, 52 (55), *Obermüller* Insolvenzrecht in der Bankpraxis Rn. 8.498. Der BGH hat zwar immer wieder Aussagen zur typischen Höhe von Abschlägen im Rahmen von echtem Factoring getroffen, s. etwa BGHZ 69, 254 (258), 72, 15 (20 ff.), 75, 391 (397). Diese betrafen jedoch endgültige Abschläge und damit nicht die Reservenstruktur einer typischen Verbriefungstransaktion. Das übersieht *Arlt* S. 559, der davon auszugehen scheint, dass mehr als 9 % Abschlag das Umqualifizierungsrisiko erhöhen. Eing. zu dieser Thematik *Weber* S. 103 ff.; vgl. auch die Zusammenfassung von BankR-HdB/*Sethe* § 114a Rn. 73 ff.

[18] Dazu iE *Lehmann* in Kap. 24.

lung,[19] lässt aber ausweislich § 22j Abs. 4 KWG eine formal als Kauf ausgestaltete Vereinbarung genügen, auch wenn ein vollständiger Rückgriff auf den Verkäufer in Bezug auf Bonitätsrisiken verabredet ist[20] – obwohl diese Art der Vertragsgestaltung von der herrschenden Meinung in ein Darlehen mit Sicherungsübertragung umqualifiziert würde. Die Eintragung im Refinanzierungsregister gewährt nach § 22j Abs. 1, Satz 1 KWG ein Aussonderungsrecht gemäß § 47 InsO.[21]

b) Insolvenzverwalterwahlrecht – §§ 103 ff. InsO. Dadurch allein, dass die Vollübertragung der Forderungen ein Aussonderungsrecht gewährt, ist die Position des SPV insolvenzrechtlich noch nicht hinreichend geschützt. Sollte nämlich der einer Forderung zugrundeliegende Vertrag zwischen Verkäufer und Schuldner der Forderung dem Wahlrecht des Insolvenzverwalters nach § 103 InsO unterliegen, könnte der Insolvenzverwalter des Verkäufers dem SPV womöglich die Forderung entziehen – und zwar gleichgültig, ob er Erfüllung des Verkäufers oder Nichterfüllung wählt. Im Falle der Nichterfüllungswahl ist dies offensichtlich, im Fall der Erfüllungswahl ergibt es sich aus der Rechtsprechung zu § 103 InsO, die die Nichtigkeit der Abtretung wegen § 91 Abs. 1 InsO auch für den Fall der Erfüllungswahl annimmt.[22] 13

Bei der Verbriefung von Handelsforderungen macht dieses Thema meist wenig Schwierigkeiten: Wegen § 107 Abs. 1 InsO ist indes darauf zu achten, dass der unter Eigentumsvorbehalt veräußernde Verkäufer dem Schuldner den Besitz an der verkauften Ware übergeben hat. Die Verbriefung von Mietforderungen über unbewegliche Gegenstände erfordert dagegen wegen § 110 InsO eine grundbuchliche Absicherung, bei Verbriefung von Miet- und Leasingforderungen über bewegliche Gegenstände ist § 108 Abs. 1 Satz 2 InsO zu beachten. Früher gab es auch bei der praktisch überaus bedeutsamen Verbriefung von Darlehensforderungen Streit darüber, ob der Darlehensgeber durch Auszahlung der Darlehensvaluta seine Leistung im Sinne des § 103 InsO vollständig erbracht habe oder nicht.[23] Dieses Problem ist durch den Gesetzgeber aufgrund des durch die Insolvenzrechtsnovelle 2007 eingeführten § 108 Abs. 2 InsO[24] entschärft worden. Der Darlehensvertrag besteht danach in der Insolvenz des Darlehensgebers mit Wirkung für die Masse fort, soweit der Darlehensgegenstand dem Darlehensnehmer vor Insolvenz zur Verfügung gestellt wurde. 14

Dem SPV droht Ungemach durch § 103 InsO zudem im Verhältnis zwischen Originator und SPV. Der Kaufvertrag zwischen diesen beiden Parteien ist zu keinem Zeitpunkt während der Laufzeit der Transaktion vom SPV vollständig erfüllt, weil die meist vereinbarte zweite Kaufpreisrate erst am Ende der Transaktion gezahlt wird. Der Originator hat zwar mit Abtretung der Forderungen seine Hauptleistungspflicht vollständig erfüllt. Jedoch stehen typischerweise Nebenpflichten wie zB Informationspflichten noch offen. Nach neuester Rechtsprechung reicht zwar im Gegensatz zur früher herrschenden Meinung für die Anwendung des § 103 InsO nicht schon die beidseitige Nichterfüllung von auch verhältnismäßig geringfügigen Nebenpflichten im Sinne des § 320 Abs. 2 BGB[25]. Selbst 15

[19] Zur Frage, ob die Eintragung im Refinanzierungsregister auch die sicherungshalbe Übertragung ersetzen kann, s. einerseits verneinend *Tollmann* WM 2005, 2017 (2022 f.); *Tollmann* ZHR 169 (2005) 594 (602), Beck/Samm/Kokemoor/*Bornemann* Kreditwesengesetz mit CRR, Stand September 2019, § 22j KWG, Rn. 48 ff.; andererseits bejahend *Fleckner* WM 2006, 697 (699 f.); *Lehmann* in Kap. 24.

[20] S. BT-Drs. 15/5852, zu § 22j KWG, 23 (re. Sp.), dazu *Schmalenbach/Sester* WM 2005, 2025 (2030).

[21] Auch das ist ein Argument für die Auffassung, warum der Forderungskauf auch dann Kauf bleibt, wenn das Kreditrisiko vollständig vom Verkäufer getragen wird, → Rn. 11.

[22] StRspr s. BGHZ 106, 236 (241 ff.).

[23] S. etwa *Fleckner* ZIP 2004, 585 (595 ff.) einerseits, *Freitag* ZIP 2004, 2368 (2370) andererseits. S. dazu zudem *Gehrlein* ZInsO 2012, 101 ff. Zu § 17 KO offen gelassen vom BGH in WM 1990, 54 (56).

[24] Art. 1 Nr. 17 Gesetz zur Vereinfachung des Insolvenzverfahrens vom 13.4.2007, BGBl. I 2007, 509 (510).

[25] BGH ZIP 2019, 1233; ebenso Kübler/Prütting/Bork/*Tintelnot* § 103 Rn. 171 ff., Jaeger/*Jacoby* InsO 1. Aufl. 2014, § 103 Rn. 111. Für die Konkursordnung auch Jaeger/*Henckel* Konkursordnung § 17 Rn. 8, 69. Dagegen etwa BGH NJW 1983, 1619, MüKoInsO/*Huber* § 103 Rn. 123; Kayser/Thole/*Marotzke* § 103 Rn. 70, *Henckel* ZZP 99 (1986), 419 (428). Vermittelnd Uhlenbruck/*Wegener* § 103 Rn. 58 (selbständige

wenn aber die Anwendung des § 103 InsO auf den Kaufvertrag zwischen Originator und SPV eröffnet wäre, hätte dies nicht die Rückabwicklung der Transaktion etwa in dem Sinne zur Folge, dass das SPV die erworbenen Forderungen rückabtreten und sich bezüglich des Anspruchs auf Rückzahlung des Kaufpreises auf die Quote verweisen lassen müsste. Vielmehr verbleiben die bereits erbrachten Teilleistungen beim jeweiligen Leistungsempfänger. Nur in dem Umfang, in dem Leistungen des Originators noch nicht erbracht sind, ist das SPV bei Wahl der Nichterfüllung durch den Insolvenzverwalter auf die Quote verwiesen.[26] Dies ist jedoch wegen der vergleichsweise geringen Bedeutung der vom Originator nach erfolgter Abtretung noch zu erbringenden Nebenpflichten in aller Regel kein größeres Problem. Daher ist es nicht erforderlich, die zumeist bis zum Schluss noch offene zweite Kaufpreisrate artifiziell als „Bonifikation" oder als „leistungsabhängiges Servicingentgelt" zu bezeichnen, wie dies teilweise in der Praxis anzutreffen ist.

16 Oft werden im Kaufvertrag zwischen Originator und SPV revolvierende Ankäufe vereinbart. Wenn Forderungen eingezogen werden und damit erlöschen, werden sie periodisch durch neu erworbene Forderungen ersetzt. Fällt der Originator in die Insolvenz, berührt das die zumindest einseitig bereits vollständig erfüllten Verkäufe nicht mehr. Nach der Rechtsprechung bleiben teilbare Leistungen von § 103 InsO unangetastet, auch wenn der Vertrag insgesamt von beiden Parteien nicht vollständig erfüllt ist.[27] Die einzelnen Ankäufe sind auf diese Weise voneinander abgeschottet.

17 **c) Vorläufige Sicherungsmaßnahmen.** § 21 InsO ermächtigt das Insolvenzgericht zum Erlass vorläufiger Sicherungsmaßnahmen im Eröffnungsverfahren, soweit sie notwendig sind, um eine nachteilige Veränderung in der Vermögenslage des Schuldners zu verhindern, bis das Insolvenzgericht über die Eröffnung eines Insolvenzverfahrens entschieden hat. Insbesondere können Maßnahmen nach § 21 Abs. 2 Satz 1 Nr. 5 InsO dazu führen, dass Sicherungsrechte von Gläubigern im Zeitraum zwischen Insolvenzantrag und Eröffnung des Insolvenzverfahrens nicht oder nur eingeschränkt durchgesetzt werden können.[28] Dies kann unter Umständen zu einer empfindlichen Beeinträchtigung der Rechtsposition der im nachfolgenden Insolvenzverfahren aus- oder absonderungsberechtigten Gläubiger führen. Dagegen muss in Verbriefungstransaktionen angestrebt werden, die vom Originator an das SPV verkauften Vermögenswerte vollständig dem Zugriff des Originators und seiner anderen Gläubiger zu entziehen und dem SPV und seinen Gläubigern uneingeschränkt zur Verfügung zu stellen.

18 Sollte eine Anordnung nach § 21 Abs. 2 Satz 1 Nr. 5 InsO ergehen, dürfen die betroffenen Gegenstände vom Schuldner im Rahmen der Fortführung des Unternehmens genutzt werden, sofern sie dafür von wesentlicher Bedeutung sind. In den Materialien zum Gesetz zur Vereinfachung des Insolvenzverfahrens wird als Zweck des § 21 Abs. 2 Satz 1 Nr. 5 InsO die Erhaltung des materiellen Substrats des Unternehmens genannt, dh das Unternehmen soll als wirtschaftliche Einheit fortbestehen können.[29] Deshalb sei es legitim, die Verwertung von Gegenständen zu verhindern, die vom Schuldner sicherungsübereignet worden sind oder die von einem Dritten ausgesondert werden können. Als Beispiel für letztere werden bewegliche Sachen genannt, die an den Schuldner unter Eigentumsvorbehalt geliefert worden sind, etwa Produktionsanlagen.[30] Forderungen, bezüglich derer ein Dritter ein Aussonderungsrecht hat, werden dagegen nicht genannt. Das erscheint auch plausibel, da man sich bei nicht zur Masse gehörenden Forderungen, anders als bei

---

klagbare Nebenpflichten, die „dem Leistungsinteresse dienen"); ähnlich wohl *Gehrlein* ZInsO 2015, 1645 (1648).

[26] BGHZ 129, 336 (340), 135, 25 (27 f.), jeweils zu § 17 KO.

[27] BGHZ 150, 353 ff., s. a. § 105 S. 1 InsO sowie BankR-HdB/*Sethe* § 114a Rn. 80, der allerdings beidseitig vollständige Erfüllung verlangt.

[28] Eingeführt durch Art. 1 des Gesetzes v. 13.4.2007 (BGBl. I 2007, 509); Übergangsvorschrift in Art. 103c Abs. 1 EGInsO.

[29] Stellungnahme der Bundesregierung, BT-Drs. 16/3227, 15.

[30] Stellungnahme der Bundesregierung, BT-Drs. 16/3227, 15 f.

Maschinen oder anderen Produktionsanlagen, kaum vorstellen kann, dass diese für die Fortführung des Unternehmens des Schuldners von signifikanter Bedeutung sein können.[31] Aus diesen Gründen nehmen die Gesetzesmaterialien ausdrücklich solche Forderungen vom Anwendungsbereich der Vorschrift aus, die Gegenstand von Factoring-Transaktionen waren,[32] auch wenn das im Wortlaut des § 21 Abs. 2 Satz 1 Nr. 5 InsO selbst keinen Niederschlag gefunden hat.[33] Die Literatur ist dem weitgehend gefolgt, oft mit dem Hinweis, die Tatsache der Veräußerung der Forderungen zeige, dass sie für den Fortbestand des Unternehmens nicht von Bedeutung seien.[34]

Maßnahmen nach den §§ 46 ff. KWG beeinträchtigen Verbriefungstransaktionen nicht, da von einer Bank abgetretene Forderungen davon nicht erfasst werden und auch sonstige, vom Originator gewährte Sicherheiten so strukturiert werden, dass sie trotz eines Moratoriums oder ähnlicher Beschränkungen weiterhin vom SPV durchgesetzt werden können.[35]

Ähnliches gilt in Bezug auf Maßnahmen nach dem Sanierungs- und Abwicklungsgesetz (SAG): Das SAG ermächtigt die FMSA zu einer Reihe von Eingriffen zum Schutz vor systemischen Risiken für das Finanzsystem und zur Vermeidung eines mit Steuergeldern finanzierten bail-out von Finanzinstituten. Unter anderem können gemäß § 90 SAG Ansprüche von Gläubigern solcher Institute vermindert und in Eigenkapital umgewandelt werden (sog. bail-in). Das SPV sollte jedoch von derartigen Maßnahmen verschont bleiben: Zum einen sind die vom SPV angekauften Forderungen in aller Regel Gegenstand von Aussonderungsrechten und unterliegen damit nicht dem bail-in, weil diesbezüglich schon keine Verbindlichkeit des Instituts vorliegt. Selbst wenn dies im Ausnahmefall einmal anders sein sollte, hilft § 91 Abs. 2 Nr. 2 SAG, der besicherte Ansprüche vom bail-in ausnimmt.

d) Anfechtungstatbestände – §§ 129 ff. InsO. Der Ankauf von Vermögensgegen- 19
ständen durch das SPV wird in der Regel ein Bargeschäft nach § 142 InsO darstellen.[36] Da eine vorsätzliche Gläubigerbenachteiligung gemäß § 133 Abs. 1 InsO fernliegt und nur diese Vorsatzanfechtung auch beim Bargeschäft in Frage kommt,[37] könnte es damit sein Bewenden haben. Allerdings sind die Voraussetzungen des Bargeschäfts in der Praxis oft schwer nachweisbar. Für die verkauften Forderungen muss dem Originator eine Gegenleistung zugehen, die erstens zeitlich unmittelbar im Zusammenhang mit dem Verlust der Forderungen in sein Vermögen gelangt. Eine Kreditierung würde die Anwendung der Vorschrift ausschließen. Zweitens muss die Gegenleistung gleichwertig sein, also dem objektiven Wert[38] der Forderungen zumindest entsprechen. Wie hoch demgemäß der dem Originator zufließende Kaufpreis sein muss, lässt sich vielfach nicht sicher bestimmen. Zwar hat das OLG Bremen echtes Factoring bei einem Sicherheitsabschlag von 10 % als Bargeschäft anerkannt,[39] und das Schrifttum ist dem weitgehend gefolgt und behandelt allgemein das echte Factoring als Bargeschäft,[40] jedoch wird je nach den Umständen des Einzelfalls der Sicherheitsabschlag höher sein können oder niedriger sein müssen, um das Erfordernis der Gleichwertigkeit zu erfüllen.

---

[31] *Ganter* NZI 2007, 549 (551, 554), *Kirchhof* ZInsO 2007, 227 (228).

[32] Stellungnahme der Bundesregierung, BT-Drs. 16/3227, 16.

[33] *Ganter* NZI 2007, 549 (554), *Kirchhof* ZInsO 2007, 227 (228); *Schmerbach/Wegener* ZInsO 2006, 400 (404).

[34] *Emer* FLF 2009, 119 (120 ff.), *Kirchhof* ZInsO 2007, 227 (228) (der allerdings eine Ausnahme für das Inhouse Factoring macht, bei dem der Anschlusskunde für den Factor einzieht); *Ganter* NZI 2007, 549 (554); ausführlich und diff. *Weber* S. 247 ff.; anders dagegen *Schmerbach/Wegener* ZInsO 2006, 400 (404).

[35] Ausführlich dazu *Weber* S. 257 ff.

[36] So auch *Obermüller* FS Kreft, 427 (435), *Pannen/Wolff* ZIP 2006, 52 (53).

[37] Zusätzlich eventuell auch die Anfechtung wegen inkongruenter Deckung, s. Kayser/Thole/*Kreft* § 142 Rn. 13. Diese spielt hier aber ebenfalls keine große Rolle.

[38] BGHZ 150, 122 ff.

[39] OLG Bremen ZIP 1980, 539 (543).

[40] Uhlenbruck/*Borries/Hirte* § 142 Rn. 60, MüKoInsO/*Kirchhof/Piekenbrock* § 142 Rn. 22 („zu marktüblichen Bedingungen").

20 Folglich kommt man nicht umhin, zusätzlich dafür Sorge zu tragen, dass Anfechtungen nach den §§ 130 ff. InsO auch aus anderen Gründen ausscheiden. Praktisch relevant ist vor allem die Vorschrift des § 130 Abs. 1 Ziffer 1 InsO: Anfechtbar sind danach Rechtshandlungen, die in den letzten drei Monaten vor dem Antrag auf Eröffnung des Insolvenzverfahrens vorgenommen worden sind, wenn der Originator zu dieser Zeit zahlungsunfähig war und das SPV die Zahlungsunfähigkeit kannte. Um zumindest Kenntnis auszuschließen, verlangt die Praxis von der Geschäftsführung des Originators bei jedem Ankauf von Vermögenswerten oder jedenfalls quartalsweise eine Bestätigung seiner Solvenz, ein sogenanntes Solvency Certificate.[41]

21 **e) Bankaufsichtsrechtliche Erlaubnispflicht.** Auch sofern das SPV valutierte Darlehensforderungen aufgrund eines Kauf- und Abtretungsvertrages mit dem Originator erwirbt, betreibt es kein Kreditgeschäft im Sinne des § 1 Abs. 1 S. 2 Nr. 2 KWG, da es nicht Darlehen selbst gewährt, sondern nur aufgrund bereits ausgereichter Darlehen entstandene Forderungen erwirbt. Gleichgültig ist in diesem Zusammenhang, ob der Erwerb mittels einer Abtretung nach § 398 BGB oder durch Vertragsübernahme erfolgt.[42] Auch der Eintritt in Darlehensverträge als Darlehensgeber bedeutet nicht, dass das SPV Darlehen ausreicht. Die Pflichten des Darlehensgeber umfassen bei voll gezogenen Darlehen gerade keine Darlehensgewährung, sondern nur die Belassung der bereits ausgereichten Darlehensvaluta. Solange das SPV das Darlehen nicht verlängert oder durch Novation umschuldet, bedarf es keiner Banklizenz.[43]

22 Etwas mehr Begründungsaufwand bedarf es, um zu begründen, warum das SPV kein Finanzkommissionsgeschäft gemäß § 1 Abs. 1 S. 2 Nr. 4 KWG betreibt. Das SPV schließt vielfach Zinsderivate ab,[44] die als Derivate gemäß § 1 Abs. 11, S. 3 KWG unter den Begriff der Finanzinstrumente gemäß § 1 Abs. 11, S. 1 Nr. 8 KWG fallen.[45] Dennoch betreibt das SPV kein Finanzkommissionsgeschäft, auch wenn die Investoren wirtschaftlich von dem abgeschlossenen Zinsderivat profitieren. Kommissionsgeschäft liegt nur vor, wenn das Ausführungsgeschäft aufgrund eines Auftrages und zeitlich nach Erteilung desselben durchgeführt wird. Wollte man im Abschluss des Zinsderivates ein Finanzkommissionsgeschäft für die Investoren sehen, müsste man eine Beauftragung des SPV durch die Investoren annehmen, dieses Zinsderivat für sie abzuschließen, und der Abschluss des Derivates müsste dieser Beauftragung nachfolgen und als Erfüllung des Auftrages anzusehen sein. Richtigerweise verlangt das Tatbestandsmerkmal „für fremde Rechnung“ in § 1 Abs. 1 Satz 2 Nr. 4 KWG nämlich eine vertragliche Vereinbarung zwischen Kommittent und Kommissionär nach § 383 Abs. 1 HGB und lässt ein bloß tatsächliches Handeln nicht ausreichend sein.[46] Das scheint auch die Rechtsprechung sowohl des BVerwG[47] als auch des BGH[48] und ihnen jetzt folgend auch die BaFin[49] anzuerkennen. Im Zeitpunkt des

[41] Standard & Poor's, Legal Criteria for European Structured Finance Transactions, 2008, S. 21 f.

[42] BankR-HdB/*Sethe* § 114a Rn. 56.

[43] So auch die Bundesanstalt für Finanzdienstleistungsaufsicht (BaFin), Abschnitt 1(a) Abs. 4 des Merkblatts v. 8.1.2009, zuletzt geändert am 2.5.2016 – Hinweise zum Tatbestand des Kreditgeschäfts, Boos/Fischer/Schulte-Mattler/*Schäfer* § 1 Rn. 57, Kümpel/Mülbert/Früh/Seyfried/*Freis-Janik* Rn. 2.86; anders dagegen teilweise die Lit., s. *Hofmann/Walter* WM 2004, 1566 (1569); *Nobbe* ZIP 2008, 97 (99); *Theewen* WM 2004, 105 (112); offen gelassen von BGH NJW 2011, 3024, wo aber die Wirksamkeit der Forderungsabtretung trotz eines etwaigen Erfordernisses einer Bankerlaubnis im Einklang mit der stRpsr bestätigt wird.

[44] Während die zugrundeliegenden Vermögenswerte feste Verzinsungen aufweisen, sind ABS traditionell variabel verzinslich. Die Investorenpräferenzen haben sich aufgrund der massenweisen Ratingherabstufung von Banken und der damit einhergehenden Verknappung geeigneter Derivate-Kontrahenten sowie als Folge der nunmehr wesentlich höheren regulatorischen Anforderungen an Derivategeschäfte nur teilweise in Richtung festverzinslicher ABS verschoben.

[45] S. nur Boos/Fischer/Schulte-Mattler/*Schäfer* § 1 Rn. 288 ff.

[46] Boos/Fischer/Schulte-Mattler/*Schäfer* § 1 Rn. 74 ff.; *Hammen* WM 2005, 813 (821); *Dreher* ZIP 2004, 2161 (2163); *Fock* ZBB 2004, 365 (368); *Frey* BKR 2005, 200 (201); *Zerwas/Hanten* ZBB 2000, 44 (48).

[47] BVerwGE 130, 262, BVerwG NVwZ-RR 2009, 980.

[48] BGH WM 2010, 262.

[49] S. Merkblatt – Hinweise zur Tatbestand des Finanzkommissionsgeschäfts vom 18. März 2010, zuletzt geändert am 4. Mai 2017.

Abschlusses des Zinsderivates einen Kommissionsvertrag zwischen dem SPV und den dann womöglich namentlich noch gar nicht feststehenden Investoren anzunehmen, liegt aber fern.[50]

Da dem Gesetzgeber diese Rechtsprechung zu § 1 Abs. 1 Satz 2 Nr. 4 KWG mit dem Abstellen auf eine vertragliche Kommissionsvereinbarung als zu eng erschien, reagierte er mit der Einfügung eines zusätzlichen Erlaubnistatbestandes, der Anlageverwaltung gemäß § 1 Abs. 1 Satz 2 Nr. 11 KWG. Auch hier wiederum könnte man auf den Gedanken kommen, das Abschließen eines Zinsderivates als Finanzinstrument und das mittelbare Profitieren der Investoren von diesem Zinsderivat würden das SPV der Banklizenzpflichtigkeit unterwerfen. Jedoch ist der neu eingefügte § 1 Abs. 1 Satz 2 Nr. 11 KWG aus ähnlichen Gründen nicht einschlägig, wie das beim Finanzkommissionsgeschäft der Fall war. Der Gesetzgeber wollte ausweislich der Gesetzesbegründung nicht die Tätigkeit von Zweckgesellschaften erfassen, die weder selbst direkt Investoren ansprechen noch Entscheidungsspielraum bei der Auswahl von abzuschließenden Finanzinstrumenten haben.[51] In ähnlichem Sinne hat sich zudem die BaFin geäußert.[52] 23

Auch die ebenfalls recht neue Vorschrift des § 1 Abs. 1a Satz 2 Nr. 9 KWG, die den laufenden Ankauf von Forderungen aufgrund von Rahmenverträgen als Finanzdienstleistungsgeschäft definiert und zu einer, wenn auch vergleichsweise wenig einschneidenden, Aufsicht führt, passt nicht auf Verbriefungsvehikel. Oft wird es schon am Erfordernis des Rahmenvertrages fehlen. Aber auch wenn revolvierende Ankäufe durch das SPV vorgesehen sind, greift die Vorschrift nach Sinn und Zweck nicht ein. Das typische Factoringgeschäft mit eigenem Forderungseinzug betreibt das SPV gerade nicht, vielmehr verbleibt das Servicing beim Originator. Im Gesetzgebungsverfahren, das zur Einfügung des § 1 Abs. 1 Nr. 9 KWG führte, erschien dies als so offensichtlich, dass davon abgesehen wurde, SPVs ausdrücklich von der Anwendung dieser Vorschrift auszunehmen.[53] 24

f) Datenschutz und Bankgeheimnis. Im Zusammenhang mit dem Verkauf und der Abtretung von Forderungen ist regelmäßig die Offenlegung der Schuldneridentität nicht von Anfang an zwingend erforderlich. Forderungen lassen sich auch dann mit hinreichender Bestimmbarkeit bezeichnen, wenn sie anonymisiert sind. Verwaltet und eingezogen werden können sie in diesem Fall allerdings nur durch den Originator. Sofern dieser nicht oder nicht mehr die Gewähr für eine sorgfältige Einziehungstätigkeit im Interesse des SPV bietet, muss das SPV die Möglichkeit haben, einen Ersatzverwalter *(back-up servicer)* zu beauftragen. Dieser benötigt die persönlichen Schuldnerdaten, um mit den Forderungsschuldnern in Kontakt treten zu können. Das SPV hat gemäß § 402 BGB einen Anspruch auf Auslieferung aller zur Geltendmachung erforderlichen Auskünfte und Unterlagen. Einer Offenlegung dieser Daten stehen aber womöglich der Datenschutz und das Bankgeheimnis entgegen. Die neue Datenschutz-Grundverordnung (DSGVO) schützt alle Daten, die gemäß Art. 4 Nr. 1 DSGVO als personenbezogene Daten von identifizierten oder identifizierbaren natürlichen Personen zu qualifizieren sind. Das sind nicht nur die Daten von natürlichen Personen als Forderungsschuldner, sondern auch die Daten von solchen natürlichen Personen, deren Namen Eingang in einen Firmennamen etwa einer Personen- 25

---

[50] Auch die Begründung zum Gesetz zur Neuorganisation der Bundesfinanzverwaltung hält eine Bankerlaubnis nach § 1 Abs. 1 S. 2 Nr. 4 KWG für ein SPV iSd § 1 Abs. 26 KWG nicht für erforderlich, s. BT-Drs. 15/5852, 17 ff.

[51] So ausdrücklich der Entwurf eines Gesetzes zur Fortentwicklung des Pfandbriefrechts, BT-Drs. 16/11 130, 43 ff.

[52] Abschnitt 5, (a), 3. Absatz des Merkblattes – Hinweise zum Tatbestand der Anlageverwaltung v. 13.10.2011, zuletzt geändert am 26. Juli 2013.

[53] S. Bericht des Finanzausschusses zu dem Gesetzesentwurf der Bundesregierung – Entwurf des Jahressteuergesetzes 2009 (JStG 2009), BT-Drs. 16/11 108, 55. Die BaFin hat sich dieser Auffassung in einem Merkblatt „Hinweise zum Tatbestand des Factoring (§ 1 Abs. 1a S. 2 Nr. 9 KWG) v. 5.1.2009, Abschnitt IV, 5. Abs. angeschlossen.

gesellschaft gefunden haben.[54] Das Bankgeheimnis hat eine vertragliche Grundlage und ist Bestandteil jeden Bankvertrages, § 2 Abs. 1 AGB-Banken. Es gebietet der Bank Verschwiegenheit über alle kundenbezogenen Tatsachen und Wertungen. Informationen darüber dürfen ohne Einwilligung des Kunden nicht weitergegeben werden.[55] Die Einholung einer Einwilligung kommt aber in Verbriefungstransaktionen schon wegen der oft sehr großen Zahl der Schuldner nicht in Betracht.

26 Der Vorgänger der BaFin, das BAKred, hat 1997[56] diesen Konflikt mit Hilfe eines sogenannten Datentreuhänders aufzulösen versucht und dabei Notare und Kreditinstitute als Datentreuhänder zugelassen. Der Forderungskäufer erhält die persönlichen Schuldnerdaten vom Forderungsverkäufer bei Abschluss der Transaktion in verschlüsselter Form, der Datentreuhänder erhält den Schlüssel. Erst bei Vorliegen bestimmter Voraussetzungen, etwa einem schweren Verstoß des Forderungsverkäufers gegen seine Verpflichtungen aus der Verwaltungsvereinbarung oder der Insolvenz des Forderungsverkäufers, darf der Datentreuhänder den Schlüssel an den Ersatzverwalter herausgeben. Die Praxis hat diese Struktur über den Anwendungsbereich des BAKred-Rundschreibens hinaus auch auf Fälle angewandt, in denen zwar nicht das Bankgeheimnis, aber datenschutzrechtliche Erwägungen die Weitergabe persönlicher Schuldnerdaten als problematisch erscheinen lassen, also etwa im Falle der Abtretung von Handels- oder Mietforderungen, die sich gegen natürliche Personen richten.

27 Weder die DSGVO noch das Bankgeheimnis normieren einen absoluten Schutz vor Offenlegung von Informationen, in beiden Hinsichten gilt das Prinzip der Verhältnismäßigkeit.[57] Mit Hilfe des Datentreuhänders wird ein adäquater Ausgleich der Interessen des Originators nach Verwendung der Forderungen zu Verbriefungszwecken auf der einen Seite und denen der Bankkunden nach Geheimhaltung auf der anderen Seite erreicht, da eine Offenlegung nur erfolgt, soweit sie im Rahmen der Verbriefungstransaktion unvermeidbar ist. Die Offenlegung geschieht zudem gegenüber einem Ersatzverwalter, der in der Regel im Inland operiert, so dass eine womöglich wegen des dort geringeren Schutzniveaus problematische Übermittlung der Daten ins Ausland auch dann nicht erfolgt, wenn das SPV seinen Sitz im Ausland hat.[58] Die Benachrichtigung des Schuldners von der Übermittlung der Daten kann nach Art. 14 Abs. 5 lit. (b) DSGVO unterbleiben.[59]

28 Auch wenn die Rechtsprechung in den letzten Jahren selbst bei Verstößen gegen das Bankgeheimnis oder das Datenschutzrecht die Wirksamkeit der Abtretung bestätigt hat,[60] arbeitet die Praxis daher mit Datentreuhänder-Strukturen. Diese funktionieren allerdings dann nicht, wenn die Einziehung der Forderungen von vornherein durch den Forderungskäufer erfolgen soll. Gewollt ist das beim Verkauf von Darlehensportfolien vor allem, wenn notleidende Kreditengagements veräußert werden. Der Forderungskäufer verspricht sich regelmäßig aus der Übernahme der Einziehungstätigkeit bessere Ergebnisse, als diese der

[54] Anders für nach natürlichen Personen benannten Kapitalgesellschaften wegen Erwägungsgrund 14 S. 2, Gola/*Gola* DS-GVO, 2. Aufl. 2018, Art. 4 Rn. 23 ff.

[55] S. zB *Hofmann/Walter* WM 2004, 1566 (1571 f.), *Bomhard/Kessler/Dettmeier* BB 2004, 2085 (2086).

[56] BAKred, Rundschreiben 4/97, abgedruckt etwa in WM 1997, 1820 ff.

[57] Für den Datenschutz ergibt sich das aus Art. 6 Abs. 1 lit (f) DSGVO; zum Bankgeheimnis s. etwa Kümpel/Mülbert/Früh/Seyfried/*Merz/Büchel* Rn. 3.250 ff.

[58] S. dazu *Kusserow/Dittrich* WM 1997, 1786 (1790 f.); *Klüwer* S. 205 ff.

[59] Etwas vorsichtiger *Arlt* S. 582 zum alten § 33 Abs. 2 Nr. 3 BDSG.

[60] OLG Celle WM 2004, 1384 zum BDSG, BGH WM 2007, 643 (644 f.); BGH WM 2009, 2307 und BGH WM 2011, 1168 (1171) zum Bankgeheimnis und auch zum BDSG. Zur neuen DSGVO liegt, soweit ersichtlich, noch kein Urteil vor, die Rspr. zum BDSG sollte aber übertragbar sein. Das Urteil des OLG Frankfurt aus dem Jahr 2004 (WM 2004, 1386), das aus dem Bankgeheimnis ein vertragliches Abtretungsverbot gem. § 399 Fall 2 BGB abgeleitet hatte, ist damit überholt. Eine Verfassungsbeschwerde gegen das Urteil des BGH aus dem Jahr 2007 zum Bankgeheimnis wurde vom BVerfG nicht angenommen (BVerfG WM 2007, 1694). S. a. § 22d Abs. 4 KWG, der nur schriftliche und damit insbesondere nicht bloß konkludente Abtretungsverbote als einer wirksamen Eintragung in das Refinanzierungsregister entgegenstehend behandelt. Der BGH hat ferner in BGH NJW 2010, 361 entschieden, dass eine Abtretung von Darlehensforderungen durch Sparkassen nicht gegen § 203 Abs. 2 S. 1 Nr. 1 StGB verstößt und damit auch nicht nach § 134 BGB unwirksam ist.

Verkäufer zu erzielen im Stande gewesen wäre. Daher ist in diesen Fällen nach dem Willen der Parteien die unmittelbare Offenlegung der Schuldnerdaten erforderlich. Den Darlehensnehmern steht der Schutz durch Bankgeheimnis und Datenschutz freilich ohnehin nur solange zu, als das zugrundeliegende Darlehen nicht aufgrund von Verstößen des Darlehensnehmers gekündigt werden kann.[61]

2. Verwaltung

Sofern dem Originator auch nach Verkauf die Verwaltung der verkauften Vermögensgegenstände obliegt, wird eine Verwaltungsvereinbarung zwischen Originator und SPV abgeschlossen, die als Geschäftsbesorgungsvertrag nach § 675 BGB einzuordnen ist. Sie enthält eine Einziehungsbefugnis gemäß § 185 Abs. 1 BGB, die auch die gerichtliche Geltendmachung im Wege der gewillkürten Prozessstandschaft umfasst. Meist ist die Ersetzung des Originators durch eine Drittpartei auf Verlangen des SPV vorgesehen, insbesondere dann, wenn der Originator aufgrund finanzieller oder organisatorischer Schwierigkeiten keine ausreichende Gewähr mehr für eine ordnungsgemäße Verwaltung der Vermögensgegenstände bietet. Darin liegt auch im Insolvenzfall kein Verstoß gegen die §§ 103, 119 InsO, obwohl die Verwaltungsvereinbarung in der Insolvenz des Originators nach §§ 115, 116 InsO mangels anderweitiger Vereinbarung seine Gültigkeit behält, weil das SPV auf die sofortige Weiterleitung der auf die Forderungen eingegangenen Erlöse angewiesen ist.[62] 29

Bisweilen sind für die Verwaltung so besondere Kenntnisse und organisatorische Voraussetzungen erforderlich, dass von vornherein eine Drittpartei gesucht wird, die gegebenenfalls schnell einspringen kann. Diese fungiert dann als ein sogenannter *hot back-up servicer,* der vertraglich verpflichtet ist, unter bestimmten Voraussetzungen die Verwaltung der Forderungen zu übernehmen und deshalb bereits bei Abschluss der Transaktion sich so einrichten muss, dass dies jederzeit mit beschränktem Vorlauf erfolgen kann. 30

a) Aussonderung und Ersatzaussonderung. Die vom Originator als Verwalter für das SPV eingezogenen Gelder müssen periodisch an das SPV abgeführt werden. In der Insolvenz des Verwalters steht dem SPV ein Anspruch auf Ersatzaussonderung nach § 48 InsO zu. Dabei sind zwei Fälle zu unterscheiden: (i) Sind die Gelder vor Insolvenz durch den Verwalter eingezogen worden, aber zum Zeitpunkt des Insolvenzeintritts noch nicht abgeführt, so greift ein Ersatzaussonderungsanspruch gemäß § 48 Satz 2 InsO nur dann ein, wenn die Gelder in der Masse noch unterscheidbar vorhanden sind. Jedwede zwischenzeitliche Belastungsbuchung bezüglich des Einziehungskontos schadet, soweit der dann noch verbleibende Saldo die eingezogenen Gelder nicht mehr sicher enthält. (ii) Sind die Gelder dagegen nach Insolvenz durch den Insolvenzverwalter eingezogen worden und war der Insolvenzverwalter nicht zur Einziehung berechtigt (was kautelarjuristisch regelmäßig sichergestellt wird), verlangt § 48 Satz 2 InsO zwar ebenfalls die Unterscheidbarkeit der eingezogenen Gelder, jedoch obliegt es dem Insolvenzverwalter, für eine getrennte Verwahrung derartiger Gelder zu sorgen,[63] so dass er sich auf Vermischung nicht berufen kann. Das sog. co-mingling risk besteht also für Gelder, die vor Insolvenz eingehen und bei Insolvenz noch nicht abgeführt sind. Als je weniger kreditwürdig der Verwalter der Forderungen eingeschätzt wird, desto häufiger wird man ihm daher auferlegen, die eingezogenen Gelder abzuführen. 31

Zudem arbeitet die Praxis mit zugunsten des SPV verpfändeten Einziehungskonten. Je nach Kreditwürdigkeit des Verwalters der Forderungen erlaubt das SPV als Inhaber des 32

[61] S. *Nobbe* ZIP 2008, 97 (102 ff.) mwN zum Meinungsstand im Einzelnen, *Domke/Sperlich* BB 2008, 342 ff.

[62] Ebenso, aber auf abweichende Stimmen hinweisend *Obermüller* FS Kreft, 2004, 427 (434), *Blank/Möller* ZInsO 2003, 437 ff.

[63] BGHZ 141, 116 ff.

Pfandrechts Verfügungen über das Konto bis auf jederzeit zulässigen Widerruf oder behält sich von vornherein ein Zustimmungserfordernis bezüglich sämtlicher Verfügungen vor.

33 **b) Rechtsberatungslizenz, Zahlungsdienste.** Zieht der Forderungskäufer die angekauften Forderungen nicht selbst ein, sondern lässt dies entweder durch den Forderungsverkäufer oder durch einen Dritten erledigen, könnte das Rechtsdienstleistungsgesetz (RDG) einschlägig sein. § 3 RDG verlangt für die Erbringung von außergerichtlichen Rechtsdienstleistungen eine Erlaubnis. Zwar zählt gemäß § 2 Abs. 2 Satz 1 RDG auch die Einziehung fremder Forderungen zu den Rechtsdienstleistungen, § 2 Abs. 2 Satz 2 RDG nimmt jedoch den Forderungsverkäufer vom Anwendungsbereich des RDG aus,[64] die Forderungen gelten auch nach ihrer Abtretung nicht als fremd. Verwaltet ein Dritter als Ersatzservicer die Forderungen für den Forderungskäufer, bedarf er einer Lizenz nach dem RDG. Konzerninterne Ersatz- oder Master Servicer sind allerdings wegen § 2 Abs. 3 Nr. 6 RDG von der Erlaubnispflicht nicht betroffen. Zahlungsdienste im Sinne des § 1, Abs. 1, Satz 2 ZAG werden dagegen in diesem Zusammenhang nicht erbracht. Der Forderungsverkäufer verwaltet schon nicht primär für den Forderungskäufer[65]. Der Ersatzservicer erbringt Inkassotätigkeiten, und diese sind nicht in erster Linie auf das Weiterleiten von Zahlungen gerichtet[66].

III. Einzelne Transaktionsarten

1. True Sale Verbriefungen

34 **a) Residential Mortgage Backed Securities (RMBS).** Die ersten Verbriefungstransaktionen in den USA betrafen grundschuldbesicherte Wohnungsbaukredite. Die in diesem Zusammenhang begebenen Wertpapiere werden als Residential Mortgage Backed Securities (RMBS) bezeichnet. Sie stellen noch heute eine der wichtigsten Spielarten von Verbriefungstransaktionen dar, auch wenn in Deutschland ihre Bedeutung nicht zuletzt wegen des Hypothekenpfandbriefs geringer ist als in anderen Jurisdiktionen wie zB in England oder den Niederlanden. In Deutschland wurden vor allem die Außerdeckungsteile von wohnwirtschaftlichen Krediten verbrieft, erstmals durch die Rheinische Hypothekenbank in der GEMS-Transaktion.[67]

35 Die große rechtliche Herausforderung dieser Transaktionsart liegt in dem Erfordernis, nicht nur die Darlehensforderungen, sondern auch die sie besichernden Grundschulden auf den Forderungskäufer zu übertragen. Die leichter übertragbaren Briefgrundschulden spielen praktisch nur eine untergeordnete Rolle, und die Übertragung von Buchgrundschulden setzt nach §§ 1192 Abs. 1, 1154 Abs. 3, 873 BGB die Eintragung der Rechtsänderung im Grundbuch voraus. Dies führt angesichts der großen Zahl von in Verbriefungstransaktionen zu übertragenden Grundschulden nicht nur zu prohibitiv hohen Kosten, sondern auch zu einem sehr großen Verwaltungsaufwand. Zudem wird der Grundstückseigentümer von der Umschreibung der Grundschuld nach § 55 GBO benachrichtigt, wodurch die Zession an das SPV nicht mehr still ist.[68]

36 Unterlässt man die Übertragung der Grundschulden, führt dies dann zu Problemen für den Forderungskäufer, wenn sowohl der Forderungsverkäufer insolvent, als auch der Darlehensnehmer zahlungsunfähig oder zahlungsunwillig ist. Solange nämlich der Forde-

[64] Die Vorschrift entspricht Art. 1 § 5 Nr. 4 RBerG. Seine Einfügung durch Art. 21a des Vierten Finanzmarktförderungsgesetzes im Jahr 2002 (BGBl. I S. 2010 ff.) beendete die Diskussion darüber, ob der Originator eine Rechtsberatungslizenz benötige. Schlimmstenfalls hätte bei einem Verstoß gegen das Rechtsberatungsgesetz nach § 134 BGB die Nichtigkeit des Verwaltungsvertrages und über § 139 BGB womöglich sogar die Nichtigkeit des Forderungskaufs gedroht, s. *Caliebe* BB 2000, 2369 (2376 f.), *Klüwer* S. 225.

[65] S. *Lackhoff* KredW 2012, 503 ff.

[66] S. BT-Drs. 16/11613 v. 16. Januar 2009, 35.

[67] GEMS 1995-1 B. V. v. Mai 1995.

[68] S. *Obermüller* FS Kreft, 2004, 427 (441 f.); *Fleckner* ZIP 2004, 585 (587).

rungsverkäufer die vom Darlehensnehmer erhaltenen Zahlungen weiterleiten kann, reicht die Geltendmachung der Grundschuld durch ihn als Inhaber aus. Zahlt der Darlehensnehmer ohne Verwertung der Grundschuld, wird sie nicht benötigt. In der Doppelinsolvenz allerdings muss der Forderungskäufer Zugriff auf die Grundschuld erhalten.

Aufgrund dieser Überlegungen sahen die ersten deutschen RMBS-Transaktionen eine Übertragung der Grundschulden nicht schon bei Transaktionsabschluss, sondern erst bei Eintritt von Umständen vor, die eine verminderte Kreditwürdigkeit des Originators indizieren, also etwa eine Herabstufung des Ratings durch die Ratingagenturen unter ein bestimmtes Niveau.[69] Sollte es bei Eröffnung eines Insolvenzverfahrens bezüglich des Vermögens des Originators noch nicht gelungen sein, die Übertragung der Grundschulden durch Eintragung im Grundbuch zu bewirken, behalf man sich mit folgender Erwägung: In der Insolvenz des Originators sieht sich der Insolvenzverwalter einem Übertragungsanspruch bezüglich der Grundschulden ausgesetzt, die er zwar nur als Insolvenzforderung zu erfüllen hat. Der Wert dieser Sicherungsgrundschulden für die Insolvenzmasse ist aber denkbar gering, da die besicherten Forderungen bereits bei Transaktionsabschluss auf den Forderungskäufer übertragen wurden. Verwerten kann der Insolvenzverwalter die Grundschulden also ohnehin nicht. In dieser Situation lässt sich mit sehr guten Gründen argumentieren, dass der Insolvenzverwalter die Grundschulden auf den Forderungskäufer zu übertragen hat. Er befreit damit die Masse von einer Insolvenzverbindlichkeit und gibt im Gegenzug nur Vermögenswerte auf, die in seiner Hand ohnehin keinen Wert haben.[70] 37

Da zu dieser Konstellation jedoch, soweit ersichtlich, keinerlei Rechtsprechung ergangen ist, besteht rechtliche Unsicherheit, die der Kapitalmarkt seit einiger Zeit nicht mehr akzeptieren zu können glaubt. Abhilfe für das Problem wurde 2005 durch die Einführung des Refinanzierungsregisters geschaffen. Nunmehr kann die mühsame und kostspielige Übertragung von Buchgrundschulden durch die Eintragung in das Refinanzierungsregister ersetzt werden.[71] 38

b) Commercial Mortgage Backed Securities (CMBS). Gewerbliche Immobilienkredite wurden in Deutschland insbesondere seit 2004[72] in großem Umfang verbrieft. Bisweilen begibt der Emittent der Commercial Mortgage Backed Securities (CMBS) den Kredit an den Darlehensnehmer direkt, die beteiligte Bank ist nicht Originator, sondern Arrangeur und Plazeur der ABS. In der Regel nimmt die arrangierende Bank die Kredite allerdings für eine Übergangsfrist auf die Bücher und verkauft sie anschließend als Originator an das SPV weiter. Da meist nur wenige Kredite gebündelt werden und häufig sogar nur ein einziges Darlehen verbrieft wird, fokussiert die Analyse von Investoren und Ratingagenturen viel stärker als bei anderen Spielarten der Verbriefung auf Einzelheiten der zugrundeliegenden Kredite. Kredite mit hohem Beleihungsauslauf werden nur insoweit verbrieft, als dies ein Rating wenigstens im Investmentgrade-Bereich[73] unterstützt. Den dazu nachrangigen Teil behält der Originator entweder selbst oder veräußert ihn im Syndizierungsmarkt weiter. Dabei sind seit neuestem die Regeln über den Selbstbehalt einzuhalten.[74] 39

[69] So zB in der HAUS 1998-1 Limited Transaktion, in der Immobilienkredite der Deutsche Bank AG verbrieft wurden.

[70] S. zu dieser Konstruktion *Fleckner* ZIP 2004, 585 (588 ff.); *Tollmann* WM 2005, 2017 (2019), *Obermüller* ZInsO 2005, 1079 ff.; *Pannen/Wolff* ZIP 2006, 52 (54). Die Entscheidung BGHZ 155, 227 (236), in der der BGH eine insolvenzfeste Treuhand im Liegenschaftsrecht nur anerkannt hat, soweit sie durch eine Vormerkung gesichert ist, steht dem nicht entgegen, da hier nicht mit einem Aussonderungsrecht kraft Treuhand argumentiert wird, sondern mit einer Herausgabepflicht aufgrund der allg. Pflichten des Insolvenzverwalters, die Masse bestmöglich zu erhalten und zu verwerten, s. nur Uhlenbruck/*Sinz* § 60 Rn. 13 ff.

[71] → Rn. 12 sowie *Lehmann,* Kap. 30.

[72] Die erste im deutschen Markt als solche wahrgenommene Transaktion war Hallam Securitisation Limited, in der der Frankfurter Siedlungsgesellschaft, einer Tochter der Viterra AG, ein grundschuldbesichertes Darlehen durch Hallam gewährt wurde. Das zugrundeliegende Immobilienportofolio bestand aus einer Vielzahl von Wohnungen.

[73] Investmentgrade sind Anleihen, die mindestens ein BBB-/Baa3 Rating haben.

[74] Art. 6 der Verbriefungs-VO; → Rn. 80.

40 Schon die gewerblichen Immobilienkredite selbst werden so strukturiert, dass sie sich zur späteren Verbriefung eignen. Die Ratingagenturen haben teilweise umfangreiche Anforderungen an Dokumentation und Struktur von zu verbriefenden Krediten veröffentlicht.[75] Um diese Vorgaben zu erfüllen, bedarf es jedoch nicht zwingend der Verwendung von umfangreichen Vertragsmustern, wie sie etwa durch die Loan Market Association (LMA) zur Verfügung gestellt werden. Auch vergleichsweise kurz und prägnant formulierte Darlehensverträge können den Anforderungen genügen.

41 Man verlangt etwa Darlehensnehmer in der Form der reinen Immobiliengesellschaft, dh erlaubt sind außer dem Halten der Immobilien keinerlei sonstige Tätigkeiten. Damit sollen operative Risiken, soweit möglich, vom Darlehensnehmer ferngehalten werden, auch wenn die völlige Insolvenzferne, die etwa beim SPV verlangt wird, wegen der mit dem Halten von Immobilien zwangsläufig verbundenen Haftungsrisiken nicht erreicht werden kann.

42 Die Verwaltung der Immobilien erfolgt durch externe Asset Manager (für grundlegende und strategische Entscheidungen wie zB den Abschluss von Mietverträgen) bzw. Property Manager (zB für Hausmeister- und Reparaturarbeiten). Diese sind oft, aber keineswegs immer mit dem Darlehensnehmer gesellschaftsrechtlich verbunden.

43 Die Immobilien sind bei einer Versicherungsgesellschaft mit einem ausreichend hohen Rating gegen typische Risiken zu versichern. Terrorismusversicherungen werden zwar routinemäßig verlangt, sind aber letztlich nur bei Gebäuden mit einer herausgehobenen Bekanntheit *(landmark buildings)* wirklich erforderlich. Demgegenüber ist die Versicherung gegen Mietausfall im Falle des Eintritts eines versicherten Ereignisses stets von großer Bedeutung.

44 Das Darlehen wird entweder (seltener) als Festsatzkredit vergeben, wobei dann die originierende Bank einen Zinssatzswap abschließt, oder (häufiger) als Kredit mit variablem Zinssatz, wobei in diesem Falle dem Darlehensnehmer aufgegeben wird, einen Zinssatzswap abzuschließen, damit die ausreichende Deckung der Zinsansprüche der Bank durch die eingehenden Mieten unabhängig von Zinsschwankungen sichergestellt ist. Als Gegenpartei des Zinssatzswaps fungiert aus praktischen Gründen oft der Darlehensgeber, zwingend ist das aber nicht.

45 Das Sicherheitenpaket umfasst zunächst das zentrale Element eines Grundpfandrechtes. Die Grundschuld wird entweder in der Form der Briefgrundschuld bestellt, was zwar etwas höhere Kosten mit sich bringt, jedoch den Vorteil der Übertragbarkeit nach §§ 1192 Abs. 1, 1154 Abs. 1 BGB durch schriftliche Abtretungserklärung und Übergabe des Grundschuldbriefs hat. Buchgrundschulden werden in vielen Fällen zugunsten eines CRR-Instituts in einer geeigneten Jurisdiktion außerhalb Deutschlands bestellt. Dieses hält die Buchgrundschulden als Treuhänder unter einer seinem Heimatrecht unterliegenden Treuhandvereinbarung zunächst für den Originator und später für das SPV. Bei der Auswahl der Jurisdiktion ist darauf zu achten, dass diese ein Treuhandregime ohne Unmittelbarkeitsgrundsatz bereitstellt, und zwar auch für ausländische, sprich hier deutsche Vermögenswerte. Das ist grundsätzlich etwa in Luxemburg und bis zum Brexit wohl auch in England möglich. Dass es sich bei dem Treuhänder um ein CRR-Institut handeln muss, ergibt sich aus § 46e KWG. Die Vorschrift stellt die alleinige Geltung des Insolvenzrechts des Herkunftsstaates sicher, ohne dass das Risiko der Eröffnung eines Partikularverfahrens in Deutschland nach § 354 InsO oder eines Sekundärinsolvenzverfahrens über das in Deutschland belegene Vermögen nach § 356 InsO bestünde, im Rahmen dessen die Anerkennung der auf den Unmittelbarkeitsgrundsatz verzichtenden Treuhand womöglich in Zweifel gezogen würde.[76]

46 Daneben gewährt der Darlehensnehmer eine Sicherungsabtretung von Miet- und Versicherungsansprüchen sowie von Kaufpreisansprüchen aus einer etwaigen Veräußerung der Immobilien. Der Gesellschafter des Darlehensnehmers verpfändet die Geschäftsanteile am

[75] S. zB Standard & Poor's, European CMBS Loan Level Guidelines, September 2004.
[76] S. MüKoInsO/*Reinhart* § 335 Rn. 25; *Stürner* ZZPInt 15 (2010), 213 (215).

Darlehensnehmer und unterzeichnet eine Nachrangvereinbarung sowie eine Sicherungsabtretung bezüglich etwaiger Gesellschafterdarlehen. Sämtliche Konten des Darlehensnehmers sind verpfändet, die Verwendung der eingehenden Mieten mit dem Darlehensgeber detailliert vorab vereinbart.

Der Darlehensvertrag enthält eine Reihe von standardisierten Zusicherungen und Nebenpflichten, die insbesondere den Status des Darlehensnehmers als reine Immobilienholdinggesellschaft absichern und einen den Interessen der Kreditgeber nicht zuwiderlaufenden Umgang mit den Immobilien sicherstellen sollen. Die Wirksamkeit und Durchsetzbarkeit des Kreditvertrages muss in einem Rechtsgutachten *(legal opinion)* bestätigt werden, das auch die steuerliche Position des Kreditgebers erläutert. **47**

Im Rahmen der Verbriefung werden die Ansprüche aus dem Darlehensvertrag sowie die zugehörigen Sicherheiten vom Originator auf das SPV übertragen. Hält ein Treuhänder Sicherheiten wie zB Buchgrundschulden, geht die Treugeberstellung auf das SPV über. Bisweilen wird statt einer Abtretung der Ansprüche die Vertragsübernahme gewählt, was bei einem voll gezogenen Darlehen wirtschaftlich im Wesentlichen auf dasselbe hinausläuft, aber dem SPV formal eine etwas stärkere Position verschafft. Bleibt wegen des hohen Beleihungsauslaufs ein unverbriefter subordinierter Darlehensrest beim Originator zurück, regelt eine Gläubigervereinbarung (intercreditor agreement) die Subordinierung und die Beziehungen zwischen SPV und Originator. **48**

Gewerbliche Immobilienkredite werden ausschließlich durch Spezialisten verwaltet. Für das wenig handlungsfähige SPV übernimmt dies eine spezielle Servicinggesellschaft, die mit einer Lizenz nach dem RDG ausgestattet ist. Während früher nur teilweise rechtlich verselbständigte Einheiten der originierenden Bank tätig wurden, teilen sich in jüngerer Zeit einige bankunabhängige Gesellschaften den Markt auf. Läuft alles regulär, agiert der sogenannte *primary servicer,* nach dem Eintritt eines Kündigungsgrundes übernimmt dann eine andere Einheit, der auf Problemfälle spezialisierte *special servicer.* **49**

c) Collateralised Loan Obligations (CLO). Als Collateralised Loan Obligations (CLO) bezeichnet man die Verbriefung von Unternehmenskrediten. Das können sowohl Kredite an Großunternehmen als auch *leveraged loans* im Zusammenhang mit dem Erwerb von Unternehmen etwa durch private equity-Firmen als auch Mittelstandskredite sein. In Deutschland ist insbesondere letztere Spielart von Bedeutung. Bei der Übertragung von Forderungen aus Mittelstandskrediten vom Originator auf das SPV ergeben sich häufig Schwierigkeiten der Abtrennung einer einzelnen Darlehensforderung und deren Übertragung an ein SPV bei gleichzeitigem Verbleiben der Kreditbeziehung im Übrigen beim Origininator. Banken arbeiten in diesem Bereich in aller Regel mit einem Sicherheitenpaket mit weitem Sicherungszweck, dh die anlässlich eines konkreten Darlehens hereingenommene Sicherheit haftet für alle ausstehenden Verbindlichkeiten des Darlehensnehmers bei der Bank. Überträgt nun der Originator eine Darlehensforderung, stehen dem Sicherheitenpaket zwei Gläubiger gegenüber, nämlich der Originator und das SPV. Will der Originator das Sicherheitenpaket nicht aufteilen, bleibt nur, dem SPV eine schuldrechtliche Unterbeteiligung am Sicherheitenpaket einzuräumen. Eine insolvenzfeste Treuhand scheidet in der Regel wegen des Unmittelbarkeitsprinzips[77] aus. Damit stehen dem SPV jedoch in der Insolvenz des Originators die Sicherheiten nicht zur Verfügung. Das ist aus Sicht der Investoren nur dann akzeptabel, wenn sie sich wegen der Granularität des Portfolios ohnehin nicht auf den Wert der Sicherheiten verlassen, sondern die statistische Ausfallwahrscheinlichkeit eines diversifizierten Pools von Kreditnehmern verschiedener Branchen betrachten. **50**

Zu den CLO-Transaktionen gehören auch die Verbriefungen von Forderungen aus der Diskontierung von Wechseln.[78] Hier werden die Forderungen der diskontierenden Bank **51**

[77] S. etwa BGH ZIP 2003, 1613, obiter bestätigt in BGH NZI 2005, 625 (626); s. a. BGH NZI 2011, 371 (372).

[78] Neben einigen nichtöffentlichen ABCP-Transaktionen gab es insbes. die Transaktion BILLS Securitisation Limited; ein eigenes, durch die Deutsche Bank AG gesponsortes ABCP-Programm zur Verbriefung von Wechselforderungen, das in der Spitze ein Volumen von rund 5 Mrd. EUR verbriefte.

gegen ihren den Wechsel zum Diskont einreichenden Kunden verbrieft, die Diskontierung erfolgt im Rahmen der dem Kunden von der Bank darlehenshalber eingeräumten Diskontfazilität. Wegen der Kurzfristigkeit von Wechselforderungen, die Regel bildet das Dreimonatsakzept, wird auch die Refinanzierung durch kurzfristige Schuldverschreibungen dargestellt. Damit konnte der Kapitalmarkt das seit Beginn 1999 aufgrund der Einführung des EUR[79] nicht mehr angebotene Rediskontgeschäft der Bundesbank ersetzen. Da allerdings mittlerweile die Bedeutung des Wechsels stark zurückgegangen ist, spielt auch die Verbriefung von Wechseln keine große Rolle mehr.

52 In den Jahren 2004 bis 2007 hatten Mezzanine-Verbriefungen einige Bedeutung erlangt.[80] Die in diesen Fällen verbrieften nachrangigen Darlehen an Unternehmen waren so strukturiert, dass sie zwar am Kapitalmarkt platziert werden, jedoch in der Bilanz der Kreditnehmer als Eigenkapital ausgewiesen werden konnten. Letzteres war nur durch weitestgehende Subordinierung der Verpflichtungen der Darlehensnehmer zur Zahlung von Zins und Tilgung möglich. Ersteres beruhte auf einer optimistischen Einschätzung des Diversikationseffektes durch die Investoren. Angesichts des ungünstigeren Kapitalmarktumfeldes und einigen Ausfällen in den Mezzanine-Portfolien war die Refinanzierung dieser Mezzanine-Darlehen sehr schwierig, daher werden solche Programme seit längerem nicht mehr aufgelegt.

53 **d) Konsumentendarlehen.** Portfolien von Konsumentendarlehen, insbesondere zur Finanzierung von Fahrzeugen, sind als sehr granulare Pools von Forderungen für die Verbriefung gut geeignet.

54 Von besonderer Wichtigkeit ist die Überprüfung der durch die originierende Bank verwendeten AGB. Angesichts der zunehmenden Dichte der Verbraucherkreditregelungen[81] und häufiger Rechtsprechungsänderungen[82] treten zunehmend Probleme auf, die die Wirksamkeit oder Durchsetzbarkeit der zu übertragenden Forderungen betreffen. In keinem Fall verhindern lässt sich die Geltung des Einwendungsdurchgriffs nach §§ 358 Abs. 3, 359 BGB. Dient das Darlehen der Finanzierung einer Warenlieferung oder der Erbringung einer anderen Leistung und bilden der Darlehensvertrag und der finanzierte Vertrag eine wirtschaftliche Einheit, so kann der Verbraucher gegen den Darlehensrückzahlungsanspruch Einwendungen aus dem verbundenen Vertrag geltend machen.[83] Zudem ist der Darlehensnehmer nach § 500 Abs. 2 BGB zur jederzeitigen vorzeitigen Rückzahlung berechtigt, der Schutz des Darlehensgebers durch Vorfälligkeitsentschädigung nach § 502 BGB stark limitiert. Durch vorzeitige Tilgungen der verbrieften Darlehen tilgen auch die ABS früher als geplant, und die Investoren erleiden gegebenenfalls einen Wiederanlageschaden.

55 Außerdem wird immer wieder angezweifelt, ob Gestaltungsrechte des Darlehensgebers wie etwa das Kündigungsrecht in Verbraucherkreditverträgen uneingeschränkt auf ein SPV übertragen werden können oder wegen der besonderen Vertrauensbeziehung des Darlehensnehmers zum Originator bei diesem verbleiben müssen.[84] Die herrschende Meinung ordnet dagegen das Kündigungsrecht richtigerweise als Nebenrecht im Sinne von § 401 Abs. 1 BGB ein und lässt es mit der Abtretung des Anspruchs auf Darlehensrückzahlung

---

[79] S. Euro-Einführungsgesetz v. 9.6.1998, BGBl. I 1998, 1242.

[80] S. eing. Habersack/Mülbert/Schlitt/*Stamm/Ries,* 3. Aufl. 2016, § 24.

[81] S. Staudinger/*Freitag,* Neubearbeitung 2015, § 488 Rn. 18a zur diesbzgl. EU-Rechtsharmonisierung, die, anders als in anderen Bereichen, eine Vollharmonisierung der Regelungen auf EU-Ebene darstellt.

[82] ZB OLG Karlsruhe WM 2014, 2162 und OLG Hamm openJur 2014, 3957 in Bezug auf die Frage, ob § 358 Abs. 1 BGB auf Restschuldversicherungen Anwendung findet.

[83] Zum im Wesentlichen substanzgleichen § 9 Abs. 3 VerbrKrG s. *Kusserow/Dittrich* WM 1997, 1786 (1795); *Küppers/Brause* AG 1998, 413 (416).

[84] *Freitag* EWiR 2004, 741 (742) meint, dass jedenfalls Kündigungsrechte aus diesem Grund unübertragbar seien. In seiner Bearbeitung des *Staudinger,* Kommentar zum Bürgerlichen Gesetzbuch, Neubearbeitung 2015 § 488 Rn. 260 erweitert er diese These auf Darlehen an Unternehmen. Wenn man dem folgen wollte, läge wohl ein Fall des § 399 Fall 1 BGB vor.

automatisch übergehen.[85] Selbst wenn man dem nicht zustimmen wollte, sollten Gestaltungsrechte jedenfalls gesondert abtretbar sein.

2. Synthetische Verbriefungen

Während bei True Sale-Verbriefungen der Originator Vermögenswerte an das SPV verkauft und abtritt, wird im Rahmen von synthetischen Verbriefungen lediglich vertraglich ein Zustand hergestellt, „als ob" ein Verkauf und eine Übertragung stattgefunden haben. Das SPV übernimmt dabei das Kreditrisiko des Portfolios ganz oder teilweise mit Hilfe eines Kreditderivates, der Originator bleibt rechtlich aber Inhaber der Forderungen. Diese Gestaltungen sind Kreditausfallversicherungen nicht unähnlich. Die betreffenden Forderungen werden oft auch als Referenzaktiva bezeichnet, der Originator agiert als Sicherungsnehmer *(protection buyer)*, das SPV als Sicherungsgeber *(protection seller)*. **56**

Die originierende Bank erreicht durch eine synthetische Verbriefung in den meisten Fällen keinen Finanzierungseffekt, sondern nur eine Verlagerung des Kreditrisikos und eine damit einhergehende völlige oder teilweise Entlastung von den aufsichtsrechtlichen Eigenkapitalanforderungen in Bezug auf das Portfolio. **57**

Synthetische Transaktionen werden in Europa häufiger als in den USA durchgeführt und waren über viele Jahre in Deutschland besonders verbreitet. Dies lag vor allem an der früher sehr leicht und kostengünstig möglichen unbesicherten Refinanzierung der Banken und vor der Einführung des Refinanzierungsregisters an der kostspieligen und mühevollen Übertragung von Grundpfandrechten.[86] **58**

a) Kreditderivat-Transaktionen. Kreditderivate werden in drei Grundformen abgeschlossen: (aa) Übernimmt das SPV das Kreditrisiko über einen *credit default swap,* fließt zu Beginn der Transaktion in der Regel kein Geld. Für die Absicherung muss die originierende Bank dem SPV eine Prämie bezahlen, die über die Laufzeit verteilt wird. Da dem SPV außer diesen Prämien keine Geldmittel zur Verfügung stehen, muss es sich die zu Erfüllung der möglicherweise entstehenden Verlusttragungspflichten erforderlichen Mittel entweder über einen back-to-back swap mit einer geeigneten Gegenpartei besorgen. (bb) Alterativ begibt das SPV eine Anleihe, deren Rückzahlung nur in dem Umfang erfolgt, in dem der Nennbetrag nicht durch Verluste im Referenzportfolio entsprechend vermindert worden ist (sog *credit-linked notes*). Die Erlöse der Anleihe werden vom SPV in risikoarme Wertpapiere angelegt, also zB Bundesobligationen oder Pfandbriefe. (cc) Dem true sale am nächsten kommt der *total return swap:* Die originierende Bank verspricht dem SPV die Weiterleitung aller aus dem Portfolio erhaltenen Kapital- und Zinszahlungen. Im Gegenzug zahlt das SPV, meist vorab zu Beginn der Transaktion, einen Geldbetrag als Gegenleistung, den es durch die Ausgabe von Schuldverschreibungen refinanziert. Dieser Geldbetrag wird sich am Wert des Portfolios orientieren. Hier sind folglich die Zahlungsströme denen beim Verkauf sehr ähnlich, es fehlt lediglich an der Übertragung des Portfolios. Das SPV trägt daher jedoch das Insolvenzrisiko des Originators zusätzlich zum Ausfallrisiko des Portfolios. Soll das Originatorrisiko ausgeschaltet werden, müssen Sicherheiten bestellt werden – entweder am Portfolio selbst, was dann aber meist die gleichen praktischen Schwierigkeiten auslöst wie eine Vollübertragung[87] und zudem in mancherlei Hinsicht dennoch eine schwächere Rechtsposition gewährt,[88] oder an anderweitigen risikoarmen Vermögensgegenständen wie Bundesobligationen oder Pfandbriefen, was allerdings den Finanzierungseffekt der Transaktion für die originierende Bank zunichtemacht. **59**

---

[85] BGH NJW 1973, 1793; WM 2006, 1237; *Schürnbrand* AcP 204 (2004), 177 (181), Palandt/*Grüneberg* § 401, Rn. 4.

[86] → Rn. 35 ff.

[87] Zumal das Refinanzierungsregister nach zwar nicht unbestrittener, jedoch wohl herrschender Auffassung für eine Sicherungsübertragung nicht zur Verfügung steht (Nachweise → Rn. 12 Fn. 19).

[88] Bspw. wird die Sicherungsabtretung von Forderungen anders als die Vollabtretung nach § 166 Abs. 2 InsO vom Insolvenzverwalter verwertet und nicht vom Gläubiger, soweit nicht § 166 Abs. 3 InsO eingreift.

60 In jedem der drei genannten Fälle übernimmt das SPV die Verluste nur unter bestimmten, im Folgenden näher erläuterten Voraussetzungen. Ob die Voraussetzungen im Einzelfall eingetreten sind, prüft für das personell und sachlich nur sehr schmal ausgestattete SPV ein Treuhänder, meist eine Wirtschaftsprüfungsgesellschaft.

61 Erstens verspricht die Bank die Einhaltung bestimmter Richtlinien zur Verwaltung des Portfolios. Damit wird das Risiko minimiert, dass die Bank, die ja das Kreditrisiko selbst nicht mehr trägt und damit die Konsequenzen ihrer Kreditverwaltung jedenfalls unmittelbar nicht mehr zu spüren bekommt, zu Lasten der Investoren Entscheidungen trifft, die die Kreditverluste erhöhen.

62 Zweitens wird die Verlusttragung an bestimmte Kreditereignisse geknüpft. Die naheliegendsten sind Nichtzahlung trotz Fälligkeit und Insolvenz. Daneben vereinbaren die Parteien bisweilen auch Restrukturierung von Verbindlichkeiten, Recht zur vorzeitigen Fälligstellung, Änderungen in der Eigentümerstruktur des Darlehensnehmers oder Ratingherabstufung als Kreditereignis.

63 Nicht zwingend ist dagegen, dass der Originator die Kreditforderungen weiterhin hält, wenn er Erstattung von Verlusten verlangt. Im Gegenteil ist dem Originator oft erlaubt, einzelne Forderungen oder auch das gesamte Portfolio zu veräußern und dennoch aufgetretene Verluste geltend zu machen. Hierin liegt ein wichtiger Unterschied zwischen Kreditderivaten und dem Versicherungsgeschäft.

64 **b) Leveraged synthetic securitisations.** Im Rahmen von leveraged synthetic securitisations kombiniert man die Begebung von Credit-linked Notes mit dem Abschluss eines Credit Default Swaps. Die originierende Bank vereinbart mit dem SPV einen Credit Default Swap, der das Portfolio insgesamt in Bezug nimmt. Das SPV seinerseits schließt bezüglich einer vorrangigen Tranche einen *back-to back swap* ab, den sogenannten *super senior swap.* Zusätzlich begibt das SPV Credit-linked Notes in Bezug auf dazu nachrangige Tranchen und kauft vom Erlös risikoarme Wertpapiere. Für den Originator sind die Kosten der Credit-linked Notes höher, daher weicht man im risikoarmen Teil, für den es einen relativ liquiden Markt an Credit Default Swaps gibt,[89] auf die Credit Default Swaps aus. Um die leichtere Handelbarkeit des Credit Default Swaps zu erreichen und damit die Handelsbuchfähigkeit gemäß Art. 4 Abs. 1 Nr. 86 CRR beim Investor zu manifestieren, verbindet man sie oft mit einer kleinen Tranche an Credit-Linked Notes, den dann sogenannten A+-Notes.

65 Diese Transaktionsform war in Deutschland sehr verbreitet, insbesondere weil die von der KfW aufgelegten Promise- und Provide-Programme[90] zur Verbriefung von Mittelstands- bzw. Wohnungsbaukrediten diese Struktur gewählt hatten. Der besondere Reiz für die daran beteiligten Originatoren lag in der Nullgewichtung der KfW, die in diesen Transaktionen als Intermediär agierte und selbst kein Kreditrisiko bezüglich der verbrieften Portfolien trug, sondern über einen *back to back swap* an den Markt weiterreichte.

IV. Aufsichtsrechtlicher Rahmen: Verbriefungs-VO und CRR

66 Der Begriff „Verbriefung" ist in Art. 2 Nr. 1 der seit 1.1.2019 geltenden Verbriefungs-VO gesetzlich definiert. Entscheidend ist vor allem die Tranchierung des Kreditrisikos eines Portfolios in mindestens zwei Tranchen. „Tranche" wiederum ist nach Art. 2 Nr. 6 der Verbriefungs-VO ein vertraglich festgelegtes Segment des mit dem Portfolio verbundenen

---

[89] Seit der Finanzkrise ist allerdings auch dieser Markt sehr geschrumpft, s. etwa Zerey/*Storck/Zerey* S. 211. Das liegt insbesondere an den großen Problemen, die spezialisierte Versicherungsgesellschaften, die sogenannten *monoline insurer,* im Zuge der Finanzkrise durchlitten. Diese waren die aktivsten Marktteilnehmer im Kreditderivatemarkt.

[90] Das Promise-Programm dient der Verbriefung von Mittelstandskrediten, unter dem Provide-Programm werden Wohnungsbaukredite verbrieft. S. zu diesen Programmen iE *Glüder/Böhm* Kreditwesen 2003, 646 (647).

Kreditrisikos, das im Verhältnis zu dem oder den anderen Segmenten bestimmbar ist. Die aufsichtsrechtlichen Eigenkapitalanforderungen unterscheiden zwischen True Sale-Transaktionen und synthetischen Transaktionen. Art. 2 Nr. 9 der Verbriefungs-VO definiert die True Sale-Transaktion als „traditionelle Verbriefung" und dabei als eine, die mit der wirtschaftlichen Übertragung der verbrieften Risikoposition einhergeht, wobei der Originator das Eigentum an der verbrieften Risikoposition an eine Verbriefungszweckgesellschaft überträgt oder Unterbeteiligungen an sie abgibt. Art. 2 Nr. 10 der Verbriefungs-VO bezeichnet als synthetische Verbriefung eine, bei der der Risikotransfer durch Kreditderivate oder Garantien erreicht wird und die verbrieften Risikopositionen im Eigentum des originierenden Instituts bleiben.

1. Eigenkapitalentlastung des Originators durch Verbriefungstransaktionen

Neben der Refinanzierung des verbrieften Portfolios dient eine Verbriefung auch der Entlastung des Originators von den bankaufsichtsrechtlichen Eigenkapitalanforderungen. Diese sind nunmehr in der CRR vom 26.6.2013 geregelt. Die CRR enthält in den Art. 242 ff. ein eigenes Kapitel, das sich detailliert mit den Auswirkungen von Verbriefungen auf die Eigenmittelanforderungen befasst, die die an einer derartigen Transaktion Beteiligten treffen. Seit 1.1.2019 gelten stark verschärfte Regeln, die durch die Verbriefungs-VO ergänzt werden und mit ihr verzahnt sind. 67

a) True Sale Transaktionen. Die Verbriefungs-VO führt eine zusätzliche Kategorie von True Sale Verbriefungen ein: Die STS-Verbriefung soll eine „einfache, transparente und standardisierte" *(simple, transparent and standardised)* Verbriefung sein und als solche aufsichtsrechtliche Privilegien genießen. Die STS-Anforderungen unterscheiden zwischen denen für ABCP-Verbriefungen und Nicht-ABCP-Verbriefungen. Für ABCP-Verbriefungen normieren die Art. 23 ff. der Verbriefungs-VO neben diversen Anforderungen an Solvenz und Liquidität des Sponsors sowohl Erfordernisse für das Gesamtprogramm als auch für die einzelne Transaktion innerhalb eines Programms. Grundsätzlich verdirbt gemäß Art. 26 Abs. 1 der Verbriefungs-VO ein „faules Ei", also eine nicht den STS-Anforderungen genügende Transaktion, den STS-Status des gesamten ABCP-Programms. Nicht-ABCP-Transaktionen müssen die Merkmale der Art. 18 ff. der Verbriefungs-VO erfüllen, um STS-Status zu erhalten. 68

Ist danach eine Verbriefung eine STS-Verbriefung, kommt unter den in Art. 243 CRR niedergelegten Voraussetzungen eine Privilegierung gemäß den Art. 260, 262 und 264 CRR in Betracht. Die Auswirkungen sind durchaus erheblich, so dass die Qualifizierung als STS-Verbriefung große praktische Bedeutung erlangt hat. Die ESMA muss gemäß Art. 27 Abs. 1 der Verbriefungs-VO über jede STS-Verbriefung in Kenntnis gesetzt werden. Da die Beurteilung der STS-Kriterien im Einzelfall durchaus schwierig sein kann und fehlerhafte STS-Bezeichnungen nach Art. 32 Abs, 1 lit. (e) der Verbriefungs-VO mit verwaltungsrechtlichen Sanktionen bewehrt sind, bedienen sich Originatoren und Sponsoren in der Praxis oft der Dienste Dritter, die zur Prüfung der STS-Kriterien nach Art. 28 der Verbriefungs-VO zugelassen sind[91].

Originator einer Verbriefungstransaktion ist im bankaufsichtsrechtlichen Sinne gemäß Art. 2 Nr. 3 der Verbriefungs-VO ein Unternehmen, das entweder an der Vereinbarung beteiligt war, durch die die zu verbriefende Risikoposition begründet wurde oder das die zu verbriefende Risikoposition für eigene Rechnung angekauft hat. Die Eigenkapitalanforderungen an den Originator vor Durchführung einer Verbriefungstransaktion bestimmen sich durch die Art der verbrieften Vermögensgegenstände und den gewählten Kreditrisikoansatz, also entweder den Standardansatz gemäß Art. 111 ff. CRR oder den auf internen Ratings basierenden Ansatz (IRB-Ansatz) gemäß Art. 142 ff. CRR. Dabei ist nach

[91] Zugelassen sind etwa die STS Verification International GmbH, eine Tochter der TSI International GmbH sowie die Prime Collateralised Securities (PCS) EU sas.

Art. 92 Abs. 1 und 2 CRR eine Gesamtkapitalquote von 8% des Gesamtrisikobetrages vorzuhalten. Der Gesamtrisikobetrag wiederum berechnet sich nach Art. 92 Abs. 3 CRR als die Summe der risikogewichteten Positionsbeträge. Positionsbeträge von verbrieften Risikopositionen werden nach den Art. 247 ff. CRR bestimmt.

69 Aufgrund der Verbriefung ändert sich gemäß Art. 244 Abs. 1 CRR die Eigenkapitalbelastung für den Originator nur dann, wenn entweder die Mindestanforderungen an die Übertragung eines signifikanten Kreditrisikos auf Dritte erfüllt sind oder alle verbleibenden Risikopositionen vom Originator voll vom harten Kernkapital abgezogen werden. Für True Sale Transaktionen sind die Anforderungen an die Übertragung eines signifikanten Kreditrisikos in Art. 244 Abs. 2 CRR aufgeführt. Verlangt wird ein Übergehen von mindestens 50% der mezzaninen Verbriefungspositionen oder, sofern keine mezzaninen Verbriefungspositionen gebildet werden, von mindestens 80% der Erstverlustposition, wobei die Erstverlustposition eine begründete Schätzung des für die verbrieften Forderungen zu erwartenden Verlustes substantiell übersteigen muss. Zusätzlich stellen Art. 244 Abs. 4 lit. (a) bis (h) CRR weitere Anforderungen an Struktur und Dokumentation der Verbriefungstransaktion. Da der Risikotransfer durch True Sale erfolgen soll, ist gemäß Art. 244 Abs. 4 lit (c) CRR in Verbindung mit Art. 20 Abs. 1 der Verbriefungs-VO insbesondere der auch in der Insolvenz wirksame Übergang der verbrieften Vermögensgegenstände hervorzuheben, der gemäß Art. 244 Abs. 4 lit (h) CRR durch ein Rechtsgutachten eines qualifizierten Beraters zu belegen ist. Um eine EU-einheitliche Handhabung dieser Regeln zu gewährleisten, führt Art. 245 Abs. 6 CRR eine Überwachungskompetenz der EBA ein, die primäre Entscheidung über das Vorliegen eines Risikotransfers verbleibt aber bei den nationalen Aufsichtsbehörden.

70 Liegen die genannten Voraussetzungen vor, bestimmt sich die Eigenkapitalbelastung nach den von der originierenden Bank gehaltenen Verbriefungspositionen anstelle der bislang gehaltenen und jetzt verbrieften Vermögensgegenstände. Dies regelt für traditionelle Verbriefungen Art. 247 Abs. 1 lit. (a) und Abs. 2 CRR.

71 Der Einbehalt bzw. die Übernahme von Verbriefungspositionen wirken sich in jedem Fall belastend aus, gleichgültig ob dies im Wege des Zurverfügungstellen einer Barreserve, einer Übersicherung, eines subordinierten Darlehens oder durch ein Investment in die Verbriefung geschieht. Besondere operationelle Anforderungen an den Risikotransfer enthält zudem Art. 246 CRR für den Fall der Verbriefung von revolvierenden Forderungen wie beispielsweise Kreditkartenforderungen. Diese tragen dem Umstand Rechnung, dass es in diesen Transaktionen zu einem Rückfall des Risikos auf den Originator kommen kann.

72 Der eigenkapitalentlastende Effekt von Verbriefungen wird durch das Erfordernis eines Minimum-Selbstbehalts gemäß Art. 6 der Verbriefungs-VO geschmälert oder vollständig aufgehoben.[92] Niemals aber kann es aufgrund der Verbriefungstransaktion zu einer stärkeren Eigenkapitalbelastung kommen, als sie ohne die Verbriefung bestünde, Art. 268 CRR.

73 **b) Synthetische Transaktionen.** Die Übertragung eines signifikanten Kreditrisikos im Rahmen einer synthetischen Verbriefung muss die in Art. 245 Abs. 2 CRR geregelten Voraussetzungen erfüllen. Wesentlich ist der Risikotransfer unter denselben Umständen wie im Falle einer True Sale Verbriefung gemäß Art. 244 Abs. 2 CRR. Dazu kommt die Wirksamkeit des Risikotransfers, wobei hier an die Stelle des True Sale die Wirksamkeit und Durchsetzbarkeit der relevanten Besicherung tritt, Art. 245 Abs. 4 lit (b) und (d) CRR. Schädlich sind nach Art. 245 Abs. 4 lit. (c) CRR dagegen wesentliche Materialitätsschwellen, deren Überschreitung erst die Entschädigungspflicht des SPV auslöst, Kündigungsrechte bei Bonitätsverschlechterung, Aufwertungen der Position des SPV zum Beispiel durch Veränderung des zugrundeliegenden Risikos durch die originierende Bank oder Zinserhöhungen bei Eintritt von Kreditereignissen *(interest step up)*. Auch wird eine Laufzeitunterdeckung des Kreditderivates im Vergleich zum abgesicherten Vermögensgegen-

[92] → Rn. 78.

stand gemäß Art. 252 CRR bei den Eigenkapitalanforderungen berücksichtigt. Ein Kreditderivat wird oft die Laufzeit des zugrundeliegenden Vermögensgegenstandes unterschreiten *(maturity mismatch)*. In diesen Fällen vermindert sich der Absicherungsumfang gemäß der in Art. 252 lit (b) CRR enthaltenen Formel. Ob eine Laufzeitunterdeckung vorliegt, ist nach Art. 252 lit (a) CRR in Verbindung mit Art. 238 CRR zu bestimmen. Die maßgebliche Absicherungsfrist läuft danach prinzipiell nur bis zur ersten Kündigungsmöglichkeit für eine der Parteien. In der Praxis sind Call-Rechte des Originators als Sicherungsnehmer recht häufig, insbesondere hat der Originator beim sogenannten *time call* etwa nach Ablauf einer bestimmten Frist ohne weitere Voraussetzungen das Recht, ordentlich zu kündigen. *Time calls* sind gemäß Art. 238 Abs. 2 Satz 2 CRR dann für die Bestimmung der Laufzeit unbeachtlich, wenn der Originator keinen Anreiz hat, die Kündigung auszusprechen. Erhöht sich die Absicherungsgebühr, wenn der Call nicht ausgeübt wird *(step up)*, ist jedoch ein solcher Anreiz gegeben.[93] Ändert sich dagegen die Absicherungsgebühr nicht und wird die Transaktion für den Originator nur deswegen über die Zeit graduell teurer, weil der Gesamtnennbetrag des Portfolios durch Tilgungen reduziert wird und diese Reduzierungen zunächst auf die für den Originator billigere *senior tranche* angerechnet werden, liegt darin allein noch kein Anreiz im Sinne des Art. 238 Abs. 2 Satz 2 CRR, den *time call* auszuüben.[94]

Zur Zeit sind noch keine STS-Kriterien für synthetische Verbriefungen erlassen, diese Kategorie findet sich nur für True Sale-Transaktionen. Allerdings hat die EBA einen Vorschlag zu STS-Kriterien für synthetische Transaktionen vorgelegt, wie das in Art. 45 der Verbriefungs-VO vorgesehen ist[95].

2. Eigenkapitalanforderungen an Parteien von Verbriefungstransaktionen

Jedes Kreditinstitut, das eine Funktion im Rahmen einer Verbriefungstransaktion über- 74
nimmt, unterliegt Eigenkapitalanforderungen in Bezug auf übernommene Verbriefungspositionen. Neben der Rolle des Originators sind insbesondere die des Sponsors und des Anlegers relevant. Dabei spielt der in Art. 2 Nr. 5 Verbriefungs-VO definierte Sponsor nur für Transaktionen eine Rolle, in denen ein Institut ein von ihm aufgelegtes und verwaltetes ABCP- oder ABMTN-Programm Dritten zur Verbriefung von Forderungen zur Verfügung stellt, die von diesen Dritten originiert worden sind. Im Zusammenhang mit der Verbriefung von Bankforderungen ist diese Struktur vor allem im Bereich der Automobil- und Konsumentenkredite von Bedeutung.

Während früher die CRR keine Definition des Investors enthielt, definiert die Verbriefungs-VO den Begriff des Anlegers in Art 2 Nr. 11 als jeden, der eine Verbriefungsposition hält.

a) Eigenkapital-Unterlegungspflicht von Verbriefungspositionen. Die Eigenkapi- 75
talanforderungen werden nach drei unterschiedlichen Verfahren bestimmt. Dabei normiert Art. 254 CRR die Rangfolge der zur Verfügung stehenden Ansätze: Soweit zulässig, geht der auf internen Beurteilungen basierende Ansatz (SEC-IRBA) vor. Steht er nicht zur Verfügung, ist nach dem Standardansatz (SEC-SA) vorzugehen. Darf auch der Standardansatz nicht verwendet werden, ist auf den auf externen Beurteilungen basierenden Ansatz (SEC-ERBA) zurückzugreifen. Innerhalb jeder der drei Systeme ergeben sich Besonderheiten, sofern die Verbriefung die STS-Kriterien erfüllt, s. Art. 260, 262 und 264 CRR. Damit ist die Bedeutung der externen Ratings für die Berechnung der Eigenkapitalunterle-

[93] Boos/Fischer/Schulte-Mattler/*Achtelik* CRR Art. 238 Rn. 3 sowie *Schulte-Mattler/Manns* Die Bank 2006, 55 (60) zur vor der CRR geltenden, inhaltlich weitgehend gleichlaufenden Vorschrift des § 182 Abs. 2 SolvV.

[94] So wohl auch Boos/Fischer/Schulte-Mattler/*Achtelik* CRR Art. 238 Rn. 3, da gerade keine Kostenreduzierung durch die Kündigung erzielt, sondern lediglich eine langsam teurer werdende Transaktion beendet wird.

[95] S. EBA, Report on STS Framework for Synthetic Securitisation vom 6. Mai 2020.

gung gegenüber früher stark zurückgegangen. Die Beteiligten sollen sich selbst ein Bild von dem mit dem Halten einer Verbriefungsposition verbundenen Risiko machen und sich nicht auf Externe verlassen. Auf externe Ratings kann nur noch zurückgegriffen werden, wenn kein anderer Ansatz zur Verfügung steht, zudem muss das Rating die Anforderungen der Art. 270b ff CRR erfüllen, also insbesondere von einer zugelassenen und beaufsichtigten Ratingagentur erteilt worden sein. Trotz dieser Einschränkungen spielen in der Praxis die externen Ratings der Ratingagenturen weiterhin eine wichtige Rolle.

76 Unabhängig vom anwendbaren Verfahren wirkt sich die Einführung der neuen Regeln zum 1.1.2019 erheblich verschärfend auf die Eigenkapitalanforderungen im Zusammenhang mit Verbriefungen aus, und zwar selbst wenn man die bisherigen Regeln mit denen für STS-Verbriefungen nach neuen Regeln vergleicht.

77 **b) Liquiditätsfazilitäten.** Liquiditätsfazilitäten dienen der Überbrückung von Liquiditätsengpässen, die aus verschiedenen Gründen eine rechtzeitige Bedienung von Ansprüchen der Inhaber von ABS verhindern könnten, Art. 2 Nr. 14 der Verbriefungs-VO. In ABCP-Programmen decken sie in der Regel den vollen Betrag der begebenen ABCP ab, um die rechtzeitige Ablösung fällig werdender ABCP selbst bei Störungen im ABCP-Markt und der daraus folgenden Unmöglichkeit der Begebung neuer ABCP zu gewährleisten. Im Übrigen ist ihre Ziehung zum Beispiel für den Fall vorgesehen, dass Verwertungsmaßnahmen erforderlich werden und es einige Zeit in Anspruch nimmt, bis die Erlöse daraus an die Gläubiger des SPV verteilt werden können.

78 Nicht gezogene Liquiditätsfazilitäten sind nach Art. 248 Abs. 1 lit. (b) CRR nur dann keine Verbriefungspositionen und damit nullgewichtet, wenn die Fazilität keinerlei Kreditunterstützung bewirkt, sondern rein zur Überbrückung von Liquiditätsstörungen dient, weil sie vorrangig zurückgeführt werden muss und der Betrag des nicht gezogenen Teils angemessen konservativ berechnet ist. Nullgewichtete Liquiditätsfazilitäten sind folglich in der Praxis kaum mehr anzutreffen. Damit bedeuten die jetzt geltenden Regelungen auch diesbezüglich eine signifikante Verschärfung im Vergleich zur Rechtslage vor Basel II, als die weitaus meisten nichtgezogenen Liquiditätsfazilitäten nullgewichtet waren und damit in sehr hohem Umfang zur Verfügung gestellt werden konnten und wurden.

3. Sonstige aufsichtsrechtliche Anforderungen

79 Jeder, der eine Rolle im Rahmen einer Verbriefung übernimmt, muss die für alle Verbriefungen geltenden Voraussetzungen der Art. 5 ff. der Verbriefungs-VO beachten. Diese waren bis 1.1.2019 in der CRR geregelt, sind dem früheren Rechtszustand gegenüber in der Verbriefungs-VO jedoch stark erweitert und präzisiert worden. Bei Verstößen gegen wesentliche Aspekte dieser Verpflichtungen setzt die zuständige Behörde das Risikogewicht nach Art. 270a CRR mindestens um 250 % und höchstens bis zum Vollabzug vom harten Kernkapital herauf. Daneben drohen in vielen Fällen empfindliche verwaltungsrechtliche Sanktionen nach Art. 32 der Verbriefungs-VO.

80 Wer als institutioneller Anleger[96] eine Verbriefungsposition hält, muss gemäß Art. 5 der Verbriefungs-VO gegenüber den Aufsichtsbehörden nachweisen können, dass er die für die Beurteilung des Risikos maßgeblichen Kenntnisse und Fähigkeiten besitzt, wobei diese in der genannten Vorschrift detailliert beschrieben sind. Damit soll verhindert werden, dass sich Anleger mehr oder weniger blind auf Ratingagenturen oder sonstige Dritteinschätzungen verlassen, wie dies in der Vergangenheit häufiger der Fall gewesen sein soll. Zudem normiert Art. 5 Abs. 4 der Verbriefungs-VO Verpflichtungen im organisatorischen Bereich, indem Risikokontrollprozesse und -analysen vorgeschrieben werden.

81 Als Reaktion auf die Finanzkrise, die maßgeblich dadurch verursacht worden sein soll, dass bei der Vergabe von gleich weiterverkauften Darlehen mangels Eigeninteresse die erforderliche Sorgfalt außer Acht gelassen worden war, schreibt der Gesetzgeber in Art. 6

[96] Der Begriff ist definiert in Art. 2 Nr. 12 der Verbriefungs-VO.

der Verbriefungs-VO für Originatoren, Sponsoren oder ursprüngliche Kreditgeber einen Selbstbehalt von mindestens 5 % vor, der als „materieller Nettoanteil" bezeichnet wird. Der materielle Nettoanteil kann in verschiedener Weise gehalten werden, die in Art. 6 Abs. 3 der Verbriefungs-VO abschließend beschrieben sind, nämlich entweder durch Beteiligung an allen platzierten Tranchen (Art. 6 Abs. 3, lit. (a) der Verbriefungs-VO), mit Hilfe eines Originator-Anteils bei revolvierenden Risikopositionen (Art. 6 Abs. 3, lit (b) der Verbriefungs-VO), durch Zurückbehalt eines zufällig ausgewählten Teils der zu verbriefenden Forderungen, soweit die Zahl der potentiell verbrieften Risikopositionen mindestens 100 beträgt (Art. 6 Abs. 3, lit. (c) der Verbriefungs-VO), durch die Übernahme der Erstverlusttranche (Art. 6 Abs. 3, lit. (d) der Verbriefungs-VO) oder durch das Halten einer Erstverlust-Position an jeder verbrieften Forderung (Art. 6 Abs. 3, lit. (e) der Verbriefungs-VO). Können sich die Beteiligten nicht einigen, wer den materiellen Nettoanteil übernehmen soll, trifft die Verpflichtung nach Art. 6 Abs. 1 S. 3 der Verbriefungs-VO den Originator. Der materielle Nettoanteil darf nach Art. 6 Abs. 1, S. 5 der Verbriefungs-VO nicht auf verschiedene Rechtsträger aufgeteilt werden. Zulässig sollte jedoch sein, dass mehrere Originatoren den jeweils auf ihr Teilportfolio entfallenden materiellen Nettoanteil übernehmen oder mehrere Sponsoren jeweils den Anteil abdecken, der auf die durch sie organisierte Refinanzierung entfällt. Der materielle Nettoanteil darf nicht durch Kreditderivate oder ähnliche Instrumente ausplatziert werden, sondern muss während der gesamten Laufzeit der Verbriefungstransaktion aufrechterhalten bleiben.

Um eine eigenverantwortliche Entscheidung jedes an einer Verbriefung Beteiligten **82** darüber zu ermöglichen, ob eine Position eingegangen bzw. gehalten werden soll, verlangt Art. 7 der Verbriefungs-VO die vollständige Offenlegung der im Zusammenhang mit der Verbriefung relevanten Dokumente und Informationen. Die Transaktionsdokumentation ist ebenso davon erfasst wie eine laufende Berichterstattung über Entwicklungen im verbrieften Portfolio. Primär verantwortlich für die Erfüllung dieser Verpflichtungen ist derjenige, dem eine Vereinbarung zwischen Originator, Sponsor und Verbriefungszweckgesellschaft die Aufgabe zuweist, Art. 7 Abs. 2 der Verbriefungs-VO.

Art. 9 der Verbriefungs-VO verlangt vom Originator, zu verbriefende Forderungen mit **83** derselben Sorgfalt und nach denselben soliden Maßstäben zu vergeben, die er auch in Bezug auf nicht verbriefte Forderungen anwendet. Insbesondere dürfen Wohnimmobilien-Darlehen nicht verbrieft werden, wenn die von den Darlehensnehmern vorgelegten Informationen nicht vom Originator geprüft wurden. Verstößt der Originator gegen diese Verpflichtungen, greifen die Verwaltungssanktionen nach Art. 32 der Verbriefungs-VO. Dagegen können Schadensersatzansprüche der Investoren aus § 823 Abs. 2 BGB in Verbindung mit Art. 9 der Verbriefungs-VO nicht begründet werden, da die Vorschrift das Funktionieren des Verbriefungsmarktes und der Finanzmärkte generell, nicht aber einzelne Anleger schützen will[97].

Um die Publizität und den Informationsstand der an Verbriefungen Beteiligten sowie der **84** Aufsichtsbehörden zu erhöhen, führen Art. 10 ff. der Verbriefungs-VO ein spezielles Register ein, das dem Transaktionsregister für Derivate nach Art. 78 ff. EMIR nachgebildet ist und bei der ESMA registriert sein muss. Hierin müssen alle Verbriefungstransaktionen erfasst werden. Das Register dient der Verbreitung der nach Art. 7 der Verbriefungs-VO offenzulegenden Informationen, wobei alternativ eine allgemein zugängliche Website verwendet werden kann.

V. ABS im Eurosystem

Seit der Finanzkrise und der damit einhergehenden Zurückhaltung der Investoren ins- **85** besondere in Bezug auf Verbriefungsprodukte spielt die Frage eine wichtige Rolle, inwie-

[97] Anders *Hellgardt* EuZW 2018, 709 (713) mit Verweis zudem auf § 311 Abs. 3 BGB.

weit Banken ihre Aktiva verbriefen und damit zentralbankfähige Sicherheiten schaffen können. Das Eurosystem erkennt die ranghöchste Tranche von ABS prinzipiell als Sicherheit an,[98] und Banken haben von den dadurch eröffneten Möglichkeiten insbesondere seit 2007 in großem Umfang Gebrauch gemacht. Die Voraussetzungen für die EZB-fähigkeit von ABS unterlagen allerdings in den letzten Jahren einem steten Wandel. Insbesondere die mindestens erforderlichen Ratings haben sich über die letzten Jahre häufig geändert.

86 Um zentralbankfähig zu sein, müssen ABS eine der in Art. 73 Abs. 1 der Leitlinie (EU) 2015/510 der Europäischen Zentralbank genannten Assetklassen verbriefen. Zudem gelten eine Reihe von weiteren Anforderungen, zB (i) müssen Vermögenswerte nach dem Recht eines EU-Mitgliedsstaates erworben werden, (ii) muss der Erwerb im Wege eines insolvenzfesten *true sale* erfolgen, (iii) müssen der Veräußerer sowie Gläubiger und Schuldner der verbrieften Forderungen im Europäischen Wirtschaftsraum beheimatet sowie die Sicherheiten im Europäischen Wirtschaftsraum belegen sein, (iv) dürfen die erworbenen Vermögensgegenstände nicht ihrerseits ABS oder Instrumente synthetischer Verbriefungstransaktionen sein und (v) muss der Emittent seinen Sitz innerhalb des Europäischen Wirtschaftsraums haben. Die ABS müssen ferner in EUR denominiert und an einer Börse gelistet sein, wobei der geregelte Markt stets, nicht-geregelte Märkte nur unter bestimmten Umständen ausreichend sind.

VI. Steuerrecht

87 Verbriefungstransaktionen haben generell nicht den Sinn, die steuerliche Belastung der Beteiligten zu reduzieren. Steuerstrukturelle Überlegungen dienen allein dazu, die steuerliche Belastung nicht zu erhöhen, die Transaktion also steuerlich neutral zu halten. Um das zu erreichen, darf insbesondere das SPV keine Steuern in nennenswertem Umfang bezahlen müssen. Daher werden SPVs häufig in Niedrigsteuerländern gegründet,[99] jedoch sind deutsche SPVs seit einigen Jahren durchaus keine Seltenheit mehr. Die folgenden Ausführungen behandeln daher, soweit nicht ausdrücklich anders vermerkt, die steuerliche Situation eines deutschen SPVs.

1. Einkommensteuerrecht

88 Das SPV selbst macht in der Regel über die Transaktionslaufzeit insgesamt gesehen keine Gewinne, weil alle eingehenden Gelder monatlich oder vierteljährlich vollständig an die verschiedenen Gläubiger des SPV ausgekehrt werden und bis auf kleine jährliche Beträge zur Verfolgung eines meist karitativen Zwecks nichts an den oder die Gesellschafter des SPV ausgeschüttet werden kann und nichts ausgeschüttet wird. Insbesondere benötigt das SPV etwa bei der Verbriefung von Darlehensforderungen die vereinnahmten Zinsen für die Zahlung von Zinsen auf die ABS sowie für Transaktionskosten. Ein etwaiger Überschuss *(excess spread)* wird entweder von einer eigenen Anleihetranche *(class X tranche)* erfasst, als leistungsabhängiges Entgelt an den Verwalter der Forderungen bezahlt oder als zusätzlicher Kaufpreis an den Verkäufer der Forderungen ausgekehrt.

89 Die vollständige Abzugsfähigkeit der Zinsaufwendungen eines in Deutschland ansässigen SPVs wird weder durch die sogenannte Zinsschranke des § 4h EstG noch durch § 5 Abs. 2a EStG verhindert. Die Zinsschranke ist in aller Regel schon deshalb nicht einschlägig, weil die Zinseinnahmen des SPV die Zinsaufwendungen übersteigen werden und jedenfalls

[98] S. Art. 72 ff. der Leitlinie (EU) 2015/510 der Europäischen Zentralbank v. 19.12.2014. Die als Sicherheit akzeptierten Wertpapiere werden auf der Website www.ecb.europa.eu veröffentlicht.

[99] Etwa in Jersey (Kanalinseln) oder auf den Cayman Islands. Da jedoch die ABS in jüngerer Zeit nahezu immer Eurosystem-fähig sein sollen und damit durch einen im Europäischen Wirtschaftsraum ansässigen Emittenten begeben sein müssen, beheimaten mittlerweile Irland und Luxemburg und in zweiter Linie die Niederlande die weitaus meisten SPVs. Ferner setzt die Qualifikation als STS-Verbriefung gem. Art. 18 S. 2 der Verbriefungs-VO ein SPV in der EU voraus.

Nettozinsaufwendungen von wenigstens 3.000.000 EUR nur schwer vorstellbar sind. Wenn das doch einmal anders sein sollte, hilft die fehlende bzw. allenfalls auf wirtschaftlichen Erwägungen und nicht auf gesellschaftsrechtlicher Verflechtung beruhende Konsolidierung des SPV,[100] da auf nicht konsolidierte Gesellschaften die Zinsschranke keine Anwendung findet. § 5 Nr. 2a EStG verbietet die Berücksichtigung von Verbindlichkeiten, die bedingt sind durch zukünftige Einnahmen oder Gewinne. Zwar ist das SPV durch limited recourse Klauseln geschützt, seine Verpflichtungen sind aber unbedingt und zudem nicht von dem Erzielen von Einnahmen, sondern allenfalls von dem Vorhandensein ausreichender Mittel abhängig.[101]

Der Wert der vom SPV erworbenen Forderungen kann über die Laufzeit jedoch schwanken. So kann etwa die finanziell angespannte Situation des Darlehensnehmers eine Abschreibung der gegen ihn gerichteten Darlehensforderung erfordern. Jedoch folgt daraus nicht zwingend schon ein steuerlicher Verlust für das SPV. Da der Betrag der Verpflichtungen des SPV unter den ABS immer von der Höhe der eingezogenen Forderungen abhängig ist, sollten die erworbenen Forderungen auf der Aktivseite und die Verpflichtungen unter den ABS auf der Passivseite eine bilanzielle Bewertungseinheit darstellen. Sofern eine solche ausnahmsweise nicht anerkannt werden sollte, müsste sich das SPV auf die Geltendmachung eines Verlustvortrages verlassen, wenn die Lage des Darlehensnehmers sich später bessert und er die gegen ihn gerichtete Forderung bezahlt. Da Verlustvorträge über 1.000.000 EUR auf 60 % des steuerlich maßgeblichen Gewinns einer Periode beschränkt sind, kann für ein in Deutschland ansässiges SPV insbesondere bei Verbriefungen von großvolumigeren Forderungen, etwa im Bereich der gewerblichen Immobilienfinanzierung oder einigen Spielarten von CLO-Transaktionen, nicht unter allen Umständen völlig sicher sein, keine deutsche Einkommensteuer bezahlen zu müssen. 90

2. Gewerbesteuerrecht

a) Gewerbesteuerprivileg. Gewerbesteuer wird erhoben auf den Gewerbeertrag (§ 6 GewStG). Gemäß § 7 GewStG entspricht der Gewerbeertrag dem nach den Vorschriften des Einkommensteuer- bzw. Körperschaftsteuergesetzes ermittelten Gewinn aus dem Gewerbebetrieb. Dieser ist nach dem oben unter 1. Ausgeführten in aller Regel Null. Jedoch werden zur Bestimmung des Gewerbeertrages bestimmte Hinzurechnungen vorgenommen. Dazu zählt insbesondere nach § 8 Nr. 1 GewStG ein Viertel der Entgelte für Schulden, soweit diese trotz Zinsschranke überhaupt berücksichtigt werden können und 100.000 EUR übersteigen. Entgelte in diesem Sinne sind insbesondere Zinsen, aber auch Diskontbeträge bei der Veräußerung von Geldforderungen. Ist das SPV folglich gewerbesteuerpflichtig, werden dem Gewinn von Null 25 % der auf die vom SPV begebenen ABS bezahlten Zinsen hinzugerechnet. Beim Originator dagegen schlagen die Abschläge zu Buche, die beim Forderungsankauf wegen der Zahlung des Kaufpreises vor Fälligkeit der Forderungen anfallen. 91

[100] S. Bundesfinanzministerium, Schreiben v. 4.7.2008, BStBl. I 2008, 718. Die darin enthaltenen Aussagen gelten auch für die seit 2010 durch das BilMoG verschärften Konsolidierungsregeln des § 290 Abs. 2 Nr. 4 HGB.

[101] Der BFH hat in einem obiter dictum (BFH 22.6.2010 – I R 78/09) ein Darlehen als gewinnbeteiligend bezeichnet, in dem die Fälligkeit von Zahlungen unter dem Darlehen an das Vorhandensein liquider Mittel geknüpft war, da in diesem Fall die Rückzahlung einen operativen Gewinn beim Darlehensnehmer voraussetze. Im entschiedenen Fall lag dieser Schluss nahe, da der Darlehensnehmer überhaupt nur Einnahmen erzielen konnte, wenn es ihm gelang, einen bestimmten Vermögensgegenstand mit Gewinn zu verkaufen. Demgegenüber setzen ABS für die Fälligkeit von Zins- und Tilgungsverpflichtungen nicht voraus, dass das SPV einen operativen Gewinn macht. Vielmehr ist nach dem zu erwartenden Gang der Dinge damit zu rechnen, dass dem SPV aus der Einziehung der erworbenen Forderungen genügend Liquidität zur Bedienung der ABS zur Verfügung stehen. Der Investor übernimmt wie bei jeder anderen Anleihe das Kreditrisiko des Emittenten, hofft aber nicht auf einen außergewöhnlichen Gewinn des SPV. S. a. BFH 30.11.2011 (I R 100/10).

92 § 19 Abs. 1 GewStDV normiert ein Gewerbesteuerprivileg für Kreditinstitute. Die Hinzurechnung von Schulden gemäß § 8 GewStG findet bei ihnen nur in sehr eingeschränktem Umfang statt. Im Jahre 2003 wurde das Gewerbesteuerprivileg durch die Einführung des § 19 Abs. 3 Nr. 2 und 3 GewStDV auf SPVs erweitert, soweit sie „ausschließlich unmittelbar oder mittelbar" Kredite oder Kreditrisiken aus Kredit-, Diskont- oder Garantiegeschäft erwerben oder mittels Darlehen finanzieren und zur Refinanzierung „Schuldtitel" begeben.[102] Der Begriff „Schuldtitel" wird dabei zu Recht weit ausgelegt und umfasst neben den Wertpapieren im engeren auch die im weiteren Sinne, also vor allem auch Schuldscheine. Folglich stellt die Hinzurechnung von Schuldzinsen bei der Verbriefung von Bankaktiva in den meisten Fällen kein Problem mehr da. Anders ist es allerdings, sofern Banken Forderungen verbriefen, die sie von Nichtbanken etwa im Wege des Factoring erworben haben.[103]

93 **b) Betriebsstättenproblematik.** Seit der Entschärfung des Problems der Hinzurechnung von Schuldzinsen stehen für die Verbriefung von Bankaktiva auch deutsche SPVs zur Wahl. Diese werden oft durch die TSI International GmbH zur Verfügung gestellt.[104] Probleme macht das deutsche Steuerrecht dagegen wegen der unter oben 1. geschilderten Phasenverschiebungsthematik bei der Verbriefung von großvolumigeren Darlehen, insbesondere im Rahmen der gewerblichen Immobilienfinanzierung. CMBS-Transaktionen arbeiten daher häufig immer noch mit im Ausland belegenen SPVs. Gleiches gilt in den Fällen, in denen Banken (meist von Nichtbanken erworbene) Forderungen verbriefen, die nicht in den Katalog des § 19 Abs. 3 GewStDV fallen. Insofern ist jedoch die Gründung einer ausländischen Gesellschaft als SPV nicht ausreichend, zu vermeiden ist ferner insbesondere die deutsche Geschäftsleitungsbetriebsstätte, weil diese Belastung mit deutscher Gewerbesteuer nach sich ziehen würde. Folglich müssen alle wesentlichen Entscheidungen des SPV auch tatsächlich am ausländischen Sitz des SPV getroffen werden. Außerdem ist eine gewisse Mindestausstattung des SPV mit Sachmitteln erforderlich. Werden diese Gesichtspunkte beachtet, kann das Handeln von anderen Transaktionsbeteiligten die Geschäftsleitungsbetriebsstätte des SPV auch dann nicht nach Deutschland ziehen, wenn dieses Handeln Aufgaben des SPV betrifft, die es an diese Dritten vergeben hat. Das gilt etwa für die Verwaltung der Konten und Zahlungsströme des SPV, die oft an einen *cash administrator* ausgelagert werden. Richtigerweise von vornherein unmaßgeblich ist das Handeln des Verwalters der Forderungen, da die Forderungsverwaltung nach dem Willen der Parteien gerade nicht Aufgabe des SPV ist, sondern vom Verkäufer der Forderungen zurückbehalten wird und für die Frage, wo die Geschäftsleitungsbetriebsstätte sich befindet, eine funktionale Betrachtungsweise angestellt werden muss.[105]

3. Umsatzsteuerrecht

94 Umsatzsteuerliche Belastungen einer Verbriefungstransaktion können sich in mehrfacher Weise ergeben. Zwar stellt die Vorschrift des § 13c UStG für die Verbriefung von Bankaktiva kein Problem dar, weil etwa Darlehensforderungen keine Umsatzsteuer tragen und damit der Erwerber für die Abführung derselben auch nicht sekundär haftbar gemacht

[102] Art. 4 des Gesetzes zur Förderung von Kleinunternehmen und zur Verbesserung der Unternehmensfinanzierung v. 31.7.2003, s. a. Kronke/Melis/Kuhn/*Wagenknecht* Rn. 425.

[103] S. rechtspolitisch dazu etwa *Frese* Kreditwesen 2005, 965.

[104] Gegründet durch eine Vielzahl deutscher Banken im Rahmen der sog. True Sale Initiative.

[105] BFH Urt. v. 12.2.2004 – IV R 29/02. Darin hält das Gericht die Refinanzierung des Portfolios für überwiegend im Vergleich zu Entscheidungen im Zusammenhang mit Erwerb und Verwaltung der Forderungen. S. auch BFH Urt. v. 24.8.2011 – I R 46/10 worin der BFH darauf abstellt, ob ein Dritter der Gesellschaft den sachlichen und personellen Apparat zur Verfügung stellt, der zum Betrieb des Geschäfts der Gesellschaft erforderlich ist. Nochmals erweiternd die Entscheidung BFH Urt. v. 23.10.18 – I R 54/16, die ein Organ der Gesellschaft im Inland ausreichend sein lässt.

werden kann.[106] Auch in diesen Fällen ist allerdings § 13c UStG zu beachten, sofern umsatzsteuertragende Forderungen als Sicherheit dienen und verwertet werden.[107]

Jedoch ergeben sich Risiken aus der MKG-Entscheidung des EuGH.[108] Nach dieser erbringt im Rahmen einer Factoringtransaktion der Forderungserwerber eine Leistung an den Forderungsverkäufer dadurch, dass er ihm das mit der Forderung verbundene Ausfallrisiko abnimmt. Das Entgelt für diese Leistung soll in dem Unterschied zwischen dem Forderungsnennbetrag und dem bezahlten Kaufpreis liegen. Mittlerweile hat der EuGH diese Rechtsprechung insofern präzisiert, als die darin liegende Vermutung der Gleichheit von Forderungsnennbetrag und Wert der Forderung für notleidende Forderungen nicht gelten soll.[109] Schon der Ausgangspunkt der MKG-Entscheidung will jedoch nicht recht einleuchten. Der Käufer einer Forderung erbringt genausowenig eine Leistung gegenüber dem Verkäufer wie der Käufer einer beweglichen Sache, der dem Verkäufer die Gefahr des Untergangs der Sache abnimmt. Die praktische Bedeutung der Frage ist allerdings mittlerweise für Verbriefungstransaktionen weitgehend reduziert, weil gemäß § 2.4 des Umsatzsteueranwendungserlasses die Leistungen eines Forderungskäufers an den Forderungsverkäufer dann als umsatzsteuerfrei behandelt werden, wenn der Forderungsverkäufer die Forderungen weiterhin verwaltet, also kein typischer Fall des *(full service)* Factoring vorliegt. Solange also das SPV nicht entweder die Verwaltung der Forderungen selbst an sich zieht oder, realistischer, einen Dritten mit der Verwaltung der Forderungen beauftragt, fällt keine Umsatzsteuer an. Kommt es zum Übergang der Forderungsverwaltung, fiel nach bisheriger Rechtsprechung und Praxis dann aber Umsatzsteuer an,[110] wobei das wohl nur ex nunc gilt. Die jüngste Entscheidung des EuGH ändert daran laut Umsatzsteueranwendungserlaß nur in Bezug auf notleidende Forderungen etwas: Nur in diesen Fällen nimmt die Finanzverwaltung an, dass keine Factoringleistungen erbracht werden. Zudem definiert die Finanzverwaltung in § 2.4 des Umsatzsteueranwendungserlasses als zahlungsgestört nur solche Forderungen, die ganz oder zu einem nicht nur geringfügigen Teil seit mehr als 90 Tagen überfällig sind. Dass der EuGH deutlich zwischen Factoring-Transaktionen und dem bloßen sonstigen Erwerb von Forderungen unterschieden hat, bleibt ohne Berücksichtigung. Dem ist jedoch nicht zu folgen: Nur für Factoring-Transaktionen im engeren Sinne sollten die in der MKG-Entscheidung herausgearbeiteten Grundsätze gelten. Dagegen sollte sich die Qualifizierung der betroffenen Forderungen als notleidend nur in der Bemessung des anzunehmenden Leistungsentgelts, nicht jedoch in Bezug auf die grundsätzlichere Frage der Steuerpflichtigkeit des Umsatzes niederschlagen. 95

§ 2.4 des Umsatzsteueranwendungserlasses behandelt ferner Servicing-Leistungen des Verwalters der Forderungen an den Forderungskäufer parallel zur vermeintlichen Leistung des Käufers an den Verkäufer, dh solange der Verkäufer die Verwaltung selbst durchführt, fällt keine Umsatzsteuer an. 96

[106] Dass der Originator für die Anwendung von Umsatzsteuer auf seine Finanzdienstleistungen optiert, kommt in der Praxis wohl nicht vor. Zum Problem des § 13c UStG im Rahmen von Verbriefungen s. § 13c.1 Abs. 18, 27 des Umsatzsteuer-Anwendungserlasses und Habersack/Mülbert/Schlitt/*Geiger*, 4. Aufl. 2019, § 21 Rn. 57 ff.

[107] Allerdings sollten dann die Regelungen des § 13c Abs. 4 und 5 UStG helfen, wonach die Haftung eines SPV in Verbriefungstransaktionen nicht eintritt, soweit ein marktübliches Entgelt für den Erwerb der Forderungen (hier dann der besicherten Darlehensforderungen) bezahlt wurde, was in aller Regel zu bejahen sein wird.

[108] S. EuGH Urt. v. 26.6.2003 – C-305/01 – MKG-Kraftfahrzeuge Factoring.

[109] S. EuGH Urt. v. 27.10.2011 – C-93/10 – GfKL. Der BFH ist dem in seinen Entscheidungen v. 26.1.2012 – V R 18/08, v. 26.5.2012 – XI R 28/10 und v. 4.7.2013 – V R 6/10 gefolgt.

[110] FG Hessen Beschl. v. 31.5.2007 – 6 V 1258/07 und Urt. v. 26.1.2010 – 6 K 2933/07.

21. Kapitel: Pfandbriefe

Schrifttum: *Beck/Samm/Kokemoor,* Gesetz über das Kreditwesen, Kommentar, Loseblattwerk; *Bellinger/Kerl,* Hypothekenbankgesetz, Kommentar, 4. Aufl., 1995; *Benteux/van Gallebaert/Bliesener/Schneider/Wagner/Péporté/Scheltema/Mercer/Black,* Regulated Covered Bonds: A Comparative Review, Capital Markets Law Journal 2009, 341–382; *Boos/Fischer/Schulte-Mattler,* Kreditwesengesetz, Kommentar, 4. Aufl., 20012; *Callies/Ruffert,* EUV/AEUV, Kommentar, 4. Aufl., 2011; *Crimmann/Rüchardt,* Der Beleihungswert, 2008 (Schriftenreihe des vdp, Band 48); *European Covered Bond Council,* European Covered Bond Fact Book, 2014 (http://ecbc.hypo.org/Content/Default.asp?PageID=501); *Habersack/Mülbert/Schlitt,* Unternehmensfinanzierung am Kapitalmarkt, 3 Auflage, 2013; *Hanten/Fragos,* Der Europäische Pass für Pfandbriefbanken, FB 2006, 353–360; *Labe,* Der Treuhänder einer Pfandbriefbank – Aufgaben – Befugnisse – Grenzen, in: vdp Der Pfandbrief 2010/2011 (http://www.pfandbrief.de/cms/bcenter.nsf/0/90C291F200C1CE3EC125779A00412AEE/$File/FBPD%202010 %20Komplettfassung.pdf); *Luckow,* Neuregelung der Gebäudeversicherung bei Deckungswerten für Hypothekenpfandbriefe, Immobilien & Finanzierung, 2015, 98;*Lwowski/Fischer/Langenbucher,* Das Recht der Kreditsicherung, 9. Aufl., 2011; *Picherer,* Sicherungsinstrumente bei Konsortialfinanzierungen von Hypothekenbanken, 2002; *Releaux,* Die vierte Pfandbriefgattung – der Flugzeugpfandbrief, Kreditwesen 2010, 295–298; *Scherer* in: vdp Der Pfandbrief 2015/2016 (http://www.pfandbrief.de/cms/bcenter.nsf/0/0B7D5137D9D67EBFC1257EB60049A666/$File/PFB%202015_2016_DE.pdf); *Schmalenbach/Sester,* Zur Einführung des Flugzeugpfandbriefs, WM 2009, 725–732; *Schwennicke/Auerbach,* Kreditwesengesetz, Kommentar, 2. Aufl. 2013; *Stöcker,* Deckungswerte und Insolvenzvorrecht der Pfandbriefe, Immobilien Finanzierung, 2003, 574; *Stöcker,* Novelle 2014 – Qualitätssicherung für den Pfandbrief, Immobilien & Finanzierung, 2014, 461; *Stürner,* Das EU-Insolvenzrecht und sein Einfluss auf die Gestaltung gedeckter Wertpapiere am Beispiel des so genannten Zweigstellenpfandbriefs, ZZPInt 2010, 213–248; *Stürner,* Deutsche öffentliche Pfandbriefe und Deckungswerte aus Darlehen an U.S.-amerikanische öffentliche Körperschaften, 2005 (Schriftenreihe des vdp, Band 19); *Stürner/Kern,* Deutsche öffentliche Pfandbriefe und japanische Deckungswerte, 2006 (Schriftenreihe des vdp, Band 24); *Stürner/Kern,* Deutsche Hypothekenpfandbriefe und U.S.-amerikanische Deckungswerte, 2007 (Schriftenreihe des vdp, Band 28); *Stürner/Schumacher/Bruns,* Der deutsche Pfandbrief und englische Deckungswerte, 2000 (Schriftenreihe der vdp, Band 10); *Stürner/Stadler,* Hypothekenpfandbriefe und Deckungswerte in der Schweiz, 2007 (Schriftenreihe des vdp, Band 31); *Verband deutscher Pfandbriefbanken,* Das Pfandbriefgesetz – Textsammlung und Materialien, 2005; *Verband deutscher Hypothekenbanken,* Jahresbericht 2003; *Winkler,* vdp-Transparenzinitiative, in vdp Der Pfandbrief 2010/2011 (http://www.pfandbrief.de/cms/bcenter.nsf/0/90C291F200C1CE3EC125779A00412AEE/$File/FBPD%202010 %20Komplettfassung.pdf).

Übersicht

I. Einleitung

1. Entwicklung des Pfandbriefs als Refinanzierungsinstrument von Kreditinstituten

1 Pfandbriefe gehen auf eine Cabinets-Ordre Friedrichs des Großen aus dem Jahre 1769 zurück. Zum damaligen Zeitpunkt waren die Emittenten von Pfandbriefen allerdings keine

Kreditinstitute, sondern sog. Landschaften, d. h. öffentlich-rechtliche Zwangsvereinigungen der adligen Großgrundbesitzer, die nach dem auch finanziell auszehrenden siebenjährigen Krieg hohen Finanzbedarf hatten[1] und nach Wegen suchten, diesen zu decken. Das Prinzip des Pfandbriefs bestand jedoch bereits zu dieser Zeit darin, dass der Rückzahlungsanspruch desjenigen, der dem Emittenten des Pfandbriefs einen Kredit gegeben hatte, durch ein oder mehrere Grundstücke besichert wurde. Diese konnte er verwerten, kam der Pfandbriefemittent seiner Rückzahlungsverpflichtung nicht nach. In der Fortentwicklung dieses Grundgedankens entstanden dann im Laufe des 19. Jahrhunderts die ersten regionalen **Hypothekenbanken,** in der nunmehr ein Kreditinstitut als Emittent des Pfandbriefs agierte und die banktypische Funktion eines Intermediärs zwischen einem Kreditnehmer der Bank einerseits und einem Kreditgeber der Bank andererseits einnahm. Das Kreditinstitut nutzte die ihm von ihren Kreditnehmern eingeräumten Sicherheiten, um diese zur Besicherung der von ihm ausgegebenen Pfandbriefe zu nutzen. Damit einher ging die bereits zuvor eingesetzte nachlassende Zuordnung einzelner Grundstücke zu spezifischen Pfandbriefen.[2] Pfandbriefe sind somit im Laufe der Zeit zu einem Refinanzierungsinstrument von Kreditinstituten geworden und haben sich mittlerweile in ganz Europa und teilweise auch außerhalb Europas etabliert.[3] Ihr Sinn und Zweck liegt darin, dem Pfandbriefinvestor ein erhöhtes Maß an Sicherheit zu geben, dass er sein investiertes Kapital inklusive der Zinsen mit einer höheren Wahrscheinlichkeit zurückerhält, als wenn er dem Kreditinstitut auf Basis ungedeckter Schuldverschreibungen Gelder zur Verfügung gestellt hätte. Je mehr Sicherheit dem Investor geboten wird, um so eher und umso günstiger wird er dem Kreditinstitut Finanzierungsmittel gewähren. Gerade in Zeiten, in denen ein hohes Maß an Unsicherheit über die Bonität von Banken besteht, wie dies nach der Insolvenz von Lehman Brothers und der Staatsschuldenkrise der sog. Peripheriestaaten der Währungsunion der Fall war, gewährt der Pfandbrief den emittierenden Banken ein stabile Refinanzierungsbasis. Allerdings haben sich die Refinanzierungsbedingungen für die einzelnen Emittenten zunehmend differenziert. Bestanden bis in die späten 90er Jahre nur geringfügige Renditeunterschiede von wenigen Basispunkten zwischen den Pfandbriefen einzelner Emittenten, ist seit der Jahrtausendwende eine zunehmende Preisdifferenzierung zu beobachten, die beim Ausbruch der Finanzmarktkrise im Jahr 2008 ihren Höhepunkt erreicht hat. Damit ist der Pfandbrief heute nicht mehr das homogene Refinanzierungsinstrument, das er fast ein ganzes Jahrhundert gewesen war.

2. Entwicklung der Rechtsgrundlage der Emission von Pfandbriefen durch Kreditinstitute

Die Emission von Pfandbriefen der im 19. Jahrhundert gegründeten Kreditinstitute 2
erfolgte auf Basis von Landesrecht.[4] Erst mit Schaffung des **Hypothekenbankgesetzes** vom 13.7.1899[5] wurde gleichzeitig mit dem Bürgerlichen Gesetzbuch eine einheitliche Rechtsgrundlage für die Emission von Pfandbriefen geschaffen. Bemerkenswert ist, dass schon zu diesem Zeitpunkt eine wesentliche Motivation des Gesetzgebers darin bestand, das sog. **Konkursvorrecht** der Pfandbriefgläubiger, also den bevorrechtigten Zugriff auf die als Sicherheit dienenden grundpfandrechtlich gesicherten Darlehen, wirksam zu regeln.[6] Bis heute stellt dies eines der meist diskutierten Themen des Pfandbriefrechts dar. Dabei geht es neben den Fragen nach dem Umfang des Insolvenzvorrechts vor allem um

[1] Vgl. dazu *Bellinger/Kerl* Einleitung S. 25.

[2] *Bellinger/Kerl* Einleitung S. 26.

[3] Vgl. dazu *European Covered Bond Council* S. 97 ff.; *Benteux/Van Gallebaert/Bliesener/Schneider/Wagner/Péporté/Scheltema/Mercer/Black* Capital Markets Law Journal 4 (2009) 341 ff.; zu den Bestrebungen der Regulierung von *covered bonds* in den Vereinigten Staaten s. United States Covered Bond Act Bill 2011 v. 8.3.2011.

[4] *Bellinger/Kerl* Einleitung S. 27.

[5] RGBl. I 1899, 375.

[6] *Bellinger/Kerl* Einleitung S. 27–29.

die rechtlichen Fragen aus der praktischen Umsetzung und Durchsetzung des Insolvenzvorrechts.[7] Die Ziele, die mit der Schaffung des Hypothekenbankgesetzes verfolgt wurden, könnten aktueller nicht sein. So ging es darum, den Emittenten ein **Refinanzierungsinstrument** zur Verfügung zu stellen, das es ihnen aufgrund des hohen Vertrauens der Investoren in dieses Instrument ermöglichen soll, volkswirtschaftlich notwendige Investitionen zinsgünstig finanzieren zu können.[8] Im Hypothekenbankgesetz waren bereits einige der elementaren Grundzüge der **Pfandbriefsicherheit** enthalten. Als solches betrachtete man auch das sog. Spezialbankprinzip, also die Beschränkung des Geschäftskreises der Pfandbriefemittenten auf das Pfandbriefgeschäft, und die Umlaufgrenze, d.h. die Begrenzung ausstehender Pfandbriefe auf ein bestimmtes Vielfaches des Eigenkapitals.[9] Beide Regelungen sind im aktuellen Pfandbriefrecht nicht mehr enthalten. Das Hypothekenbankgesetz wurde während seines 105-jährigen Bestehens vielfach novelliert, teils aufgrund exogener Einflüsse, teils um die Geschäftsmöglichkeiten der Emittenten zu erweitern.[10]

3 Nach dem Hypothekenbankgesetz durften grundsätzlich nur sog. reine Hypothekenbanken[11] Pfandbriefe emittieren. Öffentlich-rechtliche Kreditinstitute hätten also Spezialbanken gründen müssen, um Pfandbriefe emittieren zu können. Der Gesetzgeber hat dies umgangen, indem er im Jahr 1927 das ÖPG[12] für die Emission von Pfandbriefen durch **öffentlich-rechtliche Kreditinstitute** schuf. Folgerichtig wurde dabei auf das Spezialbankprinzip verzichtet. Aber auch andere Voraussetzungen, die von Hypothekenbanken einzuhalten waren, mussten öffentlich-rechtliche Emittenten nicht erfüllen. Begründet wurde dies mit der damals noch geltenden Staatshaftung – der Gewährträgerhaftung und Anstaltslast –, die das niedrigere gesetzliche Sicherheitsniveau ausglichen. Im Jahr 1933 folgte das SchBG,[13] das die Emission von Pfandbriefen durch die **Schiffsbanken** regelte, die mit Schiffshypotheken unterlegt waren. Hier wiederum galten die für das Hypothekenbankgesetz geltenden Grundsätze.

4 Als schließlich am 22.3.2002 die Verständigung zwischen der Bundesregierung und der Europäischen Kommission zustande kam, wonach ab dem 19.7.2005 die Anstaltslast und die Gewährträgerhaftung für öffentlich-rechtliche Kreditinstitute, die keinen Förderauftrag haben, entfiel, gab es auch keine Rechtfertigung mehr, das Pfandbriefprivileg zwischen öffentlich-rechtlichen und privatrechtlichen Emittenten zu unterscheiden.[14] Überlegungen, unterschiedliche Rechtsgrundlagen für die Pfandbriefemission aufrecht zu erhalten, wurden schnell verworfen, weil dies zu einer Spaltung und damit einer Schädigung des Pfandbriefmarkts geführt hätte. Im Sinne der **Pfandbriefqualität** bestand Einigkeit darüber, dass sich das zukünftige Pfandbriefrecht am Hypothekenbankgesetz orientieren müsste. Allerdings war das Spezialbankprinzip nicht zu halten, alleine schon deshalb, weil es nicht durchgängig von allen Hypothekenbanken eingehalten werden musste. Im Ergebnis führte dies zur neuen einheitlichen Gestaltung des Pfandbriefrechts für alle Emittenten und alle Pfandbriefarten, dem PfandBG, dem sich auch die Schiffspfandbriefbanken

---

[7] → Rn. 59 ff.

[8] *Bellinger/Kerl* Einleitung S 29 f.

[9] Dies ist deshalb zu erwähnen, weil nach Basel III eine sog. Leverage Ratio eingeführt werden soll, die darauf abzielt, dass das Bilanzvolumen von Kreditinstituten durch ein bestimmtes Verhältnis zum Eigenkapital begrenzt werden soll. Verhindert werden soll damit, dass Kreditinstitute, wie dies zB bei der DePfa der Fall war, gezielt durch die Investition in null- oder niedrigrisikogewichtete Vermögenswerte ohne angemessene Eigenkapitalausstattung hohe Bilanzvolumina aufbauen können, um aus der Fristentransformation Erträge erzielen zu können.

[10] Vgl. *Bellinger/Kerl* Einleitung S. 35–75.

[11] Ausnahmen galten nur für die sog. Gemischten Hypothekenbanken. Dies waren Kreditinstitute, die sich nicht dem Spezialbankprinzip unterwerfen mussten und dennoch Pfandbriefe emittieren durften. Es handelte sich dabei um die Bayerische Hypotheken- und Wechselbank, die Bayerische Vereinsbank und die Norddeutsche Hypothekenbank.

[12] Gesetz über die Pfandbriefe und verwandten Schuldverschreibungen öffentlich-rechtlicher Kreditanstalten v. 21.12.1927, RGBl. I 1927, 492.

[13] Gesetz über Schiffspfandbriefbanken (Schiffsbankgesetz) v. 14.8.1933, RGBl. I 1933, 583.

[14] Boos/Fischer/Schulte-Mattler/*Schäfer* § 1 Rn. 43a.

anschlossen.[15] Neben den bewährten Qualitätsstandards des Hypothekenbankgesetzes galt es, den Wegfall des Spezialbankprinzips durch neue Qualitätsmaßnahmen auszugleichen. Mit der letzten Novelle des Hypothekenbankgesetzes im Jahr 2004, die auch in das ÖPG und das SchBG übernommen worden war, hatte man den Weg für ein neues einheitliches Pfandbriefrecht geebnet. Darin wurde erstmals sehr klar geregelt, wie die Deckungsmassen von dem insolventen Emittenten des Pfandbriefs abgespalten werden.[16] Das Spezialbankprinzip, das vor allem als ein Schutz des Emittenten vor der Insolvenz betrachtet worden war, erschien mit diesen neuen Regelungen verzichtbar. Am 19.7.2005 trat das Pfandbriefgesetz (PfandBG) in Kraft, das HBG, ÖPG und SchBG ablöste[17] und das seit seinem Entstehen bereits elf Novellierungen erfahren hat. Zuletzt betrafen die wesentlichen Novellierungen notwendige Anpassungen an neue gesetzliche Rahmenbedingungen für Kreditinstitute, die im Zuge der Finanzmarktkrise geschaffen wurden.[13] Im Rahmen dieser Novellierungen wurden meist auch Qualitätsverbesserungen vorgenommen, um den Pfandbrief den gestiegenen Anforderungen des Marktes, insbesondere denen von Investoren und Ratingagenturen, gerecht zu werden.[19] Flankiert wird das PfandBG von fünf Verordnungen, der Pfandbrief-Barwertverordnung (PfandBarwertV),[20] der Beleihungswertermittlungsverordnung (BelWertV),[21] der Deckungsregisterverordnung (DeckRegV),[22] der Schiffsbeleihungswertermittlungsverordnung (SchiffsBelWertV)[23] und der Flugzeugbeleihungswertermittlungsverordnung (FlugBelWertV).[24] Ausgehend vom Erfolg des Pfandbriefs sind weltweit vergleichbare Instrumente geschaffen worden oder bestehende Instrumente wurden reaktiviert, die unter dem Namen Covered Bonds (gedeckte Schuldverschreibungen) subsumiert werden. Diese zunehmende Bedeutung hat auf Ebene der europäischen Gesetzgebung ihren Niederschlag gefunden. So wurde aufgrund der hohen Sicherheit und der Marktbedeutung von gedeckten Schuldverschreibungen eine Vielzahl von Privilegierungen zugunsten gedeckter Schuldverschreibungen geschaffen, die somit auch für den Pfandbrief gelten.[25] Mit dem Ziel, die Kapitalmarktunion zu vollenden und die Vorteile gedeckter Schuldverschreibungen als stabile und kostenwirksame Finanzierungsquelle für Kreditinstitute noch stärker zum Tragen zu bringen, hat die Europäischen Kommission im März 2018 eine Richtlinie zur Emission gedeckter Schuldverschreibungen vorgeschlagen, die am 8.12.2019 im Amtsblatt veröffentlicht wurde.[26] Damit werden erstmals auf europäischer Ebene gedeckte Schuldverschreibungen legaldefiniert und einheitliche Mindestqualitätsmaßstäbe für gedeckte Schuldverschreibungen festgelegt. Diese werden auch für Pfandbriefe gelten. Da Pfandbriefe das Höchstmaß an aufsicht-

---

[15] Begr. RegE BT-Drs. 15/4321, 26; vgl. *Verband deutscher Hypothekenbanken* Jahresbericht 2003 S. 50 ff.

[16] *Verband deutscher Hypothekenbanken* Jahresbericht 2003 S. 46 ff.

[17] Vgl. hierzu *Verband deutscher Pfandbriefbanken* Pfandbriefgesetz S. V ff.

[18] CRD IV Umsetzungsgesetz v. 28.8.2013 (BGBl. I 2013, 3395; BRRD Umsetzungsgesetz v. 10.12.2014 BGBl. I 2014, 2091).

[19] Bspw. die Einführung von der BaFin anzuordnenden erhöhten Mindestdeckungsanforderungen (→ Rn. 18a), weitere Transparenzanforderungen (→ Rn. 58) und die Spezifizierung der Regelungen zu den Folgen der Insolvenz der Pfandbriefbank (→ Rn. 65).

[20] VO über die Sicherstellung der jederzeitigen Deckung von Hypothekenpfandbriefen, Öffentlichen Pfandbriefen, Schiffspfandbriefen und Flugzeugpfandbriefen nach dem Barwert und dessen Berechnung bei Pfandbriefbanken v. 14.7.2005.

[21] VO über die Ermittlung der Beleihungswerte von Grundstücken nach § 16 Abs. 1 und 2 des Pfandbriefgesetzes v. 12.5.2006.

[22] VO über die Form und den Inhalt der Deckungsregister nach dem Pfandbriefgesetz und die Aufzeichnung der Eintragungen vom 25.8.2006.

[23] VO über die Ermittlung der Beleihungswerte von Schiffen und Schiffsbauwerken nach § 24 Abs. 1 bis 3 des Pfandbriefgesetzes v. 6.5.2008.

[24] VO über die Ermittlung der Beleihungswerte von Flugzeugen nach § 26d Absatz 1 und 2 des Pfandbriefgesetzes v. 20.4.2009.

[25] *Scherer* Der Pfandbrief 2015/2016, Verband Deutscher Pfandbriefbanken, S. 28 ff.

[26] RL (EU) 2019/2162 des Europäischen Parlaments und Rates vom 27.11.2019 über die Emission gedeckter Schuldverschreibungen und die öffentliche Aufsicht über gedeckte Schuldverschreibungen und zur Änderung der RL 2009/65/EG und 2014/59/EU.

lichen Privilegien für sich in Anspruch nehmen, sind auch die Anforderungen des Art. 129 CRR einzuhalten. einzuhalten. Art. 129 CRR wurde zeitgleich mit Verabschiedung der Richtlinie über gedeckte Schuldverschreibungen novelliert.[27] Der Anpassungsbedarf des PfandBG, um die Anforderungen der Richtlinie und der Verordnung einzuhalten, wird geringfügig sein.

II. Pfandbriefgesetz

5 Der Sinn und Zweck des Pfandbriefgesetzes besteht darin, das bis dahin schon vorhandene außerordentliche Vertrauen von Investoren in den Pfandbrief zu verbessern.[28] Dies erfolgt durch eine Vielzahl von Qualitätsmerkmalen. Diese beginnen mit den Regelungen über die erforderliche Erlaubnis zur Emission von Pfandbriefen, § 2, und die besondere staatliche Aufsicht, der Pfandbriefbanken unterliegen, § 3. Es folgen allgemein für die Pfandbriefemission geltende Qualitätselemente wie das sog. Deckungsprinzip, §§ 4 und 5, sowie die Aufgaben der von der BaFin bestellten Treuhänder, §§ 7 ff. Die speziellen, für die jeweiligen Pfandbriefarten geltenden Qualitätseigenschaften werden in eigenen Abschnitten für Hypothekenpfandbriefe, §§ 12 ff., Öffentliche Pfandbriefe, § 20, Schiffspfandbriefe, §§ 21 ff., und Flugzeugpfandbriefe, §§ 26a ff., geregelt, wobei mit Ausnahme des Öffentlichen Pfandbriefs der Schwerpunkt der Qualitätssicherstellung auf der Ermittlung der Beleihungswerte und der Festlegung der Beleihungsgrenze liegt. Für das Pfandbriefgeschäft, also der Verbindung von deckungsfähigem Kreditgeschäft mit der Ausgabe von Pfandbriefen, sollen Regelungen des Risikomanagements, § 27, und der Transparenz, § 28, die Qualität sichern. Wie bereits bei Schaffung des Hypothekenbankgesetzes[29] widmet sich das PfandBG ausführlich dem Schutz der Rechtsposition der Pfandbriefgläubiger im Fall der Zwangsvollstreckung gegen eine Pfandbriefbank und deren Insolvenz (sog. Trennungsprinzip), §§ 29 ff. Hervorzuheben ist, dass die Vorschriften noch nie zur Anwendung kommen mussten. Mit besonderen Straf- und Bußgeldvorschriften, §§ 37 ff., soll dem besonderen Vertrauensschutz der Pfandbriefgläubiger Rechnung getragen werden. Von den Schlussvorschriften, §§ 41 ff., die sich im Wesentlichen mit dem Übergang der bisherigen für die Pfandbriefemission geltenden Rechtsvorschriften zum PfandBG befassen, ist im Zusammenhang mit dem Vertrauensschutz von Pfandbriefgläubigern der Bezeichnungsschutz für den Pfandbrief, § 41, erwähnenswert.

1. Anwendungsbereich, Erlaubnis, Aufsicht

6 **a) § 1 Begriffsbestimmungen.** § 1 Abs. 1 enthält die **Legaldefinition** des **Pfandbriefgeschäfts,** das nach § 1 Abs. 1 S. 2 Nr. 1a KWG ein Bankgeschäft darstellt. Vor Einführung des PfandBG war dies nicht geregelt. Der Gesetzgeber bezweckte damit eine Aufwertung des Pfandbriefgeschäfts[30] und schaffte damit die Voraussetzung, dass die **Erlaubnis** zum Betreiben des Pfandbriefgeschäfts versagt werden kann, wenn das Kreditinstitut nicht auch die Erlaubnis zum Betreiben des Kreditgeschäfts besitzt.[31] In der Definition des Pfandbriefgeschäfts ist auch die Einordnung von Pfandbriefen unter den Begriff der **gedeckten Schuldverschreibungen** enthalten. Es handelt sich damit um das Gegenstück zu Art. 129 CRR.[32] Man kann bezüglich § 1 Abs. 1 die Frage stellen, ob Pfandbriefe qua Gesetz gedeckte Schuldverschreibungen iSv Art 129 CRR sind, ob die

[27] Verordnung (EU) 2019/2160 des Europäischen Parlamentes und des Rates v. 27.11.2019 zur Änderung der Verordnung (EU) Nr. 575/2013 hinsichtlich Risikopositionen in Form gedeckter Schuldverschreibungen.
[28] Begr. RegE BT-Drs. 15/4321, 26.
[29] → Rn. 2.
[30] Begr. RegE BT-Drs. 15/4321, 26.
[31] Begr. RegE BT-Drs. 15/4321, 28.
[32] VO (EU) Nr. 575/2013 über Aufsichtsanforderungen an Kreditinstitute und Wertpapierfirmen.

Regelung also deklaratorische oder konstitutive Wirkung entfaltet[33] Der Wortlaut der Vorschrift beantwortet dies nicht, und in der Gesetzesbegründung finden sich dazu keine Anhaltspunkte. Eine konstitutive Wirkung des § 1 Abs. 1 ist ebenso wie früher bei § 20a Abs. 1 KWG abzulehnen. So erfüllen beispielsweise Flugzeugpfandbriefe nicht die Voraussetzungen der CRR, da durch Registerpfandrechte nach § 1 des Gesetzes über Rechte an Luftfahrzeugen oder ausländische Flugzeughypotheken besicherte Darlehen danach nicht als zulässige Deckungswerte vorgesehen sind. Es kann nicht angenommen werden, dass der deutsche Gesetzgeber mit der Regelung in § 1 Abs. 1 Nr. 4, wonach Flugzeugpfandbriefe als gedeckte Schuldverschreibungen gelten, offensichtlich gegen EU-Recht verstoßen will. Dass dies zutreffend ist, ergibt sich daraus, dass der Gesetzgeber selbst es nur für Hypotheken-, Schiffs- und Öffentliche Pfandbriefe als gesichert ansieht, dass diese CRR konform sind.[34] Geht der Gesetzgeber somit selbst davon aus, dass Flugzeugpfandbriefe nicht CRR konform sind, kann § 1 Abs. 1 nicht konstitutive Wirkung entfalten.

§ 1 Abs. 1 S. 2 setzt den **Erwerb** der Hypothek (Nr. 1), der Forderungen gegen staatliche Stellen (Nr. 2), der Schiffshypothek (Nr. 3), und des Registerpfandrechts nach § 1 des Gesetzes über Rechte an Luftfahrzeugen oder der ausländischen Flugzeughypothek (Nr. 4) durch die Pfandbriefbank voraus. § 1 Abs. 2 stellt dem Erwerb der genannten Sicherungsrechte den Anspruch gegen ein geeignetes Kreditinstitut auf Abtretung oder Teilabtretung gleich, sofern das Sicherungsrecht treuhänderisch zugunsten der Pfandbriefbank verwaltet wird und im Fall der Insolvenz des Kreditinstituts die Pfandbriefbank die **Aussonderung** des Sicherungsrechts verlangen kann. Sinngemäß gilt dies auch für Forderungen gegen staatliche Stellen, sofern diese von Kreditinstituten oder unter öffentlicher Aufsicht stehenden Wertpapierverwahrern treuhänderisch für die Pfandbriefbank gehalten werden. Mit dieser Regelung sollen Konstruktionen ermöglicht werden, die es erlauben, dass zB Banken, die selbst nicht über eine Pfandbrieflizenz verfügen, dennoch mittelbar über die Einschaltung einer Pfandbriefbank die Vorteile einer Pfandbriefrefinanzierung nutzen können. Praktische Bedeutung hat dies auch bei **Konsortialfinanzierungen,** wenn lediglich der Konsortialführer die Sicherungsrechte für die übrigen Konsorten hält. In der Praxis waren in der Vergangenheit sog. **Treuhandkonstruktionen** für ausländische grundpfandrechtliche Sicherungsrechte entwickelt worden, die es ermöglichten, dass im Ausland bestellte Grundpfandrechte nicht an die Pfandbriefbank übertragen werden mussten, sondern treuhänderisch von Dritten gehalten werden konnten.[35] Die Anerkennung dieser treuhänderisch gehaltenen Sicherheiten als deckungsfähig setzt jedoch voraus, dass der Anspruch auf Aussonderung der Sicherungsrechte auch im Fall der Insolvenz des Treuhänders eindeutig gegeben sein muss, also insolvenzfest ist. Mit Zweifeln an der **Insolvenzfestigkeit** hat die Aufsicht stets die Ablehnung der Indeckungnahme treuhänderisch gehaltener deutscher Buchgrundschulden begründet.[36] § 1 Abs. 2 stellt demgegenüber keine Veränderung dar, schafft jedoch Rechtssicherheit für solche Konstruktionen, bei denen gesichert von der Insolvenzfestigkeit ausgegangen werden kann. Ob diese allerdings vorliegt, ist im Einzelfall zB auf Basis von Rechtsgutachten nachzuweisen. Der Gesetzgeber hat jedoch mit der Schaffung der Vorschriften über das **Refinanzierungsregister** in den §§ 22a bis 22o KWG sowie der Verordnung über die Form des Refinanzierungsregisters nach dem Kreditwesengesetz sowie die Art und Weise der Aufzeichnung einen Weg aufgezeigt, wie die Insolvenzfestigkeit treuhänderisch gehaltener Forderungen und Grundpfandrechte rechtssicher auszugestalten ist.[37] Da der deutsche Gesetzgeber nicht in das 7

[33] Vgl. dazu Boos/Fischer/Schulte-Mattler/*Hagen* § 20a Rn. 7 mwN, wo die Auffassung vertreten wird, dass § 20a Abs. 1 Nr. 1 lediglich deklaratorische Wirkung entfaltet und daher iE zu prüfen ist, ob Pfandbriefe die Voraussetzung des § 20a erfüllen. § 20a KWG wurde zwischenzeitlich im Rahmen des CRD IV Umsetzungsgesetzes gestrichen, so dass sich diese Frage nicht mehr stellt. Art. 129 CRR regelt nun die Anforderungen an gedeckte Schuldverschreibungen.

[34] Begr. RegE BT-Drs. 18/2575, 203.

[35] Vgl. zB *Stürner/Schumacher/Bruns* Der deutsche Pfandbrief und englische Deckungswerte.

[36] *Bellinger/Kerl* § 10 Rn. 5; BankR-HdB/*Stöcker* § 87 Rn. 79; *Picherer* S. 81 ff.

[37] Ausführlich dazu *Lehmann* in Kap. 30; BankR-HdB/*Stöcker* § 87 Rn. 75 ff.

Insolvenzrecht anderer Staaten eingreifen kann und somit die Insolvenzfestigkeit des Aussonderungsrechts nicht gewährleisten kann, ist es konsequent, dass ein Refinanzierungsregister nur von Kreditinstituten im Geltungsbereich der deutschen Gesetze geführt werden kann.[38] Da im Fall der Insolvenz des ausländischen Kreditinstituts nach der **Sanierungs- und Liquidationsrichtlinie**[39] das Insolvenzrecht des Auslands zur Anwendung kommt, über die Eröffnung des Liquidationsverfahrens nur das Gericht des Auslands entscheiden kann und die Zuständigkeit zur Durchführung der Insolvenz der Aufsicht des ausländischen Kreditinstituts obliegt, können auch **Zweigstellen** von Kreditinstituten anderer EU-Mitgliedstaaten in Deutschland kein Refinanzierungsregister führen, obwohl die Zweigstelle nach § 53 KWG als Kreditinstitut zu betrachten ist.[40] Dies gilt erst recht für Zweigstellen in Deutschland von Kreditinstituten aus Drittstaaten. Damit bleibt es dabei, dass vertragliche Treuhandkonstruktionen im Ausland nach wie vor Bedeutung haben.

8 **b) § 2 Erlaubnis.** Nach § 1 Abs. 1 S. 1 sind Pfandbriefbanken Kreditinstitute, deren Geschäftsbetrieb das Pfandbriefgeschäft umfasst. Man könnte daraus ableiten, dass Kreditinstitute, die bereits eine Erlaubnis zum Betreiben des Bankgeschäfts haben, ohne weitere Erlaubnis das Pfandbriefgeschäft betreiben können. Dies ist jedoch nicht der Fall. Vielmehr wollte der Gesetzgeber mit der Definition des Pfandbriefgeschäfts als Bankgeschäft nach § 1 Abs. 1 S. 2 Nr. 1a KWG erreichen, dass das Betreiben des Pfandbriefgeschäfts erlaubnispflichtig nach § 32 KWG ist.[41] § 2 Abs. 1 stellt dies noch einmal ausdrücklich klar.[42] Während § 2 Abs. 1 S. 1 die Erlaubnispflicht ausschließlich auf Kreditinstitute mit Sitz im Geltungsbereich bezieht, setzt § 32 KWG lediglich voraus, dass das Bankgeschäft im Inland betrieben wird. Aufgrund dieses unterschiedlichen Wortlauts wird in der Literatur die Frage aufgeworfen, ob einer Erlaubnis zum Pfandbriefgeschäft eben nur Kreditinstitute mit Sitz im Inland bedürfen, während ein ausländisches Kreditinstitut in Deutschland grenzüberschreitend das Pfandbriefgeschäft ohne entsprechende Erlaubnis betreiben darf.[43] Dies ist aus mehreren Gründen abzulehnen. So soll § 2 die Regelungen des § 32 KWG nicht verdrängen, sondern ergänzen.[44] Die Bezugnahme auf Kreditinstitute mit Geschäftssitz in Deutschland in § 2 Abs. 1 S. 1 bedeutet also nicht, dass durch den Sitz eines Kreditinstituts in Deutschland die Erlaubnispflicht ausgelöst wird. Vielmehr ist dies als Voraussetzung zu betrachten, dass eine Erlaubnis überhaupt erteilt werden kann. Hat ein Kreditinstitut seinen Sitz somit nicht im Inland, kann es die Erlaubnis zum Betreiben des Pfandbriefgeschäfts nicht erhalten. Dies ergibt sich aus dem Bedürfnis, dass die Zuordnung der Deckungsmassen zu den Pfandbriefen zweifelsfrei gegeben sein muss. Dies aber wäre nicht möglich, würde man die Erbringung des Pfandbriefgeschäfts grenzüberschreitend oder über eine Zweigstelle eines ausländischen Kreditinstituts in Deutschland zulassen. Zum einen müsste das ausländische Kreditinstitut die Vorschriften des PfandBG einhalten und der deutschen Aufsicht unterworfen sein, die die Einhaltung der Vorschriften beaufsichtigt. Zum anderen müssten die insolvenzrechtlichen Vorschriften des PfandBG auch in der ausländischen Rechtsordnung greifen. In beiden genannten Fällen der Erbringung des Pfandbriefgeschäfts wäre dies gerade nicht der Fall, da die Insolvenz eines Kreditinstituts nach der Sanierungs- und Liquidationsrichtlinie zwangsläufig von dem Gericht des Herkunftsstaates eröffnet und nach den Vorschriften und unter der Führung der Aufsicht des Landes erfolgt, in dem das Kreditinstitut seinen Sitz hat.[45] Das Argument, dass dies gegen die Dienstleistungs- und

[38] Boos/Fischer/Schulte-Mattler/*Tollmann* § 22a Rn. 29; Schwennicke/Auerbach/*Rinze/Noglik* § 22a Rn. 8.
[39] RL des Europäischen Parlaments und des Rates über die Sanierung und Liquidation von Kreditinstituten v. 4.4.2001 (ABl. EG Nr. L 125 v. 5.5.2001).
[40] Schwennicke/Auerbach/*Rinze/Noglik* § 22a Rn. 8.
[41] Gesetzesbegr. BT-Drs. 15/4321, 29.
[42] Gesetzesbeg. BT-Drs. 15/4321, 29.
[43] Boos/Fischer/Schulte-Mattler/*Schäfer* § 1 Rn. 43d.
[44] Boos/Fischer/Schulte-Mattler/*Schäfer* § 1 Rn. 43d.
[45] So auch BankR-HdB/*Stöcker* § 87 Rn. 11 Fn. 3.

Niederlassungsfreiheit des AEUV verstößt,[46] kann nicht überzeugen. Die Grundfreiheiten nach dem AEUV erfahren dort ihre Grenzen, wo dies aus zwingenden Interessen des Allgemeinwohls wie zB zum Schutz von Verbrauchern erforderlich ist.[47] Dies trifft hier zu.[48] Das Insolvenzvorrecht des Pfandbriefgläubigers ist ein grundlegendes Element der Pfandbriefsicherheit und erfordert die zweifelsfreie Zuordnung der Deckungsmassen zu den Pfandbriefgläubigern im Fall der Insolvenz des Pfandbriefemittenten. Dies ist nur möglich, wenn das Kreditinstitut im Anwendungsbereich des PfandBG seinen Sitz hat und der deutschen Bankaufsicht unterworfen ist. Daran hat sich auch nichts dadurch geändert, dass einige Pfandbriefbanken als bedeutende Institute der unmittelbaren Aufsicht der Europäischen Zentralbank unterworfen sind. Denn im Hinblick auf die Einhaltung des PfandBG sind auch diese Institute weiterhin der Aufsicht durch die BaFin unterworfen.[49]

Die Erlaubnisvoraussetzungen nach § 2 Abs. 1 S. 2 gehen über die Voraussetzungen nach 9
§ 32 KWG hinaus. Insbesondere aus den Voraussetzungen nach Nr. 3 bis 5 lässt sich ableiten, dass der Gesetzgeber damit hohe **Qualitätsmaßstäbe** setzen wollte.[50] Diese Voraussetzungen stellen auf erforderliche spezifische Kenntnisse und Verfahren,[51] auf die **Nachhaltigkeit** des Geschäftsmodells sowie eine ausreichende und angemessene organisatorische Ausstattung ab. Mit den Erfordernissen soll verhindert werden, dass das Pfandbriefgeschäft lediglich opportunistisch betrieben wird. Wäre dies der Fall, bestünde die Gefahr, dass ein Kreditinstitut lediglich aus einer einmaligen Situation heraus Pfandbriefe begibt und danach die notwendige Pflege der Deckungsmassen und der ausstehenden Pfandbriefe vernachlässigt, weil kein Interesse an einer weiteren Nutzung dieses Refinanzierungsinstruments besteht. Dies aber würde dem gesamten Ansehen des Pfandbriefs im Markt schaden. Bei den Spezialinstituten konnte von dem nachhaltigen Interesse ausgegangen werden, weil diese auf die regelmäßige Emission angewiesen waren. Somit hat der Gesetzgeber hier die Grundgedanken des Spezialbankprinzips in das PfandBG übernommen. Diesem Zweck soll auch das Erfordernis einer angemessenen organisatorischen Ausstattung sowie das Erfordernis nach einer Erlaubnis zum Betreiben des Kreditgeschäfts und dessen voraussichtliche Ausübung, Nr. 2, dienen. Pfandbriefbanken sollen nicht nur als reine **Refinanzierungsvehikel** ohne eigene Expertise agieren,[52] wie dies nach dem französischen Modell der *obligations foncières* möglich ist. Die nach Nr. 4 geforderte Nachhaltigkeit des Pfandbriefgeschäfts soll nach der Begründung des Gesetzgebers dann gegeben sein, wenn das Geschäft sich selbst trägt.[53] Dies wird man nicht eng auslegen dürfen. Gerade für Kreditinstitute, für die der Pfandbrief nicht das Hauptrefinanzierungsmittel darstellt, sondern nur ein Instrument der Refinanzierung unter vielen, dürfte die Anforderung, dass sich das Pfandbriefgeschäft selbst tragen können soll, wohl kaum vorhanden oder nachweisbar sein. So ermöglicht die Pfandbriefemission einem im Wesentlichen durch Einlagen refinanzierenden Institut die Duration seiner Refinanzierung zu verlängern und damit Zinsänderungs- und Liquiditätsrisiken, die sich aus der kurzfristigen Refinanzierung und der langfristigen Kreditvergabe ergeben, zu mindern. Die **Tragfähigkeit des Pfandbriefgeschäfts** ergibt sich hier aus der Gesamtschau des Geschäftsmodells eines solchen Instituts und kann nicht alleine auf das Pfandbriefgeschäft isoliert betrachtet werden.

S. 4 stellt klar, dass die Erlaubnis nach § 32 auch auf die unterschiedlichen Pfandbriefgat- 10
tungen beschränkt werden kann. Dies entspricht auch der Praxis. Es gibt nur wenige Einzelfälle von Kreditinstituten, die alle vier Pfandbriefgattungen nutzen.

---

[46] *Hanten/Fragos* FB 2006, 353 ff.

[47] Callies/Ruffert/*Böhmer* Art. 49 AEUV Rn. 27.

[48] Beck/Samm/Kokemoor/*Demmelmair,* § 1 Rn. 184 ff.; mit anderer Begründung, aber iErg gleich *Stürner* ZZP Int 2010, 214 (240 ff.).

[49] IE → Rn. 11, 57.

[50] Gesetzesbegr. BT-Drs. 15/4321, 93.

[51] Zu den erforderlichen Voraussetzungen nach § 27 → Rn. 56.

[52] Gesetzesbegr. BT-Drs. 15/4321, 90.

[53] Gesetzesbegr. BT-Drs. 15/4321, 90.

10a Da an die Erlaubnis zum Betreiben des Pfandbriefgeschäfts über § 32 KWG hinausgehende zusätzliche Anforderungen zu stellen sind, ist es konsequent, dass auch die **Aufhebung** der Erlaubnis über § 35 Abs. 2 KWG hinaus erfolgen kann, § 2 Abs. 2. Spätestens seit Ausbruch der **Finanzmarktkrise** und deren Verschärfung durch die Staatsschuldenkrise stellt sich die Frage nach der Nachhaltigkeit des Pfandbriefgeschäfts insbesondere im Hinblick darauf, ob sich das Pfandbriefgeschäft aus sich heraus trägt. Angesichts der weitreichenden Folgen der Aufhebung der Erlaubnis wird dies nur die *ultima ratio* sein können. Sollte es zu einer Aufhebung kommen, ist es ebenso wie in der Insolvenz der Pfandbriefbank erforderlich, die Deckungsmassen geregelt abzuwickeln, d. h. die Deckungsmassen fortzuführen, bis der letzte Pfandbrief vertragsgemäß bedient wurde. Dies ergibt sich aus den Abs. 3 bis 5, die weitgehend auf die ausführlichen Regelungen der Abwicklung im Fall der drohenden oder eingetretenen Insolvenz der Pfandbriefbank verweisen. Besonderer Erwähnung bedarf in diesem Zusammenhang Abs. 4. Danach gilt die Erlaubnis der Pfandbriefbank in Ansehung der Deckungsmassen und der durch diese gesicherten Verbindlichkeiten (Pfandbriefe und Verbindlichkeiten aus Derivaten in Deckung) fort. Dies ist ein Grundgedanke, der im Fall der Insolvenz der Pfandbriefbank ebenso zum Tragen kommt.[54]

11 **c) § 3 Aufsicht.** Pfandbriefbanken unterliegen im Hinblick auf die Einhaltung der Vorschriften des PfandBG einer **besonderen Aufsicht** durch die BaFin, § 3 S. 1. Neben der laufenden Aufsicht besteht die Besonderheit von sog. **Deckungsprüfungen,** die im Turnus von zwei Jahren durchgeführt werden sollen, § 3 S. 3 und 4, und deren Anordnung auf § 44 Abs. 1 S. 2 KWG beruht.[55] Die Vorschrift war im Zuge der als Folge der Finanzmarktkrise erlassenen Vorschriften auf nationaler und auf EU – Ebene mehrfach anzupassen. So verweist § 3 bei den für die Aufsicht relevanten Gesetzen neben dem PfandBG selbst nicht mehr nur allgemein auf das KWG, sondern nach § 3 Abs. 1 Satz 1 spezifisch auf die in § 6 Abs. 1 S. 1 KWG genannten Gesetze und Verordnungen.[56] Dabei handelt es sich um die CRD IV, die CRR Verordnung sowie die Verordnungen die im Rahmen der Zusammenarbeit zwischen der Europäischen Zentralbank und den nationalen Aufsichtsbehörden erlassen wurden. Auch wenn eine Vielzahl der Pfandbriefbanken als bedeutende Institute der direkten Aufsicht der EZB unterworfen sind, verbleibt die besondere Pfandbriefaufsicht bei der BaFin. Die EZB hätte danach kein Recht im Rahmen der allgemeinen Bankaufsicht über bedeutende Pfandbriefbanken Auskünfte oder Unterlagen von der Pfandbriefbank zu pfandbriefrelevanten Fragestellungen zu verlangen. Diese Rechte wurden ihr in § 3 Abs. 2 nunmehr eingeräumt.[57] Die besondere Aufsicht über das Pfandbriefgeschäft der Pfandbriefbanken wird von einem eigenen Referat der BaFin **„Pfandbriefkompetenzcenter, Grundsatzfragen sowie Deckungsprüfungen bei Pfandbriefinstituten“** ausgeübt.

2. Allgemeine Vorschriften über die Pfandbriefemission

12 **a) § 4 Deckungskongruenz.** Das Wesen des Pfandbriefs besteht in seiner Besicherung durch **Deckungswerte** (sog. **Deckungsprinzip**), also der **Deckung** der Pfandbriefe. Anders als bei Verbriefungsstrukturen, bei denen unterschiedliche Gläubigergruppen unterschiedlich hohe Risiken tragen und dementsprechend eine Differenzierung der Besicherung stattfindet, sind die Pfandbriefgläubiger alle gleichgestellt.[58] Dabei beziehen sich die Ansprüche der Pfandbriefgläubiger auf Befriedigung aus den Deckungsmassen nur gegen die Deckungsmasse der jeweiligen Pfandbriefgattung. Emittiert ein Kreditinstitut beispiels-

---

[54] → Rn. 59 ff.

[55] Gesetzesbegr. BT-Drs. 15/4321, 93.

[56] Begr. RegE BT-Drs. 17/10974, 99.

[57] Begr. RegE BT-Drs. 18/2575, 202 f.

[58] Zu Verbriefungen vgl. *Geiger* in→ Kap. 20 Rn. 2,78; Lwowski/Fischer/Langenbucher/*Bliesener* KreditsicherungsR § 17 Rn. 29 ff.

weise Hypothekenpfandbriefe und Öffentliche Pfandbriefe, dann ist der jeweilige Hypothekenpfandbrief auch nur durch die Deckungsmasse für die emittierten Hypothekenpfandbriefe des Instituts besichert. Die Deckungsmasse für die ausstehenden Öffentlichen Pfandbriefe besichert also nicht die Hypothekenpfandbriefe, auch nicht subsidiär. Dementsprechend beziehen sich die Vorschriften zur **Deckungskongruenz** immer auf die Pfandbriefe einer Gattung und die dazu gehörenden Deckungswerte der jeweiligen Deckungsmasse. Dass die Besicherung nicht nur teilweise sondern vollumfänglich erfolgen muss, ergibt sich aus § 4 Abs. 1 und 2. Darüber hinaus ist noch eine barwertige **sichernde Überdeckung** von 2 % gesetzlich gefordert, § 4 Abs. 1 S. 1 Hs. 2. Gedeckt sein müssen nur im Umlauf befindliche Pfandbriefe. Wurde ein Pfandbrief dem Treuhänder in die sog. Treuhänderverwahrung gegeben und wird sichergestellt, dass die Pfandbriefbank ohne den Treuhänder nicht über den Pfandbrief verfügen kann, dann scheidet der Pfandbrief, solange er sich in der Verwahrung befindet, oder bei Vernichtung endgültig aus dem Umlauf aus. Alleine der Kauf eigener Pfandbriefe durch die Pfandbriefbank führt somit nicht dazu, dass der Pfandbrief als aus dem Umlauf genommen gilt.

Die Deckungsmassen bestehen aus einer Vielzahl von Deckungswerten mit unterschiedlichen Nennwerten, Laufzeiten, Coupons und gegebenenfalls Optionalitäten. Die von dieser heterogenen Deckungsmasse gedeckten ausstehenden Pfandbriefe weisen ebenfalls unterschiedliche Nennbeträge, Laufzeiten und Coupons aus, die jedoch mit denen der Deckungswerte nicht übereinstimmen. Die Berechnung der Deckung ist daher komplex und es bedarf bestimmter Berechnungsmethoden und Rechenwerke. **13**

Die Deckung muss jederzeit **barwertig** sichergestellt sein, wobei Zins- und Tilgungsverpflichtungen einzubeziehen sind, § 4 Abs. 1 S. 1 Hs. 1. Um eine **einheitliche Berechnungsmethode** und die Berücksichtigung von **Zins- und Währungsänderungen** sicher zu stellen, hat der Gesetzgeber dem Bundesministerium der Finanzen (BMF) eine Ermächtigung erteilt, dies in einer Verordnung zu regeln, § 4 Abs. 6. Das BMF hat diese Verordnungsermächtigung an die BaFin übertragen, die mit Erlass der sog. **Barwertverordnung** davon Gebrauch gemacht hat. Danach stellt der Barwert „die Summe aller mittels jeweils marktüblicher Zinskurven auf den aktuellen Tag abgezinsten Zahlungsströme" dar, § 1 BarwertV. Die marktüblichen Zinskurven sind währungsspezifisch zu verwenden. Die barwertige Deckungsrechnung beruht somit auf der Verbarwertung der Zahlungsflüsse der Deckungswerte und der von diesen gedeckten Pfandbriefen sowie einem anschließenden Abgleich der jeweiligen Barwerte. Der Barwert der Deckungswerte muss jederzeit mindestens so hoch sein wie der Barwert der Pfandbriefe. Ist dies nicht der Fall, sind unverzüglich zusätzliche Deckungswerte in die Deckungsmassen aufzunehmen. Da Zinsen und Währungen permanenten z. T. starken Schwankungen unterliegen, besteht ein Interesse daran, die Deckungskongruenz in angemessenem Umfang gegen Zins- und Währungsänderung resistent zu machen. Wäre dies nicht der Fall, dann könnte durch nur geringfügige Zins- und Währungsschwankungen schnell eine Unterdeckung entstehen, die dann wieder durch die Pfandbriefbank auszugleichen wäre. Unter bestimmten Marktbedingungen könnte dies für die Pfandbriefbank schwierig werden. Wenn die Insolvenz der Pfandbriefbank eingetreten ist, ist dies gar nicht mehr möglich. Die Deckungsmassen sollen aber so ausgestattet sein, dass aus ihnen heraus nach der Insolvenz der Pfandbriefbank eine vertragsgemäße Bedienung der Pfandbriefe möglich ist. Die Barwertverordnung bestimmt daher **Zins- und Währungsstressszenarien,** denen die barwertige Deckung standhalten muss. Die Pfandbriefbank kann dabei zwischen einer statischen, einer dynamischen und einer auf internen aufsichtlich abgenommenen Modellen beruhenden Methode wählen.[59] **14**

Da Zins- und Währungsrisiken durch die zu berücksichtigenden Stressszenarien weitgehend abgedeckt sind, besteht der Sinn und Zweck der **sichernden Überdeckung** darin, der Deckungsmasse Werte zuzufügen, die es ermöglichen sollen, dass die Bedienung der Pfandbriefgläubiger bei Insolvenz der Pfandbriefbank aus der Deckungsmasse heraus rei- **15**

[59] Ausführlich dazu BankR-HdB/*Stöcker* § 87 Rn. 19a.

bungslos erfolgen kann. So sollen etwa entstehende Kosten der Verwaltung der Deckungsmasse, eintretende Kreditausfälle oder geringfügige Liquiditätsengpässe ausgeglichen werden können. Es ist deshalb notwendig, dass die für die sichernde Überdeckung verwendeten Deckungswerte besonders liquide sind. Dementsprechend wird in § 4 Abs. 1 Nr. 1 bis 3 sehr detailliert festgelegt, welche Werte als sichernde Überdeckung verwendet werden können.

16 Die sichernde Überdeckung kann, wie dargelegt, nur geringfügige Liquiditätsengpässe abdecken. Insbesondere die Fälligkeit von **Jumbopfandbriefen**[60] kann dazu führen, dass jedoch größere Liquiditätslücken entstehen können, weil das Fälligkeitsprofil der Deckungsmasse i. d. R. keine kongruenten Fälligkeiten aufweist oder die Deckungswerte nicht ohne weiteres liquidiert werden können. Die Emission eines neuen Pfandbriefs, um die Rückzahlung des fällig werdenden Pfandbriefs zu gewährleisten, scheidet meist mangels ausreichender freier Deckungswerte und auch aus praktischen Gründen aus. Solange die Pfandbriefbank solvent ist, kann die notwendige Liquidität zur Bedienung der Fälligkeiten von Pfandbriefen durch die Pfandbriefbank beschafft werden. Im Fall der Insolvenz der Pfandbriefbank hat zwar der Sachwalter die Möglichkeit, die Liquidität zu beschaffen,[61] doch könnte dies rein praktisch schwierig werden, insbesondere wenn kurz nach der Insolvenz der Pfandbriefbank, noch bevor der Sachwalter sich in sein Amt einarbeiten konnte, hohe Beträge an Pfandbriefen fällig werden. Um solchen Schwierigkeiten vorzubeugen, muss die Pfandbriefbank einen **Liquiditätspuffer** innerhalb der Deckungsmasse vorhalten, § 4 Abs. 1a. Es handelt sich dabei nicht um einen festen Betrag. Vielmehr richtet sich die Höhe des Puffers nach dem **maximalen kumulierten Liquiditätsbedarf** der nächsten 180 Tage. Dieser Liquiditätsbedarf wird ermittelt, indem zunächst für jeden Tag der folgenden 180 Tage die Liquiditätszuflüsse aus den Deckungswerten und die Liquiditätsabflüsse aus den Pfandbriefen saldiert werden, so dass sich für jeden Tag ein positiver, ein negativer oder ein ausgeglichener Saldo ergibt. Anschließend sind für den Tag der Ermittlung sowie die folgenden 180 Tage für jeden einzelnen Tag die einzelnen Tagessalden aufzusummieren. Der dabei entstehende höchste negative Wert eines Tages stellt den maximalen Liquiditätsbedarf der nächsten 180 Tage dar. Dieser Liquiditätsbedarf muss in Deckungswerten vorgehalten werden, die als sichernde Überdeckung qualifiziert sind oder von dem Europäischen System der Zentralbanken als notenbankfähig eingestuft werden.

17 Die notwendige bar- und nennwertige Deckungskongruenz berücksichtigt somit zwar Zins- und Währungsschwankungen und deren Einfluss auf den Wert von Deckungswerten, nicht jedoch Wertschwankungen, die auf **Bonitätsveränderungen** (Credit Spread) oder sonstige Marktverwerfungen zurückzuführen sind. Bedeutung hat dies im Hinblick auf Staatsschuldenkrisen. Die Frage wurde jedoch auch im Hinblick auf die Schwankungen von Immobilienpreisen diskutiert. Da der Pfandbrief überwiegend als Instrument der Refinanzierung langfristiger Finanzierungen dient, muss sichergestellt werden, dass die Gläubiger von Pfandbriefen mit langer Laufzeit ebenso sicher von der Bedienung ihrer Forderungen ausgehen können wie die Gläubiger von Pfandbriefen mit kurzer Laufzeit. Um dies zu erreichen, kommt es maßgeblich darauf an, dass die Bewertung der Deckungswerte im Rahmen der Deckungskongruenz mit einem möglichst nachhaltigen Wert angesetzt wird. Dies ist auch für die Steuerung der Deckungskongruenz von großem Vorteil. Die Deckungsmassen sollen gerade nicht von kurzfristigen Marktentwicklungen getrieben in ihrem Wert schwanken. Zu diesem Zweck werden bei der Nutzung von Immobilienfinanzierungen die Beleihungswertermittlung, § 16, die Beleihungsgrenze, § 15, sowie ein Instrumentarium der regelmäßigen Überprüfung von Beleihungswerten genutzt, § 26 BelWertV.[62] Bei Deckungswerten, die aus Bankforderungen bestehen, wird dies durch die Anknüpfung der Deckungsfähigkeit an die Bonitätsstufe 1 nach den einschlägigen Rege-

[60] Jumbopfandbriefe sind großvolumige Pfandbriefemissionen von mind. € 1 Mrd., wenn sie bestimmte standardisierte Bedingungen erfüllen und mind. 5 Banken als Market Maker auftreten.

[61] → Rn. 61.

[62] → Rn. 35 ff.

lungen der CRR sowie die regionale Begrenzung auf Kreditinstitute deren Sitz in den in § 4 Abs. 1 S. 2 Nr. 1 genannten Staaten liegt erreicht § 4 Abs. 1 S. 2 Nr. 3.[63] Haben die Forderungen eine Ursprungslaufzeit von bis zu 100 Tagen, darf das schuldende Kreditinstitut auch der Bonitätsstufe 2 zugeordnet werden. In der Folge der Finanzmarktkrise kam es zu vielfachen Ratingherabstufungen von Kreditinstituten, so dass zumindest in den Ländern in denen die Bonitätsstufe von Kreditinstituten von je her von externen Ratings abgeleitet wurde nur noch wenige die Bonitätsstufe 1 hatten, da dies ein Rating von mindestens AA – voraussetzt. Die Staaten hatten nach der Bankenrichtlinie jedoch ein Wahlrecht. Statt die Bonitätsstufe von externen Ratings ab zu leiten, konnte die Bonitätsstufe auch vom Rating des Staates in dem das jeweilige Kreditinstitut seinen Sitz hat abgeleitet werden. Damit wurden beispielsweise alle Kreditinstitute in Deutschland aufgrund dessen sehr guten Ratings der Bonitätsstufe 1 zugeordnet, so dass es ausreichend Investitionsmöglichkeiten für Pfandbriefbanken gab. Nach der CRR besteht dieses Wahlrecht nicht mehr. Damit bestand mit Ablauf einer Übergangsfrist bis zum 31.12.2014 die Gefahr, dass nur noch wenige Kreditinstitute die Bonitätsvoraussetzungen erfüllten, um deren Verbindlichkeiten zur Deckung verwenden zu können und es damit zu Konzentrationsrisiken kommt.[64] Der europäische Verordnungsgeber hat dies erkannt und in Art. 129 Abs. 1 letzter Unterabsatz die Möglichkeit geschaffen, dass die zuständigen Behörden bei der Gefahr von Risikokonzentrationsproblemen nach Abstimmung mit der EBA auch Forderungen gegen Kreditinstitute der Bonitätsstufe 2 als Deckung zulassen dürfen. Der Gesetzgeber hat deshalb in § 4 Abs. 1 Satz 4 die entsprechenden Voraussetzungen geschaffen, damit die BaFin von dieser Möglichkeit Gebrauch machen darf. Die BaFin hat dies auch mit der Allgemeinverfügung nach § 4 Absatz 1 Satz 4 des Pfandbriefgesetzes zur Zulassung von inländischen Kreditinstituten der Bonitätsstufe 2 zur Deckung nach dem Pfandbriefgesetz vom 22.12.2014, umgesetzt.[65] Bestehen die Deckungswerte in Forderungen gegen Staaten und unterstaatliche Stellen knüpft das Gesetz an die rechtliche, wirtschaftliche und politische Stabilität der Wirtschaftsräume EU und EWR und zusätzlich bei Drittstaaten außerhalb des EWR an die Einstufung in eine bestimmte Bonitätsklasse 1 nach der CRR an, § 19.[66] Durch die **Staatsschuldenkrise** sind Zweifel aufgekommen, ob diese Vorgehensweise bei staatlichen Forderungen noch geeignet ist, um die nachhaltige Sicherheit der Deckungsmasse zu gewährleisten. So dramatisch die Entwicklung auch sein mag, rechtfertigt sie nicht, ein über Jahrzehnte bewährtes System radikal zu ändern. Eine permanente Bewertung der Deckungswerte auf Marktwerte würde einen solchen radikalen Wechsel darstellen und würde die Deckungsmassen hohen Volatilitäten aussetzen. Marktwerte sind nicht geeignet die nachhaltige Sicherheit der Deckungsmassen zu befördern, und sie spiegeln auch nicht den nachhaltigen Wert der Deckungswerte. Die Bestimmung von Marktwerten wird von vielen Faktoren beeinträchtigt, die mitunter fundamental nicht zu begründen sind. Zudem stellt sich in manchen Marktsituationen, wenn zB kein Handel stattfindet, die Frage, ob es überhaupt echte Marktpreise gibt. Für die Beibehaltung der bisherigen Regelungen spricht, dass die Risikogewichtung für Forderungen gegen Staaten der EU 0 % beträgt und somit aus Solvabilitätssicht ein Gleichlauf mit der Pfandbriefdeckung besteht. Darüber hinaus stimmt diese Betrachtung mit der bilanziellen Behandlung überein, wonach im Anlagevermögen – und um solches handelt es sich bei Deckungswerten – Abschreibungen auf Marktpreise nur dann erfolgen müssen, wenn von einer nachhaltigen Wertminderung auszugehen ist. Dennoch ist die Tatsache nicht zu leugnen, dass auch Staaten der EU und des EWR nachhaltig in ihrer Bonität gefährdet sein können, so dass eine ausgewogene Anpassung der Bewertung von Forderungen gegen Staaten und unterstaatliche Stellen in der Deckungsrechnung notwendig ist. Ebenso wie in der Frage der Anpassung von Beleihungswerten sollte dies möglichst an Faktoren geknüpft sein, die

[63] → Rn. 42.
[64] Begr. RegE BT-Drs. 18/2575, 203.
[65] www.bafin.de/shreDocs/Aufsichtsrecht/DE/Verfuegung/vf141222_allgvfg_deckung_pfandbg.html.
[66] → Rn. 48 ff.

nicht rein kurzfristig getrieben sind, sondern auf eine nachhaltige Veränderung zurückzuführen sind. Gesetzgeber und Pfandbriefbanken waren gleichermaßen gefordert, eine praktikable und angemessene Lösung zu finden.[67]

18 Trotz der vorgenannten Regelungen zur Deckungskongruenz, die sicherstellen sollen, dass die Forderungen der Pfandbriefgläubiger auch im Fall der Insolvenz der Pfandbriefbank vertragsgemäß erfüllt werden können, verlangen die **Ratingagenturen** eine über die gesetzliche Deckung hinausgehende sog. **freiwillige Überdeckung,** wenn der Pfandbrief mit den besten oder zumindest sehr guten Ratingnoten beurteilt werden soll. Die Ratingagenturen haben eigene Modelle, mit denen sie die Ausfallwahrscheinlichkeit der gerateten Pfandbriefe beurteilen. Dabei werden sämtliche potenzielle Risiken berücksichtigt und Stressszenarien gebildet. Es handelt sich dabei insbesondere um Kredit-, Refinanzierungs-, Liquiditäts- und Creditspreadrisiken. Dabei werden die Überdeckungsanforderungen für jedes Kreditinstitut und für die unterschiedlichen Deckungsmassen individuell bestimmt und fallen daher unterschiedlich aus. Im Gesetz findet sich kein ausdrücklicher Hinweis zu einer Deckung, die über das gesetzliche Maß hinausgeht. Man kann sich daher die Frage stellen, ob dies zulässig ist und ob die überschießenden Werte der Deckungsmasse zuzuordnen sind. Nach § 30 Abs. 1 S. 1 bilden zunächst alle im Deckungsregister eingetragenen Werte eine eigene Vermögensmasse der Pfandbriefbank, die mit Eintritt der Insolvenz des allgemeinen Vermögens der Pfandbriefbank getrennt zu betrachten ist. Dies spricht dafür, dass auch Werte, die zur vorschriftsmäßigen Deckung nicht benötigt werden, zunächst zur Deckung gehören, weil es alleine auf die Eintragung im Deckungsregister ankommt. Nach § 30 Abs. 4 kann der Insolvenzverwalter des allgemeinen Vermögens der Pfandbriefbank unter bestimmten Voraussetzungen[68] die Herausgabe von Werten verlangen, die zur Deckung **offensichtlich**[69] nicht notwendig sein werden. Im Umkehrschluss lässt sich daraus ableiten, dass dem Gesetzgeber durchaus bewusst war, dass die Summe der Deckungswerte die Summe der ausstehenden Pfandbriefe übersteigen kann. Eine freiwillige Überdeckung ist daher zulässig und der entsprechenden Deckungsmasse der Pfandbriefgattung zuzuordnen.

18a Aus der Vorgehensweise der Ratingagenturen wird ersichtlich, dass in den Deckungsmassen Risiken bestehen können, die über die Deckungsvorschriften nach Auffassung der Ratingagenturen nicht ausreichend adressiert sind. Solange die Pfandbriefbank solvent ist, die die Deckungsmassen aktiv steuert und bei Fälligkeiten der Pfandbriefe für deren Rückzahlung sorgt, wirken sich solche Risiken nicht auf die Pfandbriefgläubiger aus. Das Pfandbriefgesetz will jedoch gerade für den Fall der Insolvenz der Pfandbriefbank Vorsorge treffen, dass die Pfandbriefverbindlichkeiten aus der Deckungsmasse heraus rechtzeitig und vollumfänglich bedient werden. Es stellte sich daher die Frage, ob die sichernde Überdeckung von 2% nach § 4 Abs. 1 Satz 1 ausreicht. Eine schlichte Erhöhung des Prozentsatzes der sichernden Überdeckung für alle Pfandbriefe wäre nicht angemessen. Dies würde der Individualität der unterschiedlichen Deckungsmassen nicht gerecht werden und würde einzelne Institute ungerechtfertigt belasten, deren Deckungsmassen keine oder wenige der potenziellen Risiken beinhalten. Nach § 4 Abs. 3 lit. a und b hat der Gesetzgeber der BaFin das Recht eingeräumt auf Einzelinstitutsebene für jede Deckungsmasse individuell über die reguläre Deckung hinausgehende Deckungsanforderungen zu stellen (sogenannte Deckungs-Add Ons).[70] Der Gesetzgeber hat sich mit dieser Regelung an die Vorschriften des KWG im Hinblick auf die Möglichkeit der BaFin Capital-Add Ons zu verlangen angelehnt.[71] Eine entsprechende Anordnung der BaFin hat das Institut zusammen mit den

[67] Die Mitglieder des Verbands deutscher Pfandbriefbanken haben beschlossen, dass ab 2013 ein Modell zur Bonitätsdifferenzierung, das ratingabhängige Abschläge für europäische Staatsforderungen mit einem Non-Investmentgrade-Rating vorsieht, in der Deckungsrechnung anzuwenden ist.

[68] → Rn. 62.

[69] Zur Frage, was als offensichtlich nicht notwendig zu betrachten ist → Rn. 62.

[70] Begr. RegE BT-Drs. 18/2575, 203; *Stöcker* Immobilien & Finanzierung, 14, 2014, S. 461 f.

[71] Gesetzesbegr. BT-Drs. 18/2575, 203.

in § 28 genannten Informationen unverzüglich zu veröffentlichen. Sobald die Notwendigkeit eines Deckungs-Add Ons entfällt, frühestens jedoch nach 3 Monaten ist eine entsprechende Anordnung aufzuheben. Desweitern können Deckungs-Add Ons nach § 4 Abs. 3 lit. b angeordnet werden, wenn im Rahmen von Sonder- Jahresabschluss- oder Deckungsprüfungen Mängel hinsichtlich der in der Vorschrift genannten Organisationsanforderungen des PfandBG festgestellt werden. Es soll damit in einem möglichst frühen Stadium etwaigen Risiken, die aus diesen Organisationsmängeln entstehen könnten, vorgebeugt werden.[72] Die BaFin hat die Methodik und die Ermessensmaßstäbe zur Festsetzung der Höhe der Deckungs-Add Ons noch zu entwickeln, nicht aber zu veröffentlichen, und wird danach sukzessive die Deckungsmassen sämtlicher Pfandbriefbanken nach diesen Maßstäben prüfen.[73] Die Verhängung von Deckungs-Add Ons belastet die Pfandbriefbank und kann aufgrund der Veröffentlichungspflicht auch negative Auswirkungen auf das Vertrauen der Investoren des respektiven Emittenten haben. Auch wenn dies als Ausübung der laufenden Aufsicht zu betrachten sein soll[74], und obwohl die Investoren an die von den Ratingagenturen verlangte freiwillige Überdeckung gewöhnt sind, wird eine solche Anordnung der BaFin im Markt für Aufsehen sorgen. Die BaFin wird daher vor der Verhängung von Deckungs-Add Ons die möglichen negativen Implikationen auf das Ansehen des Emittenten und deren schädigende Wirkung[75]. gegen die Ausfallgefahr, die für die Pfandbriefgläubiger bestehen kann, abwägen müssen.

Nach § 4 Abs. 2 S. 1 muss die **Deckungskongruenz** auch **nennwertig** vorhanden sein. 19
Maßgeblich dafür sind die aufaddierten nominalen Kapitalbeträge der Deckungswerte und der Pfandbriefe. Da Pfandbriefe auch als **Zerobonds** emittiert werden können, ist es für diesen Fall erforderlich, dass statt des Nennwertes des Pfandbriefs zum Zeitpunkt der Emission der Einlösebetrag zugrunde gelegt wird, § 4 Abs. 2 S. 2.

Um Zins- und Währungsschwankungen in den Deckungsmassen absichern zu können, 20
ist es zulässig, **Derivate** in Deckung zu nehmen.[76] Es handelt sich dabei um Zinsswaps oder um Cross Currency Swaps. Aus diesen Derivategeschäften können sich je nach Zins- und Währungskursentwicklung **Forderungen der Deckungsmasse** gegen die Derivatepartner oder **Verbindlichkeiten der Deckungsmasse** gegenüber dem Derivatepartner ergeben. Da die in Deckung genommenen Derivate selbst bei Insolvenz der Pfandbriefbank nicht kündbar sind,[77] ist es erforderlich, dass auch die Verbindlichkeiten gegenüber diesen Derivategläubigern bei Ermittlung der erforderlichen Deckung berücksichtigt werden. Dies regelt § 4 Abs. 3 S. 1. Die in Deckung befindlichen Derivate selbst werden nur in der barwertigen Deckungsrechnung berücksichtigt, da ihr Nominalbetrag nicht maßgeblich ist. Dies ergibt sich in Anwendung des Gedankens aus § 19 Abs. 1 Nr. 4 S. 3 Hs. 2.

Mit der Novelle des PfandBG im Jahr 2014 wurde die Vorschrift des § 4a PfandBG 21
aufgenommen, wonach Umschuldungsklauseln in den Emissionsbedingungen von Schuldverschreibungen des Bundes nach § 4a des Bundesschuldenwesengesetzes der Deckungsfähigkeit nicht entgegenstehen. Dies gilt auch für entsprechende Umschuldungsklauseln anderer Schuldner der öffentlichen Hand nach § 20 Abs. 1 Nummer 1. Der Gesetzgeber hat damit der Entwicklung im Zuge der Staatschuldenkrise Rechnung getragen, die dazu führte, dass Staaten durch Gesetz sog. Collective Action Clauses (CAC) eingeführt haben. Diese Klauseln bewirken, dass in Gläubigerversammlungen mit entsprechenden geregelten Mehrheiten die Anleihebedingungen geändert werden können[78], indem beispielsweise die rückzahlbaren Beträge gemindert, Zahlungstermine verschoben oder die Verzinsung geändert wird. Mit Einführung solcher CAC war es Griechenland im Jahr 2012 gelungen, sich

[72] Gesetzesbegr. BT-Drs. 18/2575, 203.
[73] Gesetzesbegr. BT-Drs. 18/2575, 204.
[74] Gesetzesbegr. BT-Drs. 18/2575, 204.
[75] *Stöcker* Immobilien & Finanzierung, 14, 2014, S. 461 f., der vor einer Stigmatisierung warnt.
[76] → Rn. 45.
[77] → Rn. 45.
[78] Begr. RegE BT-Drs. 17/10974, 99.

von Teilen seiner Staatsschulden gegenüber privaten Investoren zu befreien. Ohne eine ausdrückliche gesetzliche Regelung der Deckungsfähigkeit entsprechender von CAC betroffener Forderungen wäre es zweifelhaft gewesen, ob solche Forderungen noch deckungsfähig wären. Die Deckungsfähigkeit von Forderungen gegen die öffentliche Hand ergibt sich gerade daraus, dass die Ausfallwahrscheinlichkeit solcher Forderungen für sehr gering erachtet wird und mit den CAC wird das Risiko die geschuldete Forderung ganz oder teilweise nicht oder erst später zu erhalten erhöht. Wäre die Deckungsfähigkeit nicht mehr gegeben gewesen, hätte dies zur Folge gehabt, dass eine Vielzahl von Deckungswerten aus der Deckung hätten genommen werden müssen, mit der Folge, dass in Einzelfällen die Deckung ausstehender Pfandbriefe nicht mehr gegeben gewesen wäre und ein Ersatz der aus der Deckung zu nehmenden Vermögenswerte problematisch hätte sein können. Die Frage, ob die gesetzliche Regelung tatsächlich erforderlich war, kann dahinstehen, da durch die Regelung jedenfalls Klarheit geschaffen wurde.

22 Die Bedeutung der Deckungskongruenz für den Pfandbrief wird dadurch unterstrichen, dass es nach § 4 Abs. 7 ausdrücklich verboten ist, Pfandbriefe ohne die vorschriftsmäßige Deckung in den Umlauf zu bringen oder über Deckungswerte durch Veräußerung oder Belastung zu verfügen, wenn dadurch die vorschriftsmäßige Deckung beeinträchtigt wird. § 4 Abs. 7 ist nicht als Verbotsgesetz i. S. von § 134 BGB zu betrachten. Die Vorschrift richtet sich ausschließlich an die Pfandbriefbank. Sie ist daher als einseitiges Verbotsgesetz zu betrachten,[79] so dass davon auszugehen ist, dass das betreffende Rechtsgeschäft gültig ist.[80] § 4 Abs. 7 soll den Sinngehalt der früheren Regelungen nach §§ 37 und 38 HBG treffen.[81] Dabei handelte es sich um Strafbestimmungen und Ordnungswidrigkeiten, aber nicht um Verbotsgesetze.

23 **b) § 5 Deckungsregister.** Die Pfandbriefbank muss alle für die Deckung verwendeten Deckungswerte einzeln in das für die jeweilige Pfandbriefgattung geführte **Register** eintragen, § 5 Abs. 1 S. 1. Dies ist für die eindeutige **vermögensrechtliche Zuordnung** der Deckungswerte im Fall der Insolvenz der Pfandbriefbank notwendig. Bei grundpfandrechtlich gesicherten Forderungen besteht der Deckungswert aus dem Grundpfandrecht und der besicherten persönlichen Forderung.[82] Dies ergibt sich aus § 9 Nr. 3 und 4 DeckRegV sowie dem der Verordnung angefügten Formular DR 1. Das Gleiche gilt sinngemäß für Forderungen, die durch eine Schiffshypothek oder ein Registerrecht an einem Luftfahrzeug besichert sind. Das Gesetz lässt auch die Möglichkeit zu, dass Deckungswerte nur teilweise in Deckung genommen werden, § 5 Abs. 2. So können beispielsweise zwei Pfandbriefbanken im Rahmen des zulässigen gesamten Beleihungsauslaufs je die Hälfte eines Kredits im Gleichrang oder aber auch in unterschiedlichen Rängen in Deckung nehmen. In solchen Fällen, wie auch in Fällen, in denen die eintragende Pfandbriefbank das Grundpfandrecht ganz oder teilweise als Treuhänder für andere hält, wie zB in Konsortien, sind im Deckungsregister entsprechende Angaben zu machen, damit die jeweiligen Umstände eindeutig erkennbar und zuordenbar sind.

24 Es bedarf keiner Zustimmung des Schuldners der Pfandbriefbank zur Eintragung in das Deckungsregister. Seine Rechte als Kreditnehmer werden dadurch nicht berührt. Dies gilt auch für den Fall der Weitergabe von personenbezogenen Daten aus dem Deckungsregister an eine andere Pfandbriefbank, die benötigt werden, um die Pfandbriefrefinanzierung dieser anderen Pfandbriefbank zu ermöglichen. Hier wird die Wahrnehmung berechtigter Interessen gesetzlich fingiert, § 5 Abs. 1 b. Anders verhält sich dies bei Derivaten, bei denen für die Eintragung die **Zustimmung des Derivatepartners** erforderlich ist, § 5 Abs. 1 S. 2. Schließt eine Pfandbriefbank ein Derivategeschäft ab, ist es für den Derivatepartner von hoher Bedeutung zu wissen, ob die Pfandbriefbank das Derivat in Deckung

[79] Palandt/*Ellenberger* § 134 Rn. 9.
[80] Palandt/*Ellenberger* § 134 Rn. 9.
[81] Gesetzesbegr. BT-Drs. 17/10974, 94.
[82] BankR-HdB/*Stöcker* § 87 Rn. 36.

nimmt oder nicht. Nimmt die Pfandbriefbank das Derivat nämlich in Deckung, so ergibt sich daraus, dass sich Ansprüche und Verbindlichkeiten des Derivatepartners gegen die Deckungsmasse richten, was für die Frage des Nettings entscheidend ist. Darüber hinaus ist bei Indeckungnahme von Derivaten sicherzustellen, dass die Insolvenz der Pfandbriefbank oder einer für eine andere Pfandbriefgattung bestehenden Deckungsmasse der Pfandbriefbank den Bestand des Derivats unberührt lassen. Der Derivatepartner muss somit auf sein Kündigungsrecht verzichten.

§ 5 Abs. 3 enthält eine Verordnungsermächtigung für das BMF, um Einzelheiten über die Form und den notwendigen Inhalt des Deckungsregisters sowie der vorzunehmenden Eintragungen in einer solchen Verordnung zu regeln. Der Gesetzgeber hielt dies aufgrund der Bedeutung und Funktion des Deckungsregisters für dringend geboten.[83] Das BMF hat von seinem eingeräumten Recht, die Verordnungsermächtigung an die BaFin zu übertragen, Gebrauch gemacht, die wiederum die **Deckungsregisterverordnung** erlassen hat. 25

c) § 6 Inhalt der Pfandbriefe. Nach § 6 Abs. 1 müssen in jedem Pfandbrief die für das Rechtsverhältnis zwischen Pfandbriefbank und Pfandbriefgläubiger maßgebenden Bestimmungen abgedruckt sein. Maßgebend sind die von der Pfandbriefbank festgelegten Anleihebedingungen (Zins, Laufzeit etc.) und insbesondere die **Kündbarkeit der Pfandbriefe.** Es handelt sich um die Kündbarkeit durch die Pfandbriefbank, da nach Abs. 2 den Pfandbriefgläubigern ein Kündigungsrecht nicht eingeräumt werden darf. Da Pfandbriefe kaum noch als Stücke emittiert werden, bezieht sich § 6 auf die Globalurkunde wo die entsprechenden Angaben zu machen sind,[84] die jedoch ein Erwerber nur eines Anteils nicht zu sehen bekommt. 26

Mit dem Verbot, dem Pfandbriefgläubiger ein Kündigungsrecht einzuräumen, bezweckt der Gesetzgeber den Schutz der Pfandbriefbank vor unvorhersehbaren Rückforderungen. Wie bereits dargelegt, ist die Liquiditätssteuerung der Deckungsmassen komplex.[85] Die Pfandbriefbank muss sich auf die Fälligkeit von Pfandbriefen im Voraus einstellen können, indem sie Liquidität ansammelt oder sich besorgt, unter anderem durch den Verkauf von Deckungswerten. Würde die Pfandbriefbank mit einer Vielzahl von Kündigungen konfrontiert, könnte die Beschaffung der Liquidität je nach Marktsituation schwierig sein und die Bank könnte u. U. sogar gezwungen sein, Deckungswerte zu ungünstigen Preisen verkaufen zu müssen, oder gar zahlungsunfähig werden, was beides zum Nachteil der übrigen Pfandbriefgläubiger gereichen könnte. Nicht verboten sind echte und unechte **Pensionsgeschäfte,** bei denen die Pfandbriefbank ihre Pfandbriefe in Pension gibt. Die Pfandbriefbank kann sich hier darauf einstellen, wann die Rückgabe des Pfandbriefs erfolgt (echtes Pensionsgeschäft) bzw. in welchem Zeitraum eine Rückgabe erfolgen kann (unechtes Pensionsgeschäft).[86] 27

Ebenso unzulässig ist es nach Abs. 3, Pfandbriefe auszugeben, deren maximaler Einlösungswert nicht bekannt ist. Zu denken ist dabei an Pfandbriefe, deren Rückzahlungsbetrag bei Fälligkeit an die Entwicklung bestimmter Preisindices geknüpft ist. Auch hier besteht die Ratio des Gesetzes darin, die Pfandbriefbank vor Liquiditätsproblemen zu schützen. Wenn der maximale Rückzahlungsbetrag nicht feststeht, stellt sich zudem die Frage, wie die Deckungskongruenz[87] dargestellt werden kann. 27a

d) §§ 7 bis 11 Treuhänder und Stellvertreter. Zu den Qualitätselementen des Pfandbriefs gehört es, dass neben der staatlichen Aufsicht durch die BaFin weitere unabhängige 28

[83] Gesetzesbegr. BT-Drs. 17/10974, 95.
[84] *Bellinger/Kerl* § 8 Rn. 10.
[85] → Rn. 13 ff.
[86] *Bellinger/Kerl* § 8 Rn. 10. Beim echten Pensionsgeschäft vereinbaren der Pensionsgeber- und -nehmer, zu welchem festen Zeitpunkt vor Fälligkeit des in Pension gegebenen Wertpapiers der Geber das Wertpapier zu welchem Preis zurückzunehmen hat. Bei unechten Pensionsgeschäft kann der Nehmer entscheiden, wann er das Papier zurückgibt, allerdings ist der Geber nur bis zu einem bestimmten festgelegten Zeitpunkt verpflichtet, das Papier zurückzunehmen.
[87] → Rn. 12 ff.

natürliche Personen damit betraut werden, die Belange der Pfandbriefgläubiger zu wahren. Es handelt sich dabei um den Treuhänder sowie seinen bzw. seine Stellvertreter, § 7 Abs. 1, die von der BaFin nach Anhörung der Bank bestellt werden. Treuhänder müssen nach § 7 Abs. 2 die notwendigen Erfahrungen und Kenntnisse zur Erfüllung ihrer Aufgaben besitzen, und es darf nicht die Besorgnis der Befangenheit bestehen. Außer der gesetzlichen Vermutung, dass Wirtschaftsprüfer und vereidigte Buchprüfer die Qualifikation erfüllen, gibt es keine festgelegten Kriterien. Aus der Praxis lässt sich ableiten, dass neben beruflichen Erfahrungen, juristische und/oder zunehmend auch wirtschaftliche Kenntnisse gute Voraussetzungen für die Qualifikation bieten. Auch die örtliche Nähe zur Pfandbriefbank ist entscheidend, denn die Tätigkeit des Treuhänders kann eine häufige Präsenz, die u. U. kurzfristig angefordert wird, erfordern. Die von der BaFin festgesetzte angemessene Vergütung des Treuhänders erfolgt durch die Pfandbriefbank, § 11 Abs. 1 S. 1. Daneben können von der Pfandbriefbank den Treuhändern notwendige Auslagen ersetzt werden und die Prämien für die Versicherung der Haftung des Treuhänders gezahlt werden. Darüber hinausgehende Leistungen sind unzulässig, § 11 Abs. 1 S. 2.

29 Die wesentlichen **Aufgaben des Treuhänders** bestehen nach § 8 Abs. 1, 2 und 3 darin, darauf zu achten, dass die Deckungskongruenz[88] eingehalten und die Deckungswerte in das Deckungsregister eingetragen sind, sowie das Vorhandensein der vorschriftsmäßigen Deckung vor Ausgabe von Pfandbriefen zu bescheinigen. Im Rahmen der Einhaltung der Deckungskongruenz muss er darauf achten, dass die Werte der beliehenen Grundstücke, Schiffe und Flugzeuge nach den Vorschriften der entsprechenden Verordnungen[89] festgesetzt wurden, ohne dass er jedoch verpflichtet wäre zu untersuchen, ob die festgesetzten Werte den wirklichen Werten entsprechen, § 8 Abs. 1 S. 1 Halbs. 2 und S. 2. Der Treuhänder ist insofern befugt, Unterlagen einzusehen und von der Pfandbriefbank Auskunft zu verlangen, soweit diese sich auf Deckungswerte und Pfandbriefe beziehen.

30 Der Treuhänder ist verpflichtet, der BaFin über seine Beobachtungen und Feststellungen **Auskunft** zu erteilen. Trotz der Bestellung durch die BaFin ist diese gegenüber dem Treuhänder nicht weisungsbefugt, § 7 Abs. 4. Der Treuhänder haftet nach § 7 Abs. 5 der Pfandbriefbank, den Pfandbriefgläubigern sowie den Derivategläubigern für Vorsatz und grobe Fahrlässigkeit, wobei die Haftung für grobe Fahrlässigkeit auf 1 Million EUR begrenzt ist und bei einer festgelegten Selbstbeteiligung versichert werden kann.[90] Das Amt des Treuhänders endet gemäß § 7 Abs. 3 S. 2 ff. mit Ablauf einer befristeten Bestellung, durch Widerruf der Bestellung durch die BaFin oder spätestens in dem Monat, in dem der Treuhänder sein 75. Lebensjahr vollendet. Soweit ein Sachwalter ernannt wird,[91] ruht das Amt des Treuhänders.

31 Aus den vorgenannten Ausführungen ist zu entnehmen, dass der Treuhänder eine **Stellung sui generis** einnimmt.[92] Er vertritt weder die Pfandbriefgläubiger noch die Pfandbriefbank noch die Aufsicht. Er unterliegt auch keinen Weisungen der genannten Parteien. Seine Stellung ist in hohem Maße unabhängig,[93] aber er agiert nicht frei und ohne einer Haftung zu unterliegen. Er ist letztlich seiner Aufgabe verpflichtet, die darin besteht, seinen Beitrag zur Sicherheit des Pfandbriefs zu leisten.

3. Besondere Vorschriften über die Deckungswerte

32 **a) §§ 12 bis 19, Hypothekenpfandbriefe.** Die spezifische Sicherheit des Hypothekenpfandbriefs beruht auf der Sicherung durch grundpfandrechtlich besicherte Immobilienfinanzierungen, einer konservativen Bewertung der beliehenen Immobilien, dem Belei-

[88] → Rn. 12 ff.
[89] BelWertVV, SchiffsBelWertV, FlugBelWertV.
[90] Zu den Hintergründen BankR-HdB/*Stöcker* § 87 Rn. 26b ff.
[91] → Rn. 62.
[92] Vgl. *Bellinger/Kerl* § 29 Rn. 3 ff.; *Labe* S. 34 ff.
[93] Gesetzesbegr. BT-Drs. 17/10974, 96.

hungswert sowie der Begrenzung der Deckungsfähigkeit von Finanzierungen bis 60% des Beleihungswerts der Immobilien **(Beleihungsgrenze).** Deckungsfähig sind nach dem Wortlaut von § 12 Abs. 1 nur Hypotheken. Das soll jedoch nicht bedeuten, dass lediglich das Grundpfandrecht Deckungswert ist. Vielmehr besteht der **Deckungswert aus Forderung und Grundpfandrecht.**[94] § 18 Abs. 2 S. 1 stellt dies für die Sicherungsgrundschuld ausdrücklich klar. Relevant ist diese Feststellung nur bei abstrakten Grundpfandrechten, da bei akzessorischen Grundpfandrechten wie der Hypothek die Forderung nicht von dieser getrennt werden kann. Der Verweis in S. 2 auf § 5 Abs. 1a stellt klar,dass bei mehreren gesicherten Forderungen die einzelnen Forderungen wie Forderungsteile zu behandeln sind.[95] § 18 Abs. 1 stellt den Hypotheken Grundschulden und **ausländische Sicherungsrechte** gleich, soweit diese der Pfandbriefbank eine vergleichbare Sicherheit bieten und sie berechtigen, ihre Forderung durch Verwertung des belasteten Grundstücks zu befriedigen. Die Frage der Verwertbarkeit gilt jedoch nicht nur für ausländische Sicherungsrechte. Auch bei der deutschen **Sicherungsgrundschuld** ist im Hinblick auf die Deckungsfähigkeit erforderlich, dass die Zweckvereinbarung eine Verwertung der Grundschuld ermöglicht.[96]

Zu den eingetragenen Deckungswerten werden nach § 12 Abs. 3 alle Forderungen qua Gesetz zur Deckungsmasse gezogen, deren Inhaber die Pfandbriefbank ist und die auf die wirtschaftliche Substanz des Grundstücks gerichtet sind. Es kann auch nur ein Teil des Deckungswerts als Deckung verwendet werden, der im Deckungsregister nach Umfang und Rang gegenüber dem nicht zur Deckung bestimmten Teil zu bezeichnen ist, § 5 Abs. 1a.[97] Dies sind nach § 12 Abs. 3 Halbs. 2 insbesondere solche Forderungen, auf die sich nach deutschem Recht die Hypothek ohnehin erstrecken würde, auf die Übertragung des Grundstücks und die Auskehr des Erlöses einer Verwertung sowie Ansprüche der Pfandbriefbank aus eigenem oder abgetretenem Recht aus einer Versicherung nach § 15. Andere Forderungen können beispielsweise Abtretungen und Verpfändungen von Mietzinsforderungensein.[98] Aufgrund der gesetzlichen Regelungen im BGB ist diese Vorschrift insbesondere bei der Beleihung von Grundstücken im Ausland von Bedeutung. 33

§ 13 Abs. 1 S. 1 legt fest, dass die Grundpfandrechte auf Grundstücken und grundstücksgleichen Rechten lasten müssen. **Grundstücksgleiche Rechte** sind insbesondere das Wohneigentum und das Erbbaurecht, bei zweiterem ist § 13 Abs. 2 zu beachten. Da im Ausland teilweise Rechte an Grundstücken und Rechten anerkannt und üblich sind, die zwar nicht mit dem Eigentumsrecht vergleichbar sind, die aber trotzdem gegenüber jedermann wirksam sind und mit Grundpfandrechten belastet werden können, bezieht § 13 Abs. 1 S. 1 Rechte einer ausländischen Rechtsordnung, die den grundstücksgleichen Rechten deutschen Rechts vergleichbar sind, in die belastbaren Rechte ein.[99] Die Möglichkeit, **ausländische Deckungswerte** zu verwenden, ist in mehrfacher Hinsicht begrenzt. So kommen nach § 13 Abs. 1 S. 2 Halbs. 1 grundsätzlich nur Beleihungen von Grundstücken, die innerhalb der **EU,** des **EWR,** der Schweiz, des **Vereinigten Königreich von Großbritannien und Nordirland,** den **Vereinigten Staaten von Amerika, Kanada, Japan, Australien, Neuseeland und Singapur** belegen sind, in Betracht. Mit dem geplanten Austritt des Vereinigten Königreichs von Großbritannien und Nordirland aus der Europäischen Union (Brexit) wird diese zu einem Drittstaat. Das PfandBG führt die Drittstaaten 34

[94] → Rn. 23.

[95] Begr. RegE BT-Drs. 17/13541, 26 f.

[96] BankR-HdB/*Stöcker* § 87 Rn. 36. Bei der Diskussion um die angebliche Verwertung von Grundschulden ohne Vorliegen einer persönlichen Forderung entstand der Eindruck, als seien Grundschulden für den Darlehensnehmer gefährliche Sicherheiten. Der Sicherungsvertrag stellt jedoch sicher dass man nicht rechtlos einer Vollstreckung aus einer Grundschuld gegenübersteht, wenn eine persönliche Forderung nicht besteht.

[97] S. a. *Benteux/van Gallebaert/Bliesener/Schneider/Wagner/Péporte/Scheltema/Mercer/Block* Capital Markets Law Journal 2009, 360.

[98] BankR-HdB/*Stöcker* § 87 Rn. 22a.

[99] Gesetzesbegr. BT-Drs. 17/10974, 97.

enumerativ auf, in denen Immobilien belegen sein können, damit die Beleihungen dieser Immobilien deckungsfähig sein können. Es stellt sich somit die Frage, ob Beleihungen von im Vereinigten Königreich von Großbritannien und Nordirland belegenen Immobilien deckungsfähig bleiben und ob neue Beleihungen nach dem Brexit noch deckungsfähig sein werden. Um Rechtssicherheit zu schaffen, hat der Gesetzgeber dies im Rahmen einer Novelle des PfandBG ausdrücklich geregelt[100]. Demnach bleiben Beleihungen von im Vereinigten Königreich von Großbritannien und Nordirland belegenen Immobilien deckungsfähig. Für Beleihungen außerhalb der EU ist zusätzlich zu beachten, dass der Anteil der Beleihungen, bei denen nicht sichergestellt ist, dass das Insolvenzvorrecht der Pfandbriefgläubiger nach § 30 Abs. 1 durchsetzbar ist, nicht mehr als 10 % des Gesamtbetrags der Beleihungen, bei denen das Insolvenzvorrecht sichergestellt ist, übersteigen darf. Die Regelung gilt nur für Drittstaaten, da aufgrund der Sanierungs- und Liquidationsrichtlinie innerhalb der EU als sichergestellt gelten kann, dass das Insolvenzvorrecht der Pfandbriefgläubiger greift.[101] Im Hinblick auf die im Vereinigten Königreich von Großbritannien und Nordirland belegenen Deckungswerte wurde im Rahmen der o. g. Novelle des PfandBG geregelt, dass die 10 %-Grenze für Werte, die sich vor dem Austritt in Deckung befinden, nicht anwendbar ist. Somit unterliegen entsprechende Deckungswerte, die nach dem Austritt in Deckung genommen werden, der 10 %-Grenze (§ 49 Abs. 4)[102]. Bei der Berechnung der **10 % Grenze** ist jedoch zu beachten, dass es durch vertragliche Konstruktionen möglich ist, auch in Drittstaaten das Insolvenzvorrecht zu sichern.[103] Soweit dies als rechtssicher zu betrachten ist, erhöht dies die Gesamtheit der Deckungswerte, bei denen das Insolvenzvorrecht als gesichert betrachtet werden kann, und erhöht damit das potenzielle Volumen solcher Beleihungen, wo dies nicht als gesichert betrachtet werden kann.

35 Gemäß § 14 können – müssen aber nicht, § 5 Abs. 1a[104] – Hypotheken nur bis zur Höhe der ersten 60 % des von der Pfandbriefbank festgesetzten Beleihungswerts des Grundstücks zur Deckung genutzt werden. Es muss somit zwingend eine **Beleihungswertermittlung** und eine **Beleihungswertfestsetzung** nach § 16 erfolgen. Die Ermittlung des Beleihungswertes beruht auf einer eigenständigen Methodik, die nicht vergleichbar ist mit der Ermittlung des Markt- bzw. Verkehrswertes.[105] Der Bedeutung entsprechend haben die kreditwirtschaftlichen Verbände eine Stelle für die Zertifizierung von Beleihungswertgutachtern, die HypZert GmbH, gegründet, bei der sich über 1.200 Beleihungswertgutachter haben zertifizieren lassen. Die Beleihungswertfestsetzung erfolgt auf Basis der Beleihungswertermittlung, muss dieser jedoch nicht zwingend folgen. Neben den Regelungen zur Ermittlung des Beleihungswerts, die im PfandBG selbst enthalten sind, wurde nach § 16 Abs. 4 die BelWertV von der BaFin erlassen, die Einzelheiten zur **Methodik,** der Form der Beleihungswertermittlung und den Mindestanforderungen an die Qualifikation des Gutachters regelt.

36 Der Beleihungswert ist mittels eines **Gutachtens** zu ermitteln, § 5 Abs. 1 BelWertV. Der notwenige Inhalt des Gutachtens ergibt sich aus § 5 Abs. 3 und 4. Das Gutachten ist nach § 5 Abs. 2 BelWertV von einem oder mehreren **Gutachtern** zu erstellen, der gemäß § 16 Abs. 1 von der Kreditentscheidung unabhängig sein muss und der über einschlägige Kenntnisse und Erfahrungen verfügen muss. Aus § 6 BelWertV ergibt sich, wann von der entsprechenden Qualifikation und Erfahrung ausgegangen werden kann.[106] Da der Wert des

[100] Gesetz über steuerliche und weitere Begleitregelungen zum Austritt des Vereinigten Königreichs von Großbritannien und Nordirland aus der Europäischen Union (Brexit Steuerbegleitgesetz – Brexit-StBG), BGBl. I 2019 357, 359.

[101] Gesetzesbegr. BT-Drs. 17/10974, 97; → Rn. 58 ff.

[102] → Rn. 71.

[103] *Stöcker* Immobilie und Finanzierung 2003, 574 ff.; *Stürner/Kern* Deutsche Hypothekenpfandbriefe und US-amerikanische Deckungswerte; *Stürner/Stadler* Hypothekenpfandbriefe und Deckungswerte in der Schweiz.

[104] → Rn. 23.

[105] S. ausführlich dazu *Crimmann/Rüchardt.*

[106] Für die HypZert zertifizierten Beleihungswertgutachter gilt die gesetzliche Vermutung der notwendigen Kenntnisse und Erfahrungen.

Grundstücks für die Werthaltigkeit des Pfandbriefs im Worst Case ausschlaggebend ist, legt das Gesetz besonderen Wert auf die **Unabhängigkeit** des Gutachters. Das bedeutet jedoch nicht, dass nur externe Gutachter in Frage kommen. So dürfen Gutachten, die vom Darlehensnehmer in Auftrag gegeben worden sind, nicht verwendet werden (§ 5 Abs. 2 S. 3 BelWertV) und es dürfen auch keine anderen Gründe vorliegen, die befürchten lassen, dass der Gutachter in seiner Objektivität beeinträchtigt ist. § 7 Abs. 1 BelWertV führt hierzu einige Konstellationen auf, die nicht vorliegen dürfen. Der Frage der Unabhängigkeit von bei der Pfandbriefbank angestellten Gutachtern widmet sich § 7 Abs. 2 BelWertV. Deren Unabhängigkeit soll dadurch gewahrt werden, dass sie selbst bzw. die Gutachtereinheit direkt der Geschäftsleitung zugeordnet sind. Ist der Gutachter bzw. die Gutachtereinheit einem anderen Bereich zugeordnet, darf es sich dabei nicht um einen Marktbereich i. S. MaRisk oder einen Bereich handeln, der das alleinige Kreditvotum abgibt. Die Notwendigkeit der Erstellung eines Gutachtens durch einen Gutachter wird bei sog. Kleindarlehen für im Inland belegene wohnwirtschaftlich genutzte Objekte gemäß § 24 eingeschränkt. Festzuhalten ist, dass der Gutachter bzw. die sachverständige Person nur den Wert ermittelt, jedoch nicht den Beleihungswert festsetzt, § 7 Abs. 1 S. 3.

Die Kernelemente der **Methodik der Beleihungswertermittlung** werden in § 16 Abs. 2 dargelegt. Demnach soll nach S. 1 der Beleihungswert die **langfristigen, nachhaltigen** Merkmale des Objekts, die normalen, regionalen Marktgegebenheiten und die derzeitige und mögliche anderweitige Nutzung des Objekts berücksichtigen. S. 2 stellt nochmals ausdrücklich klar, dass **spekulative** Elemente dabei nicht berücksichtigt werden dürfen. Mit diesen Grundsätzen hebt sich der Beleihungswert deutlich vom Marktwert ab. Der Marktwert ist nach § 16 Abs. 4 der Wert, zu dem zu einem bestimmten Tag das Grundstück veräußert werden könnte. Es handelt sich um einen stichtagbezogenen Wert. Der Beleihungswert ist dagegen ein Wert, der aufgrund der zu berücksichtigenden Merkmale des Objekts über einen längeren Zeitraum Geltung haben soll. Im Hinblick darauf, dass Immobilienfinanzierungen in Deutschland langfristig sind und dass auch der Pfandbrief ein Instrument der langfristigen Refinanzierung ist, ist der Beleihungswert für das Pfandbriefgeschäft in besonderer Weise geeignet, die Werthaltigkeit des Pfandbriefs zu sichern.[107] Da die Beleihungswertermittlung aber allgemein im Kreditgeschäft im Hinblick auf **Risikovermeidung** ein bewährtes Instrument ist, wird diese auch außerhalb des Pfandbriefgeschäfts genutzt und erfährt im Hinblick auf die **Eigenkapitalunterlegungsanforderungen** eine Privilegierung.[108] 37

Die Methodik der Beleihungswertermittlung wird in der BelWertV im Detail geregelt, wobei die Regelungen stets darauf gerichtet sind, die Nachhaltigkeit des Beleihungswerts sicherzustellen. So müssen beispielsweise bestimmte Mindestkapitalisierungssätze, § 12 BelWertV, oder Mindestabzüge für Bewirtschaftungskosten, § 11 BelWertV, eingehalten werden. Auch für im Ausland beliehene Objekte müssen Beleihungswertermittlungen durchgeführt werden. Da im Ausland die Beleihungswertermittlung nach den Maßgaben des PfandBG nicht üblich ist, können ausländische Gutachten nur als Grundlage der auszuführenden Beleihungswertermittlung herangezogen werden und auch dies nur, wenn sie bestimmte Inhalte ausweisen, § 25 BelWertV.[109] 38

Trotz der vorsichtigen Ermittlung des Beleihungswerts ist nicht auszuschließen, dass der Beleihungswert eines Objekts sich verschlechtert. Dafür kann es konkrete, auf das Objekt bezogene Gründe geben oder aber eine nachhaltige Veränderung des Preisniveaus. § 26 Abs. 1 BelWertV[110] schreibt daher vor, dass bei bestimmten Anhaltspunkten zunächst zu prüfen ist, ob die Grundlagen der Beleihungswertermittlung sich nicht nur unerheblich verschlechtert haben. Anhaltspunkte sind insbesondere ein die Sicherheit der Beleihung gefährdendes Absinken des allgemeinen Preisniveaus in der Region bei bestimmten Ob- 39

[107] → Rn. 12.
[108] Boos/Fischer/Schulte-Mattler/*Hagen* § 20a Rn. 38.
[109] *Crimmann/Rüchardt* S. 157 ff.
[110] *Crimmann/Rüchardt* S. 54 ff.

jektarten.[111] Aber auch wenn der Kreditnehmer mit mehr als 90 Tagen mit seinem Kapitaldienst in Verzug geraten ist, führt dies zu einer **Überprüfungspflicht.** Ausgenommen davon sind Beleihungen von eigengenutzten Wohnimmobilien. Soweit sich ergibt, dass die Grundlagen der Wertermittlung sich tatsächlich entsprechend negativ verändert haben, ist der Beleihungswert neu zu ermitteln und gegebenenfalls anzupassen. Die Vorschriften zur Eigenkapitalunterlegung von Immobilienfinanzierungen sehen nicht nur anlassbedingte, sondern regelmäßige Überprüfungen vor.[112]

40 Da die Sicherheiten des Hypothekenpfandbriefs bei Ausfall sämtlicher anderer Sicherheitsmechanismen die den Beleihungen zugrundeliegenden Immobilien sind, ist es konsequent, dass nach § 15 Abs. 1 S. 1 eine **Versicherungspflicht** für die Beschädigung oder Zerstörung mit dem Grundstück fest verbundener Gebäude während der gesamten Dauer der Beleihung zu normieren. Dabei muss die Versicherung auf eine Entschädigung gerichtet sein, soweit das Gebäude nicht wiederhergestellt wird. Sollte das Gebäude nicht werterhöhend in der Beleihungswertermittlung berücksichtigt sein, wenn also allein auf den Bodenwert abgestellt wird, ist eine Versicherung nicht notwendig. Die zu versichernden Risiken ergeben sich nach Satz 2 aus der Art und Lage des Objekts sowie der Erheblichkeit der Risiken. Somit ist nach dem Einzelfall zu differenzieren, welche Risiken zu versichern sind. In Deutschland und anderen gemäßigten Klimazonen dürfte eine übliche Versicherung gegen Sturm, Hagel und Feuer ausreichen,[113] während in Teilen der USA und Japans Erdbebenversicherungen notwendig sein können.[114] Mit der Tätigkeit der Pfandbriefbanken im Ausland geht es einher, dass bei Auslandsbeleihungen den internationalen Standards und Gepflogenheiten der Versicherung von Gebäuden gefolgt werden muss. Dem wird die Regelung gerecht indem sie zur Versicherungshöhe drei unterschiedliche Optionen vorsieht.[115] Nummer. 1 regelt die klassische Gebäudeversicherung in Höhe der Wiederherstellungskosten. Nummer 2 regelt die Fälle von Gebäudeversicherungen, bei denen nicht die Wiederherstellungskosten, sondern der auf einem hohen Konfidenzniveau errechnete mögliche maximale Schaden versichert ist (sogenannte Probable Maximum Loss Versicherung). Des Weiteren betrifft diese Option die Versicherung von mehreren Objekten an unterschiedlichen Standorten, bei denen der Versicherungsumfang nicht die Wiederherstellungskosten sämtlicher Gebäude abdeckt, da mit hoher Wahrscheinlichkeit nicht davon auszugehen ist, dass durch ein Schadensereignis sämtliche Gebäude beschädigt oder zerstört werden (sogenannte blanket Versicherung).[116] Nummer 3 regelt schließlich den Fall der Kreditausfallversicherung.[117] Satz 4 dient dem Schutz der Deckungsmasse im Insolvenzfall der Pfandbriefbank. Der Sachwalter soll die Möglichkeit haben ein Darlehen zu kündigen, wenn der Darlehensnehmer seiner Versicherungspflicht nicht nachkommt. Hat der Darlehensnehmer nämlich keineVersicherungspflicht, entfällt diese Möglichkeit und dem Sachwalter bleibt nichts anderes als die Versicherung weiter zu bezahlen und damit die Deckungsmasse zu belasten.

41 Wie dargelegt, bestehen bei der **Liquiditätssteuerung** der Deckungsmassen bestimmte Herausforderungen.[118] Beim Hypothekenpfandbrief sind diese sogar noch etwas ausgeprägter als beim Öffentlichen Pfandbrief. Dies liegt im Wesentlichen daran, dass es für Immobilienfinanzierungen keinen liquiden Zweitmarkt gibt, Deckungswerte also nur aufwändig und schwierig veräußerbar sind, um Liquidität zu schöpfen. Darüber hinaus ist das Immobilienfinanzierungsgeschäft i. d. R. kleinteiliger, insbesondere in der privaten Immobilien-

[111] Die kreditwirtschaftlichen Verbände haben zu diesem Zweck sog. Preisschwankungsmodelle entwickelt, die anzeigen, welches Niveau die Preisreduzierungen in regionalen Märkten erreicht haben; vgl. Boos/Fischer/Schulte-Mattler/*Hagen* § 20a Rn. 40.

[112] Boos/Fischer/Schulte-Matter/*Hagen* § 20a Rn. 40 ff.

[113] Boos/Fischer/Schulte-Matter/*Hagen* § 20a Rn. 46.

[114] *Luckow* Immobilien & Finanzierung 03 – 2015, S. 98.

[115] Begr. RegE BT-Drs. 18/2575, 204; *Luckow* S. 99 f.

[116] Gesetzesbegr. BT-Drs. 18/3088, 332; *Luckow* S. 100.

[117] Gesetzesbegr. BT-Drs. 18/3088, 332.

[118] → Rn. 13 ff.

finanzierung, so dass die Zahlungsströme aus den Deckungswerten höchst unterschiedlich sind und damit eine Kongruenz zu den Zahlungsströmen der Pfandbriefverbindlichkeiten kaum herzustellen ist. Darüber hinaus kann es erforderlich sein, dass im Zuge einer geplanten großvolumigen Hypothekenpfandbriefemission noch zügig Werte der Deckung zugefügt werden müssen, was bei Hypotheken nicht ohne Weiteres möglich ist. Es ist daher notwendig, dass neben den Hypotheken noch weitere Werte zur Deckung verwendet werden können. Dies regelt § 19. In der Praxis relevant sind die Werte nach Abs. 1 Nr. 2, 3 und 4.

Nach Nr. 2 dürfen bis zu 10 % des Gesamtbetrages der im Umlauf befindlichen Hypothekenpfandbriefe Werte nach § 4 Abs. 1 S. 2 Nr. 1 und 2 sein. Neben Geldforderungen sind auch Guthaben aus Kontoverbindungen bei den genannten Stellen deckungsfähig. Mit der Möglichkeit Guthaben aus Kontoverbindungen in Deckung zu nehmen wird erreicht, dass Zahlungen auf die Deckungswerte, insbesondere Tilgungen die zu einer Reduzierung der Deckungswerte führen in die Deckungsmassen aufgenommen werden können. Dies ist insbesondere dann von Vorteil, wenn es zur Insolvenz der Pfandbriefbank kommt und der Sachwalter dann auf die Guthaben zugreifen kann.[119] Mit Eintragung der Kontoverbindung kann nur noch mit Zustimmung des Treuhänders über die jeweiligen Guthaben verfügt werden, § 8 Abs. 4. Geldforderungen gegen ein einzelnes geeignetes Kreditinstitut dürfen aufgrund zu vermeidender Konzentrationsrisiken nicht höher sein als 2 % der ausstehenden Hypothekenpfandbriefe. 42

Nr. 3 S. 1 ermöglicht die Nutzung sämtlicher Werte, die für den Öffentlichen Pfandbrief nach § 20 zur Deckung verwendet werden können, mit der Einschränkung, dass es sich nur um Schuldverschreibungen der entsprechenden Adressen handeln darf. Auch dies ist dem Ziel der Schaffung von Liquidität geschuldet. Hierfür gilt nach Halbs. 2 eine Obergrenze von 20 % der Gesamtheit der ausstehenden Hypothekenpfandbriefe, wobei die Werte nach Nr. 2 hierbei anzurechnen sind. Die genannten Grenzen von 10 % und 20 % dienen dazu, den Charakter der Deckungsmasse als maßgeblich von Hypotheken bestimmt nicht zu stark zu verwässern. 43

Nr. 4 erlaubt die Indeckungnahme von Ansprüchen aus Derivategeschäften iSd § 4 Abs. 3 S. 2.[120] Der Kontrahentenkreis ist auf bestimmte, enumerativ aufgezählte Institutionen beschränkt. Die genannten Derivatepartner unterliegen alle einer staatlichen Aufsicht. Die zulässigen Derivategeschäfte müssen auf Basis von standardisierten Rahmenverträgen nach § 1 Abs. 11 S. 4 Nr. 1 KWG abgeschlossen werden. Aus der dargelegten, fast zwangsläufigen Inkongruenz von Deckungsmassen und Pfandbriefen können sich Zins- und Währungsrisiken ergeben. Eine effektive weitgehende Neutralisierung dieser Risiken kann durch die Nutzung von **Derivaten auf Mikro- oder Makrobasis** erfolgen. Aufgrund von Zins- und Währungsschwankungen können die Barwerte der Derivate sich auch kurzfristig ändern. Bei einem positiven Wert aus Sicht der Pfandbriefbank ergibt sich dann eine Forderung der Pfandbriefbank gegen den Kontrahenten und bei einem negativen Wert eine Verbindlichkeit der Pfandbriefbank gegenüber dem Kontrahenten. Forderung und Verbindlichkeit werden jedoch idR nur bei Beendigung des Vertragsverhältnisses fällig, werden aber auf täglicher Basis gegeneinander verrechnet (sog. Netting). Gegebenenfalls ist vereinbart, dass die daraus entstehende Forderung eines der Derivatepartner durch Hingabe von Wertpapieren oder Guthaben zu besichern ist. Die in der Praxis verwendeten **Standardverträge** sehen eine sofortige Kündigungsmöglichkeit für die Partei vor, deren Gegenpartei Insolvenz anmeldet. Kommt es zu einem solchen Fall, werden die unter einem Rahmenvertrag miteinander abgeschlossenen Derivate glatt gestellt und die sich daraus ergebenden gegenseitigen Forderungen verrechnet, um dann den Nettoanspruch einer der Parteien zu ermitteln. 44

[119] Begr. RegE BT-Drs. 18/2575, 205.
[120] Vgl. Habersack/Mülbert/Schlitt/*Hagen* § 19 Rn. 24 f.

45 Diese Konsequenz wäre mit der Sicherungssystematik des Pfandbriefs nicht vereinbar, soweit es um die Insolvenz des allgemeinen Vermögens der Pfandbriefbank geht. Entgegen dem allgemeinen insolvenzrechtlichen Grundsatz nach § 41 Abs. 1 InsO, wonach Forderungen gegen die insolvente Partei fällig werden, werden die Forderungen der Pfandbriefgläubiger bei Insolvenz der Pfandbriefbank nach § 30 Abs. 1 S. 2 nicht fällig, sondern sollen aus den Deckungsmassen heraus vertragsgemäß bedient werden. Könnten die zur Abschirmung der Deckungsmassen vor Zins- und Währungsrisiken abgeschlossenen Derivateverträge bei Insolvenz der Pfandbriefbank gekündigt werden, wären die Deckungsmassen diesen Risiken ausgesetzt. Somit ist es erforderlich, die **Derivate in Deckung** zu nehmen und zu vereinbaren, dass diese im Fall der Insolvenz der Pfandbriefbank oder einer Deckungsmasse (soweit mehrere bestehen, weil das Institut mehrere Pfandbriefgattungen emittiert) vom Derivatepartner nicht beendet werden können. Um dies zu erreichen, werden deshalb unter einem **Rahmenvertrag** Einzelverträge geschlossen, unter die dann die entsprechenden Derivate zugeordnet werden. Theoretisch wäre es deshalb möglich, dass mit einer Pfandbriefbank, die alle vier Pfandbriefgattungen nutzt, fünf Einzelverträge abgeschlossen werden. Je einer für jede Deckungsmasse der entsprechenden Pfandbriefgattung und eine für das übrige Vermögen der Pfandbriefbank. Verrechnet (Netting) wird dann nur auf Ebene der Derivate, die unter denselben Einzelvertrag fallen, und eine Kündigung der Einzelverträge kann aus Sicht des Derivatepartners nur bei der Insolvenz des jeweiligen Vermögens stattfinden, dem das Derivat zugeordnet ist. Fällt also im Beispielsfall das allgemeine Vermögen der Pfandbriefbank oder eine einzelne Deckungsmasse in die Insolvenz, beeinträchtigt dies die Derivate für die Deckungsmassen bzw. die anderen Deckungsmassen nicht. Der Umstand, dass Derivatepartner in solchen Fällen kein **Kündigungsrecht** haben dürfen und die Pfandbriefgläubiger von der Absicherung der Deckungsmassen durch die eingetragenen Derivate profitieren, war der Anlass dafür, die Ansprüche von Derivatepartnern von in Deckung genommenen Derivaten den Pfandbriefgläubigern gleich zu stellen. Dennoch wurden in der Praxis bisher kaum Derivate in Deckung genommen und wenn, dann meist nur in Fällen, in denen die Mutterbank der Pfandbriefbank der Derivatepartner ist. Dies wird wohl darin begründet liegen, dass der Fall der Insolvenz einer Pfandbriefbank bisher noch nicht eingetreten ist und insofern trotz der gesetzlich getroffenen Vorkehrungen ein gewisses Maß an Unsicherheit über die Abwicklung einer Deckungsmasse ohne den dazu gehörigen Emittenten besteht.

46 Mit Derivaten als Deckungswerten darf die Pfandbriefbank keine Risiken eingehen, die sie sonst nicht mit den anderen zulässigen Deckungswerten eingehen dürfte, § 19 Abs. 1 Nr. 4 S. 2 Hs. 1. **Optionen** oder andere Derivate, die eine **offene Stillhalterposition** der Pfandbriefbank begründen, sind nach Halbs. 2 verboten, da dies zu unberechenbaren Verbindlichkeiten für die Deckungsmassen führen kann und damit die Deckungskongruenz gefährden kann.

47 Die Derivate sind in das Deckungsregister einzutragen. Da aus Derivategeschäften auch Verbindlichkeiten entstehen können, ist nicht auszuschließen, dass damit im Deckungsregister statt Deckungswerten **Deckungslasten** eingetragen sind. Aufgrund der Volatilität, die Derivate in die Deckungsmasse bringen, ist ihr Anteil an der Deckungsmasse – für den Fall, dass aus den Derivategeschäften eine Forderung besteht – oder an den ausstehenden Pfandbriefen – für den Fall, dass sich aus den Deckungsgeschäften Verbindlichkeiten ergeben – 12 % nicht übersteigen, wobei die Barwerte und nicht die nominalen Beträge der Derivate maßgeblich sind. Da das Schiffsfinanzierungsgeschäft fast ausschließlich in US-Dollar abgewickelt wird und die Schiffspfandbriefe in EUR emittiert werden, spielen Zinswährungsswaps für das Geschäft der schiffsfinanzierenden Pfandbriefbanken eine maßgebliche Rolle, weshalb ausschließlich das Währungsrisiko absichernde Derivate nicht in die 12 % Grenze einzubeziehen sind. Der Gesetzgeber hat daraus eine generelle Regelung für alle Pfandbriefgattungen gemacht.

b) § 20 Öffentliche Pfandbriefe. Die spezifische Sicherheit von Öffentlichen Pfandbriefen ergibt sich daraus, dass zur Deckung nur Forderungen verwendet werden dürfen, die sich gegen die **öffentliche Hand** richten, von deren hoher Bonität auszugehen ist.[121] Es bedarf daher anders, als bei den übrigen Pfandbriefgattungen, keiner Besicherung von Darlehen und keiner entsprechenden Regelungen, um die Sicherheit zu gewährleisten. Vielmehr geht es um die Spezifizierung der Schuldner, die eine so gute **Bonität** ausweisen, dass es gerechtfertigt ist, Forderungen gegen diese als Deckungswerte zu verwenden. Bei der Komplexität der nationalen staatlichen Finanz- und Haftungsstrukturen innerhalb und außerhalb Europas und der Vielzahl von staatlichen und staatsnahen Körperschaften besteht die Schwierigkeit darin, diese komplexen Strukturen und die Vielzahl von potenziellen Schuldnern in möglichst abstrakte und allgemeine Voraussetzungen zur Deckungsfähigkeit zu fassen. Darüber hinaus sind die Regelungen des PfandBG an dieser Stelle so zu fassen, dass sie die Anforderungen erfüllen, die die CRR für die privilegierte Risikogewichtung von Covered Bonds fordert.[122] 48

Deckungsfähig sind Geldforderungen aus der Vergabe von Darlehen, aus Schuldverschreibungen oder aus vergleichbarem Rechtsgeschäft und andere von den genannten Stellen als einredefrei anerkannte Forderungen, § 20 Abs. 1. Es soll damit eine möglichst breite Basis für die Generierung von Deckungswerten geschaffen werden, ohne dass dabei jedoch Zweifel an der Haftung der staatlichen Stelle entstehen dürfen. Die Aufnahme der als einredefrei anerkannten Forderungen bezweckt die Erleichterung für die Indeckungnahme von Public Private Partnership-Finanzierungen.[123] 49

Nach Nr. 1 sind unmittelbare Forderungen gegen folgende Schuldner deckungsfähig:
- nach lit. a im Inland alle Gebietskörperschaften sowie Körperschaften und Anstalten des öffentliche Rechts mit den dort genannten Ausstattungen sowie öffentliche Stellen gemäß lit. g;
- nach lit. b die Mitgliedstaaten der EU oder des EWR, deren Zentralbanken sowie nach lit. c deren Regionalverwaltungen und Gebietskörperschaften und öffentliche Stellen gemäß lit. g;
- nach lit. d die Vereinigten Staaten von Amerika, Japan, die Schweiz, des Vereinigten Königreich von Großbritannien und Nordirland und Kanada sowie deren Zentralbanken, soweit sie nach der CRR der Bonitätsstufe 1 zugeordnet sind, nach lit. e die Regionalverwaltungen und Gebietskörperschaften der genannten Drittstaaten ebenfalls mit der Auflage der Zuordnung zur Bonitätsstufe 1sowie nach lit. h öffentliche Stellen iSd Artikels 4 Abs. 1 Nr. 8 CRR in diesen Drittstaaten, soweit sie der Bonitätsstufe 1 zugeordnet sind;
- nach lit. f die EZB sowie bestimmte multilaterale Entwicklungsbanken und internationale Organisationen iSd Art. 117 und 118 CRR.

Nach Nr. 2 S. 1 sind auch Forderungen deckungsfähig, die von den in Nr. 1 aufgeführten Schuldnern mit Ausnahme der öffentlichen Stellen (Nr. 1 lit. g und h) sowie von einem Exportversicherer, der die Voraussetzungen einer öffentlichen Stelle erfüllt, gewährleistet werden. Die **Gewährleistung** muss darauf gerichtet sein, dass der Gewährleistende, ohne Einreden aus dem Grundgeschäft geltend machen zu können und ohne sich einseitig von der Verpflichtung lösen zu können, bei Nichterfüllung des Schuldners die zur Erfüllung notwendigen Mittel zur Verfügung stellt. Die Grundlage für die Gewährleistung muss belastbar sein, sie kann sich aus Gesetz, Verordnung, Satzung oder Rechtsgeschäft ergeben. 50

Nr. 3 erlaubt anders als Nr. 1 auch die Indeckungnahme von Forderungen und gewährleisteten Forderungen, soweit der Schuldner oder der Gewährleistungsgeber nicht der 51

[121] Zur aktuellen Diskussion zur Staatsschuldenkrise → Rn. 15 ff.

[122] S. dazu ausführlich Boos/Fischer/Schulte-Mattler/*Hagen* § 20a mwN; dabei ist zu beachten, dass zwischenzeitlich § 20a KWG gestrichen wurde und Art. 129 CRR diese Vorschrift ersetzt, was in der hier zitierten Auflage noch nicht berücksichtigt werden konnte; BankR-HdB/*Stöcker* § 87 Rn. 48.

[123] Gesetzesbegr. BT-Drs. 15/4321, 101; BankR-HdB/*Stöcker* § 87 Rn. 45; eine besondere Herausforderung stellt es dar, dass Bankenrichtlinie und § 20a in den Begrifflichkeiten teilweise nicht übereinstimmen.

Bonitätsstufe 1, sondern nur der **Bonitätsstufe 2** zuzuordnen ist. Allerdings muss bei der Indeckungnahme die Zuordnung zur Bonitätsstufe 1 vorgelegen haben, und der Gesamtbetrag dieser Forderungen darf 20% des Gesamtbetrags der ausstehenden Öffentlichen Pfandbriefe nicht übersteigen. Diese Regelung wurde somit für den Fall der Bonitätsverschlechterung von Schuldnern konzipiert. Eine sofortige Herausnahme der entsprechenden Deckungswerte aus der Deckungsmasse bei Bonitätsverschlechterungen wäre unangemessen.

52 Wie auch bei Hypothekenpfandbriefen gilt nach S. 2 eine Volumensbegrenzung von 10% für Forderungen, hinsichtlich derer das Insolvenzvorrecht nicht gesichert ist, wobei auch hier für Forderungen gegen das Vereinigte Königreich von Großbritannien und Nordirland gilt, dass Deckungswerte, die sich vor dessen Austritt aus der EU in Deckung befanden, die 10%-Regelung nicht greift.[124] Auch hier sind vertragliche Konstruktionen möglich, die das Insolvenzvorrecht sichern.[125] Nach Abs. 2 können wie bei Hypothekenpfandbriefen als weitere Deckungswerte solche nach § 19 Abs. 1 Nr. 1, Geldforderungen gegen geeignete Kreditinstitute (bis zu 10%) und Derivate in Deckung genommen werden.[126] Nach Abs. 4 erstrecken sich die Deckungswerte auf alle Forderungen, deren Inhaber die Pfandbriefbank ist, die auf die wirtschaftliche Substanz des Deckungswerts gerichtet sind.

53 **c) §§ 21 bis 26 Schiffspfandbriefe.** Zur Deckung von Schiffspfandbriefen dürfen nur durch Schiffshypotheken gesicherte Darlehensforderungen sowie weitere Deckungswerte in begrenztem Umfang verwendet werden, §§ 21, 26. Die Regelungen zur Deckung von Schiffspfandbriefen sind weitgehend den Bestimmungen über Hypothekenpfandbriefe nachgebildet, soweit es sich um die strukturellen Elemente handelt. Insofern kann auf die Ausführungen zu Hypothekenpfandbriefen verwiesen werden.[127] Die spezifischen Unterschiede zwischen Grundstücken und Schiffen einerseits sowie die unterschiedlichen Usancen der Schiffsfinanzierung, der Bewertung und der Märkte andererseits bedingen jedoch unterschiedliche Regelungen im Detail.

54 So bedarf es spezifischer Regelungen, die berücksichtigen, dass die **Lebensdauer** eines Schiffes idR wesentlich kürzer als die von Grundstücken ist und somit ein schnellerer Wertverlust eintritt. Dementsprechend sind Schiffsbeleihungen nur als **Abzahlungsdarlehen** zu gewähren, § 22 Abs. 2 S. 2, und die Beleihung darf höchstens bis zum 20. Lebensjahr des Schiffes reichen, § 22 Abs. 4 S. 1. Werden **Schiffsflotten** durch ein Darlehen beliehen, müssen für jedes einzelne Schiff die gesetzlichen Anforderungen erfüllt sein. Da Schiffe vielfach im Ausland registriert sind, ist es für Pfandbriefbanken besonders wichtig, dass auch solche Schiffe beliehen werden können. Dies wird in § 22 Abs. 5 eingehend geregelt, wobei stets sichergestellt sein muss, dass ein dingliches Recht bestellt werden kann, dem Gläubiger eine einer deutschen Schiffshypothek vergleichbare Sicherheit verschafft wird und die Durchsetzung des Rechts für einen ausländischen gegenüber einem inländischen Gläubiger nicht erschwert ist. Da die **Registrierung** von Schiffen im Ausland meist außerhalb der EU erfolgt, ist es zwangsläufig, dass bei einem größeren Anteil von Finanzierungen das Insolvenzvorrecht der Pfandbriefgläubiger nicht rechtlich gesichert ist und damit nicht in Deckung genommen werden könnte. Die Schiffsfinanzierer müssen aber aus Wettbewerbsgründen an diesen Märkten teilhaben. Dem wird das Gesetz gerecht, indem es den Anteil der Finanzierungen, bei denen Insolvenzvorrecht nicht als gesichert betrachtet werden kann, gegenüber dem Hypothekenpfandbrief und dem Öffentlichen Pfandbrief auf 20% anhebt, § 22 Abs. 5 S. 2. Während der gesamten Dauer der Beleihung muss das Schiff in Höhe von 110% der jeweiligen Darlehensforderung zuzüglich vor- und gleichrangiger

[124] → Rn. 34.

[125] *Stürner* Deutsche Öffentliche Pfandbriefe und Deckungswerte aus Darlehen an U.S.-amerikanische öffentliche Körperschaften; *Stürner/Kern* Deutsche öffentliche Pfandbriefe und Japanische Deckungswerte.

[126] → Rn. 42 f.

[127] → Rn. 32 ff.

Hypotheken versichert sein. Die Beleihungswertermittlung ist in § 24 sowie in der nach Abs. 5 erlassenen SchiffsbelWertV geregelt. So sind anders als bei der Grundstücksbewertung nicht Ertrags-, Sach- und Vergleichswerte maßgeblich, sondern der aktuelle Marktwert, der durchschnittliche Marktwert der letzten 10 Jahre und der Neubaupreis, § 4 Abs. 1 SchiffsBelWertV. Weitere Deckungswerte können auch solche sein, die durch Schuldversprechen oder Schuldanerkenntnisse im Sinne der §§ 780 und 781 BGB, die durch deckungsfähige Schiffshypotheken gesichert sind. Eine vergleichbare Vorschrift existiert für die Hypothekenpfandbriefe und die Öffentlichen Pfandbriefe nicht.

d) §§ 26a bis 26f Flugzeugpfandbriefe. Bei den Flugzeugpfandbriefen handelt es sich 55 um die jüngste Pfandbriefgattung.[128] Die erste und bisher einzige Emission eines Flugzeugpfandbriefs fand im Juli 2012 statt. Ausschlaggebend für die Einführung der Flugzeugpfandbriefe war, dass die Registerpfandrechte an einem Flugzeug eine vergleichbare Sicherheit wie Schiffshypotheken aufweisen und die Zweitmärkte für Flugzeuge liquide und effizient sind, so dass eine Verwertung der Registerpfandrechte möglich ist.[129] Als Deckung für Flugzeugpfandbriefe sind durch Registerpfandrechte nach § 1 des Gesetzes über Rechte an Luftfahrzeugen oder durch ausländische Flugzeughypotheken gesicherte Darlehensforderungen erlaubt, § 26a. Aufgrund der Vergleichbarkeit zur Schiffshypothek sind die Regelungen zum Flugzeugpfandbrief denen des Schiffspfandbriefs nachgebildet, so dass auch hier die Grundstrukturen für Hypothekenpfandbriefe vorliegen.[130] Als Besonderheit ist hier darauf hinzuweisen, dass die Triebwerke von Flugzeugen getrennt verwertbar sind und insofern sicherzustellen ist, dass sich die Sicherungsrechte auch auf die Triebwerke erstrecken, § 26b Abs. 1 S. 2. Es kommt auch häufig zu Umregistrierungen, so dass zu überwachen ist, dass dadurch die Sicherung des Flugzeugdarlehens nicht beeinträchtigt wird.

4. Allgemeine Vorschriften für das Pfandbriefgeschäft

a) § 27 Risikomanagement. Die Deckungsmassen und die dagegen emittierten Pfand- 56 briefe sind dynamisch, dh sie unterliegen permanenten Veränderungen. So werden einerseits u. a. Deckungswerte amortisiert und zurückbezahlt, aus der Deckung entnommen, neue hinzugefügt und andererseits Pfandbriefe getilgt und neue mit neuen Laufzeiten und Coupons emittiert. Diese Dynamik setzt voraus, dass das Pfandbriefgeschäft aktiv verwaltet werden muss. Mit der erforderlichen bar- und nennwertigen Deckungskongruenz, der Schaffung von Liquiditätspuffern, den Anforderungen an die Qualität der Deckungswerte und einigen anderen Regelungen bestehen schon spezifische Vorschriften, die einzelne Aspekte des Risikomanagements des Pfandbriefgeschäfts betreffen. Mit § 27 soll nun klargestellt werden, dass ein spezifisches Risikomanagementsystem umfassend für das Betreiben des Pfandbriefgeschäfts erforderlich ist. Dies gilt zwar schon nach § 25a KWG; der Gesetzgeber wollte jedoch mit der Regelung im PfandBG das hohe Interesse der Anleger an der Sicherheit der Pfandbriefe nochmals verdeutlichen und konkretisieren.[131] Dies bedeutet jedoch nicht, dass für das Pfandbriefgeschäft ein eigenes, vom allgemeinen Risikomanagementsystem der Pfandbriefbank getrenntes Risikomanagementsystem für das Pfandbriefgeschäft zu führen ist.[132] Dies wäre auch nicht sinnvoll. Solange die Pfandbriefbank solvent ist, muss sie mit den bestehenden Risiken unabhängig davon, ob sie innerhalb oder außerhalb der Deckungsmasse bestehen, so umgehen, dass die Bank in ihrer Existenz nicht gefährdet ist. Im Hinblick darauf, dass jedoch bei der Insolvenz der Pfandbriefbank die Bedienung der Pfandbriefe aus den Deckungsmassen heraus möglich sein muss, ist es erforderlich, dass die Pfandbriefbank aus dem allgemeinen Risikomanagementsystem heraus

---

[128] Vgl. *Schmalenbach/Sester* WM 2009, 725 ff.; *Releaux* Kreditwesen 2010, 295 ff.
[129] BankR-HdB/*Stöcker* § 87 Rn. 54a.
[130] → Rn. 32 ff.
[131] Gesetzesbegr. BT-Drs. 15/4321, 105.
[132] Gesetzesbegr. BT-Drs. 15/4321, 105.

die spezifischen Risiken des Pfandbriefgeschäfts und der Deckungsmassen gesondert abbilden kann und die übrigen Anforderungen von § 27 Abs. 1 erfüllt. Auf dieser Basis wird es einem eingesetzten Sachwalter ermöglicht, möglichst rasch die notwendigen Steuerungsmaßnahmen zu ergreifen.

Nach den MaRisk muss vor der Aufnahme neuer Geschäfte ein **Neuproduktprozess** durchgeführt werden. Dies gilt auch für das Pfandbriefgeschäft. Allerdings findet in § 27 Abs. 2 eine Konkretisierung und eine Verschärfung der üblichen Voraussetzungen im Hinblick auf die Nutzung bestimmter Geschäfte als Deckungswerte statt. Auch dies ist mit dem besonderen Interesse an der Sicherheit der Pfandbriefe begründet, die eine über das normale Maß hinausgehende Sorgfalt und Expertise voraussetzt.

57 **b) Pfandbriefmeldungen.** Will die BaFin ihrer Aufgabe der besonderen Aufsicht über das Pfandbriefgeschäft nach § 3 Abs. 1 angemessen nachkommen, reicht es nicht aus, sich auf Deckungsprüfungen nach § 3 Abs. 1 Satz 3 oder Sonderprüfungen nach § 44 KWG zu stützen. Es ist vielmehr notwendig sich regelmäßig über die Werthaltigkeit der Deckungsmassen ein Bild zu machen. Dies soll nach Abs. 1 S. 1 durch vierteljährliche oder nach Allgemeinverfügung der BaFin durch monatliche Pfandbriefmeldungen der Pfandbriefbank erfolgen. Die Meldungen werden sich inhaltlich von den Informationen, die nach § 28 zu veröffentlichen sind, unterscheiden, da es sonst einer besonderen Regelung nicht bedurft hätte. Die Einzelheiten über Inhalt und Form der Meldungen müssen nach Abs. 2 durch eine Rechtsverordnung bestimmt werden. Nach § 54 S. 3 ist § 27a erst mit Inkrafttreten der Rechtsverordnung einzuhalten. Dies ist bislang nicht der Fall. Mit dieser Vorschrift wird erreicht, dass die BaFin in einem möglichst frühen Stadium Kenntnis von aufkommenden Risiken in den Deckungsmassen erhält und entsprechende Gegenmaßnahmen ergreifen kann. Damit wird die Bedeutung der Aufsicht weiter verstärkt und die Sicherheit des Pfandbriefs erhöht.

58 **c) § 28 Transparenzvorschriften.** Der Schutz der Pfandbriefinvestoren wird durch die **Transparenzvorschriften** gemäß § 28 flankiert. Sie erhalten auf diese Weise die für die Beurteilung ihres Investments notwendigen Informationen. Das **Informationsbedürfnis** und die Aktualität der Informationen sind in den letzten Jahren erheblich gestiegen Darüber hinaus bewirkt hohe Transparenz eine Disziplinierung, da es nicht im Interesse der Pfandbriefbank sein kann, seine Investoren über negative Ereignisse informieren zu müssen. Mit der fortschreitenden Entwicklung des Covered Bond Marktes und der Kenntnis der Investoren, neuen Erkenntnissen über Problemsituationen, die sich insbesondere aus der Finanzmarktkrise ergeben haben, und Erweiterungen deckungsfähiger Werte, besteht ein Bedürfnis die Transparenzerfordernisse nach § 28 regelmäßig zu erweitern und zu präzisieren. Die Transparenzvorschriften sind zunächst auf alle Pfandbriefgattungen betreffende Angaben ausgerichtet und legen Art, Zeitpunkt und Turnus der Veröffentlichung fest, Abs. 1. In den Abs. 2 bis 4 sind die für die einzelnen Pfandbriefgattungen spezifischen Angaben und abweichende Veröffentlichungsturni bestimmt. Schließlich müssen nach Abs. 5 zu sämtlichen Angaben auch die Vorjahreszahlen angegeben werden, um dem Investor die Entwicklung aufzuzeigen.[133]

59 **d) §§ 29 bis 36a Schutz vor Zwangsvollstreckung; Trennungsprinzip bei Insolvenz der Pfandbriefbank.** Die Sicherungsmechanismen des PfandBG wären ohne das **Insolvenzvorrecht** der Pfandbriefgläubiger wirkungslos. Es bewirkt, dass in der Insolvenz der Pfandbriefbank die Deckungsmassen alleine den Pfandbriefgläubigern und gegebenenfalls den Derivategläubigern zur Befriedigung ihrer Forderungen aus den Pfandbriefen und Derivategeschäften zur Verfügung stehen und sie somit von der Insolvenz der Pfandbriefbank möglichst nicht betroffen sind. Waren die Regelungen zu dieser Thematik in den

[133] Der Verband deutscher Pfandbriefbanken hat zur Herstellung einer besseren Vergleichbarkeit der § 28-Veröffentlichungen der Pfandbriefemittenten untereinander eine Transparenzinitiative unternommen; *Winkler* S. 52 ff.

Vorgängergesetzen bis kurz vor deren Ablösung durch das PfandBG noch recht rudimentär ausgeprägt, haben sie heute einen hohen Präzisierungsgrad erreicht. Dies liegt darin begründet, dass die Fachwelt inklusive der Ratingagenturen mit der internationalen Verbreitung des Pfandbriefgedankens in zunehmendem Maße Fragen gestellt hat, die ohne eine präzise gesetzliche Regelung nicht mehr mit der ausreichenden Rechtssicherheit zu beantworten waren. Durch die Finanzmarktkrise ausgelöst, erhielt die Diskussion einen weiteren Schub, der eine weitere Regelungsdichte zur Folge hatte.[134] In Folge der Finanzmarktkrise mussten Kreditinstitute durch das Eintreten des Staates vor der Insolvenz gerettet werden, um schwere negative Folgen für die wirtschaftliche und gesellschaftliche Stabilität der Staaten zu vermeiden. Seitdem verfolgt die europäische Politik einhellig das Ziel, zukünftig die Notwendigkeit eines Bail-out von Banken zu vermeiden, indem Regelungen geschaffen werden, die vermeiden sollen, dass die Abwicklung eines Kreditinstituts zu den befürchteten negativen Folgen führen wird. Es handelt sich dabei um die europäische Gesetzgebung in der SRM-VO[135] und der BRRD[136] und deren Umsetzung in deutsches Recht im SAG.[137] Flankiert wird das Abwicklungsregime durch die europäische Einlagensicherung, die einheitliche europäische Aufsicht sowie die Schaffung eines europäischen Abwicklungsfonds. Es ist klar, dass diese Regelungen das Pfandbriefmodell im Kern berühren, besteht dieser doch darin den Pfandbriefgläubiger gerade in der Krise der Bank vor deren negativen Auswirkungen zu schützen. Während es bis zum Erlass dieser neuen Abwicklungsregelungen ausreichte, für den Fall der Insolvenz der Pfandbriefbank klare Regelungen zu treffen, ist es nunmehr notwendig solche Regelungen auch für den Fall einer Abwicklung, die die sanierende Insolvenz ersetzen, zu treffen. Erste Anpassungen im PfandBG wurden bereits vorgenommen,[138] aber es stellt sich die Frage ob diese ausreichen. Der europäische Gesetzgeber und in dessen Folge der deutsche haben das Modell gedeckter Schuldverschreibungen (Covered Bonds), damit auch des Pfandbriefs, jedenfalls anerkannt. So sind Pfandbriefe vom Bail – In ausgenommen, soweit sie gedeckt sind, § 91 Abs. 2 Nr. 2 SAG. Pfandbriefverbindlichkeiten und zugehörige Deckungsmassen dürfen in einem Sanierungs- und Abwicklungsverfahren nach BRRD, Art. 76 Abs. 2 lit e iVm Abs. 3, 79 Abs. 1, 38 Abs. 10, 40 Abs. 8 bzw. SAG, §§ 79 Abs. 5 iVm Abs. 6 S. 2, 110 Abs. 1, Abs. 3 Nr. 5 bei Übertragung auf ein anderes Kreditinstitut nicht voneinander getrennt werden. Soweit die Pfandbriefe also nicht gedeckt sind, wäre damit ein Bail In möglich. Dies würde die Insolvenz der Pfandbriefbank und damit die Abtrennung der Deckungsmassen verhindern. Es würde sich dann die Frage stellen, inwiefern sich die bevorzugte Stellung des Pfandbriefgläubigers gegenüber den unbesicherten Gläubigern auswirken würde. Diese besteht darin, dass er selbst, wenn die Deckung nicht ausreicht, durch die Deckungsmassen besichert ist und er am Vermögen der insolventen Pfandbriefbank zu beteiligen ist, wenn seine Forderungen aus den Pfandbriefen nicht aus den Deckungsmassen befriedigt werden können. Dies verdeutlicht das Bedürfnis von weiteren Anpassungen des PfandBG an das neue Abwicklungsregime.

§ 29 schützt die Deckungsmassen vor **Zwangvollstreckungen, Arresten** und **Aufrechnungen** Dritter. So können nach § 29 S. 1 Arreste und Zwangsvollstreckungen in 60

[134] S. dazu ausführlich BankR-HdB/*Stöcker* § 87 Rn. 61 ff.

[135] VO (EU) Nr. 806/2014 des Europäischen Parlaments und des Rates v. 15.7.2014 zur Festlegung einheitlicher Vorschriften und eines einheitlichen Verfahrens für die Abwicklung von Kreditinstituten und bestimmten Wertpapierfirmen im Rahmen eines einheitlichen Abwicklungsmechanismus und eines einheitlichen Abwicklungsfonds sowie zur Änderung der VO (EU) Nr. 1093/2010, ABl. EU v. 30.7.2014 Nr. L 225, 1 (SRM-VO).

[136] RL 2014/59/EU des Europäischen Parlaments und des Rates v. 15.5.2014 zur Festlegung eines Rahmens für die Sanierung und Abwicklung von Kreditinstituten und Wertpapierfirmen und zur Änderung der RL 82/891 EWG des Rates, der RL 2001/24/EG, 2002/47/EG, 2004/25/EG, 2005/56/EG, 2007/36/EG, 2011/35/EU, 2012/30/EU und 2013/36/EU sowie der VO (EU) Nr. 1093/2010 und (EU) Nr. 648/2012 des Europäischen Parlaments und des Rates, ABl. EU Nr. L 173 v. 12.6.2014, 190 (BRRD).

[137] Gesetz zur Sanierung und Abwicklung von Instituten und Finanzgruppen v. 10.12.2014, BGBl. I 2014, 2091.

[138] → Rn. 67.

eingetragene Deckungswerte und die zu diesen nach § 30 Abs. 3 zu ziehenden Werte nur aus den zu den Deckungsmassen gehörenden Pfandbriefen sowie den Ansprüchen eingetragener Derivaten erfolgen. Dies gilt nach S. 2 durch die entsprechende Anwendung von § 394 BGB auch für Aufrechnungen.

61 § 30 Abs. 1 S. 1 legt fest, dass die Deckungsmassen zuzüglich der bei der **Bundesbank** diesbezüglich zuordenbaren unterhaltenen **Mindestreserve** vom allgemeinen Vermögen der Pfandbriefbank getrennte Vermögensmassen darstellen, die nicht in die Insolvenzmasse der Pfandbriefbank fallen. Diese werden als **„insolvenzfreie Vermögen"** bezeichnet. Nach S. 2 werden die Pfandbriefforderungen bei Insolvenz der Pfandbriefbank nicht fällig. Die insolvenzfreien Vermögen führen ihre Geschäfte nach S. 3 als **„Pfandbriefbank mit beschränkter Geschäftstätigkeit"** fort und zwar so lange, bis die Forderungen der Pfandbriefgläubiger und der entsprechenden Derivategläubiger vertragsgemäß erfüllt sind oder das Insolvenzverfahren über diese Vermögensmassen selbst eröffnet wird, S. 4. Geführt werden nach S. 5 die Geschäfte der Pfandbriefbank mit beschränkter Geschäftstätigkeit von dem oder den nach § 31 Abs. 1 und 2 ernannten **Sachwaltern.** Neben den nach S. 4 bestehenden Verbindlichkeiten haftet das Vermögen der Pfandbriefbank mit beschränkter Geschäftstätigkeit nach S. 6 auch für Verbindlichkeiten aus Geschäften des Sachwalters. Die in diesem Absatz enthaltenen Regelungen sind von elementarer Bedeutung für die Fortführung der Deckungsmassen bei Insolvenz der Pfandbriefbank. Er beinhaltet die Festlegung, dass die Deckungsmassen nach der Insolvenz der Pfandbriefbank weiter als Kreditinstitut zu betrachten sind und somit Zugang zu **Offenmarkt-Geschäften** und zu Notkrediten mit der Bundesbank haben. Dies ist aufgrund der möglichen Notwendigkeit, schnell auf Liquidität zurückgreifen zu müssen,[139] essentiell. Getestet werden musste dies bis heute nicht. Zweifel könnten bestehen, weil der Pfandbriefbank mit beschränkter Geschäftstätigkeit kein Eigenkapital zugewiesen wird und dies damit wohl bei der insolventen Pfandbriefbank verbleibt. Es wäre sinnvoll dazu eine ausdrückliche Regelung zu treffen. Da die Deckungsmassen als Pfandbriefbank mit beschränkter Geschäftstätigkeit zu betrachten sind, kann der Sachwalter auch weiter Pfandbriefe emittieren, falls dies zur Aufrechterhaltung der Refinanzierung noch in Deckung befindlicher Deckungswerte nötig ist. Der Erwerb neuer Deckungswerte kann allerdings nur im Rahmen der Anlage von Liquidität erfolgen, da originäres Neugeschäft dem Ziel, die Deckungsmassen abzuwickeln, widersprechen würde. Zuletzt wird klargestellt, dass Verbindlichkeiten, die aus Geschäften des Sachverwalters entstehen, mit den Forderungen der Pfandbriefgläubiger und der Derivategläubiger gleichgestellt sind. Dies ist für die Bereitschaft von potenziellen Geschäftspartnern, mit dem Sachwalter Rechtsgeschäfte abzuschließen, unabdingbar.

62 § 30 Abs. 2 regelt, dass der Sachwalter nach den Vorschriften des § 31 Abs. 1 und 2 zu ernennen ist und dass es sich um eine geeignete natürliche Person handeln muss. Die **Ernennung** kann nach Abs. 5 auch schon vor der Insolvenz der Pfandbriefbank erfolgen. Dies kann bei einer sich ankündigenden Insolvenz vorteilhaft sein. § 30 Abs. 2 stellt im Übrigen die in Abs. 1 angelegten Handlungsmöglichkeiten des Sachwalters klar, indem ihm die **Verwaltungs- und Verfügungsgewalt** über die Deckungswerte eingeräumt wird. Ausdrücklich wird darauf hingewiesen, dass er liquide Mittel beschaffen kann, um die Erfüllung von Pfandbriefverbindlichkeiten zu ermöglichen. Da Pfandbriefbanken nicht nur Finanzierungen bis zu einem Beleihungsauslauf von 60 % gewähren, die Darlehen aber meist nicht in einen Deckungsteil und einen Außerdeckungsteil in zwei Verträgen getrennt sind, muss geregelt werden, wie mit solchen Darlehen zu verfahren ist. Zur Verfügungsgewalt des Sachwalters zählen nach Abs. 3 auch die sog. Außerdeckungsteile von Darlehen, deren deckungsfähiger Anteil als Deckungswert genutzt wurde.

63 Da sich in den Deckungsmassen mehr Deckungswerte als gesetzlich gefordert befinden können, also sog. freiwillige Überdeckung,[140] wird zur Wahrung der Interessen der Gläubi-

---

[139] → Rn. 16.
[140] → Rn. 18.

ger der Insolvenzmasse des allgemeinen Vermögens der Pfandbriefbank in Abs. 4 geregelt, dass Deckungswerte, die offensichtlich nicht nötig sein werden, vom Sachwalter der Insolvenzmasse zugeführt werden müssen. Die Wahrscheinlichkeit, dass es zu einer solchen Übertragung kommt, ist sehr gering. Zum einen legt das Gesetz bereits einen hohen Maßstab an, indem **Offensichtlichkeit** vorliegen muss, dass die Werte nicht benötigt werden und dies vom Insolvenzverwalter zu beweisen wäre. Aufgrund der Vielzahl von Risiken, die sich in den Deckungsmassen verwirklichen können, wird dies nur schwer nachzuweisen sein. Dies gilt besonders dann, wenn der Zeitpunkt der Fälligkeit von Pfandbriefen noch weit in der Zukunft liegt. Je kürzer dieser Zeitraum also ist, um so eher wird sich die Offensichtlichkeit nachweisen lassen. Die von den Ratingagenturen für das AAA verlangte freiwillige Überdeckung dürfte wohl nicht als offensichtlich nicht benötigt zu betrachten sein. Die Ratingagentur will bei Erteilung der Bestnote die Wahrscheinlichkeit eines Ausfalls eines Pfandbriefgläubigers auf ein Minimum reduzieren und legt deshalb bestimmte Stressszenarien zugrunde. Ebenso will das Gesetz erreichen, dass alle Pfandbriefgläubiger vertragsgemäß bedient werden. Die Zielsetzung ist also gleich. Unterstellt man nun, dass die Methoden der Ratingagenturen zutreffend sind, kann die freiwillige Überdeckung zum Ereichen eines AAA nicht offensichtlich unnötig sein. Zweifel, die an der Insolvenzfestigkeit der freiwilligen Überdeckung geäußert werden, sind daher unbegründet. Dies ändert sich auch nicht dadurch, dass die BaFin nach § 4 Abs. 3 lit. a und b die Möglichkeit hat sog. **Deckungs-Add Ons** anzuordnen. Liegen diese über der Höhe der von der Ratingagentur verlangten freiwilligen Überdeckung ist diese Frage obsolet. Liegen sie darunter spricht dies nicht zwangsläufig dafür, dass die über die Deckungs-Add Ons hinausgehende freiwillige Überdeckung offensichtlich nicht benötig zu betrachten ist.[141] Der Unterschied mag aus einer unterschiedlichen Risikobetrachtung oder Risikobewertung resultieren. Die hier angeführte Argumentation kann jedoch nicht umgekehrt werden. D. h. nur weil Deckung offensichtlich nicht unnötig ist, bedeutet das nicht, dass sie offensichtlich nötig ist. Wäre dies der Fall, dann wäre die Überdeckung nicht freiwillig sondern lediglich die Erfüllung der Deckungskongruenz. Die Problematik könnte dadurch entschärft werden, indem entweder **Soft Bullet** – oder **Conditional Pass Through** – Strukturen bei Pfandbriefen eingeführt werden würden. Von Soft Bullets spricht man, wenn Schuldverschreibungen nach ihren Anleihebedingungen unter bestimmten Voraussetzungen das Hinausschieben der fälligen Kapitalrückzahlung erlauben. In einer Pass Through Struktur werden eingehende Zahlungen aus den Deckungswerten im Wesentlichen, ähnlich wie bei Mortgage Backed Securities, unmittelbar an die Schuldverschreibungsgläubiger weitergeleitet. Beide Formen bewirken, dass anders als bei den heute bestehenden Hard Bullet – Strukturen der Pfandbriefe die Rückzahlung des Kapitals nicht zu dem ursprünglich vereinbarten Zeitpunkt erfolgen kann. Diese Strukturen werden in anderen Covered Bond Modellen genutzt. Gegenüber den Hard Bullet Strukturen hat dies den Vorteil, dass die Ratingagenturen das Verstreichen des ursprünglichen Rückzahlungstermins nicht als Kreditausfall betrachten. Somit muss zum Erreichen eines AAA Ratings auch nicht mit dem gleichen Aufwand wie bei Hard Bullets sichergestellt werden, dass eine termingerechte Rückzahlung erfolgt. Da die freiwillige Überdeckung zu großen Teilen darauf beruhen, die termingerechte Rückzahlung zu sichern, würde sich die Pfandbriefbank wohl überwiegend einen Großteil der freiwilligen Überdeckung ersparen können. Ein Grund diese Strukturen bis dato nicht einzuführen, liegt darin, dass mit der Einführung bzw. Nutzung von Soft Bullet oder Pass Through Strukturen der Pfandbrief von seinen Ausstattungsmerkmalen von denen von Staatsschuldverschreibungen abweicht, und damit einen Imageverlust einhergehen könnte, und die Investoren aufgrund des unsicheren Rückzahlungszeitpunkts eine bessere Verzinsung erwarten könnten. Abs. 4 S. 3 stellt klar, dass die Handlungen des Sachwalters für den Insolvenzverwalter des allgemeinen Ver-

[141] So auch *Stöcker* Immobilien & Finanzierung S. 462.

mögens der Pfandbriefbank bindend sind und somit durch ihn nicht nach den §§ 129 ff. InsO anfechtbar sind.[142]

64 Abs. 6 regelt den Fall der Insolvenz der Pfandbriefbank mit beschränkter Geschäftstätigkeit sowie den Anspruch von Pfandbriefgläubigern, ihre Forderung in Höhe des Ausfalls zur Insolvenzmasse des allgemeinen Vermögens der Pfandbriefbank anzumelden. Dies bedeutet, dass das Insolvenzverfahren des allgemeinen Vermögens erst abgeschlossen werden kann, wenn feststeht, ob die Pfandbriefgläubiger einen Ausfall erleiden werden oder nicht. Dies gilt auch im Hinblick darauf, dass der Insolvenzmasse des allgemeinen Vermögens der Pfandbriefbank die Werte zuzuführen sind, die übrig bleiben, wenn alle Pfandbriefgläubiger befriedigt sind.

64a In der Insolvenz der Pfandbriefbank mit beschränkter Geschäftstätigkeit soll nach Abs. 6a S. 1 auf Antrag der BaFin das Insolvenzgericht die Eigenverwaltung durch den Sachwalter anordnen. Es handelt sich dabei nach § 31 Abs. 11 S. 1 um das nach den §§ 2 und 3 InsO zuständige Gericht. Die Ernennung des Sachwalters dient der Kontinuität der Verwaltung auch im Fall der insolventen Pfandbriefbank mit beschränkter Geschäftstätigkeit.[143] Anders als bei sonstigen die Ernennung und die Stellung des Sachwalters betreffenden Entscheidungen des Gerichts gegen die nach § 31 Abs. 11 S. 4 Halbs. 1 die BaFin, der Sachwalter und die Pfandbriefbank sofortige Beschwerde einlegen können, gilt dies nach § 31 Abs. 11 S. 4 Halbs. 2 nicht für die Anordnung der Eigenverwaltung durch den Sachwalter. Die Anordnung der Eigenverwaltung darf nicht erfolgen, wenn zu erwarten ist, dass diese zum Nachteil der Gläubiger führt. Dies ist etwa der Fall, wenn der Sachwalter bereits vor der Insolvenz keine überzeugende Arbeit geleistet hat.[144]

65 § 31 regelt in Abs. 1 i. V. Abs. 11 welches Gericht für die die Ernennung des Sachwalters zuständig ist. Entgegen füherer Regelung ist dies nun das gleiche Gericht, das auch für die Insolvenzeröffnung der Pfandbriefbank zuständig ist. Der BaFin kommt dabei eine wichtige Rolle zu, da sie es ist, die den Sachwalter vorschlägt und das Gericht nur in Ausnahmefällen nicht dem Vorschlag folgen darf. Nach Abs. 2 können bis zu drei Sachwalter ernannt werden. Die Anzahl der Sachwalter richtet sich nach dem Umfang und der Komplexität der zu verwaltenden Deckungsmassen. Ein Sachwalter kann auch für mehrere Pfandbriefbanken mit beschränkter Haftung ernannt werden. Dies wird dem Umstand gerecht, dass es nicht leicht sein wird, geeignete Personen für die Sachwaltertätigkeit zu finden. Allerdings dürfte dies nicht möglich sein, wenn die zeitliche Verfügbarkeit die Verwaltung mehrerer Pfandbriefbanken mit beschränkter Geschäftstätigkeit nicht zulässt. Der Sachwalter untersteht nach Abs. 2a S. 1 der Aufsicht des Gerichts und tritt nach S. 4 gegenüber der BaFin in die Pflichten der Pfandbriefbank nach dem PfandBG und dem KWG ein. Im Übrigen enthält § 31 Regelungen zu den Formalitäten der Ernennung des Sahwalters, seinen Sorgfaltspflichten, sein Verhältnis zum Insolvenzverwalter des allgemeinen Vermögens der Pfandbriefbank. Hervorzuheben ist, dass der Sachwalter entgegen der früheren Regelung nunmehr bei Verletzung seiner Pflichten zum Schadensersatz gegenüber der Pfandbriefbank mit beschränkter Geschäftstätigkeit verpflichtet ist, wobei in Anlehnung an die Business Judgement Rule des § 93 Abs. 1 S. 2 AktG unter den genannten Voraussetzungen eine Pflichtverletzung nicht vorliegt.[145] Diese Regelung verdeutlicht, dass der Sachwalter wie der Geschäftsleiter eines Kreditinstituts agiert. Der Sachwalter kann nach Abs. 6a einen beratenden Beirat von bis zu fünf sachverständigen Mitgliedern berufen. Deren Vergütung und Auslagenerstattung regelt eine noch zu erlassende Rechtsverordnung. Auch wenn der Sachwalter auf die personellen und sachlichen Mittel der Pfandbriefbank zurückgreifen kann, so ist die Übernahme der Verwaltung einer Deckungsmasse in der Regel keine einfache Aufgabe, die in kürzester Zeit erfolgen könnte. Insbesondere ist sicherzustellen, dass sämtliche Zahlungen an die Pfandbriefgläubiger vertragsgemäß zu leisten sind. Zudem

[142] Begr. RegE BT-Drs. 17/10974, 100.
[143] Gesetzesbegr. BT-Drs. 17/10974, 101.
[144] Gesetzesbegr. BT-Drs. 17/10974, 101.
[145] Gesetzesbegr. BT-Drs. 17/10974, 101.

ist davon auszugehen, dass bei Notwendigkeit der Ernennung eines Sachwalters unklare Verhältnisse herrschen, die es erschweren einen Überblick zu erhalten. Um dem nach Möglichkeit vorzubeugen, kann die BaFin nach Abs. 10 i. V. § 45c KWG einen Sonderbeauftragten bestellen, mit der Aufgabe die Verwaltung als Sachwalter vorzubereiten. Der künftige Sachwalter darf dabei ausschließlich Informationen aufnehmen und keinesfalls in die Geschäftsleitung eingreifen, da ihn dies als zukünftigen Sachwalter ungeeignet erscheinen ließe.[146] Der Vergütung des Sachwalters widmet sich § 31 a. wobei die Einzelheiten in einer noch zu erlassenden Verordnung geregelt werden sollen.

Der „Normalfall" der **Abwicklung** der Deckungsmassen sieht vor, dass der Sachwalter die Deckungsmassen so lange führt, bis die Forderungen aller berechtigter Gläubiger befriedigt sind. Dies kann sehr lange dauern. Das Gesetz sieht deshalb auch die Möglichkeit vor, dass der Sachwalter die Deckungsmassen mit den dazu gehörenden Pfandbriefverbindlichkeiten in seiner **Gesamtheit oder in Teilen** auf eine andere Pfandbriefbank überträgt. Wie dies zu erfolgen hat, wird in § 32 geregelt. Gemäß § 34 wird die Übertragung der Werte und Verbindlichkeiten mit Eintragung in das Handelsregister der übertragenden Pfandbriefbank wirksam. Für die übertragenen Verbindlichkeiten der Pfandbriefgläubiger haften nach § 34 Abs. 1 S. 4 die übertragende und die aufnehmende Pfandbriefbank als Gesamtschuldner. Da der Pfandbriefgläubiger der Übertragung der Verbindlichkeit nicht zustimmen muss, darf sein Ausfallanspruch gegen das allgemeine Vermögen der übertragenden Pfandbriefbank bzw. bei nur teilweiser Übertragung sein Anspruch gegen die bei der übertragenden Pfandbriefbank verbleibenden Deckungsmasse, die für sich gesehen nach § 36 noch die Deckungskongruenz aufweisen muss, nicht untergehen. Nach § 35 kann der Sachwalter auch mit der aufnehmenden Pfandbriefbank vereinbaren, dass er die Deckungsmassen und die zugehörigen Pfandbriefe treuhänderisch für diese hält. Die aufnehmende Pfandbriefbank muss die Haftung für die gedeckten Verbindlichkeiten der übertragenden Pfandbriefbank übernehmen. Dies stellt gegenüber der Übertragung nach § 32 einerseits eine Erleichterung dar, da es die Übertragung der Deckungswerte erspart, andererseits bedarf es der Aufrechterhaltung der Führung der übertragenen Deckungsmasse, so dass Synergieeffekte nicht genutzt werden können. 66

§ 36a Abs. 1 behandelt den Fall, dass bei einer Pfandbriefbank ein **Reorganisationsverfahren** nach dem Kreditinstitute-Reorganisationsgesetz durchgeführt wird. Für diesen Fall wird klargestellt, dass die Vorschriften des Kreditinstitute-Reorganisationsgesetzes keine Anwendung auf die Teile der Pfandbriefbank finden, die im Fall der Abtrennung von der Pfandbriefbank bei deren Insolvenz als Pfandbriefbank mit beschränkter Geschäftstätigkeit fortbestehen. Abs. 2 befasst sich mit der Situation, dass die Abwicklungsbehörde eine vollständige oder teilweise Übertragung des Pfandbriefgeschäfts anordnet. In diesem Fall müssen die Rechte der Pfandbriefgläubiger ebenso beachtet werden wie im Fall der Insolvenz der Pfandbriefbank. Die §§ 30 bis 36 gelten dafür entsprechend. Abs. 2 S. 5 regelt die Situation, dass im Deckungsregister eingetragene Forderungen gegen Schuldner mit Sitz in einem Drittstaat außerhalb des EWR bestehen bzw. Sicherheiten in einem Drittstaat außerhalb des EWR belegen oder registriert sind. Da in den genannten Drittstaaten die EU Sanierungs- und Liquidationsrichtlinie nicht greift, werden hier zugunsten der Pfandbriefgläubiger typischerweise vertragliche Sicherheiten nach dem jeweiligen ausländischen Recht an den Deckungswerten bestellt, die von einem Treuhänder im Ausland zugunsten der Pfandbriefgläubiger gehalten werden.[147] Um die Interessen der Pfandbriefgläubiger zu wahren, bedarf es für die Übertragung der Anordnung der Rechtsfolge nach § 35 Abs. 2 sowie der vorläufigen Bestellung eines Sachwalters, der dem ausländischen Treuhänder gegenüber weisungsbefugt ist und die Deckungswerte als Treuhänder für die übernehmende Pfandbriefbank verwaltet.[148] 67

[146] Gesetzesbegr. BT-Drs. 17/10974, 101.
[147] → Rn. 7.
[148] Gesetzesbegr. BT-Drs. 17/10974, 102 f.

5. Rechtsbehelfe und Zuwiderhandlungen

68 Die §§ 37 bis 40 befassen sich mit der Frage der sofortigen Vollziehbarkeit bestimmter Maßnahmen der BaFin, § 37, den Strafvorschriften und den Bußgeldvorschriften bei Verstoß gegen die dort genannten Vorschriften, §§ 38, 39, und der Bestimmung der BaFin als Verwaltungsbehörde im Sinne des § 36 Abs. 1 Nr. 1 des Gesetzes über Ordnungswidrigkeiten.

6. Schlussvorschriften

69 Die Schlussvorschriften befassen sich im Wesentlichen mit der Frage, unter welchen Bedingungen Pfandbriefbanken, die nach den alten Rechtsgrundlagen Pfandbriefe emittiert haben, das Pfandbriefgeschäft weiterführen dürfen. Darüber hinaus ist es notwendig, für manche Regelungen über Deckungswerte, die von einem Teil der Pfandbriefbanken vor Einführung des PfandBG nicht zu erfüllen waren **Übergangsregelungen** oder **Grandfathering-Regeln** zu schaffen. Bis auf die in § 42 Abs. 3 S. 2 zugelassene Ausnahme für zwei namentlich benannte Pfandbriefbanken sind alle anderen Vorschriften so ausgestaltet, dass sich die Investoren darauf verlassen können, dass in einem absehbaren Zeitraum das PfandBG in vollem Umfang von allen Pfandbriefbanken eingehalten werden muss.

70 Einer besonderen Erwähnung bedarf der **Bezeichnungsschutz** nach § 41. Mit dem Bezeichnungsschutz sollen nicht nur die Pfandbriefbanken vor der unzulässigen Nutzung des Begriffs Pfandbrief durch Nicht-Pfandbriefbanken geschützt werden. Auch die Investoren sollen geschützt werden in ihrem Interesse, bei Kauf eines Pfandbriefs die nach dem PfandBG gewährleistete Qualität auch tatsächlich zu erhalten. Dennoch war es aus Gründen der EU-Dienstleistungs- und Niederlassungsfreiheit erforderlich, die Verwendung des Begriffs Pfandbrief in seinen unterschiedlichen Ausprägungen außer Pfandbriefbanken nach § 41 S. 1 Nr. 2 auch anderen Kreditinstituten zu erlauben. Hintergrund dafür ist, dass der Begriff Pfandbrief außer in Deutschland auch in Österreich, Luxemburg und in der Schweiz für gedeckte Schuldverschreibungen verwendet wird. Es dürfen demnach nur Kreditinstitute nach Art. 4 Abs. 1 Nr. 1 CRR mit Sitz in einem anderen EU-Mitgliedsstaat oder EWR-Vertragsstaat ohne Erlaubnis der BaFin den Begriff Pfandbrief verwenden, wenn dies im Herkunftsland zulässigerweise erfolgt, sofern die Voraussetzungen des Art. 52 Abs. 4 Unterabs. 1 OGAW-Richtlinie[149] eingehalten werden und die Schuldverschreibungen in einer Liste nach Art. 52 Abs. 4 Unterabs. 3 an die Kommission gemeldet wurden, bei den Sicherheiten eine Grenze von 50 % des Marktwerts oder 60 % des Beleihungswerts im Sinne der Bankenrichtlinie nicht überschritten wird und bei der Bezeichnung der Schuldverschreibung in allen maßgeblichen Veröffentlichungen eine etwaige fremdsprachige Originalbezeichnung angegeben wird und der Hinweis erfolgt, dass die Schuldverschreibung auf Grundlage des jeweiligen Auslandsrechts ausgegeben wurde.

71 Mit Austritt des Vereinigten Königreichs von Großbritannien und Nordirland aus der EU, wird dies zum Drittstaat. Somit werden Deckungswerte mit Bezug zu diesem Staat ab diesem Zeitpunkt anders behandelt als vorher. Es war daher notwendig zu regeln, ob die Werte, die vor dem Austritt in Deckung genommen wurden, deckungsfähig bleiben und ob für diese auch noch die Regelungen Bestand haben, die für sie galten, als das Vereinigte Königreich von Großbritannien und Nordirland noch Mitglied der EU war. Beides wurde durch die Regelungen in § 49 Abs. 3 und 4 bejaht.

---

[149] RL 2009/65/EG des Europäische Parlaments und des Rates v. 13.7.2009 zur Koordinierung der Rechts- und Verwaltungsvorschriften betreffend bestimmte Organismen für gemeinsame Anlagen in Wertpapieren (OGAW) ABl. EU Nr. L 302 v. 17.11.2009, 32, L 269 v. 13.10.2010, S. 27; s. ausführlich dazu Boos/Fischer/Schulte-Mattler/*Hagen* § 20a Rn. 8 ff.

23. Kapitel: Kreditderivate

Schrifttum: *Beck,* Kreditderivate als Insidergeschäfte, in: Kohler/Obermüller/Wittig (Hrsg.), Kapitalmarkt – Recht und Praxis, Gedächtnisschrift für Ulrich Bosch, 2006, S. 17; *Benzler/Brunner-Reumann,* Zivilrechtliche Einordnung von Kreditderivaten, in: Burghof/Schäfer/Rudolph/Schönbucher/Sommer (Hrsg.), Kreditderivate, 3. Aufl. 2015, S. 333; *dies.,* Vertragsdokumentation und Standardisierung, ebenda, S. 359; *Berg,* Kreditderivate im deutschen Privatrecht, Diss. Frankfurt am Main 2008; *Bierwirth,* Verbot ungedeckter Credit Default Swaps, RdF 2013, 104; *Brandt,* Kreditderivate – Zentrale Aspekte innovativer Kapitalmarktprodukte, BKR 2002, 243; *Dülfer,* Marktstruktur, Marktfriktionen und Einflussfaktoren neuer Regularien in: Burghof/Schäfer/Rudolph/Schönbucher/Sommer (Hrsg.), Kreditderivate, 3. Aufl. 2015, S. 147; Deutsche Bank Research, *Credit Default Swaps* – Auf dem Weg zu einem robusteren System, Aktuelle Themen Nr. 477 v. 8.3.2010; *Firth,* Derivatives Law and Practice, London 2003 ff. (Loseblatt Stand: Mai 2019); *Franzen/Schäfer,* Grundstrukturen bei Kreditderivaten, in: Burghof/Schäfer/Rudolph/Schönbucher/Sommer (Hrsg.), Kreditderivate, 3. Aufl. 2015, S. 49; *Henderson, Credit Derivatives and the „Big Bang",* Part 1, JIBFL 2010, 94; Part 2, JIBFL 2010, 187; *Kölbl-Vogt,* Dokumentation von strukturierten Derivatgeschäften bei synthetischen ABS und CDOs, in: Zerey (Hrsg.), Finanzderivate, 4. Aufl. 2016, S. 276; *Kusserow/Scholl,* Kreditderivate im Kraftfeld der BRRD – Die neuen Musterbedingungen für Kreditderivate, Teil I WM 2015, 360, Teil II WM 2015, 413; *Lehmann,* Finanzinstrumente, 2009; *Litten/Bell,* Kreditderivate – Neue Dokumentations-Standards als Reaktion auf die globale Finanzmarktkrise, WM 2011, 1109; *Ludewig/Geilfus,* EU-Leerverkaufsregulierung: ESMA-Guidelines bestimmen neuen Rahmen der Ausnahmeregelungen für Market-Maker und Primärhändler, WM 2013, 1533; *Mülbert/Sajnovits,* Das künftige Regime für Leerverkäufe und bestimmte Aspekte von Credit Default Swaps nach der Verordnung (EU) Nr. 236/2012, ZBB 2012, 266; *Nordhues/Benzler,* Risikosteuerung durch Kreditderivate, WM 1999, 461; *Obermüller,* Insolvenzrechtliche Aspekte von Kreditderivaten, in: Kohler/Obermüller/Wittig (Hrsg.), Kapitalmarkt – Recht und Praxis, Gedächtnisschrift für Ulrich Bosch, 2006, S. 173; *Pohl,* Kreditderivate: Finanzinnovationen im Zeitalter des Euro, DZWir 1998, 309; *Reiner/Schacht, Credit Default Swaps* und verbriefte Kreditforderungen in der Finanzmarktkrise, Teil I, WM 2010, 337; Teil II, WM 2010, 385; *Roberts,* Vertragliche Grundlagen von Finanzderivaten – Ein Beitrag zur Aufarbeitung der Krise? NJOZ 2010, 1717; *Schüwer,* Funktionen und Einsatz von Finanzderivaten, in: Zerey (Hrsg.) Finanzderivate, 4. Aufl. 2016, S. 65; *Zahn/Lemke,* Die *Credit Linked Note* – Anleihe mit integriertem Kreditderivat, WM 2002, 1536; *Storck/Zerey, Credit Default Swaps*/Vertragsgestaltung, in Zerey (Hrsg.), Finanzderivate, 4. Aufl. 2016, S. 206.

Übersicht

I. Grundlagen

Kreditderivate sind eine relativ neue Erscheinung. In größerem Umfang werden insbesondere *Credit Default Swaps* erst seit Mitte der neunziger Jahre verwendet. Nicht zuletzt aufgrund der erfolgreichen Bemühungen der *International Swaps and Derivatives Association* (ISDA) um eine Standardisierung der Transaktionsbedingungen und der Dokumentation hat die Verbreitung der Produkte seitdem exponentiell zugenommen. Mitte 2007 erreichte 1 das weltweite Gesamtvolumen des Marktes für außerbörslich gehandelte *Credit Default Swaps* mit ca. 58 Bio. US$ seinen bisher höchsten Stand. Aufgrund der Finanzkrise und bestimmter anderer Faktoren entwickelte sich das Marktvolumen danach rückläufig und betrug Ende 2018 etwa 8,143 Bio. US$.[1]

1. Credit Default Swaps

2 Ein ***Credit Default Swap*** ist eine Vereinbarung zwischen zwei Parteien, mit der die eine, der Sicherungsgeber *(Protection Seller),* gegenüber ihrem Vertragspartner, dem Sicherungsnehmer *(Protection Buyer),* gegen Zahlung einer Prämie das Kreditrisiko eines Dritten, des sogenannten Referenzschuldners *(Reference Entity),* in Höhe eines bestimmten Betrages übernimmt. Dazu verpflichtet sich der Sicherungsgeber, nach Eintritt eines im Vorhinein definierten Kreditereignisses *(Credit Event),* das etwa in einer Insolvenz des Referenzschuldners bestehen kann, eine vom Sicherungsnehmer nach bestimmten Kriterien auszuwählende Forderung gegen diesen Referenzschuldner zum vollen Nennwert von diesem zu erwerben, obwohl die Forderung zu diesem Zeitpunkt infolge des Kreditereignisses voraussichtlich nicht mehr vollwertig sein wird. Anstelle dieser als physische Lieferung *(Physical Settlement)* bezeichneten Forderungsübertragung wird teilweise ein Barausgleich *(Cash Settlement)* vereinbart, bei dem der Sicherungsnehmer die Differenz zwischen dem Nennwert einer bei Abschluss des Geschäfts festgelegten Forderung gegen den Referenzschuldner und deren Marktwert nach dem Kreditereignis ausgezahlt erhält. Eine weitere, im Jahre 2009 eingeführte Variante ist das Auktions-Abwicklungsverfahren *(Auction Settlement),* das im Prinzip ebenfalls auf einen Barausgleich hinausläuft. Anders als beim *Cash Settlement* wird der vom Sicherungsgeber zu zahlende Betrag hier aber durch ein öffentliches Auktionsverfahren ermittelt, dessen Feststellungen nicht nur bilateral zwischen den Parteien des jeweiligen *Credit Default Swaps* gelten, sondern für alle Kontrakte im Markt auf den betreffenden Referenzschuldner bindend sind, soweit diese *Auction Settlement* vorsehen.

3 Neben dieser Grundform existieren *Credit Default Swaps* in den unterschiedlichsten Ausprägungen,[2] von denen an dieser Stelle nur die sogenannten ***Basket Credit Default Swaps***[3] erwähnt werden sollen. Bei ihnen handelt es sich um Transaktionen, die sich nicht nur auf einen, sondern auf einen „Korb" von mehreren Referenzschuldnern beziehen. Kommt es für einen dieser Referenzschuldner zu einem Kreditereignis, führt dies bei der sogenannten ***First-to-Default*-Struktur** bereits zur Abwicklung der gesamten Transaktion, dh, der Sicherungsgeber muss sich in Höhe des vollen Transaktionsvolumens eine Forderung gegen den Referenzschuldner andienen lassen, für den das Kreditereignis eingetreten ist. Der Sicherungsgeber übernimmt also bei der *First-to-Default*-Struktur ein signifikant höheres Risiko[4] als bei einem herkömmlichen *Credit Default Swap,* da er bereits aus dem gesamten Geschäft in Anspruch genommen werden kann, wenn nur einer von mehreren Referenzschuldnern in Bonitätsschwierigkeiten gerät. Es sind jedoch bei *Basket Credit Default Swaps* auch andere Strukturen denkbar, bei denen zB ein Kreditereignis für einen der Referenzschuldner nur zu einer anteiligen Abwicklung des *Credit Default Swaps* führt, oder eine Abwicklung der Gesamttransaktion erst ausgelöst wird, wenn für einen zweiten Referenzschuldner ein Kreditereignis eintritt (sogenannte *Second-to-Default*-Struktur).

---

[1] *Dülfer* S. 157 ff.; *Firth* Rn. 16.001; Bank of International Settlement (BIS), OTC derivatives statistics, verfügbar auf der Website der BIS *(www.bis.org).*

[2] Bsp. bei *Franzen/Schäfer* S. 58 ff.

[3] Dazu *Berg* S. 84; *Schüwer/Steffen* Rn. 41.

[4] Der Grad der Risikoerhöhung im Vergleich zu einem *Credit Default Swap* auf einen einzelnen Referenzschuldner hängt dabei nicht nur von der Zahl der Referenzschuldner, auf die sich die *First-to-Default*-Struktur bezieht, sondern auch davon ab, wie die Ausfallwahrscheinlichkeiten dieser Referenzschuldner untereinander korreliert sind. Dies übersieht OLG München WM 2010, 1945 f., das (bezogen auf eine *Credit Linked Note*) davon ausgeht, dass eine auf fünf Referenzschuldner bezogene *First-to-Default*-Struktur zu einer Verfünffachung des Risikos führe; unzutreffend auch OLG Karlsruhe WM 2011, 405 f., das (ebenfalls für eine *Credit Linked Note*) die Ansicht vertritt, dass das Risiko einer *First-to-Default*-Struktur mit dem Ausfallrisiko des Referenzschuldners mit der schlechtesten Bonität gleichgesetzt werden könne.

2. Credit Linked Notes

Bei einer ***Credit Linked Note*** handelt es sich um eine Schuldverschreibung, bei der sich die Leistungspflicht des Emittenten reduziert oder ganz entfällt, wenn für den in den Emissionsbedingungen bezeichneten Referenzschuldner ein Kreditereignis eintritt. In diesem Fall wird die *Credit Linked Note* meist vorzeitig zur Rückzahlung fällig, und die Rückzahlung des Kapitals der Schuldverschreibung verringert sich – ähnlich wie bei der Abwicklung eines *Credit Default Swaps* durch Barausgleich *(Cash Settlement)* – um die Differenz zwischen dem Nennbetrag einer in den Emissionsbedingungen bezeichneten Verbindlichkeit des Referenzschuldners und deren aktuellem Marktwert. Es gibt aber auch andere Strukturen, bei denen etwa die Kapitalrückzahlung bei Eintritt eines Kreditereignisses insgesamt entfällt, oder bei denen sich in einem solchen Fall lediglich der Zinskupon reduziert. Wirtschaftlich entspricht die *Credit Linked Note* einem *Credit Default Swap* bei dem der Sicherungsgeber seine bedingte Zahlungsverpflichtung aus dem Geschäft bar unterlegt.[5] 4

Eine Abwicklung durch physische Lieferung *(Physical Settlement)* einer Verbindlichkeit des Referenzschuldners stößt bei *Credit Linked Notes* auf Schwierigkeiten, da eine Schuldverschreibung nur eine einseitige Verpflichtung des Emittenten begründet und damit den Inhaber nicht zur Abnahme und Bezahlung einer Forderung gegen den Referenzschuldner verpflichten kann. Ansonsten finden sich jedoch auch im Bereich der *Credit Linked Notes* ebenso wie bei den *Credit Default Swaps* vielfältige Gestaltungen, insbesondere bei *Basket Credit Linked Notes.*[6] In der Praxis sind darüber hinaus **Credit Linked Schuldscheindarlehen** anzutreffen, die nicht auf einer Schuldverschreibung, sondern auf einem Darlehen basieren, für das zwecks besserer Handelbarkeit ein Schuldschein ausgestellt wird.[7] 5

3. Total Return Swaps

Total Return Swaps werden zwar ebenfalls zur Übertragung von Kreditrisiken verwendet und den Kreditderivaten zugeordnet,[8] ihre Struktur unterscheidet sich jedoch grundlegend von der eines *Credit Default Swaps* oder einer *Credit Linked Note.* Bei einem *Total Return Swap* zahlt die eine Partei der anderen eine feste oder variable Prämie und erhält dafür vom Vertragspartner den wirtschaftlichen Ertrag eines Referenzaktivums, zB einer Aktie oder einer Anleihe. Dazu leistet der Vertragspartner Zahlungen in Höhe der Beträge, die während der Laufzeit des *Total Return Swaps* vom Schuldner des Referenzaktivums auf dieses etwa in Form von Dividenden, Zinsen oder Kapitalrückzahlungen geleistet werden. Außerdem erfolgt – periodisch oder nur einmalig zum Laufzeitende – ein Ausgleich von Änderungen des Marktwerts des Referenzaktivums, zu denen es während der Laufzeit des *Total Return Swaps* gekommen ist.[9] Bei einem *Total Return Swap* auf eine Anleihe erhält der Zahler der Prämie also nicht nur die während der Laufzeit auf die Anleihe geleisteten Zinsen und Tilgungen, sondern, falls die Anleihe im Wert gestiegen ist, auch eine Zahlung in Höhe dieses Wertzuwachses. Hat die Anleihe dagegen an Wert verloren, schuldet er seinerseits dem Kontrahenten eine Ausgleichszahlung in entsprechender Höhe. 6

[5] BAKred-Rundschreiben 10/1999 v. 16.6.1999, abgedruckt bei *Consbruch/Fischer* B 57.26; *Berg* S. 83; *Zahn/Lemke* WM 2002, 1536 (1537).

[6] Vgl. etwa OLG Karlsruhe WM 2011, 405 f. und OLG München WM 2010, 1945 f., wo es jeweils um *First-to-Default*-Strukturen ging. Auf *Credit Linked Notes* basieren auch die sogenannten synthetischen ABS-Strukturen, dazu näher *Kölbl-Vogt* Rn. 4 ff.

[7] Allgemein zu Schuldscheindarlehen Staudinger/*Mülbert* BGB § 488 Rn. 556 f.

[8] Siehe nur *BAKred*-Rundschreiben 10/1999 v. 16.6.1999, abgedruckt bei *Consbruch/Fischer* B 57.26; daneben werden zum Teil auch sogenannte *Credit Spread*-Produkte, insbesondere *Credit Spread Swaps* und *Credit Spread Options* als Kreditderivate bezeichnet, die hier aus Platzgründen nicht behandelt werden können. Zur Ausgestaltung solcher Produkte siehe *Berg* S. 72 ff.

[9] Allgemein zur Ausgestaltung von *Total Return Swaps Franzen/Schäfer* S. 56.

7 Während ein *Credit Default Swap* ausschließlich das Kreditrisiko eine Aktivums auf den Sicherungsgeber überträgt, und dies auch nur insoweit tut, als sich ein etwaiges Bonitätsproblem beim Referenzschuldner während der Laufzeit des Geschäfts in einem Kreditereignis manifestiert, ist der Risikotransfer durch einen *Total Return Swap* wesentlich weitgehender, da er jedwede Marktwertänderung des Referenzaktivums berücksichtigt.[10] Dabei kann eine Verringerung des Marktwerts auch in Zweifeln an der Bonität des Referenzschuldners begründet sein, die noch nicht zu einem Kreditereignis geführt haben oder aus anderen Faktoren, etwa aus einer Änderung des Marktzinsniveaus, resultieren. Außerdem partizipiert der Sicherungsgeber eines *Total Return Swaps* im Gegensatz zum Sicherungsnehmer beim *Credit Default Swap* an einer positiven Wertentwicklung des Referenzaktivums. Damit unterscheidet sich die Struktur eines *Total Return Swaps* wesentlich von der eines *Credit Default Swaps* oder einer *Credit Linked Note;* der *Total Return Swap* ähnelt eher einem auf den bloßen Austausch von Zahlungsströmen gerichteten herkömmlichen Zinsswap. Kreditereignisse spielen beim *Total Return Swap* als Auslöser von Leistungspflichten keine Rolle.

4. Zweck von Kreditderivaten

8 **Kreditderivate** werden für **unterschiedliche Zwecke** verwendet:[11] Sie dienen nicht nur – ähnlich wie eine Bürgschaft oder Garantie – zur Absicherung bestehender Kreditrisiken, sondern können auch eingesetzt werden, um Kreditrisiken unabhängig von einer bestehenden eigenen Risikoposition zu handeln. Dabei kann durch Abschluss mehr oder minder deckungsgleicher Sicherungskauf- und -verkaufsgeschäfte ein Handelsgewinn angestrebt werden, oder es lässt sich zB durch den ungedeckten Kauf von Absicherung auf einen Referenzschuldner auf einen künftigen Preisverfall von dessen Verbindlichkeiten spekulieren.[12]

9 Der wohl wesentlichste Unterschied zwischen einem *Credit Default Swap* und den herkömmlich zur Übertragung von Kreditrisiken verwendeten Instrumenten wie Bürgschaft, Garantie oder Unterbeteiligung besteht in der **Handelbarkeit:** Erst mit der Verbreitung des *Credit Default Swaps* wurde es möglich, in großem Umfang Kreditrisiken unabhängig von einer Übertragung der zugrundeliegenden Forderungen zu handeln.[13] Der Aspekt der Handelbarkeit des Instruments hat wiederum entscheidenden Einfluss auf die Ausgestaltung und Dokumentation der Geschäfte: Die einen effektiven Handel ermöglichende Marktliquidität ist nur gewährleistet, wenn die Konditionen, zu denen die Kreditrisiken übertragen werden, weitgehend standardisiert sind, und die Vertragsdokumentation für die Geschäfte möglichst einheitlich und mit vertretbarem Aufwand erstellt werden kann.

II. Credit Default Swaps und Credit Linked Notes

1. Vertragsgestaltung bei Credit Default Swaps

10 **a) ISDA Credit Derivatives Definitions.** Die **Vertragsgestaltung bei *Credit Default Swaps*** wird im Wesentlichen durch **Marktusancen** bestimmt, die in der von der ISDA laufend fortentwickelten Standarddokumentation, insbesondere den *2014 ISDA Credit Derivatives Definitions*[14] mit ihren zahlreichen Nachträgen und Ergänzungen ihren Nieder-

---

[10] *Franzen/Schäfer* S. 56 ff.

[11] Näher zu den Einsatzmöglichkeiten von Kreditderivaten *Berg* S. 89.; *Benzler/Brunner-Reumann* S. 336; ausführlich *Firth* Rn. 16.014 ff.

[12] Zur Verbotsregelung des Art. 14 EU-LeerverkaufsVO für ungedeckte Geschäfte auf bestimmte Referenzschuldner → Rn. 46 ff.

[13] Vgl. *Franzen/Schäfer* S. 51.

[14] Im Folgenden: *„2014 Definitions"*.

schlag gefunden haben.[15] Diese Standarddokumentation ist sehr umfangreich – bereits die eigentlichen *2014 Definitions* umfassen knapp 90 Seiten. Aus diesem Grund muss sich die nachfolgende Darstellung der Vertragsgestaltung bei *Credit Default Swaps* auf Grundzüge beschränken.[16]

Die *2014 Definitions* lassen für die Ausgestaltung der Geschäfte im Einzelfall breiten Raum. In den letzten Jahren haben sich allerdings für bestimmte Typen von Referenzschuldnern **Standards bei der Vertragsgestaltung** etabliert. Um das Interesse des Marktes an einer größtmöglichen Vereinheitlichung der vertraglichen Absprachen zu unterstützen, veröffentlicht ISDA in Form der ***Credit Derivatives Physical Settlement Matrix*** eine von Zeit zu Zeit aktualisierte Übersicht zu diesen Marktstandards, auf die in den Handelsbestätigungen für die Geschäfte pauschal verwiesen werden kann.[17] Sie enthält Standardbedingungen für Geschäfte, deren Referenzschuldner privatrechtlich organisierte Unternehmen oder öffentliche Stellen in bestimmten Regionen sind, also beispielweise für *Credit Default Swaps* auf *European Corporates* oder auf *Western European Sovereigns.* Die Beachtung der Vorgaben ist für die Marktteilnehmer nicht zwingend. Da Geschäfte, die von den Standardkonditionen abweichen, im Markt meist nur zu weniger günstigen Konditionen abgeschlossen werden können, besteht aber eine hohe Präferenz, die Bedingungen der Geschäfte entsprechend dem Marktstandard auszugestalten, zumal Geschäfte mit abweichenden Bedingungen oft nur unter Schwierigkeiten durch ein Gegengeschäft mit einem anderen Marktteilnehmer glattgestellt werden können, wenn sich dies zu einem späteren Zeitpunkt als sinnvoll erweisen sollte.[18] Zudem führt die pauschale Bezugnahme auf die Standardkonditionen in der Handelsbestätigung zu einer erwünschten Vereinfachung der Dokumentation und damit zur Verringerung möglicher Fehlerquellen und daraus resultierender Basisrisiken. 11

b) Rahmenverträge. *Credit Default Swaps* werden – ebenso wie andere OTC-Derivate – in der Regel zunächst **telefonisch** zwischen den Parteien **abgeschlossen** und anschließend durch eine sogenannte **Handelsbestätigung** dokumentiert, die ihrerseits auf einen zwischen den Parteien zuvor abgeschlossenen **Rahmenvertrag** Bezug nimmt. Soweit keine abweichende Vereinbarung getroffen wird, richtet sich das Vertragsstatut des Geschäfts nach der Rechtswahlklausel im Rahmenvertrag. Besteht zwischen den Vertragsparteien ein **ISDA Master Agreement,** wird also auch der *Credit Default Swap* meist englischem oder New Yorker Recht unterliegen. Handeln die Parteien dagegen unter einem deutschen **Rahmenvertrag für Finanztermingeschäfte,** unterliegt auch das darunter abgeschlossene Kreditderivat grundsätzlich deutschem Recht.[19] 12

Eine praktische Schwierigkeit ergibt sich bei Verwendung des deutschen **Rahmenvertrags für Finanztermingeschäfte,** weil für diesen Rahmenvertrag kein Anhang für Kreditderivate existiert.[20] Es hat sich deshalb eingebürgert, auch unter dem Rahmenvertrag für Finanztermingeschäfte englischsprachige Geschäftsbestätigungen unter Einbeziehung der *2014 Definitions* zu verwenden. Dazu wird in einer sogenannten ***Bridge*-Klausel** ver- 13

[15] Die *2014 Definitions* können über die Webseite der ISDA *(www.isda.org)* erworben werden. Sie sind – soweit ersichtlich und anders als eine Reihe ergänzender Dokumente, die auf der genannten Webseite publiziert sind – im Internet nicht veröffentlicht.

[16] Detaillierte Ausführungen zu einzelnen Klauseln der *2014 Definitions* finden sich vor allem bei *Firth* Rn. 16.066 ff.

[17] Vgl. Abschnitt 13.1 der *2014 Definitions;* die jeweils aktuelle Fassung der *Credit Derivatives Physical Settlement Matrix* findet sich auf der Webseite der ISDA *(www.isda.org).*

[18] Vgl. *Firth* Rn. 16.003.

[19] Näher zu den verschiedenen Rahmenverträgen *Binder* → Kap. 37 Rn. 48 f.

[20] Zum Rahmenvertrag für Finanztermingeschäfte gab es einen vom Bundesverband deutscher Banken empfohlenen Anhang für Kreditderivate aus dem Jahr 2005, dazu *Storck/Zerey* Rn. 14 ff. Dieser Anhang ist allerdings seitdem nicht an die Marktentwicklung angepasst worden. Da er ohnehin nur geringe Verbreitung gefunden hatte, hat der Bundesverband auf eine aufwändige Weiterentwicklung verzichtet und seine Empfehlung des Anhangs im Oktober 2010 zurückgezogen, vgl. *Benzler/Brunner-Reumann* S. 387; *Litten/Bell* WM 2011, 1109 (1112).

einbart, dass der *Credit Default Swap* zwar als solcher – entsprechend der Rechtswahl unter dem Rahmenvertrag – deutschem Recht unterliegen soll, dass die Auslegung der Begriffe in den *2014 Definitions* jedoch dessen ungeachtet den Auslegungsgrundsätzen den englischen Rechts folgen soll.

14 Diese Regelung soll sicherstellen, dass keine Basisrisiken durch eine unterschiedliche Auslegung der *2014 Definitions* nach verschiedenen Rechtsordnungen entstehen, wenn Marktteilnehmer unter dem deutschen Rahmenvertrag für Finanztermingeschäfte abgeschlossene *Credit Default Swaps* durch Geschäfte absichern, die unter einem ISDA *Master Agreement* abgeschlossen wurden und umgekehrt. Die Möglichkeit einer solchen Teilrechtswahl ergibt sich aus Art. 3 Abs. 1 S. 2 der Rom I-VO; ob der ausdrückliche Verweis auf die Auslegungsprinzipien des englischen Rechts nach deutschem Recht erforderlich ist, kann man bezweifeln, da die Parteien eines *Credit Default Swaps* meist Kaufleute sein werden, weshalb das im internationalen Markt übliche Verständnis der Begriffe aus den *2014 Definitions* wohl bereits über § 346 HGB bei der Auslegung der Bestimmungen zu berücksichtigen sein wird. Die Klausel ist aber jedenfalls nicht schädlich. Teilweise findet sich eine abweichende Praxis, bei der über die *Bridge*-Klausel englisches Recht nicht nur für die Auslegung der *2014 Definitions* herangezogen wird, sondern die *2014 Definitions* insgesamt englischem Recht unterstellt werden.[21] Dies kann zu Unsicherheiten führen, da bei dieser Regelung unklar bleibt, ob und gegebenenfalls inwieweit dann auch die eigentliche Handelsbestätigung für das Geschäft trotz der Bezugnahme auf den deutschen Rahmenvertrag englischem Recht unterliegen soll.[22]

2. Kreditereignisse

15 Die für die Ausgestaltung eines *Credit Default Swaps* **wichtigsten Parameter** liegen in der Ausgestaltung der **Kreditereignisse** und in der Festlegung der aus einem Kreditereignis folgenden **Abwicklungsmodalitäten.**

16 Sofern der Referenzschuldner keine staatliche Stelle, sondern ein privatrechtlich organisiertes Unternehmen *(Corporate)* ist, werden meist drei **Kreditereignisse** vereinbart, nämlich ein Zahlungsverzug des Referenzschuldners unter bestimmten Verbindlichkeiten *(Failure to Pay),* eine Insolvenz des Referenzschuldners *(Bankruptcy),* sowie eine Restrukturierung bestimmter Verbindlichkeiten des Referenzschuldners *(Restructuring).* Für Kreditinstitute *(Financial Corporates)* wurde in die *2014 Definitions* das Kreditereignis des staatlichen Eingriffs *(Governmental Intervention)* neu aufgenommen, das eine Reaktion auf die nach der Finanzkrise eingeführten Eingriffsbefugnisse der Bankaufsichtsbehörden in die Verbindlichkeiten von Kreditinstituten[23] darstellt. Handelt es sich bei dem Referenzschuldner um eine staatliche Stelle *(Sovereign),* die oft nicht im technischen Sinne insolvenzfähig sein wird, tritt an die Stelle einer Insolvenz des Referenzschuldners meist die Nichtanerkennung von Verbindlichkeiten oder Verhängung eines Moratoriums *(Repudiation/Moratorium).*[24] Im Einzelnen lassen sich die Voraussetzungen dieser Kreditereignisse wie folgt beschreiben:

17 **a) Failure to Pay.** Das Kreditereignis des **Zahlungsverzugs *(Failure to Pay)*** wird ausgelöst, wenn der Referenzschuldner fällige Zahlungen unter einer Verbindlichkeit *(Obligation)*[25] in

---

[21] Vgl. *Kölbl-Vogt* Rn. 12.

[22] Krit. gegenüber einer solchen Teilrechtswahl auch *Benzler/Brunner-Reumann* S. 388.

[23] Für Deutschland vgl. §§ 89 ff. SAG.

[24] Einzelheiten zu den jeweiligen Marktstandards ergeben sich in Abhängigkeit von Typ und Sitzland des Referenzschuldners aus der soeben erwähnten *Credit Derivatives Physical Settlement Matrix.*

[25] Die für die Feststellung eines Kreditereignisses relevanten Verbindlichkeiten müssen jeweils einer vorgegebenen *Obligation Category* (zB *Borrowed Money*) angehören und bestimmte *Obligation Characteristics* (zB kein Nachrang oder Denomination in bestimmten Währungen) erfüllen, vgl. Abschnitt 2.19 der *2014 Definitions* sowie ausführlich *Firth* Rn. 16.080 f. Welche *Obligation Category* und welche *Obligation Characteristics* dem Marktstandard für einen bestimmten Referenzschuldner entsprechen, ergibt sich aus der *Credit Derivatives Physical Settlement Matrix.*

einer bestimmten Mindesthöhe nicht fristgerecht leistet.[26] Welche Arten von Verbindlichkeiten dafür relevant sind, wird jeweils in der Handelsbestätigung unter Verweis auf die *2014 Definitions* spezifiziert. In den meisten Fällen wird der Anwendungsbereich der Bestimmung auf Verbindlichkeiten aus aufgenommenen Geldern *(Borrowed Money)*[27] beschränkt, so dass ein Zahlungsverzug des Referenzschuldners unter einer Anleihe oder einem Kredit das Kreditereignis auslösen kann, während etwa die nicht fristgerechte Erfüllung von Verbindlichkeiten aus einem Derivat keine Berücksichtigung findet. Die Summe, mit der sich der Referenzschuldner mindestens in Verzug befinden muss,[28] wird meist auf 1 Mio. US$ oder das Äquivalent dieses Betrages in einer anderen Währung festgelegt.

Vereinbaren die Parteien als zusätzliche Voraussetzung eine **Verschlechterung der Kreditwürdigkeit *(Credit Deterioration Requirement)*,**[29] wird das Kreditereignis nicht ausgelöst, sofern der betreffende Zahlungsverzug nicht unmittelbar oder mittelbar auf eine Verschlechterung der Kreditwürdigkeit des Referenzschuldners zurückgeht oder eine solche zur Folge hat. Anlass für diese einschränkende Ergänzung des Kreditereignisses *Failure to Pay* war eine Reihe von Transaktionen, bei denen das Kreditereignis ausgelöst wurde, obwohl Anhaltspunkte dafür bestanden, dass die Bonität des Referenzschuldners weiterhin gegeben war. Dies wurde als Gefahr für das Funktionieren des *Credit Default Swap* Marktes als Messlatte für die Bonität der Referenzschuldner gesehen.[30] Die neue Einschränkung des Kreditereignisses *Failure to Pay* findet sich in der aktuellen *Credit Derivatives Physical Settlement Matrix* als Marktstandard für alle Arten von *Corporate and Financial Transactions* wieder.

b) Bankruptcy. Das Kreditereignis einer **Insolvenz *(Bankruptcy)*** des Referenzschuldners[31] erfasst neben seiner Zahlungsunfähigkeit und der Eröffnung eines Insolvenzverfahrens 18

[26] Abschnitt 4.5 der *2014 Definitions* lautet: *„**Failure to Pay.** „Failure to Pay" means, after the expiration of any applicable Grace Period (after the satisfaction of any conditions precedent to the commencement of such Grace Period), the failure by the Reference Entity to make, when and where due, any payments in an aggregate amount of not less than the Payment Requirement under one or more Obligations, in accordance with the terms of such Obligations at the time of such failure*".

[27] *„Borrowed Money"* ist in Abschnitt 3.13(a) (ii) der *2014 Definitions* definiert als *„any obligation (excluding an obligation under a revolving credit agreement for which there are no outstanding, unpaid drawings in respect of principal) for the payment or repayment of borrowed money (which term shall include, without limitation, deposits and reimbursement obligations arising from drawings pursuant to letters of credit)."*

[28] *Payment Requirement,* siehe Abschnitt 4.9 (d) der *2014 Definitions.*

[29] Abschnitt 4.5 der *2014 Definitions* wurde durch das *2019 Narrowly Tailored Credit Event Supplement* v. 15.7.2019 wie folgt ergänzt: *„If „Credit Deterioration Requirement" is specified as applicable in the related Confirmation, then, notwithstanding the foregoing, it shall not constitute a Failure to Pay if such failure does not directly or indirectly either result from, or result in, a deterioration in the creditworthiness or financial condition of the Reference Entity".*

[30] Siehe hierzu auch das ISDA *Board Statement on Narrowly Tailored Credit Events* v. 11.4.2018, das ISDA Konsultationspapier *Proposed Amendments to the 2014 ISDA Credit Derivatives Definitions Relating to Narrowly Tailored Credit Events* v. 6.3.2019, jeweils verfügbar auf der Website der ISDA *(www.isda.org)*, das *Statement on Manufactured Credit Events by the U. S. Commodity Futures Trading Commission Divisions of Clearing and Risk, Market Oversight and Swap Dealer and Intermediary Oversight* v. 24.4.2018, verfügbar auf der Website der CFTC *(www.cftc.gov)* sowie *FCA Market Watch December 2018,* verfügbar auf der Website der FCA *(www.fca. org.uk).*

[31] Abschnitt 4.2 *der 2014 Definitions* lautet: *„**Bankruptcy.** „Bankruptcy" means the Reference Entity (a) is dissolved (other than pursuant to a consolidation, amalgamation or merger); (b) becomes insolvent or is unable to pay its debts or fails or admits in writing in a judicial, regulatory or administrative proceeding or filing its inability generally to pay its debts as they become due; (c) makes a general assignment, arrangement or composition with or for the benefit of its creditors generally, or such a general assignment, arrangement, scheme or composition becomes effective; (d) institutes or has instituted against it a proceeding seeking a judgment of insolvency or bankruptcy or any other similar relief under any bankruptcy or insolvency law or other law affecting creditors' rights, or a petition is presented for its winding-up or liquidation, and, in the case of any such proceeding or petition instituted or presented against it, such proceeding or petition (i) results in a judgment of insolvency or bankruptcy or the entry of an order for relief or the making of an order for its winding-up or liquidation or (ii) is not dismissed, discharged, stayed or restrained in each case within thirty calendar days of the institution or presentation thereof; (e) has a resolution passed for its winding-up, official management or liquidation (other than pursuant to a consolidation, amalgamation or merger); (f) seeks or becomes subject to the appointment of an administrator, provisional liquidator, conservator, receiver, trustee, custodian or other similar official for it or for all or substantially all its assets; (g) has a secured party take possession of all or substantially all its assets or has a distress, execution, attachment, sequestration or other legal process levied, enforced or sued on or against all or substantially all its assets and such secured party maintains possession, or any such process is not dismissed, discharged, stayed or restrained, in*

über sein Vermögen unter bestimmten Voraussetzungen auch bereits einen Insolvenzantrag sowie weitere Konstellationen, die als typische Indizien einer Insolvenzsituation betrachtet werden können.[32] So kann nach Abschnitt 4.2(e) der *2014 Definitions* unter Umständen ein Beschluss zur Selbstliquidation des Referenzschuldners das Kreditereignis der Insolvenz auslösen, oder nach Abschnitt 4.2(g) die Inbesitznahme seiner wesentlichen Vermögenswerte durch einen besicherten Gläubiger.

19 **c) Restructuring.** Das Kreditereignis der **Schuldenrestrukturierung *(Restructuring)***[33] wird durch die Umstrukturierung einer Verbindlichkeit des Referenzschuldners ausgelöst, die zu einer Verringerung der Zinszahlungen oder des rückzahlbaren Kapitalbetrags, einer Stundung von auf die Verbindlichkeit zu leistenden Zahlungen, einer Subordination der Verbindlichkeit gegenüber anderen Verbindlichkeiten des Referenzschuldners oder einer Konversion der Verbindlichkeit in bestimmte Fremdwährungen führt. Diese sehr weitgehende Beschreibung der das Kreditereignis auslösenden Restrukturierungsmaßnahmen führt zu der Schwierigkeit, dass Abschnitt 4.7(a) der *2014 Definitions* auch Situationen erfassen kann, die nicht mit Bonitätsproblemen des Referenzschuldners in Zusammenhang stehen. So kann die Herabsetzung des Zinssatzes für eine Kreditverbindlichkeit das Ergebnis einer günstigen Verhandlungsposition des Referenzschuldners sein, die es ihm ermöglicht, eine im Vertrag ursprünglich nicht vorgesehene Verbesserung der Konditionen gegenüber seinen Gläubigern durchzusetzen.

---

each case within thirty calendar days thereafter; or (h) causes or is subject to any event with respect to it which, under the applicable laws of any jurisdiction, has an analogous effect to any of the events specified in clauses (a) to (g)".

[32] Zu den Voraussetzungen der einzelnen Klauseln *Firth* Rn. 16.069 ff.

[33] Abschnitt 4.7 der *2014 Definitions* lautet auszugsweise: *„**Restructuring.** (a) „Restructuring" means that, with respect to one or more Obligations and in relation to an aggregate amount of not less than the Default Requirement, any one or more of the following events occurs in a form that binds all holders of such Obligation, is agreed between the Reference Entity or a Governmental Authority and a sufficient number of holders of such Obligation to bind all holders of the Obligation or is announced (or otherwise decreed) by a Reference Entity or a Governmental Authority in a form that binds all holders of such Obligation (including, in each case, in respect of Bonds only, by way of exchange) and such event is not expressly provided for under the terms of such Obligation in effect as of the later of the Credit Event Backstop Date and the date as of which such Obligation is issued or incurred:*
(i) a reduction in the rate or amount of interest payable or the amount of scheduled interest accruals (including by way of redenomination);
(ii) a reduction in the amount of principal or premium payable at maturity or at scheduled redemption dates (including by way of redenomination);
(iii) a postponement or other deferral of a date or dates for either (A) the payment or accrual of interest or (B) the payment of principal or premium;
(iv) a change in the ranking in priority of payment of any Obligation, causing the Subordination of such Obligation to any other Obligation; or
(v) any change in the currency of any payment of interest, principal or premium to any currency other than the lawful currency of Canada, Japan, Switzerland, the United Kindom and the United States of America and the euro and any successor currency to any of the aforementioned currencies (which in the case of the euro, shall mean a currency which succeeds to and replaces the euro in whole.
(b) Notwithstanding the provisions of Section 4.7(a), none of the following shall constitute a Restructuring:
(i) […]
(ii) the redenomination of euros into another currency, if (A) the redenomination occurs as a result of action taken by a Governmental Authority of a Member State of the European Union which is of general application in the jurisdiction of such Governmental Authority and (B) a freely available market rate of conversion between euros and such other currency existed at the time of such redenomination and there is no reduction in the rate or amount of interest, principal or premium payable, as determined by reference to such freely available market rate of conversion;
(iii) the occurrence of, agreement to or announcement of any of the events described in Section 4.7(a)(i) to (v) due to an administrative adjustment, accounting adjustment or tax adjustment or other technical adjustment occurring in the ordinary course of business; and
(iv) the occurrence of, agreement to or announcement of any of the events described in Section 4.7(a)(i) to (v) in circumstances where such event does not directly or indirectly result from a deterioration in the creditworthiness or financial condition of the Reference Entity, provided that in respect of Section 4.7(a)(v) only, no such deterioration in the creditworthiness or financial condition of the Reference Entity is required where the denomination is from euros into another currency and occurs as a result of action taken by a Governmental Authority of a Member State of the European Union which is of general application in the jurisdiction of such Governmental Authority. [….]".

20 Die Definition der Schuldenrestrukturierung in den *2014 Definitions* versucht diesem Dilemma zu entgehen, indem sie Abschnitt 4.7(b)(ii) Ausnahmen für bestimmte, administrativ bedingte Änderungen vorsieht, und in Abschnitt 4.7(b)(iv) Situationen, bei denen die Umstrukturierung weder direkt noch indirekt mit einer Bonitätsverschlechterung zusammenhängt, vom Anwendungsbereich der Klausel ausnimmt. Letzteres ist allerdings als Ausnahme formuliert, so dass eine Partei, die sich auf den mangelnden Zusammenhang mit einem Bonitätsproblem beruft, dafür darlegungs- und beweispflichtig ist, was wegen der weiten Formulierung der Klausel, die einen lediglich indirekten Zusammenhang mit einem Bonitätsproblem genügen lässt, mit hohen Anforderungen verbunden ist. Sofern die Bonität des Referenzschuldners nicht völlig zweifelsfrei ist, besteht deshalb bei Umstrukturierungsmaßnahmen der in Abschnitt 4.7(a) der *2014 Definitions* beschriebenen Art oft mindestens ein Restrisiko, dass diese zu einem *Restructuring* führen. Um diese Schwierigkeit und die aus dem Bekanntwerden eines Kreditereignisses resultierende mögliche Gefährdung der Kapitalmarktfähigkeit des Referenzschuldners zu vermeiden, kann es sich etwa empfehlen, die alte Verbindlichkeit nicht umzustrukturieren, sondern zu tilgen und durch eine neue Verbindlichkeit mit den geänderten Konditionen, also zB dem verringerten Zinssatz, zu ersetzen, da eine solche Tilgung und Neubegründung von Verbindlichkeiten wohl nicht als *Restructuring* im Sinne von Abschnitt 4.7 der *Definitions* angesehen werden kann.[34]

21 Der Nominalbetrag der Verbindlichkeiten, die Gegenstand der Schuldenrestrukturierung sind, muss in der Regel mindestens 10 Mio. US$ oder dem Gegenwert dieses Betrages in einer anderen Währung entsprechen.[35] Für die Art der Verbindlichkeiten gilt das im Zusammenhang mit *Failure to Pay* Gesagte.[36] Anders als bei einem Zahlungsverzug werden für eine Schuldenrestrukturierung allerdings – sofern die Parteien des *Credit Default Swaps* keine abweichende Vereinbarung treffen – nur Verbindlichkeiten des Referenzschuldners berücksichtigt, die mindestens vier Gläubiger haben,[37] so dass insbesondere die Restrukturierung von Verbindlichkeiten aus bilateralen Kreditverträgen nicht als Kreditereignis nach Abschnitt 4.7 der *2014 Definitions* angesehen wird. Dadurch soll vermieden werden, dass der Sicherungsnehmer eines Kreditderivats, der dem Referenzschuldner zugleich bilateral mit Kredit zur Verfügung steht, sich mit einer Restrukturierung dieses Kredits lediglich einverstanden erklärt, um ein Kreditereignis unter einem *Credit Default Swap* auszulösen, den er mit einem Dritten abgeschlossen hat.[38]

21a **d) Governmental Intervention.** Das Kreditereignis der **staatlichen Intervention** ***(Governmental Intervention)*** wurde neu in die *2014 Definitions* aufgenommen, um bestimmte Situationen zu adressieren, die bei der Restrukturierung und Abwicklung von Banken unter dem SAG oder vergleichbaren ausländischen Bestimmungen entstehen können. Die Voraussetzungen der *Governmental Intervention* ähneln denen eines *Restructuring:* Es geht im Wesentlichen um Fälle, in denen eine staatliche Stelle Maßnahmen trifft, die dazu führen, dass vom Referenzschuldner geschuldete Zahlungen auf eine Verbindlichkeit reduziert, gestundet oder einem Nachrang unterworfen werden, oder dass Gläubigerforderungen verstaatlicht, auf einen Dritten übertragen oder annulliert werden.[39] Unter deutschem Recht ist dabei ins-

---

[34] Dies bedarf allerdings einer genauen Analyse im Einzelfall, vgl. *Firth* Rn. 16.100 ff.

[35] *Default Requirement,* vgl. Abschnitt 4.9(a) der *2014 Definitions.*

[36] → Rn. 17.

[37] *Multiple Holder Obligations,* Abschnitt 4.10 der *2014 Definitions.*

[38] Vgl. *Firth* Rn. 16.103.

[39] Abschnitt 4.8 der *2014 Definitions* lautet auszugsweise: *„(a) „Governmental Intervention" means that, with respect to one or more Obligations and in relation to an aggregate amount of not less than the Default Requirement, any one or more of the following events occurs as a result of action taken or an announcement made by a Governmental Authority pursuant to, or by means of, a restructuring or resolution law or regulation (or any other similar law or regulation), in each case, applicable to the Reference Entity in a form which is binding, irrespective of whether such event is expressly provided for under the terms of such Obligation:*
(i) *any event which would affect creditors' rights so as to cause:*
(A) *a reduction in the rate or amount of interest payable or the amount of scheduled interest accruals (including by way of redenomination);*

besondere an eine Umwandlung sogenannter berücksichtigungspflichtiger Verbindlichkeiten in Kernkapital (§ 90 Nr. 1 SAG) oder an deren Herabschreiben (§ 90 Nr. 2 SAG) zu denken.

Die Bedeutung des Kreditereignisses *Governmental Intervention* liegt darin, dass die Definition des *Restructuring* einige Fallgestaltungen nicht abdeckt, die bei der Abwicklung einer Bank unter dem SAG oder vergleichbaren ausländischen Regelungen typischerweise auftreten werden: So enthalten zahlreiche neuere Bankanleihen Klauseln der in § 53 Abs. 2 SAG beschriebenen Art, die im Zusammenhang mit einer Sanierung oder Abwicklung des Instituts bereits vertraglich eine Umwandlung der Forderung in Kernkapital, eine Reduzierung der geschuldeten Beträge oder einen Rangrücktritt vorsehen. Das Kreditereignis *Restructuring* ist in einem solchen Fall nicht einschlägig, weil es nicht durch eine Beschränkung der Leistungspflicht ausgelöst wird, die bereits in den Anleihebedingungen angelegt ist.[40] Eine *Governmental Intervention* wird durch derartige Vertragsklauseln dagegen nicht ausgeschlossen.[41]

22 **e) Repudiation/Moratorium.** Das Kreditereignis der **Nichtanerkennung von Verbindlichkeiten/Moratorium** ***(Repudiation/Moratorium)***[42] wird vorwiegend bei öffentlichen Schuldnern eingesetzt und tritt dort an die Stelle des Kreditereignisses der Insolvenz, da öffentliche Stellen oft nicht insolvenzfähig sind. Die Klausel ist zweistufig aufgebaut: Erforderlich ist zunächst eine Erklärung einer zuständigen Stelle des Referenzschuldners, mit der entweder die Anerkennung einer Verbindlichkeit verweigert *(Repudiation)* oder ein Moratorium oder eine ähnliche, auch nur faktische, Zahlungssperre *(Moratorium)* über die Verbindlichkeit verhängt wird. Bezüglich des Typs der betroffenen Verbindlichkeiten *(Obligations)* gilt wiederum das zum Zahlungsverzug Ausgeführte,[43] und der Nominalbetrag der betroffenen Verbindlichkeiten muss wie im Falle des *Restructuring* insgesamt mindestens 10 Mio. US$ oder dem Gegenwert dieser Summe in einer anderen Währung entsprechen. Außerdem ist erforderlich, dass anschließend bis zu einem bestimmten Termin *(Repudiation/Moratorium Evaluation Date)*, in den meisten Fällen innerhalb von 60 Tagen, für die betreffende Verbindlichkeit entweder ein Zahlungsverzugs- oder ein Schuldenrestrukturierungskreditereignis eintritt, das dann jedoch – anders sonst bei einem Kreditereignis nach Abschnitt 4.5 bzw. 4.7 der *2014 Definitions* – nicht mehr an eine bestimmte Mindestgrößenordnung der nicht bezahlten bzw. umstrukturierten Verbindlichkeit geknüpft ist. Die Nichtanerkennung bzw. das Moratorium muss also vom Referenzschuldner nicht nur angekündigt, sondern auch innerhalb der genannten Frist tatsächlich umgesetzt werden, um ein Kreditereignis auszulösen. In vielen Fällen wird diese Umsetzung der Ankündigung bereits für sich genommen ein

---

(B)*a reduction in the amount of principal or premium payable at redemption (including by way of redenomination);*
(C)*a postponement or other deferral of a date or dates for either (I) the payment or accrual of interest, or (II) the payment of principal or premium; or*
(D)*a change in the ranking in priority of payment of any Obligation, causing the Subordination of such Obligation to any other Obligation;*
(ii)*an expropriation, transfer or other event which mandatorily changes the beneficial holder of the Obligation;*
(iii)*a mandatory cancellation, conversion or exchange; or*
(iv)*any event which has an analogous effect to any of the events specified in Sections 4.8(i) to (iii). [.....]*".

[40] Vgl. Abschnitt 4.7 (a) der *2014 Definitions: „...and such event is not expressly provided for under the terms of such Obligation...*"

[41] *Firth* Rn. 16.111; *Kusserow/Scholl* WM 2015, 360 (364 f.).

[42] Abschnitt 4.6 der *2014 Definitions* lautet auszugsweise: ***„Repudiation/Moratorium.*** *(a) „Repudiation/Moratorium" means the occurrence of both of the following events: (i) an authorized officer of a Reference Entity or a Governmental Authority (A) disaffirms, disclaims, repudiates or rejects, in whole or in part, or challenges the validity of, one or more Obligations in an aggregate amount of not less than the Default Requirement or (B) declares or imposes a moratorium, standstill, roll-over or deferral, whether de facto or de jure, with respect to one or more Obligations in an aggregate amount of not less than the Default Requirement and (ii) a Failure to Pay, determined without regard to the Payment Requirement, or a Restructuring, determined without regard to the Default Requirement, with respect to any such Obligation occurs on or prior to the Repudiation/Moratorium Evaluation Date. [...]*".

[43] → Rn. 17.

Kreditereignis wegen Zahlungsverzugs *(Failure to Pay)* oder Schuldenrestrukturierung *(Restructuring)* auslösen, so dass die praktische Bedeutung des *Repudiation/Moratorium*-Kreditereignisses begrenzt ist.[44]

f) Feststellung eines Kreditereignisses. Der **Eintritt eines Kreditereignisses** für den Referenzschuldner wirkt sich auf die Rechte der Parteien eines *Credit Default Swaps* nicht *ipso iure* aus, sondern erst dann, wenn das zuständige ***Credit Derivatives Determination Committee***[45] das Vorliegen eines Kreditereignisses für den betreffenden Referenzschuldner feststellt. Das früher übliche Verfahren, bei dem eine der Vertragsparteien der anderen eine **Benachrichtigung über das Kreditereignis *(Credit Event Notice)*** zukommen lassen musste, wird heute nur noch selten angewandt, weil es administrativ aufwendig und zudem mit der Gefahr verbunden ist, dass das Vorliegen oder Nichtvorliegen eines Kreditereignisses im Markt uneinheitlich beurteilt wird. Dies führt insbesondere zu Risiken, wenn ein Marktteilnehmer eine Position aus einem *Credit Default Swap* durch ein Gegengeschäft mit einem Dritten absichert.[46] 23

Um die Grundlage für eine Entscheidung des Credit Derivatives Determinations Committee bilden zu können, muss das Kreditereignis durch **öffentlich zugängliche Informationen *(Publicly Available Information)*** belegt sein. Der Terminus beschränkt sich entgegen der Bezeichnung nicht auf in den Medien veröffentlichte Informationen, sondern umfasst auch Angaben, die von Behörden oder vom Referenzschuldner selbst stammen sowie Mitteilungen von Banken, die als Konsortialführer, Zahlstelle oder in ähnlicher Funktion im Zusammenhang mit bestimmten Verbindlichkeiten des Referenzschuldners tätig sind.[47] 24

g) Determinations Committee. Um zu gewährleisten, dass bestimmte im Zusammenhang mit *Credit Default Swaps* auftretende Fragen für den Gesamtmarkt einheitlich beantwortet werden, hat ISDA für verschiedene Regionen sogenannte ***Credit Derivatives Determinations Committees***[48] organisiert, die sich aus Vertretern wichtiger Banken und sonstiger Nutzer von Kreditderivaten zusammensetzen. Diese *Determinations Commitees* haben insbesondere die Aufgabe, auf Initiative von Marktteilnehmern und auf der Grundlage von *Publicly Available Information* zu entscheiden, ob bestimmte, in Bezug auf einen Referenzschuldner eingetretene Umstände ein Kreditereignis darstellen. Dadurch soll sichergestellt werden, dass solche Entscheidungen einheitlich für den gesamten Markt getroffen werden. Die Entscheidung des *Determinations Committees* ist für die Parteien eines *Credit Default Swaps* in der Regel bindend.[49] 25

[44] Zu möglichen Anwendungsfällen *Firth* Rn. 16.093 ff.

[45] → Rn. 25.

[46] *Firth* Rn. 16.120.

[47] Abschnitt 1.35 der *2014 Definitions* lautet auszugsweise: *(a) „Publicly Available Information" means information that reasonably confirms any of the facts relevant to the determination that the Credit Event […] described in a Credit Event Notice […] have occurred and which (i) has been published in or on not less than the Specified Number of Public Sources […]; (ii) is information received or published by (A) the Reference Entity (or, if the Reference Entity is a Sovereign, any agency, instrumentality, ministry, department or other authority thereof acting in a governmental capacity (including, without limiting the foregoing, the central bank) of such Sovereign, or (B) a trustee, fiscal agent, administrative agent, clearing agent, paying agent, facility agent or agent bank for an Obligation; or (iii) is information contained in any order, decree, notice, petition or filing, however described, of or filed with a court, tribunal, exchange, regulatory authority or similar administrative, regulatory or judicial body. […]*".

[48] Näher zu den *Credit Derivatives Determinations Committees Firth* Rn. 16.121 ff.; *Henderson* JIBFL 2010, 94 (95); *Litten/Bell* WM 2011, 1109 (1113); vgl. auch *Storck/Zerey* Rn. 126; die Rolle der *Determinations Committees* beschränkt sich nicht auf die Feststellung von Kreditereignissen, sondern sie werden auch bei der Preisfeststellung für das Auktions-Abwicklungsverfahren (→ Rn. 29), bei der Bestimmung des neuen Referenzschuldners nach einer Umwandlung oder einem ähnlichen Ereignis (→ Rn. 56 f.) und bei bestimmten Auslegungsfragen zu Begriffen aus den *2014 Definitions* eingeschaltet.

[49] Vgl. Abschnitt 10.2 der *2014 Definitions.*

3. Abwicklung nach Kreditereignis

26 Für die **Abwicklung der Geschäfte nach einem Kreditereignis** sah die von ISDA entwickelte Standarddokumentation zunächst zwei Modalitäten vor: Die Abwicklung konnte entweder durch Barausgleich *(Cash Settlement)* oder durch physische Lieferung *(Physical Delivery)* einer Verbindlichkeit des Referenzschulders erfolgen, die bestimmte Voraussetzungen erfüllen muss. Seit 2009 existiert als weitere Variante das Auktions-Abwicklungsverfahren *(Auction Settlement)*.

27 **a) Cash Settlement.** Die Abwicklung durch **Barausgleich *(Cash Settlement)*,** die bei *Credit Default Swaps* eher die Ausnahme bildet, erfolgt durch eine Zahlung des Sicherungsgebers an den Sicherungsnehmer, die den aus dem Kreditereignis resultierenden Wertverlust von Verbindlichkeiten des Referenzschuldners ausgleichen soll. Zu diesem Zweck wird nach dem Kreditereignis der Marktwert einer bei Abschluss des Geschäfts festgelegten Verbindlichkeit des Referenzschuldners, zB einer Anleihe, ermittelt. Ein durch Einholen von Quotierungen im Markt ermittelter prozentualer Wertverlust gegenüber dem Nominalbetrag dieser Verbindlichkeit ergibt dann, multipliziert mit dem Nennbetrag des *Credit Default Swaps,* den vom Sicherungsgeber geschuldeten Betrag.[50] Für einen Sicherungsnehmer, der den *Credit Default Swap* zur Absicherung einer von ihm gehaltenen Verbindlichkeit des Referenzschuldners abschließt, hat die Abwicklung durch Barausgleich den Nachteil, dass er auch nach dem Kreditereignis Inhaber der besicherten Forderung bleibt und somit das Risiko trägt, dass sich seine Forderung im weiteren Verlauf als weniger werthaltig erweist als bei der Berechnung des Barausgleichs angenommen. Umgekehrt kann der Sicherungsnehmer natürlich auch einen Vorteil erzielen, wenn sich diese Bewertung der Forderung später als zu pessimistisch herausstellt.

28 **b) Physical Delivery.** Bei der **physischen Lieferung *(Physical Delivery)*** überträgt der Sicherungsnehmer an den Sicherungsgeber eine Forderung gegen den Referenzschuldner und erhält von diesem dafür den vollen Nennbetrag dieser Forderung, obwohl ihr Wert durch das Kreditereignis mehr oder weniger stark gemindert sein wird.[51] Der entscheidende Punkt liegt dabei in den Anforderungen, denen die zu liefernde Verbindlichkeit *(Deliverable Obligation),* die vom Sicherungsnehmer ausgewählt wird, genügen muss. Dazu werden beim Geschäftsabschluss jeweils detaillierte Regelungen getroffen.[52] Wenn der Sicherungsnehmer das Geschäft zu Besicherung einer bestimmten Forderung abschließt, die ihm gegen den Referenzschuldner zusteht, wird er darauf achten, dass er diese Forderung im Falle eines Kreditereignisses an den Sicherungsgeber übertragen kann.[53] Fehlt es an einem solchen Sicherungszweck, wird der Sicherungsnehmer dagegen nach einem Kreditereignis meist interessiert sein, dem Sicherungsgeber eine Forderung anzudienen, die er zu einem möglichst geringen Preis im Markt erwerben kann.

29 **c) Auction Settlement.** Das **Auktions-Abwicklungsverfahren *(Auction Settlement)***[54] wurde aufgrund von Erfahrungen unter anderem aus der Finanzkrise eingeführt, als nach Kreditereignissen extreme Preisbewegungen bei Anleihen der betroffenen Referenzschuldner beobachtet wurden, wenn die Sicherungsnehmer einer großen Anzahl von *Credit Default Swaps*

---

[50] Zu den Einzelheiten der Berechnung vgl. Abschnitt 7 der *2014 Definitions.*

[51] Vgl. Abschnitt 8 der *2014 Definitions.*

[52] Ähnlich wie bei den *Obligations,* auf die sich Kreditereignisse wie *Failure to Pay* oder *Restructuring* beziehen müssen (→ Rn. 17), werden in diesem Zusammenhang *Deliverable Obligation Categories* und *Deliverable Obligation Characteristics* vereinbart, siehe Abschnitt 3.14 der *2014 Definitions* sowie *Firth* Rn. 16.164 ff.; die *Credit Derivatives Physical Settlement Matrix* enthält auch bezüglich der *Deliverable Obligations* Marktstandards für Geschäfte auf verschiedene Typen von Referenzschuldnern. Handelt es sich bei dem Kreditereignis, dass zur Abwicklung des *Credit Default Swaps* geführt hat, um eine Schuldenrestrukturierung *(Restructuring),* gelten für die Ermittlung der *Deliverable Obligations* teilweise zusätzliche Sonderregeln, vgl. *Firth* Rn. 16.179 ff.

[53] → Rn. 60.

[54] Zu den Einzelheiten vgl. Abschnitt 6 der *2014 Definitions.*

gleichzeitig versuchten, die für das *Physical Settlement* der Kontrakte benötigten Verbindlichkeiten im Markt einzudecken.[55] Das Auktions-Abwicklungsverfahren, das beispielweise für *Credit Default Swaps* auf *European Corporates* dem Marktstandard entspricht, versucht diesen Nachteil des *Physical Settlement* zu vermeiden, indem es Sicherungsnehmern, die beim *Physical Settlement* für die Abwicklung des *Credit Default Swaps* erst eine *Deliverable Obligation* des Referenzschuldners im Markt erwerben müssten, eine Abwicklung des Geschäfts durch eine modifizierte Form des Barausgleichs ermöglicht, bei der auf in einem öffentlichen Auktionsverfahren ermittelte Preise zurückgegriffen wird.

Ist für einen Referenzschuldner, auf den im Markt eine größere Anzahl von *Credit Default* 30
Swaps abgeschlossen wurden, ein Kreditereignis eingetreten, so kann das *Credit Derivatives Determinations Committee*[56] für die Region, in der der betroffene Referenzschuldner seinen Sitz hat, ein öffentliches Auktionsverfahren für *Deliverable Obligations* dieses Referenzschuldners in Gang setzen. Dazu wird in einem ersten Schritt eine Liste von Verbindlichkeiten des Referenzschuldners erstellt, die im Falle eines *Physical Settlement* unter den betroffenen *Credit Default Swaps* geliefert werden könnten. Für diese Verbindlichkeiten des Referenzschuldners werden dann in einem zweiten Schritt An- und Verkaufsangebote eingeholt, auf deren Grundlage in einigen weiteren Schritten[57] der sogenannte *Auction Final Price* ermittelt wird, der den Restwert der betreffenden Verbindlichkeiten des Referenzschuldners in Form eines Prozentsatzes widergibt. Die Abwicklung der einzelnen Geschäfte erfolgt dann – ähnlich wie beim *Cash Settlement* – durch eine Zahlung des Sicherungsgebers in Höhe des durch die Auktion ermittelten prozentualen Wertverlusts, multipliziert mit dem Nennbetrag des *Credit Default Swaps.*

Zusätzlich zu dieser Form des Barausgleichs hat der Sicherungsnehmer des *Credit Default* 31
Swaps beim *Auction Settlement* die Möglichkeit, eine *Deliverable Obligation* des Referenzschuldners in die vom *Credit Derivatives Determination Committee* organisierte Auktion einzuliefern und auf diesem Wege zum *Auction Final Price* zu veräußern. Zusammen mit der Zahlung des Barausgleichs erhält er damit – ebenso wie beim *Physical Settlement* – den vollen Nennbetrag seiner Forderung gegen den Referenzschuldner und muss im Gegenzug die besicherte Forderung an einen Dritten, nämlich dem Käufer im Auktionsverfahren, übertragen. Das Auktions-Abwicklungsverfahren vermeidet damit die mit einem bloßen Barausgleich für den Wertverlust der Forderung verbundene, im Zusammenhang mit dem *Cash Settlement* angesprochene[58] Schwierigkeit, dass sich die Absicherung des Sicherungsnehmers als lückenhaft erweisen kann, wenn er nach der Zahlung des Barausgleichs Inhaber der besicherten Forderung bleibt und sich deren Restwert später als geringer erweist als bei der Berechnung des *Cash Settlement* angenommen.

Für den Fall, dass für den betreffenden Referenzschuldner nach einem Kreditereignis kein 32
Auktions-Abwicklungsverfahren zustande kommen sollte, wird jeweils vereinbart, dass der betreffende *Credit Default Swap* dann in herkömmlicher Weise, in den meisten Fällen durch *Physical Settlement,*[59] abzuwickeln ist.

4. Gestaltung von Credit Linked Notes

Die Ausgestaltung der **Anleihebedingungen von *Credit Linked Notes*** ähnelt in vielerlei 33
Hinsicht der Vertragsgestaltung bei *Credit Default Swaps,* schon weil die Emittenten von *Credit Linked Notes* die aus der Emission erhaltene Absicherung häufig als Gegengeschäft für *Credit Default Swaps* mit anderen Marktteilnehmern verwenden, bei denen der Emittent der *Credit*

[55] Deutsche Bank Research S. 19; *Litten/Bell* WM 2011, 1109 (1115).
[56] → Rn. 25.
[57] Zu den Einzelheiten des Verfahrens *Benzler/Brunner-Reumann* S. 380 f.; *Firth* Rn. 16.195 ff.; *Henderson* JIBFL 2010, 187 (188); vgl. auch *Litten/Bell* WM 2011, 1109 (1115); *Zerey* Rn. 126. Sonderregeln gelten wiederum, wenn es sich bei dem die Abwicklung auslösenden Kreditereignis um ein *Restructuring* handelt, vgl. *Firth* Rn. 16.201; *Henderson* JIBFL 2010, 187, (190); *Storck/Zerey* Rn. 125.
[58] → Rn. 27.
[59] Vgl. Abschnitt 5.5 der *2014 Definitions.*

Linked Note als Sicherungsgeber auftritt. Dementsprechend orientieren sich die für eine *Credit Linked Note* auf einen bestimmten Referenzschuldner gewählten Kreditereignisse meist an dem Marktstandard für den betreffenden Namen bei *Credit Default Swaps.*[60]

34 Für die Abwicklung nach einem Kreditereignis sehen die Anleihebedingungen in den meisten Fällen vor, dass die *Credit Linked Note* zur sofortigen Rückzahlung fällig wird und sich der Rückzahlungsbetrag – analog zum *Cash Settlement* von *Credit Default Swaps* – entsprechend dem festgestellten Wertverlust einer in den Anleihebedingungen bezeichneten Verbindlichkeit des Referenzschuldners reduziert. Teilweise findet sich stattdessen auch eine Anknüpfung an die vom zuständigen *Credit Derivatives Determination Committee* für das *Auction Settlement* von *Credit Default Swaps* publizierten Auktionsergebnisse. Ein *Physical Settlement* durch Übertragung einer Forderung gegen den Referenzschuldner ist dagegen bei *Credit Linked Notes* aus den bereits in → Rn. 5 genannten Gründen allenfalls in Ausnahmefällen sinnvoll.

35 Im Gegensatz zu den Handelsbestätigungen für *Credit Default Swaps* enthalten die Anleihebedingungen für *Credit Linked Notes* meist keine pauschale Bezugnahme auf die *2014 Definitions,* sondern geben die anwendbaren Bestimmungen in voller Länge wieder, um eine wirksame Einbeziehung in die Urkunde sicherzustellen.[61] Zudem müssen die *2014 Definitions* für *Credit Linked Notes* in einigen Punkten angepasst werden, da sie in bestimmten Zusammenhängen von zwei miteinander kommunizierenden Vertragsparteien ausgehen,[62] was auf die Situation bei einer Schuldverschreibung nicht passt.

5. Einzelfragen

36 **a) Zivilrechtliche Einordnung.** *Credit Default Swaps* werden meist zutreffend als **Verträge eigener Art (§ 311 Abs. 1 BGB)** angesehen.[63] Dagegen handelt es sich bei *Credit Linked Notes* ungeachtet der an den Eintritt eines Kreditereignisses geknüpften Folgen um Schuldverschreibungen im Sinne von § 793 BGB.[64]

37 Als **Spiel oder Wette (§ 762 BGB)** wird ein Kreditderivat nur in Ausnahmefällen charakterisiert sein können, nämlich allenfalls wenn mit dem Geschäft kein wirtschaftlich oder sonst berechtigter Zweck verfolgt wird.[65] In der Praxis spielt diese Fragestellung bei Kreditderivaten keine wesentliche Rolle, da es sich bei *Credit Default Swaps* um Kreditderivate im Sinne von § 2 Abs. 3 Nr. 4 WpHG handelt, so dass der Spieleinwand bereits nach § 99 WpHG ausgeschlossen ist, falls sich mindestens ein Vertragsteil gewerbsmäßig oder in einem Umfang, der einen in kaufmännischer Weise ausgestatteten Geschäftsbetrieb erfordert, mit Finanztermingeschäften befasst.[66] Beim Erwerb einer *Credit Linked Note* stellt sich die Frage nach einem möglichen Spieleinwand ohnehin nicht, da der Erwerber der Schuldverschreibung seine Gegenleistung bereits mit der Zahlung des Kaufpreises für das Papier endgültig erbringt.[67]

---

[60] Vgl. *Litten/Bell* WM 2011, 1109 (1112).

[61] Vgl. *Zahn/Lemke* WM 2002, 1536 (1538); dies gilt auch nach Inkrafttreten des SchVG, da § 2 S. 2 SchVG, der für nicht zum Umlauf bestimmte Urkunden eine Sonderregelung trifft, wohl auf für die Sammelverwahrung bestimmte Einzelurkunden keine Anwendung findet, vgl. Preuße/*Röh/Dörfler* SchVG § 2 Rn. 30; Veranneman/*Oulds* SchVG § 2 Rn. 15; Hopt/Seibt/*Artzinger-Bolten/Wöckener,* Schuldverschreibungsrecht § 2 Rn. 28.

[62] Siehe zB Abschnitt 7.7(b) der *2014 Definitions* für den Fall von Schwierigkeiten bei der Einholung von Preisquotierungen für das *Cash Settlement.*

[63] *Benzler/Brunner-Reumann* S. 337; *Berg* S. 193; MüKoInsO/*Jahn/Fried* § 104 Rn. 115; BankR-HdB/*Jahn* § 114 Rn. 143; *Lehmann* S. 139; *Storck/Zerey* Rn. 5; ebenso *Pohl* DWirZ 1998, 309 (312) für Geschäfte mit *Cash Settlement,* der jedoch *Credit Default Swaps* mit *Physical Settlement* als Kaufverträge ansieht; vgl. ferner *Lenenbach* Rn. 9.175, der in bestimmten Konstellationen von einem Garantievertrag ausgeht.

[64] *Berg* S. 215; *Lenenbach* Rn. 9.175; *Nordhues/Benzler* WM 1999, 461 (463); Schwark/Zimmer/*Kumpan* WpHG § 2 Rn. 49; *Zahn/Lemke* WM 2002, 1536 (1537 f.); aA *Lehmann* S. 139.

[65] *Brandt* BKR 2002, 243 (250); *Pohl* DZWir 1998, 314; aA – allerdings auf der Grundlage eines von der hM abweichenden Spielbegriffs – *Reiner/Schacht* WM 2010, 337 (385).

[66] Vgl. auch *Benzler/Brunner-Reumann* S. 345.

[67] Ebenso wohl *Zahn/Lemke* WM 2002, 1536 (1540).

b) Clearing- und Handelspflicht. Standardisierte Index *Credit Default Swaps*[68] auf die Indices iTraxx Europe Main und iTraxx Europe Crossover unterliegen der **Clearingpflicht** nach Art. 4 EMIR[69] soweit sie zwischen zwei clearingpflichtigen Gegenparteien abgeschlossen werden.[70] Zu den clearingpflichtigen Gegenparteien zählen einerseits sog. finanzielle Gegenparteien[71] wenn das relevante Bruttonominalvolumen für Kredit-, Aktien-, Zins- oder Devisenderivatekontrakte über der jeweils maßgeblichen Clearingschwelle liegt oder solche, die ihre relevanten Bruttonominalvolumina nicht berechnen.[72] Anderseits fallen darunter sog. nichtfinanzielle Gegenparteien,[73] deren relevantes Bruttonominalvolumen für Kreditderivate über der Clearingschwelle für Kreditderivatekontrakte liegt oder wiederum solche, die von einer Ermittlung des Bruttonominalvolumens absehen.[74] Gleichgestellt sind den vorgenannten in einem Drittstaat ansässige Gegenparteien, die der Clearingpflicht unterliegen würden, wenn sie in der Europäischen Union ansässig wären. Die Geschäfte sind in diesem Fall von den Gegenparteien über eine dafür in der Europäischen Union zugelassene oder anerkannte zentrale Gegenpartei[75] abzuwickeln.[76] 37a

Darüber hinaus wurde mit Art. 28 MiFIR[77] für standardisierte Index *Credit Default Swaps* auf die vorgenannten Indices die **Pflicht zum Abschluss an einem Handelsplatz** eingeführt,[78] nach der diese Transaktionen nur noch an europäischen Handelsplätzen[79] oder als gleichwertig anerkannten Drittlandshandelsplätzen[80] abgeschlossen werden dürfen, soweit sie von finanziellen Gegenparteien im Sinne des Art. 2 Abs. 8 EMIR, der Clearingpflicht unterliegenden nichtfinanziellen Gegenparteien im Sinne von Art. 10 Abs. 1b EMIR oder diesen gleichgestellten, in einem Drittland ansässigen Gegenparteien[81] abgeschlossen werden.[82]

c) Versicherungsaufsichtsrecht. Im Schrifttum wird häufig diskutiert, ob *Credit Default Swaps* grundsätzlich oder unter bestimmten Voraussetzungen als **Versicherungsgeschäfte** zu betrachten sind, was eine Erlaubnispflicht nach § 8 VAG für den Sicherungsgeber zur Folge hätte. Die Nichtbeachtung einer solchen Erlaubnispflicht kann aufsichts- oder strafrechtliche 38

[68] Vgl. ESMA, *Public Register for the Clearing Obligation under EMIR,* ESMA 70–708036281-176, 07.02.2020, Section 1, 1.2.

[69] Verordnung (EU) Nr. 648/2012 des Europäischen Parlaments und des Rates v. 4.7.2012, Amtsblatt L201/1.

[70] Vgl. Delegierte Verordnung (EU) 2016/592 der Kommission vom 1.3.2016, Amtsblatt L173/5 und ESMA, *Public Register for the Clearing Obligation under EMIR,* ESMA 70–708036281-176, 07.02.2020, Section 1, 3.2.

[71] Vgl. Art. 2 Nr. 8 EMIR und *Binder* → Kap. 37 Rn. 38.

[72] Vgl. Art. 4a, 10 Abs. 4 Uabs. 1b) EMIR iVm Art. 11a) – e) Delegierte Verordnung (EU) 149/2013 der Kommission vom 19.12.2012, Amtsblatt L52/11.

[73] Vgl. Art. 2 Nr. 9 EMIR und *Binder* → Kap. 37 Rn. 38.

[74] Vgl. Art. 10 Abs. 1, Abs. 4 Uabs. 1b) EMIR iVm Art. 11a) Delegierte Verordnung (EU) 149/2013 der Kommission v. 19.12.2012, Amtsblatt L52/11.

[75] Vgl. ESMA, *Public Register for the Clearing Obligation under EMIR,* ESMA 70–708036281-176, 07.02.2020, Section 1. 2.

[76] Zum Clearing im allgemeinen *Binder* → Kap. 37 Rn. 38 f.

[77] Verordnung (EU) Nr. 600/2014 des Europäischen Parlaments und des Rates v. 15.5.2014, Amtsblatt L173/84.

[78] Vgl. Delegierte Verordnung (EU) 2017/2417 der Kommission v. 17.11.2017, Amtsblatt L373/48, sowie ESMA, *Public Register for the Trading Obligation under MiFIR,* ESMA 70–156-300, 07.02.2020, Section 1.2.

[79] Vgl. Art. 2 Abs. 1 Nr. 16 MiFIR iVm Art. 4 Abs. 1 Nr. 24 Richtlinie 2014/65/EU des Europäischen Parlaments und des Rates über Märkte in Finanzinstrumente sowie zur Änderung der Richtlinien 2002/92/EG und 2011/61/EU *(MiFID II):* Umfasst sind hier neben geregelten Märkten auch multilaterale *(MTF)* und organisierte Handelssysteme *(OTF);* vgl. auch ESMA, *Public Register for the Trading Obligation under MiFIR,* ESMA 70–156-300, 07.02.2020, Section 2.1.

[80] Vgl. Art. 28 Abs. 4 MiFIR und ESMA, *Public Register for the Trading Obligation under MiFIR,* ESMA 70-156-300, 07.02.2020, Section 2.2.

[81] Dies sind solche, die bei Niederlassung in der EU der Handelspflicht unterlägen, vgl. Art. 28 Abs. 2 MiFIR.

[82] Siehe zur Handelspflicht im Allgemeinen *Binder* → Kap. 37 Rn. 37a.

Konsequenzen haben. Auf die Wirksamkeit der betroffenen Geschäfte hat sie dagegen keine Auswirkungen, da § 8 VAG kein Verbotsgesetz im Sinne von § 134 BGB darstellt.[83]

39 Da die Erlaubnispflicht von dem auf die Parteien anwendbaren, nicht disponiblen Versicherungsaufsichtsregime abhängt, beurteilt sie sich im räumlichen Geltungsbereich des VAG nach deutschem Recht, unabhängig von der für den *Credit Default Swap* getroffenen Rechtswahl.[84] Nach dem danach maßgebenden, von der Rechtsprechung entwickelten aufsichtsrechtlichen Versicherungsbegriff liegt ein Versicherungsgeschäft vor, wenn gegen Entgelt für den Fall eines ungewissen Ereignisses Leistungen übernommen werden, dabei das übernommene Risiko auf eine Vielzahl durch die gleiche Gefahr bedrohter Personen verteilt wird und der Risikoübernahme eine auf dem Gesetz der großen Zahl beruhende Kalkulation zugrunde liegt.[85] An einer solchen Verteilung des Risikos auf eine Vielzahl der gleichen Gefahr ausgesetzten Personen wird es bei *Credit Default Swaps* regelmäßig fehlen, weshalb die Geschäfte nicht unter den Versicherungsbegriff des VAG fallen.[86] Um die Voraussetzung eines Versicherungsgeschäfts zu erfüllen, müsste ein Unternehmen, das in größerem Umfang bei *Credit Default Swaps* als Sicherungsgeber auftritt, dies in der Absicht tun, die aus einer möglichen Leistungspflicht bei einem der Geschäfte resultierenden Risiken aus den Prämieneinnahmen der übrigen zu decken, um so einen Transfer des Risikos auf die Gesamtheit der Sicherungsnehmer zu erreichen. Dies entspricht jedoch nicht den Usancen im Handel mit Kreditderivaten, sondern die als Sicherungsgeber tätigen Unternehmen versuchen in aller Regel, die aus dem Verkauf der Absicherung resultierende *short*-Position – sofern sie das mit dieser verbundene Risiko nicht selbst tragen wollen – durch Gegengeschäfte im Markt zu schließen.[87] Die Sicherungsgeber beim Handel mit *Credit Default Swaps* verteilen das Risiko der Geschäfte also gerade nicht auf eine Gefahrengemeinschaft der Sicherungsnehmer aus solchen Produkten, sondern transferieren es an andere Marktteilnehmer.

40 Aus rein praktischer Sicht ist zudem anzumerken, dass es nicht sehr wahrscheinlich sein dürfte, dass die BaFin künftig *Credit Default Swaps* als Versicherungsgeschäfte einordnen wird, nachdem sie diese langjährig ausschließlich im Bereich des Bankaufsichtsrechts[88] behandelt hat, und Kreditderivate sogar seit einiger Zeit in § 1 Abs. 11 S. 4 Nr. 4 KWG ausdrücklich als Finanzinstrumente klassifiziert werden, deren Anschaffung und Veräußerung unter bestimmten weiteren Voraussetzungen eine Bankerlaubnispflicht begründen kann.

---

[83] Kaulbach/Bähr/Pohlmann/*Pohlmann* VAG § 8 Rn. 10; Prölss/Dreher/*Präve* VAG § 8 Rn. 12; differenzierend Versicherungsrechts-Handbuch/*Lorenz* VVG § 1 Rn. 51.; die vergleichbare Erlaubnispflicht nach § 32 KWG bildet ebenfalls kein Verbotsgesetz im Sinne von § 134 BGB, so dass auch das Fehlen der erforderlichen Banklizenz keinen Einfluss auf die zivilrechtliche Wirksamkeit der abgeschlossenen Geschäfte hat, s. BGH WM 1978, 1268 (1269); 1972, 853; Boos/Fischer/Schulte-Mattler/*Fischer/Müller* KWG § 32 Rn. 30 mwN.

[84] AA *Roberts* NJOZ 2010, 1717 (1720), der bei einem unter englischem Recht in Deutschland abgeschlossenen *Credit Default Swap* auf den englischrechtlichen Versicherungsbegriff abstellen will; zur möglichen Einordnung von *Credit Default Swaps* als Versicherungsverträge nach englischem Recht *Firth* Rn. 16.023 ff.

[85] Ständige Rechtsprechung des Bundesverwaltungsgerichts, siehe etwa *BVerwG* VersR 1993, 1217 f. = NJW-RR 1993, 289 f. mwN; Kaulbach/Bähr/Pohlmann/*Präve* VAG § 7 Rn. 70 ff.; Prölss/*Präve* VAG § 1 Rn. 38; zu den in Teilen des Schrifttums vertretenen abweichenden Definitionen des Versicherungsbegriffs siehe Prölss/*Präve* VAG § 1 Rn. 24 mwN.

[86] *Brandt* BKR 2002, 243 (251); BankR-HdB/*Jahn* § 114 Rn. 143; *Lehmann* S. 139; *Lenenbach* Rn. 9.176; *Pohl* DZWir 1998, 309 (311 f.); ebenso wohl *Benzler/Brunner-Reumann* S. 339 f.; MüKoVVG/*Looschelders* § 1 Rn. 110. Differenzierend *Berg* S. 406; aA möglicherweise *Reiner/Schacht* WM 2010, 385 (389), die wohl zu einem Versicherungsgeschäft tendieren, wenn der Sicherungsnehmer den Vertrag zur Absicherung eines bestehenden Risikos abschließt.

[87] Auf diesem Konzept beruhen auch die bankaufsichtlichen Vorschriften zur Eigenkapitalunterlegung der Marktrisiken aus Kreditderivaten, nach denen Geschäfte und Gegengeschäfte auf einen Referenzschuldner zu einer Nettoposition zu aggregieren sind, vgl. im Einzelnen Art. 327 iVm 332 Verordnung (EU) Nr. 575/2013 des Europäischen Parlaments und des Rates v. 26.6.2013 über Aufsichtsanforderungen an Kreditinstitute und Wertpapierfirmen und zur Änderung der Verordnung (EU) Nr. 646/2012 sowie Boos/Fischer/Schulte-Mattler/*Meyer-Ramloch* KWG, CRR-VO Art. 327 Rn. 3.

[88] Vgl. bereits BAKred-Rundschreiben 10/1999 v. 16.6.1999, abgedruckt bei *Consbruch/Fischer* B 57.26.

d) Insiderrecht. Ebenso wie der Wert einer Aktie oder einer Schuldverschreibung kann der Wert eines Kreditderivats durch bestimmte nicht-öffentliche Informationen insbesondere über den Referenzschuldner beeinflusst werden. Vor diesem Hintergrund stellt sich die Frage, unter welchen Voraussetzungen **Kreditderivate als Insidergeschäfte** im Sinne von Art. 8 EU-MarktmissbrauchsVO[89] angesehen werden können, so dass Abschluss, Auflösung und Übertragung eines solchen Geschäfts unter Verwendung von Insiderinformationen vom Verbotstatbestand des Art. 14 EU-MarktmissbrauchsVO erfasst werden. 41

Credit Default Swaps sind als **Derivate** Finanzinstrumente im Sinne von Art. 3 Abs. 1 Nr. 1 EU-MarktmissbrauchsVO.[90] Sie sind vom Anwendungsbereich der EU-Marktmissbrauchs-VO erfasst, soweit sie zum Handel an einem geregelten Markt zugelassen sind oder an diesem gehandelt werden (Art. 2 Abs. 1 lit. a) EU-MarktmissbrauchsVO), ein Antrag auf Zulassung zum Handel in einem multilateralen Handelssystem *(MTF)* gestellt wurde, sie dort zum Handel zugelassen sind oder in einem solchen gehandelt werden (Art. 2 Abs. 1 lit. b) EU-MarktmissbrauchsVO) oder in einem organisierten Handelssystem *(OTF)* im Sinne von Art. 2 Abs. 1 lit. c) EU-MarktmissbrauchsVO gehandelt werden. Ist dies nicht der Fall, hängt jedoch ihr Kurs oder Wert von dem Kurs oder Wert eines zum Handel zugelassenen bzw. an einem Handelsplatz gehandelten Finanzinstruments ab oder wirkt sich darauf aus, so fallen sie nach Art. 2 Abs. 1 lit. d) EU-MarktmissbrauchsVO in den Anwendungsbereich. 42

Der Wert eines *Credit Default Swaps* wird wesentlich durch den Wert der für die Abwicklung des Geschäfts zu verwendenden Verbindlichkeit des Referenzschuldners beeinflusst.[91] Im Fall des *Physical Settlement* wird diese Verbindlichkeit dem Sicherungsgeber nach einem Kreditereignis angedient, während ihr Restwert beim *Cash Settlement* und beim *Auction Settlement* dazu dient, die vom Sicherungsgeber zu leistende Ausgleichszahlung zu berechnen. Der Marktpreis der bei der Abwicklung des Geschäfts zu verwendenden Verbindlichkeit wird deshalb regelmäßig einen Einfluss auf den Marktwert des betreffenden Credit Default Swaps haben. 43

Unsicherheiten ergeben sich dabei aus der Tatsache, dass diese Verbindlichkeit üblicherweise nur bei *Credit Default Swaps* mit *Cash Settlement* zu Beginn abschließend festgelegt wird, während bei Geschäften mit *Physical Settlement* und *Auction Settlement* lediglich Parameter vereinbart werden, denen die vom Sicherungsnehmer nach einem etwaigen Kreditereignis auszuwählende *Deliverable Obligation* entsprechen muss.[92] Sofern sämtliche Verbindlichkeiten des Referenzschuldners, die unter dem Geschäft als *Deliverable Obligations* in Betracht kommen, entweder an einem der für Art. 2 Abs. 1d) EU-MarktmissbrauchsVO relevanten Handelsplätze zum Handel zugelassen sind bzw. gehandelt werden oder über keine solche Zulassung verfügen, ist die Situation klar; dagegen ergeben sich Unsicherheiten, wenn einige der in Betracht kommenden *Deliverable Obligations* an einem relevanten Handelsplatz zum Handel zugelassen bzw. gehandelt werden, andere dagegen nicht. In diesen Fällen wird man einen für Art. 8 EU-MarktmissbrauchsVO ausreichenden Bezug zwischen dem Preis des *Credit Default Swaps* und dem der an einem Handelsplatz zugelassenen bzw. gehandelten Papiere bejahen können, wenn mit einer Verwendung der betreffenden Papiere im Falle eines *Physical Settlement* oder *Auction Settlement* gerechnet werden kann, da bereits eine diesbezügliche Erwartung des Marktes ausreichen wird, um eine Verbindung zwischen dem Preis des *Credit Default Swaps* und dem des an einem Handelsplatz zugelassenen bzw. gehandelten 44

[89] Verordnung (EU) Nr. 596/2014 des Europäischen Parlaments und des Rates v. 16.4.2014, Amtsblatt L173/1.

[90] Die EU-MarktmissbrauchsVO verweist insoweit auf Art. 4 Abs. 1 Nr. 15 der Richtlinie 2014/65/EU *(MiFID II)*.

[91] Dagegen dürfte die Tatsache, dass ein an einem Handelsplatz gehandeltes Wertpapier zum Kreis der Verbindlichkeiten des Referenzschuldners gehört, die als *Obligations* im Sinne von Abschnitt 3.13 der *2014 Definitions* als möglicher Auslöser eines Kreditereignisses wegen Zahlungsverzugs oder Schuldenrestrukturierung in Betracht kommen, für sich allein nicht ausreichen, um einen für Art. 2 Abs. 1c) EU-MarktmissbrauchsVO ausreichenden Zusammenhang zwischen dem Preis des *Credit Default Swaps* und dem betreffenden Papier herzustellen, vgl. *Beck* S. 24 zur entsprechenden Regelung des § 12 S. 1 Nr. 3 WpHG aF.

[92] → Rn. 28 ff.

Papiers herzustellen. Wegen der erhöhten Liquidität an einem Handelsplatz gehandelter Papiere wird man normalerweise zumindest damit rechnen müssen, dass eine zum Handel an einem Handelsplatz zugelassene *Deliverable Obligation* auch für die Abwicklung der Transaktion genutzt werden wird. Es sind allerdings auch Ausnahmefälle denkbar, etwa wenn eine an einem Handelsplatz gehandelte Emission des Referenzschuldners nur ein verhältnismäßig geringes Volumen hat und darin praktisch keine Umsätze stattfinden.[93]

45 Auf ***Credit Linked Notes*** sind die vorstehenden Überlegungen entsprechend anwendbar, soweit diese nicht selbst an einer der in Betracht kommenden Handelsplätze zum Handel zugelassen bzw. gehandelt werden und damit schon nach Art. 2 Abs. 1 lit. a–c) EU-MarktmissbrauchsVO vom Anwendungsbereich der EU-MarktmissbrauchsVO erfasst sind.

46 **e) Verbot ungedeckter Positionen.** Art. 14 Abs. 1 EU-LeerverkaufsVO[94] gestattet den Abschluß von *Credit Default Swaps* auf öffentliche Schuldtitel nur, wenn die Transaktionen **nicht zu ungedeckten Positionen in *Credit Default Swaps* auf öffentliche Schuldtitel** führen. Nach Absatz 2 der Bestimmung kann die zuständige Aufsichtsbehörde unter bestimmten Voraussetzungen Ausnahmen von dem Verbot zulassen. In diesem Fall sind ungedeckte Positionen in *Credit Default Swaps* auf öffentliche Schuldtitel meldepflichtig, sofern sie eine bestimmte Größenordnung erreichen.[95] Art. 14 EU-LeerverkaufsVO ist zum 1.11.2012 an die Stelle des bisherigen § 30j WpHG getreten. Das Leerverkaufsverbot soll Risiken für die Stabilität der Märkte entgegenwirken, die sich aus dem Erwerb ungedeckter *Credit Default Swaps* auf öffentliche Schuldtitel ergeben können.[96] Art. 14 ist das Pendant zu den in Art. 12 und 13 EU-LeerverkaufsVO geregelten Leerverkaufsbeschränkungen bei bestimmten Aktien und bei öffentlichen Schuldtiteln.

47 Das Verbot betrifft ***Credit Default Swaps*** auf öffentliche Schuldtitel. *Credit Default Swaps* werden in Art. 2 Abs. 1c) EU-LeerverkaufsVO als Derivatekontrakte definiert, bei denen eine Partei der anderen eine Prämie zahlt und als Gegenleistung eine Zahlung oder einen anderen Vorteil erhält, wenn mit Bezug auf einen Referenzschuldner ein Kreditereignis eintritt oder sich im Zusammenhang mit dem Derivatekontrakt ein anderer Zahlungsausfall ereignet, der eine vergleichbare wirtschaftliche Wirkung hat. Ob eine ***Credit Linked Note,*** also eine Schuldverschreibung mit eingebettetem *Credit Default Swap,*[97] einen Derivatekontrakt im Sinne dieser Definition darstellt, ist nicht ganz klar.[98] Die besseren Gründe dürften dabei für eine Anwendung von Art. 14 EU-LeerverkaufsVO auch auf *Credit Linked Notes* sprechen, da es wirtschaftlich keinen Unterschied macht, ob eine ungedeckte Position durch den Abschluss eines (möglicherweise sogar bar besicherten) *Credit Default Swaps* oder durch die Emission einer *Credit Linked Note* begründet wird.

Der von Art. 14 EU-LeerverkaufsVO geforderte **Bezug des *Credit Default Swaps* auf einen öffentlichen Schuldtitel** liegt vor, wenn das Kreditereignis oder der Zahlungsausfall, von dem die Leistungspflicht des Sicherungsgebers abhängt, in Bezug auf einen öffentlichen Emittenten im Sinne von Art. 2 Abs. 1d) EU-LeerverkaufsVO eintreten muss.[99] Dieser Begriff umfasst neben der EU, deren Mitgliedsstaaten und bestimmten supranational organi-

---

[93] *Beck* S. 26 ff zur entsprechenden Regelung des § 12 S. 1 Nr. 3 WpHG aF.

[94] Verordnung (EU) Nr. 236/2012 des europäischen Parlaments und des Rates v. 14.3.2012, Amtsblatt L 86/1.

[95] Vgl. Art. 8 EU-LeerverkaufsVO; unabhängig davon, ob die Voraussetzungen des Art. 8 erfüllt sind können *Credit Default Swaps* auf öffentliche Emittenten außerdem als Leerverkaufsposition in öffentlichen Schuldtiteln nach Art. 7 EU-LeerverkaufsVO meldepflichtig sein, vgl. JVRB/*von Buttlar/Petersen* WpHG § 30h Rn. 63.

[96] EU-LeerverkaufsVO, Erwägungsgrund (22); kritisch zB Assmann/Schneider/Mülbert/*Mülbert/Sajnovits,* Wertpapierhandelsrecht, Vor Art. 1 VO Nr. 236/2012, Rn. 63 f mwN.

[97] Vgl. nur *Zahn/Lemke* WM 2002, 1536 (1537).

[98] Für eine Anwendung der EU-LeerverkaufsVO auf *Credit Linked Notes Mülbert/Sajnovits* ZBB 2012, 266 (269); Assmann/Schneider/Mülbert/*Mülbert/Sajnovits,* Wertpapierhandelsrecht, Art. 14 VO Nr. 236/2012, Rn. 11; Park/*Sorgenfrei/Saliger,* Kapitalmarktstrafrecht, Kap. 18.16 Rn. 30; zweifelnd *Bierwirth* RdF 2013, 104 (105 f.); ablehnend Fuchs/*Weick-Ludewig* WpHG § 30h WpHG Rn. 86.

[99] Art. 2 Abs. 1e) EU-LeerverkaufsVO.

sierten Finanzinstituten (zB der Europäischen Investitionsbank) auch die Gliedstaaten bundesstaatlich organisierter Mitgliedsstaaten wie zB die deutschen Länder, aber keine Gebietskörperschaften wie Kreise oder Kommunen.[100]

Das Verbot des Art. 14 EU-LeerverkaufsVO richtet sich nur an den Sicherungsnehmer des Kreditderivats, nicht an den Sicherungsgeber.[101] Im Gegensatz zum bisherigen § 30j WpHG beschränkt sich der Anwendungsbereich von Art. 14 EU-Leerverkaufsverordnung nicht auf im Inland begründete Geschäfte, sondern gilt für alle *Credit Default Swaps* auf öffentliche Schuldtitel, ohne Rücksicht auf den Ort des Vertragsschlusses und den Sitz der Parteien.[102] 48

Art. 4 EU-LeerverkaufsVO regelt, unter welchen Voraussetzungen die **Position aus einem *Credit Default Swap*** auf einen öffentlichen Emittenten als **ungedeckt** im Sinne von Art. 14 Abs. 1 EU-LeerverkaufsVO anzusehen ist. Als legitimes Absicherungsinteresse wird dabei nicht nur das Halten eines Schuldtitels des Referenzschuldners akzeptiert, sondern es wird insbesondere auch die Verwendung des *Credit Default Swaps* als *proxy hedge* für die Verbindlichkeit eines anderen Schuldners berücksichtigt, sofern die abgesicherte Verbindlichkeit mit der Bonität des Referenzschuldners in bestimmter Weise korreliert ist.[103] Ein auf einen öffentlichen Emittenten bezogener *Credit Default Swap* kann also unter Umständen auch als Absicherung für eine Forderung gegen einen privatrechtlich organisierten Schuldner betrachtet werden, der im Hoheitsgebiet des Referenzschuldners seinen Sitz hat.[104] Um einen *Credit Default Swap* nicht zu einem ungedeckten Geschäft im Sinne von Art 14 EU-LeerverkaufsVO werden zu lassen, muss die durch den *Credit Default Swap* abzusichernde Position bereits bei Geschäftsabschluss bestehen. Anders als unter § 30j WpHG aF reicht es nicht aus, wenn sie lediglich in unmittelbarem zeitlichem Zusammenhang mit dem Abschluß des *Credit Default Swaps* begründet wird.[105] 49

Nach Art. 17 Abs. 1 EU-LeerverkaufsVO gelten die Verbotsregelungen der Verordnung nicht für Geschäfte, die aufgrund von ***market making*-Aktivitäten** getätigt werden. Durch diese Ausnahme soll sichergestellt werden, dass das Leerverkaufsverbot keine negativen Auswirkungen auf die Liquidität der Finanzmärkte hat.[106] Der Begriff der *market making*-Tätigkeit ist in § 2 Abs. 1 (k) EU-LeerverkaufsVO definiert. Um in den Genuss dieser Ausnahmeregelung zu kommen, muß ein Unternehmen Mitglied eines Handelsplatzes (etwa einer Börse) sein, und feste, zeitgleiche An- und Verkaufskurse stellen, durch der Markt mit Liquidität versorgt wird, und/ oder Kundenaufträge oder Aufträge, die sich aus einem Handelsauftrag des Kunden ergeben, ausführen. Die Ausnahme erstreckt sich nicht auf die gesamten Aktivitäten des Unternehmens, sondern nur auf die zur Ausübung der *market making*-Tätigkeit notwendigen Geschäfte.[107] Dazu gehört auch die Absicherung – unter 50

---

[100] Vgl. Art. 2 Abs. 1d) und Erwägungsgrund 9 EU-LeerverkaufsVO; siehe hierzu auch Assmann/Schneider/Mülbert/*Mülbert/Sajnovits*, Wertpapierhandelsrecht, Art. 14 VO Nr. 236/2012, Rn. 12

[101] ESMA, *Questions and Answers on the Regulation on short selling and certain aspects oft he credit default swaps (SRR)*, ESMA70-145-408, Version 6, 14.11.2018; vgl. auch *Bierwirth* RdF 2013, 104 (107); JVRB/*von Buttlar/Petersen* WpHG § 30h Rn. 87, Fuchs/*Weick-Ludewig* WpHG § 30h WpHG, Rn. 86; Assmann/Schneider/Mülbert/*Mülbert/Sajnovits*, Wertpapierhandelsrecht, Art. 14 VO Nr. 236/2012, Rn. 21.

[102] *Bierwirth* RdF 2013, 104 (106); JVRB/*von Buttlar/Petersen* WpHG § 30h Rn. 38; Assmann/Schütze/*Schäfer* § 21 Rn. 14; Fuchs/*Weick-Ludewig* WpHG § 30h WpHG, Rn. 45; Assmann/Schneider/Mülbert/*Mülbert/Sajnovits*, Wertpapierhandelsrecht, Art. 1 VO Nr. 236/2012, Rn. 13 und Art. 14 VO Nr. 236/2012, Rn. 13.

[103] Einzelheiten sind in Art. 14 ff. der Delegierten Verordnung (EU) Nr. 918/2012 der Kommission v. 5.7.2012 geregelt, Amtsblatt L 274/1, vgl. auch Assmann/Schneider/Mülbert/*Mülbert/Sajnovits*, Wertpapierhandelsrecht, Art. 4 VO Nr. 236/2012, Rn. 12 ff.

[104] Vgl. Art. 17d) Delegierte Verordnung (EU) Nr. 918/2012.

[105] *Bierwirth* RdF 2013, 104 (107 f.); *Mülbert/Sajnovits* ZBB 2012, 266 (274), Fuchs/*Weick-Ludewig* WpHG § 30h WpHG, Rn. 89; Assmann/Schneider/Mülbert/*Mülbert/Sajnovits*, Wertpapierhandelsrecht, Art. 4 VO Nr. 236/2012, Rn. 8 und 12.

[106] EU-LeerverkaufsVO, Erwägungsgrund (26).

[107] BaFin-Merkblatt *„Anzeigen von Market Making und Primärhändlertätigkeiten"* v. 15.8.2013, verfügbar auf der Website der BaFin *(www.bafin.de)*, Abschnitt A III.1.

Umständen erst antizipierter[108] – Positionen, die sich aus der eigentlichen *market making*-Tätigkeit ergeben.[109]

Da *Credit Default Swaps* in der Regel bilateral zwischen den Parteien ohne Einschaltung einer Börse gehandelt werden, liefe die *market making*-Ausnahme im Anwendungsbereich des Art. 14 EU-LeerverkaufsVO weitgehend leer, wenn die *market making*-Ausnahme auf Geschäfte beschränkt wäre, die über den in der Definition des *market making*-Begriffs angesprochenen Handelsplatz abgewickelt werden.[110] Die BaFin vertritt deshalb zu Recht die Auffassung, dass auch Geschäfte, die außerhalb eines solchen Handelsplatzes abgeschlossen werden, von der Ausnahmeregelung des Art. 17 Abs. 1 EU-LeerverkaufsVO erfasst werden können, solange nur der Sicherungsnehmer Mitglied eines derartigen Handelsplatzes ist.[111]

Die **Aufnahme einer market making-Tätigkeit** ist der BaFin als zuständiger Aufsichtsbehörde vorab **anzuzeigen,** Art. 17 Abs. 5 EU-LeerverkaufsVO.

51 Ein Verletzung von Art. 14 EU-LeerverkaufsVO stellt eine **Ordnungswidrigkeit** nach § 120 Abs. 6 Nr. 4 WpHG dar. Zudem können Umstände, die auf einen Verstoß eines Marktteilnehmers gegen Art. 14 EU-LeerverkaufsVO hindeuten, eine Verpflichtung zur Erstattung einer **Verdachtsanzeige** nach § 23 Abs. 1 WpHG auslösen. Auf die zivilrechtliche Verbindlichkeit der betreffenden Kreditderivate hat ein Verstoß gegen Art. 14 EU-LeerverkaufsVO keine Auswirkungen, da dem Vertrauen des Rechtsverkehrs in die Wirksamkeit der Geschäfte gegenüber dem Normzweck des Leerverkaufsverbots Vorrang einzuräumen ist.[112] Insbesondere wird der Sicherungsgeber eines *Credit Default Swaps* auf öffentliche Schuldtitel kaum verlässlich eruieren können, ob das Geschäft bei seinem Kontrahenten zu einer ungedeckten Position führt oder nicht. Man wird die Vorschrift deshalb **nicht als Verbotsgesetz im Sinne von § 134 BGB** ansehen können.[113]

52 **f) Close-Out Netting.** Die Auswirkungen der **Insolvenz einer Vertragspartei** auf einen *Credit Default Swap* beurteilen sich primär nach dem zwischen den Parteien geschlossenen Rahmenvertrag, der meist zu einer automatischen Beendigung des Geschäfts und einer – unter Umständen im Wege des ***Close-Out Netting*** mit anderen Forderungen aus dem gleichen Rahmenvertrag zu verrechnenden – Ausgleichsforderung einer Vertragspartei führt.[114] Besteht kein solcher Rahmenvertrag oder wird dieser mangels einer automatischen Beendigungsregelung nicht rechtzeitig vor der Insolvenz beendet, ist § 104 InsO einschlägig, da es sich bei *Credit Default Swaps* jedenfalls im Regelfall um Finanzleistungen im Sinne von § 104 Abs. 1 S. 2 InsO handeln wird. Eine Ausnahme gilt lediglich für Geschäfte, die sich auf illiquide Verbindlichkeiten beziehen, da es in diesem Fall meist an dem von § 104 Abs. 1 S. 2 für Finanzleistungen geforderten Markt- oder Börsenpreis des Kreditderivats fehlen wird.[115]

---

108 BaFin-Merkblatt *„Anzeigen von Market Making und Primärhändlertätigkeiten"* Abschnitt A. III.4; vgl. auch *Bierwirth* RdF 2013, 104 (111).

109 Art. 2 Abs. 1k) iii) EU-LeerverkaufsVO.

110 So allerdings die Empfehlung der ESMA, zur diesbezüglichen Diskussion vgl. *Bierwirth* RdF 2013, 104 (110 f.); JVRB/*von Buttlar/Petersen* WpHG § 30h Rn. 94; *Ludewig/Geilfus* WM 2013, 1533 (1537 f.), Assmann/Schneider/Mülbert/*Mülbert/Sajnovits,* Wertpapierhandelsrecht, Art. 17 VO Nr. 236/2012, Rn. 27 jeweils mwN.

111 BaFin-Merkblatt *„Anzeigen von Market Making und Primärhändlertätigkeiten"* Abschnitt A III.3.

112 So bereits die Gesetzesbegründung zum bisherigen § 30j WpHG, BT-Drs. 17/1952, 11.

113 *Bierwirth* RdF 2013, 104 (107); KKWpHG/*Mock* § 30h Rn. 30; *Mülbert/Sajnovits* ZBB 2012, 266 (283); Assmann/Schütze/*Schäfer* § 21 Rn. 23; Assmann/Schneider/Mülbert/*Mülbert/Sajnovits,* Wertpapierhandelsrecht, Art. 14 VO Nr. 236/2012, Rn. 34. Zu einer möglichen Eigenschaft als Schutzgesetz im Sinne von § 823 Abs. 2 BGB siehe KKWpHG/*Mock* § 30h Rn. 31; ablehnend *Mülbert/Sajnovits* ZBB 2012, 266 (283 f.); Assmann/Schütze/*Schäfer* § 21 Rn. 23; Assmann/Schneider/Mülbert/*Mülbert/Sajnovits,* Wertpapierhandelsrecht, Art. 14 VO Nr. 236/2012, Rn. 34.

114 Vgl. dazu *Binder* → Kap. 37 Rn. 52.

115 MüKoInsO/*Jahn/Fried* InsO § 104 Rn. 117; *Obermüller* Insolvenzrecht in der Bankpraxis Rn. 8.337; *Obermüller,* Gedächtnisschrift Bosch, 167; Uhlenbruck/*Knof* InsO § 104 Rn. 47; vgl. auch *Benzler/Brunner-Reumann* S. 350; differenzierend *Berg* S. 420 ff.

g) Sicherungsgeber als Referenzschuldner. In der Praxis taucht häufiger die Frage auf, unter welchen Voraussetzungen der Sicherungsgeber eines *Credit Default Swaps* oder einer *Credit Linked Note* dem Sicherungsnehmer **Absicherung auf sich selbst** gewähren kann, so dass also Sicherungsgeber und Referenzschuldner des Geschäfts identisch sind.[116] Dies spielt in erster Linie bei *Credit Linked Notes* eine Rolle, da dort der Sicherungsnehmer, der als Emittent den Emissionserlös der Schuldverschreibung erhalten hat, kein Kreditrisiko des Sicherungsgebers trägt. Es sind jedoch auch Strukturen auf der Grundlage von *Credit Default Swaps* denkbar, bei denen dem Sicherungsnehmer das Kreditrisiko seines Kontrahenten durch eine Barunterlegung oder andere Besicherung abgenommen wird. Wirtschaftlich betrachtet kann ein Verkauf von Absicherung auf den eigenen Namen für den Sicherungsgeber aus verschiedenen Gründen von Interesse sein. Vor allem dürfte häufig der Überzeugung eine Rolle spielen, dass es während der Laufzeit des Geschäfts für das eigene Unternehmen nicht zu einem Kreditereignis kommen werde, so dass der Sicherungsgeber für die aus dem Geschäft vereinnahmte Prämie aus seiner Sicht letztlich keine Gegenleistung aufbringen muss. 53

Sofern sich das Geschäft auf ein an einem Handelsplatz zugelassenes bzw. gehandeltes Wertpapier des Unternehmens im Sinne von Art. 2 Abs. 1 lit. d) EU-MarktmissbrauchsVO bezieht oder die *Credit Linked Note* selbst zum Handel an einem der relevanten Handelsplätze zugelassen ist, kann es sich bei einer solchen Transaktion um ein **verbotenes Insidergeschäft** handeln,[117] wenn der mit dem Referenzschuldner identische Sicherungsgeber Kenntnis von Insiderinformationen im Sinne von Art. 7 EU-MarktmissbrauchsVO über das eigene Unternehmen hat. Diese Frage stellt sich nicht nur beim Abschluss des Geschäfts, sondern auch im Falle einer vorzeitigen Auflösung. Auch wenn der Sicherungsgeber beim Abschluss des Geschäfts nicht über relevante Insiderinformationen verfügt, besteht damit ein Risiko, dass er über die Transaktion nicht mehr disponieren kann, wenn zu einem späteren Zeitpunkt solche Insiderinformationen vorhanden sein sollten. 54

Daneben stellt sich die Frage nach dem Schicksal der Transaktion im Falle einer Insolvenz des Sicherungsgebers. Als problematisch erweist sich dabei insbesondere, dass das betreffende Kreditderivat meist ausdrücklich die Insolvenz *(Bankruptcy)*[118] des Referenzschuldners als Kreditereignis vorsieht, so dass der Eintritt einer Insolvenz des Referenzschuldners unmittelbar zu einer Verringerung der Insolvenzmasse führen kann, wenn infolge des Kreditereignisses die *Credit Linked Note* nicht oder nur teilweise zurückgezahlt wird bzw. die für den *Credit Default Swap* gestellte Sicherheit ganz oder teilweise vom Sicherungsnehmer in Anspruch genommen wird. Da die Rechtsprechung gegenüber solchen, explizit auf den Insolvenzfall bezogenen Klauseln sehr kritisch ist, wenn sie zu Nachteilen für die Masse führen,[119] spricht vieles dafür, dass auf den Sicherungsgeber selbst bezogene *Credit Default Swaps* und *Credit Linked Notes* in der Insolvenz des Sicherungsgebers/Referenzschuldners eine **anfechtbare Gläubigerbenachteiligung** darstellen.[120] Sofern das betreffende Kreditderivat nicht unter deutschem, sondern unter englischem Recht abgeschlossen wird, kommt eine Insolvenzanfechtung nach deutschem Insolvenzrecht dagegen wegen § 339 InsO nicht in Betracht, sofern das auf den Sicherungsgeber selbst bezogene Instrument nach englischem Recht in keiner Weise angegriffen werden kann.[121] 55

---

[116] Zu der (insolvenzrechtlich unproblematischen) Konstellation, bei der der Sicherungsnehmer Absicherung auf sich selbst erwirbt vgl. *Obermüller* Insolvenzrecht in der Bankpraxis Rn. 8.340 f.; auch hier können sich allerdings Probleme im Zusammenhang mit den Vorschriften über verbotene Insidergeschäfte ergeben, Rn. 54.

[117] Näher zur Insidergeschäftseigenschaft von Kreditderivaten → Rn. 41 ff.

[118] → Rn. 18.

[119] Vgl. nur BGH WM 2007, 1218 (1219) mwN.

[120] Vgl. *Obermüller* Insolvenzrecht in der Bankpraxis Rn. 8.348 ff.; *Obermüller,* Gedächtnisschrift Bosch, 171, der von einer Anfechtbarkeit nach § 133 Abs. 1 InsO ausgeht.

[121] Zur Durchsetzbarkeit auf den eigenen Namen bezogener *Credit Default Swaps* nach englischem Recht *Firth* Rn. 16.053 ff.

56 **h) Rechtsnachfolge beim Referenzschuldner.** Abschnitt 2.2 der *2014 Definitions* bestimmt, wer **Nachfolger *(Successor)* des Referenzschuldners** wird, wenn während der Laufzeit eines *Credit Default Swaps* zB eine Verschmelzung, Spaltung oder ähnliche Transaktion stattfindet. Dies hängt im Wesentlichen davon ab, welcher Prozentsatz der unmittelbar vor Umsetzung der Maßnahme ausstehenden Verbindlichkeiten des Referenzschuldners aus Krediten und Kapitalmarktpapieren *(Relevant Obligations)* einen neuen Schuldner erhält. Soweit ein anderer Rechtsträger mindestens 75 % der betreffenden Verbindlichkeiten des bisherigen Referenzschuldners übernimmt, wird der *Credit Default Swap* insgesamt mit diesem Rechtsträger als neuem Referenzschuldner fortgesetzt, während umgekehrt Situationen, in denen bis zu 25 % der *Relevant Obligations* auf einen oder mehrere neue Rechtsträger übergehen, keine Auswirkungen auf die Person des Referenzschuldners haben. Daneben gibt es Fälle, in denen der *Credit Default Swap* in mehrere neue Geschäfte mit unterschiedlichen Referenzschuldnern aufgeteilt wird, oder der Referenzschuldner unverändert bleibt, weil die *Relevant Obligations* durch die Umwandlung auf eine Vielzahl neuer Schuldner aufgeteilt werden sind, von denen keiner mehr als 25 % dieser Verbindlichkeiten übernimmt.[122] Dabei wird die Übertragung einer Verbindlichkeit auf einen neuen Schuldner jedoch nur berücksichtigt, wenn sie mit einer Enthaftung des bisherigen Referenzschuldners einhergeht.[123]

57 Die Auswirkungen dieser Regelungen sind relativ begrenzt, wenn sich der *Credit Default Swap* auf einen deutschen Referenzschuldner bezieht, bei dem die genannten Maßnahmen in den Anwendungsbereich des UmwG fallen. Bei einer **Verschmelzung** (**§§ 2 ff. UmwG**) geht der bisherige Referenzschuldner, soweit er nicht selbst übernehmender Rechtsträger ist, in einem anderen Rechtsträger auf. Die Festlegung, dass letzterer damit neuer Referenzschuldner des *Credit Default Swaps* wird, hat eher deklaratorischen Charakter. Auf Forderungsübertragungen im Zusammenhang mit einer **Spaltung** (**§§ 123 ff. UmwG**) ist Abschnitt 2.2 der *2014 Definitions* nicht anwendbar, da § 133 Abs. 1 UmwG insoweit eine gesamtschuldnerische Mithaftung des bisherigen Forderungsschuldners normiert, so dass es nicht zu der in Abschnitt 2.2 der *2014 Definitions* geforderten Enthaftung des Altschuldners kommt. Bei einer Spaltung im Sinne der §§ 123 ff. UmwG bleibt der Referenzschuldner des *Credit Default Swaps* also unverändert, ohne dass die Verteilung der *Relevant Obligations* auf die verschiedenen Rechtsträger eine Rolle spielt.

57a **i) Vertrieb von bonitätsabhängigen Schuldverschreibungen an Privatkunden in Deutschland.** Im Jahre 2016 zog die BaFin ein **Verbot des Vertriebs und Verkaufs von *Credit Linked Notes,*[124]** an Privatkunden im Sinne des WpHG in Erwägung. Grundlage waren Bedenken im Hinblick auf die hohe Produktkomplexität und das hochprofessionelle Marktumfeld dem *Credit Linked Notes* entstammen. Verwiesen wurde seitens der BaFin auf die Schwierigkeiten eines Privatkunden bei der Bewertung der Wahrscheinlichkeit der Rückzahlung des Anlagebetrags, welche eine laufende Beobachtung des *Credit Default Swap*-Marktpreises erfordere und an ein sehr weites Zahlungsausfallverständnis geknüpft sei. Weiterhin bestünden Schwierigkeiten bei der Bewertung der Höhe des Zinsversprechens in Relation zum übernommenen Risiko, vor allem aufgrund der Informationsasymetrie zwischen professionellen Marktteilnehmern und Privatkunden in dem durch professionelle Marktteilnehmer geprägten *Credit Default Swap*-Markt. Schließlich warf die BaFin auch Bedenken bezüglich eines potentiellen in der Produktstruktur angelegten Interessenkonfliktrisikos zwischen Emittent und Investor auf.[125]

---

[122] Näher zu diesen Regelungen *Firth* Rn. 16.205 ff.

[123] Abschnitt 2.2 (d) der *2014 Definitions* lautet auszugsweise: *„For purposes of Section 2.2, „succeed" means, with respect to a Reference Entity and its Relevant Obligations, that an entity other than such Reference Entity (i) assumes or becomes liable for such Relevant Obligations whether by operation of law or pursuant to any agreement […], and […] the Reference Entity is not thereafter a direct obligor or a provider of a Relevant Guarantee with respect to such Relevant Obligations […]"*.

[124] Zu *Credit Linked Notes* im Allgemeinen → Rn. 4 f.

[125] Siehe hierzu die Anhörung der BaFin zur Allgemeinverfügung bezüglich sog. „Bonitätsanleihen" v. 28.7.2016 sowie die Präsentation *„Die BaFin erklärt: Bonitätsabhängige Schuldverschreibungen"* vom 7./8.4.2017, jeweils verfügbar auf der Website der BaFin *(www.bafin.de)*.

Die Deutsche Kreditwirtschaft (DK) und der Deutsche Derivateverband (DDV) reagierten auf das Ansinnen der BaFin mit einer Selbstverpflichtung für die Emission und den Vertrieb von bonitätsabhängigen Schuldverschreibungen. Diese sieht Grundsätze zur Produktstruktur, zur Auswahl des Referenzschuldners sowie zu den Details des Vertriebs an Privatanleger vor.[126] Auf Grundlage der Selbstverpflichtung stellte die BaFin ihr geplantes Verbot zunächst zurück und beschränkt sich bislang auf eine Überprüfung der Wirkung dieses Maßnahmenpakets.[127]

j) Das ISDA 2019 German Banks CDS Protocol. Um bei der Abwicklung eines Kreditinstituts die nach dem *TLAC-Standard*[128] erforderliche Verlustabsorbtionskapazität zu schaffen, haben die durch das **Abwicklungsmechanismusgesetz**[129] zum 1.1.2017 eingefügten Bestimmungen des § 46f Abs. 5 bis 7 KWG für Forderungen aus unbesicherten nichtstrukturierten kapitalmarktfähigen[130] Schuldtiteln, wie Inhaberschuldverschreibungen, Schuldscheindarlehen und Namensschuldverschreibungen, eine neue Rangklasse im Insolvenz- und Abwicklungsfall eingeführt.[131] Danach sind diese Schuldtitel zwar vorrangig zu den vertraglich subordinierten Instrumenten, jedoch nachrangig zu den übrigen Verbindlichkeiten aus dem Bankgeschäft, wie insbesondere Einlagen[132] aber auch strukturierten Schuldtiteln oder Derivaten. Im Ergebnis wurden damit sämtliche vorrangigen Anleihen *(Senior Bonds)* deutscher Kreditinstitute nicht-bevorrechtigten vorrangigen Anleihen *(Senior Non-Preferred Bonds)* in anderen Rechtsordnungen gleichgestellt.[133] 57b

Erst im Zuge der Neufassung des § 46f Abs. 5 bis 9 KWG durch die **Umsetzung der BRRD-Änderungsrichtlinie**[134] zum 21.7.2018 wurde es deutschen Kreditinstituten möglich, beide Arten von nichtstrukturierten kapitalmarktfähigen Schuldtiteln, dh bevorrechtigte vorrangige Anleihen *(Senior Preferred Bonds)* und nicht-bevorrechtigte vorrangige Anleihen *(Senior Non-Preferred Bonds),* zu begeben. Vor diesem Datum emittierte vorrangige Altanleihen *(Senior Bonds)* wurden nach der Übergangsregelung des § 46f Abs. 9 KWG den am oder nach dem 21.7.2018 begebenen nicht-bevorrechtigten vorrangigen Anleihen *(Senior Non-Preferred Bonds)* gleichgestellt.

[126] Die Selbstverpflichtung findet sich auf der Website des Deutschen Derivate Verbandes *(www.derivateverband.de)*

[127] Vgl. Pressemitteilung der BaFin vom 16.12.2016, verfügbar auf der Website der BaFin *(www.bafin.de).*

[128] *Principles on Loss absorbing and Recapitalisation Capacity of G-SIBs in Resolution* vom 9. November 2015, verfügbar über die Website des FSB *(www.fsb.org).* Der TLAC-Standard ist in Europa durch die Verordnung (EU) 2019/876 vom 20. Mai 2019 zur Änderung der Verordnung (EU) Nr. 575/2013, Amtsblatt L 150/1 (CRR) umgesetzt worden. Nach Art. 72b Abs. 2d) CRR müssen Verbindlichkeiten, um dem TLAC-Standard zu genügen, gegenüber bestimmten vom Bail-in ausgenommenen bzw. kurzfristigen oder strukturierten Verbindlichkeiten nachrangig sein.

[129] Artikel 2 des Gesetzes zur Anpassung des nationalen Bankenabwicklungsrechts an den Einheitlichen Abwicklungsmechanismus und die europäischen Vorgaben zur Bankenabgabe (Abwicklungsmechanismusgesetz – AbwMechG) vom 2. November 2015, BGBl 2015 I S. 1864; nachfolgend geändert durch Art. 5 des FMSA-Neuordnungsgesetzes (FMSANeuOG) vom 23.12.2016, BGBl. I S. 3171 und Art. 8 Gesetz zur Ausübung von Optionen der EU-Prospektverordnung und zur Anpassung weiterer Finanzmarktgesetze vom 10.7.2018, BGBl. I S. 1102.

[130] § 46 Abs. 6 S. 2 KWG aF schloss Geldmarktinstrumente i. S. d. § 1 Abs. 11 S. 2 KWG aF, d. h. Schuldtitel mit einer Ursprungslaufzeit von unter einem Jahr aus. Durch Artikel 8 des Gesetzes zur Ausübung von Optionen der EU-Prospektverordnung und zur Anpassung weiterer Finanzmarktgesetze ist die Ausnahme von Geldmarktinstrumenten durch das Erfordernis einer Ursprungslaufzeit von mindestens einem Jahr ersetzt worden.

[131] Vgl. § 46 Abs. 7 KWG a. F. Siehe hierzu auch BT-Drs. 18/5009, S. 76f; BaFin *Merkblatt zur insolvenzrechtlichen Behandlung bestimmter Verbindlichkeiten von CRR-Instituten,* Geschäftszeichen: AG 3-FR 1903–2019/0001, Stand: Mai 2019, verfügbar über die Website der BaFin *(www.bafin.de),* und Boos/Fischer/Schulte-Mattler/*Lindemann;* § 46f KWG, Rn. 18a.

[132] Vgl. BT-Drs. 19/2435, S. 55.

[133] Siehe hierzu auch *ISDA Memorandum on CDS on German Banks – Proposed Changes on Documentation Practice* vom 22. November 2018, verfügbar über die Website der ISDA *(www.isda.org).*

[134] Richtlinie (EU) 2017/2399 des Europäischen Parlaments und des Rates vom 12. Dezember 2017, Amtsblatt L 345/96 umgesetzt durch das Gesetz zur Ausübung von Optionen der EU-Prospektverordnung und zur Anpassung weiterer Finanzmarktgesetze vom 10.7.2018, BGBl 2018 I S. 1102.

Das zu Beginn des Jahres 2019 veröffentlichte *ISDA 2019 German Bank CDS Protokoll*[135] befasst sich mit den Auswirkungen dieser Gesetzesänderungen auf in der Vergangenheit mit Blick auf die damaligen *Senior Bonds* abgeschlossene *Credit Default Swaps.* Zwischen den Unterzeichnern des Protokolls gilt jeweils als vereinbart, dass die ursprünglich für das Geschäft verwendete Kategorie des Referenzschuldners aus der *Physical Settlement Matrix („Standard European Financial Corporate")* rückwirkend durch eine neue, im Jahre 2017 eingeführte Kategorie (*„Standard European Senior Non-Preferred Financial Corporate"*)[136] ersetzt wird, um dem nunmehrigen Nachrang der relevanten Schuldtitel Rechnung zu tragen. Die Dokumentationsstandards für neue Geschäfte auf vor dem 21.7.2018 begebene *Senior Bonds* (und auf danach begebene *Senior-Non-Preferred-Bonds*) deutscher Kreditinstitute in der *Physical Settlement Matrix* wurden entsprechend angepasst, während es für Geschäfte auf nach dem genannten Stichtag emittierte *Senior Bonds* bei den bisherigen Usancen bleibt. Damit entspricht die Dokumentation von *Credit Default Swaps* auf Anleihen deutscher Kreditinstitute derjenigen von *Credit Default Swaps* auf Anleihen von Instituten in anderen europäischen Ländern, wie bspw. Frankreich.

6. Verwendung von Credit Default Swaps zur Besicherung von Kreditforderungen

58 **a) Bankgeheimnis und Vertraulichkeit.** Wird eine Kreditforderung gegen den Referenzschuldner durch einen *Credit Default Swap* mit einem an der Kreditvergabe unbeteiligten Dritten besichert, können sich Konflikte mit **Vertraulichkeitsverpflichtungen** ergeben, an die der Sicherungsnehmer durch das Bankgeheimnis, oder aufgrund vertraglicher Vereinbarung[137] gebunden ist. Ob bereits der **Abschluss des *Credit Default Swaps*** als solcher eine unzulässige Bekanntgabe des Kreditverhältnisses an den Sicherungsgeber darstellt, lässt sich nur anhand der Umstände des konkreten Einzelfalls beurteilen. Sofern die Dokumentation des *Credit Default Swaps* die abzusichernde Kreditforderung nicht ausdrücklich erwähnt, kommt dies allenfalls in Betracht, wenn aufgrund der Umstände offensichtlich ist, dass das Geschäft zur Besicherung einer Kreditvergabe des Sicherungsnehmers an den Referenzschuldner und nicht etwa zu Handels- oder sonstigen Zwecken abgeschlossen wird. Eine derartige Situation könnte man vielleicht annehmen, wenn eine im Firmenkreditgeschäft tätige Geschäftsbank Absicherung auf einen Referenzschuldner erwirbt, der keine Anleihen emittiert hat und für den im Markt sonst auch keine *Credit Default Swaps* gehandelt werden.

59 Zu Konflikten mit Vertraulichkeitsverpflichtungen des Kreditgebers kann es auch im Zusammenhang mit der ***Credit Event Notice***[138] nach einem Kreditereignis kommen. Dabei steht die Frage im Vordergrund, ob ein Zahlungsverzug des Referenzschuldners unter dem besicherten Kredit oder eine Restrukturierung dieses Kredits zu einer Inanspruchnahme des Sicherungsgebers aus dem *Credit Default Swap* genutzt werden kann, obwohl die das Kreditereignis begründenden Umstände (noch) nicht öffentlich bekannt sind. Im Regelfall muss sich die *Credit Event Notice* auf öffentlich zugängliche Information stützen. Wie bereits ausgeführt,[139] beschränkt sich der Begriff *Publicly Available Information* dabei aber nicht auf in den Medien publizierte Tatsachen, sondern umfasst insbesondere auch Informationen, die von

---

[135] Die Erwägungen der ISDA zum Protokoll finden sich im *Memorandum on CDS on German Banks – Proposed Changes on Documentation Practice* vom 22.11.2018, das wie auch das Protokoll selbst auf der Website der ISDA verfügbar ist *(www.isda.org)*.

[136] Mit der Veröffentlichung des *Senior Non-Preferred Supplement „Additional Provisions of Senior Non-Preferred Obligations"* am 8.12.2017 führte die ISDA die neue Geschäftsart *„Standard European Senior Non-Preferred Financial Corporate"* ein um den drei Senioritätsstufen von *Reference Obligations* – Senior, Senior Non-Preferred, Subordinated – Rechnung zu tragen.

[137] Etwa nach Klausel 36 der deutsch-rechtlichen LMA-Musterdokumentation, dazu *Walgenbach* → Kap. 16 Rn. 205 f.; Klausel 36.2 (b)(ii) des LMA-Musters gestattet eine Weitergabe von bestimmten Informationen an den Sicherungsgeber eines *Credit Default Swaps,* sofern sich dieser seinerseits zur vertraulichen Behandlung der erhaltenen Informationen verpflichtet.

[138] → Rn. 23.

[139] → Rn. 24.

einer Bank stammen, die als Konsortialführer, Zahlstelle oder in einer ähnlichen Funktion bei einem Kredit an den Referenzschuldner tätig ist. Damit ist allerdings noch nicht gesagt, dass der Empfänger – also beispielsweise der Sicherungsnehmer in seiner Funktion als Mitglied des Bankenkonsortiums – die betreffende Informationen auch an den Sicherungsgeber des *Credit Default Swaps* weitergeben darf, da eine solche Weitergabe häufig aufgrund des Bankgeheimnisses oder einer vertraglichen Absprache[140] unzulässig sein wird. Bei Vertraulichkeitsverpflichtungen aus dem Bankgeheimnis wird dies in erster Linie in Betracht kommen, wenn das Kreditereignis in einer Restrukturierung des Kredits im Sinne von Abschnitt 4.7 der *2014 Definitions* besteht. Handelt es sich bei dem *Credit Event* dagegen um einen Zahlungsverzug unter dem Kreditvertrag, wird sich der Kreditnehmer meist nach Treu und Glauben nicht gegen die Weitergabe der entsprechenden Information an den Sicherungsgeber des *Credit Default Swaps* stellen können, da er selbst seinen Vertragspflichten aus dem Kreditvertrag nicht nachgekommen ist.[141]

Auch bei der **Abwicklung** des *Credit Default Swaps* **nach einem Kreditereignis** sind Besonderheiten zu beachten, wenn das Geschäft zur Besicherung einer Forderung aus einem Kreditvertrag verwendet wird. Um eine mit einer Bürgschaft oder Garantie vergleichbare Besicherungswirkung zu erreichen, wird der Kreditgeber als Sicherungsnehmer des *Credit Default Swaps* meist kein *Cash Settlement* vereinbaren, da er daraus zwar eine Kompensation für den bis zu einem Kreditereignis eingetretenen Wertverlust seiner Forderung erhält, jedoch Inhaber dieser Forderung bleibt und damit auch das Risiko trägt, dass sich diese im Nachhinein – etwa infolge einer sich später anschließenden Insolvenz des Referenzschuldners – als weniger werthaltig erweist als bei der Berechnung des *Cash Settlement* angenommen.[142] Der Sicherungsnehmer wird deshalb ein Geschäft mit *Physical Settlement* oder *Auction Settlement* bevorzugen, um seine Kreditforderung nach einem Kreditereignis entweder an den Sicherungsgeber übertragen oder im öffentlichen Auktionsverfahren veräußern zu können. Unter anderem aus Kostengründen wird er außerdem bestrebt sein, das Geschäft entsprechend den in der *Credit Derivatives Physical Settlement Matrix*[143] enthaltenen Marktstandards auszugestalten. 60

Vertraulichkeitsverpflichtungen des Kreditgebers aus dem **Bankgeheimnis** können auch für die **Übertragung der Forderung beim *Physical Settlement*** eines *Credit Default Swaps* Bedeutung erlangen. Auch wenn das Bankgeheimnis kein dinglich wirkendes Abtretungsverbot begründet,[144] kann es der mit einer Übertragung der Kreditforderung zwangsläufig verbundenen Weitergabe von Informationen entgegenstehen, wenn der Kreditvertrag die Abtretung nicht ausdrücklich gestattet. Besteht das Kreditereignis in einem Zahlungsverzug *(Failure to Pay)* bezüglich der abzutretenden Kreditforderung oder ist diese aus anderen Gründen notleidend, kann sich der Kreditnehmer gegenüber der Abtretung nicht auf das Bankgeheimnis berufen, da das Interesse der Bank an einer Verwertung der Forderung in diesen Fällen vorrangig ist.[145] Wenn diese Ausnahme nicht greift, wird die Abtretung der besicherten Kreditforderung zum Zwecke des *Physical Settlement* dagegen häufig einen Verstoß gegen die Verpflichtungen des Sicherungsnehmers aus dem Bankgeheimnis darstellen, so dass die Forderung nicht für die Abwicklung des zu ihrer Besicherung abgeschlossenen *Credit Default Swaps* verwendet werden kann.[146] Eine derartige Situation kann sich beispielweise ergeben, wenn das Kreditereignis in einem Zahlungsverzug besteht, der sich nicht auf die 61

[140] So bezieht sich etwa der Terminus *„Confidential Information"* unter der deutsch-rechtlichen LMA-Musterdokumentation auch auf Informationen, die der Empfänger von einer anderen *„Finance Party"*, also etwa vom Konsortialführer, erhalten hat.

[141] Ebenso *Benzler/Brunner-Reumann*, S. 352; mit der gleichen Argumentation wird dem Kreditnehmer bei notleidenden Krediten die Berufung auf das Bankgeheimnis auch gegenüber einer Abtretung der Forderung versagt, → Rn. 61.

[142] → Rn. 27.

[143] → Rn. 11.

[144] BGHZ 171, 180 (184 f.) = WM 2007, 643 (644 f.).

[145] Vgl. nur BankR-HdB/*Bruchner/Krepold* § 39 Rn. 61 mwN.

[146] Vgl. *Benzler/Brunner-Reumann*, S. 352.

Kreditforderung des Sicherungsnehmers gegen den Referenzschuldner, sondern auf eine Verbindlichkeit des Referenzschuldners gegenüber einem Dritten bezieht.

62 Ähnliche Fragestellungen ergeben sich beim ***Auction Settlement,*** sofern sich der Sicherungsnehmer dafür entscheidet, seine Kreditforderung bei dem für *Deliverable Obligations* des Referenzschuldners durchgeführten Auktionsverfahren zu veräußern.[147] Die Liste der Verbindlichkeiten, auf die sich das Verfahren bezieht, wird nämlich auf der Webseite der ISDA veröffentlicht,[148] was wiederum nur zulässig ist, wenn dadurch weder das Bankgeheimnis noch vertragliche Vertraulichkeitsverpflichtungen[149] verletzt werden.

63 **b) Abtretungshindernisse.** Ob sich die durch einen *Credit Default Swap* besicherte Forderung aus einem Kreditvertrag mit dem Referenzschuldner im Rahmen des *Physical Settlement* oder *Auction Settlement* als *Deliverable Obligation* eignet, kann unter Umständen mit Blick auf **Abtretungsverbote oder -beschränkungen** zweifelhaft sein, wie sie insbesondere im syndizierten Kreditgeschäft üblich sind.

64 Bei *Credit Default Swaps* auf *European Corporates* entspricht es dem Marktstandard,[150] dass Kreditforderungen, die als *Deliverable Obligations* verwendet werden sollen, entweder ein *Assignable Loan*[151] oder ein *Consent Required Loan*[152] sein müssen. Während ersteres bedeutet, dass die Kreditforderung zumindest an Banken oder im Finanzsektor tätige Institutionen außerhalb des aktuellen Konsortiums ohne weiteres abtretbar sein muss, darf die Abtretung der Forderung aus einem *Consent Required Loan* von der Zustimmung des Kreditnehmers, eines Garanten oder eines Vertreters des Bankenkonsortiums abhängig sein. Die Zustimmung ist vom Sicherungsnehmer beizubringen, wenn er dem Sicherungsgeber die Forderung im Rahmen des *Physical Settlement* andienen will. Ist die Abtretbarkeit der Forderung nach dem Kreditvertrag an zusätzliche Bedingungen geknüpft, die nicht mit Zustimmung des Kreditnehmers eines etwaigen Garanten oder eines Vertreters des Bankenkonsortiums ausgeräumt werden können, sondern auf die zB nur mit Zustimmung aller Kreditgeber verzichtet werden kann, handelt es sich bei dem betreffenden Kredit dagegen nicht um einen *Consent Required Loan* und damit nach dem Marktstandard für Geschäfte auf *European Corporates* nicht um eine *Deliverable Obligation*.[153]

65 Erfüllt die Kreditforderung nicht die Anforderungen an einen *Assignable Loan* oder *Consent Required Loan* oder steht zu befürchten, dass die für die Abtretung erforderliche Zustimmung bei einem *Consent Required Loan* nicht zu erhalten sein wird, kann vereinbart werden, dass dem Sicherungsgeber beim *Physical Settlement* anstelle einer Abtretung eine Unterbeteiligung an der Kreditforderung eingeräumt werden darf.[154] Dies entspricht allerdings nicht dem in der *Credit Derivatives Physical Settlement Matrix* reflektierten Marktstandard für *Credit Default Swaps* auf *European Corporates.*

66 **c) Gewährleistungen.** Kredite an Tochterunternehmen großer Konzerne können häufig nicht ohne weiteres durch einen *Credit Default Swap* mit dem Kreditnehmer als Referenzschuldner abgesichert werden, weil für *Credit Default Swaps* auf das relativ unbedeutenden Tochterunternehmen kein nennenswerter Markt besteht, während Absicherung auf die Muttergesellschaft ohne Schwierigkeiten zu erhalten ist. Insbesondere wenn die Muttergesellschaft

---

[147] → Rn. 29.

[148] *Firth* Rn. 16.195.

[149] Bei der zuvor erörterten Frage, ob die Abtretung als solche einen Verstoß gegen eine Vertraulichkeitsverpflichtung darstellen kann, spielen in der Praxis vertragliche Vertraulichkeitsverpflichtungen im Gegensatz zum Bankgeheimnis keine Rolle, da Kreditverträge, die derartige Vertraulichkeitsklauseln enthalten, meist auch die Abtretbarkeit der Forderung ausdrücklich regeln, vgl. zB Klausel 24 des deutsch-rechtlichen LMA-Mustervertrags, dazu *Walgenbach* → Kap. 16 Rn. 195 ff.

[150] Dies ergibt sich aus der *Credit Derivatives Physical Settlement Matrix,* → Rn. 11.

[151] Abschnitt 3.14 (b)(i) der *2014 Definitions.*

[152] Abschnitt 3.14 (b)(ii) der *2014 Definitions.*

[153] Dazu *Firth* Rn. 16.174; dabei ist beispielsweise an Klauseln zu denken, die eine Abtretung der Kreditforderung aus steuerlichen Gründen nur an Neugläubiger mit Sitz in bestimmten Jurisdiktionen zulassen, vgl. *Firth* Rn. 16.173.

[154] *„Direct Loan Participation"*, vgl. Abschnitt 3.14 (b)(iii) der *2014 Definitions.*

den an die Tochter ausgereichten Kredit garantiert hat, liegt es deshalb nahe, die Kreditvergabe durch einen *Credit Default Swap* mit dem **Garanten als Referenzschuldner** abzusichern. Dies führt zu der Frage, inwieweit garantierte Verbindlichkeiten als *Deliverable Obligations* unter einer derartigen Transaktion in Betracht kommen.

Nach den *2014 Definitions* kommt eine vom Referenzschuldner garantierte Forderung als *Deliverable Obligation* in Betracht, wenn es sich bei der Gewährleistung um eine sog ***Qualifying Guarantee*** handelt.[155] Dazu muss es sich um eine Garantie oder um eine vergleichbare Gewährleistung handeln, mit der der Garant die Haftung für die Zahlung der unter einer Verbindlichkeit des Hauptschuldners fällig werdenden Beträge übernimmt.[156] Anders als bisher[157] werden unter den *2014 Definitions* auch auf einen Höchstbetrag beschränkte oder durch Gesetz begründete Gewährleistungen als *Qualifying Guarantee* anerkannt.[158] **67**

Ein Sonderfall der *Qualifying Guarantee* ist nach den *2014 Definitions* die ***Qualifying Affiliate Guarantee,***[159] bei der der Begünstigte ein Tochterunternehmen des Referenzschuldners sein muss, an dem dieser direkt oder indirekt mehr als 50 % der stimmberechtigten Anteile hält.[160] Während es für Geschäfte mit *European Corporates* als Referenzschuldnern dem Marktstandard[161] entspricht, generell *Qualifying Guarantees* als lieferbare Verbindlichkeiten gelten zu lassen, gibt es andere Konstellationen, bei denen lediglich *Qualifying Affiliate Guarantees* zugelassen sind. Bei der Besicherung von garantierten Kreditforderungen gegen Konzernunternehmen des Referenzschuldners muss dann darauf geachtet werden, dass der Garant am Hauptschuldner in der soeben beschriebenen Form beteiligt ist. **68**

d) Offene Kreditlinien. Besonderheiten sind bei der Besicherung von Forderungen aus noch nicht in Anspruch genommenen **Kreditzusagen** oder aus **revolvierenden Kreditlinien** durch *Credit Default Swaps* zu beachten. In diesen Fällen besteht für den Sicherungsnehmer die Gefahr, dass die Ziehungsvoraussetzungen für den Kredit unter Umständen auch noch erfüllt werden können, nachdem sich in Bezug auf eine andere Verbindlichkeit des Referenzschuldners ein Kreditereignis ereignet hat, das bereits zu einer Abwicklung des zur Besicherung abgeschlossenen *Credit Default Swaps* geführt hat. **69**

Eine Übertragung der Verpflichtungen aus der **nicht in Anspruch genommenen Kreditzusage** auf den Sicherungsgeber im Wege des *Physical Settlement,* die den Sicherungsnehmer aus diesem Dilemma befreien würde, kommt bei einer nicht in Anspruch genommenen Kreditlinie nicht in Betracht. Die für Geschäfte auf *European Corporates* marktüblichen Konditionen für *Credit Default Swaps* verlangen als *Deliverable Obligations* Verbindlichkeiten der Kategorie *„Bond or Loan"*.[162] Wie sich aus der Definition des Begriffs *„Borrowed Money"*[163] ergibt, auf die der Terminus *„Loan"*[164] verweist, werden dadurch nur bereits gezogene, vom Kreditnehmer zurückzuzahlende Beträge, aber keine noch nicht in Anspruch genommenen **70**

---

155 Abschnitt 3.2(a) iVm Abschnitt 3.22 der *2014 Definitions.*

156 Abschnitt 3.21 der *2014 Definitions* lautet auszugsweise: *„Qualifying Guarantee" means a guarantee evidenced by a written instrument (which may include a statute or regulation), pursuant to which the Reference Entity irrevocably agrees, undertakes, or is otherwise obliged to pay all amounts of principal and interest (except for amounts which are not covered due to the existence of a Fixed Cap) due under an Underlying Obligation for which the Underlying Obligor is the obligor, by guarantee of payment and not by guarantee of collection […]. A Qualifying Guarantees shall not include any guarantee: (a) which is structured as a surety bond, financial guarantee insurance policy or letter of credit [……]".*

157 Zur Situation vor Inkrafttreten der *2014 Definitions* vgl. 1. Auflage; siehe auch *Kusserow/Scholl* WM 2015, 360 (366).

158 Vgl. *Firth* Rn. 16.113 ff.

159 Abschnitt 3.27 der *2014 Definitions.*

160 *„Downstream Affiliate"*, s. Abschnitt 3.28 der *2014 Definitions.*

161 Dies ergibt sich aus der *Credit Derivatives Physical Settlement Matrix,* → Rn. 11.

162 Dies ergibt sich aus der *Credit Derivatives Physical Settlement Matrix,* → Rn. 11.

163 → Rn. 17. *Borrowed Money* (Abschnitt 3.14(a) iVm Abschnitt 3.13(a)(ii) der *2014 Definitions*) erfasst danach ausdrücklich keine *„… obligation under a revolving credit agreement for which there are no outstanding, unpaid drawings in respect of principal …"*.

164 *„Loan"* (Abschnitt 3.14(a) iVm Abschnitt 3.13(a)(v) der *2014 Definitions*) bedeutet *„any obligation of a type included in the „Borrowed Money" Obligation Category that is documented by a term loan agreement, revolving loan agreement or other similar agreement …"*.

Kreditzusagen erfasst.[165] Entsprechendes gilt für nicht gezogene Teile von revolvierenden Kreditlinien. In derartigen Fällen kann der Sicherungsnehmer zwar bei Eintritt eines Kreditereignisses eine geeignete Forderung gegen den Referenzschuldner erwerben und diese dem Sicherungsgeber (voraussichtlich mit Gewinn) im Wege des *Physical Settlement* andienen, er verliert damit jedoch zugleich die Absicherung durch den *Credit Default Swap* für den Fall einer späteren Ziehung unter dem Kredit.

71 Ob sich die Forderung des Sicherungsnehmers aus einer im Zeitpunkt der Abwicklung des *Credit Default Swaps* **gezogenen revolvierenden Kreditlinie** als *Deliverable Obligation* eignet, ist zweifelhaft. Zwar bildet die aus einer Ziehung der Kreditlinie resultierende Inanspruchnahme einen *Loan* im Sinne der *2014 Definitions,* der Kreditgeber ist jedoch verpflichtet, nach einer vorzeitigen Rückzahlung eine erneute Inanspruchnahme der revolvierenden Linie zuzulassen. Da der Rückzahlungsanspruch für die ausstehende Ziehung im Regelfall[166] nur zusammen mit dieser Verpflichtung des ursprünglichen Kreditgebers übertragen werden kann, begründet die Übertragung der Forderung aus dem Kreditvertrag im Wege des *Physical Settlement* zugleich eine Verpflichtung des Sicherungsgebers, dem Referenzschuldner nach einer Rückzahlung der Ziehung erneut Kredit zu gewähren. Eine derartige Verpflichtung braucht der Sicherungsgeber bei der Entgegennahme einer *Deliverable Obligation* wohl nur einzugehen, wenn er vom Sicherungsnehmer eine angemessene Freistellung für die daraus resultierenden Risiken erhält.[167] Man kann sich allerdings fragen, ob dem Sicherungsgeber aus dieser Verpflichtung tatsächlich ein Schaden droht, der ein solches Freistellungsverlangen rechtfertigt, da dem Sicherungsgeber meist kein wirtschaftlicher Nachteil entstehen wird, wenn der ihm übertragene Kredit gegen den Referenzschuldner vorübergehend zurückgeführt und anschließend neu gezogen wird.[168]

72 **e) Avalkredite.** Eine weitere Konstellation, in der sich die Besicherung von Kreditforderungen durch *Credit Default Swaps* als problematisch erweisen kann, betrifft die sogenannten **Avalkredite,** bei denen die Bank im Kundenauftrag ein Aval, zB eine Zollbürgschaft, herauslegt, und daraus einen Rückgriffsanspruch gegen den Kunden erlangt, der durch ihre Inanspruchnahme aus dem Aval bedingt ist. Auch hier wird die Besicherungswirkung eines für die Finanzierung abgeschlossenen *Credit Default Swaps* mit *Physical Settlement* oder *Auction Settlement* entscheidend dadurch beeinflusst, ob die Rückgriffsforderung der Bank eine *Deliverable Obligation* unter dem Kreditderivat darstellt.

73 Wie bereits ausgeführt, müssen die *Deliverable Obligations* bei auf *European Corporates* bezogenen *Credit Default Swaps* in der Regel der Kategorie *„Bond or Loan"* angehören. Diese Kategorie umfasst grundsätzlich auch Rückgriffsforderungen aus der Bereitstellung von Avalen.[169] Bei der Berechnung des ausstehenden Nominalbetrags *(Outstanding Notional Balance)* der zu liefernden Verbindlichkeit bleiben allerdings bedingte Zahlungsverpflichtungen des Referenzschuldners mit der Folge unberücksichtigt, dass solche bedingten Zahlungsverpflichtungen für das *Physical Settlement* von *Credit Default Swaps* nicht geeignet sind.[170] Wurde die Bank bei Abwicklung des *Credit Default Swaps* bereits aus dem Aval in Anspruch genommen und hat daraus an den Begünstigten geleistet, steht ihr Rückgriffsanspruch gegen den Referenzschuldner nicht mehr unter der Bedingung der Inanspruchnahme, sondern ist ohne weiteres fällig und verfügt folglich über eine *Outstanding Notional Balance* im Sinne der *2014 Definitions* in entsprechender Höhe – er stellt unter den genannten Voraussetzungen also eine *Deliverable Obligation* dar. Ist dagegen noch keine Inanspruchnahme aus dem Aval erfolgt,

---

[165] *Firth* Rn. 16.081.

[166] Siehe etwa Klausel 24 des deutsch-rechtlichen LMA-Mustervertrags.

[167] Vgl. Abschnitt 11.2(b) der *2014 Definitions.*

[168] Vgl. *Firth* Rn. 16.190.

[169] Vgl. *Definition Borrowed Money* (Abschnitt 3.14(a) iVm Abschnitt 3.13(a)(ii) der *2014 Definitions*), auf die der Begriff *„Loan"* verweist: *„… reimbursement obligations arising from drawings pursuant to letters of credit …"*.

[170] Vgl. Abschnitt 3.8 (a)(ii)(B) der *2014 Definitions;* Eine Ausnahme gilt lediglich für *Permitted Contingencies* (Abschnitt 3.11 der *2014 Definitions*), die bei Rückgriffsforderungen aus Avalen jedoch nicht einschlägig sind; vgl. auch *Kusserow/Scholl* WM 2015, 360(366 f.).

handelt es sich beim dem Rückgriffsanspruch nur um eine bedingte Forderung, die als *Deliverable Obligation* in dem obengenannten Sinne nicht in Betracht kommt.[171]

III. Total Return Swaps

Total Return Swaps werden ebenso wie *Credit Default Swaps* meist unter Bezugnahme auf einen deutschen Rahmenvertrag für Finanztermingeschäfte oder ein *ISDA Master Agreement* abgeschlossen. Der Inhalt der Handelsbestätigung für einen *Total Return Swap* ähnelt derjenigen für einen herkömmlichen Zinsswap. Da Kreditereignisse für die Zahlungsverpflichtungen aus einem *Total Return Swap* keine Bedeutung haben, werden die *2014 Definitions* für solche Geschäfte nicht verwendet. 74

Total Return Swaps sind ebenso wie *Credit Default Swaps* als **Verträge eigener Art** (§ 311 Abs. 1 BGB) zu klassifizieren.[172] Auch bei ihnen kommt dem **Spieleinwand** (§ 762 BGB) wegen § 99 WpHG keine praktische Bedeutung zu, da es sich bei *Total Return Swaps* um Kreditderivate im Sinne von § 2 Abs. 3 Nr. 4) WpHG handelt.[173]. Soweit sich ein *Total Return Swap* auf ein an einem Handelsplatz zugelassenes bzw. gehandeltes Wertpapier im Sinne von Art. 2 Abs. 1 lit. d) EU-MarktmissbrauchsVO bezieht, ist er nach Art. 8 EU-MarktmissbrauchsVO als **Insiderpapier** zu klassifizieren. Da der *Total Return Swap* die Zahlungsströme und Wertveränderungen des Referenzaktivums abbildet, liegt es auf der Hand, dass sein Wert im Sinne von Art. 2 Abs. 1 lit. d) EU-MarktmissbrauchsVO vom Marktwert des Papiers beeinflusst wird, auf den der *Total Return Swap* sich bezieht. 75

Das in **Art. 14 Abs. 1 EU-LeerverkaufsVO**[174] statuierte Verbot von Geschäften, die zu ungedeckten Positionen in *Credit Default Swaps* auf öffentliche Schuldtitel führen, bezieht sich auf *Credit Default Swaps* im Sinne von Art. 2 Abs. 1c), also auf Geschäfte, bei denen die Leistungspflicht des Sicherungsgebers durch den Eintritt eines Kreditereignisses in Bezug auf einen Referenzschuldner oder durch einen anderen Zahlungsausfall im Zusammenhang mit diesem Derivatekontrakt ausgelöst wird, der eine vergleichbare wirtschaftliche Wirkung hat.[175] Bei einem *Total Return Swap* ist die Zahlungsverpflichtung des Sicherungsgebers dagegen gerade nicht durch den Eintritt eines Kreditereignisses oder sonstigen Zahlungsausfalls bedingt.[176] Art. 14 Abs. 1 EU-LeerverkaufsVO findet deshalb auf herkömmliche *Total Return Swaps* keine Anwendung.[177] Allerdings ist zu berücksichtigen, dass der Abschluss eines *Total Return Swaps* auf einen öffentlichen Schuldtitel unter Umständen einen nach Art. 13 EU-LeerverkaufsVO verbotenen Leerverkauf dieses Schuldtitels darstellen kann.[178] Auch ohne die Anwendung von Art. 14 EU-LeerverkaufsVO ist damit sichergestellt, dass *Total Return Swaps* nicht zum Aufbau spekulativer Short-Positionen in öffentlichen Schuldtiteln genutzt werden können. 76

[171] Auch ein etwaiger Anspruch der Bank auf Barunterlegung des Risikos aus dem Aval (dazu *Walgenbach* → Kap. 16 Rn. 83 f.) erfüllt in diesem Zusammenhang nicht die Anforderungen an eine *Deliverable Obligation*, da der Barunterlegungsanspruch – im Gegensatz zu einer Forderung aus einer Schuldverschreibung oder einem Darlehen *(Bond or Loan)* – keine Rückzahlung zuvor erhaltener Gelder, sondern die Gewährung einer Sicherheit zum Gegenstand hat.

[172] *Berg* S. 204; *Nordhues/Benzler* WM 1999, 461 (463).

[173] Assmann/Schneider/Mülbert/*Assmann*, Wertpapierhandelsrecht, Art. 2 WpHG Rn. 77.

[174] → Rn. 46 ff.

[175] → Rn. 47.

[176] → Rn. 6 f.

[177] AA allerdings *Bierwirth* RdF 2013, 104 (105), Assmann/Schneider/Mülbert/*Mülbert/Sajnovits*, Wertpapierhandelsrecht, Art. 14 VO Nr. 236/2012, Rn. 11, Park/*Sorgenfrei/Saliger*, Kapitalmarktstrafrecht, Kap. 18.16 Rn. 30.

[178] Vgl. Art. 3 Abs. 1b) EU-LeerverkaufsVO, wonach Short-Positionen unter anderem aus Transaktionen resultieren können, bei denen eine Partei aus der Kurs- oder Wertminderung eines Schuldinstruments einen finanziellen Vorteil erzielt.

24. Kapitel: Grundlagen

Schrifttum: *Albrecht/Hombrecher,* Aspekte der Vertragsgestaltung bei der Kreditsicherung mit Markenrechten, WM 2005, 1689; *Bales,* Die Bürgschaft als Kreditsicherheit, BKR 2004, 264; *Baur/Stürner,* Sachenrecht, 18. Aufl. 2009; *Berner,* Die Krise des Sicherheitenpools – Treuhandabrede, Umsatzsteuerhaftung und Interessenkollision, KTS 2006, 359; *Bode,* Die Wirksamkeit einer Forderungsübertragung gegenüber Dritten vor dem Hintergrund der internationalen Forderungsfinanzierung, Diss. Heidelberg 2007; *Bohlen,* Der Sicherheitenpool, Diss. Hannover 1984; *Borges,* Strukturelemente des europäischen Bürgschaftsrechts, FS Horn, 2006, S. 21; *Bülow,* Der Grundsatz der Subsidiarität im Kreditsicherungsverhältnis, ZIP 1999, 985; *Bülow,* Recht der Kreditsicherheiten, 9. Aufl. 2017; *Brinkmann,* Kreditsicherheiten an beweglichen Sachen und Forderungen, 2011; *Brocker,* Nutzen des Refinanzierungsregisters für ausländische Kreditinstitute in ABS-Transaktionen, BKR 2007, 60; *Burgermeister,* Der Sicherheitenpool im Insolvenzrecht, 2. Aufl. 1996; *Clemente,* Die Sicherungsabrede der Sicherungsgrundschuld – eine Bestandsaufnahme, ZIP 1990, 969; *Clemente,* Neuere Entwicklungen im Recht der Grundschulden, BKR 2002, 975; *Clemente,* Recht der Sicherungsgrundschuld, 4. Aufl. 2008; *De Meo,* Bankenkonsortien, Diss. Tübingen 1994; *Derleder/Knops/Bamberger* (Hrsg.), Deutsches und europäisches Bank- und Kapitalmarktrecht, 3. Aufl. 2017; *Dittrich,* Effektengiroverkehr mit Auslandsberührung, 2002; *Einsele,* Wertpapierrecht als Schuldrecht, 1995; *Einsele,* Auswirkungen der Rom I-Verordnung auf Finanzdienstleistungen, WM 2009, 289; *Flessner,* Privatautonomie und Interessen im Internationalen Privatrecht, am Beispiel der Forderungsabtretung, FS Canaris, Bd. II, 2007, S. 545; *Flessner,* Die internationale Forderungsabtretung nach der Rom I-Verordnung, IPRax 2009, 35; *Frobenius,* Anmerkung zu der Entscheidung des BGH vom 11.11.2010, VII ZR 44/10, GWR 2010, 606; *Gaberdiel/Gladenbeck,* Kreditsicherung durch Grundschulden, 9. Aufl. 2011; *Ganter,* Aktuelle Probleme der Kreditsicherheiten in der Rechtsprechung des Bundesgerichtshofes, WM 1996, 1705; *Ganter,* Rechtsprechung des BGH zum Kreditsicherungsrecht, WM 1998, 2045, 2081; *Ganter,* Aktuelle BGH-Rechtsprechung zum Kreditsicherungsrecht, WM 1999, 1741; *Ganter,* Aktuelle Probleme des Kreditsicherungsrechts – Entwicklungslinien und Tendenzen, WM 2006, 1081; *Geibel,* Die Kollision zwischen verlängertem Eigentumsvorbehalt und antizipierter Sicherungsübereignung, WM 2005, 962; *Geimer,* Schwedische Bank im deutschen Grundbuch: Grundschuld zur Sicherung einer ausländischem Recht unterliegenden Forderung, IPRax 1999, 152; *Gottwald* (Hrsg.), Insolvenzrechts-Handbuch, 5. Aufl. 2015; *Graewe,* Convenants als Brücke zwischen Risiko und Sicherheit?, FS Lwowski, 2014, S. 15; *Graewe,* Kreditsicherung und Aufsichtsrecht, in: *Lwowski/Fischer/Gehrlein* (Hrsg.), Das Recht der Kreditsicherung, 10. Aufl. 2018, § 8; *Grau,* Rechtsgeschäftliche Forderungsabtretungen im internationalen Rechtsverkehr, Diss. Köln 2005; *Gundlach,* Die Zulässigkeit des Sicherheiten-Poolvertrags im Insolvenzverfahren, NZI 2003, 142; *Habersack,* Globalverbriefte Aktien als Gegenstand sachenrechtlicher Verfügungen, WM 2000, 1678; *Hahn,* Grundschuld und abstraktes Schuldversprechen, ZIP 1996, 1233; *Hoepner,* Die Zweckerklärung bei der Sicherungsgrundschuld in der neueren Rechtsprechung des Bundesgerichtshofs, BKR 2002, 1025; *Hoes,* Kreditsicherheiten im Europäischen Beihilfenrecht, FS Lwowski, 2014, S. 197; *Ch. Hofmann/Keller,* Collective Action Clauses, ZHR 175 (2011), 684; *G. Hoffmann,* Die Verpfändung von Aktien in der Konsortialpraxis, WM 2007, 1547; *Horn,* Zur Zulässigkeit der Globalbürgschaft – Bestimmtheitsgrundsatz und Verbot der Fremddisposition im Bürgschaftsrecht, ZIP 1997, 525; *Horn,* Bürgschaften und Garantien, 8. Aufl. 2001; *Huber,* Die Sicherungsgrundschuld, 1965; *Kieninger,* Mobiliarsicherheiten im Europäischen Binnenmarkt, Diss. Berlin 1996; *Kieninger,* Das Statut der Forderungsabtretung im Verhältnis zu Dritten, RabelsZ 62 (1998), 678; *Kieninger,* Kreditsicherheiten im grenzüberschreitenden Verkehr, Rechtsangleichung, in: *Lwowski/Fischer/Gehrlein* (Hrsg.), Das Recht der Kreditsicherung, 10. Aufl. 2018, § 17; *Kieninger,* Nationale, europäische und weltweite Reformen des Mobiliarsicherungsrechts, WM 2005, 2305, 2353; *Kieninger/Sigman,* Abtretung und Legalsession, in: *Ferrari/Leible* (Hrsg.), Ein neues Internationales Vertragsrecht für Europa, 2007, S. 181; *Kircher,* Grundpfandrechte in Europa, Diss. Freiburg 2004; *Kirchhof,* Rechtsstellung der beweglichen Kreditsicherheiten im Regelverfahren nach der Insolvenzordnung – eine Zwischenbilanz, FS Kümpel, 2002, S. 289; *Kirchhof,* Aktuelle Rechtsprechung des BGH zur Abwicklung von Bankkrediten in der Kundeninsolvenz, ZInsO 2003, 149; *Klawitter/Hombrecher,* Gewerbliche Schutzrechte und Urheberrechte als Kreditsicherheiten, WM 2004, 1213; *Knees,* Die Bank als Grundpfandrechtsgläubiger in der Unternehmensinsolvenz, ZIP 2001, 1568; *Kotthoff/Pauly,* Software als Kreditsicherheit, WM 2007, 2085; *Koziol,* Verpflichtung des Gläubigers zur Verwertung von Sicherheiten, FS Schimansky, 1999, S. 355; *Krepold/Fischbeck/Krop/Werner,* Bankrecht, 2. Aufl. 2018; *Lehmann,* Die Änderungen im Darlehens- und Grundschuldrecht durch das Risikobegrenzungsgesetz, ZGS 2009, 214; *Lehmann,* Finanzinstrumente, 2010; *Lehmann,* Verkehrsschutz im internationalen Gesellschaftsrecht, FS Fischer, 2010, S. 237; *Leible/Lehmann,* Die Verordnung über das auf vertragliche Schuldverhältnisse anzuwendende Recht („Rom I"), RIW 2008, 528; *Leuschner,* Die Teilverpfändung von GmbH-Anteilen, WM 2005, 2161; *Leible/Sosnitza,* Grundfälle zum Recht des Eigentumsvorbehalts, JuS 2001, 244, 341, 449, 556; *Lettl,* Das Entstehen des Rückgewähranspruchs bei Sicherungsgrundschulden, WM 2002, 788; *Lutter/Scheffler/U. H. Schneider* (Hrsg.), Handbuch der Konzernfinanzierung, 1998; *Lwowski/Hoes,* Markenrechte in der Kreditpraxis, WM 1999, 771; *Lwowski/Merkel,* Kreditsicherheiten, 8. Aufl. 2003; *Magnus,* Die Rom I-Verordnung, IPRax 2010,

27; *Maier-Reimer/Webering,* Verwertung von Pfandrechten an Unternehmensbeteiligungen, BB 2003, 2630; *Mankowski,* Anmerkung zu einer Entscheidung des BGH vom 11.11.2010, VII ZR 44/10, EWiR 2011, 47; *Martinek,* Moderne Vertragstypen, Band III, 1993; *May,* Der Bankenpool, Diss. Freiburg 1989; *Menke,* Mehrfache Sicherungsübereignung eines Warenlagers mit wechselndem Bestand, WM 1997, 405; *Merkel,* Die Negativklausel, Diss. Darmstadt 1985; *Mertens,* Typische Probleme bei der Verpfändung von GmbH-Anteilen, ZIP 1998, 1787; *P. Meyer/von Varel,* Die Sicherungszession, JuS 2004, 192; *Micheler,* Wertpapierrecht zwischen Schuld- und Sachenrecht, 2003; *Nodoushani,* Rechtsfragen der Aktienverpfändung, WM 2007, 289; *Nouvertné,* Der Interessenausgleich zwischen Bank und Kreditnehmer bei Financial Covenants, ZIP 2012, 2139–2147; *Obermüller,* Die Kreditklemme und der Niedergang der Kreditsicherheiten, NZI 2010, 201; *Otten,* Sicherungsvertrag und Zweckerklärung, 2003; *Peters,* Pool-Verträge in der Unternehmenskrise, ZIP 2000, 2238; *Petersen/Rothenfußer,* Der Schutz des Schuldners bei Trennung von Hypothek und gesicherter Forderung, WM 2000, 657; *Pottschmidt/Rohr,* Kreditsicherungsrecht, 4. Aufl. 1992; *Rauch/Zimmermann,* Grundschuld und Hypothek, 2. Aufl. 1998; *Reinicke/Tiedtke,* Schutz des Bürgen durch das Haustürwiderrufsgesetz, ZIP 1998, 893; *Reinicke/Tiedtke,* Kreditsicherung, 5. Aufl. 2006; Peinicke/Tiedtke, Bürgschaftsrecht, 3. Aufl. 2008; *Reithmann/Martiny* (Hrsg.), Internationales Vertragsrecht, 8. Aufl. 2015; *Reymann,* Die Verpfändung von GmbH-Geschäftsanteilen, DNotZ 2005, 425; *Richrath,* Die Übersicherungsproblematik bei nichtakzessorischen Sicherheiten, 1995; *Rikken,* Die Globalhaftung des Kreditbürgen, Diss. Bochum 2004; *Rimmelspacher/Stürner,* Kreditsicherungsrecht, 3. Aufl. 2017; *Ripka,* Poolverträge und die neuere Entwicklung des Gesellschaftsrechts, Diss. Tübingen 2000; *Robrecht,* Anforderungen an Bestellung oder Abtretung von Grundpfandrechten zu Sicherungszwecken, DB 1996, 313; *H. Roth,* Pfändung und Verpfändung von Gesellschaftsanteilen, ZGR 2000, 187; *G. H. Roth/Altmeppen,* GmbHG, 9. Aufl. 2018; *Röver,* Vergleichende Prinzipien dinglicher Sicherheiten, 1999; *Ruzik,* Finanzmarktintegration durch Insolvenzrechtsharmonisierung, Diss. Halle 2010; *Schafft,* Internet-Domains als Kreditsicherheit, BB 2006, 1013; *Schmid-Burgk/Ludwig,* Abstrakte Schuldversprechen in der Bankpraxis und die Reform des Verjährungsrechts, DB 2003, 1046; *H. Schmidt,* Urheberrechte als Kreditsicherheit nach der gesetzlichen Neuregelung des Urhebervertragsrechts, WM 2003, 461; *H. Schmidt,* Höchstrichterliche Rechtsprechung zur Bürgschaft auf erstes Anfordern, RIW 2004, 336; *H. Schmidt,* Auf dem Weg zur vollen Anerkennung immaterieller Vermögenswerte als Kreditsicherheit?, WM 2012, 721; *K. Schmidt,* Die Übertragung, Pfändung und Verwertung von Einlageforderungen, ZHR 157 (1993), 291; *Serick,* Eigentumsvorbehalt und Sicherungsübereignung, 6 Bde., 1963–1986; *Smid,* Lieferantenpools im neuen Insolvenzrecht, NZI 2000, 505; *Smid,* Kreditsicherheiten in der Insolvenz, 3. Aufl. 2015; *Spindler/Stilz* (Hrsg.), AktG, Kommentar, 4. Aufl. 2019; *Stöcker,* Die treuhänderisch gehaltene Sicherungsgrundschuld zur Verbriefung und Syndizierung von Krediten, Die Bank 2004, 55; *Stoll,* Kollisionsrechtliche Aspekte des Übereinkommens der Vereinten Nationen über Abtretungen im internationalen Handel, FS Sonnenberger, 2004, S. 695; *Stupp,* Aktuelle Rechtsprobleme bei der Verpfändung von Aktien zur Kreditbesicherung, DB 2006, 655; *Tiedtke/Holthusen,* Auswirkungen eines Anerkenntnisses der Hauptschuld durch den Hauptschuldner auf die Haftung des Bürgen, WM 2007, 93; *Trapp,* Zur Wirksamkeit der weiten Sicherungszweckvereinbarung bei Bürgschaften, ZIP 1997, 1279; *Ungerer,* Die floating charge – wie man Kredite mittels einer Wolke sichert, ZfRV 2015, 31; *Vieweg/Werner,* Sachenrecht, 8. Aufl. 2018; *Voss,* Zeitlich oder gegenständlich begrenzte Bürgschaft, MDR 1990, 495; *Weber,* Kreditsicherungsrecht, 10. Aufl. 2018; *Weick,* Probleme der Bürgschaft in rechtsvergleichender Sicht, FS Kümpel, 2002, S. 569; *Wenzel,* Der Saldenausgleich beim Sanierungs-Pool-Vertrag, WiB 1995, 458; *Wenzel,* Der Sanierungs-Pool-Vertrag, WM 1996, 561; *Westermann/Gursky/Eickmann,* Sachenrecht, 8. Aufl. 2011; *v. Westphalen/Jud* (Hrsg.), Die Bankgarantie im internationalen Handelsverkehr, 4. Aufl. 2014; *v. Westphalen,* Poolvertrag, in: *Schütze/Weipert* (Hrsg.), Münchener Vertragshandbuch, Band 2, 7. Aufl. 2015, I.9.; *Wilhelm,* Die Anknüpfung von Treuhandverträgen im Internationalen Privatrecht unter besonderer Berücksichtigung der Rom I-VO, IPRax 2012, 392; *v. Wilmowsky,* Europäisches Kreditsicherungsrecht, 1996; *Wittemeier,* Das Sicherungsverhältnis bei den fiduziarischen Sicherheiten, Diss. Aachen 2006; *Wood,* Set-off and Netting, Derivatives, Clearing Systems, 2. Aufl. 2007; *Wuschek,* Gewerbliche Schutzrechte und Lizenzen als Kreditsicherheiten und in der Insolvenz, ZInsO 2015, 277; *Zimmer,* Zwangsvollstreckungsunterwerfung ohne Sicherungsabrede?, NJW 2008, 3185.

Übersicht

I. Allgemeine Fragen

1. Begriff der Kreditsicherheiten

1 Als Kreditsicherheiten bezeichnet man Vermögensrechte, die zur Sicherung der Erfüllung der Ansprüche des Darlehensgebers aus einem Darlehensvertrag eingeräumt werden. Solche Vermögensrechte können beispielsweise sein: Grundpfandrechte, Mobiliarpfandrechte oder Ansprüche aus Bürgschaften. Ihre Besonderheit besteht darin, dass sie dem Gläubiger eine zusätzliche Sicherung dafür gewähren, dass seine Ansprüche erfüllt werden. Durch Kreditsicherheiten wird die Chance auf Befriedigung größer.

2. Wirtschaftliche Bedeutung

2 Die Einräumung von Kreditsicherheiten wird häufig als „Hilfsgeschäft" bezeichnet.[1] Das ist deshalb verständlich, weil sie der Durchsetzung der Kreditforderung dient. Allerdings haben Sicherungen wirtschaftlich gesehen sowohl für die Bank als auch für den Kreditnehmer weit mehr als nur Hilfscharakter, denn ohne sie wäre der Abschluss eines Darlehensvertrags in den meisten Fällen nicht möglich. Sie sind daher essentieller Bestandteil des Kreditgeschäfts.

3 Durch die Gewährung eines Kredits verpflichtet sich die Bank vorzuleisten (§ 320 Abs. 1 S. 1 BGB aE). Sie muss ihre Pflicht, das Kapital zur Verfügung zu stellen, bereits erfüllen, während die Ansprüche auf den geschuldeten Zins erst später fällig werden.[2]

4 Bis zu diesem Moment können verschiedene Entwicklungen eintreten, die für die Bank nicht vorhersehbar sind. Zum einen kann sich die Zahlungswilligkeit des Schuldners ändern. Zum anderen können auch Veränderungen in dessen Zahlungsfähigkeit eintreten,

[1] S. *Bülow* Rn. 1; BankR-HdB/*Ganter* § 90 Rn. 2.
[2] Zum Zeitpunkt der Fälligkeit s. § 488 Abs. 2 BGB.

und zwar aufgrund einer Verschlechterung seiner spezifischen wirtschaftlichen Verhältnisse oder aus allgemeinen wirtschaftlichen Gründen. Im Ergebnis kann es zur Eröffnung eines Insolvenzverfahrens kommen. In diesem haben gesicherte Gläubiger eine wesentlich bessere Stellung als ungesicherte.[3]

Die Zahlungsfähigkeit und die Zahlungswilligkeit des Schuldners sind Umstände, die dem Einfluss des Kreditinstituts entzogen sind. Daher entspricht es keinem Misstrauen, Sicherheiten für Darlehen zu verlangen.[4] Vielmehr gehört dies zur Sorgfalt eines ordentlichen und gewissenhaften Geschäftsleiters jeder Bank. Schon aus gesellschaftsrechtlichen Gründen ist deshalb die Forderung nach Sicherheiten notwendig.[5] Auch aus bankaufsichtsrechtlicher Sicht ist sie zumindest empfehlenswert.[6] Aus gesamtwirtschaftlicher Perspektive erfüllen Sicherheiten die Funktion der Risikoverringerung, der Senkung der Informationskosten und der Verhinderung von Risikoverlagerungen.[7] 5

Andererseits ist zu bedenken, dass das Verlangen nach Sicherheiten durch Banken für den Kreditsuchenden mitunter erhebliche Schwierigkeiten birgt. Es beschränkt den Zugang des Bürgers zur wichtigsten finanziellen Ressource: dem Geld. Gerade dann, wenn er in Zahlungsschwierigkeiten steckt, wird er häufig nicht über die Vermögenswerte verfügen, welche die Banken als Sicherheiten verlangen. Benötigt er diese zu seiner eigenen Lebenshaltung, kann die Forderung nach ihnen auf eine sittenwidrige Knebelung hinauslaufen (§ 138 Abs. 1 BGB).[8] Die Stellung von Bürgschaften durch Ehegatten, andere Verwandte oder Arbeitnehmer ruft eigene Probleme hervor.[9] Außerdem führen Kreditsicherheiten zu Konflikten mit anderen, ungesicherten Gläubigern.[10] 6

3. Verwandte Gestaltungen

a) Eigentumsvorbehalt. Den Kreditsicherheiten verwandt ist der Eigentumsvorbehalt.[11] Bei ihm behält der Gläubiger der Geldforderung seine eigene Leistung bis zur Erfüllung der Geldforderung zurück und sichert sich auf diese Weise. 7

b) Margins. Den Kreditsicherheiten ähnlich sind auch die *margins*. Es handelt sich um Sicherheiten für ungewisse zukünftige Verbindlichkeiten. Sie werden vor allem bei Derivategeschäften, zB im Optionshandel, verlangt.[12] Ihre Besonderheit besteht darin, dass sie laufend neu berechnet werden. Erhöht sich der Saldo des Schuldners gegenüber dem Gläubiger, so kann letzterer weitere Sicherheiten verlangen (sog. *margin call*). 8

c) Netting. Eine weitere Möglichkeit, die Befriedigung des Gläubigers zu sichern, bieten Vereinbarungen über das sog. Netting.[13] Diese kommen regelmäßig in Devisentermingeschäften sowie in Derivaterahmenverträgen vor. Sie sehen vor, dass alle Ansprüche der Parteien einer Geschäftsbeziehung miteinander saldiert werden. Dies ähnelt dem Kontokorrent (§ 355 HGB). Der Unterschied zu diesem besteht darin, dass die Forderungen beim Netting nicht periodisch, sondern immer dann miteinander verrechnet werden, wenn sie sich gegenübertreten (auch Staffelkontokorrent genannt[14]). Durch die Saldierung 9

[3] S. etwa §§ 49–51 InsO.
[4] So aber *Bülow* Rn. 1.
[5] S. etwa § 93 Abs. 1 S. 1 AktG.
[6] → Rn. 15.
[7] *Röver* S. 126.
[8] → Rn. 61.
[9] Dazu *Hoffmann* → Kap. 29, A. Rn. 25–35.
[10] Dazu *Haertlein* → Kap. 26 Rn. 66.
[11] Legaldefiniert in § 449 Abs. 1 BGB für den Verkauf unter Eigentumsvorbehalt. Dazu *Baur/Stürner* § 59; *Serick* Bd. 1; *Westermann/Gursky/Eickmann* § 43; *Leible/Sosnitza* JuS 2001, 244 ff. (341 ff., 449 ff., 556 ff.).
[12] *Clouth* BKR 2001, 45 (46).
[13] Zu ihnen BankR-HdB/*Jahn/Reiner* § 114 Rn. 173-170; *Lehmann* S. 51; *Micheler* S. 230; *Wood* Rn. 1-027–1-029.
[14] S. dazu MüKoHGB/*Langenbucher*, 3. Aufl. 2014, § 355 Rn. 25.

werden die ausstehenden Forderungen des Gläubigers verringert und damit die beim Ausfall des Schuldners drohenden Risiken minimiert.

10 **d) Konzernverrechnungsklauseln.** Eine andere Möglichkeit der Sicherung ist die Konzernverrechnungsklausel. In ihr verzichtet der Gläubiger auf das Erfordernis der Gegenseitigkeit von Forderung und Gegenforderung (§ 387 BGB) und gewährt dem Schuldner die Befugnis zur Aufrechnung mit Forderungen anderer konzernangehöriger Unternehmen.[15] Diese kann auch als Netting-Abrede ausgestaltet sein und alle Forderungen aus der Geschäftsbeziehung der verbundenen Unternehmen mit einem bestimmten Gläubiger erfassen.[16]

11 **e) Repo-Geschäfte.** Kreditsicherung kann auch über „Repo"-Geschäfte *(repurchase agreements)* erreicht werden. Dies sind Verträge über den Verkauf von Finanzinstrumenten oder Forderungen mit gleichzeitigen Rückkaufsvereinbarungen.[17] Wirtschaftlich gesehen handelt es sich dabei um ein Gelddarlehen an den Verkäufer, dessen Rückzahlung durch die von ihm übertragenen Vermögensgegenstände gesichert wird.

12 **f) Covenants.** Eine – wenn auch entfernte – Ähnlichkeit mit Kreditsicherheiten haben sogenannte *covenants.*[18] Dies sind Klauseln in Kreditverträgen, die den Schuldner zur Einhaltung gewisser Verhaltensregeln, etwa einer bestimmten Geschäftspolitik, verpflichten. Werden sie verletzt, so kann dies einen Anspruch auf zusätzliche Besicherung oder ein Kündigungsrecht des Gläubigers zur Folge haben.[19] Auch wenn durch sie keine besonderen Vermögensrechte übertragen werden, dienen diese Klauseln der Sicherung des Gläubigers gegenüber zukünftigem Verhalten des Schuldners und sind damit zumindest funktional den Kreditsicherheiten vergleichbar.

13 Eine Art der covenants sind sog. **Negativklauseln** (*negative covenants* oder *negative pledge clauses*).[20] Mittlerweile gehören sie zum Standard in internationalen Kreditverträgen. Sie werden vor allem dann vereinbart, wenn von klassischen Kreditsicherheiten abgesehen wird, etwa im Hinblick auf die Reputation des Kreditnehmers. Die Negativklausel verbietet dem Schuldner, anderen Personen Sicherheiten zu bestellen; bei entsprechender Publizität kann sie auch Drittwirksamkeit gegen andere Sicherungsnehmer entfalten. Damit soll verhindert werden, dass der Kreditgeber im Insolvenzfall gegenüber anderen, gesicherten Gläubigern das Nachsehen hat.

14 Einen etwas anderen Zweck erfüllen sog. **Gleichstellungsverpflichtungen** *(pari passu clauses).*[21] Sie sehen vor, dass der Schuldner dann, wenn er anderen Gläubigern Sicherheiten bestellt, auch dem Kreditgeber gleichwertige Sicherheiten einräumen muss. Die Bestellung neuer Sicherheiten wird also nicht verboten, sondern nur eine Art Meistbegünstigungsgrundsatz eingeführt.

14a **g) Refinanzierungstransaktionen.** Anstatt Kreditsicherheiten durch dingliche Verfügungen zu bestellen, können sich sog. Refinanzierungsunternehmen (ua Kreditinstitute) lediglich schuldrechtlich zur Übertragung von Gegenständen und anderen Objekte verpflichten. Bei entsprechender Eintragung in einem besonders geführten **Refinanzierungsregister (vgl. §§ 22a–22o KWG)**[22] erlangt der Übertragungsberechtigte eine vergleichbar starke Stellung wie ein herkömmlicher Kreditsicherungsnehmer, bei jedoch geringerem Aufwand

[15] Vgl. BGHZ 160, 107; Lutter/Scheffler/Schneider/*Maier-Reimer,* 1998, Rn. 16.68.
[16] Vgl. *Rendels* ZIP 2003, 1583 (1584).
[17] Zu ihnen BankR-HdB/*Teuber* § 105 Rn. 13 ff.; *Bachmann* ZHR 173 (2009), 596 (600).
[18] Zu ihnen *Graewe* FS Lwowski, 2014, 24 ff.; *Nouvertné* ZIP 2012, 2139; BuB/*Wittig/Wulfers,* Losebl. (108. EL April 2014) Rn. 4/3139 ff.
[19] BuB/*Wittig/Wulfers,* Losebl. (108. EL April 2014) Rn. 4/3155.
[20] Zu ihnen *Walgenbach/Castor* Kap. 16 Rn. 149; *Lwowski/Merkel* S. 70; *Merkel* Die Negativklausel; BankR-HdB/*Merkel/Richrath* § 98 Rn. 80 ff.; *Hofmann/Keller* ZHR 175 (2011), 684 (710).
[21] Zu ihnen *Lwowski/Merkel* S. 71 f.; BankR-HdB/*Merkel/Richrath* § 98 Rn. 109 ff.; *Hofmann/Keller* ZHR 175 (2011), 684 (710).
[22] Dazu ausführlich *Lehmann* Kap. 30.

und geringeren Kosten. So steht dem Übertragungsberechtigten insbesondere ein insolvenzrechtliches Aussonderungsrecht nach § 47 InsO zu (§ 22j Abs. 1 KWG). Die Konstruktion ist nicht unproblematisch, da eine „Verwässerung" sachenrechtlicher (zB Publizität des Grundbuchs) und insolvenzrechtlicher (zB Gläubigergleichbehandlung) Prinzipien droht.[23]

4. Bankaufsichtsrechtliche Aspekte

a) Berücksichtigung bei Eigenmittelanforderungen. Die Besicherung von Krediten kann sich risikomindernd auf die Berechnung des angemessenen Eigenkapitals von Kreditinstituten nach der CRR[24] auswirken.[25] Die Neugestaltung beruht auf den bankaufsichtsrechtlichen Regelungen des Unionsgesetzgebers, durch die er das sog. Basel III-Regime umsetzt. Die neuen Regelungen berücksichtigen die Besicherung eines Kredits bei der Bestimmung der risikogewichteten Positionswerte nach dem Standardansatz oder dem auf internen Ratings basierenden Ansatz (IRBA). Dies geschieht beim Standardansatz dadurch, dass für gewisse besicherte Kredite von vornherein ein geringeres Risikogewicht vorgesehen wird.[26] Beim IRBA können Sicherheiten unter bestimmten Voraussetzungen zur Kreditrisikominderung verwandt werden.[27] Im Ergebnis vermindern also berücksichtigungsfähige Sicherheiten das Eigenkapital, mit dem Kredite vom Kreditinstitut zu unterlegen sind. 15

b) Bedeutung in anderen Zusammenhängen. Darüber hinaus kann das Kreditinstitut bei ausreichend besicherten Krediten von einer Prüfung der wirtschaftlichen Verhältnisse des Schuldners absehen.[28] Ist für den Kredit ein Grundpfandrecht an Wohneigentum bestellt, das der Kreditnehmer selbst nutzt, so kann von der laufenden Prüfung generell abgesehen werden.[29] Bei der Berechnung der Obergrenzen für Großkredite nach Art. 387–403 CRR sind Privilegien für Kredite vorgesehen, für die qualifizierte Sicherheiten wie Bareinlagen, Einlagezertifikate, Grundpfandrechte und durch einen Dritten gestellte Sicherheiten bestehen.[30] 16

II. Erscheinungsformen

Kreditsicherheiten lassen sich in verschiedener Hinsicht einteilen. Diese Kategorisierungen sind **kein Selbstzweck,** sondern erlauben außer der Präzisierung und Verkürzung der Sprachweise auch wichtige inhaltliche Differenzierungen. Bei den nachfolgenden Kategorien ist immer zu bedenken, dass diese sich nicht gegenseitig ausschließen, sondern sich **überschneiden.** 17

1. Personal- und Realsicherheiten

a) Bedeutung der Unterscheidung. Die Einteilung in Personal- und Realsicherheiten ist grundlegend für eine Reihe rechtlicher Fragen. So werden Personalsicherheiten durch **schuldrechtliche** Geschäfte begründet, Realsicherheiten dagegen in der Regel durch **sachenrechtliche.** Bestimmte Probleme treten nur bei der einen oder anderen Art auf. Die Frage der Wirksamkeit bei **Einkommenslosigkeit des Sicherungsgebers** etwa stellt 18

---

[23] So auch Beck/Samm/Kokemoor/*Bornemann* KWG Losebl. (182. EL Oktober 2015), § 22j KWG Rn. 8.

[24] Capital Requirements Regulation = Verordnung (EU) Nr. 575/2013 v. 26.6.2013 über Aufsichtsanforderungen an Kreditinstitute und Wertpapierfirmen und zur Änderung der Verordnung (EU) Nr. 646/2012, ABl. 2013 L 176/1. Vgl. zu den Auswirkungen auf das Kreditsicherungsrecht *Zoepffel* WM 2014, 928.

[25] Zu Kreditrisikominderungstechniken unter der CRR eingehend Lwowski/Fischer/Gehrlein/*Graewe* § 8 Rn. 18 ff.

[26] S. etwa für durch Grundpfandrechte besicherte Kredite, Art. 124–126 CRR.

[27] S. Art. 199 CRR.

[28] § 18 Abs. 1 S. 2 KWG.

[29] § 18 Abs. 1 S. 3 Nr. 1 KWG.

[30] S. Art. 400 Abs. 1 lit. g und h sowie Art. 402–403 CRR.

sich nur bei Personalsicherheiten,[31] während der **Spezialitätsgrundsatz** nur bei Realsicherheiten gilt.[32] Wichtig ist die Differenzierung außerdem deshalb, weil es zur **Kollision** von Personal- und Realsicherheiten kommen kann, für die besondere Grundsätze gelten.[33] Schließlich hat sie auch für das **Internationale Privatrecht** grundlegende Bedeutung.[34]

19 **b) Personalsicherheiten.** Es handelt sich um Kreditsicherheiten, die dem Gläubiger den Zugriff auf das Vermögen einer Person gestatten. Zu ihnen gehören:
– die Bürgschaft (§§ 765–778 BGB)[35]
– das abstrakte Schuldversprechen (§ 780 BGB)
– der Garantievertrag[36]
– die harte Patronatserklärung[37]
– der Schuldbeitritt[38]
– der Standby Letter of Credit[39]
– der Wechsel.

20 Die Person, auf deren Vermögen der Gläubiger Zugriff erhält, ist meist vom Schuldner verschieden. Auch der Schuldner selbst kann jedoch dem Gläubiger eine zusätzliche Sicherheit einräumen und dadurch dessen Befriedigungschancen erhöhen, zB durch ein abstraktes Schuldversprechen verbunden mit notariell beurkundeter Zwangsvollstreckungsunterwerfung.[40]

21 **c) Realsicherheiten.** Es handelt sich um Kreditsicherheiten, die dem Gläubiger den Zugriff auf bestimmte Objekte gestatten. Zu ihnen gehören:
– das Pfandrecht an beweglichen Sachen (§§ 1204–1259 BGB)
– das Pfandrecht an Rechten (§§ 1273–1296 BGB)[41]
– das Registerpfandrecht an Luftfahrzeugen (§§ 1–74 LuftFzgG)
– die Schiffshypothek (§§ 24–81a SchRG)
– die Grundpfandrechte: Hypothek (§§ 1113–1190 BGB), Grundschuld (§§ 1191–1198 BGB) und Rentenschuld (§§ 1199–1203 BGB)[42]
– die Sicherungsübereignung (§§ 929 S. 1, 930 BGB)[43]
– die Sicherungszession (§§ 398–411 BGB).[44]

22 Gegenstand einer Realsicherheit können nicht nur **Sachen** iSd § 90 BGB sein. In Betracht kommen auch **Rechte.** So gelten zB die §§ 1273–1296 BGB für die Verpfändung von Ansprüchen aus Lebensversicherungen, Geschäftsanteilen einer GmbH[45] oder Immaterialgüterrechten,[46] zB Patenten,[47] Markenrechten,[48] Urheberrechten,[49] ja sogar Internet-Domains.[50] Ebenfalls möglich ist die Sicherungszession.[51]

---

[31] Dazu *Hoffmann* → Kap. 29, A. Rn. 25–39.
[32] Dazu *Haertlein* → Kap. 25 BGB § 1113 Rn. 14.
[33] → Rn. 90–94.
[34] → Rn. 116–134.
[35] Dazu *Hoffmann,* Kap. 29, B., BGB § 777.
[36] Dazu *Hoffmann,* Kap. 29, D.
[37] Dazu *Hoffmann* → Kap. 29, E. Rn. 3–6.
[38] Dazu *Hoffmann,* Kap. 29, C.
[39] Dazu *Hoffmann* → Kap. 29, D. Rn. 18 f.
[40] § 794 Abs. 1 Nr. 5 ZPO.
[41] Dazu *Haertlein,* Kap. 28.
[42] Dazu *Haertlein,* Kap. 25.
[43] Dazu *Haertlein,* Kap. 26.
[44] Dazu *Haertlein,* Kap. 27.
[45] *Reymann* DNotZ 2005, 425 (426).
[46] *Holger Schmidt* WM 2012, 721; *Wuschek* ZInsO 2015, 277.
[47] *Klawitter/Hombrecher* WM 2004, 1213.
[48] *Albrecht/Hombrecher* WM 2005, 1689.
[49] *Schmidt* WM 2003, 461.
[50] *Schafft* BB 2006, 1013.
[51] Dazu *Haertlein,* Kap. 27.

Auch **Wertpapiere** können als Sicherheiten dienen. Hinsichtlich der auf ihre Verpfändung anzuwendenden Vorschriften ist zwischen Orderpapieren, Inhaberpapieren und Rektapapieren zu unterscheiden.[52] Die Verpfändung von Traditionspapieren (zB Lagerschein, Ladeschein) ist als Verpfändung der hinterlegten oder transportierten Sache selbst anzusehen.[53] 23

Finanzinstrumente (zB Aktien, Anleihen, Derivate)[54] können ebenfalls Gegenstand von Realsicherheiten sein. Nach hM richtet sich ihre Verpfändung nach den Vorschriften über das Pfandrecht an beweglichen Sachen (§§ 1204–1259 BGB).[55] Nach einer Mindermeinung sollen dagegen die Regeln über die Verpfändung von Rechten Anwendung finden (§§ 1274 Abs. 1 S. 1, 1280 BGB).[56] Letzterer Meinung wird man insoweit folgen müssen, als über die Instrumente keine Urkunden ausgestellt werden (zB bei Schuldbuchforderungen und Derivaten), weil insoweit ein Besitz iSd § 1205 BGB schon begrifflich nicht möglich ist. *De lege ferenda* sollte die Verpfändung von Finanzinstrumenten durch Einigung und Eintragung in ein Register erfolgen.[57] 24

Geld kann ebenfalls verpfändet werden. Handelt es sich um Bargeld, gelten die Vorschriften der §§ 1204–1259 BGB. Bei Buchgeld (zB Guthaben auf einem Girokonto) erfolgt die Verpfändung nach §§ 1273–1296 BGB.[58] 25

Der Gegenstand, auf den der Gläubiger durch die Realsicherheit Zugriff erhält, kann **im Eigentum eines Dritten oder des Schuldners** selbst stehen. In letzterem Fall besteht der Vorteil der Sicherheit aus Sicht des Gläubigers vor allem darin, dass er ein **Vorrecht vor anderen Gläubigern** im Falle der Insolvenz des Schuldners erlangt (Aus- oder Absonderungsrecht, §§ 47–51 InsO). 26

2. Gesetzliche oder vertragliche Sicherheiten

a) Bedeutung der Unterscheidung. Die Einteilung in gesetzliche und vertragliche Kreditsicherheiten betrifft die Art, auf die die Sicherheit entsteht: Während ein Teil der Sicherheiten kraft gesetzlicher Anordnung begründet wird, bedarf es zur Entstehung der meisten Sicherheiten einer privatautonomen Vereinbarung zwischen zwei Parteien. Hinsichtlich der übrigen Fragen, wie etwa der Verwertung, unterliegen gesetzliche und vertragliche Sicherheiten grundsätzlich denselben Regeln.[59] 27

b) Gesetzliche Sicherheiten. Sie entstehen ohne vertragliche Vereinbarung. Zu ihnen gehören: 28
- das Werkunternehmerpfandrecht (§ 647 BGB)
- das Vermieterpfandrecht (§§ 562–562d BGB)
- die Pfandrechte des Lagerhalters (§ 475b HGB), Kommissionärs (§ 397 HGB), Frachtführers (§ 441 HGB) und Spediteurs (§ 464 HGB).

Gesetzliche Sicherheiten sind für die Bankpraxis im Allgemeinen nicht von Bedeutung. 28a

c) Vertragliche Sicherheiten. Sie müssen durch Vertrag bestellt werden. Zu ihnen gehören: 29
- die in → Rn. 19 genannten Personalsicherheiten
- die in → Rn. 21 genannten Realsicherheiten.

---

[52] Dazu *Haertlein* → Kap. 28 Vor BGB §§ 1292 ff. Rn. 12–31.
[53] Palandt/*Wicke,* 78. Auflage 2019, § 1292 Rn. 6; BankR-HdB/*Merkel* § 93 Rn. 131.
[54] Vgl. die Def. in § 1 Abs. 11 S. 1 KWG.
[55] GroßkommHGB-*Canaris* Bankvertragsrecht, 2001, Rn. 2032; BankR-HdB/*Merkel* § 93 Rn. 87; *Hoffmann* WM 2007, 1547 (1548).
[56] *Einsele* S. 123 f.; MüKoHGB/*Einsele* → 3. Aufl. 2014, Depotgeschäft Rn. 127.
[57] *Lehmann* S. 445–447.
[58] Vgl. BGH NJW 1983, 2701 (2702).
[59] S. etwa für die Verpfändung § 1273 Abs. 2 S. 1 BGB.

29a Ein **Anspruch** auf die Bestellung vertraglicher Sicherheiten besteht nicht allein schon wegen der Existenz des Kreditverhältnisses, sondern muss vereinbart werden. Dies kann entweder im Darlehensvertrag oder in einer gesonderten Sicherungsvereinbarung geschehen. Die Allgemeinen Geschäftsbedingungen der Banken sehen vor, dass die Bank die Besicherung aller Ansprüche aus der bankmäßigen Geschäftsverbindung verlangen darf.[60] Dort ist auch die **Bestellung** bestimmter Sicherheiten vereinbart, zB ein Pfandrecht an Wertpapieren und Sachen des Kunden, die in den Besitz der Bank gelangen.[61] Eine solche Sicherheitenbestellung durch AGB ist grundsätzlich zulässig.[62]

3. Akzessorische, abstrakte und fiduziarische Sicherheiten

30 **a) Bedeutung der Unterscheidung.** Die Einteilung in akzessorische und abstrakte Sicherheiten ist bedeutsam, um das Verhältnis von Sicherheit und gesicherter Forderung näher zu beschreiben: Bei akzessorischen Sicherheiten hängt die Existenz und Durchsetzung von einer gesicherten Forderung ab, bei abstrakten Sicherheiten dagegen nicht. Abstraktheit bedeutet jedoch nicht, dass das Sicherungsrecht gänzlich unabhängig von der zugrundeliegenden Forderung durchgesetzt werden kann. Auch bei einer abstrakten Sicherheit kann aus dem Nicht(mehr)bestehen der Forderung eine Einwendung hergeleitet werden (zB aus § 273 BGB).[63] Die abstrakte Natur hat Bedeutung vor allem im Verhältnis zu Dritten, bspw. nach der Veräußerung der Sicherheit durch den Sicherungsnehmer an Dritte, da der Sicherungsgeber diesen regelmäßig keine Einrede aus seinem persönlichen Verhältnis zum Sicherungsnehmer entgegengehalten kann.[64]

31 **b) Akzessorische Sicherheiten.** Sie sind vom Bestand, vom Umfang und von der Durchsetzbarkeit der gesicherten Forderung abhängig. Zu ihnen gehören:
- die Bürgschaft (s. §§ 767 f., 770 f. BGB)
- das Pfandrecht an beweglichen Sachen und Rechten (s. §§ 1210 f., 1273 Abs. 2 S. 1 BGB)
- die Hypothek (s. §§ 1137 Abs. 1 S. 1, 1163 Abs. 1, 1173 Abs. 1, 1174 Abs. 1 BGB).

31a Bei den akzessorischen Personalsicherheiten muss der Gläubiger vor der Inanspruchnahme des Sicherungsgebers regelmäßig versuchen, seine Forderung gegen den Schuldner durchzusetzen.[65]

32 **c) Abstrakte Sicherheiten.** Sie sind vom Bestand, dem Umfang und der Durchsetzbarkeit der zugrundeliegenden Forderung unabhängig. Zu ihnen gehören:
- der Garantievertrag
- das abstrakte Schuldversprechen (s. § 780 BGB: „selbständig“)
- die Sicherungsübereignung
- die Sicherungszession
- der Wechsel (vgl. Art. 17 WG)
- der *Standby Letter of Credit*
- die Grundschuld (vgl. § 1192 Abs. 1 BGB)
- die Rentenschuld (vgl. § 1199 Abs. 1 BGB).

32a Dient die Grundschuld – wie regelmäßig – der Sicherung einer Forderung, so nennt man sie Sicherungsgrundschuld (§ 1192 Abs. 1a S. 1 BGB). Deren Abstraktheit ist durch § 1192 Abs. 1a S. 1 BGB erheblich eingeschränkt.[66]

---

[60] Nr. 13 AGB der privaten Banken und Genossenschaftsbanken; Nr. 22 AGB der Sparkassen.

[61] Nr. 14 f. AGB der privaten Banken und Genossenschaftsbanken; Nr. 21 AGB der Sparkassen sowie Allgemeine Sicherungsbedingungen für die jeweilige Sicherheit.

[62] Vgl. BuB/*Wenzel/Gratias*, Losebl. (83. EL Oktober 2009) Rn. 4/55.

[63] Vgl. *Bülow* Rn. 260.

[64] S. zur Sicherungsübereignung *Bülow* Rn. 1277.

[65] Dazu *Hoffmann* → Kap. 29, B. BGB §§ 771–773 Rn. 1–4, D. Rn. 8.

[66] Dazu *Haertlein* → Kap. 25 BGB § 1192 Rn. 10 f.

d) Fiduziarische Sicherheiten. Es handelt sich um abstrakte Realsicherheiten (wie zB die Sicherungsübereignung). Bei ihnen wird dem Gläubiger ein Gegenstand unabhängig davon übertragen, ob er ihn zu seiner Sicherung benötigt. Als Ausgleich wird ein Treuhandverhältnis an dem übertragenen Gegenstand begründet. Dies gilt auch dann, wenn eine ausdrückliche Vereinbarung fehlt.[67] 33

4. Eigene Sicherheiten und Drittsicherheiten

a) Bedeutung der Unterscheidung. Die Differenzierung zwischen eigenen Sicherheiten und Drittsicherheiten betrifft die Frage, wer die Sicherheit bestellt. Dies ist beispielsweise für das Schicksal der Sicherheit im Falle der Befriedigung des Gläubigers bedeutsam.[68] Außerdem ist die Unterscheidung wichtig für das Bestehen von Rückgriffsansprüchen Dritter gegen den Schuldner, wenn die von ihnen bestellte Sicherheit verwertet wird oder sie zur Abwendung der Verwertung an den Gläubiger leisten.[69] 34

b) Eigene Sicherheiten. Sie bestellt der Schuldner selbst. Dies kommt vor allem bei Realsicherheiten in Betracht, zB einer Grundschuld am eigenen Grundstück.[70] 35

c) Drittsicherheiten. Sie werden von einer vom Schuldner verschiedenen Person zugunsten des Gläubigers bestellt. In Betracht kommt etwa eine Grundschuld am Grundstück eines Dritten oder eine von einem Dritten abgegebene Bürgschaft. 36

5. Singular-, Gesamt- und Globalsicherheiten

a) Bedeutung der Unterscheidung. Diese Kategorisierung betrifft die Reichweite der Sicherheiten. Insbesondere Globalsicherheiten werfen eine Reihe von Problemen auf. Dazu gehören ihre Vereinbarkeit mit dem Bestimmtheitsgrundsatz und dem Spezialitätsprinzip ebenso wie die Frage der Übersicherung.[71] 37

b) Singularsicherheiten. Sie beziehen sich auf einen einzelnen Vermögensgegenstand. Die Verpfändung eines Maschinenparks wird beispielsweise als Begründung eines gesonderten Pfandrechts (§§ 1204 ff. BGB) an jedem einzelnen Teil konstruiert. Diese strenge Regelung findet ihren Grund im Spezialitätsprinzip.[72] Auch Personalsicherheiten sind in diesem Sinn Singularsicherheiten, da sie jeweils von Sicherungsgeber und -nehmer einzeln vereinbart werden müssen. 38

c) Gesamtsicherheiten. Sie erstrecken sich auf mehrere Gegenstände. Wegen der Durchbrechung des Spezialitätsprinzips müssen sie im Gesetz gesondert vorgesehen sein. Beispiele sind die **Gesamthypothek** und die **Gesamtgrundschuld.**[73] Bei ihnen haftet jedes der belasteten Grundstücke für die gesamte Forderung; der Gläubiger kann sich nach Gutdünken eines zu seiner Befriedigung aussuchen.[74] Gehören die Grundstücke verschiedenen Eigentümern, dann geht die Hypothek oder Grundschuld auf den in Anspruch genommenen Eigentümer über; jedoch nur unter der Bedingung, dass dieser einen Ausgleichsanspruch gegen den anderen hat[75] und mit Rangrücktritt gegenüber dem ursprünglichen Gläubiger hinsichtlich einer verbliebenen Restforderung.[76] Wo ein solcher Anspruch nicht besteht, etwa weil es an einer entsprechenden Vereinbarung fehlt, trägt der in 39

[67] BGHZ 133, 25 (30) = NJW 1996, 2092 (2093); BGH WM 2008, 602 (604). Dazu näher *Haertlein* → Kap. 27 Einleitung vor BGB §§ 398 ff. Rn. 12–15.

[68] → Rn. 84 f.

[69] S. §§ 1143 Abs. 1, 774 Abs. 1 BGB.

[70] → Rn. 26.

[71] → Rn. 58 f., 61.

[72] → Rn. 58.

[73] §§ 1132, 1192 Abs. 1 BGB.

[74] §§ 1132 Abs. 1 S. 2, 1192 Abs. 1 BGB.

[75] § 1182 S. 1 BGB.

[76] § 1182 S. 2 BGB.

Anspruch genommene Eigentümer letztlich die Last allein.[77] Bei Personalsicherheiten gibt es keine Gesamtsicherheiten, etwa keine „Gesamtbürgschaft". Wenn sich mehrere Personen für dieselbe Schuld verbürgen, findet unter ihnen ein Gesamtschuldnerausgleich statt.[78]

40 **d) Globalsicherheiten.** Bei ihnen wird eine Gesamtheit von Gegenständen – Sachen oder Rechte – auf den Gläubiger übertragen. Anwendungsfälle sind zB die **Sicherungsübereignung eines Warenlagers**[79] oder die **Globalzession**[80] aller Forderungen aus einer laufenden Geschäftsbeziehung. Da sich der Bestand etwa des Warenlagers durch die laufenden Geschäfte ändert und sich die Sicherheit auf den jeweiligen Bestand erstreckt, bezeichnet man sie auch als „revolvierend" (umwälzend). Diese Sicherheiten sind besonders problematisch, weil bei ihnen der Spezialitätsgrundsatz[81] durchbrochen wird. Aus diesem Grund gewinnen die Erfordernisse der Bestimmtheit und der Publizität besondere Bedeutung.[82]

6. Finanzsicherheiten

41 **a) Ursprung.** Der Begriff der Finanzsicherheiten ist durch das europäische Recht in die deutsche Rechtsordnung gelangt. Die Finanzsicherheitenrichtlinie[83] verlangt von den Mitgliedstaaten, zur Erhöhung der Rechtsicherheit Regelungen zur effektiven, in der Insolvenz des Sicherungsgebers bevorzugten Verwertung besonders leicht liquidierbarer Sicherheiten einzuführen.[84] Der deutsche Gesetzgeber ist dem durch die Einführung des § 1259 BGB sowie einiger Sonderbestimmungen in der Insolvenzordnung nachgekommen. Die Legaldefinition der Finanzsicherheiten findet sich in § 1 Abs. 17 KWG.

42 **b) Bedeutung.** Die Einführung der Kategorie der Finanzsicherheiten dient in erster Linie dazu, dem Sicherungsnehmer – vor allem Banken – in der Insolvenz des Sicherungsgebers bestimmte Vorteile zukommen zu lassen.[85] Außerhalb des Insolvenzrechts hat der Begriff kaum Bedeutung, außer bei der Berechnung der Eigenmittel[86] und im Rahmen der Restrukturierung von Kreditinstituten.[87] Finanzsicherheiten gewähren dem Sicherungsnehmer nur die in der Insolvenzordnung enumerativ aufgezählten Privilegien. Sie schränken außerhalb des Insolvenzrechts bestehende Einwendungen und Einreden des Sicherungsgebers nicht ein.

42a Die Bestellung von Finanzsicherheiten erfolgt nach den allgemeinen Vorschriften des Privatrechts. Sie kann Vollrechtsübertragung (zB Sicherungsübereignung) oder Bestellung eines beschränkten dinglichen Sicherungsrechts (zB Pfandrecht) sein.[88]

43 **c) Gegenstände.** Finanzsicherheiten können sich nur auf bestimmte, in § 1 Abs. 17 KWG abschließend aufgezählten Gegenstände beziehen. Insgesamt zeichnen sich alle diese Gegenstände dadurch aus, dass sie im Bankverkehr häufig als Sicherheiten dienen. Es handelt sich um:
– Barguthaben
– Geldbeträge

[77] S. *Baur/Stürner* § 43 I. 2.
[78] §§ 774 Abs. 2, 426 BGB. Dazu *Hoffmann* → Kap. 29, B. BGB § 774 Rn. 9–11.
[79] Dazu *Haertlein* → Kap. 26 Rn. 11.
[80] Dazu *Haertlein* → Kap. 27 Einleitung vor BGB §§ 398 ff. Rn. 32–36, 37–41.
[81] → Rn. 58.
[82] S. näher *Haertlein* → Kap. 27 Einleitung vor BGB §§ 398 ff. Rn. 7, 34, 39.
[83] RL 2002/47/EG v. 6.6.2002 über Finanzsicherheiten, ABl. 2002 L 168/43; zuletzt geändert durch RL2014/59/EU v. 15.5.2014, ABl. 2014 L 173/190.
[84] S. näher zur Finanzsicherheitenrichtlinie Lwowski/Fischer/Gehrlein/*Kieninger* § 17 Rn. 118.
[85] IE → Rn. 48.
[86] S. Art. 207 CRR.
[87] S. §§ 48j Abs. 3 S. 1, 48k Abs. 2 S. 1 KWG.
[88] S. Art. 5 f. Richtlinie 2002/47/EG.

- Wertpapiere[89]
- Geldmarktinstrumente[90]
- Kreditforderungen iSd Finanzsicherheitenrichtlinie
- Geldforderungen aus einem Darlehen eines Versicherungsunternehmens.

Bei den erwähnten Kreditforderungen iSd Finanzsicherheitenrichtlinie handelt es sich um Darlehensforderungen von Kreditinstituten.[91] Mit Geldbeträgen ist in richtlinienkonformer Auslegung[92] nicht Bargeld gemeint, sondern nur ein auf einem Konto gutgeschriebener Betrag, so dass zu den zuvor erwähnten Barguthaben kein Unterschied besteht.[93] **43a**

d) Parteien. Der Kreis der potentiellen Sicherungsnehmer und Sicherungsgeber von Finanzsicherheiten wird durch das Gesetz eng beschränkt. Dadurch soll sichergestellt werden, dass die Vorzüge dieser Sicherheitenkategorie nur bestimmten Sicherungsnehmern zugutekommen, nämlich vorrangig Instituten der Finanzbranche. Rechtfertigen lässt sich dies durch die notwendige Sicherung der Stabilität des Finanzsystems (→ Rn. 50). **44**

An der Bestellung einer Finanzsicherheit können **stets** mitwirken:[94]
- öffentlich-rechtliche Körperschaften
- Zentralbanken
- beaufsichtigte Finanzinstitute, insbesondere Kreditinstitute, Wertpapierdienstleistungsunternehmen und Versicherungen
- zentrale Vertragsparteien (zentrale Kontrahenten).[95]

Sonstige juristische Personen, Gesellschaften und Einzelkaufleute können sich **nur dann** an der Bestellung von Finanzsicherheiten beteiligen, soweit diese der Besicherung der in § 1 Abs. 17 S. 2 KWG genannten Verbindlichkeiten dienen. Diese stehen in der Praxis typischerweise nur Finanzinstituten zu. Durch die Bestimmung wird also dafür gesorgt, dass die Vergünstigungen der Finanzsicherheiten nur solchen Instituten zugutekommen. **45**

Alle anderen Gläubiger und Schuldner können Finanzsicherheiten **nicht** vereinbaren. Insbesondere können natürliche Personen – mit Ausnahme von Einzelkaufleuten – an der Bestellung von Finanzsicherheiten nicht mitwirken und Nicht-Kreditinstitute keine Sicherungsnehmer sein. **46**

Für **ausländische Beteiligte** gilt Folgendes: Kreditinstitute anderer EWR-Staaten können Sicherungsgeber und -nehmer von Finanzsicherheiten sein.[96] Kreditinstitute, Personen und Gesellschaften aus Nicht-EWR-Staaten (Drittstaaten) können nur als Sicherungsgeber beteiligt sein.[97] **47**

e) Folgen. Finanzsicherheiten gewähren dem **Sicherungsnehmer** besondere Vorteile in der Insolvenz des Sicherungsgebers. Im Einzelnen: **48**
- über sie kann trotz vorläufiger Sicherungsmaßnahmen des Insolvenzgerichts vor Insolvenzeröffnung wirksam verfügt werden (§ 21 Abs. 2 S. 2 InsO),
- über sie kann auch am Tag der Insolvenzeröffnung noch wirksam verfügt werden, sofern der Verfügungsempfänger nachweist, dass er die Insolvenzeröffnung weder kannte noch kennen musste (§ 81 Abs. 3 S. 2 InsO),
- mit ihnen kann auch gegen vorher fällig werdende, unbedingte Forderungen des Insolvenzschuldners sowie in den Situationen des § 96 Abs. 1 InsO aufgerechnet werden (§ 96 Abs. 2 S. 1 InsO),

---

[89] S. dazu die Def. in § 1 Abs. 11 S. 2 KWG.
[90] S. dazu die Def. in § 1 Abs. 11 S. 3 KWG.
[91] S. den durch die RL 2009/44/EG eingefügten Art. 2 Abs. 1 lit. o RL 2002/47/EG.
[92] Vgl. Erwägungsgrund 18 RL 2002/47/EG.
[93] *Ruzik* S. 427.
[94] Vgl. § 1 Abs. 17 S. 1 KWG iVm Art. 1 Abs. 2 lit. a–d Richtlinie 2002/47/EG.
[95] Zum Begriff vgl. *Lehmann* S. 51 f.
[96] S. § 1 Abs. 17 S. 1 KWG iVm Artikel 1 Abs. 2 lit. c Richtlinie 2002/47/EG.
[97] S. § 1 Abs. 17 S. 4 KWG.

– der Insolvenzverwalter kann die Leistung der Finanzsicherheit nicht gemäß § 130 InsO anfechten, wenn diese als Margensicherheit[98] dient (§ 130 Abs. 1 S. 2 InsO),
– der Insolvenzverwalter darf sie nicht selbst gemäß § 166 Abs. 1, 2 InsO verwerten, sondern muss die Verwertung dem Sicherungsgeber überlassen (§ 166 Abs. 3 Nr. 3 InsO),
– sie bleiben vom Insolvenzplan stets unberührt (§ 223 Abs. 1 S. 2 InsO).

49 Für den **Sicherungsgeber** gilt folgende Erleichterung: Hat er die Leistung einer Finanzsicherheit an den Sicherungsnehmer für einen Zeitpunkt versprochen, der nach der Eröffnung eines Insolvenzverfahrens über sein Vermögen liegt, und haben die Finanzsicherheiten – wie regelmäßig – einen Markt- oder Börsenpreis, dann kann der Insolvenzverwalter lediglich eine Forderung wegen Nichterfüllung geltend machen; sein Recht zur Wahl der Erfüllung gemäß § 103 Abs. 1 InsO ist ausgeschlossen (§ 104 Abs. 2 S. 1, 2 Nr. 6 InsO). Die Aufnahme der Finanzsicherheiten in § 104 Abs. 2 InsO soll der Umsetzung von Artikel 7 der Finanzsicherheitenrichtlinie dienen,[99] der das sog. *close-out netting* ermöglichen will, also die vertragliche Vereinbarung der sofortigen Beendigung des Vertrags und Aufrechnung aller Verbindlichkeiten im Fall der Insolvenz einer Partei.[100] Sie geht aber über diese Bestimmung weit hinaus, da sie das Wahlrecht des Insolvenzverwalters bei Finanzsicherheiten *immer* ausschließt, gleichgültig, ob eine Aufrechnung infolge Beendigung von den Parteien vertraglich vorgesehen wurde oder nicht.

50 Die Berechtigung dieser Privilegierungen, die vor allem den Banken zugutekommt, ist **rechtspolitisch umstritten.**[101] Ihre Geltung als positives Recht ist dagegen nicht in Zweifel zu ziehen. Ein Verstoß gegen europäisches Primärrecht oder den verfassungsrechtlichen Gleichbehandlungsgrundsatz scheidet aus, da diese Bestimmungen durch das Ziel der **Stabilität des Finanzsystems** gerechtfertigt sind.

51 Der Umsetzung der Finanzsicherheitenrichtlinie dient auch der neugefasste **§ 1259 BGB,** der Erleichterungen für die Pfandverwertung schafft. Dieser ist jedoch nicht auf Finanzsicherheiten beschränkt, sondern erfasst alle Pfandrechte, die zwischen Unternehmen, juristischen Personen des öffentlichen Rechts und öffentlich-rechtlichen Sondervermögen vereinbart werden. Die Erleichterungen der Pfandverwertung bestehen vor allem darin, dass die Parteien schon bei Verpfändung den Verkauf aus freier Hand (§ 385 BGB) sowie den Eigentumsübergang auf den Pfandgläubiger vereinbaren können (§ 1259 S. 1 BGB). Dadurch wird ihnen ermöglicht, von der Regelung des § 1229 BGB entgegen § 1245 Abs. 2 BGB abzuweichen. Die Vorschriften über das Versteigerungsverfahren (§§ 1229, 1233–1239 BGB) sind auch ohne entsprechende Parteivereinbarung ausgeschlossen (§ 1259 S. 3 BGB).

III. Grundsätze der Bestellung

1. Trennungs- und Abstraktionsprinzip

52 **a) Trennungsprinzip.** Bei der Bestellung von Kreditsicherheiten ist zwischen **drei Rechtsgeschäften** zu unterscheiden: Dem Darlehensvertrag (§ 488 BGB), dem Sicherungsvertrag (Sicherungsvereinbarung, Sicherungsabrede) und der Bestellung der Sicherheit selbst (zB nach § 765 f. BGB oder nach § 873 Abs. 1 BGB). Obwohl diese zeitgleich und im selben Dokument abgeschlossen werden können, sind sie strikt voneinander zu trennen.

53 **b) Abstraktionsprinzip.** Das Abstraktionsprinzip besagt, dass zwei Rechtsgeschäfte in ihrem Bestand voneinander unabhängig sind. Es gilt im Verhältnis zwischen **Sicherungsvertrag und Bestellung der Sicherheit,** dh die Unwirksamkeit der Sicherungsabrede

[98] Zum Begriff der *margins* → Rn. 8.
[99] S. BT-Drs. 15/1853, 15.
[100] *Lehmann* S. 51.
[101] Dazu *Lehmann* S. 477 f.; *Ruzik* S. 433 f.

beeinträchtigt die Wirksamkeit der bestellten Sicherheit nicht.[102] Bei nichtigem Sicherungsvertrag steht dem Sicherungsgeber ein Bereicherungsanspruch gegen den Sicherungsnehmer auf Herausgabe der Sicherheit zu.[103] Auch kann dem Sicherungsgeber eine Einrede zustehen, die er der Inanspruchnahme aus der Sicherheit entgegenhalten kann.[104]

Darlehensvertrag und Sicherungsvertrag sind nicht abstrakt voneinander. Obwohl es sich um verschiedene Rechtsgeschäfte handelt, kann die Nichtigkeit des einen in analoger Anwendung des § 139 BGB zur Nichtigkeit des anderen führen.[105] Insbesondere wird man nicht annehmen können, dass die Sicherungsvereinbarung auch ohne einen wirksamen Darlehensvertrag abgeschlossen worden wäre. Umgekehrt gilt der Zusammenhang dagegen weniger strikt, weil auch bei nichtigem Sicherungsvertrag nicht stets anzunehmen ist, dass die Parteien den Darlehensvertrag nicht geschlossen hätten. 54

Hinsichtlich des Verhältnisses von **Darlehensvertrag und Sicherheitenbestellung** ist zu unterscheiden: Bei akzessorischen Sicherheiten besteht eine Verbindung zwischen Darlehensvertrag und Sicherheit, da die Verpflichtung des Sicherungsgebers bei ihnen vom Bestand der Hauptverpflichtung abhängt.[106] Das Abstraktionsprinzip gilt hier also nicht. Bei abstrakten Sicherheiten sind dagegen der Darlehensvertrag und die Sicherheit unabhängig voneinander. So sind Grundschulden (§ 1191 BGB) wirksam, auch wenn eine gesicherte Darlehensforderung nicht besteht. 55

2. Numerus clausus oder Vertragsfreiheit

a) Realsicherheiten. Bei Realsicherheiten gilt der Grundsatz des numerus clausus. Sie können wegen der allseitigen Wirkung dinglicher Rechte nur insofern bestellt werden, als sie im Gesetz vorgesehen sind **(Typenzwang).**[107] Außerdem muss ihr wesentlicher Inhalt durch das Gesetz festgelegt sein **(Typenfixierung).**[108] Gegen Typenzwang und Typenfixierung soll nicht verstoßen, dass bestimmte im Gesetz nicht vorgesehene Sicherungsrechte wie zB die Sicherungsübereignung verwendet werden, da hierbei von den im Gesetz vorgesehenen Formen der Eigentumsübertragung Gebrauch gemacht wird.[109] 56

b) Personalsicherheiten. Bei Personalsicherheiten bestehen Einschränkungen durch Typenzwang und Typenfixierung nicht. Bei ihnen gilt stattdessen der Grundsatz der Vertragsfreiheit (§ 311 Abs. 1 BGB). Dieser erlaubt die Schaffung neuer, im Gesetz nicht vorgesehener Sicherungsrechte. Beispiele sind die Garantie, die harte Patronatserklärung oder der *Standby Letter of Credit*.[110] 57

3. Bestimmtheitsgrundsatz und Spezialitätsprinzip

a) Realsicherheiten. Dingliche Rechte beziehen sich immer nur auf einzelne Gegenstände. Dies folgt aus dem sachenrechtlichen Spezialitätsprinzip. Als Konsequenz muss bei Realsicherheiten der Gegenstand, auf den sie sich beziehen, zumindest bestimmbar sein (Bestimmtheitsgrundsatz). Das gilt auch bei der Übertragung anderer Vermögensgegenstände als Sachen, zB Forderungen. Die Rechtsprechung verlangt, dass der Verfügungsgegenstand oder die Verfügungsgegenstände von den Parteien so genau bezeichnet werden, dass ein Dritter sie ohne Hinzunahme weiterer Umstände erkennen kann.[111] Andernfalls ist die Sicherheit nicht wirksam bestellt. 58

---

[102] Zum Streit über die Folgen des Fehlens der Sicherungsabrede für die Wirksamkeit der Sicherungsübereignung *Haertlein* → Kap. 26 Rn. 8.
[103] § 812 Abs. 1 S. 1 Fall 1 BGB.
[104] S. §§ 821, 1157 S. 1 BGB.
[105] *Bülow* Rn. 26a, 51.
[106] → Rn. 31.
[107] *Baur/Stürner* § 1 II 2.a).
[108] *Baur/Stürner* § 1 II 2.b).
[109] Vgl. §§ 929 S. 1, 930 BGB.
[110] *Hoffmann* → Kap. 29, D. Rn. 18 f.
[111] *Haertlein* → Kap. 27 Einleitung vor BGB §§ 398 ff. Rn. 7.

59 **b) Personalsicherheiten.** Bei Personalsicherheiten gibt es keinen Sicherungsgegenstand und daher keine Notwendigkeit dessen Bezeichnung. Zumindest muss aber die Person des Sicherungsgebers, die aus der Sicherheit in Anspruch genommen werden kann, klar bestimmt sein. Zu beachten ist, dass der Ausdruck „Bestimmtheitsgrundsatz" bei Personalsicherheiten noch in einer anderen Bedeutung verwendet wird: Danach muss auch die gesicherte Forderung aus dem geschlossenen Vertrag bestimmbar sein.[112]

4. Unwirksamkeit

60 **a) Allgemeine Gründe.** Für die Wirksamkeit einer vertraglich bestellten Sicherheit gelten die allgemeinen Regeln des Vertragsrechts. Daher kann diese etwa nach §§ 105 ff., §§ 119 ff., § 125, §§ 154 f. BGB unwirksam oder nichtig sein.[113]

61 **b) Verstoß gegen die guten Sitten.** Eine besondere Rolle spielt die Nichtigkeit gemäß § 138 Abs. 1 BGB. Bei Personalsicherheiten kann ein Verstoß gegen die guten Sitten in der **krassen finanziellen Überforderung** des Bürgen liegen,[114] bei Realsicherheiten in der **Übersicherung.**[115] Diese Fragen sind für die jeweiligen Arten von Kreditsicherheiten spezifisch und werden daher in deren Zusammenhang erörtert.[116] Allgemein kann eine Sicherheitenbestellung gegen § 138 Abs. 1 BGB verstoßen, wenn sie die wirtschaftliche Handlungsfreiheit des Sicherungsgebers über alle Maßen einschränkt und diesen daher **knebelt** oder wenn sie zur **Täuschung und Schädigung anderer Gläubiger** dient.[117]

62 **c) AGB-Kontrolle.** Ist die Sicherungsbestellung in Allgemeinen Geschäftsbedingungen enthalten – wie zB häufig bei Bürgschaftserklärungen –, stellt sich die Frage der Einbeziehung und Wirksamkeit gemäß §§ 305 ff. BGB. Die meisten der sich hier stellenden Probleme betreffen allerdings nicht die Sicherheit selbst, sondern die Wirksamkeit und Auslegung der Sicherungsvereinbarung.[118]

62a Auch bei der Sicherheitenbestellung gilt die Unklarheitenregelung des **§ 305c Abs. 2 BGB.** Aus ihr folgt zB, dass sich die formularmäßig vereinbarte Globalzession nicht auf Forderungen des Rechtsnachfolgers des Zedenten erstreckt.[119]

63 **d) Gesellschaftsrecht.** Die Sicherheitenbestellung kann gegen die gesellschaftsrechtlichen Vorschriften zur Kapitalerhaltung des Sicherungsgebers verstoßen, wenn es sich bei diesem etwa um eine GmbH oder AG handelt.[120] Seit der Wiedereinführung der sog. bilanziellen Betrachtungsweise durch das Gesetz zur Modernisierung des GmbH-Rechts und zur Bekämpfung von Missbräuchen (MoMiG)[121] ist dies jedoch nur dann der Fall, wenn die **Inanspruchnahme der Sicherheiten wahrscheinlich** ist und **kein vollwertiger Rückgriffsanspruch** der Gesellschaft gegen den Gesellschafter besteht.[122] Selbst ein Verstoß gegen die Kapitalerhaltungsvorschriften hat aber **nicht automatisch** die Unwirksamkeit der Sicherheitenbestellung zur Folge. Vielmehr muss in erster Linie der Gesellschafter die Gesellschaft von der Belastung befreien.[123] Nur dann, wenn der Sicherungs-

---

[112] *Hoffmann* → Kap. 29, B. BGB § 765 Rn. 2, 7–11.

[113] Zur Nichtigkeit nach §§ 492, 494 Abs. 1 BGB → Rn. 66.

[114] *Hoffmann* → Kap. 29, A. Rn. 25–31.

[115] *Haertlein* → Kap. 26 Rn. 63 f.

[116] *Haertlein* → Kap. 25 BGB § 1192 Rn. 41–43; → Kap. 26 Rn. 63–64; → Kap. 27 Einleitung vor BGB §§ 398 ff. Rn. 39–41.

[117] S. BuB/*Wenzel/Gratias,* Losebl. (83. EL Oktober 2009) Rn. 4/142 ff., 4/149 ff.; *Haertlein* → Kap. 26 Rn. 60.

[118] → Rn. 77–79.

[119] BGH WM 2008, 65 = NZG 2008, 116.

[120] S. §§ 30 GmbHG, 57 Abs. 1 S. 1 AktG. Vgl. dazu Roth/Altmeppen/*Altmeppen* GmbHG § 30 Rn. 125–128; Spindler/Stilz/*Cahn/v. Spannenberg* AktG § 57 Rn. 38.

[121] BGBl. I 2008, 2026.

[122] BuB/*Wenzel/Gratias,* Losebl. (83. EL Oktober 2009) Rn. 4/182cf.; Roth/Altmeppen/*Altmeppen* GmbHG § 30 Rn. 126; Spindler/Stilz/*Cahn/v. Spannenberg* AktG § 57 Rn. 39.

[123] Roth/Altmeppen/*Altmeppen* GmbHG § 30 Rn. 164; Spindler/Stilz/*Cahn/v. Spannenberg* AktG § 57 Rn. 38, 94.

nehmer von dem Verstoß wusste, kann die Sicherheitenbestellung wegen Kollusion sittenwidrig und damit gemäß § 138 Abs. 1 BGB unwirksam sein.[124]

e) Insolvenzrecht. Nach Eröffnung eines Insolvenzverfahrens kann die Bestellung einer Kreditsicherheit vom Insolvenzverwalter unter bestimmten Voraussetzungen **angefochten** werden (§§ 129–147 InsO). Dies gilt, wenn sie innerhalb von drei Monaten vor dem Eröffnungsantrag oder danach abgeschlossen wurde und der Sicherungsnehmer die Zahlungsunfähigkeit des Sicherungsgebers, den Eröffnungsantrag oder Umstände, die zwingend hierauf schließen lassen, kannte (§ 130 InsO), wenn sie dem Gläubiger eine Deckung gewährt, die er so nicht beanspruchen konnte (§ 131 InsO), wenn sie mit dem Vorsatz abgeschlossen wurde, andere Gläubiger zu benachteiligen (§ 133 InsO), wenn sie unentgeltlich gewährt wurde (§ 134 InsO) oder wenn sie innerhalb von zehn Jahren vor dem Eröffnungsantrag für ein Gesellschafterdarlehen gewährt wurde (§ 135 InsO). Ebenfalls in Betracht kommt eine Anfechtung nach dem Anfechtungsgesetz (§§ 3, 4 und 6 AnfG), wenn einem Gläubiger, der einen rechtskräftigen Titel gegen den Sicherungsgeber hat, durch die Sicherheitenbestellung der Zugriff auf das Sicherungsgut vorenthalten wird. 64

5. Anwendbarkeit von Verbraucherschutzrecht

a) Haustürgeschäft. Zweifelhaft und umstritten ist, ob § 312b BGB für die Bestellung von Kreditsicherheiten gilt. Die Haustürwiderrufsrichtlinie[125] verlangte eine Anwendung auf Sicherheiten nur dann, wenn sowohl der Hauptvertrag als auch der Sicherungsvertrag in einer Haustürsituation zwischen einem Unternehmer und einem Verbraucher geschlossen wurden.[126] Der XI. Senat des BGH ist allerdings der Auffassung, dass das deutsche Recht den Schutz weiter fasst und alle Kreditsicherheiten, die ein Verbraucher einräumt, dem Widerrufsrecht unterstellt, unabhängig davon, ob die gesicherte Forderung ebenfalls aus einem Verbrauchergeschäft stammt.[127] An dieser Auffassung dürfte sich auch nach der Umsetzung der Verbraucherrechterichtlinie in § 312b BGB nichts geändert haben, da trotz der nun angestrebten Vollharmonisierung Sinn und Zweck auch der neuen Richtlinie die Schaffung eines einheitlich hohen Schutzniveaus ist.[128] Damit sind von Verbrauchern außerhalb von Geschäftsräumen eingeräumte Kreditsicherheiten nach deutschem Recht grundsätzlich widerrufbar.[129] Zu beachten ist, dass das Widerrufsrecht nicht gilt, wenn die Erklärung des Verbrauchers und Sicherungsgebers notariell beurkundet worden sind.[130] 65

b) Verbraucherkredit. Sehr umstritten ist, ob die Schutzvorschriften der §§ 491 ff. BGB für die Bestellung von Kreditsicherheiten durch Verbraucher gelten. Wie der EuGH klargestellt hat, erfasst die zugrundeliegende Verbraucherkreditrichtlinie Sicherheiten nicht.[131] Der Schutz des nationalen Rechts kann allerdings weiter reichen. Eine unmittelbare Anwendung der §§ 491 ff. BGB auf Kreditsicherheiten kommt jedoch aufgrund des Wortlauts der Vorschriften nicht in Betracht, die nur von „Darlehensverträgen" sprechen. Eine analoge Anwendung hat der Bundesgerichtshof für den Schuldbeitritt bejaht.[132] Dagegen hat er sie für die Bürgschaft verneint.[133] An der für eine analoge Anwendung erforderlichen planwidrigen Regelungslücke fehlt es schon deshalb, weil der Gesetzgeber es 66

[124] BGHZ 138, 291 (298) = NJW 1998, 2592 (2594).
[125] RL 85/577/EWG, ABl. 1985 L 372, S. 31, aufgehoben durch die RL 2011/83/EU über die Rechte der Verbraucher, ABl. 2011 L 304, S. 64.
[126] EuGH Urt. v. 17.3.1998 – Rs C-45/96, Slg. 1998, I-1199 Rn. 23 – Dietzinger.
[127] BGHZ 165, 363 (367 f.) = NJW 2006, 845 (846).
[128] Art. 1 und Erwgr. 7 der RL 2011/83/EU v. 25.10.2011 über die Rechte der Verbraucher, ABl. 2011 L 304/64.
[129] Für Bürgschaften s. *Hoffmann* → Kap. 29, A. Rn. 13.
[130] § 312 Abs. 3 Nr. 3 BGB.
[131] EuGH Urt. v. 23.3.2000 – Rs C-208/98, Slg. 2000, I-1741 – Berliner Kindl = NJW 2000, 1323.
[132] BGHZ 133, 71 (77 f.) = NJW 1996, 2156; 133, 220 (223) = NJW 1996, 2865; 144, 370 (380) = NJW 2000, 3133.
[133] BGHZ 138, 321 = NJW 1998, 1939.

bei der wiederholten Reform der §§ 491 ff. BGB unterlassen hat, dieser Rechtsprechung entgegenzutreten. Außerdem ist die Interessenlage bei Darlehensvertrag und Bürgschaft nicht vergleichbar, da der Bürge lediglich akzessorisch haftet. Ein Wertungswiderspruch zur analogen Anwendung der §§ 491 ff. BGB auf den Schuldbeitritt besteht nicht. Der Bürge ist durch die Formvorschrift des § 766 BGB und die Einreden gemäß §§ 768, 770, 771 BGB in besonderer Weise geschützt. Einen vergleichbaren Schutz genießt der einer fremden Schuld Beitretende nicht. Daher sind die §§ 491 ff. BGB nicht analog auf die Bürgschaft anzuwenden.[134] Eine analoge Anwendung auf andere Sicherheiten, wie etwa auf die Bestellung von Grundpfandrechten, muss von vornherein wegen der fehlenden Vergleichbarkeit der Interessenlage ausscheiden, da der Sicherungsgeber bei ihnen nur begrenzt mit dem Grundstück haftet.

6. Beachtlichkeit von europäischem Beihilfenrecht

66a Handelt es sich bei dem Kreditnehmer um ein staatliches, insbesondere um ein **kommunales Unternehmen,** ist auch die Vereinbarkeit der Bestellung der Kreditsicherheiten mit dem europäischen Beihilfenrecht zu prüfen.[135] Typischerweise wird nämlich der kommunale Gesellschafter Sicherheit leisten, um günstigere Konditionen für den Kredit an die Gesellschaft zu erzielen. Einschlägig sind insofern ua die beihilferechtlichen Vorschriften der Artt. 107, 108 AEUV. Aus deren Nichtbeachtung kann sich im drastischsten Fall die Nichtigkeit der Sicherheitenbestellung ergeben. Jedenfalls kann der Kreditnehmer den mit der Beihilfe verbundenen Vorteil aber zurückfordern, sodass sich das Kreditrisiko für die kreditgebende Bank entsprechend erhöht.

IV. Sicherungsvertrag

1. Funktion und Rechtsnatur

67 **a) Funktion.** Der Sicherungsvertrag ist das Bindeglied zwischen dem Kredit und der Kreditsicherheit. Er bestimmt, welche Forderungen die Sicherheit abdecken soll und was mit ihr im Falle der Erfüllung (§ 362 BGB) geschieht, ob sie beispielsweise automatisch an den Sicherungsgeber zurückfällt oder diesem nur ein schuldrechtlicher Anspruch auf Rückübertragung zusteht. Der Sicherungsvertrag ist **Rechtsgrund für das Behaltendürfen** der Sicherheit iSd § 812 Abs. 1 S. 1 BGB.[136]

68 Nach vereinzelter Ansicht soll Rechtsgrund der Sicherheit neben dem Sicherungsvertrag auch der Darlehensvertrag sein.[137] Diese Lehre der „Doppelcausa" führt dazu, dass der Sicherungsnehmer vor Rückgabeansprüchen bezüglich der Sicherheit so weitgehend wie nur möglich geschützt wird, insbesondere auch dann, wenn der Sicherungsvertrag nichtig ist. Die heute allgemeine Meinung lehnt sie ab.[138] Das bedeutet, dass bei nichtigem Sicherungsvertrag stets ein Bereicherungsanspruch des Sicherungsgebers besteht.

69 Bei den **Personalsicherheiten** ist zu beachten, dass diese nach herrschender Meinung ihren Rechtsgrund in sich selbst tragen.[139] Nach Ansicht der Rechtsprechung kann daher auch bei fehlender Verpflichtung zu ihrer Bestellung eine einmal bestellte Personalsicherheit vom Sicherungsgeber nicht zurückverlangt werden.[140] Sicherungsverträge sind daher bei Personalsicherheiten nur im Verhältnis zwischen Gläubiger und Schuldner von Bedeutung.

---

[134] **AA** *Hoffmann* → Kap. 29, A. Rn. 22–31.
[135] Ausführlich *Hoes* FS Lwowski, 2014, S. 197 ff.
[136] *Bülow* Rn. 50.
[137] *Richrath* S. 34–43.
[138] *Bülow* Rn. 50; Derleder/Knops/Bamberger/*Otten* § 25 Rn. 10 f.; *Otten* S. 97–99 Rn. 223–232.
[139] S. BGH NJW 2005, 1576; 2007, 1813; BGHZ 177, 345 (352) = NJW 2008, 3208 (3209).
[140] → Rn. 82.

Eine als „Sicherungsabrede" bezeichnete Vereinbarung zwischen Bürge und Gläubiger ist kein Sicherungsvertrag, sondern Teil der Bürgschaft.[141]

b) Rechtsnatur. Nach herrschender Meinung ist der Sicherungsvertrag ein schuldrechtlicher Vertrag.[142] Allerdings entfaltet er bei Realsicherheiten auch auf sachenrechtlichem Gebiet Wirkungen. So kann er das für die Sicherungsübereignung notwendige Besitzmittlungsverhältnis enthalten.[143] Außerdem regelt er möglicherweise einen automatischen Rückfall des Eigentums an den Sicherungsgeber bei Befriedigung des Gläubigers. In der Insolvenz des Sicherungsgebers führt seine Existenz zu einem Absonderungsrecht statt zu dem normalerweise dem Eigentümer zustehenden Aussonderungsrecht.[144] Richtigerweise ist daher anzunehmen, dass der Sicherungsvertrag **zwischen Schuld- und Sachenrecht** steht. 70

2. Abschluss

a) Ausdrücklich. Der Sicherungsvertrag kann ausdrücklich abgeschlossen werden. Soweit er schriftlich fixiert ist, trägt er häufig andere Namen, wie zB „Sicherungsvereinbarung",[145] „Zweckerklärung"[146] oder „Zweckbestimmungserklärung".[147] Wird er mit dem Schuldner abgeschlossen, ist der Sicherungsvertrag meist im selben Dokument wie der Darlehensvertrag enthalten.[148] 71

b) Konkludent. Der Sicherungsvertrag kann auch durch schlüssiges Verhalten abgeschlossen werden. Die Rechtsprechung nimmt an, dass jeglicher Sicherungsbestellung eine Sicherungsabrede zugrunde liegt und letztere daher stets vereinbart wird, sogar dann, wenn über sie nicht geredet wurde.[149] Dies ist eine nützliche Fiktion. Der so fingierten Vereinbarung will die Rechtsprechung insbesondere entnehmen, wie das Sicherungsgut verwertet werden und an wen das Sicherungsgut zurückfallen soll.[150] 72

c) Form. Einer besonderen Form bedarf der Sicherungsvertrag als solcher **grundsätzlich nicht.**[151] Insbesondere sind auf ihn die formalen Anforderungen, die für die Sicherheitenbestellung gelten (etwa § 766 BGB), nicht – auch nicht analog – anwendbar,[152] da zwischen Sicherungsvereinbarung und Sicherheitenbestellung strikt zu trennen ist.[153] 73

Eine **Ausnahme** gilt gemäß **§ 311b Abs. 1 BGB:** Ist die Vereinbarung über die Verpflichtung zur Stellung von Sicherheiten mit einem Grundstückskaufvertrag derart verbunden, dass diese miteinander stehen und fallen sollen, so bedarf auch die Verpflichtung zur Bestellung der Sicherheiten einer notariellen Beurkundung gemäß §§ 311b Abs. 1 S. 1, 128 BGB.[154] Ist diese Verpflichtung wegen Nichtbeachtung der Form gemäß § 125 S. 1 BGB nichtig, so kann dies gemäß **§ 139 BGB** die Nichtigkeit des gesamten Sicherungsvertrags zur Folge haben, soweit dies nicht dem Parteiwillen widerspricht. Es ist anzunehmen, dass die Parteien den gesamten Sicherungsvertrag nicht abgeschlossen hätten, wenn es keine 74

---

141 MüKoBGB/*Habersack* § 765 Rn. 4.
142 BGH NJW 1994, 2885; *Lwowski* Rn. 106; *Reinicke/Tiedtke* Rn. 684 BuB; *Wenzel/Gratias* Losebl. (83. EL Oktober 2009) Rn. 4/45.
143 *Haertlein* → Kap. 26 Rn. 20.
144 S. § 51 Nr. 1 InsO.
145 *Baur/Stürner* § 57 Rn. 15.
146 *Otten* S. 20 Rn. 46.
147 *Krepold/Fischbeck/Kropf/Werner* S. 172.
148 → Rn. 52.
149 BGH NJW 1991, 286; NJW-RR 1991, 305.
150 Zu letzterer Frage → Rn. 84.
151 Zu einer Ausnahme → Rn. 74.
152 BGH WM 1956, 667 (668 f.); 1966, 113 (114); *Otten* S. 152 Rn. 365; **aA** BuB/*Wenzel/Gratias* Losebl. (83. EL Oktober 2009) Rn. 4/78.
153 → Rn. 52.
154 BGH NJW 1983, 565; 1994, 2885; Derleder/Knops/Bamberger/*Otten* § 25 Rn. 25; *Otten* S. 122 Rn. 285 f.

weiteren Forderungen gibt, für welche die bestellte Sicherheit verwandt werden kann.[155] Der Sicherungsvertrag wird nicht gemäß § 311b Abs. 1 S. 2 BGB durch die Einräumung der Sicherheit, sondern nur durch die volle Erfüllung des Kaufvertrags gültig. Die Bestellung der Sicherheit bleibt von der Unwirksamkeit des Sicherungsvertrags unberührt.[156]

75 Strittig ist, ob der Sicherungsvertrag der Formvorschrift des **§ 492 BGB** unterfällt. Diese Frage darf nicht mit der verwechselt werden, ob die Vorschrift analog auf die Sicherheitenbestellung anzuwenden ist.[157] Während der BGH und ein Teil der Literatur eine Anwendung des § 492 BGB auf die Sicherungsvereinbarung verneinen,[158] wird sie von einigen Autoren bejaht.[159] Der Sicherungsvertrag ist jedoch vom Darlehensvertrag zu unterscheiden.[160] Diese Vorstellung liegt auch dem Gesetz zugrunde. Der Gesetzgeber hätte die Möglichkeit gehabt, bei der Reform des Verbraucherkreditrechts die Anwendbarkeit auf den Sicherungsvertrag klarzustellen. Stattdessen verlangt er, dass der Darlehensgeber den Darlehensnehmer über die von ihm verlangten Sicherheiten lediglich unterrichtet.[161] Daraus folgt mittelbar, dass die §§ 491 ff. BGB auf den Sicherungsvertrag keine Anwendung finden sollen.

3. Unwirksamkeit/AGB-Kontrolle

76 **a) Allgemeine Unwirksamkeitsgründe.** Für den Sicherungsvertrag gelten die allgemeinen Unwirksamkeitsgründe für Verträge.[162]

77 **b) AGB-Kontrolle.** Zusätzlich haben die §§ 305 ff. BGB bei der Sicherungsvereinbarung besondere Bedeutung. Die wichtigsten Punkte werden im Folgenden hervorgehoben. **Zweifel** bei der Auslegung gehen zu Lasten des Verwenders, **§ 305c Abs. 2 BGB.** Ist also beispielsweise nicht eindeutig geregelt, ob eine Grundschuld nur Forderungen gegen beide Darlehensnehmer gemeinsam oder auch solche gegen nur einen von ihnen sichern soll, ist die Klausel in ersterem Sinn auszulegen.[163]

78 **Überraschende Klauseln** werden nicht Bestandteil des Sicherungsvertrags, **§ 305c Abs. 1 BGB.** Als überraschend sieht die Rechtsprechung etwa die Erstreckung einer Bürgschaft auf künftige Verbindlichkeiten des Hauptschuldners an.[164] Gleiches gilt für den Schuldbeitritt.[165] Die Sicherheit ist in diesem Fall wirksam, deckt aber nur die Verbindlichkeiten ab, aus deren Anlass sie gegeben wurde (sog. Anlass-Rechtsprechung).[166]

79 Zahlreiche weitere Klauseln halten der Kontrolle gemäß **§ 307 BGB** nicht stand. So kann die Erstreckung einer Bürgschaft auf künftige Verbindlichkeiten, selbst wenn der Bürge auf sie aufmerksam gemacht wurde und diese daher für ihn nicht überraschend ist,[167] nach herrschender Meinung wegen Unvereinbarkeit mit den wesentlichen Grundgedanken der gesetzlichen Regelung (Verbot der Fremddisposition) gemäß § 307 Abs. 1 S. 1, Abs. 2 Nr. 1 BGB unwirksam sein.[168] Das gilt jedoch nicht bei Realsicherheiten, zB einer Grund-

---

155 BGH NJW 1994, 2885.

156 → Rn. 53.

157 *Hoffmann* → Kap. 29, A. Rn. 14–17.

158 S. zum aufgehobenen VerbrKrG BGH NJW 1997, 1442 (1443); *Wittemeier* S. 42–45 (anders jedoch für Sicherungsvereinbarungen mit dem Darlehensnehmer, S. 45–49).

159 So *Bülow* Rn. 173; *Otten* S. 172 Rn. 421. Zum aufgehobenen VerbrKrG bereits *Bülow/Artz* ZIP 1998, 629 (631).

160 → Rn. 52.

161 S. § 491a Abs. 1 BGB iVm Artikel 247 § 4 Abs. 1 Nr. 2 EGBGB.

162 → Rn. 60.

163 Vgl. BGH NJW 2009, 2671 (2673), wo allerdings klargestellt wird, dass im Rahmen der Wirksamkeitskontrolle nach § 138 Abs. 1 BGB (→ Rn. 61) die gegenteilige Auslegung anzunehmen ist.

164 BGH NJW 1994, 2145.

165 BGH NJW 1996, 249.

166 BGHZ 137, 153 (156) = NJW 1998, 450 (451); 143, 95 (102) = NJW 2000, 658 (660).

167 → Rn. 78.

168 BGHZ 130, 19 (30) = NJW 1995, 2553 (2556); 132, 6 (9) = NJW 1996, 924; BGH NJW 1996, 1470 (1472); *Reinicke/Tiedtke* Rn. 589; *Horn* ZIP 1997, 525 (529); *Trapp* ZIP 1997, 1279 (1282); **aA** *Fischer* WM 1998, 1705 (1709).

schuld, weil bei ihr der Sicherungsgeber nicht der Gefahr der Einstandspflicht mit seinem ganzen, auch künftigen Vermögen ausgesetzt ist.[169] Auch die Erstreckung auf alle gegen den Hauptschuldner bestehenden Forderungen des Gläubigers kann den Bürgen unangemessen benachteiligen, wenn diese nicht näher bezeichnet sind.[170] Ebenfalls unwirksam sind Klauseln, die die Stellung einer Bürgschaft auf erstes Anfordern verlangen.[171] Dem Verdikt der Unwirksamkeit unterfällt auch eine formularmäßige Klausel, derzufolge der nicht-schuldende Grundschuldbesteller ein abstraktes Schuldnerversprechen abgeben muss.[172]

c) Folgen. Fehlt die Sicherungsvereinbarung, so lässt dies die Wirksamkeit der Bestellung der Sicherheit **unberührt.**[173] Der Sicherungsgeber kann die wirksam bestellte Sicherheit gemäß § 812 Abs. 1 S. 1 Alt. 1 BGB vom Sicherungsnehmer **kondizieren.** Wer Sicherungsgeber ist, bestimmt sich nach der Interessenlage und den Absichten der Parteien.[174] **80**

Nach Ansicht der Rechtsprechung soll der Sicherungsgeber außerdem im Falle der Veräußerung der Sicherheit einen Anspruch auf Herausgabe des Erlangten aus **Geschäftsführung ohne Auftrag** (§§ 677, 681 S. 2, 667 BGB) gegen den Sicherungsnehmer haben.[175] Diese Ansicht ist abzulehnen: Der Sicherungsnehmer, der meint, er sei zur Verwertung der Sicherheit berechtigt, führt kein „Geschäft für einen anderen", wie es § 677 BGB verlangt. Die §§ 812 ff. BGB enthalten die insoweit vorrangigen Regelungen für die Rechtsbeziehungen bei nichtigen Verträgen.[176] **81**

Der Sicherungsvertrag seinerseits beruht auf der zu sichernden Forderung als Rechtsgrund. Ist die **zu sichernde Forderung unwirksam oder nichtig,** kann der Sicherungsgeber vom Sicherungsnehmer die Sicherungsvereinbarung mitsamt der bestellten Sicherheit nach § 812 Abs. 1 S. 1 Alt. 1 BGB kondizieren. **81a**

Bei **Personalsicherheiten** ist zu beachten, dass diese nach herrschender Meinung ihren Rechtsgrund in sich selbst tragen.[177] Daher kann zB der Schuldner, der ein abstraktes Schuldversprechen abgibt, dieses nicht vom Sicherungsgeber zurückverlangen, selbst wenn der Gläubiger auf dieses nach dem Darlehensvertrag keinen Anspruch hatte.[178] Gleiches gilt, wenn ein Dritter eine Personalsicherheit (zB eine Bürgschaft) bestellt und der Sicherungsvertrag zwischen Gläubiger und Schuldner aus einem der oben genannten Gründe unwirksam ist. In diesem Fall hat der Dritte ebenfalls keinen Anspruch auf Herausgabe der Sicherheit; lediglich der Schuldner kann vom Gläubiger die Rückgewähr oder den Erlass der Personalsicherheit verlangen.[179] Allerdings kann sich der Bürge gemäß § 768 Abs. 1 S. 1 BGB auf den Rückgewähranspruch des Schuldners berufen und daher seine eigene Leistung verweigern.[180] **82**

4. Parteien

Parteien des Sicherungsvertrags sind **diejenigen Personen, die ihn abgeschlossen haben.** **83**

[169] BGH NJW 1997, 2677 (2678); krit. Derleder/Knops/Bamberger/*Derleder* § 26 Rn. 17; Derleder/Knops/Bamberger/*Otten* § 25 Rn. 95 f.
[170] BGHZ 143, 95 = NJW 2000, 659.
[171] BGHZ 150, 299 (303) = NJW 2002, 2388 (2389); BGH WM 2008, 999 = NJW-RR 2008, 830 (831).
[172] BGHZ 114, 9 (13 f.) = NJW 1991, 1677 (1678).
[173] → Rn. 53.
[174] → Rn. 83–85.
[175] BGH NJW 1994, 2885 (2886). Zust. BuB/*Wenzel*/*Gratias* Losebl. (83. EL Oktober 2009) Rn. 4/51.
[176] Vgl. Jauernig/*Mansel* § 677 Rn. 6; *Canaris* NJW 1985, 2404 (2405); *Lorenz* NJW 1996, 883 (885).
[177] → Rn. 69.
[178] BGHZ 177, 345 (352) = NJW 2008, 3208 (3209). Krit. *Zimmer* NJW 2008, 3185 (3187).
[179] MüKoBGB/*Habersack* § 765 Rn. 8.
[180] MüKoBGB/*Habersack* § 765 Rn. 8.

84 Erfolgt der Abschluss **konkludent,** so ist die Bestimmung des Kontrahenten des Gläubigers **problematisch.** Der **Sicherungsnehmer** ist in der Regel einfach zu ermitteln. Es handelt sich um denjenigen, dem die Sicherheit verschafft wird.[181] Der **Sicherungsgeber** lässt sich dagegen nur schwierig bestimmen. Die Frage hat Bedeutung zB dafür, an wen das Sicherungsgut nach der Erfüllung der Forderung zurückfällt oder wem es zurückzugewähren ist und wer den Sicherungsvertrag durch spätere Vereinbarung ändern kann. Der BGH hat den Standpunkt bezogen, dass „in aller Regel" der Schuldner Partei des Sicherungsvertrags sei.[182] Dem ist von einem Teil der Literatur widersprochen worden. Sie geht davon aus, dass der „geborene Sicherungsgeber" derjenige sei, der die Sicherheit bestellt, etwa der Eigentümer eines Grundstücks, der eine Grundschuld an diesem einräumt.[183]

85 **Stellungnahme:** Die Ausdrücke „Sicherungsgeber" oder „Sicherungsnehmer" helfen nicht weiter. Auch Formulierungen wie die, der Sicherungsgeber sei der „Herr über den Sicherungsgegenstand",[184] sind von begrenztem Nutzen. Der Sicherungsgeber ist vielmehr anhand der **Absichten der Parteien** und deren **Interessenlage** zu ermitteln. Hat der Eigentümer eines Grundstücks an diesem eine Grundschuld bestellt, so ist es gerechtfertigt, dass er über den Umfang der Haftung bestimmt und er sie im Falle der Tilgung der Grundschuld zurückerhält.[185] Etwas anderes gilt dann, wenn der Schuldner eine Grundschuld am Grundstück des Eigentümers (Fremdgrundschuld) erworben hat und diese an den Gläubiger abtritt: hier sollte er rückgewährberechtigt sein.[186] Genauso verhält es sich, soweit der Eigentümer mit der Bestellung der Grundschuld eine Verbindlichkeit gegenüber dem Schuldner erfüllen will.[187] Auch hier sollte der Schuldner als Partei des Sicherungsvertrags angesehen werden.

5. Inhalt

86 Der Sicherungsvertrag bestimmt, für welche **Forderung** die Sicherheit bestellt ist, ggf. welche **Gegenstände** zur Sicherung dienen sollen, in welchem **Umfang** die Sicherheit die Forderung abdecken soll, wie die **Verwertung** erfolgen soll und was mit ihr bei **Erfüllung** der gesicherten Forderung geschieht. Dem Sicherungsvertrag – auch dem konkludent geschlossenen – lassen sich weiterhin **Rücksichtnahme- und Sorgfaltspflichten** (§ 241 Abs. 2 BGB) entnehmen, die den Umgang des Sicherungsnehmers mit dem Sicherungsgut betreffen und die im Fall ihrer Verletzung einen Schadensersatzanspruch des Sicherungsgebers zur Folge haben können (§ 280 Abs. 1 BGB). Ein Recht, das Sicherungsgut zu nutzen, etwa zu vermieten, folgt aus dem Sicherungsvertrag nicht.[188]

87 In ausdrücklich geschlossenen Sicherungsverträgen können weitere Fragen geregelt sein, zB die **Verteilung der Kosten** für die Bestellung, eine **Versicherungspflicht,** eine **Ermächtigung zur Weiterveräußerung** und eine in diesem Fall eintretende **Surrogation** des Sicherungsguts durch die Kaufpreisforderung.[189]

6. Änderung

88 Der Sicherungsvertrag kann jederzeit durch Vereinbarung geändert werden. Beispielsweise kann der Kreis der gesicherten Forderungen erweitert oder die Sicherheit ausgewechselt werden. Notwendig ist stets die **Zustimmung durch Sicherungsgeber und -nehmer.**[190]

[181] Zu Sonderfällen BuB/*Wenzel/Gratias* Losebl. (83. EL Oktober 2009) Rn. 4/48.
[182] BGH WM 1969, 209 (210); NJW 1989, 1732; ebenso *Clemente* ZIP 1990, 969 (970); *Clemente* BKR 2002, 975 (977).
[183] *Gaberdiel/Gladenbeck* Rn. 644 f.; *Huber* S. 75; *Reinicke/Tiedtke* Rn. 1171 ff. So auch *Wittemeier* S. 22 f.
[184] BuB/*Wenzel/Gratias* Losebl. (83. EL Oktober 2009) Rn. 4/49.
[185] Ebenso *Reinicke/Tiedtke* Rn. 1171.
[186] Ebenso BGHZ 80, 228 (230) = NJW 1981, 1554; *Reinicke/Tiedtke* Rn. 1172 f.
[187] S. *Reinicke/Tiedtke* Rn. 1174.
[188] BGH NJW 1980, 226 (227).
[189] *Reinicke/Tiedtke* Rn. 692; BuB/*Wenzel/Gratias* Losebl. (83. EL Oktober 2009) Rn. 4/52.
[190] Zur Bestimmung dieser Personen → Rn. 83–85.

Die Parteien können sich durch Gesamt- oder Einzelrechtsnachfolge auf der einen oder anderen Seite ändern. Tritt **Gesamtrechtsnachfolge** ein, so bleibt der Sicherungsvertrag erhalten und setzt sich nunmehr mit dem Nachfolger fort. **Einzelrechtsnachfolge** kommt vor allem bei Abtretung der Kreditforderung durch die Bank in Betracht (beachte dabei die speziellen Informationspflichten gegenüber dem Schuldner nach § 496 Abs. 2 BGB). Alle **akzessorischen Sicherungsrechte**[191] gehen automatisch auf den Zessionar über.[192] Bei den **abstrakten Sicherheiten** ist der Zedent aus dem Sicherungsvertrag verpflichtet, die Kreditsicherheit dem Zessionar zu übertragen.[193] 89

V. Zusammentreffen mehrerer Sicherheiten

1. Problematik

Nicht selten sind für ein und dieselbe Forderung mehrere Sicherheiten bestellt, zB zwei Bürgschaften oder eine Bürgschaft und eine Grundschuld. Sind die Sicherungsgeber verschiedene Personen und wird einer von ihnen durch den Gläubiger in Anspruch genommen, so stellt sich die Frage, ob er gegen den anderen Sicherungsgeber Rückgriff nehmen kann. 90

2. Zusammentreffen gleichartiger Sicherheiten

Dem Gesetz lassen sich zwei Regelungen entnehmen, die für gleichartige Sicherheiten gelten. Im Verhältnis **zweier Bürgen** (Mitbürgschaft, § 769 BGB) gilt § 774 Abs. 2 BGB. Danach kann der zahlende von dem nicht in Anspruch genommenen Bürgen Ausgleich verlangen, aber grundsätzlich nur in Höhe der Hälfte des gezahlten Betrags.[194] Auch die Forderung des Gläubigers geht im Wege der Legalzession nur zur Hälfte auf ihn über.[195] Zwischen den Bürgen kann aber ein anderes Verhältnis vereinbart werden, auch nachträglich. Treffen zwei Höchstbetragsbürgschaften aufeinander, so berechnet sich der Ausgleichsanspruch des zahlenden Bürgen nach dem Verhältnis der beiden Höchstbeträge multipliziert mit dem gezahlten Betrag.[196] 91

Die Regelung des § 774 Abs. 2 BGB ist analog auch auf **mehrere zu einer Schuld Beitretende** anwendbar.[197] Haben mehrere Personen ihnen gehörende **verschiedene bewegliche Sachen** für dieselbe Forderung verpfändet, so gilt die Vorschrift kraft der ausdrücklichen Verweisung in § 1225 S. 2 BGB. 92

Das Verhältnis zwischen **Eigentümern verschiedener Grundstücke,** die mit einer Gesamthypothek belastet sind, behandelt § 1173 BGB (für die Gesamtgrundschuld iVm § 1192 Abs. 1 BGB). Danach gilt eine andere Regelung: Der zahlende Eigentümer erhält eine (Eigentümer-)Grundschuld an seinem eigenen Grundstück, §§ 1173 Abs. 1, 1177 Abs. 1 S. 1 BGB. An den Grundstücken der anderen Eigentümer erlangt er ein Grundpfandrecht nur dann, wenn er gegen diese einen Ersatzanspruch hat, § 1173 Abs. 2 BGB. Das Gesetz selbst sieht einen solchen Ausgleichsanspruch nicht vor; er muss vertraglich vereinbart werden. Mangels Vereinbarung muss der zahlende Eigentümer im Ergebnis die Zahlung allein tragen.[198] 92a

---

[191] → Rn. 31.
[192] S. §§ 401, 1153, 1250 BGB; § 51 SchiffsRG; § 98 LuftFzG.
[193] BGH NJW 1995, 2635; 1997, 3434.
[194] §§ 774 Abs. 2, 426 Abs. 1 BGB.
[195] §§ 774 Abs. 2, 426 Abs. 2 BGB.
[196] MüKoBGB/*Habersack* § 774 Rn. 23; Palandt/*Sprau* § 774 Rn. 14.
[197] MüKoBGB/*Habersack* § 774 Rn. 28; Palandt/*Sprau* § 774 Rn. 14.
[198] S. *Baur/Stürner* § 43 I 2. → Rn. 39.

3. Zusammentreffen verschiedenartiger Sicherheiten

93 Besondere Probleme wirft das Zusammentreffen verschiedener Sicherheiten auf, insbesondere von Personal- und Realsicherheiten. Dem Gesetz kann für diesen Fall keine Regelung der Frage des Ausgleichs zwischen den Sicherungsgebern entnommen werden. Insbesondere rechtfertigt § 776 BGB nicht eine generelle Bevorzugung des Bürgen im Verhältnis zu den Eigentümern eines mit einem Grundpfand belasteten Grundstücks.[199] Auch der Gedanke, dass der Bürge mit seinem gesamten Vermögen haftet und daher schutzwürdig sei,[200] trägt nicht, da das Grundstück den wesentlichen Vermögensteil des Eigentümers ausmachen kann. Zuzustimmen ist daher dem BGH, der ein **Ausgleichsverhältnis entsprechend § 426 BGB** annimmt.[201] Der zahlende Bürge kann demzufolge vom Eigentümer des mit einer Grundschuld belasteten Grundstücks gemäß § 426 Abs. 1 BGB die Erstattung der Hälfte des von ihm gezahlten Betrags verlangen; in dieser Höhe geht auch die Forderung des Gläubigers auf ihn über, § 426 Abs. 2 S. 1 BGB. Ist das Grundstück mit einer Hypothek belastet, so erlangt der Bürge auch diese zur Hälfte gemäß §§ 401, 412 BGB.

94 Da es sich bei der Anwendung des § 426 BGB um den Rekurs auf einen allgemeinen Rechtsgedanken handelt,[202] ist diese Lösung auch für das Zusammentreffen anderer Sicherungen heranzuziehen, zB einer Garantie mit einer Grundschuld.

VI. Sicherheitenpool

1. Grundlagen

95 In der Praxis ist es üblich, dass mehrere Banken, die Ansprüche gegen einen Schuldner haben, ihre Sicherheiten bündeln. Man spricht vom sog. Sicherheitenpool.[203] Dabei werden die vom Schuldner bestellten Sicherheiten nicht nur für einen Gläubiger, sondern für alle Mitglieder des Pools verwendet. Es findet also eine „Kommunitarisierung" der Sicherheiten statt. Soweit sie auf sachen- oder vermögensrechtlicher Ebene erfolgt, bedarf es dazu der Mitwirkung oder Zustimmung des Schuldners. Diese ist jedoch bei Forderungsabtretungen sowie bei den rein schuldrechtlichen Gestaltungen entbehrlich (zu ihnen → Rn. 100).

96 **a) Zwecke.** Der Sicherheitenpool hat verschiedene Vorteile: Erstens wird die Bestellung und Verwaltung der Sicherheiten effizienter. Zweitens können die gesicherten Gläubiger ihre Rechte gegenüber dem Schuldner gemeinsam leichter durchsetzen. Drittens können an Gegenständen, die sich nicht aufteilen lassen oder bei denen die Abgrenzung schwierig ist (zB Warenbeständen), Sicherheiten für mehrere Sicherungsnehmer bestellt werden. Viertens kann bei Eintritt des Sicherungsfalls die ökonomisch sinnlose und auch für die anderen Gläubiger nachteilige Zerschlagung wirtschaftlicher Einheiten, zB des Unternehmens, vermieden werden. Fünftens werden die für den einzelnen Kreditgeber zur Verfügung stehenden Sicherheiten ausgeweitet. Schließlich kann der Sicherheitenpool auch als „Sanierungspool" zur Reorganisation des in der Krise befindlichen Schuldners dienen.

---

[199] *Bülow* Rn. 1021; MüKoBGB/*Habersack* § 774 Rn. 30.

[200] So *Larenz* Schuldrecht Bd. II 12. Aufl., § 64 III, S. 481; anders aber *Larenz/Canaris* Schuldrecht Bd. II/2 13. Aufl., § 60 IV 3. a).

[201] BGHZ 108, 179 (183–186) = NJW 1989, 2530 (2531 f.); BGH NJW 1992, 3228 (3229). Ebenso MüKoBGB/*Habersack* § 774 Rn. 30; Erman/*Zetzsche* § 774 Rn. 18; Palandt/*Sprau* § 774 Rn. 14; Jauernig/*Stadler* § 774 Rn. 12; **aA** Staudinger/*Horn,* 12. Aufl. 2013, § 774 Rn. 68; *Bülow* Rn. 238.

[202] Vgl. BGHZ 108, 179 (183) = NJW 1989, 2530 (2531).

[203] Dazu Gottwald/*Gottwald/Adolphsen* § 44; BankR-HdB/*Martinek/Omlor* § 97; *May* Der Bankenpool; *Reinicke/Tiedtke* Rn. 976 ff.

b) Gefahren. Demgegenüber steht als Nachteil, dass die Mitglieder durch die Poolvereinbarung alle Vermögensgegenstände des Schuldners für sich beanspruchen und für die anderen, ungesicherten Gläubiger in der Insolvenz nichts oder nur sehr wenig übrigbleibt (daher die Bezeichnung als „Räuberpool"). 97

Trotz dieser Gefahr sieht die Rechtsprechung die Vereinbarung des Sicherheitenpools als **grundsätzlich zulässig** an.[204] Selbst wenn der Sicherungszweck der Sicherungsgeschäfte zugunsten aller Poolmitglieder erweitert wird, hat sie keine Bedenken gegen die Poolvereinbarung, insbesondere nicht aus dem Gesichtspunkt der Gefährdung der ungesicherten Gläubiger.[205] Allerdings ist die Wirkung der Poolvereinbarung in der Insolvenz durch die allgemeinen Regeln der InsO teilweise eingeschränkt.[206] 98

2. Ausgestaltung

a) Organisation. Gesellschaftsrechtlich gesehen handelt es sich beim Sicherheitenpool um eine **GbR** (§ 705 BGB) in Form der Innengesellschaft.[207] Die Beitragsleistung der Mitglieder besteht in der Einbringung der Sicherheiten. Meist wird eines von ihnen zum Poolführer, also zum geschäftsführenden Gesellschafter (§ 710 BGB) bestimmt. Nicht selten wird die Möglichkeit einer Aufnahme weiterer Mitglieder im Poolvertrag vorgesehen. Ein Zwang zur Aufnahme besteht jedoch nicht.[208] 99

b) Verwaltung. Die Sicherheiten gehören in der Regel nicht der GbR, sondern verbleiben entweder bei dem einzelnen Mitglied, dem sie vom Schuldner bestellt wurden, oder werden einem von ihnen als Treuhänder übertragen. Dies hat vor allem steuerrechtliche Gründe.[209] Es wird vereinbart, dass im Sicherungsfall die Verwertungserlöse aus den Sicherheiten gleichmäßig auf die Mitglieder verteilt werden. Dabei handelt es sich um eine schuldrechtliche Verpflichtung, die keine Auswirkung auf die sachen- oder vermögensrechtliche Inhaberschaft an den Sicherheiten hat. 100

3. Wirkungen

a) Außerhalb der Insolvenz. Solange kein Insolvenzverfahren über das Vermögen des Sicherungsgebers eröffnet ist, bereitet die Poolvereinbarung wenige Probleme. Die Sicherheiten stehen demjenigen Poolmitglied zu, der ihr Inhaber ist.[210] Verwirklicht dieses die Sicherheit, ist es aufgrund der Poolabrede schuldrechtlich zur Übertragung des Erlöses auf die anderen Mitglieder verpflichtet. 101

b) In der Insolvenz. Problematisch ist hingegen die Anerkennung des Sicherheitenpools in der Insolvenz. Der BGH hat zunächst einer in der Poolabrede enthaltenen **Forderungsabtretung** an die Poolführerin **nach Stellung des Insolvenzantrags** über das Vermögen des Sicherungsgebers die Wirkung versagt.[211] Das heißt jedoch nicht, dass Sicherheitenpools nicht insolvenzfest wären. Vielmehr erklärte sich die Wirkungslosigkeit aus den **Besonderheiten des entschiedenen Falls:** Der Drittschuldner hatte nach Stellung des Insolvenzantrags auf das Konto des Schuldners gezahlt, um eine an die Poolführerin abgetretene Forderung zu tilgen. Das Konto wurde durch ein anderes Poolmitglied (eine Bank) geführt. Durch die Zahlung des Drittschuldners ging die Forderung unter (§ 362 Abs. 1 BGB). An 102

[204] BGH NJW 1989, 895 (896); BGHZ 138, 291 (304) = NJW 1998, 2592 (2597); Andres/Leithaus/*Leithaus* InsO § 47 Rn. 13; **aA früher** *Kilger* KTS 1975, 142 (163 f.); *Heilmann* BB 1976, 987.

[205] BGHZ 138, 291 (304 f.) = NJW 1998, 2592 (2597).

[206] → Rn. 102–104.

[207] BGH NJW 1989, 895 (896); OLG Oldenburg NZI 2000, 21 (22); BankR-HdB/*Mertinek/Omlor* § 97 Rn. 17.

[208] *Bohlen* S. 112–115; Uhlenbruck/*Brinkmann* InsO § 47 Rn. 29, § 49 Rn. 18; *Burgermeister* S. 19 f.; FKInsO/*Imberger* § 47 Rn. 17.

[209] Dazu Braun/*Bäuerle* InsO, 7. Aufl. 2017, § 47 Rn. 14; *Berner* KTS 2006, 359 (375–377).

[210] → Rn. 100.

[211] BGH WM 2005, 1790 (1791 f.) = NJW-RR 2005, 1636 (1637).

ihre Stelle trat nach der im Kontoführungsvertrag enthaltenen Kontokorrentabrede ein Anspruch des Schuldners auf Gutschrift gegenüber der kontoführenden Bank in gleicher Höhe (§ 667 BGB). Dieser entstand jedoch erst nach der Stellung des Insolvenzantrags; seine Abtretung an die Poolführerin unterlag damit der Anfechtung.[212]

103 In einer späteren Entscheidung, die keinen Sicherheitenpool betraf, stellt der BGH klar, dass **Grundpfandrechte** an Grundstücken des Insolvenzschuldners **trotz Eröffnung des Insolvenzverfahrens abgetreten** werden können.[213] Im konkreten Fall hatte ein Gläubiger des Insolvenzschuldners einem anderen eine Grundschuld nach Eröffnung des Insolvenzverfahrens teilweise abgetreten, um diesem Sicherheit zu gewähren. Der BGH sah hierin keinen Verstoß gegen § 91 InsO, da das Sicherungsrecht bereits vor der Eröffnung des Insolvenzverfahrens bestanden hatte. Dies wird – etwas zu pauschal – dahin interpretiert, dass Poolverträge auch in der Insolvenz grundsätzlich wirksam seien.[214]

104 Insgesamt lässt sich diese Rechtsprechung zu folgendem differenzierten Bild **zusammenfassen:** Für die Übertragung von Vermögensgegenständen des Schuldners auf die Poolmitglieder gelten die allgemeinen Vorschriften des Insolvenzrechts. Dies bedeutet, dass die Begründung **neuer Sicherungsrechte** nach der Stellung des Insolvenzantrags über das Vermögen des Schuldners anfechtbar und nach der Eröffnung des Insolvenzverfahrens **gänzlich unwirksam** ist. Dagegen können bereits vor diesen Zeitpunkten **bestehende Sicherheiten** auch nach der Eröffnung **wirksam weiterübertragen** werden.

VII. Internationales Privatrecht

1. Allgemeine Fragen

105 **a) Bedeutung.** Bevor eine Rechtsfrage bezüglich einer Kreditsicherheit in einem Sachverhalt mit Auslandsbeziehungen beantwortet werden kann, ist zunächst das anzuwendende Recht festzustellen. Dazu müssen die Gerichte auf die Regeln des Internationalen Privatrechts (IPR oder auch „Kollisionsrecht") zurückgreifen. Diese sind national verschieden; für deutsche Gerichte gilt insoweit deutsches IPR, va aus dem EGBGB. Einige Bereiche sind mittlerweile allerdings europäisch vereinheitlicht worden.[215]

106 **b) Abgrenzung.** Bezüglich des anzuwendenden Rechts ist zwischen der gesicherten Forderung, dem Sicherungsvertrag und der Sicherheit selbst zu unterscheiden.[216] Alle drei unterstehen einem eigenen Recht („Statut"). Zum **Forderungsstatut** gehören dabei zB die Wirksamkeit, Auslegung, Erfüllung, Verjährung sowie die Folgen der Nichtigkeit der Darlehensforderung.[217] Dagegen unterliegen dem **Statut des Sicherheitsvertrags** dieselben Fragen, soweit sie sich hinsichtlich der Sicherungsvereinbarung stellen.[218] Das auf die Sicherheit anzuwendende Recht (das **„Sicherheitenstatut"**) umfasst neben der Zulässigkeit, der Bestellung und dem Inhalt der Sicherheit auch die Voraussetzungen für deren Übertragung.[219] Ebenfalls vom Statut der Sicherheit geregelt wird die Frage, inwieweit diese zur gesicherten Forderung akzessorisch ist.[220] So entscheidet etwa das auf die Hypothek anzuwendende Recht darüber, inwieweit ihr Bestand von dem der gesicherten Forderung abhängt und ob sie bei Übertragung der Forderung automatisch auf den Erwerber übergeht.

---

[212] S. §§ 130 Abs. 1 S. 1 Nr. 2, 140 Abs. 1 InsO.
[213] BGH WM 2008, 602 = NJW-RR 2008, 780 mAnm *Cranshaw* jurisPR-InsR 11/2008 Anm. 2; *Freckmann* BKR 2008, 260; *Steinwachs* NJW 2008, 2231.
[214] Uhlenbruck/*Brinkmann* InsO § 49 Rn. 22; BuB/*Wenzel/Gratias,* Losebl. (83. EL Oktober 2009) Rn. 4/285d.
[215] S. zur Rom I-VO → Rn. 116.
[216] → Rn. 52.
[217] Vgl. Art. 12 Rom I-VO. Zum Forderungsstatut → Rn. 109–111.
[218] → Rn. 112–115.
[219] Vgl. MüKoBGB/*Wendehorst* EGBGB Art. 43 Rn. 74 ff.
[220] MüKoBGB/*Wendehorst* EGBGB Art. 43 Rn. 84.

c) Ausgeschlossene Bereiche. Nicht vom Geltungsbereich der drei genannten Statute umfasst ist die **Rechts- und Geschäftsfähigkeit** von Sicherungsnehmer und -geber. Für diese gilt grundsätzlich das Recht deren Staatsangehörigkeit.[221] Bei Personen mit mehrfacher Staatsangehörigkeit kommt es auf die sog. effektive Staatsangehörigkeit an; besitzen sie jedoch auch die deutsche Staatsangehörigkeit, so ist diese entscheidend.[222] Eine Ausnahme von der Anknüpfung an die Staatsangehörigkeit enthalten Art. 12 EGBGB und Art. 13 Rom I-VO.[223] Nach diesen dem Verkehrsschutz dienenden Regeln kann sich bei Geschäften, bei denen sich die Parteien im selben Staat aufhalten, eine Partei nicht auf ihre Rechts- oder Geschäftsunfähigkeit berufen, sofern sie nach dem Recht am Ort des Geschäfts rechts- und geschäftsfähig ist. Das gilt allerdings nicht, soweit die andere Seite die Rechts- oder Geschäftsunfähigkeit nach dem Heimatrecht kannte oder kennen musste. Nach herrschender Meinung sind diese Vorschriften analog auf die Rechts- und Handlungsfähigkeit juristischer Personen anzuwenden.[224] 107

d) Überblick über die Anknüpfung. Zunächst sind die Kollisionsregeln für die gesicherte Forderung und die Sicherungsvereinbarung darzulegen, die sich weitgehend ähneln.[225] Hinsichtlich des auf die Sicherheiten selbst anzuwendenden Rechts unterscheidet das Internationale Privatrecht scharf zwischen Personal- und Realsicherheiten.[226] 108

2. Statut der Forderung und des Sicherungsvertrags

a) Forderungsstatut. Das für die Begründung und Wirksamkeit der gesicherten Forderung geltende Recht bestimmt sich nach der Rom I-VO.[227] Grundsätzlich können die Parteien das auf den Darlehensvertrag anzuwendende Recht **frei wählen** (Art. 3 Abs. 1 S. 1 Rom I-VO).[228] Die AGB der deutschen Banken bzw. Sparkassen berufen in Nr. 6 Abs. 1 deutsches Recht zur Anwendung. Mangels Rechtswahl untersteht der Darlehensvertrag – ein Dienstleistungsvertrag im europäischen Sinne[229] – dem Recht am **gewöhnlichen Aufenthalt des Darlehensgebers** (Art. 4 Abs. 1 lit. b Rom I-VO).[230] Ist der Darlehensgeber eine Gesellschaft, juristische Person oder ein Kaufmann oder wurde der Darlehensvertrag im Rahmen des Betriebs einer Zweigniederlassung geschlossen oder ist diese gemäß dem Vertrag für dessen Erfüllung verantwortlich, so ist Art. 19 Rom I-VO zu beachten.[231] 109

Besondere Regeln gelten für Darlehensverträge mit **Verbrauchern** (Art. 6 Rom I-VO). Bei ihnen gilt mangels Rechtswahl das Recht am gewöhnlichen Aufenthalt des Verbrauchers (Art. 6 Abs. 1 S. 1 Rom I-VO). Durch eine Rechtswahl darf dem Verbraucher nicht der Schutz durch die zwingenden Vorschriften dieses Rechts entzogen werden (Art. 6 Abs. 2 S. 2 Rom I-VO).[232] 110

Für die **Form** der Sicherungsvereinbarung gilt die alternative Anknüpfung nach Art. 11 Abs. 1, 2 Rom I-VO.[233] Diese ist jedoch auf Verbraucherverträge nicht anwendbar (Art. 11 Abs. 4 Rom I-VO).[234] 111

---

[221] Art. 7 Abs. 1 S. 1 EGBGB.
[222] Vgl. Art. 5 Abs. 1 EGBGB.
[223] Zur Rom I-VO → Rn. 109, 116.
[224] MüKoBGB/*Kindler* IntGesR Rn. 542; Michalski/*Leible* GmbHG Syst. Darst. 2, Rn. 120; Palandt/*Thorn* Anh. EGBGB Art. 12 Rn. 11. Krit. *Lehmann* FS Fischer, 2010, 237–261.
[225] → Rn. 109–115.
[226] → Rn. 116–134.
[227] → Rn. 116.
[228] → Rn. 117.
[229] Vgl. *Einsele* WM 2009, 289 (291).
[230] Palandt/*Thorn* Art. 4 Rom I-VO Rn. 8.
[231] → Rn. 118.
[232] → Rn. 119–121.
[233] → Rn. 115.
[234] → Rn. 122.

112 **b) Statut des Sicherungsvertrags.** Die Sicherungsvereinbarung untersteht grundsätzlich ebenfalls den Kollisionsregeln der Rom I-VO, soweit sie schuldrechtliche Pflichten begründet.[235] Ihre sachenrechtlichen Wirkungen, wie etwa der automatische Eigentumsrückfall, unterliegen dagegen dem Belegenheitsstatut.[236]

113 Grundsätzlich ist das auf die schuldrechtlichen Wirkungen der Sicherungsvereinbarung anzuwendende Recht **frei wählbar** (Art. 3 Abs. 1 Rom I-VO).[237] Wurde **keine Rechtswahl** getroffen und wird die Sicherungsvereinbarung **mit einem Dritten** geschlossen, so gilt das Recht am gewöhnlichen Aufenthalt des Sicherungsgebers, da dieser die für den Vertrag charakteristische Leistung zu erbringen hat[238] (Art. 4 Abs. 2 Rom I-VO; beachte auch Art. 19 Rom I-VO[239]). Soll ein Grundpfandrecht bestellt werden, dann gilt für die Sicherungsvereinbarung mangels Rechtswahl das Recht am Lageort des Grundstücks (Art. 4 Abs. 1 lit. c Rom I-VO). Wurde **keine Rechtswahl** getroffen und sind **keine Dritten beteiligt,** sondern sind die Parteien der Sicherungsvereinbarung mit denen des Darlehensvertrags identisch, dann ergibt sich eine offensichtlich engere Verbindung zu Letzterem.[240] Gemäß Art. 4 Abs. 3 Rom I-VO ist in diesem Fall das für den Darlehensvertrag geltende Recht (→ Rn. 109 f.) auf die Sicherungsvereinbarung zu erstrecken. Eine abweichende Rechtswahl nach Art. 3 Rom I-VO bleibt zulässig.

114 Für Sicherungsvereinbarungen mit **Verbrauchern** ist Art. 6 Rom I-VO zu beachten.[241] Dieser gilt allerdings nicht, wenn sich ein Verbraucher vertraglich verpflichtet, ein Grundpfandrecht an seinem Grundstück zu bestellen.[242] In diesem Fall bleiben die Art. 3 f. Rom I-VO anwendbar.

115 Für die **Form** gilt die Sonderregel des Art. 11 Rom I-VO. Nach Art. 11 Abs. 1, 2 Rom I-VO reicht für die Gültigkeit die Erfüllung der Voraussetzungen eines von mehreren Statuten aus.[243] Verpflichtet sich allerdings eine Seite zur Bestellung eines Grundpfandrechts, dann sind die im Belegenheitsstaat des Grundstücks geltenden Vorschriften einzuhalten, sofern diese die Form zwingend und unabhängig vom Ort des Vertragsschlusses vorschreiben (Art. 11 Abs. 5 Rom I-VO). Nach ganz herrschender Meinung ist Letzteres bei § 311b Abs. 1 BGB nicht der Fall.[244] Daher kann man sich im Ausland auch ohne notarielle Beurkundung zur Bestellung einer Hypothek oder Grundschuld an einem in Deutschland belegenen Grundstück wirksam verpflichten, wenn die Vorschriften am Ort des Vertragsschlusses dies zulassen.

3. Statut der Personalsicherheiten

116 **a) Rechtsquelle.** Die Kollisionsregeln für Personalsicherheiten entnehmen deutsche Gerichte der Rom I-VO.[245] Diese vereinheitlicht innerhalb der EU-Mitgliedstaaten – mit Ausnahme Dänemarks – das für Schuldverträge geltende Kollisionsrecht. Sie ist auf „alle vertraglichen Schuldverhältnisse in Zivil- und Handelssachen" anwendbar,[246] mithin auch auf Personalsicherheiten.

---

[235] → Rn. 113–115.
[236] → Rn. 125–128.
[237] → Rn. 117.
[238] Staudinger/*Magnus* Art. 4 Rom I-VO Rn. 411. Für treuhänderische Sicherungsverträge wie bei der Sicherungsübereignung vgl. insbes. *Wilhelm* IPRax 2012, 392 (397 f.).
[239] → Rn. 118.
[240] MüKoBGB/*Martiny* Art. 4 Rom I-VO Rn. 259; Palandt/*Thorn* Art. 4 Rom I-VO Rn. 29.
[241] → Rn. 119–121.
[242] S. Art. 6 Abs. 4 lit. c Rom I-VO.
[243] → Rn. 122.
[244] MüKoBGB/*Spellenberg* EGBGB Art. 11 Rn. 165; Palandt/*Thorn* Art. 11 Rom I-VO Rn. 16; Staudinger/*v. Mohrenfels* Art. 11 Rom I-VO Rn. 154.
[245] Verordnung (EG) Nr. 593/2008 v. 17.6.2008 über das auf vertragliche Schuldverhältnisse anzuwendende Recht (Rom I), ABl. 2008 L 177/6.
[246] Art. 1 Abs. 1 S. 1 Rom I-VO.

b) Freie Rechtswahl. Personalsicherheiten unterliegen grundsätzlich dem von den Parteien gewählten Recht (Art. 3 Abs. 1 S. 1 Rom I-VO). Dieses muss keinen objektiven Bezug zur Sicherheit, zur gesicherten Forderung oder zu den Parteien aufweisen; wählbar ist auch ein völlig beziehungsloses („neutrales") Recht. Die Rechtswahl muss **ausdrücklich** erfolgt sein oder sich **eindeutig** aus den Bestimmungen des Vertrags ergeben (Art. 3 Abs. 1 S. 2 Rom I-VO). Eine hypothetische Rechtswahl ist unzulässig.[247] Eine **Gerichtsstandsklausel** allein erlaubt nicht den Schluss auf die Wahl eines bestimmten Rechts.[248] Über die Wirksamkeit der Rechtswahl entscheidet grundsätzlich das von den Parteien gewählte Recht.[249] Die Parteien können die Rechtswahl **auch nach Sicherheitenbestellung** treffen oder eine bereits getroffene Rechtswahl **ändern** (Art. 3 Abs. 2 S. 1 Rom I-VO). Sie können damit jedoch nicht **Rechte Dritter** beeinträchtigen (Art. 3 Abs. 2 S. 2 Rom I-VO), zB das Recht eines anderen Sicherungsgebers. 117

c) Fehlen einer Rechtswahl. Haben die Parteien keine oder keine gemäß Art. 3 Rom I-VO genügende Rechtswahl getroffen, so gilt für die Ermittlung des auf die Personalsicherheit anzuwendenden Rechts Art. 4 Abs. 1, 2 Rom I-VO.[250] Da die Bestellung von Sicherheiten unter keine der in Art. 4 Abs. 1 Rom I-VO genannten Kategorien fällt, insbesondere nicht als „Dienstleistungsvertrag" iSv lit. b angesehen werden kann, ist Art. 4 Abs. 2 Rom I-VO anzuwenden. Die charakteristische Leistung wird bei einer Sicherheitenbestellung stets vom Sicherungsgeber erbracht.[251] Daher ist das Recht an dessen gewöhnlichem Aufenthalt maßgeblich. Bestellt dieser die Sicherheit im Rahmen seiner beruflichen Tätigkeit, so ist seine Hauptniederlassung maßgebend.[252] Tritt ein Dritter der Schuld bei, so ist das an seinem Niederlassungsort geltende Recht auf seine Verpflichtungen anzuwenden.[253] Bei juristischen Personen und Gesellschaften kommt es auf deren Hauptverwaltung an;[254] wurde die Sicherheit jedoch im Rahmen der Tätigkeit einer Zweigniederlassung bestellt, so unterliegt sie dem Recht an deren Ort.[255] Den Parteien steht es frei, gemäß Art. 3 Rom I-VO ein anderes Recht zu wählen. 118

d) Verbraucher als Sicherungsgeber. Bei Kreditsicherheiten, die ein Verbraucher gegenüber einem Unternehmer stellt, ist Art. 6 Rom I-VO zu beachten. Dieser gilt für **jegliche** von einem Verbraucher bestellte Personalsicherheit. Ob auch die Hauptverbindlichkeit, für die die Sicherheit bestellt wird, aus einem Verbrauchergeschäft resultiert, ist gleichgültig. Die (verfehlte) Rechtsprechung des EuGH zur Beschränkung der Haustürwiderrufsrichtlinie auf doppelte Verbrauchergeschäfte (Hauptverbindlichkeit und Sicherheit)[256] ist nicht auf das Kollisionsrecht zu übertragen. 119

Die Sonderregel gilt allerdings **nur,** wenn die **situativen Anwendungsvoraussetzungen** des Art. 6 Abs. 1 Rom I-VO erfüllt sind.[257] Das bedeutet, dass entweder der Unternehmer seine berufliche oder gewerbliche Tätigkeit im gewöhnlichen Aufenthaltsstaat des Verbrauchers ausüben (Art. 6 Abs. 1 lit. a Rom I-VO) oder sie in irgendeiner Weise auf diesen ausrichten muss (Art. 6 Abs. 1 lit. b Rom I-VO). Dies ist typischerweise nicht der Fall, wenn sich der Verbraucher aktiv einen Darlehensgeber und Sicherungsnehmer im 120

[247] Palandt/*Thorn* Art. 3 Rom I-VO Rn. 6; *Leible/Lehmann* RIW 2008, 528 (532); *Magnus* IPRax 2010, 27 (33).

[248] S. Erwägungsgrund 12 Rom I-VO.

[249] Art. 3 Abs. 5 iVm Art. 10 Abs. 1 Rom I-VO. Zu einer Ausnahme s. Art. 10 Abs. 2 Rom I-VO.

[250] MüKoBGB/*Martiny* Art. 4 Rom I-VO Rn. 259 u. Rn. 181; Staudinger/*Magnus* Rom I-VO Art. 4 Rn. 414 ff. (für Bürgschaft), Rn. 422 ff. (für Garantie); Reithmann/Martiny/*Martiny* Internationales Vertragsrecht S. 177 Rn. 2.225.

[251] So zum früheren Art. 28 Abs. 1, 2 EGBGB BGHZ 121, 224 (228) = NJW 1993, 1126.

[252] Art. 19 Abs. 1 UAbs. 2 Rom I-VO.

[253] BGH ZIP 2011, 338 = NJW-RR 2011, 130 (131) mAnm *Mankowski* EWiR 2011, 47; *Frobenius* GWR 2010, 606.

[254] Art. 19 Abs. 1 UAbs. 1 Rom I-VO.

[255] Art. 19 Abs. 2 Rom I-VO.

[256] → Rn. 65.

[257] Vgl. den Verweis auf Abs. 1 in Art. 6 Abs. 2 S. 2 Rom I-VO.

Ausland sucht, der seine Leistungen nicht im Staat des gewöhnlichen Aufenthalts des Verbrauchers anbietet. In dieser Situation gelten die Kollisionsregeln für Nicht-Verbrauchergeschäfte (s. Art. 6 Abs. 3 Rom I-VO).[258]

120a Die **Ausnahmen** des Art. 6 Abs. 4 Rom I-VO haben im Bereich der Personalsicherheiten keine große Bedeutung.

121 Ist Art. 6 Rom I-VO einschlägig, gilt Folgendes: Haben die Parteien das anzuwendende Recht nicht gewählt, so ist das Recht am gewöhnlichen Aufenthaltsort des Verbrauchers anzuwenden (Artikel 6 Abs. 1 Rom I-VO). Haben die Parteien das anzuwendende Recht gewählt, so darf die Rechtswahl nicht dazu führen, dass dem Verbraucher der Schutz durch die **zwingenden Vorschriften** des Rechts an seinem gewöhnlichen Aufenthaltsort entzogen wird (Art. 6 Abs. 2 S. 2 Rom I-VO). Daher gelten zB die deutschen Bestimmungen über die Unwirksamkeit der Sicherheit nach § 138 BGB[259] trotz Vereinbarung eines fremden Rechts, soweit diese für den Verbraucher als Sicherungsgeber günstiger sind (Günstigkeitsvergleich). Gleiches gilt für die AGB-Kontrolle nach §§ 305 ff. BGB und das Widerrufsrecht, zB nach § 312 BGB.[260] Für die Form gilt nur das Recht am gewöhnlichen Aufenthalt des Verbrauchers (Art. 11 Abs. 4 Rom I-VO).[261]

122 **e) Form.** Für die Form der Personalsicherheit gilt eine besondere Kollisionsregel. Gemäß Art. 11 Abs. 1 Rom I-VO genügt es für ihre Gültigkeit, wenn der Vertrag entweder den Formvorschriften des auf ihn anzuwendenden Rechts (der sog. *lex causae* nach Art. 3 ff. Rom I-VO[262]) oder dem Recht am Abschlussort genügt. Befinden sich beide Parteien oder deren Vertreter beim Abschluss in verschiedenen Staaten, so reicht es sogar aus, wenn der Vertrag dem Recht eines dieser Staaten oder der *lex causae* genügt, Art. 11 Abs. 2 Rom I-VO). Diese sog. **alternative Anknüpfung** dient dazu, die Wirksamkeit von internationalen Verträgen möglichst nicht durch partikulare Formanforderungen eines nationalen Rechts zu beeinträchtigen (Prinzip des *favor validitatis*). Nach ihr kann zB eine von Deutschland ins Ausland gefaxte Bürgschaftserklärung gemäß ausländischem Recht wirksam sein, obwohl es an einer „Erteilung" iSd § 765 BGB fehlt.[263] Für die Form von **Verbraucherverträgen** gilt jedoch die alternative Anknüpfung nicht, sondern nur das Recht am gewöhnlichen Aufenthalt des Verbrauchers (Art. 11 Abs. 4 Rom I-VO).[264]

123 **f) Reichweite.** Das Vertragsstatut der Sicherheit umfasst sowohl deren Begründung als auch alle mit ihrer Geltendmachung zusammenhängenden Fragen (vgl. Art. 12 Rom I-VO). Grundsätzlich ist es weit zu fassen. ZB fallen unter das Vertragsstatut einer Garantie auch Schadensersatzansprüche im Falle deren unberechtigter Inanspruchnahme.[265]

4. Statut der Realsicherheiten

124 **a) Grundlagen.** Das auf Realsicherheiten anzuwendende Recht ist unterschiedlich zu bestimmen, je nachdem, auf welche Art von Gegenstand es sich bezieht. Sind mehrere Realsicherheiten bestellt, so ist das auf sie anzuwendende Recht gesondert zu bestimmen. Für den **Sicherheitenpool**[266] bedeutet dies, dass für jede Sicherheit ermittelt werden muss, welchem Recht sie untersteht. Die Verhältnisse innerhalb des Sicherheitenpools werden dagegen von den Grundsätzen des Internationalen Gesellschaftsrechts beherrscht. Da es sich um eine reine Innen-GbR handelt, ist insoweit die Rom I-VO anzuwenden.[267]

---

258 → Rn. 117 f.
259 → Rn. 61.
260 → Rn. 65.
261 → Rn. 122.
262 → Rn. 117 f.
263 BGHZ 121, 224 (235) = NJW 1993, 1126 (1128).
264 → Rn. 121.
265 Offengelassen in zuständigkeitsrechtlicher Hinsicht von BGH NJW 1985, 561.
266 → Rn. 95–104.
267 Dazu MüKoBGB/*Kindler* IntGesR Rn. 287.

b) Sicherheiten an körperlichen Gegenständen. Für sie gilt grundsätzlich das Recht am Lageort der Sicherheit (*lex rei sitae,* **Art. 43 Abs. 1 EGBGB**). Für die Wirksamkeit der Bestellung oder Übertragung kommt es auf den Lageort **zur Zeit der Bestellung oder Übertragung** der Sicherheit an.[268] Das gilt auch hinsichtlich der einzuhaltenden **Form.**[269] 125

Eine im Ausland bestellte Sicherheit wird grundsätzlich auch in Deutschland anerkannt (Grundsatz der wohlerworbenen Rechte).[270] Deshalb geht beispielsweise ein in Frankreich bestelltes Pfandrecht den später in Deutschland an derselben Sache bestellten Pfandrechten vor. Aus **Art. 43 Abs. 2 EGBGB** folgt, dass im Ausland bestellte Sicherheiten im Inland nicht in einer Weise ausgeübt werden können, die im Widerspruch zum deutschen Recht stehen. Damit ist jedoch nur die Rechtsfolgenseite gemeint; die Vorschrift steht der Anerkennung dem deutschen Recht unbekannter ausländischer Sicherungsrechte nicht entgegen. Die deutsche Rechtsprechung hat daher zB anerkannt: das französische Registerpfandrecht,[271] den italienischen, nur relativ wirkenden Eigentumsvorbehalt;[272] die italienische Automobilhypothek;[273] das venezolanische besitzlose Schiffspfandrecht[274] sowie das US-amerikanische Registerpfandrecht für Privatflugzeuge.[275] Diese Sicherheiten haben in Deutschland gemäß Art. 43 Abs. 2 EGBGB die Wirkungen entsprechender Institute des deutschen Rechts. Bei stark andersartigen Sicherungsrechten, wie der englischen *floating charge,* ist die kollisionsrechtliche Beurteilung und die Transposition ins deutsche Recht problematisch.[276] Die ausländische Rechtsprechung ist dagegen weniger tolerant. So versagt etwa der österreichische OGH der deutschen Sicherungsübereignung die Wirkung.[277] Die französische Rechtsprechung erkennt den deutschen Eigentumsvorbehalt nicht an, soweit er nicht in ein Register eingetragen ist.[278] Eine besondere Regel gilt in der Schweiz: Dort bleibt ein Eigentumsvorbehalt, der den Schweizer Anforderungen nicht genügt, noch drei Monate nach der Verbringung der Sache in die Schweiz gültig.[279] 126

Ein Erwerbsvorgang muss jeweils in einem Land vollendet sein, damit dieser in einem anderen Staat anerkannt wird.[280] Dieser Grundsatz wird durch **Art. 43 Abs. 3 EGBGB** modifiziert. Danach können zB im Ausland vollzogene Tatbestandselemente (zB eine Einigung über die Bestellung von Sicherungseigentum) für die Frage der Vollendung des Erwerbs im Inland (zB nach § 929 S. 1 BGB) berücksichtigt werden. Dabei handelt es sich nicht um eine Kollisionsnorm, sondern um eine Sonderregel des Sachrechts. 127

Besondere Anknüpfungen gelten für **transnational verwendete Transportmittel,** dh Luft-, Wasser- und Schienenfahrzeuge. Auf an ihnen bestellte Sicherungsrechte findet das Recht des Landes Anwendung, in dem das Transportmittel registriert oder zugelassen ist.[281] 128

c) Sicherheiten an Forderungen. Das auf die Übertragung (Abtretung) von Forderungen anzuwendende Recht ist in Art. 14 Rom I-VO geregelt. Diese Vorschrift umfasst auch die Sicherungszession, die Verpfändung und die Bestellung sonstiger Rechte an der Forderung (Art. 14 Abs. 3 Rom I-VO). In ihren Anwendungsbereich fällt die Übertragung 129

---

[268] BGHZ 39, 173 (174 f.) = NJW 1963, 1200.
[269] Vgl. Art. 11 Abs. 4 EGBGB nF.
[270] S. MüKoBGB/*Wendehorst* EGBGB Art. 43 Rn. 11; Palandt/*Thorn* EGBGB Art. 43 Rn. 5 ff.; Staudinger/*Stoll* Internationales Sachenrecht Rn. 161, 354.
[271] BGHZ 39, 173 (175) = NJW 1963, 1200 (1200 f.).
[272] BGHZ 45, 95 (100) = NJW 1966, 879 (880).
[273] BGH NJW 1991, 1415 (1416).
[274] BGH NJW 1991, 1418 (1419 f.).
[275] BGH NJW 1992, 362 (363).
[276] *Ungerer* ZfRV 2015, 31 (43).
[277] IPRax 1985, 165 (166 f.).
[278] Tribunal civ. de Strasbourg, Rev. crit. DIP 1959, 95; vgl. auch Cass., Rev. crit. DIP 1974, 100 (bezogen auf besitzloses Pfandrecht holländischen Rechts).
[279] S. Art. 102 Abs. 2 Schweizer IPRG.
[280] Vgl. BGHZ 45, 95 (99 f.) = NJW 1966, 879 (880).
[281] S. Genfer Übereinkommen über die internationale Anerkennung von Rechten an Luftfahrzeugen 1948, BGBl. II 1959, 130, Art. 1 f.; Art. 45 EGBGB.

jeglicher Ansprüche, zB auch solcher aus Bankguthaben (sog. Buchgeld). Trotz Art. 1 Abs. 1 Rom I-VO ist auch die Abtretung außervertraglicher Ansprüche erfasst.[282]

130 Das **Verhältnis zwischen Zedent und Zessionar** unterliegt dem Recht, das auf den zwischen ihnen geschlossenen Vertrag Anwendung findet (Art. 14 Abs. 1 EGBGB). Bei der sicherungsweisen Übertragung ist mit diesem Vertrag die Sicherungsvereinbarung gemeint.[283] Dieses Recht ist nach den Art. 3 ff. Rom I-VO zu ermitteln.[284]

131 Die Zulässigkeit der Übertragung **(Abtretbarkeit)** richtet sich nach dem Recht, dem die zedierte Forderung untersteht (Art. 14 Abs. 2 Rom I-VO). Dieses Recht bestimmt zugleich über das **Verhältnis zwischen Schuldner und Zessionar.** Dazu gehört auch die Frage, unter welchen Voraussetzungen der Zessionar dem Schuldner die Forderung und dieser dem Zessionar Einwendungen aus dem Verhältnis zum Zedenten entgegenhalten kann (s. Art. 14 Abs. 2 Rom I-VO). In diese Kategorie fallen etwa die deutschen Schutzvorschriften der §§ 405–408 BGB oder ausländische Schutzvorschriften wie etwa Art. 1690 Abs. 1 des frz. Code civil, der die Inanspruchnahme des Schuldners an dessen schriftliche Information durch den Zedenten oder den Zessionar bindet. Diese Normen spielen auch bei der Weiterübertragung von Sicherheiten eine Rolle.

132 Das **Verhältnis des Zessionars zu Dritten,** zB Gläubigern des Zedenten, entscheidet über die rechtliche Zuständigkeit. Es ist insbesondere bei Abtretungen durch einen Nichtberechtigten und bei Mehrfachabtretungen wichtig. Das auf dieses Verhältnis anzuwendende Recht ist in der Rom I-VO nicht geregelt.[285] Die Frage wurde bewusst offengelassen, weil man sich über sie nicht einigen konnte.[286] In der Literatur ist sie stark umstritten.[287] Der BGH hatte unter Art. 33 Abs. 2 EGBGB das auf die Forderung anzuwendende Recht im Wege der Rechtsfortbildung auch auf die Wirkungen der Abtretung im Verhältnis zu Dritten erstreckt.[288] Zwar ist die Norm inzwischen aufgehoben, doch ist nicht auszuschließen, dass der BGH an dieser Lösung festhält. Richtig wäre freilich eine Vorlage an den EuGH. *De lege ferenda* wünschenswert ist eine Wahlmöglichkeit der Parteien zwischen dem Recht am Zedentenwohnsitz und dem Forderungsstatut, wie es im Vorschlag der EU-Kommission für eine eigenständige Verordnung über das auf die Drittwirkung von Forderungsübertragungen anzuwendende Recht vorgesehen ist.[289]

133 **d) Sicherheiten an Finanzinstrumenten.** Für Sicherheiten an Wertpapieren oder Sammelbestandteilen, die mit rechtsbegründender Wirkung in ein Register eingetragen oder auf einem Konto verbucht werden, gilt **§ 17a DepotG.** Die Norm geht auf die Finalitätsrichtlinie[290] und die Finanzsicherheitenrichtlinie[291] zurück. Sie gilt auch für Aktien und Anleihen, über die Globalurkunden ausgestellt sind und bei denen die Berechtigung über uU mehrgliedrige Verwahrketten von Banken als (Zwischen-)Verwahrer mittels Computern festgestellt wird, wie es derzeit in Deutschland der Fall ist.[292] Nach ihr ist auf die Bestellung dinglicher Sicherheiten das Recht des Staats, unter dessen Aufsicht das

[282] MüKoBGB/*Martiny* Art. 14 Rom I-VO Rn. 15.

[283] Vgl. MüKoBGB/*Martiny* Art. 14 Rom I-VO Rn. 18; Palandt/*Thorn* Art. 14 Rom I-VO Rn. 3; Staudinger/*Hausmann* Art. 14 Rom I-VO Rn. 34.

[284] → Rn. 117 f.

[285] **AA** *Flessner* IPRax 2009, 35 (38 f.): durch Art. 14 Abs. 1 Rom I-VO mitgeregelt.

[286] S. den Auftrag an die Kommission zur Erstellung einer entsprechenden Studie in Art. 27 Abs. 2 Rom I-VO.

[287] S. *Flessner* IPRax 2009, 35 (38 f.); *Flessner* FS Canaris, 2007, 545; *Kieninger* RabelsZ 62 (1998), 678 ff.; Ferrari/Leible/*Kieninger/Sigman* Ein neues Internationales Vertragsrecht für Europa S. 179; *Stoll* FS Sonnenberger, 2004, 695 (709 f.); MüKoBGB/*Martiny* Art. 14 Rom I-VO Rn. 33 f.; Staudinger/*Hausmann* Art. 14 Rom I-VO Rn. 55–75; *Bode* Die Wirksamkeit einer Forderungsübertragung gegenüber Dritten vor dem Hintergrund der internationalen Forderungsfinanzierung 2007.

[288] BGHZ 111, 376 (381 f.) = NJW 1991, 637 (638).

[289] COM(2018) 96 endg., Art. 4 Abs. 1 und 3.

[290] RL 98/26/EG des Europäischen Parlaments und des Rates vom 19.5.1998 über die Wirksamkeit von Abrechnungen in Zahlungs- sowie Wertpapierliefer- und -abrechnungssystemen, ABl. 1998 L 166, S. 45–50.

[291] Zu ihr → Rn. 41.

[292] *Lehmann* Finanzinstrumente S. 495; **aA** *Einsele* WM 2001, 7 (15 f.).

Register geführt wird, in dem „unmittelbar zugunsten des Verfügungsempfängers die rechtsbegründende Eintragung vorgenommen wird", oder das Recht des Staats anwendbar, in dem sich die Haupt- oder Zweigstelle befindet, die dem Verfügungsempfänger die rechtsbegründende Gutschrift erteilt hat.[293] Das bedeutet etwa bei Gutschriften über Sicherheiten an Wertpapieren für den Sicherungsnehmer, dass er auf das Bestehen der Sicherheit vertrauen kann, wenn diese nach dem Recht des Staats wirksam ist, in dem die Buchung zu seinen Gunsten vorgenommen wurde.

e) Reichweite. Das Statut der Realsicherheit erfasst sowohl die Begründung und die Wirksamkeit als auch die Übertragung der Sicherheit. Ob eine wirksame Kreditsicherheit besteht, die etwa zur Aus- oder Absonderung berechtigt, ermittelt das zuständige Insolvenzgericht nach den Regeln seines Internationalen Privatrechts.[294] Die Durchsetzung in der Insolvenz ist grundsätzlich vom gesonderten Insolvenzstatut geregelt (idR der *lex fori concursus*). Dieses bestimmen deutsche Gerichte für Insolvenzverfahren mit Bezug zu anderen Mitgliedstaaten nach der EuInsVO[295] und für Insolvenzverfahren in Drittstaaten nach §§ 335 ff. InsO. Danach gelten jedoch für Realsicherheiten als dingliche Rechte *(„in rem")* Ausnahmen vom allgemeinen Insolvenzstatut. Art. 8 EuInsVO n. F. und § 351 InsO ordnen an, dass sie unberührt, also dem Sicherheitenstatut[296] unterstellt, bleiben.[297] 134

Ob „Sicherheiten", die durch Refinanzierungstransaktionen geschaffen wurden,[298] internationalinsolvenzrechtlich als dingliche Rechte gem. Art. 8 EuInsVO zu qualifizieren sind, ist kritisch zu sehen.[299] Allerdings muss man, jedenfalls nach deutschem Verständnis, regelungszweckentsprechend von einer (auch international-) insolvenzfesten Rechtsanwartschaft ausgehen, sodass registrierte Refinanzierungstransaktionen ebenfalls ihrem Statut unterstellt bleiben. 135

[293] Zu Einzelheiten s. *Dittrich* Effektengiroverkehr mit Auslandsberührung 2002.

[294] Zu den Regeln des deutschen Internationalen Privatrechts → Rn. 124–133; zur int. Anwendung der §§ 22a–22o KWG *Lehmann* → Kap. 30 § 22j Rn. 2.

[295] VO (EU) Nr. 2015/848 über Insolvenzverfahren, ABl. 2015 L 141/19.

[296] → Rn. 124–133.

[297] S. zu Art. 5 EuInsVO aF EuGH Urt. v. 5.7.2012 – Rs C-527/10 Rn. 40–42 – ERSTE Bank Hungary.

[298] → Rn. 14a.

[299] *Brocker* BKR 2007, 60 (64); Beck/Samm/Kokemoor/*Bornemann* KWG Losebl. (132. EL Oktober 2015), § 22j KWG Rn. 113 ff.

25. Kapitel: Immobiliarsicherheiten – §§ 1113–1198 BGB

Schrifttum: *Barchewitz,* Haftung der Grundpfandrechte für Prozesskosten, MDR 2014, 121; *van Bevern,* Die Anmeldung von Rechten aus nicht mehr voll valutierenden Grundschulden in der Versteigerung – die Bank als Inkassobüro des Sicherungsgebers?, BKR 2010, 453; *Bork,* Der Eintritt des Sicherungsgrundschuldzessionars in den Sicherungsvertrag, WM 2010, 2057; *Bülow,* Recht der Kreditsicherheiten, 9. Aufl. 2017, Kap. 1 Abschn. 1; *Derleder,* Die neue Sicherungsgrundschuld, Die Beschränkungen des Zugriffs der Banken beim Immobiliarkredit, ZIP 2009, 2221; *Derleder,* in: Derleder/Knops/Bamberger (Hrsg.), Handbuch zum deutschen und europäischen Bankrecht, 3. Aufl. 2017, § 26; *Dieckmann,* Dingliche Zwangsvollstreckungsunterwerfung bei Abtretung der Sicherungsgrundschuld und Eigentümerschutz nach BGHZ 185, 133 oder: (Gelungenes?) Richterrecht durch obiter dictum im Versäumnisurteil?, BWNotZ 2011, 42; *Dieckmann,* Zur funktionalen Beurteilung der Zulässigkeit der dinglichen Vollstreckungsunterwerfung bei Sicherungsgrundschulden (§§ 1191 Abs. 1, 1147 BGB, 794 Abs. 1 Nr. 5 ZPO), WM 2010, 1254; *Epp,* in: Schimansky/Bunte/Lwowski (Hrsg.), Bankrechts-Handbuch, Band II, 5. Aufl. 2017, § 94; *Fischer/Klanten* (Hrsg.), Bankrecht, 4. Aufl. 2010, Kap. 9; *Fischinger,* Aktuelle Fragen der Zwangshypothek, §§ 867 f. ZPO, WM 2009, 637; *Frank/Glatzl,* Das Pfandbriefgesetz – Die Vereinheitlichung und Neuordnung des Pfandbriefrechts, WM 2005, 1681; *Freckmann,* Praktische Rechtsfragen der Sicherungsgrundschuld, BKR 2005, 167; *Fridgen,* Die Sicherungsgrundschuld beim Forderungsverkauf, WM 2008, 1862; *Früh,* Asset Backed Securities/Securitization am Finanzplatz Deutschland, BB 1995, 105; *Gaberdiel/Gladenbeck,* Kreditsicherung durch Grundschulden, 10. Aufl. 2020; *Graupeter,* Die Auswechslung der Sicherungsabrede bei Grundschulden als genehmigungspflichtiger Vorgang in förmlich festgelegten Sanierungsgebieten und Entwicklungsbereichen, WM 2011, 535; *Habersack,* Zur Abtretbarkeit der Sicherungsgrundschuld mit weitem Sicherungszweck, WM 2018, 1625; *Habersack,* Die Vollstreckungsunterwerfung des Kreditnehmers im Lichte des Risikobegrenzungsgesetzes, NJW 2008, 3173; *Hartmann/Höche/Wand/Weber,* Kurzkommentar Bankvordrucke, Loseblatt, Stand: 3/2009, Teil 5; *Heinze,* Die Rechtsnachfolge auf Gläubigerseite gemäß § 727 Abs. 1 ZPO bei vollstreckbaren Sicherungsgrundschulden, ZIP 2010, 2030; *Hinrichs/Jaeger,* Die Zwangsvollstreckung durch den Zessionar einer Sicherungsgrundschuld, NJW 2010, 2017; *Hoffmann,* Die Erstreckung der Unterwerfung in die sofortige Zwangsvollstreckung auf den Zessionar der Grundschuld, ZBB 2014, 307; *Hornung,* Vollstreckungsunterwerfung und Höchstbetragshypothek, NJW 1991, 1649; *Jacoby,* Die Befriedigung aus dem Grundschulderlös, AcP 203 (2003), 664; *Josten,* Kreditvertragsrecht, 2. Aufl. 2017, § 35; *Keller,* Die Wirkungen der Rückschlagsperre des § 88 InsO auf die Sicherungshypothek nach §§ 866, 867 ZPO, ZIP 2006, 1174; *Kesseler,* Die Versteigerung aus Grundschuldzinsen, NJW 2017, 2442; *Kesseler,* „Rechtsnachfolge" in Vollstreckungsklauseln, WM 2011, 486; *Kesseler,* Wertlosigkeit der Abtretung von Rückgewähransprüchen an vor- und gleichrangigen Grundschulden im Fall der Insolvenz?, NJW 2007, 3466; *Kesseler,* Rückgewähransprüche an Hypotheken, ZIP 2007, 1297; *Kiehnle,* Ein Widerspruch zwischen § 1192 Abs. 1a und § 1156 Satz 1 BGB?, BKR 2009, 157; *Kindl/Meller-Hannich/Wolf* (Hrsg.), Gesamtes Recht der Zwangsvollstreckung, 3. Aufl. 2016; *Knops,* Der Eintritt in den Sicherungsvertrag als Vollstreckungsvoraussetzung für Erwerber von grundschuldgesicherten Darlehen, WM 2010, 2063; *Knops,* Die „weite" Sicherungszweckerklärung des persönlich schuldenden Eigentümers in der AGB-Kontrolle, ZIP 2006, 1965; *Koppmann,* Die besondere Sicherheit des Pfandbriefs in der Insolvenz der Pfandbriefbank, WM 2006, 305; *Kreikenbohm/Niederstätter,* Zur Verjährung von durch Grundschulden gesicherten Darlehen, WM 2008, 718; *Krepold/Achors,* Das zur Sicherung eines Darlehens im Rahmen einer Grundschuldbestellung abgegebene abstrakte, persönliche und vollstreckbare Schuldanerkenntnis im Lichte des neuen Verjährungsrechts, BKR 2007, 185; *Kupjetz/Schuster,* Zur Nutzung von durch einen englischen Sicherheitentreuhänder gehaltenen Buchgrundschulden durch eine deutsche Pfandbriefbank, BKR 2010, 408; *Langenbucher,* Kredithandel nach dem Risikobegrenzungsgesetz, NJW 2008, 3169; *Lehleiter/Hoppe,* Zwangsvollstreckung aus einer formularmäßigen Unterwerfungserklärung – Roma locuta, causa finita?, BKR 2010, 238; *Martinek/Omlor,* Auswirkungen von gesetzlichem und vertraglichem Rangrücktritt auf nicht-akzessorische Sicherheiten, WM 2008, 617, 665; *Meyer,* Die Regelung der Sicherungsgrundschuld in § 1192 Abs. 1a BGB – ein nicht durchdachter Schnellschuss des Gesetzgebers, WM 2010, 58; *Nietsch,* Grundschulderwerb nach dem Risikobegrenzungsgesetz – Der Ausschluss des gutgläubigen einredefreien Erwerbs nach § 1192 Ia BGB, NJW 2009, 3606; *Obermüller,* Probleme grundschuldbesicherter Kredite mit weiter Sicherungszweckerklärung, BKR 2017, 221; *Peters,* Windparkfinanzierungen und deren Besicherung, WM 2019, 811; *Redeker,* Renaissance der Hypothek durch Abschaffung des gutgläubigen einredefreien Erwerbs bei der Grundschuld?, ZIP 2009, 208; *Regenfus,* „Unselbstständigkeit" und „Verjährungsabhängigkeit" der Dolo-agit-Einrede, WM 2019, 1577; *Rein,* Der Löschungsanspruch eines nachrangigen Grundschuldgläubigers in der Insolvenz des Grundstückseigentümers, NJW 2006, 3470; *Rein,* Die Verwertbarkeit der Eigentümergrundschuld trotz des Löschungsanspruchs gemäß § 1179a BGB, 1994; *Rösler/Fischer,* Sicherungszweckvereinbarung als zentraler Bestandteil aller Kreditsicherheiten: Probleme aus AGB-Kontrolle und Akzessorietät, BKR 2006, 50; *Rupp,* Grundpfandrechte zwischen Felxibilität und Schutz, 2015; *Samhat,* Der Grundschuldsicherungsvertrag, WM 2019, 805, 849; *Samhat,* Mitwirkung des Verkäufers bei der Grundschuldbestellung zwecks Finanzierung des Grundstückskaufpreises, WM 2017, 891; *Schäfer,* Unverjährbarkeit des Anspruchs auf Rückgewähr der stehengelassenen Grundschuld nach Erledigung des Sicherungszwecks?, WM 2009, 1308; *Scharpf,* Risiken des Handels mit notleidenden Krediten – Von non performing loans zu non existing loans, NJW 2009, 3476; *Schiemann,* Wandlungen des Sachenrechts, in: FS E. Lorenz, 2014, S. 863; *Schulz,* Kreditverkauf – diesmal: Zur sofortigen Zwangsvollstreckung aus der Grundschuldbestellungsurkunde, ZIP 2008, 1858; *Smola,* Refinanzierung wohnungswirtschaftlicher Darlehen einer Bausparkasse über Pfandbriefe, die von einer Pfandbriefbank emittiert werden und unter Einbeziehung eines Refinanzierungsregisters, BKR 2009, 241; *Stöber,* Löschungsvormerkung und Grundschuldlöseanspruch, WM 2006, 607; *Stöcker,* Die grundpfandrechtliche Sicherung grenzüberschreitender Immobilienfinanzierungen – Die Eurohypothek – ein Sicherungsinstrument mit Realisierungschancen, WM 2005, 1941; *Theewen* (Hrsg.), Bank- und Kapitalmarktrecht, 2010, Kap. Kreditsicherungsrecht; *Thomale,* Hypothekenschutz bei Abtretungsverboten im Handelsverkehr – Zum Verhältnis von § 354a Satz 2 HGB und § 1156 Satz 1 BGB, WM 2007, 1916; *Tiedtke/Szczesny,* Die Grundschuld im Haustürwiderrufsrecht, WM 2006, 1661; *Weber,* Kreditsicherungsrecht, 10. Aufl. 2018, §§ 11–14; *Wirth,* Konsequenzen des Wegfalls des § 102 VVG a. F. für den grundpfandrechtlich besicherten Kredit, WM 2009, 1731; *Zeiser,* Inhabergrund- und -rentenschulden sowie Inhaber- und Orderhypotheken, Rpfleger 2006, 577; *Zimmermann,* Geierfonds erwerben ungekündigte Darlehensverträge und Grundschulden ohne fiduziarische Zweckbindung – Zur Rechtslage nicht notleidender Kreditengagements im Dreieck Kunde/Investor/Hausbank, BKR 2008, 95.

Übersicht

Vorbemerkung vor §§ 1113 ff. BGB

Übersicht

I. Praktische Bedeutung von Immobiliarsicherheiten

1 Die Praxis bewertet **dingliche Immobiliarsicherheiten (Grundpfandrechte)** als erstklassig.[1] Grundpfandrechte gewähren als Realsicherheiten, im Gegensatz zu Personalsicherheiten, **Vorrechte in der Zwangsvollstreckung** gegen den Sicherungsgeber **und in der Insolvenz** des Sicherungsgebers. Im Verhältnis zu Realsicherheiten an Mobilien und Rechten liegen die Vorteile von Immobiliarsicherheiten in der vergleichsweise **zuverlässigen Wertermittlung und Wertbeständigkeit** von Grundstücken; ferner sind die Rechtsverhältnisse an Grundstücken im Grundbuch verlässlich (§§ 892 f. BGB) dokumentiert (**Publizität** und **öffentlicher Glaube**). Grundpfandrechte sind besitzlose Pfandrechte, so dass der Sicherungsnehmer im Gegensatz zum Faustpfandrecht an Mobilien (§§ 1205 f., 1253 Abs. 1 BGB) nicht mit dem Besitz und einhergehenden Obhuts- und Verwahrpflichten belastet ist; anders als bei ebenfalls besitzlosen Mobiliarsicherheiten (Vorbehalts- und Sicherungseigentum) besteht bei Grundpfandrechten praktisch **keine Gefahr vereitelnder Verfügungen** des besitzenden Sicherungsgebers zugunsten gutgläubiger Dritter. Schließlich können Grundstücke im Gegensatz zu Mobilien **nicht beiseite geschafft** werden.

II. Grundpfandrechte

1. Arten

2 **a) Hypothek, Grundschuld, Rentenschuld.** Das Sachenrecht stellt in Abschnitt 7 (§§ 1113–1203 BGB) **drei Grundpfandrechte** zur Verfügung: die akzessorische **Hypothek** (§§ 1113–1190 BGB), die nichtakzessorische **Grundschuld** (§§ 1191–1198 BGB) sowie die praktisch bedeutungslose **Rentenschuld** (§§ 1199–1203 BGB). **Gesetzessystematisch** steht die **Hypothek** im Vordergrund. Die Grundschuld ist nur in einigen Aspekten gesondert geregelt; im Übrigen finden die Vorschriften über die Hypothek auf die Grundschuld entsprechend Anwendung, soweit sie nicht auf der Forderungsabhängigkeit der Hypothek beruhen (§ 1192 Abs. 1 BGB). Die **Praxis** zieht die nicht forderungsgebundene **Sicherungsgrundschuld** (§ 1192 Abs. 1a BGB) der akzessorischen Hypothek

[1] MüKoBGB/*Lieder* § 1113 Rn. 12 ff.; *Rupp* S. 1 ff.; *Weber* Kreditsicherungsrecht § 11 I.

vor. Hauptgrund dieser Entwicklung ist die Möglichkeit, Grundschulden formlos und kostengünstig als Sicherheit für andere als die anfänglich gesicherte Forderung zu verwenden.[2]

b) Eigentümer- und Fremdgrundpfandrecht. Ein Grundpfandrecht steht entweder dem Grundstückseigentümer zu (**Eigentümergrundpfandrecht,** vgl. §§ 1163, 1177, 1196 BGB) oder einem Dritten **(Fremdgrundpfandrecht).** Beim Eigentümergrundpfandrecht ist das beschränkt dingliche Recht bereits vom Eigentum abgespalten, aber noch nicht von ihm entfernt (vgl. §§ 1163 Abs. 1 S. 1, Abs. 2, 1196 BGB) oder ihm wieder an die Seite gestellt (vgl. § 1163 Abs. 1 S. 2 BGB). Zweck und Nutzen dieser höchst artifiziellen Konstruktion liegen in der Freihaltung beziehungsweise Wahrung des Ranges. 3

Mit dem Begriffspaar Eigentümer-/Fremdgrundpfandrecht nicht verwechselt werden darf die Unterscheidung zwischen **Schuldner-** und **Drittsicherheit.** Schuldnersicherheit bedeutet, dass der Sicherungsgeber auch persönlicher Schuldner der gesicherten Forderung ist, der Kreditnehmer ist also Eigentümer des belasteten Grundstücks; von einer Drittsicherheit wird gesprochen, wenn der Sicherungsgeber nicht persönlicher Schuldner ist. Grundpfandrechte kommen als Schuldner- oder als Drittsicherheit vor. 4

c) Brief- und Buchrecht. Grundpfandrechte können als Brief- oder als Buchrechte bestellt werden (§§ 1117, 1192 Abs. 1 BGB); die Ausnahme bildet die Sicherungshypothek (nur Buchrecht, § 1185 Abs. 1 BGB). Gesetzlicher Regelfall ist das Briefrecht (§ 1116 Abs. 1 BGB), das Buchrecht ist die Ausnahme (§ 1116 Abs. 2 BGB); in der Praxis ist es andersherum.[3] 5

2. Gegenstand

a) Grundpfandfähige Rechte. Grundpfandrechtsfähig sind das Grundeigentum einschließlich wesentlicher Bestandteile (§§ 93 f. BGB), auch Bruchteileigentum (§§ 1008 ff. BGB), Wohnungs- und Teileigentum (§ 1 WEG), Erbbau- und Wohnungserbbaurechte (§ 11 ErbbauVO, § 30 WEG) sowie andere grundstücksgleiche Rechte, nicht aber Dauerwohn- und -nutzungsrechte (§ 31 WEG).[4] 6

b) Veränderungen des belasteten Rechts. Wechselt der **Inhaber** des belasteten Rechts, so berührt dies den Gegenstand des Grundpfandrechts nicht;[5] nur der Schuldner des Duldungsanspruchs (§ 1147 BGB) wechselt. Wird das belastete **Grundstück geteilt,** so entsteht ein Gesamtgrundpfandrecht (§ 1132 BGB) an der aus der Teilung hervorgegangenen Mehrzahl von Grundstücken.[6] Dies gilt grundsätzlich auch bei der Aufteilung in Wohnungseigentum.[7] Zur **Enthaftung** von Gegenständen des Haftungsverbands s. §§ 1121 f. BGB. Bei der **Vereinigung** von Grundstücken (§ 890 Abs. 1 BGB) besteht ein Grundpfandrecht, das zuvor an einem der Grundstücke bestanden hat, am zuvor belasteten Teil des vereinigten Grundstücks fort.[8] Von der Vereinigung ist die **Zuschreibung** (§ 890 Abs. 2 BGB) zu unterscheiden, deren Folgen sich aus § 1131 BGB ergeben. 7

c) Tatsächliche Veränderungen. Bei Verschlechterungen des Grundstücks oder Zubehörs ergeben sich die Rechte des Grundpfandgläubigers aus den §§ 1133–1135 BGB; ferner kommen Schadensersatzansprüche aus §§ 823 Abs. 1, 823 Abs. 2 BGB oder § 826 8

[2] BGH NJW-RR 2015, 915 mAnm *Joswig* WuB 2015, 421.
[3] Staudinger/*Wolfsteiner* Einl. zu §§ 1113 ff. Rn. 42.
[4] MüKoBGB/*Lieder* § 1113 Rn. 17 ff.; BankR-HdB/*Epp* § 94 Rn. 29 ff.
[5] Staudinger/*Wolfsteiner* Einl. zu §§ 1113 ff. Rn. 193.
[6] *Bülow* Recht der Kreditsicherheiten Rn. 120; *Weber* Kreditsicherungsrecht § 11 V 1.
[7] Einzelheiten bei Staudinger/*Wolfsteiner* Einl. zu §§ 1113 ff. Rn. 195 ff.
[8] BGH NJW 2006, 1000.

BGB in Betracht – Grundpfandrechte sind sonstige Rechte im Sinne von § 823 Abs. 1 BGB, § 1134 BGB ist Schutzgesetz zugunsten des Grundpfandgläubigers.[9]

9 **d) Surrogation in der Zwangsversteigerung.** Die Rechtsposition eines Grundpfandgläubigers, dessen **Grundpfandrecht in der Zwangsversteigerung durch den Zuschlag erlischt** (§§ 52 Abs. 1, 91 ZVG), setzt sich im Wege der Surrogation entsprechend § 92 Abs. 2 ZVG am Erlös fort. Durch den Zuschlag verwandeln sich also erloschene Grundpfandrechte in Rechte auf Befriedigung aus dem Anspruch gegen den Ersteher. Dieses Befriedigungsrecht hat den Rang des Grundpfandrechts, etwaige Rechte am Grundpfandrecht setzten sich am Befriedigungsrecht fort.[10] Das Befriedigungsrecht kann gemäß §§ 413, 398 BGB übertragen und gemäß §§ 829, 857 ZPO gepfändet werden, also jeweils nicht mehr nach den für Grundpfandrechte geltenden Vorschriften.[11]

3. Verwertung

10 Grundpfandrechte sind beschränkt dingliche Verwertungsrechte. Die Verwertung zur Befriedigung des Grundpfandgläubigers wird im Wege der **Zwangsvollstreckung in das belastete Grundstück** und den Haftungsverband (§§ 1120 ff. BGB) unternommen (§§ 1147, 1192 Abs. 1 BGB), also durch Zwangsversteigerung und -verwaltung (§§ 866 Abs. 1, 2, 869 ZPO, ZVG). In der **Insolvenz des Grundeigentümers** sind Grundpfandgläubiger zur **abgesonderten Befriedigung** berechtigt (§ 49 InsO).

4. Allgemeines Liegenschaftsrecht

11 Wesentliche Grundpfandrechtsprinzipien finden sich im allgemeinen Immobilienrecht (§§ 873–902 BGB), zB Entstehung und Aufhebung durch Einigung und Eintragung (§§ 873 ff. BGB), Rang (§§ 879 ff. BGB), Vormerkung (§§ 883 ff. BGB) und Widerspruch (§ 899 BGB) und der öffentliche Glaube des Grundbuchs (§§ 891 ff. BGB).[12]

III. Entstehung von Grundpfandrechten

12 Grundpfandrechte entstehen durch Rechtsgeschäft, Gesetz oder Staatsakt.

1. Rechtsgeschäft

13 Grundpfandrechte können durch **mehraktiges Verfügungsgeschäft** gemäß § 873 BGB begründet werden, also durch **Einigung** der Beteiligten über die Entstehung eines bestimmten Grundpfandrechts und inhaltlich damit übereinstimmender[13] **Grundbucheintragung.** § 1365 BGB ist anwendbar,[14] ebenso §§ 1821 Abs. 1 Nr. 1, 1643 Abs. 1 BGB.[15] § 1821 Abs. 1 Nr. 1 BGB schützt jedoch nur bereits vorhandenes Grundvermögen und findet daher auf Belastungen im Zusammenhang mit dem Grundstückserwerb keine Anwendung; dies gilt auch für Grundschuldbestellungen, die Mittel für andere Zwecke als die Kaufpreisfinanzierung beschaffen sollen.[16] Ferner können verwaltungsrechtliche Genehmigungen erforderlich sein (zB § 144 Abs. 2 Nr. 2 BauGB).

14 Gleichgültig ist die zeitliche Reihenfolge von Einigung und Eintragung.[17] Die Verfügungswirkung tritt aber jedenfalls erst mit Verwirklichung beider Teilakte ein. Insbeson-

---

[9] → §§ 1133–1135 Rn. 7.
[10] BGHZ 58, 298.
[11] Staudinger/*Wolfsteiner* Einl. zu §§ 1113 ff. Rn. 212.
[12] Staudinger/*Wolfsteiner* Einl. zu §§ 1113 ff. Rn. 7.
[13] Staudinger/*Wolfsteiner* Einl. zu §§ 1113 ff. Rn. 138 ff.
[14] Staudinger/*Wolfsteiner* Einl. zu §§ 1113 ff. Rn. 106. Ebenso OLG Brandenburg BeckRS 2008, 09655 (betreffend Grundschuld); BGHZ 123, 93 = NJW 1993, 2441 (betreffend Wohnrecht).
[15] Staudinger/*Wolfsteiner* Einl. zu §§ 1113 ff. Rn. 135.
[16] BGH NJW 1998, 453.

dere entsteht ohne wirksame Einigung kein Grundpfandrecht, auch kein Eigentümergrundpfandrecht.[18] Dies ist str., nach aA[19] entsteht ein Grundpfandrecht mit jeder Eintragung, die sich auf ein Rechtsgeschäft stützt, und zwar bei fehlender oder unwirksamer Einigung als Eigentümergrundpfandrecht. Ausnahmsweise bedarf es keiner Einigung: Zur Begründung einer Hypothek für eine Forderung aus einer Inhaberschuldverschreibung (§ 1188 Abs. 1 BGB), einer Inhabergrundschuld (§ 1195 BGB) und einer Eigentümergrundschuld (§ 1196 Abs. 2 BGB) genügt die **Erklärung des Eigentümers** gegenüber dem Grundbuchamt.

a) Einigung. Die Einigung ist ein **formfreier dinglicher Vertrag** zwischen dem **Verfügenden** und dem **Erwerber** mit dem Inhalt, dass ein bestimmtes Grundpfandrecht für den Erwerber entstehen soll. Grundsätzlich gelten die Regeln der Rechtsgeschäftslehre. Dementsprechend kann die Einigung **bedingt oder befristet** (§§ 158 ff. BGB) sein,[20] zB mit der Resolutivbedingung der Vollstreckung durch dritte Gläubiger in Grundpfandrecht oder Forderung, oder auflösend befristet auf Lebenszeit des Berechtigten (vgl. § 23 GBO);[21] dies ist kein Fall des § 1113 Abs. 2 BGB. Da ohne wirksame Einigung kein Grundpfandrecht besteht, entsteht auch vor Eintritt einer Suspensivbedingung kein Grundpfandrecht, wobei allerdings die Eintragung analog § 879 Abs. 2 BGB den Rang wahrt; mit Eintritt einer Resolutivbedingung geht das Grundpfandrecht unter.[22] Dies ist str. Nach aA[23] entsteht bei Suspensivbedingung zunächst ein Eigentümergrundpfandrecht, und mit Eintritt einer Resolutivbedingung wird das Fremdgrundpfandrecht zum Eigentümergrundpfandrecht. Anders liegen die Dinge bei der **Sukzessivsicherung.**[24] Str. ist, ob das Bestehen einer gesicherten Forderung zur Bedingung einer **Sicherungsgrundschuld** gemacht werden kann.[25] 15

b) Eintragung. Die Grundbucheintragung wird aufgrund eines **Eintragungsantrags** (§ 13 GBO) sowie einer **Eintragungsbewilligung** des eingetragenen Eigentümers (§§ 19, 29 Abs. 1 S. 1, 39 Abs. 1 GBO) vorgenommen. Die Bewilligung ist keine materiellrechtliche Erklärung und gehört nicht zum Tatbestand des § 873 BGB.[26] Gleichwohl ist § 185 BGB anwendbar[27] und Stellvertretung zulässig.[28] Zu beachten ist, dass die materiellrechtliche Einigungserklärung des Eigentümers nicht ohne Weiteres auch die Bewilligung, die Einwilligung in eine Bewilligung oder eine Bevollmächtigung zur Erklärung der Bewilligung enthält; dies ist eine Auslegungsfrage.[29] Ferner muss aus einer Eintragungsbewilligung, die ein Stellvertreter abgibt, in der Form des § 29 GBO hervorgehen, dass die Bewilligung vom Umfang der (Belastungs-)Vollmacht umfasst ist.[30] Die Bewilligung ist Eintragungsvoraussetzung des formellen Grundbuchrechts. Eine Eintragung, die unter Missachtung des Bewilligungserfordernisses vorgenommen wurde, ist gleichwohl wirksam und hinreichend für § 873 Abs. 1 BGB. Wurde also eingetragen, dann spielt es für die Entstehung des Grundpfandrechts keine Rolle, ob eine Eintragungsbewilligung vorgelegen hatte und eingetragen werden durfte.[31] 16

[17] Staudinger/*Wolfsteiner* Einl. zu §§ 1113 ff. Rn. 116.
[18] OLG Zweibrücken Rpfleger 2001, 586 = LSK 2002, 050980.
[19] Staudinger/*Wolfsteiner* Einl. zu §§ 1113 ff. Rn. 108 ff.
[20] MüKoBGB/*Lieder* § 1113 Rn. 65; *Weber* Kreditsicherungsrecht § 11 III 1.
[21] Bsp. nach Staudinger/*Wolfsteiner* Einl. zu §§ 1113 ff. Rn. 121, 125.
[22] MüKoBGB/*Lieder* § 1113 Rn. 65; *Weber* Kreditsicherungsrecht § 11 III 1.
[23] Staudinger/*Wolfsteiner* Einl. zu §§ 1113 ff. Rn. 121 ff.
[24] → § 1113 Rn. 10.
[25] Dagegen Staudinger/*Wolfsteiner* § 1191 Rn. 8.
[26] BGH NJW-RR 2016, 1295 mAnm *Gladenbeck* WuB 2016, 668.
[27] Staudinger/*Wolfsteiner* Einl. zu §§ 1113 ff. Rn. 113.
[28] BGH NJW-RR 2016, 1295 mAnm *Gladenbeck* WuB 2016, 668.
[29] Staudinger/*Wolfsteiner* Einl. zu §§ 1113 ff. Rn. 113. Ebenso BayObLG Rpfleger 1979, 134 betreffend Auflassung.
[30] BGH NJW-RR 2016, 1295 mAnm *Gladenbeck* WuB 2016, 668.

17 Die Bewilligung kann bedingt erteilt werden. Bei Suspensivbedingung darf das Grundbuchamt noch nicht eintragen, nach Eintritt einer Resolutivbedingung darf es nicht mehr eintragen. Wurde eingetragen, kommt es auf eine Bedingung nicht mehr an.[32]

18 **c) Berechtigung des Verfügenden.** Die Einigung muss auf Seiten des Verfügenden der **Verfügungsberechtigte,** also in der Regel der **Eigentümer** erklären. Für die materiellrechtliche Wirksamkeit der Einigung ist ohne Belang, ob der Verfügende als Eigentümer im Grundbuch eingetragen ist.[33] Maßgeblicher Zeitpunkt für die Verfügungsberechtigung ist die Vollendung des Verfügungstatbestandes. Wenn also die Eintragung der Einigung nachfolgt, muss der Verfügende zur Zeit der Eintragung – nicht bereits bei der Einigung – verfügungsberechtigt sein;[34] verliert er die Verfügungsberechtigung zwischen Einigung und Eintragung, entsteht kein Grundpfandrecht. § 878 BGB, der nur Beschränkungen, nicht den Verlust der Verfügungsberechtigung betrifft, ändert daran nichts.

19 Der Verfügungsberechtigte kann einen **Nichtberechtigten** ermächtigen (§ 185 Abs. 1 BGB) oder dessen Verfügung genehmigen (§ 185 Abs. 2 S. 1 Var. 1 BGB); ferner wird die Verfügung in den Fällen des § 185 Abs. 2 S. 1 Var. 2, 3 BGB wirksam. Schließlich kann ein Grundpfandrecht gutgläubig vom Nichtberechtigten (§ 892 BGB) erworben werden.

20 **d) Nichtigkeit.** Einen besonderen Nichtigkeitsgrund für Sicherungsrechte enthält § 100 Abs. 2 S. 2 Nr. 1 WpHG. Danach ist die Bestellung eines Grundpfandrechts für ein verbotenes Finanztermingeschäft (§§ 99 S. 2, 100 Abs. 2 S. 1 WpHG) nichtig.

2. Gesetz

21 **a) Dingliche Surrogation.** Dingliche Surrogation gewährt Bestandsschutz durch Fortsetzung einer Rechtslage an einem Ersatzgegenstand kraft Gesetzes und ohne Durchgangserwerb.[35] Sie findet nur in den gesetzlichen Fällen oder aufgrund Analogie zu Surrogationsnormen statt.[36] § 1287 S. 2 Hs. 1 BGB und § 848 Abs. 2 S. 2 ZPO ordnen dingliche Surrogation durch Grundpfandrechte an. Das Grundpfandrecht entsteht jeweils außerhalb des Grundbuchs; das Grundbuch wird unrichtig.

22 **b) Ersitzung.** Grundpfandrechte können nicht ersessen werden.[37] § 900 Abs. 2 BGB lässt nur die Ersitzung beschränkt dinglicher Rechte zu, die zum Besitz berechtigen.

3. Staatsakt

23 **a) Zwangsvollstreckung.** In der Vollstreckung kann das Grundbuchamt als Vollstreckungsorgan **Zwangshypotheken** gemäß §§ 866 ff. ZPO (Sicherungshypothek, §§ 1184 ff. BGB) und **Arresthypotheken** gemäß § 932 ZPO (Höchstbetragssicherungshypothek, §§ 1184 ff., 1190 BGB) eintragen. Sicherungshypotheken können auch im Erlösverteilungsverfahren der **Zwangsversteigerung** begründet werden (§§ 105 ff., 128 ZVG).

24 **b) Behördliches Ersuchen.** In gesetzlich festgelegten Fällen (zB §§ 322, 324 AO, § 7 JBeitrO) trägt das Grundbuchamt Zwangs- und Arresthypotheken auf behördliches Ersuchen ein (§ 38 GBO).

---

[31] Staudinger/*Wolfsteiner* Einl. zu §§ 1113 ff. Rn. 113.
[32] Staudinger/*Wolfsteiner* Einl. zu §§ 1113 ff. Rn. 114.
[33] BGH NJW-RR 2006, 888.
[34] Staudinger/*Wolfsteiner* Einl. zu §§ 1113 ff. Rn. 118.
[35] *M. Wolf* JuS 1975, 643 (644 f.).
[36] Staudinger/*Wiegand* § 1212 Rn. 5; *M. Wolf* JuS 1975, 643 (646).
[37] Staudinger/*Wolfsteiner* Einl. zu §§ 1113 ff. Rn. 154.

c) Verwaltungsakt. Gemäß § 61 BauGB können im Umlegungsverfahren Grundpfandrechte neu begründet werden. 25

IV. Rechtsnachfolge, Belastung, Inhaltsänderung, Umwandlung

1. Rechtsnachfolge

a) Übertragende Verfügungen. Ob und in welcher Weise Verfügungen über Grundpfandrechte vorgenommen werden können, hängt von der Akzessorietät ab. Die akzessorische **Hypothek** kann nicht selbst Gegenstand einer übertragenden Verfügung sein, sondern geht mit der gesicherten Forderung über (**Zuständigkeitsakzessorietät,** § 1153 BGB). Dagegen kann die nicht forderungsgebundene **Grundschuld** grundsätzlich **selbständig übertragen** werden. 26

b) Ausschluss der Übertragbarkeit. Bei der **Hypothek** kann die Übertragung mittelbar ausgeschlossen werden, indem für die gesicherte Forderung ein **Abtretungsverbot** vereinbart wird (§ 399 Alt. 2 BGB); zu beachten ist die Ausnahme § 354a HGB, aber auch die Gegenausnahme bei Darlehensrückzahlungsforderungen von Kreditinstituten (§ 354a Abs. 2 HGB). Mit der Forderung ist dann auch die Hypothek beim Gläubiger arretiert (§ 1153 BGB). Gleiches gilt, wenn die gesicherte Forderung kraft Gesetzes unabtretbar ist (zB §§ 399 Alt. 1, 400 BGB). Bei der nicht forderungsgebundenen **Grundschuld** schließt ein Abtretungsverbot für die gesicherte Forderung die Übertragbarkeit der Grundschuld nicht aus. 27

Str. ist, ob die **Übertragung des Grundpfandrechts** unabhängig von der Übertragbarkeit der gesicherten Forderung rechtsgeschäftlich ausgeschlossen oder eingeschränkt werden kann.[38] Solche Verfügungsverbote und -beschränkungen wirken nicht absolut (§ 137 S. 1 BGB), aber inter partes (§ 137 S. 2 BGB). 28

c) Rechtsnachfolge kraft Gesetzes, Gesamthand. Grundpfandrechte wechseln bei **Erbfall** den Inhaber (Universalsukzession, § 1922 Abs. 1 BGB). Mit Eintritt der **Gütergemeinschaft** entsteht gesamthänderische Bindung, wenn ein Grundpfandrecht zum Gesamtgut gehört (§§ 1416, 1419 BGB). Inhaberwechsel und Gesamthand entstehen in solchen Fällen bei einer Hypothek auch, wenn die gesicherte Forderung und damit die Hypothek nicht übertragbar ist.[39] Gesetzliche Sukzession ordnen im **Hypothekenrecht** die §§ 1153 Abs. 1, 1164, 1173 Abs. 1 S. 1 Hs. 1, Abs. 2, 1174 Abs. 1 Hs. 1, 1182 S. 1 BGB an. 29

2. Belastung

Hypotheken können nicht belastet werden; nur die gesicherte Forderung kann mit Nießbrauch (§§ 1068 ff. BGB) oder Pfandrecht (§§ 1273 ff. BGB) belastet werden. **Grundschulden** können mit Nießbrauch oder Pfandrecht (§§ 1080, 1291 BGB) belastet werden. Ferner sind Hypothekenforderungen und Grundschulden pfändbar (§§ 830, 857 Abs. 6 ZPO), es entsteht ein Pfändungspfandrecht (§ 804 ZPO). 30

3. Inhaltsänderung

a) Teilung und Zusammenfassung. Grundpfandrechte beziehungsweise bei Hypotheken der gesicherte Anspruch können **geteilt** werden (§§ 1151 f. BGB). Die Teilgrundpfandrechte sind gleichrangig.[40] Ferner können gleichartige Grundpfandrechte zu einem 31

[38] Staudinger/*Wolfsteiner* Einl. zu §§ 1113 ff. Rn. 157 ff. mwN.
[39] Staudinger/*Wolfsteiner* Einl. zu §§ 1113 ff. Rn. 169.
[40] Staudinger/*Wolfsteiner* Einl. zu §§ 1113 ff. Rn. 187.

Einheitsgrundpfandrecht **zusammengefasst** werden, wenn ihre Ränge gleich sind oder unmittelbar aufeinanderfolgen und Zinssatz sowie Zahlungsbedingungen gleich sind.[41]

32 **b) Forderungsauswechslung.** Bei der Hypothek kann die Forderung rechtsgeschäftlich ausgetauscht werden (§ 1180 BGB). Ferner wird in den Fällen der §§ 1164, 1173 Abs. 2, 1174, 1182 BGB die Forderung kraft Gesetzes ausgewechselt.

33 **c) Dingliche Vollstreckungsbeschränkung.** Inhaltsändernd sind auch vollstreckungsbeschränkende Vereinbarungen, die sich auf das Grundpfandrecht beziehen,[42] im Gegensatz zu vollstreckungsbeschränkenden Prozessverträgen.[43]

4. Umwandlung

34 **a) Rechtsgeschäftliche Umwandlung.** Eine Sicherungshypothek (§§ 1184 ff. BGB) kann in eine Verkehrshypothek umgewandelt werden und umgekehrt (§ 1186 BGB). Hypotheken können in Grundschulden umgewandelt werden und umgekehrt (§ 1198 BGB).

35 **b) Umwandlung kraft Gesetzes.** Vereinigt sich die Hypothek mit dem Eigentum in einer Person, ohne dass dem Eigentümer auch die Forderung zusteht, zB gemäß §§ 1163 Abs. 1 S. 2, 1168 Abs. 1 BGB, nicht aber bei § 1143 Abs. 1 S. 1 BGB, s. § 1177 Abs. 2 BGB, so verwandelt die Hypothek sich kraft Gesetzes in eine Grundschuld (§ 1177 Abs. 1 S. 1 BGB).

36 **c) Rangwahrung.** Umwandlungen sind identitäts- und rangwahrend.[44]

V. Erlöschen

1. Erlöschen infolge Rechtsgeschäfts

37 Das Gesetz unterscheidet rechtsgeschäftliches Erlöschen infolge **Aufhebung** (§§ 875, 1183 BGB) und **Löschung** (zB §§ 1179 ff. BGB). Der **Verzicht** auf ein Grundpfandrecht bewirkt grundsätzlich kein Erlöschen; es entsteht ein Eigentümerrecht (§§ 1168, 1175 Abs. 1 S. 1 BGB). Die Ausnahme bildet § 1175 Abs. 1 S. 2 BGB.

38 **a) Aufhebung, Löschung.** Ein Grundpfandrecht erlischt, wenn der Grundpfandgläubiger nach Maßgabe von § 875 BGB die Aufgabe erklärt, der Eigentümer (§ 1183 BGB) und etwaige Drittberechtigte (§ 876 BGB) zustimmen, und die **Aufhebung** im Grundbuch eingetragen ist. **Löschung** ist die Aufgabeerklärung des Inhabers eines Eigentümergrundpfandrechts (vgl. §§ 1179 ff. BGB).

39 **b) Verzicht.** Verzichtet der Inhaber eines Fremdgrundpfandrechts durch Erklärung gemäß § 1168 Abs. 2 BGB und Eintragung auf das Recht, dann entsteht ein Eigentümergrundpfandrecht (§§ 1168 Abs. 1, 1175 Abs. 1 S. 1 BGB). Verzichtet der Gläubiger eines Gesamtgrundpfandrechts (§ 1132 BGB) auf das Recht an einem der Grundstücke, dann erlischt das Grundpfandrecht an diesem Grundstück (§ 1175 Abs. 1 S. 2 BGB). Die gebräuchlichen Termini „Pfandfreigabe" und „Pfandentlassung" bedeuten in der Regel Verzicht.[45]

---

[41] Staudinger/*Wolfsteiner* Einl. zu §§ 1113 ff. Rn. 188.
[42] → Rn. 54.
[43] Staudinger/*Wolfsteiner* § 1113 Rn. 4.
[44] Staudinger/*Wolfsteiner* Einl. zu §§ 1113 ff. Rn. 192.
[45] Staudinger/*Wolfsteiner* Einl. zu §§ 1113 ff. Rn. 224. Zur Bestimmtheit eines auf Freigabe gerichteten Klageantrags und zur Auslegung → § 1192 Rn. 47.

2. Erlöschen kraft Gesetzes

Grundpfandrechte erlöschen bei Befriedigung des Gläubigers gemäß § 1181 BGB; die Ausnahme bildet § 1182 BGB. Ferner erlöschen in der Zwangsversteigerung mit dem Zuschlag diejenigen Grundpfandrechte, die nicht ins geringste Gebot fallen (§§ 52, 91 ZVG). Ein Grundpfandrecht kann auch erlöschen, wenn es zu Unrecht gelöscht oder nicht eingetragen wurde (§ 901 BGB). Schließlich enthalten die §§ 1173 Abs. 1 S. 1 Hs. 2, 1174 Abs. 1 Hs. 2, 1175 Abs. 1 S. 2, 1178 Abs. 1 BGB gesetzliche Erlöschenstatbestände. 40

VI. Verjährung

Die Frage, ob Grundpfandrechte verjähren (§ 214 Abs. 1 BGB), stellt sich nicht, weil nur Ansprüche verjähren (§ 194 Abs. 1 BGB), beachte aber § 901 BGB. Wohl aber erhebt sich die Frage, welche Folgen die **Verjährung des gesicherten Anspruchs** für ein Grundpfandrecht und seine Durchsetzbarkeit hat, und ob **Ansprüche aus einem Grundpfandrecht** verjähren, mittels derer es verwirklicht wird, vor allem also der Anspruch auf Duldung der Zwangsvollstreckung (§ 1147 BGB). Es ist jeweils zwischen dem Kapital und Zinsen sowie anderen wiederkehrenden Leistungen und danach zu **unterscheiden,** ob das Grundpfandrecht im Grundbuch eingetragen ist oder nicht. 41

1. Verjährung des gesicherten Anspruchs

a) Kapital. Die Verjährung eines Anspruchs, für den eine **Hypothek** besteht, hindert den Gläubiger nicht, seine Befriedigung aus dem belasteten Gegenstand zu suchen (§ 216 Abs. 1 BGB); die Verjährung des gesicherten Anspruchs wirkt sich mithin nicht auf die Durchsetzbarkeit der Hypothek aus. § 216 Abs. 1 BGB betrifft nur akzessorische Sicherheiten und gilt daher nicht für die Sicherungsgrundschuld.[46] Allerdings stellt § 216 Abs. 2 S. 1 BGB nicht forderungsgebundene Sicherheiten den akzessorischen gleich,[47] so dass auch aus einer **Sicherungsgrundschuld** noch nach Verjährung des gesicherten Anspruchs Befriedigung erlangt werden kann. 42

b) Zinsen und andere wiederkehrende Leistungen. Soweit allerdings ein gesicherter Anspruch auf Zinsen und andere wiederkehrende Leistungen gerichtet ist hindert seine Verjährung die Befriedigung mithilfe des Grundpfandrechts (§ 216 Abs. 3 BGB). Der Eigentümer hat insoweit bei einer Hypothek Anspruch auf Verzicht (§ 1169 BGB), bei einer Sicherungsgrundschuld kann er Rückübertragung fordern (vgl. § 216 Abs. 2 S. 1 BGB). 43

2. Dingliche Ansprüche aus Grundpfandrechten

Kapitalansprüche aus **eingetragenen Grundpfandrechten** verjähren nicht (§ 902 Abs. 1 S. 1 BGB). Dies gilt nicht für dingliche Ansprüche, die auf **Rückstände wiederkehrender Leistungen oder Schadensersatz** gerichtet sind (§ 902 Abs 1 S. 2 BGB); insoweit verjährt der Anspruch aus § 1147 BGB, und zwar regulär gemäß §§ 195, 199 BGB. **Nicht eingetragene Grundpfandrechte** erlöschen insoweit gemäß § 901 BGB. 44

VII. Dinglicher und persönlicher Anspruch

Zu unterscheiden sind der gesicherte Anspruch (**persönlicher Anspruch,** zB der Darlehensrückzahlungsanspruch, § 488 Abs. 1 S. 2 BGB) und der Anspruch auf Duldung 45

[46] MüKoBGB/*Grothe* § 216 Rn. 2.
[47] MüKoBGB/*Grothe* § 216 Rn. 4.

der Zwangsvollstreckung (§ 1147 BGB), mit dem die Verwertung des Grundpfandrechts betrieben wird **(dinglicher Anspruch).** Der persönliche Anspruch kann sich gegen den Grundpfandschuldner richten (Schuldnersicherheit) oder gegen einen Dritten (Drittsicherheit). Der dingliche Anspruch ist gegen den Eigentümer gerichtet.

1. Verbindung von Grundpfandrecht und persönlichem Anspruch

46 **a) Hypothek.** Die Hypothek ist **akzessorisch** zum gesicherten Anspruch; der persönliche Anspruch ist für das beschränkt dingliche Recht Hypothek identitätsbestimmend – „wegen einer ihm zustehenden Forderung" – (§ 1113 Abs. 1 BGB). Besteht kein persönlicher Anspruch, weil er nicht entstanden oder wieder untergegangen ist, dann steht die Hypothek noch oder wieder dem Eigentümer zu (§ 1163 Abs. 1 BGB); sie entsteht als oder verwandelt sich augenblicklich ipso iure in eine (Eigentümer-)Grundschuld (§ 1177 Abs. 1 S. 1 BGB). Anders ist es bei der forderungsentkleideten Hypothek in den Fällen des § 1138 BGB.

47 **b) Grundschuld.** Die Grundschuld bedarf als nicht forderungsgebundenes Recht keines gesicherten Anspruchs. Eine **Sicherungsgrundschuld,** um die es hier geht, wird zur Sicherung eines Anspruchs verschafft (§ 1192 Abs. 1a S. 1 Hs. 1 BGB). Verbunden sind Sicherungsgrundschuld und gesicherter Anspruch vor allem durch die **Sicherungsabrede.**

2. Geltendmachung des persönlichen Anspruchs

48 Für die Geltendmachung des persönlichen Anspruchs gelten grundsätzlich keine Besonderheiten. Zu beachten ist, dass der persönliche Schuldner im Fall des § 1164 BGB nur **Zug-um-Zug** gegen Aushändigung des Briefs pp. (§§ 1167, 1144, 1145 BGB) zu leisten braucht. Der Gläubiger kann die Klage aus dem persönlichen Anspruch (Schuldklage) im Weg der objektiven Klagehäufung (§ 260 ZPO) am ausschließlichen dinglichen **Gerichtsstand** (§ 24 ZPO) mit der Klage aus dem Grundpfandrecht verbinden (§ 25 ZPO), sofern das Grundpfandrecht eine Schuldnersicherheit ist, die Klagen sich also gegen denselben Beklagten richten.[48] Bei einer Drittsicherheit kann gemäß § 36 Abs. 1 Nr. 3 ZPO ein gemeinsamer Gerichtsstand bestimmt werden.[49] Bei der Vollstreckung des persönlichen Titels aus einer hypothekarisch gesicherten Forderung ist zu beachten, dass wegen des **Verbots mehrfacher Hypothekensicherung** keine Zwangshypothek (§ 867 ZPO) im Grundbuch des belasteten Grundstück eingetragen werden darf.[50]

3. Geltendmachung des dinglichen Anspruchs

49 Der dingliche Anspruch aus § 1147 BGB ist gegen den Eigentümer (Grundpfandschuldner) auf **Duldung der Zwangsvollstreckung** gerichtet. Zum Betrieb der Zwangsvollstreckung bedarf der dingliche Gläubiger eines **dinglichen Duldungstitels,** ein Titel auf Leistung aus dem persönlichen Anspruch reicht nicht aus; eine Ausnahme bildet die Zwangshypothek (§ 867 Abs. 3 ZPO).[51] Der dingliche Anspruch kann im **Urkundenprozess** geltend gemacht werden (§ 592 S. 2 ZPO).

50 **a) Vollstreckungstitel.** Vollstreckungstitel mit praktischer Bedeutung sind vor allem Duldungsurteile (§ 704 ZPO), vollstreckbare Urkunden (§ 794 Abs. 1 Nr. 5 ZPO) und Vergleiche (§ 794 Abs. 1 Nr. 1 ZPO).

51 **aa) Urteil.** Im **Urteil** ist in der Sache die Duldung der Vollstreckung aus dem eindeutig zu bezeichnenden Grundpfandrecht in das Grundstück zu tenorieren.[52] Die Vollstreckung

---

[48] Thomas/Putzo/*Hüßtege* ZPO § 25 Rn. 1.
[49] Thomas/Putzo/*Hüßtege* ZPO § 25 Rn. 1.
[50] Staudinger/*Wolfsteiner* § 1147 Rn. 66.
[51] Staudinger/*Wolfsteiner* § 1147 Rn. 22, 24.
[52] Staudinger/*Wolfsteiner* § 1147 Rn. 30.

aus dem Duldungsurteil umfasst die Gegenstände des Haftungsverbandes (§§ 1120 ff. BGB, § 865 ZPO), auch ohne derartigen Urteilsausspruch und Benennung der Gegenstände.[53] Zur subjektiven Rechtskraftwirkung bei Rechtsnachfolge s. § 325 ZPO.

bb) Vollstreckungsunterwerfung. Banken lassen sich mit der Grundschuldbestellung stets eine **Vollstreckungsunterwerfungserklärung** (§ 794 Abs. 1 Nr. 5 ZPO) erteilen, und zwar **gegen den jeweiligen Grundeigentümer** (§ 800 ZPO). Für eine Zwangsvollstreckung aus einer nach § 800 ZPO vollstreckbaren Grundpfandrechtsbestellungsurkunde gegen einen späteren Grundeigentümer bedarf es der Erteilung und Zustellung einer **Rechtsnachfolgeklausel** nach § 727 ZPO (§ 750 Abs. 1 ZPO).[54] Eine Unterwerfung, die nicht die Voraussetzungen des § 800 ZPO erfüllt, weil sie zB nicht in das Grundbuch eingetragen ist (§ 800 Abs. 1 S. 2 ZPO), und folglich nur gegen den erklärenden Eigentümer und seine Gesamtrechtsnachfolger wirkt, kann nach umstrittener Auffassung nicht gemäß §§ 795, 727 ZPO gegen den Einzelrechtsnachfolger im Eigentum umgeschrieben werden.[55] Wird die Finanzierung eines Grundstückskaufs mit einem Grundpfandrecht besichert, ist der Käufer, der die Unterwerfung erklärt, zur Zeit der Erklärung meist noch nicht Eigentümer. In solchen Fällen kann die Unterwerfung in das Grundbuch eingetragen werden (§ 800 Abs. 1 S. 2 ZPO), sobald der Erklärende Eigentümer geworden ist; sie entfaltet dann ihre Wirkung auch gemäß § 800 ZPO.[56] 52

b) Zwangsvollstreckung. Der dingliche Titel ist im Wege der **Zwangsversteigerung** und **-verwaltung** nach den Normen des ZVG zu vollstrecken (§ 869 ZPO). 53

Vollstreckungsbeschränkende Vereinbarungen sind grundsätzlich zulässig, wirken absolut und können im Grundbuch eingetragen werden.[57] Dies gilt etwa für die Abrede, dass die Zwangsversteigerung nur zulässig ist, wenn nach den Versteigerungsbedingungen eine bestimmte Vormerkung nicht erlischt,[58] die Vereinbarung der Subsidiarität des Grundpfandrechts gegenüber anderen Sicherheiten[59] oder die Beschränkung der Vollstreckung auf Zwangsversteigerung oder -verwaltung.[60] Str. ist, welche Wirkung eine **vollstreckungsausschließende Abrede** hat, wonach der Hypothekar weder die Vollstreckung betreiben noch an einer von dritter Seite betriebenen Vollstreckung teilnehmen kann. Richtigerweise ist eine solche Vereinbarung als unwirksam zu bewerten.[61] Nach aA entsteht ein Fremdgrundpfandrecht als nudum ius, oder es entsteht kein Fremdgrundpfandrecht.[62] 54

VIII. Sicherungsabrede

Bei der Kreditbesicherung mit Grundpfandrechten sind **drei** materiellrechtliche **Rechtsverhältnisse** zu unterscheiden: der zu **besichernde Anspruch,** die schuldrechtliche Vereinbarung, dass und nach welcher Maßgabe eine Sicherheit bestellt werden soll **(Sicherungsabrede),** und die **Bestellung des Grundpfandrechts.** Hinzu kommt die vollstreckungsrechtliche Vollstreckungsunterwerfung. Grundpfandrechte sind abstrakte beschränkt dingliche Rechte, deren Bestellung unabhängig von einem Rechtsgrund wirksam ist. Fehlt aber der Rechtsgrund, so kann das Grundpfandrecht kondiziert werden (§ 812 Abs. 1 S. 1 55

[53] Stein/Jonas/*Münzberg* ZPO § 865 Rn. 21.

[54] BGH WM 2018, 1222 mAnm *Maaß* WuB 2018, 527; *Gaul/Schilken/Becker-Eberhard* Zwangsvollstreckungsrecht, 12. Aufl. 2010, § 13 Rn. 65.

[55] *Gaul/Schilken/Becker-Eberhard* Zwangsvollstreckungsrecht, 12. Aufl. 2010, § 13 Rn. 65. Überblick über den Meinungsstand BGH WM 2018, 1222 (dort offen gelassen) mAnm *Maaß* WuB 2018, 527; Staudinger/*Wolfsteiner* § 1147 Rn. 41 mwN.

[56] KG NJW-RR 1987, 1229; OLG Saarbrücken NJW 1977, 1202; *Nieder* NJW 1984, 329 (333).

[57] LG Saarbrücken Rpfleger 2000, 213.

[58] LG Saarbrücken Rpfleger 2000, 213.

[59] BGH NJW 1986, 1487.

[60] MüKoBGB/*Lieder* § 1147 Rn. 43.

[61] MüKoBGB/*Lieder* § 1147 Rn. 42.

[62] Staudinger/*Wolfsteiner* § 1113 Rn. 2 mwN.

Alt. 1 BGB). Rechtsgrund der Bestellung eines Grundpfandrechts ist nicht der zu besichernde Anspruch, sondern die Sicherungsabrede, in der die Verpflichtung zur Bestellung des Grundpfandrechts enthalten ist. Der Anspruch auf Grundpfandbestellung kann durch eine Vormerkung (§ 883 BGB) gesichert werden.[63]

IX. Befriedigung des Gläubigers

56 Wird der Gläubiger **durch Zahlung befriedigt,**[64] dann hängen die Wirkungen und Folgen im Wesentlichen von der **Art des Grundpfandrechts** sowie von der **Person des Leistenden** – Grundpfandschuldner oder persönlicher Schuldner – und der **Tilgungsbestimmung** – Zahlung auf den persönlichen Anspruch oder auf das Grundpfandrecht – ab.[65]

1. Hypothek

57 **a) Schuldnersicherheit.** Die Leistung eines Hypothekenschuldners, der gleichzeitig persönlicher Schuldner ist, ist als **Leistung auf den gesicherten Anspruch** zu verstehen, wenn nichts anderes bestimmt ist.[66] Der Eigentümer kann gegen die Zahlung (§ 1144 BGB) oder später (§§ 985, 952 BGB) **Herausgabe des Hypothekenbriefs** verlangen, und mit der Bewirkung der Zahlung erlischt der persönliche Anspruch durch **Erfüllung** (§ 362 Abs. 1 BGB). Der Eigentümer erwirbt gemäß § 1163 Abs. 1 S. 2 BGB die Hypothek, die zur **Eigentümergrundschuld** wird (§ 1177 Abs. 1 S. 1 BGB).

58 **b) Drittsicherheit.** Sind dinglicher und persönlicher Schuldner verschiedene Personen, kommt es darauf an, wer zahlt.

59 Der **Eigentümer,** der sein **Befriedigungsrecht** (§ 1142 BGB) ausübt, zahlt **„auf die Hypothek".** Er kann **Herausgabe des Hypothekenbriefs** verlangen (§ 1144 BGB oder §§ 985, 952 BGB). Der gesicherte Anspruch geht im Wege der **Legalzession** auf ihn über (§ 1143 Abs. 1 S. 1 BGB), und mit ihr die Hypothek als **Eigentümerhypothek** (§ 1177 Abs. 2 BGB). Bestimmt der Eigentümer Zahlung **auf den gesicherten Anspruch,** dann erlischt dieser durch **Erfüllung** (§ 362 Abs. 1 BGB), und der Eigentümer erwirbt die Hypothek (§ 1163 Abs. 1 S. 2 BGB) als **Eigentümergrundschuld** (§ 1177 Abs. 1 S. 1 BGB).

60 Zahlt der **persönliche Schuldner,** dann ist dies als Leistung **auf den gesicherten Anspruch** zu verstehen, der grundsätzlich durch **Erfüllung** erlischt (§ 362 Abs. 1 BGB). Der Eigentümer erwirbt die Hypothek (§ 1163 Abs. 1 S. 2 BGB) als **Eigentümergrundschuld** (§ 1177 Abs. 1 BGB) und kann **Herausgabe des Hypothekenbriefs** verlangen (§§ 985, 952 BGB). **Abweichend** davon geht die Hypothek gemäß § 1164 BGB auf den persönlichen Schuldner über, soweit dieser vom Eigentümer Ersatz verlangen kann, zB gemäß § 415 Abs. 3 BGB nach gescheiterter befreiender Schuldübernahme des Grundstückskäufers. Die Hypothek sichert dann den Ersatzanspruch gegen den Eigentümer.[67]

61 **c) Zahlung Dritter.** Zahlt ein Dritter, dann richten sich die Rechtsfolgen nach den §§ 1150, 268, 267, 362, 1163, 1177 BGB. Ein **ablösungsberechtigter Dritter** erwirbt gemäß § 268 Abs. 3 S. 1 BGB den gesicherten Anspruch und mit ihm die Hypothek (§ 1153 Abs. 1 BGB). Bei Zahlung eines nicht ablösungsberechtigten Dritten, der gegen den Eigentümer einen Ersatzanspruch hat, gilt § 1164 BGB nicht entsprechend.[68] Zahlt ein

---

[63] Staudinger/*Wolfsteiner* Einl. zu §§ 1113 ff. Rn. 244.
[64] Zur Rechtslage bei Befriedigung durch Zwangsvollstreckung aus einem Grundschuldtitel → BGB § 1191 Rn. 8 f.
[65] Auch → §§ 1142–1145 Rn. 13 ff.
[66] BGHZ 7, 123.
[67] → §§ 1164–1167 Rn. 6.
[68] Staudinger/*Wolfsteiner* Einl. zu §§ 1113 ff. Rn. 222.

Bürge auf seine Bürgenschuld, so gehen der hypothekarisch und durch Bürgschaft gesicherte Anspruch und mit ihm die Hypothek auf den Bürgen über (§§ 774 Abs. 1 S. 1, 1153 Abs. 1 BGB).[69] Ebenso erwirbt ein zahlender **Gesamtschuldner** den gesicherten Anspruch und die Hypothek im Umfang des Innenausgleichs (§§ 426 Abs 2 S. 1, 1153 Abs. 1 BGB).

2. Sicherungsgrundschuld

Ob bei einer Sicherungsgrundschuld auf die Forderung oder auf die Grundschuld geleistet wird, hängt von dem bei der Zahlung erklärten Willen des Leistenden ab, der sich auch aus den Umständen der Zahlung ergeben kann.[70] Fehlen eindeutige Anhaltspunkte, ist die Leistungsbestimmung nach der Interessenlage zu ermitteln, wobei der Leistende im Zweifel das ihm günstigste Ergebnis erreichen will.[71] 62

a) Schuldnersicherheit. Zahlt der dingliche und persönliche Schuldner **auf den gesicherten Anspruch,** dann erlischt dieser durch **Erfüllung** (§ 362 Abs. 1 BGB). Soweit die Zahlung den Sicherungszweck endgültig erledigt, kann **Rückübertragung der Grundschuld** verlangt werden; die Sicherungsabrede enthält einen durch den Wegfall des Sicherungszwecks aufschiebend bedingten Rückgewähranspruch.[72] Leistet der Eigentümer und Schuldner **auf die Grundschuld,** dann kann er **Briefherausgabe** verlangen (§§ 1192 Abs. 1, 1144 BGB oder §§ 985, 952 BGB); die Sicherungsgrundschuld wird zur **Eigentümergrundschuld,** der **gesicherte Anspruch erlischt** (§§ 362, 364 BGB).[73] Leistung auf die Grundschuld ist in AGB-Sicherungsabreden regelmäßig ausgeschlossen; der Eigentümer ist dennoch jedenfalls dann berechtigt, auf das dingliche Recht zu leisten, wenn der Gläubiger aus der Grundschuld vollstreckt.[74] Die Frage, ob der Eigentümer auf die Grundschuld oder auf eine gesicherte Forderung leistet, ist anhand des bei der Zahlung erklärten Willens zu beantworten.[75] 63

b) Drittsicherheit. Bei Personenverschiedenheit von dinglichem und persönlichem Schuldner hängen die Rechtsfolgen davon ab, wer zahlt. 64

Wenn eindeutige Anhaltspunkte für eine Leistungsbestimmung fehlen, zahlt ein **Eigentümer,** der nicht persönlicher Schuldner ist, im Zweifel **auf die Grundschuld** und nicht auf die gesicherte Forderung.[76] Ansonsten ist Zahlung auf die Grundschuld zwar in AGB-Sicherungsabreden ausgeschlossen, sie kann aber unter Umständen dennoch zulässig sein.[77] Durch Zahlung auf die Grundschuld entsteht eine **Eigentümergrundschuld.**[78] Der gesicherte Anspruch besteht fort[79] und geht nicht kraft Gesetzes über;[80] der Eigentümer kann gegebenenfalls vom Gläubiger aus der Sicherungsabrede **Abtretung des gesicherten Anspruchs** verlangen. Jedenfalls kann der aus der Grundschuld befriedigte Sicherungsnehmer die gesicherte Forderung gegen den persönlichen Schuldner nicht mehr geltend machen, wenn er dadurch doppelte Befriedigung erlangen würde.[81] Zahlt der Eigentümer 65

[69] Einzelheiten → §§ 1142–1145 Rn. 27 f.
[70] BGH NJW-RR 1989, 1036; OLG Koblenz WM 2018, 1882 (Revision BGH XI ZR 418/18).
[71] OLG Koblenz WM 2018, 1882 (Revision BGH XI ZR 418/18).
[72] BGH WM 2018, 1054; BGH NJW-RR 2018, 593 mAnm *Gladenbeck* WuB 2018, 177; BGHZ 104, 26 = NJW 1988, 1665; 97, 280 = NJW 1986, 2108.
[73] BGH NJW-RR 1990, 813; NJW 1980, 1846; *Jacoby* AcP 203 (2003), 664 (677).
[74] BGH NJW 1988, 707; NJW-RR 1987, 1350; BGHZ 98, 256 = NJW 1987, 319; 97, 280 = NJW 1986, 2108.
[75] BGH NJW 1997, 2046; NJW-RR 1989, 1036; NJW 1976, 2132; 1976, 2340; 1969, 2237; OLG Koblenz WM 2018, 1882 (Revision BGH XI ZR 418/18).
[76] BGHZ 105, 154 = NJW 1988, 2730; 80, 228 = NJW 1981, 1554; OLG Koblenz WM 2018, 1882 (Revision BGH XI ZR 418/18).
[77] → Rn. 63.
[78] BGH NJW-RR 2003, 11; *Jacoby* AcP 203 (2003), 664 (666).
[79] BGH NJW 1987, 838; BGHZ 80, 228 = NJW 1981, 1554; *Jacoby* AcP 203 (2003), 664 (677).
[80] BGHZ 105, 154 = NJW 1988, 2730.
[81] BGHZ 105, 154 = NJW 1988, 2730.

auf den gesicherten Anspruch, dann **erlischt** dieser (§§ 362 Abs. 1, 267 BGB). Sichert die Grundschuld **mehrere Forderungen,** dann ist eine AGB-Klausel, nach der es bei einer nicht zur Tilgung aller Forderungen ausreichenden Zahlung auf eine Grundschuld dem Gläubiger erlaubt sein soll, nach billigen Ermessen die Zahlung auf die Forderungen zu verrechnen, unwirksam (§ 307 BGB);[82] maßgebend ist vielmehr die Tilgungsbestimmung des Grundeigentümers.[83] Aus der Sicherungsabrede kann **Rückgewähr der Grundschuld** verlangt werden.

66 Eine Zahlung des **persönlichen Schuldners** richtet sich, wenn nicht anderes bestimmt ist, **auf den gesicherten Anspruch,** der **erlischt** (§ 362 Abs. 1 BGB). Es kann **Rückübertragung der Grundschuld** verlangt werden, wenn durch die Zahlung der Sicherungszweck endgültig entfallen ist.

67 **c) Zahlung Dritter.** Die Wirkungen der Zahlung eines Dritten ergeben sich aus den §§ 1192 Abs. 1, 1150, 268, 267, 362 BGB und der Sicherungsabrede (Grundschuldrückgewähr). Das Ablösungsrecht (§§ 1192 Abs. 1, 1150, 268 BGB) bezieht sich auf die Grundschuld selbst, die auf den ablösenden Dritten übergeht.[84] Bei Zahlungen von **Bürgen** und **Gesamtschuldnern,** die Legalzessionen zu Regresszwecken nach sich ziehen (§§ 426 Abs. 2, 774 BGB), geht eine Sicherungsgrundschuld im Gegensatz zur Hypothek nicht mit über; es handelt sich nicht um einen Fall des § 401 BGB[85] oder des § 1153 Abs. 1 BGB. Ein im Innenverhältnis ausgleichsberechtigter Gesamtschuldner kann aber vom Gläubiger verlangen, dass er ihm eine Grundschuld überträgt, welche die Forderung gegen alle Gesamtschuldner sichert, wenn ein ausgleichspflichtiger Schuldner eine solche Grundschuld gestellt hat.[86]

68 **d) Insolvenz des Grundeigentümers.** In der Insolvenz des Grundeigentümers werden **Leistungen des Insolvenzverwalters** an den Grundschuldgläubiger grundsätzlich **auf die Grundschuld** und nicht auf die gesicherte Forderung erbracht, und zwar unabhängig davon, ob die Grundschuld Schuldner- oder Drittsicherheit ist; eine Sicherungsabrede, nach der nicht auf die Grundschuld geleistet werden darf, steht nicht entgegen.[87]

X. Mehrfache Sicherung durch Grundpfandrechte

69 Derselbe Anspruch kann nicht durch mehrere Hypotheken, durchaus aber durch mehrere Sicherungsgrundschulden **am selben Grundstück** gesichert werden.[88] Str. ist, ob neben einer Sicherungsgrundschuld eine Hypothek wegen desselben Anspruchs am selben Grundstück zulässig ist.[89] Mehrfache Sicherung eines Anspruchs durch mehrere Hypotheken, Sicherungsgrundschulden oder Hypotheken und Sicherungsgrundschulden jeweils **an verschiedenen Grundstücken** ist grundsätzlich zulässig.[90]

70 Für das **Verhältnis zwischen gesicherten und ungesicherten Forderungen** und **mehreren Sicherheiten zueinander** gilt, dass eine Bank, die noch weitere Forderungen gegen den Schuldner hat, grundsätzlich nicht verpflichtet ist, Teilleistungen vorrangig auf Ansprüche zu verrechnen, die durch Schuldnersicherheiten gesichert sind, und auch nicht, Schuldnersicherheiten bevorzugt zu verwerten.[91] Ferner obliegen dem Gläubiger einer

[82] BGH NJW 1999, 2043.
[83] BGH NJW-RR 1995, 1257. **AA** *Jacoby* AcP 203 (2003), 664 (680 f.).
[84] BGHZ 104, 26 = NJW 1988, 1665; *Jacoby* AcP 203 (2003), 664 (667).
[85] **AA** OLG Koblenz WM 2018, 1128.
[86] BGHZ 80, 228 = NJW 1981, 1554.
[87] BGH NJW 1994, 2692.
[88] MüKoBGB/*Lieder* § 1113 Rn. 79; Staudinger/*Wolfsteiner* § 1113 Rn. 44 ff. betreffend Hypothek. Erman/*Wenzel* BGB § 1113 Rn. 6; Staudinger/*Wolfsteiner* Vorb. §§ 1191 ff. Rn. 181 betreffend Grundschuld.
[89] Dafür MüKoBGB/*Lieder* § 1113 Rn. 79; Staudinger/*Wolfsteiner* § 1113 Rn. 51. **AA** OLG Köln NJW-RR 1996, 1106.
[90] Einzelheiten MüKoBGB/*Lieder* § 1113 Rn. 80 ff.
[91] BGH NJW 1997, 2514.

Sicherungsgrundschuld gegenüber dem Grundpfandsicherungsgeber in der Regel keine Sorgfaltspflichten bei der Verwertung anderer, von dritter Seite gestellter Sicherheiten. Vorbehaltlich anderer Vereinbarung ist der Gläubiger bei der Verwertung anderer Sicherheiten nur dazu verpflichtet, nicht willkürlich zum Schaden des Sicherungsgebers zu handeln, der ihm die Grundschuld eingeräumt hat.[92] Daran ändert auch nichts, dass sich aus der Sicherungsabrede allgemein die Pflicht einer Bank ergibt, wenn sie ein zu ihren Gunsten belastetes Grundstück verwertet, die berechtigten Belange des Sicherungsgebers in angemessener und zumutbarer Weise zu berücksichtigen, soweit nicht ihre Sicherungsinteressen entgegenstehen.[93]

XI. Verkehrs- und Sicherungshypothek

1. Verkehrshypothek

Die Hypothek ist als beschränkt dingliches Recht eine **Eigentumsbelastung** in Form eines **Grundpfandrechts** des Inhalts, dass an den Hypothekengläubiger (Hypothekar) eine bestimmte Geldsumme zur Befriedigung wegen einer ihm zustehenden Forderung aus dem Grundstück zu zahlen ist (§ 1113 Abs. 1 BGB). Die Formulierung, es sei eine „Geldsumme … aus dem Grundstück zu zahlen" identifiziert die Hypothek als **Verwertungsrecht** und verweist auf die Art der Verwirklichung durch Zwangsvollstreckung im Wege der Zwangsversteigerung oder -verwaltung (§ 1147 BGB). Das Tatbestandsmerkmal „wegen einer ihm zustehenden Forderung" deutet die **Akzessorietät** – Abhängigkeit und Gebundenheit – der Hypothek vom gesicherten Anspruch an. Die Akzessorietät der Hypothek ist vielfältig ausgeprägt. Die Hypothek ist abhängig von der **Entstehung** und vom **Fortbestand** des gesicherten Anspruchs: Solange und soweit der gesicherte Anspruch nicht entstanden ist, und sobald und soweit er untergeht, kann zwar schon oder noch ein Grundpfandrecht bestehen, aber keine Hypothek, sondern eine Eigentümergrundschuld (§§ 1163 Abs. 1, 1177 Abs. 1 BGB). Ferner ist die Hypothek akzessorisch im Hinblick auf die **Durchsetzbarkeit** des gesicherten Anspruchs (§ 1137 BGB). Schließlich besteht **Zuständigkeitsakzessorietät** (§ 1153 BGB), dh Gläubiger des gesicherten Anspruchs und Hypothekar sind identisch. **Lockerungen** der Akzessorietät ergeben sich jeweils aus § 1138 BGB: Forderungsentkleidete Hypothek, Einredeverlust, Trennung von gesichertem Anspruch und Hypothek. Der skizzierte gesetzessystematische **Grundtypus** der Hypothek wird als **Verkehrshypothek** bezeichnet. 71

2. Sicherungshypothek

Als **variierenden Hypothekentypus** stellt das Gesetz in den §§ 1184 ff. BGB die **Sicherungshypothek** zur Verfügung und wendet dabei regelungstechnisch die **Substraktionsmethode**[94] an, indem bestimmte hypothekenrechtliche Normen für unanwendbar erklärt werden (§ 1185 Abs. 2 BGB). Sicherungshypothek ist eine Hypothek, bei der das Recht des Gläubigers aus der Hypothek sich nur nach der Forderung bestimmt, und der Gläubiger sich zum Beweis der Forderung nicht auf die Eintragung berufen kann (§ 1184 Abs. 1 BGB). Hauptcharakteristikum der Sicherungshypothek ist die **Unanwendbarkeit** bestimmter erwerber- und damit **verkehrsschützender Hypothekenvorschriften** (§ 1185 Abs. 2 BGB), insbesondere der §§ 1138, 1156 BGB. Ferner kann eine Sicherungshypothek nur als **Buchrecht** bestellt werden (§ 1185 Abs. 1 BGB). 72

Grundsätzlich haben die Beteiligten die **Wahl,** ob sie eine Verkehrs- oder Sicherungshypothek bestellen; die Sicherungshypothek muss aber im Grundbuch als solche bezeichnet werden (§ 1184 Abs. 2 BGB). Abweichend davon ist eine **Höchstbetragshypothek** stets 73

[92] BGH NJW 2000, 3273; NJW-RR 1987, 1291. Ähnlich BGH NJW 1998, 601.
[93] BGH NJW 2000, 3273.
[94] Staudinger/*Wolfsteiner* Vorb. zu §§ 1113 ff. Rn. 12.

Sicherungshypothek, auch wenn dies im Grundbuch nicht so eingetragen ist (§ 1190 Abs. 3 BGB). Gleiches gilt gemäß § 1187 S. 1, 2 BGB für **Wertpapierhypotheken.** Stets Sicherungshypotheken sind auch die **Zwangs-** und die **Arresthypothek** (§§ 867, 932 ZPO), ferner die gesetzlichen Hypotheken in der **Herausgabevollstreckung** (§ 848 Abs. 2 S. 2 ZPO) und des **Forderungspfandgläubigers** gemäß § 1287 S. 2 Hs. 1 BGB sowie die Hypotheken im **Verteilungsverfahren der Zwangsversteigerung** gemäß §§ 128, 130 ZVG.

XII. Gesamt- und Einheitshypothek

74 **Gesamthypothek** ist eine Hypothek an mehreren Grundstücken (§ 1132 Abs. 1 S. 1 BGB). Von einer **Einheitshypothek** spricht man, wenn mehrere Hypotheken desselben Gläubigers zu einer Hypothek mit einheitlicher Forderung zusammengefasst sind.[95]

XIII. Zwangs- und Arresthypothek

1. Zwangshypothek

75 **a) Mittel der Liegenschaftsvollstreckung.** Die Eintragung einer Sicherungshypothek (Zwangshypothek, §§ 866 ff. ZPO) ist neben der Zwangsversteigerung und -verwaltung die **dritte Art der Liegenschaftsvollstreckung** (§ 866 Abs. 1 ZPO). Sie hat vorrangig sichernden Charakter und verschafft dinglich nicht gesicherten Vollstreckungsgläubigern die Rangstelle des § 10 Nr. 4 ZVG.[96]

76 **b) Entstehung und Umwandlung.** Die Zwangshypothek wird für den Vollstreckungsgläubiger unabhängig von der materiellen Rechtslage[97] im Grundbuch eingetragen, wenn der Vollstreckungsschuldner dort als Eigentümer ausgewiesen ist; sie entsteht aber nur, wenn der eingetragene Schuldner Eigentümer ist.[98] Welche Mängel des Vollstreckungsverfahrens die Entstehung einer Zwangshypothek hindern, ist im Einzelnen ungeklärt; es ist angezeigt, Verfahrensmängel als Entstehungshindernisse restriktiv zu bewerten.[99] Die Hypothek sichert nicht einen materiellrechtlichen, sondern den titulierten prozessualen Anspruch. § 868 ZPO verdeutlicht dies; § 1163 Abs. 1 BGB gilt daneben nicht,[100] das heißt, eine Zwangshypothek, die durch Eintragung für den titulierten Vollstreckungsgläubiger gegen den eingetragenen Eigentümer und Vollstreckungsschuldner eingetragen ist, wird erst und nur dann zur Eigentümergrundschuld (gemäß § 868 ZPO, § 1177 Abs. 1 BGB), wenn der Schuldner erfolgreich gegen den Titel vorgegangen ist (§§ 767, 769 ZPO). Sie wird mit Wirksamkeit der Entscheidung zur Eigentümergrundschuld,[101] auch ohne Mitteilung an das Grundbuchamt und ohne Grundbucheintragung. Die Umwandlung gemäß § 868 ZPO ist endgültig; tritt die zugrunde liegende Entscheidung außer Kraft, entsteht keine Hypothek mehr.

77 **c) Rückschlagsperre.** Zur Betroffenheit einer Zwangshypothek von der **Rückschlagsperre** (§ 88 InsO) entschied der BGH im Jahr 2006:[102] (1) Von der insolvenzrechtlichen Rückschlagsperre betroffene Sicherungen eines Gläubigers sind gegenüber jedermann (schwebend) unwirksam. (2) Wird infolge der insolvenzrechtlichen Rückschlagsperre eine Zwangshypothek unwirksam, entsteht keine Eigentümergrundschuld. (3) Sicherungen

---

[95] MüKoBGB/*Lieder* § 1113 Rn. 107.
[96] Saenger/*Kindl* ZPO § 866 Rn. 1.
[97] BGHZ 148, 392 = NJW 2001, 3627; OLG München NJW-RR 2014, 134.
[98] KG Rpfleger 2006, 602.
[99] Staudinger/*Wolfsteiner* Vorb. zu §§ 1113 ff. Rn. 58.
[100] BGH NJW 1995, 1192.
[101] Schuschke/Walker/*Schuschke*/*Göbel* Vollstreckung und vorläufiger Rechtsschutz § 868 Rn. 6.
[102] BGHZ 177, 74 = NJW 2006, 1286 (Ls. 1 bis 4).

eines Gläubigers, die infolge der Rückschlagsperre unwirksam geworden sind, können ohne Neueintragung mit entsprechend verändertem Rang wirksam werden, wenn sie als Buchposition erhalten sind und die Voraussetzungen für eine Neubegründung der Sicherung im Wege der Zwangsvollstreckung bestehen. (4) Gibt der Insolvenzverwalter ein Grundstück aus der Masse frei, welches buchmäßig mit einer durch die Rückschlagsperre unwirksam gewordenen Zwangshypothek belastet ist, kann die Zwangshypothek trotz des Verbots, während des Insolvenzverfahrens in massefreies Vermögen des Schuldners zu vollstrecken, schon im Zeitpunkt der Freigabe wieder wirksam werden.

d) Verwertung. Die **Vollstreckung aus einer Zwangshypothek** setzt keinen Duldungstitel voraus; ausreichend ist der zugrunde liegende Zahlungstitel, auf dem die Eintragung vermerkt ist (§ 867 Abs. 3 ZPO). **78**

2. Arresthypothek

§ 932 ZPO[103] beschränkt die Arrestvollziehung in ein Grundstück auf die Eintragung einer **Sicherungshöchstbetragshypothek** (§ 932 Abs. 1 S. 1 ZPO, §§ 1184 ff., 1190 BGB). Zwangsversteigerung und -verwaltung sind ausgeschlossen. Höchstbetrag ist die oder ein Teil der Lösungssumme (§§ 923, 932 Abs. 1 S. 1 ZPO). **79**

a) Eintragung. Die Arresthypothek ist auf rechtzeitigen (§§ 929 Abs. 2, 932 Abs. 3 ZPO) Antrag des Gläubigers an das Grundbuchamt[104] einzutragen. Der Titel ersetzt die Bewilligung. Die Eintragung ist auf dem Titel zu vermerken; mit der Eintragung entsteht die Hypothek (§§ 932 Abs. 2, 867 Abs. 1 S. 1, 2 ZPO). Der Arrestschuldner muss eingetragener Grundeigentümer sein.[105] Werden mehrere schuldnereigene Grundstücke mit der Hypothek belastet, dann muss der Forderungsbetrag auf die Grundstücke verteilt werden; eine Gesamthypothek (§ 1132 BGB) ist unzulässig.[106] Eine Arresthypothek darf nur für einen **Mindestbetrag** von über 750 EUR eingetragen werden (§§ 932 Abs. 2, 866 Abs. 3 S. 1 ZPO). **80**

Mit der Eintragung entsteht die Arresthypothek (§ 867 ZPO). Wurde die Vollziehungsfrist (§ 929 Abs. 2 ZPO) nicht eingehalten, entsteht überhaupt kein Grundpfandrecht.[107] **81**

b) Diplomatische Vertretungen. Arreste können in **Gesandtschaftsgrundstücke** vollzogen werden. Zwar darf bei Vollstreckungsmaßnahmen gegen fremde Staaten nicht auf Gegenstände zugegriffen werden, die der diplomatischen Vertretung zur Wahrnehmung amtlicher Funktionen dienen, sofern dadurch die Erfüllung diplomatischer Aufgaben beeinträchtigt werden könnte.[108] Generell unverletzlich sind Gesandtschaftsgrundstücke.[109] Diplomatische Aufgaben werden aber noch nicht beeinträchtigt, wenn im Grundbuch eines solchen Grundstücks eine Arresthypothek eingetragen wird.[110] Beeinträchtigungen können erst bei anschließenden Maßnahmen entstehen, die gerichtlicher Verfahren bedürfen, in denen Immunitätsschutz gewahrt wird. Arresthypotheken auf diplomatisch genutzten Grundstücken sind daher nicht völkerrechtswidrig. Im Übrigen hat der Gläubiger ein Rechtsschutzbedürfnis. Denn die Arresthypothek wahrt den Rang, falls die diplomatische Nutzung aufgegeben werden sollte.[111] **82**

---

[103] Einzelheiten Kindl/Meller-Hannich/Wolf/*Haertlein* Gesamtes Recht der Zwangsvollstreckung ZPO § 932 Rn. 1 ff.

[104] Einzelheiten Schuschke/Walker/*Schuschke/Kessen* Vollstreckung und vorläufiger Rechtsschutz § 932 Rn. 2 ff.

[105] MüKoZPO/*Drescher* § 932 Rn. 3.

[106] LG Hechingen Rpfleger 1993, 169.

[107] *Demharter* GBO Anh. zu § 26 Rn. 44; MüKoZPO/*Drescher* § 932 Rn. 6; Stein/Jonas/*Grunsky* ZPO § 932 Rn. 9; Musielak/*Huber* ZPO § 932 Rn. 5.

[108] BVerfGE 46, 342 (394 f.); OLG Köln Rpfleger 2004, 478.

[109] Art. 22 ff. Wiener Übereinkommen über diplomatische Beziehungen (BGBl. II 1964, 959 (971 ff.)); Art. 31 Wiener Übereinkommen über konsularische Beziehungen (BGBl. II 1969, 1585 (1619)).

[110] OLG Köln Rpfleger 2004, 478. S. ferner BVerfG WM 2006, 2084.

[111] OLG Köln Rpfleger 2004, 478.

83 **c) Latente Verwertungsfunktion.** Der Gläubiger kann, da § 867 Abs. 3 ZPO unanwendbar ist (§ 932 Abs. 2 ZPO), den Duldungsprozess aus § 1147 BGB betreiben,[112] in dem im ordentlichen Klageverfahren über den Arrestanspruch zu entscheiden ist (§ 1184 Abs. 1 BGB). Befriedigung des Gläubigers auf bloßer Arrestgrundlage droht daher nicht.[113] Mit dem Duldungstitel kann der Gläubiger sodann die Vollstreckung in das Grundstück durch Zwangsversteigerung und -verwaltung betreiben.

84 **d) Umwandlung und Rangwahrung.** Eine Arresthypothek wandelt sich nicht von allein in eine Zwangshypothek gemäß § 867 ZPO um.[114] Sobald aber der Arrestgläubiger einen vorläufig vollstreckbaren[115] Titel über die gesicherte Forderung – mindestens 750,01 EUR (§ 866 Abs. 3 S. 1 ZPO) – erwirkt hat, kann er eine Arresthypothek in eine **Zwangshypothek** (§ 867 ZPO) mit dem **Rang der Arresthypothek** umwandeln lassen. Die Umwandlung vollzieht sich durch Eintragung in das Grundbuch, entweder aufgrund Einigung mit dem Schuldner (§§ 877, 1186 BGB) oder im Vollstreckungswege (vgl. §§ 867 Abs. 1, 932 Abs. 2 ZPO) auf Antrag gegenüber dem Grundbuchamt unter Vorlage des Schuldtitels.[116]

85 Für die Fälle des § 868 ZPO[117] kommen bei der Arresthypothek als Entscheidungen noch die einstweilige Einstellung der Vollziehung und Aufhebung bestehender Vollziehungsmaßregeln durch einstweilige Anordnung gemäß § 924 Abs. 3 S. 2 ZPO[118] sowie die Aufhebung der Vollziehung gemäß § 934 ZPO in Betracht. Schließlich erwirbt der Eigentümer die Hypothek infolge der Leistung der Lösungssumme (§ 923 ZPO).[119]

§ 1113 Gesetzlicher Inhalt der Hypothek

(1) **Ein Grundstück kann in der Weise belastet werden, dass an denjenigen, zu dessen Gunsten die Belastung erfolgt, eine bestimmte Geldsumme zur Befriedigung wegen einer ihm zustehenden Forderung aus dem Grundstück zu zahlen ist (Hypothek).**

(2) **Die Hypothek kann auch für eine künftige oder eine bedingte Forderung bestellt werden.**

Übersicht

[112] BGH NJW 1997, 3230.

[113] BGH NJW 1997, 3230 (3233); MüKoZPO/*Drescher* § 932 Rn. 11; Musielak/*Huber* ZPO § 932 Rn. 4; Stein/Jonas/*Grunsky* ZPO § 932 Rn. 3.

[114] MüKoZPO/*Drescher* § 932 Rn. 12; Musielak/*Huber* ZPO § 932 Rn. 6.

[115] MüKoZPO/Drescher § 932 Rn. 13; Schuschke/Walker/*Schuschke/Kessen* Vollstreckung und vorläufiger Rechtsschutz § 932 Rn. 17; Stein/Jonas/*Grunsky* ZPO § 932 Rn. 14.

[116] BGH NJW 1997, 3230 (3233). **AA** Staudinger/*Wolfsteiner* Vorb. zu §§ 1113 ff. Rn. 71 ff.

[117] → Rn. 6.

[118] Schuschke/Walker/*Schuschke/Kessen* Vollstreckung und vorläufiger Rechtsschutz § 932 Rn. 14.

[119] Stein/Jonas/*Grunsky* ZPO § 932 Rn. 16; Staudinger/*Wolfsteiner* Vorb. zu §§ 1113 ff. Rn. 60.

I. Allgemeines

§ 1113 Abs. 1 BGB **definiert** das beschränkt dingliche Grundpfandrecht Hypothek. Die Hypothek ist ein **abstraktes akzessorisches** – „wegen einer ihm zustehenden Forderung" – **Verwertungsrecht** – „aus dem Grundstück zu zahlen". Letztere Formulierung ist missverständlich. Die Hypothek gewährt dem Inhaber (Hypothekar) **keinen Zahlungsanspruch** gegen den Eigentümer. Vielmehr hat der Eigentümer unter den Voraussetzungen des § 1142 Abs. 1 BGB ein **Recht zur Befriedigung** des Hypothekars durch Zahlung oder gemäß § 1142 Abs. 2 BGB. Der **Verwertungsanspruch** des Hypothekars richtet sich auf **Duldung der Zwangsvollstreckung** in das Grundstück (§ 1147 BGB). 1

Eine Hypothek kann **Fremd-** oder **Eigentümerhypothek** sein. Sie **entsteht** nie als Eigentümerhypothek,[1] sondern entweder als Fremdhypothek oder als Eigentümergrundschuld; sie kann aber **nachträglich** zu einer Eigentümerhypothek werden. 2

§ 1113 Abs. 1 BGB, die Definition der Hypothek, gilt nicht für die **Grundschuld,** die nach Maßgabe von § 1191 BGB ausgestaltet ist.[2] § 1113 Abs. 2 BGB ist gegenstandslos bei der Grundschuld, die überhaupt keine Forderung voraussetzt. 3

II. Entstehung

1. Entstehungsgrund

Hypotheken entstehen durch Rechtsgeschäft, Gesetz oder Staatsakt.[3] 4

2. Rechtsgeschäftliche Begründung

Die rechtsgeschäftliche Begründung einer Hypothek ist in mehrerer Hinsicht mehraktig. 5

a) Einigung und Eintragung. Der rechtsgeschäftliche Entstehungstatbestand besteht aus der **Einigung des Berechtigten und des Erwerbers** über die Entstehung der Hypothek und der **Eintragung im Grundbuch** (§ 873 BGB). Einigung und Eintragung müssen einen bestimmten zu sichernden Anspruch umfassen.[4] Mit Vollzug von Einigung und Eintragung einer Hypothek über eine künftige oder bedingte Forderung (§ 1113 Abs. 2 BGB), zB den Darlehensrückzahlungsanspruch vor Auszahlung der Darlehensvaluta, wird ein **Grundpfandrecht** vom Eigentum abgespalten. Ohne Hinzutritt weiterer Umstände handelt es sich dabei jedoch noch nicht um eine Hypothek, sondern einstweilen um eine **Eigentümergrundschuld** (§§ 1163 Abs. 1, 1177 Abs. 1 BGB). 6

b) Brief und Forderung. Zur **Fremdhypothek** mit dem Rang der Eigentümergrundschuld wird das Grundpfandrecht erst, wenn zum einen dem Hypothekar der **Hypothekenbrief übergeben** (§§ 1117, 1163 Abs. 2 BGB) oder die **Brieferteilung ausgeschlossen** (§ 1116 Abs. 2 BGB) wird, und zum anderen der **gesicherte Anspruch besteht** (§ 1163 Abs. 1 S. 1 BGB); auch bei der Hypothek für eine künftige oder aufschiebend bedingte Forderung[5] (§ 1113 Abs. 2 BGB) entsteht eine Fremdhypothek erst mit der Forderung beziehungsweise dem Bedingungseintritt.[6] 7

---

[1] MüKoBGB/*Lieder* § 1113 Rn. 94.
[2] Staudinger/*Wolfsteiner* § 1113 Rn. 76.
[3] → Vorb. Rn. 12 ff.
[4] Staudinger/*Wolfsteiner* § 1113 Rn. 9.
[5] Zur bedingten oder befristeten Einigung → Vorb. Rn. 15.
[6] MüKoBGB/*Lieder* § 1113 Rn. 64; Staudinger/*Wolfsteiner* § 1113 Rn. 38.

III. Hypothekar

1. Identität von Forderungsinhaber und Hypothekar

8 Die Hypothek ist auch hinsichtlich der Zuständigkeit akzessorisch (forderungsgebunden), § 1153 BGB. Hypothekar ist daher grundsätzlich der Gläubiger des gesicherten Anspruchs. Dies gilt auch bei Ansprüchen aus **Vertrag zu Gunsten Dritter** (§§ 328 ff. BGB); Hypothekar ist dann nicht der Versprechensempfänger, sondern der Dritte als Forderungsinhaber.[7] Letzteres ist str., nach aA ist auch der Anspruch des Versprechensempfängers gegen den Versprechenden auf Zahlung an den Dritten hypothekarisch gesichert.[8] § 1138 BGB kann dazu führen, dass es **ausnahmsweise** an der **Identität** von Forderungsinhaber und Hypothekar **fehlt;** außerdem gibt es die forderungsentkleidete Hypothek.[9] Keine Ausnahme vom Identitätsgebot besteht, wenn ein **Befreiungsanspruch,** der einen Schuldner dazu verpflichtet, zur Befreiung des Gläubigers von einer Schuld gegenüber einem Dritten an den Dritten einen bestimmten Betrag zu zahlen, durch eine Hypothek am Grundstück des Befreiungsschuldners zu Gunsten seines Gläubigers gesichert wird; der Dritte ist nur Zahlungsempfänger, er ist aber neben dem Gläubiger als Zahlungsempfänger im Grundbuch einzutragen.[10]

2. Subjektiv-persönliches Recht

9 Hypotheken können – anders als Grunddienstbarkeiten (§ 1018 BGB), dingliche Vorkaufsrechte (§ 1094 Abs. 2 BGB) und Reallasten (§ 1105 Abs. 2 BGB) – **nicht zu Gunsten des jeweiligen Eigentümers** eines anderen als des belasteten Grundstücks (subjektiv-dingliches Recht) bestellt werden, sondern nur als subjektiv-persönliches Recht (sachenrechtlicher Typenzwang[11]). Allerdings ist eine subjektiv-dingliche **Vormerkung** (§ 883 BGB) für einen Anspruch auf Bestellung einer Hypothek zulässig.[12] Ferner kann eine Hypothek für den **jeweiligen Gläubiger einer durch Inhaberpapier verbrieften Forderung** (§§ 1187 ff. BGB) bestellt werden.

3. Mehrere Hypothekare

10 Mehrere Hypothekare einer **einheitlichen Hypothek** müssen im Hinblick auf den gesicherten Anspruch in Gemeinschaft stehen (§§ 741 ff. BGB) oder eine Gesamthand bilden, oder der gesicherte Anspruch muss ihnen zur gemeinschaftlichen Berechtigung als Gesamtgläubiger (§ 428 BGB) oder gemäß § 432 BGB zustehen; eine einheitliche Hypothek für Forderungen einer Mehrzahl unverbundener Gläubiger ist nicht zulässig.[13] Unzulässig ist auch die Bestellung einer Hypothek des Inhalts, dass **alternativ** eine von mehreren Forderungen unverbundener Gläubiger gesichert wird.[14] Zulässig ist es, verschiedene Gläubiger **sukzessiv** zu sichern, indem die Hypothek für den ersten Gläubiger auflösend bedingt und für den nachfolgenden Gläubiger aufschiebend bedingt vereinbart wird.[15]

---

[7] MüKoBGB/*Lieder* § 1113 Rn. 25.
[8] Staudinger/*Wolfsteiner* § 1113 Rn. 63.
[9] → §§ 1137, 1138 Rn. 25 f.
[10] OLG Karlsruhe Rpfleger 1998, 158.
[11] MüKoBGB/*Lieder* § 1113 Rn. 27.
[12] MüKoBGB/*Lieder* § 1113 Rn. 28.
[13] MüKoBGB/*Lieder* § 1113 Rn. 30 f.; § 1115 Rn. 9 ff.; BankR-HdB/*Epp* § 94 Rn. 6.
[14] MüKoBGB/*Lieder* § 1113 Rn. 34.
[15] MüKoBGB/*Lieder* § 1113 Rn. 36. **AA** Staudinger/*Wolfsteiner* § 1113 Rn. 22, 70. Zur bedingten Einigung → Vorb. Rn. 15.

IV. Gesicherter Anspruch

1. Zahlungsanspruch

11 Grundsätzlich können Hypotheken jegliche **Zahlungsansprüche** sichern, also Ansprüche, die auf die Verschaffung eines Geldbetrags gerichtet sind, im Gegensatz zu Geldherausgabeansprüchen. Es muss sich nicht um schuldrechtliche Forderungen handeln.[16]

2. Schuldner- und Drittsicherheit

12 **Schuldner** des gesicherten Anspruchs (persönlicher Schuldner) und Eigentümer des hypothekarisch belasteten Grundstücks (dinglicher Schuldner) brauchen **nicht identisch** zu sein; die Hypothek kann Schuldner- oder Drittsicherheit sein.[17]

3. Schuldnermehrheit

13 Bei Schuldnermehrheit ist zu unterscheiden. Mit einer Hypothek sicherungsfähig ist der Anspruch gegen einen **Gesamtschuldner** (§§ 421 ff. BGB), die Ansprüche gegen mehrere Gesamtschuldner können nur durch mehrere Hypotheken gesichert werden. Eine Hypothek, die ursprünglich einen Anspruch sicherte, der sodann auf Schuldnerseite in mehrere Ansprüche mit mehreren Schuldnern **geteilt** wird, zB in den Fällen des § 2060 BGB oder nach einer Teilschuldübernahme (§§ 414 ff. BGB), sichert fortan die entstandene Mehrzahl von Ansprüchen gegen verschiedene Schuldner. Str. ist, ob eine Hypothek **von Anfang an** für mehrere Ansprüche gegen **verschiedene Schuldner** bestellt werden kann, die nicht in Verpflichtungsgemeinschaft stehen. Die besseren Gründe sprechen dagegen.[18]

4. Bestimmtheit

14 Der gesicherte Anspruch muss nach **Rechtsgrund** (Ausnahme § 1190 Abs. 1 BGB) und **Parteien** (Ausnahme § 1188 Abs. 1 BGB) bestimmt sowie von anderen Ansprüchen unterscheidbar[19] sein (Spezialität), und der **Zahlungsbetrag** muss beziffert sein (vgl. § 1115 Abs. 1 BGB, Ausnahme § 1190 Abs. 1 BGB); Ansprüche mit **Wertsicherungsklauseln** können daher grundsätzlich nicht hypothekarisch gesichert werden,[20] sehr wohl aber **Fremdwährungsschulden**[21] (grundbuchrechtlich § 28 S. 2 GBO in Verbindung mit VO v. 30.10.1997, BGBl. I S. 2683). Keine Frage der Bestimmtheit ist die Unsicherheit, ob ein künftiger oder bedingter Anspruch (§ 1113 Abs. 2 BGB) auch in der bezifferten Höhe entstehen wird.[22] Wird der Rückzahlungsanspruch eines nicht valutierten Darlehens hypothekarisch gesichert, so entsteht zunächst eine Eigentümergrundschuld (§§ 1163 Abs. 1 S. 1, 177 Abs. 1 BGB). Wird das Darlehen sodann nur zum Teil in Anspruch genommen, entsteht in Höhe der Valutierung eine Fremdhypothek, im Übrigen bleibt das Grundpfandrecht Eigentümergrundschuld. Die Bestellung scheitert jedenfalls nicht an fehlender Bestimmtheit der gesicherten Forderung. Ebenfalls kein Bestimmtheitsproblem ist die **hypothekarische Besicherung von Ansprüchen variierenden Umfangs,** zB aus Kontokorrent: Soweit die Schuld zurückgeführt wird entsteht eine Eigentümergrundschuld (§§ 1163 Abs. 2 S. 2, 1177 Abs. 1 BGB), anschließende Erhö-

[16] Zu öffentlich-rechtlichen Forderungen MüKoBGB/*Lieder* § 1113 Rn. 74 ff. Zum abstrakten Schuldanerkenntnis und -versprechen (§§ 780 f. BGB) OLG Köln FGPrax 2013, 151; Staudinger/*Wolfsteiner* § 1113 Rn. 28 ff.

[17] → Vorb. Rn. 4.

[18] **AA** Staudinger/*Wolfsteiner* § 1113 Rn. 73.

[19] BGH NJW 1972, 1283.

[20] MüKoBGB/*Lieder* § 1113 Rn. 50 f.

[21] MüKoBGB/*Lieder* § 1113 Rn. 53.

[22] Staudinger/*Wolfsteiner* § 1113 Rn. 18.

hungen des Anspruchsumfangs sind dann nicht mehr gesichert. Für die hypothekarische Sicherung von Ansprüchen mit schwankender Höhe sieht das Gesetz die **Höchstbetragshypothek** (§ 1190 BGB) vor. In diesem Zusammenhang wird gemeinhin die Zulässigkeit der **verdeckten Höchstbetragshypothek** erörtert,[23] einer Verkehrshypothek, bei der die Rechtsfolge des § 1163 Abs. 1 S. 2 BGB durch eine Vereinbarung vermieden werden soll, wonach Zahlungen des persönlichen Schuldners nicht den gesicherten Anspruch tilgen, sondern einen Anspruch gegen den Hypothekar begründen, der schließlich mit dem gesicherten Anspruch verrechnet wird.[24] Konstruktiv ist dagegen nichts einzuwenden.[25]

5. Mehrzahl von Ansprüchen

15 Eine Hypothek kann grundsätzlich **mehrere** Zahlungsansprüche desselben Gläubigers gegen denselben Schuldner[26] sichern.[27] Abgelehnt wird die **Alternativsicherung** mehrerer Ansprüche desselben Gläubigers[28] – also nicht nur, wie zutreffend, bei ursprünglicher Schuldnermehrheit[29] – sowie die Sicherung mehrerer jeweils auf Zahlung gerichteten **Wahlschulden** (§§ 262 ff. BGB).[30] Dies verträgt sich nicht mit der Sicherungsfähigkeit künftiger und bedingter Ansprüche (§ 1113 Abs. 2 BGB), die bezeugt, dass das Gesetz bei der Hypothek Unsicherheiten und Schwebezustände im Hinblick auf den Anspruch toleriert, ebenso wenig mit der Zulässigkeit der ursprünglichen Einheitshypothek,[31] und auch nicht mit der Sicherungsfähigkeit einzelner Wahlschulden[32] oder von Ansprüchen mit **Ersetzungsbefugnis.**[33]

6. Bereicherungsanspruch

16 Vieldiskutiert ist, ob eine Hypothek, die zur Sicherung eines vertraglichen Anspruchs bestellt wurde, bei Nichtigkeit des Vertrags den Bereicherungsanspruch sichert, also zB anstelle des Darlehensrückzahlungsanspruchs aus § 488 Abs. 1 S. 2 BGB den Anspruch auf Herausgabe des rechtsgrundlos geleisteten Kapitals (§ 812 Abs. 1 S. 1 Alt. 1 BGB). Vom Ausgangspunkt, dass die Alternativsicherung bei Gläubigeridentität zulässig ist,[34] ist die Antwort durch **Auslegung** der Hypothek zu finden.[35]

7. Künftige und bedingte Forderung (Abs. 2)

17 Die Hypothek kann auch rangwahrend für eine künftige oder eine bedingte Forderung bestellt werden (§ 1113 Abs. 2 BGB).

18 **a) Künftige Forderung.** Ein künftiger Anspruch besteht noch nicht, auch nicht unter Suspensivbedingung, er wird aber womöglich dereinst entstehen. Für eine künftige Forderung im Sinne von § 1113 Abs. 2 BGB reicht eine solche bloße denkbare Möglichkeit nicht aus (str., nach aA ist nur Bestimmbar des Anspruchs erforderlich[36]); es braucht aber auch nicht sicher zu sein, dass der Anspruch entstehen wird, denn eine solche Sicherheit

[23] ZB in MüKoBGB/*Lieder* § 1113 Rn. 45 ff.
[24] Staudinger/*Wolfsteiner* § 1113 Rn. 19.
[25] MüKoBGB/*Lieder* § 1113 Rn. 47; Staudinger/*Wolfsteiner* § 1113 Rn. 20.
[26] Zu Schuldnermehrheiten Rn. 13.
[27] MüKoBGB/*Lieder* § 1113 Rn. 38; Staudinger/*Wolfsteiner* § 1113 Rn. 26.
[28] Staudinger/*Wolfsteiner* § 1113 Rn. 23.
[29] → Rn. 13.
[30] MüKoBGB/*Lieder* § 1113 Rn. 44; Staudinger/*Wolfsteiner* § 1113 Rn. 24.
[31] → Vorb. §§ 1113 ff. Rn. 4.
[32] MüKoBGB/*Lieder* § 1113 Rn. 44; Staudinger/*Wolfsteiner* § 1113 Rn. 24.
[33] Staudinger/*Wolfsteiner* § 1113 Rn. 24.
[34] → Rn. 15.
[35] MüKoBGB/*Lieder* § 1113 Rn. 84. AA Staudinger/*Wolfsteiner* § 1113 Rn. 25 (nur Höchstbetragshypothek).
[36] MüKoBGB/*Lieder* § 1113 Rn. 60 ff.

gibt es nicht. Hinreichend ist es jedenfalls – nicht abschließend[37] –, wenn der künftige **Schuldner** derart **gebunden** ist, dass er die Anspruchsentstehung nicht mehr zu verhindern vermag, und gleichzeitig der künftige **Gläubiger** den Anspruch **entstehen lassen kann.** So verhält es sich zB bei einem bindenden Angebot des Kreditaspiranten, einem schwebend unwirksamen Vertrag, dessen Wirksamkeit von der Genehmigung des präsumtiven Kreditgebers abhängt, oder einem Anspruch unter Potestativbedingung auf Gläubigerseite. Anders ist es zB bei einer Vermächtnisaussicht vor dem Erbfall[38] oder formunwirksamer Schenkung.

Die Hypothek zur Sicherung eines künftigen Anspruchs entsteht als Eigentümergrundschuld (§§ 1163 Abs. 1 S. 1, 1177 Abs. 1 BGB); mit Entstehung des Anspruchs wird sie zur Fremdhypothek. 19

b) Bedingte Forderung. aa) Suspensivbedingung. § 1113 Abs. 2 BGB betrifft nur den **aufschiebend** bedingten (§ 158 Abs. 1 BGB) Anspruch vor Eintritt der Bedingung. Es entsteht eine Eigentümergrundschuld (§§ 1163 Abs. 1 S. 1, 1177 Abs. 1 BGB), die mit Bedingungseintritt zur Fremdhypothek wird. 20

bb) Resolutivbedingung. Ein Anspruch, der unter einer **auflösenden** Bedingung (§ 158 Abs. 2 BGB) steht, **entsteht sofort,** der Bedingungseintritt stellt den Erlöschensgrund für den Anspruch dar. Für die Hypothek verhält es sich daher wie bei einer unbedingten Forderung. Sie entsteht als Fremdhypothek, mit Bedingungseintritt wird sie zur Eigentümergrundschuld (§§ 1163 Abs. 1 S. 2, 1177 Abs. 1 BGB). 21

§ 1114 Belastung eines Bruchteils

Ein Bruchteil eines Grundstücks kann außer in den in § 3 Abs. 6 der Grundbuchordnung bezeichneten Fällen mit einer Hypothek nur belastet werden, wenn er in dem Anteil eines Miteigentümers besteht.

Übersicht

I. Allgemeines

Eigentumsteile können ausnahmsweise, und zwar in den Fällen des § 3 Abs. 6 GBO und bei **Miteigentumsanteilen** gemäß §§ 1008 ff., 741 ff. BGB, ferner bei Wohnungsmiteigentum,[1] mit einer Hypothek belastet werden.[2] Die Belastungsfähigkeit von Bruchteileigentum ist die Konsequenz von § 747 S. 1 BGB, wonach jeder **Teilhaber einer Gemeinschaft,** also auch der Miteigentümer,[3] über seinen Anteil **ohne Mitwirkung anderer Miteigentümer** verfügen kann, also auch durch Belastung. 1

Für eine Hypothek an einem Miteigentumsanteil haften der Grundstücksanteil und der betreffende Anteil des Haftungsverbandes (§§ 1120 ff. BGB).[4] **Mehrere Miteigentumsanteile** können mit derselben Hypothek belastet sein, die dann **Gesamthypothek** 2

[37] Staudinger/*Wolfsteiner* § 1113 Rn. 40.

[38] Ebenso BGHZ 12, 115 = NJW 1954, 633 betreffend Vormerkung (§ 883 Abs. 1 S. 2 BGB).

[1] Staudinger/*Wolfsteiner* § 1114 Rn. 7.

[2] S. a. § 864 Abs. 2 ZPO für die Zwangshypothek. Die Norm gilt auch für die Arresthypothek, MüKoBGB/*Lieder* § 1114 Rn. 7.

[3] Zum maßgeblichen Zeitpunkt der Miteigentümereigenschaft für die Bruchteilbelastung s. MüKoBGB/*Lieder* § 1114 Rn. 4; Staudinger/*Wolfsteiner* § 1114 Rn. 8.

[4] MüKoBGB/*Lieder* § 1114 Rn. 2; Staudinger/*Wolfsteiner* § 1114 Rn. 25.

(§ 1132 BGB) ist.[5] Eine Gesamthypothek entsteht auch, wenn das ganze Grundstück durch **gemeinschaftliche Verfügung der Miteigentümer** (§ 747 S. 2 BGB) mit einer Hypothek belastet wird.[6] Vereinigen sich Miteigentumsanteile zu **Alleineigentum,** dann bleiben Hypotheken, die auf einem Miteigentumsanteil eingetragen sind, auf diesen Teil beschränkt.[7] Die Hypothek kann rechtsgeschäftlich auf das ganze Grundstück **erstreckt** werden durch Nachverpfändung nach den Regeln über die Begründung einer Hypothek.[8]

3 § 1114 BGB gilt entsprechend für die **Grundschuld** (§ 1192 Abs. 1 BGB).[9]

II. Ausgeschlossene Fälle

4 Ein **realer Grundstücksteil** kann nicht selbständig belastet werden (vgl. § 7 GBO),[10] eine solche Belastung kann nur nachträglich durch Grundstücksvereinigung (§ 890 Abs. 1 BGB) entstehen. Grundsätzlich[11] können auch **ideelle Anteile an Allein- oder Miteigentum** – außer in den Fällen des § 3 Abs. 6 GBO – nicht isoliert belastet werden.[12] Die Belastung eines **Gesamthandsanteils** ist ebenfalls nicht möglich.[13]

§ 1115 Eintragung der Hypothek

(1) **Bei der Eintragung der Hypothek müssen der Gläubiger, der Geldbetrag der Forderung und, wenn die Forderung verzinslich ist, der Zinssatz, wenn andere Nebenleistungen zu entrichten sind, ihr Geldbetrag im Grundbuch angegeben werden; im Übrigen kann zur Bezeichnung der Forderung auf die Eintragungsbewilligung Bezug genommen werden.**

(2) **Bei der Eintragung der Hypothek für ein Darlehen einer Kreditanstalt, deren Satzung von der zuständigen Behörde öffentlich bekannt gemacht worden ist, genügt zur Bezeichnung der außer den Zinsen satzungsgemäß zu entrichtenden Nebenleistungen die Bezugnahme auf die Satzung.**

Übersicht

I. Allgemeines

1 Bei der Eintragung einer Grundstücksbelastung im Grundbuch kann zur näheren Bezeichnung des Rechtsinhalts auf die Eintragungsbewilligung Bezug genommen werden (mittelbare Eintragung), soweit nicht das Gesetz ein anderes **(unmittelbare Eintragung)**

---

[5] MüKoBGB/*Lieder* § 1114 Rn. 3; Staudinger/*Wolfsteiner* § 1114 Rn. 4.
[6] BGH NJW 1961, 1352; MüKoBGB/*Lieder* § 1114 Rn. 3; Staudinger/*Wolfsteiner* § 1114 Rn. 4.
[7] OLG Oldenburg Rpfleger 1996, 242.
[8] Einzelheiten MüKoBGB/*Lieder* § 1114 Rn. 5 f.; Staudinger/*Wolfsteiner* § 1114 Rn. 11 f.
[9] MüKoBGB/*Lieder* § 1114 Rn. 26; Staudinger/*Wolfsteiner* § 1114 Rn. 31.
[10] **AA** MüKoBGB/*Lieder* § 1114 Rn. 8 f.
[11] Ausnahmen bei MüKoBGB/*Lieder* § 1114 Rn. 14 ff.; Staudinger/*Wolfsteiner* § 1114 Rn. 19 ff.
[12] OLG Zweibrücken NJW-RR 1990, 147; OLG Frankfurt a. M. NJW-RR 1988, 463. **AA** MüKoBGB/*Lieder* § 1114 Rn. 12.
[13] MüKoBGB/*Lieder* § 1114 Rn. 11; Staudinger/*Wolfsteiner* § 1114 Rn. 15.

vorschreibt (§ 874 BGB). § 1115 BGB ist eine **andere Vorschrift iS des § 874 BGB.** Jeder, der das Grundbuch einsieht, soll ohne Weiteres die Höhe der Belastung, den Gläubiger und den gesicherten Anspruch erkennen können.[1]

§ 1115 BGB gilt – mit Ausnahme der die Forderung betreffenden Eintragungen – entsprechend für die **Grundschuld** (§ 1192 Abs. 1 BGB).[2] 2

II. Eintragung und Bezugnahme

1. Gläubiger

§ 15 der Verordnung zur Durchführung der Grundbuchordnung[3] (Grundbuchverfügung – GBV) regelt, wie der Gläubiger im Grundbuch zu bezeichnen ist. 3

a) Natürliche Person. Bei natürlichen Personen sind anzugeben **Vor- und Zuname, Beruf, Wohnort** und gegebenenfalls andere die Berechtigten deutlich kennzeichnende Merkmale, zB das Geburtsdatum; das **Geburtsdatum** ist anzugeben, wenn es sich aus den Eintragungsunterlagen ergibt. Wenn das Geburtsdatum angegeben wird, müssen Beruf und Wohnort nicht angegeben werden (§ 15 Abs. 1 lit. a GBV). Beim Namen können Doktor- und sonstige akademische Grade – dies sind keine Namensbestandteile, im Gegensatz zum Adelsprädikat[4] – eingetragen werden, nicht aber Pseudonyme.[5] Unzulässig sind der Zusatz, dass der Eingetragene Inhaber einer Einzelfirma ist, und die Eintragung der Einzelfirma als solcher.[6] 4

b) Juristische Personen, Handels- und Partnerschaftsgesellschaften. Anzugeben sind die **Firma** und der **Sitz** (§ 15 Abs. 1 lit. b GBV), und zwar in genauer Übereinstimmung mit der Handelsregistereintragung.[7] Die Angabe der Registerdaten, das heißt Handelsregister und Nummer, ist tunlich. Str. ist, ob anstelle des Sitzes eine Zweigniederlassung eingetragen werden kann[8] – der Unsicherheit wegen ist davon abzuraten. 5

c) Gesellschaft bürgerlichen Rechts. Wenn ein Recht für eine Gesellschaft bürgerlichen Rechts eingetragen werden soll, sind die Bezeichnung der **Gesellschaft** (Name, Sitz) sowie die **Gesellschafter** nach den, je nachdem, für natürliche oder juristische Personen oder Handels- und Partnerschaftsgesellschaften geltenden Vorschriften (§ 15 Abs. 1 lit. a, b GBV) anzugeben und einzutragen (§ 47 Abs. 2 GBO, § 15 Abs. 1 lit. c GBV). 6

d) Juristische Personen des öffentlichen Rechts. Bei Eintragungen für den Fiskus, eine Gemeinde oder eine sonstige juristische Person des öffentlichen Rechts ist die juristische Person einzutragen, nicht die Behörde. Auf Antrag des Berechtigten kann der Teil seines Vermögens, zu dem das eingetragene Recht gehört, oder die Zweckbestimmung des Rechts durch einen dem Namen des Berechtigten in Klammern beizufügenden Zusatz bezeichnet werden. Auf Antrag kann auch angegeben werden, durch welche Behörde der Fiskus vertreten wird (§ 15 Abs. 2 GBV). 7

e) Mehrheit von Gläubigern. Bei einer Mehrheit von Hypothekengläubigern[9] ist bei der Eintragung das **Gemeinschaftsverhältnis** zu bezeichnen oder es sind die Anteile der Berechtigten in Bruchteilen anzugeben (§ 47 Abs. 1 GBO). Die Bewilligung muss das 8

---

[1] BGHZ 47, 41 = NJW 1967, 925.
[2] MüKoBGB/*Lieder* § 1115 Rn. 43; Staudinger/*Wolfsteiner* § 1115 Rn. 64.
[3] In der Fassung der Bekanntmachung v. 24.1.1995 (BGBl. I 1995, 114), zuletzt geändert durch Gesetz v. 18.7.2017 (BGBl. I 2017, 2745) mit Wirkung v. 29.7.2017.
[4] BGHZ 38, 380 = NJW 1963, 581.
[5] MüKoBGB/*Lieder* § 1115 Rn. 5.
[6] MüKoBGB/*Lieder* § 1115 Rn. 6; Staudinger/*Wolfsteiner* § 1115 Rn. 14.
[7] MüKoBGB/*Lieder* § 1115 Rn. 7.
[8] MüKoBGB/*Lieder* § 1115 Rn. 7; Staudinger/*Wolfsteiner* § 1115 Rn. 25, jeweils mwN.
[9] → § 1113 Rn. 10.

Gemeinschaftsverhältnis enthalten.[10] Bei der Eintragung einer **Zwangshypothek** (§§ 866 ff. ZPO) für eine Mehrheit von Gläubigern ist str., ob die Gläubiger die Angabe des Gemeinschaftsverhältnisses ergänzen können, wenn sie im Titel nicht angegeben ist.[11] Der Unsicherheit wegen sollte darauf geachtet werden, dass der Titel die Angabe enthält.

9 **f) Unzulässige Eintragungen.** Treuhandverhältnisse sind nicht eintragungsfähig,[12] ebenso wenig Vertretungsverhältnisse und Parteien kraft Amtes.[13]

10 **g) Unklare und fehlerhafte Eintragungen.** Eine Gläubigereintragung, die hinter den Vorgaben von § 15 GBV zurückbleibt, ist nicht allein aus diesem Grund wirkungslos. Es kommt darauf an, ob der Gläubiger, gegebenenfalls mit Umständen außerhalb der Eintragung, identifiziert werden kann. Das Grundbuch ist in einem solchen Fall berichtigungsbedürftig. Ermöglicht die Eintragung überhaupt keine Identifizierung des Gläubigers, oder wird eindeutig eine andere Person eingetragen als die in der Einigung als Gläubiger vorgesehene, kann keine Hypothek entstehen; es entsteht eine Eigentümergrundschuld.[14]

2. Forderung

11 Die Forderung muss individualisierbar eingetragen werden. Dazu gehören mindestens **Gläubiger** und **Schuldner, Schuldgrund** – zB „Vertrag v. […]", zur näheren Identifizierung des Vertrags reicht Bezugnahme[15] – sowie **Kapital** (bestimmter Geldbetrag, Ausnahme: § 50 GBO) und **Nebenforderungen.**

12 **a) Schuldner.** Der Schuldner muss nur dann eingetragen werden, wenn er nicht der Eigentümer ist[16] (Drittsicherheit); ist kein Schuldner eingetragen, so gilt der Eigentümer als Schuldner. Zur Individualisierung können die Kriterien des § 15 GBV verwendet werden.

13 **b) Nebenforderungen.** Zu unterscheiden sind **Zinsen** und **andere Nebenleistungen.**

14 **aa) Zinsen.** Zinsen sind die **in Geld** geschuldete **Vergütung** für die **Überlassung von Kapital auf Zeit,** deren Höhe sich **nach der Laufzeit** richtet und nicht nach Gewinn oder Umsatz.[17] Fälligkeit und Entrichtungsperioden der Kapitalvergütung – laufend oder am Ende der Kapitallaufzeit – sind für den Zinsbegriff ebenso unbedeutend wie die Veränderlichkeit der Vergütung (fester oder variabler Zins).[18] „Zinsen" für Zeiträume nach der Kapitallaufzeit, zB nach Tilgung des Darlehensrückzahlungsanspruchs, sind keine Zinsen im Rechtssinne,[19] womöglich aber andere Nebenleistungen.

15 Für **rechtsgeschäftliche Zinsen** ist, je nach Zinsvereinbarung, ein **Festbetrag** oder **Zinssatz** – Anteil des Kapitals je Laufzeiteinheit, üblicherweise % p. a. – einzutragen. Bei **variablem Zins** (Gleitzins) verhält es sich wie folgt:[20] Der **Mindestzinssatz,** der nicht unterschritten werden kann, kann im Grundbuch eingetragen werden, es reicht aber auch Bezugnahme auf die Eintragungsbewilligung.[21] Der **Höchstzinssatz,** der nicht überschritten werden kann, muss grundsätzlich im Grundbuch angegeben werden. Von der Angabe des Höchstzinssatzes macht der V. Zivilsenat des BGH eine Ausnahme, wenn die Ver-

[10] MüKoBGB/*Lieder* § 1115 Rn. 8.
[11] Dafür OLG Köln Rpfleger 1986, 91. **AA** MüKoBGB/*Lieder* § 1115 Rn. 9.
[12] OLG Saarbrücken NJW 1967, 1368.
[13] MüKoBGB/*Lieder* § 1115 Rn. 16; Staudinger/*Wolfsteiner* § 1115 Rn. 28.
[14] Staudinger/*Wolfsteiner* § 1115 Rn. 9 f.
[15] Ähnlich MüKoBGB/*Lieder* § 1115 Rn. 19; Staudinger/*Wolfsteiner* § 1115 Rn. 54.
[16] MüKoBGB/*Lieder* § 1115 Rn. 22.
[17] BGH NJW 1979, 540.
[18] MüKoBGB/*Lieder* § 1115 Rn. 23.
[19] OLG Düsseldorf NJW-RR 1996, 111.
[20] Einzelheiten MüKoBGB/*Lieder* § 1115 Rn. 25 ff.; Staudinger/*Wolfsteiner* § 1115 Rn. 33.
[21] BGH NJW 1975, 1314.

zinsung an den §§ 288 Abs. 1, 247 BGB ausgerichtet ist.[22] Schließlich sind objektiv bestimmbare **Kriterien für Zinssatzänderungen** einzutragen. Für den **Zinsbeginn** gilt § 874 BGB. Eine inhaltlich **unzureichende Zinseintragung** berührt die Wirksamkeit der Hypothek nicht, die Hypothek ist dann aber **unverzinslich.**[23]

Gesetzliche Zinsen, zB Verzugs- und Prozesszinsen (§§ 288, 291 BGB), brauchen nicht im Grundbuch eingetragen zu werden (vgl. § 1118 BGB). Einzutragen sind aber vereinbarte Erhöhungen gesetzlicher Zinsen.[24] 16

bb) Andere Nebenleistungen. Andere Nebenleistungen sind Leistungen, die **vom Kapital abhängen** und **weder auf das Kapital noch auf Zinsen zu erbringen** sind, zB eine Vorfälligkeitsentschädigung gemäß § 490 Abs. 2 S. 3 BGB.[25] Nebenleistungen sind so im Grundbuch einzutragen, dass der Umfang der Grundstückshaftung berechenbar ist. Feste Beträge sind als **Geldbetrag** anzugeben, im Übrigen sind die **Berechnungsfaktoren** anzugeben. Tunlich sind die Angaben, ob die Nebenleistung **einmalig** oder **fortlaufend** zu erbringen ist, und ob sie **bedingt** oder **befristet** ist.[26] § 1115 Abs. 2 BGB enthält in Sonderfällen Erleichterungen für die Eintragung von Nebenleistungen. 17

§ 1116 Brief- und Buchhypothek

(1) **Über die Hypothek wird ein Hypothekenbrief erteilt.**

(2) **[1] Die Erteilung des Briefes kann ausgeschlossen werden. [2] Die Ausschließung kann auch nachträglich erfolgen. [3] Zu der Ausschließung ist die Einigung des Gläubigers und des Eigentümers sowie die Eintragung in das Grundbuch erforderlich; die Vorschriften des § 873 Abs. 2 und der §§ 876, 878 finden entsprechende Anwendung.**

(3) **Die Ausschließung der Erteilung des Briefes kann aufgehoben werden; die Aufhebung erfolgt in gleicher Weise wie die Ausschließung.**

Übersicht

[22] BGH NJW 2006, 1341 betreffend Grundschuld. S. a. KG FGPrax 2012, 230 zu Kombination von Verzugs- und Mindestzinssatz. Weitere Ausnahme LG Kassel NJW-RR 2001, 1239 betreffend Sicherungshypothek im Erlösverteilungsverfahren (§§ 105 ff. ZVG).

[23] Staudinger/*Wolfsteiner* § 1115 Rn. 37.

[24] Staudinger/*Wolfsteiner* § 1115 Rn. 38.

[25] Typologie und Bsp. bei MüKoBGB/*Lieder* § 1115 Rn. 29.

[26] Einzelheiten MüKoBGB/*Lieder* § 1115 Rn. 30 ff.; Staudinger/*Wolfsteiner* § 1115 Rn. 39 ff.

I. Allgemeines

1 Die Hypothek ist **grundsätzlich** ein **Briefrecht** (§ 1116 Abs. 1 BGB). **Ausnahmsweise** entsteht die Hypothek als **Buchrecht** (§ 1116 Abs. 2 S. 1, 3, 4 BGB), zwingend ist dies bei der **Sicherungshypothek,** § 1185 Abs. 1 BGB). Eine Buchhypothek – außer der Sicherungshypothek – kann nachträglich in eine Briefhypothek **umgewandelt** werden (§ 1116 Abs. 3 BGB) und umgekehrt (§ 1116 Abs. 2 S. 2 BGB). Solche Umwandlungen sind **identitätswahrend.**[1] Briefrechte haben eine größere **Verkehrsfähigkeit** als Buchrechte, weil jene anders als diese außerhalb des Grundbuchs umlaufen können (§ 1154 BGB).

2 § 1116 BGB gilt entsprechend für die **Grundschuld** (§ 1192 Abs. 1 BGB).[2]

II. Briefhypothek

1. Grundsatz

3 Sofern die Beteiligten nichts anderes vereinbart haben, ist die **Verkehrshypothek** ein Briefrecht (§ 1116 Abs. 1 BGB). Der Erwerber kann daher grundsätzlich auch nur die Bewilligung einer Briefhypothek verlangen,[3] und das Grundbuchamt hat grundsätzlich eine Briefhypothek einzutragen. Die **Sicherungshypothek** ist zwingend ein Buchrecht (§ 1185 Abs. 1 BGB).

4 Außer in den Fällen des § 1117 Abs. 2 BGB entsteht die Briefhypothek als Eigentümergrundschuld; **Fremdhypothek** wird sie erst mit **Briefübergabe** an den Gläubiger (§§ 1117, 1163 Abs. 2 BGB).

2. Hypothekenbrief

5 **a) Öffentliche Urkunde.** Der Hypothekenbrief ist eine öffentliche Urkunde (§ 415 Abs. 1 ZPO), die das Grundbuchamt (§ 56 Abs. 1 S. 1 GBO), im Fall eines Teilhypothekenbriefs wahlweise ein Notar (§ 61 Abs. 1 GBO) zu erteilen hat. **Inhalt und Formalien** ergeben sich aus §§ 56 Abs. 1 S. 2, Abs. 2, 61 Abs. 2, 3 GBO. Bleibt die Urkunde hinter diesen Erfordernissen zurück, dann ist kein Hypothekenbrief entstanden, und eine solche Urkunde kann keine der Funktionen eines Hypothekenbriefs[4] erfüllen[5] – anders ist es, wenn die §§ 57 f. GBO nicht eingehalten werden.[6] Der Brief gelangt grundsätzlich dadurch **in den Verkehr,** dass das Grundbuchamt ihn dem Eigentümer aushändigt (§ 60 Abs. 1 Alt. 1 GBO). Ein abhanden gekommener oder vernichteter Brief kann im Aufgebotsverfahren für **kraftlos** erklärt werden (§ 1162 BGB).

6 **b) Wertpapier.** Der Hypothekenbrief verbrieft das private Recht Hypothek derart, dass zur Geltendmachung dieses Rechts die Innehabung der Urkunde erforderlich ist (§ 1160 BGB). Er ist damit ein Wertpapier im weiteren Sinne.[7] Er ist ein **Rektapapier,** das **Eigentum** am Papier folgt der Inhaberschaft des verbrieften Rechts (§ 952 Abs. 2 BGB). Der **Herausgabeanspruch** aus § 985 BGB ist nicht abtretbar. Ein vertraglicher Herausgabeanspruch, zB gegen den Verwahrer, kann nur in Verbindung mit der gesicherten

---

[1] MüKoBGB/*Lieder* § 1116 Rn. 1.
[2] MüKoBGB/*Lieder* § 1116 Rn. 44; Staudinger/*Wolfsteiner* § 1116 Rn. 44.
[3] MüKoBGB/*Lieder* § 1116 Rn. 2.
[4] → Rn. 7 ff.
[5] Staudinger/*Wolfsteiner* § 1116 Rn. 12.
[6] Staudinger/*Wolfsteiner* § 1116 Rn. 15.
[7] MüKoBGB/*Lieder* § 1116 Rn. 5; Staudinger/*Wolfsteiner* § 1116 Rn. 3.

Forderung und damit der Hypothek (§ 1153 BGB) abgetreten werden.[8] **Verfügungen** über den Hypothekenbrief wie Übereignung oder Belastung sind nicht möglich.[9] Ein **Zurückbehaltungsrecht** am Brief kann vereinbart werden.[10]

c) Funktionen. aa) Übergabe. Der **Gläubiger erwirbt** die Hypothek vom Eigentümer grundsätzlich erst, wenn dieser ihm den Brief übergibt (§ 1117 Abs. 1 BGB). Zur **Abtretung** und **Belastung** des gesicherten Anspruchs ist neben der Zession beziehungsweise Einigung über die Belastung die Briefübergabe erforderlich (§§ 1154 Abs. 1, 1069, 1274 Abs. 1 BGB). Die **Pfändung** einer hypothekarisch gesicherten Forderung ist unwirksam, wenn nicht der Brief dem Vollstreckungsgläubiger übergeben wird (§ 830 Abs. 1 ZPO) – diesem Erfordernis ist gegebenenfalls mit der Vollstreckung nach Maßgabe der §§ 883, 886 ZPO abzuhelfen. 7

bb) Vorlage. Der Eigentümer kann der **Geltendmachung der Hypothek** widersprechen, wenn der Gläubiger den Brief nicht vorlegt (§ 1160 Abs. 1 BGB). Gleiches gilt gemäß § 1161 BGB für die **Geltendmachung des gesicherten Anspruchs.** Eine **Kündigung** oder **Mahnung** kann der Eigentümer zurückweisen (Folge: Unwirksamkeit), wenn der Brief nicht vorgelegt wird (§ 1160 Abs. 2).[11] 8

cc) Aushändigung. Der Eigentümer kann **gegen Befriedigung** des Gläubigers Aushändigung des Briefs verlangen (§ 1144 BGB); zur Befriedigung teilweise s. § 1145 BGB. 9

dd) Öffentlicher Glaube und Rechtsschein. Der Hypothekenbrief kann den **öffentlichen Glauben des Grundbuchs** zerstören (§ 1140 BGB) und gemäß § 1155 BGB selbst **Rechtsscheinträger** für gutgläubigen Erwerb sein. Bei Divergenzen zwischen Grundbuch und Brief, die nicht durch §§ 1140, 1155 BGB erfasst sind, ist das Grundbuch maßgeblich.[12] 10

III. Buchhypothek

Eine Verkehrshypothek entsteht unter den sonstigen Voraussetzungen als Buchhypothek, wenn die **Erteilung des Briefs ausgeschlossen** ist (§ 1116 Abs. 2 BGB). Zur Ausschließung ist die **Einigung** über die Ausschließung zwischen Besteller und Erwerber sowie die **Eintragung** in das Grundbuch (üblich: „ohne Brief") erforderlich (§ 1116 Abs. 2 S. 3 Hs. 1 BGB). Die Bindung der Einigung und den Einfluss nachträglicher Verfügungsbeschränkungen betreffend sind die §§ 873 Abs. 2, 878 BGB entsprechend anzuwenden (§ 1116 Abs. 2 S. 2 Hs. 3 BGB). Die Sicherungshypothek ist stets und ohne Weiteres Buchhypothek (§ 1185 Abs. 1 BGB). 11

Die Beteiligten können die Brieferteilung **von Anfang an** oder **nachträglich** (§ 1116 Abs. 2 S. 2 BGB) ausschließen. Auf die anfängliche Buchhypothek sind die §§ 1117, 1163 Abs. 2 BGB nicht anzuwenden. Mit Einigung und Eintragung der Hypothek (§ 873 BGB), Einigung und Eintragung der Ausschließung (§ 1116 Abs. 2 BGB) und Entstehung des gesicherten Anspruchs (§ 1163 Abs. 1 S. 1 BGB) entsteht die Buchhypothek als Fremdhypothek. Eine nachträgliche Buchhypothek entsteht infolge der Ausschließung mit dem Status der bisherigen Briefhypothek. 12

[8] OLG Düsseldorf DNotZ 1981, 642 betreffend Grundschuldbrief.
[9] MüKoBGB/*Lieder* § 1116 Rn. 7; Staudinger/*Wolfsteiner* § 1116 Rn. 9 f.
[10] BGH BB 1965, 436.
[11] Zu grundbuchrechtlichen Vorlegungspflichten s. Staudinger/*Wolfsteiner* § 1116 Rn. 24 f.
[12] Staudinger/*Wolfsteiner* § 1116 Rn. 26.

IV. Umwandlungen

1. Vorgang

13 Eine Brief- kann in eine Buchhypothek **umgewandelt** werden (§ 1116 Abs. 2 S. 2 BGB) und umgekehrt (§ 1116 Abs. 3 Hs. 1 BGB). Die nachträgliche Ausschließung der Brieferteilung bedarf wie die ursprüngliche Ausschließung **Einigung** und **Eintragung** (§ 1116 Abs. 2 S. 3 Hs. 1 BGB); gleiches gilt für die Aufhebung der Ausschließung (§ 1116 Abs. 3 Hs. 2 BGB), die das Buchrecht zum Briefrecht macht. Bei **Drittrechten** ist jeweils § 876 BGB zu beachten[13] (§ 1116 Abs. 2 S. 3 Hs. 2, Abs. 3 Hs. 2 BGB). Die Aufhebung des Briefausschlusses bedarf nicht der Zustimmung anderer dinglich Berechtigter.[14]

2. Brief

14 Bei der **nachträglichen Briefhypothek** hat das Grundbuchamt den Brief nicht dem Eigentümer, sondern dem **Gläubiger auszuhändigen** (§ 60 Abs. 1 Hs. 2 GBO). Bei einer **nachträglichen Buchhypothek** ist der Brief gemäß § 69 GBO **unbrauchbar zu machen.**

3. Verpflichtung

15 Der Eigentümer kann sich dem Hypothekar einer Buchhypothek schuldrechtlich dazu **verpflichten,** nachträglich die Aufhebung der Briefausschließung (§ 1116 Abs. 3 BGB) zu ermöglichen. Eine solche Vereinbarung ist **nicht eintragungsfähig;** der Mitwirkungsanspruch kann aber **vorgemerkt** werden (§ 883 BGB).[15]

V. Divergenzen

16 Die **Einigung** darüber, ob eine Hypothek als Brief- oder als Buchrecht entstehen soll, und die **Eintragung** als Brief- oder Buchrecht im Grundbuch müssen **übereinstimmen.** Bei Divergenzen gilt Folgendes.

1. Einigung Briefrecht, Eintragung Buchrecht

17 Ohne Ausschließung der Brieferteilung entsteht keine Buchhypothek (§ 1116 Abs. 2 S. 3 Hs. 1 BGB), auch nicht, wenn die Hypothek als Buchhypothek im Grundbuch eingetragen wird. Es entsteht vielmehr ein **Briefrecht,** auf das die §§ 1117, 1163 Abs. 2 BGB anwendbar sind; das **Grundbuch** ist **unrichtig.**[16]

2. Einigung Buchrecht, Eintragung Briefrecht

18 Ohne Eintragung des Briefausschlusses entsteht keine Buchhypothek (§ 1116 Abs. 2 S. 3 Hs. 1 BGB). Darüber, ob ein **Briefrecht oder gar kein Grundpfandrecht** entstanden ist, entscheidet der hypothetische Wille der Beteiligten. Wollten sie das Recht unbedingt als Buchrecht begründen, dann ist kein Grundpfandrecht entstanden; wollten sie jedenfalls ein Grundpfandrecht begründen, notfalls auch als Briefrecht, dann ist ein Briefrecht entstanden. In jenem Fall ist das Grundbuch unrichtig, in diesem ist es richtig.[17]

---

13 Einzelheiten MüKoBGB/*Lieder* § 1116 Rn. 30 f.; Staudinger/*Wolfsteiner* § 1116 Rn. 44.
14 OLG Hamm MDR 2015, 330.
15 Staudinger/*Wolfsteiner* § 1116 Rn. 32, 45.
16 MüKoBGB/*Lieder* § 1116 Rn. 26
17 MüKoBGB/*Lieder* § 1116 Rn. 27 f.

3. Einigung und Eintragung Buchrecht, Brieferteilung

Ein **Hypothekenbrief,** der **für ein Buchrecht** erteilt wird, bringt **keine Rechtswirkungen** hervor. Das Buchrecht bleibt Buchrecht, der Brief begründet keinerlei Vertrauensschutz, weil seine Ausschließung im Grundbuch eingetragen ist.[18] 19

§ 1117 Erwerb der Briefhypothek

(1) [1]**Der Gläubiger erwirbt, sofern nicht die Erteilung des Hypothekenbriefs ausgeschlossen ist, die Hypothek erst, wenn ihm der Brief von dem Eigentümer des Grundstücks übergeben wird.** [2]**Auf die Übergabe finden die Vorschriften des § 929 Satz 2 und der §§ 930, 931 Anwendung.**

(2) **Die Übergabe des Briefes kann durch die Vereinbarung ersetzt werden, dass der Gläubiger berechtigt sein soll, sich den Brief von dem Grundbuchamt aushändigen zu lassen.**

(3) **Ist der Gläubiger im Besitz des Briefes, so wird vermutet, dass die Übergabe erfolgt sei.**

Übersicht

I. Allgemeines

1. Schutz des Eigentümers (Abs. 1, 2)

a) Eigentümerschutz bei Briefhypotheken. Bei einer **ursprünglichen Briefhypothek** (§ 1116 Abs. 1 BGB) hat das Grundbuchamt den Hypothekenbrief dem Eigentümer, nicht dem Gläubiger, auszuhändigen (§ 60 Abs. 1 Hs. 1 GBO). Der Gläubiger erwirbt die Hypothek grundsätzlich erst, wenn der Eigentümer ihm den Hypothekenbrief übergibt (§ 1117 Abs. 1 S. 1 BGB). Bis zur Übergabe ist das Grundpfandrecht Eigentümergrundschuld (§§ 1163 Abs. 2, 1177 BGB). Ferner erwirbt der Gläubiger die Hypothek nicht, bevor der gesicherte Anspruch entstanden ist (§ 1163 Abs. 1 S. 1 BGB), und zwar auch nicht, wenn ihm inzwischen der Brief übergeben wurde. Aus diesem Zusammenhang erschließt sich der **Eigentümerschutzzweck** von § 1117 Abs. 1 BGB bei der **Besicherung von Darlehensrückzahlungsansprüchen** (§ 488 Abs. 1 S. 2 BGB): Solange das Darlehen nicht ausbezahlt und folglich der zu sichernde Rückzahlungsanspruch nicht entstanden ist, soll der Eigentümer nicht Gefahr laufen, dass der Darlehensgeber zu Gunsten eines Gutgläubigen über das Grundpfandrecht verfügt (§§ 1154 Abs. 1, 2, 1138 BGB). Es soll ausgeschlossen werden, dass der Eigentümer hypothekarisch haftet, ohne dass der Darlehensnehmer das Darlehen erhalten hat. § 1117 Abs. 1 BGB gewährt diesen Schutz, indem der Eigentümer die **Hypothek** nur **Zug um Zug gegen Darlehensauszahlung** zu verschaffen braucht.[1] 1

[18] Staudinger/*Wolfsteiner* § 1116 Rn. 35.
[1] MüKoBGB/*Lieder* § 1117 Rn. 7; Staudinger/*Wolfsteiner* § 1117 Rn. 3.

2 In den Fällen des § 1117 Abs. 1 BGB ist vor Briefübergabe das **Grundbuch,** das eine Fremdhypothek statt einer Eigentümergrundschuld ausweist, **unrichtig.** Solange aber die Darlehensauszahlung, mit der das Grundbuch richtig wird, noch in Betracht kommt, kann der eingetragene Gläubiger dem **Berichtigungsanspruch** des Eigentümers (§ 894 BGB) den Einwand unzulässiger Rechtsausübung[2] sowie eine entsprechende Vereinbarung aus der Sicherungsabrede entgegenhalten. **Grundbuchrechtlich** vermag der Eigentümer die Berichtigung freilich erfolgreich zu betreiben, weil er die Unrichtigkeit durch Briefvorlage nachweisen kann und deshalb keine Bewilligung des Gläubigers benötigt (§ 22 Abs. 1 S. 1 GBO).[3]

3 **b) Abweichende Praxis.** Die Praxis – de facto diejenige der Grundschuldbestellung – schaltet den Schutz des § 1117 Abs. 1 BGB in zulässiger Weise aus. Zunächst einmal hängt der intendierte Eigentümerschutz weniger davon ab, ob der Gläubiger Inhaber der Hypothek ist, als vielmehr davon, dass er den Brief nicht besitzt, weil er dann zur Verfügung außerstande ist (§ 1154 Abs. 1 BGB). § 60 Abs. 1 Hs. 1 GBO gewährleistet dies, § 60 Abs. 2 GBO ermöglicht aber die **abweichende Bestimmung,** dass der **Brief unmittelbar dem Gläubiger auszuhändigen** ist. Die materiellrechtliche Komplementärvorschrift zu § 60 Abs. 2 GBO enthält § 1117 Abs. 2 BGB: Der Gläubiger kann die **Hypothek vor und unabhängig von der Briefübergabe erwerben,** so dass das Zug-um-Zug-Erfordernis entfällt.[4]

4 **c) Buchhypothek.** Für die **Buchhypothek** beabsichtigt § 1139 BGB einen dem Schutz des § 1117 Abs. 1 BGB entsprechenden Eigentümerschutz.

2. Vermutung (Abs. 3)

5 § 1117 Abs. 3 BGB enthält die **Vermutung** (§ 292 ZPO) **der Übergabe** zu Gunsten des Gläubigers, der den **Brief besitzt.**

3. Grundschuld

6 § 1117 BGB gilt für Briefgrundschulden grundsätzlich entsprechend (§ 1192 Abs. 1 BGB).[5] Eine Ausnahme gilt bei der Inhaberbriefgrundschuld (§ 1195 BGB).

II. Briefübergabe (Abs. 1)

7 Die Briefübergabe (§ 1117 Abs. 1 S. 1 BGB) ist Realakt und Teil des Verfügungsgeschäfts Bestellung einer Fremdhypothek. An die Stelle der Übergabe kann ein Übergabesurrogat treten (§ 1117 Abs. 1 S. 2 BGB).

1. Übergabe (Abs. 1 S. 1)

8 **a) Begriff.** Übergabe bedeutet, dass der **Briefbesitz vom Eigentümer auf den Gläubiger übergeht,** und zwar **im Einvernehmen** aller Beteiligter, auch bei Personenmehrheit auf Eigentümer- oder Gläubigerseite.[6] Das Einvernehmen setzt sich nicht aus Willenserklärungen zusammen, sondern ist tatsächlicher Art; es bezieht sich auf den Besitzübergang und braucht sich nicht auf den Wechsel der Inhaberschaft am Grundpfandrecht zu erstrecken.[7] Es reicht nicht aus, wenn der Erwerber sich den Brief einseitig ohne Willen des

---

[2] MüKoBGB/*Lieder* § 1117 Rn. 8.
[3] OLG Frankfurt a. M. ZfIR 2005, 254. **AA** OLG Hamm ZfIR 2006, 260 (jeweils betreffend Briefgrundschuld).
[4] MüKoBGB/*Lieder* § 1117 Rn. 7; Staudinger/*Wolfsteiner* § 1117 Rn. 3.
[5] MüKoBGB/*Lieder* § 1117 Rn. 42; Staudinger/*Wolfsteiner* § 1117 Rn. 37.
[6] MüKoBGB/*Lieder* § 1117 Rn. 12 f.; Staudinger/*Wolfsteiner* § 1117 Rn. 6.
[7] **AA** Staudinger/*Wolfsteiner* § 1117 Rn. 3.

Eigentümers verschafft,[8] oder wenn das Grundbuchamt ihm den Brief im Widerspruch zu § 60 Abs. 1 Hs. 1 GBO aushändigt; der Eigentümer ist dann freilich gegebenenfalls gehalten, die Vermutung des § 1117 Abs. 3 BGB zu widerlegen. Bei Einvernehmen ist die Übergabe vollzogen, wenn der **Erwerber** den **alleinigen Besitz** am Brief erlangt und der **Eigentümer jeden Besitz aufgegeben** hat.

b) Einschaltung Dritter. Beim Realakt Übergabe ist **Stellvertretung ausgeschlossen.**[9] Indes kann jede Seite sich bei der Übergabe Dritter als **Hilfspersonen** bedienen. Möglich ist die Beteiligung Dritter als **Besitzdiener, Besitzmittler** oder im Rahmen des **Geheißerwerbs.** 9

aa) Besitzdiener. Auf jeder Seite kann ein Dritter als Besitzdiener (§ 855 BGB) beteiligt sein. Die Übergabe erfolgt dann vom Eigentümer an einen Besitzdiener des Erwerbers, von einem Besitzdiener des Veräußerers an den Erwerber oder von einem Besitzdiener des Veräußerers an einen Besitzdiener des Erwerbers. 10

bb) Besitzmittler. Auch Besitzmittler können beiderseits tätig werden. Für eine Übergabe bestehen ebenfalls drei Möglichkeiten. Übergabe vom Eigentümer an einen Besitzmittler des Erwerbers; der Besitzmittler erlangt unmittelbaren Fremdbesitz, der Erwerber mittelbaren Eigenbesitz. Übergabe von einem Besitzmittler des Eigentümers an den Erwerber; der Eigentümer verliert mittelbaren Eigenbesitz, der Erwerber erlangt unmittelbaren Eigenbesitz. Einschaltung von Besitzmittlern auf beiden Seiten, das heißt unmittelbarer Besitzwechsel zwischen den Besitzmittlern; der Eigentümer verliert mittelbaren Eigenbesitz, der Besitzmittler des Erwerbers erlangt unmittelbaren Fremdbesitz, der Erwerber erhält mittelbaren Eigenbesitz. 11

cc) Geheißerwerb. An der Übergabe kann eine **Geheißperson beteiligt** sein, die in keiner besitzrechtlichen Beziehung zum Eigentümer oder Erwerber steht, also **weder Besitzdiener noch Besitzmittler eines der Beteiligten** ist. Für eine Übergabe ist es ausreichend, wenn ein Dritter **auf Geheiß** (Weisung) **des Eigentümers den Brief übergibt** oder ihn **auf Geheiß des Erwerbers entgegennimmt.** Indem die Anweisung befolgt wird, zeigt sich, dass der **Anweisende in der Lage** ist, die **tatsächliche Sachherrschaft auszuüben;** dadurch wird dem Traditionsprinzip, dem die Übergabe dient, Rechnung getragen. Geheißpersonen können nicht nur jeweils auf Eigentümer- oder Erwerberseite auftreten, sondern auch auf beiden Seiten **(doppelter Geheißerwerb).** 12

2. Übergabesurrogate (Abs. 1 S. 2)

§ 1117 Abs. 1 S. 2 BGB verweist für die Übergabe auf die in den §§ 929 S. 2, 930, 931 BGB vorgesehenen Surrogate. 13

a) Übereignung kurzer Hand (§ 929 S. 2 BGB). Bei der Übereignung kurzer Hand **(brevi manu traditio)** gemäß § 929 S. 2 BGB ist der **Erwerber bereits Besitzer;** eine **Übergabe** ist daher **nicht notwendig.** Auf die Briefübergabe gewendet – § 1117 BGB enthält anders als §§ 929 ff. BGB keine Übereignungstatbestände, sondern regelt nur Übergabe und Übergabesurrogate – bedeutet dies aber nicht, dass der bloße Besitz des Erwerbers ausreicht. Es ist vielmehr zu unterscheiden. 14

aa) Besitz des Eigentümers. Wenn der Erwerber den **Besitz einvernehmlich vom Eigentümer erlangt** hat, der **Eigentümer** aber **mittelbarer Besitzer** geblieben ist – dies ist mangels vollständiger Besitzaufgabe auf Eigentümerseite keine Übergabe im Sinne des § 1117 Abs. 1 S. 1 BGB –, müssen Eigentümer und Erwerber sich darüber verständigen, 15

[8] BGH NJW-RR 1993, 369 betreffend Übergabe eines Grundschuldbriefs bei § 1154 Abs. 1 BGB.

[9] Staudinger/*Wolfsteiner* § 1117 Rn. 7. AA BGH NJW-RR 1993, 369 betreffend Übergabe eines Grundschuldbriefs bei § 1154 Abs. 1 BGB.

dass der Erwerber nun Eigenbesitz erhält und der Eigentümer seinen mittelbaren Besitz aufgibt.

16 **bb) Kein Besitz des Eigentümers.** Hat der Erwerber den Briefbesitz **ohne Einvernehmen mit dem Eigentümer** erlangt, zB vom Grundbuchamt entgegen § 60 GBO, und ist der Eigentümer nicht oder nicht mehr Besitzer, dann muss im Rahmen der §§ 1117 Abs. 1 S. 2, 929 S. 2 BGB das **Einvernehmen nachgeholt** werden, indem der Eigentümer die Besitzerlangung durch den Erwerber billigt.

17 **b) Besitzkonstitut (§ 930 BGB).** Die Übergabe kann ersetzt werden durch die Vereinbarung eines **Besitzmittlungsverhältnisses** (§ 868 BGB) zwischen dem **Eigentümer als Besitzmittler** (zB Verwahrer) und dem **Erwerber als mittelbarem Besitzer** (zB Hinterleger).

18 **c) Abtretung des Herausgabeanspruchs (§ 931 BGB).** Die Abtretung des Herausgabeanspruchs kommt als Übergabesurrogat in solchen Fällen in Betracht, in denen der **Brief** sich **bei einem Dritten** befindet, von dem der **Eigentümer Herausgabe verlangen** kann. Praktisch sind dies die Fälle, in denen der **Brief noch beim Grundbuchamt** liegt – der Eigentümer hat ein subjektiv-öffentliches Recht auf Aushändigung (§ 60 Abs. 1 Hs. 1 GBO)[10] – oder einem **Notar** zugesandt wurde, der ihn **für den Eigentümer verwahrt.** Ein Herausgabeanspruch kann auch **im Voraus** zediert werden.

III. Aushändigungsvereinbarung (Abs. 2)

19 Die Vereinbarung zwischen Eigentümer und Gläubiger, der Gläubiger solle berechtigt sein, sich den Brief vom Grundbuchamt aushändigen zu lassen, **ersetzt die Übergabe** (§ 1117 Abs. 2 BGB). Wird die Vereinbarung mit der Einigung über die Bestellung verbunden, so erwirbt der Gläubiger die Hypothek mit Eintragung und Entstehung der Forderung. Ferner kann er, sobald er sich den Brief beschafft hat, schon vor Entstehung des gesicherten Anspruchs einem Gutgläubigen eine forderungsentkleidete Hypothek verschaffen (§§ 1154 Abs. 1, 1138 BGB).[11]

20 Die Vereinbarung gemäß § 1117 Abs. 2 BGB ist **formfrei** und **AGB-rechtlich einwandfrei;** die **Widerruflichkeit** richtet sich nach § 873 Abs. 2 BGB.[12] Dem Grundbuchamt braucht die Vereinbarung nicht mitgeteilt zu werden.[13] Sie setzt aber voraus, dass das Grundbuchamt den Brief in Händen hat oder die rechtlichen Voraussetzungen für eine Bildung des Briefs vorliegen.[14]

21 Der Gläubiger kann **vom Eigentümer Briefherausgabe** verlangen, sobald eine Fremdhypothek entstanden ist (§§ 985, 952 Abs. 2 BGB und Sicherungsabrede). **Vom Grundbuchamt** kann er Herausgabe nur unter den Voraussetzungen des § 60 Abs. 2 GBO verlangen, oder wenn der Eigentümer ihm sein Recht auf Aushändigung (§ 60 Abs. 1 Hs. 1 GBO) abgetreten hat.[15] Eine Vereinbarung gemäß § 1117 Abs. 2 BGB reicht dafür nicht aus.[16]

---

[10] Für Abtretbarkeit dieses Rechts MüKoBGB/*Lieder* § 1117 Rn. 17; Staudinger/*Wolfsteiner* § 1117 Rn. 15.

[11] Zum Schutzzweck von § 1117 BGB → Rn. 1.

[12] MüKoBGB/*Lieder* § 1117 Rn. 19 f.; Staudinger/*Wolfsteiner* § 1117 Rn. 2.

[13] Staudinger/*Wolfsteiner* § 1117 Rn. 20.

[14] BayObLG Rpfleger 1987, 363 betreffend Grundschuld.

[15] MüKoBGB/*Lieder* § 1117 Rn. 25 f.

[16] MüKoBGB/*Lieder* § 1117 Rn. 35.

IV. Vermutung (Abs. 3)

Wer im Prozess gehalten ist, die Voraussetzungen des Hypothekenerwerbs gemäß § 1117 Abs. 1 S. 1 BGB darzulegen und gegebenenfalls zu beweisen, wäre mit Vortrag und Beweis der Übergabetatsachen belastet. Vortrag und Beweis, dass der Gläubiger Briefbesitzer ist, würden nicht reichen, weil der Gläubiger den Besitz anders als durch Übergabe erlangt haben mag. Hier hilft die Vermutung (§ 292 ZPO) des § 1117 Abs. 3 BGB: Vortrag und Beweis, dass der Gläubiger den Brief besitzt, **erübrigen Vortrag und Beweis von Übergabetatsachen.** Der Gegner ist gehalten, den **Beweis des Gegenteils** zu führen (§ 292 ZPO), dass also der Gläubiger anders als durch Übergabe an den Brief gekommen ist. 22

Gelingt im Prozess zwischen Gläubiger und Eigentümer dem Eigentümer der Beweis des Gegenteils, ist der Eigentümer aber dem Gläubiger zur Verschaffung der Hypothek verpflichtet, dann sollte der Gläubiger tunlichst **Widerklage** erheben auf Erklärung der Billigung des Briefbesitzes gemäß §§ 1117 Abs. 1 S. 2, 929 S. 2 BGB.[17] 23

Wenn es auf den **Zeitpunkt** der Übergabe ankommt, hilft § 1117 Abs. 3 BGB nicht. Vortrag und Beweis liegen unverändert bei dem, der sich im Prozess darauf beruft, der Brief sei zu einem bestimmten Zeitpunkt übergeben oder nicht übergeben gewesen.[18] 24

Die Vermutung des § 1117 Abs. 3 BGB gilt nicht nur im streitigen Verfahren, sondern auch im **Grundbuchverfahren** im Hinblick auf die Feststellungslast.[19] 25

§ 1117 Abs. 3 BGB lässt nicht im Umkehrschluss die Vermutung zu, eine Grundschuld stehe dem Grundstückseigentümer zu.[20] 26

§ 1118 Haftung für Nebenforderungen

Kraft der Hypothek haftet das Grundstück auch für die gesetzlichen Zinsen der Forderung sowie für die Kosten der Kündigung und der die Befriedigung aus dem Grundstück bezweckenden Rechtsverfolgung.

Übersicht

I. Allgemeines

Grundstück und Haftungsverband haften nicht nur für den gesicherten Anspruch, rechtsgeschäftliche Zinsen und andere Nebenleistungen, soweit diese von der Einigung umfasst und eingetragen sind (§ 1115 BGB), sondern **von Gesetzes wegen** (§ 1118 BGB) auch **für gesetzliche Zinsen** und bestimmte Nebenansprüche wegen **Kosten.**[1] § 1118 BGB ist eine Ausnahme von § 873 BGB im Hinblick auf die Einigung und die Eintragung.[2] Die in § 1118 BGB aufgeführten Ansprüche müssen und können daher **nicht im Grundbuch eingetragen** werden; werden sie dennoch eingetragen, dann ist dies aber 1

17 Staudinger/*Wolfsteiner* § 1117 Rn. 32.
18 Staudinger/*Wolfsteiner* § 1117 Rn. 33.
19 MüKoBGB/*Lieder* § 1117 Rn. 30 f.; Staudinger/*Wolfsteiner* § 1117 Rn. 34.
20 OLG Hamm ZfIR 2006, 260.
1 Zur Verjährung → Vorb. Rn. 40 ff.
2 MüKoBGB/*Lieder* § 1118 Rn. 1.

unschädlich.[3] Die Haftung gemäß § 1118 BGB ist bei ordndungsgemäß unterbliebener Eintragung nicht aus dem Grundbuch ersichtlich, das Grundbuch ist dennoch nicht unrichtig, und ein gutgläubiger Eigentumserwerber wird nicht geschützt.

2 § 1118 BGB gilt entsprechend für **Grundschulden** (§ 1192 Abs. 1 BGB).[4]

II. Gesetzliche Zinsen

3 Gesetzliche Zinsen werden zB als Verzugs- und Prozesszinsen (§§ 288, 291, 1146 BGB), Vergütungszinsen (§ 641 Abs. 4 BGB), Zinsen des Geldverwahrers (§ 698 BGB), deliktische Zinsen (§ 849 BGB), Zinsen von Mündelgeldern (§ 1834 BGB) sowie Fälligkeitszinsen (§ 353 HGB) geschuldet. Die Haftung gemäß § 1118 BGB erfasst Zinsen nur **in gesetzlicher Höhe** (§§ 246, 288 Abs. 1, 2 BGB, § 352 HGB); höhere gesetzliche Zinsen fallen unter § 1115 BGB.[5]

III. Kosten

4 Die Hypothek haftet von Gesetzes wegen ohne Weiteres für die Kosten der Kündigung und der die Befriedigung aus dem Grundstück bezweckenden Rechtsverfolgung. Die Kostenhaftung erstreckt sich auch auf Kosten, die nach Eröffnung des **Insolvenzverfahrens** über das Vermögen des Eigentümers entstehen.[6]

1. Kosten der Kündigung

5 Kosten der Kündigung iS des § 1118 BGB sind nur die Kosten der **Kündigung der Hypothek** (vgl. § 1141 BGB), **nicht** die Kosten der **Kündigung des gesicherten Anspruchs,** zB der Darlehenskündigung; eine Ausnahme bildet die Sicherungshypothek (§ 1185 Abs. 2 BGB).[7] Die Kostenhaftung entsteht grundsätzlich im Umfang der **entstandenen Kostenhöhe,** allerdings – nach dem Rechtsgedanken der §§ 91, 788 ZPO beziehungsweise durch § 242 BGB – nach oben begrenzt durch die Höhe, die aus einer den Umständen nach **zweckentsprechenden Rechtsverfolgung** resultiert.[8] Zu solchen Kosten zählen jedenfalls Zustellungskosten und Kosten für die Vertreterbestellung gemäß § 1141 Abs. 2 BGB.[9] **Rechtsanwaltsvergütungen** gehören zu solchen Kosten nur, wenn Sach- und Rechtslage im Einzelfall unübersichtlich und schwierig erscheinen, so dass die Befassung eines Rechtsanwalts angezeigt ist.[10]

2. Kosten der Rechtsverfolgung

6 **a) Erfasste Kosten.** Kosten einer Befriedigung aus dem Grundstück bezweckenden Rechtsverfolgung sind solche, die zur **Geltendmachung und Durchsetzung des Duldungsanspruchs** (§ 1147 BGB), zB Klage, Abwehr einer Vollstreckungsgegenklage oder Vollstreckung, entstehen, und zwar bis zu einer **Höhe,** die zur **zweckmäßigen** Rechtsverfolgung erforderlich ist (vgl. §§ 91, 93, 788 ZPO). Ein **Festsetzungsbeschluss** (§§ 103 ff. ZPO) präjudiziert die Erforderlichkeit.[11] Im Übrigen haftet die Hypothek für

[3] MüKoBGB/*Lieder* § 1118 Rn. 20; Staudinger/*Wolfsteiner* § 1118 Rn. 1.
[4] MüKoBGB/*Lieder* § 1118 Rn. 22; Staudinger/*Wolfsteiner* § 1118 Rn. 18.
[5] MüKoBGB/*Lieder* § 1118 Rn. 4; Staudinger/*Wolfsteiner* § 1118 Rn. 2.
[6] BGH WM 2008, 2225.
[7] MüKoBGB/*Lieder* § 1118 Rn. 7; Staudinger/*Wolfsteiner* § 1118 Rn. 7.
[8] MüKoBGB/*Lieder* § 1118 Rn. 8; Staudinger/*Wolfsteiner* § 1118 Rn. 7.
[9] Staudinger/*Wolfsteiner* § 1118 Rn. 7.
[10] MüKoBGB/*Lieder* § 1118 Rn. 10; Staudinger/*Wolfsteiner* § 1118 Rn. 7.
[11] MüKoBGB/*Lieder* § 1118 Rn. 12.

Rechtsanwaltsvergütungen nur in gesetzlicher Höhe nach dem RVG, nicht für darüber hinausgehende Honorare.

Rechtsverfolgung **bezweckt** die Befriedigung aus dem Grundstück, wenn die unternommenen rechtlichen Schritte **ex ante nicht ohne Erfolgsaussichten** sind. Gleichgültig ist, ob das Verfahren zu Ende geführt wird, und sei es, dass der Hypothekar selbst die Klage oder einen Vollstreckungsantrag zurücknimmt.[12] Die Sache anders zu sehen hieße, den Hypothekar dazu anzuhalten, allein aus Gründen des § 1118 BGB an einem Verfahren festzuhalten, dessen rechtliche oder tatsächliche Aussichtslosigkeit inzwischen offenbar geworden ist. 7

Kosten für zweckmäßige **Maßnahmen bei Gefährdung** (§§ 1133, 1134 BGB) fallen unter § 1118 BGB (Einzelheiten str.[13]). 8

b) Nicht erfasste Kosten. Kosten der Geltendmachung und **Durchsetzung des gesicherten Anspruchs** erfasst § 1118 BGB nicht,[14] ebenso wenig Kosten der Geltendmachung und **Verwertung anderer Sicherheiten** für diesen Anspruch. 9

Kosten der **Hypothekeneintragung** umfasst § 1118 BGB grundsätzlich nicht. Anders ist es bei Zwangs- und Arresthypotheken (§§ 867 Abs. 1 S. 3, 932 Abs. 2 ZPO). 10

§ 1119 Erweiterung der Haftung für Zinsen

(1) **Ist die Forderung unverzinslich oder ist der Zinssatz niedriger als fünf vom Hundert, so kann die Hypothek ohne Zustimmung der im Range gleich- oder nachstehenden Berechtigten dahin erweitert werden, dass das Grundstück für Zinsen bis zu fünf vom Hundert haftet.**

(2) **Zu einer Änderung der Zahlungszeit und des Zahlungsorts ist die Zustimmung dieser Berechtigten gleichfalls nicht erforderlich.**

Übersicht

I. Allgemeines

Rechtsgeschäftliche **Haftungserweiterungen und -verschärfungen** dinglicher Rechte bedürfen als inhaltsändernde Verfügungen (§ 877 BGB) grundsätzlich der **Zustimmung** gleich- und nachrangiger Berechtigter.[1] § 1119 BGB stellt davon zwei **Ausnahmen** her, und zwar für begrenzte nachträgliche Begründungen und Erweiterungen der **Zinshaftung** (Abs. 1) sowie für die Veränderung bestimmter **Zahlungsbedingungen**[2] (Abs. 2). 1

§ 1119 BGB ist nicht analog anzuwenden, wenn andere Inhaltsänderungen gleich- und nachrangige Berechtigte nicht gravierend beeinträchtigen.[3] 2

§ 1119 BGB ist für **Grundschulden** entsprechend anwendbar (§ 1192 Abs. 1 BGB),[4] mit der Maßgabe, dass an die Stelle des Forderungszinses der dingliche Zinssatz tritt.[5] 3

[12] Ähnlich MüKoBGB/*Lieder* § 1118 Rn. 13. **AA** Staudinger/*Wolfsteiner* § 1118 Rn. 10.
[13] MüKoBGB/*Lieder* § 1118 Rn. 15 f.; Staudinger/*Wolfsteiner* § 1118 Rn. 11 f., § 1134 Rn. 28.
[14] MüKoBGB/*Lieder* § 1118 Rn. 11; Staudinger/*Wolfsteiner* § 1118 Rn. 9.
[1] MüKoBGB/*Lieder* § 1119 Rn. 1; Staudinger/*Wolfsteiner* § 1119 Rn. 1.
[2] Staudinger/*Wolfsteiner* § 1119 Rn. 4 f. **AA** MüKoBGB/*Lieder* § 1119 Rn. 2, 9 (nur überflüssige Klarstellung).
[3] Staudinger/*Wolfsteiner* § 1119 Rn. 4. **AA** MüKoBGB/*Lieder* § 1119 Rn. 11.
[4] Staudinger/*Wolfsteiner* § 1119 Rn. 22.
[5] MüKoBGB/*Lieder* § 1119 Rn. 17.

II. Zinshaftung (Abs. 1)

4 Ohne § 1119 Abs. 1 BGB würden nachträgliche Begründung und Erweiterungen der Zinshaftung einer Hypothek nicht deren Rang teilen, sondern den letzten Rang einnehmen, es sei denn, gleich- und nachrangige Berechtigte hätten zugestimmt.[6] § 1119 Abs. 1 BGB ändert dies. Zur **Begründung** oder **Erweiterung** der **Hypothekenhaftung für Zinsen bis zu 5 %,** auch **rückwirkend** bis zum Zeitpunkt der Hypothekeneintragung,[7] mit dem **Rang der Hypothek** bedarf es nur der Einigung des Eigentümers und des Gläubigers sowie der Eintragung (§§ 877, 873 BGB). Entgegen §§ 877, 876 BGB ist auch keine Mitwirkung **Dritter** geboten, die an der Hypothek dinglich berechtigt sind. Denn die Begründung oder Erweiterung der Zinshaftung verbessert deren Rechtsstellung ausschließlich.[8]

5 § 1119 Abs. 1 BGB gilt nur für Zinsen,[9] **nicht** für **andere Nebenleistungen**[10, 11] auch nicht für andere Nebenleistungen mit einem Höchstsatz von bis zu 5 %.[12]

6 Bei nachträglicher Begründung oder Erweiterung der **Zinshaftung über 5 % hinaus** gilt:[13] **Bis zu 5 %** teilt die Zinshaftung den Rang der Hypothek. Soweit die Zinshaftung die **5 %-Grenze überschreitet,** teilt sie den Rang der Hypothek, wenn gleich- und nachrangige Berechtigte zugestimmt haben, andernfalls nimmt sie den letzten Rang ein.

III. Zahlungszeit und -ort (Abs. 2)

7 Änderungen der Zahlungszeit **(Fälligkeit)** und des **Zahlungsortes** sind inhaltsändernde Verfügungen, die grundsätzlich der Zustimmung gleich- und nachrangiger Berechtigter bedürfen. § 1119 Abs. 2 BGB sieht hierfür eine Ausnahme vor: Die Fälligkeit, zu der auch die **Kündigungsbedingungen** und **Tilgungsbeträge**[14] gehören, und der Zahlungsort können **ohne Zustimmung gleich- und nachrangig Berechtigter** geändert werden durch **Einigung** des Eigentümers mit dem Gläubiger und **Eintragung** (§§ 877, 873 BGB) sowie gegebenenfalls **Zustimmung Dritter, die an der Hypothek berechtigt** sind (§§ 877, 876 BGB).

Vorbemerkung vor §§ 1120 ff. BGB Grundstückshaftung und Haftungsverband

Übersicht

[6] MüKoBGB/*Lieder* § 1119 Rn. 3.
[7] MüKoBGB/*Lieder* § 1119 Rn. 7; Staudinger/*Wolfsteiner* § 1119 Rn. 11.
[8] MüKoBGB/*Lieder* § 1119 Rn. 5; Staudinger/*Wolfsteiner* § 1119 Rn. 7.
[9] → § 1115 Rn. 14 ff.
[10] → § 1115 Rn. 17.
[11] Staudinger/*Wolfsteiner* § 1119 Rn. 5.
[12] **AA** MüKoBGB/*Lieder* § 1119 Rn. 4.
[13] MüKoBGB/*Lieder* § 1119 Rn. 6; Staudinger/*Wolfsteiner* § 1119 Rn. 8 f.
[14] MüKoBGB/*Lieder* § 1119 Rn. 10; Staudinger/*Wolfsteiner* § 1119 Rn. 18 f.

Die Hypothek ist im Wege der Zwangsvollstreckung zu verwerten. Der dabei zu erzielende Erlös, der im Verein mit dem Rang den Sicherungswert einer Hypothek ausmacht, hängt wesentlich vom gegenständlichen Umfang der **Hypothekenhaftung** – der Unterwerfung unter die Zwangsvollstreckung aus einem Hypothekentitel – ab. Der Hypothekenhaftung unterliegen das **Grundstück im Rechtssinn** und der **Haftungsverband,** den die §§ 1120–1131 BGB festlegen. 1

I. Grundstück

1. Grundstücksbestand

Das Grundstück haftet in seinem jeweiligen **tatsächlichen Bestand,** der veränderlich sein kann, zB durch Natureinwirkungen oder Verbindung (§ 946 BGB).[15] Dazu gehören die ungetrennten **Bestandteile,**[16] insbesondere wesentliche Bestandteile (§§ 93 f. BGB), mit Ausnahme der **Scheinbestandteile** (§ 95 BGB).[17] **Tatsächlich getrennte Bestandteile**[18] haften nur, soweit sie gemäß §§ 1120 ff. BGB in den Haftungsverband fallen;[19] Scheinbestandteile haften nicht.[20] 2

2. Subjektiv-dingliche Rechte

Rechte, die mit dem Grundeigentum verbunden sind **(subjektiv-dingliche Rechte),** gelten als Grundstücksbestandteile (§ 96 BGB); sie haften mitsamt den **Rechtsfrüchten** (§ 99 Abs. 2, 3 BGB).[21] Subjektiv-dingliche Rechte sind zB Überbau- und Notwegrenten (§§ 913 Abs. 1, 917 Abs. 2 BGB), die Grunddienstbarkeit (§ 1018 BGB), das Vorkaufsrecht gemäß § 1094 Abs. 2 BGB und die subjektiv-dingliche Reallast (§ 1105 Abs. 2 BGB). 3

3. Öffentlich-rechtliche Entschädigungsansprüche

Ein **öffentlich-rechtlicher Entschädigungsanspruch** des Eigentümers wegen Enteignung, Beschädigung, Benutzung oder Eigentumsbeschränkung **surrogiert** oder **flankiert** das Grundstück als Haftungsgegenstand nach Maßgabe der Art. 52, 53 EGBGB in Verbindung mit den §§ 1123 Abs. 2 S. 1, 1124 Abs. 1, 3, 1128 BGB. 4

II. Haftungsverband

Die §§ 1120–1131 BGB erstrecken die Hypothek auf den Haftungsverband. Zum Haftungsverband zählen **Erzeugnisse,** andere **Bestandteile** als wesentliche Bestandteile und Scheinbestandteile sowie **Zubehör** (§§ 1120–1122 BGB), **Miet- und Pachtzinsforderungen** (§§ 1123–1125 BGB), **wiederkehrende Leistungen** (§ 1126 BGB), **Versicherungsforderungen** (§§ 1127–1130 BGB) und **zugeschriebene Grundstücke** (§ 1131 BGB). Die §§ 1120–1122, 1126 BGB beruhen auf der gesetzgeberischen Erwägung, dass ein Grundstück mit anderen Rechtsobjekten als **wirtschaftliche Einheit** die entscheidende Wertbildung erhält, und dass derart zusammengehörende Gegenstände auch eine Haftungseinheit bilden sollen. Bei den §§ 1123–1125, 1127–1130 BGB steht der 5

[15] MüKoBGB/*Lieder* § 1120 Rn. 8 f.; Staudinger/*Wolfsteiner* § 1120 Rn. 4 ff., 11.
[16] → § 1120 Rn. 4 ff.
[17] Zur Umwandlung wesentlicher Grundstücksbestandteile in Scheinbestandteile und umgekehrt BGHZ 165, 184 = NJW 2006, 990. Zu Windenergieanlagen BGH NJW 2017, 2099 mAnm *Sieper* NJW 2017, 2101; *Peters* WuB 2017, 493; *Regenfus* LMK 2017, 392694; *Peters* WM 2019, 811 (816 ff.).
[18] Zu Grundstücksteilung und -vereinigung → Vorb. Rn. 7.
[19] Staudinger/*Wolfsteiner* § 1120 Rn. 7 f.
[20] Staudinger/*Wolfsteiner* § 1120 Rn. 13.
[21] Staudinger/*Wolfsteiner* § 1120 Rn. 15.

Gedanke des **Wertersatzes** im Vordergrund – zB verringert ein abgebranntes Gebäude den Grundstückswert; die Forderung aus der Gebäudebrandversicherung ersetzt die Wertminderung. § 1131 BGB schließlich gründet auf der **rechtlichen Einheit.**

6 Der Haftungsverband entsteht kraft Gesetzes im gesetzlichen Umfang. Er unterliegt nicht der **Disposition der Beteiligten;** vertragliche Vereinbarungen über den Umfang der dinglichen Grundstückshaftung gelten nur im Verhältnis zwischen den Kontrahenten.[22]

§ 1120 Erstreckung auf Erzeugnisse, Bestandteile und Zubehör

Die Hypothek erstreckt sich auf die von dem Grundstück getrennten Erzeugnisse und sonstigen Bestandteile, soweit sie nicht mit der Trennung nach den §§ 954 bis 957 in das Eigentum eines anderen als des Eigentümers oder des Eigenbesitzers des Grundstücks gelangt sind, sowie auf das Zubehör des Grundstücks mit Ausnahme der Zubehörstücke, welche nicht in das Eigentum des Eigentümers des Grundstücks gelangt sind.

Übersicht

I. Allgemeines

1 § 1120 BGB betrifft die **Hypothekenhaftung** von **Erzeugnissen** und **sonstigen Bestandteilen** des Grundstücks, die vom Grundstück **getrennt** sind – vor der Trennung gehören sie zum haftenden Grundstück –, sowie von **Zubehör** (§§ 97 f. BGB). Die Norm regelt, wie jene Gegenstände **in den Haftungsverband** gelangen. Das Ausscheiden aus dem Haftungsverband **(Enthaftung)** regeln die §§ 1121, 1122 BGB.

2 Die Norm gilt bei **Grundschulden** entsprechend (§ 1192 Abs. 1 BGB).[1]

II. Erzeugnisse und sonstige Bestandteile

1. Erzeugnisse

3 Erzeugnisse eines Grundstücks sind alle natürlichen Bodenprodukte, zB Pflanzen als Ganzes aber auch Getreide, Gemüse oder Obst, sowie geschlagenes Holz. Kein Erzeugnis ist, was durch Verbrauch der Substanz gewonnen wird, zB Kies aus einer Kiesgrube.[2]

---

[22] BGH NJW 1996, 835.

[1] MüKoBGB/*Lieder* § 1120 Rn. 43; Staudinger/*Wolfsteiner* § 1120 Rn. 47.

[2] MüKoBGB/*Stresemann* § 99 Rn. 3 f.

2. Bestandteile

Das Gesetz enthält keine **Begriffsbestimmung** des Sachbestandteils. §§ 94–96 BGB regeln aber einzelne Aspekte des Bestandteilbegriffs, und aus § 1120 BGB („Erzeugnisse und sonstige[n] Bestandteile") folgt, dass **Erzeugnisse** Bestandteile sind. 4

Ein Bestandteil ist **Teil einer einheitlichen,** aber **zusammengesetzten Sache.**[3] Zwischen den Teilen muss eine **Verbindung** von gewisser Dauer bestehen, die nach ihrer **Beschaffenheit** nur mit nicht unerheblichem **Aufwand zu lösen** ist, oder die nach der **Verkehrsanschauung** dazu führt, dass die verbundenen Gegenstände ihre **körperliche Selbständigkeit verloren** haben.[4] Eine Sache wird demgemäß **Grundstücksbestandteil,** wenn sie mit dem Grund und Boden oder einem aufstehenden Gebäude derart verbunden ist, dass die Beschaffenheit oder die Verkehrsanschauung sie als Teil von Grund und Boden oder des Gebäudes ausweisen. Zu Grundstücksbestandteilen zählen ferner **subjektiv-dingliche Grundstücksrechte** (§ 96 BGB). 5

§ 1120 BGB erfasst gleichermaßen einfache und wesentliche (§§ 93 f. BGB) Bestandteile. Es darf sich nur **nicht** um **Scheinbestandteile** (§ 95 BGB) handeln,[5] die aber als Zubehör haften können. Im Prozess gilt freilich, dass derjenige, der geltend macht, eine Sache, die mit dem Grund und Boden oder einem Gebäude verbunden ist, sei nur Scheinbestandteil, mit **Vortrag und Beweis** der Voraussetzungen des § 95 BGB belastet ist.[6] 6

Für § 1120 BGB ist es unerheblich, ob der Gegenstand **vor oder nach Entstehung des Grundpfandrechts** Bestandteil geworden ist;[7] die Eigenschaft als Bestandteil darf nur zur Zeit der Entstehung nicht beendet gewesen sein.[8] 7

3. Trennung und Eigentumserwerb

a) Trennung. Bestandteile haften **bis zur Trennung** ohne Weiteres. 8

b) Eigentumserwerb. Getrennte Bestandteile fallen gemäß § 1120 BGB **grundsätzlich** in den hypothekarischen **Haftungsverband,** und nur dann **nicht,** wenn und soweit sie **mit der Trennung** nach den **§§ 954–957 BGB** in das Eigentum eines anderen als des Eigentümers oder Eigenbesitzers des Grundstücks gelangt sind. Wer im Prozess die Freiheit eines getrennten Bestandteils vom Haftungsverband geltend macht, ist mit **Vortrag und Beweis** der Tatsachen belastet, aus denen nach den §§ 954 ff. BGB der Eigentumserwerb eines anderen als der Genannten resultiert.[9] 9

aa) Eigentumserwerb durch persönlich Berechtigten (§§ 956, 957 BGB). Hat der Eigentümer einem anderen **gestattet, sich Grundstücksbestandteile anzueignen,** zB einem Pächter, und ist dem anderen der **Grundbesitz,** auch Teilbesitz, **überlassen,** dann erwirbt der andere **mit der Trennung** Eigentum (§ 956 Abs. 1 S. 1 Alt. 1 BGB), gleichgültig, wer trennt; die Hypothekenhaftung erfasst nicht den getrennten Bestandteil. War dem anderen der **Besitz nicht überlassen,** dann erwirbt er Eigentum erst, wenn er an den Bestandteilen **Besitz ergreift** (§ 956 Abs. 1 S. 1 Alt. 2 BGB); der Bestandteil haftet gemäß § 1120 BGB für die Hypothek, weil er nicht „mit der Trennung" (so § 1120 BGB), sondern erst mit Besitzergreifung Eigentum des anderen geworden ist.[10] Gleiches gilt, wenn nicht der Eigentümer die Aneignung gestattet, sondern ein Dritter, dem Bestandteile nach der Trennung gehören (§ 956 Abs. 2 BGB). Wie bei § 956 Abs. 1 S. 1 Alt. 1 BGB wird 10

[3] MüKoBGB/*Stresemann* § 93 Rn. 4.
[4] MüKoBGB/*Stresemann* § 93 Rn. 5 ff. S. a. BGH NJW 1982, 756.
[5] Bsp. bei MüKoBGB/*Stresemann* § 95 Rn. 18 ff. Zu Windenergieanlagen BGH NJW 2017, 2099 mAnm *Stieper* NJW 2017, 2101; *Peters* WuB 2017, 493; *Regenfus* LMK 2017, 392694; *Peters* WM 2019, 811 (816 ff.).
[6] MüKoBGB/*Stresemann* § 95 Rn. 39.
[7] MüKoBGB/*Lieder* § 1120 Rn. 13.
[8] MüKoBGB/*Lieder* § 1120 Rn. 16; Staudinger/*Wolfsteiner* § 1120 Rn. 20.
[9] MüKoBGB/*Lieder* § 1120 Rn. 15; Staudinger/*Wolfsteiner* § 1120 Rn. 22.
[10] **AA** MüKoBGB/*Lieder* § 1120 Rn. 19 ff.; Staudinger/*Wolfsteiner* § 1120 Rn. 21.

der Gestattungsadressat mit der Trennung Eigentümer, wenn der besitzende **Gestattende zur Aneignungsgestattung nicht berechtigt** war, es sei denn, der Adressat ist zur Zeit der Besitzüberlassung nicht in gutem Glauben oder erfährt vor der Trennung vom Mangel der Berechtigung (§ 957 BGB).[11]

11 **bb) Eigentumserwerb durch gutgläubigen Eigenbesitzer (§ 955 BGB).** Sofern kein Fall der §§ 956 f. BGB gegeben ist, erwirbt der **Eigenbesitzer** eines Grundstücks **mit der Trennung** Eigentum an Erzeugnissen sowie an Grundstücksbestandteilen, die Früchte (§ 99 BGB) sind (§ 955 Abs. 1 S. 1 BGB); die getrennten Bestandteile haften gemäß § 1120 BGB. Der Eigenbesitzer erwirbt **nicht** Eigentum, wenn er nicht zum Eigenbesitz oder ein anderer dinglich zum Fruchtbezug berechtigt ist, zB der Nießbraucher (§ 1030 BGB), und der Eigenbesitzer beim Erwerb des Eigenbesitzes nicht in gutem Glauben ist oder vor der Trennung den Rechtsmangel erfährt (§ 955 Abs. 1 S. 2 BGB).

12 Wer ein Grundstück zur **Ausübung eines beschränkt dinglichen Nutzungsrechts** besitzt, erwirbt Eigentum an Erzeugnissen und Früchten unter den gleichen Voraussetzungen wie der Eigenbesitzer gemäß § 955 Abs. 1 BGB (§ 955 Abs. 2 BGB). Bei solchem Erwerb unterfallen getrennte Bestandteile der Hypothekenhaftung gemäß § 1120 BGB, weil der Erwerber „[d]em Eigenbesitzer [gleich] steht“ (§ 955 Abs. 2 BGB).[12]

13 **cc) Erwerb durch dinglich Berechtigten (§ 954 BGB).** Subsidiär zu den §§ 955 ff. BGB gilt gemäß § 954 BGB, dass derjenige, der **aufgrund beschränkt dinglichen Rechts zur Aneignung von Bestandteilen berechtigt** ist, zB der Nießbraucher (§ 1030 BGB), mit der Trennung Eigentum erwirbt. Getrennte Bestandteile haften dann nicht gemäß § 1120 BGB.

14 **dd) Erwerb durch Grundeigentümer (§ 953 BGB).** Liegt keiner der Fälle der §§ 954–957 BGB vor, wird der Grundeigentümer auch Eigentümer getrennter Bestandteile (§ 953 BGB), die gemäß § 1120 BGB haften.

III. Zubehör

15 Gemäß § 1120 BGB haftet **Grundstückszubehör (§§ 97 f. BGB)** mit Ausnahme der Zubehörstücke, die nicht Eigentum des Grundeigentümers geworden sind.

1. Zubehöreigenschaft

16 Die Frage, welche Gegenstände im **Einzelfall** als Zubehör im Sinne der §§ 97 f. BGB zu bewerten sind, ist je nach den **konkreten Umständen** zu beantworten. Der BGH räumt dem **richterlichen Ermessen,** was im Einzelfall als Zubehör gilt, **weiten Spielraum** ein.[13] Die **höchstrichterliche Rechtsprechung** zum Zubehörbegriff ist tendenziell **einschränkend.**[14]

2. Eigentum des Grundeigentümers

17 **a) Zeitraum.** Ein Zubehörstück gelangt in den Haftungsverband, wenn es **seit Entstehung des Grundpfandrechts irgendwann einmal Eigentum des Grundeigentümers** war. Eigentumsverlust nach Entstehung des Grundpfandrechts führt allein keine Enthaftung herbei, sondern nur unter den weiteren Voraussetzungen der §§ 1121 f. BGB.[15]

---

[11] Konstruktion und Einzelheiten des Erwerbs gem. §§ 956, 957 BGB sind str.; näher Brehm/Berger/*Brehm* Sachenrecht § 29 Rn. 5 ff.

[12] **AA** MüKoBGB/*Lieder* § 1120 Rn. 18; Staudinger/*Wolfsteiner* § 1120 Rn. 21.

[13] BGHZ 165, 261 = NJW 2006, 993.

[14] Zutreffend MüKoBGB/*Lieder* § 1121 Rn. 7. Bsp. BGHZ 85, 234 = NJW 1983, 746; BGH NJW 1994, 864.

[15] BGH NJW 1979, 2514.

Demnach kann Zubehör haften, das nicht mehr Eigentum des Grundeigentümers ist. Allerdings müssen **Zubehöreigenschaft** der Sache und **Eigentum** des Grundeigentümers sich **zeitlich überschneiden.** Eine Sache, die aufgehört hat, Zubehör zu sein, und dann erst Eigentum des Grundeigentümers wird, haftet ebenso wenig wie eine Sache, die erst dann Zubehör wird, nachdem der Grundeigentümer das Eigentum an ihr verloren hat.

b) Eigentumsvorbehalt und -anwartschaft. Zubehörstücke, die der Grundeigentümer unter Eigentumsvorbehalt (§§ 449, 929 S. 1, 158 Abs. 1 BGB) bezogen hat, geraten vor vollständiger Kaufpreiszahlung mangels Eigentumserwerbs nicht in den Haftungsverband. Indes fällt die **Eigentumsanwartschaft** des Grundeigentümers in den Haftungsverband.[16] Nach vollständiger Kaufpreiszahlung setzt sich die Haftung am Eigentum fort.[17] 18

3. Darlegungs- und Beweislast

Wer im Prozess geltend macht, eine Sache hafte als Zubehör gemäß § 1120 BGB, ist mit **Darlegung und Beweis** der Tatsachen belastet, aus denen sich die Zubehöreigenschaft im relevanten Zeitraum ergibt. Sodann wird vermutet, dass die Sache in das Eigentum des Grundeigentümers gelangt ist; dem Gegner obliegen Vortrag und Beweis von Tatsachen, denen zufolge dies nicht der Fall ist.[18] 19

4. Grundstücke und Zubehör zu Eigentum mehrerer

Wenn ein **Miteigentumsanteil eines Grundstücks** hypothekenbelastet ist (vgl. § 1114 BGB), dann muss ein Zubehörstück im Eigentum des Hypothekenschuldners stehen, damit es gemäß § 1120 BGB haftet.[19] Ist der Hypothekenschuldner **Miteigentümer eines Zubehörstücks,** dann haftet der Miteigentumsanteil gemäß § 1120 BGB.[20] Ist ein **Grundstück mit mehreren Eigentümern** hypothekarisch belastet, dann haften alle Zubehörstücke, die im Eigentum auch nur eines der Grundeigentümer stehen.[21] 20

5. Kollision mit Fahrnispfand

Ein **Vermieter- oder Verpächterpfandrecht** (§§ 562 ff., 578, 581 Abs. 2 BGB), das früher als die Haftung aus § 1120 BGB – nicht unbedingt vor Entstehung der Hypothek[22] – entstanden ist, geht der Hypothekenhaftung entsprechend § 1209 BGB im Rang vor. 21

6. Zwangsvollstreckung

Haftendes Zubehör ist der Geldvollstreckung in Fahrnis entzogen (§ 865 Abs. 2 S. 1 ZPO); widrigenfalls ist die Erinnerung (§ 766 ZPO) begründet. 22

§ 1121 Enthaftung durch Veräußerung und Entfernung

(1) **Erzeugnisse und sonstige Bestandteile des Grundstücks sowie Zubehörstücke werden von der Haftung frei, wenn sie veräußert und von dem Grundstück entfernt werden, bevor sie zugunsten des Gläubigers in Beschlag genommen worden sind.**

(2) [1] **Erfolgt die Veräußerung vor der Entfernung, so kann sich der Erwerber dem Gläubiger gegenüber nicht darauf berufen, dass er in Ansehung der Hypothek in gutem Glauben gewesen sei.** [2] **Entfernt der Erwerber die Sache von dem Grundstück,**

[16] BGHZ 35, 85 = NJW 1961, 1349; 92, 280 = NJW 1985, 376.
[17] BGH NJW 1979, 2514.
[18] Staudinger/*Wolfsteiner* § 1120 Rn. 32.
[19] MüKoBGB/*Lieder* § 1120 Rn. 30; Staudinger/*Wolfsteiner* § 1120 Rn. 41.
[20] MüKoBGB/*Lieder* § 1120 Rn. 31; Staudinger/*Wolfsteiner* § 1120 Rn. 41.
[21] MüKoBGB/*Lieder* § 1120 Rn. 32.
[22] **AA** BGH WM 1957, 168.

so ist eine vor der Entfernung erfolgte Beschlagnahme ihm gegenüber nur wirksam, wenn er bei der Entfernung in Ansehung der Beschlagnahme nicht in gutem Glauben ist.

§ 1122 Enthaftung ohne Veräußerung

(1) **Sind die Erzeugnisse oder Bestandteile innerhalb der Grenzen einer ordnungsmäßigen Wirtschaft von dem Grundstück getrennt worden, so erlischt ihre Haftung auch ohne Veräußerung, wenn sie vor der Beschlagnahme von dem Grundstück entfernt werden, es sei denn, dass die Entfernung zu einem vorübergehenden Zwecke erfolgt.**

(2) **Zubehörstücke werden ohne Veräußerung von der Haftung frei, wenn die Zubehöreigenschaft innerhalb der Grenzen einer ordnungsmäßigen Wirtschaft vor der Beschlagnahme aufgehoben wird.**

Übersicht

I. Allgemeines

1 §§ 1121, 1122 BGB regeln die **Enthaftung** – das Ausscheiden aus dem Haftungsverband – von Erzeugnissen, sonstigen Bestandteilen und Zubehör, die gemäß § 1120 BGB in den Haftungsverband gelangt sind. Dabei ist ein **Ausgleich** zu finden zwischen dem **Hypothekarsinteresse** an einer zureichenden, potentiell möglichst großen Haftungsmasse und dem **Eigentümerinteresse,** mit den haftenden Gegenständen jedenfalls bis zur Hypothekenverwertung möglichst frei zu verfahren.[1] Dementsprechend sind die wesentlichen Determinanten einerseits **Veräußerung** und **Entfernung** haftender Gegenstände vom Grundstück als Betätigung der Eigentümerfreiheit, andererseits die **Beschlagnahme** als Verwertungsmaßnahme für den Hypothekar. Schließlich spielt **Verkehrsschutz** eine Rolle.

2 Außer nach den §§ 1121 f. BGB scheidet Fahrnis aus dem Haftungsverband aus, wenn gemäß **§§ 946 ff. BGB** das Eigentum erlischt.[2] Gutgläubiger **lastenfreier Erwerb** gemäß **§ 936 BGB** kommt dagegen nicht in Betracht; §§ 1121 f. BGB sind insoweit Spezialvorschriften.[3] Anwendbar ist § 936 BGB aber, wenn die Hypothek nicht aus dem Grundbuch ersichtlich ist.[4] § 1122 BGB ist lex specialis zu den §§ 23 Abs. 1 S. 2, 24 ZVG.[5]

3 Unabhängig von der Enthaftung können **Schadensersatzansprüche** des Grundpfandgläubigers (§ 823 BGB) **wegen Verletzung des Grundpfandrechts** durch Entfernung von Zubehörstücken oder anderweitiger Gefährdung des Grundpfandrechts entstehen.[6]

[1] BGHZ 60, 267.
[2] MüKoBGB/*Lieder* § 1122 Rn. 20; Staudinger/*Wolfsteiner* § 1120 Rn. 25.
[3] MüKoBGB/*Lieder* § 1121 Rn. 27; Staudinger/*Wolfsteiner* § 1121 Rn. 22.
[4] MüKoBGB/*Lieder* § 1121 Rn. 35 ff.; Staudinger/*Wolfsteiner* § 1121 Rn. 22.
[5] Staudinger/*Wolfsteiner* § 1122 Rn. 7.
[6] BGH NJW 1991, 695; BGHZ 92, 280 = NJW 1985, 376; 65, 211 = NJW 1976, 189.

Zur Enthaftung von Ansprüchen auf wiederkehrende Leistungen aufgrund subjektiv-dinglicher Rechte (Bestandteile gemäß §§ 96, 99 Abs. 3 BGB) s. § 1126 BGB. 4

§§ 1121, 1122 BGB gelten bei **Grundschulden** entsprechend (§ 1192 Abs. 1 BGB).[7] 5

II. Veräußerung, Entfernung, Beschlagnahme

1. Veräußerung

Veräußerung von Fahrnis wie den Gegenständen, die nach § 1120 BGB haften, bedeutet **Übereignung** gemäß §§ 929 ff., 932 ff. BGB,[8] auch durch den Insolvenzverwalter[9] (§ 80 Abs. 1 InsO). Wird das **Grundstück mitsamt Zubehör** übereignet (§ 926 BGB), dann ist dies kein Fall des § 1121 BGB, weil Grundstück und Zubehör fortwährend den gleichen Eigentümer haben, wenn auch hinterher nicht denselben wie zuvor.[10] Eine **belastende Verfügung** ist keine Veräußerung, auch nicht die **Pfändung,** die ein Pfändungspfandrecht hervorbringt (§§ 803 f. ZPO). Die **Pfandverwertung** in der Geldvollstreckung, mit der das Schuldnereigentum erlischt, steht der Übereignung gleich.[11] 6

2. Entfernung

a) Begriff. Eine Sache wird vom Grundstück entfernt, wenn sie auf absehbare Zeit **dauerhaft weggeschafft** wird,[12] also zB nicht, wenn sie in Reparatur gegeben wird. Gleichgültig ist, wer die Sache wegschafft, es kann auch – gegen den Willen des Eigentümers – der **Gerichtsvollzieher**[13] sein oder sonst ein Dritter. Die Sache ist entfernt, wenn der Gerichtsvollzieher sie in der Geldvollstreckung (§§ 803, 808 Abs. 1 ZPO) zum Zweck der **Verwertung**[14] oder in der Herausgabevollstreckung[15] (§ 883 Abs. 1 ZPO) zur **Ablieferung** wegschafft, nicht aber bei vorübergehenden Sicherungsmaßnahmen im Rahmen von **Arrest** und **einstweiliger Verfügung**[16] (§§ 930, 936 ZPO). 7

b) Besitzverhältnisse. Entfernung und **Änderung der Besitzverhältnisse** können einhergehen, hängen aber nicht zusammen.[17] Eine Sache kann vom Grundstück entfernt werden, ohne dass die Besitzverhältnisse sich ändern, und die Besitzverhältnisse können ohne Entfernung der Sache geändert werden.[18] Für die Enthaftung spielen die Besitzverhältnisse als solche keine Rolle. 8

c) Verhältnis zur Veräußerung. Str. ist, ob die Entfernung schlechthin zur Enthaftung beiträgt, oder ob sie in einem bestimmten **Zusammenhang mit der Veräußerung** stehen muss. Der BGH[19] meint, Inventarstücke müssten „im Zuge der Veräußerung" entfernt worden sein, in der Literatur[20] wird die Auffassung vertreten, Veräußerung und Entfernung müssten „dergestalt miteinander zusammenhängen, dass die Entfernung wegen […] und zur Verwirklichung der Veräußerung geschieht". § 1121 BGB gibt dafür nichts her.[21] 9

---

[7] MüKoBGB/*Lieder* § 1121 Rn. 39, § 1122 Rn. 21; Staudinger/*Wolfsteiner* § 1121 Rn. 23, § 1122 Rn. 16.

[8] MüKoBGB/*Lieder* § 1121 Rn. 12; Staudinger/*Wolfsteiner* § 1121 Rn. 8. Allg. BGH NJW 1979, 2514.

[9] MüKoBGB/*Lieder* § 1121 Rn. 14; Staudinger/*Wolfsteiner* § 1121 Rn. 9.

[10] Staudinger/*Wolfsteiner* § 1121 Rn. 10. Zu weitgehend MüKoBGB/*Lieder* § 1121 Rn. 16.

[11] MüKoBGB/*Lieder* § 1121 Rn. 13; Staudinger/*Wolfsteiner* § 1121 Rn. 12.

[12] MüKoBGB/*Lieder* § 1121 Rn. 17; Staudinger/*Wolfsteiner* § 1121 Rn. 13.

[13] Staudinger/*Wolfsteiner* § 1121 Rn. 14.

[14] Staudinger/*Wolfsteiner* § 1121 Rn. 14. **AA** MüKoBGB/*Lieder* § 1121 Rn. 21.

[15] MüKoBGB/*Lieder* § 1121 Rn. 20; Staudinger/*Wolfsteiner* § 1121 Rn. 15.

[16] Differenzierend MüKoBGB/*Lieder* § 1121 Rn. 18; Staudinger/*Wolfsteiner* § 1121 Rn. 16.

[17] Staudinger/*Wolfsteiner* § 1121 Rn. 13; MüKoBGB/*Lieder* § 1121 Rn. 17.

[18] Bsp. BGH NJW 1979, 2514; LG Freiburg ZIP 1982, 1368.

[19] BGHZ 60, 267.

[20] MüKoBGB/*Lieder* § 1121 Rn. 19.

[21] Staudinger/*Wolfsteiner* § 1121 Rn. 15.

3. Beschlagnahme

10 Gegenstände des Haftungsverbandes werden in den Verfahren der **Zwangsversteigerung und -verwaltung** durch den **Anordnungsbeschluss** beschlagnahmt (§§ 20, 146, 148 ZVG). Der Zeitpunkt der Beschlagnahme ergibt sich aus § 22 ZVG. Die Beschlagnahme wirkt für den **betreibenden und** gemäß §§ 27, 146 ZVG **beigetretene Gläubiger.** Weitere Hypothekare können aus der Beschlagnahme für die §§ 1121 f. BGB nichts herleiten.[22] Eine Beschlagnahme bewirkt auch die **Pfändung** haftender Gegenstände in der **Mobiliarvollstreckung** aus einem **Hypothekentitel,** ebenso die **Vollziehung von Arrest und einstweiliger Verfügung** zur Sicherung einer Hypothek.[23] In einem solchen Fall sind nur die von der Pfändung oder Vollzugsmaßnahme erfassten Gegenstände beschlagnahmt.[24]

III. Enthaftung

11 Die Enthaftung gemäß § 1121 BGB hängt wesentlich von der zeitlichen **Abfolge** von Veräußerung, Entfernung und Beschlagnahme ab; entscheidend ist, welches Ereignis am Ende steht. § 1122 BGB ermöglicht **Enthaftung ohne Veräußerung.**

1. Schlussakt Beschlagnahme

12 Fälle, in denen die **Beschlagnahme am Schluss** steht, ein Gegenstand des Haftungsverbandes im Zeitpunkt der Beschlagnahme mithin bereits veräußert und entfernt war, erfüllen ohne Weiteres den **Enthaftungstatbestand des § 1121 Abs. 1 BGB.** Ob die Sache vor der Entfernung veräußert oder vor der Veräußerung entfernt wurde, ist ohne Belang. Ein Zweckzusammenhang zwischen Entfernung und Veräußerung ist nicht nötig.[25]

2. Schlussakt Veräußerung

13 Die Beschlagnahme wirkt als Veräußerungsverbot (§ 23 Abs. 1 S. 1 ZVG). Wenn die Sache **zur Zeit der Veräußerung beschlagnahmt** ist, dann ist die Veräußerung eine gegen die Beschlagnahme verstoßende Verfügung, die grundsätzlich gegenüber dem Hypothekar unwirksam ist (§§ 136, 135 Abs. 1 BGB). Wirksam ist sie aber (Folge Enthaftung), wenn der **Erwerber** bei Vollendung des Veräußerungstatbestandes **gutgläubig** ist (§§ 136, 135 Abs. 2, 932 Abs. 2 BGB).[26] Bezugspunkt des guten Glaubens ist die **Beschlagnahme,**[27] nicht die Hypothek oder die Zugehörigkeit zum Haftungsverband. Gemäß § 23 Abs. 2 S. 1 ZVG steht die Kenntnis des Versteigerungsantrags einer Kenntnis der Beschlagnahme gleich. Die Beschlagnahme gilt namentlich in Ansehung haftender Fahrnis als bekannt, sobald der **Versteigerungsvermerk im Grundbuch eingetragen** ist (§ 23 Abs. 2 S. 2 ZVG). Gutgläubigkeit wird vermutet, wer im Prozess Bösgläubigkeit des Erwerbers geltend macht, trägt dafür beziehungsweise für die Voraussetzungen des § 23 Abs. 2 ZVG die **Darlegungs- und Beweislast.**

3. Schlussakt Entfernung

14 Auch wenn die **Entfernung** den **Schlusspunkt** bildet, hängt die Enthaftung vom **guten Glauben des Erwerbers im Hinblick auf die Beschlagnahme** ab (§ 1121 Abs. 2

[22] Staudinger/*Wolfsteiner* § 1121 Rn. 3.
[23] MüKoBGB/*Lieder* § 1121 Rn. 10; Staudinger/*Wolfsteiner* § 1121 Rn. 4.
[24] Staudinger/*Wolfsteiner* § 1121 Rn. 4.
[25] → Rn. 9.
[26] Staudinger/*Wolfsteiner* § 1121 Rn. 18 ff.
[27] MüKoBGB/*Lieder* § 1121 Rn. 33; Staudinger/*Wolfsteiner* § 1121 Rn. 20 f.

BGB). Guter Glaube wird vermutet und muss bei der Entfernung noch bestanden haben (§ 1121 Abs. 2 S. 2 BGB). § 23 Abs. 2 ZVG ist zu beachten.

4. Enthaftung ohne Veräußerung (§ 1122)

a) Erzeugnisse und Bestandteile (Abs. 1). Erzeugnisse oder sonstige Bestandteile werden enthaftet, wenn sie in den Grenzen einer **ordnungsmäßigen Wirtschaft** vom Grundstück **getrennt** worden sind und **vor der Beschlagnahme** nicht nur zu einem typischerweise[28] vorübergehenden Zweck – Dauerhaftigkeit wird vermutet – vom Grundstück **entfernt** werden (§ 1122 Abs. 1 BGB). Es bedarf dann keiner Veräußerung. 15

aa) Trennung. Bestandteile werden vom Grundstück getrennt, indem die **Verbindung gelöst** wird. Bestandteile, die mit der Trennung Zubehör werden, haften als solches.[29] 16

bb) Ordnungsmäßige Wirtschaft. Die Trennung, nicht die Entfernung, muss in den Grenzen einer ordnungsmäßigen Wirtschaft liegen. Die Grenzen werden durch die **Üblichkeit** und **Vernünftigkeit** gesteckt, gemessen an der **Art der Grundstücksnutzung. Betriebsstilllegung** und damit verbundene Maßnahmen gehen nach Meinung des BGH[30] über die Grenzen einer ordnungsmäßigen Wirtschaft hinaus. Dem wird überzeugend entgegengehalten, dass eine Betriebsstilllegung durchaus wirtschaftlich sinnvoll sein kann, weil eine Nutzungsänderung ertragreicher oder weniger verlustreich zu sein verspricht.[31] 17

Eine Maßnahme außerhalb der Grenzen einer ordnungsmäßigen Wirtschaft führt nicht zur Enthaftung, auch wenn ihr der einzige **Grundpfandgläubiger zustimmt,** und auch nicht, wenn der Erlös zu seiner Befriedigung verwendet wird.[32] 18

b) Zubehör (Abs. 2). Zubehörstücke werden enthaftet, wenn die **Zubehöreigenschaft**[33] innerhalb der **Grenzen einer ordnungsmäßigen Wirtschaft**[34] **vor der Beschlagnahme aufgehoben** wird (§ 1122 Abs. 2 BGB). Es bedarf keiner Entfernung und keiner Veräußerung. Umgekehrt hebt eine Veräußerung nicht unbedingt die Zubehöreigenschaft auf (zB Sicherungsübereignung).[35] 19

Die Zubehöreigenschaft wird aufgehoben durch **Änderung der Zweckbestimmung,** die eine Sache zu Zubehör macht, oder eine **Änderung der Grundstücksnutzung,**[36] mit der die dienende Funktion des Zubehörstücks endet. Ein Indiz für Ordnungsmäßigkeit der Aufhebung ist die Anschaffung von **Funktionsersatz** für die ausscheidende Sache.[37] 20

§ 1123 Erstreckung auf Miet- oder Pachtforderung

(1) **Ist das Grundstück vermietet oder verpachtet, so erstreckt sich die Hypothek auf die Miet- oder Pachtforderung.**

(2) **[1]Soweit die Forderung fällig ist, wird sie mit dem Ablauf eines Jahres nach dem Eintritt der Fälligkeit von der Haftung frei, wenn nicht vorher die Beschlagnahme zugunsten des Hypothekengläubigers erfolgt. [2]Ist die Miete oder Pacht im Voraus zu entrichten, so erstreckt sich die Befreiung nicht auf die Miete oder Pacht für eine**

[28] Staudinger/*Wolfsteiner* § 1122 Rn. 6.
[29] MüKoBGB/*Lieder* § 1122 Rn. 5; Staudinger/*Wolfsteiner* § 1122 Rn. 5.
[30] BGH NJW 1996, 835; BGHZ 60, 267 = NJW 1973, 997; 56, 298 = NJW 1971, 1701, jeweils betreffend Zubehör.
[31] So Staudinger/*Wolfsteiner* § 1122 Rn. 4, 12 f.
[32] BGH NJW 1996, 835.
[33] → § 1120 Rn. 16.
[34] → Rn. 17.
[35] MüKoBGB/*Lieder* § 1122 Rn. 12; Staudinger/*Wolfsteiner* § 1122 Rn. 9.
[36] MüKoBGB/*Lieder* § 1122 Rn. 16.
[37] Staudinger/*Wolfsteiner* § 1122 Rn. 11.

spätere Zeit als den zur Zeit der Beschlagnahme laufenden Kalendermonat; erfolgt die Beschlagnahme nach dem 15. Tage des Monats, so erstreckt sich die Befreiung auch auf den Miet- oder Pachtzins für den folgenden Kalendermonat.

§ 1124 Vorausverfügung über Miete oder Pacht

(1) [1] **Wird die Miete oder Pacht eingezogen, bevor sie zugunsten des Hypothekengläubigers in Beschlag genommen worden ist, oder wird vor der Beschlagnahme in anderer Weise über sie verfügt, so ist die Verfügung dem Hypothekengläubiger gegenüber wirksam.** [2] **Besteht die Verfügung in der Übertragung der Forderung auf einen Dritten, so erlischt die Haftung der Forderung; erlangt ein Dritter ein Recht an der Forderung, so geht es der Hypothek im Range vor.**

(2) **Die Verfügung ist dem Hypothekengläubiger gegenüber unwirksam, soweit sie sich auf die Miete oder Pacht für eine spätere Zeit als den zur Zeit der Beschlagnahme laufenden Kalendermonat bezieht; erfolgt die Beschlagnahme nach dem fünfzehnten Tage des Monats, so ist die Verfügung jedoch insoweit wirksam, als sie sich auf die Miete oder Pacht für den folgenden Kalendermonat bezieht.**

(3) **Der Übertragung der Forderung auf einen Dritten steht es gleich, wenn das Grundstück ohne die Forderung veräußert wird.**

§ 1125 Aufrechnung gegen Miete oder Pacht

Soweit die Einziehung der Miete oder Pacht dem Hypothekengläubiger gegenüber unwirksam ist, kann der Mieter oder der Pächter nicht eine ihm gegen den Vermieter oder den Verpächter zustehende Forderung gegen den Hypothekengläubiger aufrechnen.

§ 1126 Erstreckung auf wiederkehrende Leistungen

[1] **Ist mit dem Eigentum an dem Grundstück ein Recht auf wiederkehrende Leistungen verbunden, so erstreckt sich die Hypothek auf die Ansprüche auf diese Leistungen.** [2] **Die Vorschriften des § 1123 Abs. 2 Satz 1, des § 1124 Abs. 1, 3 und des § 1125 finden entsprechende Anwendung.** [3] **Eine vor der Beschlagnahme erfolgte Verfügung über den Anspruch auf eine Leistung, die erst drei Monate nach der Beschlagnahme fällig wird, ist dem Hypothekengläubiger gegenüber unwirksam.**

Übersicht

I. Allgemeines

§§ 1123–1126 BGB regeln die **Haftung von Miet- und Pachtforderungen.** Deren Einbeziehung beruht auf dem **Surrogationsgedanken.** Die Beschlagnahme lässt Miet-/Pachtverhältnisse als solche (vgl. §§ 57 ff., 152 Abs. 2 ZVG) und die **Nutzungsmöglichkeiten** der Mieter/Pächter unberührt (vgl. § 21 Abs. 3 ZVG), im Gegenzug haften die Miet-/Pachtforderungen (§ 1123 Abs. 1 BGB),[1] allerdings **zeitlich begrenzt** (§ 1123 Abs. 2 BGB). § 1124 BGB schränkt **Vorausverfügungen** ein, flankiert durch ein **Aufrechnungsverbot** für Mieter/Pächter (§ 1125 BGB). Gemäß § 1126 BGB haften schließlich **Ansprüche auf wiederkehrende Leistungen aus subjektiv-dinglichen Rechten,** die mit dem belasteten Eigentum verbunden sind. 1

Bei **Grundschulden** gelten die §§ 1123–1126 BGB entsprechend.[2] 2

II. Miet- und Pachtforderungen im Haftungsverband (§ 1123)

Miet-/Pachtforderungen haften für die Hypothek (§ 1123 Abs. 1 BGB), Rückstände allerdings nur in den **zeitlichen Grenzen** des § 1123 Abs. 2 BGB. Die Haftung ergreift **nur die Forderung;** ist sie durch Erfüllung erloschen, haftet bezahltes Geld nicht, auch nicht, wenn es noch unvermischt ist.[3] Hinterlegt der Mieter/Pächter (§§ 372 ff. BGB), gleichgültig, ob befreiend (§ 372, 378 BGB) oder nicht, dann haftet der Herausgabeanspruch gegen die Hinterlegungsstelle nicht für die Hypothek.[4] 3

1. Miet- und Pachtforderung

a) Erfasste Forderungen. Erfasst sind die Ansprüche des Vermieters/Verpächters auf die **Gegenleistung** (§§ 535 Abs. 2, 581 Abs. 1 S. 2 BGB) für die Überlassung des Grundstücks (gegebenenfalls einschließlich Zubehör[5]). Der Anspruch braucht nicht auf Zahlung gerichtet zu sein, es kann auch ein anderer Gegenstand geschuldet sein.[6] Endet ein Mietverhältnis erst nach der Beschlagnahme durch den Zwangsverwalter, werden **Nutzungsentschädigungsansprüche** nach §§ 546a, 584b BGB vom Haftungsverbund der Beschlagnahme erfasst.[7] Gleiches gilt für den **Ausgleichsanspruch** gemäß § 135 Abs. 3 S. 2 InsO.[8] Ansprüche eines **Hotel- oder Pensionswirts** gegen seine Gäste sind Mietzinsforderungen im Sinne des § 1123 BGB mit dem Anteil, mit dem sie Gegenleistung für Leistungen mit mietvertraglichem Charakter sind;[9] gleiches gilt beim **Krankenhausaufnahmevertrag.**[10] Ansprüche auf **Nießbrauchentgelt** erfasst § 1123 BGB nicht.[11] 4

Mit einer Miet-/Pachtforderung haften auch die **Pfandrechte** gemäß §§ 562 ff., 578, 581 Abs. 2 BGB sowie **Mietsicherheiten.**[12] 5

b) Gläubiger. Grundsätzlich werden nur Miet-/Pachtforderungen des **Eigentümers** erfasst. Dementsprechend fallen **Untermiet-/-pachtansprüche** nicht in den Haftungsverband, wenn der Eigentümer vermietet/verpachtet hat und der Mieter/Pächter unter- 6

---

[1] Staudinger/*Wolfsteiner* § 1123 Rn. 1.
[2] MüKoBGB/*Lieder* § 1123 Rn. 29, § 1124 Rn. 43, § 1125 Rn. 9, § 1126 Rn. 11; Staudinger/*Wolfsteiner* § 1123 Rn. 31, § 1124 Rn. 48, § 1125 Rn. 7, § 1126 Rn. 5.
[3] OLG Hamm ZIP 2006, 433.
[4] MüKoBGB/*Lieder* § 1124 Rn. 6; Staudinger/*Wolfsteiner* § 1124 Rn. 6.
[5] Staudinger/*Wolfsteiner* § 1123 Rn. 6.
[6] MüKoBGB/*Lieder* § 1123 Rn. 7; Staudinger/*Wolfsteiner* § 1123 Rn. 11.
[7] OLG Rostock ZfIR 2000, 655 betreffend § 557 BGB aF.
[8] Staudinger/*Wolfsteiner* § 1123 Rn. 6.
[9] LG Bonn NJW 1964, 52.
[10] MüKoBGB/*Lieder* § 1123 Rn. 8.
[11] OLG München Rpfleger 1991, 331.
[12] Staudinger/*Wolfsteiner* § 1123 Rn. 29.

vermietet/-verpachtet.[13] Anders ist es, wenn der Hauptmiet-/-pachtvertrag zwischen dem Eigentümer (als Vermieter/Verpächter) und dem Hauptmieter/-pächter wegen Vereitelung der Gläubigerrechte nach § 138 Abs. 1 BGB nichtig ist.[14] **Miet-/Pachtansprüche eines Nießbrauchers** (§ 1030 BGB) haften für die Hypothek, wenn der Nießbrauch der Hypothek im Rang nachgeht.[15] In einem solchen Fall muss der Hypothekar, wenn er die Zwangsverwaltung betreiben möchte, grundsätzlich einen Duldungstitel gegen den Nießbraucher erwirken, wenn dieser der Zwangsverwaltung nicht zustimmt.[16] Bei einem vorrangigen Nießbrauch stehen Miet-/Pachtforderungen vorrangig dem Nießbraucher zu.[17]

2. Beschlagnahme

7 In der **Zwangsversteigerung** erfasst die Beschlagnahme (§§ 20, 27 ZVG) nicht Miet-/Pachtforderungen (§ 21 Abs. 2 ZVG), in der **Zwangsverwaltung** erfasst sie solche Forderungen (§ 148 Abs. 1 S. 1 ZVG). Ferner kann die Beschlagnahme durch **Forderungspfändung** (§§ 828 ff. ZPO) aus einem Hypothekentitel – auch Arrest oder Verfügung zur Hypothekensicherung – bewirkt werden.[18] Schließlich erkennt die Rechtsprechung[19] **Vereinbarungen** zwischen Eigentümer und Grundpfandgläubiger im Rahmen von § 1123 BGB die Wirkung einer Beschlagnahme zu, mit denen der Eigentümer die hypothekarische Haftung von Miet-/Pachtforderungen bekennt und den Grundpfandgläubiger zum Einzug ermächtigt (kalte Zwangsverwaltung). Von solchen Vereinbarungen zu unterscheiden ist die **Abtretung** von Miet-/Pachtforderungen an den Hypothekar.[20]

8 Sobald das **Insolvenzverfahren** über das Vermögen des Eigentümers eröffnet ist, können Grundpfandgläubiger nicht mehr die Beschlagnahme von Miet-/Pachtforderungen erwirken (§ 89 InsO).[21]

9 **Bis zur Beschlagnahme** – dem Zeitpunkt gemäß §§ 146 Ab. 1, 22 ZVG oder § 829 Abs. 3 ZPO – ist der Eigentümer in den Grenzen des § 1124 BGB[22] frei, Miet-/Pachtforderungen einzuziehen und über sie zu verfügen; verhaftet werden solche Forderungen erst mit Beschlagnahme.[23] Gleichermaßen sind Vollstreckungsmaßnahmen konkurrierender Gläubiger zulässig und wirksam, der Hypothekar hat dagegen keine Mittel außer nach § 1134 BGB.[24] Die Vollstreckung in haftende Forderungen auf Betreiben konkurrierender Gläubiger **nach der Beschlagnahme** ist unzulässig und unwirksam; statthafter Rechtsbehelf dagegen ist die Erinnerung (§ 766 ZPO).[25] Verfügungen des Eigentümers über Miet-/Pachtforderungen nach der Beschlagnahme sind gegenüber dem Hypothekar unwirksam (§ 148 ZVG, § 829 Abs. 1 S. 2 ZPO, §§ 136, 135 BGB). Zahlungen des Mieters/Pächters an den Vermieter/Verpächter nach der Beschlagnahme – die dem Drittschuldner zugestellt ist, oder von der er Kenntnis hat (§§ 146, 22 Abs. 2 S. 2 ZVG, § 829 Abs. 3 ZPO) – befreien nicht gegenüber dem Hypothekar.[26] Dieser kann aber genehmigen und sodann beim Empfänger kondizieren (§ 816 Abs. 2 BGB). Mit vorbehaltloser **Aufhebung** eines Zwangsversteigerungs- oder -verwaltungsverfahrens enden die Wirkungen der Beschlagnahme.[27]

---

[13] BGH NJW-RR 2007, 265; WM 2005, 610; LG Bonn ZIP 1981, 730.
[14] BGH NJW-RR 2007, 265; WM 2005, 610.
[15] BGH WM 2005, 610.
[16] BGH NJW 2014, 1740; 2003, 2164; LG Krefeld Rpfleger 1988, 325.
[17] MüKoBGB/*Lieder* § 1124 Rn. 19; Staudinger/*Wolfsteiner* § 1124 Rn. 20.
[18] LG Stendal ZIP 2005, 1800.
[19] OLG Hamm ZIP 2006, 433; OLG München WM 1993, 434; LG Stendal ZIP 2005, 1800.
[20] Dazu eing. BGH NJW-RR 2007, 626 mAnm *Preuß* LMK 2007, 210 (351).
[21] BGHZ 168, 339 = NJW 2006, 3356; AG Hamburg ZIP 2005, 1801, jeweils betreffend Pfändung. **AA** LG Chemnitz Rpfleger 2004, 234.
[22] → Rn. 12 ff.
[23] LG Stendal ZIP 2005, 1800.
[24] Staudinger/*Wolfsteiner* § 1123 Rn. 18.
[25] Staudinger/*Wolfsteiner* § 1123 Rn. 19.
[26] Staudinger/*Wolfsteiner* § 1123 Rn. 25, § 1124 Rn. 4.
[27] S. BGH NJW 2013, 3520.

3. Zeiträume

Miet-/Pachtforderungen, die zur Zeit der Beschlagnahme (§§ 146 Abs. 1, 22 ZVG, § 829 Abs. 3 ZPO) bereits **seit einem Jahr** (§§ 186 ff. BGB) **fällig** sind, haften grundsätzlich nicht für die Hypothek (§ 1223 Abs. 2 S. 1 BGB). Die Forderung auf eine Miet-/Pachtzahlung, die **im Voraus zu entrichten** ist, haftet entgegen § 1123 Abs. 2 S. 1 BGB – wenn sie also seit über einem Jahr fällig ist –, soweit sie den Zeitraum ab dem auf die Beschlagnahme folgenden – beziehungsweise, bei Beschlagnahme nach dem Monatsfünfzehnten, übernächsten – Kalendermonat betrifft (§ 1123 Abs. 2 S. 2 BGB). In jedem Fall belanglos ist, wann das zugrunde liegende **Miet-/Pachtverhältnis** begründet wurde.[28] 10

4. Verwertung

Haftende Forderungen können, je nach Art der Beschlagnahme, im Wege der **Zwangsverwaltung** (§ 152 ZVG) oder durch **Überweisung und Einziehung** (§§ 835 f. ZPO) verwertet werden. Ist eine Forderung für mehrere konkurrierende Hypothekare beschlagnahmt, dann ist für den **Rang** grundsätzlich – vorbehaltlich § 1124 BGB – nicht die Abfolge der Beschlagnahmen maßgeblich, sondern der Rang der Grundpfandrechte.[29] In der **Insolvenz** des Eigentümers ist der Hypothekar zu abgesonderter Befriedigung berechtigt (§ 49 InsO). 11

III. Vorausverfügungen (§ 1124)

1. Prioritätsgrundsatz

§ 1124 Abs. 1 S. 1 BGB stellt klar, dass die Hypothekenhaftung ohne Einfluss ist auf **Inkasso** – Erfüllung und Surrogate oder Einziehung im Wege der Zwangsvollstreckung[30] – und **Verfügungen** über Miet-/Pachtforderungen[31], die vor der Beschlagnahme durchgeführt worden sind; maßgeblich ist die Erfüllungswirkung oder der Verfügungserfolg. Dasselbe gilt für die **Vollstreckung** in haftende Forderungen auf Betreiben konkurrierender Gläubiger.[32] 12

§ 1124 Abs. 1 S. 2 Hs. 1 BGB stellt klar, dass Forderungen, die vor der Beschlagnahme **abgetreten** wurden (§ 398 BGB), nicht mehr haften. Dies gilt grundsätzlich auch für Vorauszessionen. Der Zession steht den Fall gleich, dass das Grundstück übereignet wird, die Miet-/Pachtforderung aber beim Veräußerer bleibt (§ 1124 Abs. 3 BGB) 13

Belastungen haftender Forderungen, die vor der Beschlagnahme entstehen, gehen der Hypothek im Rang vor (§ 1124 Abs. 1 S. 2 Hs. 2 BGB). 14

2. Einschränkung des Prioritätsgrundsatzes

Als Ausnahme von § 1124 Abs. 1 BGB bestimmt Abs. 2, dass eine vor der Beschlagnahme vollzogene **Verfügung über die Miet-/Pachtforderung** dem Hypothekar gegenüber **unwirksam** ist, soweit sie sich auf die Miete/Pacht für eine spätere Zeit als den **Kalendermonat der Beschlagnahme** oder den folgenden Monat bezieht. Die Norm regelt das Spannungsverhältnis zwischen Verfügung und **Beschlagnahme.** Diese hat **grundsätzlich Vorrang,** der Hypothekar wird vor einer Aushöhlung der Sicherheit durch Verfügungen des Eigentümers geschützt. § 1124 Abs. 2 BGB schränkt das Prioritätsprinzip 15

---

[28] MüKoBGB/*Lieder* § 1123 Rn. 9; Staudinger/*Wolfsteiner* § 1123 Rn. 11.

[29] BGHZ 163, 201 = NJW-RR 2005, 1466.

[30] MüKoBGB/*Lieder* § 1124 Rn. 3; Staudinger/*Wolfsteiner* § 1124 Rn. 5; BGH NJW-RR 1989, 200 (betreffend Hinterlegung).

[31] Bsp. bei MüKoBGB/*Lieder* § 1124 Rn. 10 ff.

[32] MüKoBGB/*Lieder* § 1124 Rn. 14 f.; Staudinger/*Wolfsteiner* § 1124 Rn. 1, 11.

des § 1124 Abs. 1 BGB ein, um dem Hypothekar die laufende Miete/Pacht als Haftungsobjekt zu erhalten.[33]

16 § 1124 Abs. 2 BGB ist auch anzuwenden, wenn ein nachrangiger Grundpfandgläubiger eine Forderung in Beschlag nehmen lässt – gleichgültig, ob im Zwangsverwaltungsverfahren oder durch Pfändung aus einem dinglichen Titel –, die zuvor einem **vorrangigen Grundpfandgläubiger abgetreten** wurde. Der Umstand, dass der Zessionar die Forderung ebenso gut beschlagnahmen konnte, ist belanglos. Entscheidend ist allein, dass der Zessionar seinen dinglichen Anspruch nicht geltend gemacht hat. Der Zessionserwerb kann die Beschlagnahme nicht ersetzen.[34]

17 Gemäß § 1124 Abs. 2 BGB kann auch ein Mietzinsanspruch in den Haftungsverband fallen, der **abgetreten** wurde, bevor das Grundpfandrecht entstanden ist.[35]

18 Die **Bestellung eines Nießbrauchs** (§ 1030 BGB) **am Grundstück** ist eine Verfügung über das Grundstück und nicht über die Grundstücksnutzungen, also auch nicht über Miet-/Pachtforderungen (§§ 100, 99 Abs. 3 BGB). § 1124 Abs. 2 BGB, der Verfügungen über die Forderungen und nicht über das Grundstück betrifft, ist folglich nicht anwendbar.[36] Ebenso wenig fallen **Verfügungen über den Miet-/Pachtvertrag** (zB Kündigung) unter § 1124 Abs. 2 BGB.[37]

IV. Aufrechnung (§ 1125)

19 § 1125 BGB enthält ein **Aufrechnungsverbot,** das § 392 BGB ergänzt. Der Wortlaut ist missglückt,[38] gemeint ist Folgendes. Der Mieter/Pächter kann – über § 392 BGB hinaus – nicht mit einer gegen den Vermieter/Verpächter gerichteten Forderung aufrechnen gegen eine beschlagnahmte und vom Hypothekar oder Zwangsverwalter geltend gemachte Miet-/Pachtforderung, soweit diese den Zeitraum betrifft, in dem Vorausverfügungen gemäß § 1124 Abs. 2 BGB unwirksam sind. Aufrechnen kann er also nur gegen Miet-/Pachtforderungen, die den Kalendermonat, in dem die Beschlagnahme wirksam wurde, beziehungsweise den darauffolgenden Kalendermonat oder einen früheren Zeitraum betreffen. Vereinbarungen im Miet-/Pachtvertrag, die die Aufrechnungsmöglichkeiten des Mieters/Pächters erweitern, richten gegen das Verbot in § 1125 BGB nichts aus.[39] § 1125 BGB verbietet nicht die Aufrechnung mit einer gegen den Hypothekar gerichteten Forderung. **Zurückbehaltungsrechte** des Mieters/Pächters schließt § 1125 BGB ebenfalls grundsätzlich nicht aus.[40]

V. Rechte auf wiederkehrende Leistungen (§ 1126)

20 Rechte, die mit dem Grundeigentum verbunden sind **(subjektiv-dingliche Rechte),** haften als **Grundstückbestandteile** (§ 96 BGB) für die Hypothek, gleichgültig, ob sie vor oder nach der Hypothek entstanden sind,[41] und zwar mitsamt der **Leistungen,** die aufgrund eines solchen Rechts zu erbringen sind (**Rechtsfrüchte,** § 99 Abs. 3 BGB).[42] Soweit ein subjektiv-dingliches Recht **Ansprüche auf wiederkehrende Leistungen** gewährt, entstehen ähnliche Fragen wie bei Miet- und Pachtforderungen; demgemäß regelt § 1126 BGB diese Fragen in Anlehnung an die Vorschriften über diese Forderungen.

[33] BGHZ 163, 201 = NJW-RR 2005, 1466.
[34] BGHZ 163, 201 = NJW-RR 2005, 1466.
[35] BGHZ 163, 201 = NJW-RR 2005, 1466.
[36] Staudinger/*Wolfsteiner* § 1124 Rn. 22.
[37] Staudinger/*Wolfsteiner* § 1124 Rn. 23 ff.
[38] MüKoBGB/*Lieder* § 1125 Rn. 2.
[39] MüKoBGB/*Lieder* § 1125 Rn. 4.
[40] MüKoBGB/*Lieder* § 1125 Rn. 7; Staudinger/*Wolfsteiner* § 1125 Rn. 4.
[41] Staudinger/*Wolfsteiner* § 1126 Rn. 1.
[42] → Vor §§ 1120 ff. Rn. 3.

Subjektiv-dingliche Ansprüche auf wiederkehrende Leistungen sind zB solche aus subjektiv-dinglichen Reallasten (§ 1105 Abs. 2 BGB), Unterhaltungsansprüche aus Grunddienstbarkeit (§§ 1018, 1021 f. BGB) sowie Überbau- und Notwegrenten (§§ 913, 917 Abs. 2 BGB).[43] Auf solche Ansprüche sind die §§ 1123 Abs. 2 S. 1, 1124 Abs. 1, 3, 1125 BGB **anzuwenden** (§ 1126 S. 2 BGB). **Nicht anzuwenden** ist § 1123 Abs. 2 S. 2 BGB; anstelle von § 1124 Abs. 2 BGB gilt § 1126 S. 3 BGB. **21**

Zur **Beschlagnahme** gilt mutatis mutandis das Gesagte:[44] Zwangsverwaltung (§ 148 Abs. 1 S. 1 ZVG) und Forderungspfändung (§§ 828 ff. ZPO) aus einem Hypothekentitel erfassen Ansprüche auf wiederkehrende Leistungen; die Zwangsversteigerung erfasst solche Ansprüche nicht (§ 21 Abs. 2 ZVG), der Ersteher erwirbt freilich das subjektiv-dingliche Recht, was womöglich das Gebot erhöht. **22**

§ 1127 Erstreckung auf die Versicherungsforderung

(1) **Sind Gegenstände, die der Hypothek unterliegen, für den Eigentümer oder den Eigenbesitzer des Grundstücks unter Versicherung gebracht, so erstreckt sich die Hypothek auf die Forderung gegen den Versicherer.**

(2) **Die Haftung der Forderung gegen den Versicherer erlischt, wenn der versicherte Gegenstand wiederhergestellt oder Ersatz für ihn beschafft ist.**

§ 1128 Gebäudeversicherung

(1) [1] **Ist ein Gebäude versichert, so kann der Versicherer die Versicherungssumme mit Wirkung gegen den Hypothekengläubiger an den Versicherten erst zahlen, wenn er oder der Versicherte den Eintritt des Schadens dem Hypothekengläubiger angezeigt hat und seit dem Empfang der Anzeige ein Monat verstrichen ist.** [2] **Der Hypothekengläubiger kann bis zum Ablauf der Frist dem Versicherer gegenüber der Zahlung widersprechen.** [3] **Die Anzeige darf unterbleiben, wenn sie untunlich ist; in diesem Falle wird der Monat von dem Zeitpunkt an berechnet, in welchem die Versicherungssumme fällig wird.**

(2) **Hat der Hypothekengläubiger seine Hypothek dem Versicherer angemeldet, so kann der Versicherer mit Wirkung gegen den Hypothekengläubiger an den Versicherten nur zahlen, wenn der Hypothekengläubiger der Zahlung schriftlich zugestimmt hat.**

(3) **Im Übrigen finden die für eine verpfändete Forderung geltenden Vorschriften Anwendung; der Versicherer kann sich jedoch nicht darauf berufen, dass er eine aus dem Grundbuch ersichtliche Hypothek nicht gekannt habe.**

§ 1129 Sonstige Schadensversicherung

Ist ein anderer Gegenstand als ein Gebäude versichert, so bestimmt sich die Haftung der Forderung gegen den Versicherer nach den Vorschriften des § 1123 Abs. 2 Satz 1 und des § 1124 Abs. 1, 3.

§ 1130 Wiederherstellungsklausel

Ist der Versicherer nach den Versicherungsbestimmungen nur verpflichtet, die Versicherungssumme zur Wiederherstellung des versicherten Gegenstands zu zahlen, so ist eine diesen Bestimmungen entsprechende Zahlung an den Versicherten dem Hypothekengläubiger gegenüber wirksam.

---

[43] Überblick MüKoBGB/*Lieder* § 1126 Rn. 4 ff.; Staudinger/*Wolfsteiner* § 1126 Rn. 2.
[44] → Rn. 7 ff.

Übersicht

I. Allgemeines

1. Versicherungsvertragsgesetz

1 §§ 1127–1130 BGB regeln die **Haftung von Versicherungsforderungen.** Die Normen werden ergänzt durch §§ 93 f., 142 bis 149 VVG in der Fassung v. 23.11.2007, in Kraft seit dem 1.1.2008.[1] Bis zur **VVG-Reform 2007** galten ergänzend die §§ 97–107c VVG aF. Die **intertemporäre Geltung** regelt Art. 5 Abs. 1 S. 1 EGVVG derart, dass Rechte, die Grundpfandgläubigern gegenüber dem Versicherer nach den §§ 99–107c VVG aF zustehen, sich auch nach dem 31.12.2008 nach diesen Vorschriften bestimmen.

2. Surrogationszweck

2 Die Haftung von Versicherungsforderungen beruht auf dem **Surrogationsgedanken.** Dieser Gedanke ist **kein allgemeiner Grundsatz des Hypothekenrechts,** so dass sich eine Hypothek **nicht** etwa in Einzel- oder Rechtsanalogie zu den §§ 1127 ff. BGB auf **Schadensersatzansprüche** des Eigentümers wegen einer Beschädigung des Grundstücks erstreckt;[2] ebenso wenig haftet ein Schadensersatzanspruch gegen den Gebäudeversicherer wegen eines Brandes aus culpa in contrahendo[3] (§§ 311 Abs. 2, 241 Abs. 2, 280 Abs. 1 BGB). Allerdings soll der Herausgabeanspruch gegen die **Hinterlegungsstelle** für die Hypothek haften, wenn der Versicherer den Versicherungsbetrag befreiend hinterlegt hat.[4] Dies ist zweifelhaft, es sollte nichts anderes gelten als bei Miet- und Pachtforderungen.[5]

---

[1] BGBl. 2007, 2631, zuletzt geändert durch Art. 6 G v. 14.4.2010, BGBl. I 2010, 410.
[2] BGHZ 107, 255 = NJW 1989, 2123.
[3] BGH NJW 2006, 771.
[4] MüKoBGB/*Lieder* § 1127 Rn. 5; Staudinger/*Wolfsteiner* § 1127 Rn. 3.
[5] Staudinger/*Wolfsteiner* § 1127 Rn. 12 f.

3. Gesetzessystematik

§ 1127 BGB ordnet allgemein die Haftung und Enthaftung von Forderungen gegen den Versicherer an. § 1130 BGB und § 94 VVG enthalten Sonderregelungen für Versicherungen mit **Wiederherstellungsklausel,** die den §§ 1128 Abs. 1, 2, 1129 BGB vorgehen,[6] soweit die Wiederherstellungsklausel reicht.[7] § 1128 BGB (ergänzt durch §§ 142 ff. VVG) betrifft Forderungen aus **Gebäudeversicherung** und geht § 1129 BGB vor,[8] der Forderungen aus **sonstiger Schadensversicherung** regelt. 3

4. Praxis der Kreditwirtschaft

Darlehensverträge und Sicherungsabreden der Kreditwirtschaft sehen bei der Immobilienfinanzierung durchweg vor, dass der Darlehensnehmer beziehungsweise Eigentümer eine angemessene Gebäudebrandversicherung zu unterhalten hat,[9] widrigenfalls Maßnahmen gemäß §§ 1133 f. BGB und die Kündigung des Darlehens in Betracht kommen. 4

5. Grundschuld

§§ 1127–1130 BGB gelten entsprechend bei **Grundschulden** (§ 1192 Abs. 1 BGB).[10] Gleiches gilt für die §§ 94, 142 ff. VVG (§§ 94 Abs. 5, 148 VVG).[11] 5

II. Forderung gegen den Versicherer (§ 1127)

1. Sachversicherung

Haftende Forderungen gegen den Versicherer können aus einer **Sachversicherung** (§§ 88 ff. VVG), insbesondere einer **Gebäudefeuerversicherung** resultieren.[12] Versichert sein muss ein **Gegenstand des Haftungsverbandes** (§ 1127 Abs. 1 BGB), also das Grundstück[13] oder ein Gegenstand der §§ 1120–1126 BGB. 6

2. Gläubiger

Versicherter und **Gläubiger** der Forderung gegen den Versicherer muss der Eigentümer oder Eigenbesitzer des Grundstücks sein. Der Versicherte braucht nicht Versicherungsnehmer zu sein; die Versicherung kann von einem Dritten als Versicherung für fremde Rechnung (§§ 43 ff. VVG) geschlossen sein.[14] 7

3. Zeitliche Abfolge

Gleichgültig ist, ob der Versicherungsvertrag vor oder nach Entstehung der Hypothek geschlossen ist.[15] Jedoch haften nur solche Forderungen für die Hypothek, bei denen der **Versicherungsfall nach Eintragung oder Vormerkung der Hypothek** eingetreten ist.[16] Zur Zeit des Versicherungsfalls muss der versicherte Gegenstand für die Hypothek 8

---

[6] MüKoBGB/*Lieder* § 1128 Rn. 2, 7, § 1129 Rn. 9, § 1130 Rn. 3.
[7] Staudinger/*Wolfsteiner* § 1128 Rn. 1.
[8] Staudinger/*Wolfsteiner* § 1128 Rn. 1.
[9] *Samhat* WM 2019, 805 (808).
[10] MüKoBGB/*Lieder* § 1127 Rn. 18, § 1128 Rn. 19, § 1129 Rn. 10, § 1130 Rn. 22; Staudinger/*Wolfsteiner* § 1127 Rn. 22, § 1128 Rn. 21, § 1129 Rn. 6, § 1130 Rn. 10.
[11] Einzelheiten Staudinger/*Wolfsteiner* § 1128 Rn. 21.
[12] Staudinger/*Wolfsteiner* § 1127 Rn. 5.
[13] → Vor §§ 1120 ff. Rn. 2.
[14] MüKoBGB/*Lieder* § 1127 Rn. 4; Staudinger/*Wolfsteiner* § 1127 Rn. 8.
[15] Staudinger/*Wolfsteiner* § 1127 Rn. 10.
[16] Staudinger/*Wolfsteiner* § 1127 Rn. 11.

haften; wird er nach dem Versicherungsfall enthaftet, bleibt die Forderung gleichwohl im Haftungsverband.[17]

4. Höhe der Forderungshaftung

9 Die Forderung gegen den Versicherer haftet bis zur **Betragshöhe der Hypothekenhaftung,** die Haftung ist nicht begrenzt auf den Wertverlust infolge des Versicherungsfalls.[18]

5. Enthaftung (Abs. 2)

10 Die Haftung der Forderung gegen den Versicherer erlischt, wenn der versicherte Gegenstand **wiederhergestellt oder Ersatz** für ihn **beschafft** und damit der ursprüngliche Haftungsverband wieder aufgefüllt wird (§ 1127 Abs. 2 BGB). Gleichgültig ist, ob die Versicherung dafür in Anspruch genommen wurde.[19] Ob eine Maßnahme als Wiederherstellung oder Ersatzbeschaffung gilt, ist **wertend** zu bestimmen; Lage und Grundriss eines Ersatzbaus brauchen zB nicht mit denen des versicherten Gebäudes übereinzustimmen.[20] Grundsätzlich werden auch **beschlagnahmte Forderungen** enthaftet.[21]

6. Beschlagnahme

11 Solange eine Forderung gegen den Versicherer **nicht beschlagnahmt** ist, ist der Eigentümer frei, die Forderung **einzuziehen** und über sie zu **verfügen,** der Versicherer kann befreiend an den Eigentümer **leisten.** Ausnahmen gelten gemäß § 94 VVG bei Wiederherstellungsklausel sowie gemäß § 1128 BGB bei Gebäudeversicherung. Die Forderung kann – wie die Ansprüche der §§ 1123–1126 BGB – im Verfahren der **Zwangsverwaltung** (§§ 20 ff., 146, 148 ZVG) sowie durch **Forderungspfändung** (§§ 828 ff. ZPO) aufgrund Hypothekentitels beschlagnahmt werden, ferner – anders als die Ansprüche der §§ 1123–1126 BGB – im Wege der **Zwangsversteigerung** (vgl. 21 Abs. 2 ZVG) aus einem Hypothekentitel.

III. Wiederherstellungsklausel (§ 1130)

12 § 1130 BGB regelt bei Gebäude- und anderen **Sachversicherungen mit Wiederherstellungsklausel** die **befreiende Leistung** des Versicherers abweichend von § 1128 Abs. 1, 2 BGB und mit Vorrang vor diesen Vorschriften.[22] § 1130 BGB wird flankiert von den §§ 93, 94 VVG. Wiederherstellungsklauseln sind insbesondere bei Gebäudebrandversicherungen gang und gäbe (Neuwertversicherungen).[23] Im Hinblick auf die befreiende Wirkung sind verschiedene Konstellationen zu unterscheiden.

1. Reine Wiederherstellungsklausel

13 Wenn der Versicherer nach den Versicherungsbestimmungen **nur** dazu verpflichtet ist, die Versicherungssumme zur Wiederherstellung oder Neuanschaffung des versicherten Gegenstands zu zahlen, so ist eine diesen Bestimmungen entsprechende Zahlung an den Versicherten dem Hypothekar gegenüber wirksam (§ 1130 BGB). Der Hypothekar ist gegebenenfalls gehalten, diese Möglichkeit durch Beschlagnahme[24] auszuschalten.

---

[17] Staudinger/*Wolfsteiner* § 1127 Rn. 12.
[18] Staudinger/*Wolfsteiner* § 1127 Rn. 12 f.
[19] Staudinger/*Wolfsteiner* § 1127 Rn. 14.
[20] Staudinger/*Wolfsteiner* § 1127 Rn. 14.
[21] Einzelheiten und Ausnahmen MüKoBGB/*Lieder* § 1127 Rn. 15 ff.
[22] → Rn. 3.
[23] Staudinger/*Wolfsteiner* § 1130 Rn. 1.
[24] → Rn. 11.

2. Entschädigung des Versicherungswerts und Wiederherstellungsklausel

Vorrangig sind allerdings die **§§ 93 f. VVG** zu beachten. § 93 S. 1 VVG betrifft den Fall, in dem der Versicherer dazu verpflichtet ist, einen **Teil** der Entschädigung nur bei Wiederherstellung oder -beschaffung der versicherten Sache zu zahlen; in diesem Fall kann der Versicherungsnehmer die Zahlung eines über den Versicherungswert – den Wert des versicherten Interesses (§§ 74 Abs. 1, 88 VVG) – hinausgehenden Betrags erst verlangen, wenn die Wiederherstellung oder -beschaffung gesichert ist (**strenge Wiederherstellungsklausel,** s. auch § 93 S. 2 VVG). Daran knüpft § 94 VVG an, der § 1130 BGB vorgeht. In den Fällen des § 93 S. 1 VVG ist § 1130 BGB nicht anzuwenden. Es ist zu unterscheiden. 14

a) Versicherungswert. Soweit die Zahlung des Versicherers den Versicherungswert betrifft, ist für die Befreiung im Verhältnis zum Hypothekar § 1128 BGB maßgeblich.[25] 15

b) Wiederherstellung. Beim darüber hinausgehenden Teil der Versicherungsforderung, der der Wiederherstellung oder -beschaffung dient, ist eine Leistung an den Versicherten ohne Mitwirkung des Hypothekars diesem gegenüber wirksam, wenn die **Wiederherstellung oder -beschaffung gesichert** ist (arg. e § 94 VVG), das heißt, wenn angesichts der vom Versicherungsnehmer getroffenen Vorkehrungen **keine vernünftigen Zweifel an der Wiederherstellung** bestehen; die Durchführung braucht nicht gewiss zu sein.[26] 16

Eine Zahlung, die ohne **Sicherung der Wiederherstellung oder -beschaffung** geleistet wird, ist einem Hypothekar gegenüber nur wirksam, wenn ihm der Versicherer oder der Versicherungsnehmer **mitgeteilt** hat, dass ohne Sicherung geleistet werden soll und seit Mitteilungszugang mindestens ein **Monat** verstrichen ist (§ 94 Abs. 1 VVG). 17

Soweit die Versicherungsleistung **nicht zur Wiederherstellung oder -beschaffung verwendet** werden soll, kann der Versicherer mit Wirkung gegen einen Hypothekar erst zahlen, wenn er oder der Versicherungsnehmer diese Absicht dem Hypothekar **mitgeteilt** hat und seit Mitteilungszugang mindestens ein **Monat** verstrichen ist (§ 94 Abs. 2 VVG). 18

Die Mitteilungen nach § 94 Abs. 1, 2 VVG dürfen unterbleiben, wenn sie einen unangemessenen Aufwand erfordern würden; in diesem Fall läuft die Frist ab dem Zeitpunkt der Fälligkeit der Entschädigungssumme (§ 94 Abs. 3 S. 2 VVG). 19

Der Hypothekar kann bis zum Fristablauf dem Versicherer gegenüber der Zahlung **widersprechen** (§ 94 Abs. 3 S. 1 VVG), mit der Folge, dass eine Leistung des Versicherers an den Eigentümer nicht auch gegenüber dem Hypothekar befreit. 20

Hat der Hypothekar die Hypothek dem Versicherer **angemeldet,** ist eine Zahlung, die **ohne Sicherung der Wiederherstellung oder -beschaffung** geleistet wird, dem Hypothekar gegenüber nur wirksam, wenn dieser in Textform zugestimmt hat (§ 94 Abs. 4 VVG). 21

IV. Gebäudeversicherung (§ 1128)

1. Versicherungsvertragsgesetz

Bei einer **Gebäudefeuerversicherung** – nicht bei einer anderen Gebäudeversicherung[27] – wird § 1128 BGB durch die **§§ 142 ff. VVG** ergänzt. Diese Normen regeln unter anderem Anzeige-, Auskunfts- und Bestätigungspflichten des Versicherers gegenüber dem Hypothekar (§§ 142, 146 VVG), die Fortdauer der Leistungspflicht gegenüber dem Hypothekar im gestörten Versicherungsverhältnis[28] und trotz Kündigung durch den Versiche- 22

[25] Staudinger/*Wolfsteiner* § 1130 Rn. 1.
[26] OLG Düsseldorf VersR 1996, 623.
[27] BGHZ 108, 82 = NJW 1989, 2621.
[28] Einzelheiten MüKoBGB/*Lieder* § 1130 Rn. 16.

rungsnehmer (§ 143 f. VVG) sowie den Übergang der Hypothek auf den Versicherer[29] (§ 145 VVG)

2. Relatives Veräußerungsverbot

23 § 1128 BGB enthält ein **relatives Veräußerungsverbot** (§ 135 BGB) **zugunsten des Hypothekars,** das auch **ohne Beschlagnahme**[30] wirkt. **Verfügungen** des Eigentümers über eine Forderung gegen den Versicherer sind daher gegenüber dem Hypothekar **unwirksam** (§ 135 Abs. 1 S. 1 BGB); Gleiches gilt gemäß § 135 Abs. 1 S. 2 BGB für eine **Forderungspfändung** (§§ 829 ff. ZPO) – dagegen Drittwiderspruchsklage (§ 771 ZPO).[31] **Zahlung** und **Einziehung** sind unter den Voraussetzungen von § 1128 BGB – nicht § 135 BGB – gegenüber dem Hypothekar wirksam.[32]

3. Versicherte Gegenstände

24 Es muss ein **Gebäude** versichert sein. Die Gebäudeversicherung braucht keine Gebäudefeuerversicherung (§§ 142 ff. VVG) zu sein, es kann auch eine andere Gebäudesachversicherung (§§ 88 ff. VVG) sein.[33] Kein Fall des § 1128 BGB ist die isolierte Versicherung eines **Grundstücksbestandteils** oder eines **Gebäudeteils,** der selbst kein Gebäude ist, zB eine Glasbruchversicherung.[34] Wenn **Zubehör** (§§ 97 f. BGB) mit einem Gebäude mitversichert ist, gilt § 1128 BGB auch insoweit, anders aber, wenn andere bewegliche Sachen als Zubehör mitversichert sind.[35] Sind Zubehör oder Bestandteile ohne das Grundstück als bewegliche Sachen versichert, ist § 1128 BGB ebenfalls nicht anwendbar.[36]

4. Leistung an den versicherten Grundeigentümer (Abs. 1, 2)

25 Die Voraussetzungen, unter denen eine **Zahlung des Versicherers an den** versicherten **Eigentümer** auch **gegenüber dem Hypothekar befreit,** hängen davon ab, ob der Hypothekar die **Hypothek** dem Versicherer **angemeldet** hat (§ 1228 Abs. 2 BGB) – bei Banken ist dies praktisch stets der Fall, im Übrigen ist dies in jedem Fall ratsam – oder nicht (§ 1228 Abs. 1 BGB).

26 **a) Hypothek nicht angemeldet.** Zahlt der Versicherer die Versicherungssumme an den Versicherten, dann wirkt dies gegen den Hypothekar nur, wenn der Versicherer oder der Versicherte den Eintritt des Schadens dem Hypothekar **angezeigt** hat und seit dem Empfang der Anzeige ein **Monat** verstrichen ist (§ 1128 Abs. 1 S. 1 BGB). Eine untunliche Anzeige darf unterbleiben, die Monatsfrist läuft dann vom Zeitpunkt der Fälligkeit der Versicherungssumme an (§ 1128 Abs. 1 S. 3 BGB). Bis zum Fristablauf kann der Hypothekar dem Versicherer gegenüber der Zahlung **widersprechen** (§ 1128 Abs. 1 S. 2 BGB).

27 Der Versicherer kann sich nicht darauf berufen, er habe eine grundbuchersichtliche Hypothek nicht gekannt (§ 1128 Abs. 3 Hs. 2 BGB), er darf sich aber mit der Anzeige an den **grundbuchersichtlichen Hypothekar** halten, und zwar auch bei einer Briefhypothek.[37]

28 **b) Hypothek angemeldet.** Hat der Hypothekar die Hypothek dem Versicherer angemeldet, dann wird dieser durch eine Zahlung an den Versicherten im Verhältnis zum Hypothekar nur frei, wenn dieser **schriftlich zugestimmt** hat (§ 1228 Abs. 2 BGB).

---

[29] Einzelheiten MüKoBGB/*Lieder* § 1130 Rn. 18 ff.; Staudinger/*Wolfsteiner* § 1128 Rn. 20.
[30] Staudinger/*Wolfsteiner* § 1128 Rn. 5.
[31] BGH MDR 1985, 301.
[32] Staudinger/*Wolfsteiner* § 1128 Rn. 5.
[33] Staudinger/*Wolfsteiner* § 1128 Rn. 2.
[34] Staudinger/*Wolfsteiner* § 1128 Rn. 2.
[35] MüKoBGB/*Lieder* § 1128 Rn. 4; Staudinger/*Wolfsteiner* § 1128 Rn. 2.
[36] Staudinger/*Wolfsteiner* § 1128 Rn. 2 f.
[37] Staudinger/*Wolfsteiner* § 1128 Rn. 13.

c) Pfandrecht. Fehlen die Voraussetzungen von § 1228 Abs. 1, 2 BGB, dann wirkt die Zahlung an den Versicherten nicht gegenüber dem Hypothekar. Die Befreiung richtet sich dann nach dem **Pfandrecht** (§§ 1228 Abs. 3 Hs. 1, 1281 f. BGB).[38] Sofern die Zahlung auch danach nicht befreit, ist der Versicherer zu erneuter Leistung verpflichtet. 29

5. Vorschriften über die verpfändete Forderung (Abs. 3 Hs. 1)

Abgesehen von § 1128 Abs. 1, 2 BGB finden die für eine verpfändete Forderung geltenden Vorschriften (§ 1275 ff. BGB) Anwendung (§ 1228 Abs. 3 Hs. 1 BGB). Der Hypothekar steht demnach auch ohne Beschlagnahme einem Pfandgläubiger gleich.[39] 30

V. Sonstige Schadensversicherung (§ 1129)

§ 1129 BGB regelt die Haftung von Forderungen gegen Versicherer bei **anderen Sachversicherungen** für haftende Gegenstände (§ 1127 Abs. 1 BGB) als Gebäudeversicherungen. Die Norm verweist auf die §§ 1123 Abs. 2 S. 1, 1124 Abs. 1, 3 BGB. Danach gilt folgendes.[40] 31

Vor der Beschlagnahme aufgrund Hypothekentitels kann der Eigentümer frei über die Forderung verfügen,[41] er kann sie einziehen, und der Versicherer kann befreiend an seinen Gläubiger leisten (§ 1124 Abs. 1 BGB); konkurrierende Gläubiger des Eigentümers können wie bei Miet- und Pachtforderungen in die Versicherungsforderung vollstrecken.[42] 32

Die hypothekarische Haftung wird wie bei Miet- und Pachtforderungen erst **durch die Beschlagnahme** aktualisiert, hier aber auch im Verfahren der Zwangsversteigerung (Ausnahme § 21 Abs. 1 ZVG). 33

Forderungen werden ohne Weiteres nach **Ablauf eines Jahres** nach Fälligkeit von der Haftung frei, wenn sie nicht bis dahin aufgrund eines Hypothekentitels beschlagnahmt wurden (§ 1123 Abs. 2 S. 1 BGB). 34

§ 1131 Zuschreibung eines Grundstücks

[1] Wird ein Grundstück nach § 890 Abs. 2 einem anderen Grundstück im Grundbuch zugeschrieben, so erstrecken sich die an diesem Grundstück bestehenden Hypotheken auf das zugeschriebene Grundstück. [2] Rechte, mit denen das zugeschriebene Grundstück belastet ist, gehen diesen Hypotheken im Range vor.

Übersicht

I. Allgemeines

Bestandserweiterungen von Grundstücken sind gemäß § 890 BGB auf zwei Weisen möglich: durch Vereinigung (§ 890 Abs. 1 BGB, § 5 GBO) oder durch Zuschreibung (§ 890 Abs. 2 BGB, § 6 GBO) eines Grundstücks als Bestandteil eines anderen Grund- 1

[38] BGH NJW-RR 2001, 525.
[39] Einzelheiten MüKoBGB/*Lieder* § 1128 Rn. 15 ff.; Staudinger/*Wolfsteiner* § 1128 Rn. 6 ff.
[40] Einzelheiten Kommentierung der §§ 1123, 1124 BGB.
[41] BGH WM 2019, 1798 mAnm *Lieder* WuB 2019, 625.
[42] MüKoBGB/*Lieder* § 1129 Rn. 4; Staudinger/*Wolfsteiner* § 1129 Rn. 2.

stücks (Hauptgrundstück). Grundsätzlich beschränken Belastungen bisheriger Einzelgrundstücke sich nach einer **Bestandteilzuschreibung** auf den jeweils nunmehrigen Grundstücksteil[1] (str.[2]). § 1131 BGB erstreckt demgegenüber die **Haftung von Hypotheken,** die **auf dem Hauptgrundstück** lasten, auf das zugeschriebene Grundstück, und zwar im **Rang** nach den Belastungen des zugeschriebenen Grundstücks. Die aus § 1131 BGB resultierende **unterschiedliche Belastung** der nach § 890 Abs. 2 BGB verbundenen Grundstücke begründet als solche noch **keine Besorgnis der Grundbuchverwirrung** (§ 6 Abs. 1 S. 1 GBO).[3]

2 § 1131 BGB gilt bei **Grundschulden** entsprechend (§ 1192 Abs. 1 BGB).[4]

II. Bestandteilzuschreibung

3 Eine Bestandteilzuschreibung ist möglich bei Grundstücken mit **demselben Eigentümer** oder **denselben Miteigentümern** mit jeweils gleichgroßen Anteilen in gleicher Eigentumsform; ausreichend ist, wenn diese Voraussetzungen im Zuge der Zuschreibung hergestellt werden.[5] Mit der Zuschreibung entsteht **ein einziges Grundstück** und damit kein Fall des § 1132 BGB. Umgekehrt wird eine **Gesamthypothek** (§ 1132 BGB) an den bisherigen Einzelgrundstücken mit der Zuschreibung zur Einzelhypothek.[6]

III. Haftungserstreckung (S. 1)

4 § 1131 S. 1 BGB erstreckt kraft Gesetzes mit der Zuschreibung die Haftung von **Hypotheken am Hauptgrundstück** von diesem **auf das zugeschriebene Grundstück.** Die Hypothek am Hauptgrundstück braucht nur zu bestehen, es ist unschädlich, wenn sie nicht eingetragen oder zu Unrecht gelöscht ist.[7]

5 Die Haftung einer Hypothek an einem **Miteigentumsanteil** des Hauptgrundstücks erstreckt sich nach der Zuschreibung auf den Miteigentumsanteil des betroffenen Miteigentümers am zugeschriebenen Grundstück.[8]

6 Die Erstreckung gemäß § 1131 S. 1 BGB umfasst **Vollstreckungsunterwerfungserklärungen**[9] (§§ 794 Abs. 1 Nr. 5, 800 ZPO)[10] und **Rangvorbehalte**[11] (§ 881 BGB).

7 § 1131 BGB erstreckt **nicht Hypotheken,** die **auf dem zugeschriebenen Grundstück** lasten, auf das Hauptgrundstück. Solche Hypotheken bleiben auf den zugeschriebenen Grundstücksteil beschränkt, in den aus solchen Hypotheken folglich vollstreckt werden kann als sei er ein selbständiges Grundstück.[12]

IV. Rang (S. 2)

8 Hypotheken des Hauptgrundstücks erhalten am zugeschriebenen Grundstücksteil **Nachrang** gegenüber den dinglichen Belastungen – nicht nur Grundpfandrechten – des zu-

---

[1] Staudinger/*Wolfsteiner* § 1131 Rn. 2.
[2] **AA** MüKoBGB/*Lieder* § 1131 Rn. 1: Der zugeschriebene Teil hafte für Grundpfandrechte des Hauptgrundstücks bereits aufgrund von § 1120 BGB.
[3] BGH NJW 2014, 1002.
[4] MüKoBGB/*Lieder* § 1131 Rn. 16; Staudinger/*Wolfsteiner* § 1131 Rn. 12.
[5] Staudinger/*Wolfsteiner* § 1131 Rn. 1.
[6] Palandt/*Herrler* BGB § 1131 Rn. 1; Staudinger/*Wolfsteiner* § 1131 Rn. 3.
[7] Staudinger/*Wolfsteiner* § 1131 Rn. 3.
[8] Staudinger/*Wolfsteiner* § 1131 Rn. 4.
[9] → Vorb. Rn. 51.
[10] MüKoBGB/*Lieder* § 1131 Rn. 5; Palandt/*Herrler* BGB § 1131 Rn. 1; Staudinger/*Wolfsteiner* § 1131 Rn. 7.
[11] MüKoBGB/*Lieder* § 1131 Rn. 6; Staudinger/*Wolfsteiner* § 1131 Rn. 6.
[12] Einzelheiten Staudinger/*Wolfsteiner* § 1131 Rn. 9.

geschriebenen Grundstücksteils (§ 1131 S. 2 BGB). Dies gilt entgegen der Regel des § 879 BGB auch, soweit Hypotheken des Hauptgrundstücks früher als Belastungen des zugeschriebenen Grundstücks eingetragen waren.[13] Untereinander haben Hypotheken des Hauptgrundstücks am zugeschriebenen Teil dieselbe **Rangfolge** wie am Hauptgrundstück, nicht Gleichrang.[14]

§ 1132 Gesamthypothek

(1) [1]**Besteht für die Forderung eine Hypothek an mehreren Grundstücken (Gesamthypothek), so haftet jedes Grundstück für die ganze Forderung.** [2]**Der Gläubiger kann die Befriedigung nach seinem Belieben aus jedem der Grundstücke ganz oder zu einem Teil suchen.**

(2) [1]**Der Gläubiger ist berechtigt, den Betrag der Forderung auf die einzelnen Grundstücke in der Weise zu verteilen, dass jedes Grundstück nur für den zugeteilten Betrag haftet.** [2]**Auf die Verteilung finden die Vorschriften der §§ 875, 876, 878 entsprechende Anwendung.**

Übersicht

I. Allgemeines

Gesamthypothek ist eine Hypothek für eine einzige Forderung an mehreren Grundstücken (§ 1132 Abs. 1 S. 1 BGB), gleichgültig, ob sie denselben oder verschiedene Eigentümer haben,[1] und auch gleichgültig, ob die Grundstücke in Grundbüchern verschiedener Grundbuchämter eingetragen sind.[2] Str.[3] ist, ob die Gesamthypothek eine einzige Hypothek an mehreren Grundstücken ist (Einheitstheorie), oder ob der **Begriff Gesamthypothek** mehrere Hypotheken an mehreren Grundstücken wegen derselben Forderung zusammenfasst, die durch eine gesetzliche Zweckgemeinschaft verbunden sind (Vielheitstheorie). § 1132 Abs. 1 S. 1 BGB definiert die Gesamthypothek als „eine Hypothek", also im Sinne der Einheitstheorie. 1

Auf dieser Linie liegt das **Gebot der Gleichartigkeit,** wonach die Gesamthypothek nicht aus verschiedenartigen Grundpfandrechten zusammengesetzt sein darf, also nicht hier Brief-, dort Buchhypothek, hier Verkehrs-, dort Sicherungshypothek – eine Ausnahme bildet die Zwangshypothek[4] – oder hier Hypothek, dort Grundschuld.[5] Zulässig ist, dass nur einzelne Eigentümer sich der Vollstreckung unterwerfen (§§ 794 Abs. 1 Nr. 5, 800 ZPO). Ferner 2

[13] Staudinger/*Wolfsteiner* § 1131 Rn. 8.
[14] MüKoBGB/*Lieder* § 1131 Rn. 12; Staudinger/*Wolfsteiner* § 1131 Rn. 5.
[1] MüKoBGB/*Lieder* § 1132 Rn. 4; Staudinger/*Wolfsteiner* § 1132 Rn. 1.
[2] OLG München FGPrax 2013, 112.
[3] Überblick MüKoBGB/*Lieder* § 1132 Rn. 5; Staudinger/*Wolfsteiner* § 1132 Rn. 2.
[4] → Rn. 13 ff.
[5] MüKoBGB/*Lieder* § 1132 Rn. 7; Palandt/*Herrler* BGB § 1132 Rn. 2; Staudinger/*Wolfsteiner* § 1132 Rn. 40 f.

kann eine Gesamthypothek zum Teil Eigentümer- und zum Teil Fremdrecht sein.[6] Schließlich kann sie an einzelnen Grundstücken mit unterschiedlichem Rang bestehen.[7]

3 **Jedes Grundstück haftet** mitsamt des Haftungsverbandes für die ganze Forderung (§ 1132 Abs. 1 S. 1 BGB). Es steht im **Belieben des Hypothekars,** wegen eines Teils oder der ganzen Forderung Befriedigung aus einem Grundstück oder aus mehreren oder allen Grundstücken nacheinander oder gleichzeitig zu suchen (§ 1132 Abs. 1 S. 2 BGB); insgesamt kann er wegen der Forderung nur einmal Befriedigung erlangen.[8]

4 Gemäß § 1132 Abs. 2 BGB ist der Gläubiger zur **Aufteilung der Forderung** auf die einzelnen Grundstücke berechtigt, mit der Folge der Einzelhaftung.

5 Weitere Regelungen der Gesamthypothek enthalten die §§ 1143 Abs. 2, 1172–1176, 1181 Abs. 2, 1182 BGB.

6 **Keine Gesamthypothek** entsteht bei Belastung mehrerer Grundstücke mit Hypotheken für **verschiedene Teilbeträge** derselben Forderung; es entstehen Einzelhypotheken.[9]

7 § 1132 BGB gilt bei **Grundschulden** entsprechend (§ 1192 Abs. 1 BGB),[10] Abs. 2 mit der Maßgabe, dass nicht die Forderung, sondern die Grundschuld selbst aufgeteilt wird.[11]

II. Entstehung der Gesamthypothek

8 Eine Gesamthypothek kann entstehen als ursprüngliche Gesamthypothek oder infolge Pfanderstreckung, ferner wenn ein **Grundstück geteilt** wird, das mit einer Einzelhypothek belastet ist,[12] und schließlich durch **Auswechslung mehrerer Forderungen,** die jeweils durch Einzelhypothek an verschiedenen Grundstücken gesichert sind, gegen eine einzige Forderung[13] (§ 1180 BGB).

9 Die **ursprüngliche Gesamthypothek** entsteht durch Vollzug der Erfordernisse gemäß §§ 873, 1115, 1117, 1163 Abs. 1 S. 1 BGB im Hinblick auf jedes zu belastende Grundstück. Str. ist, ob der **Vermerk gemäß § 48 GBO** für die Gesamthypothek konstitutiv[14] oder § 48 GBO als reine Ordnungsvorschrift zu verstehen ist. Angesichts der Unsicherheit in dieser Frage ist es im Sinne des sichersten Weges umso tunlicher, die Beachtung von § 48 GBO sicherzustellen. Vor allem mit Blick auf die Grundschuld sprechen die besseren Gründe für **rechtsbegründende Wirkung.** Soweit im Übrigen die Entstehungsvoraussetzungen nicht bei allen dafür vorgesehenen Grundstücken gegeben sind, entsteht eine Einzel- oder Gesamthypothek auf dem Grundstück oder den Grundstücken, bei denen die Voraussetzungen je für sich vorliegen, es sei denn, es ist bestimmt, dass keine andere als die Gesamthypothek unter Einschluss aller Grundstücke entstehen soll (Einzelheiten str.).[15]

10 Durch **Nachverpfändung** (Pfanderstreckung) entsteht eine Gesamthypothek, wenn eine Forderung an einem Grundstück hypothekarisch gesichert ist und für die Forderung dann gemäß § 873 BGB eine weitere Hypothek an einem anderen Grundstück bestellt wird.[16]

11 Eine Gesamthypothek **an Miteigentumsanteilen** entsteht, wenn Miteigentümer ihre Anteile mit einer Hypothek für dieselbe Forderung belasten[17] oder Allein- in Miteigentum aufgeteilt[18] wird.

---

[6] BayObLG NJW 1962, 1725 betreffend Grundschuld.
[7] BGHZ 80, 119 = NJW 1981, 1503.
[8] Staudinger/*Wolfsteiner* § 1132 Rn. 1.
[9] Staudinger/*Wolfsteiner* § 1132 Rn. 12.
[10] MüKoBGB/*Lieder* § 1132 Rn. 58; Staudinger/*Wolfsteiner* § 1132 Rn. 64.
[11] Staudinger/*Wolfsteiner* § 1132 Rn. 69. Zu Besonderheiten bei der Abtretung (§ 1154 BGB) einer Gesamtgrundschuld und beim Rückgewährsanspruch Staudinger/*Wolfsteiner* § 1132 Rn. 70 f.
[12] Einzelheiten Staudinger/*Wolfsteiner* § 1132 Rn. 16.
[13] MüKoBGB/*Lieder* § 1132 Rn. 19; Staudinger/*Wolfsteiner* § 1132 Rn. 17.
[14] So Staudinger/*Wolfsteiner* § 1132 Rn. 10 f., 65 ff. **AA** MüKoBGB/*Lieder* § 1132 Rn. 44.
[15] Staudinger/*Wolfsteiner* § 1132 Rn. 9.
[16] Einzelheiten MüKoBGB/*Lieder* § 1132 Rn. 12 ff.; Staudinger/*Wolfsteiner* § 1132 Rn. 12 ff.
[17] BGH NJW 1961, 1352.
[18] MüKoBGB/*Lieder* § 1132 Rn. 21; Staudinger/*Wolfsteiner* § 1132 Rn. 19.

III. Besondere Gesamthypotheken

1. Höchstbetragshypothek

Gesamthypothek kann auch eine Höchstbetragshypothek (§ 1190 BGB) sein **(Gesamthöchstbetragshypothek).**[19] 12

2. Zwangs- und Arresthypothek

Zwangs- und Arresthypotheken[20] (§§ 866 ff., 932 ZPO) dürfen nicht als Gesamthypotheken an **mehreren Grundstücken oder Miteigentumsanteilen**[21] (§ 864 Abs. 2 ZPO) **des Schuldners** bestellt werden. Vielmehr ist der titulierte Betrag nach Aufteilung durch den Gläubiger auf die einzelnen Grundstücke zu verteilen (§§ 867 Abs. 2 S. 1, 932 Abs. 2 ZPO). Das **Verbot der Gesamthypothek** besteht auch, wenn mehrere Grundstücke des Schuldners nacheinander im Wege der Zwangsvollstreckung belastet werden sollen.[22] Wenn an einem Miteigentumsanteil eine Zwangshypothek besteht und der Eigentümer sodann einen weiteren Miteigentumsanteil erwirbt, kann die Zwangshypothek nach Auffassung des OLG Oldenburg[23] (str.) nicht ohne Weiteres auf den weiteren Miteigentumsanteil erstreckt werden. Vielmehr sei der Gläubiger gehalten, seine am Miteigentumsanteil eingetragene Sicherungshypothek teilweise aufzugeben, um dann mit dem freigewordenen Forderungsteil eine Zwangshypothek am ganzen Grundstück eintragen zu lassen; dies bewahrt den ursprünglichen Rang freilich nur zum Teil. 13

Das Verbot der Gesamthypothek gilt bei Zwangs- und Arresthypotheken nur im Hinblick auf mehrere Grundstücke oder Anteile **desselben Schuldners.** Mehrere Grundstücke oder Miteigentumsanteile **verschiedener Personen** können nach verbreiteter Auffassung mit Zwangs- oder Arrestgesamthypotheken belastet werden,[24] wenn die Eigentümer **als Gesamtschuldner tituliert** sind. Die Rechtsansicht, solche Hypotheken als Gesamthypothek zu bewerten, ist jedenfalls als zweckmäßig zu billigen, weil § 1132 BGB rechtliche Parallelität zwischen Gesamtschuld und dinglicher Haftung herstellt. 14

Eine Zwangshypothek darf eingetragen werden, wenn wegen derselben Forderung auf anderen Grundstücken – nicht auf demselben Grundstück[25] – eine **Vertragshypothek** oder **Grundschuld** besteht.[26] Es entsteht dann eine Gesamthypothek (str.).[27] 15

Eine Zwangs- oder Arresthypothek wird Gesamthypothek, wenn das belastete Grundstück geteilt wird; § 867 Abs. 2 ZPO steht dem nicht entgegen.[28] 16

IV. Gesicherter Anspruch

Die Gesamthypothek sichert einen einzigen Anspruch, jedoch nicht zwingend auf allen Grundstücken in gleicher **Höhe.** Ist der Anspruch auf verschiedenen Grundstücken in unterschiedlicher Höhe gesichert, besteht eine Gesamthypothek, soweit die Beträge sich decken, im Übrigen besteht eine Einzelhypothek.[29] Gleiches gilt für Zinsen und andere Nebenleistungen.[30] 17

[19] Staudinger/*Wolfsteiner* § 1132 Rn. 20.
[20] → Vor §§ 1113 ff. Rn. 5 ff.
[21] Staudinger/*Wolfsteiner* § 1132 Rn. 21.
[22] OLG Düsseldorf ZIP 1989, 1363.
[23] OLG Oldenburg ZIP 1996, 175. **AA** Staudinger/*Wolfsteiner* § 1132 Rn. 21.
[24] ZB OLG Düsseldorf NZI 2004, 93.
[25] OLG Köln NJW-RR 1996, 1106.
[26] BayObLG MDR 1991, 163.
[27] Staudinger/*Wolfsteiner* § 1132 Rn. 25 ff. mwN.
[28] Staudinger/*Wolfsteiner* § 1132 Rn. 29.
[29] MüKoBGB/*Lieder* § 1132 Rn. 6; Staudinger/*Wolfsteiner* § 1132 Rn. 32.
[30] Staudinger/*Wolfsteiner* § 1132 Rn. 34.

18 Zur **Abtretung** des gesicherten Anspruchs (§ 1154 BGB) ist die Übergabe aller Briefe – üblicherweise wird nur ein Brief ausgestellt – oder die Eintragung in alle betroffenen Grundbücher erforderlich.[31] Die Abtretung erfasst die Gesamthypothek insgesamt (§ 1153 BGB). Eine Teilabtretung derart, dass die Hypothek auf einem der belasteten Grundstücke folgt, während der Rest beim Zedenten bleibt, ist nicht möglich.[32]

V. Gesamthaftung und Belieben des Gläubigers (Abs. 1)

1. Gesamthaftung

19 Bei der Gesamthypothek haftet **jedes Grundstück** oder jeder Grundstücksteil **für die ganze Forderung** (§ 1132 Abs. 1 S. 1 BGB).[33] Soweit der Gläubiger **aus einem Grundstück befriedigt** ist – nicht schon mit Betrieb der Vollstreckung in ein Grundstück –, werden vorbehaltlich § 1182 BGB auch die **anderen Grundstücke frei** (§ 1181 Abs. 2 BGB).

20 Soweit eine Gesamthypothek an Grundstücken desselben Eigentümers zu einer Belastung wirtschaftlicher Eigentümerinteressen führt, die mit dem Sicherungsinteresse des Gläubigers nicht mehr zu vereinbaren ist, zB eine Bauhandwerkersicherungshypothek (§ 650e BGB) für eine geringe Forderung an etlichen Grundstücken des Bestellers, kann der Eigentümer verlangen, dass der Gläubiger einzelne Grundstücke aus der Haftung **freistellt** oder nur einzelne Grundstücke für den ihnen jeweils zugeteilten Betrag haften lässt (§ 242 BGB).[34]

2. Belieben des Gläubigers

21 Der **Gläubiger** kann Befriedigung **nach Belieben** aus jedem Grundstück ganz oder zum Teil suchen (§ 1132 Abs. 1 S. 2 BGB). Das Belieben wird weder durch § 19 AGG eingeschränkt noch durch § 242 BGB (str.[35]) oder durch das **Innenverhältnis der Eigentümer** und etwaige dort getroffene Vereinbarungen.[36] Im Belieben steht auch der **Verzicht** auf die Hypothek an einem der Grundstücke (§ 1175 Abs. 1 S. 2 BGB). Der Gläubiger kann sein Belieben durch **Vereinbarungen mit Eigentümern** einschränken, zB durch die Abmachung, ein bestimmtes Grundstück hafte nur subsidiär.[37]

VI. Verteilung (Abs. 2)

22 Der **Gläubiger** kann nach seinem **Belieben**[38] den **Forderungsbetrag** auf die einzelnen Grundstücke oder Miteigentumsanteile[39] **verteilen,** so dass jedes Grundstück oder jeder Anteil nur für den zugeteilten Betrag haftet (§ 1132 Abs. 2 S. 1 BGB). Die Verteilung muss den gesamten Forderungsbetrag umfassen. Allerdings kann der Gläubiger bei einer Gesamthypothek an drei oder mehr Grundstücken derart verteilen, dass zB eine Einzelhypothek und eine Gesamthypothek oder mehrere Gesamthypotheken entstehen.[40]

---

31 Staudinger/*Wolfsteiner* § 1132 Rn. 43.

32 Staudinger/*Wolfsteiner* § 1132 Rn. 43; LG Berlin Rpfleger 2008, 359 betreffend Gesamtgrundschuld an Miteigentumsanteilen.

33 Zur Verwertung einer Gesamthypothek im Verfahren der Zwangsversteigerung MüKoBGB/*Lieder* § 1132 Rn. 50 ff.

34 BGHZ 144, 138 = NJW 2000, 1861.

35 **AA** betreffend § 242 BGB MüKoBGB/*Lieder* § 1132 Rn. 30; Staudinger/*Wolfsteiner* § 1132 Rn. 50.

36 MüKoBGB/*Lieder* § 1132 Rn. 2, 30; Staudinger/*Wolfsteiner* § 1132 Rn. 50.

37 MüKoBGB/*Lieder* § 1132 Rn. 30; Staudinger/*Wolfsteiner* § 1132 Rn. 36.

38 Staudinger/*Wolfsteiner* § 1132 Rn. 57.

39 OLG Hamm NJW-RR 2004, 1532 betreffend Grundschuld.

40 Staudinger/*Wolfsteiner* § 1132 Rn. 61.

Auf die Verteilung sind die **§§ 875, 876, 878 BGB** entsprechend anzuwenden (§ 1132 Abs. 2 S. 2 BGB). Das bedeutet, dass der Hypothekar die Verteilung erklären – Bindung entsprechend § 875 Abs. 2 BGB – und die Verteilung im Grundbuch der betroffenen Grundstücke eingetragen werden muss (entsprechend § 875 Abs. 1 BGB). Der Einfluss von Verfügungsbeschränkungen ist entsprechend § 878 BGB zu beurteilen. Die Eigentümer belasteter Grundstücke brauchen nicht zuzustimmen.[41] Erforderlich ist jedoch entsprechend § 876 BGB die Zustimmung eines Dritten, der an der Hypothek berechtigt ist. 23

Mit Wirksamkeit der Verteilung **zerfällt die Gesamthypothek** in Einzelhypotheken oder Gesamthypotheken nach Maßgabe der gewählten Verteilung; diese Hypotheken haben jeweils den **Rang** der vormaligen Gesamthypothek.[42] War die bisherige Gesamthypothek Briefrecht, dann ist für jedes Grundstück ein neuer Brief zu erteilen (§ 64 GBO). 24

§ 1133 Gefährdung der Sicherheit der Hypothek

¹Ist infolge einer Verschlechterung des Grundstücks die Sicherheit der Hypothek gefährdet, so kann der Gläubiger dem Eigentümer eine angemessene Frist zur Beseitigung der Gefährdung bestimmen. ²Nach dem Ablauf der Frist ist der Gläubiger berechtigt, sofort Befriedigung aus dem Grundstück zu suchen, wenn nicht die Gefährdung durch Verbesserung des Grundstücks oder durch anderweitige Hypothekenbestellung beseitigt worden ist. ³Ist die Forderung unverzinslich und noch nicht fällig, so gebührt dem Gläubiger nur die Summe, welche mit Hinzurechnung der gesetzlichen Zinsen für die Zeit von der Zahlung bis zur Fälligkeit dem Betrag der Forderung gleichkommt.

§ 1134 Unterlassungsklage

(1) **Wirkt der Eigentümer oder ein Dritter auf das Grundstück in solcher Weise ein, dass eine die Sicherheit der Hypothek gefährdende Verschlechterung des Grundstücks zu besorgen ist, so kann der Gläubiger auf Unterlassung klagen.**

(2) **¹Geht die Einwirkung von dem Eigentümer aus, so hat das Gericht auf Antrag des Gläubigers die zur Abwendung der Gefährdung erforderlichen Maßregeln anzuordnen. ²Das Gleiche gilt, wenn die Verschlechterung deshalb zu besorgen ist, weil der Eigentümer die erforderlichen Vorkehrungen gegen Einwirkungen Dritter oder gegen andere Beschädigungen unterlässt.**

§ 1135 Verschlechterung des Zubehörs

Einer Verschlechterung des Grundstücks im Sinne der §§ 1133, 1134 steht es gleich, wenn Zubehörstücke, auf die sich die Hypothek erstreckt, verschlechtert oder den Regeln einer ordnungsmäßigen Wirtschaft zuwider von dem Grundstück entfernt werden.

Übersicht

[41] MüKoBGB/*Lieder* § 1132 Rn. 38; Staudinger/*Wolfsteiner* § 1132 Rn. 60.
[42] OLG Celle ZIP 1997, 1830 betreffend Grundschuld.

I. Allgemeines

1 §§ 1133–1135 BGB regeln die **Rechte des Hypothekars,** wenn eine Verschlechterung des Grundstücks oder haftenden Zubehörs oder dessen Entfernung die **Sicherheit der Hypothek gefährdet** oder zu gefährden droht.

1. Vorzeitige Befriedigung

2 § 1133 BGB räumt dem Hypothekar ein **Befriedigungsrecht** (§ 1147 BGB) **vor Fälligkeit** ein, wenn das Grundstück verschlechtert und dadurch die Sicherheit der Hypothek gefährdet ist, und nicht in angemessener Frist Abhilfe geschaffen wird. Zutreffend wird auf die geringe praktische Bedeutung der Vorschrift bei solchen Hypotheken hingewiesen,[1] die Darlehensrückzahlungsansprüche (§ 488 Abs. 1 S. 2 BGB) sichern. Denn **§ 490 Abs. 1 BGB** berechtigt den Darlehensgeber unter ähnlichen Voraussetzungen in der Regel zur **fristlosen Darlehenskündigung.** Für den Darlehensgeber ist es zumeist vorzugswürdig, das Darlehen zu kündigen und sodann aus der Hypothek wegen des fälligen Darlehens vorzugehen.

2. Unterlassung

3 § 1134 BGB regelt den **Unterlassungsanspruch** des Hypothekars, wenn eine **Verschlechterung zu besorgen** ist.

3. Zubehör

4 Gemäß § 1135 BGB entstehen die Rechte der §§ 1133 f. BGB auch, wenn **Zubehör verschlechtert** oder entgegen den Regeln einer ordnungsmäßigen Wirtschaft vom Grundstück **entfernt** wird oder zu werden droht. Beschlagnahme ist nicht erforderlich.[2]

4. Verhältnis der Ansprüche

5 Anders als bei § 1133 BGB ist die Verschlechterung in den Fällen des § 1134 BGB noch nicht eingetreten. Jedoch muss die drohende Verschlechterung bei § 1134 BGB von einer Einwirkung des Eigentümers oder eines Dritten ausgehen, während die Ursache der Verschlechterung bei § 1133 BGB unerheblich[3] ist. Im Übrigen können die Rechte der §§ 1133–1135 BGB **gleichzeitig und nebeneinander** bestehen, zB wenn Grundstück und Zubehör verschlechtert sind und weitere Verschlechterung droht.

---

[1] MüKoBGB/*Lieder* § 1133 Rn. 1; Staudinger/*Wolfsteiner* § 1133 Rn. 1.
[2] Staudinger/*Wolfsteiner* § 1135 Rn. 4.
[3] Staudinger/*Wolfsteiner* § 1133 Rn. 6.

5. Grundschuld

Die §§ 1133–1135 BGB gelten bei **Grundschulden** entsprechend (§ 1192 Abs. 1 BGB).[4] Bei Sicherungsgrundschulden (§ 1192 Abs. 1a BGB) ist die Sicherheit nicht am Betrag der Grundschuld zu bemessen, sondern an der Höhe der gesicherten Forderung. 6

6. Schadensersatzansprüche

Gefährdet oder verschlechtert der Eigentümer die Sicherheit eines Grundpfandrechts, dann kann darin die Verletzung einer **Pflicht aus der Sicherungsabrede** liegen, die zum Schadensersatz verpflichtet (§ 280 Abs. 1 BGB). Ferner sind Grundpfandrechte **sonstige Rechte** im Sinne des § 823 Abs. 1 BGB;[5] folglich verpflichtet schuldhafte Verschlechterung, auch durch Dritte, zum Schadensersatz nach dieser Norm. § 1133 BGB ist kein **Schutzgesetz** im Sinne des § 823 Abs. 2 BGB (str.).[6] § 1134 BGB ist Schutzgesetz zugunsten des Grundpfandgläubigers,[7] ebenso § 1135 BGB in Verbindung mit § 1134 BGB, nicht aber iVm § 1133 BGB.[8] Nach Auffassung des BGH[9] begründet das Unterlassen der dem Eigentümer nach § 1134 Abs. 2 BGB obliegenden Schutzvorkehrungen für sich noch keinen Schadensersatzanspruch des Grundpfandgläubigers gegen den Eigentümer. Schadensersatz kann danach erst gefordert werden, wenn durch schuldhafte Verletzung der Obliegenheiten aus den §§ 1133, 1134 BGB das Grundpfandrecht selbst entwertet worden ist. 7

Bei Einwirkungen durch Dritte **rechtfertigt** das **Einverständnis** des Eigentümers eine schädigende Maßnahme nicht im Verhältnis zum Grundpfandgläubiger.[10] 8

Soweit Schadensersatzansprüche des Hypothekars und des Eigentümers dasselbe Interesse abdecken, besteht **Gesamtgläubigerschaft.**[11] 9

II. Befriedigungsrecht (§§ 1133, 1135)

1. Voraussetzungen

a) Verschlechterung oder Entfernung. Das Befriedigungsrecht gemäß §§ 1133, 1135 BGB setzt voraus, dass das **Grundstück** mit den wesentlichen Bestandteilen (§ 93 f. BGB) oder **Zubehör** (§§ 97 f. BGB) im Haftungsverband (§§ 1120–1122 BGB) verschlechtert oder haftendes Zubehör den Regeln ordnungsmäßiger Wirtschaft[12] zuwider vom Grundstück entfernt[13] wird. Verschlechterungen **anderer Gegenstände im Haftungsverband** als Zubehör erfassen die §§ 1133, 1135 BGB **nicht.**[14] 10

Verschlechterung ist eine Zustandsveränderung nach Eintragung der Hypothek[15] (vorher § 490 Abs. 1 BGB), die den **Verkehrswert mindert**[16] und **berechtigten Erwartungen** des Hypothekars widerspricht, also nicht gewöhnliche Wertminderung infolge Alters und Nutzung.[17] Ursache, Rechtswidrigkeit und Verschulden spielen für die § 1133, 1135 11

[4] BeckOGK/*Kiehnle* BGB § 1133 Rn. 46; MüKoBGB/*Lieder* § 1133 Rn. 20, § 1134 Rn. 20, § 1135 Rn. 14; Staudinger/*Wolfsteiner* § 1133 Rn. 32, § 1134 Rn. 33, § 1135 Rn. 10.
[5] BGHZ 65, 211 = NJW 1976, 189.
[6] Staudinger/*Wolfsteiner* § 1133 Rn. 3. AA MüKoBGB/*Lieder* § 1133 Rn. 21.
[7] BGHZ 65, 211 = NJW 1976, 189.
[8] Staudinger/*Wolfsteiner* § 1135 Rn. 9.
[9] BGHZ 105, 230 = NJW 1989, 1034.
[10] BGHZ 65, 211 = NJW 1976, 189.
[11] MüKoBGB/*Lieder* § 1134 Rn. 18. **AA** Staudinger/*Wolfsteiner* § 1134 Rn. 32 (Pfandrecht des Hypothekars am Schadensersatzanspruch des Eigentümers).
[12] → §§ 1121, 1122 Rn. 17.
[13] → §§ 1121, 1122 Rn. 7 ff.
[14] MüKoBGB/*Lieder* § 1135 Rn. 1; Staudinger/*Wolfsteiner* § 1133 Rn. 5, § 1135 Rn. 5.
[15] Staudinger/*Wolfsteiner* § 1133 Rn. 14.
[16] MüKoBGB/*Lieder* § 1133 Rn. 4; Staudinger/*Wolfsteiner* § 1133 Rn. 6.
[17] MüKoBGB/*Lieder* § 1133 Rn. 7; Staudinger/*Wolfsteiner* § 1133 Rn. 7. **AA** BeckOGK/*Kiehnle* BGB § 1133 Rn. 10.

BGB keine Rolle, also auch Naturereignis, Krieg, Nuklearkatastrophe.[18] Wertminderungen infolge **allgemeiner wirtschaftlicher Veränderungen** sollen nicht unter die §§ 1133, 1135 BGB fallen, sehr wohl aber konkrete Einflüsse auf die Marktlage eines auf einem Grundstück unterhaltenen Betriebs.[19] Die Differenzierung ist zweifelhaft: Wenn eine Viehseuche grassiert und deshalb Fleisch nicht mehr nachgefragt wird, dann hinge die vorzeitige Befriedigungsmöglichkeit davon ab, ob ein Zuchtbetrieb auf dem hypothekenbelasteten Grundstück befallen oder verschont geblieben ist. Für das Kündigungsrecht aus § 490 Abs. 1 BGB spielt die Unterscheidung ohnehin keine Rolle.

12 **Vortrag** und **Beweis** der Verschlechterungs- oder Entfernungstatsachen obliegen im Prozess demjenigen, der sich auf sie beruft.

13 Der Hypothekar kann **Besichtigung** verlangen (§ 809 BGB).

14 **b) Gefährdung der Hypothek.** Infolge der Verschlechterung, und nicht unabhängig von ihr, muss ein nicht unerheblicher **Ausfall in der Zwangsvollstreckung** drohen.[20]

15 **c) Fruchtlose Fristsetzung.** Der Hypothekar muss dem Eigentümer eine angemessene Beseitigungsfrist gesetzt haben, die verstrichen ist, ohne dass dieser der Gefährdung durch Verbesserung, Wiederbeschaffung oder anderweitige Hypothekenbestellung abgeholfen hat.

16 **aa) Fristsetzung.** Die Frist muss „zur Beseitigung" **(Aufforderung zur Beseitigung)** gesetzt sein und eine **angemessene Länge** haben. Die Angemessenheit bestimmt sich einerseits nach der Gefährdungsstärke, andererseits nach dem für eine unverzügliche Abhilfe erforderlichen Zeitraum. Eine **zu kurze Fristbestimmung** setzt eine angemessene Frist in Lauf.[21] Bedenken hiergegen in der Literatur,[22] die am Grundgedanken des Verbots der geltungserhaltenden Reduktion von AGB angelehnt sind, überzeugen nicht. Fristsetzung ist **entbehrlich** bei ernsthafter und endgültiger Weigerung des Eigentümers.[23] **Darlegungs- und Beweislast** für die Voraussetzungen wirksamer Fristsetzung, insbesondere Zugang und Zugangszeitpunkt, beziehungsweise Entbehrlichkeit trägt, wer sich darauf beruft.

17 **bb) Fruchtlosigkeit.** Die Frist muss abgelaufen sein, **ohne** dass der Eigentümer der **Gefährdung abgeholfen** hat. Die Beweislast für die Abhilfe liegt bei demjenigen, der sich auf sie beruft.

18 **Abhilfe** schafft der Eigentümer, indem er den Grundstückswert erhöht – es muss nicht der gleiche Zustand wie zuvor hergestellt werden,[24] Rückschaffung entfernten Zubehörs ist nur eine Möglichkeit[25] – oder an einem anderen Grundstück eine Hypothek für die Forderung bestellt, wobei die entstehende Gesamthypothek die gleiche Befriedigungsprognose ermöglichen muss wie die ursprüngliche Hypothek vor der Verschlechterung.[26] Die Verschaffung einer ungefährdeten Rangstelle für die gefährdete Hypothek hilft ebenfalls ab.[27]

19 Hat der Eigentümer bei Fristablauf **nicht abgeholfen,** dann entsteht das Befriedigungsrecht **irreversibel.** Spätere Abhilfe schafft es nicht mehr aus der Welt.[28]

---

[18] MüKoBGB/*Lieder* § 1133 Rn. 5; Staudinger/*Wolfsteiner* § 1133 Rn. 6.

[19] Staudinger/*Wolfsteiner* § 1133 Rn. 8. Andererseits soll ein Verfall des Mietniveaus eine maßgebliche Verschlechterung sein können (Staudinger/*Wolfsteiner* § 1133 Rn. 9), ohne dass es dabei auf den individuellen Wohnstandard ankommen soll – offenbar also auch bei allg. wirtschaftlichen Ursachen.

[20] MüKoBGB/*Lieder* § 1133 Rn. 9; Palandt/*Herrler* BGB §§ 1133–1135 Rn. 1; Staudinger/*Wolfsteiner* § 1133 Rn. 11.

[21] MüKoBGB/*Lieder* § 1133 Rn. 11.

[22] Staudinger/*Wolfsteiner* § 1133 Rn. 19.

[23] MüKoBGB/*Lieder* § 1133 Rn. 11; Staudinger/*Wolfsteiner* § 1133 Rn. 21.

[24] MüKoBGB/*Lieder* § 1133 Rn. 12; Staudinger/*Wolfsteiner* § 1133 Rn. 23.

[25] Staudinger/*Wolfsteiner* § 1135 Rn. 6.

[26] Staudinger/*Wolfsteiner* § 1133 Rn. 24.

[27] MüKoBGB/*Lieder* § 1133 Rn. 16.

[28] Palandt/*Herrler* BGB §§ 1133–1135 Rn. 2; MüKoBGB/*Lieder* § 1133 Rn. 18 f.; Staudinger/*Wolfsteiner* § 1133 Rn. 20.

2. Rechtsfolge

Der Gläubiger ist berechtigt, sofort ohne Rücksicht auf die Fälligkeit des gesicherten Anspruchs – § 1133 BGB bewirkt nicht die Fälligkeit des Anspruchs[29] – **Befriedigung aus dem Grundstück** (§ 1147 BGB) zu suchen (§ 1133 S. 2 BGB). 20

Bei einer Hypothek für einen **unverzinslichen Anspruch,** der noch nicht fällig ist, sind gemäß § 1133 S. 3 BGB vom Betrag die **gesetzlichen Zinsen**[30] bis zur Fälligkeit abzuziehen; der Abzug ist nach der Hoffmannschen Methode zu berechnen. Bei Ansprüchen, die niedriger zu verzinsen sind als der gesetzliche Zinssatz, ist kein Interusurium abzuziehen.[31] 21

§ 1133 BGB gibt keinen Anspruch auf **Beseitigung der Gefährdung.** Beseitigung kann aber als **Schadensersatz**[32] (§ 249 Abs. 1 BGB) geschuldet sein. 22

III. Unterlassungs- und Vornahmeanspruch (§§ 1134, 1135)

§ 1134 Abs. 1 BGB spricht vom Klagerecht des Hypothekars; richtig verstanden enthält die Vorschrift einen **Unterlassungsanspruch** gegen aktive Einwirkungen. In den Fällen des § 1134 Abs. 2 S. 2 BGB besteht auch ein **Anspruch auf Vornahme** wegen unterlassener Abwehr. Beseitigung ist nicht geschuldet, auch nicht bei § 1134 Abs. 2 S. 2 BGB, sondern allenfalls im Rahmen von Schadensersatz[33] (§ 249 Abs. 1 BGB). 23

1. Unterlassungsanspruch (§§ 1134 Abs. 1, 2 S. 1, 1135)

a) Voraussetzungen. Der Eigentümer oder ein Dritter **(Störer)** muss auf das Grundstück oder haftendes Zubehör so **einwirken,** dass eine die Hypothekensicherheit gefährdende Verschlechterung des Grundstücks oder Zubehörs **zu besorgen** ist. 24

aa) Einwirkung. Einwirkung bedeutet **willensgetragenes**[34] **aktives Handeln** des Störers. Anders als bei § 1133 BGB reichen Naturereignisse nicht aus. Wie auch sonst bei negatorischen Ansprüchen (s. § 1004 Abs. 2 BGB) muss die Einwirkung **rechtswidrig** sein, der Anspruch setzt aber **kein Verschulden**[35] voraus. **Unterlassen** ist keine Einwirkung im Sinne des § 1134 Abs. 1 BGB.[36] Soweit eine Handlungspflicht zur Bewahrung besteht, resultiert ein Vornahmeanspruch aus dem Rechtsgrund dieser Pflicht, gegebenenfalls auch aus § 1134 Abs. 2 S. 2 BGB, nicht aber aus § 1134 Abs. 1 BGB. Der Gesetzeswortlaut verlangt, dass die Einwirkung bereits **begonnen** hat – „zu besorgen" sein muss nicht die Einwirkung, sondern die Verschlechterung.[37] Dies ist misslich, weil der Hypothekar offenbar keinen Unterlassungsanspruch gegen ernsthaft drohende kurz bevorstehende Einwirkungen hat, und weil ihm der Unterlassungsanspruch gegen gegenwärtige Einwirkungen nichts nützt, wenn die betreffende Einwirkung sich schlagartig auswirkt. Das Rechtsproblem liegt ähnlich wie bei den §§ 862 Abs. 1 S. 2, 1004 Abs. 1 S. 2 BGB, die „weitere" Störungen oder Beeinträchtigungen voraussetzen, also nicht die erste Störung sanktionieren. So, wie dort entgegen dem Wortlaut die erstmalige Störung ausreicht,[38] 25

[29] MüKoBGB/*Lieder* § 1133 Rn. 14.
[30] → § 1118 Rn. 3.
[31] Staudinger/*Wolfsteiner* § 1133 Rn. 28.
[32] → Rn. 7 ff.
[33] → Rn. 22.
[34] Nicht unbedingt willentlich gegen die Hypothek gerichtet, Staudinger/*Wolfsteiner* § 1134 Rn. 3.
[35] MüKoBGB/*Lieder* § 1134 Rn. 4; Staudinger/*Wolfsteiner* § 1134 Rn. 7.
[36] BeckOGK/*Kiehnle* BGB § 1134 Rn. 4; **AA** MüKoBGB/*Lieder* § 1134 Rn. 9 f. Diff. Staudinger/*Wolfsteiner* § 1134 Rn. 3.
[37] Staudinger/*Wolfsteiner* § 1134 Rn. 4.
[38] Für alle MüKoBGB/*Schäfer* § 862 Rn. 3; MüKoBGB/*Raff* § 1004 Rn. 302.

reicht bei § 1134 Abs. 1 BGB eine hinreichend wahrscheinlich[39] **bevorstehende Einwirkung.**[40]

26 **bb) Besorgnis.** Zu besorgen sein muss, dass die Einwirkung eine Verschlechterung[41] des Grundstücks oder Zubehörs bewirkt, die die Sicherheit der Hypothek gefährdet.[42] Besorgnis besteht bei nach der Lebenserfahrung konkreter **Verschlechterungsprognose.**[43]

27 **cc) Fälligkeit, Beschlagnahme.** Fälligkeit des gesicherten Anspruchs und Beschlagnahme sind für den Unterlassungsanspruch gleichgültig.[44]

28 **b) Rechtsfolge. aa) Unterlassungsanspruch.** Der Anspruch richtet sich gegen den **Störer**[45] und darauf, dass dieser die **Einwirkung künftig unterlässt.** Eine gegenwärtige Einwirkung ist zu beenden, eine bevorstehende Einwirkung[46] hat zu unterbleiben. Welches Verhalten der Störer damit schuldet, hängt von den Umständen ab. Soweit Abbruch der (Vorbereitungs-)Handlung ausreicht, um die Einwirkung zu beenden oder zu verhüten, schuldet er **Abbruch** und sodann **Untätigkeit.** Soweit der Störer einen Ablauf in Gang gesetzt hat, der ohne sein Zutun störend fortwirkt, hat der Störer diesen Ablauf **aktiv zu beenden** und anschließend untätig zu bleiben. Aktive Beendigung ist **Unterlassen durch positives Tun** und macht den Anspruch nicht zu einem Beseitigungsanspruch.[47]

29 **bb) Klageantrag und Tenor in der Hauptsache (§ 1134 Abs. 2 S. 1).** Eine **Unterlassungsklage** hat einen **bestimmten Antrag** zu enthalten (§ 253 Abs. 2 Nr. 2 ZPO). Dies steht im Konflikt mit der Freiheit des beklagten Störers bei der Wahl der Mittel, mit denen er dem Unterlassungsgebot nachkommt. Ferner darf das erkennende Gericht gemäß § 308 Abs. 1 ZPO konkrete Verhaltensmaßnahmen nur dann tenorieren, wenn sie beantragt sind. Andererseits muss der **Urteilstenor hinreichend bestimmt** sein, damit das Urteil vollstreckt werden kann. Den konträren Anforderungen wird ein Kläger gerecht, wenn er die zu unterlassenden Störungen angibt.[48] Konkrete Handlungsanweisungen sind in den Antrag aufzunehmen, wenn nach Sachlage nur eine einzige Verhaltensmöglichkeit geeignet erscheint.[49] Andernfalls reicht in Antrag und Tenor aus, es seien „geeignete Maßnahmen zu treffen".[50] Im Übrigen kann ein richterlicher Hinweis helfen (§ 139 Abs. 1 S. 2 ZPO). Diese Grundsätze gelten auch bei § 1134 Abs. 1 BGB, wenn ein **Dritter Störer** ist. Ist der **Eigentümer Störer,** dann ist die prozessrechtliche **Sonderregel** des § 1134 Abs. 2 S. 1 BGB zu beachten. Danach hat das Gericht auf Antrag des Gläubigers die erforderlichen Abwendungsmaßregeln anzuordnen. Der Antrag kann pauschal darauf gerichtet sein, dass Abwendungsmaßregeln angeordnet werden, konkrete Maßnahmen brauchen nicht beantragt zu werden. Das Gericht kann unter mehreren geeigneten Maßnahmen auswählen und nach Gehör und gegebenenfalls richterlichem Hinweis den Störer auf eine oder einige der im Einzelfall in Betracht kommenden[51] Maßnahmen festlegen.[52] § 1133 Abs. 2 S. 1

[39] Zur Wahrscheinlichkeitsprognose zB MüKoBGB/*Raff* § 1004 Rn. 304 ff.
[40] Ebenso Staudinger/*Wolfsteiner* § 1134 Rn. 4, 6 betreffend wiederholende Einwirkungen.
[41] → Rn. 11 f.
[42] → Rn. 14.
[43] BeckOGK/*Kiehnle* BGB § 1134 Rn. 9; MüKoBGB/*Lieder* § 1134 Rn. 4; Staudinger/*Wolfsteiner* § 1134 Rn. 5.
[44] BeckOGK/*Kiehnle* BGB § 1134 Rn. 17; Staudinger/*Wolfsteiner* § 1134 Rn. 9.
[45] Staudinger/*Wolfsteiner* § 1134 Rn. 10.
[46] → Rn. 25.
[47] Zum Topos des Unterlassens durch positives Tun und der Abgrenzung von der Beseitigung Staudinger/*Gursky* (2006) § 1004 Rn. 211.
[48] MüKoBGB/*Raff* § 1004 Rn. 321 f.
[49] MüKoBGB/*Raff* § 1004 Rn. 322.
[50] MüKoBGB/*Raff* § 1004 Rn. 322. **AA** Staudinger/*Wolfsteiner* § 1134 Rn. 22 („annähernde Vorstellungen über die in Betracht kommenden Maßnahmen").
[51] Bsp. für Maßnahmen bei MüKoBGB/*Lieder* § 1134 Rn. 14; Staudinger/*Wolfsteiner* § 1134 Rn. 23 ff.
[52] **AA** Staudinger/*Wolfsteiner* § 1134 Rn. 14.

BGB ermächtigt das Gericht nicht dazu, prophylaktisch Maßnahmen gegen Gefährdungen anzuordnen, die außerhalb der gegenwärtigen Prognose liegen.[53]

2. Vornahmeanspruch (§§ 1134 Abs. 2 S. 2, 1135)

Ist eine Verschlechterung zu besorgen, weil der Eigentümer erforderliche Vorkehrungen gegen Einwirkungen Dritter oder andere Beschädigungen unterlässt, hat das Gericht auf Antrag des Hypothekars die zur Abwendung der Gefährdung erforderlichen Maßregeln anzuordnen (§ 1134 Abs. 2 S. 2 BGB). Materiellrechtlich[54] verpflichtet die Norm den Eigentümer zu situativ erforderlicher **aktiver Prävention**[55] gegen **Schädigungen durch Dritte** (zB Bausicherung) und **andere Einwirkungen** im Sinne des § 1133 BGB. Von Gesetzes wegen besteht keine allgemeine **Pflicht zu ordnungsgemäßer Verwaltung,** zB durch Vermietung oder – str. – Abschluss einer Sachversicherung.[56] Eine solche Pflicht ist tunlichst in die Sicherungsabrede aufzunehmen und dort auszudifferenzieren. 30

3. Einstweiliger Rechtsschutz

Die Ansprüche der §§ 1134 f. BGB können durch **einstweilige Verfügung** (§§ 935 ff. ZPO) gesichert werden. So kann zB zur Sicherung des Anspruchs aus § 1134 Abs. 2 BGB die **Zwangsverwaltung des Grundstücks** (§§ 146 ff. ZVG) angeordnet werden.[57] 31

§ 1136 Rechtsgeschäftliche Verfügungsbeschränkung

Eine Vereinbarung, durch die sich der Eigentümer dem Gläubiger gegenüber verpflichtet, das Grundstück nicht zu veräußern oder nicht weiter zu belasten, ist nichtig.

Übersicht

I. Allgemeines

§ 1136 BGB betrifft nicht die Hypothek, sondern die **Sicherungsabrede.** Die Norm hängt mit § 137 BGB zusammen. Danach haben **rechtsgeschäftliche Verfügungsverbote** keine absolute Wirkung (§ 137 S. 1 BGB), sie sind aber schuldrechtlich wirksam (§ 137 S. 2 BGB). Demgegenüber sind gemäß § 1136 BGB rechtsgeschäftliche Verfügungsverbote **zwischen Hypothekar**[1] **und Eigentümer,** wonach dieser das Grundstück nicht veräußern oder belasten darf, **auch schuldrechtlich unwirksam.**[2] Demnach entsteht keine Schadensersatzpflicht des Eigentümers gemäß § 280 Abs. 1 BGB, und es wird keine Vertragsstrafe verwirkt, wenn der Eigentümer das Grundstück abredewidrig veräußert oder belastet. Das Schicksal der Sicherungsabrede richtet sich nach § 139 BGB.[3] Die Hypothek selbst bleibt von alldem unberührt.[4] 1

---

[53] **AA** Staudinger/*Wolfsteiner* § 1134 Rn. 21.

[54] Zum prozessrechtlichen Gehalt der Norm wie zuvor → Rn. 29.

[55] Staudinger/*Wolfsteiner* § 1134 Rn. 15.

[56] Staudinger/*Wolfsteiner* § 1134 Rn. 16 f. **AA** betreffend „üblichen Versicherungsschutzes" MüKoBGB/*Lieder* § 1134 Rn. 11.

[57] Kindl/Meller-Hannich/Wolf/*Haertlein* Gesamtes Recht der Zwangsvollstreckung, ZPO § 938 Rn. 17; MüKoZPO/*Drescher* § 938 Rn. 29; Stein/Jonas/*Grunsky* ZPO § 938 Rn. 24.

[1] Einzelheiten BGH MDR 1966, 756.

[2] Zum Gesetzeszweck s. Staudinger/*Wolfsteiner* § 1136 Rn. 3.

[3] MüKoBGB/*Lieder* § 1136 Rn. 2; Palandt/*Herrler* BGB § 1136 Rn. 1.

[4] Staudinger/*Wolfsteiner* § 1136 Rn. 1 f.

2 Die Vorschrift ist bei **Grundschulden** entsprechend anzuwenden (§ 1192 Abs. 1 BGB).[5]

II. Unwirksame und wirksame Vereinbarungen

3 **Nicht** unter § 1136 BGB, sondern unter § 137 BGB, fallen rechtsgeschäftliche Verfügungsverbote zwischen Hypothekar und Eigentümer mit **anderem** als dem in § 1136 BGB genannten **Inhalt,** zB Verbote der Teilung und Aufteilung in Wohnungseigentum oder der Vereinigung und Zuschreibung (Einzelheiten str.[6]), und rechtsgeschäftliche Verfügungsverbote zwischen dem Eigentümer und **Dritten** (Einzelheiten str.[7]). § 1136 BGB hindert auch nicht die Wirksamkeit einer Vereinbarung zwischen Eigentümer und Grundschuldgläubiger, dass **Ansprüche auf Rückgewähr vorrangiger Grundschulden** abgetreten werden und die vorrangigen Rechte als weitere Sicherheit dienen sollen.[8] Die Abtretung von Rückgewähransprüchen betreffend **nachrangiger Grundschulden** ist dagegen nichtig.[9]

4 Im Übrigen erfasst § 1136 BGB schuldrechtliche Vereinbarungen, die den Eigentümer verpflichten, das Grundstück ganz oder zum Teil nicht zu veräußern oder nicht weiter zu belasten. Nichtig sind auch Vereinbarungen, nach denen die Zulässigkeit von Veräußerung oder Belastung von **Bedingungen** abhängt, zB der Zustimmung des Hypothekars,[10] oder der Eigentümer sich verpflichtet, das Grundstück **an einen bestimmten Dritten** und an niemanden sonst **zu veräußern.**[11] **Zulässig** ist die Bestellung eines **dinglichen Vorkaufsrechts** (§§ 1094 ff. BGB) des Hypothekars.[12] Eine Vereinbarung von Eigentümer und Hypothekar, nach der die **Hypothek** einschl. **Darlehen** im Fall ganzer oder teilweiser **Veräußerung** des Grundstücks **fristlos gekündigt** werden kann, verstößt nicht gegen § 1136 BGB und nicht gegen § 307 Abs. 2 Nr. 1 BGB.[13] Fälligkeits- und Kündigungsvereinbarungen für den Fall nachrangiger Grundstücksbelastung sind dagegen nichtig.[14]

§ 1137 Einreden des Eigentümers

(1) [1]**Der Eigentümer kann gegen die Hypothek die dem persönlichen Schuldner gegen die Forderung sowie die nach § 770 einem Bürgen zustehenden Einreden geltend machen.** [2]**Stirbt der persönliche Schuldner, so kann sich der Eigentümer nicht darauf berufen, dass der Erbe für die Schuld nur beschränkt haftet.**

(2) **Ist der Eigentümer nicht der persönliche Schuldner, so verliert er eine Einrede nicht dadurch, dass dieser auf sie verzichtet.**

§ 1138 Öffentlicher Glaube des Grundbuchs

Die Vorschriften der §§ 891 bis 899 gelten für die Hypothek auch in Ansehung der Forderung und der dem Eigentümer nach § 1137 zustehenden Einreden.

---

[5] Staudinger/*Wolfsteiner* § 1136 Rn. 219.
[6] Staudinger/*Wolfsteiner* § 1136 Rn. 11 ff.
[7] Staudinger/*Wolfsteiner* § 1136 Rn. 9.
[8] Staudinger/*Wolfsteiner* § 1136 Rn. 5. Zu den inmitten stehenden AGB-rechtlichen Fragen BGHZ 110, 108 = NJW 1990, 1177.
[9] Staudinger/*Wolfsteiner* § 1136 Rn. 5.
[10] Staudinger/*Wolfsteiner* § 1136 Rn. 6.
[11] Staudinger/*Wolfsteiner* § 1136 Rn. 7.
[12] Palandt/*Herrler* BGB § 1136 Rn. 1.
[13] BGHZ 76, 371 = NJW 1980, 1625.
[14] Staudinger/*Wolfsteiner* § 1136 Rn. 19.

Übersicht

I. Allgemeines

1. Gegenrechte des Hypothekenschuldners

Die §§ 1137, 1138 BGB regeln einen Ausschnitt aus dem Komplex der **Gegenrechte des Eigentümers** gegen die Inanspruchnahme der Hypothek (§ 1147 BGB) durch den Hypothekar. Dabei ist zu unterscheiden.[1] 1

a) Eigentümer- und schuldnerbezogene Gegenrechte. Gegenrechte (Einreden im prozessualen Sinn) des Eigentümers sind zu unterteilen in eigentümer- und schuldnerbezogene Gegenrechte. Eigentümerbezogene Gegenrechte betreffen allein das Grundpfandrecht selbst, zB Unwirksamkeit der dinglichen Einigung, Stundung der Hypothek, fehlende Briefübergabe. **Eigentümerbezogene** Gegenrechte regelt **§ 1157 BGB.** Schuldnerbezogene Gegenrechte sind solche, die der persönliche Schuldner der Inanspruchnahme aus dem gesicherten Anspruch entgegenhalten kann. Da die Hypothek akzessorisch ist, stehen sie grundsätzlich auch dem Hypothekenschuldner zu. **§§ 1137, 1138 BGB** regeln **schuldnerbezogene** Gegenrechte. 2

b) Einwendungen und Einreden. In der materiellrechtlichen Diktion ist bei den Gegenrechten zu unterscheiden zwischen Einwendungen und Einreden. **Einwendungen** sind entweder **rechtshindernd** – das Recht ist nicht entstanden, zB weil das Darlehen nicht ausbezahlt wurde – oder **rechtsvernichtend** – das entstandene Recht ist untergegangen, zB durch Erfüllung (§ 362 Abs. 1 BGB). **Einreden** sind **rechtshemmend,** bilden also ein dauerndes oder vorübergehendes Leistungsverweigerungsrecht gegen einen bestehenden Anspruch, zB die Stundung des gesicherten Anspruchs. **Schuldnerbezogene Einwendungen** des Hypothekenschuldners ergeben sich aus den **§§ 1163 Abs. 1, 1138 BGB,** schuldnerbezogene **Einreden** regeln die **§§ 1137, 1138 BGB.** 3

c) Ursprünglicher Hypothekengläubiger und Zessionserwerber. Schließlich ist von Bedeutung, ob der Hypothekar ursprünglicher Hypothekengläubiger oder Zessionserwerber der Hypothek (§§ 398, 1154, 1153 Abs. 1 BGB) ist. Dem **ursprünglichen Hypothekar** können alle schuldnerbezogenen Einwendungen und Einreden **unbeschränkt** entgegengehalten werden (§§ 1163 Abs. 1, 1137 BGB). Dies gilt grundsätzlich auch im Verhältnis zum **Zessionserwerber** (§§ 404, 1137 BGB). Jedoch besteht hier Verkehrs- und Gutglaubensschutz. Einwendungen und Einreden können beim Transfer **verlorengehen** (§ 1138 BGB). 4

[1] Systematik bei Baur/Stürner/*Stürner* Sachenrecht § 38 Rn. 63 ff.

2. Vermutung, Grundbuchberichtigung, Rechtsgeschäft mit dem Eingetragenen

5 Die Vermutung des § 891 BGB gilt gemäß § 1138 BGB für die Hypothek auch in Ansehung von Forderung und Einreden;[2] ferner hat der Eigentümer insoweit die Rechte auf Grundbuchberichtigung und Widerspruch (§§ 1138, 894–899 BGB). Zugunsten des Eigentümers wirkt der öffentliche Glaube des Grundbuchs gemäß §§ 1138, 893 BGB.[3]

3. Grundschuld

6 §§ 1137, 1138 BGB sind bei Grundschulden **nicht** anzuwenden (§ 1192 Abs. 1 BGB).[4] Schuldnerbezogene Einreden, die den Sicherungszweck entfallen lassen, sind bei der **Sicherungsgrundschuld** (§ 1192 Abs. 1a BGB) Einreden gegen die Grundschuld (§ 1157 BGB).[5]

II. Schuldnerbezogene Einreden gegen ursprünglichen Hypothekar (§ 1137)

7 Der Eigentümer kann, wenn ihn der ursprüngliche Hypothekar in Anspruch nimmt (§ 1147 BGB), die **Einreden des persönlichen Schuldners** gegen die Forderung erheben (§ 1137 Abs. 1 S. 1 BGB). Dem Eigentümer stehen ferner die **Einreden des Bürgen** gemäß § 770 BGB zu (§ 1137 Abs. 1 S. 1 BGB), und wenn der persönliche Schuldner auf eine Einrede **verzichtet,** bleibt sie dem Eigentümer erhalten, es sei denn, die Hypothek ist Schuldnersicherheit (§ 1137 Abs. 2 BGB). Der Eigentümer hat aber nicht die Einrede der **beschränkten Erbenhaftung** (§ 1137 Abs. 1 S. 2 BGB).

8 Einreden im Sinne des § 1137 BGB sind vorübergehende (dilatorische) oder dauerhafte (peremptorische, s. § 1169 BGB) **Leistungsverweigerungsrechte,** also Einreden im materiellrechtlichen Sinn, nicht zu verwechseln mit den Einreden im prozessualen Sinn.

1. Einreden des persönlichen Schuldners

9 Zu den Einreden des persönlichen Schuldners zählen[6] ua die Stundung des gesicherten Anspruchs, die Einrede des nichterfüllten Vertrags (§ 320 BGB), das Zurückbehaltungsrecht gemäß § 273 BGB, die rechtskräftige Abweisung der Forderung gegen den persönlichen Schuldner, ein pactum de non petendo und die Bereicherungseinrede. Die Einrede der **Verjährung** (§ 214 Abs. 1 BGB) hindert den Gläubiger nicht, die Hypothek zu verwerten (§ 216 Abs. 1 BGB); Ausnahmen gelten bei der Verjährung von Ansprüchen auf Zinsen und andere wiederkehrende Leistungen (§ 216 Abs. 3 BGB).[7]

2. Einreden des Bürgen gemäß § 770 BGB

10 Der Eigentümer kann die Befriedigung des Hypothekars verweigern, solange der persönliche Schuldner anfechten (§ 770 Abs. 1) oder der Gläubiger gegen eine fällige Forderung des persönlichen Schuldners aufrechnen kann (§ 770 Abs. 2 BGB).

11 **a) Anfechtungsrecht des Schuldners.** Ist die Hypothek **Schuldnersicherheit,** dann kann der Hypothekenschuldner als persönlicher Schuldner anfechten; die Einrede gemäß

[2] Einzelheiten MüKoBGB/*Lieder* § 1138 Rn. 10 ff.; Staudinger/*Wolfsteiner* § 1138 Rn. 12 ff.
[3] Einzelheiten MüKoBGB/*Lieder* § 1138 Rn. 22; Staudinger/*Wolfsteiner* § 1138 Rn. 26.
[4] MüKoBGB/*Lieder* § 1137 Rn. 35; Palandt/*Herrler* BGB § 1137 Rn. 8; Staudinger/*Wolfsteiner* § 1137 Rn. 33; BGH NJW 1996, 1207 betreffend § 1138 BGB.
[5] MüKoBGB/*Lieder* § 1191 Rn. 96.
[6] Überblick MüKoBGB/*Lieder* § 1137 Rn. 16; Staudinger/*Wolfsteiner* § 1137 Rn. 7.
[7] → Vorb. Rn. 42 f.

§§ 1137 Abs. 1 S. 1, 770 Abs. 1 BGB steht ihm nicht zu (str.[8]). Bei einer **Drittsicherheit** kann der Hypothekenschuldner ein Anfechtungsrecht (§§ 119 f., 123 BGB) des persönlichen Schuldners nicht ausüben. Ficht der persönliche Schuldner an, dann entfällt der gesicherte Anspruch (§ 142 Abs. 1 BGB), die Fremdhypothek wird Eigentümergrundschuld (§§ 1163 Abs. 1, 1177 Abs. 1 BGB). Ist das Anfechtungsrecht verfristet (§§ 121, 124 BGB), dann entfällt auch die Einrede des Hypothekenschuldners. Bis dahin kann dieser die Leistung verweigern.

b) Aufrechnungsmöglichkeit des Hypothekars. Der **Hypothekar** muss gegen eine **fällige** Forderung des persönlichen Schuldners aufrechnen können. Hat der Hypothekar oder der persönliche Schuldner aufgerechnet, dann geht der gesicherte Anspruch unter (§ 389 BGB), die Fremdhypothek wird Eigentümergrundschuld (§§ 1163 Abs. 1 S. 2, 1177 Abs. 1 BGB). Kann der **persönliche Schuldner aufrechnen,** dann ist § 770 Abs. 2 BGB nicht anwendbar, auch nicht entsprechend. § 770 Abs. 2 BGB ist Ausdruck der Subsidiarität der Bürgschaft; dieser Gedanke trägt nur bei Aufrechnungsmöglichkeit des Gläubigers.[9] Auch § 770 Abs. 1 BGB ist nicht entsprechend anzuwenden, weil keine Gesetzeslücke besteht. 12

c) Andere Gestaltungsrechte und Einreden des persönlichen Schuldners. Andere Gestaltungsrechte des Gläubigers oder des persönlichen Schuldners als die des § 770 BGB (zB Rücktrittsrecht) und andere Einreden des Bürgen (zB § 771 BGB) verschaffen dem Hypothekenschuldner keine Einrede.[10] 13

3. Tod des persönlichen Schuldners

Stirbt der persönliche Schuldner, dann steht dem Eigentümer **nicht** die Einrede der **beschränkten Erbenhaftung** zu (§ 1137 Abs. 1 S. 2 BGB). Er profitiert auch nicht vom **Aufgebot der Nachlassgläubiger** (§§ 1973, 2016 Abs. 2 BGB). 14

4. Verzicht des persönlichen Schuldners

Verzichtet der persönliche Schuldner auf eine Einrede, dann bleibt sie dem Hypothekenschuldner einer **Drittsicherheit** gleichwohl erhalten (§ 1137 Abs. 2 BGB). Die Vorschrift betrifft **nicht** die Einreden des **§ 770 BGB,** die nur „solange" bestehen wie die dort beschriebene Gestaltungslage.[11] Ferner ist der Hypothekenschuldner mit solchen schuldnerbezogenen Einwendungen nicht zu hören, mit denen der persönliche Schuldner dem Gläubiger gegenüber gemäß **§ 767 Abs. 2 ZPO** präkludiert wäre.[12] 15

III. Schuldnerbezogene Einwendungen und Einreden gegen Zessionserwerber (§ 1138)

1. Regelungsgehalt von § 1138 BGB

Grundsätzlich hat der Eigentümer gegen einen **Zessionserwerber** der Hypothek (§§ 398, 1154, 1153 Abs. 1 BGB) die **gleichen Einwendungen und Einreden** wie gegen den ursprünglichen Hypothekar. Sie können aber beim Erwerb einer **Verkehrshypothek** – nicht bei der Sicherungshypothek (§ 1185 Abs. 2 BGB) – aufgrund von **Rechtsschein** und **Gutgläubigkeit** verloren gehen (§§ 1138, 892 BGB). 16

[8] **AA** BeckOGK/*Kiehnle* BGB § 1137 Rn. 13.
[9] BeckOGK/*Kiehnle* BGB § 1137 Rn. 27; *Primaczenko* JA 2007, 173.
[10] Staudinger/*Wolfsteiner* § 1137 Rn. 18 ff. **AA** MüKoBGB/*Lieder* § 1137 Rn. 24 betreffend andere Gestaltungsrechte.
[11] MüKoBGB/*Lieder* § 1137 Rn. 33; Staudinger/*Wolfsteiner* § 1137 Rn. 22.
[12] BGH NJW 2013, 3242 mAnm *Brehm* WuB VI D. § 767 ZPO 1.13; *Walker/Storck* LMK 2013, 353033.

17 § 1138 BGB stellt zunächst klar, dass die §§ 891–899 BGB **„für die Hypothek"** gelten. Ohne diese Beglaubigung wäre die **Möglichkeit gutgläubigen Erwerbs einer Hypothek gemäß § 892 BGB** grundlegend und unabhängig vom Bestand des gesicherten Anspruchs zweifelhaft, weil die Hypothek im Verkehr nicht „durch Rechtsgeschäft" (§ 892 Abs. 1 S. 1 BGB) erworben wird, sondern **kraft Gesetzes** (§ 1153 Abs. 1 BGB) **infolge Rechtsgeschäfts** (§§ 398, 1154 BGB).[13] Gemäß § 1138 BGB kann nun der Zessionar einer hypothekengesicherten Forderung sich ungeachtet dieser rechtskonstruktiven Feinheit auf den öffentlichen Glauben des Grundbuchs (§ 892 BGB) in Ansehung der Hypothek so verlassen, als sei die Hypothek selbst Gegenstand der Verfügung,[14] und zwar auch bei der Sicherungshypothek.[15] Bei Unrichtigkeit des Grundbuchs kann der Eigentümer daher Grundbuchberichtigung verlangen (§ 894 BGB) und die Eintragung eines Widerspruchs (§ 899 BGB) erwirken.

18 Die Anwendbarkeit von § 892 BGB für die Hypothek würde dem Zessionar nicht helfen, wenn der **Berechtigungsmangel des Zedenten** die **Forderung** betrifft, weil diese nicht existiert oder der Zedent nicht ihr Gläubiger ist. Ferner müsste er sich als Hypothekar weiterhin die **Einreden** gemäß § 1137 BGB entgegenhalten lassen. § 1138 BGB hilft dem ab, indem er anordnet, dass die §§ 891–899 BGB „für die Hypothek **auch in Ansehung der Forderung und der dem Eigentümer nach § 1137 zustehenden Einreden**" gelten.

2. Gesicherter Anspruch

19 Gemäß § 1138 BGB gilt § 892 BGB in Ansehung der Forderung und der Einreden **nur „für die Hypothek".** Für den gesicherten **Anspruch** selbst lässt § 1138 BGB **alles beim Alten.** Wenn der Anspruch nicht besteht, kann ihn eine Zession **nicht in die Welt setzen;** Ausnahmen gelten gemäß § 405 BGB und bei wertpapierverbrieften Ansprüchen. Existiert der Anspruch, steht er aber nicht dem Zedenten zu, dann kann er ihn nicht durch Zession **mobilisieren** (Ausnahme § 185 BGB). Der **Verlust von Gegenrechten** ist ausgeschlossen (§ 404 BGB). Auch die Vermutung des § 891 BGB gilt im Prozess nicht.

3. Forderung und Einreden „für die Hypothek"

20 Die Geltung von § 892 BGB in Ansehung der Forderung und der Einreden „für die Hypothek" bedeutet, dass der öffentliche Glaube des Grundbuchs im Verein mit gutem Glauben des Zessionars die **Gläubigerstellung** des Zedenten betreffend die Forderung **ersetzt,** soweit dies **zum Erwerb der Hypothek erforderlich** ist, und **Einreden ausschließt.**

21 **a) Öffentlicher Glaube. aa) Forderung.** Der öffentliche Glaube des Grundbuchs umfasst die Existenz des gesicherten Anspruchs für den eingetragenen Gläubiger mit dem eingetragenen Betrag nebst Zinsen und anderen Nebenleistungen (§ 1115 BGB). Wenn das Grundbuch insoweit unrichtig ist, kann der Eigentümer Berichtigung verlangen (§§ 1138, 894 BGB) und einen Widerspruch eintragen lassen (§§ 1138, 899, 1139 BGB). Für den Forderungsbestand kann der Zessionar sich im Prozess auf die Vermutung des § 891 Abs. 1 BGB berufen, soweit das Grundbuch die Forderung ausweist.

22 **bb) Einreden.** Ferner umfasst der öffentliche Glaube des Grundbuchs die Abwesenheit von Einreden im Sinne des § 1137 BGB. Daraus ergibt sich, dass alle Einreden des § 1137 BGB zugleich mit der Hypothek oder später im Wege der Grundbuchberichtigung im

---

[13] BeckOGK/*Kiehnle* BGB § 1138 Rn. 2. BGH NJW 1986, 1487 verneint für den ähnlichen Fall der §§ 1192 Abs. 2, 1150, 268 Abs. 3 BGB die Möglichkeit gutgläubigen Erwerbs mit der für sich genommen zutreffenden Begründung, es werde kraft Gesetzes und nicht durch Rechtsgeschäft erworben. Dagegen *Canaris* NJW 1986, 1488.

[14] Baur/Stürner/*Stürner* Sachenrecht § 38 Rn. 71; *Canaris* NJW 1986, 1488.

[15] Staudinger/*Wolfsteiner* § 1138 Rn. 11.

Grundbuch eingetragen (§§ 1138, 894 BGB) und durch Widerspruch gesichert (§§ 1138, 899 BGB) werden können.[16]

cc) Brief. Bei einer **Briefhypothek** sind die §§ 1140, 1155 BGB zu beachten. 23

b) Guter Glaube. Soweit der öffentliche Glaube reicht, schadet dem Zessionar nur **Kenntnis** vom Berechtigungsmangel oder der Einrede (§§ 1138, 892 BGB). Guter Glaube wird vermutet. 24

c) Hypothekenerwerb. aa) Forderung existiert nicht. Existiert die Forderung nicht, so erwirbt der Zessionar eine **forderungsentkleidete Hypothek,**[17] gegen die der Eigentümer nicht vorbringen kann, die Forderung sei nicht entstanden oder untergegangen. 25

bb) Zedent ist nicht Forderungsgläubiger. Wenn der gesicherte Anspruch besteht, der Zedent aber nicht ihr Gläubiger ist, dann erwirbt der Zessionar ebenfalls eine Hypothek, der Anspruch bleibt beim bisherigen Gläubiger. Persönlicher und dinglicher **Gläubiger sind nicht identisch.** Im Schrifttum[18] wird dazu die Auffassung vertreten, dass in solchen Fällen der gesicherte Anspruch ipso iure auf den Hypothekenerwerber übergeht (Einheitstheorie). Zutreffend ist jedoch, dass Hypothek und Anspruch auf Gläubigerseite dauerhaft auseinanderfallen (Trennungstheorie).[19] Der Umstand, dass gegebenenfalls doppelt bezahlt werden muss, liegt in der Konsequenz des § 1138 BGB und wird auch so hingenommen, wenn die Forderung vor dem gutgläubigen Hypothekenerwerb erfüllt worden war. 26

d) Einredeverlust. Unter den genannten Voraussetzungen verliert der Eigentümer Einreden gegen die Hypothek, die er vor der Zession dem Hypothekar entgegensetzen konnte. 27

§ 1139 Widerspruch bei Darlehensbuchhypothek

[1] Ist bei der Bestellung einer Hypothek für ein Darlehen die Erteilung des Hypothekenbriefs ausgeschlossen worden, so genügt zur Eintragung eines Widerspruchs, der sich darauf gründet, dass die Hingabe des Darlehens unterblieben sei, der von dem Eigentümer an das Grundbuchamt gerichtete Antrag, sofern er vor dem Ablauf eines Monats nach der Eintragung der Hypothek gestellt wird. [2] Wird der Widerspruch innerhalb des Monats eingetragen, so hat die Eintragung die gleiche Wirkung, wie wenn der Widerspruch zugleich mit der Hypothek eingetragen worden wäre.

Übersicht

I. Allgemeines

Die Norm betrifft nur die **Buchhypothek** (§ 1116 Abs. 2 BGB) und hängt zusammen mit § 1138 BGB. Eine Darlehenshypothek, die als Fremdhypothek eingetragen ist, ist vor 1

[16] → § 1163 Rn. 7.
[17] Staudinger/*Wolfsteiner* § 1138 Rn. 8.
[18] Baur/Stürner/*Stürner* Sachenrecht § 38 Rn. 28; Erman/*Wenzel* BGB § 1153 Rn. 3; *Weber* Kreditsicherungsrecht § 11 IV 1.
[19] *Bülow* Recht der Kreditsicherheiten Rn. 300; BeckOGK/*Kiehnle* BGB § 1138 Rn. 17; MüKoBGB/*Lieder* § 1153 Rn. 16 ff.

Valutierung Eigentümergrundschuld (§§ 1163 Abs. 1 S. 1, 1177 Abs. 1 BGB). Der Eigentümer riskiert aber, dass ein Zessionserwerber eine forderungsentkleidete Fremdhypothek erwirbt (§§ 1138, 892 BGB). Dem kann er vorbeugen durch Widerspruch (§ 899 BGB), für den § 1139 BGB erleichternde Voraussetzungen und weitergehende Wirkungen vorsieht.

2 § 1139 BGB ist bei der **Sicherungshypothek** nicht anzuwenden (§ 1185 Abs. 2 BGB). Die Norm ist nicht entsprechend anwendbar bei **anderen Hypotheken als Darlehenshypotheken,** und auch nicht bei **anderen Widersprüchen** als solchen, die sich dagegen richten, das Darlehen sei ausgezahlt.[1] Bei einer **Briefhypothek** schützen die §§ 1117 Abs. 1, 1163 Abs. 2 BGB, § 60 Abs. 1 Hs. 1 GBO den Eigentümer, allerdings nur unvollständig.[2] § 1139 BGB ist bei Briefhypotheken mangels Regelungslücke nicht entsprechend anzuwenden, auch nicht, soweit der Schutz des § 1117 Abs. 1 BGB ausgeschaltet ist.[3] § 1139 BGB ist bei **Grundschulden** nicht entsprechend anwendbar.[4]

II. Widerspruchsvoraussetzungen (S. 1)

3 Die Eintragung eines Widerspruchs, dass die **Darlehensauszahlung unterblieben** sei, bedarf entgegen § 899 Abs. 2 BGB keiner Bewilligung und keiner einstweiligen Verfügung, wenn der Eigentümer den Widerspruch **vor Ablauf eines Monats** seit Hypothekeneintragung (§§ 187 ff. BGB) beim Grundbuchamt **beantragt.** Die Frist ist gewahrt, wenn der Antrag fristgemäß bei dem Amtsgericht eingeht, zu dem das zuständige Grundbuchamt gehört; nicht erforderlich ist, dass er innerhalb der Frist dem zuständigen Mitarbeiter des Grundbuchamts vorgelegt wird.[5] Eintragungsvoraussetzung ist dann allein der formfreie[6] Eintragungsantrag. Bei verspätetem Antrag gilt § 899 BGB.

III. Widerspruchsfolgen (S. 2)

4 Der Widerspruch gegen die Darlehensauszahlung, der **innerhalb eines Monats** nach Hypothekeneintragung (§§ 187 ff. BGB) **eingetragen** – nicht nur beantragt – wurde, **zerstört rückwirkend** auf den Zeitpunkt der Hypothekeneintragung den **öffentlichen Glauben** des Grundbuchs (§ 892 Abs. 1 S. 1 BGB). Wer also eine durch Buchhypothek gesicherte Rückzahlungsforderung eines angeblich valutierten Darlehens vor Ablauf eines Monats seit Hypothekeneintragung durch Zession zu erwerben unternimmt, der kann nicht sicher sein, dass er wenigstens die Hypothek gemäß §§ 1138, 892 BGB erwirbt.

5 Der Widerspruch wirkt zurück und in der Zukunft nur im Hinblick auf die fehlende Darlehensvalutierung. **Andere Einreden und Einwendungen,** zB Unwirksamkeit des Darlehensvertrags, sind gesondert durch Widerspruch zu sichern, und zwar ohne Erleichterung gemäß § 1139 S. 1 BGB und ohne Rückwirkung.[7] Ein Widerspruch im Sinne des § 1139 BGB, der **nach Ablauf eines Monats** seit Hypothekeneintragung im Grundbuch eingetragen wird, ist wirksam **für die Zukunft.**[8]

---

[1] Staudinger/*Wolfsteiner* § 1139 Rn. 9.
[2] → § 1117 Rn. 1, 3.
[3] **AA** MüKoBGB/*Lieder* § 1139 Rn. 11; Staudinger/*Wolfsteiner* § 1139 Rn. 12.
[4] MüKoBGB/*Lieder* § 1139 Rn. 12; Palandt/*Herrler* BGB § 1139 Rn. 2; Staudinger/*Wolfsteiner* § 1139 Rn. 14.
[5] So BGHZ 146, 361 = NJW 2001, 1134 betreffend § 932 Abs. 3 ZPO.
[6] Palandt/*Herrler* BGB § 1139 Rn. 1; Staudinger/*Wolfsteiner* § 1139 Rn. 4.
[7] Staudinger/*Wolfsteiner* § 1139 Rn. 5.
[8] MüKoBGB/*Lieder* § 1139 Rn. 10; Staudinger/*Wolfsteiner* § 1139 Rn. 6.

§ 1140 Hypothekenbrief und Unrichtigkeit des Grundbuchs

[1] Soweit die Unrichtigkeit des Grundbuchs aus dem Hypothekenbrief oder einem Vermerk auf dem Brief hervorgeht, ist die Berufung auf die Vorschriften der §§ 892, 893 ausgeschlossen. [2] Ein Widerspruch gegen die Richtigkeit des Grundbuchs, der aus dem Briefe oder einem Vermerk auf dem Briefe hervorgeht, steht einem im Grundbuch eingetragenen Widerspruch gleich.

Übersicht

I. Allgemeines

§ 1140 BGB regelt, dass und unter welchen Voraussetzungen der **Hypothekenbrief**[1] den **öffentlichen Glauben des Grundbuchs** (§§ 892, 893 BGB beziehungsweise §§ 1138, 892, 893 BGB) **beseitigt.** Soweit der öffentliche Glaube des Grundbuchs beseitigt ist, verhilft auch guter Glaube nicht zum Erwerb aufgrund Rechtsscheins; der Zessionar kann sich deshalb nicht mit Erfolg darauf berufen, er habe den Brief nicht gekannt. 1

Der Brief selbst ist – außer in den Fällen des § 1155 BGB – kein Rechtsscheinträger,[2] und die gesetzliche Vermutung des § 891 BGB gilt nicht für den Brief. 2

Die Norm gilt bei **Grundschulden** entsprechend (§ 1192 Abs. 2 BGB).[3] 3

II. Briefinhalt, Vermerk, Widerspruch

Der öffentliche Glaube des Grundbuchs wird beseitigt, soweit die Unrichtigkeit des Grundbuchs sich aus dem ursprünglichen **Inhalt des Briefs** (§§ 56 f. GBO) oder einem auf den Brief gesetzten **Vermerk** ergibt (§ 1140 S. 1 BGB), oder soweit ein **Widerspruch** reicht, der aus dem Brief oder einem Vermerk auf ihm hervorgeht (§§ 1140 S. 2, 892 Abs. 1 S. 1 BGB). Mit dem Brief **verbundene Urkunden** (§ 58 GBO) und Vermerke auf ihnen reichen nicht aus.[4] 4

Der öffentliche Glaube wird nicht schlechthin beseitigt, sondern nur in dem Umfang, in dem Brief, Vermerk oder Widerspruch die Unrichtigkeit ausweisen. 5

Für § 1140 BGB reicht es aus, wenn der Brief oder ein Vermerk **begründete Zweifel** an der Richtigkeit des Grundbuchs wecken muss.[5] 6

1. Briefinhalt, Vermerk

Auf dem Brief können zB Quittungen, Fälligkeitsvereinbarungen oder gerichtliche Veräußerungsverbote vermerkt sein.[6] Der Vermerk kann ein **amtlicher Vermerk** (§§ 62, 70 GBO) sein oder ein **privatschriftlicher Vermerk,** typischerweise ein solcher des Gläubigers, zB gemäß §§ 1145 Abs. 1 S. 2, 1150, 1167 BGB.[7] Amtliche Vermerke auf dem Brief in Abweichung vom Grundbuchinhalt kommen praktisch nicht vor, weil die §§ 41 f., 62, 68, 70 GBO solchen Abweichungen entgegenwirken, und zumal eine Missachtung dieser 7

[1] → § 1116 Rn. 5 ff.
[2] Staudinger/*Wolfsteiner* § 1140 Rn. 4.
[3] MüKoBGB/*Lieder* § 1140 Rn. 18; Staudinger/*Wolfsteiner* § 1140 Rn. 13.
[4] Staudinger/*Wolfsteiner* § 1140 Rn. 3.
[5] Palandt/*Herrler* BGB § 1140 Rn. 1; Staudinger/*Wolfsteiner* § 1140 Rn. 3.
[6] Staudinger/*Wolfsteiner* § 1140 Rn. 3.
[7] MüKoBGB/*Lieder* § 1140 Rn. 10; Staudinger/*Wolfsteiner* § 1140 Rn. 5.

Vorschriften eine Grundbucheintragung ohne Briefvermerk hervorbringt und nicht umgekehrt. Eine etwaige Unrichtigkeit des Grundbuchs kann sich dann allerdings aus dem unveränderten **ursprünglichen Briefinhalt** ergeben; allein der unterbliebene Briefvermerk macht das Grundbuch freilich nicht unrichtig.

8 Vermerke des Grundbuchamts bedürfen der **Form** des § 62 GBO, Privatvermerke müssen in derjenigen Form aufgebracht sein, die für eine Erklärung des Inhalts des jeweiligen Vermerks gesetzlich vorgeschrieben ist, gegebenenfalls also Schriftform mit Unterschrift (§ 126 BGB). Im Übrigen reicht es aus, wenn der Urheber ermittelbar ist.[8] Str. ist, wie Privatvermerke mit rechtlicher Wirkung **beseitigt** werden können.[9] Soweit ein Vermerk den Eigentümer begünstigt, zB Quittung oder Stundung, bedarf es der Streichung durch den Eigentümer, die mit einem Streichungsvermerk und Unterschrift oder Handzeichen versehen ist; öffentliche Beglaubigung ist nicht erforderlich. Fehlt es daran, ist ein gestrichener Vermerk weiterhin beachtlich. Dies bereitet keine Probleme, soweit der Vermerk nach der Streichung noch lesbar ist. Anders ist es, wenn ein Vermerk unleserlich gemacht, aber de iure weiterhin zu beachten ist. Die **Darlegungs- und Beweislast** für die Beseitigung des öffentlichen Glaubens und ihren Umfang nach § 1140 BGB trifft im Prozess den, der sich auf sie beruft. Im Rechtsstreit zwischen Eigentümer und Zessionserwerber ist mithin jener gehalten, den Inhalt des unlesbaren Vermerks zu beweisen. Im Regressprozess zwischen dem erneut darlegungs- und beweisbelasteten Eigentümer und dem Zedenten, in dessen Briefbesitzzeit die Manipulation fällt, ist die Lage des Eigentümers durch Anwendung der Grundsätze über die sekundäre Behauptungslast zu erleichtern.

2. Widerspruch

9 Ein **Widerspruch,** der **im Brief** steht oder **auf ihm vermerkt** ist, veranlasst in der Regel hinreichend ernsthafte Zweifel an der Richtigkeit des Grundbuchs. § 1140 S. 2 BGB stellt indes klar, dass es dabei nicht auf den Einzelfall ankommt, sondern jeder derartig verlautete Widerspruch den öffentlichen Glauben des Grundbuchs so beseitigt, als sei er im Grundbuch eingetragen (§ 892 Abs. 1 S. 1 BGB). Auch bei § 1140 S. 2 BGB reicht ein privatschriftlicher Vermerk,[10] wenn er nur den möglichen Inhalt eines Widerspruchs gemäß § 899 Abs. 1 BGB hat.

§ 1141 Kündigung der Hypothek

(1) [1]**Hängt die Fälligkeit der Forderung von einer Kündigung ab, so ist die Kündigung für die Hypothek nur wirksam, wenn sie von dem Gläubiger dem Eigentümer oder von dem Eigentümer dem Gläubiger erklärt wird.** [2]**Zugunsten des Gläubigers gilt derjenige, welcher im Grundbuch als Eigentümer eingetragen ist, als der Eigentümer.**

(2) **Hat der Eigentümer keinen Wohnsitz im Inland oder liegen die Voraussetzungen des § 132 Abs. 2 vor, so hat auf Antrag des Gläubigers das Amtsgericht, in dessen Bezirk das Grundstück liegt, dem Eigentümer einen Vertreter zu bestellen, dem gegenüber die Kündigung des Gläubigers erfolgen kann.**

Übersicht

[8] Staudinger/*Wolfsteiner* § 1140 Rn. 6.
[9] Meinungsstand s. MüKoBGB/*Lieder* § 1140 Rn. 12; Staudinger/*Wolfsteiner* § 1140 Rn. 7.
[10] MüKoBGB/*Lieder* § 1140 Rn. 11; Staudinger/*Wolfsteiner* § 1140 Rn. 8.

I. Allgemeines

Grundsätzlich wird mit dem gesicherten Anspruch auch die Hypothek fällig. Bei einer Forderung, deren **Fälligkeit** – abweichend vom Regelfall des § 271 Abs. 1 BGB – **von einer Kündigung abhängt** (zB § 488 Abs. 3 BGB), und die durch eine Hypothek als **Drittsicherheit** gesichert ist, würde dies bedeuten, dass der Eigentümer, der weder Erklärender noch Erklärungsempfänger der Kündigung ist, von einer Kündigung überrascht werden und selbst keine Kündigung aussprechen könnte. § 1141 Abs. 1 S. 1 BGB bestimmt daher, dass die Forderungskündigung **für die Hypothek** nur wirksam ist, wenn der Gläubiger sie dem Eigentümer oder dieser sie jenem erklärt. § 1141 Abs. 1 S. 2 BGB enthält eine Fiktion zugunsten des Gläubigers, § 1141 Abs. 2 BGB flankiert die Gläubigerkündigung durch eine Verfahrensregel. 1

§ 1141 BGB lässt Kündigung und Fälligkeit des **gesicherten Anspruchs** unberührt. Die Kündigung des Eigentümers oder ihm gegenüber ist weder notwendig noch hinreichend. In den Fällen des § 132 Abs. 2 BGB ist nach dieser Norm zu verfahren, nicht nach § 1141 Abs. 2 BGB. Bei einer **Schuldnersicherheit** ist § 1141 BGB ebenfalls nicht anwendbar. 2

§ 1141 BGB ist nicht anzuwenden bei der **Sicherungshypothek** (§ 1185 Abs. 2 BGB). Die Norm ist bei einer Eigentümergrundschuld in den Fällen des § 1177 Abs. 1 BGB anwendbar. Ansonsten gilt bei **Grundschulden** § 1193 BGB anstelle von § 1141 Abs. 1 BGB; § 1141 Abs. 2 BGB ist bei Grundschulden anzuwenden (§ 1192 Abs. 2 BGB).[1] 3

II. Kündigung des Eigentümers oder gegenüber dem Eigentümer

1. Zwei Kündigungen

Die Kündigung des Eigentümers oder gegenüber dem Eigentümer ist für die Fälligkeit der Hypothek **notwendig,** aber **nicht hinreichend.** Auch der gesicherte Anspruch muss gekündigt werden,[2] andernfalls besteht die Einrede gemäß § 1137 BGB. Unproblematisch ist die zweifache Kündigung durch denselben Gläubiger. Von zwei Seiten muss gekündigt werden bei Personenverschiedenheit von persönlichem und dinglichem Gläubiger nach Zessionserwerb.[3] Schwierigkeiten entstehen ferner und vor allem bei **Kündigung auf Schuldnerseite,** wenn nur einer der beiden Beteiligten kündigungswillig ist. Will zB der Eigentümer ablösen (§ 1142 BGB), und ist der persönliche Schuldner nicht zu vorfälliger Leistung berechtigt, dann muss auch der persönliche Schuldner kündigen, damit die Hypothek fällig ist. Ähnlich ist es umgekehrt, wenn im Innenverhältnis der Eigentümer dem persönlichen Schuldner zur Ablösung des Darlehens verpflichtet ist, zB nach Grundstückskauf unter Anrechnung der Hypothek auf den Kaufpreis, jener aber weder zahlt noch kündigt. Hier wie dort und bei Personenverschiedenheit auf Gläubigerseite muss die **Kündigung des anderen erwirkt** werden. Besteht ein Anspruch darauf, dass der andere dem Gläubiger kündigt, dann kann gegebenenfalls eine **einstweilige Verfügung** ergehen. Einstweilige Verfügungen wegen Ansprüchen auf Abgabe einer Willenserklärung können als Befriedigungsverfügung ergehen, wenn der Gläubiger auf die Erklärung dringend angewiesen oder die Erklärung besonders zeitgebunden ist, und eine Zurückweisung des Antrags Rechtsverweigerung gleichkäme.[4] Einstweilige Verfügungen auf Abgabe einer Willenserklärung **vollziehen** sich nicht von selbst gemäß § 894 ZPO mit 4

[1] Staudinger/*Wolfsteiner* § 1141 Rn. 31 f.

[2] *Bülow* Recht der Kreditsicherheiten Rn. 181.

[3] → §§ 1137, 1138 Rn. 26.

[4] OLG Köln NJW-RR 1997, 59; LAG RhPf MDR 2002, 1130; Kindl/Meller-Hannich/Wolf/*Haertlein,* Gesamtes Recht der Zwangsvollstreckung, ZPO § 935 Rn. 47; Stein/Jonas/*Grunsky* ZPO Vor § 935 Rn. 50. **AA** OLG Hamburg NJW-RR 1991, 382; MüKoZPO/*Drescher* § 938 Rn. 47.

Rechtskraft der Verfügungsentscheidung, sondern sind gemäß §§ 936, 928, 888 ZPO zu vollziehen.[5]

2. Kündigung der Hypothek

5 **a) Voraussetzungen.** Die Hypothek kann gekündigt werden, wenn der gesicherte Anspruch gekündigt werden kann. Solange er nicht gekündigt ist, hat der Eigentümer die Einrede, dass die Forderung nicht fällig ist (§ 1137 BGB).

6 **b) Erklärender und Erklärungsempfänger.** Der Hypothekar muss dem Eigentümer kündigen oder vice versa. Hat ein Beteiligter nicht die erforderliche Rechtsstellung inne, weist das Grundbuch diese aber aus, dann ist die Hypothekenkündigung als Verfügung über die Hypothek unter den Voraussetzungen der **§§ 893 Alt. 2, 892 BGB** für oder gegen den wahren Berechtigten wirksam,[6] beim Scheinhypothekar gegebenenfalls auch gemäß **§ 1155 BGB.** Die Rechtsscheinwirkung ist nicht disponibel.[7] Darüber hinaus gilt gemäß **§ 1141 Abs. 1 S. 2 BGB** zugunsten des Hypothekars bei dessen Kündigung – auch bei Kenntnis der Unrichtigkeit des Grundbuchs und eingetragenem Widerspruch – der Bucheigentümer als Eigentümer;[8] auch § 1141 Abs. 1 S. 2 BGB ist nicht disponibel. Die Norm erfasst nicht die Kündigung des Bucheigentümers gegenüber dem Hypothekar.[9]

7 Die Ausübung von Gestaltungsrechten in **Prozessschriftsätzen** an das Gericht wird gemeinhin als wirksam anerkannt.[10] Dies ist ganz allgemein zweifelhaft, weil das Gericht falscher Adressat ist.

8 **Besonderheiten** gelten bei Gläubigermehrheit (§§ 428, 432 BGB), Gesamthypothek (§ 425 Abs. 2 BGB), Miteigentum (§§ 741, 744, 747 BGB) und Gütergemeinschaft (§ 1422 BGB), verpfändeter (§§ 1283 f., 1296 BGB) und nießbrauchbelasteter (§§ 1074, 1077 BGB) Hypothek, Nacherbschaft (§ 2114 BGB) und Zwangsversteigerung (§ 54 ZVG).[11]

9 **c) Kündigungserklärung.** Die Kündigungserklärung ist Ausübung eines **Gestaltungsrechts,** damit **Verfügung** über die Hypothek, **einseitiges Rechtsgeschäft** und **empfangsbedürftige Willenserklärung,** die nach der Rechtsgeschäftslehre (insbesondere §§ 174, 180, 182 Abs. 3 BGB), ferner § 1160 Abs. 2 BGB zu beurteilen ist. Die Kündigung wird wirksam mit **Zugang** der Erklärung (§§ 130 ff. BGB), für den § 1141 Abs. 2 BGB eine Sonderregelung enthält. Wenn der Eigentümer keinen Wohnsitz im Inland hat, oder wenn die Person oder der Aufenthalt des Kündigungsgegners unbekannt ist (§ 132 Abs. 2 S. 1 BGB), dann ist nicht wie bei § 132 Abs. 2 BGB öffentlich zuzustellen (§§ 185 ff. ZPO), sondern auf Gläubigerantrag gerichtlich im Verfahren nach dem FamFG ein Vertreter des Eigentümers zu bestellen, der die Kündigung für diesen (§ 164 Abs. 3 BGB) entgegennehmen kann. Die Vereinbarkeit von § 1141 Abs. 2 Alt. 1 BGB mit dem AEUV ist zweifelhaft, wenn der Gläubiger seinen Wohnsitz in der EU hat.[12] § 1141 Abs. 2 Alt. 1 BGB ist nicht anwendbar bei Kündigung durch den Eigentümer, wenn der Gläubiger keinen Wohnsitz im Inland hat. Ein unbekannter Gläubiger kann ausgeschlossen werden (§§ 1170 f. BGB).

---

[5] Einzelheiten Kindl/Meller-Hannich/Wolf/*Haertlein* Gesamtes Recht der Zwangsvollstreckung ZPO § 938 Rn. 27.

[6] Palandt/*Herrler* BGB § 893 Rn. 3.

[7] Ebenso MüKoBGB/*Kohler* § 893 Rn. 15 betreffend § 893 Alt. 1 BGB. **AA** Staudinger/*Wolfsteiner* § 1141 Rn. 10.

[8] Staudinger/*Wolfsteiner* § 1141 Rn. 13.

[9] MüKoBGB/*Lieder* § 1141 Rn. 17; Staudinger/*Wolfsteiner* § 1141 Rn. 14.

[10] S. BGH WM 2018, 636 mAnm *Rimmelspacher* WuB 2018, 343; *Lieder* LMK 2018, 407911: Erhebung einer (Eventual-)Widerklage auf Duldung der Zwangsvollstreckung als konkludente Kündigungserklärung.

[11] MüKoBGB/*Lieder* § 1141 Rn. 8 ff.; Staudinger/*Wolfsteiner* § 1141 Rn. 16 f.

[12] Staudinger/*Wolfsteiner* § 1141 Rn. 27.

d) Rechtsfolgen. Die Hypothekenkündigung bewirkt im Verein mit der Kündigung des gesicherten Anspruchs die **Fälligkeit der Hypothek.** Die Fälligkeit bleibt auch im Verhältnis zu einem **Rechtsnachfolger des Eigentümers** bestehen; der öffentliche Glaube des Grundbuchs umfasst nicht den Eintritt der Fälligkeit durch Kündigung.[13] Ein **Zessionserwerber der Hypothek** muss eine dem Zedenten erklärte Eigentümerkündigung gegen sich gelten lassen, es sei denn, die Übertragung war zur Zeit der Kündigung dem Eigentümer bekannt oder im Grundbuch eingetragen (§ 1156 S. 2 BGB). 10

Die Kündigung kann einseitig nur durch Anfechtung, nicht durch Widerruf beseitigt werden. Im Übrigen kann die Fälligkeit konsensual aufgehoben werden. 11

§ 1142 Befriedigungsrecht des Eigentümers

(1) **Der Eigentümer ist berechtigt, den Gläubiger zu befriedigen, wenn die Forderung ihm gegenüber fällig geworden oder wenn der persönliche Schuldner zur Leistung berechtigt ist.**

(2) **Die Befriedigung kann auch durch Hinterlegung oder durch Aufrechnung erfolgen.**

§ 1143 Übergang der Forderung

(1) [1]**Ist der Eigentümer nicht der persönliche Schuldner, so geht, soweit er den Gläubiger befriedigt, die Forderung auf ihn über.** [2]**Die für einen Bürgen geltende Vorschrift des § 774 Abs. 1 findet entsprechende Anwendung.**

(2) **Besteht für die Forderung eine Gesamthypothek, so gilt für diese die Vorschrift des § 1173.**

§ 1144 Aushändigung der Urkunden

Der Eigentümer kann gegen Befriedigung des Gläubigers die Aushändigung des Hypothekenbriefs und der sonstigen Urkunden verlangen, die zur Berichtigung des Grundbuchs oder zur Löschung der Hypothek erforderlich sind.

§ 1145 Teilweise Befriedigung

(1) [1]**Befriedigt der Eigentümer den Gläubiger nur teilweise, so kann er die Aushändigung des Hypothekenbriefs nicht verlangen.** [2]**Der Gläubiger ist verpflichtet, die teilweise Befriedigung auf dem Briefe zu vermerken und den Brief zum Zwecke der Berichtigung des Grundbuchs oder der Löschung dem Grundbuchamt oder zum Zwecke der Herstellung eines Teilhypothekenbriefs für den Eigentümer der zuständigen Behörde oder einem zuständigen Notar vorzulegen.**

(2) [1]**Die Vorschrift des Absatzes 1 Satz 2 gilt für Zinsen und andere Nebenleistungen nur, wenn sie später als in dem Kalendervierteljahr, in welchem der Gläubiger befriedigt wird, oder dem folgenden Vierteljahr fällig werden.** [2]**Auf Kosten, für die das Grundstück nach § 1118 haftet, findet die Vorschrift keine Anwendung.**

Übersicht

[13] MüKoBGB/*Lieder* § 1141 Rn. 18; Staudinger/*Wolfsteiner* § 1141 Rn. 24.

I. Allgemeines

1 Der Eigentümer schuldet als Hypothekenschuldner nicht Zahlung, sondern er haftet mit seinem Grundstück dafür, dass der Gläubiger wegen des gesicherten Anspruchs befriedigt wird. Dementsprechend schuldet der Eigentümer nur Duldung der Zwangsvollstreckung in das Grundstück und den Haftungsverband (§ 1147 BGB). Bei einer **Schuldnersicherheit** kann der Eigentümer die **Vollstreckung abwenden,** indem er den gesicherten Anspruch befriedigt (§ 1163 Abs. 1 S. 2 BGB). Bei einer **Drittsicherheit** besteht diese Möglichkeit unter den Voraussetzungen des § 267 BGB. § 1142 BGB verbessert die Rechtsstellung des Eigentümers, indem er ihn unter bestimmten Voraussetzungen dazu **berechtigt,** die Vollstreckung abzuwenden, indem er den Gläubiger durch **Leistung „auf die Hypothek"**[1] befriedigt. § 1143 BGB regelt den **Regress,** §§ 1144, 1145 BGB betreffen die **Dokumentation** der Befriedigung.

II. Grundschuld

2 §§ 1142–1145 BGB sind bei **Grundschulden** entsprechend anzuwenden (§ 1192 Abs. 2 BGB).[2] Bei § 1142 Abs. 1 BGB kommt es auf die **Fälligkeit der Grundschuld** (§ 1193 BGB) an.[3] § 1143 BGB ist mit der Maßgabe entsprechend anzuwenden, dass der Eigentümer, der **auf die Grundschuld**[4] leistet, die Fremdgrundschuld als **Eigentümergrundschuld** erwirbt.[5] Bei einer **Sicherungsgrundschuld** (§ 1192 Abs. 1a BGB) geht der gesicherte Anspruch nicht kraft Gesetzes auf den Eigentümer über.[6] Der Gläubiger ist aber aus der Sicherungsabrede bei endgültigem Wegfall des Sicherungszwecks zur Abtretung des gesicherten Anspruchs an den Eigentümer verpflichtet.[7] Hat der Eigentümer nur **auf den gesicherten Anspruch** bezahlt, dann bleibt die Grundschuld in der Hand des Grundschuldgläubigers; es hängt von den schuldrechtlichen Beziehungen zwischen den Beteiligten ab, ob die Zahlung dem Eigentümer eine Einrede gegen die Inanspruchnahme aus der Grundschuld gibt. Eine solche Einrede begründet die Vollstreckungsgegenklage (§ 767 ZPO). Bei einer dauernden Einrede kann der Eigentümer verlangen, dass der Grund-

[1] Staudinger/*Wolfsteiner* § 1142 Rn. 2.

[2] BGHZ 97, 280 = NJW 1986, 2108 (betreffend §§ 1042 f. BGB); BGH NJW 2011, 451; BGH WM 2018, 636 mAnm *Rimmelspacher* WuB 2018, 343; *Lieder* LMK 2018, 407911 (betreffend § 1042 BGB); BGHZ 108, 372 = NJW 1990, 258 (betreffend § 1142 BGB); MüKoBGB/*Lieder* § 1144 Rn. 21, § 1145 Rn. 18 (betreffend §§ 1144 f. BGB); Palandt/*Herrler* BGB § 1144 Rn. 9, § 1145 Rn. 2 (betreffend §§ 1144 f. BGB); Staudinger/*Wolfsteiner* § 1144 Rn. 30, § 1145 Rn. 15 (betreffend §§ 1144 f. BGB).

[3] Palandt/*Herrler* BGB § 1142 Rn. 4; Staudinger/*Wolfsteiner* § 1142 Rn. 25.

[4] BGH WM 1967, 955.

[5] BGH NJW-RR 2003, 11; WM 1970, 1516; NJW 1969, 2237; WM 1968, 371.

[6] BGHZ 105, 154 = NJW 1988, 2730.

[7] BGH NJW-RR 2003, 11.

schuldgläubiger auf die Grundschuld verzichtet (§§ 1192 Abs. 1, 1169 BGB).[8] In der Praxis des Kreditgewerbes wird eine Leistung auf die Grundschuld vor Fälligkeit des gesicherten Anspruchs in der Sicherungsabrede ausgeschlossen.[9] Bei der Sicherungsgrundschuld als **Schuldnersicherheit** gilt, dass eine Zahlung des Eigentümers/Schuldners auf die Grundschuld in der Regel zugleich die persönliche Forderung erfüllt (§ 362 BGB).[10]

III. Befriedigungsrecht des Eigentümers (§ 1142)

Das Befriedigungsrecht aus § 1142 BGB ist nicht mit absoluter Wirkung **abdingbar,**[11] disponibel ist aber das Tilgungsbestimmungsrecht (§ 366 BGB).[12] 3

1. Voraussetzungen

a) Eigentümer. Nur dem **Eigentümer** kann das Recht aus § 1142 BGB zustehen, nicht dem Grundstückskäufer vor Eigentumserwerb oder dem Bucheigentümer.[13] Jeder **Miteigentümer** kann befriedigungsberechtigt sein.[14] Bei einer **Gesamthypothek** (§ 1132 BGB) kann jeder Eigentümer[15] zur Befriedigung berechtigt sein; die Rechtsfolgen bestimmen sich nach § 1173 BGB. **Dritte** können gemäß §§ 1150, 268 BGB ablösungsberechtigt sein. 4

b) Fälligkeit oder Erfüllbarkeit. Der Eigentümer darf den Gläubiger befriedigen, wenn der **gesicherte Anspruch** dem **Eigentümer gegenüber fällig** oder der **persönliche Schuldner zur Leistung berechtigt** ist (§ 1142 Abs. 1 BGB). 5

aa) Fälligkeit gegenüber dem Eigentümer. Mit der Fälligkeit gegenüber dem persönlichen Schuldner (§ 271 BGB) tritt grundsätzlich auch Fälligkeit gegenüber dem Eigentümer ein. Bei fälligkeitsbegründender **Kündigung** gilt ergänzend § 1141 BGB. 6

bb) Erfüllbarkeit durch den persönlichen Schuldner. Alternativ ist der Eigentümer zur Befriedigung berechtigt, wenn der persönliche Schuldner zur Leistung berechtigt ist, zB wenn nur diesem gekündigt wurde. Im Übrigen gilt die Auslegungsregel des § 271 BGB, also **im Zweifel sofortige Erfüllbarkeit.**[16] In der Praxis des Kreditgewerbes werden freilich vorfällige Leistungen des Darlehensnehmers im **Darlehensvertrag** geregelt. 7

c) Dritt- und Schuldnersicherheit. § 1142 Abs. 1 BGB differenziert nicht zwischen Dritt- und Schuldnersicherheiten, anders zB § 1143 BGB. Dennoch ist die Norm bei einer **Schuldnersicherheit grundsätzlich nicht** anwendbar, der Eigentümer/Schuldner ist gehalten, auf den gesicherten Anspruch zu leisten mit der Folge gemäß § 1163 Abs. 1 S. 2 BGB.[17] Das Ablösungsrecht des § 1142 BGB besteht aber bei einer Schuldnersicherheit, die **Gesamtgrundpfandrecht** ist,[18] oder wenn neben Schulden des Eigentümers **auch Verbindlichkeiten Dritter** gesichert sind.[19] 8

---

[8] BGH NJW 1980, 1846; 1976, 2132.
[9] Zur Abdingbarkeit des Tilgungsbestimmungsrechts → Rn. 3.
[10] BGH NJW 1987, 838.
[11] BGHZ 108, 372 = NJW 1990, 258.
[12] Einzelheiten Palandt/*Herrler* BGB § 1142 Rn. 1; Staudinger/*Wolfsteiner* § 1142 Rn. 19, 21.
[13] Staudinger/*Wolfsteiner* § 1142 Rn. 3.
[14] Staudinger/*Wolfsteiner* § 1142 Rn. 7.
[15] Staudinger/*Wolfsteiner* § 1142 Rn. 7.
[16] Staudinger/*Wolfsteiner* § 1142 Rn. 8.
[17] Palandt/*Herrler* BGB § 1142 Rn. 1; Staudinger/*Wolfsteiner* § 1142 Rn. 11.
[18] BGH NJW 1976, 2340 betreffend Gesamtgrundschuld.
[19] BGH WM 1985, 953 betreffend Grundschuld; Staudinger/*Wolfsteiner* § 1142 Rn. 11.

2. Rechtsfolge

9 Der Eigentümer ist berechtigt, den Gläubiger zu befriedigen, indem er die vom persönlichen Schuldner geschuldete Leistung bewirkt, hinterlegt oder aufrechnet (§ 1142 Abs. 2 BGB).

10 **a) Bewirken der geschuldeten Leistung.** Der Eigentümer kann an den Hypothekar den Betrag des gesicherten Anspruchs einschließlich Nebenleistungen zahlen. Darf der persönliche Schuldner den Anspruch anders als durch Zahlung erfüllen, dann ist auch der Eigentümer dazu berechtigt.[20] Zu **Teilleistungen** ist der Eigentümer nicht berechtigt[21] (§ 266 BGB), es sei denn, der persönliche Schuldner ist dazu berechtigt, oder es ist nur ein Forderungsteil fällig oder tituliert,[22] oder es wird nur ein Teil der Forderung geltend gemacht.[23] Befriedigung umfasst daher grundsätzlich auch alle Nebenverbindlichkeiten.[24]

11 **b) Hinterlegung.** Hinterlegung (§ 1142 Abs. 2 BGB) ist nicht schlechthin zulässig, sondern nur unter den allgemeinen Voraussetzungen (§§ 372 ff. BGB).[25] Für die Frage, ob der hinterlegte Betrag ausreichend ist, kommt es auf den fiktiven Versteigerungserlös zum Zeitpunkt der Hinterlegung an.[26]

12 **c) Aufrechnung.** Der Eigentümer kann mit einem eigenen gegen den Hypothekar gerichteten Zahlungsanspruch – nicht mit einem Anspruch des persönlichen Schuldners gegen den Hypothekar[27] – aufrechnen (§ 1142 Abs. 2 BGB). Die Aufrechnung wirkt nicht gegen den gesicherten Anspruch, sondern gegen den Duldungsanspruch des Hypothekars aus § 1147 BGB. § 1142 Abs. 2 BGB enthält damit eine Ausnahme vom Gebot der Gleichartigkeit gemäß § 387 BGB. Im Übrigen müssen die Aufrechnungsvoraussetzungen vorliegen und dürfen keine Aufrechnungsverbote bestehen (§§ 387 ff. BGB). Bei der Aufrechnung ist das **Teilleistungsverbot eingeschränkt**[28] (str., aA neuerdings der BGH[29]). Der Eigentümer kann mit einer Forderung aufrechnen, die niedriger ist als der gesicherte Anspruch, aber nicht mit einem Teil seiner Forderung, der geringer ist als der Betrag des gesicherten Anspruchs.[30] Der Hypothekar kann den Anspruch aus § 1147 BGB nicht gegen einen Zahlungsanspruch des Eigentümers zur Aufrechnung stellen.[31]

IV. Übergang der Forderung (§ 1143)

1. Überblick

13 Bei **Drittsicherheiten** bestimmt § 1143 Abs. 1 S. 1 BGB zwingend,[32] dass der gesicherte Anspruch auf den Eigentümer übergeht **(cessio legis),** soweit dieser den Hypothekar durch Leistung auf die Hypothek befriedigt. Der Eigentümer kann sodann **Zessionsregress** gegen den persönlichen Schuldner nehmen. Der Forderungsübergang ist indes unabhängig davon, ob der Eigentümer vom persönlichen Schuldner Ausgleich verlangen kann, oder ob jener diesem zur Befriedigung des Gläubigers verpflichtet war.[33] Der per-

[20] Staudinger/*Wolfsteiner* § 1142 Rn. 13.
[21] BGHZ 108, 372 = NJW 1990, 258.
[22] BGHZ 172, 37 = NJW 2007, 3645.
[23] Staudinger/*Wolfsteiner* § 1142 Rn. 14.
[24] MüKoBGB/*Lieder* § 1144 Rn. 3; Staudinger/*Wolfsteiner* § 1144 Rn. 1.
[25] Palandt/*Herrler* BGB § 1142 Rn. 3; Staudinger/*Wolfsteiner* § 1142 Rn. 15.
[26] OLG Karlsruhe WM 2013, 1414 mAnm *Ganter* WuB VI B § 11 AnfG 1.13.
[27] Staudinger/*Wolfsteiner* § 1142 Rn. 22.
[28] Allg. zur Aufrechnung als Ausnahme von § 266 BGB MüKoBGB/*Schlüter* § 389 Rn. 5.
[29] BGH NJW 2011, 451 betreffend Grundschuld.
[30] Palandt/*Herrler* BGB § 1142 Rn. 3; Staudinger/*Wolfsteiner* § 1142 Rn. 18.
[31] Palandt/*Herrler* BGB § 1142 Rn. 3.
[32] Palandt/*Herrler* BGB § 1143 Rn. 1.
[33] Staudinger/*Wolfsteiner* § 1143 Rn. 1 f., 15 f., 25. **AA** Baur/Stürner/*Stürner* Sachenrecht § 40 Rn. 17.

sönliche Schuldner behält aber die Einwendungen aus dem Innenverhältnis (§§ 1143 Abs. 1 S. 2, 774 Abs. 1 S. 3 BGB). Die Hypothek folgt dem Anspruch (§ 1153 Abs. 1 BGB) und wird – außer in den Fällen des § 1178 Abs. 1 BGB – **Eigentümerhypothek** (§ 1177 Abs. 2 BGB), das Briefeigentum wechselt gemäß § 952 BGB. Bei einer **Gesamthypothek** gilt § 1173 BGB (§ 1143 Abs. 1 S. 2 BGB).

Die Legalzession des § 1143 Abs. 1 S. 1 BGB findet auch statt, wenn der Gläubiger durch **Zwangsvollstreckung in das Grundstück** befriedigt wird.[34] Die Hypothek folgt dann aber nicht, sondern erlischt (§ 1181 BGB). 14

Neben dem Zessionsregress kann der Eigentümer Rückgriffsansprüche gegen den persönlichen Schuldner aus einem Schuldverhältnis zwischen diesen beiden haben, häufig einem Auftrag oder Geschäftsbesorgungsvertrag (**Mandatsregress,** §§ 670, 675 Abs. 1 BGB) oder Geschäftsführung ohne Auftrag (§§ 683 S. 1, 670 BGB). Der Mandatsregress ist gegenüber dem Zessionsregress vorteilhaft, weil er – anders als der Zessionsregress (§§ 412, 404 BGB) – nicht durch alte Einwendungen angekränkelt ist; der Vorteil des Zessionsregresses besteht im Erwerb akzessorischer Sicherheiten (§§ 412, 401, § 1153 Abs. 1 BGB). 15

Ist der Eigentümer auch persönlicher Schuldner **(Schuldnersicherheit),** dann leistet er auf den gesicherten Anspruch, der erlischt (§ 362 Abs. 1 BGB); die Hypothek wird Eigentümergrundschuld (§§ 1163 Abs. 1 S. 2, 1177 Abs. 1 BGB). 16

2. Befriedigung des Hypothekars durch den Eigentümer

a) Befriedigung. Befriedigung bedeutet Bewirken der dem persönlichen Schuldner obliegenden Leistung, Leistung an Erfüllungs Statt (§ 364 Abs. 1 BGB),[35] Beitreibung im Wege der Zwangsvollstreckung oder im Fall des § 1142 BGB Hinterlegung oder Aufrechnung. Die Leistung muss **auf die Hypothek** erbracht werden, oder es muss wegen der Hypothek vollstreckt worden sein. Leistet der Eigentümer auf den gesicherten Anspruch, zB als Dritter (§ 267 BGB) zur Erfüllung einer Freistellungsverpflichtung (§ 415 Abs. 3 BGB) gegenüber dem persönlichen Schuldner, erlischt dieser (§ 362 BGB), die Hypothek wird Eigentümergrundschuld (§§ 1163 Abs. 1 S. 2, 1177 Abs. 1 BGB).[36] 17

b) Eigentümer. Bei § 1143 BGB muss der **Eigentümer** Leistender oder Vollstreckungsschuldner sein,[37] und zwar **zur Zeit der Befriedigung;** die Norm ist also nicht anwendbar auf den Käufer vor Eigentumserwerb oder den Verkäufer nach Veräußerung.[38] Eine Leistung des **Insolvenzverwalters** des Eigentümers gilt als Leistung des Eigentümers; der Forderungserwerb gemäß § 1143 Abs. 1 S. 1 BGB geht zur Masse.[39] 18

c) Empfänger. Die Leistung oder sonstige Befriedigung muss an den **Hypothekar** bewirkt werden oder in den Fällen der §§ 893, 892, 1155 BGB an den scheinbaren Gläubiger. 19

3. Legalzession

Mit der Befriedigung des Gläubigers erwirbt der Eigentümer von Gesetzes wegen (§ 1143 Abs. 1 S. 1 BGB) und ohne Weiteres – ohne Erklärungen, Eintragung, Briefaushändigung, das Innenverhältnis zum persönlichen Schuldner ist gleichgültig – den **gesicherten Anspruch im Umfang der Befriedigung,** ferner grundsätzlich die akzessori- 20

[34] MüKoBGB/*Lieder* § 1143 Rn. 10; Palandt/*Herrler* BGB § 1143 Rn. 2; Staudinger/*Wolfsteiner* § 1143 Rn. 8.

[35] Staudinger/*Wolfsteiner* § 1143 Rn. 4.

[36] MüKoBGB/*Lieder* § 1143 Rn. 8; Staudinger/*Wolfsteiner* § 1143 Rn. 5.

[37] Zur Leistung von Miteigentümern oder Erben und bei Gesamthypotheken Staudinger/*Wolfsteiner* § 1143 Rn. 6 f.

[38] Einzelheiten Staudinger/*Wolfsteiner* § 1143 Rn. 11.

[39] MüKoBGB/*Lieder* § 1143 Rn. 9; Staudinger/*Wolfsteiner* § 1143 Rn. 9.

schen **Sicherheiten**[40] (§§ 412, 401 BGB). Der Anspruch geht mit allen **Einwendungen** über (§§ 412, 404 BGB). Ferner kann der persönliche Schuldner alle Gegenrechte aus dem Innenverhältnis zum Eigentümer vorbringen (§§ 1143 Abs. 1 S. 2, 774 Abs. 1 S. 3 BGB).

21 Hat der Eigentümer den Gläubiger **teilweise befriedigt,** dann erwirbt er den gesicherten Anspruch und die Hypothek je zum Teil. Gemäß §§ 1143 Abs. 1 S. 2, 774 Abs. 1 S. 2 BGB haben übergegangene Teile **Nachrang** gegenüber der Restforderung und der Restforderungshypothek.

4. Leistung durch andere als den Eigentümer

22 **a) Persönlicher Schuldner.** Der persönliche Schuldner leistet auf den gesicherten Anspruch (§§ 362, 1163 Abs. 1 S. 2, 1177 Abs. 1 BGB), es sei denn, er kann vom Eigentümer Ersatz verlangen; dann gilt § 1164 BGB.

23 **b) Dritter.** Befriedigt ein Dritter den Gläubiger, dann ist zu unterscheiden.

24 **aa) Putativeigentümer.** Wer sich **irrtümlich** für einen ablösungsberechtigten **Eigentümer** hält und auf die Hypothek leistet, der kann kondizieren (§ 812 Abs. 1 S. 1 Alt. 1 BGB).

25 **bb) Nicht privilegierter Dritter.** Leistet ein **nicht ablösungsberechtigter** Dritter auf den gesicherten Anspruch (§ 267 BGB), dann erlischt dieser (§ 362 BGB), die Hypothek wird Eigentümergrundschuld (§§ 1163 Abs. 1 S. 2, 1177 Abs. 1 BGB). Der Regress richtet sich nach dem Rechtsverhältnis zum persönlichen Schuldner (zB §§ 670, 683 f., 812 BGB).[41]

26 **cc) Ablösungsberechtigter Dritter.** Ein **ablösungsberechtigter Dritter** erwirbt den gesicherten Anspruch und die Hypothek (§§ 1150, 268 Abs. 3, 1153 Abs. 1 BGB).

27 **dd) Bürge, Mitbürge, Gesamt- und Sicherungsgrundschuldschuldner.** Ein **Bürge** zahlt auf eigene Schuld und erwirbt den Anspruch mitsamt Hypothek (§§ 774 Abs. 1, 1153 Abs. 1 BGB). **Mitbürgen** (§ 769 BGB) und **Gesamtschuldner** (§ 421 BGB) zahlen ebenfalls auf eigene Schuld und erwerben den Anspruch mitsamt Hypothek in Höhe der internen Ausgleichsquote (§§ 426 Abs. 2, 774 Abs. 2, 1153 Abs. 1 BGB). Wenn ein Eigentümer, der eine **Sicherungsgrundschuld** bestellt hat, auf die Grundschuld zahlt und anschließend die gesicherte Forderung abgetreten bekommt,[42] erlangt er die akzessorischen Sicherheiten an der Forderung (§ 401 BGB). Umgekehrt kann nach der Rechtsprechung des BGH[43] ein ausgleichsberechtigter Gesamtschuldner, der den Gläubiger befriedigt hat (§ 426 Abs. 2 BGB), von diesem entsprechend § 401 BGB Übertragung einer Sicherungsgrundschuld verlangen, die der ausgleichspflichtige Schuldner gestellt hat.

28 Die Regressregelungen im Verhältnis von Bürgen, Hypotheken-, Gesamt- und Grundschuldschuldnern desselben Anspruchs sind **problematisch,** wenn der letztverpflichtete persönliche Schuldner (Haupt- oder Gesamtschuldner) nicht leistungsfähig ist. Zur Verdeutlichung: Wird zuerst der Bürge in Anspruch genommen, dann erwirbt er den Anspruch und die Hypothek (§§ 774 Abs. 1, 1153 Abs. 1 BGB) und kann sich – hier wie sonst **vorbehaltlich** etwaiger **Regressvereinbarungen zwischen** den **Sicherungsgebern**[44] – beim Hypothekenschuldner schadlos halten, dieser geht leer aus. Löst dagegen zuerst der Eigentümer die Hypothek ab, dann erwirbt er den Anspruch mitsamt Bürgschaft (§§ 1143 Abs. 1, 401 BGB) und kann sich beim Bürgen erholen, der leer ausgeht. Die inmitten stehenden Fragen sind str.[45] Es gelten folgende **Rechtsprechungsgrundsätze.**

---

[40] Zum Schicksal der Hypothek → Rn. 13 f. Zur Regressproblematik → Rn. 28.
[41] Einzelheiten MüKoBGB/*Krüger* § 267 Rn. 19 ff.
[42] → Rn. 2.
[43] BGHZ 80, 228 = NJW 1981, 1554.
[44] BGH NJW 2009, 437; NJW-RR 1991, 170; BGHZ 108, 179 = NJW 1989, 2530; NJW 1982, 2308.
[45] Überblick MüKoBGB/*Lieder* § 1143 Rn. 17 ff.; Staudinger/*Wolfsteiner* § 1143 Rn. 40 ff.

Zwischen mehreren auf gleicher Stufe stehenden Sicherungsgebern besteht bei Fehlen einer zwischen ihnen getroffenen besonderen Vereinbarung eine Ausgleichsverpflichtung entsprechend den Regeln über die Gesamtschuld.[46] Namentlich Bürgschaft und Grundschuld sind von Gesetzes wegen gleichstufige Sicherungsmittel mit der Folge, dass die Sicherungsgeber einander grundsätzlich wie Gesamtschuldner ausgleichspflichtig sind.[47] Die Höhe des Innenausgleichs zwischen Mitbürgen und Grundschuldbestellern richtet sich, wenn nichts anderes vereinbart ist, nach dem Verhältnis der gegenüber dem Gläubiger übernommenen Haftungsrisiken.[48] Bürgen und Besteller dinglicher Sicherheiten, die, ohne Hauptschuldner zu sein, unabhängig und gleichrangig dasselbe Risiko abdecken, haften im Innenverhältnis jedenfalls dann anteilig, wenn der Bürge auf seine Rechte aus § 776 BGB verzichtet hat und abweichende Vereinbarungen zwischen ihnen fehlen.[49]

V. Dokumentation der Befriedigung (§§ 1144, 1145)

1. Überblick

Mit der Befriedigung[50] des Gläubigers erwirbt der Eigentümer die Hypothek oder sie erlischt,[51] das **Grundbuch** ist **unrichtig.** Daher kann der Eigentümer gegen Gläubigerbefriedigung die Aushändigung des Briefs und der sonstigen Urkunden verlangen, die zur Grundbuchberichtigung oder Hypothekenlöschung erforderlich sind (§ 1144 BGB). § 1144 BGB ist bei **Schuldner- und Drittsicherheit** anwendbar, bei **Brief- und Buchhypothek,** bei der die Briefaushändigung entfällt. Str. ist, ob § 1144 BGB in der Sicherungsabrede **abbedungen** werden kann.[52] Unabhängig von § 1144 BGB kann der Eigentümer Zustimmung zur Grundbuchberichtigung (§ 894 BGB), Vorlegung (§ 896 BGB) beziehungsweise Herausgabe des Briefs (§§ 985, 952 BGB) und Urkundenvorlage (§§ 413, 412, 402 BGB) verlangen. **29**

§ 1145 BGB enthält ergänzende und modifizierende Regelungen bei Teilbefriedigung. **30**

§ 1144 BGB gilt entsprechend, wenn der zu sichernde **Anspruch nicht entstanden** ist und nicht mehr entstehen wird.[53] §§ 1144 f. BGB sind in den Fällen der §§ 1150, 1167 BGB entsprechend anzuwenden, § 1145 BGB ferner gemäß § 1168 Abs. 3 BGB. **31**

2. Aushändigung der Urkunden (§ 1144)

a) Voraussetzungen. Der Eigentümer muss gemäß **§ 1142 BGB** befriedigungsberechtigt sein.[54] Ferner muss er vollständige Befriedigung derart angeboten haben, dass der Hypothekar in **Annahmeverzug** (§§ 293 ff. BGB) gerät. Der Hypothekar hat **kein Zurückbehaltungsrecht** (§ 273 BGB) wegen anderer Ansprüche gegen den Eigentümer.[55] **32**

b) Rechtsfolgen. aa) Anspruch. Der Eigentümer kann vom Hypothekar verlangen, dass er ihm den Brief und sonstige Urkunden aushändigt, die zur Grundbuchberichtigung oder Löschung erforderlich sind. **Sonstige Urkunden** sind nach Wahl des Eigentümers eine Berichtigungs- oder Löschungsbewilligung (§ 19 GBO) oder ein Unrichtigkeitsnachweis im Sinne des § 22 GBO (löschungsfähige Quittung), jeweils in der Form **33**

[46] BGH NJW-RR 1991, 499; 1991, 170; BGHZ 108, 179 = NJW 1989, 2530.
[47] BGH NJW 1992, 3228.
[48] BGH NJW 2009, 437.
[49] BGH NJW-RR 1991, 682.
[50] → Rn. 17.
[51] → Rn. 13.
[52] Dafür Staudinger/*Wolfsteiner* § 1144 Rn. 8 ff. **AA** Palandt/*Herrler* BGB § 1144 Rn. 1.
[53] BGHZ 71, 19 = NJW 1978, 883.
[54] Staudinger/*Wolfsteiner* § 1144 Rn. 25.
[55] BGHZ 71, 19 = NJW 1978, 883.

des § 29 Abs. 1 S. 1 GBO.[56] Ferner können zB Zessionsurkunden (§ 1155 BGB), Erbscheine oder Urkunden gemäß § 408 Abs. 2 BGB zu den sonstigen Urkunden gehören.[57]

34 **Aushändigung** bedeutet Übergabe an den Eigentümer, Vorlage beim Grundbuchamt reicht nicht aus.[58] Wenn Urkunden sich nicht im Besitz des Hypothekars befinden, muss er sie beschaffen oder für ihre Ausstellung sorgen.[59] Fehlt der Brief, dann hat der Hypothekar einen neuen Brief erteilen (§ 1162 BGB, § 67 GBO) zu lassen.[60]

35 Der Anspruch ist **auf Kosten des Hypothekars** zu erfüllen.[61] Eine Ausnahme hiervon bildet § 369 Abs. 2 BGB, insoweit kann ein Zurückbehaltungsrecht des Hypothekars bestehen. Die AGB-Klausel einer Bank, für die Ausfertigung von Löschungsbewilligungen bei Grundpfandrechten sei ein Entgelt zu entrichten, benachteiligt den Kunden unangemessen und ist deshalb unwirksam.[62]

36 Der Anspruch aus § 1144 BGB ist **nicht abtretbar.**[63] Für Gläubiger des Eigentümers ist die **Pfändung zur Ausübung** (§ 857 Abs. 3 ZPO) zulässig.

37 **bb) Zurückbehaltungsrecht.** Der Eigentümer hat wegen des Anspruchs aus § 1144 BGB ein Zurückbehaltungsrecht[64] (§§ 273 f. BGB) **gegen den Duldungsanspruch** (§ 1147 BGB). Erhebt er im Prozess die Einrede, ist die Duldungspflicht **Zug um Zug gegen Urkundenaushändigung** zu tenorieren;[65] zur Vollstreckung s. §§ 756, 765 ZPO.

3. Teilbefriedigung (§ 1145)

38 Der Eigentümer kann nicht fordern, dass ihm der Brief ausgehändigt wird, wenn er den Hypothekar nur **teilweise befriedigt** (§ 1145 Abs. 1 S. 1 BGB); das Miteigentum am Brief (§ 952 BGB) berechtigt den Eigentümer nicht zum Mitbesitz.[66] Im Übrigen ist zu unterscheiden, ob der Hypothekar wegen des **Kapitals** befriedigt wird (§ 1145 Abs. 1 S. 2 BGB) oder wegen **Nebenleistungen** (§ 1145 Abs. 2 BGB).

39 Soweit der Hypothekar einer **Briefhypothek** wegen des **Kapitals** befriedigt wird, ist er verpflichtet, die Befriedigung grundsätzlich formlos,[67] im Hinblick auf die Grundbucheintragung aber in der Form des § 29 Abs. 1 S. 1 GBO, auf dem Brief zu vermerken, und den Brief zum Zweck der Grundbuchberichtigung oder Löschung dem Grundbuchamt oder zur Herstellung eines Teilhypothekenbriefs (§ 61 GBO) für den Eigentümer dem Grundbuchamt oder einem Notar vorzulegen (§ 1145 Abs. 1 S. 2 BGB). Bei der **Buchhypothek,** bei der § 1145 Abs. 1 S. 2 BGB nicht gilt, ist der Eigentümer gehalten, mit dem Anspruch auf Aushändigung sonstiger Urkunden (§ 1144 BGB) die Löschung oder Umschreibung zu erwirken.

40 Der Anspruch aus § 1145 Abs. 1 S. 2 BGB entsteht nicht, wenn der Eigentümer den Hypothekar wegen **Zinsen und anderen Nebenleistungen** befriedigt, die im Kalendervierteljahr des Befriedigungszeitpunkts oder im folgenden Vierteljahr fällig werden, und nicht bei Befriedigung wegen **Kosten,** für die das Grundstück nach § 1118 BGB haftet (§ 1145 Abs. 2 BGB). S. dazu §§ 1158 f. BGB.

---

[56] Einzelheiten Palandt/*Herrler* BGB § 1144 Rn. 4 ff.
[57] Palandt/*Herrler* BGB § 1144 Rn. 7; Staudinger/*Wolfsteiner* § 1144 Rn. 12.
[58] Staudinger/*Wolfsteiner* § 1144 Rn. 12.
[59] Staudinger/*Wolfsteiner* § 1144 Rn. 13.
[60] MüKoBGB/*Lieder* § 1144 Rn. 6.
[61] BGHZ 114, 330 = NJW 1991, 1953.
[62] BGHZ 114, 330 = NJW 1991, 1953.
[63] Staudinger/*Wolfsteiner* § 1144 Rn. 29.
[64] MüKoBGB/*Lieder* § 1144 Rn. 17; Palandt/*Herrler* BGB § 1144 Rn. 2; Staudinger/*Wolfsteiner* § 1144 Rn. 25.
[65] MüKoBGB/*Lieder* § 1147 Rn. 17.
[66] MüKoBGB/*Lieder* § 1145 Rn. 10.
[67] → § 1140 Rn. 8.

§ 1146 Verzugszinsen

Liegen dem Eigentümer gegenüber die Voraussetzungen vor, unter denen ein Schuldner in Verzug kommt, so gebühren dem Gläubiger Verzugszinsen aus dem Grundstück.

Übersicht

I. Allgemeines

1 § 1146 BGB regelt die **Verzugshaftung des Eigentümers.** Die Vorschrift ist bei **Grundschulden** entsprechend anzuwenden (§ 1192 Abs. 2 BGB).[1]

II. Verzugshaftung

1. Verzug des persönlichen Schuldners

2 Befindet der persönliche Schuldner sich mit der Leistung auf den gesicherten Anspruch in Verzug (§ 286 BGB), dann haftet das Grundstück gemäß § 1118 BGB für die **gesetzlichen Verzugszinsen** (§ 288 BGB).[2] Für den **Verzögerungsschaden** (§ 280 Abs. 2 BGB) selbst haftet die Hypothek nur, wenn dieser Anspruch gesicherter Anspruch ist.

2. Verzugsvoraussetzungen beim Eigentümer

3 **a) Duldungspflicht.** Der Eigentümer gerät als Hypothekenschuldner nicht in Zahlungsverzug, weil er nicht Zahlung schuldet. Er kann nur mit der Duldungspflicht (§ 1147 BGB) in Verzug (§ 286 BGB) geraten, indem er sich der **Vollstreckung widersetzt.** Wenn dies in prozessualen Formen – durch Verteidigung gegen die Duldungsklage oder Erhebung einer Vollstreckungsgegenklage – stattfindet, kommen die systemwidrigen, aber etablierten Rechtsprechungsgrundsätze über die **Haftungsprivilegierung bei Inanspruchnahme gesetzlicher Rechtspflegeverfahren**[3] zur Anwendung In dem dadurch gesteckten engen Rahmen haftet der Eigentümer persönlich auf Schadensersatz wegen Verzögerung der Leistung (§ 280 Abs. 1, 2 BGB). Das Grundstück haftet für einen Verzugsschadensersatzanspruch wegen Verletzung der Duldungspflicht nur, wenn dieser Anspruch durch die Hypothek gesichert ist. Die Verletzung der Duldungspflicht ist keine Verletzung des Grundpfandrechts im Sinne des § 823 Abs. 1 BGB.[4]

4 **b) Quasiverzug.** Die Hypothek, nicht der Eigentümer persönlich,[5] haftet gemäß § 1146 BGB für Verzugszinsen, nicht für den Verzögerungsschaden im Übrigen,[6] wenn dem Eigentümer gegenüber die Voraussetzungen vorliegen, unter denen ein Schuldner in

[1] MüKoBGB/*Lieder* § 1146 Rn. 12; Palandt/*Herrler* BGB § 1146 Rn. 3; Staudinger/*Wolfsteiner* § 1146 Rn. 9.

[2] → § 1118 Rn. 3.

[3] S. zB BGHZ 154, 269; 148, 175; BGH NJW 2004, 446; BGHZ 36, 18. Eingehend *Haertlein* Exekutionsintervention und Haftung 2008 S. 316 ff.

[4] Staudinger/*Wolfsteiner* § 1146 Rn. 7. **AA** Palandt/*Herrler* BGB § 1146 Rn. 2.

[5] Palandt/*Herrler* BGB § 1146 Rn. 2. **AA** Staudinger/*Wolfsteiner* § 1146 Rn. 7.

[6] Staudinger/*Wolfsteiner* § 1146 Rn. 2.

Verzug (§ 286 BGB) kommt. Dies ist der Fall, wenn die **Hypothek fällig** ist – Fälligkeit des gesicherten Anspruchs oder § 1133 BGB, gegebenenfalls Kündigung gemäß § 1141 BGB –, und der Hypothekar beim Eigentümer oder Bucheigentümer (§ 893 BGB) **Ablösung angemahnt** hat oder ein Fall des § 286 Abs. 2 BGB vorliegt; der Hypothekar braucht nicht die Urkunden gemäß § 1144 BGB anzubieten.[7] Verzug des persönlichen Schuldners ist nicht erforderlich.[8] Die Hypothek haftet für Verzugszinsen in gesetzlicher Höhe.[9] § 1146 BGB umfasst keine Prozesszinsen (§ 291 BGB).[10]

3. Gesamtschuldähnliches Rechtsverhältnis

5 Soweit der persönliche Schuldner gesetzliche Verzugszinsen schuldet, und die Hypothek gemäß § 1146 BGB haftet, stehen dem Gläubiger für denselben Zeitraum nur einmal die gesetzlichen Verzugszinsen zu.[11]

§ 1147 Befriedigung durch Zwangsvollstreckung

Die Befriedigung des Gläubigers aus dem Grundstück und den Gegenständen, auf die sich die Hypothek erstreckt, erfolgt im Wege der Zwangsvollstreckung.

Übersicht

I. Allgemeines

1. Befriedigung aus dem Grundstück

1 § 1147 BGB enthält den **Anspruch** des Hypothekars auf **Befriedigung aus dem Grundstück** wegen der Hypothek: Der Hypothekar kann vom Eigentümer **Duldung der Zwangsvollstreckung** in das Grundstück und den Haftungsverband[1] (§§ 1120–1131 BGB) verlangen. **Andere Arten der Verwertung** können nicht vor Fälligkeit des gesicherten Anspruchs vereinbart werden (§ 1149 BGB). Vollstreckungsbeschränkende Vereinbarungen sind zulässig.[2] Ferner soll sich aus dem Treueverhältnis zwischen Bank und Kunde im Einzelfall die Verpflichtung der Bank ergeben können, auf ein Grundpfandrecht zu

[7] MüKoBGB/*Lieder* § 1146 Rn. 5 ff.; Palandt/*Herrler* BGB § 1146 Rn. 2.
[8] MüKoBGB/*Lieder* § 1146 Rn. 1; Staudinger/*Wolfsteiner* § 1146 Rn. 1.
[9] BGB § 1118 Rn. 3. Einzelheiten Staudinger/*Wolfsteiner* § 1146 Rn. 4.
[10] Palandt/*Herrler* BGB § 1146 Rn. 2. **AA** Staudinger/*Wolfsteiner* § 1146 Rn. 6.
[11] MüKoBGB/*Lieder* § 1146 Rn. 10; Palandt/*Herrler* BGB § 1146 Rn. 1.
[1] → Vor §§ 1120 ff. Rn. 2 ff.
[2] → Vorb. Rn. 33, 54.

verzichten, wenn nur so ein freihändiger Grundstücksverkauf möglich wird, der zu einem deutlich besseren Ergebnis als eine Zwangsverwertung führt.[3]

2. Duldungstitel

Der Hypothekar benötigt einen Duldungstitel **(dinglicher Titel),** um aus der Hypothek in das Grundstück vollstrecken zu können, zB Prozessvergleich (§ 794 Abs. 1 Nr. 1 ZPO) oder Unterwerfung[4] (§§ 794 Abs. 1 Nr. 5, 800 ZPO). Ein persönlicher Zahlungstitel aus dem gesicherten Anspruch ist weder erforderlich noch hinreichend – natürlich kann aus dem Zahlungstitel in das Grundstück vollstreckt werden, aber nicht mit der Rangklasse der Hypothek (vgl. § 10 Abs. 1 Nr. 4, 5 ZVG). Eine **Ausnahme** gilt für die **Zwangshypothek** (§ 867 Abs. 3 ZPO), aber nur für die Zwangsversteigerung. So benötigt etwa der Inhaber einer Zwangshypothek, der sich durch Mietpfändung aus dem Grundstück befriedigen will, einen dinglichen Titel.[5] Die Ausnahme vom Titelerfordernis gilt nicht für die Arresthypothek[6] (§ 932 Abs. 2 ZPO). 2

3. Vollstreckungsumfang

Zu vollstrecken ist wegen des gesicherten Anspruchs, Zinsen und anderer Nebenleistungen (§ 1115 BGB), gesetzlicher Zinsen und Kosten[7] (§ 1118 BGB). 3

4. Gesicherter Anspruch

§ 1147 BGB modifiziert nicht die Durchsetzung des gesicherten Anspruchs (s. aber § 1166 BGB). 4

5. Grundschuld

§ 1147 BGB ist bei **Grundschulden** entsprechend anzuwenden[8] (§ 1192 Abs. 2 BGB), außer bei der Eigentümergrundschuld (§ 1197 Abs. 1 BGB). 5

II. Duldungsklage

Die Duldungsklage ist begründet, wenn der Kläger Hypothekar und der Beklagte Grundeigentümer ist. Hypothek und gesicherter Anspruch müssen entstanden und grundsätzlich fällig sein, die Darlegungs- und Beweislast dafür liegen beim Duldungskläger. Gegen den gesicherten Anspruch und die Hypothek dürfen keine Einreden bestehen, Darlegungs- und Beweislast dafür liegen beim Duldungsbeklagten. 6

1. Kläger

Aktivlegitimiert ist der Hypothekar. Dem eingetragenen Kläger steht die **Vermutung** aus § 891 BGB zur Seite (s. aber § 1140 BGB), zugunsten des brieflegitimierten Klägers gelten die §§ 1155, 891 BGB. Ferner gilt die Vermutung des § 1117 Abs. 3 BGB. 7

---

[3] So OLG Köln WM 1995, 1801.
[4] → Vorb. Rn. 51. Ferner MüKoBGB/*Lieder* § 1147 Rn. 30 ff.; Staudinger/*Wolfsteiner* § 1147 Rn. 41 ff.
[5] BGH NJW 2008, 1599.
[6] → Vor §§ 1113 ff. Rn. 13.
[7] → Rn. 13.
[8] MüKoBGB/*Lieder* § 1147 Rn. 44; Palandt/*Herrler* BGB § 1147 Rn. 6; Staudinger/*Wolfsteiner* § 1147 Rn. 90.

2. Beklagter

8 Die Klage ist gegen den Eigentümer zu richten. Der als Eigentümer im Grundbuch eingetragene Beklagte wird als Eigentümer **unwiderleglich vermutet** (§ 1148 S. 1 BGB). In der Insolvenz über das Vermögen des Eigentümers ist die Klage gegen den Insolvenzverwalter zu erheben (§§ 80 f. InsO).[9]

3. Gesicherter Anspruch und Fälligkeit

9 Der gesicherte Anspruch muss bestehen und fällig sein. Bei einer Verkehrshypothek wird gemäß §§ 1138, 891 BGB das Bestehen des gesicherten Anspruchs **vermutet,** anders bei der Sicherungshypothek (§ 1185 Abs. 2 BGB). Ferner muss die Hypothek fällig sein, das heißt Fälligkeit des Anspruchs oder ein Fall des § 1133 BGB sowie gegebenenfalls Kündigung (§ 1141 BGB).

4. Einreden

10 Der Beklagte kann grundsätzlich alle Einreden aus den §§ 1137, 1157 S. 1, 1158 f. BGB erheben. Gegenüber einem Zessionserwerber bestehen die Einschränkungen der §§ 1138, 1156, 1157 S. 2 BGB – beachte aber § 1139 BGB und bei der Sicherungshypothek § 1185 Abs. 2 BGB. Ferner kann bei der Briefhypothek die fehlende Vorlage gemäß § 1160 BGB eingewendet werden.[10] Die Einrede des § 1144 BGB führt zur Verurteilung Zug um Zug.[11]

5. Antrag und Tenor

11 Antrag und Tenor in der Hauptsache können lauten:[12] „Der Beklagte hat wegen der Hypothek [grundbuchmäßige Individualisierung] in Höhe von [Summe aus Kapitalbetrag und Nebenforderungen] EUR nebst Zinsen von [Zinssatz] seit [Beginn der Verzinsung] die Zwangsvollstreckung in das Grundstück [grundbuchmäßige Bezeichnung] zu dulden".

12 Nicht tenoriert zu werden brauchen der gesicherte Anspruch,[13] die Eigentümerstellung des Beklagten[14] und die Gegenstände des Haftungsverbandes.[15]

6. Kosten des Rechtsstreits

13 Für die Kosten des Duldungsrechtsstreits gelten die §§ 91 ff. ZPO. Der beklagte Eigentümer schuldet Kosten, in die er verurteilt ist, persönlich, die Hypothek haftet (§ 1118 BGB). Die Hypothek haftet nicht für die Kosten eines Rechtsstreits, in dem der Hypothekar gemäß § 93 ZPO in die Kosten verurteilt wurde. Zu § 93 ZPO gilt jedoch, dass der Beklagte, der sofort anerkennt, dennoch Anlass zur Klageerhebung gegeben hat, wenn er bei Fälligkeit der Hypothek nicht Unterwerfung (§ 794 Abs. 1 Nr. 5 ZPO) angeboten oder Befriedigung (§ 1142 BGB) unternommen hat. Denn der Hypothekar benötigt einen Titel, so dass es nicht darauf ankommt, ob die Hypothekenhaftung bestritten wurde.[16] Allerdings ist der Hypothekar gehalten, den Eigentümer zur Unterwerfung (§ 794 Abs. 1

---

[9] Palandt/*Herrler* BGB § 1147 Rn. 1; Staudinger/*Wolfsteiner* § 1147 Rn. 15. Einzelheiten über die Hypothek in der Insolvenz des Eigentümers Staudinger/*Wolfsteiner* § 1147 Rn. 56 ff.

[10] MüKoBGB/*Lieder* § 1147 Rn. 26; Palandt/*Herrler* BGB § 1147 Rn. 3; Staudinger/*Wolfsteiner* § 1147 Rn. 21.

[11] → §§ 1142–1145 Rn. 37.

[12] Bsp. bei MüKoBGB/*Lieder* § 1147 Rn. 21 ff.; Palandt/*Herrler* BGB § 1147 Rn. 3; Staudinger/*Wolfsteiner* § 1147 Rn. 30 ff.

[13] Staudinger/*Wolfsteiner* § 1147 Rn. 30.

[14] Staudinger/*Wolfsteiner* § 1147 Rn. 30.

[15] Palandt/*Herrler* BGB § 1147 Rn. 3; Staudinger/*Wolfsteiner* § 1147 Rn. 33.

[16] Staudinger/*Wolfsteiner* § 1147 Rn. 21.

Nr. 5 ZPO) aufzufordern, widrigenfalls der Hypothekar gemäß § 93 ZPO in die Kosten zu verurteilen ist[17] (str.).

III. Zwangsvollstreckung

Die Zwangsvollstreckung aus dem dinglichen Titel ist durchzuführen in den Verfahren der **Zwangsversteigerung** und **-verwaltung** des Grundstücks (§§ 864 ff. ZPO, §§ 1 ff., 15 ff., 146 ff. ZVG) sowie – bis zur Beschlagnahme (§ 865 Abs. 2 ZPO, §§ 20 ff., 148 ZVG) – der **Mobiliarvollstreckung** in Gegenstände des Haftungsverbands[18] mit Ausnahme von Zubehör (§ 865 Abs. 2 ZPO). Die Eintragung einer Zwangshypothek (§ 867 ZPO) kommt nicht in Betracht.[19] Zwangsversteigerung und -verwaltung können nebeneinander durchgeführt werden (§ 866 Abs. 2 ZPO).[20] **14**

Zur Zwangsverwaltung bedarf es auch eines Herausgabetitels gegen einen dritten Eigenbesitzer[21] sowie eines Duldungstitels gegen einen nachrangigen Nießbraucher.[22] **15**

Es kann **Vollstreckungsschutz** gemäß § 765a ZPO zu gewähren sein.[23] Ferner gilt nach Auffassung des BVerfG im Zwangsvollstreckungsrecht, namentlich bei der Liegenschaftsvollstreckung, der Grundsatz der **Verhältnismäßigkeit.**[24] So seien im Bereich von Zwangsverwaltung und -versteigerung aufgrund der Eigentumsgarantie (Art. 14 GG) auch die Belange des Schuldners zu wahren, und es sei jedenfalls gegen eine unverhältnismäßige Verschleuderung seines Grundvermögens Rechtsschutz zu gewähren.[25] Zur Berücksichtigung der berechtigten Belange des Sicherungsgebers gehöre, dass der Sicherungsnehmer, insbesondere ein Kreditinstitut, grundsätzlich prüfen muss, welche Verwertungsmöglichkeiten in Betracht kommen. Die gebotenen Maßnahmen hängen von den Umständen des Einzelfalles ab.[26] Andererseits gilt das **Verbot der zwecklosen Pfändung** (§ 803 Abs. 2 ZPO) nicht in den Verfahren der Zwangsversteigerung und -verwaltung.[27] **16**

§ 1148 Eigentumsfiktion

[1] Bei der Verfolgung des Rechts aus der Hypothek gilt zugunsten des Gläubigers derjenige, welcher im Grundbuch als Eigentümer eingetragen ist, als der Eigentümer. [2] Das Recht des nicht eingetragenen Eigentümers, die ihm gegen die Hypothek zustehenden Einwendungen geltend zu machen, bleibt unberührt.

Übersicht

[17] OLG Saarbrücken MDR 1990, 637; OLG Schleswig JurBüro 1987, 1078; OLG Karlsruhe OLGZ 1987, 250; OLG Oldenburg BB 1984, 2026; OLG Karlsruhe MDR 1981, 939; OLG München Rpfleger 1984, 325. AA OLG Frankfurt a. M. OLGR 1999, 175; OLG Frankfurt a. M. ZIP 1980, 1148; OLG Köln NJW 1977, 256.

[18] Einzelheiten *Jacoby* AcP 203 (2003), 664 (668); Staudinger/*Wolfsteiner* § 1147 Rn. 71 ff.

[19] Palandt/*Herrler* BGB § 1147 Rn. 5; Staudinger/*Wolfsteiner* § 1147 Rn. 66.

[20] Einzelheiten Staudinger/*Wolfsteiner* § 1147 Rn. 66.

[21] Palandt/*Herrler* BGB § 1147 Rn. 2; Staudinger/*Wolfsteiner* § 1147 Rn. 16.

[22] BGH NJW 2014, 1740; 2003, 2164.

[23] Bsp. BGH NJW 2009, 444.

[24] BVerfG NJW 2009, 1259.

[25] BVerfG NJW 2009, 1259; BVerfGE 51, 150.

[26] BGH NJW 1997, 1063.

[27] BGHZ 151, 384 = NJW 2002, 3178; BGH WM 2004, 646.

I. Allgemeines

1 § 1148 S. 1 BGB enthält zugunsten des Hypothekars die **unwiderlegliche Vermutung,** der im Grundbuch als Eigentümer Eingetragene sei Grundeigentümer. Der nicht eingetragene Eigentümer kann gleichwohl seine **Gegenrechte** geltend machen (§ 1148 S. 2 BGB).

2 Die Norm gilt bei **Grundschulden** entsprechend (§ 1192 Abs. 2 BGB).[1]

II. Unwiderlegliche Eigentümervermutung (S. 1)

1. Voraussetzungen

3 Der Hypothekar muss sein Recht aus der Hypothek, nicht den gesicherten Anspruch, verfolgen, also hypothekarische Rechte (zB aus. §§ 1134 f., 1147 BGB) geltend machen. Der Zeitraum der Rechtsverfolgung reicht von der vorprozessualen Geltendmachung,[2] zB der Aufforderung, die Unterwerfung zu erklären,[3] bis zum Ende der Vollstreckung.

2. Rechtsfolge

4 Zugunsten des Hypothekars gilt der im Grundbuch als Eigentümer Eingetragene als Eigentümer, und zwar auch, wenn dem Hypothekar bekannt ist, dass er nicht Eigentümer ist, oder im Grundbuch ein Widerspruch eingetragen ist.[4]

5 **a) Eingetragener.** Der Eingetragene muss existieren, eine Hypothekenklage kann nicht gegen Verstorbene oder eine erloschene Gesellschaft gerichtet werden.[5] Bei der GbR (§ 47 Abs. 2 S. 1 GBO) umfasst die Rechtsfolge von § 1148 S. 1 BGB auch den Gesellschafterbestand (vgl. § 899a BGB).

6 **b) Unwiderlegliche Vermutung.** Der Eingetragene kann gegen die Rechtsverfolgung des Hypothekars in keiner Phase mit Erfolg vorbringen, er sei nicht Eigentümer. Fehlendes Eigentum kann weder direkt eingewendet werden noch als Begründungselement einer Einwendung oder Einrede. Eigene Gegenrechte, die sich nicht auf fehlendes Eigentum stützen, sind dem Eingetragenen unbenommen,[6] zB bei einer Drittsicherheit die Aufrechnungsmöglichkeit des Hypothekars gegen den persönlichen Schuldner (§§ 1137 Abs. 1 S. 1, 770 BGB).

7 Der Eingetragene kann in der Eigentümerrolle verklagt und verurteilt, und es kann gegen ihn vollstreckt werden; zulässig ist Vollstreckung in das Grundstück, aber auch die Handlungsvollstreckung aus einem Titel gemäß § 1134 Abs. 2 BGB.

8 **c) Zugunsten des Hypothekars.** § 1148 S. 1 BGB gilt nur zugunsten des Hypothekars, also nicht, wenn der Eingetragene den Anspruch aus § 1144 BGB geltend macht, und auch nicht, wenn der Hypothekar sein Recht **gegen den nicht eingetragenen Eigentümer** verfolgt, was ihm natürlich freisteht.

---

[1] MüKoBGB/*Lieder* § 1148 Rn. 15; Palandt/*Herrler* BGB § 1148 Rn. 3; Staudinger/*Wolfsteiner* § 1148 Rn. 16.

[2] **AA** Staudinger/*Wolfsteiner* § 1148 Rn. 3.

[3] → § 1147 Rn. 13.

[4] MüKoBGB/*Lieder* § 1148 Rn. 3; Palandt/*Herrler* BGB § 1148 Rn. 1; Staudinger/*Wolfsteiner* § 1148 Rn. 6.

[5] Staudinger/*Wolfsteiner* § 1148 Rn. 2.

[6] Staudinger/*Wolfsteiner* § 1148 Rn. 7 f.

III. Gegenrechte des nicht eingetragenen Eigentümers (S. 2)

Der nicht eingetragene Eigentümer kann alle Gegenrechte (Einwendungen und Einreden) gegen die Verfolgung der Hypothek **in jeder zu Gebote stehenden Weise** zur Geltung bringen, zB mit einer Feststellungsklage (§ 256 ZPO) gegen den Hypothekar, als Streithelfer (§§ 66 ff. ZPO) des beklagten Bucheigentümers – nicht aber als Hauptintervenient (§ 64 ZPO) – oder mit der Drittwiderspruchsklage (§ 771 ZPO) gegen die Vollstreckung aus dem Titel gegen den Bucheigentümer.[7] Eine Klage oder Intervention hat nur Erfolg, wenn neben dem Eigentum auch eine Einwendung oder Einrede dargetan wird.[8] 9

Ein Duldungsurteil gegen den Bucheigentümer wirkt nicht **Rechtskraft** gegen den Eigentümer, es sei denn, er habe nach Eintritt der Rechtshängigkeit Eigentum vom Beklagten erworben (§§ 322, 325 ZPO); in diesem Fall ist auch § 266 ZPO anzuwenden. Kein Fall der §§ 266, 325 ZPO ist es aber, wenn nach Rechtshängigkeit nur das **Grundbuch berichtigt** wird.[9] Nach Auffassung des OLG Hamm[10] freilich soll der Eigentümer „unter Zugrundelegung einer prozessökonomischen Betrachtungsweise" als Rechtsnachfolger des zur Duldung verurteilten Bucheigentümers zu behandeln sein und der Duldungstitel entsprechend § 727 ZPO gegen den Eigentümer umgeschrieben werden können. 10

§ 1149 Unzulässige Befriedigungsabreden

Der Eigentümer kann, solange nicht die Forderung ihm gegenüber fällig geworden ist, dem Gläubiger nicht das Recht einräumen, zum Zwecke der Befriedigung die Übertragung des Eigentums an dem Grundstück zu verlangen oder die Veräußerung des Grundstücks auf andere Weise als im Wege der Zwangsvollstreckung zu bewirken.

Übersicht

I. Allgemeines

Vereinbarungen, die den Hypothekar dazu berechtigen, zum Zweck der Befriedigung Übereignung des Grundstücks zu verlangen **(Verfallabrede),** sind zum Schutz des Eigentümers[1] dinglich und schuldrechtlich **unwirksam,** wenn sie **vor Fälligkeit** der Forderung getroffen werden (§ 1149 BGB). Gleiches gilt für die Abrede, der Hypothekar dürfe sich **anders als durch Zwangsvollstreckung** (§ 1147 BGB) **befriedigen.** 1

Die Norm ist bei **Grundschulden** entsprechend anzuwenden[2] (§ 1192 Abs. 2 BGB). Zweifelhaft ist, ob auf die Fälligkeit der Sicherungsgrundschuld oder des gesicherten Anspruchs abzustellen ist.[3] 2

---

[7] **AA** betreffend Hauptintervention MüKoBGB/*Lieder* § 1148 Rn. 11; Staudinger/*Wolfsteiner* § 1148 Rn. 16.
[8] Staudinger/*Wolfsteiner* § 1148 Rn. 9.
[9] **AA** Staudinger/*Wolfsteiner* § 1148 Rn. 13.
[10] OLG Hamm NJW 1999, 1038; Rpfleger 1990, 215. Ebenso LG Rostock NJW-RR 2001, 1024.
[1] BGHZ 130, 101 = NJW 1995, 2635.
[2] BGHZ 130, 101 = NJW 1995, 2635.
[3] Staudinger/*Wolfsteiner* § 1149 Rn. 24.

II. Verbot der Verfallabrede

3 Das Verbot der Verfallabrede umfasst auch Vereinbarungen, nach denen der Hypothekar bei Fälligkeit berechtigt ist, nach seiner Wahl Übereignung oder Duldung der Zwangsvollstreckung zu verlangen, und zwar auch, wenn das Grundstück zum Schätzwert übernommen und ein Überschuss an den Veräußerer bezahlt werden soll **(rechnungspflichtiger Verfall).**[4] Auch die Einräumung eines **Ankaufsrechts** fällt unter das Verbot.[5] Der Eigentümer kann dem Hypothekar aber ein **Vorkaufsrecht** einräumen. Vereinbarungen, wonach das Grundstück nicht dem Hypothekar, sondern in dessen Interesse **einem Dritten zu übereignen** sei, sind ebenfalls unwirksam gemäß § 1149 BGB.[6]

4 Nicht von § 1149 BGB umfasst ist eine Veräußerungsverpflichtung, die **nicht zur Befriedigung** wegen der Hypothek getroffen wird.[7] Das Verbot der Verfallabrede gilt außerhalb der Anwendungsbereiche der §§ 1149, 1229, 1277 BGB auch nicht, wenn einem **nicht dinglich gesicherten Gläubiger** der Verfall zugesagt wird.[8] Ferner ist die **Sicherungsübereignung** eines Grundstücks zulässig.[9]

III. Andere Befriedigung als durch Zwangsvollstreckung

5 Vereinbarungen über eine andere Befriedigung als durch Zwangsvollstreckung betreffen insbesondere den **freihändigen Verkauf** oder die **einfache öffentliche Versteigerung.**[10] Unter § 1149 BGB fällt auch die Erteilung einer **Verwertungsvollmacht** für den Hypothekar oder die Verpflichtung dazu; es gelten aber die §§ 171 ff. BGB.[11]

IV. Vor Fälligkeit

6 Die in § 1149 BGB aufgeführten Vereinbarungen sind **schuldrechtlich wirksam,** wenn sie **bei oder nach Eintritt der Fälligkeit geschlossen** werden. Im Einzelfall kann eine solche Abrede **sittenwidrig** sein (§ 138 Abs. 1 BGB), Einzelheiten sind str.[12] Gegebenenfalls ist die **Form** des § 311b Abs. 1 BGB zu beachten. Eine Verwertungsvollmacht bedarf nicht dieser Form (§ 167 Abs. 2 BGB), str.[13]

§ 1150 Ablösungsrecht Dritter

Verlangt der Gläubiger Befriedigung aus dem Grundstück, so finden die Vorschriften der §§ 268, 1144, 1145 entsprechende Anwendung.

Übersicht

[4] MüKoBGB/*Lieder* § 1149 Rn. 5.
[5] BayObLG Rpfleger 1993, 58.
[6] Staudinger/*Wolfsteiner* § 1149 Rn. 8.
[7] MüKoBGB/*Lieder* § 1149 Rn. 8 f.; Palandt/*Herrler* BGB § 1149 Rn. 1.
[8] BGH NJW 2003, 1041; BGHZ 130, 101 = NJW 1995, 2635; BayObLG NJW-RR 1997, 590.
[9] Staudinger/*Wolfsteiner* § 1149 Rn. 27.
[10] Staudinger/*Wolfsteiner* § 1149 Rn. 14.
[11] Staudinger/*Wolfsteiner* § 1149 Rn. 15.
[12] Staudinger/*Wolfsteiner* § 1149 Rn. 21.
[13] Einzelheiten Staudinger/*Wolfsteiner* § 1149 Rn. 17.

I. Allgemeines

1 § 1150 BGB regelt das Recht Dritter, die weder Eigentümer noch persönlicher Schuldner sind, die Hypothek abzulösen, und die Folgen einer solchen Ablösung durch Verweisung auf die §§ 268, 1144, 1145 BGB. Für das Ablösungsrecht Dritter ist nicht § 1142 BGB maßgebend; allerdings darf auch ein Dritter nur in der Weise ablösen, wie das der Eigentümer hätte tun können.[1] Ablösungsberechtigt ist, wer Gefahr läuft, durch die Vollstreckung in das Grundstück und den Haftungsverband ein Recht an ihm oder den Besitz zu verlieren (§ 268 Abs. 1 BGB). Anders als bei § 268 BGB entsteht das Ablösungsrecht bereits, sobald der Hypothekar Befriedigung verlangt.

2 Die Norm ist bei **Grundschulden** entsprechend anzuwenden[2] (§ 1192 Abs. 2 BGB). Jedoch geht auch bei Sicherungsgrundschulden keine gesicherte Forderung auf den Ablösenden über (str.).[3] Wenn ein nachrangiger Grundschuldgläubiger sein Ablösungsrecht ausüben will, dann muss er den vorrangigen Gläubiger einer **Sicherungsgrundschuld** in voller Höhe des dinglichen Rechts befriedigen, auch wenn die Grundschuld **nicht** oder nicht vollständig **valutiert** ist. Zwischen den beiden Grundschuldgläubigern findet auch kein Bereicherungsausgleich statt. Vielmehr ist der Übererlös an den Eigentümer zu zahlen, der seinerseits dem Ablösenden aus § 812 Abs. 1 S. 1 BGB verpflichtet ist.[4]

II. Voraussetzungen

1. Befriedigungsverlangen

3 Der Hypothekar muss Befriedigung aus dem Grundstück oder Gegenständen des Haftungsverbands[5] (§§ 1120 bis 1131 BGB) verlangen, das heißt die Hypothek geltend machen. Es reicht eine **nach Fälligkeit** ausgesprochene[6] außergerichtliche **Zahlungsaufforderung** oder **Vollstreckungsankündigung,**[7] oder die **fälligkeitsbegründende Kündigung.**[8] Kein Fall des § 1150 BGB ist es, wenn der Gläubiger nur den **gesicherten Anspruch** geltend macht; § 268 BGB gilt dann unmittelbar.[9] Im Zweifel ist die Geltendmachung des gesicherten Anspruchs gegenüber dem Eigentümer gleichzeitig als Geltendmachung der Hypothek zu verstehen.[10]

2. Drohender Rechts- oder Besitzverlust

4 Der Dritte muss Gefahr laufen, durch die Vollstreckung ein Recht am Grundstück oder dem Haftungsverband oder den Besitz zu verlieren (§ 268 Abs. 1 BGB). Rechtsverlust droht, wenn das Drittrecht bei der **Zwangsversteigerung** nicht ins **geringste Gebot**

---

1 BGHZ 108, 372 = NJW 1990, 258.
2 BGHZ 136, 246 = NJW 1997, 2597; BGH NJW 1983, 2502.
3 MüKoBGB/*Lieder* § 1150 Rn. 39; Staudinger/*Wolfsteiner* § 1150 Rn. 52. **AA** OLG Hamburg MDR 2000, 1186.
4 BGH NJW 2005, 2398 mAnm *Berger* LMK 2005, 151 903.
5 Palandt/*Herrler* BGB § 1150 Rn. 2; Staudinger/*Wolfsteiner* § 1150 Rn. 4 f.
6 **AA** Palandt/*Herrler* BGB § 1150 Rn. 2.
7 BGH NJW 1994, 1475.
8 Staudinger/*Wolfsteiner* § 1150 Rn. 6.
9 MüKoBGB/*Lieder* § 1150 Rn. 4; Palandt/*Herrler* BGB § 1150 Rn. 2.
10 Staudinger/*Wolfsteiner* § 1150 Rn. 7.

(§ 44 Abs. 1 ZVG) fällt (§§ 52, 91 ZVG), und zwar auch, wenn den Umständen nach mit Befriedigung aus dem Erlös zu rechnen ist.[11]

5 **a) Miteigentümer.** Miteigentümer können nach § 1142 BGB ablösungsberechtigt sein, nicht nach § 1150 BGB.[12]

6 **b) Beschränkt dingliche Rechte.** Inhaber beschränkt dinglicher Rechte **am Grundstück** oder **Gegenständen des Haftungsverbands** können ablösungsberechtigt sein,[13] und zwar auch, wenn das beschränkt dingliche Recht erst nach Anordnung der Zwangsversteigerung des Grundstücks entstanden ist.[14] Vorrangig dinglich Berechtigte können wegen **älterer Rückstände** ablösungsberechtigt sein, die in die Rangklasse § 10 Abs. 1 Nr. 8 ZVG fallen.[15] Das Ablösungsrecht kann auch dem Inhaber eines dinglichen Rechts **an einem Grundstücksrecht**[16] zustehen.

7 **c) Vormerkungsinhaber.** Das Ablösungsrecht kann auch dem Inhaber einer Vormerkung, insbesondere einer Auflassungsvormerkung zustehen.[17]

8 **d) Besitzer.** Berechtigte Besitzer, insbesondere Miet- und Pachtbesitzer des Grundstücks (§ 57a ZVG) oder einer haftenden beweglichen Sache können ablösungsberechtigt sein.[18]

9 **e) Bürge des gesicherten Anspruchs.** Wer für den gesicherten Anspruch bürgt, ist nicht ablösungsberechtigt, weil er als Bürge keine Rechte an Gegenständen der Vollstreckung wegen der Hypothek hat.[19]

3. Zustimmung, Abwendungsabsicht

10 Das Befriedigungsrecht setzt **keinen Konsens** des Eigentümer, des Grundpfandgläubigers[20] oder des persönlichen Schuldners voraus; § 267 Abs. 2 BGB gilt nicht. Ferner setzt das Ablösungsrecht **nicht** voraus, dass der Dritte mit der Befriedigung des Hypothekars die **Abwendung der Zwangsversteigerung** des Grundstücks **bezweckt.**[21]

III. Inhalt

11 Der Dritte kann den Grundpfandgläubiger – oder den Buchgläubiger (§ 893 BGB) – befriedigen, indem er **zahlt, hinterlegt** oder **aufrechnet** (§ 268 Abs. 2 BGB).[22]

12 Der Ablösende kann bei der Zahlung einseitig **Bedingungen** für die Ablösungswirkung setzen. Will der Empfänger sich darauf nicht einlassen, kann er die Zahlung zurückweisen; tut er dies nicht, tritt die Ablösungswirkung nur ein, wenn die Bedingung eintritt.[23]

13 **Mehrere** Dritte sowie der Eigentümer (§ 1142 BGB) können je für sich ablösungsberechtigt sein. Befriedigt einer von ihnen den Gläubiger, dann erlöschen andere Ablösungsrechte.[24] Maßgeblich ist die zeitliche Priorität der Hinterlegung (§§ 372, 378 BGB)

---

[11] Palandt/*Herrler* BGB § 1150 Rn. 2; Staudinger/*Wolfsteiner* § 1150 Rn. 8.
[12] Einzelheiten (teils aA) Staudinger/*Wolfsteiner* § 1150 Rn. 15.
[13] Einzelheiten Staudinger/*Wolfsteiner* § 1150 Rn. 16.
[14] BGH NJW-RR 2007, 165.
[15] MüKoBGB/*Lieder* § 1150 Rn. 14; Staudinger/*Wolfsteiner* § 1150 Rn. 19.
[16] S. näher Staudinger/*Wolfsteiner* § 1150 Rn. 17.
[17] BGH NJW 1994, 1475; OLG Hamburg MDR 2000, 1186.
[18] Palandt/*Herrler* BGB § 1150 Rn. 2; Staudinger/*Wolfsteiner* § 1150 Rn. 23.
[19] Näher Staudinger/*Wolfsteiner* § 1150 Rn. 18. Zur Leistung des Bürgen → §§ 1142–1145 Rn. 27 f.
[20] LG Memmingen NJW-RR 1998, 1512.
[21] BGH NJW 1994, 1475; 1983, 2502.
[22] Einzelheiten → §§ 1142–1145 Rn. 10 ff.
[23] BGHZ 136, 246 = NJW 1997, 2597.
[24] Palandt/*Herrler* BGB § 1150 Rn. 2.

beziehungsweise des Zugangs der Aufrechnungserklärung (§§ 388 f. BGB). Unter mehreren Leistungsangeboten kann der Gläubiger wählen.[25]

IV. Folgen

Mit der Ablösung erwirbt der Dritte den **gesicherten Anspruch** (§ 268 Abs. 3 S. 1 BGB) mit allen Einwendungen (§§ 412, 404 BGB), ferner die Hypothek (§ 1153 Abs. 1 BGB) sowie andere **akzessorische Sicherheiten** (§ 401 BGB).[26] Eine **forderungsentkleidete Hypothek** (§ 1138 BGB) erwirbt der Ablösende als solche.[27] Ansprüche auf Rückgewähr vorrangiger Grundschulden gehen nicht auf den Ablösenden über.[28] Nach Auffassung des BGH sind auf den Erwerb gemäß § 268 Abs. 3 S. 1 BGB keine Gutglaubenstatbestände zugunsten des Ablösenden anzuwenden, weil er den gesicherten Anspruch kraft Gesetzes erwirbt (str.).[29] Weithin ungeklärt sind die Folgen, wenn die Hypothek einen **öffentlich-rechtlichen Anspruch** sichert,[30] zB eine Steuerforderung. 14

Der Ablösende hat die Rechte aus den §§ 1144 f. BGB.[31] Hat der Dritte den Hypothekar **teilweise befriedigt,** dann erwirbt er den gesicherten Anspruch und die Hypothek jeweils zum Teil, und zwar gemäß § 268 Abs. 3 S. 2 BGB mit **Nachrang** gegenüber der Restforderung und der Restforderungshypothek.[32] 15

§ 1151 Rangänderung bei Teilhypotheken

Wird die Forderung geteilt, so ist zur Änderung des Rangverhältnisses der Teilhypotheken untereinander die Zustimmung des Eigentümers nicht erforderlich.

§ 1152 Teilhypothekenbrief

[1] Im Falle einer Teilung der Forderung kann, sofern nicht die Erteilung des Hypothekenbriefs ausgeschlossen ist, für jeden Teil ein Teilhypothekenbrief hergestellt werden; die Zustimmung des Eigentümers des Grundstücks ist nicht erforderlich. [2] Der Teilhypothekenbrief tritt für den Teil, auf den er sich bezieht, an die Stelle des bisherigen Briefes.

Übersicht

[25] MüKoBGB/*Lieder* § 1150 Rn. 23; Staudinger/*Wolfsteiner* § 1150 Rn. 25 f.
[26] Zur Konkurrenz von Sicherheiten und zum Regress §§ 1142–1145 BGB Rn. 27 f.
[27] MüKoBGB/*Lieder* § 1150 Rn. 30.
[28] BGHZ 104, 26 = NJW 1988, 1665.
[29] BGH NJW 1997, 190; 1986, 1487 m. abl. Anm. *Canaris* NJW 1986, 1488, jeweils betreffend Grundschuld. **AA** BGH WM 1990, 862.
[30] Staudinger/*Wolfsteiner* § 1150 Rn. 37.
[31] Zur Umschreibung MüKoBGB/*Lieder* § 1150 Rn. 31.
[32] BGH WM 1990, 862 betreffend Grundschuld.

I. Allgemeines

1 Die §§ 1151, 1152 BGB knüpfen an die Teilung einer hypothekengesicherten Forderung Folgen für Rang und Brief der Hypothek. Die Teilung der Forderung und die unmittelbaren Folgen daraus für die Hypothek regeln §§ 1151 f. BGB nicht.

2 Die Normen gelten bei Teilung einer **Grundschuld** entsprechend (§ 1192 Abs. 2 BGB).[1]

II. Forderungsteilung

3 Der gesicherte Anspruch kann durch **Rechtsgeschäft** (Teilabtretung, §§ 398, 1154 BGB) oder **kraft Gesetzes,** zB bei Teilbefriedigung in den Fällen der §§ 774, 1143, 1150, 268 BGB, geteilt werden. Als Teilung gelten auch **Pfändung** und **Belastung** eines Forderungsteils, ferner die **Inhaltsänderung** betreffend Nebenleistungen oder Fälligkeit im Hinblick auf einen Forderungsteil.[2]

III. Teilung der Hypothek

1. Hypothekenteilung ohne Forderungsteilung

4 Hypotheken können unabhängig vom gesicherten Anspruch geteilt werden.[3] So, wie für einen Forderungsteil eine Hypothek bestellt werden kann und für mehrere Teile einer Forderung Hypotheken am selben Grundstück bestellt werden können, kann eine Hypothek für eine Forderung in Hypotheken für Forderungsteile zerlegt werden.

2. Hypothekenteilung infolge Forderungsteilung

5 Die Forderungsteilung bewirkt die Teilung der Hypothek in selbständige Hypotheken.[4]

IV. Rang

6 Nach Teilung der Hypothek haben die Teile grundsätzlich **gleichen Rang.**[5] Bei **Ablösung** gemäß §§ 268, 774, 1143, 1150, 1176, 1182 BGB hat der übergegangene Teil **Nachrang** gegenüber dem Rest. Die Rangverhältnisse können **geändert** werden (§ 880 Abs. 1 BGB), und zwar in den Fällen des § 1151 BGB bei oder nach der Teilung abweichend von § 880 Abs. 2 S. 2, 3 BGB ohne Zustimmung des Eigentümers, und im Übrigen gemäß § 880 BGB. **Nicht** unter § 1151 BGB fallen Rangänderungen unter Einbeziehung von Grundpfandrechten, die nicht infolge der Teilung entstanden sind und anderer beschränkt dinglicher Rechte sowie andere Verfügungen als Rangänderungen.[6] Wenn ein Teil Eigentümergrundschuld geworden ist, bedarf es zur Rangänderung der Zustimmung des Eigentümers.[7]

---

1 Palandt/*Herrler* BGB § 1151 Rn. 3 § 1152 Rn. 4; Staudinger/*Wolfsteiner* § 1151 Rn. 16.
2 MüKoBGB/*Lieder* § 1151 Rn. 2; Palandt/*Herrler* BGB § 1151 Rn. 1.
3 Staudinger/*Wolfsteiner* § 1151 Rn. 3.
4 Erman/*Wenzel* BGB § 1151 Rn. 2; MüKoBGB/*Lieder* § 1151 Rn. 4.
5 Palandt/*Herrler* BGB § 1151 Rn. 1; Staudinger/*Wolfsteiner* § 1151 Rn. 4.
6 Staudinger/*Wolfsteiner* § 1151 Rn. 10.
7 Staudinger/*Wolfsteiner* § 1151 Rn. 11.

V. Teilhypothekenbrief

Nach der Teilung einer **Briefhypothek** ist zunächst der **Stammbrief** der geteilten Hypothek der Brief für die entstandenen Hypotheken. Dabei kann und darf es bleiben; die Teilung und alle Vermerke, die eine Teilhypothek betreffen, sind dann auf dem Stammbrief zu notieren.[8] Jedoch sind auf Antrag eines Gläubigers, auch ohne Zustimmung der anderen Gläubiger, **Teilhypothekenbriefe** zu erstellen (§ 61 GBO). Der Stammbrief muss vorgelegt werden[9] (vgl. §§ 1145 Abs. 1 S. 2, 1150, 1167, 1168 Abs. 3 BGB), damit die Herstellung von Teilhypothekenbriefen auf ihm vermerkt werden kann (§ 61 Abs. 4 GBO). Im Fall einer (bevorstehenden[10]) Forderungsteilung ist die Zustimmung des Eigentümers nicht erforderlich (§ 1152 S. 1 Hs. 2 BGB). Ein Teilhypothekenbrief tritt, soweit er reicht, an die Stelle des Stammbriefs (§ 1152 S. 2 BGB) und ermöglicht ungehinderte Verfügungen. 7

§ 1153 Übertragung von Hypothek und Forderung

(1) **Mit der Übertragung der Forderung geht die Hypothek auf den neuen Gläubiger über.**

(2) **Die Forderung kann nicht ohne die Hypothek, die Hypothek kann nicht ohne die Forderung übertragen werden.**

Übersicht

I. Allgemeines

§ 1153 BGB statuiert zwingend – und damit im Gegensatz zu § 401 BGB – die **Zuständigkeitsakzessorietät** der Hypothek in Gestalt des **Mitlaufgebots** (Abs. 1) und des **Trennungsverbots** (Abs. 2). 1

Die Norm ist bei **Grundschulden** nicht anzuwenden[1] (§ 1192 Abs. 1 BGB). 2

II. Mitlaufgebot (Abs. 1)

Wenn und soweit der **Forderungsgläubiger wechselt,** gleichgültig, auf welche Weise, wechselt auch die **Hypothekeninhaberschaft** (§ 1153 Abs. 1 BGB). Die Hypothek geht **kraft Gesetzes**[2] als zwingende Folge der Forderungsübertragung über. Wenn die Forderung zum Teil übergeht, geht ein entsprechender Teil der Hypothek über, es entstehen Teilhypotheken (vgl. §§ 1151 f. BGB). 3

§ 1153 Abs. 1 BGB gilt entsprechend bei **Belastungen** des gesicherten Anspruchs; die Belastung erfasst kraft Gesetzes und zwingend die Hypothek.[3] 4

---

[8] MüKoBGB/*Lieder* § 1152 Rn. 10.
[9] MüKoBGB/*Lieder* § 1152 Rn. 4.
[10] MüKoBGB/*Lieder* § 1152 Rn. 2.
[1] *Dieckmann* BWNotZ 2011, 42 (47); Erman/*Wenzel* BGB § 1153 Rn. 4; MüKoBGB/*Lieder* § 1153 Rn. 21.
[2] Zur Anwendbarkeit von § 892 BGB → §§ 1137, 1138 Rn. 17.
[3] MüKoBGB/*Lieder* § 1153 Rn. 6; Palandt/*Herrler* BGB § 1153 Rn. 1.

III. Trennungsverbot (Abs. 2)

5 Die **Forderung** kann **nicht ohne** die **Hypothek** übertragen werden. Eine Zession (§ 398 S. 1 BGB) mit dem Inhalt, dass der Anspruch auf den Zessionar übergehen, die Hypothek aber beim Zedenten bleiben soll, bringt keine Wirkung (§ 398 S. 2 BGB) hervor.[4]

6 Dass die **Hypothek nicht ohne** die **Forderung** übertragen werden kann, ergibt sich im Regelfall bereits daraus, dass die Hypothek nicht Gegenstand einer übertragenden Verfügung sein kann. Die „Abtretung der Hypothek" ist typischerweise als Abtretung des gesicherten Anspruchs auszulegen.

IV. Ausnahmen

7 Die **Forderung** kann **ohne Hypothek** übertragen werden im Fall des § 1190 Abs. 4 BGB; die Höchstbetragshypothek wird in solchen Fällen bei vollständiger Abtretung Eigentümergrundschuld, bei Abtretung zum Teil sichert sie den Rest.[5] Ferner erlischt die Hypothek in den Fällen des § 1159 BGB im Umfang der Abtretung, wenn die Forderung gemäß § 398 BGB übertragen und dabei § 401 BGB abbedungen wird.[6]

8 Die **Hypothek** geht **ohne Forderung** über gemäß § 1168 BGB und bei § 1164 BGB; in diesem Fall erlischt die Forderung und wird gegen den Regressanspruch ausgewechselt (ähnlich §§ 1173 Abs. 2, 1182 S. 1 BGB). Ferner ermöglicht § 1138 BGB einen Zessionserwerb der Hypothek ohne Forderung, wenn überhaupt keine Forderung besteht; die Eigentümergrundschuld wird forderungsentkleidete Fremdhypothek, die Forderung bleibt inexistent.[7] Gleiches gilt, wenn der gesicherte Anspruch besteht, der Zedent aber nicht ihr Gläubiger ist; der Zessionar erwirbt die Hypothek, die Forderung bleibt beim Gläubiger.[8]

§ 1154 Abtretung der Forderung

(1) [1] **Zur Abtretung der Forderung ist Erteilung der Abtretungserklärung in schriftlicher Form und Übergabe des Hypothekenbriefs erforderlich; die Vorschrift des § 1117 findet Anwendung.** [2] **Der bisherige Gläubiger hat auf Verlangen des neuen Gläubigers die Abtretungserklärung auf seine Kosten öffentlich beglaubigen zu lassen.**

(2) **Die schriftliche Form der Abtretungserklärung kann dadurch ersetzt werden, dass die Abtretung in das Grundbuch eingetragen wird.**

(3) **Ist die Erteilung des Hypothekenbriefs ausgeschlossen, so finden auf die Abtretung der Forderung die Vorschriften der §§ 873, 878 entsprechende Anwendung.**

Übersicht

[4] Erman/*Wenzel* BGB § 1153 Rn. 2; Palandt/*Herrler* BGB § 1153 Rn. 1; Staudinger/*Wolfsteiner* § 1153 Rn. 12.
[5] Palandt/*Herrler* BGB § 1190 Rn. 17.
[6] MüKoBGB/*Lieder* § 1153 Rn. 10; Palandt/*Herrler* BGB § 1159 Rn. 2.
[7] → §§ 1137, 1138 Rn. 19, 25.
[8] → §§ 1137, 1138 Rn. 26.

I. Allgemeines

§ 1154 BGB enthält eine **Formvorschrift** für die **Zession** hypothekarisch gesicherter Forderungen, die im systematischen Zusammenhang des § 398 BGB steht. Die Vorschrift ist auch bei **Nießbrauchbestellung** und **Verpfändung** zu beachten (§§ 1069, 1274 BGB), aber nicht beim jeweils zugrunde liegenden Verpflichtungsgeschäft. Die Folge einer Verfügung über die gesicherte Forderung für die Hypothek ergibt sich aus § 1153 Abs. 1 BGB. § 1154 BGB lässt das Zessionsrecht im Übrigen unbeeinflusst. So kann etwa ein Abtretungsausschluss vereinbart (§ 399 Alt. 2 BGB) und im Grundbuch eingetragen werden.[1] Die **Pfändung** regelt § 830 ZPO. 1

Die Form der Abtretung richtet sich danach, ob der Anspruch durch **Brief-** (§ 1154 Abs. 1 S. 1, Abs. 2 BGB) oder **Buchhypothek** (§ 1154 Abs. 3 BGB) gesichert ist. **Ausnahmen** von § 1154 BGB enthalten die §§ 1159, 1187 S. 3, 1190 Abs. 4 BGB. Nicht zum Abtretungstatbestand gehört § 1154 Abs. 1 S. 2 BGB. 2

Die Norm ist bei **Grundschulden** entsprechend anwendbar[2] (§ 1192 Abs. 2 BGB), mit der Maßgabe, dass es für den Übergang der Grundschuld nicht auf die Abtretung „der Forderung" ankommt, und zwar auch nicht bei der Sicherungsgrundschuld, sondern die Grundschuld selbst in der Form des § 1154 BGB zu übertragen (umgangssprachlich abzutreten) ist. Für die Abtretung eines grundschuldgesicherten Anspruchs gilt § 1154 BGB nicht. Bei Inhabergrundschulden gilt § 1195 BGB. Zur Pfändung einer Grundschuld s. § 857 Abs. 6 ZPO. 3

II. Briefhypothekengesicherte Forderung

Die Zession einer briefhypothekengesicherten Forderung bedarf der Abtretung (§ 398 S. 1 BGB) und der Übergabe des Briefs. Ferner ist entweder die Abtretungserklärung des Zedenten in Schriftform zu erteilen (§ 1154 Abs. 1 S. 1 BGB), oder die gesamte Abtretung ist in das Grundbuch einzutragen (§ 1154 Abs. 2 BGB). 4

1. Abtretung

Wenn der zedierende Gläubiger seine Abtretungserklärung in **Schriftform** (§ 126 BGB) erteilt, bedarf die Abtretung keiner Eintragung in das Grundbuch (§ 1154 Abs. 1 S. 1 BGB). Die **Grundbucheintragung** – auf Grundlage der Abtretungserklärung (§ 26 Abs. 1 GBO) – ist dann **berichtigend,** nicht konstitutiv, aber für den Zessionar ratsam (§ 1138 BGB, § 55 GBO, §§ 9 Nr. 1, 14, 41, 114, 146 Abs. 2 ZVG). Der Zedent muss die Erklärung formgerecht **abgeben,** also die Urkunde herstellen und sich ihr in Richtung auf den Empfänger entäußern, und die Urkunde muss dem Zessionar **zugehen.**[3] Hat der Zedent seine Erklärung **nicht** in **Schriftform** abgegeben, dann muss die **Abtretung,** nicht nur die Abtretungserklärung, in das **Grundbuch eingetragen** werden (§ 1154 Abs. 2 BGB). Die Erklärung des Zessionars bedarf hier wie dort keiner Form.[4] 5

Die Abtretungserklärung muss die Abtretung, die Forderung einschließlich Zinsen mitsamt Zeiträumen[5] sowie Nebenleistungen, den Zedenten und den Zessionar jeweils eindeutig bestimmbar enthalten.[6] Der **Inhalt** ist durch Auslegung zu bestimmen. Dabei darf 6

[1] Erman/*Wenzel* BGB § 1154 Rn. 3; Palandt/*Herrler* BGB § 1154 Rn. 1.
[2] BGH WM 2018, 1054; BGH NJW-RR 1993, 369; 1987, 139; NJW 1983, 752.
[3] MüKoBGB/*Lieder* § 1154 Rn. 14.
[4] BGH NJW 1983, 752 betreffend Grundschuld; Erman/*Wenzel* BGB § 1154 Rn. 4; Palandt/*Herrler* BGB § 1154 Rn. 3.
[5] Bsp. bei Palandt/*Herrler* BGB § 1154 Rn. 13.
[6] BGH NJW-RR 1997, 910; 1992, 178; NJW 1989, 3151, jeweils betreffend Grundschuld.

auf Umstände, die außerhalb der Urkunde liegen, zurückgegriffen werden,[7] aber nur auf solche, die jedem Leser ohne Weiteres erkennbar[8] sind; es gelten strenge Anforderungen.

7 Eine schriftliche **Blankettabtretungserklärung** wird ohne Rückwirkung wirksam, wenn sie mit Ermächtigung des zedierenden Hypothekars mit dem Namen des Abtretungsempfängers ausgefüllt wird.[9]

2. Briefübergabe

8 Zur formgerechten Abtretung muss die Übergabe des Hypothekenbriefs[10] hinzutreten; § 1117 BGB ist umfassend anzuwenden (§ 1154 Abs. 1 S. 1 BGB). Dies betrifft **Übergabe** und **Surrogate** gemäß § 1117 Abs. 1, 2 BGB, wobei für die rechtsgeschäftlichen Surrogate der §§ 930 f. BGB kein Formzwang gilt,[11] ferner die **Vermutung** des § 1117 Abs. 3 BGB. Außerdem soll zu vermuten sein, dass ein Zessionar, der den Brief besitzt, die ihm übersandte Abtretungserklärung stillschweigend angenommen hat.[12]

9 Bei einer **Teilabtretung** ist ein Teilhypothekenbrief (§ 1152 BGB) zu bilden und zu übergeben, oder der Stammbrief ist beim Grundbuchamt zur Teilbriefbildung einzureichen mit der Maßgabe, dass dieser dem Zessionar auszuhändigen sei (§ 1117 Abs. 2 BGB).[13] Ferner kann Mitbesitz am Stammbrief begründet werden.[14] Eine Teilabtretung ist jedoch unwirksam, wenn der Zedent Eigenbesitz am Brief behält, indem er den Besitz am ungeteilten Brief zugleich als Eigenbesitz und Fremdbesitz für den Zessionar ausübt.[15]

3. Beglaubigung

10 § 1154 Abs. 1 S. 2 BGB gibt dem Zessionar in den Fällen des Abs. 1 S. 1 BGB – nicht bei Abs. 2 – einen Anspruch gegen den Zedenten, im Anschluss an die Zession die Abtretungserklärung öffentlich beglaubigen (§ 129 BGB) zu lassen (Vollstreckung § 888 ZPO[16]), und zwar entgegen § 403 S. 2 BGB auf Kosten des Zedenten. Die Beglaubigung zählt nicht zum Abtretungstatbestand und dem Formgebot, sondern geschieht zu den Zwecken der §§ 1155, 1160 f. BGB, § 39 Abs. 2 GBO. Der Zedent hat kein Zurückbehaltungsrecht.[17]

III. Buchhypothekengesicherte Forderung

11 Die formfreie, gemäß § 873 Abs. 2 BGB widerrufliche Abtretung ist in das Grundbuch einzutragen (§ 1154 Abs. 3 BGB). Es gelten die §§ 878, 1138, 891 ff. BGB.

§ 1155 Öffentlicher Glaube beglaubigter Abtretungserklärungen

¹Ergibt sich das Gläubigerrecht des Besitzers des Hypothekenbriefs aus einer zusammenhängenden, auf einen eingetragenen Gläubiger zurückführenden Reihe von öffentlich beglaubigten Abtretungserklärungen, so finden die Vorschriften der §§ 891 bis 899 in gleicher Weise Anwendung, wie wenn der Besitzer des Briefes als Gläubiger im Grundbuch eingetragen wäre. ²Einer öffentlich beglaubigten Abtretungserklärung

---

7 BGH NJW-RR 1997, 910 betreffend Grundschuld.
8 BGH NJW-RR 1992, 178 betreffend Grundschuld.
9 BGHZ 22, 128.
10 → § 1117 Rn. 7 ff.
11 Erman/*Wenzel* BGB § 1154 Rn. 6.
12 BGHZ 85, 388 = NJW 1983, 752.
13 Palandt/*Herrler* BGB § 1154 Rn. 11.
14 MüKoBGB/*Lieder* § 1154 Rn. 23; Palandt/*Herrler* BGB § 1154 Rn. 12.
15 BGHZ 85, 263 = NJW 1983, 568; BGH NJW-RR 1986, 345 betreffend Grundschuld.
16 BayObLG NJW-RR 1997, 1015.
17 BGH NJW 1972, 44. **AA** BeckOGK/*Kiehnle* BGB § 1154 Rn. 35.

steht gleich ein gerichtlicher Überweisungsbeschluss und das öffentlich beglaubigte Anerkenntnis einer kraft Gesetzes erfolgten Übertragung der Forderung.

Übersicht

I. Allgemeines

Wird eine briefhypothekengesicherte Forderung außerhalb des Grundbuchs übertragen (§ 1154 Abs. 1 S. 1 BGB) und das Grundbuch nicht berichtigt, bestehen in Ansehung von Forderung und Hypothek zugunsten des Zessionars weder die **Vermutung** des 891 BGB noch der **öffentliche Glaube** gemäß §§ 892 f. BGB. § 1155 BGB hilft dem ab, indem er einen Briefbesitzer, den eine ununterbrochene **Kette von Übertragungsnachweisen** ausweist, einem eingetragenen Gläubiger gleichstellt. Die Norm bewirkt damit **Verkehrsfähigkeit** von Forderung und Briefhypothek bei Verfügungen außerhalb des Grundbuchs. 1

§ 1155 BGB gilt bei **Grundschulden** entsprechend[1] (§ 1192 Abs. 2 BGB). 2

II. Voraussetzungen

1. Briefeigenbesitz

Wer die Legitimation des § 1155 BGB für sich in Anspruch nimmt, muss den Brief in einer Weise besitzen, die aus einer **Übergabe** oder einem **Übergabesurrogat** gemäß §§ 1154 Abs. 1 S. 1, 1117 BGB hervorgegangen sein kann.[2] Es genügt nicht, dass er in der Lage ist, Briefbesitz zu verschaffen[3] (str.). Im Prozess gilt die **Vermutung,** dass dem Briefbesitzer der Brief vom Vorgänger übergeben wurde (§§ 1154 Abs. 1 S. 1, 1117 Abs. 3 BGB). 3

2. Legitimationskette

Vom Briefbesitzer muss eine **ununterbrochene Legitimationskette** auf den im Grundbuch eingetragenen Gläubiger zurückführen. Die Kette muss bestehen aus öffentlich beglaubigten Abtretungserklärungen (§§ 1155 S. 1, 1154 Abs. 1 S. 2 BGB), gerichtlichen Überweisungsbeschlüssen – Überweisung an Zahlungs Statt (§ 835 Abs. 2 ZPO), nicht Überweisung zur Einziehung,[4] daher praktisch bedeutungslos – oder öffentlich beglaubigten Anerkenntnissen kraft Gesetzes erfolgter Forderungsübertragungen[5] (§ 1155 S. 2 BGB). Hinreichend sind auch rechtskräftige Urteile auf Abgabe der Abtretungserklärung[6] (§ 894 4

---

[1] Erman/*Wenzel* BGB § 1155 Rn. 8; MüKoBGB/*Lieder* § 1155 Rn. 26; Palandt/*Herrler* BGB § 1155 Rn. 11.

[2] Erman/*Wenzel* BGB § 1155 Rn. 2; Palandt/*Herrler* BGB § 1155 Rn. 2.

[3] BGH NJW-RR 1993, 369. **AA** Palandt/*Herrler* BGB § 1155 Rn. 2.

[4] BGHZ 24, 329.

[5] Bsp. und Einzelheiten MüKoBGB/*Lieder* § 1155 Rn. 15 f.

[6] Erman/*Wenzel* BGB § 1155 Rn. 5; MüKoBGB/*Lieder* § 1155 Rn. 15.

ZPO), nicht aber Urteile auf Erwirkung öffentlicher Beglaubigung einer Abtretung;[7] hinreichend sind ferner Auseinandersetzungsnachweise gemäß §§ 36 f. GBO[8] sowie Zuschlagsprotokolle in den Fällen des § 844 ZPO.[9] Andere Übertragungsnachweise[10] reichen nicht aus. Fälschungen legitimieren nicht[11] (str.).

5 Ist die **Kette unterbrochen,** dann gilt § 1155 BGB für den Teil vom Eingetragenen bis zur Unterbrechung; das Segment von der Unterbrechung zum Besitzer nimmt nicht an den Wirkungen des § 1155 BGB teil (letzteres str.).[12] Erbfolge unterbricht die Kette nur äußerlich und scheinbar, da der in der Kette nicht enthaltene Erbe kein eigenes Glied bildet (§ 1922 Abs. 1 BGB).[13]

III. Rechtsfolgen

6 Die §§ 891–899 BGB sind anwendbar, als ob der Briefbesitzer als Gläubiger im Grundbuch eingetragen wäre (§ 1155 S. 1 BGB).

1. Gesetzliche Vermutung

7 Für den legitimierten Briefbesitzer spricht die Vermutung, dass er **Forderungs- und Hypothekengläubiger** ist (§ 891 Abs. 1 BGB). Die Vermutung gilt nur noch für den gemäß § 1155 BGB Ausgewiesenen und nicht mehr zugunsten des im Grundbuch Eingetragenen.[14]

8 Die Vermutung der §§ 1155, 891 BGB gilt auch für das **Grundbuchamt.** Das Grundbuchamt kann daher die Bewilligungsberechtigung des Legitimierten nur dann verneinen, wenn ihm Tatsachen bekannt oder nachgewiesen sind, aus denen sich die Nichtberechtigung ergibt; bloße Möglichkeiten oder Vermutungen rechtfertigen die Zurückweisung eines Eintragungsantrags nicht.[15]

2. Gutgläubiger Erwerb

9 Gemäß §§ 1155, 892 BGB ist gutgläubiger Erwerb vom legitimierten Briefinhaber möglich, wie wenn er als Hypothekar im Grundbuch eingetragen wäre. Der Erwerber braucht von der Legitimationskette keine Kenntnis zu haben. Der gutgläubige Erwerb braucht nicht in der Form des § 1155 BGB vollzogen zu werden.[16] Gutgläubiger Erwerb von demjenigen, der im Grundbuch als Hypothekar eingetragen ist, ist ausgeschlossen (§ 1140 BGB).

3. Rechtsgeschäft mit dem Legitimierten

10 Leistungen an den Legitimierten und Verfügungsgeschäfte in Ansehung des Grundpfandrechts mit ihm bringen gemäß §§ 1155, 893 BGB die gleichen Wirkungen hervor, wie wenn der Legitimierte im Grundbuch als Gläubiger eingetragen wäre. § 893 BGB gilt nicht mehr im Verhältnis zum Eingetragenen (§ 1140 BGB).

---

[7] BayObLG NJW-RR 1997, 1015.

[8] Erman/*Wenzel* BGB § 1155 Rn. 5; MüKoBGB/*Lieder* § 1155 Rn. 15; Palandt/*Herrler* BGB § 1155 Rn. 4.

[9] Erman/*Wenzel* BGB § 1155 Rn. 5; MüKoBGB/*Lieder* § 1155 Rn. 15; Palandt/*Herrler* BGB § 1155 Rn. 4.

[10] Bsp. bei Erman/*Wenzel* BGB § 1155 Rn. 5.

[11] Palandt/*Herrler* BGB § 1155 Rn. 4. Differenzierend MüKoBGB/*Lieder* § 1155 Rn. 11 ff.

[12] Erman/*Wenzel* BGB § 1155 Rn. 4; MüKoBGB/*Lieder* § 1155 Rn. 7. **AA** Palandt/*Herrler* BGB § 1155 Rn. 3.

[13] MüKoBGB/*Lieder* § 1155 Rn. 8.

[14] OLG Hamm Rpfleger 2002, 565.

[15] BayObLG WM 1983, 1270; KG NJW 1973, 56.

[16] Erman/*Wenzel* BGB § 1155 Rn. 4.

4. Berichtigung und Widerspruch

Der Berechtigte kann vom Legitimierten Berichtigung verlangen (§§ 1155, 894 bis 898 BGB) und einen Widerspruch erwirken (§§ 1155, 899 BGB), als wäre dieser im Grundbuch eingetragen. Zu berichtigen ist das Grundbuch, nicht der Brief. 11

§ 1156 Rechtsverhältnis zwischen Eigentümer und neuem Gläubiger

[1]Die für die Übertragung der Forderung geltenden Vorschriften der §§ 406 bis 408 finden auf das Rechtsverhältnis zwischen dem Eigentümer und dem neuen Gläubiger in Ansehung der Hypothek keine Anwendung. [2]Der neue Gläubiger muss jedoch eine dem bisherigen Gläubiger gegenüber erfolgte Kündigung des Eigentümers gegen sich gelten lassen, es sei denn, dass die Übertragung zur Zeit der Kündigung dem Eigentümer bekannt oder im Grundbuch eingetragen ist.

Übersicht

I. Allgemeines

Die Vorschrift limitiert die Akzessorietät der Hypothek im Hinblick auf den zessionsrechtlichen Schuldnerschutz gemäß §§ 406 bis 408 BGB. Auf den gesicherten Anspruch sind die §§ 406 bis 408 BGB uneingeschränkt anwendbar, nur können sie – als Ausnahme von §§ 1137, 1163 Abs. 1 BGB, aber im Wertungseinklang mit § 1138 BGB[1] – der Hypothek nicht entgegengehalten werden. Gegenausnahmen von § 1156 BGB enthalten die §§ 1158 f. BGB, ferner ist § 1156 BGB bei der Sicherungshypothek (§ 1185 Abs. 2 BGB) und in den Fällen des § 22j Abs. 2 S. 3 KWG nicht anzuwenden. Im Übrigen wirken in den Fällen der §§ 893, 1155 BGB Leistungen an den und Rechtsgeschäfte mit dem Scheingläubiger auch in Ansehung der Hypothek.[2] 1

§ 1156 BGB gilt bei **Grundschulden** entsprechend[3] (§ 1192 Abs. 2 BGB). Dies soll auch für die **Sicherungsgrundschuld** (§ 1192 Abs. 1a BGB) gelten,[4] jedoch ist der Meinungsstand insoweit weit gefächert und nicht konsolidiert.[5] 2

II. Unanwendbarkeit der §§ 406 bis 408 BGB (S. 1)

Die §§ 406 bis 408 BGB sind im Verhältnis zwischen Eigentümer und Hypothekenerwerber (§ 1153 Abs. 1 BGB) nicht anwendbar, soweit es um die Hypothek geht. Gleichgültig ist, ob der Erwerber den gesicherten Anspruch durch Zession, Legalzession oder Hoheitsakt erworben hat.[6] Unberührt bleibt die Akzessorietät im Hinblick auf die §§ 404, 409 bis 411 BGB. 3

---

[1] Zur gesetzgeberischen Intention MüKoBGB/*Lieder* § 1156 Rn. 1.

[2] MüKoBGB/*Lieder* § 1156 Rn. 11; Palandt/*Herrler* BGB § 1156 Rn. 1.

[3] BGH WM 2018, 636 mAnm *Rimmelspacher* WuB 2018, 343; *Lieder* LMK 2018, 407911; BGH NJW-RR 1987, 139.

[4] MüKoBGB/*Lieder* § 1156 Rn. 17. Diff. Staudinger/*Wolfsteiner* § 1156 Rn. 18.

[5] Eingehend dazu BeckOGK/*Kiehnle* BGB § 1156 Rn. 24 ff.; *Kiehnle* BKR 2009, 157.

[6] MüKoBGB/*Lieder* § 1156 Rn. 9; Palandt/*Herrler* BGB § 1156 Rn. 1; Staudinger/*Wolfsteiner* § 1156 Rn. 8.

1. Aufrechnung gegenüber dem neuen Gläubiger (§ 406 BGB)

4 Eine dem Neugläubiger nach dem Forderungsübergang erklärte Aufrechnung gegen den hypothekengesicherten Anspruch, die – entgegen § 387 BGB trotz fehlender Gegenseitigkeit – gemäß § 406 BGB (gegebenenfalls in Verbindung mit § 1142 Abs. 2 BGB) wirksam ist, bewirkt das **Erlöschen des gesicherten Anspruchs** (§ 389 BGB). Entgegen § 1163 Abs. 1 S. 2 BGB steht aber die **Hypothek forderungsentkleidet** weiterhin dem **Forderungserwerber** zu. Hatte der Zessionar den gesicherten Anspruch allerdings unentgeltlich erworben, dann kann der Eigentümer die Hypothek entsprechend § 816 Abs. 1 S. 2 BGB kondizieren[7] (str., aA der V. Zivilsenat des BGH[8]).

2. Rechtshandlungen gegenüber Scheingläubigern (§§ 407, 408 BGB)

5 **a) Leistungen und Rechtsgeschäfte (§§ 407 Abs. 1, 408 BGB).** Leistet der Schuldner in Unkenntnis des Forderungsübergangs an den Altgläubiger oder in Unkenntnis eines vorangegangenen Forderungsübergangs an den Zweiterwerber, der die Forderung nicht erworben hat, und erlischt die Forderung sodann gemäß §§ 407 Abs. 1, 408 BGB, dann entsteht ebenfalls entgegen § 1163 Abs. 1 S. 2 BGB eine **forderungsentkleidete Hypothek des Zessionserwerbers.** Solange der Schwebezustand des § 407 Abs. 1 BGB dauert,[9] kann der Schuldner die Leistung beim Empfänger kondizieren,[10] danach nicht mehr (letzteres str.).[11] Eine Leistung, die gemäß **§ 354a Abs. 1 S. 2 HGB** befreit, kann auch der Hypothek entgegengehalten werden.[12]

6 Rechtsgeschäfte **in Ansehung der Forderung,** zB Stundung oder Erlass zwischen dem Schuldner und einem Scheingläubiger, ferner die dem Altgläubiger erklärte Aufrechnung (zur Kündigung s. § 1156 S. 2 BGB), können in den Fällen der §§ 407 Abs. 1, 408 BGB dem Forderungserwerber entgegengehalten werden, entgegen §§ 1137, 1163 Abs. 1 S. 2 BGB aber nicht der Hypothek. Rechtsgeschäfte **in Ansehung der Hypothek,** zB die Stundung der Duldungspflicht aus § 1147 BGB, fallen nicht unter § 1156 BGB, sondern unter § 1157 BGB.

7 **b) Urteil gegen den Scheingläubiger (§§ 407 Abs. 2, 408 BGB).** Ein rechtskräftiges Urteil in einem **nach dem Forderungsübergang** zwischen dem Schuldner und dem Scheingläubiger **anhängig gewordenen Rechtsstreit** über die Forderung muss der Forderungserwerber zwar die Forderung betreffend gegen sich gelten lassen (§§ 407 Abs. 2, 408 BGB), aber nicht im Hinblick auf die Hypothek (§ 1156 S. 1 BGB). War der Rechtsstreit **vor dem Forderungsübergang anhängig** geworden, gelten uneingeschränkt die §§ 265, 325 ZPO.

III. Kündigung des Eigentümers (S. 2)

8 Gemäß § 1156 S. 2 BGB muss der Forderungserwerber eine Kündigung, die der Eigentümer – nicht der persönliche Schuldner – „dem bisherigen Gläubiger" – also nicht in den Fällen des § 408 BGB – erklärt (s. § 1141 BGB), auch in Ansehung der Hypothek gegen sich gelten lassen, wenn nicht der Forderungsübergang dem Eigentümer zur Zeit der Kündigung bekannt oder im Grundbuch eingetragen ist. Darlegungs- und beweisbelastet ist, wer sich auf Kenntnis oder Eintragung beruft.

---

[7] Erman/*Wenzel* BGB § 1156 Rn. 3; Palandt/*Herrler* BGB § 1156 Rn. 2.

[8] BGH WM 2018, 636 mAnm *Rimmelspacher* WuB 2018, 343; *Lieder* LMK 2018, 407911.

[9] S. zur Rechtsfolge von § 407 Abs. 1 BGB (Wahlmöglichkeit des Schuldners) MüKoBGB/*Roth*/*Kieninger* § 407 Rn. 10 ff.; Palandt/*Grüneberg* BGB § 407 Rn. 5.

[10] Palandt/*Grüneberg* BGB § 407 Rn. 5.

[11] **AA** Staudinger/*Wolfsteiner* § 1156 Rn. 15: Kondiktion wegen Zweckverfehlung.

[12] Staudinger/*Wolfsteiner* § 1156 Rn. 6. AA *Thomale* WM 2007, 1916.

§ 1157 Fortbestehen der Einreden gegen die Hypothek

[1] Eine Einrede, die dem Eigentümer auf Grund eines zwischen ihm und dem bisherigen Gläubiger bestehenden Rechtsverhältnisses gegen die Hypothek zusteht, kann auch dem neuen Gläubiger entgegengesetzt werden. [2] Die Vorschriften der §§ 892, 894 bis 899, 1140 gelten auch für diese Einrede.

Übersicht

I. Allgemeines

§ 1157 BGB betrifft **Einreden gegen die Hypothek** – die Fremdhypothek kann derzeit oder dauerhaft nicht durchgesetzt werden – im **Gegensatz** zu Einreden und Einwendungen **gegen den gesicherten Anspruch,** deren Auswirkungen auf die Hypothek in den §§ 1137, 1138, 1163 Abs. 1 BGB geregelt sind.[1] Der Eigentümer kann eine Einrede gegen die Hypothek demjenigen Hypothekar entgegenhalten, dem gegenüber sie entstanden ist; § 1157 S. 1 BGB setzt dies voraus („auch"). Grundsätzlich kann auch einem Rechtsnachfolger die Einrede entgegengehalten werden (§ 1157 S. 1 BGB). Gemäß §§ 1157 S. 2, 892 BGB kann sie aber verloren gehen. 1

Einwendungen gegen die Hypothek – das Grundpfandrecht besteht nicht oder nicht mehr beziehungsweise nicht als Fremdgrundpfandrecht – kann der Eigentümer einem scheinbaren Hypothekar als Berechtigungsmangel entgegenhalten, es sei denn, die Hypothek sei im Zessionsweg gutgläubig erworben worden (§§ 892, 1155 BGB). 2

Eine **dauerhafte Einrede** begründet einen **Verzichtsanspruch** (§ 1169 BGB). 3

§ 1157 BGB gilt bei **Grundschulden** grundsätzlich entsprechend[2] (§ 1192 Abs. 1 BGB). Bei **Sicherungsgrundschulden** (§ 1192 Abs. 1a S. 1 BGB) gelten schuldnerbezogene Einreden aus der Sicherungsabrede – Wegfall des Sicherungszwecks – als Einreden gemäß § 1157 BGB,[3] und § 1157 S. 2 BGB ist nur eingeschränkt anzuwenden. 4

II. Einreden gegen die Hypothek (S. 1)

Einreden des Eigentümers gegen die Hypothek aufgrund eines zwischen ihm und einem Hypothekar bestehenden Rechtsverhältnisses sind insbesondere die **Stundung** der Geltendmachung der Hypothek sowie sonstige Vereinbarungen, dass die Hypothek nur unter bestimmten Bedingungen oder Voraussetzungen geltend gemacht werde **(Vollstreckungsbeschränkungen),** ferner die Verpflichtung, auf die Hypothek zu **verzichten** oder sie **zurückzugewähren.**[4] Die **Darlegungs- und Beweislast** für eine solche Einrede trägt, wer sich im Prozess auf sie beruft. § 891 BGB gilt nicht entsprechend für eingetragene Einreden (§ 1157 S. 2 BGB).[5] 5

Die Einrede steht dem **Eigentümer,** der sie **ursprünglich erworben** hat, gegen den Hypothekar zu, gegen den sie ursprünglich gerichtet ist, sowie vorbehaltlich §§ 1157 S. 2, 892 BGB gegen Rechtsnachfolger dieses Hypothekars (§ 1157 S. 1 BGB). Einem Rechts- 6

---

[1] Zur Systematik der Gegenrechte → §§ 1137, 1138 Rn. 1 ff.
[2] Erman/*Wenzel* BGB § 1157 Rn. 9; MüKoBGB/*Lieder* § 1157 Rn. 21; Palandt/*Herrler* BGB § 1157 Rn. 4; Staudinger/*Wolfsteiner* § 1157 Rn. 22.
[3] MüKoBGB/*Lieder* § 1191 Rn. 96.
[4] Erman/*Wenzel* BGB § 1157 Rn. 4; Staudinger/*Wolfsteiner* § 1157 Rn. 4 f.
[5] IErg **aA** Staudinger/*Wolfsteiner* § 1157 Rn. 7, 14.

nachfolger kann der Eigentümer eine Einrede aber – anders als bei § 404 BGB – nur dann entgegensetzen, wenn zur Zeit des Erwerbs bereits der **gesamte Einredetatbestand verwirklicht** war.[6] Auf einen **Rechtsnachfolger im Grundeigentum** gehen solche Einreden nicht gemäß oder analog § 1157 S. 1 BGB über.[7] Der **persönliche Schuldner** kann Einreden, die gegen die Hypothek bestehen, **nicht dem gesicherten Anspruch entgegenhalten,**[8] und zwar auch nicht (str.[9]), wenn er gleichzeitig dinglicher Schuldner ist.

III. Einredefreier Erwerb (S. 2)

7 Einreden im Sinne des § 1157 S. 1 BGB können und sollten tunlichst **im Grundbuch eingetragen** werden (§§ 1157 S. 2, 894 BGB).[10] Denn gemäß §§ 1157 S. 2, 892 BGB ist **einredefreier gutgläubiger Erwerb** einer Hypothek möglich, wenn der Rechtsnachfolger eines Hypothekars den gesicherten Anspruch und damit die Hypothek (§ 1153 Abs. 1 BGB) durch Zession (§ 398 BGB) erwirbt, er die Einrede nicht kennt, und auch nicht die Einrede oder ein Widerspruch gegen die Einredefreiheit (§§ 1157 S. 2, 899 BGB) im Grundbuch eingetragen ist oder die Einrede aus dem Brief (§§ 1157 S. 2, 1140 BGB) oder den Übertragungsurkunden[11] (§ 1155 BGB) hervorgeht. § 1157 S. 2 BGB ist **nicht anzuwenden,** wenn eine gesicherte Forderung im Refinanzierungsregister eingetragen ist (§ 22j Abs. 2 S. 5 KWG), und nicht in den Fällen des § 1158 Hs. 2 BGB. Wurde eine Hypothek einredefrei erworben, dann ist die Einrede **endgültig** entfallen. Bei einer Weiterübertragung brauchen die Voraussetzungen der §§ 1157 S. 2, 892 BGB nicht vorzuliegen; die Einrede lebt nicht wieder auf.[12]

8 Nach umstrittener Auffassung des BGH ist **kein einredefreier Erwerb** möglich, wenn ein Dritter die Hypothek gemäß §§ 1150, 268 BGB ablöst und folglich die gesicherte Forderung mit der Hypothek erwirbt (§§ 268 Abs. 3, 1153 Abs. 1 BGB).[13]

§ 1158 Künftige Nebenleistungen

Soweit die Forderung auf Zinsen oder andere Nebenleistungen gerichtet ist, die nicht später als in dem Kalendervierteljahr, in welchem der Eigentümer von der Übertragung Kenntnis erlangt, oder dem folgenden Vierteljahr fällig werden, finden auf das Rechtsverhältnis zwischen dem Eigentümer und dem neuen Gläubiger die Vorschriften der §§ 406 bis 408 Anwendung; der Gläubiger kann sich gegenüber den Einwendungen, welche dem Eigentümer nach den §§ 404, 406 bis 408, 1157 zustehen, nicht auf die Vorschrift des § 892 berufen.

---

[6] BGHZ 85, 388 = NJW 1983, 752 betreffend Grundschuld.

[7] BGHZ 155, 63 = NJW 2003, 2673 (betreffend Grundschuld) mAnm *Stürner/Kern* LMK 2003, 184.

[8] Erman/*Wenzel* BGB § 1157 Rn. 2; MüKoBGB/*Lieder* § 1157 Rn. 4; Staudinger/*Wolfsteiner* § 1157 Rn. 9.

[9] **AA** Erman/*Wenzel* BGB § 1157 Rn. 2; MüKoBGB/*Lieder* § 1157 Rn. 6; Staudinger/*Wolfsteiner* § 1157 Rn. 8.

[10] Erman/*Wenzel* BGB § 1157 Rn. 8; MüKoBGB/*Lieder* § 1157 Rn. 18; Staudinger/*Wolfsteiner* § 1157 Rn. 10 ff.

[11] Staudinger/*Wolfsteiner* § 1157 Rn. 10.

[12] BGH NJW-RR 2001, 1097 (betreffend Grundschuld zur Rechtslage vor Einfügung von § 1192 Abs. 1a BGB, also wie bei der Hypothek).

[13] BGH NJW 2005, 2398 mAnm *Berger* LMK 2005, 151 903; BGH NJW 1997, 190; 1986, 1487 (jeweils betreffend Grundschuld). **AA** *Canaris* NJW 1986, 1488; MüKoBGB/*Lieder* § 1150 Rn. 36; Staudinger/*Wolfsteiner* § 1157 Rn. 15.

§ 1159 Rückständige Nebenleistungen

(1) [1] **Soweit die Forderung auf Rückstände von Zinsen oder anderen Nebenleistungen gerichtet ist, bestimmt sich die Übertragung sowie das Rechtsverhältnis zwischen dem Eigentümer und dem neuen Gläubiger nach den für die Übertragung von Forderungen geltenden allgemeinen Vorschriften.** [2] **Das Gleiche gilt für den Anspruch auf Erstattung von Kosten, für die das Grundstück nach § 1118 haftet.**

(2) **Die Vorschrift des § 892 findet auf die im Absatz 1 bezeichneten Ansprüche keine Anwendung.**

Übersicht

I. Allgemeines

§ 1158 BGB enthält **Ausnahmen von den §§ 1138, 1156, 1157 BGB** im Hinblick auf bestimmte **künftige Nebenleistungen.** § 1159 BGB regelt in Abweichung von den §§ 1138, 1153, 1154, 1156, 1157 BGB die Übertragung gesicherter Forderungen, soweit sie bestimmte **rückständige Nebenleistungen** zum Gegenstand hat, und deren Folgen. 1

§§ 1158, 1159 BGB gelten bei **Grundschulden** entsprechend[1] (§ 1192 Abs. 1 BGB). 2

II. Künftige Nebenleistungen (§ 1158)

1. Betroffene Ansprüche

§ 1158 BGB regelt Hypotheken, soweit sie Ansprüche auf Zinsen und andere Nebenleistungen[2] sichern, die noch nicht fällig sind, auch, wenn sie einen vergangenen Zeitraum betreffen.[3] 3

2. Rechtsfolgen

a) Zessionsrechtlicher Schuldnerschutz. Gemäß § 1158 Hs. 1 BGB finden entgegen § 1156 BGB die §§ 406–408 BGB Anwendung im Verhältnis zwischen dem Eigentümer und dem Zweiterwerber einer hypothekengesicherten Forderung, soweit diese auf Zinsen oder andere Nebenleistungen gerichtet ist, die zur Zeit des Forderungsübergangs noch nicht fällig sind, aber im Lauf des Quartals, in dem der Eigentümer vom Forderungsübergang Kenntnis erlangt, oder bis Ablauf des darauf folgenden Vierteljahres fällig werden. Folglich kann der Eigentümer dem Hypothekar Aufrechnungen, Leistungen, Rechtsgeschäfte und Urteile entgegenhalten, die unter den Voraussetzungen der §§ 406 bis 408 BGB gegenüber beziehungsweise mit einem Scheingläubiger vorgenommen wurden oder 4

[1] Erman/*Wenzel* BGB § 1158 Rn. 6, § 1159 Rn. 4; MüKoBGB/*Lieder* § 1158 Rn. 14, § 1159 Rn. 26; Palandt/*Herrler* BGB § 1158 Rn. 4, § 1159 Rn. 4; Staudinger/*Wolfsteiner* § 1158 Rn. 13, § 1159 Rn. 21.

[2] → § 1115 Rn. 13 ff.

[3] Erman/*Wenzel* BGB § 1158 Rn. 3; MüKoBGB/*Lieder* § 1158 Rn. 3; Palandt/*Herrler* BGB § 1158 Rn. 2; Staudinger/*Wolfsteiner* § 1158 Rn. 3.

gegen ihn ergangen sind, und gesicherte Zins- und Nebenforderungen betreffen, die bis Ablauf des auf die Kenntnis folgenden Quartals fällig werden würden.

5 **b) Öffentlicher Glaube des Grundbuchs.** § 1158 Hs. 2 BGB schließt entgegen §§ 1138, 1157 S. 2 BGB gutgläubigen einredefreien Erwerb gemäß § 892 BGB aus, soweit Einreden gemäß §§ 404, 406 bis 408, 1157 BGB gegen die genannten Nebenforderungen im skizzierten Fälligkeitszeitraum gerichtet sind.

III. Rückständige Nebenleistungen (§ 1159)

1. Betroffene Ansprüche

6 § 1159 BGB regelt Ansprüche auf Rückstände von Zinsen und anderen Nebenleistungen[4] sowie Kosten, für die das Grundstück gemäß § 1118 BGB haftet. Rückständig sind solche Ansprüche, soweit sie zur Zeit der Übertragung fällig sind.[5] Solche Ansprüche werden von einer Abtretung des Kapitalanspruchs nicht ohne Weiteres erfasst[6] (Auslegung).

2. Rechtsfolgen

7 **a) Abtretung.** Form und Wirkung der Abtretung richten sich allein nach den §§ 398 ff. BGB (§ 1159 Abs. 1 BGB). Die Abtretung der betroffenen Ansprüche bedarf folglich nicht der **Form** des § 1154 BGB; anstelle von § 1154 Abs. 1 S. 2 BGB **(Beglaubigungskosten)** gilt § 403 BGB. Ferner gilt nicht die **Zuständigkeitsakzessorietät** gemäß § 1153 BGB, sondern § 401 BGB, der abbedungen werden kann; als Folge der Abbedingung erlischt die Hypothek insoweit.[7] Entgegen den §§ 1138, 1156, 1157 BGB **können Einreden nicht verlorengehen** (§ 404 BGB), und die **§§ 406 bis 408 BGB** sind auch im Hinblick auf das dingliche Rechtsverhältnis anwendbar. Für die **Geltendmachung** gilt § 410 BGB anstelle von § 1160 BGB (s. § 1160 Abs. 3 BGB). Zur **Pfändung und Überweisung** s. §§ 830 Abs. 3 S. 1, 837 Abs. 2 S. 1 ZPO.

8 **b) Öffentlicher Glaube des Grundbuchs.** Entgegen den §§ 1138, 892 BGB kann eine Hypothek für die von § 1159 BGB erfassten Ansprüche nicht gutgläubig erworben werden, wenn der Anspruch nicht besteht oder der eingetragene Hypothekar nicht sein Gläubiger ist (§ 1159 Abs. 2 BGB).

§ 1160 Geltendmachung der Briefhypothek

(1) **Der Geltendmachung der Hypothek kann, sofern nicht die Erteilung des Hypothekenbriefs ausgeschlossen ist, widersprochen werden, wenn der Gläubiger nicht den Brief vorlegt; ist der Gläubiger nicht im Grundbuch eingetragen, so sind auch die im § 1155 bezeichneten Urkunden vorzulegen.**

(2) **Eine dem Eigentümer gegenüber erfolgte Kündigung oder Mahnung ist unwirksam, wenn der Gläubiger die nach Absatz 1 erforderlichen Urkunden nicht vorlegt und der Eigentümer die Kündigung oder die Mahnung aus diesem Grunde unverzüglich zurückweist.**

(3) **Diese Vorschriften gelten nicht für die im § 1159 bezeichneten Ansprüche.**

---

[4] → § 1115 Rn. 13 ff.
[5] Erman/*Wenzel* BGB § 1159 Rn. 1; Palandt/*Herrler* BGB § 1159 Rn. 1.
[6] MüKoBGB/*Lieder* § 1159 Rn. 5.
[7] Erman/*Wenzel* BGB § 1159 Rn. 2; MüKoBGB/*Lieder* § 1159 Rn. 7; Palandt/*Herrler* BGB § 1159 Rn. 2; Staudinger/*Wolfsteiner* § 1159 Rn. 12.

§ 1161 Geltendmachung der Forderung

Ist der Eigentümer der persönliche Schuldner, so findet die Vorschrift des § 1160 auch auf die Geltendmachung der Forderung Anwendung.

Übersicht

I. Allgemeines

1 § 1160 Abs. 1 BGB gibt bei einer **Briefhypothek** eine **Einrede** gegen die Geltendmachung der Hypothek, solange nicht der Hypothekar den Brief und gegebenenfalls weitere Urkunden vorlegt. Gemäß Abs. 2 ist eine **Kündigung oder Mahnung** des Hypothekars gegenüber dem Eigentümer **unwirksam,** wenn der Hypothekar bestimmte Urkunden nicht vorlegt und der Eigentümer die Erklärung rechtzeitig zurückweist. Beides gilt **nicht,** soweit die Hypothek **Ansprüche auf rückständige Nebenleistungen** sichert (§§ 1160 Abs. 3, 1159 BGB). § 1161 BGB erstreckt die Regelungen des § 1160 BGB bei Briefhypotheken, die zur Zeit der Geltendmachung **Schuldnersicherheiten** sind, auf den **gesicherten Anspruch** (andernfalls §§ 371, 410, 810, 1167 BGB). § 1161 BGB ist nur anwendbar, wenn der persönliche Schuldner auch als Eigentümer im Grundbuch eingetragen ist (analog § 1148 BGB).[1]

2 Der Eigentümer kann auf die Rechte aus § 1160 BGB verzichten, auch für Rechtsnachfolger und in AGB.[2] Der **Verzicht** muss im Grundbuch eingetragen werden oder bei Bezugnahme (§ 874 BGB) in der Eintragungsbewilligung enthalten sein.[3]

3 § 1160 BGB gilt bei **Briefgrundschulden** entsprechend, § 1161 BGB nicht (§ 1192 Abs. 1 BGB).[4]

II. Einrede gegen die Geltendmachung von Hypothek und Forderung

1. Geltendmachung

4 **a) Hypothek (§ 1160 Abs. 1).** Der Hypothekar macht die Hypothek geltend, wenn er gerichtlich oder außergerichtlich den Duldungsanspruch (§ 1147 BGB) oder die Rechte aus den §§ 1133 bis 1135 BGB – auch gegen Dritte[5] – erhebt, ferner, wenn er Grundbuchberichtigung (§ 894 BGB) verlangt.[6]

5 **b) Forderung (§ 1161).** Geltendmachung der Forderung bedeutet, dass der Gläubiger gerichtlich oder außergerichtlich Zahlung auf den gesicherten Anspruch verlangt oder gegen ihn aufrechnet (§ 388 BGB).

---

[1] Staudinger/*Wolfsteiner* § 1161 Rn. 2.
[2] BankR-HdB/*Epp* § 94 Rn. 208 f. (betreffend Grundschuld); Staudinger/*Wolfsteiner* § 1160 Rn. 20.
[3] OLG Frankfurt a. M. DNotZ 1977, 112.
[4] Erman/*Wenzel* BGB § 1160 Rn. 5, § 1161 Rn. 1; MüKoBGB/*Lieder* § 1160 Rn. 17, § 1161 Rn. 5; Palandt/*Herrler* BGB §§ 1160, 1161 Rn. 3; Staudinger/*Wolfsteiner* § 1160 Rn. 24; § 1161 Rn. 6.
[5] Staudinger/*Wolfsteiner* § 1160 Rn. 5.
[6] Erman/*Wenzel* BGB § 1160 Rn. 2; Palandt/*Herrler* BGB §§ 1160, 1161 Rn. 2; Staudinger/*Wolfsteiner* § 1160 Rn. 4.

2. Einrede

6 **a) Inhalt.** § 1160 Abs. 1 BGB beziehungsweise § 1161 BGB gibt **keinen Anspruch auf Urkundenvorlage.**[7] Vielmehr enthält die Vorschrift eine Einrede gegen die Geltendmachung, solange nicht vorgelegt wurde. Die Einrede muss spätestens in der mündlichen Verhandlung **erhoben** werden, um Wirkung zu entfalten. Eine Ausnahme gilt bei Aufrechnung (§ 390 BGB) durch den Gläubiger.[8]

7 Vorzulegen sind der Brief oder ein Ausschließungsbeschluss (§ 479 Abs. 1 FamFG) und, wenn der Gläubiger nicht im Grundbuch eingetragen ist, auch die Urkunden des § 1155 BGB. Vorlage bedeutet, dass die **Originalurkunden** am **Ort der Geltendmachung** so zu **präsentieren** sind, dass sie **eingesehen werden**[9] **können.** Aushändigung, Herausgabe oder Übergabe ist nicht geboten, es sei denn aufgrund der §§ 1144, 1145, 1150, 1167 BGB. Im Prozess reicht **Vorlage an das Gericht** aus.[10]

8 **b) Wirkung. aa) Materiellrechtlich.** Macht der Gläubiger **Ansprüche** geltend, dann bewirkt die Erhebung der Einrede, dass der geltend gemachte Anspruch **nicht fällig** und eine **Leistungsverweigerung berechtigt** ist, solange der Gläubiger nicht gehörig[11] vorgelegt hat. Eine **Aufrechnung** (§ 388 BGB) ist **unwirksam** (§ 390 BGB), auch wenn die Einrede noch nicht erhoben wurde;[12] dies ist str., nach unzutreffender – keine Gesetzeslücke – aA[13] besteht nur ein Zurückweisungsrecht analog § 1160 Abs. 2 BGB. Holt der Gläubiger die Vorlage nach, dann wird die Aufrechnung nicht wirksam; sie ist zu wiederholen.

9 **bb) Prozessual.** Eine schlüssige **Leistungsklage des Gläubigers** bedarf keines Vortrags zur Einrede aus den §§ 1160 Abs. 1, 1161 BGB, auch nicht im Urkundenprozess (str.[14]). Trägt der Gläubiger vor, die Einrede sei **vorprozessual** erhoben worden, dann ist die Klage schlüssig, wenn er auch vorträgt, er habe vorgelegt. Es kann jeweils Versäumnisurteil gegen den Beklagten ergehen (§ 331 ZPO).[15] Hat der Beklagte wirksam die Einrede **im Prozess** erhoben, dann ist der Gläubiger gehalten vorzulegen oder unter Beweis zu stellen, dass er bereits vorgelegt hat. Andernfalls ist die Klage als zur Zeit unbegründet abzuweisen, es ist nicht Zug-um-Zug gegen Vorlage zu verurteilen.[16] Eine **Aufrechnung** des Gläubigers ist im Prozess unbeachtlich, wenn die Voraussetzungen der Einrede in den Prozess eingeführt wurden; die Erhebung der Einrede braucht nicht vorgetragen zu sein (§ 390 BGB).

III. Kündigung oder Mahnung

10 Eine dem Eigentümer oder persönlichen Schuldner erklärte Kündigung oder Mahnung ist unwirksam, wenn der Gläubiger die nach § 1160 Abs. 1 BGB erforderlichen Urkunden nicht vorlegt und der Erklärungsempfänger die Kündigung oder Mahnung **aus diesem Grund** – mit dem Hinweis, er erkenne die Erklärung wegen fehlender Vorlage nicht an – unverzüglich (§ 121 Abs. 1 S. 1 BGB) zurückweist (§§ 1160 Abs. 2, 1161 BGB). Nachträgliche Vorlage heilt nicht,[17] die Erklärung ist zu wiederholen.

---

7 Staudinger/*Wolfsteiner* § 1160 Rn. 2.
8 → Rn. 8.
9 Erman/*Wenzel* BGB § 1160 Rn. 3.
10 Erman/*Wenzel* BGB § 1160 Rn. 3.
11 → Rn. 7.
12 BGH NJW 2002, 3541; 2001, 287.
13 MüKoBGB/*Lieder* § 1160 Rn. 3.
14 **AA** Staudinger/*Wolfsteiner* § 1160 Rn. 13.
15 Staudinger/*Wolfsteiner* § 1160 Rn. 8.
16 Erman/*Wenzel* BGB § 1160 Rn. 4; Staudinger/*Wolfsteiner* § 1160 Rn. 10.
17 Erman/*Wenzel* BGB § 1160 Rn. 4; Staudinger/*Wolfsteiner* § 1160 Rn. 14.

Ein Erklärungsempfänger, der nicht oder nicht rechtzeitig zurückweist, verliert dadurch nicht die Einrede aus den §§ 1160 Abs. 1, 1161 BGB gegen die Geltendmachung der Hypothek beziehungsweise des Anspruchs.[18] 11

§ 1162 Aufgebot des Hypothekenbriefs

Ist der Hypothekenbrief abhanden gekommen oder vernichtet, so kann er im Wege des Aufgebotsverfahrens für kraftlos erklärt werden.

Übersicht

I. Allgemeines

1 Zur Verwirklichung der Hypothek und des gesicherten Anspruchs benötigt der Gläubiger einer Briefhypothek den Brief (zB §§ 1160 f. BGB). Befindet sich dieser in den Händen eines Dritten, so kann der Gläubiger Herausgabe verlangen (§§ 985, 952 BGB). § 1162 BGB ermöglicht demgegenüber Abhilfe in Fällen, in denen der Gläubiger den Brief nicht besitzt und außerstande ist, sich ihn zu verschaffen, und beugt Missbrauch vor. Der Brief kann im **Aufgebotsverfahren (§§ 433 ff., 466 ff. FamFG)** für kraftlos erklärt werden. Der Ausschließungsbeschluss ersetzt dann den Brief (§ 479 Abs. 1 FamFG) und ermöglicht die Erteilung eines neuen Briefs (§ 67 GBO).

2 Die Norm gilt bei **Briefgrundschulden** entsprechend[1] (§ 1192 Abs. 1 BGB). Bei **Inhabergrundschulden** gilt § 799 BGB anstelle von § 1162 BGB (§ 1195 S. 2 BGB).

II. Statthaftigkeit des Aufgebotsverfahrens

3 Das Aufgebotsverfahren zum Zwecke der Kraftloserklärung des Briefs ist gemäß § 433 FamFG, § 1162 BGB statthaft, wenn der Brief abhanden gekommen oder vernichtet ist. Ein Aufgebot der Zessionsurkunden (§ 1155 BGB) ist nicht statthaft.[2]

1. Abhandenkommen

4 Der Begriff Abhandenkommen in § 1162 BGB ist auszulegen wie in § 799 BGB, nicht wie in § 935 BGB.[3] Danach ist der Brief abhanden gekommen, wenn dem Gläubiger sein **Verbleib unbekannt** ist; gleichgültig ist, auf welche Weise es dazu gekommen ist.[4] Der Brief ist auch abhanden gekommen, wenn der Gläubiger den Verbleib zwar kennt, er ihn sich aber mit zumutbarem Aufwand **nicht zu verschaffen vermag.**[5]

---

[18] Staudinger/*Wolfsteiner* § 1160 Rn. 14.

[1] Erman/*Wenzel* BGB § 1162 Rn. 4; MüKoBGB/*Lieder* § 1162 Rn. 21; Palandt/*Herrler* BGB § 1162 Rn. 3; Staudinger/*Wolfsteiner* § 1162 Rn. 22.

[2] MüKoBGB/*Lieder* § 1162 Rn. 10.

[3] Palandt/*Herrler* BGB § 1162 Rn. 1; Staudinger/*Wolfsteiner* § 1162 Rn. 3.

[4] Staudinger/*Marburger* § 799 Rn. 3.

[5] MüKoBGB/*Lieder* § 1162 Rn. 2; Palandt/*Herrler* BGB § 1162 Rn. 1; Staudinger/*Wolfsteiner* § 1162 Rn. 3.

2. Vernichtung

5 Der Brief ist vernichtet, wenn er physisch zerstört oder so stark beschädigt ist, dass Identität oder Inhalt nicht mehr erkennbar sind und deshalb die Ausstellung eines neuen Briefs (§ 67 GBO) nicht zulässig ist oder verweigert wird; die Ursache der Vernichtung ist gleichgültig,[6] mit Ausnahme der Unbrauchbarmachung gemäß § 69 GBO.[7]

III. Aufgebotsverfahren

6 Erforderlich ist ein **Antrag** (§ 434 Abs. 1 FamFG). Antragsberechtigt ist, wer das Recht aus der Urkunde geltend machen kann (§ 467 Abs. 2 FamFG), also jeder Inhaber des Grundpfandrechts.[8] Wenn das Grundpfandrecht nicht oder nicht mehr besteht, ist der Grundeigentümer antragsberechtigt.[9] Der Antrag ist nach Maßgabe von § 468 FamFG zu begründen. Ausschließlich **zuständig** ist das AG der belegenen Sache (§ 466 Abs. 2 FamFG).

IV. Entscheidung

7 Das Gericht entscheidet nach Aufgebot (§ 469 FamFG) durch **Ausschließungsbeschluss,** in dem der **Brief für kraftlos zu erklären** ist (§ 478 Abs. 1 FamFG), und der mit Rechtskraft wirksam wird (§ 439 Abs. 2 FamFG, s. aber auch § 479 Abs. 2 FamFG). Der Ausschließungsbeschluss berechtigt denjenigen, der ihn erwirkt hat, zur Geltendmachung der Rechte aus dem für kraftlos erklärten Brief (§ 479 Abs. 1 FamFG). Ferner kann mit dem Ausschließungsbeschluss gemäß § 67 GBO die Erteilung eines neuen Briefs erwirkt werden, wie dies zB in den Fällen der §§ 1144, 1154, 1167 BGB erforderlich ist.

§ 1163 Eigentümerhypothek

(1) **Ist die Forderung, für welche die Hypothek bestellt ist, nicht zur Entstehung gelangt, so steht die Hypothek dem Eigentümer zu. Erlischt die Forderung, so erwirbt der Eigentümer die Hypothek.**

(2) **Eine Hypothek, für welche die Erteilung des Hypothekenbriefs nicht ausgeschlossen ist, steht bis zur Übergabe des Briefes an den Gläubiger dem Eigentümer zu.**

Übersicht

[6] Vgl. Staudinger/*Marburger* § 799 Rn. 2 betreffend Inhaberschuldverschreibung.
[7] Staudinger/*Wolfsteiner* § 1162 Rn. 5.
[8] Einzelheiten OLG Düsseldorf WM 2019, 2056.
[9] Staudinger/*Wolfsteiner* § 1162 Rn. 10.

I. Allgemeines

§ 1163 BGB ordnet zwingend[1] an, dass in bestimmten Fällen die Hypothek dem Eigentümer zusteht **(Eigentümerhypothek).** Gemäß Abs. 1 BGB ist dies der Fall, soweit (vgl. § 1176 BGB) und solange der **gesicherte Anspruch**[2] **noch nicht entstanden** ist (S. 1), zB vor Valutierung des Darlehens, ferner soweit und sobald der gesicherte Anspruch **untergegangen** ist (S. 2), zB nach Darlehensrückzahlung. Abs. 2 BGB bestimmt, dass eine **Briefhypothek bis zur Briefübergabe** Eigentümerhypothek ist – beachte aber § 1117 Abs. 2 BGB. Bei § 1163 Abs. 1 BGB wird das Grundpfandrecht gemäß § 1177 Abs. 1 BGB ipso iure zur **Eigentümergrundschuld** (§ 1196 BGB), die vom Eigentum getrennt werden kann durch Übertragung der Grundschuld ohne Eigentumsübertragung oder durch Eigentumsübertragung ohne Grundschuld. Ist der Eigentümer Hypothekar und Gläubiger des gesicherten Anspruchs, zB gemäß § 1143 Abs. 1 S. 1 BGB, dann gilt für die **Eigentümerhypothek** § 1177 Abs. 2 BGB. Zur Gesamthypothek s. § 1172 BGB. 1

§ 1163 BGB ist nur anwendbar, wenn im Übrigen die **Entstehungsvoraussetzungen eines Grundpfandrechts**[3] erfüllt sind (str.).[4] Dabei ist zu beachten, dass die Bestellung eines Grundpfandrechts für ein Wucherdarlehen unwirksam ist.[5] Stets ist bei § 1163 BGB das Grundbuch, das den persönlichen Gläubiger als Hypothekar ausweist, unrichtig. 2

Erwerber des Eigentümergrundpfandrechts ist, wer in dem Zeitpunkt Grundeigentümer ist, in dem der jeweilige Tatbestand von § 1163 BGB vollständig verwirklicht ist. 3

Gesetzeszweck ist es, dem Eigentümer den **Rang** zu wahren. §§ 1179 bis 1179b BGB und die Praxis der Kreditwirtschaft – Löschungsansprüche nachrangiger Gläubiger, abweichende Tilgungsbestimmungen – **durchkreuzen** indes die gesetzgeberische Intention.[6] 4

§ 1163 Abs. 1 BGB ist bei **Grundschulden** nicht entsprechend anzuwenden,[7] § 1163 Abs. 2 BGB ist entsprechend anzuwenden[8] (§ 1192 Abs. 1 BGB). 5

II. Forderung nicht zur Entstehung gelangt (Abs. 1 S. 1)

1. Gründe

Gründe, aus denen die zu sichernde Forderung nicht oder noch nicht entstanden ist, sind zB fehlende Darlehensvalutierung, Nichteintritt einer Suspensivbedingung, Sittenwidrigkeit (§ 138 BGB), Scheingeschäft (§ 117 BGB), ferner die Anfechtung (§ 142 Abs. 1 BGB).[9] Ob ein Bereicherungsanspruch, der an die Stelle des gesicherten Anspruchs tritt, gesichert ist, ist Auslegungsfrage. 6

2. Unrichtiges Grundbuch

Solange der zu sichernde Anspruch noch entstehen kann, besteht eine **vorläufige Eigentümergrundschuld,** die auflösend bedingt ist durch die Anspruchsentstehung. 7

---

[1] Erman/*Wenzel* BGB § 1163 Rn. 3; MüKoBGB/*Lieder* § 1163 Rn. 35; Palandt/*Herrler* BGB § 1163 Rn. 4; Staudinger/*Wolfsteiner* § 1163 Rn. 12.

[2] → § 1113 Rn. 11 ff.

[3] → Vorb. Rn. 12 ff.

[4] Erman/*Wenzel* BGB § 1163 Rn. 6, 16.

[5] BGH NJW 1982, 2767; OLG Karlsruhe FGPrax 2013, 253.

[6] Erman/*Wenzel* BGB § 1163 Rn. 1, 15; MüKoBGB/*Lieder* § 1163 Rn. 35 ff.; Staudinger/*Wolfsteiner* § 1163 Rn. 6 ff.; § 1179a Rn. 1 ff., 5 ff.

[7] Erman/*Wenzel* BGB § 1163 Rn. 17; MüKoBGB/*Lieder* § 1163 Rn. 71; Palandt/*Herrler* BGB § 1163 Rn. 19; Staudinger/*Wolfsteiner* § 1163 Rn. 129.

[8] Erman/*Wenzel* BGB § 1163 Rn. 17; MüKoBGB/*Lieder* § 1163 Rn. 71; Palandt/*Herrler* BGB § 1163 Rn. 19; Staudinger/*Wolfsteiner* § 1163 Rn. 130.

[9] MüKoBGB/*Lieder* § 1163 Rn. 10 ff.; Palandt/*Herrler* BGB § 1163 Rn. 2; Staudinger/*Wolfsteiner* § 1163 Rn. 22 ff.

Zwar ist das Grundbuch unrichtig, der Eigentümer kann aber gegen den als Hypothekar eingetragenen Kreditgeber **keine** Ansprüche auf **Zustimmung zur Grundbuchberichtigung** im Hinblick auf die Inhaberschaft des Grundpfandrechts oder **Briefherausgabe** geltend machen; der Kreditgeber hat dagegen jeweils eine Einrede aus der Sicherungsabrede.[10] Berichtigungs- und Herausgabeanspruch werden erst dann durchsetzbar, wenn feststeht, dass kein zu sichernder Anspruch mehr entstehen wird **(endgültige Eigentümergrundschuld).** Einstweilen kann der Eigentümer aber wegen § 1138 BGB Zustimmung dazu verlangen, dass das **Fehlen des zu sichernden Anspruchs** eingetragen oder auf dem Brief vermerkt (vgl. § 1140 BGB) werde, beziehungsweise einen Widerspruch erwirken.

3. Entstehungszeitpunkt

8 Entsteht der gesicherte Anspruch, dann entsteht ipso iure eine Fremdhypothek. Bei **Insolvenz des Eigentümers** entscheidet der **Zeitpunkt der Entstehung** – vor oder nach Eröffnung des Insolvenzverfahrens – darüber, ob der Hypothekar zu abgesonderter Befriedigung (§ 49 InsO) berechtigt ist.[11]

III. Forderung erloschen (Abs. 1 S. 2)

1. Grundsatz Eigentümerhypothek

9 Erlischt die Forderung, dann erwirbt grundsätzlich der Eigentümer die Hypothek. **Ausnahmen** gelten, wenn der persönliche Schuldner regressberechtigt ist (§ 1164 BGB), bei der Gesamthypothek (§§ 1173, 1174 BGB), der Hypothek für Nebenleistungen und Kosten (§ 1178 BGB), dem Untergang des gesicherten Anspruchs infolge Vollstreckung aus der Hypothek (§§ 1181 f. BGB), der Restschuldbefreiung (§ 301 InsO) und der Löschung einer GmbH wegen Vermögenslosigkeit.[12]

10 Von den Fällen des § 1163 Abs. 1 S. 2 BGB sind jene Fälle zu **unterscheiden,** in denen der Hypothekar befriedigt wird, ohne dass der gesicherte Anspruch untergeht (s. §§ 426 Abs. 2, 1143, 1150, 774 BGB).

2. Erlöschensgründe

11 Erlöschensgründe sind zB Rücktritt, Erfüllung (§ 362 BGB), Hinterlegung (§§ 372, 378 BGB), Aufrechnung (§ 389 BGB) oder Erlass (§ 397 BGB).[13] In einem Vergleich (§ 779 BGB) kann vereinbart werden, dass eine Hypothek, die für einen im Vergleich aufgehenden Anspruch haftet, nun für den aus dem Vergleich resultierenden Anspruch haftet[14] (beachte aber § 1180 Abs. 1 BGB).

3. Grundbuchberichtigung, Briefherausgabe

12 Wenn der gesicherte Anspruch untergeht und eine endgültige Eigentümergrundschuld entsteht (§§ 1163 Abs. 1 S. 2, 1177 Abs. 1 BGB), kann der Eigentümer gegen den als Hypothekar eingetragenen vormaligen Kreditgeber **Zustimmung zur Grundbuchberichtigung** – Eigentümerrecht statt Fremdhypothek – und **Briefherausgabe** verlangen; der Eingetragene hat keine Einrede aus der Sicherungsabrede mehr.

---

[10] Erman/*Wenzel* BGB § 1163 Rn. 12; Palandt/*Herrler* BGB § 1163 Rn. 6.
[11] Staudinger/*Wolfsteiner* § 1163 Rn. 20.
[12] BGHZ 48, 303 = NJW 1968, 297.
[13] MüKoBGB/*Lieder* § 1163 Rn. 21 f.; Staudinger/*Wolfsteiner* § 1163 Rn. 48 ff.
[14] Staudinger/*Wolfsteiner* § 1163 Rn. 50.

IV. Briefhypothek vor Briefübergabe (Abs. 2)

Eine Briefhypothek steht bis zur Übergabe des Briefs an den Gläubiger (§ 1117 Abs. 1 BGB) dem Eigentümer zu. Die Vereinbarung, dass der Gläubiger berechtigt sein soll, sich den Brief vom Grundbuchamt aushändigen zu lassen, ersetzt die Übergabe (§ 1117 Abs. 2 BGB). Folglich kann der Gläubiger in den Fällen des § 1117 Abs. 2 BGB die Hypothek erwerben, bevor ihm der Brief übergeben oder ausgehändigt wurde – beachte: nicht die Aushändigung durch das Grundbuchamt, sondern bereits die Vereinbarung, dass ausgehändigt werden soll, ersetzt die Übergabe. 13

Solange der gesicherte Anspruch besteht oder noch entstehen kann, hat der Gläubiger gegen den Grundbuchberichtigungsanspruch des Eigentümers eine Einrede aus der Sicherungsabrede. 14

§ 1164 Übergang der Hypothek auf den Schuldner

(1) [1] **Befriedigt der persönliche Schuldner den Gläubiger, so geht die Hypothek insoweit auf ihn über, als er von dem Eigentümer oder einem Rechtsvorgänger des Eigentümers Ersatz verlangen kann.** [2] **Ist dem Schuldner nur teilweise Ersatz zu leisten, so kann der Eigentümer die Hypothek, soweit sie auf ihn übergegangen ist, nicht zum Nachteil der Hypothek des Schuldners geltend machen.**

(2) **Der Befriedigung des Gläubigers steht es gleich, wenn sich Forderung und Schuld in einer Person vereinigen.**

§ 1165 Freiwerden des Schuldners

Verzichtet der Gläubiger auf die Hypothek oder hebt er sie nach § 1183 auf oder räumt er einem anderen Recht den Vorrang ein, so wird der persönliche Schuldner insoweit frei, als er ohne diese Verfügung nach § 1164 aus der Hypothek hätte Ersatz erlangen können.

§ 1166 Benachrichtigung des Schuldners

[1] **Ist der persönliche Schuldner berechtigt, von dem Eigentümer Ersatz zu verlangen, falls er den Gläubiger befriedigt, so kann er, wenn der Gläubiger die Zwangsversteigerung des Grundstücks betreibt, ohne ihn unverzüglich zu benachrichtigen, die Befriedigung des Gläubigers wegen eines Ausfalls bei der Zwangsversteigerung insoweit verweigern, als er infolge der Unterlassung der Benachrichtigung einen Schaden erleidet.** [2] **Die Benachrichtigung darf unterbleiben, wenn sie untunlich ist.**

§ 1167 Aushändigung der Berichtigungsurkunden

Erwirbt der persönliche Schuldner, falls er den Gläubiger befriedigt, die Hypothek oder hat er im Falle der Befriedigung ein sonstiges rechtliches Interesse an der Berichtigung des Grundbuchs, so stehen ihm die in den §§ 1144, 1145 bestimmten Rechte zu.

Übersicht

I. Allgemeines

1 Die §§ 1164 bis 1167 BGB regeln Fälle, in denen bei einer **Drittsicherheit** der **persönliche Schuldner** durch Befriedigung des Gläubigers **Regressansprüche gegen den Grundeigentümer** oder einen Rechtsvorgänger im Grundeigentum erwirbt oder erwerben würde. **§ 1164 BGB** enthält eine **Ausnahme von § 1163 Abs. 1 S. 2 BGB.** Bei Gesamthypothek s. § 1174 BGB. **§ 1165 BGB** gewährt **Schutz vor Gefährdungen des Rückgriffsanspruchs** durch den Gläubiger. **§ 1166 BGB** gibt dem persönlichen Schuldner, der nicht von der Zwangsversteigerung benachrichtigt wurde, eine **Einrede. § 1167 BGB** honoriert das Interesse des persönlichen Schuldners an gehöriger **Dokumentation.**

2 Die Normen sind bei **Grundschulden** nicht entsprechend anzuwenden (§ 1192 Abs. 1 BGB).[1] In den Fällen des § 1164 BGB kann der Schuldner Abtretung der Grundschuld verlangen.[2] Anstelle der §§ 1165 f. BGB gilt, dass, wenn der persönliche Schuldner dem Gläubiger aufgrund einer zwischen beiden getroffenen Sicherungsabrede eine Grundschuld am Grundstück eines Dritten verschafft hat, der Gläubiger seine Pflichten gegenüber dem Schuldner verletzt, wenn er ohne dessen Einwilligung auf die Grundschuld verzichtet[3] oder aus der Grundschuld vollstreckt, ohne den Schuldner zu benachrichtigen.[4]

II. Übergang der Hypothek auf den Schuldner (§ 1164)

1. Voraussetzungen

3 **a) Befriedigung durch den persönlichen Schuldner oder Konfusion. aa) Befriedigung.** Der persönliche Schuldner befriedigt den Gläubiger, wenn er – und nicht ein Dritter gemäß § 267 BGB[5] – dafür sorgt, dass der **gesicherte Anspruch erlischt,** zB durch Erfüllung (§ 362 BGB), Aufrechnung (389 BGB), Hinterlegung (§§ 372, 378 BGB) oder Erlass (§ 397 BGB).[6] Gleich steht die Befriedigung des Gläubigers im Wege der **Zwangsvollstreckung** gegen den persönlichen Schuldner.[7] Befriedigt ein **Gesamtschuldner,** der gegen andere Gesamtschuldner Regressansprüche hat, den Eigentümer, dann erwirbt jener insoweit den gesicherten Anspruch gemäß § 426 Abs. 2 S. 1 BGB mitsamt der Hypothek (§ 1153 Abs. 1 BGB), und es findet insoweit kein Übergang gemäß § 1164 Abs. 1 S. 1 BGB statt.[8] **Verfügungen über die Hypothek** fallen nicht unter

---

[1] Erman/*Wenzel* BGB § 1164 Rn. 5; § 1165 Rn. 7; § 1166 Rn. 3; § 1167 Rn. 3; Palandt/*Herrler* BGB § 1164 Rn. 5; § 1165 Rn. 4; § 1166 Rn. 4; § 1167 Rn. 2; Staudinger/*Wolfsteiner* § 1164 Rn. 30; § 1165 Rn. 17; § 1166 Rn. 18; § 1167 Rn. 11.

[2] Staudinger/*Wolfsteiner* Vorb. § 1191 Rn. 114.

[3] BGH NJW 1989, 1732.

[4] Staudinger/*Wolfsteiner* § 1166 Rn. 18.

[5] Staudinger/*Wolfsteiner* § 1164 Rn. 7.

[6] MüKoBGB/*Lieder* § 1164 Rn. 5; Palandt/*Herrler* BGB § 1164 Rn. 2; Staudinger/*Wolfsteiner* § 1164 Rn. 3.

[7] Staudinger/*Wolfsteiner* § 1164 Rn. 4.

[8] Palandt/*Herrler* BGB § 1164 Rn. 2; Staudinger/*Wolfsteiner* § 1164 Rn. 5.

§ 1164 BGB, sondern unter § 1165 BGB. Erhebt der persönliche Schuldner gegen den gesicherten Anspruch zu Recht eine **peremptorische Einrede,** ist § 1154 BGB entsprechend anzuwenden.[9]

bb) Konfusion (Abs. 2). Forderung und Schuld vereinigen sich in einer Person zB, wenn der Schuldner den Gläubiger oder dieser jenen beerbt (§ 1922 Abs. 1 BGB). 4

b) Ersatzanspruch. Der persönliche Schuldner muss infolge der Befriedigung einen Rückgriffsanspruch gegen den Grundeigentümer oder einen Rechtsvorgänger im Grundeigentum haben, zB aus Vertrag oder §§ 670, 683 f., 812 BGB. Hauptfall[10] ist der Kauf eines hypothekenbelasteten Grundstücks, bei dem der Kaufpreis um den Hypothekenbetrag verringert wird, und der Käufer im Gegenzug die hypothekengesicherte Schuld des Verkäufers auf Darlehensrückzahlung gegenüber seiner finanzierenden Bank übernehmen soll (§§ 415 ff. BGB). Scheitert die Schuldübernahme, weil die Bank die Genehmigung verweigert (§ 415 BGB), dann ist der Käufer (Eigentümer) dem Verkäufer (persönlicher Schuldner) zur Freistellung verpflichtet (§ 415 Abs. 3 BGB). Versäumt es der Käufer, die Darlehensschuld zu begleichen, und zahlt der Verkäufer notgedrungen, dann wandelt sich der Freistellungsanspruch in einen Rückgriffsanspruch. 5

2. Rechtsfolge

Soweit der persönliche Schuldner beim Eigentümer Regress nehmen kann, geht die Hypothek **kraft Gesetzes** auf den Schuldner über, im Übrigen entsteht eine Eigentümergrundschuld (§§ 1163 Abs. 1 S. 2, 1177 Abs. 1 BGB). Mit dem Übergang geht eine gesetzliche **Forderungsauswechslung** – anstelle des bisherigen Anspruchs wird nun der Regressanspruch gesichert – einher;[11] im Übrigen wahrt die Hypothek ihre Identität.[12] Zu **Einreden** des Eigentümers s. § 1157 BGB. Ein **Hypothekentitel** des bisherigen Gläubigers wirkt nicht für den Erwerber und kann nicht auf ihn umgeschrieben werden.[13] 6

Die übergegangene Hypothek geht der Eigentümergrundschuld im **Rang** vor (§ 1164 Abs. 1 S. 2 BGB); bei Teilbefriedigung gehen beide der Resthypothek des Gläubigers im Rang nach (§ 1176 BGB). 7

III. Freiwerden des Schuldners (§ 1165)

1. Voraussetzungen

Der Gläubiger muss eine bestimmte Verfügung getroffen haben, die die Regressaussichten des persönlichen Schuldners zu verschlechtern droht. Subjektive Voraussetzungen, etwa Verschlechterungs- oder Schädigungsvorsatz, bestehen nicht.[14] 8

§ 1165 BGB nennt den Verzicht des Gläubigers auf die Hypothek (§ 1168 BGB), die Aufhebung (§ 1183 BGB) sowie die Einräumung des Vorrangs zugunsten eines anderen Rechts (§ 880 BGB). § 1165 BGB enthält zwar **kein allgemeines Regresshinderungsverbot,**[15] so dass nicht jede Regressgefährdung der Rechtsfolge von § 1165 BGB anheimfällt; in bestimmten Fällen ist die Norm aber entsprechend anzuwenden. Dies gilt für die Forderungsauswechslung (§ 1180 BGB), die Umwandlung in eine Grundschuld (§ 1198 BGB) und die Entlassung eines Grundstücksteils aus der hypothekarischen Haf- 9

---

[9] IErg ebenso Staudinger/*Wolfsteiner* § 1164 Rn. 8.
[10] Weitere Bsp. MüKoBGB/*Lieder* § 1164 Rn. 8 ff.; Staudinger/*Wolfsteiner* § 1164 Rn. 12 ff.
[11] Staudinger/*Wolfsteiner* Einl. zu §§ 1113 ff. Rn. 212.
[12] Staudinger/*Wolfsteiner* § 1164 Rn. 18 f.
[13] MüKoBGB/*Lieder* § 1164 Rn. 20; Palandt/*Herrler* BGB § 1164 Rn. 4; Staudinger/*Wolfsteiner* § 1164 Rn. 24.
[14] Staudinger/*Wolfsteiner* § 1165 Rn. 4.
[15] Erman/*Wenzel* BGB § 1165 Rn. 5; Staudinger/*Wolfsteiner* § 1165 Rn. 2.

tung.[16] Anders ist es, wenn der Gläubiger es unterlässt, Rechte aus den §§ 1133 bis 1135 BGB geltend zu machen; in solchen Fällen kommen allenfalls Ansprüche des benachteiligten persönlichen Schuldners aus **§ 826 BGB** gegen den Gläubiger in Betracht.[17]

10 Wenn ein **Gesamtgrundpfandgläubiger** auf das Grundpfandrecht an einem der belasteten Grundstücke verzichtet, dann ist der Eigentümer eines mitbelasteten Grundstücks nicht berechtigt, Befriedigung des Gläubigers aus seinem Grundstück zu verweigern, auch wenn er bei Befriedigung des Gläubigers vom Eigentümer des freigegebenen Grundstücks Ersatz verlangen könnte (§ 1173 Abs. 2 BGB). Der Grundpfandgläubiger, der ein Gesamtgrundpfandrecht überträgt, kann aber gegenüber dem Eigentümer eines belasteten Grundstücks verpflichtet sein, dafür zu sorgen, dass dieser nicht durch Entlassung eines anderen Grundstücks aus der Mithaftung geschädigt wird.[18]

11 § 1165 BGB kann durch Vereinbarung zwischen Gläubiger und persönlichem Schuldner **abbedungen** werden. Dies entspricht der Formularpraxis der Kreditwirtschaft; str. ist, ob der Ausschluss gemäß § 307 BGB unwirksam ist. Der Ausschluss kann nicht im Grundbuch eingetragen werden.[19]

2. Rechtsfolge

12 Der persönliche Schuldner wird mit der Verfügung[20] kraft Gesetzes und ohne Weiteres insoweit **von der gesicherten Schuld frei,** wie er ohne die Verfügung nach § 1164 BGB aus der Hypothek hätte Ersatz erlangen können. Es kommt darauf an, ob die Hypothek zur Zeit der Verfügung[21] tatsächlich werthaltig war – Verkehrswert des Grundstücks, Höhe und bisheriger Rang der Hypothek, Einzelheiten der Berechnung sind str.[22] – und damit der Regressverwirklichung hätte dienen können. Die Beweislast für die Werthaltigkeit trifft den, der sich darauf beruft; § 287 ZPO ist anwendbar.[23] Gleichgültig ist, ob der Rückgriff insgesamt gefährdet ist, oder ob er aus dem sonstigen Vermögen oder anderweitigen Sicherheiten verwirklicht werden kann.[24] Leistungen, die der persönliche Schuldner in Unkenntnis seiner Befreiung erbringt, kann er kondizieren (§§ 812, 814 BGB).

IV. Benachrichtigung des Schuldners (§ 1166)

1. Voraussetzungen

13 **a) Regressanspruch.** Der persönliche Schuldner müsste, wenn er den Gläubiger befriedigen würde, einen **Rückgriffsanspruch gegen den Eigentümer** oder einen Rechtsvorgänger im Grundeigentum[25] erwerben (§ 1164 BGB oder § 426 Abs. 2 BGB).[26]

14 **b) Zwangsversteigerung.** Der Gläubiger muss die Zwangsversteigerung des verhafteten Grundstücks **betreiben.** § 1166 BGB wirkt nur gegen den betreibenden (§ 15 ZVG) und beigetretene (§ 27 ZVG) Gläubiger.[27]

---

[16] Erman/*Wenzel* BGB § 1165 Rn. 2; MüKoBGB/*Lieder* § 1165 Rn. 10 ff.; Palandt/*Herrler* BGB § 1165 Rn. 2; Staudinger/*Wolfsteiner* § 1165 Rn. 5.

[17] Erman/*Wenzel* BGB § 1165 Rn. 2; MüKoBGB/*Lieder* § 1165 Rn. 13; Staudinger/*Wolfsteiner* § 1165 Rn. 6.

[18] BGHZ 52, 93 = NJW 1969, 1426 mAnm *Wacke* NJW 1969, 1850.

[19] Staudinger/*Wolfsteiner* § 1165 Rn. 15.

[20] Staudinger/*Wolfsteiner* § 1165 Rn. 8 ff.

[21] Staudinger/*Wolfsteiner* § 1165 Rn. 8.

[22] Staudinger/*Wolfsteiner* § 1165 Rn. 8.

[23] MüKoBGB/*Lieder* § 1165 Rn. 18; Palandt/*Herrler* BGB § 1165 Rn. 3; Staudinger/*Wolfsteiner* § 1165 Rn. 13.

[24] Staudinger/*Wolfsteiner* § 1165 Rn. 9.

[25] Erman/*Wenzel* BGB § 1166 Rn. 1; Staudinger/*Wolfsteiner* § 1166 Rn. 4.

[26] Staudinger/*Wolfsteiner* § 1166 Rn. 1.

[27] MüKoBGB/*Lieder* § 1166 Rn. 3; Palandt/*Herrler* BGB § 1166 Rn. 2; Staudinger/*Wolfsteiner* § 1166 Rn. 5.

c) Unterbliebene Benachrichtigung. Dem Gläubiger obliegt, den Schuldner vom Betrieb der Zwangsversteigerung zu benachrichtigen (§ 1166 S. 1 BGB). Die Nachricht ist **unverzüglich** (§ 121 Abs. 1 S. 1 BGB) **nach Verfahrenseinleitung** zu geben; eine Nachricht vor Verfahrenseinleitung reicht nicht aus.[28] Über den Verfahrensfortgang braucht der Gläubiger nicht zu unterrichten.[29] Bei **Gesamtschuldnern** besteht Einzelwirkung (§ 425 BGB).[30] Das Versäumnis der Benachrichtigung braucht nicht verschuldet zu sein, nur **Untunlichkeit** befreit (§ 1166 S. 2 BGB), zB wenn der Schuldner unbekannt verzogen ist; es besteht keine Nachforschungspflicht (str.[31]). Erfährt der Schuldner anders als durch den Gläubiger von der Zwangsversteigerung, bleibt die Obliegenheitsverletzung ebenfalls folgenlos.[32] Die Obliegenheit des Gläubigers gemäß § 1166 BGB kann durch Vereinbarung zwischen Gläubiger und Schuldner ausgeschlossen oder erweitert werden; die Vereinbarung kann nicht im Grundbuch eingetragen werden.[33] 15

Die **Beweislast** dafür, dass die Nachricht rechtzeitig gegeben wurde oder untunlich war, trifft den, der sich darauf beruft, dass der Obliegenheit des § 1166 BGB nachgekommen worden ist.[34] 16

2. Rechtsfolge

Der Schuldner erwirbt eine **Einrede gegen den gesicherten Anspruch,** soweit er infolge der Unterlassung der Benachrichtigung einen Schaden erleidet, zB, weil ihm die Möglichkeit genommen war, das Grundstück selbst zu ersteigern oder weitere Bieter herbeizuschaffen; § 287 ZPO ist anwendbar.[35] 17

V. Aushändigung der Berichtigungsurkunden (§ 1167)

1. Voraussetzungen

Der persönliche Schuldner muss, falls er den Gläubiger befriedigt, die Hypothek erwerben (§§ 1164, 1174 BGB oder §§ 426 Abs. 2, 1153 BGB) oder ein anderweitiges Interesse an Grundbuchberichtigung haben, zB als Verkäufer wegen § 442 Abs. 2 BGB. § 1167 BGB kann durch Vereinbarung zwischen Gläubiger und Schuldner ausgeschlossen werden; die Vereinbarung kann nicht im Grundbuch eingetragen werden.[36] 18

2. Rechtsfolge

Der persönliche Schuldner hat gegen den Gläubiger die Rechte aus den §§ 1144, 1145 BGB. Für die Frage, ob § 1144 BGB anzuwenden ist oder § 1145 BGB, kommt es allein auf den Umfang der Befriedigung an, nicht auf den Umfang des Regressanspruchs.[37] § 1167 BGB versetzt den Schuldner in die Lage, die Grundbuchberichtigung zu betreiben; die Kosten der Grundbuchberichtigung hat der Schuldner zu tragen (§ 897 BGB). 19

---

[28] Erman/*Wenzel* BGB § 1166 Rn. 1; MüKoBGB/*Lieder* § 1166 Rn. 6; Palandt/*Herrler* BGB § 1166 Rn. 2; Staudinger/*Wolfsteiner* § 1166 Rn. 2.

[29] Staudinger/*Wolfsteiner* § 1166 Rn. 2.

[30] Palandt/*Herrler* BGB § 1166 Rn. 2; Staudinger/*Wolfsteiner* § 1166 Rn. 3.

[31] Staudinger/*Wolfsteiner* § 1166 Rn. 9. **AA** MüKoBGB/*Lieder* § 1166 Rn. 7.

[32] Erman/*Wenzel* BGB § 1166 Rn. 2; MüKoBGB/*Lieder* § 1166 Rn. 8; Palandt/*Herrler* BGB § 1166 Rn. 3; Staudinger/*Wolfsteiner* § 1166 Rn. 10.

[33] Staudinger/*Wolfsteiner* § 1166 Rn. 13 f.

[34] Staudinger/*Wolfsteiner* § 1166 Rn. 12.

[35] MüKoBGB/*Lieder* § 1166 Rn. 9; Palandt/*Herrler* BGB § 1166 Rn. 1; Staudinger/*Wolfsteiner* § 1166 Rn. 11.

[36] MüKoBGB/*Lieder* § 1167 Rn. 6; Staudinger/*Wolfsteiner* § 1167 Rn. 10.

[37] MüKoBGB/*Lieder* § 1167 Rn. 5; Staudinger/*Wolfsteiner* § 1167 Rn. 6 f.

§ 1168 Verzicht auf die Hypothek

(1) **Verzichtet der Gläubiger auf die Hypothek, so erwirbt sie der Eigentümer.**

(2) [1]**Der Verzicht ist dem Grundbuchamt oder dem Eigentümer gegenüber zu erklären und bedarf der Eintragung in das Grundbuch.** [2]**Die Vorschriften des § 875 Abs. 2 und der §§ 876, 878 finden entsprechende Anwendung.**

(3) **Verzichtet der Gläubiger für einen Teil der Forderung auf die Hypothek, so stehen dem Eigentümer die im § 1145 bestimmten Rechte zu.**

Übersicht

I. Allgemeines

1 Der Verzicht auf die Hypothek **beendet die Inhaberschaft des Hypothekars** und wendet das Grundpfandrecht dem **Eigentümer** als **Grundschuld** zu (§§ 1168 Abs. 1, 1177 Abs. 1 BGB). Damit bleibt dem Eigentümer der **Rang erhalten.** Vom Verzicht auf die Hypothek zu **unterscheiden** sind die **Aufhebung** der Hypothek (§ 1183 BGB)[1] und der **Erlass des gesicherten Anspruchs** (§ 397 BGB).

2 Die Norm ist bei **Grundschulden** entsprechend anzuwenden (§ 1192 Abs. 1 BGB),[2] ebenso § 418 Abs. 1 S. 2 BGB[3]. Beim Verzicht auf eine **Fremdgrundschuld** gilt § 1168 Abs. 2 S. 2 BGB nicht, soweit die Vorschrift auf § 876 BGB verweist: es ist keine Zustimmung Drittberechtigter erforderlich.[4] Der Verzicht auf eine **Eigentümergrundschuld** ist eine Aufhebung, die das Recht erlöschen lässt.[5] Bei der **Sicherungsgrundschuld** enthält die Sicherungsabrede zwingend, auch, wenn sie dazu schweigt, einen Rückgabeanspruch für den Fall, dass der Sicherungszweck endgültig erledigt ist.[6] Der Rückgabeanspruch kann sich auf Verzicht (§ 1168 BGB), Abtretung (§ 1154 BGB) oder Aufhebung (§ 1183 BGB) richten. Die Formularpraxis der Kreditinstitute sieht einen Aufhebungsanspruch („Löschungsanspruch") vor. Wenn die Sicherungsabrede nichts bestimmt, hat der Rückgabegläubiger die Wahl.

II. Verzicht

3 Der Verzicht ist einseitiges abstraktes Rechtsgeschäft, Gestaltungsrecht und Verfügung. Die **Verzichtserklärung** des Hypothekars beziehungsweise des eingetragenen[7] oder gemäß § 1155 BGB legitimierten Scheinhypothekars[8] wird wirksam mit Zugang (§ 130 BGB) beim Eigentümer, Bucheigentümer[9] (§ 893 BGB) oder dem Grundbuchamt und bedarf

---

[1] Einzelheiten OLG Schleswig NJW 1964, 2022.

[2] Erman/*Wenzel* BGB § 1168 Rn. 6; MüKoBGB/*Lieder* § 1168 Rn. 28; Palandt/*Herrler* BGB § 1168 Rn. 7; Staudinger/*Wolfsteiner* § 1168 Rn. 41, 43.

[3] BGH NJW 2017, 2995; BeckOGK/*Heinig* BGB § 418 Rn. 21.

[4] Staudinger/*Wolfsteiner* § 1168 Rn. 42.

[5] Erman/*Wenzel* BGB § 1168 Rn. 6; MüKoBGB/*Lieder* § 1168 Rn. 28; Palandt/*Herrler* BGB § 1168 Rn. 7; Staudinger/*Wolfsteiner* § 1168 Rn. 38.

[6] BGHZ 108, 237 = NJW 1989, 2536; BGH NJW 1989, 1732; BGHZ 97, 280 = NJW 1986, 2108; BGH NJW 1985, 500. Einzelheiten → BGB § 1192 Rn. 47 ff.

[7] MüKoBGB/*Lieder* § 1168 Rn. 20.

[8] Erman/*Wenzel* BGB § 1168 Rn. 3; Palandt/*Herrler* BGB § 1168 Rn. 2; Staudinger/*Wolfsteiner* § 1168 Rn. 16.

[9] **AA** MüKoBGB/*Lieder* § 1168 Rn. 21; Staudinger/*Wolfsteiner* § 1168 Rn. 10.

der **Eintragung im Grundbuch**[10] (§ 1168 Abs. 2 S. 1 BGB). Keine Eintragung ist in den Fällen des § 1178 Abs. 2 S. 1 BGB erforderlich. Gemäß § 1168 Abs. 2 S. 2 BGB ist die Erklärung grundsätzlich widerruflich – § 875 Abs. 2 BGB gilt mit der Maßgabe Eintragungs- statt Löschungsbewilligung. Bei Belastung der Hypothek mit Drittrechten gilt § 876 BGB, nachträgliche Verfügungsbeschränkungen wirken nach Maßgabe von § 878 BGB. Der Verzicht bedarf materiellrechtlich keiner Form und kann konkludent erklärt werden. Problematisch kann die Abgrenzung von der Aufhebungserklärung (§ 1183 BGB) sein.[11] Die Entäußerung einer Löschungsbewilligung ist eine Aufhebungs-, keine Verzichtserklärung (str.).[12]

Einen Verzicht bewirkt von Gesetzes wegen die befreiende Schuldübernahme bei einem hypothekengesicherten Anspruch (§ 418 Abs. 1 S. 2 BGB). 4

III. Rechtsfolge

Eine **Fremdhypothek** wird Eigentümergrundschuld (§§ 1168 Abs. 1, 1177 Abs. 1 BGB) oder erlischt (§ 1178 BGB). Bei **Teilverzicht** hat der Eigentümer die Rechte aus § 1145 BGB (§ 1168 Abs. 3 BGB). Die verbleibende Teilfremdhypothek geht der infolge Teilverzichts entstandenen Eigentümergrundschuld im Rang vor (§ 1176 BGB). Zur **Gesamthypothek** s. § 1175 BGB. **Rechte Dritter** an der Hypothek erlöschen.[13] Der **gesicherte Anspruch** bleibt von dem dinglichen Verzicht grundsätzlich – Ausnahme § 1165 BGB – unberührt. 5

§ 1169 Rechtszerstörende Einrede

Steht dem Eigentümer eine Einrede zu, durch welche die Geltendmachung der Hypothek dauernd ausgeschlossen wird, so kann er verlangen, dass der Gläubiger auf die Hypothek verzichtet.

Übersicht

I. Allgemeines

§ 1169 BGB gibt dem Eigentümer, dem eine **peremptorische Einrede** – ein dauerndes Leistungsverweigerungsrecht – gegen die Hypothek zusteht, einen **dinglichen Verzichtsanspruch** (§ 1168 BGB) gegen den Hypothekar. Der Anspruch kann durch Vormerkung (§ 883 BGB) oder – nicht eingetragene Einreden betreffend – Widerspruch (§ 899 BGB) gesichert werden. Bis dahin können die Einreden und damit auch der Verzichtsanspruch aus § 1169 BGB wieder verlorengehen (§§ 1138, 1157 S. 2, 892 BGB); Ausnahmen davon gelten bei der Sicherungshypothek und -grundschuld (§§ 1185 Abs. 2, 1192 Abs. 1a BGB). Rechtshindernde oder -vernichtende **Einwendungen** betreffen unmittelbar den Bestand des Rechts oder seine Inhaberschaft (zB § 1163 BGB); bei ihnen benötigt der Eigentümer keinen Anspruch auf Verzicht, der ihm das Recht zuwendet, sondern nur den 1

[10] Einzelheiten MüKoBGB/*Lieder* § 1168 Rn. 13 ff.; Staudinger/*Wolfsteiner* § 1168 Rn. 17 ff.
[11] MüKoBGB/*Lieder* § 1168 Rn. 4 f.
[12] **AA** Staudinger/*Wolfsteiner* § 1168 Rn. 16.
[13] Staudinger/*Wolfsteiner* § 1168 Rn. 26.

Grundbuchberichtigungsanspruch (§ 894 BGB). Mit dem dinglichen Verzichtsanspruch kann ein **Bereicherungsanspruch** (§ 812 BGB) konkurrieren.

2 Die Norm ist bei **Grundschulden** entsprechend anzuwenden, soweit sich Einreden gegen die Grundschuld richten (§ 1192 Abs. 1 BGB).[1]

II. Peremptorische Einreden gegen die Hypothek

3 In Betracht kommen alle Einreden gemäß §§ 1157, 1137 BGB, wenn sie nur ihrem Inhalt nach dauerhaft sind. Solche Einreden können sein:[2] Die Arglist-[3] (§§ 242, 853 BGB) und die Bereicherungseinrede[4] (§ 821 BGB), die Rücktritts- und die Minderungseinrede (§§ 441, 438 Abs. 4, 5 BGB), die Einrede der Anfechtbarkeit (§ 9 AnfG), vollstreckungshindernde Vereinbarungen[5] oder eine Freistellungsverpflichtung[6] des Gläubigers, nicht aber Verjährung, außer für Zinsen und wiederkehrende Leistungen (§ 216 BGB), und auch nicht die Einrede der beschränkten Erbenhaftung (§ 1137 Abs. 1 S. 2 BGB).

III. Verzichtsanspruch

4 Die Einrede bewirkt nicht den Übergang des Grundpfandrechts auf den Eigentümer. Vielmehr erwirbt der Eigentümer, dem die Einrede zusteht, einen Anspruch darauf, dass der Grundpfandgläubiger auf das Grundpfandrecht verzichte. Infolge des vollzogenen Verzichts erwirbt sodann der Eigentümer das Grundpfandrecht (§§ 1168, 1177 Abs. 1 BGB). Anstelle des Verzichts kann der Eigentümer **Aufhebung oder Übertragung** des Grundpfandrechts verlangen.[7] Der Anspruch aus § 1169 BGB entsteht in der Person des Eigentümers, er kann aber **abgetreten** werden.[8] Der Anspruch besteht auch in den Händen des Zessionars nur so lange, wie dem Eigentümer die dauernde Einrede zusteht. Mit dem Untergang der Einrede geht auch der Verzichtsanspruch unter, gleichgültig, wer sein Gläubiger war. Wird das Grundeigentum übertragen, dann entsteht der Verzichtsanspruch neu in der Person des Erwerbers, wenn diesem eine dauernde Einrede zusteht; andernfalls erlischt er.[9] Der Verzichtsanspruch **verjährt** grundsätzlich nicht (§ 902 BGB).

§ 1170 Ausschluss unbekannter Gläubiger

(1) [1]Ist der Gläubiger unbekannt, so kann er im Wege des Aufgebotsverfahrens mit seinem Recht ausgeschlossen werden, wenn seit der letzten sich auf die Hypothek beziehenden Eintragung in das Grundbuch zehn Jahre verstrichen sind und das Recht des Gläubigers nicht innerhalb dieser Frist von dem Eigentümer in einer nach § 212 Abs. 1 Nr. 1 zum Neubeginn der Verjährung geeigneten Weise anerkannt worden ist. [2]Besteht für die Forderung eine nach dem Kalender bestimmte Zahlungszeit, so beginnt die Frist nicht vor dem Ablauf des Zahlungstags.

(2) [1]Mit der Rechtskraft des Ausschließungsbeschlusses erwirbt der Eigentümer die Hypothek. [2]Der dem Gläubiger erteilte Hypothekenbrief wird kraftlos.

---

[1] BGH NJW 1991, 305; NJW-RR 1990, 588.
[2] MüKoBGB/*Lieder* § 1169 Rn. 2 ff.; Staudinger/*Wolfsteiner* § 1169 Rn. 7 ff.
[3] BGHZ 56, 22 betreffend Grundschuld.
[4] BGH NJW 1975, 1126 betreffend Grundschuld.
[5] BayObLG NJW-RR 1999, 506.
[6] BGH NJW 1984, 169 betreffend Grundschuld.
[7] BGHZ 108, 237 = NJW 1989, 2536 betreffend Grundschuld.
[8] BGH NJW 1985, 800 betreffend Grundschuld.
[9] Staudinger/*Wolfsteiner* § 1169 Rn. 15.

§ 1171 Ausschluss durch Hinterlegung

(1) [1]Der unbekannte Gläubiger kann im Wege des Aufgebotsverfahrens mit seinem Recht auch dann ausgeschlossen werden, wenn der Eigentümer zur Befriedigung des Gläubigers oder zur Kündigung berechtigt ist und den Betrag der Forderung für den Gläubiger unter Verzicht auf das Recht zur Rücknahme hinterlegt. [2]Die Hinterlegung von Zinsen ist nur erforderlich, wenn der Zinssatz im Grundbuch eingetragen ist; Zinsen für eine frühere Zeit als das vierte Kalenderjahr vor der Rechtskraft des Ausschließungsbeschlusses sind nicht zu hinterlegen.

(2) [1]Mit der Rechtskraft des Ausschließungsbeschlusses gilt der Gläubiger als befriedigt, sofern nicht nach den Vorschriften über die Hinterlegung die Befriedigung schon vorher eingetreten ist. [2]Der dem Gläubiger erteilte Hypothekenbrief wird kraftlos.

(3) Das Recht des Gläubigers auf den hinterlegten Betrag erlischt mit dem Ablauf von 30 Jahren nach der Rechtskraft des Ausschließungsbeschlusses, wenn nicht der Gläubiger sich vorher bei der Hinterlegungsstelle meldet; der Hinterleger ist zur Rücknahme berechtigt, auch wenn er auf das Recht zur Rücknahme verzichtet hat.

Übersicht

I. Allgemeines

1 Die §§ 1170, 1171 BGB ermöglichen dem Eigentümer, das Aufgebotsverfahren (§§ 433 ff., 447 ff. FamFG) gegen den unbekannten Gläubiger zu betreiben, mit der Folge, dass dieser mit seinem Recht ausgeschlossen wird.

2 Die Normen sind bei **Grundschulden** entsprechend anzuwenden (§ 1192 Abs. 1 BGB).[1]

3 Für **Inhabergrundpfandrechte** enthalten § 1188 Abs. 2 BGB, § 450 Abs. 2 FamFG ergänzende Sondervorschriften gegenüber § 1170 BGB, § 450 Abs. 1 FamFG.

II. Statthaftigkeit des Aufgebotsverfahrens

4 Das Aufgebotsverfahren zum Zweck des Ausschlusses des Grundpfandgläubigers ist statthaft (§ 433 FamFG, §§ 1170 f. BGB), wenn der Gläubiger unbekannt und die Frist des § 1170 BGB abgelaufen ist oder der Eigentümer hinterlegt (§ 1171 BGB). Der Eigentümer braucht keine Einwendungen oder Einreden gegen das Grundpfandrecht geltend zu machen. Das Rechtsschutzbedürfnis für ein Aufgebotsverfahren zum Ausschluss der unbekannten Erben des eingetragenen Gläubigers fehlt nicht deshalb, weil für die unbekannten Erben ein Nachlasspfleger bestellt ist, von dem die Bewilligung der Löschung des Grundpfandrechts verlangt werden könnte.[2]

---

[1] BGH NJW-RR 2004, 664 (betreffend § 1170 BGB); Erman/*Wenzel* BGB § 1171 Rn. 5; Palandt/*Herrler* BGB § 1171 Rn. 5; Staudinger/*Wolfsteiner* § 1171 Rn. 17.

[2] BGH NJW 2014, 693.

1. Unbekannter Gläubiger

5 Der Grundpfandgläubiger ist unbekannt, wenn seine **Person unbekannt** ist,[3] obwohl der Eigentümer sich um Kenntnis bemüht hat. Es reicht grundsätzlich nicht aus, wenn der Aufenthalt des von Person bekannten Gläubigers nicht ermittelbar ist; für solche Fälle ist die öffentliche Zustellung (§§ 185 ff. ZPO, § 132 Abs. 2 BGB) vorgesehen (str.).[4] Unbekannt ist der Gläubiger aber, wenn der Brief unauffindbar und der Aufenthalt des letzten bekannten Inhabers unbekannt ist.[5] Ein namentlich bekannter Gläubiger ist unbekannt, wenn er nach Aufforderung seine Berechtigung nicht nachweist und keine Gründe dafür angibt, warum er seine Berechtigung nicht nachweisen kann.[6] Unbekannt ist eine als Gläubiger im Grundbuch eingetragene juristische Person, die nicht mehr existiert und für die keine Feststellungen zur Rechtsnachfolge möglich sind.[7] Kein Fall des § 1170 BGB ist es, wenn der Gläubiger frei erfunden ist (str.).[8]

6 Einzelne Bruchteilgläubiger, die unbekannt sind, können ausgeschlossen werden, nicht aber einzelne Gesamthandgläubiger.[9]

2. Fristablauf oder Hinterlegung

7 **a) Fristablauf (§ 1170).** Seit der letzten unter Mitwirkung des Gläubigers vorgenommenen[10] **Grundbucheintragung,** die sich auf die Hypothek bezieht, müssen **zehn Jahre** vergangen sein; hat der Eigentümer in dieser Zeit dem Gläubiger gegenüber das Grundpfandrecht anerkannt, insbesondere durch Abschlagszahlung, Zinszahlung oder Sicherheitsleistung, dann beginnt die Frist mit dem **Anerkenntnis** neu zu laufen[11] (§§ 1170 Abs. 1 S. 1, 212 Abs. 1 Nr. 1 BGB). Wird die **Forderung ohne Kündigung fällig,** dann beginnt die Frist nicht vor Fälligkeitseintritt zu laufen (§ 1170 Abs. 1 S. 2 BGB).[12]

8 **b) Hinterlegung (§ 1171).** Der Eigentümer muss **zur Befriedigung des Gläubigers oder zur Kündigung berechtigt** sein. Gemäß § 1171 Abs. 1 S. 1 BGB kann er dann den **Kapitalbetrag und Nebenleistungen** außer Zinsen für den Gläubiger **unter Verzicht auf das Recht zur Rücknahme hinterlegen** (§§ 372, 376 Abs. 2 Nr. 1 BGB). **Zinsen** sind nur dann zu hinterlegen, wenn der Zinssatz im Grundbuch eingetragen ist. Auch in einem solchen Fall brauchen Zinsen für eine frühere Zeit als das vierte Kalenderjahr vor dem Jahr, in dem der Ausschließungsbeschluss rechtskräftig wird, nicht hinterlegt zu werden (§ 1171 Abs. 1 S. 2 BGB). Maßgeblich ist der Zinsberechnungs-, nicht der -fälligkeitszeitraum.[13] Für das Aufgebotsverfahren muss die Hinterlegung zunächst nur **angeboten** werden; erst für den Erlass des Ausschließungsbeschlusses muss hinterlegt werden (§ 451 FamFG). Die Hinterlegung war bis zum 1.12.2010 nach Maßgabe der HintO durchzuführen, seither nach Maßgabe der **Landeshinterlegungsgesetze.** Soweit der Eigentümer Leistung nachweist, muss nicht hinterlegt werden.[14]

---

[3] BGH NJW-RR 2009, 660; 2004, 664; OLG München Rpfleger 2013, 324.
[4] BGH NJW-RR 2009, 660; 2004, 664. **AA** LG Aachen NJW-RR 1998, 87.
[5] BGH NJW-RR 2009, 660.
[6] LG Düsseldorf NJW-RR 1995, 1232.
[7] BGH NJW-RR 2004, 664.
[8] Bsp. KG NJW-RR 1998, 447. **AA** OLG Hamm Rpfleger 2013, 510.
[9] Palandt/*Herrler* BGB § 1170 Rn. 1; Staudinger/*Wolfsteiner* § 1170 Rn. 17.
[10] Erman/*Wenzel* BGB § 1170 Rn. 3; Palandt/*Herrler* BGB § 1170 Rn. 2; Staudinger/*Wolfsteiner* § 1170 Rn. 19.
[11] Erman/*Wenzel* BGB § 1170 Rn. 3; Palandt/*Herrler* BGB § 1170 Rn. 2.
[12] Palandt/*Herrler* BGB § 1170 Rn. 2; Staudinger/*Wolfsteiner* § 1170 Rn. 20.
[13] Staudinger/*Wolfsteiner* § 1171 Rn. 5.
[14] Erman/*Wenzel* BGB § 1171 Rn. 2.

III. Aufgebotsverfahren

Es gelten die §§ 433 ff., 447 ff. FamFG. Das Verfahren setzt einen **Antrag** (§ 434 Abs. 1 FamFG) voraus. Zur Antragsberechtigung s. § 448 FamFG, zur Zuständigkeit s. § 447 Abs. 2 FamFG. Das Recht auf Betreibung des Aufgebotsverfahrens gegen den unbekannten Gläubiger kann für Gläubiger des Grundeigentümers gepfändet werden.[15] Es ist **glaubhaft zu machen** (§ 31 FamFG), dass der Gläubiger unbekannt ist (§ 449 FamFG). In den Fällen des § 1170 BGB ist ferner glaubhaft zu machen, dass das Recht nicht anerkannt wurde (§ 450 Abs. 1 FamFG), in den Fällen des § 1171 BGB ist die **Hinterlegung** anzubieten und durchzuführen (§ 451 FamFG). 9

IV. Entscheidung und Entscheidungswirkungen

1. Entscheidung

Wird das aufgebotene (§ 435 FamFG) Recht im Aufgebotsverfahren nicht angemeldet (§ 440 FamFG), erlässt das Gericht den **Ausschließungsbeschluss,** mit dessen Rechtskraft (§ 439 Abs. 2 FamFG) der Gläubiger mit seinem Grundpfandrecht ausgeschlossen wird. 10

2. Entscheidungswirkungen

Mit Rechtskraft des Ausschließungsbeschlusses entstehen materiellrechtliche Wirkungen. 11

a) § 1170 BGB. Der Grundeigentümer erwirbt die Hypothek (§ 1170 Abs. 2 S. 1 BGB) lastenfrei[16] als Eigentümergrundschuld (§ 1177 Abs. 1 BGB). Zur Gesamthypothek s. § 1175 Abs. 2 BGB. Mit dem Ausschließungsbeschluss kann die Grundbuchberichtigung betrieben werden.[17] Die gesicherte Forderung bleibt unberührt.[18] 12

b) § 1171 BGB. Der Gläubiger gilt wegen der **Forderung** als **befriedigt,** wenn nicht bereits die Hinterlegung die Befriedigung bewirkt (§ 378 BGB) hat (§ 1171 Abs. 2 S. 1 BGB). Der Gläubiger kann Herausgabe des hinterlegten Betrags verlangen, allerdings nur bis zum Ablauf von 30 Jahren nach Rechtskraft des Ausschließungsbeschlusses; hat er sich bis dahin nicht bei der Hinterlegungsstelle gemeldet, ist der Hinterleger unbeschadet des Rücknahmeverzichts zur Rücknahme berechtigt (§ 1171 Abs. 3 BGB). Bei einer **Schuldnersicherheit** entsteht eine **Eigentümergrundschuld** (§§ 1163 Abs. 1 S. 2, 1177 Abs. 1 BGB), eine **Drittsicherheit** wird **Eigentümerhypothek** (§§ 1143 Abs. 1 S. 1, 1153, 1177 Abs. 2 BGB) oder **Regresshypothek** (§§ 1164 Abs. 1, 1153, 1177 Abs. 2 BGB), falls der Eigentümer zwischen Einleitung des Aufgebotsverfahrens und Eintritt der Befriedigungswirkung das Grundstück übereignet und einen Ersatzanspruch gegen den Erwerber hat. Bei einer **Gesamthypothek** gelten die §§ 1172, 1173 BGB. 13

c) Brief. Der **Brief wird kraftlos** (§§ 1170 Abs. 2 S. 2, 1171 Abs. 2 S. 2 BGB); gutgläubiger Erwerb vermittels des Briefs ist damit ausgeschlossen. 14

§ 1172 Eigentümergesamthypothek

(1) **Eine Gesamthypothek steht in den Fällen des § 1163 den Eigentümern der belasteten Grundstücke gemeinschaftlich zu.**

[15] OLG Frankfurt a. M. NJW 1962, 640.
[16] MüKoBGB/*Lieder* § 1170 Rn. 24; Palandt/*Herrler* BGB § 1170 Rn. 4.
[17] Staudinger/*Wolfsteiner* § 1170 Rn. 33.
[18] MüKoBGB/*Lieder* § 1170 Rn. 23; Palandt/*Herrler* BGB § 1170 Rn. 4; Staudinger/*Wolfsteiner* § 1170 Rn. 39.

(2) [1]Jeder Eigentümer kann, sofern nicht ein anderes vereinbart ist, verlangen, dass die Hypothek an seinem Grundstück auf den Teilbetrag, der dem Verhältnis des Wertes seines Grundstücks zu dem Werte der sämtlichen Grundstücke entspricht, nach § 1132 Abs. 2 beschränkt und in dieser Beschränkung ihm zugeteilt wird. [2]Der Wert wird unter Abzug der Belastungen berechnet, die der Gesamthypothek im Range vorgehen.

§ 1173 Befriedigung durch einen der Eigentümer

(1) [1]Befriedigt der Eigentümer eines der mit einer Gesamthypothek belasteten Grundstücke den Gläubiger, so erwirbt er die Hypothek an seinem Grundstück; die Hypothek an den übrigen Grundstücken erlischt. [2]Der Befriedigung des Gläubigers durch den Eigentümer steht es gleich, wenn das Gläubigerrecht auf den Eigentümer übertragen wird oder wenn sich Forderung und Schuld in der Person des Eigentümers vereinigen.

(2) Kann der Eigentümer, der den Gläubiger befriedigt, von dem Eigentümer eines der anderen Grundstücke oder einem Rechtsvorgänger dieses Eigentümers Ersatz verlangen, so geht in Höhe des Ersatzanspruchs auch die Hypothek an dem Grundstück dieses Eigentümers auf ihn über; sie bleibt mit der Hypothek an seinem eigenen Grundstück Gesamthypothek.

§ 1174 Befriedigung durch den persönlichen Schuldner

(1) Befriedigt der persönliche Schuldner den Gläubiger, dem eine Gesamthypothek zusteht, oder vereinigen sich bei einer Gesamthypothek Forderung und Schuld in einer Person, so geht, wenn der Schuldner nur von dem Eigentümer eines der Grundstücke oder von einem Rechtsvorgänger des Eigentümers Ersatz verlangen kann, die Hypothek an diesem Grundstück auf ihn über; die Hypothek an den übrigen Grundstücken erlischt.

(2) Ist dem Schuldner nur teilweise Ersatz zu leisten und geht deshalb die Hypothek nur zu einem Teilbetrag auf ihn über, so hat sich der Eigentümer diesen Betrag auf den ihm nach § 1172 gebührenden Teil des übrig bleibenden Betrags der Gesamthypothek anrechnen zu lassen.

§ 1175 Verzicht auf die Gesamthypothek

(1) [1]Verzichtet der Gläubiger auf die Gesamthypothek, so fällt sie den Eigentümern der belasteten Grundstücke gemeinschaftlich zu; die Vorschriften des § 1172 Abs. 2 finden Anwendung. [2]Verzichtet der Gläubiger auf die Hypothek an einem der Grundstücke, so erlischt die Hypothek an diesem.

(2) Das Gleiche gilt, wenn der Gläubiger nach § 1170 mit seinem Recht ausgeschlossen wird.

Übersicht

I. Allgemeines

Die §§ 1172 bis 1175 BGB enthalten für **Gesamthypotheken** (§ 1132 BGB) **Sondervorschriften** zu den §§ 1163 ff. BGB. 1

§ 1172 BGB ist bei **Grundschulden** nicht entsprechend anzuwenden,[1] außer bei der Briefgrundschuld in den Fällen des § 1163 Abs. 2 BGB. § 1173 Abs. 1 S. 1, Abs. 2 BGB ist bei Grundschulden entsprechend anzuwenden,[2] nicht aber § 1173 Abs. 1 S. 2 BGB.[3] § 1174 BGB ist nicht entsprechend auf Grundschulden anzuwenden.[4] § 1175 BGB ist entsprechend anwendbar.[5] 2

II. Eigentümergesamthypothek (§ 1172)

In den Fällen des § 1163 BGB steht die Eigentümerhypothek beziehungsweise -grundschuld (§ 1177 Abs. 1 BGB) den Eigentümern des belasteten Grundstücks gemeinschaftlich in **Bruchteilgemeinschaft** (§§ 741 ff. BGB) zu (§ 1172 Abs. 1 BGB).[6] Die **Größe der Anteile** bemisst sich nicht nach § 742 BGB, sondern nach § 1172 Abs. 2 BGB, also nach dem Wertverhältnis des Einzelgrundstücks zu sämtlichen Grundstücken, jeweils abzüglich vorrangiger Belastungen.[7] Gemäß § 1172 Abs. 2 BGB kann jeder Eigentümer grundsätzlich verlangen, dass das Grundpfandrecht an seinem Grundstück auf diesen Teilbetrag beschränkt (§ 1132 Abs. 2 BGB) und ihm dementsprechend zugeteilt wird,[8] so dass die Gemeinschaft aufgehoben ist (§ 749 BGB). 3

Bei Tilgung des **gesicherten Anspruchs** (§ 1163 Abs. 1 S. 2 BGB) durch alle Eigentümer ist § 1172 BGB anzuwenden, wenn die **Eigentümer gemeinsam** den Gläubiger befriedigen,[9] gegebenenfalls auch je zum Teil, aber mit Gesamttilgungswillen, oder einer für alle. **Nicht** § 1172 BGB, sondern § 1173 BGB ist **anwendbar,** soweit Eigentümer **für sich allein** tilgen.[10] Bei Zahlung von Eigentümern **„auf die Hypothek"** gilt § 1143 BGB. Bei Zahlung des persönlichen Schuldners geht § 1174 BGB vor. Bei Befriedigung aus dem Grundstück gelten die §§ 1181, 1182 BGB. Haben alle Grundstücke den **gleichen Eigentümer,** dann entsteht gemäß § 1163 BGB und nicht nach § 1172 BGB ein Eigentümergesamtgrundpfandrecht.[11] 4

---

[1] Erman/*Wenzel* BGB § 1172 Rn. 8; Palandt/*Herrler* BGB § 1172 Rn. 7; MüKoBGB/*Lieder* § 1172 Rn. 21.

[2] BGH NJW 1976, 2132.

[3] Erman/*Wenzel* BGB § 1173 Rn. 9; MüKoBGB/*Lieder* § 1173 Rn. 21; Palandt/*Herrler* BGB § 1173 Rn. 11; Staudinger/*Wolfsteiner* § 1173 Rn. 34.

[4] Erman/*Wenzel* BGB § 1174 Rn. 4; MüKoBGB/*Lieder* § 1174 Rn. 15; Palandt/*Herrler* BGB § 1174 Rn. 4; Staudinger/*Wolfsteiner* § 1174 Rn. 18.

[5] Erman/*Wenzel* BGB § 1175 Rn. 3; MüKoBGB/*Lieder* § 1175 Rn. 12; Palandt/*Herrler* BGB § 1175 Rn. 5; Staudinger/*Wolfsteiner* § 1175 Rn. 22.

[6] BGHZ 179, 146 = NJW 2009, 847 mAnm *Schulze/Lendermann* LMK 2009, 292 914; BGH NJW-RR 1986, 233.

[7] Einzelheiten MüKoBGB/*Lieder* § 1172 Rn. 12; Staudinger/*Wolfsteiner* § 1172 Rn. 8 ff.

[8] Einzelheiten Staudinger/*Wolfsteiner* § 1172 Rn. 16 ff.

[9] Zur Gläubigerbefriedigung → §§ 1142–1145 BGB Rn. 9 ff.

[10] Erman/*Wenzel* BGB § 1172 Rn. 3; MüKoBGB/*Lieder* § 1172 Rn. 6.

[11] MüKoBGB/*Lieder* § 1172 Rn. 3; Staudinger/*Wolfsteiner* § 1172 Rn. 5.

III. Befriedigung durch einen der Eigentümer (§ 1173)

1. Anwendungsbereich und Rechtsfolgen

5 Soweit bei einer Gesamthypothek an Grundstücken **verschiedener Eigentümer** oder bei Bruchteileigentum einer der Eigentümer **separat** für sich den Gläubiger befriedigt[12] – im Gegensatz zur gemeinschaftlichen Befriedigung (§ 1172 BGB) –, oder wenn ein gemäß § 1173 Abs. 1 S. 2 BGB gleichgestellter Fall vorliegt, erwirbt der befriedigende Eigentümer die Hypothek an seinem Grundstück entweder als Eigentümerhypothek (§§ 1143 Abs. 1, 1153 Abs. 1, 1177 Abs. 2 BGB) oder als Eigentümergrundschuld (§ 1177 Abs. 1 BGB), während grundsätzlich die Hypothek an den weiteren Grundstücken erlischt (§ 1173 Abs. 1 S. 1 BGB), und zwar auch in den Fällen des § 1143 Abs. 1 BGB (§ 1143 Abs. 2 BGB, str.[13]). Die Gesamthypothek ist folglich **grundsätzlich regresslos.**[14] Soweit aber der befriedigende Eigentümer gegen Eigentümer anderer Grundstücke oder Rechtsvorgänger im Grundeigentum einen **Rückgriffsanspruch** aus besonderem schuldrechtlichen Rechtsverhältnis[15] hat (zB § 426 Abs. 1 BGB), geht die Hypothek am Grundstück des betreffenden Eigentümers auf den befriedigenden Eigentümer über, und zwar als Gesamthypothek mit der Hypothek an seinem eigenen Grundstück (§ 1173 Abs. 2 BGB). Diese Gesamtregresshypothek sichert den Rückgriffsanspruch; es handelt sich um eine gesetzliche Forderungsauswechslung wie bei § 1164 BGB. Befriedigt der Eigentümer den Gläubiger **teilweise,** dann hat die verbleibende Fremdhypothek Vorrang vor dem Eigentümergrundpfandrecht (§ 1176 BGB).

2. Abgrenzungen

6 Bei **Befriedigung aus dem Grundstück** (§ 1147 BGB) gilt nicht § 1173 BGB, sondern §§ 1181 f. BGB. Befriedigen mehrere Eigentümer **gemeinschaftlich,** dann ist nicht § 1173 BGB anwendbar, sondern § 1172 BGB. Bei einer Gesamthypothek an **Grundstücken desselben Eigentümers** entsteht gemäß § 1163 BGB oder §§ 1143 Abs. 1, 1153 Abs. 1 BGB ein Gesamtgrundpfandrecht. Befriedigt der **persönliche Schuldner,** der nicht dinglicher Schuldner ist, dann gilt § 1174 BGB.

IV. Befriedigung durch den persönlichen Schuldner (§ 1174)

7 § 1174 BGB modifiziert § 1164 BGB sowie § 1172 BGB und verhindert, dass eine Gesamthypothek in Einzelhypotheken zerfällt, bei denen die Summe der Forderungsbeträge höher ist als der Forderungsbetrag der Gesamthypothek.[16]

1. Voraussetzungen

8 Der **persönliche Schuldner** einer durch Gesamthypothek gesicherten Forderung, der **nicht dinglicher Schuldner** dieser Gesamthypothek ist (sonst § 1173 BGB), muss wenigstens teilweise den Gläubiger befriedigen,[17] oder es muss bei ihm Konfusion eintreten.[18] Der Schuldner muss einen **Regressanspruch**[19] gegen **einen oder einige Eigentümer**

[12] Zur Gläubigerbefriedigung → §§ 1142–1145 Rn. 9 ff. Einzelheiten Staudinger/*Wolfsteiner* § 1173 Rn. 5 ff.
[13] **AA** MüKoBGB/*Lieder* § 1173 Rn. 2 ff., 11.
[14] BGH NJW-RR 1995, 589.
[15] Palandt/*Herrler* BGB § 1173 Rn. 2.
[16] Erman/*Wenzel* BGB § 1174 Rn. 1.
[17] → §§ 1164–1167 Rn. 3.
[18] → §§ 1164–1167 Rn. 4.
[19] → §§ 1164–1167 Rn. 5.

oder Rechtsvorgänger im Eigentum gesamthypothekarisch belasteter Grundstücke haben. Bei Regress gegen **alle Eigentümer** gilt § 1164 BGB unmodifiziert, bei Teilregress gegen alle gilt ergänzend § 1172 BGB – Regressgesamthypothek in Höhe des Regresses, im Übrigen Eigentümergesamthypothek. Ohne jeglichen Regress ist nur § 1172 BGB anzuwenden.[20]

2. Rechtsfolgen

a) Regressübersteigende Befriedigung. Soweit für die Befriedigung kein Regressanspruch besteht, also bei **Teilregress,** entsteht im regressübersteigenden Umfang gemäß § 1172 Abs. 1 BGB eine Eigentümergesamthypothek im Rang nach der Regresshypothek (§ 1164 Abs. 1 S. 2 BGB).[21] 9

b) Ein Regressschuldner. Befindet sich unter den Hypothekenschuldnern der Gesamthypothek nur ein einziger Regressschuldner, dann erwirbt der persönliche Schuldner kraft Gesetzes die Hypothek am Grundstück des Regressschuldners als **Regresshypothek** in Höhe des Regressanspruchs (gesetzliche Forderungsauswechslung);[22] die Hypothek an den übrigen Grundstücken **erlischt** in diesem Umfang (§ 1174 Abs. 1 BGB). 10

c) Mehrere Regressschuldner. Bei mehreren **Gesamtschuldnern** entsteht im Umfang der Gesamtschuld eine Gesamthypothek des Regressgläubigers und erlischt die Hypothek an den übrigen Grundstücken im Umfang der Gesamtschuld (§ 1174 Abs. 1 BGB). Schulden mehrere Regress als **Einzelschuldner** für verschiedene Forderungsteile, dann entsteht im Regressumfang jeweils eine Einzelregresshypothek, die Hypothek an den anderen Grundstücken, auch an denen anderer Regressschuldner, erlischt gemäß § 1174 Abs. 1 BGB (str.).[23] 11

d) Eigentümergesamthypothek. Soweit im Anwendungsbereich von § 1174 Abs. 1 BGB eine Eigentümergesamthypothek (§ 1172 Abs. 1 BGB) entsteht, modifiziert § 1174 Abs. 2 BGB die Anteilsberechnung bei der Aufhebung gemäß §§ 749, 1132 Abs. 2, 1172 Abs. 2 BGB.[24] 12

V. Verzicht auf die Gesamthypothek (§ 1175)

1. Regelungsgegenstand

§ 1175 BGB regelt die **Folgen des Verzichts** (§ 1168 BGB oder § 418 Abs. 1 S. 2 BGB) und – gleichgestellt (§ 1175 Abs. 2 BGB) – des **Ausschlusses unbekannter Gläubiger** (§ 1170 BGB) bei Gesamthypotheken an Grundstücken verschiedener Eigentümer.[25] Zu unterscheiden ist der Verzicht oder Ausschluss, der die **Gesamthypothek insgesamt** betrifft (§ 1175 Abs. 1 S. 1 BGB), von dem Verzicht oder Ausschluss, der sich nur auf die **Hypothek an einzelnen Grundstücken** bezieht (§ 1175 Abs. 1 S. 2 BGB). 13

Beim **Ausschluss durch Hinterlegung** (§ 1171 BGB) gelten die §§ 1172, 1173 BGB (§ 1171 Abs. 2 S. 1 BGB). 14

2. Verzicht auf die Gesamthypothek

Der Verzicht auf die Gesamthypothek als solche oder ein Ausschließungsbeschluss gemäß § 1170 BGB zugunsten aller Eigentümer bewirkt eine **Eigentümergesamtgrundschuld** 15

[20] Erman/*Wenzel* BGB § 1174 Rn. 2; Palandt/*Herrler* BGB § 1174 Rn. 2.
[21] Erman/*Wenzel* BGB § 1174 Rn. 3; MüKoBGB/*Lieder* § 1174 Rn. 9.
[22] → §§ 1164–1167 Rn. 6 f.
[23] Palandt/*Herrler* BGB § 1174 Rn. 3. Überblick bei MüKoBGB/*Lieder* § 1174 Rn. 6.
[24] Einzelheiten MüKoBGB/*Lieder* § 1174 Rn. 10 ff.; Staudinger/*Wolfsteiner* § 1174 Rn. 8 ff.
[25] Palandt/*Herrler* BGB § 1175 Rn. 1.

(§§ 1175 Abs. 1 S. 1, 1177 Abs. 1 BGB), die nach Maßgabe von § 1172 Abs. 2 BGB auseinanderzusetzen ist. Bei **Teilverzicht** bleibt eine Restfremdgesamthypothek, die im Rang vorgeht (§ 1176 BGB).

3. Verzicht auf die Hypothek an einzelnem Grundstück

16 Verzichtet der Gläubiger auf die Hypothek an einzelnen Grundstücken, aber nicht an allen, oder ergeht ein Ausschließungsbeschluss gemäß § 1170 BGB zugunsten einzelner Eigentümer, dann **erlischt** die Hypothek an den Grundstücken, für die der Verzicht erklärt wurde (§ 1175 Abs. 1 S. 2 BGB). Die Hypothek an dem Grundstück, den Grundstücken oder die nicht vom Verzicht erfasst sind, bleibt als Gesamt- oder Einzelhypothek bestehen. Bei Teilverzicht treten diese Wirkungen im Hinblick auf die Höhe des Verzichts ein.

17 Der Verzicht, der keiner Zustimmung des Eigentümers bedarf,[26] steht im **Belieben des Gläubigers** und kann dazu führen, dass einem im Innenverhältnis der Hypothekenschuldner regressberechtigten Eigentümer die Aussicht auf eine **Regresshypothek** (§ 1173 Abs. 2 BGB) genommen wird. § 1165 BGB ist grundsätzlich nicht entsprechend anzuwenden,[27] der Hypothekar macht sich aber gegebenenfalls schadensersatzpflichtig.[28]

§ 1176 Eigentümerteilhypothek; Kollisionsklausel

Liegen die Voraussetzungen der §§ 1163, 1164, 1168, 1172 bis 1175 nur in Ansehung eines Teilbetrags der Hypothek vor, so kann die auf Grund dieser Vorschriften dem Eigentümer oder einem der Eigentümer oder dem persönlichen Schuldner zufallende Hypothek nicht zum Nachteil der dem Gläubiger verbleibenden Hypothek geltend gemacht werden.

Übersicht

I. Allgemeines

1 § 1176 BGB regelt für Fälle, in denen ein Hypothekenteil kraft Gesetzes auf den Eigentümer oder persönlichen Schuldner übergeht, das **Rangverhältnis** zwischen der Resthypothek des Gläubigers und dem übergegangenen Recht. Der **Vorrang des verbleibenden Rechts** ist Ausdruck eines **allgemeinen Rechtsgedankens** (nemo subrogat contra se) der Grundpfandrechte (s. §§ 1143 Abs. 1 S. 2, 1150, 1164 Abs. 1 S. 2, 1182 S. 2 BGB, § 128 Abs. 3 S. 2 ZVG) und beim Übergang von Teilrechten überhaupt (s. §§ 268 Abs. 3 S. 2, 426 Abs. 2 S. 2, 774 Abs. 1 S. 2, 1225 S. 2, 1249 S. 2 BGB).

2 § 1176 BGB ist bei **Grundschulden** entsprechend anzuwenden, wenn dort eine Norm entsprechend anzuwenden ist, auf die § 1176 BGB Bezug nimmt[1] (§ 1192 Abs. 1 BGB).

---

[26] LG Augsburg MittBayNot 1979, 20.

[27] **AA** MüKoBGB/*Lieder* § 1175 Rn. 7.

[28] → §§ 1164–1167 Rn. 10. Einzelheiten Palandt/*Herrler* BGB § 1175 Rn. 4.

[1] Erman/*Wenzel* BGB § 1176 Rn. 3; Palandt/*Herrler* BGB § 1176 Rn. 4; Staudinger/*Wolfsteiner* § 1176 Rn. 17.

II. Voraussetzungen

Es muss ein Fall der §§ 1163, 1164, 1168, 1172 bis 1175 BGB gegeben sein, der den Übergang eines Hypothekenteils auf den Eigentümer oder persönlichen Schuldner bewirkt, also Teilvalutierung, Teilbefriedigung durch Eigentümer oder regressberechtigten Schuldner, Teilverzicht oder Teilbefriedigung bei Gesamthypothek. § 1176 BGB gilt nur für grundpfandrechtliche Teilbeträge und **nicht** für das Verhältnis **verschiedener Grundpfandrechte zueinander.**[2] Auch bei **rechtsgeschäftlicher Teilübertragung** des hypothekengesicherten Anspruchs oder der Grundschuld ist § 1176 BGB nicht anzuwenden; vielmehr erhalten die entstehenden Teilrechte grundsätzlich Gleichrang.[3] 3

III. Rechtsfolgen

Die verbliebene Resthypothek erlangt kraft Gesetzes den **Vorrang** vor dem übergegangenen Teil – Grundbucheintragung ist nicht erforderlich, aber tunlich wegen § 892 BGB – und ist auch im Übrigen vor etwaigen **Rangnachteilen** infolge des Übergangs geschützt. § 1176 BGB bewirkt aber **keinen umfassenden Vorzug** des verbleibenden Rechts vor dem übergegangenen Recht. Insbesondere bleibt es dem Schuldner überlassen, auf welchen Forderungsteil er leistet.[4] 4

Das durch § 1176 BGB hergestellte Rangverhältnis bleibt erhalten, auch wenn der Eigentümer das Restrecht an einen Dritten überträgt oder der Erwerber des Teilrechts später einen weiteren Teil hinzuerwirbt, zB durch restliche Befriedigung.[5] Nachträgliche Rangänderungen sind gemäß § 880 BGB möglich. 5

§ 1177 Eigentümergrundschuld, Eigentümerhypothek

(1) [1]**Vereinigt sich die Hypothek mit dem Eigentum in einer Person, ohne dass dem Eigentümer auch die Forderung zusteht, so verwandelt sich die Hypothek in eine Grundschuld.** [2]**In Ansehung der Verzinslichkeit, des Zinssatzes, der Zahlungszeit, der Kündigung und des Zahlungsorts bleiben die für die Forderung getroffenen Bestimmungen maßgebend.**

(2) **Steht dem Eigentümer auch die Forderung zu, so bestimmen sich seine Rechte aus der Hypothek, solange die Vereinigung besteht, nach den für eine Grundschuld des Eigentümers geltenden Vorschriften.**

Übersicht

[2] BGH NJW-RR 2003, 45.

[3] Erman/*Wenzel* BGB § 1176 Rn. 1; MüKoBGB/*Lieder* § 1176 Rn. 3 f.; Palandt/*Herrler* BGB § 1176 Rn. 2; Staudinger/*Wolfsteiner* § 1176 Rn. 5.

[4] Staudinger/*Wolfsteiner* § 1176 Rn. 7.

[5] MüKoBGB/*Lieder* § 1176 Rn. 6; Palandt/*Herrler* BGB § 1176 Rn. 3; Staudinger/*Wolfsteiner* § 1176 Rn. 11.

I. Allgemeines

1 § 1177 BGB regelt Fälle, in denen der Eigentümer die Hypothek erwirbt. Das **Grundpfandrecht bleibt** mit bisherigem Rang – Ausnahmen bei Teilerwerb (§§ 1143 Abs. 1 S. 2, 1164 Abs. 1 S. 2, 1176 BGB) – **bestehen** (§ 889 BGB, Ausnahme § 1178 Abs. 1 S. 1 BGB), und zwar als **Eigentümergrundschuld** (§§ 1196 f. BGB), wenn der **Eigentümer nicht persönlicher Gläubiger** ist (§ 1177 Abs. 1 S. 1 BGB), und als **Eigentümerhypothek,** wenn er **auch persönlicher Gläubiger** ist (§ 1177 Abs. 2 BGB). Davon abgesehen wahrt der Erwerb die Identität des Grundpfandrechts, zB als Brief- oder Buchrecht.[1]

2 Die Norm gilt bei der **Grundschuld** nicht entsprechend[2] (§ 1192 Abs. 1 BGB).

II. Hypothekenerwerb des Eigentümers

3 Hypothek und Eigentum vereinigen sich in einer Person zB in den Fällen der §§ 418 Abs. 1 S. 2, 1143 Abs. 1 S. 1, 1163, 1168 Abs. 1, 1170 Abs. 2 S. 1, 1171 Abs. 2 S. 1, 1172 Abs. 1, 1173 Abs. 1 S. 1 Hs. 1, S. 2, 1175 Abs. 1 S. 1, Abs. 2 BGB, §§ 868, 932 Abs. 2 ZPO.

III. Eigentümergrundschuld (Abs. 1)

4 Wenn und soweit der **Eigentümer nicht persönlicher Gläubiger** ist (§§ 1163, 1168 Abs. 1, 1170 Abs. 2 S. 1, 1171 Abs. 2 S. 1, 1172 Abs. 1, 1173 Abs. 1 S. 1 Hs. 1, S. 2, 1175 Abs. 1 S. 1, Abs. 2 BGB, §§ 868, 932 Abs. 2 ZPO), erwirbt er gemäß § 1177 Abs. 1 S. 1 BGB die Hypothek kraft Gesetzes als Eigentümergrundschuld (§§ 1196 f. BGB); das Grundbuch wird unrichtig, der Eigentümer kann gemäß § 894 BGB Zustimmung zur Berichtigung verlangen, aber auch Löschungsbewilligung.[3] Grundsätzlich sind die §§ 1192 ff. BGB anzuwenden. Betreffend Verzinslichkeit, Zinssatz, Zahlungszeit, Kündigung und Zahlungsort gelten allerdings, wie bei einer Hypothek, die für die gesicherte Forderung getroffenen Vereinbarungen (§ 1177 Abs. 1 S. 2 BGB), das heißt für Kündigung und Zahlungsort gelten nicht die §§ 1193 f. BGB. Dies bleibt so, auch wenn ein Dritter die Eigentümergrundschuld anschließend als Fremdgrundschuld erworben hat.[4]

5 Der Eigentümer kann **Verfügungen** über die Eigentümergrundschuld treffen. Voreintragung (§ 39 GBO) als Gläubiger ist nicht erforderlich.[5] Die **Vollstreckung** aus der Eigentümergrundschuld (§§ 1192 Abs. 1, 1147 BGB) ist nicht zulässig (§ 1197 Abs. 1 BGB; zu Zinsen Abs. 2). Sie wird zulässig, wenn das Grundpfandrecht wieder Fremdgrundpfandrecht geworden ist. Die Eigentümergrundschuld kann grundsätzlich **gepfändet** werden.

6 Bei **Veräußerung des Grundeigentums** geht die Eigentümergrundschuld nur dann mit über, wenn sie rechtsgeschäftlich mit veräußert wird. Andernfalls wird die Eigentümergrundschuld in den Händen des Veräußerers zur Fremdgrundschuld. Gleiches gilt bei der Zwangsversteigerung des Grundstücks, wenn die Eigentümergrundschuld ins geringste Gebot aufgenommen ist und bestehen bleibt.[6]

7 Erwirbt der Eigentümer nachträglich die gesicherte Forderung, zB durch Abtretung, die einem Grundpfandverzicht (§ 1168 BGB) nachfolgt, dann wird die Eigentümergrund-

---

[1] Staudinger/*Wolfsteiner* § 1177 Rn. 8.

[2] Erman/*Wenzel* BGB § 1177 Rn. 6; MüKoBGB/*Lieder* § 1177 Rn. 16; Palandt/*Herrler* BGB § 1177 Rn. 5; Staudinger/*Wolfsteiner* § 1177 Rn. 25.

[3] BGHZ 179, 146 = NJW 2009, 847 mAnm *Schulze/Lendermann* LMK 2009, 292914.

[4] Staudinger/*Wolfsteiner* § 1177 Rn. 7, 12.

[5] BGH NJW 1968, 1674.

[6] MüKoBGB/*Lieder* § 1177 Rn. 8; Staudinger/*Wolfsteiner* § 1177 Rn. 14 f.

schuld nicht dadurch wieder zur Hypothek; unbenommen davon ist die Möglichkeit zur **Umwandlung in eine Hypothek** (§§ 1198, 877 BGB).[7]

IV. Eigentümerhypothek (Abs. 2)

Wenn und soweit der **Eigentümer persönlicher Gläubiger** ist – zB durch Zessionserwerb des gesicherten Anspruchs (§ 1143 Abs. 1 S. 1 BGB oder §§ 398, 1154 BGB, jeweils in Verbindung mit § 1153 Abs. 1 BGB), wenn der Eigentümer den Gläubiger beerbt oder umgekehrt (§ 1922 Abs. 1 BGB), oder wenn der Gläubiger Grundeigentümer wird –, erwirbt er eine Eigentümerhypothek gemäß § 1177 Abs. 2 BGB. Solange Eigentum, Hypothek und gesicherte Forderung in einer Person **vereinigt** sind, sind auf das Grundpfandrecht die Regeln über die Eigentümergrundschuld (insbesondere § 1197 BGB) anzuwenden. Das Recht bleibt aber Hypothek, so dass das hypothekenrechtliche Akzessorietätsdogma fortgilt, das heißt Forderung und Hypothek können grundsätzlich nicht getrennt werden, und es wird nicht das Grundpfandrecht übertragen, sondern die Forderung, der das dingliche Recht folgt (§ 1153 Abs. 1 BGB). Geht die Forderung unter, entsteht eine Eigentümergrundschuld; wird die Forderung oder das Grundeigentum übertragen, entsteht eine Fremdhypothek. 8

§ 1178 Hypothek für Nebenleistungen und Kosten

(1) [1]**Die Hypothek für Rückstände von Zinsen und anderen Nebenleistungen sowie für Kosten, die dem Gläubiger zu erstatten sind, erlischt, wenn sie sich mit dem Eigentum in einer Person vereinigt.** [2]**Das Erlöschen tritt nicht ein, solange einem Dritten ein Recht an dem Anspruch auf eine solche Leistung zusteht.**

(2) [1]**Zum Verzicht auf die Hypothek für die im Absatz 1 bezeichneten Leistungen genügt die Erklärung des Gläubigers gegenüber dem Eigentümer.** [2]**Solange einem Dritten ein Recht an dem Anspruch auf eine solche Leistung zusteht, ist die Zustimmung des Dritten erforderlich.** [3]**Die Zustimmung ist demjenigen gegenüber zu erklären, zu dessen Gunsten sie erfolgt; sie ist unwiderruflich.**

Übersicht

I. Allgemeines

§ 1178 BGB enthält zwingend[1] in Abs. 1 eine **Ausnahme von § 1177 BGB** und in Abs. 2 eine **Sonderregelung zu § 1168 Abs. 2 BGB,** jeweils betreffend die Hypothekensicherung **rückständiger Zinsen** (§§ 1115, 1118 BGB), **anderer Nebenleistungen** (§ 1115 BGB) und von **Kosten** (§ 1118 BGB),[2] die dem Gläubiger zu erstatten sind. Die Vorschrift gilt **nicht** bei **Höchstbetragshypotheken**[3] (§ 1190 BGB) und nicht bei 1

[7] Palandt/*Herrler* BGB § 1177 Rn. 3; Staudinger/*Wolfsteiner* § 1177 Rn. 10, 13.

[1] Erman/*Wenzel* BGB § 1178 Rn. 1; Palandt/*Herrler* BGB § 1178 Rn. 1.

[2] → § 1115 Rn. 13 ff.; → § 1118 Rn. 3 ff.; → §§ 1158, 1159 Rn. 6.

[3] Erman/*Wenzel* BGB § 1178 Rn. 1; MüKoBGB/*Lieder* § 1178 Rn. 11; Staudinger/*Wolfsteiner* § 1178 Rn. 18.

Grundpfandrechten, die eigens zur Sicherung rückständiger Nebenleistungen oder Kosten bestellt wurden.[4]

2 Die Norm ist bei **Grundschulden** entsprechend anzuwenden[5] (§ 1192 Abs. 1 BGB).

II. Hypothekenerwerb des Eigentümers (Abs. 1)

3 Vereinigt die Hypothek sich mit dem Grundeigentum in einer Person,[6] dann **erlischt** sie kraft Gesetzes – das Grundbuch wird unrichtig, Berichtigung ist aber weder erforderlich noch zulässig,[7] soweit die Hypothek rückständige Zinsen und andere Nebenleistungen oder Kosten sichert, die dem Gläubiger zu erstatten sind (§ 1178 Abs. 1 S. 1 BGB). Abweichend davon erlischt die Hypothek gemäß § 1178 Abs. 1 S. 2 BGB insoweit und solange nicht, wie einem Dritten ein Recht an dem Anspruch auf eine solche Leistung zusteht. Es entsteht ein Eigentümergrundpfandrecht.[8]

4 Entsprechend § 1178 Abs. 1 S. 1 BGB erlischt eine Hypothek für **aufschiebend bedingte Ansprüche** auf Zinsen oder andere Nebenleistungen, sobald feststeht, dass die Bedingung nicht mehr eintreten kann.[9]

5 § 1178 Abs. 1 BGB lässt das rechtliche **Schicksal des gesicherten Anspruchs** auf Nebenleistungen oder Kosten unberührt. Dementsprechend erwirbt der Eigentümer in den Fällen des § 1143 Abs. 1 S. 1 BGB gegebenenfalls Ansprüche auf Nebenleistungen und Kosten, die aber gemäß § 1178 Abs. 1 S. 1 BGB nicht hypothekarisch gesichert sind.[10]

III. Verzicht (Abs. 2)

6 Der Verzicht auf die Hypothek für Nebenleistungen und Kosten bedarf abweichend von § 1168 Abs. 2 BGB keiner Grundbucheintragung, sondern einer formlosen Erklärung des Gläubigers gegenüber dem Eigentümer (§ 1178 Abs. 2 S. 1 BGB), die unwiderruflich[11] ist. Solange ein Dritter am Anspruch auf eine der genannten Leistungen berechtigt ist, ist dessen Zustimmung erforderlich (§ 1178 Abs. 2 S. 2 BGB), die dem Eigentümer formlos zu erklären (§ 1178 Abs. 2 S. 3 Hs. 1 BGB) und unwiderruflich (§ 1178 Abs. 2 S. 3 Hs. 2 BGB) ist. Erklärungen des Hypothekars und des Dritten gegenüber dem Grundbuchamt sind wirkungslos. Mit Wirksamkeit des Verzichts erlischt die Hypothek, soweit sie Nebenleistungen und Kosten sichert.[12] Bei Verzicht auf Kapital und künftige Nebenleistungen einerseits und rückständige Nebenleistungen andererseits sind je § 1168 Abs. 2 BGB und § 1178 Abs. 2 BGB zu beachten.

§ 1179 Löschungsvormerkung

Verpflichtet sich der Eigentümer einem anderen gegenüber, die Hypothek löschen zu lassen, wenn sie sich mit dem Eigentum in einer Person vereinigt, so kann zur Sicherung des Anspruchs auf Löschung eine Vormerkung in das Grundbuch einge-

---

[4] Erman/*Wenzel* BGB § 1178 Rn. 1; MüKoBGB/*Lieder* § 1178 Rn. 6.

[5] Erman/*Wenzel* BGB § 1178 Rn. 5; MüKoBGB/*Lieder* § 1178 Rn. 12; Palandt/*Herrler* BGB § 1178 Rn. 4; Staudinger/*Wolfsteiner* § 1178 Rn. 19.

[6] → § 1177 Rn. 3.

[7] Palandt/*Herrler* BGB § 1178 Rn. 2; Staudinger/*Wolfsteiner* § 1178 Rn. 11. → § 1118 Rn. 1.

[8] MüKoBGB/*Lieder* § 1178 Rn. 5.

[9] BayObLG NJW-RR 2001, 878.

[10] MüKoBGB/*Lieder* § 1178 Rn. 3; Palandt/*Herrler* BGB § 1178 Rn. 2.

[11] MüKoBGB/*Lieder* § 1178 Rn. 7; Staudinger/*Wolfsteiner* § 1178 Rn. 15.

[12] Erman/*Wenzel* BGB § 1178 Rn. 4; MüKoBGB/*Lieder* § 1178 Rn. 10; Palandt/*Herrler* BGB § 1178 Rn. 3; Staudinger/*Wolfsteiner* § 1178 Rn. 17.

tragen werden, wenn demjenigen, zu dessen Gunsten die Eintragung vorgenommen werden soll,

1. ein anderes gleichrangiges oder nachrangiges Recht als eine Hypothek, Grundschuld oder Rentenschuld am Grundstück zusteht oder
2. ein Anspruch auf Einräumung eines solchen anderen Rechts oder auf Übertragung des Eigentums am Grundstück zusteht; der Anspruch kann auch ein künftiger oder bedingter sein.

§ 1179a Löschungsanspruch bei fremden Rechten

(1) [1] **Der Gläubiger einer Hypothek kann von dem Eigentümer verlangen, dass dieser eine vorrangige oder gleichrangige Hypothek löschen lässt, wenn sie im Zeitpunkt der Eintragung der Hypothek des Gläubigers mit dem Eigentum in einer Person vereinigt ist oder eine solche Vereinigung später eintritt.** [2] **Ist das Eigentum nach der Eintragung der nach Satz 1 begünstigten Hypothek durch Sondernachfolge auf einen anderen übergegangen, so ist jeder Eigentümer wegen der zur Zeit seines Eigentums bestehenden Vereinigungen zur Löschung verpflichtet.** [3] **Der Löschungsanspruch ist in gleicher Weise gesichert, als wenn zu seiner Sicherung gleichzeitig mit der begünstigten Hypothek eine Vormerkung in das Grundbuch eingetragen worden wäre.**

(2) [1] **Die Löschung einer Hypothek, die nach § 1163 Abs. 1 Satz 1 mit dem Eigentum in einer Person vereinigt ist, kann nach Absatz 1 erst verlangt werden, wenn sich ergibt, dass die zu sichernde Forderung nicht mehr entstehen wird; der Löschungsanspruch besteht von diesem Zeitpunkt ab jedoch auch wegen der vorher bestehenden Vereinigungen.** [2] **Durch die Vereinigung einer Hypothek mit dem Eigentum nach § 1163 Abs. 2 wird ein Anspruch nach Absatz 1 nicht begründet.**

(3) **Liegen bei der begünstigten Hypothek die Voraussetzungen des § 1163 vor, ohne dass das Recht für den Eigentümer oder seinen Rechtsnachfolger im Grundbuch eingetragen ist, so besteht der Löschungsanspruch für den eingetragenen Gläubiger oder seinen Rechtsnachfolger.**

(4) **Tritt eine Hypothek im Range zurück, so sind auf die Löschung der ihr infolge der Rangänderung vorgehenden oder gleichstehenden Hypothek die Absätze 1 bis 3 mit der Maßgabe entsprechend anzuwenden, dass an die Stelle des Zeitpunkts der Eintragung des zurückgetretenen Rechts der Zeitpunkt der Eintragung der Rangänderung tritt.**

(5) [1] **Als Inhalt einer Hypothek, deren Gläubiger nach den vorstehenden Vorschriften ein Anspruch auf Löschung zusteht, kann der Ausschluss dieses Anspruchs vereinbart werden; der Ausschluss kann auf einen bestimmten Fall der Vereinigung beschränkt werden.** [2] **Der Ausschluss ist unter Bezeichnung der Hypotheken, die dem Löschungsanspruch ganz oder teilweise nicht unterliegen, im Grundbuch anzugeben; ist der Ausschluss nicht für alle Fälle der Vereinigung vereinbart, so kann zur näheren Bezeichnung der erfassten Fälle auf die Eintragungsbewilligung Bezug genommen werden.** [3] **Wird der Ausschluss aufgehoben, so entstehen dadurch nicht Löschungsansprüche für Vereinigungen, die nur vor dieser Aufhebung bestanden haben.**

§ 1179b Löschungsanspruch bei eigenem Recht

(1) **Wer als Gläubiger einer Hypothek im Grundbuch eingetragen oder nach Maßgabe des § 1155 als Gläubiger ausgewiesen ist, kann von dem Eigentümer die Löschung dieser Hypothek verlangen, wenn sie im Zeitpunkt ihrer Eintragung mit dem Eigentum in einer Person vereinigt ist oder eine solche Vereinigung später eintritt.**

(2) **§ 1179a Abs. 1 Satz 2, 3, Abs. 2, 5 ist entsprechend anzuwenden.**

Übersicht

I. Allgemeines

1 §§ 1179 bis 1179b BGB regeln **Löschungsansprüche und -vormerkungen,** insbesondere solche für **Inhaber gleich- und nachrangiger beschränkt dinglicher Grundstücksrechte** gegen den Grundeigentümer, in dessen Person **Eigentum und eine Hypothek vereinigt** sind. Der Anspruch richtet sich auf **Aufhebung** des Eigentümergrundpfandrechts.

2 §§ 1179 bis 1179b BGB gelten bei **Grundschulden** entsprechend[1] (§ 1192 Abs. 1 BGB).

3 Die Normen wurden 1977 novelliert. Für Grundpfandrechte, die vor 1978 im Grundbuch eingetragen worden sind, oder die zwar erst später eingetragen wurden, bei denen aber der Eintragungsantrag oder das Eintragungsersuchen vor dem 1.1.1978 gestellt worden war, oder die zwar nicht eingetragen, aber vor dem 1.1.1978 entstanden waren, ist **Übergangsrecht** zu beachten (Art. 8 § 1 G v. 22.6.1977).[2]

II. Löschungsvormerkung (§ 1179)

4 Gemäß § 1179 BGB sind bestimmte vertragliche Löschungsansprüche vormerkungsfähig. Andere als in § 1179 BGB vorgesehene Löschungsverpflichtungen, zB zu Gunsten einer Arresthypothek (§ 932 Abs. 1 S. 2 ZPO), können grundsätzlich wirksam vereinbart werden, sie sind aber nicht gemäß § 1179 BGB vormerkungsfähig, je nachdem aber gemäß § 883 BGB.

1. Vormerkungsfähiger Anspruch

5 **a) Löschungsanspruch.** Der Anspruch muss darauf gerichtet sein, dass der Schuldner dafür sorgen wird, dass ein Grundpfandrecht erlischt.[3]

6 Unter den weiteren Voraussetzungen des § 1179 BGB vormerkungsfähig ist auch ein Anspruch auf **Rangrücktritt** (Einzelheiten str.).[4]

---

[1] BGHZ 166, 319 = NJW 2006, 2408 (betreffend § 1179a BGB); OLG Düsseldorf NJW 1988, 1798 (betreffend §§ 1179a, 1179b BGB); Erman/*Wenzel* BGB § 1179 Rn. 15; MüKoBGB/*Lieder* § 1179 Rn. 15, 53; § 1179a Rn. 45; § 1179b Rn. 8; Palandt/*Herrler* BGB § 1179 Rn. 17; Staudinger/*Wolfsteiner* § 1179 Rn. 72.

[2] BGBl. 1977 I 998. Einzelheiten Erman/*Wenzel* BGB § 1179a Rn. 16 f.; MüKoBGB/*Lieder* § 1179 Rn. 3 ff., 24 f.; § 1179a Rn. 6 ff.; Palandt/*Herrler* BGB § 1179a Rn. 18 ff.; Staudinger/*Wolfsteiner* Anh. zu §§ 1179a, 1179b Rn. 2. S. ferner BGHZ 99, 363 = NJW 1987, 2078.

[3] Staudinger/*Wolfsteiner* § 1179 Rn. 7 f.

[4] Erman/*Wenzel* BGB § 1179 Rn. 3; MüKoBGB/*Lieder* § 1179 Rn. 10; Palandt/*Herrler* BGB § 1179 Rn. 7; Staudinger/*Wolfsteiner* § 1179 Rn. 16.

b) Vereinigung. Anspruchsvoraussetzung muss sein, dass sich das zu löschende Grundpfandrecht mit dem Grundeigentum in einer Person endgültig[5] vereinigt.[6] Der Anspruch kann für einen – zB den ersten – Vereinigungsfall oder für mehrere oder alle Vereinigungsfälle vorgesehen sein,[7] die Vereinigung kann gegenwärtig oder künftig[8] sein. Für welchen Vereinigungsfall oder welche Vereinigungsfälle die Vereinbarung getroffen ist, und ob Bedingungen vereinbart sind, ist im Wege der Auslegung zu ermitteln.[9] 7

Der Löschungsanspruch bei Vereinigung verpflichtet grundsätzlich nicht dazu, die Vereinigung herbeizuführen,[10] und steht daher der Neuvalutierung einer Sicherungsgrundschuld nicht entgegen; tunlich ist daher Zession des Rückgewähranspruchs und eine Vormerkung für diesen Anspruch (§ 883 BGB) zur Absicherung des Löschungsanspruchs.[11] Ein Anspruch auf Erwirkung der Vereinigung besteht indes, wenn ein Eigentümer eines mit einem Gesamtgrundpfandrecht belasteten Grundstücks löschungsverpflichtet ist und gemäß § 1172 Abs. 1 BGB ein Eigentümergesamtgrundpfandrecht entstanden ist; er hat dann die Auseinandersetzung (§ 1172 Abs. 2 BGB) zu betreiben.[12] 8

c) Gläubiger. Der Gläubiger des Löschungsanspruchs, für den die Vormerkung eingetragen werden soll, muss zur Zeit der Eintragung entweder Inhaber eines beschränkt dinglichen Grundstücksrechts sein, das kein Grundpfandrecht – zum kraft Gesetzes vormerkungsgesicherten gesetzlichen Löschungsanspruch des Grundpfandgläubigers s. §§ 1179a, 1179b BGB – und dem zu löschenden Grundpfandrecht gleich- oder nachrangig ist (§ 1179 Nr. 1 BGB), oder Gläubiger eines, auch künftigen oder aufschiebend bedingten,[13] Anspruchs auf Einräumung eines Rechts nach Nr. 1 oder auf Eigentumsübertragung (§ 1179 Nr. 2 BGB). Hinreichend ist auch der Anspruch des nicht eingetragenen Grundeigentümers auf Grundbuchberichtigung (str.).[14] 9

Mit der Übertragung eines Rechts nach Nr. 1 geht auch der Löschungsanspruch über, und zwar mitsamt Vormerkung (§ 401 BGB), es sei denn, es ist Gegenteiliges vereinbart.[15] 10

d) Schuldner. Schuldner des Löschungsanspruchs muss der Grundeigentümer zur Zeit der Vormerkungseintragung sein. Dieser bleibt Schuldner des Löschungsanspruchs, wenn er das Grundeigentum später veräußert hat und der Vereinigungsfall erst danach eingetreten ist; eine Ausnahme gilt bei befreiender Schuldübernahme durch den Eigentumserwerber.[16] 11

2. Vormerkung

a) Eintragung. Die Vormerkung ist auf **Antrag** des Gläubigers oder Eigentümers (§ 13 GBO) und **einstweiliger Verfügung oder Eintragungsbewilligung** (§ 885 BGB, § 22 GBO) des Eigentümers – nicht des aktuellen Gläubigers des zu löschenden Rechts – im Grundbuch einzutragen.[17] Die Voraussetzungen des § 1179 Nr. 2 BGB sind 12

[5] MüKoBGB/*Lieder* § 1179 Rn. 12; Palandt/*Herrler* BGB § 1179 Rn. 8.
[6] → § 1177 Rn. 3.
[7] MüKoBGB/*Lieder* § 1179 Rn. 9; Staudinger/*Wolfsteiner* § 1179 Rn. 7, 24.
[8] Erman/*Wenzel* BGB § 1179 Rn. 2; MüKoBGB/*Lieder* § 1179 Rn. 12; Palandt/*Herrler* BGB § 1179 Rn. 8; Staudinger/*Wolfsteiner* § 1179 Rn. 19.
[9] Erman/*Wenzel* BGB § 1179 Rn. 4; MüKoBGB/*Lieder* § 1179 Rn. 9; Palandt/*Herrler* BGB § 1179 Rn. 7; Staudinger/*Wolfsteiner* § 1179 Rn. 21.
[10] BGHZ 108, 237 = NJW 1989, 2536; 166, 319 = NJW 2006, 2408.
[11] Palandt/*Herrler* BGB § 1179 Rn. 9.
[12] Palandt/*Herrler* BGB § 1179 Rn. 11.
[13] → § 1113 Rn. 17 ff.
[14] Staudinger/*Wolfsteiner* § 1179 Rn. 31. **AA** Erman/*Wenzel* BGB § 1179 Rn. 7; Palandt/*Herrler* BGB § 1179 Rn. 4.
[15] Erman/*Wenzel* BGB § 1179 Rn. 8; Palandt/*Herrler* BGB § 1179 Rn. 3.
[16] Erman/*Wenzel* BGB § 1179 Rn. 9; Palandt/*Herrler* BGB § 1179 Rn. 5; Staudinger/*Wolfsteiner* § 1179 Rn. 36.
[17] Palandt/*Herrler* BGB § 1179 Rn. 12; Staudinger/*Wolfsteiner* § 1179 Rn. 37.

gemäß § 29a GBO, § 31 FamFG **glaubhaft zu machen.** Briefvorlage und Eintragungsvermerk auf dem Brief können grundsätzlich[18] unterbleiben (§§ 41 Abs. 1 S. 3, 62 Abs. 1 S. 2 GBO). Die Vormerkung ist **bei dem zu löschenden Grundpfandrecht**[19] einzutragen.[20]

13 **b) Wirkungen.** Die materiellrechtlichen Wirkungen[21] ergeben sich aus den §§ 883, 888 BGB. **Vormerkungswidrige Verfügungen** über das zu löschende Grundpfandrecht[22] sind dem Vormerkungsberechtigten gegenüber **(relativ) unwirksam** (§ 883 Abs. 2 BGB). Der Erwerber ist verpflichtet, der Aufhebung und Löschung **zuzustimmen** (§ 888 Abs. 1 BGB). Ferner kann der Vormerkungsberechtigte Zustimmung zur **Grundbuchberichtigung** verlangen (§ 894 BGB, aA analog § 888 BGB), wenn Grundpfandrecht und Eigentum in einer Person vereinigt sind, der bisherige Hypothekar aber noch als Berechtigter eingetragen ist.[23] Schließlich kann der Vormerkungsberechtigte das Aufgebotsverfahren gemäß § 1170 BGB betreiben (§ 448 Abs. 2 FamFG).

3. Löschung

14 Mit Löschung des Grundpfandrechts rücken alle gleich- und nachrangigen Grundstücksrechte, auch Zwischenrechte, auf.[24]

III. Löschungsanspruch bei fremden Rechten (§ 1179a)

1. Überblick

15 **Gleich- und nachrangige Grundpfandgläubiger** – Ausnahme bei Arresthypothek (§ 932 Abs. 1 S. 2 ZPO) – haben gegen Grundeigentümer für den Fall, dass ein Grundpfandrecht – Ausnahme Wertpapierhypothek (§ 1187 S. 4 BGB) – und das Eigentum sich endgültig in einer Person vereinigen,[25] einen **gesetzlichen Aufhebungsanspruch** (sog. Löschungsanspruch,[26] § 1179a Abs. 1 S. 1, 2, Abs. 2 BGB), der **kraft Gesetzes** gesichert ist, als sei zu seiner Sicherung gleichzeitig mit der Eintragung des begünstigten Rechts eine **Vormerkung** eingetragen (§§ 883 Abs. 2, 888 BGB) worden (§ 1179a Abs. 1 S. 3 BGB); eine Vormerkung ist daher weder erforderlich noch zulässig. § 1179a Abs. 4 BGB enthält eine Regelung bei **Rangrücktritt.** Der **Löschungsanspruch** kann durch Vereinbarung zwischen Eigentümer und begünstigtem Grundpfandgläubiger **ausgeschlossen oder beschränkt** werden (§ 1179a Abs. 5 BGB). § 1179a BGB ist verfassungsgemäß.[27]

16 Der subjektiv-dingliche Löschungsanspruch (Ranganwartschaft) gehört zum **Inhalt des begünstigten Grundpfandrechts** und kann durchgesetzt werden, sobald Grundeigentum und ein vor- oder gleichrangiges Grundpfandrecht in einer Person zusammenfallen.[28] Der Löschungsanspruch kann nicht **abgetreten** oder gepfändet werden, Pfändung zur Aus-

---

[18] Zu den Ausnahmen Staudinger/*Wolfsteiner* § 1179 Rn. 40.
[19] Staudinger/*Wolfsteiner* § 1179 Rn. 41.
[20] Zum Eintragungsinhalt Palandt/*Herrler* BGB § 1179 Rn. 12; Staudinger/*Wolfsteiner* § 1179 Rn. 42.
[21] Zu den Wirkungen in der Zwangsversteigerung und -verwaltung sowie Insolvenz Erman/*Wenzel* BGB § 1179 Rn. 14; MüKoBGB/*Lieder* § 1179 Rn. 36 ff.; Palandt/*Herrler* BGB § 1179 Rn. 16; Staudinger/*Wolfsteiner* § 1179 Rn. 57 ff.
[22] Überblick bei MüKoBGB/*Lieder* § 1179 Rn. 27 ff.
[23] Palandt/*Herrler* BGB § 1179 Rn. 15 (§ 888 BGB); Staudinger/*Wolfsteiner* § 1179 Rn. 53 (§ 894 BGB).
[24] Staudinger/*Wolfsteiner* § 1179 Rn. 54.
[25] → § 1177 Rn. 3.
[26] Zu den Wirkungen in der Zwangsvollstreckung s. Erman/*Wenzel* BGB § 1179a Rn. 14; MüKoBGB/*Lieder* § 1179a Rn. 36 ff.; Palandt/*Herrler* BGB § 1179a Rn. 14 ff.; Staudinger/*Wolfsteiner* § 1179a Rn. 65 ff.
[27] BGHZ 99, 363 = NJW 1987, 2078.
[28] BGHZ 166, 319 = NJW 2006, 2408.

übung ist aber zulässig (§ 857 Abs. 3 ZPO); mit Übergang des Grundpfandrechts geht auch der Löschungsanspruch auf den Erwerber über.[29]

Der gesetzliche Löschungsanspruch aus § 1179a Abs. 1 S. 1 BGB ist **insolvenzfest.**[30] 17

2. Gläubiger

a) Grundpfandgläubiger. Gläubiger des Löschungsanspruchs (§ 1179a Abs. 1 S. 1 BGB) ist jeder **Inhaber eines Grundpfandrechts,** wenn dieses einem Grundpfandrecht gleich- oder nachrangig ist, das sich vor oder nach dem Rechtserwerb des Gläubigers mit dem Grundeigentum in einer Person vereinigt hat. Maßgeblicher **Zeitpunkt** für die Inhaberschaft des Gläubigers ist der Zeitpunkt, zu dem der Löschungsanspruch geltend gemacht wird.[31] Der bloße **Buchgrundpfandgläubiger** hat grundsätzlich keinen Löschungsanspruch aus § 1179a Abs. 1 S. 1 BGB, es gilt aber zu seinen Gunsten die Vermutung des § 891 Abs. 1 BGB.[32] Ausnahmsweise hat auch der bloße Buchgläubiger einen Löschungsanspruch, und zwar in den Fällen des § 1179a Abs. 3 BGB (Einzelheiten str.[33]). 18

b) Vereinigung. Grundsätzlich spielt es für den Löschungsanspruch keine Rolle, in welcher Weise das zu löschende Grundpfandrecht mit dem Grundeigentum in einer Person vereinigt[34] wurde. Es gelten jedoch **Einschränkungen** in den Fällen des § 1163 Abs. 1 S. 1 BGB (§ 1179a Abs. 2 S. 1 BGB) und bei der Eigentümergrundschuld (§ 1196 Abs. 3 BGB) sowie ein **Ausschluss** in den Fällen des § 1163 Abs. 2 BGB (§ 1179a Abs. 2 S. 2 BGB). 19

3. Schuldner

a) Grundeigentümer bei Eintragung des begünstigten Rechts. Schuldner ist, wer **zur Zeit der Eintragung des begünstigten Rechts Grundeigentümer** ist, wenn vor dem Eigentumsverlust die Vereinigung besteht (§ 1179a Abs. 1 S. 1 BGB).[35] Er bleibt Schuldner, wenn er das zu löschende Grundpfandrecht – mit oder ohne Grundeigentum – oder das Grundeigentum – mit oder ohne zu löschendem Grundpfandrecht – überträgt. Er wird nicht Schuldner, wenn die Vereinigung erst entsteht, nachdem er das Eigentum verloren hat. 20

b) Sonderrechtsnachfolger im Grundeigentum. Jeder Sonderrechtsnachfolger dessen, der bei Eintragung des begünstigten Rechts Grundeigentümer war, ist Schuldner, wenn zur Zeit seines Grundeigentums eine Vereinigung besteht (§ 1179a Abs. 1 S. 2 BGB). 21

c) Wahlrecht des Gläubigers. Der Löschungsanspruch kann sich selbständig gegen **mehrere Schuldner** richten, zB wenn ein Eigentümer, in dessen Person eine Vereinigung besteht, Eigentum und zu löschendes Eigentümergrundpfandrecht auf denselben Erwerber überträgt; der Veräußerer bleibt und der Erwerber wird Schuldner. Der Gläubiger hat dann die Wahl, wen er in Anspruch nimmt.[36] Nimmt er einen ehemaligen Eigentümer in Anspruch, ist der derzeitige Eigentümer zur Zustimmung verpflichtet (§ 888 Abs. 1 BGB).[37] 22

[29] Erman/*Wenzel* BGB § 1179a Rn. 1 f.; Palandt/*Herrler* BGB § 1179a Rn. 1; Staudinger/*Wolfsteiner* § 1179a Rn. 25.

[30] BGHZ 193, 144 = NJW 2012, 2274 mAnm *Windel* KTS 2012, 457, unter Aufgabe von BGHZ 166, 319 = NJW 2006, 2408.

[31] Erman/*Wenzel* BGB § 1179a Rn. 2.

[32] Erman/*Wenzel* BGB § 1179a Rn. 2.

[33] S. Erman/*Wenzel* BGB § 1179a Rn. 3; MüKoBGB/*Lieder* § 1179a Rn. 14 ff.; Palandt/*Herrler* BGB § 1179a Rn. 2; Staudinger/*Wolfsteiner* § 1179a Rn. 50 ff.

[34] → § 1177 Rn. 3.

[35] Erman/*Wenzel* BGB § 1179a Rn. 3; Palandt/*Herrler* BGB § 1179a Rn. 3.

[36] Erman/*Wenzel* BGB § 1179a Rn. 4; Palandt/*Herrler* BGB § 1179a Rn. 3.

[37] Erman/*Wenzel* BGB § 1179a Rn. 4.

4. Rangrücktritt

23 § 1179a Abs. 1 bis 3 BGB sind entsprechend anzuwenden, wenn ein Grundpfandrecht im Rang zurücktritt; anstelle des Eintragungszeitpunkts des zurückgetretenen Rechts ist dann der Zeitpunkt maßgeblich, an dem die Rangänderung im Grundbuch eingetragen wird (§ 1179a Abs. 4 BGB).

5. Vormerkungswirkung

24 Der Löschungsanspruch ist von der Grundbucheintragung des begünstigten Grundpfandrechts, nicht erst ab Rechtserwerb des Gläubigers,[38] beziehungsweise des Rangrücktritts an (§ 1179a Abs. 1 S. 1, Abs. 4 BGB) gesichert, als ob für den Löschungsanspruch eine Vormerkung (§ 883 BGB) im Grundbuch eingetragen sei (§ 1179a Abs. 1 S. 3 BGB).

6. Einrede und Ausschluss

25 **a) Einrede.** Der Gläubiger des begünstigten Grundpfandrechts kann dem Löschungsschuldner zusagen, dass er den Löschungsanspruch gar nicht oder in bestimmten Fällen nicht oder nur unter bestimmten Voraussetzungen geltend machen werde; dadurch erhält der Löschungsschuldner eine beim begünstigten Recht eintragungsfähige Einrede im Sinne des § 1157 BGB, die auch Rechtsnachfolgern im Grundeigentum zusteht und nach Maßgabe des § 1157 BGB gegen Rechtsnachfolger des Löschungsgläubigers wirkt.[39]

26 **b) Ausschluss.** Bei der Bestellung des begünstigten Grundpfandrechts oder später (§ 877 BGB) kann durch formlose Vereinbarung – bei einer begünstigten Eigentümergrundschuld einseitige Erklärung[40] – und Grundbucheintragung sowie gegebenenfalls Zustimmung Drittberechtigter am begünstigten Recht (§§ 877, 876 BGB) der Löschungsanspruch aus § 1179a BGB für alle oder einige Vereinigungsfälle oder einen Vereinigungsfall ausgeschlossen werden (§ 1179a Abs. 5 S. 1, 2 BGB).[41] Ein nachträglicher Ausschluss erfasst bisherige Vereinigungen.[42]

27 Der Ausschluss kann ganz oder teilweise **aufgehoben** werden (§ 877 BGB) durch formlose Einigung oder einseitige Erklärung (Eigentümergrundschuld) und Eintragung beim begünstigten Recht. Zustimmung Drittberechtigter am begünstigten Recht ist nicht erforderlich.[43] Der Löschungsanspruch entsteht dann für bestehende oder spätere Vereinigungen, nicht für beendete Vereinigungen (§ 1179a Abs. 5 S. 3 BGB).

28 Vom Ausschluss des Löschungsanspruchs begünstigter Grundpfandrechte zu unterscheiden ist die **Löschungsfestigkeit** potentiell betroffener Grundpfandrechte, für die das Recht der Grundpfandrechte keine verlässliche Möglichkeit vorsieht.[44]

IV. Löschungsanspruch bei eigenem Recht (§ 1179b)

29 § 1179b BGB wendet demjenigen, der als Grundpfandgläubiger – Ausnahmen Arrest- (§ 932 Abs. 1 S. 2 ZPO) und Wertpapierhypothek (§ 1187 S. 4 BGB) – im Grundbuch eingetragen oder gemäß § 1155 BGB förmlich ausgewiesen, nicht aber materiell berechtigt ist, einen rechtspolitisch höchst zweifelhaften[45] gesetzlichen Löschungsanspruch zu, der sich

[38] Erman/*Wenzel* BGB § 1179a Rn. 10; Palandt/*Herrler* BGB § 1179a Rn. 8.

[39] Erman/*Wenzel* BGB § 1179a Rn. 10; Palandt/*Herrler* BGB § 1179a Rn. 13; Staudinger/*Wolfsteiner* § 1179a Rn. 60.

[40] BayObLG NJW-RR 1992, 306; OLG Düsseldorf NJW 1988, 1798.

[41] Einzelheiten MüKoBGB/*Lieder* § 1179a Rn. 41; Staudinger/*Wolfsteiner* § 1179a Rn. 26 ff.

[42] Erman/*Wenzel* BGB § 1179a Rn. 11.

[43] Erman/*Wenzel* BGB § 1179a Rn. 13; MüKoBGB/*Lieder* § 1179a Rn. 44.

[44] Staudinger/*Wolfsteiner* § 1179a Rn. 27.

[45] Staudinger/*Wolfsteiner* § 1179b Rn. 1 ff.

auf Aufhebung des anscheinend eigenen Rechts richtet. Der Löschungsanspruch entsteht, wenn das Grundpfandrecht bei seiner Eintragung oder später mit dem Eigentum in einer Person vereinigt ist. Der Anspruch richtet sich gegen den Grundeigentümer oder Sonderrechtsnachfolger. Gemäß § 1179b Abs. 2 BGB ist § 1179a Abs. 1 Satz 2, 3, Abs. 2, 5 BGB entsprechend anzuwenden. S. die Erläuterungen dazu bei § 1179a BGB, ebenso zu den Einreden; als Einrede wirkt bei § 1179b BGB auch ein Grundbuchberichtigungsanspruch des Eigentümers gegen den Buchgrundpfandgläubiger (§ 894 BGB).[46]

§ 1180 Auswechslung der Forderung

(1) [1] **An die Stelle der Forderung, für welche die Hypothek besteht, kann eine andere Forderung gesetzt werden.** [2] **Zu der Änderung ist die Einigung des Gläubigers und des Eigentümers sowie die Eintragung in das Grundbuch erforderlich; die Vorschriften des § 873 Abs. 2 und der §§ 876, 878 finden entsprechende Anwendung.**

(2) [1] **Steht die Forderung, die an die Stelle der bisherigen Forderung treten soll, nicht dem bisherigen Hypothekengläubiger zu, so ist dessen Zustimmung erforderlich; die Zustimmung ist dem Grundbuchamt oder demjenigen gegenüber zu erklären, zu dessen Gunsten sie erfolgt.** [2] **Die Vorschriften des § 875 Abs. 2 und des § 876 finden entsprechende Anwendung.**

Übersicht

I. Allgemeines

§ 1180 BGB regelt die Inhaltsänderung (§ 877 BGB) der Hypothek – Ausnahme Rückstandshypothek (§ 1178 BGB)[1] – durch **rechtsgeschäftliche Forderungsauswechslung.** Abs. 1 betrifft die Forderungsauswechslung **ohne** Gläubigerwechsel, Abs. 2 diejenige **mit Gläubigerwechsel.** Schuldnerwechsel ist insoweit unerheblich.[2] **Gesetzliche Forderungsauswechslung** sehen die §§ 1164, 1173, 1174, 1182 BGB vor. 1

§ 1180 BGB ist bei **Grundschulden** nicht anzuwenden[3] (§ 1192 Abs. 1 BGB). 2

II. Hypothek

Im Umfang der Auswechslung muss eine Hypothek bestehen. §§ 892, 1138 BGB sind anwendbar. Bei einer Eigentümergrundschuld wird vorbehaltlich § 1138 BGB nicht eine Forderungsauswechslung, sondern eine Umwandlung (§ 1198 BGB) vorgenommen. 3

III. Forderung

Einzuwechselnde Forderungen müssen hypothekarisch sicherbar[4] sein (§ 1113 BGB). 4
Es können eine Forderung oder mehrere Forderungen für einen oder mehrere Gläubiger

[46] Staudinger/*Wolfsteiner* § 1179b Rn. 13.
[1] Palandt/*Herrler* BGB § 1180 Rn. 1.
[2] Erman/*Wenzel* BGB § 1180 Rn. 1; Staudinger/*Wolfsteiner* § 1180 Rn. 10.
[3] Erman/*Wenzel* BGB § 1180 Rn. 7; Palandt/*Herrler* BGB § 1180 Rn. 4.
[4] → § 1113 Rn. 11 ff.

an die Stelle der bisherigen Forderung treten.[5] Der Gesamtbetrag darf nicht höher sein als der eingetragene (§ 1115 BGB) Gesamtbetrag, der den Umfang des Grundpfandrechts festlegt. Soweit der Betrag der einzuwechselnden Forderung den eingetragenen Forderungsbetrag übersteigt, handelt es sich um eine Neubestellung mit dem Rang gemäß § 879 BGB.[6]

IV. Auswechslung

5 Eigentümer – bei Gesamthypothek alle Eigentümer[7] – oder Bucheigentümer (§ 893 BGB) und Neugläubiger müssen sich über die Auswechslung **einigen,** und die Auswechslung ist im Grundbuch **einzutragen** (§ 1180 Abs. 1 S. 2 Hs. 1 BGB); § 1115 BGB ist zu beachten.[8] Zur Bindung der Einigung, zu Drittberechtigten und nachträglichen Verfügungsbeschränkungen s. §§ 1180 Abs. 1 S. 2 Hs. 2, 873 Abs. 2, 876, 878 BGB. Eine **Vollstreckungsunterwerfung** (§ 794 Abs. 1 Nr. 5 ZPO) für die Hypothek vor der Auswechslung gilt nicht mehr für die Hypothek nach der Auswechslung.[9]

6 Bei Forderungsauswechslung mit **Gläubigerwechsel** ist zusätzlich die Zustimmung des bisherigen Gläubigers erforderlich; die Zustimmung ist dem Grundbuchamt, dem Eigentümer oder dem neuen Gläubiger[10] gegenüber zu erklären (§ 1180 Abs. 1 S. 1 BGB). §§ 875 Abs. 2, 876 BGB gelten entsprechend (§ 1180 Abs. 2 S. 2 BGB). Bei Briefhypotheken ist § 1117 BGB zu beachten; vor **Briefübergabe** (beziehungsweise § 1117 Abs. 2 BGB) besteht eine vorläufige Eigentümergrundschuld (§§ 1163 Abs. 2, 1177 Abs. 1 BGB).[11]

7 Infolge der Auswechslung sichert die Hypothek nicht mehr die bisherige Forderung, sondern die eingewechselte Forderung. Der **Rang** der Hypothek ist der bisherige Rang; auch im Übrigen bleibt die Hypothek identisch.[12] Hypothekar ist der Gläubiger der eingewechselten Forderung. Wenn die eingewechselte Forderung nicht oder noch nicht besteht, ist die Forderungsauswechslung nicht wirkungslos, sondern es entsteht eine Eigentümergrundschuld (§§ 1163 Abs. 1, 1177 Abs. 1 BGB).[13]

8 Die **ausgewechselte Forderung** bleibt bestehen, ist nun aber nicht mehr hypothekengesichert. § 1165 BGB ist entsprechend anzuwenden.[14]

§ 1181 Erlöschen durch Befriedigung aus dem Grundstück

(1) **Wird der Gläubiger aus dem Grundstück befriedigt, so erlischt die Hypothek.**

(2) **Erfolgt die Befriedigung des Gläubigers aus einem der mit einer Gesamthypothek belasteten Grundstücke, so werden auch die übrigen Grundstücke frei.**

(3) **Der Befriedigung aus dem Grundstück steht die Befriedigung aus den Gegenständen gleich, auf die sich die Hypothek erstreckt.**

---

[5] Erman/*Wenzel* BGB § 1180 Rn. 2; Staudinger/*Wolfsteiner* § 1180 Rn. 11.
[6] MüKoBGB/*Lieder* § 1180 Rn. 19; Palandt/*Herrler* BGB § 1180 Rn. 1; Staudinger/*Wolfsteiner* § 1180 Rn. 9.
[7] Erman/*Wenzel* BGB § 1180 Rn. 2; Palandt/*Herrler* BGB § 1180 Rn. 2.
[8] Erman/*Wenzel* BGB § 1180 Rn. 2; Palandt/*Herrler* BGB § 1180 Rn. 2.
[9] Erman/*Wenzel* BGB § 1180 Rn. 2; MüKoBGB/*Lieder* § 1180 Rn. 15; Palandt/*Herrler* BGB § 1180 Rn. 2; Staudinger/*Wolfsteiner* § 1180 Rn. 28.
[10] Palandt/*Herrler* BGB § 1180 Rn. 3.
[11] MüKoBGB/*Lieder* § 1180 Rn. 18.
[12] Erman/*Wenzel* BGB § 1180 Rn. 4.
[13] Erman/*Wenzel* BGB § 1180 Rn. 4; Staudinger/*Wolfsteiner* § 1180 Rn. 26.
[14] Erman/*Wenzel* BGB § 1180 Rn. 4; MüKoBGB/*Lieder* § 1180 Rn. 9.

§ 1182 Übergang bei Befriedigung aus der Gesamthypothek

[1]Soweit im Falle einer Gesamthypothek der Eigentümer des Grundstücks, aus dem der Gläubiger befriedigt wird, von dem Eigentümer eines der anderen Grundstücke oder einem Rechtsvorgänger dieses Eigentümers Ersatz verlangen kann, geht die Hypothek an dem Grundstück dieses Eigentümers auf ihn über. [2]Die Hypothek kann jedoch, wenn der Gläubiger nur teilweise befriedigt wird, nicht zum Nachteil der dem Gläubiger verbleibenden Hypothek und, wenn das Grundstück mit einem im Range gleich- oder nachstehenden Recht belastet ist, nicht zum Nachteil dieses Rechts geltend gemacht werden.

Übersicht

I. Allgemeines

1 § 1181 BGB normiert als Folge der **Befriedigung des Gläubigers** aus dem Grundstück oder Gegenständen des Haftungsverbandes (§§ 1120 ff. BGB) im Wege der **Zwangsvollstreckung** (§ 1147 BGB), dass die **Hypothek erlischt.** § 1182 BGB enthält für **Gesamthypotheken** (§ 1132 BGB) eine **Sonderregelung** gegenüber § 1181 Abs. 2 BGB.

2 § 1181 BGB gilt bei **Grundschulden** entsprechend,[1] § 1182 BGB nicht[2] (§ 1192 Abs. 1 BGB).

II. Erlöschen durch Befriedigung aus dem Grundstück (§ 1181)

1. Befriedigung

3 § 1181 BGB regelt die Befriedigung des Gläubigers aus einem hypothekarisch haftenden Grundstück (Abs. 1, 2) oder Gegenständen des Haftungsverbands (Abs. 3) im Wege der **Zwangsvollstreckung** aus einem **Hypothekentitel** (§ 1147 BGB).[3] Befriedigung bedeutet insbesondere[4] Auszahlung oder Hinterlegung des Erlöses (§ 117 ZVG, § 819 ZPO), Befriedigungsfiktion (§ 114a ZVG) oder Übertragung der Forderung gegen den Ersteher (§ 118 Abs. 2 ZVG). § 1181 BGB gilt **nicht,** wenn aus einem **persönlichen Titel** wegen der gesicherten Forderung vollstreckt wird; entweder erlischt dann die Forderung und es entsteht eine Eigentümergrundschuld (§§ 1163 Abs. 1 S. 2, 1177 Abs. 1 BGB), oder die Forderung geht mitsamt Hypothek über, zB gemäß §§ 1143, 1164 BGB.[5] Auch kein Fall des § 1181 BGB ist es, wenn der Eigentümer das Grundstück oder Gegenstände des Haftungsverbands **veräußert** und mit dem Erlös den Gläubiger befriedigt.[6]

---

[1] Erman/*Wenzel* BGB § 1181 Rn. 5; MüKoBGB/*Lieder* § 1181 Rn. 24; Palandt/*Herrler* BGB § 1181 Rn. 4.

[2] Staudinger/*Wolfsteiner* § 1182 Rn. 15. AA Erman/*Wenzel* BGB § 1182 Rn. 5; MüKoBGB/*Lieder* § 1182 Rn. 16; Palandt/*Herrler* BGB 1182 Rn. 4.

[3] Palandt/*Herrler* BGB § 1181 Rn. 1.

[4] Einzelheiten Staudinger/*Wolfsteiner* § 1181 Rn. 6 ff.

[5] Palandt/*Herrler* BGB § 1181 Rn. 1.

[6] Erman/*Wenzel* BGB § 1181 Rn. 1; Palandt/*Herrler* BGB § 1181 Rn. 1; Staudinger/*Wolfsteiner* § 1181 Rn. 5.

4 Der vollständigen Befriedigung im Sinne des § 1181 BGB steht es gleich, wenn alle haftenden Gegenstände, bei der Gesamthypothek also alle Grundstücke, verwertet sind, selbst wenn dies nicht zur Gläubigerbefriedigung geführt hat[7] (str.).

2. Erlöschen

5 Mit der Befriedigung erlischt ipso iure die **titulierte Hypothek** im Umfang der Befriedigung. Eine **Gesamthypothek** erlischt vorbehaltlich § 1182 BGB auch an Grundstücken, in die oder in deren Haftungsverband nicht vollstreckt wurde (§ 1181 Abs. 2 BGB). Der **gesicherte Anspruch** geht bei einer Drittsicherheit auf den Eigentümer über (§ 1143 Abs. 1 S. 1 BGB), allerdings ohne die gemäß § 1181 BGB erloschene Hypothek;[8] bei einer Schuldnersicherheit erlischt auch der gesicherte Anspruch (§ 362 BGB).[9]

6 Vom Erlöschen im Sinne des § 1181 BGB ist das **Erlöschen im Sinne des § 91 Abs. 1 ZVG** zu unterscheiden.[10] In den Fällen des § 91 ZVG haftet der **Erlös** weiter, der das erloschene Grundpfandrecht surrogiert.[11] Wenn Gläubiger und Ersteher vereinbaren, dass das **Grundpfandrecht bestehen bleiben** soll, dann erlischt es gemäß § 91 Abs. 2 ZVG nicht, der Gläubiger gilt aber im Verhältnis zum Schuldner als aus dem Grundstück befriedigt (§ 91 Abs. 3 S. 2 ZVG). Das Schicksal der **gesicherten Forderung** wird durch eine Vereinbarung gemäß § 91 Abs. 2 ZVG nicht beeinflusst; sie erlischt entweder (§ 362 BGB), oder sie geht auf den Eigentümer über (§ 1143 Abs. 1 S. 1 BGB) und wird dadurch von der Hypothek getrennt. Folglich besteht das Grundpfandrecht durchweg als Grundschuld fort[12] (str.). Eine **Gesamthypothek** erlischt an den übrigen Grundstücken auch in den Fällen des § 91 Abs. 2 ZVG.[13]

III. Übergang bei Befriedigung aus der Gesamthypothek (§ 1182)

7 § 1182 S. 1 BGB regelt als **Ausnahme von § 1181 Abs. 2 BGB** und weitgehende Angleichung an § 1173 Abs. 2 Hs. 1 BGB, dass bei einer Gesamthypothek der Eigentümer des Grundstücks, in das oder in dessen Haftungsverband unter den Voraussetzungen des § 1181 BGB vollstreckt wurde, die Hypothek am Grundstück eines anderen Eigentümers mit der Befriedigung kraft Gesetzes erwirbt, soweit jener gegen diesen oder seinen Rechtsvorgänger einen **Regressanspruch** hat. Die Hypothek am eigenen Grundstück erlischt gemäß § 1181 Abs. 1 BGB; anders bei § 1173 Abs. 1 BGB. Bei Regressansprüchen gegen mehrere andere Eigentümer als Gesamtschuldner oder einem Regressanspruch gegen einen Eigentümer mehrerer anderer Grundstücke erwirbt der Regressgläubiger eine Gesamthypothek an den betroffenen Grundstücken.[14] Bei mehreren voneinander unabhängigen Regressansprüchen entstehen Einzelregresshypotheken.[15] Die übergegangene Hypothek sichert in allen Fällen den Regressanspruch beziehungsweise die Regressansprüche.

8 Die Regresshypothek geht bei Teilbefriedigung der Resthypothek im **Rang** nach; ferner geht sie allen sonstigen beschränkt dinglichen Rechten, nicht nur Grundpfandrechten, nach, mit denen das Grundstück zur Zeit des Übergangs belastet ist (§ 1182 S. 2 BGB).

---

[7] Staudinger/*Wolfsteiner* § 1181 Rn. 4. **AA** Erman/*Wenzel* BGB § 1181 Rn. 3.

[8] → §§ 1142–1145 Rn. 14.

[9] MüKoBGB/*Lieder* § 1181 Rn. 14; Palandt/*Herrler* BGB § 1181 Rn. 3; Staudinger/*Wolfsteiner* § 1181 Rn. 19.

[10] Staudinger/*Wolfsteiner* § 1181 Rn. 15 f.

[11] Erman/*Wenzel* BGB § 1181 Rn. 3.

[12] Staudinger/*Wolfsteiner* § 1181 Rn. 22 f.

[13] Staudinger/*Wolfsteiner* § 1181 Rn. 25.

[14] Erman/*Wenzel* BGB § 1182 Rn. 3; MüKoBGB/*Lieder* § 1182 Rn. 9; Palandt/*Herrler* BGB § 1182 Rn. 3; Staudinger/*Wolfsteiner* § 1182 Rn. 8.

[15] MüKoBGB/*Lieder* § 1182 Rn. 9; Palandt/*Herrler* BGB § 1182 Rn. 3; Staudinger/*Wolfsteiner* § 1182 Rn. 8.

§ 1183 Aufhebung der Hypothek

[1] Zur Aufhebung der Hypothek durch Rechtsgeschäft ist die Zustimmung des Eigentümers erforderlich. [2] Die Zustimmung ist dem Grundbuchamt oder dem Gläubiger gegenüber zu erklären; sie ist unwiderruflich.

Übersicht

I. Allgemeines

1 § 1183 BGB ergänzt die §§ 875, 876 BGB und regelt die **rechtsgeschäftliche Aufhebung** der Hypothek, die zu **unterscheiden** ist vom Verzicht (§ 1168 BGB) und vom Erlöschen einer Rückstandshypothek kraft Gesetzes (§ 1178 BGB).[1]

2 § 1183 BGB gilt bei **Grundschulden** entsprechend[2] (§ 1192 Abs. 1 BGB).

II. Tatbestand

3 Es muss ein **Fremdgrundpfandrecht** bestehen, und nicht eine Eigentümergrundschuld, bei der ein Verzicht das Erlöschen bewirkt.[3]

4 Der **Grundpfandgläubiger** muss die Aufgabe gegenüber dem Grundbuchamt oder dem Eigentümer erklären (§ 875 Abs. 1 BGB). Die Erklärung bindet unter den Voraussetzungen des § 875 Abs. 2 BGB.

5 Der **Eigentümer,** nicht der Bucheigentümer,[4] muss der Aufhebung gegenüber dem Grundbuchamt oder dem Gläubiger zustimmen. Das Zustimmungserfordernis ist neben der Löschungsbewilligung des Grundpfandgläubigers notwendig, um den Eigentümer davor zu bewahren, ein durch Zahlungen auf das Grundpfandrecht entstandenes, aus dem Grundbuch nicht ersichtliches Eigentümergrundpfandrecht beziehungsweise seine Anwartschaft auf Erwerb des Eigentümergrundpfandrechts gegen seinen Willen zu verlieren.[5] Die Zustimmung kann – auch konkludent, zB durch Abgabe einer Löschungsbewilligung – im Voraus oder Nachhinein erklärt werden (§§ 182 ff. BGB) und ist bindend (§ 1183 BGB). Beschränkungen und Verbote, über das Grundstück zu verfügen, nehmen dem Eigentümer nicht die Möglichkeit, die Zustimmung nach § 1183 BGB wirksam zu erklären.[6] Bei Eigentümerwechsel nach Zustimmung muss der Erwerber zustimmen.[7] Bei **Drittberechtigungen** gilt § 876 BGB.[8]

6 Das Recht muss im **Grundbuch** gelöscht werden (§ 875 Abs. 1 S. 1 BGB). Ein Eigentümer, der dem Grundbuchamt gegenüber für sich und als Vertreter des Hypothekars die Löschung einer Hypothek beantragt und bewilligt, unterliegt den Beschränkungen des

[1] → Vorb. Rn. 37 ff.

[2] Erman/*Wenzel* BGB § 1183 Rn. 5; MüKoBGB/*Lieder* § 1183 Rn. 21; Palandt/*Herrler* BGB § 1181 Rn. 4; Staudinger/*Wolfsteiner* § 1183 Rn. 30.

[3] → § 1168 Rn. 2.

[4] Erman/*Wenzel* BGB § 1183 Rn. 3; MüKoBGB/*Lieder* § 1183 Rn. 2, Rn. 12 ff.; Staudinger/*Wolfsteiner* § 1183 Rn. 5.

[5] BGH NJW 2018, 710 mAnm *Lieder* WuB 2018, 173.

[6] Erman/*Wenzel* BGB § 1183 Rn. 4; Palandt/*Herrler* BGB § 1183 Rn. 3; Staudinger/*Wolfsteiner* § 1183 Rn. 11.

[7] Erman/*Wenzel* BGB § 1183 Rn. 3; Staudinger/*Wolfsteiner* § 1183 Rn. 18.

[8] Zu familien- und erbrechtlichen Zustimmungserfordernissen s. MüKoBGB/*Lieder* § 1183 Rn. 16 ff.

§ 181 BGB.[9] Die Bewilligung des Eigentümers zur Löschung des Grundpfandrechts (§ 27 GBO) kann erklärt werden, bevor der Gläubiger die Löschungsbewilligung abgibt.[10]

7 Bei einem **Gesamtgrundpfandrecht** ist für die Aufhebung nur die Zustimmung eines der Eigentümer erforderlich (str.).[11] Die Freistellung eines Grundstücks von der Belastung durch ein Gesamtgrundpfandrecht (bei Fortbestand des Grundpfandrechts an anderen Grundstücken) ist keine Aufhebung des Grundpfandrechts, sondern ein Verzicht gemäß § 1175 Abs. 1 S. 2 BGB, der keine Zustimmung des Eigentümers voraussetzt.[12]

III. Rechtsfolge

8 Das **Grundpfandrecht erlischt** im Umfang der Aufhebung. **Teilaufhebung** ist möglich, zB bei Herabsetzung des Zinssatzes.[13] Nachfolgende Rechte rücken im Rang auf.

§ 1184 Sicherungshypothek

(1) **Eine Hypothek kann in der Weise bestellt werden, dass das Recht des Gläubigers aus der Hypothek sich nur nach der Forderung bestimmt und der Gläubiger sich zum Beweis der Forderung nicht auf die Eintragung berufen kann (Sicherungshypothek).**

(2) **Die Hypothek muss im Grundbuch als Sicherungshypothek bezeichnet werden.**

§ 1185 Buchhypothek; unanwendbare Vorschriften

(1) **Bei der Sicherungshypothek ist die Erteilung des Hypothekenbriefs ausgeschlossen.**

(2) **Die Vorschriften der §§ 1138, 1139, 1141, 1156 finden keine Anwendung.**

§ 1186 Zulässige Umwandlungen

[1] **Eine Sicherungshypothek kann in eine gewöhnliche Hypothek, eine gewöhnliche Hypothek kann in eine Sicherungshypothek umgewandelt werden.** [2] **Die Zustimmung der im Range gleich- oder nachstehenden Berechtigten ist nicht erforderlich.**

Übersicht

[9] BGHZ 77, 7 = NJW 1980, 1577.

[10] BayObLG ZfIR 1999, 523; OLG Köln Rpfleger 1981, 354.

[11] Staudinger/*Wolfsteiner* § 1183 Rn. 23. **AA** MüKoBGB/*Lieder* § 1183 Rn. 5.

[12] Staudinger/*Wolfsteiner* § 1183 Rn. 24.

[13] Erman/*Wenzel* BGB § 1183 Rn. 1; Palandt/*Herrler* BGB § 1183 Rn. 2; Staudinger/*Wolfsteiner* § 1183 Rn. 25.

I. Allgemeines

Bei der **Sicherungshypothek**[1] bestimmt das Recht des Gläubigers aus der Hypothek sich nur nach der Forderung, und der Gläubiger kann sich zum Beweis der Forderung nicht auf die Eintragung berufen (§ 1184 Abs. 1 BGB). Die Sicherungshypothek muss als solche im Grundbuch eingetragen sein (§ 1184 Abs. 2 BGB) – Bezugnahme (§ 874 BGB) reicht nicht aus, Ausnahmen enthalten die §§ 1187 S. 2, 1190 Abs. 3 BGB – und ist zwingend Buchrecht (§ 1185 Abs. 1 BGB). Der Briefausschluss ist daher entgegen § 1116 Abs. 2 S. 3 BGB weder eintragungsbedürftig noch -fähig. Ein dennoch ausgestellter Brief ist bedeutungslos und bildet keinen Rechtsscheinträger.[2] 1

§§ 1184–1186 BGB gelten nicht bei **Grundschulden**[3] (§ 1192 Abs. 1 BGB). 2

II. Bestandsvermutung, öffentlicher Glaube des Grundbuchs (§ 1184 Abs. 1)

1. Keine Bestandsvermutung, kein öffentlicher Glaube des Grundbuchs

Die Bestandsvermutung (§ 891 BGB) und der öffentliche Glaube des Grundbuchs (§ 892 BGB) gelten bei der Sicherungshypothek – anders als bei der Verkehrshypothek (§ 1138) – nicht im Hinblick auf die gesicherte Forderung (§ 1184 Abs. 1 BGB); die Vorschriften sind aber anzuwenden, soweit der Bestand des Rechts und seine Gläubigerschaft im Übrigen betroffen sind. **Gutgläubiger Erwerb** einer eingetragenen Sicherungshypothek ist daher in den Fällen des § 1163 Abs. 1 BGB ausgeschlossen, nicht aber, wenn das Grundbuch aus anderen Gründen als wegen Fehlens der Forderung unrichtig ist, zB weil die Einigung unwirksam war.[4] Gleiches gilt für § 893 BGB; zB befreit Befriedigung eines eingetragenen Scheinhypothekars den Eigentümer, wenn die Forderung besteht.[5] 3

2. Darlegungs- und Beweislast

Im Prozess ist gehalten vorzutragen und gegebenenfalls zu beweisen, dass und in welcher Höhe die gemäß § 1115 BGB eingetragene oder gemäß § 1180 BGB eingewechselte Forderung entstanden ist, wer sich auf ihr Bestehen und ihre Höhe beruft, zB der Gläubiger im Duldungsprozess aus § 1147 BGB. Andererseits ist gehalten, das Erlöschen vorzutragen und gegebenenfalls zu beweisen, wer sich darauf im Prozess beruft, zB der Grundeigentümer, der die Löschung betreibt.[6] 4

3. Rechtskraft persönlicher Titel

Ein persönlicher Titel des Hypothekars gegen den Eigentümer wegen des gesicherten Anspruchs wirkt auch zu Zwecken der Sicherungshypothek Rechtskraft.[7] Die Verurteilung des früheren Grundeigentümers als persönlicher Schuldner der Hypothekenforderung indes hat im Verhältnis zum Grunderwerber keine Rechtskraftwirkung für den Gläubiger; denn die gesicherte Forderung ist kein Anspruch aus der Hypothek (§ 325 Abs. 3 ZPO), und der Grunderwerber ist als solcher nicht Rechtsnachfolger des persönlichen Schuldners (§ 325 Abs. 1 ZPO).[8] 5

---

[1] S. einleitend → Vor §§ 1113 ff. Rn. 2 f.
[2] MüKoBGB/*Lieder* § 1185 Rn. 4; Staudinger/*Wolfsteiner* § 1185 Rn. 2 f.
[3] Erman/*Wenzel* BGB § 1184 Rn. 6; § 1185 Rn. 2; § 1186 Rn. 2; MüKoBGB/*Lieder* § 1184 Rn. 26; § 1185 Rn. 14; § 1186 Rn. 14; Palandt/*Herrler* BGB § 1184 Rn. 7; § 1185 Rn. 4; § 1186 Rn. 5.
[4] BGHZ 64, 194.
[5] Palandt/*Herrler* BGB § 1184 Rn. 5.
[6] BGH NJW 1986, 53.
[7] BGH NJW 1988, 828.
[8] BGH NJW 1960, 1348. Einschränkend OLG Frankfurt a. M. NJW-RR 1988, 206.

III. Unanwendbare Vorschriften (§ 1185 Abs. 2)

1. §§ 1138, 1139 BGB

6 Das Grundbuch entfaltet keine Bestandsvermutung und keinen öffentlichen Glauben in Ansehung der Forderung[9] und der dem Eigentümer nach § 1137 BGB zustehenden Einreden, zB Stundung der gesicherten Forderung. Anders ist es bei Einreden gegen die Hypothek (§ 1157 BGB),[10] zB Befriedigungsaufschub. Auch die §§ 894 ff. BGB sind anwendbar, soweit das Grundbuch nicht im Hinblick auf eine Einwendung oder Einrede gegen die Forderung unrichtig ist.[11]

7 Da § 1138 BGB unanwendbar ist, ist § 1139 BGB ohnehin gegenstandslos.

2. § 1141 BGB

8 Maßgeblich ist allein die **Forderungskündigung.** Die Hypothek wird unter dieser Voraussetzung auch dann fällig, wenn die Kündigung bei einer Drittsicherheit nicht vom oder gegenüber dem Eigentümer abgegeben wurde und dieser von ihr keine Kenntnis hat.[12] Im Prozess hat dann aber gegebenenfalls Kostenentscheidung nach § 93 ZPO zu ergehen. Str. ist, ob und unter welchen Voraussetzungen § 54 ZVG anzuwenden ist.[13] Anstelle der **Zugangserleichterung** des § 1141 Abs. 2 BGB gilt nur § 132 Abs. 2 BGB.

3. § 1156 BGB

9 Die §§ 406–408 BGB sind auch auf das Rechtsverhältnis zwischen dem Eigentümer und dem Zessionserwerber in Ansehung der Hypothek anzuwenden.

IV. Umwandlungen (§ 1186)

10 Eine **Sicherungshypothek** kann rechtsgeschäftlich in eine **Verkehrshypothek** und eine solche kann in eine Sicherungshypothek umgewandelt werden (Inhaltsänderungen, § 877 BGB), und zwar jeweils ohne Zustimmung von Inhabern gleich- oder nachrangiger Rechte (§ 1186 BGB) oder des persönlichen Schuldners.[14] Ebenso kann eine **Höchstbetragshypothek** (§ 1190 BGB) in eine Verkehrshypothek und eine solche in eine Höchstbetragshypothek umgewandelt werden.[15] Eine **Arresthypothek** (§ 932 ZPO) kann in eine **Zwangshypothek** (§§ 866 f. ZPO) umgewandelt werden.[16]

11 Eine Sicherungshypothek, die in eine Verkehrshypothek umgewandelt wurde, bleibt **Buchhypothek** – Eintragung des Briefausschlusses ist nicht erforderlich, aber zulässig (str.),[17] nach aA[18] ist Eintragung erforderlich, widrigenfalls das Grundbuch unrichtig sei –, es sei denn, mit der Umwandlung geht eine Vereinbarung gemäß § 1116 Abs. 3 BGB einher. Eine Verkehrshypothek, die in eine Sicherungshypothek umgewandelt wird, wird damit – ohne Vereinbarung gemäß § 1116 Abs. 2 BGB – Buchrecht. Eintragung des

---

[9] → Rn. 3.

[10] Zur Unterscheidung s. → §§ 1137, 1138 BGB Rn. 2.

[11] Staudinger/*Wolfsteiner* § 1185 Rn. 13.

[12] Erman/*Wenzel* BGB § 1185 Rn. 2; MüKoBGB/*Lieder* § 1185 Rn. 9.

[13] S. MüKoBGB/*Lieder* § 1185 Rn. 11; Palandt/*Herrler* BGB § 1185 Rn. 3; Staudinger/*Wolfsteiner* § 1185 Rn. 15.

[14] Erman/*Wenzel* BGB § 1186 Rn. 2; MüKoBGB/*Lieder* § 1186 Rn. 5; Staudinger/*Wolfsteiner* § 1186 Rn. 11.

[15] Palandt/*Herrler* BGB § 1186 Rn. 1.

[16] → Vor §§ 1113 ff. Rn. 14.

[17] Erman/*Wenzel* BGB § 1186 Rn. 2; Palandt/*Herrler* BGB § 1186 Rn. 2.

[18] Staudinger/*Wolfsteiner* § 1186 Rn. 7.

Briefausschlusses ist nicht erforderlich, weil das Buchrecht aus der Eintragung „Sicherungshypothek" ersichtlich ist.

Im Zuge der Umwandlung können im Rang unmittelbar aufeinanderfolgende Hypotheken desselben Gläubigers ohne Zwischeneintragung einer Einheitshypothek in betragsmäßig geänderte neue Einzelhypotheken mit gleichem Gesamtbetrag wie vorher geändert werden.[19] Auch sonstige Inhaltsänderungen, zB Forderungsauswechslung (§ 1180 BGB), können mit einer Umwandlung verbunden werden.[20] 12

Weitere Umwandlungsmöglichkeiten enthalten die §§ 1198, 1203 BGB. 13

§ 1187 Sicherungshypothek für Inhaber- und Orderpapiere

[1] Für die Forderung aus einer Schuldverschreibung auf den Inhaber, aus einem Wechsel oder aus einem anderen Papier, das durch Indossament übertragen werden kann, kann nur eine Sicherungshypothek bestellt werden. [2] Die Hypothek gilt als Sicherungshypothek, auch wenn sie im Grundbuch nicht als solche bezeichnet ist. Die Vorschrift des § 1154 Abs. 3 findet keine Anwendung. [3] Ein Anspruch auf Löschung der Hypothek nach den §§ 1179a, 1179b besteht nicht.

§ 1188 Sondervorschrift für Schuldverschreibungen auf den Inhaber

(1) **Zur Bestellung einer Hypothek für die Forderung aus einer Schuldverschreibung auf den Inhaber genügt die Erklärung des Eigentümers gegenüber dem Grundbuchamt, dass er die Hypothek bestelle, und die Eintragung in das Grundbuch; die Vorschrift des § 878 findet Anwendung.**

(2) **Die Ausschließung des Gläubigers mit seinem Recht nach § 1170 ist nur zulässig, wenn die im § 801 bezeichnete Vorlegungsfrist verstrichen ist. Ist innerhalb der Frist die Schuldverschreibung vorgelegt oder der Anspruch aus der Urkunde gerichtlich geltend gemacht worden, so kann die Ausschließung erst erfolgen, wenn die Verjährung eingetreten ist.**

§ 1189 Bestellung eines Grundbuchvertreters

(1) **[1] Bei einer Hypothek der im § 1187 bezeichneten Art kann für den jeweiligen Gläubiger ein Vertreter mit der Befugnis bestellt werden, mit Wirkung für und gegen jeden späteren Gläubiger bestimmte Verfügungen über die Hypothek zu treffen und den Gläubiger bei der Geltendmachung der Hypothek zu vertreten. [2] Zur Bestellung des Vertreters ist die Eintragung in das Grundbuch erforderlich.**

(2) **Ist der Eigentümer berechtigt, von dem Gläubiger eine Verfügung zu verlangen, zu welcher der Vertreter befugt ist, so kann er die Vornahme der Verfügung von dem Vertreter verlangen.**

Übersicht

[19] OLG Hamm NJW-RR 1991, 1399.
[20] Staudinger/*Wolfsteiner* § 1186 Rn. 10.

I. Allgemeines

1 §§ 1187, 1189 BGB regeln besondere Arten von Sicherungshypotheken, und zwar solche, die Forderungen aus Inhaberschuldverschreibungen (§§ 793 ff. BGB), Wechseln oder anderen Orderpapieren sichern **(Wertpapierhypotheken);** die Normen sind nicht anzuwenden bei Hypotheken für Forderungen aus hinkenden Inhaberpapieren (§ 808 BGB) und für unverbriefte Forderungen, zu deren Sicherung auch ein Wertpapier begeben wurde.[1] § 1188 BGB trifft besondere Bestimmung für Wertpapierhypotheken, die Forderungen aus Inhaberschuldverschreibungen sichern. Grundpfandrechtlich gesicherte Wertpapiere sind in der internationalen Finanzierungspraxis als sog Mortgage Backed Securities (MBS), ein Unterfall sog Asset Backed Securities beziehungsweise Covered Bonds, bekannt. Bei MBS wird ein Fonds hypothekarisch gesicherter Kredite in Anteilsscheine an diesem Fonds verbrieft.[2] §§ 1187 ff. BGB sind auf diese Finanzierungsinstrumente nicht anzuwenden. **Pfandbriefe** nach deutschem Recht sind im Pfandbriefgesetz (PfandBG) v. 22.5.2005 (BGBl. I S. 1373), in Kraft seit dem 19.7.2005, besonders geregelt.

2 § 1187 BGB gilt nicht bei **Grundschulden,**[3] stattdessen ist die **Inhabergrundschuld** in § 1195 BGB geregelt, für die aber § 1187 S. 4 BGB entsprechend gilt.[4] §§ 1188, 1189 BGB sind bei Inhabergrundschulden (§ 1195 BGB) entsprechend anzuwenden.[5]

II. Wertpapierhypothek (§§ 1187, 1189)

1. Sicherungshypothek

3 Eine Wertpapierhypothek kann nur als **Sicherungshypothek** (§§ 1184 f. BGB), auch als **Höchstbetragshypothek** gemäß § 1190 BGB,[6] bestellt werden (§ 1187 S. 1 BGB); sie ist entgegen § 1184 Abs. 2 BGB auch dann Sicherungshypothek, wenn sie im Grundbuch nicht als solche eingetragen ist (§ 1187 S. 2 BGB). Der Ausschluss der Bestandsvermutung und des öffentlichen Glaubens des Grundbuchs (§§ 891 ff. BGB) im Hinblick auf Bestand und Einredefreiheit der Forderung (§§ 1184 Abs. 1, 1185 Abs. 2 BGB) schränkt die Verkehrsfähigkeit der Wertpapierhypothek weniger ein als bei der gemeinen Sicherungshypothek. Denn bei den verbrieften Forderungen gilt je nach Art der Verbriefung **wertpapierrechtlicher Gutglaubens- und Verkehrsschutz.**[7]

2. Begründung und Übertragung

4 **a) Begründung.** Wertpapierhypotheken werden grundsätzlich **begründet** wie sonstige Hypotheken, eine Ausnahme enthält § 1188 Abs. 1 BGB. Sonderregelungen für die Eintragung finden sich in den §§ 43, 50 GBO.[8] Als Gläubiger ist bei Inhaberpapieren „der Inhaber" und bei Orderpapieren der mit Namen bezeichnete erste Nehmer mit dem Zusatz „oder durch Indossament ausgewiesene Inhaber" des Papiers einzutragen.[9] Wenn

[1] *Zeiser* Rpfleger 2006, 577 (578).
[2] *Früh* BB 1995, 105 (107).
[3] Erman/*Wenzel* BGB § 1187 Rn. 6; MüKoBGB/*Lieder* § 1187 Rn. 18; Palandt/*Herrler* BGB § 1187 Rn. 7.
[4] Erman/*Wenzel* BGB § 1187 Rn. 5.
[5] Erman/*Wenzel* BGB § 1188 Rn. 1; § 1189 Rn. 4; MüKoBGB/*Lieder* § 1188 Rn. 8; § 1189 Rn. 19; Palandt/*Herrler* BGB § 1188 Rn. 2; § 1189 Rn. 5.
[6] Erman/*Wenzel* BGB § 1187 Rn. 3; Palandt/*Herrler* BGB § 1187 Rn. 1; Staudinger/*Wolfsteiner* § 1187 Rn. 8 f.
[7] Erman/*Wenzel* BGB § 1187 Rn. 1, 4; Staudinger/*Wolfsteiner* § 1187 Rn. 23.
[8] Einzelheiten Staudinger/*Wolfsteiner* § 1187 Rn. 10 ff.
[9] Palandt/*Herrler* BGB § 1187 Rn. 3.

die Papiere noch nicht begeben sind, entstehen Eigentümergrundschulden. Bei **Teilschuldverschreibungen** entstehen so viele selbständige und gleichrangige Hypotheken wie gesicherte Teilschuldverschreibungen. Jede Hypothek sichert die Forderungen aus einer der Teilinhaberschuldverschreibungen.[10]

b) Übertragung. Die verbriefte Forderung ist nach den für das Wertpapier geltenden Regeln und ohne Grundbucheintragung (§ 1187 S. 3 BGB) zu übertragen; die Hypothek folgt (§ 1153 Abs. 1 BGB). 5

3. Löschungsansprüche

Löschungsansprüche gemäß §§ 1179a, 1179b BGB gegen Wertpapierhypotheken sind ausgeschlossen (§ 1187 S. 4 BGB), nicht aber für Gläubiger von Wertpapierhypotheken.[11] 6

4. Grundbuchvertreter

a) Aufgaben und Befugnisse. Bei Wertpapierhypotheken besteht in besonderem Maße das Risiko, dass Gläubiger nicht festgestellt werden oder sich nicht hinreichend legitimieren können. § 1189 BGB sieht daher vor, dass für den jeweiligen Gläubiger ein Bevollmächtigter bestellt werden kann, aber nicht muss, der mit Wirkung für und gegen jeden, auch späteren Gläubiger, bestimmte **Verfügungen über die Hypothek,** zB Inhalts- und Rangänderungen (§§ 877, 880 BGB), treffen und den Gläubiger bei der **Geltendmachung der Hypothek,** zB gemäß § 1134 BGB oder bei der Hypothekenklage aus § 1147 BGB, vertreten kann **(Grundbuchvertreter).** Die Vollmacht kann auch Bestimmungen über die **Nachfolge** enthalten. Zu **Verfügungen über die Forderung** ist der Vertreter nur dann bevollmächtigt, wenn ihm dazu gesondert Vollmacht erteilt wurde.[12] 7

§ 43 Abs. 2 GBO erleichtert die Ausübung der Vollmacht gegenüber dem Grundbuchamt. 8

b) Bestellung. Die Vertreterbestellung gehört zum **Inhalt der Hypothek.** Sie bedarf grundsätzlich der Einigung zwischen Eigentümer und Gläubiger – bei Hypotheken für Inhaberschuldverschreibungen nur Eigentümererklärung (§ 1188 Abs. 1 BGB)[13] – und der Grundbucheintragung (§ 1189 Abs. 1 S. 2 BGB). Der Name des Bevollmächtigten ist einzutragen, der Kreis der Verfügungen, zu denen der Vertreter bevollmächtigt wird, zB „alle", ist wenigstens durch Bezugnahme (§ 874 BGB) anzugeben. Nachträgliche Vertreterbestellung ist Inhaltsänderung der Hypothek (§ 877 BGB), ebenso die **Abberufung.**[14] 9

c) Innenverhältnis. Der Vertreter ist grundsätzlich nicht verpflichtet, die Bevollmächtigung wahrzunehmen. Eine Verpflichtung kann sich aus einem typischerweise mit dem Emittenten oder ersten Nehmer geschlossenen Auftrag oder **Geschäftsbesorgungsvertrag** (§§ 662, 675 BGB) ergeben. Ein solcher Vertrag begründet gegebenenfalls weitere Pflichten, Bindungen und Beschränkungen sowie Vergütungs- oder Aufwendungsersatzansprüche des Mandatars. Mit einem Wechsel des vertretenen Wertpapiergläubigers geht kein Mandantenwechsel einher, wenn nicht eine Vertragsübernahme vereinbart ist (str.)[15] 10

Bei der Ausübung der Vollmacht hat der Vertreter, gegebenenfalls nach Maßgabe näherer vertraglicher Vereinbarung, die **Gläubigerinteressen** – nicht die Eigentümerinteressen – mit gebotener Sorgfalt wahrzunehmen.[16] Die Bestellung des **Eigentümers** zum Grundbuchvertreter ist daher untunlich (Interessenkonflikt). Im Übrigen ist die Wahrnehmung 11

---

[10] BGHZ 179, 146 = NJW 2009, 847 mAnm *Schulze/Lendermann* LMK 2009, 292 914.
[11] Staudinger/*Wolfsteiner* § 1187 Rn. 27.
[12] Erman/*Wenzel* BGB § 1189 Rn. 3; Palandt/*Herrler* BGB § 1189 Rn. 4.
[13] Erman/*Wenzel* BGB § 1189 Rn. 2; Palandt/*Herrler* BGB § 1189 Rn. 2.
[14] Palandt/*Herrler* BGB § 1189 Rn. 4.
[15] **AA** Staudinger/*Wolfsteiner* § 1189 Rn. 6: Mandantenwechsel ipso iure.
[16] Staudinger/*Wolfsteiner* § 1189 Rn. 1.

der Vollmacht nach § 1189 BGB **Rechtsdienstleistung** (§ 2 Abs. 1 RDG), daher kommen als Bevollmächtigte vor allem Rechtsanwälte in Betracht.[17]

12 Das **Erlöschen** der Vollmacht bestimmt sich als Ausnahme von § 168 S. 1 BGB nicht ohne Weiteres nach dem Bestand des zugrunde liegenden Rechtsverhältnisses, sondern nur nach Maßgabe von § 877 BGB. Mit **Beendigung des Innenverhältnisses** endet aber vorbehaltlich einer etwaigen Nachwirkung bei Gefahr im Verzug die Verpflichtung und Berechtigung des Bevollmächtigten zur Wahrnehmung der Vollmacht.

13 **d) Andere Vertreter, Vertretener. aa) Andere Vertreter.** Vom Grundbuchvertreter gemäß § 1189 BGB zu unterscheiden sind der Gläubigervertreter gemäß §§ 4, 7, 8 SchVG, der Gläubigerbevollmächtigte gemäß § 14 SchVG, Treuhänder und Stellvertreter gemäß §§ 7 ff. PfandBG und der Treuhänder für das Sicherungsvermögen gemäß §§ 70 ff. VAG. Solche Vertreter und Treuhänder werden unabhängig vom Grundbuchvertreter des § 1189 BGB bestellt; dieser und jene üben ihre Befugnisse unabhängig voneinander aus.[18]

14 **bb) Vertretener.** Neben dem Vertreter bleibt der Gläubiger zu Verfügungen und zur Geltendmachung der Hypothek berechtigt (keine verdrängende Vollmacht). Das Grundbuchamt hat gleichzeitig eingehende, einander widersprechende Anträge zurückzuweisen.[19]

15 **e) Verfügungen gegenüber dem Eigentümer.** Ein Eigentümer, der berechtigt ist, vom Gläubiger eine Verfügung zu verlangen, zu deren Vornahme der Vertreter bevollmächtigt ist, kann die Vornahme der Verfügung auch vom Vertreter verlangen (§ 1189 Abs. 2 BGB). Der Vertreter wird dadurch nicht zum Interessenwahrer des Eigentümers.

16 **f) Haftung.** Ein Vertreter, der die Wahrnehmung der Vertretung übernommen hat, haftet dem Gläubiger wegen fehlerhafter Interessenwahrung bei (Nicht-)Ausübung der Vollmacht gemäß § 280 Abs. 1 BGB auf Schadensersatz. Eine Eigenhaftung des Vertreters gegenüber dem Eigentümer entsteht, auch in den Fällen des § 1189 Abs. 2 BGB, nur ausnahmsweise unter den engen Voraussetzungen der §§ 311 Abs. 3 S. 2, 826 BGB.

III. Sondervorschrift für Schuldverschreibungen auf den Inhaber (§ 1188)

17 Wertpapierhypotheken für Inhaberschuldverschreibungen werden durch **einseitige Bestellungserklärung des Eigentümers** gegenüber dem Grundbuchamt und Eintragung begründet; § 878 BGB ist anzuwenden (§ 1188 Abs. 1 BGB).

18 Die Ausschließung des Gläubigers mit seinem Recht nach § 1170 BGB setzt voraus, dass die Vorlegungsfrist, grundsätzlich 30 Jahre (§ 801 BGB), verstrichen ist (§ 1188 Abs. 2 S. 1 BGB), ohne dass das Papier zuvor irgendwann einmal vorgelegt wurde.[20] Wenn das Papier rechtzeitig vorgelegt oder der verbriefte Anspruch innerhalb der Frist gerichtlich geltend gemacht wurde, kann erst nach Verjährungseintritt – zwei Jahre nach Ende der Vorlegungsfrist (§ 801 Abs. 1 S. 2 BGB) – ausgeschlossen werden (§ 1188 Abs. 2 S. 2 BGB).

§ 1190 Höchstbetragshypothek

(1) [1] **Eine Hypothek kann in der Weise bestellt werden, dass nur der Höchstbetrag, bis zu dem das Grundstück haften soll, bestimmt, im Übrigen die Feststellung der Forderung vorbehalten wird.** [2] **Der Höchstbetrag muss in das Grundbuch eingetragen werden.**

(2) **Ist die Forderung verzinslich, so werden die Zinsen in den Höchstbetrag eingerechnet.**

---

[17] Staudinger/*Wolfsteiner* § 1189 Rn. 8.
[18] Palandt/*Herrler* BGB § 1189 Rn. 1; Staudinger/*Wolfsteiner* § 1189 Rn. 2.
[19] *Zeiser* Rpfleger 2006, 577 (582).
[20] BGHZ 179, 146 = NJW 2009, 847 mAnm *Schulze/Lendermann* LMK 2009, 292914.

(3) **Die Hypothek gilt als Sicherungshypothek, auch wenn sie im Grundbuch nicht als solche bezeichnet ist.**

(4) [1]**Die Forderung kann nach den für die Übertragung von Forderungen geltenden allgemeinen Vorschriften übertragen werden.** [2]**Wird sie nach diesen Vorschriften übertragen, so ist der Übergang der Hypothek ausgeschlossen.**

Übersicht

I. Allgemeines

Die Höchstbetragshypothek (§ 1190 BGB) ist eine **Sicherungshypothek** (Abs. 3), bei der die **Feststellung der gesicherten Forderung vorbehalten** wird (Abs. 1 S. 1). Sie eignet sich zur Sicherung von Forderungen, die noch nicht – auch nicht als künftige oder bedingte (s. § 1113 Abs. 2 BGB) – existieren, und Forderungen in wechselnder Höhe, insbesondere aus Kontokorrent oder ständiger Geschäftsverbindung.[1] Besonderheiten gelten für Zinsen (Abs. 2) und die Übertragung von Forderung und Hypothek (Abs. 4 BGB). Die Hypothek des § 1190 BGB ist zu unterscheiden von der **verdeckten Höchstbetragshypothek.**[2] 1

Die **Arresthypothek** (§ 932 ZPO) ist stets Höchstbetragshypothek. § 1190 BGB gilt nicht bei **Grundschulden**[3] (§ 1192 Abs. 1 BGB). 2

II. Bestellung (Abs. 1)

Eine Höchstbetragshypothek ist grundsätzlich nach denselben Regeln zu bestellen wie eine sonstige Sicherungshypothek. Eine Ausnahme gilt gemäß § 1190 Abs. 1 BGB für die **Bestimmtheit des gesicherten Anspruchs.**[4] Bei der Bestellung ist nur ein **Forderungskreis,** zB „alle Ansprüche aus der Geschäftsverbindung", und ein **Höchstbetrag** zu bestimmen und einzutragen („bis zum Höchstbetrag von"); es ist nicht erforderlich, die Hypothek ausdrücklich als „Höchstbetragshypothek" einzutragen. Die Feststellung der gesicherten Forderung aus dem Forderungskreis bleibt für einen späteren Zeitpunkt – spätestens bis zum Verteilungstermin[5] – vorbehalten. Gleichgültig ist, ob die Forderung bei der Bestellung der Hypothek bereits besteht oder nicht; entscheidend ist, dass sie der Hypothek noch nicht zugeordnet ist. Erst die Feststellung stellt die Zuordnung her;[6] die Höchstbetragshypothek ist bis dahin Eigentümergrundschuld.[7] 3

Maßgeblich für die **Feststellungsdeterminanten** ist die bei der Bestellung getroffene Vereinbarung, wer für die Feststellung zuständig ist – Hypothekar, Eigentümer, beide 4

[1] Erman/*Wenzel* BGB § 1190 Rn. 1.
[2] → § 1113 Rn. 14.
[3] Erman/*Wenzel* BGB § 1190 Rn. 18; MüKoBGB/*Lieder* § 1190 Rn. 35; Palandt/*Herrler* BGB § 1190 Rn. 21.
[4] → § 1113 Rn. 14.
[5] Erman/*Wenzel* BGB § 1190 Rn. 12; Staudinger/*Wolfsteiner* § 1190 Rn. 22 ff.
[6] Staudinger/*Wolfsteiner* § 1190 Rn. 25.
[7] OLG Karlsruhe Rpfleger 2006, 182.

gemeinsam, Dritter, Gericht –, und welcher Forderungskreis für die Feststellung in Betracht kommt (Einzelheiten str.[8]).

5 Eine subjektiv-dingliche **Vollstreckungsunterwerfung** (§§ 794 Abs. 1 Nr. 5, 800 ZPO) kann eingetragen werden, aber nur dann, wenn die Unterwerfung sich auf einen ziffernmäßig bestimmten Teil der Forderung bezieht.[9]

6 Bestellung und Feststellung können vorsehen, dass die Hypothek für **mehrere Forderungen** haftet; in der Einigung kann eine Reihung für die Verteilung bestimmt werden, andernfalls entsteht Gleichrang. Mehrere Gläubiger müssen in Gläubigergemeinschaft stehen,[10] mehrere Schuldner in Verpflichtungsgemeinschaft.[11]

III. Zinsen (Abs. 2)

7 Zinsen (§§ 1115, 1118 BGB) und andere Nebenleistungen, nicht aber Kosten im Sinne des § 1118 BGB,[12] sind in den Höchstbetrag einzurechnen (§ 1190 Abs. 2 BGB). Für Zinsen und andere Nebenleistungen haftet die Höchstbetragshypothek folglich nicht ohne Weiteres und zusätzlich zum Kapital, sondern nur unter Anrechnung auf den Höchstbetrag und nur, wenn sie von der Feststellung erfasst sind.

IV. Verfügungen

1. Übertragung

8 Forderungen aus dem Forderungskreis können entweder gemäß §§ 398, 1154 Abs. 3 BGB abgetreten werden oder rein zessionsrechtlich nach § 398 BGB (§ 1190 Abs. 4 S. 1 BGB), und zwar jeweils bereits vor der Feststellung und bevor die betreffende Forderung entstanden ist (Vorauszession).

9 **a) Abtretung in hypothekenrechtlicher Form.** Bei einer Abtretung in der Form des § 1154 Abs. 3 BGB folgt die Hypothek (§ 1153 Abs. 1 BGB). Es ist zu unterscheiden, ob der gesamte Forderungsbestand, der den Forderungskreis ausmacht, an denselben Zessionar abgetreten wird, oder ob der Forderungskreis aufgeteilt wird, indem nur ein Teil der Forderungen abgetreten wird beziehungsweise die Forderungen verschiedenen Zessionaren zugewendet werden.

10 **aa) Abtretung des gesamten Forderungskreises.** Wird der Forderungsreis vollständig an denselben Zessionar abgetreten, dann geht die Hypothek insgesamt mit über, der Zessionar erwirbt die Forderungen einzeln und die Hypothek insgesamt. Soweit bei der Abtretung noch eine Eigentümergrundschuld besteht, ändert die Abtretung daran nichts. Gutgläubiger Erwerb (§ 1138 BGB) kommt nicht in Betracht, weil die Höchstbetragshypothek Sicherungshypothek ist (§§ 1190 Abs. 3, 1185 Abs. 2 BGB). Mit der Forderungsfeststellung entsteht dann aber eine Fremdhypothek unmittelbar in der Inhaberschaft des Zessionars.

11 **bb) Aufteilung des Forderungskreises.** Bei Aufteilung des Forderungskreises entstehen spätestens mit Forderungsfeststellung Teilhypotheken (vgl. §§ 1151 f. BGB), die je den übergegangenen beziehungsweise verbliebenen Forderungskreis sichern.

---

[8] S. Erman/*Wenzel* BGB § 1190 Rn. 12; MüKoBGB/*Lieder* § 1190 Rn. 12 f.; Palandt/*Herrler* BGB § 1190 Rn. 14; Staudinger/*Wolfsteiner* § 1190 Rn. 22 ff.

[9] BGHZ 88, 62 = NJW 1983, 2262; BayObLG NJW-RR 1989, 1467.

[10] → § 1113 Rn. 10.

[11] → § 1113 Rn. 13.

[12] Erman/*Wenzel* BGB § 1190 Rn. 5; MüKoBGB/*Lieder* § 1190 Rn. 7; Palandt/*Herrler* BGB § 1190 Rn. 3; Staudinger/*Wolfsteiner* § 1190 Rn. 44, 46.

b) Abtretung in zessionsrechtlicher Form (Abs. 4). Die Abtretung in zessionsrechtlicher Form (§ 1190 Abs. 4 S. 1 BGB) bewirkt, dass die zedierte Forderung aus dem Forderungskreis ausscheidet und nicht mehr hypothekarisch gesichert ist (§ 1190 Abs. 4 S. 2 BGB). Ist der Forderungskreis durch derartige Abtretungen erschöpft, dann ist die Höchstbetragshypothek endgültig Eigentümergrundschuld.[13] **12**

2. Pfändung und Belastung

Höchstbetragshypothekengesicherte Ansprüche können mitsamt der Hypothek gepfändet werden (§ 830 ZPO) oder ohne die Hypothek (§ 837 Abs. 3 ZPO). Auch rechtsgeschäftlich kann die Forderung isoliert oder zusammen mit der Hypothek belastet werden.[14] **13**

3. Forderungsauswechslung, Umwandlung

a) Forderungsauswechslung. Der Forderungskreis kann im Wege der Forderungsauswechslung (§ 1180 BGB) verändert werden. **14**

b) Umwandlung. Analog § 1186 BGB kann eine Höchstbetragshypothek in eine **gewöhnliche Sicherungshypothek** oder in eine **Verkehrshypothek** umgewandelt werden. Voraussetzung dafür ist, dass die Forderung bereits festgestellt ist, oder dass der Forderungskreis gegen eine bestimmte Forderung bis zur Höhe des Höchstbetrags ausgewechselt wird (§ 1180 BGB).[15] Ferner kann eine Höchstbetragshypothek in eine **Grundsschuld** umgewandelt werden (§ 1198 BGB). **15**

4. Aufhebung, Verzicht

Die Höchstbetragshypothek kann gemäß §§ 1183, 875 BGB aufgehoben werden. Der Gläubiger kann gemäß § 1168 BGB auf sie verzichten. **16**

§ 1191 Gesetzlicher Inhalt der Grundschuld

(1) **Ein Grundstück kann in der Weise belastet werden, dass an denjenigen, zu dessen Gunsten die Belastung erfolgt, eine bestimmte Geldsumme aus dem Grundstück zu zahlen ist (Grundschuld).**

(2) **Die Belastung kann auch in der Weise erfolgen, dass Zinsen von der Geldsumme sowie andere Nebenleistungen aus dem Grundstück zu entrichten sind.**

Übersicht

[13] Erman/*Wenzel* BGB § 1190 Rn. 16; MüKoBGB/*Lieder* § 1190 Rn. 18; Palandt/*Herrler* BGB § 1190 Rn. 17; Staudinger/*Wolfsteiner* § 1190 Rn. 62.

[14] Staudinger/*Wolfsteiner* § 1190 Rn. 65.

[15] Erman/*Wenzel* BGB § 1190 Rn. 14; Palandt/*Herrler* BGB § 1190 Rn. 19; Staudinger/*Wolfsteiner* § 1190 Rn. 68.

I. Allgemeines

1 Die Grundschuld belastet das Grundeigentum mit dem **Recht, eine bestimmte Geldsumme aus dem Grundstück zu zahlen** (§ 1191 Abs. 1 BGB). Anders als bei der Hypothek ist die Geldsumme nicht, jedenfalls nicht auf dinglicher Ebene, „wegen einer … Forderung" (so § 1113 Abs. 1 BGB) zu zahlen, sondern schlechthin. Die Grundschuld ist demnach **nicht akzessorisch** und kann folglich – im Gegensatz zur Hypothek im Regelfall (§ 1163 Abs. 1 BGB) – auch ohne Forderung Fremdgrundpfandrecht[1] sein.

2 Die Grundschuld ist als **Sicherungsgrundschuld** (§ 1192 Abs. 1a S. 1 BGB) das bevorzugte Grundpfandrecht der Kreditsicherungspraxis. Nur von der Sicherungsgrundschuld, und nicht von der isolierten Grundschuld,[2] soll daher hier die Rede sein.

3 § 1192 Abs. 2 BGB stellt klar, dass Grundschuldinhalt auch Zinsen[3] und andere Nebenleistungen[4] sein können.

II. Bestellung

1. Rechtsgrund

4 Die rechtsgeschäftliche Bestellung[5] ist abstrakt (rechtsgrundunabhängig). Eine rechtsgrundlos bestellte Grundschuld kann aber der Eigentümer kondizieren (§ 812 Abs. 1 S. 1 BGB).[6] Der Anspruch richtet sich nach Wahl des Eigentümers auf Verzicht (§§ 1192 Abs. 1, 1168 BGB), Aufhebung (§ 875 BGB) oder Abtretung (§§ 1192 Abs. 1, 1154 BGB).[7] **Rechtsgrund** einer Sicherungsgrundschuld ist der Anspruch auf ihre Bestellung, der sich aus der **Sicherungsabrede** ergibt.[8] Bei einem **Immobiliar-Verbraucherdarlehensvertrag** (§ 491 Abs. 3 BGB) muss nicht nur die Sicherungsabrede, sondern auch der Darlehensvertrag Angaben zu Sicherheiten enthalten, weil andernfalls „Sicherheiten nicht gefordert werden" können (§ 494 Abs. 6 S. 2 BGB).[9] § 494 Abs. 6 S. 2 BGB erfasst Drittsicherheiten[10] ebenso wie Schuldnersicherheiten.[11]

2. Gesicherte Forderung

5 Die Bestellung einer Sicherungsgrundschuld ist unabhängig vom **Bestehen einer zu sichernden Forderung;**[12] steht aber fest, dass ein gesicherter Anspruch nicht mehr entstehen wird, kann Rückgewähr gefordert werden.[13] Im Übrigen wirken Gegenrechte gegen die gesicherte Forderung via Sicherungsabrede als Einreden gegen die Grundschuld gemäß §§ 1192 Abs. 1, 1157 BGB. Grundsätzlich können solche Einreden im Grundbuch eingetragen werden, um einredefreien Erwerb gemäß §§ 1192 Abs. 1, 1157 S. 2 BGB zu verhüten. Aus § 1192 Abs. 1a S. 1 Hs. 2 BGB folgt nunmehr, dass es bei der Sicherungs-

[1] → Vorb. Rn. 3.
[2] Dazu MüKoBGB/*Lieder* § 1191 Rn. 202 ff.
[3] → § 1115 Rn. 14.
[4] → § 1115 Rn. 17.
[5] → Vorb. Rn. 13 ff.
[6] Erman/*Wenzel* BGB § 1191 Rn. 2; MüKoBGB/*Lieder* § 1191 Rn. 11; Staudinger/*Wolfsteiner* Vorb. § 1191 Rn. 14.
[7] BGHZ 108, 237 = NJW 1989, 2536.
[8] BGH NJW 1989, 1732.
[9] Einzelheiten BeckOGK/*Haertlein* BGB § 507 Rn. 50 ff.
[10] → Vorb. Rn. 4.
[11] BeckOGK/*Haertlein* BGB § 507 Rn. 53. **AA** BankR-HdB/*Peters* § 81 Rn. 269.
[12] BGH NJW 1981, 1505.
[13] Erman/*Wenzel* BGB § 1191 Rn. 52.

grundschuld nicht mehr, jedenfalls nicht mehr im Eigentümerinteresse, erforderlich ist, derlei Einreden einzutragen.[14]

6 Als Ausnahme von der Forderungsunabhängigkeit[15] ist die Bestellung einer Grundschuld für ein Wucherdarlehen (§ 138 Abs. 2 BGB) unwirksam; die Sicherungsgrundschuld für ein gemäß § 138 Abs. 1 BGB sittenwidriges Darlehen ist hingegen wirksam bestellt und sichert den Bereicherungsanspruch auf Rückzahlung der Darlehensvaluta.[16]

III. Übertragung

7 Die Grundschuld ist entsprechend § 1154 BGB zu übertragen (**Abtretung** der Grundschuld). Die Abtretung einer grundschuldgesicherten Forderung zieht keinen Übergang der Grundschuld nach sich, weil § 1153 Abs. 1 BGB und § 401 BGB[17] unanwendbar sind. Der Forderungszedent kann aber dazu verpflichtet sein, auch die Grundschuld an den Zessionar abzutreten,[18] so jedenfalls in den Fällen der §§ 426 Abs. 2, 774 Abs. 1 S. 1 BGB.[19]

IV. Verwertung

1. Zwangsvollstreckung

8 Die Grundschuld kann im Wege der Zwangsvollstreckung verwertet werden (§§ 1192 Abs. 1, 1147 BGB).[20] In der Praxis der Sicherungsgrundschuld wird vereinbart, dass die Bank zur Vermeidung eines Übersicherungsvorwurfs, soweit die Grundschuld nicht valutiert, berechtigt ist, jederzeit, also auch noch im Verteilungsverfahren, auf die Grundschuld ganz oder teilweise zu **verzichten.** Erklärt die Bank einen solchen Verzicht nicht, und macht sie stattdessen den vollen Grundschuldbetrag – gegebenenfalls zuzüglich Zinsen[21] – geltend, wozu sie berechtigt, aber nicht verpflichtet ist,[22] dann ist ein Übererlös an den Eigentümer herauszugeben.[23]

9 Der Schuldner hat in der Zwangsvollstreckung aus einem Grundschuldtitel kein **Tilgungsbestimmungsrecht** nach § 366 Abs. 1 BGB.[24] Ein Erlös, der nicht zur Befriedigung wegen allen gesicherten Forderungen ausreicht, ist in erster Linie nach Maßgabe der Sicherungsabrede, andernfalls nach Wahl des Gläubigers[25] auf einzelne Forderungen oder Forderungsteile zu verrechnen.

2. Freihändige Verwertung

10 Freihändige Verwertung bedeutet, dass der Grundschuldgläubiger die **Grundschuld entgeltlich veräußert.**[26] Sie ist in den gebräuchlichen Sicherungsabreden vorgesehen und auch ohne eine solche Vereinbarung grundsätzlich zulässig,[27] sobald und soweit die gesi-

---

14 Staudinger/*Wolfsteiner* § 1191 Rn. 9.
15 Zur gesicherten Forderung als Bedingung → Vorb. Rn. 15.
16 BGH NJW-RR 2000, 1431; NJW 1994, 1275; 1982, 2767.
17 **AA** OLG Koblenz WM 2018, 1128.
18 *Obermüller* BKR 2017, 221 (223); Erman/*Wenzel* BGB § 1191 Rn. 37; Staudinger/*Busche* § 401 Rn. 41.
19 BGH NJW 2001, 2327; BGHZ 110, 41 = NJW 1990, 903; 80, 228 = NJW 1981, 1554.
20 Einzelheiten MüKoBGB/*Lieder* § 1191 Rn. 171 ff.; *Jacoby* AcP 203 (2003), 664 (668 f.); Staudinger/*Wolfsteiner* Vorb. § 1191 Rn. 266 ff.
21 BGH NJW 1981, 1505.
22 BGH WM 2012, 591 = MJW 2012, 1142 mAnm *Bülow* WuB I F 3. – 2.12; OLG München NJW 1980, 1051.
23 BGH NJW 1992, 1620.
24 BGHZ 140, 391 = NJW 1999, 1704.
25 BGH NJW 1998, 601.
26 Staudinger/*Wolfsteiner* Vorb. § 1191 Rn. 118.
27 Staudinger/*Wolfsteiner* Vorb. § 1191 Rn. 119.

cherte Forderung fällig ist,[28] gleichgültig, ob die Grundschuld fällig ist oder nicht. Die Verwertung ist dem Eigentümer zuvor mit Fristsetzung anzudrohen.[29]

11 Im Schrifttum wird die Auffassung vertreten, dass das Entgelt auf den gesicherten Anspruch zu verrechnen sei, der dadurch in Höhe des Verwertungserlöses erlösche.[30] Das erscheint ungereimt. Denn es würde bedeuten, dass der persönliche Schuldner frei würde, und der Grundeigentümer eine dauernde Einrede erlangen würde (§§ 1192 Abs. 1, 1157 S. 1 BGB), ohne dass einer von beiden irgendeine Leistung erbracht hätte. Gleichzeitig würde der Erwerber für sein Entgelt keine verwertbare Gegenleistung erhalten. §§ 1192 Abs. 1a, 1157 BGB sollen den Eigentümer nur davor schützen, infolge Grundschuldveräußerung ungerechtfertigt in Anspruch genommen zu werden. § 1192 Abs. 1a BGB darf aber nicht dazu führen, dass weder der gesicherte Anspruch noch die Grundschuld bedient zu werden braucht, wenn die Grundschuld zu Verwertungszwecken veräußert wurde. Zwar hat der BGH im Jahr 1982 entschieden, dass „grundsätzlich die gesicherte Forderung in Höhe des erzielten Entgelts [erlischt], wenn der Gläubiger lediglich die Grundschuld zum Zwecke der Verwertung (isoliert) überträgt".[31] Dies war damals angezeigt, als es § 1192 Abs. 1a BGB noch nicht gab, und folglich das Risiko doppelter Inanspruchnahme (§ 1157 S. 2 BGB) nicht auszuschließen war. Eine solche Sicht der Dinge würde aber heute unter Geltung von § 1192 Abs. 1a BGB zu völlig unangemessenen Ergebnissen führen. § 1192 Abs. 1a BGB soll verhindern, dass der Eigentümer Verteidigungsmöglichkeiten verliert, wenn eine Sicherungsgrundschuld zirkuliert, wie dies zuvor wegen § 1157 S. 2 BGB möglich war. § 1192 Abs. 1a BGB soll dem Grundeigentümer aber nicht Einreden zuwenden, die er nicht hätte, wenn die Grundschuld nicht umgelaufen wäre. Erst recht soll der persönliche Schuldner nicht wie dargetan profitieren. Folge einer freihändigen Verwertung muss folglich sein, dass sich an Bestand und Durchsetzbarkeit der gesicherten Forderung nichts ändert, und dass auch die Haftung der Grundschuld unverändert bleibt. Dieses Ergebnis wird erzielt, indem bei freihändiger Verwertung das **Veräußerungsentgelt nicht mit Tilgungswirkung auf die gesicherte Forderung angerechnet** wird.

§ 1192 Anwendbare Vorschriften

(1) **Auf die Grundschuld finden die Vorschriften über die Hypothek entsprechende Anwendung, soweit sich nicht daraus ein anderes ergibt, dass die Grundschuld nicht eine Forderung voraussetzt.**

(1a) **Ist die Grundschuld zur Sicherung eines Anspruchs verschafft worden (Sicherungsgrundschuld), können Einreden, die dem Eigentümer auf Grund des Sicherungsvertrags mit dem bisherigen Gläubiger gegen die Grundschuld zustehen oder sich aus dem Sicherungsvertrag ergeben, auch jedem Erwerber der Grundschuld entgegengesetzt werden; § 1157 Satz 2 findet insoweit keine Anwendung. Im Übrigen bleibt § 1157 unberührt.**

(2) **Für Zinsen der Grundschuld gelten die Vorschriften über die Zinsen einer Hypothekenforderung.**

Übersicht

[28] MüKoBGB/*Lieder* § 1191 Rn. 15, 123.
[29] **AA** Staudinger/*Wolfsteiner* Vorb. § 1191 Rn. 123.
[30] MüKoBGB/*Lieder* § 1191 Rn. 113; Staudinger/*Wolfsteiner* Vorb. § 1191 Rn. 125.
[31] BGH NJW 1982, 2768.

I. Allgemeines

Im Recht der Grundschuld (§§ 1191–1198 BGB) sind nur einige rechtliche Aspekte der Grundschuld gesondert geregelt; im Übrigen gelten für die Grundschuld die **Hypothekenvorschriften** (§§ 1113 ff. BGB) **entsprechend,** soweit diese **nicht auf der Forderungsabhängigkeit** der Hypothek **beruhen** (§ 1192 Abs. 1 BGB). Die Festlegung, welche hypothekenrechtlichen Vorschriften im Einzelnen entsprechend gelten, und welche nicht, ist nicht so einfach, wie dies die Vorgabe des § 1192 Abs. 1 BGB scheinen lässt. Indes haben Rechtsprechung und Literatur diese Aufgabe inzwischen gelöst, und es besteht weitgehend **Konsens** und manches verblüffende Ergebnis, zB die entsprechende Anwendung von § 1154 BGB, der sich überhaupt nicht mit der Hypothek befasst, sondern allein mit der Forderung. 1

§ 1192 Abs. 1a BGB, der mit dem Gesetz zur Begrenzung der mit Finanzinvestitionen verbundenen Risiken (Risikobegrenzungsgesetz) v. 12.8.2008 (BGBl. I S. 1666) eingefügt wurde, und anwendbar ist, „sofern der Erwerb der Grundschuld **nach dem 19. August 2008** erfolgt ist" (Art. 229 § 18 Abs. 2 EGBGB),[1] macht den bisherigen Phänotypus **„Sicherungsgrundschuld"** zum gesetzlichen **Rechtstypus.** Die Norm bestimmt, dass Einreden, die dem Eigentümer auf Grund des Sicherungsvertrags mit dem bisherigen Gläubiger gegen die Grundschuld zustehen oder sich aus dem Sicherungsvertrag ergeben, auch jedem Erwerber der Grundschuld entgegengesetzt werden können, und dass insoweit kein gutgläubiger einredefreier Erwerb möglich ist. Damit ist die Sicherungsgrundschuld – § 1157 S. 2 BGB unanwendbar – **strenger forderungsgebunden** und weniger verkehrsfähig **als die Hypothek,** bei der die §§ 1138, 1157 S. 2 BGB anwendbar sind.[2] Die Regelung, gesetzgeberische Reaktion auf eine überhitzte Diskussion über die Risiken, die den Eigentümer bei Grundschuldabtretung treffen können, ist ein Treppenwitz. Die Vermutung, Banken würden nunmehr für die Kreditbesicherung anstelle von Grundschulden wieder Hypotheken in Betracht ziehen, hat sich bislang nicht bestätigt. 2

§ 1192 Abs. 2 BGB trifft Bestimmung über die Regelung von Grundschuldzinsen. 3

II. Anwendbare Vorschriften (Abs. 1)

Folgende hypothekenrechtliche Vorschriften sind bei Grundschulden entsprechend anwendbar:[3] §§ 1114–1136, 1140–1152, 1154–1160, 1162, 1163 Abs. 2, 1168–1171, 1173 Abs. 1 S. 1, Abs. 2, 1175 f., 1178–1179b, 1181, 1183, 1188 f. BGB. 4

Nicht entsprechend gelten: §§ 1113, 1137–1139, 1153, 1161, 1163 Abs. 1, 1164–1167, 1172, 1173 Abs. 1 S. 2, 1174, 1177, 1180, 1182, 1184–1187, 1190 BGB. 5

---

[1] Zum Einwendungsausschluss gem. § 1157 S. 2 BGB bei Grundschuldabtretung vor dem Stichtag s. BGH WM 2015, 619.

[2] *Schiemann* FS E. Lorenz, S. 863 (873) meint, der Gesetzgeber habe mit der Einführung von § 1192 Abs. 1a BGB „das Rechtsinstitut Grundschuld geradezu erschlagen".

[3] Zu Einzelnachweisen und Modifikationen s. die Kommentierungen der jeweiligen Norm.

III. Sicherungsgrundschuld (Abs. 1a)

1. Begriff

6 Sicherungsgrundschuld ist eine Grundschuld, die **zur Sicherung eines Anspruchs** oder mehrerer Ansprüche verschafft worden ist (§ 1192 Abs. 1a S. 1 Hs. 1 BGB).

7 Zur Sicherung eines Anspruchs wird eine Grundschuld verschafft, wenn ihre Bestellung oder Übertragung ihren **Rechtsgrund in einem schuldrechtlichen Vertrag** findet, demzufolge die Grundschuld für den Fall des Ausbleibens einer kreditierten Leistung zur Schadloshaltung dienen soll **(Sicherungsabrede).**[4] Die Sicherungsabrede ist ein **Treuhandvertrag,** der mehr oder weniger eingehend das Sicherungsgut, den gesicherten Anspruch, den Sicherungsfall sowie die Rechte und Pflichten von Sicherungsnehmer (Treunehmer, Kreditgeber) und -geber (Treugeber, Kreditnehmer) bestimmt.

8 Treu- und Sicherungsgeber braucht nicht der Grundeigentümer zu sein. Verschafft zB ein Fremdgrundschuldgläubiger die Grundschuld als Sicherheit, oder veräußert der Grundeigentümer, der eine Grundschuld als Sicherheit gegeben hat, anschließend das Grundstück, dann gewährt § 1192 Abs. 1a S. 1 BGB dem Eigentümer, der nicht Kontrahent der Sicherungsabrede ist und daher grundsätzlich keine Rechte aus ihr herleiten kann, keine Rechte gegen den Sicherungsnehmer oder dessen Rechtsnachfolger.[5] Gleichwohl ist eine solche Grundschuld definitionsgemäß Sicherungsgrundschuld.[6] Sicherungsgrundschuld ist auch die Grundschuld, die aufgrund unwirksamer Sicherungsabrede oder zur Besicherung eines nicht bestehenden Anspruchs verschafft wird, wenn nur der Sicherungsgeber meint, die Sicherungsabrede sei wirksam und der gesicherte Anspruch bestehe oder könne noch entstehen.[7]

2. Dauer

9 Eine Sicherungsgrundschuld wird zur gewöhnlichen Grundschuld, wenn der Eigentümer sie zurückerwirbt.[8]

3. Einreden

10 **a) Einreden aufgrund oder infolge der Sicherungsabrede. aa) Einreden aufgrund der Sicherungsabrede.** Der Eigentümer kann Einreden, die ihm aufgrund der Sicherungsabrede gegen die Grundschuld zustehen (§ 1157 S. 1 BGB), dem Sicherungsnehmer sowie jedem Grundschulderwerber entgegensetzen (§ 1192 Abs. 1a S. 1 Hs. 1 Alt. 1 BGB). **Gutgläubiger einredefreier Erwerb** (§ 1157 S. 2 BGB) ist insoweit **ausgeschlossen** (§ 1192 Abs. 1a S. 1 Hs. 2). Ist eine Sicherungsgrundschuld, gegen die dem Eigentümer eine Einrede auf Grund des Sicherungsvertrags mit einem früheren Gläubiger zustand, vor dem für die Anwendbarkeit von § 1192 Abs. 1a BGB maßgeblichen Stichtag[9] von einem Dritten gutgläubig einredefrei erworben worden, führt eine weitere Abtretung an einen Dritten nach dem Stichtag **nicht** dazu, dass die **Einrede wieder erhoben werden kann.**[10]

11 Bei den Einreden aus dem Sicherungsvertrag, die der Grundstückseigentümer dem Erwerber der Sicherungsgrundschuld nach § 1192 Abs. 1a Satz 1 BGB entgegenhalten kann, handelt es sich um Einwendungen gegen den (Fort-)Bestand und die Fälligkeit der

---

[4] Aber → Rn. 8 zur unwirksamen Sicherungsabrede.
[5] Staudinger/*Wolfsteiner* § 1192 Rn. 37.
[6] **AA** Staudinger/*Wolfsteiner* § 1192 Rn. 37, 45.
[7] Staudinger/*Wolfsteiner* § 1192 Rn. 39, 41.
[8] Staudinger/*Wolfsteiner* § 1192 Rn. 44.
[9] → Rn. 2.
[10] BGH NJW 2014, 550 mAnm *Regenfus,* LMK 2014, 354193.

gesicherten Forderung.[11] Hauptanwendungsfälle sind die Einreden der Nichtvalutierung, des vollständigen oder teilweisen Erlöschens der gesicherten Forderung vor der Übertragung der Grundschuld, der fehlenden Fälligkeit der gesicherten Forderung und der Einwand, die gesicherte Forderung sei nach Übertragung der Sicherungsgrundschuld in voller Höhe oder teilweise getilgt worden.[12]

bb) Einreden infolge der Sicherungsabrede. Das Gleiche gilt für Einreden, die **sich aus dem Sicherungsvertrag ergeben** (§ 1192 Abs. 1a S. 1 Hs. 1 Alt. 2 Hs. 2 BGB). Diese Tatbestandsalternative erfasst **nicht** solche Einreden, die der **Eigentümer** dem Sicherungsnehmer nicht entgegenhalten kann, weil er **nicht Kontrahent der Sicherungsabrede** ist.[13] Solche Einreden kann der Eigentümer auch unter Geltung von § 1192 Abs. 1a BGB weder dem ersten Sicherungsnehmer noch einem Rechtsnachfolger entgegenhalten. Einreden, die sich aus der Sicherungsabrede ergeben, sind vielmehr solche, die zur Zeit der Grundschuldabtretung **in der Sicherungsabrede angelegt** sind, deren Tatbestand aber erst später erfüllt ist,[14] ähnlich wie bei § 404 BGB. Der Eigentümer kann demnach einem Rechtsnachfolger eine Zahlung entgegenhalten, die er nach der Abtretung zur Darlehenstilgung an den Sicherungsnehmer leistet,[15] ähnlich wie bei § 407 BGB, aber ohne subjektive Komponente. 12

b) Sonstige Einreden. Für andere Einreden gegen die Grundschuld[16] gelten keine Besonderheiten, insbesondere ist gutgläubiger einredefreier Erwerb möglich (§ 1192 Abs. 1a S. 2 BGB). Nicht zu den Einreden im Sinne von § 1192 Abs. 1a BGB gehört insbesondere der Einwand, der Grundschuldgläubiger habe die Sicherungsgrundschuld ohne die gesicherte Forderung erworben.[17] Denn der Umstand, dass die Grundschuld an einen anderen Gläubiger abgetreten wird, verschafft dem Eigentümer keine Einrede gegen den (Fort-)Bestand und die Fälligkeit der gesicherten Forderung.[18] Vielmehr bleibt der Eigentümer aus dem gesicherten Anspruch verpflichtet, und auch am Eintritt des Sicherungsfalls ändert die Abtretung der Sicherungsgrundschuld nichts.[19] 13

c) Ansprüche aus der Sicherungsabrede. § 1192 Abs. 1a BGB sieht nicht vor, dass Ansprüche aus der Sicherungsabrede, zB der Rückgewähranspruch[20] gegen den Erwerber geltend gemacht werden können, außer als Einrede. 14

4. Die Sicherungsabrede

a) Begriff. Die Sicherungsabrede ist ein **schuldrechtlicher Vertrag,** der festlegt, dass eine Grundschuld der Schadloshaltung für den Fall des Ausbleibens einer kreditierten Leistung dienen soll (Sicherungszweck). Sie ist ein **Treuhandvertrag.**[21] Die Sicherungsabrede ist **kein gegenseitiger Vertrag** (§§ 320 ff. BGB), weil die Stellung der Sicherheit keine Gegenleistung für den Kredit ist.[22] 15

Die Sicherungsabrede ist **formfrei,**[23] gegebenenfalls aber gemäß § 144 Abs. 2 Nr. 3 BauGB oder §§ 1821 f. BGB[24] genehmigungsbedürftig. Die §§ 491 ff. BGB sind auf die 16

[11] BGH WM 2018, 1168 mAnm *Samhat* WuB 2018, 436.
[12] BGH WM 2018, 1168 mAnm *Samhat* WuB 2018, 436.
[13] → Rn. 8.
[14] BGH WM 2018, 1168 mAnm *Samhat* WuB 2018, 436; Staudinger/*Wolfsteiner* § 1192 Rn. 43 unter Hinweis auf BT-Drs. 16/9821, 16.
[15] *Langenbucher* NJW 2008, 3169 (3172) unter Hinweis auf BT-Drs. 16/9821, 22.
[16] Zur Abgrenzung sicherungsabredebezogener von anderen Einreden OLG Brandenburg ZIP 2014, 164.
[17] BGH WM 2018, 1168 mAnm *Samhat* WuB 2018, 436.
[18] BGH WM 2018, 1168 mAnm *Samhat* WuB 2018, 436.
[19] BGH WM 2018, 1168 mAnm *Samhat* WuB 2018, 436.
[20] → Rn. 47 ff.
[21] BGH NJW-RR 1996, 234.
[22] MüKoBGB/*Lieder* § 1191 Rn. 21; Staudinger/*Wolfsteiner* Vorb. § 1191 Rn. 31.
[23] BGH WM 2018, 1054; BGHZ 100, 82 = NJW 1987, 1885; *Obermüller* BKR 2017, 221.
[24] Einzelheiten MüKoBGB/*Lieder* § 1191 Rn. 63 ff.

Sicherungsabrede nicht anzuwenden, auch nicht, wenn Ansprüche aus **Verbraucherdarlehen** gesichert werden.[25] §§ 358 f. BGB sind ebenfalls nicht anzuwenden,[26] und auch die Normen über Fernabsatzverträge finden keine Anwendung (§ 312b Abs. 3 Nr. 4 BGB); anwendbar ist aber § 312 BGB.[27] Schließlich kann eine Sicherungsabrede gemäß § 134 BGB, §§ 1 ff. RDG unwirksam sein, wenn ihr Abschluss mit einer **unerlaubten Rechtsdienstleistung** zusammenhängt.

17 **b) Kontrahenten.** Die **Vertragsparteien** können, müssen aber nicht Sicherungsgeber – wer die Sicherheit stellt – und -nehmer – kreditgebende Bank – sein.[28] Insbesondere folgende Konstellationen sind zu unterscheiden.[29]

18 Die Bank kontrahiert mit dem Kreditnehmer und Grundeigentümer, der die Grundschuld an seinem Grundstück bestellen soll (Sicherungsgeber).

19 Die Bank schließt die Sicherungsabrede mit dem Kreditnehmer, der eine Grundschuld an einem fremden Grundstück beibringen soll,[30] zB indem er eine Fremdgrundschuld an die Bank abtritt, oder indem er den Eigentümer dazu veranlasst, eine Grundschuld für die Bank zu bestellen. Sicherungsgeber ist der Kreditnehmer, der Eigentümer ist weder Partei der Sicherungsabrede noch Sicherungsgeber.[31]

20 Die Bank kontrahiert mit dem Eigentümer, der nicht Kreditnehmer ist, aber die Grundschuld an seinem Grundstück bestellen soll (Sicherungsgeber).

21 Nicht die Bank kontrahiert, sondern ein Dritter schließt einen **Vertrag zugunsten Dritter** (§ 328 BGB), der die Bank (Sicherungsnehmer) berechtigt.

22 **c) Selbständige und unselbständige Sicherungsabrede.** Die **selbständige Sicherungsabrede** (zB Nr. 13 AGB Banken „für alle Ansprüche aus der bankmäßigen Geschäftsverbindung", Nr. 22 AGB Spark) ist zu unterscheiden von der **unselbständigen Sicherungsabrede,** die, wie üblich und im Zweifel anzunehmen,[32] mit dem Darlehensvertrag – nicht unbedingt äußerlich – verbunden, aber von diesem zu unterscheiden ist.[33]

23 Eine selbständige Sicherungsabrede kann grundsätzlich selbständig gekündigt werden (§ 671 BGB), str.[34] Vorrang haben die Vereinbarungen über die Vertragsbeendigung, Kündigung aus wichtigem Grund kann aber nicht ausgeschlossen werden. Die unselbständige Sicherungsabrede teilt grundsätzlich das rechtliche Schicksal des Kreditvertrags.[35] Bei Unwirksamkeit des Kreditvertrags gilt für die Sicherungsabrede § 139 BGB mit der Folge, dass regelmäßig auch die Sicherungsabrede unwirksam ist.[36]

24 **d) Inhalt.** Die Sicherungsabrede regelt die Besicherung eines Anspruchs durch eine Grundschuld. Sie enthält typischerweise folgende Regelungen.

25 **aa) Verschaffung einer Grundschuld.** Es wird ein Anspruch der Bank begründet, dass ihr eine bestimmte Grundschuld – Grundstück, Rang,[37] Kapital sowie Zinsen[38] und

[25] Derleder/Knops/Bamberger/*Derleder* Handbuch zum deutschen und europäischen Bankrecht § 26 Rn. 14 (anders aber ebenda Rn. 3); *Samhat* WM 2019, 849 (854).
[26] Staudinger/*Wolfsteiner* Vorb. § 1191 Rn. 240.
[27] Derleder/Knops/Bamberger/*Derleder* Handbuch zum deutschen und europäischen Bankrecht § 26 Rn. 13; Theewen/*Fahlbusch* Bank- und Kapitalmarktrecht, Kreditsicherungsrecht Rn. 15. Einzelheiten *Samhat* WM 2019, 849 (854 f.)
[28] BankR-HdB/*Epp* § 94 Rn. 310; Staudinger/*Wolfsteiner* Vorb. § 1191 Rn. 25.
[29] Einzelheiten zu den Konsequenzen Staudinger/*Wolfsteiner* Vorb. § 1191 Rn. 281 ff.
[30] Bsp. BGH NJW 1989, 1732.
[31] BGH WM 2018, 1054.
[32] Staudinger/*Wolfsteiner* Vorb. § 1191 Rn. 34.
[33] Staudinger/*Wolfsteiner* Vorb. § 1191 Rn. 32.
[34] *Samhat* WM 2019, 805 (810); Staudinger/*Wolfsteiner* Vorb. § 1191 Rn. 35 f. **AA** BankR-HdB/*Epp* § 94 Rn. 295; MüKoBGB/*Lieder* § 1191 Rn. 83.
[35] Staudinger/*Wolfsteiner* Vorb. § 1191 Rn. 37.
[36] BGH NJW 1994, 2885.
[37] Einzelheiten BankR-HdB/*Epp* § 94 Rn. 210 ff.
[38] Zur Verjährung der Grundschuldzinsen s. BGHZ 142, 332 = NJW 1999, 3705.

Nebenleistungen,[39] zur Fälligkeit s. § 1193 BGB – verschafft wird; er bildet den Rechtsgrund der Grundschuldverschaffung.[40] Die Verpflichtung zur Grundschuldverschaffung verpflichtet als solche nicht zur Übernahme der persönlichen Haftung durch abstraktes Schuldanerkenntnis (§§ 780 f. BGB) oder zur Vollstreckungsunterwerfung (§ 794 Abs. 1 Nr. 5 ZPO). Anerkenntnis und Unterwerfung, die ohne Verpflichtung erklärt sind, können kondiziert werden, auch wenn der zu sichernde Anspruch und eine Verpflichtung zur Stellung einer Grundschuld bestehen (str.).[41]

bb) Unterwerfung wegen der Grundschuld. Die Kreditsicherungspraxis sieht vor, dass der Sicherungsgeber sich wegen der Grundschuld – Kapital, Zinsen, Nebenleistungen, gegebenenfalls auch nur wegen eines, in der Regel des zuletzt zu zahlenden, Teilbetrags[42] oder wegen einzelner Grundstücke einer Gesamtgrundschuld[43] – der sofortigen Zwangsvollstreckung unterwirft, und zwar **gegen den jeweiligen Grundeigentümer** (§§ 794 Abs. 1 Nr. 5, 800 ZPO).[44] Mit der unbedingten[45] Unterwerfung[46] verzichtet der Schuldner auf ein Leistungsurteil (§ 704 ZPO) in Bezug auf den Anspruch, um dem Gläubiger Zeit und sich selbst die Kosten der Durchsetzung (§ 91 ZPO) zu sparen.[47] Er ist jedoch nicht ohne Rechtsschutz, sondern ihm wird die Initiativlast (§ 767 ZPO) aufgebürdet.[48] Eine solche Unterwerfungsklausel in **AGB** ist nicht überraschend (§ 305c Abs. 1 BGB) und verstößt nicht gegen § 309 Nr. 12 BGB – die Umkehr der Parteirollen im Prozess infolge der Unterwerfung lässt die Beweislast unverändert. Sie enthält auch keine unangemessene Benachteiligung[49] (§ 307 BGB) und steht im Einklang mit der Klauselrichtlinie[50] (insbesondere Art. 3 Abs. 3 i. V. mit Nr. 1 lit. q Anhang).[51] 26

In Zessionsfällen aus der Zeit vor Anwendbarkeit von § 1192 Abs. 1a BGB, also bis einschließlich dem 19.8.2008,[52] kann der **Zessionar** einer Sicherungsgrundschuld aus der Unterwerfungserklärung nur vorgehen, wenn er **in die Sicherungsabrede eintritt.** Die technische Form des Eintritts soll bedeutungslos sein;[53] in Betracht kommen jedenfalls Vertragübernahme, Schuldbeitritt oder Vertrag zu Gunsten Dritter.[54] Über die **vollstreckungsrechtlichen Konsequenzen** des Eintrittserfordernisses herrscht in der höchstrichterlichen Rechtsprechung Uneinigkeit. Der XI. Zivilsenat des BGH vertritt im Urteil v. 30.3.2010 die Auffassung, die Prüfung, ob der Zessionar in die Sicherungsabrede eingetreten und damit neuer Titelgläubiger geworden sei, sei dem Klauselerteilungsverfahren nach § 727 ZPO vorbehalten.[55] Demgegenüber meint der VII. Zivilsenat des BGH im Urteil vom 29.6.2011, die Einwendung, die Unterwerfung erstrecke sich nur auf Ansprüche aus einer treuhänderisch gebundenen Sicherungsgrundschuld und der Zessionar sei nicht in die treuhänderische Bindung eingetreten, könne der Schuldner nur mit der Klage 27

---

39 Einzelheiten BankR-HdB/*Epp* § 94 Rn. 197 ff.

40 BGH WM 2018, 1054; BGH NJW-RR 1996, 234; NJW 1990, 392; *Dieckmann* BWNotZ 2011, 42 (46).

41 AA BGHZ 177, 345 = NJW 2008, 3208; BGH NJW 2005, 1576.

42 Einzelheiten BGHZ 108, 372 = NJW 1990, 258; OLG Hamm NJW 1987, 1090; BankR-HdB/*Epp* § 94 Rn. 228 ff.

43 BGHZ 80, 119 = NJW 1981, 1503.

44 Zur Unterwerfung der Gesellschafter einer GbR s. BGH NJW 2004, 3632; 2006, 2191

45 Stein/Jonas/*Münzberg* ZPO § 784 Rn. 125.

46 Einzelheiten Zöller/*Stöber* ZPO § 794 Rn. 27 ff.

47 Stein/Jonas/*Münzberg* ZPO § 794 Rn. 105.

48 Stein/Jonas/*Münzberg* ZPO § 794 Rn. 105.

49 BGHZ 185, 133 = NJW 2010, 2041.

50 Richtlinie 93/13/EWG des Rates v. 5.4.1993 über mißbräuchliche Klauseln in Verbraucherverträgen (ABl. 1993 L 095, S. 29).

51 BankR-HdB/*Epp* § 94 Rn. 225 ff.

52 → Rn. 2.

53 So BGH NJW 2012, 2354.

54 BGH NJW 2012, 2354; *Hoffmann* ZBB 2014, 307, 311 ff.

55 BGHZ 185, 133 = NJW 2010, 2041. Zustimmend *Lehleiter/Hoppe* BKR 2010, 238.

nach § 768 ZPO geltend machen.[56] Der V. Zivilsenat des BGH hatte zunächst die Rechtsauffassung des XI. Zivilsenats (Nachweis gemäß § 727 ZPO erforderlich) geteilt,[57] dann aber mit Urteil vom 14.6.2014 im Sinne des VII. Zivilsenats klargestellt, dass dem Schuldner die Initiativlast der Klauselgegenklage (§ 768 ZPO) obliege[58] (wie V. Zivilsenat). Mindestens bis zum jüngsten Urteil bewertete die Praxis die Rechtslage als unklar; im Schrifttum[59] wird nunmehr das Urteil des V. Zivilsenats aus dem Juni 2014 als Beendigung des Streits der Senate bewertet. In Zessionsfällen seit dem 20.8.2008 schließt § 1192 Abs. 1a BGB missbräuchliche Inanspruchnahme aus, deren Verhinderung bis dahin das Eintrittserfordernis diente.[60]

28 Das **Verfahren** richtet sich nach § 797 Abs. 1–5 ZPO, § 54 Abs. 1 BeurkG, §§ 70 ff. FamFG. Der Notar (§ 797 Abs. 2 ZPO) hat die Wirksamkeit der Beurkundung und der Unterwerfung sowie die Berechtigung des Antragstellers zu prüfen.[61] Einwendungen nach § 797 Abs. 3 ZPO beruhen auf prozessualen Mängeln der Klausel, die zu ihrer Unwirksamkeit führen[62] (Rechtsbehelf § 732 ZPO). Einwendungen gegen den Anspruch selbst sind im Wege der Vollstreckungsgegenklage ohne die zeitliche Einschränkung des § 767 Abs. 2 ZPO geltend zu machen (§ 797 Abs. 4 ZPO).[63] Nach § 797 Abs. 5 ZPO ist für Klagen gemäß §§ 795, 731, 767, 768 ZPO örtlich ausschließlich das Gericht des allgemeinen Gerichtsstands (§§ 13 ff. ZPO), mangels eines solchen das Gericht des Vermögensbesitzes gemäß § 23 ZPO zuständig. Die sachliche Zuständigkeit richtet sich nach den §§ 23–23b, 71 GVG.

29 Gemäß § 798 ZPO ist eine **Wartefrist** von zwei Wochen seit Zustellung einzuhalten. Die Zwangsvollstreckung kann am 15. Tag nach der Zustellung beginnen, da der Tag der Zustellung nicht eingerechnet wird (§ 222 ZPO).[64] Wird die Wartefrist missachtet, ist der Vollstreckungsakt fehlerhaft (Rechtsbehelf § 766 ZPO), aber wirksam.[65]

30 § 799 ZPO erlässt abweichend von § 750 Abs. 2 ZPO dem **eingetragenen Rechtsnachfolger** des Gläubigers die Zustellung der Urkunden, die die Rechtsnachfolge nachweisen, da der Eigentümer vom Grundbuchamt über die Eintragung des Rechtsnachfolgers benachrichtigt wird.[66]

31 § 799a S. 1 ZPO statuiert eine materiellrechtliche **Schadensersatzpflicht** bei unberechtigter Vollstreckung durch einen anderen als den in der Unterwerfungsurkunde bezeichneten Gläubiger. Der Schadensersatzanspruch kann im Wege der Klage oder Widerklage oder durch Inzidentantrag im Verfahren nach § 767 ZPO geltend gemacht werden.[67] Nach § 799a S. 2 ZPO kann auch der persönliche Schuldner der gesicherten Forderung Schadensersatzansprüche geltend machen, wenn er sich der Vollstreckung in sein Vermögen unterworfen hat und diese für unzulässig erklärt wurde; Gleiches gilt für denjenigen, der zur Sicherung einer solchen Forderung ein Schuldanerkenntnis oder -versprechen (§§ 780 f. BGB) abgegeben und sich der Vollstreckung unterworfen hat.

32 **cc) Übernahme der persönlichen Haftung und Unterwerfung.** Sicherungsabreden können die Verpflichtung des Sicherungsgebers zur Übernahme der persönlichen Haftung im Umfang der Grundschuldhaftung[68] und im Rahmen des Sicherungszwecks der

---

[56] BGHZ 190, 172 = NJW 2011, 2803 mAnm *Piekenbrock* LMK 2011, 323694. Bestätigt durch BGH NJW 2019, 438 mAnm *Joswig* WuB 2019, 61.
[57] BGH NJW 2012, 2354; BGH BKR 2011, 291.
[58] BGH ZBB 2014, 324.
[59] *Hoffmann* ZBB 2014, 307 (309).
[60] *Hinrichs/Jaeger* NJW 2010, 2017 (2018).
[61] Stein/Jonas/*Münzberg* ZPO § 797 Rn. 10.
[62] Stein/Jonas/*Münzberg* ZPO § 797 Rn. 18; Zöller/*Stöber* ZPO § 797 Rn. 13.
[63] Stein/Jonas/*Münzberg* ZPO § 797 Rn. 20.
[64] Baumbach/*Hartmann* ZPO § 798 Rn. 10.
[65] BGH NJW 1959, 1873; OLG Hamm NJW 1974, 1516; Zöller/*Stöber* ZPO § 798 Rn. 3.
[66] Baumbach/*Hartmann* ZPO § 799 Rn. 1; Zöller/*Stöber* ZPO § 799 Rn. 1.
[67] Thomas/Putzo/*Hüßtege* ZPO § 799a Rn. 11; Zöller/*Stöber* ZPO § 799a Rn. 6.
[68] *Dieckmann* BWNotZ 2011, 42 (45); BankR-HdB/*Epp* § 94 Rn. 237, 240.

Grundschuld[69] durch **abstraktes Schuldanerkenntnis** (§§ 780 f. BGB) enthalten, und zwar begleitet durch eine Verpflichtung zur **Unterwerfung** (§ 794 Abs. 1 Nr. 5 ZPO).[70] Die Haftungsübernahme soll nur den Sicherungswert der Grundschuld verstärken und begründet nur eine von der Inhaberschaft der Grundschuld abhängige Haftung.[71] Bei einer Haftungsübernahme, wonach der jeweilige Grundschuldgläubiger den Haftenden aus dem Schuldversprechen in Anspruch nehmen kann, ist Rechtsnachfolger des in der Urkunde genannten Gläubigers grundsätzlich nur der, der sowohl Gläubiger des Anspruchs aus dem Schuldversprechen als auch der Grundschuld ist.[72] Andererseits wird die Zwangsvollstreckung gegen einen Darlehensnehmer, der in einer vorformulierten notariellen Urkunde über die Bestellung einer Sicherungsgrundschuld auch die persönliche Haftung „für die Zahlung des Grundschuldbetrages" übernommen und sich deswegen der sofortigen Zwangsvollstreckung in sein gesamtes Vermögen unterworfen hat, nicht unzulässig, wenn die Grundschuld in der Zwangsversteigerung gemäß § 91 ZVG erloschen ist, der Gläubiger aber keine Befriedigung aus dem Erlös erlangt hat,[73] oder wenn die Grundschuld nicht eingetragen wird.[74]

Ein vorformuliertes Schuldversprechen hält der **Inhaltskontrolle** (§§ 307 ff. BGB) stand, **33**
wenn es nur der Sicherung eigener Verbindlichkeiten des Schuldners dienen soll,[75] und ist in der Regel auch nicht überraschend im Sinne des § 305c Abs. 1 BGB.[76] Ein AGB-Schuldanerkenntnis des Grundschuldbestellers, der Bankforderungen gegen Dritte besichert, für diese Forderungen, ist dagegen unwirksam (§ 307 Abs. 2 Nr. 1 BGB),[77] ebenso ein AGB-Anerkenntnis für eigene und fremde Schulden.[78] Bei Auslegungszweifeln sichert das Anerkenntnis nur eigene Schulden.[79]

§ 1193 BGB ist zwar auf das abstrakte Schuldanerkenntnis nicht anzuwenden.[80] Jedoch **34**
hat der BGH am 30.3.2017[81] entschieden, die Zwangsversteigerung aus einer vollstreckbaren Sicherungsgrundschuld setze stets voraus, dass das Grundschuldkapital gekündigt (§ 1193 Abs. 1 S. 1 BGB) oder die Zwangsversteigerung angedroht und eine Wartefrist von sechs Monaten verstrichen sei (Rechtsanalogie §§ 1234, 1193 Abs. 1 S. 3 BGB). Von diesen unabdingbaren Erfordernissen (§ 1193 Abs. 2 S. 2 BGB) könnte nicht durch die Vereinbarung eines vollstreckbaren abstrakten Schuldanerkenntnisses zugunsten des Grundschuldgläubigers abgewichen werden (§ 307 Abs. 1 BGB). Folglich müssten auch dann, wenn der Grundschuldgläubiger aus einem vollstreckbaren abstrakten Schuldversprechen die Vollstreckung betreibt, das Kapital gekündigt oder die Vollstreckung angedroht und seither sechs Monate verstrichen sein.[82] Unklar und offen ist dabei freilich, ob dies nur bei der Vollstreckung aus dem Schuldanerkenntnis in grundschuldbelastetes Grundeigentum gilt oder auch bei der Vollstreckung in andere Vermögensgegenstände.[83]

---

[69] BGHZ 168, 1 = NJW 2006, 2099.
[70] BGH NJW-RR 2006, 490 mAnm *Haertlein* WuB IV C. § 3 AGBG 1.06; BGH NJW 2004, 62; 1991, 228; 1976, 567.
[71] BGH WM 1999, 1616.
[72] BGH NJW 2008, 918.
[73] BGH NJW 1991, 286.
[74] BGH NJW 1992, 971.
[75] BGH NJW-RR 2017, 241 mAnm *Gröschler* WuB 2017, 256; BGH NJW-RR 2006, 490 mAnm *Haertlein* WuB IV C. § 3 AGBG 1.06; NJW 1992, 971; NJW-RR 1990, 246; BGHZ 99, 274 = NJW 1987, 904.
[76] BGH NJW-RR 2006, 490 mAnm *Haertlein* WuB IV C. § 3 AGBG 1.06; NJW 2004, 158; 2003, 885; 2000, 2675.
[77] BGHZ 114, 9 = NJW 1991, 1677. Einzelheiten BankR-HdB/*Epp* § 94 Rn. 245 ff.
[78] OLG Stuttgart NJW 1987, 71.
[79] BGHZ 98, 256 = NJW 1987, 319.
[80] *Langenbucher* NJW 2008, 3169 (3172).
[81] BGH NJW 2017, 2469 mAnm *Lieder/Wernert* WuB 2017, 546.
[82] **AA** OLG München NJW 2018, 2134 mAnm *Kesseler* NJW 2018, 2138 für die Eintragung einer Zwangshypothek aufgrund eines vollstreckbaren abstrakten Schuldversprechens.
[83] OLG München NJW 2018, 2134 mAnm *Kesseler* NJW 2018, 2138.

35 Eine Abtretung der Grundschuld bewirkt nicht ohne Weiteres den Übergang des Anerkenntnisses auf den Zessionar. Aus der Abtretung der Grundschuld muss sich ergeben (§§ 133, 157 BGB), dass auch das Anerkenntnis abgetreten werden soll.[84]

36 Der Sicherungsnehmer kann im Zweifel aus einer Unterwerfung für die Grundschuld und das Anerkenntnis **nur einmal** einen Betrag in Höhe der Grundschuld verlangen; im Umfang der Befriedigung aus der bestellten Grundschuld wird die Vollstreckung aus dem Anerkenntnis unzulässig.[85] Sollen beide Sicherheiten in Höhe des Grundschuldbetrags kumulativ nebeneinander bestehen, die Unterwerfung also in doppelter Höhe gelten, muss dies unzweideutig erklärt sein[86] oder sich aus besonderen Umständen ergeben.

37 Wenn und soweit Rückgewähr der Grundschuld verlangt werden kann oder der Sicherungsnehmer aus dem Grundstück befriedigt ist, besteht auch ein Anspruch auf **Erlass** des Anerkenntnisses und eine **Einrede** gegen das Anerkenntnis; soweit der Sicherungsnehmer Leistungen auf das Anerkenntnis erlangt hat, ist die Grundschuld zurückzugewähren.[87]

38 Das Anerkenntnis verjährt gemäß §§ 195, 199 BGB; wenn es mit einer Unterwerfung versehen ist, verjährt es gemäß § 197 Abs. 1 Nr. 4 BGB. Die **Verjährung** der gesicherten Forderung bewirkt keinen Anspruch auf Erlass des Anerkenntnisses (§ 812 Abs. 2 BGB) und keine Einrede gegen das Anerkenntnis (§ 216 Abs. 2 S. 1 BGB), s. aber auch § 216 Abs. 3 BGB für Zinsen und andere wiederkehrende Leistungen).[88]

39 **dd) Gesicherte Ansprüche (Zweckerklärung).** Die Sicherungsgrundschuld wird zur Anspruchssicherung (Sicherungszweck) verschafft. Es kann ein einzelner Anspruch, zB aus § 488 Abs. 1 S. 2 BGB, oder es können mehrere Ansprüche gesichert werden. Die Ansprüche müssen sich nicht auf Zahlung richten (anders § 1193 Abs. 2 S. 2 BGB), richten sich aber freilich in der Bankpraxis ausnahmslos auf Zahlung. Sicherungsfähig sind auch ein Kreis von Forderungen, zB alle Ansprüche der Bank aus einem bestimmten Darlehensvertrag (enge Sicherungszweckerklärung) oder alle Ansprüche aus der Geschäftsverbindung (weite Sicherungszweckerklärung),[89] sowie bedingte, befristete, betagte und künftige Forderungen.[90] Die Sicherung künftiger **Ansprüche aus der bankmäßigen Geschäftsverbindung,**[91] auch solcher, die durch Zession erworben sind, durch **AGB** ist nicht überraschend (§ 305c Abs. 1 BGB) und keine unangemessene Benachteiligung (§ 307 BGB).[92] Wenn aber die Grundschuld zur Besicherung von **Schulden eines Dritten** bestellt wird, ist die Haftung für alle bestehenden und zukünftigen Verbindlichkeiten des Dritten grundsätzlich überraschend (§ 305c Abs. 1 BGB),[93] soweit sie über den **Anlass** des Sicherungsvertrags hinausgeht.[94] Dies ist str.; nach aA[95] ist eine solche Klausel nicht unangemessen (§ 307 BGB) und nicht überraschend. Eine Klausel, die eigene und fremde künftige Schulden in den Sicherungszweck einbezieht, ist nur im Hinblick auf die künftigen Verbindlichkeiten des Dritten unwirksam.[96] Die formularmäßige Erweiterung des Sicherungszwecks einer mehrere Jahre zuvor zur Sicherung einer bestimmten Drittverbindlichkeit bestellten Grundschuld auf bestehende und künftige Verbindlichkeiten mehrerer Dritter ist

---

[84] BankR-HdB/*Epp* § 94 Rn. 239.
[85] BGH NJW 1988, 707.
[86] BankR-HdB/*Epp* § 94 Rn. 243.
[87] Staudinger/*Wolfsteiner* Vorb. § 1191 Rn. 208 f.
[88] IErg ebenso OLG Frankfurt a. M. NJW 2008, 379; OLG Frankfurt a. M. WM 2006, 856.
[89] *Habersack* WM 2018, 1625.
[90] MüKoBGB/*Lieder* § 1191 Rn. 37; Staudinger/*Wolfsteiner* Vorb. § 1191 Rn. 44.
[91] Zum Begriff s. BankR-HdB/*Epp* § 94 Rn. 313 ff.
[92] BGHZ 168, 1 = NJW 2006, 2099; BGH NJW 2000, 2675; 1997, 2677; 1997, 2320.
[93] BGH NJW 2002, 2710; 1997, 2677; 1997, 2320; BGHZ 131, 55 = NJW 1996, 191; BGH NJW-RR 1992, 1521; BGHZ 106, 19 = NJW 1989, 831. Zur Beseitigung des überraschenden Charakters BGH NJW 1997, 2677; BGHZ 131, 55 = NJW 1996, 191; BGH NJW 1992, 1822.
[94] BGH NJW 2001, 1417; 2001, 1416; BGHZ 109, 197 = NJW 1990, 576; BGH NJW 1991, 1286; BGHZ 100, 82 = NJW 1987, 1885; *Obermüller* BKR 2017, 221 (222). Weitere Bsp. der Anlassrechtsprechung BGH NJW 1995, 1674; NJW-RR 1996, 673.
[95] BGH NJW 1995, 1674; 1991, 3141 (jedenfalls gegenüber Kaufleuten nicht überraschend).
[96] BGH NJW 2002, 2710; 1997, 2320; BGHZ 106, 19 = NJW 1989, 831.

nicht schon deshalb überraschend, weil sie **nicht durch eine konkrete Darlehensgewährung veranlasst** ist. Im Gegenteil muss der Sicherungsgeber, wenn der Sicherungsnehmer ohne Bezug zu einer bestimmten Darlehensgewährung in mehrjährigem Abstand zur Grundschuldbestellung eine neue Zweckerklärung verlangt, mit einer Erweiterung des ursprünglichen Sicherungszwecks in jeglicher Richtung rechnen. Der Sicherungsgeber muss mithin auch damit rechnen, dass nicht nur die zu diesem Zeitpunkt bestehenden, sondern auch künftige Verbindlichkeiten gesichert werden sollen.[97] Besonderheiten gelten ferner bei Zweckerklärungen für **Verbindlichkeiten von Gesellschaften.** Grundsätzlich gilt auch hier, dass die Haftung für fremde künftige Schulden unwirksam ist. Allerdings ist die Grundschuldhaftung, die der alleinige Gesellschafter-Geschäftsführer einer GmbH für gegenwärtige und künftige Forderungen gegen die GmbH eingeht, nicht überraschend und nicht unangemessen.[98] Im Übrigen existiert zu den inmitten stehenden Fragen umfangreiche Rechtsprechung im Zusammenhang mit **Bürgschaften** von Gesellschaftern und Geschäftsleitern.[99] Dabei ist freilich zu beachten, dass der XI. Zivilsenat des BGH maßgebliche Unterschiede der Rechtslagen bei Zweckerklärungen von Bürgschaften einerseits (§ 767 Abs. 1 S. 3 BGB) und von Grundschulden andererseits sieht, so dass die Rechtsprechung zu Bürgschaften im Allgemeinen nicht auf Grundschulden zu übertragen sei.[100] Ferner sind die zur **Sittenwidrigkeit** (§ 138 Abs. 1 BGB) einer Bürgschaft wegen krasser finanzieller Überforderung entwickelten Rechtsprechungsgrundsätze[101] auf die Bestellung einer Sicherungsgrundschuld grundsätzlich nicht übertragbar, weil derjenige, der eine Grundschuld stellt, sich durch Einsatz von aktuellem Vermögen – des Grundstücks – aus der Haftung befreien kann und folglich krasse Überforderung und dauerhafte Verschuldung anders als beim Bürgen nicht in Betracht kommt.[102]

Gesichert werden können auch Alternativ- und Surrogatforderungen,[103] zB Bereicherungsansprüche,[104] Ansprüche aus Rücktritt[105] oder Widerruf[106] sowie Ansprüche auf Nichtabnahmeentschädigung.[107] Ferner sichert die Grundschuld in der Regel auch das begleitende Schuldanerkenntnis,[108] nicht aber Prozesskostenerstattungsansprüche.[109] 40

ee) Übersicherung. Die Sicherungsabrede kann Vorkehrungen gegen und Regelungen für den Fall der Übersicherung enthalten. Übersicherung bedeutet, dass die wirtschaftliche Bewegungsfreiheit des Sicherungsgebers übermäßig eingeschränkt wird, indem zwischen dem Wert der Sicherheit und dem Betrag der gesicherten Forderung kein ausgewogenes, die berechtigten Interessen der Kontrahenten berücksichtigendes Verhältnis mehr besteht, weil der Wert der Sicherheit den Betrag der Forderung dauerhaft weit übersteigt.[110] Es ist zwischen **anfänglicher** und **nachträglicher** Übersicherung zu unterscheiden.[111] 41

Anfängliche Übersicherung besteht, wenn bereits bei Vereinbarung der Sicherungsabrede gewiss ist, dass im noch ungewissen Verwertungsfall ein auffälliges Missverhältnis zwischen dem realisierbaren Wert der Sicherheit und der gesicherten Forderung bestehen 42

---

[97] BGH NJW-RR 2017, 334 mAnm *Samhat* WuB 2017, 260.
[98] OLG Köln ZIP 1999, 1840. S. ferner BGH NJW 1987, 946.
[99] Überblick zB bei Staudinger/*Wolfsteiner* Vorb. § 1191 Rn. 72 ff.
[100] BGH NJW 1997, 2677.
[101] ZB BGHZ 151, 34 = NJW 2002, 2228; 137, 329 = NJW 1998, 597; 128, 230 = NJW 1995, 592; 125, 206 = NJW 1994, 1278.
[102] BGHZ 152, 147 = NJW 2002, 2633.
[103] Staudinger/*Wolfsteiner* Vorb. § 1191 Rn. 46.
[104] OLG Köln NJW-RR 1986, 1052; Derleder/Knops/Bamberger/*Derleder* Handbuch zum deutschen und europäischen Bankrecht § 26 Rn. 21.
[105] BGHZ 114, 57 = NJW 1991, 1746.
[106] BGH NJW 2004, 158; 2003, 885.
[107] OLG Frankfurt a. M. NJW-RR 2004, 137. S. aber auch OLG Celle WM 1987, 1484.
[108] BGH NJW 2008, 1380.
[109] BGH NJW-RR 1998, 190.
[110] BGHZ 124, 371 = NJW 1994, 861; BGH NJW 1991, 2768.
[111] BGH NJW 1998, 2047.

wird,[112] nicht aber, wenn es anfangs möglich ist, dass Forderungen in hinreichender Höhe noch entstehen können.[113] Ein solcher Fall liegt vor, wenn die Grundschuld einschließlich Grundschuldzinsen[114] den **Grundstückswert ausschöpft,** während die gesicherte Forderung ihn bei Weitem nicht erreicht. Eine solche Vereinbarung ist unwirksam unter dem Aspekt der Schuldnerknebelung nach dem Rechtsgedanken des § 1136 BGB, gemäß § 138 Abs. 1 BGB oder § 307 BGB.[115] Geltungserhaltende Reduktion – Aufrechterhaltung der Vereinbarung in einem Umfang, der keine Übersicherung bewirkt – kommt nicht in Betracht, vielmehr ist die Sicherungsabrede insgesamt unwirksam.[116] Bei anfänglicher Übersicherung durch Beibringung einer Grundschuld, die den **Grundstückswert nicht ausschöpft,** gilt das Gleiche, wenn mit der Besicherung eine Knebelungsabsicht verfolgt wird.[117] Anders ist es, wenn es an einer solchen Absicht fehlt, zB wenn eine Eigentümergrundschuld übertragen wird, die das Sicherungsinteresse übersteigt.[118]

43 **Nachträgliche Übersicherung** entsteht, wenn sich erst später ergibt, dass der Betrag der gesicherten Forderungen weit hinter dem Umfang der Grundschuld zurückbleibt, zB weil die Kreditlinie nur zum Teil abgerufen wird oder Verbindlichkeiten zurückgeführt werden. In solchen Fällen fällt die Sicherungsabrede nicht der Nichtigkeit oder Unwirksamkeit anheim. Es ist aber Bestimmung über die **Rückgabe der Grundschuld** zu treffen. Unabhängig von expliziter Festlegung in der Sicherungsabrede kann ein Anspruch des Eigentümers aus den §§ 1192 Abs. 1, 1169 BGB bestehen. Ebenfalls unabhängig von einer ausdrücklichen Regelung in der Sicherungsabrede folgt nach einer Entscheidung des **Großen Senats für Zivilsachen** v. 27.11.1997[119] aus der Treuhandnatur der Sicherungsabrede grundsätzlich eine Verpflichtung des Sicherungsnehmers, die Sicherheit oder einen Teil von ihr schon vor Beendigung des Vertrags zurückzugewähren, wenn und soweit sie endgültig nicht mehr benötigt wird, also eine endgültige Übersicherung vorliegt. Bei der Entscheidung, ob ein Sicherungsgegenstand freizugeben ist, hat der Sicherungsnehmer danach kein Ermessen; entgegenstehende Klauseln in AGB sind unwirksam (§ 307 Abs. 2 Nr. 2 BGB), stattdessen besteht der ermessensunabhängige Freigabeanspruch (§ 306 Abs. 2 BGB). Ermessen besteht nur insoweit, als zu entscheiden ist, welche von mehreren Sicherheiten freigegeben werden soll (§ 262 BGB). Der Anspruch auf Teilrückgabe ist gemäß § 242 BGB auszuüben, so dass nicht immer und immer wieder bei jeder Tilgungsrate Teilabtretung mit Teilbriefbildung gefordert werden kann.[120] Rückübertragene Teilgrundschulden haben Nachrang nach dem verbleibenden Teil (§ 1176 BGB).[121]

44 **ff) Zahlung auf den gesicherten Anspruch.** Sicherungsabreden der Kreditwirtschaft sehen vor, dass **nicht auf die Grundschuld** geleistet[122] werden darf; AGB-rechtlich ist dies unbedenklich.[123] Der Sicherungsgeber kann Leistungen zwar eine abweichende Tilgungsbestimmung beigeben,[124] die Bank ist dann aber **zurückweisungsberechtigt.**[125] Dies gilt nicht, wenn ein Ablösungsrecht gemäß § 1150 BGB ausgeübt wird.[126] Ferner ist der Eigentümer auch bei entgegenstehender Sicherungsabrede zur **Leistung auf die Grund-**

[112] BGH NJW 1998, 2047.
[113] Staudinger/*Wolfsteiner* Vorb. § 1191 Rn. 80.
[114] Zur Übersicherung durch Grundschuldzinsen MüKoBGB/*Lieder* § 1191 Rn. 57 ff.
[115] MüKoBGB/*Lieder* § 1191 Rn. 60; Staudinger/*Wolfsteiner* Vorb. § 1191 Rn. 81.
[116] Staudinger/*Wolfsteiner* Vorb. § 1191 Rn. 81.
[117] Staudinger/*Wolfsteiner* Vorb. § 1191 Rn. 82.
[118] Staudinger/*Wolfsteiner* Vorb. § 1191 Rn. 82.
[119] BGHZ 137, 212 = NJW 1998, 671. Zur Rechtslage bei mehreren Sicherheiten BGH NJW 1994, 1796.
[120] Staudinger/*Wolfsteiner* Vorb. § 1191 Rn. 100.
[121] Staudinger/*Wolfsteiner* Vorb. § 1191 Rn. 100.
[122] Zu den Wirkungen freiwilliger Leistungen → Einl. Rn. 62 ff.
[123] *Samhat* WM 2019, 805 (809); Staudinger/*Wolfsteiner* Vorb. § 1191 Rn. 86, 94.
[124] BGH NJW 1997, 2046; NJW-RR 1989, 1036; NJW 1976, 2132; 1969, 2237.
[125] Staudinger/*Wolfsteiner* Vorb. § 1191 Rn. 86.
[126] Staudinger/*Wolfsteiner* Vorb. § 1191 Rn. 86.

schuld berechtigt, sobald der Gläubiger die **Vollstreckung** aus der Grundschuld unternimmt.[127]

gg) Verwertungsreife. In der Sicherungsabrede ist zu regeln, wann der Gläubiger die Grundschuld verwerten[128] darf. Grundsätzlich ist der Gläubiger verwertungsberechtigt, sobald die **gesicherte Forderung fällig** ist,[129] bis dahin besteht eine Einrede aus der Sicherungsabrede (§§ 1192 Abs. 1a, 1157 BGB). Zum Schutz des Eigentümers sieht § 1193 BGB zwingend vor, dass eine Sicherungsgrundschuld erst sechs Monate nach **Kündigung** fällig wird. Ferner gilt bei der Vollstreckung aus einer Unterwerfungsurkunde eine zweiwöchige **Wartefrist** nach Zustellung (§ 798 ZPO). Der Gläubiger kann bereits vor Verwertungsreife wirksam kündigen[130] und zustellen, er darf beides erst bei Verwertungsreife; widrigenfalls besteht eine Einrede aus der Sicherungsabrede (§§ 1192 Abs. 1a, 1157 BGB).[131] Die Einrede entfällt, wenn die Kündigungs- beziehungsweise Wartefrist, gerechnet von der Verwertungsreife an, abgelaufen ist. Es bedarf nicht neuerlicher Kündigung oder Zustellung. 45

Zur Verwertungsbefugnis vor Verwertungsreife s. §§ 1133, 1135 BGB. 46

hh) Rückgewähranspruch. Die Sicherungsabrede enthält auch ungeschrieben einen Anspruch, dass die Grundschuld an den Sicherungsgeber[132] zurückzugewähren ist, wenn und soweit **kein Sicherungszweck** besteht oder keiner mehr besteht.[133] Es handelt sich um einen schuldrechtlichen **vertraglichen Anspruch,** der **aufschiebend bedingt** ist (str.[134]) durch den Wegfall des Sicherungszwecks[135]. Ob der Sicherungszweck endgültig weggefallen ist, richtet sich nach der Sicherungsabrede; auch wenn diese eine Revalutierung der Grundschuld erlaubt, tritt die aufschiebende Bedingung jedenfalls mit dem endgültigen Ende der Geschäftsbeziehung ein.[136] Der Anspruch hat nach **Wahl des Sicherungsgebers** (§ 262 BGB) Abtretung der Grundschuld an den Sicherungsgeber oder einen Dritten (§§ 1154, 1192 Abs. 1 BGB), Aufhebung („Löschung", §§ 875, 1183, 1192 Abs. 1 BGB) oder Verzicht (§§ 1168 Abs. 1, 1192 Abs. 1 BGB) zum **Inhalt.**[137] Ein **Klageantrag,** der auf „Freigabe" einer Grundschuld gerichtet ist, ist grundsätzlich nicht hinreichend bestimmt (§ 253 Abs. 2 Nr. 2 ZPO), weil er nicht eindeutig erkennen lässt, welche Art der Rückgewähr der Kläger verlangt.[138] Die hinreichende Bestimmtheit kann sich aber aus den Klagegründen ergeben, die zur Auslegung des Klageantrags heranzuziehen sind.[139] Der Rückgewähranspruch **verjährt** gemäß § 196 BGB,[140] also in zehn Jahren vom Wegfall des Sicherungszwecks an. 47

Der Rückgewähranspruch ist der Sicherungsabrede als Treuhand immanent und kann daher **nicht ausgeschlossen** werden.[141] **Einschränkungen** sind grundsätzlich zulässig. 48

---

[127] → Vorb. Rn. 63.
[128] → § 1191 Rn. 8 ff.
[129] Staudinger/*Wolfsteiner* Vorb. § 1191 Rn. 108.
[130] *Dieckmann* BWNotZ 2011, 42 (48); Staudinger/*Wolfsteiner* § 1193 Rn. 8.
[131] Staudinger/*Wolfsteiner* Vorb. § 1191 Rn. 110 f.
[132] Einzelheiten zum Rückgewährgläubiger Staudinger/*Wolfsteiner* Vorb. § 1191 Rn. 152 ff.
[133] BGHZ 133, 25 = NJW 1996, 2092; BGH NJW 1991, 305; OLG Jena WM 2018, 2321.
[134] **AA** Staudinger/*Wolfsteiner* Vorb. § 1191 Rn. 155: Der Anspruch sei vor Erledigung des Sicherungszwecks nur noch nicht fällig.
[135] BGH WM 2018, 1054; BGH NJW-RR 2018, 593 mAnm *Gladenbeck* WuB 2018, 177; BGHZ 197, 155 = NJW 2013, 2894 mAnm *Wolfsteiner* NJW 2013, 2896; *Ganter* WuB I F 3. – 1.13; *Regenfus* LMK 2013, 348685; BGH NJW-RR 1996, 234; BGHZ 97, 280 = NJW 1986, 2108; BGH NJW 1977, 247; *Samhat* WM 2019, 805 (810).
[136] BGH WM 2018, 1054; BGHZ 197, 155 = NJW 2013, 2894 mAnm *Wolfsteiner* NJW 2013, 2896; *Ganter* WuB I F 3. – 1.13; *Regenfus* LMK 2013, 348685.
[137] BGH WM 2018, 1501 = NJW 2018, 3098 mAnm *Skamel* NJW 2018, 3099; BGH NJW-RR 1996, 234; 1994, 847; BGHZ 108, 237 = NJW 1989, 2536.
[138] BGH WM 2018, 1501 = NJW 2018, 3098 mAnm *Skamel* NJW 2018, 3099.
[139] BGH WM 2018, 1501 = NJW 2018, 3098 mAnm *Skamel* NJW 2018, 3099.
[140] *Regenfus* WM 2019, 1577 (1579); Staudinger/*Wolfsteiner* Vorb. § 1191 Rn. 163.
[141] Staudinger/*Wolfsteiner* Vorb. § 1191 Rn. 167.

Bedenklich ist es indes, wenn der Anspruchsinhalt auf Aufhebung beschränkt und die Variante Abtretung ausgeschlossen wird, so dass der Eigentümer keine Eigentümergrundschuld erwerben kann.[142] Dementsprechend hat der BGH entschieden, dass die von einem Kreditinstitut bei Grundschulddarlehen verwendete Formularklausel, dem Grundschuldbesteller stehe, wenn die persönliche Forderung nicht zur Entstehung gelange oder erlösche, nur ein Anspruch auf Löschung oder Verzicht zu, der Inhaltskontrolle (§ 307 BGB) jedenfalls dann nicht standhält, wenn die Klausel auch gelten soll, falls zur Zeit der Rückgewähr das Eigentum am belasteten Grundstück durch Zuschlag in der Zwangsversteigerung gewechselt hat.[143] Gleiches gilt für eine Beschränkung auf Löschung, wenn die Klausel überhaupt Fälle erfasst, in denen der Sicherungsgeber im Zeitpunkt der Rückgewähr nicht mehr Grundstückseigentümer ist.[144] Unwirksam ist auch eine AGB-Klausel, wonach der Grundschuldgläubiger bei mehreren Eigentümern die Löschungsbewilligung einem von ihnen überlassen kann.[145]

49 Die Ansprüche auf Rückzahlung eines Darlehens und auf Rückgewähr einer für das Darlehen geleisteten Sicherheit beruhen auf demselben rechtlichen Verhältnis und sind Zug um Zug zu erfüllen (§ 273 BGB).[146] Gegen den Rückgewähranspruch besteht kein **Zurückbehaltungsrecht** (§ 273 BGB) wegen nicht grundschuldgesicherter Forderungen.[147]

50 Der Rückgewähranspruch ist abtretbar und pfändbar,[148] mit der Folge, dass die Grundschuld an den Zessionar abzutreten ist, wenn diese Variante gewählt wird. Die **Abtretung** kann durch Rechtsgeschäft ausgeschlossen (§ 399 Alt. 2 BGB) oder – dies entspricht der Praxis – mit dem Vorbehalt der Zustimmung durch den Sicherungsnehmer versehen werden.[149] Allerdings ist ein Zustimmungsvorbehalt in AGB unwirksam (§ 307 BGB), wenn kein schützenswertes Interesse des Verwenders besteht oder die berechtigten Belange des Kontrahenten an der freien Abtretbarkeit das entgegenstehende Interesse des Verwenders überwiegen.[150] Danach gilt: Jedenfalls, wenn nicht der Grundeigentümer, sondern ein Dritter die Grundschuld als Sicherheit gibt, benachteiligt der Zustimmungsvorbehalt den Sicherungsgeber nicht unangemessen; das Interesse der Bank an klarer und übersichtlicher Vertragsabwicklung legitimiert die Klausel.[151] Bei wirksamem AGB-Zustimmungsvorbehalt darf der Verwender später seine Zustimmung nicht unbillig verweigern.[152]

51 Die Bank darf die Rückgewähr nicht vereiteln, indem sie die Grundschuld unerlaubt – bevor freihändige Verwertung[153] zulässig oder Abtretung anderweitig gestattet ist – abtritt.[154] Widrigenfalls ist sie schadensersatzpflichtig (§ 280 Abs. 1 BGB);[155] Schadensersatzgläubiger ist der Inhaber des Rückgewähranspruchs, also der Grundeigentümer oder nach einer Abtretung des Rückgewähranspruchs der Zessionar.[156] Zu beachten ist freilich, dass dem Grundschulderwerber die Einrede der Rückgewährpflicht entgegengehalten werden kann (§§ 1192 Abs. 1a, 1157 BGB).[157] Ferner kann der Rückgewähranspruch von der Grundschuldbestellung an durch Vormerkung gesichert werden (§ 883 BGB).[158]

---

142 MüKoBGB/*Lieder* § 1191 Rn. 148 ff.; Staudinger/*Wolfsteiner* Vorb. § 1191 Rn. 168 f.
143 BGHZ 106, 375 = NJW 1989, 1349.
144 BGHZ 202, 150 = NJW 2014, 3772 mAnm *Regenfus* LMK 2014, 362571.
145 BGH NJW-RR 2008, 30.
146 AG Mönchengladbach NJW-RR 2003, 848.
147 BGH NJW 2000, 2499.
148 BGH NJW 2018, 710 mAnm *Lieder* WuB 2018, 173; MüKoBGB/*Lieder* § 1191 Rn. 151, 192 ff.
149 *Samhat* WM 2019, 805 (810); Staudinger/*Wolfsteiner* Vorb. § 1191 Rn. 172.
150 BGH NJW 2006, 3486 mAnm *Berger* LMK 2006, 199669; BGHZ 110, 241 = NJW 1990, 1601.
151 BGHZ 110, 241 = NJW 1990, 1601.
152 BGH NJW-RR 2000, 1220.
153 → BGB § 1191 Rn. 10 f.
154 Staudinger/*Wolfsteiner* Vorb. § 1191 Rn. 175 ff.
155 BGHZ 197, 155 = NJW 2013, 2894 mAnm *Wolfsteiner* NJW 2013, 2896; *Ganter* WuB I F 3. – 1.13; *Regenfus* LMK 2013, 348685.
156 BGHZ 197, 155 = NJW 2013, 2894 mAnm *Wolfsteiner* NJW 2013, 2896; *Ganter* WuB I F 3. – 1.13; *Regenfus* LMK 2013, 348685.
157 MüKoBGB/*Lieder* § 1191 Rn. 147.
158 MüKoBGB/*Lieder* § 1191 Rn. 156.

ii) Abtretung von Rückgewähransprüchen des Sicherungsgebers. Sicherungsabreden enthalten üblicherweise die Abtretung gegenwärtiger und künftiger Rückgewähransprüche des Sicherungsgebers gegen Gläubiger vor- oder gleichrangiger Grundschulden an die Bank, ferner gegebenenfalls die Eigentümerzustimmung zur Löschung vor- und gleichrangiger Rechte.[159] Gegen solche Abtretungen und Zustimmungen ist, auch unter dem Blickwinkel des AGB-Rechts, grundsätzlich nichts einzuwenden.[160] Die Abtretung bedarf einer eigenen Zweckerklärung. Zulässiger Zweck der Abtretung ist es, dass die Bank den Vorrang ausnutzt, grundsätzlich aber nicht, dass sie über die Höhe ihrer nachrangigen Grundschuld hinaus Befriedigung verlangen kann.[161] Es ist Auslegungsfrage, ob Rückgewähransprüche unter der Resolutivbedingung des Wegfalls des Sicherungszwecks abgetreten oder bei Wegfall des Sicherungszwecks rückabzutreten sind.[162] 52

IV. Zinsen (Abs. 2)

Für Grundschuldzinsen gelten die Vorschriften über die Zinsen einer hypothekarisch gesicherten Forderung (§§ 1115, 1118 f., 1145, 1158 f., 1171, 1178 BGB); Sonderregeln über Grundschuldzinsen sind die §§ 1194, 1197 Abs. 2 BGB. **Verzugszinsen** (§§ 1118, 288 BGB) entstehen nur, wenn der Eigentümer mit Zahlungen auf die Grundschuld im Verzug ist, nicht bei Verzug nur mit Zahlungen auf den gesicherten Anspruch.[163] Grundschuldzinsen **verjähren** regulär gemäß §§ 195, 197 Abs. 2, 199, 201 BGB. Die Verjährung ist nicht bis zum Eintritt des Sicherungsfalls gehemmt.[164] 53

§ 1192 Abs. 2 BGB gilt auch für **andere Nebenleistungen** als Zinsen. Für solche Nebenleistungen genügt bei der Grundbucheintragung die Bezeichnung als Nebenleistung in Abhängigkeit vom Grundschuldkapitalbetrag, näherer Kennzeichnung bedarf es nicht.[165] 54

§ 1193 Kündigung

(1) ¹Das Kapital der Grundschuld wird erst nach vorgängiger Kündigung fällig. ²Die Kündigung steht sowohl dem Eigentümer als dem Gläubiger zu. Die Kündigungsfrist beträgt sechs Monate.

(2) ¹Abweichende Bestimmungen sind zulässig. ²Dient die Grundschuld der Sicherung einer Geldforderung, so ist eine von Absatz 1 abweichende Bestimmung nicht zulässig.

Übersicht

[159] Staudinger/*Wolfsteiner* Vorb. § 1191 Rn. 184.
[160] BGHZ 197, 155 = NJW 2013, 2894 mAnm *Wolfsteiner* NJW 2013, 2896; *Ganter* WuB I F 3. – 1.13; *Regenfus* LMK 2013, 348685. Einzelheiten Staudinger/*Wolfsteiner* Vorb. § 1191 Rn. 186 ff.
[161] BGHZ 110, 108 = NJW 1990, 1177. S. a. OLG Stuttgart ZfIR 2003, 480.
[162] Staudinger/*Wolfsteiner* Vorb. § 1191 Rn. 193.
[163] Staudinger/*Wolfsteiner* § 1192 Rn. 28.
[164] BGH NJW 2017, 674 mAnm *Würdinger* NJW 2017, 676; *Joswig* WuB 2017, 135; BGHZ 142, 332 = NJW 1999, 3705.
[165] LG Bielefeld Rpfleger 1999, 388.

I. Allgemeines

1 Die Norm regelt die Kündigung als Fälligkeitsvoraussetzung der Grundschuld, s. auch § 1141 BGB. Die Fälligkeit gesicherter Forderungen berührt § 1193 BGB nicht. § 1193 BGB ist nicht auf das Anerkenntnis[1] anzuwenden; jedoch hat der BGH mit Beschluss v. 30.3.2017[2] entschieden, dass der Grundschuldgläubiger erst dann aus einem vollstreckbaren abstrakten Schuldversprechen die Vollstreckung betreiben könne, wenn das Kapital gekündigt oder die Vollstreckung angedroht und seither sechs Monate verstrichen sind (§§ 1193 Abs. 2 S. 2 BGB, 307 Abs. 1 BGB).[3]

II. Grundschuldkapital

2 Das **Kapital** einer Grundschuld wird sechs Monate nach Kündigung der Grundschuld durch den Eigentümer oder den Gläubiger fällig (Abs. 1). Abweichende Bestimmungen, zB Verzicht auf das Kündigungserfordernis oder eine abweichende Frist, sind grundsätzlich zulässig (Abs. 2 S. 1). Gemäß Abs. 2 S. 2, der mit dem Risikobegrenzungsgesetz v. 12.8.2008 (BGBl. I S. 1666) eingefügt wurde, sind die Kündigung und die sechsmonatige Frist **zwingend** für die Fälligkeit des Kapitals von **Sicherungsgrundschulden** (§ 1192 Abs. 1a S. 1 BGB), die nach dem 19.8.2008 bestellt (Art. 229 § 18 Abs. 3 EGBGB) wurden und Geldforderungen sichern; ein **Nachweisverzicht** zu Zwecken des § 726 ZPO ist aber weiterhin zulässig, str.[4] Bis zum Stichtag war es bei Sicherungsgrundschulden gang und gäbe, sofortige Fälligkeit ohne Kündigung zu vereinbaren, wirksam mit Eintragung (§ 877 BGB). Solche Vereinbarungen waren rechtlich nicht zu beanstanden.[5]

3 Wenn eine vor dem 20.8.2008 bestellte Sicherungsgrundschuld auf ein anderes Grundstück erstreckt wird, gilt die zwingende Fälligkeitsbestimmung nur für die Belastung des nachverpfändeten Grundstücks.[6]

4 Auch unter der Geltung von Abs. 2 S. 2 BGB kann die Kündigung jederzeit erklärt werden,[7] sie darf aber erst von der Verwertungsreife an erklärt werden.[8]

III. Zinsen und andere Nebenleistungen

5 § 1193 BGB gilt nicht für Zinsen und andere Nebenleistungen. Folglich könnte wegen fälliger Zinsen kurzfristig aus der Grundschuld vollstreckt und später wegen des Kapitals beigetreten (§ 27 ZVG) werden. Jedoch hat der BGH mit Beschluss v. 30.3.2017[9] entschieden, die Zwangsversteigerung aus einer vollstreckbaren Sicherungsgrundschuld wegen der dinglichen Zinsen setze voraus, dass das Grundschuldkapital gekündigt oder die Zwangsversteigerung **angedroht und** eine **Wartefrist** von sechs Monaten verstrichen sei (Rechtsanalogie §§ 1234, 1193 Abs. 1 S. 3, Abs. 2 S. 2 BGB). Vermutlich gilt dies auch bei anderen Nebenleistungen.[10]

---

1 → § 1192 Rn. 32 ff.
2 BGH NJW 2017, 2469 mAnm *Lieder/Wernert* WuB 2017, 546.
3 → § 1192 Rn. 34.
4 BNotK Rundschreiben Nr. 23/2008 v. 26.8.2008: Gesetz zur Begrenzung der mit Finanzinvestitionen verbundenen Risiken (Risikobegrenzungsgesetz); MüKoBGB/*Lieder* § 1193 Rn. 10.
5 Staudinger/*Wolfsteiner* § 1193 Rn. 3 f.
6 BGH NJW 2014, 1450; BGHZ 186, 28 = NJW 2010, 3300 mAnm *Rohe* LMK 2010, 307699. **AA** LG Berlin NJW 2009, 1680.
7 Palandt/*Herrler* BGB § 1193 Rn. 3; *Dieckmann* BWNotZ 2011, 42 (48); MüKoBGB/*Lieder* § 1193 Rn. 7.
8 → § 1192 Rn. 45.
9 BGH NJW 2017, 2469 mAnm *Lieder/Wernert* WuB 2017, 546.
10 *Kesseler* NJW 2017, 2442 (2444); *Lieder/Wernert* WuB 2017, 546.

§ 1194 Zahlungsort

Die Zahlung des Kapitals sowie der Zinsen und anderen Nebenleistungen hat, soweit nicht ein anderes bestimmt ist, an dem Orte zu erfolgen, an dem das Grundbuchamt seinen Sitz hat.

Übersicht

I. Allgemeines

1 § 1194 BGB regelt dispositiv den Zahlungsort für das Grundschuldkapital sowie Zinsen und andere Nebenleistungen. Gesicherte Forderung und Anerkenntnis[1] bleiben unberührt.

II. Andere Bestimmung

2 Der Zahlungsort richtet sich vorrangig nach der einzutragenden (§ 877 BGB) Vereinbarung zwischen Eigentümer und Grundschuldgläubiger. Eine solche Vereinbarung ist angesichts der Rechtsfolge von § 1194 BGB tunlich.

III. Gesetzlicher Zahlungsort

3 Fehlt eine anderweitige Bestimmung, dann haben Leistungen auf die Grundschuld am Sitz des für das belastete Grundstück zuständigen Grundbuchamts zu erfolgen

4 Für die Rechtzeitigkeit einer Leistung auf die Grundschuld (Schuldnerverzug, § 286 BGB) ist entscheidend, dass der Betrag in der Zahlungsfrist am Zahlungsort eingeht.[2] Ist der Gläubiger dort nicht empfangsbereit, gerät er in Annahmeverzug (§ 293 BGB).[3]

§ 1195 Inhabergrundschuld

[1] Eine Grundschuld kann in der Weise bestellt werden, dass der Grundschuldbrief auf den Inhaber ausgestellt wird. [2] Auf einen solchen Brief finden die Vorschriften über Schuldverschreibungen auf den Inhaber entsprechende Anwendung.

Übersicht

[1] → § 1192 Rn. 32 ff.
[2] Vgl. EuGH NJW 2008, 1935.
[3] Staudinger/*Wolfsteiner* § 1194 Rn. 2.

I. Allgemeines

1 Die Norm regelt die Inhabergrundschuld, Pendant der Inhaberhypothek (§ 1188 BGB).[1]

II. Bestellung

2 Die Inhabergrundschuld ist als **Briefrecht** zu bestellen.[2] Anstelle einer Einigung über die Bestellung genügt die **Erklärung des Eigentümers** gegenüber dem Grundbuchamt (§§ 1192 Abs. 1, 1188 Abs. 1 BGB).[3] Ein Gläubiger braucht nicht angegeben zu werden; es ist „der Briefinhaber" einzutragen.[4] Bei der **Eintragung** von Teilinhabergrundschulden genügt es im Übrigen, wenn der Gesamtbetrag der Grundschuld unter Angabe der Anzahl, des Betrages und der Bezeichnung der Teile eingetragen wird (§ 50 GBO). Die Inhabergrundschuld entsteht als Eigentümergrundschuld.[5]

III. Brief

3 Bei Teilinhabergrundschulden ist über jeden Teil ein besonderer Brief herzustellen (§ 70 Abs. 2 GBO). Für die Unterschrift gilt § 793 Abs. 2 S. 2 BGB entsprechend.[6] Auch im Übrigen finden auf den Brief die Normen über Inhaberschuldverschreibungen (§§ 793 ff. BGB) entsprechende Anwendung (§ 1195 S. 2 BGB). Demnach kann der Eigentümer dem Briefinhaber nur solche Einwendungen entgegensetzen, welche die Gültigkeit der Ausstellung betreffen, sich aus dem Brief ergeben oder dem Eigentümer unmittelbar gegen den Briefinhaber zustehen (§ 796 BGB). Ferner gilt § 799 BGB anstelle von § 1162 BGB. Der Inhaberbrief kann entsprechend § 806 BGB auf den Namen umgeschrieben werden.

IV. Übertragung

4 Inhabergrundschulden sind nicht nach § 1154 BGB zu übertragen, sondern ausschließlich durch Briefübereignung (§§ 929 ff. BGB), beachte § 935 Abs. 2 BGB.[7]

V. Löschungsanspruch

5 § 1187 S. 4 BGB gilt entsprechend,[8] das heißt, es bestehen **keine** gegen die Inhabergrundschuld gerichteten **Löschungsansprüche** gemäß §§ 1179a f. BGB.

§ 1196 Eigentümergrundschuld

(1) **Eine Grundschuld kann auch für den Eigentümer bestellt werden.**

(2) **Zu der Bestellung ist die Erklärung des Eigentümers gegenüber dem Grundbuchamt, dass die Grundschuld für ihn in das Grundbuch eingetragen werden soll, und die Eintragung erforderlich; die Vorschrift des § 878 findet Anwendung.**

---

[1] Zur Anwendbarkeit der §§ 1187 ff. BGB auf die Inhabergrundschuld → §§ 1187–1189 Rn. 2.
[2] *Zeiser* Rpfleger 2006, 577.
[3] *Zeiser* Rpfleger 2006, 577.
[4] Palandt/*Herrler* BGB § 1195 Rn. 1.
[5] Staudinger/*Wolfsteiner* § 1195 Rn. 10.
[6] Staudinger/*Wolfsteiner* § 1195 Rn. 5.
[7] BGH WM 2018, 657 mAnm *Müller-Christmann* WuB 2018, 277; MüKoBGB/*Lieder* § 1195 Rn. 4; Palandt/*Herrler* BGB § 1195 Rn. 1; Staudinger/*Wolfsteiner* § 1195 Rn. 11.
[8] → §§ 1187–1189 Rn. 2.

(3) **Ein Anspruch auf Löschung der Grundschuld nach § 1179a oder § 1179b besteht nur wegen solcher Vereinigungen der Grundschuld mit dem Eigentum in einer Person, die eintreten, nachdem die Grundschuld einem anderen als dem Eigentümer zugestanden hat.**

§ 1197 Abweichungen von der Fremdgrundschuld

(1) **Ist der Eigentümer der Gläubiger, so kann er nicht die Zwangsvollstreckung zum Zwecke seiner Befriedigung betreiben.**

(2) **Zinsen gebühren dem Eigentümer nur, wenn das Grundstück auf Antrag eines anderen zum Zwecke der Zwangsverwaltung in Beschlag genommen ist, und nur für die Dauer der Zwangsverwaltung.**

Übersicht

I. Allgemeines

§ 1196 BGB regelt die **ursprüngliche offene** – als solche eingetragene – **Eigentümergrundschuld** im Gegensatz zur nachträglichen und zur verdeckten (§§ 1163, 1177 Abs. 1 S. 1 BGB). Eine solche Grundschuld kann einmalig, aber nicht wiederholt (§ 1196 Abs. 3 BGB), zur Rangreservierung dienen. Die Eigentümergrundschuld ist grundsätzlich eine reguläre Grundschuld wie die Fremdgrundschuld.[1] § 1197 BGB enthält indes **Abweichungen von der Fremdgrundschuld,** auch für die Eigentümergrundschuld gemäß § 1177 Abs. 1 BGB und die Eigentümerhypothek (§ 1177 Abs. 2 BGB), die jedoch entfallen, wenn die Eigentümergrundschuld durch Abtretung der Grundschuld oder Übertragung des Grundeigentums ohne Übertragung der Grundschuld zur Fremdgrundschuld wird.[2] 1

II. Bestellung der Eigentümergrundschuld (§ 1196 Abs. 1, 2)

Die Eigentümergrundschuld (§ 1196 Abs. 1 BGB) wird bestellt oder geändert (§ 877 BGB[3]) durch die auf Eintragung einer Eigentümergrundschuld gerichtete **Erklärung des Eigentümers** (§ 878 BGB anwendbar) gegenüber dem Grundbuchamt und die **Eintragung** (§ 1196 Abs. 2 BGB). Es ist str., ob die Erklärung des Eigentümers Willenserklärung[4] oder nur Verfahrenshandlung[5] ist. Die Streitfrage hat Bedeutung dafür, ob bei Erklärungsmängeln eine Eigentümergrundschuld durch Eintragung entstanden ist – so bei reiner Verfahrenshandlung – oder nicht – so bei Willenserklärung. Der Eigentümer kann auch einseitig erklären, ob die Grundschuld **Brief- oder Buchrecht** sein oder werden soll (§ 1116 Abs. 2, 3 BGB). 2

[1] BGHZ 103, 30 = NJW 1988, 1026; BGHZ 64, 316 = NJW 1975, 1356.
[2] BGHZ 64, 316 = NJW 1975, 1356.
[3] MüKoBGB/*Lieder* § 1196 Rn. 3.
[4] So MüKoBGB/*Lieder* § 1196 Rn. 3.
[5] So Staudinger/*Wolfsteiner* § 1196 Rn. 5.

3 **§ 892 BGB** ist bei der Bestellung einer Eigentümergrundschuld durch den Bucheigentümer nicht anzuwenden;[6] anzuwenden ist die Norm aber bei Verfügungen über eine eingetragene Eigentümergrundschuld.[7]

4 Eine Eigentümergrundschuld kann ungehindert durch § 1197 Abs. 2 BGB von vornherein mit **Zinsen** bestellt und eingetragen werden.[8]

5 Der Eigentümer kann ungehindert durch § 1197 Abs. 1 BGB bei Bestellung der Eigentümergrundschuld oder später den jeweiligen Eigentümer der Vollstreckung aus der Grundschuld **unterwerfen** (§ 800 ZPO).[9] Ferner kann er auch die **persönliche Haftung** für den Grundschuldbetrag in Form eines abstrakten Schuldanerkenntnisses übernehmen und sich insoweit der Vollstreckung unterwerfen.[10]

III. Löschungsansprüche (§ 1196 Abs. 3)

6 Die ursprüngliche Eigentümergrundschuld ist zunächst keinen Löschungsansprüchen aus den §§ 1179a f. BGB ausgesetzt. Solche Ansprüche entstehen, wenn eine Fremdgrundschuld wieder Eigentümergrundschuld wird (§ 1196 Abs. 3 BGB). Gleichgültig ist dabei, ob der Eigentümer, der die Grundschuld zurückerwirbt, derjenige ist, dem sie ursprünglich zugestanden hat – der Eigentümer tritt die Grundschuld ab und erwirbt sie später wieder – oder nicht – der Eigentümer veräußert das Grundstück ohne Grundschuld und tritt die Grundschuld später an den Grundstückserwerber ab. Nach dem Gesetzeswortlaut ist es auch gleichgültig, ob ein löschungsberechtigtes Recht bereits zur Zeit der zweiten Vereinigung besteht oder erst später entsteht (str.).[11] Str. ist, ob nachrangige Berechtigte einen Auskunftsanspruch über die Voraussetzungen des § 1196 Abs. 3 BGB gegen den Eigentümer haben.[12]

7 **Pfändung** (§ 857 Abs. 6 ZPO) oder **Verpfändung** und Aufhebung der (Ver-)Pfändung einer Eigentümergrundschuld lösen keinen Löschungsanspruch aus, das Recht ist nach wie vor eine ursprüngliche Eigentümergrundschuld.[13]

8 **Guter Glaube** desjenigen, der eine Eigentümergrundschuld vom Eigentümer erwirbt, dass es sich dabei um eine ursprüngliche Eigentümergrundschuld handelt, gegen die folglich keine Löschungsansprüche bestehen, wird nicht geschützt.[14] Die Belastung der erworbenen Grundschuld mit Löschungsansprüchen kann aber ein Rechtsmangel sein.[15]

9 § 1196 Abs. 3 BGB modifiziert nicht Löschungsansprüche **zugunsten** einer Eigentümergrundschuld.

IV. Abweichungen von der Fremdgrundschuld (§ 1197)

1. Vollstreckung (Abs. 1)

10 Der Eigentümer kann nicht zum Zweck seiner Befriedigung aus einer Eigentümergrundschuld in das Grundstück und Gegenstände des Haftungsverbandes[16] vollstrecken (Abs. 1), damit er nicht auf diese Weise nachrangige Berechtigte ausschalten kann (§§ 52, 91 ZVG).

---

[6] MüKoBGB/*Lieder* § 1196 Rn. 10; Palandt/*Herrler* BGB § 892 Rn. 6.
[7] Staudinger/*Wolfsteiner* § 1196 Rn. 12.
[8] BGHZ 64, 316 = NJW 1975, 1356; BayObLG NJW-RR 1987, 1418.
[9] BGHZ 64, 316 = NJW 1975, 1356.
[10] BGH ZIP 1999, 1591; NJW 1991, 228.
[11] **AA** BGHZ 136, 246 = NJW 1997, 2597.
[12] Dafür MüKoBGB/*Lieder* § 1196 Rn. 24.
[13] Palandt/*Herrler* BGB § 1196 Rn. 8; Staudinger/*Wolfsteiner* § 1196 Rn. 27. **AA** MüKoBGB/*Lieder* § 1196 Rn. 26.
[14] Staudinger/*Wolfsteiner* § 1196 Rn. 25.
[15] Staudinger/*Wolfsteiner* § 1196 Rn. 28.
[16] Staudinger/*Wolfsteiner* § 1197 Rn. 4.

Abs. 1 enthält eine **personengebundene verfahrensrechtliche**[17] **Beschränkung.**[18] Die Beschränkung trifft nicht Pfandgläubiger und nicht Vollstreckungsgläubiger des Eigentümers, für die die Eigentümergrundschuld gepfändet ist.[19] Auch der Insolvenzverwalter über das Vermögen des Eigentümers ist nicht durch Abs. 1 beschränkt.[20]

2. Zinsen (Abs. 2)

Eine Eigentümergrundschuld kann mit Zinsen bestellt werden.[21] Dem Eigentümer gebühren aber keine Zinsen aus der Grundschuld, es sei denn, das Grundstück ist auf Antrag eines Dritten zum Zweck der Zwangsverwaltung beschlagnahmt, und auch dann nur für die Dauer der Zwangsverwaltung (Abs. 2). Die Norm enthält eine **persönliche Beschränkung materiellrechtlicher Natur.**[22] Zu Zinsen für Zeiten, in denen das Recht Fremdgrundschuld war, s. § 1178 BGB. 11

Die Beschränkung des Abs. 2 ändert nichts daran, dass bei einer verzinslichen Eigentümergrundschuld **Zinsrückstände entstehen** und das Recht mit den Rückständen abgetreten werden kann.[23] Abs. 2 beschränkt nicht die Rechte von Pfandgläubigern[24] und des Insolvenzverwalters.[25] Die Norm hindert auch nicht den Inhaber einer Sicherungsfremdgrundschuld, daran, rückständige Grundschuldzinsen im Versteigerungsverfahren anzumelden, die er zur Abdeckung der gesicherten Forderung nicht benötigt, und die schließlich dem Eigentümer zugute kommen, weil der Erlösanteil insoweit an den Grundeigentümer auszuzahlen ist (Sicherungsabrede).[26] 12

§ 1198 Zulässige Umwandlungen

[1] Eine Hypothek kann in eine Grundschuld, eine Grundschuld kann in eine Hypothek umgewandelt werden. [2] Die Zustimmung der im Range gleich- oder nachstehenden Berechtigten ist nicht erforderlich.

Übersicht

I. Allgemeines

§ 1198 BGB bestimmt, dass eine Hypothek rechtsgeschäftlich und rangwahrend in eine Grundschuld und eine Grundschuld unter Hinzusetzung einer Forderung in eine Hypothek umgewandelt werden kann, und zwar jeweils ohne Zustimmung von Inhabern gleich- oder nachrangiger Rechte, gegebenenfalls aber mit Zustimmung Drittberechtigter am umzuwandelnden Recht (§ 876 BGB). Zu weiteren Umwandlungen s. §§ 1198, 1203 BGB. 1

---

[17] Staudinger/*Wolfsteiner* § 1197 Rn. 3.
[18] BGHZ 103, 30 = NJW 1988, 1026.
[19] BGHZ 103, 30 = NJW 1988, 1026; OLG Celle InVo 2004, 78.
[20] MüKoBGB/*Lieder* § 1197 Rn. 8; Palandt/*Herrler* BGB § 1197 Rn. 2; Staudinger/*Wolfsteiner* § 1197 Rn. 6.
[21] → Rn. 4.
[22] Staudinger/*Wolfsteiner* § 1197 Rn. 7.
[23] BGH NJW 1986, 314; OLG Düsseldorf NJW-RR 1990, 22; BayObLG NJW-RR 1987, 1418.
[24] MüKoBGB/*Lieder* § 1197 Rn. 7; Staudinger/*Wolfsteiner* § 1197 Rn. 14 f.
[25] MüKoBGB/*Lieder* § 1197 Rn. 8.
[26] BGH NJW 1981, 1505.

II. Einzelheiten

2 Die Umwandlung (**Inhaltsänderung,** § 877 BGB) bedarf Einigung und Eintragung.[1]

3 Bei der Umwandlung einer **Grundschuld in eine Hypothek** muss die Einigung die Bestimmung einer zu sichernden Forderung[2] des Grundschuldgläubigers enthalten.[3] Bei künftigen oder aufschiebend bedingten Forderungen (§ 1113 Abs. 2 BGB) entsteht eine vorläufige Eigentümergrundschuld (§§ 1163 Abs. 1 S. 1, 1177 Abs. 1 BGB); bei einer unwirksamen Forderung scheitert die Umwandlung.[4]

4 Die Umwandlung einer **Eigentümergrundschuld in eine Hypothek** bedarf neben Einigung, Eintragung und Forderungsbestimmung der Abtretung des Grundpfandrechts an den Erwerber. Vorherige Eintragung des Eigentümers als Grundschuldgläubiger ist nicht erforderlich. Wird eine Eigentümergrundschuld unter gleichzeitiger Umwandlung in eine Hypothek abgetreten und ist die Umwandlung nichtig, zB mangels Bestimmtheit der Forderung, hängt es vom Willen der Beteiligten ab, ob die Grundschuld als solche übergegangen oder beim Eigentümer verblieben ist.[5]

5 Eine Eigentümergrundschuld kann nicht in eine forderungsentkleidete Eigentümerhypothek umgewandelt werden, durchaus aber in eine Eigentümerhypothek, die eine Forderung gegen einen Dritten sichert (§ 1177 Abs. 2 BGB).[6]

6 Bei der Umwandlung einer **Hypothek in eine Grundschuld**[7] ist die Zustimmung des persönlichen Schuldners nicht erforderlich.[8] Der gesicherte Anspruch bleibt grundsätzlich bestehen, er erlischt, wenn der Gläubiger die Grundschuld als Leistung an Erfüllungs Statt annimmt (§ 364 BGB).[9]

7 Eine Eigentümerhypothek (§ 1177 Abs. 2 BGB) kann durch einseitige Eigentümererklärung und Eintragung in eine Eigentümergrundschuld umgewandelt werden.[10]

8 **Folge der Umwandlung** ist, dass anstelle einer Hypothek eine Grundschuld besteht oder umgekehrt. Ein Buchrecht bleibt Buchrecht, ein Briefrecht bleibt Briefrecht. Nebenbestimmungen des Rechts bleiben unverändert erhalten.[11] Mit der Umwandlung können sonstige Inhaltsänderungen einhergehen.

9 Nach der Umwandlung bedarf es eines neuen **Vollstreckungstitels**[12] (str.); nach aA[13] ist nach der Umwandlung einer Hypothek in eine Grundschuld keine neue Unterwerfung erforderlich, weil der Stand der dinglichen Belastung unverändert ist; ferner bedarf es danach keiner erneuten Zustellung der Klausel und der Urkunden im Sinne des § 750 Abs. 2 ZPO, wenn der wesentliche Inhalt der Urkunden in der Klausel enthalten ist.

---

[1] Zu den grundbuchrechtlichen Voraussetzungen Staudinger/*Wolfsteiner* § 1198 Rn. 6.
[2] → § 1113 Rn. 14.
[3] Staudinger/*Wolfsteiner* § 1198 Rn. 7.
[4] MüKoBGB/*Lieder* § 1198 Rn. 10.
[5] BGH NJW 1968, 1674.
[6] MüKoBGB/*Lieder* § 1198 Rn. 4; Staudinger/*Wolfsteiner* § 1198 Rn. 10.
[7] Zur Sicherungshypothek → BGB § 1186 Rn. 1 ff.
[8] MüKoBGB/*Lieder* § 1198 Rn. 6; Staudinger/*Wolfsteiner* § 1198 Rn. 11.
[9] MüKoBGB/*Lieder* § 1198 Rn. 8; Palandt/*Herrler* BGB § 1198 Rn. 2; Staudinger/*Wolfsteiner* § 1198 Rn. 11.
[10] MüKoBGB/*Lieder* § 1198 Rn. 3; Palandt/*Herrler* BGB § 1198 Rn. 2.
[11] MüKoBGB/*Lieder* § 1198 Rn. 7; Staudinger/*Wolfsteiner* § 1198 Rn. 14.
[12] Staudinger/*Wolfsteiner* § 1198 Rn. 15.
[13] LG Bonn Rpfleger 1998, 34; MüKoBGB/*Lieder* § 1198 Rn. 7.

26. Kapitel: Sicherungsübereignung

Schrifttum: *Brandt/Günther,* Kongruenz von Kreditsicherheiten, BKR 2006, 232; *Brinkmann,* Mobiliarsicherheiten, 2011; *Derleder,* in: Derleder/Knops/Bamberger (Hrsg.), Handbuch zum deutschen und europäischen Bankrecht, 3. Aufl. 2017, § 32; *Ganter,* Wiederaufleben von Sicherheiten nach Tilgung der gesicherten Hauptforderung durch Anfechtung, WM 2011, 245; *Ganter,* in: Schimansky/Bunte/Lwowski (Hrsg.), Bankrechts-Handbuch, Band II, 5. Aufl. 2017, § 95; *Ganter,* Der Austausch von Sicherheiten, WM 2017, 261; *Geibel,* Die Kollision zwischen verlängertem Eigentumsvorbehalt und antizipierter Sicherungsübereignung, WM 2005, 962; *Glos/Sester,* Rechtliche Anforderungen an die Berücksichtigung von Kreditsicherheiten im Rahmen der SolvV, BKR 2008, 315; *Gnamm,* Zusammentreffen von Sicherungsübereignung und Vermieterpfandrecht, NJW 1992, 2806; *Gomille,* Die Zuweisung der Nutzungen aus der zur Sicherheit übereigneten Sache, WM 2010, 1207; *Heinemeyer,* Der Grundsatz der Akzessorietät bei Kreditsicherungsrechten, 2017; *Josten,* Kreditvertragsrecht, 2. Aufl. 2017, § 33; *Kieninger,* Nationale, europäische und weltweite Reformen des Mobiliarsicherungsrechts, WM 2005, 2305, 2353; *Kuder,* Besitzlose Mobiliarsicherheiten im Insolvenzantragsverfahren nach dem geänderten § 21 InsO, ZIP 2007, 1690; *Lutz/Schapiro,* Ansprüche des Sicherungseigentümers auf Herausgabe seitens Dritter gezogener Nutzungen, ZIP 2008, 1212; *Mitlehner,* Anfechtungsanspruch bei antizipierter Sicherungsübertragung, ZIP 2007, 1925; *Mohr,* Dingliche Besicherung von Windenergieanlagen an Land nach dem Erneuerbare-Energien-Gesetz (Teil 1, Teil 2), Versorgungswirtschaft 2017, 289, 326; *Müllbert,* Erwerberschutz bei gestreckten Erwerbsvorgängen, AcP 214 (2014), 309; *v. Olshausen,* Die wundersame Entstehung eines Anspruchs auf Herausgabe von Nutzungen zu Gunsten eines nicht nutzungsberechtigten Sicherungseigentümers, ZIP 2007, 1145; *Peters,* Windparkfinanzierungen und deren Besicherung, WM 2019, 811; *Peters,* Projektfinanzierungen und Besicherungen bei Onshore-Windparks, in: FS Lwowski, 2014, S. 139; *Rösler/Fischer,* Sicherungszweckvereinbarung als zentraler Bestandteil aller Kreditsicherheiten: Probleme aus AGB-Kontrolle und Akzessorietät, BKR 2006, 50; *Weber,* Kreditsicherungsrecht, 8. Aufl. 2006, § 8; *Weber/Rauscher,* Die Kollision von Vermieterpfandrecht und Sicherungseigentum im Konkurs des Mieters, NJW 1988, 1571; *Würdinger,* Die Übertragung des Anwartschaftsrechts bei einer fehlgeschlagenen Übereignung nach § 929 S. 2 BGB, NJW 2008, 1422; *Zahn,* Das Sicherungseigentum der Bank in der Insolvenz der Leasinggesellschaft, ZIP 2007, 365.

Übersicht

I. Eigentum als Sicherungsrecht an Fahrnis

1. Verkehrsbedürfnis

1 Für die Kreditbesicherung mit Mobilien hält das Gesetz das **Pfandrecht** (§§ 1204 ff. BGB) bereit. Dagegen geht das Eigentum als umfassendes Vollrecht (§ 903 BGB) über das Sicherungsbedürfnis hinaus, und die Übereignung (§§ 929 ff. BGB) ist nach der gesetzgeberischen Intention in erster Linie, wenn auch nicht von vornherein exklusiv,[1] für den Vollzug von Warenumsatzgeschäften vorgesehen. Indes ermöglicht das Pfandrecht wegen der ausgeprägten **Publizität** (§§ 1205 f., 1253 Abs. 1 BGB) keine Gestaltung, bei der dem Kreditor das dingliche Verwertungsrecht zugewendet wird und gleichzeitig dem Eigentümer Alleinbesitz und damit die Nutzungsmöglichkeit verbleibt, derer er bedarf, wenn er einen Kredit mit **Produktionsmitteln, Waren** oder **Gegenständen des täglichen Bedarfs** besichert.[2] Die **Praxis** ist daher weitgehend auf die Kreditbesicherung mit Fahrnis durch Verschaffung von Eigentum **(Sicherungsübereignung, Sicherungseigentum)** ausgewichen.[3] Sicherungseigentum kann auf dem Weg des § 930 BGB verschafft werden, der gegenüber der Verpfändung den entscheidenden Vorteil bietet, dass einerseits der Kreditor ein nicht den restriktiven Verwertungsregeln der §§ 1228 ff. BGB unterworfenes dingliches Recht erlangt, während andererseits der Sicherungsgeber den unmittelbaren Besitz und damit die volle **Nutzungsmöglichkeit** behält.[4] Ferner braucht der Kreditnehmer die Verhältnisse Dritten nicht zu offenbaren. Für den Kreditor ist es zudem vorteilhaft, dass er nicht mit der Verwahrung belastet ist. Sicherungsübereignung und Sicherungseigentum sind in der deutschen[5] Rechtsdogmatik seit Zeiten des RG anerkannt.[6]

2. Charakteristika

2 Sicherungseigentum wird in der Regel gemäß §§ 929, 930 BGB durch **Einigung und Besitzkonstitut** (§ 868 BGB) begründet. Der Sicherungsnehmer wird Eigentümer und mittelbarer Eigenbesitzer, der Sicherungsgeber bleibt unmittelbarer Besitzer, wobei Eigenbesitz sich in Fremdbesitz wandelt, und mittelt dem Sicherungsnehmer den Besitz.

3 Der Sicherungseigentümer ist gegenüber Dritten dinglich berechtigt (§§ 903, 985, 1004 BGB). Gegenüber dem Sicherungsgeber ist er durch die Sicherungsabrede **treuhänderisch** (fiduziarisch) gebunden,[7] ähnlich der Sicherungszession und -grundschuld.[8]

4 Typisch ist die **Aufteilung der Eigentumsfunktionen** zwischen Sicherungsgeber und -nehmer nach Maßgabe der Sicherungsabrede. Dem Sicherungsgeber verbleiben Besitz und Nutzung, der Sicherungseigentümer erlangt die dingliche Verwertungsmöglichkeit.

5 Sicherungseigentum ersetzt in der Praxis das unpopuläre Pfandrecht. Die **wirtschaftliche Bedeutung** beider Sicherungsrechte ist zwar **ähnlich, dogmatisch** überwiegen indes die **Unterschiede.** Daher sind die **Pfandrechtsvorschriften grundsätzlich nicht** auf das Sicherungseigentum **anwendbar.** Ob und nach welcher Maßgabe einzelne Pfandrechts-

---

[1] BGH NJW 1984, 1184; MüKoBGB/*Oechsler* Anh. §§ 929–936 Rn. 3; BankR-HdB/*Ganter* § 95 Rn. 13; Staudinger/*Wiegand* Anh. §§ 929 ff. Rn. 54 f.; *Weber* Kreditsicherungsrecht § 8 I.

[2] *Heinemeyer* Der Grundsatz der Akzessorietät bei Kreditsicherungsrechten S. 250; *Weber* Kreditsicherungsrecht § 8 I.

[3] MüKoBGB/*Oechsler* Anh. §§ 929–936 Rn. 2; BankR-HdB/*Ganter* § 95 Rn. 9; Staudinger/*Wiegand* Anh. §§ 929 ff. Rn. 62.

[4] MüKoBGB/*Oechsler* Anh. §§ 929–936 Rn. 2; BankR-HdB/*Ganter* § 95 Rn. 8; Staudinger/*Wiegand* Anh. §§ 929 ff. Rn. 85.

[5] Zum Risiko fehlender Anerkennung im Ausland BankR-HdB/*Ganter* § 95 Rn. 15.

[6] RGZ 13, 200; *Heinemeyer* Der Grundsatz der Akzessorietät bei Kreditsicherungsrechten S. 250 ff.; Staudinger/*Wiegand* Anh. §§ 929 ff. Rn. 53; *Weber* Kreditsicherungsrecht § 8 I mwN.

[7] BankR-HdB/*Ganter* § 95 Rn. 11; *Weber* Kreditsicherungsrecht § 8 III 1.

[8] MüKoBGB/*Oechsler* Anh. §§ 929–936 Rn. 1.

normen beim Sicherungseigentum entsprechend oder sinngemäß anzuwenden sind, ist im Einzelnen str.[9]

3. Abstraktheit

a) Rechtsverhältnisse. Bei der Sicherungsübereignung sind **drei Rechtsverhältnisse** zu unterscheiden: Das Rechtsverhältnis, dem die zu sichernde Forderung entstammt, zB Darlehen, die Sicherungsabrede und die Sicherungsübereignung. Das **Rechtsverhältnis des zu sichernden Anspruchs** verpflichtet nicht zur Sicherungsübereignung und bildet nicht deren Rechtsgrund. Wenn es unwirksam ist, kann auch die Sicherungsabrede unwirksam sein (§ 139 BGB).[10] Die **Sicherungsabrede** verpflichtet zur Sicherungsübereignung und umfasst Bestimmungen über das Sicherungsverhältnis, zB gesicherte Forderungen, Verwertung. Sie enthält den Rechtsgrund der Übereignung. Die **Sicherungsübereignung** (§§ 929, 930 BGB) vollzieht die Besicherung. Bei einem **Verbraucherdarlehensvertrag** (§ 491 BGB) muss grundsätzlich nicht nur die Sicherungsabrede, sondern auch der Darlehensvertrag Angaben zu Sicherheiten enthalten, weil andernfalls „Sicherheiten nicht gefordert werden" können (§ 494 Abs. 6 S. 2 BGB).[11] § 494 Abs. 6 S. 2 BGB erfasst Drittsicherheiten[12] ebenso wie Schuldnersicherheiten.[13] 6

b) Verhältnis zum Rechtsgrund. Die Sicherungsübereignung ist eine abstrakte Verfügung, das heißt sie enthält keinen **Rechtsgrund** und bedarf zu ihrer Wirksamkeit keines Rechtsgrundes, eine rechtsgrundlose Sicherungsübereignung kann aber kondiziert werden. Rechtsgrund einer Sicherungsübereignung ist die in der Sicherungsabrede enthaltene Verpflichtung zur Sicherungsübereignung, die Übereignung ist das Vollzugsgeschäft. 7

Das **Fehlen einer Sicherungsabrede** führt ausnahmsweise zur Unwirksamkeit der Übereignung. Dafür genügt es aber nicht, dass ohne Sicherungsabrede kein rechtswirksames Besitzkonstitut begründet ist (str.).[14] Denn bei § 930 BGB reicht es aus, wenn das Besitzkonstitut tatsächlich besteht, auch wenn es rechtsunwirksam ist.[15] Ferner führen Willensmängel beim Abschluss der Sicherungsabrede grundsätzlich nicht zur Unwirksamkeit der Übereignung, es sei denn, sie liegen unabhängig von der Sicherungsabrede auch bei der dinglichen Einigung vor.[16] Anders kann es sein, wenn die Sicherungsabrede gemäß § 138 Abs. 1 BGB nichtig ist, und der Sittenverstoß sich in der Güterzuordnung manifestiert.[17] 8

c) Fehlende Akzessorietät. Abstrakt ist das Sicherungseigentum auch in dem Sinn, dass es nicht forderungsgebunden **(nicht akzessorisch)** ist.[18] Wenn der gesicherte Anspruch nicht entsteht oder untergeht, fällt das Eigentum nicht von allein an den Sicherungsgeber zurück. Er erlangt aber aus der Sicherungsabrede einen schuldrechtlichen **Rückgewähranspruch** gegen den Sicherungsnehmer, den er diesem auch als **Einrede** entgegenhalten kann[19] – anders ist es bei Verjährung des gesicherten Anspruchs (§ 216 Abs. 2 S. 1 BGB). Die Einigung kann indes mit der **Suspensivbedingung** (§ 158 Abs. 1 BGB) der Ent- 9

[9] MüKoBGB/*Oechsler* Anh. §§ 929–936 Rn. 41.
[10] BGH NJW 1994, 2885.
[11] Einzelheiten BeckOGK/*Haertlein* BGB § 507 Rn. 50 ff.
[12] → Rn. 35.
[13] BeckOGK/*Haertlein* BGB § 507 Rn. 53. AA BankR-HdB/*Peters* § 81 Rn. 269.
[14] *Heinemeyer* Der Grundsatz der Akzessorietät bei Kreditsicherungsrechten S. 258; MüKoBGB/*Oechsler* Anh. §§ 929–936 Rn. 14; Staudinger/*Wiegand* Anh. §§ 929 ff. Rn. 90. AA Palandt/*Bassenge* BGB § 930 Rn. 20; BankR-HdB/*Ganter* § 95 Rn. 23, 48.
[15] → Rn. 19.
[16] *Heinemeyer* Der Grundsatz der Akzessorietät bei Kreditsicherungsrechten S. 257; MüKoBGB/*Oechsler* Anh. §§ 929–936 Rn. 14.
[17] Zu weitgehend aber Staudinger/*Wiegand* Anh. §§ 929 ff. Rn. 168. Krit. dazu MüKoBGB/*Oechsler* Anh. §§ 929–936 Rn. 14.
[18] BGH NJW 2000, 957.
[19] BGH NJW 2000, 957.

stehung des zu sichernden Anspruchs und der **Resolutivbedingung** (§ 158 Abs. 2 BGB) des Wegfalls des Sicherungszwecks versehen werden.[20] Jedoch ist eine Auslegungsregel oder ein Rechtsgrundsatz, die Kontrahenten hätten im Zweifel, wenn also konkrete Anhaltspunkte für eine Bedingung fehlen, eine bedingte Sicherungsübereignung gewollt, nicht anzuerkennen[21] – daher ist eine unbedingte AGB-Sicherungsübereignung auch nicht unwirksam gemäß § 307 BGB.[22] Grundsätzlich ist vielmehr eine unbedingte Sicherungsübereignung anzunehmen.[23] Der Sicherungsgeber kann den Rückgewähranspruch abtreten (§ 398 BGB) oder – bei auflösender Bedingung – analog §§ 929 ff. BGB die Eigentumsanwartschaft[24] auf Dritte übertragen. Wenn die Einigung unter der Resolutivbedingung des Wegfalls des Sicherungszweck erklärt ist, dann ist der Sicherungsgeber Inhaber einer **Eigentumsrückerwerbs-Anwartschaft.**

10 Sicherungseigentum geht nicht nach § 401 BGB auf einen Zessionar des gesicherten Anspruchs über; str. ist, ob der Zedent zur Übereignung an den Zessionar verpflichtet ist.[25]

II. Verfügungsgegenstand

11 Gegenstand einer Sicherungsübereignung gemäß §§ 929 ff. BGB kann allgemein jede bewegliche Sache (§ 90 BGB, ebenso Tiere, § 90a S. 3 BGB) sein. **Sachgesamtheiten**[26] können als solche nicht übereignet werden[27] (Spezialität). Eine Mehrzahl von Sachen kann aber Gegenstand einer einzigen hinreichend bestimmten[28] Einigung sein. Mit einer antizipierten Einigung[29] können auch **revolvierende Sicherheiten** – Warenlager mit wechselndem Bestand – bestellt werden.[30] Für die Sicherungsübereignung von **Liegenschaften** (§ 873 BGB) besteht angesichts der probaten Sicherungsgrundschuld kein praktisches Bedürfnis.[31] Dagegen kommt eine Sicherungsübereignung nach den Regeln über Fahrniseigentum an nicht wesentlichen **Bestandteilen, Zubehör** (§ 97 BGB) und **Scheinbestandteilen** (§ 95 BGB, zB Windkraftanlage[32]) von Grundstücken[33] in Betracht. Dabei besteht freilich die Gefahr, dass die Sache bereits zum **Haftungsverband** eines Grundpfandrechts gehört (§§ 1120 ff. BGB) und das Sicherungseigentum folglich mit vorrangiger grundpfandrechtlicher Belastung erworben wird.[34] **Eigentumsanwartschaften** wie die des Vorbehaltskäufers können in entsprechender Anwendung der Normen über die Fahrnisübereignung zur Sicherheit übertragen werden.[35] Ferner können **Inhaber- und Orderpapiere** zur Sicherheit übereignet werden.[36] Unverbriefte Rechte sind gemäß §§ 398 ff., 413 BGB und spezialgesetzlichen Normen zu übertragen. Anders als im Zessionsrecht

---

[20] BGH NJW-RR 2005, 280.

[21] BGH NJW-RR 2005, 280; NJW 1991, 353; 1984, 1184. Differenzierend MüKoBGB/*Oechsler* Anh. §§ 929–936 Rn. 9. **AA** *Heinemeyer* Der Grundsatz der Akzessorietät bei Kreditsicherungsrechten S. 268 ff., 307 ff.

[22] Staudinger/*Wiegand* Anh. zu §§ 929 ff. Rn. 200.

[23] Zur abweichenden Rechtsprechung bei der Sicherungsabtretung s. *Haertlein* → Kap. 27 Einf. Rn. 12 ff.

[24] BankR-HdB/*Ganter* § 95 Rn. 73, 75 ff.

[25] → BGB § 401 Rn. 14.

[26] Bsp. bei Staudinger/*Wiegand* Anh. §§ 929 ff. Rn. 93.

[27] Zur Übertragung von Unternehmen → BGB § 413 Rn. 3.

[28] → Rn. 14 f.

[29] → Rn. 17.

[30] *Weber* Kreditsicherungsrecht § 8 II 2. Eingehend Staudinger/*Wiegand* Anh. §§ 929 ff. Rn. 123 ff.

[31] MüKoBGB/*Oechsler* Anh. §§ 929–936 Rn. 11; *Weber* Kreditsicherungsrecht § 8 II 2.

[32] BGH NJW 2017, 2099 mAnm *Stieper* NJW 2017, 2101; *Peters* WuB 2017, 493; *Regenfus* LMK 2017, 392694; LG Flensburg WM 2000, 2112. Eing. zur dinglichen Besicherung von Windenergieanlagen *Mohr* Versorgungswirtschaft 2017, 289 ff., 326 ff.; *Peters* WM 2019, 811 (816 ff.); *Peters,* FS Lwowski, 2014, 139 (148 ff.).

[33] → BGB § 1120 Rn. 4 ff., 15 ff.

[34] Einzelheiten MüKoBGB/*Oechsler* Anh. §§ 929–936 Rn. 24; BankR-HdB/*Ganter* § 95 Rn. 83 f.

[35] MüKoBGB/*Oechsler* Anh. §§ 929–936 Rn. 11; BankR-HdB/*Ganter* § 95 Rn. 2.

[36] *Haertlein* → Kap. 28, BGB Vor §§ 1292 ff. Rn. 32 ff.

(§ 400 BGB) hindert die **Unpfändbarkeit** (§§ 811 ff. ZPO) nicht die Sicherungsübereignung einer Sache[37] (str.).

III. Übereignung

Sicherungseigentum kann in allen Formen der Fahrnisübereignung (§§ 929 ff. BGB) verschafft werden, zB gemäß § 929 S. 1 BGB bei eingereichten Einzugspapieren (Nr. 15 AGB Banken, Nr. 25 AGB Spark[38]) oder gemäß §§ 929, 931 BGB bei fremdeingelagerter Ware. Typisch ist die Übereignung durch Einigung und Besitzkonstitut (§§ 929 S. 1, 930 BGB). 12

1. Einigung (§ 929 S. 1 BGB)

Sicherungsgeber und -nehmer müssen die Einigung darüber erklären, dass dieser von jenem das Eigentum an bestimmten beweglichen Sachen erwirbt. Die Einigung über eine Pfandrechtsbestellung, die dann an mangelnder Publizität scheitert, kann nicht in eine Einigung über eine Sicherungsübereignung umgedeutet werden.[39] 13

a) Bestimmbarkeit. Der Verfügungsgegenstand beziehungsweise bei einer Mehrzahl von Sachen, zB eines Warenlagers oder Teilen eines Warenlagers, die Verfügungsgegenstände muss beziehungsweise müssen bestimmbar sein. Diesem Erfordernis ist genügt, wenn es auf Grund **einfacher äußerer Kriterien** für jeden, der im für den Eigentumsübergang vereinbarten Zeitpunkt die Parteiabreden kennt, ohne weiteres ersichtlich ist, welche individuellen Sachen übereignet worden sind.[40] Solche Kriterien können der Lagerort **(Raumklausel)** oder **Markierungen** der Sachen sein,[41] auch kombiniert, zB alle markierten Stücke in einem bestimmten Raum – eine solche Kombination kann erforderlich sein, wenn ein Lagerhaus von mehreren Einlagerern genutzt wird[42] – oder alle Stücke in einem bestimmten Raum und alle sonstigen Stücke, sofern markiert.[43] Möglich sind auch unzweideutige **Eigenschafts- und Beschaffenheitsbeschreibungen,** insbesondere Gattungsbezeichnungen,[44] ferner die Vereinbarung, dass ein **Verzeichnis** erstellt und bei wechselndem Bestand laufend geführt werden soll.[45] Bestimmbarkeit ist bei der **„All-Formel"** – alle Stücke in einem bestimmten Raum, alle markierten Stücke – gegeben.[46] Wert-, Mengen- und Verhältnisangaben reichen nicht aus,[47] weil unklar ist, welche einzelnen Stücke übereignet sein sollen; anders ist es bei Begründung von Miteigentum nach Bruchteilen[48] an vermischten oder verbundenen Sachen.[49] Die **Rechtsprechung** ist im Übrigen restriktiv und stellt bisweilen überzogene Anforderungen an die Bestimmbarkeit. Wenn außerhalb der Einigung liegende Umstände – Ausnahme vereinbartes Stückeverzeichnis – zur Klarstellung herangezogen werden müssen, wird die Bestimmbarkeit verneint[50] (zweifelhaft[51]). Unbestimmbar 14

---

[37] BGH WM 1961, 243; OLG Frankfurt a. M. InVO 2001, 220; OLG Frankfurt a. M. NJW 1973, 104. **AA** OLG Stuttgart NJW 1971, 50: Sittenwidrigkeit wegen Verzicht auf künftigen Pfändungsschutz.

[38] *Haertlein* → Kap. 28, BGB Vor §§ 1292 ff. Rn. 32 f.

[39] BankR-HdB/*Ganter* § 95 Rn. 21.

[40] BGH NJW 2000, 2898; 1996, 2654; 1992, 1161; 1991, 2144; 1988, 565; 1986, 1985; 1984, 803; BGHZ 73, 253 = NJW 1979, 976.

[41] BGH NJW 2000, 2098; 1992, 1161.

[42] OLG Frankfurt a. M. WM 1994, 2151.

[43] BGH NJW 1992, 1161.

[44] BGH NJW 1994, 133.

[45] BGH NJW 1996, 2654; 1991, 2144. Insbes. zu den Risiken BankR-HdB/*Ganter* § 95 Rn. 132.

[46] BGH NJW 1986, 1985.

[47] BGHZ 21, 52 = NJW 1956, 1315.

[48] BankR-HdB/*Ganter* § 95 Rn. 44.

[49] BankR-HdB/*Ganter* § 95 Rn. 135.

[50] BGH NJW 1986, 1985; BGHZ 28, 16 = NJW 1958, 1133; OLG Düsseldorf WM 1990, 1190.

[51] Zu Recht krit. MüKoBGB/*Oechsler* Anh. §§ 929–936 Rn. 5 ff.; Staudinger/*Wiegand* Anh. §§ 929 ff. Rn. 100 f., 104 f. Abweichend auch die Rechtsprechung zur Sicherungsabtretung, s. *Haertlein* → Kap. 27 Einl. Rn. 7.

soll etwa eine Einigung sein, die unter Eigentumsvorbehalt stehende Waren von der Sicherungsübereignung ausnimmt;[52] bestimmbar soll sie dagegen sein, wenn Eigentum und Anwartschaften des Vorbehaltskäufers übertragen werden.[53] Nicht hinreichend ist nach der Rechtsprechung des BGH[54] auch eine Einigung, wonach alle Gegenstände einer Sachgesamtheit übereignet werden, die nicht unpfändbar sind; denn die Feststellung der (Un-)Pfändbarkeit bedarf fachkundiger Untersuchung. Sammelbezeichnungen können hinreichend sein (Hausinventar),[55] andererseits reichen funktionale Begriffe nicht aus, bei denen die Zuordnung Erkundigungen erforderlich macht (Handbibliothek).[56] Fraglich ist, ob die Einbeziehung von Zubehör als Rechtsbegriff (§ 97 BGB) dem Erfordernis der Bestimmbarkeit genügt.[57] Dafür spricht jedenfalls ein handfestes praktisches Bedürfnis, der Ausweg über eine Liste[58] ist wenig praktikabel.

15 Sofern eine **Ausführungshandlung** erforderlich ist – Verbringung in einen Raum, Markierung, Aufnahme in ein Verzeichnis, anders bei reiner Beschaffenheitsbeschreibung –, muss die Handlung ausgeführt sein, damit das Eigentum übergehen kann; zweifelhaft ist, ob auch eine Ausführungshandlung ausreicht, die dem Verfügenden nicht zurechenbar ist.[59] Die Einigung ist zwar auch ohne Ausführung hinreichend bestimmt, nur umfasst sie nicht die Stücke, bei denen nicht durch die Ausführungshandlung verdeutlicht wurde, dass sie erfasst sind.[60] Tatsächliche Schwierigkeiten bei der nachträglichen Feststellung, welche Stücke vereinbarte Merkmale aufwiesen, zB ob sie markiert waren, oder ob die Markierung erst nachträglich entfernt oder angebracht wurde, betreffen nicht die Bestimmbarkeit; solche Schwierigkeiten sind Beweisprobleme.[61]

16 Mit der Ausführungshandlung bei einer Raumklausel hängt die Kollision von Sicherungsübereignung und **Vermieterpfandrecht** (§§ 562, 578 BGB) zusammen. Wenn der in der Raumklausel festgelegte Raum angemietet ist, und Stücke sicherungsübereignet werden, die **bereits eingelagert** und mit einem Vermieterpfandrecht belastet sind, dann erwirbt der Sicherungsnehmer grundsätzlich – anders, wenn dem Erwerber nicht bekannt ist, dass der Raum angemietet ist (§ 936 BGB)[62] – belastetes Eigentum. Problematisch ist demgegenüber der Fall, in dem mit der **Verbringung** einer Sache, die von einer antizipierten Einigung erfasst ist, gleichzeitig Sicherungseigentum und ein Vermieterpfandrecht entstehen. Aus der Gleichzeitigkeit folgt nicht die Gleichrangigkeit der Rechte mit Befriedigungsmöglichkeiten im Verhältnis der gesicherten Forderungen.[63] Vielmehr hat das Vermieterpfandrecht nach der Rechtsprechung schlechthin den **Vorrang.**[64] Anders liegt freilich der Fall, wenn kein Vermieterpfandrecht besteht, weil die Sicherungsübereignung vollzogen wurde, bevor die Sache in den Raum verbracht wird – keine Sache des Mieters (§ 562 Abs. 1 S. 1 BGB)[65] –, oder wenn die Sache unpfändbar ist (§ 562 Abs. 1 S. 2 BGB).

17 Ob sich eine Sache, die von der Einigung erfasst sein soll, zur Zeit der Einigung im Eigentum des Verfügenden befindet oder überhaupt schon existiert oder nicht, ist einerlei.[66]

---

[52] Dagegen überzeugend Staudinger/*Wiegand* Anh. §§ 929 ff. Rn. 110.

[53] BGH NJW 1986, 1985; BGHZ 28, 16 = NJW 1958, 1133.

[54] BGH NJW 1988, 565. Zustimmend Staudinger/*Wiegand* Anh. §§ 929 ff. Rn. 111.

[55] BGHZ 73, 253 = NJW 1979, 976. AA MüKoBGB/*Oechsler* Anh. §§ 929–936 Rn. 7.

[56] BGH NJW 1992, 1161.

[57] Dagegen MüKoBGB/*Oechsler* Anh. §§ 929–936 Rn. 7.

[58] Dafür MüKoBGB/*Oechsler* Anh. §§ 929–936 Rn. 7.

[59] Dafür MüKoBGB/*Oechsler* Anh. §§ 929–936 Rn. 16.

[60] Str., aber ohne Konsequenzen ist, ob die Ausführung dogmatisch der Bestimmbarkeit (so BankR-HdB/*Ganter* § 95 Rn. 97) oder dem Besitzkonstitut (so MüKoBGB/*Oechsler* Anh. §§ 929–936 Rn. 16) zuzuordnen ist.

[61] BGHZ 73, 253 = NJW 1979, 976.

[62] BGHZ 57, 166 = NJW 1972, 43.

[63] So aber *Gnamm* NJW 1992, 2806; *Weber/Rauscher* NJW 1988, 1571.

[64] BGH WM 2019, 452 mAnm *Berger* WuB 2019, 242; Ganter NZI 2019, 279; BGHZ 117, 200 = NJW 1992, 1156; OLG Düsseldorf InVo 1999, 354.

[65] MüKoBGB/*Oechsler* Anh. §§ 929–936 Rn. 23; BankR-HdB/*Ganter* § 95 Rn. 144; Staudinger/*Wiegand* Anh. §§ 929 ff. Rn. 302.

[66] MüKoBGB/*Oechsler* Anh. §§ 929–936 Rn. 6.

Künftig entstehende oder anzuschaffende Sachen können im Weg der **antizipierten Übereignung** übertragen werden.[67] Weiter ist es für die Bestimmbarkeit unschädlich, wenn sich unter den von der Einigung erfassten Sachen solche befinden, die nicht im Eigentum des Sicherungsgebers stehen. An diesen Sachen erwirbt der Sicherungsnehmer zwar kein oder nur unter den Voraussetzungen der §§ 932 ff. BGB Eigentum. die Einigung ist aber wirksam und für den Eigentumserwerb an jenen Sachen hinreichend, die im Eigentum des Verfügenden stehen.[68] Schließlich kann eine Einigung im Einklang mit dem Bestimmtheitsgrundsatz so gestaltet sein, dass alle betreffenden Sachen übereignet werden, und gleichzeitig für einige von ihnen ein schuldrechtlicher Rückübertragungsanspruch des Verfügenden gegen den Erwerber vereinbart wird.[69]

b) Bindung. Die Einigung über den Eigentumsübergang ist vor Vollzug der Übergabe oder des -surrogats oder der Ausführungshandlung[70] nicht bindend; der Verfügende kann sie jederzeit **widerrufen.** Der Widerruf muss dem Erwerber zugehen.[71] 18

2. Besitzmittlungsverhältnis (§ 930 BGB)

Die Übergabe (§ 929 S. 1 BGB) kann dadurch ersetzt werden, dass zwischen dem Verfügenden und dem Erwerber ein Rechtsverhältnis vereinbart wird, vermöge dessen der Erwerber den mittelbaren Besitz (§ 868 BGB) erlangt (**Besitzmittlungsverhältnis** oder **Besitzkonstitut**). Erforderlich ist ein konkretes Besitzkonstitut, das heißt ein in § 868 BGB aufgeführtes oder ähnliches Schuldverhältnis, kraft dessen der Veräußerer dem Erwerber gegenüber auf Zeit zum Besitz berechtigt oder verpflichtet ist.[72] Nach herrschender Meinung[73] ist dabei für die Sicherungsübereignung gemäß §§ 930, 868 BGB nicht maßgeblich, ob das Rechtsverhältnis rechtswirksam entstanden ist, sondern der **tatsächliche Wille** des Veräußerers zur Besitzmittlung für den Erwerber ist entscheidend. Das heißt, dass die Unwirksamkeit der Sicherungsabrede[74] den Eigentumserwerb auch dann nicht hindert, wenn in der Sicherungsabrede das Besitzkonstitut vereinbart ist; es reiche in einem solchen Fall, dass der Veräußerer den Herausgabeanspruch des mittelbaren Besitzers anerkennt. Dies ist **unzutreffend.** Richtig ist zwar, dass das Rechtsgeschäft, das der Besitzmittlung zugrunde liegen soll (zB der Mietvertrag), nicht wirksam sein muss, wenn nur der unmittelbare Besitzer als Fremdbesitzer besitzt und außerdem (irgend-)ein (Ersatz-)Herausgabeanspruch besteht[75] (beim unwirksamen Mietvertrag zB nach Übergabe der Mietsache aus § 812 BGB oder § 985 BGB statt aus § 546 BGB). Wenn aber überhaupt kein Herausgabeanspruch besteht, dann entsteht kein mittelbarer Besitz (§ 868 BGB). Folglich geht das Eigentum nicht gemäß §§ 929, 930 BGB über. Es reicht also nicht aus, wenn der unmittelbare Besitzer den Oberbesitz des anderen anerkennt, dieser jedoch gegen jenen gar keinen Herausgabeanspruch hat, wie dies bei Unwirksamkeit einer Sicherungsabrede mit Vereinbarung des Besitzkonstituts aber der Fall ist.[76] 19

Ein Besitzkonstitut kann stillschweigend vereinbart werden, und zwar auch ohne konkrete Regelung von Rechten und Pflichten im Zusammenhang mit der Sache. Dementsprechend ist das gemäß § 930 BGB erforderliche Besitzkonstitut **in der Sicherungsabrede** konkludent vereinbart, auch wenn diese keine ausdrückliche Regelungen über 20

[67] MüKoBGB/*Oechsler* Anh. §§ 929–936 Rn. 8.
[68] OLG München NJW 1987, 1896.
[69] BGH NJW 2000, 2898.
[70] MüKoBGB/*Oechsler* Anh. §§ 929–936 Rn. 16.
[71] BGH NJW 1978, 696.
[72] MüKoBGB/*Oechsler* § 930 Rn. 14.
[73] BGHZ 161, 90 = NJW 2005, 359; MüKoBGB/*Oechsler* Anh. §§ 929–936 Rn. 14 f.; Staudinger/*Wiegand* Anh. §§ 929 ff. Rn. 89 f.
[74] → Rn. 63 ff.
[75] Jauernig/*Berger* § 868 Rn. 4.
[76] Jauernig/*Berger* § 930 Rn. 39.

Rechte und Pflichten enthält.[77] Die Sicherungsabrede konkretisiert die typischen Beziehungen zwischen Sicherungsgeber und -nehmer hinreichend, so dass die Formulierung „Sicherungsübereignung" auch ohne nähere Ausgestaltung als Besitzkonstitut ausreicht.[78]

21 Da für das Besitzmittlungsverhältnis und damit den Eigentumserwerb gemäß §§ 929 S. 1, 930 BGB der tatsächliche Besitzmittlungswille des Veräußerers maßgeblich ist, erwirbt der (Erst-)Erwerber bei einer antizipierten Einigung kein Eigentum an später hinzukommenden Stücken, die der Verfügende für einen **Zweiterwerber** besitzt. Die Determinante des Besitzmittlungswillens kann folglich dazu führen, dass Stücke eines einheitlichen Warenlagers mit revolvierendem Bestand im Eigentum verschiedener Sicherungsnehmer stehen – Altbestand im Eigentum des Ersterwerbers, Neubestand nach Wechsel des Besitzmittlungswillens im Eigentum des Zweiterwerbers –, ohne dass dies anhand der Lagerung oder Kennzeichnung irgendwie publik wäre.[79] An einmal gemäß §§ 929 S. 1, 930 BGB zu Eigentum erworbenen Stücken verliert der Ersterwerber das Eigentum aber noch nicht allein durch die Aufgabe oder den Wechsel des Besitzmittlungswillens; hierzu bedarf es der Übergabe jener Stücke an den gutgläubigen Zweiterwerber (§ 933 BGB).[80]

3. Verfügungsbefugnis

22 **a) Verfügungsberechtigung und Ermächtigung.** Der Verfügende muss zur Verfügung über das Eigentum **berechtigt** – also der nicht verfügungsbeschränkte Eigentümer oder der Insolvenzverwalter über das Vermögen des Eigentümers (§ 80 InsO) – oder dazu wirksam **ermächtigt** (§ 185 BGB) sein, und zwar in dem Zeitpunkt, in dem der Verfügungstatbestand vollständig verwirklicht ist.

23 **b) Gutgläubiger Erwerb vom Nichtberechtigten.** Die Verfügung eines **Nichtberechtigten** und nicht Ermächtigten in der Form der §§ 929 S. 1, 930 BGB ist wirksam, wenn dem Erwerber die Sache vom Veräußerer **übergeben** wird, es sei denn, der Erwerber war bei der Übergabe nicht in **gutem Glauben** (§ 933 BGB) an das Eigentum oder die Verfügungsbefugnis (§ 366 HGB).

24 Eine an fehlender Verfügungsbefugnis des Veräußerers gescheiterte Übereignung kann in eine Übertragung der Eigentumsanwartschaft[81] oder eine Zession des Rückgewähranspruchs des Veräußerers gegen den Sicherungseigentümer **umgedeutet** (§ 140 BGB) werden.[82]

25 **aa) Übergabe.** Die Begründung eines Besitzmittlungsverhältnisses reicht für gutgläubigen Erwerb nicht aus, vielmehr muss der Veräußerer dem Erwerber **unmittelbaren Besitz übertragen,** und zwar so, dass jenem kein Besitz verbleibt. Die Besitzübertragung muss vom Willen des Veräußerers begleitet sein, dass der Erwerber Besitz ergreift, und dieser Wille muss auf dem Veräußerungsgeschäft beruhen.[83] Wegnahme durch den Erwerber ohne Wissen des Veräußerers reicht nicht aus, und zwar nach zweifelhafter Rechtsprechung des BGH[84] auch nicht, wenn der Veräußerer in die Wegnahme eingewilligt hatte.

26 Zu übergeben ist die **Sache** selbst oder ein **Traditionspapier** (§ 363 Abs. 2 HGB); der Kfz-Brief reicht nicht aus.[85] Übergabe der **Schlüssel** ist als Übergabe der Sache zu bewerten; es müssen alle Schlüssel übergeben sein, weil der Veräußerer sonst Besitzer bleibt.[86]

---

77 BGH NJW-RR 2005, 280.
78 OLG Nürnberg JurBüro 2001, 234.
79 MüKoBGB/*Oechsler* Anh. §§ 929–936 Rn. 19; BankR-HdB/*Ganter* § 95 Rn. 156 f.
80 MüKoBGB/*Oechsler* Anh. §§ 929–936 Rn. 19; BankR-HdB/*Ganter* § 95 Rn. 155.
81 MüKoBGB/*Oechsler* Anh. §§ 929–936 Rn. 18 ff. Zum Rechtsverhältnis zwischen Anwartschaftserwerber und Vorbehaltsverkäufer im Verwertungsfall BGH NJW 2002, 2316.
82 MüKoBGB/*Oechsler* Anh. §§ 929–936 Rn. 18.
83 BGHZ 67, 207 = NJW 1977, 42.
84 BGHZ 67, 207 = NJW 1977, 42.
85 MüKoBGB/*Oechsler* Anh. §§ 929–936 Rn. 18.
86 MüKoBGB/*Oechsler* Anh. §§ 929–936 Rn. 18.

bb) Guter Glaube. Der Erwerber ist nicht in gutem Glauben, wenn ihm bekannt oder infolge **grober Fahrlässigkeit** unbekannt ist, dass die Sache nicht dem Veräußerer gehört (§ 932 Abs. 2 BGB). Grob fahrlässig handelt, wer die beim Erwerbsvorgang erforderliche Sorgfalt in ungewöhnlichem Maße verletzt und unbeachtet lässt, was im gegebenen Fall jedermann einleuchten müsste. Gutgläubigkeit ist zu vermuten. 27

Nach der tendenziell zu strengen Rechtsprechung soll grobe Fahrlässigkeit beim Erwerb vom Nichtberechtigten regelmäßig anzunehmen sein, wenn der Erwerber trotz Vorliegens von **Verdachtsgründen** von „auffallender Deutlichkeit“,[87] die Zweifel an der Berechtigung des Veräußerers wecken müssen, sachdienliche **Nachforschungen** nicht unternimmt.[88] Ob solche Gründe vorliegen, ist eine Frage des Einzelfalls, die in der Regel bejaht wurde, wenn dem Erwerber die schlechte Vermögenslage des Veräußerers bekannt ist, und Güter übereignet werden, die kreditfinanziert angeschafft zu werden und daher unter Eigentumsvorbehalt zu stehen oder bereits sicherungsübereignet zu sein pflegen.[89] Der Erwerber eines **Kfz**[90] muss sich zumindest die Fahrzeugpapiere vorlegen lassen, um die Berechtigung des Veräußerers überprüfen zu können.[91] Es muss Argwohn erwecken und gibt zu weiteren Nachforschungen Anlass, wenn der Veräußerer entweder den Fahrzeugbrief nicht vorlegen kann, sich aus diesem ein vom Veräußerer personenverschiedener Halter ergibt, oder im Fahrzeugbrief kein Halter eingetragen ist (Blanko-Fahrzeugbrief).[92] 28

c) Genehmigung. Schließlich kann der Eigentümer die Verfügung des Nichtberechtigten **genehmigen** (§ 185 Abs. 2 BGB), um einen Bereicherungsanspruch (§ 816 Abs. 1 S. 1 BGB) gegen den Veräußerer zu erlangen. 29

4. Nichtigkeit

Einen besonderen Nichtigkeitsgrund für Sicherungsrechte enthält § 100 Abs. 2 S. 2 Nr. 1 WpHG. Danach ist die Bestellung von Sicherungseigentum für ein verbotenes Finanztermingeschäft (§§ 99 S. 2, 100 Abs. 2 S. 1 WpHG) nichtig. 30

IV. Verlängertes Sicherungseigentum

Verlängertes Sicherungseigentum wird bei Umlaufvermögen (Waren) vereinbart, auf dessen Veräußerung im Geschäftsbetrieb der Sicherungsgeber angewiesen ist. Der Sicherungsnehmer ermächtigt (§ 185 Abs. 1 BGB) daher den Sicherungsgeber zur Weiterveräußerung des Sicherungsguts im ordnungsgemäßen Geschäftsgang, verbunden mit einer Sicherungszession (stille[93] Voraus- und Globalzession[94]) der Forderungen des Sicherungsgebers gegen die Warenabnehmer an den Sicherungsnehmer zur Sicherung der zuvor durch das Sicherungseigentum gesicherten Forderung.[95] Dem Zedenten wird gleichzeitig eine Einziehungsermächtigung[96] für die zedierten Forderungen erteilt. 31

Die Global- und Vorauszession des verlängerten Sicherungseigentums kann mit Sicherungsglobal- und Vorauszessionen im Rahmen verlängerter Eigentumsvorbehalte von Warenlieferanten **kollidieren.** Die Kollision ist nach dem **Vertragsbruchdogma** aufzulösen.[97] Danach entscheidet die Priorität der Zessionen, wobei allerdings die der Bank erteilte 32

87 BGH WM 1978, 1208.
88 BGH NJW-RR 1987, 1456.
89 BGH WM 1978, 1208; OLG Düsseldorf MDR 1994, 473.
90 Eingehend zur Sicherungsübereignung von Kfz BankR-HdB/*Ganter* § 95 Rn. 103 ff.
91 BGH NJW 1996, 2226; 1994, 2022.
92 BGH NJW 1994, 2022; NJW-RR 1987, 1456.
93 *Haertlein* → Kap. 27 Einf. Rn. 20 ff.
94 *Haertlein* → Kap. 27 Einf. Rn. 32 ff.
95 Bsp. BGH NJW 1999, 940. Einzelheiten BankR-HdB/*Ganter* § 95 Rn. 127 ff.
96 *Haertlein* → Kap. 27 Einf. Rn. 20 f.
97 MüKoBGB/*Oechsler* Anh. §§ 929–936 Rn. 22.

Zession sittenwidrig und nichtig (§ 138 Abs. 1 BGB) ist, wenn sie keine dingliche Teilverzichtsklausel enthält und der verlängerte Eigentumsvorbehalt branchenüblich ist.[98]

V. Sicherungsabrede

1. Gesicherte Forderungen

33 In der Sicherungsabrede bestimmen Sicherungsgeber und -nehmer, welche Forderungen des Sicherungsnehmers das Sicherungseigentum sichern soll **(Sicherungszweck).** Es können einzelne oder mehrere Ansprüche oder ein Kreis von Ansprüchen, zB aus der Geschäftsverbindung, besichert werden, gegenwärtige ebenso wie künftige, solche mit festem oder variablem Umfang (Kontokorrentkredit). Meist werden Zahlungsansprüche (zB § 488 Abs. 1 S. 2 BGB) besichert, zwingend ist dies nicht. Ob ersatzweise der Bereicherungsanspruch vorsorglich gesichert ist, der entsteht, wenn bei unwirksamem oder später angefochtenem Darlehensvertrag die Valuta ausgezahlt wird, ist eine Auslegungsfrage.

34 Der Sicherungszweck muss **bestimmbar** sein. Bei der im Kreditgewerbe üblichen **weiten Zweckerklärung** – alle gegenwärtigen und künftigen Forderung aus der bankmäßigen Geschäftsverbindung **(Globalsicherheit)** – ist dies der Fall.[99] Eine Globalsicherheit in einer **AGB**-Sicherungsabrede kann **überraschend** sein (§ 305c Abs. 1 BGB), wenn ein **Drittsicherungsgeber**[100] die Sicherheit aus **Anlass** eines bestimmten begrenzten Kredits stellt.[101] Str. ist, ob eine Zweckerklärung für eine Sicherungsübereignung, die eine Haftung für künftige fremde Schulden vorsieht, auch gemäß § 307 BGB unwirksam sein kann, wenn sie vom **gesetzlichen Leitbild** des § 767 Abs. 1 S. 3 BGB abweicht,[102] oder ob dies nicht in Betracht kommt, weil § 767 Abs. 1 S. 3 BGB kein gesetzliches Leitbild der Sicherungsübereignung ist.[103] Eine weite Zweckerklärung in AGB ist bei einer **Schuldnersicherheit** weder überraschend noch unwirksam gemäß § 307 BGB.[104]

2. Schuldner- und Drittsicherheit

35 Der Sicherungsgeber braucht nicht Schuldner der gesicherten Forderungen zu sein **(Drittsicherheit).** In einem solchen Fall kann er gegenüber dem Sicherungsnehmer die dem Schuldner gegen diesen zustehenden Einwendungen und Einreden geltend machen.[105]

36 Ein Drittsicherungsgeber ist **ablösungsberechtigt**[106] (entsprechend § 268 BGB) und kann, wenn er die gesicherte Forderung ablöst, Übereignung des Sicherungsguts im Umfang der übergegangenen Forderung (§ 268 Abs. 3 S. 1 BGB) verlangen; § 401 BGB ist nicht anwendbar.[107] Ein Anspruch auf Abtretung der gesicherten Forderung besteht auch nach Verwertung von Sicherungseigentum.[108]

37 Der **Regress** des Drittsicherungsgebers beim Schuldner der gesicherten Forderung richtet sich nach dem zugrunde liegenden Rechtsverhältnis, zB bei Auftrag oder Geschäftsbesorgung nach § 670 BGB.

---

[98] *Haertlein* → Kap. 27 Einf. Rn. 51 ff.
[99] MüKoBGB/*Oechsler* Anh. §§ 929–936 Rn. 28.
[100] → Rn. 35.
[101] MüKoBGB/*Oechsler* Anh. §§ 929–936 Rn. 28; Staudinger/*Wiegand* Anh. §§ 929 ff. Rn. 175 ff.
[102] So MüKoBGB/*Oechsler* Anh. §§ 929–936 Rn. 29.
[103] So *Rösler/Fischer* BKR 2006, 50 (57).
[104] MüKoBGB/*Oechsler* Anh. §§ 929–936 Rn. 29. **AA** Derleder/Knops/Bamberger/*Derleder* Handbuch zum deutschen und europäischen Bankrecht § 32 Rn. 19. Diff. Staudinger/*Wiegand* Anh. §§ 929 ff. Rn. 178.
[105] MüKoBGB/*Oechsler* Anh. §§ 929–936 Rn. 26.
[106] BankR-HdB/*Ganter* § 95 Rn. 173; *Weber* Kreditsicherungsrecht § 8 V 1.
[107] MüKoBGB/*Oechsler* Anh. §§ 929–936 Rn. 26.
[108] MüKoBGB/*Oechsler* Anh. §§ 929–936 Rn. 26.

3. Sicherungsfall und Verwertung

a) Sicherungsfall. Der Sicherungsfall beschreibt den Zeitpunkt, ab dem der Sicherungsnehmer die Verwertung betreiben darf. Wenn nichts anderes vereinbart ist, ist Sicherungsfall die **Fälligkeit der gesicherten Forderung** (§ 271 BGB, § 41 Abs. 1 InsO).[109] Als Sicherungsfall kann der Beginn des Schuldnerverzugs (§ 286 BGB) vereinbart werden. In AGB kann nicht ein Zeitpunkt vor Fälligkeit als Sicherungsfall bestimmt werden.[110] 38

b) Verwertung. Das Sicherungsgut kann im Sicherungsfall nach Maßgabe der Parteivereinbarungen verwertet werden.[111] Die §§ 1228 ff. BGB sind nicht entsprechend anzuwenden[112] und haben daher auch keine Leitbildfunktion im Sinne des § 307 BGB.[113] Ein Sicherungseigentümer, der nicht unmittelbarer Besitzer ist, ist grundsätzlich **nicht verpflichtet,** mit der Verwertung unverzüglich zu beginnen oder das Sicherungsgut überhaupt **zu verwerten.**[114] 39

aa) Herausgabe. Die Verwertung beginnt in der Regel damit, dass der Sicherungsnehmer **Herausgabe** des Sicherungsguts verlangt (aus der Sicherungsabrede oder § 985 BGB).[115] Der Sicherungsnehmer kann in das Sicherungsgut gemäß § 883 ZPO vollstrecken. Hat der Sicherungsnehmer das Sicherungsgut in Besitz, kann der Schuldner des gesicherten Anspruchs die Vollstreckung in sein übriges Vermögen analog § 777 ZPO abwehren, wenn nicht dieser Rechtsbehelf in der Sicherungsabrede, auch in AGB, ausgeschlossen ist.[116] 40

bb) Androhung. Das Herausgabeverlangen enthält die Verwertungsandrohung, wenn es sich gegen den Sicherungsgeber richtet; fehlt diese Signalwirkung, weil das Sicherungsgut sich beim Sicherungsnehmer oder einem Dritten befindet, dann muss dem Sicherungsgeber die Verwertung angedroht werden, abweichende AGB sind unwirksam (str.).[117] 41

cc) Verwertungsart. Die Sicherungsabrede bestimmt die Verwertungsart, zB Nutzziehung, Verfall oder Selbsteintritt des Sicherungsnehmers zu realistischem Betrag.[118] Fehlt eine Bestimmung, kann das Sicherungsgut frei verkauft oder versteigert werden.[119] 42

Allgemein gilt, dass der Sicherungsnehmer bei der Verwertung **berechtigte Belange des Sicherungsgebers** in angemessener und zumutbarer Weise zu berücksichtigen hat, soweit nicht eigene schutzwürdige Sicherungsinteressen entgegenstehen.[120] Der Sicherungsnehmer ist zu **bestmöglicher Verwertung** verpflichtet[121] **(Verschleuderungsverbot),** die Einholung eines Wertgutachtens kann daher tunlich sein.[122] Er ist gehalten, eine vom Sicherungsgeber nachgewiesene günstige Verwertungsmöglichkeit zu prüfen und auszunutzen. Der Sicherungsnehmer ist aber nicht dazu verpflichtet, jeden vom Sicherungsgeber benannten Interessenten zu kontaktieren und zu verhandeln. Es ist vielmehr Sache 43

[109] MüKoBGB/*Oechsler* Anh. §§ 929–936 Rn. 48; Palandt/*Bassenge* BGB § 930 Rn. 30.
[110] MüKoBGB/*Oechsler* Anh. §§ 929–936 Rn. 48.
[111] BGH NJW 1980, 226; 1973, 246; OLG Düsseldorf NJW-RR 1990, 1073.
[112] MüKoBGB/*Oechsler* Anh. §§ 929–936 Rn. 49; Staudinger/*Wiegand* Anh. §§ 929 ff. Rn. 227; *Weber* Kreditsicherungsrecht § 8 V 1. **AA** Derleder/Knops/Bamberger/*Derleder* Handbuch zum deutschen und europäischen Bankrecht § 32 Rn. 28.
[113] Staudinger/*Wiegand* Anh. §§ 929 ff. Rn. 229.
[114] BGH NJW-RR 2007, 781.
[115] Zum Eigentümerherausgabeanspruch → Rn. 50.
[116] *Weber* Kreditsicherungsrecht § 8 V 2.
[117] Fischer/Klanten/*Kern* Bankrecht Rn. 9.511; MüKoBGB/*Oechsler* Anh. §§ 929–936 Rn. 51; Palandt/*Bassenge* BGB § 930 Rn. 30; Staudinger/*Wiegand* Anh. §§ 929 ff. Rn. 235. AA BankR-HdB/*Ganter* § 95 Rn. 167; *Weber* Kreditsicherungsrecht § 8 V 1.
[118] BGH NJW 1980, 226; MüKoBGB/*Oechsler* Anh. §§ 929–936 Rn. 52.
[119] MüKoBGB/*Oechsler* Anh. §§ 929–936 Rn. 52; *Weber* Kreditsicherungsrecht § 8 V 3.
[120] BGH NJW 2000, 352; 1997, 1063.
[121] BGH NJW 2000, 352; OLG Düsseldorf NJW-RR 1990, 1073.
[122] BankR-HdB/*Ganter* § 95 Rn. 174.

des Sicherungsgebers, mit Interessenten zu verhandeln, Abschlussreife herbeizuführen und sodann den Sicherungsnehmer zur gebotenen Mitwirkung am Vertragsschluss aufzufordern.[123] Im Übrigen muss der Sicherungsnehmer grundsätzlich prüfen, welche Verwertungsmöglichkeiten in Betracht kommen, und seine Verkaufsabsicht den in Frage stehenden Interessenten bekannt machen. Welche Maßnahmen geboten sind, hängt vom Sicherungsgut und den sonstigen Umständen des Einzelfalls ab. Keine Pflichtverletzung ist es in der Regel, wenn Sicherungsgut nicht einzeln, sondern als Paket verkauft wird und der Erlös die Summe der Einzelwerte nicht erreicht.[124] Nicht pflichtwidrig ist es in der Regel auch, wenn der Sicherungsnehmer Sicherungsgut einem Händler und nicht zum höheren Endabnehmerpreis an Endverbraucher veräußert.[125] Denn der Sicherungsnehmer hat ein berechtigtes Interesse an **rationeller und zügiger Verwertung.**

44 Wenn der Sicherungsnehmer den Sicherungsgeber über die Art und Weise der Veräußerung und den vorgesehenen Preis informiert und dieser das Vorhaben billigt, dann stellt die derart konsentierte Veräußerung grundsätzlich keine Vertragsverletzung dar; ferner braucht der Sicherungsnehmer grundsätzlich keine weiteren Bemühungen um eine bessere Verwertung zu unternehmen.[126] Schließlich ist der Sicherungsnehmer nicht verpflichtet, den Sicherungsgeber an Verwertungsgeschäften zu beteiligen. Er kann grundsätzlich alle Rechtshandlungen ohne Mitwirkung des Sicherungsgebers selbständig wahrnehmen.[127]

45 Wenn der Sicherungsnehmer den Sicherungsgeber über den **Eintritt eines Dritten** in die Sicherungsabrede und das dem gesicherten Anspruch zugrunde liegende Schuldverhältnis verhandeln lässt, darf er nicht begründungslos seine Zustimmung zum Eintritt verweigern, Herausgabe fordern und das Sicherungsgut verwerten, ohne den Interessenten gefragt zu haben, ob für ihn der Erwerb des Sicherungsguts in Betracht kommt. Hat der Sicherungsnehmer das vom Sicherungsgeber erzielte Verhandlungsergebnis gebilligt, darf er seine Zustimmung zum Eintritt des Dritten grundsätzlich nicht verweigern.[128]

46 **dd) Erlös.** Der Sicherungsnehmer ist dem Sicherungsgeber über das Verwertungsergebnis **rechenschaftspflichtig.**[129] Der Erlös ist mit der gesicherten Forderung und den Vollstreckungskosten (§ 788 ZPO) zu **verrechnen.**[130] Der Sicherungsgeber hat einen Anspruch auf Zahlung eines **Mehrerlöses.**[131] Gegen diesen Anspruch kann der Sicherungsnehmer mit eigenen ungesicherten Ansprüchen gegen den Sicherungsgeber **aufrechnen** (str.).[132]

4. Rechtsverhältnis bis zum Sicherungsfall

47 Die Sicherungsabrede bestimmt die Rechte und Pflichten der Kontrahenten (§§ 133, 157 BGB).

48 Bei einer Übereignung in der Form des §§ 929 S. 1, 930 BGB ist der Sicherungsgeber dem Sicherungsnehmer gegenüber bis zum Sicherungsfall **zum Besitz berechtigt** (§ 986 BGB),[133] so dass dieser bis dahin keinen Herausgabeanspruch gegen jenen hat. Der Sicherungsgeber hat gegen Beeinträchtigungen durch Dritte die quasi-negatorischen Ansprüche des berechtigten Besitzers.[134] Ferner ist der Sicherungsgeber bis dahin zum Gebrauch und

---

[123] BGH NJW 2000, 352.
[124] BGH NJW 1997, 1063.
[125] OLG Düsseldorf NJW-RR 1990, 1073.
[126] BGH NJW 1997, 1063.
[127] BGH NJW 1997, 1063.
[128] BGH NJW 2000, 352.
[129] MüKoBGB/*Oechsler* Anh. §§ 929–936 Rn. 53; Palandt/*Bassenge* BGB § 930 Rn. 32; *Weber* Kreditsicherungsrecht § 8 V 3.
[130] Palandt/*Bassenge* BGB § 930 Rn. 32: Staudinger/*Wiegand* Anh. §§ 929 ff. Rn. 233; *Weber* Kreditsicherungsrecht § 8 V 3.
[131] BGH NJW 1994, 2885.
[132] MüKoBGB/*Oechsler* Anh. §§ 929–936 Rn. 53. **AA** BGH NJW 1994, 2885.
[133] MüKoBGB/*Oechsler* Anh. §§ 929–936 Rn. 36; BankR-HdB/*Ganter* § 95 Rn. 68.
[134] MüKoBGB/*Oechsler* Anh. §§ 929–936 Rn. 36.

zur Ziehung der **Nutzungen** (§ 100 BGB) berechtigt; der Sicherungsnehmer hat keinen Anspruch auf Herausgabe oder Ersatz der Nutzungen.[135] Ein Vermietungsverbot kann wirksam vereinbart werden.[136]

Der besitzende Sicherungsgeber ist im Rahmen des gestatteten Gebrauchs und auf eigene Kosten zur **Erhaltung, Pflege** und **Obhut** verpflichtet;[137] bei Gefährdung – Vollstreckung Dritter in das Sicherungsgut – ist er dem Sicherungsnehmer hinweispflichtig.[138] **49**

Das **Besitz- und Nutzungsrecht** des Sicherungsgebers **endet** bei Eintritt des Sicherungsfalles oder Gefährdung der Sicherheit durch Pflichtwidrigkeit des Sicherungsgebers.[139] Damit entsteht der **Eigentümerherausgabeanspruch** (§§ 985 f. BGB) des Sicherungsnehmers. Der Anspruch kann durch einstweilige Verfügung (§ 935 ZPO) auf Herausgabe an einen Sequester gesichert werden, wenn die Gefahr besteht, dass bis zum Abschluss des Hauptsacheverfahrens das Sicherungsgut einen so erheblichen Wertverlust durch Weiterbenutzung erleidet, dass es keinen oder nur noch geringeren Wert besitzt.[140] **50**

Der Sicherungsgeber ist – gegebenenfalls konkludent und stets nur aus wichtigem Grund widerruflich[141] – **ermächtigt** (§ 185 Abs. 1 BGB) **zur Weiterveräußerung** sicherungsübereigneter Ware im gewöhnlichen Geschäftsbetrieb, gegebenenfalls nach näherer Maßgabe, zB Mindestpreis.[142] Die Ermächtigung kann mit einer Vorauszession von Forderungen gegen Abnehmer verbunden werden (verlängertes Sicherungseigentum).[143] Die Ermächtigung ist dann bedingt durch die Zession. Vereinbaren Sicherungsgeber und Abnehmer ein absolut wirkendes Abtretungsverbot gemäß § 399 Alt. 2 BGB (anders § 354a Abs. 1 HGB), besteht folglich keine Ermächtigung.[144] **51**

Bei der Sicherungsübereignung von Produktionsmitteln enthält die Sicherungsabrede in der Regel eine **Austauschklausel,** die den Sicherungsgeber zur Veräußerung bei Ersatzanschaffung ermächtigt und gleichzeitig eine antizipierte Übereignung des Ersatzgegenstandes enthält.[145] Werden Gegenstände sicherungsübereignet, die zur Verarbeitung vorgesehen sind, dann enthält die Sicherungsabrede die stillschweigende **Gestattung der Verarbeitung,** gegebenenfalls versehen mit einer ausdrücklichen Herstellerklausel.[146] **52**

In der Sicherungsabrede können **Nachschub- und Ersatzklauseln** vereinbart werden, die den Sicherungsgeber verpflichten, den übereigneten Bestand aufzufüllen wenn Sicherungsgut durch Veräußerung oder Verarbeitung ausgeschieden ist.[147] Problematisch ist dies in Kombination mit verlängerter Sicherungsübereignung, weil die Kumulation von Nachschub und Vorauszession Übersicherung bewirken kann.[148] Ferner können **Kontrollrechte** des Sicherungsnehmers über den Sicherungsbestand – Auskunft, Einsicht, Augenschein – vorgesehen werden.[149] **53**

Ein Kreditor, der Sicherungseigentum an einer Sache erworben hat, die der Sicherungsgeber zuvor gekauft hat, ist nach Treu und Glauben (§ 242 BGB) dazu verpflichtet, an der **54**

---

[135] BGH NJW 2007, 216.
[136] OLG Dresden MDR 2008, 39.
[137] Derleder/Knops/Bamberger/*Derleder* Handbuch zum deutschen und europäischen Bankrecht § 32 Rn. 20; MüKoBGB/*Oechsler* Anh. §§ 929–936 Rn. 36; BankR-HdB/*Ganter* § 95 Rn. 62, 69; Staudinger/*Wiegand* Anh. §§ 929 ff. Rn. 219; *Weber* Kreditsicherungsrecht § 8 IV 1.
[138] MüKoBGB/*Oechsler* Anh. §§ 929–936 Rn. 36; BankR-HdB/*Ganter* § 95 Rn. 64; Staudinger/*Wiegand* Anh. §§ 929 ff. Rn. 219.
[139] MüKoBGB/*Oechsler* Anh. §§ 929–936 Rn. 43; Staudinger/*Wiegand* Anh. §§ 929 ff. Rn. 221 f., 230.
[140] LG Stralsund WM 2002, 1504.
[141] BankR-HdB/*Ganter* § 95 Rn. 90.
[142] MüKoBGB/*Oechsler* Anh. §§ 929–936 Rn. 37; Palandt/*Bassenge* BGB § 930 Rn. 17; BankR-HdB/*Ganter* § 95 Rn. 86.
[143] → Rn. 31 f.
[144] MüKoBGB/*Oechsler* Anh. §§ 929–936 Rn. 37.
[145] *Ganter* WM 2017, 261 ff.; BankR-HdB/*Ganter* § 95 Rn. 65, 118.
[146] MüKoBGB/*Oechsler* Anh. §§ 929–936 Rn. 37; Palandt/*Bassenge* BGB § 930 Rn. 17. Einzelheiten BankR-HdB/*Ganter* § 95 Rn. 119 ff. sowie Rn. 125 f. zu Verbindung und Vermischung.
[147] BGHZ 124, 371 = NJW 1994, 861.
[148] BankR-HdB/*Ganter* § 95 Rn. 87.
[149] Fischer/Klanten/*Kern* Bankrecht Rn. 9.491; BankR-HdB/*Ganter* § 95 Rn. 65, 102.

Rückabwicklung des Kaufvertrags (§ 346 BGB) mitzuwirken, wenn der Sicherungsgeber von ihm zurückgetreten ist. Dazu hat er das Sicherungseigentum zu übertragen, und zwar Zug um Zug (§§ 273f. BGB) gegen Sicherungsabtretung des Kaufpreisrückzahlungsanspruchs, den der Sicherungsgeber aufgrund des Rücktritts gegen seinen Verkäufer hat.[150]

55 Der Sicherungseigentümer kann jederzeit **Sicherungsgut** gemäß § 931 BGB an Dritte **veräußern** (§ 137 S. 1 BGB), eine solche Veräußerung ist jedoch grundsätzlich pflichtwidrig gegenüber dem Sicherungsgeber (§ 137 S. 2 BGB).[151] Der Dritterwerber handelt gegenüber dem Sicherungsgeber nicht sittenwidrig, wenn er weiß, dass der Veräußerer treuhänderisch gebundener Sicherungseigentümer ist.[152] Sittenwidrig ist es aber, wenn der Erwerber den Veräußerer aktiv zum Vertragsbruch verleitet oder mit ihm planmäßig zusammenwirkt.[153]

56 Der Sicherungsnehmer ist dem Sicherungsgeber aus der Sicherungsabrede zur **Rückübertragung** des Eigentums verpflichtet, wenn der Sicherungszweck entfällt.[154] Diesen Anspruch hat der Sicherungsgeber nicht ohne Weiteres gegen einen Dritterwerber des Eigentums, sondern nur, wenn dieser sich entsprechend verpflichtet hat, zB gegenüber dem Sicherungsnehmer (§ 328 BGB).[155] Allerdings kann der Sicherungsgeber sein Besitzrecht aus der Sicherungsabrede[156] und die Einrede des Rückgewähranspruchs, die er gegen den Sicherungsnehmer hat,[157] auch dem Herausgabeanspruch eines Dritterwerbers des Eigentums entgegenhalten (§ 986 Abs. 2 BGB).

57 Wenn die Sicherungsübereignung auflösend bedingt durch Wegfall des Sicherungszwecks vorgenommen wurde,[158] schützen die §§ 161, 936 Abs. 3 BGB den Sicherungsgeber.

58 **Pflichtverletzungen** verpflichten zum **Schadensersatz** (§ 280 Abs. 1 BGB) und können ein Recht zur **außerordentlichen Kündigung** der Sicherungsabrede oder des Darlehensvertrags[159] (§§ 314, 490 Abs. 1 BGB) begründen.

59 Wenn ein Dritter eine **sicherungsübereignete Sache beschädigt** (zB ein sicherungsübereignetes Kfz bei einem Verkehrsunfall), können **Schadensersatzansprüche** (zB §§ 280, 823 BGB, §§ 7, 18 StVG, § 115 VVG) sowohl des Sicherungsnehmers (Eigentum) als auch des Sicherungsgebers (berechtigter Besitz sowie bei auflösend bedingter Übereignung Eigentumsanwartschaft[160]) gegen den Drittschädiger bestehen. Die Schadensposten sind den betroffenen Rechtspositionen zuzuordnen.

60 Der eigentliche **Sachschaden** ist, sofern **keine Rückerwerbs-Anwartschaft** besteht, ein reiner Eigentümerschaden. Wenn jedoch die Sache nach Wegfall des Sicherungszwecks an den Sicherungsgeber rückübereignet[161] wird, sind offene Schadensersatzansprüche und erbrachte Schadensersatzleistungen, die nicht zur Wiederherstellung verwendet wurden, ebenfalls an den Sicherungsgeber abzutreten oder herauszugeben (analog § 285 BGB).[162] Falls der Sicherungsgeber eine **Rückerwerbs-Anwartschaft** hat, wirkt sich der Sachschaden beim Sicherungseigentümer als Verminderung des Sicherungswerts aus; im Übrigen trifft er den Sicherungsgeber als Anwartschaftsinhaber. Jedoch können Sicherungs- und Anwartschaftsinteresse nicht durchweg klar voneinander geschieden werden. So hilft zB eine Reparatur beiden Interessen ab, so dass sich die Frage stellt, nach welchen Regeln die Geschädigten über die Reparatur zu entscheiden haben. Die Sicherungsabrede sollte

---

[150] OLG Brandenburg NJW 1999, 276.
[151] *Weber* Kreditsicherungsrecht § 8 IV 1.
[152] MüKoBGB/*Oechsler* Anh. §§ 929–936 Rn. 44.
[153] BGH NJW-RR 1993, 367.
[154] → Rn. 9.
[155] Palandt/*Bassenge* BGB § 930 Rn. 16.
[156] → Rn. 48.
[157] → Rn. 9.
[158] → Rn. 9.
[159] OLG Dresden MDR 2008, 39.
[160] → Rn. 9.
[161] → Rn. 9.
[162] *Mülbert* AcP 214 (2014), 309 (358).

tunlichst Bestimmung für solche Fälle treffen. Auch sonst sind die Grundsätze der Schadensaufteilung und die Modalitäten der Ersatzleistung in Fällen, in denen neben dem Eigentümer ein Anwartschaftsinhaber existiert, in weiten Bereichen nicht endgültig geklärt.[163] Grundsätzlich sollen Ersatzleistungen nach Maßgabe von § 432 BGB oder entsprechend § 1281 BGB an beide gemeinschaftlich zu leisten sein (beachte aber 851 BGB).[164]

Der Sicherungseigentümer kann den Sicherungsgeber dazu ermächtigen, Schadensersatz- 61 ansprüche des Sicherungseigentümers im eigenen Namen als **Prozessstandschafter** gerichtlich geltend zu machen.[165]

Der **Nutzungsausfall** ist nur für den Sicherungsgeber als nutzungsberechtigten Besitzer 62 (sonstiges Recht im Sinne von § 823 Abs. 1 BGB) ein ersatzfähiger Schaden.[166]

5. Unwirksamkeitsgründe

a) Übersicherung. aa) Nachträgliche Übersicherung. Nachträgliche Übersicherung 63 liegt vor, wenn die Dinge sich im Lauf der Zeit so entwickeln, dass der Wert der Sicherheiten den Betrag der zu sichernden Forderung weit übersteigt und deshalb zwischen Sicherheit und Forderung kein ausgewogenes, die beiderseitigen berechtigten Interessen berücksichtigendes Verhältnis mehr besteht.[167] Nachträgliche Übersicherung bewirkt **keine Unwirksamkeit** der Sicherungsabrede. Vielmehr gelten die Grundsätze des Beschlusses des Großen Senats für Zivilsachen v. 27.11.1997[168] zu revolvierenden AGB-Globalsicherheiten.[169] Danach hat der Sicherungsgeber im Falle nachträglicher Übersicherung einen **ermessensunabhängigen Freigabeanspruch,** und zwar auch, wenn die Sicherungsabrede keine oder eine ermessensabhängig ausgestaltete Freigabeklausel enthält. Ferner bedarf die Sicherungsabrede zu ihrer Wirksamkeit keiner ausdrücklichen Freigaberegelung, keiner zahlenmäßig bestimmten Deckungsgrenze und keiner Klausel für die Bewertung der Sicherungsgegenstände. Fehlt eine ausdrückliche Deckungsgrenze oder ist eine unangemessene Deckungsgrenze vorgesehen, so beträgt diese Grenze – einschließlich Kosten für Verwaltung und Verwertung der Sicherheit –, bezogen auf den realisierbaren Wert des Sicherungsguts, 110 % der gesicherten Forderungen. Gemeingültige Maßstäbe für die Bewertung des Sicherungsguts bei Eintritt des Sicherungsfalles lassen sich bei der Sicherungsübereignung nicht im Voraus festlegen. Die Grenze für das Entstehen eines Freigabeanspruchs für Sicherungsgut liegt regelmäßig bei 150 % des Schätzwerts.

bb) Anfängliche Übersicherung. Bei anfänglicher Übersicherung[170] – bei Vertrags- 64 schluss ist sicher, dass im noch ungewissen Verwertungsfall ein auffälliges Missverhältnis zwischen realisierbarem Wert der Sicherheit und gesicherter Forderung bestehen wird – gelten nicht die Grundsätze der Entscheidung des Großen Senats für Zivilsachen v. 27.11.1997. Vielmehr ist die Sicherungsabrede gemäß § 138 Abs. 1 BGB **nichtig,**[171] wenn sie im Zeitpunkt ihres Abschlusses nach ihrem aus der Zusammenfassung von Inhalt, Beweggrund und Zweck zu entnehmenden Gesamtcharakter mit den guten Sitten unvereinbar ist. Die Übersicherung muss insbesondere auf verwerflicher Gesinnung des Sicherungsnehmers beruhen, die vorliegt, wenn er aus eigensüchtigen Gründen in unerträglichem Maß rücksichtslos ist gegenüber berechtigten Belangen des Sicherungsgebers.[172]

---

163 Überblick bei *Mülbert* AcP 214 (2014), 309 (357 ff.).
164 BeckOGK/*Klinck,* 1.1.2020, BGB § 929 Rn. 189. AA *Mülbert* AcP 214 (2014), 309 (358).
165 BGH NJW 2017, 2352 mAnm *Herbers* NJW 2017, 2353; *Oechsler* WuB 2017, 550.
166 *Mülbert* AcP 214 (2014), 309 (356); BeckOGK/*Spindler,* 1.1.2020, BGB § 823 Rn. 171
167 OLG Düsseldorf WM 1993, 784.
168 BGHZ 137, 212 = NJW 1998, 671.
169 S. ferner *Haertlein* → Kap. 27 Einl. Rn. 15 ff.
170 Einzelheiten *Haertlein* → Kap. 27 Einl. Rn. 34 ff.
171 BGHZ 137, 212 = NJW 1998, 671.
172 BGH NJW 1998, 2047.

65 **b) Schuldnerknebelung.** Eine Sicherungsabrede kann wegen Schuldnerknebelung gemäß § 138 Abs. 1 BGB nichtig sein, wenn die wirtschaftliche Handlungsfreiheit des Sicherungsgebers übermäßig eingeschränkt ist. Nachträgliche Übersicherung reicht dafür indes nicht aus, weil den Belangen des Sicherungsgebers in solchen Fällen mit dem ermessensunabhängigen Freigabeanspruch abgeholfen wird. Auch bei ursprünglicher Übersicherung spielt der Aspekt der Schuldnerknebelung für das Sittenwidrigkeitsurteil keine Rolle. Eigenständige Bedeutung hat der Topos der Schuldnerknebelung daher nur, wenn dem Sicherungsnehmer unerträglich starke Mitwirkungs- und Entscheidungsbefugnisse eingeräumt werden.[173] Ein solcher Fall kann etwa bestehen, wenn ein Warenlager zur Sicherheit übereignet wird, ohne dass dem Sicherungsgeber die Veräußerung der Waren im gewöhnlichen Geschäftsgang ermöglicht wird.

66 **c) Gläubigergefährdung.** Sittenwidrig kann eine Sicherungsabrede auch sein, wenn sie dazu führt, dass die Interessen anderer Kreditoren sittenwidrig beeinträchtigt oder diese über die Kreditwürdigkeit des Sicherungsgebers getäuscht werden.[174] Auch diese Fallgruppe hat nur einen schmalen Anwendungsbereich, weil die Anfechtungsmöglichkeiten in und außerhalb der Insolvenz (§§ 129 ff. InsO, §§ 1 ff. AnfG) weitgehend Abhilfe schaffen. Für die Sittenwidrigkeit bedarf es daher besonderer, über die Gläubigerbenachteiligung hinausgehender Umstände,[175] zB einer Verwertungsabrede, die zur Verschleuderung führt und konkurrierenden Gläubigern die Aussicht auf einen Mehrerlös nimmt.[176] Die Rechtsprechung zu den **subjektiven Voraussetzungen** der Sittenwidrigkeit ist uneinheitlich.[177]

67 **d) Folgen.** Die Unwirksamkeit der Sicherungsabrede verhindert den Erwerb von Sicherungseigentum, wenn die Sicherungsübereignung die Vereinbarung des Besitzkonstituts enthält (str.).[178] Andernfalls lässt die Unwirksamkeit der Sicherungsabrede die Sicherungsübereignungen unberührt. Sicherungsübereignungen, die im Vollzug einer unwirksamen Sicherungsabrede durchgeführt werden, sind rechtsgrundlos, der Sicherungsgeber kann beim Sicherungsnehmer kondizieren, auch wenn die zu sichernde Forderung besteht, denn diese ist nicht Rechtsgrund der Besicherung.[179]

VI. Sicherungseigentum in Zwangsvollstreckung und Insolvenz

1. Vollstreckung gegen den Sicherungsgeber

68 Die Vollstreckung durch Gläubiger des Sicherungsgebers kann der Sicherungsnehmer als Eigentümer mit der **Drittwiderspruchsklage** (§ 771 ZPO) abwehren.[180] Das Widerspruchsrecht entfällt, wenn der Sicherungszweck erledigt und der Sicherungsnehmer zur Rückübereignung verpflichtet ist.[181]

69 Wurde die Sache versteigert und der Erlös dem Vollstreckungsgläubiger zugewiesen, dann kann der Sicherungseigentümer gemäß § 812 Abs. 1 S. 1 BGB **Herausgabe des Erlöses** verlangen,[182] außer wenn der Sicherungszweck erledigt war. Gleiches gilt, wenn

[173] MüKoBGB/*Oechsler* Anh. §§ 929–936 Rn. 34; Staudinger/*Wiegand* Anh. §§ 929 ff. Rn. 152.
[174] BGHZ 210, 30 = NJW 2016, 2662 mAnm *Bülow* WuB 2016, 604; Staudinger/*Wiegand* Anh. §§ 929 ff. Rn. 159, 164; *Weber* Kreditsicherungsrecht § 8 IV 2.
[175] BGHZ 210, 30 = NJW 2016, 2662 mAnm *Bülow* WuB 2016, 604; BGH NJW-RR 2002, 1359.
[176] MüKoBGB/*Oechsler* Anh. §§ 929–936 Rn. 34; *Paulus* WuB VI B. § 30 Nr. 1 KO 3.97.
[177] Zu eng OLG Hamm WM 2000, 518 (Sicherungsnehmer muss die wirtschaftliche Lage des Kreditnehmers als aussichtslos bewerten). Zutreffend BGH NJW 1997, 3175 (Absichtsanfechtung trotz Hoffnung der Konkursabwendung). Zu streng mit dem Sicherungsnehmer BGHZ 10, 228 = NJW 1953, 1665; Staudinger/*Wiegand* Anh. §§ 929 ff. Rn. 149.
[178] → Rn. 19.
[179] → Rn. 7 f.
[180] BGHZ 100, 95 = NJW 1987, 1880; 12, 232 = NJW 1954, 673.
[181] BGHZ 100, 95 = NJW 1987, 1880.
[182] BGHZ 100, 95 = NJW 1987, 1880; 32, 240 = NJW 1960, 1461.

der Vollstreckungsgläubiger die Sache selbst ersteigert und der Erlös mit der titulierten Forderung verrechnet wird.[183]

2. Insolvenz des Sicherungsgebers

In der Insolvenz über das Vermögen des Sicherungsgebers hat der Sicherungseigentümer ein **Absonderungsrecht** (§ 51 Nr. 1 InsO),[184] wenn nicht die Sicherungsübereignung erfolgreich angefochten (§§ 129 ff. InsO) wird. **70**

3. Vollstreckung gegen den Sicherungseigentümer

Solange der Sicherungsgeber unmittelbarer Besitzer ist, können Gläubiger des Sicherungseigentümers Sicherungsgut nur pfänden lassen, wenn der **Sicherungsgeber zur Herausgabe bereit** ist (§ 809 ZPO). Bei einer ausnahmsweise zulässigen Pfändung – das Sicherungsgut befindet sich beim Eigentümer oder beim Vollstreckungsgläubiger, oder der Sicherungsgeber ist zur Herausgabe bereit – hat der Sicherungsgeber nach Auffassung der Rechtsprechung ein **veräußerungshinderndes Recht** (§ 771 ZPO) und damit ein Widerspruchsrecht, solange nicht der Sicherungsfall eingetreten ist.[185] Dieser Sicht der Dinge, der eine wirtschaftliche Betrachtung[186] zugrunde liegt, ist deutlich zu widersprechen. Bei aller treuhänderischen Gebundenheit des Sicherungseigentums hat der Sicherungsgeber grundsätzlich **nur einen Verschaffungsanspruch** gegen den Eigentümer bei Wegfall des Sicherungszwecks, der eben kein veräußerungshinderndes Recht vermittelt.[187] Auch der berechtigte Besitz ist kein veräußerungshinderndes Recht.[188] Anders kann die Lage allenfalls dann zu bewerten sein, wenn die Übereignung auflösend bedingt ist und der Sicherungsgeber daher eine Eigentumsanwartschaft hat. **71**

Bei einer gegen § 809 ZPO verstoßenden Pfändung beim Sicherungsgeber ist dessen **Erinnerung** (§ 766 ZPO) begründet.[189] **72**

4. Insolvenz des Sicherungseigentümers

In der Insolvenz über das Vermögen des Sicherungsnehmers ist der Sicherungsgeber **aussonderungsberechtigt** (§ 47 InsO), wenn der Sicherungszweck – gegebenenfalls durch Leistung an den Insolvenzverwalter (§ 80 InsO) – entfallen ist.[190] **73**

---

[183] BGHZ 100, 95 = NJW 1987, 1880.

[184] Einzelheiten Derleder/Knops/Bamberger/*Derleder,* Handbuch zum deutschen und europäischen Bankrecht, § 32 Rn. 36 ff.; Fischer/Klanten/*Kern* Bankrecht Rn. 9.516 ff.; MüKoBGB/*Oechsler* Anh. §§ 929–936 Rn. 57.

[185] BGHZ 72, 141.

[186] S. aber auch BGHZ 118, 201 = NJW 1992, 2014: Sicherungseigentum gehört nicht zum Vermögen des Sicherungsgebers.

[187] Weitere Bedenken bei MüKoBGB/*Oechsler* Anh. §§ 929–936 Rn. 55.

[188] Saenger/*Kindl* ZPO § 771 Rn. 10.

[189] *Schilken* DGVZ 1986, 145.

[190] MüKoBGB/*Oechsler* Anh. §§ 929–936 Rn. 60; Staudinger/*Wiegand* Anh. §§ 929 ff. Rn. 251; *Weber* Kreditsicherungsrecht § 8 VII 2.

27. Kapitel: Sicherungsabtretung – §§ 398–413 BGB

Schrifttum: *Albrecht/Hombrecher,* Aspekte der Vertragsgestaltung bei der Kreditsicherung mit Markenrechten, WM 2005, 1689; *Aleth/Böhle,* Neue Transaktionsformen als Folge der Finanzmarkt-/Wirtschaftskrise, DStR 2010, 1186; *Bayer,* Bereicherungsausgleich nach Zession einer unwirksamen Forderung, JuS 1990, 883; *Berger,* Die Abtretung ärztlicher Honorarforderungen, NJW 1995, 1584; *Brinkmann,* Mobiliarsicherheiten, 2011; *Bülow,* Recht der Kreditsicherheiten, 7. Aufl. 2007, Kap. 1 Abschn. 1 IV, Kap. 2 Abschn. 1 III; *Canaris,* Der Vorrang außerbereicherungsrechtlicher, insbesondere dinglicher Wertungen gegenüber der Saldotheorie und dem Subsidiaritätsdogma, JZ 1992, 1114; *Dörner,* Kondiktion gegen den Zedenten oder gegen den Zessionar?, NJW 1990, 473; *Elfring,* Die Verwertung verpfändeter und abgetretener Lebensversicherungsansprüche in der Insolvenz des Versicherungsnehmers, NJW 2005, 2192; *Fridgen,* Die Sicherungsgrundschuld beim Forderungsverkauf, WM 2008, 1862; *Ganter,* in: Schimansky/Bunte/Lwowski (Hrsg.), Bankrechts-Handbuch, Band II, 5. Aufl. 2017, § 96; *Ganter,* Das Schicksal akzessorischer Globalsicherheiten im Falle der Singularabtretung von gesicherten Forderungen oder Forderungsteilen – eine Studie zu § 401 BGB, in: FS Lwowski, 2014, S. 187; *Geibel,* Die Kollision zwischen verlängerten Eigentumsvorbehalt und antizipierter Sicherungsübereignung, WM 2005, 962; *Griesbeck,* Taugt die Globalzession noch als Sicherheit beim Konsortialkredit?, ZIP 2008, 1813; *Habersack,* Zur Abtretbarkeit der Sicherungsgrundschuld mit weitem Sicherungszweck, WM 2018, 1625; *Haertlein,* Die Rechtsstellung des Schuldners einer abgetretenen Forderung, JuS 2007, 1073; *Haertlein/Thümmler,* Die Abtretung von Forderungen, für die eine Einzugsermächtigung erteilt ist, WM 2008, 2137; *Hammen,* Vorausabtretung versus Inrechnungstellung, JZ 1998, 1095; *Hartmann/Höche/Wand/Weber,* Kurzkommentar Bankvordrucke, Loseblatt, Stand: 3/2009, Teil 8; *Heinemeyer,* Der Grundsatz der Akzessorietät bei Kreditsicherungsrechten, 2017; *J. Hoffmann,* Abtretungsrechtlicher Schuldnerschutz bei nichtiger Globalzession und bei dinglicher Teilverzichtsklausel, WM 2011, 433; *U. Hoffmann,* Abtretung der Hauptforderung und Verzugsschaden, WM 1994, 1464; *Jacob,* Zur Aufrechnung des Schuldners gegen eine vorausabgetretene Forderung gemäß § 406 BGB, WM 1991, 1581; *Jacoby,* Globalzession gerettet – Handlungsbedarf bleibt, ZIP 2008, 385; *Jauernig,* Zur Akzessorietät bei der Sicherungsübertragung, NJW 1982, 268; *Josten,* Kreditvertragsrecht, 2. Aufl. 2017, § 34; *Karst,* Kein Wahlrecht des Schuldners bei § 407 Abs. 1 BGB, MDR 1995, 559; *Kesseler,* Der Aufrechnungsschutz bei sicherungszedierten Forderungen, NJW 2003, 2211; *E. Koch,* Bereicherungsausgleich bei Forderungsabtretungen, VersR 1989, 891; *R. Koch,* Abtretbarkeit von Darlehensforderungen im Lichte des AGB-Rechts, BKR 2006, 182; *Köndgen,* Der Wettlauf der Kreditgeber um knappe Sicherheiten, in: FS Schwark, 2009, 41; *E. Koch,* Bereicherungsausgleich bei Forderungsabtretung, VersR 1989, 891; *Lange/Reimann,* Müssen Kreditinstitute von der Globalzession Abschied nehmen?, BKR 2006, 230; *Liebscher/Lübke,* Die zwangsweise Verwertung vinkulierter Anteile, ZIP 2004, 241; *Mansel,* Das privatrechtliche Werk Othmar Jauernigs, in: Erinnerungen an Othmar Jauernig, 2018, 31; *Meller-Hannich,* Verfügbarkeit von Forderungen und Gläubigerzugriff, KTS 2000, 37; *Mitlehner,* Die Verwertung sicherungszedierter Forderungen im Insolvenzantragsverfahren, ZIP 2010, 1934; *Mylich,* Der Zugriff Dritter auf den künftigen Grundstücksmietzins, WM 2010, 1923; *Neef,* Zur Kollision von Vorauszessionen, WM 2005, 2365; *Nörr/Scheyhing/Pöggeler,* Sukzessionen, 2. Aufl. 1999; *v. Olshausen,* Gläubigerrecht und Schuldnerschutz bei Forderungsübergang und Regress, 1988; *Paulus,* Überlegungen zur Zulässigkeit einer Abtretung von Honoraransprüchen von Anwälten an Anwälte, NJW 2004, 21; *Piekenbrock,* Zum Wert der Globalzession in der Insolvenz, WM 2007, 141; *Schanbacher,* in: Derleder/Knops/Bamberger (Hrsg.), Handbuch zum deutschen und europäischen Bankrecht, 3. Aufl. 2017, § 30; *Schilken,* Zur Auslegung des § 407 Abs. 2 BGB: Schuldnerschutz und Rechtskrafterstreckung bei Abtretung der eingeklagten Forderung vor Rechtshängigkeit, ZZP 130 (2017), 271; *Schmalenbach/Sester,* Insolvenzfestigkeit der Globalzession bei Kreditlinien und strukturierten Finanzierungen, WM 2007, 1164; *Stamm,* Schuldnerschutz und Rechtskrafterstreckung bei Unkenntnis der Abtretung, NJW 2016, 2369; *Stegmann,* Lebensversicherung als Kreditsicherung im Rahmen der neuen InsO, VersR 2000, 1467; *Tiedtke,* Bereicherungsschuldner bei der Sicherungsabtretung einer nur vermeintlich bestehenden Forderung, WM 1999, 517; *Wagner,* Vertragliche Abtretungsverbote im kaufmännischen Geschäftsverkehr (§ 354a HGB), in: Hadding/Schneider (Hrsg.), Die Forderungsabtretung, insbesondere zur Kreditsicherung, in ausländischen Rechtsordnungen, 1999, 27; *Weber,* Kreditsicherungsrecht, 8. Aufl. 2006, §§ 15 bis 17; *Zeiser,* Inhabergrund- und -rentenschulden sowie Inhaber- und Orderhypotheken, Rpfleger 2006, 577.

Übersicht

Einleitung

Übersicht

I. Sicherungsabtretung und Rechtsverpfändung

Kredite können mit Forderungen und anderen Rechten durch **Verpfändung** 1 (§§ 1273 ff. BGB) oder **Sicherungsabtretung** bzw. – synonym – -zession (§§ 398 ff. BGB) besichert werden. In der Kreditsicherungspraxis dominiert die Sicherungsabtretung. Denn die Forderungsverpfändung bedarf zumeist einer Verpfändungsanzeige an den Drittschuldner (§ 1280 BGB), die einer stillen Verpfändung entgegensteht und eine Vorausverpfändung erheblich erschwert; die Sicherungszession ermöglicht beides.[1] Die Forderungsverpfändung ist bedeutsam als AGB-Pfandrecht der Kreditinstitute (Nr. 14 AGB Banken, Nr. 21 AGB Spark), vor allem als Pfandrecht an eigener Schuld, das bei der Sicherungszession nur bedingt eine Parallele findet.

II. Sicherungsabtretung

1. Begriff

Die Sicherungsabtretung ist eine **rechtsgeschäftliche Forderungsübertragung,** also 2 eine Gläubigerauswechslung (§ 398 BGB), zu dem **schuldrechtlichen Zweck der Kreditbesicherung.** Die Sicherungsfunktion, die sich aus der zugrundeliegenden **Sicherungsabrede** ergibt, besteht darin, dass der Zessionar die zedierte Forderung erst dann zur Schadloshaltung verwerten – einziehen oder veräußern – darf, wenn die gesicherte Forderung fällig ist[2] oder der Schuldner der gesicherten Forderung sich im Verzug befindet **(Sicherungsfall).** Der Zessionar erhält damit eine **treuhänderisch** (fiduziarisch) **gebundene Rechtsinhaberschaft,** das heißt, er **kann** von seiner absoluten Rechtsmacht über die Forderung jederzeit Gebrauch machen, er **darf** dies aber nur nach Maßgabe der relativ wirkenden schuldrechtlichen Vereinbarung mit dem Sicherungsgeber (Sicherungsabrede). Die Sicherungszession **wirkt ähnlich einer Rechtsverpfändung,** bei der ebenfalls ein

[1] MüKoBGB/*Roth/Kieninger* § 398 Rn. 114.
[2] BGH NJW-RR 1995, 1369.

absolutes, mit dinglichem Vorzug vor konkurrierenden Gläubigern ausgestattetes Recht zugewandt wird, dessen Verwertung unter bestimmten Voraussetzungen steht.

2. Beteiligte

3 Bei der Sicherungszession sind der Zedent, der Schuldner der gesicherten Forderung, der Zessionar und der Drittschuldner beteiligt. Der **Zedent** tritt die Forderung ab (Sicherungsgeber), und zwar zur Sicherheit für zumeist eigene Schuld (Schuldnersicherheit) oder, unüblich, fremde Schuld (Drittsicherheit[3]). Der **Schuldner der gesicherten Forderung** ist in der Regel zugleich Sicherungsgeber (Zedent einer Schuldnersicherheit). Der **Zessionar** empfängt die zedierte Forderung (Sicherungsnehmer) und ist zumeist zugleich Gläubiger der gesicherten Forderung. Schuldner der abgetretenen Forderung ist der **Drittschuldner.**

3. Gesicherte Forderungen

4 Gesichert werden können einzelne oder mehrere Ansprüche oder ein Kreis von Ansprüchen, zB aus der Geschäftsverbindung, gegenwärtige wie künftige, mit festem oder variablem Umfang, zB Kontokorrentkredit. In der Regel werden Zahlungsansprüche besichert, zB auf Darlehensrückzahlung oder Kaufpreiszahlung, zwingend ist dies nicht.

5 Der **Sicherungszweck** muss **bestimmbar** sein.[4] Die im Kreditgewerbe übliche **weite Zweckerklärung** – alle gegenwärtigen und künftigen Forderung aus der bankmäßigen Geschäftsverbindung – erfüllt diese Voraussetzung;[5] die bankmäßige Geschäftsverbindung kann abgegrenzt werden, und die „All-Formel" ist für die Bestimmbarkeit unproblematisch. **AGB-rechtlich** (§ 307 BGB) ist zu differenzieren. Die weite Zweckerklärung ist transparent (§ 307 Abs. 1 S. 2 BGB).[6] Eine weite Zweckerklärung für eigene Schulden des Zedenten ist auch im Übrigen nicht zu beanstanden, unangemessen und unwirksam ist aber eine weite Zweckerklärung, die auch unübersehbare fremde Schulden einbezieht.[7]

4. Zedierte Forderung

6 Gegenstand einer Sicherungszession können grundsätzlich Forderungen jeder Art sein, in der Regel Zahlungsforderungen, gegenwärtige wie künftige, solche mit festem oder variierendem Betrag, Einzelforderungen **(Singularzession),** ein Forderungskreis oder sämtliche Forderungen des Zessionars (**Globalzession**[8]).[9] Sicherungsübertragung **anderer Rechte als Forderungen** ist möglich,[10] aber unüblich.[11]

7 Zedierte Forderungen müssen, insbesondere bei Global- und Vorauszession, **bestimmbar** (individualisierbar[12]) sein. Es muss klar sein, welche einzelne Forderung – bei Teilabtretung welcher Forderungsteil[13] – von der Zession erfasst ist.[14] Nach der Rechtsprechung[15] muss jede einzelne abgetretene Forderung stets derart nach Gegenstand und

[3] Zum Regress AG Pinneberg NJW 1999, 1721. Dagegen zu Recht krit. MüKoBGB/*Roth/Kieninger* § 398 Rn. 104.
[4] BGHZ 108, 98 = NJW 1989, 2383.
[5] MüKoBGB/*Roth/Kieninger* § 398 Rn. 120.
[6] OLG Oldenburg WM 1997, 1383.
[7] → BGB § 1192 Rn. 37 zur Sicherungsgrundschuld.
[8] → Rn. 37.
[9] BankR-HdB/*Ganter* § 96 Rn. 9.
[10] ZB Grundschuld, BGH NJW 1974, 185.
[11] BankR-HdB/*Ganter* § 96 Rn. 10.
[12] BGH NJW 1974, 1130; BGHZ 7, 365 = NJW 1953, 21.
[13] → BGB § 398 Rn. 12 ff.
[14] BankR-HdB/*Ganter* § 96 Rn. 44.
[15] BGHZ 71, 75 = NJW 1978, 1050; 70, 86 = NJW 1978, 538.

Umfang[16] sowie Identifizierbarkeit des Drittschuldners[17] individualisierbar sein, dass es nur noch ihrer Entstehung bedarf, um die Übertragung ohne Weiteres und zweifelsfrei wirksam werden zu lassen. Abgetretene Forderungen müssen von anderen gleichartigen Forderungen des Zedenten unterscheidbar sein.[18] Die Bestimmbarkeit muss sich aus der Zession ergeben, die dazu auszulegen ist.[19] Dabei können Umstände außerhalb der Erklärungen herangezogen werden, zB bei Bezugnahme auf Urkunden.[20] Die bloße Tatsache, dass die Feststellung vorausabgetretener Forderungen angesichts der Vielzahl der Abtretungen oder der Kompliziertheit ihrer Verbuchung einen erheblichen Arbeits- und Zeitaufwand erfordert, steht jedenfalls dann einer Wirksamkeit der Abtretung künftiger Forderungen nicht entgegen, wenn die Geschäftsunterlagen zweifelsfreien Aufschluss über das rechtliche Schicksal der zedierten Forderungen geben.[21] Reine Wert- und Verhältnisangaben reichen für die Bestimmbarkeit nicht aus,[22] weil nicht klar ist, welche einzelnen Forderungen abgetreten sein sollen. Für die Bestimmbarkeit unproblematisch ist die „All-Formel", zB alle Forderungen aus dem Geschäftsbetrieb des Zedenten,[23] bei der aber anfängliche Übersicherung,[24] Gläubigerbenachteiligung[25] oder Verleitung zum Vertragsbruch[26] (§ 138 Abs. 1 BGB)[27] vorliegen können.[28] Eine zunächst unbestimmbare Abtretung, die dem Zedenten die Forderungsbestimmung für einen späteren Zeitpunkt anheimgibt **(Mantelzession),** wird mit Vornahme der Individualisierung wirksam.[29]

5. Rechtsverhältnisse

Bei der Sicherungszession sind **drei Rechtsverhältnisse** auseinanderzuhalten, die gleichzeitig begründet und in einer Urkunde zusammengefasst werden können. Zu unterscheiden sind das Rechtsverhältnis, dem die zu sichernde Forderung entstammt, die Sicherungsabrede und die Sicherungszession.[30] **8**

a) Rechtsverhältnis des zu sichernden Anspruchs. Das Rechtsverhältnis des zu sichernden Anspruchs, zB der Darlehensvertrag, verpflichtet nicht zur Besicherung, es bildet nicht den Rechtsgrund der Besicherung, sondern den Anlass – wiederum nicht den Rechtsgrund – für den Abschluss der Sicherungsabrede. Die Unwirksamkeit des Rechtsverhältnisses des zu sichernden Anspruchs kann die Unwirksamkeit der Sicherungsabrede nach sich ziehen (§ 139 BGB). Sicherungszedierte Forderungen können dann kondiziert werden. Ist die Sicherungsabrede trotz Unwirksamkeit des Rechtsverhältnisses des zu sichernden Anspruchs wirksam, kann der Sicherungszweck sich erledigt haben, wenn nicht durch Auszahlung der Darlehensvaluta auf einen unwirksamen Darlehensvertrag ein Bereicherungsanspruch entstanden ist, der ersatzweise gesichert ist. Bei Erledigung des Sicherungszwecks besteht ein Rückabtretungsanspruch aus dem Sicherungsvertrag,[31] sofern **9**

[16] BGH NJW 1988, 3204; 1985, 800.
[17] BGHZ 108, 98 = NJW 1989, 2383; OLG Düsseldorf WM 1995, 1112 mAnm *Rommel* WuB IV A. § 398 BGB 1.95.
[18] BankR-HdB/*Ganter* § 96 Rn. 45.
[19] Bsp. OLG Koblenz WM 2018, 1882.
[20] BGH NJW 2000, 276; BankR-HdB/*Ganter* § 96 Rn. 45.
[21] BGHZ 70, 86 = NJW 1978, 538. Zur Lage bei mangelhafter Buchführung BGH NJW 1978, 1632.
[22] OLG Rostock MDR 2000, 887.
[23] BGH NJW 1995, 1668; 1974, 1130; OLG Stuttgart NJW 1964, 666.
[24] → Rn. 39 ff.
[25] → Rn. 32.
[26] → Rn. 53 ff.
[27] BGH NJW 1995, 1668.
[28] Bsp. für hinreichende und unzureichende Bestimmbarkeit in BankR-HdB/*Ganter* § 96 Rn. 46 ff. mwN.
[29] MüKoBGB/*Roth/Kieninger* § 398 Rn. 68; Palandt/*Grüneberg* BGB § 398 Rn. 16; Staudinger/*Busche* § 398 Rn. 57.
[30] BankR-HdB/*Ganter* § 96 Rn. 21 ff.
[31] → Rn. 17 ff.

nicht die Zession bedingt[32] ist. Bei einem **Verbraucherdarlehensvertrag** (§ 491 BGB) muss grundsätzlich nicht nur die Sicherungsabrede, sondern auch der Darlehensvertrag Angaben zu Sicherheiten enthalten, weil andernfalls „Sicherheiten nicht gefordert werden" können (§ 494 Abs. 6 S. 2 BGB).[33] § 494 Abs. 6 S. 2 BGB erfasst Drittsicherheiten[34] ebenso wie Schuldnersicherheiten.[35]

10 **b) Sicherungsabrede.** Die Sicherungsabrede verpflichtet zur Sicherungszession und enthält nähere Maßgaben über das Sicherungsverhältnis, zB gesicherte Forderungen, Verwertung, Abwicklung. Sie bildet den Rechtsgrund der Zessionen, bei Unwirksamkeit sind zedierte Forderungen kondizierbar.

11 **c) Sicherungszession.** Die Sicherungszession (§ 398 BGB) bewirkt die Besicherung.

6. Nichtforderungsgebundene, fiduziarische Sicherheit

12 Die Sicherungszession ist **nicht akzessorisch,** sondern **treuhänderisch** (fiduziarisch); sichernde und gesicherte Forderung sind nach Maßgabe der Sicherungsabrede verbunden.

13 **a) Quasi-Akzessorietät.** Nach durchaus **zweifelhafter Rechtsprechung** des VIII. Zivilsenats des BGH besteht Quasi-Akzessorietät bei einer Sicherungszession zur Besicherung eines Darlehensrückzahlungsanspruchs (§ 488 Abs. 1 S. 2 BGB).[36] Zwar teile die Sicherungszession grundsätzlich nicht das rechtliche Schicksal des kausalen Rechtsgeschäfts. Eine derartige Abhängigkeit zwischen Verfügungs- und schuldrechtlichem Kausalgeschäft[37] könne aber durch Parteivereinbarung hergestellt werden oder sich aus dem Vertragszweck und sonstigen Umständen ergeben. Ferner könne auf die Abhängigkeit einer Sicherungszession auch aus ihrer Funktion und dem beiderseitigen wirtschaftlichen Interesse der Vertragsparteien geschlossen werden. Funktion und Zweck der Sicherungszession gingen nicht über ein vertragliches akzessorisches Pfandrecht hinaus. Insbesondere wählten die Beteiligten in der Regel die Sicherungszession anstelle der Forderungsverpfändung, um der Verpfändungsanzeige (§ 1280 BGB) zu entgehen, und nicht, um die Akzessorietät zu vermeiden. Vielmehr entspreche die Akzessorietät bei der Sicherungsabtretung den beiderseitigen Interessen. Insbesondere der Zessionar habe ein schützenswertes wirtschaftliches Interesse an Sicherung nur, soweit er Ansprüche gegen den Zedenten geltend machen könne. Daher **entfalte eine Sicherungszession keine rechtliche Wirkung, wenn kein** Darlehensrückzahlungsanspruch, kein ersatzweise gesicherter[38] Bereicherungsanspruch und auch sonst kein nach Sachlage **zu besichernder Anspruch entstanden ist.**

14 Ferner hat das BAG Quasi-Akzessorietät angenommen, wenn Grundgeschäft und Zession Teile einer einheitlichen Vereinbarung und in eine Vertragsurkunde aufgenommen sind.[39]

15 Richtig ist zwar, dass die **Sicherungsabrede** bei nicht forderungsgebundenen Sicherungsrechten zwischen gesichertem und sicherndem Recht eine Abhängigkeit dieses Rechts von jenem herstellen kann. So kann die Sicherungszession unter die **Suspensivbedingung** (§ 158 Abs. 1 BGB) gestellt werden, dass ein gesicherter Anspruch entsteht, und gleichzeitig unter die **Resolutivbedingung** (§ 158 Abs. 2 BGB), dass der Sicherungszweck wegfällt.[40] Ferner kann eine aufschiebend bedingte Sicherungsabtretung mit einer

---

[32] → Rn. 15 f.
[33] Einzelheiten BeckOGK/*Haertlein* BGB § 507 Rn. 50 ff.
[34] → Rn. 3.
[35] BeckOGK/*Haertlein* BGB § 507 Rn. 53. **AA** BankR-HdB/*Peters* § 81 Rn. 269.
[36] BGH NJW 1982, 275. Zusammenfassung der überwiegend abl. Kritik an diesem Urteil im Schrifttum mwN bei *Heinemeyer* Der Grundsatz der Akzessorietät bei Kreditsicherungsrechten S. 262 ff. S. aber auch die zustimmende Stellungnahme S. 266 f.
[37] So der VIII. Zivilsenat des BGH (NJW 1982, 275), der indes nicht die Sicherungsabrede meint, sondern den Darlehensvertrag.
[38] S. dazu OLG Hamm ZIP 1988, 300.
[39] BAG NJW 1967, 751. Dagegen OLG Hamm ZIP 1988, 300.
[40] BGH NJW 1986, 977.

Rückabtretung kombiniert werden, die aufschiebend bedingt ist durch den Wegfall des Sicherungszwecks. Eine solche Abhängigkeit muss der Abrede aber im Wege der Auslegung entnommen werden können.[41]

Dementsprechend zutreffend hat der IX. Zivilsenat des BGH entschieden, dass eine Auslegungsregel, die Vertragsparteien hätten im Zweifel nur eine auflösend bedingte **Sicherungsübereignung** gewollt, nicht anzuerkennen,[42] vielmehr in der Regel eine unbedingte Sicherungsübereignung anzunehmen ist, und es keinen allgemeinen Rechtsgrundsatz gibt, wonach eine Sicherungsübereignung stets durch den Sicherungszweck bedingt ist.[43] 16

b) Rückübertragungsanspruch. Hängt die Wirksamkeit der Sicherungszession nicht von der gesicherten Forderung ab, resultiert aus der Sicherungsabrede auch ohne ausdrückliche Regelung ein Anspruch auf Rückabtretung, wenn ein gesicherter Anspruch nicht mehr entstehen kann oder der Sicherungsfall endgültig erledigt ist. Für den Vollzug der Rückabtretung bestehen geringe Anforderungen. Schon die Entgegennahme der geschuldeten Leistung, die den Sicherungszweck endgültig erledigt, kann die Erklärung der Rückabtretung enthalten.[44] 17

Nach dem Beschluss des Großen Senats für Zivilsachen v. 27.11.1997[45] zu revolvierenden **Globalsicherheiten** hat der Zedent ferner im Fall **nachträglicher Übersicherung**[46] einen ermessensunabhängigen Rückabtretungsanspruch gegen den Zessionar auch, wenn die Sicherungsabrede keine Freigabeklausel enthält oder die Freigabe ins Ermessen des Zessionars stellt. Eine AGB-Sicherungszession bedarf danach zu ihrer Wirksamkeit keiner ausdrücklichen Freigaberegelung, keiner zahlenmäßigen Deckungsgrenze und keiner Maßstäbe für die Forderungsbewertung. Die Deckungsgrenze ist, auch wenn die AGB keine oder eine unangemessene Deckungsgrenze vorsehen, bei 110 % der gesicherten Forderungen zuzüglich Verwaltungs- und Verwertungskosten anzusetzen. Nach zutreffender Rechtsprechung des XI. Zivilsenats des BGH ist die Deckungsgrenze anhand des eingeräumten Kreditrahmens, nicht nach dessen aktueller Inanspruchnahme zu bemessen.[47] Für zedierte Forderungen gilt dabei nicht der Nennwert, sondern der realisierbare Wert, für dessen Prognose freilich im Voraus keine gemeingültigen Maßstäbe bestimmt werden können. Nach dieser Maßgabe entsteht ein Rückübertragungsanspruch in der Regel[48] bei 150 % des Schätzwerts. Diese Grundsätze gelten auch bei einer **Singularsicherheit.**[49] 18

Bei formularmäßigen Globalabtretungen führt die Nichtigkeit einer unangemessenen Freigaberegelung nicht zur Unwirksamkeit der Forderungsabtretung.[50] 19

Der Sicherungsnehmer hat das **Wahlrecht** (§ 262 BGB), welche von mehreren Sicherheiten er bei teilweiser Übersicherung an den Sicherungsgeber zurückgibt.[51] 20

Rückabtretungsansprüche können abgetreten werden.[52] 21

c) Verwertungsregeln. Differenzierend ist die Frage zu beantworten, ob die Sicherungsabrede Verwertungsregeln zu enthalten hat. Die Abbedingung gesetzlicher Pfandverwertungsregeln bei einer stillen AGB-Sicherungsabtretung von Arbeitseinkommen – Forderungen, auf deren Gegenwert der Zedent kurzfristig existentiell angewiesen ist – führt 22

[41] *Jauernig* NJW 1982, 268 (270).
[42] BGH NJW 1984, 1184.
[43] BGH NJW 1991, 353.
[44] BGH NJW 1986, 977. Zum Erfordernis der Zustimmung Dritter zur Rückabtretung BGB WM 1985, 1143.
[45] BGHZ 137, 212 = NJW 1998, 671.
[46] Zur anfänglichen Übersicherung → Rn. 40 ff.
[47] BGH NJW 1996, 847.
[48] Höhere Deckungsgrenze möglich, BGH NJW 1996, 388 (200 %).
[49] BGHZ 130, 60 = NJW 1995, 2219 mwN.
[50] BGHZ 138, 367 = NJW 1998, 2206.
[51] BGH NJW-RR 2003, 45; BGHZ 137, 212 = NJW 1998, 671.
[52] Staudinger/*Busche* Einl. §§ 398 ff. Rn. 73.

zur Unwirksamkeit der Abtretung insgesamt (§ 306 Abs. 3 BGB).[53] Insbesondere bedarf eine Lohnabtretung einer Regelung, unter welchen Voraussetzungen der Zessionar berechtigt ist, dem Drittschuldner die Zession offenzulegen und Zahlung an sich zu fordern.[54] Anders ist es bei einer offenen (§ 13 Abs. 4 ALB) Sicherungsabtretung von Ansprüchen aus einer Kapitallebensversicherung, bei denen keine gegenwärtige existentielle Bedeutung für den Zedenten besteht. Hier sind gemäß § 306 Abs. 1, 2 BGB anstelle einer unangemessenen Verwertungsregelung die gesetzlichen Normen über die Pfandverwertung entsprechend anzuwenden, insbesondere Androhung und Wartefrist (§§ 1273 Abs. 2, 1234 BGB).[55]

7. Stille und offene Zession

23 **a) Stille Zession.** Die Sicherungszession wird üblicherweise zunächst dem **Drittschuldner nicht mitgeteilt** (stille Zession). Erst wenn der Sicherungsfall eingetreten ist, deckt der Sicherungszessionar die Zession auf, indem er dem Drittschuldner vorbereitete (Blanko-)Mitteilungen des Zedenten übermittelt. Der Drittschuldner erlangt damit Kenntnis von der Zession und kann fortan nicht mehr befreiend an den Zedenten leisten (§ 407 Abs. 1 BGB). Zwar kann auch eine Erklärung des Zessionars Kenntnis im Sinne des § 407 BGB herbeiführen, der sichere Weg einer Mitteilung durch den Zedenten ist aber tunlich.

24 Da dem Zedenten die erforderliche wirtschaftliche Bewegungsfreiheit belassen werden muss,[56] ist die stille Zession mit einer **Einziehungsermächtigung**[57] für den Zedenten zu verbinden. Eine Einziehungsermächtigung ist konkludent gewährt, wenn in der Sicherungsabrede nichts Gegenteiliges vereinbart ist.[58] Die Einziehungsermächtigung legitimiert den Zedenten dazu, zedierte Forderungen ohne Offenlegung im eigenen Namen an sich selbst einzuziehen und im eigenen Namen zur Leistung an sich selbst prozessual geltend zu machen **(gewillkürte Prozessstandschaft),**[59] und zwar mit verjährungshemmender Wirkung (§ 204 BGB).[60] Solange die Einziehungsermächtigung währt, kann der Drittschuldner eine Klage aus § 767 ZPO nicht mit Erfolg darauf stützen, der titulierte Zedent habe inzwischen – nach Schluss der letzten mündlichen Tatsachenverhandlung, andernfalls ist die die Einwendung ohnehin präkludiert (§ 767 Abs. 2 ZPO) – die Forderungsinhaberschaft verloren.[61] Ferner kann der Zedent weiterhin vertragliche Gestaltungsrechte im eigenen Namen ausüben.[62]

25 Die Einziehungsermächtigung des Zedenten zur Leistung an sich selbst **erlischt** durch Widerruf, den der Zessionar mit Eintritt des Sicherungsfalles[63] wirksam erklären kann.[64] Erst dann **darf** der Zessionar die Zession beim Drittschuldner aufdecken und die Forderung an sich selbst einziehen[65] oder weiterabtreten.[66] Als Forderungsinhaber **kann** der Zessionar

---

[53] BGH NJW 1992, 2626; BGHZ 108, 98 = NJW 1989, 2383.

[54] BGHZ 130, 60 = NJW 1995, 2219; OLG Nürnberg NJW-RR 1990, 1461.

[55] BGHZ 130, 60 = NJW 1995, 2219 mwN. Ähnlich BGH NJW 1995, 2289 (Pflicht zur Benachrichtigung vor Offenlegung und Einziehung).

[56] BGHZ 26, 185 = NJW 1958, 457.

[57] Herleitung und Einzelheiten MüKoBGB/*Roth/Kieninger* § 398 Rn. 47 ff.; Palandt/*Grüneberg* BGB § 398 Rn. 32 ff.; Staudinger/*Busche* Einl. §§ 398 ff. Rn. 118 ff.

[58] BGH NJW 2002, 1568; OLG München WM 1986, 718.

[59] BGH BKR 2019, 564 mAnm *Deppenkemper* LMK 2019, 422550; *Kamm/Kropf* BKR 2019, 569; *Piekenbrock* WuB 2019, 523; BGH NJW 2002, 1568; 1999, 2110; BGHZ 120, 387 = NJW 1993, 1396; BGH NJW 1989, 1932; 1980, 2527; 1978, 698; OLG Düsseldorf NJW-RR 1993, 1327.

[60] BGH NJW 1999, 2110 (Klage); 1978, 698 (Mahnbescheid).

[61] BGHZ 120, 387 = NJW 1993, 1396; BGH NJW 1980, 2527.

[62] BGH NJW 2002, 1568.

[63] Nicht schon, sobald der Zedent in eine finanzielle Krise geraten, der Sicherungsfall aber nicht eingetreten ist, BGH WM 2019, 452; BGHZ 144, 192 = NJW 2000, 1950.

[64] OLG München WM 1986, 718.

[65] BGH NJW 1978, 698; BGHZ 66, 150 = NJW 1976, 1090; 26, 185 = NJW 1958, 457.

[66] BGHZ 66, 150 = NJW 1976, 1090.

freilich (§ 137 S. 1 BGB[67]) jederzeit aufdecken, einziehen oder abtreten. Allerdings kann er damit seine Pflichten aus der Sicherungsabrede verletzen und sich schadensersatzpflichtig (§§ 280 Abs. 1, 137 S. 2 BGB) machen,[68] zB wenn die Offenlegung den Kredit des Zedenten untergräbt,[69] oder wenn bei der Verwertungszession nicht die Bedingungen der Sicherungsabrede weitergegeben werden.[70] Mit dem Widerruf verliert der Zedent das Recht, die Forderung an sich selbst einzuziehen, er bleibt aber grundsätzlich berechtigt, die Forderung im eigenen Namen, auch prozessual, an den Zessionar einzuziehen.[71] Der Drittschuldner kann nicht mehr gemäß § 407 BGB befreiend an den Zedenten leisten.

b) Offene Zession. Die Sicherungszession kann auch von vornherein als offene Zession gestaltet sein. Dem Drittschuldner wird die Zession sofort aufgedeckt, der Zedent ist aber dazu ermächtigt, die Forderung zur Leistung an den Zessionar geltend zu machen, und zwar auch prozessual.[72] 26

c) Leistungen des Drittschuldners. Nach einer **Leistung des Drittschuldners an den einziehungsermächtigten Zedenten** ist dieser in der Verwendung des Empfangenen frei,[73] er ist nicht zur Weiterleitung an den Zessionar verpflichtet.[74] Er ist zwar zu vereinbarungsgemäßer Leistung auf die gesicherte Forderung verpflichtet; es ist aber seine Sache, mit welchen Mitteln er dies anstellt. 27

Einen Überschuss, der nach einer **Leistung des Drittschuldners an den Zessionar** nicht zur Abdeckung gesicherter Forderungen benötigt wird, kann der Zedent vom Zessionar verlangen.[75] Den Anspruch auf Zahlung des Überschusses kann der Zedent abtreten.[76] 28

8. Sicherungszession in Vollstreckung und Insolvenz

a) Vollstreckung gegen den Zedenten. Bei Vollstreckung gegen den Zedenten in die **zedierte Forderung** kann der Zessionar die Forderungsinhaberschaft mit der Drittwiderspruchsklage (§ 771 ZPO) geltend machen.[77] Obwohl die Pfändung des Anspruchs beim Zedenten, der nicht Forderungsinhaber ist, gegenstandslos und endgültig unwirksam[78] ist, besteht für die Intervention ein Rechtsschutzinteresse. Das dagegen gerichtete Argument, mangels Verstrickung sei kein Raum für die Gestaltungsklage aus § 771 ZPO,[79] geht an der Sache vorbei. Die Interventionsentscheidung nach § 771 ZPO gestaltet nicht die Verstrickung,[80] sondern die Vollstreckung, die vor der Entscheidung zulässig und danach unzulässig ist. Eine solche Entscheidung entfaltet bei gegenstandsloser Pfändung einer Forderung, deren Gläubiger – wie hier der Zessionar – nicht Vollstreckungsschuldner ist, durchaus Wirkung. Denn auch eine nur scheinbar wirksame Pfändung gefährdet das Recht des Zessionars,[81] weil ihm Forderungsverlust durch befreiende Leistung des Drittschuldners an 29

[67] Zur Unwirksamkeit einer Sicherungszession bei Verstoß gegen § 137 S. 1 BGB s. BGH NJW 1993, 1640.
[68] BGH NJW-RR 1995, 1369; WM 1982, 482.
[69] OLG München WM 1986, 718.
[70] BGH NJW 1997, 461.
[71] BGH NJW 2002, 1568; 1999, 2110; 1990, 1117; 1989, 1932. Zu Ausnahmen BGHZ 96, 151 = NJW 1986, 850; OLG Hamm WM 1992, 1649.
[72] BGH BKR 2019, 564 mAnm *Deppenkemper* LMK 2019, 422550; *Kamm/Kropf* BKR 2019, 569; *Piekenbrock* WuB 2019, 523; BGHZ 140, 175 = NJW 1999, 715; BGH NJW 1989, 1932; 1981, 678; BGHZ 32, 67 = NJW 1960, 958.
[73] Einschränkungen sind in einem Umfang zulässig, der die wirtschaftliche Bewegungsfreiheit des Zedenten nur geringfügig beschränkt, BGHZ 130, 60 = NJW 1995, 2219.
[74] BGHZ 26, 185 = NJW 1958, 457.
[75] MüKoBGB/*Roth/Kieninger* § 398 Rn. 110; Staudinger/*Busche* Einl. §§ 398 ff. Rn. 72.
[76] Staudinger/*Busche* Einl. §§ 398 ff. Rn. 73.
[77] BGH WM 1981, 648; MüKoBGB/*Roth/Kieninger* § 398 Rn. 115.
[78] BGHZ 172, 278 = NJW 2007, 3352; BGH NJW 2002, 755.
[79] So BankR-HdB/*Ganter* § 96 Rn. 62d.
[80] Deren Aufhebung muss gem. §§ 775 f. ZPO erwirkt werden.
[81] BGH WM 1981, 648; NJW 1977, 384.

den Vollstreckungsgläubiger droht (§ 408 Abs. 2 BGB).[82] Ferner erschwert eine wirkungslose Pfändung die Einziehung. Denn der Drittschuldner trägt das Risiko, an die falsche Person zu leisten, und hat daher Anlass, Zahlung an den Zessionar zu verweigern, wenn nicht der Vollstreckungsschuldner vor der Pfändung die Abtretung angezeigt hatte (§ 409 BGB), oder der Zessionar eine Abtretungsurkunde vorweist (§ 410 BGB). Der Pfändungsakt muss also aus der Welt geschafft werden. Dafür ist die Klage aus § 771 ZPO mit anschließender Vollziehung (§§ 775 f. ZPO) das richtige Mittel.

30 Ohne Interventionsmöglichkeit des Zessionars können beim Zedenten die **Ansprüche auf Rückabtretung**[83] und **Auszahlung eines** etwaigen **Überschusses**[84] gepfändet werden.[85]

31 **b) Insolvenz des Zedenten.** In der **Insolvenz über das Vermögen des Zedenten** kann der Zessionar nur abgesonderte Befriedigung verlangen (§§ 50, 51 Nr. 1 InsO).

32 **c) Vollstreckung gegen den Zessionar.** In der **Vollstreckung gegen den Zessionar** kann der Zedent mit der Drittwiderspruchsklage (§ 771 ZPO) intervenieren, solange der Sicherungsfall nicht eingetreten ist,[86] und der Zessionar als Treuhänder mit der zedierten Forderung der Sicherungsabrede entsprechend verfährt.[87]

33 **d) Insolvenz des Zessionars.** In der **Insolvenz über das Vermögen des Zessionars** ist der Zedent aussonderungsberechtigt (§ 47 InsO).[88]

9. Abgrenzungen

34 Die Sicherungszession ist von **Abtretungen mit ähnlichen Zwecken** zu unterscheiden.[89] Bei der Zession **an Erfüllungs Statt** akzeptiert der Gläubiger und Zessionar anstelle des ursprünglich geschuldeten Gegenstandes die abgetretene Forderung mit Erfüllungswirkung. Es wird kein Sicherungs-, sondern ein **Tilgungszweck** verfolgt und kein Treuhandverhältnis begründet. Die ursprüngliche – nicht die zedierte – Forderung erlischt mit der Zession (§ 364 Abs. 1 BGB). Im Zweifel ist nicht Zession an Erfüllungs Statt anzunehmen. Bei der **Abtretung erfüllungshalber** bleibt – wie bei der Sicherungszession und anders als bei Abtretung an Erfüllungs Statt – die ursprüngliche Forderung bestehen, für deren Tilgung soll aber nicht mehr in erster Linie der Schuldner zuständig sein. Vielmehr wird die Forderung gestundet, und es ist Sache des Zessionars, die zedierte Forderung zu verwerten, um sich dann durch Verrechnung aus dem Erlös zu befriedigen. Erst wenn und nur soweit der Befriedigungsversuch misslingt, endet die Stundung und kann wieder auf die ursprüngliche Forderung zurückgegriffen werden. Bei der Sicherungszession ist es umgekehrt. Zunächst ist weiter der Schuldner der gesicherten Forderung für deren Tilgung zuständig, erst wenn dies misslingt, darf der Zessionar auf die zedierte Forderung zugreifen. Bei der Sicherungszession besteht eine Sicherungstreuhand, die Zession erfüllungshalber wird von einer **Erfüllungstreuhand** begleitet.[90] Die Abgrenzung kann in casu, zB bei Zession „zur Deckung von Schulden",[91] schwierig sein.[92] Ein Indiz ist, ob die Zession gleich aufgedeckt wird oder zunächst still bleiben soll.

---

[82] BGH NJW 1988, 495; BGHZ 66, 394.
[83] → Rn. 17 ff.
[84] → Rn. 28.
[85] BGH WM 1965, 517.
[86] BGHZ 72, 141 = NJW 1978, 1859 betreffend Sicherungsübereignung.
[87] BGH NJW 1959, 1223.
[88] Palandt/*Grüneberg* BGB § 398 Rn. 26.
[89] MüKoBGB/*Roth/Kieninger* § 398 Rn. 101; BankR-HdB/*Ganter* § 96 Rn. 3 ff.
[90] *Gernhuber* JuS 1988, 355 (356).
[91] BGH NJW 1990, 1117.
[92] Bsp. BGH NJW 1995, 2289.

10. Drittschuldner

Der Drittschuldner ist seinem derzeitigen Gläubiger leistungspflichtig, nach einer Sicherungszession also dem Zessionar. Eine **Leistung an den Zedenten** befreit (§ 362 Abs. 2 BGB), wenn dieser einziehungsermächtigt[93] ist. Im Übrigen gilt der **zessionsrechtliche Schuldnerschutz** (§§ 404 ff. BGB) ohne wesentliche Besonderheiten. § 407 BGB schützt den Drittschuldner bei Leistungen an einen nicht einziehungsermächtigten Zedenten und bei forderungsbezogenen Rechtsgeschäften, ferner bei Leistungen an den Sicherungszessionar und forderungsbezogenen Rechtsgeschäften, wenn die Sicherungszession offengelegt ist, mittlerweile aber die Forderung in Unkenntnis des Drittschuldners rückabgetreten wurde. Bei einer Leistung an einen Scheinerwerber schützen ihn die §§ 408 ff. BGB. Einwendungen und Aufrechnungsmöglichkeiten erhalten ihm die §§ 404, 406 BGB. Ferner kann der Drittschuldner bei Inanspruchnahme durch den Zessionar die **Unwirksamkeit der Abtretung** einwenden.[94] Einwendungen und Einreden des **Zedenten** aus dessen **Verhältnis zum Zessionar** im Übrigen stehen dem Drittschuldner nicht zu Gebote.[95] 35

Das Zessionsrecht regelt nicht, ob der **Verzögerungsschaden** bei Zahlungsverzug des Drittschuldners (§§ 280 Abs. 1, 2, 286 BGB) nach den Verhältnissen des Zedenten oder des Zessionars – zB Inanspruchnahme unterschiedlich verzinslicher Kredite – zu berechnen ist. Nach der Rechtsprechung des BGH[96] ist der Schaden **grundsätzlich** anhand der Person des jeweiligen Gläubigers zu bemessen. Vor der Zession kommt es demnach auf den Zedenten an, danach auf den Zessionar.[97] Zedent und Zessionar sind gehalten, den Drittschuldner auf die Gefahr eines ungewöhnlich hohen Schadens beim Zessionar aufmerksam zu machen[98] (§ 254 Abs. 2 S. 1 BGB). Bei einer **Sicherungszession** ist grundsätzlich auf den **Zedenten** abzustellen.[99] Solange ein Sicherungszedent seine Zahlungsverpflichtung gegenüber dem Zessionar (Kreditor) rechtzeitig erfüllt, ist wirtschaftlich gesehen allein der Zedent verzugsgeschädigt. Denn er muss die Mittel für die Rückführung des Kredits anderweitig beschaffen, während der Kreditor vom Zahlungsverzug unberührt bleibt. Wenn nur auf den Zessionar abgestellt wird, kann dies folglich dazu führen, dass der Drittschuldner auf Kosten des Zedenten säumig wird. Dies ist nicht interessengerecht, daher ist der Schaden des Zedenten im Wege der **Drittschadensliquidation** wegen Schadensverlagerung im Treuhandverhältnis abzuwickeln. Der Drittschuldnerschutz steht nicht entgegen, weil der Drittschuldner nur den Verzögerungsschaden zu tragen hat, der auch ohne Zession entstanden wäre. 36

11. Global- und Vorauszession

a) Globalzession. Verbreitet ist die Sicherungszession als Globalzession, also als Abtretung einer **Vielzahl oder Gesamtheit von Forderungen unter zusammenfassender Bezeichnung,** zB alle Forderungen aus dem Geschäftsverkehr, gegen bestimmte Kunden oder aus bestimmten Geschäften.[100] Die Globalzession eignet sich zur Besicherung von Forderungsmehrheiten oder Forderungen in unbestimmter wechselnder Höhe, zB Kontokorrent. Sie ist aber auch üblich zur Besicherung bestimmter einzelner Forderungen in feststehender Höhe, zB Darlehensrückzahlungsansprüchen. 37

---

93 → Rn. 23 ff.

94 → BGB §§ 404–406 Rn. 20 f.

95 Differenzierend OLG Nürnberg WM 1984, 607.

96 BGH NJW 2006, 1662; BGHZ 128, 371 = NJW 1995, 1282; BGH NJW-RR 1992, 219.

97 *Hoffmann* WM 1994, 1464; MüKoBGB/*Roth/Kieninger* § 398 Rn. 92; Nörr/Scheyhing/Pöggeler/*Nörr* Sukzessionen § 4 III 3a; Palandt/*Grüneberg* BGB § 398 Rn. 19; Staudinger/*Busche* § 398 Rn. 82. Kritik *Haertlein* JuS 2007, 1073 (1076 f.) mwN.

98 MüKoBGB/*Roth/Kieninger* § 398 Rn. 92; BeckOGK/*Lieder* BGB § 398 Rn. 191.1; Nörr/Scheyhing/Pöggeler/*Nörr* Sukzessionen § 4 III 3a.

99 BGH NJW 2006, 1662; BGHZ 128, 371 = NJW 1995, 1282; *Haertlein* JuS 2007, 1073 (1076); Palandt/*Grüneberg* BGB § 398 Rn. 19.

100 MüKoBGB/*Roth/Kieninger* § 398 Rn. 140.

38 **b) Vorauszession.** Die Globalzession ist häufig Vorauszession, also Abtretung **in Zukunft entstehender Forderungen,** deren Zulässigkeit anerkannt ist.[101] Die Vorausabtretung bindet von Anfang an;[102] die Zessionswirkungen entstehen, wenn die Forderung entsteht[103] und abtretbar ist[104] (§§ 399 f. BGB). Verfügungen des Zedenten über vorauszedierte Forderungen[105] und Pfändungen beim Zedenten zwischen Zessionsvereinbarung und Forderungsentstehung sind grundsätzlich unwirksam.[106] Anders ist es, wenn das Rechtsverhältnis, das die künftige Forderung begründen soll, vor ihrer Entstehung beendet wird oder auf einen anderen übergeht, zB durch Vertragsübernahme oder Anteilsübertragung. Die Forderung entsteht dann nicht, oder der Zedent hat zuvor die Verfügungsberechtigung verloren, so dass der Zessionar die Forderung nicht erwirbt.[107] Wieder anders ist es, wenn **betagte Forderungen** abgetreten werden. Dies ist keine Vorauszession, und die Wirksamkeit einer rechtsgeschäftlichen Beendigung des zugrunde liegenden Rechtsverhältnisses ist an § 407 BGB zu messen.[108] Bei Insolvenz über das Vermögen des Zedenten zwischen Vereinbarung der Vorauszession und Forderungsentstehung erwirbt der Zessionar in der Regel keinen Anspruch.[109] Der Zessionar kann über eine vorauszedierte Forderung bereits vor ihrer Entstehung bindend verfügen.[110]

39 **c) Bestimmbarkeit und Übersicherung.** Bei Globalzessionen, zumal als Vorauszession, ist insbesondere das Gebot der **Bestimmbarkeit** der Zession zu beachten.[111] Ferner ist der Zessionsumfang möglichst genau auf den Sicherungszweck zuzuschneiden, um **anfänglicher Übersicherung** vorzubeugen.[112] Ursprüngliche Übersicherung liegt vor, wenn bereits bei Vertragsschluss sicher ist, dass im noch ungewissen Verwertungsfall ein auffälliges Missverhältnis zwischen realisierbarem Wert der Sicherheit und gesicherter Forderung bestehen wird.[113] Dabei gilt keine Vermutung, dass dem Sicherungsinteresse des Zessionars durch einen Abschlag in Höhe eines Drittels des Nennwerts zedierter Forderungen ausreichend Rechnung getragen wird. Entscheidend ist vielmehr der realisierbare Wert nach den Marktverhältnissen im Fall einer Insolvenz des Schuldners der gesicherten Forderung.[114] Die Rechtsprechung verweist auf die Wertermittlung im jeweiligen Einzelfall, wobei Bewertungsrisiken und -unschärfen angemessen Rechnung zu tragen sei.[115] Ursprüngliche Übersicherung macht die Zession sittenwidrig und damit nichtig (§ 138 Abs. 1 BGB), wenn sich dies im Abschlusszeitpunkt aus dem Gesamtcharakter – Inhalt, Beweggrund, Zweck – des Geschäfts ergibt,[116] insbesondere weil die Übersicherung auf verwerflicher Gesinnung – unerträgliche Eigensucht und Rücksichtslosigkeit – des Sicherungsnehmers beruht.[117] Die verwerfliche Gesinnung lässt sich aus vielfacher Übersicherung ableiten, wenn mit ihr die wirtschaftliche Handlungsfähigkeit des Zedenten wesentlich

[101] BGHZ 174, 297 = NJW 2008, 430 mAnm *Obermüller* LMK 2008, 254403; *Schönfelder* WuB VI A. § 130 InsO 2.08; BGHZ 71, 75 = NJW 1978, 1050; 70, 86 = NJW 1978, 538; BGH NJW 1965, 2197; BGHZ 30, 149 = NJW 1959, 1533.

[102] BGH NJW 1997, 3370; BGHZ 88, 205 = NJW 1984, 492.

[103] BGHZ 88, 205 = NJW 1984, 492; 64, 312 = NJW 1975, 1226; BGH NJW 1965, 2197.

[104] BGHZ 77, 274 = NJW 1980, 2245 betreffend § 399 Alt. 2 BGB.

[105] BGHZ 174, 297 = NJW 2008, 430 mAnm *Obermüller* LMK 2008, 254403; *Schönfelder* WuB VI A. § 130 InsO 2.08.

[106] Palandt/*Grüneberg* BGB § 398 Rn. 13.

[107] BGH NJW 1997, 3370; BGHZ 88, 205 = NJW 1984, 492; BAG NJW 1981, 1059.

[108] BGHZ 111, 84 = NJW 1990, 1785.

[109] Einzelheiten MüKoBGB/*Roth/Kieninger* § 398 Rn. 82 ff.; BankR-HdB/*Ganter* § 96 Rn. 69.

[110] MüKoBGB/*Roth/Kieninger* § 398 Rn. 78.

[111] → Rn. 7.

[112] Nachträglicher Übersicherung (→ Rn. 18 ff.) hilft die Entscheidung des Großen Senats für Zivilsachen v. 27.11.1997 ab, BGHZ 137, 212 = NJW 1998, 671.

[113] BGH NJW-RR 2003, 1490; NJW 1998, 2047; OLG Hamm WM 2002, 451.

[114] BGH NJW 1998, 2047.

[115] BGH NJW 1998, 2047.

[116] BGH NJW-RR 2003, 1490; OLG Hamm WM 2002, 451.

[117] BGH NJW 1998, 2047.

eingeschränkt wird, ohne dass dem ein berechtigtes Sicherungsinteresse des Sicherungsnehmers zugrunde liegt.[118]

40 AGB-Klauseln, die ursprüngliche Übersicherung bewirken, sind auch gemäß § 307 BGB unwirksam.[119]

41 Die Vermeidung anfänglicher Übersicherung konfligiert mit der Bestimmbarkeit, weil ein weiter Umriss des Forderungskreises die Bestimmbarkeit erleichtert („All-Formel"),[120] während die Anpassung an den Sicherungszweck Präzision erfordert.[121] Eine Globalzession mit Höchstbetrag kann hier einen kautelarisch anspruchsvollen Ausweg bieten.[122] Im Übrigen liegt das Problem bei anfänglicher Übersicherung tiefer. Wenn der Zessionsumfang so zu bemessen ist, dass der zu erwartende Verwertungserlös den Betrag der gesicherten Forderungen zuzüglich Verwaltungs- und Verwertungskosten nicht von Anfang an unangemessen übersteigt,[123] kann dies eine Gleichung mit mehreren Unbekannten – Kredithöhe, Forderungsumfang, Verwertungsprognose für einen unbekannten Zeitpunkt – sein, deren Auflösung prophetische Fähigkeiten voraussetzt. Als Ausweg kommt am ehesten die **ausdrückliche**[124] Vereinbarung einer ermessensunabhängigen Freigabeklausel in Betracht.[125]

12. Unwirksamkeitsgründe

42 Eine Sicherungszession ist unwirksam, wenn der Zedent nicht verfügungsbefugt ist,[126] oder zedierte Forderungen nicht verkehrsfähig (§§ 399 f. BGB, s. aber § 354a HGB) oder nicht bestimmbar[127] sind.[128] Nichtig ist eine Sicherungszession bei anfänglicher Übersicherung ohne hinreichende Freigabeklausel[129] (§§ 138, 307 BGB), ferner wenn sie die wirtschaftliche Bewegungsfreiheit des Zedenten übermäßig beschränkt[130] **(Schuldnerknebelung),** die Interessen anderer Kreditoren sittenwidrig beeinträchtigt,[131] oder diese über die Kreditwürdigkeit des Zedenten getäuscht werden[132] **(Gläubigerbenachteiligung und -gefährdung).** Eine Globalzession für eine Bank kann nichtig sein (§ 138 Abs. 1 BGB), wenn sie mit einem **verlängerten Eigentumsvorbehalt** kollidiert.[133]

43 Wirksam ist eine Zession bei nachträglicher Übersicherung (Freigabeanspruch),[134] und wenn der Sicherungszweck unbestimmt oder unangemessen (§ 307 BGB) ist, zB bei Besicherung künftiger fremder Schuld[135] (Kondiktion[136]).

---

[118] OLG Hamm WM 2002, 451.

[119] BGHZ 94, 105 = NJW 1985, 1836; OLG Hamm WM 2002, 451; MüKoBGB/*Roth/Kieninger* § 398 Rn. 132.

[120] → Rn. 7.

[121] MüKoBGB/*Roth/Kieninger* § 398 Rn. 121, 140.

[122] BGHZ 71, 75 = NJW 1978, 1050; BGH NJW 1965, 2197.

[123] MüKoBGB/*Roth/Kieninger* § 398 Rn. 141.

[124] BGHZ 137, 212 = NJW 1998, 671 betrifft nachträgliche Übersicherung. Die Anwendbarkeit der Entscheidungsgrundsätze bei anfänglicher Übersicherung ist str., s. MüKoBGB/*Roth/Kieninger* § 398 Rn. 141.

[125] BGHZ 94, 105 = NJW 1985, 1836; BGH WM 1977, 1353; 1969, 1072; OLG Hamm WM 2002, 451.

[126] → BGB § 398 Rn. 9 ff.

[127] → Rn. 7.

[128] BGHZ 32, 361 = NJW 1960, 1716; OLG München NZV 2001, 173.

[129] → Rn. 40 ff.

[130] BGHZ 98, 303 = NJW 1987, 487; 94, 105 = NJW 1985, 1836; BGH NJW 1962, 102 BGHZ 30, 149 = NJW 1959, 1533; 19, 12 = NJW 1956, 337.

[131] BGH NJW 1996, 847; BGHZ 98, 303 = NJW 1987, 487; 94, 105 = NJW 1985, 1836; OLG Hamm NJW-RR 1987, 235; BGH NJW 1968, 1516; BGHZ 30, 149 = NJW 1959, 1533; 20, 43 = NJW 1956, 706.

[132] BGH NJW 1995, 1668; 1977, 2261.

[133] → Rn. 52 ff.

[134] → Rn. 17 ff.

[135] → Rn. 5.

[136] BankR-HdB/*Ganter* § 96 Rn. 28.

44 Einen besonderen Nichtigkeitsgrund für Sicherungsrechte enthält § 100 Abs. 2 S. 2 Nr. 1 WpHG. Danach ist eine Sicherungsabtretung für ein verbotenes Finanztermingeschäft (§§ 99 S. 2, 100 Abs. 2 S. 1 WpHG) nichtig.

13. Gegenstandslosigkeit

45 Eine Sicherungszession ist gegenstands- und wirkungslos, wenn die zedierte **Forderung nicht existiert** (Ausnahme § 405 BGB) oder, bei der Vorauszession, nicht zur Entstehung gelangt. Allerdings ist bei der Auslegung der Zession nicht allein der Wortlaut maßgeblich, so dass zB die Abtretung von Guthaben eines Kontos mit bestimmter Nummer, das nicht mehr existiert, Guthaben eines Kontos mit anderer Nummer erfassen kann, wenn das Konto zwischenzeitlich umgeschrieben wurde.[137]

46 Zahlt der vermeintliche Drittschuldner nach **stiller Sicherungszession** einer nicht existierenden Forderung in Unkenntnis der Zession an den Zedenten, dann ist dieser Bereicherungsschuldner des Zahlenden, weil an ihn geleistet wurde. Str. ist der **Bereicherungsausgleich,** wenn die Sicherungszession dem vermeintlichen Drittschuldner einer nicht existierenden Forderung **angezeigt** wurde, und dieser sodann an den Zessionar zahlt.[138] Die §§ 407 ff. BGB sind nicht anwendbar, weil überhaupt kein Gläubiger existiert. Die Frage ist vielmehr, ob die **Leistungskondiktion** (§ 812 Abs. 1 S. 1 Alt. 1 BGB) des Putativschuldners gegen den Zedenten oder den Zessionar zu richten ist. Der Bereicherungsausgleich findet grundsätzlich im Leistungsverhältnis statt, es sei denn, vorrangige Gesichtspunkte führen zu einer abweichenden Bewertung.[139] Eine Leistung ist eine zweckgerichtete Zuwendung; der für den Zuwendungsempfänger ersichtliche Zuwendungszweck bestimmt über das Leistungsverhältnis.[140] Der Putativschuldner zahlt an den Zessionar, um den Anspruch seines neuen Gläubigers, also des Zessionars, durch Erfüllung zum Erlöschen zu bringen. Die Zahlung ist damit ersichtlich eine Leistung solvendi causa des Putativschuldners an den Zessionar.[141]

47 Demgegenüber legt der BGH in **ständiger Rechtsprechung** den Zahlungszweck so fest, dass der Putativschuldner an seinen Vertragspartner leistet, und dieser zugleich an den Zessionar. Der **Bereicherungsanspruch** richtet sich demnach a priori **gegen den Zedenten.**[142] Begründet wird dies damit, dass einem Vertragspartner das Insolvenzrisiko seines Kontrahenten zumutbar ist.[143] Dagegen ist einzuwenden, dass dem Leistenden nicht das Insolvenzrisiko seines Kontrahenten aufzuzwingen ist, wenn er nicht an ihn geleistet hat. Ferner besteht die vom BGH bemühte Nähe der Zession zu den Anweisungsfällen (Simultanleistung)[144] nicht; Zessions- und Anweisungsfälle unterscheiden sich vielmehr grundlegend.[145] Schließlich tragen auch die Erwägungen des BGH nicht, wonach der „sachliche Grund für die bereicherungsrechtliche Rückabwicklung im Verhältnis zwischen dem (vermeintlichen) Schuldner und dem Zedenten […] darin [liegt], dass in dem Vertrag zwischen dem Schuldner und dem Zedenten der angenommene Rechtsgrund für die […] Zahlung zu sehen ist“,[146] der Zedent die Stellung als Vertragspartner des Drittschuldners durch die

---

[137] BGH NJW 1999, 3776. Weitere Bsp. BankR-HdB/*Ganter* § 96 Rn. 49.

[138] *Haertlein* JuS 2007, 1073 (1077 ff.) mwN.

[139] BGHZ 61, 289 = NJW 1974, 39; 58, 184 = NJW 1972, 864.

[140] BGH WM 2019, 777; BGHZ 122, 46 = NJW 1993, 1578; 105, 365 = NJW 1989, 900; 58, 184 = NJW 1972, 864.

[141] *Bayer* JuS 1990, 883 (887); *Dörner* NJW 1990, 473 (475); *Flume* AcP 199 (1999), 1 (21); *Koch* VersR 1989, 891 (892); *Tiedtke* WM 1999, 517 (518 ff.).

[142] BGH WM 2019, 777; BGH NJW 2005, 1369 mAnm *Lorenz* LMK 2005, 84; BGHZ 122, 46 = NJW 1993, 1578; 105, 365 = NJW 1989, 900. Ferner *Canaris* JZ 1992, 1114 (1118 f.).

[143] BGH NJW 2005, 1369 mAnm *Lorenz* LMK 2005, 84; BGHZ 122, 46 = NJW 1993, 1578; 105, 365 = NJW 1989, 900.

[144] BGHZ 122, 46 = NJW 1993, 1578; 105, 365 = NJW 1989, 900.

[145] *Bayer* JuS 1990, 883 (888); *Dörner* NJW 1990, 473 (474, 476); *Haertlein* JuS 2007, 1073 (1078); *Koch* VersR 1989, 891 (892 f.); *Tiedtke* WM 1999, 517 (518). Gegen die Parallele zur Anweisung auch BGHZ 151, 127 = NJW 2002, 2871.

[146] BGH NJW 2005, 1369 mAnm *Lorenz* LMK 2005, 84.

Abtretung nicht verloren hat,[147] und das Rechtsverhältnis des vermeintlichen Schuldners zum Zedenten den „wirtschaftlichen Schwerpunkt der Leistungsbeziehungen“[148] bildet. Denn Rechtsgrund einer Leistung solvendi causa ist der zu erfüllende Anspruch, nicht das Schuldverhältnis, in das er eingebettet ist.

Keine Abkehr von der Zessionsrechtsprechung enthalten zwei Urteile, in denen der BGH die Kondiktion des vermeintlichen Drittschuldners gegen den Zahlungsempfänger zuließ. Im einen Fall hatte der Schuldner versehentlich an den Zessionar auf die Forderung eines anderen Geschäftspartners gezahlt, die mit der Abtretung nichts zu tun hatte.[149] Im anderen Fall einer irrtümlichen, auf Drängen des Zessionars vorgenommenen Überzahlung auf eine existierende Forderung ließ der BGH die Kondiktion gegen den Zessionar nur zu, weil er die Konstellation als Sonderfall ansah.[150] 48

Anders als in den Zessionsfällen entschied der IX. Zivilsenat des BGH[151] einen Fall, in dem Ansprüche aus einem Kontokorrentverhältnis des Vollstreckungsschuldners zum Drittschuldner **gepfändet** worden waren; der Drittschuldner zahlte irrtümlich zu viel an den Vollstreckungsgläubiger und forderte von diesem Rückzahlung. Der Senat meint, ein Drittschuldner, der irrtümlich vom Bestehen einer gepfändeten und zur Einziehung überwiesenen Forderung ausgeht und daher an den Vollstreckungsgläubiger zahlt, könne den rechtsgrundlos gezahlten Betrag **beim Vollstreckungsgläubiger kondizieren.** Denn die Zahlung sei eine Leistung an den Vollstreckungsgläubiger, weil der Drittschuldner den Betrag vor allem auf dessen Einziehungsrecht leiste. Ferner entspreche der Bereicherungsausgleich zwischen Drittschuldner und Vollstreckungsgläubiger der Interessenlage, weil der Streit über die gepfändete Forderung in den Risikobereich des Vollstreckungsgläubigers falle. 49

Der IX. Zivilsenat hält trotz Gläubigerstellung des Vollstreckungsschuldners die starke Rechtsstellung des allein einziehungsberechtigten Vollstreckungsgläubigers (§§ 829 Abs. 1 S. 1, 2, 836 ZPO) für leistungsbestimmend und behandelt damit die Forderungspfändung wie eine Zession. Die Wertungen aus dem Urteil über die Forderungspfändung lassen sich daher erst recht auf die Abtretung übertragen. Die Begründung des Pfändungsurteils ist zutreffend, und zwar auch in den Zessionsfällen. Der Putativschuldner zahlt an den Zessionar, um dessen Anspruch zu erfüllen, und leistet damit an ihn. Die Annahme einer Simultanleistung des Putativschuldners an den Zedenten und des Zedenten an den Zessionar liegt fern, weil der Schuldner keinen Tilgungszweck gegenüber dem Zedenten verfolgt. Folglich richtet sich auch der Bereicherungsanspruch gegen den Zessionar, es sei denn, schuldnerschützende Erwägungen des Zessionsrechts bedingten eine andere Bewertung. Der zessionsrechtliche Schuldnerschutz darf allerdings nicht dazu führen, dass dem Schuldner der Leistungsempfänger als Kondiktionsschuldner genommen wird, vielmehr kann nur zur Beurteilung stehen, ob der Schuldner zusätzlich den Zedenten in Anspruch nehmen kann.[152] Überzeugende Gründe für eine solche Begünstigung sind nicht ersichtlich.[153] Folglich bleibt es dabei, dass ein Putativschuldner, der auf eine zedierte Scheinforderung an den Zessionar zahlt, nur bei diesem kondizieren kann. 50

14. Verlängerter Eigentumsvorbehalt, Kollision mit Globalzession zugunsten eines Kreditinstituts

a) Verlängerter Eigentumsvorbehalt. Der verlängerte Eigentumsvorbehalt ist das typische Sicherungsmittel des Warenlieferanten (Verkäufer). Wird ein Unternehmer (Käu- 51

[147] BGHZ 105, 365 = NJW 1989, 900. Dagegen *Dörner* NJW 1990, 473 (475) („ebenso zutreffend wie belanglos“); *Koch* VersR 1989, 891 (892); *Tiedtke* WM 1999, 517 (520).
[148] BGHZ 122, 46 = NJW 1993, 1578.
[149] BGH NJW 2006, 1731.
[150] BGH NJW 1989, 161.
[151] BGHZ 151, 127 = NJW 2002, 2871.
[152] *Bayer* JuS 1990, 883 (889).
[153] *Haertlein* JuS 2007, 1073 (1079).

fer) mit Waren beliefert, und soll er den Kaufpreis erst später aus dem Weiterveräußerungserlös bezahlen (Warenkredit), dann behält der Lieferant sich in der Regel das Eigentum bis zur vollständigen Kaufpreiszahlung vor (**Eigentumsvorbehalt,** §§ 449, 929, 158 Abs. 1 BGB).[154] Da der Verkäufer sein Eigentum durch Verarbeitung (§ 950 BGB) oder Weiterveräußerung (§§ 929 ff., 185 BGB) verlieren wird, bedarf es einer Ersatz- oder Folgesicherung. Dazu erteilt der Käufer zur Sicherung des ausstehenden Kaufpreises dem Lieferanten eine stille Voraus- und Globalabtretung der Forderungen gegen die Abnehmer der Vorbehaltsware **(verlängerter Eigentumsvorbehalt).**[155] Es handelt sich um einen **Sicherheitentausch.**[156] Der verlängerte Eigentumsvorbehalt wird in der Regel durch AGB beim Kaufvertragsabschluss zwischen Lieferant und Unternehmer vereinbart. Dabei wird der Eigentumsvorbehalt mit einer Veräußerungsermächtigung (§ 185 BGB) und die Vorauszession mit einer Einziehungsermächtigung für den Käufer verbunden.

52 **b) Kollision von verlängertem Eigentumsvorbehalt und Globalzession zugunsten eines Kreditinstituts.** Sicherungsglobal- und Vorauszessionen künftiger Forderungen im Rahmen verlängerter Eigentumsvorbehalte können mit ebensolchen Zessionen **kollidieren,** die der Käufer einer **darlehensgebenden Bank** zugewendet hat und dieselben Forderungen erfassen.[157]

53 Ausgangspunkt für die Lösung des Kollisionsproblems ist das **Prioritätsprinzip,** wonach bei mehrfacher Abtretung derselben Forderung die zeitlich erste wirksam ist.[158] Dabei ist an den **Zeitpunkt der Abtretung** anzuknüpfen, und nicht an die Vollendung des Erwerbstatbestandes; bei der Vorauszession ist also nicht die Forderungsentstehung maßgeblich, bei der Gleichzeitigkeit bestünde. Folglich hat typischerweise die Globalzession an die Bank den Vorrang, weil Darlehensbesicherungen in der Regel länger laufen als verlängerte Eigentumsvorbehalte. Voraussetzung ist freilich, dass die frühere Globalzession an die Bank wirksam und nicht nach dem **Vertragsbruchdogma** des BGH[159] nichtig (§ 138 Abs. 1 BGB) ist, das sich wie folgt darstellt. Wer Waren unter verlängertem Eigentumsvorbehalt kauft, nachdem er eine Globalzession an einen Geldkreditor erklärt hat, täuscht damit notwendig den Warenkreditor. Denn der Käufer kann dem Verkäufer keine Forderungen abtreten, die bereits der Bank abgetreten sind. Durch die Weiterveräußerung oder Verarbeitung gelieferter Ware wird dem Verkäufer das Eigentum entzogen, ohne dass der Käufer vertragsgemäß eine andere Sicherheit beschafft. Der Käufer muss folglich gegenüber dem Verkäufer fortgesetzt Vertragsverletzungen und Delikte begehen. Da der Geldkreditor den Zedenten so zu Vertragsbrüchen drängt, ist die Globalzession, die dem Geldkreditor erteilt ist, sittenwidrig und nichtig. Dabei wird das subjektive Erfordernis des § 138 Abs. 1 BGB abgeschwächt. Bei **Branchenüblichkeit des verlängerten Eigentumsvorbehalts** ist die Zession auch bei Unkenntnis des Eigentumsvorbehalts nichtig.[160] Die Vertragsbruchtheorie führt zu zutreffenden Ergebnissen, ihre Begründung überzeugt jedoch nicht und überdeckt die **maßgebliche Wertung.** Die Begründungsschwäche liegt in der unausgesprochen vorhandenen, unrichtigen Voraussetzung, die darlehensgebende Bank sei die Hüterin der Interessen des Warenlieferanten ihres Darlehensnehmers. Die zugrunde liegende Wertung resultiert vielmehr aus der Erwägung, dass die Forderungen, um die bei der Kollision von verlängertem Eigentumsvorbehalt mit der Globalzession zugunsten einer darlehensgebenden Bank gestritten wird, an die Stelle des vorbehaltenen Eigentums getre-

---

[154] Einzelheiten *Weber* Kreditsicherungsrecht § 9.

[155] Einzelheiten MüKoBGB/*Roth*/*Kieninger* § 398 Rn. 134 ff.; *Weber* Kreditsicherungsrecht § 10 II.

[156] BGHZ 189,1 = NJW 2011, 1506 mAnm *Siegmann* WuB VI A. § 129 InsO 4.11.

[157] Zur Kollision mehrerer verlängerter Eigentumsvorbehalte MüKoBGB/*Roth*/*Kieninger* § 398 Rn. 140 ff.

[158] BGH WM 1970, 900; BGHZ 32, 361 = NJW 1960, 1716; 30, 149 = NJW 1959, 1533.

[159] BGH NJW 2005, 1192; 1999, 2588; 1999, 940; 1995, 1668; 1991, 2144; 1983, 2502; BGHZ 72, 308 = NJW 1979, 365; 55, 34 = NJW 1971, 372; BGH WM 1970, 900; NJW 1969, 318; 1968, 1516; BGHZ 32, 361 = NJW 1960, 1716; 30, 149 = NJW 1959, 1533.

[160] BGH NJW 1999, 2588; 1999, 940.

ten sind.[161] Der Streit um die Forderungen ist in solchen Fällen also der verlängerte Streit um das Vorbehalts- bzw. Sicherungseigentum. Dieser Streit geht typischerweise zugunsten des Lieferanten aus, weil der Vorbehaltskäufer der Bank kein Sicherungseigentum (§§ 929, 930 BGB) verschaffen kann, solange der Vorbehaltskäufer nicht der Bank die Sache übergeben hat **(§ 933 BGB).** Wenn demnach also das Vorbehaltseigentum Vorrang vor der Sicherungsübereignung hat, und zwar auch vor der antizipierten Globalsicherungsübereignung, dann besteht kein Grund, dass sich daran bei der Ersatzsicherung für das Eigentum – den Forderungen gegen die Abnehmer der Vorbehaltsware – etwas ändern sollte. Die Vertragsbruchtheorie hat folglich zwar den falschen Ansatzpunkt, sie vollzieht aber – verdeckt – die entscheidende gesetzgeberische Wertung des § 933 BGB nach und bringt in aller Regel richtige Resultate hervor.

Um der Sittenwidrigkeit nach Maßgabe der Vertragsbruchtheorie zu entgehen, verein- **54**
barten Banken zunächst mit den Zedenten **schuldrechtliche Teilverzichtsklauseln,** mit denen sie sich verpflichteten, auf Verlangen des Vorbehaltsverkäufers im Umfang des verlängerten Eigentumsvorbehalts entweder Forderungen an den Vorbehaltsverkäufer abzutreten oder ihn aus Mitteln zu befriedigen, die aufgrund der Globalzession eingezogen wurden (§ 328 BGB). Der BGH[162] sieht solche Klauseln für unzureichend an, um die Nichtigkeit gemäß § 138 Abs. 1 BGB zu vermeiden. Denn der schuldrechtliche Anspruch verschafft dem Lieferanten in der Insolvenz der Bank keinerlei Vorzugsrecht, während die durch den verlängerten Eigentumsvorbehalt im Voraus zedierten Forderungen aus der Verwertung der Vorbehaltsware ihn in der Insolvenz des Käufers zur Absonderung berechtigen (§§ 50, 51 Nr. 1 InsO). Außerdem werde dem Lieferanten die Durchsetzung seines Rechts unangemessen erschwert, weil er seinen Schuldner, die Bank, zunächst gar nicht kenne.

Sittenwidrigkeit vermeiden dagegen **dingliche Teilverzichts- und Vorrangklauseln,** **55**
die bewirken, dass Ansprüche aus verlängertem Eigentumsvorbehalt von der Globalzession für die Bank ausgenommen sind oder ihr vorgehen.[163] Zulässig ist dabei die Beschränkung des Vorrangs künftiger Vorauszessionen an Warenlieferanten auf branchenübliche verlängerte Eigentumsvorbehalte.[164] Denn die Unwirksamkeit von Globalzessionen gegenüber verlängerten Eigentumsvorbehalten beruht darauf, dass der Zedent, der in seiner Branche Waren nur unter verlängertem Eigentumsvorbehalt beziehen kann, durch die Globalzession gezwungen wird, künftige Warenlieferanten über seine Kreditwürdigkeit und die Sicherung ihrer Forderungen zu täuschen. Mit einem nicht branchenüblichen verlängerten Eigentumsvorbehalt braucht die Bank nicht zu rechnen, und der Zedent braucht solche Konditionen nicht zu akzeptieren. Damit behält dieser ausreichende wirtschaftliche Bewegungsfreiheit, und er ist nicht zur Täuschung späterer Warenkreditoren genötigt.

Hat die Bank scheinbar zedierte Forderungen eingezogen, kann der Vorbehaltsverkäufer **56**
bei ihr **kondizieren** (§ 816 Abs. 2 BGB). Dies gilt nicht, wenn der Zedent die Forderungen mit Einziehungsermächtigung des Vorbehaltsverkäufers einzieht und den Erlös dann an die Bank weiterleitet. Dabei ist eine Zahlung des Drittschuldners auf ein Konto des Zedenten bei der Bank, der die nichtige Globalzession gewährt wurde, keine Leistung an die Bank (bloße Zahlstelle), sondern an den Zedenten. Damit entsteht kein Anspruch aus § 816 Abs. 2 BGB, Ausnahmen gelten nach § 242 BGB.[165]

Bei Ungewissheit über den Bestand vom verlängerten Eigentumsvorbehalt erfasster **57**
Forderungen ist der Verkäufer gehalten, vom Käufer Auskunft zu verlangen. Grundsätzlich besteht kein Auskunftsanspruch gegen die Bank, die Forderungen eingezogen hat.[166]

---

[161] → Rn. 51.
[162] BGH NJW 1995, 1668; BGHZ 72, 308 = NJW 1979, 365.
[163] BGH NJW 1999, 2588; 1999, 940; 1995, 1668; 1991, 2144; BGHZ 98, 303 = NJW 1987, 487.
[164] BGHZ 98, 303 = NJW 1987, 487.
[165] BGHZ 72, 316 = NJW 1979, 371.
[166] BGH NJW 1980, 2463.

58 Die Rechtsprechung des BGH zur Sittenwidrigkeit einer Globalzession infolge des Vertragsbruchdogmas bei Kollision gilt nicht bei einer Kollision zwischen einer Globalzession für eine Bank und einer späteren Globalzession für einen Vermieter von Baumaschinen.[167]

§ 398 Abtretung

[1] Eine Forderung kann von dem Gläubiger durch Vertrag mit einem anderen auf diesen übertragen werden (Abtretung). [2] Mit dem Abschluss des Vertrags tritt der neue Gläubiger an die Stelle des bisherigen Gläubigers.

Übersicht

I. Allgemeines

1 Rechtsgeschäftlich kann eine Forderung (§§ 194 Abs. 1, 241 Abs. 1 BGB) durch Vertrag zwischen Gläubiger (Zedent) und Erwerber (Zessionar) übertragen werden (**Abtretung** oder **Zession,** § 398 S. 1 BGB). Der Drittschuldner muss grundsätzlich – Ausnahme Abtretungsausschluss und Zustimmungsvorbehalt (§ 399 Alt. 2 BGB) – nicht mitwirken, ihm braucht die Abtretung auch nicht angezeigt zu werden (stille Zession[1]). Die Zession ist ein abstraktes Verfügungsgeschäft, das eine **Gläubigerauswechslung** (§ 398 S. 2 BGB) bewirkt.

2 Die Zession erschließt die Forderung dem Rechtsverkehr und verschafft der Aussicht auf Leistung gegenwärtigen Vermögenswert. Die Forderung wird zum Rechtsobjekt. Mit dieser **Verdinglichung** der Forderung verbunden ist die Vorstellung der **Forderungsidentität** vor und nach der Zession.[2] Abgesehen vom Gläubiger ändert die Zession den Zustand der zedierten Forderung nicht, zB führt die Zession von einem Unternehmer an einen Verbraucher nicht zur Anwendbarkeit von Verbraucherrecht,[3] ferner bleiben Leistungs- und Erfüllungsort bestehen.[4] Forderungsidentität bedeutet ferner, dass eine Forderung, die Teil eines Schuldverhältnisses im weiteren Sinne ist, zB eines Vertrags, zwar für die Zession isoliert wird, aber im Übrigen weiter dem Verbund des Schuldverhältnisses zugehört. Folglich besteht die Einrede des nichterfüllten Vertrags ohne Weiteres nach der Zession eines Hauptleistungsanspruchs fort, weil § 320 BGB nicht auf gegenseitige per-

[167] BGH NJW 2005, 1192.

[1] → Einl. Rn. 23 ff.

[2] BGH NJW-RR 2004, 1130; *Haertlein/Thümmler* WM 2008, 2137 (2141); BeckOGK/*Lieder* BGB § 398 Rn. 178 ff.; Nörr/Scheyhing/Pöggeler/*Nörr* Sukzessionen § 4 I, II. Krit. Staudinger/*Busche* Einl. §§ 398 ff. Rn. 1 f.

[3] *Haertlein* JuS 2007, 1073. **AA** MüKoBGB/*Roth/Kieninger* § 398 Rn. 93.

[4] Nörr/Scheyhing/Pöggeler/*Nörr* Sukzessionen § 4 II 1.

sönliche Verpflichtung abstellt, sondern darauf, dass die Forderung im Gegenseitigkeitsverhältnis steht.[5] Eine Ausnahme von der Forderungsidentität bildet die **Zession an den Schuldner.** Bei ihr erlischt grundsätzlich die Forderung infolge Konfusion.[6]

Von der Zession zu **unterscheiden** ist die **Schuldübernahme** (Schuldnerauswechslung, §§ 414 ff. BGB) und die gesetzlich nicht geregelte, aber allgemein anerkannte **Vertragsübernahme,**[7] bei der nicht der Gläubiger oder Schuldner einer Forderung ausgewechselt, sondern die umfassende Position eines Kontrahenten übertragen wird. Keine Zessionen sind auch die **Einziehungsermächtigung,**[8] die von der Inkassozession[9] zu unterscheiden ist, und die **Ermächtigung** zur Leistung an einen Dritten (§§ 362 Abs. 2, 185 BGB). 3

II. Abtretung (S. 1)

1. Vertrag zwischen Zedent und Zessionar

Der Abtretungsvertrag wird zwischen dem Zedenten (Verfügendem) und dem Zessionar (Erwerber) geschlossen. Er hat zum **Inhalt,** dass der Zessionar anstelle des Zedenten Gläubiger der bestimmbaren[10] abzutretenden Forderung werde und damit die Verfügungsbefugnis über die Forderung erhalte.[11] Der Vertrag bedarf grundsätzlich – Ausnahmen gelten gemäß § 1154 BGB und bei wertpapierrechtlichen Übertragungen – keiner **Form,** auch nicht der Form des Grundgeschäfts der Abtretung[12] und nicht der für die Begründung der zedierten Forderung erforderlichen Form.[13] Er kann durch schlüssige Erklärungen zustande kommen und mit dem Abschluss des Verpflichtungsgeschäfts oder der Übergabe von Urkunden und Unterlagen einhergehen.[14] Geringe Anforderungen werden an die Rückabtretung einer sicherungszedierten Forderung[15] und die Abtretung des Anspruchs auf Rückgewähr einer Sicherungsgrundschuld[16] gestellt. Eine Abtretungserklärung darf aber nicht unterstellt werden. Der Verfügende muss Erklärungsbewusstsein haben; fehlt es, ist keine wirksame Erklärung abgegeben, es bedarf keiner Anfechtung.[17] Für die **Annahmeerklärung** des Zessionars gilt in der Regel § 151 BGB (Verkehrssitte); ausreichend soll es dabei sogar sein, wenn der Erklärungsempfänger das Angebot nicht durch eine nach außen erkennbare Willensäußerung abgelehnt hat.[18] Forderungen können **bedingt und befristet** abgetreten werden.[19] Stellvertretung (§§ 164 ff. BGB) ist möglich.[20] Abtretung durch **AGB** ist zulässig.[21] Eine Zession **zugunsten Dritter** (§ 328 BGB) ist unwirksam[22] 4

[5] *Haertlein* JuS 2007, 1073.
[6] OLG Frankfurt a. M. NJW-RR 1992, 684; MüKoBGB/*Roth/Kieninger* § 398 Rn. 18; Staudinger/*Busche* § 398 Rn. 31.
[7] MüKoBGB/*Roth/Kieninger* § 398 Rn. 4 ff.; Staudinger/*Busche* Einl. §§ 398 ff. Rn. 196 ff.
[8] → Einl. Rn. 24.
[9] MüKoBGB/*Roth/Kieninger* § 398 Rn. 41 ff.; Palandt/*Grüneberg* BGB § 398 Rn. 29 f.; Staudinger/*Busche* Einl. §§ 398 ff. Rn. 107 ff.
[10] → Einl. Rn. 7.
[11] BGH NJW 1993, 1640.
[12] MüKoBGB/*Roth/Kieninger* § 398 Rn. 34; Staudinger/*Busche* § 398 Rn. 19.
[13] BGHZ 89, 41 = NJW 1984, 973; Nörr/Scheyhing/Pöggeler/*Scheyhing/Nörr* Sukzessionen § 2 I 1.
[14] BGH NJW 1997, 729; 1969, 40.
[15] → Einl. Rn. 17.
[16] BGH NJW 1991, 1821; OLG Schleswig WM 1997, 965.
[17] OLG Hamm WM 1993, 1673.
[18] BGH NJW 2000, 276.
[19] → Einl. Rn. 15.
[20] S. BGHZ 114, 360 = NJW 1991, 2552 (betreffend § 181 BGB); 108, 98 = NJW 1989, 2383 (betreffend § 307 BGB).
[21] Zu Auslegung und Inhaltskontrolle von AGB-Global- und Vorauszessionen → Einl. Rn. 5, 18 f., 22 und → Einl. Rn. 40, 42 f.
[22] OLG Frankfurt a. M. VersR 1984, 755. **AA** MüKoBGB/*Roth/Kieninger* § 398 Rn. 17; Staudinger/*Busche* Einl. §§ 398 ff. Rn. 34.

(str.). Zulässig ist dagegen die **Blankozession,** bei der in der Abtretungsurkunde der Name des Zessionars offen bleibt.[23]

2. Abstraktheit

5 Die Zession ist eine abstrakte Verfügung, das heißt, sie enthält keinen Rechtsgrund und bedarf zu ihrer Wirksamkeit keines Rechtsgrundes,[24] eine rechtsgrundlose Forderungsübertragung kann aber kondiziert werden. Es sind demnach das **Grundgeschäft,** das die Verpflichtung zur Zession und in der Regel weitere Pflichten von Zedent und Zessionar für die Zeit nach der Abtretung enthält, zB[25] Forderungskauf, Sicherungs- oder Umschuldungsabrede,[26] und das **Vollzugsgeschäft** Zession zu unterscheiden. Als Rechtsgrund kommen auch **gesetzliche Ansprüche auf Abtretung** in Betracht, zB § 667 BGB.

III. Zedierte Forderung

1. Existenz und Abtretbarkeit der Forderung

6 Zessionsgegenstand ist eine anhand der Abtretung **bestimmbare**[27] Forderung (§ 241 Abs. 1 BGB), ein sonstiger Anspruch (§ 194 Abs. 1 BGB) oder eine Mehrzahl von Ansprüchen **(Globalzession).** Der Anspruch braucht zur Zeit der Abtretung noch nicht zu bestehen **(Vorauszession).** Die Abtretung geht aber ins Leere, wenn der Anspruch nicht besteht und nicht später entsteht.[28] Ausnahmen davon gelten gemäß § 405 BGB und bei Wertpapieren. Besteht die Forderung in geringerem Umfang oder mit anderem Inhalt als vereinbart, dann entscheidet die Auslegung, ob der bestehende Anspruch zediert oder die Zession gegenstandslos ist.[29]

7 Ansprüche, auch öffentlich-rechtliche,[30] sind **grundsätzlich abtretbar.**[31] **Ausnahmen** gelten gemäß §§ 399, 400 BGB. **Beschränkt abtretbar** sind zB bestimmte Auskunftsansprüche und Freistellungsansprüche.[32]

8 **Rechtshängige Ansprüche** können zediert werden (§ 265 Abs. 1 ZPO). Die Folgen der Abtretung für den Prozess um den Anspruch und die Rechtskraft ergeben sich aus den §§ 265 Abs. 2, 3, 325 ZPO.[33] Der Titel kann nach § 727 ZPO umgeschrieben werden.[34]

2. Verfügungsberechtigung des Zedenten

9 Eine Zession ist unwirksam, wenn der Anspruch zwar besteht, der Zedent aber nicht verfügungsberechtigt ist, insbesondere wenn er nicht oder nicht mehr Gläubiger des Anspruchs ist, zB weil er ihn bereits zuvor abgetreten hat (**Priorität**[35]). Auch die Vorausabtretung einer künftigen oder aufschiebend bedingten Forderung ist für den Zedenten vom Augenblick ihrer Vornahme ab insofern bindend, als er den späteren Erwerb der Forderung durch den Zessionar nicht mehr durch weitere Abtretungen beeinträchtigen

---

23 Einzelheiten BGHZ 22, 128 = NJW 1957, 137; MüKoBGB/*Roth/Kieninger* § 398 Rn. 31 ff.; Staudinger/*Busche* Einl. §§ 398 ff. Rn. 29 ff.

24 Zur Quasi-Akzessorietät und Bedingungszusammenhängen → Einl. Rn. 13 ff.

25 Weitere Bsp. bei MüKoBGB/*Roth/Kieninger* § 398 Rn. 24.

26 BGH NJW 1997, 730.

27 → Einl. Rn. 7.

28 Zum Bereicherungsausgleich → Einl. Rn. 46 ff.

29 MüKoBGB/*Roth/Kieninger* § 398 Rn. 27.

30 Palandt/*Grüneberg* BGB § 398 Rn. 9.

31 BGH NJW 2003, 2987.

32 BGHZ 107, 104 = NJW 1989, 1601.

33 Einzelheiten zB bei *Schilken* ZZP 130 (2017), 271 (273 f.).

34 Zur Vollstreckung bei Rechtsnachfolge und den Rechtsbehelfen des Drittschuldners BGHZ 120, 387 = NJW 1993, 1396.

35 → Einl. Rn. 53.

kann. Eine Zweitabtretung ist eine Verfügung eines Nichtberechtigten, die der berechtigte Erstzessionar durch Genehmigung wirksam machen kann (§ 185 Abs. 2 BGB).[36] Der Prioritätsgrundsatz gilt auch im Verhältnis zwischen Zession und **Pfändung.** Eine wirksam[37] (voraus-)abgetretene Forderung kann nicht mehr gepfändet werden; gegen die Pfändung steht dem Zessionar die Drittwiderspruchsklage (§ 771 ZPO) zu Gebote.[38] Eine gepfändete Forderung kann abgetreten werden, der Zessionar erwirbt sie aber belastet mit dem Pfändungspfandrecht. Eine **Ausnahme** vom Prioritätsgrundsatz gilt im **Kommissionsrecht.** Ein Kommittent kann Ansprüche gegen den Dritten aus dem Ausführungsgeschäft erst nach deren Abtretung geltend machen (§ 392 Abs. 1 HGB) und ist demnach gegen pflichtwidrige Verfügungen des Kommissionärs und Vollstreckungszugriffe dessen Gläubiger anscheinend ungeschützt. Indes verstärkt § 392 Abs. 2 HGB die Rechtsstellung des Kommittenten, indem Forderungen aus dem Ausführungsgeschäft schon vor der Abtretung im Verhältnis zwischen Kommittent und Kommissionär oder dessen Gläubigern als Forderungen des Kommittenten gelten. Folglich kann der Kommittent auch ohne vorherige Zession gegen die Pfändung von Ansprüchen aus dem Ausführungsgeschäft beim Kommissionär die Drittwiderspruchsklage (§ 771 ZPO) erheben und in der Insolvenz des Kommissionärs deren Aussonderung verlangen (§ 47 InsO). Ferner braucht der Kommittent die Abtretung der Forderung an einen Gläubiger des Kommissionärs nicht gegen sich gelten zu lassen (relative Unwirksamkeit).[39]

Nach der **Eröffnung des Insolvenzverfahrens über das Vermögen des Zedenten** 10
ist die Abtretung einer zur Masse gehörenden Forderung unwirksam (§ 81 Abs. 1 S. 1 InsO). Ferner verschafft auch eine vor Verfahrenseröffnung vorgenommene Vorauszession dem Zessionar solche Forderungen nicht, die zur Insolvenzmasse gehören und erst nach der Verfahrenseröffnung entstehen (§ 91 Abs. 1 InsO).[40]

Ein **Gesamtgläubiger** allein kann seine Ansprüche abtreten, aber nicht die Ansprüche 11
anderer Gesamtgläubiger.[41] Bei der Abtretung einer Forderung, für die **Gesamtschuldner** haften, ist zu vermuten, dass der Zessionar die gegen alle Schuldner gerichteten Forderungen erwerben soll.[42] Str. ist, ob eine Einzelabtretung der Zustimmung der anderen Gesamtschuldner bedarf.[43]

3. Teilabtretung

Eine Forderung mit teilbarem Leistungsgegenstand kann teilabgetreten werden, wenn 12
nicht die Teilabtretung entsprechend § 399 Alt. 2 BGB mit absoluter Wirkung ausgeschlossen wurde.[44] Infolge einer Teilzession entstehen **mehrere Forderungen verschiedener Gläubiger.** Der Drittschuldner hat die Gläubigervermehrung und den einhergehenden verstärkten Verwaltungs- und Abwicklungsaufwand grundsätzlich hinzunehmen.[45] Eine Ausnahme gilt bei Zergliederung einer Forderung in Minimalbeträge durch vielfache Teilabtretungen an verschiedene Zessionare (§ 242 BGB). Die Forderungen und ihre rechtlichen Schicksale sind **voneinander unabhängig.**[46] Die Klage eines der Gläubiger hemmt nicht die Verjährung der anderen Forderung, und ein Urteil für oder gegen einen der Gläubiger erwächst nicht in Rechtskraft für und gegen den anderen.[47] Der Drittschuldner

---

[36] BGH NJW 1990, 2678.

[37] Zur Unwirksamkeit in Kollisionsfällen → Einl. Rn. 53 ff.

[38] → Einl. Rn. 29.

[39] BGHZ 104, 123 = NJW 1988, 3203.

[40] Einzelheiten und Ausnahmen BGH BKR 2019, 564 mAnm *Deppenkemper* LMK 2019, 422550; *Kamm/Kropf* BKR 2019, 569; *Piekenbrock* WuB 2019, 523.

[41] BGH NJW-RR 1987, 1260.

[42] OLG Hamm NJW-RR 1998, 486.

[43] Dafür OLG Hamm NJW-RR 1998, 486. **AA** OLG Schleswig WM 1998, 2057.

[44] MüKoBGB/*Roth/Kieninger* § 398 Rn. 63 ff.; Palandt/*Grüneberg* BGB § 398 Rn. 10.

[45] BGHZ 23, 53 = NJW 1957, 498.

[46] BGHZ 44, 382 = NJW 1966, 654.

[47] BGHZ 44, 382 = NJW 1966, 654.

kann Minderung grundsätzlich nur gegenüber jeder der Teilforderungen im Verhältnis ihrer Höhe verlangen.[48]

13 Die verbleibende und die abgetretene Teilforderung sind grundsätzlich **gleichrangig.** Teilzahlungen gebühren deshalb beiden Gläubigern im Verhältnis ihrer Forderungen, wenn der Drittschuldner keine **Tilgungsbestimmung** trifft (analog § 366 Abs. 2 BGB). Der Drittschuldner kann aber bei der Leistung bestimmen, dass nur die Teilforderung eines bestimmten Gläubigers getilgt werden soll (analog § 366 Abs. 1 BGB).[49] Wenn der Drittschuldner in Unkenntnis einer stillen Teilabtretung, zB bei verlängertem Eigentumsvorbehalt Teilzahlungen an den Zedenten erbracht hat, ohne dabei Tilgungsbestimmungen zu treffen, hat er ein **nachträgliches Tilgungsbestimmungsrecht** (analog § 366 Abs. 1 BGB), das entsprechend § 121 Abs. 1 BGB unverzüglich auszuüben ist,[50] nachdem die Zession aufgedeckt wurde.[51] Denn der Drittschuldner hat bei der Leistung von seinem Bestimmungsrecht keine Kenntnis und vermag es folglich nicht auszuüben. Dieser zessionsbedingte Nachteil ist durch die Gestattung nachträglicher Tilgungsbestimmung auszugleichen. Der Drittschuldner ist in dem Vertrauen zu schützen, dass sein Gläubiger nicht durch Abtretung ausgetauscht wurde und daher kein Anlass besteht, bei der Leistung zu disponieren. Wird dieses Vertrauen enttäuscht, ist ein Ausgleich geboten und ein nachträgliches Bestimmungsrecht zu gewähren.[52]

14 Bei Teilabtretung muss nicht nur **bestimmbar**[53] sein, welche Forderung die Abtretung erfasst, sondern auch, welcher **Forderungsteil** abgetreten ist.[54] Eine Abtretung „in Höhe des pfändbaren Betrags" reicht aus,[55] ebenso Abtretung in Höhe der gesicherten Forderung.[56] In der Rechtsprechung wird die Auffassung vertreten, es sei in diesem Fall für die Bestimmbarkeit erforderlich, dass der Drittschuldner die Möglichkeit hat, sich in zumutbarer Weise Gewissheit darüber zu verschaffen, in welchem Umfang er an welchen Gläubiger zu leisten hat.[57] Jedoch ist richtigerweise die Bestimmbarkeit der Abtretung nicht am Horizont des Drittschuldners zu bemessen; dies widerspräche der gesetzgeberischen Intention (Verkehrsfähigkeit) und der Systematik des Zessionsrechts, die Wirksamkeit der Zession von Drittschuldnerbelangen freizuhalten.[58] Ferner besteht kein Schuldnerschutzbedürfnis, weil der Drittschuldner gegebenenfalls hinterlegen kann (§ 372 BGB).

15 Von der Teilabtretung zu **unterscheiden** ist die Beschränkung der Abtretung auf einen Anspruch bei **Anspruchskonkurrenz.** Sofern eine solche Abtretung dogmatisch überhaupt haltbar ist, und nicht bei Anspruchskonkurrenz nur ein einziger Anspruch mit mehrfacher Begründung besteht (Anspruchsgrundlagenkonkurrenz),[59] ist sie nach Auffassung des BGH[60] nur mit Zustimmung des Drittschuldners wirksam, weil Gesamtgläubigerschaft entsteht, die nicht ohne Mitwirkung des Drittschuldners vertraglich begründet werden könne. Die Begründung – der Drittschuldner liefe sonst Gefahr, wegen desselben Sachverhalts von verschiedenen Gläubigern verklagt zu werden – überzeugt nicht; bei der zustimmungsfreien Teilabtretung ist es schließlich auch nicht anders. Hier wird der Drittschuldner – wiederum wenig überzeugend[61] – auf die Möglichkeit eines Abtretungsausschlusses gemäß § 399 Alt. 2 BGB verwiesen.

---

[48] BGHZ 46, 242 = NJW 1967, 388.
[49] BGH NJW 1991, 2629; BGHZ 47, 168 = NJW 1967, 1223; 46, 242 = NJW 1967, 388.
[50] Zur entsprechenden Anwendung der Anfechtungsvorschriften auf die Tilgungsbestimmung BGHZ 106, 163 = NJW 1989, 1792.
[51] BGHZ 167, 337 = NJW 2006, 2845; BeckOGK/*Lieder* BGB § 398 Rn. 143.
[52] *Haertlein* JuS 2007, 1073 (1077).
[53] → Einl. Rn. 7.
[54] OLG Hamburg NJW-RR 1999, 1316.
[55] BGH NJW 1995, 2289.
[56] BAG NJW 1967, 751.
[57] So OLG Dresden NJW-RR 1997, 1070. Grds. ebenso BGH NJW 2000, 276.
[58] *Haertlein* JuS 2007, 1073 (1074) mwN.
[59] MüKoBGB/*Roth*/*Kieninger* § 398 Rn. 88 f.
[60] BGHZ 140, 175 = NJW 1999, 715.
[61] *Haertlein* JuS 2007, 1073 (1074).

IV. Gläubigerauswechslung (S. 2)

16 Mit Abschluss des Verfügungstatbestands – Zession und Bestehen der Forderung – tritt der Zessionar als Gläubiger an die Stelle des Zedenten. Es findet eine Gläubigerauswechslung ex nunc statt (§ 398 S. 2 BGB), während im Übrigen **Forderungsidentität**[62] gewahrt bleibt. Der Zedent verliert die **Verfügungsberechtigung** über die Forderung und grundsätzlich – Ausnahme Einziehungsermächtigung, s. ferner § 407 BGB – auch die Empfangszuständigkeit für die Leistung, der Zessionar erlangt sie. **Neben- und Vorzugsrechte** gehen gemäß § 401 BGB mit über. **Sekundäransprüche** (§§ 280 ff. BGB) entstehen in der Person und grundsätzlich nach Maßgabe der Verhältnisse des Zessionars.[63] Ausnahmen gelten für die Verzugsschadensberechnung bei Sicherungszession,[64] ferner bestehen drittschuldnerschützende Modifikationen (Einzelheiten str.[65]). Eine **Aufrechnungslage** (§ 387 BGB) zwischen Zedent und Drittschuldner endet (s. aber §§ 406, 407 Abs. 1 Alt. 2 BGB), zwischen Zessionar und Drittschuldner kann eine Aufrechnungslage entstehen.

17 Str. und in den dogmatischen Einzelheiten nicht ganz geklärt ist die Frage, wem **Hilfs- und Gestaltungsrechte** zustehen, wenn eine Hauptleistungsforderung aus gegenseitigem Vertrag abgetreten wurde.[66] Nach der Rechtsprechung des BGH steht das Recht zur **Fristsetzung** (§ 323 Abs. 1 BGB) dem Zessionar zu,[67] außer bei schwebend unwirksamer Zession[68]; das anschließende **Rücktrittsrecht** (§ 323 BGB) muss dagegen mit abgetreten werden, andernfalls verbleibt es beim Zedenten,[69] ebenso ein vertragliches Rücktrittsrecht.[70] Die **Einrede des nichterfüllten Vertrags** (§ 320 BGB) bleibt beim Zedenten.[71] Einen **Aufhebungsvertrag** über den Vertrag, dem die zedierte Forderung entspringt, kann nur der Zedent mit dem Drittschuldner schließen.[72] War die zedierte Forderung bei Abschluss des Aufhebungsvertrags bereits entstanden, dann bleibt sie – vorbehaltlich § 407 BGB – bestehen.[73] War eine vorauszedierte Forderung noch nicht entstanden, dann kann sie nicht mehr entstehen, und der Zessionar erwirbt keine Forderung, in der Regel aber einen Schadensersatzanspruch gegen den Zedenten wegen Pflichtverletzung im Grundgeschäft der Abtretung (§ 280 Abs. 1 BGB). Einen **Erlass** (§ 397 BGB) über die zedierte Forderung kann – wiederum vorbehaltlich § 407 BGB – nur der Zessionar vereinbaren.

18 Wenn die **Zession unwirksam** ist, befreit den Drittschuldner eine Leistung an den Zessionar grundsätzlich nicht; der Drittschuldner muss erneut leisten und kann beim Zessionar kondizieren (§ 812 BGB).[74] Anders ist es im Fall des § 409 BGB. Der Drittschuldner wird frei, der Zedent kann beim Zessionar kondizieren (§ 816 Abs. 2 BGB).

V. Drittschuldner

19 Die Zession kann im Verkehrsinteresse grundsätzlich **über den Kopf des Drittschuldners hinweg** vorgenommen werden. Sie bedarf keiner Abtretungsanzeige und erst recht

---

62 → Rn. 2.
63 MüKoBGB/*Roth/Kieninger* § 398 Rn. 92; Staudinger/*Busche* § 398 Rn. 82.
64 → Einl. Rn. 36.
65 *Haertlein* JuS 2007, 1073 (1076 f.) mwN.
66 Einzelheiten MüKoBGB/*Roth/Kieninger* § 398 Rn. 97 ff.; Nörr/Scheyhing/Pöggeler/*Nörr* Sukzessionen § 4 IV.
67 BGH NJW 1985, 2640.
68 BGHZ 114, 360 = NJW 1991, 2552.
69 BGH NJW 1985, 2640.
70 BGH NJW 1973, 1793.
71 BGHZ 55, 354 = NJW 1971, 838.
72 **AA** BAG NJW 1981, 1059: Grds. nicht einmal der Zedent.
73 BGHZ 111, 84 = NJW 1990, 1785.
74 BGHZ 113, 62 = NJW 1991, 919.

keiner Zustimmung des Drittschuldners (Ausnahme § 399 Alt. 2 BGB). Die Interessen des Drittschuldners wahrt der **zessionsrechtliche Schuldnerschutz** (§§ 404–411 BGB).

1. Abtretungsanzeige

20 Die **Abtretungsanzeige** ist zwar nicht erforderlich, aber auch nicht bedeutungslos. Sie wirkt sich auf den zessionsrechtlichen Schuldnerschutz aus (§§ 406 ff. BGB), je nachdem, ob der Drittschuldner durch die Anzeige Kenntnis von der Abtretung erlangt und damit an Schutzwürdigkeit verliert, oder ob er durch eine unrichtige Anzeige in die Irre geführt wurde und daher umso schutzwürdiger ist.

2. Abtretungsbestätigung

21 Bisweilen teilen Zessionare Drittschuldnern die Zession mit und bitten sie dabei formularmäßig[75] um Anerkennung oder Annahme der Abtretung. Der Drittschuldner ist dazu – anders als bei einer gepfändeten Forderung (§ 840 ZPO) – nicht verpflichtet,[76] und die Erklärung ist für ihn heikel, weil er Gefahr läuft, dass sie als **Anerkenntnis** oder **Einwendungsverzicht** ausgelegt wird.[77] Der BGH[78] versteht eine Drittschuldnererklärung, „die Forderung besteht zu Recht und wird bei Fälligkeit von mir bezahlt", als Schuldanerkenntnis, das dem Drittschuldner bis dahin entstandene Einwendungen gegen die zedierte Forderung nimmt, mit Ausnahme derjenigen Einwendungen, die ihm bis dahin unbekannt waren, und mit denen er nicht rechnete. Eine Drittschuldnererklärung, dass „Rechte Dritter an der Forderung oder eigene zur Aufrechnung geeignete Gegenansprüche nicht bestehen", bewertet der BGH ebenfalls als Schuldanerkenntnis mit dem sich aus dem Wortlaut ergebenden Einwendungsverzicht, auch wenn dem Drittschuldner die Tragweite der Erklärung nicht bewusst war; die Drittschuldnererklärung, „die Forderung ist von keiner Gegenleistung mehr abhängig", schließt die Einrede des nichterfüllten Vertrags (§ 320 BGB) aus.[79] Auch die Bestätigung, dass die Forderung bestehe, Rechte Dritter oder zur Aufrechnung geeignete eigene Forderungen nicht bestünden und der Drittschuldner den Betrag auf ein Konto des Zessionars einzahlen werde, wird als Verzicht auf bekannte Einwendungen ausgelegt.[80] Dagegen ist die Erklärung, der Drittschuldner nehme die Abtretung eines gegen ihn gerichteten Anspruchs zur Kenntnis, grundsätzlich nicht als Verpflichtungserklärung zu verstehen.[81] Ferner erklärt eine Geschäftsbank, die einer Factoring-Bank bestätigt, sie verzichte bezüglich eines abgetretenen Girokontos, das sie führt, auf die ihr nach AGB oder aus sonstigen Rechtsgründen zustehenden Zurückbehaltungs-, Pfand- und Aufrechnungsrechte, nur die Anerkennung als offenes Treuhandkonto.[82]

§ 399 Ausschluss der Abtretung bei Inhaltsänderung oder Vereinbarung

Eine Forderung kann nicht abgetreten werden, wenn die Leistung an einen anderen als den ursprünglichen Gläubiger nicht ohne Veränderung ihres Inhalts erfolgen kann oder wenn die Abtretung durch Vereinbarung mit dem Schuldner ausgeschlossen ist.

---

[75] BGH WM 1985, 1177.

[76] BGH NJW 1973, 39; 1971, 2220.

[77] MüKoBGB/*Roth/Kieninger* § 398 Rn. 40. Überblick über die Rspr. BGH WM 1985, 1177. Kritik an der Rspr. MüKoBGB/*Roth/Kieninger* § 404 Rn. 20 ff.; Nörr/Scheyhing/Pöggeler/*Nörr* Sukzessionen § 4 V. S. a. OLG Düsseldorf ZIP 1989, 493: Abtretungsbestätigung ist nur Auskunft, bei Unrichtigkeit Schadensersatz.

[78] BGH NJW 1971, 2220.

[79] BGH NJW 1973, 39. Restriktiv BGH NJW 1983, 1903.

[80] BGH NJW 1973, 2019.

[81] BGH NJW 2002, 1946.

[82] OLG München NJW-RR 1992, 1136.

§ 400 Ausschluss bei unpfändbaren Forderungen

Eine Forderung kann nicht abgetreten werden, soweit sie der Pfändung nicht unterworfen ist.

Übersicht

I. Allgemeines

§§ 399 f. BGB regeln – nicht abschließend – drei Fälle, in denen eine Forderung ausnahmsweise[1] nicht abgetreten werden kann: Inhaltsänderung (§ 399 Alt. 1 BGB), Vereinbarung zwischen Gläubiger und Drittschuldner (§ 399 Alt. 2 BGB) sowie Unpfändbarkeit (§ 400 BGB). Ein Abtretungsausschluss gemäß §§ 399 f. BGB **wirkt absolut,** das heißt die Forderung ist aus dem Verkehr gezogen, eine Zession bewirkt keinen Gläubigerwechsel.[2] 1

II. Inhaltsänderung (§ 399 Alt. 1)

Der Abtretungsausschluss wegen Inhaltsänderung ist schillernd und betrifft Ansprüche, bei denen die Person des Gläubigers inhalts- und identitätsbestimmend für die Leistung ist **(höchstpersönliche Ansprüche),** ferner solche, bei denen dem Drittschuldner ein **Gläu-** 2

[1] → BGB § 398 Rn. 7.
[2] BGH NJW-RR 1992, 790; BGHZ 112, 387 = NJW 1991, 559, jeweils betreffend § 399 Alt. 2 BGB.

bigerwechsel unzumutbar ist, und schließlich solche, die nicht aus dem Verbund des Schuldverhältnisses im weiteren Sinne isoliert werden sollen **(gebundene Ansprüche).**[3]

1. Höchstpersönliche Ansprüche

3 **a) Unterhalts- und Rentenansprüche.** Ansprüche auf Unterhalt und Rente sind, soweit pfändbar (§ 400 BGB), grundsätzlich unabtretbar gemäß § 399 Alt. 1 BGB; Ausnahmen gelten, wenn der Zessionar Unterhalt oder Rente vorgeleistet hat oder laufende Zahlung gewährleistet.[4]

4 **b) Lohnansprüche.** Ansprüche auf Arbeitsentgelt sind, soweit pfändbar (§ 400 BGB), abtretbar, ebenso Ansprüche auf **Urlaubsvergütung und -abgeltung**[5] (letzteres str.).

5 **c) Ansprüche auf Vertragsschluss.** Ansprüche auf Vertragsschluss aus Vorvertrag, bindendem Angebot, Option oder Kontrahierungszwang können grundsätzlich nicht zediert werden, weil dies einer Vertragsübernahme ohne Mitwirkung der bleibenden Partei gleichkäme.[6]

6 **d) Ansprüche auf Erwerb eines Gesellschaftsanteils.** Ein Vermächtnisanspruch auf Erwerb eines Gesellschaftsanteils kann ohne Zustimmung der anderen Gesellschafter nicht an Dritte abgetreten werden, wenn nicht im Gesellschaftsvertrag bestimmt ist, dass Anteile auch ohne solche Zustimmung abgetreten werden können.[7]

7 **e) Ansprüche auf zweckgebundene Leistungen.** Ansprüche auf zweckgebundene Leistungen der **Hohen Hand** können nicht zediert werden, wenn der Verwendungszweck zum Inhalt der zu erbringenden Leistung gehört. Die Zweckbindung kann sich aus dem Gesetz oder aus der Natur des Rechtsverhältnisses ergeben.[8] Auch **privatrechtliche Ansprüche** auf zweckgebundene Leistungen können unabtretbar sein[9] (Einzelheiten str.).

8 **f) Freistellungsansprüche.** Ein Schuldbefreiungsanspruch kann grundsätzlich nicht zediert werden,[10] außer an den Gläubiger des Anspruchs, von dem zu befreien ist,[11] oder den Versicherer, der den Schaden reguliert.[12] Der Anspruch wird dann mit der Zession zum Zahlungsanspruch.[13] Wenn ein Freistellungsanspruch in der Hand des Freistellungsgläubigers zum Zahlungsanspruch geworden ist, kann er ungehindert zediert werden.[14]

2. Unzumutbarkeit für den Drittschuldner

9 **a) Ansprüche aus vertraulichen Rechtsverhältnissen.** Bei der Abtretung von Forderungen aus vertraulichen Rechtsverhältnissen besteht das Problem, dass der Zessionar Einzelheiten des Rechtsverhältnisses erfahren wird (s. § 402 BGB), an deren Geheimhaltung der Drittschuldner ein überragendes Interesse hat. Zur Wahrung der Vertraulichkeit können Zessionen daher unwirksam sein gemäß §§ 399 Alt. 1, 134 BGB.

10 **aa) Träger freier Berufe.** Die Abtretung (zahn-)ärztlicher Honorar- oder Schadensersatzforderungen an Verrechnungsstellen zur Einziehung unter Übergabe der Unterlagen

---

[3] BGH NJW 2003, 2987; OLG Köln NJW 2000, 295; MüKoBGB/*Roth/Kieninger* § 399 Rn. 2, 7 f.
[4] MüKoBGB/*Roth/Kieninger* § 399 Rn. 9; Staudinger/*Busche* § 399 Rn. 26.
[5] **AA** Staudinger/*Busche* § 399 Rn. 10.
[6] MüKoBGB/*Roth/Kieninger* § 399 Rn. 12; Staudinger/*Busche* § 399 Rn. 12, 15, 17.
[7] BGH WM 1958, 555.
[8] BGH WM 1970, 253.
[9] BGHZ 127, 354 = NJW 1995, 323; BGH NJW 1991, 2906; OLG Köln NJW 2000, 295; Staudinger/*Busche* § 399 Rn. 20, 32.
[10] BGH WM 1975, 305; OLG Frankfurt a. M. VersR 1995, 1360.
[11] BGH NJW 1993, 2232; BGHZ 107, 104 = NJW 1989, 1601; BGH WM 1975, 305.
[12] BGH VersR 1985, 753.
[13] BGH WM 1975, 305.
[14] MüKoBGB/*Roth/Kieninger* § 399 Rn. 16; Staudinger/*Busche* § 399 Rn. 27.

ist wegen Verletzung der ärztlichen Schweigepflicht nichtig (§ 134 BGB, § 203 Abs. 1 Nr. 1 StGB, s. auch § 4 Abs. 4 S. 2 GOÄ, § 4 Abs. 4 S. 2 GOZ), wenn der Patient ihr nicht zugestimmt hat[15] und nicht die Informationspflichten des § 402 BGB abbedungen wurden.[16] Als Abbedingung der Rechte aus § 402 BGB ist es zu bewerten, wenn der Zessionar den abtretenden (Zahn-)Arzt zur Einziehung der abgetretenen Forderungen ermächtigt.[17] Ebenso wie bei Ärzten ist ohne Zustimmung des Mandanten die Abtretung der Honorarforderung eines Rechtsanwalts[18] (s. § 49b Abs. 4 S. 2 BRAO) – außer bei Abtretung an Rechtsanwälte oder anwaltliche Berufsausübungsgemeinschaften (§ 49b Abs. 4 S. 1 BRAO[19]) – oder Steuerberaters[20] (s. § 64 Abs. 2 StBerG) in der Regel nichtig (§ 134 BGB, § 203 Abs. 1 Nr. 3 StGB). Die Einschränkungen bei Ärzten und Zahnärzten gelten nicht bei Tierärzten.[21]

bb) Geschäftsführer. Die Zession der Vergütungsansprüche eines GmbH-Geschäftsführers ist unwirksam, wenn sie gegen § 85 GmbHG verstößt. Dies ist in der Regel nicht der Fall bei einem Festgehalt, und auch nicht bei variablen Vergütungsanteilen (Tantiemen), wenn der Jahresabschluss publizitätspflichtig ist (§ 325 HGB).[22] 11

cc) Kreditinstitute. Die Streitfrage, ob Banken Darlehensrückzahlungsansprüche abtreten können,[23] ist durch das Urteil des XI. Zivilsenats des BGH v. 27.2.2007[24] zutreffend entschieden. Der **Abtretung von Darlehensrückzahlungsforderungen** steht kein gesetzliches oder konkludent vereinbartes vertragliches Abtretungsverbot entgegen. Ein konkludent vereinbarter Abtretungsausschluss (§ 399 Alt. 2 BGB) scheitert am ersichtlichen Interesse der Bank, Rückzahlungsforderungen zu Zwecken der Refinanzierung und der Risiko- und Eigenkapitalentlastung frei abtreten zu können. Ein Abtretungsverbot resultiert auch nicht aus dem **Bankgeheimnis,** das als rein schuldrechtliche Verschwiegenheitspflicht zu bewerten ist. Dementsprechend ist der Konflikt zwischen Bankgeheimnis und Auskunftspflicht des Zedenten (§ 402 BGB) auf schuldrechtlicher Ebene zu klären. Die Bank ist dazu verpflichtet, auch bei einer Zession Verschwiegenheit zu wahren, zB indem § 402 BGB abbedungen wird. Verletzt sie die Verschwiegenheitspflicht, macht sie sich schadensersatzpflichtig (§ 280 Abs. 1 BGB). Die Wirksamkeit der Zession bleibt von alldem unberührt, insbesondere ist das Bankgeheimnis nicht gewohnheitsrechtlich zum Abtretungsverbot verdichtet. Ein gesetzliches Zessionsverbot (§ 134 BGB) ist nicht in Parallele zu Honorarforderungen von Trägern freier Berufe[25] begründbar, deren Verschwiegenheit anders als das Bankgeheimnis durch § 203 StGB sanktioniert ist. Schließlich ergibt sich ein Zessionsausschluss auch nicht aus dem Datenschutz. Selbst wenn die Abtretung gegen das BDSG verstößt, bewirkt dies keine Nichtigkeit gemäß § 134 BGB. 12

b) Kommanditeinlage. Der Anspruch einer werbenden KG auf die Kommanditeinlage kann – zur Vermeidung doppelter Leistungspflicht des Kommanditisten (§ 171 Abs. 1 13

---

[15] BGH BKR 2019, 564 mAnm *Deppenkemper* LMK 2019, 422550; *Kamm/Kropf* BKR 2019, 569; *Piekenbrock* WuB 2019, 523; BGHZ 171, 180 = NJW 2007, 2106; BGH NJW 1996, 775; BGHZ 115, 123 = NJW 1991, 2955.

[16] BGH BKR 2019, 564 mAnm *Deppenkemper* LMK 2019, 422550; *Kamm/Kropf* BKR 2019, 569; *Piekenbrock* WuB 2019, 523.

[17] BGH BKR 2019, 564 mAnm *Deppenkemper* LMK 2019, 422550; *Kamm/Kropf* BKR 2019, 569; *Piekenbrock* WuB 2019, 523.

[18] BGH BKR 2019, 564 mAnm *Deppenkemper* LMK 2019, 422550; *Kamm/Kropf* BKR 2019, 569; *Piekenbrock* WuB 2019, 523; BGHZ 171, 180 = NJW 2007, 2106; 122, 115 = NJW 1993, 1638.

[19] *Paulus* NJW 2004, 21. **AA** BGH NJW 1993, 2795 (wohl überholt).

[20] BGHZ 171, 180 = NJW 2007, 2106; BGH NJW 1996, 2087.

[21] OLG Celle NJW 1995, 786. **AA** LG Bochum NJW 1993, 1535.

[22] BGH NJW 2000, 1329; 1996, 2576; OLG Köln NZG 2000, 210.

[23] Dagegen insbes. OLG Frankfurt a. M. NJW 2004, 3266.

[24] BGHZ 171, 180 = NJW 2007, 2106 mwN zum Meinungsstand.

[25] → Rn. 10.

HGB) – nur auf einen Gesellschaftsgläubiger übertragen werden[26] oder auf einen sonstigen Erwerber, wenn und soweit der Gegenwert dem Vermögen der KG zugeflossen ist.[27]

3. Gebundene Ansprüche

14 **a) Auskunftsansprüche.** Ein Auskunftsanspruch, der zur Vorbereitung und Berechnung eines Hauptanspruchs dient, kann nur zusammen mit dem Hauptanspruch oder isoliert an denjenigen abgetreten werden, dem die Auskunft letztlich zugutekommt.[28]

15 **b) Akzessorische Rechte.** Akzessorische Rechte können nach hM[29] nicht durch Abtretung vom führenden Recht getrennt werden. So ist nach Auffassung des BGH die isolierte Zession einer Bürgschaftsforderung unwirksam.[30] Dies ist freilich weder zwingend[31] noch überzeugend. Nichts spricht entscheidend gegen die isolierte Zession eines Bürgschaftsanspruchs, infolge derer der Zessionar aus eigenem Recht Zahlung an den Gläubiger des bürgschaftsgesicherten Anspruchs verlangen kann.

16 **c) Auszahlungsansprüche gegen Notare.** Der Anspruch des Verkäufers gegen den Notar auf Auszahlung des auf Anderkonto gezahlten Kaufpreises kann nicht isoliert abgetreten werden, solange der Kaufpreisanspruch besteht.[32]

17 **d) Gestaltungsrechte. Unselbständige** Gestaltungsrechte können nicht isoliert abgetreten werden (Einzelheiten str.).[33]

18 **e) Dingliche Ansprüche.** Nicht abtretbar sind bestimmte Ansprüche, die dingliche Rechte verwirklichen, zB §§ 894, 985, 1004 BGB.[34]

III. Vereinbarung mit dem Drittschuldner

19 Mit dem absolut wirkenden Zessionsausschluss durch **Vereinbarung zwischen Gläubiger und Drittschuldner** honoriert das Gesetz das Drittschuldnerinteresse, nur einem bestimmten Gläubiger verpflichtet zu sein,[35] oder beim Gläubigerwechsel mitzureden. § 399 Alt. 2 BGB ist eine **Ausnahme von § 137 S. 1 BGB.** Eine **Ausnahme von § 399 Alt. 2 BGB** enthält **§ 354a Abs. 1 HGB,** eine Gegenausnahme dazu bildet § 354a Abs. 2 HGB. In den Fällen des § 405 BGB kann der Drittschuldner sich gegenüber dem Zessionar nicht auf die Vinkulierung berufen. § 399 Alt. 2 BGB gilt nicht bei Vereinbarungen anderer Personen als Gläubiger und Drittschuldner, zB von Zedent und Zessionar (§ 137 BGB). Ferner können auch der Gläubiger und der Drittschuldner ein Zessionsverbot mit relativer Wirkung vereinbaren;[36] der Gläubiger kann dann abtreten, er darf aber nicht.

1. § 399 Alt. 2

20 Eine Forderung kann vor,[37] bei oder nach Entstehung[38] formlos und konkludent vinkuliert werden.[39] Ein konkludenter Zessionsausschluss ist grundsätzlich nicht zu ver-

---

[26] BGH NJW 1984, 874; BGHZ 63, 338 = NJW 1975, 1022.
[27] BGH NJW 1982, 35.
[28] BGHZ 107, 104 = NJW 1989, 1601.
[29] MüKoBGB/*Roth/Kieninger* § 399 Rn. 19; Palandt/*Grüneberg* BGB § 399 Rn. 7.
[30] BGH NJW 2002, 1946; BGHZ 115, 177 = NJW 1991, 3025; BGH NJW 1985, 2528; WM 1975, 305.
[31] Staudinger/*Busche* § 399 Rn. 38 f.
[32] BGHZ 138, 179 = NJW 1998, 2134.
[33] MüKoBGB/*Roth/Kieninger* § 399 Rn. 20; Palandt/*Grüneberg* BGB § 399 Rn. 7; Staudinger/*Busche* § 399 Rn. 40.
[34] MüKoBGB/*Roth/Kieninger* § 399 Rn. 21; Palandt/*Grüneberg* BGB § 399 Rn. 7; Staudinger/*Busche* § 413 Rn. 7.
[35] *Haertlein* JuS 2007, 1073 mwN.
[36] BGH NJW 1982, 2768.
[37] BGH NJW 1991, 2906.
[38] MüKoBGB/*Roth/Kieninger* § 399 Rn. 36; Staudinger/*Busche* § 399 Rn. 53.
[39] BGHZ 171, 180 = NJW 2007, 2106; OLG Düsseldorf NJW-RR 1994, 438.

muten.[40] Anders ist es, wenn über das Grundverhältnis „strengstes Stillschweigen" zu bewahren ist,[41] nicht aber beim Bankgeheimnis.[42] Abtretungsausschlüsse in **AGB** sind grundsätzlich unbedenklich.[43] Die Auslegung kann aber zum Ergebnis führen, dass ein formularmäßiger Abtretungsausschluss solche Zessionsgestaltungen nicht umfasst, bei deren Durchführung der Zweck des Abtretungsverbots erreicht wird.[44] Ferner kann es rechtsmissbräuchlich (§ 242 BGB) sein, wenn ein Drittschuldner sich auf den Ausschluss beruft, obwohl er daran kein vom Zweck des Ausschlusses gedecktes Interesse hat.[45]

Eine **Kontokorrentabrede** (§ 355 HGB) vinkuliert die erfassten Einzelforderungen (§ 399 Alt. 2 BGB). § 354a HGB ist nicht anwendbar.[46] Das Abtretungsverbot der Kontokorrentabrede wirkt auch gegenüber Vorauszessionen, die vor der Kontokorrentabrede vorgenommen wurden.[47] Abgetreten werden können aber Tages- und künftige Periodensalden sowie der künftige Abschlusssaldo bei Kontokorrentbeendigung.[48] Ferner kann im Wege der Vertragsübernahme das Konto auf einen Dritten umgeschrieben werden. 21

Nach einer **Vorausabtretung** und vor Entstehung der Forderung kann der Zedent mit dem künftigen Drittschuldner einen Abtretungsausschluss vereinbaren, mit der Folge, dass der Zessionar die Forderung nicht erwirbt.[49] 22

Für die **Aufhebung** des Abtretungsverbots gemäß § 399 Alt. 2 BGB genügt grundsätzlich die einseitige Zustimmung des Drittschuldners.[50] Von der Aufhebung zu unterscheiden ist die **Genehmigung** einer bestimmten Abtretung durch den Drittschuldner; eine solche Genehmigung macht die betreffende Abtretung ohne Rückwirkung wirksam.[51] 23

Entsprechend § 399 Alt. 2 BGB kann die Wirksamkeit einer Abtretung von einer **Abtretungsanzeige** an den Drittschuldner[52] oder der **Zustimmung** des Drittschuldners[53] abhängig gemacht **(abgeschwächter Abtretungsausschluss)** oder der Abtretungsausschluss auf **Teilabtretungen** beschränkt[54] werden. Ist ein Zustimmungsvorbehalt in AGB des Drittschuldners enthalten, darf dieser seine Zustimmung nicht unbillig verweigern.[55] Ferner ist bei Zustimmungsvorbehalt § 354a HGB anwendbar.[56] 24

2. § 354a HGB

Gemäß § 354a Abs. 1 S. 1 HGB kann die Abtretbarkeit einer Geldforderung entgegen § 399 Alt. 2 BGB nicht mit absoluter, sondern nur mit schuldrechtlicher Wirkung ausgeschlossen oder beschränkt[57] – der Gläubiger kann, er darf aber nicht abtreten – 25

---

[40] BGH NJW-RR 1991, 305; BGHZ 23, 53 = NJW 1957, 498.
[41] OLG Düsseldorf NJW-RR 1994, 438. Restriktiv OLG Köln NZG 2000, 210.
[42] → Rn. 12.
[43] BGH BKR 2019, 564 mAnm *Deppenkemper* LMK 2019, 422550; *Kamm/Kropf* EKR 2019, 569; *Piekenbrock* WuB 2019, 523; BGHZ 110, 241 = NJW 1990, 1601; BGH NJW 1990, 109; NJW-RR 1989, 1104; BGHZ 102, 293 = NJW 1988, 1210; 77, 274 = NJW 1980, 2245.
[44] BGH BKR 2019, 564 mAnm *Deppenkemper* LMK 2019, 422550; *Kamm/Kropf* EKR 2019, 569; *Piekenbrock* WuB 2019, 523 zur stillen Zession mit Einzugsermächtigung zugunsten des Zedenten.
[45] BGH NJW-RR 2004, 1100.
[46] EBJS/*Wagner* HGB § 354a Rn. 7.
[47] MüKoHGB/*Langenbucher* § 355 Rn. 66.
[48] BGHZ 70, 86 = NJW 1978, 538; EBJS/*Grundmann* HGB § 355 Rn. 14; MüKoHGB/*Langenbucher* § 355 Rn. 61, 64; Staudinger/*Busche* § 399 Rn. 28.
[49] BGHZ 77, 274 = NJW 1980, 2245; 27, 306 = NJW 1958, 1281; MüKoBGB/*Roth/Kieninger* § 399 Rn. 38; Staudinger/*Busche* § 399 Rn. 59.
[50] BGH NJW-RR 1991, 763.
[51] BGHZ 114, 360 = NJW 1991, 2552; 102, 293 = NJW 1990, 1210; 70, 299 = NJW 1978, 813.
[52] BGH BKR 2019, 564 mAnm *Deppenkemper* LMK 2019, 422550; *Kamm/Kropf* EKR 2019, 569; *Piekenbrock* WuB 2019, 523; BGH NJW-RR 1992, 790; BGHZ 112, 387 = NJW 1991, 559; 108, 172 = NJW 1990, 109.
[53] BGH NJW 1997, 3434; BGHZ 108, 172 = NJW 1990, 109; 55, 34 = NJW 1971, 372.
[54] Staudinger/*Busche* § 399 Rn. 53.
[55] BGH NJW-RR 2000, 1220.
[56] BGH NJW-RR 2005, 624.
[57] → Rn. 24.

werden, wenn die Forderung aus beiderseitigem Handelsgeschäft (§§ 343 f. HGB) resultiert,[58] oder wenn der Drittschuldner eine juristische Person des öffentlichen Rechts oder ein öffentlich-rechtliches Sondervermögen ist. Die Norm bewirkt eine gegenüber § 399 Alt. 2 BGB größere **Verkehrsfähigkeit** von Forderungen. Sie ist nicht anzuwenden bei Abtretungsausschluss kraft Kontokorrentabrede; es bleibt bei § 399 Alt. 2 BGB.[59]

26 § 354a Abs. 1 S. 2 HGB modifiziert im Gegenzug zu Satz 1 den **Schuldnerschutz** und bestimmt, dass bei einem unter Satz 1 fallenden Abtretungsausschluss der Drittschuldner mit befreiender Wirkung an den Zedenten leisten kann. § 354a Abs. 1 S. 2 HGB enthält zwei Abweichungen von § 407 BGB. Der Drittschuldner kann erstens auch bei Kenntnis der Abtretung befreiend leisten; str. ist dabei, ob und unter welchen Voraussetzungen eine solche Leistung rechtsmissbräuchlich gegenüber dem Zessionar ist.[60] Der Drittschuldner hat zweitens kein Wahlrecht, ob er die erbrachte Leistung gelten lassen oder beim Zedenten kondizieren will.[61] Ferner erweitert die Norm die Möglichkeiten des Drittschuldners gegenüber § 406 BGB: er kann mit einer Forderung gegen den Zedenten aufrechnen, auch wenn dies gemäß § 406 BGB unwirksam wäre.[62] Andere Rechtsgeschäfte in Ansehung der Forderung kann der Drittschuldner ebenfalls über § 407 BGB hinaus in Kenntnis der Abtretung mit dem Zedenten vornehmen.[63] Der Zedent ist empfangszuständig, § 354a Abs. 1 S. 2 HGB gibt ihm aber kein Einziehungsrecht.[64]

27 Vereinbarungen, die von § 354a Abs. 1 S. 1, 2 HGB abweichen, sind unwirksam (§ 354a Abs. 1 S. 3 HGB). Entgegen dem Wortlaut von § 354a Abs. 1 S. 3 HGB soll jedoch eine Vereinbarung wirksam sein, die der Drittschuldner nach der Forderungsabtretung mit dem neuen Gläubiger trifft, und der zufolge Zahlungen nur an den neuen Gläubiger zu leisten sind.[65] Mit einer solchen Vereinbarung verzichte der Drittschuldner auf seine durch § 354a Abs. 1 S. 2 HGB eingeräumte Möglichkeit, schuldbefreiend an den bisherigen Gläubiger zu leisten.[66]

28 § 354a Abs. 1 HGB ist nicht anwendbar bei Forderungen aus Darlehensverträgen, deren **Gläubiger ein Kreditinstitut** im Sinne des KWG ist (§ 354a Abs. 2 HGB), also bei Darlehensauszahlungsforderungen (§ 488 Abs. 1 S. 1 BGB) kreditnehmender Banken und Darlehensrückzahlungsansprüchen (§ 488 Abs. 1 S. 2 BGB) kreditgebender Banken.

3. § 20 Abs. 1 Nr. 1 UmwG

29 § 399 Alt. 2 BGB ist auf die in § 20 Abs. 1 Nr. 1 UmwG für die Verschmelzung von Gesellschaften angeordnete Gesamtrechtsnachfolge nicht anwendbar.[67]

IV. Unpfändbarkeit (§ 400)

1. Unabtretbarkeit und Unpfändbarkeit

30 Die gesetzlichen Regelungen über die Abtretbarkeit und Pfändbarkeit von Forderungen sind rekursiv: eine Forderung kann zwingend (§ 134 BGB[68]) nicht abgetreten werden,

---

[58] Einzelheiten EBJS/*Wagner* HGB § 354a Rn. 9 f.
[59] → Rn. 21.
[60] Einzelheiten EBJS/*Wagner* HGB § 354a Rn. 15.
[61] EBJS/*Wagner* HGB § 354a Rn. 14.
[62] EBJS/*Wagner* HGB § 354a Rn. 17.
[63] EBJS/*Wagner* HGB § 354a Rn. 18.
[64] EBJS/*Wagner* HGB § 354a Rn. 13.
[65] BGH NJW 2018, 2254 mAnm *Oechsler* WuB 2018, 392; *Jost* LMK 2018, 408014; BGHZ 178, 315 = NJW 2009, 438 mAnm *Vollborth* WuB IV E. § 354a HGB 1.09; *Lange* LMK 2009, 276661.
[66] BGH NJW 2018, 2254 mAnm *Oechsler* WuB 2018, 392; *Jost* LMK 2018, 408014; BGHZ 178, 315 = NJW 2009, 438 mAnm *Vollborth* WuB IV E. § 354a HGB 1.09; *Lange* LMK 2009, 276661.
[67] BGH NJW 2017, 71 mAnm *Gerner* LMK 384204: *Fuchs/Thilo* WuB 2017, 206.
[68] BGH NJW 1997, 2823; BAG NJW 2001, 1443.

soweit sie nach Forderungsumfang, Person des Vollstreckungsgläubigers und Zeitraum[69] nicht pfändbar ist (§ 400 BGB), indessen sie nur pfändbar ist, soweit sie abtretbar ist (§ 851 Abs. 1 ZPO). Unabtretbarkeit gemäß § 399 BGB hindert die Pfändung nur beschränkt (§ 851 Abs. 2 ZPO). Im Übrigen richtet die Pfändbarkeit von Forderungen sich nach den §§ 850–852 ZPO und spezialgesetzlichen Vollstreckungsvorschriften, zB § 53 SGB I. S. ferner § 377 BGB. Die Pfändbarkeit kann nicht durch Vereinbarung zwischen Forderungsgläubiger und -schuldner beschränkt oder ausgeschlossen werden,[70] durchaus aber durch Vollstreckungsvereinbarung mit einem Gläubiger des Forderungsgläubigers. Andere Vollstreckungsgläubiger können dann aber pfänden, § 400 BGB gilt nicht.

2. Restriktionen

§ 400 BGB schützt den Drittschuldner auch gegen seinen Willen davor, durch Zession Ansprüche auf Leistungen zu verlieren, die er nach der Wertung der Pfändungsschutznormen für seinen Lebensunterhalt benötigt; er soll sich und seinen Unterhaltsgläubigern nicht selbst die Lebensgrundlage entziehen können, um dann staatlicher Fürsorge anheimzufallen.[71] § 400 BGB ist in diesem Sinne teleologisch zu reduzieren. Die Norm ist nicht anzuwenden, wenn die Lebensgrundlage dadurch gesichert ist, dass der bedürftige Zedent im Gegenzug zur Zession eine wirtschaftlich gleichwertige Leistung erlangt.[72] § 400 BGB ist auch nicht anzuwenden, wenn das Pfändungsverbot nicht auf sozialfürsorglicher Intention beruht,[73] zB §§ 852, 865 Abs. 2 S. 2 ZPO, § 89 InsO. 31

Pfändungsverbote sind wegen des verfassungskräftigen Vollstreckungsanspruchs und des Eigentumsgrundrechts des Vollstreckungsgläubigers restriktiv auszulegen.[74] 32

3. Einziehungsermächtigung

§ 400 BGB gilt entsprechend für die Erteilung einer Einziehungsermächtigung.[75] 33

V. Weitere Fälle

Weitere Abtretungsausschlüsse enthalten zB §§ 38 S. 1, 473 S. 1, 613 S. 2, 664 Abs. 2, 717, 1092 Abs. 1 S. 1 BGB, § 2 S. 1 ProstG, § 11 Abs. 1 RAVG (BW). § 473 Abs. 1 S. 1 BGB gilt nicht für das Wiederkaufsrecht, das grundsätzlich übertragbar ist.[76] 34

§ 401 Übergang der Neben- und Vorzugsrechte

(1) **Mit der abgetretenen Forderung gehen die Hypotheken, Schiffshypotheken oder Pfandrechte, die für sie bestehen, sowie die Rechte aus einer für sie bestellten Bürgschaft auf den neuen Gläubiger über.**

(2) **Ein mit der Forderung für den Fall der Zwangsvollstreckung oder des Insolvenzverfahrens verbundenes Vorzugsrecht kann auch der neue Gläubiger geltend machen.**

---

[69] MüKoBGB/*Roth/Kieninger* § 400 Rn. 4.
[70] MüKoBGB/*Roth/Kieninger* § 400 Rn. 3.
[71] BGHZ 125, 116 = NJW 1994, 1057; BAG NJW 2001, 1443.
[72] BGHZ 127, 354 = NJW 1995, 323; BAG NJW 2001, 1443. Einzelheiten MüKoBGB/*Roth/Kieninger* § 400 Rn. 7; Staudinger/*Busche* § 400 Rn. 11 ff.
[73] BGHZ 125, 116 = NJW 1994, 1057.
[74] BGHZ 160, 197 = NJW 2004, 3770.
[75] MüKoBGB/*Roth/Kieninger* § 400 Rn. 3; Staudinger/*Busche* § 400 Rn. 7.
[76] BGH NJW-RR 1991, 526.

Übersicht

I. Allgemeines

1 Kraft Gesetzes (§ 401 BGB) erwirbt der Zessionar die zur Zeit der Abtretung, bei Vorauszession zur Zeit der Forderungsentstehung,[1] bestehenden akzessorischen Sicherungsrechte (Abs. 1), und kann er Vorzugsrechte in Vollstreckung und Insolvenz geltend machen (Abs. 2). Eine akzessorische Sicherheit, die der Zedent danach erwirbt, zB wenn ihm eine Bürgschaft für eine zedierte Forderung erteilt wird, geht auf den Zessionar über, wenn die Zession dies vorsieht,[2] andernfalls entsteht trotz Akzessorietät eine isolierte Sicherheit. Möglich ist auch, dass dem Zedenten eine Sicherheit zu Gunsten des Zessionars bestellt wird, so dass es keines Übergangs bedarf.[3] § 401 BGB kann grundsätzlich – Ausnahme § 1153 Abs. 1 BGB, Gegenausnahme § 1159 BGB – abbedungen werden.[4]

II. Nebenrechte (Abs. 1)

1. Grundpfandrechte

2 Mit der Zession geht eine **Hypothek** (§ 1113 BGB), auch eine Sicherungs-, Höchstbetrags- (§§ 1184, 1190 BGB),[5] Zwangs- oder Arresthypothek (§§ 867, 932 ZPO) zwingend auf den Zessionar über (§ 1153 Abs. 1 BGB, Ausnahme § 1159 BGB).

3 **Grundschulden** (§ 1191 BGB) sind nicht akzessorisch und daher keine Nebenrechte des § 401 Abs. 1 BGB,[6] auch § 1153 Abs. 1 BGB gilt nicht.[7] Sie müssen separat übertragen (§§ 1192 Abs. 1, 1154 BGB) werden. Dazu kann der Zedent dem Zessionar verpflichtet sein.[8]

2. Pfandrechte

4 Pfandrechte (§§ 1204, 1273 BGB) gehen mit über (§§ 401 Abs. 1, 1250 Abs. 1 S. 1 BGB, Folgen § 1251 BGB), auch gesetzliche Pfandrechte und Pfändungspfandrechte (§ 804 ZPO),[9] ferner Registerpfandrechte an Luftfahrzeugen (§ 98 LuftFzgG). Der Übergang kann bei der Abtretung zwischen Zedent und Zessionar oder vor der Zession zwischen Pfandbesteller und Pfandgläubiger ausgeschlossen werden; das Pfandrecht bleibt dann aber nicht beim Zedenten, sondern erlischt zwingend (§ 1250 Abs. 2 BGB).[10]

---

[1] MüKoBGB/*Roth/Kieninger* § 401 Rn. 1.
[2] BGH NJW 2002, 3461.
[3] BGH NJW 2003, 2231; 2001, 3327.
[4] BGHZ 115, 177 = NJW 1991, 3025; *Ganter* FS Lwowski S. 187 (189).
[5] BGH WM 1966, 1259.
[6] BGH NJW 2001, 2327; BGHZ 110, 41 = NJW 1990, 903; 80, 228 = NJW 1981, 1554; BGH NJW 1974, 100. **AA** OLG Koblenz WM 2018, 1128.
[7] → BGB § 1153 Rn. 2.
[8] → BGB § 1191 Rn. 7.
[9] MüKoBGB/*Roth/Kieninger* § 401 Rn. 4; Staudinger/*Busche* § 401 Rn. 17.
[10] MüKoBGB/*Roth/Kieninger* § 401 Rn. 4.

3. Bürgschaft

Rechte aus einer Bürgschaft (§ 765 BGB) gehen über. § 401 Abs. 1 BGB kann insoweit durch Vereinbarung zwischen Zedent und Zessionar der Hauptforderung oder Bürge und Gläubiger der Hauptforderung abbedungen werden. Die Zession der Hauptforderung ohne die Bürgschaftsrechte lässt die Bürgschaft erlöschen.[11] Allerdings wirkt ein zwischen Bürge und Gläubiger vereinbarter Ausschluss des Übergangs entsprechend § 405 BGB nicht gegenüber einem gutgläubigen Zessionar, wenn bei der Abtretung der Hauptforderung eine Bürgschaftsurkunde vorgelegt wird, aus der sich der Ausschluss nicht ergibt.[12] 5

Mit einer Bürgschaft **auf erstes Anfordern** geht auch das Recht, die zur Fälligstellung der Bürgschaft erforderlichen Erklärungen abzugeben, auf den Zessionar über.[13] 6

Eine Bürgschaft für alle bestehenden und künftigen Verbindlichkeiten aus einer Geschäftsverbindung **(Globalbürgschaft)**[14] erstreckt sich nicht nach § 401 BGB auf Forderungen, die der Zessionar durch eigene Kreditgewährung erwirbt. Anders ist es bei Universalsukzession.[15] Bei Übernahme der Bürgschaft kann aber vereinbart werden, sie solle bei einem Gläubigerwechsel auch für solche Forderungen gelten (§ 328 BGB).[16] 7

4. Entsprechende Anwendung

Entsprechend § 401 BGB gehen **unselbständige Sicherungs- und Hilfsrechte,** die zur Durchsetzung der zedierten Forderung erforderlich sind, auf den Zessionar über.[17] Dazu gehören **Auskunfts- oder Rechnungslegungsansprüche,** denen lediglich Hilfsfunktion gegenüber einem abgetretenen Zahlungsanspruch zukommt,[18] der Anspruch des Verkäufers gegen den **Notar** auf Auszahlung des auf Anderkonto gezahlten Kaufpreises,[19] sowie Ansprüche aus den §§ 402 f. BGB gegen einen **früheren Zedenten.**[20] 8

Entsprechend § 401 BGB geht eine **Vormerkung** (§ 883 BGB) auf den Zessionar über.[21] 9

§ 401 BGB ist auf eine sichernde **Schuldmitübernahme**[22] und eine **Erfüllungsübernahme**[23] entsprechend anzuwenden. 10

Ansprüche darauf, dass **Sicherheiten** bestellt werden (§§ 650e, 650f, 843 Abs. 2 S. 2 BGB) gehen entsprechend § 401 BGB über.[24] 11

Vertragsstrafen (§ 339 BGB), die bereits verwirkt sind, können entsprechend § 401 BGB übergehen, noch nicht verwirkte Vertragsstrafen entstehen unmittelbar beim Zessionar.[25] 12

Bei der Abtretung eines Rechts, mit dem eine **Schiedsvereinbarung** (§ 1029 ZPO) verbunden ist, gehen nach dem Rechtsgedanken des § 401 BGB grundsätzlich auch die Rechte und Pflichten aus der Schiedsvereinbarung auf den Zessionar über; die Abtretung bedarf nicht der Form des § 1031 ZPO.[26] 13

SEPA-Lastschriftmandate gehen nicht automatisch auf den Zessionar über.[27] 14

---

[11] BGHZ 151, 236 = NJW 2002, 3170; 115, 177 = NJW 1991, 3025.
[12] IErg ebenso MüKoBGB/*Roth/Kieninger* § 401 Rn. 5; Staudinger/*Busche* § 401 Rn. 19.
[13] BGH NJW 1987, 2075.
[14] Eine AGB-Globalbürgschaft für eine bankmäßige Geschäftsverbindung ist grds. auch gegenüber Kaufleuten unwirksam, BGH NJW 1998, 3708.
[15] BGHZ 77, 167 = NJW 1980, 1841.
[16] BGHZ 26, 142 = NJW 1958, 217.
[17] BGHZ 138, 179 = NJW 1998, 2134.
[18] BGH NJW-RR 2003, 1555; WM 2000, 2555.
[19] BGHZ 138, 179 = NJW 1998, 2134.
[20] Staudinger/*Busche* § 401 Rn. 33; § 402 Rn. 5.
[21] BGH NJW 1994, 2947.
[22] BGH NJW 2000, 575.
[23] MüKoBGB/*Roth/Kieninger* § 401 Rn. 9; Staudinger/*Busche* § 401 Rn. 31.
[24] MüKoBGB/*Roth/Kieninger* § 401 Rn. 9; Staudinger/*Busche* § 401 Rn. 29.
[25] MüKoBGB/*Roth/Kieninger* § 401 Rn. 9; Staudinger/*Busche* § 401 Rn. 32.
[26] BGHZ 71, 162 = NJW 1978, 1585.
[27] *Haertlein/Thümmler* WM 2008, 2137 (2144); BeckOGK/*Lieder* BGB § 401 Rn. 40.2.

5. Nicht forderungsgebundene Sicherungsrechte

15 Nichtakzessorische Sicherungsrechte – **Sicherungsgrundschuld,**[28] **Sicherungs- und Vorbehaltseigentum, sicherungszedierte Forderung,**[29] **Garantie** – gehen nicht gemäß oder entsprechend § 401 Abs. 1 BGB über, sondern müssen separat übertragen werden.[30] Str. ist, ob der Zedent grundsätzlich verpflichtet ist, dem Zessionar das Sicherungsrecht zu übertragen,[31] oder ob der Zedent das Sicherungsrecht im Sicherungsfall für den Zessionar verwerten muss.[32] Werden fiduziarische Sicherheiten auf den Zessionar übertragen, übernimmt der Erwerber damit nicht ohne Weiteres konkludent die Verpflichtungen des Zedenten aus der Sicherungsabrede.[33]

III. Vorzugsrechte (Abs. 2)

16 Vorzugsrechte im Sinne des § 401 Abs. 2 BGB sind insbesondere diejenigen aus §§ 804 Abs. 2, 850d ZPO, §§ 49–51 InsO, § 10 ZVG, §§ 32 f. DepotG.[34]

§ 402 Auskunftspflicht; Urkundenauslieferung

Der bisherige Gläubiger ist verpflichtet, dem neuen Gläubiger die zur Geltendmachung der Forderung nötige Auskunft zu erteilen und ihm die zum Beweis der Forderung dienenden Urkunden, soweit sie sich in seinem Besitz befinden, auszuliefern.

§ 403 Pflicht zur Beurkundung

[1]Der bisherige Gläubiger hat dem neuen Gläubiger auf Verlangen eine öffentlich beglaubigte Urkunde über die Abtretung auszustellen. [2]Die Kosten hat der neue Gläubiger zu tragen und vorzuschießen.

Übersicht

I. Allgemeines

1 Die §§ 402 f. BGB regeln nicht Zessionsvoraussetzungen und -folgen, sondern enthalten **schuldrechtliche Ansprüche** des Zessionars gegen den Zedenten, die im **Grundverhältnis der Abtretung** wurzeln[1] – bei Verletzung § 280 Abs. 1 BGB – und der Durchsetz-

---

[28] → Rn. 3.
[29] BGH NJW-RR 1986, 1182; *Ganter* in FS Lwowski S. 187 (189).
[30] MüKoBGB/*Roth/Kieninger* § 401 Rn. 14 f.; Staudinger/*Busche* § 401 Rn. 37 f., 42. **AA** betreffend Sicherungseigentum *Heinemeyer,* Der Grundsatz der Akzessorietät bei Kreditsicherungsrechten, S. 290 ff.
[31] Dafür BGHZ 42, 53 = NJW 1964, 1788; Staudinger/*Busche* § 401 Rn. 39. Zur Grundschuld → BGB § 1191 Rn. 7.
[32] MüKoBGB/*Roth/Kieninger* § 401 Rn. 14.
[33] BGH NJW 1997, 461.
[34] MüKoBGB/*Roth/Kieninger* § 401 Rn. 16; Staudinger/*Busche* § 401 Rn. 25.
[1] BGH NJW-RR 1989, 467.

barkeit des zedierten Anspruchs dienen. Die Ansprüche entfallen, wenn das Grundverhältnis unwirksam ist,[2] und sie können vertraglich **abbedungen** oder **erweitert** werden, zB auf Beratung oder die Pflicht des Zedenten, sich Urkunden zu verschaffen.[3] Der Ausschluss der Rechte aus § 402 BGB kommt insbesondere in Betracht, wenn der Zedent dem Drittschuldner zu Verschwiegenheit verpflichtet ist.[4] Freilich wird dann in der Regel nichts anderes übrigbleiben, als dass der Zedent die Forderung für den Zessionar einzieht.[5]

Eine Leistung, die eine **Legalzession** auslöst, braucht nur **Zug um Zug** gegen die Leistungen gemäß §§ 402 f., 412 BGB erbracht zu werden (§ 273 BGB) [6] Bei **Überweisung** gilt § 836 Abs. 3 ZPO. 2

II. Auskunft und Urkundenauslieferung (§ 402)

1. Auskunft

Die zur Geltendmachung der Forderung nötige Auskunft betrifft alle Umstände über Entstehung, Bestand und Durchsetzbarkeit der **Forderung,**[7] ferner über **Gestaltungsrechte** sowie Umstände, die für die Sicherung und **Durchsetzung** der Forderung von Bedeutung sind,[8] zB solche über die Vermögenslage des Drittschuldners, die einen Arrest oder unverzügliche Vollstreckung nahelegen. Der Zedent hat die Auskünfte grundsätzlich erst auf **Aufforderung** zu erteilen. **Unaufgefordert** sind Umstände mitzuteilen bei Gefahr im Verzug und wenn der Zedent nach Auskunftserteilung weitere Tatsachen erfährt, zB solche zu § 407 BGB. Der Auskunftsanspruch setzt nicht voraus, dass zwischen dem Zessionar und dem Drittschuldner Streit über Bestand oder Höhe der Forderung herrscht.[9] § 402 BGB verpflichtet den Zedenten nicht zur **Informationsbeschaffung** und nicht zur **Beratung.** Bei **Mehrfachabtretung** richtet sich der Auskunftsanspruch des Letztzessionars gegen alle Vorzedenten.[10] Wenn ein Vorzedent den Anspruch gegenüber einem Zwischenzessionar erfüllt hat, wirkt diese Erfüllung auch gegen alle Nachzessionare. 3

2. Urkundenauslieferung

Gemäß § 402 BGB sind die zum Beweis der Forderung dienenden (geeigneten) Urkunden auszuliefern, zB Schuldurkunden, Verträge, Quittungen, Abnahmeprotokolle,[11] Korrespondenz, Prozessunterlagen, Vollstreckungstitel, nicht aber Bankkarten.[12] Daneben kann ein Anspruch aus §§ 985, 952 BGB bestehen. Zessionsurkunden regelt § 403 BGB. 4

Der Anspruch auf Herausgabe von Urkunden setzt kein besonderes Interesse des Zessionars voraus.[13] Anspruchsvoraussetzung ist aber, dass die betreffende Urkunde sich im Besitz des Zedenten befindet. § 402 BGB verpflichtet den Zedenten nicht dazu, sich Urkunden zu verschaffen. 5

---

[2] MüKoBGB/*Roth/Kieninger* § 402 Rn. 2; Staudinger/*Busche* § 402 Rn. 1.
[3] MüKoBGB/*Roth/Kieninger* § 402 Rn. 2; Staudinger/*Busche* § 402 Rn. 7.
[4] → BGB §§ 399, 400 Rn. 9, 12.
[5] BGH BKR 2019, 564 mAnm *Deppenkemper* LMK 2019, 422550; *Kamm/Kropf* BKR 2019, 569; *Piekenbrock* WuB 2019, 523.
[6] MüKoBGB/*Roth/Kieninger* § 402 Rn. 3.
[7] MüKoBGB/*Roth/Kieninger* § 402 Rn. 5; Staudinger/*Busche* § 402 Rn. 9. Restriktiv BGH NJW 2000, 3777.
[8] MüKoBGB/*Roth/Kieninger* § 402 Rn. 5.
[9] BGH BKR 2019, 564 mAnm *Deppenkemper* LMK 2019, 422550; *Kamm/Kropf* BKR 2019, 569; *Piekenbrock* WuB 2019, 523.
[10] BGH BKR 2019, 564 mAnm *Deppenkemper* LMK 2019, 422550; *Kamm/Kropf* BKR 2019, 569; *Piekenbrock* WuB 2019, 523.
[11] BGH NJW-RR 1989, 467.
[12] BGH NJW 2003, 1256 betreffend § 836 Abs. 3 S. 1 ZPO.
[13] BGH BKR 2019, 564 mAnm *Deppenkemper* LMK 2019, 422550; *Kamm/Kropf* BKR 2019, 569; *Piekenbrock* WuB 2019, 523.

6 Der Anspruch aus § 402 BGB richtet sich grundsätzlich auf Besitz- und Eigentumsverschaffung.[14] Benötigt der Zedent eine Urkunde selbst noch, zB bei einer Forderung aus gegenseitigem Vertrag oder Teilabtretung, ist zeitweilige Besitzüberlassung geschuldet.[15]

III. Beurkundung (§ 403)

7 § 403 BGB ermöglicht es dem Zessionar, den Anforderungen des § 410 Abs. 1 BGB nachzukommen (s. ferner § 409 BGB).

8 Der Zedent hat dem Zessionar auf Verlangen eine Abtretungsurkunde in öffentlich beglaubigter Form (§ 129 BGB) auszustellen (§ 403 S. 1 BGB), es sei denn, bereits die Zession wurde in dieser Form vollzogen und der Zessionar besitzt eine Abtretungsurkunde.[16]

9 Aus der Urkunde müssen die Forderung, Zedent und Zessionar, der Drittschuldner und der Abtretungstatbestand eindeutig hervorgehen.

10 Kosten hat der Zessionar zu tragen und vorzuschießen (§ 403 S. 2 BGB). Bis Kostenvorschuss geleistet ist, hat der Zedent ein Zurückbehaltungsrecht (§ 273 BGB).[17] Der Kostenanspruch besteht nicht bei unverlangter Beurkundung.[18]

Vorbemerkung vor §§ 404 bis 411 Zessionsrechtlicher Schuldnerschutz

Übersicht

1 Die Abtretung kann über den Kopf des Drittschuldners hinweg vorgenommen werden. Damit kommt das Gesetz dem Verkehrsbedürfnis nach Umlauffähigkeit von Forderungen nach, der Drittschuldner vermag aber seine Interessen nicht zu wahren. Die gebotene Berücksichtigung der Schuldnerinteressen stellt der zessionsrechtliche Schuldnerschutz her.

1. Gesetzlicher Schuldnerschutz (§§ 404 bis 411)

2 Gesetzlicher Schuldnerschutz ist in den §§ 404–411 BGB ausgeprägt. Die Normen unterscheiden nicht zwischen vertraglichen und gesetzlichen Forderungen. Leitbild ist die Abtretung vertraglich begründeter Forderungen, die stärker in rechtlich geschützte Interessen des Schuldners eingreift als die Zession gesetzlicher Forderungen.[19] Der gesetzliche Schuldnerschutz betrifft mehrere Komplexe.

3 **a) Einwendungen.** Der Drittschuldner behält alle **Einwendungen,** die zur Zeit der Abtretung gegen den Zedenten begründet waren (§ 404 BGB), ferner kann der Drittschuldner dem Zessionar Einwendungen entgegensetzen, die zur Zeit der Zession zwar noch nicht bestanden, deren Rechtsgrund aber im Schuldverhältnis zum Zedenten angelegt war. Speziell geregelt ist die **Aufrechnung** (§ 406 BGB). Der Drittschuldner kann mit einer Forderung gegen den Zedenten auch gegenüber dem Zessionar aufrechnen, es sei

---

[14] MüKoBGB/*Roth/Kieninger* § 402 Rn. 7.
[15] Staudinger/*Busche* § 402 Rn. 19.
[16] MüKoBGB/*Roth/Kieninger* § 403 Rn. 1.
[17] MüKoBGB/*Roth/Kieninger* § 403 Rn. 4.
[18] MüKoBGB/*Roth/Kieninger* § 403 Rn. 4.
[19] Nörr/Scheyhing/Pöggeler/*Nörr* Sukzessionen § 1.

denn, er habe nie auf eine Aufrechnungslage gegenüber dem Zedenten vertrauen oder sich nicht auf die Aufrechnungsmöglichkeit verlassen dürfen.

b) Unklarheit über den Gläubiger. Der Drittschuldner wird vor misslichen Folgen bewahrt, wenn ihm die **Zession nicht oder falsch angezeigt** wurde. Er kann befreiend an den Zedenten leisten, und forderungsbezogene Rechtsgeschäfte mit dem Zedenten wirken auch gegenüber dem Zessionar, wenn der Drittschuldner die Zession nicht kannte (§ 407 Abs. 1 BGB). Der Drittschuldner kann sich allerdings vom Schutz distanzieren und eine dem Zedenten erbrachte Erfüllungsleistung zurückfordern, zB um gegen die zedierte Forderung aufzurechnen.[20] Auch an einem Rechtsgeschäft mit dem Zedenten muss ein Drittschuldner sich vom Zessionar nicht festhalten lassen, zB an einer Stundungsvereinbarung, die im Gegenzug zu einer Sicherheitsleistung verpflichtet.[21] Lässt der Drittschuldner sich umgekehrt auf einen scheinbaren Neugläubiger ein, dann wirken Leistungen und Rechtsgeschäfte unter den Voraussetzungen der §§ 408 Abs. 1, 409 BGB gegenüber dem wahren Gläubiger, und zwar wieder nach Wahl des Drittschuldners.[22] Schließlich kann der Drittschuldner die Geltendmachung der Forderung durch einen Zessionar zurückweisen, solange ihm nicht der Zedent die Zession schriftlich angezeigt hat, oder der Zessionar eine vom Zedenten ausgestellte Abtretungsurkunde aushändigt (§ 410 BGB). Hat dagegen der Zedent die Zession schriftlich bestätigt, kann der Drittschuldner sich auf den Zessionar einlassen (§ 409 BGB), selbst, wenn er die Unwirksamkeit der Zession kennt.[23] 4

c) Prozessrecht. Der Schuldnerschutz hat auch eine **prozessuale Seite.** Klagt der Zedent nach der Zession aus eigenem Recht gegen den Drittschuldner, dem die Abtretung unbekannt ist, und wird dieser rechtskräftig verurteilt, dann ist dies zwar kein Fall des § 407 Abs. 2 BGB.[24] Solange aber der Drittschuldner nicht von der Abtretung erfahren hat, befreit ihn eine Leistung an den Titelgläubiger auch gegenüber dem Zessionar (§ 407 Abs. 1 BGB). Erlangt er jedoch vor der Leistung von der Zession Kenntnis, verliert er diesen Schutz und ist **doppelter Inanspruchnahme** ausgesetzt – aus dem Titel des Zedenten und aus der Forderung des Zessionars. In der Literatur wird dazu die Meinung vertreten, das rechtskräftige Urteil begründe eine Einwendung gegen den Zessionar (§ 404 BGB),[25] oder der Verlust des Schuldnerschutzes sei eine Einwendung gegen den titulierten Anspruch, die mit der Vollstreckungsgegenklage (§ 767 ZPO) zur Geltung zu bringen ist.[26] Nach Auffassung des **BGH**[27] ist hingegen in solchen Fällen die Vollstreckungsgegenklage unstatthaft, der Drittschuldner könne vielmehr schuldbefreiend **hinterlegen.** Dies ist zweifelhaft. Hinterlegung ist bei Ungewissheit über die Person des Gläubigers zulässig (§ 372 S. 2 BGB), aber nicht bei drohender doppelter Inanspruchnahme.[28] 5

2. Ergänzender Schuldnerschutz

Die §§ 404–411 BGB werden ergänzt durch den Rechtsgedanken des **favor debitoris,** der rechtsfortbildendem Schuldnerschutz zugrunde liegt. Der Drittschuldner hat zwar 6

[20] BGHZ 145, 352 = NJW 2001, 23; 102, 68 = NJW 1988, 700; 52, 150 = NJW 1969, 1479; BeckOGK/*Lieder* BGB § 407 Rn. 33 ff.; MüKoBGB/*Roth/Kieninger* § 407 Rn. 10 f.; Nörr/Scheyhing/Pöggeler/*Scheyhing/Nörr* Sukzessionen § 7 I 3. **AA** OLG Dresden NJW-RR 1994, 444; *Karst* MDR 1995, 559; *Stamm* NJW 2016, 2369 (2370); Staudinger/*Busche* § 407 Rn. 8.

[21] *v. Olshausen* Gläubigerrecht und Schuldnerschutz bei Forderungsübergang und Regress S. 33.

[22] Bei § 408 Abs. 1 BGB entspr. § 407 BGB. Zu § 409 BGB BGHZ 64, 117 = NJW 1975, 1160; MüKoBGB/*Roth/Kieninger* § 409 Rn. 11; BeckOGK/*Lieder* BGB § 409 Rn. 52; Nörr/Scheyhing/Pöggeler/*Scheyhing/Nörr* Sukzessionen § 7 IV 4d.

[23] Nörr/Scheyhing/Pöggeler/*Scheyhing/Nörr* Sukzessionen § 7 IV 4c. Differenzierend MüKoBGB/*Roth/Kieninger* § 409 Rn. 12.

[24] BGHZ 52, 150 = NJW 1969, 1479. → BGB § 408 Rn. 23.

[25] Nörr/Scheyhing/Pöggeler/*Scheyhing/Nörr* Sukzessionen § 7 I 6.

[26] MüKoBGB/*Roth/Kieninger* § 407 Rn. 23 ff.; Wieczorek/Schütze/*Salzmann* ZPO § 767 Rn. 54.

[27] BGHZ 145, 352 = NJW 2001, 23.

[28] *Münzberg* ZZP 114 (2001), 229 (231); *Schilken* LM ZPO § 767 Nr. 105.

tatsächliche Unannehmlichkeiten infolge des Gläubigerwechsels hinzunehmen,[29] zB einen drängenderen Gläubiger oder zusätzlichen Verwaltungsaufwand, er ist aber vor zessionsbedingten **Rechtsnachteilen** zu bewahren, auch über den gesetzlich ausgeprägten Schuldnerschutz hinaus.[30] Die verbreitete Auffassung, die Rechtsstellung des Drittschuldners dürfe durch die Zession überhaupt nicht verschlechtert werden, ihm sei umfassendster Schutz gegen zessionsbedingte Rechtsnachteile zu gewähren,[31] widerspricht indes der gesetzlichen Konzeption des Schuldnerschutzes, der zwar weitreichend ist, aber nicht lückenlos.[32] Es ist nicht geboten, den Drittschuldner rechtsfortbildend schlechthin vor zessionsbedingten Rechtsnachteilen zu bewahren. Vielmehr ist der favor debitoris anhand der **Grundgedanken der §§ 404–411 BGB** zu konkretisieren. § 404 BGB gewährt **Bestandsschutz** für Verteidigungsmittel, die §§ 406–408 BGB geben **Vertrauensschutz,** die §§ 409, 410 BGB verschaffen dem Drittschuldner **Klarheit.** Schließlich kommt in den Wahlmöglichkeiten der §§ 407–409 BGB und in § 354a Abs. 1 S. 2 HGB eine **Meistbegünstigung** des Drittschuldners zum Ausdruck. Für die Rechtsfortbildung kommt es darauf an, welche Regelungen diesen gesetzlichen Zwecken entsprechen.

§ 404 Einwendungen des Schuldners

Der Schuldner kann dem neuen Gläubiger die Einwendungen entgegensetzen, die zur Zeit der Abtretung der Forderung gegen den bisherigen Gläubiger begründet waren.

§ 405 Abtretung unter Urkundenvorlegung

Hat der Schuldner eine Urkunde über die Schuld ausgestellt, so kann er sich, wenn die Forderung unter Vorlegung der Urkunde abgetreten wird, dem neuen Gläubiger gegenüber nicht darauf berufen, dass die Eingehung oder Anerkennung des Schuldverhältnisses nur zum Schein erfolgt oder dass die Abtretung durch Vereinbarung mit dem ursprünglichen Gläubiger ausgeschlossen sei, es sei denn, dass der neue Gläubiger bei der Abtretung den Sachverhalt kannte oder kennen musste.

§ 406 Aufrechnung gegenüber dem neuen Gläubiger

Der Schuldner kann eine ihm gegen den bisherigen Gläubiger zustehende Forderung auch dem neuen Gläubiger gegenüber aufrechnen, es sei denn, dass er bei dem Erwerb der Forderung von der Abtretung Kenntnis hatte oder dass die Forderung erst nach der Erlangung der Kenntnis und später als die abgetretene Forderung fällig geworden ist.

Übersicht

---

[29] Nörr/Scheyhing/Pöggeler/*Nörr* Sukzessionen § 4 III 3a; Staudinger/*Busche* Einl. §§ 398 ff. Rn. 45.

[30] Nörr/Scheyhing/Pöggeler/*Nörr* Sukzessionen § 4 I, III 3.

[31] BGHZ 167, 337 = NJW 2006, 2845; BGH NJW 2006, 219; BGHZ 63, 338 = NJW 1975, 1022; 58, 327 = NJW 1972, 1193; 19, 153 = NJW 1956, 257; MüKoBGB/*Roth/Kieninger* § 404 Rn. 1; Nörr/Scheyhing/Pöggeler/*Nörr* Sukzessionen § 4 I, III 3.

[32] *Haertlein* JuS 2007, 1073 (1075 f.); BeckOGK/*Lieder* BGB § 404 Rn. 4.1.

I. Allgemeines

§ 404 BGB erhält dem Drittschuldner **Einwendungen** sehr weitreichend und verschafft seiner Rechtsposition damit Bestandsschutz gegen den oktroyierten Gläubigerwechsel; Einschränkungen enthalten § 405 BGB und das Wertpapierrecht. § 404 BGB ist nicht zwingend. Der Drittschuldner kann – gegenüber Zedent oder Zessionar,[1] vertraglich oder einseitig – auf Einwendungen verzichten, außer bei § 496 Abs. 1 BGB. 1

Einwendungen, die nach der Zession allein aus dem Schuldverhältnis des Drittschuldners zum Zessionar resultieren, zB Rechtsmissbrauch durch den Zessionar,[2] kann der Drittschuldner gegen diesen selbstverständlich erheben, sie fallen nicht unter § 404 BGB. 2

§ 405 BGB schließt bei urkundlichem **Rechtsschein** die Einwendung des § 117 BGB aus und ermöglicht einen Gläubigerwechsel bei Vinkulierung (§ 399 Alt. 2 BGB). 3

§ 406 BGB lässt grundsätzlich auch nach der Zession die **Aufrechnung** mit einer gegen den Zedenten gerichteten Forderung zu. 4

II. Einwendungen des Schuldners (§ 404)

1. Einwendungen

Einwendungen im Sinne des § 404 BGB sind alle Verteidigungsmöglichkeiten gegen die zedierte Forderung (Einreden des Prozessrechts), also rechtshindernde und -vernichtende Einwendungen sowie dauernde und vorübergehende Leistungsverweigerungsrechte (Einreden des materiellen Rechts).[3] Die Schiedseinrede (§ 1032 ZPO) bleibt dem Drittschuldner entsprechend § 401 BGB erhalten.[4] 5

a) Rechtshindernde Einwendungen. aa) Grundsatz. Besteht eine rechtshindernde Einwendung, zB §§ 105, 117, 118, 125, 134, 138, 307 ff. BGB, dann ist die zu zedierende Forderung nie entstanden, sie konnte daher nicht auf den Zessionar übergehen. Die Gegenstandslosigkeit der Zession kann der Drittschuldner, der in Wirklichkeit keiner ist, geltend machen. Eine Ausnahme gilt in den Fällen des § 405 BGB für § 117 BGB. 6

[1] Zur Abtretungsbestätigung → BGB § 398 Rn. 21.
[2] BGH NJW 2001, 1859.
[3] BGHZ 31, 148 = NJW 1960, 241.
[4] → BGB § 401 Rn. 13.

7 **bb) Gesellschaftsvertragliche Haftungsbeschränkungen.** Haftungsbeschränkungen, die sich im Verhältnis der Gesellschafter untereinander aus dem Gesellschaftsvertrag ergeben, muss sich auch ein Zessionar, der nicht Mitgesellschafter ist, entgegenhalten lassen.[5]

8 **b) Rechtsvernichtende Einwendungen.** Unter § 404 BGB fallen unter anderem die Erfüllung, ihre Surrogate (§§ 362, 363, 378, 389 BGB) und folgende weitere rechtsvernichtende Einwendungen.

9 **aa) Gestaltungsrechte.** Einwendungen aus der Ausübung von Gestaltungsrechten – Anfechtung (§ 142 Abs. 1 BGB), Rücktritt,[6] Kündigung,[7] Widerruf (§ 355 BGB), Aufrechnung (§ 389 BGB), Minderung (§ 441 BGB) – kann der Drittschuldner dem Zessionar entgegenhalten. Grundsätzlich gibt die Möglichkeit zur Rechtsvernichtung keine Einrede; der Drittschuldner ist gehalten, sein Gestaltungsrecht auszuüben – dazu ist er auch noch nach der Zession berechtigt,[8] zur Aufrechnung § 406 BGB – oder zu leisten und gegebenenfalls später zu kondizieren. Anders ist es nur, wenn und solange er an der Ausübung aus tatsächlichen, nicht in seiner Person liegenden Gründen gehindert ist, zB bei unbekanntem oder unauffindbarem Erklärungsgegner (§§ 143, 349 BGB).[9]

10 **bb) Leistungsstörungen.** Die Befreiung von der Gegenleistung gemäß § 326 BGB kann der Drittschuldner dem Zessionar gegenüber ebenso einwenden wie Anspruchskürzungen, die infolge Verrechnung bei Schadensersatzansprüchen gemäß § 281 BGB entstehen.[10]

11 **cc) Ausschlussfristen.** Bei tarifvertraglichen Ausschlussfristen wirkt der Teil der Frist, der zur Zeit der Zession abgelaufen war, auch gegen den Zessionar, die Frist beginnt nicht mit der Zession neu zu laufen. Andererseits kommt es dem Zessionar zugute, wenn der Zedent die Forderung vor der Zession fristwahrend geltend gemacht hat, der Zessionar muss die Frist nicht erneut einhalten. Bei fristwahrender prozessualer Geltendmachung des Anspruchs durch den Zedenten wirkt eine Klagerücknahme des Zedenten in gesetzlicher Prozessstandschaft (§ 265 ZPO) aber auch gegen den Zessionar als nachträglicher Wegfall der Fristwahrung (§ 269 Abs. 3 S. 1 ZPO).[11]

12 **c) Leistungsverweigerungsrechte.** Neben der Stundung[12] und den Einreden aus § 821 BGB[13] sowie § 1629a BGB fallen unter anderem folgende Einreden unter § 404 BGB.

13 **aa) Freistellungsanspruch.** Der Drittschuldner kann dem Zessionar entgegenhalten, dass der Zedent verpflichtet ist, den Drittschuldner von der Forderung freizustellen.[14]

14 **bb) Verjährung (§ 214 Abs. 1 BGB).** Der Zessionar muss den Lauf der Verjährungsfrist gegen sich gelten lassen. Er erwirbt also gegebenenfalls eine Forderung, deren Verjährungsfrist teilweise abgelaufen ist, oder eine verjährte Forderung. Hatte die Frist vor dem Übergang des Anspruchs noch nicht zu laufen begonnen, kommt es vom Augenblick des Rechtsüberganges an nur auf die Kenntnis (zB § 199 BGB) des neuen Gläubigers an.[15]

---

[5] BGH NJW 1983, 749.

[6] BGH NJW-RR 1989, 1207; NJW 1986, 919.

[7] BGH NJW-RR 2004, 1347.

[8] → Rn. 18.

[9] OLG Brandenburg NJW-RR 1998, 1584.

[10] BGH NJW 1983, 1903; WM 1979, 776; MüKoBGB/*Roth/Kieninger* § 404 Rn. 8. Zu Teilabtretungen BGH WM 1974, 199; BGHZ 46, 242 = NJW 1967, 388; MüKoBGB/*Roth/Kieninger* § 404 Rn. 8 f.; Staudinger/*Busche* § 404 Rn. 21.

[11] BGHZ 48, 181 = NJW 1967, 2199.

[12] MüKoBGB/*Roth/Kieninger* § 404 Rn. 5.

[13] MüKoBGB/*Roth/Kieninger* § 404 Rn. 5; Staudinger/*Busche* § 404 Rn. 28.

[14] BGH NJW 1985, 1768.

[15] BAG EzA § 4 TVG Ausschlußfristen Nr. 164. Ferner BGH VersR 1984, 136; BGHZ 83, 162 = NJW 1982, 1761.

cc) Zurückbehaltungsrechte. Der Drittschuldner kann gegenüber dem Zessionar ein Zurückbehaltungsrecht aus § 273 BGB geltend machen, wenn sein Gegenanspruch dem Rechtsgrund nach zur Zeit der Zession begründet und spätestens zugleich mit der abgetretenen Forderung fällig ist.[16] Die Einrede des nichterfüllten Vertrags (§ 320 BGB) kann dem Zessionar entgegengehalten werden, und zwar unabhängig davon, ob die relevanten Umstände vor oder nach der Abtretung eingetreten sind.[17] Gleiches gilt für die Verschlechterungseinrede (§ 321 BGB).[18] Auch sonstige Zurückbehaltungsrechte bleiben bestehen.[19] 15

dd) Rechtsmissbrauch. Der Drittschuldner kann dem Zessionar den Einwand des Rechtsmissbrauchs (§ 242 BGB) entgegenhalten, der in der Person des Zedenten begründet ist. Nach zweifelhafter Rechtsauffassung[20] kann eine Forderung, deren Ausübung durch den Zedenten missbräuchlich wäre, in der Hand des Zessionars wieder durchsetzbar werden, wenn die maßgeblichen Umstände allein in der Person des Zedenten liegen.[21] Diese Rechtsansicht, die dem Drittschuldner einen unmittelbar zessionsbedingten Rechtsnachteil zumutet, steht nicht im Einklang mit § 404 BGB und widerspricht dem favor debitoris.[22] 16

2. Zur Zeit der Abtretung gegen den bisherigen Gläubiger begründet

Zur Zeit der Zession – bei Vorauszession bei der Forderungsentstehung[23] – begründet ist eine Einwendung, die zu diesem Zeitpunkt **entstanden** war. 17

Ferner ist eine Einwendung zur Zeit der Zession begründet, wenn ihr Tatbestand unvollendet, ihr Rechtsgrund aber im Schuldverhältnis zum Zedenten **angelegt** ist.[24] Diese Auslegung, die der zessionsrechtliche Schuldnerschutz gebietet, weitet den Anwendungsbereich von § 404 BGB erheblich aus und marginalisiert § 407 Abs. 1 Alt. 2 BGB. § 404 BGB umfasst „praktisch … fast alle aus dem Schuldverhältnis hervorgehenden Einwendungen",[25] die sich nur als „Weiterentwicklung des Vertragsverhältnisses"[26] darstellen, etwa die vor der Zession angelaufene Verjährung,[27] den Eintritt einer im Grundverhältnis vereinbarten Bedingung,[28] ferner Gewährleistungsrechte, die aus einem anfänglichen Mangel resultieren, sowie Rechte aus Leistungsstörungen, die in der Zeit vor der Abtretung wurzeln, auch wenn die vollendende Geltendmachung, insbesondere durch Gestaltungserklärung, in die Zeit nach der Abtretung fällt.[29] Gleiches gilt für die Anfechtung, deren Grund beim Vertragsschluss gesetzt wurde. Für Rückbelastungen im Kontokorrent zedierter Salden reicht es aus, dass die Kontokorrentabrede älter ist als die Zession.[30] 18

Eine **Ausnahme** gilt bei Einwendungen, die aus **Verfügungen des Zedenten** nach der Zession resultieren; für sie gilt nicht § 404 BGB, sondern § 407 Abs. 1 BGB.[31] Die 19

[16] BGHZ 64, 122 = NJW 1975, 1121; 58, 327 = NJW 1972, 1193.
[17] BGH NJW-RR 2004, 1135.
[18] MüKoBGB/*Roth/Kieninger* § 404 Rn. 8; Staudinger/*Busche* § 404 Rn. 29.
[19] BGH NJW 2001, 3329; 1991, 1821.
[20] *Mansel* in Erinnerungen an Othmar Jauernig S. 31 (34) unter Bezugnahme auf *Jauernig,* Die Einrede der unzulässigen Rechtsausübung, insbesondere der Verwirkungseinwand in der Rechts- und Schuldnachfolge und gegenüber Dritten, 1952 (unveröffentlichte Dissertation).
[21] BGHZ 151, 236 = NJW 2002, 3170; OLG München NJW 1970, 663; Staudinger/*Olzen/Looschelders* § 242 Rn. 722.
[22] → BGB Vor §§ 404–411 Rn. 6.
[23] MüKoBGB/*Roth/Kieninger* § 404 Rn. 13.
[24] BGHZ 93, 71 = NJW 1985, 863; 25, 27 = NJW 1957, 1553; MüKoBGB/*Roth/Kieninger* § 404 Rn. 11 mwN; Staudinger/*Busche* § 404 Rn. 10.
[25] MüKoBGB/*Roth/Kieninger* § 404 Rn. 11.
[26] OLG München NJW-RR 1992, 1136. Ebenso Nörr/Scheyhing/Pöggeler/*Scheyhing/Nörr* Sukzession § 7 I 6.
[27] → Rn. 14.
[28] MüKoBGB/*Roth/Kieninger* § 404 Rn. 11.
[29] MüKoBGB/*Roth/Kieninger* § 404 Rn. 11.
[30] OLG München NJW-RR 1992, 1136.
[31] MüKoBGB/*Roth/Kieninger* § 404 Rn. 11 mwN. Zu Verfügungen des Vorauszedenten → Einl. Rn. 38, → BGB §§ 399, 400 Rn. 22.

Aufrechnung nach der Zession regelt § 406 BGB speziell, bei Aufrechnung vor Zession gilt § 404 BGB.[32] Besonderheiten gelten auch beim Zurückbehaltungsrecht (§ 273 BGB).[33]

3. Zessionsmängel

20 Auch wenn die zedierte **Forderung besteht und durchsetzbar** ist, kann der Drittschuldner sich gegen den **Zessionar** damit verteidigen, dieser sei **nicht Gläubiger** der Forderung geworden, sondern eine andere Person als der Zessionar sei Gläubiger, prozessual gesprochen: dass dem Zessionar die Aktivlegitimation fehle. Zu solchen Einwendungen, die nicht unter § 404 BGB fallen, gehört, dass der **Zedent nicht Gläubiger** oder nicht verfügungsberechtigt war, dass die **Forderung nicht abtretbar** ist (§§ 399 f. BGB),[34] oder dass der **Abtretungsvertrag unwirksam** ist. Unwirksam ist der Abtretungsvertrag zB in den Fällen der §§ 105, 117, 118, 125, 134, 138, 307 ff. BGB, ferner bei Unbestimmbarkeit. Nicht zur Unwirksamkeit der Zession führen hingegen unausgeübte Rechte des Zedenten zur Vernichtung der wirksamen Abtretung, ebenso wenig Gegenrechte aus dem Grundverhältnis der wirksamen Abtretung[35] oder die Rechtsgrundlosigkeit der Zession.

21 § 409 BGB steht dem nicht entgegen. Die Norm erlaubt es dem Drittschuldner zwar, an einen Scheinzessionar befreiend zu leisten, sie gebietet aber nicht eine solche Leistung.[36]

III. Abtretung unter Urkundenvorlegung (§ 405)

1. Rechtsfolge

22 § 405 BGB schließt nur die Einwendungen des Scheingeschäfts über die Forderung (§ 117 BGB) und der Vinkulierung (§ 399 Alt. 2 BGB)[37] aus. Die Einwendungen entfallen endgültig,[38] auch bei Rückerwerb durch den Zedenten[39] (str.).

23 Nach hM[40] ist § 405 BGB entsprechend anwendbar, wenn eine Forderung nur zum Schein zediert wurde und bei einer Folgeabtretung eine Abtretungsurkunde über die Scheinzession vorgelegt wird. Dies ist zweifelhaft, dogmatisch vorzugswürdig ist ein Schadensersatzanspruch des getäuschten Zessionars, gerichtet auf das negative Interesse.

24 Bei Betrugsabsicht können in den Fällen des § 405 BGB auch Ansprüche aus §§ 280 Abs. 1, 823, 826 BGB bestehen.[41]

2. Voraussetzungen

25 **Urkunde über die Schuld** ist ein Schriftstück, das den Bestand einer identifizierbaren Forderung des Zedenten gegen den Schuldner ausweist und dem Forderungsnachweis dienen soll, insbesondere ein Schuldschein oder ein Wertpapier über die Forderung.[42] Der Schuldner muss die Urkunde **ausgestellt** und **in Verkehr gebracht** haben. § 405 BGB

[32] BGHZ 19, 153 = NJW 1956, 257.
[33] → Rn. 15.
[34] MüKoBGB/*Roth/Kieninger* § 404 Rn. 14.
[35] MüKoBGB/*Roth/Kieninger* § 404 Rn. 16. **AA** OLG Nürnberg WM 1984, 607 für Einwendungen, die auch der Zedent selbst noch erheben könnte; BAG NJW 1967, 751, falls Grundgeschäft und Abtretung Teile einer einheitlichen Vereinbarung sind.
[36] → BGB § 409 Rn. 9.
[37] Entsprechend beim Übergang einer vinkulierten Bürgschaft, → BGB § 401 Rn. 5.
[38] MüKoBGB/*Roth/Kieninger* § 405 Rn. 8; Staudinger/*Busche* § 405 Rn. 20.
[39] MüKoBGB/*Roth/Kieninger* § 405 Rn. 8. **AA** Staudinger/*Busche* § 405 Rn. 21.
[40] MüKoBGB/*Roth/Kieninger* § 405 Rn. 15; Palandt/*Grüneberg* BGB § 405 Rn. 5; Staudinger/*Busche* § 405 Rn. 15.
[41] BGHZ 12, 105 = NJW 1954, 93.
[42] MüKoBGB/*Roth/Kieninger* § 405 Rn. 5; Staudinger/*Busche* § 405 Rn. 5 ff.

gilt nicht, wenn die Urkunde dem Aussteller abhandengekommen ist.[43] Die Urkunde muss dem Zessionar spätestens bei der Zession vorliegen, das heißt, er muss die **Möglichkeit** haben, **Einsicht zu nehmen;** Einsichtnahme ist nicht erforderlich[44] (str.). Spätere Vorlage reicht nicht aus, ein Hinweis auf die Urkunde ohne Vorlage auch nicht.[45] Der Zessionar darf den Sachverhalt, aus dem das Scheingeschäft oder Abtretungsverbot sich ergibt, nicht kennen und nicht kennen müssen (§ 122 Abs. 2 BGB). **Gutgläubigkeit** wird vermutet.

IV. Aufrechnung gegenüber dem neuen Gläubiger (§ 406)

§ 406 BGB regelt als Sondervorschrift gegenüber den §§ 404, 407 Abs. 1 Alt. 2 BGB – die Abgrenzung der Anwendungsbereiche[46] ist nicht eindeutig, jedenfalls nicht befriedigend geklärt – die Zulässigkeit der Aufrechnung des Drittschuldners nach der Zession mit einer Forderung gegen den Zedenten. Die Zession zerstört eine Aufrechnungslage zwischen Drittschuldner und Zedent oder verhindert, dass eine Aufrechnungslage entsteht; § 406 BGB, der die Aufrechnung zulässt, enthält folglich eine Ausnahme von § 387 BGB. 26

1. Rechtsfolge

Der Drittschuldner kann trotz fehlender Gegenseitigkeit dem Zedenten oder („auch") dem Zessionar die **Aufrechnung** mit einer dem Drittschuldner gegen den Zedenten zustehenden Forderung (Aktivforderung) gegen die zedierte Forderung des Zessionars (Hauptforderung) erklären, mit der Folge des § 389 BGB. 27

Bei einer Kettenabtretung kann der Drittschuldner gegen den letzten Zessionar auch mit einer Forderung aufrechnen, die er gegen einen Zwischengläubiger erworben hat.[47] 28

Aufrechnungshindernisse – §§ 390 ff. BGB, vertragliche Aufrechnungsausschlüsse – stehen auch bei § 406 BGB einer Aufrechnung entgegen.[48] Ferner kann der Zessionar gegen die Aktivforderung alle **Verteidigungsmöglichkeiten** des Zedenten geltend machen.[49] 29

Die **Prozessaufrechnung** gemäß § 406 BGB hemmt die Verjährung der Forderung gegenüber dem Zedenten (§ 204 Abs. 1 Nr. 5 BGB).[50] 30

Der **Regress** des Zessionars beim Zedenten richtet sich nach dem Grundverhältnis der Abtretung oder nach Bereicherungsrecht.[51] 31

2. Voraussetzungen

Der Drittschuldner muss eine der Hauptforderung gleichartige **Forderung gegen den Zedenten** haben. 32

Es darf keiner der beiden **Ausschlussgründe** des § 406 BGB bestehen, deren Vortrag und Beweis im Prozess demjenigen obliegen, der die Unzulässigkeit der Aufrechnung geltend macht.[52] 33

Der Drittschuldner darf **beim Erwerb der Aktivforderung von der Abtretung der Hauptforderung keine Kenntnis** gehabt haben. Kenntnis einer **Vorausabtretung** reicht als Kenntnis, auch wenn die vorauszedierte Forderung noch nicht entstanden ist.[53] 34

[43] MüKoBGB/*Roth/Kieninger* § 405 Rn. 6; Staudinger/*Busche* § 405 Rn. 5.
[44] **AA** MüKoBGB/*Roth/Kieninger* § 405 Rn. 7.
[45] MüKoBGB/*Roth/Kieninger* § 405 Rn. 7; Staudinger/*Busche* § 405 Rn. 10.
[46] ZB MüKoBGB/*Roth/Kieninger* § 406 Rn. 4 f.; Palandt/*Grüneberg* BGB § 406 Rn. 1.
[47] MüKoBGB/*Roth/Kieninger* § 406 Rn. 16.
[48] MüKoBGB/*Roth/Kieninger* § 406 Rn. 18.
[49] BGHZ 35, 317 = NJW 1961, 1966.
[50] BGHZ 176, 128 = NJW 2008, 2429.
[51] MüKoBGB/*Roth/Kieninger* § 406 Rn. 13; Palandt/*Grüneberg* BGB § 406 Rn. 4.
[52] MüKoBGB/*Roth/Kieninger* § 406 Rn. 12; Palandt/*Grüneberg* BGB § 406 Rn. 5.
[53] BGH NJW 2002, 2865; BGHZ 66, 384 = NJW 1976, 1351.

35 Der Drittschuldner kann gegenüber dem Zessionar aufrechnen, wenn er beim Rückerwerb einer **sicherungszedierten** Aktivforderung von der Abtretung der Hauptforderung Kenntnis hatte.[54]

36 Es genügt, wenn im maßgeblichen Zeitpunkt der **Rechtsgrund der Aktivforderung** bestanden hat,[55] zB Anspruch vor Fälligkeit, aufschiebend bedingte Forderung vor Bedingungseintritt,[56] Freistellungsanspruch vor Umwandlung in Zahlungsanspruch,[57] Anspruch aus Leistungsstörung, wenn das Schuldverhältnis vor Kenntnis entstanden war.[58]

37 Auch wenn der Drittschuldner beim Erwerb der Aktivforderung keine Kenntnis von der Zession hatte, darf die **Aktivforderung nicht erst nach Kenntniserlangung und** nicht zudem **später als die Hauptforderung fällig** geworden sein. Die Aktivforderung darf nach Kenntnis von der Abtretung, dann aber nicht später als die Hauptforderung fällig werden; ebenso darf sie später als die Hauptforderung fällig werden, dann aber nicht später als Kenntniserlangung.[59]

§ 407 Rechtshandlungen gegenüber dem bisherigen Gläubiger

(1) **Der neue Gläubiger muss eine Leistung, die der Schuldner nach der Abtretung an den bisherigen Gläubiger bewirkt, sowie jedes Rechtsgeschäft, das nach der Abtretung zwischen dem Schuldner und dem bisherigen Gläubiger in Ansehung der Forderung vorgenommen wird, gegen sich gelten lassen, es sei denn, dass der Schuldner die Abtretung bei der Leistung oder der Vornahme des Rechtsgeschäfts kennt.**

(2) **Ist in einem nach der Abtretung zwischen dem Schuldner und dem bisherigen Gläubiger anhängig gewordenen Rechtsstreit ein rechtskräftiges Urteil über die Forderung ergangen, so muss der neue Gläubiger das Urteil gegen sich gelten lassen, es sei denn, dass der Schuldner die Abtretung bei dem Eintritt der Rechtshängigkeit gekannt hat.**

Übersicht

I. Allgemeines

1 Gemäß § 407 Abs. 1 BGB kann der Drittschuldner **Leistungen,** die er nach der Abtretung in deren Unkenntnis an den Zedenten bewirkt, und **forderungsbezogene Rechtsgeschäfte,** die nach der Abtretung zwischen dem Drittschuldner, dem die **Zession unbekannt** ist, und dem Zedenten vorgenommen wurden, dem Zessionar entgegenhalten. Die Norm ist **nicht** anzuwenden (kein Wahlrecht), soweit der Zessionar den Zedenten zur Einziehung und Verfügung über die Forderung **ermächtigt** hat (§ 362 Abs. 2 BGB). Einen **Sonderfall** regelt § 354a Abs. 1 S. 2 HGB.[1]

[54] BGH NJW 2003, 1182.
[55] BGH NJW 1980, 584; BGHZ 58, 327 = NJW 1972, 1193; BGH JZ 1962, 92.
[56] Palandt/*Grüneberg* BGB § 406 Rn. 6.
[57] BGHZ 35, 317 = NJW 1961, 1966; 12, 136 = NJW 1954, 795.
[58] MüKoBGB/*Roth/Kieninger* § 406 Rn. 7.
[59] Einschränkendes Verständnis des Ausschlussgrundes bei BGH NJW-RR 2004, 525; NJW 1996, 1056; NJW-RR 1994, 880; BGHZ 63, 338 = NJW 1975, 1022.
[1] → BGB §§ 399, 400 Rn. 26.

§ 407 Abs. 2 BGB erweitert § 325 ZPO – Rechtskraft bei Gläubigerwechsel nach Rechtshängigkeit[2] – und lässt bei **Rechtshängigkeit nach Gläubigerwechsel** ein rechtskräftiges Urteil über die Forderung auch gegen den Zessionar wirken, wenn nicht der Drittschuldner die Abtretung bei Eintritt der Rechtshängigkeit gekannt hat. 2

II. Leistungen und Rechtsgeschäfte (Abs. 1)

1. Leistung

Leistungen im Sinne des § 407 Abs. 1 BGB sind solche, die ohne Gläubigerwechsel als Erfüllung oder Erfüllungssurrogat wirkten, auch Teilleistungen, wenn der Zedent akzeptiert,[3] sowie Leistungen erfüllungshalber,[4] insbesondere Scheckbegebung. 3

2. Rechtsgeschäfte

Ein Rechtsgeschäft **in Ansehung der Forderung** kann ein Vertrag oder eine Gestaltungserklärung des Drittschuldners oder des Zedenten sein. Gestaltungsrechte des Drittschuldners erfasst zumeist auch § 404 BGB. Rechtsgeschäfte des § 407 Abs. 1 BGB sind insbesondere[5] Stundung, Erlass und negatives Schuldanerkenntnis (§ 397 BGB), Vergleich, Aufhebungs-[6] und Verrechnungsvertrag,[7] Abkürzung[8] und Verlängerung[9] der Vertragslaufzeit. Die Aufrechnung (§ 388 BGB) zwischen Drittschuldner und Zedent fällt unter § 406 BGB (str., aA[10] § 407 Abs. 1 BGB). 4

Nicht ganz geklärt ist, inwieweit § 407 Abs. 1 BGB rechtserhebliche **tatsächliche Handlungen** und **Erklärungen** erfasst. Die Norm soll bei eigenkapitalersetzender Gebrauchsüberlassung unanwendbar sein, weil die Folgen des Eigenkapitalersatzes nicht infolge Rechtsgeschäfts, sondern kraft Gesetzes eintreten.[11] Andererseits fallen die Mitteilung der Schuldübernahme (§ 416 BGB) und das Angebot der Leistung als Voraussetzung des Annahmeverzugs (§§ 294 f. BGB) unter § 407 Abs. 1 BGB.[12] Die Frage, ob Rechtsgeschäfte des Zedenten, die **für den Drittschuldner nachteilig** sind, unter § 407 Abs. 1 BGB fallen,[13] spielt wegen des Wahlrechts des Drittschuldners keine praktische Rolle. 5

3. Kenntnis

Der Drittschuldner darf keine Kenntnis der Abtretung haben. Unkenntnis ist zu vermuten. Kenntnis bedeutet, dass der Drittschuldner **weiß, dass der Gläubiger gewechselt hat.** Kennt der Drittschuldner den tatsächlichen Abtretungstatbestand, dann besitzt er Kenntnis der Abtretung, wenn er die zutreffende Folgerung gezogen hat. Objektive Ungewissheit über die Wirksamkeit der Abtretung schließt Kenntnis aus.[14] Der Drittschuldner kann sich jedoch nicht auf Unkenntnis berufen, wenn sich Zweifel am Gläubigerwechsel nur aus schlechthin unvernünftigen sprachlichen, tatsächlichen oder rechtlichen Fehlbeurteilungen und -schlüssen ergeben können. Für einen juristischen Laien, auch einen Kaufmann, ist es nicht schlechthin unvernünftig, wenn er der Mitteilung „Wir 6

[2] Zur Zession rechtshängiger Ansprüche → BGB § 398 Rn. 8.
[3] MüKoBGB/*Roth/Kieninger* § 407 Rn. 6.
[4] BGHZ 102, 68 = NJW 1988, 700; BGH NJW 1976, 1842; OLG Schleswig NJW-RR 1997, 1415.
[5] MüKoBGB/*Roth/Kieninger* § 407 Rn. 7; Palandt/*Grüneberg* BGB § 407 Rn. 4.
[6] BGH NJW-RR 2010, 483; OLG Saarbrücken WM 2001, 2055.
[7] BGHZ 94, 132 = NJW 1985, 2409.
[8] BGHZ 111, 84 = NJW 1990, 1785.
[9] BGH NJW-RR 2002, 730.
[10] OLG Schleswig NJW-RR 2004, 717.
[11] BGH NJW 2008, 1153.
[12] Palandt/*Grüneberg* BGB § 407 Rn. 4.
[13] Dagegen zutreffend Palandt/*Grüneberg* BGB § 407 Rn. 4.
[14] BGH NJW-RR 2009, 491; BGHZ 172, 278 = NJW 2007, 3352.

nehmen am Factoring teil" nicht einen Gläubigerwechsel entnimmt.[15] Auch wer weiß, dass er bei einem Kommissionär kauft, kennt nicht schon deshalb die Zession des Kaufpreisanspruchs an den Kommittenten.[16] **Widersprüchliche Mitteilungen** von Seiten des Zedenten und des Zessionars verschaffen keine Kenntnis von der Abtretung, wenn es nicht offensichtlich ist, dass die Mitteilung einer Seite abwegig oder schlechthin unvernünftig ist.[17] Der Drittschuldner ist nicht gehalten, Maßnahmen zu ergreifen, um Zweifel auszuräumen.[18]

7 Die Sonderfälle sozialversicherungsrechtlicher Legalzession, in denen der BGH nur „maßvolle Anforderungen" an die Kenntnis stellt, sind nicht verallgemeinerungsfähig.[19]

8 Kenntnis von der Abtretung setzt keine Kenntnis der **Person des Zessionars** voraus. Solange der Drittschuldner den Zessionar nicht kennt, kann er hinterlegen (§ 372 BGB), und der Zessionar gerät in Annahmeverzug.[20]

9 Auf die Quelle kommt es nicht an. Eine **Mitteilung durch den Zedenten** verschafft in der Regel Kenntnis.[21] Die **Mitteilung eines Zessionars** führt jedenfalls dann zur Kenntnis, wenn er vertrauenswürdig und Täuschung unwahrscheinlich ist.[22] Bittet der Zessionar bei der Zessionsanzeige um Anerkennung der Abtretung, verschafft dies dem Drittschuldner keine Kenntnis der Zession, weil er als juristischer Laie die Bitte so verstehen darf, dass die Wirksamkeit der Abtretung von seinem Einverständnis abhängt.[23]

10 Für Kenntnis reicht der **Zugang,** also die Möglichkeit der Kenntnisnahme einer Abtretungsmitteilung nicht aus, dem Drittschuldner muss der Zessionstatbestand ins Bewusstsein gedrungen sein. Zugang begründet aber die Vermutung positiver Kenntnis, die zu widerlegen ist durch Vortrag und gegebenenfalls Beweis von Umständen, aus denen sich zumindest die ernsthafte Möglichkeit ergibt, dass der Drittschuldner keine Kenntnis von der Abtretung erlangt hat. Ferner kann es dem Drittschuldner nach § 242 BGB verwehrt sein, sich auf seine Unkenntnis zu berufen[24] (Organisationsverschulden).

11 Handelt ein **Stellvertreter** für den Drittschuldner, dann gilt § 166 BGB. Bei Unternehmen reicht es für die Zurechnung aus, dass die Abtretungsanzeige aktenkundig zu machen ist.

12 Kenntnis kann wieder **verlorengehen,** zB wenn der Drittschuldner nachträglich Umstände erfährt, die hinreichende Zweifel an der Wirksamkeit der Abtretung begründen.

13 Nach der ratio des § 407 Abs. 1 BGB (Vertrauensschutz) ist der für die Kenntnis des Drittschuldners maßgebliche **Zeitpunkt** nicht der Eintritt des Leistungserfolgs beim Gläubiger, sondern die Vornahme der Leistungshandlung durch den Drittschuldner.[25] Wenn der Drittschuldner die Leistungshandlung in Unkenntnis des Rechtsübergangs vornimmt, ihm aber vor dem Eintritt des Leistungserfolgs Kenntnis vermittelt wird, dann ist er grundsätzlich nicht verpflichtet, den Eintritt des Leistungserfolgs noch zu verhindern.[26]

4. Rechtsfolge

14 Der Drittschuldner hat nach hM ein **Wahlrecht.**[27] Er kann sich gegenüber dem Zessionar auf eine Leistung oder ein forderungsbezogenes Rechtsgeschäft berufen, als ob er sie an ihn erbracht hätte beziehungsweise es mit ihm vorgenommen wäre. Er kann aber auch

---

[15] OLG Bremen NJW 1987, 912.
[16] BGH NJW 1969, 276.
[17] BGH NJW-RR 2004, 1145.
[18] MüKoBGB/*Roth/Kieninger* § 407 Rn. 14; Palandt/*Grüneberg* BGB § 407 Rn. 6.
[19] BGHZ 131, 274 = NJW 1996, 726. Einzelheiten mwN Palandt/*Grüneberg* BGB § 407 Rn. 8.
[20] MüKoBGB/*Roth/Kieninger* § 407 Rn. 14.
[21] Palandt/*Grüneberg* BGB § 407 Rn. 6.
[22] BGH NJW-RR 2004, 1145; BGHZ 102, 68 = NJW 1988, 700.
[23] OLG Rostock MDR 2000, 444.
[24] BGH NJW-RR 2004, 1145; BGHZ 135, 39 = NJW 1997, 1775.
[25] BGH NJW 1989, 905; BGHZ 102, 68 = NJW 1988, 700.
[26] BGH NJW 1989, 905.
[27] → BGB Vor §§ 404–411 Rn. 4.

darauf verzichten und die Rechtslage akzeptieren, wie sie sich ohne § 407 Abs. 1 BGB darstellt. Er kann dann seine Leistung beim Zedenten kondizieren und hat für die Erfüllung gegenüber dem Zessionar Sorge zu tragen. In Betracht kommt diese Wahl, wenn der Zedent liquide und erneute Erfüllung vorteilhaft ist, weil etwa gegenüber dem Zessionar mit einer verjährten Forderung aufgerechnet werden kann (§ 215 BGB).

Den **Schwebezustand** kann der Drittschuldner durch bindende Ausübung der Wahl, auch konkludent, zB durch Rückforderung beim Zedenten oder Leistung an den Zessionar, oder der Zessionar durch Genehmigung der Leistung an den Zedenten beenden.[28] 15

Den Drittschuldner einer **gepfändeten Forderung,** der das Zahlungs- und Verfügungsverbot (§ 829 ZPO) nicht kennt, befreit entsprechend § 407 Abs. 1 BGB eine Leistung an den Vollstreckungsschuldner auch gegenüber dem Vollstreckungsgläubiger.[29] 16

Ein Drittschuldner, der in Unkenntnis einer stillen Teilabtretung Teilzahlungen an den Zedenten erbracht hat, ohne dabei eine Tilgungsbestimmung zu treffen, hat ein **nachträgliches Tilgungsbestimmungsrecht,** nachdem ihm die Zession aufgedeckt wurde.[30] 17

Entsprechend § 407 Abs. 1 BGB sind ablösungsberechtigte **Dritte** (§ 268 BGB) geschützt; sonstige Dritte (§ 267 BGB) leisten hingegen auf eigenes Risiko.[31] 18

Der Zessionar kann beim Zedenten **Regress** nehmen (§ 816 Abs. 2 BGB), wenn der Drittschuldner sich auf die Leistung beruft. Bei geschenktem Erlass ist der Drittschuldner Bereicherungsschuldner (§ 816 Abs. 1 S. 2 BGB). Der Zedent kann schadensersatzpflichtig sein wegen Pflichtverletzung im Grundverhältnis der Zession (§ 280 Abs. 1 BGB). 19

III. Rechtskräftiges Urteil über die Forderung (Abs. 2)

Die **materielle Rechtskraft** eines **Urteils zwischen Zedent und Drittschuldner** wirkt grundsätzlich auch für und gegen den Zessionar, wenn die Forderung nach Eintritt der Rechtshängigkeit abgetreten wurde (§ 325 ZPO).[32] § 407 Abs. 2 BGB regelt die Urteilswirkung in dem von § 325 ZPO nicht erfassten Fall, dass die **Forderung vor Eintritt der Rechtshängigkeit abgetreten** worden war. § 407 Abs. 2 BGB spricht zwar davon, dass der Rechtsstreit nach der Abtretung „anhängig" – Einreichung der Klage, im Gegensatz zur Klagezustellung (Rechtshängigkeit) – geworden sein muss. Dies ist jedoch nur eine terminologische Ungenauigkeit des Gesetzgebers; auch für den Abtretungszeitpunkt (und nicht nur für die Kenntnis) ist der Zeitpunkt der Rechtshängigkeit maßgeblich.[33] Danach muss der Zessionar ein rechtskräftiges Urteil über die zur Zeit der Rechtshängigkeit abgetretene Forderung gegen sich gelten lassen, es sei denn, dass der Schuldner bei Eintritt der Rechtshängigkeit – Klagezustellung (§§ 261 Abs. 1, 253 Abs. 1 ZPO) – die Abtretung gekannt[34] hat.[35] Klageart und Parteirolle sind für die Anwendbarkeit von § 407 Abs. 2 BGB ohne Belang.[36] Dementsprechend spielt es zB keine Rolle, ob der Zedent den Drittschuldner auf Leistung verklagt, oder ob dieser negative Feststellungsklage gegen jenen erhebt.[37] Die Vorschrift gilt entsprechend bei **Schiedssprüchen.**[38] 20

Die Norm regelt nur die Wirkung von Urteilen über die Forderung, also nicht von solchen über Gegenforderungen des Drittschuldners. § 407 Abs. 2 BGB ist daher nicht, 21

[28] MüKoBGB/*Roth/Kieninger* § 407 Rn. 11.
[29] BGH NJW 1989, 905.
[30] → BGB § 398 Rn. 13.
[31] MüKoBGB/*Roth/Kieninger* § 407 Rn. 9; Nörr/Scheyhing/Pöggeler/*Scheyhing/Nörr* Sukzession § 7 I 2; Palandt/*Grüneberg* BGB § 407 Rn. 2.
[32] Zur Wirkung der Zession auf den Prozess und die Vollstreckung → BGB § 398 Rn. 8.
[33] *Schilken* ZZP 130 (2017), 271 (273).
[34] → Rn. 6 ff.
[35] **AA** zur maßgeblichen Dauer der Unkenntnis *Stamm* NJW 2016, 2369 (2370 ff.): bis zur letzten mündlichen Verhandlung. Dagegen zutreffend *Schilken* ZZP 130 (2017), 271 (278 ff.).
[36] *Schilken* ZZP 130 (2017), 271 (272).
[37] *Schilken* ZZP 130 (2017), 271 (272 f.).
[38] BGHZ 64, 122 = NJW 1975, 1121; Palandt/*Grüneberg* BGB § 407 Rn. 11.

auch nicht entsprechend, anwendbar, wenn der Drittschuldner einen rechtskräftigen Titel gegen den Zedenten über eine Forderung gegen diesen erlangt hat und sodann gegenüber dem Zessionar mit dieser Forderung gegen die zedierte Forderung aufrechnet (§ 406 BGB).[39]

22 Das rechtskräftige Urteil bindet den Zessionar in dem **Umfang,** in dem es nach § 322 ZPO Zedent und Drittschuldner als Parteien des Vorprozesses bindet.[40] Folglich ist § 407 Abs. 2 BGB auch anwendbar auf eine Entscheidung über eine Forderung, mit der der Drittschuldner im Prozess über die gegen ihn gerichtete Forderung aufrechnet (§ 322 Abs. 2 ZPO).[41] § 407 Abs. 2 BGB führt aber anders als § 325 ZPO zu einer Rechtskrafterstreckung **nur gegen den Zessionar,** nicht auch zu seinen Gunsten.[42] Ferner bleibt es wie bei § 407 Abs. 1 BGB dem Drittschuldner überlassen, ob er sich auf eine zwischen ihm und dem Zedenten ergangene rechtskräftige Entscheidung berufen oder darauf verzichten will.[43]

23 Das Urteil muss **zugunsten des Drittschuldners** lauten[44] (str.[45]). Ein gegen ihn ergangenes Urteil wirkt nicht gegen den Zessionar. Wurde etwa der Drittschuldner zur Zahlung an den Zedenten verurteilt, steht damit nicht die fehlende Aktivlegitimation des Zessionars fest.[46]

§ 408 Mehrfache Abtretung

(1) **Wird eine abgetretene Forderung von dem bisherigen Gläubiger nochmals an einen Dritten abgetreten, so finden, wenn der Schuldner an den Dritten leistet oder wenn zwischen dem Schuldner und dem Dritten ein Rechtsgeschäft vorgenommen oder ein Rechtsstreit anhängig wird, zugunsten des Schuldners die Vorschriften des § 407 dem früheren Erwerber gegenüber entsprechende Anwendung.**

(2) **Das Gleiche gilt, wenn die bereits abgetretene Forderung durch gerichtlichen Beschluss einem Dritten überwiesen wird oder wenn der bisherige Gläubiger dem Dritten gegenüber anerkennt, dass die bereits abgetretene Forderung kraft Gesetzes auf den Dritten übergegangen sei.**

Übersicht

I. Allgemeines

1 Wie § 407 BGB regelt § 408 BGB Fälle, in denen der fehlinformierte Drittschuldner den Falschen für seinen Gläubiger hält, nämlich einen Zweitzessionar (den Dritten, § 408 BGB), und zwar, weil er die **wirksame Erstzession nicht kennt,**[1] aber über die gegenstandslose Zweitzession informiert ist.[2] § 408 BGB enthält drei Varianten: Eine zedierte

[39] BGH NJW 1994, 252; BeckOGK/*Lieder* BGB § 407 Rn. 43.
[40] BGHZ 35, 165 = NJW 1961, 1457.
[41] *Schilken* ZZP 130 (2017), 271 (273); BeckOGK/*Lieder* BGB § 407 Rn. 43.
[42] BGHZ 52, 150 = NJW 1969, 1479.
[43] BGHZ 52, 150 = NJW 1969, 1479.
[44] BGHZ 163, 59 = NJW 2005, 2157 (2158) mAnm *Vollkommer* WuB VII A. § 108 ZPO 3.05.
[45] **AA** *Schilken* ZZP 130 (2017), 271 (289 ff.); *Stamm* NJW 2016, 2369 (2372 ff.).
[46] Zur daraus resultierenden Gefahr doppelter Inanspruchnahme des Drittschuldners → BGB Vor §§ 404–411 Rn. 5.
[1] Zur Kenntnis → BGB § 407 Rn. 6 ff.
[2] Zum Prioritätsprinzip → Einl. Rn. 47, → BGB § 398 Rn. 9.

oder legalzedierte (§ 412 BGB) Forderung wird **erneut abgetreten** (Abs. 1) oder gerichtlich einem **Dritten überwiesen**[3] (Abs. 2 Alt. 1), oder der Zedent erkennt an, dass die Forderung **kraft Gesetzes** übergegangen sei (Abs. 2 Alt. 2). Als Rechtsfolge gilt jeweils § 407 BGB dem Erstzessionar gegenüber entsprechend.

§ 408 BGB gilt entsprechend, wenn die Forderung **zuerst** beim ursprünglichen Gläubiger gepfändet und **überwiesen** (§§ 835 ff. ZPO) wird, und dieser sie **dann abtritt.**[4] 2

§ 408 BGB schützt nur denjenigen Drittschuldner, der die frühere wirksame Zession oder Überweisung nicht kennt. Ein Drittschuldner, der beide Zessionen/Überweisungen kennt, aber über die zeitliche Reihenfolge und damit über die Wirksamkeit irrt, wird **nicht** in seinem **Vertrauen auf die zeitliche Priorität** geschützt. Wer weiß, dass zwei Übertragungsakte im Spiel sind, ist gehalten, sich Klarheit zu verschaffen.[5] 3

II. Zweitzession, Überweisung

§ 408 BGB setzt in den Varianten zweifache Abtretung (Abs. 1) sowie zuerst Überweisung, dann Abtretung[6] voraus, dass eine **Zweitzession stattgefunden** hat, die nur deshalb unwirksam ist, weil die Forderung bereits abgetreten oder überwiesen ist.[7] Der Drittschuldner muss von der Zweitzession Kenntnis erlangt haben, gleichgültig, aus welcher Quelle; die Kenntnis braucht nicht sicher zu sein.[8] 4

III. Anerkennung einer Legalzession

§ 408 Abs. 2 BGB schützt den Drittschuldner, wenn der Zedent einem Dritten gegenüber, auch formlos,[9] anerkennt, dass die abgetretene Forderung kraft Gesetzes auf diesen übergegangen sei. Die anerkannte Legalzession darf nur deshalb ausgeblieben sein, weil die Forderung zuvor abgetreten wurde.[10] § 408 Abs. 2 BGB setzt nicht voraus, dass der Drittschuldner die Anerkennung oder den gesetzlichen Übergangstatbestand kennt oder auf die Legalzession vertraut.[11] 5

IV. Entsprechende Anwendung von § 407 BGB

Der Drittschuldner, der in zu vermutender Unkenntnis der Erstzession/Überweisung an den Empfänger der Zweitzession/Überweisung leistet, oder ein forderungsbezogenes Rechtsgeschäft mit ihm vornimmt, kann dies nach seiner Wahl[12] dem Erstzessionar oder Überweisungsempfänger entgegenhalten. Str. ist, ob auch § 406 BGB entsprechend anzuwenden ist.[13] 6

Der **Bereicherungsausgleich** findet zwischen Erstzessionar/Überweisungsempfänger und Zweitzessionar/Überweisungsempfänger statt (§ 816 Abs. 2 BGB),[14] bei geschenktem Erlass ist der Drittschuldner Kondiktionsgegner (§ 816 Abs. 1 S. 2 BGB). Gegen den Zedenten können sich **Schadensersatzansprüche** aus § 280 Abs. 1 BGB richten. 7

---

3 Zur Unwirksamkeit BGHZ 172, 278 = NJW 2007, 3352; BGH NJW 2002, 755.
4 BGHZ 100, 36 = NJW 1987, 1703.
5 BGHZ 100, 36 = NJW 1987, 1703.
6 → Rn. 2.
7 BGH NJW 1989, 899; BeckOGK/*Lieder* BGB § 408 Rn. 9.
8 Palandt/*Grüneberg* BGB § 408 Rn. 1.
9 BGHZ 11, 298 = NJW 1954, 755.
10 MüKoBGB/*Roth*/*Kieninger* § 408 Rn. 13.
11 MüKoBGB/*Roth*/*Kieninger* § 408 Rn. 12.
12 → BGB Vor §§ 404–411 Rn. 4.
13 MüKoBGB/*Roth*/*Kieninger* § 408 Rn. 7; Nörr/Scheyhing/Pöggeler/*Scheyhing*/*Nörr* Sukzessionen § 7 II 4; Palandt/*Grüneberg* BGB § 408 Rn. 1.
14 BGH WM 2019, 777; BGH NJW-RR 2003, 1490.

§ 409 Abtretungsanzeige

(1) [1] **Zeigt der Gläubiger dem Schuldner an, dass er die Forderung abgetreten habe, so muss er dem Schuldner gegenüber die angezeigte Abtretung gegen sich gelten lassen, auch wenn sie nicht erfolgt oder nicht wirksam ist.** [2] **Der Anzeige steht es gleich, wenn der Gläubiger eine Urkunde über die Abtretung dem in der Urkunde bezeichneten neuen Gläubiger ausgestellt hat und dieser sie dem Schuldner vorlegt.**

(2) **Die Anzeige kann nur mit Zustimmung desjenigen zurückgenommen werden, welcher als der neue Gläubiger bezeichnet worden ist.**

Übersicht

I. Allgemeines

1 § 409 BGB knüpft an die Abtretungsanzeige des Gläubigers (Abs. 1 S. 1, Abs. 2) und die Vorlage einer Abtretungsurkunde (Abs. 1 S. 2) Folgen, die den Drittschuldner gegenüber dem Gläubiger begünstigen. Wie bei den §§ 407 f. BGB darf[1] der Drittschuldner sich auf denjenigen einlassen, den er für seinen Gläubiger halten darf. Anders als bei jenen Vorschriften ist dem Drittschuldner aber nicht eine wirksame Zession unbekannt geblieben, sondern umgekehrt ein Gläubigerwechsel mitgeteilt worden, der nicht stattgefunden hat, oder der nicht wirksam ist. Anders als die §§ 407 f. BGB enthält § 409 BGB auf Seiten des Drittschuldners keine subjektiven Voraussetzungen. § 409 BGB ist anwendbar, wenn die Abtretung wegen Gesetzesverstoßes nichtig (§ 134 BGB) ist, zB bei Verstoß gegen § 32 KWG oder § 3 RDG.[2] Die Norm ist aber nicht anzuwenden, wenn die Abtretung gegen ein gesetzliches Abtretungsverbot verstößt.[3]

2 § 409 BGB gilt entsprechend bei der Anzeige oder Beurkundung einer Einziehungsermächtigung.[4] Bei Überweisung s. § 836 Abs. 2 ZPO.

II. Abtretungsanzeige (Abs. 1 S. 1, Abs. 2)

1. Erteilung (Abs. 1 S. 1)

3 Die Abtretungsanzeige (geschäftsähnliche Handlung)[5] muss **vom** geschäftsfähigen und verfügungsberechtigten[6] **Gläubiger stammen,** Stellvertretung und Botenschaft sind möglich.[7] Die Anzeige bedarf keiner Form, eine schriftliche Anzeige hat die zusätzliche

[1] Zum Wahlrecht → BGB Vor §§ 404–411 Rn. 4.
[2] OLG Stuttgart WM 2017, 1797 mAnm *Wolff* WuB 2018, 57.
[3] OLG Stuttgart WM 2017, 1797 mAnm *Wolff* WuB 2018, 57.
[4] BGH NJW 2002, 1417.
[5] MüKoBGB/*Roth/Kieninger* § 409 Rn. 9.
[6] BGH NJW-RR 2012, 1130 mAnm *Windel* LMK 2012, 339274; OLG Stuttgart WM 2017, 1797 mAnm *Wolff* WuB 2018, 57.
[7] BeckOGK/*Lieder* BGB § 409 Rn. 24; MüKoBGB/*Roth/Kieninger* § 409 Rn. 5; Palandt/*Grüneberg* BGB § 409 Rn. 3.

Wirkung des § 410 Abs. 2 BGB. Der Gläubiger muss die Anzeige **abgegeben** haben, adressiert an den Drittschuldner. Es reicht nicht aus, wenn eine schriftliche Anzeige ohne Willen des Gläubigers dem Drittschuldner übermittelt wird, oder eine an eine andere Person adressierte Anzeige den Drittschuldner erreicht.[8]

2. Rücknahme (Abs. 2)

Die Rücknahme beseitigt die Wirkungen der Anzeige für die Zukunft. Sie ist nur mit Zustimmung (§§ 182 ff. BGB) des benannten Zessionars wirksam (§ 409 Abs. 2 BGB). Eine Zustimmungsverpflichtung kann sich aus dem Grundverhältnis oder § 812 BGB ergeben. Die Zustimmung des ausgewiesenen Zessionars kann durch rechtskräftiges **Urteil** ersetzt werden (§ 894 ZPO).[9] Ferner kann der Gläubiger gegen den benannten Zessionar eine **einstweilige Verfügung** (§§ 935 ff. ZPO) erwirken, gerichtet auf Abgabe der Zustimmungserklärung **(Befriedigungsverfügung).**[10] **4**

III. Abtretungsurkunde (Abs. 1 S. 2)

Aussteller der in der Form des § 126 BGB abzufassenden Abtretungsurkunde muss der verfügungsberechtigte[11] Gläubiger sein. § 409 BGB ist nicht anwendbar bei Fälschung, und nicht, wenn die Urkunde zwar vom Gläubiger stammt, er sie aber nicht abgegeben hat, sondern sie ihm abhandengekommen ist.[12] Der urkundlich ausgewiesene Scheinzessionar oder ein Bote muss dem Drittschuldner die Originalurkunde – nicht Fotokopie, Telefax oder E-Mail[13] – vorlegen. Der Drittschuldner muss die Möglichkeit der Kenntnisnahme haben, ein Hinweis auf eine abwesende Urkunde reicht nicht aus.[14] Vorlage von anderer Seite genügt nicht, Vorlage durch den Gläubiger ist aber Abtretungsanzeige (§ 409 Abs. 1 S. 1 BGB). **5**

Die Urkunde wirkt, bis sie zurückgegeben wird (entsprechend § 172 Abs. 2 BGB). **6**

IV. Rechtsfolgen

Abtretungsanzeige und -urkunde sind als solche **nicht zessionskonstitutiv oder -äquivalent.** Sie enthalten nur die Mitteilung, eine Abtretung habe stattgefunden, die entweder zutreffend ist oder falsch. **7**

1. Inhaltlich zutreffende Anzeigen und Urkunden

Inhaltlich zutreffende Anzeigen und Urkunden sind keine Anwendungsfälle des § 409 BGB. Soweit der Drittschuldner sich auf den Zessionar einlässt, ergeben die Rechtsfolgen sich aus dessen Forderungsinhaberschaft. **8**

2. Inhaltlich unrichtige Anzeigen und Urkunden

Die inhaltlich unrichtige Anzeige oder Urkunde hindert den Drittschuldner nicht daran, die Unwirksamkeit der Abtretung geltend zu machen.[15] Ferner kann der Drittschuldner mit befreiender Wirkung an den Gläubiger leisten, und zwar auch, wenn der Scheinzessio- **9**

---

[8] MüKoBGB/*Roth/Kieninger* § 409 Rn. 6.
[9] BGH NJW 1978, 2025; BGHZ 64, 117 = NJW 1975, 1160.
[10] Zu den Voraussetzungen einer Befriedigungsverfügung Kindl/Meller-Hannich/Wolf/*Haertlein* Gesamtes Recht der Zwangsvollstreckung, ZPO § 935 Rn. 35.
[11] BGH NJW-RR 2012, 1130 mAnm *Windel* LMK 2012, 339274.
[12] MüKoBGB/*Roth/Kieninger* § 409 Rn. 6.
[13] MüKoBGB/*Roth/Kieninger* § 409 Rn. 7.
[14] MüKoBGB/*Roth/Kieninger* § 409 Rn. 6.
[15] BGHZ 64, 117 = NJW 1975, 1160.

nar einer Rücknahme der Anzeige nicht zugestimmt hat.[16] § 409 BGB schließt auch nicht die Hinterlegung aus.[17] Der Gläubiger bleibt zur Verfügung über die Forderung und zu ihrer Geltendmachung befugt. Solange indes der Gläubiger keine Zustimmung des Scheinzessionars zur Rücknahme der Anzeige nachweist, kann der Drittschuldner die Leistung verweigern. Auf die Klage des Gläubigers ist der Drittschuldner zur Zahlung Zug um Zug gegen Vorlage der Zustimmungserklärung zu verurteilen.[18]

10 Gemäß § 409 BGB braucht der Drittschuldner nicht zu prüfen, wer der wirklich Berechtigte ist. Er wird frei, wenn er trotz Unwirksamkeit der Abtretung, und selbst in Kenntnis dieses Umstandes, an den ausgewiesenen Zessionar oder dessen Rechtsnachfolger[19] leistet[20] oder ihm gegenüber aufrechnet.[21] Der Bereicherungsausgleich findet statt zwischen dem Gläubiger oder seinem Rechtsnachfolger und dem Leistungsempfänger oder dem Aufrechnungsgegner, der von einer Verbindlichkeit befreit ist. § 409 BGB soll allerdings nicht anwendbar sein, wenn der angezeigten Abtretung ein gesetzliches Abtretungsverbot entgegensteht.[22] Nichtigkeit der Abtretung wegen Verstoßes gegen § 138 BGB steht einem gesetzlichen Abtretungsverbot nicht gleich.[23]

§ 410 Aushändigung der Abtretungsurkunde

(1) [1]**Der Schuldner ist dem neuen Gläubiger gegenüber zur Leistung nur gegen Aushändigung einer von dem bisherigen Gläubiger über die Abtretung ausgestellten Urkunde verpflichtet.** [2]**Eine Kündigung oder eine Mahnung des neuen Gläubigers ist unwirksam, wenn sie ohne Vorlegung einer solchen Urkunde erfolgt und der Schuldner sie aus diesem Grund unverzüglich zurückweist.**

(2) **Diese Vorschriften finden keine Anwendung, wenn der bisherige Gläubiger dem Schuldner die Abtretung schriftlich angezeigt hat.**

Übersicht

I. Allgemeines

1 § 410 BGB sichert den Drittschuldner, der sich einem **Zessionar** gegenübersieht. Der Drittschuldner hat gegenüber dem Zessionar ein Leistungsverweigerungsrecht und kann dessen Kündigung oder Mahnung zurückweisen, solange nicht der Zessionar eine Abtretungsurkunde des Zedenten (§ 403 BGB) aushändigt beziehungsweise vorlegt, oder der Zedent die Abtretung schriftlich angezeigt hat. Wenn andererseits der Zessionar eine Abtretungsurkunde vorweist, oder der Zedent die Abtretung angezeigt hatte, kann der

[16] BGHZ 64, 117 = NJW 1975, 1160.
[17] BGH NJW-RR 2004, 656; BGHZ 145, 352 = NJW 2001, 231; BGH NJW 1997, 1501.
[18] BGH NJW 1978, 2025; BGHZ 64, 117 = NJW 1975, 1160.
[19] BGHZ 56, 339 = NJW 1971, 1938.
[20] BGHZ 64, 117 = NJW 1975, 1160.
[21] BGH NJW 1978, 2025.
[22] BGHZ 56, 339 = NJW 1971, 1938; OLG Oldenburg NJW-RR 1994, 479; BAG NJW 1991, 2038.
[23] BAG NJW 1991, 2038.

Drittschuldner sich auf den Zessionar einlassen, ohne Nachteile zu befürchten, falls der Zessionar nicht Gläubiger sein sollte (§ 409 Abs. 1 BGB).

Bedrängt der **Zedent** den Drittschuldner, kann dieser an jenen befreiend leisten, solange ihm nicht die Zession zur Kenntnis gelangt ist (§ 407 Abs. 1 BGB). Anschließend leistet er auf eigenes Risiko. Er ist gehalten zu hinterlegen (§ 372 BGB) oder dem Zedenten standzuhalten und sich verklagen zu lassen; im Prozess kann er sich absichern, indem er dem Zessionar den Streit verkündet (§§ 72, 74, 68 ZPO). 2

II. Abtretungsurkunde (Abs. 1)

1. Leistung (S. 1)

Der Zessionar, der Leistung fordert, ist gehalten, dem Drittschuldner eine vom Zedenten ausgestellte Abtretungsurkunde[1] (Form § 126 BGB) **auszuhändigen** (Übergabe), und zwar im Original oder in beglaubigter Abschrift[2] (§ 410 Abs. 1 S. 1 BGB). Die Norm ist **nicht anwendbar,** wenn der Zessionar eines Sparguthabens, der seine Berechtigung nachgewiesen hat, von der Bank **Auskunft** über die Höhe des Guthabens verlangt. Denn dann besteht nicht die Gefahr doppelter Inanspruchnahme auf Zahlung, die § 410 Abs. 1 BGB verhüten soll.[3] Auch sonst besteht ein Leistungsverweigerungsrecht nach § 410 BGB nicht, wenn eine anderweitige Inanspruchnahme des Schuldners durch den Zedenten nach Lage des Falls ausgeschlossen ist (§ 242 BGB).[4] Unanwendbar ist § 410 Abs. 1 S. 1 BGB (ebenso § 390 BGB) schließlich, wenn der **Zessionar** mit der zedierten Forderung gegen den Drittschuldner **aufrechnet.**[5] 3

2. Kündigung, Mahnung (S. 2)

Kündigt oder mahnt der Zessionar, ohne eine Abtretungsurkunde[6] (§ 126 BGB) im Original oder in beglaubigter Abschrift **vorzulegen,**[7] kann der Drittschuldner die Erklärung **unverzüglich** (§ 121 Abs. 1 S. 1 BGB) **aus diesem Grund** zurückweisen, das heißt mit dem Hinweis, er erkenne die Erklärung wegen fehlender Urkundenvorlage nicht an, und nicht etwa, weil die Zession bestritten werde.[8] Verspätete Zurückweisung ist wirkungslos, ebenso Zurückweisung ohne den gebotenen Hinweis. 4

§ 410 Abs. 1 S. 2 BGB soll entsprechend anwendbar sein, wenn der Zessionar mit der zedierten Forderung gegen den Drittschuldner **aufrechnet.**[9] 5

3. Verstorbener Zedent

§ 410 Abs. 1 BGB soll nicht anwendbar sein, wenn der Zedent verstorben ist, ohne eine Abtretungsurkunde ausgestellt zu haben. Denn die Erben seien mangels eigener Kenntnis nicht in der Lage, eine beweisdienliche Bestätigung der Abtretung zu geben. Der Zessionar sei daher in einem solchen Fall berechtigt, sein Recht anders nachzuweisen.[10] 6

---

[1] Inhalt → BGB §§ 402, 403 Rn. 9.
[2] MüKoBGB/*Roth/Kieninger* § 410 Rn. 5. **AA** BAG WM 1968, 1047 (Fotokopie ausreichend). Dagegen LAG Düsseldorf NZA 1995, 968. Offengelassen in BGH NJW 2012, 3426.
[3] BGH WM 1982, 706.
[4] BGH NJW 2012, 3426.
[5] BGH NJW 1958, 666.
[6] Zum Inhalt → BGB §§ 402, 403 Rn. 9.
[7] → BGB § 409 Rn. 5.
[8] BGH NJW 2007, 1269; 1958, 666.
[9] BGH NJW 1958, 666.
[10] BGH WM 1982, 706.

III. Abtretungsanzeige (Abs. 2)

7 § 410 Abs. 1 BGB gilt nicht, wenn der Zedent dem Drittschuldner die Zession schriftlich angezeigt hat (§ 410 Abs. 2 BGB).

IV. Rechtsfolgen

8 § 410 Abs. 1 S. 1 BGB gibt dem Drittschuldner ein **Leistungsverweigerungsrecht,** aber keinen Anspruch auf Urkundenaushändigung.[11] Rechtzeitige Geltendmachung der Einrede vermeidet **Schuldnerverzug,**[12] spätere Geltendmachung beendet ihn.[13]

9 Im Prozess führt die Einrede des § 410 Abs. 1 S. 1 BGB zur **Verurteilung** des Drittschuldners **Zug um Zug** gegen Urkundenaushändigung.[14] § 410 Abs. 1 S. 1 BGB entbindet den Zessionar nicht vom schlüssigen **Vortrag und Beweis der Abtretungstatsachen.** Versäumt er dies, ist seine Klage gegen den Drittschuldner abzuweisen.[15]

10 Eine ordnungsgemäß **zurückgewiesene Erklärung** des Zessionars (§ 410 Abs. 1 S. 2 BGB) ist unwirksam, sie kann nicht geheilt, sondern **muss wiederholt werden.**

§ 411 Gehaltsabtretung

[1]Tritt eine Militärperson, ein Beamter, ein Geistlicher oder ein Lehrer an einer öffentlichen Unterrichtsanstalt den übertragbaren Teil des Diensteinkommens, des Wartegelds oder des Ruhegehalts ab, so ist die auszahlende Kasse durch Aushändigung einer von dem bisherigen Gläubiger ausgestellten, öffentlich oder amtlich beglaubigten Urkunde von der Abtretung zu benachrichtigen. [2]Bis zur Benachrichtigung gilt die Abtretung als der Kasse nicht bekannt.

Übersicht

I. Allgemeines

1 § 411 BGB enthält ein **Fiskusprivileg** für öffentliche Kassen von Drittschuldnern abgetretener Ansprüche des in der Norm genannten Personenkreises auf Diensteinkommen pp.

II. Voraussetzungen

2 Wer Militärperson oder Beamter ist, regelt das Soldaten- und Beamtenrecht. Bei Angestellten im öffentlichen Dienst gilt § 411 BGB nicht entsprechend (str.).[1] Lehrer, auch Hochschullehrer,[2] brauchen nicht verbeamtet zu sein, sie müssen aber an einer öffentlichen

[11] MüKoBGB/*Roth/Kieninger* § 410 Rn. 1, 4; Palandt/*Grüneberg* BGB § 410 Rn. 1.
[12] BGH NJW 2007, 1269.
[13] BGH NJW 1969, 1110.
[14] BGH NJW 1986, 977.
[15] BGH NJW 1993, 1468.
[1] **AA** MüKoBGB/*Roth/Kieninger* § 411 Rn. 7; Palandt/*Grüneberg* BGB § 411 Rn. 1; Staudinger/*Busche* § 411 Rn. 5.
[2] MüKoBGB/*Roth/Kieninger* § 411 Rn. 2; Staudinger/*Busche* § 411 Rn. 4.

Unterrichtsanstalt beschäftigt sein, nicht an einer privaten, sei sie auch staatlich beaufsichtigt.[3] Erfasst sind nur bestimmte, nicht jegliche Ansprüche gegen die Hohe Hand.

III. Rechtsfolgen

S. 1 enthält **keine Wirksamkeitsvoraussetzung** der Zession.[4] Vielmehr hat die zuständige Kasse ein **Leistungsverweigerungsrecht** und kann Kündigungen und Mahnungen analog § 410 Abs. 1 S. 2 BGB **zurückweisen,** solange nicht die in qualifizierter Form (§ 129 BGB, § 65 BeurkG) ausgestellte Abtretungsurkunde[5] – bei Überweisung der Überweisungsbeschluss (§ 836 Abs. 1 ZPO) – ausgehändigt ist.[6] Ferner gilt die Kasse gemäß S. 2 bis zur Aushändigung als gutgläubig und genießt bis dahin den Schutz der §§ 406–408 BGB.[7] 3

§ 412 Gesetzlicher Forderungsübergang

Auf die Übertragung einer Forderung kraft Gesetzes finden die Vorschriften der §§ 399 bis 404, 406 bis 410 entsprechende Anwendung.

Übersicht

I. Allgemeines

Die §§ 398 ff. BGB regeln die Voraussetzungen und Folgen rechtsgeschäftlicher Gläubigerauswechslung (Abtretung). Neben dieser steht der **Forderungsübergang kraft Gesetzes (cessio legis),** der vor allem als Regressmittel dient. § 412 BGB bestimmt, dass für die **Legalzession** die meisten Abtretungsvorschriften entsprechend gelten. 1

Von der Legalzession zu **unterscheiden** ist die gesetzliche Verpflichtung, eine Forderung zu zedieren, zB §§ 255, 285 Abs. 1 BGB, §§ 61 Abs. 1, 113 Abs. 1 HGB, §§ 88 Abs. 2 S. 2, 284 Abs. 2 S. 2 AktG. Die Verpflichtung ist durch rechtsgeschäftliche Abtretung (§ 398 BGB) zu erfüllen, die §§ 398 ff. BGB sind dann unmittelbar anzuwenden. 2

II. Legalzession

Legalzessionen enthalten zB die §§ 268 Abs. 3 S. 1, 426 Abs. 2 S. 1, 774 Abs. 1 S. 1, 1143 Abs. 1 S. 1, 1150, 1225 S. 1, 1249 S. 2, 1607 Abs. 2 S. 2, 1608 S. 3 BGB, § 326 Abs. 2 InsO, § 86 Abs. 1 S. 1 VVG, § 116 SGB X,[1] § 6 Abs. 3 EFZG. 3

Legalzessionen sind zumeist mit der Bestimmung versehen, der Übergang könne nicht zum Nachteil des bisherigen Gläubigers geltend gemacht werden, zB §§ 268 Abs. 3 S. 2, 426 Abs. 2 S. 2, 774 Abs. 1 S. 2, 1143 Abs. 1 S. 2, 1150, 1225 S. 2, 1249 S. 2 BGB, § 86 Abs. 1 S. 2 VVG, § 6 Abs. 3 EFZG. Solche Bestimmungen regeln bei **Teilzession** das Verhältnis zwischen übergegangenem und verbliebenem Forderungsteil. Dem alten Gläubi- 4

[3] MüKoBGB/*Roth/Kieninger* § 411 Rn. 2; Staudinger/*Busche* § 411 Rn. 4.
[4] Palandt/*Grüneberg* BGB § 411 Rn. 2; Staudinger/*Busche* § 411 Rn. 10.
[5] Inhalt → BGB §§ 402, 403 Rn. 9.
[6] MüKoBGB/*Roth/Kieninger* § 411 Rn. 1, 3; Staudinger/*Busche* § 411 Rn. 10.
[7] Zu Einschränkungen durch § 242 BGB MüKoBGB/*Roth/Kieninger* § 411 Rn. 4.
[1] Einzelheiten MüKoBGB/*Roth/Kieninger* § 412 Rn. 8 ff.

ger wird bei der Befriedigung der Vorrang gewährt, falls das Vermögen des Drittschuldners zur Befriedigung von Alt- und Neugläubiger nicht ausreicht[2] (so deutlich § 116 Abs. 4 SGB X). Dieser **Vorrang des beim Zedenten verbliebenen Teils** vor dem übergegangenen Teil wirkt sich in der Vollstreckung gegen den Drittschuldner und in der Insolvenz über das Vermögen des Drittschuldners aus. Er erstreckt sich auch auf Sicherungsrechte, die gemäß §§ 412, 401 BGB mit dem legalzedierten Forderungsteil übergehen.[3]

5 § 412 BGB gilt nicht bei Erbfall (§ 1922 Abs. 1 BGB); bei Universalsukzession unter Lebenden ist die Anwendbarkeit des Zessionsrechts differenziert zu beurteilen.[4]

III. Entsprechende Anwendung von Zessionsnormen

6 § 412 BGB nimmt die §§ 398, 405, 411 BGB von der entsprechenden Anwendung aus. Ferner gehen Sondervorschriften den allgemeinen zessionsrechtlichen Vorschriften vor, zB § 115 Abs. 2 SGB X gegenüber den §§ 399 f. BGB.

7 § 403 BGB ist mit der Maßgabe entsprechend anzuwenden, dass der gesetzliche Forderungsübergang zu bestätigen ist.[5]

8 Bei § 406 BGB ist Kenntnis des Tatbestandes maßgeblich, der die Legalzession auslöst;[6] grundsätzlich ebenso bei § 407 BGB, wo an die Kenntnis von Legalzessionen nur maßvolle (geringe) Anforderungen zu stellen sein sollen.[7]

9 Bei § 409 BGB tritt an die Stelle einer Abtretungsanzeige die Bescheinigung des Forderungsübergangs kraft Gesetzes.[8]

10 Bei § 410 BGB ist eine den Übergang anerkennende Urkunde vorzuweisen.[9]

§ 413 Übertragung anderer Rechte

Die Vorschriften über die Übertragung von Forderungen finden auf die Übertragung anderer Rechte entsprechende Anwendung, soweit nicht das Gesetz ein anderes vorschreibt.

Übersicht

[2] BGH NJW 1969, 98.
[3] MüKoBGB/*Roth/Kieninger* § 412 Rn. 3; Staudinger/*Busche* § 412 Rn. 6.
[4] MüKoBGB/*Roth/Kieninger* § 412 Rn. 15 ff.; Staudinger/*Busche* § 412 Rn. 9 f.
[5] MüKoBGB/*Roth/Kieninger* § 403 Rn. 3.
[6] MüKoBGB/*Roth/Kieninger* § 406 Rn. 15.
[7] MüKoBGB/*Roth/Kieninger* § 407 Rn. 15; Staudinger/*Busche* § 407 Rn. 40.
[8] Staudinger/*Busche* § 409 Rn. 6.
[9] MüKoBGB/*Roth/Kieninger* § 410 Rn. 10; Staudinger/*Busche* § 410 Rn. 3.

I. Allgemeines

Die §§ 398 ff. BGB gelten grundsätzlich entsprechend für die Übertragung anderer Rechte als Forderungen und deren Folgen. Voraussetzung ist, dass das jeweilige andere Recht nicht überhaupt unübertragbar ist. Unübertragbarkeit kann sich aus ausdrücklicher gesetzlicher Anordnung ergeben, oder aus dem Inhalt oder Besonderheiten des jeweiligen Rechts, zB beim Allgemeinen Persönlichkeitsrecht.[1] Ferner haben Sonderregelungen über die Übertragung (zB §§ 873, 929 ff. BGB für das Eigentum) und die Übertragungsfolgen anderer Rechte Vorrang vor der entsprechenden Anwendung der §§ 398 ff. BGB. 1

Eine entsprechende Anwendung der Schuldnerschutzbestimmungen der §§ 407 ff. BGB kommt bei anderen Rechten nur in Betracht, wenn aus dem übertragenen Recht eine Person vergleichbar einem Schuldner verpflichtet ist.[2] 2

II. Andere Rechte als Forderungen

1. Inbegriffe von Rechten

Zu den anderen Rechten als Forderungen zählen nicht Inbegriffe von Rechten. Das **Unternehmen** kann nicht als solches übertragen werden.[3] Möglich ist eine Anteilsübertragung **(share deal), Umwandlung** nach dem UmwG oder ein **asset deal,** bei dem die unternehmenszugehörigen Gegenstände nach den für sie maßgebenden Normen einzeln übertragen werden.[4] Differenziert zu beurteilen ist die Übertragbarkeit der **Mitgliedschaft** als Inbegriff der Rechte und Pflichten aus der Verbandszugehörigkeit.[5] Die Mitgliedschaft in einer Personengesellschaft kann grundsätzlich nicht übertragen werden, es sei denn, dies ist in der Satzung vorgesehen (zum Verein s. §§ 38, 40 BGB). Die Mitgliedschaft in einer Kapitalgesellschaft ist grundsätzlich übertragbar, zB § 15 GmbHG, § 68 AktG, § 76 GenG. 3

2. Firma

Die Firma (§ 17 HGB) kann nicht ohne das Handelsgeschäft, für das sie geführt wird, veräußert werden (§ 23 HGB). Soweit die Übertragung zulässig ist, ist sie nach den §§ 413, 398 BGB vorzunehmen.[6] 4

3. Dingliche Rechte

Dingliche Rechte sind nach den Normen des Sachenrechts zu übertragen[7] oder unübertragbar, zB Nießbrauch (§ 1059 S. 1 BGB) und beschränktepersönliche Dienstbarkeit (§ 1092 Abs. 1 S. 1 BGB). Auch **akzessorische dingliche Rechte,** die mit der gesicherten Forderung übergehen – Hypothek und Pfandrecht (§§ 1153 Abs. 1, 1250 Abs. 1 BGB) –, fallen nicht unter die §§ 398 ff. BGB. Vielmehr gelten diese Normen unmittelbar für die gesicherte Forderung, das sichernde dingliche Recht folgt kraft Gesetzes. Dingliche Rechte können nicht gemäß § 399 Alt. 2 BGB vinkuliert werden, es gilt § 137 BGB. Ausnahmen ergeben sich aus den §§ 12, 25 WEG sowie § 877 BGB bei Grundschuld und subjektiv-persönlicher Reallast.[8] Die Abtretbarkeit einer Grundschuld kann durch Einigung und 5

[1] MüKoBGB/*Roth/Kieninger* § 413 Rn. 1.
[2] BGH NJW 1993, 1468.
[3] MüKoBGB/*Roth/Kieninger* § 413 Rn. 2; Palandt/*Grüneberg* BGB § 413 Rn. 2; Staudinger/*Busche* § 413 Rn. 4.
[4] BGH NJW 1968, 392.
[5] MüKoBGB/*Roth/Kieninger* § 413 Rn. 8 ff.; Staudinger/*Busche* § 413 Rn. 16 f.
[6] MüKoBGB/*Roth/Kieninger* § 413 Rn. 3.
[7] BGH NJW 1970, 699; OLG Hamm NJW 1968, 1289; MüKoBGB/*Roth/Kieninger* § 413 Rn. 4; Staudinger/*Busche* § 413 Rn. 5.
[8] OLG Hamm NJW 1968, 1289; Palandt/*Herrler* BGB Einl. Vor § 854 Rn. 12.

Grundbucheintragung ausgeschlossen werden.[9] Die Unübertragbarkeit eines akzessorischen dinglichen Rechts, das eine unübertragbare Forderung sichert, folgt nicht aus § 399 BGB, sondern aus der Akzessorietät (s. auch § 1250 Abs. 2 BGB zum Pfandrecht). Sachenrechtliche **Rechtsverwirklichungsansprüche** (§§ 894, 985, 1004 BGB) sind gemäß § 399 Alt. 1 BGB unübertragbar.[10]

4. Gewerbliche Schutzrechte

6 Gewerbliche Schutzrechte sind grundsätzlich übertragbar gemäß § 413 BGB, s. § 15 Abs. 1 S. 2 PatG, § 27 MarkenG, § 29 DesignG.[11]

5. Urheberrecht

7 Das Urheberrecht ist nicht übertragbar, es sei denn, es wird in Erfüllung einer Verfügung von Todes wegen oder an Miterben im Wege der Erbauseinandersetzung übertragen (§ 29 Abs. 1 UrhG). Zulässig sind die Einräumung von Nutzungsrechten (§ 31 UrhG), schuldrechtliche Einwilligungen und Vereinbarungen zu Verwertungsrechten sowie gewisse Rechtsgeschäfte über Urheberpersönlichkeitsrechte (§ 29 Abs. 2 UrhG).[12]

6. Familienrecht

8 Familienrechte sind nicht übertragbar.[13]

7. Erbrecht

9 Das **Erbrecht** und die **Erbschaft** als solche sind nicht übertragbar.[14] § 413 BGB gilt, soweit **einzelne Erbrechte** übertragbar sind, zB der Miterbenanteil (§ 2033 BGB), außer wenn sich alle Erbteile in einer Person vereinigt haben,[15] und der Anspruch aus Vermächtnis (§ 2174 BGB).[16]

8. Gestaltungsrechte

10 Bei **Gestaltungsrechten** ist zu differenzieren.[17] Manche sind an einen Vertrag oder einen Anspruch gebunden, zB das Widerrufsrecht des Schenkers (§ 530 BGB),[18] andere können selbständig übertragen werden.[19] Übertragbar sind das Wiederkaufsrecht (§ 456 BGB) und Aneignungsrechte. Zum Vorkaufsrecht s. § 473 BGB. Ferner soll nach zweifelhafter Auffassung des BGH[20] der Grundstücksverkäufer den Käufer dazu ermächtigen können, einen Mietvertrag im eigenen Namen zu kündigen, schon bevor der Käufer mit der Eintragung im Grundbuch in den Mietvertrag eintritt.

9. SEPA-Lastschriftmandat

11 Das **SEPA-Lastschriftmandat** kann gemäß § 413 BGB übertragen werden.[21]

---

[9] *Habersack* WM 2018, 1625 (1626).

[10] → BGB §§ 399, 400 Rn. 18.

[11] Einzelheiten MüKoBGB/*Roth/Kieninger* § 413 Rn. 5; Staudinger/*Busche* § 413 Rn. 18.

[12] Einzelheiten MüKoBGB/*Roth/Kieninger* § 413 Rn. 6; Staudinger/*Busche* § 413 Rn. 19.

[13] MüKoBGB/*Roth/Kieninger* § 413 Rn. 7; Palandt/*Grüneberg* BGB § 413 Rn. 2; Staudinger/*Busche* § 413 Rn. 9. Zu Unterhaltsansprüchen → BGB §§ 399, 400 Rn. 3

[14] BGH WM 1967, 978; Palandt/*Grüneberg* BGB § 413 Rn. 2; Staudinger/*Busche* § 413 Rn. 9.

[15] OLG Düsseldorf NJW 1977, 1828.

[16] MüKoBGB/*Roth/Kieninger* § 413 Rn. 7.

[17] Einzelheiten MüKoBGB/*Roth/Kieninger* § 413 Rn. 11 f.; Palandt/*Grüneberg* BGB § 413 Rn. 3 ff.; Staudinger/*Busche* § 413 Rn. 10 ff.

[18] MüKoBGB/*Roth/Kieninger* § 413 Rn. 13.

[19] → BGB § 398 Rn. 17; → BGB §§ 399, 400 Rn. 17. Zu Rechten auf Herbeiführung eines Vertragsschlusses → BGB §§ 399, 400 Rn. 5.

[20] BGH NJW 1998, 896.

[21] *Haertlein/Thümmler* WM 2008, 2137 (2144); BeckOGK/*Lieder* BGB § 413 Rn. 30.

28. Kapitel: Pfandrecht an Forderungen und Wertpapieren – §§ 1273–1296 BGB

Schrifttum: *Albrecht/Hombrecher,* Aspekte der Vertragsgestaltung bei der Kreditsicherung mit Markenrechten, WM 2005, 1689; *Baumbach/Hefermehl/Casper,* Wechselgesetz, Scheckgesetz, Recht der kartengestützten Zahlungen, 23. Aufl. 2008; *Blomeyer,* Die Verpfändung von Rückdeckungsversicherungen an Versorgungsanwärter der betrieblichen Altersversorgung, VersR 1999, 653; *Böning,* Der Besitz des Hinterlegers an Dauerglobalaktien, ZInsO 2008, 873; *Brauer/Levedag,* Die Zusammenlegung eines verpfändeten GmbH-Gesellschaftsanteils mit einem pfandfreien GmbH-Gesellschaftsanteil ohne Zustimmung des Pfandgläubigers, GmbHR 2002, 572; *Brox/Henssler,* Handelsrecht, 20. Aufl. 2009; *Bülow,* Recht der Kreditsicherheiten, 7. Aufl. 2007, Kap. 1 Abschn. 1 IV, Kap. 2 Abschn. 1 III; *Bülow,* Heidelberger Kommentar zum Wechselgesetz, Scheckgesetz, Allgemeinen Geschäftsbedingungen, 4. Aufl. 2004; *Einsele,* Wertpapierrecht als Schuldrecht – Funktionsverlust von Effektenurkunden im internationalen Rechtsverkehr, 1995; *Elfring,* Die Verwertung verpfändeter und abgetretener Lebensversicherungsansprüche in der Insolvenz des Versicherungsnehmers, NJW 2005, 2192; *Gattringer,* Verpfändung von Gewinnforderungen, ZinsO 2010, 802; *Gursky,* Wertpapierrecht, 3. Aufl. 2007; *Gutzeit,* Handelsbeschränkungen für Eintrittskarten, BB 2007, 113; *Habersack/Mayer,* Globalverbriefte Aktien als Gegenstand sachenrechtlicher Verfügungen?, WM 2000, 1678; *Hartmann/Höche/Wand/Weber,* Kurzkommentar Bankvordrucke, Loseblatt Stand 3/2009, Teil 8 *Heinsius/Horn/Than,* Depotgesetz, 1975; *Hirte/Knof,* Das Pfandrecht an globalverbrieften Aktien in der Insolvenz, WM 2008, 7; *G. Hoffmann,* Die Verpfändung von Aktien in der Konsortialkreditpraxis, WM 2007, 1547; *Hueck/Canaris,* Recht der Wertpapiere, 12. Aufl. 1986; *Josten,* Kreditvertragsrecht, 2. Aufl. 2017, § 36; *Koller,* Namensschuldverschreibungen des Kapitalmarkts – eine neue Wertpapierform?, WM 1981, 474; *Leuschner,* Die Teilverpfändung von GmbH-Anteilen, WM 2005, 2161; *Liebscher/Lübke,* Die zwangsweise Verwertung vinkulierter Anteile, ZIP 2004, 241; *Ludwig,* Die Verpfändung des Auflassungsanspruchs, DNotZ 1992, 339; *Lux,* Eigenes Ablösungsrecht der Mitgesellschafter bei der Verpfändung von GmbH-Anteilen?, GmbHR 2003, 938; *Maier-Reimer/Webering,* Verwertung von Pfandrechten an Unternehmensbeteiligungen, BB 2003, 1630; *Matusche-Beckmann,* in: Derleder/Knops/Bamberger (Hrsg.), Handbuch zum deutschen und europäischen Bankrecht, 3. Aufl. 2017, § 29; *Meller-Hannich,* Verfügbarkeit von Forderungen und Gläubigerzugriff, KTS 2000, 37; *Meyer-Cording/Drygala,* Wertpapierrecht, 3. Aufl. 1995; *Müller-Christmann/Schnauder,* Wertpapierrecht, 1992; *Mylich,* Der Zugriff Dritter auf den künftigen Grundstücksmietzins, WM 2010, 1923; *Nodoushani,* Die Verpfändung konkreter Bezugsrechte, WM 2011, 1; *Nodoushani.,* Rechtsfragen bei der Aktienverpfändung, WM 2007, 289; *Piekenbrock,* Das AGB-Pfandrecht am Kundenguthaben in der Klauselkontrolle, WM 2009, 49; *Primozic/Tautorat,* Zur Problematik der „vorgezogenen" Verpfändungsanzeige, NZI 2010, 49; *Reymann,* Die Verpfändung von GmbH-Geschäftsanteilen, DNotZ 2005, 425; *Rinze/Ohler,* Das Rettungsübernahmegesetz und Pfandrechte Dritter an den Enteignungsgegenständen, NJW 2009, 1847; *Schimansky/Bunte/Lwowski* (Hrsg.), Bankrechts-Handbuch, Band II, 3. Aufl. 2007, § 93; *Stegmann,* Lebensversicherung als Kreditsicherung im Rahmen der neuen InsO, VersR 2000, 1467; *Steppelt,* Die Reichweite des Pfandrechts bei wiederkehrenden Leistungen am Beispiel rückgedeckter unmittelbarer Pensionszusagen, VersR 2003, 292; *Stupp,* Aktuelle Rechtsprobleme bei der Verpfändung von Aktien zur Kreditbesicherung, DB 2006, 655; *Tetzlaff,* Verwertung von Pfandrechten an Unternehmensbeteiligungen durch eine öffentliche Versteigerung und freihändige Veräußerung, ZinsO 2007, 478; *Vogelmann/Körner,* Die Verwertung verpfändeter GmbH-Geschäftsanteile, DNotZ 2018, 485; *Weber,* Kreditsicherungsrecht, 8. Aufl. 2006, §§ 15 bis 17; *Werner,* Die Verwertung gepfändeter Anteile an einer GmbH & Co. KG, GmbHR 2018, 1297; *Werner,* Zur Formbedürftigkeit der Verpfändung von Kommanditanteilen an einer GmbH & Co. KG, GmbHR 2008, 755; *Zöllner,* Wertpapierrecht, 14. Aufl. 1987.

Übersicht

Vorbemerkung vor §§ 1273 ff. BGB

Übersicht

I. Rechtsverpfändung und Sicherungszession

1 Kredite können mit Forderungen und anderen Rechten durch **Verpfändung** (§§ 1273 ff. BGB) oder **Sicherungsabtretung** (§§ 398 ff. BGB) besichert werden. In der Praxis dominiert die Sicherungsabtretung. Denn die Forderungsverpfändung bedarf in der Regel einer Verpfändungsanzeige an den Drittschuldner (§ 1280 BGB), die einer stillen Verpfändung entgegensteht und eine Vorausverpfändung erheblich erschwert. Die Forderungsverpfändung ist bedeutsam als **AGB-Pfandrecht der Kreditinstitute** (Nr. 14 AGB Banken, Nr. 21 AGB Spark), vor allem als Pfandrecht an eigener Schuld. Die Verpfändung anderer Rechte spielt eine Rolle zB bei Gesellschaftsanteilen, Grundpfand- und Immaterialgüterrechten.[1]

II. Rechtspfand

2 Pfandrechtsobjekt können Rechte (§ 1273 Abs. 1 BGB), insbesondere Forderungen (§§ 1279–1291 BGB) sein. Das Rechtspfand ist ein akzessorisches (§§ 1273 Abs. 2, 1204 Abs. 1, 1210, 1250, 1252 BGB) **Verwertungsrecht.** Es ist abstrakt, entsteht also auch ohne Rechtsgrund, ist aber kondizierbar, wenn ein Rechtsgrund fehlt. Der Rechtsgrund ist nicht die gesicherte Forderung, sondern in der **Sicherungsabrede**[2] enthalten. Bei einem **Verbraucherdarlehensvertrag** (§ 491 BGB) muss grundsätzlich nicht nur die Sicherungsabrede, sondern auch der Darlehensvertrag Angaben zu Sicherheiten enthalten, weil andernfalls „Sicherheiten nicht gefordert werden" können (§ 494 Abs. 6 S. 2 BGB).[3] § 494 Abs. 6 S. 2 BGB erfasst Drittsicherheiten[4] ebenso wie Schuldnersicherheiten.[5]

3 Beim Rechts-, insbesondere Forderungspfand sind der Inhaber der verpfändeten und der Schuldner der gesicherten Forderung, der Pfandgläubiger und der Drittschuldner **beteiligt.** Der **Forderungsinhaber** bestellt das Pfand an eigenem Recht (Verpfänder und Sicherungsgeber). Er kann, muss aber nicht zugleich **Schuldner der gesicherten Forderung** sein (Schuldner- und Drittsicherheit). Der **Pfandgläubiger** erhält das Pfandrecht (Sicherungsnehmer) und ist zugleich Gläubiger der gesicherten Forderung (Zuständigkeitsakzessorietät, vgl. § 1250 BGB). Der **Drittschuldner** ist Schuldner des verpfändeten Rechts und Adressat der Verpfändungsanzeige (§ 1280 BGB).

4 Die §§ 1273–1291 BGB regeln die Verpfändung unverbriefter Rechte (Forderungen und andere Rechten), §§ 1292–1296 BGB regeln die Verpfändung von Wertpapieren.

§ 1273 Gesetzlicher Inhalt des Pfandrechts an Rechten

(1) **Gegenstand des Pfandrechts kann auch ein Recht sein.**

---

[1] BankR-HdB/*Merkel* § 93 Rn. 8 f., 11 f.; *Weber* Kreditsicherungsrecht § 15 vor I.
[2] BankR-HdB/*Merkel* § 93 Rn. 217 ff.
[3] Einzelheiten BeckOGK/*Haertlein* BGB § 507 Rn. 50 ff.
[4] → Rn. 3.
[5] BeckOGK/*Haertlein* BGB § 507 Rn. 53. AA BankR-HdB/*Peters* § 81 Rn. 269.

(2) [1]**Auf das Pfandrecht an Rechten finden die Vorschriften über das Pfandrecht an beweglichen Sachen entsprechende Anwendung, soweit sich nicht aus den §§ 1274 bis 1296 ein anderes ergibt.** [2]**Die Anwendung der Vorschriften des § 1208 und des § 1213 Abs. 2 ist ausgeschlossen.**

Übersicht

I. Allgemeines

1 Ein Recht kann Gegenstand eines Pfandrechts sein (§ 1273 Abs. 1 BGB). Gemäß § 1273 Abs. 2 BGB sind auf das Rechtspfand grundsätzlich die **Vorschriften über das Fahrnispfand** (§§ 1204 ff. BGB) entsprechend anzuwenden.

II. Gegenstand des Rechtspfands (Abs. 1)

1. Grundsatz

2 **a) Rechte aller Art.** Verpfändet werden können übertragbare (§ 1274 Abs. 2 BGB) Rechte aller Art, etwa **Forderungen** (§§ 1279–1290 BGB), zB Spar- und Festgeldguthaben,[1] der Kontokorrentsaldo (Tages- und Abschlussaldo),[2] Auflassungsansprüche[3] und Ansprüche aus Versicherungsverträgen,[4] die **Grundpfandrechte** Grund- und Rentenschuld (§ 1291 BGB), **Immaterialgüterrechte**[5] (Patent, Gebrauchs- und Geschmacksmuster, Marke, Lizenz, Internet-Domain,[6] Nutzungsrecht am Urheberrecht, § 29 Abs. 2 S. 1 UrhG), **Gesellschaftsanteile,**[7] **Gesellschafterrechte** (zB auf Gewinn- und Aktienbezug, Abfindung, Auseinandersetzungsguthaben),[8] Rechte der Gesellschaft gegen Gesellschafter (Einlage)[9] und **Erbrechte,**[10] zB Nacherbenrecht, Erbanteil,[11] Pflichtteil, Vermächtnis.

3 **b) Künftige Rechte.** Künftige sowie aufschiebend bedingte und befristete[12] Rechte können verpfändet werden (zu unterscheiden von der Besicherung eines bedingten oder künftigen Anspruchs, §§ 1273 Abs. 2, 1204 Abs. 2 BGB), zB beim Pfandrecht der Kreditinstitute (Nr. 14 AGB Banken, Nr. 21 AGB Spark). Bei Verpfändung einer künftigen

---

[1] BankR-HdB/*Merkel* § 93 Rn. 62.
[2] BGHZ 135, 140 = NJW 1997, 1857; 84, 371 = NJW 1982, 2193; 84, 325 = NJW 1982, 2192; 80, 173 = NJW 1981, 1611, jeweils betreffend Pfändung.
[3] Einzelheiten MüKoBGB/*Damrau* § 1274 Rn. 29 ff.
[4] *Blomeyer* VersR 1999, 653; *Stegmann* VersR 2000, 1467; *Steppelt* VersR 2003, 292.
[5] Einzelheiten MüKoBGB/*Damrau* § 1274 Rn. 80 ff.; BankR-HdB/*Merkel* § 93 Rn. 199 ff.
[6] OLG München ZIP 2004, 2451.
[7] BGH NJW-RR 2010, 924. Einzelheiten *Leuschner* WM 2005, 2161; BankR-HdB/*Merkel* § 93 Rn. 140 ff.
[8] BGH NJW-RR 2010, 924; WM 1972, 81; OLG Braunschweig WM 1997, 487; *Gattringer* ZinsO 2010, 802; *Nodoushani* WM 2011, 1.
[9] BGH WM 1976, 713.
[10] BankR-HdB/*Merkel* § 93 Rn. 190 ff.; Staudinger/*Wiegand* § 1274 Rn. 29.
[11] Einzelheiten MüKoBGB/*Damrau* § 1274 Rn. 41 ff.
[12] Staudinger/*Wiegand* § 1273 Rn. 18.

Forderung **entsteht das Pfandrecht** mit **Forderungsentstehung,**[13] wenn zu diesem Zeitpunkt alle Verpfändungsvoraussetzungen (§§ 1274 Abs. 1, 1280 BGB), insbesondere Bestimmbarkeit bei Einigung und Anzeige, erfüllt[14] sind. Der **Rang** richtet sich nach dem Bestellungszeitpunkt,[15] nicht nach dem Entstehungszeitpunkt.

4 **c) Pfandrecht an eigener Schuld. Forderungen gegen den Pfandnehmer** – der Pfandnehmer ist zugleich Schuldner der verpfändeten Forderung – können verpfändet werden (pignus debiti), so zB beim **AGB-Pfandrecht der Kreditinstitute** (Nr. 14 AGB Banken, Nr. 21 AGB Spark)[16] an Kontoguthaben des Kunden.[17] Die Verpfändungsanzeige (§ 1280 BGB) ist überflüssig.[18]

2. Ausnahmen

5 **Nicht verpfändbar** sind **kontokorrentgebundene** Forderungen,[19] **Stimmrechte,**[20] das **Unternehmen** und der **Nachlass** als solche[21] sowie **subjektiv-dingliche Rechte,** die nicht vom Grundstück getrennt werden können, zB § 1094 Abs. 2 BGB, im Gegensatz zu übertragbaren subjektiv-persönlichen Rechten, zB § 1094 Abs. 1 BGB.[22] S. ferner § 1274 Abs. 2 BGB.[23]

6 Ebenfalls nicht verpfändet werden können **akzessorische** Rechte, zB die Hypothek oder der Bürgschaftsanspruch, die nicht von der gesicherten Forderung getrennt werden können, sowie **unselbständige Einzelrechte** eines umfassenden Rechts, zB Teilungs- und Auseinandersetzungsansprüche bei Gemeinschaften, Rechnungslegungsansprüche sowie Ansprüche aus den §§ 894, 985 BGB.[24] Eine **Forderungsverpfändung umfasst** aber entsprechend § 401 BGB grundsätzlich akzessorische Sicherungsrechte, Hilfs- und Nebenansprüche, nicht aber selbständige Sicherungsrechte und bereits entstandene Schadensersatzansprüche, und auch nicht den Entschädigungsanspruch gemäß §§ 3 Abs. 1, 4 Abs. 1 EAEG.[25]

7 **Nicht im Wege der Rechtsverpfändung,** sondern durch Sachverpfändung (§ 1258 BGB), können Miteigentumsanteile verpfändet werden.

III. Anzuwendende Vorschriften (Abs. 2)

8 Für das Rechtspfand gelten in erster Linie die §§ 1274–1296 BGB. Im Übrigen gelten grundsätzlich die **Vorschriften über das Fahrnispfand** (§§ 1204–1259 BGB) entsprechend, mit Ausnahme der §§ 1208, 1213 Abs. 2 BGB (§ 1273 Abs. 2 BGB).

§ 1204 BGB ist entsprechend anwendbar.[26]

Anstelle der §§ 1205–1207 BGB gelten die §§ 1274 Abs. 1, 1280, 1291 f. BGB.

§ 1208 BGB ist nicht entsprechend anzuwenden (§ 1273 Abs. 2 S. 2 BGB).

§ 1209 BGB ist entsprechend anwendbar,[27] ebenso die §§ 1210 f. BGB.[28]

---

[13] BGH NJW-RR 2010, 924; BGHZ 157, 350 = NJW 2004, 1444 betreffend Pfändung.

[14] BGH NJW-RR 2010, 924.

[15] MüKoBGB/*Damrau* § 1273 Rn. 4.

[16] Zur AGB-rechtlichen Klauselkontrolle BGH WM 2002, 919; *Piekenbrock* WM 2009, 49.

[17] BGH NJW-RR 2017, 366 mAnm *Langenbucher/Lerp* WuB 2017, 353; BGH NJW 2004, 1660 mAnm *Haertlein/Schmidt* WuB VI C (§ 131 InsO) 4.04; BGHZ 93, 71 = NJW 1985, 863; BGH NJW 1983, 2701.

[18] BGH NJW 2004, 1660 mAnm *Haertlein/Schmidt* WuB VI C (§ 131 InsO) 4.04.

[19] BGH ZIP 2010, 1137; BGHZ 80, 173 = NJW 1981, 1611.

[20] MüKoBGB/*Damrau* § 1273 Rn. 2.

[21] MüKoBGB/*Damrau* § 1273 Rn. 2; Staudinger/*Wiegand* § 1273 Rn. 7.

[22] MüKoBGB/*Damrau* § 1273 Rn. 2.

[23] → BGB § 1274 Rn. 6 ff. (auch zu weiteren nicht verpfändbaren Rechten).

[24] MüKoBGB/*Damrau* § 1273 Rn. 2; Staudinger/*Wiegand* § 1273 Rn. 12.

[25] BGHZ 176, 67 = NJW 2008, 1732.

[26] Palandt/*Wicke* BGB § 1273 Rn. 2; Staudinger/*Wiegand* § 1273 Rn. 21.

[27] BGHZ 123, 183 = NJW 1993, 2876.

[28] Palandt/*Wicke* BGB § 1273 Rn. 2; Staudinger/*Wiegand* § 1273 Rn. 21.

§ 1212 BGB ist nicht entsprechend anzuwenden.[29]

§ 1213 Abs. 1 BGB ist entsprechend anwendbar,[30] nicht aber § 1213 Abs. 2 BGB (§ 1273 Abs. 2 S. 2 BGB), stattdessen §§ 1289, 1296 BGB.

§§ 1214–1218 BGB gelten entsprechend[31] (s. § 1275 BGB zu § 1217 Abs. 1 BGB).

Anstelle der §§ 1219–1221 BGB gilt § 1277 BGB.

§§ 1222–1227 BGB sind entsprechend anwendbar.[32]

Statt § 1228 Abs. 1 BGB gelten §§ 1277, 1282 BGB, § 1228 Abs. 2 BGB gilt entsprechend.[33]

§ 1229 BGB ist entsprechend anwendbar (§ 1277 S. 2 BGB), ebenso grundsätzlich die §§ 1230–1248 BGB.[34] Zu § 1245 Abs. 2 BGB s. § 1277 S. 2 BGB.

§§ 1249–1256 BGB sind entsprechend anwendbar[35] (s. § 1278 BGB zu § 1253 BGB).

§ 1257 BGB ist entsprechend anwendbar auf die gesetzlichen Rechtspfänder gemäß §§ 233, 1128 Abs. 3 BGB, §§ 399, 597, 599 HGB.[36]

§ 1258 BGB ist entsprechend anwendbar,[37] ebenso § 1259 BGB (s. § 1279 S. 2 BGB).

§ 1274 Bestellung

(1) **¹Die Bestellung des Pfandrechts an einem Recht erfolgt nach den für die Übertragung des Rechts geltenden Vorschriften. ²Ist zur Übertragung des Rechts die Übergabe einer Sache erforderlich, so finden die Vorschriften der §§ 1205, 1206 Anwendung.**

(2) **Soweit ein Recht nicht übertragbar ist, kann ein Pfandrecht an dem Recht nicht bestellt werden.**

Übersicht

I. Allgemeines

1 Das Rechtspfand ist in den Formen und nach den Maßgaben zu bestellen, die für die Übertragung eines solchen Rechts gelten. Wenn danach die Übergabe einer Sache für die Übertragung erforderlich ist, zB bei § 1154 BGB, dann muss die Übergabe bei der Ver-

[29] Palandt/*Wicke* BGB § 1273 Rn. 2; Staudinger/*Wiegand* § 1273 Rn. 21.
[30] Palandt/*Wicke* BGB § 1273 Rn. 2; Staudinger/*Wiegand* § 1273 Rn. 21.
[31] MüKoBGB/*Damrau* § 1273 Rn. 8.
[32] MüKoBGB/*Damrau* § 1273 Rn. 9.
[33] MüKoBGB/*Damrau* § 1273 Rn. 9.
[34] Einzelheiten MüKoBGB/*Damrau* § 1273 Rn. 9 f.
[35] MüKoBGB/*Damrau* § 1273 Rn. 10 f.
[36] MüKoBGB/*Damrau* § 1273 Rn. 10 f.
[37] MüKoBGB/*Damrau* § 1273 Rn. 11; Staudinger/*Wiegand* § 1273 Rn. 21.

pfändung den Vorgaben der §§ 1205 f. BGB entsprechen (§ 1274 Abs. 1 BGB). Nur soweit ein Recht übertragbar ist, kann es auch verpfändet werden (§ 1274 Abs. 2 BGB).

II. Bestellung (Abs. 1)

1. Verpfändungsverpflichtung

2 § 1274 Abs. 1 BGB regelt die abstrakte dingliche Bestellung eines Rechtspfands. Die Verpflichtung zur Verpfändung ist grundsätzlich formfrei. Ob eine Formvorschrift für die Verpflichtung zur Rechtsübertragung, zB § 15 Abs. 4 GmbHG, entsprechend für die Verpfändungsverpflichtung gilt,[1] ist jeweils anhand der verfolgten Formzwecke zu ermitteln.

2. Verpfändung

3 **a) Verpfändungstatbestand.** Der Verpfändungstatbestand richtet sich nach dem **Übertragungstatbestand für das jeweilige Recht** (§ 1274 Abs. 1 S. 1 BGB). Ferner muss eine wenigstens künftige oder aufschiebend bedingte **zu sichernde Forderung** vorhanden sein (§§ 1273 Abs. 2, 1204 BGB). Stets ist eine **Einigung** über die Verpfändung, das heißt über die Verschaffung eines Befriedigungsrechts an einem bestimmbaren Recht[2] wegen Nichterfüllung einer bestimmbaren Forderung, erforderlich.[3] Die Einigung ist **auszulegen** (§§ 133, 157 BGB),[4] insbesondere dahin, ob **Übertragung oder Verpfändung gewollt** ist.

4 Eine **Anweisung** ist entsprechend § 792 BGB durch Vertrag mit dem Erwerber – Schriftform der Verpfändungserklärung – und Aushändigung der Anweisung zu verpfänden. **Briefhypothekarisch gesicherte Forderungen** sowie **Briefgrund-**[5] und **rentenschulden** sind entsprechend §§ 398, 1154 BGB durch Einigung und Briefübergabe[6] zu verpfänden. Die Erteilung[7] der Verpfändungserklärung ist in Schriftform[8] vorzunehmen; die Schriftform kann durch Eintragung der Abtretung in das Grundbuch ersetzt werden. **Buchhypothekarisch gesicherte Forderungen** sowie **Buchgrund-** und **rentenschulden** sind durch formfreie Einigung und Eintragung im Grundbuch zu verpfänden, die Verpfändungsanzeige ist entbehrlich.[9] **Beschränkt dingliche Rechte,** die gemäß § 873 BGB übertragen werden, sind durch Einigung und Grundbucheintragung zu verpfänden. **Forderungen** sind grundsätzlich durch Einigung entsprechend § 398 BGB und Abtretungsanzeige (§ 1280 BGB) – letztere entbehrlich beim Pfandrecht an eigener Schuld[10] – zu verpfänden. Einigung genügt auch bei **anderen Rechten als Forderungen,** deren Übertragung nicht anderweitig geregelt ist (§ 413 BGB). Das **Geschäftsguthaben einer Genossenschaft** ist durch schriftliche Einigung (§ 76 Abs. 1 GenG) zu verpfänden, weitere Erfordernisse enthält § 76 Abs. 2 GenG.[11]

5 **b) Übergabe.** Die Rechtsverpfändung bedarf einer **Sachübergabe** – nicht zu verwechseln mit der Aushändigung der schriftlichen Abtretungserklärung –, wenn eine solche **von Gesetzes wegen**[12] – nicht infolge Rechtgeschäfts, zB gemäß § 15 Abs. 5 GmbHG, § 76

---

[1] Dafür MüKoBGB/*Damrau* § 1274 Rn. 2.
[2] BankR-HdB/*Merkel* § 93 Rn. 66.
[3] Staudinger/*Wiegand* § 1274 Rn. 3.
[4] BGH NJW 1984, 1749.
[5] Einzelheiten zur Grundschuldverpfändung MüKoBGB/*Damrau* § 1274 Rn. 25 ff.; Staudinger/*Wiegand* § 1274 Rn. 39 ff.
[6] Einzelheiten MüKoBGB/*Damrau* § 1274 Rn. 22.
[7] Zum Begriff BGH WM 1965, 664.
[8] Zum AGB-Pfandrecht der Banken s. BGHZ 60, 174 = NJW 1973, 514.
[9] MüKoBGB/*Damrau* § 1274 Rn. 25; Staudinger/*Wiegand* § 1274 Rn. 35.
[10] → BGB § 1273 Rn. 4.
[11] Einzelheiten Staudinger/*Wiegand* § 1274 Rn. 64.
[12] MüKoBGB/*Damrau* § 1274 Rn. 7.

Abs. 2 GenG – für die Rechtsübertragung erforderlich ist, zB §§ 792, 1154 Abs. 1 BGB, Verpfändung nicht präjudizierter Wechsel nach § 1274 BGB.[13] Die Voraussetzungen der Übergabe bestimmen sich in solchen Fällen aber nicht nach der Übertragungsnorm, sondern nach den §§ 1205 f. BGB (§ 1274 Abs. 1 S. 2 BGB). Die Übergabe macht die **Verpfändungsanzeige** (§ 1280 BGB) **entbehrlich.**[14]

III. Verpfändbarkeit (Abs. 2)

6 Ein Recht kann nicht verpfändet werden, soweit – also gegebenenfalls teilweise – es nicht übertragbar ist (§ 1274 Abs. 2 BGB). Ein Recht kann übertragbar, aber nicht verpfändbar sein. Schließlich kann ein Recht, das nicht verpfändbar ist, dessen Ausübung aber überlassen werden kann, zur Ausübung verpfändet werden[15] (s. § 857 Abs. 3 ZPO zur Pfändung).

1. Recht kann nicht übertragen und daher nicht verpfändet werden

7 **Als solche nicht übertragbar** und deshalb nicht verpfändbar (§ 1274 Abs. 2 BGB) sind zB[16] die Vereinsmitgliedschaft (§ 38 S. 1 BGB), das persönliche und das dingliche Vorkaufsrecht (§§ 473 S. 1, 1098 Abs. 1 S. 1 BGB), Ansprüche unter GbR-Gesellschaftern aus dem Gesellschaftsverhältnis (§ 717 S. 1 BGB, Ausnahmen § 717 S. 2 BGB), der Nießbrauch (§ 1059 S. 1 BGB, Ausnahme § 1059a BGB, dann aber unverpfändbar, § 1059b BGB, Verpfändung zur Ausübung zulässig), die beschränkte persönliche Dienstbarkeit (§ 1092 Abs. 1 S. 1 BGB, Verpfändung zur Ausübung zulässig), das Urheberrecht (§ 29 Abs. 1 UrhG) und Ansprüche gegen das Rechtsanwaltsversorgungswerk (§ 11 Abs. 1 RAVG BW). Im Zweifel nicht übertrag- und verpfändbar sind Ansprüche auf Dienste und auf die Ausführung eines Auftrags (§§ 613 S. 2, 664 Abs. 2, 1274 Abs. 2 BGB). Die Abtretbarkeit von Honorar- und Gebührenforderungen Angehöriger freier Berufe unterliegen zumeist Beschränkungen und Ausschlüssen (§ 134 BGB in Verbindung mit § 203 StGB, § 49b Abs. 4 BRAO, § 4 Abs. 4 S. 2 GOÄ, § 4 Abs. 3, 4 GOZ, § 64 Abs. 2 StBerG).[17]

8 Eine Forderung oder ein anderes Recht (§ 413 BGB) kann nicht verpfändet werden, wenn es gemäß § 399 BGB nicht abgetreten werden kann. Gemäß § 399 Alt. 1 BGB können bestimmte **zweckgebundene Forderungen** nicht abgetreten und damit nicht verpfändet werden, zB können Darlehensauszahlungsansprüche für Bauzwecke nur an den Baugläubiger abgetreten und verpfändet werden. Der zwischen Gläubiger und Drittschuldner **vereinbarte Abtretungsausschluss** (§ 399 Alt. 2 BGB) schließt auch die Verpfändung aus,[18] wenn er absolute Wirkung hat, also nicht in den Fällen des § 354a Abs. 1 HGB, s. aber die Gegenausnahme in § 354a Abs. 2 HGB.

9 Eine Forderung kann nicht abgetreten und nicht verpfändet werden, soweit sie der **Pfändung nicht unterworfen** ist (§§ 1274 Abs. 2, 400 BGB).[19] Die Unpfändbarkeit ergibt sich insbesondere aus den §§ 850 ff. ZPO. Nicht pfändbar sind ferner Ansprüche aus Kreditverschaffungsvertrag[20] (höchstpersönliches Abrufrecht).

2. Recht kann unabhängig von Übertragbarkeit nicht verpfändet werden

10 § 399 Alt. 2 BGB erlaubt es zu vereinbaren, dass eine Forderung oder ein sonstiges Recht (§ 413 BGB) zwar abgetreten, aber nicht verpfändet werden kann.[21]

---

[13] Anders bei präjudiziertem Wechsel, BGHZ 104, 145 = NJW 1988, 1979.
[14] MüKoBGB/*Damrau* § 1274 Rn. 8.
[15] MüKoBGB/*Damrau* § 1274 Rn. 12; Palandt/*Wicke* BGB § 1274 Rn. 9.
[16] Weitere Fälle MüKoBGB/*Damrau* § 1274 Rn. 15 ff.
[17] BankR-HdB/*Merkel* § 93 Rn. 36 mwN.
[18] MüKoBGB/*Damrau* § 1274 Rn. 14.
[19] Bsp. MüKoBGB/*Damrau* § 1274 Rn. 13.
[20] MüKoBGB/*Damrau* § 1274 Rn. 13.
[21] MüKoBGB/*Damrau* § 1274 Rn. 14; Staudinger/*Wiegand* § 1274 Rn. 31.

11 Die subjektiv-persönliche Reallast kann in den Fällen des § 1111 Abs. 2 BGB nicht belastet, also auch nicht verpfändet werden. Der Nießbrauch und das subjektiv-persönliche dingliche Vorkaufsrecht können in den Fällen des § 1059a BGB übertragen, aber nicht verpfändet werden (§§ 1059b, 1098 Abs. 3 BGB). Über Gegenstände des Gesamtguts und den Gesamtgutanteil kann nicht verfügt werden (§ 1419 Abs. 1 BGB), so dass auch keine Verpfändung möglich ist. Gleiches gilt bei fortgesetzter Gütergemeinschaft (§ 1487 Abs. 1 BGB).

3. Recht kann zur Ausübung verpfändet werden

12 Unpfändbare Rechte, die zur Ausübung verpfändet werden können, sind der Nießbrauch (§ 1059 S. 2 BGB) und die beschränkte persönliche Dienstbarkeit (§ 1092 Abs. 1 S. 2 BGB). Eine unwirksame Rechtsverpfändung kann in der Regel in eine Verpfändung zur Ausübung umgedeutet (§ 140 BGB) werden.[22]

IV. Finanztermingeschäfte (§ 100 WpHG)

13 Einen besonderen Nichtigkeitsgrund für Sicherungsrechte enthält § 100 Abs. 2 S. 2 Nr. 1 WpHG. Danach ist die Bestellung eines Pfandrechts für ein verbotenes Finanztermingeschäft (§§ 99 S. 2, 100 Abs. 2 S. 1 WpHG) nichtig.

§ 1275 Pfandrecht an Recht auf Leistung

Ist ein Recht, kraft dessen eine Leistung gefordert werden kann, Gegenstand des Pfandrechts, so finden auf das Rechtsverhältnis zwischen dem Pfandgläubiger und dem Verpflichteten die Vorschriften, welche im Falle der Übertragung des Rechts für das Rechtsverhältnis zwischen dem Erwerber und dem Verpflichteten gelten, und im Falle einer nach § 1217 Abs. 1 getroffenen gerichtlichen Anordnung die Vorschrift des § 1070 Abs. 2 entsprechende Anwendung.

Übersicht

I. Allgemeines

1 Die Norm betrifft bei der Verpfändung einer Forderung (§§ 194 Abs. 1, 241 Abs. 1 BGB) das **Rechtsverhältnis zwischen Pfandnehmer und Drittschuldner.** Grundsätzlich sind die für die Abtretung im Verhältnis Zessionar/Drittschuldner geltenden §§ 404–411 BGB beziehungsweise § 796 BGB, §§ 364 Abs. 2, 3, 365 Abs. 1 HGB, Art. 16 f., 40 WG entsprechend anzuwenden, ferner § 1070 Abs. 2 BGB in den Fällen des § 1217 Abs. 1 BGB.

II. Zessionsrechtliche Normen

2 Entsprechend § 404 BGB kann der Drittschuldner dem Pfandnehmer Einwendungen entgegensetzen, die zur Zeit der Verpfändung gegen den Gläubiger begründet waren.

[22] MüKoBGB/*Damrau* § 1274 Rn. 12.

Wenn der Drittschuldner eine Urkunde über die Schuld ausgestellt hat und die Forderung unter Vorlegung der Urkunde verpfändet wird, kann der Drittschuldner sich entsprechend § 405 BGB dem Pfandnehmer gegenüber nicht auf ein Scheingeschäft (§ 117 BGB) oder einen Verpfändungsausschluss (§ 399 Alt. 2 BGB) berufen, es sei denn, der Pfandnehmer kannte diese Umstände bei der Verpfändung oder hätte sie kennen müssen (§ 122 Abs. 2 BGB). Entsprechend § 406 BGB kann der Drittschuldner mit einer Forderung gegen den Forderungsinhaber auch dem Pfandgläubiger gegenüber aufrechnen, wenn nicht der Drittschuldner beim Erwerb seiner Forderung von der Verpfändung Kenntnis hatte oder die Forderung erst nach Kenntniserlangung und später als die verpfändete Forderung fällig wurde.[1] Im Verhältnis Forderungsinhaber/Pfandgläubiger wirkt die Aufrechnung entsprechend § 1288 Abs. 2 BGB.[2] Mit einer Forderung gegen den Pfandgläubiger kann der Drittschuldner gegen die verpfändete Forderung erst aufrechnen, wenn der Pfandgläubiger Leistung an sich allein fordern kann.[3] §§ 407 f. BGB sind entsprechend anwendbar, der Schutz wirkt aber bei Forderungsverpfändungen, die dem Drittschuldner anzuzeigen sind (§ 1280 BGB), nur bei Leistung zwischen Zugang und Kenntnis.[4] § 409 BGB betrifft nicht, wie § 1275 BGB voraussetzt, das Verhältnis Zessionar/Drittschuldner, sondern das Verhältnis Drittschuldner/Zedent.[5] Wenn der Gläubiger die Verpfändung dem Drittschuldner nicht schriftlich angezeigt hat, ist dieser entsprechend § 410 BGB dem Pfandnehmer gegenüber zur Leistung nur gegen Aushändigung einer vom Gläubiger ausgestellten Verpfändungsurkunde verpflichtet; Kündigung oder Mahnung des Pfandnehmers ohne Vorlage einer Verpfändungsurkunde kann der Drittschuldner unverzüglich zurückweisen. § 411 BGB gilt ebenfalls entsprechend.

Bei hypothekengesicherten Forderungen gelten **für die Hypothek** – den dinglichen Anspruch aus § 1147 BGB, nicht für den verpfändeten Anspruch – vorrangig die §§ 1138, 1156 f., 892 BGB, ferner §§ 1158 f. BGB; Verzicht auf das Pfandrecht kann in den Fällen des § 1169 BGB nur verlangt werden, wenn der Pfandnehmer die Einrede beim Pfanderwerb kannte.[6] Bei **Grundschulden** gelten die §§ 1192, 1157, 892 BGB.[7] Bei Forderungen, die in einem **hinkenden Inhaberpapier** verbrieft sind, ist § 808 BGB zu beachten.[8] 3

III. Rechtsverletzung durch den Pfandgläubiger

Überträgt das Gericht die Ausübung des Pfandrechts einem Verwalter[9] (§ 410 Nr. 3 FamFG), weil der Pfandgläubiger die Rechte des Verpfänders in erheblichem Maße verletzt und das verletzende Verhalten trotz Abmahnung des Verpfänders fortsetzt (§§ 1273, 1217 Abs. 1 BGB), dann ist die Übertragung dem Drittschuldner gegenüber erst wirksam, wenn er von der gerichtlichen Anordnung Kenntnis erlangt oder ihm eine Mitteilung der Anordnung zugestellt wird; Gleiches gilt bei Aufhebung der Anordnung (§§ 1275, 1070 Abs. 2 BGB). 4

Entsprechend § 1217 Abs. 2 BGB kann der Verpfänder verlangen, dass anstelle der Übertragung (§ 1217 Abs. 1 BGB) das Pfandrecht **gegen Gläubigerbefriedigung aufgehoben** wird, gegebenenfalls mit Abzug des Interusuriums und bei Drittsicherheit mit der Folge gemäß §§ 1273 Abs. 2, 1225 BGB.[10] 5

[1] LG Darmstadt VersR 1979, 418.
[2] OLG Koblenz WM 2010, 475.
[3] MüKoBGB/*Damrau* § 1275 Rn. 2.
[4] OLG Koblenz WM 2010, 475.
[5] Zur Anwendung von § 409 BGB bei fehlerhafter Verpfändungsanzeige → BGB § 1280 Rn. 7.
[6] Palandt/*Wicke* BGB § 1275 Rn. 2.
[7] MüKoBGB/*Damrau* § 1275 Rn. 4.
[8] MüKoBGB/*Damrau* § 1275 Rn. 6.
[9] MüKoBGB/*Damrau* § 1275 Rn. 7.
[10] MüKoBGB/*Damrau* § 1275 Rn. 8.

§ 1276 Aufhebung oder Änderung des verpfändeten Rechts

(1) [1]**Ein verpfändetes Recht kann durch Rechtsgeschäft nur mit Zustimmung des Pfandgläubigers aufgehoben werden.** [2]**Die Zustimmung ist demjenigen gegenüber zu erklären, zu dessen Gunsten sie erfolgt; sie ist unwiderruflich.** [3]**Die Vorschrift des § 876 Satz 3 bleibt unberührt.**

(2) **Das Gleiche gilt im Falle einer Änderung des Rechts, sofern sie das Pfandrecht beeinträchtigt.**

Übersicht

I. Allgemeines

1 Der Inhaber eines belasteten Rechts ist grundsätzlich frei, über das Recht zu verfügen. Dies trifft beim Gläubiger eines verpfändeten Rechts für die Übertragung – das Pfand geht mit und überlebt auch den Erwerb durch den Drittschuldner[1] – und die Belastung – Nachrang (§§ 1273 Abs. 2, 1209 BGB) – zu, gemäß § 1276 BGB aber nicht für die **Aufhebung** und die pfandbeeinträchtigende **Inhaltsänderung,** die der **Zustimmung** des Pfandgläubigers bedürfen.

II. Aufhebung (Abs. 1)

2 Aufhebung ist eine **Verfügung des Gläubigers** des verpfändeten Rechts, die **darauf gerichtet** ist, dass das **Recht erlischt.** Dazu zählen nicht eine Übertragung, die zu gutgläubigem lastenfreiem Erwerb führt,[2] die Kündigung eines Mietvertrags oder die Veräußerung der Mietsache durch den Vermieter, wenn (künftige) Mietforderungen verpfändet sind,[3] und nicht die Preisgabe eines verpfändeten GmbH-Anteils[4] (§ 27 GmbHG).[5]

3 Mit dem Ausscheiden eines Gesellschafters aus einer Zwei-Personen-GbR endet zwar die Gesellschaft, und der einzige verbliebene Gesellschafter erwirbt alle Vermögensgegenstände, wenn der Gesellschaftsvertrag eine Fortsetzungsklausel enthält; ein am Anteil des ausscheidenden Gesellschafters bestelltes rechtsgeschäftliches Pfandrecht erlischt aber auch ohne Zustimmung des Pfandgläubigers (§ 1276 BGB), weil das Pfandrecht sich am Abfindungsanspruch fortsetzt.[6]

4 Wenn ein Miterbenanteil verpfändet ist, bedürfen Verfügungen über einzelne Gegenstände sowie die Auseinandersetzung des Nachlasses und die Übertragung sämtlicher Miterbenanteile an einen Miterben oder Dritten der Zustimmung des Pfandgläubigers.[7]

---

[1] Staudinger/*Wiegand* § 1276 Rn. 4.
[2] Staudinger/*Wiegand* § 1276 Rn. 3.
[3] Palandt/*Wicke* BGB § 1276 Rn. 2; Staudinger/*Wiegand* § 1276 Rn. 7.
[4] MüKoBGB/*Damrau* § 1276 Rn. 8; Palandt/*Wicke* BGB § 1276 Rn. 4.
[5] Weitere Bsp. MüKoBGB/*Damrau* § 1276 Rn. 5 ff.
[6] OLG Stuttgart NZG 2004, 766; ZIP 2002, 1885.
[7] BayObLG NJW 1959, 1780.

III. Zustimmung

Aufhebung und pfandbeeinträchtigende Inhaltsänderung bedürfen formfreier Zustimmung (§§ 182 ff. BGB) des Pfandgläubigers. Zustimmungsadressat ist abweichend von § 182 Abs. 1 BGB der Begünstigte, zB der Drittschuldner, bei grundbucheingetragenen Rechten wahlweise das Grundbuchamt; die Zustimmung ist abweichend von § 183 BGB unwiderruflich (§ 1276 Abs. 1 S. 2, 3 BGB). 5

Wegen § 1276 BGB kann ein Verpfändungsvermerk im Grundbuch eingetragen werden.[8] 6

Fehlt die Zustimmung, dann ist die Aufhebung oder Inhaltsänderung **unwirksam,**[9] str.[10] 7

§ 1277 Befriedigung durch Zwangsvollstreckung

[1]Der Pfandgläubiger kann seine Befriedigung aus dem Recht nur auf Grund eines vollstreckbaren Titels nach den für die Zwangsvollstreckung geltenden Vorschriften suchen, sofern nicht ein anderes bestimmt ist. [2]Die Vorschriften des § 1229 und des § 1245 Abs. 2 bleiben unberührt.

Übersicht

I. Allgemeines

Verpfändete Rechte können grundsätzlich – abweichende Vereinbarungen sind zulässig[1] – nur aufgrund eines Titels gegen den Rechtsinhaber im Wege der Zwangsvollstreckung verwertet werden. Ausnahmen gelten für Forderungen, Grund- und Rentenschulden sowie Inhaber- und Orderpapiere (§§ 1282, 1291, 1293 bis 1295 BGB). Außer bei Inhaberpapieren[2] ist auch bei ihnen Verwertung gemäß § 1277 BGB zulässig[3] (s. § 1282 Abs. 2 Hs. 2 BGB). 1

II. Titel und Zwangsvollstreckung

1. Titel

Der Pfandinhaber benötigt einen Titel (§§ 704, 794 ZPO) **gegen den Inhaber des verpfändeten Rechts,** gerichtet auf Duldung oder Zulässigkeit der Vollstreckung in das verpfändete Recht oder Gestattung der Befriedigung aus dem verpfändeten Recht, nicht auf Zahlung.[4] Ein Zahlungstitel gegen den persönlichen Schuldner, der gleichzeitig Inhaber 2

---

[8] OLG Düsseldorf NJW-RR 2004, 1111.

[9] BGHZ 92, 280 = NJW 1985, 376.

[10] **AA** BGH NJW 1967, 200; BayObLG NJW 1959, 1780: relativ, also nur gegenüber dem Pfandgläubiger unwirksam (§ 135 BGB).

[1] MüKoBGB/*Damrau* § 1277 Rn. 1; Palandt/*Wicke* BGB § 1277 Rn. 3; Staudinger/*Wiegand* § 1277 Rn. 1.

[2] → BGB § 1293 Rn. 4.

[3] Palandt/*Wicke* BGB § 1277 Rn. 1.

[4] MüKoBGB/*Damrau* § 1277 Rn. 2; Palandt/*Wicke* BGB § 1277 Rn. 2.

des verpfändeten Rechts ist, ermöglicht zwar die Vollstreckung in das verpfändete Recht. Vollstreckt wird dann aber nicht wegen des Vertragspfands, sondern wegen des gesicherten Anspruchs; das Pfändungspfandrecht hat dann nicht den Rang des Vertragspfands.

3 Das Pfand haftet für die Kosten des Rechtsstreits zu Zwecken des § 1277 BGB (§§ 1273 Abs. 2, 1210 Abs. 2 BGB). Der Pfandgläubiger sollte aber tunlichst – sonst § 93 ZPO – den Forderungsinhaber zur Unterwerfung (§ 794 Abs. 1 Nr. 5 ZPO) auffordern (str.).[5]

2. Vollstreckung

4 Die Vollstreckung aus dem Duldungstitel in das verpfändete Recht (§§ 857, 828 ff. ZPO) bedarf der Pfändung (§§ 857, 829 ZPO, bei Orderpapieren § 831 ZPO); das Pfändungspfandrecht hat den Rang des Vertragspfands.[6] Bei der Verwertung verpfändeter Forderungen gemäß § 1277 BGB – anstelle von § 1282 BGB – ist die Forderung grundsätzlich zur Einziehung oder – praktisch irrelevant – an Zahlungs Statt zu überweisen. Bei Ansprüchen auf Herausgabe sind die §§ 847 ff. ZPO anzuwenden, bei Hypothekenforderungen und Grundpfandrechten (§ 857 Abs. 6 ZPO) die §§ 830, 837 ZPO. Bei anderen Rechten hat das Vollstreckungsgericht (§§ 857, 828 ZPO) im Pfändungsbeschluss Bestimmung über die Verwertung zu treffen, ebenso bei Forderungen in den Fällen des § 844 ZPO. Wird ein gepfändetes Recht auf Anordnung des Vollstreckungsgerichts mittels Versteigerung durch eine Privatperson verwertet, vollzieht sich der Rechtsübergang nach bürgerlichem Recht,[7] die §§ 1242–1244 BGB sind anwendbar.

III. Abweichende Vereinbarungen

5 Pfandgläubiger und Inhaber des verpfändeten Rechts können Abweichungen von den Vorgaben des § 1277 BGB grundsätzlich wirksam vereinbaren. Dabei sind aber die §§ 1229, 1245 Abs. 2 BGB zu beachten (§ 1277 S. 2 BGB).

6 Folglich kann eine **Verfallabrede** erst bei Pfandreife (§§ 1273 Abs. 2, 1228 Abs. 2 BGB) wirksam getroffen werden (§ 1229 BGB). Gleiches gilt für den **Verzicht auf die Titulierung** und die Vereinbarung abweichender Verwertungsart.[8] Wenn vor Pfandreife Pfandverkauf vereinbart wurde, ist der Verkauf zwingend durch öffentliche Versteigerung mit öffentlicher Bekanntmachung von Zeit und Ort der Versteigerung zu bewirken (§§ 1245 Abs. 2, 1235 Abs. 1, 1237 S. 1 BGB). Nur wenn das verpfändete Recht einen Börsen- oder Marktpreis hat, ist freihändiger Verkauf zulässig (§§ 1245 Abs. 2, 1235 Abs. 2, 1221 BGB). Ein Recht, das Gold- oder Silbersachen zum Gegenstand hat, darf nicht unter dem Gold- oder Silberwert zugeschlagen werden. Wird kein genügendes Gebot abgegeben, kann durch eine zur öffentlichen Versteigerung befugte Person aus freier Hand zu einem den Gold- oder Silberwert erreichenden Preis verkauft werden (§§ 1245 Abs. 2, 1240 BGB).

§ 1278 Erlöschen durch Rückgabe

Ist ein Recht, zu dessen Verpfändung die Übergabe einer Sache erforderlich ist, Gegenstand des Pfandrechts, so findet auf das Erlöschen des Pfandrechts durch die Rückgabe der Sache die Vorschrift des § 1253 entsprechende Anwendung.

---

[5] → Kap. 25 BGB § 1147 Rn. 13.

[6] MüKoBGB/*Damrau* § 1277 Rn. 4; Palandt/*Wicke* BGB § 1277 Rn. 2; Staudinger/*Wiegand* § 1277 Rn. 4.

[7] BGH WM 1964, 962 betreffend Hypothekenforderung.

[8] MüKoBGB/*Damrau* § 1277 Rn. 5. Für umfassende Möglichkeit zum Verzicht auf das Titelerfordernis *Vogelmann/Körner* DNotZ 2018, 485 (488 f.); *Werner* GmbHR 2018, 1297 (1298).

Übersicht

I. Allgemeines

Rechtspfänder, zu deren Bestellung eine Sache übergeben werden muss, **erlöschen durch Rückgabe** der Sache durch den Pfandgläubiger, auch wenn die Fortdauer des Pfandrechts vorbehalten ist (§§ 1278, 1253 Abs. 1 BGB). Für die Rückgabe spricht eine **Vermutung** (§§ 1278, 1253 Abs. 2 BGB). 1

Ein Rechtspfand erlischt ferner in den Fällen der §§ 1273 Abs. 2, 1250 Abs. 2, 1252, 1255, 1256 Abs. 1 S. 1 BGB, oder wenn das verpfändete Recht untergeht.[1] 2

II. Erlöschen und Neubegründung

Ein Rechtspfand, zu dessen Bestellung von Gesetzes wegen,[2] zB §§ 1274 Abs. 1 S. 1, 792, 1154 Abs. 1 BGB, die Übergabe einer Sache erforderlich ist, erlischt, wenn der Pfandgläubiger oder ein Dritter auf Veranlassung oder mit Einverständnis des Pfandgläubigers[3] die Sache dem Verpfänder, Rechtsinhaber oder Eigentümer zurückgibt. Der Vorbehalt der Fortdauer des Pfandrechts ist unwirksam (§§ 1278, 1253 Abs. 1 BGB), verpflichtet aber in der Regel zur Neubestellung.[4] 3

Ein Pfandrecht, das gemäß § 1278 BGB erloschen ist, kann nicht durch bloße Übergabe **wiederbegründet** werden; vielmehr muss der **gesamte Bestellungstatbestand** erneut vollzogen werden.[5] Der **Rang** bestimmt sich nach dem Zeitpunkt der Neubegründung.[6] 4

III. Vermutung der Rückgabe

Ist die Sache im Besitz des Verpfänders, Rechtsinhabers oder Eigentümers, wird vermutet, dass sie ihm der Pfandgläubiger zurückgegeben habe. Dies gilt auch, wenn sich die Sache im Besitz eines Dritten befindet, der den Besitz nach der Entstehung des Pfandrechts vom Verpfänder, Rechtsinhaber oder Eigentümer erlangt hat (§§ 1278, 1253 Abs. 2 BGB). 5

§ 1279 Pfandrecht an einer Forderung

[1] Für das Pfandrecht an einer Forderung gelten die besonderen Vorschriften der §§ 1280 bis 1290. [2] Soweit eine Forderung einen Börsen- oder Marktpreis hat, findet § 1259 entsprechende Anwendung.

Übersicht

[1] Einzelheiten BankR-HdB/*Merkel* § 93 Rn. 237 ff.
[2] MüKoBGB/*Damrau* § 1278 Rn. 5.
[3] Auch bei Willensmängeln, Palandt/*Wicke* BGB § 1253 Rn. 3 f.
[4] Staudinger/*Wiegand* § 1278 Rn. 4.
[5] MüKoBGB/*Damrau* § 1278 Rn. 2; Staudinger/*Wiegand* § 1278 Rn. 5.
[6] MüKoBGB/*Damrau* § 1278 Rn. 2.

I. Allgemeines

1 Die §§ 1279–1290 BGB sind für das Pfandrecht an Forderungen (§§ 194 Abs. 1, 241 Abs. 1 BGB) Sondervorschriften gegenüber den §§ 1273–1278 BGB. Von besonderer Bedeutung sind die Verpfändungsanzeige (§ 1280 BGB) als zusätzliche Bestellungsvoraussetzung, und § 1282 BGB, der die Verwertung gegenüber § 1277 BGB erleichtert.

2 Auf das Forderungspfand sind vorrangig die §§ 1279–1290 BGB anzuwenden; soweit dort nichts bestimmt ist, gelten die §§ 1273–1278 BGB unmittelbar, und schließlich gelten gemäß § 1273 Abs. 2 BGB die §§ 1204 ff. BGB entsprechend.

3 Bei gewerblichen Forderungspfändern gilt § 1259 BGB entsprechend (§ 1279 S. 2 BGB).

II. Forderung als Pfandgegenstand

4 Die §§ 1279 ff. BGB gelten grundsätzlich für Pfandrechte an **Rechten auf Leistung,** nicht nur an schuldrechtlichen Forderungen (§ 241 Abs. 1 BGB), sondern zB auch an familien- und erbrechtlichen Ansprüchen (§ 194 Abs. 1 BGB).[1] Die Normen gelten auch bei Pfandrechten an Forderungen, die mit akzessorischen Rechten besichert sind. Zu Pfandrechten an Grund- und Rentenschulden s. § 1191 BGB. Besonderheiten gelten beim Pfandrecht an eigener Schuld,[2] verbrieften Forderungen (§§ 1292 ff. BGB) und Wertrechten.[3]

III. Gewerbliches Forderungspfand

5 Hat die verpfändete Forderung einen Börsen- oder Marktpreis, also praktisch stets,[4] und sind Forderungs- und Pfandgläubiger Unternehmer, juristische Personen des öffentlichen Rechts oder öffentlich-rechtliche Sondervermögen, dann können sie bereits bei Verpfändung vereinbaren, dass der Pfandgläubiger die Forderung zum laufenden Preis selbst oder durch Dritte aus freier Hand veräußern kann, oder – insoweit über die Möglichkeit gemäß §§ 1284, 1277 S. 2, 1229 BGB hinausgehend – dass dem Pfandgläubiger bei Fälligkeit der gesicherten Forderung die verpfändete Forderung – nur im Umfang der Pfandhaftung[5] – zufallen soll. In diesem Fall gilt die gesicherte Forderung in Höhe des am Fälligkeitstag geltenden Börsen- oder Marktpreises als vom Gläubiger der verpfändeten Forderung berichtigt. §§ 1229, 1233 bis 1239 BGB sind nicht anzuwenden (§§ 1279 S. 2, 1259 BGB).

§ 1280 Anzeige an den Schuldner

Die Verpfändung einer Forderung, zu deren Übertragung der Abtretungsvertrag genügt, ist nur wirksam, wenn der Gläubiger sie dem Schuldner anzeigt.

Übersicht

[1] MüKoBGB/*Damrau* § 1279 Rn. 3.
[2] → BGB § 1273 Rn. 4, → BGB § 1274 Rn. 4, → BGB § 1280 Rn. 2, → BGB §§ 1281–1285 Rn. 7.
[3] → BGB § 1293 Rn. 15 ff.
[4] BegrRegE BT-Drs. 15/1853, 17.
[5] MüKoBGB/*Damrau* § 1284 Rn. 7.

I. Allgemeines

Zur Übertragung einer Forderung genügt grundsätzlich der Abtretungsvertrag (§ 398 BGB), so dass gemäß § 1274 Abs. 1 S. 1 BGB ein Verpfändungsvertrag für die Verpfändung genügen würde. § 1280 BGB stellt für solche Fälle mit der **Verpfändungsanzeige** ein weiteres zwingendes[1] **Bestellungserfordernis** auf, das **Publizität** gewährleistet. Die Publizität gemäß § 1280 BGB schließt eine stille Sicherheit aus und ist ein Hauptgrund dafür, dass die Kreditsicherungspraxis der Forderungsverpfändung die Sicherungszession vorzieht. 1

II. Erforderlichkeit der Verpfändungsanzeige

Die Anzeige ist – außer beim Pfandrecht an eigener Schuld[2] – erforderlich, wenn eine Forderung nur durch Abtretungsvertrag übertragen werden kann. Formbedürftigkeit der Zession macht die Anzeige nicht überflüssig.[3] Setzt die Übertragung ein weiteres Merkmal voraus, zB Papierübergabe oder Grundbucheintragung (§ 1154 BGB), bedarf es keiner Anzeige. Wenn ein weiteres Merkmal de facto möglich, aber de iure nicht notwendig ist, zB Übergabe eines Rektapapiers, ersetzt es die Anzeige nicht.[4] Wird eine in einem Orderpapier verbriefte Forderung abweichend von § 1292 BGB durch Rechtsverpfändung gemäß § 1274 BGB verpfändet, ist das Papier zu übergeben, die Anzeige ist daher überflüssig.[5] 2

III. Verpfändungsanzeige

Die Verpfändungsanzeige ist eine empfangsbedürftige (§§ 130 ff. BGB) **Willenserklärung des Gläubigers der verpfändeten Forderung an den Drittschuldner.** Eine Anzeige durch den Pfandgläubiger reicht nicht aus, dieser kann aber als Stellvertreter des Forderungsgläubigers die Anzeige abgeben (beachte aber §§ 174, 180 BGB). Eine Form ist für die Anzeige nicht vorgeschrieben, **schlüssiges Verhalten** reicht aus, wenn nur hinreichend deutlich ist, dass der Gläubiger der verpfändeten Forderung dem Drittschuldner gegenüber erklärt, er wolle die Verpfändung der genau bezeichneten[6] Forderung gegen sich gelten lassen.[7] Lässt sich der Pfandgläubiger in der Verpfändungserklärung beauftragen, dem Drittschuldner die Verpfändung anzuzeigen, und leitet er dementsprechend eine Abschrift der Urkunde dem Drittschuldner zu, dann genügt dies den Erfordernissen einer wirksamen Verpfändungsanzeige, wenn der Drittschuldner die Erklärung nicht gemäß § 174 BGB unverzüglich zurückweist.[8] Eine Bank muss einem anderen Kreditinstitut nicht spontan offenbaren, dass ihr ein vorrangiges Pfandrecht an einer Forderung zusteht, deren Verpfändung ihr angezeigt wird, und zwar auch dann nicht, wenn zwischen den Instituten seit längerem Geschäftsbeziehungen bestehen und dem vorrangig berechtigten Institut bekannt ist, dass das andere Institut am Erwerb einer werthaltigen Sicherheit interessiert ist. Das vorrangig berechtigte Institut darf abwarten, ob es gezielt nach vorrangigen Rechten befragt oder um Rangrücktritt gebeten wird.[9] 3

---

[1] Staudinger/*Wiegand* § 1280 Rn. 1.
[2] → BGB § 1273 Rn. 4.
[3] MüKoBGB/*Damrau* § 1280 Rn. 3.
[4] MüKoBGB/*Damrau* § 1280 Rn. 2.
[5] → BGB § 1292 Rn. 11.
[6] MüKoBGB/*Damrau* § 1280 Rn. 5.
[7] OLG Köln NJW-RR 1990, 485.
[8] OLG Köln NJW-RR 1990, 485.
[9] OLG Köln NJW-RR 1990, 485.

4 **Keine Verpfändungsanzeige** ist es, wenn der Gläubiger der verpfändeten Forderung auf eine Mitteilung des Drittschuldners schweigt, ihm sei die Verpfändung bekannt (str.).[10] Keinesfalls reicht es aus, wenn der Drittschuldner ohne Anzeige von der Verpfändung erfährt, oder wenn ihm nur die Verpfändungsabsicht mitgeteilt wird.[11]

5 Wird einem **Bürgen** für die verpfändete Forderung die Verpfändung nicht angezeigt, sind Verpfändung und Mitverpfändung (§ 401 BGB) des Bürgschaftsanspruchs[12] wirksam, der Bürge kann aber befreiend an seinen Gläubiger leisten (§ 407 BGB) und den verpfändeten bürgschaftsgesicherten Anspruch unbelastet gemäß § 774 BGB erwerben (§ 1275 BGB).[13]

IV. Wirkungen

6 Vom Abschluss der Verpfändungsvereinbarung bis zum Zugang der Anzeige ist die **Verpfändung schwebend unwirksam,** sie kann nicht in eine Sicherungszession umgedeutet werden.[14] Die Verpfändungsvereinbarung bindet bis zur Anzeige nicht.[15] Mit Zugang der Anzeige **entsteht das Pfandrecht.**[16] Als Zugangsnachweis wird üblicherweise um eine Verpfändungsbestätigung gebeten, zu deren Abgabe der Drittschuldner aber nicht verpflichtet ist.[17] **Rang** und **Insolvenzanfechtung** (§§ 129 ff. InsO) richten sich nach dem Zeitpunkt des Zugangs der Anzeige, nicht nach der Verpfändungsvereinbarung.[18] Die Anzeige kann abgegeben werden, solange die übrigen Verpfändungsvoraussetzungen bestehen. Die Verpflichtung zur Verpfändung schließt die **Verpflichtung zur Anzeige** ein.[19] Die Verpfändung gilt als angezeigt, wenn ein **Urteil** auf Abgabe der Anzeige an den Drittschuldner übermittelt ist (§ 894 ZPO).[20]

7 **Drittschuldnerschutz** durch §§ 1275, 407 BGB besteht nur zwischen Zugang und Kenntnisnahme.[21] Wurde die Anzeige abgegeben, dann muss der Forderungsinhaber entsprechend § 409 BGB dem Drittschuldner gegenüber die angezeigte Verpfändung gegen sich gelten lassen, wenn – zB mangels Verpfändungsvereinbarung – kein Pfandrecht entstanden oder die gesicherte Forderung und mit ihr das Pfandrecht gemäß §§ 1273 Abs. 2, 1252 BGB untergegangen ist.[22] Der Drittschuldner kann unter den Voraussetzungen des § 1282 BGB befreiend an den angegebenen Pfandnehmer leisten. Der Forderungsinhaber kann bei diesem kondizieren (§ 816 Abs. 2 BGB).

§ 1281 Leistung vor Fälligkeit

[1]Der Schuldner kann nur an den Pfandgläubiger und den Gläubiger gemeinschaftlich leisten. [2]Jeder von beiden kann verlangen, dass an sie gemeinschaftlich geleistet wird; jeder kann statt der Leistung verlangen, dass die geschuldete Sache für beide hinterlegt oder, wenn sie sich nicht zur Hinterlegung eignet, an einen gerichtlich zu bestellenden Verwahrer abgeliefert wird.

---

10 **AA** MüKoBGB/*Damrau* § 1280 Rn. 4; Staudinger/*Wiegand* § 1280 Rn. 7.
11 MüKoBGB/*Damrau* § 1280 Rn. 4.
12 → BGB § 1273 Rn. 6.
13 MüKoBGB/*Damrau* § 1280 Rn. 6.
14 Palandt/*Wicke* BGB § 1280 Rn. 1; Staudinger/*Wiegand* § 1280 Rn. 6.
15 MüKoBGB/*Damrau* § 1280 Rn. 9.
16 OLG München WM 2008, 1497.
17 BankR-HdB/*Merkel* § 93 Rn. 74.
18 MüKoBGB/*Damrau* § 1280 Rn. 9; BankR-HdB/*Merkel* § 93 Rn. 75.
19 Palandt/*Wicke* BGB § 1280 Rn. 1; Staudinger/*Wiegand* § 1280 Rn. 11.
20 MüKoBGB/*Damrau* § 1280 Rn. 9.
21 Staudinger/*Wiegand* § 1280 Rn. 10.
22 Palandt/*Wicke* BGB § 1275 Rn. 2; Staudinger/*Wiegand* § 1280 Rn. 12.

§ 1282 Leistung nach Fälligkeit

(1) [1] **Sind die Voraussetzungen des § 1228 Abs. 2 eingetreten, so ist der Pfandgläubiger zur Einziehung der Forderung berechtigt und kann der Schuldner nur an ihn leisten.** [2] **Die Einziehung einer Geldforderung steht dem Pfandgläubiger nur insoweit zu, als sie zu seiner Befriedigung erforderlich ist.** [3] **Soweit er zur Einziehung berechtigt ist, kann er auch verlangen, dass ihm die Geldforderung an Zahlungs statt abgetreten wird.**

(2) **Zu anderen Verfügungen über die Forderung ist der Pfandgläubiger nicht berechtigt; das Recht, die Befriedigung aus der Forderung nach § 1277 zu suchen, bleibt unberührt.**

§ 1283 Kündigung

(1) **Hängt die Fälligkeit der verpfändeten Forderung von einer Kündigung ab, so bedarf der Gläubiger zur Kündigung der Zustimmung des Pfandgläubigers nur, wenn dieser berechtigt ist, die Nutzungen zu ziehen.**

(2) **Die Kündigung des Schuldners ist nur wirksam, wenn sie dem Pfandgläubiger und dem Gläubiger erklärt wird.**

(3) **Sind die Voraussetzungen des § 1228 Abs. 2 eingetreten, so ist auch der Pfandgläubiger zur Kündigung berechtigt; für die Kündigung des Schuldners genügt die Erklärung gegenüber dem Pfandgläubiger.**

§ 1284 Abweichende Vereinbarungen

Die Vorschriften der §§ 1281 bis 1283 finden keine Anwendung, soweit der Pfandgläubiger und der Gläubiger ein anderes vereinbaren.

§ 1285 Mitwirkung zur Einziehung

(1) **Hat die Leistung an den Pfandgläubiger und den Gläubiger gemeinschaftlich zu erfolgen, so sind beide einander verpflichtet, zur Einziehung mitzuwirken, wenn die Forderung fällig ist.**

(2) [1] **Soweit der Pfandgläubiger berechtigt ist, die Forderung ohne Mitwirkung des Gläubigers einzuziehen, hat er für die ordnungsmäßige Einziehung zu sorgen.** [2] **Von der Einziehung hat er den Gläubiger unverzüglich zu benachrichtigen, sofern nicht die Benachrichtigung untunlich ist.**

Übersicht

I. Allgemeines

1 Wenn die verpfändete Forderung **vor Pfandreife** (§ 1228 Abs. 2 BGB) erfüllbar ist, soll dem Drittschuldner die Leistungserbringung nicht verwehrt werden, dem Pfandgläubiger steht die Leistung aber noch nicht zu, und der Gläubiger der verpfändeten Forderung soll sie nicht allein empfangen, weil dies die Sicherheit gefährdete. Daher bestimmt § 1281 S. 1 BGB abweichend von § 362 Abs. 1 BGB, dass der Drittschuldner nur an beide gemeinschaftlich befreiend leisten kann. § 1281 S. 2 BGB regelt die Geltendmachung bei Fälligkeit der verpfändeten Forderung vor Pfandreife (Wirkungen §§ 1287, 1288 Abs. 1 BGB), § 1285 Abs. 1 BGB statuiert eine gegenseitige Mitwirkungspflicht. Bei Wertpapierverpfändung gilt § 1294 BGB.

2 **Ab Pfandreife** kann der Pfandgläubiger die verpfändete Forderung allein einziehen, wenn sie fällig ist, den Drittschuldner befreit nur Leistung an den Pfandgläubiger allein (§ 1282 Abs. 1 S. 1 BGB). Bei Geldforderungen gelten Besonderheiten (§ 1282 Abs. 1 S. 2, 3 BGB). Der Pfandgläubiger kann grundsätzlich nur bestimmte Verfügungen über die Forderung vornehmen; er kann die Forderung wahlweise gemäß § 1277 BGB verwerten (§ 1282 Abs. 2 BGB). § 1285 Abs. 2 BGB verpflichtet ihn zu Einziehung und Nachricht. Die Einziehungsfolgen richten sich nach den §§ 1287, 1288 Abs. 2 BGB.

3 § 1283 BGB und ergänzend § 1286 BGB regeln die Kündigung der verpfändeten Forderung.

4 Die §§ 1281–1283 BGB sind disponibel (§ 1284 BGB).

II. Leistung vor Fälligkeit (§ 1281)

1. Leistung an Pfandgläubiger und Gläubiger der verpfändeten Forderung (S. 1)

5 Leistung an **beide gemeinschaftlich** bedeutet grundsätzlich, dass beide die Erklärungen und Handlungen, die zum Leistungsempfang notwendig sind, gemeinsam abgeben beziehungsweise entgegen- oder vornehmen müssen; möglich ist auch, dass einer mit Zustimmung des anderen handelt.[1] Die gegenseitige Mitwirkungspflicht dazu ergibt sich aus § 1285 Abs. 1 BGB. Im Übrigen hängen die **Leistungsmodalitäten** von der Art der geschuldeten Leistung ab. Richtet sich die Leistung auf die Verschaffung von **Eigentum** oder einer **Forderung,** zB bei unbarer Zahlung, dann ist dem Forderungsinhaber allein das Recht zu verschaffen (s. § 1287 BGB). Ist **Besitz an Fahrnis** zu verschaffen, hat der

[1] Palandt/*Wicke* BGB § 1281 Rn. 2.

Drittschuldner beiden einfachen[2] Mitbesitz zu verschaffen (str.[3]). Ist ein **Grundstück** zu übereignen und zu übergeben, braucht dem Pfandgläubiger kein Mitbesitz verschafft zu werden, weil die surrogierende Sicherungshypothek (§ 1287 S. 2 BGB) besitzlos ist.[4] Wenn nur Grundstücksbesitz zu verschaffen ist, also ohne Übereignung, ist Mitbesitz zu leisten.

Hat der Drittschuldner **gemäß § 1281 BGB** geleistet, erlischt das Forderungspfand, der Pfandgläubiger erwirbt ein Ersatzpfandrecht am Leistungsgegenstand (§ 1287 BGB, zu Zahlungsforderungen s. § 1288 Abs. 1 BGB). Leistet der Drittschuldner entgegen § 1281 S. 1 BGB **an den Forderungsinhaber allein,** wird er gegenüber dem Pfandgläubiger nicht frei,[5] das Pfandrecht besteht fort, es entsteht kein Ersatzpfand gemäß § 1287 BGB.[6] Der Drittschuldner muss für den Pfandgläubiger hinterlegen – Auszahlung bei Pfandreife – oder, wenn inzwischen Pfandreife eingetreten ist, an ihn leisten. Ferner ist der Drittschuldner dem Pfandgläubiger, insbesondere wenn die Leistung unmöglich geworden ist, zB bei Stückschuld, zum Schadensersatz wegen Verlusts der Sicherheit verpflichtet (§§ 280 Abs. 1, 823 Abs. 1 BGB).[7] Schadensersatz- oder Bereicherungsansprüche können auch gegen den Empfänger bestehen (§§ 280 Abs. 1, 823 Abs. 1, 812 Abs. 1 S. 1 Alt. 2 BGB), der die Leistung des Drittschuldners allein entgegennimmt; die Ansprüche sind auf Bestellung eines Pfandrechts am Leistungsgegenstand[8] und gegebenenfalls Einräumung von Mitbesitz gerichtet. In den Fällen der §§ 1275, 407 BGB befreit den Drittschuldner die Leistung an den Forderungsinhaber,[9] und es entsteht kein Ersatzpfand.[10] Leistet der Drittschuldner entgegen § 1281 BGB **an den Pfandgläubiger allein,** befreit die Leistung nicht gegenüber dem Forderungsinhaber, es können Ansprüche gegen den Drittschuldner und den Pfandgläubiger bestehen. 6

2. Geltendmachung (S. 2)

Pfandgläubiger und Forderungsinhaber können jeder allein Leistung an beide gemeinschaftlich oder Hinterlegung nach den Hinterlegungsgesetzen der Länder[11] beziehungsweise Ablieferung an einen gerichtlich zu bestellenden Verwahrer (§§ 410 Nr. 3, 411 Abs. 3 FamFG) verlangen (zur Kündigung s. § 1283 BGB). Bei einem **Forderungspfand an eigener Schuld**[12] (AGB-Pfandrecht der Kreditinstitute, Nr. 14 AGB Banken, Nr. 21 AGB Spark) kann das Kreditinstitut (Pfandgläubiger und Drittschuldner) die Zahlung an den beziehungsweise auf Anweisung des Kunden (Forderungsinhaber) verweigern, es sei denn, die Weigerung verstößt gegen Treu und Glauben, zB wenn die pfandgesicherten Forderungen anderweitig hinreichend gesichert sind.[13] Besteht ein Sicherungsbedürfnis des Instituts, dann kann dieses von seinem Pfandrecht an Kundenforderungen vor Pfandreife Gebrauch machen, indem es zur Sicherung einer späteren Verwertung keine Verfügungen mehr zulässt (Kontosperre).[14] Ferner kann ein Institut bei vertraglicher Verpfändung eines Wertpapierdepots die Durchführung von Wertpapieraufträgen des Depotinhabers verweigern, auch wenn die gesicherte Forderung noch nicht fällig ist; denn der Verkauf von Wertpapieren aus einem verpfändeten Depot berührt das Sicherungsinteresse des Instituts jedenfalls dann in gleicher Weise wie eine Verfügung von einem Girokonto, wenn das 7

[2] Palandt/*Wicke* BGB § 1281 Rn. 2.
[3] **AA** MüKoBGB/*Damrau* § 1281 Rn. 2: Mitbesitz gem. § 1206 BGB.
[4] MüKoBGB/*Damrau* § 1281 Rn. 2; Palandt/*Wicke* BGB § 1281 Rn. 2.
[5] BayObLG NJW 1968, 705.
[6] BayObLG ZIP 1983, 675.
[7] MüKoBGB/*Damrau* § 1281 Rn. 5; Palandt/*Wicke* BGB § 1281 Rn. 3; Staudinger/*Wiegand* § 1281 Rn. 7.
[8] *Steppelt* VersR 2003, 292.
[9] → BGB § 1275 Rn. 2.
[10] MüKoBGB/*Damrau* § 1287 Rn. 7; Staudinger/*Wiegand* § 1287 Rn. 7.
[11] Die HintO (Bund) ist seit dem 1.12.2010 außer Kraft.
[12] → BGB § 1273 Rn. 4.
[13] BGH WM 1956, 217.
[14] BGH NJW 2004, 1660 mAnm *Haertlein/Schmidt* WuB VI C (§ 131 InsO) 4.04.

Abwicklungskonto, auf das Verkaufserlöse aus Wertpapierverkäufen gutzuschreiben wären,[15] nicht dem Pfandrecht unterstellt ist.[16]

8 § 1281 S. 2 BGB verpflichtet nicht zur Geltendmachung der Forderung. Anders ist es gemäß § 1285 Abs. 2 S. 1 BGB bei Alleineinziehungsbefugnis des Pfandgläubigers.

9 Der **Drittschuldner** hat ein erhebliches Interesse daran, den Fälligkeitszeitpunkt der gesicherten Forderung (Pfandreife, § 1228 Abs. 2 BGB) zu kennen, weil vorher nach Maßgabe von § 1281 BGB zu leisten ist, und anschließend nach Maßgabe von § 1282 BGB. Wurde ihm der Zeitpunkt nicht mit der Verpfändungsanzeige mitgeteilt – für § 1280 BGB ist dies nicht erforderlich –, dann kann er darüber Auskunft vom Pfandgläubiger oder Forderungsinhaber verlangen, im Übrigen kann er hinterlegen (§ 372 BGB).[17]

III. Leistung nach Fälligkeit (§ 1282)

1. Rechtsstellung des Pfandgläubigers

10 **a) Grundsatz.** Der Pfandgläubiger handelt in den Fällen des § 1282 BGB als gesetzlicher Vertreter des Forderungsinhabers, so dass für gutgläubigen Erwerb des Leistungsgegenstands § 166 BGB gilt. Er **kann** die gesamte[18] verpfändete Forderung an sich selbst einziehen, kündigen (§ 1282 Abs. 3 Hs. 1 BGB), den Drittschuldner mahnen[19] und im eigenen Namen verfahrensrechtlich gegen ihn vorgehen[20] – Klage und Vollstreckung, Titelumschreibung vom Forderungsinhaber auf den Pfandgläubiger (§ 727 ZPO), Arrest und einstweilige Verfügung, Insolvenzantrag. Diese Befugnisse erstrecken sich auf die Verwertung mitverpfändeter[21] akzessorischer Sicherheiten für die verpfändete Forderung. Der Pfandgläubiger kann Dritte zur Einziehung ermächtigen.[22]

11 Der Pfandgläubiger **kann nicht** Leistung an Erfüllungs statt, Erlass oder Vergleich vereinbaren, und nicht die verpfändete Forderung abtreten[23] (§ 1282 Abs. 2 Hs. 1 BGB).

12 § 1285 Abs. 2 S. 1 BGB verpflichtet den Pfandgläubiger zur Einziehung.

13 **b) Geldforderungen.** Für verpfändete Geldforderungen (Zahlungsforderungen) gelten Sonderregelungen.

14 **aa) Einziehungsrecht.** Die Gläubigerrechte und die Wirkungen ihrer Ausübung sind auf den **Umfang der Pfandhaftung** (§ 1210 BGB) beschränkt (§ 1282 Abs. 1 S. 2 BGB). Darüber hinaus stehen alle Befugnisse ungehindert dem Forderungsinhaber zu.

15 Bei einem **Pfandrecht an eigener Zahlungsschuld** (AGB-Pfandrecht der Kreditinstitute)[24] wird die Einziehung durch einfache Erklärung gegenüber dem Forderungsinhaber[25] und anschließende Verrechnung[26] bewirkt, die einer Aufrechnung gleichkommt.[27]

16 Die Beschränkungen des § 1282 Abs. 2 Hs. 1 BGB gelten bei Geldforderungen im Umfang der Sicherung nicht; vielmehr gilt § 1288 Abs. 2 BGB bei benachteiligenden Verfügungen entsprechend.[28]

---

[15] Zur Verpfändung eines Verrechnungskontos OLG Karlsruhe WM 2000, 521.
[16] OLG München WM 2008, 122.
[17] MüKoBGB/*Damrau* § 1281 Rn. 3.
[18] MüKoBGB/*Damrau* § 1282 Rn. 1; Palandt/*Wicke* BGB § 1282 Rn. 4.
[19] MüKoBGB/*Damrau* § 1282 Rn. 2.
[20] MüKoBGB/*Damrau* § 1282 Rn. 2.
[21] → BGB § 1273 Rn. 6.
[22] MüKoBGB/*Damrau* § 1282 Rn. 3; Palandt/*Wicke* BGB § 1282 Rn. 3.
[23] *Blomeyer* VersR 1999, 653.
[24] → BGB § 1273 Rn. 4.
[25] OLG Düsseldorf WM 1992, 1937.
[26] BGH WM 1996, 2250; KG ZIP 2009, 2256.
[27] Zu den Unterschieden BankR-HdB/*Merkel* § 93 Rn. 18.
[28] MüKoBGB/*Damrau* § 1282 Rn. 6; Staudinger/*Wiegand* § 1282 Rn. 16.

bb) Abtretung an Zahlungs statt. Soweit der Pfandgläubiger einziehungsberechtigt ist (§ 1282 Abs. 1 S. 2 BGB), kann er auch vom Forderungsinhaber Abtretung der Zahlungsforderung an Zahlungs statt verlangen (§ 1282 Abs. 1 S. 3 BGB). Davon ist abzuraten, weil der Pfandgläubiger damit die gesicherte Forderung verliert, ohne etwas zu gewinnen. 17

2. Rechtsstellung des Drittschuldners

Der Drittschuldner wird gegenüber dem Pfandgläubiger nur frei, wenn er an diesen leistet. Ein Drittschuldner, der auf Aufforderung eines Kreditinstituts, das zugleich Pfandgläubiger ist, auf ein Konto des Forderungsinhabers bei diesem Institut zahlt, dessen Sollsaldo durch Kündigung zuvor fällig gestellt worden ist (§ 1228 Abs. 2 BGB), leistet damit ausschließlich im Sinne des § 1282 Abs. 1 BGB an den Pfandgläubiger.[29] Das Rechtsverhältnis zwischen Drittschuldner und Pfandgläubiger bestimmt sich im Übrigen nach § 1275 BGB. Soweit das Einziehungsrecht des Pfandgläubigers reicht, befreit eine Leistung an ihn den Drittschuldner auch im Verhältnis zum Forderungsinhaber. 18

Der Drittschuldner eines Zahlungsanspruchs kann vor der Zahlung Auskunft über den Umfang der Sicherung verlangen, an dessen Kenntnis er wegen § 1282 Abs. 1 S. 2 BGB ein berechtigtes Interesse hat; notfalls kann er hinterlegen. Zahlt der Drittschuldner eines Zahlungsanspruchs an den Pfandgläubiger mehr als diesem nach § 1282 Abs. 1 S. 2 BGB zusteht, befreit dies nicht gegenüber dem Forderungsinhaber (str.[30]). Der Drittschuldner hat gegen den Pfandgläubiger die Leistungskondiktion.[31] Der Forderungsinhaber kann die Überzahlung genehmigen – der Drittschuldner wird frei – und dann beim Pfandgläubiger kondizieren (§ 816 Abs. 2 BGB). 19

3. Rechtsstellung des Forderungsinhabers

Der Forderungsinhaber kann nicht mehr selbst Leistung beanspruchen, er kann aber Leistung an den Pfandgläubiger verlangen, insoweit auch mahnen, und im eigenen Namen gegen den Drittschuldner auf Leistung an den Pfandgläubiger klagen.[32] Der Forderungsinhaber kann dem Pfandgläubiger zur Geltendmachung schuldrechtlich verpflichtet sein. 20

IV. Kündigung (§ 1283)

§ 1283 BGB regelt die Ausübung bestehender Rechte zur Kündigung der verpfändeten Forderung, die Vorschrift **schafft kein Kündigungsrecht.**[33] Die Norm unterscheidet für die Ausübung danach, ob **vor oder bei Pfandreife** (§ 1228 Abs. 2 BGB) gekündigt wird, und ob der **Drittschuldner kündigt** oder dem **Drittschuldner gekündigt wird.** 21

1. Kündigung vor Pfandreife (Abs. 1, 2)

a) Kündigungserklärung des Forderungsinhabers (Abs. 1). Der Forderungsinhaber kann die verpfändete Forderung grundsätzlich ohne Mitwirkung des Pfandgläubigers kündigen. Nur bei einem Nutzungspfand (§ 1213 Abs. 1 BGB) bedarf es der Zustimmung (§ 182 ff. BGB) des Pfandgläubigers, der zur Erteilung verpflichtet sein kann (§ 1286 S. 2 BGB). 22

Der Pfandgläubiger hat kein eigenes Kündigungsrecht, kann aber in den Fällen des § 1286 S. 1 BGB vom Forderungsinhaber verlangen, dass dieser kündigt. 23

---

[29] OLG Bamberg WM 2007, 389.

[30] **AA** Palandt/*Wicke* BGB § 1288 Rn. 3; Staudinger/*Wiegand* § 1288 Rn. 6: Der Drittschuldner wird nach dem Rechtsgedanken des § 409 BGB frei und die Leistung ist zwischen Forderungsinhaber und Pfandgläubiger entsprechend § 1247 S. 2 BGB aufzuteilen.

[31] MüKoBGB/*Damrau* § 1282 Rn. 5; § 1288 Rn. 5.

[32] MüKoBGB/*Damrau* § 1282 Rn. 8.

[33] OLG Düsseldorf WM 1992, 1937.

24 **b) Kündigungserklärung des Drittschuldners (Abs. 2).** Der Drittschuldner muss die Kündigung beiden Berechtigten erklären, sie ist wirksam, sobald beiden eine Kündigungserklärung zugegangen ist (Ausnahme §§ 1275, 407 BGB).

2. Kündigung bei Pfandreife (Abs. 3)

25 **a) Kündigungserklärung des Forderungsinhabers und des Pfandgläubigers.** Forderungsinhaber und Pfandgläubiger haben je ein eigenes Kündigungsrecht, das ohne Mitwirkung des anderen ausgeübt werden kann (§ 1283 Abs. 3 Hs. 1 BGB); dies gilt auch für das Kündigungsrecht gemäß § 168 VVG (str.[34]). Die Ausnahme beim Nutzungspfand (§ 1283 Abs. 1 BGB) gilt auch nach Pfandreife.

26 **b) Kündigungserklärung des Drittschuldners.** Die Kündigung ist dem Pfandgläubiger allein zu erklären (§ 1283 Abs. 3 Hs. 2 BGB). Eine zusätzliche Kündigungserklärung gegenüber dem Forderungsinhaber ist überflüssig, eine Kündigung gegenüber dem Forderungsinhaber allein ist wirkungslos.

V. Abweichende Vereinbarungen (§ 1284)

27 Forderungsinhaber und Pfandgläubiger können von den §§ 1281–1283 BGB abweichende Vereinbarungen treffen, und zwar grundsätzlich bereits vor Pfandreife (s. auch § 1279 S. 2 BGB). § 1277 S. 2 BGB ist auf solche Vereinbarungen entsprechend anzuwenden.[35] Die Vereinbarung bedarf nicht der Form der Verpfändungsvereinbarung (str.)[36] und keiner Anzeige an den Drittschuldner, dessen Interessen § 409 BGB wahrt.[37]

28 Vereinbart werden kann zB folgendes:[38] Kündigungsrecht des Pfandgläubigers vor Pfandreife entgegen § 1283 BGB; alleiniges Einziehungsrecht des Pfandgläubigers vor Pfandreife entgegen §§ 1281 f. BGB, dann ist aber bei Einziehung § 1288 Abs. 2 BGB analog anzuwenden; gemeinsames Einziehungsrecht nach Pfandreife entgegen §§ 1281 f. BGB, dann ist aber § 1288 Abs. 1 BGB analog anzuwenden; Beschränkungen der Verwertungsbefugnisse des Pfandgläubigers entgegen § 1282 BGB.

VI. Mitwirkung zur Einziehung (§ 1285)

1. Mitwirkungspflichten (Abs. 1)

29 Wenn gemäß § 1281 S. 1 BGB oder bei entsprechender Vereinbarung (§ 1284 BGB) an den Pfandgläubiger und den Forderungsinhaber gemeinschaftlich zu leisten ist, sind beide zur Mitwirkung bei der Einziehung verpflichtet, wenn die verpfändete Forderung fällig ist. Die Mitwirkung kann zB darin bestehen, dass ein **Gemeinschaftskonto** für Zahlungen des Drittschuldners eingerichtet oder ein **Pfandhalter** für den Erwerb von Mitbesitz bestellt wird. Die Mitwirkung bei der **Kündigung** der verpfändeten Forderung richtet sich nach § 1286 BGB. **Aufwendungen** gehen zu Lasten des Forderungsinhabers; macht der Pfandgläubiger Aufwendungen, kann er beim Forderungsinhaber Regress nehmen, das Pfand haftet dafür (§ 1210 Abs. 2 BGB).[39] Der Mitwirkungsanspruch kann im Wege der Klage oder im Verfügungsverfahren **durchgesetzt** werden. Einzuklagen ist eine bestimmte

[34] MüKoBGB/*Damrau* § 1283 Rn. 4. **AA** Palandt/*Wicke* BGB § 1283 Rn. 1; Staudinger/*Wiegand* § 1283 Rn. 4.

[35] MüKoBGB/*Damrau* § 1284 Rn. 1; Palandt/*Wicke* BGB § 1284 Rn. 1; Staudinger/*Wiegand* § 1284 Rn. 1.

[36] BGH VersR 1972, 88 (gemeinsame Klage als Vereinbarung gemäß § 1284 BGB). **AA** MüKoBGB/*Damrau* § 1284 Rn. 3.

[37] *Blomeyer* VersR 1999, 653.

[38] MüKoBGB/*Damrau* § 1284 Rn. 2.

[39] MüKoBGB/*Damrau* § 1285 Rn. 2.

Mitwirkungshandlung (§ 253 Abs. 2 Nr. 2 ZPO), im Verfügungsverfahren trifft das Gericht die erforderlichen Anordnungen (§ 938 Abs. 1 ZPO). Die Vollstreckung richtet sich, je nachdem, nach § 888 ZPO oder § 894 ZPO. Anstatt die Mitwirkungspflicht durchzusetzen kann auf die Einzelbefugnisse gemäß § 1281 S. 2 Hs. 2 BGB ausgewichen werden.

2. Pflichten des Pfandgläubigers (Abs. 2)

Der gemäß § 1282 BGB oder vereinbarungsgemäß (§ 1284 BGB) alleineinziehungsberechtigte Pfandgläubiger hat für ordnungsgemäße Einziehung zu sorgen (S. 1) und den Forderungsinhaber davon zu benachrichtigen (S. 2). **30**

a) Einziehung (S. 1). Zu ordnungsgemäßer Einziehung gehören die Beachtung der **Verjährung,** die Ausübung von **Gestaltungsrechten,** soweit sie dem Pfandgläubiger zustehen – beschränkt nach § 1282 Abs. 2 Hs. 1 BGB, weiter bei Zahlungsforderungen,[40] ferner gegebenenfalls nach Vereinbarung (§ 1284 BGB); str. ist, ob der Pfandgläubiger zum Abschluss eines „nützlichen" Vergleichs berechtigt ist[41] –, **Untersuchung und Rüge** (§ 377 HGB) sowie die **verfahrensrechtliche Geltendmachung** der Forderung durch Klage und Vollstreckung, Arrest oder einstweilige Verfügung und im Insolvenzverfahren.[42] Der Pfandgläubiger kann vom Forderungsinhaber Vorschuss für erforderliche **Aufwendungen** verlangen beziehungsweise Ersatz für eigene Aufwendungen; das Pfand haftet dafür (§ 1210 Abs. 2 BGB).[43] **31**

b) Benachrichtigung (S. 2). Der Pfandgläubiger hat den Forderungsinhaber **nach einer Einziehungsmaßnahme** unverzüglich von ihr zu benachrichtigen, es sei denn, dies ist untunlich. Der Benachrichtigungspflicht korrespondiert ein **Auskunftsanspruch** des Forderungsinhabers gegen den Pfandgläubiger.[44] Es besteht **keine Pflicht** zur Benachrichtigung oder gar Konsultation **vor einer Maßnahme,** und auch keine Pflicht, aber die Möglichkeit (§ 72 ZPO), zur **Streitverkündung;** der Forderungsinhaber kann als Streithelfer beitreten (§ 66 ZPO). **32**

3. Pflichten des Drittschuldners und des Forderungsinhabers

Der **Drittschuldner** muss den Forderungsinhaber nicht benachrichtigen. **33**

Wenn der **Forderungsinhaber** vereinbarungsgemäß (§ 1284 BGB) allein einziehungsberechtigt ist, verpflichtet ihn die Vereinbarung – vorbehaltlich abweichender Abrede – auch zu ordnungsgemäßer Einziehung und Benachrichtigung (§§ 133, 157, 242 BGB). **34**

4. Pflichtverletzungen

Pflichtverletzungen verpflichten zum Schadensersatz (§ 280 Abs. 1, 2 BGB), in den Fällen des § 1285 Abs. 1 BGB gekürzt um einen Mitverschuldensanteil (§ 254 BGB), wenn der andere auf die Mitwirkung nicht hingewirkt oder die Alternativen gemäß § 1281 S. 2 Hs. 2 BGB außer Acht gelassen hat. **35**

§ 1286 Kündigungspflicht bei Gefährdung

1 Hängt die Fälligkeit der verpfändeten Forderung von einer Kündigung ab, so kann der Pfandgläubiger, sofern nicht das Kündigungsrecht ihm zusteht, von dem Gläubiger die Kündigung verlangen, wenn die Einziehung der Forderung wegen Gefährdung

[40] → Rn. 13 ff.
[41] Dafür Staudinger/*Wiegand* § 1285 Rn. 4. Dagegen MüKoBGB/*Damrau* § 1285 Rn. 4.
[42] MüKoBGB/*Damrau* § 1285 Rn. 3.
[43] MüKoBGB/*Damrau* § 1285 Rn. 3; Staudinger/*Wiegand* § 1285 Rn. 4.
[44] *Johlke/Schröder* EWiR 1997, 299 zu LG Dresden ZIP 1997, 554.

ihrer Sicherheit nach den Regeln einer ordnungsmäßigen Vermögensverwaltung geboten ist. [2]Unter der gleichen Voraussetzung kann der Gläubiger von dem Pfandgläubiger die Zustimmung zur Kündigung verlangen, sofern die Zustimmung erforderlich ist.

Übersicht

I. Allgemeines

1 § 1286 BGB ergänzt § 1283 BGB und statuiert bei Gefährdung der Sicherheit gegenseitige Pflichten, die Forderungskündigung herbeizuführen. Die Sicherheit ist gefährdet, wenn die Vermögenslage des Drittschuldners einen Forderungsausfall befürchten lässt.

II. Kündigungspflicht des Forderungsinhabers (S. 1)

2 Hat der Pfandgläubiger kein eigenes Kündigungsrecht, also nicht in den Fällen des § 1283 Abs. 3 Hs. 1 BGB und bei entsprechender Vereinbarung (§ 1284 BGB), dann kann er vom Forderungsgläubiger verlangen, dass dieser die verpfändete Forderung kündigt, wenn die Forderungseinziehung wegen Gefährdung der Sicherheit geboten ist.

3 Der Pfandgläubiger kann den Forderungsinhaber auf Abgabe der Kündigungserklärung verklagen. Für die Vollstreckung gilt § 894 ZPO (str., aA § 888 ZPO), die Kündigung ist bewirkt, wenn dem Drittschuldner eine Urteilsabschrift übermittelt wurde.[1]

III. Zustimmungspflicht des Pfandgläubigers (S. 2)

4 Bedarf die Kündigung durch den Forderungsinhaber gemäß § 1283 Abs. 1 BGB oder vereinbarungsgemäß (§ 1284 BGB) der Zustimmung des Pfandgläubigers, kann der Forderungsinhaber vom Pfandgläubiger Zustimmung verlangen, wenn die Sicherheit gefährdet ist. Die Verurteilung ersetzt die Zustimmung (§ 894 ZPO).[2] Der Kündigung ist wegen §§ 182 Abs. 3, 111 S. 2, 3 BGB tunlichst eine Urteilsabschrift beizufügen.

5 Wenn das Kündigungsrecht des Forderungsinhabers ausgeschlossen und nur der Pfandgläubiger kündigungsberechtigt ist (§ 1284 BGB), kann dieser aus § 1285 Abs. 2 S. 1 BGB zur Kündigung verpflichtet sein.[3]

IV. Pflichtverletzungen

6 Pflichtverletzungen verpflichten zum Schadensersatz (§ 280 Abs. 1, 2 BGB), gekürzt gemäß § 254 BGB, wenn der andere die Mitwirkung nicht angemahnt hat.[4]

---

[1] MüKoBGB/*Damrau* § 1286 Rn. 4; Palandt/*Wicke* BGB § 1286 Rn. 1; Staudinger/*Wiegand* § 1286 Rn. 4.
[2] MüKoBGB/*Damrau* § 1286 Rn. 4.
[3] **AA** MüKoBGB/*Damrau* § 1286 Rn. 5.
[4] MüKoBGB/*Damrau* § 1286 Rn. 6; Staudinger/*Wiegand* § 1286 Rn. 4.

V. Arrest und einstweilige Verfügung

Die Durchsetzung im Wege des § 894 ZPO kann langwierig sein – rechtskräftiges Urteil – und wird oftmals der typischerweise eilbedürftigen Situation des § 1286 BGB – Gefährdung der Sicherheit – nicht abhelfen. Einstweiliger Rechtsschutz ist daher geboten. 7

1. Einstweilige Verfügung

Der Pfandgläubiger kann gegen den Forderungsinhaber, und dieser kann gegen jenen eine **einstweilige Verfügung** (§§ 935 ff. ZPO) erwirken, die als **Befriedigungsverfügung,** gerichtet auf Abgabe der Kündigungs- beziehungsweise Zustimmungserklärung, ergehen kann, wenn eine irreparable Schädigung droht, die ohne Vorwegnahme nicht abgewendet werden kann.[5] Wegen Ansprüchen auf **Abgabe einer Willenserklärung** können Befriedigungsverfügungen insbesondere dann ergehen, wenn der Gläubiger auf die Willenserklärung dringend angewiesen ist, oder die Abgabe der Willenserklärung besonders zeitgebunden ist, und eine Zurückweisung des Antrags einer Rechtsschutzverweigerung gleichkäme.[6] Demnach kommt wegen Ansprüchen aus § 1286 BGB durchaus der Erlass einer Befriedigungsverfügung in Betracht. Denn die Kündigungs- oder Zustimmungserklärung ist bei fortschreitendem Vermögensverfall des Drittschuldners zeitgebunden, und es bedeutet de facto Rechtsschutzverweigerung, wenn das Hauptsacheverfahren länger dauern wird als der endgültige Vermögensverfall des Drittschuldners. Einstweilige Verfügungen auf Abgabe einer Willenserklärung sind mittels indirekten Zwangs zu **vollziehen** (§§ 936, 928, 888 ZPO),[7] also mit Zwangsgeld oder -haft, die ohne Androhung festzusetzen sind. 8

2. Arrest

Alternativ kann der Rechtsinhaber oder der Pfandgläubiger gegen den Drittschuldner ein **Arrestverfahren** (§§ 916 ff. ZPO) durchführen. Der Zulässigkeit der Arrests steht nicht entgegen, dass der **Arrestanspruch** gegen den Drittschuldner noch nicht fällig (betagt) ist (§ 916 Abs. 2 ZPO). Ein **Arrestgrund** (§ 917 ZPO) wird bei Gefährdung der Sicherheit in der Regel bestehen. Anders ist es jedoch, wenn die Vermögenslage des Drittschuldners von vornherein besorgniserregend war; denn für den Arrest ist eine Verschlechterung erforderlich.[8] 9

§ 1287 Wirkung der Leistung

[1] Leistet der Schuldner in Gemäßheit der §§ 1281, 1282, so erwirbt mit der Leistung der Gläubiger den geleisteten Gegenstand und der Pfandgläubiger ein Pfandrecht an dem Gegenstand. [2] Besteht die Leistung in der Übertragung des Eigentums an einem Grundstück, so erwirbt der Pfandgläubiger eine Sicherungshypothek; besteht sie in der Übertragung des Eigentums an einem eingetragenen Schiff oder Schiffsbauwerk, so erwirbt der Pfandgläubiger eine Schiffshypothek.

§ 1288 Anlegung eingezogenen Geldes

(1) **[1] Wird eine Geldforderung in Gemäßheit des § 1281 eingezogen, so sind der Pfandgläubiger und der Gläubiger einander verpflichtet, dazu mitzuwirken, dass der**

[5] Zu den Voraussetzungen einer Befriedigungsverfügung Kindl/Meller-Hannich/Wolf/*Haertlein* Gesamtes Recht der Zwangsvollstreckung, ZPO § 935 Rn. 35.

[6] Kindl/Meller-Hannich/Wolf/*Haertlein* Gesamtes Recht der Zwangsvollstreckung, ZPO § 935 Rn. 45.

[7] Kindl/Meller-Hannich/Wolf/*Haertlein* Gesamtes Recht der Zwangsvollstreckung, ZPO § 938 Rn. 27.

[8] Kindl/Meller-Hannich/Wolf/*Haertlein* Gesamtes Recht der Zwangsvollstreckung, ZPO § 917 Rn. 3.

eingezogene Betrag, soweit es ohne Beeinträchtigung des Interesses des Pfandgläubigers tunlich ist, nach den für die Anlegung von Mündelgeld geltenden Vorschriften verzinslich angelegt und gleichzeitig dem Pfandgläubiger das Pfandrecht bestellt wird. [2]Die Art der Anlegung bestimmt der Gläubiger.

(2) **Erfolgt die Einziehung in Gemäßheit des § 1282, so gilt die Forderung des Pfandgläubigers, soweit ihm der eingezogene Betrag zu seiner Befriedigung gebührt, als von dem Gläubiger berichtigt.**

Übersicht

I. Allgemeines

1 §§ 1287 f. BGB bestimmen bei Leistungen in den Fällen der §§ 1281 f. BGB die Wirkungen im Verhältnis Forderungsinhaber/Pfandgläubiger. § 1287 BGB regelt Leistungen im Allgemeinen, § 1288 BGB die Einziehung verpfändeter Geldforderungen im Besonderen.

II. Wirkung der Leistung (§ 1287)

2 Leistet des Drittschuldner auf eine verpfändete Forderung entsprechend den Anforderungen der §§ 1281, 1282 BGB[1] oder einer Vereinbarung gemäß § 1284 BGB,[2] dann hat dies grundsätzlich – Besonderheiten gelten bei Geldforderungen (§ 1288 BGB) – folgende **Wirkungen.**

3 Der **Drittschuldner** wird durch Erfüllung frei (§ 362 BGB).

4 Wenn ein Recht geleistet wurde (zB Eigentum, Forderung,[3] Grundschuld[4]), erwirbt der **Forderungsinhaber** mit der Leistung das Recht (§ 1287 S. 1 BGB).

5 Der **Pfandgläubiger** verliert sein Pfandrecht (Untergang[5]), erwirbt aber im Wege der Surrogation kraft Gesetzes[6] je nachdem ein Pfandrecht, eine Sicherungshypothek oder eine Schiffshypothek am geleisteten Recht (§ 1287 BGB); § 1287 S. 2 BGB – Sicherungshypothek – gilt entsprechend, wenn ein anderes grundpfandfähiges Recht[7] als Eigentum geleistet wird.[8] Das Ersatzpfand entsteht nur, wenn an der Forderung, auf die geleistet wurde, ein Pfandrecht bestand. § 1287 BGB ermöglicht keinen gutgläubigen Erwerb eines Ersatzpfands durch einen Putativpfandgläubiger,[9] auch nicht in Fällen, in denen § 409 BGB entsprechend anzuwenden[10] ist.

6 § 1287 BGB ist nicht anwendbar, wenn der Drittschuldner kein Recht leistet, sondern zB nur Besitz oder Dienste, und daher kein Pfandrecht entstehen kann.

---

1 Zu Leistungen, die nicht den §§ 1281 f. BGB entsprechen → BGB §§ 1281–1285 Rn. 6, 19.
2 MüKoBGB/*Damrau* § 1287 Rn. 11.
3 BGH NJW 1997, 2110.
4 Zum Pfandrecht am Anspruch auf Grundschuldrückgewähr BGHZ 108, 237 = NJW 1989, 2536.
5 OLG Dresden BKR 2010, 27; BayObLG NJW-RR 1991, 567.
6 BayObLG NJW-RR 1991, 567; NJW 1968, 705.
7 → Kap. 25 Einl. Rn. 6.
8 MüKoBGB/*Damrau* § 1287 Rn. 15.
9 Palandt/*Wicke* BGB § 1287 Rn. 3; Staudinger/*Wiegand* § 1287 Rn. 6.
10 → BGB § 1280 Rn. 7.

III. Anlegung eingezogenen Geldes (§ 1288)

§ 1288 BGB regelt die Folgen der Einziehung verpfändeter Geldforderungen. 7

1. Einziehung gemäß § 1281 BGB (Abs. 1)

Hat der Drittschuldner einer verpfändeten Zahlungsforderung vor Pfandreife gemäß § 1281 BGB geleistet, also bar zu Mitbesitz, unbar auf Und-Konto oder Sperrkonto[11] oder durch Hinterlegung, dann erwirbt der Forderungsinhaber Eigentum am Geld beziehungsweise die Forderung gegen das Kreditinstitut oder die Hinterlegungsstelle, und der Pfandgläubiger erwirbt ein Pfandrecht daran (§ 1287 S. 1 BGB).[12] Beide sind dann einander verpflichtet, für **verzinsliche mündelsichere** (§ 1807 BGB) **Anlage** zu sorgen (§ 1288 Abs. 1 S. 1 BGB). In diesem Rahmen hat der Forderungsinhaber die Wahl (§ 1288 Abs. 1 S. 2 BGB), der Pfandgläubiger kann dagegen seine berechtigten Interessen zur Geltung bringen und die Mitwirkung insoweit verweigern (§ 1288 Abs. 1 S. 1 BGB), zB bei vorrangigem AGB-Pfand des Instituts, bei dem angelegt werden soll.[13] § 1288 Abs. 1 BGB zwingt nicht zur Neuanlage, das Geld kann einvernehmlich liegengelassen oder anders angelegt werden. 8

Gläubiger der Neuanlage ist allein der vormalige Forderungsinhaber, der Pfandgläubiger erwirbt an ihr nicht kraft Gesetzes eine Berechtigung, es handelt sich nicht um einen Fall des § 1287 BGB. Daher kann der Pfandgläubiger verlangen, dass ihm im Zuge der Neuanlage an ihr ein **Pfandrecht bestellt** wird (§ 1288 Abs. 1 S. 1 BGB). 9

2. Einziehung gemäß § 1282 BGB (Abs. 2)

Wenn der Pfandgläubiger nach Pfandreife eine verpfändete Geldforderung im Umfang der Pfandhaftung[14] eingezogen hat (§ 1282 BGB), erwirbt er die Leistung zu eigenem Vollrecht, nicht nur ein Pfandrecht wie bei § 1287 BGB.[15] In dieser Höhe gilt die gesicherte Forderung als vom Inhaber der verpfändeten Forderung berichtigt (§ 1288 Abs. 2 BGB). Wenn das Pfandrecht Schuldnersicherheit war, dann erlischt es, eine Drittsicherheit geht gemäß §§ 1273 Abs. 2, 1225 BGB mit der gesicherten Forderung über. 10

3. Einziehung nach Vereinbarung gemäß § 1284 BGB

Ist eine von den §§ 1281 f. BGB abweichende Einziehung einer Geldforderung wirksam vereinbart (§ 1284 BGB), bestimmen sich die Folgen in erster Linie nach der Vereinbarung. Wenn insoweit nichts vereinbart ist, gilt § 1288 Abs. 1 BGB entsprechend, sofern gemeinschaftliche Einziehung – wie § 1281 BGB, nur etwa auch nach Pfandreife – vereinbart war, bei vereinbarter Einziehungsbefugnis des Pfandgläubigers – wie § 1282 BGB, aber bereits vor Pfandreife – ist § 1288 Abs. 2 BGB entsprechend anzuwenden. 11

§ 1289 Erstreckung auf die Zinsen

1 Das Pfandrecht an einer Forderung erstreckt sich auf die Zinsen der Forderung. 2 Die Vorschriften des § 1123 Abs. 2 und der §§ 1124, 1125 finden entsprechende Anwendung; an die Stelle der Beschlagnahme tritt die Anzeige des Pfandgläubigers an den Schuldner, dass er von dem Einziehungsrecht Gebrauch mache.

---

[11] OLG Koblenz BB 1974, 199; zum Sperrkonto BankR-HdB/*Merkel* § 93 Rn. 16 f.
[12] MüKoBGB/*Damrau* § 1288 Rn. 2; Staudinger/*Wiegand* § 1288 Rn. 2.
[13] MüKoBGB/*Damrau* § 1288 Rn. 3.
[14] Zu den Folgen einer Überzahlung → BGB §§ 1281–1285 Rn. 19.
[15] MüKoBGB/*Damrau* § 1288 Rn. 4; Staudinger/*Wiegand* § 1288 Rn. 5.

Übersicht

I. Allgemeines

1 Wenn eine verzinsliche Forderung verpfändet ist, haften die Zinsen,[1] gleich welchen Rechtsgrundes,[2] für den gesicherten Anspruch (§ 1289 S. 1 BGB) nach näherer Maßgabe entsprechend anzuwendender hypothekenrechtlicher Normen über Miet- und Pachtforderungen im Haftungsverband (§ 1289 S. 2 BGB). Die **Zinshaftung** des § 1289 BGB ist zu **unterscheiden** vom Nutzungspfand an einer verzinslichen Forderung (§§ 1273 Abs. 2, 1213 Abs. 1 BGB), bei dem die Zinsen dem Pfandgläubiger zustehen.[3] § 1289 BGB ist auch nicht anzuwenden, wenn Zinsansprüche separat verpfändet sind.[4]

2 § 1289 BGB kann durch Vereinbarung zwischen Forderungsinhaber und Pfandgläubiger mit schuldrechtlicher oder dinglicher Wirkung ausgeschlossen werden.[5]

II. Laufende Zinsen und Zinsrückstände

3 § 1289 S. 1 BGB betrifft nur **laufende Zinsen,** die bei Verpfändung noch nicht fällig sind, bei laufender Zinsperiode anteilige Zinsen,[6] gleichgültig, ob prä- oder postnumerando geschuldet. **Zinsrückstände** sind nur verhaftet, soweit dies vereinbart ist.[7]

III. Enthaftung

4 Soweit eine Zinsforderung fällig ist, wird sie mit dem Ablauf eines Jahres nach Eintritt der Fälligkeit (§§ 186 ff. BGB) von der Haftung frei, wenn nicht vorher der Pfandgläubiger dem Drittschuldner anzeigt (§§ 130 ff. BGB), dass er vom Einziehungsrecht (§§ 1281 f. BGB) Gebrauch mache. Ist der Zins im Voraus zu entrichten, so erstreckt sich die Befreiung nicht auf den Zins für eine spätere Zeit als den zur Zeit der Anzeige laufenden Kalendermonat. Bei Anzeige nach dem Monatsfünfzehnten erstreckt sich die Befreiung auch auf die Zinsen für den folgenden Kalendermonat (§§ 1289 S. 2, 1123 Abs. 2 BGB).[8]

IV. Vorausverfügungen

5 Werden Zinsen eingezogen, bevor der Pfandgläubiger die Einziehungsabsicht angezeigt hat, oder wird vor Anzeige anderweitig über Zinsansprüche verfügt, ist die Verfügung dem Pfandgläubiger gegenüber wirksam. Wird eine Zinsforderung auf einen Dritten übertragen,

---

[1] Begriff → Kap. 25 BGB § 1115 Rn. 14.
[2] Bsp. → Kap. 25 BGB § 1118 Rn. 3.
[3] MüKoBGB/*Damrau* § 1289 Rn. 3; Palandt/*Wicke* BGB § 1289 Rn. 1; Staudinger/*Wiegand* § 1289 Rn. 1.
[4] MüKoBGB/*Damrau* § 1289 Rn. 2; Palandt/*Wicke* BGB § 1289 Rn. 1; Staudinger/*Wiegand* § 1289 Rn. 1.
[5] MüKoBGB/*Damrau* § 1289 Rn. 10; Palandt/*Wicke* BGB § 1289 Rn. 1; Staudinger/*Wiegand* § 1289 Rn. 1, 4.
[6] MüKoBGB/*Damrau* § 1289 Rn. 4.
[7] MüKoBGB/*Damrau* § 1289 Rn. 4; Palandt/*Wicke* BGB § 1289 Rn. 1.
[8] Einzelheiten → Kap. 25 BGB §§ 1123–1126 Rn. 10.

erlischt die Haftung der Zinsforderung. Belastungen der Zinsforderung gehen dem Pfandrecht im Rang vor (§§ 1289 S. 2, 1124 Abs. 1 BGB).[9]

6 Die Verfügung ist dem Pfandgläubiger gegenüber unwirksam, soweit sie sich auf Zinsen für eine spätere Zeit als den zur Zeit der Anzeige laufenden Kalendermonat bezieht. Bei Anzeige nach dem Monatsfünfzehnten ist die Verfügung insoweit wirksam, als sie sich auf Zinsen für den folgenden Kalendermonat bezieht (§§ 1289 S. 2, 1124 Abs. 2 BGB).[10]

7 Der Übertragung der Zinsforderung auf einen Dritten steht die Veräußerung der verpfändeten Hauptforderung ohne Zinsforderung gleich (§§ 1289 S. 2, 1124 Abs. 3 BGB).

V. Aufrechnung gegen Zinsforderung

8 Soweit die Einziehung von Zinsen dem Pfandgläubiger gegenüber unwirksam ist, kann der Drittschuldner nicht eine ihm gegen den Forderungsinhaber zustehende Forderung gegen den Pfandgläubiger aufrechnen (§§ 1289 S. 2, 1225 BGB).[11]

§ 1290 Einziehung bei mehrfacher Verpfändung

Bestehen mehrere Pfandrechte an einer Forderung, so ist zur Einziehung nur derjenige Pfandgläubiger berechtigt, dessen Pfandrecht den übrigen Pfandrechten vorgeht.

Übersicht

I. Allgemeines

1 An einer Forderung können mehrere Pfandrechte bestehen. Die Befriedigungsreihenfolge richtet sich nach dem **Rang,** dieser bestimmt sich nach §§ 1273 Abs. 2, 1209 BGB. Die §§ 1273 ff. BGB gelten grundsätzlich für jedes der Pfandrechte, zur Einziehung ist aber nur der Gläubiger des erstrangigen Pfandrechts berechtigt (§ 1290 BGB).

II. Rechtsverhältnisse bei mehreren Pfandrechten

2 Der Gläubiger des erstrangigen Pfandrechts ist zur Einziehung (§§ 1281 f. BGB) berechtigt, **nachrangige** Pfandgläubiger können vom Drittschuldner verlangen, dass er an Forderungsinhaber und erstrangigen Pfandgläubiger gemeinschaftlich (§ 1281 Abs. 1 BGB) oder an den erstrangigen Pfandgläubiger allein (§ 1282 BGB) leistet.[1] Ob Leistung gemäß § 1281 BGB oder § 1282 BGB gefordert werden kann, richtet sich nach der Pfandreife (§ 1228 Abs. 2 BGB) des erstrangigen Pfandrechts.[2] Ein Einziehungsrecht zur Leistung an verschiedenrangige Pfandgläubiger gemeinschaftlich besteht nicht.[3] Bei **gleichrangig erstrangigen** Pfandrechten an derselben Forderung steht das Einziehungsrecht den erstrangi-

[9] Einzelheiten → Kap. 25 BGB §§ 1123–1126 Rn. 12 ff.
[10] Einzelheiten → Kap. 25 BGB §§ 1123–1126 Rn. 15 ff.
[11] Einzelheiten → Kap. 25 BGB §§ 1123–1126 Rn. 19.
[1] MüKoBGB/*Damrau* § 1290 Rn. 2; Palandt/*Wicke* BGB § 1290 Rn. 1; Staudinger/*Wiegand* § 1290 Rn. 4.
[2] MüKoBGB/*Damrau* § 1290 Rn. 2.
[3] MüKoBGB/*Damrau* § 1290 Rn. 2.

gen Pfandgläubigern gemeinschaftlich zu.[4] Die eingezogene Leistung ist im Verhältnis der jeweils gesicherten Forderungen aufzuteilen.

3 Das **Kündigungsrecht** und die Zustimmung gemäß § 1283 BGB sowie der Hilfsanspruch aus § 1286 S. 1 BGB stehen nur dem erstrangigen Pfandgläubiger zu.[5]

4 Der Gläubiger, dessen Pfandrecht den übrigen Pfandrechten vorgeht, und dem gemäß § 1290 BGB das alleinige Einziehungsrecht zusteht, kann dieses Einziehungsrecht auf einen nachrangigen Pfandgläubiger **übertragen.** Es bedarf keiner Übertragung der vorrangigen Forderung auf den nachrangigen Gläubiger. Das Interesse des Drittschuldners wird dadurch gewahrt, dass ihm das Zurücktreten in einer Weise mitgeteilt wird, die ihn gegen eine nochmalige Inanspruchnahme sichert.[6]

5 Als Folge einer Leistung gemäß §§ 1281 f. BGB entstehen für nachrangige Pfandgläubiger **Ersatzpfänder** (§ 1287 BGB), jeweils mit dem bisherigen Rang.[7]

6 Wenn ein Pfandrecht erlischt, zB infolge Befriedigung, und der Pfandgegenstand nicht aufgebraucht ist, rücken nachfolgende Pfandrechte im Rang auf. Erlischt das erstrangige Pfandrecht, erhält das bis dahin zweitrangige Pfandrechte den ersten Rang und damit dessen Gläubiger das Einziehungsrecht gemäß § 1290 BGB.[8]

7 § 1290 BGB ist nicht anzuwenden im Verhältnis zu einem **Pfändungspfandrecht** an der verpfändeten Forderung. Dem Vollstreckungsgläubiger steht das Einziehungsrecht (§§ 835 f. ZPO) ungehindert durch § 1290 BGB zu. Der Gläubiger eines vorrangigen vertraglichen oder gesetzlichen Forderungspfandrechts kann grundsätzlich – anders bei Nutzungspfand[9] – nicht mit der Drittwiderspruchsklage (§ 771 ZPO) gegen die Vollstreckung vorgehen. Vielmehr ist er gehalten, sein Recht auf vorrangige Befriedigung – vorrangiges Ersatzpfand am Erlös – mit der Klage aus § 805 ZPO zur Geltung zu bringen.[10] Versäumt er die Klage aus § 805 ZPO, kann er nach beendeter Vollstreckung beim Vollstreckungsgläubiger im Umfang seines Vorrangs kondizieren.[11]

§ 1291 Pfandrecht an Grund- oder Rentenschuld

Die Vorschriften über das Pfandrecht an einer Forderung gelten auch für das Pfandrecht an einer Grundschuld und an einer Rentenschuld.

Übersicht

I. Allgemeines

1 Gemäß § 1291 BGB ist das Pfandrecht an einer Grund- oder Rentenschuld zu behandeln wie ein Forderungspfandrecht. Bei Anwendung der §§ 1279 ff. BGB auf verpfändete Grund- und Rentenschulden gelten das Grundpfandrecht als verpfändete Forderung, der Grundeigentümer als Drittschuldner und die Renten einer Rentenschuld als Zinsen (§ 1200 Abs. 1 BGB). § 1291 BGB nennt die **Hypothek** nicht, weil sie als akzessorisches

[4] Palandt/*Wicke* BGB § 1290 Rn. 1.
[5] MüKoBGB/*Damrau* § 1290 Rn. 2.
[6] BGH NJW 1981, 1671.
[7] MüKoBGB/*Damrau* § 1290 Rn. 3.
[8] MüKoBGB/*Damrau* § 1290 Rn. 3; Staudinger/*Wiegand* § 1290 Rn. 4.
[9] Palandt/*Wicke* BGB § 1290 Rn. 2; Staudinger/*Wiegand* § 1290 Rn. 6.
[10] OLG Hamm NJW-RR 1990, 233.
[11] Palandt/*Wicke* BGB § 1290 Rn. 2; Staudinger/*Wiegand* § 1290 Rn. 6.

Recht nicht selbständig verpfändet werden kann. Sie wird entsprechend § 401 BGB bei der Verpfändung des gesicherten Anspruchs mitverpfändet.[1]

II. Einzelheiten

Die Verpfändung einer Forderung, die mit einer **Sicherungsgrundschuld** (§ 1192 Abs. 1a S. 1 BGB) besichert ist, erfasst nicht ohne Weiteres die Sicherungsgrundschuld. Die Verpfändungsvoraussetzungen (§§ 1291, 1274 Abs. 1, 1154 BGB) müssen für die Sicherungsgrundschuld selbst erfüllt sein. Einer Verpfändungsanzeige (§ 1280 BGB) bedarf es nur bei rückständigen Nebenleistungen (§§ 1192 Abs. 1, 1159 BGB). 2

Der Vollstreckungsausschluss bei der **Eigentümergrundschuld** (§ 1197 Abs. 1 BGB) gilt nicht, wenn für Pfandgläubiger oder Vollstreckungsgläubiger des Eigentümers die Eigentümergrundschuld gepfändet ist.[2] 3

Vorbemerkung vor §§ 1292 ff. BGB

Übersicht

I. Allgemeines

Wertpapiere eignen sich zur Kreditbesicherung durch **Sicherungsübertragung** oder **Verpfändung** (§§ 1292 ff. BGB). 1

[1] *Baumbach/Hefermehl/Casper* WG/SchG/Recht der kartengestützten Zahlungen, WPR Rn. 2.
[2] BGHZ 103, 30 = NJW 1988, 1026; OLG Celle InVo 2004, 78.

II. Wertpapierrechtliche Grundlagen

2 Wertpapierrechtliche Normen sind in einer **Vielzahl von Kodifikationen** verstreut.[3] Im Übrigen hat die Rechtswissenschaft eine konsistente Wertpapierrechtsdogmatik zu entwickeln und Regelungslücken wirtschaftlich sinnvoll zu schließen.[4]

1. Wertpapierbegriff

3 Das Gesetz enthält **keine Legaldefinition** des Wertpapiers und verwendet den Wertpapierbegriff unterschiedlich, zB in § 1 Abs. 1 DepotG, § 2 Abs. 1 WpHG. Abweichend von solchen Begriffsbestimmungen, die den Anwendungsbereich des jeweiligen Gesetzes festlegen und für die Wertpapierrechtsdogmatik nicht maßgeblich sind, wird ein Wertpapier definiert durch die **Verbriefung eines privaten**[5] **Rechts**[6] in eigentümlicher **Verknüpfung von Recht und Papier.**[7] Der **enge Wertpapierbegriff** versteht als Wertpapier eine Urkunde, bei der das Recht aus dem Papier dem Recht am Papier folgt, mithin das verbriefte Recht nach sachenrechtlichen Vorschriften übertragen wird.[8] Wertpapiere sind danach Inhaber- und Orderpapiere, nicht aber Rektapapiere. Auf diese Weise werden gesetzlich einheitlich geregelte Papiere dogmatisch ohne Gewinn separiert, zB der Scheck, der Inhaber-, Order- oder Rektapapier sein kann.[9] Daher hat sich ein **weiter Wertpapierbegriff** durchgesetzt.[10] Wertpapier ist danach eine Urkunde, die ein privates Recht derart verbrieft, dass **zur Geltendmachung des Rechts die Innehabung der Urkunde erforderlich** ist.

2. Verkehrsfähigkeit und Schuldnerschutz

4 Forderungsverbriefung in Order- und Inhaberpapieren erhöht die Verkehrsfähigkeit.[11] Demgegenüber steht bei Rektapapieren der Schuldnerschutz im Vordergrund.[12]

5 **a) Liberation und Präsentation.** Bei einer unverbrieften Forderung wird der Schuldner nur frei, wenn die Leistung an den materiell berechtigten Gläubiger oder einen von ihm Ermächtigten bewirkt wird (§ 362 BGB). Dagegen kann bei Wertpapieren die Leistung an den durch das Papier Ausgewiesenen befreien[13] **(Liberation).** Ferner bewirkt der **Vorlegungszwang** Schutz des Schuldners vor doppelter Inanspruchnahme **(Präsentation).**[14]

6 Die Präsentationsfunktion wirkt auch zugunsten des **Zessionars** einer verbrieften Forderung. Ihm droht bei unverbriefter Forderung, dass der Schuldner befreiend an den Zedenten leistet (§ 407 BGB). Bei Wertpapieren ist **§ 407 BGB unanwendbar** (teleologische Reduktion).[15] Im Übrigen kommt dem Zessionar **Verkehrsschutz** dadurch zu Gute, dass bei der Wertpapierübertragung eine Forderung gutgläubig erworben werden kann.

---

[3] *Brox/Henssler* Handelsrecht Rn. 502.
[4] *Baumbach/Hefermehl/Casper* WG/SchG/Recht der kartengestützten Zahlungen, WPR Rn. 2.
[5] *Meyer-Cording/Drygala* Wertpapierrecht A I 2.
[6] *Brox/Henssler* Handelsrecht Rn. 502.
[7] *Zöllner* Wertpapierrecht § 3 III 4.
[8] *Baumbach/Hefermehl/Casper* WG/SchG/Recht der kartengestützten Zahlungen, WPR Rn. 15.
[9] *Gursky* Wertpapierrecht S. 2.
[10] *Brox/Henssler* Handelsrecht Rn. 508; *Gursky* Wertpapierrecht S. 2; *Meyer-Cording/Drygala* Wertpapierrecht A I 5; *Zöllner* Wertpapierrecht § 3 III 4.
[11] *Brox/Henssler* Handelsrecht Rn. 503.
[12] *Gursky* Wertpapierrecht S. 10.
[13] *Gursky* Wertpapierrecht S. 6.
[14] *Brox/Henssler* Handelsrecht Rn. 506.
[15] *Gursky* Wertpapierrecht S. 7.

b) Legitimation. Bei unverbriefter Forderung muss der Gläubiger seine Berechtigung bei Bestreiten nachweisen. Wenn bei Wertpapieren mit **Legitimationsfunktion** der Inhaber des Papiers (formelle Legitimation) vom Schuldner Leistung fordert, liegt dagegen die Darlegungs- und Beweislast für die fehlende materielle Berechtigung beim Schuldner.[16] 7

3. Funktionale Einteilung

Wertpapiere können anhand einer Vielzahl von Kriterien[17] eingeteilt werden, zB ausgehend vom verbrieften Recht in Forderungspapiere, sachenrechtliche Papiere und Mitgliedschaftspapiere. Eine maßgebliche Differenzierung ist diejenige anhand der **wirtschaftlichen Funktion.** Danach sind Effekten, Wertpapiere des Zahlungs- bzw. Kreditverkehrs sowie Wertpapiere des Güterumlaufs zu unterscheiden. 8

a) Effekten. Effekten **(Kapitalmarktpapiere)** dienen der Kapitalbeschaffung und -anlage. Sie verkörpern einen erheblichen Anteil am Gesamtmarkt der Wertpapiere[18] und können am Kapitalmarkt veräußert werden.[19] Effekten sind typischerweise klein gestückelt, massenweise emittiert und untereinander austauschbar (fungibel).[20] Zu ihnen zählen die **Aktie** und die **Inhaberschuldverschreibung.** 9

b) Wertpapiere des Zahlungs- und Kreditverkehrs. Zahlungsmittel ist vor allem der **Scheck,** Kreditmittel insbesondere der **Wechsel.**[21] Schecks sind vor allem unter Kaufleuten und im internationalen Zahlungsverkehr verbreitet.[22] Der Inlandsscheckverkehr in der Konsumentensphäre ist durch neue Formen bargeldloser Zahlungsmittel (Bankkarte) erheblich zurückgegangen. 10

c) Wertpapiere des Güterumlaufs. Solche Wertpapiere, zB **Ladeschein, Konnossement** und **Lagerschein,** verbriefen den Anspruch auf Herausgabe oder Lieferung einer Warenmenge.[23] Als **Traditionspapiere** erleichtern Güterpapiere den Warenumlauf; bei der Übereignung ersetzt die Papier- die Sachübergabe (§§ 448, 475g, 524 HGB).[24] 11

4. Einteilung anhand der Berechtigung

Für die Dogmatik ist die Unterscheidung von Wertpapieren nach der **Person des Berechtigten** vorrangig. Dabei unterscheiden die §§ 1292 ff. BGB Inhaber- und Orderpapiere; hinzuzufügen sind die Rektapapiere. 12

a) Inhaberpapiere. Inhaberpapiere sind Wertpapiere, die den jeweiligen Inhaber der Urkunde als berechtigt ausweisen, das verbriefte Recht geltend zu machen.[25] Zur Geltendmachung des verbrieften Rechts bedarf es der **Urkundenvorlage,**[26] die eine Vermutung der sachlichen Berechtigung des Inhabers bewirkt[27] (vgl. § 793 Abs. 1 S. 1 BGB). Die verbriefte Forderung wird mit dem Papier übertragen (§§ 929 ff. BGB),[28] das Recht aus dem Papier folgt dem Recht am Papier. § 935 Abs. 2 BGB verstärkt den Verkehrsschutz bei Inhaberpapieren gegenüber anderen beweglichen Sachen; auch **abhandengekommene** Inhaberpapiere können gutgläubig erworben werden. 13

---

[16] *Gursky* Wertpapierrecht S. 9; *Zöllner* Wertpapierrecht § 1 II 2c.
[17] *Gursky* Wertpapierrecht S. 10 ff.
[18] *Müller-Christmann/Schnauder* Wertpapierrecht Rn. 48.
[19] *Gursky* Wertpapierrecht S. 13.
[20] *Meyer-Cording/Drygala* Wertpapierrecht A VI 3.
[21] *Gursky* Wertpapierrecht S. 14.
[22] *Baumbach/Hefermehl/Casper* WG/SchG/Recht der kartengestützten Zahlungen, SchG Einl. Rn. 7.
[23] *Gursky* Wertpapierrecht S. 14.
[24] *Baumbach/Hefermehl/Casper* WG/SchG/Recht der kartengestützten Zahlungen, WPR Rn. 27.
[25] *Brox/Henssler* Handelsrecht Rn. 521.
[26] *Brox/Henssler* Handelsrecht Rn. 522.
[27] *Gursky* Wertpapierrecht S. 11.
[28] Staudinger/*Marburger* Vorb. §§ 793–808 Rn. 7.

14 Die verbriefte Forderung kann auch nach **Zessionsrecht** (§ 398 BGB) übertragen werden[29] (str.); das Papiereigentum folgt dann entsprechend § 952 Abs. 2 BGB.

15 Andere als die gesetzlichen Inhaberpapiere können nicht hergestellt werden **(numerus clausus).**[30] Es existieren folgende Inhaberpapiere:

16 **aa) Inhaberschuldverschreibung. Inhaberschuldverschreibung** ist ein Versprechen des Ausstellers gegenüber dem Urkundeninhaber auf eine Leistung (§ 793 Abs. 1 S. 1 BGB). Das Recht der Inhaberschuldverschreibung (§§ 793 ff. BGB) enthält allgemeine Grundsätze des Rechts der Inhaberpapiere.[31]

17 **bb) Inhaberaktie.** Die **Inhaberaktie** (§ 10 Abs. 1 Alt. 1 AktG) verbrieft die Mitgliedschaftsrechte des Aktionärs. Sie ist in Deutschland weiter verbreitet als die Namensaktie (Orderpapier), da sie den Anforderungen der Kapitalanlage besser entspricht.[32]

18 **cc) Auf den Inhaber lautende Anteilsscheine. Auf den Inhaber lautende Anteilsscheine** von Kapitalanlagegesellschaften (§ 18 Abs. 1 S. 2 Alt. 1 KAGG) verbriefen einen Anteil an einem Sondervermögen (§ 6 KAGG) im Sinne des KAGG (§ 18 Abs. 1 S. 1 KAGG).

19 **dd) Grundpfandbriefe.** Hypotheken und Grundschulden (sowie Rentenschulden[33]) können in der Weise bestellt werden, dass der Brief auf den Inhaber ausgestellt wird (§§ 1187, 1195 S. 1 BGB). Die praktische Bedeutung von **Inhabergrund- und -rentenschuldbriefen** ist gering.[34]

20 **ee) Inhaberscheck.** Der **Inhaberscheck** (Art. 5 SchG) enthält kein Leistungsversprechen des Ausstellers, sondern eine Zahlungsanweisung des Ausstellers an den Bezogenen.[35]

21 **ff) Inhaberzeichen. Inhaberzeichen** (unvollkommene Inhaberschuldverschreibungen[36]) sind den Inhaberpapieren weitgehend gleichgestellt[37] (§ 807 BGB).

22 **b) Orderpapiere.** Orderpapiere weisen den im Papier **namentlich Benannten** beziehungsweise die **durch dessen Order bezeichnete Person** als forderungsberechtigt aus.[38] Die Order ist durch **Indossament** – einen auf die Rückseite des Wertpapiers gesetzten Übertragungsvermerk – zu erteilen.[39] Die Legitimationsfunktion der Orderpapiere knüpft anders als bei Inhaberpapieren nicht allein an die Innehabung des Papiers an. Die Berechtigung ist vielmehr zusätzlich aus einer **ununterbrochenen Reihe von Indossamenten** herzuleiten.[40] Erst dann gilt eine Vermutung zugunsten des Bezeichneten (Art. 16 Abs. 1 S. 1 WG, Art. 19 S. 1 SchG, § 365 Abs. 1 HGB, § 68 Abs. 1 S. 2, Abs. 4 AktG). Andernfalls ist der Inhaber gehalten, seine materielle Berechtigung nachzuweisen.[41]

---

[29] *Baumbach/Hefermehl/Casper* WG/SchG/Recht der kartengestützten Zahlungen, WPR Rn. 34; *Hueck/Canaris* Recht der Wertpapiere, § 2 III 3; MüKoBGB/*Habersack* § 793 Rn. 31 f.; Staudinger/*Busche* Einl. §§ 398 ff. Rn. 37; Staudinger/*Marburger* Vorb. §§ 793–808 Rn. 7; *Zöllner* Wertpapierrecht § 2 II 1b. **AA** AnwKommBGB/*Eckardt* § 398 Rn. 10; Erman/*Heckelmann/Wilhelmi* § 793 Rn. 6; *Gutzeit* BB 2007, 113 (114); MüKoBGB/*Roth* § 398 Rn. 37; Palandt/*Grüneberg* BGB § 398 Rn. 7.

[30] *Hueck/Canaris* Recht der Wertpapiere, § 2 III 3; *Koller* WM 1981, 474 (479); Staudinger/*Marburger* Vorb. §§ 793–808 Rn. 13; *Zöllner* Wertpapierrecht § 4 V 2.

[31] *Brox/Henssler* Handelsrecht Rn. 524.

[32] *Hüffer* AktG § 10 Rn. 5.

[33] Palandt/*Herrler* BGB § 1199 Rn. 1.

[34] MüKoBGB/*Lieder* § 1195 Rn. 1. Krit. *Zeiser* Rpfleger 2006, 577.

[35] *Baumbach/Hefermehl/Casper* WG/SchG/Recht der kartengestützten Zahlungen, SchG Art. 5 Rn. 5.

[36] *Brox/Henssler* Handelsrecht Rn. 524.

[37] MüKoBGB/*Habersack* Vor § 793 Rn. 14.

[38] Staudinger/*Marburger* Vorb. §§ 793–808 Rn. 8.

[39] *Baumbach/Hefermehl/Casper* WG/SchG/Recht der kartengestützten Zahlungen, WPR Rn. 55.

[40] MüKoBGB/*Habersack* Vor § 793 Rn. 15.

[41] *Brox/Henssler* Handelsrecht Rn. 526.

Orderpapiere werden grundsätzlich nach **sachenrechtlichen Vorschriften** (§§ 929 ff. BGB) übertragen,[42] wobei das **Indossament** als Übertragungsvermerk hinzutreten muss. Fehlt es an letzterem, so kommt dem Eigentümer nicht die Berechtigungsvermutung zugute.[43] Orderpapiere können auch durch Zession (§ 398 BGB) übertragen werden.[44] Für die Wirksamkeit einer solchen Übertragung sind die Übergabe des Papiers oder ein Übergabesurrogat nicht erforderlich (str.).[45] 23

Auch bei den Orderpapieren gilt ein **numerus clausus,** der eine privatautonome Schaffung neuartiger Orderpapiere ausschließt.[46] Rechtsfortbildung durch Analogien zu den normierten Orderpapieren ist aus Gründen der Rechtssicherheit ausgeschlossen (str.).[47] 24

Zu unterscheiden sind **geborene und gekorene Orderpapiere.** Erstere sind nach der gesetzlichen Regelung von vornherein Orderpapiere.[48] Eine **negative Orderklausel** macht sie zu Rektapapieren,[49] eine positive Orderklausel ist lediglich deklaratorisch.[50] Dagegen werden die gekorenen Orderpapiere erst durch eine konstitutive **positive Orderklausel** zu Orderpapieren, andernfalls sind sie Rektapapiere.[51] 25

aa) Geborene Orderpapiere. Geborene Orderpapiere sind der **Wechsel** (Art. 11 Abs. 1 WG) und der **Scheck** (Art. 14 Abs. 1 SchG), sofern er nicht auf den Inhaber ausgestellt ist. Durch Indossament können auch **Namensaktien** (§ 10 Abs. 1 S. 1 AktG) übertragen werden (§ 68 Abs. 1 AktG), deren Bedeutung zugenommen hat.[52] Anders als bei Inhaberaktien sind die Inhaber von Namensaktien in einem Aktienregister zu erfassen (§ 67 AktG). Für **Zwischenscheine** (§ 8 Abs. 6 AktG), die stets auf den Namen lauten müssen (§ 10 Abs. 3 AktG), gilt das Gleiche wie für Namensaktien (§§ 67 Abs. 7, 68 Abs. 4 AktG). Geborenes Orderpapier ist schließlich der **auf den Namen lautende Anteilsschein** (§ 18 Abs. 1 S. 2 Alt. 2 KAGG), für den die §§ 67 f. AktG entsprechend gelten (§ 18 Abs. 1 S. 3 KAGG). 26

bb) Gekorene Orderpapiere. Gekorene Orderpapiere sind die kaufmännischen Orderpapiere des § 363 HGB. Es handelt sich um kaufmännische Anweisungen und Verpflichtungsscheine, Konnossemente, Ladescheine, Lagerscheine und Transportversicherungspolicen. 27

c) Rektapapiere (Namenspapiere). Rektapapiere (Namenspapiere) bezeichnen den Berechtigten mit **Namen in der Urkunde,** und es **fehlt** eine **positive Orderklausel,** beziehungsweise ist bei geborenen Orderpapieren eine **negative Orderklausel enthalten.** Nur für den namentlich Bezeichneten besteht eine Vermutung der materiellen Berechtigung; der Umlauferwerber muss dagegen seine Berechtigung auf andere Weise als durch Innehabung der Urkunde nachweisen.[53] Rektapapieren kommt demnach keine Legitimationswirkung zu.[54] Das Rektapapier wird nicht sachenrechtlich, sondern durch Zession der verbrieften Forderung übertragen (s. Art. 11 Abs. 2 WG, Art. 14 Abs. 2 SchG); das Papiereigentum folgt der Forderung (§ 952 Abs. 2 BGB).[55] Der Erwerber kann Herausgabe des 28

[42] Staudinger/*Marburger* Vorb. §§ 793–808 Rn. 8.
[43] MüKoBGB/*Habersack* Vor § 793 Rn. 15.
[44] *Baumbach/Hefermehl/Casper* WG/SchG/Recht der kartengestützten Zahlungen, WPR Rn. 56; Staudinger/*Marburger* Vorb. §§ 793–808 Rn. 8.
[45] Staudinger/*Marburger* Vorb. zu §§ 793–808 Rn. 8 mwN.
[46] BGH NJW 1978, 1854; BGHZ 68, 18 = NJW 1977, 499.
[47] BGH NJW 1978, 1854; *Meyer-Cording/Drygala* Wertpapierrecht A IV 9. **AA** *Hueck/Canaris* Recht der Wertpapiere, § 2 III 2c; Staub/*Canaris* HGB § 363 Rn. 77 ff.; Staudinger/*Marburger* Vorb. §§ 793–808 Rn. 12; *K. Schmidt* Handelsrecht § 32 III 2d; *Zöllner* Wertpapierrecht § 25 II.
[48] *Gursky* Wertpapierrecht S. 12.
[49] Staudinger/*Marburger* Vorb. §§ 793–808 Rn. 9.
[50] *Brox/Henssler* Handelsrecht Rn. 528.
[51] *Müller-Christmann/Schnauder* Wertpapierrecht Rn. 38.
[52] MüKoAktG/*Heider* § 10 Rn. 18.
[53] Staudinger/*Marburger* Vorb. §§ 793–808 Rn. 10.
[54] MüKoBGB/*Habersack* Vor § 793 Rn. 16.
[55] *Weber* Kreditsicherungsrecht § 15 IV 2; *Zöllner* Wertpapierrecht § 2 II 2.

Papiers gemäß §§ 985 BGB oder § 402 BGB verlangen. Zur Forderungsübertragung ist die Übergabe des Rektapapiers grundsätzlich nicht erforderlich.[56] Ausnahmen gelten für Hypothekenbriefe (§ 1154 BGB) und die Anweisung (§ 792 Abs. 1 S. 3 BGB). Ferner sind Namensschuldverschreibungen, die auf den Namen einer Wertpapiersammelbank – Clearstream Banking AG – ausgestellt wurden, Wertpapiere im Sinne des DepotG (§ 1 Abs. 1 S. 2 DepotG).

29 Es besteht **kein** Gutglaubensschutz zugunsten des Erwerbers,[57] **gutgläubiger Forderungserwerb** ist ausgeschlossen (s. Art. 11 Abs. 2 WG, Art. 14 Abs. 2 SchG).[58]

30 **Sachen- und mitgliedschaftsrechtliche** Rektapapiere sind nur in den gesetzlich vorgesehenen Fällen zulässig, für **schuldrechtliche Forderungen** besteht kein **numerus clausus.**[59] Rektapapiere sind die **Grundpfandbriefe** mit Ausnahme der Inhabergrundpfandbriefe (§§ 1187, 1195 S. 1 BGB), ferner die **bürgerlich-rechtliche Anweisung** (§§ 783 ff. BGB) und die **handelsrechtlichen Wertpapiere** (§ 363 HGB), wenn sie nicht an Order gestellt sind. **Schecks** und **Wechsel** mit negativer Orderklausel (Art. 11 Abs. 2 WG, Art. 14 Abs. 2 SchG) sind ebenfalls Rektapapiere.

31 **d) Qualifizierte Legitimationspapiere.** Ein **besonders ausgestaltetes Rektapapier**[60] ist das qualifizierte Legitimationspapier (hinkendes Inhaberpapier) gemäß § 808 BGB. Die Urkunde muss erkennen lassen, dass die versprochene **Leistung an jeden Inhaber** bewirkt werden kann, zB Sparbuch, Pfandschein. Die Leistung an den Inhaber hat dann befreiende Wirkung (§ 808 Abs. 1 S. 1 BGB). Zur Leistung verpflichtet ist der Schuldner jedoch nur bei Nachweis der materiellen Berechtigung des Inhabers (§ 808 Abs. 1 S. 2 BGB) und nur gegen Aushändigung der Urkunde (§ 808 Abs. 2 S. 1 BGB). Von anderen Rektapapieren unterscheidet sich das hinkende Inhaberpapier durch die **Liberationswirkung** (§ 808 Abs. 1 S. 1 BGB).[61] Die Forderung ist gemäß § 398 BGB zu übertragen; Papierübergabe ist nicht erforderlich, aber ein Zessionsindiz.[62] Das Papiereigentum folgt (§ 952 BGB).[63]

III. Sicherungsübertragung von Wertpapieren

32 Sicherungsübertragungen von Wertpapieren sehen Nr. 15 AGB Banken, Nr. 25 AGB Spark für Fälle vor, in denen das Institut dem Kunden Mittel gewährt, bevor es selbst den Erlös erhalten hat.[64] Die Übertragung besichert inmitten stehende Forderungen[65] (Nr. 15 Abs. 4 AGB Banken, Nr. 25 Abs. 1 S. 1 AGB Spark).

33 Das Institut erwirbt an zum **Einzug** eingereichten Wechseln und Schecks im Zeitpunkt der Einreichung Sicherungseigentum (§ 929 S. 1 BGB, Nr. 15 Abs. 1 S. 1 AGB Banken, Nr. 25 Abs. 1 S. 1 AGB Spark). An **diskontierten** Wechseln erwirbt es im Zeitpunkt des Ankaufs uneingeschränktes – nicht treuhänderisch gebundenes – Eigentum (Nr. 15 Abs. 1 S. 2 Hs. 1 AGB Banken). Nach Rückbelastung diskontierter Wechsel verbleibt dem Institut Sicherungseigentum (Nr. 15 Abs. 1 S. 2 Hs. 2 AGB Banken). Mit dem Eigentumserwerb an Wechseln und Schecks gehen auch die zugrunde liegenden Forderungen auf die Bank

[56] *Baumbach/Hefermehl/Casper* WG/SchG/Recht der kartengestützten Zahlungen, WPR Rn. 64; *Brox/Henssler* Handelsrecht Rn. 532; *Gursky* Wertpapierrecht S. 12; *Hueck/Canaris,* Recht der Wertpapiere, § 2 III 1; Staudinger/*Marburger* Vorb. §§ 793–808 Rn. 10; *Zöllner* Wertpapierrecht § 2 II 2. **AA** MüKoBGB/*Damrau* § 1274 Rn. 8 mwN betreffend Rektawechsel und -scheck.

[57] *Brox/Henssler* Handelsrecht Rn. 532.

[58] S. a. BGHZ 104, 145 = NJW 1988, 1979 betreffend präjudizierten Wechsel (Art. 20 Abs. 1 S. 2 WG).

[59] Staudinger/*Marburger* Vorb. §§ 793–808 Rn. 14; *Zöllner* Wertpapierrecht § 4 V 3.

[60] MüKoBGB/*Habersack* Vor § 793 Rn. 19; *Zöllner* Wertpapierrecht § 28 III 1.

[61] *Baumbach/Hefermehl/Casper* WG/SchG/Recht der kartengestützten Zahlungen, WPR Rn. 83.

[62] **AA** MüKoBGB/*Damrau* § 1274 Rn. 8 (Indiz für Verpfändung).

[63] BGH WM 1972, 383.

[64] *Bunte* AGB-Banken Rn. 351.

[65] OLG Hamm WM 1998, 759; OLG München ZIP 1997, 1878.

über (Nr. 15 Abs. 2 Hs. 1 AGB Banken, Nr. 25 Abs. 1 S. 2 AGB Spark). Ein Forderungsübergang findet ferner statt, wenn andere Papiere zum Einzug eingereicht werden (Nr. 15 Abs. 2 Hs. 2 AGB Banken, Nr. 25 Abs. 2 AGB Spark), zB kaufmännische Handelspapiere wie Rechnungen, Verlade-, Dispositions- oder ähnliche Dokumente.[66] Der Forderungsübergang bezweckt nur die Verstärkung der wertpapierrechtlichen Ansprüche.[67] Keine Sicherungsübertragung findet statt bei zweckgebundenen Einzugspapieren (Nr. 15 Abs. 3 AGB Banken). Sicherungseigentum und -abtretung dienen der Sicherung aller gegenwärtiger Ansprüche des Instituts gegen den Kunden aus seinen Kontokorrentkonten und künftiger Ansprüche infolge Rückbelastung nicht eingelöster Einzugspapiere oder diskontierter Wechsel (Nr. 15 Abs. 4 S. 1 AGB Banken). Der Kunde hat einen Rückübertragungsanspruch, falls dem Institut keine zu sichernden Ansprüche gegen den Kunden zustehen oder das Institut den Kunden über den Gegenwert der Papiere nicht verfügen lässt (Nr. 15 Abs. 4 S. 2 AGB Banken).

Auch außerhalb des Anwendungsbereichs von Nr. 15 AGB Banken, Nr. 25 AGB Spark **34** können Wertpapiere zur Sicherheit übertragen werden. Art und Weise der Übertragung hängen von der Art des Wertpapiers ab.

IV. Verpfändung von Wertpapieren

Zu unterscheiden sind die Verpfändung beweglicher Sachen (§§ 1204 ff. BGB) und die **35** Verpfändung von Rechten (§§ 1273 ff. BGB). Die **Verpfändung von Order- und Inhaberpapieren** regeln die §§ 1292–1296 BGB teils als Sach- und teils als Rechtspfändung. Die **Verpfändung von Rektapapieren** und **qualifizierten Legitimationspapieren** ist nicht besonders geregelt. Rektapapiere sind daher gemäß **§ 1274 Abs. 1 S. 1 BGB** nach den für die Übertragung geltenden Vorschriften zu verpfänden. Dies bedeutet, dass die verbriefte Forderung zu verpfänden ist,[68] entsprechend § 952 Abs. 1 S. 2, Abs. 2 BGB folgt ein Pfandrecht am Papier. Da die Zession in Rektapapieren verbriefter Forderungen keiner Übergabe bedarf, ist auch für die Verpfändung keine Übergabe notwendig. Daher muss die Verpfändungsanzeige gemäß § 1280 BGB hinzukommen.

§ 1292 Verpfändung von Orderpapieren

Zur Verpfändung eines Wechsels oder eines anderen Papiers, das durch Indossament übertragen werden kann, genügt die Einigung des Gläubigers und des Pfandgläubigers und die Übergabe des indossierten Papiers.

Übersicht

[66] BGHZ 95, 149 = NJW 1985, 2649.

[67] BankR-HdB/*Bunte* § 20 Rn. 3.

[68] Derleder/Knops/Bamberger/*Matusche-Beckmann* Handbuch zum deutschen und europäischen Bankrecht, § 29 Rn. 28.

I. Allgemeines

1 § 1292 BGB statuiert, dass für die Verpfändung eines Orderpapiers – der Rechte aus dem Papier[1] – **Einigung** und **Übergabe des indossierten Papiers** erforderlich sind. Normzweck ist die Verbesserung der Umlauffähigkeit der Orderpapiere durch Vereinfachung der Verpfändung gegenüber § 1274 BGB.[2] Neben der **wertpapierrechtlichen Verpfändung** (§ 1292 BGB) besteht die Möglichkeit der **Rechtsverpfändung** (§ 1274 BGB), die aber dem Pfandgläubiger die Vorteile wertpapierrechtlicher Verpfändung nicht zuwendet.

II. Wertpapierrechtliche Verpfändung (§ 1292)

1. Bestellung

2 Zur Begründung des Pfandrechts im Sinne des § 1292 BGB sind die **Einigung** zwischen Gläubiger und Pfanderwerber, die **Übergabe des indossierten Papiers** und eine **gesicherte Forderung** erforderlich. Die **Einigung** legt fest, ob ein Kredit durch Sicherungsübertragung – Übergang von Papiereigentum und verbriefter Forderung – oder durch Bestellung eines Pfandrechts – Belastung von Papiereigentum und verbriefter Forderung – besichert werden soll.[3] Die **Übergabe** richtet sich nach den §§ 1205, 1206 BGB, die Einräumung einfachen Mitbesitzes oder Besitzkonstitut genügen nicht,[4] Übergabe an Besitzdiener oder -mittler des Erwerbers ist möglich.[5] Beim **Pfandindossament** ist zu unterscheiden.

3 **a) Offenes Pfandindossament.** Das offene Pfandindossament – für Wechsel Art. 19 WG, für andere Orderpapiere entsprechend Art. 19 WG[6] – lässt äußerlich erkennen, dass es nur zu Pfandzwecken (zB „Wert zum Pfande") erteilt ist. Es kann ohne Nennung des Indossatars als Blankoindossament ausgestellt werden.[7]

4 Der Verpfänder (Indossant) bleibt Papiereigentümer und Gläubiger der verbrieften Forderung, aber der Pfandgläubiger (Indossatar) kann alle Rechte aus dem Orderpapier geltend machen (Art. 19 Abs. 1 Hs. 1 WG). Ein von ihm ausgestelltes Indossament hat jedoch nur die **Wirkung eines Vollmachtsindossaments** (Art. 19 Abs. 1 Hs. 2 WG), mit der Folge, dass Verpfänder und Pfandgläubiger nicht gegenüber Nachmännern haften. Ferner haftet der Verpfänder dem Pfandgläubiger nicht aus dem Indossament (Art. 15 WG).[8] Schließlich vermag der Pfandnehmer den Wechsel nicht weiter zu übertragen, auch nicht an einen gutgläubigen Erwerber.

5 Dem Pfandgläubiger kommt anders als bei Rechtsverpfändung (§ 1274 BGB) die **Legitimationswirkung** des indossierten Papiers zugute, und er kann das Pfandrecht gutgläubig vom Nichtberechtigten erwerben (Art. 16 WG, Art. 19 SchG, § 365 Abs. 1 HGB, § 68 Abs. 1 S. 2, Abs. 4 AktG).[9] Ferner profitiert er anders als bei Rechtsverpfändung (§§ 1275, 404 BGB) vom **Einwendungsausschluss** (Art. 19 Abs. 2 WG, Art. 22 SchG, § 364

---

1 RGZ 120, 205.
2 Staudinger/*Wiegand* § 1292 Rn. 2.
3 MüKoBGB/*Damrau* § 1292 Rn. 4.
4 Staudinger/*Wiegand* § 1292 Rn. 7.
5 Erman/*Schmidt* § 1292 Rn. 5.
6 Soergel/*Habersack* § 1292 Rn. 5.
7 Palandt/*Wicke* BGB § 1292 Rn. 3.
8 MüKoBGB/*Damrau* § 1292 Rn. 7.
9 Staudinger/*Wiegand* § 1292 Rn. 12.

Abs. 2 HGB),[10] allerdings nur im Umfang der Verpfändung, das heißt also bis zur Höhe der gesicherten Forderung.

b) Verdecktes Pfandindossament. Das verdeckte Pfandindossament ist äußerlich ein Vollindossament ohne Pfandvermerk.[11] Die dingliche Einigung über die Verpfändung ergibt jedoch, dass das Orderpapier nicht übertragen, sondern nur mit einem Pfandrecht belastet wird (Auslegung).[12] Anders als beim offenen Pfandindossament kann eine Weiterindossierung durch den Pfandgläubiger, den das Indossament als Inhaber und nicht nur als Pfandnehmer ausweist, gutgläubigen Vollrechtserwerb herbeiführen.[13] Der Pfandgläubiger macht sich damit aber gegenüber dem Verpfänder schadensersatzpflichtig wenn er zur Veräußerung nicht befugt ist.[14] 6

c) Vollmachtsindossament. Ein Vollmachtsindossament (Art. 18 WG, Art. 23 SchG) reicht für eine Verpfändung nach § 1292 BGB nicht aus.[15] In Betracht kommt eine Verpfändung nach § 1274 BGB,[16] bei der das Vollmachtsindossament überflüssig, aber unschädlich ist.[17] 7

2. Inhalt

Der Inhalt des nach § 1292 BGB begründeten Pfandrechts richtet sich nach den §§ 1294 –1296 BGB, im Übrigen nach den §§ 1273 ff. BGB.[18] 8

3. Verwertung

Der Pfandnehmer muss einen Titel gegen den Verpfänder haben und kann dann bei Pfandreife (§§ 1273 Abs. 2, 1228 Abs. 2 BGB) im Wege der Zwangsvollstreckung vorgehen.[19] Ferner kann er – schon vor Pfandreife – die Forderung einziehen (§ 1294 BGB) oder – Pfandreife vorausgesetzt – bei Papieren mit Börsen- oder Marktpreis freihändigen Verkauf betreiben (§ 1295 BGB). 9

4. Erlöschen

Das Pfandrecht erlischt durch Rückgabe des Papiers (§§ 1278, 1253 BGB). Rückindossierung ist überflüssig, der Gläubiger kann das Pfandindossament streichen.[20] Ferner erlischt das Pfandrecht mit Untergang der gesicherten Forderung (§§ 1273 Abs. 2, 1252 BGB). 10

III. Rechtsverpfändung (§ 1274)

§ 1292 BGB lässt die Möglichkeit der Verpfändung nach § 1274 BGB unberührt.[21] Sie wird bewirkt durch **Einigung** und **Übergabe** des Papiers, eine Verpfändungsanzeige (§ 1280 BGB) ist nicht erforderlich[22] (str.[23]). Jedenfalls ist **kein Indossament** nötig. Wird 11

[10] Soergel/*Habersack* § 1292 Rn. 1.
[11] Staudinger/*Wiegand* § 1292 Rn. 10.
[12] MüKoBGB/*Damrau* § 1292 Rn. 10.
[13] Erman/*Schmidt* § 1292 Rn. 8.
[14] *Weber* Kreditsicherungsrecht § 15 IV 2.
[15] Soergel/*Habersack* § 1292 Rn. 5.
[16] *Baumbach/Hefermehl/Casper* WG/SchG/Recht der kartengestützten Zahlungen, WG Art. 19 Rn. 4; *Bülow* WG/SchG/AGB, WG Art. 19 Rn. 12; Palandt/*Wicke* § 1292 Rn. 5; Soergel/*Habersack* § 1292 Rn. 5; Staudinger/*Wiegand* § 1292 Rn. 11. **AA** MüKoBGB/*Damrau* § 1292 Rn. 12; *Westermann/Gursky* Sachenrecht § 138 II 2b; *Wolff/Raiser* Sachenrecht § 177 II 1a.
[17] *Baumbach/Hefermehl/Casper* WG/SchG/Recht der kartengestützten Zahlungen, WG Art. 19 Rn. 4.
[18] MüKoBGB/*Damrau* § 1292 Rn. 13.
[19] MüKoBGB/*Damrau* § 1292 Rn. 14.
[20] MüKoBGB/*Damrau* § 1278 Rn. 3; § 1292 Rn. 13; Palandt/*Wicke* BGB § 1278 Rn. 1.
[21] BGH WM 1968, 695; OLG Hamburg VersR 1988, 177.
[22] MüKoBGB/*Damrau* § 1292 Rn. 17; *Weber* Kreditsicherungsrecht § 15 IV 2.
[23] **AA** Staudinger/*Wiegand* § 1292 Rn. 17: Einigung und Anzeige, Übergabe nicht erforderlich.

ein offenes oder verdecktes Pfandindossament erteilt, entsteht mit der Übergabe ein wertpapierrechtliches Pfandrecht (§ 1292 BGB). Ein Vollmachtsindossament reicht für die wertpapierrechtliche Verpfändung nicht aus, für die Rechtsverpfändung ist es überflüssig, aber unschädlich.

12 Auf das Pfandrecht sind die §§ 401–411 BGB anzuwenden (§ 1275 BGB), insbesondere der Drittschuldnerschutz der §§ 404 ff. BGB. Der Pfandnehmer steht folglich schwächer als bei wertpapierrechtlicher Verpfändung.[24] §§ 1294 f. BGB sind anwendbar.[25]

IV. AGB-Pfandrecht der Banken und Sparkassen

13 Nr. 14 AGB Banken, Nr. 21 f. AGB Spark regeln Pfandrechte der Institute an Wertpapieren. Der Kunde räumt dem Institut ein Pfandrecht an den Wertpapieren ein (antizipierte Einigung[26]), an denen das Institut im bankmäßigen Geschäftsverkehr Besitz erlangt (Nr. 14 Abs. 1 S. 1 AGB Banken, Nr. 21 Abs. 1 S. 1 AGB Spark). An Orderpapieren entsteht dabei ein **Pfandrecht nach § 1292 BGB** nur, wenn das Papier indossiert ist und der Besitz durch Übergabe oder -surrogat (§§ 929 ff. BGB) erlangt wurde. Andernfalls ist die verbriefte Forderung **nach § 1274 BGB verpfändet.**[27]

14 Nr. 14 Abs. 3 AGB Banken, Nr. 21 Abs. 2 AGB Spark nehmen **gewisse Papiere** von der Verpfändung aus, insbesondere solche mit bestimmtem Verwendungszweck[28] sowie auslandsverwahrte Papiere. Ferner werden nach Nr. 15 AGB Banken, Nr. 25 AGB Spark zum Einzug eingereichte Wertpapiere **nicht verpfändet,** sondern zur Sicherheit übertragen.[29]

15 Das Pfand besichert alle gegenwärtigen, künftigen und bedingten **Ansprüche des Instituts aus der bankmäßigen Geschäftsverbindung** gegen den Kunden. Ansprüche, die daraus resultieren, dass der Kunde dem Institut für Verbindlichkeiten eines Dritten haftet, werden nur gesichert, wenn sie gegenwärtig und fällig sind (Nr. 14 Abs. 2 AGB Banken, Nr. 21 Abs. 3 AGB Spark).

16 Das AGB-Pfand ergreift auch **Inhaberpapiere** (§ 1293 BGB), sofern die Besitzerlangung das Erfordernis der Übergabe oder eines Surrogats (§§ 1205 f. BGB) erfüllt. Andernfalls entsteht auch kein Pfandrecht gemäß § 1274 BGB, das bei Inhaberpapieren ausgeschlossen ist. Bei **Rektapapieren** muss die Verpfändung angezeigt (§ 1280 BGB) werden, die Besitzerlangung ersetzt sie nicht.[30]

17 Die Pfandklauseln passieren die **AGB-rechtliche Inhaltskontrolle** (§§ 307 ff. BGB).[31] Zweifel können jedoch unter dem Aspekt des **Transparenzgebots** (§ 307 Abs. 1 S. 2 BGB) entstehen, weil die Klauseln den Anschein erwecken, auch Rektapapiere seien verpfändet, während dazu de iure die Abtretungsanzeige (§ 1280 BGB) erforderlich ist, die de facto nie abgegeben wird.

V. Gesetzliche Pfandrechte

18 An Orderpapieren können gesetzliche Pfandrechte entstehen, zB bei Hinterlegung zum Zweck der Sicherheitsleistung (§§ 233, 234 Abs. 1 S. 2 BGB) oder ein Vermieter- oder Verpächterpfandrecht[32] (§§ 562, 578, 581 Abs. 2 BGB).

---

[24] Soergel/*Habersack* § 1292 Rn. 7; Staudinger/*Wiegand* § 1292 Rn. 17.
[25] → BGB § 1294 Rn. 3; → BGB § 1295 Rn. 3.
[26] BGH NJW 1988, 3260; BankR-HdB/*Bunte* § 19 Rn. 1.
[27] MüKoBGB/*Damrau* § 1292 Rn. 21.
[28] Bsp. BGH NJW 1985, 1954.
[29] → BGB Vor §§ 1292 ff. Rn. 32 f.
[30] MüKoBGB/*Damrau* § 1280 Rn. 2.
[31] BGH NJW 1995, 1085; 1988, 3260; 1985, 1954; 1983, 2701.
[32] Schmidt-Futterer/*Lammel* Mietrecht § 562 Rn. 13; Palandt/*Weidenkaff* BGB § 562 Rn. 7; MüKoBGB/*Artz* § 562 Rn. 11; Staudinger/*Emmerich* § 562 Rn. 8.

§ 1293 Pfandrecht an Inhaberpapieren

Für das Pfandrecht an einem Inhaberpapier gelten die Vorschriften über das Pfandrecht an beweglichen Sachen.

Übersicht

I. Allgemeines

Für Inhaberpapiere bestimmt § 1293 BGB, dass die Verpfändung sich nach den **Bestimmungen über das Faustpfandrecht** (§§ 1204–1259 BGB) richtet. Die Verpfändung eines inhaberpapierverbrieften Rechts wird behandelt, als würde das Papier verpfändet.[1] 1

II. Verpfändung

Inhaberpapiere sind durch **Einigung** und **Übergabe** (§§ 1205 f. BGB) zu verpfänden. **Gutgläubiger Erwerb** (§ 1207 BGB, §§ 366, 367 HGB) abhanden gekommener Inhaberpapiere ist möglich (§ 935 Abs. 2 BGB). Indossament und Verpfändungsanzeige (§ 1280 BGB) sind überflüssig.[2] § 1293 BGB schließt die Rechtsverpfändung (§ 1274 BGB) aus. 2

Zwischen Pfandgläubiger und Verpfänder entsteht ein **Begleitschuldverhältnis**[3] (§§ 1215 ff. BGB). Gegen Dritte gewährt dem Pfandgläubiger § 1227 BGB **Schutz,**[4] beachte aber § 1006 Abs. 1 S. 2 BGB.[5] Das Vertragspfandrecht an einem Inhaberpapier setzt sich an dem nach Fälligkeit erzielten Einlösungsbetrag fort.[6] Wenn das Papier vernichtet und für kraftlos erklärt (§ 799 BGB) und ein neues Papier erteilt worden (§ 800 S. 1 BGB) ist, setzt sich das Pfandrecht, das am vernichteten Papier bestanden hat, im Wege der **Surrogation** am neu ausgestellten Papier fort,[7] da das verpfändete Recht aus dem Papier bestehen geblieben ist.[8] 3

---

[1] RGZ 58, 8.
[2] MüKoBGB/*Damrau* § 1293 Rn. 3.
[3] Soergel/*Habersack* § 1293 Rn. 3.
[4] Staudinger/*Wiegand* § 1293 Rn. 8.
[5] Palandt/*Wicke* § 1293 Rn. 2.
[6] BGH NJW 1997, 2110.
[7] MüKoBGB/*Damrau* § 1293 Rn. 3.
[8] Staudinger/*Wiegand* § 1293 Rn. 12.

III. Verwertung

4 Der Pfandgläubiger kann den **Pfandverkauf** nach §§ 1228 ff. BGB betreiben, in den Fällen der § 1235 Abs. 2 BGB auch durch freihändigen Verkauf (§ 1221 BGB) und bei gewerblichem Pfand mit den Erleichterungen des § 1259 BGB[9]. Ferner erlaubt § 1294 BGB **Einziehung** und gegebenenfalls Kündigung der verbrieften Forderung bereits vor Pfandreife. Schließlich kann der Pfandgläubiger gegen den Verpfänder einen Titel auf Duldung der Pfandverwertung erwirken und auf Grund dieses Titels den Verkauf nach den ZPO-Vorschriften über den **Verkauf einer gepfändeten Sache**[10] bewirken lassen (§ 1233 Abs. 2 BGB),[11] str., nach aA[12] ist gemäß § 1277 BGB zu verfahren. Aus einem **Titel gegen den Drittschuldner** kann der Pfandgläubiger nicht gemäß § 1233 Abs. 2 BGB vorgehen,[13] sondern nur die Vollstreckung gegen den Drittschuldner betreiben. Das dabei entstehende Pfändungspfandrecht hat den Rang des Vertragspfandes.[14]

5 Die Verpfändung eines **Inhabergrundschuldbriefs** (§ 1293 BGB) ermöglicht es, die verbriefte Grundschuld zu verwerten und die **Zwangsvollstreckung in das Grundstück** zu betreiben.[15]

IV. Gesetzliche Pfandrechte

6 Gesetzliche Mobiliarpfandrechte können auch an Inhaberpapieren entstehen,[16] zB §§ 233, 562, 578, 581 Abs. 2 BGB.

V. Girosammelverwahrung

7 Wenn Inhaberpapiere von einer Wertpapiersammelbank (Clearstream Banking AG) girosammelverwahrt werden (§§ 5, 24 DepotG), entsteht zugunsten der bisherigen Eigentümer **Miteigentum nach Bruchteilen** (§ 6 Abs. 1 DepotG), das verpfändet werden kann (§ 1258 BGB).[17]

1. Verpfändung an Depot- oder Wertpapiersammelbank

8 Bei Verpfändung vom Kunden – mittelbarer Besitzer zweiter Stufe – an die Depotbank – mittelbare Besitzerin erster Stufe[18] – oder die Wertpapiersammelbank – unmittelbare Besitzerin[19] – genügt jeweils die **Einigung** über die Verpfändung (§ 1205 Abs. 1 S. 2 BGB).

---

[9] Einzelheiten MüKoBGB/*Damrau* § 1293 Rn. 11 ff.

[10] Einzelheiten MüKoBGB/*Damrau* § 1233 Rn. 7.

[11] Baur/Stürner/*Stürner* § 62 Rn. 34; MüKoBGB/*Damrau* § 1293 Rn. 4; Soergel/*Habersack* § 1293 Rn. 3; *Wolff/Raiser* § 177 III 1.

[12] Erman/*Schmidt* § 1293 Rn. 6; Staudinger/*Wiegand* § 1293 Rn. 9; *Westermann/Gursky* § 138 III.

[13] Staudinger/*Wiegand* § 1233 Rn. 13.

[14] MüKoBGB/*Damrau* § 1228 Rn. 3.

[15] BGB WM 2018, 657 mAnm *Müller-Christmann* WuB 2018, 277.

[16] Staudinger/*Wiegand* § 1293 Rn. 2; MüKoBGB/*Damrau* § 1293 Rn. 7.

[17] MüKoBGB/*Damrau* § 1258 Rn. 9; Soergel/*Habersack* § 1293 Rn. 4; Staudinger/*Wiegand* § 1293 Rn. 5.

[18] BGH NJW 1997, 2110.

[19] Soergel/*Habersack* § 1293 Rn. 4.

2. Verpfändung an Dritte

§ 1205 Abs. 1 S. 2 BGB ist unanwendbar bei Verpfändung girosammelverwahrter Inhaberpapiere an nichtbesitzende Dritte. Neben der Einigung ist daher die Übergabe (§ 1205 Abs. 1 S. 1 BGB) oder ein Übergabesurrogat (§§ 1205 Abs. 2, 1206 BGB) erforderlich. **9**

a) Übergabe. Um eine Übergabe im Sinne von § 1205 Abs. 1 S. 1 BGB handelt es sich, wenn der Bruchteileigentümer die Wertpapiersammelbank anweist, nur noch für den Pfanderwerber zu besitzen.[20] Äußerlich ist dies durch Umbuchung kenntlich zu machen[21] oder durch einen Pfandvermerk auf dem Depot zugunsten des Pfandgläubigers. Der Einwand, die Umbuchung sei in der Praxis unüblich und könne im Übrigen den Anschein einer Sicherungsübereignung erwecken,[22] ist nicht stichhaltig. Das umgebuchte Depot kann als Pfanddepot gekennzeichnet werden.[23] **10**

b) Surrogate. aa) § 1205 Abs. 2 BGB. Der Verpfänder kann seine Ansprüche gegen die Wertpapiersammelbank (§§ 7, 8 DepotG) an den Erwerber abtreten[24] und die Verpfändung der Depotbank[25] oder der Wertpapiersammelbank anzeigen (§ 1205 Abs. 2 BGB). **11**

bb) § 1206 BGB. Einräumung qualifizierten Mitbesitzes gemäß § 1206 BGB kommt bei Girosammelverwahrung nicht in Betracht,[26] schon allein, weil der Verwahrer schuldbefreiend an den Hinterleger oder den berechtigten Nichthinterleger leisten kann.[27] **12**

3. Wirkungen

Nach Verpfändung girosammelverwahrter Wertpapiere kann entgegen § 1258 Abs. 2 BGB nicht die Auflösung der Gemeinschaft verlangt werden; §§ 7, 8 DepotG geben nur einen Auslieferungsanspruch.[28] Das Pfandrecht setzt sich an Auslieferungsstücken fort.[29] **13**

VI. Globalurkunden und Wertrechte

1. Globalurkunden

Wenn Rechte in einer Globalurkunde (§ 9a DepotG) verbrieft sind, entsteht Bruchteileigentum der Gläubiger an der Globalurkunde (§§ 9a Abs. 2, 6 Abs. 1 DepotG). An die Depot- und Wertpapiersammelbank kann das Bruchteileigentum grundsätzlich verpfändet werden wie bei Girosammelverwahrung. Auch an Dritte kann verpfändet werden wie bei Girosammelverwahrung, also durch Umstellung des Besitzmittlungsverhältnisses (§ 1205 Abs. 1 S. 1 BGB). Dies gilt, wenn der Auslieferungsanspruch (§§ 9a Abs. 2, 7, 8 DepotG) besteht, und auch, wenn er – wie nach durchgängiger Praxis bei der Emission von Inhaberschuldverschreibungen – ausgeschlossen[30] (§ 9a Abs. 3 S. 2 DepotG) ist, letzteres ist str.[31] **14**

---

[20] Staudinger/*Wiegand* § 1293 Rn. 5.
[21] *Heinsius/Horn/Than* DepotG § 6 Rn. 46.
[22] *Nodoushani* WM 2007, 289 (295).
[23] KölnKommAktG/*Lutter/Drygala* § 68 Rn. 45.
[24] Gegen Abtretbarkeit des Anspruchs aus § 8 DepotG *Nodoushani* WM 2007, 289 (295). Abgetreten werden kann aber jedenfalls der Anspruch aus § 7 DepotG.
[25] OLG Karlsruhe WM 1999, 2451 (2455); *Heinsius/Horn/Than* DepotG § 6 Rn. 46.
[26] *Einsele* Wertpapierrecht als Schuldrecht S. 125 f.
[27] Baumbach/Hopt/*Hopt* DepotG § 8 Rn. 1.
[28] MüKoBGB/*Damrau* § 1258 Rn. 9.
[29] MüKoBGB/*Damrau* § 1258 Rn. 9.
[30] GroßKommAktG-*Merkt* § 68 Rn. 164 ff.; KölnKommAktG/*Lutter/Drygala* § 68 Rn 45; Staudinger/*Wiegand* § 1293 Rn. 5.
[31] **AA** *Habersack/Mayer* WM 2000, 1678 (1684); *Stupp* DB 2006, 655 (658): nur Rechtsverpfändung (§§ 1274 ff. BGB).

2. Wertrechte

15 Bundesanleihen und -schatzbriefe können als **unverbriefte Bucheffekten** (Wertrechte) emittiert und im Bundesschuldbuch (§ 5 BSchuWG) eingetragen werden. Das **Bundesschuldenwesengesetz** (BSchuWG) v. 12.7.2006 (BGBl. I S. 1466) unterscheidet Sammel- (§ 6 BuSchuWG) und Einzelschuldbuchforderungen (§ 7 BuSchuWG).

16 **a) Sammelschuldbuchforderungen.** Sammelschuldbuchforderungen gelten als Wertpapiersammelbestand (§ 6 Abs. 2 S. 1 BSchuWG), auf den das DepotG entsprechend anzuwenden ist (§ 6 Abs. 2 S. 6 BSchuWG). Die Forderungen werden damit verdinglicht, über sie kann nach sachenrechtlichen Normen verfügt werden.[32] Eine Sammelschuldbuchforderung kann folglich verpfändet werden wie eine in einer Globalurkunde verbriefte Forderung. Der Auslieferungsanspruch ist grundsätzlich ausgeschlossen (§ 6 Abs. 3 BSchuWG).

17 **b) Einzelschuldbuchforderungen.** Bei Einzelschuldbuchforderungen ist das DepotG nicht entsprechend anzuwenden. Es ist nur Rechtsverpfändung (§ 1274 BGB) möglich.[33] Die Verpfändung wird gegenüber dem Drittschuldner erst mit Eintragung im Bundesschuldbuch wirksam (§ 8 Abs. 1 BSchuWG). Einer Verpfändungsanzeige (§ 1280 BGB) bedarf es nicht.[34] Wer als Inhaber eines rechtsgeschäftlichen Pfandrechts an einer Einzelschuldbuchforderung eingetragen wird, erwirbt das Recht auch, soweit die Einzelschuldbuchforderung dem eingetragenen Gläubiger nicht zusteht (§ 8 Abs. 3 S. 1 BSchuWG). Rechte Dritter an der Forderung und Verfügungsbeschränkungen des bisherigen Gläubigers sind dem Pfandgläubiger gegenüber nur wirksam, soweit sie im Bundesschuldbuch eingetragen sind (§ 8 Abs. 3 S. 2, Abs. 2 S. 2 BSchuWG). Pfandrechtserwerb und belastungsfreier Erwerb sind ausgeschlossen, wenn dem Pfandgläubiger beim Pfanderwerb bekannt oder aus grober Fahrlässigkeit unbekannt war, dass dem Verpfänder die Forderung nicht oder nicht in dem Umfang zustand, er einer Verfügungsbeschränkung unterlag, oder die Forderung mit Drittrechten belastet war (§ 8 Abs. 3 S. 2, Abs. 2 S. 3 BSchuWG).

§ 1294 Einziehung und Kündigung

Ist ein Wechsel, ein anderes Papier, das durch Indossament übertragen werden kann, oder ein Inhaberpapier Gegenstand des Pfandrechts, so ist, auch wenn die Voraussetzungen des § 1228 Abs. 2 noch nicht eingetreten sind, der Pfandgläubiger zur Einziehung und, falls Kündigung erforderlich ist, zur Kündigung berechtigt und kann der Schuldner nur an ihn leisten.

Übersicht

I. Allgemeines

1 Der Pfandgläubiger eines **Inhaber- oder Orderpapiers** kann bereits vor Pfandreife (§ 1228 Abs. 2 BGB) die ganze[1] verbriefte Forderung einziehen und gegebenenfalls kündigen, und zwar ohne Mitwirkung des Verpfänders, der gar kein Einziehungs- und Kündi-

---

[32] BegrRegE BT-Drs. 14/7010, 15 zu § 8 Abs. 2 Bundeswertpapierverwaltungsgesetz.
[33] MüKoBGB/*Damrau* § 1293 Rn. 10.
[34] MüKoBGB/*Damrau* § 1293 Rn. 10.
[1] MüKoBGB/*Damrau* § 1294 Rn. 3; Soergel/*Habersack* § 1294 Rn. 2.

gungsrecht[2] hat. Der Drittschuldner kann vor und bei Pfandreife nur an den Pfandgläubiger befreiend leisten.

II. Einzelheiten

§ 1294 BGB ist **Sondervorschrift** zu den §§ 1281–1283 BGB. Bei der **Drittschuldnerkündigung** ist aber § 1283 Abs. 2, 3 Hs. 2 BGB anwendbar.[3] Von § 1294 BGB **abweichende Vereinbarungen** zwischen Verpfänder und Pfandgläubiger sind entsprechend § 1284 BGB zulässig.[4] Eine solche Abrede wirkt aber nicht gegenüber dem Drittschuldner und sonstigen Dritten.[5] § 1294 BGB lässt die Pflicht des Pfandnehmers zu ordnungsgemäßer Einziehung und Benachrichtigung (§ 1285 Abs. 2 BGB) unberührt.[6] 2

§ 1294 BGB setzt voraus, dass das verpfändete Papier eine **Forderung verbrieft** (entsprechend § 1279 BGB), bei Mitgliedschaftspapieren ist die Norm unanwendbar, es sei denn, mit dem verbrieften Mitgliedschaftsrecht ist eine Forderung verbunden.[7] § 1294 BGB ist nach Verpfändungen gemäß §§ 1292 f. BGB, aber auch nach **Rechtsverpfändung** (§ 1274 BGB) (str.)[8] anwendbar. 3

Durch eine Leistung des Drittschuldners, der § 1294 BGB beachtet, erlischt das Pfandrecht. Zu den weiteren Wirkungen der Einziehung s. §§ 1287 f. BGB.[9] 4

§ 1295 Freihändiger Verkauf von Orderpapieren

[1] Hat ein verpfändetes Papier, das durch Indossament übertragen werden kann, einen Börsen- oder Marktpreis, so ist der Gläubiger nach dem Eintritt der Voraussetzungen des § 1228 Abs. 2 berechtigt, das Papier nach § 1221 verkaufen zu lassen. [2] § 1259 findet entsprechende Anwendung.

Übersicht

I. Allgemeines

§ 1295 S. 1 BGB erweitert die Verwertungsmöglichkeiten des Pfandgläubigers eines **Orderpapiers.** Er hat nach Pfandreife das Recht zum freihändigen Verkauf (§ 1221 BGB), sofern das Papier einen **Börsen- oder Marktpreis** hat, also praktisch stets.[1] Für **Inhaberpapiere** besteht diese Möglichkeit in solchen Fällen ebenfalls, und zwar gemäß §§ 1293, 1235 Abs. 2 BGB.[2] 1

§ 1295 S. 2 BGB, eingefügt durch Art. 3 Nr. 4 G v. 5.4.2004 (BGBl. I S. 502) in Umsetzung der Finanzsicherheitenrichtlinie (ABl. 2002 L 168/43 (RL 2002/47/EG), 2

[2] MüKoBGB/*Damrau* § 1294 Rn. 3.
[3] MüKoBGB/*Damrau* § 1294 Rn. 2; Staudinger/*Wiegand* § 1294 Rn. 3.
[4] MüKoBGB/*Damrau* § 1294 Rn. 5.
[5] Soergel/*Habersack* § 1294 Rn. 1.
[6] MüKoBGB/*Damrau* § 1294 Rn. 4.
[7] Staudinger/*Wiegand* § 1294 Rn. 1.
[8] Erman/*Schmidt* § 1294 Rn. 2; MüKoBGB/*Damrau* § 1294 Rn. 1; Prütting/Wegen/Weinreich/*Nobbe* § 1294 Rn. 1. **AA** Staudinger/*Wiegand* § 1294 Rn. 1; Soergel/*Habersack* § 1294 Rn. 1.
[9] BGH NJW 1997, 2110.
[1] BegrRegE BT-Drs. 15/1853, 17.
[2] Soergel/*Habersack* § 1295 Rn. 1.

erklärt § 1259 BGB für entsprechend anwendbar, um die grenzüberschreitenden Finanzmärkte zu stärken und zu flexibilisieren.[3]

II. Recht zum freihändigen Verkauf (S. 1)

3 Für § 1295 S. 1 BGB ist es gleichgültig, ob das Papier gemäß § 1292 BGB oder gemäß § 1274 BGB verpfändet wurde.[4] Bei einer Rechtsverpfändung (§ 1274 BGB) ohne Indossament fehlt dem Pfandgläubiger aber die formelle Legitimation zum Verkauf.[5] Er kann aber entsprechend § 1285 Abs. 1 BGB vom Verpfänder Indossierung verlangen.[6]

4 Den Verkauf kann nur ein öffentlich ermächtigter Handelsmäkler oder eine zur öffentlichen Versteigerung befugte Person vornehmen (§ 1221 BGB). Der Verkauf ist anzudrohen (§ 1234 BGB), der Eigentümer ist zu benachrichtigen (§ 1241 BGB).[7] Gutgläubiger Erwerb gemäß § 1244 BGB ist möglich.[8] Verfallvereinbarungen können erst bei Pfandreife wirksam getroffen werden.[9]

III. Entsprechende Anwendung von § 1259 BGB (S. 2)

5 Nach § 1295 S. 2 BGB ist § 1259 BGB bei verpfändeten Orderpapieren entsprechend anzuwenden. Wenn demnach Papiereigentümer und Pfandgläubiger **Unternehmer** (§ 14 BGB), juristische Personen des öffentlichen Rechts oder öffentlich-rechtliche Sondervermögen sind, können sie für die Verwertung eines Orderpapiers mit Börsen- oder Marktpreis bereits **bei Verpfändung** vereinbaren, auch in AGB,[10] dass der Pfandgläubiger den **freihändigen Verkauf** zum laufenden Preis **selbst oder durch Dritte** ohne die Beschränkungen des § 1221 BGB vornehmen kann. Ferner sind abweichend von § 1229 BGB bereits **bei Verpfändung Verfallvereinbarungen** möglich; die gesicherte Forderung gilt dann in Höhe des am Fälligkeitstag geltenden Börsen- oder Marktpreises als vom Eigentümer berichtigt. Die §§ 1229, 1233 bis 1239 BGB sind nicht anzuwenden.

§ 1296 Erstreckung auf Zinsscheine

[1]Das Pfandrecht an einem Wertpapier erstreckt sich auf die zu dem Papier gehörenden Zins-, Renten- oder Gewinnanteilscheine nur dann, wenn sie dem Pfandgläubiger übergeben sind. [2]Der Verpfänder kann, sofern nicht ein anderes bestimmt ist, die Herausgabe der Scheine verlangen, soweit sie vor dem Eintritt der Voraussetzungen des § 1228 Abs. 2 fällig werden.

Übersicht

[3] BegrRegE BT-Drs. 15/1853, 17.

[4] Erman/*Schmidt* § 1295 Rn. 2; MüKoBGB/*Damrau* § 1295 Rn. 1; Prütting/Wegen/Weinreich/*Nobbe* § 1295 Rn. 1.

[5] AnwKomm-BGB/*Bülow* § 1295 Rn. 1; MüKoBGB/*Damrau* § 1295 Rn. 1; Staudinger/*Wiegand* § 1295 Rn. 2.

[6] MüKoBGB/*Damrau* § 1295 Rn. 1.

[7] MüKoBGB/*Damrau* § 1295 Rn. 2.

[8] MüKoBGB/*Damrau* § 1295 Rn. 2.

[9] MüKoBGB/*Damrau* § 1295 Rn. 2.

[10] MüKoBGB/*Damrau* § 1295 Rn. 7.

I. Allgemeines

Nebenpapiere **(Kupons)** zum verpfändeten Hauptpapier sind **selbständige Wertpapiere,**[1] so dass § 1289 S. 1 BGB – Erstreckung des Pfandrechts auf Forderungszinsen – nicht passt. § 1296 S. 1 BGB stellt klar,[2] dass sich das Pfandrecht an einem Wertpapier auf ein Nebenpapier nur dann erstreckt, wenn dieses dem Pfandgläubiger übergeben wurde. § 1289 S. 1 BGB ist anwendbar bei unverbrieften Zinsforderungen,[3] nicht aber bei Gewinnanteilen.[4] Mitverpfändete Nebenpapiere, die vor Pfandreife (§ 1228 Abs. 2 BGB) fällig werden, kann der Verpfänder herausverlangen (§ 1296 S. 2 BGB). 1

II. Pfandrecht an Nebenpapieren (S. 1)

Nebenpapiere können **selbständig verpfändet** werden, auch schon vor ihrer Fälligkeit.[5] Ferner ist, wenn bei der **Verpfändung des Hauptpapiers,** auch bei Rektapapieren,[6] das **Nebenpapier mit übergeben** oder an ihm ein Surrogat gemäß §§ 1205, 1206 BGB[7] hergestellt wird, das Nebenpapier **kraft Gesetzes**[8] mitverpfändet (§ 1296 S. 1 BGB). Es bedarf im Fall des § 1296 S. 1 BGB keiner Einigung über die Verpfändung des Nebenpapiers, das Fehlen der Einigung begründet keine Kondiktion (§ 812 BGB); anders ist es, wenn kein Anspruch auf Mitverpfändung, zB aus der Sicherungsabrede, bestand.[9] 2

Von Nebenpapieren gemäß § 1296 S. 1 BGB sind Erneuerungsscheine[10] **(Talons)** zu unterscheiden, Legitimationspapiere, die das Pfandrecht am Hauptpapier auch ohne Übergabe umfasst, es sei denn, Abweichendes ist vereinbart.[11] Neue Nebenpapiere, die aufgrund verpfändeter Talons ausgestellt werden, sind ebenfalls verpfändet.[12] 3

III. Herausgabeanspruch des Verpfänders (S. 2)

Nebenpapiere, die gemäß § 1296 S. 1 BGB mitverpfändet sind, werden kraft Gesetzes **enthaftet,** wenn sie vor Pfandreife (§ 1228 Abs. 2 BGB) fällig werden[13] (str.[14]). Hat der Pfandgläubiger solche Nebenpapiere eingezogen (§ 1294 BGB), dann muss er den Erlös dem Verpfänder beziehungsweise Eigentümer herausgeben.[15] 4

§ 1296 S. 2 BGB ist dispositiv[16] und wirksam[17] abbedungen durch § 14 Abs. 4 AGB Banken. Abbedungen ist der Herausgabeanspruch auch, wenn ein Nutzungspfand (§ 1213 BGB) vereinbart ist.[18] 5

---

[1] RGZ 77, 333.
[2] Staudinger/*Wiegand* § 1296 Rn. 1.
[3] Soergel/*Habersack* § 1296 Rn. 2.
[4] Staudinger/*Wiegand* § 1296 Rn. 2.
[5] RGZ 77, 333.
[6] AnwKomm-BGB/*Bülow* § 1296 Rn. 4; MüKoBGB/*Damrau* § 1296 Rn. 2; Palandt/*Wicke* § 1296 Rn. 1; Staudinger/*Wiegand* § 1296 Rn. 3. **AA** Soergel/*Habersack* § 1296 Rn. 2.
[7] Soergel/*Habersack* § 1296 Rn. 2.
[8] Soergel/*Habersack* § 1296 Rn. 2.
[9] MüKoBGB/*Damrau* § 1296 Rn. 2.
[10] S. *Meyer-Cording/Drygala* Wertpapierrecht E IV 2; *Gursky* Wertpapierrecht S. 111.
[11] Staudinger/*Wiegand* § 1296 Rn. 3.
[12] MüKoBGB/*Damrau* § 1296 Rn. 6.
[13] MüKoBGB/*Damrau* § 1296 Rn. 4.
[14] AA Soergel/*Habersack* § 1296 Rn. 3; Staudinger/*Wiegand* § 1296 Rn. 5: Enthaftung erst mit Herausgabe.
[15] MüKoBGB/*Damrau* § 1296 Rn. 4; Prütting/Wegen/Weinreich/*Nobbe* § 1296 Rn. 2.
[16] Erman/*Schmidt* § 1296 Rn. 2.
[17] BuB/*Gößmann* Rn. 1/418 f.; Soergel/*Habersack* § 1296 Rn. 3; Staudinger/*Wiegand* § 1296 Rn. 6.
[18] MüKoBGB/*Damrau* § 1296 Rn. 3; Staudinger/*Wiegand* § 1296 Rn. 6.

29. Kapitel: Personalsicherheiten – §§ 765–777 BGB

Schrifttum: *Aden,* Bürgschaft vermögensloser Nahbereichspersonen – versus insolvenzbedingte Restschuldbefreiung, NJW 1999, 3763; *Adelsberger,* Der Arrest in den Auszahlungsanspruch des Garantiebegünstigten durch den Garantie-Auftraggeber, RIW/AWD 1981, 439; *Ammelung/Sorocean,* Patronaterklärungen zugunsten ausländischer Tochtergesellschaften, RiW 1996, 668; *Arnold,* Die Bürgschaft auf erstes Anfordern im deutschen und englischen Recht, 2008; *Artz,* Bürgschaft und Verbraucherkredit – Zur Anwendbarkeit des VerbrKrG auf Bürgschaften unter Berücksichtigung der höchstrichterlichen Rechtsprechung zum Schuldbeitritt, VuR 1997, 227; *Artz/Bülow,* Folgeprobleme der Anwendung des Verbraucherkreditgesetzes auf Schuldbeitritt und andere Interzessionen, ZIP 1998, 629; *Auer,* Kreditsicherheiten und Verbraucherschutz auf dem Prüfstand des Europarechts, ZBB 1999, 161; *Bales,* Die Bürgschaft als Kreditsicherheit – Ein Beitrag aus Sicht der Kreditpraxis, BKR 2004, 264; *Bark,* Rechtsfragen und Praxis der indirekten Garantien im Außenwirtschaftsverkehr, ZIP 1982, 405; *Bark,* Bestätigung von Garantien im Außenwirtschaftsverkehr, ZIP 1982, 655; *Bartlitz,* Schadensersatz wegen Verletzung der Bonitätsprüfungspflicht, ZIP 2020, 1337; *Bauer,* Entwicklung der höchstrichterlichen Rechtsprechung zur Sittenwidrigkeit von Bürgschaften einkommens- und vermögensloser Ehegatten, VuR 2003, 481; *Baumann,* Zur Form von Schuldbeitritt und Schuldanerkenntnis, ZBB 1993, 171; *Becker/Dietrich,* Verbraucherkreditrichtlinie und Bürgschaften, NJW 2000, 2798; *Beining,* Zur Anwendbarkeit des Haustürwiderrufsgesetzes auf Bürgschaften, NJW 1994, 362; *Belzer,* Rechtsschutzmöglichkeiten in der Bundesrepublik Deutschland gegen die missbräuchliche Inanspruchnahme internationaler Bankgarantien, ZfBR 1985, 209; *v. Bernstoff,* Rechtsprobleme US-amerikanischer Bankgarantien, RiW 1987, 257; *v. Bernuth,* Harte Patronaterklärung in der Klauselkontrolle, ZIP 1999, 1501; *Billing,* Garantieübernahmen durch Gesellschafter des Franchisenehmers in der AGB-Kontrolle, WM 2007, 245; *Binder,* Gesetzliche Form, Formnichtigkeit und Blankett im bürgerlichen Recht, AcP 207 (2007), 155; *Blum,* Stillschweigend vereinbarte Kündbarkeit einer nur für einen bestimmten Zeitraum benötigten Patronatserklärung, NZG 2010, 1331; *Bolten,* Die Verjährung der Bürgschaftsschuld nach der Schuldrechtsmodernisierung, ZGS 2006, 140; *Böcker,* Patronatserklärung, Gesellschafterdarlehen, Finanzplankredit – Harmonischer Dreiklang oder schiefer Akkord?, DZWIR 2011, 93; *Braun,* Die Entwicklung der BGH-Rechtsprechung zur Sittenwidrigkeit von Bürgschaftsverträgen, DStR 1996, 1692; *Braun,* Von den Nahbereichspersonen bis zu den Arbeitnehmern als Bürgen: ein Überblick über die Rechtsprechung des BGH zur Sittenwidrigkeit von Bürgschaften, Jura 2004, 474; *Bräuer,* Der Verjährungsbeginn bei der Gewährleistungsbürgschaft, NZBau 2007, 477; *Brennecke,* Verbraucherbürgschaften als außerhalb von Geschäftsräumen geschlossene Verträge, ZJS 2014, 236; *Brox/Walker,* Allgemeines Schuldrecht, 35. Aufl. 2011; *Buck-Heeb,* Rechtsfolgen fehlender oder fehlerhafter Kreditwürdigkeitsprüfung, NJW 2016, 2065; *Budzikiewicz,* Die Verjährung im neuen Darlehensrecht, WM 2003, 264; *Büchler,* Zwangsvollstreckung gegen die Blankettbürgin, JuS 2008, 804; *Bülow,* Blankobürgschaft und Rechtsscheinzurechnung, ZIP 1996, 1694; *Bülow,* Sicherungsgeschäfte als Haustür- oder Verbraucherkreditgeschäfte, NJW 1996, 2889; *Bülow,* Verbraucherkreditlinie, Verbraucherbegriff und Bürgschaft, ZIP 1999, 613; *Bülow,* Der Grundsatz der Subsidiarität im Kreditsicherungsverhältnis, ZIP 1999, 985; *Bülow,* Recht der Kreditsicherheiten, 9. Aufl. 2017; *Bülow/Artz,* Am Vorabend einer neuen Verbraucherkreditrichtlinie Kurzreferat, WM 2005, 1153; *Bülow/Artz,* Folgeprobleme der Anwendung des Verbraucherkreditgesetzes aus Schuldbeitritt und andere Interzessionen, ZIP 1998, 629; *Bunte,* Bürgschaften und Haustürwiderrufsgesetz, WM 1993, 877; *Bydlinski,* Verjährung und Abtretbarkeit von Bürgschaftsansprüchen, ZIP 1989, 953; *Bydlinski,* Die Übertragung der Rechte aus einer Bankgarantie, ZBB 1989, 153; *Bydlinski,* Die aktuelle höchstgerichtliche Judikatur zum Bürgschaftsrecht in der Kritik, WM 1992, 1301; *Canaris,* Wandlungen des Schuldvertragsrechts – Tendenzen zu seiner „Materialisierung", AcP 200 (2000), 273; *Canaris,* Die Bedeutung des Garantiefalles für den Rückforderungsanspruch bei der Garantie „auf erstes Anfordern", ZIP 1998, 493; *Canaris,* Handelsrecht, 23. Aufl. 2003; *Castellvi,* Zum Übergang der gesicherten Forderung auf den zahlenden Garanten, WM 1995, 868; *Christopeit/Raeschke-Kessler,* Die harte Patronatserklärung als befristetes Sanierungsmittel, NZG 2010, 1361; *Coester,* Die Zahlungszusage auf der Baustelle, JuS 1994, 370; *Coing,* Probleme der internationalen Bankgarantie, ZHR 147, 125; *Dehn,* Zur Form des Schuldbeitritts zu einem Schuldanerkenntnis gemäß § 781 BGB, WM 1993, 2115; *Derleder,* Im Überblick: Die Sicherung des Vermieters durch Barkaution, Bürgschaft, Verpfändung, Sicherungsabtretung und Schuldübernahme, NZM 2006, 601; *Derleder,* Die Einschränkung der Verrechnungsfreiheit der Kreditinstitute gegenüber dem Bürgen, NJW 2015, 817; *Derleder/Knops/Bamberger* (Hrsg.), Deutsches und europäisches Bank- und Kapitalmarktrecht, 3. Aufl. 2017; *Deter/Burianski/Möllenhoff,* Verjährungsprobleme bei der Immobilienfinanzierung, BKR 2008, 281; *Dieckmann,* Zur rechtlichen Qualifizierung der sog. Bürgschaft auf erstes Anfordern, DZWir 2003, 177; *Dingler,* Hemmt die Verhandlung gemäß § 203 S. 1 BGB die Verjährung der Hauptschuld auch gegenüber dem Bürgen?, BauR 2008, 1379; *Drebes,* Sicherungsgeberschutz durch das Verbraucherkreditgesetz, DZWir 1998, 75; *Drexl,* Der Bürge als deutscher und europäischer Verbraucher, JZ 1998, 1046; *Edelmann,* Zur Anwendbarkeit des Haustürwiderrufgesetzes auf Bürgschaftsverträge, VuR 1998, 179; *Edelmann,* Bürgschaften und Verbraucherkreditgesetz, BB 1998, 1017; *Edelmann,* Vollmacht des Verbrauchers zum Abschluss eines Kreditvertrages, DB 2000, 319; *Edenfeld,* Offene Fragen des Beitritts zur

Dauerschuld, JZ 1997, 1034; *Ehricke,* Bürgschaften von Geschäftsführern und Gesellschaftern einer GmbH für die Verbindlichkeit ihrer Gesellschaft, WM 2000, 2177; *Einsiedler,* Die Verjährungseinrede des Bürgen, MDR 2010, 603; *Eschmann,* Die Auslegungsfähigkeit eines Standby Letter of Credit, RIW 1996, 913; *Feldhahn,* Bürgschaftsverwertung nach Verjährungseintritt gemäß § 17 Nr. 8 VOB/B, ZfBR 2009, 3; *Fellner,* Bankkredit – Sittenwidrigkeit und Verwirkung bei der Bürgschaft, MDR 2005, 368; *Fischer,* Aktuelle Rechtsprechung des Bundesgerichtshofs zur Bürgschaft und zum Schuldbeitritt, WM 1998, 1705; *Fischer,* Die Bürgschaft zwischen Dogmatik, Verbraucherschutz und Praxis, WM 2000, 14; *Fischer,* Bürgschaft und Verbraucherkreditgesetz, ZIP 2000, 828; *Fischer,* Aktuelle höchstrichterliche Rechtsprechung zur Bürgschaft und zum Schuldbeitritt, WM 2001, 1049; *Fischer,* Aktuelle höchstrichterliche Rechtsprechung zur Bürgschaft und zum Schuldbeitritt, WM 2001, 1093; *Fleischer,* Gegenwartsprobleme der Patronatserklärung im deutschen und europäischen Privatrecht, WM 1999, 666; *Förster,* Die Fusion von Bürgschaft und Garantie, 2010; *Forthauser,* Die Sicherungszweckerklärung in Bürgschaftsverträgen, MittBayNot 1997, 265; *Fried,* Die weiche Patronatserklärung, 1. Aufl. 1998; *Fuchs-Wissemann,* Zur Widerrufbarkeit von Bürgschaftserklärungen, WiB 1994, 147; *Gay,* Der Beginn der Verjährungsfrist bei Bürgschaftsforderungen, NJW 2005, 2585; *Gernhuber,* Ruinöse Bürgschaften als Folge familiärer Verbundenheit, JZ 1995, 1086; *Gerth,* Zum Erfordernis der Fälligkeit der Hauptschuld bei einer Zeitbürgschaft (§ 777 BGB), WM 1988, 317; *Ghassemi-Tabar,* Mietbürgschaft „auf erstes Anfordern" kraft AGB – Eine trügerische Sicherheit auch in der Gewerberaummiete!, NZM 2012, 97; *Gilles,* Zur Zuordnung eines unter den typischen Bedingungen eines Haustürgeschäfts abgeschlossenen Bürgschaftsvertrages zum HTürGG, EWiR 1991, 483; *Glöckner,* Ausgleich zwischen mehreren Bürgen bei unterschiedlichen Höchstbetragsbeschränkungen, ZIP 1999, 821; *Gottwald,* Die Bürgschaft als Anwendungsfall von § 1 Abs. 1 HaustürWG?, BB 1992, 1296; *Görmer,* Der Befreiungsanspruch, JuS 2009, 7; *Grigoleit/Herresthal,* Der Schuldbeitritt, Jura 2002, 825; *Grimm,* Die Patronatserklärung, 2019; *Groeschke,* Die Beweislastumkehr in der Sittenwidrigkeitsprüfung hinsichtlich einer finanziell aussichtslosen Kreditmitverpflichtung, BB 1994, 1310; *Großer/Lühn,* Die Bürgschaft junger Bürgen für ihre Eltern, WM 1991, 2013; *Gröschler,* Einwendungsausschluss bei der Garantie auf erstes Anfordern und der einfachen Garantie, JZ 1999, 822; *Grün,* Die Generalklauseln als Schutzinstrumente der Privatautonomie am Beispiel der Kreditmithaftung von vermögenslosen nahen Angehörigen, WM 1994, 713; *Grützner/Schmidl,* Verjährungsbeginn bei Garantieansprüchen, NJW 2007, 3610; *Haase/Bombard,* Gestaltung von Patronatserklärungen als Sicherungsmittel in Gewerberaummietverträgen, BB 2010, 2651; *Habersack,* Patronatserklärungen ad incertas personas, ZIP 1996, 257; *Habersack,* Die Akzessorietät – Strukturprinzip der europäischen Zivilrechte und eines künftigen europäischen Grundpfandrechts, JZ 1997, 857; *Habersack,* Der Regreß bei akzessorischer Haftung, AcP 198 (1998), 152; *Habersack/Giglio,* Sittenwidrigkeit der Bürgschaft wegen krasser finanzieller Überforderung des Bürgen?, WM 2001, 1100; *Hadding/Walter,* Zur schuldrechtlichen Qualifizierung bei einer Bürgschaft auf erstes Anfordern, WM 2015, 1545; *Hahn,* Der Rückforderungsanspruch bei der Garantie auf erstes Anfordern, NJW 1999, 2793; Hammen, Gesetzlicher Forderungsübergang auf den leistenden Gesellschafter einer OHG gemäß § 774 Abs. 1 BGB analog, WM 2019, 945; *Hancke/Schildt,* Die Patronatserklärung im Konzerninsolvenzverfahren: Verfahrensrechtliches Stillhalteabkommen durch „Stehenlassen einer bestrittenen Forderung in der Insolvenztabelle" als Alternative zum materiell-rechtlichen Vergleich?, NZI 2012, 640; *Harke,* Schuldbeitritt und Form, ZBB 2004, 147; *Harnos,* Schadensersatz wegen fehlerhafter Kreditwürdigkeitsprüfung, JZ 2017, 552; *Harnos/Rafael,* Harte externe Patronatserklärung in der Insolvenz, ZIP 2017, 1149: *Haß,* Zur internationalen Gerichtsstandsvereinbarung in einer Patronatserklärung, IPRax 2000, 494; *Hasselbach,* Anwendbarkeit des Verbraucherkredit- und Haustürgeschäftewiderrufgesetzes auf Bürgschaften, JuS 1999, 329; *Hauck/von Rumohr/Krumbügel,* Haftung aus einer harten Patronatserklärung, NJOZ 2010, 1250; *Haußer/Heeg,* Überschuldungsprüfung und Patronatserklärung, ZIP 2010, 1427; *Heeg,* Die Kündigung von Patronatserklärungen in der Krise der Gesellschaft, BB 2011, 1160; *Heeg,* Mithaftung des geschäftsführenden GmbH-Gesellschafters für Investitionszuschüsse, DB 2008, 391; *Heermann,* Rückabwicklung nach materiell ungerechtfertigter Inanspruchnahme von Bürgen und Garanten „auf erstes Anfordern" – Zugleich eine Besprechung zu OLG Frankfurt/M vom 24.11.1997 – 16 U 75/96, ZBB 1998, 239; *Heermann,* Geld und Geldgeschäfte, 1. Aufl. 2003; *Heger,* Bilanzielle Behandlung des Schuldbeitritts in der betrieblichen Altersversorgung, BB 2006, 539; *Heinrichsmeier,* Die Einbeziehung einkommens- und vermögensloser Familienangehöriger in die Haftung für Bankkredite: eine unendliche Geschichte?, FamRZ 1994, 129; *Herresthal,* Die Verpflichtung zur Bewertung der Kreditwürdigkeit und zur angemessenen Erläuterung nach der neuen Verbraucherkreditrichtlinie 2008/48/EG, WM 2009, 1174; *Herr/Giege,* Europäischer Bürgenschutz – eine Bestandsaufnahme, EWS 2001, 23; *Herrmann,* Absicherung gegen Vermögensverschiebungen durch Bürgschaft, DStR 1997, 1691; *Hess/Jander,* Die Behandlung von Patronatserklärungen im deutschen und amerikanischen Recht, RiW 1995, 730; *Heßeler/Röthel,* Vertragsübernahme und Verbraucherschutz – Bewährungsprobe für ein junges Rechtsinstitut, WM 2008, 1001; *Hilbig-Lugani,* Neuerungen im Außergeschäftsraum- und Fernabsatzwiderrufsrecht – Teil 1, ZJS 2013, 441; *J. Hoffmann,* Schuldbeitritt, Bürgschaft und Ehescheidung, JR 2001, 221; *J. Hoffmann,* Personalsicherheiten als Außergeschäftsraumverträge, ZIP 2015, 1365; *J. Hoffmann/Bartlitz,* Erläuterungs- und Bonitätsprüfungspflicht im Verbraucherkreditrecht, WM 2014, 2297; *U. Hoffmann,* „Strukturelle Ungleichgewichtigkeit" bei Bürgschaftsverpflichtungen mittelloser Angehöriger, DZWir 1998, 316; *Hohmann,* Verjährung und Kreditsicherung, WM 2004, 757; *Hökl,* Zur Absicherung der Verpflichtungen aus einem FIDIC-Bauvertrag durch Bankgarantien und Bürgschaften in der internationalen Praxis, ZfBR 2003, 527; *Holznagel,* Die aktuelle Entscheidung EuGH, Urt. v 23.3.2000 – Rs C-208/98, Jura 2000, 581; *Holznagel,* Der Bürgschaftsvertrag im Anwendungsbereich des Verbraucherkreditgesetzes?, Jura 2000, 578; *Honsell,* Bürgschaft und Mithaftung einkommens- und vermögensloser Familienmitglieder, NJW

1994, 565; *Horn,* Clear and Clean and not of Criminal Origin, WM 1997, 864; *Horn,* Haftung und interner Ausgleich bei Mitbürgen und Nebenbürgen, DZWir 1997, 265; *Horn,* Übermäßige Bürgschaften mittelloser Bürgen: wirksam, unwirksam oder mit eingeschränktem Umfang?, WM 1997, 1081; *Jagenburg,* in: *Ganten/Jagenburg/Motzke* (Hrsg.), Vergabe- und Vertragsordnung für Bauleistungen Teil B, 2. Aufl. 2008; *Janal,* Alles neu macht der Mai: Erneuerte Änderungen im Recht der besonderen Vertriebsformen, WM 2012, 2314; *Jeep,* Aktuelle Rechtsfragen der Bankgarantie auf erstes Anfordern, WM 1988, 1469; *Kaiser,* Eigenkapitalförderndes Darlehen an Gesellschaft mit Rückzahlungsverpflichtung nur aus Gewinn und Liquidationsüberschuss: Inanspruchnahme der mithaftenden Gesellschafter in der Insolvenz der Gesellschaft, DB 2001, 1543; *Kappus,* Gemeinschaftsrechtswidrigkeit deutscher Bürgschaftsrechtsprechung bei Haustürgeschäften?, EuZW 1993, 168; *Kaulbach,* Patronatserklärung in der Versicherungsaufsicht, VersR 1997, 286; *Keilmann,* Bürgschaft – Aktuelle Tendenzen zum Verjährungsrisiko, MDR 2008, 843; *Keim,* Die weite Sicherungsabrede – Überraschung oder unangemessene Benachteiligung?, MittBayNot 1994, 406; *Keim,* Das Ende der Blankobürgschaft?, NJW 1996, 2774; *Kerls,* Die Haftung einkommensschwacher und vermögensloser Angehöriger bei öffentlich geforderten Darlehen, DZWir 1996, 9; *Kiethe,* Haftungs- und Ausfallrisiken bei Patronatserklärungen, ZIP 2005, 646; *Kindler,* Harte Patronatserklärung als Kreditsicherheit im deutsch-italienischen Rechtsverkehr, RiW 2007, 488; *Klaas,* Formelle Dokumentenstrenge im Recht der Bankgarantie, ZIP 1997, 1098; *Klanten,* Bürgschaft und Mitverpflichtung Vermögensloser – Welche Rechtssicherheit besteht für die Kreditsicherheit?, DStR 2000, 1396; *Klein,* Zur Anwendbarkeit des Haustürwiderrufsgesetzes auf Bürgschaften, DZWir 1996, 230; *Klein,* Zur Anwendbarkeit des Verbraucherkreditgesetzes auf Bürgschaften, DZWir 1996, 358; *Kleine-Möller,* Die Sicherung bauvertraglicher Ansprüche durch Bankbürgschaft und Bankgarantie, NZBau 2002, 585; *Klingsporn,* Zum Widerruf von Bürgschaftserklärungen bei Haustürgeschäften, NJW 1991, 2259; *Knops,* Die „weite" Sicherungszweckerklärung des persönlich schuldenden Eigentümers in der AGB-Kontrolle, ZIP 2006, 1965; *Koch,* Die Patronatserklärung, 1. Aufl. 2005; *Koch,* Die Bürgschaft als „Haustürgeschäft", WM 1993, 829; *Kohle,* Vertragsfreiheit und gestörte Vertragsparität, ZBB 1994, 172; *Kohte,* Die Stellung des Schuldbeitritts zwischen Bürgschaft und Schuldübernahme, JZ 1990, 997; *Kopp,* Der Regress unter Mitbürgen bei geleisteten Teilzahlungen (§§ 774 Abs. 2, 426 Abs. 1 und 2 BGB), JR 2016, 347; *Koziol,* Die Rückabwicklung rechtsgrundloser Zahlungen eines Bürgen, ZBB 1989, 16; *Kröll,* Anwendung des Haustürwiderrufsgesetzes auf Bürgschaften nach den „Dietzinger"-Entscheidungen des EuGH und des BGH, DZWir 1998, 426; *Krüger,* Angehörigenbürgschaft – Keine Sittenwidrigkeit des Vertrages bei Möglichkeit der Restschuldbefreiung, MDR 2002, 855; *Köndgen,* Die Entwicklung des Bankkreditrechts in den Jahren 1991-93, NJW 1994, 1508; *Kröll,* Rechtsfragen elektronischer Bankgarantien, WM 2001, 1553; *Krüger/Pape,* Patronatserklärung und Beseitigung von Zahlungsunfähigkeit, NZI 2011, 617; *Küffner,* Patronatserklärungen im Bilanzrecht, DStR 1996, 145; *Kulke,* Der finanziell krass überforderte Bürge, ZIP 2000, 952; *Kulke,* Haustürwiderrufsrecht und Bürgschaft, JR 1999, 485; *Kulke,* Sittenwidrigkeit eines Schuldbeitritts und Teilnichtigkeit, ZIP 2001, 985; *ders.,* Widerrufsrechte beim Sicherungsgeschäft, NJW 2006, 2223; *ders.,* Verbraucherschutz bei Bürgenhaftung, Mithaftungsübernahme und Schuldbeitritt, VuR 2007, 154; *Kümpel,* Elektronisches Geld (cyber coins) als Bankgarantie, NJW 1999, 313; Kuntz, Angemessenheit weiter formularmäßiger Zweckerklärungen bei Globalbürgschaften, Grundschulden und anderen Sicherungsrechten, AcP 209 (2009), 243; *Kupisch,* Die Bankgarantie auf erstes Anfordern im Dickicht des modernen Bereicherungsrechts – zum ungerechtfertigten Vorteil des Garantienehmers?, WM 1999, 2381; *Küpper/Heinze,* Die „harte" Patronatserklärung in der Insolvenz, ZInsO 2006, 913; *Kurz,* Schuldübernahme, Schuldbeitritt und das Verbraucherkreditgesetz, DNotZ 1997, 552; *Lange,* Bürgschaft und Verjährung, BKR 2017, 447; *ders.,* Das Stillhalteabkommen „vorbehaltlich der Inanspruchnahme des Bürgen", BKR 2018, 133; *Larenz/Canaris,* Schuldrecht II/2, 13. Aufl. 1994; *Leitmeier,* Rechtsgründe der Bürgschaft, NZBau 2009, 676; *Lembcke,* Keine Haftung des § 648a BGB-Bürgen für Nachträge nach § 1 Nrn. 3, 4 S. 1, 2 VOB/B, NZBau 2010, 158; *Lenz,* Akkreditive und weitere Zahlungssicherungen im Außenhandel, EuZW 1991, 297; *Leo/Schmitz,* Die Bürgschaft – ein bedingt taugliches Sicherungsmittel in der Gewerberaummiete, NZM 2007, 387; *Lienesch,* Rechtsmißbrauch und einstweiliger Rechtsschutz im internationalen Garantiegeschäft, DZWIR 2000, 492; *Limmer,* „Harte" und „weiche" Patronatserklärungen in der Konzernpraxis, DStR 1993, 1750; *Lindacher,* Die selbstschuldnerische Bürgschaft. Plädoyer für ein effektives Gläubigerwahlrecht, in: *Schilken/Kreft/Wagner* (Hrsg.), FS Gerhardt, 2004, S. 587; *Lindner-Figura,* Bürgschaftsrisiken im immobilientypischen Finanzierungs-Dreieck, NJW 2002, 3134; *v. Loewenich,* Einbeziehung von Finanzdienstleistungen in das Gesetz zur Umsetzung der Verbraucherrechterichtlinie, NJW 2014, 1409; *v. Loewenich,* § 312 Abs. 1 BGB und von Verbrauchern gestellte Bürgschaften sowie andere von Verbrauchern gestellte Sicherheiten, WM 2015, 113; *Loitz/Schulze,* Jahresabschlussprüfung bei Vorliegen von Patronats-/Rangrücktrittserklärungen, DB 2004, 769; *Lorenz,* Richtlinienkonforme Auslegung, Mindestharmonisierung und der „Krieg der Senate" – Zur Anwendung des Haustürwiderrufsgesetzes auf Bürgschaften, NJW 1998, 2937; *Lubitz,* Widerruf von Bürgschaftsverträgen nach § 1 I HWiG, JA 1997, 166; *Lwowski/Fischer/Gehrlein,* Das Recht der Kreditsicherung, 10. Aufl. 2018; *Madaus,* Die persönliche Mithaftung des Verbrauchers bei Haustürgeschäften und Kreditverträgen – Die Entscheidung des BGH vom 2.5.2007 – XII ZR 109/04 (LG Frankfurt/Oder), NJW 2007, 2110, BKR 2008, 54; *Madaus,* Mithaftung für die Darlehensrückzahlung – Schuldbeitritt oder Vertragspartnerschaft, WM 2003, 1705; *Maier,* Beschränkungen des Haustürwiderrufs in der aktuellen Rechtsprechung, VuR 2008, 401; *Maier,* Die Bedeutung des Vertragswortlauts für die Übertragbarkeit der Rechtsprechung zur sittenwidrigen Angehörigenbürgschaft bei krasser finanzieller Überforderung auf Fälle vertraglicher Mitverpflichtung, WM 2009, 1971; *Maier-Reimer/Etzbach,* Die Patronatserklärung, NJW 2011, 1110; *Marcks,* Makler- und Bauträgerverordnung, 7. Aufl. 2003; *Martis,* Sittenwidrigkeit von Bürgschaften einkommens-

und vermögensloser Ehegatten sowie nichtehelicher Lebenspartner, MDR 1998, 936; *Martis,* Sittenwidrigkeit von Bürgschaften einkommens- und vermögensloser Kinder, MDR 1998, 882; *Mastropaolo,* Die Bankgarantie im internationalen Handelsverkehr, WM 1993, 1994; *Maume,* Der umgekehrte Verbraucherverttrag, NJW 2016, 1041; *Medicus,* Durchblick – Die Akzessorietät im Zivilrecht, JuS 1971, 497; *Meier,* Zur Inanspruchnahme aus Ehegattenbürgschaften im Rahmen der finanziellen Abwicklung eines vorzeitig aufgelösten Pachtvertrags, ZMR 1999, 154; *Meincke/Hingst,* Der Kreditbegriff im deutschen Recht, WM 2011, 633; *Merkelbach/Saenger,* Rechtswirkungen weicher Patronatserklärungen, WM 2007, 2309; *v. Metterheim,* Die missbräuchliche Inanspruchnahme bedingungsloser Bankgarantien, RIW/AWD 1993, 581; *Michalski,* Die Patronatserklärung, WM 1994, 1229; *Mülbert,* Neueste Entwicklungen des materiellen Rechts der Garantie „auf erstes Anfordern", ZIP 1985, 1101; *Müller,* Zur Anwendung von § 776 BGB bei einer vom Gläubiger nur vorübergehend freigegebenen „weiteren" Sicherheit, WM 2014, 869; *Münster/Lubitz,* Anwendbarkeit des Verbraucherkreditgesetzes auf die Bürgschaft, JA 1999, 289; *Niebling,* Die Inhaltskontrolle von Bankbedingungen, VuR 2011, 283; *Nielsen,* Internationale Bankgarantie, Akkreditiv und anglo-amerikanisches Standby nach Inkrafttreten der ISP 98 Teil I, WM 1999, 2005; *Nielsen,* Internationale Bankgarantie, Akkreditiv und anglo-amerikanisches Standby nach Inkrafttreten der ISP 98 Teil II, WM 1999, 2049; *Nielsen,* Ausgestaltung internationaler Bankgarantien unter dem Gesichtspunkt etwaigen Rechtsmissbrauchs, ZHR 147, 145; *Nielsen,* Rechtsmissbrauch bei der Inanspruchnahme von Bankgarantien als typisches Problem der Liquiditätsfunktion abstrakter Zahlungsversprechen, ZIP 1982, 253; *Nielsen,* Internationale Bankgarantie, Akkreditiv und anglo-amerikanisches Standby nach Inkrafttreten der ISP 98, WM 1999, 2005; *Nielsen,* Gefährdung der internationalen Anerkennung der von deutschen Banken ausgestellten Garantien, ZBB 2004, 491; *Nobbe,* Die Sicherungszweckerklärung bei Bürgschaft und Mithaftung in der Rechtsprechung des Bundesgerichtshofs, BKR 2002, 747; *Nobbe,* Kommentar zum Kreditrecht, 3. Aufl. 2018; *Nobbe/Kirchhof,* Bürgschaften und Mithaftungsübernahmen finanziell überforderter Personen, BKR 2001, 5; *Oberhammer,* Sittenwidrigkeit und Haftungszweck von Ehegattenbürgschaften, DZWir 2000, 45; *Obermüller,* Die Patronatserklärung, ZGR 1975, 1; *Obermüller,* Patronatserklärungen und kapitalersetzende Darlehen, ZIP 1982, 915; *Omlor,* Die Forderungsgarantie und das europäische Verbraucherrecht, WM 2009, 54; *Palandt* (Begr.), BGB, 78. Aufl. 2019; *Pape,* Die neue Bürgschaftsrechtsprechung – Abschied vom Schuldturm?, ZIP 1994, 515; *Paulus,* Konkursanfechtungsrechtliche Probleme im Zusammenhang mit dem Standby Letter of Credit, ZBB 1990, 200; *Pawlowski,* Zur Formbedürftigkeit der Bevollmächtigung zur Ergänzung eines Bürgschaftsblanketts, JZ 1997, 309; *Pesch,* Patronatserklärungen im Geschäftsbericht von Banken, WM 1998, 1609; *Peters,* Der Bürge und die Einrede der Verjährung der Hauptschuld, NJW 2004, 1430; *Peters,* Leasinggeschäfte und Verbraucherdarlehensrecht, WM 2006, 1183; *Peters,* Die Zahlungspflicht des selbstschuldnerischen Bürgern „nach Aufforderung durch die Bank", NJW 2013, 2942; *Pfab,* Die Sittenwidrigkeit von Arbeitnehmerbürgschaften, Jura 2005, 737; *Pfeiffer,* Haustürwiderrufsgesetz und Bürgschaft, ZBB 1992, 1; *Pfeiffer,* Ein zweiter Anlauf des deutschen Bürgschaftsrechts zum EuGH, NJW 1996, 3297; *Pfeiffer,* Die Bürgschaft unter dem Einfluß des deutschen und europäischen Verbraucherrechts, ZIP 1998, 1129; *Polt/Siegmann,* Verjährungshemmung bei bürgschaftsgesicherten Darlehensforderungen, WM 2004, 766; *Pöggeler,* Die Akzessorietät im Zivilrecht – Irrtümer und Wahrheit, JA 2001, 65; *Probst,* Geltungsbereichsprobleme des Gesetzes über den Widerruf von Haustürgeschäften, JR 1992, 133; *Prütting/Wegen/Weinreich* (Hrsg.), BGB, 13. Aufl. 2018; *Ramming,* Die Mithaftungsklausel und die Haftung der Ladungsbeteiligten für die Fracht, VersR 1994, 522; *Rehbein,* Zur Mithaftung vermögensloser Angehöriger, JR 1995, 45; *Reich,* Mithaftung und Bürgschaft in neuer Rechtsprechung und Rechtspraxis zum Bankenkredit, VuR 1997, 187; *Reinicke,* Bürgschaft und Wegfall der Geschäftsgrundlage, NJW 1995, 1449; *Reinicke/Tiedtke,* Formbedürftigkeit des Schuldbeitritts zu einem Kreditvertrag, WiB 1997, 449; *Reinicke/Tiedtke,* Der Schutz des Bürgen durch das Haustürwiderrufsgesetz, DB 1998, 2001; *Reinicke/Tiedtke,* Der Schutz des Bürgen durch das Haustürwiderrufsgesetz, ZIP 1998, 893; *Reinicke/Tiedtke,* Bürgschaftsrecht, 3. Aufl. 2008; *Riehm,* Aktuelle Fälle zum Bürgschaftsrecht, JuS 2000, 138; *Riehm;* Aktuelle Fälle zum Bürgschaftsrecht, JuS 2000, 343; *Rieder,* Die Beendigung von Patronatserklärungen – Ein Überblick unter Berücksichtigung der neuesten BGH-Rechtsprechung, GWR 2010, 544; *Rolfes/Preis,* Gestörte Vertragsparität und richterliche Inhaltskontrolle, DB 1994, 261; *v. Rosenberg/Kruse,* Patronatserklärungen in der M&A-Praxis und in der Unternehmenskrise, BB 2003, 641; *Rösler,* Formbedürftigkeit der Vollmacht – Eine Darstellung nach Fallgruppen, NJW 1999, 1150; *Rösler/Fischer,* Sicherungszweckvereinbarung als zentraler Bestandteil aller Kreditsicherheiten: Probleme aus AGB-Kontrolle und Akzessorietät, BKR 2006, 50; *Rott,* Die neue Verbraucherkredit-Richtlinie 2008/48/EG und ihre Auswirkungen auf das deutsche Recht, WM 2008, 1104; *v. Rumohr/Hauck,* Haftung aus einer harten Patronatserklärung – Zugleich eine Anmerkung zu BGH, NJW 2010, 144 und der Frage der Wirksamkeit einer Patronatserklärung durch behördliches Negativattest, NJOZ 2010, 1250; *Rüßmann,* Formzwang und Übereilungsschutz in Interzessionsverhältnissen, in: *Heldrich/Schlechtriem/Schmidt* (Hrsg.), FS Heinrichs 1998, S. 451; *Saenger/Merkelbach,* Rechtswirkungen weicher Patronatserklärungen, WM 2007, 2309; *Schäfer,* Die harte Patronatserklärung – vergebliches Streben nach Sicherheit?, WM 1999, 153; *Schanbacher,* Zur Frage der Anwendbarkeit des Haustürwiderrufsgesetzes auf Bürgschaften, NJW 1991, 3263; *Scherer/Mayer,* Insolvenz des Leasingnehmers und Wirksamkeit von Kreditsicherheiten im Lichte des Verbraucherkreditgesetzes, BB 1998, 2169; *Scherer/Mayer,* Anwendbarkeit des Verbraucherkreditgesetzes auf Personalsicherheiten?, DB 1998, 1217; *Schimansky,* Aktuelle Rechtsprechung des BGH zur krassen finanziellen Überforderung von Mithaftenden bei der Kreditgewährung, WM 2002, 2437; *Schimansky,* Das „Kündigungsrecht" des Drittsicherungsgebers, in: *Hammen/Häuser/Hennrichs/Siebel/Steinbeck/Welter* (Hrsg.), FS Hadding, 2004, S. 1081; *Schimansky/Bunte/Lwowski* (Hrsg.), Bankrechts-Handbuch, 5. Aufl. 2017; *Schinkels,* Verbraucherbürgschaft und Verbraucherverkauf als Außergeschäftsraum- oder Fernabsatzvertrag i. S. d. Verbraucherrechte-Richtlinie?, WM 2017, 113; *Schlechtriem,* Ausgleich zwischen mehreren Sicherern fremder Schuld, in: Festschrift für Ernst v. Caemmerer, 1978, 1013; *Schlößer,* Die Hemmung der Verjährung des Bürgschaftsanspruchs nach neuem Schuldrecht, NJW 2006, 645; *Schmid-Burgk,* Die Anwendung des Verbraucherkreditgesetzes auf Kreditsicherheiten, DB 1997, 513; *Schmidt,* Der Minderheitsgesellschafter als Patron, NZG 2006, 883; *Schmidt,* Die sogenannte Akzessorietät der Bürgschaft 2001; *Schmidt,* Höchstrichterliche Rechtsprechung zur Bürgschaft auf erstes Anfordern, RiW 2004, 336; *Schmitz,* Der Ausgleich zwischen Bürgschaft und Schuldbeitritt, in: Festschrift für Franz Merz zum 65. Geburtstag, 1992, 553; *Schmitz,* Schuldbeitritt und Konzernprivileg, DB 2006, 2656; *Schmitz-Herscheidt,* Zur Bürgschaft für alle gegenwärtigen und zukünftigen Verbindlichkeiten, ZIP 1997, 1140; *Schmolke,* Bürgschaft und Verjährung – Zur Reichweite der Durchsetzungsakzessorietät im Bürgschaftsrecht, WM 2013, 148; *Schmolke,* Neue Informations- und Beratungspflichten (einschließlich Kreditwürdigkeitsprüfung) durch das Wohnimmobilienkreditrichtlinie-Umsetzungsgesetz, in: Bankrechtstag 2016, 45; *Schnabl,* Kehrtwende der Rechtsprechung zu sittenwidrigen Bürgschaftsverträgen?, WM 2006, 706; *Schneider,* Patronatserklärung gegenüber der Allgemeinheit, ZIP 1989, 619; *Scholz,* Anwendbarkeit des Eigenkapitalersatzrechts bei Unwirksamkeit des der Gesellschafterleistung zugrunde liegenden Rechtsgeschäfts, BB 2001, 2541; *Schröder,* Die „harte" Patronatserklärung – veschleierte Bürgschaft/Garantie oder eigenständiger Kreditsicherungstyp?, ZGR 1982, 552; *Schröter,* Auswirkungen der geänderten Bürgschaftsrechtsprechung auf die Kreditpraxis, WM 2000, 16; *Schulz/Mettke,* Die Garantie auf erstes Anfordern als Sicherungsinstrument im Kreditgeschäft, WM 2014, 54; *Schur,* Grundprobleme der Wirkungsweise von Akzessorietätsprinzip und Sicherungsabrede, Jura 2005, 361; *Schürnbrand,* Der Schuldbeitritt zwischen Gesamtschuld und Akzessorietät, 2003; *Schürnbrand,* Anwendbarkeit des Rechts der außerhalb von Geschäftsräumen geschlossenen Verträge und des Fernabsatzrechts auf Kreditsicherheiten, WM 2014, 1157; *Schütze,* Einstweilige Verfügungen und Arreste im internationalen Rechtsverkehr, insbesondere im Zusammenhang mit der Inanspruchnahme von Bankgarantien, WM 1980, 1438; *Schütze,* Die Sicherung von Ansprüchen aus missbräuchlicher Inanspruchnahme von Bankgarantien auf erstes Anfordern durch Arrest, DB 1981, 779; *Schütze,* Zur Nichtrückgabe von Garantieurkunden nach Erlöschen der Garantieverpflichtung, WM 1982, 1398; *Schwab/Hromek,* Alte Streitstände im neuen Verbraucherprivatrecht, JZ 2015, 271; *Schweitzer,* Bürgschaften von vermögenslosen Familienangehörigen, KTS 1991, 541; *Seidel/Brink,* Bürgschaften vermögens- und einkommensloser Bürgen, DB 1998, 661; *Seifert,* Zur Zulässigkeit von Arbeitnehmerbürgschaften, NJW 2004, 1707; *Sieberg/Wittler,* Die Entwicklung des privaten Baurechts (BGB und VOB/B) seit Juni 2009, NJW 2010, 3617; *Sienz/Vogel,* Inanspruchnahme des Bürgen im Falle der Wandelung eines Bauträgervertrags, NJW 2010, 2703; *Sölter,* Kein Bürgenschutz durch das Verbraucherkreditgesetz?, NJW 1998, 2192; *Stackmann,* Aktuelle Rechtsprechung zum Bankrecht, NJW 2014, 2403; *Stamenković/Michel,* Die geplante Neuregelung zum Inhalt und zur Durchsetzung der Kreditwürdigkeitsprüfung im deutschen Recht, VuR 2016, 132; Steinbach/Lang, Zum Gesamtschuldregreß im Verhältnis zwischen Personal- und Realsicherungsgeber, WM 1987,1237; *Stodolkowitz,* Akzessorische Sicherheiten und Haustürwiderruf, ZBB 2008, 306; *Stumpf,* Recht und Rechtsprechung bei Bankgarantien in der Bundesrepublik Deutschland, RIW/AWD 1982, 305; *Stumpf/Ulrich,* Die missbräuchliche Inanspruchnahme von Bankgarantien im internationalen Geschäftsverkehr, RiW 1984, 843; *Tetzlaff,* Die Aufhebung von harten Patronatserklärungen, WM 2011, 1016; *Tetzlaff,* Kurzfristig kündbare Patronatserklärungen – ein untaugliches Sanierungsmittel, DZWIR 2011, 181; *Tetzlaff,* Kündbarkeit einer Patronatserklärung in der Krise der Tochtergesellschaft, ZInsO 2011, 226; *Tetzlaff,* Patronatserklärung als Sanierungsinstrument, WuB 2011, 1085; *Teubner,* Ein Fall von struktureller Korruption?, KritV 2000, 38; *Thurow,* Die Wirksamkeit einer Patronatserklärung, BC 2011, 282; *Tiedtke,* Die Regreßansprüche des Nachbürgen, WM 1976, 174; *Tiedtke,* Der Umfang des Schriftlichkeitserfordernisses bei der Bürgschaft, WM 1989, 737; *Tiedtke,* Der Verzicht des Zeitbürgen auf die Anzeige seiner Inanspruchnahme, DB 1990, 411; *Tiedtke,* Die Rechtsprechung des Bundesgerichtshofs zum Bürgschaftsrecht seit 1990, ZIP 1995, 521; *Tiedtke,* Ausgleichsansprüche des Bürgen gegen andere Sicherungsgeber, DNotZ 1993, 291; ders, Ausgleichsansprüche zwischen dem Bürgen und dem Besteller einer Grundschuld, WM 1990, 1270; *Tiedtke,* Die Rechtsprechung des BGH auf dem Gebiet des Bürgschaftsrechts in den Jahren 2001 und 2002, NJW 2003, 1359; *Tiedtke,* Die Rechtsprechung des BGH auf dem Gebiet des Bürgschaftsrechts seit 2003, NJW 2005, 2498; *Tiedtke,* Aus dem Hauptschuldverhältnis abgeleitete und eigene Einreden des Bürgen, JZ 2006, 940; *Tiedtke,* Sittenwidrigkeit der Bürgschaft eines Angehörigen des Hauptschuldners bei krasser finanzieller Überforderung des Bürgen, NJW 1999, 1209; *Tiedtke/Holthusen,* Auswirkungen eines Anerkenntnisses der Hauptschuld durch den Hauptschuldner auf die Haftung des Bürgen, WM 2007, 93; *Tiedtke/Reinicke,* Zur Sittenwidrigkeit hoher Verpflichtungen vermögens- und einkommensloser oder einkommensschwacher Bürgen, ZIP 1989, 613; *Tonner,* Neues zur Sittenwidrigkeit von Ehegattenbürgschaften – BGHZ 151, 34, und BGH, NJW 2002, 2230, JuS 2003, 325; *Trapp,* Ausfallbürgschaften im Kommunalkreditgeschäft, WM 1999, 301; *Trost,* Der Aufwendungsersatzanspruch der Garantiebank bei Garantien auf erstes Anfordern, ZIP 1981, 1307; *Ultsch,* Bürgen sollst DU würgen? – Schutz vermögensloser Angehöriger vor der Inanspruchnahme aus Bürgschaften, DStR 1997, 970; *Vogel/Schmitz,* Zahlungsverzug des selbstschuldnerischen Bürgen, NJW 2011, 2096; *Voller,* Haftungsrisiken aus konzerninternen Patronatserklärungen mit Managementklauseln, ZBB 1993, 89; *Voss,* Zeitlich oder gegenständlich begrenzte Bürgschaft, MDR 1990, 495; *Wagner,* Die Sittenwidrigkeit von Angehörigenbürgschaften nach Einführung der Restschuldbefreiung und Kodifizierung der c. i. c., NJW 2005, 2956; *Walther,* Der Verzicht des Bürgen auf die Einrede der Verjährung des Anspruchs gegen den Hauptschuldner, NJW 1994, 2337; *Wassermann,* Zur Anwendbarkeit des Haustürwiderrufgesetzes auf Bürgschaftsverträge, JuS 1992, 908; *C. Weber,* Sicherheitenfreigabe und Regreßbehinderung, WM 2001, 1229;

H. Weber/J.-A. Weber, Kreditsicherungsrecht, 9. Aufl. 2012; *Weise,* Verjährung von Bürgschaftsanforderungen zum 31.12.2004, NJW-Spezial 2004, 357; *Wellisch/Bleckmann,* Schuldbeitritt und unmittelbare Pensionsverpflichtung, DB 2006, 120; *Weitzel,* Die Bürgschaft, JuS 1981, 112; *Wenzel,* Keine Anwendbarkeit des Haustürgeschäftewiderrufsgesetzes auf Bürgschaften, NJW 1993, 2781; *Wesser,* Sittenwidrige Bürgschaftsverträge – Unzulässigkeit der Zwangsvollstreckung gemäß § 79 II BVerfGG analog?, NJW 2001, 475; *v. Westphalen,* Das Recht des Stärkeren und seine grundgesetzliche Beschränkung, MDR 1994, 5; *v. Westphalen,* Neue Tendenzen bei Bankgarantien im Außenhandel, WM 1981, 294; *v. Westphalen,* Ausgewählte Fragen zur Interpretation der Einheitlichen Richtlinien für auf Anfordern zahlbare Garantien, RiW 1992, 961; *v. Westphalen,* Die Übernahme des notleidenden Leasingvertrags, NJW 1997, 2905; *v. Westphalen,* Ist das Schicksal der auf „erstes Anfordern" zahlbar gestellten Bankgarantien besiegelt?, BB 2003, 116; *v. Westphalen,* Unwirksamkeit der Bürgschaft auf erstes Anfordern – Wirksamkeit der Bankgarantie?, ZIP 2004, 1433; *v. Westphalen,* VerbrKrG: Schuldbeitritt zum Kreditvertrag, MDR 1997, 227; *v. Westphalen,* Verbraucherkreditverträge und die Beteiligung Dritter, MDR 1997, 307; *v. Westphalen,* Bürgschaft und Verbraucherkreditgesetz, DB 1998, 295; *v. Westphalen,* Die Entwicklung des AGB-Rechts im Jahr 2001, NJW 2002, 1688; *v. Westphalen,* AGB-Recht im Jahr 2002 – Besonderer Teil – Einzelne Vertragstypen, NJW 2003, 1981; *v. Westphalen/Jud* (Hrsg.), Die Bankgarantie im internationalen Handelsverkehr, 3. Aufl. 2005; Weth, Bürgschaft und Garantie auf erstes Anfordern, AcP 1989, 303; *Wiechers,* Die Rechtsprechung des Bundesgerichtshof zum Verbraucherkreditgesetz, WM 2000, 1077; *Wilhelm,* Die Kondiktion der Zahlung des Bürgen oder Garanten auf erstes Anfordern im Vergleich der Zession, NJW 1999, 3519; *Wintterlin,* Zur Inanspruchnahme des Zeitbürgen bei versäumter Fälligstellung eines Darlehens nach Umschuldung eines innerhalb der Bürgschaftszeit beendeten Kontokorrentkredits, WM 1988, 1185; *Wittig,* Moderne Patronatserklärungen, WM 2003, 1981; *Wittig/Wittig,* Das neue Verbraucherdarlehensrecht – Schritte zur Vermeidung der Privatinsolvenz?, ZInsO 2009, 633; *Wittmann,* Aktuelle Rechtsprechung zu den Auswirkungen der Erweiterung der Hauptschuld auf die Bürgschaftsschuld, MDR 2010, 477; *Wochner,* Die Schuldknechtschaft, BB 1989, 1354; *Wolf,* Das Statut der harten Patronatserklärung, IPRax 2000, 477; *Wolf,* Erlöschen von Kreditsicherheiten Dritter nach US-amerikanischem Insolvenzrecht und Wirkungsanerkennung im Inland, IPRax 1999, 444; *Wolf,* Mitbürgen als Gesamtschuldner und Nebenschuldner, NJW 1987, 2472; *Zahn,* Auswirkungen eines politischen Umsturzes auf schwebende Akkreditive und Bankgarantien, die zugunsten von staatlichen Stellen oder in deren Auftrag eröffnet sind, ZIP 1984, 1303; *Zahn,* Schuldbeitritt zum Leasingvertrag nach dem Verbraucherkreditgesetz, DB 1992, 1029; *Zahn,* Anwendung des Verbraucherkreditgesetzes auf die Bürgschaft?, DB 1998, 353; *Zahn,* Die Bürgschaft des Verbrauchers bei Haustürgeschäften und Kreditverträgen, ZIP 2006, 1069; *Zöllner,* Die Bürgschaft des Nichtunternehmers, WM 2000, 1.

Übersicht

A. Allgemeine Fragen

I. Grundlagen

1. Begriff der Personalsicherheiten (Überblick)

1 Unter Personalsicherheiten versteht man allgemein Kreditsicherheiten, die im Gegensatz zu den Realsicherheiten nicht durch die Übertragung dinglicher Rechte an einem Sicherungsgegenstand gewährt werden, sondern **eine persönliche Mithaftung** des Sicherungsgebers für die gesicherte Verbindlichkeit begründen.[1] Während bei Realsicherheiten häufig der Kreditnehmer zugleich auch Sicherungsgeber ist, müssen bei den Personalsicherheiten Schuldner und Sicherungsgeber notwendigerweise verschiedene Personen sein, da die Sicherheit gerade im Hinzutreten eines weiteren Haftenden besteht. Der Wert der Sicherheit bemisst sich daher nach der **Bonität des Sicherungsgebers,** nicht nach dem Wert eines bestimmten Gegenstandes. Auch wenn kein bestimmter Gegenstand als Sicherheit dient, führt die durch die Personalsicherheit übernommene persönliche Haftung dazu, dass das gesamte Vermögen des Sicherungsgebers als Sicherungsmittel zur Verfügung steht, darüber hinaus aber auch dessen zukünftiges Einkommen. Insoweit ist die Personalsicherheit stärker als eine Realsicherheit. Allerdings erfasst die Haftung nur das bei Inanspruchnahme der Personalsicherheit noch vorhandene Vermögen, da der Sicherungsnehmer – im Gegensatz zu den Realsicherheiten – nicht gegen die zwischenzeitliche Veräußerung von Vermögensgegenständen durch den Sicherungsgeber geschützt ist. In diesem Sinn ist die Personalsicherheit schwächer als eine Realsicherheit.

2 Gesetzlich vertypt ist die Personalsicherheit im BGB lediglich in der Form der **Bürgschaft** (§§ 765 ff. BGB; unten B.). In der Bankpraxis haben sich darüber hinaus indes weitere Gestaltungen etabliert, die auf der Vertragsfreiheit beruhen und den Bedürfnissen des Rechtsverkehrs (oder auch nur der Sicherungsnehmer) besser Rechnung tragen. Zu nennen ist insoweit der **Schuldbeitritt** (unten C.), der eine vertragliche Gestaltung zur Begründung einer Gesamtschuld im Hinblick auf eine bestehende, auf einem weiteren Vertragsverhältnis mit dem Hauptschuldner beruhende Verbindlichkeit darstellt.[2] Dem Beitretenden wird dabei kein eigener Erfüllungsanspruch im Hinblick auf die Gegenleistung eingeräumt, die allein der Hauptschuldner beanspruchen kann, wodurch sich der Schuldbeitritt von einem Beitritt zum Vertrag insgesamt unterscheidet.[3] Mangels gesetzlicher Regelung fehlen für den Schuldbeitritt auch besondere Schutzbestimmungen für den Sicherungsgeber, was den Schuldbeitritt aus Sicht des Sicherungsnehmers gegenüber der Bürgschaft als vorzugswürdig erscheinen lässt. Im Kreditgeschäft der Banken (wenn das Kreditinstitut also als Sicherungsnehmer auftritt) dominiert diese Sicherungsform daher heute. Aus Sicht der Rechtsordnung stellt sich insoweit aber die schwierige und umstrittene Frage, inwieweit **Schutzvorschriften des Bürgschaftsrechts analog** auf den Schuldbeitritt anzuwenden sind.[4]

3 Ebenfalls auf der Vertragsfreiheit beruhen die **Garantie** und die **Patronatserklärung,** die als spezielle Erscheinungsformen des unternehmerischen Geschäftsverkehrs anzusehen sind. Die Garantie begründet eine von der gesicherten Forderung weitgehend abgelöste

---

[1] Vgl. etwa NK-BGB/*Beckmann* vor §§ 765 ff. Rn. 2; Kümpel/Wittig/Früh/Seyfried/*Federlin* Bank- und Kapitalmarktrecht Rn. 12.201 f.; Derleder/Knops/Bamberger/*Knops* HdB z. dt. und europ. BankR § 27 Rn. 1; *Larenz/Canaris* SchuldR II/2, S. 2; *Nobbe* Kommentar z. Kreditrecht, BGB vor §§ 765 ff. Rn. 1; Palandt/*Sprau* BGB vor § 765 Rn. 1 ff.; PWW/*Brödermann* BGB vor §§ 765 ff. Rn. 1 ff.; *Reinicke/Tiedtke* Bürgschaftsrecht Rn. 1.

[2] PWW/*Brödermann* BGB vor §§ 765 ff. Rn. 55 ff.

[3] BGHZ 133, 71 (74) = NJW 1996, 2156; *Nobbe* Kommentar z. Kreditrecht, BGB vor §§ 765 ff. Rn. 46; *Reinicke/Tiedtke* Bürgschaftsrecht, Rn. 36 ff.

[4] MüKoBGB/*Habersack* vor § 765 Rn. 15; *Schürnbrand* Der Schuldbeitritt zwischen Gesamtschuld und Akzessorietät S. 32 ff.; näher → C. Rn. 3 f.

Einstandspflicht des Garanten im vertraglich bestimmten Umfang und somit eine besonders strenge Haftung, die insbesondere im internationalen Geschäftsverkehr Bedeutung hat und als **standby letter of credit** auch eine standardisierte, international verbreitete Ausgestaltung hat[5] (näher unten D.). Die Patronatserklärung geht über die Absicherung bestimmter Verbindlichkeiten weit hinaus, da diese Sicherung grundsätzlich dazu verpflichtet, die Zahlungsfähigkeit des Schuldners selbst zu gewährleisten, diesem also hinreichende Mittel zur Verfügung zu stellen (näher unten E.).[6]

2. Bedeutung für Kredit- und Avalgeschäft

Personalsicherheiten sind im Bankgeschäft sowohl für das **Kreditgeschäft** als Kreditsicherheit von Bedeutung, als auch Grundlage des **Avalgeschäfts** der Banken.[7] Im Hinblick auf das Kreditgeschäft tritt das Kreditinstitut als Sicherungsnehmer auf, soweit Kreditverbindlichkeiten von Kunden durch Personalsicherheiten abgesichert werden.[8] In der Praxis wird insoweit überwiegend auf den Schuldbeitritt zurückgegriffen, da hier keine spezifischen Schutzvorschriften bestehen und insbesondere die strenge Akzessorietät des Bürgschaftsrechts nicht eingreift.[9] Die Ausgestaltung der entsprechenden Verträge beruht typischerweise nicht auf einem Verhandlungsergebnis der Parteien, sondern vielmehr (insbesondere im Privatkundengeschäft, aber auch im unternehmerischen Geschäftsverkehr) auf der Nutzung entsprechender **Formularverträge der Kreditinstitute.**[10] Daher orientiert sich die typische Gestaltung der Sicherungsverträge an den Grenzen der AGB-rechtlichen Zulässigkeit einzelner Klauseln.[11] 4

Im Avalgeschäft tritt das Kreditinstitut dagegen als Sicherungsgeber auf und sichert im Auftrag eines Kunden gegen Zahlung einer Provision einzelne Verbindlichkeiten ab. Die Bank stellt dem Kunden somit ihre (regelmäßig besonders hoch eingeschätzte) Bonität zur Verfügung (sog **Kreditleihe**). Man spricht insoweit von indirekter Kreditgewährung, da durch die Sicherung entweder ein (kostengünstiger) Kredit eines Dritten (beispielsweise der KfW) ermöglicht wird, oder aber einem Dritten Sicherheit zu leisten ist und durch die Sicherung der Einsatz liquider Mittel vermieden wird.[12] Insoweit herrschen in der Praxis die Sicherungsformen der Bankbürgschaft vor, im unternehmerischen und insbesondere im internationalen Geschäftsverkehr ist ferner die Bankgarantie verbreitet. 5

3. Akzessorische und nichtakzessorische Personalsicherheiten

a) Akzessorische Personalsicherheiten. Unter einer **akzessorischen Sicherheit** versteht man ein Sicherungsmittel, das in seinem Bestand mit der der Sicherung zugrunde liegenden Forderung verbunden ist und auch bezüglich der weiteren Entwicklung grundsätzlich das Schicksal der Forderung teilt.[13] Typisches Ausgestaltungsmerkmal der akzessorischen Sicherungen ist das Recht des Sicherungsgebers, sich auf die Einwendungen des Hauptschuldners berufen zu können (vgl. etwa §§ 768, 770, 1137, 1211 BGB). Ist also die Hauptforderung nicht entstanden oder bereits erloschen, besteht auch das akzessorische 6

[5] Kümpel/Wittig/Früh/Seyfried/*Federlin* Bank- und Kapitalmarktrecht Rn. 12.208; Palandt/*Sprau* BGB Einf. v. § 765 Rn. 16 ff.; vgl. zur funktionalen Vergleichbarkeit OLG Frankfurt a. M. WM 1997, 1885 (1893); MüKoBGB/*Habersack* vor § 765 Rn. 27.

[6] NK-BGB/*Beckmann* vor §§ 765 ff. Rn. 23 ff.; *Brox/Walker* SchuldR § 32 Rn. 6 f.; ausführlich bei *Nobbe* Kommentar z. Kreditrecht BGB vor §§ 765 ff. Rn. 171 ff.

[7] PWW/*Brödermann* BGB vor § 765 Rn. 14.

[8] Zur engen Verknüpfung mit dem notwendigen Einlegerschutz vgl. BGH NJW 1984, 728 f.

[9] BGH NJW 1987, 2076; EBJS/*Füller* HGB BankR Rn. IV 447.

[10] PWW/*Brödermann* BGB vor § 765 Rn. 31.

[11] PWW/*Brödermann* BGB § 765 Rn. 14 ff.; *Reinicke/Tiedtke* Bürgschaftsrecht Rn. 598 ff.

[12] Ausführlich zum Avalkreditvertrag *Kümpel/Wittig* Bank- und Kapitalmarktrecht Rn. 12.15 ff.

[13] Lwowski/Fischer/Gehrlein/*Fischer* § 9 Rn. 4; PWW/*Brödermann* BGB vor § 765 Rn. 10; zur Akzessorietät ausführlich *Chr. Schmidt* Akzessorietät S. 13 ff., 23 ff.; *Lindacher* FS Gerhardt, 2004, S. 587 ff.; *Schur* Jura 2005, 361 ff.; *Pöggeler* JA 2001, 65; *Habersack* JZ 1997, 857; *Medicus* JuS 1971, 497.

Sicherungsmittel nicht, ist die Hauptforderung einredebehaftet, ist auch die Sicherung nicht durchsetzbar. Bezüglich der Personalsicherheiten ist allerdings zwischen unterschiedlichen **Formen der Akzessorietät** zu unterscheiden. Die Bürgschaft als vertyptes Sicherungsmittel des BGB ist streng akzessorisch ausgestaltet, was sich insbesondere aus §§ 768, 770 BGB ergibt. Die Bürgschaft entsteht also nur, soweit auch die abgesicherte Forderung besteht, ferner kann der Bürge nach der gesetzlichen Ausgestaltung die Zahlung verweigern, solange dem Hauptschuldner noch Einwendungen oder Gestaltungsrechte zur Verfügung stehen.[14]

7 Für den Schuldbeitritt, der zur Entstehung einer Gesamtschuld (§ 421 BGB) führt, fehlt es dagegen an entsprechenden Regelungen. Dennoch ist der Schuldbeitritt als akzessorisches Sicherungsmittel anzusehen, wenn auch nach hM nicht als streng akzessorisches wie die Bürgschaft.[15] Der Schuldbeitritt ist zunächst in seiner **Entstehung akzessorisch,** da ein Schuldbeitritt sich auf eine bestimmte, be- oder zumindest zeitgleich entstehende Verbindlichkeit bezieht. Der Schuldbeitritt soll schließlich nur als Sicherungsmittel dienen, nicht aber erstmals eine Verbindlichkeit vertraglich begründen. Ohne eine solche Hauptschuld zielt der Schuldbeitritt daher ins Leere.[16] Auch in seinem Bestand ist der Schuldbeitritt ferner insoweit akzessorisch, als bestimmte Tatsachen gemäß §§ 422–424 BGB für alle Gesamtschuldner wirken, wozu insbesondere die Erfüllung zählt. Die Verpflichtung aus dem Schuldbeitritt reicht also immer nur so weit, wie die Hauptschuld noch nicht erfüllt worden ist. Eine darüber hinausgehende strenge Akzessorietät besteht nach hM dagegen beim Schuldbeitritt nicht, da sich bezüglich anderer Tatsachen (insbesondere der in § 425 Abs. 2 BGB genannten Einwendungen) die Hauptschuld unabhängig von der Haftung des Schuldbeitretenden entwickeln kann.[17] Richtigerweise sind dagegen die Akzessorietätsvorschriften des Bürgschaftsrechts analog auf den Schuldbeitritt anzuwenden.[18]

8 Es ist indes darauf hinzuweisen, dass Akzessorietät nicht automatisch bedeutet, dass bei **Nichtigkeit des Vertrags,** auf dem die Hauptforderung beruht, auch die Personalsicherheit nicht entsteht. Kommt es im Hinblick auf den nichtigen Vertrag zur Leistungserbringung durch den Sicherungsnehmer, was insbesondere im Kreditgeschäft bei Auszahlung der Kreditsumme praktische Bedeutung hat, entsteht zwar kein vertraglicher Rückzahlungsanspruch, wohl aber ein Bereicherungsanspruch, der ebenfalls taugliche Hauptschuld ist. Ob die Personalsicherheit sich in dieser Konstellation auf den **Bereicherungsanspruch erstreckt,** ist eine Frage der Auslegung des Sicherungsvertrags. Soweit keine vertragliche Regelung besteht ist regelmäßig davon auszugehen, dass der Rückzahlungsanspruch unabhängig von seiner Rechtsgrundlage abgesichert werden soll, sofern hiermit keine Erhöhung des Risikos des Sicherungsgebers verbunden ist.[19] Die Akzessorietät setzt also nur die Entstehung einer Hauptforderung voraus, nicht aber notwendigerweise die Wirksamkeit des zugrunde liegenden Vertrags.[20]

9 **b) Nichtakzessorische Personalsicherheiten.** Im Gegensatz zu den akzessorischen Sicherheiten besteht bei den **nichtakzessorischen Sicherheiten** keine direkte Verbindung zu der gesicherten Hauptforderung.[21] Bei den nichtakzessorischen Realsicherheiten (sog fiduziarische Sicherheiten), deren Nichtakzessorietät auf der sachenrechtlichen Aus-

---

14 PWW/*Brödermann* BGB vor § 765 Rn. 10; *Habersack* JZ 1997, 857; *Weber/Weber* Kreditsicherungsrecht S. 60 ff.

15 *Nobbe* Kommentar z. Kreditrecht, BGB vor §§ 765 ff. Rn. 65.

16 BGH NJW 1961, 2135; WM 1962, 550; NJW 1968, 2332; WM 1971, 1411 (1412); 1973, 1289 (1290); 1976, 1109 (1110); NJW 1981, 47; 1986, 580; OLG Hamm NJW 1988, 3022; NJW 1993, 2625; LG Leipzig NJW-RR 2005, 1250 (1251); MüKoBGB/*Heinemeyer* vor § 414 Rn. 19.

17 BGHZ 47, 248 (251) = NJW 1967, 1035; NJW 58, 251 (255) = NJW 1972, 939; NJW 64, 268 (270 f.) = NJW 1975, 1317; BGH NJW 1986, 252; Bamberger/Roth/Hau/Poseck/*Rohe* §§ 414, 415 Rn. 34.

18 Ausführlich → C Rn. 3 f.

19 BGH NJW 2001, 1859 (1860).

20 *Edenfeld* JZ 1997, 1034 (1036); aA *Bülow* ZIP 1999, 985 (988); MüKoBGB/*Habersack* vor § 765 Rn. 145.

21 *Weber/Weber* Kreditsicherungsrecht S. 8.

gestaltung beruht, wird diese Verbindung üblicherweise auf der schuldrechtlichen Ebene herbeigeführt. Bei den Personalsicherheiten, die lediglich schuldrechtlichen Charakter haben, bedeutet Nichtakzessorietät dagegen, dass der Sicherungsgeber nicht eine bestimmte Forderung absichert, sondern einen bestimmten **Erfolg** – unabhängig von einer zugrunde liegenden Verpflichtung eines Dritten auf Herbeiführung des Erfolgs.[22] Als nichtakzessorisches Sicherungsmittel der Bankpraxis ist vor allem die **Bankgarantie** zu nennen, durch die sich das Kreditinstitut als Garantiegeber dazu verpflichtet, in dem vertraglich genauer definierten Garantiefall (der meist nur durch eine bestimmten Formalien genügende Aufforderung des Berechtigten ausgelöst wird) eine Zahlung in der im Garantievertrag bestimmten Höhe an den Begünstigten zu erbringen.[23] Der Grund für die Bestellung der Garantie und damit ein (nur möglicher) Zusammenhang zu einer abzusichernden Forderung sind für die Zahlungspflicht des Garanten regelmäßig irrelevant.

Ebenfalls nichtakzessorisch in dem Sinn, dass ein Bezug zu einer bestimmten Forderung nicht besteht, ist ferner die **Patronatserklärung,** soweit der Patron die zukünftige Zahlungsfähigkeit des Schuldners selbst garantiert, also die Ausstattung des Schuldners mit hinreichenden finanziellen Mitteln verspricht.[24] Insoweit kommt es allerdings stark auf die konkrete Ausgestaltung der Erklärung an, da mitunter auch Erklärungen, die eine Einstandspflicht für bestimmte Forderungen begründen, als Patronatserklärungen bezeichnet werden.[25] Dies ändert indes nichts am nichtakzessorischen Charakter der Patronatserklärung, sondern wirft eher die Frage der Abgrenzung zu den anderen Sicherungsformen auf. 10

II. Anwendbarkeit des Verbraucherschutzrechts

1. Anwendbarkeit des Außergeschäftsraumrechts auf Bürgschaft und Schuldbeitritt

a) Entwicklung unter der HaustürgeschäfteRL. Eine viel diskutierte Fragestellung betrifft die Anwendbarkeit der Vorschriften des **Rechts der außerhalb von Geschäftsräumen geschlossenen Verträge** auf die Übernahme einer Bürgschaft oder den Schuldbeitritt eines Verbrauchers. Diese Fragestellung war bereits unter dem früheren Haustürwiderrufsrecht lange diskutiert worden[26] und stellt sich nach Umsetzung der Verbraucherrechterichtlinie für das neue **Außergeschäftsraumrecht** unter neuen Vorzeichen. Inhaltlich geht es um die Frage, ob das Widerrufsrecht bei Außergeschäftsraumverträgen (§ 312g iVm § 312b BGB) trotz der bei einseitiger Verpflichtung fehlenden **entgeltlichen Leistung** des Sicherungsnehmers (iSv § 312 BGB) auf Bürgschaft und Schuldbeitritt (direkt oder analog) anwendbar ist. Für das Verständnis der Problematik ist kurz die Entwicklung der Rechtsprechung zu skizzieren, bevor auf die Auswirkungen der Verbraucherrechterichtlinie eingegangen werden kann. 11

[22] BGH NJW 1996, 2569 (2570); NJW 2001, 2966.

[23] *Nobbe* Kommentar z. Kreditrecht, Vor §§ 765 ff. BGB Rn. 99 ff.

[24] PWW/*Brödermann* BGB vor § 765 Rn. 58 ff.; NK-BGB/*Beckmann* vor §§ 765 ff. Rn. 23 f.

[25] *Fleischer* WM 1999, 666 (667 ff.).

[26] Ua *Auer* ZBB 1999, 161; *Beining* NJ 1994, 362; *Bülow* NJW 1996, 2889 (2890); *Bunte* WM 1993, 877 (882); *Bydlinski* WM 1992, 1301 (1303); *Drexl* JZ 1998, 1046; *Edelmann* VuR 1998, 179; *Edelmann* BB 1998, 1017; *Fischer* WM 2000, 14; *Fischer* WM 2001, 1049; *Fischer* WM 2001, 1093; *Fuchs-Wissemann* WiB 1994, 147; *Gilles* EWiR 1991, 483; *Gottwald* BB 1992, 1296; *Hasselbach* JuS 1999, 329; *Heßeler/Röthel* WM 2008, 1001; *Kappus* EuZW 1993, 168; *Klein* DZWir 1996, 230; *Klingsporn* NJW 1991, 2259; *Klingsporn* WM 1993, 829; *Köndgen* NJW 1994, 1508 (1509); *Kröll* DZWir 1998, 426; *Kulke* JR 1999, 485; *Kulke* NJW 2006, 2223; *Kurz* DNotZ 1997, 552; *Lorenz* NJW 1998, 2937; *Lubitz* JA 1997, 166; *Madaus* BKR 2008, 54; *Maier* VuR 2008, 401; *Pfeiffer* ZBB 1992, 1; *Pfeiffer* NJW 1996, 3297; *Pfeiffer* ZIP 1998, 1129; *Pfeiffer* NJW 1996, 3297; *Pfeiffer* ZBB 1992, 1; *Probst* JR 1992, 133; *Reinicke/Tiedtke* DB 1998, 2001; *Reinicke/Tiedtke* ZIP 1998, 893; *Riehm* JuS 2000, 138; *Schanbacher* NJW 1991, 3263; *Schröter* WM 2000, 16; *Stodolkowitz* ZBB 2008, 306; *Wassermann* JuS 1992, 908; *Wenzel* NJW 1993, 2781; *Wiechers* WM 2000, 1077; *Zahn* ZIP 2006, 1069; *Zöllner* WM 2001, 1.

12 Unter der früheren Haustürgeschäfterichtlinie 85/577/EG (und der deutschen Umsetzung im HausTWG) stand der BGH zunächst auf dem Standpunkt, dass dem Bürgen kein Widerrufsrecht zustehe, da der Bürgschaftsvertrag „kein auf eine entgeltliche Leistung gerichteter Vertrag" sei. Zur Begründung wurde auf die Selbständigkeit der Hauptverbindlichkeit abgestellt, so dass die Kreditgewährung an den Hauptschuldner nicht als Gegenleistung anzusehen sei.[27] Hintergrund war, dass der Wortlaut des Art. 1 Abs. 1 der Richtlinie 85/577/EWG (Haustürgeschäfterichtlinie) einen Vertrag mit einem „Gewerbetreibenden, der Waren liefert oder Dienstleistungen erbringt" verlangte, und § 1 HausTWG dies dadurch umsetzte, dass Gegenstand des Vertrags eine „entgeltliche Leistung" sein musste. Erst im Anschluss an die **„Dietzinger"-Entscheidung des EuGH**[28] 1998 setzte insoweit ein Umdenken ein, da der EuGH hierin ausdrücklich festgestellt hatte, dass auch Bürgschaften dem Anwendungsbereich der Haustürgeschäfterichtlinie unterfallen. Denn die Bürgschaft sei regelmäßig Voraussetzung der Kreditgewährung und damit einer Dienstleistung, und die Richtlinie setze nicht voraus, dass Vertragspartner und Leistungsempfänger identisch seien.[29] Allerdings hatte der EuGH dies aufgrund des akzessorischen Charakters der Bürgschaft auf den Fall beschränkt, dass auch die abgesicherte Hauptforderung aus einem Haustürgeschäft resultiert und sowohl Hauptschuldner als auch Bürge Verbraucher seien.[30] Diese Differenzierung hatte der BGH[31] zunächst übernommen, so dass der in der Haustürsituation überrumpelte Bürge seine Bürgschaftserklärung nur widerrufen konnte, wenn auch dem Hauptschuldner ein Widerrufsrecht zustand. Insbesondere der als Verbraucher handelnde Bürge, der in der Haustürsituation zur Übernahme einer Personalsicherheit für einen **gewerblichen Kredit** bestimmt worden ist, konnte daher seine Erklärung nicht widerrufen. Da die Haustürgeschäfterichtlinie nach ihrem Art. 8 nur einen **Mindeststandard** vorgegeben hatte, war dieses Ergebnis indes nicht durch die EuGH-Entscheidung vorgegeben, dieser ließ sich vielmehr nur entnehmen, unter welchen Umständen das deutsche Recht zwingend ein Widerrufsrecht vorzusehen hatte. Der BGH hatte die Anerkennung eines weiter gehenden Verbraucherschutzes zu diesem Zeitpunkt aber mit dem Argument abgelehnt, dass sich ein „Wille des Gesetzgebers, den Schutzbereich der Richtlinie … für das deutsche Recht zu erweitern" nicht feststellen ließe.[32] In der Literatur wurde diese Sichtweise von Anfang an kritisiert und für mit einem wirksamen Verbraucherschutz unvereinbar gehalten.[33] Die Schutzbedürftigkeit bezüglich des mit dem Haustürwiderrufsrechts verbundenen **Überrumpelungsschutzes** hängt schließlich allein von der Entscheidungssituation des Sicherungsgebers ab und hat nichts mit der Situation des Kreditnehmers oder seiner Verbrauchereigenschaft zu tun. Schon die Entscheidung des EuGH war vor diesem Hintergrund unverständlich,[34] die Übernahme dieser sachfremden Differenzierung ins deutsche Recht verstieß doch recht deutlich gegen die gesetzgeberische Intention, einen wirksamen Verbraucherschutz mit hohem Schutzniveau zu realisieren. Der BGH hat – nach einem Wechsel der Senatszuständigkeit – dieser Kritik Rechnung getragen und seine **Rechtsprechung** mit Urteil vom 10.1.2006[35] **geändert.** In dieser Entscheidung wurde nicht nur explizit anerkannt, dass das Widerrufsrecht bei der Bürgschaft allein vom Bestehen der persönlichen und situativen Voraussetzungen bezüglich des Bürgen abhängt und das deutsche Recht insoweit „zur Vermeidung unerträglicher Wertungswidersprüche" über die **Richtlinie hinausgeht.** Ausdrücklich verwies der BGH insoweit auf Art. 8 der

---

[27] BGHZ 113, 287 = NJW 1991, 975; ferner BGH NJW 1993, 1594; NJW 1996, 55; NJW 1996, 930; 1998, 1295.
[28] EuGH NJW 1998, 1295.
[29] EuGH NJW 1998, 1295 (Tz. 18 f.).
[30] EuGH NJW 1998, 1295 (Tz. 22).
[31] BGH NJW 1998, 2356.
[32] BGH NJW 1998, 2356 (2357).
[33] *Pfeiffer* NJW 1996, 3297 (3302); *Reinicke/Tiedtke* Bürgschaftsrecht Rn. 598 ff.
[34] Vgl. BGH NJW 2006, 845 (846), der feststellt, dass der Wortlaut der Richtlinie nichts für die Ansicht des EuGH hergibt.
[35] BGH NJW 2006, 845; bestätigt durch BGH NJW 2007, 2106; NJW 2007, 2110.

Haustürgeschäfterichtlinie und nahm nunmehr an, dass der deutsche Gesetzgeber zulässigerweise „günstigere Verbraucherschutzbestimmungen" erlassen hat. Dieser Grundsatz wurde nicht auf die Bürgschaft beschränkt, sondern für alle akzessorischen Sicherungsmittel anerkannt – tatsächlich betraf der entschiedene Sachverhalt eine Pfandrechtsbestellung. Ferner sollten dieselben Grundsätze auch für den **Widerruf eines Schuldbeitritts** gelten, was der BGH wohl als Selbstverständlichkeit angesehen hatte, da er zur Begründung anführte, dass der Bürge „nicht schlechter stehen (dürfe) als derjenige, der in einer solchen Situation den Kreditvertrag als Mithaftender unterschreibt".[36] Diese Rechtsprechung ist im Ergebnis zu begrüßen, da durch sie ein sachgerechtes Verbraucherschutzniveau realisiert worden ist.

b) Neubewertung unter der VerbraucherrechteRL. Infolge der Ablösung der Haustürgeschäfterichtlinie durch die **Verbraucherrechterichtlinie**[37] hat sich nicht nur der europarechtliche Rahmen der Fragestellung verschoben, sondern es wurden durch das Umsetzungsgesetz[38] auch die relevanten Normen des deutschen Rechts geändert. Hieraus resultiert die umstrittene Frage, ob an der bisherigen, sachgerechten Rechtsprechung festgehalten werden kann. In der Literatur wird das teilweise mit Blick auf den Wortlaut des § 312 BGB n. F. verneint, da dieser nunmehr als Gegenstand des Vertrags eine **„entgeltliche Leistung des Unternehmers"** verlange, von der bei einer Bürgschaft keine Rede sein könne.[39] 13

Um sich der Frage zu nähern, bedarf es zunächst eines Blicks auf die europarechtlichen Vorgaben. Es ist festzustellen, dass auch die neue Richtlinie keine ausdrückliche Regelung der Anwendbarkeit auf die Bürgschaft enthält, und sich den Erwägungsgründen keine direkten Aussagen zur Anwendbarkeit auf Personalsicherheiten entnehmen lassen. In der Literatur wird teilweise angenommen, dass Personalsicherheiten dem **Anwendungsbereich der Richtlinie** nicht mehr unterfallen, da sie der Ausnahme für **Finanzdienstleistungen** (Art. 3 Abs. 3 lit. d VerbraucherrechteRL) unterliegen.[40] Indes handelt es sich bei der Verbraucherbürgschaft (anders als bei der Bankbürgschaft des Avalgeschäfts) gerade nicht um eine Finanzdienstleistung in diesem Sinn. Die Begriffsbestimmung in Art. 2 Nr. 12 VerbraucherrechteRL zeigt, dass die Richtlinie insoweit **nur Dienstleistungen des Unternehmers** (insbes. „jede Bankdienstleistung") für den Verbraucher meint, während es hier um eine Verpflichtung zugunsten des Unternehmers geht. Insbesondere gebietet der Zweck der Ausnahme eine solche Auslegung, wird die Anwendung der Richtlinie nach Erwägungsgrund 32 hier doch nur ausgeschlossen, weil das geltende Unionsrecht bereits „zahlreiche Verbraucherschutzvorschriften" für diesen Bereich enthält, womit insbesondere die Verbraucherkreditrichtlinie 2008/48/EG gemeint ist. Für Verbraucherbürgschaften gilt dies gerade nicht, da diese von der Verbraucherkreditrichtlinie nicht erfasst werden (→ Rn. 29).[41] 14

Der **Geltungsbereich** der Verbraucherrechterichtlinie umfasst **„jegliche Verträge,** die zwischen einem Unternehmer und einem Verbraucher geschlossen werden" (Art. 3), und auch die Definition des „außerhalb von Geschäftsräumen geschlossenen Vertrags" in Art. 2 Nr. 8 erfasst **„jeden Vertrag** zwischen dem Unternehmer und dem Verbraucher", der unter den beschriebenen situativen Voraussetzungen zustande gekommen ist. Es ist evident, dass unter diese weite Formulierung auch Bürgschaften zu subsumieren sind. In der Literatur wird demgegenüber eingewandt, dass die „Schutzrichtung der Richtlinie" auf Business-to-Consumer-Geschäfte beschränkt sei, unter die die Bürg- 15

[36] BGH NJW 2006, 845 (Tz. 14).
[37] Richtlinie 2011/83/EU, ABl. EU 2011, L 304/64.
[38] BGBl. 2013 I 3642.
[39] Ausführlich *v. Loewenich* WM 2015, 113; *v. Loewenich* NJW 2014, 1409; zustimmend *Stackmann* NJW 2014, 2403.
[40] Ausführlich *Rott* ERA Forum 2012, 35; *Micklitz/Rott* in Dauses, HdBEuWR, H. V. Rn. 497.
[41] Näher *Hoffmann* ZIP 2015, 1365, 1366 f.; iErg auch *Schürnbrand* WM 2014, 1157; *Schinkels* WM 2017, 113, 116.

schaften mangels Leistung des Unternehmers nicht fielen.[42] Diese Ansicht kann indes nicht erklären, warum diese Einschränkung nicht im Wortlaut verankert wurde, und warum der Gesetzgeber im Vergleich zur HaustürgeschäfteRL eine weitere Formulierung verwendet hat, wenn der Anwendungsbereich tatsächlich hätte verengt werden sollen.

16 Fraglich ist allerdings, ob unter der VerbraucherrechteRL in Hinblick auf die Differenzierung zwischen Bürgschaften für Verbindlichkeiten aus Haustür- und sonstigen Geschäften an der „Dietzinger"-Entscheidung festgehalten werden kann.[43] Der EuGH hatte diese *„aus dem Wortlaut des Artikel 1 der Richtlinie und dem akzessorischen Charakter der Bürgschaft"* abgeleitet.[44] Schon diese starke Wortlautorientierung zeigt, dass man die Bewertung nicht einfach auf die VerbraucherrechteRL übertragen darf. Tatsächlich unterscheidet sich die Neufassung in dem für die Argumentation des EuGH zentralen Punkt von der HaustürgeschäfteRL, spielt doch die Dienstleistungserbringung (oder Warenlieferung) weder für den Anwendungsbereich nach Art. 3 noch den Begriff des Außergeschäftsraumvertrags nach Art. 2 Nr. 8 der VerbraucherrechteRL noch eine Rolle. Für die Begründung der Anwendbarkeit der Richtlinie kann der „akzessorische Charakter der Bürgschaft" nicht mehr entscheidend sein, bedarf es doch ohne die zusätzliche Voraussetzung eines Vertrags über eine Warenlieferung oder eine Dienstleistungserbringung keines Rückgriffs auf den Hauptvertrag mehr, um den Anwendungsbereich der Richtlinie zu eröffnen. Dies lässt nur den Schluss zu, dass die **„Dietzinger"-Entscheidung** des EuGH insoweit **überholt** ist.[45] Diese veränderte Rechtslage hat weitreichende Konsequenzen. Sie bedeutet, dass die mitgliedstaatliche Umsetzungsverpflichtung die vollständige Einbeziehung von Bürgschaftsverträgen in das Außergeschäftsraumrecht umfasst. Die Rechtslage, die unter der Haustürgeschäfterichtlinie in Deutschland als zulässige günstigere Verbraucherschutzbestimmung anzusehen war und vom BGH erst 2006 etabliert wurde, ist nunmehr durch die **VerbraucherrechteRL europarechtlich vorgegeben.**[46]

17 **c) Richtlinienkonforme Auslegung des § 312 BGB n. F.** Trotz dieser Richtlinienvorgabe findet sich in der deutschen Umsetzung (§ 312 BGB n. F.) ähnlich wie bisher die Voraussetzung, dass der Vertrag eine „**entgeltliche Leistung des Unternehmers** zum Gegenstand haben muss". Hieraus wird mitunter geschlossen, dass die Bürgschaft vom Wortlaut nicht erfasst würde, und durch die Betonung der Leistung des Unternehmers auch an der bisherigen Argumentation zu § 312 BGB a. F. nicht festgehalten werden könne.[47] Zu berücksichtigen ist aber, dass die Einschränkung auf „entgeltliche Leistungen des Unternehmers" keine Grundlage im Wortlaut der Richtlinie hat, die – wie gezeigt – „jeden Vertrag" bzw. „jegliche Verträge" zwischen Verbraucher und Unternehmer erfasst. Der Gesetzgeber beruft sich in der Gesetzesbegründung zwar darauf, dass dieses Merkmal auf den Definitionen des „Kaufvertrags" und des „Dienstleistungsvertrags" (Art. 2 Nr. 5 und Nr. 6 der Richtlinie) beruht, verkennt dabei aber, dass diese Begriffe nicht die Funktion haben, den Geltungsbereich der Richtlinie abzugrenzen. Die zusätzliche Anforderung begründet daher ein **Umsetzungsdefizit,** das – soweit möglich – durch richtlinienkon-

---

[42] *v. Loewenich* WM 2015, 113, 114; ähnlich *Bülow/Artz* Verbraucherprivatrecht, 4. Aufl. 2014, Rn. 224; *Schinkels* WM 2017, 113, 117 f. (mit Verweis auf aus Anwendung der Richtlinienvorgaben resultierende „Dysfunktionalitäten").

[43] *Hilbig-Lugani* ZJS 2013, 441; für eine Klärung der Fortwirkung der Dietzinger-Rechtsprechung durch den EuGH: Palandt/*Grüneberg* BGB § 312 Rn. 5; PWW/*Stürner* BGB § 312 Rn. 7; Erman/*Koch* BGB § 312 Rn. 19.

[44] EuGH NJW 1998, 1295 (Tz. 22).

[45] Näher: *Hoffmann* ZIP 2015, 1365, 1367 f.; ebenso *Schwab/Hromek* JZ 2015, 271, 274.

[46] So iErg auch *Schürnbrand* WM 2014, 1157, 1159; *Schwab/Hromek* JZ 2015, 271, 273 f.; *Janal* WM 2012, 2314, 2315; *Brennecke* ZJS 2014, 236, 238 f.; HK-BGB/*Schulte-Nölke* § 312 Rn. 5; *Maume* NJW 2016, 1041.

[47] In diesem Sinn insbes. *v. Loewenich* WM 2015, 113; *v. Loewenich* NJW 2014, 1409; zustimmend *Stackmann* NJW 2014, 2403.

forme Auslegung zu schließen ist.[48] Methodisch ist eine solche Auslegung möglich, da sich die Erfassung von Bürgschaften anhand der schon bisher relevanten Erwägung begründen lässt, dass die Kreditvergabe (bzw. -belassung) eine Leistung des Unternehmers ist, die zwar nicht rechtlich, wohl aber wirtschaftlich mit der Bürgschaft verbunden ist Da die Entgeltlichkeit nicht voraussetzt, dass gerade der Vertragspartner die Gegenleistung erbringt, kann sie auch durch die vom Dritten zu tragenden Kreditzinsen begründet werden.[49] Diese Interpretation wird durch den neuen Wortlaut nicht ausgeschlossen, wird doch zusätzlich nur verlangt, dass gerade der Unternehmer diese „entgeltliche Leistung" erbringt – was hinsichtlich der Kreditgewährung der Fall ist. Da diese Auslegung zumindest im Ergebnis der bisherigen Rechtsprechung zu § 312 Abs. 1 BGB a. F. entspricht[50], wird man sie angesichts des nicht entscheidend veränderten Wortlauts jetzt kaum als gänzlich unvertretbar ansehen können. Daher ist auch nach Umsetzung der VerbraucherrechteRL davon auszugehen, dass bei Bürgschaften ein Widerrufsrecht nach § 312g BGB bestehen kann, wenn die weiteren Voraussetzungen vorliegen.[51]

d) Abweichende Situation beim Schuldbeitritt. Wie bereits angesprochen ging der BGH bislang implizit davon aus, dass das Haustürwiderrufsrecht auch im Fall der Erklärung eines **Schuldbeitritts** gilt.[52] Praktisch war das Widerrufsrecht beim Schuldbeitritt indes nicht relevant, da das für den Schuldbeitritt in der Rechtsprechung anerkannte Widerrufsrecht analog § 495 BGB[53] vorrangig war (§ 312a BGB a. F.). An letzterem hat sich durch Umsetzung der VerbraucherrechteRL grundsätzlich nichts geändert (§ 312g Abs. 3 BGB). Für die Frage, ob der Schuldbeitritt überhaupt in den Anwendungsbereich des Außergeschäftsraumrechts fällt, ist darauf hinzuweisen, dass nach der hier vertretenen Ansicht (→ A. Rn. 23) ein Beitritt zu einem Verbraucherdarlehensvertrag selbst als Kreditvertrag im Sinne der VerbraucherkreditRL anzusehen ist. Konsequenterweise muss man diese dann auch als „Vertrag über Finanzdienstleistungen" iSv Art. 3 Abs. 3 lit. d VerbraucherrechteRL ansehen, der von ihrem Anwendungsbereich ausgeschlossen ist. An der Charakterisierung als Finanzdienstleistung ändert sich auch nichts, wenn es sich um den Beitritt zu einem gewerblichen Kredit handelt, denn insoweit kommt es nur auf den Vertragsgegenstand, nicht den Vertragspartner an. Konsequenz dieser Auslegung ist, dass der Schuldbeitritt im Gegensatz zur Bürgschaft nicht von der VerbraucherrechteRL erfasst wird. Die Anwendung der §§ 312 ff. BGB auf den Schuldbeitritt im deutschen Recht wird dadurch aber nicht ausgeschlossen, da der deutsche Gesetzgeber bei der Umsetzung auf den vollständigen **Ausschluss der Finanzdienstleistungen** verzichtet hat. Für eine einheitliche Auslegung bezüglich beider Personalsicherheiten spricht die **vergleichbare Schutzbedürftigkeit** von Beitretendem und Bürgen.[54] 18

e) Voraussetzungen des Widerrufsrechts. Auch wenn das Außergeschäftsraumrecht somit auf beide Formen der Personalsicherheit anwendbar ist, sind die **Voraussetzungen des Widerrufsrechts** durch die Umsetzung der VerbraucherrechteRL gegenüber der früheren Rechtslage verengt worden. Die Neufassung des § 312b BGB lässt es nicht mehr 19

[48] *Schürnbrand* WM 2014, 1157, 1159; *Schwab/Hromek* JZ 2015, 271, 273 f.; *Hoffmann* ZIP 2015, 1365, 1369; *Janal* WM 2012, 2314, 2315; *Brennecke* ZJS 2014, 236, 238 f.; HK-BGB/*Schulte-Nölke* § 312 Rn. 5; *Maume* NJW 2016, 1041.

[49] Vgl. etwa *Hilbig-Lugani* ZJS 2013, 441, 445; grundlegend (zu § 312 BGB aF) *Canaris* AcP 200 (2000), 273, 354.

[50] BGH NJW 2006, 845 (allerdings ohne Auseinandersetzung mit dem Merkmal der entgeltlichen Leistung).

[51] Näher: *Hoffmann* ZIP 2015, 1365, 1369; abw. *Schürnbrand* WM 2014, 1157, 1160 (für Einordnung als richtlinienkonforme Rechtsfortbildung); nur im Ergebnis ähnlich *Schinkels* WM 2017, 113, 119 f., der zwar eine Erfassung der Bürgschaft durch die Richtlinie ablehnt, aber im Rahmen der autonomen Rechtsfortbildung gleichwohl für eine analoge Anwendung der §§ 312b und 312g BGB auf Kreditbürgschaften von Verbrauchern plädiert.

[52] BGH NJW 2005, 845.

[53] → A Rn. 24 ff.

[54] Näher: *Hoffmann* ZIP 2015, 1365, 1369 f.

genügen, dass der Bürge in der Haustürsituation zur Abgabe einer Bürgschaftserklärung *bestimmt* worden ist. Früher war es ausreichend, dass die Abgabe der Willenserklärung kausal auf der Einflussnahme in der Haustürsituation beruhte, auch wenn die Erklärung erst später abgegeben worden ist.[55] Aufgrund des vollharmonisierenden Charakters der VerbraucherrechteRL (Art. 4) verlangt auch das deutsche Recht nunmehr die **Abgabe der Willenserklärung** selbst in einer Situation des § 312b Abs. 1 BGB. Erforderlich ist die körperliche Anwesenheit des Unternehmers oder einer in dessen Namen oder Auftrag handelnden Person bei Abgabe der Bürgenerklärung durch den Verbraucher. Nicht erforderlich ist hingegen nach der **„Crailsheimer Volksbank"**-Entscheidung des EuGH bei Einschaltung eines beauftragten Dritten, dass der Unternehmer wusste oder hätte wissen müssen, dass die Bürgenerklärung in einer solchen Situation abgegeben worden ist.[56] Auch einer über die situativen Voraussetzungen hinausgehenden Beeinflussung oder Manipulation des Verbrauchers bedarf es nicht.[57] Für die praktisch wichtige Fallkonstellation, dass der **Hauptschuldner** (bzw. Kreditnehmer) die Beibringung der Bürgschaftserklärung als Voraussetzung der Kreditvergabe übernimmt und daher den Bürgen außerhalb von Geschäftsräumen anspricht, ist daher unter der Neufassung des § 312b BGB zu differenzieren: Fordert der Hauptschuldner den Bürgen auf, zur Abgabe seiner Erklärung die Geschäftsräume des Kreditgebers aufzusuchen und kommt es dort zur Abgabe der Bürgenerklärung, besteht kein Widerrufsrecht. Nur wenn der Bürge außerhalb von Geschäftsräumen seine Erklärung abgibt, während der Hauptschuldner (oder ggf. ein Mitarbeiter des Kreditgebers) noch körperlich anwesend ist, steht ihm ein Widerrufsrecht zu. Die Voraussetzung der **gleichzeitigen körperlichen Anwesenheit** bedeutet aber, dass es nicht genügt, dem Bürgen die vorbereitete Erklärung zu überlassen und ihn dazu aufzufordern, diese selbst dem Sicherungsnehmer zuzuleiten. Erforderlich ist vielmehr die **Abgabe** der formgerechten (§ 766 BGB) Erklärung noch bei Anwesenheit des Hauptschuldners, was vor allem durch Übergabe der Bürgschaftsurkunde an ihn als Empfangsvertreter oder Boten erfolgen kann.[58] Es genügt daher auch nicht, wenn der Bürge die Urkunde in Anwesenheit des Hauptschuldners unterschreibt, aber später selbst dem Kreditgeber übermittelt. Da es andererseits nicht auf den **Zugang** ankommt, setzt die Abgabe der Erklärung nicht voraus, dass der beauftragte Hauptschuldner über eine Empfangsvollmacht verfügt, oder gerade ihm die Urkunde ausgehändigt wird. Vielmehr genügt es, wenn die Urkunde in Anwesenheit des Beauftragten abgesendet wird (zB durch Übergabe an die Post oder Einwurf in den Briefkasten). Nur wenn die Urkunde in der Situation des § 312b Abs. 1 BGB aus der Hand gegeben und in Richtung des Adressaten auf den Weg gebracht wird, besteht also das Widerrufsrecht.

20 Für die weitere Voraussetzung des **Handelns im Namen oder im Auftrag** des Unternehmers kann auf die seit der „Crailsheimer Volksbank"-Entscheidung[59] 2005 ergangene Rechtsprechung[60] zur richtlinienkonformen Anwendung der Zurechnungskriterien zurückgegriffen werden. Das Richtlinienrecht wurde insoweit bei genauer Betrachtung nicht maßgeblich verändert[61], lediglich im deutschen Recht war die Frage früher nicht ausdrücklich geregelt. Es kommt daher allein auf das objektive Vorliegen der Außergeschäftsraumsituation bei Abgabe der Verbrauchererklärung an, es sei denn, dass das „Handeln des Dritten

[55] BGH NJW 2009, 431 (432); 2006, 497; 2003, 2529; 1996, 926; 1994, 262; näher MüKoBGB/*Wendehorst* § 312b Rn. 7.; Staudinger/*Thüsing* BGB § 312 Rn. 68 ff.

[56] EuGH NJW 2005, 3555 (Tz. 41 f.) – Crailsheimer Volksbank. *Schwab/Hromek* JZ 2015, 271, 275 halten die Entscheidung unter der VerbraucherrechteRL nicht mehr für anwendbar und verlangen eine vorherige Autorisierung des Handelns außerhalb von Geschäftsräumen, dagegen ausführlich: *Hoffmann* ZIP 2015, 1365, 1371.

[57] EuGH NZM 1999, 580 (Tz. 43) – Travel Vac.

[58] Näher zum Begriff der Abgabe: MüKoBGB/*Einsele,* § 130 Rn. 13 ff.; Staudinger/*Singer* BGB § 130 Rn. 27 ff.

[59] EuGH NJW 2005, 3555.

[60] BGH NJW 2008, 3423; NJW 2007, 364; NJW 2006, 1340.

[61] Ausführlich *Hoffmann* ZIP 2015, 1365, 1371 f.; **aA** *Schwab/Hromek* JZ 2015, 271, 275.

allein auf selbstbestimmten Aufträgen bzw. Weisungen" des Verbrauchers beruht, ohne dass der erforderliche „rechtliche oder wirtschaftliche Zusammenhang zwischen der Tätigkeit des Dritten in der Haustürsituation und dem Gewerbe des Vertragspartners besteht."[62] Hauptkriterium ist insoweit, ob der Verbraucher durch seine Weisung selbst die Auswahl des Vertragspartners vorgenommen hat, oder ob diese auf „Empfehlungen, bestehenden geschäftlichen Verbindungen oder freiem Ermessen des Dritten" beruhte.[63] Jedenfalls das Bestehen einer Geschäftsverbindung des Dritten zum Unternehmer und die Tatsache, dass der Dritte über dessen Formulare verfügt, begründen ohne weiteres die Zurechnung.[64] Soweit allerdings der Dritte eine Person des Vertrauens des Verbrauchers ist, nicht im Auftrag des Unternehmers handelt und von diesem keine wirtschaftlichen Vorteile erlangt, steht er **„ausschließlich „im Lager" des Verbrauchers"**, was die Annahme eines Auftrags ausschließt.[65] Wendet man diese Maßstäbe auf den Hauptschuldner an, ist seine körperliche Anwesenheit dem Kreditgeber grundsätzlich zuzurechnen. Er steht auch bei enger persönlicher oder familiärer Beziehung nicht im Lager des Verbrauchers, da er vom Unternehmer den wirtschaftlichen Vorteil der Kreditgewährung erhält. Und auch die Auswahl des Vertragspartners steuert der Hauptschuldner, der den Bürgen um die Bürgschaft für eine bestimmte Verbindlichkeit bei einem bestimmten Kreditgeber bittet. Will der Kreditgeber das Bestehen eines Widerrufsrechts sicher ausschließen, hat er aber die Möglichkeit, auf die Abgabe der Bürgenerklärung in seinen **Geschäftsräumen** zu bestehen.

21 Über das Bestehen des Widerrufsrechts hinaus löst die Anwendbarkeit des Außergeschäftsraumrechts die **Informationspflichten** nach § 312d BGB aus. Die Vorschrift unterscheidet zwischen Finanzdienstleistungsverträgen (Abs. 2) und sonstigen Verträgen (Abs. 1) und verweist auf unterschiedliche Vorschriften für den Umfang der Informationspflichten. Es ist darauf hinzuweisen, dass es sich nach dem Gesagten bei der Bürgschaft gerade nicht um eine Finanzdienstleistung handelt, so dass aus Sicht der Richtlinie zwingend die Informationspflichten des Art. 6 der VerbraucherrechteRL anzuwenden sind, die in **Art. 246a EGBGB** umgesetzt sind (auf den § 312d Abs. 1 BGB verweist).

2. Anwendbarkeit des Verbraucherkreditrechts beim Schuldbeitritt

22 Weniger eindeutig ist die Rechtslage dagegen im Hinblick auf die Anwendung des **Verbraucherkreditrechts** auf die Personalsicherheiten. Im Hinblick auf die Rechtsprechung des BGH muss insoweit zwischen Schuldbeitritt und Bürgschaft[66] differenziert werden. Für den Schuldbeitritt zu einem Kreditvertrag ist zunächst in Literatur wie Rechtsprechung seit längerer Zeit anerkannt, dass hierauf das **Verbraucherkreditrecht analog** anzuwenden ist, sofern der Beitretende als Verbraucher handelt.[67] Nach der ständigen Rechtsprechung des BGH ist der Schuldbeitritt zwar nicht selbst als Verbraucherdarlehensvertrag iSv § 491 BGB anzusehen, diesem aber „bei wertender Betrachtung gleichzustellen,

[62] BGH NJW 2008, 3423, 3425 (Tz. 22).
[63] BGH NJW 2008, 3423, 3425 (Tz. 23).
[64] BGH BKR 2006, 448, 450 (Tz. 15).
[65] BGH NJW 2008, 3423, 3425 (Tz. 24).
[66] → A. Rn. 22 ff. (für den Schuldbeitritt) sowie → A. Rn. 29 ff. (für die Bürgschaft).
[67] BGHZ 133, 71 (74 f.) = NJW 1996, 2156 (2157); 133, 220 (224) = NJW 1996, 2865 (2866); NJW 134, 94 (97) = NJW 1997, 654 (655); NJW 138, 321 (325) = NJW 1998, 1939; BGH NJW 1997, 1442 (1443); NJW 1997, 1443 (1444); NJW 1997, 3169 (3170); NJW 2000, 3496 (3497); NJW 2006, 431 (432); OLG Köln ZIP 1999, 308 (309) mwN = WM 1999, 726 (727); OLG Koblenz WM 1998, 2157; **aA** *Rüßmann* FS Heinrichs, 1998, S. 451 (470 f.); *Riehm* JuS 2000, 138 (139); Bamberger/Roth/Hau/Poseck/*Rohe* § 765 Rn. 21 f.; *Bülow* Kreditsicherheiten Rn. 936 ff.; *Holznagel* Jura 2000, 581 f.; hierzu näher: *Artz* VuR 1997, 227; *Artz/Bülow* ZIP 1998, 629; *Auer* ZBB 1999, 161; *Bülow* NJW 1996, 2889; *Bülow* ZIP 1999, 613; *Drebes* DZWir 1998, 75; *Edenfeld* JZ 1997, 1034; *Fischer* WM 2001, 1049; *Fischer* WM 2001, 1093; *Heeg* DB 2008, 391; *Heßeler/Röthel* WM 2008, 1001; *Kulke* NJW 2006, 2223; *Kurz* DNotZ 1997, 552; *Kurz* MittBayNot 1997, 129; *Madaus* BKR 2008, 54; *Rott* WM 2008, 1104; *Reinicke/Tiedtke* WiB 1997, 449; *Scherer* BB 1998, 2169; *Scherer/Mayer* DB 1998, 1217; *Schmidt-Burgk* DB 1997, 513; *v. Westphalen* DB 1998, 295; *Wiechers* WM 2000, 1077; *Zahn* DB 1992, 1029.

wenn es sich bei dem Vertrag, zu dem der Beitritt erklärt wird, um einen Kreditvertrag handelt."[68] Es kommt nicht darauf an, dass der Hauptvertrag als Verbraucherdarlehensvertrag anzusehen ist, sondern nur darauf, dass es sich überhaupt um einen Darlehensvertrag oder eines der in § 506 BGB geregelten Vertragsverhältnisse handelt und der **Schuldbeitritt als Verbrauchergeschäft** anzusehen ist. Auch der Beitritt eines Verbrauchers zu einem gewerblichen Kreditvertrag wird also erfasst, was in der Praxis vor allem im Hinblick auf den Beitritt des Gesellschafter-Geschäftsführers zu einer Verbindlichkeit aus einem Kredit der GmbH Bedeutung erlangt hat.[69] Der BGH sieht selbst bei einem Alleingesellschafter die Voraussetzungen eines Verbrauchergeschäfts als erfüllt an und lehnt eine Gleichstellung dieser Personen mit Unternehmern im Wege der Rechtsfortbildung ab, da es insoweit an einer Regelungslücke fehlt.[70]

23 Aufgrund dieser jedenfalls nach deutschem Recht gewährleisteten Anwendung des Verbraucherdarlehensrechts ist die Frage, ob die **VerbraucherkreditRL 2008/48/EG**[71] und die **WohnimmobilienkreditRL 2014/17/EU**[72] dieses Ergebnis vorschreiben, von geringerer Relevanz. Trotz des vollharmonisierenden Charakters der Richtlinien ist die Anwendung der Umsetzungsvorschriften auf Verträge außerhalb des Anwendungsbereichs zulässig.[73] Man wird insoweit zu berücksichtigen haben, dass es sich beim Schuldbeitritt zwar wirtschaftlich um ein Sicherungsmittel handelt, die Verbindlichkeit aber unmittelbar aus dem Kreditvertrag resultiert, nicht (wie bei der Bürgschaft) aus einem getrennten Vertragsverhältnis. Durch die Übernahme der gesamtschuldnerischen Haftung für die Verpflichtungen aus dem Vertrag befindet sich der Beitretende weitgehend in derselben rechtlichen Situation wie der Hauptschuldner, so dass das einheitliche Vertragsverhältnis auch für den Beitretenden ein Kreditvertrag ist. Dies gilt jedenfalls dann, wenn der Hauptschuldner auch Verbraucher ist: Nach der Definition des „Kreditvertrags" in Art. 3 lit. c der VerbraucherkreditRL und Art. 4 Nr. 3 der WohnimmobilienkreditRL kommt es darauf an, dass einem **Verbraucher das Darlehen gewährt** oder versprochen wird, nicht auf die Haftung für die Rückzahlung. Da der Beitretende aber beim Schuldbeitritt keinen eigenen Erfüllungsanspruch erwirbt und ihm auch die Valuta nicht ausbezahlt wird, wird ihm in diesem Sinn weder Kredit gewährt noch versprochen, so dass für die Voraussetzungen der Definition nur auf die Person des Hauptkreditnehmers abgestellt werden kann. In Hinblick auf den Schutzzweck der Richtlinie muss aber zusätzlich der Beitretende Verbraucher sein, so dass es einer doppelten Verbrauchereigenschaft bedarf.[74] Für die VerbraucherkreditRL ist daher zu **differenzieren:** Nur der Schuldbeitritt des Verbrauchers zu einem Verbraucherkredit wird von der Richtlinie erfasst, nicht aber der Beitritt zu einem gewerblichen Kredit.[75] An der sachgerechten umfassenden analogen Anwendung im deutschen Recht ändert dies nichts.

24 Folgen der Anwendbarkeit des Verbraucherkreditrechts sind insbesondere das **Widerrufsrecht des § 495 BGB,** die **Formanforderungen des § 492 BGB,** die **vorvertraglichen Informationspflichten des § 491a BGB** und die **Pflicht zur Kreditwürdigkeitsprüfung nach § 505a BGB.** Für die Einzelheiten bezüglich der Anforderungen an die Verbraucherinformationen ist auf die Kommentierung der §§ 491 ff. BGB zu verweisen.[76] Grundsätzlich ist davon auszugehen, dass der beitretende Verbraucher ebenso

---

[68] BGH NJW 2006, 431 (432); ferner: BGH NJW 2000, 3496; NJW 2000, 3133; NJW 1997, 1442; BGH NJW 1996, 2865; 1996, 2156.

[69] Vgl. etwa BGH NJW 2006, 431; NJW 1996, 2865; NJW 1996, 2156; statt vieler: Lwowski/Fischer/Gehrlein/*Fischer* § 9 Rn. 206; Erman/*Nietsch* BGB § 491 Rn. 49 mwN.

[70] BGH NJW 2006, 431 (432 f.).

[71] Abl. 2008, L 133/66.

[72] Abl. 2014, L 60/34.

[73] Erwägungsgrund 10 zur Richtlinie 2008/48/EG; Art. 2 Abs. 1 WohnimmobilienkreditRL 2014/17/EU.

[74] Insoweit kann die Bewertung aus EuGH NJW 1998, 1295 (Tz. 22) – Dietzinger, übertragen werden.

[75] *Hoffmann* ZIP 2015, 1365, 1370.

[76] *Roth* → Kap. 15 BGB § 491a Rn. 3 ff.; → Kap. 15 BGB § 492 Rn. 2 ff.

schutzbedürftig ist wie der Darlehensnehmer. Auch dem Beitretenden müssen daher die Kreditkonditionen „klar und deutlich vor Augen geführt werden, damit er wie der Hauptschuldner rechtzeitig und zuverlässig erkennen kann, auf was er sich einlässt.“[77] Das bedeutet, dass ihm gegenüber dieselben Informationspflichten bestehen und dieselbe Form einzuhalten ist, wie bezüglich eines als Verbraucher anzusehenden Hauptschuldners. Auch die Rechtsfolgen bei Verletzung der Verbraucherschutzvorschriften sind uneingeschränkt anzuwenden.

Besonderheiten sind indes im Hinblick darauf zu beachten, dass der Beitretende die **Darlehensvaluta nicht erhält** und dementsprechend auch nicht zur Rückzahlung verpflichtet sein kann. Macht der Beitretende daher von seinem Widerrufsrecht nach § 495 BGB Gebrauch, entfällt die Personalsicherheit, ohne dass der Darlehensgeber gegen den Beitretenden Ansprüche bezüglich der bereits ausgezahlten Darlehensvaluta geltend machen könnte. Verpflichtet ist dieser nach § 346 iVm § 355 Abs. 3 S. 1 BGB nur zur Rückgewähr der von ihm empfangenen Leistung. Da der Hauptschuldner die Leistung nicht für den Beitretenden, sondern für sich selbst entgegennimmt, resultiert aus dem Widerruf des Schuldbeitritts keine Rückgewährverpflichtung. Dies gilt auch dann, wenn (bei fehlenden Pflichtinformationen, was nach § 356b BGB bei Allgemein-Verbraucherdarlehensverträgen zu einem zeitlich unbefristeten Widerrufsrecht führt) der Widerruf erst viel später erklärt wird, etwa wenn das Darlehen bereits notleidend geworden ist. Auch Wertersatz schuldet der Beitretende nicht, da ihm selbst die Darlehenssumme nicht zugeflossen ist. Das zeitlich unbefristete Widerrufsrecht schützt hier den Schuldbeitretenden vor jeder Haftung, was auch angemessen ist, da dadurch die Einhaltung insbesondere der Pflicht zur Information über das Widerrufsrecht (früher: Widerrufsbelehrung) wirksam sanktioniert wird. Hiervon zu unterscheiden sind indes **die Folgen des Widerrufs für den Kreditvertrag mit dem Hauptschuldner.** Dieser wird zwar von dem Widerruf des Beitretenden nicht direkt betroffen, da Hauptvertrag und Schuldbeitritt getrennte Rechtsgeschäfte sind. Soweit indes die Stellung der Sicherheit im Kreditvertrag vereinbart ist, kann der Widerruf den Kreditgeber dazu berechtigen, die Auszahlung der Kreditsumme von der Stellung einer Ersatzsicherung abhängig zu machen oder nach Auszahlung gemäß Nr. 13 Abs. 1 AGB Banken eine **bankmäßige Besicherung** des Kredits zu verlangen und, soweit dies dem Hauptschuldner nicht gelingt, den Kreditvertrag gemäß Nr. 19 Abs. 3 AGB Banken **fristlos zu kündigen.** Aus dem Innenverhältnis zwischen Hauptschuldner und Beitretendem kann sich in diesem Fall auch ein **Schadensersatzanspruch** gegen den Beitretenden ergeben, soweit dieser sich gegenüber dem Hauptschuldner wirksam zur Bestellung der Personalsicherheit verpflichtet hat (§ 280 BGB). Ein derartiger Geschäftsbesorgungsvertrag wird von den nur das Verhältnis zum Darlehensgeber betreffenden Verbraucherschutznormen der §§ 491 ff. BGB nicht berührt. 25

Eine weitere Frage betrifft die Rechtsfolge eines Verstoßes gegen die besondere **Formvorschrift des § 492 BGB.** Bekanntlich ordnet § 494 Abs. 1 BGB zwar die Nichtigkeit des Verbraucherdarlehensvertrags bei Nichtbeachtung der Schriftform oder beim Fehlen bestimmter Pflichtangaben an,[78] sieht indes eine Heilung bei Empfang oder Inanspruchnahme der Darlehensvaluta vor. Beim Schuldbeitritt empfängt der beitretende Verbraucher das Darlehen indes nicht selbst, so dass sich die Frage stellt, ob die Heilungswirkung auch bei Auszahlung an den Hauptschuldner eintritt. Diese Frage ist indes zu verneinen, soll doch die Heilungswirkung auch das Bestandsinteresse des Verbrauchers an dem ausgezahlten Kredit schützen – andernfalls wäre dieser grundsätzlich jederzeit zur Rückzahlung verpflichtet (§ 812 BGB).[79] Ein solches Interesse hat der Sicherungsgeber, der keine direkten Vorteile aus dem Schuldbeitritt zieht, gerade nicht, so dass eine Heilung ihn 26

[77] BGH NJW 2006, 431 (432).

[78] Näher *Roth* → Kap. 15 BGB § 494 Rn. 3 ff.

[79] BGHZ 155, 240 = NJW 2003, 2742; BGH NJW-RR 2000, 3496; NJW 1997, 3169; BGHZ 134, 94 = NJW 1997, 654.

einseitig belasten würde.[80] Hierfür spricht ferner, dass bei der Gesamtschuld nach § 425 BGB andere Tatsachen, zu denen auch die Heilung zu zählen ist, nur für den jeweils betroffenen Gesamtschuldner wirken. Dementsprechend geht auch der BGH in ständiger Rechtsprechung davon aus, dass die **Heilungswirkung** sich auf den Hauptvertrag beschränkt und **sich nicht auf einen Schuldbeitritt erstreckt.**[81] Die Gegenansicht[82] hält dem entgegen, dass hier entgegen der Regel des § 425 Abs. 1 BGB zu entscheiden sei, da die Voraussetzungen der Heilung unteilbar sind und alle von den Vertragsparteien vereinbarten Leistungspflichten erfüllt sind. Ferner spräche gegen die hier vertretene Ansicht, dass grundsätzlich für jeden Verbraucherdarlehensvertrag eine Heilungsmöglichkeit vorgesehen sei.[83] Dem ist entgegen zu halten, dass die Heilung nur im Hinblick auf die Verfügungsmöglichkeit des Empfängers und dessen Bestandsinteresse gerechtfertigt ist, nicht wegen der Erfüllung des nichtigen Vertrags. Ferner ist zu bedenken, dass der Darlehensgeber dazu verpflichtet ist, die Verbraucherschutzvorschriften einzuhalten und die Nichtigkeitsfolge der wirksamen Sanktionierung dieser Pflicht dient. Durch eine nicht im Hinblick auf Verbraucherinteressen erfolgende Heilung des Formverstoßes würde dieser Sanktionszweck konterkariert. Der Schuldbeitritt eines Verbrauchers ist daher bei Fehlen auch nur einer der in § 494 Abs. 1 BGB iVm Art. 247 §§ 6, 10–13 EGBGB genannten Angaben **dauerhaft als nichtig** anzusehen. Anders als beim Hauptschuldner setzt eine Heilung des Formmangels die erneute Vornahme des Rechtsgeschäfts unter Wahrung der Anforderungen des § 492 BGB voraus.

27 Anzumerken ist, dass auch die **vorvertraglichen Informationspflichten des § 491a BGB** auf den Schuldbeitretenden anzuwenden sind. Neben der Pflicht zur Übergabe der Europäischen Standardinformation für Verbraucherkredite (Art. 247 §§ 2 ff. EGBGB) bzw. des ESIS-Merkblatts (bei Immobiliar-Verbraucherdarlehensverträgen, Art. 247 § 1 EGBGB) bedeutet das insbesondere, dass den Darlehensgeber eine vorvertragliche **Erläuterungspflicht nach § 491a Abs. 3 BGB** trifft. Diese Erläuterung muss insbesondere die „vertragstypischen Auswirkungen" des Schuldbeitritts im Hinblick auf die individuellen Vermögensverhältnisse umfassen. Für die Einzelheiten ist auf die Kommentierung des § 491a BGB zu verweisen.[84] Im Hinblick auf den Schuldbeitritt besteht kein Anlass, diese Erläuterungspflicht einzuschränken, vielmehr hat sie hier die wichtige Funktion, sicherzustellen, dass der Beitretende die Bedeutung seiner Mithaftung und die mit dem Beitritt verbundenen wirtschaftlichen Risiken beurteilen kann.[85] Die Erläuterungspflicht verlangt, dass auf die individuelle Situation des Beitretenden Bezug genommen wird, so dass jedenfalls eine völlig standardisierte Erläuterung nicht genügen wird. Die konkreten Anforderungen sind bislang noch weitgehend ungeklärt, jedoch spricht Erwägungsgrund 27 zur Verbraucherkreditrichtlinie,[86] wonach die vorvertraglichen Informationen zu den Produkten gegebenenfalls „dem Verbraucher persönlich erläutert werden (sollten), so dass er ihre möglichen Auswirkungen auf seine wirtschaftliche Situation einschätzen kann", dafür, dass es jedenfalls einer gezielt auf die **persönlichen Verhältnisse ausgerichteten Erläuterung** bedarf,[87] die zuvor zwingend abzufragen sind.[88]

---

[80] BGH NJW 1997, 654.

[81] BGH NJW 1997, 654; zust. MüKoBGB/*Schürnbrand/Weber* § 494 Rn. 20 mwN.

[82] Staudinger/*Kessal-Wulf* BGB § 494 Rn. 16.

[83] Staudinger/*Kessal-Wulf* BGB § 494 Rn. 16.

[84] *Roth* → Kap. 15 BGB § 491a Rn. 8 ff.

[85] MüKoBGB/*Schürnbrand/Weber* § 491a Rn. 3.

[86] Richtlinie 2008/48/EG des Europäischen Parlaments und des Rates vom 23.4.2008 über Verbraucherkreditverträge: „Obgleich der Verbraucher Anspruch auf vorvertragliche Informationen hat, kann es sein, dass er darüber hinaus noch weitere Unterstützung braucht, um entscheiden zu können, welcher der ihm angebotenen Kreditverträge seinen Bedürfnissen und seiner finanziellen Situation am besten entspricht. Deshalb sollten die Mitgliedstaaten dafür sorgen, dass Kreditgeber diese Unterstützung in Bezug auf die Kreditprodukte, die sie dem Verbraucher anbieten, leisten."

[87] **AA** MüKoBGB/*Schürnbrand/Weber* § 491a Rn. 70.

[88] Zur sachgerechten Erfüllung der Erläuterungspflicht wird man die Ermittlung der persönlichen Verhältnisse als erforderlich ansehen müssen, näher: *Hoffmann/Bartlitz* WM 2014, 2297.

Seit der Umsetzung der WohnimmobilienkreditRL im Jahr 2016 ist der Darlehensgeber über diese Erläuterungspflicht hinaus nach § 505a BGB dazu **verpflichtet,** vor Abschluss des Verbraucherdarlehensvertrags die **Kreditwürdigkeit** des Darlehensnehmers **zu prüfen,** und bei Feststellung unzureichender Bonität den Vertragsschluss zu verweigern. Diese Verpflichtung besteht auch gegenüber dem Schuldbeitretenden, so dass die Annahme des Schuldbeitritts zu verweigern ist, wenn keine hinreichende Kreditwürdigkeit (iS des differenzierten Prognosemaßstabs des § 505a Abs. 1 S. 2 BGB) besteht. Da der Schuldbeitretende nur Sicherungsgeber ist, nicht echter Mitdarlehensnehmer (der die Darlehensvaluta gemeinsam mit dem Hauptschuldner nutzt und zurückzahlt), ist die Prüfung allein anhand der Einkommens- und Vermögensverhältnisse des Beitretenden vorzunehmen. Auf den Wert des durch die Kreditsumme erworbenen Gegenstands kommt es, insbesondere bei Immobiliar-Verbraucherdarlehensverträgen, nicht an, schon da der Beitretende hierauf keinen Zugriff hat. Auch auf zusätzliche Sicherheiten (etwa Grundpfandrechte), die für den Kredit bestellt werden, kommt es nicht an, da die Prüfung den Verbraucher davor schützen soll, Verbindlichkeiten einzugehen, die er nicht aus seinen eigenen Mitteln bestreiten kann. Für Immobiliar-Verbraucherdarlehensverträge ergibt sich dies eindeutig aus § 4 der Immobiliar-Kreditwürdigkeitsprüfungsleitlinien-VO[89], wo unter den zu berücksichtigenden Faktoren Kreditsicherheiten nicht genannt werden. Für den Beitretenden gilt dies ebenso, auch dieser ist vor der Eingehung von Verbindlichkeiten zu schützen, die er aus seinem Einkommen und sonstigem Vermögen nicht zurückführen kann. Soweit die Prüfung ergibt, dass die Kreditwürdigkeit des Beitretenden für die volle Kreditsumme nicht ausreicht, ist der Darlehensgeber mithin verpflichtet, den Schuldbeitritt entweder abzulehnen, oder die Haftung vertraglich auf einen niedrigeren Betrag zu begrenzen. In Bezug auf die **Rechtsfolgen** eines Verstoßes sieht § 505d BGB lediglich eine Herabsetzung des Sollzinses und den Ausschluss von Schadensersatzansprüchen des Darlehensgebers vor. Überwiegend wird davon ausgegangen, dass diese Regelung abschließend ist und die Annahme weitergehender Schadensersatzansprüche aus §§ 311, 280 BGB ausschließt.[90] Diese Auffassung überzeugt indes schon grundsätzlich nicht, insbesondere kann man § 505d BGB aufgrund der unterschiedlichen, sich aber nicht gegenseitig ausschließenden Rechtsfolgen kaum als *lex specialis* ansehen. Auch führt ein solcher, grundsätzlich auf Befreiung von der pflichtwidrig eingegangenen Verbindlichkeit gerichteter Schadensersatzanspruch nicht dazu, dass das Verwendungsrisiko bezüglich der Darlehensvaluta auf den Darlehensgeber abgewälzt würde, da der Darlehensnehmer im Wege der Vorteilsausgleichung jedenfalls zur Rückzahlung des ihm zugeflossenen Betrags verpflichtet ist.[91] Auch bei einer auf einen Schuldbeitritt bezogenen, schuldhaften Verletzung der Bonitätsprüfungspflicht ist daher grundsätzlich ein auf **Befreiung von der Verbindlichkeit gerichteter Schadensersatzanspruch** aus §§ 311, 280 BGB anzuerkennen, der deren Geltendmachung einredeweise entgegengehalten werden kann. Anders als der Hauptdarlehensnehmer ist der Beitretende als Sicherungsgeber indes nicht zur Vorteilsausgleichung verpflichtet, da die Valuta nicht in sein Vermögen geflossen ist. Der Anspruch erfasst indes regelmäßig nicht den gesamten Darlehensbetrag, da sich die Mithaftung vertraglich auf einen Teilbetrag begrenzen lässt und bei ordnungsmäßiger Kreditwürdigkeitsprüfung § 505a BGB nicht die Verweigerung des Schuldbeitritts, sondern nur die Begrenzung der Haftsumme auf einen der Leistungsfähigkeit entsprechenden Betrag gebietet. Dem Darlehensgeber steht daher der Einwand des **rechtmäßigen Alternativverhaltens** zu: Soweit der Darlehensgeber bei ordnungsmäßiger Kreditwürdigkeitsprüfung aus der ex ante-Perspektive den Schuldbeitritt der Höhe nach annehmen durfte, beruht der Schaden nicht auf der Pflichtverletzung. Der Befreiungsanspruch aus § 280 BGB besteht daher nur, soweit die Haftsumme die Leistungsfähigkeit übersteigt, lässt aber die Haftung 28

[89] BGBl. I 2018, 529.

[90] Vgl. etwa *Schmolke,* in: Bankrechtstag 2016, 2017, S. 45, S. 77 f.; *Harnos,* JZ 2017, 552, 555; MüKoBGB/*Schürnbrand/Weber* § 505d Rn. 18; dagegen etwa *Stamenkovic/Michel* VuR 2016, 132, 141; *Buck-Heeb* NJW 2016, 2065.

[91] Zum Ganzen *Bartlitz* ZIP 2020, 1337.

für den Betrag unberührt, für den man vor Abschluss des Vertrags feststellen konnte, dass „keine erheblichen Zweifel" an der Fähigkeit zur Erfüllung bestehen (bzw. diese bei Immobiliarkrediten „wahrscheinlich" ist). Dass der Beitretende, der die Haftung für die volle Kreditsumme übernommen hat, auch einer summenmäßig begrenzten Haftung (die für ihn allein vorteilhaft ist) zugestimmt hätte, wird man unterstellen können. Die **Beweislast** für den Einwand rechtmäßigen Alternativverhaltens trägt nach allgemeinen Grundsätzen[92] der Schädiger, so dass der Darlehensgeber beweisen muss, in welcher Höhe die Leistungsfähigkeit bei ordnungsmäßiger Kreditwürdigkeitsprüfung vor Vertragsschluss hätte angenommen werden dürfen.

3. Anwendbarkeit des Verbraucherkreditrechts bei der Bürgschaft

29 Ganz im Gegensatz zu der interessengerechten Rechtslage beim Schuldbeitritt steht die Rechtsprechung des BGH zur Bürgschaft. In ständiger Rechtsprechung[93] **verneint der BGH die Anwendbarkeit des Verbraucherkreditrechts** auf den mit einem Verbraucher geschlossenen Bürgschaftsvertrag. Begründet wird die Differenzierung gegenüber dem Schuldbeitritt damit, dass die „Rechtsstellung des Bürgen von der des Kreditnehmers weiter entfernt (sei) als die des Mitschuldners."[94] Die wirtschaftliche Vergleichbarkeit beider Formen der Personalsicherheit wird vom BGH dagegen nicht als hinreichend angesehen, um die analoge Anwendung des Verbraucherkreditrechts auf die Bürgschaft zu erstrecken. Vielmehr sieht dieser einen **wesentlichen strukturellen Unterschied** zwischen der von § 425 BGB geprägten mitschuldnerischen Verpflichtung und der nur akzessorischen Haftung des Bürgen – selbst bei einer selbstschuldnerischen Bürgschaft.[95] Auch aus der Verbraucherkreditrichtlinie 2008/48/EG und der Wohnimmobilienkreditrichtlinie 2014/17/EU ergibt sich keine Verpflichtung, die Vorschriften auf Bürgschaften zu erstrecken, da der Begriff des Kreditvertrags (Art. 3 lit. c VerbrKrRL; Art. 4 Nr. 3 WohnimmoKrRL) keine Bürgschaftsverträge umfasst.[96] Hieraus lässt sich auch schließen, dass eine direkte Anwendung des § 491 BGB ausscheidet, da der darin verwendete Begriff des Verbraucherdarlehensvertrags grundsätzlich ebenso auszulegen ist wie in der Richtlinie.[97] Zwar ist der Anwendungsbereich der deutschen Umsetzung gegenüber der Richtlinie erweitert, dies bezieht sich aber nicht auf den grundsätzlichen Begriff, sondern auf die Nichtanwendung bestimmter, von der Richtlinie zugelassener Ausnahmen.

30 Zugleich ist aber festzustellen, dass beide genannten Richtlinien einer analogen Anwendung des nationalen Rechts nicht entgegenstehen, da diese ausdrücklich die Mitgliedstaaten nicht daran hindern will, die Umsetzungsvorschriften auf Verträge außerhalb des Harmonisierungsbereichs zu erstrecken.[98] Dennoch lehnte der BGH in seiner Grundsatzentscheidungen von 1998[99] eine analoge Anwendung des Verbraucherkreditrechts ab. Begründet wurde dies im Wesentlichen mit dem **Fehlen einer planwidrigen Regelungslücke,** da

---

92 Grundlegend BGH NJW 1967, 551 (allg. zu hypothetischen Schadensursachen); näher: MüKoBGB/*Oetker* § 249 Rn. 224 mwN.

93 BGHZ 138, 321 = NJW 1998, 1939; NJW 2000, 658; OLG Frankfurt a. M. ZGS 2007, 240; ebenso MüKoBGB/*Schürnbrand/Weber* § 491 Rn. 67; PWW/*Brödermann* BGB vor § 765 Rn. 36; *Peters* WM 2006, 1183 (1186); **aA** *Kulke* NJW 2006, 2223 (2224); näher dazu: *Artz* VuR 1997, 227; *Artz/Bülow* WM 2005, 1153; *Auer* ZBB 1999, 161; *Bülow* NJW 1996, 2889; *Bülow* ZIP 1999, 613; *Edelmann* BB 1998, 1017; *Fischer* WM 2000, 14; *Fischer* ZIP 2000, 828; *Hasselbach* JuS 1999, 329; *Holznagel* Jura 2000, 578; *Klein* DZWir 1996, 358; *Kulke* VuR 2007, 154; *Madaus* BKR 2008, 54; *Münster/Lubitz* JA 1999, 289; *Riehm* JuS 2000, 138; *Scherer/Mayer* DB 1998, 1217; *Schmid-Burgk* DB 1997, 513; *Sölter* NJW 1998, 2192; *Zahn* DB 1998, 353; *Zöllner* WM 2000, 1.

94 BGH NJW 1998, 1939 (1940).

95 BGH NJW 1998, 1939 (1941).

96 EuGH NJW 2000, 1323 – „Berliner Kindl" (noch zur Richtlinie 87/102/EWG).

97 *Becker/Dietrich* NJW 2000, 2798; *Fischer* ZIP 2000, 828; **aA** Derleder/Knops/Bamberger/*Knops* HdB z. dt. und europ. BankR § 27 Rn. 67; *Kulke* NJW 2006, 2223.

98 Erwägungsgrund 10 zur Richtlinie 2008/48/EG, ABl. 2008 L 133/66; vgl. ferner Art. 2 Abs. 1 WohnimmoKrRL (strengere Bestimmungen sind allg. zulässig).

99 BGH NJW 1998, 1939.

der Gesetzgeber (beim Erlass des VerbrKrG 1990) bewusst davon abgesehen habe, das Verbraucherkreditrecht auf die Bürgschaft anzuwenden. Ferner sieht der BGH den Bürgen schon durch die Vorschriften des Bürgschaftsrechts (und durch die darauf bezogene bürgenfreundliche Rechtsprechung[100]) als **hinreichend geschützt** an. Angesichts der weitgehenden wirtschaftlichen Austauschbarkeit von Bürgschaft und Schuldbeitritt vermag diese Sichtweise indes nicht zu überzeugen. Insbesondere ist nicht recht erkennbar, woraus sich gerade bei der selbstschuldnerischen Bürgschaft,[101] die in der Praxis fast ausschließlich anzutreffen ist und die auch in AGB vereinbart werden kann,[102] ergeben soll, dass die Rechtsstellung des Bürgen weit genug von der des Mitschuldners entfernt ist, um eine andere Bewertung zu rechtfertigen. Schließlich ist das Schutzniveau des Verbraucherkreditrechts ungleich höher als das des Bürgschaftsrechts, insbesondere bezüglich des durch das Widerrufsrecht abgesicherten Übereilungsschutzes und neuerdings mit Blick auf die Pflicht zur Kreditwürdigkeitsprüfung (§ 505a BGB). Da es sich hierbei um die zentralen Schutzinstrumente handelt, gehen vermittelnde Ansätze, die lediglich darauf abzielen, dem Bürgen die Reichweite seiner Bürgenschuld durch analoge Anwendung des § 492 Abs. 2 BGB iVm Art. 247 §§ 6 ff. EGBGB zu verdeutlichen, nicht weit genug.[103] Während das Formerfordernis zumindest einen gewissen Übereilungsschutz bietet, kennt das Bürgschaftsrecht keinen Mechanismus, um den Bürgen zur **Begrenzung von Verbindlichkeiten auf die eigene Leistungsfähigkeit.**

Auch der Hinweis auf eine entgegenstehende Entscheidung des Gesetzgebers vermag heute nicht mehr zu überzeugen, nachdem schon 1990 eine ausdrückliche Einbeziehung vor allem daran gescheitert ist, dass dieser Vorschlag erst in der „Endphase der Gesetzesberatungen" gemacht worden ist und damals die „nötigen Voruntersuchungen" für eine solche Entscheidung fehlten.[104] Dennoch wurde die Frage weder im Rahmen der Schuldrechtsmodernisierung 2001 noch bei der Umsetzung der Richtlinie 2008/48/EG oder der Richtlinie 2014/17/EU vom Gesetzgeber noch einmal aufgegriffen und diskutiert. Schon die Ablehnung einer ausdrücklichen Regelung mangels hinreichender Informationsgrundlage deutet darauf hin, dass die Frage gerade der Rechtsprechung überlassen werden sollte – holt man trotz hinreichenden Anlasses über 30 Jahre die erforderlichen Informationen nicht ein, kann man kaum noch davon ausgehen, dass die ursprüngliche Entscheidung im neuen Gesetzeswortlaut weiterwirkt. Daher ist – entgegen der Rechtsprechung und der hM[105] – für eine **analoge Anwendung des Verbraucherkreditrechts** auf die von einem Verbraucher übernommene Bürgschaft (ohne Rücksicht auf den Charakter der Hauptverbindlichkeit als Verbraucherdarlehen) zu plädieren.[106] Die für eine Analogie erforderliche vergleichbare Interessenlage ist wegen der weitgehenden wirtschaftlichen Austauschbarkeit beider Personalsicherheitsformen besonders deutlich. Folgt man der hier vertretenen Ansicht, sind für die Bürgschaft die Grundsätze anzuwenden, die für den Schuldbeitritt dargestellt worden sind, neuerdings insbesondere auch die Pflicht zur Kreditwürdigkeitsprüfung (→ Rn. 24 ff.). 31

---

[100] Der BGH verweist hier auf BGHZ 130, 19 und BGHZ 132, 119.

[101] → BGB §§ 771–773 Rn. 7.

[102] → BGB §§ 771–773 Rn. 8.

[103] MüKoBGB/*Schürnbrand/Weber* § 491 Rn. 67; MüKoBGB/*Habersack* § 766 Rn. 19 *Ulmer* JZ 2000, 781; *Casper* BB 1998, 1227.

[104] BT-Drs. 11/8274, 23.

[105] BGHZ 138, 321; OLG Frankfurt a. M. ZGS 2007, 240; OLG Stuttgart WM 2009, 847; OLG Düsseldorf WM 1998, 169; OLG Hamm WM 1998, 171; MüKoBGB/*Schürnbrand/Weber* § 491 Rn. 67; PWW/*Brödermann* BGB vor § 765 Rn. 36; *Peters* WM 2006, 1183 (1186); *Auer* ZBB 1999, 161; *Edelmann* BB 1998, 1017; *Fischer* WM 2000, 14; *Fischer* ZIP 2000, 828; *Hasselbach* JuS 1999, 329; *Holznagel* Jura 2000, 578; *Klein* DZWir 1996, 358; *Madaus* BKR 2008, 54; *Münster/Lubitz* JA 1999, 289; *Riehm* JuS 2000, 138; *Scherer/Mayer* DB 1998, 1217; *Schmid-Burgk* DB 1997, 513; *Sölter* NJW 1998, 2192; *Zahn* DB 1998, 353; *Zahn* ZIP 2006, 1069; *Zöllner* WM 2000, 1.

[106] So auch Derleder/Knops/Bamberger/*Knops* HdB z. dt. und europ. BankR § 27 Rn. 67; *Kulke* NJW 2006, 2223 (2224); *Kulke* VuR 2007, 154; *Artz* VuR 1997, 227; *Artz/Bülow* WM 2005, 1153; *Bülow* NJW 1996, 2889; *Bülow* ZIP 1999, 613; *Mertins* NJ 2012, 397, 399 f.

III. Sittenwidrigkeit von Personalsicherheiten

1. Definition der Sittenwidrigkeit und relevante Fallgruppen

32 In der Vergangenheit hat die Rechtsprechung durch eine extensive Anwendung des § 138 BGB missbräuchliche Praktiken der Kreditinstitute unterbunden, die davon geprägt waren, dass sich der Kreditgeber in sittenwidriger Weise über die **wirtschaftlichen Interessen des Kreditnehmers oder des Sicherungsgebers** hinweggesetzt hat.[107] Grundsätzlich ist ein Rechtsgeschäft nach § 138 BGB als sittenwidrig anzusehen, wenn entweder sein Inhalt oder die Art und Weise des Zustandekommens gegen das Anstandsgefühl aller billig und gerecht Denkenden verstößt. Diese allgemeine Definition wurde durch die Rechtsprechung in einer Vielzahl von Fallgruppen konkretisiert, von denen sich eine ganze Reihe auf das Kreditgeschäft und die Kreditsicherung beziehen. Zu unterscheiden ist dabei zwischen Fallgruppen der Sittenwidrigkeit des Kreditvertrags selbst und der Sittenwidrigkeit der Sicherheitenbestellung.[108] Hinsichtlich einer für einen sittenwidrigen Kredit gewährten Personalsicherheit hat die Nichtigkeit zwar Konsequenzen, die Sittenwidrigkeit erstreckt sich aber grundsätzlich nicht auf die Sicherheitenbestellung. Vielmehr bleibt der entsprechende Vertrag wirksam. Konsequenzen ergeben sich bei der Bürgschaft aber aus dem **Akzessorietätsgrundsatz** (§§ 767, 768, 770 BGB), da die gesicherte Hauptverbindlichkeit nicht besteht, und auch der Schuldbeitritt geht aufgrund seiner Entstehungsakzessorietät ins Leere.[109] Daher stellt sich lediglich die Frage, ob die Personalsicherheit auch der Absicherung eines **bereicherungsrechtlichen Rückzahlungsanspruchs** dienen sollte, was im Wege der Auslegung zu ermitteln ist.[110]

33 Bezüglich der **Fallgruppen der Sittenwidrigkeit der Sicherheitenbestellung** ist zunächst darauf hinzuweisen, dass die bei den fiduziarischen Realsicherheiten wichtige Fallgruppe der Übersicherung[111] bei Personalsicherheiten nicht anwendbar ist. Da sowohl bei der Bürgschaft (wegen § 767 Abs. 1 S. 1 BGB) als auch beim Schuldbeitritt die Sicherheit nicht über die jeweils relevante Forderungshöhe hinausgeht, kann eine Diskrepanz zwischen dem Wert der Sicherheit und der gesicherten Forderung nicht entstehen. Auch die parallele Besicherung durch verschiedene Sicherungsgeber wird nicht als Übersicherung angesehen, da bei den Personalsicherheiten weder eine Knebelung noch eine Gefährdung anderer Gläubiger eintritt – schließlich sind die Sicherungsgeber nicht daran gehindert, weitere Personalsicherheiten für andere Forderungen zu übernehmen, und auch beim Zugriff auf das Vermögen des Sicherungsgebers stehen mehrere Gläubiger gleichrangig nebeneinander. Ganz im Mittelpunkt stehen daher die Fallgruppen der **krassen finanziellen Überforderung** des Sicherungsgebers, die der BGH in Anschluss an eine Entscheidung des BVerfG[112] in ständiger Rechtsprechung entwickelt und ausdifferenziert hat.[113] Grundsätzlich gilt, dass an die Sittenwidrigkeit von Bürgschaften und Schuldbeitritten **dieselben Maßstäben** anzulegen sind, was nicht nur der wirtschaftlichen Austauschbarkeit beider Sicherungsformen Rechnung trägt, sondern auch ein Ausweichen zur Umgehung strengerer Anforderungen verhindert.[114]

---

[107] PWW/*Brödermann* BGB § 765 Rn. 21 ff.

[108] Zu den Fallgruppen der Sittenwidrigkeit des Kreditvertrags (insbes. als wucherähnliches Rechtsgeschäft bei überhöhter Verzinsung), vgl. *Steffek* BGB § 488 Rn. 27 ff.

[109] → C. Rn. 2.

[110] → A. Rn. 51 f.

[111] BGH NJW 1998, 2047.

[112] BVerfG NJW 1994, 36.

[113] → A. Rn. 34 ff.

[114] *Nobbe/Kirchhof* BKR 2001, 5 (6).

2. Sittenwidrigkeit von Personalsicherheiten

a) Krasse finanzielle Überforderung bei emotionaler Verbundenheit.[115] Ausgangspunkt der Rechtsprechung zur Sittenwidrigkeit war ein Urteil des BVerfG aus dem Jahr 1993[116] zu **Bürgschaften einkommens- und vermögensloser Angehöriger,**[117] die mit hohen Haftungsrisiken verbunden sind. Während der BGH in solchen Fällen vorher eine Kontrolle anhand von § 138 BGB abgelehnt hatte, verlangte das BVerfG von den Zivilgerichten eine „Inhaltskontrolle von Verträgen, die einen der beiden Vertragspartner ungewöhnlich stark belasten und das Ergebnis strukturell ungleicher Verhandlungsstärke sind", anhand der zivilrechtlichen Generalklauseln (insbes. § 138 BGB). In der Folge hat der BGH in einer Vielzahl von Entscheidungen[118] zwei Voraussetzungen für die Sittenwidrigkeit herausgearbeitet: (1) **eine emotionale Verbundenheit** zwischen dem Sicherungsgeber und dem Darlehensnehmer, (2) die von der Bank in anstößiger Weise ausgenutzt wird, was bei einer **krassen wirtschaftlichen Überforderung** des Sicherungsgebers, mithin einer wirtschaftlichen Sinnlosigkeit der Sicherung, vermutet wird. Diese Grundsätze sind zwar ursprünglich aufgrund von **Bürgschaftsfällen** entwickelt worden, sie gelten aber ebenso für den **Schuldbeitritt,**[119] soweit dieser zu Sicherungszwecken erklärt worden ist. Selbst eine in derselben Vertragsurkunde erklärte Mithaftungserklärung wird erfasst, soweit der Mithaftende noch als Sicherungsgeber und nicht als echter Mitdarlehensnehmer anzusehen ist, was durch Auslegung der Vertragsurkunde zu ermitteln ist. Entscheidend ist insoweit nach der Rechtsprechung[120] nicht der Wortlaut der Erklärung, sondern ein für den Darlehensgeber erkennbares **eigenes sachliches und/oder persönliches Interesse** (nicht nur ein mittelbarer Vorteil) sowie ein **gleichberechtigtes Mitentscheidungsrecht** über Auszahlung und Darlehensverwendung, mithin auch eine eigene Mitberechtigung an dem Auszahlungsanspruch. Fehlt es hieran, können die Grundsätze zur krassen Überforderung anzuwenden sein, andernfalls handelt es sich schon nicht um eine Personalsicherheit, vielmehr ist die Mitverpflichtung allein nach darlehensvertragsrechtlichen Grundsätzen zu behandeln. Ob die nach Beginn dieser Rechtsprechungslinie auch im deutschen Recht anerkannte Möglichkeit der **Restschuldbefreiung** durch das Verbraucherinsolvenzverfahren (§§ 286 ff. InsO) an der Anwendbarkeit des § 138 BGB auf diese Fälle etwas geändert hat, war in der Literatur heftig umstritten.[121] Der BGH lehnt jeden Einfluss der Restschuldbefreiung auf die Anwendung des § 138 BGB ab und hält unverändert an der Rechtsprechung fest, was neben systematischen Erwägungen vor allem mit den Zwecken des Restschuldbefreiungsverfahrens begründet wird, das gerade nicht bezweckt, die Kreditinstitute „vor der weitreichenden Nichtigkeitssanktion des § 138 Abs. 1 BGB zu bewahren".[122] 34

[115] BGHZ 153, 293 = NJW 2003, 1521 mwN; BGH NJW 2000, 1182; OLG Köln WM 2003, 280 (282).

[116] BVerfG NJW 1994, 36.

[117] Zur Problematik vgl. näher: *Aden* NJW 1999, 3763; *Bales* BKR 2004, 264; *Bauer* FuR 2003, 481; *Braun* DStR 1996, 1692; *Braun* Jura 2004, 474; *Fellner* MDR 2005, 368; *Gernhuber* JZ 1995, 1086; *Groeschke* BB 1994, 1310; *Großer/Lühn* WM 1991, 2013; *Grün* WM 1994, 713; *Habersack/Giglio* WM 2001, 1100; *Heinrichsmeier* FamRZ 1994, 129; *Herrmann* DStR 1997, 1691; *Hoffmann* DZWir 1998, 316; *Honsell* NJW 1994, 565; *Horn* WM 1997, 1081; *Kerls* DZWir 1996, 9; *Kohle* ZBB 1994, 172; *Kollrus* MDR 2014, 1357; *Krüger* MDR 2002, 855; *Kulke* ZIP 2000, 952; *Maier* WM 2009, 1971; *Martis* MDR 1998, 882; *Martis* MDR 1998, 936; *Meier* ZMR 1999, 154; *Nobbe/Kirchhof* BKR 2001, 5; *Oberhammer* DZWir 2000, 45; *Pape* ZIP 1994, 515; *Rehbein* JR 1995, 45; *Reinicke* NJW 1995, 1449; *Rolfes/Preis* DB 1994, 261; *Schnabl* WM 2006, 706; *Schweitzer* KTS 1991, 541; *Teubner* KritV 2000, 38; *Tiedtke* NJW 1999, 1209; *Tiedtke/Reinicke* ZIP 1989, 613; *Tonner* JuS 2000, 17; *Tonner* JuS 2003, 325; *Ultsch* DStR 1997, 970; *Wagner* NJW 2005, 2956; *Wesser* NJW 2001, 475; *v. Westphalen* MDR 1994, 5; *Wochner* BB 1989, 1354.

[118] So bspw. BGH NJW 1994, 773; NJW 2002, 744; NJW 2005, 971 (972); NJW 2005, 973 (975); BGHZ 146, 37 = NJW 2001, 815.

[119] StRspr, zuletzt BGH NJW 2009, 2671.

[120] Zuletzt BGH NJW 2009, 2671 (2672) mwN; NJW 2001, 815.

[121] Vgl. etwa *Zöllner* WM 2000, 1 (5); *Schnabl* WM 2006, 706 (709 ff.); *Habersack/Giglio* WM 2001, 1100; *Tiedtke* NJW 2005, 2498; *Nobbe/Kirchhof* BKR 2001, 5 (8); umfangreiche Nachweise bei MüKoBGB/*Habersack* § 765 Rn. 20 sowie in BGH NJW 2009, 2671 (2673 f.).

[122] BGH NJW 2009, 2671 (2674).

35 Die erforderliche emotionale Verbundenheit zwischen Sicherungsgeber und Darlehensnehmer ist nicht nur in den ursprünglich im Mittelpunkt stehenden Fällen der Mithaftung von **Ehegatten**[123] anerkannt, sondern grundsätzlich für alle nahen Angehörigen, insbesondere die erwachsenen **Kinder** des Kreditnehmers[124] und seine Eltern,[125] nicht aber ohne weiteres für Geschwister, für die im Einzelfall festzustellen ist, ob eine mit der Eltern-Kind-Beziehung vergleichbar enge persönliche Beziehung zum Verpflichtungszeitpunkt bestanden hat.[126] Erfasst werden ferner die **nichtehelichen Lebenspartner** einer eheähnlichen Gemeinschaft,[127] während ein Verlöbnis nur ausreichen dürfte, wenn die zugrundeliegende Beziehung sich als vergleichbar eng darstellt wie bei Eheleuten, was aus der ex post-Perspektive vor allem aus der zeitnah zur Verpflichtung begründeten Ehe zu schließen ist, bei Unterbleiben der Eheschließung aber gesondert festzustellen wäre.[128] Zu denken ist ferner an die **Großeltern bzw. Enkel** des Kreditnehmers sowie an **Pflegeeltern und Pflegekinder.** Für weitere Verwandtschaftsverhältnisse wird man ebenso kritisch sein müssen wie für die Anerkennung emotionaler Verbundenheit von Freunden,[129] da eine dem Eltern-Kind-Verhältnis vergleichbar enge Beziehung allenfalls in Ausnahmefällen in Betracht kommt.

36 Für die Feststellung der **krassen wirtschaftlichen Überforderung** des Mithaftenden kommt es einerseits auf sein laufendes Einkommen, andererseits auf sein einzusetzendes Vermögen an.[130] Stellt sich die wirtschaftliche Situation des Mithaftenden zum Zeitpunkt der Übernahme der Verpflichtung so dar, dass bei Einsatz seines Vermögens sowie des pfändbaren Einkommens eine Rückführung des Darlehensbetrags dauerhaft nicht erwartet werden kann, insbesondere weil die Mittel nicht einmal zur **Bedienung der laufenden Zinsen** ausreichen, ist von einer krassen Überforderung auszugehen.[131] Praktisch bedeutet das, dass zunächst das **verwertbare Vermögen** des Mithaftenden anzusetzen ist, um dann in einem zweiten Schritt zu prüfen, ob die nach Einsatz des zu erwartenden Erlöses bestehende Restschuld durch Einsatz des zu erwartenden pfändbaren Einkommens **langfristig getilgt** werden kann. Ein Schonvermögen ist insoweit (mit Ausnahme des Pfändungsschutzes) nicht anzuerkennen, insbesondere hat der Mithaftende auch seine selbstgenutzte Wohnimmobilie zur Tilgung einzusetzen,[132] so dass eine Überforderung ausscheidet, wenn der zu erwartende Verkaufserlös ausreicht,[133] um die Forderung zumindest weitgehend zu tilgen. Abzusetzen ist von der Forderung ferner der zu erwartende Verwertungserlös anderweitiger (insbesondere dinglicher) Sicherheiten, die zusätzlich zu der Personalsicherheit gestellt worden sind, wenn gewährleistet ist, dass „der Kreditgeber ihn erst nach einer ordnungsgemäßen Verwertung der anderen Sicherheit in Anspruch nimmt",[134] was eine entsprechende Vereinbarung voraussetzt. Auch wenn bei dieser Prüfung stets auf die **ex ante-Perspektive** des Zeitpunkts der Haftungsübernahme abzustellen ist, indizieren die zum Fälligkeitszeitpunkt bestehende Einkommenssituation und der tat-

---

[123] BGH NJW 2005, 971; BGHZ 146, 37 = NJW 2001, 815; PWW/*Brödermann* BGB § 765 Rn. 31.

[124] BGHZ 125, 206 = NJW 1994, 1278; PWW/*Brödermann* BGB § 765 Rn. 31; BGH NJW 1997, 52.

[125] BGH NJW 2001, 2466; PWW/*Brödermann* BGB § 765 Rn. 31.

[126] BGHZ 137, 329 = NJW 1998, 597; Lwowski/Fischer/Gehrlein/*Fischer* § 9 Rn. 51; enge persönliche Beziehung bejahend BGHZ 137, 329; abl. BGHZ 140, 395 = NJW 1999, 2372.

[127] BGH BKR 2014, 285; NJW 2013, 1534; NJW 2002, 744; NJW 2000, 1182; NJW 1997, 1005; BGHZ 128, 230 = NJW 1995, 592; PWW/*Brödermann* BGB BGB § 765 Rn. 31.

[128] Die Frage stellt sich indes nur bei Fehlen einer eheähnlichen Haushaltsgemeinschaft, was etwa in BGHZ 136, 347 = NJW 1997, 3372 der Fall war; grds. bejahend PWW/*Brödermann* BGB § 765 Rn. 31.

[129] Hierfür *Nobbe/Kirchhof* BKR 2001, 5; in BGHZ 156, 302 = NJW 2004, 161, 162 wird „Freundschaft" zumindest als mögliche Grundlage des persönlichen Näheverhältnisses genannt.

[130] Derleder/Knops/Bamberger/*Knops* HdB z. dt. und europ. BankR § 27 Rn. 37.

[131] BGH NJW 2005, 973 (975); NJW 2002, 2634; bei der Höchstbetragsbürgschaft ist insoweit auf die Zinslast aus der Bürgschaftssumme, nicht aus der höheren Hauptschuld abzustellen, BGH NJW 2013, 1534.

[132] BGH NJW 2001, 2466; OLG Hamm BeckRS 2013, 3931.

[133] Gemindert um die auf der Immobilie ruhenden dinglichen Belastungen, BGHZ 151, 34 = NJW 2002, 2228.

[134] BGH NJW 2009, 2671 (2673).

sächlich erzielte Verwertungserlös, dass diese auch zu erwarten gewesen sind.[135] Kann der Mithaftende dauerhaft lediglich die Zinsen für das Darlehen allein aufbringen, begründet auch dies die Überforderung – in den Grenzfällen, in denen das Einkommen gerade für die Zinsbelastung ausreicht, aber nur ein minimaler Tilgungsbetrag verbleibt, so dass das pfändungsfreie Einkommen auf unüberschaubare Zeit eingesetzt werden muss, wird man nicht anders entscheiden können.[136]

Liegt eine solche Überforderung vor, begründet dies allerdings nur eine **Vermutung für** 37
die sittenwidrige Ausnutzung der Verbundenheit, die der Gläubiger grundsätzlich widerlegen kann.[137] Hierfür müsste er aufzeigen, dass die verlangte Sicherheit aus seiner Sicht bei Vertragsschluss wirtschaftlich nicht sinnlos gewesen ist. In Betracht kommen insoweit der Beweis **fehlender Kenntnis** von der Überforderung sowie einer **Fehlprognose** bezüglich der zukünftigen wirtschaftlichen Leistungsfähigkeit (neben dem Schutz vor Vermögensverlagerungen[138]). Fehlende Kenntnis von der Überforderung steht zwar dem Unwerturteil der Sittenwidrigkeit grundsätzlich entgegen, jedoch genügt es auch, wenn sich der Kreditgeber der die Überforderung begründenden Tatsachen „bewusst verschlossen hat", was bereits anzunehmen ist, wenn von der **banküblichen Werthaltigkeitsprüfung** der Sicherheit vor Hereinnahme abgesehen wird.[139] Danach besteht für den Beweis die Sittenwidrigkeit ausschließender Unkenntnis zumindest bei einem Kreditinstitut als Kreditgeber nur ein schmaler Anwendungsbereich in den Fällen, in denen trotz der banküblichen (oder sogar nach § 505a BGB erforderlichen, Rn. 28) Prüfung die Überforderung nicht erkannt wurde. Praktisch dürfte dies nur bei bewusster Täuschung über die Leistungsfähigkeit in Betracht kommen, insbesondere durch eine wahrheitswidrige **Selbstauskunft** des Mithaftenden.[140] Die instanzgerichtliche Rechtsprechung ging zuletzt teilweise davon aus, dass der Bürge sich an dem Inhalt der Selbstauskunft festhalten lassen müsse, da das Vertrauen des Kreditgebers in die Richtigkeit der eigenen Erklärung jedenfalls die subjektive Komponente der Sittenwidrigkeit ausschließe.[141] Mit der Rechtsprechung des BGH ist einer derart allgemeinen Aussage indes zu widersprechen. Es ist daran festzuhalten, dass der Sicherungsnehmer der Selbstauskunft in diesem Sinn nur vertrauen darf, wenn die Angaben einer „sorgfältigen Überprüfung" standhalten.[142] Dies gilt insbesondere bei Wertangaben über Grundbesitz, da eine Grundstücksbewertung durch einen Laien schon grundsätzlich nicht als verlässlich angesehen werden kann. Die Selbstauskunft wird man insoweit nur für den Bestand des Grundvermögens, nicht aber für den Wert als maßgeblich heranziehen können, so dass die Bewertung in der Verantwortung der Bank verbleibt, auch bei einem bewusst übertriebenen Wertansatz. Festhalten lassen muss sich der Bürge demnach nur an den Angaben über den **Bestand seines Vermögens,** etwa der Angabe, dass das Grundstück im Alleineigentum steht und an den Angaben zur Valutierung dinglicher Belastungen. Nur insoweit schließen wahrheitswidrige Angaben die Kenntnis der Überforderung aus.

Schwieriger zu lösen sind die Fälle einer **Fehlprognose,** die zur fälschlichen Annahme 38
einer hinreichenden Leistungsfähigkeit führte. Da die Sittenwidrigkeit aus der ex ante-Perspektive des Zeitpunkts der Haftungsübernahme zu beurteilen ist, wird man bei der Berufung auf eine von der tatsächlichen Entwicklung abweichenden Prognose darauf abstellen müssen, ob die **Prognose einer positiven Entwicklung** der Einkommens- und Vermögensverhältnisse als vertretbar anzusehen war. Der BGH hat etwa die selbständige Tätigkeit als Zahnarzt nicht als hinreichende Grundlage einer Prognose regelmäßiger erheblicher Einnahmen (für eine Bürgschaft von 1 Mio. DM Anfang der 1990er Jahre)

---

[135] BGHZ 132, 328 = NJW 1996, 2088; zur Fehlprognose → A. Rn. 38.
[136] Derleder/Knops/Bamberger/*Knops* HdB z. dt. und europ. BankR § 27 Rn. 42.
[137] Derleder/Knops/Bamberger/*Knops* HdB z. dt. und europ. BankR § 27 Rn. 50.
[138] → A. Rn. 41.
[139] BGHZ 146, 37 = NJW 2001, 815 (816 f.); ebenso bereits BGH NJW 1996, 513; 1999, 58; NJW 2000, 1182.
[140] MüKoBGB/*Habersack* § 765 Rn. 25.
[141] LG Essen BeckRS 2014, 18141; LG Stuttgart BeckRS 2014, 9584.
[142] BGH BKR 2014, 285 (Tz. 19).

angesehen, da der Bürge zum Zeitpunkt der Übernahme der Verpflichtung einkommens- und vermögenslos war.[143] Dies zeigt deutlich, dass der BGH nicht gewillt ist, überoptimistische Schätzungen zukünftiger Leistungsfähigkeit des Sicherungsgebers zum Ausschluss des Sittenwidrigkeitsurteils führen zu lassen. Macht der Sicherungsgeber daher eine von der tatsächlichen Entwicklung abweichende Prognose der Leistungsfähigkeit gelten, muss er mE nicht nur beweisen, dass die Hereinnahme der Sicherheit gerade auf Grundlage der Prognose erfolgt ist (es sich also nicht um eine nachträglich konstruierte Schutzbehauptung handelt), sondern auch, dass es sich um eine **„seriöse und vernünftige Zukunftsprognose"** handelt.[144] Als vertretbar wird man regelmäßig vor allem eine Prognose anhand der aktuellen Einkommens- und Vermögensverhältnisse bei Haftungsübernahme ansehen können, also die Erwartung der Aufrechterhaltung des wirtschaftlichen status quo. Aber auch dabei sind offensichtliche Veränderungen (etwa im Hinblick auf die bevorstehende Pensionierung des Sicherungsgebers) zu berücksichtigen.

39 Stellt sich die Sicherheit nur aufgrund der Prognose einer positiven Einkommensentwicklung als wirtschaftlich sinnvoll dar, müssen hierfür objektive Umstände bezüglich Grund und Umfang des Einkommenszuwachses vorliegen, wobei nach der Rechtsprechung des BGH „grundsätzlich alle erwerbsrelevanten Umstände und Verhältnisse wie zum Beispiel Alter, Schul- und Berufsausbildung sowie etwaige besondere familiäre oder vergleichbare Belastungen des erkennbar finanzschwachen Bürgen oder Mithaftenden zu berücksichtigen" sind.[145] Über die Lebensplanung des Bürgen darf sich eine solche Prognose nicht hinwegsetzen, so dass es insbesondere nicht auf die beruflichen Möglichkeiten ankommt, wenn eine Haushaltsführungsehe ohne eigene Berufstätigkeit erkennbar geplant ist.[146] Nicht zu berücksichtigen sind aber Erwerbsaussichten, die nur **bei Erfolg des finanzierten Unternehmens** des Hauptkreditnehmers bestehen (also bei Eintritt des Sicherungsfalls denknotwendig nicht mehr bestehen),[147] ferner kann eine vertretbare Prognose nicht auf „vage und substanzlose Angaben" des Sicherungsgebers gestützt werden.[148] Auch bei der Bewertung des verwertbaren Vermögens im Rahmen einer solchen Prognose wird man den Maßstab der Vertretbarkeit anzuwenden haben, wobei nach kaufmännischen Gepflogenheiten auch für die Frage der Sittenwidrigkeit eine **Bewertung nach dem Vorsichtsprinzip** angezeigt ist. Soweit im Einzelfall bewegliche Sachen als verwertbares Vermögen zu berücksichtigen sind, ist der Maßstab des § 237 BGB anzuwenden. Bei unbeweglichem Vermögen ist der Schätzwert ebenfalls unter Berücksichtigung des Vorsichtsprinzips auf den voraussichtlich in der Zwangsvollstreckung zu realisierenden Wert zu begrenzen. Zukünftiger Vermögenszuwachs kann nur einbezogen werden, wenn der Erwerb bis zum Fälligkeitszeitpunkt hinreichend abgesichert ist, woran es regelmäßig (im Hinblick auf die Unsicherheit des Sterbezeitpunkts des Erblassers) bei einer **Erbschaftsaussicht** fehlen wird. Es bleibt daher bei der Sittenwidrigkeit, wenn das Kreditinstitut die Sicherheit im Hinblick auf das Erbe des Bürgen (und den 30jährigen Zeitraum, der für die Zwangsvollstreckung aus dem Titel zur Verfügung steht) hereinnimmt. Allerdings hat der Kreditgeber nach der Rechtsprechung des BGH die Möglichkeit, die Sittenwidrigkeit dadurch zu vermeiden, dass in den Sicherungsvertrag eine **Haftungsbeschränkung auf eine „näher bestimmte Erbschaft"** aufgenommen wird, so dass die Mithaftung überhaupt nur bei dem Anfall der Erbschaft relevant wird.[149] Diese Rechtsprechung, die auf dem Gedanken der Gleichstellung der besonderen Sicherungszwecke der zukünftigen Erbschaft und des Schutzes gegen Vermögensverlagerungen[150] beruht, ist indes kritisch zu

---

[143] BGH NJW-RR 2002, 1130.
[144] BGH NJW 2002, 746 (747).
[145] BGH NJW 2005, 971 (972); ferner BGHZ 146, 37 = NJW 2001, 815; NJW 2002, 746.
[146] OLG Koblenz BeckRS 2012, 22999.
[147] BGH NJW 2005, 971.
[148] BGH NJW 2002, 746 (747).
[149] BGH NJW 1999, 58 mwN.
[150] → A Rn. 41.

sehen, widerspricht eine solche gezielt auf den Nachlass eines lebenden Dritten bezogenen Vertragsgestaltung doch dem Rechtsgedanken des § 311b Abs. 4 BGB.

Nur wenn aufgrund einer derart nachweisbaren, vorsichtigen „seriösen und vernünftigen" Prognose aus der ex ante-Sicht zum Zeitpunkt der Fälligkeit der gesicherten Forderung keine krasse Überforderung bestanden hätte, würde das Sittenwidrigkeitsurteil entfallen. Nach Ansicht des Verfassers besteht insoweit auch kein Anlass, einen **„Prognosespielraum"** im Sinne eines nicht überprüfbaren Beurteilungsspielraums des Kreditinstituts anzuerkennen. Anzumerken ist ferner, dass natürlich auch zugunsten des Sicherungsgebers der Beweis einer von der tatsächlichen Vermögensentwicklung abweichenden Prognose geführt werden kann, schließlich wird die sittenwidrige Haftungsübernahme nicht dadurch wirksam, dass der Haftende später einen nicht vorhersehbaren Vermögenszuwachs erzielt. Auch wenn ein Bürge (nur) aufgrund einer zwischenzeitlich angefallenen Erbschaft tatsächlich in vollem Umfang leistungsfähig ist, deren Anfall bis zum Fälligkeitszeitpunkt des Kredits jedoch aus der ex ante-Perspektive nicht als gesichert angesehen werden konnte, bleibt es daher bei der Sittenwidrigkeit, wobei in solchen Fällen die Vermutung für die tatsächlich eingetretene Entwicklung von dem Bürgen zu widerlegen wäre. **40**

Die dargestellten Grundsätze für die Beurteilung der „krassen wirtschaftlichen Überforderung" haben trotz der nunmehr in § 505a BGB geregelten **Pflicht zur Kreditwürdigkeitsprüfung** im Verbraucherkreditrecht weiterhin eigenständige Bedeutung. Zwar ist der Maßstab für die Kreditvergabe in § 505a Abs. 1 S. 2 BGB sehr viel strenger als der Maßstab der krassen Überforderung, so dass eine ordnungsgemäß durchgeführte Kreditwürdigkeitsprüfung und pflichtgemäße Entscheidung über die Annahme der Sicherheit die Sittenwidrigkeit ausschließt. Geht man indes – entgegen der hier vertretenen Ansicht (→ Rn. 29) – mit der Rechtsprechung davon aus, dass das Verbraucherkreditrecht nicht analog auf Bürgschaften anzuwenden ist, besteht insoweit auch keine Pflicht zur Kreditwürdigkeitsprüfung. Und auch bei Anwendung des Verbraucherkreditrechts auf Bürgschaft und Schuldbeitritt wäre die Prüfung der Sittenwidrigkeit nicht obsolet, da § 138 BGB zur vollständigen Nichtigkeit der Personalsicherheit führt, während selbst nach der hier vertretenen Ansicht (→ Rn. 28) ein auf § 280 BGB gestützter Schadensersatzanspruch nicht zur Befreiung von der gesamten Verbindlichkeit, sondern nur zur Reduktion auf das Maß der Leistungsfähigkeit führen würde. Die Rechtsfolge der Nichtigkeit wäre mithin für den Sicherungsgeber deutlich günstiger. **40a**

b) Schutz vor Vermögensverlagerungen.[151] Als besondere Fallgruppe sittenwidriger Personalsicherheiten können inzwischen die Ehegattensicherungen zur **Verhinderung von Vermögensverschiebungen** des Hauptschuldners auf den einkommens- und vermögenslosen Ehegatten angesehen werden. Schon seit Beginn der Rechtsprechung zur Anwendung des § 138 BGB auf die Ehegattenbürgschaft wurde die Gefahr, dass der Hauptschuldner Vermögensgegenstände auf den Ehegatten überträgt und dadurch dem Gläubigerzugriff entzieht, als Motivation sonst wirtschaftlich unsinniger Mithaftungserklärungen angesehen, wobei zeitweise, auch innerhalb des BGH[152] umstritten war, unter welchen Umständen diese Motivation das Unwerturteil der Sittenwidrigkeit beseitigt.[153] Die Frage ist seit der einer Grundsatzentscheidung des BGH[154] dahin entschieden, dass bei krasser finanzieller Überforderung des Ehepartners ein **„unbeschränktes Mithaftungsbegehren"** nicht im Hinblick auf den Schutz vor Vermögensverlagerungen gerechtfertigt werden kann, sondern nur eine auf das **konkret verlagerte Vermögen** beschränkte Haftung wirksam wäre. Kann also eine tatsächlich eingetretene Vermögensverlagerung nicht nachgewiesen werden, darf nach der Vertragsgestaltung kein Anspruch bestehen, **41**

[151] Näher: *Bauer* VuR 2003, 481; *Fellner* MDR 2005, 368; *Herrmann* DStR 1997, 1691; *Kulke* ZIP 2000, 952; *Nobbe/Kirchhoff* BKR 2001, 5.
[152] Vgl. dazu den Vorlagebeschluss BGH NJW 1999, 2584.
[153] Zur Entwicklung vgl. *Schimansky* WM 2002, 2437; *Tiedtke* NJW 2003, 1359; *Tonner* JuS 2003, 325.
[154] BGH NJW 2002, 2228.

ansonsten wäre die Mithaftung sittenwidrig. Auch die Annahme einer **konkludenten Haftungsbeschränkung** auf das konkret verlagerte Vermögen zur Vermeidung des Unwerturteils wird vom BGH abgelehnt, da dies einer geltungserhaltenden Reduktion formularmäßiger Mithaftungserklärungen entsprechen würde. Im Ergebnis bedeutet dies, dass hinsichtlich des Schutzes gegen die Verlagerung von Vermögensbestandteilen eine krass überfordernde Mithaftungserklärung nur dann als nicht sittenwidrig anzusehen ist, wenn die Erklärung eine **ausdrückliche Haftungsbeschränkung** enthält und daher schon durch die Gestaltung der Mithaftungserklärung ein Zugriff auf das sonstige, nicht auf Verlagerungen zurückzuführende Vermögen und Einkommen der Mithaftenden ausgeschlossen wird.[155] Ansonsten bleibt es bei der Sittenwidrigkeit der Mithaftungserklärung, die dann selbst bei einer tatsächlich nachweisbaren Vermögensverlagerung keine Haftung zu begründen vermag.

42 **c) Krasse finanzielle Überforderung von Arbeitnehmern, Gesellschaftern und Organmitgliedern.**[156] Als weitere Fallgruppe sittenwidriger Mithaftungserklärungen ist inzwischen die überfordernde **Arbeitnehmerbürgschaft** anerkannt.[157] Diese Fallgruppe unterscheidet sich deutlich von den Fällen der Angehörigenbürgschaften, da die Sittenwidrigkeit nicht aus der Ausnutzung emotionaler Verbundenheit resultiert.[158] Vielmehr geht es um Fälle, in denen Arbeitnehmer sich für die zur Aufrechterhaltung des Betriebs ihres Arbeitgebers erforderlichen Kredite verbürgen, um so ihren **Arbeitsplatz zu sichern,** also um die Ausnutzung der Existenzangst des Sicherungsgebers durch das Kreditinstitut.[159] Der BGH[160] legt an diese Fälle ähnliche Maßstäbe an wie an die Angehörigenbürgschaften und verlangt daher zunächst die krasse finanzielle Überforderung des Arbeitnehmers, die auch hier als gegeben angesehen wird, wenn sein pfändbares Einkommen und Vermögen nicht ausreicht, um dauerhaft mehr als die Zinsbelastung zu tragen. Insoweit ist allerdings bei der Prognose der zukünftigen Leistungsfähigkeit zu berücksichtigen, dass der Sicherungsfall gerade bei der **Insolvenz des Arbeitgebers** eintritt, so dass regelmäßig zugleich der **Arbeitsplatz verloren geht.**[161] Eine Prognose anhand der aktuellen Einkommensverhältnisse erscheint daher hier schon im Ausgangspunkt nicht ohne weiteres als vertretbar, sondern nur dann, wenn die Erzielung eines vergleichbaren Einkommens von einem anderen Arbeitgeber als wahrscheinlich erscheint. Hieran wird es in der Regel fehlen, besteht doch in einer solchen Situation schon kein Anreiz für den Arbeitnehmer, die Bürgschaft zu übernehmen. Daher wird die krasse Überforderung in solchen Fällen häufig anzunehmen sein.

43 Im Hinblick auf die zweite Voraussetzung der sonst erforderlichen emotionalen Verbundenheit stellt der BGH zu Recht fest, dass diese zwischen Arbeitgeber und Arbeitnehmer (natürlich) fehlt – zugleich wird aber auch das wirtschaftliche Eigeninteresse des Arbeitnehmers an der Kreditgewährung abgelehnt. Denn ein solches Eigeninteresse müsste unmittelbar sein, während das Interesse am Erhalt des Arbeitsplatzes (ohne darüber hinausgehende Beteiligung an Gewinnen und Wertsteigerungen) als nur mittelbares Eigeninteresse anzusehen ist. An die Stelle der emotionalen Verbundenheit stellt der BGH dagegen die Motivation der „**Angst um seinen Arbeitsplatz** bei der Hauptschuldnerin und den Verlust seines Einkommens, mit dem er seinen Lebensunterhalt bestritt."[162] Jedenfalls wenn

---

[155] BGHZ 151, 34 = NJW 2002, 2228; BGH NJW 2002, 2230; NJW 1999, 58; BGHZ 134, 42 = NJW 1997, 257.

[156] Ua *Bauer* VuR 2003, 481; *Braun* DStR 1996, 1692; *Braun* Jura 2004, 474; *Ehricke* WM 2000, 2177; *Fellner* MDR 2005, 368; *Habersack/Giglio* WM 2001, 1100; *Martis* MDR 1998, 936; *Nobbe/Kirchhof* BKR 2001, 5; *Pfab* Jura 2005, 737; *Seifert* NJW 2004, 1707.

[157] PWW/*Brödermann* BGB § 765 Rn. 40.

[158] PWW/*Brödermann* BGB § 765 Rn. 40.

[159] BGHZ 156, 302 = NJW 2004, 161; *Seifert* NJW 2004, 1708; PWW/*Brödermann* BGB § 765 Rn. 40.

[160] BGHZ 156, 302 = NJW 2004, 161.

[161] BGHZ 156, 302 = NJW 2004, 161; *Seifert* NJW 2004, 1707 (1709).

[162] BGHZ 156, 302 = NJW 2004, 161 (162).

sich der Arbeitgeber in einer **wirtschaftlichen Notlage** befindet, so dass der Arbeitnehmer die Wahl hat, dem Sicherungsbegehren „nachzugeben oder den sofortigen Verlust seines Arbeitsplatzes in Kauf zu nehmen", muss sich dem Kreditgeber die Zwangslage aufdrängen, deren Ausnutzung zum Unwerturteil der Sittenwidrigkeit führt.[163] Der BGH stellt somit die Einflussnahme mittels der Angst um den Arbeitsplatz derjenigen aufgrund emotionaler Verbundenheit gleich. Der Rechtsprechung ist zuzustimmen, da auch der Arbeitnehmer, der sich nicht nur in einer strukturellen Unterlegenheitssituation zum Kreditgeber, sondern auch zum Hauptschuldner befindet, als vergleichbar schutzbedürftig erscheint. Dabei wird man die vom BGH formulierten Anforderungen nicht zu streng auszulegen haben. Insbesondere kann man der Entscheidung nicht entnehmen, dass die Sittenwidrigkeit nur bei einem sofortigen Arbeitsplatzverlust als Alternative besteht, vielmehr wird man die aus einer (auch weniger dramatischen) wirtschaftlichen Notlage resultierende abstrakte Gefahr des zukünftigen Arbeitsplatzverlustes als ausreichend anzusehen haben. Entscheidend kann nur sein, ob nach den Umständen des Einzelfalles festgestellt werden kann, dass der Kreditgeber versucht hat, „von der aufgezeigten Zwangslage (des Arbeitnehmers) und seiner Angst um den Verlust des Arbeitsplatzes zu profitieren."[164]

Als bedenklich erscheint jedoch, dass der BGH selbst bei einer solchen Ausnutzung einer Zwangslage auch bei Arbeitnehmern bis zur **Grenze der krassen Überforderung** die Bürgschaft als wirksam ansieht, also etwa dann, wenn der Bürgschaftsbetrag durch den Wert des Eigenheims abgedeckt wird. Während bei einer Realsicherheit zumindest noch das Erfordernis öffentlicher Beglaubigung der Eintragungsbewilligung (§§ 873, 129 BGB, § 29 GBO) der Warnung vor den damit verbundenen Gefahren dient, kann eine Mithaftungserklärung, aufgrund derer ebenfalls der Verlust des Eigenheims im Raum steht, jedenfalls privatschriftlich erfolgen. Während die familiäre Solidarität die Bereitstellung von Sicherheiten für nahe Angehörige im Rahmen der bestehenden Leistungsfähigkeit noch als legitim erscheinen lässt, wird der Einsatz des Privatvermögens des Arbeitnehmers zugunsten des Arbeitgebers aufgrund der rein ökonomischen Beziehung nicht von einer solchen nachvollziehbaren Motivation getragen.[165] Vielmehr erscheint als näher liegend, dass schon aufgrund der Beteiligung des mit Direktionsrecht ausgestatteten Arbeitgebers eine freie, rationale Entscheidung des Arbeitnehmers auch bei Leistungsfähigkeit nicht zu erwarten ist und sich eine Ausnutzung der im Hinblick auf den drohenden Arbeitsplatzverlust bestehenden Zwangslage sowie des Über-/Unterordnungsverhältnisses sich immer dann aufdrängen muss, wenn der **Arbeitgeber das Sicherungsbegehren an den Arbeitnehmer heranträgt.** Dies spricht mE dafür, auch bei fehlender krasser wirtschaftlicher Überforderung von einer sittenwidrigen Ausnutzung einer Bestimmung des Arbeitnehmers zur Mithaftung durch den Arbeitgeber auszugehen, letztlich also aufgrund der **Umstände des Vertragsschlusses** einen Verstoß gegen § 138 BGB anzunehmen. Gleichwohl hat der BGH erst im Jahr 2018 ausdrücklich bestärkt, dass auch für Arbeitnehmerbürgschaften die Grenze der krassen Überforderung gilt.[166] Begründet wird dies vor allem mit einem Vergleich mit der Situation der Angehörigensicherheit und der Annahme eines „größeren Schutzbedürfnisses nahestehender Personen", so dass eine „Besserstellung bürgender Arbeitnehmer" zu Wertungswiderspüchen führen würde. Dem Umstand, dass in dem entschiedenen Fall die Arbeitnehmerbürgschaften laut Tatbestand des Urteils „auf Bitten des Geschäftsführers der Hauptschuldnerin" übernommen worden sind, hat der BGH keine Relevanz beigemessen und eine Sittenwidrigkeit aufgrund der Umstände des Vertragsschlusses nicht in den Blick genommen. Auch wertungsmäßig überzeugt das Argument des **„größeren Schutzbedürfnisses"** der Angehörigen nicht, da die familieninterne Solidarität und die gemeinsamen Interessen am wirtschaftlichen Vorankommen der Familienmitglieder die Gewährung von Sicherheit bis zur Grenze der Überforderung rational als nachvollziehbar erschei- 44

[163] BGHZ 156, 302 = NJW 2004, 161 (162); vgl. auch MüKoBGB/*Habersack* § 765 Rn. 29.
[164] BGHZ 156, 302 = NJW 2004, 161 (162); Lwowski/Fischer/Gehrlein/*Fischer* § 9 Rn. 58.
[165] Zustimmend Staub/*Renner,* HGB, Bankvertragsrecht Vierter Teil Rn. 927.
[166] BGH NJW 2018, 3637 (Tz. 22 f.).

nen lässt. § 138 BGB sollte keinesfalls so streng angewendet werden, dass werthaltige, familieninterne Sicherungen weitgehend unmöglich gemacht werden, so dass hier die Überforderungsgrenze zu billigen ist. Eine vergleichbare Solidarität mit dem Arbeitgeber besteht gerade nicht, und es erscheint für den Arbeitnehmer auch unterhalb der Grenze der krassen Überforderung als irrational, die Sicherheit zu übernehmen. Denn er verknüpft sein ökonomisches Schicksal dadurch auf Gedeih und Verderb mit dem Arbeitgeber, bei dessen Insolvenz er nicht nur den Arbeitsplatz verliert, sondern auch sein Vermögen und ggf. seine zukünftigen Erwerbsaussichten. Den Arbeitnehmer zu einer derartigen Sicherheit unter Einsatz der Autorität des Arbeitgebers zu bestimmen, sollte unabhängig von der Überforderung nicht gebilligt werden. Der Schutz der Privatautonomie, die der BGH „in nicht gerechtfertigter Weise beschnitten" sähe, wenn man auf das Kriterium der Überforderung verzichten würde, steht der hier vertretenen Auffassung nicht entgegen. Denn solche Arbeitnehmersicherungen bleiben durchaus möglich, wenn das Begehren nicht vom Arbeitgeber an den Arbeitnehmer herangetragen wird. Geht der Kontakt vom Darlehensgeber aus und wird die Situation so gestaltet, dass auch kein faktischer Druck des Arbeitgebers auf die Entscheidung des Arbeitnehmers ausgeübt wird, liegt keine umstandsbezogene Sittenwidrigkeit vor – und die Fallgruppe der krassen Überforderung ist als zweite Begrenzung zusätzlich anzuwenden. Zuzustimmen ist dem BGH indes darin, dass einer **Gegenleistung des Arbeitgebers** für die Übernahme der Haftung keine Relevanz für die Sittenwidrigkeit des Bürgschaftsvertrags (oder Schuldbeitrittsvertrags) mit dem Darlehensgeber zukommt.[167] Zu beachten ist auch in diesem Kontext die **Relativität der Schuldverhältnisse,** so dass die Frage einer Sittenwidrigkeit aufgrund fehlenden Ausgleichs für die Übernahme des Risikos[168] nur das Verhältnis zum Arbeitgeber betrifft. Der Sicherungsnehmer handelt nicht sittenwidrig, nur weil er nicht sicherstellt, dass der Arbeitnehmer eine Kompensation vom Arbeitgeber erhält – auch wenn er vor erkennbaren Umständen, die den Status des Sicherungsgebers betreffen (Strohmann, arbeitnehmerähnlicher Geschäftsführer, dazu sogleich → Rn. 45, 48), nicht die Augen verschließen darf, muss er sich für die konkrete Ausgestaltung des Innenverhältnisses zum Darlehensnehmer nicht interessieren.

45 Dass andererseits die krasse wirtschaftliche Überforderung des Bürgen allein noch nicht genügt, um das Sittenwidrigkeitsurteil zu begründen, wird deutlich, wenn man die Fälle der **GmbH-Gesellschafter- sowie der Kommanditistenmithaftung** betrachtet.[169] Insoweit lehnt der BGH eine Übertragung der zur Angehörigenbürgschaft entwickelten Grundsätze ab, da die fehlende gesellschaftsrechtliche Haftung in solchen Fällen nichts an dem unmittelbaren **wirtschaftlichen Eigeninteresse** der Gesellschafter an der Kreditgewährung ändert und der Kreditgeber „ein berechtigtes Interesse an der persönlichen Haftung der maßgeblich beteiligten Gesellschafter" hat.[170] Nur unter außergewöhnlichen Umständen sind daher auf solche Gesellschaftersicherheiten überhaupt die Grundsätze zur Angehörigenbürgschaft anzuwenden, wobei den Sicherungsgeber (dem insoweit keine tatsächliche Vermutung zugutekommt) die Beweislast trifft.[171] Erforderlich ist danach – neben der krassen wirtschaftlichen Überforderung – die ausschließliche **„Strohmannfunktion"** des sichernden Gesellschafters (also ein fehlendes wirtschaftliches Eigeninteresse trotz formaler Gesellschafterstellung), eine **emotionale Verbundenheit** zum Hintermann (aufgrund derer Gesellschafterstellung wie Mithaftung übernommen worden sind) sowie, dass das fehlende Eigeninteresse für den Kreditgeber **„klar ersichtlich"** ist.[172] Der Kreditgeber darf also, soweit er Einblick in die Innenbeziehungen der Gesellschaft erhält, nicht

[167] BGH NJW 2018, 3637 (Tz. 20).
[168] Diskutiert wurde insoweit die Übertragbarkeit der Rechtsprechung zur Sittenwidrigkeit einer Verlustbeteiligung des Arbeitnehmers ohne angemessenen Ausgleich, BAG NJW 1991, 860.
[169] PWW/*Brödermann* BGB § 765 Rn. 35 ff.
[170] BGH BKR 2002, 716 (718); NJW 2002, 1337 (1338); NJW 2002, 956; PWW/*Brödermann* BGB § 765 Rn. 35.
[171] BGH NJW 2002, 1337.
[172] BGH NZG 2013, 984 (Tz. 22); NJW 2002, 1337; NJW 1998, 597.

die Augen vor diesen „wirklichen Motiven des Bürgen" verschließen – ansonsten kann er aber davon ausgehen, dass einer Mithaftung von Gesellschaftern nichts entgegensteht.[173] Diese engen Voraussetzungen dürften indes nur selten nachweisbar sein, insbesondere wird die Eigenschaft als Strohmann nicht dadurch offensichtlich, dass der Mithaftende mit einem anderen Gesellschafter verheiratet ist und nicht an den Kreditverhandlungen teilnimmt.[174]

Eine Einschränkung dieser strengen Grundsätze hat der BGH allerdings für **geringfügig beteiligte Gesellschafter** anerkannt, indem er das wirtschaftliche Eigeninteresse auf „maßgeblich" beteiligte Gesellschafter[175] beschränkt hat. Wie der BGH[176] allerdings ausdrücklich klargestellt hat, sind damit keineswegs alle Minderheitsgesellschafter gemeint, vielmehr will der BGH nur „unbedeutende Bagatell- und Splitterbeteiligungen" an Kleinunternehmen privilegieren: „Nur bei ihnen kann es – namentlich bei ertragsschwachen und auch über kein ins Gewicht fallendes Eigenkapital verfügenden Gesellschaften – ausnahmsweise sachlich gerechtfertigt sein, den unter wirtschaftlichen Gesichtspunkten nicht nennenswert an der Kreditnehmerin beteiligten finanzschwachen Bürgen nach dem Schutzgedanken des § 138 BGB im Ergebnis wie einen bloßen Strohmanngesellschafter ohne jedes Eigeninteresse an der treuhänderisch gehaltenen Beteiligung zu behandeln."[177] Eine genaue Beteiligungsgrenze lässt sich insoweit nicht angeben, jedoch kann man feststellen, dass der BGH das fehlende Eigeninteresse nicht an dem Einfluss auf die Gesellschaft, sondern an dem finanziellen Interesse, letztlich dem **Wert der Beteiligung** festmacht. Je größer daher das Kapital der Gesellschaft ist, desto geringer wird die prozentuale Beteiligungsschwelle anzusetzen sein. Bei einer Beteiligung von 10 % geht der BGH[178] regelmäßig von einem „erheblichen Vermögenswert" aus, so dass man hier allenfalls bei sehr kleinen Gesellschaften ausnahmsweise von einer unmaßgeblichen Beteiligung ausgehen kann. Unterhalb dieser Schwelle wird man die Maßgeblichkeit im Hinblick auf den Wert der Beteiligung im Einzelfall festzustellen haben. Selbst wenn es danach im Einzelfall an einem hinreichenden Eigeninteresse fehlt, bedürfte es zusätzlich aber noch der weiteren Voraussetzungen, insbesondere der emotionalen Verbundenheit zum wirtschaftlichen Hauptbeteiligten an der Gesellschaft, aufgrund derer die Mithaftung erklärt worden ist, sowie der krassen Überforderung. 46

Als nicht abschließend geklärt erscheint demgegenüber die Situation bezüglich der Anwendbarkeit des § 138 BGB auf Mithaftungserklärungen von **GmbH-Geschäftsführern.** Man wird insoweit verschiedene Konstellationen unterscheiden müssen: Unfraglich sind die Grundsätze zur krassen Überforderung nicht anzuwenden, soweit es sich um einen maßgeblich beteiligten **Gesellschafter-Geschäftsführer** handelt, was sich aber schon allein aus der Gesellschafterstellung ergibt.[179] In dieser Entscheidung wurde allerdings explizit ein berechtigtes Interesse des Kreditgebers an der persönlichen Haftung „maßgeblich beteiligter Gesellschafter sowie der Geschäftsführer für Geschäftskredite" als den „rechtlich und wirtschaftlich verantwortlichen Personen"[180] ohne weitere Differenzierung anerkannt was darauf hindeutet, dass der BGH beim Geschäftsführer allein aufgrund der Organstellung ein wirtschaftliches Eigeninteresse annimmt. Andererseits hat der BGH die Grundsätze zur Angehörigenbürgschaft ohne nähere Begründung aber auf die Geschäftsführerin der Komplementär-GmbH der Kreditnehmerin angewandt, deren Alleingesellschafter (sowohl von Komplementär-GmbH als auch von KG) der Ehemann der Bürgin 47

[173] BGH BKR 2002, 716.
[174] BGH NJW 2002, 956.
[175] Sowohl bei GmbH-Gesellschaftern, BGH NJW 2002, 956, als auch bei Kommanditisten, BGH BKR 2002, 716; PWW/*Brödermann* BGB § 765 Rn. 36.
[176] BGH NJW 2003, 967.
[177] BGH NJW 2003, 967 (968).
[178] BGH NJW 2003, 967.
[179] So etwa BGH NJW 2002, 1337 zum Alleingesellschafter-Geschäftsführer; PWW/*Brödermann* BGB § 765 Rn. 35.
[180] BGH NJW 2002, 1337 (1338).

war.[181] Dies deutet darauf hin, dass die formale Stellung als Geschäftsführer zumindest dann nicht ausreichen kann, wenn tatsächlich kein Einfluss auf die Geschäfte genommen wird (auch wenn das Urteil keine Feststellungen zu einer Strohfraueigenschaft enthält).

48 In der Literatur findet sich häufig eine pauschale Gleichstellung von Gesellschaftern und Geschäftsführern,[182] so dass allein bei erkennbarer Geschäftsführerstellung als Strohmann die Anwendung der Grundsätze zur Angehörigenbürgschaft in Betracht käme. Soweit ersichtlich hat die Rechtsprechung es dagegen noch nicht in Erwägung gezogen, die Grundsätze der Arbeitnehmersicherungen auf den GmbH-Geschäftsführer anzuwenden. Beide Fragestellungen, also die Anwendbarkeit der Grundsätze der Arbeitnehmer- und der Angehörigensicherungen, wird man einheitlich zu beantworten haben, geht es doch in beiden Fällen darum, ob aufgrund der **Geschäftsführerstellung ein berechtigtes Interesse** an der Absicherung anzuerkennen ist. Der BGH hat insoweit auf die rechtliche und wirtschaftliche Verantwortlichkeit der betroffenen Personen abgestellt,[183] so dass zu fragen ist, ob der sichernde Geschäftsführer in diesem Sinne selbst für das Unternehmenshandeln verantwortlich ist und ob die fehlende Verantwortlichkeit für den Kreditgeber klar ersichtlich ist. An einer solchen Verantwortlichkeit fehlt es nicht nur bei den Strohmannfällen (wo schon gar keine wirkliche Tätigkeit für die GmbH entfaltet wird), sondern auch dann, wenn der bzw. die GmbH-Gesellschafter mit Hilfe des Weisungsrechts der Gesellschafterversammlung so intensiv die Geschäftsführung steuern, dass der Geschäftsführer nicht mehr als ein **ausführendes Organ** ist. In solchen Fällen kann auch ein tatsächlich für die GmbH tätiger Geschäftsführer als arbeitnehmerähnliche, nicht selbst für die Unternehmensfinanzierung verantwortliche Person anzusehen sein, die nicht nur aus emotionaler Verbundenheit handeln kann, sondern ebenso wie ein sonstiger Arbeitnehmer auch Existenzangst bezüglich des Verlustes der Anstellung als (meist einziger) Einkommensquelle haben kann. Regelmäßig werden solche Entscheidungsstrukturen dem Kreditgeber durch den Ablauf der Kreditverhandlungen mit der Gesellschaft bekannt sein, werden hier doch die Gesellschafter die Verhandlungen wesentlich an sich ziehen und der Geschäftsführer vor allem für die Unterschrift beigezogen, wovor der Kreditgeber nicht die Augen verschließen darf. In einer solchen Konstellation der Sicherung durch einen **arbeitnehmerähnlichen Geschäftsführer** sollten daher nicht nur die Grundsätze zu den Angehörigensicherungen,[184] sondern auch die der Arbeitnehmersicherungen[185] angewendet werden, soweit die jeweiligen Voraussetzungen einer Sittenwidrigkeit der Mithaftung vorliegen.[186]

49 **d) Sittenwidrige Verharmlosung des Bürgenrisikos und ähnliche Umstände.**[187] Liegen besonders schwerwiegende, dem Kreditgeber zurechenbare Umstände vor, die eine **freie Willensbildung des Mithaftenden** bei Abgabe der Mithaftungserklärung ausschließen, kann auch eine nicht krass überfordernde Personalsicherheit oder die Sicherung durch einen Gesellschafter als sittenwidrig anzusehen sein. Die geradezu klassischen Fallgruppen sind insoweit die **Verharmlosung des Bürgenrisikos** durch den Kreditgeber, die **Überrumpelung** sowie die **Ausnutzung der geschäftlichen Unerfahrenheit** des Mithaftenden. Von einer Verharmlosung des Bürgenrisikos ist auszugehen, wenn der Kreditgeber „Umfang und Tragweite der Haftung verharmlost" oder „ungewöhnliche und schwerwiegende, dem Bürgen ersichtlich unbekannte Haftungsrisiken verschweigt", wofür es im Einzelfall ausreichen kann, wenn der Kreditgeber die Bürgschaft als bedeutungslose „Formsache" bezeichnet.[188] Von Überrumpelung ist der BGH etwa in einem Fall ausgegangen, wo das Bürgschaftsver-

---

[181] BGH NJW 2002, 2230.

[182] Etwa *Nobbe/Kirchhof* BKR 2001, 5 (14); MüKoBGB/*Habersack* § 765 Rn. 29.

[183] BGH NJW 2002, 1337 (1338).

[184] → A Rn. 34 ff.

[185] → A Rn. 42 ff.

[186] So auch Staub/*Renner* HGB Bankvertragsrecht Vierter Teil Rn. 927.

[187] Vgl. *Fellner* MDR 2005, 368; *Klanten* DStR 2000, 1396; *Nobbe/Kirchhof* BKR 2001, 5; *Reich* VuR 1997, 187; *Seidel/Brink* DB 1998, 661; *Tonner* ZIP 1999, 901.

[188] BGHZ 132, 328 = NJW 1996, 2088 (2089).

langen einem GmbH-Gesellschafter unvorbereitet bei einem Routinebesuch nach Darlehensgewährung gestellt worden ist, so dass hiermit auch nicht zu rechnen war.[189] Die Ausnutzung geschäftlicher Unerfahrenheit steht in engem Zusammenhang zu den Fällen der Verharmlosung des Bürgenrisikos, da regelmäßig nur geschäftlich unerfahrene Personen eine Fehlvorstellung über die Risiken entwickeln – wird diese schlicht ausgenutzt, liegt letztere Fallgruppe vor, wird sie aktiv hervorgerufen, ist man im Bereich der Verharmlosung des Risikos.[190]

In allen Fällen bedarf es einer **Gesamtabwägung der Umstände des Einzelfalls** (bei der auch die wirtschaftliche Überforderung zu berücksichtigen ist), wobei von einer Sittenwidrigkeit dann auszugehen ist, wenn nach den gesamten Umständen von einem dem Kreditgeber zurechenbaren „unerträglichen Ungleichgewicht der Vertragsparteien" auszugehen ist.[191] Ebenso gehören in diesen Bereich die **Ausübung von Druck** sowie die **Schaffung einer Zwangslage,** worunter auch die Ausnutzung einer Druckausübung naher Angehöriger gehören kann, richtigerweise auch die Bestimmung zur Bürgschaftserklärung durch den Arbeitgeber, was nach der hier vertretenen Ansicht auch unabhängig von einer krassen Überforderung als hinreichend für das Unwerturteil des § 138 BGB anzusehen sein kann.[192] Instruktiv als Fall einer unzulässigen Druckausübung ist BGH NJW 1997, 1980, wo die Kündigung eines bereits ausgezahlten Kredits für den Fall der Verweigerung der Bürgschaftsübernahme durch den GmbH-Gesellschafter angedroht wurde, was zur sofortigen Zahlungsunfähigkeit der GmbH geführt hätte. Dieses Verhalten wird man bereits isoliert als hinreichend für die Sittenwidrigkeit anzusehen haben,[193] wenn auch in dem vom BGH entschiedenen Fall noch die Aspekte der Überrumpelung und eine krasse wirtschaftliche Überforderung (die bei den situativen Sittenwidrigkeitsumständen gerade nicht als Voraussetzung, sondern nur als Abwägungsfaktor von Bedeutung ist) hinzu kamen. Für die die Sittenwidrigkeit begründenden Umstände ist der Mithaftende in vollem Umfang **darlegungs- und beweisbelastet.**[194] 50

3. Personalsicherheiten bei Sittenwidrigkeit des Kreditvertrags

Auswirkungen auf die Personalsicherheiten hat auch die Sittenwidrigkeit (und damit Nichtigkeit) des Kreditvertrags, auf dem die gesicherte Hauptforderung beruht (zB bei sittenwidriger Zinshöhe). Zunächst ist festzustellen, dass sowohl beim Schuldbeitritt als auch bei der Bürgschaft die Personalsicherheit schon nicht wirksam begründet werden kann, wenn die gesicherte Forderung nicht entsteht. Bei der Bürgschaft ergibt sich dies aus dem **akzessorischen Charakter** der Sicherung (§§ 767, 768, 770 BGB[195]), beim Schuldbeitritt daraus, dass dieser ohne eine Forderung, der beigetreten wird, ins Leere geht.[196] Die Nichtigkeit des Kreditvertrags bedeutet allerdings nur, dass ein vertraglicher Rückzahlungsanspruch (auf den sich die Personalsicherheit üblicherweise bezieht) nicht zur Entstehung gelangen kann, während die Personalsicherheit auch der **Absicherung des bereicherungsrechtlichen Rückzahlungsanspruchs** dienen kann, der bei Auszahlung der Kreditsumme an den Hauptkreditnehmer entsteht. Ob Bürgschaft oder Schuldbeitritt auch einen solchen Kondiktionsanspruch erfassen, oder ob die Sicherung auf den vertraglichen Anspruch beschränkt sein soll, ist durch Auslegung der Mithaftungserklärung zu entscheiden. Häufig enthalten die entsprechenden Bankformulare für die Mithaftungserklärung eindeutige und AGB-rechtlich nicht zu beanstandende Formulierungen,[197] die die Sicherheit auf mit dem Kredit in Zusammenhang stehende Bereicherungsansprüche erstreckt. 51

[189] BGH NJW 1997, 1980 (1982).
[190] BGH NJW 1997, 1980; PWW/*Brödermann* BGB § 765 Rn. 41.
[191] BGH NJW 1997, 1980 (1982).
[192] → A Rn. 44.
[193] Vgl. *Nobbe/Kirchhof* BKR 2001, 5 (15).
[194] BGHZ 125, 206 = NJW 1994, 1278.
[195] → BGB § 765 Rn. 6.
[196] → C Rn. 1.
[197] BGH NJW 1992, 1234.

Fehlt es an einer solchen Vertragsklausel, ist im Rahmen der Auslegung zu differenzieren: Nach Ansicht des BGH[198] ist bei fehlendem Vertrag regelmäßig von einer Erstreckung auf den Bereicherungsanspruch auszugehen, „wenn die ausgezahlten Geldbeträge demselben Zweck dienen, wie das in Aussicht genommene Darlehen selbst, wenn sie außerdem zu denselben Bedingungen zur Verfügung gestellt werden und wenn das Risiko des Bürgenden durch die Auszahlung ohne gesicherte Rechtsgrundlage allein nicht erhöht wird." Relevant soll ferner sein, ob der Bürge ein eigenes wirtschaftliches Interesse verfolgte. Diese (für die Kreditgeber eher großzügige) Sichtweise soll auch auf die Fälle der Sittenwidrigkeit zu übertragen sein,[199] wobei der BGH ausdrücklich offen gelassen hat, ob in diesem Fall Besonderheiten gelten.[200] Noch weitergehend soll sich die Bürgschaft nach einer weiteren Meinung aufgrund des mutmaßlichen Willens der Parteien sogar grundsätzlich auf den Bereicherungsanspruch erstrecken, da die Nichtigkeit die Identität des Anspruchs unberührt lasse und nur die Anspruchsgrundlage austausche.[201]

52 Richtigerweise ist demgegenüber schon grundsätzlich eine **restriktivere Sichtweise** angebracht, insbesondere aber im Fall der Sittenwidrigkeit des Hauptvertrags.[202] Denn der Mithaftende wird mangels Einblick in das Verhältnis zwischen Kreditgeber und Hauptschuldner (insbesondere bei der selbstschuldnerischen Bürgschaft und dem Schuldbeitritt) der Gefahr einer übermäßigen, da am sittenwidrigen Vertragsinhalt orientierten Inanspruchnahme ausgesetzt. Dies gilt nicht nur im Hinblick auf die Verzinsung, sondern kann im Einzelfall auch im Hinblick auf eine Entreicherung relevant sein. Da eine Entreicherung im Vermögen des Hauptschuldners auch die Mithaftung begrenzt, aber für den Mithaftenden (ebenso wie für den Kreditgeber) nicht erkennbar ist, besteht ein erhebliches Risiko einer über den geschuldeten Betrag hinausgehenden Inanspruchnahme. Es dürfte ferner nicht dem **mutmaßlichen Mithaftendenwillen** entsprechen, eine Haftung gegenüber einem sittenwidrig handelnden Kreditgeber zu übernehmen, der an einer sofortigen Rückforderung durch § 242 BGB gehindert wird und die Mittelbelassung somit ohnehin nicht mehr von der Sicherung abhängig machen kann. Soweit eine formularmäßige Mithaftungserklärung ohne eindeutige Klausel verwendet wird, gebietet ferner § 305c Abs. 2 BGB eine **ganz enge Auslegung.** Daher sollte man jedenfalls in den Fällen, in denen der Nichtigkeitsgrund allein der Sphäre des Kreditgebers zurechnen ist und insbesondere aus einem sittenwidrigen Verhalten resultiert, grundsätzlich davon ausgehen, dass die Mithaftungserklärung **nur bei ausdrücklicher Regelung den Bereicherungsanspruch** erfasst.

B. Vorbemerkung Bürgschaft (§§ 765 ff. BGB)

I. Begriff und Rechtsnatur

1 Die in §§ 765 ff. BGB geregelte Bürgschaft ist ein **Vertragsverhältnis zwischen dem Bürgen und dem Gläubiger,** durch das der Bürge verspricht, gegenüber dem Gläubiger für die Schuld eines Dritten einzustehen. Auch wenn das Vertragsverhältnis selbst nur zwischen zwei Personen (Bürge und Gläubiger) zustande kommt, liegt der Bürgschaft doch notwendigerweise ein **Drei-Personen-Verhältnis** zugrunde, da die Bürgschaft aufgrund ihrer Akzessorietät ohne eine zu sichernde Hauptforderung des Gläubigers gegen einen Dritten gegenstandslos wäre.[1] Wenn der Dritte auch nicht Vertragspartner des Bürgschaftsvertrags wird, ist er doch in die zugrunde liegenden Rechtsbeziehungen in doppelter

[198] BGH NJW 2001, 1859 (1860).
[199] So zB *Bydlinski* WM 1992, 1301; MüKoBGB/*Habersack* § 765 Rn. 62.
[200] BGH NJW 2001, 1859 (1860).
[201] So *Larenz/Canaris* Schuldrecht II/2, S. 12; ähnlich *Koziol* ZBB 1989, 16 (23).
[202] Zustimmend Staub/*Renner* HGB Bankvertragsrecht Vierter Teil Rn. 928.
[1] PWW/*Brödermann* BGB vor § 765 Rn. 1; BankR-HdB/*Nobbe* § 91 Rn. 2 ff.; *Reinicke/Tiedtke* Bürgschaftsrecht Rn. 22 ff.; *Weber/Weber* Kreditsicherungsrecht S. 43 ff.

Hinsicht eingebunden: Einerseits ist er mit dem Gläubiger durch den der Hauptforderung zugrunde liegenden Vertrag (meist einem Darlehensvertrag, § 488 BGB) verbunden, andererseits mit dem Bürgen regelmäßig durch einen Vertrag, durch den sich der Bürge ihm gegenüber zur Bürgschaftsübernahme verpflichtet hat (bei Entgeltlichkeit Geschäftsbesorgungsvertrag, § 675 BGB, sonst Auftrag, § 662 BGB). Es entsteht also eine **Dreiecksbeziehung,** in der alle Beteiligten durch unterschiedliche Verträge miteinander verbunden sind. Die Bürgschaft bedarf indes keines zusätzlichen Rechtsgrundes im Verhältnis zum Gläubiger, sondern begründet als Vertrag selbst den Rechtsgrund für die durch sie übernommene Haftung, kann also im Verhältnis zum Gläubiger **nicht kondiziert** werden.[2]

Der Bürgschaftsvertrag selbst ist ein **einseitig verpflichtender Vertrag,** da der Gläubiger sich darin weder gegenüber dem Bürgen noch gegenüber dem Hauptschuldner zu einer Gegenleistung verpflichtet. Dennoch handelt es sich indes um einen zweiseitigen Vertrag, der durch **Angebot und Annahme** zustande kommt, nicht etwa um ein einseitiges Rechtsgeschäft.[3] Die darin übernommene Verpflichtung, für die Schuld des Dritten einzustehen, ist grundsätzlich **subsidiär** (§ 771 BGB) und **akzessorisch,** so dass Bestand und Umfang der Bürgschaftsschuld von der Hauptschuld abhängig sind. Die Bürgenschuld stellt dabei eine eigenständige vertragliche Verpflichtung dar, die neben die Hauptschuld tritt und nur durch Subsidiarität und Akzessorietät eng mit dieser verbunden ist. Voraussetzung einer wirksamen Verpflichtung des Bürgen ist im Hinblick auf diese Verbindung neben dem Vertragsschluss auch eine hinreichend bestimmte **Festlegung der zu sichernden Hauptschuld** im Bürgschaftsvertrag, wobei die Bestimmbarkeit der Forderung (ggf. durch Auslegung) ausreicht, so dass auch hinreichend bestimmbare zukünftige Forderungen abgesichert werden können (§ 765 Abs. 2 BGB). **2**

Im Bankgeschäft spielt die Bürgschaft in zwei ganz unterschiedlichen Konstellationen eine wirtschaftlich bedeutende Rolle: Einerseits ist die Bürgschaft als klassische Personalsicherheit für das **Kreditgeschäft** von Bedeutung, da Bürgschaften in erheblichem Umfang zur **Absicherung von Bankkrediten** eingesetzt werden, von der Bank also als Sicherheit hereingenommen werden. Üblich ist eine solche Mitverpflichtung (als Bürgschaft oder Schuldbeitritt) vor allem bei der Fremdfinanzierung von Unternehmen in der Rechtsform der GmbH, bei der meist die persönliche Haftung der wirtschaftlich hinter der Gesellschaft stehenden Personen verlangt wird.[4] Auch die Absicherung von Krediten von Angehörigen durch vermögende Verwandte hat erhebliche praktische Bedeutung, etwa die Bürgschaft der Eltern für das Existenzgründungsdarlehen des Kindes. Rechtlich problematisch (im Hinblick auf § 138 BGB) sind solche Bürgschaften nur unter engen Voraussetzungen.[5] Andererseits spielt die Bürgschaft aber auch als **Sicherungsmittel des Avalgeschäfts** eine große Rolle, wobei sich die Bank für Forderungen Dritter im Kundenauftrag gegen Zahlung einer Avalprovision verbürgt.[6] Wird durch eine solche Bankbürgschaft dem Dritten Sicherheit geleistet, können hierdurch liquide Mittel eingespart werden, darüber hinaus spielt die Avalbürgschaft aber auch als Voraussetzung sog **Durchleitungskredite öffentlicher Kreditgeber** wie etwa der KfW eine Rolle.[7] **3**

II. Abgrenzung zu anderen Personalsicherheiten (insbesondere Schuldbeitritt)

Die Bürgschaft unterscheidet sich von den anderen Formen der Personalsicherheiten vor allem durch ihre **Akzessorietät** sowie durch die **Bürgenschutzbestimmungen** **4**

[2] Lwowski/Fischer/Gehrlein/*Fischer* § 9 Rn. 1; Erman/*Zetzsche* BGB § 765 Rn. 1; vgl zu den Rechtsgründen der Bürgschaft ferner *Leitmeier* NZBau 2009, 676 ff.
[3] BankR-HdB/*Nobbe* § 91 Rn. 23 ff.
[4] Derleder/Knops/Bamberger/*Knops* HdB z. dt. und europ. BankR § 27 Rn. 2.
[5] → A Rn. 34 ff.
[6] Ausführlich zum Avalkreditvertrag *Kümpel/Wittig* Bank- und Kapitalmarktrecht Rn. 12.15 ff.
[7] Hierzu näher Derleder/Knops/Bamberger/*Hoffmann* HdB z. dt. und europ. BankR § 22 Rn. 22.

der §§ 765 ff. BGB, die auf die nicht gesetzlich geregelten Sicherungsformen jedenfalls nicht direkt anwendbar sind. Insbesondere im Verhältnis zum Schuldbeitritt, der nach hM nicht zu einer akzessorischen, sondern zu einer gesamtschuldnerischen Haftung führt und daher für den Kreditgeber häufig günstiger ist (im Gegensatz zur hier vertretenen Ansicht, wonach das Bürgschaftsrecht weitgehend analog anzuwenden ist[8]), erscheint die **Abgrenzung** häufig als schwierig, da die Parteien einerseits nicht immer klar benennen, welche Form der Personalsicherheit gewollt ist, andererseits aber bei der Auslegung bekanntlich nicht immer der Wortlaut entscheidend ist, sondern vielmehr die von den Parteien tatsächlich beabsichtigte Sicherungsform zu ermitteln ist (§§ 133, 157 BGB).[9] Wichtigstes Kriterium für die Annahme eines Schuldbeitritts soll nach der Rechtsprechung ein „**eigenes unmittelbares Interesse** an der Erfüllung der Schuld" sein,[10] das eine gleichrangige Verpflichtung mit dem Hauptschuldner nahe legen soll. Häufig wird zusätzlich von einem wirtschaftlichen oder rechtlichen Interesse gesprochen.[11] In der Praxis kommt diesem Kriterium indes nur in Ausnahmefällen entscheidende Bedeutung zu, ist in der Rechtsprechung doch einerseits anerkannt, dass das Vorliegen eines solchen Eigeninteresses für sich allein nicht den Schluss auf einen Schuldbeitritt trägt, wenn die sonstigen Umstände für eine Auslegung als Bürgschaft sprechen,[12] andererseits, dass das Fehlen eines solchen Eigeninteresses die Annahme eines Schuldbeitritts auch nicht hindert, wenn die sonstigen Umstände für eine Auslegung als Schuldbeitritt sprechen: Nur wenn die Auslegung der Willenserklärungen nicht zu einem eindeutigen Ergebnis führt, kann das wirtschaftliche oder rechtliche Interesse **Indizwirkung** für einen Schuldbeitritt haben,[13] es ist zwar „wichtiger Anhaltspunkt", aber zugleich „nur ein Anzeichen unter anderen".[14] Diese begrenzte Bedeutung des Eigeninteresses als Auslegungshilfe bedeutet in der Praxis, dass regelmäßig der **Wortlaut der Mithaftungserklärung,** also die Bezeichnung als Bürgschaft oder Schuldbeitritt oder auch als „gesamtschuldnerische Haftung"[15] ausschlaggebend ist, da hier der Parteiwille hinreichend deutlich zum Ausdruck kommt, während deutliche Anzeichen für einen übereinstimmenden anderen Willen der Parteien erforderlich sind, um eine abweichende Auslegung zu rechtfertigen. Nur wenn auch die Auslegung „zu keinem eindeutigen Ergebnis führt" nimmt die Rechtsprechung ferner an, dass im Zweifel eine Bürgschaft gewollt ist.[16] Wird die Mithaftungserklärung auf einem **Formblatt eines Kreditinstituts** erteilt, bleibt für eine Auslegung anhand eines Eigeninteresses ohnehin kein Raum, da dieses entweder eindeutig gestaltet ist, oder sich aber die für den Vertragspartner des Verwenders günstigere Auslegung (also in der Regel Bürgschaft) durchsetzt (§ 305c Abs. 2 BGB).

III. Arten der Bürgschaft

1. Rechtliche Ausgestaltungsformen

5 Trotz der gesetzlichen Regelung der Bürgschaft in §§ 765 ff. BGB gilt grundsätzlich auch für diese Vertragsform der **Grundsatz der Gestaltungsfreiheit,** so dass sich in der Praxis eine Reihe besonderer Ausgestaltungen herausgebildet haben, die teilweise lediglich auf der

---

[8] → C Rn. 3 ff.
[9] Näher zur Abgrenzung *Weitzel* JuS 1981, 112.
[10] BGH NJW 1968, 2332.
[11] Etwa BGH NJW 1981, 47; 1986, 580; OLG Düsseldorf MDR 2008, 77; OLG Hamm NJW 1988, 3022.
[12] BGH NJW 1968, 2332.
[13] OLG Düsseldorf MDR 2008, 77.
[14] BGH NJW 1986, 580.
[15] So OLG Düsseldorf MDR 2008, 77.
[16] BGH NJW 1986, 580; NJW 1967, 1020.

Nutzung von im Gesetz ausdrücklich vorgesehenen Möglichkeiten beruhen.[17] Zu unterscheiden sind insoweit Gestaltungen, die zu einer Verschärfung der Bürgenhaftung gegenüber dem dispositiven Gesetzesrecht führen, Gestaltungen, die eine Haftungsbeschränkung bezwecken, sowie Gestaltungen, die zu einem Mehrpersonenverhältnis führen.

Praktisch von überragender Bedeutung ist aus der ersten Gruppe zunächst die **selbstschuldnerische Bürgschaft,** die in § 773 Abs. 1 Nr. 1 BGB ausdrücklich erwähnt wird und einen vertraglichen Ausschluss der Einrede der Vorausklage bedeutet,[18] so dass die Bürgschaft ihre Subsidiarität verliert. Insbesondere die kaufmännische Bürgschaft (und damit jede von einem Kreditinstitut im Rahmen des Avalgeschäfts übernommene) ist auch ohne vertraglichen Ausschluss bereits nach § 349 HGB als selbstschuldnerische Bürgschaft anzusehen. 6

Nur im unternehmerischen Geschäftsverkehr verbreitet ist ferner die **Bürgschaft auf erstes Anfordern,** bei der nicht nur die Einrede der Vorausklage ausgeschlossen ist, sondern bis zur Grenze des Rechtsmissbrauchs auch die Berufung auf alle anderen Einwendungen des Bürgen gegen die Zahlungspflicht.[19] Soll der Anspruch aus der Bürgschaft geltend gemacht werden, bedarf es hierfür (soweit keine zusätzlichen Voraussetzungen an die Anforderung im Vertrag spezifiziert sind) lediglich der Mitteilung des Gläubigers, dass der Sicherungsfall eingetreten sei, auch im Prozess aber nicht die schlüssige Darlegung des Bestehens der Hauptforderung.[20] Dennoch handelt es sich aber nicht um ein Sicherungsmittel sui generis, sondern um eine **Sonderform der Bürgschaft,** die auch ihre Akzessorietät grundsätzlich unberührt lässt.[21] Denn die Verpflichtung zur Zahlung auf erstes Anfordern dient nur dazu, dem Gläubiger sofort Liquidität zuzuführen, während die Klärung der Berechtigung erhobener Einwendungen erst im **Rückforderungsprozess** erfolgen soll.[22] Gegen die Zahlungsklage, die grundsätzlich im Urkundenprozess erfolgt, kann daher nur ein Rechtsmissbrauch eingewandt werden, der voraussetzt, dass die fehlende materielle Berechtigung des Zahlungsverlangens (insbesondere das Nichtbestehen der Hauptschuld) offensichtlich ist, also „auf der Hand liegen oder mindestens liquide beweisbar sein muss"[23] – die Akzessorietät ist also „nur aufgeschoben, aber nicht aufgehoben".[24] Daneben ist es im Erstprozess nur noch zulässig, Einwendungen aus dem **Inhalt der Bürgschaftsurkunde** zu erheben, insbesondere den Einwand, dass die geltend gemachte Hauptforderung nicht von der Bürgschaft erfasst wird.[25] Es ist offensichtlich, dass bei dieser Bürgschaftsform die Gefahren für Bürgen wie Hauptschuldner (im Hinblick auf den auftragsrechtlichen Aufwendungsersatzanspruch[26]) wegen des Insolvenzrisikos des Gläubigers deutlich höher sind als bei einer nur selbstschuldnerischen Bürgschaft, so dass die in AGB des Gläubigers enthaltene Verpflichtung des Hauptschuldners, zur Sicherung der Ansprüche aus dem Vertrag eine Bankbürgschaft auf erstes Anfordern beizubringen, auch im unternehmerischen Geschäftsverkehr gegen § 307 BGB verstößt.[27] Im Rückforderungsprozess kann sich der Bürge dann auf einen **vertraglichen Rückforderungsanspruch** stützen, der sich ggf. im 7

[17] Derleder/Knops/Bamberger/*Knops* HdB z. dt. und europ. BankR § 27 Rn. 93–105; BankR-HdB/*Nobbe* § 91 Rn. 531–733.

[18] → BGB §§ 771–773 Rn. 5.

[19] BGH NJW-RR 2009, 378; NJW 2002, 3627; 1994, 380; ausführlich Derleder/Knops/Bamberger/*Lindner* HdB z. dt. und europ. BankR § 28 Rn. 1 ff.; *Arnold* Die Bürgschaft auf erstes Anfordern im deutschen und englischen Recht 2008; *Weth* AcP 189 (1989), 303; *Diekmann* DZWiR 2003, 177.

[20] BGH NJW 1994, 380.

[21] BGH NJW-RR 2009, 378; BGHZ 151, 229 = NJW 2002, 3098; abweichend *Harding/Walter,* WM 2015, 1545 (Forderungsgarantie im Umfang der Bürgerhaftung).

[22] BGH NJW 1994, 380 (381).

[23] BGHZ 143, 381 = NJW 2000, 1563 (1564).

[24] Treffend Derleder/Knops/Bamberger/*Lindner* HdB z. dt. und europ. BankR § 28 Rn. 14 f.

[25] BGH NJW 1996, 717.

[26] → BGB § 774 Rn. 8.

[27] BGHZ 151, 229 = NJW 2002, 3098; BGHZ 150, 299 = NJW 2002, 2388 (zum Bauvertrag); *Leo/Ghassemi-Tabar* NZM 2012, 97 (zur Gewerberaummiete).

Wege ergänzender Vertragsauslegung aus der Bürgschaft ergibt, nicht auf einen Bereicherungsanspruch, der die Berufung auf Entreicherung ermöglichen würde.[28]

8 Im Gegensatz zu diesen die Haftung verschärfenden Formen lässt sich die Bürgschaftsverpflichtung auch so gestalten, dass die Haftung betragsmäßig oder zeitlich beschränkt oder die Geltendmachung erschwert wird. Zu nennen ist insoweit zunächst die in § 777 BGB geregelte **Zeitbürgschaft,** bei der die Bürgschaftsforderung nur innerhalb eines bestimmten Zeitraumes geltend gemacht werden kann, der Bürge also unabhängig vom Fortbestand der Hauptforderung frei wird, wenn er vom Gläubiger nicht rechtzeitig in Anspruch genommen worden ist bzw. die Zwangsvollstreckung gegen den Hauptschuldner betrieben hat.[29]

9 Wird die Haftung im Bürgschaftsvertrag – unabhängig von der Höhe der Hauptverbindlichkeit – auf einen bestimmten Betrag beschränkt, spricht man von einer **Höchstbetragsbürgschaft.**[30] Auch in diesem Fall bewirkt die Akzessorietät (natürlich), dass bei niedrigerer Hauptforderung diese auch den Umfang der Bürgschaftsschuld bestimmt – nur nach oben hin wird die Bürgenhaftung auf den Höchstbetrag beschränkt. Voraussetzung ist lediglich, dass der Betrag im Bürgschaftsvertrag summenmäßig bestimmt wird, „bis zu dem der Bürge äußerstenfalls haften will".[31] In rechtlicher Hinsicht problematisch war in der Vergangenheit vor allem die Praxis der Kreditwirtschaft, trotz der Vereinbarung eines Höchstbetrags durch AGB (meist einer Klausel des Bürgschaftsformulars) die Haftung des Bürgen summenmäßig über diesen hinaus zu erweitern, indem die Haftung zusätzlich auf Zinsen, Provisionen und Kosten erstreckt wurde (sog **Haftungserweiterungsklausel**).[32] Der Bürge konnte so trotz des Höchstbetrags mit einer wesentlich höheren Forderung konfrontiert werden. Inzwischen hat der BGH anerkannt, dass eine solche Vorschrift in der Regel als überraschende Klausel einzuordnen (§ 305c Abs. 1 BGB), jedenfalls aber als unangemessene Benachteiligung des Bürgen gemäß § 307 Abs. 1, Abs. 2 Nr. 2 BGB unwirksam ist,[33] da sie den Zweck der Höchstbetragsbürgschaft, „das Haftungsrisiko des Bürgen summenmäßig endgültig festzulegen",[34] konterkariert. Dieser Rechtsprechung ist uneingeschränkt zuzustimmen, dient die Angabe des Höchstbetrags hier doch geradezu der Verschleierung des tatsächlichen Risikos.

10 Die **Ausfallbürgschaft**[35] bezeichnet demgegenüber eine Form der Bürgschaft, bei der die Subsidiarität der Bürgschaft noch über die Einrede der Vorausklage hinausgeht, da der Bürgschaftsanspruch selbst auf den Betrag beschränkt ist, mit dem der Gläubiger trotz Anwendung gehöriger **Sorgfalt bei der Beitreibung** vom Hauptschuldner und der Verwertung anderer Sicherheiten ausgefallen ist.[36] Es genügt für die Inanspruchnahme des Bürgen also nicht, lediglich einen erfolglosen Vollstreckungsversuch nachzuweisen (vgl. § 771 BGB), vielmehr ist der Gläubiger sowohl dafür beweisbelastet, in welchem Umfang er tatsächlich mit seiner Forderung ausgefallen ist, als auch dafür, dass „der Ausfall trotz Einhaltung der bei der Verfolgung des verbürgten Anspruchs gebotenen Sorgfalt eingetreten ist oder dass er auch eingetreten wäre, wenn er diese Sorgfalt angewandt hätte".[37] Nur dieser Betrag wird von der Ausfallbürgschaft überhaupt erfasst.[38] Insbesondere eine Erhöhung des Ausfalls durch verspätete Geltendmachung, Zwangsvollstreckung oder sonstige Sicherungsverwertung geht somit zu Lasten des Gläubigers, der zu beweisen hätte, dass

---

[28] BankR-HdB/*Nobbe* § 91 Rn. 581; Staub/*Renner* HGB Bankvertragsrecht Vierter Teil Rn. 933.
[29] → BGB § 777 Rn. 3.
[30] Derleder/Knops/Bamberger/*Knops* HdB z. dt. und europ. BankR § 27 Rn. 94 f.
[31] BGHZ 151, 374 = NJW 2002, 3167 (3168).
[32] BankR-HdB/*Nobbe* § 91 Rn. 624 f.
[33] BGHZ 151, 374 = NJW 2002, 3167.
[34] BGHZ 151, 374 = NJW 2002, 3167 (3169).
[35] Näher *Trapp* WM 1999, 301; *Palzer* JURA 2013, 129.
[36] BGH NJW 2012, 1946 (Tz. 22); NJW 1999, 1467 (1469); NJW 1998, 2138.
[37] BGH NJW 1999, 1467 (1470).
[38] BankR-HdB/*Nobbe* § 91 Rn. 538 ff.

auch eine rechtzeitige Verfolgung des Anspruchs nicht zu einem höheren Verwertungserlös geführt hätte.

Während die Bürgschaft üblicherweise zu einer Dreiecksbeziehung Hauptschuldner – Gläubiger – Bürge führt, können durch besondere Gestaltungsformen der Bürgschaft auch mehrere Personen in die Sicherung einbezogen werden. Gesetzlich geregelt ist insoweit nur die **Mitbürgschaft** (§ 769 BGB[39]), bei der sich mehrere Bürgen gleichrangig für dieselbe Verbindlichkeit verbürgen und daher den Vorschriften über die Gesamtschuld unterliegen. **Nebenbürgschaften** liegen vor, wenn sich mehrere Bürgen zwar für dieselbe Forderung verbürgt haben, im Bürgschaftsvertrag aber jeweils die Anwendung des § 769 BGB und damit der Gesamtschuldregelungen (insbes. des § 424 BGB) ausgeschlossen haben.[40] Die **Ausgleichspflicht** nach § 426 BGB wird von einer solchen Gestaltung indes nur berührt, wenn insoweit eine zusätzliche **Absprache unter den Nebenbürgen** getroffen wird.[41] Von einer **Teilbürgschaft** ist dagegen die Rede, wenn mehrere Bürgen sich zwar grundsätzlich für dieselbe Forderung verbürgen, aber für unterschiedliche Teile von dieser.[42] Das **Bestimmtheitsgebot** verlangt dabei, dass der gesicherte Teil in irgend einer Form von der sonstigen Forderung abgegrenzt werden kann, etwa durch summenmäßige Angaben (etwa der Teil der Forderung, der einen bestimmten Betrag übersteigt) oder im Hinblick auf den Entstehungsgrund (zB eine Teilbürgschaft für die Hauptforderung, eine weitere für die Zinsforderung) oder den Fälligkeitszeitpunkt (soweit Teilforderungen zu unterschiedlichen Zeiten fällig werden).[43] Da sich die Bürgschaften nicht auf denselben Teil der Forderung beziehen, fehlt es hier an einer Mitbürgschaft, so dass § 769 BGB nicht anwendbar ist (und auch keine Ausgleichsansprüche geltend gemacht werden können).[44] 11

Von einer **Nachbürgschaft** wird gesprochen, wenn sich ein Bürge für die Bürgschaftsschuld eines Vorbürgen verbürgt, also die Hauptschuld nur mittelbar absichert und subsidiär zum Vorbürgen haften will.[45] Der Gläubiger muss sich im Sicherungsfall also zunächst an den Vorbürgen wenden, dem Nachbürgen steht insoweit die Einrede der Vorausklage (§ 771 BGB) zu.[46] Die Akzessorietät der Bürgschaft bedeutet ferner auch hier, dass dem Nachbürgen alle **Einreden des Vorbürgen** (der im Verhältnis zu ihm als Hauptschuldner anzusehen ist) zustehen (§ 768 BGB), so dass er sich mittelbar auch auf die (dem Vorbürgen nach § 768 BGB zustehenden) **Einreden des eigentlichen Hauptschuldners** berufen kann. Ähnliches gilt für den Bürgenregress, da der BGH § 774 BGB bei Zahlung durch den Nachbürgen in dem Sinne anwendet, dass der **Nachbürge einen Regressanspruch** sowohl gegen den Vorbürgen als auch den Hauptschuldner erwirbt und beide (unabhängig von evtl. daneben bestehenden Aufwendungsersatzansprüchen) unmittelbar in Anspruch nehmen kann.[47] Im Hinblick auf die beabsichtigte Subsidiarität der Haftung ist dieses Ergebnis nachvollziehbar, die Verdoppelung der nach § 774 BGB übergehenden Ansprüche erscheint indes konstruktiv als begründungsbedürftig. Man wird das Ergebnis vor allem dadurch begründen können, dass man § 774 BGB auf die Hauptschuld (trotz deren nur mittelbaren Absicherung) bezieht, so dass bei Zahlung des Nachbürgen auf diese Schuld die Forderung des Gläubigers gegen den Hauptschuldner **unmittelbar auf den Nachbürgen** übergeht und dabei die Vorbürgschaft als akzessorische Sicherung nach §§ 774, 412, 401 BGB mitzieht. Eine **Rückbürgschaft** hat dagegen einen abweichenden Sicherungszweck, wird doch hierdurch keine zusätzliche Sicherung für den Gläubiger der Hauptforderung begründet, sondern der **Regressanspruch des** 12

[39] → BGB § 769 Rn. 1 ff.
[40] BankR-HdB/*Nobbe* § 91 Rn. 665 f.
[41] BGHZ 88, 185 = NJW 1983, 2442.
[42] Erman/*Zetzsche* BGB § 765 Rn. 10.
[43] BankR-HdB/*Nobbe* § 91 Rn. 705 f.
[44] HK-BGB/*Staudinger* BGB § 769 Rn. 1.
[45] Näher: *Tiedtke* WM 1976, 174.
[46] Derleder/Knops/Bamberger/*Knops* HdB z. dt. und europ. BankR § 27 Rn. 103.
[47] BGHZ 73, 94 = NJW 1979, 415 (416).

Hauptbürgen gegen den Schuldner der Hauptforderung abgesichert.[48] Fällt der Hauptbürge also nach Zahlung an den Gläubiger mit seiner Regressforderung aus, tritt hierfür der Rückbürge ein, während dieser nicht zur Leistung an den Gläubiger verpflichtet ist, wenn der Hauptbürge nicht leisten kann. Aufgrund der Akzessorietät muss dabei bestimmt werden, auf welche Forderung sich die Rückbürgschaft bezieht, soweit der Regress sowohl auf die übergegangene Hauptforderung (§ 774 BGB) als auch den Aufwendungsersatzanspruch (§ 670 BGB) gestützt werden kann. Im ersten Fall handelt es sich um eine durch den Forderungsübergang **aufschiebend bedingte Bürgschaft** für eine bereits bestehende Forderung, im letzten Fall um die **Bürgschaft für eine zukünftige Forderung** (§ 765 Abs. 2 BGB). Möglich erscheint auch eine Verbürgung für beide Ansprüche. Wird die Hauptforderung selbst abgesichert, geht diese bei Zahlung durch den Rückbürgen ohne weiteres auf diesen über (§ 774 BGB) und ermöglicht den Regress beim Hauptschuldner, andernfalls geht zumindest der Aufwendungsersatzanspruch des Hauptbürgen über.[49]

13 Keine Sonderform der Bürgschaft, sondern vielmehr eine Sonderform des Auftrags oder Geschäftsbesorgungsvertrags, stellt ferner der in § 778 BGB geregelte **Kreditauftrag** dar.[50] Hier wird die Haftung als Bürge nicht durch einen besonderen Bürgschaftsvertrag begründet, sondern durch einen auf die Gewährung eines Kredits[51] an einen Dritten „im eigenen Namen und auf eigene Rechnung" (§ 778 BGB) gerichteten **Auftrag oder Geschäftsbesorgungsvertrag.** Die von § 778 BGB (dispositiv) angeordnete Bürgenhaftung bewirkt zunächst, dass die beauftragte Kreditvergabe zwar für Rechnung des Beauftragten, jedoch auf Risiko des Auftraggebers erfolgt.[52] Da der Beauftragte auf eigene Rechnung handelt, sind die auftragsrechtlichen Vorschriften (insbesondere §§ 667, 670 BGB) indes für das Verhältnis zwischen Kreditauftraggeber und Beauftragtem ungeeignet, würde bei Anwendung dieser Vorschriften doch die Kreditvergabe für Rechnung des Auftraggebers erfolgen. Durch § 778 BGB wird daher die Anwendung dieser **auftragsrechtlichen Vorschriften ausgeschlossen,** und zur Abwälzung des Ausfallrisikos auf den Auftraggeber die Haftung als Bürge angeordnet. Dagegen kommt nicht § 778 BGB, sondern Auftragsrecht zur Anwendung, wenn die Kreditvergabe zwar im eigenen Namen des Beauftragten, aber für Rechnung des Auftraggebers erfolgen soll. Welche Gestaltung konkret vereinbart ist, muss durch Auslegung der Parteivereinbarung ermittelt werden. Da es sich somit **nicht um ein besonderes Kreditsicherungsmittel** handelt, kann auf eine Kommentierung des § 778 BGB hier verzichtet werden.

2. Erscheinungsformen im Kreditgeschäft

14 Im Kreditgeschäft ist das Kreditinstitut als Gläubiger/Sicherungsnehmer an dem Bürgschaftsvertrag beteiligt, wobei verschiedene Erscheinungsformen zu unterscheiden sind. Neben der einfachen Bürgschaft für eine bestimmte Forderung (zB aus einem bestimmten Darlehensvertrag) spielt in der Praxis vor allem die sog **Kreditbürgschaft** eine erhebliche Rolle, die nicht einen bestimmten Kredit (iSv Darlehen) absichert, sondern dem „Kredit" (in dem etwa von § 824 BGB verwendeten Wortsinn) eines anderen dient (wenn auch terminologisch keine Einheitlichkeit besteht).[53] Die Kreditbürgschaft wird daher in der Form der Absicherung der **Ansprüche aus der gesamten Geschäftsverbindung** erteilt,

---

[48] Derleder/Knops/Bamberger/*Knops* HdB zum dt. und europ. Bankrecht § 27 Rn. 105.

[49] Staudinger/*Horn* vor §§ 765 ff. Rn. 61; Bamberger/Roth/Hau/Poseck/*Rohe* BGB § 768 Rn. 25; Jauernig/*Stadler* BGB vor § 765 ff. Rn. 8; **aA** RGZ 146, 67 (70); Palandt/*Sprau* BGB vor § 765 Rn. 10.

[50] Hierzu näher MüKoBGB/*Habersack* § 778 Rn. 1 ff.; Staudinger/*Horn* § 778 Rn. 1 ff.; *Nobbe* Kommentar z. Kreditrecht § 778 Rn. 1 ff.

[51] Zum Kreditbegriff in diesem Zusammenhang vgl. *Hingst/Meincke* WM 2011, 633.

[52] BGH WM 2006, 2274.

[53] So bezeichnet etwa BankR-HdB/*Nobbe* § 91 Rn. 629, alle Bürgschaften für Kredite als Kreditbürgschaften.

häufig als Höchstbetragsbürgschaft summenmäßig beschränkt.[54] Die Bürgschaft erstreckt sich zulässigerweise (§ 765 Abs. 2 BGB) auf zukünftige Forderungen und bleibt daher auch wirksam, soweit zwischenzeitlich keinerlei Verbindlichkeiten bestehen. In AGB ist die Vereinbarung einer Kreditbürgschaft aufgrund der mit ihr verbundenen **weiten Zweckerklärung** häufig unzulässig.[55]

Unter einer **Kontokorrentbürgschaft** versteht man eine Bürgschaft, die für die jeweilige Saldoforderung aus einem Kontokorrent bestellt wird, insbesondere also für die jeweilige Forderung aus einem Kontokorrentkredit.[56] Die Kontokorrentbürgschaft ist als **saldobezogene Bürgschaft** von einer Bürgschaft für eine kontokorrentgebundene Forderung im Sinne von § 356 HGB zu unterscheiden. Wird der Kontokorrentkredit durch eine andere Darlehensform beim selben Kreditinstitut abgelöst (bankinterne Umschuldung), erfasst die Bürgschaft auch die Forderung aus dem neuen Darlehen, das wirtschaftlich der bisherigen Saldoforderung entspricht.[57] Wird eine Kontokorrentbürgschaft gekündigt, erstreckt sich die Bürgenhaftung weder auf den letzten noch den nächsten festgestellten Saldo des Rechnungsabschlusses, sondern auf den **Tagessaldo** am Tag der Wirksamkeit der Kündigung.[58] 15

Als **Subventionsbürgschaft** kann man eine Bürgschaft der öffentlichen Hand (direkt oder durch Förderinstitute wie die KfW, vgl. § 2 Abs. 1 Nr. 3 KfW-Gesetz, oder die Hermes-Kreditversicherungs AG, soweit diese für Rechnung des Bundes handelt) bezeichnen,[59] durch die die private Kreditaufnahme zu Subventionszwecken ermöglicht oder verbilligt wird. Darlehensgeber ist bei solchen Gestaltungen allein die Geschäftsbank, deren Rechtsverhältnis sowohl zum Schuldner als auch dem Subventionskreditgeber privatrechtlich geregelt ist. Öffentliches Recht spielt nur für das Subventionsrechtsverhältnis zwischen der öffentlichen Hand und dem Schuldner eine Rolle, so dass sich die **Bürgenhaftung der öffentlichen Hand nach §§ 765 ff. BGB** richtet. Auch eine Subventionsrückforderung (insbesondere aufgrund einer Verletzung der Beihilfevorschriften des AEUV nach § 48 Abs. 2 VwVfG[60]) berührt daher die Bürgenhaftung nicht, hieraus kann sich allenfalls ein Befreiungsanspruch gegen den Schuldner ergeben. 16

Als **Gesellschafterbürgschaft** wird zuletzt eine Bürgschaft bezeichnet, die ein (insbesondere Mehrheits-)Gesellschafter für die Verbindlichkeiten der GmbH übernimmt. Die Rechtsprechung geht grundsätzlich davon aus, dass an solchen Sicherheiten der rechtlich und wirtschaftlich beteiligten Personen ein **berechtigtes Interesse** der Kreditwirtschaft besteht, so dass die Gesellschafterbürgschaften im Hinblick auf den auf der Rechtsprechung beruhenden Bürgenschutz häufig privilegiert werden.[61] Dies gilt insbesondere für die weitgehende Unanwendbarkeit der Grundsätze zur Sittenwidrigkeit der Angehörigenbürgschaft[62] und für die Möglichkeit, auch in AGB eine Globalbürgschaft durch eine sog weite Zweckerklärung zu erteilen.[63] 17

3. Erscheinungsformen im Avalgeschäft

Im Avalgeschäft tritt dagegen das Kreditinstitut als Bürge im Kundenauftrag auf, meist mit dem Ziel, einem Dritten Sicherheit für zukünftige Forderungen zu leisten. Durch die hohe Bonität der Bank kann so die Bereitstellung liquider Mittel für die Sicherheit (als 18

[54] MüKoBGB/*Habersack* § 765 Rn. 114.
[55] → BGB § 765 Rn. 12 ff.
[56] *Weber/Weber* Kreditsicherungsrecht S. 90 f.
[57] BGH NJW 1999, 3708.
[58] BGH NJW 1985, 3007.
[59] BGH NJW 1997, 328.
[60] BVerwGE 92, 81 = NJW 1993, 2764.
[61] PWW/*Brödermann* BGB vor § 765 Rn. 18 ff.
[62] → A Rn. 34.
[63] → BGB § 765 Rn. 12.

Bardepot oder Kautionszahlung) eingespart werden. Derartige **Avalbürgschaften** spielen insbesondere im Rahmen der Abwicklung von Bauaufträgen eine große Rolle, treten aber auch in anderen Erscheinungsformen auf.

19 Zu nennen ist zunächst die **Prozessbürgschaft,** durch die im Rahmen des Zivilprozessrechts erforderliche Sicherheiten geleistet werden können. Nach § 108 ZPO kann eine solche Sicherheit insbesondere durch eine „schriftliche, unwiderrufliche, unbedingte und unbefristete" Bankbürgschaft gestellt werden. Da die Prozessbürgschaft iSv § 108 ZPO als Bankbürgschaft stets auch kaufmännische Bürgschaft ist, handelt es sich nach § 349 HGB notwendigerweise um eine selbstschuldnerische Bürgschaft. Neben den Fällen der Prozesskostensicherheit drittstaatlicher Kläger (§ 110 ZPO) steht praktisch die Sicherheitsleistung zur Ermöglichung der **vorläufigen Vollstreckung** nach § 709 ZPO im Vordergrund.[64] Gesichert werden durch Prozessbürgschaften Erstattungs- oder Ersatzansprüche des Klage- bzw. Vollstreckungsgegners, die bei dessen späterem Obsiegen entstehen (etwa aus § 717 Abs. 2 ZPO), nicht dagegen Ansprüche der Staatskasse.[65] Die Reichweite der Haftung ist grundsätzlich auch hier durch **Auslegung der Bürgschaftserklärung** zu bestimmen, wobei der **Zweck** der Prozessbürgschaft zu berücksichtigen ist. Im Hauptfall des § 709 ZPO soll die Bürgschaft den Prozessgegner „umfassend davor schützen, dass er durch die Vollstreckung oder Leistungen zu deren Abwehr finanzielle Nachteile erleidet, sofern der gerichtliche Titel keinen Bestand hat."[66] Daher ist eine Bürgschaft vom Gericht nur als Sicherheitsleistung zu akzeptieren, wenn sie diesem Zweck entspricht und keine Einschränkungen (wie etwa einen Höchstbetrag) vorsieht, und die Auslegung der Bürgenerklärung anhand dieses Zwecks vorzunehmen. Hieraus folgt insbesondere, dass neben den Ansprüchen aus § 717 Abs. 2 ZPO auch **Bereicherungsansprüche** in Bezug auf eine Leistung zur Abwendung der Vollstreckung von der Bürgschaft umfasst werden.[67] Ferner ist der Bürge an das Ergebnis des vom Hauptschuldner geführten Prozesses gebunden, verpflichtet er sich doch implizit mit der Prozessbürgschaft dazu, „die Feststellungen des zu Ungunsten seines Auftraggebers ergangenen Urteils anzuerkennen, soweit auch dem Hauptschuldner Einwendungen oder Einreden nach Rechtskraft des im Prozess ergangenen Urteils verwehrt sind."[68] Der beabsichtigte Schutz des Prozessgegners lässt sich nur realisieren, wenn diese Bindung an das Prozessergebnis unabhängig davon eintritt, aus welchem Grund der Prozess letztlich zu Ungunsten des Hauptschuldners ausgegangen ist. Sie ist daher auch anzuerkennen, wenn der Prozess durch **Vergleich** beendet wurde, wenn auf eine **Einwendung verzichtet** wurde oder das Ergebnis durch **mangelhafte Prozessführung** (etwa Nichterhebung einer Einrede) herbeigeführt wurde. Die am Schutzzweck orientierte Auslegung der Bürgenerklärung begrenzt insoweit auch die Berufung auf das Verbot der Fremddisposition (§§ 767 Abs. 1 S. 3, 768 Abs. 2 BGB). Die strenge Haftung des Prozessbürgen ist indes gerechtfertigt, da es sich ausschließlich um geschäftsmäßig handelnde Bürgen handelt, denen die Risiken bekannt sind und die für ihre Übernahme durch die erhobene Gebühr einen Ausgleich erhalten.

20 Große praktische Bedeutung hat ferner die **Mietbürgschaft,** die häufig anstelle einer Barkaution (iSv § 551 BGB) als Sicherheit für Ansprüche insbesondere bei der Wohnraummiete vereinbart wird.[69] Hierdurch werden grundsätzlich alle Ansprüche aus dem Mietvertrag gesichert, bei der Wohnraummiete kommt § 551 Abs. 1 BGB allerdings auch bezüglich der Höhe der Bürgschaft zur Anwendung.[70] Das bedeutet, dass die Bürgschaft **zwingend als Höchstbetragsbürgschaft** zu bestellen ist, während der darüber hinausgehende Teil (insbesondere bei der betragsmäßig unbegrenzten Bürgschaft) nach §§ 134,

[64] PWW/*Brödermann* BGB or § 765 Rn. 40 ff.
[65] BankR-HdB/*Nobbe* § 91 Rn. 679 ff.
[66] BGHZ 169, 308 = NZI 2007, 740 (Tz. 25).
[67] BGHZ 169, 308 = NZI 2007, 740 (Tz. 26).
[68] BGHZ 169, 308 = NZI 2007, 740 (Tz. 27).
[69] Näher hierzu: Staudinger/*Emmerich* BGB § 551 Rn. 7 ff.; *Derleder* NZM 2006, 601.
[70] BGHZ 107, 210 = NJW 1989, 1853; Staudinger/*Emmerich* BGB § 551 Rn. 8.

139 BGB als **teilnichtig** anzusehen ist.[71] Die Wirksamkeit der Bürgschaft bis zur Grenze des § 551 Abs. 1 BGB wird dadurch indes nicht berührt. Die Begrenzung gilt indes nur, wenn von der konkreten Bürgschaft der Schutzzweck des § 551 BGB berührt wird, nicht aber etwa bei Elternbürgschaften anstelle einer Einbeziehung der Eltern in den Mietvertrag mit den wirtschaftlich von ihnen abhängigen Kindern[72], oder bei Bürgschaften zur Abwehr einer Kündigung wegen Zahlungsverzugs.[73]

Unter einer **Steuerbürgschaft** versteht man eine Bürgschaft, die nach §§ 241 Abs. 1 Nr. 7, 244 AO durch einen „tauglichen Steuerbürgen" (nach § 244 Abs. 2 AO insbesondere ein Kreditinstitut) als Sicherheit für Steuerzahlungen gegenüber der Finanzverwaltung übernommen wird. Ob und in welcher Höhe Sicherheit zu leisten ist, ergibt sich aus den Steuergesetzen, während das Rechtsverhältnis zum Bürgen rein privatrechtlicher Natur ist und sich daher nach §§ 765 ff. BGB bemisst.[74] Wichtigste Anwendungsfälle dürften die Stundung von Steuerforderungen (§ 222 AO) sowie die Aussetzung der Steuerfestsetzung (§ 165 AO) gegen Sicherheitsleistung sein. 21

Eine Sonderstellung nehmen die **Wechsel- und die Scheckbürgschaft** ein, durch die eine spezialgesetzlich ausgestaltete bürgschaftsähnliche Haftung für die Wechselsumme bzw. die Schecksumme begründet wird. Die Wechselbürgschaft richtet sich nach Art. 30 bis Art. 32 WG, die Scheckbürgschaft nach Art. 25 bis Art. 27 ScheckG.[75] 22

Im Rahmen der Abwicklung von **Bauaufträgen** spielen Bürgschaften in unterschiedlichen Konstellationen eine Rolle[76] und können sowohl für Forderungen gegen den Bauherren (Auftraggeber), den Bauunternehmer als auch den Bauträger zu bestellen sein. Die größte praktische Bedeutung dürften dabei Bürgschaften zur Absicherung des Bauherren gegen die Insolvenz des Bauunternehmers nach Baubeginn zukommen, und zwar sowohl im Hinblick auf Nacherfüllungs- oder Schadensersatzansprüche als auch wegen vereinbarter Vorleistungen des Bauherren. Je nach Sicherungszweck sind zu unterscheiden die **Vorauszahlungsbürgschaft**[77] (für den Fall, dass der für die Vorauszahlung vereinbarte Baufortschritt nicht mehr erzielt wird), die **Vertragserfüllungsbürgschaft**[78] (die vor allem Schadensersatz- und Vertragsstrafeansprüche bei Verzug und Nichterfüllung erfasst) und die **Gewährleistungsbürgschaft**[79] (die Ansprüche aufgrund von Werkmängeln erfasst, auch wenn diese sich erst nach Abnahme des Bauwerks zeigen, wobei Erfüllungs- und Gewährleistungsbürgschaften sich sachlich überschneiden können). Bei **Verbraucherbauverträgen** besteht nach § 650m BGB ein Sicherungsanspruch des Verbraucher-Bestellers gegen den Bauhandwerker, sofern dieser Abschlagszahlungen (§ 632a BGB) verlangt. Da Abschlagszahlungen nur für bereits erbrachte Leistungen verlangt werden können, geht es insoweit nicht (wie bei der Vorauszahlungsbürgschaft) um die Absicherung der Erbringung bereits bezahlter Leistungen, sondern der rechtzeitigen und mangelfreien Herstellung des Gesamtwerks. Ihre Höhe ist daher auch nicht an der Höhe der Abschlagszahlung orientiert, sondern kann in Höhe von 5 % der Gesamtvergütung verlangt werden. Die Sicherheit ist „bei der ersten Abschlagszahlung" zu erbringen, so dass dem Besteller ein **Zurückbehaltungsrecht** (§ 273 BGB) bezüglich der Abschlagszahlungen zusteht, nicht nur bezüglich der ersten Zahlung, wenn diese ohne die Erbringung der Sicherheit erbracht worden ist.[80] 23

---

[71] Zutreffend Staudinger/*Emmerich* BGB § 551 Rn. 8; abweichend BGHZ 107, 210 = NJW 1989, 1853, wo nur von einem einredeweise vom Bürgen geltend zu machenden Freigabeanspruch des Mieters ausgegangen wird.

[72] BGH NJW 1990, 2380.

[73] BGH NJW 2013, 1876.

[74] *Nobbe* Kommentar z. Kreditrecht, BGB § 765 Rn. 394.

[75] Vgl. hierzu näher die Kommentierung dieser Vorschriften bei Baumbach/Hefermehl/*Casper* WG/ScheckG/Recht des Zahlungsverkehrs, 24. Aufl. 2020.

[76] Näher Messerschmidt/Voit/*Wolff* Privates Baurecht, 3. Aufl. 2018, Syst. Teil M. Rn. 38 ff.; *Tiedtke* DB 2006, 2162; Derleder/Knops/Bamberger/*Lindner* HdB zum dt. und europ. Bankrecht § 28 Rn. 30 ff.

[77] *Vogt* in Graf v. Westphalen, Vertragsrecht und AGB-Klauselwerke Rn. 64.

[78] Ganten/Jagenburg/Motzke/*Jagenburg* VOB/B § 17 Nr. 2 Rn. 9.

[79] BGH NJW 1984, 2456.

[80] BeckOK/*Voit* § 650m Rn. 13; MüKoBGB/*Busche* § 650m Rn. 7.

Diese sog. **Fertigstellungssicherheit** kann u. a. durch Bankbürgschaft (§ 650m Abs. 2 iVm § 232 Abs. 2, 239 BGB) oder eine sonstige Personalsicherheit eines Kreditinstituts (§ 650m Abs. 3 BGB) erbracht werden.

23a Soweit das Bauwerk unter Zwischenschaltung eines Bauträgers errichtet wird und der Vertrag mit dem Bauherren den Vorschriften der Makler- und Bauträgerverordnung (MaBV) unterliegt, hat ferner die sog **MaBV-Bürgschaft** (nach § 7 MaBV) Bedeutung.[81] Nach diesen Vorschrift bedarf es einer (regelmäßig durch Bankbürgschaft zu erbringenden, § 2 Abs. 2 MaBV) Sicherheitsleistung, soweit in einem Bauträgervertrag eine von den Vorgaben der § 3 Abs. 1 und 2 MaBV abweichende Fälligkeit der Vergütung vereinbart werden soll, insbesondere wenn vom Auftraggeber Vorauszahlungen zu leisten sind. Bei der MaBV handelt es sich grundsätzlich um eine gewerberechtliche Verordnung, sie wirkt sich aber auch direkt auf das Privatrechtsverhältnis aus, da von den Vorgaben abweichende Vereinbarungen nach § 12 MaBV unwirksam sind.[82] Der **Sicherungszweck** der MaBV-Bürgschaft umfasst, „dass der Erwerber entweder die zugesagten Leistungen des Bauträgers oder aber die Rückzahlung seiner Mittel erhält, wenn der Wert der Leistung des Bauträgers hinter dem zurückbleibt, was der Bauträger schuldet."[83] Abgesichert werden daher Rückzahlungsansprüche, insbesondere wegen Minderung, Rücktritts oder bei Nichtigkeit des Vertrags[84], sowie der Anspruch auf Eigentumsverschaffung an dem Grundstück[85], und grundsätzlich auch Aufwendungsersatzansprüche wegen Baumängeln[86] – nur in dem Sonderfall einer Fälligkeit nach Baufortschritt werden letztere nicht erfasst, da der Kunde bei Mängeln die Leistung verweigern kann.[87] Grundsätzlich erfasst werden auch Schadensersatzansprüche statt der Leistung[88], allerdings nur im Rahmen des auf Absicherung der Vorauszahlung gerichteten Schutzzwecks, nicht aber, soweit es um den Ersatz weitergehender Schadenspositionen wie Steuervorteilen oder Nutzungen geht.[89] Die Auslegung der MaBV-Bürgenerklärung ist anhand dieses Sicherungszwecks vorzunehmen. Zwar erfasst § 12 MaBV nicht das Verhältnis zum Bürgen, so dass der Inhalt der Bürgschaft nicht direkt durch die Vorgaben der MaBV bestimmt wird, gleichwohl ist bei einer zur Erfüllung der Pflicht aus § 7 MaBV übernommenen Bürgschaft davon auszugehen, dass der Bürge eine Verpflichtung in dem rechtlich gebotenen Umfang übernehmen wollte. Da nur geschäftsmäßig handelnde, mit dem Instrument der MaBV-Bürgschaft vertraute Kreditinstitute als Bürgen in Betracht kommen, gebietet auch der Bürgenschutz keine Einschränkungen.

23b Ferner ist die der Absicherung des Werkunternehmers dienende **Werklohnbürgschaft** zu nennen. Da der Werklohn grundsätzlich erst bei Abnahme des Werkes fällig wird (§ 641 BGB), sieht § 650f BGB für den Bauhandwerker einen Sicherungsanspruch für seine zu erbringenden Vorleistungen im Umfang von 110 % des vertraglichen Vergütungsanspruchs vor. Für die Erfüllung des Sicherungsanspruchs hat die Bankbürgschaft überragende Bedeutung, wobei sich die Tauglichkeit der Bankbürgschaft bereits aus §§ 650f Abs. 1, 232 Abs. 2, 239 BGB ergibt, so dass nicht auf § 650f Abs. 2 BGB (der – wie das Wort „auch" zeigt – eine Erweiterung der bereits nach den allgemeinen Vorschriften bestehenden Sicherungsmöglichkeiten enthält[90]) abgestellt werden muss. Im Ergebnis macht es keinen Unterschied, ob man hier Abs. 1 oder Abs. 2 für anwendbar hält, da sich das Erfordernis der **selbstschuldnerischen Bürgschaft** zwar nur aus § 239 Abs. 2 BGB ergibt, dem hier allein in Betracht kommenden kaufmännische Bürgen nach § 349 HGB aber ohnehin die Einrede der Vorausklage nicht zusteht. In jedem Fall ist auch bei der Sicherung durch

---

[81] Näher Messerschmidt/Voit/*Wolff* Privates Baurecht, 3. Aufl. 2018, Syst. Teil M. Rn. 83 ff.
[82] Zu den Einzelheiten vgl. *Marcks* MaBV 9. Aufl. 2014.
[83] BGH NJW 2009, 673 (Tz. 11 mwN).
[84] BGH NJW 2008, 1729.
[85] BGH NJW 2009, 673.
[86] BGH NJW 2002, 2563.
[87] BGH NJW 2011, 1347.
[88] BGH NJW 2010, 1284.
[89] BGH NJW 2002, 2563.
[90] **AA** BeckOK/*Voit* § 650f Rn. 17; Staudinger/*Peters/Jacoby,* § 648a Rn. 15.

Bankbürgschaft die eigenartige Regelung des § 650f Abs. 2 S. 2 BGB zu den Voraussetzungen der Zahlung durch den Bürgen zu beachten: Danach darf der Bürge nur an den Bauhandwerker leisten, wenn der Besteller den **Anspruch anerkennt** oder die **Voraussetzungen einer Zwangsvollstreckung gegen den Besteller** vorliegen. Die Vorschrift steht systematisch im Werkvertragsrecht, bezieht sich aber eigentlich auf den Inhalt des Bürgschaftsvertrags (bzw. der Personalsicherheit), da das Verbot der Zahlung impliziert, dass auch kein Anspruch gegen das Kreditinstitut besteht. Praktisch verlangt die Vorschrift eine vom allgemeinen Bürgschaftsrecht abweichende Regelung der **Fälligkeit der Bürgenleistung.** Darüber hinaus beschränkt das Verbot auch den Aufwendungsersatzanspruch des Bürgen aus dem Geschäftsbesorgungsvertrag (§§ 675, 670 BGB), da die Bank eine hiergegen verstoßende Zahlung nicht für erforderlich halten darf. Dies wirft die Frage auf, ob die zwingende (§ 650f Abs. 7 BGB), den Besteller schützende Vorschrift **nur den Bauvertrag** betrifft, oder ob zugleich eine zwingende Regelung für Bürgschafts- und Geschäftsbesorgungsvertrag getroffen worden ist. Eindeutig ist aufgrund der systematischen Stellung, dass der Bauhandwerker keinen Anspruch auf eine Sicherung ohne diese Beschränkung hat. Auf den **Inhalt des Bürgschaftsvertrags** kann sich die Regelung dagegen schon deshalb nicht auswirken, weil das bürgende Kreditinstitut nicht an dem Bauvertrag beteiligt ist und keine eigene Kenntnis darüber hat, ob § 650f BGB überhaupt anwendbar ist. Dies ist nur der Fall, wenn das Sicherungsverlangen gemäß Abs. 1 nach Vertragsschluss gestellt worden ist, nicht aber bei Vereinbarung eines vertraglichen Sicherungsanspruchs.[91] Für das Kreditinstitut ist nur relevant, welche Art von Sicherung vom Besteller beauftragt worden ist – für das Innenverhältnis der Bauvertragsparteien muss er sich nur insoweit interessieren, als ihn bei einem Wissensvorsprung (insbesondere gegenüber einem privaten Bauherrn) eine **Aufklärungspflicht** bezüglich der unterschiedlichen Gestaltungen treffen kann. Welche Form der Bauhandwerkersicherung aber beauftragt wurde – mit oder ohne die Beschränkung des § 650f Abs. 2 S. 2 BGB – ist durch **Auslegung des Geschäftsbesorgungsvertrags** zu ermitteln. Die Vorschrift ist daher (trotz ihrer scheinbar an das Kreditinstitut gerichteten Formulierung) unmittelbar nur für den Sicherungsanspruch im Innenverhältnis der Bauvertragsparteien relevant. Hat das bürgende Kreditinstitut zur Erfüllung des Geschäftsbesorgungsvertrags eine Bürgenerklärung ohne die spezielle Fälligkeitsregelung abgegeben, muss es sich daran festhalten lassen und ist verpflichtet (soweit es nicht die Einwendungen des Hauptschuldners nach § 768 BGB geltend macht), bereits bei Fälligkeit des Werklohns zu leisten. Für den **Aufwendungsersatzanspruch** aus dem Geschäftsbesorgungsvertrag zwischen Bürge und Besteller kommt es darauf an, welche Art der Sicherung beauftragt worden ist: Hat der Besteller eine Bankbürgschaft nach § 650f BGB beauftragt, ist der Vertrag nur auf die Übernahme einer nach Abs. 2 S. 2 begrenzten Sicherheit gerichtet. Der Aufwendungsersatzanspruch (§§ 675, 670 BGB) entsteht daher nur, wenn die Zahlung im Rahmen einer derart begrenzten Haftung erforderlich war, nicht aber, wenn sie aufgrund einer überschießenden Gestaltung des Bürgschaftsvertrags vorzeitig geleistet worden ist. Soweit die Voraussetzungen des Abs. 2 S. 2 bei Zahlung nicht vorlagen, schuldet daher der Besteller keinen Aufwendungsersatz, so dass der Bürge nur aufgrund der übergegangen Hauptschuld (§ 774 Abs. 1 BGB) Regress nehmen kann, gegen die dem Besteller alle Einwendungen zur Verfügung stehen, die er auch dem Bauhandwerker hätte entgegenhalten können (§§ 412, 404 BGB). Hat der Besteller dagegen eine Bauhandwerkersicherung außerhalb des Anwendungsbereichs des § 650f BGB beauftragt, besteht dagegen kein Anlass, den Aufwendungsersatzanspruch zu begrenzen – auch wenn die Voraussetzungen des § 650f BGB tatsächlich vorlagen. Die Wirkung des § 650f Abs. 2 S. 2 BGB ist mithin auf das **relative Verhältnis der Bauvertragsparteien** begrenzt, während es für die Rechtsverhältnisse zum bürgenden Kreditinstitut bei der Vertragsfreiheit bleibt, die eine Umsetzung der Begrenzung ermöglicht, aber auch erfordert.

[91] BGH NJW 2006, 2475.

IV. Rechtsbeziehungen zwischen den Beteiligten

1. Gläubiger und Schuldner

24 Die Rechtsbeziehung zwischen Gläubiger und Schuldner ist für die Bürgschaft in doppelter Hinsicht von Bedeutung. Zunächst ist die aus dieser Beziehung resultierende **Forderung wegen der Akzessorietät Voraussetzung** der Bestellung einer Bürgschaft. Auf welchem Rechtsgrund die gesicherte Forderung beruht, ist dabei irrelevant. Insbesondere können nicht nur vertragliche, sondern etwa auch bereicherungs- oder deliktsrechtliche Ansprüche abgesichert werden, und daher natürlich auch nicht nur Erfüllungs-, sondern auch Schadensersatzansprüche.[92] In Betracht kommen auch Ansprüche aus öffentlich-rechtlichen Rechtsbeziehungen.[93] Zu bemerken ist ferner, dass die Forderung nicht einmal auf eine Geldzahlung gerichtet sein muss, was speziell im Bankgeschäft aber keine praktische Bedeutung hat. Denn selbst wenn grundsätzlich Herstellungsansprüche abgesichert werden (wie etwa bei der Vertragserfüllungs- oder Gewährleistungsbürgschaft[94]), verpflichtet sich der Bürge in der Regel **nur zur Zahlung,** sichert letztlich also nur die auf Geldzahlung gerichteten Sekundäransprüche ab. Da die Bürgenschuld allerdings im Normalfall (mit Ausnahme der unvertretbaren Leistungen) denselben Inhalt wie die Hauptschuld hat (und daher grundsätzlich auch Herstellungsansprüche umfassen kann), ist eine solche **Beschränkung auf den Ausgleich des Erfüllungsinteresses** durch Auslegung festzustellen. Soweit ein Kreditinstitut als Gläubiger beteiligt ist, liegen meist Darlehensforderungen, teilweise auch Vergütungs- und Aufwendungsersatzansprüche aus einem Geschäftsbesorgungsvertrag zugrunde, während bei der Bankbürgschaft aufgrund der verschiedenen Erscheinungsformen[95] auch sehr unterschiedliche Forderungen in Betracht kommen. Dies zeigt, dass die Rechtsbeziehung zwischen Gläubiger und Schuldner sehr unterschiedliche Inhalte haben kann. Festzuhalten ist lediglich, dass keine wirksame Bürgenverpflichtung entstehen kann, wenn es im Verhältnis Gläubiger – Schuldner an einer Verbindlichkeit fehlt.

25 Darüber hinaus bedarf es im Verhältnis zwischen Gläubiger und Schuldner eines **Rechtsgrundes für die Bestellung der Bürgschaft.**[96] Zwar trägt die Bürgschaft im Hinblick auf das Verhältnis Bürge – Gläubiger seinen Rechtsgrund in sich, dies gilt aber nicht für das Verhältnis Gläubiger – Schuldner, da die Bürgschaft ja regelmäßig im Interesse, meist auch im Auftrag des Schuldners geleistet wird. Der Rechtsgrund, also die **Verpflichtung zur Sicherheitenstellung,** kann sich aus dem Gesetz (zB bei der Prozess- oder Steuerbürgschaft[97]), wird sich regelmäßig aber aus einer vertraglichen Sicherungsabrede ergeben. Speziell im Verhältnis zur Bank als Gläubiger ergibt sich ein **weitgehender Besicherungsanspruch** für alle Verbindlichkeiten aus der Geschäftsbeziehung bereits aus Nr. 13 AGB Banken.[98] Fehlt es an einer solchen Sicherungsabrede – im Bankverkehr insbesondere wegen einer vorrangigen Individualvereinbarung, auf Sicherheiten zu verzichten – kann der Schuldner eine dennoch gestellte Bürgschaft kondizieren (§ 812 Abs. 1 S. 1 Alt. 1 BGB), was konkret bedeutet, dass er die Aufhebung der Bürgschaftsverpflichtung verlangen kann, was meist durch die Rückgabe der Bürgschaftsurkunde nach § 371 BGB kenntlich gemacht wird.[99] Praktisch wichtig ist dies vor allem im Hinblick darauf, dass die Recht-

[92] Palandt/*Sprau* BGB § 765 Rn. 19; MüKoBGB/*Habersack* § 765 Rn. 65.

[93] BGHZ 174, 39 = NJW 2008, 1070: öffentlich-rechtliche Rückzahlungsforderung bzgl. eines Investitionszuschusses wegen Nichterreichens des Subventionszwecks.

[94] → B Rn. 23.

[95] → B Rn. 14 ff.

[96] BGH NJW 1969, 1480 (1481).

[97] → B Rn. 21.

[98] Zu dessen – zweifelhafter – Wirksamkeit vgl. BGH NJW 1981, 1363 (1364).

[99] BGH NJW 1989, 1482 (1483); NJW-RR 1992, 1005; NJW 2001, 3329 (3330); OLG Koblenz NJW-RR 2006, 1313 (1314 f.).

sprechung die **Einrede der Kondizierbarkeit der Bürgschaft** über § 768 BGB auch dem Bürgen zugesteht.[100] Der Bürge kann demnach die Leistung verweigern, wenn dem Gläubiger im Verhältnis zum Schuldner kein Anspruch zustand, insbesondere weil die entsprechende Sicherungsabrede nichtig oder die vertraglichen Voraussetzungen für eine Nachbesicherung (zB nach Nr. 13 Abs. 2 AGB Banken) nicht vorlagen. Praktisch kommt dies insbesondere in Betracht, wenn die Verpflichtung zur Besicherung in AGB enthalten ist und sich die entsprechende Klausel nach § 307 BGB als unwirksam erweist.[101] Bei **Verbraucherdarlehensverträgen** kann ferner das Fehlen einer Angabe über die zu stellende Sicherheit (§ 492 Abs. 2 iVm Art. 247 § 7 Nr. 2 EGBGB) wegen § 494 Abs. 6 S. 2 BGB die Einrede begründen. Nur wenn der Schuldner an der Beibringung der Bürgschaft nicht beteiligt war, insbesondere also wenn der Bürge von sich aus die Bürgschaft angeboten oder vom Gläubiger **ohne Kenntnis des Schuldners** angesprochen worden ist, kann es auf einen Rechtsgrund im Verhältnis zum Schuldner nicht ankommen. In solchen Fällen bedarf es eines Rechtsgrundes nur im Verhältnis zwischen Bürgen und Gläubiger, der im Bürgschaftsvertrag selbst zu finden ist.

2. Bürge und Gläubiger

Das Rechtsverhältnis zwischen Bürge und Gläubiger ist grundsätzlich der Bürgschaftsvertrag und dieser steht daher im Mittelpunkt der weiteren Erläuterungen. Eines weiteren Vertrags als Rechtsgrund der Bürgschaftsübernahme bedarf es nicht, und zwar auch dann nicht, wenn sich der Bürge im Verhältnis zum Schuldner nicht zu ihr verpflichtet hat. Insbesondere liegt in der Sicherung auch ohne andere Rechtsgrundlage **keine Schenkung.**[102] Der Charakter der Bürgschaft als einseitig verpflichtende Vertragsform[103] schließt es indes nicht aus, dass dem Bürgen vom Gläubiger eine **Gegenleistung für die Sicherung** versprochen wird, etwa eine Provision. Wirtschaftlich würde es sich dann um eine Art als Bürgschaft ausgestaltete Kreditversicherung handeln. Denkbar ist aber auch die Übernahme einer Verpflichtung gegenüber dem Schuldner (insbesondere ein Stillhalten hinsichtlich der gesicherten Forderung), wodurch ein **Vertrag zugunsten Dritter** entstünde.[104] Im Rahmen der Privatautonomie sind derartige Abweichungen vom Leitbild der einseitigen Verpflichtung unbedenklich, so dass Bürgschaft und Leistungsversprechen in einem Vertrag geregelt werden können. Wie die Verbindung zwischen beiden gestaltet sein soll, ob insbesondere Provisionszahlung bzw. Stillhalten und Sicherung im **Gegenseitigkeitsverhältnis** stehen sollen (mit der Folge der Anwendbarkeit der §§ 320 ff. BGB), ist der Parteivereinbarung zu entnehmen und ggf. durch **Auslegung** zu ermitteln. 26

3. Bürge und Schuldner

Das Rechtsverhältnis zwischen Bürge und Schuldner ist dagegen nur im Hinblick auf **Teilaspekte im Bürgschaftsrecht** geregelt, namentlich hinsichtlich des Befreiungsanspruchs (§ 775 BGB) sowie des gesetzlichen Forderungsübergangs (§ 774 BGB). Während § 775 BGB schon bezüglich des Wortlauts ein Vertragsverhältnis (oder eine berechtigte GoA) voraussetzt, tritt die cessio legis des § 774 BGB als zusätzliche Regressmöglichkeit 27

[100] Vgl. BGH NJW 2015, 856 (Tz. 14); BGH NJW 2014, 3642 (Tz. 15); BGHZ 147, 99 = NJW 2001, 1857; BGHZ 143, 381 = NJW 2000, 1563; BGHZ 107, 210 = NJW 1989, 1853, wenn dieser Fall richtigerweise auch über §§ 134, 139 BGB zu lösen gewesen wäre, → Rn. 20; ferner MüKoBGB/*Habersack* § 768 Rn. 6.

[101] BGH NJW 2015, 856 (Tz. 24); BGH NJW 2014, 3642 (Tz. 16) zu formularmäßigen Gewährleistungsbürgschaften in Bauverträgen.

[102] Zutreffend MüKoBGB/*Habersack* § 765 Rn. 5.

[103] → B Rn. 2.

[104] *Heermann* Geld und Geldgeschäfte § 31 Rn. 5.

neben ggf. bestehende vertragliche Ansprüche, greift also auch ohne vertragliche Grundlage ein. Tatsächlich ist es zwar möglich, dass die Bürgschaft ohne vertragliche Abrede mit dem Schuldner übernommen wird, aber ungewöhnlich.[105] Auch dem Bereich der Gefälligkeitsverhältnisse wird man Bürgschaften im Hinblick auf ihre meist erhebliche ökonomische Bedeutung in der Regel nicht zuordnen können. Soweit man einen (ausdrücklichen oder konkludenten) Vertragsschluss feststellen kann, ist grundsätzlich zwischen dem **unentgeltlichen Auftrag** (§§ 662 ff. BGB), der häufig bei Sicherungen aus familiärer Verbundenheit, aus Bankensicht also im Kreditgeschäft, anzutreffen ist, und dem **entgeltlichen Geschäftsbesorgungsvertrag** (§ 675 BGB) zu unterscheiden, der im Avalgeschäft der Banken die Regel ist und den Schuldner zur Zahlung einer Avalprovision verpflichtet. Soweit sich der nicht-kaufmännische Bürge in dem Vertrag zur Abgabe der Bürgschaftserklärung verpflichtet, ist die Form des **§ 766 BGB analog** auf den Vertrag anwendbar.[106] Ist der Vertrag indes unwirksam, wirkt sich dies nicht auf die Wirksamkeit der Bürgschaft selbst aus, vielmehr kommt lediglich ein **bereicherungsrechtlicher Befreiungsanspruch** gegen den Schuldner in Betracht.

28 Das Vertragsverhältnis zwischen Bürge und Schuldner ist nicht nur für die Begründung einer Verpflichtung zur Übernahme der Bürgschaft relevant, sondern hat vor allem in Zusammenhang mit dem **Bürgenregress** Bedeutung. Da § 670 BGB im Auftrags- wie im Geschäftsbesorgungsrecht (über die Verweisung des § 675 BGB) Anwendung findet, kann der Bürge in beiden Fällen über diese Vorschrift **Aufwendungsersatz** verlangen. Dieser Anspruch hat neben der nach § 774 BGB übergegangenen Hauptforderung eigenständige Bedeutung, soweit die ersatzfähigen Aufwendungen über den Bestand der Hauptforderung hinausgehen, was etwa im Hinblick auf die Prozesskosten der Fall sein kann. Bezüglich der Bürgschaftssumme selbst hat der Bürge die Wahl, ob er diese aus der Hauptforderung oder als Aufwendungsersatz verlangt.[107] Zu bemerken ist insoweit, dass auch § 774 BGB neben dem Aufwendungsersatzanspruch eigenständige Bedeutung hat, soweit nach §§ 774, 412, 401 BGB **weitere Sicherungsrechte** mit der Hauptforderung übergehen.[108] Voraussetzung des Aufwendungsersatzanspruchs ist aber, dass der Bürge die Aufwendungen „den Umständen nach **für erforderlich halten**" durfte (§ 670 BGB). Daher ist er weder dazu berechtigt, einen aussichtslosen Prozess gegen den Gläubiger auf Kosten des Schuldners zu führen, noch kann er Erstattung verlangen, wenn er auf eine **einredebehaftete Forderung** zahlt.[109] Als erforderlich kann nur eine Zahlung angesehen werden, wenn die Geltendmachung von Einwendungen gegen die Zahlungsverpflichtung gegenüber dem Gläubiger keine Erfolgsaussichten hat.

§ 765 BGB Vertragstypische Pflichten bei der Bürgschaft

(1) **Durch den Bürgschaftsvertrag verpflichtet sich der Bürge gegenüber dem Gläubiger eines Dritten, für die Erfüllung der Verbindlichkeit des Dritten einzustehen.**

(2) **Die Bürgschaft kann auch für eine künftige oder eine bedingte Verbindlichkeit übernommen werden.**

Übersicht

[105] BankR-HdB/*Nobbe* § 91 Rn. 9 ff.

[106] MüKoBGB/*Habersack* § 765 Rn. 7 mwN.

[107] BGHZ 95, 375 (380 f.) = NJW 1986, 310; BGH NJW 1970, 1002; NJW-RR 2008, 1007; OLG Stuttgart NJW-RR 1994, 876.

[108] Zum Verhältnis konkurrierender Sicherungsgeber vgl. *Lehmann* → Kap. 24 Rn. 90 ff.

[109] BankR-HdB/*Nobbe* § 91 Rn. 454, 457.

I. Bürgschaftsvertrag

1. Wirksames Zustandekommen

Die Bürgschaft kommt aufgrund ihres Charakters als Vertrag durch **Angebot und** 1
Annahme (§§ 145 ff. BGB) zustande, nicht durch einseitige Erklärung des Bürgen. Durch die nur die Willenserklärung des Bürgen erfassende Formvorschrift des § 766 BGB entsteht häufig der Eindruck, dass die Verpflichtung nur durch Ausfertigung und Übergabe der Bürgenerklärung entsteht. In rechtlicher Hinsicht bedarf es indes zwingend auch einer **Annahme durch den Gläubiger** (nicht jedoch einer Beteiligung des Hauptschuldners[1]). Bürgschaftsverträge unter Beteiligung von Banken werden regelmäßig unter Nutzung von Formularen für die Bürgenerklärung geschlossen, so dass für den Ablauf des Vertragsschlusses zu unterscheiden ist: Bereitet die Bank als Gläubiger für den Bürgen die Erklärung vor und übersendet sie ihm das ausgefüllte Bürgschaftsformular zur Unterschrift, ist darin das Angebot zu sehen, das der Bürge durch Unterschrift und Rücksendung annimmt. Im Kreditgeschäft dürfte dies der häufigste Ablauf sein. Erstellt der Bürge dagegen die Bürgschaftserklärung selbst und übersendet sie der Bank, kommt der Vertrag nach § 151 BGB dadurch zustande, dass die Bank die Erklärung zu den Kreditakten nimmt. Eine **gesonderte Annahmeerklärung** ist nach der Verkehrssitte nicht zu erwarten, da die Annahme für die Bank lediglich vorteilhaft ist. Ähnlich verhält es sich im Avalgeschäft. Hier wird die Bank als Bürge regelmäßig unter Nutzung eines eigenen Formulars die Erklärung erstellen und durch Übergabe bzw. Übersendung (häufig durch den Hauptschuldner als Boten, zB bei der Mietbürgschaft) an den Gläubiger das Angebot auf Abschluss des Bürgschaftsvertrags abgeben, das dieser wiederum nach § 151 BGB annimmt, indem er die Urkunde zu seinen Akten nimmt. Eine strengere Sichtweise ist bezüglich der Annahme nach § 151 BGB auch im **Verkehr mit Verbrauchern** nicht angezeigt.[2] Auch der geschäftsunerfahrene Bürge wird kaum erwarten, dass ihm die Annahme der Bürgschaft noch gesondert angezeigt wird, insbesondere aber wird der Verbraucher als Gläubiger bei der Avalbürgschaft kaum auf die Idee kommen, der bürgenden Bank gesondert zu erklären, dass er die Bürgschaft annimmt – und hier gänzlich andere Maßstäbe als im umgekehrten Fall anzulegen, erschiene kaum als überzeugend.

Trotz der strengen Akzessorietät ist das **Bestehen einer zu sichernden Hauptverbind-** 2
lichkeit keine Voraussetzung für das wirksame Zustandekommen der Bürgschaft, schon weil nach § 765 Abs. 2 BGB ausdrücklich auch bedingte und zukünftige Forderungen gesichert werden können.[3] Solange es an einer Hauptforderung fehlt, ist der Vertrag zwar wirksam, aber die Bürgenschuld entsteht noch nicht. Dem Zustandekommen des Bürgschaftsvertrags steht es aber entgegen, wenn sich den Erklärungen der Parteien (auch durch Auslegung) nicht entnehmen lässt, welche Forderung durch die Bürgschaft gesichert

[1] → B Rn. 2.
[2] **AA** Derleder/Knops/Bamberger/*Knops* Handbuch zum dt. und europ. Bankrecht § 27 Rn. 11.
[3] *Reinicke/Tiedtke* Bürgschaftsrecht Rn. 57 ff.

werden soll, diese muss **zumindest bestimmbar** sein.[4] Da es sich insoweit um den wesentlichen Vertragsinhalt (essentialia negotii) handelt, kommt der Vertrag ohne Einigung über die Hauptforderung nicht zustande. Voraussetzung des Zustandekommens ist nach allgemeinen Grundsätzen ferner, dass die Willenserklärungen mit dem erforderlichen Rechtsbindungswillen, insbesondere dem Verbürgungswillen des Bürgen, abgegeben worden sind. Auch dieser ist im Zweifelsfall durch Auslegung anhand des **objektiven Empfängerhorizonts** zu ermitteln. Es ist nicht erforderlich, dass der Begriff der Bürgschaft verwendet wird, wenn sich der Verbürgungswille auch sonst hinreichend deutlich der Erklärung entnehmen lässt – andererseits ist es auch bei Verwendung des Begriffs denkbar, dass man durch Auslegung zum Ergebnis kommt, dass ein Verbürgungswille nicht gegeben war.[5]

3 Bei Abgabe der Bürgschaftserklärung ist auch **Stellvertretung** zulässig (§§ 164 ff. BGB). Da der Hauptschuldner nicht am Bürgschaftsvertrag beteiligt ist, liegt bei seiner Bevollmächtigung kein Fall des § 181 BGB vor, so dass es auch keiner Erlaubnis zum Selbstkontrahieren bedarf. Die Vollmacht kann aber nach § 766 BGB **formbedürftig** sein.[6]

4 Für die **Anfechtung aufgrund von Willensmängeln** gelten grundsätzlich die allgemeinen Vorschriften der §§ 119 ff. BGB. Insbesondere die Anfechtung aufgrund Eigenschaftsirrtums darf aber nicht die Risikoverteilung des Bürgschaftsvertrags aushebeln, weshalb es allgemein anerkannt ist, dass der Irrtum über die Vermögenssituation bzw. Zahlungsfähigkeit des Hauptschuldners nicht zur Anfechtung des Bürgschaftsvertrages berechtigt.[7] Da die Übernahme dieses Risikos durch den Bürgen gerade Gegenstand des Vertrags ist, kann auch eine (für den Gläubiger erkennbare) Erwartung des Bürgen, nicht in Anspruch genommen zu werden, nicht als **Geschäftsgrundlage** des Bürgschaftsvertrags angesehen werden – auch durch § 313 BGB kann die durch den Bürgschaftsvertrag gezielt geschaffene **Risikoverteilung nicht ausgehebelt** werden.[8] Eine Anfechtung kommt indes nach § 123 BGB in Betracht, insbesondere bei einer vom Gläubiger ausgehenden **Täuschung** über die Bonität des Hauptschuldners, auch durch Verschweigen wesentlicher Umstände.[9] Soweit der Hauptschuldner den Bürgen bezüglich seiner eigenen Bonität arglistig täuscht und dadurch zur Abgabe der Bürgschaftserklärung bestimmt, handelt es sich nach der Rechtsprechung im Verhältnis zum Gläubiger auch dann um eine Täuschung durch einen Dritten (§ 123 Abs. 2 Satz 1 BGB), wenn der Schuldner die vom Gläubiger vorbereitete Bürgschaftsurkunde als Bote überbracht hat.[10] Eine Anfechtung der Bürgschaftserklärung ist daher nur möglich, wenn der Gläubiger die Täuschung kannte oder kennen musste.[11]

2. Inhalt

5 Der **Inhalt des Bürgschaftsvertrags** erschöpft sich grundsätzlich in der Haftungsübernahme durch den Bürgen für eine oder mehrere bestimmte bzw. bestimmbare Forderung/en. Aufgrund des einseitig verpflichtenden Charakters enthält der Vertrag regelmäßig keine Regelung einer Gegenleistung, auch wenn abweichende Gestaltungen durchaus möglich sind. Ansonsten erschöpft sich der Vertragsinhalt meist in der **Bestimmung der gesicherten Hauptforderung**[12] und Vorschriften zur vertragsmäßigen Ausgestaltung der Bürgen-

[4] BGH NJW 1995, 1886; Lwowski/Fischer/Gehrlein/*Fischer* § 9 Rn. 20; MüKoBGB/*Habersack* § 765 Rn. 68.
[5] BGH NJW 2002, 747.
[6] → BGB § 766 Rn. 11.
[7] BGH NJW 1988, 3205.
[8] BGH NJW 1988, 3205; 1983, 1850.
[9] MüKoBGB/*Habersack* § 765 Rn. 40.
[10] BGH NJW 2002, 956 (957).
[11] BGH WM 1965, 473; NJW 1968, 986 (987); WM 1992, 1016 = NJW-RR 1992, 1005; NJW 2001, 3331 f.
[12] → BGB § 765 Rn. 7 ff.

haftung selbst, insbesondere im Hinblick auf die Bestimmung eines Höchstbetrags[13] oder einer zeitlichen Beschränkung der Bürgschaft[14] sowie zum Ausschluss der Einrede der Vorausklage.[15] Im Rahmen der Privatautonomie bestehen ferner umfangreiche Möglichkeiten, durch die Gestaltung des Bürgschaftsvertrags die Bürgenhaftung sowohl zu verschärfen als auch zu beschränken, wobei die verbreiteten Gestaltungen (zB die Bürgschaft auf erstes Anfordern, Ausfallbürgschaft) als **Sonderformen der Bürgschaft** bezeichnet werden und als solche erläutert worden sind.[16] Praktische Bedeutung hat über die Sonderformen hinaus die vertragliche Beschränkung des Bürgschaftszwecks auf den **Schutz vor Vermögensverlagerungen** bei der Angehörigenbürgschaft, die zwar dazu führt, dass der Bürge nur in Anspruch genommen werden kann, soweit es tatsächlich zu einer Vermögensverlagerung gekommen ist, aber in den Fällen der krassen wirtschaftlichen Überforderung für die Vermeidung der Sittenwidrigkeit erforderlich ist.[17] Soweit die Gestaltung indes dazu führt, dass die Sicherung ihren **akzessorischen Charakter verliert** (was etwa bei der Bürgschaft auf erstes Anfordern nicht der Fall ist, da Einwendungen gegen die Hauptschuld im Rückforderungsprozess geltend gemacht werden können[18]), liegt keine Bürgschaft mehr vor, vielmehr wäre der Vertrag als Form der nichtakzessorischen Personalsicherheit anzusehen (insbesondere als Garantie[19]).

II. Gesicherte Forderung und Akzessorietät

1. Der Akzessorietätsgrundsatz

Die Bürgenschuld ist gegenüber der gesicherten Hauptforderung **streng akzessorisch.** 6
Das bedeutet, dass Entstehung und Umfang der Bürgenschuld von Entstehung und Umfang der Hauptschuld abhängig sind.[20] In den Worten des BGH begründet die Bürgschaft „eine von der Verbindlichkeit des Hauptschuldners verschiedene, einseitig übernommene Verbindlichkeit des Bürgen", deren „Rechtscharakter sich nicht aus der Natur der Hauptschuld bestimmt".[21] Die Akzessorietät dieser Verbindlichkeit definiert der BGH weiter als „Abhängigkeit von der gesicherten Hauptschuld", die nur sicherstellen soll, „dass der Gläubiger vom Bürgen das bekommt, was er vom Hauptschuldner nach dem jeweiligen Bestand der Hauptschuld zu bekommen hat.".[22] Ohne Hauptforderung geht somit die Bürgschaft **ins Leere,** ferner ist die Bestimmung der gesicherten Forderung für den **Haftungsumfang** entscheidend.[23] Die Akzessorietät steht ferner der einseitigen Auswechselung der gesicherten Forderung durch den Gläubiger entgegen, es gilt vielmehr der **Grundsatz der Identität der gesicherten Forderung,** der auch bei einer weitgehenden Inhaltsänderung der Forderung verletzt ist.[24] Eine einvernehmliche **Auswechselung der Forderung** ist rechtlich als Aufhebung der früheren und Begründung einer neuen Bürgschaft anzusehen, so dass die Wirksamkeitsanforderungen (insbesondere bezüglich der Form des § 766 BGB) wieder zu beachten sind.[25] Die weitere Ausgestaltung der Akzessorietät ergibt sich aus §§ 767, 768, 770 BGB.

[13] → B Rn. 9.
[14] → B Rn. 8.
[15] → BGB §§ 771–773 Rn. 5.
[16] → B Rn. 7 ff.
[17] → A Rn. 34.
[18] → B Rn. 7.
[19] → D Rn. 1 ff.
[20] MüKoBGB/*Habersack* § 765 Rn. 62 ff.; PWW/*Brödermann* BGB vor § 765 Rn. 10.
[21] BGHZ 139, 214 = NJW 1998, 2972.
[22] BGHZ 139, 214 = NJW 1998, 2972 (2973).
[23] Zur Absicherung des Bereicherungsanspruchs bei nichtigem Vertrag → A Rn. 51 f.
[24] BGH NJW 1993, 1917 (1918).
[25] Vgl. Jauernig/*Stadler* BGB § 766 Rn. 3.

2. Bestimmung der gesicherten Forderungen

7 Wie bereits dargelegt können grundsätzlich **Forderungen jeden Rechtsgrundes** durch Bürgschaft abgesichert werden,[26] wobei es aufgrund des Akzessorietätsgrundsatzes entscheidend darauf ankommt, dass die konkret abgesicherte Forderung, auf die sich die Bürgschaft bezieht, aus dem Vertragsinhalt bestimmbar ist. Dieser **Bestimmtheitsgrundsatz** dient grundsätzlich dem Schutz des Bürgen, der durch das Erfordernis vor einem unüberschaubaren Haftungsumfang geschützt wird.[27] Nach der Rechtsprechung des BGH gehen „Unklarheiten über den Umfang der mit einer Bürgschaft gesicherten Hauptschuld zu Lasten des Gläubigers",[28] was beinhaltet, dass bei Zweifeln darüber, welche Forderung (von verschiedenen in Betracht kommenden) überhaupt erfasst werden sollte, die Bürgschaft ins Leere geht. Die Vorschrift des Bürgschaftsvertrags, die der Bestimmung der Forderung dient, wird häufig als **Sicherungszweckerklärung oder -vereinbarung** bezeichnet.[29]

8 Der Bestimmtheitsgrundsatz bedeutet indes nicht, dass die Bürgschaft nur für eine ganz bestimmte Forderung bestellt werden kann, sondern verlangt nur, dass sich aus der Parteivereinbarung bestimmen lässt, ob eine Forderung von der Bürgschaft erfasst wird.[30] Daher kann eine Bürgschaft auch für eine abstrakt definierte **Mehrzahl von Forderungen** bestellt werden, etwa für alle Forderungen, die aus der Geschäftsbeziehung des Gläubigers zum Schuldner resultieren. Bei den **formbedürftigen Bürgschaften** (§ 766 BGB) müssen die gesicherten Forderungen ferner aus dem **Inhalt der Bürgschaftsurkunde** heraus bestimmbar sein, während bei der kaufmännischen Bürgschaft (§ 350 HGB) ggf. durch Auslegung zu bestimmen ist, wie weit die Bürgenverpflichtung reicht. Eine **Beschränkung des Sicherungszwecks** der Bürgschaft über den Wortlaut der Urkunde hinaus, die also zur Einschränkung der Bürgenhaftung führt, kann sich aber auch aus der Auslegung anhand der Umstände des Vertragsschlusses und der Interessenlage ergeben.[31] Im Übrigen ist bei der Auslegung kaufmännischer Bürgschaften zu berücksichtigen, ob die Bürgschaft der Erfüllung eines gesetzlichen Erfordernisses dient, da dann im Zweifel die **gesetzlich vorgeschriebene Ausgestaltung** vereinbart ist, so dass bei Zweifelsfällen auch die Auslegung der gesetzlichen Vorgaben auf den Sicherungsumfang der Bürgschaft durchschlägt. So lässt sich dem Wortlaut des § 7 MaBV etwa nicht eindeutig entnehmen, ob die MaBV-Bürgschaft[32] auch bereicherungsrechtliche Rückgewähransprüche umfassen muss, so dass diese Frage durch Auslegung anhand des Gesetzeszwecks zu beantworten ist (und vom BGH bejaht wurde) und der Auslegung der Sicherungszweckerklärung der MaBV-Bürgschaft zugrunde zu legen ist.[33]

9 Nach § 765 Abs. 2 BGB kann eine Bürgschaft nicht nur für bereits bestehende, sondern auch für **zukünftige oder bedingte Forderungen** bestellt werden. Vor allem die Bürgschaft für zukünftige Forderungen hat in der Praxis überragende Bedeutung, ermöglicht sie doch erst **Globalbürgschaften** für die Forderungen aus der Geschäftsbeziehung, aber auch Mietbürgschaften sowie Gewährleistungsbürgschaften beziehen sich grundsätzlich auf erst zukünftig entstehende Forderungen. Ob zukünftige Forderungen erfasst sein sollen, ist letztlich Auslegungsfrage, etwa bei der **Bürgschaft für einen Kontokorrentkredit,** die sowohl auf den Tagessaldo bei Übernahme der Bürgschaft als auch auf einen zukünftigen höheren Saldo bezogen werden kann. **Unklarheiten** gehen auch insoweit zu Lasten des Gläubigers.

---

[26] → B Rn. 24.

[27] BGHZ 76, 187 (189) = NJW 1980, 1459; BGH NJW 1995, 959; NJW 1998, 1140 (1141); NJW 2000, 1569 (1571); BGHReport 2003, 1075; NJW-RR 2004, 924.

[28] BGHZ 76, 187 = NJW 1980, 1459.

[29] Hierzu näher *Nobbe* BKR 2002, 747; *Rösler/Fischer* BKR 2006, 50.

[30] HK-BGB/*Staudinger* § 769 Rn. 9; Kümpel/Wittig/Früh/Seyfried/*Federlin* Bank- und Kapitalmarktrecht Rn. 12.242 ff.

[31] BGH NZG 2008, 595 (596).

[32] → B Rn. 23.

[33] BGHZ 175, 161 = NJW 2008, 1729 (1730).

Als problematisch wurden in der Vergangenheit insbesondere die sog **„weiten" Sicherungszweckerklärungen** angesehen, deren Gestaltung zu einer **Globalbürgschaft für alle Verbindlichkeiten aus einer Geschäftsverbindung** führt oder sogar einen noch weiteren Sicherungszweck verfolgt.[34] Insoweit ist zu unterscheiden zwischen formularmäßigen weiten Sicherungszweckerklärungen, für die die Rechtsprechung AGB-rechtlich (§§ 305c Abs. 2, 307 BGB) enge Grenzen entwickelt hat,[35] und individualvertraglich vereinbarten weiten Sicherungszweckerklärungen.[36] Im letzteren Fall ist lediglich der Maßstab der **Bestimmtheit** anzulegen, so dass die **individualvertragliche Globalbürgschaft** als wirksam angesehen wird, wenn sich aus der Zweckerklärung bestimmen lässt, welche Forderungen konkret erfasst sind. Insbesondere Sicherungszweckerklärungen, die alle (auch zukünftigen) Forderungen aus einer bankmäßigen Geschäftsverbindung erfassen, werden als hinreichend bestimmt angesehen,[37] wobei die Begrenzung durch einen Höchstbetrag keine Wirksamkeitsvoraussetzung einer solchen Sicherung ist.[38] Die **Grenze der Unbestimmtheit** wird aber überschritten, wenn die Bürgschaft sich nicht auf die Forderungen aus einem „festgelegten Kreis von Rechtsbeziehungen" beschränkt (wie insbesondere der bankmäßigen Geschäftsbeziehungen), sondern **„alle denkbaren künftigen Verbindlichkeiten** des Hauptschuldners ohne sachliche Beschränkung" erfassen soll.[39] Daraus schließt die Rechtsprechung, dass Klauseln, die den Sicherungszweck noch über die Absicherung der Ansprüche aus der Geschäftsbeziehung hinaus ausweiten und insbesondere auch auf durch Abtretung erworbene Forderungen gegen den Hauptschuldner erstreckt, als nicht hinreichend bestimmt anzusehen und daher unwirksam sind.[40] Soweit man die unwirksame Erweiterung von einem hinreichend bestimmten Teil der Zweckerklärung **trennen** kann (etwa von der Sicherung für Forderungen aus der bankmäßigen Geschäftsbeziehung), bleibt diese nach § 139 BGB wirksam.[41] 10

Zum Bestimmtheitsgrundsatz zählt auch, dass die **Personen des Hauptschuldners sowie des Gläubigers hinreichend bestimmt** sind. Während die Person des Hauptschuldners für das vom Bürgen übernommene Risiko wesentlich ist und ohne seine genaue Festlegung eine Bestimmtheit der Forderung ausgeschlossen ist, wird der Gläubiger schon dadurch festgelegt, dass er Vertragspartner des Bürgen ist. Schwierigkeiten wirft dies mitunter bezüglich des Gläubigers auf, wenn dieser die gesicherte **Forderung schon vor ihrer Entstehung abtritt.**[42] Die Bürgschaft erfasst grundsätzlich nur Forderungen des Vertragspartners des Bürgschaftsvertrags gegen den Hauptschuldner, nicht aber Forderungen Dritter, deren Absicherung eines Bürgschaftsvertrags mit dem Dritten bedarf (**Grundsatz der Gläubigeridentität**[43]). Wird die wirksam gesicherte Forderung später abgetreten, geht die Bürgschaftsforderung mit auf den Zessionar über (§ 401 BGB),[44] so dass der Grundsatz der Gläubigeridentität nicht verlangt, dass der Vertragspartner dauerhaft Gläubiger bleibt. Erforderlich ist aber, dass die Forderung **in der Person des Gläubigers entsteht** und so von der Bürgschaft erfasst werden kann. Bei der **Vorausabtretung** von Forderungen kommt es dagegen zu der Situation, dass die Forderung bereits zum Zeitpunkt ihrer Entstehung abgetreten war und somit nur bei Annahme eines Durchgangserwerbs beim Zedenten von einer Bürgschaft erfasst werden könnte, nicht aber, soweit von einem Direkterwerb der Forderung durch den Zessionar 11

---

34 BGH NJW 1990, 1909 (1910); NJW 1992, 896 (897).
35 → BGB § 765 Rn. 12.
36 Näher: *Nobbe* BKR 2002, 747 (748 f.).
37 StRspr seit BGHZ 25, 318 = NJW 1957, 1873; vgl. 130, 19 = NJW 1995, 2553; BGH NJW 1994, 1656; NJW 1992, 896.
38 *Nobbe* BKR 2002, 747 (748 f.).
39 BGH NJW 1992, 896 (897).
40 BGH NJW 1992, 896 (897).
41 BGH NJW 1992, 896 (897 f.).
42 Näher *Lindner-Figura* NJW 2002, 3134.
43 → BGB § 765 Rn. 29.
44 Kümpel/Wittig/Früh/Seyfried/*Federlin* Bank- und Kapitalmarktrecht Rn. 12.233.

auszugehen ist.[45] Diese Konsequenz aus dem Grundsatz der Gläubigeridentität lehnt der BGH indes ab, da er insoweit keine formale, sondern eine **wirtschaftliche Betrachtungsweise** für geboten hält: „Ausschlaggebend ist, dass Zedent und Zessionar sich bei Abtretung der Hauptforderung zugleich über die Abtretung künftiger Sicherheiten für diese geeinigt hatten. Diese Einigung machte einen zu demselben Ergebnis führenden Vertrag zwischen Bürgen und Zessionar oder zwischen Bürgen und Zedent zu Gunsten des Zessionars überflüssig."[46] Mit anderen Worten steht der Grundsatz der Gläubigeridentität nur einer **Trennung von Sicherung und Forderung entgegen,** nicht aber einer gemeinsamen Vorabzession von zukünftigem Anspruch und zukünftiger Sicherung.

3. Weite Zweckerklärungen in AGB

12 Sofern die **weite Zweckerklärung** in einem vom Gläubiger verwendeten **Bürgschaftsformular** enthalten ist, steht ihrer Wirksamkeit regelmäßig § 305c Abs. 1 BGB oder § 307 Abs. 2 BGB entgegen, und zwar im Grundsatz auch im unternehmerischen Geschäftsverkehr.[47] Zunächst ist die Vereinbarung einer Globalbürgschaft (unabhängig davon, ob nur für bestehende weitere Forderungen oder auch noch für zukünftige Forderungen gehaftet werden soll) als überraschende Klausel iSv § 305c Abs. 1 BGB anzusehen, wenn die Bürgschaft aus Anlass einer bestimmten Kreditgewährung (sog. **Anlassverbindlichkeit**) abgegeben wird. In solchen Fällen muss der Bürge nicht damit rechnen, über die Anlassverbindlichkeit hinaus zu haften, was die Klausel als überraschend erscheinen lässt.[48] Der überraschende Charakter fehlt nur dann, wenn die Bürgschaft nicht anlässlich einer bestimmten Kreditgewährung (sei es als Neuvergabe, Verlängerung oder Erhöhung der Kreditlinie) erteilt wird,[49] wenn der Bürge ohnehin annimmt, global zu haften,[50] wenn der Bürge keine konkrete Vorstellung von der Höhe der Verpflichtung hat und sich somit „blindlings" verpflichten wollte[51] oder wenn der Bürge auf die **Reichweite der Bürgschaft gesondert** (und nachweisbar) nicht-formularmäßig **hingewiesen** worden ist.[52] Rechtsfolge der Anwendung des § 305c Abs. 1 BGB ist, dass die weite Zweckerklärung nicht zum Vertragsbestandteil wird und somit die Haftung des Bürgen nicht erweitern kann. Das bedeutet aber nicht, dass die Bürgschaft insgesamt unwirksam wäre. Vielmehr bleibt sie nach der Rechtsprechung wirksam, soweit die Anlassverbindlichkeit betroffen ist.[53] Dies stellt auch keine verbotene geltungserhaltende Reduktion dar, vielmehr bleibt der Vertrag nach § 306 Abs. 1 BGB unter Ausschluss der Zweckerklärungsklausel wirksam. Voraussetzung ist richtigerweise aber, dass sich die Anlassverbindlichkeit hinreichend bestimmt aus dem Bürgschaftsvertrag ergibt, sich mit anderen Worten auch nach Wegfall der Klausel eine **hinreichend bestimmte Sicherungszweckerklärung** für die Anlassverbindlichkeit entnehmen lässt.[54] Soweit die Rechtsprechung dieses Ergebnis im Wege der ergänzenden Vertragsauslegung ohne Rücksicht auf den Wortlaut der Bürgschaftserklärung begründet, kann dem nur für die

---

[45] Vgl. *Lindner-Figura* NJW 2002, 3134 (3135).

[46] BGH NJW 2002, 3461 (3462).

[47] Zum Ganzen: *Nobbe* BKR 2002, 747 (749 ff.); *Rösler/Fischer* BKR 2006, 50; Derleder/Knops/Bamberger/*Knops* HdB zum dt. und europ. Bankrecht § 27 Rn. 21 ff.; Staub/*Renner* HGB Bankvertragsrecht Vierter Teil Rn. 935 ff.; *Bales* BKR 2004, 264; *Fischer* WM 2000, 14; *Forthauser* MittBayNot 1997, 265; *Keim* MittBayNot 1994, 406; *Knops* ZIP 2006, 1965; *Niebling* VuR 2011, 283; *Nobbe* BKR 2002, 747; *Rösler/Fischer* BKR 2006, 50; *Schröter* WM 2000, 16; *v. Westphalen* NJW 2002, 168, NJW 2003, 1981.

[48] BGHZ 143, 95 = NJW 2000, 658; 130, 19 = NJW 1995, 2553; NJW 126, 174 = NJW 1994, 2145.

[49] BGHZ 132, 6 = NJW 1996, 924.

[50] Derleder/Knops/Bamberger/*Knops* HdB zum dt. und europ. Bankrecht § 27 Rn. 24.

[51] BGHZ 130, 19 = NJW 1995, 2553 (2555).

[52] BGHZ 126, 174 = NJW 1994, 2145.

[53] BGHZ 137, 153 = NJW 1998, 450.

[54] BankR-HdB/*Nobbe* § 91 Rn. 207 ff.

kaufmännische Bürgschaft (§ 350 HGB) gefolgt werden, nicht aber im Anwendungsbereich des § 766 BGB.[55]

Nur wenn einer der genannten Ausnahmefälle gegeben ist, kommt es überhaupt noch darauf an, ob die Zweckerklärungsklausel der **Inhaltskontrolle** nach § 307 Abs. 2 BGB standhält. Auch insoweit hat der BGH inzwischen einen strengen Standpunkt eingenommen und hält die weite Zweckerklärung zusätzlich für eine **unangemessene Benachteiligung,** wenn die Klausel sich auf zukünftige Forderungen erstreckt. Denn bezüglich der **zukünftigen Forderungen** wird dem Bürgen ein „unkalkulierbares Risiko" zugemutet, kann er doch die weitere Entwicklung seines Haftungsumfangs, der nur noch von dem Hauptschuldner und dem Gläubiger abhängt, nicht mehr steuern. Dies widerspricht dem **Verbot der Fremddisposition** (§ 767 Abs. 1 Satz 3 BGB), das als wesentliches Charakteristikum des Bürgschaftsvertrags anzusehen ist.[56] Da es nicht auf die subjektive Überraschung, sondern die objektive Benachteiligung ankommt, ist dieses Ergebnis auch unabhängig von den Vorstellungen des Bürgen oder einem gesonderten Hinweis auf die Zweckerklärung.[57] Auch bei der **Höchstbetragsbürgschaft** gilt diese Einschätzung, die summenmäßige Beschränkung ändert nichts daran, dass die Entwicklung der Bürgenverpflichtung der Fremddisposition unterliegt.[58] Formularmäßig können zukünftig entstehende Forderungen daher nur in engen Grenzen in die Bürgschaft einbezogen werden. Voraussetzung ist, dass der „Kreis der Hauptschulden, auf die sich seine Verpflichtung bezieht, nach Grund und Umfang von Anfang an **klar und übersichtlich abgesteckt** ist. Der Bürge muss aufgrund der Erklärungen der Bank oder aus eigener Kenntnis wissen, welche nach Gegenstand und Grund individualisierten Forderungen in die Haftung aufgenommen werden sollen, damit er genau erkennen kann, welches Risiko er in dieser Hinsicht auf sich nimmt."[59] Da somit die zukünftigen Forderungen individuell bezeichnet werden müssen, stellt sich die Frage, welche Relevanz eine formularmäßige Zweckerklärung überhaupt noch haben kann. Praktisch steht insoweit wohl die formularmäßige **Haftungserstreckung auf Prolongationskredite** im Vordergrund, durch die die individualisiert bezeichneten Forderungen zukünftig abgelöst werden.[60] 13

Aber auch bezüglich weiter Zweckerklärungen, die sich auf die bei Übernahme der Bürgschaft **bestehenden Forderungen** beschränkt, hat der BGH inzwischen eine strenge Sichtweise eingenommen, da er bei solchen Klauseln das **Transparenzgebot** (§ 307 Abs. 1 Satz 2 BGB) als verletzt ansieht, das den AGB-Verwender dazu verpflichtet „die Rechte und Pflichten seines Vertragspartners möglichst klar und durchschaubar darzustellen".[61] Der Bürge kann bei der formularmäßigen Globalbürgschaft „regelmäßig nicht erkennen, ob und gegebenenfalls welche Ansprüche des Gläubigers gegen den Hauptschuldner bestehen", so dass „der Umfang seiner Verpflichtung durch die undurchsichtige globale Zweckerklärung verschleiert" wird.[62] Auch insoweit macht der BGH für die Höchstbetragsbürgschaft keine Ausnahme. Im Ergebnis bedeutet dies, dass in Bezug auf die bei Vertragsschluss bestehenden Forderungen eine Haftung des Bürgen nur begründet werden kann, wenn die erfassten Forderungen im Vertrag so bestimmt werden, dass eine **Risikoabschätzung durch den Bürgen** ermöglicht wird. AGB-Klauseln spielen daher für die Zweckerklärung nur noch eine geringe Rolle, insbesondere ermöglichen diese aber weiterhin die Regelung der Reichweite der Bürgschaft in Bezug auf die individuell bezeichneten Forderungen, insbesondere bezüglich der Erfassung von **Zins- oder Schadensersatz-** 14

[55] Krit. zu der Konstruktion der Rechtsprechung auch *Schmitz-Herscheidt* ZIP 1997, 1140; Derleder/Knops/Bamberger/*Knops* HdB zum dt. und europ. Bankrecht § 27 Rn. 31.

[56] BGHZ 130, 19 = NJW 1995, 2553 (2556).

[57] BGHZ 130, 19 = NJW 1995, 2553 (2556).

[58] BGHZ 143, 95 = NJW 2000, 658 (660); *Nobbe* BKR 2002, 747 (751); **aA** insoweit *Kuntz* AcP 209 (2009), 242, 265 ff.; Staub/*Renner* HGB Bankvertragsrecht Vierter Teil Rn. 937.

[59] BGH NJW 1996, 2369 (2370).

[60] *Nobbe* BKR 2002, 747 (752).

[61] BGHZ 143, 95 = NJW 2000, 658 (659).

[62] BGHZ 143, 95 = NJW 2000, 658 (659).

ansprüchen und der Erstreckung auf **Bereicherungsansprüche** bei Nichtigkeit des Vertrags mit dem Hauptschuldner.[63]

15 Von diesen Grundsätzen sind allerdings in zwei Fällen Ausnahmen anerkannt. Die erste Ausnahme betrifft die **gewerblichen Bürgen,** also den Fall, dass die Übernahme von Bürgschaften „zum typischen Geschäftsbetrieb des Kaufmanns gehören und entsprechende Einstandspflichten im Verhältnis zum Hauptschuldner daher nur entgeltlich übernommen werden", insbesondere also bei der **Bankbürgschaft** im Avalgeschäft.[64] Da diese Unternehmen (vornehmlich Kreditinstitute) „mit der Bankpraxis vertraut sind",[65] werden sie durch solche Gestaltungen **weder überrascht noch unangemessen benachteiligt.**[66] Die zweite Ausnahme betrifft dagegen die Bürgschaft für die Verbindlichkeiten einer Gesellschaft durch die Personen, die die Kreditaufnahme durch die Gesellschaft selbst steuern können, da sie den Umfang ihrer Bürgenverpflichtung letztlich selbst in der Hand haben.[67] Dies betrifft allerdings nur den **Geschäftsführer, Allein- oder Mehrheitsgesellschafter** der Hauptschuldnerin, nicht aber den (gesetzestypischen) Kommanditisten (unabhängig von der Beteiligungshöhe) oder den Minderheitsgesellschafter.[68] Im Übrigen hat der BGH dagegen ausdrücklich festgestellt, dass diese Grundsätze **auch im kaufmännischen Geschäftsverkehr** Anwendung finden, da auch der Kaufmann als vergleichbar schutzbedürftig angesehen wird und § 350 HGB nur davon ausgeht, dass der Kaufmann mit der Bedeutung der Bürgschaft selbst vertraut ist, nicht aber mit der vom gesetzlichen Leitbild abweichenden unbegrenzten Globalbürgschaft.[69] Auch in diesen Fällen ändert die Unwirksamkeit der Klausel indes nichts an der Haftung für die Anlassverbindlichkeit.[70]

III. Rechte und Pflichten des Bürgen

16 Hauptpflicht des Bürgen aus dem Bürgschaftsvertrag ist zunächst, für die gesicherte Schuld einzustehen. Aus dem **Akzessorietätsgrundsatz** ergibt sich, dass der Bürge grundsätzlich dieselbe Leistung schuldet wie der Hauptschuldner, auch wenn diese Leistung nicht auf eine Geldzahlung gerichtet ist.[71] Praktische Relevanz hat dies insbesondere für die Vertragserfüllungsbürgschaft im Bauwesen,[72] die grundsätzlich auf die Erfüllung des Bauvertrags und damit die Erstellung des Bauwerkes gerichtet ist – so dass die bürgende Bank an sich dazu verpflichtet wäre, das Gebäude zu erstellen. Rechtlichen Bedenken begegnet dies nicht,[73] Ausnahmen gelten lediglich für **unvertretbare oder höchstpersönliche Leistungspflichten.**[74] In der Praxis dürfte dies indes keinerlei Bedeutung haben, da einerseits der Gläubiger die Möglichkeit hat, bei Erfüllungsverweigerung Aufwendungs- oder Schadensersatz zu fordern (§§ 637, 281 BGB) und dann auch von dem Bürgen eine Geldzahlung verlangen kann, andererseits aber die Bürgschaft vertraglich (auch in AGB) auf die **Zahlung des Erfüllungsinteresses** beschränkt werden kann. Solche Vertragsklauseln

[63] *Nobbe* BKR 2002, 747 (753); → A Rn. 51 f.
[64] BGH NJW 1998, 3708 (3709).
[65] BGHZ 130, 19 = NJW 1995, 2553 (2555).
[66] BGH NJW 1998, 3708 (3709); BGHZ 130, 19 = NJW 1995, 2553 (2555).
[67] BGHZ 126, 174 (177) = NJW 1994, 2145; 130, 19 (30) = NJW 1995, 1553; 132, 6 (9) = NJW 1996, 924; 142, 213 (216) = NJW 1999, 3195; NJW 143, 95 (100 f.) = NJW 2000, 658; NJW 151, 374 (378 f.) = NJW 2002, 3167; NJW 153, 293 (296) = NJW 2003, 1521; BGH NJW 1996, 249; NJW 1996, 2369 (2370); NJW 1996, 3205; NJW 1998, 385 (386); BGHZ 137, 292 = NJW 1998, 894; BGH WM 1998, 2305 (2306); NJW 1999, 3708 (3709); NJW 2000, 1179 (1182); NJW 2000, 2675 (2676); NJW 2002, 1337; NJW-RR 2004, 405; NJW 2009, 437 (438 Tz. 18); NJW 2009, 2883 (2884 Tz. 12).
[68] BGHZ 130, 19 = NJW 1995, 2553 (2555).
[69] BGH NJW 1998, 3708 (3709).
[70] → BGB § 765 Rn. 12.
[71] BGHZ 90, 187 (190) = NJW 1984, 1622; BGHZ 174, 39 (46 Tz. 25) = NJW 2008, 1070; OLG Nürnberg WM 2010, 1223 (1224).
[72] → B Rn. 23.
[73] So ausdrücklich BGH NJW 1989, 1856 (1857).
[74] MüKoBGB/*Habersack* § 765 Rn. 79.

zum Ausschluss der gegenständlichen Leistungspflicht sind nicht nur zulässig, sondern können – zumindest bei der von einer Bank übernommenen Vertragserfüllungsbürgschaft – im Zweifel dem Bürgschaftsvertrag sogar im Wege der **(ergänzenden) Auslegung** entnommen werden.[75] Trotz des Akzessorietätsgrundsatzes ist für die Bürgenverpflichtung ein eigenständiger Leistungsort nach § 269 BGB zu ermitteln, der daher im Zweifel am Wohnsitz des Bürgen liegt, wobei die Geldzahlung jedoch nach § 270 BGB an den Wohnsitz des Gläubigers zu übermitteln ist.

Bezüglich der Leistungszeit (§ 271 BGB) war lange Zeit umstritten, ob die **Fälligkeit der Bürgenschuld** eine Leistungsaufforderung des Gläubigers an den Bürgen voraussetzt, oder ob es nur auf die Fälligkeit der Hauptschuld ankommt.[76] Der BGH nimmt jedenfalls bei der selbstschuldnerischen Bürgschaft an, dass es keiner Aufforderung an den Bürgen bedarf und somit die Fälligkeit gleichzeitig mit der Fälligkeit der Hauptschuld eintritt.[77] Dabei kommt es auch nicht auf die Vorlage von Unterlagen zum Nachweis der Bürgenschuld an.[78] Allerdings kann die Auslegung des Bürgschaftsvertrags ergeben, dass für die Bürgenverpflichtung besondere **vertragliche Fälligkeitsvoraussetzungen** vereinbart sind, insbesondere eine Zahlungsaufforderung des Gläubigers. Nach Ansicht des BGH ist das bereits der Fall, wenn in der formularmäßigen Bürgschaftsurkunde geregelt ist, dass der Schuldner nach Aufforderung des Gläubigers zu leisten habe – diese Formulierung sei so eindeutig, dass auch § 305c Abs. 2 BGB dem nicht entgegenstehe, und auch in Hinblick auf § 307 BGB hat der BGH keine Bedenken.[79] Faktisch erlaubt eine solche Gestaltung dem Gläubiger, durch die Zahlungsaufforderung den Beginn der **Verjährungsfrist selbst zu bestimmen,** was mE in der Klausel nicht nur nicht hinreichend (iRv § 305c Abs. 2 BGB) zum Ausdruck gekommen ist, sondern darüber hinaus auch überraschend, intransparent und unangemessen benachteiligend ist.[80] Wirksam wäre eine solche Regelung daher richtigerweise nur im Individualvertrag.[81] Bei der nicht selbstschuldnerischen Bürgschaft kann dagegen die Fälligkeit nicht eintreten, solange dem Bürgen noch die **Einrede der Vorausklage** zusteht[82] (str.), wobei es auch insoweit nicht auf eine gesonderte Leistungsaufforderung ankommen kann, sondern nur darauf, ob die Einrede dem Bürgen objektiv noch zusteht. Hiervon zu trennen ist die Frage, unter welchen Voraussetzungen der Bürge mit seiner Leistungspflicht in **Verzug** gerät. Dies ist nach Maßgabe des § 286 BGB für die Person des Bürgen gesondert festzustellen, der Verzug des Hauptschuldners bewirkt auch bei der selbstschuldnerischen Bürgschaft nicht automatisch den Verzug des Bürgen. Es bedarf daher (auch wenn die Leistung des Hauptschuldners kalendermäßig festgelegt ist) regelmäßig einer **Mahnung** an den Bürgen nach Fälligkeit (§ 286 Abs. 1 BGB). Fehlen dem Bürgen die zur Einschätzung seiner Zahlungspflicht erforderlichen Informationen – der Bürge hat ja keinen direkten Einblick in das die Schuld begründende Rechtsverhältnis zum Hauptschuldner – kann dies allerdings dem Eintritt des Verzugs entgegenstehen, wenn 17

[75] BGH NJW 1989, 1856 (1857); BGHZ 148, 151 = NJW 2001, 3629; zuletzt BGH NJW 2013, 1229 (Tz. 16).

[76] Zum Meinungsstand vgl. BGHZ 175, 161 = NJW 2008, 1729 (1731); MüKoBGB/*Habersack* § 765 Rn. 80 mN in Fn. 371.

[77] BGH NJW 2013, 1228; NJW 2011, 2120; NJW-RR 2009, 378; BGHZ 175, 161 = NJW 2008, 1729 (1731).

[78] BGH NJW 2011, 2120.

[79] BGH NJW 2013, 1803.

[80] BGH NJW 2013, 1803, 1805, verweist darauf, dass die konkrete Regelung den Interessen des Schuldners Rechnung trage. Wodurch aber diesen Interessen Rechnung getragen worden sein soll, erschließt sich nicht – es wird nur darauf hingewiesen, dass die Verjährungsfrist damals ohnehin 30 Jahre betrug. Die Entscheidung überrascht auch vor dem Hintergrund der zutreffenden Bewertung desselben Senats in BGH NJW 2013, 1228 (Tz. 24), wonach es mit dem Schutzzweck des Verjährungsrechts unvereinbar sei, den Beginn der Verjährungsfrist „einseitig an eine Leistungsaufforderung des Gläubigers … zu knüpfen, da es dieser dann in der Hand hätte, den Verjährungsbeginn … weitgehend beliebig hinauszuzögern." Von diesem gesetzlichen Grundgedanken weicht eine gegenteilige AGB-Vorschrift mE ab.

[81] Krit. zum Standpunkt des BGH auch *Peters* NJW 2013, 2942.

[82] → BGB §§ 771–773 Rn. 11 f.

ihn an dem Informationsdefizit **kein Verschulden** trifft (§ 286 Abs. 4 BGB). Allerdings darf er in einer solchen Situation nicht einfach untätig bleiben, erforderlich ist vielmehr, dass der Bürge die zumutbaren Anstrengungen unternimmt, um die erforderlichen Informationen zu beschaffen, insbesondere durch konkrete Anforderung der fehlenden Unterlagen beim Gläubiger.[83] Nur solange der Gläubiger ein solches, hinreichend konkretes Vorlagegesuch unbeantwortet lässt, fehlt es also am Verzug. Diese Grundsätze wird man auch auf die nicht selbstschuldnerische Bürgschaft anwenden können, bei denen sich die anzufordernden Informationen auch auf die Einrede der Vorausklage beziehen.

18 Vertragliche **Nebenpflichten** treffen den Bürgen in der Regel nicht, insbesondere fehlt es bezüglich Aufklärungs- und Warnpflichten regelmäßig an einem relevanten Informationsvorsprung, bezüglich **Schutzpflichten** (§ 241 Abs. 2 BGB) meist an Rechtsgütern des Gläubigers, mit denen der Bürge bei der Vertragsabwicklung in Kontakt kommt. Im Einzelfall kann sich dies indes anders darstellen. Übernimmt etwa ein Bauunternehmer die Vertragserfüllungsbürgschaft aus einem Werkvertrag und erstellt zur Erfüllung der Bürgenverpflichtung später das Bauwerk, treffen ihn selbstverständlich dieselben Schutzpflichten bezüglich zB der sich auf dem Grundstück befindlichen Einrichtungen wie den Hauptschuldner. Ist die Übernahme der Bürgschaft öffentlich-rechtlich genehmigungsbedürftig (und bis zur Genehmigung schwebend unwirksam, insbesondere bei Bürgschaften kommunaler Gebietskörperschaften) trifft den Bürgen eine **vorvertragliche Aufklärungspflicht** über das Genehmigungserfordernis sowie die **Nebenpflicht,** sich um die Erteilung der Genehmigung zu bemühen.[84] Von einer Aufklärungspflicht wird man auch ausgehen können, wenn der Gläubiger **erkennbar von falschen Voraussetzungen** hinsichtlich der wirtschaftlichen Leistungsfähigkeit des Bürgen ausgeht und die Erfüllung der Bürgenschuld aus Sicht des Bürgen von vornherein als fraglich erscheint – wenn ein hierauf gegründeter Schadensersatzanspruch auch sicher keine wirtschaftliche Bedeutung neben der Bürgenschuld hat.

19 Dem Bürgen stehen dagegen aus dem Vertrag nur geringe Rechte zu, die zudem keine eigenständige Bedeutung haben, sondern dem Gläubiger allenfalls als **Einwendung gegen die Bürgenschuld** entgegengehalten werden können. Zunächst ist insoweit das Recht zu nennen, vom Gläubiger die für die Einschätzung der Zahlungspflicht (insbesondere ihrer Höhe) erforderlichen **Informationen** zu erhalten und die darauf bezogenen Unterlagen vorgelegt zu bekommen.[85] Darüber hinaus kann er Zug-um-Zug gegen Zahlung der Bürgenschuld **Rückgabe der Bürgschaftsurkunde** verlangen (§ 371 BGB), ferner die Erteilung der **Auskünfte** und Übergabe der **Beweisurkunden** bezüglich der übergegangenen Hauptschuld (§§ 774, 412, 402 BGB) sowie der mit dieser übergegangenen Sicherungsrechte (§§ 774, 412, 401, 402 BGB), um den Rückgriff gegen den Hauptschuldner und weitere Sicherungsgeber zu ermöglichen.

IV. Pflichten des Gläubigers

20 Auch wenn den Gläubiger aus dem Bürgschaftsvertrag **keine Hauptpflichten** treffen, unterliegt er im Verhältnis zum Bürgen dem **Grundsatz von Treu und Glauben,** woraus sich im Einzelfall eine Aufklärungspflicht ergeben kann. Dies gilt insbesondere, wenn der Bürge eine offensichtliche Fehlvorstellung über die rechtliche Konsequenz der Bürgschaft hat.[86] In solchen Fällen darf die Fehlvorstellung nicht ausgenutzt werden, vielmehr besteht

[83] BGH NJW 2011, 2120; dazu *Vogel/Schmitz* NJW 2011, 2096.

[84] BGHZ 142, 51 = NJW 1999, 3335.

[85] Vgl. BGH NJW 2011, 2120 (Tz. 16): „Fehlen dem Bürgen die Informationen, die ihm eine zuverlässige Prüfung ermöglichen, ob die die Hauptforderung begründenden Tatsachen vorliegen, so ist es an dem Gläubiger, ihm diese Informationen zu erteilen sowie ihm gegebenenfalls dazu erforderliche Unterlagen zugänglich zu machen.".

[86] BGH NJW 1999, 2814: Fehlvorstellung über die Möglichkeit des Gläubigers, auf das Hausgrundstück des Bürgen zuzugreifen.

eine **vorvertragliche Aufklärungspflicht über** die Reichweite der Haftung. Von entscheidender Bedeutung für das Bürgenrisiko ist dagegen die **Bonität des Hauptschuldners,** die der Kreditgeber üblicherweise, im Fall des Verbraucherkredits sogar verpflichtend (§ 505a BGB, § 18a KWG) im Rahmen der Kreditvergabe prüft, wodurch häufig ein Informationsvorsprung gegenüber dem Bürgen geschaffen wird. Die Rechtsprechung leitet hieraus allerdings **keine automatische Aufklärungspflicht** über die Ergebnisse der Bonitätsprüfung her, sondern beschränkt die Aufklärungspflicht auf die Fälle, in denen der Kreditgeber (Gläubiger) „durch sein Verhalten erkennbar einen **Irrtum** des Sicherungsgebers über das Risiko hervorruft, oder dieses Risiko **bewusst verharmlost.**"[87] Mit anderen Worten kann nach dieser Formel die Bank bei negativer Bonitätseinschätzung den Kredit allein aufgrund der Bonität des Bürgen gewähren und diesen so sehenden Auges in eine geradezu unvermeintliche Haftung laufen lassen – ohne ihn darauf hinweisen zu müssen. Es fällt auf, dass die Voraussetzungen der Aufklärungspflicht ähnlich denen der sittenwidrigen Einflussnahme auf die Entscheidung des Bürgen formuliert sind – was erstaunt, da man meinen sollte, dass der Grundsatz von Treu und Glauben es nicht zulässt, ein **Informationsgefälle bis zur Grenze der Sittenwidrigkeit** auszunutzen. Zutreffend wird daher in der Literatur eine Ausweitung der Aufklärungspflicht auf Fälle **evidenter Fehleinschätzungen** über die Bonität des Hauptschuldners gefordert, was vor allem deshalb überzeugt, weil es für die Entstehung der Aufklärungspflicht kaum einen Unterschied machen kann, ob sich die Fehleinschätzung auf die rechtlichen Konsequenzen der Haftung oder das Bürgenrisiko bezieht.[88] Da der Kreditgeber zu einer **Bonitätsprüfung** außerhalb von Verbraucherdarlehensverträgen (§ 505a BGB, § 18a KWG) **nicht verpflichtet** ist, entsteht bei der Unterlassung mangels Informationsvorsprungs (und damit Erkennbarkeit der Fehleinschätzung) auch keine Aufklärungspflicht.[89]

Im Fall von **Verbraucherdarlehensverträgen** besteht nach § 505a BGB nicht nur eine **20a** Verpflichtung des Kreditgebers zur Prüfung der Kreditwürdigkeit, sondern darüber hinaus auch ein Verbot, den Darlehensvertrag abzuschließen, wenn **erhebliche Zweifel an der Leistungsfähigkeit** des Hauptschuldners bestehen. Da Kreditsicherheiten bei dieser Prüfung nicht zu berücksichtigen sind, kommt es insoweit nicht auf die Bonität des Bürgen (die nach der hier vertretenen Auffassung aber zusätzlich zu prüfen ist, oben → A. Rn. 28), sondern nur auf die Prognose der Vertragserfüllung durch den Hauptschuldner an. Die Pflichten nach § 505a BGB betreffen zwar zunächst das relative Verhältnis zwischen Kreditgeber und -nehmer, wirken sich aber stark auf das Bürgenrisiko aus, da die Haftung überhaupt nur für einen Darlehensbetrag im Rahmen der prognostizierten Leistungsfähigkeit begründet werden kann. Verlässt sich der Bürge auf pflichtgemäßes Verhalten des Darlehensgebers, kann er auch auf eine eigene Prüfung der Bonität des Hauptschuldners verzichten und darauf vertrauen, dass die Wahrscheinlichkeit einer Inanspruchnahme ohnehin gering ist. Dieses Vertrauen des Bürgen wird enttäuscht, wenn der Darlehensgeber der Pflicht zur Kreditwürdigkeitsprüfung nicht nachgekommen ist, diese auf unzureichende Informationen gestützt, trotz hinreichender Informationen zu einer nicht vertretbaren Einschätzung gekommen oder trotz eines negativen Ergebnisses den Darlehensvertrag verbotswidrig abgeschlossen hat. Nur im letzten Fall besteht ein Informationsgefälle, an das man im Rahmen des Bürgschaftsvertrags eine Aufklärungspflicht knüpfen könnte. Gleichwohl ist anzuerkennen, dass die Bonitätsprüfungspflicht auch dem Schutz der wirtschaftlichen Interessen eines Bürgen dient und daher im relativen Verhältnis zwischen Bürge und Gläubiger ebenfalls Bedeutung hat: Die Pflichten des § 505a BGB, die den Kreditgeber im Verhältnis zum Hauptschuldner treffen, sind daher zugleich als **Schutzpflichten** (§ 241 Abs. 2 BGB) **im Rahmen des Bürgschaftsvertrags** anzuerkennen. Hieraus folgt, dass eine Pflichtverletzung zugleich als Schutzpflichtverletzung im Verhältnis zum Bürgen an-

[87] BGHZ 165, 363 = NJW 2006, 845 (847).
[88] So insbes. *Tiedtke* ZIP 1995, 521; MüKoBGB/*Habersack* § 765 Rn. 89.
[89] OLG Frankfurt a. M. ZIP 1995, 1579.

zusehen ist, die bei Verschulden zum Schadensersatz verpflichtet. Bezüglich der Anspruchsgrundlage ist zu unterscheiden: Wird die Bürgschaft für einen bereits abgeschlossenen Verbraucherdarlehensvertrag bestellt, ist von einer **vorvertraglichen Pflicht** auszugehen, den Bürgschaftsvertrag nur abzuschließen, wenn der Darlehensvergabe eine ordnungsmäßige Kreditwürdigkeitsprüfung des Hauptschuldners zugrunde lag (§§ 311 Abs. 2, 241 Abs. 2, 280 Abs. 1 BGB). Wird die Bürgschaft dagegen vor Abschluss des Darlehensvertrags abgeschlossen, besteht eine **vertragliche Schutzpflicht,** den Darlehensvertrag nur aufgrund einer ordnungsmäßigen Kreditwürdigkeitsprüfung abzuschließen und so die Bürgschaft zu valutieren (§§ 241 Abs. 2, 280 Abs. 1 BGB). Nur so lässt sich verhindern, dass die Folgen der rechtswidrigen Kreditvergabe vom Kreditgeber auf den Bürgen abgewälzt werden. Dieser Anspruch, der auf Aufhebung des Bürgschaftsvertrags als Naturalrestitution (§ 249 BGB) gerichtet ist, kann der Geltendmachung der Bürgschaft einredeweise entgegengehalten werden. Allerdings steht dem Darlehensgeber der Einwand **rechtmäßigen Alternativverhaltens** zu: Kann der beweisbelastete Darlehensgeber nachweisen, dass der Kredit auch bei ordnungsgemäßer Kreditwürdigkeitsprüfung rechtmäßig vergeben worden wäre, beruht der Schaden des Bürgen nicht auf der Pflichtverletzung. Der Einwand, dass bei ordnungsmäßiger Prüfung ein niedrigerer Darlehensbetrag rechtmäßig hätte gewährt werden können, so dass die Bürgenhaftung in dieser Höhe aufrecht zu erhalten wäre, kann indes nur erhoben werden, wenn zusätzlich nachgewiesen wird, dass der Hauptschuldner auch einen Kredit in niedrigerer Höhe aufgenommen hätte. Davon kann man nicht ohne weiteres ausgehen, da insoweit die beabsichtigte Darlehensverwendung zu betrachten ist – war diese nur bei Verfügbarkeit der vollen Summe möglich (etwa bei einem Immobilienkauf), kann man dies nicht unterstellen. Zum Erfordernis einer Kreditwürdigkeitsprüfung bezüglich des Verbraucher-Sicherungsgebers → A. Rn. 28 (zum Schuldbeitritt), → A. Rn. 30 f. (zur Bürgschaft).

V. Beendigung der Bürgschaft

21 Aufgrund der Akzessorietät der Bürgschaft erlischt sie grundsätzlich erst mit dem **Erlöschen der gesicherten Forderung(en),** ausnahmsweise auch bei isolierter Abtretung der Forderung ohne die Bürgschaftsverpflichtung wegen des Grundsatzes der Gläubigeridentität, der einer Trennung von Forderung und Sicherheit entgegensteht.[90] Bei rechtsgeschäftlicher **Schuldübernahme,** also bei Auswechselung des Hauptschuldners, bedarf es des formgerechten **Neuabschlusses des Bürgschaftsvertrags** (der durch Auslegung auch in der formgerechten „Einwilligung" des Bürgen gesehen werden kann).[91] Wird der Hauptschuldner durch **Universalsukzession** geändert (sei es durch Erbschaft oder gesellschaftsrechtliche Vorgänge wie Umwandlung oder Anwachsung) bleibt die Bürgschaft für eine bestimmte Verbindlichkeit dagegen unberührt.[92] Soweit es sich jedoch um eine (individualvertragliche) Bürgschaft für zukünftige Verbindlichkeiten aus der Geschäftsbeziehung handelt, erstreckt sich die Bürgschaft auf die vom neuen Hauptschuldner begründeten Forderungen nicht mehr.[93] Die Bürgenverpflichtung kann ferner nach den allgemeinen Vorschriften erlöschen, ohne dass zugleich die Hauptschuld erlischt, wohl aber in der Regel das Sicherungsinteresse des Gläubigers. Hauptfall ist die **Erfüllung der Bürgenschuld** durch den Bürgen (§ 362 BGB), die wegen § 774 BGB nicht zum Erlöschen der Hauptschuld führt. In Betracht kommt ferner die **Aufrechnung** durch den Bürgen sowie der Aufhebungs- oder Erlassvertrag (§ 397 BGB), wobei an die Annahme eines **konkludenten Erlasses** strenge Anforderungen zu stellen sind.[94] Insbesondere kann nicht ohne weiteres in

[90] BGHZ 115, 177 = NJW 1991, 3025; BankR-HdB/*Nobbe* § 91 Rn. 504.
[91] *Nobbe* Kommentar z. Kreditrecht, BGB vor §§ 765 ff. Rn. 236.
[92] BGH MDR 1976, 1013; RG JW 1911, 447.
[93] BGH NJW 1993, 1917 (1918).
[94] BGH NJW 1995, 2282.

der Rückgabe der Bürgschaftsurkunde ein Angebot auf Abschluss eines Erlassvertrags gesehen werden, vielmehr bedarf es weitergehender Umstände, die auf einen entsprechenden Geschäftswillen schließen lassen,[95] oder einer vertraglichen Regelung, dass die Bürgenverpflichtung bei Rückgabe der Urkunde endet.[96]

Die Bürgenverpflichtung kann dagegen in Ausnahmefällen auch trotz Fortbestehens des Sicherungsinteresses des Gläubigers erlöschen oder zumindest auf eine bestimmte Forderungshöhe beschränkt werden. Ein gesetzlich vorgesehener Fall des Erlöschens ist zunächst die Zeitbürgschaft (§ 777 BGB), bei der die Bürgenverpflichtung **durch Zeitablauf endet.** Nicht ausdrücklich vorgesehen ist dagegen die **Kündigung** der Bürgschaft durch den Bürgen. Trotz fehlender gesetzlicher Regelung ist jedoch anerkannt, dass eine Kündigung möglich ist, wenn das Kündigungsrecht entweder vertraglich vorgesehen ist oder – da der Bürgschaftsvertrag ein Dauerschuldverhältnis begründet – bei Vorliegen eines **wichtigen Grundes** (§ 314 BGB).[97] Darüber hinaus wird meist angenommen, dass bei einer auf unbestimmte Zeit eingegangenen Bürgschaft der Bürge „nach Treu und Glauben das Recht hat, die Bürgschaft nach Ablauf eines gewissen Zeitraums oder bei Eintritt besonders wichtiger Umstände zu kündigen",[98] in einem weiteren Urteil ist von einer Kündigungsmöglichkeit **„nach angemessener Zeit"** die Rede.[99] Damit wird offenbar der Zeitablauf dem wichtigen Grund gleichgestellt, woraus teilweise geschlossen wird, dass auch ohne Parteivereinbarung eine Art ordentliches Kündigungsrecht anzuerkennen ist.[100] 22

Ein ordentliches Kündigungsrecht ohne klar definierte Voraussetzungen und ohne klare Kündigungsfrist[101] erschiene indes als eine eigenartige Konstruktion, auch die dogmatische Grundlage ist unklar. Im Wege ergänzender Vertragsauslegung ließe sich schon aufgrund der völlig widersprüchlichen Interessen von Gläubiger und Bürge kaum eine überzeugende Regelung insbesondere der Mindestlaufzeit ableiten. Die Vorstellung eines aus § 242 BGB resultierenden ordentlichen Kündigungsrechts ist daher abzulehnen, vielmehr kommt bei Fehlen einer entsprechenden Parteivereinbarung lediglich eine außerordentliche Kündigung aus wichtigem Grund nach § 314 BGB in Betracht. Auch der BGH hat in beiden genannten Entscheidungen den Zeitablauf jeweils in einem Atemzug mit dem Vorliegen eines wichtigen Grundes genannt, sich bei der Würdigung des Falles dann aber vorrangig auf das Vorliegen wichtiger Gründe gestützt und lediglich in diesem Rahmen die abgelaufene Zeit als einen Aspekt unter mehreren angesprochen,[102] in dem zweiten Fall – in dem die Bürgschaft 14 Jahre bestanden hatte – wurde der Zeitablauf für die Kündbarkeit der Bürgschaft gar nicht gesondert angesprochen, da am wichtigen Grund kein Zweifel bestand.[103] Zu schließen ist hieraus, dass der **Zeitablauf lediglich ein Aspekt** bei der im Rahmen von § 314 BGB erforderlichen **Interessenabwägung** ist und bei längerer Bürgschaftszeit – je nach den Umständen des Einzelfalls – auch allein als „wichtiger Grund" anzusehen sein kann, soweit keine überwiegenden Interessen des Gläubigers entgegenstehen. Anders als bei Annahme eines ordentlichen Kündigungsrechts bedarf es aber in jedem Fall der Interessenabwägung im Rahmen des § 314 BGB, ferner kann das Kündigungsrecht **nicht durch Vertrag ausgeschlossen** werden. 23

Über den Zeitablauf hinaus hat der BGH als **wichtigen Grund** für die Kündigung der Bürgschaft die Begründung einer anderweitigen **unbeschränkten Haftung** (konkret als 24

---

[95] OLG Bamberg NJW-RR 2004, 817 (818); OLG Dresden BB 1999, 497.
[96] OLG Bremen BeckRS 2013, 17628; OLG Hamburg WM 1996, 523.
[97] Erman/*Zetzsche* BGB § 765 Rn. 42 mwN.
[98] BGH NJW 1985, 3007 (3008).
[99] BGH NJW 1986, 2308 (2309).
[100] So etwa Bamberger/Roth/Hau/Poseck/*Rohe* BGB § 765 Rn. 137; MüKoBGB/*Habersack* § 765 Rn. 55; wohl auch Palandt/*Sprau* BGB § 765 Rn. 16; OLG Düsseldorf NJW 1999, 3128; krit. hierzu *Schimansky* FS Hadding, 1081 (1081 ff.).
[101] → BGB § 765 Rn. 27.
[102] BGH NJW 1985, 3007 (3008).
[103] BGH NJW 1986, 2308 (2309).

Komplementär der Hauptschuldnerin) anerkannt, ferner den **Wegfall des Sicherungsinteresses** des Gläubigers bei einem auf längere Zeit mit positivem Saldo geführten Kontokorrent[104] sowie das **Ausscheiden** des Bürgen als Gesellschafter[105] oder Geschäftsführer[106] der Hauptschuldnerin und die **Ehescheidung** vom Hauptschuldner.[107] In Betracht kommt ferner der **Vermögensverfall** des Hauptschuldners, da hierdurch das Bürgenrisiko erhöht wird.[108] Die Kündigungsmöglichkeit gegenüber dem Gläubiger für die Zukunft korrespondiert dabei dem Befreiungsanspruch gegen den Hauptschuldner nach § 775 BGB. Im Verhältnis zum Gläubiger lässt sich dies im Hinblick auf die **Wirkung nur für die Zukunft** (dazu sogleich) rechtfertigen.

25 Durch die Kündigung nach § 314 BGB kann sich der Bürge nicht des **Bürgenrisikos** entledigen, sondern dieses **lediglich begrenzen,** da die Kündigung die Haftung für die Hauptforderung zunächst einmal unberührt lässt. Wie der BGH zutreffend festgestellt hat, entsteht durch die Kündigung keine Zeitbürgschaft (§ 777 BGB) oder eine dieser vergleichbare Rechtslage (so dass die Forderung gegen den Bürgen bis zum Ablauf der Kündigungsfrist geltend gemacht werden müsste). Vielmehr ist die **Folge der Kündigung** lediglich, „dass die Bürgschaftsschuld **auf die Höhe begrenzt** wird, die die Verbindlichkeit (des Hauptschuldners) … im Zeitpunkt des Wirksamwerdens der Kündigung hatte."[109] Diese Haftung bleibt allerdings auch nach der Kündigung unverändert erhalten, sofern die Hauptforderung nicht fällig ist, läuft nicht einmal die Verjährungsfrist. Praktische Bedeutung hat die Kündigung der Bürgschaft daher vor allem bei **Hauptforderungen mit wechselnder Forderungshöhe,** insbesondere bei der Kontokorrentbürgschaft oder bei der Bürgschaft für Verbindlichkeiten aus einem Dauerschuldverhältnis, zB der Mietbürgschaft (wegen der Begrenzung des § 551 BGB allerdings vor allem für die Gewerberaummiete). Beim **Kontokorrentkredit** beschränkt sich die Bürgenhaftung somit auf den **Tagessaldo am Tag der Wirksamkeit der Kündigung.**[110] Diese begrenzte Rechtsfolge wirkt sich nun auf die Interessenabwägung im Rahmen des § 314 BGB aus: Einerseits wird der Gläubiger durch die Kündigung kaum belastet, sofern er eine Erhöhung des Schuldbetrags für die Zukunft verhindern kann, so dass die Gläubigerinteressen bei der Abwägung kaum ins Gewicht fallen. Andererseits sind die Gläubigerinteressen aber von überragender Bedeutung, soweit das zugrundeliegende Rechtsverhältnis zum Hauptschuldner mit Rücksicht auf die Bürgschaft abgeschlossen wurde und der Gläubiger für die Zukunft praktisch nicht verhindern kann, dass sich die Forderung erhöht.

26 Daher ist im Rahmen des § 314 BGB die **Kündigungsmöglichkeit des Gläubigers gegenüber dem Hauptschuldner** von ausschlaggebender Bedeutung. Während Kreditverträge bei Wegfall der Bürgschaft nach § 490 Abs. 1 BGB regelmäßig kündbar sind, besteht eine solche Möglichkeit bei anderen Dauerschuldverhältnissen oft nicht. Relevanz hat dies etwa für die Gewerberaummiete, die meist eine feste (und häufig sehr lange) Laufzeit aufweist und daher nicht ordentlich gekündigt werden kann. Bei einer hierauf bezogenen **Mietbürgschaft** schließt das hieraus resultierende Interesse des Gläubigers am Fortbestand der Bürgschaft regelmäßig die Kündigung nach § 314 BGB aus,[111] so dass auch die Bürgschaft erst zum **Zeitpunkt der ordentlichen Kündbarkeit** des Mietvertrags kündbar ist. Ob diese Folge auch bei einem **außerordentlichen Kündigungsrecht**

---

[104] Beide in BGH NJW 1986, 2308 (2309).

[105] BGH NJW 1985, 3007 (3008); MüKoBGB/*Habersack* § 765 Rn. 56.

[106] In BGH NJW-RR 2011, 1518 wurde eine Kündigung nach § 314 BGB nur abgelehnt, da eine Gewerberaummiete betroffen war, → BGB § 765 Rn. 26.

[107] BGH NJW 2003, 61 (62).

[108] BGH NJW-RR 1993, 944 (945); offengelassen noch in BGH NJW 1985, 3007 (3008); ferner Staudinger/*Horn* BGB § 765 Rn. 265; MüKoBGB/*Habersack* § 765 Rn. 56.

[109] BGH NJW 1986, 2308 (2309).

[110] BGH NJW 1985, 3007 (3008); MüKoBGB/*Habersack* § 765 Rn. 57.

[111] In diesem Sinn BGH NJW-RR 2011, 1518; ähnlich OLG Düsseldorf NJW 1999, 3128; hierzu auch *Leo/Schmitz* NZM 2007, 387 (389 f.), deren Hinweis auf einen vertraglichen Kündigungsausschluss wegen des zwingenden Charakters des § 314 BGB nach hier vertretener Ansicht indes nicht verfängt.

eintritt,[112] hängt von den Umständen des Einzelfalls ab, sollte aber in Betracht gezogen werden, wenn der Hauptschuldner bei Zahlungsverzug keine Versuche zur Begrenzung der Forderungen (zB durch Stellung eines Nachmieters) entfaltet und es offensichtlich ist, dass durch die außerordentliche Kündigung die verbürgte Forderung minimiert werden kann. In einer solchen Situation kann der Vermieter nicht auf Kosten des kündigenden Bürgen an dem Vertrag festhalten, zumal dieser für den Schadensersatzanspruch haftet, so dass die wirtschaftlichen Gefahren ohnehin der Bürge trägt.

Ist nach diesen Grundsätzen ein Kündigungsrecht anzuerkennen, bedarf es noch der Feststellung der **angemessenen Kündigungsfrist.** Bei einem vereinbarten ordentlichen Kündigungsrecht ist die Kündigungsfrist zunächst grundsätzlich der Parteivereinbarung zu entnehmen. Soweit die Kündigung dagegen auf § 314 BGB gestützt wird, kann sie **grundsätzlich fristlos** erfolgen. Im Hinblick auf die Interessenlage gibt es im hier interessierenden Zusammenhang kein Bedürfnis, eine besondere Kündigungsfrist zu konstruieren.[113] Dies würde (insbes. beim Kontokorrentkredit) dazu führen, dass die Bürgenschuld noch nach Kündigung massiv erhöht werden könnte. Die Interessen des Gläubigers sind ferner schon bei der Abwägung bezüglich des wichtigen Grundes zu berücksichtigen. Auch ohne eine Kündigungsfrist kann dies dazu führen, dass das Kündigungsrecht erst zu einem bestimmten Zeitpunkt (zB der ersten Kündigungsmöglichkeit[114]) besteht, zu der die erklärte Kündigung dann wirksam wird. 27

VI. Abtretung der gesicherten Forderung

Auch eine durch Bürgschaft gesicherte Forderung ist grundsätzlich gemäß §§ 398 ff. BGB **abtretbar.** Dabei gehen die Rechte aus der Bürgschaft gemäß § 401 Abs. 1 BGB ohne weiteres (also insbesondere ohne besondere Vereinbarung) auf den Zessionar über. Dadurch wird der Grundsatz der Gläubigeridentität gewahrt, gehen doch **Forderung und Bürgschaft zusammen** auf denselben Zessionar über. Der **Einwilligung des Bürgen** bedarf es hierfür ebenso wenig wie der Einwilligung des Hauptschuldners in die Abtretung. 28

Da der Grundsatz der Gläubigeridentität zwingenden Charakter hat, kann eine **Trennung von Forderung und Bürgschaft** auch nicht durch Parteivereinbarung erreicht werden. „Der Gläubiger der Hauptforderung und der Bürgschaftsgläubiger müssen ein und dieselbe Person sein."[115] Aus diesem Grund ist es nicht möglich, die **Bürgschaftsforderung isoliert** zu übertragen, ein hierauf gerichtetes Rechtsgeschäft ist als **nichtig** anzusehen, so dass die Bürgschaftsforderung hierdurch nicht untergeht, sondern beim Gläubiger/Zedenten verbleibt.[116] Umgekehrt ist es dagegen möglich, die **Hauptforderung isoliert** (also ohne die Rechte aus der Bürgschaft) an einen Dritten abzutreten. Der Grundsatz der Gläubigeridentität bewirkt dann, dass die Rechte aus der **Bürgschaft erlöschen,** der Bürge also von seiner Verpflichtung frei wird.[117] Obwohl dies aus Sicht des Gläubigers nicht als eine besonders gute Idee erscheint, hat die Gestaltung praktische Relevanz, wenn diese Folge nicht bewusst herbeigeführt wird, sondern auf einem mit dem Bürgen vereinbarten **Abtretungsausschluss** (§ 399 Hs. 2 BGB) beruht, der bei Abtretung der (hiervon nicht erfassten) Hauptforderung den Übergang der Bürgschaftsforderung verhindert. Dies kann in der Praxis leicht geschehen, wenn der Gläubiger, der dem Abtretungsausschluss zu- 29

[112] Dies gänzlich ablehnend: OLG Düsseldorf NJW 1999, 3128; in BGH NJW-RR 2011, 1518, fehlen Angaben zu einem Kündigungsrecht, verwiesen wird aber auf die „kurze Zeit" zwischen Mietausfall und Ausscheiden aus dem Geschäftsführeramt.

[113] Hierfür aber zB MüKoBGB/*Habersack* § 765 Rn. 55 mwN: 3-Monatsfrist analog § 488 Abs. 3 S. 2 BGB, jedoch bzgl. der hier abgelehnten ordentlichen Kündigung.

[114] → BGB § 765 Rn. 26.

[115] BGHZ 115, 177 = NJW 1991, 3025.

[116] BGHZ 95, 88 (93) = NJW 1985, 2528 = WM 1985, 1172; BGHZ 115, 177 (185) = NJW 1991, 3025 (1869); BGH NJW 1980, 1572 (1573); WM 1980, 1085 (1086).

[117] BGHZ 115, 177 = NJW 1991, 3025.

gestimmt hat, selbst eine Globalzession zugunsten eines Dritten bestellt hat und ohne vertiefte Kenntnisse des Bürgschaftsrechts kaum auf die Idee kommen wird, dadurch die Bürgschaft zu verlieren. Der BGH[118] hat in einem solchen Fall **zwei Schutzmechanismen** zugunsten des Gläubigers anerkannt: Einerseits wird der **Abtretungsausschluss** in den vom Bürgen verwendeten AGB (insbesondere also dem Bürgschaftsformular bei der Avalbürgschaft der Bank) als **Verstoß gegen das Transparenzgebot** (§ 307 Abs. 1 Satz 2 BGB) und damit als unwirksam angesehen, wenn nicht auf das Erlöschen der Bürgschaft bei isolierter Abtretung des gesicherten Anspruchs ausdrücklich hingewiesen wird. Andererseits will der BGH im Wege der Auslegung die **Bürgschaft für zukünftige Ansprüche** aufrecht erhalten, solange die Forderung abgetreten ist, so dass sie nach einer Rückabtretung an den ursprünglichen Gläubiger wieder valutiert wäre. Letzteres kann allerdings durch eine eindeutige Ausgestaltung des Bürgschaftsvertrags **ausgeschlossen** werden, wobei sich dann allerdings die Frage stellt, ob eine darauf gerichtete Klausel nicht wieder als unangemessene Benachteiligung (§ 307 BGB) zu bewerten wäre. Beide Ansätze machen den Willen des BGH deutlich, die **Auswirkungen des Abtretungsausschlusses zu begrenzen,** was auch für eine strenge Sicht bezüglich letztgenannter Klausel spricht. Soweit die Bürgschaft als beiderseitiges Handelsgeschäft anzusehen ist und – wie fast immer – auf eine Geldzahlung gerichtet ist, kommt heute ferner **§ 354a HGB**[119] zur Anwendung, in dessen Wortlaut nichts gegen die **Anwendung auch auf Bürgschaftsforderungen** spricht. Es würde auch dem Zweck der Vorschrift widersprechen, die zwingende Abtretbarkeit der Forderungen nicht mit einer zwingenden Abtretbarkeit der hierfür bestellten akzessorischen Sicherheiten zu verbinden.

VII. Bürgschaftsforderung und Kontokorrent

30 Wird die verbürgte Forderung in ein **Kontokorrent** eingestellt (etwa durch Verbuchung auf einem Bankkonto), bleibt die Bürgschaft trotz der Verrechnung[120] gemäß § 356 HGB bestehen. Dies stellt insoweit eine **Durchbrechung des Akzessorietätsgrundsatzes** dar, als die abgesicherte Forderung ausgetauscht wird, schließlich wird die ursprüngliche Forderung durch die Saldoforderung ersetzt. Soweit sich ursprüngliche Hauptforderung und Saldoforderung entsprechen, diese also noch unerfüllt **in der Saldoforderung enthalten** ist, kann daher der Gläubiger vom Bürgen Zahlung verlangen. Aufgrund der fehlenden Selbständigkeit der Forderung stellt sich insoweit die Frage, wann die ursprüngliche Forderung bei wechselnder Saldohöhe als erfüllt anzusehen ist. Weitgehend anerkannt ist heute, dass die Bürgschaft **in Höhe der niedrigsten Saldoforderung** nach Einstellung der Forderung in das Kontokorrent fortbesteht. Es sind daher alle Rechnungsabschlusssalden seit Einstellung der Forderung zu betrachten – lag zu einem Zeitpunkt eine niedrigere Saldoforderung als die ursprüngliche Forderung vor, gilt diese insoweit als erfüllt, § 366 BGB ist im Kontokorrent nicht anwendbar. Ein nachfolgendes Ansteigen des Saldos geht dann nicht mehr zu Lasten des Bürgen.[121] Im Übrigen gilt für das Verhältnis von Gläubiger und Bürgen § 767 Abs. 1 Satz 3 BGB, so dass dem Bürgen die Kontokorrentabrede regelmäßig nicht entgegengehalten werden kann.[122] Daher wirkt insbesondere das **Saldoanerkenntnis** des Hauptschuldners nicht zu Lasten des Bürgen, vielmehr trifft den **Gläubiger die Darlegungs- und Beweislast** bezüglich der Entstehung der ursprünglichen Forde-

[118] BGHZ 115, 177 = NJW 1991, 3025 (3027).

[119] Die Vorschrift ist erst 1994 in Kraft getreten, also nach der Entscheidung BGHZ 115, 177 = NJW 1991, 3025.

[120] Ausführlich *Müller-Christmann* → Kap. 1 Rn. 194 ff.

[121] StRspr seit BGHZ 26, 150; vgl. BGH NJW 1985, 3007; BGHZ 77, 256 = NJW 1980, 2131; **aA** für Fortbestand der ursprünglichen Forderung und Anwendung von § 366 BGB grundlegend *Canaris* Handelsrecht § 25 Rn. 40 ff.; Staub/*Canaris* HGB § 356 Rn. 15 ff.; ihm folgend etwa MüKoHGB/*Langenbucher* § 356 Rn. 12 f. mwN.

[122] MüKoBGB/*Habersack* § 767 Rn. 15.

rung, ferner bezüglich des Fortbestands der Forderung[123] und damit der Höhe der Zwischensalden sowie der ordnungsmäßigen Verbuchung der Gegenansprüche und Leistungen des Hauptschuldners.[124]

Hiervon zu unterscheiden sind jedoch die Fälle einer Bürgschaft **für den Kontokorrentsaldo.** Eine solche Kontokorrentbürgschaft erfasst gerade den jeweiligen Saldo und damit eine zukünftige Forderung. Für § 356 HGB ist folglich kein Raum. In diesem Fall wirkt das Saldoanerkenntnis durch den Schuldner auch gegenüber dem Bürgen, da gerade die hierdurch begründete **Saldoforderung verbürgt** wird.[125] Fehlt es allerdings an einem Anerkenntnis, ist der Gläubiger für die Höhe der Saldoforderung darlegungs- und beweisbelastet. Da gerade eine Bürgschaft für zukünftige Verbindlichkeiten übernommen wird, werden auch Saldoerhöhungen bis zum Kündigungszeitpunkt (für den der Tagessaldo zu ermitteln ist) von der Bürgschaft erfasst, § 767 Abs. 1 Satz 3 BGB steht dem wegen der Zukunftsbezogenheit der Bürgschaft nicht entgegen. Gegen einen unüberschaubaren Haftungsumfang kann (und sollte) sich der Bürge durch die Vereinbarung eines Höchstbetrags schützen. 31

VIII. Verjährung des Bürgschaftsanspruchs

Hauptforderung und Bürgschaftsanspruch unterliegen grundsätzlich je für sich getrennt voneinander der **Verjährung.**[126] Dies ist insoweit von Bedeutung, als auch Hemmung und Unterbrechung der Verjährung für **beide Forderungen getrennt** zu prüfen sind und insbesondere die gerichtliche Geltendmachung einer Forderung nicht zugleich die Unterbrechung der Verjährung der anderen Forderung bewirkt. Bei Geltendmachung der Bürgschaftsforderung ist das wegen § 768 BGB besonders gefährlich, kann doch der Bürge sich nicht nur darauf berufen, dass seine eigene Schuld verjährt sei, sondern auch auf eine **Verjährung der Hauptforderung,** die sogar noch während des Prozesses gegen den Bürgen eintreten kann[127] – die Hemmung des § 204 BGB erfasst nur die Bürgschaftsschuld selbst.[128] Begrenzt wird diese Wirkung nur von § 214 Abs. 2 Satz 2 BGB für den Fall der Übernahme der Bürgschaft nach Eintritt der Verjährung der Hauptschuld. 32

Für die Verjährung der Bürgschaftsschuld gilt die **regelmäßige Verjährungsfrist** des § 195 BGB, für den Verjährungsbeginn § 199 BGB,[129] und zwar auch dann, wenn für die Hauptschuld eine längere Verjährungsfrist gilt.[130] Die daraus resultierende Folge, dass die Bürgschaftsforderung **vor der Hauptschuld** verjähren kann, billigt der BGH ausdrücklich, da er es als zumutbar ansieht, ggf. auch früher als gegenüber dem Hauptschuldner verjährungshemmende Maßnahmen (etwa durch eine unbezifferte Feststellungsklage) zu ergreifen.[131] Nach allgemeinen Grundsätzen ist somit für den Verjährungsbeginn die **Fälligkeit der Forderung** maßgeblich, die – wie bereits dargestellt[132] – ohne Rücksicht auf eine zusätzliche Leistungsaufforderung an den Bürgen bei der selbstschuldnerischen Bürg- 33

[123] BGH NJW 1985, 3007 (3009).
[124] BGH NJW 1995, 2161 (2162).
[125] BGH NJW-RR 2002, 986; NJW-RR 1999, 1223.
[126] Näher hierzu: *Bolten* ZGS 2006, 140; *Bräuer* NZBau 2007, 477; *Budzikiewicz* WM 2003, 264; *Bydlinski* ZIP 1989, 953; *Deter/Burianski/Möllenhoff* BKR 2008, 281; *Dingler* BauR 2008, 1379; *Einsiedler* MDR 2010, 603; *Feldhahn* ZfBR 2009, 3; *Gay* NJW 2005, 2585; *Hohmann* WM 2004, 757; *Keilmann* MDR 2008, 843; *Lange*, BKR 2017, 447; *Peters* NJW 2004, 1430; *Polt/Siegmann* WM 2004, 766; *Schlößer* NJW 2006, 645; *Schmolke* WM 2013, 148; *Tiedtke/Holthusen* WM 2007, 93; *Walther* NJW 1994, 2337; *Weise* NJW-Spezial 2004, 357.
[127] Zu dieser Problematik vgl. ausführlich *Schmolke* WM 2013, 148 mwN.
[128] BGH NJW 1998, 2972.
[129] BGH NJW 2010, 1284 (1286), dazu *Sienz/Vogel* NJW 2010, 2703; BGH NJW 2008, 1729 (1731 f.); Lwowski/Fischer/Gehrlein/*Fischer* § 9 Rn. 81.
[130] BGH NJW 2013, 1228; Palandt/*Sprau* BGB § 765 Rn. 26; **aA** *Bolten* ZGS 2006, 140, der für Ablaufhemmung analog § 210 BGB plädiert.
[131] BGH NJW 2013, 1228 (Tz. 25).
[132] → BGB § 765 Rn. 16.

schaft zugleich mit der **Fälligkeit der Hauptschuld** eintritt,[133] sonst mit dem Zeitpunkt des **Wegfalls der Einrede der Vorausklage**[134] (str.), also nicht nur bei einem erfolglosen Vollstreckungsversuch (§ 771 Satz 2 BGB), sondern auch mit Eröffnung des Insolvenzverfahrens über das Vermögen des Hauptschuldners (§ 773 Nr. 3 BGB), nicht aber in den (zeitlich nicht eindeutig bestimmbaren) Fällen des § 773 Nr. 2 und Nr. 4 BGB. Gerade in den Fällen einer längeren Verjährungsfrist der Hauptforderung kann es daher für den Gläubiger günstiger sein, wegen des späteren Verjährungsbeginns auf eine nicht selbstschuldnerische Bürgschaft zu bestehen. Die Verlängerung der Verjährungsfrist kann auch in AGB wirksam sein, wenn die hieraus resultierenden Nachteile, durch andere Abweichungen ausgeglichen werden, was der BGH bei einer fünfjährigen Verjährungsfrist angenommen hat, die kenntnisunabhängig zum Jahresende der Fälligkeit beginnt.[135]

§ 766 BGB Schriftform der Bürgschaftserklärung

[1] Zur Gültigkeit des Bürgschaftsvertrags ist schriftliche Erteilung der Bürgschaftserklärung erforderlich. [2] Die Erteilung der Bürgschaftserklärung in elektronischer Form ist ausgeschlossen. Soweit der Bürge die Hauptverbindlichkeit erfüllt, wird der Mangel der Form geheilt.

Übersicht

I. Überblick

1 Die Vorschrift schreibt für die Erteilung der Bürgschaftserklärung die **Schriftform** vor. Sie „dient ausschließlich dem Schutzbedürfnis des Bürgen“, der „zu größerer Vorsicht angehalten vor nicht ausreichend überlegten Erklärungen gesichert werden“ soll.[1] Darüber hinaus hat die Urkunde die Funktion, das **Bürgenrisiko einzugrenzen** und es dem Bürgen vor seiner Unterschrift „vor Augen (zu) führen.“[2] Aufgrund der Eingrenzungsfunktion beschränkt die Formvorschrift auch die **Auslegung der Bürgenverpflichtung,** da die Auslegung anhand von Umständen außerhalb der Urkunde nur möglich ist, wenn der Inhalt der Bürgschaftsverpflichtung „dort irgendwie seinen Ausdruck gefunden hat.“[3] Für die Wahrung der Schriftform genügt es im Hinblick auf die **Warnfunktion** nicht, dass „der Bürge überhaupt ein Schriftstück unterschreibt“,[4] vielmehr muss die Urkunde auch die Bezeichnung des Gläubigers, des Hauptschuldners und der verbürgten Forderung enthalten, also bezüglich der Bürgenschuld **hinreichend bestimmt** sein.

---

[133] BGH NJW 2008, 1729 (1731 f.).
[134] → BGB §§ 771–773 Rn. 11 f.
[135] BGH NJW 2015, 2571.
[1] BGH NJW 1996, 1467 (1468).
[2] BGH NJW 1996, 1467 (1468).
[3] BGH NJW 1995, 1886 (1887).
[4] BGH NJW 1996, 1467 (1468).

Unter der Bürgschaftserklärung ist nur die **Willenserklärung des Bürgen** zu verstehen, nicht der Bürgschaftsvertrag selbst. Da nach § 350 HGB die kaufmännische Bürgschaft formfrei erklärt werden kann, gilt die Vorschrift nicht für Bürgschaften der Bank im Avalgeschäft, und ist auch im Kreditgeschäft nur bei Bürgschaften von Nicht-Kaufleuten anwendbar.[5] Dennoch dürften auch insoweit formfreie Bürgschaften die Ausnahme sein, vielmehr wird angesichts der meist großen wirtschaftlichen Bedeutung aus Beweisgründen auch die kaufmännische Bürgschaft regelmäßig schriftlich erteilt.[6] 2

II. Anwendungsbereich

1. Bürgschaftserklärung des Nicht-Kaufmanns

Direkter Anwendungsbereich des § 766 BGB ist zunächst die Bürgschaftserklärung, die nicht unter § 350 HGB fällt,[7] also nicht im kaufmännischen Geschäftsverkehr abgegeben wurde. Unter der Bürgschaftserklärung ist nur die auf den Abschluss des Bürgschaftsvertrags gerichtete **Willenserklärung des Bürgen** zu verstehen, nicht der Bürgschaftsvertrag selbst, so dass die Willenserklärung des **Gläubigers formfrei** erfolgen kann und auch tatsächlich häufig konkludent erfolgt (und nach § 151 BGB nicht einmal zugehen muss[8]). Ferner ergibt sich hieraus, dass die nur die Schriftform von Verträgen betreffende **Vorschrift des § 126 Abs. 2 BGB** nicht anzuwenden ist.[9] Ob eine formbedürftige Bürgschaftserklärung gewollt ist, oder ob tatsächlich eine andere Sicherungsform (insbesondere Schuldbeitritt) vorliegt, ist im Zweifel durch Auslegung (§§ 133, 157 BGB) des Erklärungsinhalts aus Sicht eines objektiven Empfängers zu entscheiden.[10] Relevant ist die Frage indes nur, soweit man § 766 BGB nicht analog auf die sonst in Betracht kommende Sicherungsform anwendet.[11] Nimmt man dagegen – entgegen der Rechtsprechung – eine solche Analogie insbesondere für den Schuldbeitritt an, um Wertungswidersprüche zu vermeiden,[12] wären auf die Beitrittserklärung dieselben Grundsätze anzuwenden und die Abgrenzung wäre insoweit bedeutungslos. 3

2. Unanwendbarkeit nach § 350 HGB

Nach § 350 HGB findet die Formvorschrift des § 766 BGB keine Anwendung auf eine Bürgschaft, sofern diese auf Seiten des Bürgen ein **Handelsgeschäft** ist, also zum **Betrieb seines Handelsgewerbes** gehört (§ 343 HGB). Voraussetzung ist dafür die Kaufmannseigenschaft (§§ 1 ff. HGB) des Bürgen, ferner die Zugehörigkeit zum Handelsgewerbe. An letzterem fehlt es, wenn der Kaufmann sich allein in privatem Zusammenhang verbürgt (wenn zB der Einzelhändler die Mietbürgschaft für die Studentenwohnung des eigenen Kindes übernimmt), wobei nach § 344 Abs. 1 HGB eine widerlegbare **Vermutung für die Zugehörigkeit zum Handelsgeschäft** spricht. Bei Kaufleuten ohne private Vermögenssphäre (insbes. Kapitalgesellschaften) kommt dies von vornherein nicht in Betracht. Es kommt ferner allein auf den Bürgen an, die Kaufmannseigenschaft des Gläubigers ist ebenso irrelevant wie die Frage, ob die Hauptforderung dem kaufmännischen Geschäftsverkehr entstammt. Anwendbar ist auf die Bürgschaftsurkunde auch § 344 Abs. 2 HGB – da diese Vorschrift aber bereits die Errichtung einer Urkunde (und damit Schriftform) voraussetzt, ist sie für die Form weniger bedeutsam als für den selbstschuldnerischen Charakter der Bürgschaft (§ 349 HGB). Soweit § 350 HGB anwendbar ist, kann sich der 4

[5] *Nobbe* Kommentar z. Kreditrecht, BGB § 766 Rn. 5 ff.
[6] → BGB § 766 Rn. 4.
[7] → BGB § 766 Rn. 4.
[8] → BGB § 765 Rn. 1.
[9] BGH WM 1984, 924 f.
[10] → BGB § 765 Rn. 2.
[11] → C Rn. 3.
[12] → C Rn. 3.

Kaufmann grundsätzlich formfrei verbürgen, also auch in elektronischer Form, mündlich oder sogar konkludent. Weitere Erleichterungen der Anforderungen an die Bürgschaftserklärung sind damit aber nicht verbunden, insbesondere muss die abgesicherte Forderung auch bei einer formfreien Bürgschaft **hinreichend bestimmt** sein.[13] Eine Erleichterung gilt nur insoweit, als bei der Auslegung keine Bindung an den Urkundeninhalt besteht. Praktische Bedeutung hat die Formfreiheit aufgrund des Bestimmtheitserfordernisses und der Beweisfunktion indes weniger im Hinblick auf mündliche Erklärungen als vielmehr für die Möglichkeit, die Erklärung in **Textform** (§ 126b BGB) zu übersenden, die von Nichtjuristen häufig mit der Schriftform verwechselt wird. Hauptbeispiel dürfte die – bekanntlich nicht die Schriftform des § 766 BGB wahrende – Übermittlung **per Telefax** sein,[14] es kommt aber auch die Bürgschaft per Email in Betracht. Möglich ist ferner im kaufmännischen Verkehr die Übergabe einer vom Gläubiger auszufüllenden **Blanketterklärung.**[15] Zu prüfen ist allerdings, ob die Parteien möglicherweise ein **gewillkürtes Schriftformerfordernis** vereinbart haben. Das OLG Bremen[16] hat etwa einer in die Bürgenerklärung aufgenommenen Bestimmung, dass die Verpflichtungen aus der Bürgschaft enden, wenn die Bürgschaftsurkunde zurückgegeben wird, nicht nur ein Schriftformerfordernis, sondern auch das Erfordernis der Übergabe der Originalurkunde (in Abweichung von der Auslegungsregel des § 127 Abs. 2 BGB) entnommen. Die Bezugnahme auf die Originalurkunde für das Erlöschen in dem Wortlaut der Erklärung bringe den „eindeutigen Willen" zum Ausdruck, dass auch die Verpflichtung erst durch deren Übergabe entstehen soll. Folge ist, dass bei Übermittlung einer Kopie die Bürgschaft im Zweifel nichtig ist (§ 125 S. 2 BGB).

5 Trotz § 350 HGB ist darauf hinzuweisen, dass § 766 BGB auch auf Bürgschaften von **Unternehmern** anzuwenden ist, die **keine Kaufleute** iSv § 1 HGB sind. Praktische Relevanz (und wirtschaftliche Bedeutung) hat dies insbesondere für Bürgschaftserklärungen von Rechtsanwälten, Steuerberatern oder Architekten, die als **Angehörige freier Berufe** kein Handelsgewerbe betreiben.[17] Ferner gilt § 350 HGB auch nicht für Bürgschaften, die von **Gesellschaftern** (sowohl von Personenhandelsgesellschaften als auch von GmbH) oder von GmbH-**Geschäftsführern oder Organmitgliedern** von AG im eigenen Namen abgegeben werden.[18] Denn selbst wenn diese Personen formfreie Erklärungen für die von ihnen vertretene Handelsgesellschaft abgeben können, sind sie für ihre **eigene Vermögenssphäre nicht als Kaufleute** anzusehen. Auch eine analoge Anwendung der Vorschrift auf Unternehmer oder geschäftsführende Gesellschafter ist im Hinblick auf den eindeutigen Gesetzeswortlaut und das Bedürfnis nach Rechtssicherheit abzulehnen.[19] Die historische Orientierung des HGB an einem vom Unternehmer (§ 14 BGB) zu unterscheidenden Kaufmannsbegriff ist zwar rechtspolitisch sicher angreifbar – korrigieren kann dies richtigerweise indes nur der Gesetzgeber, so dass die Differenzierung de lege lata hinzunehmen ist.

3. Vollmacht

6 Da es sich bei der Bürgschaft nicht um ein höchstpersönliches Rechtsgeschäft handelt, ist bei der Abgabe der Bürgenerklärung auch **Stellvertretung** zulässig. Unfraglich unterliegt die **Vertretererklärung** (soweit nicht § 350 HGB eingreift, für dessen Voraussetzungen auf die **Person des Vertretenen** abzustellen ist) der Formvorschrift des § 766 BGB.

---

[13] Zutreffend MüKoHGB/*K. Schmidt* § 350 Rn. 19.

[14] BGH NJW 1993, 1126.

[15] → BGB § 766 Rn. 9.

[16] BeckRS 2013, 17628.

[17] AllgM, vgl. näher Baumbach/Hopt/*Hopt* HGB § 1 Rn. 19.

[18] BGH NJW 2006, 431 (432 f.); die Frage ist allerdings umstritten, ausführlich zum Meinungsstand: MüKoHGB/*K. Schmidt* § 350 Rn. 6 ff.; Oetker/*Pamp* HGB § 350 Rn. 11 f.

[19] Vgl. dazu insbes. BGH NJW 2006, 431 (432), wonach hierdurch die „Grenzen zulässiger Rechtsfortbildung" überschritten würden; näher: MüKoHGB/*K. Schmidt* § 350 Rn. 10.

Allerdings ist ebenso weitgehend anerkannt, dass zusätzlich die **Vollmacht zur Abgabe einer Bürgschaftserklärung** im Hinblick auf die Warnfunktion und den Übereilungsschutz trotz § 167 Abs. 2 BGB der Formvorschrift des § 766 BGB genügen muss, soweit § 350 HGB nicht eingreift.[20] Weitgehend unstrittig dürfte dies für die Erteilung einer **unwiderruflichen Vollmacht** sowie für die Bevollmächtigung des Hauptschuldners, des Gläubigers selbst sowie der Personen, die in deren Lager stehen, sein. Lediglich für die Bevollmächtigung eines **im eigenen Lager** stehenden Vertreters wird teilweise eine Ausnahme angenommen.[21] Die Abgrenzung zwischen diesen „Lagern" soll offenbar anhand der zu § 123 Abs. 2 BGB entwickelten Maßstäbe erfolgen. Gerade bei Bürgschaften im persönlichen Nahbereich ist diese Abgrenzung aber zweifelhaft und kaum trennscharf: Handelt es sich etwa bei Hauptschuldner und Bürgen um Eheleute, wäre bei der Bevollmächtigung des gemeinsamen Kindes kaum zu bestimmen, ob die Vollmacht formbedürftig ist. Diese mangelnde Trennschärfe wird außerhalb der gewerblichen, entgeltlichen Bürgschaft (für die schon die Formvorschrift nach § 350 HGB nicht gilt) häufig anzutreffen sein, da Hauptgläubiger und Bürge typischerweise in einem persönlichen oder geschäftlichen Näheverhältnis stehen. Ohnehin streitet die Warnfunktion dafür, vom Erfordernis einer **schriftlichen Fixierung des Bürgenwillens** gerade durch den Bürgen keine Ausnahme zuzulassen. Richtigerweise ist daher für jede Vollmacht, die zur Bürgschaftserteilung berechtigen soll, die Form des § 766 BGB zu fordern.[22] 7

Hieran schließt sich die Frage an, ob an die schriftliche Vollmacht dieselben **inhaltlichen Anforderungen** zu stellen sind wie an die Bürgschaftsurkunde selbst. Von dieser Frage hängt es insbesondere ab, ob man eine **schriftliche Generalvollmacht,** in der Bürgschaften nicht gesondert erwähnt werden, als ausreichend ansieht. Im Anschluss an BGH NJW 1996, 1467 ist heute weitgehend anerkannt,[23] dass an die Schriftform der Vollmachtsurkunde dieselben Anforderungen zu stellen sind wie an die Bürgschaftsurkunde selbst,[24] da § 766 BGB seine „Warnaufgabe dem Bürgen gegenüber nicht erfüllen" kann, „wenn man es ausreichen ließe, dass der Bürge die Unterschrift auf ein Papier setzt, welches nicht sämtliche notwendigen Erklärungsbestandteile enthält."[25] Für die Generalvollmacht ist hieraus der Schluss zu ziehen, dass diese **keine Vertretungsmacht für die Abgabe einer Bürgschaftserklärung** eines Nichtkaufmanns begründet, sondern es insoweit einer **Spezialvollmacht** bedarf.[26] Da es sich bei Bürgschaften außerhalb des kaufmännischen Bereichs grundsätzlich um fremdnützige Rechtsgeschäfte handelt, erscheint eine solche strenge Anwendung des Formerfordernisses auch als angemessen. Umstritten ist dieser Grundsatz wegen § 126 Abs. 4 BGB nur für die **notariell beurkundete Generalvollmacht.**[27] Nichts anderes kann für die **Genehmigung** einer vollmachtlosen Vertretung (§ 177 Abs. 1 BGB) durch den Vertretenen gelten, die ebenfalls der Schriftform des § 766 BGB genügen muss. 8

4. Blanketturkunde und Ausfüllungsermächtigung

Eine ähnlich strenge Sichtweise wie bezüglich der Vollmacht nimmt der BGH ferner in Hinblick auf die Erstellung einer **Blanketturkunde** durch den Bürgen ein, die an den Hauptschuldner, den Gläubiger oder einen Dritten, der zugleich zur Vervollständigung der 9

[20] BGH NJW 1996, 1467; näher hierzu: *Edelmann* DB 2000, 319; *Rösler* NJW 1999, 50.

[21] *Keim* NJW 1996, 2775; MüKoBGB/*Habersack* § 766 Rn. 21; ähnlich Bamberger/Roth/Hau/Poseck/*Rohe* BGB § 766 Rn. 8 und *Rösler* NJW 1999, 1150 (1152), wonach es auf die tatsächliche Bindung ankomme.

[22] So iErg auch BGH NJW 1996, 1467 (1468).

[23] Vgl. Palandt/*Sprau* BGB § 766 Rn. 2; MüKoBGB/*Habersack* § 766 Rn. 21; Bamberger/Roth/Hau/Poseck/*Rohe* BGB § 766 Rn. 8.

[24] → BGB § 766 Rn. 4.

[25] BGH NJW 1996, 1467 (1468).

[26] So zutreffend OLG Düsseldorf DNotZ 2004, 313.

[27] Dagegen *Keim* DNotZ 2004, 315; MüKoBGB/*Habersack* § 766 Rn. 21.

Urkunde ermächtigt wird, übergeben wird.[28] Im Hinblick auf die besonderen Anforderungen an die Schriftform des § 766 BGB genügt die Blanketturkunde für sich der Schriftform nicht. An die **Ausfüllungsermächtigung,** deren Wirkung bei Übergabe des unterschriebenen Blanketts der einer Bevollmächtigung gleichzusetzen ist, sind dagegen **dieselben Anforderungen wie an die Vollmacht** zu stellen. Andernfalls würde „der von § 766 BGB bezweckte Schutz … nahezu aufgelöst".[29] Daraus folgt, dass auch über die Ausfüllungsermächtigung eine Urkunde zu erstellen ist, die den Anforderungen des § 766 BGB genügt.[30] Auch wenn der mündlich Ermächtigte die Urkunde absprachegemäß vervollständigt, begründet dies keine wirksame Bürgenverpflichtung, die Erklärung ist nach § 125 BGB nichtig. Bei abredewidriger Vervollständigung (sog **Blankettmissbrauch**) gilt natürlich nichts anderes. Nur wenn der Bürge das Blankett zurück erhält und dann selbst ausfüllt, ist die Form gewahrt.[31]

10 Aus der **Nichtigkeit der Bürgenerklärung** folgt indes nicht ohne weiteres, dass den Bürgen gegenüber dem Gläubiger keine Haftung trifft. Denn durch die Herausgabe der Blanketturkunde aus seinem Machtbereich hat der Bürge einen **zurechenbaren Rechtsschein** gesetzt, so dass er gegenüber einem redlichen, schutzwürdigen Gläubiger analog § 172 Abs. 2 BGB haftet. Dies war bereits früher für den Fall des Blankettmissbrauchs anerkannt[32] und gilt nunmehr auch für den Fall der abredegemäßen Ausfüllung aufgrund einer formnichtigen Ermächtigung.[33] Hinzuweisen ist darauf, dass die Fallgruppe des Blankettmissbrauchs ihre Bedeutung durch das Formerfordernis nicht verloren hat, da es weiterhin denkbar ist, dass der formwirksam zur Ausfüllung Ermächtigte das Blankett entgegen der Vorgaben der Ermächtigung ausfüllt und dem Gläubiger übergibt – die Vorlage der Ermächtigung ist nicht erforderlich. Voraussetzung der **Schutzbedürftigkeit des Gläubigers** ist aber in allen Fällen, dass dieser die vollständige Urkunde erhält und „annehmen darf, die Erklärung stamme vom Bürgen selbst".[34] Praktische Bedeutung hat diese Rechtsscheinhaftung daher vor allem bei der Vervollständigung durch den Hauptschuldner, nicht jedoch bei der Ausfüllung durch den Gläubiger selbst, der dann nicht als schutzwürdig anzusehen ist.

III. Schriftform und Erteilung

11 Grundsätzlich sind die Anforderungen an die **Schriftform in § 126 BGB** geregelt. Es bedarf daher der eigenhändigen **Unterschrift des Bürgen** unterhalb der Erklärung oder der notariellen Beurkundung (§ 126 Abs. 4 BGB). Die elektronische Form (§§ 126 Abs. 3, 126a BGB) genügt nach § 766 Satz 2 BGB ausdrücklich nicht. Auch die Textform des § 126b BGB genügt nicht, was vor allem Konsequenzen für die durch Telefax übermittelte Bürgschaftsurkunde hat: Ebenso wie zB für die Kündigung eines Arbeitsverhältnisses (§ 623 BGB) ist es auch für die Bürgschaftserklärung anerkannt, dass die **Übermittlung per Telefax** nicht der Schriftform des § 126 BGB genügt,[35] da nur die Vorlage eigenhändig unterschrieben ist, nicht aber die dem Gläubiger zugehende (§ 130 BGB) Fernkopie. Nichts anderes gilt bei der Übermittlung eines **Scans** der Urkunde in Dateiform, aber auch die Erstellung der Urkunde mittels einer **eingescannten Unterschrift** durch den Bürgen und die Übergabe des vom Bürgen selbst erstellten Ausdrucks genügt mangels Eigenhän-

[28] BGH NJW 1996, 1467 – Rechtsprechungsänderung gegenüber der früheren stRspr bis BGH NJW 1992, 1448; dazu: *Binder* AcP 207 (2007), 155; *Büchler* JuS 2008, 804; *Keim* NJW 1996, 2774; *Bülow* ZIP 1996, 1694; *Pawlowski* JZ 1997, 305; *Riehm* JuS 2000, 343.
[29] BGH NJW 1996, 1467 (1468).
[30] BGH NJW 1996, 1467 (1469); vgl. Lwowski/Fischer/Gehrlein/*Fischer* § 9 Rn. 28.
[31] BGH NJW 2000, 1179.
[32] BGH NJW 1991, 487; 1963, 1971.
[33] BGH NJW 1996, 1467 (1469); ablehnend: *Binder* AcP 207 (2007), 155 (188 ff.).
[34] BGH NJW 1996, 1467 (1469).
[35] BGH NJW 1993, 1126; BankR-HdB/*Nobbe* § 91 Rn. 67.

digkeit der Unterschrift den Anforderungen nicht. Im Wortlaut des § 766 BGB kommt dies im Begriff der **Erteilung** zum Ausdruck. Gemeint ist damit, dass der Bürge die Bürgschaftsurkunde, also das **eigenhändig unterschriebene Original,** bewusst aus der Hand geben und dem Gläubiger (gegebenenfalls durch Erklärungs- oder Empfangsboten) zukommen lassen muss, in den Worten des BGH eine „Entäußerung gegenüber dem Gläubiger, indem die schriftliche Erklärung diesem … zur Verfügung gestellt wird."[36] Der **erforderliche Inhalt** der dem Formerfordernis genügenden Erklärung ist dagegen nicht allgemein geregelt, sondern muss im Hinblick auf die Zwecke der konkret betroffenen Formvorschrift bestimmt werden. Für die Wahrung der Schriftform gelten bei der Bürgschaft insoweit besonders strenge Anforderungen im Hinblick auf die Warnfunktion, die aus Sicht des Bürgenschutzes überragende Bedeutung hat.[37] Konsequenzen hat dies vor allem im Hinblick auf den **Mindestinhalt der Urkunde,** für die Zulässigkeit der Bezugnahme auf andere Urkunden sowie für die Auslegung.

Zunächst muss die Urkunde den Willen, die Mithaftung für die Forderung zu über- **12**
nehmen, **deutlich zum Ausdruck** bringen. Der Begriff der „Bürgschaft" muss dabei zwar nicht zwingend verwendet werden, anerkannt ist aber, dass die Auslegung anhand von Umständen außerhalb der Urkunde nur möglich ist, wenn der beabsichtigte Inhalt „dort irgendwie seinen Ausdruck gefunden hat."[38] Dies bedeutet zunächst, dass der **Haftungswille** auch im Wege der Auslegung nur angenommen werden kann, wenn dieser in der Urkunde zum Ausdruck gekommen ist. Ferner genügt es nicht, dass „der Bürge überhaupt ein Schriftstück unterschreibt",[39] vielmehr muss die Urkunde die Bezeichnung des Gläubigers, des Hauptschuldners und der verbürgten Forderung enthalten, also bezüglich der **Bürgenschuld hinreichend bestimmt** sein.[40] Auch insoweit gilt, dass die Konkretisierung nicht einfach anhand der Umstände erfolgen kann, es müssen sich in der **Urkunde zumindest hinreichende Anhaltspunkte** finden.[41] Insbesondere kann die Bezeichnung von Hauptschuldner und Gläubiger einen Anhaltspunkt für die Bestimmung der verbürgten Forderung darstellen. Soweit Gläubiger und Hauptschuld bei Abgabe der Bürgenerklärung noch nicht bekannt sind, steht dies der Formwahrung nicht entgegen, wenn die Urkunde „alle Kriterien für eine zweifelsfreie Bestimmung" enthält.[42] So kann die Bürgschaft etwa auch zugunsten des späteren „Rechtsnachfolgers" einer bestimmten Person erklärt werden. **Zweifel** bezüglich der Bestimmung gehen zu Lasten des Gläubigers,[43] so dass dann keine wirksame Bürgenerklärung vorliegt. Dabei ist es indes als zulässig anzusehen, den Inhalt anderer, auch bei Abgabe der Bürgenerklärung noch nicht existenter Urkunden durch **Verweisung** in Bezug zu nehmen. So kann etwa eine Bürgschaft zugunsten der Gläubiger zukünftiger Finanzierungsverträge übernommen werden, die ihrer „allgemeinen Art nach im Voraus bestimmt" sind,[44] wobei sich die konkreten Gläubiger (die mit Abschluss des Hauptvertrags auch das in der Bürgenerklärung verkörperte Angebot auf Abschluss des Bürgschaftsvertrags annehmen) erst aus der in Bezug genommenen Vertragsurkunde ergeben.

Das Formerfordernis erfasst neben der eigentlichen Bürgschaftserklärung **sämtliche ver-** **13**
tragliche Nebenabreden, durch die die Haftung des Bürgen erweitert oder verschärft wird, während die **Haftung einschränkende Abreden formfrei** wirksam sind.[45] Dies gilt nicht nur beim ursprünglichen Vertragsschluss, sondern auch bei **nachträglichen Ver-**

[36] BGH NJW 1993, 1126 mwN.
[37] BGH NJW 1996, 1467.
[38] BGH NJW 1995, 1886 (1887).
[39] BGH NJW 1996, 1467 (1468).
[40] StRspr, BGH NJW 1996, 1467 (1468); NJW 1995, 1886; NJW 1993, 724; NJW 1980, 1449; dazu näher *Tiedtke* WM 1989, 737.
[41] MüKoBGB/*Habersack* § 766 Rn. 10.
[42] BGH NJW 1992, 1448 (1449).
[43] BGH NJW 1995, 959.
[44] BGH NJW 1992, 1448 (1449).
[45] BGH NJW 1986, 3131 (3133); MüKoBGB/*Habersack* § 766 Rn. 13 f.

tragsänderungen. Formbedürftig ist daher der Verzicht auf die Einrede der Vorausklage (§ 773 Abs. 1 Nr. 1 BGB) oder die Vereinbarung der Haftung auf erstes Anfordern, nicht aber die Vereinbarung eines Höchstbetrags, einer Zeitbürgschaft (§ 777 BGB) oder einer Ausfallbürgschaft, soweit nur die eigentliche Verbürgung den Anforderungen des § 776 BGB genügt – während die nachträgliche Aufhebung dieser Haftungsbeschränkungen wiederum formbedürftig ist. Ein **„Verzicht"** des Bürgen auf das einmal eingetretene **Erlöschen** der Bürgenhaftung ist als Neubegründung der Bürgschaft anzusehen und daher ebenfalls formbedürftig.[46]

14 **Strengere Formvorschriften** sind dagegen nur in Ausnahmefällen zu beachten. Insbesondere kommt § 311b BGB nicht zur Anwendung, soweit eine (notwendigerweise auf das Erfüllungsinteresse gerichtete) Bürgschaft für eine Verpflichtung aus einem Grundstückskaufvertrag übernommen wird.[47] Ob die besondere Schriftform des § 492 BGB, der einen gesetzlich normierten Mindestinhalt aufweist (§ 492 Abs. 2 BGB iVm Art. 247 §§ 6 –13 EGBGB), bei Verbraucherbürgschaften anwendbar ist, hängt davon ab, ob man die Bürgschaft überhaupt in den Anwendungsbereich des **Verbraucherkreditrechts** einbeziehen will. Nach hier vertretener Ansicht[48] sollte davon ausgegangen werden, so dass auch die Anforderungen des § 492 BGB zu wahren sind.

IV. Rechtsfolge

1. Formverstoß

15 Die Rechtsfolge einer Nichtbeachtung der Form des § 766 BGB ist die **Nichtigkeit der Bürgenerklärung** (§ 125 BGB). Beweisbelastet für die Formwirksamkeit ist der Gläubiger, was praktische Relevanz in Zusammenhang mit Blanketturkunden haben kann, bei denen trotz Vorliegens einer vollständigen, unterschriebenen Urkunde tatsächlich Formnichtigkeit vorliegen kann. Insoweit hilft allerdings § 440 Abs. 2 ZPO dem Gläubiger weiter, so dass im Prozess der Bürge die **Echtheitsvermutung** zu widerlegen hätte.

16 Im Einzelfall kann der Bürge indes nach **Treu und Glauben (§ 242 BGB)** daran gehindert sein, sich auf die Formwidrigkeit zu berufen.[49] Der Einwand der unzulässigen Rechtsausübung ist indes auf enge Ausnahmefälle beschränkt, da § 242 BGB nicht zur Aushöhlung der Formvorschriften führen darf.[50] Denkbar ist ein solcher Fall insbesondere, wenn der Bürge selbst über längere Zeit erhebliche **mittelbare Vorteile** aus dem Hauptvertrag gezogen hat, etwa als Gesellschafter der Hauptschuldnerin,[51] durch sein Handeln ein **berechtigtes Vertrauen** auf die Wirksamkeit des Bürgschaftsvertrags begründet hat und der Gläubiger gerade im Vertrauen auf die Bürgenhaftung seine Leistungen an den Hauptschuldner erbracht hat. In Betracht kommt ferner die **arglistige Vorspiegelung** der Formfreiheit der Bürgschaft oder das **arglistige Verschweigen** der Formbedürftigkeit nach Erkennen des insoweit bestehenden Irrtums des Gläubigers. Zuletzt ist an die **arglistige Vorspiegelung der Erfüllung des Formerfordernisses** zu denken, insbesondere in Zusammenhang mit der Übersendung eines Ausdrucks mit **gescannter Unterschrift.** Der Gläubiger kann den Unterschied zur eigenhändigen Unterschrift nur schwer erkennen – allerdings wird hier üblicherweise keine Arglist vorliegen, da dem Bürgen die unterschiedliche rechtliche Bewertung regelmäßig nicht bekannt sein dürfte. Für die Anwendung des § 242 BGB kann daher die Tatsache, dass eine solche, der Schriftform nicht genügende Urkunde übergeben wurde, nicht genügen. Unzulässig ist die Berufung auf die Formwidrigkeit nur bei **Kenntnis** des Bürgen von der Nichtigkeit, oder wenn dieser aktiv

---

[46] BGH NJW 2013, 2508.
[47] BGH NJW-RR 1988, 1196 (1197) zum Garantieversprechen.
[48] → A Rn. 22 ff.
[49] BGHZ 26, 151; 132, 128 f.
[50] BGH NJW 1996, 1467 (1469); 1993, 1126 (1128).
[51] Zu einem solchen Fall BGH NJW-RR 1987, 42.

den Eindruck erweckt hat, dass die Urkunde eigenhändig unterschrieben sei. Fragt mithin der Gläubiger nach, ob es sich um eine eigenhändige Unterschrift handelt, und wird dies vom Bürgen bejaht, kann dieser sich nach § 242 BGB nicht auf § 125 BGB berufen. Tritt ein Nicht-Kaufmann als Kaufmann auf, führt dies zwar ebenfalls zu einer Täuschung über die Formbedürftigkeit, die jedoch anhand der Grundsätze über den **Scheinkaufmann** (der sich an dem von ihm gesetzten Rechtsschein und damit an der formfreien Bürgschaft festhalten halten muss) zu lösen ist.[52]

2. Heilung

Nach § 766 Satz 3 BGB tritt die **Heilung** des Formverstoßes ein, soweit die Bürgenverpflichtung vom Bürgen (also nicht durch einen Dritten nach § 267 BGB) erfüllt wird. Für die Heilungswirkung kommt es nicht darauf an, ob der Bürge Kenntnis von der Nichtigkeit oder einen Heilungswillen hatte, sondern nur auf den Willen, gerade die Bürgenverpflichtung zu erfüllen, also eine entsprechende **Tilgungsbestimmung.** Als ausreichend sind aber Leistungen erfüllungshalber und an Erfüllung statt anzusehen. Keine Heilung tritt bei der Befriedigung des Gläubigers im Wege der Zwangsvollstreckung ein, ferner stellt auch die **dingliche Besicherung** der Forderung keine Erfüllung dar.[53] Die Heilungswirkung reicht, „soweit" die Verbindlichkeit erfüllt wird. Daher tritt bei teilweiser Erfüllung eine **teilweise Heilung** ein. Die einheitliche Bürgschaftsforderung ist dann teilweise als wirksam, zum anderen Teil aber weiter als nichtig anzusehen.[54] Auch die freiwillige teilweise Erfüllung verpflichtet den Bürgen also nicht zur Erfüllung der nichtigen Restforderung. 17

Da hier davon ausgegangen wird, dass die Heilung eine rechtsgeschäftliche Tilgungsbestimmung voraussetzt, wäre konsequenterweise auch die Möglichkeit der **Anfechtung der Tilgungsbestimmung** mit der Folge des Wegfalls der Heilungswirkung zu erwägen. Eine Irrtumsanfechtung kann aber keinesfalls auf die Unkenntnis der Nichtigkeit gestützt werden, dies ist als unbeachtlicher **Motivirrtum** einzuordnen. Denkbar wäre aber der (unwahrscheinliche) Fall eines Erklärungsirrtums, wenn tatsächlich auf eine andere Verbindlichkeit beim Gläubiger geleistet werden sollte, oder insbesondere die arglistige Täuschung nach § 123 BGB, wenn der Gläubiger den zahlungsunwilligen Bürgen über die Formnichtigkeit getäuscht hat. Wird die Tilgungsbestimmung wirksam angefochten, kann der Bürge das Geleistete nach § 812 Abs. 1 Satz 1 Alt. 1 BGB zurück fordern. 18

§ 767 BGB Umfang der Bürgschaftsschuld

(1) [1] **Für die Verpflichtung des Bürgen ist der jeweilige Bestand der Hauptverbindlichkeit maßgebend.** [2] **Dies gilt insbesondere auch, wenn die Hauptverbindlichkeit durch Verschulden oder Verzug des Hauptschuldners geändert wird.** [3] **Durch ein Rechtsgeschäft, das der Hauptschuldner nach der Übernahme der Bürgschaft vornimmt, wird die Verpflichtung des Bürgen nicht erweitert.**

(2) **Der Bürge haftet für die dem Gläubiger von dem Hauptschuldner zu ersetzenden Kosten der Kündigung und der Rechtsverfolgung.**

Übersicht

[52] Zur Behandlung des Scheinkaufmanns vgl. ausführlich MüKoHGB/*K. Schmidt* Anhang zu § 5 Rn. 1 ff.
[53] MüKoBGB/*Habersack* § 766 Rn. 28 f.
[54] RGZ 76, 195 (198); BGH WM 1958, 1275 (1276) aE.

I. Überblick

1 Die Vorschrift des § 767 BGB knüpft die Haftung des Bürgen an den jeweiligen Bestand der Hauptschuld und ist somit **Ausdruck der Akzessorietät** der Bürgschaft. Die Vorschrift steht in engem Zusammenhang zu § 768 BGB, da erst beide Normen zusammen die strenge Akzessorietät ausgestalten, einerseits bezüglich des Schuldumfangs, andererseits bezüglich der Einreden.[1] Da die Akzessorietät für den Vertragstypus der Bürgschaft unabdingbar ist, verliert der Vertrag seinen **Charakter als Bürgschaft,** wenn insoweit eine andere Regelung getroffen wird.[2] Damit werden die Vorschriften aber nicht zwingend, da auch bei den Personalsicherheiten kein Typenzwang, sondern Vertragsfreiheit besteht – in Betracht kommt bei nichtakzessorischer Ausgestaltung der Haftung insbesondere die Annahme eines Garantievertrags. Keine Abweichung von der Akzessorietät stellt es indes dar, die Bürgenschuld für eine nicht auf Geldzahlung gerichtete Verbindlichkeit auf das **Erfüllungsinteresse in Geld** zu beschränken.

2 § 767 BGB regelt die Abhängigkeit der Bürgenschuld vom Bestehen der Hauptforderung, die Bindung an den jeweiligen Bestand dieser Forderung sowie den Einfluss nachfolgender Veränderungen der Hauptforderung auf die Bürgenschuld. In letzterer Hinsicht wird der Akzessorietätsgrundsatz durch das ebenfalls als wesentlichen Grundgedanken des Bürgschaftsrechts anzusehende **Verbot der Fremddisposition** (§ 767 Abs. 1 Satz 3 BGB) eingeschränkt. Bei nachträglichen Erweiterungen der Hauptschuld ist daher zwischen rechtsgeschäftlichen und nicht-rechtsgeschäftlichen Veränderungen zu unterscheiden, da der Bürge nur für letztere haftet.

II. Bestand der Hauptschuld und Haftungsumfang

3 Die Bindung der Bürgschaft an den Bestand der Hauptschuld bedeutet zunächst, dass die Bürgschaftsverpflichtung überhaupt nur entsteht, wenn auch die **Hauptforderung zur Entstehung gelangt,** ebenso hängt der Fortbestand beider Forderungen (abgesehen von engen Ausnahmen[3]) zusammen.[4] Bei Nichtigkeit des der Hauptschuld zugrunde liegenden Vertragsverhältnisses kann allerdings, soweit bereits eine Leistung wie insbesondere die Auszahlung der Darlehensvaluta erbracht wurde, die Bürgschaft auch den **Bereicherungsanspruch sichern,** was letztlich durch Auslegung zu ermitteln ist.[5] Erlischt die Hauptforderung später ganz oder teilweise (etwa bei Erfüllung durch den Hauptschuldner, § 362 BGB, oder einen Dritten, § 267 BGB), gilt dies ebenso für die Bürgenschuld, im Gegensatz zu Erweiterungen der Haftung[6] auch, soweit dies auf rechtsgeschäftlichem Weg erfolgt, etwa durch Aufhebungsvertrag oder aufgrund einer Kündigung.[7]

4 Für den **Umfang der Bürgenschuld**[8] ist grundsätzlich ebenfalls die Hauptschuld maßgeblich, und zwar auch soweit die Schuld sich auf nicht-rechtsgeschäftlichem Wege erhöht oder auf zusätzliche oder andere Anspruchsgrundlagen gestützt wird. Deutlich wird dies aus Abs. 1 Satz 2, wonach **Verzug und Verschulden des Hauptschuldners** auch die Bürgenhaftung erweitern. Insbesondere haftet der Bürge daher für vertragliche Schadensersatzansprüche, die neben dem Erfüllungsanspruch bestehen, ebenso wie für den Schadensersatz wegen Nichterfüllung,[9] wenn dieser an die Stelle der verbürgten Vertragserfüllung tritt.

---

[1] MüKoBGB/*Habersack* § 768 Rn. 1.
[2] BGH NJW 1993, 1919; BGHZ 95, 357.
[3] → BGB § 767 Rn. 6.
[4] → BGB § 765 Rn. 6.
[5] → A Rn. 51 f.
[6] → BGB § 767 Rn. 7 ff.
[7] Jauernig/*Stadler* BGB § 767 Rn. 6 mwN.
[8] Hierzu zusammenfassend *Wittmann* MDR 2010, 477.
[9] BGH NJW 1988, 907.

Nichts anderes kann für den Anspruch auf Vorfälligkeitsentschädigung nach § 490 Abs. 2 Satz 3 BGB gelten. Soweit die Folgen der Vertragsverletzung des Hauptschuldners **vertraglich ausgestaltet** sind, etwa durch ein Vertragsstrafeversprechen oder eine Pauschalierung der Schadensersatzansprüche, wirkt die Vereinbarung nur zugunsten, nich aber zu Lasten des Bürgen, wenn sie erst nach Bürgschaftsübernahme abgeschlossen worden ist (Abs. 1 Satz 3). Existierte die Absprache schon früher, ist grundsätzlich davon auszugehen, dass der Bürge sich für den Bestand der Forderung so verbürgt hat, wie sie vom Hauptschuldner eingegangen worden ist. Insoweit wird allerdings teilweise darauf abgestellt, ob der Bürge mit einer solchen Abrede **rechnen musste,**[10] wohingegen man einzuwenden haben wird, dass es Sache des Bürgen ist, sich über die Hauptschuld und ihre Rahmenbedingungen vor Übernahme der Bürgschaft zu informieren. Unterlässt er dies, kann dies kaum zu Lasten des Gläubigers gehen. In Ausnahmefällen kommt es in Betracht, dem Gläubiger im Verhältnis zum Bürgen nach § 242 BGB die Berufung auf die Abrede zu verweigern, insbesondere dann, wenn es sich um eine ungewöhnliche Gestaltung handelt und der **Gläubiger selbst dazu beigetragen hat,** dass die Bürgschaft ohne Kenntnisnahme der Vertragsbedingungen übernommen worden ist (etwa durch Aufbau von Zeitdruck oder bei unvollständiger Information des Bürgen durch den Gläubiger).

Nach § 767 Abs. 2 BGB haftet der Bürge über den so zu bestimmenden, ggf. bereits durch Sekundäransprüche erhöhten Betrag der Hauptschuld hinaus noch für die **Kosten der Kündigung** des Hauptvertrags und der **Rechtsverfolgung.** Damit wird aber nur klargestellt, dass die Bürgenschuld sich auf diese Nebenforderungen erstreckt, wenn der Hauptschuldner hierfür haftet, was meist aufgrund Verzugs der Fall ist (und dann schon von Abs. 1 Satz 2 erfasst wird). Die Vorschrift hat daher gegenüber Abs. 2 überhaupt nur dann eigenständige Bedeutung, wenn der Hauptschuldner für die Nebenforderungen verschuldensunabhängig haftet, etwa nach § 91 ZPO. Zur Rechtsverfolgung gehören dabei nicht nur die Kosten des Rechtsstreits, sondern auch der Zwangsvollstreckung und der Anmeldung der Forderung im Insolvenzverfahren.[11] 5

III. Fortbestand bei Realisierung des Bürgenrisikos

In Ausnahmefällen kann die **Bürgenschuld trotz Erlöschens der Hauptschuld** fortbestehen, wobei es sich durchweg um Fälle handelt, in denen die Hauptschuld im Hinblick auf die **Realisierung des Bürgenrisikos** ganz oder teilweise untergeht und der Bürge nunmehr allein für die Verbindlichkeit (bzw. ihren erloschenen Teil) haftet. Dies gilt zunächst in den Fällen, in denen diese Rechtsfolge **gesetzlich angeordnet ist** (§ 254 Abs. 2 Satz 1 InsO für Erlöschen oder Herabsetzung der Forderung im Insolvenzplan, § 301 Abs. 2 InsO für das Erlöschen durch Restschuldbefreiung). Auch ohne spezielle Regelung gilt nichts anderes, wenn es sich beim Hauptschuldner um eine juristische Person handelt, die nach Abschluss des Insolvenzverfahrens oder nach Ablehnung der Verfahrenseröffnung **wegen Masselosigkeit** als vermögenslos **gelöscht** wird (§ 394 Abs. 1 FamFG) – der Wegfall des Hauptschuldners führt auch hier zum Erlöschen der Hauptschuld, nicht aber der Bürgenschuld. Diese „besteht als nunmehr selbständige Forderung fort."[12] Auch in diesem Fall bleibt aber der Bezug zur Hauptschuld insoweit erhalten, als die Einreden aus dem Hauptvertrag dem Bürgen weiterhin nach § 768 BGB zur Verfügung stehen. Insbesondere wenn die Forderung bereits vor der Löschung im Handelsregister verjährt war, kann der Bürge daher die Einrede der Verjährung erheben, so dass es einer Rechtsverfolgung zur **Verjährungshemmung** gegenüber dem Hauptschuldner selbst dann noch bedarf, wenn die Insolvenzeröffnung mangels Masse bereits 6

[10] *Wittmann* MDR 2010, 477 (478); MüKoBGB/*Habersack* § 767 Rn. 7 mit Verweis auf RG JW 1933, 2826.

[11] MüKoBGB/*Habersack* § 767 Rn. 9.

[12] BGH NJW 2003, 1250 (1251); ebenso BGH NJW 1982, 875.

abgelehnt worden ist.[13] Erst nach Erlöschen des Hauptschuldners ist dies nicht mehr möglich, so dass es dann auch bezüglich der Verjährung der Hauptschuld nur noch auf die Rechtsverfolgung gegenüber dem Bürgen ankommt.[14] Das bedeutet aber nicht, dass die Einrede der Verjährung der Hauptschuld vom Bürgen nicht mehr erhoben werden könnte, sondern nur, dass die **Hemmungswirkung** der Rechtsverfolgung zugleich Haupt- und Bürgenschuld erfasst.[15] Wird trotz Fortbestands des Hauptschuldners nur Klage gegen den Bürgen erhoben, läuft die Verjährungsfrist gegenüber dem Hauptschuldner zunächst weiter, mit dem Wegfall des Hauptschuldners erstreckt sich die Hemmungswirkung dann auf die Hauptschuld.[16] Auch in Hinblick auf den **Verjährungsbeginn** bezüglich der Hauptschuld ist in einem solchen Fall konsequenterweise nur auf die nach § 199 Abs. 1 Nr. 2 BGB relevante Kenntnis bezüglich des Bürgen abzustellen. Nicht grob fahrlässige Unkenntnis des Aufenthalts des Bürgen steht in einem solchen Fall daher dem Verjährungsbeginn sowohl bezüglich Hauptschuld als auch der Bürgenschuld entgegen.[17]

IV. Verbot der Fremddisposition

7 Den in § 767 Abs. 1 Satz 3 BGB geregelten Grundsatz, wonach die Bürgenschuld nicht durch Rechtsgeschäfte des Hauptschuldners nach Abschluss des Bürgschaftsvertrags erweitert wird, bezeichnet man als das **Verbot der Fremddisposition.**[18] Grundsätzlich wird dadurch gewährleistet, dass der Bürge selbst steuern kann, inwieweit seine Verpflichtung nachträglich erhöht wird, da er etwa nicht für die zwischen Gläubiger und Hauptschuldner vereinbarte spätere Erhöhung der verbürgten Kreditsumme haften soll. Trotz der wesentlichen Bedeutung dieses Verbots für den Bürgenschutz ist jedoch anerkannt, dass es **keinen zwingenden Charakter** hat, da auch die Verbürgung für zukünftige Verbindlichkeiten ausdrücklich zulässig ist (§ 765 Abs. 2 BGB). Das Verbot der Fremddisposition steht daher etwa der Bürgschaft für den Kontokorrentsaldo nicht entgegen (dessen Erhöhung durch Rechtsgeschäfte des Schuldners erfolgt) und sogar der Verbürgung für alle zukünftigen Forderungen aus der Geschäftsbeziehung aufgrund einer weiten Zweckerklärung. Da das Verbot der Fremddisposition aber einen **wesentlichen Grundgedanken** (§ 307 Abs. 2 Nr. 1 BGB) **des Bürgschaftsrechts** enthält, hat es wesentliche Bedeutung für die **Inhaltskontrolle** von AGB-Klauseln, die den Sicherungszweck auf zukünftige, nicht näher bestimmte Forderungen gegen den Hauptschuldner erweitern.[19]

8 Erfasst die Zweckerklärung (ggf. auch im Wege der Auslegung) keine zukünftigen Forderungen, gilt das Verbot der Fremddisposition auch dann, wenn es sich um eine **Höchstbetragsbürgschaft**[20] handelt und der Höchstbetrag auch nach der rechtsgeschäftlichen Veränderung nicht überschritten wird.[21] Aus der Vereinbarung einer Höchstbetragsbürgschaft für eine niedrigere Forderung kann man nicht schließen, dass in dieser Höhe auch für nachträgliche Erhöhungen gehaftet werden soll, schon da der Höchstbetrag auch im Hinblick auf die Haftung für Kosten und Zinsen aufgenommen worden sein kann. Für eine abweichende Auslegung müssten deutliche Hinweise auf einen entsprechenden Bürgenwillen (der wegen § 766 BGB ggf. auch in der Urkunde zum Ausdruck gekommen sein müsste) festgestellt werden. Geschützt wird der Bürge ferner nicht nur bezüglich nachträglicher Erhöhungen der Hauptforderung, sondern auch im Hinblick auf **andere rechtsgeschäftliche Veränderungen** der Rechtsstellung des Schuldners, soweit dies zur **Erhö-**

[13] So der Fall in BGH NJW 2003, 1250.
[14] BGH NJW 2012, 1645 (Tz. 15); NJW-RR 2010, 975 (Tz. 26); NJW 2003, 1250 (1252).
[15] BGH NJW 2003, 1250 (1252); dazu *Schmolke* WM 2013, 148, 155.
[16] BGH NJW-RR 2010, 975 (Tz. 26).
[17] BGH NJW 2012, 1645 (Tz. 15).
[18] HK-BGB/*Staudinger* § 767 Rn. 4.
[19] Ausführlich → BGB § 765 Rn. 12.
[20] Zum Begriff → B Rn. 9.
[21] Zutreffend MüKoBGB/*Habersack* § 767 Rn. 10.

hung des Bürgenrisikos führt. Beispiele sind etwa das vom Hauptschuldner abgegebene Schuldanerkenntnis,[22] die Übernahmevereinbarung nach § 168 Abs. 3 InsO, soweit neben der Bürgschaft für die Forderung noch eine zur Absonderung berechtigende Realsicherheit bestellt wurde (mit der Folge, dass der Gläubiger im Verhältnis zum Bürgen nicht nur mit dem nach § 168 Abs. 3 InsO vereinbarten Übernahmebetrag als befriedigt gilt, sondern auch im Hinblick auf den bei Weiterverkauf erzielten Mehrerlös).[23] Ebenso gehört hierher die **Veränderung der Fälligkeit,** so dass einerseits bei Vereinbarung einer früheren Fälligkeit vom Bürgen die Bezahlung erst zum ursprünglich vereinbarten Zeitpunkt verlangt werden kann.

Andererseits kann aber auch eine **spätere Fälligkeit** dazu führen, dass das Bürgenrisiko 9 erhöht wird. Wird etwa zwischen Gläubiger und Hauptschuldner anstelle der ursprünglich vereinbarten monatlichen Ratenzahlung eine Schlussfälligkeit der gesamten Darlehenssumme abgesprochen, kann sich hierdurch das Bürgenrisiko erhöhen, wenn der zum Zeitpunkt der Schlussfälligkeit nicht leistungsfähige Hauptschuldner vorher zumindest zeitweise bezüglich der Raten leistungsfähig gewesen wäre.[24] In einem solchen Fall ist die Bürgenschuld auf den Betrag zu beschränken, den der Hauptschuldner bei Fortgeltung der ursprünglichen Vereinbarung voraussichtlich nicht hätte zahlen können, wofür es einer Betrachtung der **Leistungsfähigkeit für jeden Zeitpunkt der Ratenfälligkeit** bedarf.[25] Ebenfalls erfasst werden Änderungen des Leistungsumfangs eines Werkvertrags, für den eine Erfüllungsbürgschaft übernommen worden ist, und zwar auch dann, wenn es sich um Auftragserweiterungen nach § 1 Nr. 3 oder 4 VOB/B handelt und die Geltung der VOB/B dem Bürgen erkennbar war.[26] In den Kontext des Verbots der Fremddisposition fällt zuletzt noch die Unwirksamkeit des **nachträglichen Einredeverzichts** gegenüber dem Bürgen (§ 768 Abs. 2 BGB[27]).

Voraussetzung ist aber stets, dass die Veränderung auf einem nachträglichen Rechts- 10 geschäft beruht. Dieses Merkmal bedeutet, dass **verhaltensbedingte Veränderungen** (insbes. bei Verzug und Verschulden, § 767 Abs. 1 Satz 2 BGB) und Veränderungen, die bereits auf der **ursprünglichen Vertragsgestaltung** beruhen (etwa aufgrund einer Anpassungsklausel oder dem Gläubiger vertraglich eingeräumter Änderungs-, Gestaltungs- oder Wahlrechte) nicht betroffen sind. Ebenso ist anerkannt, dass der Hauptschuldner selbst das Recht hat, von ihm zustehenden Gestaltungsrechten Gebrauch zu machen und insbesondere ein (ihm gesetzlich oder aus dem ursprünglichen Vertrag zustehendes) **Kündigungsrecht** auszuüben.[28]

Die Rechtsfolge einer gegen das Verbot der Fremddisposition verstoßenden Verein- 11 barung zwischen Gläubiger und Hauptschuldner ist regelmäßig eine Art **relative Unwirksamkeit der Änderung** gegenüber dem Bürgen, dessen Haftung in rechtlicher und wirtschaftlicher Hinsicht nicht nachteilig betroffen wird. Der Bürge ist also haftungsmäßig so zu stellen, wie es seiner Situation vor der Änderung entsprach, auch hinsichtlich der **wirtschaftlichen Risiken.** Die Wirksamkeit der Bürgenverpflichtung bleibt also ebenso unberührt wie die der Änderung gegenüber dem Hauptschuldner. Lediglich für **Umfang und Modalitäten** (insbesondere Fälligkeit) **der Bürgenhaftung** bleibt es bei der ursprünglichen Regelung. Soweit durch nachträgliche Veränderung die Haftung dagegen begrenzt wird, wirkt dies nach § 767 Abs. 1 Satz 1 BGB indes auch zugunsten des Bürgen. Bei ambivalenten Änderungen ergibt sich daraus eine **Art Rosinentheorie zugunsten des Bürgen,** was man an dem Fall BGH NJW 2000, 2580 zeigen kann: Die hier vereinbarte

[22] Hierzu näher *Tiedtke/Holthusen* WM 2007, 93.
[23] BGH NJW 2006, 228.
[24] So die Fallkonstellation in BGH NJW 2000, 2580.
[25] BGH NJW 2000, 2580 (2583).
[26] BGH NJW 2010, 1668; krit. dazu *Lembcke* NZBau 2010, 158; zusammenfassend *Sieberg/Wittler* NJW 2010, 3617 (3619).
[27] → BGB §§ 768, 770 Rn. 12.
[28] Palandt/*Sprau* BGB § 767 Rn. 3.

Schlussfälligkeit des ursprünglichen Ratenzahlungskredits wirkt zunächst **zugunsten des Bürgen,** da mangels Fälligkeit der Hauptforderung auch die Bürgenforderung nicht fällig wird, während die Änderung im Hinblick auf die Zahlungsfähigkeit des Hauptschuldners nicht zu Lasten des Bürgen geht.[29] Vermeiden lässt sich diese Folge nur durch die Änderung des Bürgschaftsvertrags, ggf. in der Form des § 766 BGB. Noch weiter gehend führt die **völlige Umgestaltung der Hauptforderung** zur Unwirksamkeit der Bürgschaft, wenn sie „inhaltlich so weit geändert wird, dass dies einer Ersetzung durch eine andere Forderung gleichkommt".[30] Grund hierfür ist indes nicht das Verbot der Fremddisposition, sondern der **Akzessorietätsgrundsatz.**

§ 768 Einreden des Bürgen

(1) [1]**Der Bürge kann die dem Hauptschuldner zustehenden Einreden geltend machen.** [2]**Stirbt der Hauptschuldner, so kann sich der Bürge nicht darauf berufen, dass der Erbe für die Verbindlichkeit nur beschränkt haftet.**

(2) **Der Bürge verliert eine Einrede nicht dadurch, dass der Hauptschuldner auf sie verzichtet.**

§ 770 Einreden der Anfechtbarkeit und der Aufrechenbarkeit

(1) **Der Bürge kann die Befriedigung des Gläubigers verweigern, solange dem Hauptschuldner das Recht zusteht, das seiner Verbindlichkeit zugrunde liegende Rechtsgeschäft anzufechten.**

(2) **Die gleiche Befugnis hat der Bürge, solange sich der Gläubiger durch Aufrechnung gegen eine fällige Forderung des Hauptschuldners befriedigen kann.**

Übersicht

I. Überblick

1 Die §§ 768 und 770 BGB befassen sich mit den **Einreden,** die dem Bürgen bezüglich der Hauptschuld zustehen. Sie beruhen ebenso wie § 767 BGB auf dem Akzessorietätsgrundsatz und schließen nur **personengebundene Einreden des Hauptschuldners** bzw. seines Erben aus, da das Bürgenrisiko diese Fälle gerade umfasst.[1] Die Vorschrift ist insoweit **nicht abschließend,** als keine umfassende Regelung für alle Einwendungen iwS des Bürgen beabsichtigt ist. Schon wegen § 767 Abs. 1 BGB wirken auch rechtsvernichtende Einwendungen gegen die Hauptschuld zugunsten des Bürgen, so dass es einer besonderen Regelung nur für die Einreden bedurfte, die den Bestand der Forderung unberührt lassen (§ 768 Abs. 1 BGB), sowie für den Fall des Bestehens von **Gestaltungsrechten** (§ 770 BGB), die der Bürge nicht selbst ausüben kann. Neben den Einwendungen iwS gegen die

[29] → BGB § 767 Rn. 8.
[30] BGH NJW 1980, 2412, 2413.
[1] → BGB §§ 768, 770 Rn. 10 f.

Hauptschuld kann sich der Bürge auch noch auf die **Einwendungen und Einreden aus dem Bürgschaftsverhältnis** selbst berufen, ferner kann er insoweit auch etwaige Gestaltungsrechte selbst ausüben. Bei den Einreden ist daher zwischen den verschiedenen Rechtsverhältnissen zu unterscheiden, dieselbe Einrede kann sowohl bezüglich der Hauptschuld als auch bezüglich der Bürgenschuld erhoben werden. Praktische Relevanz hat dies insbesondere für die **Verjährung,** da der Anspruch des Gläubigers aus der Bürgschaft nur durchsetzbar ist, wenn **weder die Hauptschuld noch die Bürgenschuld** verjährt sind, so dass ggf. bezüglich beider Forderungen Maßnahmen zur Hemmung der Verjährung ergriffen werden müssen (zur Verjährung: → BGB § 765 Rn. 32). Ansonsten droht die Verjährung der Hauptforderung sogar noch nach Eintritt der Rechtskraft des Urteils gegen den Bürgen, was die Vollstreckungsabwehrklage nach § 767 ZPO begründet.[2] Verjährungshemmende Verhandlungen zwischen Hauptschuldner und Gläubiger (§ 203 BGB) wirken allerdings auch gegenüber dem Bürgen, da die Aufnahme von Verhandlungen nicht dem (von § 768 Abs. 2 BGB erfassten) Verjährungsverzicht gleichgestellt werden kann.[3] Ein **rechtskräftiges Urteil** gegen den Hauptschuldner, das nach § 197 Abs. 1 Nr. 3 BGB eine neue 30-jährige Verjährungsfrist in Kraft setzt, schließt grundsätzlich auch im Verhältnis zum Bürgen die ursprüngliche Verjährungseinrede aus.[4] Dies beruht indes nicht auf der Rechtskraftwirkung, die den Bürgen nicht erfasst (§ 325 ZPO), sondern auf der materiellrechtlichen Anordnung des Laufs einer neuen Verjährungsfrist. Denn § 768 Abs. 1 BGB eröffnet dem Bürgen nur Einreden, die dem Hauptschuldner tatsächlich zustehen, so dass der Verlust der Einrede auch den Bürgen trifft. Nur in Fällen, in denen das Prozessverhalten des Hauptschuldners einem **Einredenverzicht** gleichzustellen ist, kann dies aufgrund von Abs. 2 anders zu bewerten sein (dazu sogleich → Rn. 13).

Die Regelungen der §§ 768, 770 BGB sind ebenso wie § 767 BGB **nicht als zwingend** 2
anzusehen. Möglich ist daher eine Ausgestaltung des Bürgschaftsvertrags, die eine Inanspruchnahme des Bürgen trotz eines Leistungsverweigerungsrechts des Hauptschuldners ermöglichen.[5] Eine derartige atypische Vereinbarung muss die Voraussetzungen **deutlich regeln,** unter denen der Bürge unter Durchbrechung der Akzessorietät haften soll;[6] Zweifel gehen zu Lasten des Gläubigers. Die mit einem vollständigen Ausschluss verbundene weitgehende Aufhebung der Akzessorietät der Bürgschaft sorgt aber regelmäßig dafür, dass der Vertrag **nicht mehr als Bürgschaft** einzuordnen ist, sondern als eine nichtakzessorische Personalsicherheit (insbesondere Garantievertrag). Da ein weitgehender oder sogar umfassender Ausschluss nicht mit dem Akzessorietätsgrundsatz als wesentlichem Grundgedanken des Bürgschaftsrechts vereinbar ist, ist eine entsprechende Regelung **in AGB als unwirksam** anzusehen (§ 307 Abs. 2 Nr. 1 BGB).[7]

II. Einreden des Bürgen

1. Einreden des § 768 Abs. 1 Satz 1 BGB

Nach § 768 Abs. 1 BGB kann sich der Bürge mit wenigen Ausnahmen[8] auf sämtliche 3
Einreden berufen, die der Hauptschuldner auch selbst erheben könnte. Praktische Bedeutung hat vor allem die **Einrede der Verjährung der Hauptforderung.**[9] Daneben kommen auch Zurückbehaltungsrechte,[10] die Einrede des nichterfüllten Vertrags (§ 320 BGB)[11]

[2] BGH NJW 1999, 278; NJW 1998, 2972.
[3] BGH NJW-RR 2010, 975, 977.
[4] BGH NJW 2016, 3158; dazu *Leitmeier* NJW 2017, 1273; *Lange,* BKR 2017, 447.
[5] BGH NJW 2018, 701, 702; NJW 2003, 59, 60.
[6] BGH NJW 2003, 59, 60.
[7] BGH NJW 2001, 2327; NJW 2001, 1857.
[8] → BGB §§ 768, 770 Rn. 10 f.
[9] → BGB §§ 768, 770 Rn. 1.
[10] BGHZ 24, 97, 99; BGH WM 1965, 578, 579.
[11] Erman/*Zetzsche* BGB § 768 Rn. 3.

oder die Mängeleinrede,[12] soweit es sich um eine Forderung aus Kauf- oder Werkvertrag handelt, in Betracht. Zu den Einreden zählt auch die **mangelnde Fälligkeit der Hauptschuld,** so dass sich der Bürge nicht nur auf eine ihm selbst gewährte, sondern auch eine mit dem Hauptschuldner vereinbarte vertragliche Stundung berufen kann.[13] Dies gilt auch dann, wenn der Gläubiger sich bei der Stundungsvereinbarung (Stillhalteabkommen) zugunsten des Hauptschuldners die Rechte aus der Bürgschaft **ausdrücklich vorbehalten** hat. Denn der mit dem Akzessorietätsgrundsatz verbundene Schutz des Bürgen steht nicht zur Disposition von Gläubiger und Hauptschuldner, ein Stillhalteabkommen ohne Wirkung auch zugunsten des Bürgen ist als unzulässiger Vertrag zu Lasten Dritter zu bewerten.[14] Eine solche Gestaltung ist daher nur mit **Zustimmung des Bürgen** möglich, der auf die ihm zustehende Einrede des Hauptschuldners verzichten kann. Wesentliche Bedeutung hat ferner die **Einrede der ungerechtfertigten Bereicherung,** soweit dem Gläubiger im Verhältnis zum Hauptschuldner die Sicherheit nicht zusteht,[15] sei es wegen der Unwirksamkeit der Sicherungsabrede, sei es nach § 134 BGB (zB Überschreitung der Sicherungsgrenze des § 551 BGB[16]). Hat der Bürge geleistet, obwohl der Hauptforderung die (dauerhafte) Bereicherungseinrede entgegenstand, kann er seine Leistung nach **§ 813 BGB** zurückfordern.[17] Da er auf eine eigene Verbindlichkeit leistet, liegt bereicherungsrechtlich eine Leistung des Bürgen vor, so dass es als konsequent erscheint, ihm die Direktkondiktion zu eröffnen. Da die gesicherte Forderung besteht und durchsetzbar ist – die Bereicherungseinrede betrifft schließlich nur die Sicherheitenbestellung –, kommt es allerdings auch bei einer solchen Zahlung zur *cessio legis* nach § 774 BGB, so dass der BGH von einem **Wahlrecht des Bürgen** ausgeht, ob er mittels der übergegangenen Forderung (sowie ggf. § 670 BGB, sofern er die Zahlung auf die einredebehaftete Forderung als erforderlich ansehen durfte) beim Hauptschuldner Regress nimmt oder nach § 813 BGB beim Gläubiger.[18] Entscheidet sich der Bürge für die Inanspruchnahme des Gläubigers, kann man allerdings nicht einfach davon ausgehen, dass die *cessio legis* nach § 774 BGB wieder entfällt, vielmehr ist der Gläubiger nur Zug um Zug gegen **Rückabtretung der Hauptforderung** zur Leistung verpflichtet.

4 Die **Wirkung der Einreden** des Hauptschuldners für den Bürgen geht ebenso weit wie für diesen. Könnte sich der Hauptschuldner selbst nicht auf die (grundsätzlich bestehende) Einrede berufen, muss sich der Bürge hieran festhalten lassen, seine Rechtsposition wird (außer in den Fällen des Abs. 2) von der des Hauptschuldners bestimmt. Praktische Bedeutung hat dies für den **Arglisteinwand** (§ 242 BGB) in Bezug auf die Verjährungseinrede: Hat der Hauptschuldner den Gläubiger arglistig von der rechtzeitigen Klageerhebung abgehalten und ist ihm daher nach § 242 BGB die Berufung auf die Einrede zu verwehren, muss sich dies der Bürge entgegenhalten lassen, selbst wenn ihn selbst kein Vorwurf arglistigen Verhaltens trifft.[19] Auch im Prozess gegen den Bürgen werden die Einreden des Hauptschuldners ferner nicht von Amts wegen berücksichtigt. Vielmehr muss der Bürge sich auf die Einrede berufen und er ist insoweit darlegungs- und beweisbelastet. Versäumt er die Geltendmachung einer ihm bekannten Einrede und wird er deshalb zur Zahlung verurteilt, entsteht regelmäßig **kein auftragsrechtlicher Aufwendungsersatzanspruch** nach § 670 BGB, da die Zahlung dann nicht als erforderlich anzusehen ist,[20] während dem Hauptschuldner die Einrede gegen die übergegangene Hauptschuld (§ 774 BGB) weiterhin zusteht (§§ 404, 412 BGB), so dass der Bürgenregress bei dauerhaften Einreden aus beiden Gesichtspunkten scheitert.

---

[12] *Tiedtke* JZ 2006, 940, 943 f.
[13] BGH NJW 2001, 2327.
[14] BGH NJW 2018, 701; dazu *Lange* BKR 2018, 133.
[15] → B Rn. 25.
[16] → B Rn. 20.
[17] BGH NJW 2018, 458.
[18] BGH NJW 2018, 458 (Tz. 20).
[19] BGH ZIP 2007, 2206 (Tz. 20); NJW 1980, 1460 (1461 f.).
[20] Dazu ausführlich *Habersack* AcP 198 (1998), 152, 157.

2. Einrede der Anfechtbarkeit

5 Während § 768 Abs. 1 S. 1 BGB die Einreden des Hauptschuldners auch dem Bürgen zugesteht, kann dieser die dem **Hauptschuldner zustehenden Gestaltungsrechte** nicht ausüben, auch wenn der Schuldner hierdurch dem Anspruch die Grundlage entziehen könnte. Nur für den Fall der **Anfechtbarkeit** gewährt § 770 Abs. 1 BGB dem Bürgen bis zum Ablauf der Anfechtungsfrist eine Einrede, die allerdings nur geringe praktische Relevanz hat, was sich für die Fälle der §§ 119, 120 BGB schon aus der kurzen Frist des § 121 Abs. 1 BGB ergibt.[21] Auch für die Fälle des § 123 BGB ist zu bedenken, dass der Hauptschuldner weder zur Anfechtung verpflichtet noch daran gehindert ist, das anfechtbare Geschäft zu bestätigen (§ 144 BGB) – hält er an dem Vertrag fest, ist auch der Bürge zur Zahlung verpflichtet. Die Einrede verhindert also nur, dass der Bürge zwischenzeitlich eine Leistung erbringen muss, die er nach der Anfechtungserklärung wieder kondizieren könnte (§§ 812 Abs. 1 Satz 1 Alt. 1, 142 BGB). Hinzuweisen ist darauf, dass die Vorschrift sich allein mit dem bürgerlich-rechtlichen, **nicht aber dem insolvenzrechtlichen Anfechtungsrecht** befasst. Ausgeschlossen ist die Einrede ferner, soweit auch nach Anfechtung ein durch die Bürgschaft gesicherter Anspruch besteht, was insbesondere bei dem **bereicherungsrechtlichen Rückzahlungsanspruch** bei Anfechtung eines Darlehensvertrags häufig der Fall sein wird.[22]

6 Die Vorschrift des § 770 Abs. 1 BGB ist auf **andere Gestaltungsrechte** (etwa ein verbraucherschutzrechtliches Widerrufsrecht, gesetzliche oder vertragliche Rücktrittsrechte) grundsätzlich **entsprechend anwendbar,** soweit ein der Anfechtbarkeit entsprechender Schwebezustand eintritt.[23] Auch insoweit gilt aber, dass die Entscheidungsfreiheit des Hauptschuldners über die Ausübung des Gestaltungsrechts unberührt bleibt, sowie dass die Einrede nicht erhoben werden kann, soweit auch bei Ausübung des Gestaltungsrechts ein von der Bürgschaft erfasster Zahlungsanspruch (insbesondere aus § 346 Abs. 2 BGB) besteht.

3. Einrede der Aufrechenbarkeit

7 Während § 770 Abs. 1 BGB auf die Anfechtungsmöglichkeit des Hauptschuldners abstellt, gewährt § 770 Abs. 2 BGB die **Einrede der Aufrechenbarkeit** ausdrücklich nur bei einer **Aufrechnungsbefugnis des Gläubigers** und **Fälligkeit** der Gegenforderung. Die Einrede betont die Subsidiarität der Bürgschaft gegenüber der Möglichkeit, im Verhältnis zum Hauptschuldner Befriedigung zu erlangen, und setzt daher auch eine zusätzliche Aufrechnungsbefugnis des Hauptschuldners nicht voraus.[24] Besteht nur eine Aufrechnungsbefugnis des Hauptschuldners, handelt es sich aufgrund des Wortlauts nicht um einen Fall des § 770 Abs. 2 BGB, vielmehr ist nach zutreffender Ansicht auch auf dieses Gestaltungsrecht des Schuldners **§ 770 Abs. 1 BGB analog** anzuwenden.[25]

8 Die Einrede steht dem Bürgen nur zu, solange auch die Aufrechnungsbefugnis des Gläubigers noch fortbesteht. Sie gewährt dem Bürgen **kein Recht** darauf, dass die verbürgte Forderung auch durch Aufrechnung zum Erlöschen gebracht wird, so dass der Gläubiger (in den durch Treu und Glauben gezogenen Grenzen) die Möglichkeit hat, die Aufrechnungslage auf andere Weise zu beenden und sodann den Bürgen in Anspruch zu nehmen. Neben der Erfüllung kommt in praktischer Hinsicht vor allem die **Aufrechnung**

[21] Palandt/*Sprau* BGB § 770 Rn. 2.

[22] Zum Sicherungsumfang der Bürgschaft in solchen Konstellationen → A Rn. 51 f.

[23] BGH NJW 2006, 845 (846) (für Widerrufsrecht); *Riehm* JuS 2000, 138 (143); MüKoBGB/*Habersack* § 770 Rn. 6; Bamberger/Roth/Hau/Poseck/*Rohe* BGB § 770 Rn. 5; Palandt/*Sprau* BGB § 770 Rn. 4; Lwowski/Fischer/Gehrlein/*Fischer* § 9 Rn. 90.

[24] BGH NJW 2003, 1521 (1523).

[25] MüKoBGB/*Habersack* § 770 Rn. 10; NK-BGB/*Beckmann* § 770 Rn. 3; iErg ebenso, jedoch offengelassen, ob analog § 770 Abs. 1 oder 2: Erman/*Zetzsche* BGB § 770 Rn. 6.

(durch Hauptschuldner oder Gläubiger) **mit einer anderen, nicht gesicherten Forderung** in Betracht, die die Einrede des Bürgen wieder entfallen lässt.

9 Ein **Ausschluss der Einrede der Aufrechenbarkeit** ist in **AGB** nach der zutreffenden Rechtsprechung des BGH als unangemessene Benachteiligung des Bürgen unwirksam.[26] Der wirksam gegenüber dem Hauptschuldner vereinbarte Aufrechnungsausschluss lässt dagegen die Aufrechnungsbefugnis des Gläubigers (und damit die Einrede des Bürgen[27]) entfallen.

III. Ausschluss der personengebundenen Einreden

10 Nach dem in § 768 Abs. 1 S. 2 BGB zum Ausdruck gekommenen Rechtsgedanken werden dem Bürgen die **Einreden nicht zugestanden,** die gerade auf der **Realisierung des Bürgenrisikos** beruhen. Hierbei handelt es sich grundsätzlich um Einreden, die unmittelbar an die Person des Hauptschuldners gebunden sind und daher nur seiner persönlichen Inanspruchnahme entgegenstehen, während die zur Verfügbarkeit der Einrede führenden Umstände vom Bürgenrisiko erfasst werden. Gesetzlich geregelt ist dies einerseits für die Einreden aufgrund der **beschränkten Erbenhaftung** (insbesondere die Erschöpfungseinrede, §§ 1989, 1973 BGB, die Dürftigkeitseinrede, § 1990 BGB sowie die aufschiebenden Einreden der §§ 2014 ff. BGB) in § 768 Abs. 1 Satz 2 BGB, andererseits in § 1629a Abs. 3 BGB für die **Einrede der beschränkten Minderjährigenhaftung** (§ 1629a Abs. 1 BGB). Ebenso sind sonstige Einreden und Einwendungen zu behandeln, die gerade an die mangelnde Leistungsfähigkeit geknüpft sind, insbesondere also **insolvenzrechtlicher Art** sind oder an die **Löschung der Hauptschuldnerin** wegen Vermögenslosigkeit anknüpfen (§ 394 FamFG, → BGB § 767 Rn. 6). Dies gilt auch, soweit eine das Eigenkapital der Hauptschuldnerin sichernde gesellschaftsrechtliche **Rückzahlungssperre** der Inanspruchnahme des Hauptschuldners entgegensteht.[28]

11 Über diese personengebundenen Einreden hinaus kann sich eine Ausnahme vom Prinzip des § 768 Abs. 1 BGB noch **aus dem Bürgschaftsvertrag** selbst ergeben, soweit der Bürge ein weitergehendes Risiko übernommen hat. Der Akzessorietätsgrundsatz steht einer Gestaltung nicht entgegen, mit der der Bürge die Haftung auch für eine gegenüber dem Hauptschuldner undurchsetzbare Forderung übernimmt,[29] was vor allem im Hinblick auf die Verjährung eine gewisse praktische Bedeutung haben dürfte.[30] Dies muss in der Bürgenerklärung schon deshalb **deutlich zum Ausdruck** kommen, weil es sich um eine ganz ungewöhnliche Gestaltung handelt, und die Verträge in der Praxis „regelmäßig dadurch gekennzeichnet (sind), dass sie die Voraussetzungen hinreichend deutlich bezeichnen, unter denen der Gläubiger ausnahmsweise den Bürgen in Anspruch nehmen kann, obwohl dem Hauptschuldner ein Leistungsverweigerungsrecht zusteht."[31]

IV. Einredenverzicht durch den Hauptschuldner

12 Als weiterer Ausdruck des Verbots der Fremddisposition (§ 767 Abs. 1 Satz 3 BGB[32]) bestimmt § 768 Abs. 2 BGB, dass dem Bürgen auch **Einreden** zustehen, **auf die der Hauptschuldner verzichtet** hat. Praktische Relevanz hat dies wiederum für die Verjährungseinrede, auf die der Hauptschuldner nicht mit Wirkung gegen den Bürgen verzichten kann, unabhängig davon, ob der Verzicht vor oder nach Eintritt der Verjährung

[26] BGH NJW 2003, 1521.
[27] → BGB §§ 768, 770 Rn. 7.
[28] BGH BKR 2008, 417.
[29] BGH NJW 2003, 59; NJW 2000, 1563.
[30] MüKoBGB/*Habersack* § 768 Rn. 7.
[31] BGH NJW 2003, 59 (60).
[32] → BGB § 767 Rn. 7 f.

erklärt wird.[33] Ebenso wirkt die **Anerkennung** (§ 212 BGB) durch den Hauptschuldner wegen des rechtsgeschäftlichen Charakters nicht gegen den Bürgen, auch wenn die Anerkennung nur konkludent durch eine der in § 212 Abs. 1 Nr. 1 BGB genannten Leistungen erklärt wird.[34]

Die Vorschrift ist aber weder auf den **Verzicht auf Gestaltungsrechte** noch auf den sonstigen **Verlust von Einreden** oder Gestaltungsrechten (zB durch Nichtausübung innerhalb einer hierfür bestehenden Frist oder Bestätigung nach § 144 BGB) analog anzuwenden.[35] Der Gestaltungsfreiraum des Hauptschuldners wird durch das Verbot der Fremddisposition also nicht beschränkt. Beruht der Einredeverlust nicht auf Verzicht, sondern auf **nicht rechtsgeschäftlichem Verhalten** des Hauptschuldners, ist zu differenzieren: Der BGH wendet § 768 Abs. 2 BGB „auf jedes Prozessverhalten des Hauptschuldners entsprechend (an), das einem rechtsgeschäftlichen Verzicht gleichkommt".[36] Praktisch betrifft das vor allem die **Nichterhebung der Verjährungseinrede,** die wegen § 197 Abs. 1 Nr. 3 BGB zum Lauf einer neuen Verjährungsfrist führt,[37] oder die zur gleichen Wirkung führende **Säumnis.**[38] Voraussetzung ist aber, dass in dem betroffenen Verfahren die Einrede tatsächlich hätte erhoben werden können, also insbesondere die einmal eingetretene Verjährung erst nachträglich aufgrund der Rechtskraft des Urteils gegen den Hauptschuldner wieder entfallen ist. Sonstige Fälle **unzureichender Prozessführung** sind nicht ohne weiteres dem Einredeverzicht gleichzustellen. Verliert der Hauptschuldner daher den Prozess, obwohl er sich auf die Einrede der Verjährung berufen hat, kommt es darauf an, ob das Verhalten darauf schließen lässt, dass der Verlust der Einrede mit Willen des Hauptschuldners, oder gegen dessen Willen eingetreten ist. Der BGH spricht insoweit von einem „verzichtsähnlichen Verhalten", das von einer „verzichtsgleichen Motivation" getragen wird.[39] Diese Voraussetzungen liegen vor, wenn der Hauptschuldner den eigenen Prozess etwa durch Vorenthalten von erforderlichem Sachvortrag **vorsätzlich sabotiert** hat, was allerdings der Bürge darlegen und beweisen müsste. Auch die Nichteinlegung von **Rechtsmitteln** ist an diesem Maßstab zu messen.[40] Soweit das Verhalten nur zur **Hemmung der Verjährung** beiträgt, handelt der Hauptschuldner im Rahmen seiner vom Bürgen hinzunehmenden Gestaltungsfreiheit, so dass die mangelnde Verjährung der Hauptforderung auch dem Bürgen entgegengehalten werden kann. Dies gilt insbesondere für die Wirkung von **Verhandlungen über den Anspruch** (§ 203 BGB),[41] aber auch für die Vereinbarung eines Begutachtungsverfahrens (§ 204 Abs. 1 Nr. 8 BGB) oder die Durchführung eines (erst nachträglich vereinbarten) Schiedsverfahrens (§ 204 Abs. 1 Nr. 11 BGB). Eine andere Sicht wäre mit dem Zweck dieser Hemmungstatbestände kaum vereinbar, wäre doch der Gläubiger andernfalls zB trotz schwebender Verhandlungen zur Klageerhebung gezwungen, um die Verjährung im Verhältnis zum Bürgen zu verhindern. Zu prüfen ist in diesen Fällen aber, ob die **Bürgenschuld selbst zwischenzeitlich verjährt** ist, was bei der selbstschuldnerischen Bürgschaft häufig der Fall sein wird, wenn im Verhältnis zum Bürgen keine Hemmung eingetreten ist.[42] 13

§ 769 Mitbürgschaft

Verbürgen sich mehrere für dieselbe Verbindlichkeit, so haften sie als Gesamtschuldner, auch wenn sie die Bürgschaft nicht gemeinschaftlich übernehmen.

---

[33] BGH ZIP 2007, 2206.

[34] BGH ZIP 2007, 2206; Palandt/*Sprau* BGB § 768 Rn. 9; MüKoBGB/*Habersack* § 768 Rn. 8; dagegen aber OLG München WM 2006, 684 (= BeckRS 2006, 01397).

[35] MüKoBGB/*Habersack* § 768 Rn. 9.

[36] BGH NJW 2016, 3158 (Tz. 35).

[37] BGH NJW 2016, 3158.

[38] BGH NJW 1980, 1460.

[39] BGH NJW 2016, 3158 (Tz. 37 f.).

[40] BGH NJW 2016, 3158 (Tz. 38).

[41] BGH NJW-RR 2010, 975 (Tz. 22).

[42] → BGB § 765 Rn. 32 f.

Übersicht

I. Überblick

1 Die Vorschrift des § 769 BGB befasst sich sowohl mit dem **Innenverhältnis von mehreren Mitbürgen,** die sich „für dieselbe Verbindlichkeit" verbürgt haben, als auch mit ihrem **Verhältnis zum Gläubiger.** Inhaltlich erschöpft sich die Regelung in einem Verweis auf die Regelungen der Gesamtschuld (§§ 421 ff. BGB), denen die Rechtsfolgen im Einzelnen zu entnehmen sind. Da die Vorschrift dispositiv ist, können Gläubiger und Bürgen, aber auch die Bürgen untereinander für ihre jeweiligen Rechtsverhältnisse eine abweichende Regelung treffen. Schon der Tatbestand des § 769 BGB ist dagegen nicht erfüllt, wenn die Auslegung der Bürgschaftsverträge ergibt, dass diese **keine gleichrangige Haftung** für denselben Teil derselben Verbindlichkeit begründen sollen.

II. Tatbestand

2 Der Tatbestand des § 769 BGB setzt voraus, dass einerseits eine **Mehrzahl von Bürgschaftsverträgen** abgeschlossen worden ist, und dass diese andererseits „dieselbe Verbindlichkeit" betreffen. Zunächst stellt die Vorschrift ausdrücklich klar, dass die **gemeinschaftliche Übernahme** der Bürgschaft keine Voraussetzung ist, wie es die Auslegungsregel des § 427 BGB sonst vorsieht. Es kommt daher nicht darauf an, ob die Bürgen aufgrund eines gemeinsamen Planes handeln oder auch nur Kenntnis von einander haben, ferner nicht darauf, ob die Bürgen eine einheitliche Urkunde erstellen. Auch der **Zeitpunkt** der Bürgschaftsübernahme ist für die Entstehung der Gesamtschuld irrelevant. Nicht erforderlich ist ferner, dass die Bürgschaftsverträge **mit demselben Gläubiger** abgeschlossen werden, so dass eine Mitbürgschaft auch dann entstehen kann, wenn nach Abtretung der verbürgten Forderung (und Übergang der Rechte aus der Bürgschaft, §§ 398, 401 BGB) eine weitere Bürgschaft übernommen wird. Somit ist einzige Voraussetzung, dass die Bürgschaften für „dieselbe Verbindlichkeit" übernommen wurden. Damit ist allerdings nicht nur die **Identität der Forderung** selbst gemeint, hinzukommen muss ferner, dass auch derselbe **Teil der Forderung** verbürgt wurde. Hieran fehlt es nicht nur bei **Teilbürgschaften**[1] für verschiedene Teile einer einheitlichen Forderung, sondern auch bei **Nach-** und **Rückbürgschaften,** die gerade nicht für die Hauptschuld, sondern für die Bürgschaftsschuld bzw. den Regressanspruch gegen den Hauptschuldner übernommen werden.[2] Bei mehreren **Höchstbetragsbürgschaften** für eine den Höchstbetrag übersteigende Forderung ist grundsätzlich (soweit nicht abweichend vereinbart) nur insoweit von einer Mitbürgschaft auszugehen, als die kumulierten Höchstbeträge die Forderungshöhe übersteigen, so dass insbesondere die Folge des § 422 Abs. 1 BGB nur eintreten kann, wenn die Forderung **vollständig erfüllt** ist.[3] Voraussetzung einer Mitbürgschaft ist ferner, dass die Bürgen eine **gleichrangige Haftung** übernommen haben, woran es im Verhältnis von Regel- und **Ausfallbürgschaft** fehlt, da der Ausfallbürge subsidiär haftet. Denn die Ausfallbürgschaft kann nur geltend gemacht werden, wenn auch nach Verwertung zusätzlicher Sicherheiten keine vollständige Befriedigung des Gläubigers eingetreten ist, so dass vorrangig auf den Regelbürgen zugegriffen werden muss, was die

[1] Zum Begriff → B Rn. 11.
[2] Zu den Begriffen → B Rn. 12 ff.
[3] Näher *Glöckner* ZIP 1999, 821; ferner MüKoBGB/*Habersack* § 769 Rn. 2.

Annahme einer Gesamtschuld ausschließt.[4] Für den Regressanspruch des Ausfallbürgen ist gleichwohl § 774 Abs. 2 BGB analog anzuwenden.[5]

III. Gesamtschuld als Rechtsfolge

Die Rechtsfolgen des § 769 BGB ergeben sich aus der Anwendbarkeit der Vorschriften der **§§ 421 ff. BGB.** Dies bedeutet im Wesentlichen, dass (1) gegenüber dem Gläubiger **keine quotale Verpflichtung** entsteht, sondern dieser jeden Mitbürgen in vollem Umfang (ggf. nur durch einen Höchstbetrag der Bürgschaft beschränkt) in Anspruch nehmen kann (§ 421 BGB), (2) die Leistung durch einen Mitbürgen auch für die anderen wirkt (§ 422 Abs. 1 BGB), und dass (3) im Innenverhältnis der Mitbürgen eine Ausgleichspflicht entsteht (§ 426 Abs. 1 BGB), kraft derer der Zahlende einen quotalen Ausgleich von den Mitbürgen verlangen kann (§ 774 Abs. 2 BGB; hierzu → BGB § 774 Rn. 9 ff.). 3

IV. Abdingbarkeit

Da § 769 BGB dispositiv ist, können die Parteien die Entstehung der Mitbürgschaft durch Parteivereinbarung ausschließen. Dabei ist indes zwischen dem Innenverhältnis der Bürgen und dem **Außenverhältnis** zum Gläubiger zu unterscheiden, da eine vertragliche Vereinbarung nur im Verhältnis zu den an der Vereinbarung beteiligten Parteien wirken kann. Im Außenverhältnis zum Gläubiger bedeutet der Ausschluss des § 769 BGB zunächst, dass keine Mit-, sondern eine **Nebenbürgschaft** entsteht,[6] auf die die Regelungen der Gesamtschuld nicht anwendbar sind. Das bedeutet aber natürlich nicht, dass der Gläubiger wegen der Nichtanwendbarkeit des § 422 BGB mehrfach Zahlung verlangen könnte, schon da die Forderung nach § 774 Abs. 1 BGB auf den zahlenden Bürgen übergeht. Praktisch geht es dem Gläubiger beim Ausschluss des § 769 BGB daher vor allem um die **Unanwendbarkeit des § 424 BGB.**[7] Eine derartige Regelung ist auch in AGB (etwa in einem vom Gläubiger gestellten Bürgschaftsformular) als grundsätzlich unbedenklich anzusehen.[8] 4

Für das **Innenverhältnis der Bürgen** bedeutet auch die parallele Vereinbarung von Nebenbürgschaften mit dem Gläubiger nicht, dass die Ausgleichsansprüche nach § 426 BGB ausgeschlossen wären.[9] Für eine solche Rechtsfolge bedarf es vielmehr einer entsprechenden **Vereinbarung zwischen den Bürgen.** Andernfalls handelt es sich zwar im Außenverhältnis um Neben-, im Innenverhältnis aber um Mitbürgschaft.[10] Soweit die Mitbürgschaft (und damit die Ausgleichsansprüche) unter den Bürgen ausgeschlossen werden sollen, müssen die beabsichtigten **Rechtsfolgen klar vertraglich geregelt** werden. Insbesondere ist dabei zu bedenken, dass beim Ausschluss des § 769 BGB auch § 774 Abs. 2 BGB unanwendbar ist und somit der zahlende Bürge nach §§ 774 Abs. 1, 412, 401 BGB den Nebenbürgen in vollem Umfang (nicht nur quotal wie nach §§ 774 Abs. 2, 426 BGB) in Regress nehmen kann. Der nicht näher ausgestaltete Ausschluss des § 769 BGB erreicht daher geradezu das Gegenteil eines Ausschlusses der Ausgleichsansprüche. 5

---

[4] BGH NJW 2012, 1946 (Tz. 22 f.).
[5] BGH NJW 2012, 1946; → BGB § 774 Rn. 9.
[6] Hierzu *Horn* DZWir 1997, 265.
[7] MüKoBGB/*Habersack* § 769 Rn. 6.
[8] BGH NJW 1987, 374; NJW 1983, 2442.
[9] BGH NJW 1987, 374; NJW 1986, 3131; NJW 1983, 2442; krit. zur Konstruktion des BGH indes *Wolf* NJW 1987, 2472.
[10] So treffend *Wolf* NJW 1987, 2472.

§ 771 Einrede der Vorausklage

[1]Der Bürge kann die Befriedigung des Gläubigers verweigern, solange nicht der Gläubiger eine Zwangsvollstreckung gegen den Hauptschuldner ohne Erfolg versucht hat (Einrede der Vorausklage). [2]Erhebt der Bürge die Einrede der Vorausklage, ist die Verjährung des Anspruchs des Gläubigers gegen den Bürgen gehemmt, bis der Gläubiger eine Zwangsvollstreckung gegen den Hauptschuldner ohne Erfolg versucht hat.

§ 772 Vollstreckungs- und Verwertungspflicht des Gläubigers

(1) **Besteht die Bürgschaft für eine Geldforderung, so muss die Zwangsvollstreckung in die beweglichen Sachen des Hauptschuldners an seinem Wohnsitz und, wenn der Hauptschuldner an einem anderen Orte eine gewerbliche Niederlassung hat, auch an diesem Orte, in Ermangelung eines Wohnsitzes und einer gewerblichen Niederlassung an seinem Aufenthaltsort versucht werden.**

(2) **[1]Steht dem Gläubiger ein Pfandrecht oder ein Zurückbehaltungsrecht an einer beweglichen Sache des Hauptschuldners zu, so muss er auch aus dieser Sache Befriedigung suchen. [2]Steht dem Gläubiger ein solches Recht an der Sache auch für eine andere Forderung zu, so gilt dies nur, wenn beide Forderungen durch den Wert der Sache gedeckt werden.**

§ 773 Ausschluss der Einrede der Vorausklage

(1) **Die Einrede der Vorausklage ist ausgeschlossen:**

1. wenn der Bürge auf die Einrede verzichtet, insbesondere wenn er sich als Selbstschuldner verbürgt hat,

2. wenn die Rechtsverfolgung gegen den Hauptschuldner infolge einer nach der Übernahme der Bürgschaft eingetretenen Änderung des Wohnsitzes, der gewerblichen Niederlassung oder des Aufenthaltsorts des Hauptschuldners wesentlich erschwert ist,

3. wenn über das Vermögen des Hauptschuldners das Insolvenzverfahren eröffnet ist,

4. wenn anzunehmen ist, dass die Zwangsvollstreckung in das Vermögen des Hauptschuldners nicht zur Befriedigung des Gläubigers führen wird.

(2) **In den Fällen der Nummern 3, 4 ist die Einrede insoweit zulässig, als sich der Gläubiger aus einer beweglichen Sache des Hauptschuldners befriedigen kann, an der er ein Pfandrecht oder ein Zurückbehaltungsrecht hat; die Vorschrift des § 772 Abs. 2 Satz 2 findet Anwendung.**

Übersicht

I. Überblick

1 Die Vorschriften der §§ 771–773 BGB befassen sich mit der **Einrede der Vorausklage** als einem wesentlichen Merkmal der **Subsidiarität der Bürgschaft.** Die Einrede soll sicherstellen, dass der Gläubiger vorrangig den Hauptschuldner in Anspruch nimmt und auf den Bürgen nur dann zurückgreift, wenn dies erfolglos versucht wurde oder keine Aussicht auf Erfolg besteht. In der Bankpraxis haben die Vorschriften indes heute nur noch **geringe Bedeutung,** da einerseits die Einrede der Vorausklage in den im Kreditgeschäft verwendeten Bürgschaftsformularen der Banken ausgeschlossen wird (sog **selbstschuldnerische Bürgschaft,** § 773 Abs. 1 Nr. 1 BGB),[1] und andererseits die Bankbürgschaft im Avalgeschäft bereits **aufgrund von § 349 HGB selbstschuldnerisch** ausgestaltet ist. Als bürgschaftsspezifische Vorschrift ist die Einrede der Vorausklage nicht analog auf andere Personalsicherheiten übertragbar, die nicht auf dem Grundsatz der Subsidiarität beruhen.

II. Einrede der Vorausklage

2 Die ein Leistungsverweigerungsrecht begründende[2] Einrede der Vorausklage steht dem Bürgen nach § 771 BGB grundsätzlich solange zu, bis der Gläubiger nachweist, dass er einen **erfolglosen Vollstreckungsversuch** unternommen hat, der den in § 772 BGB formulierten Anforderungen genügt. Vorbehaltlich eines Ausschlusstatbestandes[3] bedarf es daher zunächst eines **Vollstreckungstitels** gegen den Hauptschuldner und eines einmaligen erfolglosen Versuchs, im Wege der **Zwangsvollstreckung** Befriedigung zu erlangen. Nach dem eindeutigen Wortlaut genügt jedoch ein **einmaliger Vollstreckungsversuch,** der nach Maßgabe des § 772 Abs. 1 BGB auch nur **auf bewegliche Sachen** gerichtet werden muss.[4] Diese Anforderung wird im Gläubigerinteresse sehr formal verstanden, so dass dem Bürgen nicht die Möglichkeit bleibt, nach einem solchen Versuch etwa aufzuzeigen, in welche Vermögenswerte des Hauptschuldners eine Vollstreckung Erfolg verspricht.[5] Die Voraussetzungen einer Inanspruchnahme des Bürgen können daher auch bei einem grundsätzlich leistungsfähigen (zB aufgrund von Bankguthaben oder Immobilienbesitz) Hauptschuldner eintreten.

3 Strittig ist dagegen, ob bei der Bürgschaft für die Verbindlichkeit einer Personengesellschaft ein **Vollstreckungsversuch in das Gesellschaftsvermögen** genügt, oder ob es zusätzlich Vollstreckungsversuche gegen **alle persönlich haftenden** Gesellschafter bedarf.[6] Letztere Auffassung beschränkt mE die Geltendmachung der Bürgenhaftung übermäßig und birgt die Gefahr in sich, dass gesellschaftsrechtliche Haftungsfragen Gegenstand einer Streitigkeit zwischen zwei Nichtgesellschaftern werden. Insbesondere müsste der Gläubiger zum Nachweis hinreichender Vorausklagen belegen, wer tatsächlich Mitglied der Gesellschaft ist oder (zB nach § 160 HGB, auch iVm § 736 Abs. 2 BGB) für die Verbindlichkeit noch unbeschränkt haftet. Da es sich auch nur um eine akzessorische Haftung der Gesellschafter handelt, nicht um eine echte Gesamtschuld, und die teilrechtsfähige Gesellschaft gegenüber ihren Gesellschaftern rechtlich verselbständigt ist, sollte der Vollstreckungsversuch in das **Gesellschaftsvermögen als ausreichend** angesehen werden.[7] Bei der Bürgschaft für alle Schuldner einer Gesamtschuld (und nicht nur für einen Gesamtschuldner, was

[1] → BGB §§ 771–773 Rn. 7 f.
[2] → BGB §§ 771–773 Rn. 10.
[3] → BGB §§ 771–773 Rn. 5 ff.
[4] → BGB §§ 771–773 Rn. 13.
[5] MüKoBGB/*Habersack* § 771 Rn. 3; Palandt/*Sprau* BGB § 771 Rn. 1.
[6] In letzterem Sinn die ganz hM: MüKoBGB/*Habersack* § 771 Rn. 4; Staudinger/*Horn* BGB § 771 Rn. 8; NK-BGB/*Beckmann* § 771 Rn. 4; PWW/*Brödermann* BGB § 771 Rn. 6.
[7] So auch Palandt/*Sprau* BGB § 771 Rn. 1.

letztlich durch Auslegung zu ermitteln ist) bleibt es dagegen beim Erfordernis der Vorausklage gegen **alle Gesamtschuldner.**

4 Da es sich um eine Einrede handelt, ist sie im Prozess gegen den Bürgen nicht von Amts wegen zu berücksichtigen, sondern muss **vom Bürgen erhoben** werden. Sofern die Einrede nicht ausgeschlossen ist, kann der Gläubiger den Hauptschuldner und den Bürgen nicht erfolgreich gemeinsam verklagen, vielmehr bedarf es einer getrennten Prozessführung gegen den Bürgen im Anschluss an den Vollstreckungsversuch.

III. Ausschluss der Einrede der Vorausklage

5 Wie bereits angedeutet greift in der Praxis häufig ein **Ausschluss der Einrede** der Vorausklage ein. Die Ausschlusstatbestände finden sich einerseits in § 349 HGB, andererseits in § 773 Abs. 1 BGB. Sind deren Voraussetzungen erfüllt, verliert die Bürgenhaftung ihre Subsidiarität, so dass der Gläubiger (ähnlich wie bei der Gesamtschuld, die allerdings auch durch eine selbstschuldnerische Bürgschaft wegen der Akzessorietät nicht begründet wird) selbst entscheiden kann, ob er gegen den Hauptschuldner oder den Bürgen (oder beide zugleich) vorgehen will.

6 Nach § 349 HGB steht dem Bürgen die Einrede nicht zu, wenn die Bürgschaft für ihn ein **Handelsgeschäft** ist, er also Kaufmann ist und die Bürgschaft zu seinem Handelsgeschäft gehört (§ 343 HGB), was zudem nach § 344 HGB vermutet wird. Um sich auf § 771 BGB zu berufen müsste der **Kaufmann** daher nachweisen, dass die Bürgschaftsübernahme keinen Zusammenhang zu seiner kaufmännischen Tätigkeit aufweist, sondern **privater Natur** ist.[8] Die Voraussetzungen sind entsprechend den Voraussetzungen der Formfreiheit gemäß § 350 HGB zu bestimmen.[9]

7 Überragende praktische Bedeutung hat ferner der **Verzicht des Bürgen** auf die Einrede der Vorausklage nach § 773 Abs. 1 Nr. 1 BGB. Gemeint ist damit, dass die Anwendung des § 771 BGB bereits **im Bürgschaftsvertrag ausgeschlossen** wird, wobei nach der Auslegungsregel des 2. Hs. ein hierauf gerichteter Parteiwille anzunehmen ist, wenn der Bürge in der Vertragsurkunde als **Selbstschuldner** bezeichnet wird, wobei die Bezeichnung der **Bürgschaft als selbstschuldnerische** gleich steht. Letzteres erscheint nicht als unproblematisch, da man insbesondere bei Verbrauchern kaum davon ausgehen kann, dass sie die rechtliche Bedeutung des Begriffs des Selbstschuldners ohne weitere Erläuterung richtig einschätzen können. Anzumerken ist aber, dass sich auch der Selbstschuldner auf alle Einwendungen und Einreden des Hauptschuldners berufen kann, die **Akzessorietät der Bürgschaft** hierdurch also **nicht beschränkt** wird.[10]

8 Die Konsequenzen hieraus sind richtigerweise bei der **Anwendung des AGB-Rechts** auf selbstschuldnerische Bürgschaftsformulare zu ziehen: Zwar ist weitgehend anerkannt, dass ein **formularmäßiger Ausschluss** der Einrede der Vorausklage grundsätzlich im Hinblick auf § 307 Abs. 1 Satz 1, Abs. 2 Nr. 1 und 2 BGB **unbedenklich** ist, da dieser „gerade das Wesen jeder selbstschuldnerischen Bürgschaft" ausmache.[11] Jedoch ist die Formulierung der Ausschlussklausel anhand des **Transparenzgebotes** (§ 307 Abs. 1 Satz 2 BGB) zu überprüfen. Nur wenn die rechtlichen Konsequenzen der Klausel „klar und verständlich" zum Ausdruck gebracht werden, ist sie danach als wirksam anzusehen. Dieser Anforderung an die Transparenz genügt die einfache **Bezeichnung als selbstschuldnerische Bürgschaft** nicht, vielmehr muss dem Bürgen in verständlicher Form die Bedeutung des Einredeausschlusses vor Augen geführt werden.[12]

---

[8] MüKoHGB/*K. Schmidt* § 343 Rn. 14; Heidel/Schall/*Klappstein* HGB § 343 Rn. 5.

[9] → BGB § 766 Rn. 4.

[10] BGH NJW 2010, 1284 (1285).

[11] BGH NJW 2001, 2466 (2468).

[12] Zutreffend MüKoBGB/*Habersack* § 773 Rn. 3; ähnlich NK-BGB/*Beckmann* § 773 Rn. 3; differenzierend Erman/*Zetzsche* BGB § 773 Rn. 4, der danach unterscheiden will, ob es sich um AGB gegenüber einem Verbraucher oder einem Unternehmer handelt.

Die weiteren Ausschlusstatbestände des § 773 Abs. 1 Nr. 2–4 BGB sind schon im Hinblick auf die Verbreitung der selbstschuldnerischen Bürgschaft von geringer Bedeutung. Die Voraussetzungen eines **wesentlichen Erschwernisses** der Rechtsverfolgung (Nr. 2) können im Einzelfall bei einem Wegzug ins Ausland vorliegen. Insoweit bedarf es indes einer Abwägung im Einzelfall, da jedenfalls bei Wegzug ins **EU-Ausland** im Hinblick auf die europäischen Instrumente zur Vereinfachung der grenzüberschreitenden Rechtsdurchsetzung (EuGVVO, Europäisches Mahnverfahren, Europäische Zustellungsverordnung, Europäischer Vollstreckungstitel) nicht ohne weiteres von einer wesentlichen Erschwernis ausgegangen werden kann. Die Voraussetzungen des § 773 Abs. 1 Nr. 3 BGB sind dagegen formal anhand des **Vorliegens eines Eröffnungsbeschlusses** gemäß § 27 InsO zu bestimmen, das Vorliegen eines Insolvenzantrags genügt ebenso wenig wie eine Ablehnung der Eröffnung mangels Masse. Ein **Wiederaufleben** der Einrede der Vorausklage bei Aufhebung oder Einstellung des Insolvenzverfahrens erscheint nicht als angezeigt, da der Gläubiger mit dem Eröffnungsbeschluss einen durchsetzbaren Anspruch erworben hat.[13] Hauptanwendungsfall des § 774 Abs. 1 Nr. 4 BGB, der **mangelnden Erfolgsaussichten** der Zwangsvollstreckung, ist die **Ablehnung des Insolvenzantrags mangels Masse.**[14] Weitere Indizien können fehlgeschlagene Vollstreckungsversuche wegen anderer Forderungen sein, sei es durch den Gläubiger oder durch Dritte.[15] Allerdings genügt es nicht, wenn nur keine Aussicht auf vollständige Befriedigung besteht – soweit zumindest die Aussicht auf einen Erlös besteht, der die **Vollstreckungskosten nicht unerheblich übersteigt,** bleibt die Einrede der Vorausklage bestehen.[16] In den beiden letztgenannten Fällen bleibt die Einrede der Vorausklage ferner erhalten, soweit der Gläubiger die Möglichkeit hat, eine in seinem Besitz befindliche **bewegliche Sache** zu verwerten (§ 773 Abs. 2 BGB, der § 772 Abs. 2 BGB korrespondiert). 9

IV. Wirkungen der Einrede der Vorausklage

1. Leistungsverweigerungsrecht des Bürgen

Die Wirkung der Erhebung der Einrede der Vorausklage besteht zunächst in einem **Leistungsverweigerungsrecht des Bürgen.** Beruft sich der Bürge im Prozess auf die Einrede, ist die Klage als derzeit unbegründet abzuweisen. Da die Einrede zur gesetzlichen Ausgestaltung der Bürgschaft gehört, ist der Bürge insoweit weder darlegungs- noch beweisbelastet, vielmehr muss der Gläubiger die Umstände darlegen und ggf. beweisen, aufgrund derer die Einrede dem Bürgen nicht oder nicht mehr zusteht. Bis zur Führung dieses Nachweises bleibt die Einrede erhalten. 10

2. Verjährungshemmung

Nach der eigenartigen Vorschrift des § 771 Satz 2 BGB ist die **Verjährung des Bürgschaftsanspruchs** bis zur Durchführung des erfolglosen Vollstreckungsversuchs **gehemmt,** wenn der Bürge die Einrede der Vorausklage erhebt. Ziel des Gesetzgebers ist offensichtlich, eine Verjährung der Bürgschaftsforderung zu verhindern, solange Vorprozess und Vollstreckungsversuch gegen den Hauptschuldner nicht abgeschlossen sind.[17] Nimmt man die Vorschrift aber wörtlich, müsste man davon ausgehen, dass die Verjährungsfrist bei Nichtvorliegen der dort genannten Voraussetzung – wenn also die Einrede nicht erhoben 11

[13] Palandt/*Sprau* BGB § 773 Rn. 2; Staudinger/*Horn* BGB § 773 Rn. 7; NK-BGB/*Beckmann* § 773 Rn. 6; **aA** (für ein Wiederaufleben der Einrede): Bamberger/Roth/Hau/Poseck/*Rohe* BGB § 773 Rn. 4; MüKoBGB/*Habersack* § 773 Rn. 8; Erman/*Zetzsche* BGB § 773 Rn. 7.

[14] Palandt/*Sprau* BGB § 773 Rn. 2; Bamberger/Roth/Hau/Poseck/*Rohe* BGB § 773 Rn. 5; MüKoBGB/*Habersack* § 773 Rn. 8.

[15] Palandt/*Sprau* BGB § 773 Rn. 2; Bamberger/Roth/Hau/Poseck/*Rohe* BGB § 773 Rn. 5.

[16] MüKoBGB/*Habersack* § 773 Rn. 9.

[17] Deutlich BT-Drs. 14/7052, 206 (dazu noch sogleich).

wird – ungehemmt läuft.[18] In der Konsequenz wäre der Gläubiger ggf. (soweit sich der Bürge außergerichtlich zB nur auf andere Einreden beruft) dazu gezwungen, eine Klage ohne Erfolgsaussichten zu erheben (und die Kostenfolgen zu tragen), nur um den Bürgen **zur Erhebung der Einrede der Vorausklage zu zwingen.** Dies erscheint schon im Ausgangspunkt nicht als eine interessengerechte Rechtslage. Hinzu kommt, dass auch ohne die Vorschrift richtigerweise nicht davon auszugehen wäre, dass die Bürgschaftsforderung vor dem Vollstreckungsversuch verjähren würde: § 199 Abs. 1 Nr. 1 BGB geht grundsätzlich davon aus, dass keine Fälligkeit der Forderung eintritt, solange das Leistungsverweigerungsrecht besteht, und somit auch kein Verjährungsbeginn anzunehmen ist.[19] Der Verjährungsbeginn mit Fälligkeit der Hauptforderung ist daher nur bei der selbstschuldnerischen Bürgschaft anzuerkennen.[20] Ohne den (erst im Rahmen der Schuldrechtsmodernisierung neu angefügten) Satz 2 wäre die Rechtslage auf dieser Grundlage als interessengerecht anzusehen, da die Verjährung der einredebehafteten Bürgschaftsforderung **unabhängig von einer Erhebung der Einrede** ausgeschlossen wäre.

12 Es stellt sich daher die Frage, welche Bedeutung § 771 Satz 2 BGB vor diesem Hintergrund zukommt. Wollte man die Vorschrift als lex specialis gegenüber den allgemeinen Anforderungen des § 199 BGB ansehen, würde sie die Verjährung des Bürgschaftsanspruchs gerade *erleichtern,* da die Hemmungswirkung an die zusätzliche Voraussetzung der Erhebung der Einrede geknüpft würde. Ein Blick in die Materialien zeigt, dass diese Folge ganz offensichtlich nicht beabsichtigt war. Im Bericht des Rechtsausschusses, der die Vorschrift in das Schuldrechtsmodernisierungsgesetz eingefügt hat, heißt es: „Der Ausschuss hält eine besondere Verjährungshemmung für den Fall erforderlich, dass dem Bürgen gegen den Hauptschuldner die Einrede der Vorausklage gemäß § 771 BGB zusteht. In der Regel entsteht zwar der Anspruch des Gläubigers gegen den Bürgen gleichzeitig mit der Hauptforderung. Anders als diese kann der Gläubiger den Anspruch gegen den Bürgen aber nicht sofort durchsetzen, weil und wenn diesem die Einrede der Vorausklage nach § 771 BGB zusteht. In diesem Fall ist es regelmäßig erforderlich, dass der Gläubiger gegen den Hauptschuldner Leistungsklage erhebt, um zu einem vollstreckbaren Titel zu gelangen, auf dessen Grundlage die Zwangsvollstreckung versucht werden kann. In dieser Zeit würde aber die Verjährung des Anspruchs des Gläubigers gegen den Bürgen weiter und ggf. auch ablaufen. Dies verhindert der neue Satz 2."[21] Die Einfügung der Vorschrift beruhte also lediglich auf der **Annahme, dass der Verjährungsbeginn nach § 199 BGB vom Bestehen der Einrede unberührt bleibt,** also auf einer von der hier vertretenen Ansicht abweichenden Auslegung des § 199 BGB. Da sicher keine Erleichterung der Verjährung beabsichtigt war, sollte man auf der Grundlage des hier vertretenen Verständnisses des § 199 BGB der Formulierung der Vorschrift keine Bedeutung beimessen, sondern diese nur als **funktionslosen Verweis** auf die allgemeinen Verjährungsregelungen interpretieren.[22] Eine eigenständige Funktion hat die Vorschrift nur, wenn man § 199 Abs. 1 Nr. 1 BGB so auslegt, dass die Einrede dem Verjährungsbeginn nicht entgegensteht – und auch in diesem Fall sollte man auf das **Erfordernis der Erhebung der Einrede** aus den oben genannten Gründen **verzichten.**

V. Modalitäten des Vollstreckungsversuchs (Vollstreckungs- und Verwertungspflicht)

13 Die Vorschrift des § 772 BGB regelt die Anforderungen, die an einen **hinreichenden Vollstreckungsversuch** im Sinne des § 771 BGB zu stellen sind. Vordergründig befasst

[18] In diesem Sinn auch *Schlößer* NJW 2006, 645; Palandt/*Sprau* BGB § 771 Rn. 3.
[19] Vgl. MüKoBGB/*Habersack* § 771 Rn. 7; MüKoBGB/*Grothe* § 199 Rn. 5; **aA** auch für die nicht-selbstschuldnerische Bürgschaft Palandt/*Ellenberger* BGB § 199 Rn. 3.
[20] BGH NJW 2008, 1729 (1731).
[21] BT-Drs. 14/7052, 206.
[22] So grundlegend und zutreffend MüKoBGB/*Habersack* § 771 Rn. 7 f.

sich Absatz 1 der Vorschrift mit der Frage, an welchem Ort die Zwangsvollstreckung zu betreiben ist. Die eigentliche Funktion der Norm ist allerdings, dass durch sie klargestellt wird, dass es bei Geldforderungen nur eines Vollstreckungsversuchs in die **beweglichen Sachen des Hauptschuldners** bedarf, während die Zwangsvollstreckung in unbewegliche Sachen oder Forderungen (etwa eine Kontenpfändung) für den Ausschluss der Einrede der Vorausklage **weder erforderlich noch genügend** ist.[23] Der Gläubiger muss also seinen Vollstreckungsversuch nicht an den Erfolgsaussichten ausrichten, sondern für die Inanspruchnahme des Bürgen (zumindest zusätzlich) auch in die **beweglichen Sachen** vollstrecken. Darüber hinaus stellt Absatz 2 klar, dass die Bürgenhaftung auch gegenüber der Verwertung von sich im Besitz des Gläubigers befindlichen beweglichen Sachen subsidiär ist, sofern hieran kein weiteres Sicherungsinteresse besteht.

§ 774 Gesetzlicher Forderungsübergang

(1) [1]**Soweit der Bürge den Gläubiger befriedigt, geht die Forderung des Gläubigers gegen den Hauptschuldner auf ihn über.** [2]**Der Übergang kann nicht zum Nachteil des Gläubigers geltend gemacht werden.** [3]**Einwendungen des Hauptschuldners aus einem zwischen ihm und dem Bürgen bestehenden Rechtsverhältnis bleiben unberührt.**

(2) **Mitbürgen haften einander nur nach § 426.**

Übersicht

I. Überblick

Die Vorschrift des § 774 BGB enthält in ihrem Absatz 1 eine (allerdings unvollständige) 1
Regelung des **Bürgenregresses** gegen den Hauptschuldner durch Anordnung einer **cessio legis,** während die Funktion des Absatz 2 vor allem darin besteht, die Konsequenzen dieses Forderungsübergangs für das **Innenverhältnis von Mitbürgen** auszuschließen. Denn während sich die Anwendbarkeit des § 426 BGB auf Mitbürgen bereits aus § 769 BGB ergibt, stellt die in § 774 Abs. 2 BGB enthaltene Beschränkung („nur") klar, dass der zahlende Bürge den Mitbürgen nicht nach §§ 774 Abs. 1, 412, 401 BGB weitergehend in Anspruch nehmen kann.

Bei § 774 Abs. 2 BGB handelt es sich um die einzige bürgschaftsrechtliche Regelung, 2
die sich mit dem **Zusammentreffen von Sicherungsmitteln** befasst. Im Hinblick auf die Vermeidung eines Wettlaufs der Sicherungsgeber wird der Grundgedanke der Vorschrift auch beim Zusammentreffen mit anderen Personalsicherheiten (insbesondere mit einem Schuldbeitritt) und dinglichen Sicherungsrechten zur Anwendung gebracht (→ BGB § 774 Rn. 13 ff.).

[23] Palandt/*Sprau* BGB § 772 Rn. 1.

II. Regress des Bürgen aus übergegangener Forderung (§ 774 Abs. 1 BGB)

3 § 774 Abs. 1 Satz 1 BGB ordnet einen **gesetzlichen Forderungsübergang** (cessio legis) an, soweit der Bürge den Gläubiger befriedigt. Auf die Art der Befriedigung kommt es nicht an, so dass die Vorschrift nicht nur bei **Erfüllung** (§ 362 BGB), sondern etwa auch bei der **Aufrechnung** durch den Bürgen anwendbar ist. Da die Leistung des Bürgen nicht auf die fremde Schuld des Hauptschuldners, sondern die eigene Bürgenschuld erfolgt, erlischt auch nur diese Verbindlichkeit. Die Hauptschuld bleibt dagegen bestehen, steht aber wirtschaftlich nicht mehr dem Gläubiger, sondern dem Bürgen zu, der regelmäßig Ausgleich vom Hauptschuldner verlangen kann. Durch Geltendmachung der übergegangenen Forderung kann der Bürge beim Hauptschuldner Regress nehmen, ohne dass es hierfür auf die besonderen **Voraussetzungen des Auftragsrechts** ankäme.[1] Darüber hinaus sehen §§ 412, 401 BGB vor, dass mit der Forderung grundsätzlich zusätzlich bestehende **akzessorische Sicherheiten** auf den Bürgen übergehen. Hierzu gehören auch Bürgschaften, wobei bei der Mitbürgschaft (§ 769 BGB) allerdings § 774 Abs. 2 BGB gilt (dazu → BGB § 774 Rn. 9 ff.). Bei einer nicht gleichrangigen Haftung, insbesondere beim Zusammentreffen von Regel- und **Ausfallbürgschaft,** geht bei Zahlung durch den subsidiär haftenden Ausfallbürgen mit der Hauptforderung auch die Bürgschaftsforderung vollständig über.[2] Wegen §§ 404 und 768 BGB kann sich der Regelbürge allerdings auch im Verhältnis zum zahlenden Ausfallbürgen auf Einwendungen gegen die Hauptschuld, insbesondere deren Verjährung berufen.[3] Soweit nicht-akzessorische Sicherheiten bestehen, ist anerkannt, dass ein **schuldrechtlicher Übertragungsanspruch** des Bürgen gegen den Gläubiger anzuerkennen ist.[4]

4 Der Forderungsübergang setzt nach dem eindeutigen Wortlaut der Vorschrift keine vollständige Zahlung voraus, vielmehr kommt auch ein **teilweiser Übergang** in Betracht, „soweit" die Forderung erfüllt wird. Beim teilweisen Übergang der Forderung kommt es grundsätzlich auch zu einem teilweisen Übergang der akzessorischen Sicherheiten (§§ 412, 401 BGB), so dass Gläubiger und Bürge aus derselben Sicherheit Befriedigung suchen können. Bleibt der wirtschaftliche Wert der Sicherheit hinter der Gesamtforderung zurück, konkurrieren Bürge und Gläubiger bei der Verwertung der Sicherheit. Im Hinblick auf solche Fälle stellt § 774 Abs. 1 Satz 2 BGB klar, dass die cessio legis „nicht zum Nachteil des Gläubigers geltend gemacht werden" kann. Gemeint ist damit, dass sich der Bürge auf den Übergang der akzessorischen Sicherungsrechte im Verhältnis zum Gläubiger nicht berufen kann, so dass dem **Gläubiger bei der Verwertung ein Vorrang** gegenüber dem Bürgen zukommt. Dieser Vorrang besteht indes nicht nur im Hinblick auf die verbürgte Forderung, sondern auch bezüglich **weiterer Forderungen** des Gläubigers, für die die Sicherheit bestellt worden ist.[5] Es besteht also ein umfassender Vorrang der Sicherungsinteressen des Gläubigers, soweit durch die Zahlung eine Mitberechtigung an Sicherungen besteht.[6]

5 Grundsätzlich können die Vorschriften des § 774 Abs. 1 BGB im Verhältnis zwischen Bürge und Gläubiger auch **abbedungen** werden.[7] Praktische Relevanz hat dies vor allem für Klauseln, die den Forderungsübergang bei **Teilleistungen** ausschließen, so dass der Bürge die Forderung erst nach vollständiger Befriedigung des Gläubigers erwirbt. Der

---

[1] → BGB § 774 Rn. 8.
[2] BGH NJW 2012, 1946 (Tz. 15).
[3] BGH NJW 2012, 1946 (Tz. 15).
[4] BGH NJW 1999, 1182 (1185); NJW 1990, 903; Bamberger/Roth/Hau/Poseck/*Rohe* BGB § 774 Rn. 10; MüKoBGB/*Habersack* § 774 Rn. 10.
[5] BGH NJW 1990, 903.
[6] Näher zu den Grenzen des Vorrangs BGH NJW 1990, 903 (904).
[7] BGH NJW 1985, 614.

BGH hält solche Klauseln auch in AGB in der Regel für wirksam.[8] Kein Fall des § 774 Abs. 1 BGB, auch nicht in analoger Anwendung, liegt dagegen vor, wenn die **akzessorische Haftung auf einem anderen Rechtsverhältnis** als einem Personalsicherheitsvertrag beruht und der Innenausgleich zwischen Hauptschuldner und akzessorisch Haftendem gesetzlich **abschließend geregelt** ist. Nach der Rechtsprechung des BGH liegen diese Voraussetzungen insbesondere im Verhältnis von **Personengesellschaft und akzessorisch haftendem Gesellschafter** vor, so dass der Gesellschafter, der auf eine Gesellschaftsverbindlichkeit leistet, nicht analog § 774 Abs. 1 BGB die Forderung nebst dafür bestellten akzessorischen Sicherheiten (§§ 412, 401 BGB) erwirbt. Insoweit sieht der BGH (entgegen verbreiteter Kritik im Schrifttum[9]) die Regelungen des gesellschaftsrechtlichen Aufwendungsersatzes in § 110 HGB (bzw. §§ 713, 670 BGB für die GbR) als abschließende Regelung des Innenausgleichs an.[10] Tatsächlich spricht hierfür, dass der Regress nur in dem vom Gesellschaftsrecht gezogenen Rahmen möglich sein kann, so dass die Verwertung einer durch eine solche Analogie übergangenen Realsicherheit nur in den von der Treuepflicht gezogenen Grenzen denkbar wäre. Im Verhältnis zu einem Drittsicherungsgeber (etwa einem gesellschaftsfremden Bürgen) könnte dieser ferner bei Zahlung an den Gesellschafter regelmäßig bei der Gesellschaft Regress nehmen, wobei der Gesellschafter wiederum akzessorisch haften würde.

Da es sich um einen gesetzlichen Forderungsübergang handelt, steht ein zwischen Gläubiger und Hauptschuldner vereinbartes **Abtretungsverbot** (§ 399 BGB) dem Übergang nicht entgegen. Für die Rechtsfolgen gelten nach § 412 BGB im Übrigen die **Vorschriften des Abtretungsrechts,** so dass sich der Schuldner gegenüber dem Bürgen auf die Einwendungen aus dem Verhältnis zum ursprünglichen Gläubiger berufen kann (§ 404 BGB) und bei späterer Zahlung an den Gläubiger durch § 407 BGB geschützt wird. Auch der **Umfang der Verpflichtung** ist allein nach der übergegangenen Forderung zu bestimmen, was bedeutet, dass aus diesem rechtlichen Gesichtspunkt allein die an den Gläubiger geleistete Zahlung ersetzt verlangt werden kann, nicht aber weitere Aufwendungen, die in Zusammenhang mit der Inanspruchnahme getätigt worden sind (etwa Kosten der Forderungsabwehr). Insoweit hat der **auftragsrechtliche Regressanspruch**[11] eigenständige Bedeutung. 6

Über die Einwendung des § 404 BGB hinaus kann sich der Schuldner nach § 774 Abs. 1 Satz 3 BGB auf die **Einwendungen aus dem Innenverhältnis** zum Bürgen berufen.[12] Zweck der Vorschrift ist zu verhindern, dass eine vertragliche Regelung des Regressanspruchs zwischen Bürgen und Hauptschuldner durch Geltendmachung der übergegangenen Forderung ausgehebelt wird. Eine vertragliche Vereinbarung, wonach der Regressanspruch ausgeschlossen wird (etwa im Rahmen einer sog **Kompensationsabrede**[13]) oder erst zu einem späteren Zeitpunkt fällig werden soll, kann daher nicht nur dem auftragsrechtlichen Regressanspruch entgegengehalten werden, sondern auch der übergegangenen Forderung. 7

III. Auftragsrechtlicher Bürgenregress

Regelmäßig hat der Bürge zusätzlich zur Geltendmachung der auf ihn nach § 774 Abs. 1 BGB übergegangenen Forderung die Möglichkeit, seine Regressforderung auf einen **auftragsrechtlichen Aufwendungsersatzanspruch** nach § 670 BGB zu stützen, ggf. iVm 8

[8] BGH NJW 2001, 2466 (2468); NJW 1985, 614; krit. *Fischer* WM 1998, 1705 (1712 f.).
[9] Staub/*Habersack* HGB § 128 Rn. 43 f.; MüKoHGB/*K. Schmidt* § 128 Rn. 31; mit ausführlicher Begründung ferner *Hammen* WM 2019, 945.
[10] BGH NZG 2011, 1023 (Tz. 60).
[11] → BGB § 774 Rn. 8.
[12] BGH NJW 1976, 2135.
[13] Hierzu BGH NJW-RR 1992, 811: Die verbürgte Forderung sollte als Ausgleich für eine Werklohnforderung von vornherein vom Bürgen abgelöst werden.

§ 675 BGB, soweit der Bürgschaft ein entgeltlicher Geschäftsbesorgungsvertrag zugrunde liegt, oder iVm § 683 BGB bei berechtigter Geschäftsführung ohne Auftrag. Eigenständige Bedeutung hat dieser auftragsrechtliche Regress vor allem, da er der Höhe nach über die übergegangene Forderung hinausgehen kann. Denn nach § 670 BGB sind sämtliche Aufwendungen in Zusammenhang mit der Bürgschaft ersatzfähig, nicht nur die eigentliche Zahlung auf die Bürgenschuld. Voraussetzung ist – neben der Verbürgung im Auftrag des Schuldners oder der berechtigten GoA – lediglich, dass die Aufwendungen zum Zweck **der Ausführung des Bürgschaftsauftrags** gemacht werden, und dass der Bürge die Aufwendungen den Umständen nach für **erforderlich halten durfte** (§ 670 BGB). Dies kann etwa **Kosten der rechtlichen Verteidigung** gegen die Inanspruchnahme erfassen, soweit diese im Hinblick auf bestehende Erfolgsaussichten als erforderlich eingestuft werden kann, insbesondere wenn der Hauptschuldner der Verteidigung gegen die Forderung zugestimmt hat.[14] Auch **Finanzierungskosten,** die im Rahmen der Finanzierung der Erfüllungsleistung angefallen sind, fallen, soweit erforderlich, unter den Aufwendungsersatzanspruch. Zahlt der Bürge in Unkenntnis des Nichtbestehens der Hauptforderung, kann er zwischen einer Inanspruchnahme des vermeintlichen Gläubigers aufgrund von Leistungskondiktion (§ 812 Abs. 1 S. 1 Alt. 1 BGB bzw. § 813 BGB bei Erfüllung trotz dauerhafter Einrede) und des Hauptschuldners aus § 670 BGB (gegen Abtretung des Kondiktionsanspruchs) wählen, soweit er nach **sorgfältiger Prüfung der Sach- und Rechtslage** das Zahlungsverlangen des Gläubigers als berechtigt und die Aufwendung damit für erforderlich halten durfte.[15] Zur Erhebung ihm bekannter **Einwendungen und Einreden** ist der Bürge dabei im Verhältnis zum Hauptschuldner grundsätzlich gehalten, da er die Erfüllung einer nicht durchsetzbaren Forderung nicht als erforderlich ansehen darf. In einem solchen Fall entsteht kein Aufwendungsersatzanspruch, und auch der Rückgriff auf die übergegangene Hauptforderung (soweit diese – etwa bei einer Einrede – überhaupt besteht) führt wegen § 404 BGB nicht weiter.

IV. Mitbürgenregress (§ 774 Abs. 2 BGB)

9 Wie bereits angesprochen[16] ist die Funktion des § 774 Abs. 2 BGB vor allem, eine über den nach § 426 BGB geschuldeten Ausgleich hinausgehende Inanspruchnahme des Mitbürgen nach §§ 774 Abs. 1, 412, 401 BGB auszuschließen, während sich die Anwendbarkeit des § 426 BGB bereits aus § 769 BGB ergibt. Der **Forderungsübergang** auf den zahlenden Bürgen bleibt zwar unberührt, jedoch wird der **Übergang der Bürgschaft** nach § 401 BGB auf die **Höhe des Regressanspruchs** beschränkt, die nach § 426 Abs. 1 BGB zu bestimmen ist. Dabei ist die Inanspruchnahme eines Mitbürgen nicht davon abhängig, dass dessen Bürgschaftsvertrag mit dem Gläubiger noch besteht, die Regresshaftung lebt auch bei Aufhebung der Verpflichtung im Verhältnis zum Gläubiger fort. Ist die Gesamtschuld einmal entstanden, ist auch das **Ausgleichsrechtsverhältnis nach § 426 BGB** entstanden, aus dem der Mitbürge nur durch Vereinbarung mit den anderen Bürgen entlassen werden kann, nicht aber vom Gläubiger.[17]

10 Für die **Höhe des Regressanspruchs** kommt es nach § 426 Abs. 1 Satz 1 BGB darauf an, ob eine „abweichende Bestimmung“ vorliegt, andernfalls wären alle Bürgen **im gleichen Umfang** verpflichtet. Fehlt es an einer diesbezüglichen Vereinbarung unter den Bürgen, ist zu prüfen, ob sich aus den Umständen ein entsprechender Parteiwille feststellen lässt. In Betracht kommt dies etwa, wenn die **GmbH-Gesellschafter** sich für die Verbindlichkeiten der GmbH verbürgen, da hier häufig eine Haftung entsprechend der **Betei-**

[14] PWW/*Brödermann* BGB § 774 Rn. 17.

[15] BGH NJW 2005, 2552 (2554); MüKoBGB/*Habersack* § 774 Rn. 19.

[16] → BGB § 774 Rn. 1 f.

[17] BGH NJW 2000, 1034 (1035); NJW 1992, 2286; NJW 1991, 1731; Bamberger/Roth/Hau/Poseck/*Rohe* BGB § 774 Rn. 14; Lwowski/Fischer/Gehrlein/*Fischer* § 9 Rn. 126.

ligungsquoten an der GmbH beabsichtigt sein wird.[18] Die Voraussetzungen einer konkludenten Vereinbarung sind zwar im Einzelfall zu prüfen, der BGH geht aber im Zweifel von einer solchen Aufteilung aus.[19] Eine abweichende Bestimmung ist ferner dann anzunehmen, wenn die Mitbürgen sich in **unterschiedlicher Höhe** verbürgt haben, insbesondere also Höchstbetragsbürgschaften unterschiedlicher Höhe oder Höchstbetragsbürgschaften mit unbeschränkten Bürgschaften zusammentreffen. Um zu gewährleisten, dass Zahlungen des Hauptschuldners allen Bürgen gleichmäßig zugute kommen, nimmt der BGH auch ohne weitere Vereinbarung eine **proportionale Aufteilung** nach dem Verhältnis der einzelnen Höchstbeträge bzw. zur Gesamtforderung (für die unbeschränkte Bürgschaft) vor.[20] Für die Berechnung ist der **Anteil jedes Bürgen an der kumulierten Haftungssumme aller Bürgen** zu ermitteln, diesem Prozentsatz entspricht sodann seine interne Haftungsquote im Rahmen des § 426 Abs. 1 Satz 1 BGB. Liegen für eine Forderung von 5 Mio. EUR etwa eine unbeschränkte Bürgschaft, eine Höchstbetragsbürgschaft über 3 Mio. EUR und eine weitere über 2 Mio. EUR vor, beträgt die kumulierte Haftungssumme 10 Mio. EUR, so dass auf den unbeschränkt haftenden Bürgen (Haftungssumme = Forderungshöhe) eine interne Haftungsquote von 50 %, auf die Höchstbetragsbürgen dagegen von 30 % und 20 % entfällt.[21] Diese Aufteilung nach dem Verhältnis der Höchstbeträge ist regelmäßig auch dann heranzuziehen, wenn sich GmbH-Gesellschafter in unterschiedlicher Höhe verbürgen, so dass in diesem Fall die Beteiligungsquoten an der GmbH unberücksichtigt bleiben.[22] Jedenfalls bei einer Absprache unter den Bürgen über die jeweils zu übernehmende Höhe, die zeitlich nach Abschluss des Gesellschaftsvertrags erfolgt ist, ist auf den Willen zu schließen, die hieraus resultierenden Quoten auch dem Innenausgleich zugrunde zu legen.[23] Grundsätzlich kann – jedenfalls solange die volle Inanspruchnahme der Bürgen nicht sicher ist – der Ausgleich auch nach einer **Teilleistung** verlangt werden, selbst wenn sich die Zahlung im Fall der vollen Inanspruchnahme der Bürgen im Rahmen der Haftungsquote des Zahlenden hält.[24]

Da auf den Zahlenden nach § 774 Abs. 1 BGB die Hauptschuld (nebst etwaigen weiteren Sicherheiten) übergegangen ist, obliegt diesem auch im Verhältnis zu den Mitbürgen grundsätzlich die **Geltendmachung der Regressansprüche** gegen den Hauptschuldner sowie die Verwertung zusätzlicher Sicherheiten. Hieraus folgt, dass der **Bürge vorrangig Regress beim Hauptschuldner** zu nehmen hat, erst wenn dies keinen Erfolg mehr verspricht, kann er wegen des dann noch offenen Betrags den Ausgleich bei den Mitbürgen suchen.[25] 11

Obwohl im Fall des Zusammentreffens von Regel- und **Ausfallbürgschaft** mangels gleichrangiger Haftung keine Gesamtschuld vorliegt (→ BGB § 769 Rn. 2), steht auch dem Ausfallbürgen nach Zahlung an den Gläubiger ein **Ausgleichanspruch analog §§ 774 Abs. 2, 426 BGB** zu.[26] Denn der Ausfallbürge wird gegenüber dem Regelbürgen privilegiert, so dass es sachwidrig wäre, ihn bezüglich der Regressansprüche im Vergleich zu einem Mitbürgen zu benachteiligen. Der BGH argumentiert insoweit mit einem „erst recht"-Schluß.[27] Das wäre aber der Fall, wenn man einen originären, nicht auf die übergegangene Hauptschuld gestützten Anspruch verneinen würde. Denn Einwendungen gegen die Hauptschuld, insbesondere ihre Verjährung, können gegen den originären Ausgleich- 12

[18] BGH NJW 1998, 894, 895 sowie BGH NJW 2017, 557 (Tz. 13) mwN.
[19] BGH NJW 2017, 557 (Tz. 13).
[20] BGH NJW 1998, 894, 896; BGH NJW 2017, 557 (Tz. 12) mwN.
[21] Vgl. die Berechnung bei BGH NJW 1998, 894, 896.
[22] BGH NJW 2017, 557 (Tz. 17 ff.).
[23] BGH NJW 2017, 557 (Tz. 19).
[24] BGH NJW 2000, 1034 (1035); ausführlich zu der Problematik *Kopp* JR 2016, 347 (für eine uneingeschränkte Ausgleichspflicht bei jeder Teilleistung, die nach § 242 BGB nur im Fall der unmittelbar bevorstehenden Inanspruchnahme des ausgleichspflichtigen Mitbürgen eingeschränkt ist).
[25] Zutreffend MüKoBGB/*Habersack* § 774 Rn. 25.
[26] BGH NJW 2012, 1946 (Tz. 24 f.).
[27] BGH NJW 2012, 1946 (Tz. 25).

anspruch nicht geltend gemacht werden und daher im Einzelfall zu einer weitergehenden Haftung führen. Bezüglich der im Rahmen der analogen Anwendung des § 426 BGB zu bildenden Haftungsquoten ist die Subsidiarität der Ausfallbürgschaft als andere Bestimmung iSv § 426 Abs. 1 S. 1 BGB zu berücksichtigen und ein voller Regress bei vorrangig haftenden Regelbürgen anzuerkennen.[28]

V. Ausgleich bei Zusammentreffen von Bürgschaft und anderen Sicherungsmitteln (§ 426 BGB analog)

13 § 774 Abs. 2 BGB betrifft zwar direkt nur den Ausgleich zwischen Mitbürgen, ist aber **analog** auch beim Zusammentreffen von Bürgschaften und **anderen Sicherungsmitteln** anzuwenden, so dass eine Innenausgleich analog zu den Vorschriften über die Gesamtschuld (§ 426 BGB) durchzuführen ist.[29] Der BGH hat in einer Grundsatzentscheidung aus dem Jahr 1989 anerkannt, dass „unter Sicherungsgebern, die, ohne selbst Hauptschuldner zu sein, unabhängig voneinander und gleichrangig dasselbe Risiko abdecken, allein die anteilige Haftung der Billigkeit (§ 242 BGB)" entspricht.[30] Dies gilt zunächst beim Zusammentreffen einer Bürgschaft und einem **anderen akzessorischen Sicherungsmittel** (insbes. Hypothek und Pfandrecht), da nur so ein **Wettlauf der Sicherungsgeber** und daraus resultierende **Zufallsergebnisse** vermieden werden können: Da der Bürge über die cessio legis des § 774 Abs. 1 BGB und §§ 412, 401 BGB bei Zahlung mit der Hauptforderung auch die akzessorischen Sicherungsrechte erwerben würde, könnte er andernfalls die Realsicherheit in voller Höhe verwerten, wirtschaftlich also in voller Höhe Regress beim Realsicherheitsgeber nehmen. Umgekehrt würde auch der Realsicherheitsgeber, sofern er zur Abwendung der Zwangsvollstreckung auf die Forderung zahlt, nach § 1143 BGB (bei der Hypothek) bzw. §§ 1249, 268 Abs. 3 BGB (beim Pfandrecht) die Hauptforderung sowie nach §§ 412, 401 BGB die Rechte aus der Bürgschaft erwerben und könnte somit in voller Höhe den Bürgen in Anspruch nehmen. Die unbillige Konsequenz, dass derjenige, der zufällig zuerst in Anspruch genommen wird, den Verlust auf den anderen Sicherheitsgeber abwälzen kann, wird durch die analoge Anwendung der §§ 774 Abs. 2, 426 BGB vermieden. Ähnliches gilt für das Zusammentreffen der Bürgschaft mit einem **nichtakzessorischen Sicherungsmittel,** wo ebenfalls Zufallsergebnisse drohen, nur mit umgekehrten Vorzeichen: Da nichtakzessorische Sicherungsmittel, insbesondere die Grundschuld, nicht von § 401 BGB erfasst werden, erwirbt der zahlende Bürge die Rechte aus der Grundschuld nicht mit der Forderung – und umgekehrt erwirbt der Grundstückseigentümer bei Zahlung zur Abwendung der Zwangsvollstreckung mangels cessio legis nicht die Forderung und daher auch nicht die Rechte aus der Bürgschaft. Beide Sicherungsgeber hätten mithin keine Regressansprüche, so dass die Belastung bei dem Sicherungsgeber verbleiben würde, der zufällig zuerst in Anspruch genommen wird.

14 Zur Vermeidung dieser Zufallsergebnisse hat der BGH anerkannt, dass im Innenverhältnis zwischen dem Bürgen und einem weiteren Realsicherheitsgeber eine **Ausgleichspflicht** wie bei der Gesamtschuld **(analog § 426 Abs. 1 BGB)** besteht. Erforderlich ist lediglich die Feststellung der **Gleichrangigkeit** der Sicherungen, an der es nicht nur fehlt, wenn zwischen den Sicherungsgebern Nachrangigkeit einer Sicherheit vereinbart wurde, sondern auch, wenn der Nachrang mit dem Sicherungsnehmer vereinbart wurde. Eine solche Begrenzung des übernommenen Risikos wirkt in das Ausgleichsverhältnis hinein.[31] Eine Privilegierung des Bürgen mit Blick auf seine persönliche Haftung (im Gegensatz zu

[28] BGH NJW 2012, 1946 (Tz. 25 aE).

[29] Vgl. hierzu näher: *Schlechtriem,* FS v. Caemmerer, 1013; *Schmitz,* FS Merz, 553; Staudinger/*Horn* § 774 Rn. 60 ff.; Staudinger/*Looschelders* § 426 Rn. 267; *Medicus/Petersen* Bürgerliches Recht Rn. 941; *Hüffer* AcP 171 (1971), 470; *Schanbacher* AcP 191 (1991), 87; *Tiedtke* WM 1990, 1270; *Steinbach/Lang* WM 1987, 1237.

[30] BGH NJW 1989, 2530 (2531).

[31] BGH NJW-RR 1991, 170 (171).

der auf den Sicherungsgegenstand begrenzten Haftung des Realsicherheitsgebers) hat der BGH abgelehnt, da dieser Unterschied weder etwas über die Werthaltigkeit der Sicherheit noch über die Bedeutung des Vermögensgegenstands für den Sicherheitsgeber aussagt.[32] Für die **Bestimmung der Ausgleichsquoten** ist grundsätzlich ebenso vorzugehen wie bei den Mitbürgen, so dass festzustellen ist, ob die Sicherungsgeber eine (ggf. konkludente) Vereinbarung getroffen haben. Ansonsten kommt es vor allem auf das jeweils übernommene Haftungsrisiko an. Die verbürgte Forderungshöhe (ggf. in Höhe des vereinbarten Höchstbetrags) ist mithin zu dem Haftungsrisiko des Realsicherheitsgebers ins Verhältnis zu setzen, das bei akzessorischen Sicherheiten durch die **Forderungshöhe,** bei der Grundschuld zunächst durch den **Nominalbetrag** der Grundschuld, aber begrenzt auf die Forderungshöhe (über die hinaus auch bei höherem Nominalbetrag kein Haftungsrisiko besteht), bestimmt wird.[33] Auf die **Werthaltigkeit** der Sicherheiten soll es nach dieser Rechtsprechung wohl nicht ankommen. In Bezug auf die Bürgschaft ist das mit Blick auf die unbeschränkte Haftung und den Zugriff auch auf das unsichere zukünftige Einkommen nachvollziehbar. In Bezug auf Realsicherheiten ist allerdings zu berücksichtigen, dass das Haftungsrisiko des Sicherungsgebers auf den Verlust des Vermögensgegenstands beschränkt ist. Da die Forderungshöhe (bei akzessorischen Sicherheiten) oder der Nominalbetrag der Grundschuld (der ja nicht auf den Grundstückswert begrenzt werden muss) den **Wert des Sicherungsgegenstandes** deutlich überschreiten kann, muss letzterer auch für den Innenausgleich als **Obergrenze des Haftungsrisikos** angesehen werden.[34] Die Auswirkungen lassen sich an einem einfachen Beispiel verdeutlichen: Wird für eine Forderung in Höhe von 1 Mio. € neben einer unbegrenzten Bürgschaft eine Hypothek über die volle Summe an einem Grundstück im Wert von 100.000 € bestellt, bestünde nach der Zahlung durch den Bürgen ein Ausgleichsanspruch in Höhe von 500.000 € gegen den Grundstückseigentümer, wenn man für den Innenausgleich auf den Nominalbetrag der Sicherung abstellen würde. Sieht man den Wert des Sicherungsgegenstandes als Obergrenze des Haftungsrisikos an, besteht dagegen nur ein Ausgleichsanspruch in Höhe von 91.000 € (1/11 der Forderungshöhe). Für die Bestimmung des Werts ist dabei auf den **Zeitpunkt der Entstehung des Ausgleichsverhältnisses** abzustellen, also nicht auf die Zahlung im Außenverhältnis, sondern (da schon zuvor der Befreiungsanspruch besteht) auf das erstmalige Zusammentreffen der Sicherungsmittel.[35]

Der Innenausgleich im Verhältnis zu einem **Realsicherheitsgeber** wirft die Frage auf, **15** worauf dieser Anspruch gerichtet ist. Grundsätzlich führt § 426 Abs. 1 BGB zu einer **persönlichen Haftung** für den Ausgleichsanspruch, was im direkten Anwendungsbereich der Norm infolge der persönlichen Gesamtschuldhaftung keine Probleme aufwirft. Das Ausgleichsverhältnis entsteht aber unabhängig vom Willen des Sicherungsgebers allein aufgrund des Zusammentreffens mit der Bürgschaft (oder anderen Sicherungsmitteln), so dass eine unveränderte analoge Anwendung des § 426 BGB dazu führen würde, dass der Realsicherungsgeber einer persönlichen Haftung ausgesetzt wird, der er sich nicht rechtsgeschäftlich unterworfen hat. Um diese Folge zu vermeiden, ist davon auszugehen, dass der Regressanspruch nur auf die **Verwertung der Realsicherheit** gerichtet ist und **keine persönliche Haftung** auslöst.[36] Der Sicherungsgeber muss sich im Rahmen des Innenausgleichs nur an den Verpflichtungen festhalten lassen, die er willentlich eingegangen ist, der Ausgleichsberechtigte kann keine weitergehende Rechte haben als der gesicherte Gläubiger – wollte man dies anders sehen, würde man dem Bürgschaftsvertrag, der das Ausgleichverhältnis begründet, **Wirkungen zu Lasten Dritter** zubilligen. Es bedarf daher

---

[32] BGH NJW 1992, 3228; NJW 2009, 437 (Tz. 13).

[33] BGH NJW 2009, 437 (Tz. 17 ff.).

[34] In diesem Sinn bereits *Schlechtriem,* FS v. Caemmerer, 1013, 1041 („Wert der gestellten Sicherheiten").

[35] BGH NJW-RR 1991, 499 (500).

[36] Grundlegend *Schlechtriem,* FS v. Caemmerer, 1013, 1043 („Die Ausgleichslast kann nicht weiter gehen als die Belastung durch die Realsicherheit für die zunächst gesicherte fremde Schuld."); ebenso Staudinger/*Horn* § 774 Rn. 69.

einer **modifizierenden analogen Anwendung** des § 426 Abs. 1 BGB: Bleibt der Verwertungserlös hinter dem Ausgleichsanspruch zurück, kann **keine Zahlung des Differenzbetrags** verlangt werden, während für das Befriedigungsrecht zur Abwendung der Verwertung die für die betroffene Sicherheit geltenden Regelungen analog anzuwenden sind (insbes. § 1142 BGB). Inwieweit der BGH diesen Standpunkt teilt, ist indes nicht ganz klar: Grundsätzlich scheint er eher von einem Vorrang der dinglichen gegenüber einer (dadurch nicht ausgeschlossenen) persönlichen Haftung auszugehen, wenn er von dem „zunächst auf Befriedigung aus einer Grundschuld oder einem Pfandrecht gerichteten Ausgleichsanspruch" spricht.[37] Soweit der BGH in einer Reihe von Entscheidungen von einem sofortigen Zahlungsanspruch ausging, handelte es sich um Fälle, in denen der Realsicherheitsgeber zugleich auch Bürge war – die analoge Anwendung des § 426 Abs. 1 BGB war insoweit zwar für die Bestimmung der Ausgleichsquoten relevant, die persönliche Haftung an sich ergab sich aber schon aus § 774 Abs. 2 BGB.[38] Für andere Fälle lässt sich den bisherigen Entscheidungen nicht entnehmen, dass die Verwertung der Realsicherheit abschließend wäre und eine persönliche Haftung des Sicherungsgebers ausgeschlossen ist. Insbesondere soll aufgrund der Aufgabe der Sicherheit durch den Gläubiger (unabhängig davon, ob der Sicherungsgegenstand sich noch im Vermögen des Sicherheitsgebers befindet, zu dessen Gunsten die Sicherheit aufgegeben worden ist) ein „dessen Wert entsprechender Zahlungsanspruch"[39] treten. Auch wenn ein solcher Zahlungsanspruch offenbar auf den **realisierbaren Wert des Sicherungsgutes bei Verwertung** begrenzt sein soll, deutet diese Sichtweise darauf hin, dass der BGH es nicht grundsätzlich ausschließt, dass der Anspruch aus § 426 Abs. 1 BGB analog auf Zahlung gerichtet werden kann, soweit dies im Einzelfall erforderlich erscheint. Richtigerweise sollte man allgemein und auch im Fall der **Aufgabe der Sicherheit** durch den Gläubiger daran festhalten, dass der Ausgleichsanspruch nur auf die Verwertung der Realsicherheit gerichtet ist. Da der Sicherungsgegenstand durch die Aufgabe unbelastet im Vermögen des Sicherungsgebers vorhanden ist, kann dieser grundsätzlich die Verwertung ermöglichen, so dass nicht ersichtlich ist, warum er einer persönlichen Haftung ausgesetzt werden sollte. Ist der Sicherungsgegenstand zum Zeitpunkt der Inanspruchnahme nicht mehr beim Sicherungsgeber vorhanden, tritt Unmöglichkeit der Verwertung ein, so dass auch die Verpflichtung endet (§ 275 Abs. 1 BGB). Soweit den Ausgleichspflichtigen ein Verschulden an dem Verlust des Sicherungsgegenstands trifft, insbesondere weil er diesen trotz des bestehenden Ausgleichsschuldverhältnisses vorsätzlich veräußert hat, schuldet er **Schadensersatz statt der Leistung** (§§ 283, 280 BGB) und muss den bei Inanspruchnahme erzielbaren Verwertungserlös ersetzen.

16 Das Ausgleichsverhältnis wirkt sich auch auf der **dinglichen Ebene** aus, wenn der Bürge auf die Forderung bezahlt: Zwar erwirbt er nach § 774 Abs. 1 BGB die volle Hauptforderung und nach §§ 412, 401 BGB die dafür bestehenden akzessorischen Sicherheiten. Der Übergang ist indes nach dem Rechtsgedanken des § 426 Abs. 2 BGB auf die **Höhe des Ausgleichsanspruchs** begrenzt, so dass insbesondere ein Pfandrecht nur in Höhe dieser Forderung erworben wird.[40] Ebenso wird nur eine Teilhypothek in dieser Höhe erworben, während die Hypothek im Übrigen zur (im Verhältnis zur Teilhypothek im Innenverhältnis nachrangigen) Eigentümergrundschuld wird.[41] Bei nichtakzessorischen Sicherheiten erwirbt der Bürge durch die Zahlung einen (letztlich aus der im Bürgschaftsvertrag enthaltenen Sicherungsabrede resultierenden) Anspruch auf **Übertragung der Sicherheit** in Höhe des Ausgleichsanspruchs,[42] während sie im Übrigen an den Sicherheitsgeber zurück zu übertragen ist. Insbesondere bei Zusammentreffen von Bürgschaft und

[37] BGH NJW-RR 1991, 499 (500).
[38] Vgl. die Sachverhalte der Entscheidungen BGH NJW 1989, 2530; NJW-RR 1991, 682; NJW 1992, 3228.
[39] BGH NJW-RR 1991, 499, 500.
[40] *Hüffer* AcP 171 (1971), 470 (483).
[41] Staudinger/*Looschelders,* § 426 Rn. 272.
[42] *Schlechtriem,* FS v. Caemmerer, 1013 (1045).

Grundschuld ist daher eine Teilgrundschuld auf den Bürgen zu übertragen, der die Höhe seines Ausgleichsanspruchs nachweisen muss, um den Anspruch geltend machen zu können.

Die Vorschriften der §§ 774, 426 BGB sind ferner analog anwendbar, wenn eine Bürgschaft und ein **Schuldbeitritt** für dieselbe Forderung übernommen werden.[43] Richtigerweise sind die Vorschriften des Bürgschaftsrechts konsequent analog auf den Schuldbeitritt anzuwenden (unten C. Rn. 3 ff.), so dass auch beim Zusammentreffen beider Formen der Personalsicherheit dem Ausgleich wie zwischen Gesamtschuldnern nichts entgegensteht. Festzustellen ist dabei allerdings zunächst, ob Schuldbeitretender und Bürge tatsächlich **gleichrangig** haften sollen. Hiervon ist auszugehen, wenn der **Schuldbeitritt als Kreditsicherungsmittel** (Sicherungsbeitritt) eingesetzt wird und daher wirtschaftlich einer Bürgschaft entspricht. Kein Ausgleich kommt dagegen in Betracht, wenn zumindest konkludent ein **Nachrang** des Beitretenden vereinbart worden ist, worauf man im Einzelfall ggf. aus einer besonderen Nähe zu der Hauptverbindlichkeit (etwa die Mitnutzung des mit der Darlehensvaluta angeschafften Gegenstands[44]) schließen kann. Nicht in Betracht kommt ein Ausgleich zugunsten des Gesamtschuldners jedenfalls, wenn dieser mit dem Hauptschuldner (bzw. weiteren Gesamtschuldner) als **gleichwertiger Vertragspartner** anzusehen ist und er daher auch an den Rechten aus dem der Verbindlichkeit zugrunde liegenden Vertrag mitberechtigt ist. In einem solchen Fall haftet der Gesamtschuldner vorrangig vor dem Bürgen, so dass ein Regress beim Bürgen mangels Gleichrangigkeit nicht in Betracht kommt. Zahlt in einer solchen Konstellation der Bürge an den Gläubiger, ist allerdings für den **Bürgenregress gegen den vorrangig haftenden Gesamtschuldner** zu differenzieren: Hat sich der Bürge für alle Gesamtschuldner (und damit die Gesamtschuld insgesamt) verbürgt, haften ihm gegenüber nach dem Forderungsübergang auch alle Gesamtschuldner solidarisch und unbeschränkt. Hat er sich dagegen nur für einen Gesamtschuldner verbürgt und leistet daher nur auf dessen Verbindlichkeit, kann er die übrigen Gesamtschuldner aufgrund der übergegangen Forderung nur so in Anspruch nehmen, wie es der Gesamtschuldner bei eigener Zahlung auch gekonnt hätte, also nur in Höhe der im Innenverhältnis auf den jeweiligen Gesamtschuldner entfallenden Haftungsquote.[45] Ob eine Bürgschaft für einen oder für alle Gesamtschuldner vorliegt, ist im Zweifel durch **Auslegung** zu ermitteln. Man kann allerdings nicht ohne weiteres aufgrund dieser Folgen für den Regressanspruch von einem Willen des Bürgen ausgehen, sich für alle Gesamtschuldner zu verbürgen. Da sich die Verbindlichkeiten der Gesamtschuldner wegen § 425 BGB unterschiedlich entwickeln können, wäre diese Gestaltung auch mit einem höheren Bürgenrisiko verbunden. 17

§ 775 Anspruch des Bürgen auf Befreiung

(1) **Hat sich der Bürge im Auftrag des Hauptschuldners verbürgt oder stehen ihm nach den Vorschriften über die Geschäftsführung ohne Auftrag wegen der Übernahme der Bürgschaft die Rechte eines Beauftragten gegen den Hauptschuldner zu, so kann er von diesem Befreiung von der Bürgschaft verlangen:**

1. **wenn sich die Vermögensverhältnisse des Hauptschuldners wesentlich verschlechtert haben,**
2. **wenn die Rechtsverfolgung gegen den Hauptschuldner infolge einer nach der Übernahme der Bürgschaft eingetretenen Änderung des Wohnsitzes, der gewerblichen Niederlassung oder des Aufenthaltsorts des Hauptschuldners wesentlich erschwert ist,**

---

[43] Hierzu ausführlich *Schürnbrand* Der Schuldbeitritt zwischen Gesamtschuld und Akzessorietät S. 141 ff.; ebenso MüKoBGB/*Habersack* § 774 Rn. 28; *Schmitz,* FS Merz, 553; Staudinger/*Horn,* § 774 Rn. 73.

[44] *Schmitz,* FS Merz, 553, 561.

[45] BGH NJW 1966, 1912.

3. **wenn der Hauptschuldner mit der Erfüllung seiner Verbindlichkeit im Verzug ist,**
4. **wenn der Gläubiger gegen den Bürgen ein vollstreckbares Urteil auf Erfüllung erwirkt hat.**

(2) **Ist die Hauptverbindlichkeit noch nicht fällig, so kann der Hauptschuldner dem Bürgen, statt ihn zu befreien, Sicherheit leisten.**

Übersicht

I. Überblick

1 § 775 BGB betrifft nicht den Bürgschaftsvertrag selbst, sondern lediglich ein der Bürgschaft zugrunde liegendes **Auftrags- oder Geschäftsbesorgungsverhältnis** (bzw. eine berechtigte GoA). Sie gewährt dem Auftragsbürgen im Hinblick auf seinen auftragsrechtlichen Regressanspruch (§ 670 BGB, ggf. iVm §§ 675 oder 683 BGB[1]) zwar einen **Befreiungsanspruch** gegen den Hauptschuldner, knüpft diesen allerdings (als lex specialis gegenüber § 257 BGB, der den Befreiungsanspruch des Aufwendungsersatzberechtigten nicht von besonderen Voraussetzungen abhängig macht) daran, dass sich das Bürgenrisiko nach Übernahme der Bürgschaft erhöht hat. Es geht also hier um die Beschränkung des Befreiungsanspruchs gegenüber den allgemeinen Vorschriften, da bei der Auftragsbürgschaft die Übernahme der Verbindlichkeit gerade Gegenstand des Auftrags ist und ein jederzeitiger Befreiungsanspruch dem Sicherungszweck zuwiderlaufen würde.

II. Voraussetzungen

2 Die **Voraussetzungen** des Befreiungsanspruchs nach § 775 BGB sind zunächst das Bestehen eines **Bürgschaftsvertrags** im Außenverhältnis zum Gläubiger aufgrund eines im Innenverhältnis zum Hauptschuldner bestehenden **Auftrags,** eines Geschäftsbesorgungsvertrags oder einer berechtigten GoA. Die Bürgschaft muss ferner valutiert sein, die **gesicherte Forderung** muss also wirksam entstanden sein. Darüber hinaus bedarf es des Vorliegens eines der Tatbestände des § 775 Abs. 1 Nr. 1–4 BGB, die jeweils einen Fall der **Risikoerhöhung** nach Übernahme der Bürgschaft beschreiben. Ein Fall der wesentlichen **Verschlechterung der Vermögenslage** (Nr. 1) ist nur dann anzunehmen, wenn das Ausmaß der Verschlechterung so groß ist, dass die Erfüllung des Regressanspruchs des Bürgen als gefährdet erscheint.[2] Relevant ist insoweit indes nur eine Verschlechterung, die nach Übernahme der Bürgschaft eintritt oder dem Bürgen erkennbar wird – wer sich wissentlich (zB im Rahmen einer Sanierung) für einen sich in Vermögensverfall befindlichen Schuldner verbürgt, kann dagegen keinen Befreiungsanspruch geltend machen. Die Gefährdung des Rückgriffanspruchs wegen späterer **Verlegung von Wohnsitz** oder Niederlassung des Hauptschuldners (Nr. 2) ist ebenso zu bestimmen wie bei § 773 Abs. 1 Nr. 2 BGB.[3] Die Voraussetzungen des **Verzugs des Hauptschuldners** (Nr. 3) sind nach allgemeinen Vorschriften zu bestimmen (§ 286 BGB). Dieser geht dem Erlass eines (auch vorläufig) **vollstreckbaren Urteils** gegen den Bürgen (Nr. 4) regelmäßig voraus, so dass Nr. 4 keinen praktischen Anwendungsbereich haben dürfte.

---

[1] → BGB § 774 Rn. 8.
[2] NK-BGB/*Beckmann* § 775 Rn. 3; MüKoBGB/*Habersack* § 775 Rn. 6.
[3] → BGB §§ 771–773 Rn. 9.

III. Rechtsfolge

Rechtsfolge des § 775 BGB ist, dass dem Bürgen bei Fälligkeit der Hauptforderung ein **Befreiungsanspruch gegen den Hauptschuldner** zusteht und er zuvor eine **Sicherheitsleistung** (§ 775 Abs. 2 BGB) verlangen kann. Der Befreiungsanspruch ist indes **kein Zahlungsanspruch,** weder gerichtet auf Zahlung an den Gläubiger noch an den Bürgen selbst, da der Hauptschuldner die Wahl hat, auf welchem Weg er die Befreiung des Bürgen herbeiführt.[4] So bedarf es etwa keiner Zahlung, sofern der Hauptschuldner den Gläubiger zum Erlass der Bürgenschuld bewegen kann (zB durch Stellung einer anderweitigen Sicherheit). Dies gilt nach der Rechtsprechung des BGH auch im Fall der sicheren Inanspruchnahme des Bürgen (etwa wegen Zahlungsunfähigkeit des Hauptschuldners), ferner schließt die Norm als lex specialis einen **auftragsrechtlichen Vorschussanspruch** (§ 669 BGB) aus.[5] Konsequenz hieraus ist, dass vor der Zahlung des Bürgen an den Gläubiger in keinem Fall ein Zahlungsanspruch gegen den Hauptschuldner besteht und somit auch eine Aufrechnung gegen einen Zahlungsanspruch des Hauptschuldners an der fehlenden Gleichartigkeit scheitert.[6] 3

§ 776 Aufgabe einer Sicherheit

[1]Gibt der Gläubiger ein mit der Forderung verbundenes Vorzugsrecht, eine für sie bestehende Hypothek oder Schiffshypothek, ein für sie bestehendes Pfandrecht oder das Recht gegen einen Mitbürgen auf, so wird der Bürge insoweit frei, als er aus dem aufgegebenen Recht nach § 774 hätte Ersatz erlangen können. [2]Dies gilt auch dann, wenn das aufgegebene Recht erst nach der Übernahme der Bürgschaft entstanden ist.

Übersicht

I. Überblick

Die Vorschrift des § 776 BGB betrifft den Fall der **Vereitelung des Bürgenregresses** durch den Gläubiger und ordnet eine Befreiung von der Bürgenverpflichtung in dem Umfang an, in dem der Rückgriff auf weitere Sicherungen durch den Gläubiger vereitelt wurde. Hintergrund der Regelung ist der **Übergang der akzessorischen Sicherungsrechte** auf den zahlenden Bürgen gemäß §§ 774 Abs. 1, 412, 402 BGB: Gibt der Gläubiger vor der Zahlung durch den Bürgen eine solche Sicherheit auf, kann sie nicht mehr auf den Bürgen übergehen, so dass der Zugriff des Bürgen darauf verhindert wird. Den hierdurch entstehenden Verlust hat im Verhältnis zwischen Gläubiger und Bürge der Gläubiger zu tragen, was § 776 BGB durch die Befreiung von der Bürgschaftsverpflichtung in Höhe des Wertes der aufgegebenen Sicherheit umsetzt. Da der Übergang der Sicherungsrechte weder davon abhängt, zu welchem Zeitpunkt diese begründet worden sind, noch davon, ob der Bürge von der Sicherheit Kenntnis hatte, tritt die Wirkung des § 776 1

[4] Allg. zum Befreiungsanspruch *Görmer* JuS 2009, 7.
[5] BGH NJW 1999, 1182 (1183); hierzu *Fischer* WM 2001, 1093.
[6] BGH NJW 1999, 1182 (1184); Bamberger/Roth/Hau/Poseck/*Rohe* § 775 Rn. 10.

BGB auch bei **nach Bürgschaftsübernahme bestellten Sicherungen** (§ 776 Satz 2 BGB) und bei dem Bürgen unbekannten Rechten ein.

2 Nach hM handelt es sich bei § 776 BGB um die Regelung eines Sonderfalls, die weder analog auf **andere Sicherungsmittel** anzuwenden ist, noch als Grundlage von **Rechtspflichten des Gläubigers** gegenüber dem Bürgen angesehen werden kann.[1] Allerdings ist auch das Verhältnis zwischen Gläubiger und Bürgen von Treu und Glauben geprägt, so dass bei einer sonstigen **treuwidrigen Schädigung der Bürgeninteressen** dem Bürgschaftsanspruch die Einrede des § 242 BGB entgegengehalten werden kann.[2]

3 Obwohl die Vorschrift grundsätzlich als **dispositiv** anzusehen ist,[3] ist ein Ausschluss in den **AGB des Gläubigers** nach § 307 Abs. 2 Nr. 1 BGB unwirksam.[4] Für eine nachträgliche Abbedingung durch Vertragsänderung gilt das Formerfordernis des § 766 BGB, da diese zu Lasten des Bürgen wirkt. Auch eine (ggf. im Sinne einer solchen Änderung auszulegende) **Zustimmung** des Bürgen zur Aufgabe der Sicherheit bedarf daher der Schriftform.[5]

II. Voraussetzungen

1. Erfasste Sicherungsrechte

4 Die Regelung des § 776 BGB betrifft zunächst die **Freigabe** der in Absatz 1 genannten (und auch von §§ 774 Abs. 1, 412, 401 BGB direkt erfassten) **akzessorischen Sicherungsmittel** durch den Gläubiger. Darüber hinaus ist die Vorschrift auf die **nicht-akzessorischen Sicherungsmittel** anwendbar, die der Gläubiger an den zahlenden Bürgen aufgrund einer schuldrechtlichen Verpflichtung analog § 774 Abs. 1, 412, 401 BGB[6] zu übertragen hat.[7] Die Befreiungswirkung tritt daher etwa auch bei der Aufgabe von Sicherungseigentum, Sicherungsgrundschulden oder bei der Rückübertragung von zur Sicherheit abgetretenen Forderungen ein.[8]

2. Aufgabe durch den Gläubiger

5 Unter der Aufgabe der Sicherheit durch den Gläubiger ist nach hM **nicht jede Beeinträchtigung** zu verstehen, vielmehr liegt diese erst vor, „wenn der Gläubiger auf eine Verwertungsmöglichkeit verzichtet oder jedenfalls bewusst deren wirtschaftlichen Wert beseitigt."[9] Es kommt danach auf eine **vorsätzliche Handlung des Gläubigers** an, nicht aber darauf, ob die formale Rechtsstellung rechtsgeschäftlich aufgegeben wird, oder ob nur faktisch dem Bürgen der wirtschaftliche Wert entzogen wird.[10] Die Nicht-Geltendmachung von Rechtspositionen, also Untätigkeit, genügt daher ebenso wenig wie fahrlässige Beeinträchtigungen.[11] Hierunter können die einvernehmliche Aufhebung des Sicherungs-

---

[1] Palandt/*Sprau* BGB § 776 Rn. 2 f.; Staudinger/*Horn* BGB § 776 Rn. 1 f.; Bamberger/Roth/Hau/Poseck/*Rohe* BGB § 776 Rn. 1; PWW/*Brödermann* BGB § 776 Rn. 4; **aA** insbes. MüKoBGB/*Habersack* § 776 Rn. 1 f. (Norm ist nur Konkretisierung von allgemeiner Sorgfaltspflicht); wohl auch *Weber* WM 2001, 1229, 1232 ff.; offen gelassen von *Müller* WM 2014, 869, 873.

[2] Staudinger/*Horn* BGB § 776 Rn. 3.

[3] BGH NJW 1981, 748; Staudinger/*Horn* BGB § 776 Rn. 20.

[4] BGH NJW 2000, 1566 (1568); NJW 2004, 161; *Niebling* VuR 2011, 283; *Tiedtke* NJW 2003, 1359; *Fischer* WM 2001, 1049.

[5] BGH NJW 2013, 2508 (Tz. 24).

[6] → BGB § 774 Rn. 3.

[7] BGH NJW 2000, 1566 (1568); NJW 1994, 1796; NJW 1981, 748.

[8] BGH NJW 2000, 1566 (1568).

[9] BGH NJW 2013, 2508 (Tz. 14); NJW 1999, 3195 (3197).

[10] In diesem Sinn Palandt/*Sprau* BGB § 776 Rn. 4; Bamberger/Roth/Hau/Poseck/*Rohe* BGB § 776 Rn. 4; PWW/*Brödermann* BGB § 776 Rn. 8; NK-BGB/*Beckmann* § 776 Rn. 3; ähnlich Erman/*Zetzsche* BGB § 776 Rn. 6 f.; **aA** insbes. MüKoBGB/*Habersack* § 776 Rn. 8 f. (sorgfaltwidriges Verhalten genügt).

[11] Weitergehend Staudinger/*Horn* BGB § 776 Rn. 12 (bei Erhaltungspflicht).

rechts, die Rückübertragung nicht-akzessorischer Sicherungsrechte[12] an den Sicherungsgeber oder die Übertragung an einen Dritten zur Besicherung einer anderen Forderung[13] fallen, aber auch die **vorsätzliche Beschädigung oder Zerstörung von Sicherungsgut.**[14] Als problematisch erscheint der Fall, dass der Hauptschuldner die weiteren Sicherheiten nicht nur für die verbürgte Forderung, sondern zugleich für andere Forderungen des selben Kreditgebers bestellt hat. Erfolgt nach **Verwertung** eine Verrechnung auf eine andere als die verbürgte Forderung, vereitelt auch das den Bürgenrückgriff, so dass § 776 BGB grundsätzlich anwendbar ist.[15] Der Kreditgeber kann sich dagegen schützen, indem er eine **Verrechnungsabrede** bezüglich der weiteren Sicherheiten im Bürgschaftsvertrag trifft, die die Befugnis zur Verwertung zu Lasten des Bürgen regelt.[16]

3. Konkrete Beeinträchtigung des Bürgenrückgriffs

Hinzu kommen muss zuletzt, dass die Aufgabe der Sicherung zu einer **konkreten Beeinträchtigung der Rückgriffs- bzw. Verwertungsmöglichkeiten** des Bürgen führt, diesem also tatsächlich ein Nachteil entsteht. Hieran fehlt es vor allem dann, wenn die Aufgabe der Sicherheit das Ausgleichsverhältnis zum Bürgen unberührt lässt, oder wenn im Hinblick auf eine (auch im Verhältnis zum Bürgen) vereinbarte **Nachrangigkeit** der aufgegebenen Sicherung ein Rückgriff ohnehin ausgeschlossen gewesen wäre. Insbesondere führt daher die Entlassung eines Mitbürgen aus der Haftung gegenüber dem Gläubiger nicht zur Folge des § 776 BGB, da hiervon das aus §§ 769, 774 Abs. 2, 426 BGB resultierende Ausgleichsrechtsverhältnis grundsätzlich unberührt bleibt[17] und die Aufgabe durch den Gläubiger daher der Geltendmachung des Ausgleichsanspruchs nicht entgegen steht.[18] Dasselbe gilt, soweit bei anderen Sicherungsrechten die Voraussetzungen für ein Ausgleichsschuldverhältnis analog § 426 BGB vorliegen, aus dem ebenfalls noch nach Aufgabe der Sicherheit Regress genommen werden kann.[19] Besteht nur eine **Nebenbürgschaft** unter Ausschluss des § 769 BGB im Innenverhältnis der Bürgen,[20] besteht indes keine Gesamtschuld und kein Ausgleichsverhältnis, so dass bei Entlassung des Nebenbürgen auch § 776 BGB anwendbar ist. 6

III. Rechtsfolge

Sind diese (vom Bürgen zu beweisenden[21]) Voraussetzungen erfüllt, wird der Bürge im **Umfang der konkreten Beeinträchtigung** seines Rückgriffs von der **Bürgenschuld befreit,**[22] die Schuld wird also durch die Aufgabe entsprechend reduziert. Da es sich nicht nur um ein Leistungsverweigerungsrecht handelt, dessen Voraussetzungen später ggf. wieder entfallen könnten, ist der eintretende Rechtsverlust **endgültig,** die Bürgschaftsforderung kann daher auch bei einem Rückerwerb der Sicherheit nicht wieder aufleben.[23] Soweit die Forderung bereits erfüllt ist, hat der Bürge ohne rechtlichen Grund geleistet und kann demnach die Leistung zurückfordern (§ 812 Abs. 1 Satz 1 Alt. 1 BGB). Der Umfang der Befreiung nach § 776 BGB ist anhand des voraussichtlich durch den Bürgen **realisier-** 7

[12] → BGB § 776 Rn. 4.
[13] BGH NJW 2013, 2508.
[14] Staudinger/*Horn* BGB § 776 Rn. 11.
[15] BGH WM 1960, 371; *Derleder* NJW 2015, 817 (820); Staudinger/*Horn* BGB § 776 Rn. 11.
[16] Näher *Derleder* NJW 2015, 817 (820 ff.).
[17] → BGB § 774 Rn. 9.
[18] MüKoBGB/*Habersack* § 776 Rn. 5; Palandt/*Sprau* BGB § 776 Rn. 5; Bamberger/Roth/Hau/Poseck/*Rohe* BGB § 776 Rn. 6; PWW/*Brödermann* BGB § 776 Rn. 2.
[19] → BGB § 774 Rn. 13 ff.
[20] → BGB § 769 Rn. 5.
[21] Bamberger/Roth/Hau/Poseck/*Rohe* BGB § 776 Rn. 8.
[22] BGH NJW 2013, 2508 (Tz. 21).
[23] BGH NJW 2013, 2508 (Tz. 16 ff.); hierzu ausführlich *Müller* WM 2014, 869.

baren Wertes der aufgegebenen Sicherheit zu bestimmen.[24] Es kommt also auf die Werthaltigkeit der Sicherheit an, bei Realsicherheiten auf den durch Schätzung zu ermittelnden **Verwertungserlös,** bei Personalsicherheiten auf die **Leistungsfähigkeit** des aus der Haftung entlassenen Schuldners.[25]

§ 777 Bürgschaft auf Zeit

(1) [1]**Hat sich der Bürge für eine bestehende Verbindlichkeit auf bestimmte Zeit verbürgt, so wird er nach dem Ablauf der bestimmten Zeit frei, wenn nicht der Gläubiger die Einziehung der Forderung unverzüglich nach Maßgabe des § 772 betreibt, das Verfahren ohne wesentliche Verzögerung fortsetzt und unverzüglich nach der Beendigung des Verfahrens dem Bürgen anzeigt, dass er ihn in Anspruch nehme.** [2]**Steht dem Bürgen die Einrede der Vorausklage nicht zu, so wird er nach dem Ablauf der bestimmten Zeit frei, wenn nicht der Gläubiger ihm unverzüglich diese Anzeige macht.**

(2) **Erfolgt die Anzeige rechtzeitig, so beschränkt sich die Haftung des Bürgen im Falle des Absatzes 1 Satz 1 auf den Umfang, den die Hauptverbindlichkeit zur Zeit der Beendigung des Verfahrens hat, im Falle des Absatzes 1 Satz 2 auf den Umfang, den die Hauptverbindlichkeit bei dem Ablauf der bestimmten Zeit hat.**

Übersicht

I. Überblick

1 Die Vorschrift des § 777 BGB befasst sich mit den Voraussetzungen der Geltendmachung des Bürgschaftsanspruchs bei einer **Zeitbürgschaft.**[1] Sie erweitert als **lex specialis** zu §§ 163, 158 Abs. 2 BGB die zeitliche Reichweite der Haftung des Bürgen: Nach den allgemeinen Vorschriften, die die **Zeitbestimmung der auflösenden Bedingung** gleichstellen (§ 163 BGB), würde die Wirkung des Bürgschaftsvertrags unmittelbar mit dem Endtermin enden, der Bürge würde also schon mit Zeitablauf von der Leistung befreit.[2] Demgegenüber gewährt § 777 BGB dem Gläubiger die Möglichkeit, den Bürgschaftsanspruch über den Endtermin hinaus zu erhalten, sofern er dem Bürgen die Inanspruchnahme **rechtzeitig anzeigt** und ggf. die Vorausklage rechtzeitig erhebt. Es handelt sich also um eine Sondervorschrift im Gläubigerinteresse.

2 Die Regelung ist grundsätzlich als **dispositiv** anzusehen, so dass die Parteien abweichende Regelungen insbesondere bezüglich der Voraussetzungen der Erhaltung des Bürgschaftsanspruchs treffen können. Individualvertraglich ist etwa zugunsten des Gläubigers ein **Ausschluss des Anzeigeerfordernisses** (soweit dann nach dem Parteiwillen überhaupt von einer Zeitbürgschaft auszugehen ist, da diese Gestaltung eher für eine gegenständliche Begrenzung spricht) oder die Einräumung einer **zusätzlichen Anzeigefrist** denkbar, zugunsten des Bürgen kann aber auch die Erhaltung des Anspruchs an strengere Voraus-

[24] Näher zur Bewertung *Müller* WM 2014, 869, 875 f.
[25] In diesem Sinn auch Erman/*Herrmann,* BGB, 13. Aufl. 2011, § 776 Rn. 5.
[1] Zum Begriff bereits → B Rn. 8.
[2] Vgl. BGH NJW 1984, 2461 (2462); Lwowski/Fischer/Gehrlein/*Fischer* § 9 Rn. 130, 184.

setzungen gebunden werden, etwa die Klageerhebung bis zum Endtermin.[3] In **AGB** des Gläubigers kann der **Ausschluss des Anzeigeerfordernisses** dagegen nicht vorgesehen werden, sofern individualvertraglich eine Zeitbürgschaft vereinbart wurde, da die zeitliche Beschränkung hierdurch weitgehend ausgehebelt würde, was als überraschende Klausel (§ 305c Abs. 1 BGB) zu bewerten ist.[4]

II. Voraussetzungen der Erhaltung des Bürgschaftsanspruchs

1. Abgrenzung und Reichweite der Zeitbürgschaft

Der Anwendungsbereich des § 777 BGB ist zunächst nur eröffnet, wenn nach dem Parteiwillen tatsächlich eine **zeitliche Beschränkung** der Bürgschaft beabsichtigt ist. Nicht erforderlich ist aber, dass eine kalendermäßige Bestimmung möglich ist, vielmehr ist § 777 BGB ebenso bei zeitlicher Beschränkung bis zu einem zukünftigen Ereignis anwendbar, auch wenn Zeitpunkt und Eintritt des Ereignisses ungewiss sind.[5] Abzugrenzen ist eine solche Zeitbürgschaft von der sog **gegenständlich beschränkten Bürgschaft.** Während bei der Zeitbürgschaft die Bürgschaftsverpflichtung selbst mit einem Endtermin versehen wird, dessen Ablauf die Haftung auch bei Fortbestand der Hauptforderung (vorbehaltlich einer rechtzeitigen Anzeige) entfallen lassen soll, wird durch die gegenständlich beschränkte Bürgschaft eine Haftung „für die innerhalb einer **bestimmten Zeit begründeten Verbindlichkeiten** – für diese aber unbefristet" übernommen.[6] Letzteres hat etwa bei Kontokorrentbürgschaften Bedeutung, soweit die Haftung auf den bis zu einem bestimmten Zeitpunkt aufgelaufenen **Kontosaldo** beschränkt werden soll. In diesem Fall kann die Bürgschaftsforderung selbst auch nach dem nur für den Umfang der Haftung relevanten Zeitpunkt nach allgemeinen Grundsätzen bis zum Ablauf der Verjährungsfrist geltend gemacht werden. Welche Art der Beschränkung vorliegt, kann nur im Einzelfall durch **Auslegung** ermittelt werden.[7] Trotz des Wortlauts des § 777 BGB („bestehende Verbindlichkeit") ist allerdings anerkannt, dass eine Zeitbürgschaft auch für **zukünftige Verbindlichkeiten** grundsätzlich bestellt werden kann, so dass dies nicht zwingend für eine gegenständliche Beschränkung spricht.[8] Auch eine Zeitbürgschaft für einen **zukünftigen Kontokorrentsaldo** ist daher denkbar, müsste aber in der Parteivereinbarung hinreichend **deutlich zum Ausdruck** kommen. 3

Selbst bei rechtzeitiger Anzeige der Inanspruchnahme des Bürgen erfasst die Zeitbürgschaft indes nur Forderungen, die **innerhalb der Bürgschaftszeit fällig** werden. Versäumt es der Gläubiger daher, die Hauptforderung rechtzeitig fällig zu stellen, oder stimmt er einer Stundung über die Bürgschaftszeit hinaus zu, verliert er hierdurch die Sicherung.[9] 4

2. Verfahren bei Erforderlichkeit der Vorausklage

Die eigentliche Regelung des § 777 BGB betrifft die Voraussetzungen, unter denen der Gläubiger den Bürgschaftsanspruch über den Endtermin der Zeitbürgschaft erhalten kann. Die Vorschrift differenziert insoweit zwischen der selbstschuldnerischen und der nichtselbstschuldnerischen Bürgschaft. Im letzteren Fall (der kaum praktische Bedeutung haben dürfte) ist das komplizierte Verfahren des § 777 Abs. 1 Satz 1 BGB einzuhalten. Es bedarf daher der **unverzüglichen (§ 121 BGB) Forderungsbeitreibung** gegen den Hauptschuldner, also der Klageerhebung und der Zwangsvollstreckung in das bewegliche Ver- 5

---

[3] BGH NJW 1982, 172.

[4] BGH NJW 2004, 2232; teilweise wird das Ergebnis der Unwirksamkeit solcher Klauseln auch auf § 307 Abs. 2 Nr. 1 BGB gestützt, vgl. etwa *Tiedtke* DB 1990, 411; MüKoBGB/*Habersack* § 777 Rn. 2.

[5] MüKoBGB/*Habersack* § 777 Rn. 7.

[6] BGH NJW 2004, 2232 (2233); Lwowski/Fischer/Gehrlein/*Fischer* § 9 Rn. 184.

[7] Hierzu näher *Voss* MDR 1990, 495.

[8] MüKoBGB/*Habersack* § 777 Rn. 6; Bamberger/Roth/Hau/Poseck/*Rohe* BGB § 777 Rn. 4.

[9] BGH NJW 1984, 2461; hierzu *Gerth* WM 1988, 317; *Winterlin* WM 1988, 1185.

mögen des Hauptschuldners (§ 772 BGB) sowie der **unverzüglichen Anzeige** der Inanspruchnahme an den Bürgen, sobald der Vollstreckungsversuch erfolglos geblieben ist. Das Verfahren ist „ohne wesentliche Verzögerung" durchzuführen, so dass der Gläubiger die Bürgschaftsforderung insbesondere verliert, wenn das Verfahren (etwa zum Zwecke von Vergleichsverhandlungen mit dem Hauptschuldner) mit Zustimmung des Gläubigers für eine nicht unerhebliche Zeit **ausgesetzt** wird oder wenn er nach dem Obsiegen nicht **zeitnah die Zwangsvollstreckung** betreibt.

3. Anzeigeerfordernis bei selbstschuldnerischer Bürgschaft

6 Bei der selbstschuldnerischen Bürgschaft bedarf es für die Erhaltung des Bürgschaftsanspruchs dagegen nur der **Anzeige der Inanspruchnahme** an den Bürgen. Der Wortlaut verlangt gerade nicht, dass die Anzeige bis zum Endtermin der Zeitbürgschaft erfolgt, vielmehr genügt noch eine **unverzüglich danach** übermittelte – wenn auch eine frühere Anzeige zulässig ist.[10] Inhaltlich muss die Anzeige lediglich die Mitteilung enthalten, dass der Bürge aus der Bürgschaft in Anspruch genommen werden soll, dagegen bedarf es zu diesem Zeitpunkt keiner Bezifferung der Anspruchshöhe. Zweck ist lediglich, dass der Zeitbürge sich zu diesem Zeitpunkt auf seine Haftung einstellen kann, dagegen verlangt die Vorschrift bei der selbstschuldnerischen Bürgschaft **keine unverzügliche Klageerhebung.**[11] Hierfür kann der Gläubiger nach der Anzeige die Verjährungsfrist ausschöpfen.

7 Das **Anzeigeerfordernis** gilt nach dem Wortlaut des § 777 Abs. 1 Satz 2 BGB nicht nur bei der selbstschuldnerischen Bürgschaft (§ 773 Abs. 1 Nr. 1 BGB), sondern auch in den anderen Fällen des **Ausschlusses der Einrede der Vorausklage** (§ 773 Abs. 1 Nr. 2–4 BGB). Ist ein solcher Fall tatsächlich gegeben, genügt daher ebenfalls die Anzeige an den Bürgen. Allerdings wird man es in diesen Fällen als hinreichend anzusehen haben, wenn der Gläubiger nach § 777 Abs. 1 Satz 1 BGB vorgeht und daher die Anzeige erst **nach dem Vollstreckungsversuch** absendet – auch wenn die Anzeige nach Satz 2 als verspätet anzusehen wäre. Denn die Ausschlusstatbestände dienen gerade den Gläubigerinteressen, beruft er sich nicht auf diese, können ihm daraus keine Nachteile entstehen. Es genügt dann die Anzeige nach dem erfolglosen Vollstreckungsversuch. Wird die bereits anhängige Vorausklage indes wegen des Eintretens eines der Ausschlusstatbestände des § 773 BGB **nicht weiterbetrieben** (etwa wegen der Eröffnung des Insolvenzverfahrens), bedarf es zu diesem Zeitpunkt auch der unverzüglichen Anzeige. Aus praktischer Sicht sollte die **Anzeige der Inanspruchnahme** des Bürgen zur Vermeidung von Unsicherheit auch bei einem Vorgehen nach Abs. 1 Satz 1 bereits **mit Erhebung der Vorausklage** erfolgen.

III. Rechtsfolgen

8 Für die **Rechtsfolgen** des § 777 BGB ist zu unterscheiden: Werden die in § 777 Abs. 1 BGB geregelten Voraussetzungen für die Erhaltung des Bürgschaftsanspruchs nicht erfüllt, erfolgt insbesondere die Anzeige an den Bürgen verspätet, wird der Bürge von der Bürgschaftsschuld frei (§ 777 Abs. 1 S. 1 BGB). Werden die Voraussetzungen dagegen eingehalten, führt die Zeitbestimmung jedenfalls noch zu einer **Beschränkung des Haftungsumfangs** des Bürgen (§ 777 Abs. 2 BGB), da der Bürge auch in diesem Fall nur für den Bestand der Hauptschuld zum Endtermin bzw. (bei der Erhebung der Vorausklage) zum Zeitpunkt des Verfahrensabschlusses haftet. Da der Haftungsumfang der Zeitbürgschaft ohnehin auf bis zum Endtermin fällige Forderungen beschränkt ist,[12] ist die praktische Relevanz dieser zusätzlichen Einschränkung gering.

---

[10] BGH NJW 1980, 830; NJW 1983, 750.
[11] BGH NJW 1983, 750.
[12] → BGB § 777 Rn. 4.

C. Schuldbeitritt

I. Begriff und Rechtsnatur

1 Beim **Schuldbeitritt**[13] handelt es sich um einen auf eine bestimmte Forderung gegen einen Dritten bezogenen Vertrag zwischen Gläubiger und Beitretendem, durch den letzterer die mit dem Schuldner **gleichrangige Haftung für die Verbindlichkeit** übernimmt.[14] Soweit dies nur zum Zweck der Sicherung erfolgt (und nur dieser Fall soll hier im Folgenden betrachtet werden), erwirbt der Beitretende bezüglich der Gegenleistung **keinen eigenen Erfüllungsanspruch,** diese kann vielmehr nur der Schuldner/ursprüngliche Vertragspartner beanspruchen. Zwischen Schuldner und Beitretendem entsteht also bezüglich der gesicherten Verbindlichkeit eine **Gesamtschuld (§ 421 BGB),** nicht aber auch eine Gesamtgläubigerschaft. Da somit auch die Rechtsposition des Schuldners von dem Beitritt nicht beeinträchtigt wird, bedarf es seiner Zustimmung zu dem Beitritt nicht. Denkbar ist aber auch eine Vereinbarung des Beitritts zwischen Hauptschuldner und Beitretendem, die als **Vertrag zugunsten Dritter** (§ 328 BGB) das Forderungsrecht des Gläubigers begründet.[15]

2 Beim Schuldbeitritt handelt es sich zumindest um ein in der **Entstehung akzessorisches,** aufgrund der Vertragsfreiheit zulässiges Sicherungsmittel.[16] In wirtschaftlicher Hinsicht ist es weitgehend mit der selbstschuldnerischen **Bürgschaft vergleichbar.** Ob im Einzelfall die Übernahme einer Bürgschaft oder ein Schuldbeitritt beabsichtigt ist, muss durch **Auslegung** der Parteivereinbarung ermittelt werden.[17] Zur Anwendung allgemeiner Vorschriften auf den Schuldbeitritt vgl. bereits → A. Rn. 22 ff. (zu § 138 BGB) und → A. Rn. 13 ff. (zum Verbraucherschutzrecht). Anerkannt ist auch, dass die für die Bürgschaft entwickelten **AGB-rechtlichen Grenzen** weiter Zweckerklärungen[18] ebenso auf den Schuldbeitritt anwendbar sind.[19]

II. Analoge Anwendung des Bürgschaftsrechts (insbesondere des § 766 BGB)

3 In der heutigen wissenschaftlichen Diskussion um den Schuldbeitritt steht die Frage im Vordergrund, inwieweit die Vorschriften des **Bürgschaftsrechts** (auch und gerade soweit sie die **Akzessorietät** regeln) auf den Schuldbeitritt **analog anzuwenden sind.** Während nach herkömmlicher Auffassung in Schrifttum und Rechtsprechung die Bürgschaftsnormen nicht analog anzuwenden sind,[20] so dass der Schuldbeitritt insbesondere formfrei erklärt werden kann,[21] plädiert eine im Vordringen begriffene Ansicht dafür, die Normen des Bürgschaftsrechts weitgehend analog auf den Schuldbeitritt (soweit dieser als Kreditsi-

[13] Ua *Artz* VuR 1997, 227; *Auer* ZBB 1999, 161; *Baumann* ZBB 1993, 171; *Bülow/Artz* ZIP 1998, 629; *Bülow* ZIP 1999, 1613; *Coester* JuS 1994, 370; *Dehn* WM 1993, 2115; *Drebes* DZWir 1998, 75; *Edenfeld* JZ 1997, 1034; *Fischer* WM 2001, 1049; *Fischer* WM 2001, 1093; *Grigoleit/Herresthal* Jura 2002, 825; *Harke* ZBB 2004, 147; *Heeg* DB 2008, 391; *Heger* BB 2006, 539; *Hoffmann* JR 2001, 221; *Kaiser* DB 2001, 1543; *Kohte* JZ 1990, 997; *Kulke* ZIP 2001, 985; *Kurz* DNotZ 1997, 552; *Madaus* WM 2003, 1705; *Madaus* BKR 2008, 54; *Pöggeler* JA 2001, 65; *Ramming* VersR 1994, 522; *Reinicke/Tiedtke* WiB 1997, 449; *Schmitz* DB 2006, 2656; *Scholz* BB 2001, 2541; *Wellisch/Bleckmann* DB 2006, 120; *v. Westphalen* NJW 1997, 2905; *Zahn* DB 1922, 1029.

[14] → B Rn. 4.

[15] BankR-HdB/*Nobbe* § 92 Rn. 86; Lwowski/Fischer/Gehrlein/*Fischer* § 9 Rn. 193.

[16] → A Rn. 2.

[17] Zu den Kriterien → Vor BGB §§ 765 ff. Rn. 4.

[18] → BGB § 765 Rn. 12.

[19] BGH NJW 1996, 249.

[20] BGH NJW-RR 2007, 1407 (1408); Palandt/*Grüneberg* BGB vor § 414 Rn. 1.

[21] BGH NJW 1998, 1939; Palandt/*Grüneberg* BGB vor § 414 Rn. 1.

cherung eingesetzt wird) anzuwenden.[22] In der Konsequenz wird der Schuldbeitritt nicht nur analog § 766 BGB als formbedürftig angesehen, vor allem kommen die §§ 767 ff. BGB analog zur Anwendung, um die **Beitretendenhaftung akzessorisch** auszugestalten, und auch der **Regress des Sicherungsgebers** gegen den Hauptschuldner kann auf § 774 BGB analog gestützt werden.[23] Lediglich die Subsidiaritätsvorschriften (§§ 771 ff. BGB) sind nicht zu übertragen. Dieser neueren Ansicht ist vorbehaltlos zuzustimmen. Zunächst können nur so **Wertungswidersprüche** vermieden werden, da im Hinblick auf die wirtschaftliche Austauschbarkeit von selbstschuldnerischer Bürgschaft und Schuldbeitritt eine wesentlich unterschiedliche Behandlung insbesondere im Hinblick auf den erforderlichen Schutz des Sicherungsgebers nicht überzeugend erscheint. Zum Teil lassen sich unstreitige Ergebnisse, insbesondere die Erfassung des Schuldbeitritts durch § 401 BGB,[24] überzeugender erklären. Auch punktuelle Diskussionen über die analoge Anwendung von **bürgschaftsrechtlichen Einzelnormen** (wie § 766 BGB[25] oder auch § 770 BGB[26]) erübrigen sich bei Annahme der Akzessorietät des Schuldbeitritts. Die im Vergleich zum Bürgen geringere Schutzwürdigkeit des (trotz des Sicherungscharakters) als gleichrangig verpflichtet gedachten Beitretenden dürfte im Hinblick auf die Bankenpraxis, häufig auch von Sicherungsgebern ohne wirtschaftliches Eigeninteresse den Schuldbeitritt zu verlangen, heute nur noch Fiktion sein.

4 Anzumerken ist, dass durch eine solche Analogielösung und das damit verbundene **Postulat der Gleichbehandlung von Bürgen und Beitretendem** die Frage noch nicht präjudiziert ist, ob auch die **Verbraucherschutzvorschriften,** insbesondere das Verbraucherkreditrecht, auf die Sicherungsmittel anzuwenden sind. Obwohl die Vertreter der hier zugestimmten Ansicht von einer grundsätzlichen **Nichtanwendbarkeit des Verbraucherkreditrechts** (und lediglich einer Berücksichtigung des § 492 BGB bei der Bestimmung der Anforderungen des § 766 BGB) ausgehen,[27] spricht nichts dagegen, die Gleichbehandlung beider Sicherungsmittel auch durch eine Anwendung des Verbraucherkreditrechts auf die Verbraucher-Personalsicherheiten zu gewährleisten. Es wurde bereits dargelegt,[28] dass die Vorschriften des **Bürgenschutzes** einen wirksamen **Verbraucherschutz nicht ersetzen** können, schon weil das wesentliche Schutzinstrument des Verbraucherrechts, das Widerrufsrecht des § 495 BGB, keine Entsprechung hat, und für den Verbraucher-Bürgen ein ebenso großes Bedürfnis für eine Kreditwürdigkeitsprüfung zur Verhinderung wirtschaftlicher Überforderung besteht wie für den Schuldbeitretenden. Das Bürgschaftsrecht enthält auch gerade keine **spezifisch verbraucherschützenden Vorschriften.** Daher ist es kein Widerspruch, einerseits für eine Behandlung des Schuldbeitritts analog zur selbstschuldnerischen Bürgschaft einzutreten, andererseits aber auch für eine Anwendung des Verbraucherkreditrechts auf beide Sicherungsformen zu plädieren.

III. Verhältnis des Beitretenden zum Gläubiger

5 Nach der hier vertretenen Ansicht bestimmt sich das Verhältnis des Beitretenden zum Gläubiger **analog zu den bürgschaftsrechtlichen Vorschriften,** so dass die Haftung **akzessorischen Charakter** hat.[29] Zur Anwendung kommen daher § 767 BGB zum

[22] Vgl. ausführlich *Schürnbrand* Der Schuldbeitritt zwischen Gesamtschuld und Akzessorietät 2003; *Madaus* Der Schuldbeitritt als Personalsicherheit 2001; ferner *Madaus* BKR 2008, 54; MüKoBGB/*Habersack* vor § 765 Rn. 11 ff.; weitgehend auch *Grigoleit/Herresthal* Jura 2002, 825.

[23] → BGB § 774 Rn. 17.

[24] MüKoBGB/*Habersack* vor § 765 Rn. 14.

[25] Dazu etwa *Grigoleit/Herresthal* Jura 2002, 825.

[26] Hierzu Erman/*Röthel* BGB vor § 414 Rn. 26.

[27] *Schürnbrand* Der Schuldbeitritt zwischen Gesamtschuld und Akzessorietät S. 63 ff.; ferner *Madaus* BKR 2008, 54 (56); MüKoBGB/*Habersack* vor § 765 Rn. 15.

[28] → A Rn. 29 f.

[29] → C Rn. 3.

Umfang der Hauptschuld sowie §§ 768 und 770 BGB zu den Einwendungen und Einreden des Beitretenden und § 776 BGB zum Fall der Regressbehinderung. Geht man dagegen von der Lösung der hM aus, begründet der Schuldbeitritt eine zum Zeitpunkt des Beitritts inhaltsgleiche **gesamtschuldnerische Verpflichtung,** die sich im Anschluss daran nach § 425 BGB **unterschiedlich entwickeln** kann.[30] Bezüglich der zu diesem Zeitpunkt bestehenden Einwendungen wird § 417 BGB analog herangezogen,[31] obwohl schon § 418 BGB zeigt, dass die Vorschriften der Schuldübernahme als wenig passend erscheinen. Dass diese Rechtslage auf die Interessenlage bei einem Sicherungsmittel nicht ausgerichtet ist, zeigt etwa die Behandlung der Verjährung: Da insbesondere die **Verjährungshemmung** im Rahmen der Gesamtschuld nur **Einzelwirkung** hat (§ 425 Abs. 2 BGB), kann der Gläubiger die Forderung gegen den Hauptschuldner verjähren lassen und diese nur gegenüber dem Beitretenden beitreiben. Dies erschwert (mangels durchsetzbarer übergehender Forderung)[32] nicht nur den Rückgriff gegen den eigentlichen Hauptschuldner, von dieser Folge dürften jedenfalls **rechtsunkundige Sicherungsgeber** auch überrascht werden, da der Parteiwille bei der Drittsicherung regelmäßig dahin geht, neben dem Hauptschuldner zu haften, während im hier skizzierten Fall der **Sicherungsgeber** aufgrund des Verhaltens des Gläubigers **plötzlich allein haftet.** Derartige Konsequenzen werden durch die analoge Anwendung des Bürgschaftsrechts vermieden.

IV. Verhältnis des Beitretenden zum Hauptschuldner

Im Verhältnis zum Hauptschuldner kommen nach hier vertretener Ansicht ebenfalls die **Vorschriften des Bürgschaftsrechts analog zur Anwendung,** insbesondere also § 774 Abs. 1 BGB, der den Übergang der Hauptschuld auf den zahlenden Bürger regelt und so den Rückgriff ermöglicht. Nach der bislang hM wäre dagegen von einer **Gesamtschuld** auszugehen, bei der nach § 426 Abs. 2 BGB ebenfalls eine Forderungsübergang an den Zahlenden im **Umfang des Ausgleichsanspruchs** (§ 426 Abs. 1 BGB) stattfindet. Geht man davon aus, dass bei dem nur Sicherungszwecken dienenden Schuldbeitritt abweichend von § 426 Abs. 1 BGB der Hauptschuldner aufgrund des Parteiwillens im Innenverhältnis **allein verpflichtet** ist,[33] besteht eine ähnliche Rechtslage, da der Regress des Beitretenden einerseits direkt auf § 426 Abs. 1 BGB gestützt werden kann, andererseits aber auch auf die nach § 426 Abs. 2 BGB übergegangene Hauptforderung (sowie die hiermit nach §§ 412, 401 BGB verbundenen Sicherungsmittel). Letzteres geht indes ins Leere, wenn die Forderung zu diesem Zeitpunkt aus Sicht des Hauptschuldners **einredebehaftet ist,** insbesondere nur im Verhältnis zu diesem Verjährung eingetreten ist.[34] Unter der analogen Geltung des § 768 BGB kann diese Situation nicht eintreten. 6

Im Übrigen kann der Beitretende nach beiden Konzeptionen zusätzlich nach **auftragsrechtlichen Grundsätzen** (§ 670 BGB) Regress nehmen, soweit der Sicherungsgewährung ein Auftrag oder Geschäftsbesorgungsvertrag zugrunde lag. Bezüglich eines aus diesem Verhältnis resultierenden Befreiungsanspruchs ist auch § 775 BGB analog anzuwenden, da dessen Funktion gerade der Begrenzung des Befreiungsanspruchs ist,[35] um dem Sicherungszweck Rechnung zu tragen. Diese Erwägungen zeigen, dass die analoge Anwendung des Bürgschaftsrechts durchweg zu interessengerechten, da (im Gegensatz zu den Gesamtschuldregelungen) auf den **Sicherungscharakter** Rücksicht nehmenden Ergebnissen führt. 7

[30] Vgl. etwa Erman/*Röthel* BGB vor § 414 Rn. 25.
[31] BGH NJW 1993, 1914.
[32] → C Rn. 6.
[33] Zu einem solchen Fall BGH NJW 1986, 978.
[34] → C Rn. 5.
[35] → BGB § 775 Rn. 1.

D. Garantie

I. Begriff und Abgrenzung

1 Eine weitere Form der Personalsicherheit, die hauptsächlich im unternehmerischen Geschäftsverkehr Bedeutung hat, ist der **Garantievertrag.**[36] In der Bankpraxis spielt dieser im **Avalgeschäft als Bankgarantie** eine erhebliche Rolle, insbesondere im internationalen Geschäft.[37] Durch den Garantievertrag wird eine **verschuldensunabhängige Einstandspflicht** des Garanten für den vertraglich definierten Erfolg begründet, wobei dieser Erfolg nicht nur in der Erfüllung einer Geldforderung bestehen kann. Vielmehr kann eine Garantie auch für jede andere Verpflichtung übernommen werden, etwa für Warenlieferungen oder Bauleistungen. Die im Garantiefall zu erbringenden Leistungen sind ebenso vertraglich zu vereinbaren und (insbesondere bei der Bankgarantie) regelmäßig auf eine Geldzahlung gerichtet, die dem Erfüllungsinteresse des Garantienehmers entspricht. Soweit es an einer speziellen vertraglichen Festlegung fehlt, ist die **Garantieleistung durch Anwendung des Schadensrechts** als Ersatz für den garantierten Erfolg zu bestimmen.[38] Bei der als Kreditsicherungsmittel verbreiteten Forderungsgarantie entspricht die Garantieleistung daher regelmäßig der Höhe der garantierten Forderung.[39]

2 Der Garantievertrag beruht als **Vertragsform sui generis** im Wesentlichen auf der Vertragsgestaltungsfreiheit (§ 311 Abs. 1 BGB). Grundsätzlich ist die Garantiehaftung nicht nur verschuldensunabhängig, sondern erfasst auch **zufällige Leistungshindernisse** und bleibt vom Eintritt der Unmöglichkeit des garantierten Erfolges unberührt.[40] Prägendes Charakteristikum ist ferner die **Nicht-Akzessorietät der Garantie,** die Haftung wird gerade unabhängig vom Bestehen einer wirksamen und durchsetzbaren Verbindlichkeit bezüglich der Herbeiführung des Erfolges übernommen.[41] Diese Nicht-Akzessorietät ist als wesentliches **Abgrenzungskriterium** gegenüber Bürgschaft und Schuldbeitritt anzusehen.[42] Die fehlende Akzessorietät lässt auch die besondere Erscheinungsform der **Selbstgarantie** als sinnvoll erscheinen, also die Verstärkung der eigenen Verpflichtung durch Übernahme einer von der Wirksamkeit der Hauptforderung unabhängigen Garantiehaftung.

3 Soweit die Parteivereinbarung **auslegungsbedürftig** ist, kommt es entscheidend auf den Willen des Sicherungsgebers an. Für die Auslegung gelten die allgemeinen Grundsätze, so dass insbesondere der Wortlaut der Erklärung nicht zwingend ausschlaggebend ist, sofern sich ein abweichender **Parteiwille** ermitteln lässt. Dem Wortlaut kommt aber stärkere Bedeutung zu, wenn der Sicherungsgeber bezüglich Finanzierungs- und Sicherungsgeschäften als erfahren gilt – bei einer so bezeichneten Bankgarantie bleibt kein Raum für

---

[36] Näher *Adelsberger* RIW/AWD 1981, 439; *Bark* ZIP 1982, 405; *Bark* ZIP 1982, 655; *Belzer* ZfBR 1985, 209; *v. Bernstoff* RiW 1987, 257; *Bydlinski* ZBB 1989, 153; *Canaris* ZIP 1998, 493; *Coing* ZHR 147, 125; *Förster* Die Fusion von Bürgschaft und Garantie S. 34 ff.; *Hökl* ZfBR 2003, 527; *Horn* WM 1997, 864; *Jeep* WM 1988, 1469; *Klaas* ZIP 1997, 1098; *Kleine-Möller* NZBau 2002, 585; *Kümpel* NJW 1999, 313; *Kupisch* WM 1999, 2381; *Lienisch* DZWir 2000, 492; *Mastropaolo* WM 1993, 1994; *v. Mettenheim* RIW/AWD 1993, 581; *Mülbert* ZIP 1985, 1101; *Nielsen* ZHR 147, 145; *Nielsen* ZIP 1982, 253; *Nielsen* WM 1999, 2005; *Nielsen* ZBB 2004, 491; *Schmidt* RiW 2004, 336; *Schütze* WM 1980, 1438; *Schütze* DB 1981, 779; *Schütze* WM 1982, 1398; *Stumpf* RFIW/AWD 1982, 305; *Stumpf/Ulrich* RiW 1984, 843; *Trost* ZIP 1981, 1307; *v. Westphalen* WM 1981, 294; *v. Westphalen* RiW 1992, 961; *v. Westphalen* BB 2003, 116; *v. Westphalen* ZIP 2004, 143; *Wilhelm* NJW 1999, 3519; *Zahn* ZIP 1984, 1303.

[37] Ausführlich zur Bankgarantie: MüKoHGB/*Welter* ZahlungsV Rn. J 1 ff.

[38] BGH NJW 2006, 996 (999); Lwowski/Fischer/Gehrlein/*Fischer* § 9 Rn. 216.

[39] BankR-HdB/*Nobbe* § 92 Rn. 6.

[40] MüKoBGB/*Habersack* vor § 765 Rn. 17.

[41] Vgl. die Definition bei *Förster* Die Fusion von Bürgschaft und Garantie S. 124: „Mit dem Garantievertrag verpflichtet sich der Garant selbständig gegenüber dem Begünstigten, die wirtschaftlichen Folgen der Realisierung eines bestimmten Risikos zu übernehmen.".

[42] BGH NJW 2006, 996 (998); NJW 1999, 570; NJW 1997, 1435.

eine abweichende Auslegung. Bei Sicherungserklärungen von **Verbrauchern** ist dagegen auch bei Verwendung des Wortes Garantie näher zu prüfen, ob eine derart weitgehende Verpflichtung beabsichtigt war. Lässt sich nicht zweifelsfrei ermitteln, dass der Sicherungsgeber eine von der Grundverpflichtung unabhängige Leistungspflicht übernehmen wollte, ist zum Schutz des Sicherungsgebers von der Übernahme einer Bürgschaft auszugehen.[43]

Trotz dieser prägenden Bedeutung der Nicht-Akzessorietät ist aber auch anerkannt, dass durch die Ausgestaltung der Parteivereinbarung die Garantie mit der **Hauptverpflichtung verbunden** werden kann, so dass eine „gewisse Abhängigkeit" von dieser entsteht.[44] Erreicht wird dies durch die Formulierung der **Voraussetzungen des Garantiefalles.** Insbesondere kann bei der Forderungsgarantie der (vom Garantienehmer zu beweisende) **Garantiefall an das Bestehen der Forderung** geknüpft werden. Solche Gestaltungen lassen den nicht-akzessorischen Charakter der Sicherung aber grundsätzlich unberührt. Bei einer weitgehenden Verknüpfung, insbesondere wenn der Garantiegeber sich auch auf die **Einreden des Schuldners** berufen kann (zB wenn die Durchsetzbarkeit der Forderung Voraussetzung des Garantiefalls wäre), ist allerdings genau zu prüfen, ob nach dem Parteiwillen tatsächlich ein Garantievertrag vorliegt, spricht doch eine solche Gestaltung deutlich für die Annahme einer Bürgschaft.[45] 4

II. Anwendbare Vorschriften

Da der Garantievertrag gesetzlich nicht geregelt ist, richtet sich der **Inhalt des Vertragsverhältnisses** weitgehend nach den Parteivereinbarungen. Anerkannt ist insbesondere, dass die Vorschriften des Bürgschaftsrechts aufgrund der fehlenden Akzessorietät der Garantenverpflichtung **nicht analog** anzuwenden sind.[46] Umstritten ist dies vor allem noch für § 774 BGB,[47] wobei auch diese Analogie abzulehnen ist, da sie dem nicht-akzessorischen Charakter der Garantie widerspricht. Auch die mitunter geforderte analoge Anwendung des § 766 BGB wird von der ganz überwiegenden Meinung abgelehnt.[48] Allenfalls ist im Wege der (auch ergänzenden) **Vertragsauslegung** zu fragen, ob einzelne, nicht an die Akzessorietät anknüpfende Regelungen wie § 775 oder § 777 BGB im konkreten Fall auf die Vereinbarung übertragen werden können.[49] Im Hinblick auf ihre rechtliche Selbständigkeit gehen die Ansprüche aus einer Forderungsgarantie bei der Abtretung der gesicherten Forderung nicht nach § 401 BGB auf den Zessionar über, was auch in den Fällen des gesetzlichen Forderungsübergangs (etwa nach §§ 774 Abs. 1, 426 Abs. 2, jew. iVm 412 BGB) gilt.[50] In Betracht kommt allenfalls eine **schuldrechtliche Verpflichtung** auf Übertragung der nicht-akzessorischen Sicherheiten aus dem Innenverhältnis. 5

Dagegen kommen die allgemeinen (insbesondere zwingenden) Vorschriften natürlich auch auf den Garantievertrag zur Anwendung. Soweit dem Vertrag AGB (insbesondere des Garantienehmers) zugrunde liegen, sind die Vorgaben der §§ 307 ff. BGB zu beachten.[51] 6

[43] MüKoHGB/*Welter* ZahlungsV Rn. J 16.
[44] BGH NJW 2006, 996 (998).
[45] MüKoHGB/*Welter* ZahlungsV Rn. J 53.
[46] RGZ 96, 136; Staudinger/*Horn* BGB vor § 765 Rn. 214; MüKoBGB/*Habersack* vor § 765 Rn. 19; BankR-HdB/*Nobbe* § 92 Rn. 3, 24.
[47] Dafür etwa *Larenz/Canaris,* Schuldrecht II/2, § 64 III 3; *Canaris* Bankvertragsrecht, Rn. 1112; MüKoHGB/*Welter* ZahlungsV Rn. J 39; *Castellvi* WM 1995, 868.
[48] BGH NJW 1967, 1020; Staudinger/*Horn* BGB vor § 765 Rn. 240; BankR-HdB/*Nobbe* § 92 Rn. 3; MüKoBGB/*Habersack* vor § 765 Rn. 19; MüKoHGB/*Welter* ZahlungsV Rn. J 45 (für die Bankgarantie); **aA** etwa *Larenz/Canaris,* Schuldrecht II/2, § 64 III 3.
[49] Hierfür etwa MüKoBGB/*Habersack* vor § 765 Rn. 19.
[50] BGH NJW 1987, 2075; BankR-HdB/*Nobbe* § 92 Rn. 21; MüKoHGB/*Welter* ZahlungsV Rn. J 87 mwN; **aA** wiederum *Larenz/Canaris,* Schuldrecht II/2, § 64 III 3.
[51] Näher: *Billing* WM 2007, 245.

Strenge Anforderungen stellt der BGH insbesondere im Hinblick auf das **Transparenzgebot** (§ 307 Abs. 1 Satz 2 BGB), da der Garantiegeber hier „in besonderem Maße darauf angewiesen (ist), dass ihm der Vertrag ein vollständiges und wahres Bild des Inhalts seiner Verpflichtung vermittelt", wozu insbesondere eine klare Regelung der Frage zählt, inwieweit die Garantie über die akzessorische Bürgenverpflichtung hinausgehen soll.[52] Eine **Unklarheit** bezüglich der Reichweite der Verpflichtung lässt dabei die Verpflichtung als **insgesamt unwirksam** erscheinen.[53]

7 Soweit eine Forderungsgarantie von einem **Verbraucher** übernommen wird, stellt sich die Frage, ob das Verbraucherkreditrecht hierauf zur Anwendung zu bringen ist. Die Frage hat bislang offenbar **wenig praktische Bedeutung,** da der Garantievertrag vor allem im unternehmerischen Geschäftsverkehr verbreitet ist. Gerade bei der Kreditsicherung im Verbrauchergeschäft lässt sich aber feststellen, dass die Auswahl des Sicherungsmittels aufgrund des Verhandlungsungleichgewichts hauptsächlich von den Kreditinstituten als Sicherungsnehmern bestimmt wird, schon da den wenigsten Verbrauchern die rechtlichen Unterschiede der verschiedenen Sicherungsmittel bekannt sein dürften. Geht man mit der hier vertretenen Ansicht[54] davon aus, dass das **Verbraucherkreditrecht** aufgrund ihrer wirtschaftlichen Austauschbarkeit einheitlich auf Bürgschaften und Schuldbeitritte anzuwenden ist, muss man konsequenterweise diesen Grundsatz auch auf die **Forderungsgarantie eines Verbrauchers** erstrecken. Aber selbst auf der Grundlage der Rechtsprechung, die eine Anwendung auf die Bürgschaft gerade im Hinblick auf die Bürgenschutzvorschriften der §§ 765 ff. BGB ablehnt,[55] dürfte eine **analoge Anwendung auf die Verbrauchergarantie** anzuerkennen sein, fehlen doch hier – ähnlich wie nach der Rechtsprechung zum Schuldbeitritt – jegliche Schutzvorschriften. Dennoch kann die Anwendung keinesfalls als anerkannt angesehen werden.[56] Die Diskussion steht insoweit aber noch am Anfang.

III. Garantiefall und Einwendungen

8 Der sog **formelle Garantiefall,**[57] also die Voraussetzungen der Entstehung des Zahlungsanspruchs gegen den Garanten im Außenverhältnis zum Begünstigten, wird durch die Parteivereinbarung bestimmt. Je nach Vertragsgegenstand werden die Voraussetzungen sehr unterschiedlich definiert. Dabei kann auch auf **formalisierte Bedingungen** (zB in einer bestimmten Form abgegebene Erklärungen oder Nachweise) abgestellt werden, um die Inanspruchnahme des Garanten in Hinblick auf die Beweislast des Garantiebegünstigten zu erleichtern und zu beschleunigen.[58] Bei der **Forderungsgarantie** wird regelmäßig auf die Nichterfüllung der Forderung zu einem bestimmten Zeitpunkt abgestellt, so dass es grundsätzlich des **Nachweises der Nichterfüllung** durch den Schuldner bedarf (soweit keine besondere formalisierte Bedingung formuliert wurde).

9 Häufig wird der Garantieanspruch im Garantievertrag **befristet.** Welche Bedeutung eine derartige Frist hat, ist im **Einzelfall durch Auslegung** zu ermitteln. § 777 BGB ist nicht analog anwendbar, gleichwohl kann die Auslegung zu dem Ergebnis führen, dass die Fristbestimmung ebenso wie im Bürgschaftsrecht zu verstehen ist und daher die Anzeige der Inanspruchnahme unverzüglich nach Fristablauf verlangt. Weitergehend kann vereinbart sein, dass die Garantieforderung bis Fristablauf in bestimmter Form (etwa unter Vorlage bestimmter Nachweise) oder sogar gerichtlich geltend gemacht sein muss. Es kann aber

[52] BGH NJW 2006, 996 (998 f.).
[53] BGH NJW 2006, 996 (999).
[54] → A Rn. 22 ff.
[55] → A Rn. 29.
[56] Dafür insbes. *Omlor* WM 2009, 54; dagegen etwa BankR-HdB/*Nobbe* § 92 Rn. 4; unentschieden Palandt/*Sprau* BGB vor § 765 Rn. 16.
[57] Zur Terminologie vgl. MüKoHGB/*Welter* ZahlungsV Rn. J 26 ff.
[58] Hierzu ausführlich: MüKoHGB/*Welter* ZahlungsV Rn. J 31.

auch gemeint sein, dass nur der **Garantiefall innerhalb der Frist** eingetreten sein muss, während die Geltendmachung im Rahmen der Verjährungsregeln zulässig bleibt. Da der Garantieanspruch erst mit dem Garantiefall entsteht (§ 199 Abs. 1 Nr. 1 BGB), könnte der Anspruch dann noch drei Jahre zum Jahresschluss geltend gemacht werden (§ 195 BGB).[59] Welche dieser Gestaltungen dem Parteiwillen entspricht, kann nicht allgemein, sondern **nur im Einzelfall** festgestellt werden. In der Regel dürfte die Befristung aber als **Ausschlussfrist** für die Geltendmachung gemeint sein, damit nach Fristablauf Klarheit bezüglich der Inanspruchnahme eintritt. Jedenfalls empfiehlt es sich, die beabsichtigte Wirkung einer Befristung ausdrücklich zu regeln.[60]

Aufgrund der Nicht-Akzessorietät kommt es grundsätzlich nicht darauf an, ob die garantierte Forderung tatsächlich besteht und ob dem Schuldner Einreden oder Einwendungen gegen diese zustehen. Allerdings kann der Garantiefall auch so definiert werden, dass dieser vom **Nachweis des Bestehens der Forderung** oder sogar der **Einredefreiheit** abhängt, ferner kann die Höhe der Garantieleistung von der (vom Begünstigten nachzuweisenden) **Höhe der Forderung** abhängig gemacht werden.[61] Trotz der Nicht-Akzessorietät ist daher die Geltendmachung von Einwendungen und Einreden gegen die garantierte Forderung nicht von vornherein ausgeschlossen, sie ist aber nur möglich, soweit dies durch den Garantievertrag eröffnet wird.[62] Darüber hinaus kann sich der Garant stets (also selbst bei formalisierten Bedingungen, wie zB der Garantie auf erstes Anfordern[63]) auf den **Einwand des Rechtsmissbrauchs (§ 242 BGB)** berufen, der jedoch voraussetzt, dass die mangelnde materielle Berechtigung (also die **Rechtsgrundlosigkeit** der Garantenleistung im Verhältnis zum Schuldner) **offensichtlich oder liquide beweisbar** ist.[64] Bei der Feststellung dieser Voraussetzungen sind aber ganz strenge Maßstäbe anzulegen.[65] Daneben stehen dem Garanten selbstverständlich alle **Einwendungen aus dem Garantievertrag** selbst zu, etwa Einwendungen gegen die Wirksamkeit des Vertrags oder die Einrede der Verjährung der Garantieforderung.[66] 10

Soweit die Voraussetzungen des Garantiefalles erfüllt und nachgewiesen sind, ist der Garant (mit Ausnahme des Falles des Rechtsmissbrauchs) somit **unabhängig von der materiellen Berechtigung** des Begünstigten im Valutaverhältnis zur Zahlung verpflichtet. Daher kann diese Zahlung auch nicht als rechtsgrundlos angesehen werden. Liegt der Garantiefall vor, handelt es sich bereicherungsrechtlich um eine Leistung des Garantieauftraggebers und die **bereicherungsrechtliche Rückabwicklung** ist nicht direkt zwischen dem Garanten und dem Begünstigten (wie etwa bei der Bürgschaft auf erstes Anfordern, bei der der Akzessorietätsgrundsatz die Direktkondiktion begründet), sondern im **Valutaverhältnis** zwischen Garantieauftraggeber und Begünstigtem vorzunehmen.[67] Da der Garant zugleich den Zweck verfolgt, auf eine eigene Schuld zu leisten, kann er dagegen die Rückzahlung vom Garantienehmer im Wege der Direktkondiktion verlangen, wenn der Anspruch aus dem Garantievertrag tatsächlich nicht bestand, insbesondere der Garantiefall nicht eingetreten war. 11

IV. Verhältnis zum Schuldner der garantierten Leistung

Üblicherweise erfolgt der Abschluss des Garantievertrags (insbesondere bei der Forderungsgarantie durch ein Kreditinstitut) aufgrund eines **Geschäftsbesorgungsvertrags** 12

---

[59] Vgl. *Grützner/Schmidl* NJW 2007, 3610.
[60] MüKoHGB/*Welter,* ZahlungsV Rn. J 50.
[61] BankR-HdB/*Nobbe* § 92 Rn. 16.
[62] Hierzu: MüKoBGB/*Habersack* vor § 765 Rn. 22.
[63] → D Rn. 15.
[64] BGH NJW 1984, 2030; NJW 2001, 282; NJW 1988, 2610.
[65] Ausführlich MüKoHGB/*Welter* ZahlungsV Rn. J 72 ff.
[66] MüKoBGB/*Habersack* vor § 765 Rn. 20.
[67] BGH NJW 1999, 570.

(§ 675 BGB) mit dem Schuldner der garantierten Leistung, also dem Garantieauftraggeber. Beim Abschluss des Garantievertrags ist der Garant daher bezüglich des **Inhalts weisungsgebunden,** er hat insbesondere die Voraussetzungen des Garantiefalles so zu definieren, wie mit dem Auftraggeber vereinbart.[68] Die Weisungsgebundenheit erfasst allerdings **nicht die Auszahlung** der Garantiesumme oder die Feststellung des Garantiefalles, da der Garant insoweit im Außenverhältnis aufgrund eigener **Verpflichtung** handelt. Aus dem Geschäftsbesorgungsvertrag resultiert lediglich die Verpflichtung, das Vorliegen des Garantiefalles **sorgfältig zu prüfen** und den Garantieauftraggeber von der Inanspruchnahme **zu informieren,** um diesem Gelegenheit zu geben, auf Einwendungen gegen den Garantieanspruch hinzuweisen, die den Einwand des Rechtsmissbrauchs begründen könnten.[69]

13 Für den Rückgriff gegen den Garantieauftraggeber steht dem Garanten nach Zahlung aufgrund des Garantievertrags lediglich der **geschäftsbesorgungsrechtliche Aufwendungsersatzanspruch** zur Verfügung (§ 670 BGB). Voraussetzung ist sowohl, dass der Garant sich bei Abschluss des Garantievertrags im Rahmen des Auftrags bzw. der Weisungen des Garantieauftraggebers gehalten hat, als auch, dass er die **Zahlung für erforderlich** halten durfte. Letzteres ist nur anzunehmen, wenn der Garant aufgrund sorgfältiger Prüfung davon ausgehen durfte, zur Zahlung verpflichtet zu sein. Ist der Garantiefall tatsächlich für den Garanten erkennbar nicht eingetreten, besteht daher kein Aufwendungsersatzanspruch, vielmehr muss der Garant die Leistung **beim Garantienehmer kondizieren.** Der auftragsrechtliche **Vorschussanspruch** (§ 669 BGB) ist regelmäßig als konkludent **abbedungen** anzusehen.

14 Ein gesetzlicher Forderungsübergang analog § 774 BGB widerspräche dagegen dem nichtakzessorischen Charakter der Garantie und ist daher abzulehnen.[70] Nach dem Zweck des Garantievertrags ist allerdings davon auszugehen, dass nach der Zahlung die **garantierte Forderung** wirtschaftlich dem Garanten zustehen soll, so dass man im Wege der ergänzenden Auslegung des Garantievertrags eine **schuldrechtliche Verpflichtung zu deren Abtretung** an den Garanten Zug-um-Zug gegen Zahlung annehmen kann. Bedeutung hat dies neben § 670 BGB vor allem wegen der nach § 401 BGB übergehenden **Sicherungsrechte.** Der Regress gegen den Auftraggeber kann aber erst nach erfolgter Abtretung auf diese Forderung gestützt werden. Ein automatischer Forderungsübergang bei Zahlung kann nur dadurch erreicht werden, dass bereits im Garantievertrag die **Abtretung (§ 398 BGB) aufschiebend bedingt** durch die Zahlung (§ 158 Abs. 1 BGB) vereinbart wird.[71]

V. Sonderformen der Garantie

1. Garantie auf erstes Anfordern

15 Bei der **Garantie auf erstes Anfordern** handelt es sich um eine Sonderform der Garantie, bei der der Garantiefall anhand von **rein formellen Voraussetzungen** definiert ist, wodurch – ähnlich wie bei der Bürgschaft auf erstes Anfordern[72] – dem Garanten die Berufung auf Einwendungen und Einreden zunächst abgeschnitten wird.[73] Üblicherweise

[68] MüKoHGB/*Welter* ZahlungsV Rn. J 26.

[69] Zu den Pflichten des Garanten im Verhältnis zum Auftraggeber (speziell für die Bankgarantie) vgl. ausführlich MüKoHGB/*Welter* ZahlungsV Rn. J 25 ff.

[70] RGZ 96, 136; Staudinger/*Horn* BGB vor § 765 Rn. 228; MüKoBGB/*Habersack* vor § 765 Rn. 19; BankR-HdB/*Nobbe* § 92 Rn. 24; **aA** *Larenz/Canaris,* Schuldrecht II/2, § 64 III 3; *Canaris* Bankvertragsrecht Rn. 1112; MüKoHGB/*Welter* ZahlungsV Rn. J 39; *Castellvi* WM 1995, 868.

[71] MüKoHGB/*Welter* ZahlungsV Rn. J 39.

[72] → B Rn. 7.

[73] Näher zu dieser Sonderform: *Canaris* ZIP 1998, 493; *Gröschler* JZ 1999, 822; *Hahn* NJW 1999, 2793; *Kupisch* WM 1999, 2381; *Mülbert* ZIP 1985, 1101; *Rümker* ZGR 1986, 332; *Schulz/Mettke* WM 2014, 54; sowie MüKoBGB/*Habersack* vor § 765 Rn. 27 ff.; Lwowski/Fischer/Gehrlein/*Fischer* § 9 Rn. 219.

wird der Garantiefall dabei nur von einer **Erklärung des Garantieberechtigten** abhängig gemacht, für die ggf. eine besondere Form oder ein besonderer Inhalt vereinbart wird. Auf die materielle Berechtigung, im Valutaverhältnis vom Garantieauftraggeber Zahlung zu verlangen, kommt es für die Fälligkeit des Garantieanspruchs dann nicht an. Lediglich der **Einwand des Rechtsmissbrauchs**[74] bleibt dem Garanten auch bei dieser Garantieform zwingend erhalten, soweit die sofortige Rückgewährpflicht offensichtlich und liquide beweisbar ist.[75] Auch eine Aufrechnung gegen Forderungen ist zwar grundsätzlich möglich (soweit diese Befugnis nicht gesondert im Vertrag ausgeschlossen wurde), in diesem Fall muss aber der Gegenanspruch „liquide" sein[76], also unstreitig oder offensichtlich und liquide beweisbar. Daher ist diese Berechtigung auch für die Entstehung des Aufwendungsersatzanspruchs des Garanten (§§ 675, 670 BGB) irrelevant, der Garant kann also den Garantieauftraggeber in **Regress** nehmen, wenn der Garantiefall formell ordnungsgemäß erklärt wurde.

Die materielle Berechtigung im Valutaverhältnis spielt dagegen grundsätzlich **nur im Rückforderungsprozess** gegen den Garantieberechtigten eine Rolle. Im Unterschied zur Bürgschaft auf erstes Anfordern[77] können Einwendungen aus dem Valutaverhältnis wegen der Nichtakzessorietät der Garantie hier aber nur vom **Garantieauftraggeber** geltend gemacht werden, da diesem die Zahlung als bereicherungsrechtliche Leistung zugerechnet wird und nur in diesem Verhältnis Rechtsgrundlosigkeit vorliegt.[78] Dieser bleibt also dem Garanten zur Zahlung verpflichtet und muss **selbst kondizieren** – andererseits hat der Garant (etwa bei Zahlungsunfähigkeit des Garantieauftraggebers) auch nicht die Möglichkeit der Direktkondiktion. Die Rückforderung durch den Garanten kommt nur in Betracht, soweit die Einwendungen aus dem Garantievertrag selbst resultieren (etwa bei dessen Unwirksamkeit), oder wenn die direkte Rückforderung im Garantievertrag **vereinbart** worden ist. Im letzten Fall handelt es sich freilich nicht um einen Bereicherungsanspruch, sondern um einen vertraglichen Anspruch.[79] 16

2. Bankgarantie

Die Bankgarantie ist nicht durch Besonderheiten der rechtlichen Ausgestaltung geprägt, sondern allein dadurch, dass der **Garant ein Kreditinstitut** ist.[80] Es handelt sich um ein wichtiges Instrument des **Avalkreditgeschäfts** und ist insbesondere bei der Absicherung von Zahlungen im **internationalen Wirtschaftsverkehr** verbreitet.[81] Aufgrund der Gepflogenheiten des internationalen Handelsverkehrs dominieren insoweit **Garantiegestaltungen auf erstes Anfordern.**[82] Internationale Harmonisierungsbemühungen der Ausgestaltung scheinen sich in der Praxis nicht durchzusetzen,[83] und auch eine hierauf bezogene **UN-Konvention von 1995** wurde bislang in keinem wichtigen Industriestaat in Kraft gesetzt.[84] Für die rechtliche Gestaltung bedeutet dies, dass keine einheitlichen Bedingungen verwendet werden, sondern Garantieverträge privatautonom **ausgehandelt** oder aufgrund 17

[74] → D Rn. 10.

[75] OLG Hamburg BeckRS 2012, 13238.

[76] BGH NJW 1985, 1829; dazu *Rümker* ZGR 1986, 332.

[77] Ausführlich zum Unterschied bei der Rückforderung *Heermann* ZBB 1998, 239.

[78] BGH NJW 1999, 570; hierzu *Wilhelm* NJW 1999, 3519.

[79] MüKoBGB/*Habersack* vor § 765 Rn. 28.

[80] Für die Einzelheiten zur Vertragspraxis vgl. die umfassenden Kommentierungen bei v. *Westphalen/Jud* Die Bankgarantie im internationalen Handelsverkehr 3. Aufl. 2005, sowie MüKoHGB/*Welter* ZahlungsV Rn. J 1 ff.; Heymann/*Horn* HGB Anh. § 372 Rn. VI 88 ff.

[81] Heymann/*Horn* HGB Anh. § 372 Rn. VI 88.

[82] → D Rn. 15 f.

[83] Insbes. die ICC Rules for Demand Guarantees (ICC Publication 458, derzeitiger Stand: 2010) haben sich in der Praxis wohl nicht durchgesetzt; hierzu MüKoHGB/*Welter* ZahlungsV Rn. J 6.

[84] UN Convention on Independent Guarantees and Standby Letters of Credit von 1995; dem Übereinkommen ist bislang aus der Gruppe der Industriestaaten nur die USA beigetreten, dort ist es mangels Ratifikation indes niemals in Kraft getreten.

von **Vertragsformularen** der Kreditinstitute geschlossen werden. Soweit der Bankgarantievertrag nach den Regelungen des internationalen Privatrechts deutschem Recht unterliegt (meist aufgrund einer Rechtswahl, vgl. Art. 3 Rom I-VO), sind die hier dargestellten Grundsätze auf sie anwendbar.

3. Standby Letter of Credit

18 Unter einem **Standby Letter of Credit** versteht man eine im internationalen Wirtschaftsverkehr verbreitete Form einer Art funktionaler Bankgarantie.[85] Rechtstechnisch handelt es sich hierbei an sich um ein **Dokumentenakkreditiv,**[86] das Kreditinstitut verpflichtet sich daher grundsätzlich zur **Zahlung gegen** die Vorlage der im Akkreditiv bestimmten **Dokumente.** Im Unterschied zu den Dokumentenakkreditiven des internationalen Warenhandels (Commercial Letter of Credit) dient der Standby Letter of Credit indes nicht der Abwicklung von Außenhandelsgeschäften, sondern hat **Garantiefunktion.** Dieser abweichende Zweck spiegelt sich in den Dokumenten wider, an deren Vorlage die Zahlungspflicht geknüpft ist: Während beim Commercial Letter of Credit üblicherweise Warendokumente zum Nachweis der Erfüllung der Verkäuferpflichten vorzulegen sind, beziehen sich die Dokumente beim Standby Letter of Credit auf den Nachweis des Garantiefalles, der allerdings beliebig definiert werden kann (so dass das vorzulegende Dokument – wie bei der Garantie auf erstes Anfordern – auch aus einer **Erklärung des Begünstigten** bestehen kann). Dadurch lässt sich der Standby Letter of Credit wie der Garantievertrag praktisch für **jeden Sicherungszweck** einsetzen[87], und auch in der rechtlichen Behandlung werden die für Garantien entwickelten Grundsätze entsprechend herangezogen, insbesondere bezüglich des Einwands des Rechtsmissbrauchs.[88] Verständlich wird die eigenartige Gestaltung als Akkreditiv nur aufgrund des historischen Hintergrundes, da es U.S.-amerikanischen Banken noch bis 1996 aufsichtsrechtlich untersagt war, das internationale Garantiegeschäft zu betreiben, während das Akkreditivgeschäft erlaubt war.[89] Der Standby Letter of Credit hat sich daher als eine Form der Gesetzesumgehung entwickelt und auch nach Aufhebung des Verbots in der Praxis seine Bedeutung jedenfalls im Wirtschaftsverkehr mit den USA bewahren können.

19 Die rechtliche Ausgestaltung des Standby Letter of Credit folgt im Wesentlichen den auch für das **Dokumentenakkreditiv geltenden Regelungen.**[90] In der Praxis wird regelmäßig auf die von der ICC herausgegebenen Uniform Customs and Practice for Documentary Credits (ICC Publication 600 vom 1.7.2007 – **UCP 600**) Bezug genommen, die ausdrücklich auch für Standby Letters of Credit genutzt werden können.[91] Soweit hierauf (wie in der Praxis üblich) im Vertrag Bezug genommen wird, haben diese den rechtlichen **Charakter von Allgemeinen Geschäftsbedingungen.** Ergänzende und speziellere Regelungen hat die ICC in den **International Standby Practices** (ICC Publication 590 – ISP98) herausgegeben, diese scheinen in der Praxis allerdings weniger verbreitet zu sein.[92] Für die Einzelheiten zu den UCP 600 ist auf *Weller* → Kap. 19 Rn. 7 ff. sowie auf *Segna* → Kap. 10 Rn. 11 ff. zu verweisen.

---

[85] Ausführlich MüKoHGB/*Nielsen* ZahlungsV Rn. H 6 ff.; Kümpel/Wittig/Früh/Seyfried/*Bauer* Bank- und Kapitalmarktrecht Rn. 13.7 ff.; näher hierzu *Eschmann* RiW 1996, 913; *Kröll* WM 2001, 1553; *Lenz* EuZW 1991, 297; *Lienesch* DZWIR 2000, 492; *Paulus* ZBB 1990, 200; *v. Bernstoff* RiW 1987, 257.

[86] Hierzu näher *Weller* → Kap. 19 Rn. 7 ff.

[87] Kümpel/Wittig/Früh/Seyfried/*Bauer* Bank- und Kapitalmarktrecht Rn. 13.8.

[88] OLG Frankfurt BeckRS 1997, 05434; zur Auslegung ferner BGH NJW 1994, 2018.

[89] MüKoHGB/*Nielsen,* ZahlungsV Rn. H 11.

[90] Hierzu *Weller* → Kap. 19 Rn. 7 ff.

[91] Vgl. Art. 1 UCP 600.

[92] Zu den Gründen und den rechtlichen Unterschieden bei Verwendung von ISP98 vgl. ausführlich *Nielsen* WM 1999, 2005 (2005 ff.).

E. Patronatserklärung

I. Begriff, Arten und Abgrenzung

1 Bei der **Patronatserklärung**[93] handelt es sich zwar ebenfalls um ein Kreditsicherungsmittel, dieses dient aber nicht der direkten Absicherung einer bestimmten Forderung, sondern der Sicherstellung einer hinreichenden **Ausstattung des Schuldners mit finanziellen Mitteln,** was letztlich zu einer Haftung für sämtliche Verbindlichkeiten des Schuldners führen kann. Die Erklärung kann sowohl **an den Schuldner,** als auch **an dessen Kreditgeber** gerichtet werden,[94] um die Bonität des Schuldners zu verbessern. Soweit die Erklärung im letzteren Fall nicht gegenüber einem bestimmten Kreditgeber abgegeben wird, sondern durch öffentliche Erklärung für jeden aktuellen und potentiellen Kreditgeber gültig sein soll, liegt eine **„Erklärung ad incertas personas"** vor.[95] Soweit die Patronatserklärung Grundlage vertraglicher Ansprüche sein soll, bedarf es für das Zustandekommen eines Vertragsverhältnisses einer Annahme, die – insbesondere im Fall der Erklärung ad incertas personas – indes nach § 151 BGB erfolgen kann.[96]

2 Patronatserklärungen sind – soweit sie rechtliche Verpflichtungen begründen – als besonders gefährliche Rechtsgeschäfte anzusehen, wird doch eine geradezu **unüberschaubare Haftung** für die vom Schuldner übernommenen Verbindlichkeiten begründet. Daher spielt diese Sicherungsform auch nur im unternehmerischen Geschäftsverkehr eine Rolle, vor allem in Konstellationen, in denen der Patron einen **weitreichenden Einfluss auf den Schuldner** ausübt und dadurch das übernommene Risiko steuern kann. Praktisch betrifft das vor allem Konzernverhältnisse, meist als Patronatserklärung des Mutterunternehmens für eine Tochtergesellschaft.

3 Unterschieden wird im Hinblick auf die rechtlichen Wirkungen üblicherweise zwischen **harten und weichen Patronatserklärungen.**[97] Nur bei der **harten** Patronatserklärung übernimmt der Patron eine **rechtliche Verpflichtung,** den Schuldner mit den erforderlichen Finanzmitteln auszustatten, damit dieser seine Verpflichtungen rechtzeitig erfüllen kann. Unter einer **weichen** Patronatserklärung versteht man dagegen eine **unverbindliche Absichtserklärung** (die ganz unterschiedlich formuliert sein kann), durch die der Patron zwar seine Unterstützung des Schuldners zum Ausdruck bringt, aber keine durchsetzbare Verpflichtung übernimmt, konkrete Leistungen an den Schuldner zu erbringen. Welche der beiden Formen konkret vorliegt, kann nur durch **Auslegung der Patronatserklärung** aus Sicht des objektiven Empfängerhorizonts im Einzelfall entschieden werden. Für die Abgrenzung kommt es darauf an, ob ein **Rechtsbindungswillen** festgestellt werden kann,

[93] Näher zu den Patronatserklärungen vgl. monographisch *Grimm* Die Patronatserklärung 2019; *Koch* Die Patronatserklärung 2005; *Fried* Die weiche Patronatserklärung 1998; *La Corte* Die harte Patronatserklärung 2006; ferner BeckOGK/*Harnos* § 765 BGB Rn. 613 ff.; *Ammelung/Sorocean* RiW 1996, 668; *v. Bernuth* ZIP 1999, 1501; *Blum* NZG 2010, 1331; *Böcker* DZWIR 2011, 93; *Christopeit/Raeschke-Kessler* NZG 2010, 1361; *Fleischer* WM 1999, 666; *Haase/Bomhard* BB 2010, 2651; *Habersack* ZIP 1996, 257; *Haß* IPRax 2000, 494; *Hancke/Schildt* NZI 2012, 640; *Hauck/v. Rumohr/Krumbügel* NJOZ 2010, 1250; *Haußer/Heeg* ZIP 2010, 1427; *Heeg* BB 2011, 1160; *Hess/Jander* RiW 1995, 730; *Kaulbach* VersR 1997, 286; *Kiethe* ZIP 2005, 646; *Kindler* RiW 2007, 488; *Krüger/Pape* NZI 2011, 617; *Küffner* DStR 1996, 145; *Küpper/Heinze* ZInsO 2006, 913; *Lenz* EuZW 1991, 297; *Limmer* DStR 1993, 1750; *Loitz/Schulze* DB 2004, 769; *Maier-Reimer/Etzbach* NJW 2011, 1110; *Merkelbach/Saenger* WM 2007, 2309; *Michalski* WM 1994, 1229; *Obermüller* ZIP 1982, 915; *Obermüller* ZGR 1975, 1; *Pesch* WM 1998, 1609; *Rieder* GWR 2010, 544; *von Rosenberg/Kruse* BB 2003, 641; *von Rumohr/Hauck* NJOZ 2010, 1250; *Saenger/Merkelbach* WM 2007, 2309; *Schäfer* WM 1999, 153; *Schmidt* NZG 2006, 883; *Schneider* ZIP 1989, 619; *Schröder* ZGR 1982, 552; *Tetzlaff* DZWIR 2011, 181; *Tetzlaff* WM 2011, 1016; *Tetzlaff* ZInsO 2011, 226; *Thurow* BC 2011, 282; *Voller* ZBB 1993, 89; *Wittig* WM 2003, 1981; *Wolf* IPRax 1999, 444; *Wolf* IPRax 2000, 477.

[94] Vgl. OLG München ZIP 2004, 2102.

[95] Grundlegend *Habersack* ZIP 1996, 257; ferner MüKoBGB/*Habersack* vor § 765 Rn. 53 mwN; BeckOGK/*Harnos* § 765 BGB Rn. 619.

[96] *Nobbe* Kommentar z. Kreditrecht, BGB vor § 765 Rn. 153.

[97] *Maier-Reimer/Etzbach* NJW 2011, 1110 (1111); Lwowski/Fischer/Gehrlein/*Fischer* § 9 Rn. 235.

eine derart weitreichende Verpflichtung zu übernehmen. Es kommt mithin darauf an, wie der Empfänger die Erklärung nach Treu und Glauben mit Rücksicht auf die Verkehrssitte (insbes. einschlägiger Handelsbräuche) verstehen durfte.[98] Aufgrund der weitreichenden Rechtsfolge setzt dies voraus, dass der Rechtsbindungswille deutlich zum Ausdruck gebracht wird. Relevant ist auch die **Form,** in der die Erklärung abgegeben wird, da insbesondere bei mündlichen Erklärungen im Zweifel nicht von einem weitreichenden Rechtsbindungswillen auszugehen ist.[99] Formulierungen, die nicht erkennen lassen, wozu sich der Patron konkret verpflichtet, genügen diesen Anforderungen in der Regel nicht.[100] So wurden etwa die Formulierungen, der Erklärende stehe hinter dem Schuldner,[101] oder es entspreche der „business policy" des Erklärenden, die Kreditwürdigkeit des Schuldners zu erhalten,[102] nicht als ausreichend angesehen. Um Abgrenzungsprobleme zu vermeiden, empfiehlt es sich aus juristischer Sicht, durch eine **ausdrückliche Freizeichnung** den weichen Charakter einer Erklärung klarzustellen.

4 In der **Bankpraxis** haben (insbesondere harte) Patronatserklärungen nicht nur im Kreditgeschäft mit derart abgesicherten Schuldnern Bedeutung, vielmehr werden sie auch **innerhalb der Bankkonzerne** selbst verwendet. Werden etwa bestimmte Aktivitäten, die eine herausragende Bonität voraussetzen (wie zB die Teilnahme am Eurogeldmarkt) aus regulatorischen oder steuerlichen Gründen über ausländische Tochtergesellschaften abgewickelt, kann man durch eine harte Patronatserklärung die eigene Bonität auf die Tochter übertragen – umgekehrt aber auch durch eine solche Erklärung von der Tochter mit in Insolvenz oder Restrukturierung gerissen werden.

II. Rechtsfolgen der harten Patronatserklärung

5 Lässt sich ein entsprechender Rechtsbindungswillen feststellen, ergibt sich aus der **harten Patronatserklärung** die **Verpflichtung,** die hinreichende finanzielle Ausstattung des Schuldners sicherzustellen, also **für dessen Liquidität** zu sorgen. Zu unterscheiden sind dabei die **interne** und die **externe** Patronatserklärung: Bei der externen Ausgestaltung entsteht ein Anspruch der Gläubiger auf Ausstattung des Schuldners, während bei der internen Ausgestaltung[103] der Anspruch dem Schuldner selbst zusteht.[104] In der Regel ergibt sich die gewünschte Gestaltung bereits daraus, ob der Vertrag mit den Gläubigern oder mit dem Schuldner abgeschlossen worden ist, ferner ist der **Zweck** der Sicherung (die ggf. auch zugunsten Dritter begründet werden kann) bei der Auslegung zu berücksichtigen: Geht es dem Patron in der **Sanierung** des Schuldners um die Vermeidung der **Überschuldung,** spricht dies für eine interne Ausgestaltung, da nur ein eigener werthaltiger Anspruch des Schuldners auf Ausstattung (in Kombination mit einem Regressverzicht) eine Überschuldung verhindern kann.[105] Grundsätzlich steht dem Patron die Wahl zu, auf welchem Weg er diese Verpflichtung erfüllt. Insbesondere besteht keine Verpflichtung zur Eigenkapitalfinanzierung, möglich ist auch die direkte oder indirekte (zB durch Gewährung einer Kreditsicherheit) Darlehensgewährung. Direkte **Zahlungsansprüche** kann der Gläubiger dagegen vor der Insolvenz auch dann nicht geltend machen, wenn eine externe Gestaltung vorliegt, da ihm nur ein Anspruch auf Ausstattung des Schuldners zusteht.[106]

---

[98] OLG Frankfurt a. M. ZIP 2007, 2316.

[99] BeckOGK/*Harnos* § 765 BGB Rn. 620.

[100] BeckOGK/*Harnos* § 765 BGB Rn. 618.1.

[101] BGH WM 1961, 1103.

[102] OLG Frankfurt a. M. ZIP 2007, 2316.

[103] Zu einem solchen Fall vgl. BGH NJW 2010, 3442 – STAR 21; dazu *Raeschke-Kessler/Christopeit* NZG 2010, 1361; *Heeg* BB 2011, 1160.

[104] BeckOGK/*Harnos* § 765 BGB Rn. 626 (extern), 657 ff. (intern).

[105] BeckOGK/*Harnos* § 765 BGB Rn. 668; näher *Grimm* Die Patronatserklärung, S. 184 ff., S. 221 ff.

[106] MüKoBGB/*Habersack* vor § 765 Rn. 50; *Nobbe* Kommentar z. Kreditrecht, BGB vor § 765 Rn. 163 f.; Staudinger/*Horn* BGB vor § 765 Rn. 456; *Grimm* Die Patronatserklärung, S. 118; **aA** (für direkte Zahlungspflicht) *Schäfer* WM 1999, 153 (160).

Insbesondere sichert die Patronatserklärung nur die Zahlungsfähigkeit ab, schützt aber nicht gegen die **Zahlungsverweigerung** aus anderen Gründen. In Streitigkeiten bezüglich der Berechtigung des Anspruchs muss sich der Patron nicht hineinziehen lassen, was aber der Fall wäre, wenn schon bei Nichtzahlung des Schuldners ein Direktanspruch bestünde.[107] Auch eine interne harte Patronatserklärung kann – trotz der Wirkung zugunsten der Gläubiger – allerdings mit einem **Kündigungsrecht** zugunsten der Patronin versehen werden. Dessen Ausübung beendet die Verpflichtung aus der Erklärung mit ex nunc-Wirkung.[108] Nach Ansicht des BGH kann ein solches Kündigungsrecht auch im Wege der Auslegung aufgrund des Zwecks der Erklärung (etwa Vermeidung der Insolvenzantragspflicht während Sanierungsbemühungen) angenommen werden, also auch ohne Niederschlag im Wortlaut der Erklärung.[109] Unproblematisch ist das gleichwohl nur, wenn die Erklärung (wie im vom BGH entschiedenen Fall) ausschließlich im Innenverhältnis Verwendung gefunden hat (und später Zahlungsansprüche vom Insolvenzverwalter geltend gemacht werden). Wird eine interne Patronatserklärung im Außenverhältnis vorgelegt, um die weitere Fremdkapitalaufnahme zu erreichen, kann die dem Dritten nicht erkennbare Kündigungsmöglichkeit keine vollständige Enthaftung des Patrons bewirken. Vielmehr wird man in einem solchen Fall eine **Rechtsscheinhaftung analog § 172 Abs. 2 BGB** gegenüber dem darauf vertrauenden Fremdkapitalgeber anzunehmen haben, es sei denn, die Kündigungsmöglichkeit ergibt sich aus der Urkunde und ist daher erkennbar.

Steht die Nichterfüllung des Anspruchs durch den Schuldner wegen mangelnder Zahlungsfähigkeit fest, was insbesondere bei **Eröffnung des Insolvenzverfahrens der Fall** ist, muss zwischen der internen und der externen Ausgestaltung unterschieden werden. Liegt lediglich eine **interne Ausgestaltung** vor, fehlt es an einem Vertragsverhältnis mit den Gläubigern, das Rechtsgrundlage eines Direktanspruchs sein könnte. In diesem Fall kann nur der Insolvenzverwalter die Rechte aus der Patronatserklärung geltend machen und so eine hinreichende Finanzausstattung zur Wiederherstellung von Zahlungsfähigkeit und Beseitigung der Überschuldung verlangen, mithin zur Fortführung des Geschäftsbetriebs.[110] Dieser Anspruch ist aber auch **pfändbar** und kann nach Pfändung und Überweisung grundsätzlich auch durch den Gläubiger durchgesetzt werden.[111] Bei einer **externen Patronatserklärung** entsteht dagegen durch den Ausfall ein **direkter Zahlungsanspruch** gegen den Patron, der als akzessorisch[112] sowie als bürgschafts- und garantieähnlich bezeichnet wird.[113] Soweit der Patron die von ihm geschuldete Finanzausstattung schuldhaft nicht bereitgestellt hat, haftet er dem Vertragspartner (= Gläubiger) nach §§ 280, 281 Abs. 1, Abs. 2 Alt. 2 BGB auf **Schadensersatz wegen Nichterfüllung.**[114] Hieraus ergibt sich auch die **Akzessorietät,** setzt doch die Entstehung eines Schadens beim Gläubiger voraus, dass ihm tatsächlich ein durchsetzbarer Anspruch gegen den Schuldner zustand – Einwendungen und Einreden sind also im Rahmen der Schadensermittlung zu berücksichtigen. Die Verwandlung von einem Ausstattungs- in einen Zahlungsanspruch beruht daher auf dem Übergang vom Primär- zum Sekundäranspruch. Der Anspruch besteht auch dann, wenn der Schuldner zwar zunächst geleistet hat, die Leistung aber in der nachfolgenden Insolvenz des Schuldners der Insolvenzanfechtung unterlagen, da die Sicherheit infolge der Anfechtung wieder auflebt.[115] Die Ansprüche aus der Patronatserklärung können bei externer Ausgestaltung in der Insolvenz des Schuldners nur von den gesicherten 6

[107] BeckOGK/*Harnos* § 765 BGB Rn. 628.
[108] BGH NJW 2010, 3442 (Tz. 17).
[109] BGH NJW 2010, 3442 (Tz. 19 f.).
[110] OLG München ZIP 2004, 2102 (2104); *Grimm* Die Patronatserklärung, S. 205 ff.
[111] BeckOGK/*Harnos* § 765 BGB Rn. 658.
[112] BeckOGK/*Harnos* § 765 BGB Rn. 637 ff. (zur Ausgestaltung der Akzessorietät); MüKoBGB/*Habersack* vor § 765 Rn. 50; *Nobbe* Kommentar z. Kreditrecht, BGB vor § 765 Rn. 158 ff.
[113] BGH NJW 2003, 3272 = NJW-RR 2003, 1042.
[114] BeckOGK/*Harnos* § 765 BGB Rn. 634 f.; *Nobbe* Kommentar z. Kreditrecht, BGB vor § 765 Rn. 166; *Grimm* Die Patronatserklärung, S. 119 ff. (für § 283 BGB).
[115] BGH NJW-RR 2017, 298; dazu näher: *Harnos* ZIP 2017, 1149.

Gläubigern individuell geltend gemacht werden, nicht nach § 92 InsO vom Insolvenzverwalter.[116]

III. Rechtsfolgen der weichen Patronatserklärung

7 Da die **weiche Patronatserklärung** gerade dadurch geprägt ist, dass kein Rechtsbindungswille festgestellt werden kann,[117] bleibt kein Raum für die Annahme einer vertraglichen Verpflichtung. Eine Haftung kann sich daher nur unter außergewöhnlichen Umständen aus **§§ 311 Abs. 3 oder 826 BGB** ergeben.[118] In Betracht kommt dies vor allem, wenn der Patron an den Vertragsverhandlungen zwischen Schuldner und Gläubiger beteiligt war, die Verbindlichkeit aufgrund der Erklärung des Patrons eingegangen worden ist und dieser dabei **in besonderem Maße Vertrauen** in Anspruch genommen hat, insbesondere wenn er aktiv den Eindruck vermittelt hat, er würde auch ohne rechtliche Verpflichtung für den Schuldner einstehen. Ähnliches kann gelten, wenn der Patron das **Ausfallrisiko bezüglich des Schuldners verharmlost,** wofür es aber über die reine weiche Patronatserklärung hinausgehender Umstände bedürfte (etwa durch Äußerungen über die Bonität des Schuldners). Zusätzlich kommt eine Haftung auch nach § 826 BGB in Betracht, wenn der Patron den Gläubiger in Zusammenhang mit der weichen Erklärung **arglistig getäuscht** hat. Diese Beispiele zeigen, dass es sich hierbei weniger um spezifische Rechtsfolgen der weichen Patronatserklärung handelt, als vielmehr um die **Anwendung allgemeiner Haftungsvorschriften** auf Verhaltensweisen in Zusammenhang mit der Abgabe einer solchen Erklärung.[119]

---

[116] OLG München ZIP 2004, 2102.

[117] → E Rn. 3.

[118] BeckOGK/*Harnos* § 765 BGB Rn. 670 ff.; MüKoBGB/*Habersack* vor § 765 Rn. 54; *Nobbe* Kommentar z. Kreditrecht, BGB vor § 765 Rn. 179 ff.; *Grimm* Die Patronatserklärung, S. 100 f.

[119] Näher *Koch* Die Patronatserklärung 2005, S. 386 ff. (zur denkbaren Haftung aufgrund eines Auskunftsvertrags vgl. noch S. 378 ff.); BeckOGK/*Harnos* § 765 BGB Rn. 670 ff.; *Saenger/Merkelbach* WM 2007, 2309; *Fried* Die weiche Patronatserklärung 1998.

30. Kapitel: Refinanzierungsregister – §§ 22a-22o KWG

Schrifttum: *Arlt,* True Sale Securitisation unter besonderer Berücksichtigung der Rechtslage in Deutschland und Italien, 2009, S. 589–631; *Baur/Stürner/Bruns,* Zwangsvollstreckungsrecht, 13. Aufl. 2006; *Brocker,* Nutzen des Refinanzierungsregisters für ausländische Kreditinstitute in ABS-Transaktionen, BKR 2007, 60; *Fleckner,* Insolvenzrechtliche Risiken bei Asset Backed Securities, ZIP 2004, 585; *Fleckner,* Das Refinanzierungsregister – Tatbestandliche Grenzen und Vorschläge zur Verbesserung, WM 2006, 697; *Fleckner,* Das Refinanzierungsregister – Rechtsfolgen der Eintragung und Vorschläge zur Verbesserung, WM 2007, 2272; *Grunert/Püttgen,* Öffnung des Refinanzierungsregisters für Versicherungsunternehmen, WM 2014, 1316; *Habersack/Mülbert/Schlitt* (Hrsg.), Unternehmensfinanzierung am Kapitalmarkt, 4. Aufl. 2019; *Kokemoor/Küntzer,* Verbesserte Refinanzierungsbedingungen für den Mittelstand durch die Einführung von Refinanzierungsregistern?, BB 2006, 1869; *Lehmann,* Finanzinstrumente, 2010; *Ngo,* Rechtsfolgen des Refinanzierungsregisters, 2013; *Obermüller,* Das Refinanzierungsregister, ZInsO 2005, 1079; *Pannen/Wolf,* ABS-Transaktionen in der Insolvenz des Originators – das Doppeltreuhandmodell und die neuen Refinanzierungsregister, ZIP 2006, 52; *Schmalenbach/Sester,* Voraussetzungen und Rechtsfolgen der Eintragung in das neu geschaffene Refinanzierungsregister, WM 2005, 2025; *Smola,* Das Merkmal der Unterscheidbarkeit im Rahmen der Ersatzaussonderung nach § 22j Abs. 1 Satz 2 KWG, DZWIR 2012, 281; *Smola,* Einfluss des Wahlrechts des Insolvenzverwalters nach § 103 InsO auf die Aussonderungsfähigkeit nach § 22j KWG, DZWIR 2012, 318; *Smola,* PfandBG Kommentierung des Pfandbriefgesetzes und der §§ 22a-22o KWG, 3. Aufl. 2017; *Stöcker/Stünkel,* Syndizierungen mit EU-ausländischen Kreditinstituten unter Rückgriff auf das Refinanzierungsregister, BKR 2008, 50; *Tollmann,* Die Sicherstellung der Insolvenzfestigkeit bei der Asset Backed Securitization nach dem neuen Refinanzierungsregister gem. §§ 22a ff. KWG, WM 2005, 2017; *Tollmann,* Die Bedeutung des neuen Refinanzierungsregisters für Asset Backed Securities, ZHR 169 (2005), 594; *Weber,* Die insolvenzfeste Refinanzierung von Forderungen durch Asset-Backed Securities, 2011, S. 220–247; *Werner,* Das Refinanzierungsregister: eine Untersuchung mit besonderer Berücksichtigung der Refinanzierungssurrogation, der insolvenzrechtlichen Aspekte und der Fragen von Refinanzierungstransaktionen mit Auslandsbezug, 2016.

Vorbemerkung vor §§ 22a–22o KWG

Das Refinanzierungsregister ist eine **Besonderheit,** die nicht nur aus dem gesamten deutschen Rechtssystem heraussticht, sondern **weltweit einzigartig** ist.[1] Es erlaubt bestimmten Gläubigern, Gegenstände aus der Insolvenzmasse auszusondern, **obwohl sie dem Insolvenzschuldner gehören** (§ 22j Abs. 1 S. 1 KWG iVm § 47 InsO). Ebenso können sie sich gegen die Zwangsvollstreckung und die Arrestvollziehung in diese Gegenstände mit der Drittwiderspruchsklage wenden (§ 22j Abs. 1 S. 3 KWG iVm § 771 ZPO). 1

Die §§ 22a–22o KWG traten am 28.9.2005 in Kraft. Zweck war die Verbesserung der Möglichkeit der **Refinanzierung** einzelner Unternehmen, dh die Veräußerung von Vermögensgegenständen an Dritte gegen Zuführung von Liquidität oder marktgerechtes Entgelt.[2] Neben der Erleichterung von **Pfandbriefemissionen** sollte insbesondere die Verbriefung von grundpfandrechtlich gesicherten Forderungen zu sog **Mortgage-Backed Securities (MBS)** sowie von sonstigen Forderungen zu **Asset-Backed Securities (ABS)** vereinfacht werden.[3] Diese Transaktionen haben zwar in der Finanzkrise eine unrühmliche Rolle gespielt, sind aber als Finanzierungsmethode zB für kleine und mittelständische Unternehmen unentbehrlich, da sie es ermöglichen, illiquide Vermögenswerte an den Kapitalmarkt zu bringen.[4] Dabei liegen Verbriefungen als Alternative zum Bankkredit auch auf europäischer Ebene im Trend. So kauft die Europäische Zentralbank seit 2014 in 2

---

[1] S. *Fleckner* WM 2006, 697.
[2] → KWG § 22a Rn. 3.
[3] S. BT-Drs. 15/5852, 15 f.; zur Verbriefung *Geiger,* Kap. 20.
[4] Näher *Lehmann* Finanzinstrumente S. 125 ff.

großem Stil ABS auf, um den Verbriefungsmarkt zu beleben. Der europäische Gesetzgeber hat im Jahre 2017 zwei Verordnungen verabschiedet, um einfache, transparente und standardisierte Verbriefungen zu fördern.[5]

2a Die Grundstruktur einer ABS-Transaktion ist folgende: Das sich refinanzierende Unternehmen (der sog. Originator) überträgt Vermögensgegenstände auf eine Zweckgesellschaft (auch *special purpose vehicle* genannt), die Anleihen oder Aktien an Investoren ausgibt und die Erlöse an den Originator weiterleitet.[6] Die Investoren verlangen dabei regelmäßig, dass die Zweckgesellschaft eine Rechtsposition an den Vermögensgegenständen erhält, die eine Aussonderung in der Insolvenz des Originators ermöglicht, also „insolvenzfest" ist (sog. **true sale**).[7] Dies fällt unter den Bedingungen des deutschen Sachenrechts schwer, da die Übertragung der meisten Grundpfandrechte nur durch Änderung des Grundbuchs möglich ist, die einen erheblichen Verwaltungs-, Kosten- und Zeitaufwand erfordert.[8] Zur Erfüllung von Rückübertragungsansprüchen bei Wegfall des Sicherungszwecks sind erneut Eintragungen erforderlich.

3 Daher haben die §§ 22a ff. KWG zum Ziel, bereits den schuldrechtlichen **Anspruch auf die Übertragung** von Forderungen und Grundpfandrechten als insolvenzfest auszugestalten. Zur Verwirklichung dieses Ziels hat der Gesetzgeber nicht nur ein Absonderungsrecht, sondern sogar ein Aussonderungsrecht des nur schuldrechtlich Übertragungsberechtigten vorgesehen (§ 22j Abs. 1 S. 1 KWG). Dieses Aussonderungsrecht besteht, obwohl sachenrechtlicher Inhaber der Vermögensgegenstände weiterhin der Originator, dh der Insolvenzschuldner, ist. Damit kommt es zu einem in dieser Form einzigartigen Aussonderungsrecht an dem Insolvenzschuldner gehörenden Gegenständen. Hintergrund dieser Regelung ist, dass in der Praxis eine sachenrechtliche Übertragung wegen der damit verbundenen hohen Hürden regelmäßig ausbleibt.

4 Diese Regelung ist Geschöpf des deutschen Rechts und nicht durch europäisches Recht vorgegeben. Insbesondere beruht sie nicht auf den oben genannten Verordnungen über einfache, transparente und standardisierte Verbriefungen (→ Rn. 2). Auch aus Sicht des deutschen Rechts ist die Regelung partikular, weil sie die **Gleichbehandlung der Insolvenzgläubiger sowie den Verkehrsschutz beeinträchtigt.** Insbesondere fehlt es bei der Eintragung in das Refinanzierungsregister an einem Publizitätsakt, von dem die Gläubiger des Refinanzierungsunternehmens Kenntnis nehmen könnten.[9] Auch können Kreditinstitute durch Buchgrundschulden besicherte Forderungen zur Refinanzierung an Dritte weiterübertragen, ohne dass der Grundstückseigentümer davon Kenntnis erlangt.[10] Dies weicht von den bürgerlich-rechtlichen Grundsätzen der Buchgrundschuld in erheblichem Maß ab.

4a Die Regelung steht zudem in merkwürdigem Kontrast zu den durch das Risikobegrenzungsgesetz eingeführten Erschwerungen der Übertragung von grundpfandrechtlich gesicherten Darlehensforderungen auf Dritte.[11] Der Gesetzgeber hält jedoch nach wie vor an seinem ursprünglichen Ziel fest, die Verbriefung solcher Forderungen zu erleichtern, wie die im Gesetz zur Fortentwicklung des Pfandbriefrechts eingefügten Verbesserungen der Sicherheit der Investoren nochmals bestätigen.[12] Durch eine Anpassung des Pfandbriefge-

---

[5] Verordnung (EU) 2017/2401 des Europäischen Parlaments und des Rates v. 12. Dezember 2017 zur Änderung der Verordnung (EU) Nr. 575/2013 über Aufsichtsanforderungen an Kreditinstitute und Wertpapierfirmen, ABl. L 347 v. 28.12.2017, S. 1; Verordnung (EU) 2017/2402 des Europäischen Parlaments und des Rates v. 12. Dezember 2017 zur Festlegung eines allgemeinen Rahmens für Verbriefungen und zur Schaffung eines spezifischen Rahmens für einfache, transparente und standardisierte Verbriefung, ABl. L 347 v. 28.12.2017, S. 35.

[6] Näher *Lehmann* Finanzinstrumente S. 125 f.

[7] S. *Lehmann* Finanzinstrumente S. 126.

[8] Boos/Fischer/Schulte-Mattler/*Tollmann* KWG Vor §§ 22a–o Rn. 15; *Fleckner* ZIP 2004, 585 (586 ff.).

[9] Beck/Samm/Kokemoor/*Bornemann* KWG Losebl. (182 EL Oktober 2015) § 22j Rn. 8.

[10] S. *Smola* PfandBG Vorb § 22a KWG Rn. 4.

[11] S. BGBl. I 2008, 1666, Art. 6 sowie §§ 491a, 496 Abs. 2, 1192 Abs. 1a BGB.

[12] BGBl. I 2009, 607; → KWG § 22j Rn. 11.

setzes erlaubt er, die zur Refinanzierung verwendeten Grundpfandrechte als Deckungsmasse für Pfandbriefe zu verwenden, ohne diese erwerben zu müssen (§ 1 II PfandBG iVm § 22j KWG).

Der Anwendungsbereich des Refinanzierungsregisters ist aber nicht auf Verbriefungen beschränkt. Nach den Änderungen durch das Gesetz zur Fortentwicklung des Pfandbriefgesetzes muss die Eintragung nicht mehr notwendigerweise zu Verbriefungszwecken geschehen, sondern kann für jeglichen besicherten Forderungskauf verwendet werden.[13] So geschieht in der Praxis eine Eintragung in das Refinanzierungsregister auch als Vorstufe zum beabsichtigten Vollrechtserwerb einer grundpfandrechtlich gesicherten Forderung.[14] Da sich der Übertragungsberechtigte hier lediglich gegen das zwischenzeitliche Insolvenzrisiko des Zessionars schützen möchte, tritt das Refinanzierungsregister funktional an die Stelle einer Vormerkung (vgl. Befriedigungsrecht aus § 106 InsO). Damit sollen insbesondere Finanzierungen durch Pfandbrief erleichtert werden.[15] **4b**

Ein weiterer Anwendungsbereich des Refinanzierungsregisters ist neuerdings die Erleichterung von **Konsortialfinanzierungen.** Dabei werden Kredite durch mehrere Konsortialbanken oder -versicherungen gewährt. Die dazu bestellten dinglichen Sicherheiten werden einem einzigen Sicherheitentreuhänder übertragen, gegen welchen den Konsorten anteilig schuldrechtliche Ansprüche zustehen. Mittels des Refinanzierungsregisters können sich die Konsorten dabei gegen eine Insolvenz dieses Treuhänders absichern. Bislang war umstritten, ob solche treuhänderischen Abreden eine Refinanzierungssituation iSv § 1 Abs. 24 KWG darstellen.[16] Der zum 1.1.2014 eingefügte § 22a Abs. 1a KWG stellt nun klar, dass der Anwendungsbereich des Refinanzierungsregisters auch Konsortialfinanzierungen, und zwar jeder Art, umfasst.[17] **4c**

Die Regelungen der §§ 22a–22o KWG haben **Ausnahmecharakter.** Trotzdem sind sie nicht grundsätzlich eng auszulegen. Vielmehr lassen sie sich aufgrund der bewusst gewählten offenen Formulierung auch auf andere Refinanzierungstransaktionen als die im Mittelpunkt stehenden Pfandbriefemissionen und ABS-Verbriefungen ausdehnen.[18] Das gesetzgeberische Telos, die Refinanzierung von Kreditinstituten im Interesse der gesamten Volkswirtschaft zu erleichtern, erfordert an mehreren Stellen sogar eine erweiternde Auslegung.[19] Andererseits ginge es zu weit, jeder Interpretation grundsätzlich einen refinanzierungsfreundlichen Ansatz zugrunde zu legen.[20] Denn dabei wird übersehen, dass das Refinanzierungsregister in die Verteilungsgerechtigkeit des Insolvenzverfahrens tief eingreift und daher nicht überdehnt werden darf. **5**

§ 22a Registerführendes Unternehmen

(1) [1]Ist das Refinanzierungsunternehmen ein Kreditinstitut oder eine in § 2 Abs. 1 Nr. 1 bis 3a genannte Einrichtung und hat ein Unternehmen im Sinne des § 1 Abs. 24 S. 1 Nr. 1 bis 6 einen Anspruch auf Übertragung einer Forderung des Refinanzierungsunternehmens oder eines Grundpfandrechts des Refinanzierungsunternehmens, das der Sicherung von Forderungen dient, können diese Gegenstände in ein vom Refinanzierungsunternehmen geführtes Refinanzierungsregister eingetragen werden;

[13] Boos/Fischer/Schulte-Mattler/*Tollmann* KWG Vor §§ 22a–o Rn. 1.
[14] Fallkonstellation bei *Smola* DZWIR 2012, 318.
[15] S. Gesetzesbegründung in BT-Drs. 16/11130, 44 li. Sp.
[16] Abl. Boos/Fischer/Schulte-Mattler/*Tollmann* KWG, 4. Aufl. 2012, § 1 Rn. 255a, 256c; Schwennicke/Auerbach/*Schwennicke* KWG, 2. Aufl. 2013, § 1 Rn. 330.
[17] S. a. *Grunert/Püttgen* WM 2014, 1316 (1319); ebenso in der 5. Aufl. 2016: Boos/Fischer/Schulte-Mattler/*Tollmann* KWG § 1 Rn. 346 f.
[18] Ebenso Beck/Samm/Kokemoor/*Kokemoor* KWG Losebl. (204 EL Dezember 2018), § 22a Rn. 13; *Schmalenbach/Sester* WM 2005, 2025 (2026).
[19] Vgl. BT-Drs. 15/5852, 15, 17 li. Sp.
[20] So aber *Fleckner* WM 2006, 697 (698).

dies gilt entsprechend für Registerpfandrechte an einem Luftfahrzeug und für Schiffshypotheken. [2] Für jede Refinanzierungstransaktion ist eine gesonderte Abteilung zu bilden.

(1a) **Absatz 1 gilt entsprechend, wenn die Forderungen und Grundpfandrechte treuhänderisch von dem Refinanzierungsunternehmen verwaltet werden.**

(2) **[1] Eine Pflicht des Refinanzierungsunternehmens oder des Refinanzierungsmittlers zur Führung eines Refinanzierungsregisters wird durch diesen Unterabschnitt nicht begründet. [2] Die Registerführung kann nur unter den Voraussetzungen des § 22k beendet oder übertragen werden.**

(3) **Eine Auslagerung der Registerführung ist nicht statthaft.**

(4) **Die Absätze 1 bis 3 gelten sinngemäß für Refinanzierungsmittler, die Kreditinstitut oder eine in § 2 Abs. 1 Nr. 1 bis 3a genannte Einrichtung sind.**

Übersicht

I. Zweck

1 Die Vorschrift regelt 1. den **Anwendungsbereich** der Vorschriften über das Refinanzierungsregister und 2. die **Registerführung** durch das Refinanzierungsunternehmen selbst. Wird das Register für andere Personen geführt, gilt § 22b KWG. Die Mischung des allgemeinen Anwendungsbereichs mit den speziellen Vorschriften über die eigene Registerführung führen zur Unübersichtlichkeit des § 22a KWG.

II. Anwendungsbereich des Refinanzierungsregisters

2 Für die Einrichtung eines Refinanzierungsregisters gelten **drei Voraussetzungen:** Erstens ein bestimmtes Unternehmen ist „Refinanzierungsunternehmen" oder „Refinanzierungsmittler", zweitens es besteht ein Anspruch gegen dieses Unternehmen auf Übertragung einer Forderung oder eines Grundpfandrechts, drittens dieser Anspruch besteht zugunsten eines Unternehmens im Sinne des § 1 Abs. 24 S. 1 Nr. 1 bis 6 KWG. Nur wenn alle drei genannten Voraussetzungen **kumulativ** vorliegen, hat die Eintragung in das Register die in § 22j KWG beschriebenen Wirkungen. Fehlt es an einer von ihnen, bleibt die Eintragung ohne rechtliche Folgen.

1. Refinanzierungsunternehmen und -mittler

3 Der Begriff des Refinanzierungsunternehmens ist sprachlich unglücklich gewählt und verwirrend. **§ 1 Abs. 24 KWG definiert ein „Refinanzierungsunternehmen"** folgendermaßen: Es handelt sich um Unternehmen, die zum Zwecke der Refinanzierung Gegenstände oder Ansprüche veräußern. Gemeint sind also nicht Unternehmen, die andere refinanzieren, sondern Unternehmen, die sich selbst refinanzieren. Grundsätzlich kann jedes Unternehmen Refinanzierungsunternehmen sein. Auch juristische Personen des

öffentlichen Rechts (zB der Bund oder die Länder) und öffentlich-rechtliche Sondervermögen kommen in Betracht.[1]

Unter „Refinanzierung" verstehen die Gesetzesmaterialien, dass dem Refinanzierungsunternehmen durch einen Veräußerungsvorgang Liquidität oder ein marktgerechtes Entgelt zufließt.[2] Mit Hilfe dieses Kriteriums sollen Umgehungsfälle ausgeschlossen werden, bei denen dem sich angeblich refinanzierenden Unternehmen weder unmittelbar noch mittelbar eine wirtschaftlich wertvolle Gegenleistung zukommt. Liegt keine Refinanzierung in diesem Sinne vor, hat die Eintragung nicht die in § 22j KWG vorgesehenen Wirkungen. **3a**

Refinanzierungsmittler iSd § 22a Abs. 4 KWG sind gemäß **§ 1 Abs. 25 KWG** nur Kreditinstitute (§ 1 Abs. 1 S. 1 KWG). Sie werden insbesondere für kleine Refinanzierungsunternehmen tätig, indem sie deren Forderungen oder sonstige Gegenstände an Zweckgesellschaften weiterveräußern. Möglich ist, dass mehrere Refinanzierungsmittler nacheinander veräußern (Multi-Seller-Strukturen). **4**

Sog **synthetische Verbriefungen** sind Geschäfte, bei denen Risiken weitergegeben werden, ohne dass damit ein Rechtsübergang einhergeht, zB Swaps.[3] Sie beeinträchtigen die Stellung als Refinanzierungsunternehmen oder -mittler kraft ausdrücklicher gesetzlicher Anordnung nicht (§ 1 Abs. 24 S. 2 und Abs. 25 Hs. 2 KWG). Allerdings müssen sie „daneben" vorgenommen werden, dh neben den Veräußerungsgeschäften erfolgen.[4] **5**

Ausländische Unternehmen können Refinanzierungsunternehmen iSd § 1 Abs. 24 KWG sein, da dafür jedes Unternehmen in Betracht kommt; auf die Kreditinstitutseigenschaft kommt es nicht an.[5] Refinanzierungs*mittler* kann jedes Kreditinstitut sein. In Betracht kommen Institute der ganzen Welt. Das folgt daraus, dass § 1 Abs. 1 S. 1 KWG den Begriff des Kreditinstituts ohne Bezugnahme auf den Sitz definiert. Vgl. auch § 53a KWG (Institute mit Sitz im Ausland). Allerdings hat die Eintragung in der Insolvenz nur dann Wirkung, wenn auf das Insolvenzverfahren deutsches Recht anwendbar ist.[6] **6**

2. Anspruch auf Übertragung einer Forderung oder eines Grundpfandrechts

Es muss ein **Anspruch auf Übertragung** einer **Forderung** oder eines **Grundpfandrechts** zur Sicherung einer Forderung bestehen.[7] Forderungen auf die Übertragung von **Registerpfandrechten an Luftfahrzeugen** (§§ 1 ff. Gesetz über Rechte an Luftfahrzeugen – LuftFzgG) und **Schiffshypotheken** (§ 8 SchiffRG) sind gemäß § 22a Abs. 1 S. 1 Hs. 2 KWG gleichgestellt. Vom Anwendungsbereich des Registers ausgenommen ist die Refinanzierung durch Übertragung anderer Gegenstände, zB von Sachen (§ 90 BGB) oder Immaterialgüterrechten. Eine analoge Anwendung ist wegen des partikularen Charakters der §§ 22a ff. KWG abzulehnen.[8] **7**

Die Forderung oder das Grundpfandrecht muss dem Refinanzierungsunternehmen oder -mittler **gehören** („des"). Der Anspruch auf Übertragung des Sicherungsgegenstands kann **künftig oder bedingt** sein.[9] Ausreichend ist danach, dass er dem Refinanzierungsunternehmen zur Sicherheit übertragen wurde **(str.)**.[10] Die bloße Übertragung eines in das **8**

---

[1] S. BT-Drs. 15/5852, 17; enger *Fleckner* WM 2006, 697 (702): nur, soweit sie einen Geschäftsbetrieb haben und Refinanzierungszwecke verfolgen.

[2] Vgl. BT-Drs. 15/5852, 17 li. Sp.

[3] Näher *Lehmann* Finanzinstrumente S. 127 f.

[4] Zur Frage des zulässigen Umfangs → Rn. 13.

[5] Übersehen von *Brocker* BKR 2007, 60 (63).

[6] → KWG § 22j Rn. 2.

[7] Zum Begriff der Forderung und des Grundpfandrechts iE→ KWG § 22d Rn. 5–12.

[8] → KWG Vor §§ 22a–22o Rn. 5.

[9] S. BT-Drs. 15/5852, 18, wo allerdings künftige und bedingte Übertragungsansprüche mit zu übertragenden künftigen oder bedingten Forderungen vermischt werden.

[10] Wie hier *Fleckner* WM 2006, 697 (699 f.); **aA** *Tollmann* WM 2005, 2017 (2022 f.); *Tollmann* ZHR 169 (2005), 594 (602).

Register eingetragenen Anspruchs im Rahmen einer Kettenfinanzierung ist dagegen nach dem Wortlaut nicht ausreichend.[11]

9 Wie § 22j Abs. 4 KWG jetzt klarstellt, ist es unbeachtlich, ob der Originator bei der Übertragung ganz oder teilweise das Risiko für die Werthaltigkeit der Vermögensgegenstände übernimmt. Eine Veräußerung im Rahmen eines unechten Factoring ist daher ausreichend.[12]

10 In vielen Fällen der True-Sale-Verbriefung[13] sind die Gegenstände **bereits** vom Refinanzierungsunternehmen an den Erwerber **übertragen** und der Übertragungsanspruch ist erloschen. Da der Erwerber in diesem Fall jedoch, insbesondere bei Zweifeln an der Wirksamkeit des dinglichen Rechtserwerbs, nicht schlechter stehen sollte, als wenn er lediglich einen Anspruch auf den Gegenstand hätte, ist aufgrund eines *argumentum a maiore ad minus* auch hier die Eintragung in das Register zulässig **(str.).**[14] Dass bei Eröffnung des Registers zumindest ein einziger offener Anspruch iSd Abs. 1 S. 1 bestehen muss,[15] ist bloße Förmelei und sollte daher nicht verlangt werden.

3. Anspruchsberechtigter

11 Der Kreis möglicher Anspruchsberechtigter wurde durch das CRD-IV-Umsetzungsgesetz vom 28.8.2013 erweitert.[16] Der Anspruch gegen das Refinanzierungsunternehmen oder den -mittler kann nunmehr einer von sechs Personengruppen nach § 1 Abs. 24 Nr. 1 bis 6 KWG zustehen: einer Zweckgesellschaft, einem Refinanzierungsmittler, einem Kreditinstitut mit Sitz in einem Staat des Europäischen Wirtschaftsraums, einem Versicherungsunternehmen mit Sitz in einem Staat des Europäischen Wirtschaftsraums, einem Pensionsfonds oder einer Pensionskasse iSd Betriebsrentengesetzes oder einer Einrichtung iSd § 2 Abs. 1 Nr. 1–3a KWG. Andere Anspruchsinhaber können nach dem eindeutigen Wortlaut nicht von den Regelungen der §§ 22a ff. KWG profitieren. Ihnen gegenüber greift daher die Regelung des § 22j KWG nicht ein, selbst wenn sie fälschlich in ein Refinanzierungsregister eingetragen sein sollten.

12 Zur **Zweckgesellschaft** enthält **§ 1 Abs. 26 KWG** eine Legaldefinition. Der Begriff entspricht dem in Finanzkreisen üblichen Sprachgebrauch.[17] Gemeint sind daher die insbesondere im Rahmen einer Verbriefung eingesetzten Vehikel, welche Gegenstände der Veräußerer in ihrem Vermögen poolen und durch Ausgabe von Finanzinstrumenten am Kapitalmarkt finanzieren *(special purpose vehicle)*.[18] Neben der Emission von Finanzinstrumenten ist nach dem Wortlaut von § 1 Abs. 26 KWG auch die Finanzierung „auf sonstige Weise" erlaubt, zB durch Darlehensaufnahme.

13 Möglich ist, dass die Zweckgesellschaft sog. **synthetische Verbriefungen** vornimmt, bei denen sie lediglich wirtschaftliche Risiken übernimmt und weiterleitet, ohne Rechte an spezifischen Vermögenswerten zu erlangen oder zu übertragen, zB mittels Swap-Verträgen.[19] Diese Geschäfte sind für die Qualifikation als Anspruchsberechtigter unschädlich, soweit sie lediglich „daneben" erfolgen, § 1 Abs. 26 Hs. 2 KWG. Das ist jedoch nicht im Sinne eines bestimmten Volumina-Verhältnisses gemeint.[20] Ausreichend dürfte daher sein, wenn die Zweckgesellschaft einen nicht nur unbedeutenden Teil ihres Einkommens aus echten Verbriefungen generiert.

---

[11] **AA** *Smola* PfandBG § 22a KWG Rn. 18.

[12] So schon zum bisherigen Recht *Schmalenbach/Sester* WM 2005, 2025 (2030).

[13] → KWG Vor §§ 22a–22o Rn. 2.

[14] Wie hier Schwennicke/Auerbach/*Rinze/Noglik* KWG § 22a Rn. 11; Boos/Fischer/Schulte-Mattler/*Tollmann* KWG § 22a Rn. 50; *Schmalenbach/Sester* WM 2005, 2025 (2028). S. a. BT-Drs. 15/5852, 18: „selbstverständlich eintragungsfähig". **AA** *Fleckner* WM 2006, 697 (698).

[15] So Boos/Fischer/Schulte-Mattler/*Tollmann* KWG § 22a Rn. 8 auch mwN zum Streitstand.

[16] BGBl I 2013, 3420.

[17] BT-Drs. 15/5852, 17.

[18] → KWG Vor §§ 22a–22o Rn. 2.

[19] → Rn. 5.

[20] Vgl. BT-Drs. 15/5852, 17.

Seit dem 1.1.2014 werden nach § 1 Abs. 24 Satz 1 Nr. 4 und Nr. 5 KWG auch **Versicherungsunternehmen** und **Pensionskassen** zum Kreis der Übertragungsberechtigten gezählt. Umfasst sind Unternehmen mit Sitz innerhalb des EWR, die Versicherungsgeschäfte betreiben (vgl. § 1 Abs. 1 Nr. 1 VAG) sowie betriebliche Pensionskassen und -fonds iSd § 1 Abs. 2 Nr. 1 und Nr. 2 BetrVG. Der Gesetzgeber möchte damit der zunehmenden Bedeutung der Übertragung von Guthaben aus Versicherungsverträgen Rechnung tragen.[21] Dabei sollen mittels des Refinanzierungsregisters die versicherungsaufsichtsrechtlichen Vorgaben an die Kapitalanlage des gebundenen Vermögens nach § 54 VAG eingehalten werden.[22] Außerdem soll Versicherungsunternehmen der Zugang zu Konsortialfinanzierungen vereinfacht werden.[23] 13a

Neben **Refinanzierungsmittlern,**[24] **Kreditinstituten** (§ 1 Abs. 1 Satz 1 KWG) und ausländischen Instituten[25] können auch die in § 2 Abs. 1 Nr. 1–3a KWG genannten Einrichtungen in das Register eingetragen werden, dh die Deutsche Bundesbank, die Kreditanstalt für Wiederaufbau, die Sozialversicherungsträger, die Bundesagentur für Arbeit und die öffentliche Schuldenverwaltung. 14

Ausländische Gesellschaften können Refinanzierungsmittler[26] oder Zweckgesellschaften iSd § 1 Abs. 26 KWG sein. Auf das Recht, nach dem die Zweckgesellschaft organisiert ist, oder deren Sitz kommt es nach dem eindeutigen Wortlaut nicht an. Begünstigt werden können daher auch nach ausländischem Recht gegründete oder im Ausland sitzende Zweckgesellschaften. Für ausländische Kreditinstitute gilt Folgendes: Der grundsätzlich alle Institute der Welt erfassende Kreditinstitutsbegriff des KWG[27] wird in § 1 Abs. 24 S. 1 KWG auf solche mit Sitz in einem Staat des Europäischen Wirtschaftsraums eingeschränkt. Zu diesem gehören neben den Mitgliedstaaten der Europäischen Union auch Island, Liechtenstein und Norwegen. In diesen Staaten ansässige Kreditinstitute können von einer Eintragung in ein Refinanzierungsregister profitieren; andere dagegen nicht.[28] 15

III. Registerführung

Kreditinstitute (§ 1 Abs. 1 S. 1 KWG) und in § 2 Abs. 1 Nr. 1–3a KWG genannte Einrichtungen (zB Deutsche Bundesbank oder KfW) führen das Refinanzierungsregister grundsätzlich **selbst.** Das gilt sowohl, wenn sie als Refinanzierungsunternehmen auftreten (Abs. 1 S. 1), als auch dann, wenn sie als Refinanzierungsmittler fungieren (Abs. 4). 16

Die **Auslagerung** der Registerführung auf andere Einrichtungen ist Kreditinstituten grundsätzlich **nicht gestattet** (Abs. 3). **Ausnahmsweise** können sie jedoch die Registerführung auf ein anderes Kreditinstitut übertragen, wenn diese für sie eine unangemessene Belastung darstellt und die BaFin zustimmt, § 22b Abs. 2 KWG. **Andere Refinanzierungsunternehmen** als die in § 22a KWG erfassten Kreditinstitute und in § 2 Abs. 1 Nr. 1–3a KWG genannten Unternehmen müssen das Register stets durch andere Einrichtungen führen lassen (§ 22b Abs. 1). 17

Es besteht **keine Pflicht,** das Register zu führen (Abs. 2 S. 1). Die Eintragung hat lediglich Vorteile in der Insolvenz (§ 22j KWG), welche die Beteiligten nicht in Anspruch nehmen müssen. Ist die Registerführung jedoch einmal begonnen worden, kann sie nur gemäß § 22k KWG beendet oder übertragen werden (Abs. 2 S. 2). 18

[21] BT-Drs. 17/10974, 71.
[22] *Grunert/Püttgen* WM 2014, 1316 (1320).
[23] → Rn. 4c.
[24] Zum Begriff des Refinanzierungsmittlers → Rn. 4.
[25] → Rn. 6.
[26] → Rn. 4.
[27] → Rn. 6.
[28] Zur räumlichen Anwendung der Regelung über das Aussonderungsrecht → KWG § 22j Rn. 2.

§ 22b Führung des Refinanzierungsregisters für Dritte

(1) [1]**Ist das Refinanzierungsunternehmen weder ein Kreditinstitut noch eine in § 2 Absatz 1 Nr. 1 bis 3a genannte Einrichtung, können die in § 22a Abs. 1 Satz 1 genannten Gegenstände des Refinanzierungsunternehmens, auf deren Übertragung ein Unternehmen iSd § 1 Absatz 24 Satz 1 Nr. 1 bis 6 einen Anspruch hat, in ein von einem Kreditinstitut oder von der Kreditanstalt für Wiederaufbau geführtes Refinanzierungsregister eingetragen werden.** [2]**Enthält das Refinanzierungsregister daneben Gegenstände, deren Übertragung das registerführende oder ein anderes Unternehmen schuldet, so ist für jeden zur Übertragung Verpflichteten innerhalb desselben Refinanzierungsregisters eine gesonderte Abteilung und innerhalb dieser für jede Refinanzierungstransaktion eine Unterabteilung zu bilden.**

(2) [1]**Ist das Refinanzierungsunternehmen ein Kreditinstitut, für welches die Führung eines eigenen Refinanzierungsregisters nach Art und Umfang seines Geschäftsbetriebs eine unangemessene Belastung darstellt, so soll die Bundesanstalt auf Antrag des Refinanzierungsunternehmens der Führung des Refinanzierungsregisters durch ein anderes Kreditinstitut zustimmen.** [2]**Die Zustimmung der Bundesanstalt gilt als erteilt, wenn sie nicht binnen eines Monats nach Stellung des Antrages verweigert wird.**

(3) **Eintragungen, die für andere Kreditinstitute vorgenommen werden, ohne dass eine Zustimmung der Bundesanstalt nach Absatz 2 vorliegt, sind unwirksam.**

(4) **§ 22a Abs. 2 und 3, auch in Verbindung mit Abs. 4, findet entsprechende Anwendung.**

Übersicht

I. Zweck

1 Die Vorschrift betrifft die Fälle, in denen das Register nicht vom Refinanzierungsunternehmen oder Refinanzierungsmittler selbst geführt wird.

II. Voraussetzungen

2 Refinanzierungsunternehmen, die **weder Kreditinstitut noch eine in § 2 Abs. 1 Nr. 1–3a KWG genannte Einrichtung** sind, müssen das Register **immer** durch eine andere Einrichtung führen lassen (Abs. 1). Als solche andere Einrichtung kommen sowohl ein Kreditinstitut als auch die Kreditanstalt für Wiederaufbau in Betracht. Dasselbe gilt für Refinanzierungsmittler, die weder Kreditinstitut noch eine der in § 2 Abs. 1 Nr. 1–3a KWG genannten Einrichtungen sind (Abs. 4).

3 Ist das Refinanzierungsunternehmen dagegen ein **Kreditinstitut,** so führt es das Register grundsätzlich selbst (§ 22a Abs. 1 S. 1). Unter **bestimmten Voraussetzungen** darf es die Registerführung jedoch auslagern (Abs. 2). Neuer Registerführer darf dabei nur ein Kreditinstitut sein. Eine Auslagerung nach Abs. 2 ist nur vor der erstmaligen Einrichtung des Refinanzierungsregisters zulässig; für die Übertragung der Registerführung nach diesem Zeitpunkt gilt § 22k Abs. 1 S. 2 KWG.[1] Voraussetzung der Auslagerung nach Abs. 2 ist, dass erstens die Registerführung nach Art und Umfang des Geschäftsbetriebs des Kreditinstituts für dieses eine unangemessene Belastung darstellt und zweitens die BaFin der

[1] Zu dessen Voraussetzungen → KWG § 22k Rn. 3 f.

Auslagerung zustimmt (Abs. 2). Ansonsten ist Kreditinstituten die Auslagerung verboten (§ 22a Abs. 1, Abs. 3 KWG). Die Sanktion für Zuwiderhandlungen besteht in der Unwirksamkeit der Eintragung (Abs. 3).

Die **in § 2 Abs. 1 Nr. 1–3a KWG genannten Einrichtungen** dürfen die Registerführung **nie** auslagern. Sie müssen das Register stets selbst führen. 4

III. Modalitäten

Legt das mit der Registerführung beauftragte Institut für die Gegenstände des Refinanzierungsunternehmens oder -mittlers **kein neues Register** an, sondern nimmt es diese in ein bereits vorhandenes anderes eigenes oder fremdes Register auf, so hat es für diese Gegenstände **eigene Abteilungen** mit Unterabteilungen zu bilden (Abs. 1 S. 2). 5

Das Kreditinstitut oder die KfW ist **aufsichtsrechtlich** nicht zur Führung des Registers verpflichtet (Abs. 4 iVm § 22a Abs. 2 KWG). Zivilrechtliche Verpflichtungen bleiben unberührt. 6

Das beauftragte Institut darf die Registerführung nicht auf andere Unternehmen auslagern (Abs. 2 iVm § 22a Abs. 3 KWG). 7

§ 22c Refinanzierungsmittler

Die §§ 22d bis 22o gelten sinngemäß für Refinanzierungsregister, die gemäß § 22a Abs. 4 von einem Refinanzierungsmittler oder gemäß § 22b Abs. 4 für einen Refinanzierungsmittler geführt werden.

Die Vorschrift soll die wiederholte Erwähnung des Refinanzierungsmittlers neben dem Refinanzierungsunternehmen ersparen (vgl. auch § 22a Abs. 4 KWG). 1

§ 22d Refinanzierungsregister

(1) [1]**Eine elektronische Führung des Refinanzierungsregisters ist zulässig, sofern sichergestellt ist, dass hinreichende Vorkehrungen gegen einen Datenverlust getroffen worden sind.** [2]**Das Bundesministerium der Finanzen hat durch Rechtsverordnung, die nicht der Zustimmung des Bundesrates bedarf, Einzelheiten über die Form des Refinanzierungsregisters sowie der Art und Weise der Aufzeichnung zu bestimmen.** [3]**Das Bundesministerium der Finanzen kann diese Ermächtigung durch Rechtsverordnung auf die Bundesanstalt für Finanzdienstleistungsaufsicht übertragen.**

(2) [1]**In das Refinanzierungsregister sind von dem registerführenden Unternehmen einzutragen:**

1. **die Forderungen oder die Sicherheiten, auf deren Übertragung die im Register als übertragungsberechtigt eingetragenen Unternehmen im Sinne des § 1 Absatz 24 Satz 1 Nummer 1 bis 6 (Übertragungsberechtigte) einen Anspruch haben,**
2. **der Übertragungsberechtigte,**
3. **der Zeitpunkt der Eintragung,**
4. **falls ein Gegenstand als Sicherheit dient, den rechtlichen Grund, den Umfang, den Rang der Sicherheit und das Datum des Tages, an dem der den rechtlichen Grund für die Absicherung enthaltende Vertrag geschlossen wurde.**

[2]**In den Fällen der Nummern 1 und 4 genügt es, wenn Dritten, insbesondere dem Verwalter, dem Sachwalter, der Bundesanstalt oder einem Insolvenzverwalter die eindeutige Bestimmung der einzutragenden Angaben möglich ist.** [3]**Ist der Übertragungsberechtigte eine Pfandbriefbank, so ist diese sowie der gemäß § 7 Absatz 1 des Pfandbriefgesetzes bestellte Treuhänder von der Eintragung zu unterrichten.** [4]**Ist der Über-**

tragungsberechtigte ein Versicherungsunternehmen, ist dieses sowie der nach § 128 des Versicherungsaufsichtsgesetzes bestellte Treuhänder von der Eintragung zu unterrichten.

(3) **Soweit nach Absatz 2 erforderliche Angaben fehlen oder Eintragungen unrichtig sind oder keine eindeutige Bestimmung einzutragender Angaben zulassen, sind die betroffenen Gegenstände nicht ordnungsgemäß eingetragen.**

(4) **[1]Forderungen sind auch dann eintragungsfähig und nach Eintragung an den Übertragungsberechtigten veräußerbar, wenn die Abtretung durch mündliche oder konkludente Vereinbarung mit dem Schuldner ausgeschlossen worden ist. [2]§ 354a des Handelsgesetzbuchs sowie gesetzliche Verfügungsverbote bleiben unberührt.**

(5) **[1]Eintragungen können nur mit Zustimmung des Übertragungsberechtigten gelöscht werden. [2]Sofern ein Übertragungsberechtigter eine Pfandbriefbank oder ein Versicherungsunternehmen ist, können Eintragungen nur mit Zustimmung des Treuhänders der Pfandbriefbank beziehungsweise des Treuhänders des Versicherungsunternehmens gelöscht werden. [3]In jedem Fall ist der Zeitpunkt der Löschung einzutragen. [4]Fehlerhafte Eintragungen können mit Zustimmung des Verwalters gelöscht werden; Absatz 2 Satz 3 und 4 gilt entsprechend. [5]Die Korrektur, ihr Zeitpunkt und die Zustimmung des Verwalters sind im Refinanzierungsregister einzutragen. [6]Die nochmalige Eintragung ohne Löschung der früheren Eintragung entfaltet keine Rechtswirkung.**

(6) **Der Übertragungsberechtigte kann jederzeit vom Verwalter einen Auszug über die ihn betreffenden Eintragungen im Refinanzierungsregister verlangen, auf dem der Verwalter die Übereinstimmung mit dem Refinanzierungsregister in Schriftform bestätigt hat.**

Übersicht

I. Zweck

1 Die Vorschrift regelt die Einzelheiten der Führung des Refinanzierungsregisters.

II. Elektronisches Register

2 **Abs. 1** erlaubt die elektronische Führung des Registers. Details enthält die Refinanzierungsregisterverordnung.[1]

[1] BGBl. I 2006, 3242.

III. Verfahren

Das Refinanzierungsregister ist in Abteilungen gegliedert. Für jede Refinanzierungstransaktion ist im Register eine gesonderte Abteilung zu bilden (§ 22a Abs. 1 S. 2 KWG). Wer die Eintragung vornimmt, bestimmen die §§ 22a, 22b KWG. 3

IV. Eintragungsfähige Gegenstände

Eingetragen werden können nur die gemäß Abs. 2 S. 1 genannten **Gegenstände, auf die der Übertragungsberechtigte einen Anspruch** hat (Nr. 1). Notwendig ist, dass die eingetragenen Gegenstände zum Zeitpunkt der Eintragung existieren.[2] Ob hinsichtlich dieser Gegenstände tatsächlich im Zeitpunkt der Eintragung ein wirksamer und durchsetzbarer Übertragungsanspruch besteht, ist dagegen für die Gültigkeit der Eintragung nicht entscheidend. Ebensowenig beeinträchtigt es ihre Wirksamkeit, dass die eingetragenen Gegenstände im Eintragungszeitpunkt (noch) nicht dem Refinanzierungsunternehmen gehören.[3] Das Bestehen des Anspruchs und die Inhaberschaft des Refinanzierungsunternehmens an den eingetragenen Gegenständen sind erst im Rahmen der Aussonderung (§ 22j KWG) von Bedeutung. 4

1. Forderungen

Eintragungsfähig sind **Forderungen jeglicher Art.** Auch **ausländischem Recht** unterliegende Ansprüche lassen sich eintragen.[4] § 22j KWG regelt den räumlichen Anwendungsbereich der Bestimmungen über das Aussonderungsrecht.[5] 5

Ob Forderungen eingetragen werden können, welche dem Refinanzierungsunternehmen als **Sicherheit** von seinen Kunden **abgetreten** wurden, ist **strittig.**[6] Einer Auffassung zufolge sollen diese Forderungen nicht genügen, da Zweck der Refinanzierung immer sein müsse, einen Zahlungsstrom zu generieren.[7] Jedoch hat sich der Gesetzgeber bewusst einer näheren Bestimmung enthalten und für ein weites Verständnis des Refinanzierungsbegriffs plädiert, der „nicht auf die derzeit am Markt üblichen Refinanzierungstechniken beschränkt" sein sollte.[8] Eine Refinanzierung ist auch durch Darlehensaufnahme und Benutzung treuhänderisch gehaltener Forderungen als Sicherheiten möglich. Das Argument, die zur Sicherheit zedierte Forderung sei eine Sicherheit und daher keine Forderung, überzeugt nicht: Sie ist beides, also auch Forderung. Daher kann sie eingetragen werden.[9] Im Fall der Doppelinsolvenz von Zedent und Refinanzierungsunternehmen gewährt allerdings die Eintragung der Forderung im Refinanzierungsregister abweichend von § 22j Abs. 1 S. 1 KWG nur ein Absonderungsrecht, kein Aussonderungsrecht an dieser. Das folgt daraus, dass dem Refinanzierungsunternehmen als Sicherungstreuhänder der Forderung in der Insolvenz des Zedenten nur ein Absonderungsrecht zusteht, § 51 Abs. 1 Nr. 1 InsO; durch die Eintragung kann das Refinanzierungsunternehmen nicht mehr an Rechten übertragen, als es selbst innehat. 6

Die Forderung kann **künftig oder bedingt** sein.[10] Voraussetzung ist lediglich, dass Dritte die Forderung eindeutig bestimmen können (Abs. 2 S. 2). Eintragungsfähig sind 7

---

[2] Boos/Fischer/Schulte-Mattler/*Tollmann* KWG, 5. Aufl. 2016, § 22d Rn. 22.

[3] Boos/Fischer/Schulte-Mattler/*Tollmann* KWG, 5. Aufl. 2016, § 22d Rn. 24.

[4] BT-Drs. 15/5852, 18; *Tollmann* WM 2005, 2017 (2022).

[5] → KWG § 22j Rn. 2.

[6] Davon zu unterscheiden ist die Frage, ob das Refinanzierungsunternehmen auch Gegenstände eintragen (lassen) kann, die es dem Übertragungsberechtigten als Sicherheit versprochen hat → KWG § 22a Rn. 9.

[7] *Tollmann* WM 2005, 2017 (2022 f.); Boos/Fischer/Schulte-Mattler/*Tollmann* KWG § 22a Rn. 52.

[8] BT-Drs. 15/5852, 17.

[9] Wie hier *Fleckner* WM 2006, 697 (699); *Schmalenbach/Sester* WM 2005, 2025 (2029).

[10] S. BT-Drs. 15/5852, 18, wo allerdings künftige und bedingte Übertragungsansprüche mit zu übertragenden künftigen oder bedingten Forderungen vermischt werden.

daher auch **selbständige Garantieversprechen,** da diese einen unter der Bedingung des Nichteintritts des garantierten Erfolgs stehenden Anspruch auf Schadloshaltung enthalten **(str.).**[11]

8 Forderungen sind sogar dann eintragungsfähig, wenn ihre **Abtretung mündlich oder konkludent ausgeschlossen** wurde (Abs. 4 S. 1). Damit soll insbesondere das Bankgeheimnis als mögliches Hindernis der Abtretung aus dem Weg geräumt werden.[12] Dagegen steht ein **schriftliche Abtretungsverbot** der Eintragung entgegen (Abs. 4 S. 1). Auch bei schriftlich vereinbartem Ausschluss der Abtretung ist die Forderung zwar eintragungsfähig, soweit § 354a HGB eingreift, dh insbesondere wenn die Forderung aus einem **beiderseitigen Handelsgeschäft** stammt. Zu beachten ist aber die **Ausnahme für Darlehensforderungen eines Kreditinstituts,** § 354a Abs. 2 HGB. Diese können nie in ein Refinanzierungsregister eingetragen werden, soweit ihre Abtretung schriftlich ausgeschlossen wurde, selbst dann nicht, wenn sie aus einem beiderseitigen Handelsgeschäft stammen.

9 Auch wenn eine Eintragungsfähigkeit an sich zu bejahen ist, kann diese durch **gesetzliche Verfügungsverbote** ausgeschlossen sein (vgl. Abs. 4 S. 1). Ein solches Verbot enthält zB § 81 InsO. Es genügen auch von einem Gericht oder einer Behörde erlassene Verbote wie das nach § 829 Abs. 1 S. 2 ZPO, vgl. den Rechtsgedanken des § 136 BGB.

2. Sicherheiten

10 Eintragungsfähig sind außerdem **„Sicherheiten“.** In systematischer Zusammenschau mit § 22a Abs. 1 KWG und aus gesetzeshistorischer Sicht sind damit nur Grundpfandrechte gemeint, die der Sicherung von Forderungen dienen, also **Hypotheken** (§ 1113 Abs. 1 BGB), **Sicherungsgrundschulden** (§ 1192 Abs. 1a BGB) und **Rentenschulden** (§ 1199 Abs. 1 BGB); außerdem **Registerpfandrechte an Luftfahrzeugen** und **Schiffshypotheken** (vgl. § 22a Abs. 1 S. 1 Hs. 2 KWG).[13] Eine nicht der Sicherung einer Forderung dienende Grundschuld ist hingegen nicht eintragungsfähig.[14]

11 Obwohl das Grundpfandrecht der Sicherung den Forderungen dienen muss, ist Voraussetzung für die Eintragung **nicht,** dass die **gesicherte Forderung mitveräußert** wird. Diese kann vielmehr beim Zedenten des Grundpfandrechts verbleiben.

12 Ebenfalls nicht Voraussetzung ist, dass das Grundpfandrecht von den Kunden des Refinanzierungsunternehmens stammt und von diesen weiterveräußert wird. Möglich ist auch, dass es sich um ein **vom Refinanzierungsunternehmen selbst** bestelltes Grundpfandrecht handelt.

V. Nicht-eintragungsfähige Gegenstände

13 Werden nicht eintragungsfähige Gegenstände[15] in das Refinanzierungsregister eingetragen, so hat die Eintragung **keine Wirkung** nach § 22j KWG. Das Register bleibt jedoch **im Übrigen wirksam.**[16]

---

[11] Wie hier *Schmalenbach/Sester* WM 2005, 2025 (2029); **aA** Boos/Fischer/Schulte-Mattler/*Tollmann* KWG § 22a Rn. 53.

[12] Beck/Samm/Kokemoor/*Kokemoor* KWG Losebl. (204 EL Dezember 2018) § 22a Rn. 36; *Tollmann* ZHR 169 (2005), 594 (618). Nach Inkrafttreten der §§ 22a ff. KWG hat die Rspr. klargestellt, dass sich aus dem Bankgeheimnis kein Übertragungshindernis ergibt, BGHZ 171, 180.

[13] → KWG § 22a Rn. 7.

[14] Beck/Samm/Kokemoor/*Kokemoor* KWG Losebl. (204 EL Dezember 2018) § 22a Rn. 35.

[15] → Rn. 4–12.

[16] Boos/Fischer/Schulte-Mattler/*Tollmann* KWG § 22d Rn. 27.

VI. Einzelheiten der Eintragung

14 Den Inhalt der Eintragung beschreibt Abs. 2. **Einzutragen sind:** erstens die Forderung oder die Sicherheit, bezüglich derer ein Übertragungsanspruch besteht (Abs. 2 S. 1 Nr. 1), zweitens der Übertragungsberechtigte (Abs. 2 S. 1 Nr. 2), dh ein Unternehmen im Sinne des § 1 Abs. 24 S. 1 Nr. 1–6, drittens der Zeitpunkt der Eintragung (Abs. 2 S. 1 Nr. 3) und viertens bei Sicherheiten die in Abs. 2 S. 1 Nr. 4 genannten Einzelheiten. Auch bezüglich letzterer genügt wieder Bestimmbarkeit durch Dritte (Abs. 2 S. 2).

15 Fehlt es an einer Eintragung oder ist diese nicht bestimmt genug, so sind die betroffenen Gegenstände nicht ordnungsgemäß eingetragen (Abs. 3), mit der Folge, dass der Schutz nach § 22j KWG nicht eintritt.

VII. Folgen der Eintragung

16 Die insolvenz- und zwangsvollstreckungsrechtlichen Folgen der ordnungsgemäßen Eintragung sind in § 22j Abs. 1 KWG, weitere Folgen in § 22j Abs. 2 und 3 KWG geregelt.[17] Soweit eine Pfandbriefbank[18] oder ein Versicherungsunternehmen eingetragen wurde, ist diese(s) sowie der bestellte Treuhänder (§ 7 Abs. 1 PfandBG, § 128 VAG) zu unterrichten (Abs. 2 S. 3 und 4). Damit will der Gesetzgeber den Treuhänder in die Lage versetzen, die notwendigen Informationen für die Wahrnehmung seiner gesetzlichen Überwachungspflichten zu erlangen.[19]

VIII. Änderungen der Eintragung

17 Wegen des besonderen insolvenzrechtlichen Schutzes des Übertragungsberechtigten durch die Eintragung ordnet das Gesetz an, dass diese **nur mit seiner Zustimmung** geändert werden kann (Abs. 5 S. 1). Fehlerhafte Eintragungen sind dagegen ohne Wirkung und können daher ohne Einverständnis der Beteiligten gelöscht werden, wenn der Registerverwalter zustimmt (Abs. 5 S. 4). Zu einer besseren Nachvollziehbarkeit der Registerführung präzisiert Abs. 5 S. 5 nun, dass der Zeitpunkt der Korrektur und die Zustimmung des Verwalters einzutragen sind. Dabei sind gegenüber Pfandbriefbanken, Versicherungsunternehmen und ihren Treuhändern Mitteilungspflichten zu beachten (Abs 5 S. 4 Hs. 2 iVm Abs. 2 S. 3 und 4). Als der fehlerhaften Eintragung gleichgestellt wird man auch den Fall betrachten müssen, in dem die eingetragenen Gegenstände nicht mehr existieren. Besonderheiten gelten, wenn der Übertragungsberechtigte eine Pfandbriefbank oder ein Versicherungsunternehmen ist: hier muss neben dem Übertragungsberechtigen auch dessen Treuhänder der Löschung zustimmen (Abs. 5 S. 1). Die Eintragung bereits eingetragener Gegenstände bleibt ohne Wirkungen (Abs. 5 S. 6).

IX. Informationsrecht des Übertragungsberechtigten

18 Durch das Gesetz vom 28.8.2013 wurde in § 22d Abs. 4 KWG ein Informationsrecht des Übertragungsberechtigten geschaffen. Ohne dieses wäre er mangels Publizität des Registers nicht in der Lage, die Richtigkeit der Eintragung zu überprüfen. Nunmehr kann er ggf. unvollständige Eintragungen beanstanden und somit sicherstellen, dass ihm im Insolvenzfall ein Aussonderungsrecht nach § 22j KWG iVm § 47 InsO zusteht.[20]

17 → KWG § 22j Rn. 5–22.
18 Zum Begriff der Pfandbriefbank s. § 1 Abs. 1 S. 1 PfandBG.
19 BT-Drs. 17/10974, 84.
20 Vgl. BT-Drs. 17/10974, 84.

§ 22e Bestellung des Verwalters

(1) [1]**Bei jedem registerführenden Unternehmen ist eine natürliche Person als Verwalter des Refinanzierungsregisters (Verwalter) zu bestellen.** [2]**Das Amt erlischt mit der Beendigung der Registerführung oder der Bestellung eines personenverschiedenen Sachwalters des Refinanzierungsregisters nach § 22l Absatz 4 Satz 1.**

(2) [1]**Die Bestellung erfolgt durch die Bundesanstalt auf Vorschlag des registerführenden Unternehmens.** [2]**Die Bundesanstalt soll die vorgeschlagene Person zum Verwalter bestellen, wenn deren Unabhängigkeit, Zuverlässigkeit und Sachkunde gewährleistet erscheint.** [3]**Bei ihrer Entscheidung hat die Bundesanstalt die Interessen des im Refinanzierungsregister eingetragenen oder einzutragenden Übertragungsberechtigten angemessen zu berücksichtigen.**

(3) [1]**Die Bestellung kann befristet werden; die Bundesanstalt kann den Verwalter jederzeit aus sachlichem Grund abberufen.** [2]**Absatz 2 Satz 3 gilt entsprechend.** [3]**Steht der Verwalter zu einem an einer konkreten Refinanzierungstransaktion Beteiligten in einem Beschäftigungs- oder Mandatsverhältnis, so ruht sein Amt für diese Refinanzierungstransaktion.**

(4) [1]**Auf Antrag des registerführenden Unternehmens ist ein Stellvertreter des Verwalters zu bestellen.** [2]**Der Antrag ist zu jeder Zeit zulässig.** [3]**Auf die Bestellung und Abberufung des Stellvertreters finden die Absätze 2 und 3 entsprechende Anwendung.** [4]**Wird der Verwalter nach Absatz 3 Satz 1 abberufen, ruht sein Amt oder ist er verhindert, so tritt der Stellvertreter an seine Stelle.**

(5) [1]**Ist ein Verwalter für einen nicht unerheblichen Zeitraum nicht vorhanden, an der Wahrnehmung seiner Aufgaben verhindert oder ruht sein Amt, ohne dass ein Stellvertreter an seine Stelle getreten ist, bestellt die Bundesanstalt ohne Anhörung des registerführenden Unternehmens einen geeigneten Verwalter.** [2]**Absatz 2 Satz 3 gilt entsprechend.** [3]**Das registerführende Unternehmen hat der Bundesanstalt unverzüglich mitzuteilen, wenn ein Umstand gemäß Satz 1 eingetreten ist.**

(6) [1]**Der Verwalter und sein Stellvertreter haften dem registerführenden Unternehmen sowie den Übertragungsberechtigten aus ihrer Tätigkeit nur im Falle von Vorsatz oder grober Fahrlässigkeit.** [2]**Die Ersatzpflicht des Verwalters oder des Stellvertreters beschränkt sich im Falle grob fahrlässigen Handelns auf 1 Million Euro.** [3]**Sie kann nicht durch Vertrag ausgeschlossen oder beschränkt werden.** [4]**Wird die Haftung des Verwalters oder des Stellvertreters durch eine Versicherung abgedeckt, ist ein Selbstbehalt in Höhe des Eineinhalbfachen der nach § 22i Absatz 1 festgesetzten jährlichen Vergütung vorzusehen.** [5]**Das registerführende Unternehmen darf den Versicherungsvertrag zugunsten des Verwalters und des Stellvertreters schließen und die Prämien zahlen.**

§ 22f Verhältnis des Verwalters zur Bundesanstalt

(1) **Der Verwalter hat der Bundesanstalt Auskunft über die von ihm im Rahmen seiner Tätigkeit getroffenen Feststellungen und Beobachtungen zu erteilen und auch unaufgefordert Mitteilungen zu machen, wenn Umstände auf eine nicht ordnungsgemäße Registerführung hindeuten.**

(2) **Der Verwalter ist an Weisungen der Bundesanstalt nicht gebunden.**

§ 22g Aufgaben des Verwalters

(1) [1]**Der Verwalter wacht darüber, dass das Refinanzierungsregister ordnungsgemäß geführt wird.** [2]**Zu seinen Aufgaben gehört es jedoch nicht zu prüfen, ob es sich bei den eingetragenen Gegenständen um solche des Refinanzierungsunternehmens oder um nach § 22d Absatz 2 eintragungsfähige Gegenstände handelt.**

(2) [1]**Insbesondere hat der Verwalter des Refinanzierungsregisters darauf zu achten, dass**

1. das Refinanzierungsregister die nach § 22d Absatz 2 erforderlichen Angaben enthält,
2. die im Refinanzierungsregister enthaltenen Zeitangaben der Richtigkeit entsprechen und
3. die Eintragungen nicht nachträglich verändert werden.

[2]**Im Übrigen hat der Verwalter des Refinanzierungsregisters die inhaltliche Richtigkeit des Refinanzierungsregisters nicht zu überprüfen.**

(3) **Der Verwalter kann sich bei der Durchführung seiner Aufgaben anderer Personen und Einrichtungen bedienen.**

§ 22h Verhältnis des Verwalters zum registerführenden Unternehmen und zum Refinanzierungsunternehmen

(1) [1]**Der Verwalter ist befugt, jederzeit die Bücher und Papiere des registerführenden Unternehmens einzusehen, es sei denn, dass sie mit der Führung des Refinanzierungsregisters in keinem Zusammenhang stehen.** [2]**In den Fällen des § 22b stehen dem Verwalter dieselben Befugnisse auch gegenüber dem Refinanzierungsunternehmen zu.**

(2) [1]**Der Verwalter ist zur Verschwiegenheit über alle Tatsachen verpflichtet, von denen er durch Einsicht in die Bücher und Papiere des registerführenden Unternehmens oder des davon abweichenden Refinanzierungsunternehmens Kenntnis erlangt.** [2]**Der Bundesanstalt darf er nur über Tatsachen Auskunft geben oder Mitteilung machen, die mit der Überwachung des Refinanzierungsregisters im Zusammenhang stehen.**

(3) **Streitigkeiten zwischen dem Verwalter und dem registerführenden Unternehmen oder dem davon abweichenden Refinanzierungsunternehmen entscheidet die Bundesanstalt.**

§ 22i Vergütung des Verwalters

(1) **Der Verwalter sowie sein Stellvertreter erhalten von dem registerführenden Unternehmen eine angemessene Vergütung, deren Höhe von der Bundesanstalt festgesetzt wird, und Ersatz der notwendigen Auslagen.**

(2) **(weggefallen)**

(3) **Außer in Fällen des Absatzes 1 sind Leistungen des registerführenden Unternehmens, des Refinanzierungsunternehmens, für welches das Register geführt wird, und der Übertragungsberechtigten an den Verwalter des Refinanzierungsregisters und dessen Stellvertreter unzulässig.**

Übersicht

I. Regelungsgegenstand der §§ 22e–22i

1 Die §§ 22e–22i KWG regeln mit großer Detailgenauigkeit **Bestellung, Beaufsichtigung, Aufgaben, Vergütung und Haftung des Verwalters des Refinanzierungs-**

registers. Dieser ist eine natürliche Person (§ 22e Abs. 1 S. 1 KWG), welche durch die BaFin auf Vorschlag des registerführenden Unternehmens bestellt wird (§ 22e Abs. 2 S. 1 KWG).

II. Funktion des Verwalters

2 Die Aufgabe des Verwalters liegt in der **Gewährleistung der Richtigkeit der Registereintragungen,** insbesondere der zeitlichen Reihenfolge. Der Verwalter **führt das Register *nicht selbst*,** sondern hat nur dessen Führung durch das Unternehmen zu überwachen (§ 22g Abs. 1 S. 1 KWG). Über die dabei getroffenen Feststellungen und Beobachtungen hat er der BaFin Auskunft zu erteilen (§ 22f Abs. 1 KWG). Ihm steht das Recht zur **Einsicht** in die Bücher und Papiere des registerführenden Unternehmens zu (§ 22h Abs. 1 KWG).

III. Vergütung

3 Seine **Vergütung** erhält der Verwalter vom registerführenden Unternehmen, wobei die BaFin für die Angemessenheit zu sorgen hat (§ 22i Abs. 1 KWG). Ansonsten soll er von registerführenden Unternehmen sowie den anderen an der Refinanzierungstransaktion Beteiligten finanziell unabhängig sein (§ 22i Abs. 3 KWG).

IV. Haftung

4 Die **Haftung** des Verwalters ist auf Vorsatz und grobe Fahrlässigkeit beschränkt (§ 22e Abs. 6 S. 1 KWG).

§ 22j Wirkungen der Eintragung in das Refinanzierungsregister

(1) [1]**Gegenstände des Refinanzierungsunternehmens, die ordnungsgemäß im Refinanzierungsregister eingetragen sind, können im Fall der Insolvenz des Refinanzierungsunternehmens vom Übertragungsberechtigten nach § 47 der Insolvenzordnung ausgesondert werden.** [2]**Das Gleiche gilt für Gegenstände, die an die Stelle der ordnungsgemäß im Refinanzierungsregister eingetragenen Gegenstände treten.** [3]**Gegen Verfügungen im Wege der Zwangsvollstreckung oder der Arrestvollziehung kann der Übertragungsberechtigte Widerspruch im Wege der Klage nach § 771 der Zivilprozessordnung erheben.**

(2) [1]**Die Eintragung in das Refinanzierungsregister schränkt Einwendungen und Einreden Dritter gegen die eingetragenen Forderungen und Rechte nicht ein.** [2]**Werden die im Refinanzierungsregister eingetragenen Gegenstände ausgesondert oder an den Übertragungsberechtigten beziehungsweise von dem Übertragungsberechtigten an einen Dritten übertragen, können alle Einwendungen und Einreden wie bei einer Abtretung geltend gemacht werden.** [3]**Die Vorschrift des § 1156 Satz 1 des Bürgerlichen Gesetzbuchs findet keine Anwendung.** [4]**Dienen im Refinanzierungsregister eingetragene Gegenstände der Absicherung anderer Gegenstände, so kann der Sicherungsgeber gegenüber dem Übertragungsberechtigten alle Einwendungen und Einreden aus dem Vertrag geltend machen, der den rechtlichen Grund für die Absicherung enthält.** [5]**Die Vorschrift des § 1157 Satz 2 des Bürgerlichen Gesetzbuchs findet keine Anwendung.** [6]**§ 22d Abs. 4 in Verbindung mit § 22j Absatz 1 Satz 1 und 2 bleibt jedoch unberührt.**

(3) [1]**Gegenüber den Ansprüchen des Übertragungsberechtigten auf Übertragung der ordnungsgemäß im Refinanzierungsregister eingetragenen Gegenstände kann das Re-**

finanzierungsunternehmen nicht aufrechnen und keine Zurückbehaltungsrechte geltend machen. [2]Anfechtungsrechte seiner Gläubiger nach dem Anfechtungsgesetz und den §§ 129 bis 147 der Insolvenzordnung bleiben unberührt.

(4) **Den Wirkungen der Absätze 1 bis 3 steht nicht entgegen, dass das Refinanzierungsunternehmen im Rahmen der Veräußerung der eingetragenen Gegenstände an den Übertragungsberechtigten das Risiko deren Werthaltigkeit ganz oder teilweise trägt.**

Übersicht

I. Zweck

Es handelt sich um die Kernvorschrift der §§ 22a–22o KWG. Der vorrangige Zweck des Refinanzierungsregisters ist es, dem Übertragungsberechtigten eine **verbesserte Stellung in der Insolvenz** des Refinanzierungsunternehmens zu gewähren (Abs. 1 S. 1). Außerdem kann er Verfügungen im Wege der Zwangsvollstreckung oder Arrestvollziehung widersprechen (Abs. 1 S. 3). Aufrechnung oder Zurückbehaltungsrechte des Refinanzierungsunternehmens sind ebenfalls ausgeschlossen (Abs. 3 S. 1). Hingegen bleiben dem Schuldner seine Einwendungen und Einreden erhalten (Abs. 2). 1

II. Wirkung in der Insolvenz (Abs. 1 S. 1)

1. Räumlicher Anwendungsbereich

Das Aussonderungsrecht nach § 22j Abs. 1 S. 1 KWG, § 47 InsO gilt nur dann, wenn ein Insolvenzverfahren nach deutschem Recht eröffnet wurde. Eine Eröffnung eines Hauptinsolvenzverfahrens nach deutschem Recht ist möglich, wenn der Mittelpunkt der hauptsächlichen Interessen des Schuldners (*centre of main interest* – COMI) in Deutschland liegt.[1] Daher ist die Eintragung in ein Refinanzierungsregister grundsätzlich nur für solche Refinanzierungsunternehmen sinnvoll, die den COMI im Inland haben. Im Einzelfall kann es darüber hinaus auch bei einem COMI im Ausland zu einer Anwendung des § 22j KWG kommen, soweit ein Sekundärinsolvenzverfahren im Inland eröffnet wird.[2] 2

2. Voraussetzungen

Für das Aussonderungsrecht bestehen nach Abs. 1 S. 1 zwei Voraussetzungen: 3

[1] S. Art. 3 Abs. 2 der Europäischen Insolvenzverordnung – EuInsVO (Verordnung (EG) Nr. 1346/2000 des Rates v. 29.5.2000 über Insolvenzverfahren, ABl. 2000 L 160/1). Zum anwendbaren Recht s. Art. 4 EuInsVO.

[2] Zur internationalinsolvenzrechtlichen Behandlung des Refinanzierungsregisters: *Lehmann* → Kap. 24 Rn. 14a, 134.

Erstens muss es sich um Gegenstände „des Refinanzierungsunternehmens" handeln. Das Refinanzierungsunternehmen muss also im Zeitpunkt des Aussonderungsbegehrens **Inhaber der Forderung oder des Grundpfandrechts** sein. Ist es dies nicht, zB weil es vorher wirksam über die Gegenstände verfügt hat,[3] so bleibt die Eintragung ohne Wirkung, dh der Übertragungsberechtigte hat kein Aussonderungsrecht nach § 22j Abs. 1 S. 1 KWG.

4 Zweitens müssen die Gegenstände **„ordnungsgemäß in das Refinanzierungsregister eingetragen"** sein. Dazu ist die Vorschrift des § 22d Abs. 2 KWG zu beachten. Fehlen nach ihr erforderliche Angaben oder sind Eintragungen unrichtig oder Angaben entgegen § 22d Abs. 2 S. 2 KWG nicht eindeutig bestimmbar, so ist die Eintragung nicht ordnungsgemäß (§ 22d Abs. 3 KWG). Die Sanktion dafür ist, dass der Übertragungsberechtigte kein Aussonderungsrecht nach § 22j Abs. 1 S. 1 KWG hat.

4a Nach dem zum 1.1.2014 eingefügten Abs. 4 ist unbeachtlich, ob der Originator ganz oder teilweise das Risiko für die Werthaltigkeit der Vermögensgegenstände übernommen hat. Dabei handelt es sich lediglich um eine Klarstellung, da der Gesetzgeber der Verteilung des Werthaltigkeitsrisikos für die Anwendung der §§ 22a ff. KWG von Anfang an für nicht ausschlaggebend hielt.[4] Bedeutsam ist sie etwa beim unechten Factoring, bei dem der Originator das Risiko der Bonität des Schuldners zurückbehält.[5]

3. Folgen

5 Abs. 1 S. 1 enthält eine **Rechtsfolgenverweisung auf § 47 InsO,** dh die dort angeordneten Folgen sind immer anzuwenden, unabhängig davon, ob ihre Voraussetzungen erfüllt sind. Der Übertragungsberechtigte hat das Recht zur Aussonderung daher sogar dann, wenn ihm im Fall der Erfüllung des Übertragungsanspruchs lediglich ein Absonderungsrecht (§§ 49 ff. InsO) zugestanden hätte. So beispielsweise im Fall des **unechten Factoring:** Die Übertragung auf den Factor führt in diesem Fall nach allgemeiner Meinung nur zu einem *Ab*sonderungsrecht in der Insolvenz des Kunden gemäß § 51 Nr. 1, §§ 166 ff. InsO.[6] Wird der Factor hingegen in ein Refinanzierungsregister eingetragen, so hat er gemäß Abs. 1 S. 1 iVm § 47 S. 1 InsO ein *Aus*sonderungsrecht.[7] Er trägt die Kosten der Übertragung.

5a Das Aussonderungsrecht des Übertragungsberechtigten lässt sich nicht über § 103 Abs. 1 InsO aushebeln.[8] Selbst wenn mit der Eintragung in das Refinanzierungsregister noch kein Vollrechtserwerb verbunden ist, kann der Insolvenzverwalter die weitere Erfüllung des Vertrags nicht verweigern. Man wird die Regelung des § 22j KWG als gegenüber § 103 Abs. 1 InsO vorrangig ansehen müssen, da der Gesetzgeber dem Übertragungsberechtigten ausdrücklich eine insolvenzfeste Position zuerkannt hat.

6 Die in das Register eingetragenen Gegenstände gehören in der Regel nicht dem Übertragungsberechtigten.[9] Fraglich ist, was nach der Aussonderung mit ihnen geschieht. **§ 47 S. 2 InsO** verweist insofern auf die Gesetze, die außerhalb des Insolvenzverfahrens gelten. Im Falle eines Forderungskaufs (§ 453 Abs. 1, § 433 Abs. 1 S. 1 BGB) muss also die Forderung dem Übertragungsberechtigten abgetreten werden (§ 398 BGB), im Fall des Anspruchs auf Übertragung einer Buchgrundschuld Einigung und Zustimmung zur Eintragung des Übertragungsberechtigten im Grundbuch erfolgen (§ 873 Abs. 1 BGB). Die dazu notwendigen Rechtshandlungen seitens des Refinanzierungsunternehmens hat der **Insolvenzverwalter** vorzunehmen. Notfalls muss der Übertragungsberechtigte den Anspruch gegen ihn klageweise geltend machen. Der Anspruchsberechtigte kann seinen Aus-

---

3 → Rn. 23.
4 Beck/Samm/Kokemoor/*Bornemann* KWG Losebl. (182 EL Oktober 2015) § 22j Rn. 24.
5 → KWG § 22a Rn. 9 und nachfolgende Rn.
6 S. Braun/*Bäuerle* InsO § 51 Rn. 40.
7 Schwennicke/Auerbach/*Rinze/Noglik* KWG § 22j Rn. 6; *Schmalenbach/Sester* WM 2005, 2033 (2035).
8 → KWG Vor §§ 22a-o Rn. 3.
9 Zu Ausnahmen → KWG § 22a Rn. 10.

sonderungsanspruch nach Insolvenz an Dritte abtreten oder verpfänden; vor Insolvenz ist eine Verpfändung auch an nicht eintragungsfähige Dritte zulässig.

III. Surrogation (Abs. 1 S. 2)

Die Möglichkeit der Aussonderung hat der Übertragungsberechtigte auch hinsichtlich der Gegenstände, die „an die Stelle der ordnungsgemäß im Register eingetragenen Gegenstände treten". Es handelt sich um einen Fall gesetzlich geregelter Surrogation. Diese setzt sich als Spezialregelung über die Sperre des § 91 InsO hinweg, dh das Aussonderungsrecht besteht auch an nach der Insolvenzeröffnung durch den Schuldner erworbenen Surrogaten. 7

Zum Umfang: Eindeutig sind von Abs. 1 S. 2 **Versicherungsleistungen** oder **Schadensersatz** für die Beschädigung des Gegenstands erfasst.[10] Eindeutig nicht erfasst sind dagegen **Leistungen von Sicherungsgebern** wie etwa Zahlungen eines **Bürgen** der eingetragenen Forderung, da diese nicht „an die Stelle" der Forderung treten.[11] 8

Zweifelhaft ist dagegen der Fall der **Veräußerung** durch das Refinanzierungsunternehmen. Hier gilt Folgendes: Die Vorschrift des Abs. 1 S. 2 kann nicht auf die in § 48 InsO geregelten Fälle der unberechtigten Veräußerung beschränkt sein, da diese Norm über den Verweis in Abs. 1 S. 1 ohnehin gilt und Abs. 1 S. 2 daher keine eigenständige Bedeutung hätte. Die Rechtsfolge des Abs. 1 S. 2 muss deshalb nicht nur im Falle unberechtigter, sondern auch im Falle berechtigter Veräußerung, etwa durch das Refinanzierungsunternehmen, gelten.[12] 9

Zweifelhaft ist ebenfalls der Fall der **Vermischung.** Eine solche Vermischung kann insbesondere bei der Zahlung eines Drittschuldners auf ein Konto des Refinanzierungsunternehmens entstehen.[13] Nach der Rechtsprechung bleibt der gutgeschriebene Betrag nur dann vom übrigen Vermögen des Schuldners unterscheidbar, wenn er durch den niedrigsten zwischenzeitlichen Tagessaldo gedeckt ist.[14] Nach einer Ansicht ist Abs. 1 S. 2 gegenüber § 48 S. 2 InsO lex specialis, so dass dem Übertragungsberechtigten auch im Fall der zur Ununterscheidbarkeit führenden Vermischung *(commingling)* ein Aussonderungsrecht in Höhe des Werts des eingetragenen Gegenstandes gewährt wird.[15] Dem ist aber entgegenzuhalten, dass die Unterscheidbarkeit eines Gegenstandes eine allgemeine Voraussetzung jedes Aussonderungsrechtes ist.[16] Sonst könnte der Übertragungsberechtigte die Masse allzu häufig zu Lasten der anderen Insolvenzgläubiger vermindern. Das widerspricht eklatant dem Grundsatz der *par conditio creditorum*. Daher müssen die Surrogate noch unterscheidbar im Vermögen des Insolvenzschuldners vorhanden sein, damit an ihnen ein Aussonderungsrecht geltend gemacht werden kann.[17] Zur Absicherung gegen Rechtsverlust durch Vermischung kann der Übertragungsberechtigte Zahlung auf ein gesondertes Konto verlangen und die tägliche Auskehrung von Zahlungseingängen sicherstellen.[18] 10

IV. Drittwiderspruchsklage (Abs. 1 S. 3)

Auch gegen Pfändungen der in das Register eingetragenen Gegenstände seitens der Gläubiger des Refinanzierungsunternehmens kann sich der Übertragungsberechtigte wehren. Er muss dazu **gemäß Abs. 1 S. 3 iVm § 771 ZPO Klage erheben.** Die Vorschrift 11

[10] Boos/Fischer/Schulte-Mattler/*Tollmann* KWG § 22j Rn. 52; *Schmalenbach/Sester* WM 2005, 2025 (2033 f.).
[11] Schwennicke/Auerbach/*Rinze/Noglik* KWG § 22j Rn. 9; *Schmalenbach/Sester* WM 2005, 2025 (2033).
[12] Schwennicke/Auerbach/*Rinze/Noglik* KWG § 22j Rn. 9.
[13] Vgl. Beck/Samm/Kokemoor/*Bornemann* KWG Losebl. (182 EL Oktober 2015) § 22j Rn. 68.
[14] BGH NJW 1999, 1709 (1710).
[15] Schwennicke/Auerbach/*Rinze/Noglik* KWG § 22j Rn. 9; *Smola* DZWIR 2012, 281 (282).
[16] Beck/Samm/Kokemoor/*Bornemann* KWG Losebl. (182 EL Oktober 2015) § 22j Rn. 67.
[17] So auch Boos/Fischer/Schulte-Mattler/*Tollmann* KWG § 22j Rn. 64 ff.
[18] Boos/Fischer/Schulte-Mattler/*Tollmann* KWG § 22j Rn. 67.

des Abs. 1 S. 3 wurde durch das Gesetz zur Fortentwicklung des Pfandbriefrechts 2009 eingefügt.[19] Sie soll nach den Vorstellungen des Finanzausschusses lediglich Klarstellungsfunktion haben, weil das Aussonderungsrecht ein „die Veräußerung hinderndes Recht" iSd § 771 ZPO sei.[20] Diese Argumentation übersieht, dass das Aussonderungsrecht erst mit der Eröffnung des Insolvenzverfahrens entsteht, weil es auf die Verteidigung eines massefremden Rechts gegen die Inanspruchnahme durch den Insolvenzverwalter gerichtet ist.[21] Die Vorschrift hat daher konstitutive Bedeutung: Sie begründet ein ansonsten nicht bestehendes Recht zur Erhebung der Drittwiderspruchsklage.

V. Kein Ausschluss von Einwendungen des Schuldners (Abs. 2)

12 **Abs. 2 S. 1** stellt klar, dass durch die Eintragung in das Register die Rechte des Schuldners („Dritter") gegen die Forderung oder das Grundpfandrecht nicht beeinträchtigt werden. Das versteht sich, da die Eintragung nur die Vermögensposition des Übertragungsberechtigten gegenüber Dritten in der Insolvenz oder Zwangsvollstreckung sichert, nicht aber das Verhältnis zum Schuldner ändern soll. Der Schuldner kann gegenüber dem Übertragungsberechtigten daher zB Erfüllung (§ 362 Abs. 1 BGB) einwenden oder die Einrede der Verjährung (§ 214 Abs. 1 BGB) erheben.

13 **Abs. 2 S. 2** erklärt im Fall der Aussonderung oder Übertragung der Gegenstände die Vorschriften über den Übergang von Einwendungen und Einreden und den Vertrauensschutz des Schuldners (§§ 404–410 BGB) für anwendbar. Hinsichtlich der **Aussonderung** ist diese Anordnung überflüssig: Da der Aussonderungsberechtigte nicht Inhaber der Forderung oder des Grundpfandrechts ist, kann er diese materiell-rechtlich ohnehin nicht geltend machen. Hinsichtlich der **Übertragung einer Forderung** ist die Vorschrift ebenfalls nutzlos. Denn diese erfolgt immer durch Abtretung,[22] so dass die §§ 404–410 BGB ohnehin anwendbar sind.

14 Im Fall der **Übertragung einer Hypothek** mittels Übertragung der gesicherten Forderung (§ 1153 Abs. 1 BGB) gelten die Vorschriften der §§ 406–408 BGB in Ansehung der Hypothek zwar nicht, § 1156 S. 1 BGB, so dass Abs. 2 S. 2 einen praktischen Anwendungsbereich hätte. Gerade § 1156 S. 1 BGB ist jedoch gemäß Abs. 2 S. 3 ausgeschlossen.[23]

15 Die einzige Bedeutung des Abs. 2 S. 2 besteht daher darin, dass er im Fall der **Übertragung einer Grundschuld oder Rentenschuld,** für die §§ 404–410 BGB an sich nicht gelten, letztere für anwendbar erklärt. Das ist aus sachenrechtlicher Sicht systemwidrig, entspricht aber dem Wortlaut des KWG.

16 **Abs. 2 S. 3** ordnet an, dass anders als nach § 1156 S. 1 BGB die §§ 406–408 BGB auch in Ansehung der Hypothek gelten, soweit diese in das Refinanzierungsregister eingetragen ist. Das bedeutet, dass der Schuldner gegenüber dem Übertragungsberechtigten oder Erwerber der Hypothek unter den Voraussetzungen des § 406 BGB aufrechnen und eine Zahlung an das Refinanzierungsunternehmen nach § 407 BGB oder dessen Zedenten nach § 408 BGB geltend machen kann. Im Ergebnis steht daher der Schuldner einer im Refinanzierungsregister eingetragenen Hypothek noch besser als der eines nicht darin eingetragenen Grundpfandrechts.[24] Ein einleuchtender Grund für diese Besserstellung besteht nicht.

17 **Abs. 2 S. 4** enthält eine fehlerhafte Formulierung, da Gegenstände nie der Absicherung „anderer Gegenstände" dienen. Gemeint ist wohl, dass die eingetragenen Gegenstände

[19] → KWG Vor §§ 22a–22o Rn. 4.
[20] BT-Drs. 16/11130, 46.
[21] S. MüKoInsO/*Ganter* § 47 Rn. 5.
[22] § 398 BGB.
[23] → Rn. 16.
[24] So auch Boos/Fischer/Schulte-Mattler/*Tollmann* KWG § 22j Rn. 81.

Ansprüche auf den Erhalt von anderen Gegenständen als den eingetragenen sichern sollen. Zu denken ist etwa an ein Grundpfandrecht, das den Erhalt von Geldzahlungen sichern soll, oder an eine Forderung, die zur Sicherheit für einen Anspruch auf Abtretung einer anderen Forderung zediert wird. Die Rechtsfolge des Abs. 2 S. 4 lautet, dass der Sicherungsgeber (= Eigentümer des belasteten Grundstücks oder Forderungszedent) dem Übertragungsberechtigten alle Einwendungen und Einreden aus dem Sicherungsvertrag entgegenhalten kann. Im Fall der Besicherung eines Anspruchs durch ein Grundpfandrecht ergibt sich diese Folge jedoch bereits aus § 1157 S. 1, § 1192 Abs. 1 BGB; im Fall der Forderungszession aus § 404 BGB. Auch diese Vorschrift ist daher überflüssig.

Abs. 2 S. 5 schließt § 1157 S. 2 BGB und damit den „gutgläubigen Wegerwerb" von Einwendungen und Einreden durch den Übertragungsberechtigten aus. Das bedeutet, dass dieser sich die Einwendungen und Einreden des Grundstückseigentümers selbst bei unverschuldeter Unkenntnis entgegenhalten lassen muss. Er steht damit in krassem Maße schlechter als ein Übertragungsberechtigter, dessen Übertragungsanspruch durch ein nicht im Refinanzierungsregister eingetragenes Grundpfandrecht gesichert ist. Ein einleuchtender Grund hierfür ist wiederum nicht ersichtlich. 18

Abs. 2 S. 6 soll klarstellen, dass der Schuldner sich nicht auf ein mündlich mit dem Refinanzierungsunternehmen vereinbartes Abtretungsverbot berufen kann. Dies folgt bereits aus § 22d Abs. 4 KWG.[25] Der Verweis auf diese Vorschrift sowie auf Abs 1 S. 1 und 2 soll klarstellen, dass diese Einschränkung des Schuldnerschutzes auch im Fall der Geltendmachung der Rechte aus Abs. 1 gilt. Dagegen kann sich der Schuldner auf ein schriftlich vereinbartes Abtretungsverbot berufen, soweit nicht aus § 354a HGB etwas anderes folgt.[26] Auch gesetzliche Verfügungsverbote bleiben unberührt. 19

Insgesamt kann man den § 22j Abs. 2 KWG nur als **gesetzessystematisch und rechtspolitisch missglückt** bezeichnen. Die in ihm enthaltenen Vorschriften sind entweder überflüssig oder widersprechen dort, wo sie eine eigene Regelung enthalten, den Wertungen des deutschen Rechtssystems. Ihr Grundgedanke lässt sich so zusammenfassen: Als Ausgleich für den weitgehenden insolvenz- und zwangsvollstreckungsrechtlichen Schutz des Übertragungsberechtigten nach Abs. 1 soll dieser sich Einwendungen und Einreden gegen seinen Anspruch gefallen lassen. Dabei werden jedoch zwei nicht miteinander zusammenhängende Sachverhalte verknüpft. Denn der Registerschutz nach Abs. 1 beeinträchtigt vor allem die anderen Insolvenzgläubiger, der Schutz nach Abs. 2 begünstigt dagegen Schuldner und Sicherungsgeber. Was man der einen Gruppe nimmt, kann man aber nicht durch die Bevorteilung einer ganz anderen Gruppe ausgleichen. 20

VI. Ausschluss von Aufrechnung und Zurückbehaltungsrechten des Refinanzierungsunternehmens (Abs. 3)

Das Refinanzierungsunternehmen kann normalerweise gegen den Anspruch des Übertragungsberechtigten mit gleichartigen Forderungen aufrechnen (§§ 387 ff BGB) oder Zurückbehaltungsrechte (zB aus § 273 BGB) geltend machen. Durch die Eintragung in das Refinanzierungsregister verliert es diese Möglichkeit **(Abs. 3 S. 1).** Wertungsmäßig lässt sich dies damit rechtfertigten, dass es die Eintragung selbst vornimmt oder vornehmen lässt und damit gleichermaßen auf Aufrechnung und Zurückbehaltungsrechte verzichtet. 21

Trotz des Verlusts der Aufrechnungsmöglichkeit und des Zurückbehaltungsrechts ist die Stellung des Übertragungsberechtigten nicht völlig gesichert. Nach **Abs. 3 S. 2** kann in der Insolvenz des Refinanzierungsunternehmens der Insolvenzverwalter Anfechtungsrechte nach §§ 129 ff. InsO geltend machen. Auch die Gläubiger des Refinanzierungsunterneh- 22

[25] → KWG § 22d Rn. 8.
[26] → KWG § 22d Rn. 8.

mens können nach dem AnfG die Erstattung der übertragenen Gegenstände an dieses zurückverlangen.

VII. Numerus clausus der Registerwirkungen

23 Außer den in § 22j KWG vorgesehenen hat die Eintragung keine sonstigen Wirkungen. Insbesondere **ändert sie die materielle Rechtslage nicht.**[27] Der Eingetragene wird daher nicht Inhaber der Forderungen oder Grundpfandrechte. Außerdem führt die Eintragung auch nicht zu einem an das Refinanzierungsunternehmen gerichteten Verfügungsverbot. Dieses kann vielmehr die eingetragenen Gegenstände an Dritte übertragen.[28] Zwar macht es sich dadurch in der Regel gegenüber dem Übertragungsberechtigten schadensersatzpflichtig (§ 280 Abs. 1, 3 BGB), die Wirksamkeit der sachen- bzw. vermögensrechtlichen Verfügung wird jedoch durch die Eintragung in das Refinanzierungsregister nicht beeinträchtigt. Diese Rechtsfolge war in § 22j Abs. 1 S. 3 KWG aF ausdrücklich vorgesehen. Diese Vorschrift ist durch Art. 2 Nr. 14b des Gesetzes zur Fortentwicklung des Pfandbriefrechts 2009[29] aufgehoben und durch den neuen S. 3 ersetzt worden. Die Rechtslage wurde dadurch jedoch nicht geändert, denn dazu hätte es der ausdrücklichen gesetzlichen Anordnung weiterer als der in Abs. 1 enthaltenen Registerwirkungen bedurft.[30]

24 Durch die nach wie vor bestehende Verfügungsfreiheit des Refinanzierungsunternehmens kann es daher zu einem Auseinanderfallen des Registers und der wirklichen Rechtslage kommen. In dieser Situation geht letztere vor, dh die Eintragung in das Refinanzierungsregister wird wirkungslos, wenn das Refinanzierungsunternehmen nicht mehr Inhaber der eingetragenen Gegenstände ist.[31] Es besteht auch kein Gutglaubens- oder sonstiger Schutz des Übertragungsberechtigten gegenüber dem Erwerber.

§ 22k Beendigung und Übertragung der Registerführung

(1) [1]**Willigen alle im Refinanzierungsregister eingetragenen Übertragungsberechtigten und, sofern ein Übertragungsberechtigter eine Pfandbriefbank oder ein Versicherungsunternehmen ist, der Treuhänder der Pfandbriefbank oder des Versicherungsunternehmens ein, kann die Führung des Refinanzierungsregisters einen Monat nach Anzeige an die Bundesanstalt beendet werden.** [2]**Willigen alle im Refinanzierungsregister eingetragenen Übertragungsberechtigten und, sofern ein Übertragungsberechtigter eine Pfandbriefbank oder ein Versicherungsunternehmen ist, der Treuhänder der Pfandbriefbank oder des Versicherungsunternehmens ein, kann die Registerführung unter Aufsicht der Bundesanstalt auf ein geeignetes Kreditinstitut übertragen werden, sofern es sich bei den eingetragenen Gegenständen um solche des die Registerführung übernehmenden Kreditinstituts handelt oder die Voraussetzungen des § 22b über die Führung des Refinanzierungsregisters für Dritte vorliegen.**

(2) [1]**Die Registerführung endet außerdem, wenn das registerführende Unternehmen nach Einschätzung der Bundesanstalt zur Registerführung ungeeignet ist.** [2]**In diesem Fall wird die Führung des Registers unter Aufsicht der Bundesanstalt auf ein nach Einschätzung der Bundesanstalt zur Registerführung geeignetes Kreditinstitut übertragen.** [3]**Die Vorschriften des § 22b über die Führung des Refinanzierungsregisters für Dritte finden sinngemäße Anwendung.**

---

[27] Schwennicke/Auerbach/*Rinze/Noglik* KWG § 22j Rn. 1; Boos/Fischer/Schulte-Mattler/*Tollmann* KWG § 22j Rn. 70; BT-Drs. 15/5852, 23.

[28] Boos/Fischer/Schulte-Mattler/*Tollmann* KWG § 22j Rn. 70.

[29] → KWG Vor §§ 22a–22o Rn. 4.

[30] So auch Beck/Samm/Kokemoor/*Bornemann* KWG Losebl. (182 EL Oktober 2015) § 22j Rn. 23.

[31] → Rn. 3.

(3) **Absatz 2 findet keine Anwendung, wenn über das Vermögen eines Unternehmens, das ein Refinanzierungsregister nicht nur für Dritte führt, das Insolvenzverfahren eröffnet wird.**

Übersicht

I. Zweck

Die Vorschrift regelt die Beendigung der Registerführung, falls der Bedarf für diese entfallen ist, sowie die Übertragung der Registerführung auf ein anderes Unternehmen. 1

II. Beendigung (Abs. 1 S. 1)

Abs. 1 S. 1 verlangt für die Beendigung der Registerführung, dass alle **Übertragungsberechtigte** und ggf. deren Treuhänder der Beendigung des Registers zustimmen müssen. Das Erfordernis der Zustimmung aller Gläubiger ist mit Wirkung zum 1.1.2014 entfallen.[1] Da nach § 22d Abs. 5 S. 1 auch bisher eine Löschung eingetragener Gegenstände ohne Beteiligung der Gläubiger möglich war, erscheint diese Änderung folgerichtig. Die formelle Beendigung eines Registers wird dadurch erheblich erleichtert. 2

III. Freiwillige Übertragung (Abs. 1 S. 2)

Abs. 1 S. 2 regelt die sog. freiwillige Übertragung der Registerführung auf ein anderes Unternehmen. Sie gilt für jede Veränderung der Registerführung ab dem Zeitpunkt der ersten Einrichtung des Refinanzierungsregisters.[2] Zu unterscheiden sind dabei **zwei Fälle:** Entweder kann die Registerführung dem Refinanzierungsunternehmen selbst übertragen werden. Dies kommt dann in Betracht, wenn es sich bei ihm um ein Kreditinstitut handelt und dieses das Register zuvor nicht selbst geführt hat.[3] Oder die Registerführung kann auf ein anderes Unternehmen als das Refinanzierungsunternehmen übertragen werden. Dies ist möglich, wenn die Voraussetzungen des § 22b KWG vorliegen. Das ist dann der Fall, wenn das Refinanzierungsunternehmen kein Kreditinstitut oder keine Einrichtung nach § 2 Abs. 1 Nr. 1–3a KWG ist[4] oder es sich um ein Kreditinstitut handelt, für das die Registerführung eine unangemessene Belastung darstellt.[5] Letztere liegt zB dann vor, wenn der Umfang der Registereintragungen den Aufwand der eigenen Registerführung nicht mehr rechtfertigt. In beiden Fällen ist die Einwilligung aller im Refinanzierungsregister eingetragener Übertragungsberechtigten und ggf. deren Treuhänder erforderlich. Eine Einwilligung der Gläubiger ist nicht mehr erforderlich.[6] 3

---

[1] BGBl I 2013, 3420.

[2] Zur Übertragung der Registerführung auf ein anderes Unternehmen vor der Einrichtung des Refinanzierungsregisters s. § 22b KWG.

[3] → KWG § 22b Rn. 3.

[4] → KWG § 22b Rn. 2.

[5] → KWG § 22b Rn. 3.

[6] → Rn. 2.

4 Die Übertragung findet immer **„unter der Aufsicht der BaFin"** statt, dh diese muss den neuen Registerführer für geeignet halten. Zu einer Übernahme der Registerführung besteht keine Pflicht, s. § 22a Abs. 2 S. 1, § 22b Abs. 4 KWG. Die Beteiligten der Refinanzierungstransaktion, dh der Übertragungsberechtigte und das Refinanzierungsunternehmen, müssen sich **vertraglich** mit dem neuen registerführenden Unternehmen über die Registerführung einigen.[7] Eine Übertragung **gegen den Willen des Refinanzierungsunternehmens** ist daher praktisch ausgeschlossen,[8] zumal dieses infolge der Übertragung entweder selbst Registerführer wird oder jene in seinem Interesse stattfindet.

IV. Zwangsweise Übertragung (Abs. 2)

5 Abs. 2 regelt entgegen dem missverständlichen Wortlaut keinen Fall der Beendigung, sondern der zwangsweisen Übertragung der Registerführung auf ein anderes Unternehmen. Diese kommt nur als letztes Mittel in Betracht, nachdem alle anderen ausgeschöpft sind.[9] Voraussetzung ist die **Ungeeignetheit** des registerführenden Unternehmens, zB weil dieses seine Bankerlaubnis (§ 32 KWG) verloren oder wiederholt seine Pflichten nach § 22d KWG verletzt hat. Der BaFin wird insoweit ein **Beurteilungsspielraum** gewährt **(Abs. 2 S. 1).** Dies gilt auch hinsichtlich der Auswahl des neuen registerführenden Unternehmens **(Abs. 2 S. 2).** Nebulös ist die Vorschrift des **Abs. 2 S. 3,** insbesondere der Ausdruck „sinngemäß". Gemeint ist wohl die Anwendung des § 22b Abs. 1 S. 2 KWG über die Bildung gesonderter Abteilungen, wenn das Kreditinstitut mehrere Register führt. Dagegen ist § 22b Abs. 2 KWG nicht anzuwenden, denn es soll keine Rolle spielen, ob die Führung des Registers durch das Refinanzierungsunternehmen selbst für dieses eine unangemessene Belastung darstellt.[10]

V. Keine Übertragung im Fall der Insolvenz des registerführenden Unternehmens (Abs. 3)

6 Gerät ein registerführendes Unternehmen, das eigene Gegenstände im Register führt, in die Insolvenz, wird für dieses gemäß §§ 22l bis o KWG ein Sachwalter bestellt. Zu seinen Aufgaben gehört es ua, das Register fortzuführen. Daher bedarf es in diesem Fall keiner zwangsweisen Übertragung nach Abs. 2.

§ 22l Bestellung des Sachwalters bei Eröffnung des Insolvenzverfahrens

(1) **¹Ist über das Vermögen eines Unternehmens, das ein Refinanzierungsregister nicht nur für Dritte führt, das Insolvenzverfahren eröffnet, bestellt das Insolvenzgericht auf Antrag der Bundesanstalt eine oder zwei von der Bundesanstalt vorgeschlagene natürliche Personen als Sachwalter des Refinanzierungsregisters (Sachwalter). ²Das Gericht kann vom Vorschlag der Bundesanstalt abweichen, wenn dies zur Sicherstellung einer sachgerechten Zusammenarbeit zwischen Insolvenzverwalter und Sachwalter erforderlich erscheint. ³Der Sachwalter erhält eine Urkunde über seine Ernennung, die er bei Beendigung seines Amtes dem Insolvenzgericht zurückzugeben hat.**

(2) **¹Die Bundesanstalt stellt einen Antrag nach Absatz 1 Satz 1, wenn dies nach Anhörung der Übertragungsberechtigten zur ordnungsgemäßen Verwaltung der im Refinanzierungsregister eingetragenen Gegenstände erforderlich erscheint. ²Als Sachwalter des Refinanzierungsregisters soll die Bundesanstalt den Verwalter des Refinan-**

[7] Boos/Fischer/Schulte-Mattler/*Tollmann* KWG § 22k Rn. 17.
[8] AA Boos/Fischer/Schulte-Mattler/*Tollmann* KWG § 22k Rn. 10.
[9] Boos/Fischer/Schulte-Mattler/*Tollmann* KWG § 22k Rn. 20.
[10] S. BT-Drs. 15/5852, 24.

zierungsregisters vorschlagen, bei Fehlen oder dauernder Verhinderung desselben seinen Stellvertreter oder eine andere geeignete natürliche Person. [3]Der Sachwalter des Refinanzierungsregisters ist auf Antrag der Bundesanstalt abzuberufen, wenn ein wichtiger Grund vorliegt.

(3) **[1]Erscheint die Bestellung eines zweiten Sachwalters des Refinanzierungsregisters zur ordnungsgemäßen Verwaltung der im Refinanzierungsregister eingetragenen Gegenstände erforderlich, kann die Bundesanstalt nach Anhörung der Übertragungsberechtigten einen weiteren Antrag nach Absatz 1 Satz 1 stellen. [2]Stellt sie diesen Antrag, soll sie den Stellvertreter des Verwalters des Refinanzierungsregisters oder, wenn ein solcher fehlt, eine andere geeignete natürliche Person vorschlagen.**

(4) **[1]Mit der Bestellung einer anderen Person als der des Verwalters zum Sachwalter erlischt das Amt des Verwalters. Das Amt wird vom Sachwalter des Refinanzierungsregisters fortgeführt. [2]Die Sätze 1 und 2 gelten entsprechend für den Stellvertreter des Verwalters.**

§ 22m Bekanntmachung der Bestellung des Sachwalters

(1) **[1]Das Insolvenzgericht hat die Ernennung und Abberufung des Sachwalters unverzüglich dem zuständigen Registergericht mitzuteilen und öffentlich bekannt zu machen. [2]Die Ernennung und Abberufung des Sachwalters sind auf die Mitteilung von Amts wegen in das Handelsregister einzutragen. [3]Die Eintragungen werden nicht bekannt gemacht. [4]Die Vorschriften des § 15 des Handelsgesetzbuchs finden keine Anwendung.**

(2) **[1]Sind in das Refinanzierungsregister Rechte des registerführenden Unternehmens eingetragen, für die eine Eintragung im Grundbuch besteht, so ist die Bestellung des Sachwalters auf Ersuchen des Insolvenzgerichts oder des Sachwalters in das Grundbuch einzutragen, wenn nach der Art der Rechte und den Umständen zu besorgen ist, dass ohne die Eintragung die Interessen der Übertragungsberechtigten gefährdet werden. [2]Satz 1 gilt entsprechend für Rechte des registerführenden Unternehmens, die im Schiffsregister, Schiffsbauregister oder im Register für Pfandrechte an Luftfahrzeugen eingetragen sind.**

§ 22n Rechtsstellung des Sachwalters

(1) **[1]Der Sachwalter steht unter der Aufsicht des Insolvenzgerichts. [2]Das Insolvenzgericht kann vom Sachwalter insbesondere jederzeit einzelne Auskünfte oder einen Bericht über den Sachstand und die Geschäftsführung verlangen. [3]Daneben obliegen dem Sachwalter die Pflichten eines Verwalters. [4]Der Sachwalter und der Insolvenzverwalter haben einander alle Informationen mitzuteilen, die für das Insolvenzverfahren über das Vermögen des registerführenden Unternehmens und für die Verwaltung der im Refinanzierungsregister eingetragenen Gegenstände von Bedeutung sein können.**

(2) **[1]Soweit das registerführende Unternehmen befugt war, die im Refinanzierungsregister eingetragenen Gegenstände zu verwalten und über sie zu verfügen, geht dieses Recht auf den Sachwalter über. [2]In Abstimmung mit dem Insolvenzverwalter nutzt der Sachwalter alle Einrichtungen des registerführenden Unternehmens, die zur Verwaltung der eingetragenen Gegenstände erforderlich sind.**

(3) **[1]Hat das registerführende Unternehmen nach der Bestellung des Sachwalters über einen im Refinanzierungsregister eingetragenen Gegenstand verfügt, so ist diese Verfügung unwirksam. [2]Die Vorschriften der §§ 892, 893 des Bürgerlichen Gesetzbuchs, der §§ 16, 17 des Gesetzes über Rechte an eingetragenen Schiffen und Schiffsbauwerken und der §§ 16, 17 des Gesetzes über Rechte an Luftfahrzeugen bleiben**

unberührt. [3] Hat das registerführende Unternehmen am Tage der Bestellung des Sachwalters des Refinanzierungsregisters verfügt, so wird vermutet, dass es nach der Bestellung verfügt hat.

(4) **[1] Der Sachwalter des Refinanzierungsregisters hat bei seiner Geschäftsführung die Sorgfalt eines ordentlichen und gewissenhaften Sachwalters anzuwenden. [2] Verletzt der Sachwalter des Refinanzierungsregisters seine Pflichten, so können die Übertragungsberechtigten und das registerführende Unternehmen Ersatz des hierdurch entstehenden Schadens verlangen. [3] Dies gilt nicht, wenn der Sachwalter des Refinanzierungsregisters die Pflichtverletzung nicht zu vertreten hat.**

(5) **[1] Der Sachwalter des Refinanzierungsregisters erhält von der Bundesanstalt eine angemessene Vergütung und Ersatz seiner Aufwendungen. [2] Die gezahlten Beträge sind der Bundesanstalt von den Übertragungsberechtigten anteilig nach der Anzahl der für sie eingetragenen Gegenstände gesondert zu erstatten und auf Verlangen der Bundesanstalt vorzuschießen. [3] Soweit das Refinanzierungsregister für Dritte geführt wird, sind diese neben den Übertragungsberechtigten als Gesamtschuldner zur Erstattung und zum Vorschuss verpflichtet. [4] § 22i Absatz 2 und 3 Satz 1 gilt sinngemäß. [5] § 22i Absatz 3 Satz 2 findet mit der Maßgabe entsprechende Anwendung, dass die Bundesanstalt beim Insolvenzgericht einen Antrag auf Abberufung stellen soll.**

§ 22o Bestellung des Sachwalters bei Insolvenzgefahr

(1) **[1] Unter den Voraussetzungen des § 46 bestellt das Gericht am Sitz des registerführenden Unternehmens auf Antrag der Bundesanstalt eine oder zwei Personen als Sachwalter. [2] Die Bundesanstalt stellt einen Antrag nach Satz 1, wenn dies nach Anhörung der Übertragungsberechtigten zur ordnungsgemäßen Verwaltung der im Refinanzierungsregister eingetragenen Gegenstände erforderlich erscheint. [3] Bei Gefahr im Verzuge ist auf die Anhörung zu verzichten. [4] In diesem Fall ist die Anhörung unverzüglich nachzuholen.**

(2) **[1] Für die Bestellung und Abberufung sowie für die Rechtsstellung eines unter diesen Umständen bestellten Sachwalters gelten die Vorschriften der §§ 22l bis 22n mit der Maßgabe entsprechend, dass an die Stelle des Insolvenzgerichts das Gericht am Sitz des registerführenden Unternehmens tritt. [2] Ein wichtiger Grund im Sinne des § 22l Absatz 2 Satz 3 liegt insbesondere dann vor, wenn die Voraussetzungen des § 46 wieder entfallen sind. [3] In diesem Fall soll die Bundesanstalt aus dem Kreis der Sachwalter den Verwalter bestellen.**

(3) **[1] Wird das Insolvenzverfahren über das Vermögen des registerführenden Unternehmens nach Bestellung des Sachwalters nach Maßgabe der Absätze 1 und 2 eröffnet, so gilt der Sachwalter für die Zeit nach Eröffnung des Insolvenzverfahrens als mit Eröffnung des Insolvenzverfahrens vom Insolvenzgericht bestellt. [2] Das Insolvenzgericht tritt an die Stelle des Gerichts am Sitz des registerführenden Unternehmens. [3] Das Gericht am Sitz des registerführenden Unternehmens hat dem Insolvenzgericht alle mit der Bestellung und Aufsicht des Sachwalters des Refinanzierungsregisters in Zusammenhang stehenden Unterlagen zu übergeben.**

Übersicht

I. Zweck der §§ 22l–22o

Gerät das registerführende Unternehmen, das zugleich Refinanzierungsunternehmen ist, in die **Insolvenz,** so tritt eine **Lücke** auf: Die Übertragungsberechtigten haben zwar ein Aussonderungsrecht gemäß § 22j Abs. 1 S. 1 KWG iVm § 47 S. 1 InsO sowie einen Übertragungsanspruch. Jedoch wünschen sie in der Regel keine Übertragung der Gegenstände durch den Insolvenzverwalter, da dieses für sie einen hohen Aufwand verursachen würde.[1] Damit die Gegenstände verwaltet und zugleich das Register fortgeführt wird, kann ein Sachwalter bestellt werden **(§ 22l KWG).** Das Gleiche gilt, wenn bei einem registerführenden Kreditinstitut **Insolvenzgefahr** droht **(§ 22o KWG).** Der Begriff des Sachwalters iSd KWG ist nicht mit der gleichnamigen Funktion im Rahmen der Eigenverwaltung zu verwechseln.[2] 1

II. Verfahren der Bestellung

Bis zu zwei natürliche Personen können als Sachwalter bestellt werden (§ 22l Abs. 1 S. 1, Abs. 3 S. 1 KWG). **Zuständig** ist das Insolvenzgericht (§ 22l Abs. S. 1 KWG, s. §§ 2 f. InsO), im Fall der Insolvenzgefahr das Gericht am Sitz des registerführenden Unternehmens (§ 22o Abs. 1 S. 1 KWG). Notwendig ist ein **Antrag** seitens der BaFin. Diesen hat sie unter den in § 22l Abs. 2 S. 1 KWG genannten Umständen zu stellen; die Übertragungsberechtigten sind vor der Entscheidung über die Stellung in jedem Fall **anzuhören.** Gegen die Entscheidung steht den Betroffenen der Verwaltungsrechtsweg offen. 2

Der Bestellung eines Sachwalters soll es zB dann nicht bedürfen, wenn nur sehr wenige Gegenstände übertragen werden müssen.[3] Unter diesen Umständen wird es kostengünstiger sein, wenn der Übertragungsberechtigte diese selbst unmittelbar aussondert und verwaltet. 3

Als Sachwalter soll typischerweise der Verwalter des Refinanzierungsregisters vorgeschlagen werden **(§ 22l Abs. 2 S. 2 KWG).** Dieser ist mit dem Register und den Besonderheiten der Sachlage idR bestens vertraut. Alternativ soll sein Stellvertreter oder eine andere geeignete natürliche Person berufen werden **(§ 22l Abs. 2 S. 2, § 22e Abs. 4 KWG).** 4

Die Bestellung des oder der Sachwalter ist **vom zuständigen Gericht**[4] unverzüglich dem Registergericht **mitzuteilen und öffentlich zu machen,** welches sie von Amts wegen **in das Handelsregister einzutragen** hat **(§ 22m Abs. 1 S. 1, 2 KWG).** Einer nochmaligen Bekanntmachung seitens des Registergerichts bedarf es nicht **(§ 22m Abs. 1 S. 3 KWG),** da diese schon durch das Insolvenzgericht bzw. das Gericht am Sitz vorgenommen wurde. Der Verkehrsschutz nach § 15 HGB findet aufgrund ausdrücklicher gesetzlicher Anordnung keine Anwendung **(§ 22m Abs. 1 S. 4 KWG).** Dies wird damit gerechtfertigt, dass die handelsrichterliche Eintragung nicht bekanntgemacht wird.[5] Dabei wird freilich darüber hinweggegangen, dass die Bekanntmachungen des Insolvenzgerichts bzw. des Gerichts am Sitz ein ähnliches Vertrauen des Rechtsverkehrs auslösen können wie eine handelsrichterliche Bekanntmachung. 5

Der Sachwalter erhält eine **Urkunde** über seine Ernennung **(§ 22l Abs. 1 S. 3 KWG).** Allerdings regelt das Gesetz nicht, welcher Vertrauensschutz im Falle von Bestellungsfehlern oder dann ausgelöst wird, wenn das Amt beendet, aber die Urkunde entgegen § 22l Abs. 1 S. 3 KWG nicht zurückgegeben wurde. Insoweit wird man §§ 172 f. BGB analog anzuwenden haben. 6

---

[1] → KWG Vor §§ 22a–22o Rn. 2.
[2] S. § 270 Abs. 1 S. 1 InsO.
[3] BT-Drs. 15/5852, 25; Boos/Fischer/Schulte-Mattler/*Tollmann* KWG § 22l Rn. 18.
[4] → Rn. 2.
[5] BT-Drs. 15/5852, 26.

7 Soweit im Register eingetragene Gegenstände zugleich im Grundbuch oder ähnlichen Registern geführt werden, wie vor allem Buchhypothek und Buchgrundschuld, ist die Bestellung des Sachwalters auch dort einzutragen **(§ 22m Abs. 2 S. 1 KWG).** Damit soll ein gutgläubiger Erwerb vom eingetragenen Berechtigten nach § 22n Abs. 3 S. 2 KWG iVm den Vorschriften über das Grundbuch und ähnliche Register ausgeschlossen werden.

III. Aufgaben und Befugnisse

8 Der Sachwalter hat zwei hauptsächliche Aufgaben: Erstens hat er die im Register eingetragenen Gegenstände im Interesse der Übertragungsberechtigten **zu verwalten** und deren Übertragungsansprüche **zu erfüllen.** Zweitens **führt** er das **Refinanzierungsregister,** dh er nimmt Eintragungen oder Löschungen in dieses selbst vor. Das steht zwar nicht unmittelbar im Gesetz, ergibt sich aber daraus, dass dieser als „Sachwalter des Refinanzierungsregisters" definiert wird (§ 22l Abs. 1 S. 1 KWG). Er tritt insoweit an die Stelle des registerführenden Unternehmens. Seine Aufgaben sind von denen des Verwalters des Refinanzierungsregisters verschieden, der die Ordnungsmäßigkeit der Registerführung überwacht (s. § 22g Abs. 1 S. 1 KWG). Diese Aufgabe obliegt dem Sachwalter nicht, denn er kann sich nicht selbst überwachen.[6] Wenn **§ 22n Abs. 1 S. 3 KWG** sagt, der Sachwalter habe die „Pflichten eines Verwalters", so sind damit vor allem die Auskunftspflichten gegenüber der BaFin nach § 22f Abs. 1 KWG gemeint.[7]

9 Mit der Bestellung geht die **Verwaltungs- und Verfügungsbefugnis** über die eingetragenen Gegenstände auf den Sachwalter über **(§ 22n Abs. 2 S. 1 KWG).** Danach erfolgende Verfügungen des registerführenden Unternehmens sind **unwirksam** (**§ 22n Abs. 3 S. 1 KWG,** beachte die Fiktion des **Abs. 3 S. 3**). Allerdings ist ein gutgläubiger Erwerb nach den Vorschriften über das Grundbuch oder vergleichbare Register nicht ausgeschlossen **(§ 22n Abs. 3 S. 2 KWG),** soweit der Sachwalter dort nicht eingetragen ist (s. dazu **§ 22m Abs. 2 KWG**).

10 Der Sachwalter hat Informationspflichten und -rechte im Verhältnis zum **Insolvenzverwalter (§ 22n Abs. 1 S. 4 KWG).** Beide müssen nach der Konzeption des Gesetzes eng miteinander kooperieren.

IV. Abberufung

11 Der Sachwalter kann bei Vorliegen eines wichtigen Grundes abberufen werden (§ 22l Abs. 2 S. 3 KWG). Den notwendigen Antrag muss die BaFin stellen.[8] Der wichtige Grund muss nicht unbedingt in der Person des Sachwalters liegen. Ausreichend soll auch sein, dass die Zahl der im Register eingetragenen Gegenstände derart gesunken ist, dass die Voraussetzungen für eine Bestellung des Sachwalters nicht mehr vorlägen.[9] Der nach § 22o KWG bestellte Sachwalter ist auch bei Entfallen der Insolvenzgefahr abzuberufen, **§ 22o Abs. 2 S. 2 KWG.** In diesem Fall wird das Register wieder durch das ursprünglich registerführende Unternehmen geführt. Als Verwalter ist zwingend einer der Sachwalter zu bestellen, **§ 22o Abs. 2 S. 3 KWG.**

11a Wird nach dem Bestehen der Insolvenzgefahr eines Kreditinstituts (s. § 46 KWG) tatsächlich ein Insolvenzverfahren über dessen Vermögen eröffnet, so wird der bereits bestellte Sachwalter nicht abberufen, sondern bleibt im Amt. Für den reibungslosen Übergang sorgt **§ 22o Abs. 3 KWG.** Danach steht der Sachwalter nach der Insolvenzeröffnung unter der Aufsicht des Insolvenzgerichts.

---

[6] **AA** Boos/Fischer/Schulte-Mattler/*Tollmann* KWG § 22l Rn. 5.
[7] S. BT-Drs. 15/5852, 26; → Rn. 13.
[8] Zum Antrag auf Bestellung → Rn. 2.
[9] BT-Drs. 15/5852, 25.

V. Vergütung

12 Anders als der Verwalter wird der Sachwalter direkt von der BaFin vergütet **(§ 22n Abs. 5 S. 1 KWG).** Das erklärt sich daraus, dass das registerführende Unternehmen insolvent ist und daher eine Vergütung nicht mehr leisten kann. Die BaFin hat allerdings Erstattungsansprüche gegen die Übertragungsberechtigten **(§ 22n Abs. 5 S. 2 KWG),** weil diese die eigentlichen Nutznießer des Registers sind.

VI. Aufsicht

13 Im Gegensatz zum Verwalter des Refinanzierungsregisters steht der Sachwalter unter der Aufsicht des Insolvenzgerichts **(§ 22n Abs. 1 S. 1 KWG).** Damit soll der enge Zusammenhang mit dem Insolvenzverfahren gewahrt werden. Der Sachwalter ist gegenüber dem Insolvenzgericht auskunfts- und berichtspflichtig **(§ 22n Abs. 1 S. 2 KWG).** Gleichzeitig muss er aber auch der BaFin die Auskünfte nach § 22f KWG erteilen **(§ 22n Abs. 1 S. 3 KWG).**[10] Zum Übergang der Aufsicht im Falle des § 22o KWG → Rn. 11a.

VII. Haftung

14 Für Fehler bei der Geschäftsführung haftet der Sachwalter persönlich **(§ 22n Abs. 4 KWG).** Anders als der Verwalter (§ 22e Abs. 6 KWG) haftet er auch für einfache Fahrlässigkeit.

[10] → Rn. 8.

31. Kapitel: Außergerichtliche Unternehmenssanierung

Schrifttum: *Achsnick/Krüger,* Factoring in Krise und Insolvenz, 2. Aufl. 2011; *Ahnert,* Zivilrechtliche Haftungsrisiken für Kreditinstitute bei krisenbehafteten Unternehmen, BKR 2002, 254; *Ahrendt/Plischkaner,* Der modifizierte zweistufige Überschuldungsbegriff – Rückkehr mit Verfallsdatum, NJW 2009, 964; *Aldenhoff/Kuhn,* § 266 StGB – Strafrechtliches Risiko bei der Unternehmenssanierung durch Banken?, ZIP 2004, 103; *Altmeppen,* Der „atypische Pfandgläubiger“ – ein neuer Fall des kapitalersetzenden Darlehens?, ZIP 1993, 1677; *Altmeppen,* Das neue Recht der Gesellschafterdarlehen in der Praxis, NJW 2008, 3601; *Altmeppen,* „Upstream-loans“, Cash Pooling und Kapitalerhaltung nach neuem Recht, ZIP 2009, 49; *Andres/Leithaus,* Insolvenzordnung, 4. Aufl. 2018; *Bacina/Redeker,* „Sanieren oder Ausscheiden“ – Die Treuepflicht des Gesellschafters in Sanierungsfällen, DB 2010, 996; *Bamberger/Roth/Hau/Poseck* (Hrsg.), Beck'scher Online-Kommentar BGB, Stand 1.2.2019; *Bantleon/Schorr,* Auswirkungen der Mindestanforderungen an das Risikomanagement (MaRisk) für Kreditinstitute auf das Auftragsfeld „Creditor Relations“, DStR 2006, 865; *Batereau,* Die Haftung der Bank bei fehlgeschlagener Sanierung, WM 1992, 1517; *Baumbach/Hueck* (Hrsg.), GmbH-Gesetz, 21. Aufl. 2017; *Bauer,* Insolvenzrechtsreform schafft keine Lösung der Probleme von Sanierungskrediten, Sparkasse 2000, 36; *M. Beck,* Sanierung und Krisenstadium, WPg 2009, 264; *S. Beck/Depré* (Hrsg.), Praxis der Insolvenz, 3. Aufl. 2017; *Becker/Pape/Wobbe,* Forderungsverzicht mit Besserungsschein – ein vermehrt genutztes Instrument zur Überwindung der Krise, DStR 2010, 506; *Beuck,* Poolvereinbarungen bei Unternehmensinsolvenz, Diss. Kiel 1985; *Beuthien,* Die atypische stille Gesellschaft – Ein Weg zu mehr Eigenkapital für eingetragene Genossenschaften?, NZG 2003, 849; *Bezzenberger,* Kapitalersetzende Gesellschafterdarlehen im Recht der GmbH, FS für Bezzenberger, 2000, 23; *Bickhoff/Blatz/Eilenberger/Haghani/Kraus* (Hrsg.), Die Unternehmenskrise als Chance, 2004; *Bildstein/Dallwitz,* Das Schicksal von Verpflichtungen aus Besserungsscheinen in Umwandlungsfällen, DStR 2009, 1177; *Bitter,* Sanierung in der Insolvenz – Der Beitrag von Treue- und Aufopferungspflichten zum Sanierungserfolg, NZG 2010, 147; *Bitter,* Teufelskreis – Ist das Sanierungsprivileg des § 39 Abs. 4 Satz 2 InsO zu sanieren?, ZIP 2013, 398; *Bitter,* Insolvenzanfechtung nach § 135 InsO bei freiwilligem Rangrücktritt?, ZIP 2013, 2; *Bitter/Alles,* Schadensersatzpflichten bei unberechtigter Kündigung von Sanierungskrediten, WM 2013, 537; *Blaurock,* Haftung eines atypischen stillen Gesellschafters, NZG 2010, 974; *Bloß/Zugelder,* Auswirkungen des insolvenzrechtlichen Nachrangs auf Sicherheiten, NZG 2011, 332; *Bock,* Steuerliche und bilanzielle Aspekte mezzaniner Nachrang-Darlehen, DStR 2005, 1067; *Böcker,* Patronatserklärung, Gesellschafterdarlehen, Finanzplankredit – Harmonischer Dreiklang oder schiefer Akkord?, DZWIR 2011, 93; *Boochs,* Steuerliche Auswirkungen des RegE-ESUG, BB 2011, 857; *Boos/Fischer/Schulte-Mattler,* Kreditwesengesetz, 5. Aufl. 2016; *Bork,* Neues zur eigenkapitalersetzenden Nutzungsüberlassung, NZG 2005, 495; *Bork,* Grundfragen des Restrukturierungsrechts, ZIP 2010, 397; *Bork,* Vorinsolvenzliches Sanierungsverfahren: Schuldverschreibungsgesetz analog?, ZIP 2011, 2035; *Bork,* Bankenhaftung wegen Durchsetzung eines konkreten Sanierungsberaters?, WM 2014, 1841; *Jens Bormann,* Kreditreorganisationsgesetz, ESUG und Scheme of Arrangement, NZI 2011, 892; *Michael Bormann,* Eigennützige Sanierungsdarlehen und § 32a II 3 GmbHG, NZI 1999, 389; *Brandstätter,* Die Prüfung der Sanierungsfähigkeit notleidender Unternehmen, 1993; *Bredow/Vogel,* Kreditverkäufe in der Praxis – Missbrauchsfälle und aktuelle Reformansätze, BKR 2008, 271; *Breuninger/Prinz,* Ausgewählte Bilanz- und Steuerrechtsfragen von Mezzaninefinanzierungen, DStR 2006, 1345; *Briese,* Forderungsverzicht gegen Besserungsschein sowie qualifizierter Rangrücktritt in Handels- und Steuerbilanz, DStR 2017, 799; *Brinkmann,* Wege aus der Insolvenz eines Unternehmens – oder: Die Gesellschafter als Sanierungshindernis, WM 2011, 97; *Brinkmann/Zipperer,* Die Eigenverwaltung nach dem ESUG aus Sicht von Wissenschaft und Praxis, ZIP 2011, 1337; *Brömmekamp/Radner,* Die Anforderungen an die Erstellung von Sanierungskonzepten nach dem neuen IDW S 6, InsVZ 2010, 152; *Bütter/Tonner,* Bankgeheimnis und Schadensersatzhaftung der Bank – Der Fall Kirch gegen Deutsche Bank und Breuer, BKR 2005, 344; *Buth/Hermanns* (Hrsg.), Restrukturierung, Sanierung, Insolvenz, 4. Aufl. 2014; *Buth/Hermanns,* Anforderungen an die Erstellung von Sanierungskonzepten nach dem neuen IDW S 6, DStR 2010, 288; *Cahn,* Entscheidungen des Bundesaufsichtsamts für den Wertpapierhandel nach § 15 I S. 2 WpHG, WM 1998, 272; *Cahn,* Die Ausfallhaftung des GmbH-Gesellschafters, ZGR 2003, 298; *Canaris,* Kreditkündigung und Kreditverweigerung gegenüber sanierungsbedürftigen Bankkunden, ZHR 143 (1979), 113; *Canaris,* Bankgeheimnis und Schutzwirkung für Dritte im Konzern, ZIP 2004, 1781; *Carli/Weissinger,* Das Scheme of Arrangement: Neue Einsatzmöglichkeiten für deutsche Kreditnehmer, DB 2014, 1474; *Casper/Ullrich,* Zur Reichweite des Sanierungsprivilegs in § 32a III Satz 3 GmbH, GmbHR 2000, 472; *Claussen,* Bank- und Börsenrecht, 5. Aufl. 2014; *Commandeur/Hübler,* Aktuelle Entwicklungen im Insolvenzrecht, NZG 2016, 1140; *Cramer,* Die Auswirkung des Kontrollwechsels auf den Darlehensvertrag – Lösungsrechte des Vertragspartners ohne vertragliche Grundlage, WM 2011, 825; *Cranshaw,* Sanierungsunterstützende Maßnahmen des Kreditgebers außerhalb der „klassischen“ Kreditgewährung, ZInsO 2008, 421; *Cranshaw,* „Solvent Scheme of Arrangement“, ein Sanierungsinstrument des englischen Rechts in der inländischen Rechtspraxis, DZWIR 2012, 223; *Cranshaw/Paulus/Michel* (Hrsg.), Bankenkommentar zum Insolvenzrecht, 3. Aufl. 2016; *Dahl,* Die Änderung des Überschuldungsbegriffs durch Art. 5 des Finanzmarktstabilisierungsgesetzes (FMStG), NZI 2008, 719; *Dahl/Kortleben,* Überbrückungskredite in der

Insolvenz, NJW-Spezial 2017, 21; *Damnitz/Degenhardt,* Faktische Geschäftsführung und kapitalersetzende (Bank-)Darlehen bei der AG, WM 2005, 583; *Degenhardt,* Das neue französische „beschleunigte finanzielle Sanierungsverfahren" (Sauvegarde financière accélérée), NZI 2013, 830; *De Meo,* Bankenkonsortien, 1994; *Derleder/Knops/Bamberger* (Hrsg.), Handbuch zum deutschen und europäischen Bankrecht 2. Aufl. 2009; *Dethleffsen,* Chancen und Risiken der Kreditinstitute im Rahmen der Sanierung ihrer Kreditnehmer, Diss. Kiel 2010; *Diem,* Zur Vermeidung des Eigenkapitalersatzes von Bankkrediten, BKR 2002, 1034; *Diem/Jahn,* Aquisitionsfinanzierungen, 4. Aufl. 2019; *Dorka/Derwald,* Sanieren oder Ausscheiden – ein Modell auch für die Kommanditgesellschaft, NZG 2010, 694; *Drouven/Nobiling,* Reverse Debt-Equity-Swaps – Auch steuerlich eine Alternative?, DB 2009, 1895; *Duss,* Gedanken zu einem Rangrücktritt des Gläubigers bei Überschuldung einer Aktiengesellschaft nach schweizerischem Recht, AG 1974, 133; *Ebbing,* Gläubigerbanken in der Unternehmenskrise, KTS 1996, 327; *Ebenroth/Boujong/Joost/Strohn* (Hrsg.), Handelsgesetzbuch, 3. Aufl. 2014; Der Eröffnungsgrund der drohenden Zahlungsunfähigkeit, ZInsO 2005, 169; *Ehlers,* Anforderungen an die Fortführungsprognose, NZI 2011, 161; *Ehlers/Drieling,* Unternehmenssanierung nach neuem Insolvenzrecht, 1998; *Eidenmüller,* Die Banken im Gefangenendilemma – Kooperationspflichten und Akkordstörungsverbot im Sanierungsrecht, ZHR 160 (1996), 343; *Eidenmüller,* Unternehmenssanierung zwischen Markt und Gesetz, 1999; *Eidenmüller/Frobenius,* Die internationale Reichweite eines englischen Scheme of Arrangement, WM 2011, 1210; *Eilers,* Der Debt Equity Swap – Eine Sanierungsmaßnahme für unternehmerische Krisensituationen, GWR 2009, 3; *Eisolt,* Erstellung von Sanierungskonzepten nach dem neuen IDW S 6, BB 2010, 427; *Ekkenga,* Sachkapitalerhöhung gegen Schuldbefreiung, ZGR 2009, 581; *Elfring,* Legal Due Diligence Reports, JuS-Beil. 2007, 3; *Engert,* Die ökonomische Begründung der Grundsätze ordnungsgemäßer Unternehmensfinanzierung, ZGR 2004, 813; *Fischer,* Fortbestehensprognose und Sanierung, NZI 2016, 665; *Flume,* Die Rechtsprechung des II. Zivilsenats des BGH zur Treupflicht des GmbH-Gesellschafters und des Aktionärs, ZIP 1996, 161; *Fleischer,* Covenants und Kapitalersatz, ZIP 1998, 313; *Fleischer/Schmolke,* Faktische Geschäftsführung in der Sanierungssituation, WM 2011, 1009; *Florstedt,* Neue Wege zur Sanierung ohne Insolvenz, ZIP 2014, 1513; *Freitag,* Der Darlehensvertrag in der Insolvenz, ZIP 2004, 2368; *Freitag,* Grundfragen der Richtlinie über präventive Restrukturierungsrahmen und ihre Umsetzung in das deutsche Recht, ZIP 2019, 541; *Friedrich/Flintrop,* Sanierungsprüfung-Herausforderung für Unternehmensführung und Gutachter, DB 2003, 223; *Frystatzki,* Die insolvenzrechtliche Fortführungsprognose – Zahlungsfähigkeits- oder Ertragsfähigkeitsprognose?, NZI 2011, 173; *Frystatzki,* Insolvenzrechtliche Anforderungen an Rangrücktrittsvereinbarungen, NZI 2013, 609; *Ganter,* Vorsatzanfechtung nach fehlgeschlagener Sanierung, WM 2009, 1441; *Ganter,* Wiederaufleben von Sicherheiten nach Tilgung der gesicherten Hauptforderung durch Anfechtung, WM 2011, 245; *Ganter,* Rechtliche Risiken der Mezzanine-Finanzierung, WM 2011, 1585; *Ganter,* Anforderungen der höchstrichterlichen Rechtsprechung an eine zuverlässige Fortführungsprognose bei der Sanierungsprüfung, NZI 2014, 673; *Gawaz,* Bankenhaftung für Sanierungskredite, 1997 *Gehrlein,* Der aktuelle Stand des neuen GmbH-Rechts, Der Konzern 2007, 771; *Gehrlein,* Aktuelle Rechtsprechung des BGH zur Unternehmensinsolvenz: Eröffnungsverfahren und Verfügungsbeschränkungen, NZI 2009, 457; *Gehrlein,* Das Eigenkapitalersatzrecht im Wandel seiner gesetzlichen Kodifikationen, BB 2011, 3; *Gehrlein,* Anfechtung versus Sanierung – Anfechtungsgefahren für Sanierungszahlungen?, WM 2011, 577; *Geißler,* Rechtliche und unternehmenspolitische Aspekte der vereinfachten Kapitalherabsetzung bei der AG, NZG 2000, 719; *Geiwitz,* Betriebswirtschaftliche Anforderungen an eine erfolgreiche Konzernsanierung, NZI-Beilage 2018, 54; *Geldmacher,* Das präventive Sanierungsverfahren: Ein detaillierter Vorschlag, ZInsO 2011, 353; *Gerhardt/Kreft,* Aktuelle Probleme der Insolvenzanfechtung, 10. Aufl. 2006; *v. Gerkan,* Zur Umqualifizierung stehengelassener Gesellschafterkredite zu Eigenkapitalersatz, GmbHR 1996, 400; *Göcke/Rittscher,* Cash-Pooling in Krise und Insolvenz, DZWIR 2012, 355; *Goette,* Einführung in das neue GmbH-Recht, 2008; *Goette,* Einige Aspekte des Eigenkapitalersatzrechts aus richterlicher Sicht, ZHR 162 (1998), 223; *Goette,* Aus der neueren Rechtsprechung des BGH zum GmbH-Recht, ZIP 2005, 1481; *Goette,* Gesellschaftsrecht und Insolvenzrecht – Aktuelle Rechtsprechung des II-Zivilsenats, KTS 2006, 217; *Götz/Hegerl,* Die Sanierungsfeindlichkeit des Eigenkapitalersatzrechts und die Sanierungsobjektgesellschaft als Ausweg, DB 1997, 2365; *Götz/Hegerl,* Die Begründbarkeit des Sanierungsprivilegs in § 32a GmbHG und seine praktische Umsetzung, DB 2000, 1385; *Gogger,* Insolvenzgläubiger-Handbuch, 3. Aufl. 2011; *Gosch* (Hrsg.), Körperschaftsteuergesetz, 2. Aufl. 2009; *Gottwald* (Hrsg.), Insolvenzrechts-Handbuch, 5. Aufl. 2015; *Greil/Herden,* Drohende Zahlungsunfähigkeit und Fortbestehensprognose, ZInsO 2011, 109; *Groß,* Grundsatzfragen der Unternehmenssanierung, DStR 1991, 1572; *Groß/Hess,* Die Zahlungsunfähigkeit als Insolvenzauslösungsgrund, WPg 1999, 422; *Gross/Fink,* Besserungsscheine im Jahresabschluß der GmbH, BB 1991, 1379; *Grottel/Schmidt/Schubert/Winkeljohann* (Hrsg.), Beck'scher Bilanz-Kommentar Handels- und Steuerbilanz, 11. Aufl. 2018; *Grüneberg,* Aktuelle höchstrichterliche Rechtsprechung zur Bürgschaft, WM Sonderbeilage 2/2010, 1; *Gummert* (Hrsg.), Münchener Anwaltshandbuch Personengesellschaftsrecht, 2. Aufl. 2015; *Gummert/Weipert* (Hrsg.), Münchener Handbuch des Gesellschaftsrechts, Band 2: Kommanditgesellschaft, GmbH & Co. KG, Publikums-KG, Stille Gesellschaft, 5. Aufl. 2019; *Haack,* Der Forderungsrücktritt als Mittel einer Überschuldungsbeseitigung, KTS 1980, 309; *Haas,* Eigenkapitalersetzende Gesellschafterdarlehen und Feststellung der Überschuldung oder Zahlungsunfähigkeit, NZI 1999, 209; *Haas,* Die Passivierung von Gesellschafterdarlehen in der Überschuldungsbilanz nach MoMiG und FMStG, DStR 2009, 326; *Habel,* Problemkreditbearbeitung: Einsatz von Bank-Checklisten für Sanierungsgutachten, BankPraktiker 2006, 112; *Habersack,* Grundfragen der freiwilligen oder erzwungenen Subordination von Gesellschafterkrediten, ZGR 2000, 384; *Häuselmann,* Rangrücktritt versus Forderungsverzicht mit Besserungsabrede, BB 1993, 1552; *Häuselmann,* Restrukturierung von Finanzverbindlichkeiten und ihre Abbildung in der Bilanz, BB 2010, 944;

Hagemann, Ausschluss des § 133 InsO bei Sanierungsmaßnahmen, NZI 2014, 210; *Hegerl,* Die Sanierungsobjektgesellschaft – ein Weg aus der Krise, Die Bank 1998, 500; *Henkel/Wentzler,* Die rechtssichere Gestaltung des Rangrücktritts, GmbHR 2013, 239 (240); *Henssler/Strohn* (Hrsg.), Gesellschaftsrecht, 4. Aufl. 2019; *Herget,* Das Zurücktreten mit Forderungen bei Überschuldung der Aktiengesellschaft, AG 1974, 137; *Herzig,* Thema I: Hybride Finanzinstrumente im nationalen und internationalen Steuerrecht, IStR 2000, 482; *Hess,* Sanierungshandbuch, 6. Aufl. 2013; *Hey,* Keine Anwendung der Grundsätze über die fehlerhafte Gesellschaft auf die stille Gesellschaft?, NZG 2004, 1097; *Heutz/Parameswaran,* Prüfungspflichten eines Sachkapitalerhöhungsprüfers an der AG, ZIP 2011, 1650; *Hillmer,* Erhöhte Anforderungen an Sanierungskonzepte, KSI 2009, 126; *Himmelsbach/Achsnick,* Faktische Geschäftsführung durch Banken: Gefahr oder Scheinproblem?, NZI 2003, 355; *Hirte/Knof,* Das „neue" Sanierungsprivileg nach § 39 Abs. 4 Satz 2 InsO, WM 2009, 1961; *Hölzle,* Nachruf: Wider die Überschuldungs-Dogmatik in der Krise, ZIP 2008, 2003; *Hölzle,* Unternehmenssanierung außerhalb der Insolvenz – Überlegungen zu einem Sanierungsvergleichsgesetz, NZI 2010, 207; *Hölzle,* Die „erleichterte Sanierung von Unternehmen" in der Nomenklatur der InsO – ein hehres Regelungsziel des RefE-ESUG, NZI 2011, 124; *Hofert/Arends,* Intelligente Gestaltung von Mezzanine-Finanzierungen, ZIP 2005, 1297; *Hofert/Möller,* GmbH-Finanzierung: Debt Mezzanine Swap – der bessere Debt Equity Swap für Unternehmen in der Krise, GmbHR 2009, 527; *Hoffmann,* Financial Covenants bei Aquisitionskrediten – Eine Bestandsaufnahme, ZBB 2007, 413; *Hoffmann,* Grenzen der Einflussnahme auf Unternehmensleitungsentscheidungen durch Kreditgläubiger, WM 2012, 10; *Hofmann/Walter,* Die Veräußerung Not leidender Kredite – aktives Risikomanagement der Bank im Spannungsverhältnis zwischen Bankgeheimnis und Datenschutz, WM 2004, 1566; *Holzer,* Krisenerkennung bei insolvenzgefährdeten Unternehmen aus Sicht der gerichtlichen Praxis, NZI 2005, 308; *Hommel/Knecht/Wohlenberg,* Handbuch Unternehmensrestrukturierung, 2006; *Honsell,* Umwandlung von Kredit in Haftkapital – „verschleierte" Sacheinlage?, FS für Frotz, 1993, 307; *Hoos/Köhler,* Überschuldungsverhindernde Rangrücktrittsvereinbarungen in der Finanzierungs- und Restrukturierungspraxis, GmbHR 2015, 729; *Hopt,* Rechtspflichten der Kreditinstitute zur Kreditversorgung, Kreditbelassung und Sanierung von Unternehmen, ZHR 143 (1979), 139; *Hopt/Wiedemann* (Hrsg.), AktG, 4. Aufl. Stand der Lieferung 2012; *Huber,* Unternehmenskrise und die besonderen Anforderungen der Rechtsprechung für eine Kreditgewährung, NZI 2015, 447; *Huber,* Die Bedeutung des Sanierungskonzepts für eine Kreditgewährung an den kriselnden Unternehmenskunden, NZI 2015, 489; *Huber,* Der Überbrückungskredit – ein Kredit für maximal drei Wochen?, NZI 2016, 521; *Huber,* Die vorinsolvenzliche Sanierungsbegleitung des Unternehmenskunden durch sein Kreditinstitut – ein steiniger Weg?, ZInsO 2018, 1761; *Hueck,* Eigenkapitalersetzende Nutzungsüberlassung, FS für Odersky, 1996, 823; *Hüffer/Koch,* AktG, 13. Aufl. 2018; *Jacoby,* Vorinsolvenzliches Sanierungsverfahren, ZGR 2010, 359; *Jaeger/Henckel/Gerhardt* (Hrsg.), Insolvenzordnung, 2008; *Janka/Löwenstein,* Zur steuerlichen Behandlung des rechtsgeschäftlichen Rangrücktritts, DB 1992, 1648; *Jauernig,* BGB, 17. Aufl. 2018; *Kahlert,* Ein Plädoyer für eine gesetzliche Regelung der Steuerfreiheit des Sanierungsgewinns, ZIP 2009, 643; *Kahlert/Gehrke,* Der Rangrücktritt nach MoMiG im GmbH-Recht: Insolvenz- und steuerrechtliche Aspekte, DStR 2010, 227; *Kallmeyer,* Ungelöste Probleme des Eigenkapitalersatzrechts – Sanierung, Finanzplan und Nutzungsüberlassung, GmbHR 1998, 307; *Kayser,* Der Sanierungsgedanke in der jüngeren Rechtsprechung des IX. Zivilsenats, ZIP 2018, 2189; *Kessler/Kröner/Köhler* (Hrsg.), Konzernsteuerrecht, 3. Aufl. 2018; *Kestler/Striegel/Jesch,* Distressed Debt Investments – Insolvenzrechtliche Instrumentarien der Unternehmenssanierung über Fremdkapital, NZI 2005, 417; *Kiethe,* Der Sanierungskredit in der Insolvenz, KTS 2005, 179; *Kiethe,* Mezzanine-Finanzierung und Insolvenzrisiko, DStR 2006, 1763; *Kirchhof,* Anfechtbarkeit von Sachsicherheiten insbesondere der Banken in der Insolvenz des Kunden, ZInsO 2004, 465; *Klaus,* Gesellschafterdarlehen, Eigenkapitalersatzrecht und Fortführung einer nicht mehr fortführungswürdigen GmbH, ZBB 1994, 247; *Klein,* Anforderungen an Sanierungskonzepte, Diss. Berlin 2008; *Knops,* Die Kündigung des vertragsgemäß bedienten Kredits wegen Vermögensverschlechterung, WM 2012, 1649; *Knops/Bamberger/Maier-Reimer* (Hrsg.), Recht der Sanierungsfinanzierung, 2005; *Kocher/Widder,* Ad-hoc-Publizität in Unternehmenskrise und Insolvenz, NZI 2010, 925; *Köndgen,* Die Entwicklung des Bankkreditrechts in den Jahren 1991-93, NJW 1994, 1508; *Koller/Kindler/Roth/Drüen* (Hrsg.), HGB, 9. Aufl., 2019; *Konwitschka,* Kapitalerhöhung durch Verrechnung von Gesellschafterforderungen, 1998; *Koppensteiner,* Kritik des „Eigenkapitalersatzrechts", AG 1998, 308; *Krecek/Röhricht,* Grenzen der Fremdkapitalfinanzierung der AG ohne Zustimmung der Hauptversammlung, ZIP 2010, 413; *Krüger,* Die Hausbank zwischen Finanzierungs- und Unternehmensberatung, ZBB 2000, 383; *Krüger/Pape,* Patronatserklärungen und Beseitigung von Zahlungsunfähigkeit, NZI 2011, 617; *Krystek/Moldenhauer,* Handbuch Krisen- und Restrukturierungsmanagement, 2007; *Krystek/Klein,* Erstellung von Sanierungskonzepten (Teil 1): Kritische Würdigung bestehender Standards, speziell IDW S 6, DB 2010, 1769; *Kübler/Prütting/Bork* (Hrsg.), InsO, Stand 11/2014 (61. Lfg.); *Kümpel/Mülbert/Früh/Seyfried* (Hrsg.), Bank- und Kapitalmarktrecht, 5. Aufl. 2019; *Kuss,* Rechtliche Aspekte der Sanierung für die Unternehmensleitung und den Sanierungsberater, WPg 2009, 326; *Lauer,* Das Kreditengagement zwischen Sanierung und Liquidation, 4. Aufl. 2004; *Laroche/Pruskowski/Schöttler/Siebert/Vallender,* 30 Monate ESUG – eine Zwischenbilanz aus insolvenzrichterlicher Sicht, ZIP 2014, 2153; *Leithaus/Schaefer,* Rangrücktrittsvereinbarungen zur Vermeidung der Überschuldung anno 2010 – Unter welchen Voraussetzungen lässt sich eine Rangrücktrittsvereinbarung aufheben?, NZI 2010, 844; *Leithaus/Wachholtz,* Behandlung streitiger Forderungen bei der Zahlungsunfähigkeits- und Überschuldungsprüfung, ZIP 2019, 649; *Lenger/Gohlke,* Sanierungsgewinn reloaded?, NZI 2014, 9; *Lingl,* Eigenkapitalersetzende Finanzierungshilfen in der Insolvenz, DZWiR 2006, 276; *Linnenbrink,* Das Recht der Sparkassen zur ordentlichen Kündigung gem. Nr. 26. Abs. 1 AGB (Spk), BKR 2014, 10; *Lösler,* Konsortialkredit, Sicherheitenpool und Kapitalersatzrecht, ZInsO 2003, 773; *Loewenheim/Meessen/Riesenkampff/Kers-*

ting/Meyer-Lindemann (Hrsg.), Kartellrecht, 3. Aufl. 2016; *Lüdicke/Sistermann* (Hrsg.), Unternehmensteuerrecht, 2008; *Lürken,* Totgesagte leben länger – Neuer Anstoß aus Brüssel für die Einführung eines vorinsolvenzlichen Sanierungsverfahrens, NZI 2015, 3; *Lützenrath/Peppmeier/Schuppener,* Bankstrategien für Unternehmenssanierungen, 2. Aufl. 2006; *Lutter,* Zahlungseinstellung und Überschuldung unter der neuen Insolvenzordnung, ZIP 1999, 641; *Lutter/Hommelhoff* (Hrsg.), GmbH-Gesetz, 18. Aufl. 2012; *Lwowski,* Die anfängliche Übersicherung als Grund für die Unwirksamkeit von Sicherheitenbestellung (§ 138 BGB), FS für Schimansky, 1999, 389; *Lwowski/Fischer/Gehrlein* (Hrsg.), Das Recht der Kreditsicherung, 10. Aufl. 2018; *Marsch-Barner,* Treupflicht und Sanierung, ZIP 1996, 853; *Michalski* (Hrsg.), GmbHG, 2. Aufl. 2010; *Michalski/de Vries,* Eigenkapitalersatz, Unterkapitalisierung und Finanzplankredite, NZG 1999, 181; *Mock,* Stille im MoMiG zur stillen Gesellschaft? – Das neue (Eigen-)Kapitalersatzrecht und seine Auswirkungen auf das Recht der stillen Gesellschaft, DStR 2008, 1645; *Mock,* Genussrechtsinhaber in der Insolvenz des Emittenten, NZI 2014, 102; *Möhlmann-Mahlau/Schmitt,* Der „vorübergehende" Begriff der Überschuldung, NZI 2009, 19; *Mückl,* Steuerliche Transaktionsrisiken bei Unternehmenssanierungen in der Praxis, GWR 2010, 262; *Munkert,* Finanzierungsberatung durch Steuerberater – Prozessschritte zur Qualitätssicherung, DStR 2008, 1546; *Nentwig,* Durchsetzung von Sanierungsmaßnahmen in der GmbH, GmbHR 2012, 664; *Nerlich/Kreplin* (Hrsg.), Münchener Anwaltshandbuch Insolvenz und Sanierung, 3. Aufl. 2019; *Nerlich/Römermann* (Hrsg.), Insolvenzordnung, 38. Ergänzungslieferung, 2019; *Neuhof,* Sanierungsrisiko der Banken: Die Vor-Sanierungsphase, NJW 1998, 3225; *Neuhof,* Sanierungsrisiken der Banken: Die Sanierungsphase, NJW 1999, 20; *Nobbe,* Konsequenzen aus dem Beschluss des Großen Senats für Zivilsachen des Bundesgerichtshofs zur Sicherheitenfreigabe, FS für Schimansky, 1999, 433; *Nobbe,* Die Sicherungszweckerklärung bei Bürgschaft und Mithaftung in der Rechtsprechung des Bundesgerichtshofs, BKR 2002, 747; *Manfred Obermüller,* Insolvenzrecht in der Bankpraxis, 9. Aufl. 2016 *Manfred Obermüller,* Auswirkungen der Insolvenzrechtsreform auf Kreditgeschäft und Kreditsicherheiten, WM 1994, 1829; *Manfred Obermüller,* Rechtliche Konstruktionen außergerichtlicher Unternehmenssanierungen, ZInsO 2002, 597; *Manfred Obermüller,* Zur Frage der Insolvenzfestigkeit revolvierender Kreditsicherheiten, LMK 2008, 254 403; *Manfred Obermüller,* Die Kreditklemme und der Niedergang der Kreditsicherheiten, NZI 2010, 201; *Manfred Obermüller,* Das ESUG und seine Auswirkungen auf das Bankgeschäft, ZInsO 2011, 1809; *Manfred Obermüller,* Kündigungsmöglichkeiten und -schranken bei notleidenden Unternehmenskrediten in der Bankpraxis, ZInsO 2018, 1769; *Obermüller/Hess,* Eine systematische Darstellung des neuen Insolvenzrechts, 4. Aufl. 2003; *Martin Obermüller,* Möglichkeiten und Grenzen des Genussrechts als Sanierungsinstrument, Diss. Frankfurt 2008; *Oelke/Wöhlert/Degen,* Debt Mezzanine Swap – Königsweg für die Restrukturierungsfinanzierung?, BB 2010, 299; *Oppenländer/Trölitzsch* (Hrsg.), GmbH-Geschäftsführung, 2. Aufl. 2011; *Oser,* Auflösung von Verbindlichkeiten mit Rangrücktritt in Handels- und Steuerbilanz, DStR 2017, 1889; *Pannen/Deuchler/Kahlert/Undritz,* Sanierungsberatung, 2005; *Pape/Voigt,* Einladung zur Umgehung der Eigenkapitalersatzregeln?, DB 1996, 2113; *Pape/Uhlenbruck/Voigt-Salus,* Insolvenzrecht, 2. Aufl. 2010; *Pape,* Anfechtungsfeste Leistungen im Rahmen eines ernsthaften Sanierungsversuchs des Schuldners, ZInsO 2017, 114; *Paulick,* Eigenkapitalersatzrecht und Unternehmenssanierung, Diss. Leipzig 2005; *Ch. Paulus,* Ein Spannungsfeld in der Praxis: Sanierung und Insolvenzanfechtung, BB 2001, 425; *Ch. Paulus,* Die Insolvenz als Sanierungschance – ein Plädoyer, ZGR 2005, 309; *Ch. Paulus,* Deutschlands langer Weg in die insolvenzrechtliche Moderne, WM 2011, 2205; *R. Paulus,* Die ausländische Sanierung über einen Dept-Equity-Swap als Angriff auf das deutsche Insolvenzrecht?, DZWIR 2008, 6; *Paulus/Kranzusch/Voß/Wohlleben/Hermanns/Schlegel/Dammann/Groß/Eidenmüller/Brunke/Klein/Kraus/Seagon/Topp,* Sanierung im Vorfeld von Insolvenzverfahren – Vorträge der gemeinsamen Tagung des BMWi und des BMJ, WM 2010, 1337; *Pentz,* Die Änderungen und Ergänzungen der Kapitalersatzregelungen im GmbH-Gesetz, GmbHR 1999, 437; *Pentz,* Zwischenbilanz zu Kleinbeteiligungsschwelle und Sanierungsprivileg, GmbHR 2004, 529; *Pentz,* Sanierungsprivileg und Zurechnung, ZIP 2006, 1169; *Peppmeier/Graw,* „Stille" Liquidation – Alternative zum Sanierungskredit?, Kredit & Rating Praxis 2003, 13; *Peters,* Der vertragliche Rangrücktritt von Forderungen, WM 1988, 641 und 685; *Petrovic,* Die rechtliche Anerkennung von Solvent Schemes of Arrangement in Deutschland – Eine Chance für die Restrukturierungspraxis, ZInsO 2010, 265; *Pichler,* Unternehmenssanierung auf Grundlage des geänderten § 32a GmbHG, WM 1999, 411; *Picot* (Hrsg.), Unternehmenskauf und Restrukturierung, 4. Aufl. 2013; *Pleister/Kunkel,* Reparaturbedarf am ESUG-Instrumentenkasten, ZIP 2017, 151; *Poelzig,* Nachrangdarlehen als Kapitalanlage, WM 2014, 917; *Poepping,* Die Auswirkungen des MoMiG auf die insolvenzrechtliche Behandlung von Gesellschafterdarlehen ab dem 1.11.2008, BKR 2009, 150; *Poertzgen,* Der 3-Wochen-Zeitraum im Rahmen der Antragspflicht (§ 15a InsO), ZInsO 2008, 944; *Pohl,* Kann IDW S 6 Marktstandard werden?, ZInsO 2011, 207; *Portisch/Peppmaier/Schuppener,* Gestaltung von Sanierungen – Vergleich der Sanierungsstandards IDW S 6 und ISU-MaS, ForderungsPraktiker 2010, 110; *Priester,* „Sanieren oder Ausscheiden" im Recht der GmbH, ZIP 2010, 497; *Prinz/Winkeljohann* (Hrsg.), Beck'sches Handbuch der GmbH, 5. Aufl. 2014; *Prütting,* Der neue IDW-Standard zur Erstellung von Sanierungskonzepten (IDW S 6) in der rechtlichen Beurteilung, ZIP 2013, 203; *Redeker,* Kontrollerwerb an Krisengesellschaften: Chancen und Risiken des Debt-Equity-Swaps, BB 2007, 673; *Reger/Stenzel,* Der Kapitalschnitt auf Null als Mittel zur Sanierung von Unternehmen – Gesellschaftsrechtliche, börsenzulassungsrechtliche und kapitalmarktrechtliche Konsequenzen, NZG 2009, 1210; *G. Reiner,* Der deliktische Charakter der „Finanzierungsverantwortung" des Gesellschafters: Zu den Ungereimtheiten der Lehre vom Eigenkapitalersatz, FS für Boujong, 1996, 415; *K. Reiner,* Sanierungskonzepte aus der Sicht der Kreditinstitute, WPg 2009, 320; *K. Reiner,* Rechtliche Anforderungen an Sanierungskonzepte – Zugleich Besprechung des Urteils des BGH vom 12.5.2016 = WM 2016, 1182, WM 2018, 993; *Renner,* Die Stellung des atypisch stillen Gesellschafters in der Insolvenz des Geschäftsinhabers, ZIP 2002, 1430; *Reuter,*

„Krisenrecht" im Vorfeld der Insolvenz – das Beispiel der börsennotierten AG, BB 2003, 1797; *Reuter,* Sanierungsverhandlungen mit Krediterwerbern: Strategien „alternativer Investoren" auf dem rechtlichen Prüfstand, ZIP 2008, 1003; *Richrath,* Aufklärungs- und Beratungspflichten – Grundlagen und Grenzen, WM 2004, 653; *Richter/Pernegger,* Betriebswirtschaftliche Aspekte des RegE-ESUG, BB 2011, 876; *Richter/Pluta,* Haftungssprung Insolvenzreife – ein Plädoyer für die integrierte Unternehmensplanung, InsVZ 2009, 31; *Richter/Pluta,* Bescheinigung zum Schutzschirmverfahren gem. § 270b InsO nach IDW ES 9 im Praxistest, BB 2012, 1591; *Rödding/Bühring,* Neue Transaktionsformen als Folge der Finanzmarktkrise – Überblick über die steuerlichen Aspekte, DStR 2009, 1933; *Rödding/Dann,* Partiarische Darlehen – Neuorientierung der Finanzierungspraxis nach BFH-Urteil zur Kapitalertragsteuer nötig?, DStR 2011, 342; *Rösler/Mackenthun/Pohl,* Handbuch Kreditgeschäft, 6. Aufl. 2002; *Rohlfing,* Wirtschaftsaufsicht und amtshaftungsrechtlicher Drittschutz, WM 2005, 311; *Rossbach,* Welche Sanierungsbeiträge leisten Banken in der Unternehmenskrise?, BB 2017, 1411; *Roth/Altmeppen* (Hrsg.), GmbHG, 9. Aufl. 2019; *Rümker,* Gläubigerbenachteiligung durch Gewährung und Belassung von Krediten, ZHR 143 (1979), 195; *Rümker,* Verhaltenspflichten der Kreditinstitute in der Krise des Kreditnehmers, KTS 1981, 493; *Rusch,* Voraussetzungen der Insolvenzverschleppungshaftung bei der Gewährung von Sanierungskrediten aus aktueller Perspektive, GWR 2011, 151; *Sax/Swierczok,* Das englische Scheme of Arrangement – ein taugliches Sanierungsinstrument für deutsche Unternehmen!, ZIP 2016, 1945; *Schäffler,* Bankenhaftung wegen Insolvenzverschleppung bei Auskehrung von Krediten in der Unternehmenskrise, BB 2006, 56; *Schanz,* Wandel- und Optionsanleihen – Flexible Finanzierungsinstrumente im Lichte gestiegenen Interesses, BKR 2011, 410; *Schedlbauer,* Sanierungsfähigkeitsprüfung – eine neue Herausforderung für die Beratungspraxis, DStR 1993, 218; *Scheunemann/Hoffmann,* Debt-Equity-Swap, DB 2009, 983; BankR-HdB, 5. Aufl. 2017; *K. Schmidt,* Die stille Liquidation: Stiefkind des Insolvenzrechts, ZIP 1982, 9; *K. Schmidt,* Zurechnungsprobleme um das Zwerganteilsprivileg des § 32a III S. 2 GmbHG, GmbHR 1999, 1269; *K. Schmidt,* Gesellschafterbesicherte Drittkredite nach neuem Recht, BB 2008, 1966; *K. Schmidt,* Sanieren oder Ausscheiden – Bemerkungen zum Urteil des BGH vom 19.10.2009, JZ 2010, 125; *K. Schmidt,* Gesellschaftsrecht und Insolvenzrecht im ESUG-Entwurf, BB 2011, 1603; *K. Schmidt/Uhlenbruck* (Hrsg.), Die GmbH in Krise, Sanierung und Insolvenz, 5. Aufl. 2016; *M. Schmidt/Schlitt,* Debt Equity Swap – Eine attraktive Form der Restrukturierung?, Der Konzern 2009, 279; *Schnorbus/Trapp,* Die Ermächtigung des Vorstands zur Ausgabe von Wandelschuldverschreibungen gegen Sacheinlage, ZGR 2010, 1023; *Schönfelder,* Sanierungskredite und Verschleppungshaftung – Sinn und Unsinn von Sanierungskonzepten, WM 2013, 112; *Scholten,* Zur Definition eigenkapitalersetzender Darlehen, ZInsO 2000, 91; *v. Schorlemer/Stupp,* Kapitalerhöhung zu Sanierungszwecken – zur Reichweite der Zustimmungspflicht des Minderheitsgesellschafters mit Sperrminorität, NZI 2003, 345; *Schrader,* Die Besserungsabrede, 1995; *Schrell/Kirchner,* Mezzanine Finanzierungsstrategien, BKR 2003, 13; *Schumann,* Der Schutz des Kunden bei Verletzungen des Bankgeheimnisses durch das Kreditinstitut, ZIP 2004, 2353; *Schwintowski/Dannischewski,* Eigenkapitalersetzende Darlehen durch den gesellschaftergleichen Dritten nach § 32a III GmbHG, ZIP 2005, 840; *Schultze/Tögel,* Der Verzicht mit Besserungsabrede in Insolvenz und Plan, ZIP 2011, 1250; *Seibt,* Sanierungsgesellschaftsrecht: Mitgliedschaftliche Treuepflicht und Grenzen der Stimmrechtsausübung in der Aktiengesellschaft, ZIP 2014, 1909; *Seibt/Voigt,* Kapitalerhöhungen zu Sanierungszwecken, AG 2009, 133; *Sester,* Hybrid-Anleihen: Wirtschaftliches Eigenkapital für Aktiengesellschaften, ZBB 2006, 443; *Siemon,* Das Konzept für ein vorinsolvenzliches Sanierungsverfahren, NZI 2016, 57; *Spindler/Stilz* (Hrsg.), Aktiengesetz, 4. Aufl. 2019; *Stadler,* Die Sanierung von Aktiengesellschaften unter Einsatz von Wandelgenussrechten, NZI 2003, 579; *Steffan,* BGH- und EU-konform: Der IDW S 6 in der Fassung 2018, ZIP 2018, 1767; *Steinbeck,* Zur systematischen Einordnung des Finanzplankredits, ZGR 2000, 503; *Stohrer,* Externes Sanierungsgutachten: Erfordernis bei Unternehmenssanierung, CRP 2014, 234; *Strohn,* Organhaftung im Vorfeld der Insolvenz, NZG 2011, 1161; *Sudhoff* (Hrsg.), Unternehmensnachfolge, 5. Aufl., 2005; *Theewen,* Haftungsrisiken der Kreditinstitute in der Krise ihrer Schuldner, BKR 2003, 141; *Theiselmann* (Hrsg.), Praxishandbuch des Restrukturierungsrechts, 3. Aufl. 2017; *Theiselmann/Verhoeven,* Das Scheme of Arrangement aus Sicht der Geschäftsleitung nach deutschem Insolvenzrecht, ZIP 2018, 2101; *Thießen,* Covenants in Kreditverträgen: Alternative oder Ergänzung zum Insolvenzrecht?, ZBB 1996, 19; *Tiedtke,* Die Rechtsprechung des BGH auf dem Gebiet des Bürgschaftsrechts seit 2003, NJW 2005, 2498; *Tillmann,* Kreditinstitute als gesellschafterähnliche Darlehensgeber: Anwendbarkeit des Sanierungsprivilegs des § 32a III S. 3 GmbHG?, DB 2006, 199; *Thonfeld,* Der „instabile Überschuldungsbegriff" des Finanzmarktstabilisierungsgesetzes, NZI 2009, 15; *Tonner,* Zulässigkeit und Gestaltungsmöglichkeiten von Tracking Stocks nach deutschem Aktienrecht, IStR 2002, 317; *Trams,* Gesetz zur weiteren Erleichterung der Sanierung von Unternehmen, NJW-Spezial 2011, 149; *Uhlenbruck,* Insolvenzordnung, 15. Aufl. 2019; *Uhlenbruck,* Die anwaltliche Beratung bei Konkurs-, Vergleichs- und Gesamtvollstreckungsantrag, 2. Aufl. 1996; *Urlaub/Kamp,* Die Vermeidung der Bankenhaftung bei der Vergabe von Sanierungskrediten, ZIP 2014, 1465; *Vallender,* Insolvenzkultur gestern, heute und morgen, NZI 2010, 838; *Veil,* Eigenkapitalersetzende Aktionärsdarlehen, ZGR 2000, 223; *Veith,* Kreditvergabe in der Krise: Sanierungs-, Überbrückungs- und Liquidationskredit, BankPraktiker 2006, 300;; *v. Bismarck,* Kreditgewährung in der Krise – Zur Sinnhaftigkeit externer Sanierungsgutachten, FS für Ganter, 2010, 51; *Voglis,* Kreditkündigung und Kreditverweigerung der Banken im Lichte von Treu und Glauben, Diss. München 2001; *Wabnitz/Janovsky* (Hrsg.), Handbuch des Wirtschafts- und Steuerstrafrechts, 4. Aufl. 2014; *Wackerbarth,* Existenzvernichtungshaftung 2005 – Unternehmerische Entscheidungen auf dem Prüfstand?, ZIP 2005, 877; *Wackerbarth* Überschuldung und Fortführungsprognose, NZI 2009, 145; *Waldburg,* Überbrückungskredite und Sanierungskredite, ZInsO 2014, 1405;; *Wallner/Neuenhahn,* Der Sanierungskredit – ein Überblick, NZI 2006, 553; *Wand,* Musterdarlehensvertrag für gewerbliche Kreditvergaben, WM 2005,

1932 u. 1945; *Wansleben,* Werthaltigkeitsprüfung und Offenlegung beim Debt Equity Swap, WM 2012, 2083; *Wazlawik,* Die Passivierung von Verbindlichkeiten im Überschuldungsstatus, NZI 2004, 608; *Weiß/Jeinsen,* Die zulässige Laufzeit von Überbrückungskrediten, ZIP 2016, 2251; *Weitnauer,* Der Beteiligungsvertrag, NZG 2001, 1065; *Weitnauer,* Der „GAU" der Unternehmensfinanzierung durch Dritte – Die Umqualifizierung in Eigenkapital, BKR 2003, 43; *Weitnauer,* Covenants und AGB-Kontrolle, ZIP 2005, 1443; *Wellensiek,* Sanieren oder liquidieren?, WM 1999, 405; *Wengel,* Die Insolvenztatbestände Überschuldung, Zahlungsunfähigkeit und drohende Zahlungsunfähigkeit, DStR 2001, 1769; *Wentzler,* Debt Equity Swap als Teil der finanziellen Unternehmenssanierung, Finanz Betrieb 2009, 446; *Wenzel,* Rechtliche Risiken der Kreditinstitute bei der Unternehmenssanierung, in: *Henckel/Kreft* (Hrsg.), Insolvenzrecht 1998, 1999, S. 233; *Wenzel,* Bankenhaftung bei fehlgeschlagenem Sanierungskredit, NZI 1999, 294; *Westpfahl/Janjuah,* Zur Modernisierung des deutschen Sanierungsrechts, Beilage zu ZIP 3/2008, 1; *Westpfahl/Knapp,* Die Sanierung deutscher Gesellschaften über ein englisches Scheme of Arrangement, ZIP 2011, 2033; *Wimmer,* MaRisk: Überblick und Konsequenzen für die Geschäftsleitung, BKR 2006, 146; *Windsor/Müller-Seils/Burg,* Unternehmenssanierungen nach englischem Recht – Das Company Voluntary Arrangement, NZI 2007, 7; *Winkeljohann/Förschle/Deubert* (Hrsg.), Sonderbilanzen, 5. Aufl. 2016; *Winnefeld,* Bilanz-Handbuch, 5. Aufl. 2015; *Wirsch,* Debt Equity Swap und Risiko der Insolvenzanfechtung, NZG 2010, 1131; *Wittig,* Übernahme der Gesellschafterstellung an Krisenunternehmen als Sanierungsbeitrag der finanzierenden Kreditinstitute, FS für Uhlenbruck, 2000, 685; *Wittig,* Beseitigung der Insolvenzgründe mit Bankbeiträgen als Voraussetzung der freien Unternehmenssanierung, NZI 1998, 49; *Wittig,* Rangrücktritt – Antworten und offenen Fragen nach dem Urteil des BGH vom 8.1.2001, NZI 2001, 169; *Wittig,* Das Sanierungsprivileg für Gesellschafterdarlehen im neuen § 39 Abs. 4 Satz 2 InsO, FS für Karsten Schmidt, 2009, 1743; *Wolff,* Kredite an Fortführungsgesellschaften, ZIP 1984, 669; *Zahn/Lemke,* Anleihen als Instrument der Finanzierung und Risikosteuerung, BKR 2002, 527; *Zilias,* Unterbilanz und Überschuldung der Aktiengesellschaft, WPg 1977, 445; *Zwirner,* Notwendigkeit von Vertragsanpassungen durch das BilMoG, BB 2010, 491.

Übersicht

I. Einleitung

Steht fest, dass ein Unternehmen in die Krise geraten ist, bedeuten diese Erkenntnis und die sich daran anschließenden Maßnahmen für alle Beteiligten eine Zeit der Herausforderungen, verbunden mit der Ungewissheit, ob die zu ergreifenden Schritte tatsächlich zum gewünschten Erfolg führen werden. Dabei kommt die lebensbedrohende Krise häufiger vor, als in der Öffentlichkeit weithin wahrgenommen. So wurden seit dem Jahr 2000 in Deutschland pro Jahr zwischen 390.000 und 440.000 Unternehmen geschlossen, davon immerhin 6 bis 10 % als Folge eines Insolvenzverfahrens. Jährlich endeten damit bis zu 40.000 Unternehmenskrisen mit einem Insolvenzantrag,[1] allein im Krisenjahr **2009** haben 1

[1] *Paulus ua/Kranzusch* WM 2010, 1337 (1338).

die deutschen Amtsgerichte fast **33.000 Unternehmensinsolvenzanträge** vermeldet,[2] was, insbesondere auf Grund der weltweiten Wirtschafts- und Finanzkrise, einen Anstieg gegenüber dem Vorjahr von 11,6 % bedeutete.[3] Seitdem sinken die Unternehmensinsolvenzen kontinuierlich, im Jahr 2018 verzeichneten die deutschen Amtsgerichte 19302 Insolvenzen, 3,9 % weniger als noch 2017. Die Zahl der Unternehmensinsolvenzen sank damit auf den niedrigsten Stand seit Einführung der Insolvenzordnung zum 1.1.1999. Die Gerichte bezifferten die voraussichtlichen Forderungen der Gläubiger dabei auf rund 21,0 Milliarden EUR (gegenüber 29,7 Milliarden EUR im Jahr 2017).[4]

2 Zwar ist die **Eröffnungsquote** seit dem Inkrafttreten der Insolvenzordnung (InsO) im Jahr 1999 deutlich angestiegen (im Ergebnis liegt sie heute bei über 2/3 der gestellten Anträge[5]), gleichwohl beträgt die Insolvenzquote, trotz der durch den Gesetzgeber mit Einführung der InsO zum 1.1.1999 neu geschaffenen Regelungen zur Masseanreicherung, durchschnittlich nur ca. 5 %.[6] Der direkte und indirekte betriebs- und volkswirtschaftliche Schaden durch Unternehmensinsolvenzen, die sich aus der Unternehmenskrise entwickelt haben, kann dabei allenfalls grob geschätzt werden, bewegt sich jedoch, auch bei vorsichtiger Berechnung, jährlich im dreistelligen Milliardenbereich.[7]

3 Die Unternehmenskrise kann, je eher sie erkannt wird, durch effektive Sanierungsmaßnahmen nachhaltig überwunden werden. Ausgangspunkt der Bemühungen um die außergerichtliche Sanierung des in die Krise geratenen Unternehmens ist jedoch in der Regel erst die Erkenntnis der Unternehmensleitung, dass das Unternehmen bereits zahlungsunfähig, der Zahlungsunfähigkeit nahe oder überschuldet ist, wobei sich das Ausmaß der Überschuldung im Laufe des Erkenntnisprozesses meist noch deutlich erhöht.[8] Die Suche nach einer Lösung wird zudem teils erleichtert, teils erschwert durch den enormen **Zeitdruck,** der einerseits durch die kurzen Insolvenzantragsfristen des § 15a InsO[9] und die Ad-hoc-Publizität des § 15 WpHG ausgelöst wird, und andererseits durch die Notwendigkeit, unter größter Geheimhaltung ein überzeugendes Konzept entwickeln zu müssen, dessen Aufstellung mit einen hohen finanziellen und zeitlichen Aufwand verbunden ist und in der Regel auch den Einsatz externer Berater[10] erfordert. Hinzu kommt, dass die rechtlichen Rahmenbedingungen einer außergerichtlichen Unternehmenssanierung in Deutschland derzeit alles andere als übersichtlich sind, auch da gesetzliche Regelungen hierzu allenfalls fragmentarisch zu finden sind. Immer wieder wird deshalb die Einführung eines eigenständig kodifizierten, vorinsolvenzrechtlichen Sanierungsverfahrens kontrovers diskutiert.[11] Bis der Gesetzgeber sich hierzu entschließt, sollte mit dem „Gesetz zur weiteren Erleichte-

[2] *Brinkmann/Zipperer* ZIP 2011, 1337 (1337).

[3] Im Zeitraum von 2000 bis 2007 wurden insgesamt sogar 276.785 Unternehmensinsolvenzverfahren eröffnet, vgl. *Ahrendt/Plischkaner* NJW 2009, 964 (965).

[4] Pressemitteilung Nr. 91 des Statistischen Bundesamtes (Destatis) v. 13.3.2019.

[5] Gottwald/*Haas* § 91 Rn. 3.

[6] *Kranzusch/Icks* Die Quoten der Insolvenzgläubiger in Regel- und Insolvenzplanverfahren, IfM-Materialien Nr. 186, S. 36.

[7] Pressematerialien der Gläubigerschutzvereinigung Deutschland eV (abrufbar auf deren Homepage www.gsv.eu), vgl. hierzu auch *Hommel/Knecht/Wohlenberg* S. 30/31.

[8] *Obermüller* Rn. 1.1102.

[9] Die früher in den einzelnen Gesellschaftsgesetzen enthaltenen Vorschriften zu Insolvenzantragspflichten bei juristischen Personen wurden durch das Gesetz zur Modernisierung des GmbH-Rechts und zur Bekämpfung von Missbräuchen (MoMiG) vom 23.10.2008 aufgehoben und in § 15a InsO rechtsformübergreifend geregelt. Dies betraf § 92 Abs. 2 AktG, § 64 Abs. 1 GmbHG, § 130a Abs. 1 HGB ebenso wie die diesbezüglichen Strafvorschriften in den § 401 Abs. 1 Nr. 2 AktG, § 84 Abs. 1 Nr. 2 GmbHG, § 130b HGB. Unverändert blieb nur die Sonderregelung in § 42 Abs. 2 BGB für den Verein, die dem neuen § 15a InsO vorgehen soll.

[10] Nerlich/Kreplin/*Nerlich/Rhode* § 4 Rn. 284.

[11] Auch auf politischer Ebene: So sollte in der 17. Legislaturperiode die Notwendigkeit einer Einführung im Rahmen des „Drei-Stufen-Plans" der Bundesregierung zur Reform des Insolvenzrechts geprüft werden, vgl. *Bork* ZIP 2011, 2035; *Trams* NJW-Spezial 2011, 149 (149); *Paulus ua/Paulus* WM 2010, 1337 (1337). Überblick bei *Siemon* NZI 2016, 57 (58). Für die Einführung eines solchen Verfahrens statt vieler *Geldmacher* ZInsO 2011, 353; *Bork* ZIP 2010, 397. Dagegen *K. Schmidt* BB 2011, 1603 (1604); *Paulus ua/Eidenmüller* WM 2010, 1337 (1343 ff.); *Vallender* NZI 2010, 838 (843).

rung der Sanierung von Unternehmen" (ESUG)[12] Abhilfe geschaffen und das in die InsO integrierte Sanierungsinstrumentarium ergänzt werden.[13] Gleichwohl bedient sich dieses der zwar modifizierten, aber doch bereits vorhandenen Möglichkeiten, welche die InsO bietet.[14] Zudem setzt deren Anwendungsbereich selbstverständlich weiterhin einen Eröffnungsantrag voraus. Ob hierdurch auch die (vermeintliche) Gefahr der sog. „Sanierungsflucht ins Ausland" beendet und Deutschland im Wettbewerb der europäischen Rechtsordnungen als „Sanierungsstandort" konkurrenzfähiger gemacht werden kann,[15] wird gut acht Jahre nach Inkrafttreten des ESUG (erwartungsgemäß) uneinheitlich beurteilt.[16] Dass aber auch auf supranationaler Ebene die Notwendigkeit erkannt wird, einen gesetzlichen Rahmen vorzugeben, der die effiziente Restrukturierung wirtschaftlich bestandsfähiger Unternehmen in finanziellen Schwierigkeiten ermöglicht, zeigt die „Richtlinie des Europäischen Parlaments und des Rates über präventive Restrukturierungsrahmen, über Entschuldung und über Tätigkeitsverbote sowie über Maßnahmen zur Steigerung der Effizienz von Restrukturierungs, Insolvenz- und Entschuldungsverfahren und zur Änderung der Richtlinie (EU) 2017/1132 (Richtlinie über Restrukturierung und Insolvenz)", deren Gesetzgebungsverfahren mit Annahme durch den Rat am 6.6.2019 auf europäischer Ebene abgeschlossen wurde. Ziel der Richtlinie solle sein, Hindernisse für den freien Kapitalverkehr abzubauen, die sich aus den unterschiedlichen Restrukturierungs- und Insolvenzrahmen der Mitgliedstaaten ergeben, und die Sanierungskultur in der EU nach dem Grundsatz der zweiten Chance zu verbessern. Ferner sollen die neuen Regeln darauf abzielen, die Anzahl der notleidenden Kredite in den Bankbilanzen zu verringern und eine Anhäufung derartiger notleidender Kredite in Zukunft zu vermeiden. Dabei soll ein angemessenes Gleichgewicht zwischen den Interessen der Schuldner und denen der Gläubiger hergestellt werden.[17] Die Richtlinie lässt den Mitgliedstaaten jedoch einen weiten Umsetzungsspielraum, so dass es von entscheidender Bedeutung sein wird, wie der deutsche Gesetzgeber die Richtlinienvorgaben im deutschen Rechtssystem, insbesondere im Hinblick auf das ESUG, implementieren wird.[18] Ab Inkrafttreten der Richtlinie (20 Tage nach Veröffentlichung im Amtsblatt der Europäischen Union) haben die Mitgliedstaaten zwei Jahre Zeit, um die neuen Bestimmungen im nationalen Recht umzusetzen (Artikel 34 Abs. (1), Art. 35 der Richtlinie).

Bei den Gläubigern hängt die Entscheidung, ob sie sich an der erforderlichen Sanierung 4 beteiligen oder nicht, von unterschiedlichen Faktoren ab, so etwa dem Ausfallrisiko für den Fall der Abwicklung, der künftigen Geschäftserwartung für den Fall einer erfolgreicher Sanierung, dem Druck seitens der öffentlichen Hand oder, gerade bei größeren Unternehmen in der Krise, der Medien und der Öffentlichkeit, insbesondere keine weiteren Arbeitsplätze zu vernichten.[19] Bei den Entscheidungen eines Kreditinstituts im Rahmen einer

---

[12] Gesetz zur weiteren Erleichterung der Sanierung von Unternehmen vom 7.12.2011, BGBl. I 2582.

[13] Auch im Koalitionsvertrag der Bundesregierung zur 19. Legislaturperiode findet die Einführung eines außergerichtlichen Sanierungsverfahrens folglich keine Erwähnung mehr.

[14] *Hölzle* NZI 2011, 124 (124); s. zu den ESUG-Entwürfen ua *Brinkmann* WM 2011, 97; *Obermüller* ZInsO 2011, 1809; *Richter/Pernegger* BB 2011, 876; *K. Schmidt* BB 2011, 1603.

[15] Im Mittelpunkt des Interesses steht hier insbesondere (zumindest, soweit es um die Quantität der Veröffentlichungen in der Fachliteratur geht) das englische Recht, vor allem mit den Sanierungsinstrumenten des „Scheme of Arrangement" (vgl. *Cranshaw* DZWIR 2012, 223; *Westpfahl/Knapp* ZIP 2011, 2033; *Eidenmüller/Frobenius* WM 2011, 1210; *Petrovic* ZInsO 2010, 265; *Sax/Swierczok* ZIP 2016, 1945; *Theiselmann/Verhoeven* ZIP 2018, 2101) und des „Company Voluntary Arrangement" (MüKoInsO/*Schlegel*, Länderbericht England und Wales Nr. 3.4; *Jacoby* ZGR 2010, 359). Zweifelnd an den Rechtswirkungen eines Scheme of Arrangement als Sanierungsinstrument für deutsche Gesellschaften *J. Bormann* NZI 2011, 892 (896 ff.); Zum vorinsolvenzlichen Sanierungsinstrument des „beschleunigten finanzielle [n] Sanierungsverfahren [s]" (Sauvegarde financière accélérée) in Frankreich *Degenhardt* NZI 2013, 830.

[16] Mit positivem Zwischenfazit u. a. *Laroche/Pruskowski/Schöttler/Siebert/Vallender* ZIP 2014, 2153 (2166); Jacoby//Madaus/Sack/Schmidt/Thole, ESUG-Evaluierungsbericht, Stand Oktober 2018, S. 297; tendenziell eher kritisch das Thesenpapier „Gravenbrucher Kreises ESUG – Erfahrungen, Probleme, Änderungsnotwendigkeiten, Stand Juni 2014" ZIP 2014, 1262; *Pleister/Kunkel* ZIP 2017, 151 (161).

[17] Pressemitteilung des Europäischen Rates v. 6.6.2019.

[18] *Freitag* ZIP 2019, 541 (551f).

[19] *Neuhof* NJW 1998, 3225 (3225).

Krise ihres Unternehmenskunden können sich deshalb wirtschaftliche Risiken nicht nur aus rechtlichen oder kreditmateriellen Gesichtspunkten ergeben, sondern auch Reputationsrisiken können sich zu einem, nur schwer quantifizierbaren, Schaden entwickeln.

II. Ausgangslage – Das Engagement in der Krise

5 Je frühzeitiger die Krise eines Unternehmens erkannt wird, desto größer sind auch die Chancen, die Krise nachhaltig zu überwinden.[20] Diese zunächst nicht überraschende Erkenntnis wird jedoch erschwert durch die Tatsache, dass die Begriffe „Krise" oder „Unternehmenskrise" in der Betriebswirtschaftslehre, aber auch den einschlägigen Teilbereichen der Rechtsordnung wie dem Gesellschaftsrecht, dem Insolvenzrecht oder dem Aufsichtsrecht über die Kreditinstitute unterschiedlich oder gar nicht definiert, sondern häufig nur vorausgesetzt werden.

1. Krisenbegriff

6 **a) Betriebswirtschaftlicher Krisenbegriff.** Die Betriebswirtschaftslehre versteht den Begriff „Krise" im Wesentlichen als den Zustand eines Schuldners oder schuldnerischen Unternehmens, dessen wirtschaftliche Existenz bedroht ist oder zumindest, bei ungehindertem Fortgang, seine wirtschaftliche Existenz bedrohen wird.[21] Der **Verlauf der Krise** wird dabei in der Regel in drei Phasen[22] eingeteilt: Die erste Phase stellt sich als Zustand dar, in der es der Unternehmensleitung nicht mehr gelingt, durch geeignete Entscheidungen im Investitions- und Finanzbereich den Unternehmensgesamtwert zu steigern oder auf dem einmal erreichten Niveau zu halten, dh die Erfolgspotentiale des Unternehmens sind gefährdet.[23] Setzt sich dieser Zustand ungehindert fort, gerät das Unternehmen in eine Lage, in der es die Ansprüche seiner Gläubiger nicht mehr wie geplant erfüllen kann: Es ist gezwungen, ungeplante, auch finanzielle, Anpassungsentscheidungen zu treffen.[24] Wird dieser Zustand nicht als solcher erkannt oder wird durch die Unternehmensleitung nicht hinreichend gegengesteuert, werden sich die ungeplanten Anpassungsentscheidungen zwangsläufig erhöhen und letztlich die zur Verfügung stehende Liquidität des Unternehmens gefährden. Diese Abfolge der Krisenzustände wird daher auch mit den Begriffen „strategische Krise", „Erfolgskrise" und „Liquiditätskrise" beschrieben.[25]

7 Der Beginn einer betriebswirtschaftlichen „Unternehmenskrise" wird zeitlich somit weit vor dem Zustand liegen, der mit den gesetzlichen Insolvenztatbeständen (Eröffnungsgründe) Zahlungsunfähigkeit, drohende Zahlungsunfähigkeit bzw. Überschuldung beschrieben wird,[26] in diesem aber, bei ungehindertem Fortgang, zwangsläufig aufgehen.

8 **b) Rechtlicher Krisenbegriff.** Eine einheitliche Definition des rechtlichen Krisenbegriffs sieht die Rechtsordnung nicht vor,[27] wenngleich der Begriff in der Rechtswissenschaft und in der Rechtsprechung ebenso häufig verwandt wird wie in der Betriebswirtschaftlehre.[28] Problematisch kann sich dieses insbesondere deshalb darstellen, weil schon ab dem Zeitpunkt des Beginns einer „Krise" bestimmte Verhaltensweisen von Kreditinstituten

[20] *Pannen/Deuchler/Kahlert/Undritz* Rn. 1; Buth/Hermanns/*Wilden* § 2 Rn. 4.
[21] *Pannen/Deuchler/Kahlert/Undritz* Rn. 4; Oppenländer/Trölitzsch/*Steffen* § 37 Rn. 3.
[22] Rechnet man die „Existenzkrise", die unmittelbar in der Insolvenz mündet, hinzu, ergeben sich vier Krisenstadien, vgl. Gummert/*Gehde* § 23 Rn. 4. Der „IDW Standard: Anforderungen an die Erstellung von Sanierungskonzepten (IDW S 6)" unterscheidet sogar sechs verschiedene Krisenstadien (IDW S 6 Nr. 3.4), vgl. dazu *Beck* WPg 2009, 264 ff.; *Brömmekamp/Radner* InsVZ 2010, 152 (154 f.).
[23] Gottwald/*Drukarczyk/Schöntag* § 2 Rn. 2.
[24] Gottwald/*Drukarczyk/Schöntag* § 2 Rn. 2.
[25] *Lützenrath/Peppmeier/Schuppener* S. 3; Bickhoff/Blatz/Eilenberger/Haghani/Kraus/*Bickhoff/Eilenberger* S. 9; *Dethleffsen* S. 6; *Krystek/Moldenhauer* S. 39; *Gross* DStR 1991, 1572 (1572).
[26] *Uhlenbruck* S. 209 (215).
[27] *Pannen/Deuchler/Kahlert/Undritz* Rn. 4; *Klein* S. 16; *Reuter* BB 2003, 1797 (1797).
[28] Klein Nr. 2.1.1.2.

zu Ansprüchen des Unternehmens (bzw. des späteren Insolvenzschuldners oder dessen Insolvenzverwalters) führen wie auch Ansprüche Dritter auslösen können.[29] In den durch das „Gesetz zur Modernisierung des GmbH-Rechts und zur Bekämpfung von Missbräuchen" **(MoMiG)** vom 23.10.2008 aufgegebenen gesetzlichen Regelungen über eigenkapitalersetzende Gesellschafterdarlehen war die „Krise der Gesellschaft" legaldefiniert als „Zeitpunkt, in dem ihr [der Gesellschaft] die Gesellschafter als ordentliche Kaufleute Eigenkapital zugeführt hätten" (§ 32a Abs. 1 GmbHG aF). Es liegt auf der Hand, dass diese generische Gesetzesformulierung einer Konkretisierung durch die Rechtsprechung bedurfte, zumal auch der Verweis auf das Verhalten eines ordentlichen Kaufmanns fehlging, da der darlehensgebende Gesellschafter weder Kaufmann zu sein brauchte noch mit dem Begriff „ordentlich" ein irgendwie gearteter Verschuldensmaßstab aufgestellt werden sollte.[30] Es handelte sich vielmehr um eine am Normzweck ausgerichtete Abgrenzung der kapitalersetzenden Leistungen von „normalen" Gesellschafterdarlehen. Zur Konkretisierung, wann eine Krise der Gesellschaft vorliegt, hatte die Rechtsprechung daher den Begriff der **„Kreditunwürdigkeit"** bei gesellschaftsfremden Dritten geprägt[31] (bzw. den der „Überlassungsunwürdigkeit" bei kapitalersetzender Gebrauchsüberlassung[32]). Diese Begriffe vorverlagerten die gläubigerschützende Wirkung des Eigenkapitalersatzrechts in einen zeitlichen Bereich, in dem die Gesellschaft noch nicht insolvenzreif gewesen ist, in dem aber typischerweise gerade jene Finanzierungsentscheidungen getroffen (oder unterlassen) wurden, deren negative Folgen bei Verdichtung der Krise zur Insolvenz die Gesellschaftsgläubiger einseitig zu tragen gehabt hätten.[33] Nach der Rechtsprechung des BGH war die Gesellschaft dann kreditunwürdig, wenn sie von dritter Seite den zur Fortführung ihres Unternehmens benötigten Kredit, ohne Besicherung durch die Gesellschafter, nicht mehr zu marktüblichen Bedingungen erhalten oder vernünftigerweise erwarten konnte, und deshalb ohne die Zuführung von Eigenkapital oder Gesellschafterdarlehen hätte liquidiert werden müssen.[34] Das Merkmal der Kreditunwürdigkeit war dabei nach objektiven Maßstäben festzustellen, d. h. aus der Sicht eines vernünftig denkenden außenstehenden Kreditgebers.[35] Das Verhalten eines einzelnen konkret engagierten Kreditgebers sollte dabei nur indizielle Bedeutung haben, entscheidend sei eine Gesamtwürdigung aller Umstände zum Zeitpunkt der Finanzierungsentscheidung gewesen.[36]

Auch wenn die gesetzlichen Regelungen über eigenkapitalersetzende Gesellschafterdarlehen durch das MoMiG im Gesellschaftsrecht aufgegeben wurden,[37] bleiben gleichwohl die Kriterien, welche die Rechtsprechung als Merkmale einer eigenkapitalersatzrelevanten Krise im Zusammenhang mit § 32a GmbHG aF entwickelt und mit dem Begriff der „Kreditunwürdigkeit" überschrieben hatte, als Krisenanzeichen des Unternehmenskunden für Kreditinstitute von grundsätzlicher Bedeutung.[38] Es ist daher nach wie vor legitim, den Eintritt dieser Krisenanzeichen mit dem Begriff der **rechtlichen Krise** in einem weiteren Sinne zu überschreiben.[39] 9

Wird die krisenhafte Entwicklung des Unternehmens vom Beginn der betriebswirtschaftlichen Krise über das Vorliegen von Krisenanzeichen iS der rechtlichen Krise nicht erkannt und/oder nachhaltig begegnet, wird diese schließlich in der **insolvenzrechtliche** 10

[29] Gottwald/*Obermüller/Kuder* § 97 Rn. 1.

[30] MüKoInsO/*Stodolkowitz/Bergmann* § 135 Rn. 41 (2. Aufl. 2008); *Roth/Altmeppen* 8. Aufl. 2015 § 32a aF Rn. 19.

[31] BGH NJW 1980, 1524.

[32] Lutter/Hommelhoff/*Kleindieck* Anh. zu § 64 Rn. 98.

[33] *Goette* § 4 Rn. 17.

[34] BGH NJW 1998, 1143 (1143); NZI 1999, 408 (409); NJW 2006, 908 (909).

[35] Michalski/*Heidinger* 2. Aufl. 2010 § 32b aF Rn. 45.

[36] Michalski/*Heidinger* 2. Aufl. 2010 § 32b aF Rn. 45.

[37] Nach Inkrafttreten des MoMiG ist das Recht der Gesellschafterdarlehen rechtsformneutral in der InsO geregelt, vgl. insbesondere §§ 39, 44a, 135 InsO.

[38] Derleder/Knops/Bamberger/*Knops* § 18 Rn. 12; *Neuhof* NJW 1998, 3225 (3229); vgl. zu den von der Rspr. entwickelten Kriterien → Rn. 21.

[39] Oppenländer/Trölitzsch/*Steffan* § 37 Rn. 4.

Krise enden. Ein solcher Zustand besteht dann, wenn die gesetzlichen Insolvenztatbestände Zahlungsunfähigkeit, drohende Zahlungsunfähigkeit oder Überschuldung bereits eingetreten sind.

11 **Zahlungsunfähigkeit** liegt vor, wenn der Schuldner nicht in der Lage ist, die fälligen Zahlungsverpflichtungen zu erfüllen, § 17 Abs. 2 S. 1 InsO. Die Zahlungsunfähigkeit ist dabei nach § 17 Abs. 2 S. 2 InsO in der Regel anzunehmen, wenn der Schuldner seine Zahlungen eingestellt hat. Nach der Konkretisierung durch die Rechtsprechung wird die Zahlungsunfähigkeit des Schuldners zu vermuten sein, wenn dieser nicht in der Lage ist, seine am Stichtag fälligen Zahlungspflichten binnen spätestens drei Wochen (Abgrenzung zur bloßen Zahlungsstockung) zumindest zu 90 % zu erfüllen, wenn nicht ausnahmsweise mit an Sicherheit grenzender Wahrscheinlichkeit zu erwarten ist, dass die Liquiditätslücke demnächst vollständig oder fast vollständig beseitigt werden wird und den Gläubigern ein Zuwarten nach den besonderen Umständen des Einzelfalles zuzumuten ist. Beträgt die innerhalb von drei Wochen nicht zu beseitigende Liquiditätslücke weniger als zehn Prozent, liegt Zahlungsunfähigkeit nur vor, wenn bereits absehbar ist, dass die Lücke demnächst mehr als zehn Prozent erreichen wird.[40]

12 **Drohende Zahlungsunfähigkeit** liegt gem. § 18 Abs. 2 InsO dann vor, wenn der Schuldner voraussichtlich nicht in der Lage sein wird, die bestehenden Zahlungsverpflichtungen im Zeitpunkt ihrer Fälligkeit zu erfüllen.[41] Der Unterschied zur eingetretenen Zahlungsunfähigkeit im Sinne des § 17 Abs. 2 S. 1 InsO besteht hier darin, dass nicht nur auf die gegenwärtig fälligen Zahlungspflichten, sondern auch auf künftig fällig werdende Zahlungspflichten abgestellt wird, womit das Gesetz neben der gegenwärtigen Liquiditätsbetrachtung auf eine zeitraumbezogene abstellt.[42] Der Zeitraum beginnt, wenn der Schuldner bei der Bewertung der Erfüllungsaussichten seiner bereits bestehenden, aber zu diesem Zeitpunkt noch nicht fälligen Zahlungspflichten zu dem Ergebnis kommt, dass er diese oder auch nur eine einzige zum Zeitpunkt der Fälligkeit nicht wird erfüllen können. Der Endpunkt des Beurteilungszeitraumes wird daher durch den Zeitpunkt der zuletzt fällig werdenden Forderung bestimmt. Bei langfristigen Verbindlichkeiten kann der Beurteilungszeitraum auch mehrere Jahre umfassen.[43]

13 Für juristische Personen und gleichgestellte Rechtsträger ist schließlich auch die **Überschuldung** gem. § 19 InsO Insolvenzeröffnungsgrund. Das Vorliegen der Überschuldung ist einerseits Tatbestandsmerkmal für die Verfahrenseröffnung, andererseits werden aber die wenigsten Insolvenzverfahren (ausschließlich) auf Grund einer eingetretenen Überschuldung eröffnet. Die wesentliche Bedeutung der Überschuldung liegt daher auch in ihrer Funktion als Anknüpfungspunkt für Haftungs- und Straftatbestände,[44] weshalb ihr Eintritt der besonderen Beobachtung gerade durch Kreditinstitute bei ihren Unternehmenskunden bedarf. Nach der bis zum 17.10.2008 geltenden Fassung des § 19 Abs. 2 InsO lag die Überschuldung dann vor, wenn das Vermögen des Schuldners die bestehenden Verbindlichkeiten nicht mehr deckte (rechnerischer oder **rechnerisch-exekutorischer Überschuldungsbegriff**). Bei der Bewertung des Vermögens des Schuldners war die Fortführung des Unternehmens zu Grunde zu legen, wenn diese nach den Umständen überwiegend wahrscheinlich gewesen ist. Der Überschuldungstatbestand bestand damit hier aus zwei Elementen, zum einen der sog. rechnerischen Überschuldung (Vermögensinsuffizienz), und zum anderen als prognostisches Element der Fortbestehens- bzw. Überlebensfähigkeitsprognose. Zur Feststellung der rechnerischen Überschuldung waren das im Falle

---

[40] BGH NJW 2005, 3062 (3063); WM 2012, 665 (665).

[41] Nur der Schuldner selbst ist bei Eintritt der drohenden Zahlungsunfähigkeit insolvenzantragsberechtigt. Ein auf § 18 InsO gestützter Fremdantrag ist demnach unzulässig. Durch diese Beschränkung soll der Schuldner vor Erpressungssituationen geschützt werden, und es soll die bestehende Aussicht auf eine nachhaltige Sanierung nicht gefährdet werden, vgl. Uhlenbruck/*Mock* § 18 Rn. 2.

[42] *Wengel* DStR 2001, 1769 (1771); *Richter/Pluta* InsVZ 2009, 31 (34).

[43] Nerlich/Römermann/*Mönning* § 18 Rn. 25.

[44] Beck/Depré/*Ampferl/Kilper* § 2 Rn. 123.

einer Verfahrenseröffnung als Insolvenzmasse zur Verfügung stehende Vermögen und die gegenüber den Insolvenzgläubigern bestehenden Verbindlichkeiten zu vergleichen. Daneben diente die Fortbestehensprognose allein als Basis dafür, wie die Vermögensgegenstände zu bewerten sind. Im Falle der Bejahung der Fortführungsfähigkeit durften bei der Ermittlung der rechtlichen Überschuldung statt der Liquidationswerte die meist höheren Fortführungswerte (going concern-Werte) angesetzt werden. Die Fortbestehensprognose diente demnach hier lediglich zur Klärung der Frage, mit welchen Werten die Aktiva bewertet werden durften. Demgegenüber vermochte allein eine positive Fortführungsprognose nicht den Insolvenzgrund der Überschuldung auszuschließen (sog. zweistufiger Überschuldungsbegriff).[45]

Mit dem Finanzmarktstabilisierungsgesetz (FMStG[46]) hat der Gesetzgeber das Zusammenspiel zwischen dem exekutorischen und dem prognostischen Element indes, zunächst zeitlich befristet bis zum 31.12.2010 (danach verlängert bis zum 31.12.2013), grundlegend geändert, indem eine positive Fortführungsprognose nunmehr allein die Überschuldung auszuschließen vermag (sog. **modifizierter zweistufiger Überschuldungsbegriff**). Nach § 19 Abs. 2 S. 1 InsO in der vom 18.10.2008 (bis zunächst 31.12.2013) geltenden Fassung liegt eine Überschuldung dann vor, wenn das Vermögen des Schuldners die bestehenden Verbindlichkeiten nicht mehr deckt, es sei denn, die Fortführung des Unternehmens ist nach den Umständen überwiegend wahrscheinlich. Der Gesetzgeber hat sich bei der Änderung des Überschuldungsbegriffs von der Vorstellung leiten lassen, dass die mit der Finanzmarktkrise verbundenen Turbulenzen zu extremen Wertschwankungen und Abwertungen der Unternehmensaktiva führen können, die eine bilanzielle Überschuldung auch im Kern gesunder Unternehmen zur Folge haben kann. Damit wären selbst Unternehmen, die mit einer überwiegenden Wahrscheinlichkeit erfolgreich weiter am Markt operieren können, gezwungen, Insolvenzantrag zu stellen – ein aus Sicht des Gesetzgebers ökonomisch unbefriedigendes Ergebnis.[47] Während das Ergebnis der Fortführungsprognose nach alter Rechtslage somit nur die Bewertungsparameter der Überschuldungsbilanzierung vorgab, bestimmt es nunmehr, ob überhaupt noch ein Überschuldungsstatus aufzustellen ist.[48] 14

Am 1.1.2014 sollte die Änderung des § 19 Abs. 2 InsO gemäß Art. 7 Abs. 2 FMStG wieder durch die bis zum 17.10.2008 geltende, alte Fassung (Art. 6 Abs. 3 FMStG) des § 19 Abs. 2 InsO mit seinem rechnerisch-exekutorischen Überschuldungsbegriff ersetzt werden. Mit Art. 18 Gesetz zur Einführung einer Rechtsbehelfsbelehrung im Zivilprozess und zur Änderung anderer Vorschriften vom 5.12.2012[49] wurde die Befristung jedoch gänzlich aufgehoben und die Rückkehr zu dem alten Überschuldungsbegriff damit endgültig ausgeschlossen. Als Begründung wurde dabei angeführt, dass bei einer Rückkehr zum alten Überschuldungsbegriff zu befürchten sei, dass lebensfähige Unternehmen in ein Insolvenzverfahren gedrängt würden und die vorgesehene Entfristung für die betroffenen Unternehmen die im Rechts- und Wirtschaftsverkehr dringend gebotene Rechtssicherheit bringen würde.[50] 14a

Nach der jetzigen Fassung des § 19 Abs. 2 S. 1 InsO ergibt sich nunmehr folgende **Prüfungsreihenfolge:** Zunächst ist die rechnerische Überschuldung des Unternehmens an Hand der Bewertung seines Vermögens unter Liquidationsaspekten zu prüfen. Als Liquidationswert ist derjenige Wert zu bestimmen, der unter Berücksichtigung möglicher Fremdrechte bei der Einzelveräußerung unter der Voraussetzung der Liquidation des Unternehmens zu erzielen sein wird. Liegt eine rechnerische Überschuldung nach einem 15

[45] Beck/Depré/*Ampferl/Kilper* § 2 Rn. 132.
[46] Gesetz zur Umsetzung eines Maßnahmenpakets zur Stabilisierung des Finanzmarktes (Finanzmarktstabilisierungsgesetz – FMStG) vom 17.10.2008, BGBl. I 1982.
[47] *Pape/Uhlenbruck/Voigt-Salus* Teil III Kap. 17 Rn. 25 ff.; *Ahrendt/Plischkaner* NJW 2009, 964 (964).
[48] *Frystatzki* NZI 2011, 173 (173).
[49] BGBl. I 2012, 2418.
[50] BT-Drs. 17/11385, 20.

derart aufgestellten Liquidationsstatus nicht vor, kann das Unternehmen auch rechtlich nicht überschuldet sein. Eine weitere Prüfung erübrigt sich in diesem Fall, eine Insolvenzantragspflicht kommt nicht in Betracht. Besteht dagegen eine rechnerische Überschuldung nach Liquidationswerten, ist in einem zweiten Schritt zu prüfen, ob dem Unternehmen eine **positive Fortführungsprognose** attestiert werden kann. Nach der Rechtsprechung handelt es sich hierbei um ein Werturteil, das sich aus der Beurteilung von Fakten und der Einschätzung künftiger Entwicklungen zusammensetzt und darauf gerichtet ist, festzustellen, ob eine Gesellschaft in überschaubarer Zukunft ihre Verbindlichkeiten werde erfüllen können.[51] Dies setzt voraus, dass eine dokumentierte Ertrags- und Finanzplanung des Unternehmens vorliegt und die überwiegende Wahrscheinlichkeit besteht, dass das Unternehmen mittelfristig Überschüsse erzielen wird, aus denen die gegenwärtigen und künftigen Verbindlichkeiten gedeckt werden können.[52] Die insolvenzrechtliche Fortführungsprognose wird somit vornehmlich als **Zahlungsfähigkeitsprognose** ausgestaltet.[53] Wird die mittelfristige Überlebensfähigkeit des Unternehmens durch eine derart aufgestellte Fortführungsprognose festgestellt, tritt trotz rechnerischer Unterdeckung keine rechtliche Überschuldung ein. Ein Insolvenzantrag braucht in diesem Fall nicht gestellt zu werden. Beide Elemente der Überschuldungsprüfung stehen somit gleichrangig nebeneinander. Nur wenn rechnerische Überschuldung und negative Prognose gegeben sind, liegt auch Überschuldung im Rechtssinne vor.[54]

16 Die **Bedeutung** des **Überschuldungstatbestandes** als Insolvenzantragsgrund ist tatsächlich wohl aber wesentlich geringer, als es die umfangreichen Veröffentlichungen hierzu in Rechtsprechung und juristischer Literatur vermuten lassen. Die Stellung eines Insolvenzantrages allein wegen Überschuldung des Unternehmens liegt bei unter 5 %, weshalb aus der insolvenzrechtlichen Praxis gefolgert werden kann, dass das Schicksal der Unternehmen in erster Linie von der zur Verfügung stehenden Liquidität geprägt wird. Erst wenn tatsächlich kein Geld mehr vorhanden ist, kommt es zum Insolvenzantrag. Dies unterstreicht auch die geringe Fallzahl der Insolvenzen wegen drohender Zahlungsunfähigkeit.[55]

2. Erkennbarkeit der Krise

17 Wirtschaftliche Krisen von Unternehmen treten in den meisten Fällen nicht überraschend auf, sondern können sich bei genauerer Beobachtung bestimmter Parameter bereits mittel- bis langfristig erkennen lassen.[56] Die Gläubiger dieser Unternehmen haben ein gesteigertes Interesse daran, so rechtzeitig von einer sich anbahnenden oder bereits eingetretenen Krise zu erfahren, dass sie durch geeignete Reaktionen auf diese Erkenntnis einen möglichen Ausfall ihrer Forderungen bei Insolvenz des Schuldners verringern oder ganz verhindern können. Insbesondere bei Kreditinstituten ist dieses Interesse ausgeprägt, da sie in der Regel die größten Gläubiger eines Unternehmens sind.[57] Um diesem Interesse Rechnung zu tragen, sind in der juristischen und betriebswissenschaftlichen Literatur zahlreiche **Kriterien** erarbeitet worden, die auf die Krise eines Unternehmens schließen lassen sollen.[58] Zu beachten ist hierbei jedoch, dass es viele Indikatoren gibt, die im Einzel-

[51] BGH NJW 1992, 2891 (2894); WM 2010, 2313 (2313).

[52] OLG Naumburg ZInsO 2004, 512 (513); OLG Schleswig NZI 2010, 492 (493); *Dahl* NZI 2008, 719 (720).

[53] *Richter/Pluta* InsVZ 2009, 31 (34); *Fischer* Fortbestehensprognose und Sanierung NZI 2016, 665; zur Aufstellung einer Fortführungsprognose weitergehend MüKoInsO/*Drukarczyk/Schüler* § 19 Rn. 61 ff., und *Ehlers* NZI 2011, 161; Zur Abgrenzung der insolvenzrechtlichen Fortführungsprognose von der handelsrechtlichen iSv § 252 Abs. 1 Nr. 2 HGB vgl. Cranshaw/Paulus/Michel/*Schultze* § 19 Rn. 7 ff.

[54] *Wackerbarth* NZI 2009, 145 (145).

[55] Noch nicht einmal jeder hundertste Insolvenzantrag wird wegen drohender Zahlungsunfähigkeit gestellt, *Ehlers* ZInsO 2005, 169 (171); vgl. hierzu auch *Ahrendt/Plischkaner* NJW 2009, 964 (965); *Jacoby* ZGR 2010, 359 (366); *Greil/Herden* ZInsO 2011, 109 (110); *Richter/Pernegger* BB 2011, 876 (877).

[56] *Holzer* NZI 2005, 308 (308).

[57] Schmidt/Uhlenbruck/*Kuder/Unverdorben* Rn. 1.231.

[58] *Rösler/Mackenthun/Pohl* S. 668; *Hommel/Knecht/Wohlenberg* S. 38.

fall Rückschlüsse auf eine krisenhafte Entwicklung des Unternehmens zulassen können, für sich allein betrachtet aber nur selten geeignet sind, zu bestimmen, ob sich das Unternehmen tatsächlich in einer existenzbedrohenden Krise befindet.[59] Aus diesem Grund ist in der Regel nur eine Gesamtschau aller verfügbaren Informationen über das Unternehmen geeignet, gesicherte Rückschlüsse auf eine krisenhafte Entwicklung möglichst frühzeitig zuzulassen.

18 **a) Informationen aus Kontoführung und Kreditgewährung.** Von erheblicher Bedeutung für Kreditinstitute sind **Erkenntnisse,** die sich unmittelbar aus der **Geschäftsbeziehung** zu einem Unternehmenskunden, insbesondere der Kontoführung und aus der Kreditgewährung, ableiten lassen:

- Angespannte Kontoführung mit fortgesetzter Überziehungstendenz (sog. „steife Kontoführung“[60])
- Auffällige Sprünge (Steigerungen oder Rückgänge) bei Kontoumsätzen
- Änderung von Zahlungsgewohnheiten gegenüber Lieferanten (Verzicht auf die Gewährung von Skonto, Nichteinhaltung von Zahlungszielen, Übergang von Zahlung per Überweisung zu Scheck- oder Wechselzahlung)[61]
- Ausstellung vordatierter Schecks oder vermehrte Einreichung von eigenen Schecks, gezogen auf Konten des Kunden bei anderen Kreditinstituten (Gefahr der Scheckreiterei)
- Rückgabe von zur Einziehung eingereichten Lastschriften durch den Bezogenen
- Scheck- oder Wechselproteste
- Widerruf von Daueraufträgen
- Verzug bei Zins- oder Tilgungsleistungen
- Saisonal nicht bedingte Kontoüberziehung
- Nichtrückführung von Saison- oder ähnlichen zweckgebundenen Zusatzkrediten
- Plötzlicher Kreditbedarf wegen Vorkasseforderungen von Lieferanten[62]
- Kontopfändungen, insbesondere wegen rückständiger Steuern oder Sozialabgaben
- Häufung von Bankauskunftsanfragen
- Verlangen nach Freigabe von Gesellschafter-/Geschäftsführersicherheiten.

19 **b) Einsichtnahme in die wirtschaftlichen Verhältnisse nach §§ 18, 25a KWG iVm den MaRisk.** Nach § 18 KWG und § 25a KWG in Verbindung mit den „Mindestanforderungen an das Risikomanagement – MaRisk“,[63] mit denen die bankaufsichtsrechtlichen Anforderungen an die Identifizierung, Steuerung und Überwachung der Risiken im Kreditgeschäft konkretisiert worden sind, haben sich Kreditinstitute vor und während der Laufzeit eines Kredites die wirtschaftlichen Verhältnisse ihrer Kreditnehmer offenlegen zu lassen. Zudem ist eine Auswertung und Beurteilung der Adressausfallrisiken der Kreditnehmer turnusmäßig, mindestens jährlich,[64] sowie immer dann anlassbezogen durchzuführen, wenn dem Kreditinstitut aus internen oder externen Quellen Informationen bekannt werden, die auf eine wesentliche negative Änderung der Risikoeinschätzung des Engagements oder der Sicherheiten hindeuten.[65] Umgesetzt werden diese **aufsichtsrechtlichen Anforderungen** in der Regel durch entsprechende **Offenlegungsverpflichtungen** in den Kreditverträgen, nach denen sich Kreditinstitute insbesondere Jahresabschlüsse nebst Anhängen und Lageberichten, Konzernabschlüsse/Konzernlageberichte in testierter Form und den jeweiligen Wirtschaftsprüfungsbericht des Abschlussprüfers vorlegen lassen, aber auch berechtigt sind, auf Anforderung weitere Informationen und Unterlagen zu erhalten

[59] *Obermüller* Rn. 1.205.
[60] Schmidt/Uhlenbruck/*Kuder/Unverdorben* Rn. 1.233.
[61] *Holzer* NZI 2005, 308 (312).
[62] OLG Karlsruhe ZIP 1997, 1712 (1712); *Obermüller* Rn. 5.14.
[63] Rundschreiben Nr. 09/2017 der Bundesanstalt für Finanzdienstleistungsaufsicht (BaFin) vom 27.10.2017 (BA 54–FR 2210-2017/0002).
[64] MaRisk BTO 1.2 Nr. 6.
[65] MaRisk BTO 1.2.2 Nr. 4.

(wie zB quartalsweise betriebswirtschaftlicher Auswertungen), um sich über die wirtschaftliche Entwicklung des Unternehmens unterrichtet zu halten.[66] Als Krisenanzeichen, die sich für das Kreditinstitut aus der vertraglichen Vorlageverpflichtung und Auswertung dieser Unterlagen ergeben können, kommen insbesondere in Betracht (neben den hieraus offensichtlichen, die eine Verschlechterung der wirtschaftlichen Verhältnisse anhand des Zahlenmaterials ausweisen):

- Verzögerungen bei der Einreichung der Unterlagen
- Verschiebungen des Bilanzierungszeitpunktes
- Fehlendes oder eingeschränktes Testat des Wirtschaftsprüfers oder Steuerberaters
- Weigerung der Geschäftsführer/Gesellschafter, die einzureichende Ausfertigung eines Jahresabschlusses zu unterzeichnen (falls der Jahresabschluss nicht zu testieren ist)
- Negative Abweichung von vorläufigen zu endgültigen Zahlen
- Änderung von Abschreibungsmethoden
- Auflösung von Reserven/Aufdeckung von stillen Reserven
- Umbuchung von Posten des Umlauf- in das Anlagevermögen.

20 **c) Kundenbesuche/Sicherheitenprüfungen.** Kreditinstitute haben in der Regel das vertraglich vereinbarte Recht, **Einblick** in die **betrieblichen Bereiche** ihrer Kunden zu nehmen und insbesondere körperliche Gegenstände, die als Sicherheiten dienen, in Augenschein zu nehmen und zu überprüfen,[67] bzw. durch Vorlage entsprechender Debitoren- und Kreditorenlisten oder Sicherheitenbestandslisten Einblick in die Buchhaltungsunterlagen zu nehmen. Auch hieraus lassen sich Erkenntnisse gewinnen, die Rückschlüsse auf eine drohende oder bereits eingetretene Krise zulassen:

- Vermeidung bzw. Verschiebung von Gesprächsterminen durch das Management oder für Sicherheitenaußenprüfungen
- Häufiger Managementwechsel oder Wechsel von Ansprechpartnern im Unternehmen
- Rückgang der Sicherheitenwerte, negative Abweichung zwischen Bestandslisten und den tatsächlich vorhandenen Sicherheitenbestände, chaotische Lagerhaltung
- Verzögerungen bei der Einreichung von Bestandslisten, Diskrepanzen zwischen den Angaben in den Bestandslisten und den entsprechenden Kontoumsätzen
- Auffällige Schwankungen der Posten aus Debitoren- oder Kreditorenlisten (die nicht branchen-/saison- oder konjunkturbedingt sind)
- Rechnungswesen unvollständig oder chaotisch, Planung und Liquiditätskalkulation unzutreffend und mit laufenden Nachbesserungen
- Auffällige Umsatz-/Absatzsteigerungen oder -rückgänge (die nicht branchen-/saison- oder konjunkturbedingt sind)
- Mangelnde Kapazitätsauslastung, unrationelle Produktion, veraltetes Anlagevermögen.

21 **d) Kreditunwürdigkeit.** Soweit sie sich aus der Auswertung der vorgenannten Informationen nicht schon ergeben, sind als Krisenanzeichen für Kreditinstitute grundsätzlich auch die Kriterien geeignet, welche die Rechtsprechung als **Merkmale einer eigenkapitalersatzrelevanten Krise** im Zusammenhang mit § 32a GmbHG aF entwickelt und mit dem Begriff der „Kreditunwürdigkeit" überschrieben hatte.[68] Als solche kommen insbesondere in Betracht:

- Forderungen eines anderen Gläubigers nach Rangrücktritten für Gesellschafterdarlehen[69]

---

[66] Bsp. einer vertraglichen Umsetzung bei *Wand* WM 2005, 1932 (1945); Zweifelnd, ob diese vergangenheitsorientierten Daten überhaupt Rückschlüsse auf aktuelle und insbesondere zukünftige Entwicklungen des beobachteten Unternehmens zulassen ua *Krystek/Moldenhauer* S. 131; Zur Kündigung der Geschäftsbeziehung bei Nichteinhaltung der vertraglich vereinbarten Offenlegungsverpflichtung OLG Frankfurt ZIP 2011, 999 (1000f).

[67] BankR-HdB/*Lwowski* Anhang zu § 95 Nr. 12.

[68] Derleder/Knops/Bamberger/*Knops* § 18 Rn. 12; *Neuhof* NJW 1998, 3225 (3229); *Haas* NZI 1999, 209 (212).

[69] BGH NJW 1990, 290 (291); OLG Frankfurt a. M. GmbHR 2010, 646 (647).

– Weitreichender Verlust des Stammkapitals[70]
– Seit längerem bestehende, ansteigende rechnerische Überschuldung[71]
– Fehlen von erheblichen stillen Reserven und von sonstigen als Kreditsicherheit geeigneten freien Vermögensgegenständen[72]
– Ungewöhnlich Darlehenskonditionen (zB besonders hohe, aber auch besonders günstige Verzinsung)
– Erhebliche und dauerhafte Liquiditätsengpässe[73]
– Nachbesicherungsverlangen oder Kündigung von Krediten durch dritte Darlehensgeber[74]
– Fehlen einer offenen Kreditlinie[75]
– Sicherheitenstellung durch Gesellschafter, weil Sicherheiten aus dem Vermögen der Gesellschaft nicht ausreichen[76]
– Stehenlassen der den Gesellschaftern zugewiesenen Dividenden oder sonstigen Ausschüttungen.

e) Financial Covenants. Ein Instrument, das Kreditinstitute mitunter zur Risikofrüherkennung und -vermeidung einsetzen, ist die Vereinbarung von **Financial Covenants in Kreditverträgen.** Financial Covenants (häufig ungenau mit „Bilanzrelationsklauseln" ins Deutsche übertragen) sind die vertragliche Verpflichtung, während der Laufzeit des Kredites bestimmte Finanz- bzw. Bilanzkennzahlen (absolute oder in Form von Relationen) hinsichtlich des Vermögens oder der Ertragslage des Unternehmens bzw. der Unternehmensgruppe/des Konzerns einzuhalten, und werden auf der Grundlage der Gewinn- und Verlustrechnung und/oder der Bilanz des Unternehmens oder der Gruppe/des Konzerns ermittelt.[77] Bei regulären Unternehmensfinanzierungen lassen sich häufig Vereinbarungen von Financial Covenants finden, die typischerweise Mindestanforderungen an folgende Kennzahlen stellen.[78] 22
– Mindestanforderungen in Bezug auf die Eigenkapitalausstattung *(net worth)*
– Mindestanforderungen in Bezug auf den Verschuldungsgrad *(leverage ratio)*
– Mindestanforderungen in Bezug auf den Zinsdeckungsgrad *(interest cover ratio)*
– Mindestanforderungen in Bezug auf die Liquiditätsausstattung *(cashflow cover ratio)*.

Verletzt der Verpflichtete während der Kreditlaufzeit eine oder mehrere der vereinbarten Kennzahlen, rechtfertigt dies eine erhöhte Risikobewertung der Ansprüche gegen ihn. Als vereinbarte Rechtsfolge darf das Kreditinstitut in der Regel die (weitere) Auszahlung oder Inanspruchnahme des Darlehens verweigern, Zinsmargen erhöhen, bestellte Sicherheiten verwerten, zusätzliche Informationen verlangen oder Zustimmungsrechte ausüben,[79] unter Umständen auch die Bestellung oder Verstärkung von Sicherheiten verlangen und ggf., kommt der Kreditnehmer diesen Verpflichtungen nicht nach, den Kredit aus wichtigem Grund kündigen.[80] 23

III. Rahmenbedingungen der außergerichtlichen Sanierung

Gerade der Vergleich zwischen dem Beginn einer Unternehmenskrise im betriebswirtschaftlichen Sinn und den Kriterien, welche die Rechtsprechung zum Krisenbegriff iS des 24

[70] BGH NJW 1996, 720 (721).
[71] BGH WM 2004, 1075 (1075).
[72] BGH GmbHR 1995, 381 (382).
[73] BGH NJW 1988, 3143 (3146).
[74] OLG München NZG 1999, 603 (603).
[75] OLG Hamm NZG 2001, 517 (518).
[76] BGH NJW-RR 1990, 230 (231); OLG Frankfurt a. M. NZG 2000, 546 (547).
[77] *Hoffmann* ZBB 2007, 413 (414); *Zwirner* BB 2010, 491 (491).
[78] MüKoBGB/*Berger* vor § 488 Rn. 41.
[79] BankR-HdB/*Merkel/Richrath* § 98 Rn. 175.
[80] Schmidt/Uhlenbruck/*Kuder/Unverdorben* Rn. 1.253; *Diem/Jahn,* § 22 Rn. 39.

§ 32a GmbHG aF entwickelt hatte, macht deutlich, dass der Begriff der „Krise" als Ausgangspunkt weitergehender rechtlicher Sanktionen grundsätzlich ungeeignet ist. Da die betriebswirtschaftliche Krise jedoch, sollte die Unternehmensleitung diesem Zustand nicht durch geeignete Maßnahmen begegnen, zwangsläufig in den Insolvenzgründen Zahlungsunfähigkeit, drohende Zahlungsunfähigkeit oder Überschuldung aufgehen wird, sieht die Rechtsordnung nach Eintritt bestimmter Umstände **qualifizierte Verhaltenspflichten** des Unternehmens, seiner Organe bzw. Organmitglieder oder der im Rechtsverkehr mit dem Unternehmen in Berührung kommenden Dritten vor.

1. Insolvenzrechtliche Antragsfristen

25 Falls bereits Überschuldung oder Zahlungsunfähigkeit eingetreten ist, sind die Geschäftsführung bzw. der Vorstand als Organ sowie jeder Geschäftsführer bzw. jedes Vorstandsmitglied verpflichtet, einen Insolvenzantrag zu stellen (§ 15a Abs. 1 InsO[81]). Den Antrag müssen sie ohne schuldhaftes Zögern, spätestens aber innerhalb einer Frist von drei Wochen nach Eintritt der Zahlungsunfähigkeit oder Überschuldung stellen. Die Frist beginnt damit nicht erst, wenn ein Antragsverpflichteter positive Kenntnis vom Eintritt der Zahlungsunfähigkeit oder Überschuldung hat. Subjektive Anforderungen spielen erst bei der Frage eine Rolle, ob und gegebenenfalls welche Sanktionen die Verletzung der Insolvenzantragspflicht nach sich zieht.[82] Von den Antragsverpflichteten wird dabei nach der Rechtsprechung erwartet, dass sie sich über die wirtschaftliche Lage der Gesellschaft stets vergewissert, wozu insbesondere die Prüfung der Insolvenzreife gehört. Wenn sie erkennen, dass die Gesellschaft zu einem bestimmten Stichtag nicht in der Lage ist, ihre fälligen und eingeforderten Verbindlichkeiten vollständig zu bedienen, hat er die Zahlungsfähigkeit anhand einer Liquiditätsbilanz zu überprüfen.[83] Zu beachten ist, dass die gesetzliche Antragspflicht auch nicht dadurch erfüllt oder gehemmt wird, dass die Antragsverpflichteten innerhalb der Frist laufende und erfolgversprechende Sanierungsverhandlungen führen[84] oder, besonders bedeutsam gerade für Kreditinstitute, alle Gläubiger dem Unterlassen einer Antragstellung zustimmen.[85] Die Dreiwochenfrist ist eine Höchstfrist, die auf keinen Fall überschritten werden darf.[86] Die Verletzung der Insolvenzantragspflichten kann zu Schadenersatzpflichten gegenüber der juristischen Person und deren Gläubigern führen sowie strafrechtliche Sanktionen nach sich ziehen (§ 15a Abs. 4, 5 InsO).

2. Gesellschaftsrechtliche Anzeigepflichten

26 Wird das Grund- oder Stammkapital nicht durch verbotswidrige Auszahlungen oder Gewinnausschüttungen an Aktionäre bzw. Gesellschafter, sondern durch Verluste aus der Geschäftstätigkeit des Unternehmens gemindert, werden die Kapitalschutzbestimmungen durch eine Verlustanzeigepflicht der Unternehmensleitung ergänzt. Danach haben der Vorstand einer AG (§ 92 Abs. 1 AktG) bzw. die Geschäftsführer einer GmbH (§ 49 Abs. 3 GmbHG) eine Haupt- bzw. Gesellschafterversammlung unverzüglich einzuberufen und eine entsprechende Verlustanzeige zu erstatten, wenn sich aus der Jahresbilanz, aus einer Zwischenbilanz oder auf andere Weise ergibt, dass die Hälfte des Grund- bzw. Stammkapitals aufgezehrt ist. Der Hintergrund dieser Verlustanzeigepflicht gem. § 92 Abs. 1 AktG und § 49 Abs. 3 GmbHG besteht als „Frühwarnsystem"[87] darin, dass sich bereits bei dem

[81] Die früher in den einzelnen Gesellschaftsgesetzen enthaltenen Vorschriften zu Insolvenzantragspflichten bei juristischen Personen wurden durch das MoMiG in den jetzigen § 15a InsO übertragen, → Rn. 3 (Fn. 9).
[82] Uhlenbruck/*Hirte* § 15a Rn. 14.
[83] BGH WM 2012, 1124 (1126) zu § 64 GmbHG a. F.
[84] BGH WM 2007, 693 (695); *Friedrich/Flintrop* DB 2003, 223 (227).
[85] *Poertzgen* ZInsO 2008, 944 (947).
[86] BGH NJW 1979, 1823 (1827).
[87] MüKoGmbHG/*Liebscher* 49 Rn. 7; Roth/Altmeppen/*Roth* 8. Aufl. 2015 § 49 Rn. 11.

Verlust der Hälfte des Eigenkapitals ernstzunehmende Krisenwarnsignale ergeben, welche die Gesellschafter ggf. zu entsprechenden Sanierungsmaßnahmen veranlassen sollen.[88]

3. Wertpapierrechtliche Anzeigepflichten

Handelt es sich bei dem insolvenzgefährdeten Unternehmen um eine Aktiengesellschaft, deren Aktien oder sonstige von ihm emittierte Finanzinstrumente zum Handel an einer inländischen Börse zugelassen sind, muss es Insiderinformationen unverzüglich veröffentlichen (§ 15 Abs. 1 WpHG, sog. „Ad-hoc-Publizität"). **Insiderinformationen** sind nach § 13 Abs. 1 S. 1 WpHG konkrete Informationen über nicht öffentlich bekannte Umstände, die sich entweder auf den Emittenten oder die Insiderpapiere selbst beziehen können und die geeignet sind, den Börsen- oder Marktpreis der Insiderpapiere im Falle ihres öffentlichen Bekanntwerdens erheblich zu beeinflussen. Als Umstände im Sinne des § 13 Abs. 1 S. 1 WpHG gelten auch solche, bei denen mit hinreichender Wahrscheinlichkeit davon ausgegangen werden kann, dass sie in Zukunft eintreten werden, § 13 Abs. 1 S. 3 WpHG. Da der Kapitalmarkt ein hohes Bedürfnis hat, schlechte Unternehmensnachrichten unverzüglich zu erhalten, gerade damit Anleger die Wertpapiere des betroffenen Unternehmens rechtzeitig verkaufen können,[89] gehören insbesondere die drohende oder schon eingetretene Zahlungsunfähigkeit, die Überschuldung oder auch die Tatsache einer Insolvenzantragstellung zu den veröffentlichungspflichtigen Informationen.[90] 27

Die Veröffentlichungspflicht trifft grundsätzlich nur den Emittenten der Finanzinstrumente selbst und erstreckt sich nicht auf die Kreditinstitute, welche die Finanzinstrumente des Emittenten an der Börse eingeführt haben oder an der Einführung beteiligt gewesen sind. Kreditinstitute können aber im Zusammenhang mit der Krise eines ihrer Unternehmenskunden dann selbst der Veröffentlichungspflicht unterliegen, wenn sie dem Unternehmen zB auch mit Krediten zur Verfügung stehen und der in einer Insolvenz des Schuldnerunternehmens drohender Ausfall eine derartige Höhe erreicht, dass dieser auch für sie selbst einen veröffentlichungspflichtigen Umstand darstellen würde.[91] 28

4. Bankgeschäfte bei Sanierungsbedürftigkeit des Unternehmenskunden

a) Rechtsrisiken. Das Erkennen der Sanierungsbedürftigkeit des Kunden ist für ein Kreditinstitut unter Risikogesichtspunkten von entscheidender Bedeutung, jedoch ist die Abgrenzung zwischen erlaubter Sanierungsbeteiligung und sittenwidriger Insolvenzverschleppung diffizil und fließend.[92] Weitergehende rechtliche Besonderheiten für die Geschäfte der Kreditinstitute gelten jedoch nicht bereits dann, wenn ein Unternehmenskunde nur unrentabel oder mit Verlust arbeitet.[93] Zwar kann auch hier bereits eine Krise im betriebswirtschaftlichen Sinn vorliegen, wegen des weiten Krisenbegriffes kann eine **rechtliche Sanktionierung** zu diesem Zeitpunkt aber noch nicht ansetzen. Die einschlägigen Gerichtsentscheidungen[94] zum Thema **Kreditvergabe in der Krise** ziehen eine solche Grenze erst dann, wenn der Kreditnehmer insolvenzreif ist, ohne allerdings weitergehend zu definieren, was unter dem Begriff „insolvenzreif" zu verstehen ist.[95] Als gesichert kann als Ausgangspunkt zumindest gelten, dass die Insolvenzreife spätestens dann vorliegt, wenn das Unternehmen zahlungsunfähig oder überschuldet ist und damit ein Insolvenzeröffnungsgrund besteht. Dem Schutzzweck der Sanktionierung von Kreditvergaben in der 29

[88] *Winnefeld* Einführung Rn. 59.
[89] *Kocher/Widder* NZI 2010, 925 (925).
[90] *Kocher/Widder* NZI 2010, 925 (927).
[91] *Obermüller* Rn. 1.1115.
[92] *Gogger* § 3 Rn. 289.
[93] *Obermüller* Rn. 5.70; *Wenzel* NZI 1999, 294 (294).
[94] Vgl. ua BGH WM 1959, 626 (628); 1961, 1103 (1106); 1964, 671 (674); 1965, 918 (919); 1971, 441 (442); OLG Stuttgart BB 2012, 3161 (3162).
[95] *Kiehte* KTS 2005, 179; *Wallner/Neuenhahn* NZI 2006, 553.

Krise wird jedoch nur dann hinreichend entsprochen, wenn die Insolvenzreife nicht erst bei Vorliegen eines Insolvenzeröffnungsgrundes, sondern bereits zu einem zeitlich vorgelagerten Zeitpunkt angenommen wird: Die juristische Literatur hat hierfür den Begriff der **„Sanierungsbedürftigkeit"** geprägt.[96] Ein Unternehmen muss dann als sanierungsbedürftig angesehen werden, wenn ohne finanzielle Stützungsmaßnahmen von außen die für eine erfolgreiche Weiterführung des Betriebs und die Abdeckung der bestehenden Verpflichtungen erforderliche Betriebssubstanz nicht erhalten werden kann.[97] Eine solche Lage setzt bereits dann ein, wenn abzusehen ist, dass – falls sich die derzeitige Entwicklung fortsetzt – das Unternehmen in gewisser Zeit zahlungsunfähig oder überschuldet sein wird, und wenn eine rechtzeitige und nachhaltige Änderung dieser Entwicklung nicht mit hinreichender Sicherheit zu erwarten ist.[98]

30 Beteiligt sich ein Kreditinstitut nicht aktiv an der Sanierung eines notleidenden Kreditnehmers, droht ihm bei dessen Insolvenz der Verlust oder bestenfalls die quotale Befriedigung eines gewährten Kredits, falls dieser nicht, nicht hinreichend oder nicht insolvenzfest besichert ist. Kündigt es andererseits das Kreditverhältnis, drohen Schadenersatzsprüche wegen einer Kündigung zur Unzeit.[99] Gewährt das Kreditinstitut hingegen zu einem Zeitpunkt, zu dem der Kunde bereits sanierungsbedürftig ist, weitere Leistungen, und tritt die Insolvenz gleichwohl ein, ergibt sich eine nochmals erhöhte Risikolage: Dritte Gläubiger nehmen dann das Kreditinstitut ggf. auf Schadensersatz wegen (Beihilfe zur) Insolvenzverschleppung (§§ 830 Abs. 2, 823 Abs. 2 BGB iVm § 15a InsO) oder wegen vorsätzlicher sittenwidriger Schädigung im Sinne des § 826 BGB[100] in Anspruch. Der Insolvenzverwalter ficht dem Kreditinstitut vor der Antragstellung gewährte Leistungen oder die in der Krise eingeräumten Sicherheiten an, oder die Kredit- und Sicherheitenverträge könnten aus § 138 BGB nichtig sein[101], im schlimmsten Fall kann dies möglicherweise auch auf eigentlich unproblematische Altsicherheiten ausstrahlen.[102] Überdies werden in diesem Zusammenhang immer wieder Schadensersatzansprüche auf Grund einer „faktischen Geschäftsführung" durch das Kreditinstitut diskutiert, etwa wenn es die Geschäftsführung des zu sanierenden Unternehmens zu seinem Vorteil und zu Lasten anderer Gläubiger praktisch entmachtet, indem es beispielsweise jede Verfügung über Vermögenswerte an seine vorherige Zustimmung knüpft.[103] Schadensersatzforderungen können sich zudem aus einer Verletzung des Bankgeheimnisses ergeben, wenn ein Kreditinstitut dem zu sanierenden Unternehmen einen Sanierungs- oder Überbrückungskredit verweigert und dies in Äußerungen öffentlich macht.[104]

30a Hinsichtlich des Umfangs dieser potentiellen Schadensersatzpflicht unterscheidet die Rechtsprechung bei der Haftung wegen Verletzung der Antragspflicht nach dem Zeitpunkt, in dem die Forderung entstanden ist, die wegen der Insolvenz nicht mehr voll befriedigt werden kann. Ist die Forderung eines Gläubigers vor Begründung der Antragspflicht entstanden, kann der Gläubiger nur den Ersatz des sog. **Quotenschadens** verlangen. Der Quotenschaden ist dabei die durch die Verzögerung der Antragstellung begründete Verminderung der auf die Forderung des **(Alt-)gläubigers** entfallenden Insolvenzquote.[105]

---

[96] *Obermüller* Rn. 5.90; *Neuhof* NJW 1998, 3225 (3229); krit. dazu *Wallner/Neuenhahn* NZI 2006, 553 (554).

[97] *Wenzel* NZI 1999, 294 (294); *Veith* BankPraktiker 2006, 300 (301); *Huber* ZInsO 2018, 1761 (1764).

[98] *Obermüller* Rn. 5.90; *Huber* NZI 2015, 447 (449).

[99] BGH NJW 2004, 3779 (3780); BankR-HdB/*Häuser* § 85 Rn. 14; *Linnenbrink:* BKR 2014, 10 (12); *Obermüller* ZInsO 2018, 1169 (1178).

[100] *Bork* WM 2014, 1841 (1850); *Huber* ZInsO 2018, 1761 (1762).

[101] *Ganter* NZI 2014, 673 (677).

[102] Beck/Depré/*Zuleger* § 25 Rn. 14; Lwowski/Fischer/Langenbucher/*Brünik* § 3 Rn. 71.

[103] Schmidt/Uhlenbruck/*Kuder/Unverdorben* Rn. 11.132; Oppenländer/Trölitzsch/*Trölitzsch* § 11 Rn. 45; Nach BGH WM 2015, 252 (253), schließt der Wortlaut des § 15a Abs. 1 Satz 1 InsO „Mitglieder des Vertretungsorgans" den faktischen Geschäftsführer von dessen Anwendungsbereich nicht aus.

[104] BankR-HdB/*Häuser* § 85 Rn. 14; *Bütter/Tonner* BKR 2005, 344 (352).

[105] BGH NJW 1993, 2931 (2932); ZIP 2015, 267 (268); MüKoAktG/*Spindler* § 92 Rn. 89; *Schäffler* BB 2006, 56 (59).

Der Gläubiger, der mit der Gesellschaft erst nach Entstehung der Antragspflicht erstmals kontrahiert und hierdurch eine Forderung begründet hat (sog. **Neugläubiger**), kann hingegen verlangen, so gestellt zu werden, als ob es nicht mehr zum Vertragsschluss gekommen wäre.[106] Dieser Vertrauensschaden entspricht typischerweise dem Wert einer an die Gesellschaft erbrachten Vorleistung, wobei die auf den Anspruch auf Gegenleistung entfallende Insolvenzquote nicht zum Abzug zu bringen ist.[107]

b) Handlungsoptionen. Die Entscheidung, welche Maßnahmen ein Kreditinstitut ergreifen soll, sobald es positive Kenntnis von dem sanierungsbedürftigen Zustand eines Unternehmenskunden erhalten hat, wird, neben rein betriebswirtschaftlichen Überlegungen, von den vorgenannten rechtlichen Risiken maßgeblich beeinflusst. Die Beurteilung, welche Risiken sich konkret ergeben können, findet ihren Ausgangspunkt dabei in den jeweiligen Handlungsoptionen, die dem Kreditinstitut als Reaktion auf diese Entwicklung bei ihrem Kunden zur Verfügung stehen. Bei der Wahl dieser Handlungsoptionen ist das Kreditinstitut grundsätzlich frei: Vorausgesetzt, es hat das wirtschaftliche Sanierungsrisiko des Kunden vorab nicht (mit-)übernommen (zB durch entsprechende vertragliche Vereinbarung des Sanierungszwecks als Regelungsgegenstand eines Rechtsgeschäfts – in diesem Fall bestehen idR Einschränkungen bezüglich Kündigung, Abtretbarkeit, Pfändbarkeit und Aufrechnung, sog. **„Sanierungsvereinbarung"**), existiert grundsätzlich **keine Rücksichtnahmepflicht** des Kreditinstitutes auf einen sanierungsbedürftigen Unternehmenskunden etwa dahingehend, dem Unternehmen die bereits ausgezahlte Darlehensvaluta durch Verzicht auf Kündigung zu belassen oder durch die Vergabe weiterer Kredite aus dem sanierungsbedürftigen Zustand heraus zu helfen.[108] Alle Versuche vereinzelter Stimmen in der juristischen Literatur, Schranken der Kreditverweigerung durch Kreditinstitute bzw. deren Verpflichtung zur Kreditversorgung in Sanierungsfällen zu konstruieren,[109] überzeugen nicht und widersprechen insbesondere wesentlichen Grundsätzen der geltenden Rechtsordnung.[110] Durch die gesetzliche Zuerkennung eines Kündigungsrechtes in § 490 Abs. 1 BGB bereits dann, wenn sich die Vermögensverschlechterung und die daraus folgende Gefährdung der Rückzahlung des Darlehens sichtbar abzeichnet, hat der Gesetzgeber vielmehr zum Ausdruck gebracht, dass der Darlehensgeber gerade vor einem durch die Insolvenz des Darlehensnehmers drohenden Vermögensverlust bewahrt werden soll. Dieses Ziel würde konterkariert, wenn sich ein Darlehensgeber durch weitergehende Einschränkungen seiner Kündigungsrechte oder gar eine Verpflichtung zur Vergabe weiterer Kredite dem (durch eine Vergabeverpflichtung sogar erhöhten) Risiko des Eintritt der Insolvenz aussetzen müsste, da diese gerade den Vermögensverlust herbeiführt, vor dem er geschützt werden soll.[111] Eine Verpflichtung zur Kreditversorgung in Sanierungsfällen würde zudem mit dem og Sanktionierungsregelungen der §§ 138, 826 BGB kollidieren und letztlich, da eine ausdrückliche gesetzliche Grundlage fehlt, einen allgemeinen Kontrahierungszwang bedeuten, der dem deutschen Recht grundsätzlich fremd ist.[112] Dementsprechend hat es auch die Rechtsprechung nicht als Verstoß gegen die guten Sitten angesehen, wenn ein Kreditinstitut nicht davon absieht, den vom Unternehmen überzogenen Kredit fällig zu stellen und dadurch zu dessen Insolvenz beizutragen. Ob das Kreditinstitut so vorgeht, ist grundsätzlich ihm überlassen, was auch dann gilt, wenn es 31

[106] BGH NJW 2005, 3137 (3140); 2011, 2427 (2430); *Goette* KTS 2006, 217 (234); *Strohn* NZG 2011, 1161 (1162).

[107] BGH NZG 2007, 347 (350). Dem Anspruchsverpflichteten ist hiernach entsprechend § 255 BGB iVm § 273 f. BGB Zug um Zug gegen Zahlung seiner Ersatzleistung ein Anspruch auf Abtretung der Insolvenzforderung des Neugläubigers gegen die Gesellschaft zuzubilligen, um dem schadensersatzrechtlichen Bereicherungsverbot Rechnung zu tragen. Anders noch BGH NJW 1994, 2220 (2224); OLG Köln NJW-RR 1998, 686 (687); *Haas* NZG 1999, 373 (377).

[108] MüKoBGB/*Berger* vor § 488 Rn. 93; *Ganter* WM 2011, 1585 (1592).

[109] *Canaris* ZHR 143, 113 (133 ff.); *Eidenmüller* ZHR 160, 343 (373); *Voglis* S. 142 ff.

[110] HM vgl. MüKoBGB/*Berger* vor § 488 Rn. 94 mwN.

[111] BT-Drs. 14/6040, 254; OLG Saarbrücken BKR 2019, 254 (255); *Obermüller* Rn. 5.180 ff.

[112] MüKoBGB/*Busche* vor § 145 Rn. 10 ff.; *Batereau* WM 1992, 1517 (1519).

erkennt, dass es durch seine Kündigung den Zusammenbruch des Unternehmens herbeiführen könnte.[113] Das Kreditinstitut kann selbst entscheiden, „ob es das Unternehmen fallen lässt".[114]

32 **aa) Stillhalten.** Das **Stillhalten** eines Kreditinstitutes ist sowohl im Hinblick auf seine Haftung gegenüber dem (späteren) Insolvenzschuldner als auch gegenüber Dritten grundsätzlich unbedenklich, und zwar auch dann, wenn es sich um die Hausbank handelt.[115] Unter Stillhalten sind hierbei der Verzicht auf die Ausübung eines ordentlichen oder außerordentlichen Kündigungsrechts, der Verzicht auf die Beitreibung von fälligen Forderungen, oder die Duldung der Inanspruchnahme eines bisher noch nicht ausgeschöpften Kreditrahmens zu verstehen.[116] Die Kenntnis des Kreditinstituts von der wirtschaftlich aussichtslosen Lage ihres Kreditnehmers und das Unterlassen der Ausübung eines Kündigungsrechtes eines bestehenden Kredites reichen somit für sich alleine grundsätzlich noch nicht aus, um eine Haftung gegenüber anderen Gläubigern des Kreditnehmers zu begründen.[117] Daraus folgt, dass das Kreditinstitut den Abschluss einer Stillhaltevereinbarung auch nicht von der Vorlage eines Sanierungsgutachtens abhängig machen muss.[118]

33 Abzugrenzen ist das Stillhalten von der Prolongation nach Rückzahlung eines zeitlich befristeten Kredits oder dessen Erhöhung. Sofern diese ein neues oder geändertes Kapitalnutzungsrecht einräumen, stellen sie kein bloßes Stillhalten mehr dar und unterliegen deshalb den gleichen Kriterien wie eine neue Kreditvergabe.[119]

33a Darüber hinaus hat das Kreditinstitut zu beachten, dass es ein außerordentliches Kündigungsrecht aus wichtigem Grund, insbesondere bei eingetretener oder drohender wesentlicher Verschlechterung der Vermögensverhältnisse, durch dessen Nichtausübung gem. § 242 BGB auch verwirken kann. Grundsätzlich ist das Kündigungsrecht aus wichtigem Grund unverzüglich nach Kenntnisnahme des Kreditinstitutes von den das Kündigungsrecht begründenden Umständen auszuüben.[120] Bei einer komplizierteren Sach- und/oder Rechtslage kann der Zeitraum zwar auch länger sein,[121] jedoch wird das Kreditinstitut insbesondere dann, wenn sich die Sanierungsbedürftigkeit bereits derart verdichtet hat, dass insolvenzrechtliche Antragsfristen zu laufen begonnen haben, schnellstmöglich zu entscheiden haben, ob es von einem eingetretenen außerordentlichen Kündigungsrecht Gebrauch machen will oder nicht.

34 **bb) Kündigung.** Einem Kreditinstitut steht bei wirtschaftlichen Schwierigkeiten seines Kunden, die auf eine Krise oder gar eine drohende Insolvenz hindeuten, grundsätzlich das Recht zu, seine gesamte Geschäftsverbindung oder einzelne Geschäftsbeziehungen zu diesem Kunden durch **Kündigung** zu beenden.[122] Die Kündigung kann durch ordentliche oder außerordentliche (fristlose) Kündigung aus wichtigem Grund erfolgen und in der Weise ausgesprochen werden, dass dem Kunden etwa die Inanspruchnahme noch nicht voll ausgenutzter Kreditlinien untersagt oder dass er zur Rückzahlung bereits ausgereichter Kredite verpflichtet wird.[123] Ein wichtiger Grund zur fristlosen Kündigung kann dabei insbesondere auch in der unmittelbar drohenden Gefahr der Zahlungsunfähigkeit des Kreditnehmers liegen kann.[124]

[113] OLG Frankfurt a. M. WM 1992, 1018 (1022); Theiselmann/*Diem/Grell/Schormair* Kap. 11 Rn. 8; *Obermüller* ZInsO 2018, 1769 (1771).
[114] BGH NJW 1970, 657 (658); 1984, 1893 (1900); OLG Köln 3.4.2009 – 6 U 80/08 II.1. = BeckRS 2010, 03013.
[115] Beck/Depré/*Zuleger* § 25 Rn. 12.
[116] Gottwald/*Obermüller/Kuder* § 97 Rn. 27; *Gogger* § 3 Rn. 284; *Rossbach* BB 2017, 1411 (1412).
[117] BGH WM 2001, 1458 (1459); MüKoBGB/*Berger* vor § 488 Rn. 94; *Obermüller* 5.327c.
[118] *Schäffler* BB 2006, 56 (58); **aA** *Theewen* BKR 2003, 141 (142).
[119] *Wenzel* NZI 1999, 294 (295); *Rusch* GWR 2011, 151 (153).
[120] BankR-HdB/*Pamp* § 77 Rn. 36.
[121] *Gößmann* BuB 1/599.
[122] *Ahnert* BKR 2002, 254 (260).
[123] Gottwald/*Obermüller/Kuder* § 97 Rn. 17.
[124] BGH NJW 2003, 2674 (2675).

Haftungsrisiken für das kündigende Kreditinstitut bestehen wegen der Kündigung regelmäßig nicht, und zwar auch dann nicht, wenn absehbar ist, dass hierdurch die Existenz des Unternehmens vernichtet wird, etwa weil andere Kreditinstitute nicht bereit sind, in die durch die Kündigung entstehenden Finanzierungslücken einzutreten.[125] 35

Das Kreditinstitut darf sein Kündigungsrecht jedoch **nicht schrankenlos** ausüben. Auch die Kündigung aus wichtigem Grund kann, ebenso wie die ordentliche Kündigung, ausnahmsweise unzulässig sein, wenn nämlich auf etwaige schutzwürdige Belange des Kreditnehmers Rücksicht zu nehmen ist. Die Schranken werden dem Kündigungsrecht dabei, wie der Geltendmachung aller subjektiven Rechte, in erster Linie durch das Prinzip von Treu und Glauben aus § 242 BGB gesetzt.[126] Vertraglich umgesetzt wurde dieses Prinzip in Nr. 19 Abs. 3 AGB-Banken dadurch, dass die berechtigten Belange des Kunden bereits bei der Frage der Zumutbarkeit der Fortsetzung der Geschäftsverbindung oder einzelner Geschäftsbeziehungen (zB eines Darlehensvertrages) zu berücksichtigen sind **(Rücksichtnahmegebot).** Eine fristlose Kündigung ist danach erst dann zulässig, wenn sowohl ein wichtiger Grund vorliegt, als auch die berechtigten Belange des Kunden der Kündigung nicht entgegenstehen. Fehlt eine der beiden Voraussetzungen, so ist die fristlose Kündigung unzulässig, dh, die Kündigungsschranken sind immanenter Bestandteil des Kündigungsbegriffs. Dies kann im Einzelfall bedeuten, dass das Kreditinstitut, statt zu kündigen, zunächst abmahnt, dass es unter Einhaltung einer Frist kündigt statt fristlos, oder dass es sein Kündigungsrecht erst zu einem späteren Zeitpunkt ausübt.[127] 36

Sollte sich die Vermögenssituation des Unternehmens erst durch die Rückforderung des Darlehensbetrags in einer Summe infolge einer Kündigung so sehr verschlechtern, dass es zur Stellung eines Insolvenzantrages gezwungen wird, während ihm bei Belassung des Darlehens jedenfalls eine zeitnahe ratenweise Rückführung mit hinreichender Sicherheit möglich wäre, so kann es dem Kreditinstitut unter Umständen zumutbar sein, von einer Kündigung abzusehen. Gleiches gilt im Falle einer erkennbar nur vorübergehenden Vermögensverschlechterung – auch hier kann es dem Kreditinstitut im Einzelfall zumutbar sein, dem Kreditnehmer das Darlehen zu belassen.[128] 37

Auch das **Verbot des widersprüchlichen Verhaltens** *(venire contra factum proprium)* setzt dem Kündigungsrecht grundsätzlich Schranken. Der Vertragspartner wird hierdurch geschützt, indem er darauf vertrauen darf, dass sich das Kreditinstitut in Zukunft konsequent verhalten wird,[129] so etwa, wenn das Kreditinstitut in der Vergangenheit regelmäßig Überziehungen einer Kreditlinie unbeanstandet hingenommen hat. In diesem Fall kann es eine erneute Überziehung nicht ohne weiteres zum Anlass für eine Kündigung nehmen. Vielmehr muss es hier den Kunden vorher abmahnen oder zumindest warnen.[130] 38

Ausnahmsweise kann das Kreditinstitut im Hinblick auf § 490 Abs. 1 BGB (der in Nr. 19 Abs. 3 AGB-Banken fast wörtlich übernommen wurde) darin beschränkt sein, eine Kündigung auszusprechen, weil es über **vollwertige Sicherheiten** verfügt.[131] Dies setzt jedoch voraus, dass der realisierbare Sicherheitenwert zur Deckung des vollen Risikos, für das sie bestellt wurden, ausreicht und die Sicherheiten ohne nennenswerte Schwierigkeiten verwertbar sind.[132] Hieran sind strenge Anforderungen zu stellen: Das Kapital und die weiterlaufenden Zinsen müssen vollständig gedeckt sein, durch das Hinausschieben der Kündigung darf keine Beeinträchtigung des Sicherheitenwertes zu befürchten stehen, der Kunde muss sich bis zur Kündigungserklärung vertragstreu verhalten haben, die Kündigung muss dem Kunden unverhältnismäßige Nachteile bringen, und seine Sanierungsfähigkeit muss 39

[125] OLG Frankfurt a. M. WM 1992, 1018 (1018); *Hoffmann* WM 2012, 10 (18).
[126] MüKoBGB/*Berger* vor § 488 Rn. 96; Nerlich/Kreplin/*Bornheimer/Westkamp* § 29 Rn. 13/14.
[127] *Gößmann* BuB 1/578; *Knops* WM 2012, 1649 (1656).
[128] BT-Drs. 14/6040, 254.
[129] *Voglis* S. 87.
[130] Gottwald/*Obermüller/Kuder* § 97 Rn. 22.
[131] JurisPK-BGB/*Schwintowski* § 490 Rn. 12.
[132] Schmidt/Uhlenbruck/*Kuder/Unverdorben* Rn. 1.461; *Obermüller* ZInsO 2002, 97 (100).

grundsätzlich gegeben sein.[133] Schon im Hinblick auf die Problematik einer exakten Bemessung des realisierbaren Sicherheitenwertes wird eine Besicherung alleine daher in der Regel keine Kündigungsschranke darstellen.[134]

40 **cc) Beteiligung an einer Sanierung.** Als weitere Handlungsvariante in Ansehung einer bekannt gewordenen Sanierungsreife seines Unternehmenskunden bietet sich einem Kreditinstitut die Möglichkeit, das Unternehmen durch aktive Beteiligung an einer Sanierung vor dem Zusammenbruch zu retten. Die **typischen Sanierungsbeiträge,** mit denen Kreditinstitute zur finanzwirtschaftlichen Gesundung ihres Unternehmenskunden beitragen können, orientieren sich dabei zunächst an der Vermeidung bzw. Behebung der Insolvenzgründe Zahlungsunfähigkeit und Überschuldung. Neben der Gewährung neuer Kredite und der Stundung von bzw. dem Verzicht auf Kreditrückforderungen haben sich in der Praxis insbesondere Rangrücktritte und Forderungsverzichte mit Besserungsschein sowie die Beteiligung an Kapitalmaßnahmen zur Zuführung von Haftkapital des Unternehmensschuldner, insbesondere durch Umwandlungen von Forderungen in Kapital, als typische Sanierungsbeiträge etabliert.

41 Beteiligt sich das Kreditinstitut jedoch mit diesen Beiträgen zu einem Zeitpunkt, zu dem der Kunde bereits sanierungsbedürftig ist, ergibt sich eine gegenüber den Handlungsoptionen Stillhalten/Kündigen nochmals **erhöhte Risikolage.**[135]

42 Allerdings hat ein Kreditinstitut in Folge seiner Beteiligung nicht schon deshalb rechtliche Sanktionen zu befürchten, weil die Möglichkeit eines Misslingens der Sanierung und damit einer Schädigung anderer Gläubiger besteht, die etwa wegen einer zu günstigen Beurteilung der Lage des Unternehmens ihre Forderung nicht rechtzeitig beitreiben oder sichern konnten oder neue Geschäfte eingegangen sind.[136] Der Vorwurf der (Beihilfe zur) Insolvenzverschleppung und/oder sittenwidrigen Schädigung kann erst dann begründet sein, wenn das Kreditinstitut um eigener Vorteile willen mit seinen Beiträgen die Insolvenz des Unternehmens lediglich hinausschiebt und abzusehen ist, dass es dessen Zusammenbruch allenfalls verzögern, aber nicht auf die Dauer verhindern kann.[137]

43 Die Abgrenzung zwischen sanktionsloser Sanierungsbeteiligung und sittenwidriger Insolvenzverschleppung ist rechtlich komplex und von dem Kreditinstitut im Einzelfall genau zu überprüfen: Die Unterscheidung ist grundsätzlich danach vorzunehmen, ob das Kreditinstitut mit der Gewährung neuer Mittel tatsächlich die wirtschaftliche Gesundung seines Unternehmenskunden erreichen oder es den Zusammenbruch durch Gewährung neuer, aber für eine erfolgreiche Sanierung nicht ausreichende Mittel und Maßnahmen nur hinausschieben will, um sich in diesem Zeitraum gegenüber den übrigen Gläubigern Vorteile zu verschaffen – etwa im Hinblick auf die Rückführung von Altkrediten – und dabei die Täuschung Dritter über die mangelnde Bonität des Schuldnerunternehmens billigend in Kauf nimmt.[138] Wesentliche erste Weichenstellung bei dieser Abgrenzung ist dabei die Frage danach, ob das Kreditinstitut bei seiner Sanierungsbeteiligung eigen- oder uneigennützig handelt. **Uneigennützigkeit** liegt jedoch nur dann vor, wenn das Kreditinstitut zum Zeitpunkt der Kreditvergabe an das Krisenunternehmen keine (Alt-)Forderungen gegen dieses besitzt, sondern hierdurch erstmals neue begründet, und wenn der Kreditnehmer den Neukredit nicht im Gegenzug aus seinem Vermögen besichert.[139]

44 **Eigennützig** handelt dagegen ein Kreditinstitut, das befürchtet, der Schuldner werde, falls eine Sanierung nicht versucht wird, auch die ihm früher gewährten Kredite nicht

[133] OLG Celle ZIP 1982, 942 (952); Gottwald/*Obermüller/Kuder* § 97 Rn. 24.
[134] BankR-HdB/*Krepold* § 79 Rn. 186.
[135] → Rn. 30.
[136] *Obermüller* Rn. 5.116; *Klein* S. 105.
[137] BGH WM 1965, 918 (919); NJW 1984, 1893 (1900); Kümpel/Wittig/Früh/Seyfried/*Federlin* Rn. 12.80.
[138] BGH NJW 1986, 837 (839).
[139] *Gogger* § 3 Rn. 293; *Ahnert* BKR 2002, 254 (257).

zurückzahlen können. Dies gilt insbesondere, wenn der Schuldner den durch die Wiederherstellung seiner Zahlungsfähigkeit gewonnenen Zeitraum benutzt, um Waren, die der Bank zur Sicherung übereignet sind, fertigzustellen und damit aufzuwerten, oder um von dritter Seite Warenlieferungen zu erhalten, die in das Sicherungsgut der Bank übergehen, oder um die Voraussetzungen für das Erlöschen von Eigentumsvorbehalten an bereits gelieferten Waren zu schaffen.[140]

Lässt sich daher ex tunc feststellen, dass ein Kreditinstitut zu dem Zeitpunkt einer 45
Gewährung finanzieller Unterstützung eigennützige Beweggründe gehabt hat (was in der Praxis regelmäßig der Fall ist[141]), kann es sich gleichwohl von dem Vorwurf unrechtmäßigen Verhaltens entlasten, wenn es auf Grund einer sachkundigen und sorgfältigen Prüfung der Lage des Schuldners und besonders seiner Geschäftsaussichten überzeugt sein durfte, das Sanierungsvorhaben werde Erfolg haben und eine Schädigung Dritter letztlich nicht eintreten.[142] Die Möglichkeit, dass es doch zu einer Schädigung Dritter kommt, kann zwar nie zweifelsfrei ausgeschlossen werden. Dies allein reicht aber nicht für einen Schädigungsvorsatz und führt deshalb nicht zu einem sittenwidrigen Verhalten.[143] Vielmehr kommt es darauf an, ob ernsthafte Zweifel an dem Gelingen eines Sanierungsversuchs bestehen und deshalb damit zu rechnen ist, dass der beispielsweise in dieser Situation gewährte Kredit den Zusammenbruch des notleidenden Unternehmens allenfalls verzögert, nicht aber auf Dauer verhindert.[144] Ernsthafte Sanierungsbemühungen setzen daher in erster Linie ein **schlüssiges Sanierungskonzept** voraus.[145]

IV. Anforderungen an einen ernsthaften Sanierungsversuch

Von dem Vorwurf der Insolvenzverschleppung und der Schädigung Dritter kann sich das 46
Kreditinstitut bei einer eigennützigen Sanierungsbeteiligung entlasten, wenn es überzeugt sein durfte, die Sanierung werde Erfolg haben und die Schädigung Dritter werde durch den Sanierungsversuch, an dem es sich beteiligt, letztlich nicht eintreten.[146] Diese Überzeugung vom Erfolg der Rettungsaktion setzt eine **sachkundige und sorgfältige Prüfung der wirtschaftlichen Verhältnisse des Kreditnehmers** voraus, deren Ergebnis keine ernsthaften Zweifel an dem Gelingen des Sanierungsversuchs zulässt und deshalb nicht damit zu rechnen ist, dass die Beteiligungsmaßnahmen des Kreditinstituts den Zusammenbruch des notleidenden Unternehmens allenfalls verzögert, ohne auf Dauer dazu beizutragen, ihn zu verhindern.[147] Gleiches gilt für die Widerlegung des Benachteiligungsvorsatzes bei der Insolvenzanfechtung: Denn gemäß § 133 Abs. 1 S. 1 InsO sind (nur) solche Rechtshandlungen anfechtbar, die der Schuldner mit dem Vorsatz, seine Gläubiger zu benachteiligen, vorgenommen hat, und bei denen dieser Vorsatz dem Anfechtungsgegner bekannt ist. Diese Kenntnis wird nach § 133 Abs. 1 S. 2 InsO vermutet, wenn der andere Teil wusste, dass die Zahlungsunfähigkeit des Schuldners droht und dass die Handlung die weiteren Gläubiger benachteiligt. Für die Feststellung, ob der Schuldner mit einem solchen Gläubigerben-

140 BGH WM 1964, 671 (672); OLG Köln WM 1981, 1238 (1241).
141 Gottwald/*Drukarczyk/Schöntag* § 3 Rn. 47.
142 BGHZ 10, 228 (234); BGH WM 1958, 249 (250); WM 1965, 918 (919); WM 2016, 1182 (1184).
143 OLG Düsseldorf WM 1981, 960 (968).
144 BGH WM 1979, 878 (883); 1986, 2 (3); OLG Brandenburg ZInsO 2002, 929 (932).
145 BGH WM 2016, 1182 (1182); OLG Rostock OLGReport 2006, 683; Zur Unterscheidung der Begriffe „Sanierungskonzept" (→ Rn. 49 ff.) und „Sanierungsgutachten": Ein Sanierungskonzept beinhaltet idR nicht die wertende gutachterliche Aussage des Erstellers oder sachkundigen Dritten, ob die in dem Konzept aufgeführten Ziele und Maßnahmen auch geeignet sind, das Unternehmen in überschaubarer Zeit durchgreifend zu sanieren. Für Sanierungskonzepte mit dieser abschließenden gutachterlichen Stellungnahme wird daher der Begriff „Sanierungsgutachten" verwendet, vgl. *Pohl* ZInsO 2011, 207 (208); *Keiner* WM 2018, 993 (993). Anders dagegen *Brömmekamp/Radner* InsVZ 2010, 152, welche die Begriffe synonym verwenden.
146 Gottwald/*Obermüller/Kuder* § 97 Rn. 9; *Schönfelder* WM 2013, 112 (114); *Stohrer* CRP 2014, 234 (236); *Huber* NZI 2015, 489 (490).
147 BGH NJW 1979, 1823 (1827); OLG Schleswig WM 1982, 25 (27).

achteiligungsvorsatz gehandelt hat, hat die Rechtsprechung **Beweisanzeichen** entwickelt, die entweder den Gläubigerbenachteiligungsvorsatz indizieren oder diesen ausschließen. Ein objektives Beweisanzeichen gegen das Vorliegen eines Benachteiligungsvorsatzes des Schuldners und die Kenntnis des Gläubigers hiervon ist wiederum der **ernsthafte Sanierungsversuch,** dh das Vorliegen konkreter Tatsachen, welche die Beteiligten zu der Erwartung berechtigen, es werde zu Erfolg versprechenden Bemühungen um die Rettung des Unternehmens kommen.[148] Schlägt die Sanierung gleichwohl fehl, ist das Handeln des Gläubigers von einem anfechtungsrechtlich unbedenklichen Willen geleitet gewesen. Das Wissen um die Benachteiligung anderer Gläubiger tritt dann in den Hintergrund.[149] Ziel der Sanierungsprüfung ist damit zum einen eine Aussage zur **Sanierungswürdigkeit** des Unternehmens zu erreichen. Zum anderen muss die **Sanierungsfähigkeit** gewährleistet sein, also die Behebbarkeit und tatsächliche dauerhafte Behebung der Krisenursachen.[150]

47 Dies setzt ein **schlüssiges Sanierungskonzept** voraus, das von den erkannten und erkennbaren Gegebenheiten ausgeht, nicht offensichtlich undurchführbar ist[151] und die Ursachen der Krise sowie die Strategien zu deren Überwindung aufzuzeigen hat.[152] Weitere Voraussetzung für einen ernsthaften Sanierungsversuch ist, dass dieses Sanierungskonzept mindestens in den Anfängen schon in die Tat umgesetzt war und ernsthafte Aussicht auf Erfolg begründete.[153]

48 Das Sanierungskonzept bildet dabei letztlich für alle Beteiligten an der Sanierung die Entscheidungsgrundlage, ob und mit welchen Mitteln die Unternehmenskrise überwunden werden kann. Nach entsprechender Zustimmung durch die Beteiligten dient das Konzept sodann als „Fahrplan" für die Umsetzung der Sanierungsmaßnahmen. Als Ziele hat ein Sanierungskonzepts die nachhaltige Wiederherstellung der Zahlungsfähigkeit und des Eigenkapitals, die Wiederherstellung der Profitabilität sowie die Wiedererlangung der Erfolgspotenziale, mithin die Beseitigung der Krisenursachen, aufzuzeigen.[154]

1. Schlüssiges Sanierungskonzept

49 Die Erfolgsaussichten von Sanierungsbemühungen sowie die Vermeidung rechtlicher Risiken aller Beteiligten im Zusammenhang mit der Sanierung sind untrennbar mit der Qualität des der Sanierung zu Grunde zu legenden Sanierungskonzepts verbunden. Gerade für die Vermeidung rechtlicher Risiken von Kreditinstituten ist es dabei insbesondere problematisch, dass die Anforderungen an ein ordnungsgemäßes Sanierungskonzept als gesetzliche Normanforderung nicht existieren[155] und die Beantwortung der Frage, was ein Sanierungskonzept als **wesentliche inhaltliche Elemente** überhaupt enthalten muss, um seiner risikovermeidenden Funktion genügen zu können, somit der Judikative überlassen bleibt. Da Sanierungen aber immer im Zusammenwirken zwischen Betriebswirtschaft und Rechtswissenschaft erfolgen, treffen diese Disziplinen auch bei den Anforderungen an die Erstellung von Sanierungskonzepten aufeinander – die Beurteilung der Qualität eines Sanierungskonzeptes im Zusammenhang mit rechtlichen Sanktionen gegen an der Sanierung Beteiligte obliegt später jedoch ausschließlich den Gerichten. Die inhaltlichen Anforderungen an ein ordnungsgemäßes Sanierungskonzept sind deshalb, unter dem Aspekt der Vermeidung rechtlicher Risiken, ausschließlich aus den entsprechenden Gerichtsentscheidungen zu den Haf-

---

[148] BGH NJW 1984, 1893 (1899); ZIP 1993, 276 (279); WM 1998, 248 (250 f.); ZIP 2004, 957 (959); WM 2012, 146 (147); WM 2013, 763 (765); WM 2016, 1182 (1184).
[149] BGH WM 2018, 1703 (1704).
[150] Prinz/Winkeljohann/*Axhausen/Rieser* § 15 Rn. 52; Gummert/*Gehde* § 23 Rn. 14; *Wolff* ZIP 1984, 669 (674); *Schedlbauer* DStR 1993, 218 (219).
[151] BGH WM 1998, 248 (250); FK-InsO/*Dauernheim* § 133 Rn. 13; *Gehrlein* WM 2011, 577 (581).
[152] *Theewen* BKR 2003, 141 (145).
[153] BGH ZIP 1993, 276 (279); WM 2012, 146 (147); WM 2013, 373 (375); MüKoInsO/*Kayser* § 133 Rn. 37; HK-InsO/*Thole* § 133 Rn. 24; *Gerhardt/Kreft* Rn. 409; *Obermüller/Hess* § 133 Rn. 49.
[154] Buth/Hermanns/*Kraus/Buschmann* § 5 Rn. 11; Prinz/Winkeljohann/*Axhausen/Rieser* § 15 Rn. 54.
[155] *Krystek/Klein* DB 2010, 1769 (1771).

tungstatbeständen im Zusammenhang mit Sanierung und Insolvenz und zum Eigenkapitalersatzrecht in Verbindung mit dem diesbezüglichen Sanierungsprivileg aus den §§ 39 Abs. 4, 135 Abs. 4 InsO (bzw. § 32a GmbHG-alt) abzuleiten und ergeben eine Kompilation allenfalls generalisierender Leitlinien, die im jeweiligen Einzelfall von den Beteiligten zu beachten und inhaltlich auszufüllen sind. Aussagen zu konkreteren betriebswirtschaftlichen Anforderungen an ein Sanierungskonzept haben sich die Gerichte dabei fast vollständig enthalten und dies der praktischen Anwendung überlassen. Die **Leitlinien der Rechtsprechung** zu den inhaltlichen Anforderungen können jedoch wie folgt zusammengefasst werden:[156]

- Das Sanierungskonzept muss von den erkannten und erkennbaren Gegebenheiten ausgehen, muss in sich schlüssig und darf nicht offensichtlich undurchführbar sein. Zur Analyse der Ausgangslage und hinsichtlich der Prognose der Durchführbarkeit ist auf die Beurteilung durch einen unvoreingenommenen – nicht notwendigerweise unbeteiligten – branchenkundigen Fachmann abzustellen, dem die vorgeschriebenen oder üblichen Buchhaltungsunterlagen zeitnah vorliegen.
- Das Sanierungskonzept muss die wirtschaftliche Lage des Unternehmens im Rahmen seiner Wirtschaftsbranche erfassen und die Krisenursachen analysieren.
- Das Sanierungskonzept muss die Vermögens-, Ertrags- und Finanzlage des Unternehmens zutreffend darstellen.
- Das Unternehmen ist objektiv sanierungsfähig und die für seine Sanierung konkret in Angriff genommenen Maßnahmen sind insgesamt objektiv geeignet, das Unternehmen in überschaubarer Zeit dauerhaft zu sanieren. Erforderlich ist hierzu eine Analyse der Verluste und der Möglichkeit deren künftiger Vermeidung, eine Beurteilung der Erfolgsaussichten und der Rentabilität des Unternehmens in der Zukunft und Maßnahmen zur Vermeidung oder Beseitigung der (drohenden) Insolvenzreife.
- Die Maßnahmen müssen eine positive Fortführungsprognose begründen.
- Das derart schlüssige, von den tatsächlichen Gegebenheiten ausgehende Sanierungskonzept ist jedenfalls in den Anfängen schon in die Tat umgesetzt, das heißt, die Sanierungsaktivitäten wurden objektiv sachgerecht eingeleitet. Die bloße Hoffnung des Schuldners auf eine Sanierung räumt seinen Benachteiligungsvorsatz dagegen nicht aus, wenn die dazu erforderlichen Bemühungen über die Entwicklung von Plänen und die Erörterung von Hilfsmöglichkeiten nicht hinausgekommen sind.
- Ein zunächst erarbeitetes „Grobkonzept", mit dessen Umsetzung bereits parallel zur Konzeptdetaillierung begonnen wird, steht einer Einordnung als geeignetes Sanierungskonzept nicht entgegen, wenn die im Grobkonzept vorgesehenen Maßnahmen eine ausreichende Grundlage für den Beginn der Sanierung darstellen.[157]

Diese Erfordernisse gelten grundsätzlich auch für den Versuch der **Sanierung kleinerer Unternehmen.** Lediglich das Ausmaß der Prüfung kann dem Umfang des Unternehmens und der verfügbaren Zeit angepasst werden.[158] Nur bei der Sanierung von Kleinstunternehmen dürfte es mit der Rechtsprechung vereinbar sein, zur Prüfung der Sanierungsfähigkeit ein vom kreditnehmenden Unternehmenskunden selbst erstellten Sanierungskonzepts heranzuziehen.[159] **50**

Aufbauend auf der Analyse des Ist-Zustandes ist somit eine Planung vorzunehmen, wie das Unternehmen aus der Krise geführt werden kann. Mittels einer Prognose muss festgestellt werden, dass die geplanten Maßnahmen nicht offensichtlich undurchführbar sind und ernsthafte Aussicht auf dauerhaften Erfolg begründen. Die in einem Sanierungskonzept vorzunehmenden Planungsrechnungen können dabei nicht allein deshalb als ungeeignet angesehen werden, weil sie auf rechnerischen, mit tatsächlichen Unsicherheiten behafteten **51**

---

[156] BGH WM 1998, 248 (250 ff.); WM 2014, 1009 (1014); WM 2016, 1182 (1184 ff.); WM 2018, 1703 (1705); *Wallner/Neuenhahn* NZI 2006, 553 (556).

[157] LG Bonn, Der Konzern 2005, 594 (600); *Klein* S. 108; *Hirte/Knof* WM 2009, 1961 (1968).

[158] BGH WM 2016, 1182 (1184); *Commandeur/Hübler* NZG 2016, 1140 (1142).

[159] *Wallner/Neuenhahn* NZI 2006, 553 (557).

Annahmen beruhen. Solche Ungewissheiten, die mit jeder **prognostischen Annahme** verbunden sind, besagen für sich allein noch nichts über die Eignung eines Sanierungskonzeptes[160], da ein Sanierungskonzept nicht ohne jegliches Risiko sein muss. Eine positive Prognose genügt, muss aber nachvollziehbar und vertretbar erscheinen. Es muss damit gerechnet werden können, dass mit dem Sanierungsplan die Wiederherstellung der uneingeschränkten Zahlungsfähigkeit erfolgt.[161] Des Weiteren ist es für die Prognose im Rahmen eines Sanierungskonzepts nicht schädlich, wenn bereits ein Eröffnungsgrund für das Insolvenzverfahren iS des § 16 InsO vorliegt. Auch dann ist ein Sanierungsversuch weder allgemein zu missbilligen noch von vornherein aussichtslos.[162]

2. Beginn der Umsetzung

52 Der ernsthafte Sanierungsversuch setzt neben einem schlüssigen Sanierungskonzept weiter voraus, dass dieses mindestens in den Anfängen schon in die Tat umgesetzt ist. Dabei ist es unschädlich, wenn zunächst ein **„Grobkonzept"** erarbeitet wird und parallel zur Konzeptdetaillierung bereits mit dessen Umsetzung begonnen wird. In diesem Fall stellt bereits das Grobkonzept ein Sanierungskonzept dar, wenn es eine ausreichende Grundlage für den Beginn der Sanierung enthält. Auch ein noch fertig zu stellendes Konzept kann also durchaus ein geeignetes Sanierungskonzept sein.[163]

3. Ernsthaftigkeit des Sanierungsversuchs

53 Nach den Anforderungen der Rechtsprechung muss es sich um einen ernsthaften Sanierungsversuch handeln, das heißt subjektiv müssen die Sanierungsbeteiligten den Sanierungserfolg **ernsthaft anstreben.**[164] Die Hoffnung des Schuldners allein, sein Unternehmen retten zu können, genügt grundsätzlich nicht, wenn die Bemühungen über die Entwicklung von Plänen und die Erörterung von Hilfsmaßnahmen nicht hinausgekommen sind.[165] Die **fachgerechte Einleitung** eines Sanierungsversuchs kann dabei Rückschlüsse auf dessen Ernsthaftigkeit zulassen.[166] Nach der Rechtsprechung ist es aber unzulässig, die tatsächliche Eignung eines Sanierungskonzeptes aus einer ex-post Sicht zu beurteilen. Zwar wird (bei der Beurteilung des Sanierungsprivilegs iS des § 32a Abs. 3 S. 3 GmbHG-alt) die Feststellung der „objektiven" Sanierungstauglichkeit der Gesellschaft und der „objektiven" Tauglichkeit der beabsichtigten Sanierungsmaßnahmen gefordert. Beide Merkmale müssen jedoch aus der „ex-ante Sicht eines ordentlichen Geschäftsmanns" beurteilt werden.[167] Von einem solchen Geschäftsmann kann jedoch nicht mehr erwartet werden, als sich an einem von einer renommierten Wirtschaftsberatungsgesellschaft erarbeiteten Sanierungskonzept zu orientieren. Ein Sanierungsbeteiligter kann demnach grundsätzlich auf die Richtigkeit des von einem Fachmann erstellten Konzepts vertrauen, sofern er keine konkreten Anhaltspunkte für seine Unrichtigkeit hat,[168] wobei es sich dann bereits um erhebliche, ins Auge springende Auslassungen oder Fehler handeln muss[169], oder der Sanierungsbeteiligte (erheblichen) Anhaltspunkte dafür hat, dass er getäuscht werden soll.[170]

---

[160] BGH ZIP 1993, 276 (280).
[161] BGH WM 2016, 1182 (1186).
[162] MüKoInsO/*Kayser* § 133 Rn. 37.
[163] LG Bonn Der Konzern 2005, 594 (600); *Richter/Pluta* BB 2012, 1591 (1594).
[164] BGH WM 1998, 248 (251); NZI 2002, 602 (603); WM 2013, 180 (182); WM 2016, 1182 (1184); OLG München NZI 1999, 29 (30); LG Köln ZInsO 2014, 2509 (2514).
[165] BGH NJW 1955, 1272 (1274); 1984, 1893 (1899); NJW-RR 1993, 238 (241); MüKoInsO/*Kayser* § 133 Rn. 37; *Gerhardt/Kreft* Rn. 409.
[166] BGH WM 1998, 248 (251); 2012, 146 (147); KG NZI 2016, 552 (553); HK-InsO/*Thole* § 133 Rn. 24; MüKoInsO/*Kayser* § 133 Rn. 37a.
[167] OLG Düsseldorf ZIP 2004, 508 (511).
[168] LG Bonn Der Konzern 2005, 594 (600).
[169] *Waller/Neuenhahn* NZI 2006, 553 (557).
[170] BGH WM 2016, 1182 (1185).

Reicht, wie für § 133 Abs. 1 InsO, eine bloße mittelbare Gläubigerbenachteiligung aus, kann ein ernsthaftes, wenngleich letztlich erfolgloses Sanierungsbemühen im Einzelfall den erforderlichen Gläubigerbenachteiligungsvorsatz mit Bezug auf die zu diesem Zweck erbrachten Schuldnerleistungen (insbesondere Leistungen auf einen gewährten Sanierungskredit oder die Stellung von Sicherheiten in diesem Zusammenhang) ausschließen. Denn der Begriff des **Gläubigerbenachteiligungsvorsatzes** enthält nach der Rechtsprechung ein Element der persönlichen Unlauterkeit, das aber bereits dann entfällt, wenn der Sanierungsversuch für den (späteren) Gemeinschuldner zwar erkennbar mit Risiken belastet ist, die Bemühungen um eine Rettung des Unternehmens jedoch ganz im Vordergrund stehen und aufgrund konkret benennbarer Umstände eine positive Prognose nachvollziehbar und vertretbar erscheint.[171] Es kann also nicht verlangt werden, dass das Sanierungskonzept Umstände aufzeigt, welche die sichere Überzeugung der Sanierungsbeteiligten rechtfertigt, die Sanierung werde gelingen.[172] Andererseits können Deckungen, die im Zusammenhang mit Sanierungsmaßnahmen gewährt werden, dann anfechtbar sein, wenn die Sanierung objektiv aussichtslos und der Schuldner sich bewusst war, dass beim Scheitern der Sanierung die übrigen Gläubiger objektiv benachteiligt würden, und er dies in Kauf genommen hat. In einem derartigen Fall hat der Schuldner das Sanierungsrisiko bewusst den künftigen Insolvenzgläubigern auferlegt und somit deren Benachteiligung gewollt.[173] Beschränkt sich daher ein Sanierungsversuch allein darauf, dass alle oder ein Teil der Gläubiger quotal auf ihre Forderungen verzichten, ist dies nur dann erfolgversprechend, wenn der Insolvenzgrund allein auf einem Finanzierungsproblem beruht, etwa dem Ausfall berechtigter Forderungen des Schuldners, das Schuldnerunternehmen aber im Übrigen grundsätzlich profitabel arbeitet. Kann in diesem Fall durch einen Schuldenschnitt die Zahlungsfähigkeit dauerhaft wiederhergestellt und die Überschuldung beseitigt werden, werden hierdurch andere, auch künftige Gläubiger nicht benachteiligt.[174] 54

4. Konzeptauftrag und -erstellung

Voraussetzung für die möglichst risikolose Beteiligung des Kreditinstituts an einem ordnungsgemäßen Sanierungsversuch ist insbesondere die Vorlage eines schlüssigen Sanierungskonzeptes und dessen Prüfung durch das Kreditinstitut.[175] Nach einem Grundsatzurteil des BGH zum Sanierungskredit aus dem Jahre 1953 sollte der Kreditgeber dabei in der Regel verpflichtet sein, vor Krediteinräumung eine fachkundige wirtschaftliche Untersuchung über die Erfolgsaussichten des Unternehmens anhand einer objektive Prüfung durch einen branchenkundigen Wirtschaftsfachmann durchführen zu lassen. Auf die Angaben des Kreditnehmers oder seiner Berater sollte sich der Kreditgeber nicht verlassen dürfen.[176] Daraus wird zum Teil gefolgert, dass ein sich an der Sanierung beteiligendes Kreditinstitut die Sanierungsfähigkeit des Unternehmens zwingend durch einen externen Gutachter zu überprüfen hat.[177] Die vorgenannte Auffassung hat die Rechtsprechung später jedoch aufgegeben. Hiernach ist zur Analyse der Ausgangslage und hinsichtlich der Prognose der Durchführbarkeit grundsätzlich (nur) auf die Beurteilung durch einen unvoreingenommenen – nicht notwendigerweise unbeteiligten – branchenkundigen Fachmann abzustellen, dem die vorgeschriebenen oder üblichen Buchhaltungsunterlagen zeitnah vorliegen.[178] Dass es sich bei diesem Fachmann zwingend um einen externen Sachverständi- 55

[171] BGH NJW 1991, 2144 (2145); ZIP 1993, 276 (279); MüKoInsO/*Kayser* § 133 Rn. 37.
[172] BGH WM 1993, 270 (274); *Gehrlein* WM 2011, 577 (581).
[173] *Ganter* WM 2009, 1441 (1447).
[174] BGH WM 2016, 1182 (1186).
[175] OLG Nürnberg DZWIR 2008, 481 (483); *Achsnick/Krüger* Rn. 33; Übersicht bei *Wallner/Neuenhahn* NZI 2006, 553 ff.
[176] BGH NJW 1953, 1665 (1666).
[177] *Theewen* BKR 2003, 141 (145) (mit Ausnahme für kleine Unternehmen); *Neuhof* NJW 1998, 3225 (3230); *M. Bormann* NZI 1999, 389 (394).
[178] BGH WM 1998, 248 (251).

gen, etwa einen Unternehmensberater oder Wirtschaftsprüfer handeln muss, kann aus dieser Vorgabe nicht abgeleitet werden.[179]

56 Obwohl es rechtlich damit nicht ausdrücklich erforderlich ist, dass es sich bei dem Sanierungsprüfer um einen externen Gutachter handelt, wird es dem Kreditinstitut in der Regel anzuempfehlen sein, seine Mitwirkung an der Sanierung gleichwohl von der Vorlage eines von einem **externen Sanierungsprüfer** erstellten Sanierungsgutachten abhängig zu machen. Denn zum einen ist es zweifelhaft, ob die an der Sanierung beteiligten Kreditinstitute, gerade bei kleineren Instituten, intern tatsächlich das von der Rechtsprechung gestellte Anforderungsprofil an einen Sanierungsprüfer (Fachmann mit betriebswirtschaftlichen Kenntnissen, Branchenkunde, Objektivität) erfüllen können.[180] Zum anderen wird die Hinzuziehung schon deshalb im Interesse des Kreditinstitutes sein, weil es sich im Falle des Fehlschlagens der Sanierung ggf. den og Haftungs- und Anfechtungsansprüchen ausgesetzt sieht, denen es durch Hinweis auf die Konzepterstellung und gutachterliche Bestätigung der Sanierungsfähigkeit durch einen unabhängigen Dritten wesentlich aussichtsreicher begegnen kann. In einem Prozess kann das Kreditinstitut darlegen und beweisen, dass das Sanierungsvorhaben im konkreten Fall aussichtsreich erschien – andernfalls ist ihm dieser Urkundsbeweis mangels unabhängigen Sanierungsgutachtens versagt, so dass es auf andere Weise versuchen muss, sich zu entlasten, was häufig an fehlenden anderweitigen substantiierten Beweismitteln scheitern dürfte.[181] Diese Relevanz ergibt sich im Übrigen bereits daraus, dass bei Eingriff der Vermutung des § 133 Abs. 1 S. 2 InsO eine Umkehr der Beweislast bewirkt wird. Es obliegt dann dem Anfechtungsgegner (hier dem sich an der Sanierung beteiligenden Kreditinstitut), darzulegen und zu beweisen, dass er nichts von einem Benachteiligungsvorsatz des Schuldners wusste.[182]

57 Allenfalls bei der Sanierung von **Kleinstunternehmen** kann es, auch unter Risikogesichtspunkten, vertretbar sein, die Prüfung eines allein vom Kreditnehmer erstellten Sanierungskonzepts sowie die Beurteilung der Sanierungsfähigkeit und -würdigkeit institutsintern durchzuführen.[183] Voraussetzung hierfür ist, entsprechend den Vorgaben der Rechtsprechung, dass die Prüfung dann durch eine bislang nicht mit dem Kreditengagement befasste und damit unvoreingenommene Stelle (Sanierungsabteilung) erfolgt und der mit der Prüfung beauftragte Sachbearbeiter die erforderlichen Branchen- und betriebswirtschaftlichen Kenntnisse hat. Zudem müssen die von der Rechtsprechung geforderten Mindestinhalte grundsätzlich auch hier geprüft werden, sofern diese im konkreten Fall einschlägig sind.[184] Abstriche können allenfalls bei der Prüfungstiefe gemacht werden.[185] Die Gründe, die zur Eigenprüfung geführt haben, sowie die einzelnen Schritte dieser Prüfung müssen ausführlich dokumentiert werden.[186]

58 Soweit mitunter darauf verwiesen wird, dass diese Prüfungsverpflichtung für das Kreditinstitut dann entfallen können soll, wenn ein Sanierungskredit durch öffentliche Bürgschaften oder Garantien abgesichert und damit die Situation des Schuldners und die Erfolgsaussichten von dessen Sanierung bereits durch die **öffentliche Hand** geprüft worden seien, weshalb sich ein Kreditinstitut auf das Ergebnis der Prüfung dieser staatlicher Stellen verlassen könne,[187] ist dem nicht zuzustimmen. Denn staatliche Stellen erstellen keine Sanierungsgutachten und vergeben in der Regel auch keine entsprechenden Gutachtenaufträge, sondern prüfen lediglich die vom Schuldner eingereichten Unterlagen auf ihre Plausibilität. Eine

---

[179] *Wenzel* NZI 1999, 294 (298); *v. Bismarck* FS Ganter, 2010, 51, 61. Ob diese Kriterien an die Person des Sanierungsprüfers auch durch den (vormaligen) Abschlussprüfer des Unternehmens erfüllt werden, muss bezweifelt werden.

[180] *Wallner/Neuenhahn* NZI 2006, 553 (557); **aA** *v. Bismarck* FS Ganter, 2010, 51 (61).

[181] *Obermüller* Rn. 5.123; *Theewen* BKR 2003, 141 (146).

[182] Uhlenbruck/*Borries/Hirte* § 133 Rn. 66.

[183] *Obermüller* Rn. 5.124.

[184] BGH WM 2016, 1182 (1184).

[185] → Rn. 50.

[186] *Wallner/Neuenhahn* NZI 2006, 553 (557).

[187] *Derleder/Knops/Bamberger* § 18 Rn. 17; *Gawaz* Rn. 330; *Rümker* ZHR 143, 195 (207).

fachkundige Prüfung der Sanierungsaussichten durch einen neutralen Gutachter erfolgt hierdurch nicht. Im Gegenteil: Engagieren sich bei einer Sanierungsaktion zB Kreditinstitute oder Bankenpools bzw. -konsortien und die öffentliche Hand gemeinsam, so handelt es sich häufig um größere Schuldnerunternehmen, bei denen die Prüfung der Sanierungsaussichten regelmäßig umfangreicher und schwieriger ist als bei kleineren Unternehmen mit der Folge, dass in diesen Fällen eher höhere Anforderungen an die Objektivität, Unabhängigkeit und Fachkompetenz der Gutachter zu stellen sind.[188] Zudem zeigt die Erfahrung, dass gerade staatliche Stellen die Gewährung öffentlicher Mittel von der Vorlage eines durch einen externen Sachverständigen erstellten Sanierungsgutachtens anhängig machen.

Eine eigene Prüfungspflicht für das Kreditinstitut kann, entgegen der verschiedentlich so vertretenen Auffassung,[189] auch dann nicht entfallen, wenn sich die (vermeintliche) Werthaltigkeit des Kundenunternehmens aus der Höhe des **Angebots eines Dritten** für eine **Betriebsübernahme** ergibt.[190] Mit der Einholung eines qualifizierten Sanierungsgutachtens durch einen objektiven Wirtschaftsfachmann hat das Kreditinstitut in der Regel alles Zumutbare getan, um zu verhindern, dass dritte Gläubiger durch von vornherein aussichtslose Sanierungsmaßnahmen geschädigt werden. Inwieweit sich ein Kreditinstitut von dem Vorwurf, es habe durch seine Sanierungsbeteiligung diesen Schutzzweck verletzt, durch das Angebots eines Dritten für eine Betriebsübernahme entlasten können soll, wenn dieses Angebot nicht zugleich auch die og Anforderungen der Rechtsprechung an die Erstellung von Sanierungsgutachten erfüllt, ist nicht nachvollziehbar. 59

An weiteren rechtlichen Voraussetzungen als den vorgenannten ist die inhaltliche Ausgestaltung eines Sanierungsgutachtens nicht zu messen. Für die Erstellung, Überprüfung oder Begutachtung solcher Konzepte sind zwar verschiedene Standards unterschiedlicher Institutionen entworfen worden, wie der „IDW Standard: Anforderungen an die Erstellung von Sanierungskonzepten **(IDW S 6)**" des Instituts der Wirtschaftsprüfer in Deutschland e. V., der die Berufsauffassung der Wirtschaftsprüfer zu den Anforderungen an die Erstellung von Sanierungskonzepten darlegt.[191] Weitere Standards sind beispielsweise die „Mindestanforderungen an Sanierungskonzepte **(MaS)**" des Instituts für die Standardisierung von Unternehmenssanierungen[192] oder der Leitfaden der Treuhandanstalt **(THA)** für die Ausgestaltung von Sanierungskonzepten, welcher im Rahmen der Sanierung der Portfoliounternehmen der Treuhandanstalt bei mehr als 8000 Unternehmen angewandt wurde. Diese verschiedenen Standards stellen die betriebswirtschaftlichen Anforderungen an die Erstellung von Sanierungskonzepten nach Auffassung ihrer jeweiligen Verfasser dar und sollen sowohl die rechtlichen Anforderungen an Sanierungskonzepte operationalisieren als auch originär betriebswirtschaftlichen Anforderungen aufstellen. Gleichwohl sind diese Standards von den rechtlichen Anforderungen an die Erstellung von Sanierungskonzepten, die durch die Rechtsprechung entwickelt wurden, streng zu unterscheiden.[193] Dies ergibt sich schon daraus, dass der BGH selbst zur Beurteilung von Sachverhalten, die sich nach 1990 (THA-Leitfaden) bzw. 1991 (IDW Stellungnahme FAR 1/1991) zugetragen haben, niemals diese Standards zur Beurteilung von Sanierungskonzepten herangezogen hat. Deren Befolgung mag im Einzelfall zwar nützlich sein, rechtlich ist sie aber weder erforderlich noch geboten.[194] 60

[188] *Neuhof* NJW 1998, 3225 (3230).

[189] *Obermüller* Rn. 5.118.

[190] OLG Köln WM 1986, 452 (455).

[191] Erläuterungen zum IDW S. 6 (Fassung August 2018) bei *Steffan* ZIP 2018, 1767; *Buth/Hermanns* DStR 2010, 288.

[192] Mindestanforderungen an Sanierungskonzepte (MaS), ISU-Standard für das Erstellen, Umsetzen und Prüfen von Sanierungskonzepten und Sanierungsgutachten, 2008; s. auch *Hillmer* KSI 2009, 126; *Portisch/Peppmaier/Schuppener* ForderungsPraktiker 2010, 110.

[193] Auch aus diesem Grund hat das IDW im August 2018 eine Neufassung des IDW S. 6 veröffentlicht. Mit der Neufassung soll der Standard einen deutlicherer Bezug zu den rechtlichen Anforderungen der BGH-Rspr. herstellen, während Erläuterungen zu betriebswirtschaftlichen Zusammenhängen gegenüber der Fassung Dezember 2012 gekürzt wurden, vgl. Steffan ZIP 2018, 1767 (1767).

[194] BGH WM 2016, 1182 (1184); NZI 2018, 840 (841); *Obermüller* Rn. 5.121; *Krystek/Klein* DB 2010, 1769 (1770); *v. Bismarck* FS Ganter, 2010, 51, 61; *Huber* NZI 2015, 489 (490); *Kayser* ZIP 2018, 2189 (2198).

61 Den **Auftrag** zur Erstellung eines Sanierungsgutachtens an den externen Sanierungsprüfer hat das zu sanierende Unternehmen zu erteilen. Ein an der Sanierung potentiell beteiligtes Kreditinstitut sollte sich zwar vergewissern, dass das Unternehmen seinem Prüfer einen umfassenden und vorbehaltlosen Prüfungsauftrag erteilt hat, schon um sicherzustellen, dass der Auftrag alle von der Rechtsprechung aufgestellten Anforderung an die Erstellung von Sanierungskonzepten enthält. Angesichts der kritischen Situation des Schuldnerunternehmens ist ein solches Vorgehen des Kreditinstituts legitim und kann nicht dazu führen, ihm die Haftung für etwaige Beratungsfehler des Sanierungsprüfers aufzuerlegen.[195] Das Kreditinstitut muss jedoch dringend davon absehen, selbst einen Auftrag zur Erstellung des Sanierungsgutachtens zu erteilen oder in das Auftragsverhältnis zwischen dem Unternehmen und dem Sanierungsprüfer involviert zu werden. Dem Institut könnte ansonsten bei einem Scheitern der Sanierung der Vorwurf gemacht werden, durch das Sanierungskonzept dem Unternehmen seinen Willen aufgezwungen zu haben und für das etwaige Scheitern und die daraus sowohl für das Unternehmen als auch für dritte Gläubiger resultierenden Schäden mit verantwortlich zu sein. Ein solches Vorgehen könnte damit den Vorwurf einer faktischen Geschäftsführung durch das Kreditinstitut oder seiner Vertreter begünstigen.[196]

62 Wenn der Auftrag zur Erstellung eines Sanierungsgutachtens an den externen Sanierungsprüfer demgemäß von dem zu sanierenden Unternehmen erteilt wurde, verlangen manche Sanierungsgutachter, bevor sie dem auftraggebenden Unternehmen die Aushändigung ihres Gutachtens an Dritte gestatten, die Unterzeichnung von Vertraulichkeits- und **Haftungsfreistellungsvereinbarungen** (je nach inhaltlicher Ausgestaltung auch als „Release-Letter", „Reliance-Letter"/„Non-Reliance-Letter", „Hold-Harmless-Letter" oder „Duty of Care-Letter" bezeichnet) durch die jeweiligen Dritten (in der Regel die übrigen Sanierungsbeteiligten, insbesondere Kreditinstitute). Mit solchen Vereinbarungen begehren die Sanierungsgutachter eine gesonderte vertragliche Bindung mit dem Dritten ua zu Fragen der Haftungsbegrenzungen für etwaige Schadensersatzansprüche gegen den Sanierungsgutachter, zur vertraulichen Behandlung des Sanierungsgutachtens und zur Einschränkung von Sorgfaltspflichten des Sanierungsgutachters, obwohl der Dritte mit dem Sanierungsgutachter grundsätzlich in keinem Auftragsverhältnis steht. Für den Abschluss solcher Vereinbarungen besteht für Kreditinstitute in der Regel keine Notwendigkeit – im Gegenteil können diese einem Institut bei einem Scheitern der Sanierung Schaden zufügen oder einen Schadenseintritt zumindest begünstigen. Aus diesem Grund ist dem Kreditinstitut dringend anzuraten, solche Vereinbarungen nicht zu akzeptieren.[197] Denn da diese Vereinbarungen üblicherweise entweder den Ausschluss von Sorgfaltspflichten des Gutachters gegenüber dem Kreditinstitut oder im Verhältnis zum Finanzierungsumfang unangemessene Haftungsbegrenzungen enthalten, können Zweifel entstehen, ob der Gutachter mit der gebotenen Sorgfalt zu seiner Beurteilung gelangte. Das kann dazu führen, dass das Kreditinstitut nicht bzw. nur eingeschränkt auf das jeweilige Gutachten abstellen und vertrauen kann und damit den Anforderungen der Rechtsprechung an die ordnungsgemäße Erstellung von Sanierungskonzepten nicht ausreichend Rechnung getragen wird. Die Unterzeichnung der vom Gutachter geforderten Vereinbarung birgt je nach Ausgestaltung zusätzlich das Risiko, dass das Kreditinstitut in die Nähe des Auftraggebers des Sanierungsgutachtens gerückt wird, was das Kreditinstitut gerade zu vermeiden suchen sollte.[198] Schließlich gibt es für das Kreditinstitut auch keinen rechtlichen Grund, eine Haftungsfreistellungsvereinbarung abzuschließen. Das Kreditinstitut hat zwar keinen direkten rechtlichen Anspruch, von einem Gutachter das durch ihn erstellte Sanierungsgutachten zu verlangen, da er dieses nicht in Auftrag gegeben hat. Dessen ungeachtet obliegt dem

[195] *Obermüller* Rn. 5.125; **aA** wohl *Krüger* ZBB 2000, 383 (388).
[196] → Rn. 122.
[197] *Pohl* ZInsO 2011, 207 (209); *Huber* NZI 2015, 489 (491): **aA** aus Beraterperspektive *Kuss* WPg 2009, 326 (337).
[198] Wegen des Vorwurfs der faktischen Geschäftsführung → Rn. 122.

Kreditinstitut aber die gesetzliche Verpflichtung, sich die wirtschaftlichen Verhältnisse seines Kreditnehmers offenlegen zu lassen (§ 18 KWG), was in der Regel in den entsprechenden vertraglichen Vereinbarungen mit dem Kunden umgesetzt wird.[199] Hierzu gehört unzweifelhaft auch das für den Kunden erstellte Sanierungsgutachten.

5. Eigene Prüfung des Sanierungskonzeptes durch das Kreditinstitut

63 Grundsätzlich darf sich ein Kreditinstitut bei seinen Entscheidungen im Rahmen der Beteiligung an einer Unternehmenssanierung auf das durch einen externen Sanierungsprüfer verfasste bzw. geprüfte Sanierungskonzept verlassen. Die darin gemachten Angaben des Gutachters dürfen als vollständig und richtig unterstellen werden, es sei denn, dass dem Institut abweichende Tatsachen bekannt sind oder das Sanierungskonzept im Übrigen erhebliche, ins Auge springenden Auslassungen oder Fehler enthält.[200] Deshalb kann sich das Kreditinstitut auch dann nicht darauf beschränken, lediglich das Ergebnis der externen Prüfung zur Grundlage seiner Entscheidungen zu machen. Vielmehr ist zumindest eine **Plausibilitätskontrolle** des Gutachtens notwendig, wobei es berücksichtigen darf, dass für die Erstellung des Gutachtens in der Regel nur wenig Zeit zur Verfügung stand und deshalb einzelne Ungenauigkeiten und Schätzungen unvermeidlich sind.[201]

64 Innerorganisatorisch hat das Kreditinstitut auf der Grundlage **aufsichtsrechtlicher Vorschriften** das Sanierungsengagement als Teil des Problemkreditmanagements durch auf Sanierung spezialisierten Mitarbeiter oder Bereiche zu betreuen.[202] Die Federführung für den Sanierungsprozess oder die Überwachung dieser Prozesse ist außerhalb des Bereichs Markt wahrzunehmen. Zentraler Anknüpfungspunkt der MaRisk ist § 25a Abs. 1 Nr. 1 und 2 des Gesetzes über das Kreditwesen (KWG). Danach muss jedes Institut über eine ordnungsgemäße Geschäftsorganisation verfügen. Das im Mittelpunkt der MaRisk stehende Risikomanagement sorgt für die notwendige Konkretisierung des § 25 KWG und beinhaltet als Teil einer ordnungsgemäßen Geschäftsorganisation eine angemessene Strategie und angemessene interne Kontrollverfahren.[203] Unter Problemkrediten im Sinne der MaRisk werden dabei Sanierungs- und Abwicklungskredite verstanden. Unmittelbar mit der Einstufung als Sanierungskredit ist die Prüfung der Sanierungsfähigkeit des Kunden (in der Praxis regelmäßig begleitet durch entsprechende Bestätigungen der externen Sanierungsgutachter) durch das Kreditinstitut durchzuführen. Falls das Kreditinstitut die Begleitung einer Sanierung in Betracht zieht, muss es sich grundsätzlich ein Sanierungskonzept vorlegen lassen. Anschließend müssen die Umsetzung dieses Sanierungskonzeptes und die Auswirkungen einzelner Maßnahmen überwacht werden.[204]

65 Zu beachten ist jedoch, dass sich dritte Gläubiger bzw. das zu sanierende Unternehmen oder dessen Insolvenzverwalter zur Begründung potentieller Ansprüche gegen das Kreditinstitut bei einem Scheitern der Sanierung nicht auf die Verletzung von KWG-Vorschriften, den auf deren Grundlage erlassenen Rechtsverordnungen oder den in der Verwaltungspraxis üblichen Bekanntmachungen und Verlautbarungen der Bankenaufsicht berufen können. Denn die Bestimmungen des KWG sind grundsätzlich **keine Schutzgesetze** iS des § 823 Abs. 2 BGB zugunsten der Kunden der Kreditinstitute oder sonstiger Dritter. Dies ergibt sich mittelbar ua aus § 4 Abs. 4 Finanzdienstleistungsaufsichtsgesetz (FinDAG), der klarstellt, dass der Schutzzweck der staatlichen Aufsicht über private Wirtschaftseinheiten nur dem allgemeinen staatlichen oder öffentlichen Interesse dient.[205] Nach der Recht-

---

199 → Rn. 18.

200 BGH WM 2018, 1703 (1705); *Neuhof* NJW 1998, 3226 (3230); *Wallner/Neuenhahn* NZI 2006, 553 (557); *Huber* ZInsO 2018, 1761 (1768).

201 Checkliste zur Prüfung von Sanierungsgutachten s. *Habel* BankPraktiker 2006, 112; *Veith* BankPraktiker 2006, 300 (302).

202 MaRisk BTO 1.2.5 Tz. 1; *Reiner* WPg 2009, 320 (320).

203 *Wimmer* BKR 2006, 146 (147).

204 MaRisk BTO 1.2.5 Tz. 3, 4; *Bantleon* DStR 2006, 865 (868).

205 Boos/Fischer/Schulte-Mattler/*Fischer* § 6 Rn. 2; *Rohlfing* WM 2005, 311 (313).

sprechung können einzelne KWG-Bestimmungen zwar im Verhältnis zwischen Vertragsparteien drittschützende Wirkung entfalten. So hat der BGH den Charakter eines Schutzgesetzes für die §§ 32, 54 KWG im Streit zwischen Anleger und Unternehmer ohne Bankerlaubnis für möglich gehalten.[206] Auch der BGH erstreckt den Kreis der geschützten Personen jedoch allenfalls auf Einlagegläubiger der Kreditinstitute.

6. Laufende Überwachungsverpflichtung der Sanierung

66 Hat sich das Kreditinstitut unter Beachtung der rechtlichen Vorgaben an einer Sanierung beteiligt, stellt sich die Frage, ob es in der Umsetzungsphase der Sanierung neben den, insbesondere bei Bankkrediten üblichen allgemeinen Pflichten, fortlaufende Überwachungs- und sonstige Prüfungspflichten trifft (über die og aufsichtsrechtlichen Pflichten hinaus). Zunächst wird das Kreditinstitut darauf achten müssen, dass der Kunde die angekündigten und geplanten Sanierungsmaßnahmen tatsächlich einleitet und damit dokumentiert, dass die Sanierung ernsthaft gewollt ist.[207] Aber auch während des weiteren Fortganges der Sanierung wird man davon ausgehen müssen, dass das beteiligte Kreditinstitut zur **regelmäßigen Umsetzungskontrolle** verpflichtet ist. Da die Prognose über die Sanierungsaussichten des Unternehmens ebenso wie die Erstellung eines Sanierungskonzepts ausschließlich stichtagsbezogen und gerade die prognostischen Annahmen im Sanierungskonzept naturgemäß, insbesondere vor dem Hintergrund der in Krisensituationen auftretende Diskontinuität der Geschäftsentwicklung, mit besonderen Unsicherheiten behaftet sind, müssen die Sanierungsbeteiligten, die aktiv an der Sanierung teilnehmen, gehalten sein, während der gesamten Sanierungsphase die Umsetzung des Sanierungskonzepts zu überwachen. Soweit erforderlich, müssen Abweichungen von der ursprünglichen Planung in ihren Ursachen und Auswirkungen erfasst, analysiert und in der weiteren Planung berücksichtigt werden. Diesen durch die Umsetzungskontrolle gewonnenen Erkenntnissen muss damit durch Fortschreibung und Anpassung des Sanierungskonzepts Rechnung getragen werden.[208] Denn die Sanierung, und damit auch das Sanierungskonzept, ist kein statischer Prozess, sondern ein kontinuierlicher Vorgang. Können auf dieser Grundlage die Sanierungsaussichten zu einem bestimmten Zeitpunkt während der Sanierung nicht mehr positiv bewertet werden oder sind die Prämissen für eine positive Fortführungsprognose – etwa in Form weiterer Sanierungsbeiträge – nicht mehr gewährleistet, muss die Sanierungsaktion abgebrochen werden, sofern eine Nachplanung keine Aussicht auf Erfolg verspricht. Denn nicht nur die Einleitung eines aussichtslosen Sanierungsversuchs, sondern auch seine Fortsetzung, nachdem sich die Aussichtslosigkeit des Vorhabens ergeben hat, ist mit einer besonderen Gefährdung dritter Gläubiger verbunden. Zu einer laufenden Überwachung ist das Kreditinstitut daher nicht nur im eigenen Interesse, sondern auch im Interesse dritter Gläubiger verpflichtet.[209]

V. Typische Beiträge des Kreditinstitutes zur finanzwirtschaftlichen Sanierung

67 Die finanzwirtschaftliche Sanierung hat idR die Aufgabe, die im konkreten Fall drohenden oder bereits eingetretenen Insolvenzgründe Zahlungsunfähigkeit und Überschuldung zu beseitigen und zur langfristigen Gesundung des Unternehmenskunden in diesem Bereich beizutragen. Aus diesem Grund orientieren sich die typischen Beiträge, mit denen

[206] BGH NJW 2005, 2703 (2703).
[207] *Obermüller* Rn. 5.135.
[208] *Krystek/Moldenhauer* S. 149.
[209] *Neuhof* NJW 1998, 3225 (3232); *Gawaz* Rn. 626, 629; **aA** *Obermüller* Rn. 5.135; *Wallner/Neuenhahn* NZI 2006, 553 (557). Zu einer entsprechenden Umsetzungskontrolle ist ein Kreditinstitut auch aufsichtsrechtlich angehalten, vgl. MaRisk BTO 1.2.5 Tz. 4.

Kreditinstitute an der Sanierung ihrer Kunden teilnehmen, an der Vermeidung bzw. Behebung der gesetzlichen Insolvenzgründe. Neben dem Stillhalten bzw. dem Verzicht auf Forderungen und der Gewährung neuer Kredite haben sich in der Praxis zunächst insbesondere Rangrücktritte und Forderungsverzichte mit Besserungsschein sowie die Umwandlung von Forderungen in Eigenkapital des Unternehmensschuldner als **typische Sanierungsbeiträge** etabliert, welche in jüngerer Zeit aber durch immer differenziertere Instrumente ergänzt oder modifiziert wurden.

Selten wird jedoch nur eine der finanziellen Sanierungsmaßnahmen allein ausreichen, den gewünschten Zweck zu erreichen, schon deshalb, weil einige Beiträge nur zur Beseitigung der Zahlungsunfähigkeit, andere nur zur Überschuldungsabwendung eingesetzt werden können.[210] **68**

Die Leistungen der Kreditinstitute zum Zwecke einer Sanierung werden dabei regelmäßig im Zusammenhang mit einer besonderen **Sanierungsvereinbarung,** die das Kreditinstitut mit dem zu sanierenden Unternehmen und/oder weiteren Sanierungsbeteiligten schließt, gewährt.[211] In der Sanierungsvereinbarung verpflichtet sich das Kreditinstitut üblicherweise, an der Sanierung des Unternehmens durch Gewährung bestimmter Sanierungsmaßnahmen teilzunehmen.[212] Eine einheitliche und standardisierte schuldvertragliche Qualifizierung der Abreden und Maßnahmen innerhalb einer Sanierungsvereinbarung ist wegen deren Inhaltsvielfalt nicht möglich. Im Vordergrund der rechtlichen Beurteilung steht daher immer die Einordnung der jeweils in Rede stehenden einzelnen Sanierungsmaßnahme.[213] Die Rechtsprechung geht jedoch davon aus, dass ein Kreditinstitut, das aktiv Maßnahmen zum Zwecke der Sanierung eines Unternehmens ergreift, sodann **besondere Treupflichten** mit dem Inhalt treffen, das Unternehmen in seinem Sanierungsbemühen zu unterstützen, soweit es ihm zumutbar ist, dh insbesondere nicht seinen eigenen Interessen zuwiderläuft.[214] Hintergrund dieser Treuepflichten ist die Feststellung, dass Sanierungen in der Regel erhebliche Eingriffe in das Unternehmen sowie weitergehende Auswirkungen auf dessen Gläubiger und Geschäftspartner mit sich bringen und deshalb nicht innerhalb kurzer Zeit durchgeführt werden können, so dass es für ein Gelingen der Sanierung wesentlich ist, dass die Sanierungsbeteiligten solange mitwirken, bis die Sanierung erfolgreich ist oder feststeht, dass die Rettungsbemühungen aussichtslos sein werden. Daraus folgt, dass jedes Kreditinstitut, das an der Umsetzung eines Sanierungskonzeptes mitwirkt, sich selbst dann, wenn kein ausdrückliches **Stillhalte- oder Sanierungskonsortium** gebildet wird,[215] durch sein schlüssiges Handeln Bindungen nicht nur gegenüber dem zu sanierenden Unternehmen, sondern auch gegenüber dessen Gläubigern unterwirft, die auf das Mitwirken des Kreditinstituts vertrauen. **69**

Wegen der Vielfalt der rechtlichen Fragestellungen, die sich im Zusammenhang mit den einzelnen Sanierungsinstrumenten ergeben können, sowie des zur Verfügungen stehenden Raumes werden nachfolgend insbesondere steuerrechtliche Fragen[216] allenfalls untergeordnet behandelt. **70**

[210] *Obermüller* Rn. 1.1131.

[211] *Früh* BuB 3/46i.

[212] *Kiethe* KTS 2005, 179 (186).

[213] BankR-HdB/*Häuser* § 85 Rn. 15.

[214] BGH WM 1956, 217 (220); BankR-HdB/*Häuser* § 85 Rn. 19.

[215] Vgl. weitergehend *DeMeo* S. 172 ff.

[216] Auf Grund der bis zum 31.12.1997 geltenden Fassung des § 3 Nr. 66 EstG waren „Erhöhungen des Betriebsvermögens, die dadurch entstanden, dass Schulden zum Zweck der Sanierung ganz oder teilweise erlassen werden" (Sanierungsgewinn), in voller Höhe steuerfrei. Die Streichung dieses steuerlichen Sanierungsprivilegs wurde heftig kritisiert, mit der Folge, dass die Finanzverwaltung mit BMF-Schreiben vom 27.3.2003 die steuerlichen Wirkungen des § 3 Nr. 66 EstG teilweise wieder hergestellt hat (Beck/Depré/*Exner/Wittmann* § 43 Rn. 44). Vgl. hierzu weitergehend Lüdicke/Sistermann/*Loose/Maier* § 17 Rn. 120 ff.; *Kahlert* ZIP 2009, 643; *Boochs* BB 2011, 857; *Lenger/Gohlke* NZI 2014, 9.

1. Beseitigung der Zahlungsunfähigkeit

71 Zur Beseitigung bzw. Vermeidung einer (drohenden) Zahlungsunfähigkeit eines Unternehmenskunden wird das Kreditinstitut am wirkungsvollsten mit einer Stillhaltevereinbarung, dem ganzen oder teilweisen Verzicht auf Kreditforderungen bzw. dem Zurverfügungstellen neuer Kredite, ggf. auch zur Überbrückung nur des Zeitraums bis zur Entscheidung über die weitere Begleitung der Sanierung, beitragen können.

72 **a) Stillhaltevereinbarung/Stundung.** Als sanierungsunterstützende Maßnahme ist der Abschluss einer **Stillhaltevereinbarung** (auch Moratorium, Zahlungsaufschub) mit dem Unternehmen von besonderer Bedeutung, denn das Stillhalten erhöht das drohende bzw. bereits verwirklichte Ausfallrisiko für das Kreditinstitut nicht entscheidend[217] und ist deshalb in der Regel der Sanierungsbeitrag, der bei den Kreditinstituten am ehesten durchzusetzen ist. Unter Stillhalten sind dabei der Verzicht auf die Ausübung eines ordentlichen oder außerordentlichen Kündigungsrechts, der Verzicht auf die Beitreibung von fälligen Forderungen, die ohne Kündigung fällig geworden sind, und die Duldung der Inanspruchnahme eines bisher noch nicht ausgeschöpften Kreditrahmens zu verstehen.[218] Ein Stillhalten liegt jedoch dann nicht mehr vor, wenn das Kreditinstitut die Grenze zur aktiven Beteiligung überschreitet, etwa wenn es von der Kündigung oder Beitreibung bereits fälliger Forderungen nur gegen die Bestellung oder Verstärkung von Sicherheiten absieht.[219] Rechtlich zielt das Stillhalten auf die Vermeidung bzw. Beseitigung einer drohenden bzw. bereits eingetretenen Zahlungsunfähigkeit iS der §§ 17, 18 InsO dadurch ab, dass Forderungen derjenigen Gläubiger, die sich für die Zeit vor Eröffnung eines Insolvenzverfahrens mit einer späteren oder nachrangigen Befriedigung ihrer Forderungen einverstanden erklärt haben, bei der Prüfung einer möglichen Zahlungsunfähigkeit nicht zu berücksichtigen sind.[220] Nach der Rechtsprechung des BGH muss die Stillhaltevereinbarung dabei, um diese Wirkung zu entfalten, keine Stundung im Rechtssinne (§ 271 BGB) enthalten. Neben der rechtlichen reicht auch die rein tatsächliche – also ohne rechtlichen Bindungswillen oder erkennbar nach außen gerichtete Erklärung – Stundung aus, um bei der Feststellung der Zahlungseinstellung oder Zahlungsunfähigkeit nicht berücksichtigt zu werden.[221] Dies ergibt sich aus den Besonderheiten des insolvenzrechtlichen Fälligkeitsbegriffes, da dieser neben dem Recht des Gläubigers, die Leistung verlangen zu können, deren Freiheit von Einwendungen sowie den Willen des Gläubigers voraussetzt, die Erfüllung der Forderung zu verlangen.[222] Ist ein Kapital- oder Zinsbetrag zum Zeitpunkt des Abschlusses einer Stillhaltevereinbarung noch nicht fällig, bedeutet das Stillhalten ohne stundende Wirkung i.S des § 271 BGB daher nicht den Verzicht auf das Fälligwerden der Forderung zum ursprünglich vereinbarten Zeitpunkt, sondern nur die Erklärung des Gläubigers, deren Erfüllung nicht ernsthaft zu verlangen. Setzt die Fälligkeit eine Kündigungserklärung des Gläubigers voraus, ist im Zweifel durch Auslegung zu ermitteln, ob der Gläubiger auf deren Ausübung durch das Stillhalten verzichten wollte[223] oder nur auf das Verlangen nach deren Erfüllung bei Fälligkeit. Der mündliche oder auch nur stillschweigende Abschluss einer Stillhaltevereinbarung ist zwar rechtlich möglich, aber insbesondere aus Schuldnersicht wegen der gesetzlichen Antragspflicht aus § 15a Abs. 1 InsO riskant und schon mit Rücksicht auf die Strafbewehrung in § 15a Abs. 4 und 5 InsO nicht zu empfehlen. Denn eine die Antragsfrist ausschließende Stillhaltevereinbarung liegt nicht bereits

---

[217] *Obermüller* Rn. 1.1136. In diesem Zusammenhang ist zu beachten, dass das Kreditinstitut den Abschluss einer Stillhaltevereinbarung auch nicht von der Vorlage eines Sanierungsgutachtens abhängig machen muss, → Rn. 33.

[218] Gottwald/*Obermüller/Kuder* § 97 Rn. 27.

[219] Gottwald/*Obermüller/Kuder* § 97 Rn. 30.

[220] BGHZ 173, 286 (295).

[221] BGH NZI 2008, 231 (232).

[222] BGH NZI 2007, 579 (580); *Gehrlein* NZI 2009, 457 (457).

[223] *Cranshaw* ZInsO 2008, 421 (429).

dann vor, wenn der Gläubiger bei Bestehen fälliger Forderungen Sanierungsgespräche führt – eine bestehende Antragspflicht wird hierdurch nicht außer Kraft gesetzt.[224] Aus Sicht des Kreditinstituts sollte die Stillhaltevereinbarung zudem schon deshalb inhaltlich möglichst genau schriftlich fixiert werden, um etwaigen Abgrenzungsschwierigkeiten zum Forderungsverzicht zu begegnen.

Probleme können sich für ein Kreditinstitut dann ergeben, wenn ein **akzessorisches** 73
Sicherungsrecht wie die Bürgschaft die Kreditforderung sichert, auf die sich das Stillhalten beziehen soll. Nach der Rechtsprechung kann ein formularmäßiger weiter Sicherungszweck für die Besicherung von anderen Forderungen als denen, die Anlass für die konkrete Sicherheitenstellung waren, nur dann wirksam vereinbart werden, wenn der Sicherungsgeber bei Krediten an eine Gesellschaft als Geschäftsführer und/oder Mehrheitsgesellschafter eine Ausweitung der besicherten Verbindlichkeiten verhindern kann, dh das Risiko für ihn berechenbar und vermeidbar ist.[225] Dagegen ist für alle anderen Sicherungsgeber die formularmäßige Vereinbarung eines weiten Sicherungszwecks, mit der die Haftung für sämtliche Kredite aus der bankenmäßigen Geschäftsbeziehung übernommen wird, gem. § 307 Abs. 2 Nr. 1 BGB wegen Verstoßes gegen das gesetzliche Leitbild des § 767 Abs. 1 Satz 3 BGB unwirksam.[226] Aus diesem Grund kann nicht vollständig ausgeschlossen werden, dass Gerichte das Stillhalten/die Stundung wegen des Aufschubs der Leistungen als Umschuldung qualifizieren könnten.[227] Als Konsequenz würde die Bürgschaft den gestundeten (stillgehaltenen) Kredit nicht mehr sichern, sofern nicht zulässig ein weiter Sicherungszweck wirksam vereinbart wurde. Vorsorglich sollten Kreditinstitute daher immer dann, wenn eine Bürgschaft mit engem Sicherungszweck besteht, eine Stillhaltevereinbarung/Stundung davon abhängig machen, dass die Bürgschaft neu bestellt bzw. ausdrücklich auf den gestundeten Kredit erstreckt wird.[228]

b) Forderungsverzicht (mit Besserungsschein). Der **Forderungsverzicht** stellt im 74
Vergleich zur Stillhaltevereinbarung für Kreditinstitut den wesentlich erheblicheren Sanierungsbeitrag dar. Er erfordert den Abschluss eines zweiseitigen Erlassvertrages (§ 397 BGB) zwischen dem Kreditinstitut und dem schuldnerischen Unternehmen, da das Gesetz einen einseitigen Verzicht auf schuldrechtliche Forderungen nicht vorsieht.[229] Als Rechtsfolge lässt der Forderungsverzicht die Verbindlichkeit entfallen. Vom Stillhalteabkommen unterscheidet sich der Erlassvertrag rechtstechnisch dadurch, dass dieses keinen Erlöschensgrund darstellt und zu Gunsten des Schuldners daher nur eine Einrede gewährt, während der Erlassvertrag dem Gläubiger im Wege der Einwendung entgegengehalten werden kann.[230] Haben die Parteien einen unbefristeten Verzicht auf die Geltendmachung einer Forderung vereinbart, ist im Zweifel der Abschluss eines Erlassvertrages anzunehmen, jedoch kann das gleiche wirtschaftliche Ergebnis auch durch den (zulässigen) Abschluss einer unbefristeten Stillhaltevereinbarung erreicht werden.[231] Der Erlassvertrag ist grundsätzlich formfrei, wegen der erheblichen Folgen empfiehlt sich jedoch schon aus Beweisgründen ein schriftlicher Vertragsabschluss, gerade auch um die vorgenannten Abgrenzungsschwierigkeiten zu vermeiden.

Soweit eine drohende oder bereits eingetretene Zahlungsunfähigkeit des schuldnerischen 75
Unternehmens vorliegt, wird diese hinsichtlich der fälligen Verbindlichkeit durch den Forderungsverzicht überwunden.[232] Im Fall einer Überschuldung kann der Forderungsverzicht die Überschuldung in Höhe der dem Verzicht unterfallenden Forderungen beseiti-

---

[224] *Cranshaw* ZInsO 2008, 421 (429).
[225] BGH NJW 2000, 1566 (1567); Kümpel/Wittig/Früh/Seyfried/*Federlin* Rn. 12.109.
[226] BGH NJW 1995, 2553 (2554); 1996, 191 (192).
[227] *Nobbe* BKR 2002, 747 (756).
[228] *Wittig* NZI 1998, 49 (52).
[229] BGH NJW 1987, 3203 (3203); Palandt/*Grüneberg* § 397 Rn. 4.
[230] Hk-BGB/*Schulze* § 397 Rn. 7.
[231] Palandt/*Grüneberg* § 397 Rn. 4; Bamberger/Roth/*Dennhardt* § 397 Rn. 2.
[232] Nerlich/Kreplin/*Bornheimer*/*Westkamp* § 7 Rn. 60.

gen und dadurch einen Jahresfehlbetrag ausgleichen oder reduzieren, da die Passivseite entsprechend entlastet wird.[233]

76 In der Bilanz des Kreditinstitutes mindert der Erlass das laufende Ergebnis, soweit er über bereits bestehende Wertberichtigungen für die Forderung hinausgeht.[234]

77 Da der (einfache) Forderungsverzicht bei einem Kreditinstitut zum endgültigen Verlust der Kreditforderung führt und so verhindert, dass das Institut trotz seiner Beteiligung von einer gelungenen Sanierung profitiert, sind diese häufig nur dann bereit, einen Sanierungsbeitrag durch Forderungsverzichte zu leisten, wenn damit keine endgültige Aufgabe der Kreditforderungen verbunden ist, die Forderungen nach einer gelungenen Sanierung mithin entweder (noch) bestehen oder wieder aufleben sollen.[235] Dazu dient der Forderungsverzicht mit diesbezüglich vereinbarter **Besserungsabrede** (sog. „Besserungsschein"). In diesen Fällen handelt es sich zwar um einen Forderungsverzicht, bei dem die Erlassvereinbarung jedoch auflösend bedingt ist (§ 158 Abs. 1 BGB) in Bezug auf die Besserung der Ertrags- und/oder Vermögenslage des Unternehmens.[236] Die Abrede kann etwa darin bestehen, dass erneut Zahlungen auf die betroffene Forderung zu leisten sind, wenn durch die Sanierung bestimmte handelsbilanzielle Relationen wiederhergestellt sind, sonstiges die Schulden übersteigendes freies Vermögen entsteht oder im Fall der Liquidation die Zahlungen aus einem überschießenden Liquidationserlös zu leisten sind.[237]

78 Im **Jahresabschluss** und im **Überschuldungsstatus** des zu sanierenden Unternehmens ist die Verbindlichkeit aufgrund des Forderungsverzichts (unabhängig vom Besserungsversprechen) nicht mehr zu passivieren, da keine Verbindlichkeit mehr besteht.[238] Bei Kapitalgesellschaften ist auf die Besserungsverpflichtung jedoch im Anhang hinzuweisen (§ 160 Abs. 1 Nr. 6 AktG, § 264 Abs. 2 HGB). Lebt die Forderung nach Eintritt der vereinbarten Bedingungen im Besserungsschein ganz oder teilweise wieder auf, ist die entsprechende Verbindlichkeit wieder zu passivieren. Scheitert die Sanierung dagegen, wird die Forderung, die einem Forderungsverzicht gegen Besserungsschein unterliegt, nicht als Verbindlichkeit des Unternehmens in dessen Insolvenz berücksichtigt,[239] soweit die Parteien der Vereinbarung dies nicht ausdrücklich anders vereinbart haben.[240]

79 Zu beachten hat das Kreditinstitut, dass der Besserungsschein als auflösende Bedingung des Erlassvertrages nichts daran ändert, dass die jeweiligen Forderungen mit Wirksamwerden des Erlassvertrages erlöschen, so dass auch die hierfür bestellten akzessorischen **Sicherheiten** frei werden bzw. nichtakzessorische Sicherheiten an den jeweiligen Inhaber des Rückgewähranspruchs zu übertragen sind, soweit sie nicht daneben für weitere Forderungen haften. Erst bei Eintritt der für den Erlassvertrag als auflösende Bedingung jeweils vereinbarten verbesserten Vermögensumstände lebt die erlassene Forderung wieder auf. Dementsprechend sind die Forderungen auch bis zu diesem Zeitpunkt nicht zu verzinsen, sofern die Parteien nicht eine andere Abrede treffen, was im Hinblick auf die Regelung des § 159 BGB zulässig ist, aber schon aus Beweisgründen ausdrücklich vereinbart werden sollte.[241]

80 In der praktischen Anwendung ergeben sich Probleme bei Besserungsscheinen vor allen Dingen bei der **Formulierung** der aufschiebenden Bedingung, dh den Voraussetzungen, unter denen auf die Forderungen wieder Zahlungen geleistet werden sollen. Viele Besserungsabreden können den ihnen zugedachten Zweck deshalb nicht erfüllen, weil die Bemessungsgrundlage in der vertraglichen Umsetzung nicht präzise genug definiert ist, schwankende Bemessungsgrundlagen nicht hinreichend berücksichtigt werden und/oder

---

233 Winkeljohann/Förschle/Deubert/*Förschle/Heinz* Kap. Q. Rn. 44.
234 Winnefeld/*Winnefeld* Kap. N Rn. 643.
235 *Wittig* NZI 1998, 49 (53).
236 Gummert/*Gehde* § 23 Rn. 52.
237 Uhlenbruck/*Sinz* § 38 Rn. 23; → Rn. 80.
238 BeckBilKomm/*Schubert* § 247 Rn. 237 f.; *Gross/Fink* BB 1991, 1379 (1379).
239 *Bildstein/Dallwitz* DStR 2009, 1177 (1178).
240 *Schultze/Tögel* ZIP 2011, 1250 (1251).
241 MüKoBGB/*Westermann* § 159 Rn. 4.

der Einfluss steuerlicher Hinzu- und Abrechnungen auf das nach Steuern verbleibende Ergebnis nicht bedacht wurden.[242] Grundsätzlich ist es sinnvoll, die auflösende Bedingung an konkrete wirtschaftliche Ereignisse, die als Indikatoren für die wirtschaftliche Gesundung des Unternehmens gelten können, zu knüpfen.[243] So bieten insbesondere die Daten der externen Rechnungslegung zwar keine vollständig beeinflussungsfreie Grundlage, sind aber insgesamt als Indikatoren für die wieder hergestellte Zahlungsfähigkeit geeignet. Dies gilt zB für den Jahresüberschuss. Aber auch die Bindung an das Erreichen einer bestimmten Umsatzhöhe oder eines bestimmten Umfangs an Zahlungsüberschüssen aus dem Verkauf des Wirtschaftsvermögens ist denkbar. Rückzahlungen können auch auf einen bestimmten Teilbetrag beschränkt oder erst bei Erreichen eines festgelegten Eigenkapitalwertes in Tranchen zugelassen werden. Als Indikator ungeeignet ist dagegen der Bilanzgewinn, da in diesem Fall auch aus den Rücklagen entnehmbare Beträge geschuldet würden.[244]

c) Sanierungskredit. Allein durch das Stillhalten/Stunden und den Forderungsverzicht auf die Altkredite wird die wirtschaftliche Notlage des Kunden selten überwunden werden können. Die praktische Erfahrung zeigt, dass bei Bekanntwerden der Sanierungsbedürftigkeit die notwendige Liquidität bereits knapp oder gar nicht mehr vorhanden ist.[245] Zu dem Kreis der Maßnahmen, die für eine aussichtsreiche Sanierung erforderlich sind, gehört daher ganz überwiegen die Aufgabe, das Unternehmen mit zusätzlichen liquiden Mittel („fresh money“) auszustatten, damit es die fälligen, aber auch die künftig fällig werdenden Forderungen, insbesondere auch die Mehraufwendungen aus der Sanierung selbst, erfüllen kann.[246] Als **echte Sanierungskredite** werden hierbei Darlehen bezeichnet, die erst bei erkannter Sanierungsbedürftigkeit des Unternehmens zum Zwecke der Überwindung der Krise gewährt werden,[247] als **unechte Sanierungskredite** dagegen solche, die bereits vor Bekanntwerden der Sanierungsbedürftigkeit gewährt wurden und sodann trotz Kündigungsmöglichkeit oder zeitlichen Auslaufens ausdrücklich oder stillschweigend stehen gelassen oder prolongiert werden.[248] Abzugrenzen von Sanierungskrediten im engeren Sinne sind weiterhin Darlehen ohne Sanierungsbezug,[249] Darlehen an Unternehmen, die nur unrentabel oder mit Verlust arbeiten[250] und der sog. Überbrückungskredit.[251] Diese Abgrenzung sowie die Definition des Sanierungskredits ist für das potentiell darlehensgewährende Kreditinstitut von erheblicher Bedeutung, da die Rechtsprechung diesen Kreditinstituten vor der Einräumung eines Sanierungskredits besondere Prüfungs- und Verhaltenpflichten auferlegt hat, bei deren Nichtbeachtung die Nichtigkeit oder Anfechtbarkeit des Kreditvertrages bzw. der hierauf gewährten Leistungen mitsamt der Sicherheitenbestellung drohen, sowie die Inanspruchnahme auf Schadensersatz auch durch dritte Gläubiger des Unternehmens.[252] Kommt das Kreditinstitut den strengen Anforderung der Rechtsprechung vor Gewährung des Sanierungskredits ordnungsgemäß nach, muss es selbst bei einem späteren Scheitern der Sanierung nicht fürchten, finanzielle Verluste durch die dargestellten rechtlichen Repressalien zu erleiden.[253] 81

aa) Überbrückungskredit. Der Gewährung eines Sanierungskredites regelmäßig zeitlich vorgelagert ist der sog. **Überbrückungskredit.** Dessen Zweckbestimmung ist noch 82

[242] *Wittig* NZI 1998, 49 (53).
[243] Gottwald/*Drukarczyk/Schöntag* § 3 Rn. 114; *Schrader* S. 7 f.
[244] *Becker/Pape/Wobbe* DStR 2010, 506 (508); *Lützenrath/Peppmeier/Schuppener* S. 124.
[245] *Obermüller* Rn. 1.1140.
[246] BankR-HdB/*Häuser* § 85 Rn. 7.
[247] *Kiethe* KTS 2005, 179 (184); *Urlaub/Kamp* ZIP 2014, 1465 (1465).
[248] *Derleder/Knops/Bamberger* § 18 Rn. 1.
[249] *Wallner/Neuenhahn* NZI 2006, 553 (554).
[250] *Wenzel* NZI 1999, 294 (294).
[251] → Rn. 82.
[252] → Rn. 29.
[253] Soweit nicht ausdrücklich anders ausgewiesen, werden im Folgenden die Begriffe „Kredit“ und „Darlehen“ synonym verwendet.

nicht die Sanierungsfinanzierung des Unternehmens in Notlage, sondern dem Unternehmens nach Bekanntwerden der Sanierungsbedürftigkeit das kurzfristige Überleben durch Abwendung des Insolvenzgrundes Zahlungsunfähigkeit (§ 17 InsO) bis zu dem Zeitpunkt zu sichern, in dem das Kreditinstitut auf der Grundlage eines zwischenzeitlich erstellten Sanierungsgutachtens gesichert darüber entscheiden kann, ob es sich an dem Sanierungsversuch des Unternehmens beteiligt oder nicht.[254] Bei größeren Sanierungen wird hierbei in der Regel zunächst ein sog. Grobkonzept vorgelegt, dass als Grundlage für die Aussagen zur Sanierungsfähigkeit und -würdigkeit sowie für Entscheidungen über die weitere Sanierungsfinanzierung dient.[255] Obgleich das Sanierungskonzept nur in hohem Maße individualisiert sein kann (andernfalls könnte es die tatsächlichen Krisenursachen kaum adäquat adressieren und Lösungswege aufzeigen[256]), zeigt die praktische Erfahrung, dass in der Regel ein Zeitraum von 6 bis 12 Wochen bis zur Vorlage des Konzepts realistisch ist. [257] Stellt sich heraus, dass dieser Zeitraum (wegen der besonderen Umstände des Einzelfalls, etwa bei komplexen Konzernsachverhalten) nicht ausreicht, um die Prüfung der Sanierungsfähigkeit abzuschließen und einen Sanierungskredit zu vereinbaren, ist eine Verlängerung (und gegebenenfalls Anpassung) der Überbrückungsfinanzierung zulässig.[258] Ergibt das Sanierungsgutachten sodann keine positive Aussage zur Sanierungsfähigkeit des Unternehmens, oder hat das Kreditinstitut nach Plausibilisierung des Gutachtens und der dort getroffenen Aussagen ernsthafte Zweifel am Gelingen der Sanierung, wird es den Überbrückungskredit in der Regel durch Kündigung sofort fällig stellen können.[259]

83 Negativen rechtlichen Konsequenzen wird das Kreditinstitut aus der Gewährung eines Überbrückungskredites gewöhnlich nicht ausgesetzt sein, da dieser gewährt wird, um den wirtschaftlichen Zusammenbruch des Unternehmens vor Abschluss der Sanierungsprüfung zu verhindern. Denn auch eine ablehnende Entscheidung über den Antrag auf Gewährung eines Sanierungskredits darf ein Kreditinstitut nicht leichtfertig treffen und damit begründen, ein angefordertes Gutachten über die Erfolgsaussichten der Sanierung läge noch nicht vor.[260] Im Interesse der Erhaltung der Sanierungschancen muss einem Kreditinstitut vielmehr das Recht zugestanden werden, zumindest so lange neue Kredite zu gewähren, wie eine fachgerechte Sanierungsprüfung andauert.[261] Um sich hierbei aber insbesondere für den Fall, dass das Sanierungsgutachten eine negative Sanierungsprognose ausweist, nicht dem Vorwurf der Insolvenzverschleppung auszusetzen, sollte die **vertragliche Dokumentation** des Überbrückungskredites dessen Zweckbestimmung entsprechend bezeichnen und ausdrücklich festgehalten werden, dass der Kredit allein zur vorübergehenden Sicherstellung der Zahlungsfähigkeit bis zum Abschluss der Sanierungsfähigkeitsprüfung gewährt wird.[262] Zudem sollte ein sofortiges Kündigungsrecht des Kreditinstitutes für den Fall vorgesehen werden, dass sich das Unternehmen als nicht sanierungsfähig erweist oder diesbezügliche ernsthafte Zweifel bestehen.[263]

84 **bb) (Echter) Sanierungskredit.** Ergibt die Prüfung der Sanierungsaussichten des Kunden eine positive Sanierungsprognose, und entschließt sich das Kreditinstitut nach Plausibilisierung des Sanierungsgutachtens zu einer weiteren Begleitung der Sanierung, hat es

---

[254] BGH WM 1998, 248 (251); *Schäffler* BB 2006, 56 (58); *Stohrer* CRP 2014, 234 (236); *Waldburg* ZInsO 2014, 1405 (1406); *Weiß/Jeinsen* ZIP 2016, 2251 (2254).

[255] *Buth/Hermanns* § 5 Rn. 14; *Geiwitz*, NZI-Beilage 2018, 54 (55).

[256] *Buth/Hermanns* § 5 Rn. 14.

[257] Unzutreffend KG NZI 2016, 546 (548), nach dem die zeitliche Grenze für einen solchen Überbrückungskredit längstens drei Wochen beträgt. Widerlegend *Huber* NZI 2016, 521 (523). Vgl auch BGH NZI 2017, 507 (507).

[258] BGH NZI 2017, 507 (507); *Dahl/Kortleben* Überbrückungskredite in der Insolvenz NJW-Spezial 2017, 21 (22).

[259] *Wallner/Neuenhahn* NZI 2006, 553 (554).

[260] *Obermüller* Rn. 5.140.

[261] *Wenzel* NZI 1999, 294 (298).

[262] BuB/Früh 3/46e.

[263] *Wallner/Neuenhahn* NZI 2006, 553 (560).

zunächst zu beachten, dass ein zum Zwecke der Sanierung gewährter Kredit zur nachhaltigen Sanierung auch grundsätzlich geeignet sein muss. Das bedeutet, dass die durch das Kreditinstitut zur Verfügung gestellten neuen Mittel dem im Sanierungskonzept vorgesehenen Finanzierungsbedarf (ggf. zusammen mit anderen Kreditgebern) für den prognostizierten Sanierungszeitraum nach Art und Höhe abdecken müssen.[264] **Sanierungskredite** werden dabei in der Regel als Gelddarlehen iS der §§ 488 ff. BGB gewährt, selten als Sachdarlehen iS der §§ 607 ff. BGB, auch wenn im Einzelfall die Überlassung von (zumeist bereits zuvor als Sicherheit oder Tilgungssurrogat übertragenen) Vermögenswerten – wie Wertpapieren oder anderen vertretbaren Sachen – in der Krise hilfreich sein kann.[265] Die konkrete Art und Höhe der Finanzierungsleistungen hängen insbesondere vom Unternehmensgegenstand und den jeweiligen Maßgaben des Sanierungskonzeptes ab. Neben Geld- und Sachdarlehen können in der praktischen Anwendung daher insbesondere auch Aval-[266] und Akkreditivkredite[267] erforderlich sein, um das Unternehmen aus der Krise zu führen.[268]

Da der Sanierungskredit als eigener Vertragstypus nicht existiert, unterscheidet sich dessen **vertragliche Ausgestaltung,** mit Ausnahme der besonderen Zweckbestimmung, nicht grundlegend von der herkömmlicher Unternehmenskredite.[269] Gleichwohl ist es geboten, insbesondere im Hinblick auf die potentiellen rechtlichen Risiken der Kreditgewährung in der Krise, bei der vertraglichen Dokumentation einige Besonderheiten zu beachten. Es empfiehlt sich einem Kreditinstitut daher, insbesondere die Gesichtspunkte, die es bei einem Scheitern der Sanierung von rechtlichen Vorwürfen entlasten können, entsprechend bereits im Sanierungskreditvertrag zu dokumentieren. Anstatt eines pauschalen Hinweises, die Kreditgewährung diene einer Sanierungsfinanzierung, sollten die im Sanierungsgutachten unter anderem zur Sanierungsfähigkeit, zu dem für eine erfolgreiche Sanierung erforderlichen Finanzbedarf sowie zur veranschlagten Sanierungsdauer enthaltenen Kernaussagen übernommen und dargestellt werden, welche Finanzierungs- und sonstigen Beiträge der Kreditgeber übernimmt und gegebenenfalls durch welche weiteren Kreditgeber ein etwaig verbleibender Finanzierungsbedarf abgedeckt wird.[270] Ist die Deckung dieses weiteren Finanzierungsbedarf durch andere Kreditgeber für ein Gelingen der Sanierung erkennbar notwendig, sollte der Abschluss der entsprechenden Vereinbarungen (sowie ggf. weiterer Sanierungsmaßnahmen) als Wirksamkeits-, zumindest aber als Auszahlungs- bzw Inanspruchnahmevoraussetzung des Sanierungskredites festgelegt werden. 85

Die **Darlehenssumme** des Sanierungskredites muss der Höhe nach so bemessen sein, dass der vereinbarte Zweck auch erreicht werden kann. Die **Zinsgestaltung** ist grundsätzlich frei vereinbar, jedoch bietet es sich vor dem Hintergrund der in Sanierungssituationen besonders erforderlichen Planungssicherheit an, diese festverzinslich zu gestalten. Die Zinshöhe wird sich regelmäßig am Ausfallrisiko orientieren, jedoch ist, wie auch bei den übrigen Kreditkosten darauf Rücksicht zu nehmen, dass das Unternehmen die Leistungen auch nachhaltig zu erwirtschaften in der Lage sein muss. Ggf. kann es sich daher anbieten, die Frist für einen Rückzahlungsbeginn (soweit es sich nicht um eine revolvierend ausnutzbare Kreditlinie handelt) erst nach einer angemessen langen Laufzeit ohne Tilgungsleistungen anlaufen zu lassen, oder die Zinsen am Ende der Laufzeit akkumuliert in einer Summe zu zahlen.[271] In Bezug auf die **Laufzeit** des Sanierungskredits hat das Kreditinstitut des Weiteren zu berücksichtigen, dass aus dem von den Vertragsparteien zumindest konkludent vereinbarten Sanierungszweck besondere Treuepflichten folgen, die den Beteiligten 86

[264] *Wallner/Neuenhahn* NZI 2006, 553 (557).
[265] *Derleder/Knops/Bamberger* § 18 Rn. 11.
[266] BankR-HdB/*Pamp* § 75 Rn. 38 f.
[267] Umfassend BankR-Hdb/*Jäger/Haas* § 120.
[268] Zu den vers. Arten der Haftungskredite vgl. auch *Huber* → Kap. 32 Rn. 65 ff.
[269] *Derleder/Knops/Bamberger* § 18 Rn. 11; Zum Musterdarlehensvertrag für gewerbliche Kreditvergabe *Wand* WM 2005, 1942 und 1969 ff.
[270] *Wallner/Neuenhahn* NZI 2006, 553 (560).
[271] *Derleder/Knops/Bamberger* § 18 Rn. 11.

einer Sanierung auferlegt werden und nach denen es für ein Gelingen der Sanierung wesentlich ist, dass die Sanierungsbeteiligten solange mitwirken, bis die Sanierung erfolgreich ist oder feststeht, dass die Rettungsbemühungen aussichtslos sein werden. Das bedeutet, dass die durch das Kreditinstitut zur Verfügung gestellten neuen Mittel dem im Sanierungskonzept vorgesehenen Finanzierungsbedarf auch in zeitlicher Hinsicht decken müssen – ein Auseinanderfallen der Laufzeit des Kredits, etwa durch die (häufig anzutreffende) Befristung auf ein Jahr, mit dem im Sanierungskonzept aufgezeigten zeitlichen Sanierungshorizont dürfte daher unzulässig sein.

87 Des Weiteren kann es im Einzelfall sinnvoll sein, schon im Sanierungskreditvertrag unter Bezugnahme auf die im Sanierungskonzept enthaltene Planung der Ertrags-, Verschuldungs- und Liquiditätslage des Unternehmens entsprechende Finanzkennzahlen mit genau definierten Planvorgaben und -zielen durch **Financial Covenants** zu vereinbaren. Ein während der Laufzeit des Sanierungskredits eintretender Covenant-Bruch bedeutet sodann zunächst rechtlich die Verletzung einer vertraglich Klausel („Event of Default"). Für diesen Fall sollte dem Kreditinstitut wegen der damit offenbar gewordenen Fehlentwicklung der Sanierung im Vertrag ein außerordentliches Kündigungsrecht eingeräumt werden.[272] Vorteilhaft kann es in diesem Zusammenhang sein, dem Kreditinstitut vor einer Kündigung als Ultima Ratio anderweitige Reaktionsmöglichkeiten auf den Covenant-Bruch einzuräumen, wie etwa die Forderung nach heilenden Maßnahmen (zB Verkauf von nicht betriebsnotwendigem Vermögen (sofern nicht ohnehin schon im Sanierungskonzept vorgesehen), Zuführung von zusätzlichem Eigenkapital – ggf. verbunden mit einer Auszahlungssperre oder dem Einfrieren sonstigen Kreditlinien), den Verzicht auf Kündigung im Zusammenhang mit einer Bearbeitungsgebühr („Waiver Fee"), der Verpflichtung des Unternehmens, eine Auszahlungssperre für Investitionen vorzunehmen, die Nachbesicherung des Sanierungskredites, oder die Anpassung der Kreditkonditionen (etwa durch erhöhte Kreditzinsen wegen der gestiegenen Risiken).[273] Insbesondere bei der vertraglichen Gestaltung der Financial Covenants ist vor deren Vereinbarung zu beachten, dass sie dem Unternehmen ausreichend Freiheit und Handlungsspielraum einräumen, da erfahrungsgemäß keine Sanierung so verläuft wie ursprünglich geplant, und das Kreditinstitut somit andernfalls vor dem Problem stehen würde, ständig über potentielle Reaktionsmöglichkeiten, Kündigungsrechte, deren Verwirkung sowie den Abschluss von Nachtragsvereinbarungen zum ursprünglichen Sanierungskredit entscheiden zu müssen, während über dem Unternehmen ständig das Damoklesschwert des Covenant-Bruches schweben würde.

88 Liegen die Voraussetzungen für die ordnungsgemäße Gewährung eines Sanierungskredits vor, kann sich das Kreditinstitut für den Sanierungskredit aus dem Vermögen des Unternehmenskunden auch **Sicherheiten** in angemessenem Umfang bestellen lassen ohne befürchten zu müssen, dass diese bei Eröffnung eines Insolvenzverfahrens nach einem Scheitern der Sanierung der Insolvenzanfechtung unterliegen.[274] Nach ganz überwiegender Auffassung stellt die Kreditgewährung gegen Sicherheiten ein im Regelfall unanfechtbares Bargeschäft iS des § 142 InsO dar, wenn der ins Vermögen des Kreditnehmers geflossene Kreditbetrag und die hierfür aus dem Vermögen des Kreditnehmers weggegebenen Sicherheiten objektiv gleichwertig sind und die Bestellung der Sicherheiten in engem zeitlichen Zusammenhang mit der Valutierung des Kredits bzw. der Zurverfügungstellung einer aufgestockten Linie erfolgt ist.[275] Von einer objektiven Gleichwertigkeit kann dann ausgegangen werden, wenn bei beweglichen Sicherungsgegenständen der übliche Risikozuschlag von etwa 50 % auf den Nennwert des Darlehens nicht wesentlich überschritten wird.[276] Die Besicherung durch eine in voller Höhe werthaltige Grundschuld und zusätz-

[272] *Wallner/Neuenhahn* NZI 2006, 553 (560) – zu den inhaltlichen Schritten → Rn. 90.
[273] Buth/Hermanns/*Haghani/Voll* § 36 Rn. 17.
[274] MüKoInsO/*Kayser* § 129 Rn. 168.
[275] MüKoInsO/*Kirchhof* § 142 Rn. 13c; *Obermüller* Rn. 5.142; BankR-HdB/*Häuser* § 85 Rn. 87b; *Wallner/Neuenhahn* NZI 2006, 553 (558); *Ganter* WM 2009, 1441 (1449).
[276] BGH NJW 1998, 671 (677).

lich durch eine Abtretung (fast) aller Außenstände kann dagegen unangemessen hoch sein.[277] Gegenüberzustellen ist dem Wert der Sicherungsgegenstände der Wert der dem Schuldner effektiv zufließenden Kreditmittel.[278] Auch eine vorsätzliche Gläubigerbenachteiligung des Kreditnehmers, die trotz des Bargeschäftcharakters eine Anfechtung gem. § 133 InsO ermöglichen würde, liegt bei Durchführung einer ordnungsgemäßen Sanierungsfähigkeitsprüfung nicht vor.[279] Ein im Ganzen anfechtbares Rechtsgeschäft kann jedoch dann vorliegen, wenn die Sicherheit auch Forderungen des Kreditinstituts aus früher gewährten Krediten abdecken soll, ohne dass der Bezug auf bestimmte Ansprüche hergestellt werden kann. Um derartige Risiken zu vermeiden, sollte in der Krise des Schuldners deshalb eine Nachbesicherung von Altkrediten zugleich mit dem Sanierungskredit unterbleiben. Eine weite Sicherungszweckerklärung der neu hereingenommenen Sicherheiten aus Anlass des Sanierungskredits kann andernfalls zur Folge haben, dass statt einer Nachbesicherung der Altkredite auch das Sanierungsdarlehen ohne wirksame Sicherheit gewährt ist.[280]

Eine **Anfechtung** der Sicherheitenbestellung bei einem Scheitern der Sanierung des **89**
Unternehmens ist zudem ausgeschlossen, wenn der Sanierungskredit nicht aus dem Vermögen des kreditnehmenden Unternehmens, sondern von einem Dritten, beispielsweise einem Gesellschafter oder Geschäftsführer des Unternehmens, besichert wird. Denn die Gläubiger des insolventen Unternehmens werden hierdurch nicht benachteiligt, da die für sie zur Verfügung stehende Haftungsmasse des Schuldners durch diese Drittsicherheiten nicht verkürzt wird, so dass es an einer für jeden Anfechtungstatbestand der §§ 129 ff. InsO erforderlichen Gläubigerbenachteiligung fehlt.[281] Anfechtungsrechtlich relevant kann sich diese Sicherheitenbestellung für das Kreditinstitut nur dann darstellen, wenn ein Insolvenzverfahren auch über das Vermögen des Drittsicherungsgebers selbst eröffnet wird. Nach ständiger Rechtsprechung des BGH braucht das Kreditinstitut den zur Mithaftung bereiten Dritten grundsätzlich auch nicht über das ihn betreffende Risiko der Haftungsübernahme aufzuklären. Es darf vielmehr davon ausgehen, dass der Sicherungsgeber die rechtliche Tragweite der von ihm abgegebenen Erklärungen und insbesondere das von ihm übernommene wirtschaftliche Risiko kennt.[282] Ausnahmsweise kann eine Pflicht zur Aufklärung dann bestehen, wenn das Kreditinstitut erkennt, dass sich der Mithaftende über die Tragweite seiner Erklärung irrt, insbesondere wenn es davon ausgehen muss, dass der Sicherungsgeber nicht hinreichend informiert ist und die Verhältnisse nicht durchschaut.[283]

Zu beachten hat ein Kreditinstitut des Weiteren, dass die Rechtsprechung der **Kündi-** **90**
gungsmöglichkeit von Sanierungskrediten gegenüber sonstigen gewerblichen Kreditvergaben besonders enge Grenzen gesetzt hat. Danach ist die ordentliche Kündigung eines Sanierungskreditvertrags gem. Nr. 19 Abs. 2 AGB-Banken durch den von den Vertragsparteien vereinbarten Sanierungszweck zumindest konkludent ausgeschlossen.[284] Die Begründung hierfür ergibt sich aus den besonderen Treuepflichten, die den Beteiligten einer Sanierung auferlegt werden und nach denen es für ein Gelingen der Sanierung wesentlich ist, dass die Sanierungsbeteiligten solange mitwirken, bis die Sanierung erfolgreich ist oder feststeht, dass die Rettungsbemühungen aussichtslos sein werden.[285] Aber auch die außerordentliche Kündigung des Sanierungskreditvertrags hat die Rechtsprechung mit wesentlichen Schranken belegt. Danach kann ein die außerordentliche Kündigung rechtfertigender

---

[277] OLG Brandenburg ZIP 2002, 1902 (1906).

[278] MüKoInsO/*Kirchhof* § 142 Rn. 13c; **aA** Jaeger/*Henckel* § 142 Rn. 42, der auf einen „wirtschaftlichen Wert" der Kreditmittel abstellt.

[279] → Rn. 46.

[280] BankR-HdB/*Häuser* § 85 Rn. 87b.

[281] OLG Celle OLGReport Celle 2009, 656 (656).

[282] BGH WM 1990, 59 (61); NJW 1994, 2146 (2148).

[283] BGH NJW 1996, 1206 (1207); *Richrath* WM 2004, 653 (660).

[284] RG BankArchiv 1937/38, 311 (312); BGH WM 2004, 1676 (1679); *Waldburg* ZInsO 2014, 1405 (1413).

[285] → Rn. 69.

wichtiger Grund grundsätzlich nur dann vorliegen, wenn seit dem Zeitpunkt, in dem das Kreditinstitut seine Mitwirkung an der Sanierung zugesagt hat, eine wesentliche Verschlechterung eingetreten ist, welche die Sanierung als nicht mehr aussichtsreich erscheinen lässt.[286] Eine Kündigung des Sanierungskredits aus diesem wichtigen Grund kommt daher nur in Betracht, wenn nach den Erkenntnissen einer sorgfältigen Analyse der während der Sanierungsbemühungen neu eingetretenen Entwicklung mit vernünftigen Erfolgsaussichten der Sanierung nicht mehr gerechnet werden kann, sondern vielmehr zu erwarten ist, dass das Kreditinstitut bei Nichtausübung der Kündigung einen größeren Schaden wird hinnehmen müssen.[287] Die Darlegungs- und Beweislast trifft dabei nach den allgemeinen Grundsätzen das Kreditinstitut als Kreditgeber. Solange sich die wirtschaftliche Entwicklung des Unternehmens im Rahmen des bei Einräumung des Sanierungskredits vereinbarten Liquiditäts- und Sanierungsplans hält oder hiervon nicht wesentlich abweicht, ohne die Sanierungsaussichten ernsthaft zu gefährden, wird auch eine außerordentliche Kündigung des Sanierungskredits wegen wesentlicher Verschlechterung der Vermögensverhältnisse regelmäßig ausgeschlossen sein. Dies sollte das Kreditinstitut auch berücksichtigen, falls es die Planvorgaben und -ziele durch entsprechende Finanzkennzahlen im Wege von Financial Covenants in dem Sanierungskreditvertrag umzusetzen gedenkt. Die Ausgestaltung dieser Kennzahlen als Ausdruck einer die Sanierungsaussichten ernsthaft gefährden Fehlentwicklung muss so präzise festgelegt werden, dass es das Entstehen eines außerordentlichen Kündigungsrechts tatsächlich zu rechtfertigen vermag. Andernfalls wird sich das Kreditinstitut dem Einwand ausgesetzt sehen, die diesbezügliche Covenant-Vereinbarung und eine hieraus begründete Kündigungserklärung seien unwirksam.

91 Hat sich die wirtschaftliche Lage des Unternehmens nicht erst nach Kreditgewährung weiter verschlechtert, sondern war das Unternehmen von Anfang an objektiv nicht sanierungsfähig und hat das Kreditinstitut die Sanierungsaussichten bei Einräumung des Sanierungskredits lediglich falsch eingeschätzt, so wird das Kreditinstitut jedoch auch dann zur außerordentlichen Kündigung berechtigt sein, wenn es sich auf ein die Sanierungsfähigkeit und -würdigkeit bejahendes externes Sanierungsgutachten eines sachverständigen Dritten verlassen hat und verlassen durfte, soweit dieses für das Kreditinstitut nicht evident lückenoder fehlerhaft bzw. undurchführbar war.[288]

92 Vor dem Ausüben eines Kündigungsrechts hat das Kreditinstitut in jedem Fall sorgfältig zu prüfen, ob die strengen rechtlichen Anforderungen an eine außerordentliche Kündigung im konkreten Einzelfall tatsächlich erfüllt sind, wenn diese mit einer wesentlichen Verschlechterung der Vermögensverhältnisse begründet werden soll, insbesondere, ob und warum die Sanierung nicht mehr aussichtsreich erscheint und welche Umstände, die bei Kreditgewährung noch nicht vorlagen oder nicht erkennbar waren, hierfür ursächlich geworden sind. Das Prüfungsergebnis sollte in den Kreditakten des Instituts nachvollziehbar dokumentiert werden, um ggf. dem späteren Vorwurf einer Rechtswidrigkeit der Kündigung begegnen zu können. Denn ist ein Sanierungsdarlehen rechtswidrig gekündigt worden, insbesondere weil die Bindung an die Sanierungsvereinbarung nicht eingehalten wurde, kommt ein **Schadenersatzanspruch** des Unternehmens bzw. des Insolvenzverwalters wegen Pflichtverletzung (§§ 280 f. BGB) in Betracht. Auch kann die Kündigung zur Herbeiführung der Insolvenz eines Unternehmens, dessen Sanierung möglich ist, um die Sicherheitenverwertung unterhalb der tatsächlichen Werthaltigkeit durch Selbsterwerb zu ermöglichen, den Tatbestand des § 826 BGB erfüllen.[289] Hat eine rechtswidrige Kündigung die Insolvenz des Unternehmens zur Folge, umfasst der zu ersetzende Schaden neben dem Substanzverlust[290] auch einen etwa deshalb entgangenen Gewinn (§ 252

---

[286] BGH WM 1956, 217 (220); 2004, 2200 (2202); *Bitter/Alles* WM 2013, 537 (538).
[287] *Kiethe* KTS 2005, 179 (197).
[288] Schmidt/Uhlenbruck/*Kuder/Unverdorben* Rn. 2.425; *Wallner/Neuenhahn* NZI 2006, 553 (559); **aA** wohl *Derleder/Knops/Bamberger* § 18 Rn. 28.
[289] *Kiethe* KTS 2005, 179 (191).
[290] *Obermüller* Rn. 5.276.

BGB).[291] Hierbei reicht es aus, dass die Kündigung lediglich Bedingung für den Eintritt der Insolvenz und des hieraus resultierenden Schadens gewesen ist,[292] was das Unternehmen bzw. sein Insolvenzverwalter jedoch darzulegen und zu beweisen haben. Die Behauptung allein, die Kündigung sei für die Insolvenz ursächlich gewesen, reicht nicht aus, wenn nicht ausgeschlossen werden kann, dass im Übrigen aus anderen Gründen ein Insolvenzverfahren eröffnet worden wäre.[293] Schadenersatzansprüche dritter Gläubiger wegen einer rechtswidrigen Kündigung des Sanierungskredits sind dagegen grundsätzlich ausgeschlossen.[294] Jedoch ist die Inanspruchnahme eines Bürgen des Sanierungskredits nicht mehr zulässig, da das Kreditinstitut als Bürgschaftsgläubiger seinen Anspruch gegen den Bürgen verwirkt, wenn es unter Verletzung seiner Vertragspflichten gegenüber dem Unternehmen dessen wirtschaftlichen Zusammenbruch schuldhaft verursacht, also den Bürgschaftsfall selbst herbeiführt, und dadurch den Rückgriff des Bürgen vereitelt.[295]

Die vereinbarte Bindung an den Sanierungszweck bei Gewährung eines Sanierungs- 93
kredits bringt, neben den og Einschränkungen der Kündbarkeit des Sanierungskredits, noch weitere Rechtsfolgen als Ausfluss der besonderen Treupflichten der Beteiligten einer Sanierung mit sich. So kann der **Anspruch** auf Auszahlung der Darlehensvaluta deshalb **unabtretbar** (§ 399 BGB) und damit auch **unverpfändbar** (§§ 1274 S. 1, 399 BGB) sein. Weiter können wegen des Sanierungszwecks einer Pfändung des Anspruchs auf Kreditgewährung durch dritte Gläubiger oder einer Verwertung des Anspruchs im Wege der Aufrechnung (§ 394 BGB) Hindernisse im Wege stehen.[296] Insbesondere die Unabtretbarkeit der Forderungen aus dem Sanierungskredit kann dem Kreditinstitut dann Probleme bereiten, wenn es beabsichtigt, das wirtschaftliche Risiko aus der Kreditgewährung ganz oder teilweise auf Dritte zu übertragen oder die Ansprüche aus der Kreditgewährung zu **Refinanzierungszwecken** zu nutzen (zB durch eine Unterbeteiligung, Abtretung oder Verpfändung der Forderungen einschließlich Übertragung etwaiger Sicherheiten), und die hierfür erforderlichen Informationen an diese Dritten weiterzugeben. Denn vor dem Hintergrund der damit verbundenen Verlagerung des Kreditrisikos (Bonitätsrisikos) auf den Erwerber hat der Handel mit (notleidenden) Kreditforderungen in den letzten Jahren erheblich zugenommen.[297] Weitere Ziele der Kreditinstitute, die diese mit der Übertragung verfolgen, sind insbesondere die Entlastung des bankaufsichtsrechtlich, zur Risikoabdeckung vorzuhaltenden Eigenkapitals, die Verbesserung der Risikostruktur ausgereichter Kredite bzw. Kreditportfolien, und ggf. der eigenen (möglicherweise angeschlagenen) Reputation am Finanzmarkt, sowie die Schaffung von Liquidität und personeller Ressourcen für neue geschäftliche Aktivitäten.[298] Den Kreditinstituten kann daher nur angeraten werden, die Zustimmung des zu sanierenden Unternehmens und ggf. auch der Drittsicherungsgeber zur Abtretung und Sicherheitenübertragung unter Weitergabe von Informationen in den Bedingungen des Sanierungskreditvertrages ausdrücklich zu vereinbaren und den Übernehmer ausdrücklich zu verpflichten, keine den Sanierungszweck gefährdenden Maßnahmen vorzunehmen. Ob eine solche Klausel wegen Kollision mit der besonderen Zweckausrichtung eines Sanierungskredites rechtlich wirksam geregelt werden kann, oder die besonderen Treuepflichten des Sanierungszwecks dem entgegenstehen, ist mangels diesbezüglicher Rechtsprechung jedoch noch nicht hinreichend geklärt.

Scheitert die Sanierung trotz des Bemühens der Sanierungsbeteiligten am Ende doch, 94
genießen Sanierungskredite in einem sich anschließenden Insolvenzverfahren keine besondere Privilegierung, sondern stellen einfache Insolvenzforderungen nach § 38 InsO dar.

[291] BankR-HdB/*Häuser* § 85 Rn. 82.
[292] *Rümker* KTS 1981, 493 (495); *Kiethe* KTS 2005, 179 (189).
[293] OLG Frankfurt a. M. BKR 2003, 870 (872); *Obermüller* Rn. 5.276.
[294] BGH NJW 1956, 945 (945); OLG Köln WM 1985, 1128; BankR-HdB/*Häuser* § 85 Rn. 83.
[295] BGH WM 1984, 586; 2004, 1676 (1678); *Tiedtke* NJW 2005, 2498 (2501); *Grüneberg* WM 2010, 1 (17).
[296] BankR-HdB/*Häuser* § 85 Rn. 45.
[297] Schmidt/Uhlenbruck/*Kuder*/*Unverdorben* Rn. 2.426 mwN.
[298] *Bredow*/*Vogel* BKR 2008, 271 (272).

Nur Kredite, die ein durch Verfügungsverbot unterstützter vorläufiger Verwalter aufnimmt, werden im eröffneten Verfahren gem. § 55 Abs. 2 InsO als **Masseforderungen** eingestuft.[299]

95 **d) Kredite zur Durchführung einer stillen Liquidation.** Ergibt die Prüfung der Sanierungsfähigkeit des Unternehmens eine negative Sanierungsprognose, bleibt den Beteiligten ggf. die Option, ein Insolvenzverfahren durch Umsetzung einer stillen Liquidation zu vermeiden.[300] Die **stille Liquidation** kann gegenüber dem Insolvenzverfahren erhebliche Vorteile bieten, da sie in der Regel nicht in dem Maße wie ein Insolvenzverfahren publik wird.[301] Das Unternehmen wird dadurch insbesondere in die Lage versetzt, noch nicht erfüllte Geschäfte abzuwickeln, unfertige Erzeugnisse fertigzustellen und zu veräußern, offene Forderungen geordnet einzuziehen und das Anlagevermögen systematisch und weitgehend zu Marktpreisen zu liquidieren. Da der freihändige Verkauf der Vermögenswerte des Unternehmens in der Regel höhere Verwertungserlöse erbringt als die Verwertung im Rahmen eines Insolvenzverfahrens, kann die stille Liquidation auch für die finanzierenden Banken des Unternehmens, insbesondere wenn sie sich das Anlage- oder Umlaufvermögen als Sicherheit haben dienen lassen, von besonderem Interesse sein. Gewöhnlich wird die stille Liquidation außerhalb des Insolvenzverfahrens jedoch nur bei kleineren Betrieben in Betracht kommen, da es bei größeren Unternehmen auf Grund der zunehmenden Komplexität und Vielzahl der Beteiligten schwierig wird, den Geschäftsbetrieb bis zum Ende der Liquidation ohne größere und schwerwiegende Störungen zu Ende zu führen.[302]

96 Voraussetzung für die Durchführung einer stillen Liquidation ist, neben einem Gesellschafterbeschluss über die Einstellung der Geschäftstätigkeit,[303] selbstverständlich die vorherige Abwendung etwaiger Insolvenzgründe. Neben den entsprechenden Maßnahmen zur Beseitigung einer Überschuldung[304] fehlen dem Unternehmen regelmäßig die Mittel, um den Tatbestand der Zahlungsunfähigkeit zu beseitigen und den Liquidationszeitraum zu überbrücken. Ein **Liquidationskredit** dient daher vornehmlich der Finanzierung einer etwaigen Unterdeckung bis zur Beendigung der Liquidation, der geordneten Verwertung aller Vermögensgegenstände, der Finanzierung der sukzessiven Einstellung des Geschäftsbetriebes (insbesondere Freisetzung von Personal, Verkauf des Anlage- und Umlaufvermögens) und deshalb letztlich der Vermeidung des Insolvenzverfahrens des Unternehmens, um dessen wertvermindernde Zerschlagung zu unterbinden.[305] Scheitert die Durchführung einer stillen Liquidation jedoch und wird ein Insolvenzverfahren eröffnet, muss das Kreditinstitut befürchten, wiederum den Ansprüchen des Insolvenzverwalters wie auch dritter Gläubiger, insbesondere wegen einer Beihilfe zur Insolvenzverschleppung durch Vergabe des Liquidationskredites, ausgesetzt zu sein. Die Gewährung eines Liquidationskredites ist für ein Kreditinstitut daher strukturell mit ähnlichen Rechtsrisiken verbunden wie die Vergabe eines Sanierungskredits.[306] Deshalb empfiehlt es sich dem Kreditinstitut, auf eine dem ordnungsgemäßen Sanierungsverfahren ähnliche Gestaltung des Liquidationsverfahrens hinzuwirken. Insbesondere sollten das Ziel des Liquidationsverfahrens und die wesentlichen Maßnahmen, wie dieses zu erreichen ist, sowie die Aufgaben der relevanten Liquidationsbeteiligten und ihre Beiträge in einer Liquidationsvereinbarung festgehalten wer-

---

[299] *Obermüller* Rn. 5.618.

[300] Grundlegend *Schmidt* ZIP 1982, 9.

[301] *Obermüller* Rn. 5.174.

[302] *Lützenrath/Peppmeier/Schuppener* Rn. 7.12.

[303] *Obermüller* Rn. 5.174.

[304] Die insbesondere deshalb virulent werden können, weil eine positive Fortführungsprognose gerade nicht mehr gegeben sein wird.

[305] *Lützenrath/Peppmeier/Schuppener* Rn. 7.12.

[306] Str., so OLG Köln WM 1981, 1238 (1240); *Peppmeier/Graw* Kredit & Rating Praxis 2003, 13 (18); **aA** *Obermüller* Rn. 5.175; Nerlich/Kreplin/*Bornheimer/Westkamp* § 29 Rn. 44; *Veith* BankPraktiker 2006, 300 (305).

den.[307] Als Grundlage für die Durchführung der Liquidation selber sollte ein durch einen unvoreingenommenen – nicht notwendigerweise unbeteiligten – branchenkundigen Fachmann erstelltes **Liquidationskonzept** dienen, das, neben der Analyse von Krisenursachen und der Darlegung eines nachvollziehbaren Gesamtkonzeptes für die Liquidation, die Chancen der Liquidation zu quantifizieren und durch die zu planenden Maßnahmen zur Stilllegung des Geschäftsbetriebes zu unterlegen hat. Hierin muss insbesondere auch dargestellt werden, wie die Gläubiger des Unternehmens durch die Liquidation einheitlich befriedigt werden können, so dass später nachweisbar ausgeschlossen werden kann, dass sich das Kreditinstitut durch die stille Liquidation auf Kosten Dritter Gläubiger unrechtmäßige Vorteile verschafft hat.[308]

2. Beseitigung der Überschuldung

Die vorgenannten Maßnahmen zur Beseitigung bzw. Vermeidung einer (drohenden) Zahlungsunfähigkeit des Unternehmens im Wege der Zuführung neuer liquider Mittel haben auf dessen drohende oder bereits eingetretene Überschuldung keinen weitergehenden Einfluss. Denn dem durch eine Kreditgewährung entstehenden Aktivposten in der Bilanz muss auf der Passivseite bzw. in dem Überschuldungsstatus eine entsprechende Verbindlichkeit gegenüber Kreditinstituten entgegengesetzt werden (sofern die Forderungen im eröffneten Verfahren als allgemeine Insolvenzforderungen iSd § 38 InsO geltend zu machen wäre). 97

Auch Forderungen, die von den Gläubigern gestundet werden, sind weiterhin im Überschuldungsstatus zu passivieren.[309] Als typische Sanierungsbeiträge von Kreditinstituten zur Abwendung einer Überschuldung ihres Unternehmenskunden haben sich in der Praxis Rangrücktritte, ggf. mit Besserungsversprechen, sowie die Beteiligung an Kapitalmaßnahmen zur Zuführung von Haftkapital, insbesondere durch Umwandlungen von Forderungen in Kapital, erwiesen.

a) Rangrücktrittsvereinbarung. Die rechtlichen Auswirkungen des Forderungsverzichtes, insbesondere auch auf die für die Forderung gestellten Sicherheiten, haben dessen praktische Relevanz zu Gunsten der **Rangrücktrittsvereinbarung** im Wesentlichen entfallen lassen. Ähnlich wie der Forderungsverzicht hat dabei auch die Rangrücktrittsvereinbarung eine doppelte Funktion bei der Beseitigung der Insolvenzgründe: Zum einen kann sie eine eingetretene oder drohende Zahlungsunfähigkeit beseitigen bzw. verhindern, da die Forderungen, für die sich das Kreditinstitut mit einer nachrangigen Befriedigung einverstanden erklärt, bei der Prüfung der Zahlungsunfähigkeit des Unternehmens unberücksichtigt bleiben.[310] Zum anderen muss die Forderung bei einer entsprechend ausgestalteten Rangrücktrittsvereinbarung im Überschuldungsstatus nicht passiviert werden.[311] Der Zweck des Überschuldungsstatus, die tatsächlichen und wahren Vermögenswerte des Unternehmens den zu berücksichtigen Verbindlichkeiten gegenüberzustellen, um die Interessen der außenstehenden Gläubiger des Unternehmens zu wahren, macht einen Forderungsverzicht deshalb nicht erforderlich. Dieser würde lediglich, nach Überwindung der Krise oder bei Vorhandensein eines Liquidationsüberschusses, die Gesellschafter des Unternehmens einseitig begünstigen. 98

Die **Rechtsnatur** der Rangrücktrittsvereinbarung war lange nicht abschließend geklärt und wurde daher unterschiedlich beurteilt. Vertreten wurde hierzu im Wesentlichen die Einordnung als schuldrechtliches Versprechen, die Forderung nicht oder befristet nicht geltend zu machen (pactum de non petendo),[312] eine auflösend oder aufschiebend bedingter 99

[307] Zur Liquidationsvereinbarung auch OLG Köln NZG 2000, 684 (687).

[308] *Peppmeier/Graw* Kredit & Rating Praxis 2003, 13 (18); *Veith* BankPraktiker 2006, 300 (305).

[309] Beck/Depré/*Beck* § 1 Rn. 150.

[310] BGH WM 2007, 1796 (1798).

[311] BGH WM 2001, 317 (320).

[312] Uhlenbruck/*Mock* 15. Aufl. 2015 § 19 Rn. 228; *Häuselmann* BB 1993, 1552 (1553); *Schmidt* GmbHR 1999, 9 (13).

Erlassvertrag,[313] ein Vertrag zugunsten Dritter,[314] oder ein Vertrag sui generis.[315] Der rechtlichen Einordnung wird man jedoch am ehesten gerecht, qualifiziert man die Rangrücktrittsvereinbarung als schuldändernden Vertrag mit quasi-dinglicher Wirkung gem. § 311 Abs. 1 BGB.[316] Denn nur durch diese Einordnung lässt sich hinreichend gesichert erklären, dass der Bestand der Forderung an sich trotz des Rangrücktritts unberührt bleibt, sie jedoch vertraglich den gleichen Rechtsfolgen unterworfen wird, wie sie im Insolvenzfall für Gesellschafterdarlehen gelten, das heißt, die Forderung im Verhältnis zu den übrigen Gläubigern haftendes Kapital darstellt und eine Befriedigung im Insolvenzfall aus dem Schuldnervermögen ausgeschlossen ist. Eine Tilgung ist dann nur aus freiem, nicht zur Schuldendeckung benötigtem künftigem Vermögen der Gesellschaft gestattet.[317]

100 In welchen **Rang** die Forderung eines Gläubigers **zurücktreten** muss, um den Überschuldungsstatus zu entlasten und damit eine drohende Überschuldung abzuwenden bzw. eine bereits eingetretene zu beseitigen, war auch nach der grundlegenden Entscheidung des BGH vom 8.1.2001[318] ungeklärt. Nach der Insolvenzordnung sind hier drei verschiedene Rangklassen denkbar gewesen: Der Rang des § 39 Abs. 1 Nr. 5 InsO, also ein Rücktritt in den Rang der Gesellschafterdarlehen, der Rücktritt in den Rang des § 39 Abs. 2 InsO, in dem nach der dort getroffenen Auslegungsregelung bei der Vereinbarung eines Rangrücktritts ohne ausdrückliche Rangbestimmung im Zweifel die betroffene Forderung nach den in § 39 Abs. 1 InsO bezeichneten Forderungen befriedigt wird, oder schließlich der Rang des § 199 Abs. 2 InsO, in dem nach Vollbeendigung der insolventen Gesellschaft und Befriedigung aller Gläubiger die verbleibende Insolvenzmasse an die Gesellschafter ausgezahlt wird.[319] In dem vorgenannten Urteil stellte der BGH lediglich klar, dass eine Forderung dann nicht im Überschuldungsstatus zu passivieren sei, wenn sie von einer qualifizierten Rangrücktrittsvereinbarung erfasst sei. Unter welchen Voraussetzungen bzw. in welchen Rang konkret die Forderung zurückzutreten habe, um das gewünschte Ziel zu erreichen, wurde nicht weitergehend ausgeführt. Mit der Neufassung des § 19 Abs. 2 InsO durch das MoMiG dürfte sich diese Ungewissheit über die erforderliche Tiefe einer Rangrücktrittsvereinbarung nunmehr erledigt haben. Der hierdurch angefügte § 19 Abs. 2 S. 2 InsO stellt klar, dass die Forderung eines Gesellschafters auf Rückgewähr eines Gesellschafterdarlehens oder aus Rechtshandlungen, die einem solchen Darlehen wirtschaftlich entsprechen, für die gem. § 39 Abs. 2 InsO zwischen Gläubiger und Schuldner der Nachrang im Insolvenzverfahren hinter die in § 39 Abs. 1 Nr. 5 InsO bezeichneten Forderungen vereinbart worden ist, nicht auf der Passivseite der Überschuldungsbilanz auszuweisen sind. Nach der gesetzgeberischen Intention ist es daher erforderlich, aber auch ausreichend, dass die (Gesellschafter-) Forderungen hinter den Rang des § 39 Abs. 1 Nr. 5 InsO zurücktreten, um den Überschuldungsstatus zu entlasten.[320] Obwohl die Regelung des § 19 Abs. 2 InsO ihrem Wortlaut nach nur für Gesellschafterforderungen einschlägig ist, eine ausdrückliche gesetzliche Regelung für dritte Gläubiger aber weiterhin fehlt, gilt für die Forderungen dieser Gläubiger hinsichtlich der Rangtiefe eines von ihnen zu erklärenden Rangrücktritts nichts anderes.[321] Eine Rangrücktrittsvereinbarung des Kreditinstitutes wird daher nach dem Wortlaut des § 19 Abs. 2 S. 2, § 39 Abs. 2 InsO einen Rücktritt hinter die Forderungen aus § 39 Abs. 1 Nr. 5 InsO vorzusehen haben (ohne darüber hinaus eine Gleichstellung mit den Einlagerückgewähr-

[313] *Haack* KTS 1980, 309 (312); *Janka/Löwenstein* DB 1992, 1648 (1651).

[314] *Duss* AG 1974, 133 (134).

[315] *Herget* AG 1974, 137 (140); *Zilias* WPg 1977, 445 (446).

[316] BGH WM 2015, 623 (627); *Obermüller* Rn. 5.386; *Winnefeld* Kap. M Rn. 957; *Wittig* NZI 2001, 169 (170 f.); *Leithaus/Schaefer* NZI 2010, 844 (847); *Bloß/Zugelder* NZG 2011, 332 (333).

[317] BGH WM 2015, 623 (627).

[318] BGH WM 2001, 317.

[319] *Haas* DStR 2009, 326 (327); *Leithaus/Schaefer* NZI 2010, 844 (846);.

[320] BGH WM 2015, 623 (625); *Leithaus/Schaefer* NZI 2010, 844 (849); § 39 Abs. 2 InsO fügt den § 39 Abs. 1 InsO damit *„quasi"* eine „Rangklasse 6" hinzu, Uhlenbruck/*Hirte* § 39 Rn. 52.

[321] BGH WM 2015, 623 (624); Baumbach/Hueck/*Haas* vor § 64 Rn. 67; *Hoos/Köhler* GmbHR 2015, 729 (730).

ansprüchen der Gesellschafter verlautbaren zu müssen), um die gewünschten Zweckerreichung erfüllen zu können. Sie steht damit zwar im Rang nach Gesellschafterdarlehen, für welche die Gesellschafter keinen Rangrücktritt erklärt haben, aber immer noch vor Forderungen der Anteilseigner auf ihren Teil des Überschusses nach § 199 InsO.[322] Dass die Drittgläubiger hierdurch gegenüber Gesellschafterdarlehen ohne Rangrücktritt, die nach § 39 Abs. 1 Nr. 5 InsO noch bevorrechtigt befriedigt würden, und denen die Hauptlast einer Sanierung eigentlich obliegen sollten, diskriminiert werden, ist konzeptionell zwar völlig unverständlich, aber in Ansehung des klaren gesetzlichen Wortlautes hinzunehmen.[323]

Schon aus der Formulierung des § 19 Abs. 2 InsO folgt, dass der Rangrücktritt als zweiseitiges Rechtsgeschäft zwischen dem zu sanierenden Unternehmen und dem Kreditinstitut einer **Vereinbarung** bedarf. Hierzu muss er dem Unternehmen ausdrücklich angetragen werden, während die Annahme auch konkludent erfolgen[324] oder gem. § 151 BGB sogar ganz entfallen kann.[325] Aus Beweisgründen, gerade weil die Rangrücktrittsvereinbarung der Abwendung der Insolvenzgründe dienen soll, ist es aber dringend angeraten, eine solche Vereinbarung immer **schriftlich** zu treffen. **Inhaltlich** muss sie als Mindestvoraussetzung so ausgestaltet sein, dass eine Tilgung der subordinierten Forderung so lange nicht verlangt werden kann, wie die Schulden des Unternehmens dessen Aktivvermögen übersteigen, und diese für den Fall der Eröffnung eines Insolvenzverfahrens in den Rang des § 39 Abs. 2 zurücktritt. Da aber kein anerkennenswertes Bedürfnis dafür besteht, dass das Kreditinstitut sich hinsichtlich ihrer Forderungen den Gesellschafterdarlehen, für die ebenfalls ein Rangrücktritt vereinbart wurde, gleichstellt, und Rangvereinbarungen innerhalb der Rangklasse des § 39 Abs. 2 InsO zulässig sind, bietet es sich für Kreditinstitute an, mit den Gesellschaftern zu vereinbaren, dass die Forderungen des Kreditinstituts innerhalb des § 39 Abs. 2 InsO vorrangig vor denen der Gesellschafter innerhalb dieser Rangklasse befriedigt werden.[326] Eine **Befristung** der Rangrücktrittsvereinbarung mit dem Ziel, die Subordination der Forderung bei Eintritt der auflösenden Bedingung zu beseitigen, würde dazu führen, dass die Vereinbarung lediglich als Stundung oder Moratorium zu qualifizieren wäre, die Forderung im Überschuldungsstatus daher weiter berücksichtigt werden müsste.[327] Ein lediglich zeitlich begrenzter Rücktritt ist daher zu vermeiden, ebenso wie eine vertragliche Vereinbarung, die der im Rang zurücktretenden Partei ein Recht zum Widerruf oder ein ordentliches Kündigungsrecht einräumt.[328] 101

Im Gegensatz zu Forderungsverzichten bleiben etwaige **Sicherheiten,** die für die dem Rangrücktritt unterfallenden Forderungen gestellt wurden, in ihrem Bestand von dem Rücktritt der Forderung ebenso unberührt wie Ansprüche auf Verzinsung der nunmehr nachrangigen Forderung, auch wenn die Zinsansprüche nur unter den gleichen Voraussetzungen geltend gemacht werden können wie die Hauptforderung selbst.[329] In einem Insolvenzverfahren ist das Kreditinstitut daher nicht gehindert, Sicherheiten die nicht aus dem Vermögen des Unternehmens gestellt wurden (Drittsicherheiten), trotz Subordination der Forderung zu verwerten und sich hieraus zu befriedigen. 102

Auf eine **Passivierung** der Forderungen im Überschuldungsstatus und der Insolvenzeröffnungsbilanz kann bei Vorliegen eines Rangrücktritts zwar verzichtet werden, jedoch ist die Forderung in der Handels- und Steuerbilanz des Unternehmens weiterhin als Passivposten auszuweisen[330], wobei ein entsprechender Hinweis im Bilanzanhang zur Klarstellung erfolgen kann. 103

---

[322] Andres/Leithaus/*Leithaus* § 39 Rn. 9; *Obermüller* Rn. 5.397.
[323] *Haarmann* FS Röhrig S. 148.
[324] Uhlenbruck/*Hirte* § 39 Rn. 54.
[325] *Wittig* NZI 2001, 169 (171).
[326] Mustertexte bei *Obermüller* Rn. 5.403 und *Kahlert/Gehrke* DStR 2010, 227 (229.).
[327] Uhlenbruck/*Mock* § 19 Rn. 241; Winkeljohann/Förschle/Deubert/*Förschle/Heinz* Kap. Q. Rn. 55; Gummert/*Gehde* § 23 Rn. 65.
[328] *Henkel/Wentzler* GmbHR 2013, 239 (240).
[329] BGH WM 2015, 623 (627); Uhlenbruck/*Hirte* § 39 Rn. 53.
[330] Str., vgl. *Häuselmann* BB 2010, 944 (949); *Oser* DStR 2017, 1889; *Briese* DStR 2017, 799 (803).

104 Im Falle der **Beendigung** der Krise entfällt die subordinierende Wirkung des Rangrücktritts dann, wenn entweder ein Gewinn erwirtschaftet oder ein Liquiditätsüberschuss erzielt wird, oder in sonstiger Weise Vermögen entsteht, das die Verbindlichkeiten übersteigt.[331] Zulässig ist es zudem, die Rangrücktrittsvereinbarung durch den Abschluss einer zweiseitigen Aufhebungsvereinbarung entfallen zu lassen (soweit die Insolvenzreife des Unternehmens nicht (mehr) vorliegt bzw beseitigt ist).[332] Dies kann insbesondere schon dann in Betracht kommen, wenn das Kapital des Unternehmens durch weitergehende Kapitalmaßnahmen (etwa nach einer Kapitalerhöhung) derart wieder hergestellt wurde, dass es einer Rangrücktrittsvereinbarung durch Erfüllung des Zweckes, zu dem sie ursprünglich vereinbart wurde, nämlich der Vermeidung bzw. der Beseitigung der Insolvenzgründe, nicht mehr bedarf. Die Vereinbarung einer Kündigungsregelung der Rangrücktritterklärung ist dagegen ausgeschlossen, da sie andernfalls im Überschuldungsstatus berücksichtigt werden müsste.[333]

105 **b) Kapitalmaßnahmen.** Das Kreditinstitut, das von der zukünftigen wirtschaftlichen Gesundung seines Unternehmenskunden nachhaltig überzeugt ist, kann sich zur Beseitigung der Krise auch unmittelbar als Gesellschafter beteiligen, gesellschafterähnliche Positionen übernehmen oder auch nur, etwa als Mitglied eines Begebungskonsortiums ohne Übernahme des wirtschaftliche Risiko der Emission von Wertpapieren, als Geschäftsbesorger auf Rechnung des zu sanierenden Unternehmens tätig werden.

106 **Eigenkapitalbasierte Instrumente** verändern dabei unmittelbar die Struktur und/oder die Höhe des bilanziellen Eigenkapitals und sind grundsätzlich an die Alt- oder potentielle Neugesellschafter adressiert. **Fremdkapitalbasierte Instrumente** zielen dagegen auf eine Veränderung der Fremdkapitalstruktur und/oder Fremdkapitalhöhe des Unternehmens und richten sich daher primär an die Gläubiger des Unternehmens.[334] **Mischformen,** die sowohl eigen- als auch fremdkapitalbasierte Elemente aufweisen bzw. zwischen Eigen- und Fremdkapital stehen, werden als Mezzanine oder hybride Finanzierungsinstrumente bezeichnet.

107 Die Auswahlmöglichkeiten unter den jeweils passenden Instrumenten sind vielfältig und hängen in erster Linie von der spezifischen Situation des zu sanierenden Unternehmens, dh den jeweils erforderlichen und verfügbaren Anwendungsmöglichkeiten, ab. Die nachfolgend beschriebenen Maßnahmen können daher, auch wegen der verschiedenen Organisationsformen des Gesellschaftsrechts, allenfalls einen groben Überblick darstellen und richten sich in erster Linie an den Rechtsformen der AG und der GmbH aus.

108 **aa) Kapitalerhöhung.** Neues Kapital kann der Gesellschaft grundsätzlich in Form einer ordentlichen Kapitalerhöhung bzw. durch die Ausnutzung genehmigten oder bedingten Kapitals zugeführt werden. Die nominelle **Kapitalerhöhung,** bei der als freie Rücklage bereits vorhandenes Eigenkapital in gebundenes Stamm- bzw. Grundkapital umgewandelt wird, hat bei Sanierungsfällen praktisch keine Bedeutung, da dem Unternehmen hier keine neue Liquidität von außen zugeführt wird (reine Buchsanierung).[335] Sanierungsbedürftige Unternehmen werden bei der Suche nach einem am Eigenkapital zu beteiligenden Dritten wie einem Kreditinstitut nur dann Erfolg haben, wenn es gelingt, dem Dritten eine dem Wert seines Investments entsprechende Beteiligungsquote mit diesbezüglichen Stimmrechten einzuräumen. Aus diesem Grund hat sich in der Praxis als das wesentliche Sanierungsmodell in diesem Zusammenhang die vereinfachte Kapitalherabsetzung (§ 229 AktG; § 58a GmbHG) mit gleichzeitiger Kapitalerhöhung (sog. **„Kapitalschnitt"**) etabliert.[336] Der Vorteil der vereinfachten gegenüber der ordentlichen Kapitalherabsetzung liegt im Wesentlichen darin, dass bei ersterer auf bestimmte Gläubigerschutzvorschriften verzichtet wird (statt § 225 AktG gelten die §§ 230–233 AktG, statt § 58 Abs. 1 Nr. 2 GmbHG die

[331] *Winnefeld* Kap. M Rn. 957.
[332] *Leithaus/Schaefer* NZI 2010, 844 (848); *Bitter* ZIP 2013, 2 (5).
[333] *Leithaus/Schaefer* NZI 2010, 844 (848); *Frystatzki* NZI 2013, 609 (613).
[334] Buth/Hermanns/*Knecht/Drescher* § 20 Rn. 23.
[335] Buth/Hermanns/*Knecht/Drescher* § 20 Rn. 26; *Winnefeld* Kap. N Rn. 660.
[336] MüKoAktG/*Oechsler* § 229 Rn. 3; *Reger/Stenzel* NZG 2009, 1210 (1210).

§§ 58a ff. GmbHG), weshalb sie mit geringerem finanziellen und zeitlichen Aufwand durchgeführt werden kann,[337] sowie, als ausnahmsweise Abweichung von dem Stichtagsprinzip des § 252 Abs. 1 Nr. 3 HGB, in ihrer Rückwirkung auf den Jahresabschluss des letzten Jahres vor der Beschlussfassung über die Kapitalherabsetzung (§ 234 AktG), wodurch die Bilanz des Unternehmens auf diesen Stichtag bezogen verbessert wird.[338] Insbesondere aber tragen durch die Kombination von Kapitalherabsetzung und Kapitalerhöhung und die Anpassung des Stamm- bzw. Grundkapitals an das angegriffene Realvermögen auf Grund der mit dem Kapitalschnitt verbundenen Verwässerung die Altgesellschafter weitgehend die bis dahin aufgelaufenen Verluste der Gesellschaft. Hierdurch wird es für Neugesellschafter attraktiver, sich an dem sanierungsbedürftigen Unternehmen zu beteiligen, denn sie treffen die in der Vergangenheit erwirtschafteten Verluste damit in Bezug auf ihre neue Kapitalbeteiligung nicht mehr.[339]

Die **vereinfachte Kapitalherabsetzung** kann gem. § 229 Abs. 1 AktG (§ 58a GmbHG) nur zu den im Gesetz bestimmten Zwecken durchgeführt werden. Sowohl bei der Aktiengesellschaft als auch bei der GmbH kann die vereinfachte Kapitalherabsetzung dazu dienen, Wertminderungen auszugleichen oder sonstige Verluste zu decken, bei der Aktiengesellschaft zudem, Beträge in die Kapitalrücklage einzustellen. Diese Zweckbestimmung ist im Kapitalherabsetzungsbeschluss anzugeben[340] (der darüber hinaus noch mindestens die Festsetzung des Herabsetzungsbetrages, die Festsetzung, dass die Kapitalherabsetzung in vereinfachter Form erfolgen soll, und die Festsetzung der Durchführungsart, § 222 Abs. 4 S. 3 AktG, enthalten muss).[341] Kapitalherabsetzung, Kapitalerhöhung und ihre Durchführung sind zur Eintragung ins Handelsregister anzumelden, wobei die Kapitalmaßnahmen mit ihrer Eintragung wirksam werden (§ 229 Abs. 3 iVm § 222 AktG; § 58a Abs. 5 GmbHG iVm § 54 Abs. 3 GmbHG).[342] Sämtliche Beschlüsse sind jedoch nichtig, wenn die Beschlüsse über die Kapitalherabsetzung und die Kapitalerhöhung und die Durchführung der Erhöhung nicht binnen drei Monaten nach der Beschlussfassung in das Handelsregister eingetragen worden sind (§ 235 Abs. 2 S. 1 AktG, § 58a Abs. 4 S. 2 GmbHG). 109

Zu beachten ist weiterhin, dass die Herabsetzung des in der Satzung der Aktiengesellschaft festgelegten Grundkapitals (§ 23 Abs. 3 Nr. 3 AktG) durch die vereinfachte Kapitalherabsetzung nicht durch den Vorstand der Gesellschaft erfolgen kann, sondern nach §§ 229 Abs. 3, 222 Abs. 1 AktG eines satzungsändernden **Beschlusses der Hauptsammlung** bedarf. Sollte sich das sanierungsbedürftige Unternehmen daher in der Nähe der die Eröffnung eines Insolvenzverfahrens anordnenden Tatbestände der Zahlungsunfähigkeit oder Überschuldung bewegen, wird die zwingende zeitliche Schranke des § 15a Abs. 1 S. 1 InsO eine sanierende Kapitalherabsetzung jedenfalls bei akut gefährdeten Gesellschaften ausschließen. Denn die formale Mindestfrist zwischen der Einberufung und dem 110

[337] Theiselmann/*Arnold/Spahlinger/Maske-Reiche* Kap. 1 Rn. 235.
[338] Henssler/Strohn/*Galla* AktG § 234 Rn. 2; *Cranshaw* ZInsO 2008, 421 (425).
[339] *Reger/Stenzel* NZG 2009, 1210 (1210).
[340] § 229 Abs. 1 S. 2 AktG, der analog auch für die GmbH gilt, OLG Hamm NJW-RR 2011, 685 (686).
[341] MüKoAktG/*Oechsler* § 229 Rn. 7.
[342] Sofern es sich bei dem Unternehmen um eine börsennotierte AG handelt, muss das Kreditinstitut beachten, dass, sobald es mehr als 30 % der Anteile (Stimmrechte) erwirbt, wegen des damit verbundenen Kontrollwechsels (§ 29 Abs. 2 WpÜG) gezwungen sein kann, den übrigen Aktionären ein Übernahmeangebot gem. § 35 Abs. 2 WpÜG zu unterbreiten und zu veröffentlichen. Solche Verhaltenspflichten können sogar schon im Vorfeld der Durchführung der Kapitalmaßnahmen entstehen, § 30 Abs. 2 WpÜG (vgl. *Obermüller* Rn. 1.1158; *Redeker* BB 2007, 673 (678)).
Bei einem Erreichen (einschließlich des Überschreitens) der Beteiligungsstufen des § 37 Abs. 1 Nr. 3 GWB würde zudem ein kartellrechtlicher Zusammenschluss iSd Gesetzes gegen Wettbewerbsbeschränkungen vorliegen, der zu einem Fusionskontrollverfahren beim Bundeskartellamt führt und von diesem untersagt werden kann, § 40 GWB (soweit nicht die Kommission der Europäischen Gemeinschaften nach der Verordnung Nr. 139/2004 des Rates vom 20.1.2004 über die Kontrolle von Unternehmenszusammenschlüssen in ihrer jeweils geltenden Fassung ausschließlich zuständig ist, so dass das GWB keine Anwendung findet, § 35 Abs. 3 GWB (vgl. Loewenheim/Meessen/Riesenkampff/Kersting/Meyer-Lindemann/*Riesenkampff/Steinbarth* § 37 Rn. 20).

Zusammentritt der beschlusspflichtigen Hauptversammlung beträgt bereits einen Monat (§ 123 AktG). Einzurechnen sind dann aber noch die vor Einberufung der Versammlung zu treffenden Vorbereitungsmaßnahmen, sodass eine Frist von zwei bis drei Monaten zwischen der diesbezüglichen Entschließung des Vorstandes und der faktischen Durchführung der Hauptversammlung eher Regel als Ausnahme sein dürfte.[343] Im Übrigen würde die Antragspflicht auch erst dann entfallen, wenn die Eintragung der Kapitalerhöhung im Handelsregister erfolgt ist.[344] Als Ad-hoc-Maßnahme zur Beseitigung der Insolvenzgründe kann die Kapitalerhöhung daher nicht eingesetzt werden.

111 Des Weiteren ist bei der Planung dieser Sanierungsmöglichkeiten zu bedenken, dass die Kapitalmaßnahmen als Instrument für die Übernahme von Beteiligungen an einem Unternehmen in der Krise den gesellschaftsrechtlich vermittelten Einfluss der **Alt-Gesellschafter** stark beeinträchtigen bzw. sogar ganz ausschließen kann. Denn insbesondere durch die Kapitalherabsetzung ist es rechtlich möglich, die Beteiligung der Alt-Gesellschafter auf ein Minimum zurückzunehmen oder sogar, bei einem Kapitalschnitt auf Null, völlig zu beenden.[345] Die Beschlüsse zur Kapitalherabsetzung und Kapitalerhöhung bedürfen jedoch bei der GmbH mindestens der gesetzlich angeordneten Mehrheit in Höhe von drei Vierteln der abgegebenen Stimmen, sofern der Gesellschaftsvertrag nicht höhere Mehrheiten oder weitere Erfordernisse festlegt. Entsprechendes gilt im Aktienrecht: Hier bedürfen die Beschlüsse – soweit die Satzung ebenfalls nicht eine andere Kapitalmehrheit bestimmt und/oder weitere Erfordernisse aufstellt – grundsätzlich einer Mehrheit von mindestens drei Vierteln des vertretenen Grundkapitals § 179 Abs. 2 S. 1 AktG).[346] Daraus folgt: Hat ein Alt-Gesellschafter alleine oder zusammen mit anderen Alt-Gesellschaftern eine Sperrminorität, das heißt eine mindestens 25 Prozent plus eine Stimme gewährende Beteiligung, so sind diese in der Lage, die Kapitalmaßnahmen zu blockieren oder gar vollständig zu vereiteln.[347] Das wirft die Frage auf, ob nicht in diesen Fällen eine Zustimmungspflicht opponierender Gesellschafter als Ausfluss einer gesellschafterlichen Treuepflicht angenommen werden kann.[348] Selbst wenn von einer solchen auszugehen wäre, wird jedoch zum

---

343 *Geißler* NZG 2000, 719 (720).

344 Uhlenbruck/*Hirte* § 15a Rn. 17.

345 Eine Kapitalherabsetzung kann unter die Grenze des gesetzlichen Mindestgrund- bzw. Stammkapitals von 50.000/25.000 EUR (§ 7 AktG, § 5 GmbHG) bis zu einem Grundkapital von EUR Null erfolgen, wenn zugleich das Grundkapital mindestens wieder auf einen Betrag erhöht wird, der dem des Mindestgrundkapitals entspricht, und Sacheinlagen nicht festgesetzt sind, § 228 Abs. 1 AktG, § 58a Abs. 4 GmbHG (vgl. *Reger/Stenzel* NZG 2009, 1210 (1211)).

346 *V. Schorlemer/Stupp* NZI 2003, 345 (346).

347 *Wittig* FS Uhlenbruck, 2000, 685 (698).

348 So *Bitter* ZGR 2010, 147 ff. („Aufopferungspflicht"); Überblick bei Gottwald/*Haas/Kolmann/Pauw* § 92 Rn. 20,ff. und für die AG bei MüKoAktG/*Götze* vor § 53a Rn. 51, und *Seibt* ZIP 2014, 1909; i. Ü. OLG München ZIP 2014, 472. Die Frage, ob und unter welchen Voraussetzungen ein Gesellschafter in der Krise der Gesellschaft aus gesellschaftsrechtlichen Treuepflichten verpflichtet ist, sinnvolle Sanierungsmaßnahmen zu unterstützen und diesen zuwiderlaufende Maßnahmen zu unterlassen, ist rechtlich nicht abschließend geklärt. Nach dem Urt. des BGH v. 19.10.2009 (NJW 2010, 65 – Sanieren oder Ausscheiden) können die Gesellschafter einer sanierungsbedürftigen Publikumsgesellschaft in der Rechtsform der OHG verpflichtet sein, der Aufnahme einer Klausel in den Gesellschaftsvertrag zuzustimmen, die bei Nichtbeteiligung an einer Sanierungskapitalerhöhung zu ihrem Ausscheiden aus der Gesellschaft führt. In Betracht kommen soll eine solche Zustimmungspflicht zur Satzungsänderung u. a dann, wenn sie mit Rücksicht auf das bestehende Gesellschaftsverhältnis oder auf die bestehenden Rechtsbeziehungen der Gesellschafter untereinander dringend erforderlich ist und die Änderung des Gesellschaftsvertrags dem Gesellschafter unter Berücksichtigung seiner eigenen Belange zumutbar ist, und dass er im Falle seines Ausscheidens finanziell nicht schlechter steht als bei sofortiger Liquidation der Gesellschaft. Dies konkretisiert der BGH in weiteren Entscheidungen vom 25.1.2011 („Sanieren oder Ausscheiden II", NJW 2011, 1667, betreffend eine GbR) und 9.5.2015 (WM 2015, 1635) dahingehend, dass eine aus der gesellschaftlichen Treuepflicht folgende Pflicht der zahlungsunwilligen Gesellschafter, einem Beschluss zuzustimmen, dass ein nicht sanierungswilliger Gesellschafter aus der Gesellschaft ausscheide, nicht besteht, wenn der Gesellschaftsvertrag bereits eine Regelung für den Fall enthält, dass die erforderliche Stimmmehrheit bei der Beschlussfassung über eine Kapitalerhöhung nicht erreicht werden wird. In einem solchen Fall sei für ein Vertrauen der Gesellschafter dahingehend, zahlungsunwillige Gesellschafter bei Nichtteilnahme an der Sanierung aus der Gesellschaft ausschließen zu können, kein Raum. Der Entzug der Gesellschafterstellung durch zwangsweises Ausscheiden ist danach nur mit

einen die Durchsetzbarkeit der Zustimmungsverpflichtung unter gerichtlicher Zuhilfenahme so gut wie aussichtslos sein, da die entsprechenden Maßnahmen durch das Vertretungsorgan des Unternehmens erhoben werden müssten (das wiederum der Zustimmung der Alt-Gesellschafter hierzu bedürfte),[349] und zum anderen wird hierfür gerade in Sanierungssituationen nicht genügend Zeit verbleiben.[350] Die erfolgreiche Umsetzung der Kapitalmaßnahmen wird im Ergebnis daher nur Aussicht auf Erfolg haben, wenn sie in einem breiten Konsens aller an der Sanierung Beteiligten, dh auch von den Alt-Gesellschaftern, getragen werden.[351]

Die Funktion des sich an einer Kapitalerhöhung des sanierungsbedürftigen Unternehmens beteiligenden Kreditinstitutes ist jedoch nicht darauf beschränkt, die neuen Geschäftsanteile bzw. Aktien gegen Leistung einer Einlage in den Eigenbestand zu übernehmen und damit selbst dauerhaft Gesellschafter des Unternehmens zu werden. Vielmehr können die weiteren **Handlungsalternativen** von der Übernahme sämtlicher neuer Anteile im Rahmen eines sog. „Hard Underwriting"/„Firm Commitment Underwriting", bei dem das Plazierungs- (Absatz-) und Preisrisiko durch die sich beteiligenden Kreditinstitute vollständig übernommen werden, über ein sog. „Best Effords Underwriting" (Absatz-/Platzierungs- und Preisrisiko verbleiben bei dem Emittenten und die Kreditinstitute führen den Vertrieb lediglich kommissionsweise durch) im Rahmen eines mittelbaren Bezugsrechtsangebotes nach § 186 Abs. 5 S. 1 AktG bis hin zur Einschaltung als Vertreter der zeichnungswilligen Aktionäre (sog. „Vertragsmodell") reichen.[352] **112**

Entscheidet sich das Kreditinstitut bei drohender oder eingetretener Zahlungsunfähigkeit der Gesellschaft oder bei dessen Überschuldung, selbst Gesellschaftsanteile zum Zweck der Sanierung zu erwerben, führt dies bis zur nachhaltigen Sanierung nicht zu einer Nachrangigkeit gem. § 39 Abs. 1 Nr. 5 InsO im Insolvenzverfahren bei der Rückgewähr seiner Forderungen aus bestehenden oder neu gewährten Darlehen oder von Forderungen aus Rechtshandlungen, die einem solchen Darlehen wirtschaftlich entsprechen, nach den übrigen Forderungen der Insolvenzgläubiger, § 39 Abs 4 S. 2 InsO **(Sanierungsprivileg).** Denn das bis zum Inkrafttreten des MoMiG in § 32a Abs. 3 S. 3 GmbHG geregelte Sanierungsprivileg ist in § 39 Abs. 4 InsO – auf den § 135 Abs. 4 InsO verweist – dergestalt neu gefasst worden, dass Darlehen und gleichgestellte Forderungen „bis zur nachhaltigen Sanierung" privilegiert werden, wenn der Gläubiger bei drohender oder eingetretener Zahlungsunfähigkeit oder bei Überschuldung der Gesellschaft Anteile „zum Zweck ihrer Sanierung" erwirbt. Den Begriff der **„nachhaltigen Sanierung"** wird man dabei als Wiederherstellung der Kreditwürdigkeit der Gesellschaft über einen Zeitraum von mindestens zwölf Monaten zu verstehen haben, was sich – auch wenn es an sich für das Vorliegen einer Krise nach dem MoMiG nicht mehr auf den Begriff der „Kreditunwürdigkeit" der Gesellschaft ankommen soll[353] – im Umkehrschluss aus der Festlegung des „Krisen"-zeitraums auf ein Jahr in § 135 Abs. 1 Nr. 2 InsO begründen lässt.[354] **113**

Zustimmung des betroffenen Gesellschafters möglich, sei es durch antizipierte Zustimmung in Form einer wirksamen und eindeutigen Regelung im Gesellschaftsvertrag, sei es durch (aus der Treuepflicht folgenden Verpflichtung zur) Zustimmung zu einem Beschluss, durch den nachträglich eine Ausschlussregelung in den Gesellschaftsvertrag eingefügt wird. Inwieweit, und unter welchen Voraussetzungen, diese Grundsätze auch auf Kapitalgesellschaften Anwendung finden, ist jedoch weitgehend ungeklärt (befürwortend MüKoGmbHG/*Merkt* § 13 Rn. 151; *Bacina/Redeker* DB 2010, 996; *Priester* ZIP 2010, 497; abl. *Nentwig* GmbHR 2012, 664 (669); zur uneingeschränkten Übertragung der BGH-Grundsätze auf die KG OLG Karlsruhe NZG 2017, 260; ebenso für eine Übertragbarkeit auf die KG *Dorka/Derwald* NZG 2010, 694).

[349] *Redeker* BB 2007, 673 (676).

[350] *Westpfahl/Janjuah* Beil. ZIP 3/2008, 1 (14).

[351] *Wittig* FS Uhlenbruck, 2000, 685 (698).

[352] *Seibt/Voigt* AG 2009, 133 (134).

[353] → Rn. 8.

[354] Michalski/*Dahl* 2. Aufl. 2010 Anh. II §§ 32a, 32b aF Rn. 22; Kübler/Prütting/Bork/*Preuß* § 39 Rn. 53; *Wittig* FS Karsten Schmidt, 2009, 1743 (1758).

114 Haftungsrechtliche Risiken können sich für das Kreditinstitut jedoch ergeben, wenn es im Rahmen der Kapitalerhöhung eine Bareinlage leistet, die von dem Unternehmen sodann umgehend zur Tilgung einer Forderung des Kreditinstitutes verwendet wird. Hier werden dem Unternehmen zwar formal liquide Mittel als Einlage zugeführt, diese jedoch im Rahmen der Begleichung der Forderung des Kreditinstituts als neuen Gesellschafters zurückgewährt. Im wirtschaftlichen Ergebnis werden der Gesellschaft somit keine Barmittel, sondern eine Forderung im Rahmen der Sacheinlage zugeführt. Dieser Sachverhalt wird als **verdeckte Sacheinlage** bezeichnet.[355] Das Vorliegen einer entsprechenden Abrede, welche, wenn auch nicht ausdrücklich, tatbestandliche Voraussetzung für das Vorliegen einer verdeckten Sacheinlage ist und den wirtschaftlichen Erfolg der Sacheinlage umfassen muss,[356] wird widerleglich bei engem zeitlichem und sachlichem Zusammenhang zwischen den Zahlungsvorgängen vermutet.[357] Für die Definition des engen zeitlichen Zusammenhangs gelten keine festgelegten Fristen, idR wird aber eine Frist von etwa 6 Monaten noch als kritisch anzusehen sein.[358] Auf Umgehungsabsicht der Kapitalaufbringungsvorschriften kommt es dabei nicht an.[359] Als Rechtsfolge zieht die verdeckte Sacheinlage zunächst nach sich, dass das Kreditinstitut seine Bareinlageverpflichtung nicht erfüllt hat und somit grundsätzlich weiter zur Einzahlung der Einlage verpflichtet bleibt, § 27 Abs. 3 S. 3 AktG, § 19 Abs. 4 S. 3 GmbHG („fortbestehende Geldeinlagepflicht"). Dies soll sicherstellen, dass der Vorstand/Geschäftsführung, wenn er die Vorabsprache kennt, die Erbringung der Einlageleistung nicht wirksam gem. § 37 Abs. 1 S. 2 AktG, § 8 Abs. 2 S. 1 GmbHG zur freien Verfügung versichern kann. Anders als nach der Rechtsprechung bis zum Inkrafttreten des MoMiG sind nach § 27 Abs. 3 S. 2 AktG, § 19 Abs. 4 S. 2 GmbHG Verträge über der Erbringung einer Sacheinlage und Rechtshandlungen zu ihrer Ausführung trotz Umgehung der Sacheinlagevorschriften jedoch nicht unwirksam.[360] Ist die Sachleistung an die Gesellschaft erbracht worden, tritt vielmehr kraft Gesetzes eine Anrechnung und damit insoweit Erfüllungswirkung (in Höhe des Werts des Vermögensgegenstandes im Zeitpunkt der Anmeldung[361]) der zunächst unwirksamen Geldleistung ein, § 27 Abs. 3 S. 3 AktG, § 19 Abs. 4 S. 3 GmbHG. Soweit der Wert der Sachleistung den Betrag der Einlage nicht erreicht, besteht die Bareinlagepflicht aber fort. Das Kreditinstitut als leistungspflichtiger Gesellschafter würde insoweit in Verzug bleiben.

115 **bb) Debt Equity Swap.** Als fremdkapitalbasiertes Sanierungsinstrument bietet sich gerade Kreditinstituten, die idR die volumenmäßig größten Fremdkapitalgeber eines in die Krise geratenen Unternehmens sind, die Umwandlung ihrer Darlehensforderungen in Eigenkapital an. Im Rahmen eines solchen **Debt Equity Swaps** werden diese Forderungen (Debt) ganz oder teilweise in Gesellschaftsanteile an dem Unternehmen (Equity) „getauscht" (Swap). Dieser Umtausch erfolgt durch eine Kapitalerhöhung, bei der die Forderungen durch die Gläubiger als Sacheinlage in die Gesellschaft eingebracht werden, was in der Regel durch Abtretung (§ 398 BGB – Erlöschen der Forderung durch Konfusion) oder Erlassvertrag (§ 397 BGB) erfolgt.[362] Da die Durchführung eines Debt Equity Swap jedoch eine komplexe Transaktion mit zahlreichen gesellschafts-, kapitalmarkt-, steuer-, insolvenzrechtlichen sowie kreditvertraglichen Implikationen darstellt,[363] ist dieser in der Vergangenheit von Kreditinstituten im Wesentlichen nur bei größeren Unternehmen in der Rechtsform der AG begleitet worden.[364] Gerade der stark gewachse-

---

[355] Gottwald/*Drukarczyk/Schöntag* § 3 Rn. 100.
[356] BGH NJW 1986, 1286 (1288).
[357] BGH NJW 1996, 2306 (2307); NJW 2002, 3774 (3776); NZG 2008, 511 (512).
[358] BGH NJW 1996, 1286 (1288); MüKoAktG/*Arlt* § 27 Rn. 278.
[359] BGH NJW 2002, 3774 (3776); Baumbach/Hueck/*Fastrich* § 19 Rn. 49a; *Hüffer/Koch* § 27 Rn. 33.
[360] Vgl. zur alten Rechtslage ua BGH NJW 1991, 1754 (1755).
[361] Vgl. zum Problem der Forderungsbewertung → Rn. 119.
[362] Denkbar ist auch die Aufrechnung von Forderungen mit der Rechtsfolge des Erlöschens gem. § 389 BGB.
[363] *Schmidt/Schlitt* Der Konzern 2009, 279 (279).
[364] BankR-HdB/*Häuser* § 85 Rn. 150.

ne Markt von (unbesicherten und nachrangigen) Mezzanine-Kapital in den letzten Jahren[365] lässt jedoch erwarten, dass sich Kreditinstitute in Zukunft verstärkt mit dem Tausch von Darlehensforderungen in Eigenkapital als Instrument der Unternehmenssanierung befassten werden.

Als Sanierungsbeitrag dient der Debt Equity Swap in erster Linie, ähnlich wie der reine Forderungsverzicht,[366] der Verminderung bzw. Beseitigung der Überschuldung des Unternehmens. Des Weiteren stärkt der Entfall der Fremdfinanzierungsaufwendungen (insbesondere für Zins- und Tilgungsleistungen) aber auch die künftige Ertragskraft des Unternehmens und wirkt sich deshalb auf die Liquidität positiv aus.[367] Sofern die eingebrachten Forderungen besichert waren, werden diese **Sicherheiten** zudem frei, wodurch sie grundsätzlich dazu genutzt werden können, neue Darlehen zu besichern und dadurch die Liquiditätslage weiter zu verbessern. Und schließlich kann gerade die Beteiligung von Kreditinstituten an einem Unternehmen in der Krise durch die damit verbundene Signalwirkung in die Märkte in besonderem Maße dazu beitragen, das Vertrauen von Geschäftspartnern und Kunden des Unternehmens in seine Überlebensfähigkeit wiederherzustellen. **115a**

Für das Kreditinstitut kann sich der Debt Equity Swap dadurch positiv auswirken, dass es über seine erworbenen Gesellschaftsanteile, so es durch die Sanierung zu einer Steigerung des Unternehmenswertes kommt, hieran unmittelbar teilnimmt, während es bei Forderungsverzicht mit Besserungsschein grundsätzlich auf eine vorab vereinbarte Rendite mit vergleichsweise starren Parametern verwiesen ist. Daneben erwirbt das Kreditinstitut als Neugesellschafter über die damit verbundenen **Kontrollrechte** die Möglichkeit, auf den Sanierungsprozess unmittelbar einzuwirken und diesen mitzugestalten,[368] und etwaige Forderungen gegen das Unternehmen, die nicht im Rahmen des Debt Equity Swap in Gesellschaftsanteile umgetauscht wurden, können nach erfolgreicher Sanierung in Höhe ihres Nennwertes realisiert werden.[369] **116**

Rechtstechnisch erfolgt die Durchführung eines Debt Equity Swap im Wege der Kapitalerhöhung gegen Sacheinlage, wobei in einem ersten Schritt ganz überwiegend zuvor eine Herabsetzung des Grund- oder Stammkapitals, meistens durch eine vereinfachte Kapitalherabsetzung (Kapitalschnitt, §§ 229 ff. AktG, §§ 58a ff. GmbHG), beschlossen wird.[370] Die Kapitalerhöhung kann sodann grundsätzlich unter Ausnutzung genehmigten Kapitals (§§ 202 ff. AktG, § 55a GmbHG) oder im Wege einer ordentlichen Kapitalerhöhung erfolgen, wobei jedoch zu beachten ist, dass die Sacheinlage nur von den jeweils einbringenden Gläubigern (Inferenten) erbracht werden kann, weshalb es einer speziellen Ermächtigung zum Bezugsrechtsausschluss bedarf, der den Fall der Einlage von Forderungen abdeckt, was die Unternehmenssatzungen jedoch in der Regel nicht vorsehen,[371] so dass eine Kapitalerhöhung unter Ausnutzung genehmigten Kapitals zum Zwecke der Durchführung eines Debt Equity Swap in der Praxis selten anzutreffen ist. Dieser wird daher in der Regel im Wege der ordentlichen Kapitalerhöhung durchgeführt, wobei der entsprechende **Erhöhungsbeschluss der Hauptversammlung** einer Mehrheit von mindestens drei Viertel des vertretenen Grundkapitals bedarf[372] (§§ 182 Abs. 1, 186 Abs. 3 S. 2 AktG)[373] und inhaltlich die Forderung als Gegenstand der Sacheinlage, der Gläubiger als Inferent sowie der Nennbetrag bzw., bei Stückaktien, die zu gewährende Anzahl an Stück- **117**

---

365 Übersicht bei *Wentzler* Finanz Betrieb 2009, 446 (447).

366 → Rn. 74.

367 *Westpfahl/Janjuah* Beil. ZIP 3/2008, 1 (14).

368 Buth/Hermanns/*Buth/Hermanns* § 16 Rn. 48.

369 Theiselmann/*Schlitt/Ries* Kap. 9 Rn. 8.

370 *Eilers* GWR 2009, 3 (3).

371 *Schmitt/Schlitt* Der Konzern 2009, 279 (281).

372 Zur Problematik des potentiellen Kontrollerwerbs mit den Rechtsfolgen einer entsprechenden Veröffentlichung und eines darauf folgenden Pflichtangebots an die übrigen Aktionäre nach WpÜG sowie etwaigen kartellrechtlichen Beschränkungen → Rn. 109.

373 Zum Problem einer fehlenden Zustimmung der Alt-Gesellschafter zu den Kapitalmaßnahmen, die sich bei Debt Equity Swap ebenso stellen wie bei der Barkapitalerhöhung → Rn. 111.

aktien anzugeben sind (§ 183 Abs. 1 AktG, § 56 Abs. 1 GmbHG).[374] Der Bezugsrechtsausschluss der Altaktionäre bedarf in formeller Hinsicht einer entsprechenden Bekanntmachung (§ 186 Abs. 3 S. 1 AktG), eines Berichts des Vorstands über die Gründe für den Bezugsrechtsausschluss sowie einer Begründung des vorgeschlagenen Ausgabebetrages (§ 186 Abs. 3 S. 2 AktG). Inhaltlich erfordert der **Bezugsrechtsausschluss** eine sachliche Rechtfertigung, was aus der Schwere dieses Eingriffs in das Mitgliedschaftsrecht der Altaktionäre folgt. Eine solche Rechtfertigung ist gegeben, wenn der Ausschluss einem Zweck dient, der im Interesse der Gesellschaft liegt und zur Erreichung des beabsichtigten Zweckes geeignet, erforderlich und verhältnismäßig ist.[375] Bei einem Debt Equity Swap wäre eine solche Rechtfertigung dann nicht gegeben, wenn die zur Tilgung der Forderungen erforderlichen Mittel auch ohne eine Barkapitalerhöhung mit Bezugsrechtsausschluss zu beschaffen wären,[376] woran es in Sanierungssituation in der Regel jedoch gerade fehlen wird.[377] Erfolgt der Debt Equity Swap daher zu Sanierungszwecken und ist nur der Forderungsinhaber bereit und in der Lage, durch Einbringung seiner Forderungen einen entsprechenden Sanierungsbeitrag zu leisten, ist der Bezugsrechtsausschluss gerechtfertigt.[378]

118 Die Einbringung der Forderung erfolgt entweder durch Abtretung an die Gesellschaft gem. § 398 BGB mit der Folge deren Untergangs durch Konfusion, durch Abschluss eines Erlassvertrages gem. § 397 BGB[379] oder durch Aufrechnung, wodurch die Forderung zum Erlöschen gebracht wird.[380]

119 Der gesellschaftsrechtliche Grundsatz der realen Kapitalaufbringung gebietet es jedoch, dass der Einleger der Forderung nur insoweit von seiner **Einlagepflicht befreit** wird, wie der Wert der eingebrachten Forderung dem Ausgabebetrag der zu übernehmenden Gesellschaftsanteile entspricht. Deshalb ist die Werthaltigkeit der Forderungen im Interesse der übrigen Gläubiger nachzuweisen.[381] Nach ganz herrschender Meinung können diese nur dann zu ihrem Nennwert eingebracht werden, wenn sie fällig, liquide und in voller Höhe werthaltig sind,[382] was dann gegeben sein soll, wenn das Vermögen der Gesellschaft die umzuwandelnden Forderungen der Höhe nach deckt, so dass deren Leistungsvermögen auch ausreicht, um die Forderungen in voller Höhe erfüllen zu können.[383] Diese Solvenz wird jedoch in Sanierungssituationen in aller Regel gerade nicht gegeben sein, so dass bei der Bewertung der Forderung Abschläge auf deren Nennwert vorzunehmen sind. [384] Zur Ermittlung des sog. „tatsächlichen Wertes“ der Forderung ist deren Zeitwert maßgebend, wobei, neben der Bonität des schuldnerischen Unternehmens, weitere wertbeeinflussende bzw. -bildende Faktoren herangezogen werden können, wie ein etwaiger Marktpreis für solche notleidenden Forderungen oder die für diese bestellten und verwertbaren Sicherheiten, insbesondere wenn sie aus dem Vermögen Dritter stammen.[385]

120 Bei der Aktiengesellschaft hat die **Prüfung der Werthaltigkeit der Forderungen** grundsätzlich durch einen gerichtlich bestellten unabhängigen Prüfer zu erfolgen, § 183 Abs. 3 AktG, wobei das Gericht die Eintragung der Kapitalerhöhung ablehnen kann, wenn der sich hieraus ergebene Wert der Sacheinlage nicht unwesentlich hinter dem geringsten Ausgabebetrag der dafür zu gewährenden Aktien zurückbleibt, § 184 Abs. 3

---

[374] Theiselmann/*Schmitt/Ries* Kap. 9 Rn. 23.
[375] BGH NJW 1994, 1410 (1411); KölnerKommAktG/*Lutter* § 186 Rn. 61 ff.
[376] MüKoGmbHG/*Lieder* § 55 Rn. 95a.
[377] *Schmitt/Schlitt* Der Konzern 2009, 279 (281).
[378] *Hüffer/Koch* § 186 Rn. 35; *Scheunemann/Hoffmann* DB 2009, 983 (984).
[379] MüKoAktG/*Schürnbrand* § 183 Rn. 14; *Scheunemann/Hoffmann* DB 2009, 983 (983).
[380] *Ekkenga* ZGR 2009, 581 (589); *Brinkmann* WM 2011, 97 (97).
[381] Gottwald/*Drukarczyk/Schöntag* § 3 Rn. 98.
[382] BGH NJW 1990, 982 (985); NZG 2009, 463 (465); Hopt/Wiedemann/*Röhricht* § 27 Rn. 83 ff.; Baumbach/Hueck/*Fastrich* § 5 Rn. 28.
[383] *Redecker* BB 2007, 673 (675).
[384] Abweichend *Wansleben WM 2012, 2083.*
[385] Gottwald/*Drukarczyk/Schöntag* § 3 Rn. 98; *Paulus* DZWiR 2008, 6 (9); *Wentzler* FinanzBetrieb 2009, 446 (452). Gegen die Einbeziehung von Kreditsicherheiten *Ekkenga* ZGR 2009, 581 (601).

S. 1 AktG.[386] Seit Inkrafttreten des Gesetzes zur Umsetzung der Aktionärsrechterichtlinie (ARUG) am 4.8.2009 kann diese Werthaltigkeitsprüfung unter bestimmten Voraussetzungen aber auch durch das Gutachten eines Sachverständigen ersetzt werden (Vereinfachtes Verfahren, § 183a Abs. 1 S. 1 AktG, § 33a Abs. 1 Nr. 2 AktG).[387] Entscheidet sich die Gesellschaft für die Durchführung des vereinfachten Verfahrens, tritt an die Stelle der Werthaltigkeitsüberprüfung durch das Registergericht (nur) die Prüfung, ob die Voraussetzungen der vereinfachten Verfahrens vorliegen (§§ 183 Abs. 3 S. 2, 38 Abs. 3, 37a AktG). Lediglich im Falle einer offenkundigen und erheblichen Überbewertung der Forderung kann das Registergericht die Eintragung ablehnen (§§ 184 Abs. 3 S. 2, 38 Abs. 3 S. 2 AktG). Ist die Gesellschaft in der Rechtsform der GmbH organisiert, besteht dagegen keine gesetzliche Verpflichtung, dem Registergericht die Werthaltigkeit der Forderung nachzuweisen.[388] Jedoch kann auch hier das Gericht von den Gesellschaftern der GmbH die Vorlage geeigneter Unterlagen für eine Werthaltigkeitsüberprüfung verlangen.[389]

In der Praxis werden insbesondere Kreditinstitute als zukünftige Gesellschafter, unabhängig von der Rechtsform der Unternehmung, auf die Einholung eines Sachverständigengutachtens über die Werthaltigkeit der Forderungen hinwirken, auch um sich im Falle eines Scheiterns der Sanierung gegen etwaige Ansprüche eines Insolvenzverwalters aus Differenzhaftung besser verteidigen zu können. Das Risiko der mangelnden Werthaltigkeit der eingebrachten Forderungen wird in der Praxis vielfach als das größte Risiko des Neugesellschafters bei einem Debt Equity Swap angesehen und deshalb für die Zurückhaltung vieler Fremdkapitalgläubiger, insbesondere von Kreditinstituten, gegenüber diesem Sanierungsinstrument verantwortlich gemacht.[390] Denn auch nach Inkrafttreten des MoMiG und den dort geregelten Modifikationen in Bezug auf die Haftung im Falle einer verdeckten Sacheinlage[391] besteht für die Neugesellschafter beim Debt Equity Swap weiterhin das Risiko einer **Differenzhaftung** auf Geldausgleich zwischen dem (später festgestellten tatsächlichen) Wert der eingebrachten Forderung und dem Betrag der dafür übernommenen Gesellschaftsanteile.[392] Da das Entstehen der Differenzhaftung ein Verschulden des Einlegers nicht erfordert,[393] kann aber auch das Werthaltigkeitsgutachten eines Sachverständigen die potentielle Haftung des Inferenten nicht vollständig ausschließen, sondern diesem allenfalls als adäquates Verteidigungsmittel gegen die Ansprüche auf Differenzhaftung dienen.[394] 121

Ein weiteres Risiko, das im Zusammenhang mit der Sanierungsmaßnahme des Debt Equity Swap für den Einleger gesehen wird, ist dessen potentielle Haftung als sog. **„faktischer Geschäftsführer"** auf Schadensersatz an die Gesellschaft entsprechend § 43 Abs. 2 und 3 GmbHG. Diese Haftung soll ihm sowohl in seiner Stellung als Gläubiger der Forderung als auch weiterhin nach Erlangung der Gesellschafterstellung durch Vollzug des Debt Equity Swap drohen.[395] Auch wenn die Rechtsfigur des faktischen Geschäftsführers seit langem durch die Rechtsprechung dem Grunde nach anerkannt ist, sind die anspruchsbegründenden Voraussetzungen jedoch weiterhin umstritten.[396] Nach dem BGH soll die faktische Geschäftsführung dann vorliegen, wenn nach dem Gesamterscheinungsbild des Auftretens der betreffenden Person diese die Geschicke der Gesellschaft mit Einverständnis 122

---

[386] Gesetzgeberische Intention hierfür ist, dass der Wert der auszugebenden Aktien durch die Sacheinlage vollständig oder zumindest im Wesentlichen gedeckt sein muss, vgl. *Heutz/Parameswaran* ZIP 2011, 1650 (1651).
[387] Kritisch zum Vereinfachten Verfahren Spindler/Stilz/*Servatius* § 183a Rn. 3.
[388] *Ekkenga* ZGR 2009, 581 (602).
[389] Theiselmann/*Schmitt/Ries* Kap. 9 Rn. 30.
[390] *Brinkmann* WM 2011, 97 (101).
[391] → Rn. 114.
[392] *Obermüller* Rn. 1.1171.
[393] BGH NJW 1977, 1196 (1196); Baumbach/Hueck/*Fastrich* § 9 Rn. 5.
[394] *Redeker* BB 2007, 673 (676).
[395] *Himmelsbach/Achsnick* NZI 2003, 355;ff. Ausführlich *Schmitt/Schlitt* Der Konzern 2009, 279 (283).
[396] Michalski/*Haas/Ziemons* 2. Aufl. 2010 § 43 Rn. 25; *Hoffmann* WM 2012, 10 (12).

der Gesellschafter – über die interne Einwirkung auf die satzungsmäßige Geschäftsführung hinaus – durch eigenes Handeln im Außenverhältnis, das die Tätigkeit des rechtmäßigen Geschäftsführungsorgans gerade prägt, maßgeblich in die Hand nimmt.[397] Zwar wird auch ein Kreditinstitut als Inferent oder Fremdkapitalgläubiger in der Krise des Unternehmenskunden häufig Einfluss auf die Art und Weise der Sanierung, die Auswahl von Sanierungsberatern oder sonstige Restrukturierungsmaßnahmen nehmen wollen. Aus der Definition der Voraussetzungen für eine Haftung aus faktischer Geschäftsführung ergibt sich jedoch bereits, dass eine solche Haftung für Vertreter von Kreditinstituten in der Regel ausscheiden wird. Denn die Einwirkung auf das Management des Unternehmens muss danach derart intensiv sein, dass das Kreditinstitut nach außen wie ein vertretungs- und geschäftsführungsbefugter Organvertreter auftritt, um hierdurch die eigentliche Geschäftsführung vollständig zu verdrängen und den Eindruck zu erwecken, es habe die ordentliche Geschäftsführung faktisch entmachtet. Keine faktische Geschäftsführung liegt daher vor, wenn sich das Kreditinstitut vertragliche Informationsrechte einräumen lässt, die Darlehensausreichung an die Einhaltung bestimmter Financial Covenants knüpfen oder die Beiziehung von Sanierungsberatern verlangen. Dass sich hierdurch der tatsächliche Handlungsspielraum der bestellten Geschäftsleitung im Ergebnis erheblich eingeschränkt kann, ändert daran nichts.[398]

123 Eine weitere Gefahr, die der Beteiligung insbesondere von Kreditinstituten an einem Debt Equity Swaps in der Vergangenheit im Wege gestanden hat, folgte aus **eigenkapitalersatz- bzw. insolvenzrechtlichen Aspekten.**[399] Die Beteiligung von Kreditinstituten an Debt Equity Swap wurde daher auch als „riskantes Unterfangen"[400] oder „erhebliches Risiko"[401] bezeichnet. Seit Inkrafttreten des MoMiG ist nunmehr zu beachten, dass gem. § 39 Abs. 1 Nr. 5 InsO sämtliche Forderungen eines Gesellschafters auf Rückgewähr von Darlehen und wirtschaftlich entsprechenden Forderungen in der Insolvenz des Unternehmens grundsätzlich nachrangig sind. Daher unterliegen Rechtshandlungen, die auf die Rückgewähr eines Gesellschafterdarlehens oder einer gleichgestellten Forderung in den letzten 10 Jahren vor dem Eröffnungsantrag Sicherung oder im letzten Jahr vor dem Antrag Befriedigung gewährt haben, der Insolvenzanfechtung gem. § 135 Abs. 1 InsO. Werden deshalb nicht sämtliche Forderungen des Kreditinstitutes im Rahmen des Debt Equity Swap in Eigenkapital umgewandelt, sondern die verbleibenden Restforderungen stehen gelassen bzw. neue Darlehen gewährt, sind diese in einer späteren Insolvenz des Unternehmens grundsätzlich nachrangig und etwaige Befriedigungen, die das Kreditinstitut hierauf erhalten hat, durch den Insolvenzverwalter im Jahreszeitraum anfechtbar. Zu beachten ist jedoch, dass mit dem MoMiG auch das Sanierungsprivileg aus § 32a Abs. 3 GmbHG aF für Gesellschafterdarlehen im Grunde beibehalten und in § 39 Abs. 2 InsO übernommen wurde. Dieses Privileg kommt Gläubigern zu Gute, die bei drohender oder eingetretener Zahlungsunfähigkeit der Gesellschaft oder bei Überschuldung Anteile zum Zwecke von deren Sanierung erwerben. Damit ist die Neuregelung von ihrem Anwendungsbereich jedoch enger als das frühere Sanierungsprivileg aus § 32a Abs. 3 GmbHG aF, nach dem es nicht erforderlich war, dass bereits ein Insolvenzantragsgrund vorlag, sondern es ausreichte, dass der Anteil „in der Krise" erworben wurde.[402] Unverändert geblieben ist

---

[397] BGH NJW 2000, 2285 (2285); NZG 2005, 755 (755); WM 2013, 266 (267); WM 2015, 252 (253); Zur grundsätzlichen Anwendbarkeit und den Voraussetzungen der Regeln für eine faktische Geschäftsführung auf die Aktiengesellschaft vgl. *Damnitz/Degenhardt* WM 2005, 583 (590). Zu den tatbestandlichen Voraussetzungen vgl. iÜ *Fleischer/Schmolke* WM 2011, 1009 (1011); *Bork* WM 2014, 1841 (1842).

[398] *Schmitt/Schlitt* Der Konzern 2009, 279 (284); *Fleischer/Schmolke* WM 2011, 1009 (1015); *Redeker* BB 2007, 673 (677), konstatiert daher, es sei deshalb nicht verwunderlich, dass bislang keine einzige rechtskräftige gerichtliche Entscheidung ergangen ist, die eine Gläubigerbank in der Krise oder Insolvenz ihres Kunden wie einen faktischen Geschäftsführer behandelt oder sie als solchen habe haften lassen.

[399] Zur alten Rechtslage vor Inkrafttreten des MoMiG → Rn. 114.

[400] Buth/Hermanns/*Buth/Hermanns* § 16 Rn. 49.

[401] So Picot/*Picot/Aleth* Teil VIII Rn. 98 (3. Aufl. 2004).

[402] *Gehrlein* Der Konzern 2007, 771 (787); *Weitnauer* BKR 2009, 18 (21).

jedoch die **Zweckbindung des Beteiligungserwerbs:** Dieser muss mit der Zielrichtung der Sanierung erfolgen, was objektiv die Sanierungsfähigkeit der Gesellschaft erfordert und dass die für ihre Sanierung konkret in Angriff genommenen Maßnahmen zusammen objektiv geeignet sind, die Gesellschaft in überschaubarer Zeit durchgreifend zu sanieren. Subjektiv ist es erforderlich, dass der Gläubiger den Gesellschaftsanteil mit Sanierungswillen erwirbt,[403] was vermutet werden kann, wenn die objektive Sanierungsfähigkeit der Gesellschaft in Form eines Sanierungsgutachtens dokumentiert worden ist und die ergriffenen Maßnahmen Teil des Sanierungskonzepts sind.[404] Das Kreditinstitut sollte daher, auch um sich bei einem Scheitern der Sanierung adäquat gegen etwaige Anfechtungsansprüche des Insolvenzverwalters verteidigen zu können, die objektiven Voraussetzungen des Sanierungsprivilegs durch die Vorlage eines Sanierungsgutachtens, dass die Sanierungsfähigkeit und -würdigkeit der Gesellschaft attestiert und die einzelnen Sanierungsmaßnahmen einschließlich des Debt Equity Swap umfassend dokumentiert,[405] nachweisen können.[406]

Auch mit Blick auf das Sanierungsprivileg in § 39 Abs. 4 S. 2 InsO können jedoch anfechtungsrechtliche Restrisiken nicht vollständig ausgeschlossen werden. Denn dieses Privileg entfaltet seine bevorrechtigende Wirkung lediglich zeitlich beschränkt „bis zur nachhaltigen Sanierung" der Gesellschaft. Unabhängig von der Unbestimmtheit dieses Begriffes[407] folgt daraus, dass nach einer zunächst erfolgreichen Sanierung darin stehen gelassene (oder ggf. auch neu gewährte) Darlehen in einem späteren Insolvenzverfahren wiederum dem Nachrang des § 39 Abs. 1 Nr. 5 InsO unterfallen können.[408] Ist der Einleger der Forderung dagegen bereits vor Durchführung des Debt Equity Swap mit 10% oder mehr als nicht geschäftsführender Gesellschafter (dh außerhalb des **Kleinbeteiligungsprivilegs** des § 39 Abs. 5 InsO) an der Gesellschaft beteiligt, so dass das Sanierungsprivileg für ihn keine Anwendung findet, muss er zumindest nicht fürchten, dass der Insolvenzverwalter die Erfüllung der Einlageschuld durch Abtretung, Verzicht oder Aufrechnung anfechten könnte mit der Folge, dass die Einlageschuld weiter bestehen und der Inferent weiter auf deren Erfüllung in Anspruch genommen werden kann. Zwar wird im Falle der Einbringung von Gesellschafterdarlehen eine Gegenleistung für eine grundsätzlich nachrangige Forderung gewährt, jedoch fehlt es hier an der Erfüllung des für jede Insolvenzanfechtung gem. § 129 InsO erforderlichen Merkmals der Gläubigerbenachteiligung: Denn wirtschaftlich erhält der Einleger im Gegenzug für das Erlöschen seiner Forderungen Geschäftsanteile an der Gesellschaft, auf die er einen wirtschaftlichen Erlös gem. § 199 InsO erst dann erwarten kann, wenn die Forderungen aller Insolvenzgläubiger in voller Höhe berichtigt worden sind.[409] **124**

Wegen der erheblichen Verwässerung des bisherigen Anteilsbesitzes durch die Kapitalmaßnahme hat das Kreditinstitut bei der Planung der Teilnahme an einen Debt Equity Swap des Weiteren zu berücksichtigen, dass in vielen Finanzierungsdokumenten, deren Partei das sanierungsbedürftige Unternehmen ist, sog. **„Change of Control"**-Klauseln[410] vereinbart sein werden, so dass der durch den Debt Equity Swap ausgelöste Kontrollwechsel zu vertraglichen Sanktionsmöglichkeiten, insbesondere der Auslösung von außerordentlichen Kündigungsrechten, der anderen Vertragsparteien führen kann[411] (vgl. zB Clause 8.2 des LMA-Mustervertrages „Multicurrency Term and Revolving Facility Agreement"[412]). Andere Vertragsdokumentationen können sogar ausdrücklich oder inzident vorsehen, dass **125**

---

[403] *Diem/Jahn* § 50 Rn. 35.
[404] *Hirte* WM 2009, 1961 (1967).
[405] Zu den erforderlichen Inhalten des Sanierungskonzepts → Rn. 49.
[406] *Redecker* BB 2007, 673 (677).
[407] *Hirte/Knof* WM 2009, 1961 (1969); *Pohl* ZInsO 2011, 207 (208).
[408] *Schmidt/Schlitt* Der Konzern 2009, 279 (289); *Poepping* BKR 2009, 150 (155), konstatiert auf Grund dieser zeitlichen Schranke sogar die „Unbrauchbarkeit" des gesamten Sanierungsprivilegs.
[409] *Wirsch* NZG 2010, 1131 (1133).
[410] Definition und Analyse weitergehender Problemstellungen bei *Cramer* WM 2011, 825 ff.
[411] MüKoAktG/*Schlitt* WpÜG § 33 Rn. 117; *Brinkmann* WM 2011, 97 (101).
[412] Abrufbar auf der Homepage der Loan Market Association: www.lma. eu. com.

dem Unternehmen eine Debt Equity Swap-Transaktion untersagt ist.[413] Eine eingehende **Legal Due Dilligence,**[414] bei welcher der Dokumentation der eingegangenen vertraglichen Schuldverhältnisse des Unternehmens in Bezug auf diese Punkte besondere Aufmerksamkeit gewidmet werden muss, ist für ein Kreditinstitut daher im Rahmen der Vorbereitung seiner Beteiligung an einem Debt Equity Swap von hoher Bedeutung. Sind die einzelnen Vertragsverhältnisse identifiziert, bei denen die Durchführung des Debt Equity Swap sich negativ auswirkende Rechte der anderen Vertragspartei des Unternehmens auslösen können, müssen diese Parteien zu einem Einverständnis mit dem Debt Equity Swap bewegt werden, was in der Regel einen Verzicht auf die Ausübung ihrer einschlägigen Rechte bedeutet. Unter Umständen kann es sich dem Kreditinstitut auch anbieten, insbesondere bei Konsortialkreditverträgen, die Beteiligung der Konsorten (oder der Parteien, denen diese ihr Risiko übertragen haben), die sich einer Mitwirkung an dem Debt Equity Swap widersetzen, selbst zu übernehmen.[415]

126 Um die vorgenannten Nachteile des Debt Equity Swaps abzuwenden, sind in jüngerer Vergangenheit zudem verschiedene alternative Kapitalmaßnahmen entwickelt worden.[416] Bei der Variante des **„Reverse Debt Equity Swap"** werden die Forderungen des Gläubigers nicht in das Unternehmen eingebracht, sondern umgekehrt wird das Unternehmen (bzw. die Gesellschaftsanteile) zu den Forderungen bewegt.[417] Dabei bringt der Gläubiger zunächst die Forderungen, die er in Eigenkapital wandeln will, in eine neue, von ihm gegründete Gesellschaft. Sodann überträgt das schuldnerische Unternehmen seinen Geschäftsbetrieb (oder einen Teil davon) einschließlich der betreffenden Verbindlichkeiten in die neue Gesellschaft ein, was in der Regel im Wege der Ausgliederung (§ 123 Abs. 3 UmwG) erfolgt. Das Unternehmen als übertragender Rechtsträger wird hierdurch, entsprechend dem Ausgliederungs- und Übernahmevertrag, Anteilsinhaber an der neuen Gesellschaft als übernehmenden Rechtsträger, § 131 Abs. 1 Nr. 3 S. 3 UmwG. Bei der neuen Gesellschaft gehen die Kreditverbindlichkeiten durch Konfusion unter.

127 **cc) Mezzanine oder hybride Finanzierungsinstrumente.** Mischformen, die sowohl eigen- als auch fremdkapitalbasierte Elemente aufweisen bzw. zwischen Eigen- und Fremdkapital stehen, werden als **mezzanine oder hybride Finanzierungsinstrumente**[418] bezeichnet.[419]

128 Unter **hybridem Eigenkapital** werden dabei Finanzierungsformen verstanden, die zivilrechtlich als Eigenkapital einzustufen sind, bei wirtschaftlicher Betrachtung aber eher mit Fremdkapitalmerkmalen ausgestattet sind. **Hybrides Fremdkapital** liegt demgegenüber vor, wenn das entsprechende Instrument zivilrechtlich Fremdkapital, wirtschaftlich aber Eigenkapitalcharakteristika aufweist. Der wirtschaftliche Eigenkapitalcharakter eines zivilrechtlichen Fremdkapitalinstruments kann zum einen durch die vertragliche Vereinbarung eines Rechts auf Wandlung in ein Eigenkapitalengagement erzeugt werden, zum anderen gestattet die Flexibilität verschiedener Finanzinstrumente, etwa durch die Vereinbarung erfolgsabhängiger Vergütungen, Beteiligung am Liquidationserlös oder Rangrücktrittsvereinbarungen, eine Annäherung zivilrechtlichen Fremdkapitals an wirtschaftliche Eigenkapitalcharakteristika.[420] Einen einheitlichen Finanzierungstypus für hybrides Kapital gibt es naturgemäß nicht, dieser richtet sich vielmehr nach seiner inhaltlichen Ausgestal-

---

[413] *Schmidt/Schlitt* Der Konzern 2009, 279 (289).
[414] Einführend zur Legal Due Dilligence *Elfring* JuS-Beilage 2007, 3 ff.
[415] Theiselmann/*Wilms* Kap. 9 Rn. 219.
[416] Die steuerrechtlichen Aspekte neuer Transaktionsformen werden ua dargestellt bei *Rödding/Bühring* DStR 2009, 1933.
[417] MüKoInsO/*Eidenmüller § 225a Rn. 101; Obermüller* Rn. 1.1173; *Drouven/Nobiling* DB 2009, 1895 (1895).
[418] Im Folgenden wird hierfür einheitlich der Begriff „Hybrid" verwendet.
[419] Kessler/Kröner/Köhler/*Häuselmann* § 10 Rn. 200.
[420] *Herzig* IStR 2000, 482 (482).

tung. Als wesentliche Ausstattungsmerkmale dieser Instrumente haben sich dabei insbesondere erwiesen:[421]

– Nachrangigkeit in Bezug auf die sonstigen Fremdkapitalgläubiger
– Vorrangigkeit gegenüber dem Eigenkapital
– Höheres Entgelt für die Kapitalbereitstellung im Vergleich zum klassischen Fremdkapital auf Grund der Nachrangigkeit
– zeitliche Befristung der Kapitalüberlassung
– das Entgelt für die Kapitalüberlassung stellt in der Regel eine Betriebsausgabe dar, dh steuerliche Abzugsfähigkeit der Zinsen als handels- und steuerrechtlicher Betriebsaufwand (mit Ausnahme der atypisch stillen Beteiligung).

Als rechtliches Instrumentarium wird das hybride Kapital vor allem umgesetzt durch:[422] **129**

– nachrangige Darlehen (idR unbesichert und hochverzinslich)
– partiarische Darlehen
– Genussrechte
– Wandelanleihen und Optionsanleihen, oder
– typisch und atypisch stille Beteiligungen.

Bei den Nachrang- und partiarischen Darlehen sowie der typischen stillen Gesellschaft **130** handelt es sich um fremdkapitalnahe Gestaltungsformen (Debt Mezzanine) bei den Genussrechten, den Wandel- und Optionsanleihen sowie der atypischen stillen Gesellschaft dagegen um dem Eigenkapital nahe Ausgestaltungen (Equity Mezzanine).[423]

Nachrangdarlehen (subordinated debt/loan oder junior debt/loan) werden in der **131** Regel als unbefristete nachrangige[424] Darlehen iSd §§ 488 ff. BGB vergeben. Die einzelnen Klauseln des Darlehensvertrages sind in weiten Teilen identisch mit den Klauseln in Senior Debt-Darlehensverträgen. Unterschiede ergeben sich in erster Linie auf Grund der beabsichtigten eigenkapitalähnlichen Ausgestaltung des Nachrangdarlehens,[425] dessen Vergütung erfolgsunabhängige (laufende Verzinsung und/oder endfällige Verzinsung) und, seltener, erfolgsabhängige Komponenten (insbesondere sog. **„Equity-Kicker“:** Beteiligung an der Wertsteigerung des Unternehmens entweder durch die Einräumung von Bezugsrechten auf Gesellschaftsanteile, die beim Börsengang oder Unternehmensverkauf (oder auch früher) ausgeübt werden können („echter“ Equity-Kicker), oder durch eine Sonderzahlung („virtueller“ Equity-Kicker, auch „Non-Equity-Kicker“ genannt)) aufweisen kann.[426] Sowohl in der Handels- als auch in der Steuerbilanz bleibt das Nachrangdarlehen passivierungspflichtig und wird damit als Fremdkapital behandelt. Auf Grund der Rangrücktrittsvereinbarung sorgt es aber für eine Entlastung des Überschuldungsstatus und wird bei der Frage, ob ein Insolvenzeröffnungsgrund iSd § 19 Abs. 2 InsO vorliegt, nicht berücksichtigt.[427]

Das **partiarische[428] Darlehen** grenzt sich vom Nachrangdarlehen im Wesentlichen über **132** die Art der hierfür zu leistenden Vergütung ab. An Stelle einer Verzinsung bzw. zusätzlich zu einer (Mindest-)Verzinsung wird in der Regel ein Anteil an dem vom Darlehensnehmer erwirtschafteten Erfolg vereinbart.[429] Diese Erfolgsbeteiligung muss sich dabei nicht unbedingt auf den Gewinn oder Umsatz des gesamten Unternehmens beziehen. Ein partiari-

[421] *Kestler/Striegel/Jesch* NZI 2005, 417 (420); *Munkert* DStR 2008, 1546 (1550).
[422] *Breuninger/Prinz* DStR 2006, 1345 (1346); *Cranshaw* ZInsO 2008, 421 (427).
[423] *Kiethe* DStR 2006, 1763 (1764).
[424] Das Nachrangdarlehen zeichnet sich hierbei durch seine vertraglich vereinbarte Nachrangigkeit gegenüber herkömmlichem Fremdkapital [insbesondere erstrangigen (besicherten) Darlehen (sog. „Senior Debt“)] aus, vgl. *Poelzig* WM 2014, 917 (923).
[425] *Schrell/Kirchner* BKR 2003, 13 (16).
[426] *Bock* DStR 2005, 1067 (1067); *Hofert/Arends* ZIP 2005, 1297 (1299); *Ganter* WM 2011, 1585 (1587).
[427] Lüdicke/Sistermann/*Rödding* § 3 Rn. 101.
[428] Lateinisch „am Gewinn beteiligt“.
[429] Palandt/*Weidenkaff* Vorb. vor § 488 Rn. 20; *Lwowski/Roth* BuB 2/599a; *Rödding/Dann* DStR 2011, 342 (343).

sches Darlehen liegt vielmehr auch dann vor, wenn sich die Erfolgsbeteiligung auf ein bestimmtes Geschäft – insbesondere jenes, zu dessen Finanzierung das Darlehen gewährt wurde – beschränkt.[430]

133 **Genussrechte** (bei Verbriefung: Genussscheine in Gestalt von Inhaber-, Order- oder Namenspapieren) begründen keine mitgliedschaftliche Stellung[431] und vermitteln folglich auch keinen Anteil am Unternehmen mit den damit verbundenen Rechten (Verwaltungsrechte, Stimm- und Kontrollrechte, Anwesenheitsrecht in der Gesellschafterversammlung etc), sondern sind rein (dauer-)schuldrechtlich ausgestaltete (idR frei veräußerbare) Ansprüche gegen die Gesellschaft als Genussrechtsemittenten, die „obligationenartig" ausgestaltet sein können, allerdings typischerweise jenen entsprechen, wie sie ein Gesellschafter hat.[432] Bei Genussrechten hängt die Frage der Passivierungspflicht und der Bewertung eines etwa rückzuzahlenden Genussrechtskapitals grundsätzlich von den zu Grunde liegenden Vereinbarungen ab. Um im Überschuldungsstatus unberücksichtigt zu bleiben, muss das Genusskapital zwar nicht alle Merkmale des Eigenkapitals ausweisen, jedoch wenigstens die Merkmale, die das Eigenkapital zum Haftkapital machen (funktionaler Eigenkapitalbegriff). Wichtigste Merkmale sind hierbei die Nachrangigkeit im Insolvenz- oder Liquidationsfall gegenüber den erstrangigen Gläubigern, die Verlustteilnahme in voller Höhe, Dauerhaftigkeit (Langfristigkeit der Kapitalüberlassung) und die gewinnabhängige Vergütung.[433] Entsprechend können Genussrechte auf der Passivseite der Überschuldungsbilanz unberücksichtigt bleiben, wenn Kapitalrückzahlungen und Ausschüttungen auf Grund einer Rangrücktrittsvereinbarung nur aus künftigen Gewinnen oder einem Liquidationsüberschuss erfolgen dürfen. Kann das Genussrechtskapital dagegen nicht mehr als „Quasi-Eigenkapital" qualifiziert werden, weil zB mit Kündigungen und Rückzahlungen zu rechnen ist, hat eine Umgliederung in das Fremdkapital zu erfolgen und es besteht eine Passivierungspflicht auch im Überschuldungsstatus.[434] Zwar dürfen Genussrechte bei der AG nur auf Grund eines Hauptversammlungsbeschlusses ausgegeben werden (§ 221 Abs. 3 iVm Abs. 1 Satz 1 AktG). Dieser ist in der Regel aber nicht innerhalb der Insolvenzantragsfristen herbeizuführen. Fehlende Mitwirkung der Hauptversammlung berührt die schuldrechtliche Wirksamkeit der Genussrechtsausgabe jedoch nicht, da § 221 Abs. 1 Satz 1 AktG nur die Geschäftsführungsbefugnis, nicht aber die Vertretungsmacht des Vorstandes einschränkt, so dass die Ausgabe von Genussrechten, die ohne Beachtung dieser Vorschriften vorgenommen wird, gleichwohl rechtlich wirksam ist.[435] Der Vorstand (sowie gegebenenfalls der Aufsichtsrat) der Gesellschaft haftet jedoch nach Maßgabe der §§ 93, 116 AktG auf Schadenersatz, wenn er ohne die erforderliche Zustimmung (oder Ermächtigung) handelt, wobei es in Sanierungssituationen in der Regel aber am Eintritt eines Schadens mangeln wird.[436]

134 Die **Wandelanleihe** (Convertible Bond) ist eine Schuldverschreibung gem. § 221 Abs. 1 Satz 1 Hs. 1 Alt. 1 AktG, die dem Anleihegläubiger ein Recht auf Wandlung der Anleihe gegen Lieferung von Aktien der die Anleihe emittierenden Aktiengesellschaft (mit oder ohne Zuzahlung) einräumt. Wird die Anleihe zusätzlich mit einem Bezugsrecht auf Aktien verbunden, dann liegt eine **Optionsanleihe** (Warrant Bond) iSd § 221 Abs. 1 Satz 1 Hs. 1 Alt. 2 AktG vor (der Unterschied zwischen den beiden Anleihearten wird im Wesentlichen durch das Schicksal der Fremdkapitalkomponente im Fall der Ausübung des Wandlungs-/Optionsrechtes bestimmt: Während der Anleiheteil bei der Wandelanleihe durch die Wand-

[430] BFH DStR 2010, 2448 (2449).

[431] BGH NJW 2003, 3412 (3413).

[432] MüKoAktG/*Habersack* § 221 Rn. 64, 65; Gosch/*Gosch* § 8 Rn. 149; *Mock* NZI 2014, 102 (102).

[433] *Obermüller* Rn. 1.1160; *Cranshaw* ZInsO 2008, 421 (427).

[434] Uhlenbruck/*Mock* § 19 Rn. 169. Anders nur, wenn das Kündigungsrecht in den Genussscheinbedingungen so ausgestaltet ist, dass die Gesellschaft im Falle der Kündigung vom Genussrechtsinhaber die Ausübung des Umtauschrechts verlangen kann, vgl. *Stadler* NZI 2003, 579 (580).

[435] MüKoAktG/*Habersack* § 221 Rn. 150; *Hüffer/Koch* § 221 Rn. 52; *Krecek/Röhricht* ZIP 2010, 413 (419); *Stadler* NZI 2003, 579 (586).

[436] *Martin Obermüller* S. 152.

lung Anleihe gegen Aktien untergeht, besteht er bei der Optionsanleihe trotz des Aktienerwerbs fort). Die Wandel- und die Optionsanleihe vermitteln ebenso wenig wie das Genussrecht Mitgliedschaftsrechte an der Gesellschaft, sondern reine Gläubigerrechte und enthalten auch keine Anwartschaft auf mitgliedschaftliche Beteiligung, sondern ein ausschließlich schuldrechtlich wirkendes Wandlungs- oder Optionsrecht. Insoweit liegt keine rechtliche Mischform zwischen Anleihe und Aktie, wohl aber eine wirtschaftliche Mischform zwischen Eigen- und Fremdfinanzierung vor.[437] Handelsbilanziell liegt bei Wandel- und Optionsanleihe Fremdkapital vor, das auch in einem Überschuldungsstatus grundsätzlich zu berücksichtigen ist. Allerdings kann die Gläubigerforderung eine Nachrangregelung durch die Anleihebedingungen erfahren, was ihre Einsatzfähigkeit als hybrides Finanzierungsinstrument ermöglicht.[438] Nachteile von Wandel- und Optionsanleihe sind (neben einem großen Dokumentationsaufwand) die Notwendigkeit eines Hauptversammlungsbeschlusses (§ 221 Abs. 1 Satz 1 aE AktG).[439] Ist die Gesellschaft als GmbH strukturiert, können Wandel- und Optionsanleihen nicht ausgegeben werden, wenngleich diese schuldrechtlich durch entsprechende Vertragsgestaltung mit Gläubiger nachgebildet werden können, wodurch ein aus wirtschaftlicher Sicht gleichartiges Ergebnis zu erzielen ist.[440]

Der Inhaber eines Handelsgewerbes kann sich schließlich auch durch Aufnahme einer **stillen Beteiligung** finanzieren. Der Grundtypus der stillen Gesellschaft ergibt sich aus den §§ 230 ff. HGB iVm den §§ 705 ff. BGB, wonach die stille Gesellschaft eine Variante der BGB-Gesellschaft ist. Die mit stillen Beteiligungen verfolgten Zwecke sind verschieden gelagert und lassen sich auch nach unterschiedlichen Kriterien ordnen. Nur die gesetzliche Mindestvoraussetzung eines auf Gewinnerzielung aus dem Geschäftsbetrieb gerichteten gemeinsamen Zwecks ist unverzichtbar. Im Übrigen sind die Motive der Gesellschafter, die Zwecke der stillen Gesellschaft und deren vertragliche Ausgestaltung variabel.[441] Für eine stille Gesellschaft ist der Abschluss eines Gesellschaftsvertrages zwischen dem Inhaber des Unternehmens (Handelsgeschäft, Handelsgewerbe) und dem sich beteiligenden Dritten (stillen Gesellschafter) charakteristisch, auf Grund dessen der stille Gesellschafter an den Inhaber eine das Unternehmen fördernde Einlage erbringt.[442] Nach dem gesetzlichen Leitbild der (typischen) stillen Gesellschaft erhält der stille Gesellschafter einen Gewinn- oder Verlustanteil (§ 231 Abs. 1 HGB) und kann direkte Kontrollrechte wahrnehmen (§ 233 HGB). Zudem verfolgt er – im Gegensatz zum einfachen Darlehen – zusammen mit dem Geschäftsinhaber einen gemeinsamen Zweck. Da es dabei nicht zur Bildung einer Handelsgesellschaft oder eines Gesellschaftsvermögens kommt, kann der stille Gesellschafter in der Insolvenz auch seine Einlage als einfache Insolvenzforderung geltend machen und ist den anderen Gläubigern gegenüber grundsätzlich nicht nachrangig (§ 236 Abs. 1 HGB).[443] Die stille Gesellschaft ist stets Personen- und Innengesellschaft, kann selbst aber nicht Träger von Rechten und Pflichten sein. Der stille Gesellschafter leistet typischerweise eine Einlage, die in das Vermögen des Unternehmens übergeht, wodurch sich jedoch kein gesamthänderisches Gesellschaftsvermögen bildet.[444] Eine Eintragung der stillen Gesellschaft in das Handelsregister erfolgt nicht. 135

Durch die Verpflichtung des Unternehmens im Gesellschaftsvertrag, einen Teil des Gewinns an den stillen Gesellschafter abzuführen, werden stille Gesellschaften mit der AG oder KG aA gesellschaftsrechtlich als Teilgewinnabführungsverträge iSd § 292 Abs. 1 Nr. 2 AktG qualifiziert.[445] Folge dieser Einordnung ist ua, dass der Vertrag der Zustimmung der 136

[437] MüKoAktG/*Habersack* § 221 Rn. 28; *Zahn/Lemke* BKR 2002, 527 (532).

[438] MüKoBGB/*Habersack* § 793 Rn. 13. Nach Auffassung von *Hofert/Arends* ZIP 2005, 1297 (1300), zwar rechtlich möglich, in der Praxis aber kaum zu finden.

[439] *Schanz* BKR 2011, 410 (412/413).

[440] *Schrell/Kirchner* BKR 2003, 13 (19).

[441] MüKoHGB/*Schmidt* § 230 Rn. 70.

[442] Koller/Kindler/Roth/Drüen/*Koller* § 230 Rn. 2; Sudhoff/*Froning* § 43 Rn. 1.

[443] *Mock* DStR 2008, 1645 (1645).

[444] Gummert/Weipert/*Keul* § 72 Rn. 22.

[445] MüKoAktG/*Altmeppen* § 292 Rn. 65; *Hey* NZG 2004, 1097 (1097).

Hauptversammlung bedarf. Der Beschluss erfordert eine Mehrheit von 75 % des bei der Beschlussfassung vertretenen Grundkapitals (falls der Gesellschaftsvertrag nicht eine noch höhere Zustimmungsquote vorsieht). Bei der GmbH dagegen fällt der Abschluss eines Vertrages über die Begründung einer stillen Gesellschaft in die Kompetenz der Geschäftsführung.[446]

137 Bei der **typischen stillen Gesellschaft** nimmt der stille Gesellschafter gem. § 232 Abs. 2 HGB am Verlust der Gesellschaft nur bis zum Betrag seiner eingezahlten (oder rückständigen) Einlage teil. Zu Nachschüssen ist er genauso wenig verpflichtet, wie den gezogenen Gewinn wegen späterer Verluste zurückzuzahlen. Des Weiteren besteht ein schuldrechtlicher Anspruch auf das Auseinandersetzungsguthaben bei Beendigung der stillen Gesellschaft, im Insolvenzfall (§ 236 HGB) und in der Liquidation.[447] Wegen der damit einhergehenden fehlenden Privilegierung anderer Gesellschaftsgläubiger gegenüber dem typischen stillen Gesellschafter (eine Ausnahme stellt die Ausweitung der Anfechtungsmöglichkeit wegen inkongruenter Deckung aus § 136 InsO dar) kann seiner Einlage eine wirtschaftlich eigenkapitalähnliche Position nicht zugewiesen werden. Vielmehr ist die Einlage eher Darlehensgewährung und nicht Zufuhr haftenden Kapitals. Die Aufnahme typischer stiller Gesellschafter kann daher bei dem Vorliegen von Insolvenzgründen allenfalls den der Zahlungsunfähigkeit beseitigen, wegen der Passivierung seiner Einlage auch im Überschuldungsstatus aber nicht den der Überschuldung.[448]

138 Die **atypisch stille Gesellschaft** zeichnet sich dadurch aus, dass sie abweichend vom gesetzlichen Leitbild der §§ 230 ff. HGB gesellschaftsvertraglich besonders ausgestaltet wird. Die Atypik liegt dabei in der Regel darin, dass auf Grund von gesellschaftsvertraglichen Regelungen im Innenverhältnis durch Gewinn- und Verlustbeteiligung des Stillen in voller Höhe, nachrangige Befriedigung im Insolvenz- und Liquidationsfall, Informations- und Kontrollrechten sowie weitergehenden Einwirkungsmöglichkeiten auf die Geschäftsführung die Stellung des atypisch stillen Gesellschafters eine kommanditistische Gleichstellung erfährt.[449] In dieser Ausgestaltung wird der stille Gesellschafter wirtschaftlich so gestellt, als sei er wie ein Gesellschafter am Gesellschaftsvermögen und damit an etwaigen Zuwächsen desselben beteiligt.[450] Mit der atypischen stillen Beteiligung können demnach Eigenschaften des Eigen- und des Fremdkapitals miteinander verbunden werden. Da Referenz für das Gewinnbeteiligungsrecht nicht notwendigerweise der Bilanzgewinn der Gesellschaft sein muss, kann es in diesem Fall auch auf den Gewinn eines bestimmten Geschäftsfeldes oder einen Teilbereich des Unternehmens bezogen werden (sog. Tracking Stock Option[451]). Möglich und üblich ist zudem die gesonderte Vereinbarung von (Equity-)Kicker-Komponenten.[452] Ein Ausweis der Einlage des atypischen stillen Gesellschafters als bilanzielles Eigenkapital lässt sich dann begründen, wenn der stille Gesellschafter und der Inhaber des Handelsgeschäfts die Beteiligung längerfristig nicht kündigen können, der Rückzahlungsanspruch im Liquidationsfall erst nach Befriedigung aller Gläubiger und im Insolvenzfall nicht als Insolvenzforderung geltend gemacht werden kann (was eine von § 236 HGB abweichende vertragliche Regelung voraussetzt[453]), und die Einlage am Verlust in voller Höhe teilnimmt.[454] Des Abschlusses einer gesonderten Rangrücktrittserklärung

---

[446] *Schrell/Kirchner* BKR 2003, 13 (17).

[447] *Hofert/Arends* ZIP 2005, 1297 (1303).

[448] Gummert/Weipert/*Gaffron* § 84 Rn. 22.

[449] BGH NJW 1989, 982 (982); BGH NJW 2012, 3443 (3445); *Winnefeld* Kap. L Rn. 219; *Beuthien* NZG 2003, 849 (850).

[450] Mit der Folge, dass die Forderung des atypischen stillen Gesellschafters dem insolvenzrechtlichen Nachrang des § 39 Abs. 1 Nr. 5 InsO unterliegt, vgl. OLG Köln ZIP 2011, 2208 (2209); Uhlenbruck/*Hirte* § 39 Rn. 43.

[451] Zu den Gestaltungsmöglichkeiten von Tracking Stocks nach deutschem Aktienrecht vgl. *Tonner* IStR 2002, 317.

[452] *Schrell/Kirchner* BKR 2003, 13 (17); *Hofert/Arends* ZIP 2005, 1297 (1303).

[453] Gummert/Weipert/*Seffer/Erhardt* § 83 Rn. 45, 46.

[454] BeckBilKomm/*Schubert* § 247 Rn. 233.

über die Einlage bedarf es sodann, insbesondere zur Nichtberücksichtigung im Überschuldungsstatus, nicht mehr.[455]

Zur Vermeidung nachteiliger steuerlicher Konsequenzen[456] im Zusammenhang mit der Durchführung eines Debt Equity Swaps kann auch ein **„Debt Mezzanine Swap"** als Alternative eingesetzt werden. Dieser soll die positiven Folgen des Debt Equity Swaps für die Eigenkapitalquote des Unternehmens und für die Reduzierung der Verbindlichkeiten beibehalten, dessen nachteilige steuerliche Folgen jedoch vermeiden.[457] Ziel des Einsatzes eines Debt Mezzanine Swaps ist die Umwandlung von Forderungen (idR erstrangigen Darlehensforderungen) gegen die Gesellschaft in handelsbilanzielles Eigenkapital, das steuerlich aber als Fremdkapital ausgewiesen wird (steuerlich liegt bei entsprechender Ausgestaltung ein reiner Passivtausch ohne Gewinnauswirkungen vor). In der praktischen Anwendung bieten sich hierbei insbesondere Genussrechte an, die entsprechend strukturiert werden können. Damit diese handelsrechtlich tatsächlich als Eigenkapital bilanziert werden können, müssen die Kriterien Nachrangigkeit des Kapitals, Erfolgsabhängigkeit der Vergütung, Verlustteilnahme bis zur vollen Höhe, und Langfristigkeit der Kapitalüberlassung bei der Strukturierung des Genussrechtes beachtet werden. Im Gegensatz zum Debt Equity Swap, bei dem die eingebrachte Darlehensforderung gesetzlich als Folge von Abtretung oder Erlassvereinbarung erlischt, stellt der Umwandlungsvorgang eines Debt Mezzanine Swap eine Schuldnovation (Schuldumschaffung, Schuldersetzung) dar. Hierbei handelt es sich um die Verbindung der vertraglichen Aufhebung eines Schuldverhältnisses mit der Neubegründung eines anderen in der Weise, dass das neue an die Stelle des alten tritt mit der Folge, dass einerseits Einwendungen erlöschen, andererseits aber auch bestehende Sicherheiten entfallen.[458] 139

[455] MüKoHGB/*Schmidt* § 236 Rn. 8; EBJS/*Gehrlein* § 236 Rn. 15.

[456] Diese ergeben sich aus der Rspr. zur Anwendbarkeit des Sanierungserlasses (BMF-Schreiben v. 27.3.2003, BStBl. I 2003, 2140 = DStR 2003, 690) und der Anwendung des § 8c Abs. 1a KStG im Zusammenhang mit der Besteuerung etwaiger Sanierungsgewinne, vgl. *Hofert/Möller* GmbHR 2009, 527; *Mückl* GWR 2010, 262.

[457] *Oelke/Wöhlert/Degen* BB 2010, 299 (300).

[458] MüKoBGB/*Emmerich* § 311 Rn. 16; Jauernig/*Stadler* § 311 Rn. 20; *Hofert/Möller* GmbHR 2009, 527 (531).

32. Kapitel: Finanzierungen in der Insolvenz

Schrifttum: *Altmeppen,* Zur Insolvenzanfechtung einer Gesellschaftersicherheit bei Doppelsicherung, ZIP 2011, 741; *Altmeppen,* Das neue Recht der Gesellschafterdarlehen in der Praxis, NJW 2008, 3601; *Arends/Hofert-von Weiss,* Distressed M&A – Unternehmenskauf aus der Insolvenz, BB 2009, 1538; *Bader,* Dringender Reformbedarf beim Crowdinvesting!, WM 2014, 2249; *Balz/Landfermann,* Die neuen Insolvenzgesetze, 1995; Bankrecht und Bankpraxis (BuB), Loseblattsammlung, Stand Februar 2020; *Becker,* Insolvenzabhängige Vertragsbeendigungsklauseln in der neueren Rechtsprechung des BGH, ZInsO 2018, 1881; *Chr. Berger,* Insolvenzanfechtung der Nachbesicherung von Krediten, ZIP 2010, 2078; *K. P. Berger,* Fremdkapitalnahe Mezzanine-Finanzierungen, ZBB 2008, 92; *Berkowsky,* Vorfinanzierung von Insolvenzgeld – Mittel zur Sanierung insolventer Unternehmen?, NZI 2000, 253; *Bitter,* Anfechtung von Sicherheiten für Gesellschafterdarlehen nach § 135 Abs. 1 Nr. 1 InsO, ZIP 2013, 1497; *Bitter/Rauhut,* Zahlungsunfähigkeit wegen nachrangiger Forderungen, insbesondere aus Genussrechten, ZIP 2014, 1005; *Bork,* Genussrechte und Zahlungsunfähigkeit, ZIP 2014, 997; *Bork,* Anfechtung als Kernstück der Gläubigergleichbehandlung, ZIP 2014, 797; *Bork,* Insolvenz des Leasingnehmers und Sicherungsanordnung gemäß § 21 II 1 Nr. 5 InsO, NZI 2012, 590; *Buchalik/Hiebert,* Insolvenzanfechtung und Insolvenzplan – Sind Insolvenzanfechtungs-, Haftungs- und Erstattungsansprüche plandispositiv?, ZInsO 2014, 109; *Buchmann,* Die Insolvenz der Pfandbriefbank, WM 2009, 442; *Büchel,* Das neue Pfändungsschutzkonto in der Insolvenz des Schuldners, ZInsO 2010, 20; *Casse,* 5 Jahre P-Konto – Streitpunkte und offene Fragen, ZInsO 2015, 1033; *Casse,* Neue Überlegungen zum Giro- und P-Konto im Insolvenzverfahren, ZInsO 2012, 1402; *Classen,* Distressed M&A – Besonderheiten beim Unternehmenskauf aus der Insolvenz, BB 2010, 2898; *Cranshaw,* Bemerkungen zur Vorfinanzierung von Insolvenzgeld, ZInsO 2013, 1493; *Cranshaw,* Internationalisierung und Modernisierung – Bemerkungen zum geltenden und zum Referentenentwurf eines neuen Schuldverschreibungsgesetzes (SchVG), BKR 2008, 504; *Cranshaw/Steinwachs/Bruhn,* Problemfelder der Avale in Krise und Insolvenz des Avalauftraggebers, ZInsO 2013, 1005; *Cymutta,* Die Übergangsvorschriften in der Anfechtungsreform, NZI 2017, 471; *Dahl/Schmitz,* Das neue Insolvenzanfechtungsrecht, NJW 2017, 1505; *Dahl/Schmitz,* Eigenkapitalersatz nach dem MoMiG aus insolvenzrechtlicher Sicht, NZG 2009, 325; *Fleckner,* Das Refinanzierungsregister – Rechtsfolgen der Eintragung und Vorschläge zur Verbesserung, WM 2007, 2272; *Fleckner,* Das Refinanzierungsregister – Tatbestandliche Grenzen und Vorschläge zur Verbesserung, WM 2006, 697; *Fölsing,* Die Auswahl des Sachwalters in der Eigenverwaltung, ZInsO 2012, 2272; *Foerste,* Die Ausdehnung der Vorsatzanfechtung – ein rechtsstaatliches Problem, ZInsO 2013, 897; *Foerste,* § 26 Abs. 4 InsO – ein Zwischenruf, ZInsO 2012, 352; *Frind,* Anfechtungen im Verbraucherinsolvenzverfahren, ZInsO 2014, 1739; *Frind,* Die Begründung von Masseverbindlichkeiten im Eigenverwaltungseröffnungsverfahren, ZInsO 2012, 1099; *Frind,* Sechs Maßnahmen um die Sanierungsfunktion der InsO zu stärken, ZInsO 2010, 1161; *Frind,* Treuhandkonto – geeignete Umgehung der „Einzelermächtigung"?, ZInsO 2005, 1296; *Fuchs,* Grenzüberschreitende Forderungsanmeldungen im Insolvenzverfahren, NZI 2018, 9; *Ganter,* Das personengebundene Massedarlehen, ZIP 2013, 597; *Ganter,* Wiederaufleben von Sicherheiten nach Tilgung der gesicherten Hauptforderung durch Anfechtung, WM 2011, 245; *Ganter,* Die Rechtsprechung des BGH zum Insolvenzrecht, NZI 2011, 209; *Ganter,* Anfechtungsrisiken der Bank im Verkehr mit ihren von der Insolvenz bedrohten Kunden, NZI 2010, 835; *Gehrlein,* Neuere Entwicklungen zur Schenkungsanfechtung, ZInsO 2018, 2280; *Gehrlein,* Keine verschärfte Haftung minderjähriger Anfechtungsgegner, NZI 2017, 695; *Gehrlein,* Zur Gläubigerbenachteiligung als Grundvoraussetzung der Insolvenzanfechtung, ZInsO 2017, 128; *Gehrlein,* Banken – vom Kreditgeber zum Gesellschafter – neue Haftungsfallen? (Debt-Equity-Swap nach ESUG), NZI 2012, 257; *Gehrlein,* Das Eigenkapitalersatzrecht im Wandel seiner gesetzlichen Kodifikationen, BB 2011, 3; *Gehrlein,* Insolvenzanfechtung von an und durch Banken bewirkten Zahlungen, ZInsO 2010, 1857; *Geißler,* Von der Forderungsanmeldung bis zum Feststellungsprozess – Stationen und Stolpersteine bei der insolvenzrechtlichen Anspruchsbeitreibung, ZInsO 2019, 1633; *Geißler,* Die Ermächtigung des Schuldners im Schutzschirmverfahren nach § 270b Abs. 3 InsO – Systematik und Auswirkungen der Insolvenzgeldsicherung, ZInsO 2013, 531; *Günther,* Das Pfändungsschutzkonto in der Insolvenz des Bankkunden, ZInsO 2013, 859; *Herrlich/Merkel,* Die neuere Rechtsprechung des BGH zur Insolvenzanfechtung unentgeltlicher Leistungen im Mehrpersonenverhältnis – ein Irrweg?, WM 2010, 2343; *Hölzle,* Sanierende Übertragung – Besonderheiten des Unternehmenskaufs in Krise und Insolvenz, DStR 2004, 1433; *Hollinderbäumer,* Der Könner macht masselos „Konkurs" – Hintergründe und Lösungen, BB 2013, 1223; *Hopt,* Änderungen von Anleihebedingungen – Schuldverschreibungsgesetz, § 796 BGB und AGBG, WM 1990, 1733; *Horn,* Der gemeinsame Vertreter der Anleihegläubiger in der Insolvenz, BKR 2014, 449; *Horn,* Das neue Schuldverschreibungsgesetz und der Anleihemarkt, BKR 2009, 446; *Huber,* Der gesamtschuldnerisch haftende Darlehensnehmer in Krise und Insolvenz, NZI 2019, 97; *Huber,* Die vorinsolvenzliche Sanierungsbegleitung des Unternehmenskunden durch sein Kreditinstitut – ein steiniger Weg?, ZInsO 2018, 1761; *Huber,* Der Überbrückungskredit – ein Kredit für maximal 3 Wochen?, NZI 2016, 521; *Huber,* Die Bedeutung des Sanierungskonzepts für eine Kreditgewährung an den kriselnden Unternehmenskunden, NZI 2015, 489; *Huber,* Unternehmenskrise und die besonderen Anforderungen der Rechtsprechung für eine Kreditgewährung, NZI 2015, 447; *Huber,* Finanzierungsoptionen für ein Kreditinstitut im Insolvenzeröffnungsverfahren – unter besonderer Berücksichtigung der unechten Massekredite, NZI 2014, 439; *Huber,* Großer Wurf oder viel Lärm um nichts? Anmerkungen zum ESUG aus Sicht eines Kreditinstituts, ZInsO 2013, 1; *Huber,* Ist die Globalzession noch werthaltig?, ZInsO 2012, 1343; *Huber,* Das Bankgeheimnis in der Insolvenz des Kunden, ZInsO 2001, 289; *M. Huber,* Anfechtungsgesetz, 11. Aufl. 2016; *M. Huber,* Neues Anfechtungsrecht in InsO und AnfG, ZInsO 2017, 517; *M. Huber,* Unwirksamkeit von insolvenzbedingten Lösungsklauseln – Vertragspraxis, was nun?, ZIP 2013, 493; *M. Huber,* Konkurrierende Anfechtungsansprüche zu Gunsten verschiedener Insolvenzmassen im Dreiecksverhältnis oder: „Krieg der Insolvenzverwalter", NZI 2008, 149; *M. Huber,* Neues Verjährungsrecht für Insolvenzanfechtungsanspruch, ZInsO 2005, 190; *Kayser,* Rechtsfolgen der Insolvenzanfechtung, ZIP 2015, 449; *Kayser,* Vorsatzanfechtung im Spannungsverhältnis von Gläubigergleichbehandlung und Sanierungschancen, NJW 2014, 422; *Kieper,* Die Finanzsicherheiten-Richtlinie und ihre Umsetzung, ZInsO 2003, 1109; *Kindler/Bitzer,* Die Reform der Insolvenzanfechtung, NZI 2017, 369; *Kirchhof,* Gemeinsamkeiten von sowie Unterschiede zwischen Insolvenz- und Einzelgläubigeranfechtung, ZInsO 2013, 1813; *Kirchhof,* Gläubigeranfechtung gegen den Schuldner selbst?, ZInsO 2011, 2009; *Stürner/Eidenmüller/Schoppmeyer,* Münchener Kommentar zur Insolvenzordnung, 4. Aufl. 2019/2020 bzw. Bd. IV 3. Aufl. 2016; *Kleinschmidt/Burchard,* Auswirkungen des Verbundcharakters von Kreditvertrag und Restschuldversicherung in der Insolvenz des Darlehensnehmers, ZInsO 2011, 513; *Klinck,* Die Einzelermächtigung des Schuldners zur Begründung von Masseverbindlichkeiten in den Eigenverwaltungs-Eröffnungsverfahren nach §§ 270a und 270b InsO, ZInsO 2014, 365; *Klockenbrink,* Vollstreckung von Insolvenzanfechtungsansprüchen durch Zessionare, ZInsO 2011, 262; *Klöhn/Hornuf,* Die Regelung des Crowdfunding im RegE des Kleinanlegerschutzgesetzes, DB 2015, 47; *Klöhn/Hornuf/Schilling,* Crowdinvesting-Verträge, ZBB 2016, 142; *Klüter,* Die kollektive Vorfinanzierung von Arbeitsentgeltansprüchen in der Insolvenz des Arbeitgebers (Insolvenzgeldvorfinanzierung), WM 2010, 1483; *Knof,* Insolvenzbedingte Lösungsklauseln auf dem Prüfstand, DB 2013, 1769; *Kollrus,* Das Darlehen als Gegenstand der Deckungsanfechtung nach §§ 130, 131 InsO, MDR 2010, 1289; *Koppmann,* Die besondere Sicherheit des Pfandbriefs in der Insolvenz der Pfandbriefbank, WM 2006, 305; *Kreft,* Der Rechtsweg für Insolvenzanfechtungsklagen, ZIP 2013, 241; *Kremer/Fahlbusch,* Insolvenzgeld und Betriebsfortführung – Betriebsfortführung ohne Insolvenzgeld?, ZInsO 2015, 837; *Krüger/Wigand,* Die Zahlungsunfähigkeit im Anfechtungs- und Haftungsprozess, ZInsO 2011, 314; *Kuder/Obermüller,* Insolvenzrechtliche Aspekte des neuen Schuldverschreibungsgesetzes, ZInsO 2009, 2025; *Kusserow/Scholl,* Kreditderivate im Kraftfeld der BRRD – Die neuen Musterbedingungen für Kreditderivate, WM 2015, 360 (Teil I) u. 413 (Teil II); *Laroche,* Einzelermächtigung zur Begründung von Masseverbindlichkeiten durch den „schwachen" vorläufigen Insolvenzverwalter, NZI 2010, 965; *Laudenklos/Sester,* Mezzanine-Kapital als wirtschaftliches Eigenkapital im Ratingverfahren – Eine rechtliche Gestaltungsaufgabe, WM 2004, 2417; *Lehmann/Flöther/Gurlit,* Die Wirksamkeit von Close-out-netting-Klauseln in Finanzderivaten nach § 104 InsO n. F., WM 2017, 597; *Leuering,* Das neue Schuldverschreibungsgesetz, NZI 2009, 638; *Litten,* Working Capital Management: Kapitalmarktbasierte Auslagerung von Aktiva sowie Factoring und Forfaitierung, ZInsO 2014, 473; *Litten/Bell,* Kreditderivate – Neue Dokumentations-Standards als Reaktion auf die globale Finanzmarktkrise, ZInsO 2011, 2008; *Maier-Reimer,* Fehlerhafte Gläubigerbeschlüsse nach dem Schuldverschreibungsgesetz, NJW 2010, 1317; *Mansel/Budzikiewicz,* Verjährungsanpassungsgesetz: Neue Verjährungsfristen, insbesondere für die Anwaltshaftung und im Gesellschaftsrecht, NJW 2005, 321; *Marotzke,* Rechtsfolgen der insolvenzbedingten Auflösung von Finanzterminkontrakten, ZInsO 2019, 1341; *Marotzke,* Die Verfahrenskostenvorschusspflicht des GmbH-Geschäftsführers im Fall der Nichterfüllung seiner Insolvenzantragspflicht (§ 26 Abs. 4 InsO), ZInsO 2013, 1940; *Meller-Hannich,* Zu einigen rechtlichen Aspekten der „Share-Economy", WM 2014, 2337; *Mock,* Genussrechtsinhaber in der Insolvenz des Emittenten, NZI 2014, 102; *Mönning/Hage,* Regulierung von Fortführungsverbindlichkeiten mittels Treuhandkonto auch bei Masseunzulänglichkeit, ZInsO 2005, 1185; *Morshäuser/Falkner,* Unternehmenskauf aus der Insolvenz, NZG 2010, 881; *Münscher,* Forward-Darlehen, CRP 2014, 102; *Muschiol,* Insolvenzgeldvorfinanzierung – unter besonderer Würdigung der Eigenverwaltung (§ 270a InsO) und des Schutzschirmverfahrens (§ 270b InsO), ZInsO 2016, 248; *Nerlich/Römermann,* Insolvenzordnung, Loseblattsammlung, Stand Juli 2019; *Nietsch/Eberle,* Crowdinvesting – Welche Auswirkungen hat das geplante Kleinanlegerschutzgesetz?, DB 2014, 2575; *Nietsch/Eberle,* Bankaufsichts- und prospektrechtliche Fragen typischer Crowdfunding-Modelle, DB 2014, 1788; *Obermüller,* Insolvenzrecht in der Bankpraxis, 9. Aufl. 2016; *Obermüller,* Lösungsklauseln im Bankgeschäft, ZInsO 2013, 476; *Obermüller,* Das ESUG und seine Auswirkungen auf das Bankgeschäft, ZInsO 2011, 1809; *Obermüller,* Das Refinanzierungsregister, ZInsO 2005, 1079; *Obermüller/Hartenfels,* Finanzsicherheiten, BKR 2004, 440; *Obermüller/Obermüller,* Obergerichtliche Rechtsprechung des Jahres 2010 zur Position von Banken in einer Insolvenz ihres Kunden, ZInsO 2011, 697; *Onusseit,* Die Rechtshandlung im Gläubigeranfechtungsrecht, ZInsO 2010, 2022; *Oppenheim/Bögeholz,* Der qualifizierte Rangrücktritt in AGB – Zivilrechtliche Grenzen für Crowdfunding-Modelle, BKR 2018, 504; *Oppermann/Smid,* Ermächtigung des Schuldners zur Aufnahme eines Massekredites zur Vorfinanzierung des Insolvenzgeldes im Verfahren nach § 270a InsO, ZInsO 2012, 862; *Oswald,* Die Risiken der Banken bei der Vergabe von Sanierungskrediten an Unternehmen nach Aufhebung ihres Insolvenzplanverfahrens, NZI 2018, 825; *Palandt* (Hrsg.), BGB, 79. Aufl. 2020; *Pape,* Anfechtungsrecht 2017 – Abschied von der Insolvenzrechtsreform auf Raten, ZInsO 2018, 296; *Paul,* Rechtsprechungsübersicht zum Insolvenzplanverfahren, ZInsO 2011, 610; *Paulus,* Durchbrechung der Grundsätze der eingeschränkten Erwerberhaftung beim Asset Deal für Insolvenzforderungen aufgrund von § 25 HGB, ZInsO 2011, 162; *Peters/Wehrt,* Der Forward-Darlehensvertrag, WM 2003, 1509; *Poelzig,* Nachrangdarlehen als Kapitalanlage – Im „Bermuda-Dreieck" von Bankaufsichtsrecht, Kapitalmarktrecht und AGB-Recht, WM 2014, 917; *Reiner/Schacht,* Credit Default Swaps und verbriefte Kreditforderungen in der Finanzmarktkrise, WM 2010, 337 u. 385; *Renner,* „Banking without

Banks"? Rechtliche Rahmenbedingungen des Peer-to-Peer Lending, ZBB 2014, 261; *Ries,* Zersplitterung statt Rechtsvereinheitlichung (!) – Warum vergisst der Gemeinsame Senat der obersten Gerichtshöfe seine gesetzlichen Grundlagen (?), ZInsO 2010, 2382; *Rösler,* Forward-Darlehen und Darlehen mit Zins-Cap, WM 2000, 1930; *Römermann,* Neues Insolvenz- und Sanierungsrecht durch das ESUG, NJW 2012, 645; *Schimansky/Bunte/Lwowski,* Bankrechts-Handbuch, 5. Aufl. 2017; *Schmalenbach/Sester,* Voraussetzungen und Rechtsfolgen der Eintragung in das neu geschaffene Refinanzierungsregister, WM 2005, 2025; *Schmeisser/Clausen,* Mezzanines Kapital für den Mittelstand zur Verbesserung des Ratings, DStR 2008, 688; *Schmid-Burgk/Ditz,* Die Refinanzierung beim Leasing nach der Insolvenzrechtsreform, ZIP 1996, 1123; *K. Schmidt,* Insolvenzeröffnung mit Massekostenvorschuss – Vor einer neuerlichen Änderung des § 26 InsO, NJW 2011, 1255; *Schoppmeyer,* Rechtssystematische Überlegungen zum Insolvenzanfechtungsrecht nach der Reform, WM 2018, 301, 353; *Schumacher-Hey,* Anfechtung nach Anfechtungsgesetz und Insolvenzordnung in Auswirkung auf die notarielle Praxis, RNotZ 2004, 544; *Stapper/Schädlich,* Betriebsfortführung durch den (vorläufigen) Insolvenzverwalter, ZInsO 2011, 249; *Staufenbiel/Karlstedt,* Der Liquiditätsplan im Insolvenzverfahren, ZInsO 2010, 2059; *Stiller,* Anfechtung einer Kontokorrentverrechnung und Aufspaltung in Anfechtungszeiträume, ZInsO 2011, 87; *Strotmann/Tetzlaff,* Besicherung von Massekrediten aus Sicht des Kreditinstituts, ZInsO 2011, 559; *Sutter/Fiedler,* Rechtliche Einordnung der Rangrücktrittsvereinbarung als Teil der Gläubigervereinbarung (Intercreditor Agreement), ZInsO 2011, 552; *Thole,* Das Reformgesetz zur Insolvenzanfechtung, ZIP 2017, 401; *Thole,* Die Disposition über Insolvenzanfechtungsansprüche im Regelverfahren und im Insolvenzplan, ZIP 2014, 1653; *Thole,* Die Restrukturierung von Schuldverschreibungen im Insolvenzverfahren, ZIP 2014, 293; *Thole,* Die Kritik an der Ausdehnung der Vorsatzanfechtung auf dem Prüfstand, ZIP 2013, 2081; *Thom/Josenhans/Danzmann,* Venture Debt – Grundlagen, Struktur und Vertragsgestaltung von Kreditfinanzierungen für Start-ups, WM 2018, 2162; *Trowski,* Der „unechte" Massekredit in der vorläufigen Eigenverwaltung nach § 270a InsO aus Sicht der finanzierenden Bank, WM 2014, 1257; *Uhlenbruck,* Insolvenzordnung, 15. Aufl. 2019; *Undritz,* Ermächtigung und Kompetenz zur Begründung von Masseverbindlichkeiten beim Antrag des Schuldners auf Eigenverwaltung, BB 2012, 1551; *Vallender,* Die originäre Anfechtungsbefugnis des Insolvenzverwalters im reformierten Verbraucherinsolvenzverfahren, NZI 2014, 535; *Vallender,* Gesetz zur weiteren Erleichterung der Sanierung von Unternehmen (ESUG) – Das reformierte Plan- und Eigenverwaltungsverfahren, MDR 2012, 125; *Vogel,* Zahlungsunfähigkeit und Insolvenz des Leasingnehmers bei Flugzeug- und Mobilienleasing: Auswirkungen auf das Leasingverhältnis und die Finanzierung des Leasinggebers, NZI 2018, 588; *Wazlawik,* Dreiecksverhältnis und Doppelinsolvenz – Jeder gegen jeden?, NZI 2010, 881; *Wehrhahn,* Unternehmensfinanzierung durch Schuldscheindarlehen, BKR 2012, 363; *Weitnauer/Parzinger,* Das Crowdinvesting als neue Form der Unternehmensfinanzierung, GWR 2013, 153; *Werres,* Gläubiger im Insolvenzeröffnungsverfahren – Massegläubiger oder Treuhandmodell, ZInsO 2005, 1233; *Willemsen/Kühn,* Gesetz zur Verbesserung der Rechtssicherheit bei Anfechtungen – Ende gut, alles gut?, BB 2017, 649; *Wimmer,* Gläubigerautonomie und Insolvenzanfechtung, ZIP 2013, 2038; *Windel,* Modelle der Unternehmensfortführung im Insolvenzeröffnungsverfahren, ZIP 2009, 101; *Wittig,* Die Bedeutung der „Schenkungsanfechtung" (§ 134 InsO) für das Kreditgeschäft, NZI 2005, 606; *Wittig,* Kreditfinanzierung der Unternehmensfortführung im Insolvenzverfahren, DB 1999, 197; *Wittig,* Insolvenzordnung und Konsumentenkredit, WM 1998, 157 u. 209; *Zimmermann,* Beschlussfassung des Gläubigerausschusses/der Gläubigerversammlung bzgl. besonders bedeutsamer Rechtshandlungen (§ 160 InsO), ZInsO 2012, 245; *Zimmermann,* § 26 Abs. 4 InsO oder: Was das ESUG, der Gesetzgeber und Aristoteles Onassis gemeinsam haben, ZInsO 2012, 396.

Übersicht

I. Vorbemerkung

Bleiben außergerichtliche Sanierungsbemühungen erfolglos oder sind sie von vornherein aussichtslos und/bzw. liegen Insolvenzantragsgründe vor, wird die Durchführung eines Insolvenzverfahrens virulent. Dies setzt die **Stellung eines Insolvenzantrages** beim Insolvenzgericht voraus. Mit Antragstellung wird der Finanzierungsschuldner dem „Regime" der **Insolvenzordnung (InsO)** unterstellt. Als „Gesamtvollstreckungsverfahren" enthält sie Normen, die sich insbesondere auf vertragliche Beziehungen wie bestehende Finanzierungsverträge auswirken (können). Dies wird nachstehend unter „II. Bestehende Finanzierungen" dargestellt. Daneben stellt sich während eines (vorläufigen) Insolvenzverfahrens immer wieder die Frage, ob und wie neue Finanzierungsverträge zustande kommen können, zB weil im (vorläufigen) Insolvenzverfahren Finanzierungsbedarf entsteht oder weil Dritte im Insolvenzplanverfahren als neue Finanzierungsgläubiger eingebunden werden sollen. Darauf wird unter „IV. Neue Finanzierungen im (vorläufigen) Insolvenzverfahren" eingegangen. Zwischen diesen beiden Abschnitten soll unter „III. Anfechtungen innerhalb und außerhalb des Insolvenzverfahrens" erläutert werden, wie sich vor allem die insolvenzrechtlichen Anfechtungsvorschriften auf Finanzierungsverträge auswirken können. Ein Insolvenzantrag ist also der **„Einschnitt"** zwischen außer- bzw. vorgerichtlicher Sanierung und der gerichtlichen Gesamtvollstreckung, sei es zur Sanierung oder sei es zur Liquidierung (s. a. § 1 InsO); dem folgt auch die anschließende Darstellung. Mit der Antragstellung ist somit „die Wupper überschritten",[1] so dass zu klären bleibt, wie es – um im Bild zu bleiben – auf der anderen Seite des Flusses mit (bestehenden oder neu abzuschließenden) Finanzierungsverträgen sowie mit – insbesondere insolvenzrechtlichen – Anfechtungstatbeständen aussieht. 1

II. Bestehende Finanzierungen

Die Stellung eines – für die Durchführung eines Insolvenzverfahrens nach der InsO erforderlichen – Antrages auf Eröffnung eines Insolvenzverfahrens nach §§ 13 ff. InsO kann zu verschiedenen Verfahrensabschnitten bzw. zu bestimmten Maßnahmen des Insolvenzgerichtes führen. ZB ist einem Insolvenzverfahren regelmäßig ein Insolvenzeröffnungsverfahren zur Prüfung der Verfahrensvoraussetzungen vorgeschaltet, wobei das Insolvenzgericht bestimmte vorläufige Maßnahmen (vgl. §§ 21 ff. InsO) anordnen kann; das Gesetz zur weiteren Erleichterung der Sanierung von Unternehmen (ESUG)[2] hat für die Eigenverwaltung eigene Bestimmungen für das Eröffnungsverfahren (vgl. §§ 270a f. InsO) implementiert, die damit wie auch ein Verbraucherinsolvenzverfahren teilweise durchaus „eigenen Gesetzen" folgt[3]. Nachfolgend wird demzufolge auf **einzelne Verfahrensabschnitte** 2

[1] Eine Erklärung für diese Redensart ist „insolvenzrechtlich" geprägt: Im 19. Jahrhundert wurde auf einer Insel in der Wupper im heutigen Wuppertal ein neues Gerichtsgebäude gebaut; musste ein Geschäftsmann seinen Bankrott bei diesem Gericht anmelden, musste er dazu „über die Wupper gehen". Andere Erklärungen finden sich zB bei Wagner, Schwein gehabt! – Redewendungen des Mittelalters, 27. Aufl. 2015, S. 63.

[2] Vom 7.12.2011, BGBl. I 2011, 2582.

[3] Diese „eigenen Gesetze" sind beim Verbraucherinsolvenzverfahren – gegenläufig zur Eigenverwaltung – durch das Gesetz zur Verkürzung des Restschuldbefreiungsverfahrens und zur Stärkung der Gläubigerrechte v. 17.7.2013, BGBl. I 2013, 2379, reduziert worden. ZB ist durch die Streichung der Vorschriften der §§ 312 – 314 InsO zum 1.7.2014 eine deutliche Anpassung an das Regelinsolvenzverfahren erfolgt; → Rn. 148.

bzw. insolvenzgerichtliche Maßnahmen abgestellt, soweit sich insbesondere aus letzteren Auswirkungen auf das „Schicksal" der zum Zeitpunkt der Antragstellung bestehenden Finanzierungsverträge ergeben (können). Begonnen wird mit den „klassischen" Finanzierungen, also den „reinen" Gelddarlehen oder auch Zahlungskrediten;[4] nach einer Erörterung der „allgemeingültigen" insolvenzrechtlichen Auswirkungen[5] sollen die Ergebnisse anschließend in einer Einzelbetrachtung[6] bei den in der Praxis bedeutsamen „klassischen" (Geld-)Finanzierungsverträgen ggf. mit Hinweis auf Besonderheiten angewendet werden. Danach[7] folgt eine Darstellung des insolvenzrechtlichen Schicksals weiterer in der Praxis wichtiger Finanzierungsformen. Dabei steht dem Finanzierungsschuldner ganz überwiegend als Finanzierungsgläubiger ein „klassisches" Kreditinstitut oder ein Spezialinstitut gegenüber, wovon nachstehend ausgegangen wird. In der jüngeren Vergangenheit haben sich Finanzierungsformen wie zB Venture Debt[8] oder Crowdlending als Form des Crowdfunding[9] entwickelt, wobei letztere Finanzierungsform regelmäßig über sog. Plattformen Gelder einsammelt bzw. investiert und ohne (direkte) Einschaltung von Kredit- bzw. Spezialinstituten auskommt[10]. Soweit sie überhaupt als Finanzierungen und nicht als Kapitalanlagen anzusehen sind[11], gelten die Ausführungen zur Einordnung der jeweiligen Kreditvergabe und den daraus folgenden insolvenzrechtlichen Implikationen sinngemäß[12].

1. „Klassische" Finanzierungen in den verschiedenen Verfahrensstadien der InsO

3 **a) Einführung.** Die „klassische" **Geldkreditvergabe** kommt in der Praxis im Wesentlichen in zwei Gestaltungsformen[13] – wenn auch in diversen, teils ineinander übergreifenden Varianten und mit den unterschiedlichsten „Produkt-Bezeichnungen" – vor, zum einen als Krediteröffnungsvertrag und zum anderen als „echter" Darlehensvertrag; diese beiden Gestaltungsformen sind auch für die nachstehende Betrachtung von entscheidender Bedeutung.

4 Der **Krediteröffnungsvertrag**[14] ist ein Vertrag zwischen Kreditinstitut und Darlehensnehmer, der dem Darlehensnehmer regelmäßig bis zu einer vereinbarten Grenze das Recht einräumt, vom Kreditinstitut die Zur-Verfügung-Stellung von Geldbeträgen und die Rück-

---

[4] Die Darstellung folgt grds. der gebräuchlichen – und auch nach der Definition in § 1 Abs. 1 S. 2 Nr. 2 KWG „indizierten" – Unterscheidung des „Kredites" in Geld- und Haftungskredite und geht anschließend auf andere „Finanzierungsformen" ein; s. a. BankR-HdB/*Pamp* § 75 Rn. 2 ff. „Kredit" und „Darlehen" werden, soweit es im Text nicht anders erwähnt wird, synonym verwendet; s. a. BankR-HdB/*Pamp* § 75 Rn. 7.

[5] → Rn. 7 ff.

[6] → Rn. 22 ff.

[7] → Rn. 39 ff.

[8] Vgl. dazu zB *Thom/Josenhans/Danzmann* WM 2018, 2162 ff.

[9] So *Meller-Hannich* WM 2014, 2337 (2343). Oft wird nur von Crowdfunding oder von Crowdinvesting gesprochen, wobei letzteres eine besondere Form der Unternehmensfinanzierung sein soll, s. zB *Weitnauer/Parzinger* GWR 2013, 153. Das Kleinanlegerschutzgesetz v. 3.7.2015, BGBl. I 2015, 1114 spricht auch von „Schwarmfinanzierung", vgl. im geänderten VermAnlG § 2a Befreiungen für Schwarmfinanzierungen.

[10] Nach dem EU-Kommissionsvorschlag für eine Verordnung des europäischen Parlaments und des Rates über Europäische Crowdfunding-Dienstleister für Unternehmen v. 8.3.2018, COM(2018) 113 final, S. 1, kann Crowdfunding zu einer „wichtigen Finanzierungsquelle neben den Banken" werden bzw. „eine Alternative zu unbesicherten Bankkrediten bieten".

[11] Zum Crowdlending vgl. *Klöhn/Hornuf* DB 2015, 47 f.; *Meller-Hannich* WM 2014, 2337; *Bader* WM 2014, 2249; *Renner* ZBB 2014, 261; *Nietsch/Eberle* DB 2014, 1788 u. 2575; *Weitnauer/Parzinger* GWR 2013, 153; zur Entwicklung und praktischen Bedeutung ausführlich *Klöhn/Hornuf/Schilling* ZBB 2016, 142. Venture Debt kann sowohl als Kredit als auch als Inhaberschuldverschreibung gewährt werden, vgl. *Thom/Josenhans/Danzmann* WM 2018, 2162 (2164).

[12] Zu Insolvenzen beim Crowdfunding s. *Klöhn/Hornuf* DB 2015, 47.

[13] Vgl. auch BankR-HdB/*Pamp* § 75 Rn. 8 ff.; BuB/*Früh* Rn. 3/5b; Palandt/*Weidenkaff* Vorb. v. § 488 Rn. 22 ff.

[14] Dazu BankR-HdB/*Pamp* § 77 Rn. 1 ff.; BuB/*Früh* Rn. 3/9 ff. u. BuB/*Früh/Müller-Arends* Rn. 3/187 ff.

führung der abgerufenen Geldbeträge wiederholt zu beanspruchen, ohne dass eine Verpflichtung zum Abruf von einzelnen Geldbeträgen besteht;[15] die gebräuchlichsten Bezeichnungen dafür sind Kontokorrentkredit, (Betriebsmittel-)Kreditlinie, Dispositionskredit, Kreditrahmenvertrag oder Überziehungskredit.[16] Der Abruf der einzelnen Beträge erfolgt entweder über das „laufende Konto“[17] oder aber durch das Zustandekommen eines weiteren eigenständigen Darlehensvertrages, der – zumindest für die nachstehenden Erörterungen – den Regeln des „echten“ Darlehens unterliegt. In der Praxis kommen beim Krediteröffnungsvertrag im Hinblick auf seine mögliche Ausnutzung auch sog **Mischformen** vor; so kann zB neben der Zur-Verfügung-Stellung von Geldbeträgen auch die Inanspruchnahme durch einen Haftungskredit, meistens in der Form von Seiten des Kreditinstitutes hinauszulegender Avale, vereinbart werden.[18] Die insolvenzrechtliche Behandlung der einzelnen Mischform richtet sich nach den für sie geltenden Regeln.

Der „echte“ **Darlehensvertrag**[19] oder auch Festbetragskredit[20] zeichnet sich durch die Auszahlung des vereinbarten Darlehensbetrages in einer oder mehreren Tranchen aus; eine wiederholte Inanspruchnahme ist nicht vereinbart, vielmehr erfolgt die Rückführung je nach Vereinbarung in Raten oder am Ende der Vertragslaufzeit[21]. Bezeichnungen für diese Gestaltungsform sind gerade im Privatkundengeschäft Legion. Der Darlehensbetrag wird üblicherweise über ein eigenes Darlehenskonto gebucht. Nachstehend wird – soweit dies zur Abgrenzung wegen der unterschiedlichen Auswirkungen erforderlich ist – von Krediteröffnungsvertrag bzw. Festbetragsdarlehen gesprochen. 5

Soweit in Einzelfällen – dies sei der Vollständigkeit halber erwähnt – ein **Darlehensvorvertrag**[22] vorgeschaltet sein sollte, müsste sich hieraus eine Verpflichtung zum Abschluss des Darlehensvertrages herleiten lassen. In der Praxis ist es allerdings nicht üblich, verpflichtende Vorverträge abzuschließen. 6

b) Antragstellung. Die Stellung eines Antrags auf Eröffnung eines Insolvenzverfahrens (§ 13 InsO) kann zu vorläufigen Maßnahmen des Insolvenzgerichtes führen, die eine Beeinträchtigung der Verfügungsbefugnis des Schuldners mit sich bringen können. Da bis zu deren Anordnung keine Einschränkung der Verfügungsbefugnis vorliegt, hat der Antrag als solcher **keine Auswirkungen** auf bestehende Verträge. Demzufolge kann bei einem noch nicht ausgenutzten Krediteröffnungsvertrag der Kreditnehmer weitere Beträge abrufen bzw. es besteht bei einem gewährten, aber noch nicht (vollständig) ausgezahlten Festbetragsdarlehen grundsätzlich weiterhin die Pflicht der Bank zur Auszahlung; auch Zins- und Tilgungsleistungen sind von ihr vertragsgemäß entgegen zu nehmen. 7

Allerdings gibt die Antragstellung der Bank die Möglichkeit, zu diesem Zeitpunkt noch bestehende Krediteröffnungsverträge bzw. Festbetragsdarlehen außerordentlich aus wichtigem Grund nach § 490 BGB bzw. nach Nr. 19 Abs. 3 AGB-Banken (= Nr. 26 Abs. 2 AGB-Sparkassen) bzw. nach üblicherweise gleichlautenden vertraglichen Sonderbestim- 8

[15] S. a. BGH NJW 2004, 1444 (1445).

[16] Als „Eingeräumte Überziehungsmöglichkeit“ bzw. – vor der Änderung durch das VerbrKrRL-UG v. 29.7.2009, BGBl. I 2009, 2355 – als „Überziehungskredit“ (§ 493 BGB aF) hat diese Bezeichnung auch Eingang in das Verbraucherdarlehensrecht in § 504 BGB gefunden.

[17] So durchaus lebensecht der Gesetzgeber in § 504 Abs. 1 BGB für die „Eingeräumte Überziehungsmöglichkeit“; in der Praxis wird es auch Kontokorrentkonto, Girokonto oder Geschäftskonto genannt, seltener Zahlungskonto (§ 675f Abs. 2 S. 1 BGB). Grundlage ist ein Zahlungsdiensterahmenvertrag gem. § 675f ff. BGB iVm einer Kontokorrentabrede gemäß § 355 HGB, vgl. zB *Ganter* NZI 2010, 835.

[18] Nicht zu behandeln ist die Frage, ob derartige Mischformen in einem Vertrag vereinbart werden sollten. Vgl. ferner → Rn. 22.

[19] Dazu BankR-HdB/*Pamp* § 76 Rn. 1 ff.; BuB/*Früh/Müller-Arends* Rn. 3/209 ff.

[20] So BuB/*Früh* Rn. 3/5b.

[21] Hierunter fallen auch partiarische Darlehen, dazu nur Palandt/*Weidenkaff* Vorb. v. § 488 Rn. 20; beim Crowdfunding (→ Rn. 2) sind sie derzeit die präferierte Anlageform, so *Klöhn/Hornuf/Schilling* ZBB 2016, 142 (145); vgl. auch *Oppenheim/Bögeholz* BKR 2018, 504; *Klöhn/Hornuf* DB 2015, 47 f.; *Meller-Hannich* WM 2014, 2337 (2344); *Bader* WM 2014, 2249 f.; *Nietsch/Eberle* DB 2014, 1788.

[22] Dazu BankR-HdB/*Pamp* § 76 Rn. 7; BuB/*Früh* Rn. 3/10b.

mungen, u. z. wegen wesentlicher Verschlechterung der wirtschaftlichen Verhältnisse fristlos zu kündigen[23]. Da Nr. 19 Abs. 3 AGB-Banken bzw. gleichlautende Sonderbestimmungen – insolvenzunabhängig – lediglich den Wortlaut des § 490 Abs. 1 BGB wiedergeben, liegt keine nach § 119 InsO unwirksame Lösungsklausel[24] und daher auch keine unwirksame Kündigungserklärung vor[25]. Dagegen wird zB in Nr. 26 Abs. 2 AGB-Sparkassen auf die Zahlungseinstellung und damit auf einen insolvenzabhängigen Lösungstatbestand abgestellt[26]; da nach dem BGH eine insolvenzabhängige Lösungsklausel allerdings dann wirksam sein soll, „wenn die Vereinbarung einer gesetzlich vorgesehenen Lösungsmöglichkeit entspricht"[27], dürfte dieser Lösungstatbestand zumindest dann zu einer wirksamen Kündigung führen, wenn einschlägige Kreditverträge entweder nach §§ 115, 116 InsO mit Verfahrenseröffnung erlöschen[28] oder zu diesem Zeitpunkt Fälligkeit gemäß § 41 InsO eintritt[29] und somit der die Entscheidung des BGH tragende Grund – das Wahlrecht des Insolvenzverwalters nach § 103 InsO darf durch eine insolvenzabhängige Lösungsklausel nicht ausgeschlossen werden[30] – nicht relevant ist[31]. Empfehlenswert erscheint, zumal dies ausreichend sein dürfte, eine Kündigungsklausel alleine an § 490 BGB auszurichten[32]. In der Praxis wird spätestens zum Zeitpunkt der Antragstellung die **Kündigung** ausgesprochen,[33] um auch späteren Auszahlungsverlangen (zB von – vorläufigen – Insolvenzverwaltern oder dem Insolvenzschuldner in Verfahren nach § 270a f. InsO) einen Riegel vorzuschieben.[34] Der gekündigte Vertrag endet mit Zugang der Kündigung und der Anspruch der Bank auf Rückzahlung eines ausgezahlten Darlehens bzw. der unter einem Krediteröffnungsvertrag gewährten Beträge wird fällig, ferner kann die Bank bei Nichtrückführung künftig Verzugszinsen verlangen und gestellte Sicherheiten verwerten. Mangels Auswirkung der Antragstellung auf die Verpflichtungs- und Verfügungsbefugnis wäre auch ein neuer Vertragsschluss mit dem Schuldner denkbar; dies kommt aber in diesem Stadium wegen erheblicher rechtlicher und wirtschaftlicher Probleme regelmäßig nicht mehr vor.[35]

---

[23] Dies gilt auch für Verbraucherdarlehensverträge → Rn. 32. § 498 BGB sperrt diese Kündigungsmöglichkeit also nicht.

[24] Vgl. dazu BGH NZI 2013, 178 f. (Rn. 10 ff.); s. a. BGH NZI 2016, 532 f. (Rn. 14 u. Rn. 25).

[25] *Obermüller* ZInsO 2013, 476 (478 f.); *M. Huber* ZIP 2013, 493 (497); *Knof* DB 2013, 1769 (1772); vgl. auch *Becker* ZInsO 2018, 1881 (1884 f.).

[26] Dazu *Becker* ZInsO 2018, 1881 (1885) (Rn. 29).

[27] BGH NZI 2013, 178 (179) (Rn. 13); s. a. BGH NZI 2016, 532 (533) (Rn. 25).

[28] → Rn. 14.

[29] → Rn. 17.

[30] BGH NZI 2013, 178 (179) (Rn. 13); ebenso BGH NZI 2016, 532 (Rn. 14).

[31] Ebenso *Obermüller* ZInsO 2013, 476 (479); ähnlich *M. Huber* ZIP 2013, 493 (498); *Knof* DB 2013, 1769 (1772).

[32] *M. Huber* ZIP 2013, 493 (499).

[33] *Huber* NZI 2014, 439 (441 f.); *ders.* ZInsO 2012, 1343 (1352); *Wittig* DB 1999, 197 (198). Will der Insolvenzschuldner in das sog. Schutzschirmverfahren nach § 270b InsO, wird ein Kreditinstitut trotz der Erwartung des Gesetzgebers, dass eine entsprechende Verständigung im Vorfeld stattgefunden hat (vgl. BegrRegE ESUG, BT-Drs. 17/5712, 60), zumindest dann eine Kündigung aussprechen, wenn Sicherheiten am Umlaufvermögen bestellt sind; gleichzeitig wird das Kreditinstitut die Einziehungs- bzw. Weiterverarbeitungs- und Veräußerungsbefugnis widerrufen, um die Gefahr zu vermeiden, dass ansonsten „neu entstehendes" Sicherungsgut nach der höchstrichterlichen Rechtsprechung anfechtbar ist, vgl. *Huber* ZInsO 2013, 1 (7); s. a. *Obermüller* ZInsO 2011, 1809 (1818 f.). Da das Schutzschirmverfahren nach § 270b Abs. 1 S. 1 InsO voraussetzt, dass der Insolvenzschuldner zum Zeitpunkt der Antragstellung noch nicht zahlungsunfähig ist, sollte zur Vermeidung einer mit der Kündigung einhergehenden Zahlungsunfähigkeit ggf. darauf geachtet werden, dass die Kündigungserklärung erst nach Antragstellung zugeht. Absprachen wie zB eine Stundung oder hinsichtlich bestehender Sicherheiten sollten zu einem so frühen Zeitpunkt dagegen nur im Ausnahmefall getroffen werden, um als Gläubiger im späteren Verfahrensablauf nicht ggf. handlungsunfähig zu sein.

[34] Besteht ein fälliger Auszahlungsanspruch, der durch die Kündigung erlischt, kann ein Kreditinstitut nach Verfahrenseröffnung nicht durch eine Anfechtung zur Zahlung an die Insolvenzmasse gezwungen werden, vgl. BGH WM 2012, 716 (717) (Rn. 12).

[35] Vgl. auch *Obermüller* Rn. 5.612, Rn. 5.623 und Rn. 5.626. Zu Finanzierungen mit dem vorläufigen Insolvenzverwalter → Rn. 158 ff.

c) Anordnung vorläufiger Maßnahmen durch das Insolvenzgericht. Ein zulässiger[36] Insolvenzantrag führt im **Regelinsolvenzverfahren** regelmäßig zur **Anordnung von vorläufigen Maßnahmen** gemäß § 21 ff. InsO durch das Insolvenzgericht, um bis zur Entscheidung, ob ein Verfahren zu eröffnen ist, „eine den Gläubigern nachteilige Veränderung in der Vermögenslage des Schuldners zu verhüten" (§ 21 Abs. 1 S. 1 InsO). Aus der Sicht von Finanzierungsgläubigern geht es dabei neben einem sog Einziehungs- und Verwertungsstopp nach § 21 Abs. 2 S. 1 Nr. 5 InsO[37] insbesondere um die Bestellung eines vorläufigen Insolvenzverwalters nach § 21 Abs. 2 S. 1 Nr. 1 InsO sowie um die Anordnung entweder eines allgemeinen Verfügungsverbotes oder eines Zustimmungsvorbehaltes nach § 21 Abs. 2 S. 1 Nr. 2 InsO[38]. Unter den Voraussetzungen der §§ 270a f. InsO wird bei einem Antrag auf ein **Eigenverwaltungsverfahren** „nur" ein vorläufiger Sachwalter bestellt; daneben sollen keine Verfügungsbeschränkungen angeordnet werden. Soweit es nach Anordnung der vorläufigen Eigenverwaltung nach §§ 270a f. InsO während des Vorverfahrens zur Aufhebung dieser Anordnung – zB nach § 270b Abs. 4 InsO – und Überleitung in ein „normales" Vorverfahren kommt, gelten mit der Überleitung die nachstehenden Ausführungen zu den dann angeordneten Verfügungsbeschränkungen. Denkbar wäre eine dann erst erfolgende Kündigung von Finanzierungsverträgen; in der Praxis dürfte dies nur in seltenen Ausnahmefällen vorkommen, da die Kündigung regelmäßig mit Antragstellung[39] bzw. spätestens mit Anordnung vorläufiger Maßnahmen[40] ausgesprochen wird. Die alleinige Bestellung eines **vorläufigen Insolvenzverwalters,** die in der Praxis allerdings eher selten vorkommt, bzw. die alleinige Bestellung eines vorläufigen Sachwalters zieht keinerlei Auswirkungen auf bestehende Finanzierungsverträge nach sich. 9

Wird mit der Bestellung eines vorläufigen Insolvenzverwalters dem Insolvenzschuldner ein **allgemeines Verfügungsverbot** (§ 21 Abs. 2 S. 1 Nr. 2 Alt. 1 InsO) auferlegt[41], hat dieses Verbot zumindest auf den Bestand der Krediteröffnungs- und Festbetragsdarlehensverträge keine Auswirkungen[42]. Der vorläufige Insolvenzverwalter hat auch kein Wahlrecht oÄ wie der Insolvenzverwalter nach §§ 103 ff. InsO, da es keine entsprechende gesetzliche Anordnung für das Vorverfahren gibt.[43] Allerdings führt das allgemeine Verfügungsverbot, das in der Praxis bei weitem nicht so häufig angeordnet wird wie der sog Zustimmungsvorbehalt,[44] dazu, dass zum einen der Schuldner über ihm zustehende Forderungen, zB auf Darlehensauszahlung (soweit der Vertrag nicht ohnehin gekündigt ist), nicht mehr verfügen kann und eine dennoch erfolgte Verfügung, also zB die Einziehung der Darlehensforderung nach §§ 24 Abs. 1, 81 InsO absolut unwirksam[45] ist[46]. Zum anderen sind aber auch seine Zahlungen, also zB Rückführungen auf fällige Darlehensrückzahlungsansprüche oder Zinszahlungen, nach §§ 24 Abs. 1, 81 InsO absolut schwebend unwirksam. Zeitlich richtet sich die Frage der Unwirksamkeit einer Verfügung gemäß § 27 Abs. 2 Nr. 3 bzw. Abs. 3 InsO 10

[36] BGH WM 2020, 1118, (Rn. 6 ff., Rn. 17); Nerlich/Römermann/*Mönning* § 21 Rn. 45, in Rn. 46 auch zur Ausnahme eines hinsichtlich der Zulässigkeit noch nicht endgültig geprüften Antrages.

[37] Vgl. dazu BGH WM 2010, 132; Uhlenbruck/*Vallender* § 21 Rn. 38 ff. Diese Maßnahme kann auch bei Verfahren nach § 270a f. InsO angeordnet werden; in § 270b Abs. 2 S. 3 InsO ist dies explizit normiert.

[38] Auch die Einsetzung eines vorläufigen Gläubigerausschusses nach § 21 Abs. 2 Nr. 1a InsO kann im Regelinsolvenzverfahren von Bedeutung sein (s. a.§ 22a InsO, insbes. Abs. 3); von größerer Relevanz dürfte eine Einsetzung aber in (umfangreicheren) Eigenverwaltungsverfahren sein. Zu praxisrelevanten Aspekten des (vorläufigen) Gläubigerausschusses aus dem Blickwinkel eines Kreditinstituts *Huber/Magill* ZInsO 2016, 200.

[39] → Rn. 8.

[40] → Rn. 10.

[41] Bei einem vorläufigen Eigenverwaltungsverfahren „sollen" keine Verfügungsbeschränkungen angeordnet werden (§ 270a Abs. 1 InsO); in diesem (üblichen) Fall ist dieser Abschnitt nicht relevant.

[42] *Obermüller* Rn. 5.605.Verfügungsbeschränkungen im vorläufigen Verfahren und ihre Rechtsfolgen erstrecken sich nur auf Gegenstände der (künftigen) Insolvenzmasse, nicht aber auf das insolvenzbeschlagfreie Vermögen des Schuldners, vgl. BGH WM 2013, 572 (573) (Rn. 9). Bei Finanzierungsverträgen dürfte diese Erstreckung regelmäßig gegeben sein; aber auch → Rn. 32.

[43] BGH WM 2017, 1951 (1953) (Rn. 19); NZI 2008, 36 (37) (Rn. 9).

[44] → Rn. 11.

[45] MüKoInsO/*Haarmeyer/Schildt* § 24 Rn. 10 u. Rn. 12 ff.

[46] Vgl. auch BGH WM 2012, 1129 (1130) (Rn. 10).

nach dem danach zu bestimmenden Zeitpunkt des Anordnungsbeschlusses.[47] §§ 24 Abs. 1, 82 InsO dürften in dem Zusammenhang nur – in seltenen Ausnahmefällen – Bedeutung erlangen, wenn zB eine Darlehensauszahlung an den Insolvenzschuldner vor Kenntniserlangung der Anordnung erfolgt ist und anschließend, dh nach Kenntniserlangung, das Festbetragsdarlehen nicht gekündigt wird und ein erneutes Auszahlungsverlangen gestellt wird. Nach §§ 24 Abs. 1, 81 InsO unwirksame Verfügungen können zu einem Rückforderungsverlangen zB bezüglich erhaltener Rückzahlungen führen; dieses Verlangen kann aber erst der Insolvenzverwalter nach Verfahrenseröffnung stellen, um auch einen Widerspruch zu dem erst mit Insolvenzeröffnung geltenden Anfechtungsrecht zu vermeiden.[48] Hatte das Kreditinstitut eine Gegenleistung erbracht, zB eine Sicherheitenfreigabe, ist diese Gegenleistung zu erstatten, soweit die Masse durch sie bereichert ist (§§ 24 Abs. 1, 81 Abs. 1 S. 3 InsO). Im Übrigen sollte sich ein Kreditinstitut für den Fall, dass ein Krediteröffnungsvertrag oder ein – noch nicht vollständig ausgezahltes – Festbetragsdarlehen besteht, zB weil es keine Kenntnis vom Insolvenzantrag hatte, nunmehr die **Kündigung** überlegen, um zumindest Auszahlungsverlangen zu vermeiden und möglicherweise eine Aufrechnungsmöglichkeit nach den §§ 94 ff. InsO zu haben.[49] Einer nun erst erfolgenden Kündigung steht § 119 InsO zumindest soweit nicht entgegen, als sich die Kündigung auf § 490 Abs. 1 BGB (oder eine gleichlautende Bedingung) und damit auf eine gesetzliche Regelung stützt[50]. Eine Kündigung auf Basis einer anderen Bestimmung ist nur dann schädlich, wenn der entsprechende Finanzierungsvertrag dem Insolvenzverwalter mit der Verfahrenseröffnung das Wahlrecht nach § 103 InsO eröffnen würde[51]. Evtl. Rückführungen auf gekündigte Verträge sind nach den vorstehenden Erläuterungen zu beurteilen bzw. können auch im eröffneten Verfahren zu einer Anfechtung durch den Insolvenzverwalter führen.[52]

11 Meistens wird das Insolvenzgericht die Bestellung eines vorläufigen Insolvenzverwalters „nur" mit der Anordnung eines sog **Zustimmungsvorbehaltes,** also der Anordnung, „dass Verfügungen des Schuldners nur mit Zustimmung des vorläufigen Insolvenzverwalters wirksam sind" (§ 21 Abs. 2 S. 1 Nr. 2 Alt. 2 InsO), verbinden[53]. § 24 Abs. 1 InsO verweist auf beide Möglichkeiten der in § 21 Abs. 2 S. 1 Nr. 2 InsO aufgeführten Verfügungsbeschränkungen[54], so dass – soweit es um die Frage der Auswirkung dieser Beschränkungsanordnung geht – die Ausführungen zum allgemeinen Verfügungsverbot in der → Rn. 10 sinngemäß gelten.[55]

12 **d) Abweisung mangels Masse (§ 26 InsO).** Der Abweisungsbeschluss hat ebenfalls **keine direkten Auswirkungen** auf (ggf. noch) bestehende Krediteröffnungsverträge oder Festbetragsdarlehen. Da die Sicherungsmaßnahmen aufzuheben sind, werden unwirksame Verfügungen des Schuldners nachträglich wirksam (§ 185 Abs. 2 BGB). Schuldner sind in

---

47 BGH WM 2012, 1129 (1130) (Rn. 10); MüKoInsO/*Haarmeyer/Schildt* § 24 Rn. 12 c.

48 IErg ebenso *Obermüller* Rn. 5.605 und Rn. 5.611; BuB/*Obermüller* Rn. 15/188.

49 Vgl. *Obermüller* Rn. 5.608 f., der zu Recht darauf hinweist, dass die Aufrechnung an einer Anfechtung scheitern kann (§ 96 Abs. 1 Nr. 3 InsO). Zu der durch das Gesetz zur weiteren Erleichterung der Sanierung von Unternehmen (ESUG) v. 7.12.2011, BGBl. I 2011, 2582 neu eingefügten Regelung des § 270b InsO vgl. den Hinweis bei → Rn. 8 in der Fn. 33.

50 → Rn. 8: eine Kündigung nach Nr. 19 Abs. 3 AGB-Banken oder gleichlautenden Bedingungen ist also wirksam, *Obermüller* Rn. 5.606.

51 Vgl. BGH NZI 2016, 532 (533) (Rn. 25); NZI 2013, 178 (179) (Rn. 13)und → Rn. 8: nur dann kann auch eine „Vorwirkung" (BGH NZI 2013, 178 (179) (Rn. 19)) des § 119 InsO zwecks Schutzes der späteren Masse relevant werden; weitergehend wohl *M. Huber* ZIP 2013, 493 (499).

52 Zur Anfechtung → Rn. 78 ff. Nicht anfechtbar ist dagegen der nicht geltend gemachte – und dann durch Kündigung des Kreditinstitutes erloschene – fällige Auszahlungsanspruch, vgl. BGH WM 2012, 716 (717) (Rn. 12).

53 Bei einem vorläufigen Eigenverwaltungsverfahren „sollen" keine Verfügungsbeschränkungen angeordnet werden (§ 270a Abs. 1 InsO); in diesem (üblichen) Fall ist dieser Abschnitt nicht relevant.

54 Vgl. auch BGH WM 2012, 1129 (1130) (Rn. 10).

55 MüKoInsO/*Haarmeyer/Schildt* § 24 Rn. 10 u. Rn. 12 ff.; Nerlich/Römermann/*Mönning/Zimmermann* § 24 Rn. 7.

das Schuldnerverzeichnis einzutragen (§ 26 Abs. 2 InsO iVm §§ 882b ff. ZPO)[56] und Handelsgesellschaften werden gelöscht.[57]

e) Verfahrenseröffnung. Mit der Eröffnung des Regelinsolvenzverfahrens durch **Eröffnungsbeschluss** gemäß § 27 InsO wird nicht nur ein Insolvenzverwalter ernannt, auf den ua die Verwaltungs- und Verfügungsbefugnis bezüglich des zur Insolvenzmasse gehörenden Vermögens übergeht (§ 80 InsO), vielmehr gelten ab diesem Zeitpunkt auch für Finanzgläubiger insolvenzrechtliche „Sondernormen". Wird Eigenverwaltung nach §§ 270 ff. InsO angeordnet, bleibt der Schuldner unter der Aufsicht eines Sachwalters (§ 270c InsO) gemäß § 270 Abs. 1 S. 1 InsO verfügungsberechtigt;[58] die Eigenverwaltung ist ebenfalls ein Insolvenzverfahren, das sich nach der Verfahrenseröffnung durch Abwicklungsbesonderheiten auszeichnet.[59] Bestehen zum Zeitpunkt der Eröffnung des Regelinsolvenz- oder Eigenverwaltungsverfahrens noch Finanzierungen, insbesondere weil sie vorher nicht gekündigt worden sind, ist für die **Auswirkungen der Verfahrenseröffnung** zwischen den Krediteröffnungsverträgen und den Festbetragsdarlehen zu unterscheiden. 13

Krediteröffnungsverträge, die wie zB ein Kontokorrentkredit[60] mit einem Zahlungsdiensterahmenvertrag („Girovertrag") nach §§ 675f ff. BGB nebst Kontokorrentabrede nach § 355 HGB verbunden sind, teilen das Schicksal des Zahlungsdiensterahmenvertrages. Da letzterer als entgeltlicher Geschäftsbesorgungsvertrag nach §§ 115, 116 InsO erlischt[61], ist die Fortführung des mit dem Zahlungsdiensterahmenvertrag verbundenen Krediteröffnungsvertrages unmöglich geworden, so dass er ebenfalls erlischt.[62] Gerade wegen der Verbindung mit dem Zahlungsdiensterahmenvertrag nebst Kontokorrentabrede kommt eine davon losgelöste Weiterführung des Krediteröffnungsvertrages nicht in Betracht, ohne dass es daneben auf gestellte Sicherheiten ankommen könnte.[63] Soweit der Schuldner Kreditbeträge noch nicht abgerufen hat, erlischt dieses Recht automatisch mit,[64] so dass der Insolvenzverwalter – bzw. bei Eigenverwaltung der Schuldner (vgl. § 279 InsO) – darauf nicht zugreifen kann. Abgerufene Kreditbeträge sind, da durch das Erlöschen des Krediteröffnungsvertrages ihre Grundlage weggefallen ist, zur sofortigen Rückzahlung fällig.[65] Eine (zusätzliche) Kündigung aus wichtigem Grund wäre nur deklaratorisch.[66] 14

Ist der Insolvenzschuldner gemeinsam mit einem Dritten Kontoinhaber, liegt also ein **Gemeinschaftskonto** vor und ist ein Kontokorrentkredit eingeräumt, gilt Folgendes: Beim sog Oder-Konto ist jeder Kontoinhaber als (Gesamt-)Gläubiger nach § 428 BGB gleichgestellter Vertragspartner des Kreditinstitutes, während beim sog Und-Konto die Kontoinhaber nur gemeinschaftlich nach §§ 747 S. 2, 744 Abs. 1 BGB verfügen können. Beide Kontenarten unterfallen § 84 InsO,[67] so dass sie in der Insolvenz eines Kontoinhabers nicht per se erlöschen, was auch für einen „verbundenen" Kontokorrentkredit gilt. Das Kreditinstitut sollte deshalb spätestens mit der Verfahrenseröffnung kündigen, um gerade beim sog Oder-Konto ein Kredit-Auszahlungsverlangen zB des Insolvenzverwalters (als dann weiteren Kontoinhaber) abzuwehren. Für die fristlose Kündigung aus wichtigem 15

[56] S. iE Uhlenbruck/*Vallender* § 26 Rn. 46 ff.
[57] Dazu Uhlenbruck/*Hirte* § 26 Rn. 55 iVm § 11 Rn. 110 ff., 286, 360.
[58] Vgl. Uhlenbruck/*Zipperer* § 270 Rn. 12 ff.
[59] Uhlenbruck/*Zipperer* § 270 Rn. 33 u. Rn. 35. Für Verbraucherinsolvenzverfahren ist sie nicht vorgesehen, vgl. § 270 Abs. 1 S. 3 InsO.
[60] → Rn. 24.
[61] BGH WM 2019, 550 (551) (Rn. 11). Zum Pfändungsschutzkonto → Rn. 32.
[62] BGH NJW 2004, 1444 (1445); *Obermüller* Rn. 5.761; BuB/*Obermüller* Rn. 15/355a; *Wittig* DB 1999, 197 (201); s. a. MüKoInsO/*Ott/Vuia* § 116 Rn. 39.
[63] *Obermüller* Rn. 5.761.
[64] BGH NJW 2004, 1444 (1445).
[65] BuB/*Obermüller* Rn. 15/355a; *Wittig* DB 1999, 197 (201).
[66] Zur Sicherheitenverwertung bzw. dem „Handling" der fälligen Forderung im weiteren Verfahrensverlauf → Rn. 18 ff.
[67] MüKoInsO/*Gehrlein* § 84 Rn. 6 für das „Oder"-Konto, für das „Und"-Konto folgt dies aus dem Gesetzeswortlaut („Gemeinschaft nach Bruchteilen").

Grund gegenüber beiden Kontoinhabern bzw. Kreditnehmern reicht die Insolvenz eines Kontoinhabers aus.[68] Ist Kontoinhaber eine BGB-Gesellschaft und wird ein Gesellschafter insolvent, ist – was in der Praxis nicht immer beachtet wird – davon das Konto der BGB-Gesellschaft bzw. ein ihr eingeräumter Kontokorrentkredit nicht betroffen (vgl. § 84 InsO).

16 Ist ein (nicht gekündigter) **Krediteröffnungsvertrag** nicht mit einem weiteren Vertrag verbunden und somit eigenständig, unterfällt er nicht den Regeln der Geschäftsbesorgung,[69] sondern § 488 ff. BGB. Dem Insolvenzverwalter – bzw. bei der Eigenverwaltung (vgl. § 279 InsO) dem Schuldner[70] – steht somit das Wahlrecht des § 103 InsO zu. Lehnt er die Erfüllung ab, sind die gegenseitigen Erfüllungsansprüche erloschen[71] und ein schon vor Verfahrenseröffnung abgerufener Betrag kann nur als Insolvenzforderung geltend gemacht werden. Aus gestellten Sicherheiten kann das Kreditinstitut abgesonderte Befriedigung verlangen; § 103 Abs. 2 InsO steht nicht entgegen.[72] Verlangt der Insolvenzverwalter – bzw. bei der Eigenverwaltung (vgl. § 279 InsO) der Schuldner – Erfüllung, wird er sie nur auf den nicht abgerufenen Teil beschränken, da andernfalls auch der bereits abgerufene Teil den Rang einer Masseforderung erhalten würde (§ 55 Abs. 1 Nr. 2 InsO).[73] In diesem Fall kann das Kreditinstitut fristlos kündigen, dies auch dann, wenn ihm Sicherheiten gestellt sein sollten.[74] Sind die Sicherheiten ausreichend, stellt sich die Frage, ob das Kreditinstitut vor dem Hintergrund der durch das Schuldrechtsmodernisierungsgesetz geänderten Norm des § 490 BGB bzw. dem mittlerweile gleichlautenden Nr. 19 Abs. 3 AGB-Banken (= Nr. 26 Abs. 2 AGB-Sparkassen) auch bei einer Verfahrenseröffnung nicht kündigen darf. Das Kündigungsrecht kann nur ausgeschlossen sein, wenn das Kreditinstitut auch im ungünstigsten Fall einer langen und schwierigen Verwertungsphase und unter Ansatz von Zerschlagungswerten mit einer vollständigen Befriedigung rechnen kann.[75]

17 **Festbetragsdarlehen,** die ausgezahlt (und nicht gekündigt) sind, gelten mit Verfahrenseröffnung gemäß § 41 InsO „als fällig". Für Zwecke der Aufrechnung gilt § 41 InsO gemäß § 95 Abs. 1 S. 2 InsO nicht. Einer Kündigung bedarf es wegen der insolvenzrechtlichen Sonderbestimmung des § 41 InsO grundsätzlich nicht. Da die Fälligkeitsanordnung des § 41 InsO nur das Verhältnis des Finanzierungsgläubigers zu seinem Schuldner betrifft,[76] ist eine Kündigung jedoch erforderlich, wenn ein Dritter als Bürge oder Gesamtschuldner haftet und im Verhältnis zu diesem die Fälligkeit hergestellt werden soll[77]. Die Kündigung eines weiteren, regelmäßig (s. auch § 427 BGB) gesamtschuldnerisch haftenden und noch solventen Darlehensnehmers kann mit der Insolvenz des anderen Gesamtschuldners begründet werden.[78] Es wird ggf. von der wirtschaftlichen Situation des solventen Gesamtschuldners oder von den gestellten Sicherheiten abhängen, ob eine Kündigung ausgesprochen wird. Ist der Dritte ein Bürge, setzt eine beabsichtigte Inanspruchnahme insbesondere eine fällige Hauptforderung voraus,[79] so dass mangels einer Auswirkung des § 41 InsO auf das Verhältnis zwischen Gläubiger und Bürge eine Kündigung des Darlehens auszusprechen ist[80]. Ist ein – nicht gekündigtes – Festbetragsdarlehen bei Insolvenzeröffnung ganz oder teilweise noch nicht ausgezahlt, hat der Insolvenzverwalter bzw. bei der

---

[68] OLG München NJW-RR 1996, 370; Palandt/*Grüneberg* § 425 Rn. 17; BuB/*Wulfers* Rn. 1/587. Zur Frage eines „zeitgleichen" Zugangs der Kündigungsschreiben an die Gesamtschuldner vgl. OLG Hamm WM 2009, 649 (650 f.).

[69] → Rn. 4.

[70] Uhlenbruck/*Zipperer* § 270 Rn. 35.

[71] MüKoInsO/*M. Huber* § 103 Rn. 13 u. Rn. 167 ff.; Nerlich/Römermann/*Balthasar* § 103 Rn. 60.

[72] Dazu ausführlich *Obermüller* Rn. 5.767.

[73] S. a. MüKoInsO/*M. Huber* § 103 Rn. 47.

[74] *Obermüller* Rn. 5.770. Zur Zulässigkeit der Kündigung → Rn. 8.

[75] S. a. BuB/*Obermüller* Rn. 15/355b.

[76] OLG Karlsruhe NJW-RR 2013, 1270 (1271); Uhlenbruck/*Knof* § 41 Rn. 17; Nerlich/Römermann/*Andres* § 41 Rn. 6; *Obermüller* Rn. 5.765.

[77] OLG Karlsruhe NJW-RR 2013, 1270 (1271).

[78] OLG München NJW-RR 1996, 370; Palandt/*Grüneberg* § 425 Rn. 17; BuB/*Wulfers* Rn. 1/587.

[79] Palandt/*Sprau* § 765 Rn. 25; vgl. auch OLG Karlsruhe NJW-RR 2013, 1270 (1271).

[80] OLG Karlsruhe NJW-RR 2013, 1270 (1271).

Eigenverwaltung (vgl. § 279 InsO) der Schuldner wie bei einem Krediteröffnungsvertrag ein Wahlrecht.[81]

f) „Handling" fälliger Darlehensforderungen im Insolvenzverfahren. Sind einem Kreditinstitut für gewährte Darlehen Sicherheiten gestellt worden, wird es nach Fälligkeit der Darlehensrückzahlungsansprüche die **Sicherheiten verwerten,** soweit ihm vor bzw. während des Insolvenzverfahrens die Verwertungsbefugnis zusteht; ansonsten liegt die Verwertungsbefugnis beim Insolvenzverwalter[82] bzw. im Eigenverwaltungsverfahren beim Schuldner (§ 282 Abs. 1 InsO). Die Titulierung fälliger Forderungen in Ansehung der Insolvenz des Darlehensschuldners macht schon aus Kostengründen keinen Sinn, zumal die Insolvenzordnung dafür ein „geordnetes Verfahren" anbietet bzw. einen Insolvenzgläubiger auf eine Verfolgung seiner Forderungen nach den insolvenzrechtlichen Vorschriften verweist[83]. 18

Mit der Verfahrenseröffnung sind die Gläubiger im Eröffnungsbeschluss aufzufordern, ihre Forderungen innerhalb einer vom Insolvenzgericht festzusetzenden Frist die zwischen zwei Wochen und drei Monaten betragen kann, beim Insolvenzverwalter anzumelden (§ 28 Abs. 1 InsO); weiterhin sollen die Gläubiger die von ihnen beanspruchten Sicherungsrechte angeben (§ 28 Abs. 2 InsO)[84]. Die **Anmeldung von Insolvenzforderungen** (§ 38 InsO) – üblicherweise sind auch Darlehensforderungen Insolvenzforderungen – hat schriftlich beim Insolvenzverwalter bzw. bei der Eigenverwaltung beim Sachwalter (§ 270c S. 2 InsO) unter Angaben von (Schuld-)Grund und Betrag der Forderungen und unter Beifügung von Kopien der die Forderungen nachweisenden Urkunden[85] zu erfolgen (§ 174 Abs. 1 InsO) [86]. Eine Forderungsanmeldung ohne die gebotene Darlegung des Grundes ist unwirksam; dieser Mangel kann nur durch eine Neuanmeldung behoben werden[87]. Nachrangige Insolvenzforderungen (§ 39 InsO) wie zB Mezzanine Forderungen[88] können nur angemeldet werden, wenn hierzu seitens des Insolvenzgerichtes besonders aufgefordert wird (§ 174 Abs. 2 InsO). Anmeldungen können zwar auch nach der vom Insolvenzgericht gesetzten Frist – bis zum Schlusstermin – erfolgen, führen aber ggf. zu Zusatzkosten für den Anmelder (vgl. iE § 177 InsO). Die angemeldeten (Darlehens-) Forderungen werden vom Insolvenzverwalter bzw. Sachwalter in eine Tabelle eingetragen und rechtzeitig vor dem Prüfungstermin in der Geschäftsstelle des Insolvenzgerichtes zur Einsicht ausgelegt; ein Kreditinstitut kann so also prüfen, ob die Anmeldung korrekt berücksichtigt worden ist. Ist für eine Forderung eine Sicherheit bestellt, kann das Kreditinstitut die Forderung in voller 19

---

[81] → Rn. 14 ff.

[82] Für die seit Verfahrenseröffnung laufenden Zinsen gilt bei Verwertung durch den Insolvenzverwalter § 367 Abs. 2 InsO, so BGH NZI 2011, 247 f. (Rn. 7 ff.).

[83] Vgl. auch BGH WM 2019, 1923 (1925) (Rn. 14); WM 2019, 988 (990) (Rn. 25); WM 2017, 440 (441) (Rn. 8); WM 2013, 574 (576) (Rn. 21). Zum Verfahren ausführlich *Geißler* ZInsO 2019, 1633 ff.

[84] *Geißler* ZInsO 2019, 1633 ff. Die Anmeldung einer fremden Forderung im eigenen Namen eines Dritten ist unwirksam, BGH WM 2016, 753 (756 f.) (Rn. 28).

[85] Die Vorlage von Originalen ist nicht erforderlich, vgl. BGH NZI 2006, 173 f. (Rn. 9 f.); s. a. Uhlenbruck/*Sinz* § 174 Rn. 41 f.; Nerlich/Römermann/*Becker* § 174 Rn. 17. Zur Anmeldung von (Insolvenz-) Forderungen durch das Finanzamt vgl. BFH ZIP 2013, 1871 (1872) (Rn. 21) oder BFH ZIP 2011, 2421 (2422) (Rn. 17 ff.) sowie AEAO zu § 251 AO „Insolvenzverfahren", Nr. 5 und zu grenzüberschreitenden Forderungsanmeldungen unter der EuInsVO s. *Fuchs* NZI 2018, 9.

[86] Wichtig ist eine ordnungsgemäße und damit wirksame Forderungsanmeldung auch für die Verjährungshemmung, vgl. dazu BGH WM 2013, 574 (575 ff.) (Rn. 14 ff.). Bei einer Sammelanmeldung hat für jede einzelne Forderung eine entsprechende Substantiierung zu erfolgen, vgl. OLG Jena ZInsO 2013, 1523 (1525). „Zug-um-Zug-Forderungen" können zwar angemeldet, nicht aber festgestellt werden, vgl. BGH WM 2017, 440 (444) (Rn. 31) mit dem Hinweis, daß die bisherige Bezeichnung als nicht anmeldefähig „ungenau" sei; dazu BGH NZI 2016, 301 (302) (Rn. 15) oder BGH WM 2015, 1243 (1245) (Rn. 18). „Zug-um-Zug"-Forderungen müssen nach § 45 InsO umgerechnet werden, BGH WM 2017, 440 (444) (Rn. 36).

[87] BGH WM 2018, 1605 (1606) (Rn. 7). Die Anmeldung einer Forderung als Darlehensforderung, bei der es sich wegen einer Entscheidung der EU-Kommission tatsächlich um eine Bereicherungsforderung handelt, ist demnach unwirksam, BGH WM 2013, 574 (575) (Rn. 17). Zur Rücknahme einer Forderungsanmeldung vgl. BGH WM 2019, 988 (989 ff.) (Rn. 17 ff.).

[88] → Rn. 39.

Höhe anmelden; Anspruch auf eine anteilmäßige Befriedigung aus der Insolvenzmasse hat es aber nur hinsichtlich des Betrages, mit dem es bei der Sicherheitenverwertung ausgefallen ist (§ 52 InsO)[89]. Haften für ein und dieselbe Forderung mehrere Personen, zB als Gesamtschuldner, und wird über das Vermögen eines oder mehrerer dieser Personen ein Insolvenzverfahren eröffnet, kann das darlehensgebende Kreditinstitut bis zur vollen Befriedigung in jedem Insolvenzverfahren die gesamte, zur Zeit der Verfahrenseröffnung bestehende Darlehensforderung geltend machen (§ 43 InsO).[90]

20 Im Prüfungstermin, der vom Insolvenzgericht ebenfalls im Eröffnungsbeschluss terminiert wird (§ 29 Abs. 1 Nr. 2 InsO), werden die angemeldeten Forderungen geprüft (§ 176 InsO) und entweder bestritten oder festgestellt. Das Prüfungsergebnis ist vom Insolvenzgericht in die Tabelle einzutragen (§ 178 Abs. 2 InsO). Für **festgestellte (Darlehens-) Forderungen** wirkt die Tabelleneintragung wie ein rechtkräftiges Urteil gegenüber dem Insolvenzverwalter und allen Insolvenzgläubigern (§ 178 Abs. 3 InsO)[91]. Der Tabellenauszug stellt einen Vollstreckungstitel dar; der Antrag auf Erteilung einer vollstreckbaren Ausfertigung kann jedoch erst nach Aufhebung des Insolvenzverfahrens gestellt werden (§ 201 Abs. 2 InsO).

21 Ist eine Forderung streitig geblieben, bleibt dem Gläubiger die Möglichkeit einer Feststellungsklage gegen den Bestreitenden (§ 179 Abs. 1 InsO);[92] im Falle des Obsiegens muss der Gläubiger beim Insolvenzgericht die Berichtigung der Tabelle beantragen (§ 183 Abs. 2 InsO). Hat insbesondere der Insolvenzverwalter die (Darlehens-)Forderung lediglich „vorläufig" bestritten, so ist auch dies als Bestreiten gemäß § 179 Abs. 1 InsO anzusehen, da das Gesetz ein **„vorläufiges" Bestreiten** nicht vorsieht.[93] Wenn der Gläubiger anschließend eine Feststellungsklage erheben und ein prozessuales Kostenrisiko einer sofortigen Anerkenntnis durch den Insolvenzverwalter vermeiden will, sollte er vor Klageerhebung dem Insolvenzverwalter wegen des eingetretenen „Schwebezustands"[94] eine angemessene Frist zur abschließenden Entscheidung über die angemeldete und „vorläufig" bestrittene Forderung geben.[95] Will ein Gläubiger einer bestrittenen Forderung bei einer Verteilung der Insolvenzmasse Berücksichtigung finden, hat er dem Insolvenzverwalter innerhalb einer Ausschlussfrist von zwei Wochen nach der öffentlichen Bekanntmachung einer beabsichtigten Verteilung die Erhebung der Feststellungklage nachzuweisen (§ 189 Abs. 1 InsO)[96].

2. „Klassische" Finanzierungen in der Einzelbetrachtung

22 **a) Kreditrahmen(vertrag).** Grundsätzlich liegt ein **Krediteröffnungsvertrag** vor, wonach sich dann auch die insolvenzrechtlichen Auswirkungen richten.[97] Manche dieser Ver-

[89] BGH WM 2017, 673 (674) (Rn. 16).

[90] S. auch BGH WM 2011, 133 (Rn. 7): auch die Teilbefriedigung aus einer nicht insolvenzbefangenen Sicherheit ändert nichts daran, dass die volle Forderung geltend gemacht werden kann.

[91] BGH WM 2019, 1923 (1925) (Rn. 13 ff.); WM 2018, 626 (628) (Rn. 22); WM 2014, 1007 (Rn. 7); *Geißler* ZInsO 2019, 1633 (1638). Die Rechtskraftwirkung erstreckt sich nur auf den festgestellten Anspruch und umfasst zB nicht Gegenansprüche des Schuldners, vgl. BGH WM 2013, 47 (Rn. 6); 2012, 516 (517) (Rn. 13). Für Steuerforderungen stellt die Feststellung das „insolvenzrechtliche Äquivalent zur Steuerfestsetzung durch Verwaltungsakt dar; sie hat grds. die gleichen Rechtswirkungen wie ein entsprechender Steuerbescheid", so BFH ZIP 2018, 1938 (1939) (Rn. 17). S. auch BFH ZInsO 2020, 250 (253) (Rn. 28).

[92] BGH WM 2017, 440 (444) (Rn. 27). S. dazu auch *Geißler* ZInsO 2019, 1633 (1639 f.). Ein (evtl.) obligatorische außergerichtliche Streitschlichtung muss der Gläubiger vorher nicht durchführen, vgl. BGH NZI 2011, 687. Die Feststellungsklage setzt eine wirksame Forderungsanmeldung voraus, vgl. BGH WM 2018, 2099 (2101) (Rn. 14); WM 2013, 574 (576) (Rn. 19); OLG München ZInsO 2018, 326 (327). Bei einem Widerspruch des Schuldners richtet sich das Vorgehen nach § 184 InsO, vgl. dazu auch BGH WM 2013, 1518 (1519) (Rn. 9).

[93] BGH NZI 2006, 295 (Rn. 8); *Geißler* ZInsO 2019, 1633 (1637).

[94] So BGH NZI 2006, 295 (296) (Rn. 10).

[95] BGH NZI 2006, 295 f. (Rn. 10).

[96] Der Nachweis muss den tatsächlichen Eingang beim zuständigen Gericht und der sonst für die Zustellung erforderlichen Voraussetzungen umfassen, vgl. BGH WM 2012, 2003 (2004) (Rn. 9).

[97] → Rn. 4, 7 ff.

träge gewähren nicht nur einen Rahmen für Geldkredite, sondern auch für Haftungskredite oder gar für Finanztermingeschäfte. Unabhängig davon, dass zu fragen ist, ob eine Verknüpfung von Geldkrediten mit Haftungskrediten wirtschaftlich gewollt ist und ob Finanztermingeschäfte tatsächlich in einen Kredit(rahmen)vertrag passen – letzteres ist zu verneinen, da kein „Kreditgeschäft" vorliegt –, richtet sich die insolvenzrechtliche Betrachtung von unter dem Rahmenvertrag geschlossenen Haftungskrediten bzw. Finanztermingeschäften nach den für diese Geschäfte geltenden Regeln[98]. Soweit eine Ausnutzung des Rahmenvertrages durch Festbetragsdarlehen vereinbart ist, folgen diese in der Insolvenz ihren Regeln.[99] Anstelle eines „Rahmens" wird in der Praxis auch von einer „Linie" und damit zB von einem Kreditlinienvertrag oder einem Vertrag über eine Betriebsmittel-(kredit)linie gesprochen.

b) Dispositionskredit. Der Dispositionskredit ist eine andere Bezeichnung insbesondere im Privatkundengeschäft für einen **Kontokorrentkreditvertrag**[100] und damit für einen „klassischen" Krediteröffnungsvertrag.[101] 23

c) Kontokorrentkredit(vertrag). Der Kontokorrentkredit ist „der" **Klassiker** unter den Krediteröffnungsverträgen. Andere Bezeichnungen sind zB Kreditlinienvertrag oder Betriebsmittellinie,[102] Dispositionskredit[103] oder Überziehungskredit oder -linie.[104] Ist Vertragspartner eines Kontokorrentkredites ein Verbraucher, gelten für die insolvenzrechtliche Betrachtung außer einem zusätzlichen Auskunftsrecht des Verbrauchers nach § 305 Abs. 2 InsO keine Besonderheiten.[105] 24

d) Überziehungskredit. Der Überziehungskredit ist nichts anderes als ein Kontokorrentkredit,[106] der in der Praxis als „geduldete" Überziehung und als „echter" Vertrag vorkommt. Die **„geduldete" Überziehung,** die regelmäßig über das Kontokorrentkonto – also den Zahlungsdiensterahmenvertrag mit Kontokorrentabrede[107] – des Kunden abgewickelt wird und nunmehr im Verbraucherdarlehensrecht auch ihren Weg ins Gesetz gefunden hat (§ 505 BGB), zieht einen fälligen Rückzahlungsanspruch des Kreditinstitutes nach sich. Kommt es zu einer Antragstellung, ändert sich daran auch durch weitere Verfahrensschritte nichts; eine Kündigung ist grundsätzlich nicht bzw. nur dann – und soweit nicht § 41 InsO einschlägig wird[108] – erforderlich, wenn der Schuldner aufgrund eines Vertrauenstatbestandes von einer Kreditvereinbarung ausgehen konnte. Das Kreditinstitut kann auf vorhandene Sicherheiten zurückgreifen, soweit nicht die Verwertungsvorschriften der Insolvenzordnung vorgehen. Nach Verfahrenseröffnung gelten die Ausführungen für fällige Forderungen und deren Geltendmachung. Für eine nicht geduldete Überziehung[109] gelten im Ergebnis die gleichen Erwägungen. Der **„echte" Überziehungskreditvertrag** hat im Verbraucherdarlehensrecht schon etwas länger einen Platz im Gesetz gefunden. Früher als „Überziehungskredit" in § 493 BGB aF geregelt, ist er nun als „Eingeräumte Überziehungsmöglichkeit" in § 504 BGB[110] zu finden. Als ansonsten normaler Kontokorrentkreditvertrag[111] gelten für ihn in der Insolvenz des Kreditnehmers die einschlägigen Ausführungen, auch soweit ein Verbraucher der Schuldner ist.[112] 25

---

[98] Für Haftungskredite → Rn. 65 ff. u. für Finanztermingeschäfte → Rn. 40 ff.
[99] → Rn. 5, 7 ff.
[100] → Rn. 24.
[101] S. zB BGH NJW 2004, 1444 (1445).
[102] → Rn. 22.
[103] → Rn. 23.
[104] → Rn. 25.
[105] → Rn. 32 f. (dort auch zum Pfändungsschutzkonto).
[106] S. a. BankR-HdB/*Pamp* § 75 Rn. 25.
[107] → Rn. 4 (Fn. 17); → Rn. 14.
[108] → Rn. 17.
[109] Palandt/*Weidenkaff* § 505 Rn. 7.
[110] Die Änderung erfolgte durch das VerbrKrRL-UG v. 29.7.2009, BGBl. I 2009, 2355.
[111] S. a. Palandt/*Weidenkaff* § 504 Rn. 2.
[112] → Rn. 32 f.

26 **e) Darlehensvertrag.** Er ist das **„klassische" Festbetragsdarlehen.**[113] Der Darlehensvertrag kommt mit den verschiedensten Bezeichnungen vor, in der insolvenzrechtlichen Auswirkung läuft es aber immer auf dasselbe hinaus.[114] Denn ob es sich um ein Baufinanzierungsdarlehen als Annuitäten- oder endfälliges Darlehen, einen grundpfandrechtlich abgesicherten Kredit, einen Konsumentenratenkredit, ein Hypothekendarlehen, einen Realkredit, einen Festsatzkredit, einen Kassenkredit[115], ein partiarisches Darlehen[116] oder ein Konsortialdarlehen handelt, ist immer die vereinbarte Auszahlung des Darlehens, wenn auch ggf. in Teilbeträgen, das Entscheidende.[117]

27 **f) Konsortialkredit.** Der Konsortialkredit ist keine besondere Kreditart, sondern die Zur-Verfügung-Stellung von Krediten durch ein **Kreditkonsortium**[118]. Der Konsortialkredit kann in allen möglichen „Kreditvarianten" vergeben werden, also insbesondere auch als Zahlungskredit oder Haftungskredit.[119] Die insolvenzrechtliche Auswirkung richtet sich also danach, ob der Konsortial(zahlungs)kredit als Krediteröffnungsvertrag oder als Festbetragsdarlehen vereinbart worden ist.

28 **g) Lombardkredit.** Der Lombardkredit war und ist eine **eigene Kreditform,** nämlich eine durch eine besondere Form der Besicherung – Verpfändung von beweglichen, markt- oder börsengängigen Sachen oder Rechten – gesicherter Zahlungskredit, der als Festbetragsdarlehen („echter" Lombardkredit) oder als Kontokorrentkredit („unechter" Lombardkredit) vereinbart werden kann.[120] Demzufolge ist also auch sein insolvenzrechtliches Schicksal an der vereinbarten Form der Kreditgewährung[121] festzumachen.

29 **h) Öffentliche Kredite.** Als öffentliche Kredite werden Kredite verstanden, die von der öffentlichen Hand aufgrund von **Sonderkreditprogrammen** zur Verfügung gestellt werden, wobei die Abwicklung regelmäßig über einen privatrechtlichen (Festbetrags-) Darlehensvertrag bzw. einen Kontokorrentkreditvertrag erfolgt.[122] Es ist in diesem Zusammenhang nicht von Belang, ob die Kredite als durchgeleitete Kredite oder Treuhandkredite gewährt werden.[123] In der Insolvenz des Kreditnehmers richtet es sich also ebenfalls nach der vereinbarten Form der Kreditgewährung, wie sich die Insolvenz auswirkt bzw. welche Handlungsoptionen ggf. bestehen. Das Kreditinstitut hat dabei darauf zu achten, dass es nicht nur den Kreditvertrag mit dem Schuldner, sondern auch ein Rechtsverhältnis mit der die öffentlichen Kredite gewährenden Fördereinrichtung wie zB die Kreditanstalt für Wiederaufbau oder Einrichtungen der Bundesländer gibt und es mit den dieses Verhältnis bestimmenden Regeln konform handeln muss. Neben den Krediten gibt es auch sog **verlorene Zuschüsse.**[124] Die Insolvenz des Zuschussempfängers kann zu einem Widerrufs- und damit Rückforderungsrecht des ansonsten nicht rückzahlbaren Zuschusses führen[125]. Der so ent-

---

[113] → Rn. 5.

[114] → Rn. 7 ff.

[115] Unter der Prämisse einer Insolvenzfähigkeit des Kreditnehmers nach § 11 InsO.

[116] Als derzeit präferierte Anlageform beim Crowdfunding, → Rn. 5 (Fn. 21). Werden diese Darlehen mit Nachrang eingeräumt, dazu *Oppenheim/Bögeholz* BKR 2018, 504 und *Klöhn/Hornuf/Schilling* ZBB 2016, 142 (146), sind sie in der Insolvenz nur nachrangige Insolvenzforderungen nach § 39 InsO, deren Anmeldung nach § 174 Abs. 3 InsO eine besondere Aufforderung des Insolvenzgerichts voraussetzt. Letzteres gilt auch für den Fall, daß ein Venture Debt-Kredit mit einer Nachrangabrede verknüpft wird; dazu *Thom/Josenhans/Danzmann* WM 2018, 2162 (2170).

[117] Zu Finanzierungen nach dem Pfandbriefgesetz ergänzend → Rn. 64.

[118] BankR-HdB/*Pamp* § 76 Rn. 147; BuB/*Früh/Müller-Arends* Rn. 3/341.

[119] S. iE BuB/*Früh/Müller-Arends* Rn. 3/332 ff.

[120] Ausführlich BuB/*Früh/Müller-Arends* Rn. 3/231 ff.; s. a. BankR-HdB/*Pamp* § 75 Rn. 31 ff.

[121] Vgl. entweder → Rn. 4 oder → Rn. 5.

[122] Ausführlich BankR-HdB/*Peters* § 89 Rn. 1 ff.; BuB/*Früh/Müller-Arends* Rn. 3/356 ff.; s. a. OLG Brandenburg WM 2010, 651.

[123] Dazu BankR-HdB/*Peters* § 89 Rn. 9; BuB/*Früh/Müller-Arends* Rn. 3/360 ff.

[124] BankR-HdB/*Peters* § 89 Rn. 2.

[125] Vgl. dazu BGH BKR 2017, 328 (331 f.) (Rn. 39 ff.); OVG Berlin-Brandenburg ZInsO 2018, 805 (806 ff.); VG Bayreuth ZInsO 2018, 811 (813 ff.).

stehende Rückzahlungsanspruch stellt eine einfache Insolvenzforderung dar, die nach Verfahrenseröffnung entsprechend den Ausführungen in → Rn. 18 ff. geltend zu machen ist[126].

i) Schuldscheindarlehen. Bei dieser Kreditform handelt es sich um ein üblicherweise mittel- oder längerfristiges Finanzierungsinstrument, das als Alternative zur Begebung von Anleihen oder auch als strukturiertes Kapitalsammelinstrument zum Zwecke der Ausplatzierung mehrerer bzw. vieler Verträge auf eine in der Form einer rechtlich selbständigen Gesellschaft gebildeten „Investorengemeinschaft" verstanden werden kann.[127] Rechtlich ist es als **Festbetragsdarlehen** einzuordnen und klar von einer Schuldverschreibung[128] zu unterscheiden, insbesondere ist ein ausgestellter Schuldschein tatsächlich „nur" ein Schuldschein gemäß § 371 BGB.[129] In der Insolvenz des Schuldscheinschuldners richten sich die Auswirkungen somit nach den einschlägigen Ausführungen beim Festbetragsdarlehen.[130] Sind die Schuldscheindarlehensforderungen ausplatziert, dh an die Investorengemeinschaft abgetreten worden,[131] ändert sich im Ergebnis nichts – lediglich der Forderungs- und damit Insolvenzgläubiger, der die Forderung im Verfahren geltend machen kann,[132] hat gewechselt. 30

j) Forward-Darlehen. Ein Forward-Darlehen ist regelmäßig ein Festbetragsdarlehen, bei dem die **Auszahlung des Darlehensbetrages** erst für einen späteren Zeitpunkt, der meistens zwischen 1 bis 3 Jahren nach dem Vertragsschluss liegt, vereinbart wird.[133] Richtet sich der Vertrag nach der Darlehensauszahlung als „normales" Festbetragsdarlehen und einer dann erst eintretenden Insolvenzsituation nach den Ausführungen in → Rn. 5 iVm → Rn. 7 ff., so ist in der Forward-Zeit, also der Zeit bis zur Auszahlung, für eine Insolvenz des Darlehensschuldners darauf abzustellen, dass das Darlehen noch nicht ausgezahlt ist. Demzufolge erlischt der Darlehensvertrag auch nicht mit der Insolvenzeröffnung, vielmehr steht dem Insolvenzverwalter, soweit der Vertrag vorher nicht gekündigt worden ist, ein Wahlrecht gemäß § 103 InsO zu.[134] In der Vorlaufzeit bis zur Auszahlung sind also die Ausführungen in → Rn. 4 iVm → Rn. 7 ff. einschlägig. 31

k) Verbraucherdarlehensverträge (§§ 491 ff. BGB). Für bestehende Verbraucherdarlehensverträge gibt es in der Insolvenz des Verbrauchers grundsätzlich **keine besonderen insolvenzrechtlichen Vorschriften,** so dass sich ihr Schicksal nach den einschlägigen Ausführungen beim Krediteröffnungsvertrag in → Rn. 4 iVm → Rn. 7 ff. bzw. beim Festsatzkredit in → Rn. 5 iVm → Rn. 7 ff. richtet. Wird ein sog. Pfändungsschutzkonto nach § 850k ZPO geführt[135], dürfte diese besondere Form des Girokontos[136] in der Insolvenz des Verbrauchers – wegen der gesetzlich geregelten Unpfändbarkeit des Guthabens und damit nicht zur Insolvenzmasse gehörend (vgl. auch § 35 Abs. 1 InsO) – nicht gemäß §§ 115, 116 InsO erlöschen[137]; soweit ein ggf. früher eingeräumter Kreditrahmen bis zur Eröffnung des Insolvenzverfahrens nicht gekündigt worden sein sollte, gelten die Ausführungen in → Rn. 16 sinngemäß. In der Praxis ist dies nur in Ausnahmefällen denkbar, da 32

[126] Dies gilt auch für den Fiskus, der zB eine Investitionszulage zurückfordert, vgl. BFH ZIP 2013, 1871 (1872) (Rn. 21).

[127] Vgl. BuB/*Früh/Müller-Arends* Rn. 3/261 ff.; BankR-HdB/*Pamp* § 75 Rn. 36; *Wehrhahn* BKR 2012, 363 f.

[128] → Rn. 63.

[129] BuB/*Früh/Müller-Arends* Rn. 3/265;; *Wehrhahn* BKR 2012, 363 (364, 366 ff.).

[130] → Rn. 5, 7 ff.

[131] BuB/*Früh/Müller-Arends* Rn. 3/266; vgl. auch *Wehrhahn* BKR 2012, 363 (365f).

[132] Zur Geltendmachung iE → Rn. 18 ff.

[133] BankR-HdB/*Pamp* § 77 Rn. 4; *Münscher* CRP 2014, 102 f.; *Peters/Wehrt* WM 2003, 1509; *Rösler* WM 2000, 1930.

[134] *Obermüller* Rn. 5.766.

[135] Vgl. dazu zB MüKoZPO/*Smid* § 850k Rn. 1 ff.; *Günther* ZInsO 2013, 859 f.; *Büchel* ZInsO 2010, 20 (21).

[136] Vgl. BGH WM 2015, 822 (824); (→ Rn. 18): „Zusatzleistung.., die auf dem Girovertrag.. aufbaut".

[137] LG Verden ZIP 2013, 1954 f.; AG Nienburg ZIP 2013, 923; *Günther* ZInsO 2013, 859 (860 f.); *Casse* ZInsO 2015, 1033 (1034); 2012, 1402 (1403 f.); *Büchel* ZInsO 2010, 20 (26 f.).

– auch umgewandelte[138] – Pfändungsschutzkonten lediglich als Guthabenkonten geführt werden sollen. Zu beachten ist, dass der finanzierende Gläubiger auf Aufforderung des Schuldners nach § 305 Abs. 2 InsO verpflichtet ist, diesem zur Verfahrensvorbereitung eine schriftliche Aufstellung über die bestehenden Verpflichtungen zu erteilen; die Kosten der Aufstellung sind vom Gläubiger zu tragen.[139] Ein aus der Insolvenz eines Verbrauchers resultierender außerordentlicher Kündigungsgrund steht eigenständig neben einem ggf. bestehenden – und einer Sonderregelung in § 498 BGB unterliegenden – Kündigungsgrund wegen Zahlungsverzuges.[140]

33 Ist ein Verbraucherdarlehensvertrag mit einer Restschuldversicherung kombiniert worden und als **verbundenes Geschäft** anzusehen,[141] kann zwar auch noch der Insolvenzverwalter bei nicht ordnungsgemäßer Belehrung den Darlehensvertrag widerrufen und ihn in ein Rückabwicklungsverhältnis umwandeln.[142] Der damit beabsichtigte Zweck, die für die Restschuldversicherung gezahlte Prämie für die Insolvenzmasse zu generieren, geht aber fehl, weil die Rückabwicklung der an das Versicherungsunternehmen im Sinne des § 358 Abs. 4 S. 3 BGB geflossenen Leistungen nur im Verhältnis zwischen diesem und dem Kreditinstitut zu erfolgen hat.[143]

34 **l) Kreditvertrag nach LMA.** Es handelt sich dabei um einen Mustervertrag der in London ansässigen Loan Market Association (LMA) insbesondere für **syndizierte Kredite** mit internationalen Vertragspartnern. Wurde ein LMA-Vertrag nach deutschem Recht abgeschlossen,[144] richtet sich sein Schicksal in einer den Normen der InsO unterliegenden Insolvenz nach dem entsprechenden deutschen Recht, dh nach den Ausführungen in → Rn. 7 ff. Unterliegt ein LMA-Vertrag allerdings ausländischem Recht, insbesondere dem anglo-amerikanischen Rechtskreis, und wird die Insolvenz nach den Bestimmungen der InsO abgewickelt, sind ebenfalls – da grundsätzlich das Recht des Staates der Verfahrenseröffnung anzuwenden ist (vgl. § 335 InsO[145] sowie Art. 7 EuInsVO[146]) – die deutschen insolvenzrechtlichen Bestimmungen und damit die Ausführungen in → Rn. 7 ff. einschlägig. Umgekehrt, wenn also ein ausländisches Insolvenzverfahren über einen Schuldner eröffnet wird, der einen dem deutschen Recht unterliegenden Kreditvertrag abgeschlossen hat, ist vorrangig auf die entsprechenden Bestimmungen des Staates der Verfahrenseröffnung abzustellen. Im Zweifel wird in diesen Fällen ein durch die Insolvenz entstehendes außerordentliches Kündigungsrecht frühzeitig in Anspruch zu nehmen sein, nicht zuletzt um auch bestehende Sicherheiten ggf. verwerten zu können (s. auch § 8 EuInsVO).

35 **m) Bankdarlehen und Eigenkapitalersatz.** Gewährt ein **Kreditinstitut** einer Gesellschaft **Kredit** und erhält es dafür von einem Gesellschafter eine Sicherheit bzw. verbürgt sich der Gesellschafter für den Kredit, richtet sich das Schicksal des Kredites in der Insolvenz

---

[138] Dazu zB MüKoZPO/*Smid* § 850k Rn. 8 ff.; *Büchel* ZInsO 2010, 20 (21); *Casse* ZInsO 2015, 1033 (1034 ff.) und *Günther* ZInsO 2013, 859 (861 ff.) zum Umwandlungsanspruch nach Insolvenzeröffnung.

[139] Vgl. Nerlich/Römermann/*Römermann* § 305 Rn. 67.

[140] BeckOK BGB/*Möller* § 498 Rn. 4; Palandt/*Weidenkaff* § 498 Rn. 1. § 498 BGB kann also nur in seinem Anwendungsbereich eine Kündigung nach § 490 BGB oder darauf abstellenden Bedingungen sperren; stellt ein Verbraucher dagegen zB einen Insolvenzantrag, ist eine Kündigung möglich (→ Rn. 8), da § 498 BGB nicht einschlägig ist und auch die zugrunde liegende Richtlinie (Richtlinie 2008/48/EG des Europäischen Parlaments und des Rates vom 23.4.2008 über Verbraucherkreditverträge und zur Aufhebung der Richtlinie 87/102/EWG des Rates, ABl. Nr. L 133, 66) dies weder in den Erwägungsgründen (insbes. Nr. 33) noch in Art. 13 fordert; **aA** wohl *Knops* WM 2012, 1649 (1650 f.).

[141] BGHZ 184, 1 (4 ff.) (Rn. 13 ff. u. Rn. 17 ff.) = NJW 2010, 531; die Kombination mit einer Kapital-Lebensversicherung ist dagegen regelmäßig kein verbundenes Geschäft, vgl. BGH WM 2015, 1332 (1333 ff.) (Rn. 19 ff.).

[142] BGH WM 2011, 451 (452) (Rn. 25).

[143] HM, vgl. zB BGH WM 2011, 451 (452); (→ Rn. 25); OLG Celle ZInsO 2011, 490 (492); **aA** *Kleinschmidt/Burchard* ZInsO 2011, 513 (515 ff.), auch mwN zur hM und zur Gegenauffassung.

[144] S. dazu ausführlich *Walgenbach/Castor* → Kap. 16 Rn. 2 ff., 16 ff.

[145] MüKoInsO/*Reinhart* § 335 Rn. 1 ff. (Rn. 5 zum Vorrang der EuInsVO).

[146] MüKoInsO/*Reinhart* EuInsVO Art. 7 iVm MüKoInsO/*Reinhart* EuInsVO 2000 Art 4 Rn. 9.

der Gesellschaft ebenfalls alleine nach den obigen Ausführungen,[147] hängt also davon ab, ob ein Festbetragsdarlehen oder ein Krediteröffnungsvertrag abgeschlossen worden ist.[148] Erst wenn das Kreditinstitut die Rückzahlung beansprucht, hat es § 44a InsO zu beachten, wonach es nur anteilmäßige Befriedigung aus der Insolvenzmasse verlangen kann, soweit es bei der Inanspruchnahme der Gesellschaftersicherheit oder des Bürgen ausgefallen ist. § 44a InsO verlangt somit, dass ein Darlehensgeber erst Befriedigung aus der vom Gesellschafter gestellten Sicherheit sucht bzw. erst ihn als Bürgen in Anspruch nimmt.[149] Er kann zwar schon die Forderung in der Insolvenz der Gesellschaft anmelden, allerdings nach hM nur für den erwarteten Ausfall.[150] Besteht neben der Gesellschaftersicherheit noch eine Besicherung aus dem Gesellschaftsvermögen, kann aus § 44a InsO keine Verpflichtung hergeleitet werden, erst die Gesellschaftersicherheit in Anspruch nehmen zu müssen; es steht dem Kreditgeber unverändert frei, zuerst die Gesellschaftssicherheit zu verwerten.[151]

Ist ein **Kreditinstitut** nicht nur Kreditgeber, sondern auch **Gesellschafter** der insolventen Gesellschaft, gelten für die gewährten Kredite zwar wiederum die in → Rn. 7 ff. genannten Ausführungen, allerdings unterfallen die gewährten Kredite, soweit nicht das Sanierungsprivileg des § 39 Abs. 4 S. 2 InsO oder das Kleinbeteiligtenprivileg des § 39 Abs. 5 InsO greift, der Regelung des § 39 Abs. 1 Nr. 5 InsO,[152] dh es handelt sich um nachrangige Insolvenzforderungen, die nur dann gemäß § 174 Abs. 3 InsO angemeldet werden können, wenn das Insolvenzgericht dazu besonders auffordert. 36

n) Schuldbeitritt. Der Schuldbeitritt (oder auch Schuldmitübernahme[153]) zu einem Kreditvertrag führt dazu, dass der Beitretende gemäß §§ 421 ff. BGB **gesamtschuldnerisch** mit dem Kreditnehmer für den Kredit gegenüber dem Kreditinstitut haftet.[154] In der Kreditsicherungspraxis wird der Schuldbeitritt eher als (Dritt-)Sicherheit angesehen,[155] auch die Rechtsprechung unterscheidet zwischen (Mit-)Haftung und (Mit-)Darlehensnehmerschaft.[156] Dennoch soll im Hinblick auf die kreditvertragliche Mithaftung der Schuldbeitritt kurz behandelt werden. Für die Insolvenz des Beitretenden gilt – ebenso wenn zB von zwei Kreditnehmern nur einer insolvent wird[157] – Einzelwirkung gemäß § 425 BGB.[158] Grundsätzlich gelten also für das insolvenzrechtliche Schicksal eines Beitritts zu einem Kreditvertrag dieselben Erwägungen wie bei zwei „normalen" Kreditvertrags-Hauptschuldnern.[159] Soll allerdings der Beitretende nur haften und kein eigenes Kreditziehungsrecht erhalten, wird dem Insolvenzverwalter auch kein Wahlrecht nach § 103 InsO zustehen. 37

Ist sowohl über das Vermögen des Hauptschuldners als auch über das des Beitretenden das Insolvenzverfahren eröffnet worden, kann der Kreditgeber in **beiden Verfahren** bis zu seiner vollen Befriedigung den zur Zeit der Verfahrenseröffnung bestehenden „ganzen 38

---

[147] → Rn. 7 ff.

[148] Zur Anfechtung eines gesellschafterbesicherten Kredites → Rn. 133 ff.

[149] Nerlich/Römermann/*Andres* § 44a Rn. 16.

[150] Uhlenbruck/*Hirte* § 44a Rn. 5; Nerlich/Römermann/*Andres* § 44a Rn. 21; *Dahl/Schmitz* NZG 2009, 325 (327).

[151] Vgl. BGH ZIP 2011, 2417 (2419) (Rn. 13 ff.); Uhlenbruck/*Hirte* § 44a Rn. 7; *Dahl/Schmitz* NZG 2009, 325 (328); **aA** wohl Nerlich/Römermann/*Andres* § 44a Rn. 24.

[152] S. a. BGH ZIP 2011, 575 (Rn. 9): der BGH weist in Rn. 8 der Entscheidung darauf hin, dass für vor dem 1.11.2008 eröffnete Insolvenzverfahren gem. Art. 103d S. 1 EGInsO noch das „alte" Eigenkapitalersatzrecht gilt; vgl. dazu auch *Dahl/Schmitz* NZG 2009, 325 (331).

[153] Vgl. Palandt/*Grüneberg* Überbl. v. § 414 Rn. 2.

[154] Palandt/*Grüneberg* Überbl. v. § 414 Rn. 2.

[155] S. zB *Obermüller* Rn. 6.1276 ff., der den Schuldbeitritt unter der „Verwertung von Kreditsicherheiten" (Rn. 6.580 ff.) behandelt; iErg ebenso BankR-HdB/*Nobbe* § 92 Rn. 76 ff.

[156] Vgl. zB BGH NJW 2009, 2671 (2672) (Rn. 15); NJW 2005, 973 (974); s. a. BankR-HdB/*Nobbe* § 92 Rn. 78 ff.

[157] → Rn. 15.

[158] BGH NJW 2000, 1408 (1409); Palandt/*Grüneberg* § 425 Rn. 12; vgl. auch *Obermüller* Rn. 6.1289.

[159] → Rn. 7 ff.

(Forderungs-) Betrag" geltend machen, dh jeweils anmelden (§ 43 InsO). Dieser volle Betrag ist auch die Grundlage für das Stimmrecht und die Verteilung.[160]

3. Mezzanine Finanzierungen

39 Mezzanine Finanzierungen haben sich als eine **besondere Finanzierungsform** zwischen klassischem Eigenkapital und klassischem Fremdkapital herausgebildet.[161] Je nach Ausgestaltung gibt es eher „eigenkapitalnahe" (zB Genussrechte[162] oder atypisch stille Beteiligungen) oder eher „fremdkapitalnahe" (zB stille typische Beteiligung[163] oder Nachrangdarlehen[164]) Mezzanine Finanzierungen oder sog. hybride Formen wie Options- und Wandelanleihen.[165] Allen diesen Finanzierungsformen ist grundsätzlich gemein, dass sie in der Insolvenz nur **nachrangig befriedigt** werden sollen[166] und eine Teilnahme am Insolvenzverfahren und eine Befriedigung vor dem Hintergrund der Vorgaben des § 39 InsO iVm § 174 Abs. 3 InsO nur in Betracht kommen kann, wenn das Insolvenzgericht zur Anmeldung auffordert; in der Praxis ist letzteres die eher seltene Ausnahme. Bei Nachrangdarlehen ist allerdings abzuklären, ob es sich um einen Nachrang gegenüber allen Gläubigern oder nur gegenüber bestimmten Gläubigern handelt.[167] Während im erstgenannten Fall von einer Einordnung der Forderungen im Rang des § 39 Abs. 2 InsO und damit von nachrangigen Insolvenzforderungen (mit den bereits in → Rn. 19 aufgezeigten Konsequenzen) auszugehen ist, dürfte bei einem „Einzelrücktritt" von einer „normalen" Insolvenzforderung auszugehen sein, deren Schicksal in der Insolvenz des Kreditnehmers sich nach den einschlägigen Ausführungen in → Rn. 18 ff. richtet; das Rangverhältnis wirkt sich dann nur als Abführungsverpflichtung der erhaltenen Quote durch den nachrangigen an den vorrangigen Gläubiger aus.[168]

4. Kreditderivate (Credit Default Swaps)

40 **a) Einführung.** Swap-Geschäfte sind ein Teil der modernen außerbörslichen Finanztermingeschäfte. An dieser Stelle[169] soll nur auf die auch als Credit Default Swaps (nachstehend: CDS) genannten Kreditderivate eingegangen werden, weil ihnen die **Separierung des Kreditrisikos** von einem zugrundeliegenden Finanzierungsgeschäft und die anschließende Übertragung dieses Kreditrisikos an einen Dritten zugrundeliegt; der Dritte, der sog. Investor (oder auch Schutzgeber bzw. Sicherungsgeber genannt), verpflichtet sich gegen Zahlung einer Prämie, beim Eintritt eines vertraglich vereinbarten Kreditereignisses, zB der Insolvenz des Kreditnehmers, des sog. Referenzschuldners, eine regelmäßig vertraglich vereinbarte Ausgleichszahlung an den Gläubiger (auch Schutznehmer oder Sicherungsnehmer genannt) des Finanzierungsgeschäftes zu leisten oder zB die abgesicherte Kreditforderung gegen Zahlung des Nominalwertes zu übernehmen.[170] Für die insolvenz-

---

160 *Obermüller* Rn. 6.1288.

161 Vgl. dazu zB *K. P. Berger* ZBB 2008, 92; *Schmeisser/Clausen* DStR 2008, 688; *Laudenklos/Sester* WM 2004, 2417.

162 Vgl. dazu *Bitter/Rauhut* ZIP 2014, 1005 (1006); *Bork* ZIP 2014, 997; *Mock* NZI 2014, 102.

163 Denkbar beim Crowdfunding (→ Rn. 2), vgl. *Klöhn/Hornuf* DB 2015, 47; *Meller-Hannich* WM 2014, 2337 (2344); *Bader* WM 2014, 2249 f.; *Nietsch/Eberle* DB 2014, 1788.

164 Vgl. *Poelzig* WM 2014, 917; s. a. *Oppenheim/Bögeholz* BKR 2018, 504; *Klöhn/Hornuf/Schilling* ZBB 2016, 142 (149).

165 *Schmeisser/Clausen* DStR 2008, 688 (689); *Laudenklos/Sester* WM 2004, 2417.

166 ZB für einen atypisch stillen Gesellschafter einer GmbH & Co KG: BGH NZI 2012, 860 (862) (Rn. 24); vgl. ferner *Poelzig* WM 2014, 917 (918); *Mock* NZI 2014, 102 (104); *Oppenheim/Bögeholz* BKR 2018, 504; *Klöhn/Hornuf/Schilling* ZBB 2016, 142 (177 f.).

167 *Obermüller* Rn. 1.722; *K. P. Berger* ZBB 2008, 92 (102); *Sutter/Fiedler* ZInsO 2011, 552 (555 ff.); vgl. auch *Poelzig* WM 2014, 917 f.

168 *Obermüller* Rn. 1.722; *Sutter/Fiedler* ZInsO 2011, 552 (556 f.).

169 S. zu Swap-Geschäften in der Insolvenz *Obermüller* Rn. 8.240 ff. Allgemein zu Kreditderivaten *Beck/Dietenberger* → Kap. 23 Rn. 1 ff.

170 BankR-HdB/*Jahn/Reiner* § 114 Rn. 27; *Obermüller* Rn. 8.313; *Kusserow/Scholl* WM 2015, 360 (362); *Litten/Bell* WM 2011, 1109 (1110); *Reiner/Schacht* WM 2010, 337 (339).

rechtliche Betrachtung ist also zu unterscheiden, ob der Referenzschuldner oder der Investor insolvent wird[171].

41 **b) Insolvenz des Referenzschuldners.** Die **Insolvenz des Referenzschuldners** führt bei entsprechender vertraglicher Regelung zur Verwirklichung des Risikos des CDS. Da der Referenzschuldner am CDS nicht beteiligt ist, wirkt sich eine reine Ausgleichzahlung im CDS-Vertragsverhältnis nicht in der Insolvenz des Referenzschuldners aus: weder hat der Insolvenzschuldner bzw. dessen Insolvenzverwalter einen Herausgabeanspruch noch kann er die Insolvenzquote kürzen.[172] Der Gläubiger kann also seine Kreditforderung gemäß den Ausführungen in → Rn. 18 ff. in der Insolvenz des Kreditnehmers (= Referenzschuldners) ohne Einschränkung geltend machen.[173]

42 Ist dagegen vereinbart, dass die Kreditforderung zu übernehmen ist, kommt es zu einem **Gläubigertausch,** durch den der Investor wegen der dies bewirkenden Abtretung zulässigerweise[174] Insolvenzgläubiger wird. Sein weiteres Vorgehen hinsichtlich der übernommenen Kreditforderungen richtet sich dann als insoweit „normaler Kreditgläubiger" nach den Ausführungen in → Rn. 18 ff. Allerdings könnte sich dem Investor, soweit er Gegenforderungen gegen den Referenzschuldner haben sollte, nach der Übernahme die Möglichkeit der Aufrechnung bieten. Erfolgt die Übertragung der Kreditforderung erst nach der Verfahrenseröffnung, ist die Aufrechnung nach § 96 Abs. 1 Nr. 2 InsO unzulässig.[175] Eine Übertragung vor der Verfahrenseröffnung lässt gemäß § 96 Abs. 1 Nr. 3 InsO keine Aufrechnung zu, wenn der Investor die Möglichkeit der Aufrechnung durch eine anfechtbare Rechtshandlung[176] erlangt hat. Während eine Anfechtung in dem vom Gesetzgeber festgelegten Krisenzeitraum von 3 Monaten vor Antragstellung bzw. in der Zeit nach Antragstellung wegen inkongruenter Deckung nach § 131 InsO in Betracht kommen kann, da der Investor auf das Entstehen der Aufrechnungslage keinen gegen den Kreditnehmer gerichteten Anspruch hat,[177] dürfte eine Übernahme der Kreditforderung früher als 3 Monate vor der Stellung des Insolvenzantrages regelmäßig nicht zur Anfechtbarkeit einer dadurch entstehenden Aufrechnungslage führen.[178] Die vorstehenden Überlegungen gelten sämtlich auch für den Fall, dass der CDS ausländischem Recht unterliegt,[179] da insolvenzrechtlich auf das (deutsche) Insolvenzstatut des Referenzschuldners abzustellen ist.

43 **c) Insolvenz des Investors.** In der **Insolvenz des Investors** ist der CDS-Vertrag zwischen Gläubiger und Investor direkt „angesprochen". Auch hier ist bei der Vereinbarung eines ausländischen Vertragsstatus auf das deutsche Insolvenzrecht zu rekurrieren, wenn das Insolvenzverfahren nach der InsO durchgeführt wird (§ 335 InsO).[180]

44 CDS werden üblicherweise auf der Basis von **Rahmenverträgen** und damit korrespondierenden Sonderbedingungen abgeschlossen, die eine automatische Beendigung des CDS für den Insolvenzfall des Kunden vorsehen (sog. Close-out-Netting-Klausel), wobei als Insolvenzfall bereits die Stellung eines Insolvenzantrages gilt.[181] Der BGH hat dies wegen

---

[171] Nicht eingegangen wird auf den durch das EMIR-Ausführungsgesetz (Ausführungsgesetz zur Verordnung (EU) Nr. 648/2012 über OTC-Derivate, zentrale Gegenparteien und Transaktionsregister) v. 13.2.2013 BGBl. I 2013, 174 eingeführten Art. 102b EGInsO, vgl. dazu zB *Holzer* DB 2013, 443; *Obermüller* ZInsO 2012, 1982.

[172] *Obermüller* Rn. 8.315; s. auch *Litten/Bell* WM 2011, 1109 (1110). Vgl. auch *Kusserow/Scholl* WM 2015, 413 ff., wenn ein Kreditinstitut Referenzschuldner ist, gegen das aufsichtsrechtliche Abwicklungsmaßnahmen (zur rechtlichen Grundlage: *Kusserow/Scholl* WM 2015, 360 f.) angeordnet wurden.

[173] *Obermüller* Rn. 8.317.

[174] S. a. *Obermüller* Rn. 8.319 ff. mit einer wohl seltenen Ausnahme in Rn. 8.322.

[175] *Obermüller* Rn. 8.325.

[176] → Rn. 80 ff.

[177] *Obermüller* Rn. 8.326.

[178] *Obermüller* Rn. 8.328.

[179] S. dazu BankR-HdB/*Jahn/Reiner* § 114 Rn. 27; *Kusserow/Scholl* WM 2015, 360 (362).

[180] S. a. BankR-HdB/*Jahn/Reiner* § 114 Rn. 181; vgl. ferner → Rn. 34.

[181] Vgl. *Obermüller* Rn. 8.331; s. a. *Litten/Bell* WM 2011, 1109 (1110). Vgl. auch *Kusserow/Scholl* WM 2015, 413 (416 ff.), wenn ein Kreditinstitut Vertragspartei ist, gegen das aufsichtsrechtliche Abwicklungsmaßnahmen (zur rechtlichen Grundlage: *Kusserow/Scholl* WM 2015, 360 f.) angeordnet wurden.

§ 119 InsO als dem § 104 InsO widersprechend und § 104 InsO als direkt anwendbar angesehen[182]. Um die damit ausgelösten „Schockwellen"[183] in der Finanzwelt in die auch den europäischen Vorgaben entsprechenden (bisherigen) Bahnen zu lenken, haben BaFin[184] und der Gesetzgeber sehr schnell reagiert und die Wirksamkeit der Close-out-netting-Klauseln wieder hergestellt[185]. Kommt es demnach aufgrund der Beendigung des CDS durch eine Close-out-Netting-Klausel zu einer Ausgleichsforderung des Kreditinstitutes und kann nicht auf dafür bestellte Sicherheiten zurückgegriffen werden, wird es die Forderung im eröffneten Insolvenzverfahren nur als einfache Insolvenzforderung – entsprechend den Ausführungen zur Geltendmachung einfacher Darlehensforderungen[186] – beanspruchen können (§ 104 Abs. 5 InsO). Ist diese Beendigungsregelung nicht einschlägig, ist auf § 104 InsO auch bei einem CDS abzustellen, wenn der Bezugsgegenstand einen Markt- oder Börsenpreis hat.[187] Danach führt die Verfahrenseröffnung zur Beendigung des CDS, ohne dass es einer Kündigung bedarf (§ 104 Abs. 1 InsO). Die **Ausgleichsforderung,** dh die Forderung wegen Nichterfüllung, ist gemäß § 104 Abs. 2 InsO zu berechnen.[188] Steht die Ausgleichsforderung dem Kreditinstitut zu und sind keine Sicherheiten bestellt, kann es sie wiederum nur als einfache Insolvenzforderung geltend machen (§ 104 Abs. 5 InsO). Fehlt es dagegen an einem Markt- oder Börsenpreis, zB wenn der Bezugsgegenstand ein individueller Kredit ist,[189] findet nicht § 104 InsO, sondern § 103 InsO mit dem nach dieser Norm sich richtenden Wahlrecht des Insolvenzverwalters Anwendung;[190] besteht als Grundlage des CDS ein Rahmenvertrag gemäß § 104 Abs. 3 InsO, dürfte dies – soweit die Beendigung nicht bereits aufgrund der vertraglichen Vereinbarungen erfolgt ist – allerdings nicht zur Anwendung des § 104 InsO führen,[191] da es sich wegen des fehlenden Markt- oder Börsenpreises nicht um eine Finanzleistung im Sinne des § 104 Abs. 1 InsO handelt.

5. Leasing

45 **a) Einführung.** Beim Leasing geht es entscheidend um die entgeltliche Gebrauchsüberlassung von Gütern; dennoch stellt der Abschluss eines Leasingvertrages regelmäßig eine **Finanzierungsentscheidung** dar,[192] insbesondere wenn zB ein benötigtes Investitionsgut nicht mittels einer Darlehensfinanzierung angeschafft, sondern es „lediglich" geleast werden soll.[193] Ein Kreditinstitut kann entweder selbst als Leasinggeber auftreten oder einen Leasinggeber refinanzieren. Demzufolge soll nachstehend sowohl auf die Insolvenz des Leasingnehmers[194] als auch auf die des Leasinggebers abgestellt werden,[195] wobei vom typischen Fall eines Leasingvertrages – als atypischer Mietvertrag – ausgegangen wird.

---

[182] BGH WM 2016, 1168 (1172 ff.) (Rn. 53 ff.); dazu zB *Piekenbrock* BB 2016, 1795; *Primozic/Schaaf* WM 2016, 2110.

[183] *Lehmann/Flöther/Gurlit* WM 2017, 597.

[184] Noch am Tag der Entscheidung des BGH hat sie eine Allgemeinverfügung erlassen, nach der vereinbarte Nettingklauseln „vereinbarungsgemäß abzuwickeln" seien; vgl. „Allgemeinverfügung zu Nettingvereinbarungen im Anwendungsbereich des deutschen Insolvenzrechts" v. 9.6.2016, GZ: ED WA-Wp 1000–2016/0001, zu finden auf der BaFin-Homepage unter www.bafin.de; dazu *Lehmann/Flöther/Gurlit* WM 2017, 597 (601 f.).

[185] Durch das Gesetz zur Änderung der Insolvenzordnung und zur Änderung des Gesetzes, betreffend die Einführung der Zivilprozessordnung v. 22.2016, BGBl. I 2016, 3147 wurde § 104 InsO geändert, vgl. dazu *Lehmann/Flöther/Gurlit* WM 2017, 597 (602 ff.); s. auch *Marotzke* ZInsO 2019, 1341 ff.

[186] → Rn. 18 ff.

[187] *Obermüller* Rn. 8.337 f.; BankR-HdB/*Jahn/Reiner* § 114 Rn. 183; Uhlenbruck/*Knof* § 104 Rn. 47, 67.

[188] BankR-HdB/*Jahn/Reiner* § 114 Rn. 197; vgl. auch *Marotzke* ZInsO 2019, 1341 (1345 ff.).

[189] S. a. Uhlenbruck/*Knof* § 104 Rn. 67; BuB/*Neuhaus* Rn. 7/1093. Vgl. ferner *Obermüller* ZInsO 2013, 476 (480).

[190] *Obermüller* Rn. 8.339. S. dazu auch den Hinweis von *Obermüller* in ZInsO 2013, 476 (481); vgl. ferner *Knof* DB 2013, 1769 (1773 f.).

[191] So *Obermüller* Rn. 8.339.

[192] S. a. BuB/*Peters* Rn. 13/69.

[193] Zum Leasing *Omlor* → Kap. 18 Rn. 1 ff.

[194] In der Insolvenz eines Verbrauchers als Leasingnehmer (vgl. auch § 506 BGB) gelten ebenfalls (→ Rn. 32) keine besonderen Regelungen.

[195] Zur Rechtslage vor Geltung der InsO vgl. BuB/*Peters* Rn. 13/149 ff.

b) Insolvenz des Leasingnehmers. Weder die **Antragstellung** noch die Anordnung vorläufiger Maßnahmen nach § 21 InsO wirken sich auf den Bestand des Leasingvertrages aus.[196] Allerdings hat der Leasinggeber als Folge einer Antragstellung die **Kündigungssperre** des § 112 InsO zu beachten.[197] Danach kann er den Leasingvertrag nicht (mehr) kündigen bei einem vor Antragstellung eingetretenen Verzug mit Leasingraten (§ 112 Nr. 1 InsO) oder wegen einer Verschlechterung der Vermögensverhältnisse des Leasingnehmers (§ 112 Nr. 2 InsO). Diese Kündigungssperre ist gemäß § 119 InsO zwingend. Die Kündigungssperre ist unabhängig davon, ob das Leasinggut sich schon beim Leasingnehmer befindet[198] oder ob es später überhaupt zur Verfahrenseröffnung kommt.[199] Soweit dem Leasinggeber aus anderen Gründen Kündigungsrechte zustehen, ist er an deren Ausübung nicht gehindert.[200] Eine bereits vor einem Antrag ausgesprochene Kündigung wegen Verzuges bzw. Vermögensverschlechterung bleibt jedoch wirksam;[201] der Leasingnehmer hat das Leasinggut herauszugeben, es sei denn, das Insolvenzgericht hat ein (wirksames) Verbleiben des Leasinggutes beim Schuldner unter den Voraussetzungen des § 21 Abs. 2 S. 1 Nr. 5 InsO angeordnet[202]. Kommt es erst nach Antragstellung zum Verzugseintritt, gilt die Kündigungssperre des § 112 Nr. 1 InsO nicht.[203] Zahlt der Leasingnehmer die fälligen Raten, ist die Kündigung wegen fehlenden Verzuges ausgeschlossen und einer Kündigung wegen der Vermögensverschlechterung steht § 112 Nr. 2 InsO entgegen. Allerdings kann eine Anfechtung dieser Zahlungen ggf. nach § 130 InsO in Betracht kommen.[204] Dem Leasingnehmer bzw. einem ggf. eingesetzten vorläufigen Insolvenzverwalter stehen in dieser Phase über evtl. vertraglich vereinbarte Kündigungsrechte hinaus keine „insolvenzbedingten" (außerordentlichen) Kündigungsrechte zu.[205] Kommt es zu einer Abweisung des Insolvenzantrages mangels Masse (§ 26 InsO), entfällt auch die Kündigungssperre des § 112 InsO;[206] dem Gläubiger stehen wieder die Handlungsoptionen zwecks Beendigung des Leasingvertrages nach den allgemeinen Bestimmungen zu[207]. 46

Mit der **Verfahrenseröffnung** hängt das weitere Schicksal der noch bestehenden Leasingverträge davon ab, ob es sich um Mobilienleasing oder Immobilienleasing handelt.[208] Die Kündigungssperre des § 112 InsO gilt für den Leasinggeber auch im eröffneten Verfahren.[209] Vertragliche Beendigungsregelungen für den Fall der Insolvenz des Leasingnehmers sind vor dem Hintergrund der Regelungen in §§ 112, 119 InsO unwirksam. 47

Mobilienleasingverträge unterfallen mit Verfahrenseröffnung dem Wahlrecht des Insolvenzverwalters gemäß § 103 InsO. Bei der Eigenverwaltung steht dem Schuldner dieses Wahlrecht zu (§ 279 InsO); die nachstehenden Ausführungen und in → Rn. 49 gelten dann 48

[196] *Obermüller* Rn. 7.7; *Vogel* NZI 2018, 588 (590). Zu den Folgen einer Anordnung nach § 21 Abs. 2 S. 1 Nr. 5 InsO, die keine Vertragsbeendigung voraussetzt, *Bork* NZI 2012, 590 ff.; s. auch *Vogel* NZI 2018, 588 (590 f.). Vgl. ferner BGH WM 2012, 1490 (1492 ff.) (Rn. 16 ff.).

[197] BGH WM 2015, 1473 (1475) (→ Rn. 21); OLG Braunschweig ZIP 2009, 1336; s. a. MüKoInsO/*J. F. Hoffmann* § 112 Rn. 3; BuB/*Peters* Rn. 13/188; *Vogel* NZI 2018, 588 (590).

[198] **AA** MüKoInsO/*J. F. Hoffmann* § 112 Rn. 18; Uhlenbruck/*Wegener* § 112 Rn. 5.

[199] OLG Düsseldorf WM 2008, 2310 (2311).

[200] BGH NZI 2005, 450 (451); differenzierend MüKoInsO/*J. F. Hoffmann* § 112 Rn. 31 ff.; Uhlenbruck/*Wegener* § 112 Rn. 18; *Vogel* NZI 2018, 588 (590).

[201] Uhlenbruck/*Wegener* § 112 Rn. 8; BuB/*Peters* Rn. 13/188.

[202] Vgl. dazu BGH WM 2012, 1490 (1492 ff.) (Rn. 16 ff.); *Vogel* NZI 2018, 588 (590 f. u. 592 f.).

[203] BGH NZI 2005, 450 (451); s. a. *Obermüller* Rn. 7.10; BuB/*Peters* Rn. 13/189.

[204] → Rn. 106 ff.

[205] *Obermüller* Rn. 7.13.

[206] MüKoInsO/*J. F. Hoffmann* § 112 Rn. 22; Uhlenbruck/*Wegener* § 112 Rn. 7 auch mit dem Hinweis, dass dies bei einer Rücknahme oder Erledigung des Insolvenzantrages ebenso gilt wie bei einer späteren Verfahrensaufhebung.

[207] Ähnlich – für eine Enthaftungserklärung nach § 109 Abs. 1 S. 2 InsO – BGH WM 2015, 1473 (1478) (Rn. 44).

[208] Zur Ausnahme, wenn dem Leasingvertrag Kaufrecht zugrunde liegt, s. *Obermüller* Rn. 7.29.

[209] Uhlenbruck/*Wegener* § 112 Rn. 7; Nerlich/Römermann/*Balthasar* § 112 Rn. 5; BuB/*Peters* Rn. 13/188; anders wohl *Obermüller* Rn. 7.24.

sinngemäß. Nach § 103 InsO kann der Insolvenzverwalter wählen, ob er an Stelle des Schuldners den Vertrag erfüllt oder die weitere Erfüllung ablehnt. Der Leasinggeber kann gemäß § 103 Abs. 2 S. 2 InsO den Insolvenzverwalter zur Ausübung seines Wahlrechtes auffordern; unterlässt er dies, kann er auf der Erfüllung nicht bestehen (§ 103 Abs. 2 S. 3 InsO). Die Aufforderung muss im eröffneten Insolvenzverfahren gegenüber dem Insolvenzverwalter erfolgen; eine Aufforderung an den vorläufigen Verwalter, ggf. mit dem Hinweis, dass sie erst mit Verfahrenseröffnung gelten soll, ist wirkungslos.[210] Einer Aufforderung muss der Insolvenzverwalter unverzüglich (§ 121 Abs. 1 S. 1 BGB), dh also innerhalb einer nach den Umständen des Einzelfalls angemessenen Frist zur Klärung der Entscheidungsparameter, nachkommen;[211] der Verwalter kann nicht per se bis zum Berichtstermin warten.[212] Wählt der Insolvenzverwalter Erfüllung, sind die nun von ihm zu erbringenden Leasingraten Masseverbindlichkeiten gemäß § 55 Abs. 1 Nr. 2 InsO.[213] Evtl. noch nicht beglichene Leasingraten aus der Zeit vor Verfahrenseröffnung dürften dagegen nur als Insolvenzforderungen einzuordnen sein.[214] Lehnt der Insolvenzverwalter die Erfüllung ab, kann der Leasinggeber seinen Nichterfüllungsschaden gemäß § 103 Abs. 2 S. 1 InsO nur als Insolvenzforderung geltend machen. Da dem Leasinggeber als Folge der Nichterfüllungswahl ein Aussonderungsrecht – und nicht nur ein Absonderungsrecht – zusteht, hat ihm der Insolvenzverwalter mangels eines eigenen Verwertungsrechtes das Leasinggut zur bestmöglichen Verwertung und Anrechnung des Verwertungserlöses auf seinen Nichterfüllungsschaden zurückzugeben.[215] Wenn es sich beim Leasinggeber um einen Gesellschafter des Leasingnehmers handeln sollte, kann der Geltendmachung dieses Aussonderungsanspruches allerdings – bis zu höchstens einem Jahr – der § 135 Abs. 3 S. 1 InsO entgegenstehen.[216] Soweit der Insolvenzverwalter das Leasinggut bis zur Rückgabe weiter genutzt haben sollte, stellt der insoweit entstandene Nutzungsentschädigungsanspruch des Leasinggebers eine Masseschuld nach § 55 Abs. 1 InsO dar.[217]

49 **Immobilienleasingverträge**[218] bestehen nach § 108 Abs. 1 S. 1 InsO mit Wirkung für die Insolvenzmasse fort. Der Insolvenzverwalter (zur Eigenverwaltung → Rn. 48) hat also kein Wahlrecht nach § 103 InsO,[219] allerdings kann er – wenn das Leasinggut dem Leasingnehmer schon vor Verfahrenseröffnung überlassen worden war – den Leasingvertrag nach § 109 Abs. 1 S. 1 InsO ohne Rücksicht auf die vereinbarte Vertragsdauer oder einen vereinbarten Ausschluss des Rechts zur ordentlichen Kündigung mit einer Frist von drei Monaten zum Monatsende kündigen, wenn nicht eine kürzere vertragliche Frist maßgeblich ist. Dieses Kündigungsrecht muss der Insolvenzverwalter nicht unverzüglich ausüben; vielmehr kann er das Leasinggut weiter nutzen, solange er es benötigt und erst dann die Kündigung aussprechen.[220] Die Kündigung führt zu einem Aussonderungsrecht des Leasinggebers.[221] Dem Leasinggeber steht dagegen – bei vor Verfahrenseröffnung überlassenem Leasinggut – kein Kündigungsrecht zu, solange der Insolvenzverwalter seinen Pflichten aus dem Leasingvertrag nachkommt. Leasingraten, die nach Verfahrenseröffnung bis zur Beendigung des Leasingvertrages entstehen, sind Masseverbindlichkeiten gemäß § 55 Abs. 1 Nr. 2 InsO, die vor Eröffnung des Insolvenzverfahrens entstandenen Leasingforderungen

---

[210] BGH ZInsO 2007, 1275 (1276).
[211] BuB/*Peters* Rn. 13/187; *Vogel* NZI 2018, 588 (594).
[212] OLG Köln NZI 2003, 149 (150); *Obermüller* Rn. 7.19.
[213] HM, vgl. nur BuB/*Peters* Rn. 13/187 mwN; *Obermüller* Rn. 7.17; *Vogel* NZI 2018, 588 (594).
[214] Uhlenbruck/*Wegener* § 105 Rn. 22; **aA** *Obermüller* Rn. 7.18.
[215] *Obermüller* Rn. 7.18; *Vogel* NZI 2018, 588 (595).
[216] Uhlenbruck/*Hirte* § 135 Rn. 21.
[217] BGH NZI 2007, 287 (288) (Rn. 17); *Obermüller* Rn. 7.18c; *Vogel* NZI 2018, 588 (594).
[218] Unter der Geltung der Insolvenzordnung zählen dazu nicht nur Leasingverträge über Grundstücke, sondern auch solche über Schiffe, Schiffsbauwerke und Flugzeuge, s. näher *Obermüller* Rn. 7.61; *Vogel* NZI 2018, 588 (594).
[219] Uhlenbruck/*Wegener* § 108 Rn. 2; *Vogel* NZI 2018, 588 (594).
[220] Uhlenbruck/*Wegener* § 109 Rn. 8; Nerlich/Römermann/*Balthasar* § 109 Rn. 4; *Vogel* NZI 2018, 588 (595).
[221] Zu Räumungskosten und deren Qualifizierung vgl. *Obermüller* Rn. 7.27; *Vogel* NZI 2018, 588 (595).

sind ebenso einfache Insolvenzforderungen (§ 108 Abs. 3 InsO) wie durch die Kündigung des Insolvenzverwalters entstehende Schadensersatzansprüche (§ 109 Abs. 1 S. 3 InsO). Ist das Leasinggut beim Immobilienleasingvertrag zum Zeitpunkt der Eröffnung des Insolvenzverfahrens noch nicht überlassen worden, kann nach § 109 Abs. 2 S. 1 InsO sowohl der Verwalter als auch der Leasinggeber vom Vertrag zurücktreten. Tritt der Verwalter zurück, ist ein dadurch entstehender Schadensersatzanspruch des Leasinggebers nur eine einfache Insolvenzforderung (§ 109 Abs. 2 S. 2 InsO). Jeder Teil hat dem anderen auf dessen Verlangen binnen zwei Wochen zu erklären, ob er vom Vertrag zurücktreten will; unterlässt er dies, verliert er das Rücktrittsrecht (§ 109 Abs. 2 S. 3 InsO).

c) Insolvenz des Leasinggebers. In der Insolvenz des Leasinggebers wirken sich ebenfalls weder die **Antragstellung** noch die Anordnung vorläufiger Maßnahmen nach § 21 InsO auf den Bestand des Leasingvertrages aus. Die Kündigungssperre des § 112 InsO gilt nicht,[222] so dass dem Leasingnehmer eine insolvenzbedingte Kündigung des Leasingvertrages unbenommen bleibt. Hat der Leasinggeber seine künftigen Ansprüche gegen den Leasingnehmer an ein Kreditinstitut abgetreten und wird vom Insolvenzgericht ein allgemeines Verfügungsverbot nach § 21 Abs. 2 Nr. 2 Alt. 1 InsO angeordnet, steht der weiteren Wirksamkeit der Abtretung auch für die nach Anordnung zu zahlenden Leasingraten nicht die §§ 81 Abs. 1, 24 Abs. 1, 21 Abs. 2 Nr. 2 InsO entgegen. Bei den Leasingraten handelt es sich um **betagte** (und nicht – wie bei einem typischen Mietvertrag – um befristete) **Forderungen,**[223] die bereits mit Vertragsschluss vollständig entstanden und durch die Abtretung auf das Kreditinstitut übergegangen sind.[224] Im Ergebnis dasselbe gilt für Leasingraten für einen Verlängerungszeitraum, wenn die Verlängerung bereits im ursprünglichen Leasingvertrag geregelt ist,[225] sowie für eine voraus abgetretene, im Leasingvertrag betraglich festgelegte Restwertzahlung.[226] Ob dies auch für eine sog Abschlusszahlung in Betracht kommt, ist noch nicht geklärt.[227] Bei einer wirksamen Abtretung kann das Kreditinstitut die Leasingraten (bei einer offenen Abtretung: weiterhin) selbst einziehen, ggf., dh bei einer stillen Abtretung nach Offenlegung gegenüber dem Leasingnehmer und Widerruf der dem Leasinggeber erteilten Einziehungsermächtigung.[228] Gehen Leasingraten dennoch beim Leasinggeber ein, kann dem Kreditinstitut ein Ersatzabsonderungsrecht zustehen.[229] Auch in der Insolvenz des Leasinggebers ist für die Auswirkungen der Verfahrenseröffnung danach zu unterscheiden, ob Mobilienleasing oder Immobilienleasing vorliegt. 50

Bei einem **Mobilienleasingvertrag** steht – soweit nicht der gleich noch zu behandelnde § 108 Abs. 1 S. 2 InsO einschlägig ist – mit der Verfahrenseröffnung dem Insolvenzverwalter das Wahlrecht des § 103 InsO zu.[230] Bei der Eigenverwaltung steht dem Schuldner das Wahlrecht zu (§ 279 InsO); die nachstehenden Ausführungen in → Rn. 51 f. und → Rn. 53 gelten dann sinngemäß. Wird die Erfüllung des Leasingvertrages abgelehnt, besteht auch für den Leasingnehmer keine Pflicht mehr zur Leistung der Leasingraten, u. z. auch für den Fall, dass – „außerhalb" von § 108 Abs. 1 S. 2 InsO – die Ansprüche zB an ein Kreditinstitut abgetreten sind. Entscheidet sich der Insolvenzverwalter für die Erfüllung, so stehen ihm die Leasingraten auch für den Fall zu, dass sie vor dem Insolvenzverfahren 51

[222] Dies folgt bereits aus dem Wortlaut der Norm; unabhängig davon ist § 112 InsO im Übrigen restriktiv zu behandeln, vgl. Uhlenbruck/*Wegener* § 112 Rn. 19; s. auch MüKoInsO/*Eckert* § 112 Rn. 4.
[223] BGH WM 2013, 1040 (1043) (Rn. 29); ZIP 2010, 332 (333) (Rn. 20); NJW 1992, 2150 (2151); 1990, 1785 (1787 f.); BGHZ 109, 368 (372 f.) = NJW 1990, 1113.
[224] Vgl. BGH WM 2013, 1040 (1043) (Rn. 29 f.); NJW 1992, 2150 (2151); s. a. BGH ZIP 2010, 332 (333) (Rn. 20).
[225] Vgl. *Obermüller* Rn. 7.35.
[226] Vgl. *Obermüller* Rn. 7.37.
[227] *Obermüller* Rn. 7.39.
[228] Dies sollte sowohl dem Insolvenzschuldner als auch dem vorläufigen Verwalter bzw. Sachwalter gegenüber erfolgen.
[229] S. iE *Obermüller* Rn. 7.39b f.
[230] Uhlenbruck/*Sinz* § 108 Rn. 126; *Obermüller* Rn. 7.40.

abgetreten worden sind. Nach der Rechtsprechung des BGH[231] verlieren zum Zeitpunkt der Verfahrenseröffnung noch offene Erfüllungsansprüche ihre Durchsetzbarkeit, soweit sie nicht auf eine anteilige Gegenleistung für vor Verfahrenseröffnung erbrachte Leistungen gerichtet sind; mit der Erfüllungswahl erhalten die zunächst nicht durchsetzbaren Forderungen die Rechtsqualität von originären Forderungen der und gegen die Masse, was bedeutet, dass auf diese originäre „Forderungsentstehung" § 91 InsO Anwendung findet und – unabhängig von der Qualifizierung als betagte Forderungen – einem (weiteren) Forderungsübergang auf den Zessionar entgegensteht.[232]

52 Das Wahlrecht des Insolvenzverwalters greift nicht, dh der Leasingvertrag wird durch die Eröffnung des Insolvenzverfahrens erst einmal nicht beeinträchtigt, wenn der Leasinggeber das **Leasinggut refinanziert** hat und insoweit § 108 Abs. 1 S. 2 InsO Anwendung findet. Nach dieser Norm bestehen mit Wirkung für die Insolvenzmasse auch „Miet- und Pachtverhältnisse (fort), die der Schuldner als Vermieter oder Verpächter eingegangen war und die sonstige Gegenstände betreffen, die einem Dritten, der ihre Anschaffung oder Herstellung finanziert hat, zur Sicherheit übertragen wurden."[233] Die Vorschrift verlangt also zum einen eine **Sicherungsübertragung des Leasinggutes.** Diese Sicherungsübertragung, bei der es sich sowohl um eine Sicherungsübereignung als auch um eine Sicherungsabtretung handeln kann,[234] muss zivilrechtlich wirksam und vor der Verfahrenseröffnung erfolgt sein.[235] Zum anderen verlangt § 108 Abs. 1 S. 2 InsO, dass der sicherungsnehmende „Dritte", in der Praxis regelmäßig ein Kreditinstitut, das ihm übertragene Leasinggut zwecks **Anschaffung oder Herstellung** finanziert „hat". Trotz des engen Gesetzeswortlautes muss nicht zwingend der Refinanzierungsvertrag vor dem Leasingvertrag geschlossen werden; entscheidend kann nur sein, dass ein zeitlicher und sachlicher Zusammenhang zwischen der Anschaffung und der Finanzierung bestehen muss,[236] dh dass Finanzierungen ausgeschlossen bleiben, bei denen die Sicherungsübertragung nachträglich zur Absicherung eines ursprünglich ohne Sicherheiten gewährten und nicht Anschaffungszwecken dienenden Kredites vorgenommen worden ist.[237] Demzufolge kann die Ausnahmevorschrift des § 108 Abs. 1 S. 2 InsO auch einschlägig sein bei einer von vorneherein geplanten alsbaldigen Refinanzierung,[238] auch im Wege des Factorings,[239] bei Umschuldungen[240] oder bei der Refinanzierung durch mehrere Kreditinstitute unter Bildung eines Sicherheitenpools,[241] nicht aber, wenn sich aus anderen, nicht mit der Anschaffung des Leasinggutes zusammenhängenden Gründen ein Kreditbedarf ergibt. Soweit § 108 Abs. 1 S. 2 InsO Anwendung findet und der Leasingvertrag fortbesteht, kann das refinanzierende Kreditinstitut nach Verfahrenseröffnung die fällig werdenden Leasingraten (und auch weitere Beträge gemäß → Rn. 50) einziehen, wenn eine Vollrechtsabtretung vorliegt, da das Kreditinstitut aussonderungsberechtigt ist.[242] Soweit schuldbefreiend an den Insolvenzverwalter gezahlt wird, hat das Kreditinstitut einen Ersatzaussonderungsanspruch gemäß § 48 InsO. Nur bei einer Sicherungsabtretung kann der Insolvenzverwalter das Verwertungsrecht des

---

[231] Grundlegend BGHZ 150, 353 ff. = NJW 2002, 2783.

[232] BGHZ 150, 353 (359 f.) = NJW 2002, 2783; vgl. auch MüKoInsO/*J. F. Hoffmann* § 108 Rn. 127; *Obermüller* Rn. 7.43 ff.

[233] Zu den Gründen, warum der Gesetzgeber § 108 Abs. 1 S. 2 InsO nach der Verabschiedung, aber noch vor dem In-Kraft-Treten der InsO aufgenommen hat, vgl. zB *Schmid-Burgk/Ditz* ZIP 1996, 1123 f.; BuB/*Peters* Rn. 13/162.

[234] Uhlenbruck/*Sinz* § 108 Rn. 134; BuB/*Peters* Rn. 13/164.

[235] BuB/*Peters* Rn. 13/174; Uhlenbruck/*Sinz* § 108 Rn. 135; MüKoInsO/*J. F. Hoffmann* § 108 Rn. 133 hält dagegen die vorherige Überlassung nicht für erforderlich.

[236] Nerlich/Römermann/*Balthasar* § 108 Rn. 13; BuB/*Peters* Rn. 13/165.

[237] So *Obermüller* Rn. 7.53; BuB/*Peters* Rn. 13/165; *Schmid-Burgk/Ditz* ZIP 1996, 1123 (1125).

[238] BuB/*Peters* Rn. 13/168.

[239] Uhlenbruck/*Sinz* § 108 Rn. 136.

[240] Vgl. BuB/*Peters* Rn. 13/167.

[241] Vgl. BuB/*Peters* Rn. 13/170.

[242] Vgl. dazu *Obermüller* Rn. 7.58.

§ 166 Abs. 2 InsO geltend machen und eine Kostenbeteiligung gemäß §§ 170, 171 InsO beanspruchen.[243]

Ein **Immobilienleasingvertrag** besteht nach Verfahrenseröffnung mit Wirkung für die Insolvenzmasse gemäß § 108 Abs. 1 S. 1 InsO fort, wenn das Leasinggut dem Leasingnehmer bereits übergeben war. War der Leasingvertrag zwar schon geschlossen, das Leasinggut aber noch nicht übergeben, steht dem Insolvenzverwalter (zur Eigenverwaltung s. zu Beginn in → Rn. 51) wie bei einem Mobilienleasingvertrag das Wahlrecht des § 103 InsO zu.[244] Hat der Leasinggeber über ihm zustehende Beträge im Voraus verfügt, zB im Wege der Abtretung der künftigen Leasingraten an ein ihn refinanzierendes Kreditinstitut, und ist der Leasingvertrag so ausgestaltet, dass die künftigen Leasingraten bereits mit Vertragsabschluss als betagte Forderungen entstehen, bleibt die Vorausabtretung wirksam[245]. Wird der „Leasingvertrag" dagegen wie ein typischer Mietvertrag vereinbart, ist die Vorausverfügung nach § 110 Abs. 1 InsO nur noch für den zur Zeit der Eröffnung des Verfahrens laufenden Kalendermonats bzw. zusätzlich – wenn die Verfahrenseröffnung nach dem 15. Tag des Monats erfolgt – für den folgenden Kalendermonat wirksam.[246] Leistet der Leasingnehmer bei der zuletzt genannten Konstellation nach Verfahrenseröffnung schuldbefreiend iSd § 82 InsO an das Kreditinstitut, hat der Insolvenzverwalter gegen dieses einen Bereicherungsanspruch nach § 816 Abs. 2 BGB; eine Aufrechnung mit der Kreditforderung ist wegen § 96 Abs. 1 Nr. 1 InsO unzulässig.[247] Demzufolge sollte bei der **Refinanzierung** eines Immobilienleasingvertrages nur mittels der Vorausabtretung der künftigen Leasingraten sehr auf eine konsistente Ausgestaltung als Leasinggeschäft geachtet werden.[248] 53

6. Factoring/Forfaitierung

a) Factoring. Durch einen Factoringvertrag verschafft sich ein Unternehmen, der sog Anschlusskunde, durch den regelmäßigen Verkauf seiner Forderungen an einen Factoringunternehmen den Rahmen, die künftigen Forderungen gegen seine Schuldner zügig in Liquidität zu tauschen; diese **Finanzierungsfunktion** des Factoring[249] ist unabhängig davon, ob es sich um echtes oder unechtes Factoring handelt. Soweit es bei der insolvenzrechtlichen Betrachtung auf eine dieser beiden Vertragsgestaltungen ankommt, wird dies besonders erwähnt. 54

Kommt es zur Stellung eines **Insolvenzantrages** über das Vermögen des Anschlusskunden, wirkt sich dies weder auf den Factoringvertrag noch auf den Ankauf von Factoringforderungen aus. Der Factor wird allerdings den Factoringvertrag außerordentlich durch Kündigung aus wichtigem Grund beenden können.[250] Ordnet das Insolvenzgericht neben der Einsetzung eines vorläufigen Insolvenzverwalters – dies alleine wäre unschädlich[251] – ein allgemeines Verfügungsverbot nach § 21 Abs. 2 Nr. 2 Alt. 1 InsO an, kann der Factor gemäß §§ 24 Abs. 1, 81 InsO keine Forderungen mehr erwerben, die nach dem Wirksamwerden des Verfügungsverbotes entstanden sind, denn für die Relevanz des Ver- 55

[243] Zu einem unter gewissen Umständen möglichen Verwertungsrecht hinsichtlich des Leasinggutes vgl. BuB/*Peters* Rn. 13/183 ff.; s. ferner BGH DB 2018, 886 mAnm *Lütcke* DB 2018, 1257.

[244] BGH NJW 2007, 3715 (3716 f.) (Rn. 18 ff.).

[245] BGH WM 2013, 1040 (1043) (Rn. 30).

[246] BGH WM 2013, 1040 (1043) (Rn. 32 ff.); OLG Brandenburg ZIP 2012, 1523 f. Vgl. dazu auch Nerlich/Römermann/*Balthasar* § 110 Rn. 5 ff.

[247] *Obermüller* Rn. 7.63; Uhlenbruck/*Sinz* § 108 Rn. 148.

[248] Zu anderen Sicherheiten vgl. zB *Obermüller* Rn. 7.65 ff.

[249] Zum Factoring ausführlich *Omlor* → Kap. 18 Rn. 138 ff.; zur Finanzierungsfunktion auch BankR-HdB/*Martinek/Omlor* § 102 Rn. 2; BuB/*Scharff* Rn. 13/4; *Stumpf* BB 2012, 1045 ff.

[250] BankR-HdB/*Martinek/Omlor* § 102 Rn. 137. Für die Wirksamkeit der Kündigung gelten vor dem Hintergrund der Entscheidung des BGH NZI 2013, 178 zu insolvenz(un)abhängigen Lösungsklauseln dieselben Erwägungen wie in → Rn. 8. Der Factoringvertrag erlischt mit Verfahrenseröffnung (→ Rn. 57), dh der Insolvenzverwalter bzw. der Schuldner bei Eigenverwaltung (§ 279 InsO) kann nicht auf § 103 InsO abstellen.

[251] *Obermüller* Rn. 7.84. Für die Einsetzung eines vorläufigen Sachwalters nach §§ 270a f. InsO gilt das sinngemäß.

fügungsverbotes kommt es auf diesen Zeitpunkt an und nicht auf den Zeitpunkt des Vorausabtretung.[252] Wird dagegen „nur" ein Zustimmungsvorbehalt nach § 21 Abs. 2 Nr. 2 Alt. 2 InsO angeordnet, kann der Factor die ihm angebotenen Forderungen wirksam erwerben, denn das Andienen der Forderungen stellt keine Verfügung dar und § 91 InsO ist erst ab Verfahrenseröffnung einschlägig.[253]

56 Soweit der Factor Forderungen **wirksam erworben** hat, kann er sie auch nach der Anordnung von Maßnahmen nach § 21 Abs. 2 Nr. 2 InsO vom Drittschuldner einziehen. Letzterer ist zur Zahlung – vorbehaltlich von Gegenansprüchen insbesondere nach §§ 404 ff. BGB – an den Factor verpflichtet; er erwirbt durch Zahlung Volleigentum, wenn der Anschlusskunde lediglich unter Eigentumsvorbehalt geliefert hat.[254] Besteht zwischen Anschlusskunden und Drittschuldner ein Abtretungsverbot und ist die Abtretung gleichwohl nach § 354a Abs. 1 HGB wirksam,[255] hat der Drittschuldner wegen der Insolvenz des Anschlusskunden an den Factor zu bezahlen, ohne sich auf sein Wahlrecht[256] nach § 354a Abs. 1 S. 2 HGB berufen zu können.[257] Das Insolvenzgericht kann die Einziehung durch den Factor nicht durch einen Verwertungsstop nach § 21 Abs. 2 Nr. 5 InsO verhindern,[258] da diese Anordnung sich nur auf Sicherungsabtretungen beziehen kann und die dem Factor verkauften Forderungen regelmäßig im Wege der Vollabtretung übertragen werden. Zahlt der Drittschuldner mangels Kenntnis von der Abtretung weiter auf das ihm benannte Konto des Anschlusskunden, zahlt er auch im Verhältnis zum Factor schuldbefreiend. Der Factor hat bezüglich dieser Beträge keinen Ersatzaussonderungsanspruch oder einen Bereicherungsanspruch, soweit er dem Anschlusskunden – wie regelmäßig – eine Einziehungsermächtigung erteilt hat; er ist auf die Geltendmachung als Insolvenzforderung beschränkt.[259] Weiterhin kann er diese Beträge auch nicht für den – in der Praxis durchaus gebräuchlichen – Fall an sich ziehen, dass er sich eine Kontovollmacht für das Konto des Anschlusskunden hat erteilen lassen.[260] Üblicherweise handelt es sich dabei um ein (offen gelegtes) **Treuhandkonto,** das dem Factor keinen eigenen Auszahlungsanspruch gegen das Kreditinstitut gibt, da nicht er, sondern der Anschlusskunde der Kontoinhaber ist; der Factor kann bei Vorliegen der Voraussetzungen für ein Treuhandverhältnis einen Aussonderungsanspruch nach § 47 InsO geltend machen.[261] Um nicht einem Insolvenzanfechtungsanspruch wegen des Einzugs über ein Treuhandkonto ausgesetzt zu sein, sollte sich der Factor ein Pfandrecht an dem Kontoguthaben sowie an den Ansprüchen auf und aus Gutschrift bestellen lassen.[262]

57 Mit der **Verfahrenseröffnung** über das Vermögen des Anschlusskunden erlischt der Factoringvertrag gemäß § 116 InsO sowohl für den Fall des unechten Factorings[263] als auch für den des echten Factorings;[264] in Ausnahmefällen, insbesondere wenn der Factor die Verfahrenseröffnung unverschuldet nicht kennt, kann der Factoringvertrag gemäß §§ 116, 115 Abs. 2, 3 InsO noch für einen gewissen Zeitraum fortbestehen.[265]

---

[252] BGH NZI 2010, 138 (140) (Rn. 25).
[253] BGH NZI 2010, 138 (140) (Rn. 26 f.).
[254] *Obermüller* Rn. 7.86c.
[255] S. dazu iE zB BuB/*Huber* Rn. 4/622 ff.
[256] Soweit er nicht vorher auf sein Wahlrecht, an den bisherigen Gläubiger zu zahlen, wirksam verzichtet hat, vgl. BGH ZInsO 2018, 2578 (2582 f.) (Rn. 44 ff.).
[257] *Obermüller* Rn. 7.86b; zum Wahlrecht s. a. BuB/*Huber* Rn. 4/622g ff.
[258] Vgl. dazu BGHZ 183, 269 = NZI 2010, 95.
[259] Dazu *Obermüller* Rn. 7.87c ff.
[260] Dazu *Obermüller* Rn. 7.87h.
[261] *Obermüller* Rn. 7.87i.
[262] Dazu iE *Obermüller* Rn. 7.87k ff., insbes. in Rn. 7.87l mit dem Hinweis, dass für einen Zugriff des Factors auf das Guthaben Pfandreife eingetreten sein muss, andernfalls er nur einen Sicherstellungsanspruch gegen den Insolvenzverwalter hat; s. a. BGH NZI 2005, 384 (385).
[263] MüKoInsO/*Vuia* § 116 Rn. 17; Uhlenbruck/*Sinz* §§ 115/116 Rn. 39 f.; BankR-HdB/*Martinek*/*Omlor* § 102 Rn. 137; **aA** *Litten* ZInsO 2014, 473 (482).
[264] MüKoInsO/*Vuia* § 116 Rn. 17; Nerlich/Römermann/*Kießner* § 116 Rn. 25; *Litten* ZInsO 2014, 473 (482).
[265] Dazu Uhlenbruck/*Sinz* §§ 115/116 Rn. 39; MüKoInsO/*Vuia* § 116 Rn. 55 f. iVm § 115 Rn. 17.

Bereits abgetretene Forderungen kann der Factor beim **echten Factoring** selbst einziehen, ohne dass der Insolvenzverwalter bzw. der Schuldner bei einer Eigenverwaltung eigene Handlungsoptionen hätte.[266] Insbesondere hat der Insolvenzverwalter bzw. der Schuldner bei der Eigenverwaltung (§ 279 InsO) bei vom Anschlusskunden unter Eigentumsvorbehalt an den Drittschuldner gelieferten Waren kein Wahlrecht nach § 103 InsO, wenn die Voraussetzungen des § 107 Abs. 1 InsO vorliegen.[267] Soweit ihm ansonsten ein Wahlrecht zusteht, kann sich dies nur auf die noch nicht erbrachten Erfüllungsleistungen der Masse beziehen, wenn Leistung und Gegenleistung teilbar sind.[268] Zahlungen des Drittschuldners an den Anschlusskunden in Unkenntnis der Abtretungen sind wiederum schuldbefreiend; der Factor hat bei Vorliegen der Voraussetzungen einen Ersatzaussonderungsanspruch nach § 48 InsO, zumal auch eine bestehende Einziehungsermächtigung mit Verfahrenseröffnung erloschen ist.[269] 58

Beim **unechten Factoring** wird das Einziehungsrecht dem Insolvenzverwalter bzw. dem Schuldner bei der Eigenverwaltung zugestanden, da der Factor lediglich ein Absonderungsrecht haben soll.[270] Allerdings ist schon zu fragen, warum nur ein Absonderungsrecht bestehen soll, obwohl (bzw. wenn wie üblich) eine Vollabtretung vorliegt; demzufolge sollte auch beim unechten Factoring das Einziehungsrecht beim Factor liegen.[271] Bestehen noch Ansprüche des Factors auf nicht gezahlte Entgelte, kann er diese nur als Insolvenzforderungen geltend machen; soweit er Sicherheiten wie insbesondere ein Pfandrecht hat, kann er bei vor Verfahrenseröffnung entstandenen Ansprüchen aufrechnen, ohne dass § 96 InsO eingreift.[272] 59

b) Forfaitierung. Auch einer Forfaitierung liegt der Ankauf von Forderungen zugrunde, allerdings geht es dabei grundsätzlich um einzelne, bereits bestehende Forderungen, die zB auch von einem Kreditinstitut angekauft werden.[273] In der Insolvenz des Verkäufers gelten für die Folgen einer **Antragstellung** dieselben Überlegungen wie beim Factoring.[274] Regelmäßig wird es dann nicht mehr zu weiteren Forfaitierungsgeschäften kommen. Sollte das Kreditinstitut zB in Unkenntnis von nach § 21 Abs. 2 Nr. 2 InsO angeordneten Maßnahmen dennoch eine Forderung ankaufen, ist die damit verbundene Abtretung der Forderung nach §§ 24 Abs. 1, 81 InsO unwirksam; einen gutgläubigen Erwerb gibt es bei der Abtretung nicht. Mit **Verfahrenseröffnung** gilt § 80 InsO, so dass der Kunde keine neuen Forfaitierungen mehr eingehen oder sie erfüllen kann.[275] 60

7. Verbriefte Finanzierungen

a) Einführung. Als verbriefte Finanzierungen werden nachstehend die **Verbriefungen von Kreditforderungen** behandelt; kurz wird auch auf die „geldkreditnahen" Finanzierungsform der Schuldverschreibung bzw. ihrer besonderen Ausgestaltung[276] als Pfandbrief eingegangen. Soweit Geldkredite als sog. Schuldscheindarlehen „verbrieft" gewährt werden, handelt es sich nur dem Namen nach um eine „Verbriefung"; Schuldscheindarlehen sind in → Rn. 30 erörtert worden. 61

[266] Ausführlich *Obermüller* Rn. 7.93 ff.; s. a. Nerlich/Römermann/*Andres* § 47 Rn. 30.

[267] S. dazu *Obermüller* Rn. 7.113 ff.; vgl. auch MüKoInsO/*Vuia* § 107 Rn. 12.

[268] *Obermüller* Rn. 7.111 f. mit dem Hinweis, dass es sich gerade bei der an den Factor abgetretenen Gegenleistung um eine – teilbare – Geldforderung handelt; s. a. BankR-HdB/*Martinek/Omlor* § 102 Rn. 139; *Litten* ZInsO 2014, 473 (482).

[269] Uhlenbruck/*Sinz* §§ 115/116 Rn. 62; *Litten* ZInsO 2014, 473 (482).

[270] BankR-HdB/*Martinek/Omlor* § 102 Rn. 142; Nerlich/Römermann/*Andres* § 47 Rn. 30; *Litten* ZInsO 2014, 473 (482).

[271] Uhlenbruck/*Sinz* §§ 115/116 Rn. 44; *Obermüller* Rn. 7.98.

[272] *Obermüller* Rn. 7.105.

[273] Ausführlich zur Forfaitierung *Omlor* → Kap. 18 Rn. 214 ff.; vgl. a. *Litten* ZInsO 2014, 473 (474).

[274] → Rn. 54 ff.

[275] *Obermüller* Rn. 7.126.

[276] S. a. Palandt/*Sprau* Einf. v. § 793 Rn. 7.

62 **b) Verbriefung von Kreditforderungen.** Kreditinstitute platzieren ihre Kreditforderungen insbesondere auf sog Zweckgesellschaften aus, die ihrerseits zur **Refinanzierung** des Erwerbs der Kreditforderungen Wertpapiere ausgeben.[277] Üblicherweise werden die Forderungen regresslos[278] von einem Kreditinstitut an die Zweckgesellschaft verkauft. Wird anschließend der Kreditnehmer eines verkauften Kredites insolvent, trägt alleine die Zweckgesellschaft das Risiko; die insolvenzrechtliche Abwicklung des verkauften Kredites richtet sich nach den allgemeinen „Geldkreditregelungen" in der Insolvenz.[279] Wegen des **regresslosen Verkaufes** der Kreditforderungen an die Zweckgesellschaft kann sich eine Insolvenz der Zweckgesellschaft auf das verkaufende Kreditinstitut nur dann auswirken, wenn der geschlossene Kaufvertrag noch nicht vollständig erfüllt ist; dies dürfte in der Praxis allerdings kaum vorkommen.[280] Hätte in diesem Fall das Kreditinstitut die Forderungen schon übertragen, aber dafür den Kaufpreis ganz oder teilweise noch nicht erhalten, kann es den ausstehenden Betrag nur noch als Insolvenzforderung geltend machen. Hätte das Kreditinstitut dagegen nur einen Teil der Forderungen übertragen, stünde dem Insolvenzverwalter hinsichtlich der noch ausstehenden Forderungen das Wahlrecht nach § 103 InsO zu.[281]

63 **c) Schuldverschreibung.** Bei der Schuldverschreibung handelt es sich um ein üblicherweise **in Wertpapierform verbrieftes Forderungsrecht.**[282] Als in der Regel selbständiges Schuldversprechen begründet der Versprechende eine neue Verpflichtung,[283] an der er weder durch die Stellung eines Antrages auf Eröffnung des Insolvenzverfahrens noch durch die Einsetzung eines vorläufigen Insolvenzverwalters bzw. Sachwalters noch durch die Anordnung von Maßnahmen nach § 21 Abs. 2 Nr. 2 InsO gehindert ist; es handelt sich dabei auch nicht um eine Verfügung über zur Insolvenzmasse gehörende Vermögensgegenstände. Erst die Verfahrenseröffnung beendet die Möglichkeit, ein solches Schuldversprechen abzugeben. In der Praxis dürfte dieses insolvenznahe Szenario wohl nur bei sog. Schrottanleihen (= junk bonds) in Betracht kommen, da üblicherweise Kreditinstitute bei der Finanzierung mittels Schuldverschreibungen eingeschaltet sind und insoweit auch eine Bonitätsprüfung des Schuldners vorausgesetzt wird. Ist die Schuldverschreibung wie regelmäßig bereits vor der Insolvenz ausgegeben worden, bietet das neue Schuldverschreibungsgesetz[284] den Anleihegläubigern verbesserte Möglichkeiten, um bei einer Sanierung bzw. bei einem Insolvenzverfahren des emittierenden Unternehmens, zB durch die Bestellung eines gemeinsamen Vertreters nach § 19 Abs. 2 SchVG, gemeinsame Interessen besser zu bündeln und an vorgesehenen Sanierungsmaßnahmen innerhalb und außerhalb eines Insolvenzverfahrens mitwirken zu können.[285] Allerdings ändert dies nichts daran, dass die Ansprüche aus den Schuldverschreibungen grundsätzlich nur den **Rang einfacher Insolvenzforderungen** haben. Gemäß § 24 Abs. 1 SchVG findet das Schuldverschreibungsgesetz keine Anwendung auf Schuldverschreibungen, die vor dem 5.8.2009 ausgegeben

---

[277] Zur Verbriefung ausführlich *Geiger* → Kap. 20 Rn. 1 ff.; BuB/*Früh/Müller-Arends* Rn. 3/138a ff. (Rn. 3/138d). S. a. die Rundschreiben der Bundesanstalt für Finanzdienstleistungsaufsicht (BaFin) vom 25.8.1998 (Rundschreiben 13/1998, Geschäftszeichen I 3–21 – 3/95), vom 19.3.1997 (Rundschreiben 4/1997, Geschäftszeichen I 3–21 – 3/95) und vom 12.4.2002 (Rundschreiben R 1/2002, Geschäftszeichen Q 4 –99/02), jeweils abrufbar unter www.bafin.de in der Rubrik „Daten und Dokumente".

[278] S. a. BaFin-Rundschreiben 4/1997 v. 19.3.1997 unter I. 2.

[279] → Rn. 7 ff.

[280] *Obermüller* Rn. 8.472. Zum Refinanzierungsregister *Lehmann* → Kap. 30 Rn. 1 ff.; BankR-HdB/*Stöcker* § 87 Rn. 139 ff.; *Fleckner* WM 2007, 2272; *Fleckner* WM 2006, 697; *Obermüller* ZInsO 2005, 1079; *Schmalenbach/Sester* WM 2005, 2025.

[281] *Obermüller* Rn. 8.474, auch zur Abwicklung in Tranchen; *Litten* ZInsO 2014, 473 (482).

[282] Palandt/*Sprau* § 793 Rn. 1 f.

[283] Palandt/*Sprau* § 780 Rn. 7.

[284] Gesetz über Schuldverschreibungen aus Gesamtemissionen (Schuldverschreibungsgesetz – SchVG) v. 31.6.2009, BGBl. I 2009, 2512; dazu ausführlich *Bliesener/Schneider* Schuldverschreibungsgesetz → Kap. 17; *Horn* BKR 2009, 446 ff.; s. a. *Maier-Reimer* NJW 2010, 1317 ff.

[285] Vgl. dazu ausführlich *Thole* ZIP 2014, 293; *Horn* BKR 2014, 449; *Kuder/Obermüller* ZInsO 2009, 2025; s. a. *Leuering* NZI 2009, 638.

worden sind, es sei denn die Schuldverschreibungsgläubiger beschließen mit Zustimmung des Schuldners eine Änderung der Anleihebedingungen oder den Austausch der Schuldverschreibungen gegen neue Schuldverschreibungen mit geänderten Anleihebedingungen, um von den Wahlmöglichkeiten des neues Gesetzes Gebrauch zu machen (§ 24 Abs. 2 SchVG, sog. *Opt-in*).[286] Für die vor dem 5.8.2009 ausgegebenen Schuldverschreibungen gilt noch das alte Schuldverschreibungsgesetz,[287] das ebenfalls einen Organisationsrahmen für eine gemeinsame Interessenvertretung auch für Sanierungsszenarien geschaffen hat;[288] dieses Gesetz hatte allerdings in der Praxis kaum Bedeutung.[289]

d) Pfandbrief. Der Pfandbrief ist eine **Schuldverschreibung,** wobei die Besonderheit des Pfandbriefes in seiner Deckung durch bestimmte werthaltige Vermögenswerte gerade für die Insolvenz (§ 30 f. PfandBG) des Pfandbriefemittenten liegt.[290] Als weitere Besonderheit können Pfandbriefe nur durch ein Kreditinstitut, dessen Geschäftsbetrieb (auch) das Pfandbriefgeschäft umfasst, ausgegeben werden, nicht aber zB von Emittenten „normaler" Schuldverschreibungen. Daher soll der Pfandbrief nicht weiter behandelt werden.[291] 64

8. Haftungskredite

a) Einführung. Kreditinstitute geben nicht nur Geldkredite, sondern können auch mit der **eigenen Kreditwürdigkeit** im Wege des Haftungskredites zur Verfügung stehen und damit für die Zahlungsverpflichtung ihres Kunden haften.[292] Zu diesen Haftungskrediten zählen insbesondere der Avalkredit, der Akzeptkredit sowie das Akkreditiv.[293] 65

b) Avalkredit. Bei einem Avalkredit übernimmt ein Kreditinstitut im Wege eines **Geschäftsbesorgungs(rahmen)vertrages** auftrags des Kunden Bürgschaften und Garantien (beides auch nachstehend als Aval bezeichnet), entweder auf Basis eines vorher eingeräumten Avalkreditrahmenvertrages (auch Avalkreditlinie genannt) oder aufgrund eines Einzelauftrags.[294] Sowohl die Insolvenz des Avalauftraggebers (→ Rn. 67 f.) als auch die des Avalbegünstigten (→ Rn. 70) kann für ein avalkreditgewährendes Kreditinstitut bedeutsam sein. 66

Kommt es zu einer **Antragstellung** über das **Vermögen des Avalauftraggebers,** hindert diese den Insolvenzschuldner de iure nicht, noch einen Avalauftrag erteilen zu können; allerdings wird ein Kreditinstitut diesen Auftrag nach Kenntniserlangung der Insolvenzsituation kaum noch annehmen.[295] Weiterhin wird das Kreditinstitut die außerordentliche Kündigung eines bestehenden Avalkreditrahmenvertrages aus wichtigem Grund erklären, um nicht – insbesondere wenn der Rahmenvertrag keinen Einzelgeschäftsvor- 67

[286] BGH ZIP 2014, 1876 (1877 f.) (Rn. 9 ff.). Dies gilt auch für eine im Ausland ausgegebene, deutschem Recht unterliegende Schuldverschreibung, so BGH ZIP 2014, 1876 (1877) (Rn. 10), anders die Vorinstanz OLG Frankfurt a. M. BB 2012, 1305.

[287] Gesetz betreffend die gemeinsamen Rechte der Besitzer von Schuldverschreibungen v. 4.12.1899, RGBl. 691, dazu *Bliesener/Schneider* → Kap. 17 Rn. 2 ff.

[288] Vgl. *Cranshaw* BKR 2008, 504 f.; s. a. *Hopt* WM 1990, 1733 ff.

[289] *Horn* BKR 2009, 446; *Leuering* NZI 2009, 638 (639); *Cranshaw* BKR 2008, 504.

[290] Dazu ausführlich *Hagen* → Kap. 21 Rn. 1 ff.; s. a. BankR-HdB/*Stöcker* § 87 Rn. 26.

[291] Vgl. zB BankR-HdB/*Stöcker* § 87 Rn. 1 ff., Rn. 18 bzw. Rn. 103 ff. zum Insolvenzvorrecht; *Buchmann* WM 2009, 442 ff.; *Koppmann* WM 2006, 305 ff.

[292] BankR-HdB/*Pamp* § 75 Rn. 4; BuB/*Früh* Rn. 3/5c.

[293] BankR-HdB/*Pamp* § 75 Rn. 5.

[294] BGH WM 2007, 514 (515) (Rn. 7 f.); BGHZ 168, 276 (278 f.) (Rn. 8) = NZI 2006, 637; BuB/*Früh/Müller-Arends* Rn. 3/274; *Cranshaw/Steinwachs/Bruns* ZInsO 2013, 1005 (1006 ff.). Es ist also – entgegen *Kollrus* MDR 2010, 1289 (1290) – in der Praxis nicht so, dass jedem Aval eine Avalkreditlinie zugrundeliegt; es kann auch keine Regel aufgestellt werden, dass eine Avalkreditlinie nur auf ein Jahr herausgelegt wird.

[295] *Obermüller* Rn. 5.1023. Vor dem Hintergrund der Sanierungskredit-Rechtsprechung des BGH (dazu ausführlich *Huber* ZInsO 2018, 1741 ff.; *Huber* NZI 2015, 447 ff.; *Huber* NZI 2015, 439 ff.; *Obermüller* Rn. 5.90 ff.) wird ein Kreditinstitut den Auftrag im Zweifel auch nicht gegen vollwertige Sicherheiten annehmen. Sind dagegen die Voraussetzungen für eine Annahme erfüllt, sollte eine Sicherheitenstellung nur als Bargeschäft (→ Rn. 91 ff.) erfolgen, vgl. auch *Obermüller* Rn. 5.1007 ff.

behalt erhält – weitere Aufträge durchführen zu müssen; liegt nur ein angenommener, aber noch nicht ausgeführter Einzelauftrag vor, wird sich die Kündigungserklärung darauf richten.[296] Die Kündigungserklärung ist, gerade wenn sie auf Nr. 19 Abs. 3 AGB-Banken bzw. gleichlautende Sonderbestimmungen gestützt wird und somit – insolvenzunabhängig – lediglich den Wortlaut des § 490 Abs. 1 BGB wiedergibt, nicht unwirksam, weil ihr keine nach § 119 InsO unwirksame Lösungsklausel[297] zugrundeliegt; insoweit wird auf die Ausführungen in → Rn. 8 verwiesen. Die Einsetzung eines vorläufigen Insolvenzverwalters bzw. Sachwalters oder die Anordnung vorläufiger Maßnahmen nach § 21 Abs. 2 Nr. 2 InsO wirken sich auf die Möglichkeit des Kunden, sich durch neue Avalaufträge zu verpflichten, ebenfalls nicht aus; ein Kreditinstitut wird jedoch einen entsprechenden Auftrag[298] im Zweifel nicht annehmen, da der Kunde keine Sicherheiten mehr bestellen kann bzw. es auch einem vorläufigen Insolvenzverwalter mit Zustimmungsvorbehalt regelmäßig verwehrt ist, einen (Haftungs-)Kreditvertrag für die Masse zu schließen.[299] Bei der Anordnung eines allgemeinen Verfügungsverbotes könnte der vorläufige Insolvenzverwalter dagegen entsprechende Aufträge erteilen; für eine Annahme durch ein Kreditinstitut ist auf die Ausführungen in → Rn. 158 ff. zu verweisen.

68 Mit der **Verfahrenseröffnung** erlöschen ggf. noch nicht ausgeführte Einzelaufträge bzw. ein Avalkreditrahmenvertrag gemäß §§ 115, 116 InsO „für die Zukunft ohne Einschränkung",[300] soweit das Kreditinstitut nicht vorher – wie dies regelmäßig der Fall ist – eine Kündigung ausgesprochen hat. Von einem Kreditinstitut bereits ausgeführte Avalaufträge, wenn also das Kreditinstitut dem Avalbegünstigten gegenüber seine Verpflichtung bereits übernommen hat, werden durch eine Insolvenz des Avalauftraggebers nicht tangiert; das Kreditinstitut bleibt dem Begünstigen gegenüber grundsätzlich verpflichtet.[301] Zwar hat das Kreditinstitut in diesem Fall den Befreiungsanspruch nach § 775 Abs. 1 Nr. 1 BGB, der wegen der Insolvenzsituation des Kunden kaum werthaltig sein wird. Sollte der Avalauftraggeber noch Sicherheiten leisten können, könnte er den Befreiungsanspruch gemäß § 775 Abs. 2 BGB abwehren;[302] da diese Sicherheitsleistung wegen kongruenter Deckung angefochten werden kann, sollte rechtzeitig für eine anfechtungsfeste Besicherung eines Avals bzw. auch eines Avalkreditrahmens Sorge getragen werden.

69 Muss ein Kreditinstitut aufgrund einer wirksamen Inanspruchnahme aus dem Aval zahlen, hat es einen **Aufwendungsersatzanspruch** gegen den Avalauftraggeber, der bei einer Bürgschaft neben dem Anspruch aus § 774 BGB entsteht.[303] Soweit das Kreditinstitut sich nicht aus bestehenden – anfechtungsfest zustande gekommenen – Sicherheiten befriedigen kann, ist der Aufwendungsersatzanspruch – ebenso wie ein Anspruch aus § 774 BGB – im Insolvenzverfahren nur eine einfache Insolvenzforderung. Dies gilt auch für den Fall, dass die Inanspruchnahme und Zahlung erst nach Verfahrenseröffnung erfolgt ist; liegt der Inanspruchnahme allerdings die Konstellation zugrunde, dass wegen einer Erfüllungswahl des Insolvenzverwalters bzw. des Insolvenzschuldners bei einer Eigenverwaltung (§ 279 InsO) im „Grundgeschäft" eine Bürgschaft ggf. teilweise Masseforderungen sichert, kann das Kreditinstitut die insoweit gemäß § 774 BGB übergehenden Ansprüche aus dem Grundgeschäft auch als Masseforderungen geltend machen.[304] Einen Aufwendungsersatzanspruch kann das Kreditinstitut in voller Höhe im Insolvenzverfahren anmelden,[305] wenn

---

[296] Zur Kündigung im Schutzschirmverfahren nach § 270b InsO → Rn. 8 in der Fn. 33.
[297] Vgl. dazu BGH NZI 2013, 178 f. (Rn. 10 ff.).
[298] Außerhalb einer angestrebten Sanierung insbesondere im Wege der Eigenverwaltung, dazu auch *Cranshaw/Steinwachs/Bruns* ZInsO 2013, 1005 (1010).
[299] *Obermüller* Rn. 5.1029.
[300] BGH ZIP 2011, 282 (Rn. 7); BGHZ 168, 276 (279) (Rn. 9) = NZI 2006, 637; s. a. *Ganter* NZI 2011, 209 (219).
[301] Dazu *Obermüller* Rn. 5.1035 ff. mit einer Ausnahme in Rn. 5.1038.
[302] BGH NZI 2006, 581 (582) (Rn. 14).
[303] BuB/*Früh/Müller-Arends* Rn. 3/287; *Cranshaw/Steinwachs/Bruns* ZInsO 2013, 1005 (1008 f.).
[304] Vgl. *Obermüller* Rn. 5.1068 mit dem Hinweis, dass bei einer Garantie eine Abtretung erforderlich ist.
[305] → Rn. 18 ff.

es den Begünstigten vollständig befriedigt hat; andernfalls ist der Vorrang des seine Forderung geltend machenden Gläubigers nach § 44 InsO zu beachten.[306]

Für die Übernahme der Haftung wird mit dem Kunden regelmäßig eine nach dem „Wert" des jeweiligen Auftrages berechnete sog. **Avalprovision** vereinbart.[307] Wird ein Entgelt für die Bereitstellung eines Avalrahmens vereinbart, kann das Kreditinstitut diese „Bereitstellungsprovision" nur bis zur Verfahrenseröffnung verlangen, da mit Verfahrenseröffnung der Rahmenvertrag gemäß §§ 115, 116 InsO erlischt.[308] Soweit eine Avalprovision für ein einzelnes Aval gezahlt wird (und kein Rahmenvertrag besteht) und es sich dabei um eine Einmalprämie handelt, verbleibt diese Prämie auch für den Zeitraum nach der Verfahrenseröffnung beim Kreditinstitut, ohne dass ein Rückforderungsrecht des Insolvenzverwalters entsteht.[309] Wird die Avalprovision für ein „Einmalaval" dagegen in zeitlichen Abständen berechnet, wird der Provisionsanspruch, da es sich um eine betagte Forderung handelt, gemäß § 41 Abs. 1 InsO fällig; das Kreditinstitut kann die für die gesamte Laufzeit des Avals anfallende Provisionsforderung im Insolvenzverfahren geltend machen bzw. – sofern Sicherheiten vereinbart sind – diese in Anspruch nehmen.[310] Ist dagegen ein Avalrahmenvertrag vereinbart gewesen und ein Aval unter diesem Vertrag hinausgelegt worden, soll wegen des Erlöschens des Rahmenvertrages gemäß §§ 115, 116 InsO auch der Provisionsanspruch für das konkrete Aval mit der Verfahrenseröffnung erlöschen und dann auch für über diesen Zeitpunkt hinaus bereits bezahlte Avalprovisionen ein Rückforderungsanspruch der Insolvenzmasse bestehen.[311] Auch wenn gemäß Rahmenvertrag die Avalprovision nur für ein hinausgelegtes Aval vereinbart und berechnet wird,[312] soll wegen einer „gebotenen wertenden Betrachtung" die für das (jeweils) konkret hinausgelegte Aval gezahlte Provision die Prämie für die Bereitstellung des Avalkreditrahmens darstellen.[313] Diese Betrachtung berücksichtigt die vertraglichen Vereinbarungen nicht ausreichend[314] und interpretiert in den Vertrag auch Wertungen bzw. Vorstellungen hinein, die beide Parteien nicht haben; wenn ein Kreditinstitut im Übrigen für die Einräumung eines Haftungsrahmens eine eigene Provision nehmen würde, würde es dies explizit – wie zB eine Bereitstellungsprovision bei einem Krediteröffnungsvertrag – vereinbaren. **69a**

Wird der **Avalbegünstigte insolvent** und nach Antragstellung ein vorläufiger Insolvenzverwalter eingesetzt sowie eine Maßnahme nach § 21 Abs. 2 Nr. 2 InsO angeordnet, kann der Begünstigte die Bürgschaft nicht mehr alleine in Anspruch nehmen, da die Einziehung einer Forderung als Verfügung anzusehen ist.[315] Mit der Verfahrenseröffnung kann gemäß § 80 InsO alleine der Insolvenzverwalter das Aval ziehen, soweit keine Eigenverwaltung angeordnet wird; in diesem Fall steht dieses Recht gemäß § 270 Abs. 1 S. 1 InsO weiterhin dem Insolvenzschuldner zu. Hat sich ein Aval nach Insolvenzeröffnung erledigt, ohne dass es zu einer Inanspruchnahme gekommen ist, hat der Insolvenzverwalter bzw. der Insolvenzschuldner bei einer Eigenverwaltung die Avalurkunde zurückzugeben und erforderlichenfalls zur Vermeidung von Unklarheiten auch zu erklären, dass Ansprüche aus dem Aval nicht mehr bestehen. Soweit es diesbezüglich – wie auch die Praxis zeigt – zu **70**

[306] Vgl. dazu Nerlich/Römermann/*Andres* § 44 Rn. 2 ff.; *Obermüller* Rn. 5.1069; *Cranshaw/Steinwachs/Bruns* ZInsO 2013, 1005 (1015).

[307] BuB/*Früh/Müller-Arends* Rn. 3/285.

[308] BGH ZIP 2011, 282 (Rn. 8); BGHZ 168, 276 (279) (Rn. 9) = NZI 2006, 637. Es macht keinen Unterschied, ob es sich insoweit um einen Avalkreditrahmenvertrag oder einen Kautionsversicherungsvertrag handelt, da sich die übernommene Geschäftsbesorgung jeweils auf künftig hinauszulegende Avale richtet.

[309] BGH ZIP 2011, 282 (283) (Rn. 10).

[310] *Obermüller* Rn. 5.1100; anders auch bei dieser Fallkonstellation augenscheinlich die Rspr., vgl. zB BGH ZIP 2011, 282 (283) (Rn. 10) oder BGH NZI 2007, 234 (236) (Rn. 17 f.).

[311] BGH ZIP 2011, 282 f. (Rn. 8 f.); NZI 2010, 859 ff. (Rn. 13 ff.); s. a. *Ganter* NZI 2011, 209 (219).

[312] Dies ist in der Praxis üblich, s. zB KG ZIP 2010, 2411 (2412) (unter II. 2. a).

[313] So BGH NZI 2012, 82 (Rn. 2), KG ZIP 2010, 2411 (2412 f.) oder BGH NZI 2010, 859 (860) (Rn. 16).

[314] Obwohl „das Austauschverhältnis … im jeweiligen Einzelfall anhand der vertraglichen Abreden festzustellen (ist)", so explizit BGH NZI 2012, 82 (Rn. 2).

[315] *Obermüller* Rn. 5.1110.

Verzögerungen kommt und das Kreditinstitut nach den üblichen Avalbedingungen zur weiteren Berechnung der Avalprovision gegenüber dem Avalauftraggeber berechtigt ist, kann der Auftraggeber bei Vorliegen der Voraussetzungen über einen Anspruch gegen den Insolvenzverwalter nach § 60 InsO bzw. gegen den Sachwalter nach §§ 274 Abs. 1, 60 InsO nachdenken.[316]

71 **c) Akzeptkredit.** Auch der Akzeptkreditvertrag, durch den sich ein Kreditinstitut zur Erteilung eines Akzeptes auf einem Wechsel verpflichtet, ist als **Geschäftsbesorgungsvertrag** einzuordnen,[317] der sowohl als Einzelauftrag als auch als Rahmenvertrag vorkommen kann. In einer Insolvenzsituation des „Akzept(kredit)nehmers" gelten somit die einschlägigen Ausführungen zur Insolvenz des Avalkreditauftraggebers grundsätzlich entsprechend. Soweit allerdings auf einen Befreiungsanspruch abzustellen ist, folgt dieser beim Akzeptkredit aus vertraglichen Vereinbarungen bzw. aus §§ 669, 670, 675 BGB.[318] Aber auch dieser führt nur zu einer einfachen Insolvenzforderung. Wird der Akzeptkredit mit einem Diskontkredit verbunden, verschafft also die Akzeptbank dem Kunden die Liquidität,[319] ist von einem Darlehen auszugehen,[320] so dass in diesem Fall bei einer Insolvenz des Kunden auch die insoweit einschlägigen Bestimmungen zu berücksichtigen sind.[321] Anders als beim Avalkredit soll auf die Insolvenz desjenigen, an den der akzeptierte Wechsel weitergereicht wird bzw. der ihn diskontiert, nicht eingegangen werden, da es sich dabei regelmäßig um ein Kreditinstitut handelt.[322]

72 **d) Akkreditiv.** Bei einem Akkreditiv übernimmt es das Kreditinstitut, für Rechnung des Auftraggebers sich gegenüber dem Akkreditivbegünstigten zu verpflichten, letzterem innerhalb eines vorgegebenen Zeitraumes einen bestimmten Betrag gegen Vorlage ordnungsgemäßer Dokumente zu zahlen.[323] Das zwischen Auftraggeber und Kreditinstitut zustande kommende Vertragsverhältnis ist als **Geschäftsbesorgungsvertrag** zu qualifizieren.[324] Das Kreditinstitut kann diesen Geschäftsbesorgungsvertrag im Wege des Einzelakkreditivs oder als Akkreditivkreditlinie eingehen. Bei der nachstehenden Betrachtung wird nur auf die Insolvenzsituation eines inländischen Akkreditivauftraggebers (→ Rn. 73 f.) bzw. Akkreditivbegünstigten (→ Rn. 75 f.) eingegangen und auch nur deutsches Recht angewendet.[325]

73 Die **Stellung eines Antrages** auf Eröffnung eines Insolvenzverfahrens über das Vermögen des Akkreditivauftraggebers lässt weder die Berechtigung des Auftraggebers zur Erteilung von Akkreditivaufträgen entfallen noch ist das Kreditinstitut grundsätzlich gehindert, diese Aufträge durchzuführen.[326] Wenn das Kreditinstitut allerdings Kenntnis von der Antragstellung erlangt, kann (und sollte) es die Durchführung des Auftrages ablehnen bzw. einen angenommenen Auftrag ebenso wie eine ggf. bestehende Akkreditivkreditlinie aus wichtigem Grund außerordentlich kündigen.[327] Die Kündigungserklärung ist, gerade wenn sie auf Nr. 19 Abs. 3 AGB-Banken bzw. gleichlautende Sonderbestimmungen gestützt wird und somit – insolvenzunabhängig – lediglich den Wortlaut des § 490 Abs. 1 BGB wiedergibt, nicht unwirksam, weil ihr keine nach § 119 InsO unwirksame Lösungsklausel[328] zugrundeliegt; insoweit wird auf die Ausführungen in → Rn. 8 verwiesen. Führt ein

[316] *Obermüller* Rn. 5.1113.
[317] BankR-HdB/*Peters* § 65 Rn. 17; BuB/*Früh/Müller-Arends* Rn. 3/328.
[318] BuB/*Früh/Müller-Arends* Rn. 3/330.
[319] Zum (Refinanzierungs-)Hintergrund s. BuB/*Früh/Müller-Arends* Rn. 3/323 u. Rn. 3/324b.
[320] BankR-HdB/*Peters* § 65 Rn. 18; BuB/*Früh/Müller-Arends* Rn. 3/328.
[321] → Rn. 7 ff.
[322] BankR-HdB/*Peters* § 65 Rn. 5. u. Rn. 8.
[323] Vgl. nur BankR-HdB/*Jäger/Haas* § 120 Rn. 83.
[324] BankR-HdB/*Jäger/Haas* § 120 Rn. 83; *Obermüller* Rn. 4.11; MüKoInsO/*Vuia* § 116 Rn. 41.
[325] S. a. *Obermüller* Rn. 4.13; zur Einwirkung ausländischen Rechtes vgl. zB BankR-HdB/*Jäger/Haas* § 120 Rn. 436 ff.
[326] BankR-HdB/*Jäger/Haas* § 120 Rn. 488 f.; *Obermüller* Rn. 4.15 ff.
[327] Zur Kündigung im Schutzschirmverfahren nach § 270b InsO → Rn. 8 in der Fn. 33.
[328] Vgl. dazu BGH NZI 2013, 178 f. (Rn. 10 ff.).

Kreditinstitut einen Akkreditivauftrag noch durch, zB weil es keine Kenntnis hat oder weil – auch bei Kenntnis – ausreichend Sicherheiten bestellt sind, kann es den Aufwendungsersatzanspruch (ohne Sicherheit allerdings nur als einfache Insolvenzforderung) geltend machen, ohne dass ein Aufrechnungsverbot oder eine Anfechtung greift.[329] Wird nach der Antragstellung ein vorläufiger Insolvenzverwalter eingesetzt und vorläufige Maßnahmen angeordnet bzw. auch nur ein vorläufiger Sachwalter nach §§ 270a f. InsO bestellt, sollte ein Kreditinstitut spätestens dann keine Akkreditivaufträge vom Kunden mehr entgegen nehmen[330] bzw. angenommene, aber noch nicht durchgeführte Aufträge sowie eine evtl. bestehende Akkreditivkreditlinie außerordentlich kündigen. Ein Kreditinstitut dürfte einen bereits angenommenen Auftrag nach Anordnung eines Verfügungsverbotes nach § 21 Abs. 2 Nr. 2 Alt. 2 InsO im Übrigen auch nicht mehr durchführen.[331]

Bestehen zum Zeitpunkt der **Verfahrenseröffnung** noch angenommene, aber nicht durchgeführte Akkreditivaufträge, erlöschen diese – ebenso wie eine evtl. immer noch bestehende Akkreditivkreditlinie – nach §§ 115, 116 InsO ohne weiteres.[332] Erforderlichenfalls sind §§ 116, 115 Abs. 2, 3 InsO zu berücksichtigen. Da erst das Leistungsversprechen des Kreditinstitutes gegenüber dem Akkreditivbegünstigten die akkreditivgemäße Verpflichtung begründet,[333] wird ein Kreditinstitut in der Insolvenz des Akkreditivauftraggebers bei einem insoweit noch nicht vollständig durchgeführten Auftrag versuchen, kein Leistungsversprechen abzugeben. Misslingt dieses oder besteht die – unwiderrufliche[334] – Akkreditivverpflichtung des Kreditinstitutes schon (länger) und kommt es zu einem akkreditivgerechten Zahlungsbegehren des Akkreditivbegünstigten, ist dieser Anspruch wegen der übernommenen selbständigen Akkreditivverpflichtung unabhängig davon zu sehen, ob und inwieweit das Kreditinstitut nach einer Zahlung einen Aufwendungsersatzanspruch gegen den Akkreditivauftraggeber geltend machen kann und ob und inwieweit der Insolvenzverwalter bzw. – bei einer Eigenverwaltung – der Insolvenzschuldner (§ 279 InsO) möglicherweise durch Ausübung eines ihm nach § 103 InsO zustehenden Wahlrechtes in das „Grundgeschäft" zwischen Akkreditivauftraggeber und Akkreditivbegünstigten eingegriffen hat; beim letztgenannten Fall kann sich allerdings die Frage einer rechtsmissbräuchlichen Inanspruchnahme stellen, wenn der Insolvenzverwalter bzw. der Insolvenzschuldner die Erfüllung abgelehnt hat und eine Zahlung im Grundgeschäft nicht mehr verlangt werden kann.[335] Soweit bei einer Zahlung des Kreditinstitutes im Hinblick auf dessen **Aufwendungsersatzanspruch** für eine tatsächlich mögliche Guthabenverrechnung nicht schon § 82 InsO einschlägig ist[336] bzw. insoweit – bei Kenntnis – die vor Verfahrenseröffnung erfolgte, verpflichtende Akkreditiveröffnung der Auszahlung an den Akkreditivbegünstigten gleichzustellen ist[337] oder wenn keine ausreichenden Sicherheiten bestellt worden sind, stellt der aus der Zahlung resultierende Anspruch des Kreditinstitutes gegen die Insolvenzmasse lediglich eine einfache Insolvenzforderung dar.[338] Diese ist nach den Ausführungen in → Rn. 18 ff. im Insolvenzverfahren geltend zu machen. 74

[329] S. iE *Obermüller* Rn. 4.18 ff.

[330] Und könnte dies bei einem Zustimmungsvorbehalt auch nicht ohne Zustimmung des vorläufigen Verwalters, während bei einem Verfügungsverbot die Auftragserteilung alleine durch den vorläufigen Verwalter möglich wäre.

[331] *Obermüller* Rn. 4.24; wohl auch BankR-HdB/*Jäger/Haas* § 120 Rn. 489.

[332] MüKoInsO/*Vuia* § 116 Rn. 41; Uhlenbruck/*Sinz* §§ 115/116 Rn. 25e.

[333] BankR-HdB/*Jäger/Haas* § 120 Rn. 30 u. ausführlich in Rn. 74 ff. Bei den weiteren Ausführungen wird weiterhin nur auf die Verpflichtung des akkreditiveröffnenden Kreditinstitutes abgestellt.

[334] Da Akkreditive grds. nur noch unwiderruflich gestellt werden, kann nach dem Eingehen der Akkreditivverpflichtung deren Widerruf nicht in Betracht kommen, vgl. *Obermüller* Rn. 4.38 u. Rn. 4.41 sowie Uhlenbruck/*Sinz* §§ 115/116 Rn. 25e. Anders wäre dies bei einem widerruflichen Akkreditiv, vgl. *Obermüller* Rn. 4.39 und Uhlenbruck/*Sinz* §§ 115/116 Rn. 25e.

[335] BankR-HdB/*Jäger/Haas* § 120 Rn. 491; *Obermüller* Rn. 4.41.

[336] Dazu *Obermüller* Rn. 4.35.

[337] *Obermüller* Rn. 4.42; wohl auch BankR-HdB/*Jäger/Haas* § 120 Rn. 492.

[338] *Obermüller* Rn. 4.45, 4.56, ferner in Rn. 4.46 ff., 4.57 ff. zur Frage des Sicherheitenerwerbs an den Dokumenten.

75 Soll ein Kreditinstitut ein Akkreditiv eröffnen, sich also gegenüber dem Akkreditivbegünstigten entsprechend verpflichten und erfährt es vor der Eröffnung von der – drohenden – **Insolvenz des Begünstigten,** sollte es die akkreditivmäßige Verpflichtung nicht ohne Rücksprache beim Akkreditivauftraggeber und dessen positiver Entscheidung übernehmen.[339] Ist das Akkreditiv bereits eröffnet, kann es von beiden Seiten über die Antragstellung hinaus bis zur Anordnung vorläufiger Maßnahmen oder bis zur Verfahrenseröffnung abgewickelt werden.[340] Grundsätzlich ändert ein Insolvenzverfahren des Akkreditivbegünstigten nichts an der akkreditivmäßigen Verpflichtung des Kreditinstitutes. Wird ein vorläufiger Insolvenzverwalter eingesetzt und ein Verfügungsverbot angeordnet, sollte die Abwicklung ausschließlich über den vorläufigen Insolvenzverwalter erfolgen, da gemäß §§ 24, 21 Abs. 1 Nr. 2, 81 InsO das Kreditinstitut die Dokumente vom Begünstigten nicht mehr erwerben und der Begünstigte die Akkreditivforderung nicht mehr einziehen kann; nur wenn das Kreditinstitut keine Kenntnis vom Verfügungsverbot haben sollte, wird es bei einer Zahlung unter den Voraussetzungen des § 82 InsO von der Akkreditivverpflichtung frei.[341] Aber auch wenn „nur" ein Zustimmungsvorbehalt angeordnet ist, sollte die weitere Abwicklung immer nur mit Zustimmung des vorläufigen Insolvenzverwalters erfolgen. Im vorläufigen Eigenverwaltungsverfahren nach § 270a f. InsO kann dagegen der Schuldner die Abwicklung selbst vornehmen, soweit nicht §§ 270a Abs. 1, 275 Abs. 2 InsO einschlägig sind[342].

76 Mit der **Verfahrenseröffnung** hat die Abwicklung über den alleine verfügungsberechtigten Insolvenzverwalter (§§ 80, 81 InsO) zu erfolgen, da das Kreditinstitut nach § 91 InsO insbesondere keine Rechte mehr an den Dokumenten erwerben kann;[343] wird Eigenverwaltung angeordnet, bleibt die Verfügungsberechtigung dagegen beim Insolvenzschuldner (§ 270 Abs. 1 S. 1 InsO). Eine in Unkenntnis der Verfahrenseröffnung erfolgte Zahlung an den Begünstigten ist wiederum nur schuldbefreiend, wenn die Voraussetzungen des § 82 InsO vorliegen.[344] Erfolgt die Zahlung des Kreditinstitutes an den Akkreditivbegünstigten in Kenntnis der Verfahrenseröffnung (und ohne dass die Insolvenzmasse etwas erhält), kann der Insolvenzverwalter die erneute Zahlung verlangen;[345] ist Eigenverwaltung angeordnet, dürfte es bei der Zahlung an den weiterhin verfügungsberechtigten Schuldner (§ 270 Abs. 1 S. InsO) sein Bewenden haben. Hat der Insolvenzverwalter des Begünstigten bzw. der Begünstigte selbst bei einer Eigenverwaltung (vgl. auch § 279 InsO) sich im Übrigen für die Inanspruchnahme des Akkreditivs entschieden, ist dies auch als Ausübung eines ggf. nach § 103 InsO bestehenden (Erfüllungs-)Wahlrechtes zu verstehen.[346] Die Inanspruchnahme des Akkreditivs bzw. die Zahlung durch das Kreditinstitut und den daraus resultierenden Rückgriffsanspruch kann der Akkreditivauftraggeber grundsätzlich nicht verhindern;[347] nur bei einer offensichtlich rechtsmissbräuchlichen Inanspruchnahme – und Zahlung – entsteht kein Rückgriffsanspruch des Kreditinstitutes.[348]

---

339 BankR-HdB/*Jäger/Haas* § 120 Rn. 493. Zu den Benachrichtigungspflichten des Kreditinstitutes s. ausführlich *Obermüller* Rn. 4.107 ff.

340 *Obermüller* Rn. 4.65 ff.; s. a. BankR-HdB/*Jäger/Haas* § 120 Rn. 493.

341 *Obermüller* Rn. 4.71 mit dem Hinweis in Rn. 4.72, dass es nur auf die (Un-)Kenntnis des Kreditinstitutes, nicht aber des Auftraggebers ankommt.

342 Die Übernahme der Kassenführung, die auch im Schutzschirmverfahren nach § 270b InsO möglich ist, durch den vorläufigen Sachwalter wirkt nur im Innenverhältnis, vgl. zB MüKoInsO/*Kern* § 275 Rn. 26.

343 BankR-HdB/*Jäger/Haas* § 120 Rn. 493; *Obermüller* Rn. 4.76.

344 *Obermüller* Rn. 4.77, in Rn. 4.78 auch zu der Frage, ob der Akkreditivauftraggeber in diesem Fall einen Schadensersatzanspruch gegen das Kreditinstitut haben kann.

345 *Obermüller* Rn. 4.79 mit dem wichtigen Hinweis, dass der Akkreditivauftraggeber nur einmal zahlen muss.

346 BankR-HdB/*Jäger/Haas* § 120 Rn. 493; andernfalls wäre das Verhalten wohl rechtsmissbräuchlich.

347 OLG Düsseldorf WM 1978, 359 (360 f.); BankR-HdB/*Jäger/Haas* § 120 Rn. 493.

348 OLG Düsseldorf WM 1978, 359 (360); s. a. OLG Frankfurt a. M. WM 1988, 1480 (1482).

III. Anfechtungen innerhalb und außerhalb des Insolvenzverfahrens

1. Einleitung

77 Durch eine Anfechtung sollen Vermögensverschiebungen rückgängig gemacht werden, die insbesondere in der **Zeit der Krise vor der Verfahrenseröffnung** zum Nachteil der Gläubiger vorgenommen worden sind.[349] Die insoweit beabsichtigte Anreicherung der den Gläubigern haftenden Insolvenzmasse soll also auch den **Grundsatz der Gläubigergleichbehandlung (par conditio creditorum)** sicherstellen, da die Gläubigergesamtheit benachteiligende Vermögensabflüsse korrigiert und den Gläubigern zur gemeinschaftlichen Befriedigung (s. auch § 1 InsO) zur Verfügung gestellt werden sollen.[350] Während es bei der Anfechtung nach der Insolvenzordnung um die Gläubigergesamtheit geht, stellt die Anfechtung nach dem Anfechtungsgesetz auf die Benachteiligung einzelner Gläubiger ab. Davon zu trennen sind Anfechtungen nach §§ 119 ff. BGB[351] und nach dem Gesellschaftsrecht, die mit den nachstehenden Anfechtungen nichts zu tun haben.[352]

2. Anfechtungen nach der InsO: Grundsätzliche Erläuterungen

78 In der Finanzierungspraxis kommen Insolvenzanfechtungen insbesondere bei Kreditrückführungen, auch im Wege der Kontokorrentverrechnung, und im Zusammenhang mit der Kreditsicherung vor; nachstehend soll somit vor allem darauf abgestellt werden. Bevor auf die einzelnen Anfechtungstatbestände eingegangen wird, sollen vorher die für alle Tatbestände geltenden **Grundsätze** erläutert werden.

79 **a) Zeitraum, Entstehung und Ausübung.** Die Insolvenzanfechtung setzt die **Verfahrenseröffnung** voraus; sie kann nur vom Insolvenzverwalter (§ 129 Abs. 1 InsO) bzw. im Eigenverwaltungsverfahren nach §§ 270 ff. InsO vom Sachwalter (§ 280 InsO) ausgeübt werden.[353] Eine Insolvenzanfechtung ist also weder im vorläufigen Insolvenzverfahren noch nach Verfahrensaufhebung (§ 200 InsO) oder Verfahrenseinstellung (§ 207 InsO) möglich[354]. Der Anfechtungsanspruch als schuldrechtlicher Anspruch gegen den Anfechtungsgegner[355] entsteht nicht erst durch eine Erklärung des Insolvenzverwalters, sondern bereits mit der Vornahme der Rechtshandlung; er wird mit der Verfahrenseröffnung fällig, da dann das Anfechtungsrecht entsteht.[356] Eine Anfechtung kann nach Treu und Glauben ausgeschlossen sein, wenn der vorläufige Insolvenzverwalter mit Zustimmungsvorbehalt durch sein Handeln einen schutzwürdigen Vertrauenstatbestand gesetzt hat und der Empfänger der Leistung demzufolge damit rechnen durfte, ein auch nach Verfahrenseröffnung nicht

[349] So BegrRegE InsO, *Balz/Landfermann* S. 226.

[350] MüKoInsO/*Kirchhof/Freudenberg* Vorb. v. §§ 129–147 Rn. 2 f.; Nerlich/Römermann/*Nerlich* § 129 Rn. 5; Uhlenbruck/*Borries/Hirte* § 129 Rn. 1; s. a. BuB/*Wenzel/Gratias* Rn. 4/202.

[351] ZB ist also auch § 142 Abs. 1 BGB nicht anwendbar, vgl. BGH ZIP 2010, 2460 (Rn. 7).

[352] S. a. Uhlenbruck/*Borries/Hirte* § 129 Rn. 50, 54; *Schumacher-Hey* RNotZ 2004, 544.

[353] BGH WM 2019, 42 (44) (Rn. 21); zum Verbraucherinsolvenzverfahren → Rn. 148. Nach Eintritt der Massekostenarmut besteht zur Durchsetzung von Anfechtungsansprüchen keine Verpflichtung mehr, BGH ZInsO 2012, 736 (737) (Rn. 7).

[354] Dagegen kann ein Insolvenzanfechtungsrechtsstreit unter den Voraussetzungen des § 259 Abs. 3 InsO nach Verfahrensaufhebung weitergeführt werden; → Rn. 147.

[355] Dies kann nicht der Insolvenzschuldner sein, BGH NZI 2011, 937 (Rn. 3). Höchstpersönliche Rechtshandlungen unterliegen nicht der Anfechtung, vgl. zB § 83 InsO und BGH WM 2013, 229 f. (Rn. 9 ff.). Ebenso kann der Gesetzgeber die Anfechtung ausschließen, vgl. zB Art. 102b § 2 EGInsO.

[356] HM, vgl. zB BGH WM 2019, 42 (44) (Rn. 21); NZI 2015, 178 (Rn. 2); 2008, 238 (Rn. 8); NJW-RR 2007, 121 (122) (Rn. 15 f.); *Gehrlein* ZInsO 2017, 128; Uhlenbruck/*Borries/Hirte* § 143 Rn. 6; *Obermüller* Rn. 1.350; s. a. Nerlich/Römermann/*Nerlich* § 129 Rn. 6 ff., auch zu nicht der hM entsprechenden Ansichten.

mehr entziehbares Recht zu haben[357]; bejaht wurde dies bei einer vorbehaltlosen Zustimmung zu neu abgeschlossenen Verträgen, die im Zusammenhang mit an das Schuldnerunternehmen zu erbringenden Leistungen auch Erfüllungszusagen für Altverbindlichkeiten enthielten, ohne dass diese Zusagen alleine aufgrund der wirtschaftlichen Machtstellung des Gläubigers erfolgten[358]. Soweit die **Rückschlagsperre** des § 88 InsO greift, ist eine Anfechtung nicht erforderlich. Wurde eine Aufrechnungslage anfechtbar erlangt, ist die Aufrechnung bereits nach § 96 Abs. 1 Nr. 3 InsO unwirksam.[359]

80 **b) Anfechtungsgegenstände: Rechtshandlung und Unterlassung.** Nach § 129 Abs. 1 InsO ist eine Voraussetzung für eine Insolvenzanfechtung eine vor Verfahrenseröffnung vorgenommene **Rechtshandlung**[360]**.** Der Begriff der Rechtshandlung ist weit auszulegen[361] und umfasst jedes von einem Willen getragene Handeln, das rechtliche Wirkungen auslöst und das Vermögen des Schuldners zum Nachteil der Insolvenzgläubiger verändern kann.[362] Darunter fallen nicht nur Willenserklärungen oder Rechtsgeschäfte jeder Art wie zB schuldrechtliche Verträge oder Verfügungen, sondern auch Handlungen auf prozessrechtlichem Gebiet, rechtsgeschäftsähnliche Handlungen sowie Realakte, denen das Gesetz Rechtswirkungen beimisst.[363] Entscheidend ist das **willensgetragene Handeln;** ob die Wirkung selbst gewollt ist oder nicht, spielt keine Rolle.[364] Hypothetische Geschehensabläufe sind im Rahmen des Anfechtungsrechts nicht berücksichtigungsfähig[365]. Als Rechtshandlung ist zB angesehen worden die Darlehensaufnahme ebenso wie die Auszahlung des Darlehens an einen Dritten,[366] die Darlehenskündigung[367], Sicherstellungsverträge wie eine Sicherungszession[368] oder eine Sicherungsübereignung,[369] der Abschluss eines Sicherheitenpoolvertrages,[370] eine „Kontosperre", dh also die Geltendmachung des Pfandrechtes nach Nr. 14 AGB-Banken (= Nr. 21 AGB-Sparkassen) an einem Kontoguthaben,[371] die umsatzsteuerliche Leistungserbringung[372] oder das Brauen von Bier.[373] Das Verschieben von Vermögensbestandteilen mit Hilfe einer **Mittelsperson** an einen be-

---

[357] BGH WM 2014, 572 (573 f.) (Rn. 12); WM 2013, 1044 (1047) (Rn. 36); WM 2013, 510 (512) (Rn. 17); OLG Düsseldorf ZInsO 2019, 441 (443).

[358] Vgl. iE BGH WM 2013, 510 (512 f.) (Rn. 17 ff.); eine Anfechtung soll nur noch möglich sein, wenn der Verzicht auf die Leistungen zu einem für die Gläubigergesamtheit „unerträglichen Ergebnis" führt, so BGH WM 2013, 510 (513) (Rn. 22).

[359] BGH WM 2017, 446 (Rn. 8); WM 2015, 1384 (1385) (Rn. 8); BGHZ 159, 388 (393) = NJW 2004, 3118; BFH ZInsO 2011, 283 (285) (Rn. 19).

[360] BGH WM 2014, 2189 (2190) (Rn. 10); WM 2012, 1496 (Rn. 6), auch in Abgrenzung zu späteren Rechtshandlungen des Schuldners.

[361] S. a. BegrRegE InsO, *Balz/Landfermann* S. 229.

[362] HM, zB BGH WM 2012, 276 (277) (Rn. 8); NJW-RR 2010, 118 (119) (Rn. 21); BGHZ 170, 196 (199 f.) (Rn. 10) = NJW 2007, 1588; BGH NJW 2004, 1660 f.; MüKoInsO/*Kayser/Freudenberg* § 129 Rn. 7 f.; Uhlenbruck/*Borries/Hirte* § 129 Rn. 86; Nerlich/Römermann/*Nerlich* § 129 Rn. 34; *Obermüller* Rn. 1.353; *Onusseit* ZInsO 2010, 2022 (2023); *Schumacher-Hey* RNotZ 2004, 544 (545).

[363] BGH NJW-RR 2010, 118 (119) (Rn. 21); BGHZ 170, 196 (199 f.) (Rn. 10) = NJW 2007, 1588; Uhlenbruck/*Borries/Hirte* § 129 Rn. 99; MüKoInsO/*Kayser/Freudenberg* § 129 Rn. 7 f., 11 ff.

[364] BGH WM 2017, 1348 (Rn. 6); NJW 2004, 1660 f.; Uhlenbruck/*Borries/Hirte* § 129 Rn. 100.

[365] BGH WM 2019, 1849 (1853) (Rn. 25); WM 2016, 427 (429) (Rn. 17); WM 2013, 1044 (1047) (Rn. 40) und → Rn. 88.

[366] BGH WM 2019, 213 (214) (Rn. 9); NJW 2002, 1574 (1575 f.). Eine Zweckbindung, den Darlehensbetrag an einen bestimmten Gläubiger auszuzahlen, verschafft dem Begünstigten regelmäßig keine über diesen Zweck hinausgehende insolvenzfeste Sicherung, vgl. BGH WM 2011, 803 (804) (Rn. 16); WM 2012, 1448 (1449) (Rn. 11). Davon zu trennen ist eine – nicht anfechtbare – Rechtshandlung, mit der sich ein Dritter zB durch eine vor Verfahrenseröffnung unterlassene Darlehensauszahlung erst zum Insolvenzgläubiger gemacht hätte, vgl. BGH WM 2012, 716 (717) (Rn. 12).

[367] BGH WM 2017, 439 (Rn. 9) mwN.

[368] BGHZ 174, 297 (304 ff.) (Rn. 26 ff.) = NJW 2008, 430.

[369] BGH NJW-RR 1993, 238 (239 f.).

[370] BGHZ 138, 291 (304 f.) = NJW 1998, 2592.

[371] BGH NJW 2004, 1660 f.

[372] BFH ZInsO 2011, 283 (286) (Rn. 25 ff.).

[373] BGH NJW-RR 2010, 118 (119) (Rn. 23).

stimmten Empfänger, ohne mit diesem in eine unmittelbare Rechtsbeziehung zu treten, stellt ebenfalls eine[374] Rechtshandlung dar.[375]

81 Zu prüfen ist bei einem anfechtungsrelevanten Sachverhalt auch, ob insgesamt nur eine, wenn auch in unselbständige Teile aufgespaltene Rechtshandlung (zu § 140 InsO → Rn. 83 ff.) vorliegt oder **mehrere** – nach der „Vereinzelungstheorie"[376] des BGH grundsätzlich selbständig anfechtbare – **Rechtshandlungen** wie zB[377] bei Grund- und Erfüllungsgeschäft, bei Darlehensaufnahme und Darlehensauszahlung oder bei einer Vorausabtretung und dem anschließenden Werthaltigmachen einer abgetretenen Forderung.[378] Umfasst ein Sachverhalt bei vollständiger und richtiger Erfassung des wirtschaftlichen Vorgangs[379] demnach mehrere selbständige Rechtshandlungen, sollten alle relevanten Rechtshandlungen angefochten werden.

82 Gemäß § 129 Abs. 2 InsO steht eine **Unterlassung** einer Rechtshandlung gleich. Da auch bei einem Unterlassen wie bei der Rechtshandlung eine Willensbetätigung vorhanden sein muss, erfordert ein anfechtungsrelevantes Unterlassen, dass es wissentlich und willentlich geschieht;[380] unbewusstes oder fahrlässiges Unterlassen steht einer Rechtshandlung ebenso wenig gleich wie eine bloße Unachtsamkeit oder Vergesslichkeit.[381] In § 141 InsO wird im Übrigen klargestellt,[382] dass eine Anfechtung nicht dadurch ausgeschlossen wird, dass für die Rechtshandlung ein vollstreckbarer Schuldtitel erlangt oder dass die Handlung durch Zwangsvollstreckung erwirkt worden ist.

83 **c) Zeitpunkt der Vornahme einer Rechtshandlung.** Nach § 140 Abs. 1 InsO gilt eine Rechtshandlung als in dem Zeitpunkt vorgenommen, in dem ihre **rechtlichen Wirkungen eintreten.** Durch die Rechtshandlung muss eine Rechtsposition begründet worden sein, die im Fall der Verfahrenseröffnung beachtet werden müsste oder – anders ausgedrückt – die Vornahme ist erfolgt, sobald die Rechtshandlung die Gläubigerbenachteiligung bewirkt hat.[383] Da somit für eine anfechtbare Rechtshandlung weniger auf die Handlung als solche, sondern maßgeblich auf die eingetretene Rechtswirkung abzustellen ist,[384] gilt eine in unselbständige Teile aufgespaltene Rechtshandlung erst dann als vorgenommen, wenn der letzte zur Erfüllung des Tatbestandes erforderliche Teilakt vollendet ist.[385] So

[374] Verminderung des Schuldnervermögens und Zuwendung an einen Dritten können dabei „im Rahmen eines Gesamtvorgangs" auch „in verschiedenen Rechtshandlungen vorgenommen" werden, so BGH NZI 2015, 32 (33) (Rn. 8) m. zust. Anm. *Huber* (35).

[375] BGH WM 2011, 803 (Rn. 10, sog. „mittelbare Zuwendung"); für den Dritten muss erkennbar sein, dass es sich um eine Leistung des Insolvenzschuldners gehandelt hat. Eine Deckungsanfechtung findet dann nur gegenüber dem Empfänger statt, BGH WM 2019, 1849 (1850 f.) (Rn. 9); WM 2018, 238 (239) (Rn. 16); NZI 2015, 32 (Rn. 8) m. zust. Anm. *Huber* (35); WM 2013, 1044 (1045) (Rn. 11); *Gehrlein* ZInsO 2017, 128 (129); auch → Rn. 106, 111.

[376] *Ganter* NZI 2010, 835 (837).

[377] Vgl. ausführlich zB Uhlenbruck/*Borries/Hirte* § 129 Rn. 101 ff.; s. a. *Onusseit* ZInsO 2010, 2022 (2023).

[378] BGH WM 2015, 1384 (1386) (Rn. 17); NZI 2013, 344 (345) (Rn. 12); BGHZ 184, 101 (106) (Rn. 15) = NJW 2010, 2585; 174, 297 (309) (Rn. 36) = NJW 2008, 430; s. a. *Ganter* NZI 2011, 209 (221).

[379] BGH WM 2013, 229 (Rn. 7); eine einheitlich angelegte Vermögenszuwendung, wie zB eine Kreditkartenzahlung (BGH NZI 2015, 32 (33) (Rn. 8) m. zust. Anm. *Huber* (35) und soeben → Rn. 80 aE) darf nicht sinnentstellend in verschiedene Einzelteile zerlegt werden. Vgl. auch BGH WM 2017, 2274 (2277 f.) (Rn. 41 ff.); BGH WM 2011, 276 (Rn. 2), ferner BGH WM 2013, 708 (710) (Rn. 17 ff.) zu der Frage, wann bei „wirtschaftlicher Betrachtungsweise" Staffelkredite anfechtungsrechtlich wie ein Kontokorrentkredit zu behandeln sind.

[380] BGH WM 2017, 1348 (1349) (Rn. 11); WM 2014, 272 (273) (Rn. 12 f.); 2012, 715 (Rn. 8); 2011, 501 (502) (Rn. 8); 1996, 2250 (2252).

[381] BGH WM 2017, 1348 (1349) (Rn. 11); WM 2014, 272 (273) (Rn. 12); MüKoInsO/*Kayser/Freudenberg* § 129 Rn. 24; Nerlich/Römermann/*Nerlich* § 129 Rn. 37.

[382] Nerlich/Römermann/*Nerlich* § 141 Rn. 1.

[383] BGH WM 2017, 2274 (2278) (Rn. 51); NJW-RR 2010, 118 (120) (Rn. 35); BGHZ 170, 196 (201) (Rn. 13) = NJW 2007, 1588; Nerlich/Römermann/*Nerlich* § 140 Rn. 7.

[384] BGH WM 2017, 2274 (2278) (Rn. 51); WM 2012, 2294 (2295) (Rn. 8); NJW-RR 2010, 118 (120) (Rn. 29, 36); BFH ZInsO 2011, 283 (286) (Rn. 28); *Ganter* NZI 2011, 209 (221).

[385] BGHZ 170, 196 (201) (Rn. 14) = NJW 2007, 1588.

ist zB bei einer Globalzession im Hinblick auf die vorausabgetretenen Forderungen nicht auf die Abtretung, sondern auf den Zeitpunkt abzustellen, in dem die Forderung entsteht,[386] und bei einer Abbuchung im SEPA-Lastschriftverfahren[387] dürfte bei einer Autorisierung (§ 675j BGB) erst die Einlösung durch das Kreditinstitut des Zahlungspflichtigen den Zahlungsvorgang abschließen.[388]

84 Ist bei einer in **unselbständige Teile aufgespaltenen Rechtshandlung** die Eintragung in das Grundbuch oder ein vergleichbares Register erforderlich, bestimmt § 140 Abs. 2 InsO als Ausnahme, dass die Rechtshandlung als vorgenommen gilt, sobald die übrigen Voraussetzungen für das Wirksamwerden erfüllt sind, die Willenserklärung des Schuldners für ihn bindend geworden ist und der andere Teil den Antrag auf Eintragung der Rechtsänderung gestellt hat.[389] In der Praxis wird immer wieder übersehen, dass entscheidend auf die Antragstellung des „anderen Teils" abgestellt wird; stellt nur der Schuldner den Antrag, stellt erst die Eintragung die endgültige Vornahme der Rechtshandlung dar.[390]

85 Bei einer **bedingten oder befristeten Rechtshandlung** kommt es nach § 140 Abs. 3 InsO für den Vornahmezeitpunkt der Rechtshandlung auf den Abschluss der rechtsbegründenden Tatumstände, nicht aber auf den Eintritt der Bedingung oder des Termins an.[391]

86 Für die „Vornahme" einer **Unterlassung** ist auf den Zeitpunkt abzustellen, in dem die Rechtsfolgen der Unterlassung nicht mehr durch eine Handlung abgewendet werden können.[392]

87 **d) Gläubigerbenachteiligung.** Eine weitere Anfechtungsvoraussetzung ist gemäß § 129 Abs. 1 InsO, das die Rechtshandlung[393] im Hinblick auf das Vermögen des Gemeinschuldners zu einer **objektiven Gläubigerbenachteiligung** geführt hat. Diese Gläubigerbenachteiligung liegt vor, wenn die Insolvenzmasse durch die anfechtbare Rechtshandlung verkürzt wird, so dass sich die Befriedigungsmöglichkeiten der Gläubiger ohne die fragliche Handlung bei wirtschaftlicher Betrachtungsweise günstiger gestaltet hätten; dies ist bei einer Verkürzung der Aktivmasse oder einer Vermehrung der Schuldenmasse anzunehmen, die den Gläubigerzugriff auf das Schuldnervermögen vereitelt, erschwert oder verzögert.[394]

88 Die Gläubigerbenachteiligung muss zu einer **Benachteiligung der Gläubigergesamtheit** und nicht nur einzelner Gläubiger führen[395]. Zu dieser Gläubigergesamtheit zählen

---

[386] BGHZ 170, 196 (201) (Rn. 14) = NJW 2007, 1588; BegrRegE InsO, *Balz/Landfermann* S. 247.

[387] Dazu zB nur Palandt/*Sprau* § 675 f. Rn. 41 ff.

[388] Das ist entweder – bei einer Vordisposition – der Zeitpunkt der Kontobelastung oder – wie es in der Praxis üblich ist – bei einer automatisierten Belastungsbuchung und zugrundeliegenden AGB der Ablauf der genannten 2-Tagesfrist (zB Nr. 2.4.2. der Bedingungen für Zahlungen mittels Lastschrift im SEPA-Basislastschriftverfahren).

[389] Uhlenbruck/*Borries/Hirte* § 140 Rn. 28; Nerlich/Römermann/*Nerlich* § 140 Rn. 14; *Obermüller* Rn. 1.355; BegrRegE InsO, *Balz/Landfermann* S. 247. Erfolgt ausnahmsweise die Einigung nach der Eintragung, gilt nicht § 140 Abs. 2 InsO, sondern es ist nach § 140 Abs. 1 InsO auf den Zeitpunkt der Einigung abzustellen, vgl. OLG Düsseldorf NZI 2015, 616 (618).

[390] Uhlenbruck/*Borries/Hirte* § 140 Rn. 31; Nerlich/Römermann/*Nerlich* § 140 Rn. 16; s. a. *Schumacher-Hey* RNotZ 2004, 544 (545 f.).

[391] BGH NZI 2010, 985 (986) (Rn. 13); BFH ZInsO 2011, 283 (287) (Rn. 33 ff.); BegrRegE InsO, *Balz/Landfermann* S. 248; ausführlich Uhlenbruck/*Borries/Hirte* § 140 Rn. 39 ff.

[392] BegrRegE InsO, *Balz/Landfermann* S. 247; Nerlich/Römermann/*Nerlich* § 140 Rn. 13.

[393] Auch bei einer Unterlassung (→ Rn. 82) kommt es auf die gläubigerbenachteiligende Wirkung und nicht auf die Verletzung einer speziellen Handlungspflicht an, BGH WM 2014, 272 (274) (Rn. 16).

[394] StRspr, zB BGH WM 2020, 95 (96) (Rn. 9); WM 2019, 213 (214) (Rn. 11); NZI 2018, 840 (841) (Rn. 15); WM 2018, 328 (329) (Rn. 9); WM 2016, 427 (429) (Rn. 24); WM 2015, 293 (Rn. 7); 2014, 226 (227) (Rn. 7); 2012, 276 (277) (Rn. 14); NZI 2011, 855 (Rn. 6); WM 2010, 1986 (1988) (Rn. 19); NJW-RR 2010, 118 (119) (Rn. 25), jeweils mwN; BFH ZInsO 2011, 283 (285) (Rn. 20); vgl. auch Uhlenbruck/*Borries/Hirte* § 129 Rn. 160 ff.; Nerlich/Römermann/*Nerlich* § 129 Rn. 63; *Obermüller* Rn. 1.356; BuB/*Wenzel/Gratias* Rn. 4/214; *Gehrlein* ZInsO 2017, 128 (129); *Onusseit* ZInsO 2010, 2022 (2023); *Schumacher-Hey* RNotZ 2004, 544 (546).

[395] Wenn nur ein einziger Insolvenzgläubiger vorhanden ist, kann eine Rechtshandlung ihn als „Gläubigergesamtheit" benachteiligen, BGH WM 2019, 548 (549) (Rn. 10).

auch die nachrangigen Gläubiger[396] sowie die aus- und absonderungsberechtigten Gläubiger, wenn ihnen der Schuldner persönlich haftet.[397] Ob eine Benachteiligung vorliegt, ist alleine nach wirtschaftlichen, weit auszulegenden Maßstäben zu entscheiden[398]; sie ist abzulehnen, wenn die Gläubiger ohne die Rechtshandlung im wirtschaftlichen Ergebnis nicht besser stünden[399]. So kann eine Kontosperre ebenso gläubigerbenachteiligend sein[400] wie die Vereinnahmung von Fremdgelder auf das allgemeine Geschäftskonto eines Insolvenzschuldners (und anschließender Weiterleitung)[401] oder wenn die Kündigung eines unverzinslichen Darlehens zum Wegfall der gesetzlichen Abzinsung (§ 41 Abs. 2 S. 1 InsO) führt[402], während es an einer Benachteiligung fehlt, wenn unanfechtbar erworbene dingliche Sicherheiten gegen gleichwertige dingliche Sicherheiten getauscht werden,[403] ein nach den Vorgaben der Rechtsprechung erfolgter Sanierungsversuch scheitert[404], ein wertausschöpfend belastetes Grundstück veräußert wird[405], die Zahlung aus dem insolvenzfreien Vermögen des Schuldners erfolgt ist[406], ein Gläubiger sich aufgrund eines insolvenzfesten Absonderungsrechts befriedigt oder der Schuldner das Absonderungsrecht durch Zahlung ablöst[407]. Ebenso fehlt es an einer Gläubigerbenachteiligung, wenn ein Dritter eine Verbindlichkeit des späteren Insolvenzschuldners mit Mitteln begleicht, die nicht in dessen haftendes Vermögen gelangt sind („Anweisung auf Kredit"), weil es dadurch lediglich zu einem Gläubigerwechsel kommt; erfüllt der Dritte dagegen mit seiner Zahlung eine eigene, gegenüber dem späteren Insolvenzschuldner bestehende Verpflichtung („Anweisung auf Schuld"), führt dies zu einer Gläubigerbenachteiligung, weil der Insolvenzschuldner mit der Zahlung seine Forderung gegen den Dritten verliert[408]. Bargeschäfte[409] sind ebenfalls grundsätzlich nicht gläubigerbenachteiligend. Ob eine Gläubigerbenachteiligung vorliegt, ist alleine nach dem von den Beteiligten gewählten Weg zu beurteilen; für hypothetische, nur gedachte Kausalverläufe ist kein Raum.[410] Eine zunächst eingetretene Gläubigerbenachteiligung kann nachträglich entfallen, wenn der Anfechtungsgegner den anfechtbar

---

[396] BGH WM 2010, 2319 (2320) (Rn. 7); Uhlenbruck/*Borries/Hirte* § 129 Rn. 166. Eine Gläubigerbenachteiligung liegt ausnahmsweise in der Befriedigung oder Besicherung der Forderung eines nicht nachrangigen Gläubigers nicht vor, wenn die Insolvenzmasse zur Befriedigung aller nicht nachrangigen Forderungen, aber nicht auch der nachrangigen Forderungen ausreicht, so BGH WM 2013, 615 (Rn. 3).

[397] *Obermüller* Rn. 1.356.

[398] BGH WM 2017, 2274 (2275 (Rn. 22); BGHZ 170, 196 (203) (Rn. 17) = NJW 2007, 1588; BGH NJW 2004, 1660 (1661); Uhlenbruck/*Borries/Hirte* § 129 Rn. 162; Nerlich/Römermann/*Nerlich* § 129 Rn. 63; s. a. MüKoInsO/*Kayser/Freudenberg* § 129 Rn. 76 ff.

[399] BGH WM 2019, 213 (215) (Rn. 16); WM 2016, 427 (430) (Rn. 24).

[400] BGH NJW 2004, 1660 (1661).

[401] BGH WM 2010, 1986 (1988) (Rn. 21 f.); zu weiteren Beispielen vgl. zB Uhlenbruck/*Borries/Hirte* § 129 Rn. 169 ff. S. a. BGH NZI 2011, 855 (Rn. 8 f.) zur Gläubigerbenachteiligung, wenn das Verwertungsrecht des Insolvenzverwalters aus § 166 Abs. 2 InsO durch Zahlung an einen Dritten beeinträchtigt wird.

[402] BGH WM 2017, 439, (440) (Rn. 9).

[403] BGH WM 2017, 446 (447) (Rn. 11); WM 2015, 1384 (1385) (Rn. 12); 2011, 762 (764) (Rn. 32); NJW 2003, 360 (361); *Gehrlein* ZInsO 2010, 1857 (1858).

[404] BGH NZI 2018, 840 (841 f.) (Rn. 15); BuB/*Wenzel/Gratias* Rn. 4/216. Bei einer Existenzgründung ist die Rspr. zum Sanierungskredit nicht einschlägig, so BGHZ 180, 98 (103 f.) (Rn. 11 ff.) = NJW 2009, 1601; s. a. *Gehrlein* ZInsO 2010, 1857 (1863).

[405] *Obermüller* Rn. 1.358; zu weiteren Bsp. vgl. zB Uhlenbruck/*Hirte/Ede* § 129 Rn. 169 ff. Vgl. ferner BGH WM 2014, 1588 (1589) (Rn. 7).

[406] BGH WM 2016, 1127 (1128) (Rn. 17).

[407] BGH WM 2017, 446 (447) (Rn. 12 f.); WM 2015, 591 (592) (Rn. 8); 2014, 226 (227) (Rn. 8); KG ZInsO 2019, 95 (96). Masseverbindlichkeiten, die in einem ersten Insolvenzverfahren nicht beglichen worden sind, wirken nicht in einem zweiten Insolvenzverfahren fort, dh Zahlungen an den (nur noch Insolvenz-) Gläubiger sind gläubigerbenachteiligend, vgl. KG ZInsO 2019, 95 (97).

[408] StRspr, zB BGH WM 2019, 1886 (1887 f.) (Rn. 17); WM 2018, 238 (239) (Rn. 16 f.); WM 2016, 557 (Rn. 5); WM 2012, 1448 (1449) (Rn. 12 mwN); OLG Hamm NZI 2018, 72; vgl. auch *Gehrlein* ZInsO 2017, 128 (129 f.).

[409] → Rn. 91 ff.

[410] So BGHZ 181, 132 (141) (Rn. 28) = NJW 2009, 2600; vgl. auch BGH WM 2019, 1849 (1853) (Rn. 25); WM 2019, 213 (215) (Rn. 17); WM 2013, 798 (710) (Rn. 22); *Gehrlein* ZInsO 2017, 128 (129) und → Rn. 80.

erhaltenen Gegenstand oder dessen vollen Wert in das Vermögen des Schuldners zurückführt[411].

89 Die Gläubigerbenachteiligung muss bei den Anfechtungstatbeständen des § 132 Abs. 1 InsO und § 133 Abs. 4 InsO **unmittelbar** sein, dh es kommt auf die Rechtshandlung selbst an, die ohne das Hinzutreten weiterer Umstände direkt und unmittelbar zu der Benachteiligung geführt haben muss.[412] Bei den anderen Anfechtungstatbeständen reicht eine **mittelbare** Gläubigerbenachteiligung, dh die Rechtshandlung muss zwar die Benachteiligung (auch) verursacht haben, ausreichend ist aber ein erst anschließend, also nach Abschluss der Rechtshandlung – durch weitere Umstände – eintretender Nachteil; demzufolge ist in einem Anfechtungsprozess für die Frage, ob ein Nachteil vorliegt, der maßgebliche Zeitpunkt der der letzten mündlichen Verhandlung in der Tatsacheninstanz.[413]

90 In jedem Fall muss die anfechtbare Rechtshandlung **kausal** für die Gläubigerbenachteiligung sein. Die Beweislast für das Vorliegen einer objektiven Gläubigerbenachteiligung liegt beim Insolvenzverwalter.[414]

91 **e) Bargeschäft.** Bargeschäfte sind seit der Änderung der InsO 2017[415] gemäß § 142 InsO nur anfechtbar, wenn die Voraussetzungen des § 133 Abs. 1 bis 3 InsO gegeben sind und der andere Teil erkannt hat, daß der Schuldner unlauter handelte; die Unlauterkeit des Schuldnerhandelns und die Erkennbarkeit für den Anfechtungsgegner waren in § 142 a. F. InsO nicht enthalten. Durch ihre Einfügung sollte die (bisher) für die Vorsatzanfechtung bestehende Ausnahme vom Bargeschäftsprivileg bei kongruenten Deckungen eingeschränkt werden und „bargeschäftliche Austausche grundsätzlich vom Bargeschäftsprivileg erfasst werden"[416]. Der Gesetzgeber wollte also – insoweit „enger" als früher – lediglich ein „unlauteres Bargeschäft" vom Privileg des § 142 InsO ausnehmen; die weiteren Änderungen der InsO 2017 in § 142 InsO betreffen Arbeitsentgeltzahlungen[417] bzw. sind Klarstellungen des bisher schon geltenden Rechts. Unverändert liegt bei einem Bargeschäft grundsätzlich **keine Gläubigerbenachteiligung** vor.[418] Der Grund für die Ausnahmevorschrift des § 142 InsO für wertäquivalente Bargeschäfte liegt in der Überlegung, dass ein Schuldner in der Krise praktisch vom Geschäftsverkehr ausgeschlossen wäre, wenn auch diese Geschäfte angefochten werden könnten.[419] § 142 InsO privilegiert – was nun teilweise im Gesetz steht – nur wertäquivalente Bargeschäfte, dh wenn für eine Leistung des Schuldners unmittelbar eine gleichwertige Gegenleistung in sein Vermögen gelangt. Es kommt entscheidend – in der Praxis wird dies nicht immer beachtet – darauf an, dass der (lauter

---

411 BGH WM 2020, 98 (99) (Rn. 15); WM 2019, 1087 (1088) (Rn. 13 ff.); WM 2018, 328 (329) (Rn. 10 f.); NZI 2013, 397 (Rn. 3); NZI 2007, 718 (719) (Rn. 19); *Gehrlein* ZInsO 2017, 128 (133).

412 Nerlich/Römermann/*Nerlich* § 129 Rn. 71 f., 84; *Gehrlein* ZInsO 2017, 128 (130); zu § 133 Abs. 2 (aF, jetzt Abs. 4) InsO s. BGH WM 2012, 2340 (2342) (Rn. 20 ff.); ZInsO 2012, 1127 (1129) (Rn. 19, 28); OLG Düsseldorf ZInsO 2019, 151.

413 BGH WM 2020, 100 (101) (Rn. 14); WM 2012, 2340 (2341 f.) (Rn. 14 ff.); Nerlich/Römermann/*Nerlich* § 129 Rn. 77, 85. S. a. BGH ZInsO 2012, 1127 (1129) (Rn. 22).

414 S. iE Uhlenbruck/*Borries/Hirte* § 129 Rn. 258 ff.

415 Vgl. dazu die Ausführungen → Rn. 94a, 102, 120 f.,124. § 142 InsO wird in der aktuellen Fassung erörtert; das alte Recht, das bei einem vor dem 5.4.2017 eröffneten Insolvenzverfahrens relevant bleibt (Art. 103j Abs. 1 EGInsO), wird als § 142 aF InsO dargestellt.

416 Vgl. den Regierungsentwurf eines Gesetzes zur Verbesserung der Rechtssicherheit bei Anfechtungen nach der Insolvenzordnung und nach dem Anfechtungsgesetz v. 29.9.2015, BTDrS 18/7054, S. 19.

417 Der Gesetzgeber hat in § 142 Abs. 2 S. 2 InsO für Arbeitsentgeltzahlungen den engen zeitlichen Zusammenhang unter Übernahme der (abzulehnenden, vgl. auch unten in Fn. 429) Rspr. des BAG als „gegeben" bestimmt, „wenn der Zeitraum zwischen Arbeitsleistung und Gewährung des Arbeitsentgelts drei Monate nicht übersteigt"; *Schoppmeyer* WM 2018, 301 (306) bezeichnet dies zu Recht als „Systembruch". Auch die Zahlung von Arbeitsentgelt durch Dritte wird nun durch den neuen S. 3 in § 142 Abs. 2 InsO unter gewissen Voraussetzungen privilegiert, vgl. dazu *Pape* ZInsO 2018, 296 (305); *Dahl/Schmitz* NJW 2017, 1505 (1510 f.).

418 Uhlenbruck/*Borries/Hirte* § 142 Rn. 3; MüKoInsO/*Kirchhof/Piekenbrock* § 142 Rn. 1.

419 BegrRegE InsO, *Balz/Landfermann* S. 248 f.; BGH WM 2014, 1488 (1489) (Rn. 9); WM 2010, 1986 (1988) (Rn. 24). Im Rahmen des § 135 Abs. 1 Nr. 1 InsO findet § 142 InsO keine Anwendung; so BGH WM 2019, 650 (655 ff.) (Rn. 42 ff.).

handelnde) Schuldner aufgrund einer Vereinbarung mit dem Anfechtungsgegner unter Berücksichtigung der Gepflogenheiten des Geschäftsverkehrs in engem zeitlichen Zusammenhang mit seiner Leistung eine gleichwertige Gegenleistung erhalten hat; nur dann findet keine Vermögensverschiebung zulasten des Schuldners, sondern eine bloße Vermögensumschichtung statt.[420]

Leistung und Gegenleistung müssen also durch eine Parteivereinbarung miteinander verknüpft sein, der Leistungsaustausch muss unter Berücksichtigung der Gepflogenheiten des Geschäftsverkehrs[421] unmittelbar erfolgen und die Gegenleistung muss **objektiv gleichwertig** sein.[422] So stellt zB die Rückzahlung eines Darlehens keine unmittelbare Gegenleistung für die Darlehensgewährung dar[423]. Entspricht eine der Leistungen nicht der getroffenen Parteivereinbarung, liegt ebenfalls keine Bardeckung vor – oder anders: erhält der Anfechtungsgegner eine ihm so nicht zustehende Deckung, ist sie also im Sinne des § 131 InsO inkongruent, kann er sich nicht auf § 142 InsO berufen.[424] Maßgeblicher Zeitpunkt für das Vorliegen eines Bargeschäftes ist derjenige, in dem die zeitlich erste Leistung eines Vertragsteils erbracht wird; bis dahin können die Parteien den Inhalt ihrer Vereinbarungen, zB durch einen Austausch der für einen noch nicht ausgezahlten Kredit zu stellenden Sicherheiten, noch abändern, ohne den Charakter ihrer Bardeckung zu gefährden.[425] 92

Die Leistungen müssen in **engem zeitlichem Zusammenhang** ausgetauscht werden. Dies bedeutet allerdings nicht zwingend Zug um Zug, sondern es kann einzelfallbezogen im Sinne einer üblichen Geschäftsabwicklung ein kurzer Zeitraum dazwischen liegen[426]; der Gesetzgeber hat diesen schon bisher auch von der Rechtsprechung akzeptierten Abwicklungszeitraum[427] nun in § 142 InsO als Gepflogenheiten des Geschäftsverkehrs „verdeutlicht"[428]. So kann es bei einer Kreditgewährung gegen Sicherheitenstellung zu üblichen Bearbeitungszeiten kommen, was nach den einschlägigen Gepflogenheiten im Kreditgewerbe als enger zeitlicher Zusammenhang anzusehen ist, wenn nur mit der Bearbeitung unverzüglich begonnen worden ist.[429] Bei einem Kontokorrentverhältnis übersteigt jedenfalls ein Zeitraum von zwei Wochen zwischen Ein- und Auszahlungen nicht den Rahmen des engen zeitlichen Zusammenhanges; die genaue Reihenfolge zwischen Ein- und Auszahlungen ist dabei unerheblich.[430] Die Verrechnung darf allerdings nicht der letzte Akt sein, bevor das Kreditinstitut das Konto schließt.[431] 93

[420] BGH WM 2014, 1488 (1489) (Rn. 9); WM 2010, 1986 (1988) (Rn. 24); BGHZ 174, 297 (311) (Rn. 41) = NJW 2008, 430.

[421] Diese Ergänzung in § 142 InsO ist nichts wirklich Neues; schon bisher wurde bei der Unmittelbarkeit auf „geschäftsübliche" Abwicklungsfristen abgestellt, vgl. *Pape* ZInsO 2018, 296 (305); *Kindler/Bitzer* NZI 2017, 369 (376).

[422] S. a. BegrRegE InsO, *Balz/Landfermann* S. 249; ausführlich dazu zB MüKoInsO/*Kirchhof/Piekenbrock* § 142 Rn. 4 ff.; vgl. ferner BGH WM 2016, 282 (284) (Rn. 21); WM 2014, 1488 (1489) (Rn. 10); WM 2012, 276 (278) (Rn. 20 ff.); OLG Frankfurt NZI 2018, 983 (984 f.).

[423] OLG Celle ZInsO 2012, 2050 (2051); iE bestätigt durch BGH NZI 2013, 816.

[424] BGHZ 167, 190 (199) (Rn. 28 mwN) = NJW 2006, 2701; Uhlenbruck/*Borries/Hirte* § 142 Rn. 6.

[425] BGH WM 2016, 282 (284 f.) (Rn. 19 ff.); WM 2014, 1588 (1591) (Rn. 21); NZI 2007, 456 (457) (Rn. 14).

[426] BGH WM 2014, 1488 (1490) (Rn. 15 mwN).

[427] OLG Düsseldorf ZInsO 2020, 1250 (1253); *Pape* ZInsO 2018, 296 (305).

[428] So Regierungsentwurf eines Gesetzes zur Verbesserung der Rechtssicherheit bei Anfechtungen nach der Insolvenzordnung und nach dem Anfechtungsgesetz v. 29.9.2015, BTDrS 18/7054, S. 20.

[429] *Obermüller* Rn. 1.362; BuB/*Wenzel/Gratias* Rn. 4/220a. Soweit – zu weitgehend – BAG ZIP 2014, 2519 (2522) (Rn. 51); ZInsO 2014, 659 (663) (Rn. 49); ZIP 2011, 2366 (2368) (Rn. 17; u. BAG ZInsO 2012, 271 (273 f.) (Rn. 15 ff.) bei Arbeitsentgeltzahlungen für in den vorhergehenden 3 Monaten erbrachte Leistungen noch einen engen zeitlichen Zusammenhang angenommen hat, hat nun der (allein berufene, vgl. BGH WM 2014, 1488 (1490 ff.) (Rn. 16 ff.)) Gesetzgeber die Rspr. des BAG übernommen und den Zeitraum auf 3 Monate ausgeweitet (§ 142 Abs. 2 S. 2 InsO); die Spaltung des Anfechtungsrechts wurde dadurch weiter vertieft, so *Pape* ZInsO 2018, 296 (305).

[430] BGHZ 150, 122 (131) = NJW 2002, 1722.

[431] BGH BeckRS 2010, 05569 (Rn. 2); soweit auch vorgegeben wurde, dass der letzte Akt eine Gutschrift sein soll, ist dies später mit dem Hinweis, dass es auf die Reihenfolge der Leistung nicht ankomme, offensichtlich verworfen worden, vgl. BGH WM 2010, 711 (714) (Rn. 31); 2012, 1200 (1202) (Rn. 14).

94 Die objektive Gleichwertigkeit der Gegenleistung muss noch zum **Zeitpunkt des Leistungsaustausches** vorliegen, wobei unwesentliche Abweichungen[432] ebenso wenig schaden wie beim Zufluss einer wertmäßig (wesentlich) höheren Gegenleistung in das Vermögen des Schuldners[433]. Keine Gleichwertigkeit dürfte gegeben sein, wenn auf Kreditnehmerseite mehrere Gesamtschuldner stehen, der spätere Insolvenzschuldner den Kredit vorzeitig zurückführt und der andere ihn weiter in Anspruch nimmt, wenn der Insolvenzschuldner – wie dies in der Praxis üblich sein dürfte – keine wirtschaftlich gleichwertige Gegenleistung für die Rückführung des Kredites erhält.[434]

94a Nach dem Willen des Gesetzgebers soll nach § 142 InsO[435] bei einem bargeschäftlichen Austausch eine (Vorsatz-)Anfechtung allein dann möglich sein, „wenn der Schuldner unlauter handelte und der andere Teil dies erkannt hat"[436]. Unlauterkeit lässt einen „besonderen Unwert" erkennen, der mehr voraussetzt „als die Vornahme der Rechtshandlung in dem Bewusstsein, nicht mehr in der Lage zu sein, alle Gläubiger befriedigen zu können"[437]. Unlauter, d. h. von einem besonderen Unwert geprägt, soll die gezielte Benachteiligung von Gläubigern, die Verschleuderung von Vermögen für Leistungen, die den Gläubigern unter keinem erdenklichen Gesichtspunkt nutzen können, oder das Abstoßen von Betriebsvermögen, das zur Aufrechterhaltung des Betriebs unverzichtbar ist, wenn den Gläubigern der vereinnahmte Gegenwert entzogen werden soll, sein, nicht aber, wenn der Schuldner erkennt daß die Betriebsfortführung verlustträchtig ist[438]. Der für unlauteres Handeln vom Gesetzgeber verlangte besondere Unwert wird schwierig zu erfassen sein und wohl nur die Rechtshandlungen eines Schuldners betreffen, durch die er mit Wissen und Wollen seine Gläubiger gezielt zu seinen Gunsten oder den Gunsten Dritter benachteiligt und er dadurch einer Haftungsvereitelung Vorschub leistet[439]. Neben der bei realistischer Betrachtungsweise selten zu beweisenden Unlauterkeit[440] muss der Anfechtungsgegner diese auch erkannt haben; die Anknüpfungstatsachen für die Vermutung in § 133 Abs. 3 S. 1 iVm Abs. 1 S. 2 InsO für die Kenntnis des Anfechtungsgegners vom Benachteiligungsvorsatz des Schuldners reichen nicht aus, um auf die Kenntnis eines unlauteren schuldnerischen Verhaltens schließen zu können[441].

95 Im Anfechtungsprozess hat der Anfechtungsgegner, nachdem der Insolvenzverwalter den Anfechtungstatbestand bewiesen hat, die Voraussetzungen eines Bargeschäftes zu **beweisen.**[442]

96 **f) Nahestehende Personen.** In § 138 InsO hat der Gesetzgeber für einzelne Anfechtungstatbestände (§§ 130 Abs. 3, 131 Abs. 2 S. 2, 132 Abs. 3, 133 Abs. 4 S. 1, 137 Abs. 2 S. 2 InsO) festgelegt, welcher Anfechtungsgegner als „nahestehende Person" anzusehen ist,

---

[432] *Obermüller* Rn. 1.361 für den Fall eines unwesentlich höheren Sicherheitenwertes im Verhältnis zur gewährten Kredithöhe; s. a. *Kollrus* MDR 2010, 1289 (1292); *Schumacher-Hey* RNotZ 2004, 544 (551).

[433] BGH WM 2014, 1488 (1489) (Rn. 13).

[434] So KG ZInsO 2011, 486 (489); aA *Obermüller* Rn. 3.190 ff.; s. a. *Obermüller/Obermüller* ZInsO 2011, 697 (698 f.). Nach BGH Urt. v. 25.2.2016 – IX ZR 12/14 = WM 2016, 553 (554) (Rn. 8) kommt es nicht auf die gesamtschuldnerische Haftung, sondern darauf, ob der Insolvenzschuldner effektiv als Darlehensnehmer gehandelt hat; s. a. *Huber* NZI 2019, 97 (102).

[435] Dies stellt eine Erweiterung des Bargeschäftsprivilegs dar, die in § 142 aF InsO nicht enthalten war; für vor dem 5.4.2017 eröffnete Insolvenzverfahrens bleibt § 142 aF InsO relevant (Art. 103j Abs. 1 EGInsO). Dies betrifft im Wesentlichen sog. bargeschäftsähnliche Handlungen; dazu auch → Rn. 123.

[436] So Regierungsentwurf eines Gesetzes zur Verbesserung der Rechtssicherheit bei Anfechtungen nach der Insolvenzordnung und nach dem Anfechtungsgesetz v. 29.9.2015, BTDrS 18/7054, S. 19.

[437] Vgl. Regierungsentwurf eines Gesetzes zur Verbesserung der Rechtssicherheit bei Anfechtungen nach der Insolvenzordnung und nach dem Anfechtungsgesetz v. 29.9.2015, BTDrS 18/7054, S. 19.

[438] So Regierungsentwurf eines Gesetzes zur Verbesserung der Rechtssicherheit bei Anfechtungen nach der Insolvenzordnung und nach dem Anfechtungsgesetz v. 29.9.2015, BTDrS 18/7054, S. 19; OLG Düsseldorf ZInsO 2020, 1250 (1254).

[439] Vgl. auch *Thole* ZIP 2017, 401 (407); *Pape* ZInsO 2018, 296 (303 f.); *Dahl/Schmitz* NJW 2017, 1505 (1509).

[440] *Thole* ZIP 2017, 401 (407).

[441] So Regierungsentwurf eines Gesetzes zur Verbesserung der Rechtssicherheit bei Anfechtungen nach der Insolvenzordnung und nach dem Anfechtungsgesetz v. 29.9.2015, BTDrS 18/7054, S. 20.

[442] BGHZ 184, 101 (106) (Rn. 15) = NJW 2010, 2585; BGH NJW 2003, 360 (362).

weil er zur Zeit der anfechtbaren Rechtshandlung „aus persönlichen, gesellschaftsrechtlichen oder ähnlichen Gründen eine besondere Informationsmöglichkeit über die wirtschaftlichen Verhältnisse des Schuldners“[443] und er damit nicht nur besondere Informationsmöglichkeiten hatte, sondern möglicherweise auch eine erhöhte Bereitschaft, anfechtbare Rechtshandlungen vorzunehmen, besteht.[444] Ist bei einer Anfechtung eine nahestehende Person beteiligt, soll es für den Insolvenzverwalter nach den soeben genannten Normen mit ihren Beweislastregelungen zu Lasten der nahestehenden Person leichter möglich sein, eine Anfechtung durchzusetzen.

Ist der Schuldner eine **natürliche Person,** so sind nach § 138 Abs. 1 InsO zB der Ehegatte (Nr. 1)[445], der Lebenspartner (Nr. 1a) – nicht aber der nichteheliche Partner –,[446] Verwandte (Nr. 2), in häuslicher Gemeinschaft mit dem Schuldner lebende oder mit ihm dienstvertraglich verbundene Personen (Nr. 3) bzw. eine juristische Person oder Gesellschaft ohne Rechtspersönlichkeit (Nr. 4), zu der eine in § 138 Abs. 1 Nr. 4 InsO genauer bestimmte gesellschaftsrechtliche Beziehung besteht, als nahestehende Personen anzusehen.[447] **97**

Für den Fall, dass der Schuldner eine **juristische Person** oder eine Gesellschaft ohne Rechtspersönlichkeit ist, bestimmt § 138 Abs. 2 InsO die aus gesellschaftsrechtlichen Gründen nahestehenden Personen, so zB die Mitglieder des Vertretungs- oder Aufsichtsorgans[448] (Nr. 1 Alt. 1), die persönlich haftenden Gesellschafter einer Personengesellschaft (Nr. 1 Alt. 2), die wegen vergleichbarer gesellschaftsrechtlicher oder dienstvertraglicher Verbindung nahestehenden Personen (Nr. 2) wie gewisse leitende Mitarbeiter, nicht aber der Rechtsanwalt, Steuerberater[449] oder Wirtschaftsprüfer,[450] oder nach § 138 Abs. 2 Nr. 1 Alt. 3 InsO Personen, die zu mehr als einem Viertel am Kapital des Schuldners beteiligt sind.[451] Gemäß § 138 Abs. 2 Nr. 3 InsO ist nahestehend auch eine (natürliche oder juristische[452]) Person, die zu einer in Nr. 1 und Nr. 2 – also in dieser Rn. – bezeichneten Person in einer in § 138 Abs. 1 InsO (s. Rn. 97) bezeichneten persönlichen Verbindung steht, es sei denn, die in Nr. 1 und Nr. 2 – also in dieser Rn. – bezeichneten Personen sind kraft Gesetzes in den Angelegenheiten des Schuldners zur Verschwiegenheit verpflichtet. Nahestehend ist demnach eine GmbH & Co KG zu einer GmbH, wenn die Geschäftsführer der Komplementär-GmbH und der GmbH miteinander verheiratet sind[453]. Die Verschwiegenheitspflicht darf nicht nur generell, sondern muß auch im konkreten Fall bestehen[454]. **98**

---

[443] Vgl. BegrRegE InsO, *Balz/Landfermann* S. 242.
[444] Nerlich/Römermann/*Nerlich* § 138 Rn. 4.
[445] Auch wenn die Ehe erst nach Vornahme der angefochtenen Rechtshandlung geschlossen wurde, BGH NZI 2016, 773 (Rn. 11).
[446] BGH WM 2011, 841 (Rn. 3).
[447] S. iE Uhlenbruck/*Hirte* § 138 Rn. 3 ff.; Nerlich/Römermann/*Nerlich* § 138 Rn. 8 ff.
[448] S. a. BegrRegE InsO, *Balz/Landfermann* S. 243: dazu zählen auch Mitglieder eines fakultativen Organs wie zB eines Beirates, wenn ihm Aufsichtsbefugnisse übertragen worden sind; zum Recht eines Beiratsmitgliedes auf Erhalt der relevanten Informationen vgl. zB *Huber* Beirat und Beiratsmitglied – praxisrelevante Aspekte für ihre Tätigkeit, GmbHR 2004, 772 (776). S. a. BGH ZIP 2011, 1418 (1419) (Rn. 2).
[449] Nur wenn ihm nach der vertraglich eingeräumten Rechtsstellung wie einem in gleicher Zuständigkeit tätigen Angestellten alle über die wirtschaftliche Lage des Auftraggebers erheblichen Daten üblicherweise im normalen Geschäftsverkehr zufließen, kann dies eine Sonderstellung nach § 138 Abs. 2 Nr. 2 InsO begründen, so BGH NZI 2013, 39 (40) (Rn. 11); diese Sonderstellung kann er rechtlich, durch Kündigung oder Änderung des zugrundeliegenden Vertrages, oder faktisch, zB wenn keine Informationen mehr fließen, wieder verlieren, vgl. BGH NZI 2013, 39 (40) (Rn. 12 f.). S. a. OLG Düsseldorf ZInsO 2019, 502 (504).
[450] Vgl. BGH WM 1998, 304 (305); Nerlich/Römermann/*Nerlich* § 138 Rn. 21. Eine Stellung als sog. Hausbank fällt ebenfalls nicht unter § 138 Abs. 2 Nr. 2 InsO, vgl. OLG Naumburg ZInsO 2006, 718 (719) unter Verweis auf BGH WM 1998, 304 (305). Die in der vorigen Fn. wiedergegebene Entscheidung dürfte wohl für jeden in entsprechendem Umfang eingebundenen Freiberufler von Bedeutung sein, s. BGH NZI 2013, 39 (49) (Rn. 11: „Freiberufler“).
[451] S. iE Uhlenbruck/*Hirte* § 138 Rn. 13 ff.
[452] BGH WM 2017, 486 (487) (Rn. 11).
[453] BGH WM 2017, 486 (487) (Rn. 12).
[454] BGH WM 2017, 486 (487) (Rn. 15): konkret kann die Verschwiegenheitspflicht des Geschäftsführers einer GmbH entfallen, wenn das zuständige Organ der Gesellschaft das Geheimhaltungsinteresse aufgibt, was regelmäßig anzunehmen ist, wenn der Geschäftsführer zugleich alleiniger Gesellschafter ist.

99 Die Nähebeziehung muss unter Berücksichtigung der Grundsätze des § 140 InsO[455] zur Zeit der **Vornahme der Rechtshandlung** bestanden haben. Kreditinstitute gelten nicht als nahe stehend, solange sie nur übliche geschäftliche Beziehungen zum Schuldner haben;[456] dies gilt wegen der Verschwiegenheitspflicht als Organmitglied im Ergebnis auch dann, wenn Mitarbeiter eines Kreditinstitutes Mitglied eines Aufsichtsorgans des Schuldners sind.[457]

100 **g) Berechnung der Anfechtungsfristen.** Die in den Anfechtungstatbeständen der §§ 130–136 InsO bestimmten Fristen werden durch § 139 InsO ergänzt. § 139 Abs. 1 S. 1 InsO regelt, dass die jeweilige Frist, die bei allen Anfechtungstatbeständen vom Tag des Eingangs des Eröffnungsantrages beim Insolvenzgericht **zurückgerechnet** wird, mit dem Anfang des Tages beginnt, der durch seine Zahl dem Eingangstag des Antrages beim Insolvenzgericht entspricht; soweit ein solcher Tag fehlt, beginnt die Frist mit dem Anfang des folgenden Tages (§ 139 Abs. 1 S. 2 InsO).[458]

101 § 139 Abs. 2 InsO befasst sich mit dem Fall, dass mehrere Eröffnungsanträge gestellt sind. Die Berechnung richtet sich (S. 1) nach dem ersten zulässigen und begründeten Insolvenzantrag, auch wenn das Verfahren auf Grund eines späteren Antrages eröffnet worden ist; ein rechtskräftig abgewiesener Antrag wird nur berücksichtigt, wenn er mangels Masse abgewiesen worden ist (S. 2). Entscheidend ist, dass die Eröffnungsanträge innerhalb einer **„einheitlichen Insolvenz"** des Schuldners gestellt worden sind, es also zwischenzeitlich nicht zu einer Behebung der Insolvenzgründe gekommen ist.[459] Der BGH hat auch bestätigt, dass dies grundsätzlich zeitlich unbeschränkt gilt, zB wenn nach einem mangels Masse abgewiesenen Antrag es erst Jahre später – nach einem weiteren Antrag – zur Verfahrenseröffnung kommt.[460] § 139 Abs. 2 S. 2 InsO ist nicht einschlägig, wenn ein im Zeitpunkt des Eröffnungsbeschlusses zulässiger und begründeter Insolvenzantrag nur wegen prozessualer Überholung für erledigt erklärt worden ist; ein solcher Antrag „zählt" also mit.[461] Bei einer **Doppelinsolvenz** von Gesellschaft und Gesellschafter folgt aus der „Bündelungsfunktion des § 93 InsO", dass in der Gesellschafterinsolvenz auf einen Insolvenzantrag der Gesellschaft abzustellen ist, falls ein solcher Antrag demjenigen über das Vermögen des Gesellschafters vorausgegangen ist.[462]

3. Anfechtungen nach der InsO: Die einzelnen Anfechtungstatbestände

102 **a) Einführung.** Grundsätzlich stehen die einzelnen Anfechtungstatbestände selbständig nebeneinander; sie können kumulativ vorliegen und gegen den Anfechtungsgegner geltend gemacht werden.[463] In der Finanzierungspraxis wird meistens auf die Anfechtungsgründe der §§ 130, 131 InsO als Ausprägungen der sog besonderen Insolvenzanfechtung und vor

---

455 → Rn. 83 ff.

456 Nerlich/Römermann/*Nerlich* § 138 Rn. 21; *Obermüller* Rn. 1.370; OLG Düsseldorf ZInsO 2019, 502 (504).

457 *Obermüller* Rn. 1.371.

458 Bei Annahme einer Monatsfrist ist also a) bei Antragstellung am 31.1. eine Rechtshandlung am 31.12. des Vorjahres noch anfechtbar, b) bei Antragstellung am 31.12. ist Anfechtbarkeit erst mit Beginn des 1.12. gegeben.

459 BGH NZI 2008, 184 f. (Rn. 11); ebenso BGH NZI 2009, 377 (Rn. 7); *Gehrlein* ZInsO 2010, 1857 (1864).

460 BGH NZI 2008, 184 (185) (Rn. 13: „(ein) Zeitraum von drei bis vier Jahren zwischen den beiden Insolvenzanträgen (wird) von der Vorschrift eindeutig noch erfasst …"). S. a. LG Stendal ZInsO 2019, 805 (806).

461 BGH NZI 2009, 377 f. (Rn. 8, 11); *Gehrlein* ZInsO 2010, 1857 (1864); s. a. BegrRegE InsO, *Balz/Landfermann* S. 245 f.

462 BGHZ 178, 171 (179) (Rn. 21) = NJW 2009, 225.

463 MüKoInsO/*Kirchhof/Freudenberg* Vorb. v. §§ 129–147 Rn. 94; Uhlenbruck/*Borries/Hirte* § 129 Rn. 14; vgl. auch BGH WM 2013, 174 (179) (Rn. 47). Rühren aus einem einheitlichen Lebenssachverhalt neben Anfechtungsansprüche auch materiell-rechtliche Rückgewähransprüche her, kann (nur) der Insolvenzverwalter sämtliche Ansprüche verfolgen, BGH WM 2019, 42 (44) (Rn. 19).

allem auf § 133 InsO, seltener auf die anderen Normen abgestellt.[464] Nachdem die höchstrichterliche Rechtsprechung den Anwendungsbereich der Vorsatzanfechtung immer weiter ausgebaut und § 133 InsO zu einem „Superanfechtungstatbestand"[465] gemacht hatte, wurde insbesondere von der Wirtschaft zB moniert, daß der „ausufernde Anwendungsbereich" des § 133 InsO die Unternehmenspraxis „lähmt"[466]. Es kam zu einer verstärkten rechtlichen Diskussion über die Anwendung der Norm[467] und zum Tätigwerden des Gesetzgebers. Gesetzgeberisches Ziel sollte sein, „den Wirtschaftsverkehr sowie Arbeitnehmerinnen und Arbeitnehmer von Rechtsunsicherheiten zu entlasten, die von der derzeitigen Praxis des Insolvenzanfechtungsrechts ausgehen"[468]. Umgesetzt wurde dies durch das Gesetz zur Verbesserung der Rechtssicherheit bei Anfechtungen nach der Insolvenzordnung und nach dem Anfechtungsgesetz[469], das am 5.4.2017 in Kraft trat und im Insolvenzanfechtungsrecht Änderungen bzw. Ergänzungen in den §§ 133, 142, 143 InsO vornahm[470]. Da die bis zum Inkrafttreten am 5.4.2017 geltenden Vorschriften auf Insolvenzverfahren, die vor dem 5.4.2017 eröffnet worden sind, weiter anzuwenden sind (Art. 103j EGInsO), wird der alte Gesetzeszustand berücksichtigt, soweit es relevant ist[471]. Bevor nun die einzelnen Anfechtungstatbestände dargestellt werden, sollen **allgemeine Gesichtspunkte** der besonderen Insolvenzanfechtung angesprochen werden.

b) Die besondere Insolvenzanfechtung im Allgemeinen. Die Anfechtungstatbestände des §§ 130–132 InsO regeln die **„besondere Insolvenzanfechtung"** – „besonders" deshalb, weil die dort geregelten Tatbestände nur für eine Anfechtung im Insolvenzverfahren einschlägig sind, nicht aber für die Gläubigeranfechtung außerhalb der Insolvenz.[472] Durch die besondere Insolvenzanfechtung sollen bei Vorliegen einer Krise bzw. einer „materiellen Insolvenz"[473] bestimmte Rechtshandlungen (bzw. Rechtsgeschäfte) der Anfechtung unterworfen werden, da mit Eintritt der materiellen Insolvenz das Vermögen des Schuldners grundsätzlich der Befriedigung der Gläubigergesamtheit dienen soll. Die Krise zeigt sich nach außen nicht nur durch die Stellung eines Insolvenzantrages, sondern insbesondere auch durch die Zahlungsunfähigkeit des Schuldners. Demzufolge stellen alle Anfechtungstatbestände der besonderen Insolvenzanfechtung als „Krisenvoraussetzung" außerhalb eines Insolvenzantrages auf die **Zahlungsunfähigkeit** ab. Im Interesse der Rechtssicherheit hat der Gesetzgeber die Anfechtbarkeit in der Krise vor Antragstellung auf maximal drei Monate vor dem Insolvenzantrag begrenzt;[474] damit steht für die besondere Insolvenzanfechtung auch fest, dass ihre Tatbestände nur für Rechtshandlungen in Betracht kommen können, die zwischen der Verfahrenseröffnung und – zurückgerechnet – **spätes-** 103

[464] S. zu den einzelnen Tatbeständen auch die sehr anschauliche tabellarische Übersicht von *Obermüller* Rn. 1.380 (naturgemäß noch ohne Berücksichtigung der 4-Jahresfrist bei der Vorsatzanfechtung, vgl. dazu Rn. 1.388a). Zur Frage, ob ein Bürge sich auf eine Insolvenzanfechtung im Grundgeschäft berufen kann, vgl. OLG München WM 2008, 442 (443 f.) und *Cranshaw/Steinwachs/Bruhn* ZInsO 2013, 1005 (1012 ff.), die dem Bürgen die Einrede grundsätzlich, dh ohne die Geltendmachung durch den Verwalter, zugestehen wollen.

[465] Lütcke ZInsO 2013, 1984 (1990); *ders.* NZI 2014, 350 (351).

[466] Vgl. das Positionspapier des Bundesverbandes der Deutschen Industrie (BDI) und des Zentralverbandes des Deutschen Handwerks (ZDH) v. 14.10.2013, ZInsO 2013, 2312.

[467] S. aus den vielen Stellungnahmen zB nur *Bork* ZIP 2014, 797 ff.; *Kayser* NJW 2014, 422 ff.; *Thole* ZIP 2013, 2081 ff.; *Foerste* ZInsO 2013, 897 ff. Vgl. dazu ferner Regierungsentwurf eines Gesetzes zur Verbesserung der Rechtssicherheit bei Anfechtungen nach der Insolvenzordnung und nach dem Anfechtungsgesetz v. 29.9.2015, BTDrS 18/7054, S. 7 f.

[468] Regierungsentwurf eines Gesetzes zur Verbesserung der Rechtssicherheit bei Anfechtungen nach der Insolvenzordnung und nach dem Anfechtungsgesetz v. 29.9.2015, BTDrS 18/7054, S. 7.

[469] Vom 29.3.2017, BGBl. I 2017, 654.

[470] Vgl. dazu zB *Pape* ZInsO 2018, 296; *Schoppmeyer* WM 2018, 301, 353; *Thole* ZIP 2017, 401; *Kindler/Bitzer* NZI 2017, 369; *Willemsen/Kühn* BB 2017, 649; *M. Huber* ZInsO 2017, 517; *Dahl/Schmitz* NJW 2017, 1505.

[471] Zu § 142 InsO vgl. bereits → Rn. 91; zu Art. 103j EGInsO s. a. *Cymutta* NZI 2017, 471.

[472] → Rn. 149 ff.

[473] Uhlenbruck/*Borries/Hirte* § 130 Rn. 1.

[474] BegrRegE InsO, *Balz/Landfermann* S. 231.

tens drei Monate vor Antragstellung (§ 139 InsO)[475] vorgenommen worden sind. Der Zeitraum der Anfechtbarkeit kann nur insgesamt betrachtet werden; der Insolvenzverwalter kann also die Zeiträume der besonderen Insolvenzanfechtung nicht so aufteilen, wie es für ihn am günstigsten ist, da dies zu zufälligen und willkürlichen Ergebnissen führen würde.[476]

104 Die **Zahlungsunfähigkeit** ist in § 17 Abs. 2 InsO legaldefiniert. Nach dieser Norm, die für das gesamte Insolvenzrecht und damit auch im Insolvenzanfechtungsrecht einschlägig ist[477], ist ein Schuldner zahlungsunfähig, „wenn er nicht in der Lage ist, die fälligen Zahlungspflichten zu erfüllen. Zahlungsunfähigkeit ist in der Regel anzunehmen, wenn der Schuldner seine Zahlungen eingestellt hat." Grundsätzlich bedeutet eine Zahlungsunfähigkeit, die objektiv vorliegen muss, das festgestellte Unvermögen des Schuldners, fällige Zahlungspflichten zu erfüllen.[478] Die Zahlungseinstellung nach § 17 Abs. 2 S. 2 InsO dokumentiert als widerlegliche Vermutung[479] den Eintritt der Zahlungsunfähigkeit. Zahlungseinstellung liegt vor, wenn mindestens für die beteiligten Verkehrskreise nach außen hin erkennbar geworden ist, dass der spätere Insolvenzschuldner wegen eines voraussichtlich dauernden Mangels an Zahlungsmitteln seine fälligen und vom jeweiligen Gläubiger ernsthaft eingeforderten Verbindlichkeiten nicht mehr erfüllen kann.[480] Das „Einfordern" verlangt dabei keine zusätzliche Rechtshandlung, vielmehr soll dieses Merkmal vor dem Hintergrund, dass „von der Nichtzahlung einer nach § 271 Abs. 1 BGB fälligen Forderung nicht schematisch auf die Zahlungsunfähigkeit geschlossen werden darf"[481], die Forderungen bei der Prüfung der Zahlungsunfähigkeit ausnehmen, die rein tatsächlich – also auch ohne rechtlichen Bindungswillen oder erkennbare Erklärungen – gestundet sind[482]. Zur Berücksichtigung einer Forderung bedarf es demnach einer Gläubigerhandlung, aus der sich der Wille, vom Schuldner Erfüllung zu verlangen, im Allgemeinen ergibt[483]; sämtliche fälligkeitsbegründenden Handlungen des Gläubigers, aus denen sich der Wille ergibt, vom Schuldner Erfüllung zu verlangen, sollen ausreichen, gleich ob sich die Fälligkeit aus der ursprünglichen Vertragsabrede über regelmäßig zu entrichtende Zahlungen oder aus einer nach Fertigstellung der Leistung übersandten Rechnung ergibt[484]. Soweit sich eine Zahlungseinstellung nicht eindeutig zB aus einer eigenen Erklärung des Schuldners ergibt[485], kann sie aus einem einzelnen, aber auch aus einer Gesamtschau mehrerer darauf hindeutender, in der Rechtsprechung entwickelter Beweisanzeichen ge-

[475] → Rn. 100 f.

[476] BGH WM 2011, 1523 (Rn. 7 f.); OLG Koblenz ZInsO 2010, 1287 (1289); ebenso BGH NZI 2008, 184 (185) (Rn. 17) u. (implizit) OLG München WM 2010, 1375 (1376). S. a. *Obermüller/Obermüller* ZInsO 2011, 697; teilweise **aA** *Stiller* ZInsO 2011, 87.

[477] BGH WM 2017, 2322 (2323) (Rn. 10); WM 2015, 591 (593) (Rn. 18); 2015, 381 (382 f.) (Rn. 13); 2013, 1361 (1363) (Rn. 14); 2013, 174 (175) (Rn. 18); *Gehrlein* ZInsO 2018, 354.

[478] Nerlich/Römermann/*Mönning/Gutheil* § 17 Rn. 12; *Obermüller* Rn. 1.182; s. a. BegrRegE InsO, *Balz/Landfermann* S. 90; *Ganter* NZI 2011, 209 (211). Will ein Gesellschafter die Zahlungsunfähigkeit vermeiden, reicht eine Zahlungszusage nicht aus, vielmehr muss er seiner Ausstattungsverpflichtung tatsächlich nachkommen, vgl. BGH WM 2013, 1995 (1996) (Rn. 7).

[479] Die auch für Anfechtungstatbestände gilt, vgl. BGH WM 2013, 174 (176) (Rn. 20); 2012, 711 (Rn. 8); NJW 2009, 1202 (1203) (Rn. 13); NZI 2007, 36 (Rn. 12); *Krüger/Wigand* ZInsO 2011, 314. Der Vermutung kann im Anfechtungsprozess zB durch einen Antrag auf Erstellung einer Liquiditätsbilanz entgegen getreten werden, vgl. BGH WM 2015, 1025 (1026) (Rn. 6).

[480] BGH WM 2017, 2322 (2323) (Rn. 10); WM 2015, 591 (594) (Rn. 18); 2015, 381 (383) (Rn. 15); 2012, 711 (Rn. 9); NZI 2008, 299 (300) (Rn. 15); 2007, 36 (37) (Rn. 13); NJW 1995, 2103 (2104); Uhlenbruck/*Mock* § 17 Rn. 155 ff.; *Gehrlein* ZInsO 2018, 354.

[481] BGH NZI 2013, 129 (130) (Rn. 8).

[482] So BGH WM 2013, 174 (177) (Rn. 26); s. a. BGH WM 2018, 277 (279) (Rn. 16); BGH NZI 2013, 129 (130) (Rn. 8); BGHZ 181, 132 (140) (Rn. 22) = NJW 2009, 2600. Unter diesen Stundungsbegriff fällt auch ein bloßes Stillhalteabkommen, s. BGH WM 2013, 174 (177) (Rn. 29); ein Rangrücktritt dürfte allerdings im Regelfall nicht darunter fallen, *Bitter/Rauhut* ZIP 2014, 1005 (1012 ff.); *Mock* NZI 2014, 102 (103); **aA** *Bork* ZIP 2014, 997 (1003 ff.).

[483] BGH WM 2018, 277 (279) (Rn. 16); NZI 2013, 129 (130) (Rn. 8).

[484] BGH WM 2013, 174 (176 f.) (Rn. 26); *Gehrlein* ZInsO 2018, 354 (358).

[485] BGH WM 2015, 381 (384) (Rn. 21); 2014, 1009 (1012) (Rn. 34).

folgert werden[486]. Solche Beweisanzeichen können beispielsweise sein, dass der Schuldner wegen der ständigen verspäteten Begleichung seiner Verbindlichkeiten einen Forderungsrückstand vor sich her schiebt und demzufolge „ersichtlich am Rande des finanzwirtschaftlichen Abgrunds operiert“[487], die Nichtzahlung von Sozialversicherungsbeiträgen infolge ihrer Strafbewehrtheit (§ 266a StGB)[488], oder wenn der Schuldner gegenüber seinem Großgläubiger erklärt, nur durch eine Ratenzahlung sei eine realisierbare Regulierung der Verbindlichkeiten möglich[489]. Die Befriedigung einzelner Gläubiger schließt die Zahlungseinstellung nicht aus, wenn gleichzeitig der Schuldner den wesentlichen Teil seiner Verbindlichkeiten nicht erfüllen kann, oder: wenn die Nichtzahlung die Regel, die Zahlung hingegen die Ausnahme ist.[490] Schon die Nichtzahlung einer einzelnen Verbindlichkeit kann eine Zahlungseinstellung begründen, wenn die Forderung von insgesamt nicht unbeträchtlicher Höhe ist[491]. Die Zahlungseinstellung kann nur durch „Aufnahme aller Zahlungen“ wieder beseitigt werden[492], d. h. also dass – bis auf unwesentliche Ausnahmen – alle Zahlungen „auf Dauer“ geleistet werden[493]; hat der Schuldner durch die Vereinbarung von Ratenzahlungen eine Zahlungseinstellung abwenden können, wird er – ggf. von neuem – zahlungsunfähig, wenn er nicht in der Lage ist, die vereinbarten Leistungen zu erbringen[494]. Von der Zahlungsunfähigkeit abzugrenzen ist die **Zahlungsstockung** als nur vorübergehende, kurzfristig zu behebende Zahlungsunfähigkeit.[495] In einer grundlegenden Entscheidung hat der BGH[496] dazu festgestellt, dass der Zeitraum, innerhalb dessen die Zahlungsstockung beseitigt sein muss, da andernfalls Zahlungsunfähigkeit vorliegt, nicht länger als drei Wochen betragen kann; dieser Zeitraum sei für eine kreditwürdige Person ausreichend, um sich benötigte Mittel zu beschaffen, außerdem nehme auch der Gesetzgeber[497] einen Zeitraum von längstens drei Wochen zur Wiederherstellung der Zahlungsfähigkeit hin.[498]

Die Frage, ob noch eine – vorübergehende – Zahlungsstockung oder bereits eine **105**
– endgültige – Zahlungsunfähigkeit vorliege, müsse allein auf Grund der objektiven Umstände beantwortet werden, wobei Basis regelmäßig eine aufzustellende **„Liquiditätsbilanz“** sein wird,[499] es sei denn, anderweitig – insbesondere durch eine einfachere Fest-

---

[486] Vgl. BGH ZInsO 2019, 192 (Rn. 4); WM 2015, 591 (594) (Rn. 18); 2015, 381 (383) (Rn. 16); 2014, 1868 (1870) (Rn. 19); 2013, 1993 (1994) (Rn. 10); 2013, 174 (176) (Rn. 20). Dazu und zu den nachstehenden und weiteren Indiztatsachen *Gehrlein* ZInsO 2018, 354 ff.

[487] So BGH WM 2011, 1429 (1431) (Rn. 16); vgl. auch BGH WM 2013, 1993 (1994) (Rn. 12 f.); 2013, 174 (176) (Rn. 21); OLG Saarbrücken ZInsO 2014, 1914 (1916).

[488] BGH WM 2020, 95 (96) (Rn. 13); WM 2012, 2251 (2253) (Rn. 30); s. aber auch BGH WM 2013, 2272 (2273) (Rn. 13).

[489] Vgl. BGH WM 2013, 174 (176) (Rn. 23); OLG Düsseldorf ZInsO 2019, 1751 (1753); OLG Frankfurt ZInsO 2014, 554 (557). Eine Ratenzahlungsbitte als solche ist aber nicht ausreichend, vgl. BGH WM 2018, 433 (436) (Rn. 20); NJW 2015, 1959 (Rn. 3 f.); OLG Hamm ZInsO 2014, 2437 (2438) OLG Karlsruhe ZIP 2014, 934 (936).

[490] So BGH NJW 1995, 2103 (2104); s. a. BGH WM 2017, 2322 (2323) (Rn. 12); WM 2013, 1361 (1363) (Rn. 18); NZI 2008, 299 (300) (Rn. 15).

[491] BGH WM 2017, 2322 (2323) (Rn. 12); WM 2011, 1429 (1431) (Rn. 12); vgl. auch BGH WM 2013, 174 (176) (Rn. 21): In diesem Fall ist für eine erfolgreiche Anfechtung erforderlich, dass die Person, für die die Zahlungseinstellung aus dieser einen Nichtzahlung erkennbar war, auch der Anfechtungsgegner ist; so auch BGH ZInsO 2012, 2048 (Rn. 4).

[492] BGH WM 2020, 95 (98) (Rn. 23); WM 2016, 797 (798) (Rn. 11); WM 2012, 2251 (2252) (Rn. 18); 2012, 711 (Rn. 10); s. a. BGH WM 2013, 174 (177) (Rn. 33); *Gehrlein* ZInsO 2018, 354 (357).

[493] Vgl. dazu BGH WM 2012, 2251 (2252) (Rn. 18 f.): Eine Wiederherstellung der Zahlungsfähigkeit ist nicht anzunehmen, wenn der Schuldner sich durch die Befriedigung seiner gegenwärtigen Gläubiger der Mittel entäußert, die er zur Begleichung seiner künftigen, alsbald fälligen Verbindlichkeiten benötigt. S. a. *Gehrlein* ZInsO 2018, 354 (361)

[494] BGH WM 2013, 174 (177) (Rn. 29).

[495] So BGHZ 163, 134 (139) = NJW 2005, 3062.

[496] BGHZ 163, 134 = NJW 2005, 3062; dazu zB *Gehrlein* ZInsO 2018, 354 (360); *Krüger/Wigand* ZInsO 2011, 314 (316 ff. ff.). Vgl. auch BGH WM 2018, 277 (280) (Rn. 32); WM 2013, 174 (175) (Rn. 19).

[497] Vgl. (nunmehr) § 15a InsO.

[498] BGHZ 163, 134 (139 f.) = NJW 2005, 3062; später zB BGH WM 2012, 665 (Rn. 7); *Gehrlein* ZInsO 2018, 354 (356).

[499] BGHZ 163, 134 (141) = NJW 2005, 3062; BGH WM 2018, 277 (280) (Rn. 33); WM 2013, 174 (175) (Rn. 19); 2012, 665 f. (Rn. 7 f.); *Gehrlein* ZInsO 2018, 354 (359 ff.); *Krüger/Wigand* ZInsO 2011, 314 (316).

stellung der Zahlungseinstellung[500] – könne festgestellt werden, dass der Schuldner einen wesentlichen Teil seiner fälligen Verbindlichkeiten nicht bezahlen konnte.[501] Um Abgrenzungsprobleme insbesondere wegen einer „nur" vorübergehenden Liquiditätslücke für die Praxis möglichst zu vermeiden, hat der BGH in dieser Entscheidung auch noch die widerlegliche Vermutung aufgestellt, dass bei einer innerhalb von drei Wochen nicht zu beseitigenden Liquiditätslücke von 10% oder mehr der Gesamtverbindlichkeiten des Schuldners regelmäßig von Zahlungsunfähigkeit auszugehen ist, sofern nicht ausnahmsweise mit an Sicherheit grenzender Wahrscheinlichkeit zu erwarten ist, dass die Liquiditätslücke demnächst vollständig oder fast vollständig beseitigt werden wird und den Gläubigern ein Zuwarten nach den besonderen Umständen des Einzelfalls zuzumuten ist.[502] Beträgt dagegen die Liquiditätslücke weniger als 10%, ist regelmäßig von Zahlungsfähigkeit auszugehen, es sei denn, es ist bereits absehbar, dass die Liquiditätslücke demnächst mehr als 10% erreichen wird.[503] Für die Einschätzung des weiteren „Verlaufs" einer vorübergehenden Liquiditätslücke stellt der BGH insbesondere auf eine – auf objektive Tatsachen zu begründende – Zukunftsprognose ab.[504] Die lange Jahre offene Frage, ob in der Liquiditätsbilanz neben den verfügbaren Zahlungsmitteln (sog. Aktiva I) und den innerhalb von drei Wochen flüssig zu machenden Mitteln (sog. Aktiva II) auf der Aktivseite und den am Stichtag fälligen und eingeforderten Verbindlichkeiten (sog. Passiva I) auf der Passivseite auch die innerhalb von drei Wochen nach dem Stichtag fällig werdenden Verbindlichkeiten (sog. Passiva II) einzubeziehen sind, ist höchstrichterlich nun richtigerweise bejaht worden[505].

Eine danach (objektiv) vorliegende Zahlungsunfähigkeit macht eine Anfechtung nicht ohne weiteres erfolgreich, da teilweise noch **subjektive Elemente** eine Rolle spielen; darauf wird bei den einzelnen Tatbeständen eingegangen. Hinzuweisen bleibt, dass eine drohende Zahlungsunfähigkeit (§ 18 InsO) nicht „Grundlage" einer Anfechtung sein kann[506]; auch eine „Zahlungsunwilligkeit", die insolvenzrechtlich erheblich nur vorliegen kann, wenn der Schuldner noch zahlungsfähig ist, ist insoweit irrelevant[507].

106 **c) Kongruente Deckung (§ 130 InsO).** Nach § 130 Abs. 1 S. 1 InsO sind Rechtshandlungen, die einem Insolvenzgläubiger eine kongruente Deckung, sprich Befriedigung oder Sicherung, gewährt oder ermöglicht haben, anfechtbar. Die Rechtshandlung kann sowohl vom Insolvenzschuldner[508] als auch vom Anfechtungsgegner oder einem Dritten wie zB dem vorläufigen „schwachen" Insolvenzverwalter[509] vorgenommen worden sein. Schaltet der Schuldner – insbesondere als sog. „Zahlstelle" – eine Zwischenperson ein, die für ihn im Wege der einheitlichen Handlung eine Zuwendung an einen Dritten bewirkt und damit zugleich unmittelbar das den Insolvenzgläubigern haftende Vermögen vermin-

---

Diese Liquiditätsbilanz ist in aller Regel nicht mit einer Handelsbilanz gleichzusetzen, vgl. BGH WM 2015, 931 (932) (Rn. 12).

[500] BGH ZInsO 2019, 192 (Rn. 3); 2015, 931 (932) (Rn. 12).

[501] BGH WM 2015, 381 (383) (Rn. 13); 2013, 1993 (1994) (Rn. 17); 2013, 1361 (1363) (Rn. 17); 2013, 174 (176) (Rn. 20); NZI 2007, 36 (38) (Rn. 28); s.a. BGH NJW-RR 2011, 1413f. (Rn. 10ff.): eine Liquiditätsbilanz ist entbehrlich, wenn eine durch Indiztatsachen getroffene Feststellung der Zahlungseinstellung die gesetzliche Vermutung der Zahlungsunfähigkeit begründet.

[502] BGHZ 163, 134 (145) = NJW 2005, 3062; s.a. BGH WM 2013, 1361 (1363) (Rn. 15); 2013, 174 (175) (Rn. 19); NZI 2007, 36 (37) (Rn. 27).

[503] BGHZ 163, 134 (145) = NJW 2005, 3062; s.a. BGH WM 2013, 1361 (1363) (Rn. 15); 2013, 174 (175) (Rn. 19); NZI 2007, 36 (37) (Rn. 27).

[504] BGHZ 163, 134 (146) = NJW 2005, 3062; dazu auch *Gehrlein* ZInsO 2018, 354 (362).

[505] BGH WM 2018, 277 (280ff.) (Rn. 33f.).

[506] Nerlich/Römermann/*Nerlich* § 130 Rn. 7.

[507] BGH WM 2017, 2322 (2323) (Rn. 13); WM 2012, 711 (712) (Rn. 18).

[508] Auch im Eröffnungsverfahren nach § 270a f. InsO, vgl. OLG Dresden NZI 2014, 703 (704).

[509] Also dem vorläufigen Insolvenzverwalter, dem nur ein Zustimmungsvorbehalt nach § 21 Abs. 2 Nr. 2 Alt. 2 InsO „zusteht", im Gegensatz zum vorläufigen „starken" Insolvenzverwalter mit Verfügungsverbot; die Rechtshandlungen des letzteren können nach Verfahrenseröffnung nicht angefochten werden, vgl. Uhlenbruck/*Borries/Hirte* § 129 Rn. 140f.; Nerlich/Römermann/*Nerlich* § 129 Rn. 47.

dert, richtet sich die Deckungsanfechtung alleine gegen den Dritten als Empfänger, wenn es sich für diesen erkennbar um eine Leistung des Schuldners handelt[510]. Eine einheitliche Rechtshandlung ist insgesamt kongruent oder inkongruent, soweit sie nicht im Ausnahmefall teilbar ist[511]. Kongruenz bedeutet, dass die Deckung dem Gläubiger **„gebühren" muss,**[512] er also genau das erhalten hat, was ihm zusteht.[513] So liegt zB Kongruenz vor, wenn ein Kreditinstitut die vereinbarte Sicherheit – wie bei einer Vorausabtretung die erst später entstehende Forderung[514] – erhält, wenn globalzedierte Forderungen werthaltig[515] gemacht werden,[516] bei Kontokorrentverrechnungen während eines fortbestehenden Kontokorrentverhältnisses[517] oder wenn eine Darlehensrückführung zum festgelegten Zeitpunkt erfolgt.[518] Liegt ein Bargeschäft[519] vor, zB wenn ein Kreditinstitut einen – den Rechtsprechungsgrundsätzen entsprechenden – Sanierungskredit[520] gegen Sicherheiten gegeben hat, scheidet eine Anfechtung grundsätzlich aus.[521] Auch eine Kongruenzvereinbarung, die einen Baraustausch ermöglichen soll und in der kritischen Zeit vor dem Zeitpunkt getroffen wurde, zu dem einer der Vertragspartner einen ersten Leistungserfolg herbeigeführt hat, kann als solche nicht Gegenstand der Deckungsanfechtung sein[522]. Das „ermöglichen" soll vor allem prozessrechtliche Handlungen umfassen wie das Anerkenntnis, das nicht selbst eine Deckung gibt, sondern „nur" zu einer Deckung führen kann; daneben ist an jede Rechtshandlung wie zB eine Kündigung[523] zu denken, die willens- und zielgerichtet erfolgt, um eine Deckung zu erreichen.[524]

Die Anwendbarkeit des § 130 Abs. 1 S. 1 InsO setzt objektiv[525] voraus, dass die Rechtshandlung in der Krise des Schuldners, dh also während des gesetzlich begrenzten **Krisenzeitraumes von drei Monaten vor Antragstellung** erfolgt ist und der Schuldner zum Handlungszeitpunkt zahlungsunfähig war (Nr. 1) oder bereits ein Insolvenzantrag gestellt war (Nr. 2). Ist der gestellte Insolvenzantrag der „Anknüpfungspunkt", bedarf es nicht zusätzlich der Zahlungsunfähigkeit.[526] Gemäß § 130 Abs. 1 S. 2 InsO sind Rechtshand- **107**

[510] BGH NZI 2015, 32 (33) (Rn. 8) m. zust. Anm. *Huber* (35); WM 2013, 2142 (2144) (Rn. 26); WM 2013, 1044 (1045) (Rn. 11 f.); gegen den Leistungsmittler kann aber eine Anfechtung nach § 133 InsO in Betracht kommen → Rn. 121.

[511] OLG Düsseldorf ZIP 2017, 1486 (1487) mwN.

[512] So BegrRegE InsO, *Balz/Landfermann* S. 230.

[513] Vgl. auch Nerlich/Römermann/*Nerlich* § 130 Rn. 41.

[514] BGHZ 174, 297 (302 ff.) (Rn. 17 ff.) = NJW 2008, 430; ferner zB BGH WM 2015, 1384 (1385) (Rn. 14).

[515] Die Werthaltigkeit ist regelmäßig erst gegeben, wenn der Schuldner die von ihm geschuldete Leistung erbringt; auch eine Fälligstellung seiner Verbindlichkeit, zB durch Rechnungsstellung, führt nicht zur Werthaltigkeit, es sei denn, eine Vorleistungspflicht ist vereinbart worden, vgl. BGH WM 2015, 1384 (1386) (Rn. 18 f.); NZI 2013, 344 (345) (Rn. 13 ff.); OLG Karlsruhe WM 2018, 2328 (2331).

[516] Grundlegend BGHZ 174, 297 (309 ff.) (Rn. 35 ff.) = NJW 2008, 430; ferner zB BGH NZI 2013, 344 (345) (Rn. 12); OLG Karlsruhe WM 2018, 2328 (2330); *Gehrlein* ZInsO 2010, 1857 (1858). Dies gilt iE ebenso für den verlängerten und erweiterten Eigentumsvorbehalt, vgl. BGH WM 2011, 762 (764 f.) (Rn. 38 ff.).

[517] Vgl. zB BGH NZI 2008, 184 (185) (Rn. 15). Anders ist dies bei Belastungsbuchungen für eigene Forderungen des Kreditinstituts, BGH NZI 2008, 175 (176) (Rn. 6); *Gehrlein* ZInsO 2010, 1857 (1861).

[518] Weitere Beispiele bei Uhlenbruck/*Borries/Hirte* § 130 Rn. 10 ff.; Nerlich/Römermann/*Nerlich* § 130 Rn. 47 ff.

[519] → Rn. 91 ff.

[520] S. dazu *Huber* ZInsO 2018, 1761 ff.; *Huber* NZI 2015, 447 ff., 489ff; vgl. ferner *Obermüller* Rn. 5.90 ff., zur (Nicht-)Anfechtbarkeit einer Besicherung Rn. 5.142. Zu trennen ist davon der sog. Überbrückungskredit, der – zwecks Überbrückung der Zeit bis zur Feststellung der Sanierungsfähigkeit – unter erleichterten Voraussetzungen gegeben werden kann, vgl. *Huber* ZInsO 2018, 1761 (1765 f.); *Huber* NZI 2017, 507 f.; *Huber* NZI 2016, 521 ff.; *Huber* NZI 2015, 447 (449); *Obermüller* Rn. 5.140.

[521] Bei Scheck- oder Wechselzahlungen ist ggf. § 137 InsO zu beachten, vgl. dazu Nerlich/Römermann/*Nerlich* § 137 Rn. 2 ff.

[522] BGH WM 2016, 282 (283 ff.) (Rn. 15 ff.); WM 2014, 1588 (1590 f.) (Rn. 16 ff.).

[523] BGH WM 2017, 439 f. (Rn. 8 u. Rn. 14); BGHZ 181, 132 (137) (Rn. 14) = NJW 2009, 2600.

[524] BGH WM 2017, 439 (440) (Rn. 13); Uhlenbruck/*Borries/Hirte* § 130 Rn. 10; MüKoInsO/*Kayser/Freudenberg* § 130 Rn. 13; s. a. BegrRegE InsO, *Balz/Landfermann* S. 230.

[525] Zur Gläubigerbenachteiligung → Rn. 87 ff.

[526] Uhlenbruck/*Borries/Hirte* § 130 Rn. 52.

lungen, die auf einer Sicherungsvereinbarung zwecks Stellung einer sog Margensicherheit beruhen,[527] nicht anfechtbar; die Ausnahme dürfte nicht nur für Geschäfte der Kreditinstitute untereinander, sondern grundsätzlich auch mit dem kaufmännischen Kunden gelten.[528] § 130 Abs. 1 InsO hat in Bezug auf die vorgenommenen Rechtshandlungen auch subjektive Tatbestandselemente. Der Anfechtungsgegner muss zum Zeitpunkt der Vornahme der Rechtshandlung beim objektiven Tatbestand des § 130 Abs. 1 S. 1 Nr. 1 InsO die Zahlungsunfähigkeit bzw. bei § 130 Abs. 1 S. 1 Nr. 2 InsO die Zahlungsunfähigkeit oder den Eröffnungsantrag gekannt haben. Wenn also der Gläubiger, der eine ihm vertraglich zustehende Deckung erhält, bereits Kenntnis von der Krise des Schuldners hatte, ist er nach Ansicht des Gesetzgebers nicht mehr schutzwürdig.[529] Kenntnis bedeutet positive Kenntnis, dh für sicher gehaltenes Wissen.[530] Kennenmüssen ist nicht ausreichend.[531]

108 Gemäß § 130 Abs. 2 InsO wird der Kenntnis der Zahlungsunfähigkeit oder des Eröffnungsantrages die **Kenntnis von Umständen** gleichgestellt, die zwingend auf die Zahlungsunfähigkeit oder den Eröffnungsantrag schließen lassen. Danach braucht der Anfechtungsgegner lediglich positiv die tatsächlichen Umstände zu kennen, aus denen bei zutreffender rechtlicher Wertung insbesondere die Zahlungsunfähigkeit oder das Vorliegen eines Eröffnungsantrags folgt; er kann sich dann wegen der unwiderruflichen Rechtsvermutung[532] nicht mit Erfolg darauf berufen, dass er den an sich zwingenden Schluss von den Tatsachen auf den Rechtsbegriff der Zahlungsunfähigkeit selbst nicht gezogen hat.[533] Entscheidend ist insoweit nicht die Kenntnis einzelner Tatsachen, die nur die ungewisse Möglichkeit einer Zahlungsunfähigkeit befürchten lassen, vielmehr kann der erforderliche zwingende Schluss aus den Indiztatsachen nur gezogen werden, wenn sich ein redlich Denkender angesichts der ihm bekannten Tatsachen der Einsicht nicht verschließen kann, der Schuldner sei zahlungsunfähig.[534] Ist die Tatsachenbasis ausreichend, zieht aber der Anfechtungsgegner den falschen Schluss, kann er sich nicht auf Unkenntnis berufen[535].

109 Die Kenntnis muss zum **Zeitpunkt der Vornahme** der Rechtshandlung vorliegen.[536] Dagegen schadet eine Kenntniserlangung von Zahlungsunfähigkeit, Eröffnungsantrag oder der soeben erwähnten Umstände nach erfolgter Rechtshandlung ebenso wenig wie eine frühere Kenntnis, wenn nur zwischenzeitlich die objektiven Merkmale weggefallen sind und der Gläubiger dies aufgrund ihm bekannter neuer Tatsachen annehmen konnte.[537] Die Wissenszurechnung Dritter wie insbesondere Stellvertreter oder Organmitglieder erfolgt nach den allgemeinen zivilrechtlichen Regeln.[538]

110 Die objektiven und subjektiven Voraussetzungen einer Anfechtung nach § 130 InsO sind grundsätzlich vom Insolvenzverwalter zu **beweisen**[539]. Zu Gute kommt ihm allerdings ggf. die unwiderlegliche Rechtsvermutung des § 130 Abs. 2 InsO oder die Beweislastregelung des § 130 Abs. 3 InsO bei einem Näheverhältnis gemäß § 138 InsO. Beruft sich der

---

[527] Diese Ausnahme beruht auf europarechtlichen Vorgaben, s. dazu zB *Kieper* ZInsO 2003, 1109; *Obermüller/Hartenfels* BKR 2004, 440; Uhlenbruck/*Borries/Hirte* § 130 Rn. 33 ff.

[528] MüKoInsO/*Kayser/Freudenberg* § 130 Rn. 5c; Uhlenbruck/*Borries/Hirte* § 130 Rn. 36; *Obermüller/Hartenfels* BKR 2004, 440 (443, 445); *Kieper* ZInsO 2003, 1109 (1115 f.).

[529] BegrRegE InsO, *Balz/Landfermann* S. 231.

[530] BGH NJW 2009, 1202 (1203) (Rn. 13); 2008, 2190 (2191) (Rn. 14); MüKoInsO/*Kayser/Freudenberg* § 130 Rn. 33.

[531] Uhlenbruck/*Borries/Hirte* § 130 Rn. 58.

[532] BGH NJW 2008, 2190 (2191) (Rn. 17).

[533] BGH WM 2016, 1307 (1308) (Rn. 11); WM 2013, 1993 (1994) (Rn. 17); NJW 2009, 1202 (1203) (Rn. 13); MüKoInsO/*Kayser/Freudenberg* § 130 Rn. 36; Uhlenbruck/*Borries/Hirte* § 130 Rn. 58 f., auch zur „Entwicklung" des § 130 Abs. 2 InsO.

[534] BGH WM 2013, 1993 (1994) (Rn. 17); NJW 2009, 1202 (1203) (Rn. 14).

[535] BGH WM 2016, 1307 (1308) (Rn. 11).

[536] BGH WM 2016, 1307 (1308) (Rn. 12); MüKoInsO/*Kayser/Freudenberg* § 130 Rn. 32.

[537] BGH WM 2012, 2251 (2252) (Rn. 16 u. Rn. 21); NJW 2008, 2190 (2191 f.) (Rn. 13 ff.).

[538] Dazu ausführlich Uhlenbruck/*Borries/Hirte* § 130 Rn. 79 ff.; s. a. BGH WM 2013, 180 (183) (Rn. 26) ff.; OLG Düsseldorf ZInsO 2019, 151 (153).

[539] Dies gilt auch für eine nachträgliche Wertschöpfung, die erst zur Werthaltigkeit eines anfechtungsfest begründeten Absonderungsrechts geführt hat, so BGH WM 2015, 1384 (1386 f.) (Rn. 24 f.).

Anfechtungsgegner auf ihm günstige Tatsachen wie zB die Unkenntnis, das Vorliegen eines Bargeschäftes oder will er die Vermutung des § 138 InsO widerlegen, trägt er die Beweislast.[540]

d) Inkongruente Deckung (§ 131 InsO). Nach § 131 Abs. 1 InsO sind Rechtshandlungen, die einem Insolvenzgläubiger eine inkongruente Deckung, also eine Befriedigung oder Sicherung gewähren oder ermöglichen, die er nicht oder nicht in der Art oder nicht zu der Zeit beanspruchen kann, anfechtbar. Der Unterschied zu § 130 Abs. 1 InsO liegt also darin, dass der Anfechtungsgegner aufgrund der Rechtshandlung eine Deckung erhält (bzw. ihm dies ermöglicht wird, → Rn. 106), die ihm **nicht „gebührt"**, er also etwas erhält, was ihm so nicht zusteht. Dieser Gläubiger ist deshalb auch weniger schutzwürdig, so dass die Anfechtung ihm gegenüber „wegen der besonderen Verdächtigkeit inkongruenten Erwerbs" unter erleichterten Voraussetzungen möglich ist.[541] Schaltet der Schuldner – insbesondere als sog. „Zahlstelle" – eine Zwischenperson ein, die für ihn im Wege der einheitlichen Handlung eine Zuwendung an einen Dritten bewirkt und damit zugleich unmittelbar das den Insolvenzgläubigern haftende Vermögen vermindert, richtet sich die Deckungsanfechtung alleine gegen den Dritten als Empfänger, wenn es sich für diesen erkennbar um eine Leistung des Schuldners handelt[542]. Eine einheitliche Rechtshandlung ist insgesamt kongruent oder inkongruent; ist sie teilweise inkongruent, so ist sie es in vollem Umfang, soweit sie nicht im Ausnahmefall teilbar ist[543]. 111

Nicht zu beanspruchen hat ein Gläubiger eine Deckung insbesondere dann, wenn er sie nicht verlangen bzw. nicht durchsetzen kann.[544] Dies ist zB der Fall, wenn ein Kreditinstitut im Anfechtungszeitraum eine Rückführung eines Kontokorrentkredites dadurch erlangt, dass die Summe der in das Kontokorrent eingestellten Einzahlungen die der fremdnützigen Auszahlungen übersteigt[545] oder wenn es eine konkret nicht vereinbarte Sicherheit[546] zB aufgrund des AGB-Pfandrechtes (Nr. 14 AGB-Banken bzw. Nr. 21 AGB-Sparkassen) erhält;[547] auch die Erfüllung eines Anspruches trotz eines dauernden Leistungsverweigerungsrechtes wie zB der Verjährungseinrede ist inkongruent.[548] Ermöglicht der Schuldner durch seine Kündigung die Fälligkeit eines Darlehens, stellt dies eine inkongruente Deckung dar, während die Kündigung des Gläubigers kongruent ist, wenn der Kündigung ein wirksamer Kündigungsgrund zugrunde lag.[549] Ebenso als inkongruent ist 112

---

[540] BGH NJW 2008, 2190 (2192) (Rn. 23) zur ersten Variante; vgl. auch BGH WM 2012, 2251 (2252) (Rn. 16) zur Darlegungs- und Beweislast des Gläubigers bei nachträglichem Wegfall der subjektiven Anfechtungsvoraussetzung der Kenntnis der Zahlungsunfähigkeit und BGH NZI 2013, 39 (40 f.) (Rn. 14) zur Widerlegung der Vermutung des § 138 InsO.

[541] BegrRegE InsO, *Balz/Landfermann* S. 233.

[542] BGH WM 2018, 343 (347) (Rn. 30); NZI 2015, 32 (33) (Rn. 8) m. zust. Anm. *Huber* (35); WM 2013, 2142 (2144) (Rn. 26); 2013, 1044 (1045) (Rn. 11 f.); gegen den Leistungsmittler kann aber eine Anfechtung nach § 133 InsO in Betracht kommen → Rn. 121.

[543] OLG Düsseldorf ZIP 2017, 1486 (1487) mwN.

[544] Nerlich/Römermann/*Nerlich* § 131 Rn. 16.

[545] ZB BGH NZI 2008, 184 (185) (Rn. 15), sog. „anfechtungsrechtlicher Mindestbetrag", vgl. *Obermüller* Rn. 3.176; *Obermüller/Obermüller* ZInsO 2011, 697. Die Herstellung der Aufrechnungslage im ungekündigten Kontokorrentverhältnis ist allerdings grds. als kongruent anzusehen → Rn. 106.

[546] Stellt ein Bürge im Auftrag des Schuldners die Sicherheit nachträglich und ficht der Insolvenzverwalter die Sicherheitenstellung im Grundgeschäft an, kann sich der Bürge darauf berufen, vgl. OLG München WM 2008, 442 (443 f.) und *Cranshaw/Steinwachs/Bruhn* ZInsO 2013, 1005 (1012 ff.). auch → Rn. 102 in der 2. Fn.

[547] StRspr, vgl. zB BGH NJW-RR 2009, 981 (983) (Rn. 16); NZI 2008, 547 (548) (Rn. 15 f. mwN). Erhält ein Kreditinstitut eine Sicherung für einen neuen Kredit und sollen zugleich bestehende Kredite gesichert werden, sollte ein Rangverhältnis vereinbart werden, da andernfalls eine insgesamt inkongruente Sicherung vorliegt, vgl. BGH NZI 2012, 81 (Rn. 2 f.).

[548] Uhlenbruck/*Borries/Hirte* § 131 Rn. 5 sowie die in den Fallgruppen in Rn. 24 ff. und Rn. 45 ff. genannten Bsp.

[549] BGHZ 181, 132 (137) (Rn. 13 f.) = NJW 2009, 2600; für die Gläubigerkündigung BGH WM 2017, 439 (Rn. 8); *Gehrlein* ZInsO 2010, 1857 (1860); *Ganter* NZI 2010, 835.

eine Rechtshandlung anzusehen, die auf hoheitlichem Zwang[550] beruht wie eine Leistung des Schuldners zur Vermeidung einer unmittelbar bevorstehenden Zwangsvollstreckung bzw. zur Abwendung eines auch nur angedrohten Insolvenzantrages.[551]

113 **Nicht in der Art zu beanspruchen** hat der Gläubiger eine Deckung, die nicht der geschuldeten Leistung entspricht,[552] soweit es sich nicht um nur unwesentliche Abweichungen handelt. Als inkongruent ist demzufolge anzusehen zB[553], wenn ein Dritter auf Anweisung des Schuldners dessen Verbindlichkeit gegenüber dem Gläubiger erfüllt[554] oder wenn eine Leistung erfüllungshalber oder an Erfüllungs statt erfolgt wie zB die Abtretung einer Forderung anstelle der geschuldeten Zahlung, es sei denn, die „Leistungsart" ist verkehrsüblich. Als verkehrsübliche – und dann kongruente – Leistungsart ist eine Zahlung mittels Banküberweisung oder durch Ausstellung eines eigenen Schecks[555] anzusehen, aber – zumindest im unternehmerischen Geschäftsverkehr – auch eine Zahlung mittels der vom Kreditgewerbe angebotenen Lastschriftverfahren[556].

114 **Nicht zu der Zeit zu beanspruchen** hat der Gläubiger eine Deckung, die noch nicht fällig, betagt oder aufschiebend bedingt ist; soweit eine Forderung vorzeitig erfüllbar ist (§ 271 Abs. 2 BGB), ändert dies an der Inkongruenz nichts.[557] Eine verfrühte und damit inkongruente Leistung ist bei einer Zahlung immer dann anzunehmen, wenn der Betrag beim Gläubiger soweit vor Fälligkeit eingeht, dass die voraussichtliche Dauer des Zahlungsvorgangs nennenswert überschritten ist; das wurde für eine früher als fünf Bankgeschäftstage vor Fälligkeit eingehende Deckung bejaht.[558] Kongruent ist dagegen eine Leistung vor Eintritt der Fälligkeit, wenn dies allein dem Ausnutzen eines gewährten Skontoabzuges dient.[559]

115 Nach § 131 Abs. 1 InsO ist die **Rechtshandlung anfechtbar,** wenn sie im letzten Monat vor dem Insolvenzantrag oder nach diesem Antrag vorgenommen worden ist (Nr. 1), wenn sie innerhalb des zweiten und dritten Monats vor dem Insolvenzantrag vorgenommen worden ist und der Schuldner zur Zeit der Handlung zahlungsunfähig war (Nr. 2) oder wenn die Handlung innerhalb des zweiten und dritten Monats vor dem Insolvenzantrag vorgenommen worden ist und dem Gläubiger zur Zeit der Handlung bekannt war, dass sie die Insolvenzgläubiger benachteiligte (Nr. 3). Für die Anfechtungstatbestände des § 131 Abs. 1 Nr. 1 und Nr. 2 InsO kommt es also nur auf das Vorliegen objektiver Tatbestandsmerkmale an, wobei § 131 Abs. 1 Nr. 1 InsO für das Eingreifen alleine eine Rechtshandlung im letzten Monat ausreichen lässt, während § 131 Abs. 1

[550] BGH NZI 2012, 561 (562) (Rn. 2); 2011, 140 (Rn. 7); BGHZ 157, 242 (245 ff.) = NJW 2004, 1385; s. a. BAG ZIP 2018, 32 (34) (Rn. 22); ZIP 2017, 2482 (2484) (Rn. 22).

[551] Ist Inkongruenz bei der Einzelzwangsvollstreckung nur für den (3-Monats-)Krisenzeitraum gegeben, ist die auf Grund eines (angedrohten) Insolvenzantrages erzielte Deckung stets inkongruent, vgl. BGHZ 157, 242 (247) = NJW 2004, 1385; ebenso BGH WM 2013, 806 (807) (Rn. 12 f.), wobei eine die Inkongruenz begründende Drohung und keine Mahnung mehr vorliegen soll, „wenn der Schuldner zur Zeit der Leistung aus seiner objektivierten Sicht ernsthaft damit rechnen muss, der Gläubiger werde nach Ablauf der gesetzten Zahlungsfrist Insolvenzantrag stellen".

[552] Nerlich/Römermann/*Nerlich* § 131 Rn. 17.

[553] Weitere Bsp. bei Uhlenbruck/*Borries/Hirte* § 131 Rn. 24 ff., 45 ff.; Nerlich/Römermann/*Nerlich* § 131 Rn. 18 ff.

[554] BGH WM 2019, 1886 (1888) (Rn. 22); WM 2018, 343 (344) (Rn. 8); NZI 2007, 456 (Rn. 8); s. a. BGH NZI 2011, 855 f. (Rn. 11); BAG ZInsO 2015, 344 (345 f.) (Rn. 11 ff.); 2015, 306 (307 ff.) (Rn. 13 ff.). Liegt der Direktzahlung dagegen eine die ursprünglichen Verträge abändernde Vereinbarung zugrunde, die selbst nicht anfechtbar ist, ist die Direktzahlung kongruent, vgl. BGH WM 2016, 282 (283) (Rn. 17); BGH WM 2014, 1588 (1590 f.) (Rn. 16 ff.).

[555] Vgl. Nerlich/Römermann/*Nerlich* § 131 Rn. 19; die Zahlung mit Kundenschecks ist dagegen inkongruent, vgl. auch BGHZ 181, 132 (136) (Rn. 11) = NJW 2009, 2600. Unklar insoweit *Kollrus* MDR 2010, 1289 (1291), wenn er von der Valutierung eines prolongierten Avalkredites spricht.

[556] BGH WM 2019, 1886 (1888 f.) (Rn. 24); WM 2013, 213 (215) (Rn. 11 ff.). Dies gilt unter bestimmten Voraussetzungen auch für Zahlungen in einem Konzern-Cash-Pool, vgl. BGH WM 2019, 1886 (1889) (Rn. 25 ff.).

[557] Vgl. näher Uhlenbruck/*Borries/Hirte* § 131 Rn. 8 ff.; Nerlich/Römermann/*Nerlich* § 131 Rn. 31 ff.

[558] BGH NJW-RR 2005, 1575 (1576).

[559] BGH BeckRS 2010, 13379; *Ganter* NZI 2011, 209 (222).

Nr. 2 InsO für den noch weiter zurückliegenden Krisenzeitraum zusätzlich das objektive Vorliegen der Zahlungsunfähigkeit verlangt. Das Vorliegen der subjektiven Seite für diese beiden Anfechtungstatbestände wird wegen der besonderen Verdächtigkeit einer inkongruenten Deckung **unwiderleglich vermutet.**[560] Nur § 131 Abs. 1 Nr. 3 InsO enthält eine subjektive Komponente. Liegt für die letzten beiden Monate vor Antragstellung keine Zahlungsunfähigkeit vor bzw. lässt sie sich nicht belegen, hatte der Anfechtungsgegner aber zum Zeitpunkt der Vornahme der Rechtshandlung positive Kenntnis von der daraus resultierenden Gläubigerbenachteiligung, greift § 131 Abs. 1 Nr. 3 InsO.

Der Insolvenzverwalter hat auch bei § 131 Abs. 1 InsO zu **beweisen,** dass sämtliche **116** Tatbestandsmerkmale des von ihm behaupteten Anfechtungstatbestandes vorliegen. Soweit bei § 131 Abs. 1 Nr. 3 InsO auf die Kenntnis des Anfechtungsgegners abzustellen ist, kann ggf. § 131 Abs. 2 S. 1 InsO helfen. Ist auf die Kenntnis von Umständen abzustellen, die zwingend auf die Benachteiligung schließen lassen, muss der Gläubiger solche Tatsachen kennen, aus denen sich bei zutreffender Bewertung zweifelsfrei ergibt, dass der Schuldner infolge seiner Liquiditäts- und Vermögenslage in absehbarer Zeit seine Zahlungspflichten nicht mehr in vollem Umfang erfüllen kann und dass dann Insolvenzgläubiger wenigstens teilweise leer ausgehen.[561] Auch wenn aus der Inkongruenz der Rechtshandlung nicht auf die Kenntnis von der Benachteiligung gefolgert werden kann, kommt der Inkongruenz doch regelmäßig eine – nach den Umständen auch sehr starke – **Indizwirkung** für die Kenntnis zu, wenn der Anfechtungsgegner Kenntnis von der finanziell angespannten Lage des Schuldners hatte.[562] Ist ein Näheverhältnis iSd § 138 InsO[563] gegeben, kann sich der Insolvenzverwalter auf die Vermutungsregel des § 131 Abs. 2 S. 2 InsO berufen. Es ist dann Sache des Anfechtungsgegners, die Vermutung zu widerlegen.

e) Unmittelbar nachteilige Rechtshandlungen (§ 132 InsO). § 132 InsO stellt **117** einen **Auffangtatbestand** zu den spezielleren Normen der §§ 130, 131 InsO dar.[564] Nach § 132 Abs. 1 InsO muss ein Rechtsgeschäft des Schuldners vorliegen, der auch durch Vertreter handeln kann. Als Rechtsgeschäft ist jedes **Rechtsgeschäft** im zivilrechtlichen Sinne zu verstehen, also zB der Abschluss eines Darlehensvertrages oder einer Bürgschaft ebenso wie Mahnungen oder Kündigungen.[565] Dadurch muss es zu einer unmittelbaren Benachteiligung der Insolvenzgläubiger gekommen sein. Ein Bargeschäft[566] schließt die Anfechtbarkeit aus. § 132 Abs. 1 InsO verlangt weiterhin, dass dieses Rechtsgeschäft entweder nach Nr. 1 innerhalb der drei Monate vor Antragstellung bei bestehender Zahlungsunfähigkeit oder gemäß Nr. 2 nach dem Eröffnungsantrag vorgenommen worden ist.

§ 132 Abs. 2 InsO ist eine Auffangnorm für bestimmte Rechtshandlungen, die für die **118** Insolvenzgläubiger nachteilig sind, ohne dass sie von der Deckungsanfechtung der §§ 130, 131 InsO oder von § 132 Abs. 1 InsO erfasst werden.[567] § 132 Abs. 2 InsO betrifft nicht nur Rechtsgeschäfte, sondern **jede Rechtshandlung** des Schuldners. Eine mittelbare Gläubigerbenachteiligung reicht aus.[568] Durch die Rechtshandlung muss der Schuldner ein Recht verloren haben oder er kann es anschließend nicht mehr geltend machen oder es bleibt ein vermögensrechtlicher Anspruch gegen ihn erhalten bzw. er wird durchsetzbar. Gemeint sollen damit hauptsächlich Unterlassungen sein[569] wie zB die Protestunterlassung

---

[560] BegrRegE InsO, *Balz/Landfermann* S. 233; Nerlich/Römermann/*Nerlich* § 131 Rn. 60.
[561] BGHZ 157, 242 (250) = NJW 2004, 1385.
[562] BGHZ 157, 242 (252) = NJW 2004, 1385; s. a. MüKoInsO/*Kayser/Freudenberg* § 131 Rn. 63.
[563] → Rn. 96 ff.
[564] Nerlich/Römermann/*Nerlich* § 132 Rn. 3 f.; BegrRegE InsO, *Balz/Landfermann* S. 235.
[565] Nerlich/Römermann/*Nerlich* § 132 Rn. 6 ff. mit weiteren Bsp.
[566] → Rn. 91 ff. Vgl. auch BGH WM 2016, 282 (284) (Rn. 19); WM 2014, 1588 (1591) (Rn. 21).
[567] BegrRegE InsO, *Balz/Landfermann* S. 235.
[568] Uhlenbruck/*Borries/Hirte* § 132 Rn. 14.
[569] Vgl. BegrRegE InsO, *Balz/Landfermann* S. 235.

im Wechsel- oder Scheckrecht, wenn der Schuldner keine Rechtsbehelfe einlegt oder wenn er die rechtzeitige Anfechtung nach § 119 BGB unterlässt.[570]

119 In subjektiver Hinsicht entsprechen § 132 Abs. 1 und Abs. 2 InsO mit der Kenntnis der Zahlungsunfähigkeit bzw. des Eröffnungsantrages den **subjektiven Tatbestandselementen** des § 130 Abs. 1 InsO, so dass auf die Ausführungen dort[571] verwiesen werden kann. Nach § 132 Abs. 3 InsO gelten § 130 Abs. 2 und 3 InsO entsprechend. Unter evtl. Berücksichtigung des § 132 Abs. 3 InsO hat der Insolvenzverwalter die objektiven und subjektiven Voraussetzungen einer Anfechtung nach § 132 InsO zu beweisen.

120 **f) Vorsätzliche Benachteiligung (§ 133 InsO).** Die **Vorsatzanfechtung** des § 133 InsO stellt anders als die besondere Insolvenzanfechtung[572] nicht so sehr auf die zeitliche Nähe zur Verfahrenseröffnung, sondern auf das Bewusstsein und den Willen ab, die Gläubiger zu benachteiligen.[573] Die verstärkte Diskussion[574] über die von der Rechtsprechung immer weiter ausgebaute Vorsatzanfechtung führte letztlich zum Tätigwerden des Gesetzgebers und zur Änderung insbesondere auch des § 133 InsO durch das Gesetz zur Verbesserung der Rechtssicherheit bei Anfechtungen nach der Insolvenzordnung und nach dem Anfechtungsgesetz[575], das am 5.4.2017 in Kraft trat und im Insolvenzanfechtungsrecht ferner Änderungen bzw. Ergänzungen in den §§ 142, 143 InsO vornahm[576]. Die bis zum Inkrafttreten am 5.4.2017 geltenden Vorschriften sind auf Insolvenzverfahren, die vor dem 5.4.2017 eröffnet worden sind, weiter anzuwenden (Art. 103j EGInsO)[577].

121 § 133 Abs. 1 InsO verlangt objektiv eine **Rechtshandlung des Schuldners**[578]**,** nicht aber eines Dritten, in den letzten 10 Jahren vor dem Insolvenzantrag oder danach, die dieser mit Gläubigerbenachteiligungsvorsatz vorgenommen hat. Dieser Zeitraum wird durch § 133 Abs. 2 InsO auf 4 Jahre verkürzt[579], wenn die Rechtshandlung dem anderen Teil eine Sicherung oder Befriedigung gewährt oder ermöglicht hat; der Gesetzgeber lässt insoweit jede Deckungshandlung ausreichen, auch wenn sie inkongruent ist[580]. Der Schuldner muss an dieser Rechtshandlung wie zB an einer Lastschriftzahlung durch Erteilung des SEPA-Lastschriftmandats[581] entweder selbst oder durch einen Vertreter zumindest mitgewirkt haben.[582] Dies gilt auch für den Fall, daß der Gläubiger eine Befriedigung im Wege der Zwangsvollstreckung erlangt, bei der es an einer Rechtshandlung des Schuldners grundsätzlich fehlt[583]. Erlangt der Gläubiger Vermögen des Schuldners durch eine Zwangsvollstreckungsmaßnahme, lässt der BGH für eine Mitwirkungshandlung des Schuldners allerdings nicht mehr einen „auch nur entfernten Mitwirkungsbeitrag" des Schuldners

[570] Dazu Uhlenbruck/*Borries/Hirte* § 132 Rn. 13; Nerlich/Römermann/*Nerlich* § 132 Rn. 33 ff.; s. a. die Aufzählung in BegrRegE InsO, *Balz/Landfermann* S. 236.

[571] → Rn. 107.

[572] → Rn. 103.

[573] BegrRegE InsO, *Balz/Landfermann* S. 237; Nerlich/Römermann/*Nerlich* § 133 Rn. 5; s. a. MüKo-InsO/*Kayser/Freudenberg* § 133 Rn. 1.

[574] → Rn. 102.

[575] Vom 29.3.2017, BGBl. I 2017, 654.

[576] Vgl. dazu zB *Pape* ZInsO 2018, 296; *Schoppmeyer* WM 2018, 301, 353; *Thole* ZIP 2017, 401; *Kindler/Bitzer* NZI 2017, 369; *Willemsen/Kühn* BB 2017, 649; *M. Huber* ZInsO 2017, 517; *Dahl/Schmitz* NJW 2017, 1505.

[577] Soweit erforderlich, wird auf den bisherigen Gesetzeszustand eingegangen; zu Art. 103j EGInsO s. a. *Cymutta* NZI 2017, 471.

[578] BGH ZIP 2012, 2513 (2515) (Rn. 15).

[579] Die Verkürzung erfolgte durch das Gesetz zur Verbesserung der Rechtssicherheit bei Anfechtungen nach der Insolvenzordnung und nach dem Anfechtungsgesetz vom 29.3.2017, BGBl. I 2017, 654. Bei vor dem 5.4.2017 eröffneten Insolvenzverfahren (vgl. Art. 103j EGInsO) gilt somit alleine der 10-Jahreszeitraum.

[580] *Pape* ZInsO 2018, 296 (299); *Thole* ZIP 2017, 401 (402); *Kindler/Bitzer* NZI 2017, 369 (373); *Dahl/Schmitz* NJW 2017, 1505 (1506).

[581] → Rn. 83. Vor Einführung der SEPA-Lastschrift waren es beim Abbuchungsverfahren die Erteilung eines Abbuchungsauftrages, BGH NZI 2003, 253, bzw. beim Einzugsermächtigungsverfahren die Genehmigung der Lastschriftbuchung, BGH WM 2017, 2319 (2321) (Rn. 26).

[582] Vgl. Uhlenbruck/*Borries/Hirte* § 133 Rn. 9 f.

[583] BGH WM 2017, 1988 (1989) (Rn. 12); WM 2017, 1315 (1316) (Rn. 14).

ausreichen, vielmehr muß der Schuldnerbeitrag „bei wertender Betrachtung dazu führen, daß die Vollstreckungstätigkeit zumindest auch als eigene, willensgeleitete Entscheidung des Schuldners anzusehen ist“ und er „ein der Vollstreckungstätigkeit des Gläubigers zumindest vergleichbares Gewicht erreichen (muss)“[584]. Diese „vergleichbare“ Mitwirkungshandlung wird unverändert zB bei Übergabe eines Schecks an den Gerichtsvollzieher[585] anzunehmen sein oder wenn er in Erwartung eines Vollstreckungsversuches gezielt seine Kasse oder das bereits gepfändete Konto[586] auffüllt, wenn er also selbst eine Leistung, und sei es auch unter Druck und zur Abwendung der Vollstreckungsmaßnahmen, erbringt und seine Schuldnerhandlung oder eine der Handlung gleichstehende Unterlassung zum Erfolg der Vollstreckungsmaßnahme beigetragen hat[587]. Der Schuldner wirkt nicht mit, wenn er die berechtigte Vollstreckung des Gläubigers hinnimmt bzw. er sich angesichts einer bevorstehenden oder bereits eingeleiteten Vollstreckungsmaßnahme nicht anders verhält, als er dies ohne die Vollstreckungsmaßnahme getan hätte[588], er zB nach der Pfändung seines Geschäftskontos in gleicher Weise wie zuvor Leistungen an seine Kunden erbringt und er sich zum Einzug der ihm daraus erwachsenen Forderungen des auch in der Vergangenheit verwendeten, nunmehr gepfändeten Kontos bedient[589]. Trägt der Schuldner dagegen aktiv, zB durch eine Einigung mit dem Gläubiger über dessen weiteres Vorgehen, zu einer vom Gläubiger ausgebrachten Pfändung bei, kann auch das so erwirkte Pfändungspfandrecht nach § 133 Abs. 1 InsO anfechtbar sein[590]. Bei Einschaltung einer Zwischenperson wie zB eines Kreditinstituts, das eine Zahlung abwickeln soll, kann ein Anfechtung auch[591] gegen die Zwischenperson nach § 133 Abs. 1 InsO relevant werden. Ist ein Kreditinstitut – oder eine andere Zwischenperson – allerdings nur Leistungsmittler und setzt als Zahlstelle die Erledigung von Aufträgen des Schuldners „lediglich zahlungstechnisch“ um, kommt auch bei Kenntnis der Zahlungsunfähigkeit eine Anfechtung nach § 133 Abs. 1 InsO regelmäßig nicht in Betracht, weil es sich bei der Abwicklung des Zahlungsverkehrs „um alltägliche Geschäftsvorgänge handelt, denen ein Wille des Überweisenden, seine Gläubiger zu benachteiligen, für die Bank regelmäßig nicht zu entnehmen ist“[592]. Nur wenn die Zwischenperson, also zB ein Kreditinstitut „nicht nur über dessen Zahlungsunfähigkeit unterrichtet, sondern im Zuge der Verfolgung eigener Interessen in eine vom Schuldner angestrebte Gläubigerbenachteiligung eingebunden ist“, kennt es den Gläubigerbenachteiligungsvorsatz des Schuldners[593]. Die Rechtsprechung geht davon aus, dass „vielfaltige Gestaltungen denkbar (sind), in denen eine Gläubigerbenachteiligung auf kollusives Zusammenwirken des Schuldners mit dem Zahlungsmittler zurückgeht“[594]; dies ist insbesondere anzunehmen, wenn die Bank ihre Funktion als reine Zahlstelle aufgibt und zB aus den vorliegenden Zahlungsaufträgen bei insgesamt unzureichender Deckung ohne Abstimmung mit dem Schuldner lediglich einzelne Zahlungsaufträge zugunsten von ihr bevorzugten

---

[584] So BGH WM 2017, 1315 (1317 f.) (Rn. 16 f.); WM 2017, 1348 f. (Rn. 8), in Rn. 11 mit dem Hinweis, dass Entsprechendes gilt, wenn an ein Unterlassen des Schuldners angeknüpft werden soll. Vgl. ferner BGH WM 2017, 1424 (1425) (Rn. 10).

[585] BGH ZInsO 2012, 1318 (1319) (Rn. 10); vgl. auch OLG Köln ZIP 2018, 794 (795).

[586] BGH WM 2013, 2074 (2075) (Rn. 10); auch die vom Schuldner an den Gläubiger veranlasste Banküberweisung zu Lasten des gepfändeten Kontos ist eine Rechtshandlung des Schuldners, vgl. BGH WM 2014, 44 (45) (Rn. 9).

[587] BGH WM 2017, 1988 (1989) (Rn. 13).

[588] BGH WM 2017, 1315 (1317) (Rn. 18); WM 2017, 1348 (1349) (Rn. 10).

[589] BGH WM 2017, 1315 (1318) (Rn. 18); WM 2014, 272 (273) (Rn. 9 f.).

[590] BGH WM 2017, 1988 (1989) (Rn. 17); WM 2014, 44 (46) (Rn. 13 ff.).

[591] Zu denken ist an eine Deckungsanfechtung nur gegenüber dem Leistungsempfänger, vgl. BGH NZI 2015, 32 (33) (Rn. 8) m. zust. Anm. *Huber;* WM 2013, 1044 (1045) (Rn. 11 f.) und → Rn. 106, 111.

[592] BGH WM 2017, 2319 (2321) (Rn. 21); WM 2017, 1910 (1913) (Rn. 25); WM 2013, 1793 (1795) (Rn. 25); 2013, 361 (363) (Rn. 31); 2012, 999 (1002) (Rn. 24); OLG Frankfurt ZInsO 2013, 732 (734 f.); OLG Stuttgart ZIP 2013, 1779 (1780).

[593] BGH WM 2017, 2319 (2321) (Rn. 21); WM 2017, 1910 (1913) (Rn. 25); WM 2013, 1793 (1795) (Rn. 25); 2013, 361 (363) (Rn. 32); OLG Frankfurt ZInsO 2013, 732 (735). Zum Benachteiligungsvorsatz bzw. der Kenntnis des Gläubigers noch → Rn. 123 f.

[594] BGH WM 2012, 999 (1002 f.) (Rn. 27); OLG Frankfurt ZInsO 2013, 732 (735).

Empfänger ausführt oder wenn sie in dieser Situation mit dem Schuldner dessen einzelne Gläubiger, wozu sie auch selbst gehören mag, begünstigendes Zahlungsverhalten abstimmt[595]. Die Rechtshandlung muss zu einer mittelbaren Gläubigerbenachteiligung geführt haben.

122 Nach § 133 Abs. 4 InsO[596] sind objektiv **entgeltliche Verträge,** die der Schuldner mit einer nahestehenden Person (§ 138 InsO)[597] innerhalb von zwei Jahren vor dem Insolvenzantrag geschlossen hat, anfechtbar. Der weit auszulegende Begriff des Vertrages erfasst sowohl schuldrechtliche als auch dingliche Verträge wie zB Sicherungsübereignungen, nicht aber einseitige Rechtsgeschäfte.[598] Entgeltlichkeit bedeutet, dass der Schuldner irgendeine Gegenleistung erhält wie zB eine Zahlungserleichterung, eine Befreiung von einer Schuld, eine Kreditgewährung oder die Rücknahme einer Kündigung.[599] Dieser Vertrag muss zu einer unmittelbaren Gläubigerbenachteiligung geführt haben.

123 Subjektiv verlangt § 133 Abs. 1 S. 1 InsO, dass der Schuldner mit **Gläubigerbenachteiligungsvorsatz** gehandelt hat und der andere Teil zur Zeit der Handlung den Vorsatz des Schuldners kannte. Benachteiligungsvorsatz liegt vor, wenn der Schuldner bei Vornahme der Rechtshandlung die Benachteiligung der Gläubiger im Allgemeinen als Erfolg seiner Rechtshandlung gewollt oder als mutmaßliche Folge – sei es auch nur als unvermeidliche Nebenfolge eines an sich erstrebten anderen Vorteils – erkannt und gebilligt hat.[600] Kennt ein Schuldner seine Zahlungsunfähigkeit, handelt er in aller Regel mit Benachteiligungsvorsatz; der Vorsatz ist auch zu vermuten, wenn er seine drohende Zahlungsunfähigkeit kennt.[601] Eine Vereinbarung, die gezielt für den Insolvenzfall abgeschlossen wird und dem Gläubiger gerade für diesen Fall einen Sondervorteil einräumt, erfolgt nach allgemeiner Erfahrung mit Benachteiligungsvorsatz.[602] Dagegen kann der Benachteiligungsvorsatz fehlen, wenn die Rechtshandlung von einem anderen, anfechtungsrechtlich unbedenklichen Willen geleitet war und das Bewusstsein der Benachteiligung anderer Gläubiger in den Hintergrund getreten ist wie dies zB der Fall ist, wenn die Rechtshandlung Bestandteil eines ernsthaften und realistischen Sanierungsversuches ist[603] oder wenn der Schuldner bei Vornahme der Rechtshandlung zweifelfrei liquide war oder er davon ausging, mit Sicher-

[595] Dazu und zu weiteren Gestaltungen vgl. BGH WM 2012, 999 (1002 f.) (Rn. 26 f.); OLG Frankfurt ZInsO 2013, 732 (735). Vgl. auch BGH WM 2013, 1044 zur Einschaltung eines zweiten Zahlungsmittlers; ferner BGH WM 2013, 1793 zur – verneinten – Insolvenzanfechtung gegenüber einer Bank, die für den Cash-Pool einer Unternehmensgruppe die Konten führt, und den Hinweis von *Huber* NZI 2015, 34 (36), Punkt 4. Zu anderen Zahlungsmittlern s. BGH WM 2017, 2319 (2321) (Rn. 21 f.); WM 2017, 1910 (1913 f.) (Rn. 25 ff.).

[596] Bis zum Gesetz zur Verbesserung der Rechtssicherheit bei Anfechtungen nach der Insolvenzordnung und nach dem Anfechtungsgesetz vom 29.3.2017, BGBl. I 2017, 654, stand die Regelung in § 133 Abs. 2 (aF) InsO; eine inhaltliche Änderung ist nicht erfolgt.

[597] → Rn. 96 ff.

[598] BGH WM 2019, 1561 (1569) (Rn. 69); NZI 2016, 773 (Rn. 13); Nerlich/Römermann/*Nerlich* § 133 Rn. 56.

[599] BGH WM 2019, 1561 (1569) (Rn. 69); NZI 2016, 773 (774) (Rn. 14 f.); vgl. auch Uhlenbruck/*Borries/Hirte* § 133 Rn. 184 ff. mit weiteren Bsp.

[600] BGH WM 2017, 2322 (2323) (Rn. 9); WM 2015, 381 (382) (Rn. 12); 2014, 1868 (1869) (Rn. 17); BGHZ 167, 190 (194) (Rn. 14 mwN) = NJW 2006, 2701; Uhlenbruck/*Borries/Hirte* § 133 Rn. 35. Die Wissenszurechnung Dritter erfolgt nach den allgemeinen Regeln; → Rn. 109, 124.

[601] BGH WM 2020, 100 (102) (Rn. 23); WM 2019, 1606 (1607) (Rn. 21); WM 2018, 433 (434) (Rn. 10); NJW 2015, 2113 (2114) (Rn. 11); WM 2015, 381 (382) (Rn. 12); 2014, 1868 (1869) (Rn. 17); ZInsO 2014, 77 (78) (Rn. 9); NZI 2010, 439 (441) (Rn. 19); BGHZ 167, 190 (195) (Rn. 14) = NJW 2006, 2701. Auch wenn für nach dem 4.4.2017 eröffnete Verfahren (→ Rn. 120) die Vermutungswirkung des § 133 Abs. 3 S. 1 InsO bei einer kongruenten Deckungshandlung zulasten des Anfechtungsgegners erst bei einer eingetretenen Zahlungsunfähigkeit greift, sollte auch für diesen Fall für den Schuldner die Vermutungswirkung der drohenden Zahlungsunfähigkeit aufrechterhalten bleiben, *Thole* ZIP 2017, 401 (404).

[602] BGH ZInsO 2019, 1060 (1061) (Rn. 7); WM 2013, 2233 (2235) (Rn. 15); NJW 2007, 2325 (2327) (Rn. 27). Weitere Bsp. bei Uhlenbruck/*Borries/Hirte* § 133 Rn. 41 ff.

[603] BGH NZI 2018, 840 (841 f.) (Rn. 15); WM 2016, 1182 (1184) (Rn. 14 f.); WM 2013, 763 (764 f.) (Rn. 11); 2012, 146 (147) (Rn. 11); NZI 2007, 517 (518) (Rn. 18); 2004, 376 (378). Die Rspr. zum Sanierungskredit ist auf die Finanzierung einer Existenzgründung nicht übertragbar, BGHZ 180, 98 (103 f.) (Rn. 11 ff.) = NJW 2009, 1601; *Gehrlein* ZInsO 2010, 1857 (1863).

heit sämtliche Schuldner befriedigen zu können.[604] Der Benachteiligungsvorsatz kann „ausnahmsweise" auch fehlen, wenn der Schuldner aufgrund konkreter Umstände – etwa der sicheren Aussicht, demnächst Kredit zu erhalten oder Forderungen realisieren zu können – mit einer baldigen Überwindung der Krise rechnen kann[605] oder er bei Vornahme der Rechtshandlung nicht erkennt, dass diese wie zB bei einer „bargeschäftsähnlichen Lage" überhaupt eine gläubigerbenachteiligende Wirkung haben kann[606]. Die zuletzt genannte Konstellation dürfte bei nach dem 4.4.2017 eröffneten Insolvenzverfahren keine Bedeutung mehr erlangen, da nach dem Willen des Gesetzgebers nur noch „unlautere", d. h. von einem über eine bargeschäftliche Lage hinausgehenden Schädigungswillen umfasste Bargeschäfte angefochten werden sollen[607]. Da der Benachteiligungsvorsatz – ebenso wie die Kenntnis des anderen Teile (→ Rn. 124) – eine **innere Tatsache** ist, die gleichwohl als Tatfrage im Anfechtungsprozess festgestellt werden muss,[608] kann deren Vorliegen meist nur mittelbar aus objektiven Tatsachen hergeleitet werden[609]. Solche Tatsachen stellen nach der Rechtsprechung „nur mehr oder weniger gewichtige Beweisanzeichen dar, die eine Gesamtwürdigung nicht entbehrlich machen und nicht schematisch im Sinne einer vom anderen Teil zu widerlegenden Vermutung angewandt werden dürfen"[610]. Neben der Gewährung eines Sondervorteils für den Insolvenzfall[611] lässt die Rechtsprechung insbesondere das Vorliegen einer inkongruenten Deckung als starkes Beweisanzeichen für das Vorliegen dieses Vorsatzes genügen[612], es sei denn, es fehlt an einer „finanziell beengten Lage"[613]. Auch bei einer kongruenten Deckung kann ein Benachteiligungsvorsatz zu bejahen sein,[614] so zB wenn der Schuldner in Kenntnis seiner Zahlungsunfähigkeit eine Geldstrafe begleicht[615] oder noch einzelne Gläubiger befriedigt, um sie von der Stellung eines Insolvenzantrages abzuhalten.[616] Bis zur Änderung des § 142 InsO[617] war ein unlauteres Zusammenwirken von Schuldner und Gläubiger ebenso wenig für den Benachteiligungsvorsatz erforderlich wie irgendeine Art von Treu- oder Sittenwidrigkeit.[618] Nunmehr verlangt § 142 Abs. 1 InsO für die Vorsatzanfechtung bei Bargeschäften ein unlauteres Handeln des Schuldners, das der andere Teil erkannt haben muß.

Weiterhin verlangt § 133 Abs. 1 S. 1 InsO **positive Kenntnis des anderen Teils** 124
hinsichtlich des Benachteiligungsvorsatzes des Schuldners; der andere Teil muss nicht selbst Benachteiligungsvorsatz haben.[619] Die positive Kenntnis muss bei Vornahme der Rechts-

[604] Vgl. zu beiden Varianten BGH NZI 2004, 376 (378), jeweils mwN.

[605] BGH NJW 2015, 2113 (2114) (Rn. 11); WM 2014, 1868 (1870) (Rn. 17); 2013, 180 (181) (Rn. 14).

[606] BGH WM 2018, 2097 (Rn. 3); WM 2015, 591 (594) (Rn. 22 f.); vgl. ferner OLG Dresden NZI 2015, 174 (175). Zum Nichterkennen außerhalb eines bargeschäftlichen Leistungsaustausches s. BGH WM 2019, 1606 (1607 f.) (Rn. 23); s. ferner BGH WM 2020, 100 (102) (Rn. 24).

[607] → Rn. 91, 94a. S. auch OLG Düsseldorf ZInsO 2020, 1250 (1252).

[608] Nerlich/Römermann/*Nerlich* § 133 Rn. 22.

[609] BGH WM 2018, 433 (434) (Rn. 10); WM 2017, 2319 (Rn. 8); WM 2015, 381 (384) (Rn. 25); 2014, 1009 (1012) (Rn. 32); 2013, 2272 (2273) (Rn. 8); 2013, 2233 (2234) (Rn. 7).

[610] BGH WM 2013, 2272 (2273) (Rn. 8); 2013, 2233 (2234) (Rn. 7).

[611] BGH WM 2013, 2233 (2234) (Rn. 7).

[612] ZB BGH WM 2012, 146 (Rn. 10); BeckRS 2009, 18904 (Rn. 7); Uhlenbruck/*Borries/Hirte* § 133 Rn. 99 mwN.

[613] BGH WM 2013, 2233 (2234) (Rn. 13).

[614] BGH WM 2017, 2322 (2323) (Rn. 9); NZI 2008, 231 (232) (Rn. 19); s. aber auch BGH WM 2015, 591 (594) (Rn. 22 f.) zum fehlenden Gläubigerbenachteiligungsvorsatz bei einer „bargeschäftsähnlichen Lage".

[615] Dazu BGH WM 2014, 1868 (1870) (Rn. 17); s. a. BGH WM 2017, 2322 (2324) (20).

[616] Vgl. Uhlenbruck/*Borries/Hirte* § 133 Rn. 41 ff., 89 ff. S. a. BGH ZInsO 2014, 496.

[617] → Rn. 91, 94a.

[618] BGH NZI 2008, 2506 (2507) (Rn. 20); 2008, 231 (232) (Rn. 18); MüKoInsO/*Kcyser/Freudenberg* § 133 Rn. 13 ff.

[619] Uhlenbruck/*Borries/Hirte* § 133 Rn. 49; s. a. BGH ZInsO 2012, 1264 (Rn. 4). Die Zurechnung des Wissens Dritter erfolgt nach den allgemeinen Regeln (→ Rn. 109), zB nach § 166 Abs. 1 BGB, vgl. BGH WM 2015, 293 (294) (Rn. 11 ff.); 2013, 180 (183) (Rn. 26); 2013, 567 (Rn. 4), dort in Rn. 4 auch zur Zurechnung des Wissens einer ersuchten Behörde, um eine Wissensaufspaltung zu vermeiden; OLG Düsseldorf ZInsO 2019, 1729 (1732); OLG Karlsruhe ZInsO 2014, 152 (153 f.).

handlung vorliegen; auf die gläubigerbenachteiligende Rechtshandlung des Schuldners sind also dessen Benachteiligungsvorsatz und deren Kenntnis beim Anfechtungsgegner bezogen[620]. Die Kenntnis, die als innere Tatsache wie der Gläubigerbenachteiligungsvorsatz ggf. mittelbar aus objektiven Tatsachen und im Wege einer Gesamtwürdigung (→ Rn. 123) hergeleitet werden muss, wird nach § 133 Abs. 1 S. 2 InsO vermutet, wenn der andere Teil wusste, dass die Zahlungsunfähigkeit des Schuldners drohte und die Handlung die Gläubiger benachteiligte. Durch das Gesetz zur Verbesserung der Rechtssicherheit bei Anfechtungen nach der Insolvenzordnung und nach dem Anfechtungsgesetz[621] wurde diese Vermutung durch § 133 Abs. 3 S. 1 InsO dahin ergänzt, daß bei einer Rechtshandlung, die dem anderen Teil eine kongruente Deckung verschafft hat, an die Stelle der drohenden Zahlungsunfähigkeit die eingetretene tritt. Ob die Ergänzung tatsächlich zu signifikant weniger Anfechtungen von Deckungshandlungen führt, bleibt abzuwarten, denn meistens lag den relevanten Entscheidungen eingetretene Zahlungsunfähigkeit in Form der Zahlungseinstellung zugrunde[622]. Ferner hat der Gesetzgeber, wenn der andere Teil mit dem Schuldner eine Zahlungsvereinbarung getroffen oder diesem in sonstiger Weise eine Zahlungserleichterung gewährt hat, die Vermutung postuliert, daß der andere Teil „zur Zeit der Handlung die Zahlungsunfähigkeit nicht kannte“ (§ 133 Abs. 3 S. 2 InsO). Was der Gesetzgeber mit dieser Ergänzung[623] genau erreichen will, erscheint ungeklärt[624]. Am Wahrscheinlichsten ist, daß der andere Teil es sich nicht zurechnen lassen muß, wenn als objektive Tatsache für das Vorliegen der subjektiven Seite alleine eine vom Schuldner erbetene Zahlungserleichterung vorliegt[625], nicht aber eine oder mehrere weitere objektive Tatsache(n), die nach der Rechtsprechung als Beweisanzeichen für die Kenntnis der (drohenden) Zahlungsunfähigkeit dienen können[626]. Allerdings hat die Rechtsprechung diesen Weg bereits vorgezeichnet, denn zuletzt hat sie stärker akzentuiert, daß der Abschluß einer Zahlungserleichterung alleine grundsätzlich keinen Schluss auf eine Zahlungsunfähigkeit zulässt; es müssen sich regelmäßig weitere Beweisanzeichen verwirklicht haben[627]. Als Zahlungsvereinbarung bzw. Zahlungserleichterung dürften nur solche Vereinbarungen in Betracht kommen, die „typischerweise“ und den wirtschaftlichen „Gepflogenheiten“ entsprechend in der Praxis vorkommen wie zB verkehrsübliche Ratenzahlungsvereinbarungen oder eine verkehrsübliche Modifikation bereits geltender Zahlungsmodalitäten, die vereinbarungsgemäß abgewickelt werden[628]. Nimmt es ein Kreditinstitut nach einer Fälligstellung seiner Forderungen längere Zeit hin, dass kein Ausgleich erfolgt und schließt es anschließend ein Stillhalteabkommen mit Ratenzahlungsvereinbarung mit der Kenntnis, dass es

---

[620] BGH WM 2018, 958 (959) (Rn. 8); ZInsO 2014, 495 (Rn. 2); WM 2013, 2074 (2076) (Rn. 18), wobei die Ausführungen anschließend in Rn. 19 ff. sehr weitgehend erscheinen.

[621] Vom 29.3.2017, BGBl. I 2017, 654, in Kraft seit dem 5.4.2017.

[622] *Pape* ZInsO 2018, 296 (300); zu den Erwartungen zB *Willemsen/Kühn* BB 2017, 649 (650); *Kindler/Bitzer* NZI 2017, 369 (374); *Dahl/Schmitz* NJW 2017 1505 (1507).

[623] Nach dem Gesetzgeber wird „die in Teilen der Wirtschaft verbreitete und gewährte Praxis, mit Schuldnern bei vorübergehenden Liquiditätsschwierigkeiten einen Zahlungsaufschub oder Ratenzahlungen zu vereinbaren und diesen damit eine Art Überbrückungsfinanzierung zu gewähren, … so auf rechtssicheren Boden gestellt“, so der Regierungsentwurf eines Gesetzes zur Verbesserung der Rechtssicherheit bei Anfechtungen nach der Insolvenzordnung und nach dem Anfechtungsgesetz v. 29.9.2015, BTDrS 18/7054, S. 17. Im Referentenentwurf war klarer formuliert, dass „ein nach den einschlägigen Verkehrsübungen typischer Vorgang, nämlich die Gewährung einer den Gepflogenheiten entsprechenden Zahlungserleichterung, nicht den Schluss auf einen untypischen Fall, nämlich den Vorsatz des Schuldners, seine Gläubiger unangemessen zu benachteiligen, erlaubt“ (S. 21).

[624] *Thole* ZIP 2017, 401 (405 f.); s. a. *M.Huber* ZInsO 2017, 517 (521).

[625] Vgl. Regierungsentwurf eines Gesetzes zur Verbesserung der Rechtssicherheit bei Anfechtungen nach der Insolvenzordnung und nach dem Anfechtungsgesetz v. 29.9.2015, BTDrS 18/7054, S. 17: der Insolvenzverwalter kann seine Beweisführung „weder auf die Gewährung der Zahlungserleichterung noch auf die dieser Gewährung typischerweise zugrunde liegende Bitte des Schuldners stützen …. Umstände, die darüber hinausgehen, kann der Verwalter hingegen uneingeschränkt geltend machen“.

[626] *Thole* ZIP 2017, 401 (405).

[627] BGH WM 2016, 1701 (1702) (Rn. 16 ff.); NJW 2015, 1959 (Rn. 3 f.).

[628] Vgl. *Thole* ZIP 2017, 401 (406).

noch weitere Gläubiger mit offenen Forderungen gibt und werden obendrein die Raten auch nur unregelmäßig gezahlt, ist dem Kreditinstitut in aller Regel auch bewusst, dass der Schuldner seine weiteren fälligen Verbindlichkeiten nicht erfüllen kann, so dass Kenntnis von der Gläubigerbenachteiligung gegeben ist.[629] Ist ein Schuldner dagegen als unzuverlässig bekannt und begleicht seine fälligen Forderungen regelmäßig verspätet[630], soll dies alleine kein ausreichendes Indiz für eine Kenntnis des Zahlungsempfängers sein. Kennt ein Gläubiger im Übrigen Umstände, die zwingend auf eine drohende oder bereits eingetretene Zahlungsunfähigkeit hinweisen, spricht eine tatsächliche Vermutung dafür, dass der Gläubiger auch die (drohende) Zahlungsunfähigkeit kennt.[631] Auch die mit einer inkongruenten Deckung verbundene Indizwirkung[632] kann ein **Beweisanzeichen** für eine Kenntnis des Anfechtungsgegners sein.[633] Allerdings kann trotz Kenntnis einer drohenden Zahlungsunfähigkeit von einer Kenntnis des Anfechtungsgegners von der Gläubigerbenachteiligung nur ausgegangen werden, wenn dieser Kenntnis von weiteren ungedeckten Verbindlichkeiten des Schuldners hatte oder er mit dem Entstehen solcher Verbindlichkeiten rechnete; davon kann regelmäßig nur bei einem unternehmerisch tätigen Schuldner ausgegangen werden.[634] Kennt der Gläubiger die eingetretene Zahlungsunfähigkeit, ist er zugleich regelmäßig über den Benachteiligungsvorsatz im Bilde, was insbesondere gilt, wenn der Schuldner gewerblich tätig ist, weil der Gläubiger in diesem Fall mit weiteren Gläubigeren des Schuldners mit ungedeckten Ansprüchen rechnen muss[635].

Für § 133 Abs. 4 InsO gelten subjektiv die gleichen Voraussetzungen wie für § 133 Abs. 1 InsO; deren Vorliegen wird bei § 133 Abs. 4 InsO **widerleglich vermutet.**[636] 125

Die **Beweislast** für die objektiven und subjektiven Tatbestandsmerkmale des § 133 InsO trägt der Insolvenzverwalter, ggf. unter Berücksichtigung (einer) der Vermutungen des § 133 Abs. 1 S. 2 bzw. § 133 Abs. 3 InsO oder des soeben erwähnten § 133 Abs. 4 InsO; evtl. hat der Anfechtungsgegner den Gegenbeweis zu den subjektiven Komponenten zu führen.[637] 126

g) Unentgeltliche Leistung (§ 134 InsO). Nach § 134 Abs. 1 InsO ist eine unentgeltliche Leistung des Schuldners innerhalb von vier Jahren vor dem Insolvenzantrag anfechtbar; eine subjektive Komponente gibt es nicht. Wegen der Unentgeltlichkeit des Erwerbs soll diesen Leistungen – nur des Schuldners – in der Insolvenz anfechtungsrechtlich eine **„geringere Bestandskraft"** zukommen.[638] Ein in Vermögensverfall geratener 127

[629] BGH NZI 2008, 231 (233) (Rn. 34 ff.); vgl. auch BGH NZI 2007, 512 (514) (Rn. 24) und WM 2013, 174 (178) (Rn. 42). Bei einem „Konsolidierungsdarlehen für Unternehmen in wirtschaftlichen Schwierigkeiten" reicht der Verzug mit zwei Rückzahlungsraten alleine nicht für die Annahme einer Kenntnis aus, so richtig KG ZIP 2013, 1486 (1487).

[630] Vgl. OLG Hamm NZI 2014, 1015 (1016 f.) (Rn. 16 ff.); s. a. OLG Düsseldorf ZInsO 2015, 638 (639 f.); OLG Köln ZInsO 2015, 641 (643 f.). Auch die Verurteilung wegen einer einzelnen Forderung lässt als solches keinen Schluss auf Zahlungsunfähigkeit zu, OLG Karlsruhe ZInsO 2014, 2438 (2439).

[631] BGH WM 2015, 1339 (1340) (Rn. 8); 2015, 381 (384) (Rn. 25); 2014, 1868 (1870) (Rn. 26); 2012, 711 (712) (Rn. 17); NZI 2007, 512 (514) (Rn. 25 mwN). Zur Kenntnis bei vollautomatisierter Datenerlangung und -erhebung vgl. OLG Hamm ZIP 2011, 1926 (1928); zur Zurechnung des Wissens nach § 166 BGB vgl. BGH WM 2013, 180 (Rn. 26); OLG Düsseldorf ZInsO 2019, 151 (153). Auch → Rn. 121 zum Zahlungsmittler und dessen Kenntnis vom Benachteiligungsvorsatz, weil er seine Rolle als „reiner" Zahlungsmittler verlässt.

[632] Die Ausführungen in → Rn. 124 zur „mittelbaren" Herleitung aus objektiven Tatsachen gelten sinngemäß; vgl. BGH WM 2013, 2272 (2273) (Rn. 8); 2013, 2233 (2234) (Rn. 7).

[633] BGH WM 2013, 174 (179) (Rn. 46); NZI 2010, 439 (440) (Rn. 15); BGHZ 157, 242 (251) = NJW 2004, 1385; BGH NZI 2004, 372 (373).

[634] BGH NZI 2010, 439 (441) (Rn. 21); vgl. auch BGH WM 2012, 665 (666) (Rn. 9); 2013, 174 (178) (Rn. 42); 2015, 381 (385) (Rn. 30); 2015, 1339 (1340) (Rn. 9).

[635] BGH WM 2020, 100 (102) (Rn. 26); WM 2018, 433 (434) (Rn. 10); WM 2016, 560 (561) (Rn. 11).

[636] Nerlich/Römermann/*Nerlich* § 133 Rn. 61.

[637] Vgl. auch zur Beweislast Uhlenbruck/*Borries/Hirte* § 133 Rn. 59 ff.; zu § 133 Abs. 1 S. 2 InsO s. BGH WM 2012, 711 (712) (Rn. 14).

[638] BegrRegE InsO, *Balz/Landfermann* S. 238; s. a. MüKoInsO/*Kayser/Freudenberg* § 134 Rn. 1.

Schuldner darf sich nicht auf Kosten der Gläubiger freigebig zeigen[639]. Wer eine Leistung unentgeltlich erhält, muss also per se damit rechnen, sie wieder herausgeben zu müssen.[640]

128 **„Leistung"** ist umfassend zu verstehen und meint jede Rechtshandlung, die dazu dient, einen zugriffsfähigen Gegenstand aus dem Vermögen des Schuldners zu entfernen[641]. Dazu gehören schuldrechtliche Verträge ebenso wie Verfügungsverträge, Real- und Prozesshandlungen oder Unterlassungen.[642] Dem Leistungsempfänger kann die Leistung – im Zweipersonenverhältnis – unmittelbar oder – bei einem Mehrpersonenverhältnis – mittelbar über einen Dritten, so zB bei einem Vertrag zugunsten Dritter, bei einer Anweisung oder bei einer Erfüllung bzw. Sicherung fremder Schuld[643] zugewendet worden sein. Regelmäßig ist auch bei einer mittelbaren – unentgeltlichen – Leistung[644] der Empfänger der Anfechtungsgegner.

128a Die Leistung des Schuldners muss **unentgeltlich** sein. Unentgeltlichkeit ist gegeben, wenn für die Leistung vereinbarungsgemäß keine Gegenleistung, sei es an den Schuldner, sei es an einen Dritten erbracht wird, der Leistungsempfänger also keine eigene Rechtsposition aufgibt, die der Leistung des Schuldners entspricht; hierüber entscheidet grundsätzlich das objektive Verhältnis der ausgetauschten Werte.[645] Entgeltlich ist dagegen eine Verfügung, wenn der Schuldner für seine Leistung etwas erhalten hat, was objektiv ein Ausgleich für seine Leistung war oder jedenfalls subjektiv nach dem Willen der Beteiligten sein sollte[646]. Ob die Entgeltlichkeit auf einer vertraglichen oder gesetzlichen Verpflichtung beruht, ist ohne Bedeutung, insbesondere wird auch keine Gegenleistung gemäß §§ 320 ff. BGB verlangt; der Empfänger der Leistung muss allerdings zumindest eine eigene Rechtsposition aufgeben.[647] Für die Frage der Entgeltlichkeit kommt es nicht darauf an, ob der Schuldner mit seiner Leistung in Vorleistung geht und die Gegenleistung seines Vertragspartners erst in Zukunft erbracht werden muss; das gilt auch, wenn es zu einer Störung im Austauschverhältnis kommt und die Gegenleistung nicht erbracht wird[648]. Steht fest, dass der Empfänger eine Gegenleistung erbracht hat, bleibt zu prüfen, ob die Beteiligten diese als Entgelt angesehen haben oder ob gleichwohl ihr Hauptzweck die Freigebigkeit gewesen ist; anfechtungsrechtlich ist dies weit auszulegen und setzt keine Einigung über eine Unentgeltlichkeit voraus, zumal auch einseitige Vorstellungen des Schuldners über mögliche wirtschaftliche Vorteile, die nicht in rechtlicher Abhängigkeit zu seiner Zuwendung stehen, deren Entgeltlichkeit nicht begründen können.[649] So ist eine Auszahlung eines im „Schneeballsystem" erzielten Scheingewinnes durch den späteren Insolvenzschuldner an den Einleger als objektiv unentgeltliche Leistung gemäß § 134 Abs. 1 InsO anzusehen, wohingegen die Rückzahlung einer erbrachten Einlage entgeltlich ist.[650]

---

[639] BGH WM 2018, 1560 (1563) (Rn. 31); WM 2016, 1215 f. (Rn. 10).

[640] Vgl. Uhlenbruck/*Borries/Hirte* § 134 Rn. 1 f.

[641] BGH WM 2018, 1565 (Rn. 7); WM 2016, 2312 (2313) (Rn. 11).

[642] Nerlich/Römermann/*Nerlich* § 134 Rn. 5 f.; Uhlenbruck/*Borries/Hirte* § 134 Rn. 14 ff. mit diversen Bsp.

[643] Vgl. dazu ausführlich Uhlenbruck/*Borries/Hirte* § 134 Rn. 57 ff.

[644] Zur Anfechtbarkeit einer mittelbaren entgeltlichen Leistung → Rn. 80, 106, 111, 121, 146.

[645] BGH ZIP 2018, 792 (Rn. 11); WM 2015, 623 (628 f.) (Rn. 49); 2014, 955 (956) (Rn. 4); ZInsO 2014, 493 (494) (Rn. 14); 2012, 1127 (1130 f.) (Rn. 39); NJW 2008, 2506 (Rn. 11).

[646] BGH WM 2019, 1561 (1570) (Rn. 84); WM 2019, 592 (593) (Rn. 10); WM 2018, 1565 (1566) (Rn. 8); WM 2010, 851 (852) (Rn. 9); *Gehrlein* ZInsO 2018, 2280 (2281).

[647] BGH ZIP 2018, 792 (Rn. 11); WM 2014, 955 (956) (Rn. 4); ZInsO 2014, 493 (494) (Rn. 14); BGH WM 2010, 851 (852) (Rn. 9); NJW 2008, 2506 (2507) (Rn. 13); MüKoInsO/*Kayser/Freudenberg* § 134 Rn. 17a; Nerlich/Römermann/*Nerlich* § 134 Rn. 10.

[648] BGH WM 2019, 1561 (1568) (Rn. 62); WM 2018, 1565 (1567) (Rn. 17): für die Annahme der Entgeltlichkeit genügt dann, dass der Schuldner seine Leistung zurückfordern oder Schadensersatz wegen Nichterfüllung verlangen kann. S. a. BGH WM 2018, 1706 (Rn. 12); *Gehrlein* ZInsO 2018, 2280 (2281 f., 2283).

[649] Vgl. BGH WM 2015, 623 (628 f.) (Rn. 49); NJW-RR 1993, 1379 (1381); s. a. Uhlenbruck/*Borries/Hirte* § 134 Rn. 21; Nerlich/Römermann/*Nerlich* § 134 Rn. 13 f.

[650] So BGH WM 2011, 659 (Rn. 8); s. a. BGH WM 2018, 1706 (1707) (Rn. 13); ZIP 2017, 1284 (1285) (Rn. 7); BGH WM 2011, 2237 (2238) (Rn. 14). Erfolgt die „Einlage" im Wege des Beitritts zu einer

Grundsätzlich ist demzufolge im Zweipersonenverhältnis eine Leistung als unentgeltlich anzusehen, wenn ihr nach dem Inhalt des Rechtsgeschäftes keine Leistung gegenübersteht, dem leistenden Schuldner also keine Gegenleistung zufließen soll, die dem von ihm aufgegebenen Vermögenswert entspricht[651]; wird (mindestens) eine weitere Person in den **Zuwendungsvorgang** eingeschaltet, kommt es nicht entscheidend darauf an, ob der Schuldner selbst einen Ausgleich für seine Leistung erhalten hat, vielmehr ist maßgeblich, ob der Leistungsempfänger seinerseits eine Gegenleistung zu erbringen hat.[652] Bezahlt der Schuldner zB die gegen einen Dritten gerichtete Forderung des Leistungsempfängers[653], liegt dessen Gegenleistung regelmäßig darin, dass er mit der Leistung, die er gemäß § 267 Abs. 2 BGB nur bei Widerspruch des Dritten (also seines Schuldners) ablehnen kann, eine werthaltige Forderung gegen diesen verliert; ist hingegen die Forderung des Leistungsempfängers wertlos, verliert dieser wirtschaftlich nichts, was als Gegenleistung für die Leistung angesehen werden kann. In solchen Fällen ist die Tilgung einer fremden Schuld als unentgeltliche Leistung anfechtbar[654]; insbesondere ist der Leistungsempfänger gegenüber den Insolvenzgläubigern des Leistenden nicht schutzwürdig, da er ohne die Leistung – auf die er keinen Anspruch hatte – seine Forderung nicht hätte durchsetzen können.[655] Diese Konstellation kann insbesondere in Konzernsituationen gegeben sein, wenn eine dritte Gesellschaft anstelle des Darlehensnehmers an ein Kreditinstitut leistet.[656] **129**

Aber nicht nur bei der Tilgung von Darlehensforderungen durch Dritte, sondern auch bei der **Drittbesicherung einer fremden Schuld** hat ein Kreditinstitut auf ein potentielles Risiko aus § 134 Abs. 1 InsO zu achten.[657] So kann zB eine nachträgliche Drittbesicherung eines ungekündigten Darlehens unentgeltlich und damit anfechtbar sein, wenn dem keine vereinbarte Gegenleistung des Sicherungsnehmers gegenüber steht.[658] Dies kann bei der Besicherung von Darlehen durch die Abtretung von (Kapital-)Lebensversicherungs- **130**

Gesellschaft, hat der Einleger keinen Anspruch auf Rückerstattung der Einlage, sondern nur auf Abfindung in Höhe des Werts seiner Beteiligung, vgl. BGH WM 2018, 1706 (1707) (Rn. 13); WM 2013 1504 (1505 ff.) (Rn. 11 ff.); geht der Einleger aufgrund einer Täuschungshandlung irrtümlich davon aus, sein Abfindungsanspruch habe in Höhe der erhaltenen Auszahlung bestanden, ist dies anfechtungsrechtlich unbeachtlich, vgl. BGH WM 2013, 1504 (1507) (Rn. 21).

651 Entscheidend ist dabei nicht die fehlende Gegenleistung, sondern das freigebige Handeln des Schuldners, was zB beim beiderseitigen Irrtum über die Werthaltigkeit der Gegenleistung oder bei rechtsgrundlosen Leistungen dazu führt, dass § 134 InsO nicht einschlägig ist; dazu ausführlich *Gehrlein* ZInsO 2018, 2280 (2281 ff.). S. ferner BGH WM 2019, 592 (593) (Rn. 10).

652 StRspr, zB BGH WM 2018, 1560 (1563) (Rn. 26); 2014, 955 (956) (Rn. 4); ZInsO 2014, 493 (494) (Rn. 14); 2013, 878 (880) (Rn. 21); 2010, 36 (37) (Rn. 8); NZI 2008, 173 (174) (Rn. 14 mwN); 2005, 323; s. a. *Gehrlein* ZInsO 2018, 2280 (2286); Uhlenbruck/*Borries/Hirte* § 134 Rn. 57.

653 Zahlt ein Schuldner auf ein debitorisch geführtes Girokonto seines Gläubigers, ist dies gegenüber der Bank nur anfechtbar, wenn der Schuldner (was völlig atypisch wäre) die Zahlung erkennbar der Bank zur Tilgung ihrer Forderung gegen den Kontoinhaber zuwenden wollte, vgl. BGH WM 2015, 1531 f.

654 BGH WM 2014, 955 (956) (Rn. 5); ZInsO 2013, 1085 (1086) (Rn. 6 mwN). Dadurch wird eine Anwendbarkeit des § 133 Abs. 1 InsO nicht ausgeschlossen, vgl. BGH WM 2013, 174 (179) (Rn. 47).

655 BGH WM 2010, 1421 (1422) (Rn. 8 f.); NZI 2008, 173 (174) (Rn. 14 mwN); s. a. *Gehrlein* ZInsO 2018, 2280 (2286); *Ganter* NZI 2011, 209 (223); vgl. ferner BGH ZInsO 2010, 36 (38) zur objektiven Bewertung der Vermögenslage des Schuldners, wenn ihr für die Frage der Werthaltigkeit einer gegen ihn gerichteten (Regress-)Forderung ausnahmsweise Bedeutung zukommt. Hatte für die wertlose Forderung eine dritte Person eine werthaltige Sicherheit gestellt, die der durch die Zahlung befriedigte Gläubiger verliert, ist § 134 InsO nicht einschlägig, so BGH WM 2014, 955 (956) (Rn. 6). Die Tilgung einer fremden Schuld, für die mehrere Personen als Gesamtschuldner haften, ist nur dann als unentgeltliche Leistung nach § 134 InsO anfechtbar, wenn die Forderung gegen sämtliche Gesamtschuldner wertlos ist, OLG Düsseldorf ZInsO 2019, 2631.

656 BGH NZI 2005, 323 f.; ausführlich *Wittig* NZI 2005, 606 (607 ff.); s. a. *Herrlich/Merkel* WM 2010, 2343 (2344).

657 Vgl. auch *Herrlich/Merkel* WM 2010, 2343 (2344 ff.); Uhlenbruck/*Borries/Hirte* § 134 Rn. 104 ff.; *Chr. Berger* ZIP 2010, 2078 (2080 f.).

658 BGH ZInsO 2013, 73 (Rn. 3); WM 2009, 1099 (1100 f.) (Rn. 7 ff.); krit. dazu *Herrlich/Merkel* WM 2010, 2343 (2345 ff.). Das Stehenlassen eines Rückforderungsanspruchs ist nicht ausreichend, vgl. BGH WM 2013, 215 (218) (Rn. 31).

ansprüchen eines Dritten in Betracht kommen[659]; wenn der Abtretungsvertrag „nicht spätestens Zug um Zug mit der Darlehensauszahlung“ zustande kommt, liegt eine unentgeltliche Nachbesicherung vor, was letztendlich auch auf die später zu entrichtenden Prämienzahlungen, durch die der Wert der Sicherheit jeweils erhöht wird, und deren Einordnung als ebenfalls unentgeltlich durchschlägt[660]. Dagegen ist die Erfüllung einer eigenen rechtsbeständigen Schuld ebenso wenig unentgeltlich wie die nachträgliche Besicherung einer eigenen, entgeltlich begründeten Verbindlichkeit.[661]

131 Ob eine Leistung entgeltlich oder unentgeltlich erfolgt ist, beurteilt sich gemäß § 140 InsO nach dem **Zeitpunkt der Vornahme.**[662] Wird eine zum Zeitpunkt der Vornahme entgeltliche Leistung später wertlos, führt dies nicht zum Eingreifen des § 134 Abs. 1 InsO; umgekehrt kann auch eine ursprünglich unentgeltliche Leistung nach ihrer Vornahme nicht in eine entgeltliche Leistung „umgewandelt“ werden.[663] Für die Anfechtung nach § 134 Abs. 1 InsO reicht es aus, wenn die unentgeltliche Leistung zu einer mittelbaren Gläubigerbenachteiligung geführt hat. Nach § 134 Abs. 2 InsO ist die Anfechtung bei gebräuchlichen Gelegenheitsgeschenken, die ausdrücklich nur einen geringen Wert haben dürfen,[664] ausgeschlossen.

132 Die **Beweislast** für die Leistung und ihre Unentgeltlichkeit trägt der Insolvenzverwalter;[665] wenn es darauf ankommt, hat er im Mehrpersonenverhältnis die fehlende Werthaltigkeit der „fremden“ Forderung zu beweisen.[666] Der Anfechtungsgegner muss ggf. beweisen, dass die Vornahme der Leistung länger als 4 Jahre vor Antragstellung erfolgt ist.

133 **h) Gesellschafterdarlehen (§ 135 InsO).** § 135 InsO macht bestimmte Rechtshandlungen bei Gesellschafterdarlehen anfechtbar.[667] Nach § 135 Abs. 1 InsO sind Rechtshandlungen anfechtbar, durch die für die **Forderung eines Gesellschafters auf Rückgewähr** eines von ihm gewährten Darlehens oder für eine gleichgestellte Forderung entweder eine Sicherheit in den letzten 10 Jahren vor dem Insolvenzantrag oder danach (Nr. 1) oder eine Befriedigung im letzten Jahr vor dem Antrag oder danach (Nr. 2) gewährt wurde. Da diese Konstellation in der Finanzierungspraxis nur einschlägig ist,[668] wenn ein Kreditinstitut gleichzeitig Gesellschafter ist, soll sie hier nicht weiter vertieft werden.[669] Hinzuweisen ist lediglich darauf, dass bei einer Abtretung der Forderung innerhalb eines Jahres vor Antrag-

[659] Dazu ausführlich BGH WM 2013, 215 (216 ff.) (Rn. 14 ff.).

[660] BGH WM 2013, 215 (218) (Rn. 31 ff.).

[661] BGH WM 2018, 1565 (1567) (Rn. 17); ZInsO 2013, 878 (880) (Rn. 20); 2013, 13 (Rn. 3); NZI 2010, 439 (Rn. 9); *Gehrlein* ZInsO 2018, 2280 (2285); *Wittig* NZI 2005, 606 (607 u. 610 f.); *Ganter* NZI 2011, 209 (222); *Chr. Berger* ZIP 2010, 2078 f.

[662] S. a. BGH WM 2019, 592 (593) (Rn. 11); WM 2018, 1565 (1566) (Rn. 9); WM 2013, 215 (217) (Rn. 29); ZInsO 2013, 549 (Rn. 3); NZI 2006, 399 (400) (Rn. 11).

[663] Vgl. Nerlich/Römermann/*Nerlich* § 134 Rn. 37.

[664] So BegrRegE InsO, *Balz/Landfermann* S. 238; vgl. dazu *Gehrlein* ZInsO 2018, 2280 (2287); MüKo-InsO/*Kayser/Freudenberg* § 134 Rn. 48.

[665] BGH WM 2013, 215 (218) (Rn. 30); OLG Düsseldorf ZInsO 2019, 2631. Bei Leistungen unter Ehegatten kann ihm § 1362 Abs. 1 BGB helfen.

[666] BGH NZI 2006, 399 (400) (Rn. 15).

[667] Auf Insolvenzverfahren, die vor Inkrafttreten des Gesetzes zur Modernisierung des GmbH-Rechts und zur Bekämpfung von Missbräuchen („MoMiG“) vom 23.10.2008 (BGBl. I 2008, 2026) am 1.11.2008 eröffnet worden sind, sind gem. Art. 103d S. 1 EGInsO die bis dahin geltenden Vorschriften anzuwenden; vgl. zB Uhlenbruck/*Hirte* § 135 Rn. 30. Im Übrigen sei auch auf die Übergangsvorschrift des Art. 103d S. 2 EGInsO für nach dem 1.11.2008 eröffnete Insolvenzverfahren hingewiesen, soweit eine Rechtshandlung vor dem 1.11.2008 vorgenommen wurde und sie nach dem bisherigen Recht der Anfechtung entzogen oder in geringerem Umfang unterworfen war, dazu BGH 2019, WM 650 (654) (Rn. 31 ff.). Der Gesellschafter-Gesellschafter ist einem Gesellschafter gleichgestellt, vgl. BGH WM 2019, 1087 f. (Rn. 10); WM 2013, 568 (570) (Rn. 21); OLG Naumburg ZIP 2011, 677 (679).

[668] IErg gilt dies auch für den Anfechtungstatbestand des § 136 InsO, auf den ebenfalls nicht weiter eingegangen werden soll. § 136 InsO lässt sich auch nicht analog anwenden, soweit es um reine Kreditverhältnisse ohne gesellschaftsrechtliche Beziehung zur Gesellschaft geht.

[669] Vgl. vertiefend – auch zur Entwicklung – zB Uhlenbruck/*Hirte* § 135 Rn. 2 ff.; *Bitter* ZIP 2013, 1497 ff.; *Gehrlein* BB 2011, 3 ff.; *Altmeppen* NJW 2008, 3601 ff. Zur Frage, ob bei einem freiwilligen Rangrücktritt eines Nichtgesellschafters eine Anfechtung nach § 135 InsO möglich ist, vgl. einerseits *Bork*

stellung und anschließender Tilgung der Forderung durch die Gesellschaft die Anfechtung sowohl gegenüber dem Gesellschafter als auch gegenüber dem Zessionar, die gesamtschuldnerisch haften, möglich ist[670].

Eher greift § 135 Abs. 2 InsO, wenn ein Kreditinstitut einer Gesellschaft[671] ein Darlehen gewährt hat und ein Gesellschafter dafür eine Sicherheit bestellt oder sich verbürgt hat. Während sich bei dieser Konstellation § 44a InsO auf die „Befriedigungsreihenfolge" des dritten Darlehensgebers auswirken kann,[672] richtet sich § 135 Abs. 2 InsO an den Gesellschafter, da letztendlich nicht die Tilgungsleistung der Gesellschaft an den Dritten, sondern die **Befreiung des Gesellschafters** von seiner Sicherheit anfechtbar ist.[673] Zahlt eine Gesellschaft ein gesellschafterbesichertes Darlehen innerhalb eines Jahres vor dem Insolvenzantrag oder nach diesem Antrag zurück, kann diese Befriedigung gegenüber dem sichernden Gesellschafter, soweit er dadurch von seiner Sicherheit freigeworden ist,[674] nach § 135 Abs. 2 iVm § 143 Abs. 3 InsO angefochten werden. Der Begriff der Rückzahlung ist umfassend zu verstehen; er betrifft jede wirtschaftlich zu Lasten der Gesellschaft gehende Befriedigungsleistung wie zB auch den in der Praxis immer wieder vorkommenden Fall, das bei der Stellung von Sicherheiten sowohl durch die Gesellschaft als auch den Gesellschafter die von der Gesellschaft gestellte Sicherheit verwertet worden ist.[675] Die Unanfechtbarkeit der Befriedigungsleistung wegen einer insolvenzfesten Besicherung steht der Anwendbarkeit des § 135 Abs. 2 InsO nicht entgegen[676]. Hat das Kreditinstitut vor der Verfahrenseröffnung auf die Gesellschaftersicherheit verzichtet, entfällt damit auch die Anfechtbarkeit nach § 135 Abs. 2 InsO.[677] Nach § 135 Abs. 2 Alt. 2 InsO werden den Rückzahlungen auf Darlehen Leistungen auf Forderungen, die einem Darlehen wirtschaftlich entsprechen, gleichgestellt. Eine mittelbare Gläubigerbenachteiligung reicht für § 135 InsO aus. Die **Beweislast** des Insolvenzverwalters bezieht sich auf die Gewährung des gesellschafterbesicherten Drittdarlehens und die Rückzahlung innerhalb des Anfechtungszeitraums. **134**

Zu § 135 Abs. 3 InsO – der keinen Anfechtungsanspruch, sondern ein zeitlich begrenztes **unentgeltliches Nutzungsrecht** des Insolvenzverwalters an einem der Gesellschaft von einem Gesellschafter überlassenen Gegenstand normiert – sei noch angemerkt, dass das unentgeltliche Nutzungsrecht beschränkt werden kann, wenn auf einem überlassenen Grundstück zB zu Gunsten eines Kreditinstitutes ein Grundpfandrecht lastet und die **135**

ZIP 2012, 2277 (bejahend) und andererseits *Bitter* ZIP 2013, 2 (verneinend). Im Rahmen des § 135 Abs. 1 Nr. 1 InsO findet § 142 InsO keine Anwendung, so BGH WM 2019, 650 (655 ff.) (Rn. 42 ff.).

670 Vgl. BGH WM 2013, 568 (571) (Rn. 27 ff.); manchmal lassen sich Kreditinstitute derartige Forderungen abtreten bzw. behalten sich die Abtretung zB im Rahmen von Forderungsrücktritts- oder Belassungserklärungen vor.

671 Gesellschaft meint wie bei § 39 Abs. 1 Nr. 4 InsO jede Gesellschaftsform, soweit nicht eine natürliche Person persönlich haftender Gesellschafter ist, vgl. *Gehrlein* BB 2011, 3 (5); *Altmeppen* NJW 2008, 3601 (3602).

672 Bei einer sog. Doppelsicherung, wenn also neben der Gesellschaftersicherheit noch eine Sicherheit der Gesellschaft besteht, hat § 44a InsO nach zutreffender hM nichts am Wahlrecht des Kreditinstitutes, welche Sicherheit vorrangig verwertet wird, geändert, so BGH ZIP 2011, 2417 (2419) (Rn. 13 ff.); vgl. dazu *Altmeppen* ZIP 2011, 741 (742 ff.), auch mwN zur hM und zur Gegenansicht.

673 BGH WM 2017, 1673 (1674) (Rn. 14); 2014, 572 (574) (Rn. 13); ZIP 2011, 2417 (2418) (Rn. 7); *Altmeppen* NJW 2008, 3601 (3607); Uhlenbruck/*Hirte* § 135 Rn. 15 f. Wird die Gesellschafterstellung erst nach der Sicherheitenstellung erworben, ist § 135 InsO dennoch einschlägig, so BGH WM 2014, 572 (574) (Rn. 15).

674 Vgl. auch BGH WM 2017, 1673 (1674) (Rn. 14); 2013, 1615 (1616 f.) (Rn. 18 ff.); NJW 1990, 2260 (2261). Eine Krise der Gesellschaft muss nicht (mehr) vorliegen, vgl. BGH ZIP 2015, 1130 (Rn. 5).

675 BGH WM 2017, 1673 (1674) (Rn. 9); Uhlenbruck/*Hirte* § 135 Rn. 17. Auch wenn die Befriedigung des Gläubigers durch Verwertung der Gesellschaftssicherheit erst nach Verfahrenseröffnung erfolgt, besteht der Anspruch gegen den Gesellschafter aus § 143 Abs. 3 S. 1 InsO, so BGH ZIP 2011, 2417 (2418 ff.) (Rn. 5 ff.), anders die Vorinstanz OLG Hamm (8. ZS) NZI 2011, 251 f.; wie der BGH dagegen OLG Hamm (27. ZS) ZIP 2011, 1266.

676 BGH WM 2017, 1673 (1674) (Rn. 12).

677 Uhlenbruck/*Hirte* § 135 Rn. 18.

Zwangsverwaltung beantragt ist: mit Wirksamwerden des Beschlagnahmebeschlusses kann der Insolvenzverwalter – abgesehen von § 1124 Abs. 2 BGB – das Grundstück nicht mehr unentgeltlich nutzen, sondern er muss für eine Nutzung das volle Entgelt an den Zwangsverwalter zahlen.[678]

4. Rechtsfolgen von Anfechtungen nach der InsO

136 **a) Rechtsfolgen (§ 143 InsO).** Nach § 143 Abs. 1 S. 1 InsO[679] hat der Anfechtungsgegner[680] als „Begünstigter" der Leistung aus dem Vermögen des Insolvenzschuldners[681] das an die Insolvenzmasse **zurückzugewähren,** was durch die anfechtbare Handlung aus dem Vermögen des Schuldners veräußert, weggegeben oder aufgegeben wurde. Dieser Rückgewähranspruch des Insolvenzverwalters bzw. – im Eigenverwaltungsverfahren – Sachwalters (§ 280 InsO) als Anfechtungsberechtigtem[682] ist als **Verschaffungsanspruch** darauf gerichtet, die Insolvenzmasse in die Lage zurückzuversetzen, in der sie sich befinden würde, wenn die anfechtbare Rechtshandlung unterblieben wäre.[683] In dieser „Fixierung" auf die Insolvenzmasse liegt auch der grundlegende Unterschied zu einem Bereicherungsanspruch.[684] Daraus folgt auch, dass ein wirksam angefochtener Erwerb grundsätzlich „in natura" zur Insolvenzmasse zurückzugewähren ist.[685] So ist also nach erfolgreicher Anfechtung zB ein Grundstück zurück aufzulassen,[686] eine getilgte Darlehensforderung ist durch Leistung an die Insolvenzmasse zurückzugewähren, eine abgetretene Forderung ist zurückabzutreten[687], eine bereits eingezogene Forderung ist betragsmäßig „effektiv" an die Masse zu leisten oder ein Grundpfandrecht ist zu löschen oder an die Insolvenzmasse zu übertragen.[688] Wurde der Anfechtungsschuldner allerdings vor der Eröffnung des Insolvenzverfahrens erfolgreich nach den Vorschriften des Anfechtungsgesetzes[689] in Anspruch genommen, scheidet ein Anspruch auf Rückgewähr zur Insolvenzmasse im Umfang der Erfüllung des Anfechtungsanspruchs aus[690].

137 Eine **Vorteilsausgleichung** findet nicht statt;[691] auch eine Aufrechnung des Anfechtungsgegners ist, wenn er Insolvenzgläubiger ist, gegen den Rückgewähranspruch unzulässig.[692] Der insolvenzrechtliche Rückgewähranspruch unterfällt keinen tariflichen Ausschlussfristen[693]. Bei Wertveränderungen gilt der Grundsatz, dass sie der Masse zu gute

[678] *Gehrlein* BB 2011, 3 (10); Uhlenbruck/*Hirte* § 135 Rn. 22; s. a. BGH WM 2015, 581 (586) (Rn. 42 ff.).
[679] Nach *Kayser* ZIP 2015, 449 „neben § 129 InsO die zentrale Vorschrift des Insolvenzanfechtungsrechts".
[680] Dies kann nicht der Insolvenzschuldner sein, BGH NZI 2011, 937 (Rn. 3).
[681] Zu § 145 InsO → Rn. 142.
[682] → Rn. 79.
[683] BegrRegE InsO, *Balz/Landfermann* S. 249; s. auch zB BGH NJW 2007, 2325 (2328) (→ Rn. 31).
[684] Vgl. auch BGH WM 2020, 279 (283) (Rn. 41); Uhlenbruck/*Borries/Hirte* § 129 Rn. 29; Nerlich/Römermann/*Nerlich* § 143 Rn. 5.
[685] BegrRegE InsO, *Balz/Landfermann* S. 249; Uhlenbruck/*Borries/Hirte* § 143 Rn. 20; Nerlich/Römermann/*Nerlich* § 143 Rn. 8; *Kayser* ZIP 2015, 449 (453). Zur (ausnahmsweisen) Beschränkung des Herausgabeanspruchs auf einen Teilbetrag vgl. OLG München ZIP 2015, 2033 (2034).
[686] BGH WM 2016, 1455 (1458) (Rn. 24); NJW-RR 1986, 991 (992); BGHZ 71, 61 (63) = NJW 1978, 1326; Nerlich/Römermann/*Nerlich* § 143 Rn. 34.
[687] BGH WM 2014, 2189 (2190) (Rn. 10); OLG Düsseldorf ZInsO 2019, 2475; *Kayser* ZIP 2015, 449 (450). Bei einer Sicherungsabtretung kann dem Absonderungsberechtigten die Einrede der Anfechtbarkeit nach § 146 Abs. 2 InsO entgegen gehalten werden.
[688] BGH WM 2016, 1455 (1458) (Rn. 24). Ausführlich auch mit diversen Bsp. Uhlenbruck/*Borries/Hirte* § 143 Rn. 186 ff. Der Rückgewähranspruch kann im Falle einer anfechtbaren Grundschuldbestellung durch Eintragung einer Vormerkung einstweilen gesichert werden, OLG Karlsruhe NZI 2017, 395 (396).
[689] → Rn. 149 ff.
[690] BGH WM 2013, 81 (82 ff.) (Rn. 15 ff.).
[691] BGH WM 2019, 1605 (1606) (Rn. 14); NJW-RR 2010, 118 (120) (Rn. 36); BGHZ 174, 228 (234) (Rn. 18) = NJW 2008, 655.
[692] BGH ZIP 2016, 30 (31) (Rn. 12); *Kayser* ZIP 2015, 449 (451); Nerlich/Römermann/*Nerlich* § 143 Rn. 30.
[693] BAG ZIP 2014, 91 ff. (Rn. 12 ff.); LAG Nürnberg ZInsO 2013, 94 (97); LAG Berlin-Brandenburg ZIP 2012, 2261 (2263).

kommen bzw. ihr zur Last fallen, wenn sie auch beim Verbleib des Gegenstandes angefallen wären.[694] Der Insolvenzverwalter bzw. Sachwalter (§ 280 InsO) kann gegen den Anfechtungsgegner wegen des bestehenden Rückgewährschuldverhältnisses einen Anspruch auf Auskunftserteilung geltend machen; dieser Anspruch muss allerdings dem Grunde nach schon bestehen,[695] so dass zB ein Kreditinstitut nicht verpflichtet ist, einem Insolvenzverwalter bzw. Sachwalter Auskünfte über Kontenbewegungen zu erteilen, wenn er damit Anfechtungsansprüche verifizieren will.[696]

Der **Rückgewähranspruch** umfasst gemäß § 143 Abs. 1 S. 2 InsO die tatsächlich gezogenen Nutzungen und die schuldhaft nicht gezogenen Nutzungen;[697] auch der Fiskus schuldet grundsätzlich Nutzungsersatz.[698] Diese Bestimmung ist durch das Gesetz zur Verbesserung der Rechtssicherheit bei Anfechtungen nach der Insolvenzordnung und nach dem Anfechtungsgesetz[699] durch die Einfügung eines S. 3 dahin ergänzt worden, daß eine Geldschuld nur zu verzinsen ist, wenn die Voraussetzungen des Schuldnerverzugs oder des § 291 BGB vorliegen; ein darüber hinausgehender Anspruch auf Herausgabe von Nutzungen eines erlangten Geldbetrags ist ausgeschlossen[700]. Die Ergänzung gilt nach Art. 103j Abs. 2 EGInsO auch für vor dem 5.4.2017 eröffnete Insolvenzverfahren; das bis zum 5.4.2017 geltende Recht gilt weiter für bis zu diesem Zeitpunkt im Rahmen einer Insolvenzanfechtung entstandene Zins- und Nutzungsansprüche[701]. Während demnach bis zu dieser Neuregelung bei der Rückgewähr von Geldbeträgen nach der Rechtsprechung – beginnend mit der anfechtbaren Rechtshandlung – auch die gezogenen oder schuldhaft nicht gezogenen Zinsen bzw. ab Verfahrenseröffnung Prozesszinsen in Höhe von 5 Prozentpunkten über dem Basiszinssatz anfielen[702], hängt seitdem die Geltendmachung einer Zinsforderung davon ab, daß der Anfechtungsgegner wirksam in Verzug gesetzt wurde oder der Anfechtungsanspruch rechtshängig ist, während Nutzungsansprüche generell ausgeschlossen sind[703]. Ist eine Rückgewähr in natura nicht möglich, ist nach § 143 Abs. 1 S. 2 InsO wegen der für entsprechend anwendbar erklärten Vorschriften über die Rechtsfolgen einer ungerechtfertigten Bereicherung (§§ 819 Abs. 1, 818 Abs. 4, 292 Abs. 1, 989, 990 BGB) voller Wertersatz in Geld zu leisten.[704] Der Wertersatzanspruch bezieht sich ebenfalls nur darauf, was der Insolvenzmasse durch die anfechtbare Handlung entzogen worden ist, verweist aber wegen einer verschärften Haftung auf die Grundsätze des § 819 Abs. 1 BGB.[705] Bei der Geltendmachung eines Wertersatzanspruches ist ebenfalls die Neuregelung des § 143 Abs. 1 S. 3 InsO zu beachten[706]. **138**

Weiterhin **beschränkt** § 143 Abs. 2 InsO die Rückgewährpflicht des gutgläubigen Empfängers einer unentgeltlichen Leistung[707] auf die noch vorhandene Bereicherung;[708] **139**

---

[694] Ausführlich Nerlich/Römermann/*Nerlich* § 143 Rn. 15 ff.; s. a. Uhlenbruck/*Borries/Hirte* § 143 Rn. 20 f.

[695] BGH NZI 2008, 240 f.; NJW 1998, 2969 (2970); BFH ZIP 2011, 1376 (1377 f.) (Rn 11 ff.); Uhlenbruck/*Borries/Hirte* § 143 Rn. 122.

[696] S. a. *Huber* ZInsO 2001, 289 (292); vgl. ferner BFH WM 2013, 1996 (1998) (Rn. 22).

[697] Ausführlich Uhlenbruck/*Borries/Hirte* § 143 Rn. 41 ff.; vgl. auch *Kayser* ZIP 2015, 449 (454 f.).

[698] BGH ZInsO 2012, 1168 f. (Rn. 8 ff.); anders noch OLG Hamm ZInsO 2011, 1947 (1948 f.) mwN; s. a. LG Dresden ZInsO 2011, 1986 (1987).

[699] Vom 29.3.2017, BGBl. I 2017, 654, in Kraft seit dem 5.4.2017.

[700] Vgl. dazu zB *Pape* ZInsO 2018, 296 (306); *Thole* ZIP 2017, 401 (409).

[701] Dazu iE *Cymutta* NZI 2017, 471.

[702] BGH ZIP 2016, 30 (31) (Rn. 11, 14); BGHZ 171, 38 (42) (Rn. 11) u. 44 (Rn. 21 f.) = NZI 2007, 230.

[703] *Cymutta* NZI 2017, 471 (473).

[704] BGH WM 2019, 650 (660 f.) (Rn. 87); BegrRegE InsO, *Balz/Landfermann* S. 249; ausführlich Uhlenbruck/*Borries/Hirte* § 143 Rn. 29 ff.; Nerlich/Römermann/*Nerlich* § 143 Rn. 26 ff. Zur Haftung minderjähriger Anfechtungsgegner vgl. *Gehrlein* NZI 2017, 695.

[705] BGH NZI 2008, 238 (239) (Rn. 13); BAG ZIP 2011, 1628 (1630) (Rn. 21).

[706] *Thole* ZIP 2017, 401 (409).

[707] → Rn. 127 ff.

[708] Dazu ausführlich BGH WM 2016, 2319 (2320 f.) (Rn. 11 ff.); Der Anfechtungsgegner hat seine Entreicherung darzulegen und zu beweisen, vgl. BGH WM 2016, 2319 (2320) (Rn. 11); ZInsO 2010, 521 (523) (Rn. 17).

bei seiner Bösgläubigkeit gilt § 143 Abs. 1 InsO.[709] § 143 Abs. 3 InsO postuliert als korrespondierende Norm zur Anfechtung gemäß § 135 Abs. 2 InsO insbesondere, dass sich bei einem gesellschafterbesicherten Drittdarlehen die Anfechtung gegen den Gesellschafter richtet[710].

140 **b) Ansprüche des Anfechtungsgegners (§ 144 InsO).** In § 144 InsO sind die Ansprüche des Anfechtungsgegners normiert. § 144 Abs. 1 InsO gilt für den Fall, dass nur das Erfüllungsgeschäft angefochten worden ist.[711] Hat der Anfechtungsgegner den Rückgewähranspruch erfüllt, lebt seine Forderung rückwirkend als einfache Insolvenzforderung wieder auf. Ebenso leben mit der Forderung rückwirkend und kraft Gesetzes auch deren Sicherungen sowie die Nebenrechte wieder auf,[712] u. z. auch soweit es um von Dritten gestellte Sicherheiten geht. Gab es ursprünglich ein Gesamtschuldverhältnis, lebt neben der Forderung gegen den Insolvenzschuldner auch die Forderung gegen den (oder die) Gesamtschuldner wieder auf.[713] Während die für ein Darlehen gewährten akzessorischen Sicherheiten wie zB ein Pfandrecht oder eine Bürgschaft[714] „automatisch" **wieder in Kraft treten,** ist bei den nicht akzessorischen Sicherheiten ggf. eine Wiederbegründung erforderlich, auf die ein Anspruch besteht.[715] Einem Kreditinstitut steht kein Zurückbehaltungsrecht an bestellten Sicherheiten zu, wenn die Sicherheiten nach vollständiger Kreditrückführung freigegeben werden sollen und eine Insolvenzanfechtung möglich erscheint.[716] Wird ein gegenseitiger schuldrechtlicher Vertrag angefochten, bestimmt § 144 Abs. 2 S. 1 InsO, dass der Anfechtungsgegner seine Gegenleistung als **Massegläubiger** zurückverlangen kann, soweit sie noch unterscheidbar in der Masse vorhanden oder soweit die Masse um ihren Wert bereichert ist.[717]

141 Der Anspruch des Anfechtungsgegners entsteht erst mit der **Erfüllung seiner Rückgewährpflicht;**[718] ihm steht allerdings ein Zurückbehaltungsrecht nach § 273 BGB zu.[719] Ist in der Insolvenzmasse keine Gegenleistung bzw. auch keine entsprechende Bereicherung mehr vorhanden, kann der Anspruchsgegner seine Forderung auf Rückgewähr der Gegenleistung nach § 144 Abs. 2 S. 2 InsO nur als Insolvenzgläubiger geltend machen; er muss sie also zur Insolvenztabelle anmelden, ohne dass ihm ein Zurückbehaltungsrecht zustünde.[720] Ist § 145 InsO einschlägig, steht der Erstattungsanspruch des § 144 Abs. 2 InsO nur dem Gesamtrechtsnachfolger (§ 145 Abs. 1 InsO), nicht aber dem Sonderrechtsnachfolger (§ 145 Abs. 2 InsO) zu.[721]

---

[709] Nerlich/Römermann/*Nerlich* § 143 Rn. 57 ff.

[710] BGH WM 2017, 1673 (1674) (Rn. 15); 2014, 572 (573) (Rn. 7); vgl. auch *Kayser* ZIP 2015, 449 (455 f.).

[711] Uhlenbruck/*Hirte/Borries* § 144 Rn. 1; Nerlich/Römermann/*Nerlich* § 144 Rn. 2.

[712] BegrRegE InsO, *Balz/Landfermann* S. 250.

[713] MüKoInsO/*Kirchhof/Piekenbrock* § 144 Rn. 10; Uhlenbruck/*Hirte/Borries* § 144 Rn. 4; KG ZInsO 2011, 486 (488).

[714] Demzufolge kann eine erledigte Bürgschaftsurkunde trotz einer möglichen Insolvenzanfechtung zurückgegeben werden, wobei durch eine revocatoria-Klausel auf die Rechtsfolge des § 144 InsO hingewiesen werden sollte. Wegen dieser Rechtsfolge liegen die Ausführungen des LG Lübeck NZI 2017, 310 (312 unter 2.) neben der Sache.

[715] OLG Naumburg NZI 2009, 558 f.; OLG Brandenburg ZInsO 2004, 504 (506); OLG Frankfurt a. M. NZI 2004, 267; Uhlenbruck/*Hirte/Borries* § 144 Rn. 7 f.; ausführlich *Ganter* WM 2011, 245 (246 ff.); s.A: *Ganter* NZI 2011, 209 (224).

[716] OLG Frankfurt a. M. NZI 2004, 267 f.; LG Berlin ZInsO 2002, 1142 (1144); **aA** offensichtlich LG Lübeck NZI 2017, 310 (312).

[717] Nerlich/Römermann/*Nerlich* § 144 Rn. 8.

[718] BGH ZIP 2015, 485 (486) (Rn. 17); NJW-RR 1986, 991 (992); BFH ZInsO 2018, 1317 (1319) (Rn. 29); OLG München ZIP 2017, 2620 (2621); *Kayser* ZIP 2015, 449 (450).

[719] BGH NJW 2000, 3777 (3781).

[720] BGH NJW-RR 1986, 991 (992 f.).

[721] Letzterer hat nur einen Anspruch gegen seinen Rechtsvorgänger, vgl. Uhlenbruck/*Hirte/Borries* § 144 Rn. 16; Nerlich/Römermann/*Nerlich* § 144 Rn. 14.

5. Verfahrensrechtliche Hinweise zur Insolvenzanfechtung

a) Anfechtung gegen Rechtsnachfolger. Bei bestimmten Konstellationen soll die Anfechtung auch gegenüber Dritten, die die Gegenstände aufgrund gesetzlicher Vorschriften oder eines sonstigen Erwerbs erhalten haben, ausgesprochen werden können, um insbesondere **Umgehungstatbestände** zu verhindern.[722] Nach § 145 Abs. 1 InsO kann die Anfechtbarkeit gegen den Erben oder einen anderen Gesamtrechtsnachfolger des Anfechtungsgegners geltend gemacht werden; letzteres kann zB bei Umwandlungsvorgängen nach dem UmwG in Betracht kommen.[723] § 145 Abs. 2 InsO soll eine Anfechtung gegenüber einem Sonderrechtsnachfolger grundsätzlich ermöglichen, wenn dieser den Gegenstand unentgeltlich erhalten hat[724] oder wenn ihm beim Erwerb die Umstände bekannt waren, welche die Anfechtbarkeit des Erwerbs seines Rechtsvorgängers begründeten.[725] Greift § 145 Abs. 2 InsO, kann der Insolvenzverwalter bzw. Sachwalter (§ 280 InsO) den Anfechtungsanspruch gegen den Ersterwerber oder den Sonderrechtsnachfolger geltend machen;[726] schulden beide Wertersatz, haften sie als Gesamtschuldner (§ 421 ff. BGB).[727] 142

b) Mehrere Anfechtungsgegner. Insbesondere in Anweisungsfällen oder wenn zB ein Schuldner durch eine Leistung an seine Kunden gleichzeitig der Bank zur Sicherheit abgetretene Forderungen werthaltig macht, kann eine Rechtshandlung zu Anfechtungsansprüchen gegen mehrere Anfechtungsgegner führen[728]. Bei einer derartigen **„Doppelwirkung“**[729] hat der Insolvenzverwalter bzw. Sachwalter (§ 280 InsO) die Wahl, welchen Leistungsempfänger er in Anspruch nimmt. Es können, wenn die Voraussetzungen vorliegen, beide in Anspruch genommen werden; sie haften ggf. als Gesamtschuldner.[730] 143

c) Verjährung des Anfechtungsanspruchs (§ 146 InsO). Betreffen die in den einzelnen Anfechtungstatbeständen erwähnten Fristen den Zeitraum, wann vor der Verfahrenseröffnung anfechtungsrechtlich relevantes Handeln oder Unterlassen möglich ist, regelt § 146 Abs. 1 InsO die **Verjährungsfrist** des erst mit der Verfahrenseröffnung durchsetzbaren Anfechtungsanspruchs des Insolvenzverwalter.[731] Seit der Neufassung des § 146 Abs. 1 InsO[732] richtet sich auch die Verjährung des Anfechtungsanspruches nach den Verjährungsregelungen des BGB.[733] Nach § 199 Abs. 1 BGB beginnt die Verjährungsfrist[734] mit dem Schluss des Jahres, in dem der Anspruch entstanden ist und der Gläubiger von den den Anspruch begründenden Umständen und der Person des Schuldners Kenntnis erlangt oder ohne grobe Fahrlässigkeit erlangen müsste. Für die Entstehung des Anspruches ist auf die Eröffnung des Insolvenzverfahrens, dh auf den im Eröffnungsbeschluss bezeichneten Zeitpunkt,[735] abzustellen, für die Kenntniserlangung auf die Person des Insolvenz- 144

[722] MüKoInsO/*Kirchhof/Piekenbrock* § 145 Rn. 1.
[723] Nerlich/Römermann/*Nerlich* § 145 Rn. 6 mit weiteren Bsp.
[724] § 822 BGB ist neben § 145 Abs. 2 Nr. 3 InsO nicht anwendbar, vgl. BGH WM 2012, 1553.
[725] S. iE Nerlich/Römermann/*Nerlich* § 144 Rn. 7 ff.; *Schumacher-Hey* RNotZ 2004, 544 (551 f.).
[726] BGH NJW 1970, 44 (45 f.); OLG Düsseldorf NZI 2001, 477 (478). Zum Anspruch des Anfechtungsgegners → Rn. 141.
[727] OLG Düsseldorf NZI 2001, 477 (478).
[728] Vgl. dazu auch BGH WM 2014, 1009 (1011) (Rn. 22): „Anfechtungsgegner ist nur, wer im Ergebnis gegenüber der Gläubigergemeinschaft bevorzugt wurde.“
[729] BGH NZI 2008, 236 (Rn. 17); s. a. BGH WM 2013, 215 (217) (Rn. 18).
[730] BGH WM 2013, 568 (571) (Rn. 28); 2013, 215 (217) (Rn. 18); NZI 2012, 177 (180) (Rn. 33); 2008, 236 f. (Rn. 16 f.); *Obermüller* Rn. 1.372; *Gehrlein* ZInsO 2010, 1857 (1860).
[731] → Rn. 79; zur Verjährung in einem neuerlichen Insolvenzverfahren s. OLG Düsseldorf ZIP 2012, 482.
[732] Durch das Gesetz zur Anpassung von Verjährungsvorschriften an das Gesetz zur Modernisierung des Schuldrechts v. 9.12.2004, BGBl. I 2004, 3214.
[733] BGH WM 2015, 1246 (Rn. 6); *Mansel/Budzikiewicz* NJW 2005, 321 (324); *M. Huber* ZInsO 2005, 190 f.
[734] Zum bis 15.12.2004 geltenden Recht kurz *M. Huber* ZInsO 2005, 190; zur Übergangsregelung des Art. 229 § 12 EGBGB s. a. *Mansel/Budzikiewicz* NJW 2005, 321 (324 f.); *M. Huber* ZInsO 2005, 190 (191); BGH WM 2013, 764 (765) (Rn. 15).
[735] BGH NZI 2005, 225; 2004, 316 (317).

verwalters.[736] Für den Lauf der Verjährungsfrist sind die Vorschriften des BGB zu Hemmung und Neubeginn ohne weiteres anwendbar.[737] Wer die Einrede der Verjährung geltend macht, ist darlegungs- und beweispflichtig, daß der Anfechtende Kenntnis oder grobfahrlässige Unkenntnis von den in § 199 Abs. 1 Nr. 2 BGB genannten Voraussetzungen hatte[738]. Ist der Anfechtungsanspruch des Insolvenzverwalters nach § 146 Abs. 1 InsO verjährt, kann er dennoch nach § 146 Abs. 2 InsO im Wege der Einrede ein **Leistungsverweigerungsrecht** geltend machen, wenn die Leistungspflicht auf einer anfechtbaren Handlung beruht, so zB wenn die Erfüllung einer anfechtbar begründeten Schuld verlangt wird.[739] Ist das Anfechtungsrecht in einem ersten Insolvenzverfahren verfristet oder verjährt, ist dadurch der Anspruch auf anfechtungsrechtliche Rückgewähr zur Masse eines Zweitverfahrens nicht mitbetroffen[740].

145 **d) Zur Durchsetzung des Anspruchs.** Der Insolvenzverwalter bzw. Sachwalter (§ 280 InsO) muss den Anspruch zwar nicht mehr selbst durchsetzen[741], nachdem der BGH eine Abtretung des Anspruchs als zulässig ansieht;[742] ob Abtretungen allerdings größere Bedeutung erlangen werden, erscheint fraglich, da eine gleichwertige Gegenleistung zur Masse gelangen muss.[743] Vereinbart ein Insolvenzverwalter als Gegenleistung für eine Abtretung die Auskehr des hälftigen Erlöses des vom Abtretungsempfänger zu führenden Rechtsstreits, ist die Abtretung zumindest nicht insolvenzzweckwidrig[744] und nichtig; ist die Höhe der Erlösbeteiligung durch den Insolvenzverwalter fehlerhaft eingeschätzt worden, kann dies bei einem Verschulden lediglich zur Haftung nach § 60 InsO führen[745]. Der Verzicht auf die Ausübung des Anfechtungsrechts soll ebenfalls nicht insolvenzzweckwidrig sein, wenn sich die Masse durch die ihr dadurch zufließenden wirtschaftlichen Vorteile im Ergebnis besser stellt[746]. Eine Disposition über Anfechtungsansprüche in einem Insolvenzplan[747] dürfte nur in Betracht kommen können, wenn der Insolvenzverwalter bzw. Sachwalter nach den soeben genannten Grundsätzen mit einer entsprechenden Regelung einverstanden ist und sie nicht zwingenden rechtlichen Vorgaben wie zB § 259 Abs. 3 InsO widerspricht[748]; eine Regelung ohne seine Zustimmung wird wegen des alleine dem Insolvenzverwalter bzw. Sachwalter zustehenden Anfechtungsrechts nicht möglich sein. Beabsichtigt der Insolvenzverwalter oder Sachwalter (§ 280 InsO) die Erhebung einer Anfechtungsklage mit erheblichem Streitwert, hat er vorher gemäß § 160 Abs. 1, Abs. 2 Nr. 3 InsO die **Zustimmung des Gläubigerausschusses** bzw. – soweit ein Gläubigerausschuss nicht bestellt ist – der Gläubigerversammlung einzuholen.[749] Die Klage ist, da der Anfechtungs-

[736] Uhlenbruck/*Hirte/Borries* § 146 Rn. 2d ff.; Nerlich/Römermann/*Nerlich* § 146 Rn. 6; s. a. *M. Huber* ZInsO 2005, 190 (192). Beim Verwalterwechsel während eines Insolvenzverfahrens ist zwar für die Kenntnis des neuen Verwalters auf dessen Bestellung abzustellen, jedoch ist auch eine Kenntnis des früheren Verwalters zu berücksichtigen, vgl. BGH WM 2015, 1246 (1247) (Rn. 12).

[737] Ausführlich Uhlenbruck/*Hirte/Borries* § 146 Rn. 5 ff.; s. a. Nerlich/Römermann/*Nerlich* § 146 Rn. 3; *M. Huber* ZInsO 2005, 190 (191).

[738] BGH WM 2017, 108 (109) (Rn. 8); 2015, 1246 (1248) (Rn. 17).

[739] BGH NZI 2008, 547 (549) (Rn. 25 ff.); s. a. BGH WM 2019, 1561 (1566 f.) (Rn. 53 ff.).

[740] BGH WM 2013, 1035 f. (Rn. 8).

[741] Rühren aus einem einheitlichen Lebenssachverhalt neben Anfechtungsansprüche auch materiell-rechtliche Rückgewähransprüche her, kann (nur) der Insolvenzverwalter sämtliche Ansprüche verfolgen, BGH WM 2019, 42 (44) (Rn. 19).

[742] BGH WM 2019, 1886 (1887) (Rn. 10); WM 2011, 1080 (1081 f.) (Rn. 7 ff.); anders die Vorinstanz OLG Zweibrücken WM 2010, 2323; vgl. auch *Thole* ZIP 2014, 1653 (1656); Nerlich/Römermann/*Nerlich* § 129 Rn. 31 mwN; Uhlenbruck/*Borries/Hirte* § 143 Rn. 90; *Klockenbrink* ZInsO 2011, 262 ff.

[743] So BGH WM 2011, 1080 (1081) (Rn. 7).

[744] Dazu BGH WM 2019, 1886 (1887) (Rn. 10 ff.); WM 2018, 1427 (1428) (Rn. 13).

[745] BGH ZIP 2013, 531 (532) (Rn. 10).

[746] OLG Karlsruhe ZInsO 2014, 155 (156): bei dem Massezufluss muss es sich nicht zwingend um einen Geldbetrag handeln.

[747] Bejahend *Buchalik/Hiebert* ZInsO 2014, 109 ff.; eingeschränkt *Thole* ZIP 2014, 1653 (1658 ff.).

[748] BGH ZIP 2018, 1141 (1142) (Rn. 16 f.).

[749] BGH NZI 2006, 100 (102) (Rn. 24). Die fehlende Zustimmung hat zwar auf die Wirksamkeit der Klageerhebung keinen Einfluss (§ 164 InsO), stellt aber eine pflichtwidrige Handlung gem. § 60 Abs. 1 InsO

anspruch eine bürgerliche Rechtstreitigkeit nach § 13 GVG ist, bei den – nach den allgemeinen Bestimmungen örtlich und sachlich zuständigen – ordentlichen Gerichten zu erheben,[750] soweit der Anfechtung nicht ein Anspruch auf Rückgewähr von Arbeitsvergütung[751] zugrundeliegt.[752] Da eine förmliche Anfechtungserklärung nicht mehr verlangt wird, braucht der Insolvenzverwalter in seiner Klage auch nicht mehr ausdrücklich auf eine Anfechtung abzustellen, da das Gericht von sich aus den Sachverhalt auch unter Anfechtungsgesichtspunkten zu würdigen hat.[753]

Der Anspruch richtet sich gegen denjenigen, der etwas – und sei es auch nur als Rechtsnachfolger nach § 145 InsO – aus dem Vermögen des Schuldners erlangt hat[754]. Ist der **Anfechtungsgegner** ebenfalls insolvent, hat der Anfechtungsanspruch in dessen Insolvenz Aussonderungskraft.[755] Im Anwendungsbereich des § 93 InsO gilt die dem Insolvenzverwalter des Gesellschaftsvermögens verliehene Ermächtigungswirkung auch für das Anfechtungsrecht.[756] Liegt allerdings eine sog Doppelinsolvenz von Gesellschaft und persönlich haftendem Gesellschafter vor, steht in der Insolvenz des letzteren das diesem Vermögen zuzuordnende Anfechtungsrecht alleine dem Insolvenzverwalter über das Gesellschaftervermögen zu.[757] Kommt es bei **Mehrpersonenverhältnissen** zu einer Konkurrenzsituation, weil sowohl der mittelbar als auch der unmittelbar Leistende insolvent sind und machen beide Insolvenzverwalter Anfechtungsansprüche gegen den Leistungsempfänger aus demselben Sachverhalt geltend, kommt – da das Erlangte nur einmal zurückzugewähren ist – der Deckungsanfechtung im Valutaverhältnis Vorrang vor der Schenkungsanfechtung im Zuwendungsverhältnis zu.[758] 146

e) Anhängiger Rechtsstreit und Verfahrensaufhebung (§ 259 Abs. 3 InsO). Einen zum Zeitpunkt der Verfahrensaufhebung noch anhängigen Insolvenzanfechtungsprozess kann der Insolvenzverwalter bzw. Sachwalter (§ 280 InsO) nach § 259 Abs. 3 InsO fortführen, wenn dies im **gestaltenden Teil des Insolvenzplans** vorgesehen ist. Die Norm regelt für einen Sonderfall das Verbleiben der Prozessführungsbefugnis beim Insolvenzverwalter bzw. Sachwalter, der ansonsten mit der Verfahrensaufhebung grundsätzlich seine Verwaltungs- und Verfügungsbefugnis und damit auch die Prozessführungsbefugnis für die Insolvenzmasse verliert.[759] Entscheidend ist das „Vorsehen" im gestaltenden Teil des Insol- 147

dar; vgl. dazu zB Nerlich/Römermann/*Balthasar* § 160 Rn. 24 ff.; krit. zur Anwendung des § 160 InsO bei Insolvenzanfechtungsklagen *Wimmer* ZIP 2013, 2038 ff.

[750] StRspr, zB BGH NZI 2011, 323 (Rn. 5); WM 2009, 814 (815) (Rn. 10); BGHZ 114, 315 (320) = NJW 1991, 2147; OLG Düsseldorf ZIP 2019, 191 f.; OLG Hamburg ZInsO 2018, 1472 (1473 f.). Vgl. auch BFH NZI 2013, 102 (103) (Rn. 11); 2013, 104 (105) (Rn. 11); LSG Thüringen NZI 2014, 664 (665). Eine Anwendbarkeit des § 21 ZPO dürfte ausscheiden, vgl. LG Heilbronn ZInsO 2019, 859 f.

[751] Der Rechtsweg zu den ordentlichen Gericht bleibt, wenn ein Dritter die Arbeitsvergütung zahlt, so BGH NZI 2013, 33 (34 f.) (Rn. 11 ff.), wenn es um die Vergütung des Geschäftsführers geht, LAG Köln ZInsO 2018, 1477 (1478), oder wenn Beitragszahlungen an eine Sozialeinrichtung des privaten Rechts angefochten werden, vgl. BGH ZInsO 2013, 30 (31) (Rn. 9 ff.); OLG Frankfurt (5. Senat) ZIP 2012, 1880; **aA** OLG Frankfurt (19. Senat) ZIP 2012, 1879.

[752] Nach GmS-OGB ZInsO 2010, 2400 ist dann der Rechtsweg zu den Gerichten für Arbeitssachen gegeben; dazu – zu Recht – krit. zB *Kreft* ZIP 2013, 241 (242 ff.) und *Ries* ZInsO 2010, 2382. Der insolvenzrechtliche Rückgewähranspruch kann nicht wegen einer tariflichen Ausschlussfrist verfallen → Rn. 137. Die Annahme einer Zuständigkeit des Familiengerichts durch LG Kleve NZI 2013, 700 scheint nicht ausreichend durchdacht zu sein und ist abzulehnen; s. a. LG Heilbronn ZInsO 2019, 686.

[753] BGH WM 2019, 42 (43 f.) (Rn. 18); BGHZ 171, 38 (44) (Rn. 20) = NZI 2007, 230; 135, 140 (149 ff.) = NJW 1997, 1857.

[754] Vgl. BGH WM 2014, 1009 (1011) (Rn. 22): „Anfechtungsgegner ist nur, wer im Ergebnis gegenüber der Gläubigergemeinschaft bevorzugt wurde".

[755] BGHZ 178, 171 (176) (Rn. 15) = NJW 2009, 225; BGH NJW 2008, 655 (659) (Rn. 44).

[756] BGHZ 178, 171 (174 f.) (Rn. 11 f.) = NJW 2009, 225.

[757] BGHZ 178, 171 (175 ff.) (Rn. 13 ff.) = NJW 2009, 225.

[758] BGHZ 174, 228 (238 ff.) (Rn. 29 ff.) = NJW 2008, 655; zust. *M. Huber* NZI 2008, 149 (150); krit. *Wazlawik* NZI 2010, 881 (884 ff.); vgl. auch *Kayser* ZIP 2015, 449 (452). Ebenso BGH WM 2016, 465 (466) (Rn. 12).

[759] BGH ZIP 2018, 1141 (1142) (Rn. 16); WM 2014, 324 (325 f.) (15); NZI 2010, 99 (→ Rn. 7); Uhlenbruck/*Lüer/Streit* § 259 Rn. 2, 11; *Paul* ZInsO 2011, 610 (612). Beim Sachwalter bezieht sich das alleine auf seine ihm nach § 280 InsO verliehene Befugnis zur Insolvenzanfechtung.

venzplans, was nichts anderes als eine entsprechende Ermächtigung für den Insolvenzverwalter bzw. Sachwalter darstellt. Für diese Ermächtigung reicht die Formulierung „§ 259 Abs. 3 InsO findet Anwendung" aus; es bedarf also keiner auf bestimmte, ggf. geplante Anfechtungsprozesse konkretisierte Erwähnung im Insolvenzplan.[760] Im Insolvenzplan kann jedoch die Fortführungsermächtigung auch auf bestimmte Verfahren beschränkt werden[761]. Auf der Grundlage der Ermächtigung kann der Insolvenzverwalter bzw. Sachwalter nach der Verfahrensaufhebung nur einen bereits **rechtshängigen Anfechtungsrechtsstreit**[762] fortführen, nicht aber einen neuen einleiten;[763] auch das Insolvenzgericht kann ihm diese Befugnis nicht verschaffen.[764] Soweit es im Plan keine abweichende Regelung gibt, wird das Verfahren für Rechnung des Schuldners fortgeführt, dem in diesem Fall auch das Erlangte zusteht.[765] Um den Gläubigern einen Erlös aus einem nach Verfahrensaufhebung fortgeführten Anfechtungsprozess zu sichern, sollte eine eindeutige Regelung im Insolvenzplan angestrebt werden.

6. Besonderheiten des Verbraucherinsolvenzverfahrens

148 Durch das Gesetz zur Verkürzung des Restschuldbefreiungsverfahrens und zur Stärkung der Gläubigerrechte[766] wurden zum 1.7.2014 die Vorschriften der §§ 312 bis 314 InsO aufgehoben; für ab diesem Datum beantragte Verfahren sind Anfechtungen – wie bisher schon im regulären Insolvenzverfahren – alleine vom Insolvenzverwalter[767] zu verfolgen[768], so dass es insoweit keine Besonderheiten mehr gibt. Die bisherige Regelung, die jeden Insolvenzgläubiger zur Insolvenzanfechtung berechtigte (§ 313 Abs. 2 aF InsO) [769], wurde in den Vorauflagen[770] dargestellt. Darauf wird verwiesen, da die Regelung keine relevante Bedeutung mehr hat.

7. Anfechtungen nach dem Anfechtungsgesetz

149 **a) Einführung.** In der Praxis hat eine Anfechtung nach dem Anfechtungsgesetz – die sog **Gläubigeranfechtung** – bei weitem nicht die Bedeutung wie die Insolvenzanfechtung. Die Gläubigeranfechtung will wie die Insolvenzanfechtung Vermögensverschiebungen rückgängig machen, sie bezweckt aber nur die Rückgängigmachung eines vereitelten „Einzelzugriffs" und sie hat somit nicht – wie die Insolvenzanfechtung – die Gleichbehandlung aller Gläubiger als Ziel.[771] Die Gläubigeranfechtung hat grundsätzlich folgende Voraussetzungen:[772]

---

[760] BGH WM 2015, 1291 (1296) (Rn. 33 f.); NZI 2006, 100 (101 ff.) (Rn. 10 ff.); MüKoInsO/*Madaus*/*M. Huber* § 259 Rn. 19.

[761] BGH WM 2014, 324 (326) (Rn. 17); 2013, 714 (Rn. 5); ggf. sind die Regelungen des Insolvenzplans auszulegen, vgl. OLG Dresden ZInsO 2013, 996 (997). Es empfiehlt sich daher auch zwecks Haftungsvermeidung, für eine eindeutige Regelung Sorge zu tragen.

[762] BGH ZIP 2018, 1141 (1142) (Rn. 16); ZIP 2013, 998 (Rn. 11): die Anfechtungsklage muss im Zeitpunkt der Verfahrensaufhebung bereits zugestellt sein.

[763] BGH ZIP 2018, 1141 (1142) (Rn. 16); NZI 2010, 99 (100) (Rn. 10).

[764] BGH NZI 2010, 99 (100 f.) (Rn. 12 ff.).

[765] BGH WM 2014, 324 (326) (Rn. 22); NZI 2006, 100 (102) (Rn. 24).

[766] Vom 15.7.2013, BGBl. I 2013, 2379.

[767] Im Verbraucherinsolvenzverfahren kann es gem. § 270 Abs. 1 S. 3 InsO keine Eigenverwaltung und damit auch keinen anfechtenden Sachwalter nach § 280 InsO geben.

[768] Vgl. dazu zB *Frind* ZInsO 2014, 1739 ff.; *Vallender* NZI 2014, 535 ff.

[769] Deren vom Gesetzgeber bei Erlass der InsO angenommene Motivation (BegrRegE InsO, *Balz/Landfermann* S. 436) war in der Praxis eine seltene Ausnahme; kritisch bereits *Wittig* WM 1998, 157 (168); s. a. MüKoInsO/*Vuia* § 313 Rn. 3. Demzufolge ist es letztendlich nachvollziehbar, wenn diese Besonderheiten weggefallen sind; vgl. auch Regierungsentwurf für ein Gesetz zur Verkürzung des Restschuldbefreiungsverfahrens und zur Stärkung der Gläubigerrechte v. 12.7.2012, S. 57 f.

[770] → 1. Aufl. 2013, Kap. 32 Rn. 148,→ 2. Aufl. 2016, Kap. 32 Rn. 148.

[771] BGH WM 2018, 909 (912) (Rn. 18); NZI 2010, 414 (415) (Rn. 11); 2009, 67 (69) (Rn. 21 ff.); *Schumacher-Hey* RNotZ 2004, 544; *Ganter* NZI 2011, 209 (237). Zu weiteren Unterschieden s. *Kirchhof* ZInsO 2013, 1813 f.

[772] Vgl. *M. Huber* Anfechtungsgesetz § 1 Rn. 3 f.

b) Anfechtung nur außerhalb eines Insolvenzverfahrens (§ 1 Abs. 1 AnfG). Mit der Eröffnung eines Insolvenzverfahrens geht eine in der Person eines (Insolvenz-)Gläubigers[773] entstandene Anfechtungsberechtigung grundsätzlich auf den Insolvenzverwalter[774] bzw. Sachwalter (§ 280 InsO) über (§ 16 Abs. 1 AnfG). Hat der Gläubiger vor der Verfahrenseröffnung eine Sicherung oder Befriedigung erlangt, gilt § 130 InsO entsprechend (§ 16 Abs. 2 InsO); dabei handelt es sich um eine **Rechtsgrundverweisung.**[775] Das Schicksal eines zum Zeitpunkt der Verfahrenseröffnung bereits anhängigen Gläubigeranfechtungsprozesses regelt § 17 AnfG.[776] Wurde gegen einen Anfechtungsgegner vor der Eröffnung eines Insolvenzverfahrens die Gläubigeranfechtung erfolgreich durchgesetzt, scheidet im Umfang der Erfüllung des Anfechtungsanspruchs ein Anspruch auf Rückgewähr zur Insolvenzmasse aus[777]. In § 18 AnfG ist normiert, unter welchen Voraussetzungen Gläubiger nach der Beendigung eines Insolvenzverfahrens Anfechtungsansprüche im Wege der Gläubigeranfechtung realisieren können.[778] 150

c) Anfechtungsberechtigung nach § 2 AnfG. Nur der – einzelne – **Gläubiger** ist zur Anfechtung berechtigt, der einen fälligen Anspruch gegen den Schuldner hat, der hinsichtlich dieses Anspruches einen vollstreckbaren Schuldtitel[779] erlangt hat und wenn die Zwangsvollstreckung in das Schuldnervermögen nicht zur vollständigen Befriedigung des Gläubigers geführt hat oder die Zwangsvollstreckung voraussichtlich nicht dazu führen wird.[780] Als Schuldtitel zählt nicht nur ein Endurteil, sondern insbesondere auch eine notarielle Urkunde gemäß § 794 Abs. 1 Nr. 5 ZPO über einen abstrakten oder einen kausalen Zahlungsanspruch.[781] Eine dem Schuldner erteilte Restschuldbefreiung steht einer Gläubigeranfechtung nicht entgegen[782]. 151

d) Rechtshandlung des Schuldners und Gläubigerbenachteiligung (§ 1 AnfG). Für die beiden Tatbestandsmerkmale gelten grundsätzlich die Ausführungen bei der Insolvenzanfechtung sinngemäß,[783] allerdings ist auf folgende wesentliche Unterschiede bei der Rechtshandlung und bei der Annahme einer Gläubigerbenachteiligung hinzuweisen: Wegen der im Verhältnis zur Insolvenzanfechtung unterschiedlichen Zielrichtung der Gläubigeranfechtung kann diese **nur im Rahmen des Gesamtvorgangs,** der die Weggabe des Gegenstandes aus dem Schuldnervermögen und damit die Vereitelung einer Zugriffsmöglichkeit bezweckt hat, betrachtet werden.[784] Während bei der Insolvenzanfechtung ein Gesamtvorgang wegen der dort von der Rechtsprechung vorgenommenen „vereinzelnden" 152

[773] Nicht aber, wenn es sich um einen absonderungsberechtigten Gläubiger handelt, vgl. OLG Düsseldorf ZInsO 2019, 2471 (2472); *M. Huber* Anfechtungsgesetz § 16 Rn. 5 f.; BuB/*Wenzel/Gratias* Rn. 4/244b.

[774] OLG Düsseldorf ZInsO 2018, 2604; OLG München ZIP 2017, 239 (240); LG Stuttgart ZInsO 2019, 1952 (1954). Bei einem vor dem 1.7.2014 beantragten vereinfachten Insolvenzverfahren (→ Rn. 148) ging sie auf den den Anfechtungsrechtsstreit führenden Gläubiger über, vgl. BGH NZI 2010, 196 (197 f.) (Rn. 8 ff.).

[775] *M. Huber* Anfechtungsgesetz § 16 Rn. 17. Vgl. auch BFH ZInsO 2014, 1331 (1332) (Rn. 14).

[776] Vgl. iE *M. Huber* Anfechtungsgesetz § 17 Rn. 1 ff.; s. a. BGH NZI 2010, 196 (197 f.) (Rn. 8 ff.); BFH ZIP 2015, 996 (Rn. 10); OLG Düsseldorf ZInsO 2018, 2604; KG ZInsO 2014, 1225 (1226).

[777] BGH WM 2013, 81, (82 ff.) (Rn. 15 ff.).

[778] *M. Huber* Anfechtungsgesetz § 18 Rn. 1; s. auch BGH WM 2018, 909 (910 f.) (Rn. 6, 10 ff.). Der Anfechtungsgegner kann sich gegenüber dem Gläubiger nicht auf Verjährung berufen, wenn diese für das Recht des Insolvenzverwalters nach § 146 Abs. 1 InsO eingetreten ist, so BGH WM 2013, 1035 (Rn. 7).

[779] Zu einem vorläufig vollstreckbaren Schuldtitel bzw. zu einem Vorbehaltsurteil s. § 14 AnfG.

[780] BGH WM 2017, 188 (189) (Rn. 7); ausführlich BGH NZI 2012, 184 (185 ff.) (Rn. 14 ff.). Vgl. iE *M. Huber* Anfechtungsgesetz § 2 Rn. 4 ff.; s. a. BuB/*Wenzel/Gratias* Rn. 4/251; *Schumacher-Hey* RNotZ 2004, 544; KG NZI 2014, 360; OLG Saarbrücken ZIP 2011, 1480 (1481).

[781] BGH WM 2007, 367 (368) (Rn. 13); *M. Huber* Anfechtungsgesetz § 2 Rn. 15; BuB/*Wenzel/Gratias* Rn. 4/242.

[782] BGH WM 2018, 909 (910 f.) (Rn. 7 ff.); 2015, 2381 (2382) (Rn. 15 ff.).

[783] → Rn. 80 ff.; vgl. auch *Kirchhof* ZInsO 2013, 1813 (1815).

[784] BGH NZI 2010, 414 (415) (Rn. 12); 2009, 67 (69) (Rn. 24); s. a. *Onusseit* ZInsO 2010, 2022 (2024 ff.); *Ganter* NZI 2011, 209 (237). Vgl. aber nun BGH WM 2012, 517 (518) (Rn. 12 f.).

Betrachtungsweise[785] zu mehreren selbständigen Rechtshandlungen führen kann, ist die „Vereinzelung“ bei der Gläubigeranfechtung nicht möglich. Wie bei der Insolvenzanfechtung steht allerdings bei der Gläubigeranfechtung eine Unterlassung einer Rechtshandlung gleich (§ 1 Abs. 2 AnfG). Auch die Annahme einer Gläubigerbenachteiligung erfolgt „einzelfallbezogen“: durch die Rechtshandlung muss die Befriedigung des „betroffenen“ Gläubigers aus dem Schuldnervermögen beeinträchtigt und der Gläubiger objektiv benachteiligt sein, ohne dass es darauf ankommt, ob die Rechtshandlung auch weitere Gläubiger benachteiligt hat.[786]

153 **e) Vermögensmehrung beim Anfechtungsgegner.** Die Anfechtung richtet sich als schuldrechtlicher Anspruch nur[787] gegen denjenigen, beim dem durch die anfechtbare Rechtshandlung eine Vermögensmehrung eingetreten ist. Bei der Vermögensmehrung muss es sich um einen **der Zwangsvollstreckung zugänglichen Vorteil** handeln.[788] Demzufolge muß sich der Anfechtungsgegner auch alleine im Verhältnis zum anfechtenden Gläubiger so behandeln lassen, als gehöre der anfechtbar veräußerte Gegenstand noch zum Vermögen des Schuldners[789].

154 **f) Anfechtungstatbestand wurde verwirklicht.** Die im Anfechtungsgesetz postulierten Anfechtungstatbestände wegen einer vorsätzlichen Benachteiligung (§ 3 AnfG), wegen einer unentgeltlichen Leistung (§ 4 AnfG) und wegen eines Gesellschafterdarlehens (§ 6 AnfG) bzw. eines gesicherten Darlehens (§ 6a AnfG) entsprechen den **korrespondierenden Anfechtungstatbeständen** in der Insolvenzordnung, so dass grundsätzlich auf die einschlägigen Ausführungen oben[790] verwiesen werden kann[791]. Anfechtungstatbestände der sog besonderen Insolvenzanfechtung nach §§ 130–132 InsO finden sich dagegen im Anfechtungsgesetz nicht.[792] Zu beachten ist, dass es bei der Gläubigeranfechtung für die Berechnung der Anfechtungsfristen grundsätzlich entweder auf die Erlangung eines Schuldtitels (§ 6a f. AnfG) oder auf den Zeitpunkt der gerichtlichen Geltendmachung (§ 7 Abs. 1 AnfG)[793] oder auf die sog Anfechtungsankündigung (§ 7 Abs. 2 AnfG)[794] ankommt. Im Gegensatz zu § 146 InsO kennt das Anfechtungsgesetz **keine Verjährungsregelung,** so dass es sich bei den Anfechtungsfristen um materiell-rechtliche Ausschlussfristen handelt.[795]

155 **g) Gerichtliche Geltendmachung.** Soweit keine außergerichtliche Erledigung erfolgt, hat eine **fristgerechte gerichtliche Geltendmachung** entweder durch Klage nach § 13

[785] So BGH NZI 2010, 414 (415) (Rn. 11).

[786] BGH WM 2018, 1979 (1980 f.) (Rn. 16); *M. Huber* Anfechtungsgesetz § 1 Rn. 32 f.

[787] BGH WM 2018, 1979 (1981) (Rn. 18).

[788] So *M. Huber,* Anfechtungsgesetz § 1 Rn. 35; s. a. KG NZI 2014, 360 (361); BuB/*Wenzel/Gratias* Rn. 4/250.

[789] BGH WM 2018, 1979 (1981) (Rn. 18).

[790] → Rn. 120 ff. Allerdings hat der BFH bei § 3 AnfG die Bestellung eines dinglichen Rechts am eigenen Grundstück als anfechtbar angesehen, vgl. BFH NZI 2010, 917 (919 f.) (Rn. 25 ff.); dem zustimmend BGH NJW 2011, 3517 (3518) (Rn. 11); krit. dagegen *Kirchhof* ZInsO 2011, 2009; für den Insolvenzanfechtungsanspruch ablehnend BGH NZI 2011, 937 (Rn. 3). Zur (unentgeltlichen) Zuwendung unter Eheleuten BGH NZI 2012, 184 (189) (Rn. 44); OLG Frankfurt NZI 2018, 567 (568).

[791] Durch das Gesetz zur Verbesserung der Rechtssicherheit bei Anfechtungen nach der Insolvenzordnung und nach dem Anfechtungsgesetz vom 29.3.2017, BGBl. I 2017, 654, wurde wie in § 133 InsO (dazu → Rn. 121) auch in § 3 AnfG bei einer Deckungshandlung der Anfechtungszeitraum auf 4 Jahre verkürzt sowie die Erleichterungen bei einer kongruenten Deckungshandlung bzw. bei einer Zahlungserleichterung ergänzt; auch diesbezüglich kann somit auf die Ausführungen weiter oben (→ Rn. 124) verwiesen werden. S. a. *M.Huber* ZInsO 2017, 517 (521).

[792] Auch zu § 136 InsO findet sich keine korrespondierende Vorschrift. S. a. *Kirchhof* ZInsO 2013, 1813.

[793] Dazu OLG Düsseldorf ZInsO 2018, 31 (34).

[794] Die Ankündigung muss die befriedigungsbedürftige Forderung bezeichnen, BGH NZI 2012, 141 (Rn. 3).

[795] OLG Düsseldorf ZInsO 2018, 31 (34); ZIP 2012, 482; *M. Huber* Anfechtungsgesetz § 7 Rn. 4; *Kirchhof* ZInsO 2013, 1813 (1814). Vgl. auch BGH WM 2015, 1335 (1338) (Rn. 23); 2013, 1035 (Rn. 7).

AnfG oder durch Einrede nach § 9 AnfG gegenüber dem Anfechtungsgegner oder dessen Rechtsnachfolger (§ 15 AnfG)[796] zu erfolgen[797]. Während die Insolvenzanfechtung dazu führen soll, dass der anfechtbar weggegebene Gegenstand der Insolvenzmasse zurückgewährt wird,[798] geht es bei der Gläubigeranfechtung nicht darum, den Gegenstand in das Vermögen des Schuldners zurückzuholen; vielmehr soll dem anfechtenden Gläubiger nur der Vollstreckungszugriff auf den Gegenstand wieder ermöglicht werden, dh die Rechtsfolge ist auf die Beseitigung des Hindernisses, das dem Zugriff des Gläubigers bereitet wurde, gerichtet.[799] Demzufolge hat sich der Anfechtungsgegner so zu behandeln lassen, als gehöre der weggegebene Gegenstand noch dem Schuldner, dh er hat nach § 11 Abs. 1 AnfG das Weggegebene dem zwangsweisen Zugriff „zur Verfügung zu stellen", also die Zwangsvollstreckung in den weggegebenen Gegenstand zu dulden[800]; ggf. kann er auch verpflichtet sein, alle Erklärungen abzugeben, die erforderlich sind, um dem Recht des Gläubigers den Vorrang einzuräumen[801]. Der Anspruch nach § 11 AnfG kann durch eine einstweilige Verfügung gesichert werden.[802] Ist dem Anfechtungsgegner diese Zur-Verfügung-Stellung aus rechtlichen oder tatsächlichen Gründen unmöglich geworden, kann der anfechtende Gläubiger als Sekundäranspruch einen Anspruch auf Wertersatz geltend machen.[803] Im Übrigen entsprechen § 11 Abs. 1 S. 2 und S. 3[804] und Abs. 2 AnfG den korrespondierenden Vorschriften des § 143 Abs. 1 S. 2 und S. 3 und Abs. 2 InsO.[805]

h) Keine unzulässige Rechtsausübung. Zusätzliche Einschränkungen des Anfechtungsrechts über die Normen des Anfechtungsgesetzes hinaus sind nicht anzuerkennen; die Grenze findet sich erst im Verbot der unzulässigen Rechtsausübung (§ 242 BGB).[806] Eine Mitwirkung des Gläubigers an der später angefochtenen Vermögensübertragung schließt daher die Gläubigeranfechtung nicht alleine deswegen aus; erst wenn für den anderen Teil ein **Vertrauenstatbestand** geschaffen worden ist oder andere besondere Umstände die Rechtsausübung als treuwidrig erscheinen lassen, wäre die Gläubigeranfechtung rechtsmissbräuchlich.[807] 156

[796] Abgesehen von Abs. 1 entspricht § 15 AnfG praktisch § 145 InsO; → Rn. 142. Der Steuergläubiger muss „direkt" per Duldungsbescheid vorgehen, vgl. BVerwG ZIP 2017, 1723 (Rn. 13); BFH NZI 2017, 763 (Rn. 9); 2010, 917 (920) (Rn. 12); OLG Celle ZInsO 2012, 220 f.; OLG München ZInsO 2012, 2202 (2203); zum Gerichtsstand bei Auslandsberührung s. BGH NZI 2012, 184 (185) (Rn. 13).

[797] S. zu den durch das Gesetz zur Verbesserung der Rechtssicherheit bei Anfechtungen nach der Insolvenzordnung und nach dem Anfechtungsgesetz vom 29.3.2017, BGBl. I 2017, 654, erfolgten Änderungen in § 3 AnfG (→ Rn. 154, Fn. 791) bzw. in § 11 AnfG (→ Rn. 155, Fn. 804) auch die Überleitungsvorschrift in § 20 Abs. 4 AnfG.

[798] → Rn. 136 ff.

[799] Vgl. BGH WM 2018, 1979 (1980 f.) (Rn. 16 ff.); WM 2013, 2229 (2230) (Rn. 12); NZI 2009, 67 (69) (Rn. 23); BFH NZI 2010, 917 (920) (→ Rn. 38); *M. Huber* Anfechtungsgesetz § 11 Rn. 1; *Kirchhof* ZInsO 2013, 1813 (1814); *Schumacher-Hey* RNotZ 2004, 544 (553).

[800] BGH WM 2017, 188 (189 f.) (Rn. 12); NZI 2009, 67 (69) (Rn. 23); *M. Huber* Anfechtungsgesetz § 11 Rn. 1 u. Rn. 17; BuB/*Wenzel*/*Gratias* Rn. 4/250; *Ganter* NZI 2011, 209 (237). Zur Befugnis des Anfechtungsgegners, den Bereitstellungsanspruch durch Zahlung eines Geldbetrages abzuwehren vgl. BGH NZI 2011, 144 (145) (Rn. 9 ff.).

[801] BGH WM 2013, 2229 (2230) (Rn. 12).

[802] OLG Stuttgart NZI 2010, 277; implizit auch OLG Düsseldorf ZIP 2015, 889 (890).

[803] BGH WM 2008, 1695 (1696) (Rn. 11); s. a. BGH NZI 2009, 67 (69 f.) (Rn. 27 ff.); *M. Huber* Anfechtungsgesetz § 11 Rn. 37 ff.; BuB/*Wenzel*/*Gratias* Rn. 4/250.

[804] Durch das Gesetz zur Verbesserung der Rechtssicherheit bei Anfechtungen nach der Insolvenzordnung und nach dem Anfechtungsgesetz vom 29.3.2017, BGBl. I 2017, 654, wurde für die Verzinsung einer Geldschuld in § 11 AnfG die gleiche Regelung wie in § 143 InsO ergänzt (→ Rn. 138).

[805] → Rn. 136 ff.

[806] BGH NJW 1992, 834; OLG Düsseldorf ZInsO 2019, 2471 (2473); *M. Huber* Anfechtungsgesetz § 1 Rn. 4 u. § 2 Rn. 35 ff.

[807] BGH NJW 1992, 834. Zur treuwidrigen Anfechtungsklage, wenn der Kläger seinen Anspruch ebenfalls anfechtbar erlangt hat vgl. OLG Düsseldorf ZInsO 2019, 2471 (2473 f.).

IV. Neue Finanzierungen im (vorläufigen) Insolvenzverfahren

1. Einführung

157 Auch wenn nach Antragstellung der Insolvenzschuldner unter gewissen Voraussetzungen noch eigenständig Kredite aufnehmen und diese möglicherweise sogar noch – falls noch unbelastete Vermögensgegenstände vorhanden sind – besichern könnte, sollte ein Kreditinstitut dies aus rechtlichen und insbesonders wirtschaftlichen Überlegungen nicht in Erwägung ziehen, sondern einer Finanzierungsentscheidung grundsätzlich nicht ohne „Einbindung" eines vorläufigen Insolvenzverwalters bzw. Sachwalters näher treten; nach der Verfahrenseröffnung können einschlägige Verträge wegen § 80 InsO nur noch mit dem Insolvenzverwalter geschlossen werden, soweit nicht Eigenverwaltung angeordnet wird. Nachstehend werden die wesentlichen einschlägigen **Finanzierungsoptionen** dargestellt[808].

2. Finanzierungsmaßnahmen zwischen Antragstellung und Verfahrenseröffnung

158 **a) Finanzierung des „Regel"-Eröffnungsverfahrens.**[809] Dem Interesse eines vorläufigen Insolvenzverwalter an neuen Krediten insbesondere zur vorübergehenden Fortführung des Schuldnerunternehmens (§ 22 InsO) wird ein Kreditinstitut nur dann aufgeschlossen gegenüber stehen, wenn eine **vollständige Rückführung** der Kredite gewährleistet ist. Die Zur-Verfügung-Stellung von „frischem Geld" sollte idealerweise als Masseverbindlichkeit des späteren Insolvenzverfahrens vereinbart werden, da Masseverbindlichkeiten grundsätzlich vor den vor Verfahrenseröffnung entstandenen Verbindlichkeiten befriedigt werden (s. auch § 209 InsO). Nach § 55 Abs. 2 S. 1 InsO gelten Verbindlichkeiten in einem eröffneten Verfahren als Masseverbindlichkeiten, wenn sie von einem vorläufigen Insolvenzverwalter begründet worden sind, auf den die Verfügungsbefugnis über das Vermögen des Schuldners übergegangen ist. Nur ein vorläufiger starker Insolvenzverwalter kann also Kreditverbindlichkeiten begründen, die nach Verfahrenseröffnung als Masseverbindlichkeiten gelten.[810]

159 Im Umkehrschluss heißt dies, dass ein – in der Praxis üblicherweise eingesetzter – schwacher vorläufiger Insolvenzverwalter dies gerade nicht kann, die von ihm begründeten Kreditverbindlichkeiten einem Kreditinstitut also nur normale Insolvenzforderungen „bescheren". Allerdings kann das Insolvenzgericht einen schwachen vorläufigen Insolvenzverwalter durch eine spezifizierte Anordnung nach § 22 Abs. 2 InsO ermächtigen, einzelne, im Voraus **genau festgelegte Verpflichtungen** zu Lasten der späteren Insolvenzmasse – und damit auch Kreditverbindlichkeiten – zu begründen; diese Verbindlichkeiten gelten im eröffneten Verfahren als Masseverbindlichkeiten.[811] Hat ein Kreditinstitut also entweder

[808] Vgl. auch *Huber* NZI 2014, 439 ff. Bei der direkten oder indirekten Einbindung staatlicher Stellen ist auf die EU-Leitlinien für staatliche Beihilfen zur Rettung nichtfinanzieller Unternehmen in Schwierigkeiten (RuU-LL), ABl. EU 2014, C 249, 1, abgedruckt zB in ZInsO 2014, 2088 hinzuweisen. S. ferner die Mitteilung der Kommission über die Anwendung der Art. 87 und 88 des EG-Vertrags auf staatliche Beihilfen in Form von Haftungsverpflichtungen und Bürgschaften (2008/C 155/02), ABl. EU 2008, C 155, 10.

[809] Durch das Gesetz zur weiteren Erleichterung der Sanierung von Unternehmen (ESUG) vom 7.12.2011, BGBl. I 2011, 2582, wurden für die Eigenverwaltung eigene Bestimmungen für ein Eröffnungsverfahren in die InsO aufgenommen. Auf Finanzierungsbesonderheiten dieses Eröffnungsverfahrens wird in → Rn. 166a eingegangen, nachdem in → Rn. 158 ff. die Finanzierungsmaßnahmen für ein „reguläres" Eröffnungsverfahren, das immer noch in den meisten Fällen angeordnet wird, erörtert worden sind.

[810] Vgl. BGH ZInsO 2014, 261 (Rn. 3); NJW 2002, 3326 (3327); s. a. BankR-HdB/*Häuser* § 85 Rn. 153; MüKoInsO/*Haarmeyer/Schildt* § 22 Rn. 72; *Stapper/Schädlich* ZInsO 2011, 249 (253); *Wittig* DB 1999, 197 (199).

[811] BGH WM 2018, 2373 (2375) (Rn. 15); 2015, 385 (387) (Rn. 18); ZInsO 2014, 261 f. (Rn. 4); NJW 2002, 3326 (3329): der BGH betont, dass eine pauschale Ermächtigung unzulässig ist; s. iE *Laroche* NZI 2010,

mit einem starken vorläufigen Insolvenzverwalter oder mit einem schwachen vorläufigen Insolvenzverwalter mit konkreter Kreditermächtigung durch das Insolvenzgericht einen Kreditvertrag geschlossen,[812] ist damit allerdings nicht ohne weiteres die Rückführung als Masseverbindlichkeit sichergestellt.[813] So kann es schon nicht zur Verfahrenseröffnung wegen fehlender Masse kommen (§ 26 InsO) oder ein eröffnetes Verfahren wird nach § 207 InsO mangels Masse (und damit wahrscheinlich ohne Kreditrückführung) eingestellt oder der Insolvenzverwalter zeigt Masseunzulänglichkeit nach § 208 InsO an, was dazu führt, dass eine Kreditrückführung erst im Rang des § 209 Abs. 1 Nr. 3 InsO nach den Verfahrenskosten und vor allem den „neuen" Masseverbindlichkeiten des § 209 Abs. 1 Nr. 2 InsO und damit im Zweifel nur sehr eingeschränkt erfolgt.[814]

Wegen dieser Unsicherheiten wird ein Kreditinstitut nicht alleine auf die Begründung von Kreditverbindlichkeiten – die nach Bedarf als Geldkredit oder Haftungskredit ausgestaltet werden können[815] – als Masseverbindlichkeiten, sondern vor allem auf eine gleichzeitige **werthaltige Besicherung** für die Neukredite abstellen. Ein starker vorläufiger Insolvenzverwalter kann die Besicherung ohne weiteres bestellen. Soweit die Besicherung im Rahmen eines Kreditvertrages mit einem schwachen vorläufigen Insolvenzverwalter mit konkreter Einzelermächtigung vorgesehen ist, sollte auch die konkrete Besicherung in die Einzelermächtigung aufgenommen werden.[816] Ansonsten ist aber die Stellung von Sicherheiten unter den Voraussetzungen des § 142 InsO[817] grundsätzlich ein unanfechtbares Bargeschäft.[818] **160**

Da es regelmäßig nur zur Einsetzung eines schwachen vorläufigen Insolvenzverwalters kommt und darüber hinaus ein insolventer Schuldner üblicherweise kaum noch freies Vermögen zur Besicherung neu aufzunehmender Kredite hat, sind in der Praxis **andere Finanzierungsmaßnahmen** für einen im vorläufigen Verfahren entstehenden Finanzierungsbedarf entwickelt worden.[819] Unter der Prämisse, dass ein Kreditinstitut einem insolventen Unternehmen mit – durch Umlaufvermögen besicherten[820] – Krediten zur Verfügung gestanden hat und die Kredite gekündigt sowie bezüglich der Sicherheiten bestehende Veräußerungsermächtigungen[821] bzw. Einziehungsbefugnisse[822] widerrufen hat, können das Kreditinstitut und der vorläufige Insolvenzverwalter sowie das insolvente Unternehmen zwecks Aufrechterhaltung des Geschäftsbetriebes vereinbaren, dass das Kreditinstitut dem Unternehmen die Veräußerungsermächtigungen bzw. Einziehungsbefugnisse wieder einräumt und das Unternehmen mit Zustimmung des vorläufigen Insolvenz- **161**

965 ff. Vgl. auch MüKoInsO/*Haarmeyer/Schildt* § 22 Rn. 70; *Strotmann/Tetzlaff* ZInsO 2011 559; eher krit. *Stapper/Schädlich* ZInsO 2011, 249 (253 f.).

[812] S. dazu zB das Muster bei *Obermüller* Rn. 5.637; vgl. ferner *Strotmann/Tetzlaff* ZInsO 2011, 559 (560 f.).

[813] Eine andere Frage ist, ob im vorläufigen Insolvenzverfahren auch § 160 Abs. 2 Nr. 2 InsO (→ Rn. 176) einschlägig sein kann, vgl. zB MüKoInsO/*Haarmeyer/Schildt* § 22 Rn. 72. Grds. gilt § 160 nur für das eröffnete Insolvenzverfahren. Da allerdings im vorläufigen Insolvenzverfahren regelmäßig – „gängige Praxis" nach MüKoInsO/*Haarmeyer/Schildt* § 22 Rn. 68 – ein schwacher vorläufiger Insolvenzverwalter eingesetzt wird, der zur Kreditaufnahme eine Ermächtigung des Insolvenzgerichtes vorlegen sollte, dürfte eine Ermächtigung einschlägige Bedenken ausräumen können. Im Verhältnis zum Kreditgeber wäre zudem auch § 164 InsO entsprechend anzuwenden.

[814] *Huber* NZI 2014, 439 (441); BuB/*Obermüller* Rn. 15/194, auch zur Haftung des vorläufigen Insolvenzverwalters; s. a. *Wittig* DB 1999, 197 (199); vgl. ferner BGH NZI 2006, 392 f. (Rn. 9 ff.).

[815] Vgl. zB Punkt 2. „Kreditart" des Musters bei *Obermüller* Rn. 5.637; s. a. *Huber* NZI 2014, 439 (443); *Cranshaw/Steinwachs/Bruhn* ZInsO 2013, 1005 (1010).

[816] *Obermüller* Rn. 5.636.

[817] → Rn. 91 ff.

[818] BGH NJW 2002, 3326 (3330); BankR-HdB/*Häuser* § 85 Rn. 153; BuB/*Obermüller* Rn. 15/195; *Wittig* DB 1999, 197 (200).

[819] *Obermüller* Rn. 5.627 ff.; vgl. auch *Huber* NZI 2014, 439 (442 f.); MüKoInsO/*Haarmeyer/Schildt* § 22 Rn. 71.

[820] Also zB Sicherungsübereignung (vgl. BankR-HdB/*Ganter* § 95; BuB/*Cartano* Rn. 4/300 ff.) oder Sicherungsabtretung (vgl. BankR-HdB/*Ganter* § 96; BuB/*Huber* Rn. 4/550 ff.).

[821] Dazu zB BankR-HdB/*Ganter* § 95 Rn. 85 ff.; BuB/*Cartano* Rn. 4/333 ff.

[822] Dazu zB BankR-HdB/*Ganter* § 96 Rn. 73 ff.; BuB/*Huber* Rn. 4/595 ff., insbes. Rn. 4/595o ff.

verwalters für die anschließend veräußerten Gegenstände bzw. eingezogenen Forderungen neue Sicherungsgegenstände bzw. Zessionen an das Kreditinstitut überträgt oder die Erlöse zur Rückführung der Kredite verwendet.[823] Trotz dieser Vereinbarung bleiben die Kreditforderungen auch im eröffneten Insolvenzverfahren „normale" Insolvenzforderungen, so dass nicht durch Sicherheitenerlöse abgedeckte Forderungen zur Tabelle anzumelden sind.[824]

162 Neben dieser Aufrechterhaltungsvereinbarung kann als weitere Finanzierungsmaßnahme an die Einräumung eines Kredites an den Schuldner mit gleichzeitiger **eigener Verpflichtung** des vorläufigen Insolvenzverwalters, für die Rückführung der Kreditvaluta noch vor Verfahrenseröffnung einzustehen, gedacht werden.[825] Dies werden ein Kreditinstitut und auch der vorläufige Insolvenzverwalter allerdings nur in Ausnahmefällen vereinbaren, da zum einen das Kreditinstitut sicher sein muss, dass die vom vorläufigen Insolvenzverwalter eingegangene Verpflichtung eingehalten werden kann und zum anderen der vorläufige Insolvenzverwalter, gerade wenn er explizit eine eigene Verpflichtung übernimmt, sich der Gefahr einer persönlichen Haftung aussetzt.[826] Im Übrigen führt auch die Verpflichtung des vorläufigen Insolvenzverwalters nicht zur „Umqualifizierung" der Kreditverbindlichkeit in eine Masseverbindlichkeit.[827]

163 Als weitere Finanzierungsoption gibt es das sog. **Treuhandkontenmodell.** Dadurch soll dem vorläufigen Insolvenzverwalter durch die Eröffnung eines Treuhandkontos, auf das (An-)Zahlungen von Kunden des insolventen Schuldners fließen sollen, die Möglichkeit eröffnet werden, Lieferantenansprüche, die zwecks Betriebsfortführung begründet werden müssen, insbesondere bei Masseunzulänglichkeit im eröffneten Verfahren begleichen zu können.[828] Das Finanzierungsmodell einer doppel- oder mehrseitigen Treuhand[829] wird auch unter der Geltung der InsO als zulässig angesehen, wenn auch noch der endgültige Segen des BGH aussteht.[830] Die „Einbindung" eines Kreditinstitutes in ein Treuhandkontenmodell dürfte (ausnahmsweise) nur in Betracht kommen, wenn das Kreditinstitut rechtlich unproblematisch abgesichert werden kann.[831]

164 Regelmäßig wird aber ein Kreditinstitut darauf achten, dass es **„klassische" Wege** geht und insoweit dem vorläufigen Insolvenzverwalter lediglich Kredit (gegen Sicherheiten) zur Verfügung stellt, ohne zusätzliche (treuhand)vertragliche Bindungen einzugehen.[832] Da im Insolvenzeröffnungsverfahren der klassische Weg der Kreditvergabe gegen Sicherheiten üblicherweise am fehlenden freien Vermögen des Schuldners scheitert, hat sich als in der Praxis unter Einbindung von Kreditinstituten gebräuchliche Maßnahme zur Finanzierung des Eröffnungsverfahrens die Kreditierung von Sicherheitenerlösen im Wege des sog. **unechten Massekredites** herausgebildet.[833] Anders als bei einer Aufrechterhaltungsvereinbarung gewährt das Kreditinstitut neuen Kredit im Wege des sog. Vereinbarungsdarlehens,[834] indem es dem vorläufigen Insolvenzverwalter zur vorläufigen Betriebsfortführung

---

823 Vgl. *Obermüller* Rn. 5.630 f. mit Mustervereinbarung in Rn. 5.631.

824 → Rn. 18 ff.

825 *Obermüller* Rn. 5.627.

826 Dazu BGH NZI 2005, 500; OLG Rostock ZIP 2005, 220 (222); OLG Celle NZI 2004, 89 (90); Uhlenbruck/*Vallender* § 22 Rn. 237; Nerlich/Römermann/*Rein* § 60 Rn. 111.

827 AG Hamburg ZIP 2002, 43 (45); *Obermüller* Rn. 5.631.

828 Vgl. zu diesem Modell zB *Stapper/Schädlich* ZInsO 2011, 249 (254 ff.); *Windel* ZIP 2009, 101; *Mönning/Hage* ZInsO 2005, 1185; *Werres* ZInsO 2005, 1233; *Frind* ZInsO 2005, 1296; Uhlenbruck/*Vallender* § 22 Rn. 242 ff., jeweils mwN; s. a. AG Hamburg ZInsO 2006, 218 f.

829 BGH NJW 1997, 3028 (3029); BGHZ 109, 47 (51 ff.) = NJW 1990, 45.

830 Uneingeschränkt bejahend zB *Stapper/Schädlich* ZInsO 2011, 249 (254 ff.); *Mönning/Hage* ZInsO 2005, 1185 (1188 ff.); *Werres* ZInsO 2005, 1233 (1241 ff.); Uhlenbruck/*Vallender* § 22 Rn. 244; eine insolvenzgerichtliche Zustimmung verlangt MüKoInsO/*Haarmeyer/Schildt* § 22 Rn. 71.

831 S. dazu *Werres* ZInsO 2005, 1233 (1242).

832 S. a. *Laroche* NZI 2010, 965 (968).

833 Vgl. dazu *Huber* NZI 2014, 439 (443 ff.); *Obermüller* Rn. 5.632 mit Muster in Rn. 5.634; *Trowski* WM 2014, 1257. Der Begriff hat sich in der Praxis für diese Konstellation durchgesetzt, so dass er insoweit nicht missverständlich ist; **aA** AG Köln ZInsO 2019, 160 (LS 3).

834 Dazu *Huber* NZI 2014, 439 (443).

Umlaufsicherheiten dergestalt zur Verfügung stellt, dass er die Umlaufsicherheiten umschlagen kann, er also die aus den Sicherheiten erzielten Veräußerungs- bzw. Einziehungserlöse zur (Mit-)Finanzierung der vorübergehenden Betriebsfortführung einsetzen kann, wenn er sicherstellt, dass das neu entstehende Umlaufvermögen in gleichem Umfang den Umlaufsicherheiten wieder zugeführt wird. Reichen die neu zu schaffenden Vermögenswerte allerdings ersichtlich nicht aus, die eingesetzten Umlaufsicherheiten zu „ersetzen", wird ein Kreditinstitut kaum zur Kreditierung „seiner" Umlaufsicherheiten bereit sein.

Kommt es zu einer entsprechenden **Vereinbarung,** sollte das Kreditinstitut neben der Kreditgewährung als solcher und der korrespondierenden Sicherheitenneubestellung[835] insbesondere auf eine Zweckvereinbarung des Kredites einer ausschließlichen (Mit-)Finanzierung der vorläufigen Betriebsfortführung und auf eine Befristung bis zur Verfahrenseröffnung Wert legen und darauf achten, dass es vorher kündigen kann, wenn eine Abweisung mangels Masse droht. Weiterhin sollte vor dem Hintergrund des § 21 Abs. 2 S. 1 Nr. 5 InsO[836] eine Regelung zu Massekostenbeiträgen getroffen werden, wobei eine über die gesetzlich angeordneten Beiträge hinausgehende Kostenbeteiligung einer ausdrücklichen Vereinbarung bedarf. Zur Vermeidung von rechtlichen Unsicherheiten sollte – soweit ein schwacher vorläufiger Insolvenzverwalter bestellt ist – auf die rechtzeitige Vorlage einer ausreichend konkretisierten Kreditaufnahme- und Besicherungsermächtigung des Insolvenzgerichtes abgestellt werden, um die Begründung von Masseverbindlichkeiten gemäß § 55 Abs. 2 InsO sicherzustellen. **165**

Die **Bindung eines Massekredites** an einen bestimmten vorläufigen Insolvenzverwalter ist als zulässig anzusehen, solange mit der Kreditgewährung bzw. der damit verbundenen „Festlegung" auf eine bestimmte Person keine insolvenzzweckwidrigen Umstände bzw. Absichten verbunden sind[837]. Ein Kreditinstitut wird – auch im Insolvenzeröffnungsverfahren – bei seiner Kreditentscheidung[838] auf die Vertrauenswürdigkeit und Verlässlichkeit der für den „Kreditnehmer" handelnden Person und somit auf die Person des vorläufigen Insolvenzverwalters abstellen, weil er der entscheidende Partner ist; allerdings darf eine Bindung nicht dazu führen, dass die Unabhängigkeit des vorläufigen Insolvenzverwalters gemäß § 56 Abs. 1 S. 1 InsO beeinträchtigt wird[839]. Nur weil Kreditinstitut und der vorgesehene Verwalter schon mehrfach in dieser Art und Weise zusammen „aufgetreten" sind, kann per se sicherlich nicht zum Verlust der Unabhängigkeit oder zu einer entsprechenden „Folgerung"[840] führen; anders wäre dies wohl zu beurteilen, wenn beide über eine kreditvertragliche Bindung hinaus sich zusammengetan haben, um insolvente Unternehmen zu sanieren oder wenn es zur Vereinbarung von Sonderbedingungen kommt[841]. **165a**

Soweit durch die gerichtliche Ermächtigung auch die Verfügungs- und Verwaltungsrechte an den Umlaufsicherheiten auf den vorläufigen Insolvenzverwalter übergehen, gehen auch die **steuerlichen Pflichten** im Zusammenhang mit der Verwertung und Verwaltung des Umlaufvermögens auf ihn über. Wenn es anschließend zur Rückführung von „Altkrediten" kommt, gelten die einschlägigen umsatzsteuerlichen Vorschriften, die bei der Verwertung von Sicherheiten zu beachten sind.[842] Für den „Neukredit" sind sie erst von **166**

[835] *Huber* NZI 2014, 439 (444 f.); s. a. AG Köln ZInsO 2019, 160. Die Erlöse aus den Umlaufsicherheiten sollte der vorläufige Insolvenzverwalter über ein eigenes Konto abwickeln; dieses Konto kann als weitere (Austausch-)Sicherheit verpfändet werden.

[836] Auf Basis dieser Norm kann ein unechter Massekredit rechtlich nicht abgesichert werden; ein schwacher vorläufiger Insolvenzverwalter bedarf dazu einer gerichtlichen Anordnung (→ Rn. 159), so richtig AG Hannover ZInsO 2018, 2420 (2421).

[837] Ausführlich *Huber* NZI 2014, 439 (445 f.) mwN; *Fölsing* ZInsO 2012, 2272 (2275); insoweit auch *Ganter* ZIP 2013, 597 (599 f.).

[838] Die neben der erwarteten Kreditrückführung und einer Besicherung üblicherweise auch noch von anderen Faktoren abhängt, vgl. auch *Huber* ZInsO 2013, 1 (9 f., 10).

[839] Vgl. dazu *Huber* NZI 2014, 439 (445 f.).

[840] So aber wohl *Ganter* ZIP 2013, 597 (600), wobei letztendlich nicht klar wird, was mit „engeren" Verbindungen gemeint ist.

[841] *Huber* NZI 2014, 439 (446).

Belang, wenn er nicht vereinbarungsgemäß zurückgeführt wird und soweit das Kreditinstitut anschließend die gestellten Sicherheiten verwertet.[843] Es empfiehlt sich daher, für eine auch in steuerlicher Hinsicht klare und eindeutig nachvollziehbare Abrechnung Sorge zu tragen.

166a **b) Finanzierung(sbesonderheiten) des „Eigenverwaltungs"-Eröffnungsverfahrens.**[844] Das Eröffnungsverfahren soll – ebenso wie eine spätere Eigenverwaltung – nach dem Willen des Gesetzgebers vom sich selbst verwaltenden Insolvenzschuldner und dem lediglich beaufsichtigenden vorläufigen Sachwalter getragen werden, so dass sich vorrangig die Frage stellt, wem die **Massebegründungskompetenz** zum Abschluss eines Finanzierungsvertrages zukommt[845]. Während § 270a InsO für das „normale" Eigenverwaltungseröffnungsverfahren keine einschlägige Regelung enthält, ist in § 270b InsO für das sog. Schutzschirmverfahren, das nichts anderes als eine besondere Form eines Eigenverwaltungseröffnungsverfahrens darstellt, geregelt, dass auf Antrag des Schuldners das Gericht anzuordnen hat, „dass der Schuldner Masseverbindlichkeiten begründet" (§ 270b Abs. 3 S. 1 InsO). Für das Schutzschirmverfahren ist also gesetzlich vorgegeben, dass der Schuldner nach entsprechender Antragstellung auf Anordnung des Insolvenzgerichtes auch Massedarlehen aufnehmen kann[846]; die Anordnung kann – antragsabhängig – eine Einzelermächtigung oder eine Globalermächtigung sein[847]. Für das „normale" Eigenverwaltungseröffnungsverfahren war dagegen wegen einer fehlenden Gesetzesnorm eine Massebegründungskompetenz bis Ende 2018 höchstrichterlich nicht geklärt; die h. M. in Rechtsprechung[848] und Literatur[849] hatte sich ebenfalls für eine Massebegründungskompetenz des Schuldners auf Anordnung des Insolvenzgerichtes ausgesprochen. Nunmehr hat der BGH[850] entschieden, daß auch im „normalen" Eigenverwaltungseröffnungsverfahren der Insolvenzschuldner Masseverbindlichkeiten begründen kann, wenn er vom Insolvenzgericht dazu ermächtigt worden ist[851]. Seine Entscheidung bezieht sich auf Einzelermächtigungen; ob auch eine Globalermächtigung zulässig ist, hat er offen gelassen[852].Für eine vom Schuldner im Eigenverwaltungseröffnungsverfahren oder im Schutzschirmverfahren aufzunehmende Finanzierung gelten ansonsten die Ausführungen in → Rn. 158 ff. entsprechend. Der Schuldner hat ggf. § 275 InsO zu beachten; ein Verstoß gegen diese Vorschrift hat allerdings keine Auswirkung auf die Wirksamkeit der geschlossenen Finanzierungsvereinbarung[853]. Dennoch sollte ein Kreditinstitut keinen Finanzierungsvertrag schließen, ohne vorher die Zustimmung des vorläufigen Sachwalters und eines vorläufigen Gläubigerausschusses – soweit er implementiert worden ist – einzuholen[854]. Zwar gibt es keine den

---

[842] Dazu ausführlich *Obermüller* Rn. 5.633 iVm Rn. 6.1046 ff.

[843] *Obermüller* Rn. 5.633.

[844] Vgl. dazu auch die erste Fn. in → Rn. 158.

[845] Die Ausführungen in → Rn. 158 f. gelten entsprechend.

[846] BGH WM 2016, 805 (Rn. 4); OLG Köln ZIP 2014, 2523 f.; OLG Naumburg NZI 2014, 454 f.; LG Köln ZInsO 2014, 1503 (1504); LG Stendal ZInsO 2013, 2224 (2225); AG Ludwigshafen ZIP 2014, 1134 (1135); *Klinck* ZInsO 2014, 365 ff. mwN. Zur Zustimmung von vorläufigem Sachwalter und vorläufigen Gläubigerausschuss s. gleich noch im Text und *Huber* ZInsO 2013, 1 (10).

[847] Beides ist zulässig, BGH WM 2016, 1310 (1311) (Rn. 18); vgl. auch BGH WM 2016, 806 f. (Rn. 6); OLG Naumburg NZI 2014, 454 (455). Ein Kreditinstitut sollte auf eine konkrete Einzelermächtigung (auch → Rn. 165) Wert legen.

[848] LG Duisburg NZI 2013, 91; AG Essen ZIP 2015, 841 (844); AG Köln NZI 2012, 375; AG München ZIP 2012, 1470; AG Montabaur NZI 2013, 350; **aA** AG Fulda ZIP 2012, 1471. Nach AG Hamburg NZI 2012, 566 soll der vorläufige Sachwalter zu ermächtigen sein und nach AG Hannover ZInsO 2015, 1112 (1113) steht die Massebegründungskompetenz dem Schuldner originär zu.

[849] Vgl. beispielhaft *Huber* NZI 2014, 439 (441); *Huber* ZInsO 2013, 1, (9 f.); *Trowski* WM 2014, 1257 (1259); *Klinck* ZInsO 2014, 365 (369 ff.); *Undritz* BB 2012, 1551 (1552 ff.); *Oppermann/Smid* ZInsO 2012, 862 ff.

[850] Durch Urt. v. 22.11.2018, WM 2018, 2373.

[851] BGH WM 2018, 2373 (2374 f.) (Rn. 8 ff.).

[852] BGH WM 2018, 2373 (2375) (Rn. 17).

[853] Nerlich/Römermann/*Riggert* § 275 Rn. 7; Uhlenbruck/*Zipperer* § 275 Rn. 6.

§ 160 InsO in Bezug nehmende Verweisungsbestimmung für einen im Eröffnungsverfahren bestellten vorläufigen Gläubigerausschuss, dennoch dürfte der Zustimmungsvorbehalt des § 160 InsO für besonders bedeutsame Rechtshandlungen auch für einen vorläufigen Gläubigerausschuss zumindest entsprechend gelten[855].

c) Insolvenzgeldvorfinanzierung. Keine direkte Finanzierung des insolventen Unternehmens durch ein Kreditinstitut, aber eine **wesentliche Finanzierungsmaßnahme** in seiner Insolvenz stellt die Zahlung von Insolvenzgeld durch die Bundesagentur für Arbeit dar.[856] Insolvenzgeld als Lohnersatzleistung kann ein Arbeitnehmer nach § 165 (§ 183 aF) Abs. 1 SGB III beanspruchen, wenn er im Inland beschäftigt war und bei Eintritt eines Insolvenzereignisses für die vorausgehenden drei Monate noch Ansprüche auf Arbeitsentgelt hat.[857] Auch wenn der Zweck des Insolvenzgeldes im Schutz von Arbeitnehmern vor Lohnausfällen für einen begrenzten Zeitraum liegt, ist doch nicht zu übersehen, dass diese Finanzierungsmethode einem insolventen Unternehmen, soweit es keine Löhne zahlt bzw. zahlen kann und diese dann letztendlich von der staatlichen Bundesagentur für Arbeit übernommen werden, kurzzeitige Liquiditätsspielräume verschaffen und die vorübergehende Aufrechterhaltung des Geschäftsbetriebes sicherstellen kann.[858] Da wegen der „Bindung" des Anspruches an das Insolvenzereignis[859] – entweder die Eröffnung des Insolvenzverfahrens[860] oder die Abweisung mangels Masse oder die vollständige Beendigung der Betriebstätigkeit (s. iE §§ 165–183 aF – Abs. 1 SGB III)[861] – die Zahlung des Insolvenzgeldes erst „nachschüssig" erfolgt, ist die Vorfinanzierung der Ansprüche durch ein Kreditinstitut gebräuchlich.[862] Nachdem das BSG gegen das sog Kreditierungsverfahren, also die Darlehensgewährung an in Betracht kommende Arbeitnehmer gegen Sicherungsabtretung der Lohnforderungen, Bedenken angemeldet hat,[863] erfolgt die Insolvenzgeldvorfinanzierung durch Kreditinstitute regelmäßig im Wege des sog **Forderungskaufverfahrens.** 167

---

[854] Vgl. *Huber* ZInsO 2013, 1 (10).

[855] Im Außenverhältnis müsste dann auch § 164 InsO gelten, dh auch bei fehlender Zustimmungseinholung wäre die Rechtshandlung wirksam.

[856] *Kremer/Fahlbusch* ZInsO 2015, 837; vgl. auch *Cranshaw* ZInsO 2013, 1493 f. sowie *Muschiol* ZInsO 2016, 248: „elementarer Baustein zur Fortführung und Sanierung". Das Insolvenzgeld ist kein Arbeitslohn, sondern eine eigenständige Sozialversicherung, s. BAG NZI 2015, 81 (82) (Rn. 24).

[857] S. dazu die „Fachliche Weisungen Insolvenzgeld" der Bundesagentur sowie das Merkblatt „Insolvenzgeld für Arbeitnehmerinnen und Arbeitnehmer", beides zu finden auf der Homepage www.arbeitsagentur.de. Durch Art. 2 des Gesetzes zur Verbesserung der Eingliederungschancen am Arbeitsmarkt v. 20.12.2011, BGBl. I 2011, 2854 wurden die – inhaltlich gleichbleibenden – Normen etwas „nach vorne' verschoben. Ein Anspruch auf Insolvenzgeld besteht auch dann, wenn die Einstellung als Arbeitnehmer(in) nach dem Insolvenzantrag, aber vor Verfahrenseröffnung erfolgt ist (unabhängig davon, ob es um eine „Schlüsselposition" geht), LSG Niedersachsen-Bremen, NZI 2018, 409 (410).

[858] *Kremer/Fahlbusch* ZInsO 2015, 837 (838 f.); *Stapper/Schädlich* ZInsO 2011, 249 (250); *Klüter* WM 2010, 1483; s. a. *Berkowsky* NZI 2000, 253. *Muschiol* ZInsO 2016, 248 weist zu Recht daraufhin, daß Insolvenzgeld und die damit verbundene Insolvenzgeldvorfinanzierung „elementare Bausteine zur Fortführung und Sanierung eines Unternehmens" sind.

[859] Diese Bindung ist auch beim Antrag auf Insolvenzgeld zu beachten, da nach § 324 Abs. 3 S. 1 SGB III eine „Ausschlußfrist von 2 Monaten nach dem Insolvenzereignis" besteht, vgl. dazu LSG Niedersachsen-Bremen ZInsO 2018, 2772 (2774); LSG NRW ZInsO 2013, 2324 (2325).

[860] Solange die auf einem bestimmten Insolvenzereignis beruhende Zahlungsunfähigkeit fortdauert, tritt kein neues Insolvenzereignis ein, so dass in diesem Fall, auch wenn das erste Insolvenzverfahren nach rechtskräftiger Bestätigung eines Insolvenzplans aufgehoben war, kein erneuter Anspruch entstehen kann, vgl. BSG ZInsO 2017, 1890 (1892) (Rn. 25); ZIP 2015, 1402 (1403 f.) (Rn. 13 ff.); NZI 2013, 454 (455 f.) (Rn. 16 ff.); s. a. LSG Sachsen ZInsO 2018, 1865 (1868); NZI 2014, 513 (514 ff.); LSG NRW ZInsO 2015, 803 (805 ff.); ZIP 2014, 1602 (1603 f.).

[861] Zwischen den Insolvenzereignissen besteht kein Rangverhältnis; vielmehr kommt es auf das Ereignis an, durch das die Zahlungsunfähigkeit des Arbeitgebers erstmals zutage getreten ist, vgl. LSG Bayern ZInsO 2015, 1512 (1513).

[862] Ausführlich dazu *Obermüller* Rn. 5.700 ff.; vgl. ferner *Muschiol* ZInsO 2016, 248 (250 ff.); *Cranshaw* ZInsO 2013, 1493 (1498 ff.); *Klüter* WM 2010, 1483 (1485 ff.).

[863] BSG ZIP 1992, 941 (943 f.); s. a. BSG ZIP 1995, 935 (936).

168 Der Arbeitnehmer verkauft seine Lohnforderungen gegen seinen Arbeitgeber regresslos zum Nennwert an ein Kreditinstitut, das demzufolge vor Stellung des Antrags auf Insolvenzgeld das (insolvente) Unternehmen als Schuldner hat. Mit Einreichung des Antrags gehen die Arbeitsentgeltansprüche gemäß § 169 (§ 187 aF) SGB III auf die Bundesagentur für Arbeit über und werden durch den Anspruch auf Insolvenzgeld „ersetzt".[864] Zur Insolvenzgeldvorfinanzierung bedarf es nach § 170 (§ 188 aF) Abs. 4 SGB III der **Zustimmung der Bundesagentur für Arbeit** – andernfalls besteht kein Anspruch auf Insolvenzgeld –, die diese nur erteilen darf, wenn Tatsachen die Annahme rechtfertigen, dass durch die Vorfinanzierung der Arbeitsentgelte ein erheblicher Teil der Arbeitsplätze erhalten bleibt.[865] Mit der Insolvenzgeldvorfinanzierung ggf. verbundene Risiken wie zB Vorausverfügungen oder Nichterfassung von Zinsen durch das Insolvenzgeld[866] sollten im Vorfeld[867] bzw. bei Vertragsgestaltung berücksichtigt werden.[868] Die für das Zustandekommen der Insolvenzgeldfinanzierungen erforderlichen Vereinbarungen mit den Arbeitnehmern kommen in der Praxis üblicherweise unter Einbindung des vorläufigen Insolvenzverwalters/Sachwalters und bei insolventen Unternehmen mit einer großen Arbeitnehmeranzahl ggf. auch der Arbeitnehmervertretung zustande.[869]

169 **d) Massekostenvorschuss.** Der Massekostenvorschuss wirkt sich als Finanzierungsmaßnahme zwar hauptsächlich auf die Verfahrenseröffnung aus, stellt aber letztendlich eine **„freie Investitionsentscheidung"**[870] eines Gläubigers[871] im Insolvenzantragsverfahren dar. Nach § 26 Abs. 1 S. 2 InsO unterbleibt eine Verfahrensabweisung mangels Masse, wenn ein ausreichender Geldbetrag vorgeschossen wird oder die Kosten nach § 4a InsO gestundet werden. Die Kostenstundung gemäß § 4a InsO erfordert, dass es sich bei dem Schuldner um eine natürliche Person handelt, die einen Antrag auf Restschuldbefreiung gestellt hat.[872] Nur außerhalb dieser Konstellation kann also die Finanzierung der Verfahrenseröffnung durch einen Massekostenvorschuss in Betracht kommen. Der Vorschuss muss die Kosten des Verfahrens gemäß § 54 InsO decken,[873] bei teilweiser Nichtdeckung braucht nur der fehlende Teilbetrag vorgeschossen zu werden. Es besteht weder eine Pflicht zur Zahlung eines Massekostenvorschusses noch eine Verpflichtung, einen Nachschuss zu leisten, wenn sich später zeigen sollte, dass der eingezahlte Vorschuss nicht ausreicht.[874]

170 Ein gezahlter Massekostenvorschuss ist ein **zweckgebundenes Sondervermögen,** das vom (vorläufigen) Insolvenzverwalter als Treuhänder nur für die Kosten des § 54 InsO verbraucht werden darf und dessen „Überschüsse", dh wenn der Vorschuss nicht vollständig benötigt wird, an den Einzahler zurückzuzahlen sind.[875] Allerdings kann seitens des Einzahlers keine eigene Zweckbestimmung – über § 26 Abs. 1 InsO hinaus – vorgenommen

[864] BSG ZInsO 2019, 1168 (1171) (Rn. 26); *Obermüller* Rn. 5.704. Vgl. auch BFH NZI 2012, 897 f. (Rn. 11 ff.) zur damit zusammenhängenden steuerrechtlichen Zurechnung der an den Arbeitnehmer gezahlten Entgelte; daran anschließend OFD NRW Kurzinfo ESt Nr. 24/2013 v. 18.10.2013, DB 2013, 2478.

[865] *Muschiol* ZInsO 2016, 248 (251); *Kremer/Fahlbusch* ZInsO 2015, 837; Uhlenbruck/*Zobel* § 22 Rn. 180 ff.

[866] Dazu *Obermüller* Rn. 5.707 ff., 5.714; *Muschiol* ZInsO 2016, 248 (254 ff.).

[867] Da Zinsen und evtl. anfallende Kosten letztlich vom Insolvenzschuldner zu tragen sind, wird das vorfinanzierende Kreditinstitut seine Finanzierung davon abhängig machen, dass bereits im vorläufigen Verfahren eine Anordnung des Insolvenzgerichts vorgelegt wird, die die Begründung von Masseverbindlichkeiten ermöglicht, soweit nicht ein starker vorläufiger Insolvenzverwalter eingesetzt worden ist, vgl. dazu auch → Rn. 158 f. bzw. → Rn. 166a; s. ferner *Cranshaw* ZInsO 2013, 1493 (1494, 1498 f.); *Geißler* ZInsO 2013, 531 ff.; *Oppermann/Smid* ZInsO 2012, 862.

[868] *Klüter* WM 2010, 1483 (1488 ff.).

[869] S. iE zB *Klüter* WM 2010, 1483 (1484 ff.); Muster finden sich zB bei *Obermüller* Rn. 5.748 ff.

[870] Nerlich/Römermann/*Mönning/Zimmermann* § 26 Rn. 68.

[871] Es steht nicht nur dem (Fremd-)Antragsteller, sondern jedem Gläubiger oder auch einem Dritten – nicht aber dem vorläufigen Insolvenzverwalter – frei, einen Massekostenvorschuss einzuzahlen, vgl. MüKo-InsO/*Haarmeyer/Schildt* § 26 Rn. 27; Uhlenbruck/*Vallender* § 26 Rn. 24 f. S. a. *K. Schmidt* NJW 2011, 1255.

[872] Nerlich/Römermann/*Mönning/Zimmermann* § 26 Rn. 117.

[873] S. zu den Kostenpositionen zB Nerlich/Römermann/*Mönning/Zimmermann* § 26 Rn. 43 ff.; s. a. BegrRegE InsO, *Balz/Landfermann* S. 103 f.

[874] Uhlenbruck/*Vallender* § 26 Rn. 22.

werden; so kann also keine Verknüpfung zB dergestalt erfolgen, dass die Einzahlung von der Anordnung einer Eigenverwaltung durch das Insolvenzgericht abhängig gemacht wird.[876] Die „Anforderung" des Vorschusses erfolgt durch das Insolvenzgericht, nachdem es zweckmäßigerweise vorher auf die drohende Abweisung mangels Masse hingewiesen hat;[877] anstelle eines Vorschusses kann nach dem Ermessen des Insolvenzgerichtes auch eine Massekostengarantie in Betracht kommen.[878]

Nach Verfahrenseröffnung kann der einzahlende Gläubiger Befriedigung nach dem Rang des § 54 InsO bzw. im Falle der Masseunzulänglichkeit gemäß § 209 Abs. 1 Nr. 1 InsO verlangen. Daneben kann er nach § 26 Abs. 3 InsO die Erstattung des Vorschusses von jeder Person verlangen, die entgegen den Vorschriften des Insolvenz- und Gesellschaftsrechts den Antrag auf Eröffnung des Insolvenzverfahrens pflichtwidrig und schuldhaft nicht gestellt hat. Dieser **Erstattungsanspruch** gegen antragspflichtige Organe[879] hat in der Praxis wenig Bedeutung, da ein Vorgehen gegen Anspruchsverpflichtete trotz der Beweislastumkehr wirtschaftlich oft nicht erfolgversprechend ist bzw. erscheint.[880] Zwar hat der Gesetzgeber durch § 26 Abs. 4 InsO eine Verpflichtung der Personen, die entgegen den Vorschriften des Insolvenz- oder Gesellschaftsrechts pflichtwidrig und schuldhaft keinen Insolvenzantrag gestellt haben, zur Leistung eines Vorschusses postuliert; allerdings ist nicht ersichtlich, dass diese Norm in der Insolvenzpraxis die gewünschten Ergebnisse zeitigt[881]. Unabhängig davon wird sich ein Gläubiger auch nur dann zur Zahlung eines Massekostenvorschusses bereit erklären, wenn er durch die Verfahrenseröffnung einen nicht notwendig konkret messbaren „Mehrwert" erzielt, zB wenn er ungesetzliche Verschiebungen des Schuldnervermögens verhindern will.[882] 171

3. Finanzierungsmaßnahmen nach Verfahrenseröffnung

a) Massekredite in der „Regelinsolvenz".[883] Auch nach der Eröffnung des Insolvenzverfahrens kommt die Gewährung von Krediten in Betracht, zB um eine Ausproduktion zu finanzieren bzw. um den Geschäftsbetrieb bis zur endgültigen Entscheidung der Sanierung oder Liquidierung aufrecht zu erhalten. Mit der Verfahrenseröffnung liegt die Verwaltungs- und Verfügungsbefugnis über das Vermögen des Schuldners nach § 80 InsO alleine beim Insolvenzverwalter, so dass ein Kreditvertrag mit ihm zu schließen ist.[884] Durch den Abschluss eines Kreditvertrages wird eine **Masseverbindlichkeit** gemäß § 55 Abs. 1 Nr. 1 InsO begründet.[885] Zur Rückzahlung des Kredites ist zwar die Insolvenzmasse verpflichtet, allerdings haftet der Insolvenzverwalter für den Fall der Nichterfüllung durch die Insolvenzmasse nach § 61 InsO selbst auf Schadensersatz, es sei 172

[875] Uhlenbruck/*Vallender* § 26 Rn. 26 u. Rn. 32; MüKoInsO/*Haarmeyer/Schildt* § 26 Rn. 29 f.; Nerlich/Römermann/*Mönning/Zimmermann* § 26 Rn. 72 ff.

[876] BGH NZI 2006, 34 (35).

[877] S. iE Uhlenbruck/*Vallender* § 26 Rn. 27 ff.; Nerlich/Römermann/*Mönning/Zimmermann* § 26 Rn. 69 ff.

[878] BGH ZInsO 2002, 818 (819); MüKoInsO/*Haarmeyer/Schildt* § 26 Rn. 29; *Obermüller* Rn. 5.685.

[879] Vgl. BegrRegE InsO, *Balz/Landfermann* S. 104.

[880] Vgl. dazu Uhlenbruck/*Vallender* § 26 Rn. 31; Nerlich/Römermann/*Mönning/Zimmermann* § 26 Rn. 86; *Marotzke* ZInsO 2013, 1940 (1941); *Hollinderbäumer* BB 2013, 1223 (1226); *K. Schmidt* NJW 2011, 1255 (1256 f.); *Frind* ZInsO 2010, 1161; s. a. BegrRegE ESUG BT-Drs. 17/5712, 36 f.

[881] S. a. *Marotzke* ZInsO 2013, 1940 (1943); *Hollinderbäumer* BB 2013, 1223 (1226). Ein Indiz mag sein, dass es kaum (veröffentlichte) Entscheidungen gibt, aus jüngerer Zeit soweit ersichtlich nur AG Nürnberg NZI 2017, 638 und AG Hamburg EWiR 2018, 121. § 26 Abs. 4 InsO kann nicht als Ermächtigungsgrundlage für eine direkte Vorschussanforderung durch das Insolvenzgericht ausgelegt werden, so richtig AG Hannover ZInsO 2019, 2380 f.

[882] OLG Brandenburg NZI 2002, 108 (109); MüKoInsO/*Haarmeyer/Schildt* § 26 Rn. 27; Uhlenbruck/*Vallender* § 26 Rn. 31; ähnlich *Hollinderbäumer* BB 2013, 1223 (1226).

[883] Zum Insolvenzplanverfahren → Rn. 178 ff. und zur Eigenverwaltung → Rn. 184 ff.

[884] BuB/*Obermüller* Rn. 15/352.

[885] Nerlich/Römermann/*Andres* § 55 Rn. 4; *Wittig* DB 1999, 197 (201).

denn, er konnte bei der Begründung der Kreditverbindlichkeit nicht erkennen, dass die Masse voraussichtlich zur Erfüllung nicht ausreichen würde. Es bedarf also der sorgfältigen Prüfung zumindest auf Grundlage eines Liquiditätsplanes, dass der Kredit mit hoher Wahrscheinlichkeit zurückgezahlt werden kann.[886] Die Beweislast liegt beim Insolvenzverwalter. Will ein Kreditinstitut über diese „Vorgabe" hinaus eine Haftung des Insolvenzverwalters für die Kreditrückführung, bedarf es einer zusätzlichen persönlichen Haftungsübernahme.[887]

173 Allerdings gibt die Begründung der Kreditverbindlichkeit als Masseverbindlichkeit einem Kreditinstitut nicht die Sicherheit, dass bei Fälligkeit die Rückzahlung aus der Insolvenzmasse erfolgt. Denn tritt später Masseunzulänglichkeit ein, reicht also die Insolvenzmasse nicht zur Erfüllung der Masseverbindlichkeiten aus (§ 208 Abs. 1 InsO), ändert sich die Befriedigungsreihenfolge und die Kreditverbindlichkeiten werden erst gemäß § 209 Abs. 1 Nr. 3 InsO und damit erfahrungsgemäß nur teilweise oder gar nicht befriedigt. Demzufolge sollte ein Kreditinstitut Wert darauf legen, für neue Kredite entsprechend **werthaltige Sicherheiten** gestellt zu bekommen. Die Stellung von Schuldnersicherheiten kann durch den Insolvenzverwalter wegen der ihm zustehenden Verfügungsbefugnis (§ 80 InsO) erfolgen, ohne dass anschließend eine Anfechtung erfolgen könnte.[888]

174 Die Gewährung eines **Massekredites** geschieht üblicherweise entweder als Kontokorrentkredit, als (Festbetrags-)Darlehen oder als Kreditierung von Sicherheitenerlösen; ebenso kann die Gewährung eines Avalkredits (→ Rn. 66) in Betracht kommen[889]. Wird ein Kontokorrentkredit vereinbart und führt in dem Zusammenhang der Insolvenzverwalter das bisher bestehende Kontokorrentkonto fort, begründet dies – da der bisherige Vertrag spätestens mit der Verfahrenseröffnung erloschen ist[890] – den Abschluss eines neuen Kontokorrentvertrages[891] mit gleichzeitiger Einräumung einer Kreditlinie; eine Ausnutzung dieser Kreditlinie ist sowohl als Barkredit als auch als Haftungskredit denkbar.[892]

175 Soll im eröffneten Verfahren eine **Kreditierung von Sicherheitenerlösen** erfolgen, bedarf es dazu ebenfalls einer expliziten Vereinbarung, da die Nutzung beweglicher Gegenstände, an denen ein Verwertungsrecht des Insolvenzverwalter besteht, nicht bedeutet – für die Einziehung sicherungszedierter Forderungen gilt sinngemäß dasselbe –, dass sie ohne weiteres im Wege eines „Kreditgeschäftes" für die Fortführung der Geschäftstätigkeit eingesetzt werden dürfen.[893]

176 Wenn der Abschluss des Kreditvertrages für das Insolvenzverfahren von besonderer Bedeutung ist, hat der Insolvenzverwalter vor dem Vertragsschluss nach § 160 Abs. 1 InsO die **Zustimmung des Gläubigerausschusses** bzw., wenn kein Gläubigerausschuss bestellt ist, der Gläubigerversammlung einzuholen. Nach dem Regelbeispiel des § 160 Abs. 2 Nr. 2 InsO ist die Zustimmung insbesondere erforderlich, „wenn ein Darlehen aufgenommen werden soll, das die Insolvenzmasse erheblich belasten würde". Für die „erhebliche Belastung" ist nicht auf eine bestimmte Wertgrenze abzustellen,[894] sondern in einer Einzelfallbetrachtung auf die Vermögensverhältnisse des Insolvenzschuldners und auf den Verpflichtungsumfang aus dem aufgenommenen Kredit.[895] Kleinere Kreditaufnahmen zur schnelleren Verfahrensabwicklung oder eine Kreditaufnahme, die innerhalb kurzer Zeit zurückgeführt werden kann, bedürfen wohl keiner Zustimmung.[896] Allerdings wird der

---

[886] *Staufenbiel/Karlstedt* ZInsO 2010, 2059 (2060); s. a. Nerlich/Römermann/*Rein* § 61 Rn. 11, 20.
[887] *Obermüller* Rn. 5.784.
[888] *Obermüller* Rn. 5.788; *Wittig* DB 1999, 197 (202).
[889] *Cranshaw/Steinwachs/Bruhn* ZInsO 2013, 1005 (1010 f.).
[890] → Rn. 14.
[891] De iure „verbirgt" sich hinter dieser gebräuchlichen Terminologie ein Zahlungsdiensterahmenvertrag nebst Kontokorrentabrede (→ Rn. 4, 14).
[892] S. das Muster bei *Obermüller* Rn. 5.794.
[893] → Rn. 164 f.
[894] Vgl. BegrRegE InsO, *Balz/Landfermann* S. 268; *Zimmermann* ZInsO 2012, 245 (246).
[895] Uhlenbruck/*Zipperer* § 160 Rn. 26; Nerlich/Römermann/*Balthasar* § 160 Rn. 41.
[896] Uhlenbruck/*Zipperer* § 160 Rn. 26.

Insolvenzverwalter schon im Eigeninteresse bei bestehenden Zweifeln eine Zustimmung einholen. Auch wenn eine **Sicherheitenbestellung** erfolgen soll, ist unter den Voraussetzungen des § 160 Abs. 2 Nr. 2 InsO eine Zustimmung des Gläubigerausschusses bzw. der Gläubigerversammlung einzuholen.[897] Da allerdings nach § 164 InsO eine fehlende Zustimmung keine Außenwirkung haben soll,[898] ist ein Kreditvertragsabschluss bzw. eine Sicherheitenbestellung auch ohne eine evtl. erforderliche Zustimmung grundsätzlich wirksam.[899]

b) Sonstige Beteiligung von Finanzierungsgläubigern an Liquidations- bzw. Sanierungsmaßnahmen (außerhalb eines Insolvenzplanes). Mit den geschilderten Finanzierungsmaßnahmen werden erfahrungsgemäß das Insolvenzeröffnungsverfahren sowie das eröffnete Verfahren finanziert werden können. Kommt es nicht zu einem Insolvenzplan, wird der Insolvenzverwalter das Vermögen des Schuldners verwerten (s. auch § 1 InsO) und zB die „überlebensfähigen" Teile des Betriebs auf eine andere Gesellschaft übertragen oder an einen Dritten verkaufen, der sie ggf. in sein Unternehmen eingliedert.[900] Oft werden zwecks Finanzierung einer vorgesehenen (Teil)Betriebsveräußerung schon in einem frühen Stadium **potentielle Finanzierungsgläubiger** wie Kreditinstitute oder Eigenkapitalgeber eingebunden und Finanzierungen abgesprochen. Da es sich dabei nicht um „unmittelbare" Finanzierungen des insolventen Schuldners handelt, sollen sie hier nicht weiter erörtert werden. 177

c) Finanzierungen im Insolvenzplanverfahren. Als gleichberechtigte Alternative zum Regelinsolvenzverfahren kann ein Insolvenzplanverfahren nach §§ 217 ff. InsO in Betracht kommen[901]. Während sich bei einem Liquidationsplan, bei dem es um die Verwertung und Verteilung der Insolvenzmasse abweichend von gesetzlichen Vorschriften geht,[902] die Frage nach einer Finanzierung eher nicht stellen dürfte, ist dies bei einem Sanierungsplan, der insbesondere die Wiederherstellung der Ertragskraft des schuldnerischen Unternehmens und die Befriedigung der Gläubiger aus den Erträgen des Unternehmens zum Gegenstand haben kann,[903] regelmäßig anders. Für die Durchführung des Planverfahrens und insoweit erforderlich werdende Finanzierungen gelten die Ausführungen in → Rn. 172 ff. entsprechend; es gilt insoweit auch die Zeit nach dem Planverfahren in den Blick zu nehmen. Der Gesetzgeber hat diesbezüglich zu Recht festgestellt, dass es für das Gelingen einer Sanierung häufig entscheidend sein kann, dass dem Unternehmen nach der Bestätigung eines Sanierungsplans und der Aufhebung des Insolvenzverfahrens Kredite gewährt werden, mit denen die **schwierige Anlaufzeit** nach dem Insolvenzverfahren überbrückt wird.[904] Nach Bestätigung des Plans (§ 248 InsO) und anschließender Verfahrensaufhebung (§ 258 Abs. 1 InsO) über sein Vermögen kann der Schuldner wieder frei verfügen (§ 259 Abs. 1 S. 2 InsO) und somit grundsätzlich selbständig wieder Kreditverträge oder andere Finanzierungsverträge schließen. Soll ein Kreditinstitut einen entsprechenden Kredit vergeben, sollte es darauf achten, daß das Unternehmen tatsächlich saniert ist, da andernfalls nicht ausgeschlossen werden kann, daß die Rechtsprechungsgrundsätze zum Sanierungskredit anzuwenden sind[905]. 178

---

[897] BuB/*Obermüller* Rn. 15/354; *Obermüller* Rn. 5.787; *Wittig* DB 1999, 197 (202).

[898] Vgl. BegrRegE InsO, *Balz/Landfermann* S. 273.

[899] S. dazu Uhlenbruck/*Zipperer* § 164 Rn. 1; Nerlich/Römermann/*Balthasar* § 164 Rn. 3 ff.; *Zimmermann* ZInsO 2012, 245 (246); s. auch BuB/*Obermüller* Rn. 15/352; *Wittig* DB 1999, 197 (201 f.); LG Saarbrücken ZInsO 2011, 437 (438).

[900] Uhlenbruck/*Zipperer* § 159 Rn. 22 u. § 157 Rn. 6 ff., jeweils mwN. Vgl. dazu auch zB *Paulus* ZInsO 2011, 162; *Classen* BB 2010, 2898; *Morshäuser/Falkner* NZG 2010, 881; *Arends/Hofert-von Weiss* BB 2009, 1538; *Hölzle* DStR 2004, 1433.

[901] Vgl. Uhlenbruck/*Lüer/Streit* § 217 Rn. 1.

[902] Vgl. BegrRegE InsO, *Balz/Landfermann* S. 325.

[903] Vgl. auch zu weiteren Optionen BegrRegE InsO, *Balz/Landfermann* S. 324.

[904] So ausdrücklich BegrRegE InsO, *Balz/Landfermann* S. 383.

[905] Oswald NZI 2018, 825 (829).

179 Um Gläubigern von Krediten in der Anlaufzeit nach Verfahrensaufhebung eine gewisse Sicherheit zu geben, zumal nach Ansicht des Gesetzgebers die üblichen Kreditsicherheiten kaum zur Verfügung stehen,[906] kann ein Insolvenzplan Regelungen zu einem sog **Kreditrahmen** (§ 264 InsO) enthalten. Diese Regelungen haben keinen Einfluss auf die soeben erwähnte (wieder bestehende) Befugnis des Schuldners zum Abschluss von Finanzierungsverträgen außerhalb eines Kreditrahmens. Nach § 264 Abs. 1 S. 1 InsO kann im gestaltenden Teil des Insolvenzplans (§ 221 InsO) vorgesehen werden, dass in einem späteren Insolvenzverfahren „Gläubiger mit Forderungen aus Darlehen und sonstigen Krediten, die der Schuldner oder die Übernahmegesellschaft[907] während der Zeit der Überwachung aufnimmt oder die ein Masseglaubiger in die Zeit der Überwachung hinein stehen lässt",[908] Vorrang vor den normalen Insolvenzgläubigern haben. Sollen geplante Finanzierungsmaßnahmen in einem Insolvenzplan vorgesehen werden, ist gleichzeitig ein Gesamtbetrag für derartige Kredite, der sog Kreditrahmen festzulegen (§ 264 Abs. 1 S. 2 InsO), wobei dieser nicht höher als der Wert der in der Vermögensübersicht des Plans (§ 229 S. 1 InsO) aufgeführten Vermögensgegenstände sein darf (§ 264 Abs. 1 S. 3 InsO). Wegen der „Verknüpfung" des Kreditrahmens mit der Überwachung der Planerfüllung (§ 260 InsO) besteht die **Privilegierung** der „Kreditrahmen-Gläubiger" nur, wenn das Folgeinsolvenzverfahren innerhalb dieser Überwachungszeit eröffnet, also nicht nur beantragt wird (§ 266 Abs. 1 InsO).[909] Neben der Festlegung im Kreditrahmen muss es sich ferner um während der Überwachungszeit neu aufgenommene Kredite handeln[910] oder es muss sich um einen Massekredit handeln, den der Massegläubiger – ggf. durch eine Vereinbarung mit dem Insolvenzverwalter, dass der Massekredit nicht gemäß § 258 Abs. 2 InsO vor Aufhebung des Insolvenzverfahrens zurückzuzahlen ist – in die Überwachungsphase hinein stehen lässt.[911]

180 Als kreditrahmenfähige Kredite, die im Zweifel auch nur besichert vergeben werden,[912] kommen **„Kredite jeder Art"**[913] in Betracht. Unter den somit weit auszulegenden Kreditbegriff fallen also zB Kontokorrentkredite, Darlehen, Aval- oder Diskontkredite ebenso wie Lieferantenkredite oder Kredite von Warenkreditversicherern.[914] Nicht kreditrahmenfähig sind dagegen (kreditersetzende) Nutzungsüberlassungen wie das Finanzierungsleasing[915] oder als Eigenkapital einzuordnende Vereinbarungen[916] bzw. grundsätzlich eigenkapitalersetzende Kredite (§ 264 Abs. 3 InsO); bei letzteren liegt allerdings Kreditrahmenfähigkeit vor, wenn der Finanzierungsgläubiger seine Beteiligung gemäß § 39 Abs. 4 S. 2 InsO erst in der Krise erworben hat.[917]

---

906 Vgl. BegrRegE InsO, *Balz/Landfermann* S. 383.

907 Die „übertragende Sanierung" kann ebenfalls in einem Sanierungsplan geregelt werden, s. BegrRegE InsO, *Balz/Landfermann* S. 324. Nachstehend wird nur auf den Schuldner abgestellt; die Ausführungen gelten aber für die Übernahmegesellschaft sinngemäß.

908 Ohne das Stehenlassen müsste der Insolvenzverwalter gemäß § 258 Abs. 2 InsO das Darlehen vor Verfahrensaufhebung zurückführen bzw. die Rückführung sicherstellen, vgl. BegrRegE ESUG, BT-Drs. 17/5712, 56 f.; ferner *Wittig* DB 1999, 197 (203).

909 MüKoInsO/*Drukarczyk/Fridgen* § 264 Rn. 16 u. MüKoInsO/*Kern* § 266 Rn. 6; *Obermüller* Rn. 5.820.

910 Uhlenbruck/*Lüer/Streit* § 264 Rn. 10: der reine Vertragsschluss reicht also nicht aus, der Kreditbetrag muss dem Schuldner – zB nachdem er Auszahlungsvoraussetzungen erfüllt hat – uneingeschränkt zur Verfügung stehen.

911 MüKoInsO/*Drukarczyk/Fridgen* § 264 Rn. 6; Uhlenbruck/*Lüer/Streit* § 264 Rn. 11, der auch einen Verzicht auf eine Sicherstellung fordert; dieses zusätzliche Erfordernis lässt sich aus den Gesetzesmaterialien aber nicht herleiten, vgl. BegrRegE InsO, *Balz/Landfermann* S. 383.

912 So *Wittig* DB 1999, 197 (205).

913 So BegrRegE InsO, *Balz/Landfermann* S. 383.

914 Uhlenbruck/*Lüer/Streit* § 264 Rn. 3 ff.; Nerlich/Römermann/*Braun* § 264 Rn. 3; MüKoInsO/*Drukarczyk/Fridgen* § 264 Rn. 6 f.; *Obermüller* Rn. 5.816; *Wittig* DB 1999, 197 (204); s. a. BegrRegE InsO, *Balz/Landfermann* S. 383.

915 Uhlenbruck/*Lüer/Streit* § 264 Rn. 9; Nerlich/Römermann/*Braun* § 264 Rn. 6a.

916 Dazu Uhlenbruck/*Lüer/Streit* § 264 Rn. 7.

917 Uhlenbruck/*Lüer/Streit* § 264 Rn. 8.

Zu der Festlegung im Insolvenzplan muss zur Privilegierung als Vorrangforderung gemäß § 264 Abs. 2 InsO noch eine **konkrete Vereinbarung** zwischen dem Kreditgeber und dem Schuldner kommen, „dass und in welcher Höhe der … gewährte Kredit nach Hauptforderung, Zinsen und Kosten innerhalb des Kreditrahmens liegt", ferner muss der Insolvenzverwalter die Einbeziehung des konkreten Kredites in den Kreditrahmen schriftlich bestätigen. Die Einbeziehung zwischen Kreditgeber und Schuldner sollte bei Kreditvertragsabschluss erfolgen;[918] nach Auszahlung eines Kredites ist eine – nachträgliche – Einbeziehungsvereinbarung ebenso wenig möglich wie nach Beantragung des Folgeinsolvenzverfahrens.[919] Anders als für die Bestätigung des Insolvenzverwalters ist für die Einbeziehungsvereinbarung keine Form vorgeschrieben; es sollte selbstverständlich sein, dass sie ebenfalls (nur) schriftlich abgeschlossen wird. **181**

Die vor Erteilung seiner Bestätigung durchzuführende **Prüfung des Insolvenzverwalters** hat sich nur darauf zu beziehen, ob die formalen Voraussetzungen des § 264 Abs. 2 InsO erfüllt sind; die Zweckmäßigkeit des Kredites hat er nicht zu überprüfen.[920] Übersieht der Insolvenzverwalter, dass der Kreditrahmen ganz oder teilweise ausgeschöpft ist, sollte das Prioritätsprinzip gelten: der Gläubiger wird nur insoweit privilegiert sein, als sein Kredit noch (teilweise) in den Kreditrahmen passt.[921] **182**

Sind sämtliche Voraussetzungen für eine Privilegierung erfüllt, kommt den Kreditforderungen in einem Folgeinsolvenzverfahren (§ 266 InsO) Vorrang vor den anderen Insolvenzgläubigern (s. auch § 265 InsO), nicht aber vor Ansprüchen aus gesetzlichen Schuldverhältnissen und auch nicht vor Masseforderungen, Aussonderungs- bzw. Absonderungsrechten[922] zu. Den Kreditforderungen wird also ein **Insolvenzvorrecht**[923] eingeräumt, da sie in einem Folgeinsolvenzverfahren vor den nicht nachrangigen Insolvenzforderungen, aber nach den Masseforderungen befriedigt werden. Soweit im Übrigen eine den rechtlichen Vorgaben des § 264 InsO entsprechende Kreditgewährung (bzw. Sicherheitenbestellung) einen Anfechtungstatbestand nach §§ 129 ff. InsO verwirklichen würde, ist von einem Anfechtungsausschluss im Folgeinsolvenzverfahren auszugehen.[924] **183**

Keine klassische (Neu-)Finanzierung, sondern eher eine Kapitalmaßnahme[925] stellt die vom Gesetzgeber in § 225a InsO vorgesehene Möglichkeit der Umwandlung von Forderungen in Anteils- oder Mitgliedschaftsrechte (Debt-Equity-Swap) im Rahmen eines Insolvenzplanes dar;[926] nach § 225a InsO ist die Umwandlung gegen den Willen der betroffenen Gläubiger, zu denen zB auch Kreditinstitute wegen Forderungen aus gewährten Krediten zählen können, ausgeschlossen. **183a**

d) Finanzierungen in der Eigenverwaltung. In einer bis März 2012 nur geringen Anzahl von Fällen wurde die Insolvenz eines Schuldners im Wege der Eigenverwaltung (§§ 270 ff. InsO) abgewickelt;[927] durch die Änderungen des Gesetzgebers zum 1.3.2012 durch das ESUG[928] ist es zumindest in größeren Verfahren zu einer Belebung dieser Verfahrensart gekommen. Bei der Eigenverwaltung sollen die Bestimmungen des Regelins- **184**

918 S. zB das Muster bei *Obermüller* Rn. 5.822.

919 Uhlenbruck/*Lüer/Streit* § 264 Rn. 18.

920 Vgl. auch Uhlenbruck/*Lüer/Streit* § 264 Rn. 22; Nerlich/Römermann/*Braun* § 264 Rn. 7; *Wittig* DB 1999, 197 (204).

921 Dazu, auch mit Nachweisen zu anderen Ansichten, Uhlenbruck/*Lüer/Streit* § 264 Rn. 24; Nerlich/Römermann/*Braun* § 264 Rn. 8. Ebenso MüKoInsO/*Drukarczyk/Fridgen* § 264 Rn. 15.

922 S. a. Uhlenbruck/*Lüer/Streit* § 264 Rn. 25 ff.; Nerlich/Römermann/*Braun* § 264 Rn. 11 f. Bei Absonderungsrechten steht dies unter dem Vorbehalt, dass es keine anderweitige Regelung im Insolvenzplan gibt.

923 Nerlich/Römermann/*Braun* § 264 Rn. 9.

924 Uhlenbruck/*Lüer/Streit* § 264 Rn. 32; Nerlich/Römermann/*Braun* § 264 Rn. 13. Aber auch eine Kreditvergabe gegen Sicherheitenstellung außerhalb eines Kreditrahmens ist nach den Regeln des Bargeschäfts (→ Rn. 91 ff.) zu beurteilen.

925 BegrRegE ESUG BT-Drs. 17/5712, 26 u. 46.

926 Zum Debt-Equity-Swap vgl. *Richter* → Kap. 31 Rn. 115 ff.

927 S. a. *Ganter* NZI 2011, 209 (226), wonach es „wie schon in den Vorjahren auch in 2010" keine höchstrichterlichen Entscheidungen zur Eigenverwaltung gegeben hat.

olvenzverfahrens „im Grundsatz unverändert gelten“,[929] allerdings verbleibt die Verwaltungs- und Verfügungsbefugnis beim Schuldner, dem zur Aufsicht ein sog. **Sachwalter** (s. § 270 Abs. 1 S. 1 InsO) an die Seite gestellt wird.

185 Wegen der dem **Schuldner weiterhin zustehenden Verwaltungs- und Verfügungsbefugnis** ist er bei neuen Finanzierungsverträgen – und nicht der Sachwalter – der Vertragspartner; die entstehenden Verbindlichkeiten sind Masseverbindlichkeiten gemäß § 55 Abs. 1 Nr. 1 InsO. Nach § 275 Abs. 1 S. 1 InsO soll der Schuldner Verbindlichkeiten, die nicht zum gewöhnlichen Geschäftsbetrieb gehören, nur mit Zustimmung des Sachwalters eingehen; gemäß § 275 Abs. 1 S. 2 InsO soll er auch Verbindlichkeiten, die zum gewöhnlichen Geschäftsverkehr gehören, nicht eingehen, wenn der Sachwalter widerspricht. Verstößt der Schuldner gegen § 275 Abs. 1 InsO und nimmt er zB einen nicht zum gewöhnlichen Geschäftsbetrieb gehörenden Neukredit ohne Zustimmung des Sachwalters auf, ist der Vertrag grundsätzlich wirksam.[930] Wird in einem Insolvenzplan ein Kreditrahmen (→ Rn. 179 f.) vorgesehen, fragt sich, ob der Sachwalter die nach § 264 Abs. 2 InsO erforderliche schriftliche Bestätigung (→ Rn. 181 f.) abgeben kann[931]; da in der Eigenverwaltung eine Überwachung der Planerfüllung nach § 284 Abs. 2 InsO auf den Sachwalter – anstelle des Insolvenzverwalters (§ 261 Abs. 1 S. InsO) – übertragen ist, sollte er auch die Bestätigung abgeben können, nicht zuletzt um dem Kreditgeber wegen der angestrebten Privilegierung eine höhere „Richtigkeitsgewähr“ als bei einer Bestätigung durch den Insolvenzschuldner zu bieten.

186 Bei Finanzierungsverträgen von besonderer Bedeutung für das Insolvenzverfahren hat der Schuldner weiterhin nach § 276 S. 1 InsO die **Zustimmung des Gläubigerausschusses** bzw. – wenn ein solcher nicht bestellt ist – nach § 276 S. 2 InsO iVm § 160 Abs. 1 S. 2 InsO die Zustimmung der Gläubigerversammlung einzuholen. Aber auch hier hat eine fehlende Zustimmung keine Auswirkung auf die Wirksamkeit des zustande gekommenen Finanzierungsvertrages (§ 276 S. 2 InsO iVm § 164 InsO). Nur wenn das Insolvenzgericht nach § 277 Abs. 1 InsO angeordnet hat, dass bestimmte Rechtsgeschäfte, also zB auch Finanzierungsverträge, nur wirksam sind, wenn der Sachwalter zugestimmt hat, ist der „bestimmte“ Finanzierungsvertrag vorbehaltlich der Gutglaubensvorschriften in § 277 Abs. 1 S. 2 InsO unwirksam, wenn der Sachwalter nicht zugestimmt hat.[932] Vor dem Abschluss eines neuen Finanzierungsvertrages sollte also zB ein Kreditinstitut bei einem eigenverwaltenden Schuldner stets klären, ob es eine entsprechende Anordnung des Insolvenzgerichtes, die nach § 277 Abs. 3 S. 1 InsO öffentlich bekannt zu machen und auch dem Handelsregister zu übermitteln (§ 277 Abs. 3 S. 2 InsO iVm § 31 InsO) ist,[933] gibt.

187 Kommt es anlässlich des Abschlusses eines neuen Finanzierungsvertrages auch zur **Bestellung von Sicherheiten,** gelten in der Eigenverwaltung die Ausführungen zu einem neuen Finanzierungsvertrag entsprechend. Nur wenn also gemäß § 277 Abs. 1 InsO eine „bestimmte“ Anordnung des Insolvenzgerichtes vorliegt, dass eine Sicherheit nur mit Zustimmung des Sachwalters bestellt wird, bedarf es zur wirksamen Sicherheitenstellung auch der Zustimmung des Sachwalters; ein Verstoß des Schuldners gegen die §§ 275, 276

---

[928] Gesetz zur weiteren Erleichterung der Sanierung von Unternehmen (ESUG) v. 7.12.2011, BGBl. I 2011, 2582, das auch die Eigenverwaltung stärken sollte, vgl. BegrRegE ESUG BT-Drs. 17/5712, 27 f.; zum ESUG zB *Römermann* NJW 2012, 645; *Gehrlein* NZI 2012, 257; *Vallender* MDR 2012, 125.

[929] So BegrRegE InsO, *Balz/Landfermann* S. 387. Nach der „Aufwertung“ der Eigenverwaltung durch das ESUG dürfte dieser Grundsatz zumindest aufgeweicht worden sein, da die §§ 270 ff. InsO lex specialis sind, s. a. Nerlich/Römermann/*Riggert* vor § 270 Rn. 2.

[930] *Wittig* DB 1999, 197 (205); Nerlich/Römermann/*Riggert* § 275 Rn. 7, auch mit Hinweis auf eine ausnahmsweise Unwirksamkeit bei kollusivem Zusammenwirken zwischen Schuldner und Finanzierungsgläubiger.

[931] Zustimmend jetzt auch MüKoInsO/*Drukarczyk/Fridgen* § 264 Rn. 14, anders noch in der Vorauflage.

[932] Nerlich/Römermann/*Riggert* § 277 Rn. 8 sowie Rn. 9 zu den Gutglaubensvorschriften.

[933] Nerlich/Römermann/*Riggert* § 277 Rn. 10.

InsO hat dagegen auf die Wirksamkeit der Sicherheitenstellung grundsätzlich keinen Einfluss.[934]

e) Finanzierungen im Verbraucherinsolvenzverfahren (nebst Restschuldbefreiung). Neue (Kredit-) Finanzierungen kommen in Verbraucherinsolvenzverfahren[935] zumindest unter Einbindung von Kreditinstituten oder anderen „klassischen" Finanzierungsgläubigern praktisch nicht zustande. Allerdings lässt auch der Gesetzgeber – zB in § 302 Nr. 3 InsO – erkennen, dass es bei dieser Verfahrensart zu Darlehensvergaben kommen kann. Letztendlich wird es sich regelmäßig um Finanzierungsmaßnahmen handeln, die entweder als **zinslose Darlehen** durch schuldnerunterstützende Einrichtungen zweckgebunden zur Durchführung des Verfahrens gewährt werden[936] oder wenn Dritte, zB **Familienmitglieder**[937], Gelder zur Durchführung der Verteilung darlehensweise[938] zur Verfügung stellen.[939] 188

[934] *Wittig* DB 1999, 197 (206); auch hier zu einer Ausnahme Nerlich/Römermann/*Riggert* § 275 Rn. 7.

[935] Durch die Streichung des § 312 InsO zum 1.7.2014 (→ Rn. 148) ist auch bei dieser Verfahrensart nunmehr ein Insolvenzplan denkbar, ohne dass ihm bisher größere Bedeutung zukommt.

[936] Vgl. Nerlich/Römermann/*Römermann* § 302 Rn. 7.

[937] ZB BGH WM 2011, 2106 (Rn. 1): Aufnahme eines „Verwandtendarlehens".

[938] Soweit eine einschlägige Forderung erst nach Verfahrenseröffnung begründet wird, ist sie keine Insolvenzforderung gem. § 38 InsO, so dass sie von einer späteren Restschuldbefreiung nicht erfasst wird, vgl. BGH WM 2011, 2106 f. (Rn. 9); Nerlich/Römermann/*Römermann* § 286 Rn. 15.

[939] S. a. BegrRegE InsO, *Balz/Landfermann* S. 437.

3. Teil. Wertpapier- und Anlagegeschäft (Spindler)

33. Kapitel: Grundlagen – §§ 63 ff. WpHG

Übersicht

I. Allgemeine Verhaltensregeln – § 63 WpHG

§ 63 Allgemeine Verhaltensregeln; Verordnungsermächtigung

(1) **Ein Wertpapierdienstleistungsunternehmen ist verpflichtet, Wertpapierdienstleistungen und Wertpapiernebendienstleistungen ehrlich, redlich und professionell im bestmöglichen Interesse seiner Kunden zu erbringen.**

(2) **[1] Ein Wertpapierdienstleistungsunternehmen hat einem Kunden, bevor es Geschäfte für ihn durchführt, die allgemeine Art und Herkunft von Interessenkonflikten und die zur Begrenzung der Risiken der Beeinträchtigung der Kundeninteressen unternommenen Schritte eindeutig darzulegen, soweit die organisatorischen Vorkehrungen nach § 80 Absatz 1 Satz 2 Nummer 2 nicht ausreichen, um nach vernünftigem Ermessen zu gewährleisten, dass das Risiko der Beeinträchtigung von Kundeninteressen vermieden wird. [2] Die Darlegung nach Satz 1 muss**

1. mittels eines dauerhaften Datenträgers erfolgen und

2. unter Berücksichtigung der Einstufung des Kunden im Sinne des § 67 so detailliert sein, dass der Kunde in die Lage versetzt wird, seine Entscheidung über die Wertpapierdienstleistung oder Wertpapiernebendienstleistung, in deren Zusammenhang der Interessenkonflikt auftritt, in Kenntnis der Sachlage zu treffen.

(3) **[1] Ein Wertpapierdienstleistungsunternehmen muss sicherstellen, dass es die Leistung seiner Mitarbeiter nicht in einer Weise vergütet oder bewertet, die mit seiner Pflicht, im bestmöglichen Interesse der Kunden zu handeln, kollidiert. [2] Insbesondere darf es bei seinen Mitarbeitern weder durch Vergütungsvereinbarungen noch durch Verkaufsziele oder in sonstiger Weise Anreize dafür setzen, einem Privatkunden ein bestimmtes Finanzinstrument zu empfehlen, obwohl das Wertpapierdienstleistungsunternehmen dem Privatkunden ein anderes Finanzinstrument anbieten könnte, das den Bedürfnissen des Privatkunden besser entspricht.**

(4) [1]Ein Wertpapierdienstleistungsunternehmen, das Finanzinstrumente zum Verkauf an Kunden konzipiert, muss sicherstellen, dass diese Finanzinstrumente so ausgestaltet sind, dass

1. sie den Bedürfnissen eines bestimmten Zielmarktes im Sinne des § 80 Absatz 9 entsprechen und
2. die Strategie für den Vertrieb der Finanzinstrumente mit diesem Zielmarkt vereinbar ist.

[2]Das Wertpapierdienstleistungsunternehmen muss zumutbare Schritte unternehmen, um zu gewährleisten, dass das Finanzinstrument an den bestimmten Zielmarkt vertrieben wird.

(5) Ein Wertpapierdienstleistungsunternehmen muss die von ihm angebotenen oder empfohlenen Finanzinstrumente verstehen. Es muss deren Vereinbarkeit mit den Bedürfnissen der Kunden, denen gegenüber es Wertpapierdienstleistungen erbringt, beurteilen, auch unter Berücksichtigung des in § 80 Absatz 9 genannten Zielmarktes, und sicherstellen, dass es Finanzinstrumente nur anbietet oder empfiehlt, wenn dies im Interesse der Kunden liegt.

(6) [1]Alle Informationen, die Wertpapierdienstleistungsunternehmen Kunden zugänglich machen, einschließlich Marketingmitteilungen, müssen redlich und eindeutig sein und dürfen nicht irreführend sein. [2]Marketingmitteilungen müssen eindeutig als solche erkennbar sein. § 302 des Kapitalanlagegesetzbuchs und § 15 des Wertpapierprospektgesetzes bleiben unberührt.

(7) [1]Wertpapierdienstleistungsunternehmen sind verpflichtet, ihren Kunden rechtzeitig und in verständlicher Form angemessene Informationen über das Wertpapierdienstleistungsunternehmen und seine Dienstleistungen, über die Finanzinstrumente und die vorgeschlagenen Anlagestrategien, über Ausführungsplätze und alle Kosten und Nebenkosten zur Verfügung zu stellen, die erforderlich sind, damit die Kunden nach vernünftigem Ermessen die Art und die Risiken der ihnen angebotenen oder von ihnen nachgefragten Arten von Finanzinstrumenten oder Wertpapierdienstleistungen verstehen und auf dieser Grundlage ihre Anlageentscheidung treffen können. [2]Die Informationen können auch in standardisierter Form zur Verfügung gestellt werden. [3]Die Informationen nach Satz 1 müssen folgende Angaben enthalten:

1. hinsichtlich der Arten von Finanzinstrumenten und der vorgeschlagenen Anlagestrategie unter Berücksichtigung des Zielmarktes im Sinne des Absatzes 3 oder 4:
   a) geeignete Leitlinien zur Anlage in solche Arten von Finanzinstrumenten oder zu den einzelnen Anlagestrategien,
   b) geeignete Warnhinweise zu den Risiken, die mit dieser Art von Finanzinstrumenten oder den einzelnen Anlagestrategien verbunden sind, und
   c) ob die Art des Finanzinstruments für Privatkunden oder professionelle Kunden bestimmt ist;
2. hinsichtlich aller Kosten und Nebenkosten:
   a) Informationen in Bezug auf Kosten und Nebenkosten sowohl der Wertpapierdienstleistungen als auch der Wertpapiernebendienstleistungen, einschließlich eventueller Beratungskosten,
   b) Kosten der Finanzinstrumente, die dem Kunden empfohlen oder an ihn vermarktet werden sowie
   c) Zahlungsmöglichkeiten des Kunden einschließlich etwaiger Zahlungen durch Dritte.

[4]Informationen zu Kosten und Nebenkosten, einschließlich solchen Kosten und Nebenkosten im Zusammenhang mit der Wertpapierdienstleistung und dem Finanzinstrument, die nicht durch ein zugrunde liegendes Marktrisiko verursacht werden, muss das Wertpapierdienstleistungsunternehmen in zusammengefasster Weise darstellen, damit der Kunde sowohl die Gesamtkosten als auch die kumulative Wirkung der Kosten auf die Rendite der Anlage verstehen kann. [5]Auf Verlangen des Kunden muss das Wert-

papierdienstleistungsunternehmen eine Aufstellung, die nach den einzelnen Posten aufgegliedert ist, zur Verfügung stellen. [6] Solche Informationen sollen dem Kunden unter den in Artikel 50 Absatz 9 der Delegierten Verordnung (EU) 2017/565 genannten Voraussetzungen regelmäßig, mindestens jedoch jährlich während der Laufzeit der Anlage zur Verfügung gestellt werden. [7] Die §§ 293 bis 297, 303 bis 307 des Kapitalanlagegesetzbuchs bleiben unberührt. [8] Bei zertifizierten Altersvorsorge- und Basisrentenverträgen im Sinne des Altersvorsorgeverträge-Zertifizierungsgesetzes gilt die Informationspflicht nach diesem Absatz durch Bereitstellung des individuellen Produktinformationsblattes nach § 7 des Altersvorsorgeverträge-Zertifizierungsgesetzes als erfüllt. [9] Dem Kunden sind auf Nachfrage die nach diesem Absatz erforderlichen Informationen über Kosten und Nebenkosten zur Verfügung zu stellen. [10] Der Kunde ist bei Bereitstellung des individuellen Produktinformationsblattes nach § 7 des Altersvorsorgeverträge-Zertifizierungsgesetzes ausdrücklich auf dieses Recht hinzuweisen. [11] Wird einem Kunden ein standardisiertes Informationsblatt nach § 64 Absatz 2 Satz 3 zur Verfügung gestellt, sind dem Kunden die Informationen hinsichtlich aller Kosten und Nebenkosten nach den Sätzen 4 und 5 unverlangt unter Verwendung einer formalisierten Kostenaufstellung zur Verfügung zu stellen.

(8) **Die Absätze 6 und 7 gelten nicht für Wertpapierdienstleistungen, die als Teil eines Finanzprodukts angeboten werden, das in Bezug auf die Informationspflichten bereits anderen Bestimmungen des Europäischen Gemeinschaftsrechts, die Kreditinstitute und Verbraucherkredite betreffen, unterliegt.**

(9) **[1] Bietet ein Wertpapierdienstleistungsunternehmen Wertpapierdienstleistungen verbunden mit anderen Dienstleistungen oder anderen Produkten als Gesamtpaket oder in der Form an, dass die Erbringung der Wertpapierdienstleistungen, der anderen Dienstleistungen oder der Geschäfte über die anderen Produkte Bedingung für die Durchführung der jeweils anderen Bestandteile oder des Abschlusses der anderen Vereinbarungen ist, muss es den Kunden darüber informieren, ob die einzelnen Bestandteile auch getrennt voneinander bezogen werden können und dem Kunden für jeden Bestandteil getrennt Kosten und Gebühren nachweisen. [2] Besteht die Wahrscheinlichkeit, dass die mit dem Gesamtpaket oder der Gesamtvereinbarung verknüpften Risiken von den mit den einzelnen Bestandteilen verknüpften Risiken abweichen, hat es Privatkunden in angemessener Weise über die einzelnen Bestandteile, die mit ihnen verknüpften Risiken und die Art und Weise, wie ihre Wechselwirkung das Risiko beeinflusst, zu informieren.**

(10) **[1] Vor der Erbringung anderer Wertpapierdienstleistungen als der Anlageberatung oder der Finanzportfolioverwaltung hat ein Wertpapierdienstleistungsunternehmen von den Kunden Informationen einzuholen über Kenntnisse und Erfahrungen der Kunden in Bezug auf Geschäfte mit bestimmten Arten von Finanzinstrumenten oder Wertpapierdienstleistungen, soweit diese Informationen erforderlich sind, um die Angemessenheit der Finanzinstrumente oder Wertpapierdienstleistungen für die Kunden beurteilen zu können. [2] Sind verbundene Dienstleistungen oder Produkte im Sinne des Absatzes 9 Gegenstand des Kundenauftrages, muss das Wertpapierdienstleistungsunternehmen beurteilen, ob das gesamte verbundene Geschäft für den Kunden angemessen ist. Gelangt ein Wertpapierdienstleistungsunternehmen auf Grund der nach Satz 1 erhaltenen Informationen zu der Auffassung, dass das vom Kunden gewünschte Finanzinstrument oder die Wertpapierdienstleistung für den Kunden nicht angemessen ist, hat es den Kunden darauf hinzuweisen. [3] Erlangt das Wertpapierdienstleistungsunternehmen nicht die erforderlichen Informationen, hat es den Kunden darüber zu informieren, dass eine Beurteilung der Angemessenheit im Sinne des Satzes 1 nicht möglich ist. [4] Näheres zur Angemessenheit und zu den Pflichten, die im Zusammenhang mit der Beurteilung der Angemessenheit geltenden Pflichten regeln die Artikel 55 und 56 der Delegierten Verordnung (EU) 2017/565. [5] Der Hinweis nach Satz 3 und die Information nach Satz 4 können in standardisierter Form erfolgen.**

(11) Die Pflichten nach Absatz 10 gelten nicht, soweit das Wertpapierdienstleistungsunternehmen

1. auf Veranlassung des Kunden Finanzkommissionsgeschäft, Eigenhandel, Abschlussvermittlung oder Anlagevermittlung erbringt in Bezug auf
   a) Aktien, die zum Handel an einem organisierten Markt, an einem diesem gleichwertigen Markt eines Drittlandes oder an einem multilateralen Handelssystem zugelassen sind, mit Ausnahme von Aktien an AIF im Sinne von § 1 Absatz 3 des Kapitalanlagegesetzbuchs, und von Aktien, in die ein Derivat eingebettet ist,
   b) Schuldverschreibungen und andere verbriefte Schuldtitel, die zum Handel an einem organisierten Markt, einem diesem gleichwertigen Markt eines Drittlandes oder einem multilateralen Handelssystem zugelassen sind, mit Ausnahme solcher, in die ein Derivat eingebettet ist und solcher, die eine Struktur aufweisen, die es dem Kunden erschwert, die mit ihnen einhergehenden Risiken zu verstehen,
   c) Geldmarktinstrumente, mit Ausnahme solcher, in die ein Derivat eingebettet ist, und solcher, die eine Struktur aufweisen, die es dem Kunden erschwert, die mit ihnen einhergehenden Risiken zu verstehen,
   d) Anteile oder Aktien an OGAW im Sinne von § 1 Absatz 2 des Kapitalanlagegesetzbuchs, mit Ausnahme der in Artikel 36 Absatz 1 Unterabsatz 2 der Verordnung (EU) Nr. 583/2010 genannten strukturierten OGAW,
   e) strukturierte Einlagen, mit Ausnahme solcher, die eine Struktur aufweisen, die es dem Kunden erschwert, das Ertragsrisiko oder die Kosten des Verkaufs des Produkts vor Fälligkeit zu verstehen oder
   f) andere nicht komplexe Finanzinstrumente für Zwecke dieses Absatzes, die die in Artikel 57 der Delegierten Verordnung (EU) 2017/565 genannten Kriterien erfüllen,
2. diese Wertpapierdienstleistung nicht gemeinsam mit der Gewährung eines Darlehens als Wertpapiernebendienstleistung im Sinne des § 2 Absatz 7 Nummer 2 erbringt, außer sie besteht in der Ausnutzung einer Kreditobergrenze eines bereits bestehenden Darlehens oder eines bereits bestehenden Darlehens, das in der Weise gewährt wurde, dass der Darlehensgeber in einem Vertragsverhältnis über ein laufendes Konto dem Darlehensnehmer das Recht einräumt, sein Konto in bestimmter Höhe zu überziehen (Überziehungsmöglichkeit) oder darin, dass der Darlehensgeber im Rahmen eines Vertrages über ein laufendes Konto, ohne eingeräumte Überziehungsmöglichkeit die Überziehung des Kontos durch den Darlehensnehmer duldet und hierfür vereinbarungsgemäß ein Entgelt verlangt, und
3. den Kunden ausdrücklich darüber informiert, dass keine Angemessenheitsprüfung im Sinne des Absatzes 10 vorgenommen wird, wobei diese Information in standardisierter Form erfolgen kann.

(12) [1] Wertpapierdienstleistungsunternehmen müssen ihren Kunden in geeigneter Weise auf einem dauerhaften Datenträger über die erbrachten Wertpapierdienstleistungen berichten; insbesondere müssen sie nach Ausführung eines Geschäftes mitteilen, wo sie den Auftrag ausgeführt haben. [2] Die Pflicht nach Satz 1 beinhaltet einerseits nach den in den Artikeln 59 bis 63 der Delegierten Verordnung (EU) 2017/565 näher bestimmten Fällen regelmäßige Berichte an den Kunden, wobei die Art und Komplexität der jeweiligen Finanzinstrumente sowie die Art der erbrachten Wertpapierdienstleistungen zu berücksichtigen ist, und andererseits, sofern relevant, Informationen zu den angefallenen Kosten. [3] Bei zertifizierten Altersvorsorge- und Basisrentenverträgen im Sinne des Altersvorsorgeverträge-Zertifizierungsgesetzes gilt die Informationspflicht gemäß Satz 1 bei Beachtung der jährlichen Informationspflicht nach § 7a des Altersvorsorgeverträge-Zertifizierungsgesetzes als erfüllt. [4] Dem Kunden sind auf Nachfrage die nach diesem Absatz erforderlichen Informationen über Kosten und Nebenkosten zur Verfügung zu stellen. [5] Der Kunde ist bei Bereitstellung der jährlichen Information nach § 7a des Altersvorsorgeverträge-Zertifizierungsgesetzes ausdrücklich auf dieses Recht hinzuweisen.

(13) **Nähere Bestimmungen zu den Absätzen 1 bis 3, 6, 7, 10 und 12 ergeben sich aus der Delegierten Verordnung (EU) 2017/565, insbesondere zu**

1. **der Verpflichtung nach Absatz 1 aus den Artikeln 58, 64, 65 und 67 bis 69,**
2. **Art, Umfang und Form der Offenlegung nach Absatz 2 aus den Artikeln 34 und 41 bis 43,**
3. **der Vergütung oder Bewertung nach Absatz 3 aus Artikel 27,**
4. **den Voraussetzungen, unter denen Informationen im Sinne von Absatz 6 Satz 1 als redlich, eindeutig und nicht irreführend angesehen werden aus den Artikeln 36 und 44,**
5. **Art, Inhalt, Gestaltung und Zeitpunkt der nach Absatz 7 notwendigen Informationen für die Kunden aus den Artikeln 38, 39, 41, 45 bis 53, 61 und 65,**
6. **Art, Umfang und Kriterien der nach Absatz 10 von den Kunden einzuholenden Informationen aus den Artikeln 54 bis 56,**
7. **Art, Inhalt und Zeitpunkt der Berichtspflichten nach Absatz 12 aus den Artikeln 59 bis 63.**

(14) **Das Bundesministerium der Finanzen kann im Einvernehmen mit dem Bundesministerium der Justiz und für Verbraucherschutz durch Rechtsverordnung, die nicht der Zustimmung des Bundesrates bedarf, nähere Bestimmungen zu Inhalt und Aufbau der formalisierten Kostenaufstellung nach Absatz 7 Satz 11 erlassen. Das Bundesministerium der Finanzen kann die Ermächtigung durch Rechtsverordnung auf die Bundesanstalt übertragen.**

Schrifttum: *Arendts,* Die Nachforschungspflichten des Anlageberaters über die von ihm empfohlene Kapitalanlage, DStR 1997, 1649; *Assies/Faulenbach,* Prozessuale Probleme des Güteverfahrens (Verjährungshemmung durch Güteanträge), BKR 2015, 89; *Assmann,* Das Verhältnis von Aufsichtsrecht und Zivilrecht im Kapitalmarktrecht, FS Schneider, 2011, S. 37; *ders.,* Interessenkonflikte aufgrund von Zuwendungen, ZBB 2008, 21; *Assmann/Sethe,* Warn- und Hinweispflichten von Kreditinstituten gegenüber Kunden am Beispiel kundenschädigender Wertpapier- und Depotgeschäfte bankexterner Vermögensverwalter, FS Westermann, 2008, S. 67; *Bachmann,* Kontrahierungspflichten im privaten Bankrecht, ZBB 2006, 257; *Balzer,* Umsetzung der MiFID: Ein neuer Rechtsrahmen für die Anlageberatung, ZBB 2007, 333; *ders.,* Discount-Broking im Spannungsfeld zwischen Beratungsausschluss und Verhaltenspflichten nach dem WpHG, DB 1997, 2311, 2312; *ders.,* Umsetzung von MiFID II: Auswirkungen auf die Anlageberatung und Vermögensverwaltung, ZBB 2016, 226; *Banerjee,* A Simple Model of Herd Behavior, The Quarterly Journal of Economics Vol. 107 (1992), 797; *Bassler,* Die Vermutung aufklärungsrichtigen Verhaltens, WM 2013, 544; *Bausch,* Beratung und Beratungshaftung von Banken im Lichte der Pilotentscheidungen zu Lehman-Zertifikaten, NJW 2012, 354; *ders./Kohlmann,* Anforderungen an die Widerlegung der Schadensursächlichkeit nach der Rechtsprechungsänderung des XI. Zivilsenats, BKR 2012, 410; *Beck,* Das Chamäleon Anlegerschutz oder „Worüber reden wir eigentlich?", FS Schneider, 2011, S. 89; *Begner,* Die Verordnung über den Einsatz von Mitarbeitern in der Anlageberatung, als Vertriebsbeauftragte oder als Compliance-Beauftragte und über die Anzeigepflichten nach § 34d des Wertpapierhandelsgesetzes, BKR 2012, 95; *Bley,* Zeitlich-organisatorischer Ablauf der Analyse von Finanzinstrumenten im Rahmen der Product Governance gem. § 80 Abs. 9–11 WpHG n. F, AG 2017, 806; *Bracht,* Grenzen des konkludenten Beratungsvertrags und Haftung für fehlerhafte Anlageberatung durch Dritte, ZBB 2013, 252; *Brenncke,* Der Zielmarkt eines Finanzinstruments nach der MiFID II, WM 2015, 1173; *ders.,* Die Rechtsprechung des BGH zur Präsentation von Risiken bei der Anlageberatung, WM 2014, 1749; *ders.,* Verständliche Risikoaufklärung und Schutz unkundiger Kleinanleger bei der Anlageberatung, ZBB 2014, 366; *Brinckmann,* Lehman-Zertifikate und die Neuregelung bei der Anlageberatung anlässlich der Reform des SchVG – Lässt sich eine vorsichtigere Beratungspraxis etablieren?, BKR 2010, 45; *Buck-Heeb,* Vertrauen auf den Rechtsrat Dritter und Wissenszurechnung bei der Anlageberatung, BKR 2011, 441; *dies.,* Aufklärungspflichten beim Vertrieb von Zertifikaten, DB 2011, 2825; *dies.,* Anlageberatungsvertrag – Die Doppelrolle der Bank zwischen Fremd- und Eigeninteressen, WM 2012, 625; *dies.,* Die „Flucht" aus dem Anlageberatungsvertrag, ZIP 2013, 1401; *dies.,* Vertrieb von Finanzmarktprodukten: Zwischen Outsourcing und beratungsfreiem Geschäft, WM 2014, 385; *dies.,* Das Kleinanlegerschutzgesetz, NJW 2015, 2535; *dies.,* Entwicklung und Perspektiven des Anlegerschutzes, JZ 2017, 279; *Buck-Heeb/Poelzig,* Die Verhaltenspflichten (§§ 63 ff. WpHG n. F.) nach dem FiMaNoG II – Inhalt und Durchsetzung, BKR 2017, 485; *Bünnigmann,* Kausalitätsvermutung oder -falle im Kapitalanlagerecht: Schutz oder Schaukel für den Anleger, BKR 2014, 491; *Bußalb/Vogel,* Das Kleinanlegerschutzgesetz, WM 2015, 1472 und 1785; *Cahn/Müchler,* Produktinterventionen nach MiFID II, BKR 2013, 45; *Casper,* Das Kleinanlegerschutzgesetz – zwischen berechtigtem und übertriebenem Paternalismus, ZBB 2015, 265; *Claussen,* Finanzierter Wertpapierkauf und Verbraucherkreditgesetz, NJW 1993, 564; *Clouth,* Anlegerschutz – Grundlagen aus Sicht der Praxis, ZHR 177 (2013), 2012; *Dieckmann,* Öffentlich-rechtliche Normen im Vertragsrecht, AcP Bd. 213, 1; *Duchstein,* Die Bestimmtheit des Güteantrags zur Verjährungshemmung, NJW 2014, 342; *Duve/Keller,* MiFID: Die neue Welt des Wertpapiergeschäfts – Lernen Sie Ihre Kunden kennen – Kundenklassifikation und -information, BB 2006, 2425; *dies.,* MiFID: Die neue Welt des Wertpapiergeschäfts – oder: Glauben Sie nicht, Sie könnten ohne weiteres

Wertpapiere kaufen, BB 2006, 2477; *Eckel,* Grenzen der Rechtsdurchsetzung durch materiell-rechtliche Harmonisierung am Beispiel des Kapitalmarkt- und Lauterkeitsrechts, EuZW 2015, 418; *Eiben/Boesenberg,* Plausibilitätsprüfungspflicht von Anlagevermittler und Anlageberater, NJW 2013, 1398; *Einsele,* Anlegerschutz durch Information und Beratung, JZ 2008, 477; *dies.,* Beratungsprotokolle auf dem Prüfstand, ZRP 2014, 190; *Einsiedler,* Zur Anrechnung von Steuervorteilen, WM 2015, 958; *Ekkenga,* Fragen der deliktischen Haftungsbegründung bei Kursmanipulationen und Insidergeschäften, ZIP 2004, 781; *Ellenberger,* MiFID FRUG: Was wird aus Bond?, FS Nobbe, 2009, S. 523; *Fleischer,* Stock-Spams – Anlegerschutz und Marktmanipulation, ZBB 2008, 137; *ders.,* Die Richtlinie über Märkte für Finanzinstrumente und das Finanzmarkt-Richtlinie-Umsetzungsgesetz Entstehung, Grundkonzeption, Regelungsschwerpunkte, BKR 2006, 389; *Forschner,* Wechselwirkung von Aufsichtsrecht und Zivilrecht, 2013; *Freitag,* Überfällige Konvergenz von privatem und öffentlichem Recht der Anlageberatung, ZBB 2014, 357; *Gansel/Gängel,* Die Anforderungen an die Vermittlung von Kapitalanlagen und die Beratung von Kapitalanlegern, NJ 2010, 312; *Graham,* Herding among Investment Newsletters: Theory and Evidence, The Journal of Finance Vol. 54 (1999), 237; *Geier/Druckenbrodt,* Product Governance: MiFID II, PRIIP, Kleinanlegerschutzgesetz – quo vadis?, RdF 2015, 21; *Geier/Hombach/Schütt,* Finanzanalysen in MiFID II und MAR, RdF 2017, 108; *Grigoleit,* Anlegerschutz – Produktinformationen und Produktverbote, ZHR 177 (2013), 264; *Grundmann,* Das grundlegend reformierte Wertpapierhandelsgesetz – Umsetzung von MiFID II (Conduct of Business im Kundenverhältnis), ZBB 2018, 1; *Grüneberg,* Zur Verjährung und Rechtskrafterstreckung bei mehreren Aufklärungs- und Beratungsfehlern in demselben Kapitalanlagegespräch, WM 2014, 1109; *Gundermann,* Zu den Anforderungen der Bankberatung bei strukturierten Finanzprodukten, BKR 2013, 406; *Grundmann,* Wohlverhaltenspflichten, interessenkonfliktfreie Aufklärung und MIFID II – Jüngere höchstrichterliche Rechtsprechung und Reformschritte in Europa, WM 2012, 1745; *Günther,* Anlegerschutz – Kontrolle und Überwachung von Anlageberatung durchführenden Personen, MDR 2013, 125; *ders.,* Die Aufklärungspflicht der Bank über Zuwendungen gem. § 31d WpHG, MDR 2014, 61; *Habersack,* Anlegerschutz im Wertpapiergeschäft – Grundsatz und Praxisfragen, Bankrechtstag 2010, S. 3; *ders.,* Anmerkung zum EuGH Urt. v. 15.4.2010 – Rs C-215/08, ZIP 2010, 775; *Hacker/Thomale,* Crypto-Securities Regulation: ICOs, Token Sales and Cryptocurrencies under EU Financial Law, ECFR 2018, 645; *Hadding,* Zur Abgrenzung von Unterrichtung, Aufklärung, Auskunft, Beratung und Empfehlung als Inhalt bankrechtlicher Pflichten, FS Schimansky, 1999, S. 74; *Halbleib,* Der Einsatz von Mitarbeitern in der Anlageberatung nach der Neuregelung des § 34d WpHG, WM 2011, 673; *Hanowski,* Zins-Swap-Urteil des BGH: Auslöser einer neuen Finanzkrise?, NZG 2011, 573; *Harnos,* Die Reichweite und zivilrechtliche Bedeutung des § 31d WpHG – zugleich eine Besprechung des BGH-Urteils v. 17.9.2013 – XI ZR 332/12 – BKR 2014, 1; *ders.,* Zumutbarkeit der Klageerhebung und Verjährungsbeginn im Bankrecht, WM 2015, 1658; *Herkströter/Kimmich,* Produktinformationsblätter im Lichte des neuen BaFin-Rundschreibens – ein nationaler Vorgriff auf die europäische PRIP-Verordnung?, RdF 2014, 9; *Herresthal,* Die Pflicht zur Aufklärung über Rückvergütungen und die Folgen ihrer Verletzung, ZBB 2009, 348; *ders.,* Die Grundlage und Reichweite von Aufklärungspflichten beim Eigenhandel mit Zertifikaten – zugleich eine Besprechung von BVerfG 1 BvR 2514/11, ZBB 2012, 89; *ders.,* Die Weiterentwicklung des informationsbasierten Anlegerschutzes in der Swap-Entscheidung des BGH als unzulässige Rechtsfortbildung, ZIP 2013, 1049; *ders.,* Anmerkung zum EuGH Urt. v. 30.5.2013 – Rs C-604/11, ZIP 2013, 1417; *ders.,* Die vertragsrechtlichen Folgen der Honoraranlageberatung nach dem WpHG, WM 2014, 773; *Heusel,* Der Anwendungsbereich der Vermutung aufklärungsrichtigen Verhaltens bei der Anlageberatung, ZBB 2012, 461; *ders.,* Die Haftung für fehlerhafte Anlageberatung, JuS 2013, 109; *Hoegen,* Einzelfragen zur Haftung bei Anlagevermittlung und Anlageberatung unter besonderer Berücksichtigung der Rechtsprechung des Bundesgerichtshofes, FS Stimpel, 1985, S. 247; *Hopt,* Aktuelle Rechtsfragen der Haftung für Anlage- und Vermögensberatung einschließlich Prospekthaftung, 1985; *ders.,* Berufshaftung und Berufsrecht der Börsendienste, Anlageberater und Vermögensverwalter, FS Fischer, 1979, S. 237; *ders.,* Kapitalanlegerschutz im Recht der Banken, 1975; *Horn,* Die Aufklärungs- und Beratungspflichten der Banken, ZBB 1997, 139; *Jäger/Meuschke/Hartlieb,* Aufklärungspflicht über den anfänglichen negativen Marktwert bei anderen Finanzinstrumenten als Swaps?, BKR 2013, 456; Junglas, Zur Erstattungsfähigkeit entgangener Anlagezinsen; BKR 2013, 360; *Kasten,* Das neue Kundenbild des § 31a WpHG – Umsetzungsprobleme nach MiFID & FRUG, BKR 2007, 261; *Klaas,* Aufklärungspflichtverletzungen des Vermittlers beim sog. Schneeballsystem – Anmerkung zur Entscheidung des LG Aschaffenburg Urt. v. 20.8.2010 – 32 O 568/09, VuR 2010, 425; *Klingenbrunn,* Produktintervention zugunsten des Anlegerschutzes, WM 2015, 316; *Klöhn,* Kapitalmarkt, Spekulation und Behavioral Finance, 2006; *Klöhn,* Anmerkung zum BGH Urt. v. 22.3.2011 – XI ZR 33/10 (Zinsswaps), ZIP 2011, 762; *ders.,* Optimistische Prognosen in der bürgerlich-rechtlichen Prospekthaftung, WM 2010, 289; *ders.,* Anmerkung zum BGH Urt. v. 27.9.2011 – XI ZR 178/10, ZIP 2011, 2244; *ders.,* Die Ausweitung der bürgerlich-rechtlichen Prospekthaftung durch das „Rupert Scholz"-Urteil des BGH, WM 2012, 97; *Klöhn/Parhofer/Resas,* Initial Coin Offerings (ICOs), ZBB 2019, 89; *Knops,* Berücksichtigung von Steuervorteilen bei der Rückabwicklung fehlgeschlagener Kapitalanlagen, WM 2015, 993; *Knütel,* Weisungen bei Geschäftsbesorgungsverhältnissen, insbesondere bei Kommission und Spedition, ZHR 137 (1973), 285; *Koch,* Grenzen des informationsbasierten Anlegerschutzes, BKR 2012, 485; *ders.,* Das Nebeneinander aufsichts- und zivilrechtlicher Beratungsvorgaben im Anlegerschutz – Handlungsbedarf für den Gesetzgeber?, ZBB 2014, 211; *Koller,* Die Abdingbarkeit des Anlegerschutzes durch Information im europäischen Kapitalmarktrecht, FS Huber, 2006, S. 821; *Köndgen,* Die Entwicklung des Privaten Bankrechts in den Jahren 1992–1995, NJW 1996, 558; *ders.,* Preis- und Vergütungsgestaltung im Wertpapierhandel; FS Canaris Bd. 2, 2007, S. 183; *Kotte,* Das Nebeneinander aufsichts- und zivilrechtlicher Beratungsvorgaben im Anlegerschutz – Handlungsbedarf für den Gesetzgeber?, ZBB 2014, 211; *Kropf,* Rechtliche Schranken im Rahmen der Kick-back-Rechtsprechung des BGH, ZBB 2014, 331; *Krüger,* Aufklärung und Beratung bei Kapitalanlagen – Nebenpflicht statt Beratungsvertrag, NJW 2013, 1845; *Kumpan/Hellgardt,* Haftung der Wertpapierdienstleistungsunternehmen nach Umsetzung der EU-Richtlinie über Märkte für Finanzinstrumente (MiFID), DB 2006, 1714; *Kurz,* MiFID II – Auswirkungen auf den Vertrieb von Finanzinstrumenten, DB 2014, 1182; *Lang/Kühne,* Anlegerschutz und Finanzkrise – noch mehr Regeln?, WM 2009, 1301; *Lang/Balzer,* Die Rechtsprechung des XI. Zivilsenats zum Wertpapierhandelsrecht seit der Bond-Entscheidung, FS Nobbe, 2009, S. 639; *Lang,* Doppelnormen im Recht der Finanzdienstleistungen, ZBB 2004, 289; *ders.,* Informationspflichten bei Wertpapierdienstleistungen, 2002; *Lehmann,* Kommunale Swap-Verträge: Wirksamkeit und Beratungspflichten nach neuer Rechtsprechung, ZBB 2015, 282; *Leisch,* Informationspflichten nach § 31 WpHG, 2004; *Lenenbach,* Kapitalmarktrecht und kapitalmarktrelevantes Gesellschaftsrecht, 2010; *Lercara/Kittner,* Auswirkungen von MIFID II/MiFIR auf die Produktentwicklung und den Vertrieb von Finanzanlagen, RdF 2018, 100; *Lieder,* Gesteigerte Beratungspflichten bei komplexen Anlageprodukten – Implikationen der „Zinswette"-Entscheidung des BGH, GWR 2011, 175; *ders.,* Anmerkung zum EuGH Urt. v. 30.5.2013 – C-604/11, EuZW 2013, 557); LMK 2013, 349404; *v. Loewenich,* Einbeziehung von Finanzdienstleistungen in das Gesetz zur Umsetzung der Verbraucherrechterichtlinie, NJW 2014, 1409; *Lohmann/Gebauer,* Der Zielmarkt nach der MiFID II: Wer muss Was für Wen?, BKR 2018, 244; *Maier,* Haustürwiderruf einer Immobilienfonds-Beteiligung im Lichte der EG-Haustürgeschäfte-Richtlinie, VuR 2010, 163; *Mansen,* Die neuen Anlageberatungsregelungen der MiFID II, 2018; *Manzei,* Rechtsvergleichende Betrachtung von Verhaltensregeln für Wertpapierdienstleitungsunternehmen im Privatkundengeschäft unter deutschen wie US-amerikanischem Aufsichtsrecht, WM 2009, 393; *Mielk,* Die wesentlichen Neuregelungen der 6 KWG-Novelle, WM 1997, 2201; *Möllers/Wenninger,* Das Anlegerschutz- und Funktionsverbesserungsgesetz, NJW 2011, 1697, 1698; *Möllers/Poppele,* Paradigmenwechsel durch MiFID II: divergierende Anlegerleitbilder und neue Instrumentarien wie Qualitätskontrolle und Verbote, ZGR 2013, 437; *Möllers,* Vermögensbetreuungsvertrag, graue Vermögensverwaltung und Zweitberatung – Vertragstypen zwischen klassischer Anlageberatung und Vermögensverwaltung, WM 2008, 93; *ders./Kernchen,* Information Overload am Kapitalmarkt, ZGR 2011, 1; *ders.,* Rechtsprechungsänderung zur Vermutung aufklärungsgerechten Verhaltens – Sackgasse oder Königsweg?, NZG 2012, 1019; *ders.,* Vollharmonisierung im Kapitalmarkt. Zur Regelungskompetenz nationaler Gerichte und Parlamente, in Gsell/Herresthal, Vollharmonisierung im Privatrecht, 2009, S. 247; *Möslein/Lordt,* Rechtsfragen des Robo-Advice, ZIP 2017, 793; *Müchler,* Die neuen Kurzinformationsblätter – Haftungsrisiken im Rahmen der Anlagenberatung, WM 2012, 974; *ders./Trafkowski,* Honoraranlageberatung: Regulierungsvorhaben im deutschen und europäischen Recht, ZBB 2013, 101; *Mülbert,* Auswirkungen der MiFID-Rechtsakte auf Vertriebsvergütungen im Effektengeschäft der Kreditinstitute, ZHR (172) 2008, 170; *ders.,* Anlegerschutz bei Zertifikaten – Beratungspflichten, Offenlegungspflichten bei Interessenkonflikten und die Änderungen durch das Finanzmarkt-Richtlinie-Umsetzungsgesetz (FRUG), WM 2007, 1149; *Müller-Christmann,* Das Gesetz zur Stärkung des Anlegerschutzes und Verbesserung der Funktionsfähigkeit des Kapitalmarktes, DB 2011, 749; *Nikolaus/d'Oleire,* Aufklärung über Kick-backs in der Anlageberatung, WM 2007, 2129; *Nofsinger/Sias,* Herding and Feedback Trading by Institutional and Individual Investors, The Journal of Finance Vol. 54 (1999), 2263; *Oehler,* Risiko Warnhinweise für Finanzdienstleistungen, ZBB 2015, 208; *Omlor,* Kryptowährungen im Geldrecht, ZHR 183 (2019) 294; *Parmentier,* Die Entwicklung des europäischen Kapitalmarktrechts 2012 – 2013, EuZW 2014, 50; *Pietsch,* Zu den Beratungspflichten bei der Empfehlung eines CMS Spread Ladder Swaps-Vertrags, DStR 2011, 927; *Poelzig,* Anmerkung zum BGH Urt. v. 17.9.2013 – XI ZR 332/12; JZ 2014, 252, JZ 2014, 256; *Preuße/Seitz/Lesser,* Konkretisierung der Anforderungen an Produktinformationsblätter nach § 31 Abs. 3a WpHG, BKR 2014, 70; *Regenfus,* Auskunft und Herausgabe von Rückvergütungen, WM 2015, 169; *ders.,* Auskunft und Herausgabe von RückvergütungenTeil II, WM 2015, 209; *Reiter/Methner,* Die Interessenkollision beim Anlageberater – Unterschiede zwischen Honorar- und Provisionsberatung, WM 2013, 2053; *Riehm,* Kein fernabsatzrechtliches Widerrufsrecht beim Kauf von Lehman-Zertifikaten, ZBB 2013, 93; *Riesenhuber,* Anleger und Verbraucher, ZBB 2014, 134; *Roberts,* Swaps, Interessenkonflikt und die Rechtsprechung des BGH, BKR 2015, 330; *Roth,* Die „Lehman-Zertifikate"-Entscheidung des BGH im Lichte des Unionsrechts, ZBB 2012, 429; *Roth/Blessing,* Die neuen Vorgaben nach MiFID II – Teil 3 – Die Zulässigkeit und Offenlegung von Zuwendungen, CCZ 2017, 163; *Ruland/Wetzig,* Aufklärungs- und Beratungspflichten bei Cross-Currency-Swaps, BKR 2013, 56; *Salewski,* Zertifikate – reguläre Finanzinstrumente oder unerlaubtes Glücksspiel?, BKR 2012, 100; *Scharfstein/Stein,* Herd Behavior and Investment, The American Economic Review Vol. 80 (1990), 465; *Schäfer,* Sind die §§ 31 ff. WpHG n. F. Schutzgesetze i. S. v. § 823 Abs. 2 BGB?, WM 2007, 1872; *ders.,* Anmerkung zum BGH Urt. v. 5.5.2008 – II ZR 292/06, ZIP 2008, 1022; *ders./Schäfer,* PIBs, VIBs, KIIDs und demnächst PRIPs („Beipackzettel") sind der Versuch des Gesetzgebers, der „Information Overload" des Anlegers durch ausufernde Prospekte entgegen zu wirken, ZBB 2013, 23; *Schlick,* Die aktuelle Rechtsprechung des III. Zivilsenats des BGH zum Kapitalanlagerecht, WM 2011, 154; *ders.,* Die aktuelle Rechtsprechung des III. Zivilsenats des BGH zum Kapitalanlagerecht – Teil I –, WM 2014, 581; *ders.,* Die aktuelle Rechtsprechung des III. Zivilsenats des BGH zum Kapitalanlagerecht – Teil I –, WM 2015, 309; *Schlösser,* Verdeckte Kick-back-Zahlungen von Fondsgesellschaften an Banken als strafbares Verhalten gegenüber Bankkunden?, BKR 2011, 465; *Schmidt, K.,* Sternförmige GmbH & Co. KG und horizontaler Haftungsdurchgriff – Gedanken zum Stand der Gerichtspraxis –, FS Wiedemann, 2002, 1199; *Schnauder,* Auskunfts- und Beratungsvertrag beim Vertrieb von Kapitalanlagen, JZ 2013, 120; *ders.,* Das aufsichtsrechtliche Transparenzgebot als zivilrechtliche Kategorie der Aufklärungshaftung – zugleich Anmerkung zu BGH, Urt. v. 3.6.2014 – XI ZR 147/12, jurisPR-BKR 9/2014

Anm. 1; *Schrödermeyer,* Nachforschungspflichten einer Bank als Vermögensverwalterin zur Person ihres Kunden, WM 1995, 2053; *Schultz,* Missbrauch des Mahnverfahrens durch Kapitalanleger?, NJW 2014, 827; *Schwab,* Die Vermutung aufklärungsrichtigen Verhaltens bei mehreren hypothetischen Entscheidungsmöglichkeiten, NJW 2012, 3274; *Schwintowski,* Anleger- und objektgerechte Beratung in der Lebensversicherung, VuR 1997, 83; *ders.,* Die Grundsätze der anleger- und objektgerechten Beratung im Lichte des Geeignetheitstests (§ 31 Abs. 4 WpHG), FS Hopt, 2010, S. 2507; *Schürnbrand,* Die Auswirkungen des Allgemeinen Gleichbehandlungsgesetzes auf das Recht der Bankgeschäfte, BKR 2007, 305; *Schmolke,* Private Enforcement und institutionelle Balance, NZG 2016, 721; *Seibert,* Das Recht der Kapitalanlageberatung und -vermittlung, 2014; *Seitz/Juhnke/Seibold,* PIBs, KIIDs und nun KIDs – Vorschlag der Europäischen Kommission für eine Verordnung über Basisinformationsblätter für Anlageprodukte im Rahmen der PRIPs-Initiative, BKR 2013, 1; *Seyfried,* Die Richtlinie über Märkte für Finanzinstrumente (MiFID) – Neuordnung der Wohlverhaltensregeln, WM 2006, 1375; *Späth,* Lehman-Zertifikate im Fokus der Rechtsprechung der letzten 2 Jahre, VuR 2010, 451; *Sieg/Wendt,* Anlegerschutz de luxe: BGH verlangt Aufklärung über Aussetzungsrisiko bei offenen Immobilienfonds, BKR 2014, 485; *Spindler/Kasten,* Änderungen des WpHG durch das Finanzmarktrichtlinieumsetzungsgesetz (FRUG), WM 2007, 1245; *dies.,* Der neue Rechtsrahmen für den Finanzdienstleistungssektor – die MiFID und ihre Umsetzung – Teil 1, WM 2006, 1749; *dies.,* Der neue Rechtsrahmen für den Finanzdienstleistungssektor – die MiFID und ihre Umsetzung – Teil 2, WM 2006, 1797; *Spindler,* Anlegerschutz im Kapitalmarkt- und Bankrecht – Neujustierung durch Behavioural Finance, FS Säcker, 2011, S. 403; *ders.,* Rational Behaviour and Investor Protection, Journal of Consumer Policy 2011 Vol. 34 (2011), 315; *ders.,* Aufklärungspflichten im Bankrecht nach dem „Zins-Swap-Urteil" des BGH, NJW 2011, 1920; *ders.* Initial Coin Offerings und Prospektpflicht und -haftung, WM 2018, 2109; *Stackmann,* Böses Erwachen – die gesetzliche Haftung für fehlgeschlagene Kapitalanlagen, NJW 2013, 1985, *ders.,* Aktuelle Rechtsprechung zum Kapitalanlagerecht, NJW 2015, 988; *Stumpf/Hettenbach,* Zur (fehlenden) Kausalität unterlassener Aufklärung über Rückvergütungen, BB 2012, 2582; *Stumpf/Kotte,* Offene Immobilienfonds als Adressat von Anlegerklagen – Resümee und Ausblick, BB 2013, 1613; *Teuber,* Finanzmarkt-Richtlinie (MiFID) – Auswirkungen auf Anlageberatung und Vermögensverwaltung im Überblick, BKR 2006, 429; *Thume/Schenk zu Schweinsberg-Zügel,* Verjährungshemmung durch Güteanträge: Schnell, einfach, wirkungslos?, CRP 2014, 212; *Tiefensee/Kuhlen,* Rechtsfragen zum Bezeichnungsschutz in der Honorarberatung, WM 2014, 2105; *Veil,* Vermögensverwaltung und Anlageberatung im neuen Wertpapierhandelsrecht – eine behutsame Reform der Wohlverhaltensregeln?, ZBB 2008, 34; *ders.,* Anlageberatung im Zeitalter der MiFID – Inhalt und Konzeption der Pflichten und Grundlagen einer zivilrechtlichen Haftung, WM 2007, 1821; *Voß,* Geschlossene Fonds unter dem Rechtsregime der Finanzmarkt-Richtlinie (MiFID), BKR 2007, 45; *ders.,* Das Anlegerschutz- und Funktionsverbesserungsgesetz – ausgewählte Aspekte des Regierungsentwurfs, BB 2010, 3099; *Wagner,* Anlegerschutzverbesserung und „Grauer Kapitalmarkt", NZG 2011, 609; *ders.,* Kapitalanlagerechtliche Aufklärungspflichten über jede Art von Negativberichterstattungen?, WM 2002, 1037; *Weisner/Friedrichsen/Heimberg,* Neue Anforderungen an Erlaubnis und Tätigkeit der „freien" Anlageberater und -vermittler, DStR 2012, 1034; *Welch,* Herding Among Security Analysts, Journal of Financial Economics Vol. 58 (2000), 369; *Weichert/Wenninger,* Die Neuregelung der Erkundigungs- und Aufklärungspflichten von Wertpapierdienstleistungsunternehmen gem. Art. 19 RiL 2004/39/EG (MiFID) und Finanzmarkt-Richtlinie-Umsetzungsgesetz, WM 2007, 627; *Wendt/Lorscheid-Kratz,* Das Widerrufsrecht bei „zusammenhängenden Verträgen", BB 2013, 2434; *Weitnauer,* Initial Coin Offerings (ICOs): Rechtliche Rahmenbedingungen und regulatorische Grenzen, BKR 2018, 231; *Yoo,* Anlageberatung in der Bankenaufsicht, BM 2014, 32; *Zeidler,* Marketing nach MiFID, WM 2008, 238; *Zimmermann,* Privatrecht im Kapitalmarktrecht der Gemeinschaft, GPR 2008, 38; *Zickgraf,* Initial Coin Offerings, Ein Fall für das Kapitalmarktrecht?, AG 2018, 293; *Zoller,* (Keine) Aufklärungspflicht anlageberatender Banken über negativen Marktwert, NJW 2015, 1095.

Übersicht

1. Einführung

Der Wertpapier- und Anlagehandel der Banken macht einen erheblichen Teil des Bankgeschäfts aus. Dabei steht nicht nur das Wertpapiergeschäft mit Großaktionären bzw. institutionellen Anlegern im Vordergrund, etwa in Gestalt von Emissionen;[1] vielmehr sind Ankauf und Verkauf von Wertpapieren inzwischen zum Massengeschäft geworden (Retail-Banking), ebenso aber auch die Vermögensverwaltung. Die hohe Zahl von Klein- und Kleinstanlegern führte zu erhöhten rechtlichen Anforderungen an die vermittelnden Finanzinstitute hinsichtlich Beratung, Entwicklung der Produkte, Depotführung usw. Unter dem Begriff des Anlagegeschäfts wird die Abwicklung vom Erwerb und Veräußerung von Wertpapieren oder anderen Anlagen durch die Bank für ihre Kunden verstanden.[2] Wertpapiergeschäfte sind im weiteren Sinne Finanzdienstleistungen, also solche, die dem Kunden zur Sicherung und zum Ausbau seines Vermögens zur Verfügung stehen.[3] 1

2. Schutzziele im Vertrags- und Aufsichtsrecht

a) Der Schutz des Anlegers. Sowohl das Zivilrecht als auch das öffentlich-rechtliche Kapitalmarktrecht haben im Laufe der Zeit hohe Schutzstandards zugunsten von Anlegern entwickelt, die der in der Regel gegebenen Informationsunterlegenheit der Anleger und ihrem fehlenden Fachwissen Rechnung tragen sollen, um mit dem Anlagegeschäft verbundene Risiken vollumfänglich abschätzen zu können. Die §§ 31 ff. WpHG a. F. ebenso wie die MiFID I zielten auf den Schutz eines zwar informationell unterlegenen, aber rational agierenden Anlegers ab, was durch zahlreiche Informationspflichten, welche die Informationsbasis verbreitern sollen, belegt wird. Daran haben die MiFID II und das neue WpHG nichts geändert. Dabei hat sich die Anzahl der Informationspflichten seit Inkrafttreten des WpHG stetig erhöht. Indes müssen das WpHG und der zivilrechtliche Anlegerschutz auch der Erkenntnis Rechnung tragen, dass **irrationales Handeln** auf Kapitalmärk- 2

[1] S. dazu *Groß* → Kap. 40 Rn. 1 ff.
[2] BankR-HdB/*Seiler/Geier* § 104 Rn. 1; *Büschgen* Bankbetriebslehre S. 390.
[3] Derleder/Knops/Bamberger/*Bamberger* HdB Bankrecht § 52 Rn. 7.

ten weit verbreitet ist;[4] denn verhaltenswissenschaftliche Erkenntnisse der „Behavioral Finance" belegen, dass Anleger oftmals nicht rational, sondern reizgesteuert agieren.[5] So überschätzen sich beispielsweise Anleger in ihrer Fachkompetenz regelmäßig,[6] neigen zum Wunschdenken[7] und ignorieren langfristige Risiken.[8] Ausgeprägt ist darüber hinaus der sogenannte Dispositionseffekt, namentlich die Neigung an verlustbringenden Aktien festzuhalten und kurssteigende Aktien zu früh abzustoßen;[9] auch das sogenannte „Herding" ist ein nicht zu unterschätzender Einflussfaktor.[10] Daneben führt ein Mehr an Informationen nicht zwangsläufig zu einer besseren Entscheidung des Anlegers.[11]

3 Diese Forschungsergebnisse stellen eine Parallele zu den verhaltenswissenschaftlichen Studien im **Verbraucherschutz** dar.[12] Fraglich ist daher, ob die Pflichten der §§ 63 ff. WpHG diesem wohl typischerweise zu erwartenden irrationalen Handeln Rechnung tragen. Ausschlaggebend ist, ob der Anleger im konkreten Falle mit Hilfe der ihm mitgeteilten Informationen die Risiken angemessen einzuschätzen vermag.[13] Doch auch die Informationspflichten in § 63 WpHG vermögen nicht, diesen typischen Irrationalismen Rechnung zu tragen. So bietet der Hinweis gem. § 63 Abs. 11 WpHG, dass keine Angemessenheitsprüfung vorgenommen wird und der Anleger eigenverantwortlich handelt, keinen ausreichenden Schutz, da ein solcher Hinweis auf Eigenverantwortlichkeit nicht den Problemen der individuellen Informationsverarbeitungsfähigkeit gerecht wird und Anleger trotzdem aus Gründen der Selbstüberschätzung oder Unverständnis Aufträge erteilen.[14] Auch die gem. § 63 Abs. 7 WpHG zu erteilenden Informationen sind für einen verständigen, umsichtigen, informationsbereiten und kritischen Anleger zu konzipieren, wodurch bei der wohl überwiegenden Zahl, wie zuvor erläutert,[15] weniger verständiger und kritischer Anleger kein Schutz erzeugt wird.[16]

4 Fraglich ist jedoch, ob ein Schutz dieser Anleger überhaupt durch ein sog. Informationsmodell bewirkt werden kann. Kritisiert wird daran, dass die Informationen so umfangreich werden, dass es zu einem **Information Overload** bei den Anlegern kommt, sie also durch die Fülle an Informationen diese nicht mehr durchdringen und dies gerade unterdurchschnittlichen Anlegern den Schutz verwehre, den sie eigentlich benötigen.[17] Allerdings bestünde die Alternative zum gegenwärtigen Informationsmodell nur in der Einführung eines paternalistischen Systems, etwa mit Produktverboten und einer zunehmenden Regulierung des Marktes, was leicht in einer Bevormundung von versierten Anlegern münden kann.[18]

---

[4] Assmann/Schneider/Mülbert/*Koller* WpHG § 63 Rn. 3; ESMA 35–43-748 v. 13.7.2017, Consultation Paper, guidlines on certain aspects of MiFID II suitability requirements, 2 Background Rn. 10 ff; ausf. zur psychologischen Kopmponente des irrationalen Handelns: *Klöhn* Kapitalmarkt, Spekulation und Behavioral Finance 2006 S. 90 ff.

[5] *Goldberg/v. Nitzsch* Behavioral Finance 2001 S. 144 ff.; *Spindler* Journal of Consumer Policy Vol. 34 (2011), 315; *Klöhn* Kapitalmarkt, Spekulation und Behavioral Finance 2006 S. 90 f.

[6] *Fleischer* ZBB 2008, 137 (139); *Klöhn* Kapitalmarkt, Spekulation und Behavioral Finance 2006 S. 116 f.

[7] *Klöhn* Kapitalmarkt, Spekulation und Behavioral Finance 2006 S. 116 f.

[8] *Fleischer* ZBB 2008, 137 (139); *Klöhn* Kapitalmarkt, Spekulation und Behavioral Finance 2006 S. 101 f.

[9] Assmann/Schneider/Mülbert/*Koller* WpHG § 63 Rn. 3; *Klöhn* Kapitalmarkt, Spekulation und Behavioral Finance 2006 S. 100 f.

[10] Hierzu ausf. *Klöhn* Kapitalmarkt, Spekulation und Behavioral Finance 2006 S. 123 ff.; *Nofsinger/Sias* The Journal of Finance Vol. 54 (1999), 2263; *Graham* The Journal of Finance Vol. 54 (1999), 237; *Banerjee* The Quarterly Journal of Economics Vol. 107 (1992), 797; *Scharfstein/Stein* The American Economic Review Vol. 80 (1990), 465; *Welch* Journal of Financial Economics Vol. 58 (2000), 369.

[11] *Eidenmüller* JZ 2005, 216 (218); *Möllers/Kernchen* ZGR 2011, 1 (9); *Buck-Heeb* JZ 2017, 279 (285); *Klöhn* Kapitalmarkt, Spekulation und Behavioral Finance 2006 S. 102 ff; 106 ff., 115.

[12] Ausf. *Buck- Heeb* JZ 2017, 279 (284 f.).

[13] Assmann/Schneider/Mülbert/*Koller* WpHG § 63 Rn. 5.

[14] Assmann/Schneider/Mülbert/*Koller* WpHG § 63 Rn. 5 f.

[15] → Rn. 2; ausf. *Klöhn* Kapitalmarkt, Spekulation und Behavioral Finance 2006 S. 90 ff.

[16] Assmann/Schneider/Mülbert/*Koller* WpHG § 63 Rn. 7.

[17] *Buck-Heeb* JZ 2017, 279 (285); *Möller* ZEuP 2016, 325 (333); ausf. dazu *Stahl* Information Overload am Kapitalmarkt 2013 passim.

[18] *Buck-Heeb* JZ 2017, 279 (286).

Der Anlegerschutz soll sowohl den **Individual- als auch den Gesamtanlegerinteressen** dienen. Die Vorschriften über die Rechnungslegung, das Insiderverbot sowie ad-hoc-Mitteilungspflichten stellen in diesem Zusammenhang zentrale anlegerschützende Regelungen dar; nach Umsetzung der MiFID normierte § 31 WpHG aF vor 3.1.2018 als zentrale Vorschrift die Aufklärungspflichten der Bankberater gegenüber den Kunden. Diese Regelungen werden nach der Umsetzung der MiFID II durch das FiMaNoG II[19] durch § 63 und § 64 WpHG fortgeführt.[20] Da Schadensersatzansprüche das individuell verletzte Anlegerschutzinteresse wiederherstellen sollen, muss bei deren Geltendmachung eine Norm verletzt sein, die dem individuellen Anlegerinteresse dient, welche gleichzeitig eine Schutznorm iSd § 823 Abs. 2 BGB darstellt.[21] Die Aufklärungspflichten gegenüber potentiellen Anlegern sind durch die Vorgaben der MiFID deutlich **individualisiert** worden: So werden Anleger in unterschiedlich gut vorinformierte Kategorien eingeteilt, nach welchen sich die Intensität der Vorabberatung richtet, § 67 WpHG; gleichzeitig trifft die beratenden Kreditinstitute die Pflicht, sich ein Bild von den Anlagezielen, der finanziellen Situation sowie den Erfahrungswerten des Kunden hinsichtlich bestimmter Finanzmarkttransaktionen zu machen (→ Rn 201 ff., zu zivilrechtlichen Pflichten → Rn. 285 ff.).[22] 5

b) Schutz des Marktes und Schutzgesetzqualität. Neben Pflichten und Anforderungen bezogen auf die einzelnen Transaktionen zielen viele Normen des Kapitalmarktes auf den nicht individuellen, sondern **institutionenbezogenen Schutz** des Marktes an sich ab, namentlich seiner Integrität und Transparenz. Viele der kapitalmarktrechtlichen Transparenzpflichten lassen sich nur vor diesem Hintergrund begreifen.[23] In diesem Zusammenhang stellt sich oft die Frage, ob eine Norm gleichzeitig auch als Schutzgesetz im Sinne von § 823 Abs. 2 BGB begriffen werden kann[24] – was für jede Norm gesondert und unter sorgfältiger Zugrundelegung ihrer Entstehungsgeschichte, insbesondere des oftmals vorhandenen europarechtlichen Hintergrunds, zu klären ist (→ Rn. 354 ff.).[25] 6

3. Das Verhältnis zivil- und aufsichtsrechtlicher Rahmenbedingungen

Sämtliche Rechtsgeschäfte und Transaktionen im Bereich des Wertpapiergeschäfts werden neben den zivilrechtlichen Grundlagen von zahlreichen Normen des Kapitalmarkt- und Wertpapierhandelsrechts überwölbt. Dies gilt in erster Linie für das Retail-Banking, aber auch für andere Wertpapiertransaktionen an Kapitalmärkten. Zahlreiche aufsichtsrechtliche Normen regeln auch transaktionsbezogene Pflichten, vom WpHG über das DepotG[26] oder das Prospektrecht[27] bis hin zum KAGB.[28] In diesem Rahmen zeigt sich wiederum **die Janusköpfigkeit des Kapitalmarktrechts:** Zwar sind die Rechtsbeziehungen zwischen den vermittelnden Kreditinstituten und den Anlegern als Geschäftsbesorgungsverträge, Kommissionsverträge etc zivilrechtlicher Natur, doch unterliegen sie besonderen öffentlich-rechtlichen kapitalmarkt- und wertpapierhandelsrechtlichen Sonderbedingungen. 7

[19] Zweites Gesetz zur Novellierung von Finanzmarktvorschriften auf Grund europäischer Rechtsakte v. 23.6.2017.

[20] Begr. RegE FiMaNoG II, BT-Drs. 18/10936, 233 f.

[21] BankR-HdB/*Seiler/Geier* Vor § 104 Rn. 79; näher zu Schutzgesetzen → Rn. 354 ff.

[22] Zu den Auswirkungen eines uU entstehenden *Information Overload* unter Berücksichtigung der behavioural finance *Spindler* FS Säcker, 2011, 469 (474 ff.).

[23] BankR-HdB/*Seiler/Geier* Vor § 104 Rn. 72 ff.; Derleder/Knops/Bamberger/*Frisch* HdB Bankrecht § 54 Rn. 3; Kümpel/Wittig/Früh/Seyfried/*Wittig* Bank- und Kapitalmarktrecht Rn. 1.10; *Lenenbach* Kapitalmarktrecht Rn. 1.76.

[24] BeckOGK BGB/*Spindler* § 823 Rn. 369; vgl. zum WpHG aF BGH Urt. v. 19.2.2008 – XI ZR 170/07, BGHZ 175, 276 (Rn. 13, 16 ff.) = NZG 2008, 477 (478 Rn. 12); *Ekkenga* ZIP 2004, 781 (781 ff.); *Hopt* ZHR 159 (1995), 135 (160).

[25] Zur Schutzgesetzqualität der §§ 63 ff. WpHG → Rn. 357 ff.

[26] Hierzu ausführlich *Binder* → Kap. 38 Rn. 1 ff.

[27] Zum Emissionsgeschäft *Groß* → Kap. 40 Rn. 1 ff.

[28] Zum Investmentrecht *Jakovou* → Kap. 39 Rn. 1 ff.

8 Neben den zivilrechtlichen Pflichten nach dem HGB und dem BGB einschließlich denjenigen aus Beratungsvertrag oder culpa in contrahendo enthält das WpHG zahlreiche detaillierte Anforderungen für die Finanzdienstleister, sei es zur Ermittlung der risikospezifischen Erwartungshaltung und Fähigkeiten des Kunden oder zur Vermeidung von Interessenkonflikten etc. Angesichts dieser zum Teil sehr eingehend ausformulierten Pflichten liegt es auf der Hand, dass das Verhältnis zu den zivilrechtlichen Pflichten Probleme aufwirft, zumal die Pflichten des WpHG auf die Umsetzung der MiFID-Rechtsakte zurückgehen, daher europarechtlich präformiert sind.[29]

9 **a) Die MiFID-Rechtsakte als Vollharmonisierung von Aufsichts- und Zivilrecht? aa) Schärfere zivilrechtliche Pflichten zulässig.** Entscheidend ist die Frage, ob die europarechtlichen Vorgaben der MiFID II nicht nur das Aufsichtsrecht, sondern auch das Zivilrecht betreffen, mithin eine Vollharmonisierung auch des Zivilrechts von der MiFID II beabsichtigt ist.[30] Für diese Ansicht würde vor allem der Umstand sprechen, dass das „Vereinheitlichungsbestreben" des europäischen Gesetzgebers nicht über das Zivilrecht ausgehebelt werden soll. Die hohe Regelungsintensität und -dichte der MiFID II deuten ebenfalls eher auf einen über eine Mindestharmonisierung hinausgehenden gesetzgeberischen Willen hin.[31] Damit wären im Zuge einer Maximalharmonisierung strengere nationale Aufsichtsregelungen unzulässig gewesen, dies allerdings nur in Bezug auf grenzübergreifende Sachverhalte.

10 Das Verbot strengerer nationaler Regelungen gilt insoweit zunächst nur für den öffentlichrechtlichen, also aufsichtsrechtlichen, Sektor. Für einen Durchschlag der aufsichtsrechtlichen Regelungen auf das Zivilrecht im Sinne einer Maximalharmonisierung spräche insbesondere, dass der Ausschuss des Europäischen Parlaments für Wirtschaft und Währung einen Änderungsantrag hinsichtlich der (der MiFID vorgehenden) WpDRiL[32] mit der Begründung einbrachte, die europäischen Vorschriften sollten tatsächlich die bestehenden nationalen zivilrechtlichen Pflichten sowie die entsprechenden Haftungsfolgen ersetzen.[33] Eine Modifizierung des deutschen Zivilrechts hätte mithin dem europäischen gesetzgeberischen Willen entsprochen; die von der MiFID und dem deutschen Umsetzungsgesetz formulierten Pflichten wären damit abschließend, schärfere zivilrechtliche Anforderungen wären ausgeschlossen gewesen, die Voll- bzw. Maximalharmonisierung durch die MiFID hätte sich nicht nur auf das Aufsichts-, sondern auch auf das Zivilrecht erstreckt.[34]

11 Aber auch die MiFID II gibt keinen zivilrechtlichen Pflichtenkanon vor,[35] sodass sie keinen Einfluss auf das zivilrechtliche Beratungsverhältnis hat. Dies lässt sich auch aus der Entwicklung der MiFID II ableiten, wurden zwar während des Gesetzgebungsprozesses zivilrechtliche Regelungen erwogen, letztlich aber nicht in die endgültige Fassung aufgenommen.[36] Durch die MiFID II ändert sich nichts an der fehlenden zivilrechtlichen

[29] Markets for Financial Instruments Directive (MiFID) 2004/39/EG v. 21.4.2004, Abl. 2004 L 145, 1.

[30] Zu der Frage, ob europäische Richtlinien grundsätzlich eine Mindest- oder Maximalharmonisierung beabsichtigten Ferrarini/Wymeersch/*Tison,* Investor Protection in Europe, 2006, S. 443, 445 ff.

[31] Eine gewollte Maximalharmonisierung bejahend *Mülbert* ZHR 172 (2008), 170 (177); *Mülbert* WM 2007, 1149 (1157); *Kasten* BKR 2007, 261 (267); wohl auch MüKoHGB/*Ekkenga* Bd. VI Effektengeschäft Rn. 73: MiFID geht über das Ziel „einer Mindestharmonisierung der nationalen Rechtsordnungen weit hinaus".

[32] RL 93/22/EWG des Rates v. 10.5.1993, Abl. 1993 L 141, S. 27.

[33] Begründung des Ausschusses für Wirtschaft und Währung des europäischen Parlaments v. 4.9.2003, KOM (2003) 625-C 5 0586/2002–2002/0269 (COD) zum Änderungsantrag Nr. 23: „Änderungsantrag ist notwendig, um deutlich zu machen, dass der neue EU-weite Rahmen an die Stelle der bisher bestehenden traditionellen zivilrechtlichen Haftung tritt."

[34] *Möllers* WM 2008, 93 (96); *Mülbert* ZHR 172 (2008), 170 (176 ff., 183 f.); MüKoHGB/*Ekkenga* Bd. VI Effektengeschäft Rn. 76 befürchtet hingegen bei einer strikten Ankopplung des Zivilrechts an die starren Kategorien des Aufsichtsrechts die „methodologische Selbstaufgabe der deutschen Zivilrechtsordnung"; ablehnend iE auch *Köndgen* FS Canaris, 2007, Bd. 2, 183 (205 f.).

[35] *Lutter/Bayer/J. Schmidt* Europäisches Unternehmen und Kapitalmarktrecht Rn. 32.92; so auch zum MiFID II Entwurf, *Forschner* Wechselwirkung von Aufsichtsrecht und Zivilrecht 2013 S. 60.

[36] *Mansen* Anlageberatungsregelungen 2018 S. 50 f.

Vollharmonisierung und der Zuordnung zum öffentlichen Recht.[37] Auch hat der deutsche Gesetzgeber bei der Umsetzung der MiFID II durch das FiMaNoG II keine Übertragung der aufsichtsrechtlichen Regelungen in das Zivilrecht vorgenommen.[38] Die Ausgangslage hat sich somit nicht verändert. Es sprechen zudem auch keine Erwägungsgründe für eine Vollharmonisierung auf zivilrechtlicher Ebene, sodass eine rein aufsichtsrechtliche Regelung vorliegt.[39] Der EuGH wiederum, der in seiner *Genil 48*-Entscheidung zur Frage der zivilrechtlichen Mindestharmonisierung Stellung bezogen hat (→ Rn. 16), ist auf die Frage nach einer etwaigen Vollharmonisierung durch die MiFID bis jetzt noch nicht eingegangen.[40]

An einer strengen Sperrwirkung – auch gegenüber zivilrechtlichen weitergehenden Anforderungen – bestehen schon unter **Kompetenzgesichtspunkten** erhebliche **Zweifel:**[41] Denn die MiFID stützte sich auf die Niederlassungsfreiheit,[42] während für den zivilrechtlichen Bereich der Geschäftsbesorgungs- und Kommissionsverträge der europäische Gesetzgeber keine Kompetenz hatte, auf welchen sich eine unmittelbar zivilrechtliche Einordnung aber stützen müsste,[43] zumal die MiFID nicht allein dem Verbraucherschutz (Art. 169 iVm Art. 114 AEUV) dient. *Assmann*[44] folgert hieraus, dass auf Grund der fehlenden Kompetenz des europäischen Gesetzgebers gerade keine Maximalharmonisierung gewollt sein konnte. Zudem wurde in Erwägungsgrund 71 der MiFID I angeführt, dass mit Erlass der Richtlinie das Subsidiaritätsprinzip beachtet werden soll, die Umsetzungsmaßnahmen also nicht das im Verhältnis zur Zielsetzung erforderliche Maß überschreiten soll, was insoweit ebenfalls gegen eine Vollharmonisierung spricht.[45] Da sich die MiFiD II ebenfalls auf die Niederlassungsfreiheit stützt[46] und in Erwägungsgrund 164 aufgeführt wird, dass das Subsidaritätsprinzip beachtet werden soll, können diese Argumente auch weiter ins Feld geführt werden. **12**

Eine **Kompetenz *kraft Sachzusammenhangs*** sieht der EU-Vertrag, neben der *ausschließlichen* und *geteilten Zuständigkeit* nach Art. 12 Abs. 1, 2 des Vertrags über eine Verfassung für Europa, nicht vor.[47] Eine *unterstützende Zuständigkeit* kann zwar in Betracht kommen, diese darf jedoch nach Art. 12 Abs. 5 des Vertrags über eine Verfassung für Europa nicht dazu führen, dass die Kompetenzen der Mitgliedstaaten unterlaufen werden und eine Harmonisierung der Rechtsvorschriften der Mitgliedstaaten herbeigeführt wird. Zwar stützte der **13**

[37] So auch zum MiFID II Entwurf: *Forschner* Wechselwirkung von Aufsichtsrecht und Zivilrecht 2013 S. 62 f.
[38] In der Gesetzesbegründung zu § 84 WpHG führt der Gesetzgeber sogar an, den Unterschied zwischen zivilrechtlichen Vorschriften einerseits und den aufsichtsrechtlichen Vorgaben des WpHG und der WpHG anderseits verdeutlichen zu wollen, Begr. RegE BT-Drs, 18/10936, 247; *Mansen* Anlageberatungsregelungen 2018 S. 54.
[39] *Mansen* Anlageberatungsregelungen 2018 S. 50.
[40] EuGH Urt. v. 30.5.2013 – C-604/11 = ZIP 2013, 1417 – Genil 48; → Rn. 16.
[41] Assmann/Schneider/Mülbert/*Koller* WpHG § 63 Rn. 10; vgl. zum WpHG aF *Harnos* BKR 2014, 1 (7); *Einsele* JZ 2008, 477 (481); *Lenenbach* Kapitalmarktrecht Rn. 11.110; Schwark/Zimmer/*Koch* WpHG § 31a Rn. 60.
[42] Was aus dem Umstand ersichtlich wird, dass die einmal wirksam erteilte Zulassung eines Wertpapierdienstleistungsunternehmens für die Erbringung von Wertpapierdienstleistungen oder Anlagetätigkeiten in der gesamten Gemeinschaft Gültigkeit für sich beansprucht und daher auch insbesondere zur Errichtung von Zweigniederlassungen iSv Art. 4 Abs. 1 Nr. 26 MiFID („Betriebsstelle, die nicht Hauptverwaltung ist…") in anderen Mitgliedstaaten als dem Herkunftsmitgliedstaat berechtigt (Art. 6 Abs. 3, 32 iVm Erwägungsgründe (10), (28) MiFID).
[43] *Veil* ZBB 2008, 34 (41); *Assmann* ZBB 2008, 21 (30); Schwark/Zimmer/*Schwark* Vor §§ 31 ff. WpHG aF Rn. 16.
[44] *Assmann* ZBB 2008, 21 (30).
[45] Ellenberger/Schäfer/Clouth/Lang/*Ellenberger* Praktikerhandbuch Wertpapier- und Derivategeschäft, 3. Auflage, Rn. 982; **aA** *Brenncke* ZBB 2014, 366 (368); *Roth* ZBB 2012, 429 (439) beide für Art. 26 MiFID.
[46] Die einmal wirksam erteilte Zulassung eines Wertpapierdienstleistungsunternehmens für die Erbringung von Wertpapierdienstleistungen oder Anlagetätigkeiten beansprucht auch weiterhin in der gesamten Gemeinschaft Gültigkeit für sich und berechtigt daher auch insbes. zur Errichtung von Zweigniederlassungen iSv Art. 4 Abs. 1 Nr. 30 MiFID II in anderen Mitgliedstaaten als dem Herkunftsmitgliedstaat (Art. 6 Abs. 3, 35 iVm Erwägungsgrund (109) MiFID II).
[47] *Assmann* ZBB 2008, 21 (30).

Gesetzgeber die MiFID „insbesondere“ auf Art. 43 EG-Vertrag (nunmehr Art. 49 AEUV), dem Wortlaut nach schließt dies jedoch nicht aus, dass auch andere Kompetenznormen zum Tragen kommen, insbesondere, wenn man den Gesetzeszweck der Richtlinie aus Erwägungsgrund (2) berücksichtigt, in welchem es heißt: „[…] Folglich ist es erforderlich, eine Harmonisierung in dem Umfang vorzunehmen, der notwendig ist, um Anlegern ein hohes Schutzniveau zu gewährleisten […].“ Daraus wäre zu schließen, dass alle verfügbaren kompetenziellen Mittel, die zu einer entsprechenden Rechtsvereinheitlichung nötig sind, ausgeschöpft werden sollen. Andererseits soll die Harmonisierung des Schutzstandards nach Erwägungsgrund (2) „auf der Grundlage der Herkunftslandaufsicht“ erfolgen, was eine stärkere Fokussierung allein auf das Aufsichtsrecht nahelegt. Entscheidend ist jedoch, dass der angestrebte Harmonisierungszweck durch schärfere zivilrechtliche Regeln nicht unterlaufen wird, da gegenüber dem Aufsichtsrecht verschärfte zivilrechtliche Pflichten zu Gunsten des Anlegers ausfallen, was dem Grundansinnen des europäischen Gesetzgebers nicht zuwiderläuft. Insoweit stellten die durch die MiFID I eingeführten und durch die MiFID II fortgeführten aufsichtsrechtlichen Standards einen einheitlichen Grundmaßstab dar, der aber zivilrechtlich verschärft werden kann. In diesem Zusammenhang wird man auch unter Berücksichtigung des europarechtlichen Gebotes, den Richtlinien durch adäquate nationalgesetzliche Umsetzung zur Geltung zu verhelfen, sprich dem Grundsatz des effet utile, schärfere zivilrechtliche Vorschriften nicht ablehnen können.[48] Zudem kann das Zivilrecht die besonderen Gefahren- und Interessenlagen im jeweiligen Einzelfall besser erfassen. Daher können die §§ 63 ff. WpHG zwar ein einzuhaltendes Mindestmaß an Pflichten vorgeben, nicht aber umgekehrt schärfere zivilrechtliche Anforderungen verhindern.[49] In diesem Rahmen werden die schon vom HGB für das Kommissionsgeschäft vorgegebenen **Interessenwahrungspflichten** näher durch die aufsichtsrechtlichen öffentlich-rechtlichen Vorschriften des WpHG ausgeformt,[50] insbesondere die in §§ 63 ff. WpHG enthaltenen Wohlverhaltensregeln für die beratenden und geschäftsvermittelnden Finanzinstitute im Interesse des Anlegerschutzes.[51] Hierbei differenzierte das WpHG schon vor Erlass der MiFID zwischen allgemeinen und besonderen Verhaltensregeln. Eine Differenzierung insbesondere in puncto Aufklärungs- und Beratungspflichten nach unten ist daher möglich, da der potentielle (professionelle oder dem Wertpapierdienstleister ebenbürtige) Anleger als weniger schutzwürdig eingestuft wird als der dem Zivilrecht zu Grunde gelegte durchschnittlich vorinformierte Kunde.[52] Diese Absenkung des Schutzstandards gegenüber dem nationalen Zivilrecht ist in der europarechtlichen Vorgabe angelegt und damit als zulässig zu betrachten. Andererseits wurden auch professionelle Kunden einem Großteil des Anwendungsbereiches der Wohlverhaltenspflichten, entsprechend den Privatanlegern, unterstellt.

14 **bb) Keine schwächeren zivilrechtlichen Pflichten.** Hinsichtlich **schwächerer zivilrechtlicher Pflichten,** durch welche ein Unterlaufen der europarechtlichen Vorgaben drohen würde, wurde nach früher hM zumeist eine eine sog. **Ausstrahlungswirkung** des Aufsichtsrechts auf das Zivilrecht über §§ 280 Abs. 1, 241 Abs. 2 BGB angenom-

---

[48] Vgl. zum WpHG aF IE auch Fuchs/*Fuchs* WpHG Vor §§ 31 ff. Rn. 82, so gesteht auch *Assmann* ZBB 2008, 21 (32) ein, dass ansonsten „… eine Abschottung des Zivilrechts die unselige Konsequenz des Auseinanderdriftens des […] europäischen Aufsichtsrechts und des geltenden Zivilrechts sowie der damit einhergehenden Schaffung von zwei Parallelwelten …“ zur Folge hätte.

[49] Vgl. zum WpHG aF IE auch *Assmann* FS Schneider, 2011, 37 (53); Ellenberger/Schäfer/Clouth/Lang/*Ellenberger* Praktikerhandbuch Wertpapier- und Derivategeschäft, 3. Auflage, Rn. 983: von Richtlinien, die Aufsichtsrecht regeln, kann nicht angenommen werden, dass sie eine „Maximalharmonisierung“ auch des Zivilrechts bewirken; **aA** *Herresthal* ZBB 2009, 348 (351).

[50] Nach *Hopt* stellt die Interessenwahrnehmung eine der fünf Schutzrichtungen des Anlegerschutzes dar, Der Kapitalanlegerschutz im Recht der Banken, S. 337.

[51] Vgl. zum WpHG aF BankR-HdB/*Seiler*/*Geier* § 104 Rn. 98.

[52] Etwa nach Art. 54 Abs. 3 DelVO (EU) 2017/565 für professionelle Kunden, sowie nach § 68 WpHG für geeignete Gegenparteien.

men.[53] Zugunsten dieser Lösung wurde darauf verwiesen, dass die Annahme einer bloßen Ausstrahlungswirkung eine dynamische Anpassung des zivilrechtlichen Pflichtenkataloges ermögliche, da sie flexible Abweichungen zuließe, sofern der beiderseitige Parteiwille erkennbar nicht mehr den aufsichtsrechtlichen Regelungen entspricht.[54] Weder könnten die aufsichtsrechtlichen Vorgaben des WpHG oder der MiFID einen unmittelbaren Einfluss auf den Inhalt eines zivilrechtlichen Beratungsvertrages haben und insoweit die Privatautonomie einschränken,[55] noch habe der europäische Gesetzgeber die erforderliche Kompetenz im Bereich des Zivilrechts.[56] Dem stehe es allerdings nicht entgegen, den Vorgaben aus dem WpHG bzw. der MiFID über die Theorie der Ausstrahlungswirkung mittelbar zur Geltung zu verhelfen.[57]

Die Gegenansicht befürwortet eine **unmittelbare Berücksichtigung der Anlegerschutzbestimmungen auf vertraglicher Ebene.** Jene, die sich auf den Vorrang des WpHG beziehen, begründen dies vor allem mit dem zwingenden Charakter der öffentlich-rechtlichen Vorschriften, der einer Abänderung des Pflichtenkatalogs nach §§ 31 ff. WpHG aF vor Umsetzung des FiMaNoG II entgegenstünde.[58] Soweit dieses Ergebnis wiederum ohne Umweg über die deutsche Umsetzung direkt auf die MiFID gestützt wird, wird zugunsten einer zivilrechtlichen Wirkung primär auf den europarechtlichen Grundsatz des effet utile verwiesen, der ein Unterlaufen der Anlegerschutzbestimmungen der Richtlinie durch einen divergierenden zivilrechtlichen Schutzmaßstab verbiete. Demgemäß müssten die entsprechenden Bestimmungen der MiFID unmittelbar auch im Vertragsrecht Berücksichtigung finden, der Richtlinie käme insoweit eine „Doppelnatur" aus öffentlichem Recht und Zivilrecht zu.[59] Einige gingen sogar aufgrund einer behaupteten individualschützenden Intention des europäischen Gesetzgebers von einer primär zivilrechtlichen Natur der MiFID selbst aus.[60] 15

Beiden Ansichten wurde unterdessen durch entsprechende Urteile des EuGH und BGH die Grundlage entzogen. Im Jahr 2013 hat sich der **EuGH** erstmals in einer lange erwarteten Entscheidung mit der zivilrechtlichen Wirkung der MiFID befasst.[61] Wie das Gericht in der *Genil*-Entscheidung ausdrücklich klarstellt, sieht die Richtlinie zwar eine Pflicht zur Verhängung von Verwaltungsmaßnahmen bei Verstößen gegen die auf ihrer Basis erlassenen Vorschriften vor, enthält jedoch keine Vorgaben zu den zivilrechtlichen Konsequenzen eines Verstoßes. Dementsprechend obliegt es den Mitgliedstaaten, zu entscheiden, ob und wie sie auf zivilrechtlicher Ebene auf Verstöße reagieren wollen, solange sie hierbei die 16

[53] Vgl. zum WpHG aF BGH Urt. v. 17.9.2013 – XI ZR 332/12 = WM 2013, 1983 (1985 Rn. 20); dazu *Harnos* BKR 2014, 1; Beschl. v. 20.1.2009 – XI ZR 510/07 = WM 2009, 405; BGH Urt. v 5.10.1999 – XI ZR 296/98, BGHZ 142, 345 (Rn. 33) = NJW 2000, 359, 361; mit Unterschieden im Detail auch *Harnos* BKR 2012, 185 (190 f.); *Herresthal* ZBB 2012, 89 (95 ff.); *Lang/Bausch* WM 2010, 2101 (2104); *Podewils/Reisich* NJW 2009, 116 (119 f.); *Nikolaus/d'Oleire* WM 2007, 2129 (2130); *Kumpan/Hellgard* DB 2006, 1714 (1715).

[54] Vgl. zum WpHG aF Schwark/Zimmer/*Koch* WpHG § 31a Rn. 61; auch Fuchs/*Fuchs* WpHG Vor §§ 31 ff. Rn. 82.

[55] So auch zum WpHG aF BGH Urt. v. 17.9.2013 – XI ZR 332/12 = WM 2013, 1983 (1985 Rn. 20); Urt. v. 27.9.2011 – XI ZR 178/10 = WM 2011, 2261 (2266 f. Rn. 50); BGH Urt. v. 27.9.2011 – XI ZR 182/10 = WM 2011, 2268 (2273 Rn. 47); Ellenberger/Schäfer/Clouth/Lang/*Ellenberger* Praktikerhandbuch Wertpapier- und Derivategeschäft, 3. Auflage, Rn. 983; m. abl. Anm. *Klöhn* ZIP 2011, 2244 (2245 f.).

[56] So ausdrücklich etwa *Assmann* FS Schneider, 2011, 37 (53).

[57] Nur selten wurde der Einfluss der MiFID bzw. der Umsetzungsvorschriften des WpHG auf das Zivilrecht in Gänze abgelehnt, s. *Kluge* Kick-backs 2013 S. 209; in Ansätzen aber bereits BGH Urt. v. 27.9.2011 – XI ZR 182/10 m. krit. Anm. *Klöhn* ZIP 2011, 2244.

[58] *Leisch* Informationspflichten S. 85; Kölner Komm WpHG/*Möllers* § 31 Rn. 12 ff. auch mit Verweis auf Art 20 Abs. 3 GG (Rn. 14).

[59] *Herresthal* ZIP 2013, 1417 (1421); *Herresthal* WM 2012, 2261; *W.-H. Roth* ZBB 2012, 429 (434 ff.); *Klöhn* ZIP 2011, 2237; im Grundsatz eine „Doppelnatur" der Richtlinie ebenfalls bejahend *Veil* ZBB 2008, 34 (40); *Veil* WM 2007, 1821 (1825 f.); *Weichert/Wenninger* WM 2007, 627 (635); *Lang* ZBB 2004, 289 (294); *Schwintowski* VuR 1997, 83 (85 f.); *Köndgen* NJW 1996, 558 (569); Kölner Komm WpHG/*Möllers* § 31 Rn. 15.

[60] *Grundmann* WM 2012, 1745 (1751 f.).

[61] EuGH Urt. v. 30.5.2013 – C-604/11 = ZIP 2013, 1417 – Genil 48.

Grundsätze der Äquivalenz und Effektivität beachten.[62] Diese Grundätze verlangen gerade nicht, dass der MiFID zwangsläufig eine vertragsrechtliche Bedeutung zukommen muss,[63] sondern lediglich, dass die zivilrechtlichen Folgen eines Verstoßes gegen MiFID-Vorgaben nicht wesentlich hinter jenen zurückfallen dürfen, die das Zivilrecht bei entsprechenden Verstößen gegen rein innerstaatliche Anlegerschutzvorschriften vorsieht.[64]

17 Im Anschluss an diese Entscheidung hat sich der **BGH** nicht nur deutlich gegen eine Auswirkung der MiFID auf die vertragliche Haftung im Rahmen der Anlageberatung ausgesprochen, sondern sich zugleich von seiner früheren Rechtsprechung zur Ausstrahlungswirkung des WpHG distanziert.[65] Weder die zugrundeliegende MiFID noch die öffentlich-rechtlichen Vorschriften des WpHG können zur Begründung eigenständiger, vertraglicher Schadensersatzansprüche herangezogen werden.[66] Daher können die Vorgaben des WpHG aufgrund ihrer rein öffentlich-rechtlichen Natur weder direkt noch über eine Ausstrahlungswirkung den vertraglichen Pflichtenkanon modifizieren.[67] Nach alledem können daher entsprechend der Rechtsprechung von EuGH und BGH die Vorschriften des WpHG und der MiFID nicht zur Begründung eines (vor-)vertraglichen Haftungsanspruchs herangezogen werden.

18 Dem dogmatischen Ansatzpunkt des BGH ist im Ergebnis beizupflichten. Weder europarechtliche Gründe noch die Intention des deutschen Gesetzgebers bei der Umsetzung der MiFID sprechen dafür, anstelle der schuldrechtlichen Verbindung der Parteien das Aufsichtsrecht zum neuen Quell individuellen Interessenausgleichs zu erklären.[68] Dogmatischer Anknüpfungspunkt ist demnach die Verletzung der aus dem Beratungsverhältnis erwachsenden Pflichten und nicht etwa ein aus der systemwidrigen Verschmelzung von Aufsichts- und Zivilrecht gewonnener Zusatzanspruch gem. §§ 280 Abs. 1, 241 Abs. 2 BGB. Solange daher die von der Rechtsprechung angenommenen, vertraglichen Pflichten des Anlageberaters nicht erkennbar hinter den Vorgaben der MiFID zurückbleiben, haben **weder die Vorschriften der MiFID noch des WpHG Einfluss auf den bestehenden Pflichtenkanon des zivilrechtlichen Beratungsverhältnisses.** Da das vom BGH angenommene Schutzniveau im Allgemeinen sogar über die Vorgaben der MiFID hinausgeht,[69] ist allein den zentralen Wertungen des Beratungsverhältnisses (und der hierzu ergangenen Rechtsprechung) zu entnehmen, unter welchen Umständen eine Haftung des Anlageberaters anzunehmen ist.

19 **b) Wohlverhaltensregeln als öffentlich-rechtliche Normen.** Wie dargelegt, sind die Pflichten des WpHG öffentlich-rechtlicher Natur.[70] Auch der Umstand, dass die Wohlverhaltensregeln des WpHG im Wesentlichen dem Anlegerschutz dienen, was besonders die

[62] EuGH Urt. v. 30.5.2013 – C-604/11 = ZIP 2013, 1417 – Genil 48 Rn. 57, 58.

[63] Anders aber die Einschätzung von *Herresthal* ZIP 2013, 1420 (1420 f.), der im Gegensatz dazu annimmt, dass der EuGH „implizit" von der Möglichkeit vertraglicher Folgen ausgehe und es daher nach dem Grundsatz des effet utile nicht mehr vertretbar sei, einen vertragsrechtlichen Einfluss der MIFID abzulehnen.

[64] So auch *Parmentier* EuZW 2014, 50 (52); *Lieder* LMK 2013, 349404.

[65] Vgl. zum WpHG aF BGH, Urt. v. 17.9.2013 – XI ZR 332/12 = WM 2013, 1983.

[66] Insoweit aufbauend auf die diesbezüglich noch etwas zurückhaltenderen Lehmann-Entscheidungen aus den Jahren 2011, 2012; BGH Urt. v. 26.6.2012 – XI ZR 355/11 = BKR 2013, 17 (20 Rn. 30); BGH Urt. v. 26.6.2012 – XI ZR 316/11 = BKR 2012, 421 (423 Rn. 25); BGH Urt. v. 27.9.2011 – XI ZR 182/10 = WM 2011, 2268; BGH Urt. v. 27.9.2011 – XI ZR 178/10 = WM 2011, 2261.

[67] Vgl. zum WpHG aF BGH Urt. v. 17.9.2013 – XI ZR 332/12 = WM 2013, 1983 (1984 Rn. 15 ff.).

[68] Begr. RegE FRUG, BT-Drs. 16/4028 S. 53, 65, die sich eindeutig für eine rein aufsichtsrechtliche Umsetzung ausspricht.

[69] MüKoHGB/*Ekkenga*, 2. Aufl. 2009, Effektengeschäfte Rn. 269; Schwark/Zimmer/*Schwark* Vor § 31 WpHG Rn. 17.

[70] Assmann/Schneider/Mülbert/*Koller* WpHG § 63 Rn. 9; MüKoHGB/*Nobbe/Zahrte* Bd. VI Anlageberatung Rn. 58; MüKoHGB/*Ekkenga* Bd. VI Effektengeschäft Rn. 263: Vorschriften sind auf das Verhältnis zwischen Bank und Kunde nicht unmittelbar anwendbar, vgl. noch die Vorauflage (1. Aufl. 2001 Rn. 163: „genuines Aufsichtsrecht"); für § 31 WpHG aF BGH Urt. v. 8.5.2001 – XI ZR 192/00, BGHZ 147, 343 (Rn. 22) = NJW 2002, 62; *Grigoleit* ZHR 177 (2013), 264 (278); *Ruland/Wetzig* BKR 2013, 56 (58); *Zimmermann* GPR 2008, 38 (43 f.); *Horn* ZBB 1997, 139 (149); Fuchs/*Fuchs* WpHG Vor §§ 31 ff. Rn. 77; Schwark/Zimmer/*Schwark* Vor §§ 31 ff. WpHG Rn. 15.

MiFID I und MiFID II verstärkt in den Vordergrund gestellt haben,[71] ändert daran nichts.[72] Denn ein verstärkter Anlegerschutz dient auch der Integrität und Transparenz der Kapitalmärkte und unterstützt somit letztlich wieder den aufsichtsrechtlichen Zweck der Vorschriften. So sprach auch die höchstrichterliche Judikatur von einer „überwiegend aufsichtsrechtlichen Natur" der §§ 31 ff. WpHG aF,[73] deren Schutzbereich nicht über die Bestimmung von Inhalt und Reichweite vertraglicher oder vorvertraglicher Aufklärungs- und Beratungspflichten hinausgehe.[74] Der aufgrund des individualrechtlichen Einschlags des WpHG angenommen „Doppelnatur" der §§ 63 ff. WpHG als rechtsdogmatische Zwitterwesen ist dementsprechend aus den oben genannten Gründen im Einklang mit der Rechtsprechung entgegen zu treten. → Rn. 9, 14.[75] Daneben ist schon 2009[76] mit § 37a WpHG aF eine maßgeblich zur Begründung herangezogene Norm entfallen.[77] Eine doppelte Einordnung der Norm wäre auch im Hinblick auf die unterschiedlichen Zielrichtungen von Aufsichtsrecht und Zivilrecht nicht haltbar.[78] Dies hindert grundsätzlich nicht daran, öffentlich-rechtlichen Regelungen des WpHG, wie auch sonst bei entsprechenden Voraussetzungen, zivilrechtliche Konsequenzen beizumessen, etwa als Schutzgesetz nach § 823 Abs. 2 BGB.[79] Zur Problematik, ob eine solche Schutzgesetzeigenschaft auch für die §§ 63 ff. WpHG anzuerkennen ist, → Rn. 348 ff. Die bei anderen öffentlich-rechtlichen Vorschriften oft in Betracht kommende zivilrechtliche Einwirkung über § 134 BGB scheitert dagegen daran, dass die Nichtigkeit des Geschäfts dem Anleger seine potentielle Anspruchsgrundlage entzöge, sodass der Schutzzweck der Anlegerschutznormen des WpHG gerade nicht, wie von § 134 BGB gefordert,[80] durch die Nichtigkeit des Schuldverhältnisses verwirklicht werden kann.

Nicht immer eindeutig von der (vermeintlichen) Zivilrechtsharmonisierung des WpHG 20
bzw. der MiFID unterschieden wird die Frage nach dem **öffentlich-rechtlichen Harmonisierungsgrad** der Wohlverhaltensregeln der MiFID in Bezug auf ihre Umsetzung durch das WpHG. Nach zutreffender hM ist trotz des Fehlens einer eindeutigen Bestimmung im Normtext der MiFID von einem vollharmonisierenden Charakter der Wohlverhaltensregeln auszugehen.[81] Demgemäß steht den Mitgliedsstaaten weder der Erlass milderer noch strengerer Vorschriften im Anwendungsbereich der MiFID I zu. Hierfür spricht zunächst die Entstehung der MiFID I im Rahmen des Lamfalussy-Verfahrens,[82] das eine einheitliche

[71] S. Erwägungsgründe 2, 31 f. 44 der RL über Märkte für Finanzinstrumente, Abl. 2004 L 145, S. 1.

[72] Vgl. Begr. RegE FRUG, BT-Drs. 16/4028, 63 ff.

[73] Vgl. zum WpHG aF jüngst BGH Urt. v. 17.9.2013 – XI ZR 332/12 = WM 2013, 1983 (1984 Rn. 16 ff.); BGH, Urt. v. 22.3.2011 – XI ZR 33/10, ZIP 2011, 756 = NJW 2011, 1949 Rn. 32 – CMS-Ladder Swap; BGH Urt. v. 8.5.2001 – XI ZR 192/00, BGHZ 147, 343 (Rn. 22) = NJW 2002, 62; BGH Urt. v. 5.10.1999 – XI ZR 296/98, BGHZ 142, 345 (Rn. 31) = NJW 2000, 359.

[74] Vgl. zum WpHG aF ausdrücklich BGH Urt. v. 17.9.2013 – XI ZR 332/12 = WM 2013, 1983 (1985 Rn. 20).

[75] Die Lehre von der Doppelnatur bejahend *Veil* ZBB 2008, 34 (40); *Weichert/Wenninger* WM 2007, 627 (635); *Veil* WM 2007, 1821 (1825 f.); *Lang* ZBB 2004, 289 (294); *Schwintowski* VuR 1997, 83 (85 f.); *Köndgen* NJW 1996, 558 (569); Kölner Komm WpHG/*Möllers* § 31 Rn. 10 ff.; Kümpel/Wittig/*Rothenhöfer* Bank- und Kapitalmarktrecht Rn. 2.209; für das neue WpHG Assmann/Schneider/Mülbert/*Koller* WpHG § 63 Rn. 12. einschränkend *Lenenbach* Kapitalmarktrecht Rn. 11.98; hieraus konsequenterweise die vertragliche Unabdingbarkeit der MIFID-Vorgaben ableitend *Köndgen* JZ 2012, 255 (261); Schwark/Zimmer/*Schwark* Vor §§ 31 ff. WpHG Rn. 12.

[76] Aufgehoben durch das Gesetz zur Neuregelung der Rechtsverhältnisse bei Schuldverschreibungen aus Gesamtemissionen und zur verbesserten Durchsetzbarkeit von Ansprüchen von Anlegern aus Falschberatung vom 31.7.2009.

[77] *Poelzig* JZ 2014, 256 (257); *Koch* ZBB 2014, 211 (213).

[78] Fuchs/*Fuchs* WpHG Vor §§ 31 ff. Rn. 80.

[79] Fuchs/*Fuchs* WpHG Vor §§ 31 ff. Rn. 79.

[80] Vgl. BGH Urt. v. 17.1.1985 – III ZR 135/83, BGHZ 93, 264 (267) = WM 1985, 221; BGH Urt. v. 23.10.1980 – IVa ZR 28/80, BGHZ 78, 263 (265) = NJW 1981, 399; MüKoBGB/*Armbrüster* § 134 Rn. 41.

[81] *Pellens/Grunewald* WM 2012, 778 (781); *Herresthal* WM 2012, 2261; *Möllers* WM 2008 93 (96); *Mülbert* ZHR 172 (2008), 171 (172 ff.); Schwark/Zimmer/*J. Koch* WpHG § 31d Rn. 4; **aA** *Assmann* ZBB 2008, 21 (30); *Einsele* JZ 2008, 477 (481); unentschieden *Klöhn* ZIP 2011, 2244 (2246); MüKoHGB/*Ekkenga* Bd. VI Effektengeschäft Rn. 73.

[82] *Eckel* EuZW 2015, 418 (421); *Veil* ZGR 2014, 544 (549); **aA** Gsell/Herresthal/*Möllers* Vollharmonisierung im Privatrecht 2009, 247 (256); *Franck* BKR 2012, 1 (7).

Gesetzgebung verfolgt und damit auch eine einheitliche Rechtsanwendung sicherstellen soll.[83] Zwar gibt die MiFID I selbst nicht ausdrücklich einen Harmonisierungsgrad vor, sie deutet jedoch indirekt an mehreren Stellen eine Vollharmonisierung deutlich an. So bspw. in Art. 31 Abs. 1 Unterabs. 2 MiFID I, der besagt, dass die Mitgliedstaaten den Wertpapierfirmen oder Kreditinstituten, die von der Richtlinie erfasst sind, keine weiteren Anforderungen auferlegen.[84] Darüber hinaus finden sich in der Richtlinie keine Mindestanforderungsbestimmungen, vielmehr werden die Mitgliedstaaten lediglich an einzelnen Stellen und zudem ausdrücklich ermächtigt, strenger Regulierungen vorzunehmen.[85] Hieraus folgt im Umkehrschluss, dass die Richtlinie den Mitgliedstaaten in allen anderen Fällen, bei denen es an einer solchen Ermächtigung fehlt, nicht nur einen Mindest-, sondern gleichzeitig auch einen Maximalstandard setzen will. Dies gilt in gleicher Weise auch für die Nachfolgeregelung der MiFID II.[86] So findet sich eine ausdrückliche Ermächtigung unter bestimmten Voraussetzungen zum Erlass von strengeren nationalen Regelungen für die unabhängige Beratung in Art. 24 Abs. 12 MiFID II. Trotz des zeitgleichen Erlasses der MiFIR als Verordnung, die daher sämtlichen Gestaltungsspielraum der Mitgliedstaaten verhindert, wird auch für die MiFID II als Begründung angeführt, dass die Ermessenspielräume der Mitgliedstaaten beschränkt werden sollen, damit ein einheitliches Regelwerk für den gesamten EU-Finanzmarkt entstehen kann.[87] Auch im Vergleich zu MiFID I zeigt sich, dass der Spielraum für nationale Regelungen nochmals verkürzt wurde, was für eine Vollharmonisierung spricht.[88] Somit wirken sowohl die MiFID als auch die MiFID II vollharmonisierend hinsichtlich des nationalen Aufsichtsrechts.

21 Unterhalb der gesetzlichen Ebene konkretisieren **Richtlinien, Rundschreiben** und Empfehlungen der BaFin weiter die Wohlverhaltenspflichten. Hier ist in erster Linie das Rundschreiben der BaFin zu Mindestanforderungen an die Compliance-Funktion und die weiteren Verhaltens-, Organisations- und Transparenzpflichten nach §§ 63 ff. WpHG für Wertpapierdienstleistungsunternehmen (MaComp) zu nennen.[89] Ferner von Bedeutung sind die noch zu den §§ 31 ff. aF veröffentlichten Rundschreiben zur Auslegung gesetzlicher Anforderungen an die Erstellung von Informationsblättern gem. § 31 Abs. 3a WpHG/§ 5a WpDVerOV,[90] von deren Fortgeltung für die §§ 63 ff. WpHG aufgrund der großen Vergleichbarkeit der Normen auszugehen ist, sowie die neue Auslegungsentscheidung der BaFin zu MiFID II-Wohlverhaltensregeln nach §§ 63 ff. WpHG.[91]

22 Die Rundschreiben und Empfehlungen haben als Verwaltungsvorschriften eine **rein interne Wirkung**[92], können allerdings über die Bindung des Ermessens auch mittelbare

[83] Zum Lamfalussy-Bericht (Schlussbericht des Ausschusses der Weisen über die Regulierung der europäischen Wertpapiermärkte v. 15.2.2001) s. von *Kopp-Colomb/Lenz* AG 2002, 24 (24 ff.).

[84] So auch Gsell/Herresthal/*Möllers* Vollharmonisierung im Privatrecht 2009, 247 (256); *Weichert/Wenninger* WM 2007, 627 (628 Fn. 38); *Kasten* BKR 2007, 261 (267).

[85] Gsell/Herresthal/*Möllers* Vollharmonisierung im Privatrecht 2009, 247 (256); *Eckel* EuZW 2015, 418 (421).

[86] *Eckel* EuZW 2015, 418 (421); *Veil* ZGR 2014, 544 (549, 567); *Veil/Lerch* WM 2012, 1557 (1559).

[87] Erwägungsgrund 6 MiFID II; Europäische Komission, Begründung des Vorschlages für eine Neufassung der MiFID, 20.10.2011, KOM (2011) 656 endg., S. 3; *Veil/Lerch* WM 2012, 1557 (1559).

[88] *Mansen* Anlageberatungsregelungen 2018 S. 44.

[89] Rundschreiben 5/2018 (WA) Mindestanforderungen an die Compliance-Funktion und weitere Verhaltens-, Organisations- und Transparenzpflichten– MaComp v. 9.5.2018, Geschäftszeichen WA 31-Wp 2002 –2017/0011, abrufbar unter: https://www.bafin.de/SharedDocs/Veroeffentlichungen/DE/Rundschreiben/2018/rs_18_05_wa3_macomp.html (zuletzt abgerufen am 16.2.2019).

[90] Rundschreiben 4/2013 (WA) – Auslegung gesetzlicher Anforderungen an die Erstellung von Informationsblättern gemäß § 31 Abs. 3a WpHG/§ 5a WpDVerOV v. 26.9.2013, Geschäftsnummer WA 36-Wp-2002 –2012/0003, abrufbar unter: http://www.bafin.de/SharedDocs/Veroeffentlichungen/DE/Rundschreiben/rs_1304_produktinformationsblaetter_wa.html (zuletzt abgerufen am 16.2.2019).

[91] Auslegungsentscheidung – FAQ zu MiFID II-Wohlverhaltensregeln nach §§ 63 ff. WpHG v. 4.5.2018, geändert am 27.9.2018, Geschäftsnummer WA 31- Wp 2002–2018, abrufbar unter: https://www.bafin.de/SharedDocs/Veroeffentlichungen/DE/Auslegungsentscheidung/WA/ae_040518_faq_mifid2_wohlverhaltenregeln.html (zuletzt abgerufen am 19.2.2018).

[92] Assmann/Schneider/*Assmann* WpHG Einl. Rn. 34; vgl. zum WpHG aF BGH Urt. v. 8.5.2001 – XI ZR 192/00, BGHZ 147, 343 = NJW 2002, 62 (63); Schwark/Zimmer/*Fett* WpHG § 35 Rn. 11.

Außenwirkung entfalten.[93] Erst recht können sie keine zivilrechtlich bindende Wirkung entfalten, etwa als Schutzgesetz nach § 823 Abs. 2 BGB (schon mangels Normcharakters), wohl können sie aber als Verwaltungsauffassung herangezogen werden. Die Einhaltung der Empfehlungen der BaFin innerhalb der MaComp soll etwa als Best-Practice zur Einhaltung der Vorgaben der §§ 31 ff. WpHG aF gelten,[94] sodass ihnen auch dadurch zumindest eine mittelbare Wirkung zukäme. Allerdings dürfte dies allenfalls als indizielle Wirkung qualifiziert werden, da auch die MaComp keinen Rechtsakt iSe Verordnung etc darstellt; für einen prima-facie Beweis fehlt es zudem an generellen Erfahrungssätzen, zumal es sich auch bei der MaComp um wertende Vorgaben handelt.

4. Anwendungsbereich

a) Erfasste Finanzinstrumente. Der **Begriff des Wertpapiers** ist im deutschen Recht in den allgemeinen Gesetzen nicht einheitlich definiert, sondern je nach dem Regelungsgegenstand des entsprechenden Gesetzes unterschiedlich gefasst.[95] Der Rechtshistoriker *Heinrich Brunner* hatte im Jahr 1882 bereits eine allgemeine Formulierung aufgestellt, an der bis heute als der „weiten" Definition des Wertpapiers festgehalten wird.[96] Danach ist ein Wertpapier eine Urkunde „in welcher ein privates Recht in der Weise verbrieft ist, dass zur Geltendmachung dieses Rechts die Innehabung der Urkunde erforderlich ist" 23

Im **Bankaufsichtsrecht** wurden nach § 1 Abs. 11 S. 2 KWG aF als Wertpapiere „auch wenn keine Urkunden über sie ausgestellt sind, alle Gattungen von übertragbaren Wertpapieren mit Ausnahme von Zahlungsinstrumenten, die ihrer Art nach auf den Kapitalmärkten handelbar sind", verstanden, insbesondere Aktien, Zertifikate, die Aktien vertreten, Schuldscheine, andere Wertpapiere, die mit Aktien vergleichbar sind, soweit sie an einem Markt gehandelt werden können, und Anteile an Investmentvermögen, die von einer Kapitalgesellschaft oder einer ausländischen Investmentgesellschaft ausgegeben werden. Mittlerweile ist diese Begriffsumschreibung im KWG im Zuge der Umsetzung der AIFM-Richtlinie entfallen[97] und einer rein typologischen Bestimmung durch Aufzählung bestimmter Arten von Wertpapieren als Unterfall des Finanzinstruments gewichen. 24

Die **Wertpapierdefinition** des KWG ist nahezu identisch mit der des **Wertpapierhandelsrechts** in § 2 Abs. 1 **WpHG.** Zur Behandlung von sog. **Token** als Wertpapiere s. *Langenbucher* in → Kap. 11 Rn. 45 ff. sowie → Rn. 28. Das WpHG regelt im Zusammenspiel mit dem KWG den Handel mit Wertpapieren und dient einerseits der aufsichtsrechtlichen Kontrolle von Finanzdienstleistungsunternehmen, die solche Wertpapiere handeln, andererseits dem Schutz des Anlegers.[98] Mit anderen Worten reguliert das WpHG die Verhaltenspflichten der Marktteilnehmer hinsichtlich der nach § 1 WpHG erfassten Marktvorgänge.[99] 25

Eine Neuerung, welche auf die Richtlinie über Märkte für Finanzinstrumente (MiFID I)[100] zurückzuführen ist, stellt die Erfassung des Handels von **Anteilen an Personengesellschaften** im In- oder Ausland unter dem Begriff des Wertpapiers im Sinne des § 1 Abs. 11 KWG dar. Hieraus ergab sich als Folgefrage, ob auch Anteile an geschlossenen Fonds, welche meist als Kommanditgesellschaften mit beschränkter Haftung, mithin als Personengesellschaften, geführt werden, dem bank- und wertpapieraufsichtsrechtlichen Wertpapierbegriff zugehö- 26

[93] BankR-HdB/*Seiler/Geier* Vor § 104 Rn. 58; *Lenenbach* Kapitalmarktrecht Rn. 1.99; MüKoHGB/*Nobbe/Zahrte* Bd. VI Anlageberatung Rn. 64.

[94] *Schäfer* BKR 2011, 45 (47).

[95] Dazu auch *Bergmann* → Kap. 36 Rn. 2.

[96] *Brunner* Die Wertpapiere in: Endemanns's Handbuch des deutschen Handels-, See- und Wechselrechts Band II 1882, 140 (147).

[97] Gesetz zur Umsetzung der RL 2011/61/EU über die Verwalter alternativer Investmendfonds v. 4.7.2013, BGBl. I 2013, 1981.

[98] Vgl. zum WpHG aF Fuchs/*Fuchs* WpGH Einl. Rn. 2 ff.

[99] Vgl. Assmann/Schneider/Mülbert/*Assmann* WpHG § 1 Rn. 3.

[100] RL 2004/39/EG des Europäischen Parlaments und des Rates v. 21.4.2004, Abl. 2004 L 145, S. 1.

ren. Der Gesetzgeber hat hier auf Grund des ausgeschlossenen gutgläubigen Erwerbs die Vergleichbarkeit mit Aktien verneint,[101] was weitgehend Zustimmung gefunden hat.[102] Allerdings erscheint dies fragwürdig: Denn nach Art. 35 der Durchführungsverordnung zur MiFID[103] werden auch nicht handelbare Wertpapiere als übertragbare Wertpapiere eingestuft.[104] Auch Gesichtspunkte eines weitgehenden Anlegerschutzes sprechen für eine Einordnung als Wertpapier nach § 1 Abs. 11 KWG.[105]

27 Zu den Wertpapieren gehören nach § 1 Abs. 11 S. 1 Nr. 3 KWG auch **Schuldtitel** sowie nach Nr. 4 Wertpapiere, die zum Erwerb solcher Schuldtitel berechtigen, in der Regel **Optionsscheine.** Fraglich ist, ob solche Optionsscheine zum Erwerb von Schuldtiteln auch unter die Wertpapierdefinition des WpHG fallen. Zwar werden sie nicht im KWG erwähnt, da § 2 Abs. 1 S. 1 Nr. 3b WpHG sich nur auf § 2 Abs. 1 S. 1 Nr. 1 und 2 bezieht, während die Schuldscheine in § 2 Abs. 1 S. 1 Nr. 3a WpHG aufgeführt sind, jedoch ist die Definition in § 2 Abs. 1 WpHG ausdrücklich nicht abschließend.[106] Daher können Optionsscheine auf Schuldtitel unter die Definition der Wertpapiere im WpHG subsumiert werden.

28 **Token** und **Kryptowährungen** können grundsätzlich auch als Wertpapier zu qualifizieren sein.[107] Dabei kommt es allerdings auf die konkrete Ausgestaltung im Einzelfall an. Bezüglich Token wird man eine Qualifizierung als Wertpapier annehmen können, wenn es sich um einen sog. Investement/Security-Token handelt.[108] Diese sind aufgrund ihrer Ausgestaltung einem Wertpapier ähnlich, vermitteln sie mitunter Mitverwaltungsrechte und Ansprüche auf zukünftige Zahlungen.[109] Es liegt somit die erforderliche Vergleichbarkeit mit den in § 2 Abs. 1 WpHG genannten handelbaren Finanzinstrumenten vor. Sog Currency-Token werden dagegen nicht als Wertpapier zu qualifizeren sein, da der Inhaber nur berechtigt ist, diese wie elektronisches Geld zu verwenden.[110] Zumal nimmt auch Art. 4 Abs. 1 Nr. 44 MiFID II Zahlungsinstrumente explizit vom Wertpapierbegriff aus. Ähnlich ist die Lage bei Kryptowährungen im Allgemeinen. Zwar ist jede Kryptowährung einzeln zu untersuchem, sollte allerdings ein Blockchain basiertes Zahlungsmittel vorliegen, was über die Zahlungsmitteleingeschaft nicht hinaus geht, wird man die Wertpapiereigenschaft verneinen müssen.[111] Diffizil erscheint die Lage dagegen bei sog. Utility Token. Diese verkörpern regelmäßig einen Anspruch gegen den Emittenten ein Produkt nutzen zu können, oder eine Dienstleistung in Anspruch zu nehmen.[112] Man könnte annehmen, dass Token die nur ein Recht auf Leistung verkörpern, nicht als Wertpapier zu qualifizieren sind, sind auch die kapitalmarktypischen Risiken, wie bspw. Principal-Agent-Konflikte, nicht gegeben.[113] Es wird allerdings danach zu differenzieren sein, ob die Token letztlich handelbar sind. Wenn dies der Fall ist, auch wenn dies vom Emittenten ursprünglich nicht vorgesehen war, aber eine Mehrheit von Investoren die Handelbarkeit kennt und sich Marktplätze etabliert haben, wird man die Einordnung als Wertpapier vornehmen müssen.[114]

---

[101] Begr. RegE Finanzmarktrichtlinie-Umsetzungsgesetz v. 16.7.2007, BGBl. I 2007, 1330. (FRUG), BT-Drs. 16/4028, 54.

[102] *Spindler/Kasten* WM 2006, 1749 (1751 f.); *Spindler/Kasten* WM 2007, 1245 (1246); *Voß* BKR 2007, 45 (45 f.); Scope Group, Anwendbarkeit und potentielle Auswirkungen der MiFID Richtlinie auf den Markt für geschlossene Fonds in Deutschland, 2006, S. 6.

[103] VO EG Nr. 1287/2006 v. 10.8.2006, Abl. 2006 L 245, S. 1.

[104] So auch mit gleicher Begründung zum WpHG nF Assmann/Schneider/Mülbert/*Assmann* WpHG § 2 Rn. 13 f.; Boos/Fischer/Schulte-Mattler/*Schäfer* KWG § 1 Rn. 280.

[105] Assmann/Schneider/Mülbert/*Assmann* WpHG § 2 Rn. 20; *Spindler/Kasten* WM 2007, 1245 (1246); *Voß* BKR 2007, 45 (48).

[106] Assmann/Schneider/Mülbert/*Assmann* WpHG § 2 Rn. 17.

[107] Ausführlich dazu *Spindler* WM 2018, 2109; *Zickgraf* AG 2018, 293; *Weitnauer* BKR 2018, 231.

[108] Ausführlich zu dieser Art von Token *Spindler* WM 2018, 2109; *Zickgraf* AG 2018, 293 (295).

[109] *Spindler* WM 2018, 2109; *Zickgraf* AG 2018, 293 (303).

[110] *Zickgraf* AG 2018, 293 (306).

[111] *Omlor* ZHR 2019, 294 (317).

[112] *Zickgraf* AG 2018, 293 (303).

[113] So etwa *Klöhn/Parhofer/Resas* ZBB 2018, 89 (103).

[114] *Spindler* WM 2018, 2109 (2113); *Hacker/Thomale* ECFR 2018, 645 (684).

Zu unterscheiden von den Wertpapieren im engeren Sinn sind solche im weiteren Sinn, dh etwa **Sparbücher, Wechsel-** oder **Grundschuldbriefe**.[115] Anknüpfungspunkt hierbei ist grundsätzlich ihre fehlende Vergleichbarkeit mit Aktien. 29

b) Erfasste Unternehmen. Die Wohlverhaltensregeln der §§ 63 ff. WpHG gelten ausschließlich für Wertpapierdienstleistungsunternehmen. Der Begriff der Wertpapierdienstleister ist in § 2 Abs. 10 WpHG legal definiert; hierunter fallen Kreditinstitute, Finanzdienstleistungsinstitute sowie Wertpapierdienstleistungen erbringende Zweigstellen solcher Unternehmen im Ausland nach § 53 Abs. 1 S. 1 KWG, wobei als Zweigstellen auch Einzelpersonen oder selbstständige Unternehmen gelten, sofern sie unter dem Namen eines inländischen Unternehmens in einem vorgegebenen Tätigkeitsrahmen handeln.[116] Die Definition erfordert weiterhin, dass Wertpapierdienstleistungen in einem Umfang erbracht werden, der einen in **kaufmännischer Weise eingerichteten Geschäftsbetrieb** erfordert. Die Erbringung reiner Wertpapiernebendienstleistungen genügt diesbezüglich nicht für die gesetzliche Einstufung.[117] Bei der Frage nach dem Vorliegen eines in kaufmännischer Weise eingerichteten Gewerbebetriebs wird überwiegend auf den handelsrechtlichen Gewerbebegriff abgestellt.[118] Ehrenamtlich tätige Vorstände oder Geschäftsführer von Personengesellschaften bzw. nicht rechtsfähigen Vereinen (etwa Investmentclubs) gelten daher nicht als gewerbsmäßig handelnde Dienstleister, zumindest sofern hierfür lediglich eine Aufwandsentschädigung und keine Vergütung gezahlt wird.[119] Ein kaufmännisch eingerichteter Betrieb wird in diesem Zusammenhang jedoch angenommen, wenn das ehrenamtliche Vorstandsmitglied bzw. der Geschäftsführer mehr als drei Portfolios oder ein Gesamtvolumen von über 511.000 Euro[120] verwaltet.[121] 30

Investmentgesellschaften hingegen zählen nicht zu Wertpapierdienstleistungsunternehmen, da sie keine solchen Dienstleistungen erbringen; Schutzlücken ergeben sich hieraus nicht, da die Vorschriften des KAGB eingreifen.[122] 31

c) Anlageberatung versus Anlagevermittlung. Zwischen Anlageberatung und -vermittlung unterscheidet das WpHG deutlich, indem es unterschiedliche Pflichten an die jeweilige Tätigkeit knüpft – auch wenn die Grenzen zwischen Anlageberatung und Anlagevermittlung in der Lebenswirklichkeit oft verschwimmen. Auch in der zivilgerichtlichen Rechtsprechung schlägt sich diese Unterscheidung nieder.[123] 32

aa) Anlageberatung. § 2 Abs. 8 S. 1 Nr. 10 WpHG sowie § 1 Abs. 1a S. 2 Nr. 1a KWG definieren die Anlageberatung als die: „*Abgabe von persönlichen Empfehlungen im Sinne des Artikels 9 der Delegierten Verordnung (EU) 2017/565 an Kunden oder deren Vertreter, die sich auf Geschäfte mit bestimmten Finanzinstrumenten beziehen, sofern die Empfehlung auf eine Prüfung der persönlichen Umstände des Anlegers gestützt oder als für ihn geeignet dargestellt wird und nicht ausschließlich über Informationsverbreitungskanäle oder für die Öffentlichkeit bekannt gegeben wird (Anlageberatung)*“.[124] Unter einer Anlageberatung wird demnach die Konsultation eines 33

---

[115] Assmann/Schneider/Mülbert/*Assmann* WpHG § 2 Rn. 31.

[116] Boos/Fischer/Schulte-Mattler/*Vahldiek* KWG § 53 Rn. 14 ff.; Reischauer/Kleinhans/*Albert* KWG § 53 Rn. 3 ff.

[117] Assmann/Schneider/Mülbert/*Assmann* WpHG § 2 Rn. 201.

[118] S. zur Parallelvorschrift im KWG (§ 1 Abs. 1 sowie Abs. 1a) Begr. RegE Entwurf eines Gesetzes zur Umsetzung von EG-Richtlinien zur Harmonisierung bank- und wertpapieraufsichtsrechtlicher Vorschriften, BT-Drs.-. 963/96, 62; Assmann/Schneider/Mülbert/*Assmann* WpHG § 2 Rn. 203; *Mielk* WM 1997, 2000 (2201 f.); Fuchs/*Fuchs* § 2 Rn. 151; **aA** Kölner Komm WpHG/*Baum* § 2 Rn. 221.

[119] S. a. BAKred Schreiben v. 28.4.1998 – VII 4–71.51–142/98, *Reishauer/Kleinhans* Kreditwesengesetz, kostenpflichtig abrufbar http://www.kwgdigital.de/kwg_0281_042 (zuletzt abgerufen am 16.2.2019).

[120] Die Angabe bezog sich damals noch auf 1 Mio. DM.

[121] BAKred Schreiben v. 2.6.1998 – VII 4–71.51–142/98, kostenpflichtig abrufbar *Reishauer/Kleinhans* Kreditwesengesetz, http://www.kwgdigital.de/kwg_0281_042 (zuletzt abgerufen am 16.2.2019).

[122] Vgl. zum WpHG aF Fuchs/*Fuchs* WpHG § 2 Rn. 154.

[123] Zusammenfassend *Nasall* NJW 2011, 2323 (2323 ff.) mwN.

[124] Die Def. des KWG ist identisch bis auf den fehlenden Verweis auf Art. 9 der VO.

unabhängigen individuellen Experten durch den Kapitalanleger verstanden.[125] Denn der Anleger selbst verfügt nur in seltenen Fällen über das benötigte Fachwissen und den Überblick über die wirtschaftlichen Zusammenhänge des Anlageprodukts, es besteht eine Informationsasymmetrie zwischen Berater und Kunden.[126] Daher erwartet er von dem Anlageberater eine umfängliche und gleichzeitig verständliche Beratung, ohne im „Information-Overload" unterzugehen.[127] Dabei muss der Berater sowohl das Finanzprodukt – mit allen in Frage stehenden Risiken – als auch die persönliche Situation des Anlegers im Auge haben. Erst das Zusammenspiel aller relevanten Informationen und deren korrekter Auswertung ermöglicht eine fachgerechte Anlageberatung. Zur Sicherung der Beratungsqualität verpflichtet § 87 Abs. 1 WpHG (früher § 34d Abs. 1 WpHG aF) Wertpapierdienstleistungsunternehmen dazu, **nur sachkundige und zuverlässige Mitarbeiter** als Anlageberater einzusetzen, wobei ein „ordentlicher Angehöriger der Branche" den Maßstab für die notwendige Sachkunde darstellt.[128] Die Anforderungen daran werden durch die WpHGMaAnzV[129] konkretisiert.[130] Die BaFin hat die Möglichkeit gem. § 87 Abs. 6 WpHG bei Ungeeignetheit des Mitarbeiters oder bei Verstoß des Mitarbeiters gegen Verhaltenspflichten des WpHG das Wertpapierhandelsunternehmen und den jeweiligen Mitarbeiter zu verwarnen oder gar dem Unternehmen die weitere Einsetzung des Mitarbeiters in der angezeigten Tätigkeit zu untersagen.[131]

34 Aus **zivilrechtlicher Sicht** hatte der BGH bereits 1993 in Abgrenzung zum Anlagevermittler ähnlich formuliert: „Einen Anlageberater wird der Kapitalanleger im Allgemeinen hinzuziehen, wenn er selbst keine ausreichenden wirtschaftlichen Kenntnisse und keinen genügenden Überblick über wirtschaftliche Zusammenhänge hat. Er erwartet dann nicht nur die Mitteilung von Tatsachen, sondern insbesondere deren fachkundige Bewertung und Beurteilung. Häufig wünscht er eine auf seine persönlichen Verhältnisse zugeschnittene Beratung, die er auch besonders honoriert. Bei einem solchen Vertragsverhältnis hat der Berater regelmäßig weitgehende Pflichten gegenüber dem betreuten Kapitalanleger. Als unabhängiger individueller Berater, dem weitreichendes persönliches Vertrauen entgegengebracht wird, muss er besonders differenziert und fundiert beraten".[132]

35 Um eine **Empfehlung** im Sinne der gesetzlichen Definition handelt es sich allein dann, wenn die Erklärung des Anlageberaters ein bestimmtes Verhalten des Kunden in Bezug auf Geschäfte mit bestimmten Finanzinstrumenten als für den Adressaten vorteilhaft oder in seinem Interesse liegend darstellt,[133] es sich also um einen konkreten individualisierten Anlagevorschlag handelt. Das Vorliegen einer Empfehlung ist dabei unabhängig von der Tatsache, ob sie vom Kunden umgesetzt wird oder nicht.[134] Dieses Tatbestandsmerkmal

---

[125] Assmann/Schütze/*Edelmann* KapAnlR-HdB § 3 Rn. 3.

[126] Schwintowski/*Bracht* Kap. 19 Rn. 1 ff.; MüKoHGB/*Nobbe/Zahrte* Bd. VI Anlageberatung Rn. 3.

[127] Krit. in diesem Zusammenhang *Spindler* Behavioral Finance Journal of Consumer Policy, 2011, vol. 34, issue 3, 315 (315 ff.); *Spindler* FS Säcker, 2011, 369 (470 f.); allg. zum Information Overload *Möllers/Kernchen* ZGR 2011, 1 (1 ff.); *Köndgen* BKR 2011, 283 ff.

[128] Assmann/Schneider/Mülbert/*Koller* WpHG § 87 Rn. 2; noch zu § 34d Abs. 1 aF *Halbleib* WM 2011, 673; *Begner* BKR 2012, 95 (98).

[129] VO über den Einsatz von Mitarbeitern in der Anlageberatung, als Vertriebsmitarbeiter, in der Finanzportfolioverwaltung, als Vertriebsbeauftragte oder als Compliance- Beauftragte und über die Anzeigepflichten nach § 87 des WpHG.

[130] Ausf. Assmann/Schneider/Mülbert/*Koller* WpHG § 87 Rn. 6 ff.

[131] Assmann/Schneider/Mülbert/*Koller* WpHG § 87 Rn. 22; noch zu § 34d Abs. 4 WpHG aF: *Yoo* BM 2014, 32 (33); *Günther* MDR 2013, 125 (128); *Halbleib* WM 2011, 673 (678); → Rn. 58.

[132] BGH Urt. v. 13.5.1993 – III ZR 25/92 = NJW-RR 1993, 1114 (1115); BGH Urt. v. 15.5.2012 – VI ZR 166/11 = WM 2012, 1333 Rn. 15; OLG Frankfurt a. M. Urt. v. 2.12.2013 – 17 U 27/13 = BeckRS 2014, 886; LG Berlin Urt. v. 7.6.2011 – 10 O 538/10 = BKR 2011, 344 zur Abgrenzung, wobei es auf das äußere Erscheinungsbild ankommt; BeckOGK BGB/*Buck-Heeb/Lang* § 675 Rn. 144.

[133] Gemeinsames Informationsblatt der Bundesanstalt für Finanzdienstleistungsaufsicht und der Deutschen Bundesbank zum Tatbestand der Anlageberatung, Stand: November 2017, abrufbar unter: http://www.bafin.de/SharedDocs/Downloads/DE/Merkblatt/dl_mb_110513_anlageberatung_neu.html (zuletzt abgerufen am 16.2.2019).

[134] Assmann/Schneider/Mülbert/*Assmann* WpHG § 2 Rn. 169.

liegt daher bei bloß abstrakt-neutralen Informationen wie Erläuterungen über Finanzinstrumente nicht vor;[135] vielmehr handelt es sich dann um eine Anlagevermittlung. Abgrenzungskriterium ist hier die Berücksichtigung der persönlichen (finanziellen) Umstände des Kunden. Zu Discount-Brokern → Rn. 120.

Darüber hinaus muss sich die Empfehlung auf **Geschäfte mit bestimmten Finanzprodukten** beziehen. Damit sind alle Rechtsgeschäfte im Sinne des § 1 Abs. 11 KWG gemeint. Hierzu zählen beispielsweise der Verkauf und der Kauf, die Zeichnung, der Tausch oder die Übernahme eines Finanzinstruments. Durch das KWG (§ 1 Abs. 11 S. 1 Nr. 2 KWG), welches der Gesetzgeber u. a. zur Schließung von Lücken in der aufsichtsrechtlichen Überwachung eingeführt hat, sind nun auch geschlossene Fonds und nach dem VermAnlG (§ 1 Abs. 2 VermAnlG) auch Vermögensanlagen als Finanzinstrumente erfasst. Damit erfährt der Begriff eine erhebliche Ausweitung.[136] Der Anlageberater muss darüber hinaus ein konkretes Produkt benennen bzw. vorschlagen, wobei auch eine Reihe von bestimmten Anlagevorschlägen hinreichend ist, nicht jedoch die Nennung einer bloßen Kategorie als empfohlene Anlage wie zB der allgemeine Rat, in Zertifikate oder festverzinsliche Wertpapiere zu investieren.[137] 36

Weiterhin muss die Beratung gegenüber dem **„Kunden"** erfolgen. Hiervon sind alle natürlichen und juristischen Personen umfasst, auch sog. „professionelle" oder „institutionelle" Kunden;[138] denn diese Kategorisierung spielt bei dem Informations- und Aufklärungsumfang, nicht jedoch bei der Frage, was unter Anlageberatung zu verstehen ist, eine Rolle. Das Gesetz unterscheidet hier nicht, inwiefern der Kunde über entsprechende Spezialkenntnisse verfügt. Weiterhin sind nach dem Wortlaut des Art. 9 Abs. 1 lit. a) der DelVO 2017/565auch potenzielle Kunden erfasst. 37

Der konkrete Ratschlag bzw. die ausgesprochene Empfehlung muss eine **„persönliche"** sein. Die Anlageberatung muss aufgrund der Prüfung der persönlichen Umstände des Anlegers erfolgen, was bereits anzunehmen ist, wenn der Kunde den betreffenden Dienstleister in allgemeiner Form über seine finanzielle Konstitution unterrichtet und ihm sodann konkrete Finanzprodukte vorgeschlagen werden.[139] Dabei ist unerheblich, inwiefern die Beratung tatsächlich auf der Prüfung der persönlichen Umstände erfolgt oder nicht. Es genügt, dass der Anlageberater hier einen entsprechenden Rechtsschein setzt, der dem Anleger das Gefühl vermittelt, seine persönliche Situation würde berücksichtigt werden.[140] 38

Demgegenüber liegt **keine Anlageberatung** vor, sofern die Empfehlung über Informationsverbreitungskanäle wie Fernsehen, Zeitungen, Radio oder Internet für die allgemeine Öffentlichkeit – also einem individuell unbestimmbaren Personenkreis – zugänglich ist (s. dazu → Rn. 95 ff.).[141] Daher stellt auch die **Finanzanalyse** im Sinne von Art. 36 Abs. 1 DelVO 2017/565 keine Anlageberatung dar, da auch hier die betreffenden Informationen einem nicht näher bestimmten Personenkreis zugänglich gemacht werden.[142] 39

---

[135] Boos/Fischer/Schulte-Mattler/*Schäfer* KWG § 1 Rn. 144; Schwintowski/*Bracht*, Kap. 19 Rn. 13 f.

[136] Schwintowksi/*Bracht* Bankrechtskommentar § 18 Rn. 14. Damit sind nun auch nicht wertpapierlich verbriefte Beteiligungen und Anteile an Treuhandvermögen erfasst.

[137] Vgl. zum WpHG aF Fuchs/*Fuchs* WpHG § 2 Rn. 119; Schwark/Zimmer/*Kumpan* WpHG § 2 Rn. 97. Gemeinsames Informationsblatt der Bundesanstalt für Finanzdienstleistungsaufsicht und der Deutschen Bundesbank zum Tatbestand der Anlageberatung, Stand: November 2017, Ziff. 2 abrufbar unter: https://www.bafin.de/SharedDocs/Downloads/DE/Merkblatt/dl_mb_110513_anlageberatung_neu.html (zuletzt abgerufen am 16.2.2019).

[138] Assmann/Schneider/Mülbert/*Assmann* WpHG § 2 Rn. 170.

[139] Gemeinsames Informationsblatt der Bundesanstalt für Finanzdienstleistungsaufsicht und der Deutschen Bundesbank zum Tatbestand der Anlageberatung, Stand: November 2017, abrufbar unter: http://www.bafin.de/SharedDocs/Downloads/DE/Merkblatt/dl_mb_110513_anlageberatung_neu.html (zuletzt abgerufen am 16.2.2019).

[140] Vgl. zum WpHG aF Fuchs/*Fuchs* WpHG § 2 Rn. 119.

[141] Schwintowski/*Bracht* Kap. 19 Rn. 15; etwas anderes kann jedoch für an einen festgelegten Personenkreis adressierte Postsendungen gelten: Assmann/Schneider/Mülbert/*Assmann* WpHG § 2 Rn. 172.

[142] Assmann/Schneider/Mülbert/*Koller* WpHG § 85 Rn. 3.

40 Die Anlageberatung als solche bedarf gem. § 34f Abs. 1 S. 1 GewO zusätzlich der **Genehmigung** durch die Bundesanstalt für Finanzdienstleistungsaufsicht.

41 **bb) Anlagevermittlung.** Die Anlagevermittlung ist in § 2 Abs. 8 S. 1 Nr. 4 WpHG sowie § 1 Abs. 1a S. 2 Nr. 1 KWG legal definiert und wird danach als *„die Vermittlung von Geschäften über die Anschaffung und die Veräußerung von Finanzinstrumenten (Anlagevermittlung)"* verstanden.[143] Der BGH definiert den Begriff der Anlagevermittlung als jede „final auf den Abschluss von Geschäften über die Anschaffung und die Veräußerung von Finanzinstrumenten gerichtete Tätigkeit".[144] Demnach erfolgt eine Anlagevermittlung im Sinne der Vorschrift, wenn der Anlagevermittler als Bote des Anlegers dessen Willenserklärung, die auf die Anschaffung bzw. Veräußerung von Finanzinstrumenten gerichtet ist, an denjenigen, mit dem der Anleger ein solches Geschäft abschließen will, weiterleitet. Die Willenserklärung des Anlegers wird somit dem Dritten übermittelt, ohne dass es auf die Form der Übermittlung ankommt.[145] Dabei muss der Anlagevermittler jedoch mit beiden Parteien des potenziellen Geschäfts Kontakt aufnehmen und gezielt auf einen Vertragsschluss hinwirken.[146] Durch das FRUG wurde der Tatbestand des bloßen Nachweises einer Gelegenheit zum Vertragsschluss zwischen Anleger und Emittenten aus dem Wortlaut gestrichen.[147] Um der Abgrenzung zwischen Vermittlung und Nachweis willen genügt also eine reine Botentätigkeit im klassisch-zivilrechtlichen Sinn für die Einstufung als Wertpapierdienstleister nicht; der Wortlaut des BaFin-Schreibens zum Tatbestand der Anlagevermittlung ist in diesem Sinne unglücklich gewählt.

42 Das KWG enthält gem. § 2 Abs. 10 KWG eine Definition für Vermittler, allerdings für den **„vertraglich gebundenen Vermittler"**. Dies stellt die Umsetzung von Art. 4 Abs. 1 Nr. 25 MiFID I dar, der Wortlautgleich mit der Definition von Art. 4 Abs. 1 Nr. 29 MiFID II ist. Der vertraglich gebundene Vermittler ist ausweichlich der Richtlinie und in deutscher Umsetzung eine natürliche oder juristische Person, die unter unbeschränkter und vorbehaltsloser Haftung einer einzigen Wertpapierfirma, für die sie tätig ist, Wertpapier- und/oder Nebendienstleistungen für Kunden oder potenzielle Kunden erbringt, Weisungen oder Aufträge des Kunden in Bezug auf Wertpapierdienstleistungen oder Finanzinstrumente annimmt und weiterleitet, Finanzinstrumente platziert und/oder Kunden oder potenzielle Kunden bezüglich dieser Finanzinstrumente oder Dienstleistungen berät. Der Unterschied zum Anlagevermittler des WpHG und KWG liegt hier also in der besonderen Bindung an die Wertpapierfirma. Für diese gesonderte Art von Vermittler sieht § 2 Abs. 10 S. 1 KWG dementsprechend eine umfassende Haftung der Wertpapierfirma vor. Zugleich müssen gem. § 25e KWG die vertraglich gebundenen Vermittler bei Kontaktaufnahme mit (potenziellen) Kunden oder vor Geschäftsabschluss ihre Eigenschaft und die von ihnen vertretene Wertpapierfirma offenlegen. Nach § 2 Abs. 10 S. 5 KWG besteht für diese Vermittler ein Register, dessen Eintragung für die Qualifikation als vertraglich gebundene Vermittler konstitutiv ist.[148] Aus Erwägungsgrund 91 MiFID II ergibt sich, dass die Wertpapierfirma, für die sich durch das Vermittlungsgeschäft Pflichten ergeben, zur bestmöglichen Ausführung der Aufträge im Kundeninteresse verpflichtet wird.

---

[143] Jüngst noch einmal bestätigend BGH Urt. v. 5.12.2013 – III ZR 73/12 = NZG 2014, 189.

[144] BGH Urt. v. 10.10.2017 – VI ZR 556/14 = NJW 2018, 230 (230 Rn. 11); vgl. zum WpHG aF BGH Urt. v. 30.10.2014 – III ZR 493/13 = NZG 2015, 396 (398 Rn. 35) im Anschluss an BGH Urt. v. 5.12.2013 – III ZR 73/12 = NZG 2014, 189. Damit bestätigt er die Definition der BaFin, Merkblatt – Hinweis zum Tatbestand der Anlagevermittlung Nr. 1a, Stand Juli 2017, abrufbar unter: http://www.bafin.de/SharedDocs/Veroeffentlichungen/DE/Merkblatt/mb_091204_tatbestand_anlagevermittlung.html (zuletzt abgerufen am 16.2.2019).

[145] So die Tatbestandserklärung im Merkblatt – Hinweis zum Tatbestand der Anlagevermittlung, Stand Juli 2017, abrufbar unter: http://www.bafin.de/SharedDocs/Veroeffentlichungen/DE/Merkblatt/mb_091204_tatbestand_anlagevermittlung.html (zuletzt abgerufen am 16.2.2019).

[146] Assmann/Schneider/Mülbert/*Assmann* WpHG § 2 Rn. 126; vgl. zum WpHG aF Fuchs/*Fuchs* WpHG § 2 Rn. 97.

[147] Begr. RegE FRUG, BT-Drs. 16/4028, 56.

[148] Assmann/Schneider/Mülbert/*Assmann* WpHG § 3 Rn. 90.

Aus **zivilrechtlicher Sicht** qualifizierte der BGH in der Abgrenzung zum Anlageberater den Vermittler wie folgt: „Dem Anlagevermittler, der für eine bestimmte Kapitalanlage im Interesse des Kapitalsuchenden und auch mit Rücksicht auf die von diesem versprochene Provision den Vertrieb übernommen hat, tritt der Anlageinteressent dagegen selbstständig gegenüber. An ihn wendet er sich in der Regel in dem Bewusstsein, dass der werbende und anpreisende Charakter der Aussagen im Vordergrund steht. Der zwischen dem Anlageinteressenten und einem solchen Anlagevermittler zu Stande gekommene Vertrag zielt lediglich auf Auskunftserteilung ab. Er verpflichtet den Vermittler zu richtiger und vollständiger Information über diejenigen tatsächlichen Umstände, die für den Anlageentschluss des Interessenten von besonderer Bedeutung sind".[149] Zu beachten ist, dass der Anlagevermittlungsbegriff weit ausgelegt wird.[150] Durch den unterschiedlichen Gebrauch der Begriffe der Anlagevermittlung und Anlageberatung im Bürgerlichen Recht und im Kreditwesengesetz kann der Anlageberater iSd der zivilrechtlichen Rechtsprechung zugleich auch Anlagevermittler iSd KWG sein.[151] **43**

Wird der Mittelsperson **Vertretungsmacht** eingeräumt und nimmt der Anlagevermittler damit keine Botenstellung mehr ein, so handelt es sich nicht mehr um Anlagevermittlung, sondern vielmehr um den Tatbestand der **Abschlussvermittlung** nach § 2 Abs. 8 S. 1 Nr. 3 WpHG bzw. um die Finanzportfolioverwaltung nach § 2 Abs. 8 S. 1 Nr. 7 WpHG.[152] **44**

Darüber hinaus muss sich die Vermittlungstätigkeit auf Geschäfte über die **Anschaffung** und die **Veräußerung von Finanzinstrumenten** beziehen. Hierzu zählen ebenso wie bei der Anlageberatung insbesondere der Verkauf, Kauf, die Zeichnung, der Tausch oder die Übernahme eines Finanzinstruments. Von dem Anlagevermittler sind somit Willenserklärungen an den potentiellen Vertragspartner zu übermitteln, die auf den Abschluss derartiger Geschäfte gerichtet sind. Davon sind sowohl Verpflichtungs- als auch Verfügungsgeschäfte umfasst.[153] **Keine Vermittlung** im Sinne der Anlagevermittlung gem. § 1 Abs. 1a S. 2 Nr. 1a KWG liegt somit vor, wenn nur der Abschluss eines **Vermögensverwaltungsvertrages** vermittelt wird.[154] Ein Vermögensverwaltungsvertrag an sich ist zwar darauf gerichtet Finanzinstrumente anzuschaffen, bzw. zu veräußern. Die Vermittlung eines solchen stellt aber keine Veräußerung oder Anschaffung von Finanzinstrumenten dar, da der zugrunde liegende Art. 4 Abs. 1 Nr. 2 iVm Anhang I Abschnitt A Nr. 1 MiFID I dahingehend ausgelegt werden muss, dass nur der unmittelbare Auftrag zum Kauf und Verkauf von Finanzinstrumenten erfasst ist.[155] Ergo ist die Vermittlung von Verträgen zu Finanzportfolioverwaltung nicht erfasst.[156] Die einschlägige Rechtsprechung lässt sich auch auf die MiFID II übertragen, da sich die Definition im Anhang I Abschnitt A Nr. 1 MiFID II im Vergleich zur MiFID I nicht verändert hat. **45**

---

[149] BGH Urt. v. 13.5.1993 – III ZR 25/92 = NJW-RR 1993, 1114 (1115).

[150] Vgl. zum WpHG aF *Schlick* WM 2015, 261 (264).

[151] BGH Urt. v. 5.12.2013 – III ZR 73/12 = NZG 2014, 189; vgl. zum WpHG aF BGH Urt. v. 30.10.2014 – III ZR 493/13 = NZG 2015, 396; *Schlick* WM 2015, 261 (264).

[152] Assmann/Schütze/*Schäfer* KapAnlR-HdB § 12 Rn. 15; s. zur Bedeutung des Begriffes „Vermittlung" die der Vorschrift zugrunde liegende Richtlinienbestimmung Anhang Abschnitt A Nr. 1a der RL 93/22/EWG des Rates v. 10.5.1993 über Wertpapierdienstleistungen, heute Anhang I Abschnitt A Nr. 1 der RL 2004/39/EG des Europäischen Parlaments und des Rates v. 21.4.2004 über Märkte für Finanzinstrumente.

[153] S. BaFin Merkblatt – Hinweis zum Tatbestand der Anlagevermittlung Nr. 1b, Stand Juli 2017, abrufbar unter: http://www.bafin.de/SharedDocs/Veroeffentlichungen/DE/Merkblatt/mb_091204_tatbestand_anlagevermittlung.html (zuletzt abgerufen am 16.2.2019).

[154] BGH Urt. v. 10.10.2017- VI ZR 556/14 = NJW 2018, 230 Rn. 8 f.; **aA** Bafin im Merkblatt zur Anlagevermittlung Stand 07/2013 bestätigt durch VG Frankfurt a. M. Beschl. v. 17.3.2005 – 1 G 7060/04 = WM 2005, 1028 (1029 f.).

[155] EuGH Urt. v. 14.6.2017 – Rs C-678/15 = ZIP 2017, 1362 Rn. 27, 32 – Khorassani; dementgegen noch die Bafin im Merkblatt zur Anlagevermittlung Stand 07/2013 bestätigt durch VG Frankfurt a. M. Beschl. v. 17.3.2005 – 1 G 7060/04 = WM 2005, 1028 (1029 f.).

[156] EuGH Urt. v. 14.6.2017 – Rs C-678/15 = ZIP 2017, 1362 Rn. 35 – Khorassani.

46 Im Unterschied zur Anlageberatung erfolgt bei der Anlagevermittlung eine **schlichte Auskunftserteilung** zu einem Anlageprodukt ohne eine entsprechende Bewertung durch den Anlagevermittler und ohne wertende Berücksichtigung der individuellen Anlageziele und Vermögensverhältnisse.[157] Ebenso können Auskünfte im Rahmen der Anlagevermittlung auch werbenden bzw. anpreisenden Charakter haben.[158] Dem Anlagevermittler wird also durch einen (konkludent geschlossenen) Auskunftsvertrag eine vollumfängliche, richtige Informationsverpflichtung gegenüber dem Anleger auferlegt,[159] nicht allerdings die Abgabe einer individuellen Empfehlung seinerseits hinsichtlich eines potentiellen Anlageentschlusses.[160]

47 Von der Anlagevermittlung wiederum zu unterscheiden ist die **generelle Auskunftserteilung** im Rahmen einer laufenden Geschäftsverbindung, wie dies bei Finanzdienstleistern und Kreditinstituten in der Regel üblich ist.[161]

5. Wohlverhaltenspflichten im Einzelnen

48 Die Wohlverhaltensregeln nach §§ 63 ff. WpHG und ihre staatliche Überwachung sind von überragender Bedeutung für das Vertrauen der Anleger in einen funktionierenden Wertpapiermarkt und ergänzen die internen Organisationspflichten zur Identifikation und zum Management von Interessenkonflikten.[162] Das Wertpapierhandelsgesetz enthält im Zuge dessen detaillierte, aber auch flexible Regelungen, die sich an der Art des Geschäfts, an der Kategorisierung des Anlegers sowie an der Art der Leistung des Wertpapierdienstleistungsunternehmens ausrichten.[163]

49 Für sog. **Finanzanlagenvermittler** stellt § 34g Abs. 1 S. 3 GewO iVm §§ 11 ff. FinVermV[164] das Gegenstück zu §§ 63 ff. WpHG dar. Finanzanlagenvermittler sind freie Anlageberater und -vermittler, deren Tätigkeitsbereich sich auf Beratung und Vermittlung von bestimmten Anteilen an inländischen oder ausländischen Investmentanteilen sowie Vermögensanlagen beschränkt und die bislang gem. § 3 Abs. 1 S. 1 Nr. 7 WpHG vom Anwendungsbereich des WpHG ausgenommen waren.[165] Entsprechend der Vorgabe des § 34g Abs. 1 S. 3 GewO zielt die Verordnung darauf ab, ein mit den §§ 63 ff. WpHG vergleichbares Anlegerschutzniveau auch für Geschäfte mit Finanzanlagenvermittlern zu erreichen. Demenstprechend besteht für Anleger auch seit dem 1.8.2014 die Möglichkeit, sich an das neue Gewerbe der **Honorar-Finanzanlagenvermittlung** zu wenden. Der Honorar-Finanzanlagenvermittler iSd § 34h GewO unterscheidet sich maßgeblich zu dem Finanzanlagenvermittler gem § 34f GewO indem Ersterer nur durch das Kundenhonorar vergütet wird.[166]

50 **a) Grundnorm: § 63 Abs. 1 WpHG.** Das Wertpapierdienstleistungsunternehmen hat im Sinne einer Grundregel nach Art. 24 Abs. 1 MiFID II, § 63 Abs. 1 WpHG seine Wertpapierdienstleistungen und Wertpapierdienstnebenleistungen ehrlich, redlich und pro-

[157] BGH Urt. v. 25.11.1981 – IVa ZR 286/80 = NJW 1982, 1095 (Rn. 11); BGH Urt. v. 22.3.1979 – VII ZR 259/77, BGHZ 74, 103 (Rn. 21 ff.) = NJW 1979, 1449; MüKoHGB/*Nobbe/Zahrte* Bd. VI Anlageberatung Rn. 330; so entsteht durch einen sog. „informer" auf der Homepage einer Direktbank kein Beratungs- sondern nur ein Auskunftsvertrag.

[158] Assmann/Schütze/*Edelmann* KapAnlR-HdB § 3 Rn. 8.

[159] OLG Schleswig Hinweisbeschl. v. 2.6.2014 – 5 U 67/14 = NJW-RR 2015, 109 (110) Rn. 6; BGH Urt. v. 25.10.2007 – III ZR 100/06 = NZG 2008, 117 (118 Rn. 7).

[160] *Dörr* WM 2010, 533 (533 f.); *Hoegen* FS Stimpel, 1985, 247 (250).

[161] Assmann/Schütze/*Edelmann* KapAnlR-HdB § 3 Rn. 11.

[162] Begr. RegE FRUG, BT-Drs. 16/4028, 53, 63 ff.: Sicherstellung eines kundenausgerichteten Systems.

[163] Vgl. zum WpHG a. F. Derleder/Knops/Bamberger/*Bamberger* HdB Bankrecht § 52 Rn. 90; Schwark/Zimmer/*Schwark* WpHG Vor § 31 Rn. 5 ff.

[164] VO zur Einführung einer Finanzanlagenvermittlungsverordnung v. 2.5.2012, BGBl. I 2012, 1006.

[165] *Weisner/Friedrichsen/Heimberg* DStR 2012, 1034 (1035 ff.); *Zingel/Varadinek* BKR 2012, 177 (183 ff.). Für die Neuregelung des Honorar-Finanzanlagenvermittlers gem. § 34h GewO s. ausführlich *Will* NJW 2015, 1477.

[166] *Will* NJW 2015, 1477.

fessionell im bestmöglichen Interesse des Kunden zu erbringen.[167] Den aufsichtsrechtlichen Grundpflichten entsprechen die Pflichten des **Kommissionärs** nach § 384 Abs. 1 HGB, der die Interessen des Kunden (Kommittenten) wahrzunehmen hat.[168]

aa) Sachkenntnis, Sorgfalt und Gewissenhaftigkeit im Interesse des Kunden. 51
Daraus ergibt sich insbesondere das ***Gebot der Fremdnützigkeit und Loyalität*** gegenüber dem Kunden, das ***Verbot der Täuschung und Ausnutzung*** von Schwächen wie mangelhaftem Fachwissen, das ***Gebot der Unterstützung*** im Einklang mit der Respektierung autonomer Risikobereitschaft des Kunden, sowie die Forderung nach Kompetenz und zumutbaren Anstrengungen im Rahmen der Dienstleistung.[169] Damit ist allerdings **nicht die komplette Aufgabe eigener Interessen** verbunden.[170] Vielmehr sind die Vorgaben nur unter dem Vorbehalt der Verhältnismäßigkeit zu berücksichtigen.[171] So folgt aus § 70 WpHG hinsichtlich von Rückvergütungen (Kick-Backs), dass die Interessen des Unternehmens auch ins Gewicht fallen können (→ Rn. 314 ff.).[172] Es genügt nämlich für die Qualitätsverbesserung, dass die Zuwendungen in einem angemessenen Verhältnis zu den höherwertigen Dienstleitungen stehen.[173] Somit muss nicht der gesamte Betrag in die Qualitätsverbesserung fließen.[174] Damit werden Anreize akzeptiert Eigeninteressen nachzugehen, womit keine absolute Fremdnützigkeit intendiert sein kann.[175] Auch zeigt § 64 WpHG, wonach nur „geeignete" Produkte empfohlen werden müssen, dass auch Produkte vorgeschlagen werden können, die bei grundsätzlicher Geeignetheit dem Unternehmen den größten Nutzen bringen.[176] Daraus lässt sich folgern, dass es kein Gebot der absoluten Fremdnützigkeit gibt, sondern dass Einschränkungen möglich sind.[177] (→ Rn. 27).

Das **Gebot der Fremdnützigkeit** umfasst dabei die Pflicht des Wertpapierdienstleistungsunternehmens, dem Kunden nur diejenigen Empfehlungen auszusprechen, die mit seinen Interessen übereinstimmen,[178] was der vorherigen zivilrechtlichen Rechtsprechung zur anlegergerechten Empfehlung entspricht.[179] Entscheidend sind stets die konkreten individuellen Interessen des Kunden, seien diese objektiv auch unvernünftig.[180] Sind diese nicht konkret feststellbar, so hat das Wertpapierdienstleistungsunternehmen zu unterstellen, dass der Kunde entsprechend einem rational handelnden Anleger entscheiden würde und nicht zu besonderen Risiken bereit ist.[181] 52

In diesem Zusammenhang verpflichtet das Gebot **der Loyalität** darüber hinaus auch zur eindeutigen Aufklärung über Interessenkonflikte, sofern die aus einem Interessenkonflikt resultierende Gefahr einer Vernachlässigung der Kundeninteressen nicht nach vernünftigem Ermessen ausgeschlossen ist (§ 63 Abs. 6 S. 1 WpHG, → Rn. 85 ff.). 53

Zu den Wohlverhaltenspflichten gehört es darüber hinaus auch, den **Kunden nicht zu täuschen** oder vorhandene Schwächen auszunutzen. Diese Pflicht ist etwa verletzt, wenn das Wertpapierdienstleistungsunternehmen dem Kunden zu einer bestimmten Art von 54

[167] Die ehemaligen Wortlautdivergenzen zwischen MiFID und WpHG, wurden durch die Änderung des FiMaNoG II aufgehoben und der Normtext des WpHG an den der MiFID II angeglichen.
[168] Vgl. zum WpHG aF Schwark/Zimmer/*Rothenhöfer* WpHG § 31 Rn. 23; Fuchs/*Fuchs* WpHG § 31 Rn. 13; Assmann/Schneider/*Koller*, 6. Aufl., WpHG § 31 Rn. 17.
[169] Assmann/Schneider/Mülbert/*Koller* WpHG § 63 Rn. 17.
[170] *Uffmann*, JZ 2015, 282 (283); Assmann/Schneider/Mülbert/*Koller* WpHG § 63 Rn. 17.
[171] Assmann/Schneider/Mülbert/*Koller* WpHG § 63 Rn. 17.
[172] Assmann/Schneider/Mülbert/*Koller* WpHG § 63 Rn. 20.
[173] Assmann/Schneider/Mülbert/*Koller* WpHG § 70 Rn. 29.
[174] Assmann/Schneider/Mülbert/*Koller* WpHG § 70 Rn. 29.
[175] Assmann/Schneider/Mülbert/*Koller* WpHG § 70 Rn. 29.
[176] *Uffmann* JZ 2015, 282 (283); Assmann/Schneider/Mülbert/*Koller* WpHG § 63 Rn. 20.
[177] Assmann/Schneider/Mülbert/*Koller* WpHG § 63 Rn. 20.
[178] BankR-HdB/*Hannöver/Walz* § 110 Rn. 55.
[179] Vgl. BGH Urt. v. 6.7.1993 – XI ZR 12/93, BGHZ 123, 126 ff. Rn. 15 ff. = WM 1993, 1455 – Bond; OLG Bamberg Urt. v. 22.10.2001 – 4 U 62/01, BeckRS 2001, 30212810.
[180] Assmann/Schneider/Mülbert/*Koller* WpHG § 63 Rn. 19.
[181] Assmann/Schneider/Mülbert/*Koller* WpHG § 63 Rn. 19.

Finanzinstrumenten rät, obwohl diese gerade nicht auf die Verhältnisse des Kunden zugeschnitten sind.[182]

55 In diesem Rahmen ist der **Sorgfaltsstandard eines ordentlichen und gewissenhaften Anlageberaters** maßgeblich, worauf der Wortlaut „erforderlich" bereits hinweist; daher spielt es keine Rolle, wenn in der jeweiligen Branche niedrigere Sorgfaltsstandards verkehrsüblich sein mögen.[183]

56 Ein Kunde darf auch **aus zivilrechtlicher Sicht** keinesfalls „blind" routinemäßig abgefertigt werden; vielmehr gilt es, sich an seinen konkret individuellen Bedürfnissen zu orientieren **(„best interests").** Maßgeblich ist, dass das Unternehmen bzw. der Anlageberater bei Auswertung aller relevanten Informationen vernünftigerweise davon ausgehen konnte, dass kein anderes Geschäft den erkennbaren Kundeninteressen besser entspricht;[184] dies beinhaltet auch das objektiv unvernünftige Kundeninteresse, denn die Interessenwahrungspflicht hat nicht die Funktion, den unvernünftigen Anleger vor sich selbst zu schützen.[185] Ferner wird auf Grund der Vielzahl und Diversifikation der verfügbaren Finanzprodukte nicht nur eine einzige Empfehlung die für den Kunden richtige sein.[186] Ist für den Anlageberater erkennbar, dass ein erteilter Auftrag jedenfalls nicht im bestmöglichen Kundeninteresse liegt, hat er dementsprechend darauf hinzuweisen; im Sonderfall kann darüber hinaus auch eine Warnpflicht angenommen werden. Denn derjenige, der einen Anlageberater als Sachkundigen in Anspruch nimmt, gibt dadurch zu erkennen, dass er auf dem betreffenden Fachgebiet gerade nicht über die erforderlichen Kenntnisse verfügt, sondern auf fremde Hilfe angewiesen ist.[187] (→ Rn.27).

57 **bb) Einsatz von Künstlicher Intelligenz („Robo Advice").** Mit der technischen Entwicklung treten Fragen bezüglich der Wohlverhaltenspflichten in den Vordergrund, die den sog. **Robo-Advice** betreffen. Bei diesen handelt es sich um automatisierte Systeme, oftmals unter Einsatz von künstlicher Intelligenz, die in ihrer Bandbreite Anlageberatung, Abschlussvermittlung oder auch Vermögensverwaltung betreiben können.[188] Die grundsätzliche Zulässigkeit vom Robo-Advice wird dabei nicht in Zweifel gezogen.[189] Das ergibt sich auch aus Art 54 Abs. 1 Unterabsatz 2 DelVO (EU) 2017/565, der die halb- und vollautomatische Anlageberatung anerkennt. Der Einsatz von Robo Advice ändert nichts daran, dass ein Wertpapierhandelsunternehmen die Vorgaben der § 63 ff WpGH einzuhalten hat.[190] Darüber fordert die ESMA die Dokumentation des Algorithmus und regelmäßige Überprüfung eben dieser.[191] Ferner soll der Algorithmus aktuell gehalten werden, um alle relevanten Veränderungen wie gravierende Marktveränderungen oder Gesetzesänderungen erfassen zu können.[192] Bis auf die technischen Spezifikationen zeigt dies aber

[182] Erwägungsgrund Nr. 81 S. 2, 3 DRiL zur MiFID.

[183] AllgM Assmann/Schneider/Mülbert/*Koller* WpHG § 63 Rn. 18; Kümpel/Wittig/Früh/Seyfried/*Seyfried* Bank- und Kapitalmarktrecht Rn. 3.95.

[184] Jüngst BGH Urt. v. 22.3.2011 – XI ZR 33/10, ZIP 2011, 756 = NJW 2011, 1949 Rn. 24 ff.

[185] Für das Zivilrecht vgl. zum WpHG aF BGH Urt. v. 11.11.2003 – XI ZR 21/03 = WM 2004, 24 Rn. 28; BGH Urt. v. 8.5.2001 – XI ZR 192/00, BGHZ 147, 343 Rn. 23 = NJW 2002, 62; aus aufsichtsrechtlicher Sicht: Derleder/Knops/Bamberger/*Bamberger* HdB Bankrecht § 52 Rn. 98; zu den zivilrechtlichen Pflichten BankR-HdB/*Hannöver/Walz* § 110 Rn. 51 ff.

[186] BankR-HdB/*Hannöver/Walz* § 110 Rn. 53.

[187] OLG Koblenz Urt. v. 25.6.2007 – 12 U 748/05, OLGR Koblenz 2005, 362; *Gansel/Gängel* NJ 2010, 312 f.

[188] *Möslein/Lordt* ZIP 2017, 793 (794).

[189] Assmann/Schneider/Mülbert/*Koller* WpHG § 64 Rn. 8; BeckOGK BGB/*Buck-Heeb/Lang* § 675 Rn. 146.

[190] Vgl. Art. 54 Abs. 1 UAbs. 2 DelVO (EU) 2017/565.

[191] ESMA Final Report Guidelines on certain aspects oft he MiFID II suitability requirements 34–43-869 Rn. 82 abrufbar unter https://www.esma.europa.eu/sites/default/files/library/esma35–43-869-_fr_on_guidelines_on_suitability.pdf (zuletzt abgerufen am 21.5.2019).

[192] ESMA Final Report Guidelines on certain aspects oft he MiFID II suitability requirements 34–43-869 Rn. 82 abrufbar unter https://www.esma.europa.eu/sites/default/files/library/esma35–43-869-_fr_on_guidelines_on_suitability.pdf (zuletzt abgerufen am 21.5.2019).

nochmals auf, dass es keine Abweichungen von den sonstigen Pflichten gibt, was letztlich einem technikneutralen Ansatz (zu Recht) entspricht.[193]

cc) Individuelle Befähigung der Anlageberater. Um die Qualität der Anlageberater sicherzustellen, verpflichtet § 87 Abs. 1 S. 1 WpHG das Wertpapierdienstleistungsunternehmen, nur noch solche Mitarbeiter mit der Anlageberatung zu vertrauen, die über die für die Tätigkeit erforderliche **Zuverlässigkeit** und **Sachkunde** verfügen.[194] In Ausübung ihrer Befugnis nach § 34d Abs. 6 WpHG aF hatte die BaFin mit dem Erlass der **WpHG-Mitarbeiteranzeigeverordnung**[195] (WpHGMaAnzV) aF die gesetzlichen Vorgaben weiter konkretisiert.[196] Da diese Befugnis mit dem § 87 Abs. 9 WpHG fortbesteht, wurde das WpHGMaAnzV[197] an das neue WpHG angepasst. Mit § 87 Abs. 1 S. 2 geht der deutsche Gesetzgber über die **MiFID II** hinaus, indem eine Pflicht zur Anzeige besteht. Art. 25 Abs. 1 MiFID II verpflichtet das Wertpapierdienstleistungsunternehmen jedoch nur, auf Nachfrage der Aufsichtsbehörde nachzuweisen, dass die von ihm zur Anlageberatung oder Informationsweitergabe bzw. zur Erbringung von Dienstleistungen gegenüber dem Kunden eingesetzten Mitarbeiter entsprechendes Fachwissen und Kompetenz aufweisen, um die Vertriebsanforderungen nach der MiFID II zu erfüllen.[198] Aufgrund der Vollharmonisierung des Aufsichtsrechts durch die MiFID II[199] hätte der Gesetzgeber die vorherige Regelung aus § 34d Abs. 1 S. 2 WpHG aF (jetzt 87 Abs. 1 S. 2 WpHG) im Zuge des FiMaNoG II anpassen müssen. Dies ist allerdings unterblieben. Somit besteht in dieser Hinsicht eine nicht-richtlinienkonforme Umsetzung.[200] 58

§ 1 WpHGMaAnzV stellt zunächst die an die Anlageberater zu stellenden – durch **Zeugnisse** nachzuweisenden – Anforderungen, wobei nach § 4 der Verordnung ein Zeugnis dort genannter Berufsqualifikationen zum Nachweis der Sachkunde genügt. Eine negative, nicht abschließende Aufzählung von Regelbeispielen (§ 6 WpHGMaAnzV) umschreibt schließlich den Begriff der **Zuverlässigkeit.**[201] Diesen ausgewählten Personenkreis hat das Finanzunternehmen der BaFin anzuzeigen, bevor die Mitarbeiter die Tätigkeit aufnehmen dürfen, § 87 Abs. 1 S. 2 WpHG. Die allgemeine Grundregel der Sorgfalt und Gewissenhaftigkeit bei der Anlageberatung wird demnach entsprechend US-amerikanischen und britischen Vorbildern[202] **individualisiert,** sodass die Mitarbeiter bei einer von der BaFin bereitgehaltenen Datenbank registriert werden müssen.[203] Ferner sind der Bundesanstalt, wenn auf Grund der Tätigkeit des Mitarbeiters eine oder mehrere Beschwerden gegenüber dem Wertpapierdienstleistungsunternehmen erhoben werden, diese, der Name des Mitarbeiters, auf Grund dessen Tätigkeit die Beschwerde erhoben wird, sowie die Organisationseinheit, welcher der Mitarbeiter zugeordnet ist, innerhalb von sechs Wochen 59

[193] Möslein/Omlor/*Kumpan* FinTech Hdb. § 15 Rn. 24.

[194] Dem britischen „fit&proper-Test" vergleichbar; *Günther* MDR 2013, 125 (126). Vgl. zum WpHG aF die Entscheidung des BGH Urt. v. 14.3.2013 – III ZR 296/11, BGHZ 196, 340 = WM 2013, 692; Besprechung durch *Schlick* WM 2014, 581 (584), über die Auswirkung von einschlägigen Vorstrafen des Beraters auf dessen Zuverlässigkeit und der Pflicht des Wertpapierdienstleistungsunternehmers zur Einholung des polizeilichen Führungszeugnises sowie der Ergreifung von Kontrollmaßnahmen.

[195] Verordnung über den Einsatz von Mitarbeitern in der Anlageberatung als Vertriebsbeauftragte oder als Compliance-Beauftragte und über Anzeigepflichten nach § 34d des Wertpapierhandelsgesetzes v. 21.12.2011 BGBl. I S. 3116 (Nr. 72).

[196] *Halbleib* WM 2011, 673; *Begner* BKR 2012, 95 (100).

[197] VO über den Einsatz von Mitarbeitern in der Anlageberatung, als Vertriebsmitarbeiter, in der Finanzportfolioverwaltung, als Vertriebsbeauftragte oder als Compliance- Beauftragte und über die Anzeigepflichten nach § 87 des Wertpapierhandelsgesetzes v. 21.12.2011, zuletzt geändert durch Art. 1 der VO v. 24.11.2017 (BGBl. I 2017, 3810 (Nr. 76).

[198] *Kurz* DB 2014, 1182 (1185); *Möllers/Poppele* ZGR 2013, 437 (471).

[199] → Rn. 20.

[200] So auch *Echternach/Lange* Stellungnahme des Bundesverbands der deutschen Volksabnke und Raiffeisenbanken, S. 31, abrufbar unter: https://www.bundestag.de/resource/blob/495860/e92d33ec8cb9b5bbb726909faf75539d/08-data.pdf (zuletzt abgerufen am 23.8.2019).

[201] *Begner* BKR 2012, 95 (99); *Günther* MDR 2013, 125 (126).

[202] Ausführlich hierzu *Halbleib* WM 2011, 673 (674).

[203] *Möllers/Wenninger* NJW 2011, 1697 (1698).

anzuzeigen, § 87 Abs. 1 S. 4 WpHG iVm § 8 Abs. 4 WpHGMaAnzV; diese Informationen werden mit dem Ablauf des Jahres, in dem die Beschwerde angezeigt wurde, für einen Zeitraum von fünf Jahren gespeichert, § 11 WpHGMaAnzV. Ziel dieser Neuerung ist die Überwachung der Anlageberater durch die BaFin. Diese soll den Mitarbeitern **Identifikationsnummern** zuweisen, Datenabgleiche durchführen und bei Hinweisen auf Fehlverhalten Gespräche vor Ort mit den Anlageberatern suchen.[204] Auffällig gewordene Mitarbeiter werden sodann vermerkt und bleiben auch für den neuen Arbeitgeber bei einem Wechsel erkennbar.[205] Sollte ein Mitarbeiter den Anforderungen an Sachkunde und Zuverlässigkeit nicht oder nicht mehr genügen, kann die BaFin dem Wertpapierdienstleistungsunternehmen untersagen, den Mitarbeiter weiter in der vorgesehenen Funktion einzusetzen und ein **Bußgeld** verhängen.[206] Bei schwerwiegenden Verfehlungen wie der Missachtung der Interessen des Anlegers kann dem Wertpapierdienstleistungsunternehmen für eine Dauer von bis zu zwei Jahren untersagt werden, den Mitarbeiter weiter wie bisher einzusetzen.[207]

60 Nicht hinreichend geklärt ist, ob ein Verstoß gegen § 87 WpHG eine **zivilrechtliche Schadensersatzpflicht** auf der Grundlage von § 823 Abs. 2 BGB gegenüber dem Anleger auslöst,[208] was jedoch angesichts der Nähe dieser Vorschrift zu Organisationspflichten des Wertpapierhandelsunternehmens und dem primären Abstellen auf das außerhalb der Kundenbeziehung liegende Verhältnis des Unternehmers zur BaFin, abzulehnen ist.[209]

b) Pflichten bei Interessenkollisionen, § 63 Abs. 2

Schrifttum: *Assmann/Sethe,* Warn- und Hinweispflichten von Kreditinstituten gegenüber Kunden am Beispiel kundenschädigender Wertpapier- und Depotgeschäfte bankexterner Vermögensverwalter, FS Westermann, 2008, S. 67; *Balzer/Lang,* Anmerkung zum BGH Urt. v. 3.6.2014 – XI ZR 147/12, BKR 2014, 370; *Baums/Theissen,* Banken, bankeigene Kapitalanlagegesellschaften und Aktienemissionen, ZBB 1999, 125; *Brand,* Zwischen fundierter Anlageberatung und Informationsüberflutung, JURIS (JM) 2014, 2; *Buck-Heeb,* Insiderwissen, Interessenkonflikte und Chinese Walls bei Banken, FS Hopt, 2010, S. 1647; *dies.,* Kurznachricht zu „Aufklärung über Innenprovisionen, unvermeidbarer Rechtsirrtum und die Überlagerung durch Aufsichtsrecht – Zugleich Besprechung von BGH Urt. v. 3.6.2014, WM 2014, 1601; *Casper,* Rechtliche Grundlagen und aktuelle Entwicklungen des Compliance am Beispiel des Kapitalmarktrechts, Bankrechtstag 2008, S. 140; *Einsele,* Insiderrecht und Compliance, WM 1993, 1021; *Ellenberger,* Prospekthaftung im Wertpapierhandel, 2001; *Habersack,* Die Pflicht zur Aufklärung über Rückvergütungen und Innenprovisionen und ihre Grenzen, WM 2010, 1245; *Heuchemer,* Neue Verordnung über die aufsichtsrechtlichen Anforderungen an Vergütungssysteme von Instituten (Instituts-Vergütungsverordnung), WM 2010, 2241; *Heun-Rehn/Lang/Ruf,* Neue (Un-)Klarheit bezüglich Innenprovisionen und Rückvergütungen bei Kapitalanlagen, NJW 2014, 2909; *Hopt,* Insiderwissen und Interessenkonflikte im europäischen und deutschen Bankrecht, FS Heinsius, 1991, S. 289; *ders.,* Interessenwahrung und Interessenkonflikte im Aktien-, Bank- und Berufsrecht, ZGR 33 (2004), 1; *Kumpan/Leyens,* Conflicts of Interest of financial Intermediaries, ECFR 2008, 72; *Köndgen,* Grenzen des informationsbasierten Anlegerschutzes, BKR 2011, 283; *Kotte,* Keine Aufklärungspflicht der Banken über Rückvergütungen beim Vertrieb konzerneigener Produkte, BB 2013,1353; *Kropf,* Rechtliche Schranken im Rahmen der Kick-back-Rechtsprechung des BGH, ZBB 2013, 331; *Lösler,* Die Mindestanforderungen an Compliance und die weiteren Verhaltens-, Organisations- und Transparenzpflichten nach §§ 31 ff. WpHG (MaComp), WM 2010, 1917; *Mayer-Fiedrich,* Provisionsansätze in der Praxis – Portfoliomanager im Interessenskonflikt, VuR 2011, 89; *Niermann,* Die Compliance-Organisation im Zeitalter der MaComp – eine Analyse ausgewählter Fragen, ZBB 2010, 400; *Oppenheim,* Verteidigungslinien von Banken in „Kick-Back"-Prozessen, BKR 2014, 45; *Röh,* Compliance nach der MiFID – zwischen höherer Effizienz und mehr Bürokratie, BB 2008, 398; *Schäfer,* Die MaComp und die Aufgaben von Compliance, BKR 2011, 187; *Schnauder,* Das aufsichtsrechtliche Transparenzgebot als zivilrechtliche Kategorie der Aufklärungshaftung – zugleich Anmerkung zum BGH Urt. v. 3.6.2014 – XI ZR 147/12, jurisPR-BKR 9/2014 Anm. 1.; *Spindler,* Aufklärungspflichten im Bankrecht nach dem „Zins-Swap-Urteil" des BGH, NJW 2011, 1920; *ders.,* Compliance in der multinationalen Bankengruppe, WM

[204] *Möllers/Wenninger* NJW 2011, 1697 (1698).

[205] Bericht FinAusschuss AnsFuG, BT-Drs. 17/4739, 13.

[206] *Möllers/Wenninger* NJW 2011, 1697 (1699); *Günther* MDR 2013, 125 (128).

[207] Begr. RegE AnsFuG, BT-Drs. 17/3628, 23; *Möllers/Wenninger* NJW 2011, 1697 (1699); *Günther* MDR 2013, 125 (128).

[208] → Rn. 13, 348 ff.

[209] Vgl. zum WpHG aF BGH Urt. v. 8.5.2001 – XI ZR 192/00, BGHZ 147, 343 = NJW 2002, 62, 64; Schwark/Zimmer/*Schwark* Vor WpHG § 31 Rn. 20; **aA** *Halblein* WM 2011, 673 (675 f.).

2008, 905; *Voigt,* Rückvergütungen: Eine Bestandsaufnahme, NZG 2010, 1217; *Weck,* Zur Aufklärung über an den Berater zurückfließende Innenprovisionen bei Existenz eines Anlageberatungsvertrags, BKR 2014, 374; *Weller,* Die Dogmatik des Anlageberatungsvertrags-Legitimation der strengen Rechtsprechungslinie von Bond bis Ille/Deutsche Bank, ZBB 2011, 191; *Willamowski,* Die strategische Allokation von Aktien bei Emissionen, WM 2001, 653; *Winter,* Die Prinzipien der höchstrichterlichen Rechtsprechung zu Innenprovisionen, Rückvergütungen und Gewinnmargen, WM 2014, 1609; *Zingel,* Stellung und Aufgaben von Compliance nach den MaComp, BKR 2010, 500.

Im Rahmen des Universalbankensystems kommt es systemimmanent zu Konflikten zwischen den Interessen des Anlegers und der Bank, insbesondere im Eigenhandel.[210] Sowohl im Zivil- als auch im Aufsichtsrecht ist der Finanzdienstleister verpflichtet, zunächst für eine Vermeidung von Interessenkonflikten zu sorgen. Im Zivilrecht besteht diesbezüglich eine generelle vertragliche Nebenpflicht zur Aufklärung von Interessenkonflikten,[211] insbesondere verschleierter Rückvergütungen („Kick-Backs") (näher → Rn. 314 ff.).[212] Ein Finanzdienstleister darf sich grundsätzlich nicht wie ein Verkäufer in einem **natürlichen Interessenskonflikt** zu seinem Geschäftspartner befinden, jedenfalls wenn er für seinen Kunden am Markt tätig wird; vielmehr hat er seine Interessen denen der Kunden unterzuordnen[213] – wenngleich auch eine Bank nicht daran gehindert sein darf, ihre eigenen Gewinninteressen zu verfolgen.[214] **61**

Entsprechend der Vorgaben der MiFID II in Art. 23 Abs. 2 ist jedoch nur über die „allgemeine Art und/oder die Quelle des Interessenkonflikts" aufzuklären. Das Wertpapierdienstleistungsunternehmen ist demnach gehalten darzulegen, weshalb es zu einem Interessenkonflikt kommt und auch, mit wessen Interessen eine Kollision droht (anderer Kunde oder anderes Wertpapierdienstleistungsunternehmen). Die Aufklärung hinsichtlich der Intensität des Konflikts ist jedoch nicht mehr Bestandteil der „allgemeinen Art".[215] **62**

aa) Grundsatz: Vermeidung von Interessenkonflikten. Ein **Interessenkonflikt** liegt vor, wenn mehrere Beteiligte (mit gegenteiligen Interessen) an der Realisierung eines bestimmten Sachverhaltes interessiert sind und einem Beteiligten eine interessengefährdende Doppelrolle zukommt.[216] Eine Auflistung, wenn auch keine abschließende,[217] möglicher Arten von Interessenkonflikten bietet Art. 33 DelVO (EU) 2017/565. Anknüpfend an die MiFID II Durchführungsverordnung[218] lassen sich Interessenkonflikte in zwei Kategorien unterteilen: Vertikale und horizontale.[219] Unter **vertikalen Interessenkon-**

[210] Grundlegend *Hopt* FS Heinsius, 1991, 289 (317 ff.).

[211] *Voigt* NZG 2010, 1217 (1217 f.).

[212] BGH Urt. v. 24.9.2013 – XI ZR 204/12 =WM 2013, 2065 (2067).

[213] BGH Urt. v. 22.3.2011 – XI ZR 33/10, ZIP 2011, 756 = NJW 2011, 1949 Rn. 21 zum Verhältnis zwischen dem Kommissionär und Kommittenten, BGH Urt. v. 20.3.2003 – I ZR 225/00 = NJW-RR 2003, 1056 (1059); *Weller* ZBB 2011, 191 (195); *Hopt* ZGR 2004, 1 (39); BankR-HdB/*Faust* § 109 Rn. 25; MüKoHGB/*Ekkenga* Bd. VI Effektengeschäft Rn. 389 mwN; für den Vermögensverwalter *Assmann/Sethe* FS Westermann, 2008, 67 (72 f.).

[214] BGH Urt. v. 22.3.2011 – XI ZR 33/10, ZIP 2011, 756 = NJW 2011, 1949; zur Frage der Aufklärungspflicht über Rückvergütungen und Gewinnmargen („kick-backs") → Rn. 319 ff.

[215] Assmann/Schneider/Mülbert/*Koller* WpHG § 63 Rn. 41.

[216] *Lenenbach* Kapitalmarktrecht Rn. 5.288.

[217] Assmann/Schneider/Mülbert/*Koller* WpHG § 80 Rn. 14; vgl. zum WpHG aF Kümpel/Wittig/Früh/Seyfried/*Rothenhöfer* Bank- und Kapitalmarktrecht Rn. 3.377; **aA** vgl. zum WpHG aF MüKoHGB/*Ekkenga* Bd. VI Effektengeschäft Rn. 394, da die Aufzählung nur für die vorvertraglichen Prüf- und Aufklärungspflichten hinsichtlich des Vorliegens eines Interessenkonflikts maßgeblich sei und über das Auslösen der eingeschränkten Aufklärungspflichten nach § 31 Abs. 1 Nr. 2 WpHG aF entscheide. Demnach sei ein Konflikt nicht offenlegungspflichtig, wenn die Bank ihren Organisationspflichten nach § 33 Abs. 1 S. 2 Nr. 3 WpHG aF „vollumfänglich nachgekommen ist".

[218] Erwägungsgrund Nr. 45 der Delegierte VO (EU) 2017/565 der Kommission v. 25. April 2016 zur Ergänzung der RL 2014/65/EU des Europäischen Parlaments und des Rates in Bezug auf die organisatorischen Anforderungen an Wertpapierfirmen und die Bedingungen für die Ausübung ihrer Tätigkeit sowie in Bezug auf die Definition bestimmter Begriffe für die Zwecke der genannten RL, Abl. EU L 87/1.

[219] Vgl. zum WpHG aF Kölner Komm WpHG/*Möllers* § 31 Rn. 131 f.; Fuchs/*Fuchs* WpHG § 31 Rn. 55a.

flikten werden Konflikte zwischen dem Wertpapierdienstleistungsunternehmen und seinen Kunden verstanden, unter **horizontalen** die Konflikte zwischen den verschiedenen Kunden eines Wertpaperdienstleistungsunternehmens.[220]

63 Im **vertikalen Verhältnis** besteht ein Interessenkonflikt immer dann, wenn das Unternehmen oder eine mit ihm verbundene Gesellschaft die in Frage stehenden Finanzprodukte entweder selbst emittiert, oder auf andere Weise an der Emission beteiligt ist und damit von dem Kundengeschäft, eventuell zu dessen Nachteil, profitiert.[221] Eine weitere Ursache für Konflikte auf vertikaler Ebene ist die Tatsache, dass die Unternehmen ebenfalls als Marktteilnehmer auftreten und Papiere erwerben, die auch der Kunde zu erwerben beabsichtigt.[222] Denn der Wertpapierdienstleister kann seinerseits verschiedene Strategien verfolgen, wie a) Empfehlung von Papieren, die das Unternehmen selbst erworben hat, um den Kurs auf diese Weise zu steigern **(Scalping),**[223] b) Erwerb von Papieren vor bzw. zeitgleich mit Ausführung der Kundenorder und dadurch Verschlechterung des Kurses für den Kunden **(Front** bzw. **Parallelrunning),**[224] c) Abschöpfung der Limits der Kunden durch gezielte Gegenorder **(Gegenlaufen).**[225] Schließlich können Zuwendungen an das Wertpapierhandelsunternehmen durch Dritte, die aus Provisionsinteresse der Bank eine häufige Umschichtung des Anlagekontos verursachen **(churning)** [226] (→ Rn. 222 f.) und Vergütungsmodelle der Mitarbeiter Konflikte (§ 63 Abs. 3 WpHG → Rn. 80 f.) hervorrufen.[227]

64 Interessenkonflikte auf **horizontaler Ebene** sind denkbar, wenn verschiedene Kunden einer Bank entweder entgegengesetzte Interessen haben oder aber gleiche Interessen verfolgen, jedoch eine Gleichbehandlung nicht möglich ist.[228] Beispielhaft dafür ist die überzeichnete Emission, die es verhindert, dass alle Kunden befriedigt werden können.[229] Gleiches gilt für den Aufbau eines großen Aktienpakets durch den Wertpapierdienstleister im Auftrag eines Kunden, für den Kaufaufträge anderer Kunden nachteilig sind.[230]

65 Das WpHG sieht gem. §§ 63 Abs. 2 S. 1 iVm 80 Abs. 1 S. 2 Nr. 2 WpHG zur Konfliktvermeidung ein **zweistufiges Verfahren** vor.[231] Auf der ersten Stufe sollen gem. § 80 Abs. 1 S. 2 Nr. 2 WpHG organisatorische Vorkehrungen geschaffen werden, um Interessenkonflikte zu vermeiden oder zu regeln. Soweit das nicht ausreichend ist, verlangt § 63 Abs. 2 S. 1 WpHG, dass vor Durchführung des Kundengeschäfts die allgemeine Art und

---

[220] Vgl. zum WpHG aF Kölner Komm WpHG/*Möllers* § 31 Rn. 131 f.; Fuchs/*Fuchs* WpHG § 31 Rn. 55a; abweichend BankR-HdB/*Faust* § 109 Rn. 26 f. differenziert nach der Marktseite, auf der sich die jeweiligen Marktteilnehmer befinden.

[221] Vgl. zum WpHG aF BGH Urt. v. 1.12.2006 – XI ZR 56/05, BGHZ 170, 226 Rn. 23 ff. = NJW 2007, 1876; BankR-HdB/*Faust* § 109 Rn. 26a; *Hopt* FS Heinsius, 1991, 289 (316); Kölner Komm WpHG/*Mayer/Paetzel/Will* § 33 Rn. 145; MüKoHGB/*Ekkenga* Bd. VI Effektengeschäft Rn. 391; Schwark/Zimmer/*Rothenhöfer* WpHG § 31 Rn. 78.

[222] *Lenenbach* Kapitalmarktrecht Rn. 5.289; vgl. zum WpHG aF Schwark/Zimmer/*Rothenhöfer* WpHG § 31 Rn. 75 ff.; Fuchs/*Fuchs* WpHG § 31 Rn. 77.

[223] Vgl. zum WpHG aF OLG Frankfurt a. M. Beschl. v. 15.3.2000 – 1 Ws 22/00 = NJW 2001, 982 – Prior; BankR-HdB/*Faust* § 109 Rn. 59a.

[224] Vgl. zum WpHG aF BankR-HdB/*Faust* § 109 Rn. 61; Kölner Komm WpHG/Stoll § 20a Anh. I – § 4 MaKonV; Schwark/Zimmer/*Koch* WpHG § 31c Rn. 28.

[225] Assmann/Schneider/Mülbert/*Koller* WpHG § 69 Rn. 9.

[226] BGH Urt. v. 22.11.1994 – XI ZR 45/91 = NJW 1995, 1225 (1226); vgl. zum WpHG aF BGH Urt. v. 13.7.2004 – VI ZR 136/03 = NJW 2004, 3423; KG Urt. v. 14.6.2010 – 24 U 12/08 = WM 2012, 594; → Rn. 216 f.

[227] *Mayer-Friedrich* VuR 2011, 89 (90); *Heuchemer* WM 2010, 2241; *Röh* BB 2008, 398 (405 ff.).

[228] Vgl. zum WpHG aF Kölner Komm WpHG/*Möllers* § 31 Rn. 132.

[229] *Hopt* FS Heinsius, 1991, 289 (317); *Hopt* ZGR 2004, 1 (4, 14, 41 f.); ausführlich zur Problematik der Aktienüberzeichnung *Baums/Theissen* ZBB 1999, 125 (125 ff.); *Willamowski* WM 2001, 653 (653 ff.).

[230] Vgl. zum WpHG aF Schwark/Zimmer/*Rothenhöfer* WpHG § 31 Rn. 85.

[231] Vgl. zum WpHG aF Fuchs/*Fuchs* WpHG § 31 Rn. 47; Schwark/Zimmer/*Rothenhöfer* WpHG § 31 Rn. 50; Kölner Komm WpHG/*Möllers* § 31 Rn. 136.

Herkunft des Interessenkonflikts offengelegt wird, da der Kunde nur so die Bedeutung des Konflikts für seine Entscheidung einschätzen kann.[232]

66 **bb) Organisatorische Vermeidung von Interessenkonflikten.** Vorrangig haben Wertpapierdienstleistungsunternehmen gem. § 63 Abs. 2 S. 1 iVm § 80 Abs. 1 S. 2 Nr. 2 WpHG die Pflicht der organisatorischen Vermeidung von Interessenkonflikten. § 80 Abs. 1 S. 2 Nr. 2 WpHG verlangt, dass angemessene[233] Maßnahmen und Vorkehrungen getroffen werden, damit Interessenkonflikte möglichst vermieden werden. Dies macht den präventiven Charakter der Vorschrift deutlich.

67 Eine **Konkretisierung der Maßnahmen** erfolgt durch **Regelungen DelVO 2017/565,** andererseits durch die Rundschreiben[234] der BaFin[235] sowie teilweise auch durch die Empfehlungen der „European Securities and Markets Authority" (ESMA)[236], denen neben einer inzwischen höheren rechtlichen Verbindlichkeit eine hohe autoritative Wirkung zukommt.[237] Die detaillierten Regelungen in DelVO 2017/565 gewährleisten ein einheitliches Vorgehen der Unternehmen bei der Konfliktvermeidung und tragen auf diese Weise zur Rechtssicherheit bei.[238] Zur Ermittlung von Interessenkonflikten verlangt Art. 33 DelVO 2017/565 eine fortschreitende Analyse aller Geschäftsbeziehungen des Unternehmens auf aktuelle und drohende Interessenkollisionen.[239] Nur theoretisch drohende Interessenkonflikte spielen indes keine Rolle.[240]

68 Ferner müssen die Unternehmen gem. Art. 34 Abs. 1 DelVO 2017/565 **Grundsätze für den Umgang mit Interessenkonflikten in schriftlicher Form** festlegen und dafür Sorge tragen, dass diese von Mitarbeitern auch angewandt werden. Diese Grundsätze müssen bestimmen, unter welchen Umständen Interessenkonflikte vorliegen oder entstehen und dem Kunden schaden können, Art. 34 Abs. 2 lit. a) DelVO 2017/565, sowie welche Verfahren einzuleiten und welche Maßnahmen zu ergreifen sind, um diese Interessenkon-

---

[232] Vgl. zum WpHG aF BGH Urt. v. 6.10.1980 – II ZR 60/80 = NJW 1981, 1449 (1451) zur Offenbarungspflicht beim Interessenkonflikt im Rahmen der Prospekthaftung; Kümpel/Wittig/Früh/Seyfried/*Rothenhöfer* Bank- und Kapitalmarktrecht Rn. 3.385; MüKoHGB/*Ekkenga* Bd. VI Effektengeschäft Rn. 395 mwN; Fuchs/*Fuchs* WpHG § 33 Rn. 101.

[233] Die MiFID II ersetzt den Begriff „angemessen" durch „geeignet" (Art. 23 Abs. 1), spricht jedoch widersprüchlicherweise in Art. 16 Abs. 3 weiterhin von „angemessenen Maßnahmen".

[234] Hier insbes. das Rundschreiben 05/2018 (WA) Mindestanforderungen an die Compliance-Funktion und die weiteren Verhaltens-, Organisations- und Transparenzpflichten– MaComp v. 9.5.2018, Geschäftszeichen WA 31-Wp 2002–2017/0011, abrufbar unter: http://www.bafin.de/SharedDocs/Veroeffentlichungen/DE/Rundschreiben/2018/rs_18_05_wa3_macomp.html (zuletzt abgerufen am 6.5.2019); zur Rechtsnatur des Rundschreibens s. die Darstellung von *Niermann* ZBB 2010, 400 (404 ff.).

[235] *Zingel* BKR 2010, 500 (501); *Lösler* WM 2010, 1917 (1918); *Röh* BB 2008, 398 (401); Kümpel/Wittig/Früh/Seyfried/*Rothenhöfer* Bank- und Kapitalmarktrecht Rn. 3.377.

[236] Vorläufer der ESMA war bis 1.1.2011 das *Commitee of European Securities Regulators* (CESR). Alle Empfehlungen, guidelines etc, die das CESR bis zu seiner Ablösung durch die ESMA herausgegeben hat, behalten solange ihre Geltungskraft, bis die ESMA diese durch anderweitige Empfehlungen ersetzt. S. dazu: https://www.esma.europa.eu/sites/default/files/library/2015/11/11_81.pdf, S. 4 (zuletzt abgerufen am 16.2.2019).

[237] CESR hat sich zu Art. 26 MiFID- Durchführungsrichtlinie und dementsprechend zu Details im Bereich möglicher Interessenkonflikte bereits vier Mal geäußert: Inducements under MiFID – Public consultation v. Dezember 2006, CESR/06–687; Inducements under MiFID – Recommendations, CESR/07–228b v. Mai 2007; Inducements: Good and poor practices – Consultation Paper, CESR/09–958 v. 22.10.2009; Inducements: Good and poor practices – Feedback statement, CESR/10/296 v. 19.4.2010, jeweils abrufbar unter: http://www.esma.europa.eu/ (zuletzt abgerufen am 16.2.2019).

[238] Vgl. zur WpDVerOV aF *Schäfer* BKR 2011, 187 (187); *Niermann* ZBB 2010, 400 (402); Kümpel/Wittig/Früh/Seyfried/*Rothenhöfer* Bank- und Kapitalmarktrecht Rn. 3.377; Kümpel/Wittig/Früh/Seyfried/*Seyfried* Bank- und Kapitalmarktrecht Rn. 3.245.

[239] Assmann/Schneider/Mülbert/*Koller* WpHG § 80 Rn. 19 f.; AT 6.2 Ziff. 3 lit. a) des Rundschreibens 05/2018 (WA) – Mindestanforderungen an die Compliance Funktion und weitere Verhaltens-, Organisations- und Transparenzpflichten – MaComp v. 9.5.2018, Geschäftszeichen WA 31-Wp 2002–2017/0011, abrufbar unter https://www.bafin.de/SharedDocs/Veroeffentlichungen/DE/Rundschreiben/2018/rs_18_05_wa3_macomp.html (zuletzt abgerufen am 6.5.2019); zur aF Kümpel/Wittig/Früh/Seyfried/*Rothenhöfer* Bank- und Kapitalmarktrecht Rn. 3.382; Schwark/Zimmer/*Fett* WpHG § 33 Rn. 27.

[240] CESR/05–025 v. Januar 2005, S. 24.

flikte zu bewältigen, Art. 34 Abs. 2 lit. b) DelVO 2017/565. Die zu treffenden Maßnahmen müssen entsprechend Art. 34 Abs. 3 Unterabs. 1 S. 1 DelVO 2017/565 so ausgestaltet sein, dass relevante Personen ihre Tätigkeiten bei bestehenden Interessenkonflikten unabhängig voneinander, oder von anderen Einflüssen ausüben können.[241] Im Gegensatz zu § 13 WpDVerOV aF und § 3 Abs. 2 WpHG sprechen die neuen Art. 33 f. DelVO 2017/565 anstatt von Mitarbeitern, Geschäftsleitung und Vermittlern von dem in Art. 2 Abs. 1 DelVO 2017/565 legaldefinierten Begriff **„relevante Personen"**.[242] Darunter fallen nicht nur Mitarbeiter der Wertpapierunternehmens, sondern auch natürliche Personen, die im Rahmen von Auslagerungsvereinbarungen unmittelbar an der Erbringung von Dienstleistungen für die Wertpapierfirma oder deren vertraglich gebundene Vermittler beteiligt sind. Relevante Personen sind darüber hinaus auch verbundene Unternehmen oder Personen. Das Wertpapierdienstleistungsunternehmen muss daher auch mögliche Interessenkonflikte von natürlichen oder juristischen Personen, die direkt oder indirekt durch Kontrollen iSd Art 4 Abs. 1 Nr. 37 VO Nr. 575/2013 als mit ihm verbunden anzusehen sind, beobachten.[243] Eine beispielhafte, nicht abschließende Aufzählung einzelner Maßnahmen enthält Art. 34 Abs. 3 Unterabs. 2 lit. a) – e) DelVO 2017/565. Danach sollen Vorkehrungen zur Verhinderung oder Kontrolle vom Informationsaustausch geschaffen werden (Art. 34 Abs. 3 Unterabs. 2 lit. a) DelVO 2017/565), soweit der Austausch zu einer Informationskollision und damit zur Beeinträchtigung von Kundeninteressen führen würde.

69 Diese Vorgabe wird entsprechend den Vorgaben des AT 6.2 Ziff. 3 lit. a) BaFin MaComp durch die Schaffung von **Vertraulichkeitsbereichen,** den sog. **Chinese Walls** umgesetzt.[244] Die Einrichtung von Vertraulichkeitsbereichen soll gewährleisten, dass sensible Informationen[245] in dem Bereich verbleiben, indem sie auch entstanden sind.[246] Ein wesentliches Element bei der Schaffung von Vertraulichkeitsbereichen ist die organisatorische Trennung einzelner Bereiche des Wertpapierdienstleistungsunternehmens (zB Eigenhandel und Kundengeschäft), die bei Möglichkeit durch eine räumliche Trennung zu verstärken ist.[247] Ausschlaggebend ist, dass ein akustischer und visueller Kontakt zwischen den Mitarbeitern verschiedener Bereiche unterbunden wird.[248] Eine Zugangsbeschränkung zu den jeweiligen Bereichen, sowie eine Zugriffsbeschränkung zu der jeweiligen EDV-Anlage schützen die Einhaltung der Vertraulichkeit.[249] Entscheidend für den Erfolg der Chinese Walls ist die Beachtung aller Maßnahmen durch die einzelnen Mitarbeiter des Wertpapierdienstleistungsunternehmens. Dementsprechend sind Mitarbeiter adäquat hinsichtlich der Einhaltung der geschaffenen Vorkehrungen sowie des Umgangs mit sensiblen Informationen zu schulen.[250] Die Einrichtung von Vertraulichkeitsbereichen und die Über-

---

[241] Erwägungsgrund 51 DelVO 565/2017.

[242] Zur Erläuterung der Legaldefinition vgl. Assmann/Schneider/Mülbert/*Koller* WpHG § 80 Rn. 66 ff.

[243] Assmann/Schneider/Mülbert/*Koller* WpHG § 80 Rn. 18.

[244] Vgl. zum WpHG aF Kümpel/Wittig/Früh/Seyfried/*Rothenhöfer* Bank- und Kapitalmarktrecht Rn. 3.334; Schwark/Zimmer/*Fett* WpHG § 33 Rn. 39.

[245] Die BaFin spricht in AT 6.1 MaComp von compliance-relevanten Informationen.

[246] AT 6.2 Ziff. 3 lit. a) des Rundschreibens 05/2018 (WA) – Mindestanforderungen an die Compliance Funktion und weitere Verhaltens-, Organisations- und Transparenzpflichten – MaComp v. 9.5.2018, Geschäftszeichen WA 31-Wp 2002–2017/0011, abrufbar unter https://www.bafin.de/SharedDocs/Veroeffentlichungen/DE/Rundschreiben/2018/rs_18_05_wa3_macomp.html (zuletzt abgerufen am 6.5.2019); vgl. zum WpHG aF Kölner Komm WpHG/*Meyer/Paetzel/Will* § 33 Rn. 174; Schwark/Zimmer/*Fett* WpHG § 33 Rn. 40.

[247] *Lenenbach* Kapitalmarktrecht Rn. 5.303; vgl. zum WpHG aF Kölner Komm WpHG/*Meyer/Paetzel/Will* § 33 Rn. 176; Fuchs/*Fuchs* WpHG § 33 Rn. 107.

[248] *Lenenbach* Kapitalmarktrecht Rn. 5.303; vgl. zum WpHG aF Kölner Komm WpHG/*Meyer/Paetzel/Will* § 33 Rn. 176; Fuchs/*Fuchs* WpHG § 33 Rn. 109.

[249] *Lenenbach* Kapitalmarktrecht Rn. 5.303; Kümpel/Wittig/Früh/Seyfried/*Rothenhöfer* Bank- und Kapitalmarktrecht Rn. 3.337; vgl. zum WpHG aF Fuchs/*Fuchs* WpHG § 33 Rn. 109; Kölner Komm WpHG/*Meyer/Paetzel/Will* § 33 Rn. 176.

[250] *Einsele* WM 1993, 1021 (1023); Assmann/Schneider/Mülbert/*Koller* WpHG § 80 Rn. 40; *Lenenbach* Kapitalmarktrecht Rn. 5.305; vgl. zum WpHG aF Schwark/Zimmer/*Fett* WpHG § 33 Rn. 40; Kölner Komm WpHG/*Meyer/Paetzel/Will* § 33 Rn. 71.

wachung der tatsächlichen Einhaltung der getroffenen Maßnahmen ist Aufgabe der gem. Art. 22 Abs. 2 DelVO 2017/565 dauerhaft zu errichtenden Compliance-Funktion.[251] Das Konzept der Chinese Walls stößt aber auch auf Kritik, da sie den freien Informationsfluss innerhalb des Unternehmens beeinträchtigen können, welcher Grundlage einer reibungslos funktionierenden Unternehmenspolitik ist.[252]

Strittig ist ferner die **Auswirkung der eingerichteten Vertraulichkeitsbereiche auf die Aufklärungs- und Informationspflicht** der Bank im Rahmen der **Wissenszurechnung.** Wie bereits dargelegt müssen dem Kunden alle Informationen zur Verfügung gestellt werden, damit er eine sachgerechte Analageentscheidung treffen kann.[253] Zwar wird nach den Grundsätzen zur Wissenszurechnung in analoger Anwendung des § 166 BGB dem Finanzdienstleister jegliche Information, die typischerweise in Akten festgehalten wird und bei der unter „normativen Verkehrsschutz-Anforderungen" von dem Unternehmen erwartet wird, dass er auf diese Daten zugreift, zugerechnet.[254] Doch könnten Vertraulichkeitsbereiche dazu führen, dass gerade keine Wissenszurechnung bei der Anlageberatung vorgenommen werden kann.[255] Dem wird zwar entgegen gehalten, dass es mit der Sperrung der Wissenszurechnung im Ermessen der Bank stünde, welche Informationen an Kunden weitergereicht werden und welche nicht.[256] Damit wird jedoch verkannt, dass der Finanzdienstleister entweder schon von Gesetzes wegen gezwungen ist Chinese Walls einzurichten, etwa im Insiderhandelbereich oder wenn der Gesetz- bzw. Verordnungsgeber dies explizit als eine organisatorische Maßnahme zur Interessenkonfliktvermeidung vorsieht. Die Rechtslage ist hier nicht anders als im Fall der Wissenszurechnung, der gesetzliche Verschwiegenheitspflichten entgegenstehen.[257] Wenn eine gesetzliche Verschwiegenheitspflicht vorliegt, bspw. bei einem Aufsichtratsmitglied, ist es nicht möglich, das aufgrund dieser Position erlangte Wissen zuzurechnen.[258] Dann aber kann einem Finanzdienstleister das ausdrücklich separat zu haltende Wissen nicht vorgehalten werden, da er andernfalls in eine unauflösliche Pflichtenkollision geriete, gerade auch dann, wenn die Chinese Walls nur eine Option, aber eben eine vom Gesetzgeber ausdrücklich vorgesehene Möglichkeit zur Vermeidung von Interessenkollisionen ist (§ 80 Abs. 1 WpHG iVm Art. 34 Abs. 3 Unterabs. 2 lit. a) DelVO 2017/565, konkretisiert in AT 6.2 Nr. 3 lit. a) BaFiN MaComp). Chinese Walls führen daher generell zu einer Sperrwirkung der Wissenszurechnung.[259] Dies kann allerdings nur gelten, wenn die Bank nachweist, dass die Vertraulichkeitsbereiche organisatorisch einwandfrei eingerichtet sind.[260] Daher ist von einer Beschränkung der Wissenszurechnung immer dann auszugehen, wenn die Schaffung von Vertraulichkeitsbereichen die Weitergabe von Insiderinformationen, Informationen, die der Geheimhaltung unterliegen, aber auch Informationen, die einen Interessenkonflikt auslösen können, verhindern soll.[261] 70

Zur wirksamen Überwachung ist ferner die Einrichtung von Beobachtungslisten (sog. **„watch-lists"**) geboten, in die alle Finanzinstrumente mit compliance-relevanten Infor- 71

[251] *Spindler* WM 2008, 905; A. T. 6.2.; B. T. 1.2.4. Rundschreiben 05/2018 (WA) Mindestanforderungen an die Compliance-Funktion und die weiteren Verhaltens-, Organisations- und Transparenzpflichten– MaComp v. 8.3.2017, Geschäftszeichen WA 31-Wp 2002–2017/0011, abrufbar unter: https://www.bafin.de/SharedDocs/Veroeffentlichungen/DE/Rundschreiben/2018/rs_18_05_wa3_macomp.html (zuletzt abgerufen am 6.5.2019); vgl. zum WpHG aF Fuchs/*Fuchs* WpHG § 33 Rn. 110.

[252] *Kumpan/Leyens* ECFR 2008, 72 (87 f.); → Rn. 70 f.

[253] → Rn. 297.

[254] BGH Urt. v. 24.1.1992 – V ZR 262/90, BGHZ 117, 104 Rn. 13 = WM 1992, 792.

[255] *Buck-Heeb* FS Hopt, 2010, 1647 (1653); vgl. zum WpHG aF Fuchs/*Fuchs* WpHG § 33 Rn. 121.

[256] *Buck-Heeb* FS Hopt, 2010, 1647 (1664).

[257] Wissenszurechnung abgelehnt in BGH Urt. v. 26.4.2016 – XI ZR 108/15 = NJW 2016, 2569.; s. a. OLG Urt. Celle v. 24.8.2011, BeckRS 141384 Rn. 28; grundlegend *Buck* Wissen und juristische Person S. 465 ff.

[258] BGH Urt. v. 26.4.2016 – XI ZR 108/15 = NJW 2016, 2569 Rn. 30.

[259] Vgl. zum WpHG aF *Hopt* FS Heinsius, 1991, 289 (320); BankR-HdB/*Faust* § 109 Rn. 116c f.

[260] Vgl. zum WpHG aF BankR-HdB/ *Faust* § 109 Rn. 116c f.

[261] Vgl. zum WpHG aF Kölner Komm WpHG/*Meyer/Paetzel/Will* § 33 Rn. 179.

mationen einzutragen und streng vertraulich von der Compliance-Funktion ständig zu aktualisieren sind.[262] Ein weiteres Überwachungsinstrument ist die Sperrliste (sog. **„restricted list"**), die im Gegensatz zur Beobachtungsliste öffentlich zu führen ist und alle Papiere enthält, zu denen keine Empfehlungen durch die Mitarbeiter ausgesprochen werden dürfen.[263]

72 Eine „immanente, natürliche Grenze" der Vertraulichkeitsbereiche stellt der **„Supra-Chinese-Wall-Status"** der Leitungsebene eines Unternehmens dar.[264] Die Gesamtverantwortung des Vorstands für unternehmerische Entscheidungen gem. § 76 Abs. 1 AktG erfordert oftmals die Einholung von Informationen aus verschiedenen Bereichen des Unternehmens; deswegen muss die Leitungsebene in der Lage sein, über die Chinese Wall hinweg alle erforderlichen Informationen einzuholen.[265] Auch muss der Vorstand etwaigen Konflikten entgegenwirken, die gerade durch Vertraulichkeitsbereiche entstehen, wenn etwa zwei Abteilungen aufgrund fehlender Kenntnis des gegenseitigen Vorgehens miteinander in Konflikt stehende Entscheidungen treffen.[266] Die Implementierung von Vertraulichkeitsbereichen darf jedoch nicht zum Verlust von Synergievorteilen führen, die durch das Universalbankensystem erzielt werden.[267] Arbeitsteilige und bereichsübergreifende Zusammenarbeit bei der Bearbeitung von schwierigen und risikobehafteten Transaktionen muss weiter gewährleistet sein.[268] Deswegen ist ein gezielt gesteuerter, bereichsübergreifender Informationsfluss zur Erfüllung von Aufgaben zulässig und sogar geboten (sog. **„wall-crossing"**).[269]

73 Damit das System der Vertraulichkeitsbereiche wiederum nicht aus den Angeln gehoben wird, muss der Informationsfluss auf das zur Aufgabenerfüllung notwendige Maß begrenzt sein **(Need-to-know-Prinzip)**.[270] Infolgedessen muss vor jeder Einholung bereichsübergreifender Informationen die Erlaubnis der übergeordneten Leitungsebene der involvierten

---

[262] AT 6.2 Ziff. 3 lit. c) des Rundschreibens 05/2018 (WA) – Mindestanforderungen an die Compliance Funktion und weitere Verhaltens-, Organisations- und Transparenzpflichten – MaComp v. 9.5.2018, Geschäftszeichen WA 31-Wp 2002–2017/0011, abrufbar unter https://www.bafin.de/SharedDocs/Veroeffentlichungen/DE/Rundschreiben/2018/rs_18_05_wa3_macomp.html (zuletzt abgerufen am 6.5.2019); vgl. zum WpHG aF Fuchs/*Fuchs* WpHG § 33 Rn. 133.

[263] AT 6.2 Ziff. 3 lit. c) des Rundschreibens 05/2018 (WA) – Mindestanforderungen an die Compliance Funktion und weitere Verhaltens-, Organisations- und Transparenzpflichten – MaComp v. 9.5.2018, Geschäftszeichen WA 31-Wp 2002–2017/0011, abrufbar unter https://www.bafin.de/SharedDocs/Veroeffentlichungen/DE/Rundschreiben/2018/rs_18_05_wa3_macomp.html (zuletzt abgerufen am 6.5.2019); *Lenenbach* Kapitalmarktrecht Rn. 5.311; vgl. zum WpHG aF Fuchs/*Fuchs* WpHG § 33 Rn. 131.

[264] Vgl. zum WpHG aF Fuchs/*Fuchs* WpHG § 33 Rn. 118.

[265] *Lenenbach* Kapitalmarktrecht Rn. 5.307; vgl. zum WpHG aF Fuchs/*Fuchs* WpHG § 33 Rn. 118; Kölner Komm WpHG/*Meyer/Paetzel/Will* § 33 Rn. 175.

[266] *Lenenbach* Kapitalmarktrecht Rn. 5.306; vgl. zum WpHG aF Kölner Komm WpHG/*Meyer/Paetzel/Will* § 33 Rn. 175.

[267] BankR-HdB/*Faust* § 109 Rn. 144; Kümpel/Wittig/Früh/Seyfried/*Rothenhöfer* Bank- und Kapitalmarktrecht Rn. 3.339.

[268] BankR-HdB/*Faust* § 109 Rn. 144a; Kümpel/Wittig/Früh/Seyfried/*Rothenhöfer* Bank- und Kapitalmarktrecht Rn. 3.344; AT 6.2 Ziff. 3 lit. b) des Rundschreibens 05/2018 (WA) – Mindestanforderungen an die Compliance Funktion und weitere Verhaltens-, Organisations- und Transparenzpflichten – MaComp v. 9.5.2018, Geschäftszeichen WA 31-Wp 2002–2017/0011, abrufbar unter https://www.bafin.de/SharedDocs/Veroeffentlichungen/DE/Rundschreiben/2018/rs_18_05_wa3_macomp.html (zuletzt abgerufen am 6.5.2019); vgl. zum WpHG aF Kölner Komm WpHG/*Meyer/Paetzel/Will* § 33 Rn. 177; Fuchs/*Fuchs* WpHG § 33 Rn. 112;

[269] Davon ausgehend, dass hier die die bisherige Meinung auch für § 80 WpHG nF gilt: Assmann/Schneider/Mülbert/*Koller* WpHG § 80 Rn. 42; vgl. zum WpHG aF Schwark/Zimmer/*Fett* WpHG § 33 Rn. 43.

[270] AT 6.2 Ziff. 3 lit. b) des Rundschreibens 05/2018 (WA) – Mindestanforderungen an die Compliance Funktion und weitere Verhaltens-, Organisations- und Transparenzpflichten – MaComp v. 9.5.2018, Geschäftszeichen WA 31-Wp 2002–2017/0011, abrufbar unter https://www.bafin.de/SharedDocs/Veroeffentlichungen/DE/Rundschreiben/2018/rs_18_05_wa3_macomp.html (zuletzt abgerufen am 6.5.2019); BankR-HdB/*Faust* § 109 Rn. 141a; Kümpel/Wittig/Früh/Seyfried/*Rothenhöfer* Bank- und Kapitalmarktrecht, Rn. 3.345; vgl. zum WpHG aF Fuchs/*Fuchs* WpHG § 33 Rn. 113; Schwark/Zimmer/*Fett* WpHG § 33 Rn. 43; Kölner Komm WpHG/*Meyer/Paetzel/Will* § 33 Rn. 177 lit.

Geschäftsbereiche und der Compliance-Funktion eingeholt werden.[271] Damit werden Mitarbeiter anderer Vertraulichkeitsbereiche vor „aufgedrängten" (Insider-) Informationen und der Gefahr unbeabsichtigter Interessenkonflikte geschützt.[272]

Ferner sind relevante Personen mit besonders konfliktgeneigter Tätigkeit, die mithin im Falle eines Interessenkonflikts zu Lasten des Kunden entscheiden könnten, einer **gesonderten Überwachung** zu unterziehen (Art. 34 Abs. 3 Unterabs. 2 lit. b) DelVO 2017/565).[273] Mitarbeiter müssen hinsichtlich eigener Transaktionen überprüft werden, sodass keine Manipulation zu ihren Gunsten eintreten kann; diese Kontrollbefugnis sollte besser bereits im zugrundeliegenden Arbeitsvertrag eingeräumt werden.[274] 74

Ferner müssen relevante Personen ihre Tätigkeit **frei von ungebührlichem Einfluss** ausüben können (Art. 34 Abs. 3 Unterabs. 2 lit. d) DelVO (EU) 2017/565). Dabei ist es irrelevant, ob die Einflüsse von anderen Mitarbeitern des Instituts oder von Dritten ausgehen.[275] Dazu zählen die Annahme oder Vergabe von **Geschenken,** Einladungen zum Essen oder anderweitige Veranstaltungen, Zahlungen für wohltätige Zwecke, Zahlungen für die Vermittlung von Kunden, treuhänderische Tätigkeiten für Kunden des Wertpapierdienstleistungsunternehmens, Kreditgewährungen oder sonstige Zuwendungen von Prüfern des Wertpapierdienstleistungsunternehmens, bevorzugte Behandlung von Mitarbeitern mit Insiderwissen im Vergleich zu Kunden, direkte oder indirekte Vorteilnahme aus Transaktionen des Wertpapierdienstleistungsunternehmens, Vermittlung von Arbeitsstellen für ehemalige Prüfer des Wertpapierdienstleistungsunternehmens, politische, kirchliche, ehrenamtliche Tätigkeiten, Vorstands- und/oder Aufsichtsratstätigkeiten für andere Unternehmen.[276] Die gleichzeitige Beschäftigung einer relevanten Person in verschiedenen Bereichen der Wertpapierdienstleistung soll entweder verhindert oder zumindest kontrolliert werden, sofern wegen der Beschäftigung das Interessenkonfliktmanagement beeinträchtigt wird, (Art. 34 Abs. 3 Unterabs. 2 lit. e) DelVO (EU) 2017/565). Die Einrichtung von Vertraulichkeitsbereichen, die nur einen gesteuerten Informationsfluss zulassen, trägt auch dieser Forderung des Gesetzgebers ausreichend Rechnung.[277] 75

Kommt es dem Interesse der einzelnen Kunden zu Gute, wenn ihre Aufträge zusammengefasst werden, beispielsweise um bessere Konditionen zu erzielen, so sind die Vorteile dieses Geschäfts nach dem **Gleichbehandlungsgrundsatz** allen anteilig zuzuteilen.[278] Denkbar im Falle von Interessenkonflikten zwischen Kunden ist auch die Bearbeitung der einzelnen Pendenzen nach dem Prioritätsprinzip **(„first come, first served"),** da es sich hierbei aufgrund der regelmäßigen Abhängigkeit der Wahrnehmung von Geschäftschancen vom Zeitpunkt der Auftragsausführung um einen nur geringfügigen Eingriff in die Chancenverteilung handelt.[279] Dabei sollte jeweils auf den Zeitpunkt der Erfüllbarkeit[280] und nicht auf den des Eingangs[281] beim Wertpapierdienstleistungsunter- 76

[271] *Schlicht* BKR 2006, 469 (472); Assmann/Schneider/Mülbert/*Koller* WpHG § 80 Rn. 45; BankR-HdB/*Faust* § 109 Rn. 147; Kümpel/Wittig/Früh/Seyfried/*Rothenhöfer* Bank- und Kapitalmarktrecht Rn. 3.350; vlg. zum WpHG aF Fuchs/*Fuchs* WpHG § 33 Rn. 116; für die Einbeziehung nur der Compliance-Abteilung vgl. zum WpHG aF Kölner Komm WpHG/*Meyer/Paetzel/Will* § 33 Rn. 178.

[272] BankR-HdB/*Faust* § 109 Rn. 147.

[273] Assmann/Schneider/Mülbert/*Koller* WpHG § 80 Rn. 54; vgl. Kümpel/Wittig/Früh/Seyfried/*Rothehöfer* Bank- und Kapitalmarktrecht Rn. 3.391.

[274] Derleder/Knops/Bamberger/*Bamberger* HdB Bankrecht § 52 Rn. 130.

[275] Assmann/Schneider/Mülbert/*Koller* WpHG § 80 Rn. 53.

[276] Krimphove/Kruse/*Stahlke* MaComp, AT 6.1 Rn. 46 f.; vgl. zum WpHG aF JVRB/*Voß* WpHG § 31 Rn. 106; Schwark/Zimmer/*Fett* WpHG § 33 Rn. 46.

[277] Vgl. Kümpel/Wittig/Früh/Seyfried/*Rothenhöfer* Bank- und Kapitalmarktrecht Rn. 3.390; zum WpHG aF Schwark/Zimmer/*Fett* WpHG § 33 Rn. 47.

[278] Assmann/Schneider/*Koller* WpHG § 69 Rn. 7; vgl. zum WpHG aF Fuchs/*Fuchs* WpHG § 31 Rn. 65.

[279] Vgl. zum WpHG aF JVRB/*Voß* WpHG, § 31 Rn. 121 f; Kölner Komm WpHG/*Möllers* § 31 Rn. 139.

[280] Assmann/Schneider/Mülbert/*Koller* WpHG § 69 Rn. 5; vgl. zum WpHG aF JVRB/*Voß* WpHG, § 31 Rn. 123; Kölner KommWpHG/*Möllers* § 31 Rn. 140.

[281] So aber Fuchs/*Fuchs* WpHG § 31 Rn. 63 zur aF des WpHG.

nehmen abgestellt werden. Interne Richtlinien des Unternehmens sollten eine Bearbeitung der Kundenaufträge nach dem Prioritätsgrundsatz, hilfsweise nach dem Grundsatz der Gleichbehandlung der Kunden, vorsehen.[282] Schließlich kann ein Interessenkonflikt überhaupt nur im Falle der Realisierbarkeit des Auftrags auftreten. Eine mögliche Verschlechterung der Konditionen für später erfüllbare Aufträge durch das Ausführen von ursprünglich später eingegangenen, steht dieser Vorgehensweise aufgrund fehlender Handlungsalternativen nicht entgegen.[283]

77 Bei den organisatorischen Pflichten nach § 63 Abs. 2 S. 1 iVm § 80 Abs. 1 S. 2 Nr. 2 WpHG ist davon auszugehen, dass der BGH die **Schutzgesetzeigenschaft** im Sinne des § 823 Abs. 2 BGB, wie auch schon für ihre Vorgänger §§ 31 Abs. 1 Nr. 2, 33 Abs. 1 S. 2 Nr. 3 WpHG aF,[284] ablehnen wird, da bereits vertragsrechtlich ausreichende Haftungsgrundlagen bestehen.[285]

78 **cc) Aufklärung über Interessenkonflikte.** Nur dann, wenn der Interessenkonflikt nicht vermeidbar ist, ist der Kunde vollumfänglich über den bestehenden Interessenkonflikt aufzuklären. Damit bringt § 63 Abs. 2 WpHG klar die Priorität einer Vermeidung des Interessenkonflikts zum Ausdruck.[286] Auch aus zivilrechtlicher Sicht muss die Aufklärung es dem Kunden ermöglichen, seine persönliche Gefährdung durch den Konflikt einschätzen zu können (→ Rn. 319 ff.).[287]

79 Die **Anforderungen an die Aufklärung** werden durch die § 63 Abs. 2 WpHG näher umrissen. Gem. § 63 Abs. 2 Nr. 2 WpHG müssen dem Kunden, je nachdem in welcher Kundenklasse er gem. § 67 WpHG eingestuft ist (professionell, privat etc, → Rn. 159), Details über den Interessenkonflikt mitgeteilt werden. Sie sollen den Kunden in die Lage versetzen, seine Entscheidung über die Wertpapier(neben)dienstleistung, in deren Zusammenhang der Interessenkonflikt auftritt, auf informierter Grundlage zu treffen. Aufzuklären ist entsprechend der Vorgaben in § 63 Abs. 2 S. 1 WpHG nur über die **allgemeine Art und Quelle des Konflikts,** nicht über die spezifische Herkunft.[288] Zwar ist die Beziehung offenzulegen, aus welcher der Konflikt resultiert, etwa aus dem Verhältnis des Kunden zu dem Wertpapierdienstleister oder zu anderen Kunden des Wertpapierdienstleisters zu Dritten, nicht aber der konkrete Einzelfall oder die Identität des jeweiligen Gegenübers.[289] Es muss jedoch dargelegt werden, welche kollidierenden Interessen den Konflikt verursachen. Damit können allgemeine Angaben darüber, dass der Finanzdienstleister zB eigene Vergütungsinteressen verfolgt oder die Mitarbeiter erfolgsabhängige Provisionen erhalten, genügen.[290] Diese Informationen müssen dem Kunden auf einem **dauerhaft lesbaren Datenträger** zur Verfügung gestellt werden (§ 63 Abs. 2 S. 2 Nr. 1 WpHG). Gem. Art. 3 Abs. 1 2017/565 DelVO is der primär zu verwendende Datenträger Papier; eine Bereitstellung der Informationen mit anderen dauerhaften Datenträgern ist nur zulässig, wenn dies nach den Rahmenbedingungen angemessen ist und der Empfänger der Information sich bei der freien Wahl zwischen Papier und einem anderen Datenträger ausdrücklich für letzters entscheidet. Andere

---

[282] Vgl. zum WpHG aF Fuchs/*Fuchs* WpHG § 31 Rn. 65; Kölner Komm WpHG/*Möllers* § 31 Rn. 143: Interessenkonflikte können durch Gleichbehandlung nicht behoben, sondern nur deren negative Auswirkungen minimiert werden.

[283] Vgl. zum WpHG aF JVRB/*Voß* WpHG, § 31 Rn. 123; Kölner Komm WpHG/*Möllers* § 31 Rn. 140.

[284] Vgl. zum WpHG aF. BGH Urt. v. 19.12.2006 – XI ZR 56/05, BGHZ 170, 226 Rn. 19 = WM 2007, 487; zum Streitstand → Rn. 357 ff.

[285] Assmann/Schneider/Mülbert/*Koller* WpHG § 63 Rn. 12, § 80 Rn. 1.

[286] Assmann/Schneider/Mülbert/*Koller* WpHG § 63 Rn. 37 ff.; Kümpel/Wittig/Früh/Seyfried/*Seyfried* Bank- und Kapitalmarktrecht Rn. 3.100.

[287] BGH Urt. v. 22.11.1994 – XI ZR 45/91 = ZIP 1995, 18 (20).

[288] Assmann/Schneider/Mülbert/*Koller* WpHG § 63 Rn. 37 ff.; vgl. zum WpHG aF Kümpel/Wittig/Früh/Seyfried/*Seyfried* Bank- und Kapitalmarktrecht Rn. 3.102; MüKoHGB/*Ekkenga* Bd. VI Effektengeschäft Rn. 395; zur früheren Diskussion Fuchs/*Fuchs* WpHG § 31 Rn. 69 ff.

[289] Vgl. zum WpHG aF Schwark/Zimmer/*Rothenhöfer* WpHG § 31 Rn. 69.

[290] Vgl. zutr. Kümpel/Wittig/Früh/Seyfried/*Seyfried* Bank- und Kapitalmarktrecht Rn. 3.102.

Datenträger können hier zB USB-Stick und unter bestimmten Vorraussetzungen[291] Websites sein.[292]

80 **c) Vergütung und Vergütungsstrukturen, § 63 Abs. 3 WpHG.** Auch § 63 Abs. 3 WpHG knüpft an das Konfliktpotential der Mitarbeitervergütung an und legt als fast wortgleiche Umsetzung des Art. 24 Abs. 10 MiFID II fest, dass die Wertpapierdienstleistungsunternehmen weder durch Vergütungen noch durch Bewertungen Anreize entstehen lassen dürfen, das Kundeninteresse zu vernachlässigen. Es dürfen keine Anreize für die Mitarbeiter gesetzt werden, dem Kunden ein spezielles Produkt zu empfehlen, wenn die Möglichkeit besteht, ihm eines anzubieten, dass seine Bedürfnisse besser erfüllt. Konkretisiert werden die Vorschriften der MiFID durch Art. 27 DelVO 2017/565. Dieser fordert in Abs. 1, anders als § 63 Abs. 3 WpHG, lediglich eine faire Behandlung der Kunden. Abs. 1 Unterabs. 2 stellt jedoch klar, dass keine Anreize geschaffen werden dürfen, die zum Nachteil der Kunden gereichen könnten. Entsteht ein Interessenskonflikt, so muss dieser daher immer zum Vorteil des Kunden entschieden werden.[293] Als Präventionsregelung ist sie frei von Ausnahmen, da Interessenkonflikte von vornherein vermieden werden sollen.[294] Damit ist nicht nur ein Schutz des Privatkunden beabsichtigt, sondern ein allgemeiner Schutz für alle Anleger.[295] Die Regelungen stehen einer (zumindest teilweise) variabelen Vergütung jedoch nicht entgegen. Gem. Art. 27 Abs. 4 Unterabs. 1 darf die Vergütung nicht nur auf quantitative wirtschaftliche Kriterien gestützt werden, sondern muss auch qualitative Kriterien, wie die Einhaltung der VO, die faire Behandlung der Kunden und die Qualität der Dienstleistungen mit einbeziehen. Unterabs. 2 stellt klar, dass sich die Vergütung zum Zwecke der Wahrung der Kundeninteressen gleichmäßig aus festen und variablen Bestandteilen zusammensetzen muss. Dies verdeutlicht auch die BaFin in ihrem Rundschreiben zur MaComp[296] und konkretisiert in den Punkten BT 8.3.1 und 8.3.2 die Kriterien für die Konzeption von Vergütungssytemen mit variablen Bestandteilen. Die Forderung, dass das Vergütungssytem so ausgestaltet ist, dass es im Einzelfall möglich ist, dass der variable Teil vollkommen entfallen kann,[297] stellt auch hier heraus, dass eine Anreizwirkung der Vergütung zugunsten des Wertpapierunternehmens zu vermeiden ist.

81 Die Ausgestaltung der **Vergütungsstruktur** der relevanten Personen wird durch Art. 34 Abs. 3 Unterabs. 2 lit. c) DelVO (EU) 2017/565 weiter konkretisiert. Haben relevante Personen eines Unternehmens unterschiedliche Interessen zu betreuen, so muss auch ihre Vergütung unabhängig voneinander erfolgen, um der Gefahr von Interessenkonflikten vorzubeugen.[298] Grundsätzlich erlaubt bleibt die Anknüpfung der Vergütung an den Gesamterfolg des Instituts.[299] Problematisch in diesem Sinne erscheinen allerdings zusätzliche **Pro-**

[291] Zu den Anforderungen an Websites als dauerhafte Datenträger s. EuGH Urt. v. 25.1.2017 – Rs C-375/15 = ZIP 2017, 514.

[292] Zwar legt die Formulierung des Art. 3 Abs. 2 2017/565 DelVO den Schluss nahe, dass nur die Bereitstellung der genannten Informationen (Art. 46–50 und 66 Abs. 3) über eine Website möglich ist und diese daher vorliegend als dauerhafter Datenträger ausscheidet, jedoch bezieht sich Art. 3 Abs. 2 2017/565 DelVO, wie Art. 47, 66 verdeutlichen, gerade auf Websites, die nicht die Vorraussetzungen für dauerhafte Datenträger erfüllen.

[293] Assmann/Schneider/Mülbert/*Koller* WpHG § 63 Rn. 46.

[294] Staub/*Grundmann* HGB Bd. 11/2 Teil 8 Rn. 159.

[295] Staub/*Grundmann* HGB Bd. 11/2 Teil 8 Rn. 159.

[296] Rundschreiben 05/2018 (WA) MaCmp v. 9.5.2018, Geschäftszeichen WA 31-Wp2002–2017/0011, Abrufbar unter https://www.bafin.de/SharedDocs/Veroeffentlichungen/DE/Rundschreiben/2018/rs_18_05_wa3_macomp.html (zuletzt abgerufen am 22.8.2019).

[297] BT 8.3.1 Nr. 4 des Rundschreibens 05/2018 (WA) MaCmp v. 9.5.2018, Geschäftszeichen WA 31-Wp2002–2017/0011, Abrufbar under https://www.bafin.de/SharedDocs/Veroeffentlichungen/DE/Rundschreiben/2018/rs_18_05_wa3_macomp.html (zuletzt abgerufen am 22.8.2019).

[298] Assmann/Schneider/Mülbert/*Koller* WpHG § 80 Rn. 60.

[299] Assmann/Schneider/Mülbert/*Koller* WpHG § 80 Rn. 60; vgl. zum WpHG aF Schwark/Zimmer/*Fett* WpHG § 33 Rn. 45.

visionen für die Vermittlung von hauseigenen Produkten.[300] In diesem Fall stehen sich die Mitarbeiter der Emissionsabteilung und Mitarbeiter des Kundengeschäfts gegenüber. Gleichwohl können derartige Provisionen aus Gründen der Verhältnismäßigkeit nicht grundsätzlich verboten werden.[301] Eine zusätzliche Vergütung des Mitarbeiters für die Vermittlung des eigenen Produkts ist jedoch nur dann unbedenklich, wenn der Mitarbeiter das hauseigene Produkt nur anbietet, weil im Vergleich mit anderen Produkten dieses am besten den Bedürfnissen des Kunden entspricht.[302] Diese Grundsätze müssen in der „conflict policy“ festgehalten und die Einhaltung von der Compliance-Abteilung ex-post überprüft werden.[303]

82 **d) Konzeption von Finanzmarktprodukten, § 63 Abs. 4.** Zu den allgemeinen Wohlverhaltensregeln zählt auch die Konzeption von Finanzinstrumenten, wie sie im Hinblick auf den Zielmarkt näher in § 80 Abs. 9 konkretisiert sind. Der Zielmarkt setzt sich zusammen aus den Gruppen potentieller Kunden, deren Bedüfnissen, Anlagehorizont und Risikotoleranz.[304] Ferner muss das Wertpapierdienstleisungsunternehmen sicherstellen, dass die Strategie für den Vertrieb mit dem Zielmarkt vereinbar ist und auch nur dort vertrieben wird. Um letztere Pflicht zu erfüllen, hat das Unternehmen von den Vertreibern die ensprechenden Informationen zu besorgen.[305] Mit diesen Informationen ist dann zu bestimmen, ob der Zielmarkt ggf. verfehlt wird und daraus nötigenfalls die Konsequenz zu ziehen, die vertraglichen Beziehungen zum Vertreiber einzuschränken oder ganz zu beenden.[306] Weitere Einzelheiten bei *Bergmann* → Kap. 36 Rn. 109 ff.

83 **e) Verständnis des Finanzproduktes, § 63 Abs. 5.** Nach § 63 Abs. 5 WpHG, der Art. 24 Abs. 2 MiFID II umsetzt, muss das Wertpapierdienstleistungsunternehmen ferner das empfohlene Finanzprodukt verstehen. Denn die Finanzmarktkrise hat gezeigt, dass Anlageberater bzw. Vermittler häufig die Komplexität der Anlageprodukte und deren Risiken nicht vollständig erfassen konnten, sodass Kunden nicht angemessen beraten wurden.[307] Vor diesem Hintergrund sind auch die flankierenden Vorschriften für die Vertriebseinheiten zu sehen, die gem. § 80 Abs. 11 S. 2, der Art. 16 Abs. 3 Unterabs. 6 MiFID II umsetzt, verpflichtet werden, geeignete Maßnahmen zu ergreifen, um vom Emittenten alle erforderlichen Informationen zu erhalten. Art. 25 Abs. 1 S. 2 MiFID II überlässt es den Mitgliedstaaten die Kriterien für die Beurteilung der Kenntnisse und Kompetenzen festzulegen. Diese Umsetzung erfolgte in § 87 Abs. 2 WpHG, der generell Sachkunde des konkreten Mitarbeiters verlangt. Konkretisiert wird das Erfordernis der Sachkunde durch § 1 WpHGMaAnzV (s. zu den Anforderungen an die Sachkunde → § 87 Rn. 58 f.). Erforderlich ist auf jeden Fall, dass die konkreten Mitarbeiter die Struktur des Finanzproduktes und seine Risiken verstehen; bei **komplexeren Finanzprodukten** wird in aller Regel eine entsprechende Ausbildung in Finanzmathematik erforderlich sein (s. dazu zu den zivilrechtlichen Anforderungen → Rn. 290 ff.).

84 Neben der Geeignetheitsprüfung (→ Rn.147 ff.) oder der Angemessenheitsprüfung besteht zudem nun die Pflicht der Wertpapierfirma, vor dem Hintergrund des eigentlichen Zielmarktes, auf die Bedürfnisse des Kunden Rücksicht zu nehmen gem. § 63 Abs. 5 S. 2 WpHG. Des Weiteren dürfen Finanzinstrumente nur dann empfohlen werden, wenn diese

[300] *Casper* Bankrechtstag 2008 S. 140 (168); vgl. zum WpHG aF Schwark/Zimmer/*Fett* WpHG § 33 Rn. 45.
[301] *Casper* Bankrechtstag 2008 S. 140 (168); vgl. zum WpHG aF Schwark/Zimmer/*Fett* WpHG § 33 Rn. 46.
[302] *Casper* Bankrechtstag 2008 S. 140 (168).
[303] Assmann/Schneider/Mülbert/*Koller* WpHG § 80 Rn. 59; *Casper* Bankrechtstag 2008 S. 140 (168); vgl. zum WpHG aF Schwark/Zimmer/*Fett* WpHG § 33 Rn. 45.
[304] Assmann/Schneider/Mülbert/*Koller* WpHG § 63 Rn. 48; Staub/*Grundmann* HGB Bd. 11/1 Teil 8 Rn. 161.
[305] Assmann/Schneider/Mülbert/*Koller* WpHG § 63 Rn. 49.
[306] Assmann/Schneider/Mülbert/*Koller* WpHG § 63 Rn. 49.
[307] *Kurz* DB 2014, 1182 (1185).

auch tatsächlich im Interesse des Kunden liegen.[308] Ob diese Regelung eine neue Anforderung darstellt, erscheint unklar. Denn kommt die Wertpapierfirma zu dem Schluss, dass das in Rede stehende Finanzinstrument iSd § 64 Abs. 3 iVm Art. 54, 55 DelVO (EU) 2017/565 WpHG geeignet ist, so impliziert dies bereits, dass das Instrument auch den Bedürfnissen des Kunden entspricht.[309] In jedem Fall müssen aber das Bedürfnis sowie das Interesse subjektiv interpretiert werden.[310] Weiterhin unklar bleibt dabei aber, ob es auf einzelne Kunden oder Kundengruppen ankommt. Für die Kundengruppen spricht, dass das Interesse eines einzelnen Kunden wohl nur bei einer individuellen Anlageberatung ermittelt werden könnte, welche aber nicht immer durchgeführt werden kann, vgl. § 63 Abs. 10, 11 WpHG.[311] Auch spricht der Wortlaut „Kunden" im Plural dafür,[312] weshalb wohl eine Typisierung nach Kundengruppen zulässig sein muss.[313]

f) Informations- und Aufklärungspflichten, § 63 Abs. 6. Inhalt und Umfang der Informations- und Aufklärungspflichten bemessen sich sowohl nach der Art der zu erbringenden Dienstleistung, dem in Frage stehenden Finanzprodukt, sowie der Klassifizierung des potentiellen Kunden; denn es ist ein Mindeststandard bei allen Wertpapierdienstleistungen gegenüber jeder Art von Kunden[314] mit Ausnahme der geeigneten Gegenpartei (§ 68 Abs. 1 WpHG) einzuhalten. Dies gilt in vollem Umfang auch für den Einsatz von künstlicher Intelligenz bzw. sog. **Robo-Advice.** → Rn. 57. 85

aa) Anwendungsbereich und Konkretisierungen. Zudem müssen alle Informationen im Zusammenhang mit der Finanzdienstleistung **„redlich und eindeutig sein und dürfen nicht irreführend sein"** (§ 63 Abs. 6 WpHG). Die **Konkretisierungen** der Pflicht für Privatkunden und professionelle Kunden erfolgt durch Art. 44 DelVO 2017/565, wodurch die Anforderungen für professionelle Kunden im Vergleich zur alten Rechtslage gestiegen sind,[315] da entgegen § 4 WpDVerOV aF dieser auch für professionelle Anleger gilt.[316] So gilt auch für professionelle Kunden nun unter anderem, dass Informationen deutlich auf Risiken hinweisen müssen, wenn auf Vorteile des Finanzinstrumentes Bezug genommen wird (Abs. 2 lit b), dass die Schriftgröße bei Hinweis auf Risiken der sonst vorherrschenden Entspricht und die Warnung leicht zu erkennen ist (Abs. 2 lit c) oder dass die Informationen durchgängig in einer Sprache geliefert werden müssen (Abs. 2 lit. f). 86

Für Privatkunden wird die Pflicht zudem durch § 4 WpDVerOV konkretisiert.[317] Anders noch als in § 31b Abs. 1 WpHG aF sieht nunmehr Art. 30 Abs. 1 des MiFID II vor, dass die Pflicht zur redlichen, eindeutigen und nicht irreführenden Zugänglichmachung von Informationen unter Berücksichtigung der Art der in Frage kommenden Gegenpartei und ihres Geschäfts auch gegenüber einer geeigneten Gegenpartei gilt,[318] was in § 68 Abs. 3 S. 1 WpHG umgesetzt wurde, dessen Pflichtenkanon demjenigen des § 63 Abs. 6 WpHG entspricht.[319] Auch wenn dies eine Erweiterung des öffentlich-rechtlichen Pflichtenkatalogs darstellt, so ist davon auszugehen, dass diese Pflicht zumindest beim Vorliegen eines Beratungsvertrages keine spürbaren Auswirkungen nach sich zieht, da dieser ohnehin zur 87

[308] Art. 24 Abs. 2 UAbs. 2 MiFID II.
[309] *Kurz* DB 2014, 1182 (1184).
[310] Assmann/Schneider/Mülbert/*Koller* WpHG § 63 Rn. 54.
[311] Assmann/Schneider/Mülbert/*Koller* WpHG § 63 Rn. 54.
[312] „The clients"; „des clients" in englischer und französischer Sprachfassung von Art. 24 Abs. 2 UAbs. 2 MiFID.
[313] Assmann/Schneider/Mülbert/*Koller* WpHG § 63 Rn. 54.
[314] Begr. RegE FRUG, BT-Drs. 16/4028, 64.
[315] *Balzer* ZBB 2016, 226 (229).
[316] *Buck-Heeb/Poelzig* BKR 2017, 485 (487).
[317] → Rn. 104.
[318] RL 2014/65/EU des Europäischen Parlaments und des Rates v. 15.5.2014 über Märkte für Finanzinstrumente sowie zur Änderung der RL 2002/92/EG und 2011/61/EU (MiFID II), ABl. EU Nr. L 173 v. 12.6.2014, S. 349.
[319] Assmann/Schneider/Mülbert/*Koller* WpHG § 68 Rn. 4.

anleger- und anlagegerechten, mithin zur redlichen, eindeutigen und nicht irreführenden Beratung auch gegenüber einer geeigneten Gegenpartei verpflichtet.[320]

88 Auch gilt dieser **Mindeststandard für jede Art von Geschäft,** ob Anlageberatung, -vermittlung, reines Ausführungsgeschäft oder Finanzportfolioverwaltung.[321] Doch richtet sich der spezielle Umfang der Informationserteilung nach den individuellen Gegebenheiten.[322] Schließlich gibt die BaFin in ihrem bereits mehrfach aktualisierten Rundschreiben **MaComp** weitere Hilfestellungen bei der Konkretisierung der Anforderungen.[323] Darüber hinaus enthält auch die MiFID II Vorgaben in Bezug auf die Ausstattung des Kunden mit Informationen, indem nach Art. 24 Abs. 4 der Anleger im Vorfeld insbesondere darüber aufgeklärt werden muss, ob die Anlageberatung unabhängig erfolgt, ob sie auf einer weiten oder eher eingeschränkten Analyse des Marktes beruht und ob das Wertpapierdienstleistungsunternehmen dem Kunden eine laufende Beurteilung der Geeignetheit der empfohlenen Finanzinstrumente zukommen lässt.[324] Die **Marktmissbrauchsverordnung**[325] stellt noch einmal ausdrücklich in Art. 20 MAR klar, dass die Personen, die die Anlageempfehlungen oder andere Informationen, durch die eine Anlagestrategie empfohlen oder vorgeschlagen wird, erstellen oder verbreiten, in angemessener Weise dafür Sorge tragen müssen, dass die Informationen objektiv dargestellt werden und sie zugleich ihre Interessen oder Interessenkonflikte hinsichtlich der Finanzinstrumente, auf die diese Informationen sich beziehen, offenlegen.

89 **bb) Kundengruppen und Produkte.** Die Anforderungen an die Information bestimmen sich nach dem Kenntnisstand der jeweiligen Zielgruppe.[326] Hinsichtlich dieser Beurteilung ist auf den **durchschnittlich vernünftigen Anleger**[327] in der jeweilig zugeordneten Kategorie[328] und die **Komplexität** der Dienstleistung und des Finanzprodukts abzustellen.

90 Grundvoraussetzung für jede Beratung ist die Kenntnis des Beraters von der Risikobereitschaft und den Erfahrungen seines Kunden, die sog. **Explorationspflicht,** die in **§ 64 Abs. 3 WpHG** näher umschrieben wird (→ Rn. 148 ff.). Anhand der so gewonnenen Erkenntnisse kann der Berater seinen Kunden klassifizieren, insbesondere ob es sich um einen privaten oder professionellen Kunden handelt, denn die Schutzbedürftigkeit eines jeden Kunden und damit auch der konkrete Aufklärungsbedarf im Einzelfall hängt maßgeblich davon ab, welche und wie viel persönliche Vorkenntnisse und Erfahrung der Kunde mit in das Beratungsgespräch bringt.

91 Je komplizierter ein Produkt oder eine Dienstleistung (einschließlich ihrer Risiken) ist, umso mehr Erklärungen müssen hierzu in der Regel in der Produktinformation enthalten sein.[329] Allerdings wird der Grat zwischen vollumfänglicher Aufklärung und totaler Über-

320 So auch *Geier/Schmitt* EWS 2012, 264 (266).

321 Vgl. zum WpHG aF Kümpel/Wittig/Früh/Seyfried/*Seyfried* Bank- und Kapitalmarktrecht Rn. 3.104.

322 Vgl. zum WpHG aF Fuchs/*Fuchs* WpHG § 31 Rn. 93.

323 BT 3 des Rundschreibens 05/18/2018 (WA) Mindestanforderungen an die Compliance-Funktion und die weiteren Verhaltens-, Organisations- und Transparenzpflichten – MaComp v. 9.5.2018, Geschäftszeichen WA 31-Wp 2002–2017/0011, abrufbar unter: https://www.bafin.de/SharedDocs/Veroeffentlichungen/DE/Rundschreiben/2018/rs_18_05_wa3_macomp.html (zuletzt abgerufen am 2.5.2019).

324 RL 2014/65/EU des Europäischen Parlaments und des Rates v. 15.5.2014 über Märkte für Finanzinstrumente sowie zur Änderung der RL 2002/92/EG und 2011/61/EU (MiFID II), ABl. EU Nr. L 173 vom 12.6.2014, S. 349.

325 VO (EU) Nr. 596/2014 des Europäischen Parlaments und des Rates v. 16.4.2014 über Marktmissbrauch (Marktmissbrauchsverordnung) und zur Aufhebung der RL 2003/6/EG des Europäischen Parlaments und des Rates und der RL 2003/124/EG, 2003/125/EG und 2004/72/EG der Kommission, ABL EU L 173/1 v. 12.6.2014.

326 Vgl. zum WpHG aF *Lenenbach* Kapitalmarktrecht Rn. 5.156 f.

327 Zum geltenden Kapitalanlegerleitbild und einer möglichen Überlagerung durch das Verbraucherschutzrecht s. *Buck-Heeb* ZHR 176 (2012), 66.

328 *Lenenbach* Kapitalmarktrecht Rn. 5.156 f.

329 Vgl. zum WpHG aF BGH Urt. v. 22.3.2011 – XI ZR 33/10, ZIP 2011, 756 = NJW 2011, 1949 Rn. 29; s. hierzu auch: BT 3.3.1.2. des Rundschreibens 05/2018 (WA) Mindestanforderungen an die Compliance-Funktion und die weiteren Verhaltens-, Organisations- und Transparenzpflichten– MaComp v. 9.5.2018, Geschäftszeichen WA 31-Wp 2002–2017/0011, abrufbar unter: http://www.bafin.de/SharedDocs/Veroeffentlichungen/DE/Rundschreiben/2018/rs_18_05_wa3_macomp.html (zuletzt abgerufen am 6.5.2019).

forderung vor allem der Privatkunden stetig schmaler. Insofern sind die ansteigenden Anforderungen an die Produktbeschreibung nicht unkritisch zu bewerten.[330] Ein ständiger „information overkill" führt vielmehr zu gravierenden Schutzdefiziten.[331] Es ist daher mehr als fragwürdig, ob tatsächlich mit einem „Noch-mehr-an-Informationen" der gewünschte Anlegerschutz erreicht wird, etwa indem alle denkbaren Konstellationen durchgerechnet werden.[332] Gerade bei **hochkomplexen Finanzprodukten** wie beispielsweise der der BGH Entscheidung[333] zu Grunde liegende „CMS Spread Ladder Swap-Vertrag"[334], stößt das Informationsmodell des Anlegerschutzes an seine Grenzen, sodass über einen Paradigmenwechsel langfristig nachgedacht werden muss, nicht zuletzt um nicht durch extrem hohe Aufklärungspflichten ein faktisches Vertriebsverbot für bestimmte Produkte einzuführen.[335] Vielmehr sollten sich die Aufklärungspflichten, um der Gefahr der Informationsüberlastung entgegen zu wirken, auf die **wesentlich relevanten Vorgaben** beschränken, denn letztlich ist es nicht Aufgabe des Wertpapierdienstleisters, den Kunden „vor sich selbst zu schützen".[336] Ferner könnten im Rahmen der gesetzlichen Vorgaben Qualitätssignale wie entsprechende Ratingbewertungen, die komplexe Informationen quasi „eindampfen" („AAA" als Wertmaßstab), verwandt werden.[337]

cc) Redliche Information. Bei der Auslegung des Adjektivs **„redlich"** geht es nicht 92
um eine subjektive ethische Bewertung des Verhaltens des Finanzdienstleisters, sondern um die Einhaltung eines objektiven Verhaltensstandards bei der Weitergabe von Informationen.[338] Jede Information muss daher **eindeutig, verständlich und sachlich zutreffend** sein.[339] Auch darf aus einer isoliert betrachtet klaren und eindeutigen Information nicht durch unvollständige oder verfälschte Darstellung des Gesamtkontexts, zB durch falsche Strukturierung oder die Wahl missverständlicher Überschriften, eine Irreführung des Kapitalanlegers resultieren.[340] Ebenso wie im Bereich des Wettbewerbsrechts (UWG) liegt daher eine Irreführung im Sinne des § 63 Abs. 6 S. 1 WpHG nicht erst dann vor, wenn tatsächliche Fehlvorstellungen beim Kunden hervorgerufen werden, sondern bereits dann, wenn die **objektive Eignung zu einer Irreführung** besteht, unabhängig davon, ob der

---

[330] *Brenncke* ZBB 2014, 366 (370); *Grigoleit* ZHR 177 (2013), 264 (281); *Mülbert* WM 2007, 1149 (1163) spricht in diesem Sinne zutreffend von einer Abschwächung des Anlegerschutzes durch Information; *Brenncke* WM 2014, 1749 (1755), der bei einer durch den Berater herbeigeführten Informationsüberlastung des Anlegers eine Aufklärungspflichtverletzung annimmt.

[331] Assmann/Schneider/Mülbert/*Koller* WpHG § 63 Rn. 66; Zum *Information overload* allg.: *Spindler* FS Säcker, 2011, 469 (469 ff.); *Koller* FS Huber, 2006, 821 (824); *Möllers/Kernchen* ZGR 2011 1 (11 ff.); *Buck-Heeb* WM 2014, 385 (386), die im überfrachteten Informationsmodell paternalistische Züge entdeckt.

[332] Vgl. zum WpHG aF in diese Richtung indes jüngst erneut BGH Urt. v. 22.3.2011 – XI ZR 33/10, ZIP 2011, 756 = NJW 2011, 1949 Rn. 29.

[333] Vgl. zum WpHG aF BGH Urt. v. 22.3.2011 – XI ZR 33/10, ZIP 2011, 756 = NJW 2011, 1949.

[334] Bei dem Finanzprodukt handelt es sich um ein komplexes Finanzderivat, das die Schwankungen der Zinsspannen über festgelegte Zeiten ausnutzt und zu Ausgleichszahlungen des Anlegers oder der Bank führt, womit im Wesentlichen Kreditgeschäfte (und Zinszahlungen) abgesichert, aber auch Spekulationsgeschäfte durchgeführt werden können; *Spindler* NJW 2011, 1920.

[335] Krit. insofern *Herresthal* ZIP 2013, 1049 (1051); *Spindler* NJW 2011, 1920 (1922); Seibert empfiehlt, vorbehaltlich einer künftigen Einschränkung des Anwendungsbereiches der Entscheidung, den Anlageberatern sich bei den Anlegern rückzuversichern, ob diese ihre Erklärungen verstanden haben und sich dieses auch dokumentieren zu lassen, *Seibert* Das Recht der Kapitalanlageberatung und –vermittlung, Teil C § 1 Rn. 116; **aA** *Clouth* ZHR 177 (2013), 212 (262), der die Grenzen des informationsbasierten Anlegerschutzes nicht durch das Spread Ladder Urteil erreicht sieht, sondern von einer Fehlinterpretation des Urteils seitens der Literatur ausgeht.

[336] *Lang/Balzer* FS Nobbe, 2009, 639 (645).

[337] Zur Auswirkung der Informationsüberlastung auf das Kundenverhalten *Spindler* FS Säcker, 2011, 469 (469 f.).

[338] *Zeidler* WM 2008, 238 (240) vergleicht insofern „redliche" Informationen mit „lauteren" iSd UWG; MüKoHGB/*Ekkenga* Bd. VI Effektengeschäft Rn. 300; vgl. zum WpHG aF Fuchs/*Fuchs* WpHG § 31 Rn. 97.

[339] Vgl. zum WpHG aF Fuchs/*Fuchs* WpHG § 31 Rn. 97.

[340] MüKoHGB/*Ekkenga* Bd. VI Effektengeschäft Rn. 306; vgl. zum WpHG aF Schwark/Zimmer/*Rothenhöfer* WpHG § 31 Rn. 171; Fuchs/*Fuchs* WpHG § 31 Rn. 129.

Bank ein Schuldvorwurf gemacht werden kann.[341] Wann eine Information den genannten Anforderungen genügt, hängt mit dem verwendeten Kommunikationsmittel und der zu vermittelnden Information selbst zusammen. So sind bei einer nur zum Beratungsgespräch einladenden Werbeaktion mildere Anforderungen zu stellen als bei einer Produktinformation, welche die Funktionsweise und die Risiken des Produkts beschreibt und als Grundlage der Anlageentscheidung dient.[342] Produktbezeichnungen wie „Garantie-Zertifikat" sowie Hinweisen wie beispielsweise „100 % Kapitalschutz" ist ohne weitere Erläuterung nicht hinreichend klar zu entnehmen, von wem die Garantie stammt (Emittent, konzernverbundenes Unternehmen oder Dritter), beziehungsweise woraus sich der Kapitalschutz ergibt. Im Interesse der Eindeutigkeit der Information ist daher bei **Garantieaussagen** grundsätzlich ein klarstellender Hinweis auf die Person des Garantiegebers erforderlich, beziehungsweise bei Hinweisen auf einen Kapitalschutz eine ergänzende Klarstellung, woraus sich der Kapitalschutz ergibt.[343] In diesem Zusammenhang muss zudem gegebenenfalls auf das Risiko des Wegfalls einer Kapital- oder Rückzahlungsgarantie durch die Ausübung von Sonderkündigungsrechten sowie auf etwaige Bedingungen oder (insbesondere höhenmäßige) Beschränkungen hingewiesen werden, die in Bezug auf eine Garantie bestehen. Gleichfalls muss aus der Produktbeschreibung klar hervorgehen, ob eine Kapitalgarantie beispielsweise nur zum Laufzeitende besteht oder ob mit einem Kostenabzug für Sicherungsgeschäfte (zB bei vorzeitigem Verkauf kapitalgarantierter Produkte) gerechnet werden muss.[344]

93 Im Erfordernis der **„Redlichkeit"** enthalten ist der Grundsatz, dass jedwede Information **wahrheitsgemäß** sein muss. Zwar ergibt sich dieses Erfordernis nicht unmittelbar aus dem Gesetz selbst, jedoch ist davon auszugehen, dass der Grundsatz der Wahrheit, wie er bereits im alten Recht galt,[345] im Rahmen der Redlichkeit Berücksichtigung finden muss.[346] Dies ist der Fall, wenn die Information zum Zeitpunkt der Erteilung inhaltlich objektiv richtig ist.[347] Dabei spielt vor allem im Wertpapierhandel die Aktualität eine entscheidende Rolle, auch wenn nicht in jedem Fall immer objektiv richtige, punkt-aktuelle Tatsachen mitgeteilt werden können. Dies wäre im kapitalmarktrechtlichen Bereich aufgrund vieler intransparenter Faktoren kaum zu gewährleisten. Daher wird die Auffassung vertreten, dass die Information nicht immer notwendigerweise objektiv richtig sein muss. Vielmehr habe der Finanzdienstleister nach bestem Wissen und Gewissen mit hinreichender Sorgfalt und notwendiger Umfänglichkeit die Informationen zu ermitteln.[348] Allerdings handelt es sich dabei nicht um eine Frage der objektiv zu beurteilenden Richtigkeit einer Information, sondern um den zivilrechtlich an die Sorgfalt des Kreditinstituts anzulegenden Maßstab – was für die Beweislast nach § 280 Abs. 1 BGB eine Rolle spielt.[349] Denn mitzuteilen sind

---

[341] Köhler/Bornkamm/Feddersen/*Bornkamm/Feddersen* UWG § 5 Rn. 1.52, 1.59 ff.; vgl. zum WpHG aF *Lenenbach* Kapitalmarktrecht Rn. 5.162.

[342] *Manzei* WM 2009, 393 (398).

[343] BT 3.3.1.1. des Rundschreibens 05/2018 (WA) Mindestanforderungen an die Compliance-Funktion und die weiteren Verhaltens-, Organisations- und Transparenzpflichten – MaComp v. 9.5.2018, Geschäftszeichen WA 31-Wp 2002–2017/0011, abrufbar unter: http://www.bafin.de/SharedDocs/Veroeffentlichungen/DE/Rundschreiben/2018/rs_18_05_wa3_macomp.html (zuletzt abgerufen am 6.5.2019); zu den relevanten Fällen im Rahmen der Lehman-Zertifikat-Prozesse → Rn. 300.

[344] BT 3.3.1.1. des Rundschreibens 05/2018 (WA) Mindestanforderungen an die Compliance-Funktion und die weiteren Verhaltens-, Organisations- und Transparenzpflichten– MaComp v. 9.5.2018, Geschäftszeichen WA 31-Wp 2002–2017/0011, abrufbar unter: http://www.bafin.de/SharedDocs/Veroeffentlichungen/DE/Rundschreiben/2018/rs_18_05_wa3_macomp.html (zuletzt abgerufen am 6.5.2019). So nun auch BGH Urt. v. 25.11.2014 – XI ZR 169/13 = NZG 2015, 150, Rn. 19 ff. – Lehman.

[345] Der Grundsatz der Wahrheit wurde aus der Pflicht zur Erteilung aller zweckdienlichen Informationen gem. § 31 Abs. 2 Nr. 2 WpHG aF (idF bis zum 20.7.2007) abgeleitet: Vgl. zum WpHG aF Fuchs/*Fuchs* WpHG § 31 Rn. 100.

[346] Vgl. zum WpHG aF Schwark/Zimmer/*Rothenhöfer* WpHG § 31 Rn. 99.

[347] BGH Urt. v. 6.7.1993 – XI ZR 12/93, BGHZ 123, 126 (129) = WM 1993, 1455.

[348] Assmann/Schneider/*Koller* WpHG, 4 Aufl., § 31 Rn. 57 f.

[349] Vgl. zum WpHG aF Kölner Komm WpHG/*Möllers* § 31 Rn. 451; Assmann/Schneider/Mülbert/*Koller* WpHG, 6. Aufl., § 31 Rn. 61 f.; **aA** noch in der 4. Aufl. Assmann/Schneider/*Koller* WpHG § 31 Rn. 114.

alle zweckdienlichen Informationen. Objektiv unwahre Informationen können aber niemals zweckdienlich sein. Der Gefahr der nicht immer vollends aktuell gewährleisteten Information kann mit einem leicht erkennbaren Hinweis auf das Erstellungsdatum der Information begegnet werden.[350] Ferner muss der Finanzdienstleister über entsprechende **Organisationsvorrichtungen** verfügen, die einen zuverlässigen und zeitnahen Informationsfluss ermöglichen. Potentielle und vertrauenswürdige Quellen sind insofern die Fach- und Wirtschaftspresse, Bracheninformationsdienste, Datenbanken und Ratings sowie von den Unternehmen veröffentlichte Jahresabschlüsse, Zwischenberichte oder auch ad-hoc Mitteilungen.[351] Allerdings ist gerade bei Emittenten, deren Zuverlässigkeit aufgrund kurzer Marktteilnahme noch nicht abgeschätzt werden kann, eine eigenständige Informationsüberprüfung erforderlich. Diese eigene Prüfung steht sodann wiederum im Spannungsverhältnis einer entsprechenden **Zumutbarkeit,** welche sich im Einzelfall auch nach der Wahrscheinlichkeit eines Schadenseintritts beim Kunden bemisst.[352] Grundsätzlich darf sich die beratende Bank im Regelfall auf von dritter Seite zur Verfügung gestellte Informationen verlassen, wenn diese plausibel erscheinen und aus bekanntlich vertrauenswürdiger Quelle stammen.[353] Stehen solche Informationen nicht zur Verfügung, so wurde im Rahmen von Cross Currency Swap-Verträgen entschieden, dass der Kunde jedenfalls unmissverständlich dahingehend aufzuklären ist, dass er sich letztlich an einem Glücksspiel beteiligt.[354] Keinesfalls können **hohe Informationskosten** die Weitergabe falscher Informationen rechtfertigen.[355]

dd) Werbemitteilungen und Finanzanalysen, § 63 Abs. 6 S. 2. § 63 Abs. 6 S. 2 WpHG greift in diesem Zusammenhang den Umgang mit **Marketingmitteilungen** auf. Wie bereits dargelegt, sind unter den Begriff „Informationen" im Sinne von Art. 44 ff. DelVO (EU) 2017/565 auch werbende Mitteilungen zu fassen. Bei einer Marketingmitteilung handelt es sich um eine Information, welche die Adressaten zum Erwerb eines Finanzinstruments oder zur Beauftragung einer Wertpapierdienstleistung bewegen will (absatzfördernde Zielrichtung).[356] Unerheblich ist es dabei, ob sich die Angaben der Marketingmitteilung auf Tatsachen beziehen und daher schriftlich nachprüfbar sind oder ob es sich vielmehr um Werturteile handelt, die erkennbar auf Tatsachen beruhen und deren Richtigkeit sich objektiv nachprüfen lässt, da § 63 Abs. 6 S. 1 WpHG nicht nur ein Verbot der Irreführung, sondern auch das Gebot der Redlichkeit enthält.[357] Nicht erfasst hingegen sind sog. **neutrale Produktinformationen,** die den Kunden im Rahmen der Erfüllung von 94

[350] BT 3.3.2.1. des Rundschreibens 05/2018 (WA) Mindestanforderungen an die Compliance-Funktion und die weiteren Verhaltens-, Organisations- und Transparenzpflichten– MaComp v. 9.5.2018, Geschäftszeichen WA 31-Wp 2002–2017/0011, abrufbar unter: http://www.bafin.de/SharedDocs/Veroeffentlichungen/DE/Rundschreiben/2018/rs_18_05_wa3_macomp.html (zuletzt abgerufen am 6.5.2019).

[351] BGH Beschl. v. 27.5.2003 – VI ZR 431/02, ZBB 2004, 57; mAnm *Lange* EWiR 2003, 1185; *Wagner* WM 2002, 1037 (1037 ff.).

[352] Vgl. zum WpHG aF Kölner Komm WpHG/*Möllers* § 31 Rn. 105, 451.

[353] BGH Urt. v. 8.2.1978 – VIII ZR 20/77, BGHZ 70, 356 Rn. 24 = NJW 1978, 997; OLG Karlsruhe Urt. v. 23.11.1988 – 6 U 224/87 = WM 1989, 1380.

[354] Sodass OLG München Hinweis v. 29.3.2012 – 5 U 216/12 = BKR 2012, 245 (246) im Rahmen von Cross Currency Swap-Verträgen, bei denen der Kunde detailliert über die Entwicklungspotenziale, mithin über Prognosen hinsichtlich der beiden beteiligten Volkswirtschaften, aber auch hinsichtlich drohender, wirtschaftlich eigentlich nicht fundierter Einflussnahmen aufzuklären sei; sollte eine derartige Aufklärung aus tatsächlichen Gründen nicht möglich sein, etwa weil derartige Prognosen nicht zur Verfügung stehen, hat eine unmissverständliche Aufklärung bzgl. der Beteiligung an einem Glücksspiel stattzufinden.

[355] Assmann/Schneider/*Koller* WpHG, 4. Aufl., § 31 Rn. 115; Schwark/Zimmer/*Rothenhöfer* WpHG § 31 Rn. 100.

[356] Assmann/Schneider/Mülbert/*Koller* WpHG § 63 Rn. 58; zur aF 1.1 des Rundschreibens 1/2010 (WA) zur Auslegung der Vorschriften des Wertpapierhandelsgesetzes über Informationen einschließlich Werbung von Wertpapierdienstleistungsunternehmen an Kunden v. 11.2.2010, Geschäftszeichen WA 36-Wp-2002–2008/0001, abrufbar unter: http://www.bafin.de/SharedDocs/Veroeffentlichungen/DE/Rundschreiben/rs_1001_wa_werbung.html (zuletzt abgerufen am 16.2.2019).

[357] Assmann/Schneider/Mülbert/*Koller* WpHG § 63 Rn. 58.

Verpflichtungen zur anlage- und anlegergerechten Beratung zugänglich gemacht werden.[358] Aber auch allgemeine Empfehlungen, selbst wenn sie als Finanzanalysen (§ 85 WpHG)[359] oder als objektive Erläuterungen innerhalb der Empfehlung dargestellt werden, können unter Umständen als Marketingmitteilung qualifiziert werden.[360] Werbende Äußerungen in Schriftstücken, die vom eigentlichen Emissionsprospekt körperlich getrennt sind, zB werbende Äußerungen in gesonderten Produktinformationen oder Presseartikeln, können im Rahmen einer Gesamtbetrachtung als Bestandteil des Anlageprospekts zu werten sein.[361]

95 **Marketingmitteilungen** müssen neben den allgemeinen Anforderungen der „Eindeutigkeit und Redlichkeit" als solche **klar erkennbar** sein. Werbeaktionen sind durch einen entsprechenden Hinweis kenntlich zu machen. Daher ergibt sich eine **Pflicht zur ausdrücklichen Kennzeichnung** aus dem Gesetz nur dann, wenn der **werbliche Charakter** der Information ansonsten **nicht eindeutig erkennbar** ist,[362] etwa bei scheinbar objektiven Beiträgen in Newslettern oder Kundenzeitschriften von Banken.[363] Mögliche Beispiele für werbliche und daher ggf. kennzeichnungspflichtige Informationen sind: Ihrem Anschein nach objektive Beiträge in Kundenzeitschriften eines Wertpapierdienstleistungsunternehmens, die primär jedoch eine absatzfördernde Zielrichtung verfolgen.[364] Werbungen mit Bezugnahme auf die BaFin sind untersagt. Aussagen wie „BaFin-geprüft" oder auch „BaFin zertifiziert" sind damit als unzulässig zu betrachten, Art. 44 Abs. 8 DelVO (EU) 2017/565.[365] Die Erkennbarkeit kann sich aus Art und Form der Darstellung der Information oder aus ihrem Inhalt ergeben.[366] Bei der Beurteilung handelt es sich regelmäßig um eine Frage des Einzelfalls, da es ua entscheidend von dem gewählten Kommunikationsmedium (zB Fernsehen, Radio, Internet, Zeitung, Plakat, Pressemitteilung oder Kundenschreiben) abhängt, welchen spezifischen Besonderheiten entsprochen werden muss, um im Hinblick auf Vollständigkeit bzw. Verständlichkeit den gesetzlichen Anforderungen genügen zu können.[367] Es ist ausreichend, dass sich die Marketingmitteilung an einen einzelnen konkreten Kunden richtet; sie muss nicht der Öffentlichkeit oder einem unbestimmten Personenkreis zugänglich sein.[368]

96 Zusätzlich ist darauf hinzuweisen, dass es sich um keinerlei Anlageberatung oder ausgesprochene Empfehlungen handelt, sondern um eine Information, die den Adressaten zum Erwerb eines Finanzinstruments oder zur Beauftragung einer Wertpapierdienstleistung bewegen will (absatzfördernde Zielrichtung).[369] **Neutrale Produktinformationen,** die

---

[358] 1.1 des Rundschreibens 1/2010 (WA) zur Auslegung der Vorschriften des Wertpapierhandelsgesetzes über Informationen einschließlich Werbung von Wertpapierdienstleistungsunternehmen an Kunden v. 11.2.2010, Geschäftszeichen WA 36-Wp-2002–2008/0001, abrufbar unter: http://www.bafin.de/SharedDocs/Veroeffentlichungen/DE/Rundschreiben/rs_1001_wa_werbung.html (zuletzt abgerufen am 16.2.2019).

[359] Auf diese findet die Verordnung über die Analyse von Finanzinstrumenten (Finanzanalyseverordnung – FinAnV) v. 17.12.2007, BGBl. I 2007, 1430 Anwendung.

[360] Assmann/Schneider/Mülbert/*Koller* WpHG § 63 Rn. 59.

[361] BGH Urt. v. 17.11.2011 – III ZR 103/10, WM 2012, 19 (21); zur Ausweitung der bürgerlichrechtlichen Prospekthaftung durch das „Rupert Scholz"-Urteil des BGH *Klöhn* WM 2012, 97.

[362] Vgl. zum WpHG aF Kümpel/Wittig/Früh/Seyfried/*Seyfried* Bank- und Kapitalmarktrecht Rn. 3.109.

[363] BT 3.1.1. des Rundschreibens 05/2018 (WA) Mindestanforderungen an die Compliance-Funktion und die weiteren Verhaltens-, Organisations- und Transparenzpflichten– MaComp v. 9.5.2018, Geschäftszeichen WA 31-Wp 2002–2017/0011, abrufbar unter: http://www.bafin.de/SharedDocs/Veroeffentlichungen/DE/Rundschreiben/2018/rs_18_05_wa3_macomp.html (zuletzt abgerufen am 6.5.2019).

[364] BT 3.1.2. des Rundschreibens 05/2018 (WA) Mindestanforderungen an die Compliance-Funktion und die weiteren Verhaltens-, Organisations- und Transparenzpflichten– MaComp v. 9.5.2018, Geschäftszeichen WA 31-Wp 2002–2017/0011, abrufbar unter: http://www.bafin.de/SharedDocs/Veroeffentlichungen/DE/Rundschreiben/2018/rs_18_05_wa3_macomp.html (zuletzt abgerufen am 6.6.2019).

[365] *Zeidler* WM 2008, 238 (244); zur Werbung als Problem des Anlegerschutzes *Klöhn* WM 2012, 97 (98).

[366] Vgl. zum WpHG aF Schwark/Zimmer/*Rothenhöfer* WpHG § 31 Rn. 92.

[367] Vgl. zum WpHG aF Schwark/Zimmer/*Rothenhöfer* WpHG § 31 Rn. 92.

[368] Die Frage, ob sich eine Werbemitteilung an einen (un)bestimmten Personenkreis richtet, ist wiederum anhand des gewählten Kommunikationsmediums zu beurteilen.

[369] BT 3.1.1. des Rundschreibens 05/2018 (WA) Mindestanforderungen an die Compliance-Funktion und die weiteren Verhaltens-, Organisations- und Transparenzpflichten– MaComp v. 9.5.2018, Geschäftszeichen WA 31-Wp 2002–2017/0011, abrufbar unter: http://www.bafin.de/SharedDocs/Veroeffentlichungen/DE/Rundschreiben/2018/rs_18_05_wa3_macomp.html (zuletzt abgerufen am 6.5.2019).

im Rahmen der Erfüllung von Verpflichtungen zur anlage- und anlegergerechten Beratung zugänglich gemacht werden, fallen daher nicht unter den Begriff der Werbung.[370] Insofern kann zur Konkretisierung auf die „Lauterkeits"-Rechtsprechung zur sog. **„getarnten Werbung"** zurückgegriffen werden.[371] Beispielhaft seien in diesem Zusammenhang irreführende Blickfangwerbung,[372] Werbung mit Selbstverständlichkeiten,[373] unsachgemäße Werbung mit Übertreibungen sowie das Hervorrufen unberechtigter Sicherheit selbst bei richtiger Tatsachendarstellung[374] oder auch die nicht eindeutige Angabe des Vertragspartners in einer Werbung[375] genannt.[376]

Dabei ist auch zu beachten, dass bloße **Imagewerbung** nicht unter den Begriff der Marketingmitteilung fällt.[377] Dies geht zum einen auf Erwägungsgrund (65) zur DelVO (EU) 2017/565 zurück: „Es wäre insbesondere nicht angebracht, derartige Bedingungen auf Marketingmitteilungen anzuwenden, die nur eine oder mehrere der folgenden Angaben enthalten: Name der Firma, Logo oder ein anderes mit der Firma zusammenhängendes Bild, Kontaktadresse, Angaben zur Art der von der Firma erbrachten Wertpapierdienstleistungen." Zum anderen konstatiert Punkt 3.1.1 der MaComp ausdrücklich: „Reine Imagewerbung ist von den Vorschriften nicht erfasst." Informationen, die im Rahmen eines Beratungsgesprächs verwendet werden, stellen an sich noch keine Marketingmitteilungen dar, ebenso wenig neutrale Produktinformationen, die während der Beratung Verwendung finden.[378] **97**

Auch Informationen, die von einem **Dritten** stammen (etwa einem Emittenten) und die von dem Finanzdienstleister dem Kunden zugänglich gemacht werden, unterfallen dem **98**

---

[370] BT 3.1.1. des Rundschreibens 05/2018 (WA) Mindestanforderungen an die Compliance-Funktion und die weiteren Verhaltens-, Organisations- und Transparenzpflichten– MaComp v. 9.5.2018, Geschäftszeichen WA 31-Wp 2002–2017/0011, abrufbar unter: http://www.bafin.de/SharedDocs/Veroeffentlichungen/DE/Rundschreiben/2018/rs_18_05_wa3_macomp.html (zuletzt abgerufen am 6.5.2019).

[371] BGH Urt. v. 16.2.1989 – I ZR 72/87, GRUR 1989, 516 (518); BGH Urt. v. 6.7.1995 – I ZR 58/93, BGHZ 130, 205 (214) = NJW 1995, 3177; BGH Urt. v. 30.4.1997 – I ZR 196/94, GRUR 1997, 912 (913); Köhler/Bornkamm/Feddersen/*Köhler* UWG § 5a Rn. 7.68; Fezer/Büscher/Obergfell/*Hoeren* UWG § 5a Rn. 196 ff., s. a. Begr. RegE UWG, BT-Drs. 15/1487, 17 f.; zur lauterkeitsrechtlichen Durchsetzung der Ansprüche aus § 31 Abs. 2 WpHG aF *Luy* WM 2014, 422, der diese für möglich und wünschenswert erachtet.

[372] OLG Düsseldorf Urt. v. 18.4.2000 – 20 U 105/99, WRP 2000, 1324 (1325) zu der Werbung der werbenden Bank: *„Ist ihnen klar, auf wie viel Geld und Service Sie verzichten, wenn Sie weiter bei ihrem Girokonto bleiben?"*.

[373] OLG Karlsruhe Urt. v. 20.9.1990 – 4 U 89/90 = WM 1991, 29 (30); OLG Köln Urt v. 30.12.1994 – 13 U 291/93 = WM 1996, 1294 (1309); sind bspw. Bearbeitungsgebühren indes Marktstandard, darf ein Unternehmen damit werben, diese gerade nicht zu erheben BGH Urt. v. 1.6.1989 – I ZR 60/87 = WM 1989, 1072 (1073).

[374] BGH Urt. v. 2.10.2003 – I ZR 252/01 = WM 2003, 2454 (2455): Fall, dass Emittent mit *„Mindestverzinsung"* wirbt, obwohl das Risiko besteht, dass die Einlagen der Gesellschaft zur Finanzierung der Ausschüttungen aufgebraucht werden.

[375] OLG Köln Urt. v. 7.5.1999 – 6 U 106/98, NJWE-WettbR 2000, 284 (285) aufgrund des Slogans *„Postbank Bausparen"* gingen die Kunden davon aus, dass der Vertragspartner die Postbank sei, was de facto nicht stimmte.

[376] *Zeidler* WM 2008, 238 (241).

[377] Kümpel/Wittig/Früh/Seyfried/*Seyfried* Bank- und Kapitalmarktecht Rn. 3.109; 1.1 des Rundschreibens 1/2010 (WA) zur Auslegung der Vorschriften des Wertpapierhandelsgesetzes über Informationen einschließlich Werbung von Wertpapierdienstleistungsunternehmen an Kunden v. 11.2.2010, Geschäftszeichen WA 36-Wp-2002–2008/0001, abrufbar unter: http://www.bafin.de/SharedDocs/Veroeffentlichungen/DE/Rundschreiben/rs_1001_wa_werbung.html (zuletzt abgerufen am 16.2.2019) = BT 3.1.1 des Rundschreibens 05/2018 (WA) Mindestanforderungen an die Compliance-Funktion und die weiteren Verhaltens-, Organisations- und Transparenzpflichten– MaComp v. 9.5.2018, Geschäftszeichen WA 31-Wp 2002–2017/0011, abrufbar unter: http://www.bafin.de/SharedDocs/Veroeffentlichungen/DE/Rundschreiben/2018/rs_18_05_wa3_macomp.html (zuletzt abgerufen am 6.5.2019); vgl. zum WpHG aF Fuchs/*Fuchs* WpHG § 31 Rn. 107; Schwark/Zimmer/*Rothenhöfer* WpHG § 30 Rn. 92.

[378] BT 3.1.1 des Rundschreibens 05/2018 (WA) Mindestanforderungen an die Compliance-Funktion und die weiteren Verhaltens-, Organisations- und Transparenzpflichten– MaComp v. 9.5.2018, Geschäftszeichen WA 31-Wp 2002–2017/0011, abrufbar unter: http://www.bafin.de/SharedDocs/Veroeffentlichungen/DE/Rundschreiben/2018/rs_18_05_wa3_macomp.html (zuletzt abgerufen am 6.5.2019); Kümpel/Wittig/Früh/Seyfried/*Seyfried* Bank- und Kapitalmarktrecht Rn. 3.108.

Merkmal „Zugänglichmachen" und sind deshalb Marketingmitteilungen.[379] So unterfallen dem Begriff „Zugänglichmachen" nicht allein unternehmenseigene Informationen, sondern auch solche, die dem Wertpapierdienstleistungsunternehmen zunächst von einem Dritten zur Verfügung gestellt und Kunden daraufhin seitens des Wertpapierdienstleistungsunternehmens zugänglich gemacht werden, wie zB Vertriebsmaterialien einer Kapitalanlagegesellschaft oder eines Emittenten.[380] Damit wird das Wertpapierdienstleistungsunternehmen in vollem Umfang für Drittquellen zur Verantwortung gezogen. Auch von dem Unternehmen herausgegebene **Pressemitteilungen** sind dem Kunden zugänglich gemachte Informationen und müssen dementsprechend den Anforderungen des § 63 Abs. 6 WpHG bzw. Art. 44 ff. DelVO (EU) 2017/565 genügen.[381] Allerdings sind die Anforderungen hier einzuschränken, da nicht davon ausgegangen werden kann, dass der Kunde seine Investitionsentscheidung allein von der Pressemitteilung abhängig macht, sondern weitere Produktinformationen einholen wird.[382] Noch geringer sind die Anforderungen bei Interviews oder Video Broadcasts; nimmt daher ein Vertreter eines Wertpapierdienstleistungsunternehmens zu seinen Produkten und der Entwicklung des DAX an diesem Tag Stellung, so kann und darf nicht erwartet werden, dass er auch die Entwicklung der letzten Jahre referiert.[383] Für autonom durch die Presse vorgenommene Änderungen ist das Unternehmen indes nicht zur Verantwortung zu ziehen, solange es die Presse sachlich richtig und zureichend informiert hat.[384]

99 Die Vorgaben für **öffentliche Angebote von Wertpapieren** nach § 15 WpPG sowie für **Investmentfondsanteile** § 302 KAGB bleiben nach § 63 Abs. 6 S. 3 WpHG unberührt.

100 Weitere Beschränkungen hinsichtlich der **Werbung für Vermögensanlagen** ergeben sich durch das **Kleinanlegerschutzgesetz,**[385] mit dem eine Verschärfung unter anderem des Vermögensanlagengesetzes verbunden ist. Nach § 12 Abs. 2 und 3 VermAnlG umfasst **Werbung** jede absatzfördernde Äußerung und ist weit zu verstehen;[386] die Werbung für öffentlich angebotene Vermögensanlagen muss dann einen ausdrücklichen **Warnhinweis**[387] hinsichtlich etwaiger Verlustrisiken bzw. der Unsicherheiten der Rendite enthalten. Zusätzlich muss gem. Abs. 1 in Werbung für öffentlich angebotene Vermögensanlagen, in der auf die wesentlichen Merkmale der Vermögensanlage hingewiesen wird, ein Hinweis auf den Verkaufsprospekt und dessen Veröffentlichung aufgenommen wer-

---

[379] BT 3.2.2. des Rundschreibens 05/2018 (WA) Mindestanforderungen an die Compliance-Funktion und die weiteren Verhaltens-, Organisations- und Transparenzpflichten– MaComp v. 9.5.2018, Geschäftszeichen WA 31-Wp 2002–2017/0011, abrufbar unter: http://www.bafin.de/SharedDocs/Veroeffentlichungen/DE/Rundschreiben/2018/rs_18_05_wa3_macomp.html (zuletzt abgerufen am 6.5.2019); vgl. zum WpHG aF Schwark/Zimmer/*Rothenhöfer* WpHG § 31 Rn. 95; vgl. in diese Richtung auch zum WpHG aF Fuchs/*Fuchs* WpHG § 31 Rn. 103.

[380] BT 3.2.2. des Rundschreibens 05/2018 (WA) Mindestanforderungen an die Compliance-Funktion und die weiteren Verhaltens-, Organisations- und Transparenzpflichten– MaComp v. 9.5.2018, Geschäftszeichen WA 31-Wp 2002–2017/0011, abrufbar unter: http://www.bafin.de/SharedDocs/Veroeffentlichungen/DE/Rundschreiben/2018/rs_18_05_wa3_macomp.html (zuletzt abgerufen am 6.5.2019); JVRB/*Voß* WpHG, § 31 Rn. 182; Krimpthov/Kruse/*Walz* BT 3 Rn. 14.

[381] Vgl. zum WpHG aF *Zeidler* WM 2008, 238 (239).

[382] Daher sind bswp. Hinweise zur historischen Wertentwicklung bei reinen Pressemitteilungen nicht zu fordern, *Zeidler* WM 2008, 238 (239).

[383] *Zeidler* WM 2008, 238 (239).

[384] Vgl. BGH Urt. v. 18.2.1993 – I ZR 14/91 = GRUR 1993, 561 (562 Rn. 18); BGH Urt. v. 19.9.1996 – I ZR 130/94 = GRUR 1997, 139 (140 Rn. 18); BGH Urt. v. 23.1.1997 – I ZR 238/93 = GRUR 1997, 541 (542 Rn. 23).

[385] Kleinanlegerschutzgesetz v. 3.7.2015, BGBl. I 2015, 1114.

[386] *Buck-Heeb* NJW 2015, 2535 (2539); Begr. RegE Kleinanlegerschutzgesetz, BT-Drs. 18/3994, 45; s. a. BaFin, Jahresbericht 2014, Kap. V 1.2, 199.

[387] § 12 Abs. 2 S. 1 VermAnlG: „Der Erwerb dieser Vermögensanlage ist mit erheblichen Risiken verbunden und kann zum vollständigen Verlust des eingesetzten Vermögens führen." § 12 Abs. 3 VermAnlG: „Der in Aussicht gestellte Ertrag ist nicht gewährleistet und kann auch niedriger ausfallen." Ausf. zum Warnhinweis und seiner Wirkung *Casper* ZBB 2015, 265 (273); *Bußalb/Vogel* WM 2015, 1733 (1739).

den.[388] Der Gesetzgeber bezweckt damit, Verbraucher besser vor unseriösen und intransparenten Finanzprodukten (vor allem im Bereich des sog. **grauen Kapitalmarkts**) und damit einhergehend vor möglichen finanziellen Schäden zu schützen.[389] Daher kann die BaFin künftig auch gem. § 16 Abs. 1 VermAnlG bei Missständen[390] dem Anbieter oder Emittenten bestimmte Arten der Werbung verbieten.

Auch für die **Finanzanalysen,** bei denen im Rahmen der Marketingmitteilung zugleich Informationen über Finanzinstrumente oder deren Emittenten verbreitet werden, die zugleich direkt oder indirekt eine allgemeine Empfehlung zur Anlageinvestition enthalten (§ 85 WpHG), begründet Art. 36 DelVO (EU) 2017/565 besondere Anforderungen. Als Finanzanalysen sollen die in diesen zum Ausdruck kommenden Informationen gerade eine objektive und unabhängige Empfehlung gewährleisten, was sich insbesondere aus den strengen Anforderungen ergibt, die Art. 36 Abs. 2 DelVO (EU) 2017/565 statuiert. Eine Finanzanalyse liegt nur vor, wenn die Analyse oder Information als Finanzanalyse oder Ähnliches betitelt wird und würde sie von einer Wertpapierfirma an einen Kunden herausgegeben werden, nicht als Anlageberatung zu qualifizieren sein würde. Daher stellt auch die Finanzanalyse im Sinne von Art. 36 Abs. 1 DelVO 2017/565 **keine Anlageberatung** dar, da auch hier die betreffenden Informationen einem nicht näher bestimmten Personenkreis zugänglich gemacht werden.[391] Daher fallen auch Formate wie **Finanztalkshows** nicht unter den Begriff der Anlageberatung, sofern hier nicht die Zuschauer die Möglichkeit haben, unter Offenlegung ihrer individuellen Vermögensverhältnisse eine entsprechende Anlageempfehlung zu erhalten, wobei nicht davon auszugehen ist, dass sich der Fernsehberater in der Kürze der Zeit ein angemessenes Bild von den individuellen Anlagezielen des Zuschauers zu machen imstande ist. Auch allgemein gehaltene Finanz-Newsletter erfüllen nicht den Tatbestand der Anlageberatung und zwar unabhängig von dem Umstand, ob sie auf Wunsch des interessierten Anlegers oder aufforderungslos verschickt werden. **101**

Wird diesen Voraussetzungen jedoch **nicht entsprochen,** so sind jene Finanzanalysen gem. Art. 36 Abs. 2 DelVO (EU) 2017/565 als **Marketingmitteilung** zu kennzeichnen und mit dem ausdrücklichen Hinweis zu versehen, dass nicht alle gesetzlichen Anforderungen zur Gewährleistung der Unabhängigkeit der Finanzanalyse genügen, obwohl kein unmittelbarer werblicher Charakter gegeben ist.[392] Dem Kunden soll damit noch einmal ganz ausdrücklich klar gemacht werden, dass es sich nicht um eine objektive Analyse, sondern vielmehr um eine schlichte Marketingmaßnahme handelt.[393] Es gelten dann daneben die Regeln der deutschen Umsetzung bezüglich der Erstellung und Verbreitung von Marketingmitteilungen.[394] Das betrifft die angeführten Pflichten zur Redlichkeit von Marketingmitteilungen aus § 63 Abs. 6 WpHG inkl. der organisatorischen Anforderungen aus Art. 37 DelVO (EU) 2017/565.[395] **102**

g) Mindestinhalte von Informationen (§ 63 Abs. 7 WpHG). Wertpapierdienstleistungsunternehmen sind verpflichtet, Kunden rechtzeitig und in verständlicher Form Informationen zur Verfügung zu stellen, die angemessen sind, damit die Kunden nach vernünftigem Ermessen die Art und die Risiken der ihnen angebotenen oder von ihnen **103**

[388] Entgegen dem Begr. RegE Kleinanlegerschutzgesetz, BT-Drs. 18/3994, 13 enthält § 12 VermAnlG nF keine Differenzierung hinsichtlich der Voraussetzungen der öffentlichen Bewerbung von Vermögensanlagen.

[389] Begr. RegE Kleinanlegerschutzgesetz, BT-Drs. 18/3994, 28, 45. *Buck-Heeb* NJW 2015, 2535 (2539); als Ausdruck übertriebenen Paternalismus abl. *Casper* ZBB 2015, 265 (281). Zur positiven und damit abschreckenden Wirkung von kombinierten Warnhinweisen aus Grafik und Text auf den potentiellen Anleger *Oehler* ZBB 2015, 208 (211).

[390] Zu den einzelnen Voraussetzungen für das Vorliegen eines Missstandes s. § 16 Abs. 1 S. 2 Nr. 1 – 6 VermAnlG; *Bußalb/Vogel* WM 2015, 1733 (1740).

[391] Assmann/Schneider/Mülbert/*Koller* WpHG § 85 Rn. 3.

[392] Vgl. zum WpHG aF Kümpel/Wittig/Früh/Seyfried/*Seyfried* Bank- und Kapitalmarktrecht Rn. 3.110.

[393] Vgl. zum WpHG aF *Teuber* BKR 2006, 429 (430); Kümpel/Wittig/Früh/Seyfried/*Seyfried* Bank- und Kapitalmarktrecht Rn. 3.110.

[394] *Geier/Hombach/Schütt* RDF 2017, 108 (109).

[395] → Rn. 94.

nachgefragten Arten von Finanzinstrumenten oder Wertpapierdienstleistungen verstehen und auf dieser Grundlage ihre Anlageentscheidungen treffen können, § 63 Abs. 7 S. 1 WpHG. Die Informationen müssen sich in diesem Zusammenhang auf das Wertpapierdienstleistungsunternehmen und seine Dienstleistungen, die Arten von Finanzinstrumenten und vorgeschlagenen Anlagestrategien einschließlich damit verbundener Risiken, Ausführungsplätze sowie Kosten und Nebenkosten beziehen. § 63 Abs. 7 S. 1 WpHG gibt damit die Mindestinformationen, die ein Wertpapierdienstleistungsunternehmen den Kunden bereit zu stellen hat, vor. Er kommt sowohl bei privaten als auch bei professionellen Kunden, nicht jedoch im Verhältnis zu geeigneten Gegenparteien zum Tragen.[396] Die Anforderungen gelten für jedwede Wertpapierdienstleistung, mithin auch für reine Ausführungsgeschäfte.[397] Neben diesen allgemeinen Pflichten muss gem. § 64 Abs. 4 WpHG, welcher Art 25 Abs. 6 MiFID II umsetzt, vor der Durchführung des Geschäfts die **Erklärung der Geeignetheit** auf einem dauerhaften Datenträger zugänglich gemacht werden (→ Rn.180). Neben der expressis verbis geforderten Rechtzeitig- und Verständlichkeit der Informationen wird darüber hinaus inhaltlich auf die **„Angemessenheit" der Information,** also auf die Art und den Umfang im Hinblick auf die jeweilige Kundenkategorisierung abgestellt.

104 **Konkretisiert** werden die **Anforderungen für Informationen** – einschließlich Marketingmitteilungen – nunmehr an als **Privatkunden und professionelle Anleger** qualifizierte Anleger – durch Art. 44 DelVO (EU) 2017/565. Es kann aufgrund der Ähnlichkeit der Vorschriften in alter und neuer Fassung auch auf das zur alten Rechtslage ergangene Rundschreiben der BaFin zur Auslegung gesetzlicher Anforderungen an die Erstellung von Informationsblättern gem. §§ 64 Abs. 2 Nr. 1 WpHG, § 4 WpDVerOV zurückgegriffen werden.[398] So muss eine ausgewogene Darstellung aller Vor- und Nachteile eines in Frage stehenden Finanzprodukts erfolgen; es muss daher auf etwaige Risiken hingewiesen werden, wenn eine Bezugnahme auf mögliche Vorteile vorliegt, Art. 44 Abs. 2 lit. b) DelVO (EU) 2017/565. Dabei müssen die Informationen bezüglich der Risiken mindestens in der Schriftgröße geführt werden, die der sonst vorherrschenden entspricht und zudem graphisch so gestaltet sein, dass sie leicht erkennbar sind, Art. 44 Abs. 2 lit. c) DelVO (EU) 2017/565. Ferner darf in den Informationen der Name der zuständigen Aufsichtsbehörde nicht in der Weise genannt werden, die suggerieren würde, die Behörde habe das Produkt gebilligt oder genehmigt, Art. 44 Abs. 8 DelVO (EU) 2017/565. Aussagen zur früheren Wertentwicklung von Finanzinstrumenten müssen detaillierte Vorgaben erfüllen und dürfen nicht im Vordergrund der Information stehen, Art. 44 Abs. 4 DelVO (EU) 2017/565; denn Privatkunden vermögen mangels Erfahrung und Fachwissen im Gegensatz zu professionellen Marktteilnehmern nicht die begrenzte Aussagekraft vergangenheitsbezogener Angaben einzuschätzen.

105 Auch mit der Neufassung des § 63 Abs. 7 S. 2 WpHG bleibt es dabei, dass Informationen nach Abs. 7 S. 1 in **standardisierter Form** erbracht werden können. Der deutsche Gesetzgeber hat damit von der Möglichkeit in Art. 24 Abs. 5 S. 2 MiFID II Gebrauch gemacht. Der frühere Streit, ob stets individualisierte Aufklärung erforderlich sei[399] oder standardisierte Informationen genügen,[400] bleibt damit erledigt. Diese Klarstellung ist zu

---

[396] Assmann/Schneider/Mülbert/*Koller* WpHG § 68 Rn. 1; zum WpHG aF *Spindler/Kasten* WM 2006, 1797 (1799).

[397] *Weichert/Wenninger* WM 2007, 627 (633); Kümpel/Wittig/Früh/Seyfried/*Seyfried* Bank- und Kapitalmarktrecht Rn. 3.117; Schwark/Zimmer/*Röthenhöfer* WpHG § 31 Rn. 163 ff. aF.

[398] Vgl. zum WpHG aF Rundschreiben 4/2013 (WA) – Auslegung gesetzlicher Anforderungen an die Erstellung von Informationsblättern gemäß § 31 Abs. 3a WpHG / § 5a WpDVerOV v. 26.9.2013, Geschäftszeichen WA 36-Wp 2002–2012/0003, abrufbar unter: http://www.bafin.de/SharedDocs/Veroeffentlichungen/DE/Rundschreiben/rs_1304_produktinformationsblaetter_wa.html (zuletzt abgerufen am 16.2.2019). S. dazu *Preuße/Seitz/Lesser* BKR 2014, 70 (70 ff.); *Herkströter/Kimmich* RdF 2014, 9 (10 ff.).

[399] Vgl. zum WpHG aF Assmann/Schneider/*Koller* WpHG, 4 Aufl., § 31 Rn. 132.

[400] BaFin in der Richtlinie gem. § 35 Abs. 6 des Gesetzes über den Wertpapierhandel (WpHG) zur Konkretisierung des § 31 und § 32 WpHG aF für das Kommissionsgeschäft, den Eigenhandel für andere und das Vermittlungsgeschäft der Wertpapierdienstleistungsunternehmen v. 23.8.2001 (BAnz. Nr. 165 v. 4.9.2001, 19 (217)).

begrüßen, weil nicht eine detailliert auf das Individuum abgestellte Information erforderlich ist, da aufgrund der Einzelanpassung ansonsten nicht allgemein über ganze Klassen von Finanzinstrumenten informiert werden könnte; andererseits spricht das Gesetz aber im ersten Satz gleichfalls von „angemessenen" Informationen, die den Kunden in die Lage versetzen sollen, die Risiken zu verstehen und auf dieser Grundlage Anlageentscheidungen zu treffen. Daher ist ein Mittelweg zu wählen, indem zum einen generell über die Risiken von Finanzinstrumenten informiert, zum anderen aber auch über verschiedene Subkategorien aufgeklärt werden muss, wenn diese signifikante Risikounterschiede aufweisen. Mit anderen Worten kann nicht generell über die Risiken von Finanzderivaten unterrichtet werden, vielmehr müssen sinnvolle Unterkategorien gebildet werden. Daher sollte die Nutzung standardisierter Informationsinstrumente wie Broschüren oder vergleichbarer Darstellungen die Grundlage weiterer individueller Informationserteilung bilden.[401] Das Wertpapierdienstleistungsunternehmen hat im Einzelfall einzuschätzen, inwieweit der Inhalt der Informationsschrift von dem Kunden erfasst worden ist,[402] wobei es grundsätzlich von einer verständigen Kenntnisnahme ausgehen kann.[403] Ein Übermaß an Information, das den Kunden nicht etwa dazu verleitet, diese durchzuarbeiten und zu verstehen, sondern sie schnellstmöglich zu „vergraben", ist unbedingt zu vermeiden.[404]

Vom Wertpapierdienstleister wird indes nach wie vor **nur das ernsthafte Bemühen** verlangt, den Kunden zu informieren. Will dieser keine Informationen entgegennehmen oder bemüht sich dieser nicht, die Informationen zu verstehen, ist der Wertpapierdienstleister nicht verpflichtet, dem Kunden die Information förmlich aufzudrängen.[405] Daran ändert auch § 64 Abs. 2 Nr. 1 WpHG nichts, der das Wertpapierdienstleistungsunternehmen dazu verpflichtet, über jedes Finanzinstrument, das zum Kauf empfohlen wird, ein Informationsblatt zur Verfügung zu stellen, das die wesentlichen Informationen über das Finanzinstrument zusammenfasst.[406] Zumindest bei Finanzprodukten, die keine übermäßige Komplexität aufweisen, kann vom Wertpapierdienstleistungsunternehmen nicht verlangt werden, nach- oder abzuprüfen, ob der Kunde die Informationen verstanden hat; derartiges Vorgehen wäre nicht nur ein unzumutbarer Arbeitsaufwand, sondern widerspricht dem Bild des selbstbestimmten und eigenverantwortlichen Wertpapierkunden.[407] Anders kann dies allerdings für **komplexe Finanzprodukte** zu entscheiden sein.[408] **106**

Als **Mindestinhalte** sind daher nach § 63 Abs. 7 iVm Art. 44 ff. DelVO (EU) 2017/565 **gegenüber allen Kundenklassen** für Arten von Finanzinstrumen, der vorgeschlagenen Anlagestrategie und der Zielmärkte folgende Informationen zur Verfügung zu stellen gem. § 63 Abs. 7 WpHG: **107**

– geeignete Leitlinien zur Anlage in solche Arten von Finanzinstrumenten oder zu den einzelnen Anlagestrategien (Nr. 1a),
– Warnhinweise zu den Risiken der Finanzinstrumente oder den Anlagestrategien (Nr. 1b),

---

[401] Vgl. zum WpHG aF Fuchs/*Fuchs* WpHG § 31 Rn. 131.
[402] Vgl. zum WpHG aF Fuchs/*Fuchs* WpHG § 31 Rn. 133.
[403] BGH Urt. v. 27.2.1996 – XI ZR 133/95 = WM 1996, 664 (665); *Lang* Informationspflichten bei Wertpapierdienstleistungen S. 208 ff.
[404] Assmann/Schneider/Mülbert/*Koller* WpHG § 63 Rn. 92.
[405] Kümpel/Wittig/Früh/Seyfried/*Seyfried* Bank- und Kapitalmarktrecht Rn. 3.117; zur alten Rechtslage bereits Assmann/Schneider/*Koller* WpHG, 4 Aufl., § 31 Rn. 53.
[406] Neuregelung im Zuge des AnsFuG v. 5.4.2001, BGBl. I 2001, 538 ff.; hierzu *Brencke* ZBB 2014, 366 (371 f.); *Möllers/Wenninger* NJW 2011, 1697 (1697 ff.); *Wagner* NZG 2011, 609 (609 ff.); *Voß* BB 2010, 3099 (3099 ff.) allerdings noch zum Regierungsentwurf; *Müller-Christmann* DB 2011, 749 (749 ff.); zu der Ausgestaltung der Informationsblätter s. auch das BaFin Rundschreiben 6/2011(WA) zu den Informationsblättern nach § 31 Abs. 3a, 9 WpHG und § 5a WpDVerOV v. 1.6.2011, Geschäftszeichen WA 36-Wp 2002–2010/0002, abrufbar unter: http://www.bafin.de/SharedDocs/Veroeffentlichungen/DE/Rundschreiben/rs_1106_wa_informationsblaetter.html (zuletzt abgerufen am 16.2.2019).
[407] Vgl. zum WpHG aF Fuchs/*Fuchs* WpHG § 31 Rn. 133.
[408] → Rn. 298 f.

– ob das Finanzinstrument für Privatkunden oder professionelle Kunden bestimmt ist (Nr. 1c),
– hinsichtlich der Kosten Informationen in Bezug auf Kosten und Nebenkosten der Wertpapierdienstleistung sowie Nebenkosten und eventueller Beraterkosten (Nr. 2a),
– Kosten der Finanzinstrumente, die dem Kunden empfohlen oder vermarktet wurden (Nr. 2b),
– sowie der Zahlungsmöglichkeiten und etwaiger Zahlungen durch Dritte (Nr. 2c).

108 Insbesondere muss gem. Art 47 Abs. 2 lit. g) DelVO (EU) 2017/565 die Wertpapierfirma den Kunden und potentiellen Kunden Informationen zum **Schutz von Kundenfinanzinstrumenten** und Kundengeldern übermitteln, einschließlich etwaiger Anlegerentschädigungs- und Einlagesicherungssysteme, der die Wertpapierfirma angeschlossen ist, unter Berücksichtigung der Abwicklungsmöglichkeiten der §§ 77 ff. SAG[409], welches am 1.1.2015 in Kraft trat.[410] Allerdings kommt es für das Ausmaß der zu erteilenden Informationen auf die Einstufung des Kunden an.[411]

109 Ferner sind Informationen über das Wertpapierdienstleistungsunternehmen erforderlich, die eine **effektive Kommunikation des Kunden** mit diesem ermöglichen.[412] Zur Verfügung gestellt werden müssen dem Privatkunden also zumindest Namen und Anschrift des Unternehmens, Art. 47 Abs. 1 lit. a) DelVO (EU) 2017/565 wobei der Name über die allgemeinen Informationen auch professionellen Kunden gem. Art 44 Abs. 2 lit. a) DelVO (EU) 2017/565 übermittelt werden muss.

110 Auch bei **öffentlichen Angeboten mit Prospekt** nach WpPG ist anzugeben, wo der Prospekt erhältlich ist, Art. 48 Abs. 3 DelVO (EU) 2017/565. Zu beachten ist auch, dass die Informationen nach Art. 48 Abs. 3 und Abs. 5 DelVO (EU) 2017/565 in auf das konkrete Finanzprodukt bezogener Weise erteilt werden müssen, da eine standardisierte Bereitstellung im Rahmen einer abstrakten (Grund-)Aufklärung des Kunden diesbezüglich schwer durchführbar sein wird.[413]

111 Auf Verlangen des Kunden muss ihm gem. § 63 Abs. 7 S. 3 WpHG eine Aufstellung mit **Aufschlüsselung der einzelnen Kosten** zur Verfügung gestellt werden. Bezüglich anfallender übergreifender Kosten (Kontogebühren, Depotgebühren, Verpfändungsgebühren) kann das Unternehmen diese in voller Höhe ansetzen mit einer erläuternden Fußnote, dass die Kosten in voller Höhe im Rahmen der ex-ante Information angegeben wurden und wegen ihres übergreifenden Charakters nicht auf die konkrete Dienstleistung ausgewiesen werden können.[414] Bei Aushändigung von standardisierten Informationsblättern nach § 64 Abs. 2 S. 3 WpHG muss die Kostenangabe auch ohne Verlangen des Kunden erfolgen, § 63 Abs. 7 S. 11 WpHG, einschließlich einer formalisierten Kostenaufstellung.

112 Für nunmehr **alle Kundentypen** gilt, dass nach Art. 48 Abs. 5 DelVO (EU) 2017/565 Angaben über **Garantien** durch einen Dritten und über die Garantie selbst erforderlich sind, wenn das Finanzinstrument mit einer solchen Garantie unterlegt ist. Der Kunde soll sich auf Grundlage der Informationen ein realistisches Bild von dem Wert der Garantie machen können, was Informationen insbesondere über eventuelle Einschränkungen der Zahlungsverpflichteten gegenüber dem Emittenten erforderlich macht.[415]

113 Diese Informationen sollen nach § 63 Abs. 7 S. 4 WpHG dem Kunden **regelmäßig,** mindestens aber jährlich während der Laufzeit zur Verfügung gestellt werden, wenn die Voraussetzungen des Art. 50 Abs. 9 DelVO (EU) 2017/565 vorliegen.

---

[409] Gesetz zur Sanierung und Abwicklung von Instituten und Finanzgruppen (Sanierungs- und Abwicklungsgesetz –SAG), BGBl. I 2014, 2091.

[410] JVRB/*Voß* WpHG § 31 Rn. 345; zum SAG *Philipp* AG 2015, 77.

[411] Kümpel/Wittig/Früh/Seyfried/*Seyfried* Bank- und Kapitalmarktrecht Rn. 3.121.

[412] Vgl. zum WpHG aF Schwark/Zimmer/*Rothenhöfer* WpHG § 31 Rn. 202.

[413] Assmann/Schneider/Mülbert/*Koller* WpHG § 63 Rn. 105.

[414] FAQ zu MiFID II-Wohlverhaltensregeln nach §§ 63 Fff. WpHG G Frage 1 abrufbar unter https://www.bafin.de/SharedDocs/Veroeffentlichungen/DE/Auslegungsentscheidung/WA/ae_040518_faq_mifid2_wohlverhaltenregeln.html (zuletzt abgerufen am 3.7.2019).

[415] Vgl. zum WpHG aF Schwark/Zimmer/*Rothenhöfer* WpHG § 31 Rn. 222.

114 Dem Kunden müssen die Informationen zudem **rechtzeitig** übermittelt werden. Genauere Bestimmungen bezüglich der Rechtzeitigkeit enthalten Art. 46 ff. DelVO (EU) 2017/565. Diese zeichnen sich allerdings durch eine gewisse Widersprüchlichkeit aus: So verlangt Art. 46 Abs. 1 eine Übermittlung vor Vertragsschluss, wenn vor der Erbringung der Leistung ein Vertrag geschlossen wurde, wohingegen Abs. 2 von einer Übermittlung vor Erbringung einer Wertpapierdienstleistung spricht.[416] Mit dem Ziel der Regelung, nämlich eine informierte Entscheidung zu treffen, ist es aber nur zu vereinbaren, wenn die Information in einer angemessenen Zeit vor einer Wertpapierdienstleistung (zB Beratung) übermittelt wird, und im Falle einer Bindung vor dieser übermittelt wurde.[417] Für eine solche Sicht streitet auch Erwägungsgrund (83) MiFID II, der den Kunden genügend Zeit einräumen will, um die Information zu lesen und zu verstehen. Nach § 5 Abs. 3 WpDVerOV aF galt für Privatkunden, dass diese die Informationen erhalten müssen, bevor die Wertpapierdienstleistung erbracht bzw. der Vertrag darüber geschlossen wird. Obwohl aus dieser Regelung der Umkehrschluss gezogen hätte werden können, dass die Informationen professionellen Kunden auch später vorgelegt werden können, würde damit der Sinn der generellen Regel der Rechtzeitigkeit unterlaufen, die dem Anleger ermöglichen soll, die Anlageentscheidung auf wohlinformierter Grundlage zu treffen.[418] Die Neuregelung in Art. 46 DelVO (EU) 2017/565 macht eine Unterscheidung nur über den Verweis auf Art. 47, der nur für Kleinanleger gilt. Bei den sonstigen Informationen und insbesondere den Vertragsbedingungen ist keine Unterscheidung angelegt. Daher ist es auch weiterhin nicht zulässig, nur Privatkunden vor einer Bindung die Informationen zu übermitteln. In ähnlicher Weise verlangt im Zivilrecht die Rechtsprechung die Aushändigung eines Prospektes dergestalt, dass der Anleger genügend Zeit hat, um sich mit dem Inhalt zu befassen.[419]

115 Ferner müssen die Informationen **„verständlich"** erteilt werden. Nach Art. 44 Abs. 2 lit. d) DelVO (EU) 2017/565 kommt es dabei vor allem auf den angesprochenen Kundenkreis an bzw. auf den Durchschnittskunden in seiner jeweiligen Kategorie.[420] Zu unterscheiden ist hier zunächst zwischen professionellen und privaten Anlegern. Eine auf individuelle Vorbildung des Kunden zugeschnittene Bereitstellung von Informationen erfolgt jedoch nicht und wäre auch kaum praktizierbar, vielmehr sind standardisierte, am Anforderungsprofil des Durchschnittskunden orientierte Informationen zulässig.[421] Komplexe Zusammenhänge müssen gedanklich klar und möglichst einfach strukturiert aufbereitet werden, die Verwendung von Grafiken und Tabellen ist dabei zulässig, solange sie den Rahmen für den durchschnittlich vorgebildeten Kunden nicht überschreiten.[422] Da der Kenntnisstand des Durchschnittskunden entscheidend ist, verbietet sich aber die Verwendung von aus dem Englischen übernommenen bankspezifischen Fachausdrücken, insbesondere gegenüber wertpapierrechtlich unerfahrenen Privatkunden, da hier nicht Vertrautheit mit dem einschlägigen Fachjargon unterstellt werden kann. Werden diese Begriffe dennoch verwendet, müssen sie dem Kunden übersetzt und ihre Bedeutung in hinreichender Form erläutert werden.[423] Auch die Verwendung von Fremdsprachen dürfte der Verständlichkeit der Information entgegenstehen, es sei denn, der Kunde verlangt

---

[416] Die Widersprüchlichkeit auch erkennend Assmann/Schneider/Mülbert/*Koller* WpHG § 63 Rn. 97.

[417] *Buck-Heeb/Poelzig* BKR 2017 485 (486); Assmann/Schneider/Mülbert/*Koller* WpHG § 63 Rn. 97.

[418] Ebenso vgl. zum WpHG aF Kümpel/Wittig/Früh/Seyfried/*Seyfried* Bank- und Kapitalmarktrecht Rn. 3.124; Assmann/Schneider/*Koller* WpHG, 6. Aufl., § 31 Rn. 113 ff.; Fuchs/*Fuchs* WpHG § 31 Rn. 122 ff.

[419] BGH Urt. v. 27.10.2009 – XI ZR 338/08 = WM 2009, 2306 Rn. 31; BGH Urt. v. 5.3.2009 – III ZR 302/07 = ZIP 2009, 1332 Rn. 19 hinsichtlich Beitrittserklärungen zu einem Fond.

[420] Assmann/Schneider/Mülbert/*Koller* WpHG § 63 Rn. 93.

[421] Assmann/Schneider/Mülbert/*Koller* WpHG § 63 Rn. 93.

[422] Vgl. zum WpHG aF Schwark/Zimmer/*Rothenhöfer* WpHG § 31 Rn. 169 f.

[423] BGH Urt. v. 17.3.1992 – XI ZR 204/91 = WM 1992, 770 (772); MüKoHGB/*Ekkenga* Bd. VI Effektengeschäft Rn. 306.

ausdrücklich danach bzw. die Verwendung einer fremden Sprache entspricht der vertraglichen Vereinbarung[424] und der Kunde ist hierüber gem. Art. 47 Abs. 1 lit. b) DelVO (EU) 2017/565 in Kenntnis gesetzt worden. Die Masse der Informationen darf nicht zu einem *information overload* seitens des Kunden führen, da auch und gerade ein solcher der Verständlichkeit der Informationen entgegensteht.[425] Dass damit eine Gratwanderung hinsichtlich Quantität und Qualität der vom WpHG geforderten und gebotenen Informationen entsteht, liegt auf der Hand.[426]

116 Ferner erlaubt § 63 Abs. 7 S. 8 – 10 WpHG bei zertifizierten Altersvorsorge- und Basisrentenverträgen im Sinne des **Altersvorsorgeverträge-Zertifizierungsgesetzes** die Erfüllung der Informationspflichten durch Bereitstellung des individuellen Produktinformationsblattes nach § 7 des Altersvorsorgeverträge-Zertifizierungsgesetzes. Kosten und Nebenkosten sind dem Kunden nur auf Nachfrage zur Verfügung zu stellen, worauf der Kunde aber gesondert hinzuweisen ist.

117 **h) Anderweitige Informationspflichten, § 63 Abs. 8.** Andere Informationspflichten nach EU-Recht bleiben unberührt, was § 63 Abs. 8 WpHG in Umsetzung von Art. 24 Abs. 6 MiFID II nochmals festhält. Dies betrifft die Informationspflichten in den Bereichen der Kreditinstitute und Verbraucherkredite.

118 **i) Verbundene Geschäfte, § 63 Abs. 9.** Handelt es sich um ein Dienstleistungs- oder **Produktpaket,** so muss zum einen der Kunde gem. Art 24 Abs. 11 MiFID II darüber informiert werden, ob die einzelnen Produkte oder Dienstleistungen **separat erhältlich** sind, auch bedarf es eines getrennten Nachweises über die Kosten und Gebühren.[427] Die deutsche Regelung wurde wortlautnah in § 63 Abs. 9 WpHG umgesetzt. Zweck der Regelung ist es eine größere Transparenz zu schaffen, aber auch die Belebung des Wettbewerbs.[428] Bei einem erforderlichen Koppelungsprodukt handelt es sich um ein Finanzinstrument, welches untrennbar aus zwei oder mehreren Finanzinstrumenten besteht oder einem Finanzinstrument, welches mit einer Wertpapierdienstleistung untrennbar verbunden ist, sodass ein Finanzinstrument entsteht.[429] Ein Gesamtpaket entsteht dagegen auch bei einer auflösbaren Bündelung einer Wertpapierdienstleistung mit anderen Diensleistungen oder Produkten.[430] Es ist nach Art. 48 Abs. 4 DelVO (EU) 2017/565 rechtzeitig vor Vertragsschluss angemessen über die Rechtsform des Finanzinstrumentes und dessen Bestandteile zu informieren.[431] Zum anderen muss im Rahmen der Geeignetheitsprüfung das gesamte Paket für den Anleger geeignet oder angemessen sein, § 64 Abs. 3 S. 4 WpHG.[432] Wenn eine Wahrscheinlichkeit besteht, dass aufgrund der Bündelung die Risiken des Gesamtpaketes von den Risiken der einzelnen Bestandteile abweichen, ist der Kunde darüber zu informieren, wie die Wechselwirkung das Risiko beeinflusst. Insofern entsteht eine ergänzende Regelung zur Risikoanalyse.[433]

119 **j) Pflichten im beratungsfreien Geschäft, § 63 Abs. 10 WpHG (Discount-Broker).** Bei sog. **Discount-Brokern** fehlt es an einer individualisierten Empfehlung; denn sie schlagen keine individuell ausgesuchten Finanzinstrumente vor, sondern werden in der Regel zu verringerten Gebühren auf der Basis standardisierter Auskunftsbögen und nicht

---

[424] OLG Köln Urt. v. 18.5.1992 – XI 274/91 = NJW-RR 1992, 1457.
[425] Assmann/Schneider/Mülbert/*Koller* WpHG § 63 Rn. 64 ff.
[426] Zum Erfordernis der pragmatischen Begrenzung des Beratungsinhalts, *Grigoleit* ZHR 177 (2013), 264 (282 f.).
[427] *Buck-Heeb* ZBB 2014, 221 (227).
[428] Staub/*Grundmann* HGB Bd. 11/2 Teil 8 Rn. 184.
[429] Assmann/Schneider/Mülbert/*Koller* WpHG § 63 Rn. 129.
[430] Assmann/Schneider/Mülbert/*Koller* WpHG § 63 Rn. 129.
[431] Assmann/Schneider/Mülbert/*Koller* WpHG § 63 Rn. 129.
[432] Zur MiFID II *Buck-Heeb* ZBB 2014, 221 (227).
[433] Staub/*Grundmann* HGB Bd. 11/2 Teil 8 Rn. 184.

auf der Basis eines Beratungsvertrages tätig,[434] meist per Online-Banking. Zwar kann in Einzelfällen ein gesonderter Beratungsvertrag auch mit dem Discount-Broker abgeschlossen werden, was dann zur Einstufung der Tätigkeit als Anlageberatung mit einem erweiterten Pflichtenkreis führt; in der Regel aber ist von einem beratungsfreien Geschäft iSd § 63 Abs. 10 WpHG[435] auszugehen.[436] § 63 Abs. 10 WpHG schreibt nach Umsetzung der MiFID II **bestimmte Schutzpflichten** zu Gunsten des Kunden auch dann vor, wenn keine Beratungsleistung vereinbart oder in Anspruch genommen wird.[437] Dazu gehört die sog. **Angemessenheitsprüfung,** bei welcher die Bank verpflichtet ist, vom Kunden Informationen zu dessen Kenntnisstand und Erfahrungshorizont einzuholen und auf dieser Grundlage ein Klientenprofil zu erstellen. In der Praxis erfolgt dies durch die Zusendung von Erhebungsbögen und die daraus folgende Einteilung des Kunden in die jeweilige Risikoklasse.[438] Im Weiteren wird lediglich geprüft, ob sich der Auftrag des Kunden innerhalb der jeweiligen Risikoklasse bewegt und der Kunde die Risiken der anvisierten Geldanlage ohne weitergehende Aufklärung zu durchschauen vermag.[439] Wenn dies nicht der Fall ist, muss das Kreditinstitut den Kunden im Rahmen eines Hinweises entsprechend **warnen.**

Auch bei Nichtvorhandensein eines Beratungsvertrages stellt das WpHG nach Umset- 120
zung der MiFID II den Aspekt der Risikobewusstheit beim Kunden zentral in den Vordergrund und geht mit den in § 63 Abs. 10 WpHG normierten Anforderungen über die vorher von der Rechtsprechung aufgestellten zivilrechtlichen Grundsätze bei Discount Brokern hinaus (s. → Rn. 309). Hier etwa wurde der Kunde nicht als schutzwürdig eingestuft, wenn er die Bank hinsichtlich bestimmter Finanzmarktinstrumente beauftragte und diese vorher erklärte, hinsichtlich des angefragten Produkts über keine Sachkunde zu verfügen[440] bzw. sich der Kunde als markterfahren vorstellte.[441] Die Vorschriften des WpHG zum beratungsfreien Geschäft verpflichten die Kreditinstitute nunmehr zumindest zu einem Abgleich der Risikostruktur des Finanzprodukts mit der Risikobereitschaft des Anlegers, sodass entsprechende Kenntnisse über die angefragten Finanzprodukte eingeholt werden müssen. Etwas anderes kommt nur noch beim **absoluten execution-only-Geschäft** nach § 63 Abs. 11 WpHG[442] in Betracht, welches jedoch nur bei bestimmten Finanzmarktprodukten von geringer Komplexität zulässig ist und dessen Anwendungsbereich sich im Vergleich zu dem früheren § 31 Abs. 7 aF WpHG noch verkleinert hat.[443] Hier wird die Bank auf Veranlassung des Kunden tätig und ordert bestimmte Finanzmarktprodukte, ohne dass diesbezüglich irgendeine Art von Abgleich mit den Interessen oder Kenntnissen des Anlegers stattfindet, die Bank also tatsächlich auch Produkte ordern kann, über deren Risikostruktur sie nicht informiert ist; daran ändert sich auch durch die MiFID II im Grundsatz nichts, die allerdings verschärfte Vorgaben für den Kreis der angebotsfähigen Finanzprodukte vorsieht.[444]

---

434 OLG Schleswig Hinweisbeschl. v. 2.6.2014 – 5 U 67/14, NJW-RR 2015, 109 (109 ff.); BGH Urt. v. 19.3.2013 – XI ZR 431/11, NJW 2013, 3293; Bericht des Finanzausschusses BT-Drs. 12/7918, 104; *Lenenbach* Kapitalmarktrecht Rn. 11.373; BeckOGK/*Buck-Heeb/Lang* BGB § 675 Rn. 153.

435 → Rn. 122 ff.

436 Ermann/*Kindl* BGB Rn. 68; BeckOGK/*Buck-Heeb/Lang* BGB § 675 Rn. 153; vgl auch *Buck-Heeb* KSzW 2015, 131 (132).

437 Assmann/Schneider/Mülbert/*Koller* WpHG § 63 Rn. 131 ff.

438 Ellenberger/Clouth/*Lang/Loy* Praktikerhandbuch Wertpapier- und Derivategeschäft Rn. 869; *Lenenbach* Kapitalmarktrecht Rn. 11.383.

439 BankR-HdB/*Hannöver/Walz* § 110 Rn. 33; *Lenenbach* Kapitalmarktrecht Rn. 11.384; Ellenberger/Clouth/*Lang/Loy* Praktikerhandbuch Wertpapier- und Derivategeschäft Rn. 869 f; Staub/*Grundmann* HGB Bd. 11/2 Teil 8 Rn. 191.

440 BGH Urt. v. 5.10.1999 – XI ZR 296/98, BGHZ 142, 345 (Rn. 30 ff.) = NJW 2000, 359; hierzu *Koller* EWiR 1999, (1111 f.).

441 BGH Beschl. v. 9.12.1997 – XI ZR 85/97 = WM 1998, 274 (Rn. 2); BGH Urt. v. 12.3.1996 – XI ZR 232/95 = WM 1996, 906 (Rn. 4).

442 → Rn. 126.

443 Assmann/Schneider/Mülbert/*Koller* WpHG § 63 Rn. 140.

444 → Rn. 126.

121 Im beratungsfreien Geschäft nach § 63 Abs. 10 WpHG reduzieren sich die Explorationspflichten[445] auf die **Erkundung von Kenntnissen und Erfahrungen der Kunden** in Bezug auf Geschäfte mit bestimmten Arten von Finanzinstrumenten oder Wertpapierdienstleistungen, soweit diese Informationen erforderlich sind, um die Angemessenheit der Finanzinstrumente beurteilen zu können, § 63 Abs. 10 S. 1 WpHG. Hinsichtlich der Angaben des Kunden zu seinen Kenntnissen und Erfahrungen finden die gleichen Vorgaben wie bei der Anlageberatung Anwendung, Art. 55 Abs. 2 DelVO (EU) 565/2017.[446] Dagegen ist es nicht erforderlich, dass die Anlageziele und die finanziellen Verhältnisse des Kunden erfragt werden, denn § 63 Abs. 10 WpHG schreibt anders als § 64 Abs. 3 WpHG gerade keine Beratungspflicht vor.[447] Liegen die Informationen bereits vor, ist eine erneute Anforderung nicht nötig.[448]

122 Auf der Grundlage der Kundenangaben hat der Wertpapierdienstleister vielmehr einen **Angemessenheitstest,** § 63 Abs. 10 WpHG iVm Art. 55, 56 DelVO (EU) 2017/565, durchzuführen. Dieser bleibt vom Prüfungsumfang hinter der Geeignetheitsprüfung zurück,[449] da er nicht die Anlageziele und die finanzielle Risikotragfähigkeit der Kunden in die Prüfung einbezieht.[450] Damit ist im Rahmen der Angemessenheitsprüfung lediglich die Art der Finanzinstrumente oder die Art der Wertpapierdienstleistung zu beurteilen.[451] Ergibt sich aus den erteilten Informationen, dass der Kunde nicht über die erforderlichen Kenntnisse und Erfahrungen verfügt, um die Risiken, die mit der Art der potentiell zu erwerbenden Finanzprodukte einhergehen, angemessen einschätzen zu können, muss das Wertpapierdienstleistungsunternehmen einen entsprechenden Warnhinweis erteilen, § 63 Abs. 10 S. 3 WpHG; dies kann auch in standardisierter Form erfolgen, § 63 Abs. 10 S. 6 WpHG. Sofern das Wertpapierdienstleistungsunternehmen a priori nicht die erforderlichen Angaben erlangt, hat es den Kunden darauf hinzuweisen, dass eine Angemessenheitsprüfung nicht erfolgen kann, § 63 Abs. 10 S. 4 WpHG. Beide Warnungen müssen dem Kunden rechtzeitig vor Vertragsabschluss übermittelt werden, sprich vor unwiderruflichem Vertragsschluss oder unwiderruflicher Offerte des Kunden.[452] Anders als in der Anlageberatung trifft den Wertpapierdienstleister indes **kein Verbot,** ein Geschäft für den Kunden durchzuführen, wenn die nötigen Angaben nicht vorliegen.

123 Für ein beratungsfreies Geschäft muss der Kunde auf die Beratung durch die Bank verzichten, etwa **durch ausdrücklichen Verzicht** im Rahmen seiner Auftragserteilung. Ferner wird der Beratungsausschluss durch die Bank als zulässig angesehen, wenn die Bank dem Kunden ausdrücklich erklärt, dass sie mit dem Vertrieb des jeweiligen Produktes keinerlei Erfahrungen hat und deswegen nicht in der Lage ist eine Beratung durchzuführen, der Kunde jedoch auf die Durchführung des Geschäfts besteht.[453] Die frühere Rechtsprechung nahm darüber hinaus zivilrechtlich bereits dann einen konkludenten Verzicht an, wenn der Kunde von sich aus einen gezielten Auftrag zum Kauf eines bestimmten Wertpapiers (unter Angabe der ISIN-Nummer) abgibt.[454] Dies wurde schon früher vor dem Hintergrund kritisiert, dass auch bei gezielten Aufträgen der Kunde oft von Beratungspflichten der Bank keine Kenntnis hat und folglich auch auf diese nicht

---

[445] → Rn. 147 ff.

[446] → Rn. 149 ff.

[447] Staub/*Grundmann* HGB Bd. 11/2 Teil 8 Rn. 190.vgl. zum WpHG aF *Buck-Heeb* WM 2014, 385 (392); MüKoHGB/*Ekkenga* Bd. VI Effektengeschäft Rn. 293.

[448] Assmann/Schneider/Mülbert/*Koller* WpHG § 63 Rn. 132.

[449] → Rn. 168 ff.

[450] Vgl. zum WpHG aF Schwark/Zimmer/*Rothenhöfer* WpHG § 31 Rn. 293.

[451] Vgl. zum WpHG aF Schwark/Zimmer/*Rothenhöfer* WpHG § 31 Rn. 293.

[452] Assmann/Schneider/Mülbert/*Koller* WpHG § 63 Rn. 136, 138.

[453] BGH Urt. v. 5.10.1999 – XI ZR 296/98, BGHZ 142, 345 (355) = NJW 2000, 359; Hellner/Steuer/*Jordans* Bankrecht und Bankpraxis Rn. 7/1318; BankR-HdB/*Hannöver/Walz* § 110 Rn. 37.

[454] BGH Urt. v. 19.5.1998 – XI ZR 216/97, BGHZ 139, 36 (38) = NJW 1998, 2673; BGH Urt. v. 14.5.1996 – XI ZR 188/95 = ZIP 1996, 1161 (1163 f.); BGH Urt. v. 24.9.1996 – XI ZR 244/95 = ZIP 1996, 2064 (2066 ff.).

verzichten wolle.[455] Der Bank sei es demnach zumutbar bei Erkennbarkeit der Schutzbedürftigkeit des Kunden diesem eine Warnung auszusprechen.[456] Allerdings dürfte sich die Frage durch die Einführung von § 31 Abs. 5 WpHG aF (jetzt § 63 Abs. 10 WpHG iVm Art. 55 und 56 DelVO (EU) 565/2017) trotz Annahme eines beratungsfreien Geschäfts weitgehend erledigt haben: Denn § 31 Abs. 5 WpHG aF verlangte von der Bank, dass sie das Kundengeschäft auf Angemessenheit hin überprüft und bei negativem Ergebnis den Kunden darauf hinweist. Im Rahmen dieser Prüfung wird auch ohne Annahme eines Beratungsvertrages die Schutzwürdigkeit des Kunden ermittelt und bei Erforderlichkeit eine Warnung ausgesprochen.[457] Demnach stellt selbst ein Verzicht des Kunden auf die Beratungsleistung ihn nicht schutzlos, sodass auch ein konkludenter Beratungsausschluss in Form einer gezielten Order weiterhin angenommen werden kann. Zwar bleibt die Angemessenheitsprüfung hinter der Geeignetheitsprüfung des Beratungsvertrages zurück, was aber auch sachgerecht ist, denn schließlich zeigt der Kunde durch die gezielte Order gerade, dass er bereits informiert ist und eine umfassende (!) Beratungsleistung nicht wünscht.

Für **professionelle Kunden im Sinne des § 67 Abs. 2 WpHG** greift ebenso wie bei der Anlageberatung die Erleichterung des Art. 54 Abs. 3 Unterabs. 1 DelVO (EU) 2017/565, sodass der Wertpapierdienstleister nicht die Kenntnisse und Erfahrungen des Kunden erfragen muss. Im Gegensatz zur alten Fassung in § 31 Abs. 9 WpHG aF wird im Wortlaut des Art 54 Abs. 3 DelVO (EU) 2017/565 nicht explizit auf die Anlageberatung abgestellt, womit eine Anwendung geboten ist. Zwar ist Art 54 DelVO (EU) 2017/565 anlagebezogen, doch muss dieser hier erst recht zum Tragen kommen, würde sonst nur eine Erleichterung bei solchen Geschäften vorgenommen, die den höchsten Grad an Kundenschutz garantieren und widersinnigerweise bei beratungsfreien, weniger geschützten Geschäften eine Erleichterung verwehrt werden.[458] 124

k) Pflichten bei reiner Auftragsdurchführung (§ 63 Abs. 11). Bei einer reinen Auftragsdurchführung **(„execution only")** beschränkt sich der Tätigkeitsbereich des Wertpapierdienstleistungsunternehmens auf die Ausführung von Kundenordern für bestimmte Geschäfte, § 63 Abs. 11 Nr. 1 WpHG;[459] dementsprechend werden die **Pflichten** gegenüber dem Kunden nochmals **reduziert.** So besteht für den Wertpapierdienstleister weder eine Explorationspflicht, noch eine Pflicht zur Geeignetheits- oder Angemessenheitsprüfung, sodass entsprechende Kundenangaben nicht zuvor eingeholt und bewertet werden müssen.[460] 125

Die Absenkung des Schutzniveaus findet ihr Korrelat in der Beschränkung des Anwendungsbereichs des reinen Ausführungsgeschäfts.[461] Die reine Auftragsdurchführung ist nach § 63 Abs. 11 Nr. 1 WpHG **nur für bestimmte Wertpapierdienstleistungen,** wie den Eigenhandel, das Finanzkommissionsgeschäft, Abschlussvermittlung oder Anlagevermittlung zulässig. Diese Formen der Wertpapierdienstleistung sind nur in Bezug auf Aktien, die 126

[455] Vgl. zum WpHG aF *Leisch* Informationspflichten nach § 31 WpHG S. 170 f.; Ellenberger/Schäfer/Clouth/Lang/*Braun/Lang/Loy* Praktikerhandbuch Wertpapier- und Derivategeschäft, 3. Aufl , Rn. 514.

[456] Hellner/Steuer/*Jordans* Bankrecht und Bankpraxis Rn. 7/1323; Ellenberger/Schäfer/Clouth/Lang/*Braun/Lang/Loy* Praktikerhandbuch Wertpapier- und Derivategeschäft, 3. Aufl., Rn. 514.

[457] Zur aF BankR-HdB/*Hannöver/Walz* § 110 Rn. 33; *Buck-Heeb* WM 2014, 385 (392 f.).

[458] Assmann/Schneider/Mülbert/*Koller* WpHG § 63 Rn. 131; vgl. zum WpHG aF: zustimmend Kümpel/Wittig/Früh/Seyfried/*Seyfried* Bank- und Kapitalmarktrecht Rn. 3.166; Assmann/Schneider/*Koller* WpHG, 6. Aufl., § 31 Rn. 174 f., der allerdings für eine analoge Anwendung plädiert; Ellenberger/Clouth/*Braun/Lang/Loy* Praktikerhandbuch Wertpapier- und Derivategeschäft Rn. 416; abl. MüKoHGB/*Ekkenga* Bd. VI Effektengeschäft Rn. 380, da der Wortlaut von § 31 Abs. 9 WpHG aF für § 31 Abs. 5 WpHG aF explizit keine Befreiung vorsah.

[459] Dies gilt selbst dann, wenn der Kunde zuvor in langjährigen Vertragsbeziehungen zu der Bank stand und das Geschäft mittels Zeichnungsschein ausdrücklich als execution-only-Geschäft durchführen möchte, OLG Frankfurt a.M. Beschl. v. 17.1.2014 – 19 U 160/13 = ZIP 2014, 612.

[460] *Buck-Heeb* WM 2014, 385 (391); *Balzer* ZBB 2007, 333 (341); vgl. zum WpHG aF Fuchs/*Fuchs* WpHG § 31 Rn. 335.

[461] Vgl. zum WpHG aF Schwark/Zimmer/*Rothenhöfer* WpHG § 31 Rn. 319.

an einem organisierten Markt gehandelt werden, mit Ausnahme von Aktien an AIF gem. § 1 Abs. 3 KAGB (lit.a), Schuldverschreibungen, die an einem organisierten Markt zugelassen sind, mit Ausnahme von solchen in die ein Derivat eingebettet ist und solche deren Struktur ein Risikoverständnis erschwert (lit. b), Geldmarktinstrumente, außer solche die in ein Derivat eingebettet sind (lit. c), Anteile an OGAW gem. § 1 Abs. 2 KAGB, mit Ausnahme von strukturierten OGAW gem. Art. 36 Abs. 1 Unterabs. 2 Verordnung (EU) Nr. 583/2010 (lit. d), strukturierte Einlagen, mit Ausnahme solcher die eine solche Struktur aufweisen, welche es erschweren, Ertragsrisiko und Kosten des Verkaufs zu verstehen (lit. e) und andere nicht komplexe Finanzinstrumente im Sinne von Art. 57 DelVO (EU) 2017/565 zulässig.

127 Die wesentliche Verschärfung liegt darin, dass die **Anforderungen an die Komplexität der Finanzprodukte** verschärft wurden, in dem Sinne, dass mehr Finanzprodukte als zuvor als komplex anzusehen sind und damit aus den handelbaren Produkten bei Execution-only-Geschäften herausfallen.[462] Diese bestimmen sich neben dem Katalog des § 63 Abs. 11 nach Art. 57 lit. b)-f) DelVO (EU) 2017/565. Nicht komplex sind solche Produkte:

– die auf emittentenunabhängiger Basis zu öffentlichen Marktpreisen liquide sind (lit. b),
– zu denen neben dem Anschaffungspreis keine weiteren Verpflichtungen hinzukommen (lit. c),
– die keine Bedingungen enthalten, die ihr Auszahlungsprofil entscheidend verändern (lit. d),
– die weiterhin keine Ausstiegsgebühren enthalten, die das Produkt faktisch illiquide machen würden (lit. e) und
– es müssen Informationen öffentlich verfügbar sein, die so gut verständlich sind, dass durchschnittliche Kleinanleger eine informierte Entscheidung treffen können (lit. f).

128 Letztlich können dann nur noch wenige Produkte über das Execution-only-Geschäft vom Anleger erworben werden, so bspw. Aktien, Anleihen, einfach verständlich strukturierte Anlagekonten oder Fondsanteile.[463]

129 Ferner muss die Auftragsdurchführung durch den Kunden **veranlasst** werden, § 63 Abs. 11 Nr. 1 WpHG. Darunter ist allerdings nicht der Auftrag des Kunden zu verstehen, der auf eine Anlageempfehlung oder persönliche Mitteilung des Wertpapierdienstleisters hin erfolgt, s. Erwägungsgrund (85) MiFID II.[464] Daher fehlt es an einer Veranlassung durch den Kunden im Zweifel auch dann, wenn das Wertpapierdienstleistungsunternehmen zuvor persönlich Kontakt zum Kunden aufgenommen und bestimmte Kaufanregungen getätigt hat.[465] Jedwede vorangegangene persönliche Empfehlung des Dienstleisters, die für das Geschäft kausal geworden ist, schließt damit das Kriterium der „eigenen Veranlassung" aus.[466] Dazu zählen allerdings keine Marketingmitteilungen, die sich an eine größere Gruppe von Kunden oder potentieller Kunden richten.[467] Letztlich muss der Kunde – ggf. in standardisierter Form – unmissverständlich darüber informiert werden, dass der Wertpapierdienstleister nicht die Angemessenheit des Finanzinstrumentes prüft, § 63 Abs. 11 Nr. 3 WpHG iVm Art. 44 Abs. 2 lit. e) DelVO (EU) 2017/565.[468] Nach Umsetzung der MiFID II sind somit nur noch wenige Finanzinstrumente beratungsfrei zu erwerben.[469]

---

[462] *Buck-Heeb* ZBB 2014, 221 (231).

[463] *Buck-Heeb* ZBB 2014, 221 (231); *Buck-Heeb* WM 2014, 385 (392).

[464] Darauf weisen zutr. Assmann/Schneider/*Koller* WpHG, 5. Aufl., § 31 Rn. 62 und Kümpel/Wittig/Früh/Seyfried/*Seyfried* Bank- und Kapitalmarktrecht Rn. 3.171 schon zur MiFID I hin.

[465] Assmann/Schneider/Mülbert/*Koller* WpHG § 63 Rn. 150; *Buck-Heeb* WM 2014, 385 (392).

[466] Assmann/Schneider/Mülbert/*Koller* WpHG § 63 Rn. 150; nach OLG Frankfurt a. M. Beschl. v. 17.1.2014 – 19 U 160/13 = ZIP 2014, 612 kann aber auch dann ein execution-only-Geschäft vorliegen.

[467] Staub/*Grundmann* HGB Bd. 11/2 Teil 8 Rn. 194; für das WpHG aF *Spindler/Kasten* WM 2006, 1797 (1800).

[468] *Duve/Keller* BB 2006, 2477 (2479), die allerdings ausführen, dass der Hinweis vor Erbringung der Dienstleistung erfolgen muss; ebenso *Buck-Heeb* WM 2014, 385 (391).

[469] Für eine Auflistung der Finanzinstrumente → Rn. 126; Assmann/Schneider/Mülbert/*Koller* WpHG § 63 Rn. 140; *Buck-Heeb* ZHR 177 (2013), 310 (330 f.); *Mansen* Anlageberatungsregelungen 2018 S. 322.

Ebenso dürfen diese Geschäfte dann nicht ausgeführt werden gem. § 63 Abs. 11 Nr. 2 WpHG, wenn zugleich ein **Darlehen** iSd § 2 Abs. 7 Nr. 2 WpHG gewährt wird, außer dieses besteht im Ausnutzen einer Kreditobergrenze eines bereits bestehenden Darlehens oder eines bereits bestehenden Darlehens, welches in der Art und Weise gewährt wurde, dass der Darlehensgeber in einem Vertragsverhältnis über ein laufendes Konto gestattet, das Konto des Darlehensnehmers in bestimmter Höhe zu überziehen, oder dass der Darlehensgeber, ohne eingeräumte Überziehungsmöglichkeit, die Überziehung gegen ein vereinbartes Entgelt duldet. Denn nach Erwägungsgrund 80 soll das Execution-only-Geschäft nicht in Verbindung mit Nebendienstleistungen in Form von Kredit- oder Darlehensgewährung an Anleger für die Durchführung von Geschäften, an denen das Wertpapierdienstleistungsunternehmen beteiligt ist, erbracht werden. Durch derartige Konstruktionen werde es dem Anleger erschwert, die mit dem Geschäft verbunden Risiken aufgrund der gesteigerten Komplexität zu verstehen.[470] Es kann sich aber immer nur um Geschäfte desselben Wertpapierdienstleistungsunternehmens handeln; Kreditfinanzierungen durch Dritte fallen nicht hierunter, da der Wertpapierdienstleister in der Regel hiervon keine Kenntnis haben kann. 130

Aufträge sind zu günstigen Kursen unter bestmöglichen Konditionen und, soweit dies im Rahmen der Regeln zur Vermeidung von Interessenkonflikten zulässig ist, schnellstmöglich **auszuführen.**[471] Dabei sollen übermäßige Vergütungen als Anreize, Kundeninteressen hinter Eigeninteressen zu vernachlässigen, vermieden werden.[472] 131

II. Besondere Verhaltensregeln bei Anlageberatung und Finanzportfolioverwaltung – § 64 WpHG

§ 64 Besondere Verhaltensregeln bei der Erbringung von Anlageberatung und Finanzportfolioverwaltung; Verordnungsermächtigung

(1) ¹**Erbringt ein Wertpapierdienstleistungsunternehmen Anlageberatung, muss es den Kunden zusätzlich zu den Informationen nach § 63 Absatz 7 rechtzeitig vor der Beratung und in verständlicher Form darüber informieren**

1. ob die Anlageberatung unabhängig erbracht wird (Unabhängige Honorar-Anlageberatung) oder nicht;

2. ob sich die Anlageberatung auf eine umfangreiche oder eine eher beschränkte Analyse verschiedener Arten von Finanzinstrumenten stützt, insbesondere, ob die Palette an Finanzinstrumenten auf Finanzinstrumente beschränkt ist, die von Anbietern oder Emittenten stammen, die in einer engen Verbindung zum Wertpapierdienstleistungsunternehmen stehen oder zu denen in sonstiger Weise rechtliche oder wirtschaftliche Verbindungen bestehen, die so eng sind, dass das Risiko besteht, dass die Unabhängigkeit der Anlageberatung beeinträchtigt wird, und

3. ob das Wertpapierdienstleistungsunternehmen dem Kunden regelmäßig eine Beurteilung der Geeignetheit der empfohlenen Finanzinstrumente zur Verfügung stellt.

²**§ 63 Absatz 7 Satz 2 und bei Vorliegen der dort genannten Voraussetzungen die Ausnahme nach § 63 Absatz 8 gelten entsprechend.**

(2) ¹**Im Falle einer Anlageberatung hat das Wertpapierdienstleistungsunternehmen einem Privatkunden rechtzeitig vor dem Abschluss eines Geschäfts über Finanzinstrumente, für die kein Basisinformationsblatt nach der Verordnung (EU) Nr. 1286/2014 erstellt werden muss,**

---

[470] *Buck-Heeb* ZBB 2014, 221 (232).

[471] OLG Oldenburg Urt. v. 22.5.1992 – 11 U 12/92 = WM 1993, 1879.

[472] Derleder/Knops/Bamberger/*Bamberger* HdB Bankrecht § 52 Rn. 100; Einzelheiten auch bei *Bergmann* → Kap. 36 Rn. 95 ff., 110.

1. über jedes Finanzinstrument, auf das sich eine Kaufempfehlung bezieht, ein kurzes und leicht verständliches Informationsblatt,
2. in den Fällen des Satzes 3 ein in Nummer 1 genanntes Informationsblatt oder wahlweise ein standardisiertes Informationsblatt oder
3. in den Fällen des Satzes 4 ein dort genanntes Dokument anstelle des in Nummer 1 genannten Informationsblatts zur Verfügung zu stellen.

[2] Die Angaben in den Informationsblättern nach Satz 1 dürfen weder unrichtig noch irreführend sein und müssen mit den Angaben des Prospekts vereinbar sein. [3] Für Aktien, die zum Zeitpunkt der Anlageberatung an einem organisierten Markt gehandelt werden, kann anstelle des Informationsblattes nach Satz 1 Nummer 1 ein standardisiertes Informationsblatt verwendet werden. [4] An die Stelle des Informationsblattes treten

1. bei Anteilen oder Aktien an OGAW oder an offenen Publikums-AIF die wesentlichen Anlegerinformationen nach den §§ 164 und 166 des Kapitalanlagegesetzbuchs,
2. bei Anteilen oder Aktien an geschlossenen Publikums-AIF die wesentlichen Anlegerinformationen nach den §§ 268 und 270 des Kapitalanlagegesetzbuchs,
3. bei Anteilen oder Aktien an Spezial-AIF die wesentlichen Anlegerinformationen nach § 166 oder § 270 des Kapitalanlagegesetzbuchs, sofern die AIF-Kapitalverwaltungsgesellschaft solche gemäß § 307 Absatz 5 des Kapitalanlagegesetzbuchs erstellt hat,
4. bei EU-AIF und ausländischen AIF die wesentlichen Anlegerinformationen nach § 318 Absatz 5 des Kapitalanlagegesetzbuchs,
5. bei EU-OGAW die wesentlichen Anlegerinformationen, die nach § 298 Absatz 1 Satz 2 des Kapitalanlagegesetzbuchs in deutscher Sprache veröffentlicht worden sind,
6. bei inländischen Investmentvermögen im Sinne des Investmentgesetzes in der bis zum 21. Juli 2013 geltenden Fassung, die für den in § 345 Absatz 6 Satz 1 des Kapitalanlagegesetzbuchs genannten Zeitraum noch weiter vertrieben werden dürfen, die wesentlichen Anlegerinformationen, die nach § 42 Absatz 2 des Investmentgesetzes in der bis zum 21. Juli 2013 geltenden Fassung erstellt worden sind,
7. bei ausländischen Investmentvermögen im Sinne des Investmentgesetzes in der bis zum 21. Juli 2013 geltenden Fassung, die für den in § 345 Absatz 8 Satz 2 oder § 355 Absatz 2 Satz 10 des Kapitalanlagegesetzbuchs genannten Zeitraum noch weiter vertrieben werden dürfen, die wesentlichen Anlegerinformationen, die nach § 137 Absatz 2 des Investmentgesetzes in der bis zum 21. Juli 2013 geltenden Fassung erstellt worden sind,
8. bei Vermögensanlagen im Sinne des § 1 Absatz 2 des Vermögensanlagengesetzes das Vermögensanlagen-Informationsblatt nach § 13 des Vermögensanlagengesetzes, soweit der Anbieter der Vermögensanlagen zur Erstellung eines solchen Vermögensanlagen-Informationsblatts verpflichtet ist,
9. bei zertifizierten Altersvorsorge- und Basisrentenverträgen im Sinne des Altersvorsorgeverträge-Zertifizierungsgesetzes das individuelle Produktinformationsblatt nach § 7 Absatz 1 des Altersvorsorgeverträge-Zertifizierungsgesetzes sowie zusätzlich die wesentlichen Anlegerinformationen nach Nummer 1, 3 oder Nummer 4, sofern es sich um Anteile an den in Nummer 1, 3 oder Nummer 4 genannten Organismen für gemeinsame Anlagen handelt, und
10. bei Wertpapieren im Sinne des § 2 Nummer 1 des Wertpapierprospektgesetzes das Wertpapier-Informationsblatt nach § 3a des Wertpapierprospektgesetzes, soweit der Anbieter der Wertpapiere zur Erstellung eines solchen Wertpapier-Informationsblatts verpflichtet ist.

(3) **[1] Das Wertpapierdienstleistungsunternehmen muss von einem Kunden alle Informationen**

1. über Kenntnisse und Erfahrungen des Kunden in Bezug auf Geschäfte mit bestimmten Arten von Finanzinstrumenten oder Wertpapierdienstleistungen,

2. über die finanziellen Verhältnisse des Kunden, einschließlich seiner Fähigkeit, Verluste zu tragen, und
3. über seine Anlageziele, einschließlich seiner Risikotoleranz,

einholen, die erforderlich sind, um dem Kunden ein Finanzinstrument oder eine Wertpapierdienstleistung empfehlen zu können, das oder die für ihn geeignet ist und insbesondere seiner Risikotoleranz und seiner Fähigkeit, Verluste zu tragen, entspricht. 2 Ein Wertpapierdienstleistungsunternehmen darf seinen Kunden nur Finanzinstrumente und Wertpapierdienstleistungen empfehlen oder Geschäfte im Rahmen der Finanzportfolioverwaltung tätigen, die nach den eingeholten Informationen für den Kunden geeignet sind. 3 Näheres zur Geeignetheit und den im Zusammenhang mit der Beurteilung der Geeignetheit geltenden Pflichten regeln die Artikel 54 und 55 der Delegierten Verordnung (EU) 2017/565. 4 Näheres zur Geeignetheit von Verbriefungen und den im Zusammenhang mit der Beurteilung der Geeignetheit geltenden Pflichten regelt Artikel 3 der Verordnung(EU) 2017/2402 des Europäischen Parlaments und des Rates vom 12. Dezember 2017 zur Festlegung eines allgemeinen Rahmens für Verbriefungen und zur Schaffung eines spezifischen Rahmens für einfache, transparente und standardisierte Verbriefung und zur Änderung der Richtlinien 2009/65/EG, 2009/138/EG, 2011/61/EU und der Verordnungen (EG) Nr. 1060/2009 und (EU)Nr. 648/2012 (ABl. L 347 vom 28.12.2017, S. 35). 5 Erbringt ein Wertpapierdienstleistungsunternehmen eine Anlageberatung, bei der verbundene Produkte oder Dienstleistungen im Sinne des § 63 Absatz 9 empfohlen werden, gilt Satz 2 für das gesamte verbundene Geschäft entsprechend.

(4) **1 Ein Wertpapierdienstleistungsunternehmen, das Anlageberatung erbringt, muss dem Privatkunden auf einem dauerhaften Datenträger vor Vertragsschluss eine Erklärung über die Geeignetheit der Empfehlung (Geeignetheitserklärung) zur Verfügung stellen. 2 Die Geeignetheitserklärung muss die erbrachte Beratung nennen sowie erläutern, wie sie auf die Präferenzen, Anlageziele und die sonstigen Merkmale des Kunden abgestimmt wurde. 3 Näheres regelt Artikel 54 Absatz 12 der Delegierten Verordnung (EU) 2017/565. Wird die Vereinbarung über den Kauf oder Verkauf eines Finanzinstruments mittels eines Fernkommunikationsmittels geschlossen, das die vorherige Übermittlung der Geeignetheitserklärung nicht erlaubt, darf das Wertpapierdienstleistungsunternehmen die Geeignetheitserklärung ausnahmsweise unmittelbar nach dem Vertragsschluss zur Verfügung stellen, wenn der Kunde zugestimmt hat, dass ihm die Geeignetheitserklärung unverzüglich nach Vertragsschluss zur Verfügung gestellt wird und das Wertpapierdienstleistungsunternehmen dem Kunden angeboten hat, die Ausführung des Geschäfts zu verschieben, damit der Kunde die Möglichkeit hat, die Geeignetheitserklärung zuvor zu erhalten.**

(5) **1 Ein Wertpapierdienstleistungsunternehmen, das Unabhängige Honorar-Anlageberatung erbringt,**

1. muss bei der Beratung eine ausreichende Palette von auf dem Markt angebotenen Finanzinstrumenten berücksichtigen, die
   a) hinsichtlich ihrer Art und des Emittenten oder Anbieters hinreichend gestreut sind und
   b) nicht beschränkt sind auf Finanzinstrumente, die das Wertpapierdienstleistungsunternehmen selbst emittiert oder anbietet oder deren Anbieter oder Emittenten in einer engen Verbindung zum Wertpapierdienstleistungsunternehmen stehen oder in sonstiger Weise so enge rechtliche oder wirtschaftliche Verbindung zu diesem unterhalten, dass die Unabhängigkeit der Beratung dadurch gefährdet werden könnte;

2. darf sich die Unabhängige Honorar-Anlageberatung allein durch den Kunden vergüten lassen.

2 Es dürfen nach Satz 1 Nummer 2 im Zusammenhang mit der Unabhängigen Honorar-Anlageberatung keinerlei nichtmonetäre Zuwendungen von einem Dritten, der nicht Kunde dieser Dienstleistung ist oder von dem Kunden dazu beauftragt worden

ist, angenommen werden. [3]Monetäre Zuwendungen dürfen nur dann angenommen werden, wenn das empfohlene Finanzinstrument oder ein in gleicher Weise geeignetes Finanzinstrument ohne Zuwendung nicht erhältlich ist. [4]In diesem Fall sind die monetären Zuwendungen so schnell wie nach vernünftigem Ermessen möglich, nach Erhalt und in vollem Umfang an den Kunden auszukehren. [5]Vorschriften über die Entrichtung von Steuern und Abgaben bleiben davon unberührt. [6]Das Wertpapierdienstleistungsunternehmen muss Kunden über die ausgekehrten monetären Zuwendungen unterrichten. [7]Im Übrigen gelten die allgemeinen Anforderungen für die Anlageberatung.

(6) [1]Bei der Empfehlung von Geschäftsabschlüssen in Finanzinstrumenten, die auf einer Unabhängigen Honorar-Anlageberatung beruhen, deren Anbieter oder Emittent das Wertpapierdienstleistungsunternehmen selbst ist oder zu deren Anbieter oder Emittenten eine enge Verbindung oder sonstige wirtschaftliche Verflechtung besteht, muss das Wertpapierdienstleistungsunternehmen den Kunden rechtzeitig vor der Empfehlung und in verständlicher Form informieren über

1. die Tatsache, dass es selbst Anbieter oder Emittent der Finanzinstrumente ist,
2. das Bestehen einer engen Verbindung oder einer sonstigen wirtschaftlichen Verflechtung zum Anbieter oder Emittenten sowie
3. das Bestehen eines eigenen Gewinninteresses oder des Interesses eines mit ihm verbundenen oder wirtschaftlich verflochtenen Emittenten oder Anbieters an dem Geschäftsabschluss.

[2]Ein Wertpapierdienstleistungsunternehmen darf einen auf seiner Unabhängigen Honorar-Anlageberatung beruhenden Geschäftsabschluss nicht als Geschäft mit dem Kunden zu einem festen oder bestimmbaren Preis für eigene Rechnung (Festpreisgeschäft) ausführen. [3]Ausgenommen sind Festpreisgeschäfte in Finanzinstrumenten, deren Anbieter oder Emittent das Wertpapierdienstleistungsunternehmen selbst ist.

(7) [1]Ein Wertpapierdienstleistungsunternehmen, das Finanzportfolioverwaltung erbringt, darf im Zusammenhang mit der Finanzportfolioverwaltung keine Zuwendungen von Dritten oder für Dritte handelnder Personen annehmen und behalten. [2]Abweichend von Satz 1 dürfen nichtmonetäre Vorteile nur angenommen werden, wenn es sich um geringfügige nichtmonetäre Vorteile handelt,

1. die geeignet sind, die Qualität der für den Kunden erbrachten Wertpapierdienstleistung und Wertpapiernebendienstleistungen zu verbessern und
2. die hinsichtlich ihres Umfangs, wobei die Gesamthöhe der von einem einzelnen Unternehmen oder einer einzelnen Unternehmensgruppe gewährten Vorteile zu berücksichtigen ist, und ihrer Art vertretbar und verhältnismäßig sind und daher nicht vermuten lassen, dass sie die Pflicht des Wertpapierdienstleistungsunternehmens, im bestmöglichen Interesse ihrer Kunden zu handeln, beeinträchtigen,wenn diese Zuwendungen dem Kunden unmissverständlich offengelegt werden, bevor die betreffende Wertpapierdienstleistung oder Wertpapiernebendienstleistung für die Kunden erbracht wird. Die Offenlegung kann in Form einer generischen Beschreibung erfolgen. Monetäre Zuwendungen, die im Zusammenhang mit der Finanzportfolioverwaltung angenommen werden, sind so schnell wie nach vernünftigem Ermessen möglich nach Erhalt und in vollem Umfang an den Kunden auszukehren. Vorschriften über die Entrichtung von Steuern und Abgaben bleiben davon unberührt. Das Wertpapierdienstleistungsunternehmen muss den Kunden über die ausgekehrten monetären Zuwendungen unterrichten.

(8) Erbringt ein Wertpapierdienstleistungsunternehmen Finanzportfolioverwaltung oder hat es den Kunden nach Absatz 1 Satz 1 Nummer 3 darüber informiert, dass es die Geeignetheit der empfohlenen Finanzinstrumente regelmäßig beurteilt, so müssen die regelmäßigen Berichte gegenüber Privatkunden nach § 63 Absatz 12 insbesondere eine Erklärung darüber enthalten, wie die Anlage den Präferenzen, den Anlagezielen und den sonstigen Merkmalen des Kunden entspricht.

(9) **Nähere Bestimmungen zu den Absätzen 1, 3, 5 und 8 ergeben sich aus der Delegierten Verordnung (EU) 2017/565, insbesondere zu**

1. Art, Inhalt, Gestaltung und Zeitpunkt der nach den Absätzen 1 und 5, auch in Verbindung mit § 63 Absatz 7, notwendigen Informationen für die Kunden aus den Artikeln 52 und 53,
2. der Geeignetheit nach Absatz 3, den im Zusammenhang mit der Beurteilung der Geeignetheit geltenden Pflichten sowie zu Art, Umfang und Kriterien der nach Absatz 3 von den Kunden einzuholenden Informationen aus den Artikeln 54 und 55,
3. der Erklärung nach Absatz 4 aus Artikel 54 Absatz 12,
4. der Anlageberatung nach Absatz 5 aus Artikel 53,
5. Art, Inhalt und Zeitpunkt der Berichtspflichten nach Absatz 8, auch in Verbindung mit § 63 Absatz 12, aus den Artikeln 60 und 62.

(10) [1]**Das Bundesministerium der Finanzen kann durch Rechtsverordnung, die nicht der Zustimmung des Bundesrates bedarf, nähere Bestimmungen erlassen**

1. im Einvernehmen mit dem Bundesministerium der Justiz und für Verbraucherschutz zu Inhalt und Aufbau sowie zu Art und Weise der Zurverfügungstellung der Informationsblätter im Sinne des Absatzes 2 Satz 1 und zu Inhalt und Aufbau sowie Art und Weise der Zurverfügungstellung des standardisierten Informationsblattes im Sinne des Absatzes 2 Satz 3,
2. zu Art, inhaltlicher Gestaltung, Zeitpunkt und Datenträger der nach Absatz 6 notwendigen Informationen für die Kunden,
3. zu Kriterien dazu, wann geringfügige nichtmonetäre Vorteile im Sinne des Absatzes 7 vorliegen.

[2]**Das Bundesministerium der Finanzen kann die Ermächtigung durch Rechtsverordnung auf die Bundesanstalt übertragen.**

Schrifttum: s. zu § 63 WpHG

Übersicht

1. Besondere Informationspflichten bei Anlageberatung, § 64 Abs. 1

132 **a) Information über Unabhängige Honorar-Anlageberatung.** Der Anlageberater muss dem Kunden gem. § 64 Abs, 1 Satz 1 Nr. 1 WpHG vor Beginn der Beratung und damit noch vor Abschluss des Beratungsvertrages offen legen, welche Anlageberatungsform – also provisionsbasierte oder Honorar-Anlageberatung – er vornimmt.[1] Die Neuregelung knüpft an die bisherige Regelung in § 31 Abs. 4b Satz 1 WpHG aF an.[2] Terminologisch werden die nationalen Regeln angepasst bezüglich der unabhängigen Honorar-Anlageberatung, um zum Ausdruck zu bringen, dass die Beratung unabhängig von Provisionszahlungen ist.[3] Durch die Offenlegung soll der Kunde in die Lage versetzt werden, eine bewusste Entscheidung über die Form der Anlageberatung zu treffen. Bislang wurde der Kunde nicht oder kaum über das zumeist genutzte Modell der provisionsgestützten Beratung, bzw. die Vergütung der Beratung durch Zuwendungen von Anbietern oder Emittenten der Finanzanlageprodukte vorweg informiert.[4] Insbesondere der Rechtsbindungswille der Parteien wird dadurch nunmehr verdeutlicht, sodass sie der viel kritisierten Fiktion des Anlageberatungsvertrages entgegen wirkt.[5] Die Information hat in verständlicher Form zu erfolgen. Durch die Wahl der weiten Formulierung soll keine besondere Form durch den Gesetzgeber vorgeschrieben werden.[6]

133 Erfolgt die Beratung **nicht als Honorar-Anlageberatung** muss der Berater gem. § 70 Abs. 1 Nr. 2 WpHG unmissverständlich darüber **informieren,** ob und in welchem Umfang Zuwendungen angenommen wurden, → Rn. 236.

134 **b) Information über Produktpalette.** Die Wahl eines Finanzprodukts wird entscheidend davon geprägt, welche Produkte dem Kunden zur Auswahl aufbereitet werden. Insofern führte das Gesetz zur Stärkung des Anlegerschutzes und Verbesserung der Funktionsfähigkeit des Kapitalmarkts (AnsFuG) eine weitere Pflicht zur Aufklärung des Kunden ein:[7] So war der Kunde nach § 5 Abs. 2 Nr. 2a WpDVerOV aF über die Bevorzugung von bestimmten, etwa hauseigenen Finanzprodukten zu informieren. Dies war in Anbetracht der vorherigen Rechtsprechung eine Kehrtwende, da bis dato eine Empfehlung allein hauseigener Produkte unbeanstandet blieb.[8] Die hinter dieser neuerlichen Verpflichtung stehende Wertung des allumfassenden Anlegerschutzes liegt auf der Hand. Allerdings sind Absatzbemühungen der Finanzdienstleister hinsichtlich eigener Bestände bereits durch die Zuordnung des wirtschaftlichen Risikos völlig legitim. Ein Aufklärungshinweis an den Kunden bezüglich einer solchen Vorprägung tut dem marktwirtschaftlichen Vorgehen indes keinen Abbruch. Natürlich wird der Bank nicht aufgetragen, über günstigere Konditionen der Konkurrenz ungefragt aufzuklären.[9] Eine solche Aufklärungspflicht, wie in § 5 Abs. 2

---

[1] Vgl. zum WpHG aF *Herresthal* WM 2014, 773 (779); *Jordans* BKR 2015, 309 (310); *Seibert* Das Recht der Kapitalanlageberatung und -vermittlung Teil B § 13 Rn. 3.

[2] Begr. RegE, FiMaNoG II, S. 235.

[3] Begr. RegE, FiMaNoG II, S. 235.

[4] Begr. RegE HAGB, BT-Drs. 17/12295, 1, 14; vgl. zum WpHG aF Heidel/*Schäfer* Aktienrecht § 31 WpHG Rn. 112a f.

[5] *Herresthal* WM 2014, 773 (779).

[6] Für die Möglichkeit der mündlichen oder standardisierten Funktion s. *Herresthal* WM 2014, 773 (780); vgl. zum WpHG aF Heidel/*Schäfer* Aktienrecht § 31 WpHG Rn. 112b; Kölner Komm WpHG/*Möllers* §§ 36c, 36d Rn. 36 merkt an, dass der Regierungsentwurf noch vorsah, dass die Information auch in standardisierter Form erfolgen kann, die fehlende Übernahme in den Gesetzestext im Umkehrschluss bedeuten müsse, dass die Information gerade nicht in standardisierter Form erfolgen darf.

[7] Zu den Neuerungen vgl. zum WpHG aF im Zuge des AnsFuG *Möllers/Wenninger* NJW 2011, 1697 (1697 ff.); *Wagner* NZG 2011, 609 (609 ff.); *Voß* BB 2010, 3099 noch zum Regierungsentwurf.

[8] BGH Urt. v. 19.12.2006 – XI ZR 56/05, BGHZ 170, 226 = WM 2007, 487; BGH Urt. v. 6.7.1993 – XI ZR 12/93, BGHZ 123, 126 = WM 1993, 1455 – Bond; *Buck-Heeb* WM 2014, 385 (389); dazu vgl. zum WpHG aF Fuchs/*Fuchs* WpHG § 31 Rn. 79.

[9] BankR-HdB/*Siol* § 43 Rn. 28.

Nr. 2a WpDVerOV aF, sieht auch die MiFID II in Art. 24 Abs. 4 lit. a) Unterabs. ii) vor.[10] Sie wurde in § 64 Abs. 1 Nr. 2 WpHG umgesetzt und wird durch Art. 52 Abs. 2 DelVO 2017/565 ergänzt.

Nach § 64 Abs. 1 Nr. 2 WpHG ist zunächst eine detaillierte Aufklärung des Kunden darüber, ob der Beratung eine umfangreiche oder eher beschränkte Analyse von Finanzinstrumenten zugrunde liegt, notwendig.[11] Dabei genügt es nicht, nur diese Begriffe zu verwenden; vielmehr muss die konkrete Anzahl der Analysen jeder Gattung genannt werden.[12] **135**

Ferner müssen die Werptpapierdienstleister über die verschiedenen Arten und Emittenten sowie die Anzahl von Finanzinstrumenten informieren, Art. 52 Abs. 3 DelVO 2017/565. Nur die generische Nennung der Kategorien von Finanzinstrumenten genügt nicht. **136**

Ebenfalls muss eine Aufklärung erfolgen, ob eine Beratung ausschließlich zu Finanzinstrumenten stattfindet, die von Anbietern oder Emittenten stammen, die mit dem Wertpapierhandelsunternehmen eng verbunden oder in sonstiger Weise verflochten sind.[13] Gleichgestellt sind solche Finanzinstrumente mit denjenigen, die vom Wertpapierdienstleistungsunternehmen selbst emittiert oder angeboten werden.[14] **137**

Die Informationen können nach § 63 Abs. 7 WpHG standardisiert erfolgen. **138**

c) Information über Geeignetheit der Finanzinstrumente. Darüber hinaus muss gem. Art. 24 Abs. 4 lit. a) Ziff. iii) MiFID II, umgesetzt in § 64 Abs. 1 Nr. 3 WpHG, dem Kunden zusätzlich die Information zur Verfügung gestellt werden, ob das Wertpapierdienstleistungsunternehmen eine regelmäßige Überprüfung der Eignungsbeurteilung für die Produkte vornimmt, die dem Kunden bereits empfohlen wurden. Erklären sich die Wertpapierdienstleister dazu bereit, müssen sie ferner darlegen, wie oft und in welchem Ausmaß die Prüfung erfolgt und wie diese aktualisierten Empfehlungen mitgeteilt werden, Art. 52 Abs. 5 DelVO 2017/565. **139**

Diese Neuerung wird dahingehend kritisiert, dass sie zivilrechtlich auf eine **nachvertragliche Aufklärungspflicht** hinauslaufen;[15] allerdings ist dies keineswegs ungewöhnlich für das Zivilrecht, wenn es sich um fortlaufende Gefahren handelt.[16] **140**

2. Produktinformationsblätter, § 64 Abs. 2

Das Problem der **Informationsüberfrachtung („information overload")**[17] versuchte schon der deutsche Gesetzgeber[18] durch das Zurverfügungstellen von kurzen, prägnanten **„Beipackzetteln"** bzw. **Produktinformationsblätter** (PIB) in den Griff zu bekommen, die für jedes empfohlene nicht komplexe Finanzinstrument im Sinne des Art. 57 DelVO (EU) 2017/565 höchstens zwei, bei allen anderen höchstens bis drei Seiten umfassen darf, jetzt in § 64 Abs. 2 Nr. 1 WpHG, § 4 WpDVerOV.[19] Ob sich die beabsichtigte Eindäm- **141**

---

[10] Zu den Erweiterungen der Standartinformationen durch die MiFID II vgl. zum WpHG aF Kölner Komm WpHG/*Möllers* § 31 Rn. 68 ff.

[11] *Buck-Heeb* ZBB 2014, 221 (226).

[12] Assmann/Schneider/Mülbert/*Koller* WpHG § 64 Rn. 11 in Fn. 15.

[13] *Buck-Heeb* ZBB 2014, 221 (226).

[14] Assmann/Schnieder/Mülbert/*Koller* WpHG § 64 Rn. 11.

[15] So *Buck-Heeb* ZBB 2014, 221 (227).

[16] S. dazu *Spindler* FS Köndgen, 2016, 515 (616).

[17] Als „Schwachstelle des Anlegerschutzes" bezeichnend *Grigoleit* ZHR 177 (2013), 264 (282 f.), krit. ebenso *Koch* BKR 2012, 485 (486).

[18] Gesetz zur Stärkung des Anlegerschutzes und Verbesserung der Funktionsfähigkeit des Kapitalmarkts v. 5.4.2001, BGBl. I 2001, 538; vgl. auch Begr. RegE AnsFuG, BT-Drs. 17/3628, 21; hierzu *Möllers/Wenninger* NJW 2011, 1697 (1697 ff.); *Wagner* NZG 2011, 609 (609 ff.); *Voß* BB 2010, 3099 (3099 ff.) allerdings noch zum Regierungsentwurf; zu der Ausgestaltung der Informationsblätter s. a. das BaFin Rundschreiben 6/2011 (WA) zu den Informationsblättern nach § 31 Abs. 3a, 9 WpHG und § 5a WpDVerOV v. 1.6.2011, Geschäftszeichen WA 36-Wp 2002–2010/0002, abrufbar unter: http://www.bafin.de/SharedDocs/Veroeffentlichungen/DE/Rundschreiben/rs_1106_wa_informationsblaetter.html (zuletzt abgerufen am 16.2 2019).

[19] Hierzu vgl. zum WpHG aF *Tiffert* VuR 2010, 161; *Otto* WM 2010, 1013 (1016 f.).

mung des „information-overload" per Standardisierung erreichen lässt, ist allerdings nach wie vor zweifelhaft, da nunmehr dem Kunden unter Umständen ein Prospekt, eine Geeignetheitserklärung und auch noch ein Informationsblatt zur Verfügung gestellt werden muss.[20]

142 **Keine Informationsblätter** müssen erstellt werden für Finanzinstrumente, für die ein Basisinformationsblatt nach der PRIIP-Verordnung (EU) Nr. 1286/2014 erstellt werden muss, dazu unten → Rn. 145. Dieses muss dem Kunden allerdings gem. Art. 13 Abs. 1 Verordnung (EU) Nr. 1286/2014 bereitgestellt werden. Für Aktien, die an einem organisierten Markt gehandelt werden, reicht alternativ ein standardisiertes Informationsblatt gem. § 64 Abs. 2 S. 3 WpHG. In den Fällen des § 64 Abs. 2 S. 4 Nr. 1–10 WpHG sind die in den Verweisungen genannten Dokumente bereitzustellen. So gilt bspw. für Anteile an Investmentvermögen § 165 KAGB, für Vermögensanlagen, die nicht im Sinne des WpHG verbrieft sind, § 13 VermAnlG.[21] Für alle nicht von der PRIIP-VO oder den Tatbeständen in § 64 Abs. 2 S. 4 Nr. 1–10 WpHG erfassten Finanzinstrumte gilt indes nach wie vor die Pflicht, ein Informationsblatt auszuhändigen.

143 Dem Kunden soll damit ermöglicht werden, schnell und bestmöglich die angebotenen Produkte auf einen Blick hinsichtlich Art, Funktionsweise, verbundene Risiken, Aussichten für Erträge und mit der Anlage verbundenen Kosten vergleichen zu können.[22] Die Pflicht zur Aushändigung des Blattes kommt allein bei der Anlageberatung und allein bei Produkten, hinsichtlich derer tatsächlich eine Kaufempfehlung ausgesprochen wurde, zum Tragen.[23] Inhalt und Aufbau der „Product-Flyer" richten sich nach § 4 WpDVerOV. Diese können auch in elektronischer Form zur Verfügung gestellt werden, sodass auch eine Versendung per E-Mail im Rahmen einer telefonischen Beratung in Betracht kommt, § 4 Abs. 2 WpDVerOV.[24] Die Beipackzettel sollen möglichst standardisiert werden, um den Kunden einen schnellen Vergleich der in Frage stehenden Produkte zu ermöglichen. Die Informationsblätter sollen der Übersichtlichkeit dienen und einen Kontrapunkt zu der bereits kritisierten Informationsüberflutung setzen.[25] In diesem Sinne hat auch die BaFin mit ihrem PIB-Rundschreiben vom 26.9.2013 die Anforderungen der § 31 Abs. 3a WpHG aF, § 5a WpDVerOV aF weiter konkretisiert, insbesondere was die inhaltlichen und formalen Anforderungen an PIB und die Verantwortlichkeit ihrer Erstellung anbelangt.[26]

144 Auf **europäischer Ebene** greift seit dem 1.1.2018 die Verordnung über Basisinformationsblätter für verpackte Anlageprodukte für Kleinanleger und Versicherungsanlageprodukte (PRIIP-VO) ein.[27] Die Zielsetzung ist ähnlich der deutschen Regelung den Verbraucherschutz zu stärken und gleiche Wettbewerbsbedingungen für Hersteller, Verkäufer und Berater insbesondere für Kleinanleger-Produkte und Versicherungsanlageprodukte zu schaffen.[28] Im Einzelnen bestehen zwischen den §§ 64 Abs. 2 Nr. 1 WpHG, 4 WpDVerOV und der **PRIIP-VO** allerdings nicht zu unterschätzende **Unterschiede.** Das gilt zum einen für den konkreten Inhalt des sog. Key Information Documents (KID), das im Vergleich zum deutschen PIB einige inhaltliche und formale Besonderheiten aufweist.[29] Vor allem aber unterscheiden sich die Informationspflichten hinsichtlich der erfassten Pro-

[20] In diese Richtung krit. auch *Koch* BKR 2012, 485 (487); *Müller-Christmann* DB 2011, 749 (751).

[21] Gesetz zur Novellierung des Finanzanlagenvermittler- und Vermögensanlagenrechts v. 6.12.2012 BGBl. I 2011, 2481; zu den wesentlichen Neuerungen s. *Friedrichsen/Weisner* ZIP 2012, 756. Zu den Voraussetzungen iE *Bruchwitz/Voß* BB 2011, 1226 (1231); JVRB/*Voß* WpHG § 31 Rn. 428 f.

[22] *Voß* BB 2010, 3099 (3100).

[23] Assmann/Schneider/Mülbert/*Koller* WpHG § 64 Rn. 52; *Möllers/Wenninger* NJW 2011, 1697 (1698).

[24] *Möllers/Wenninger* NJW 2011, 1697 (1698).

[25] *Möllers/Wenninger* NJW 2011, 1697 (1698); *Brand* jM 2014, 2 (4).

[26] S. hierzu iE die Nachw. in → § 63 Fn. 398.

[27] VO (EU) Nr. 1286/2014 Des Europäischen Parlamentes und des Rates vom 26. November 2014 über Basisinformationsblätter für verpackte Anlageprodukte für Kleinanleger und Versicherungsanlageprodukte (PRIIP), Abl. EU 2014 L 352/1.

[28] JVRB/*Voß* WpHG § 31 Rn. 434.

[29] S. Art. 8 PRIIP-VO, von Bedeutung sind va die starren Formulierungsanforderungen sowie die Vorschriften zu Verlustrisiko, Sicherungssystemen sowie Produkt- und Vertriebskosten in Art. 8 (3) d)–f).

duktklassen und ihrem pflichtauslösenden Moment. Von der Verordnung sind zum einen sämtliche „verpackte" Anlageformen erfasst, bei denen der Rückzahlungsbetrag Schwankungen aufgrund von Referenzwerten oder nicht direkt vom Anleger erworben Vermögenswerten unterliegt (sog. PRIPs, Art. 4 Nr. 1 PRIPP-VO). Zum anderen erstreckt sich der Anwendungsbereich auch auf die Mehrheit von Versicherungsprodukten, deren Fälligkeits- oder Rückkaufswert direkten oder indirekten Marktschwankungen unterliegt (Art. 4 Nr. 2, Art. 2 PRIIP-VO).[30] Damit geht der **Anwendungsbereich der Verordnung** gerade im Bereich der Versicherungs- bzw. Rentenprodukte über den Schutzumfang der deutschen Regelung hinaus, ist aber auf der anderen Seite für alle nicht „verpackten" Anlageformen, wie etwa Aktien oder nichtstrukturierte Anleihen, deutlich enger gefasst. Der Grund für diese Diskrepanz liegt in der besonderen Bedeutung, die der europäische Gesetzgeber der typischerweise erhöhten Komplexität von Derivatprodukten und den damit regelmäßig einhergehenden Verständnisschwierigkeiten auf Seiten des Verbrauchers beimisst.[31] Hieraus leitet sich auch bereits ab, warum die PRIIP-VO – anders als das deutsche Regime – nicht auf Anlageberatung und Kaufempfehlung als pflichtauslösende Momente abstellt, sondern jeden PRIIP-Hersteller[32] unabhängig von einer konkreten Beratungssituation zum Abfassen eines Key Information Documents und dessen unmittelbaren Veröffentlichung auf seiner Webseite verpflichtet (Art. 5 Abs. 1 PRIIP-VO).[33]

Diese Regelungsstruktur hat auch zur Folge, dass die PRIIP-VO eine **direkte zivilrechtliche Schadenersatzpflicht des Herstellers für fehlerhafte Key Information Documents** vorsieht. Während ein Schadensersatzanspruch wegen Verletzung der Pflichten aus § 64 Abs. 2 Nr. 1 WpHG das Vorliegen eines Beratungsvertrages erfordert, können Privatanleger sich im Anwendungsbereich der Verordnung nach Art. 11 Abs. 2 PRIIP-VO unmittelbar an den Hersteller des PRIIP wenden. Voraussetzung hierfür ist, dass der Anleger im Vertrauen auf ein entweder irreführendes, ungenaues, von (vor-)vertraglichen Unterlagen abweichendes oder nicht den in Art. 8 PRIIP-VO festgelegten Anforderungen entsprechendes Key Information Document einen kausalen Schaden erlitten hat. Über diese schadensersatzrechtliche Flankierung hinaus wurden die Mitgliedstaaten außerdem verpflichtet, durch entsprechend wirksame, verhältnismäßige und abschreckende aufsichtsrechtliche Sanktionen für die Durchsetzung der Verordnung Sorge zu tragen (Art. 22 PRIIP-VO). Der vorgegebene Sanktionsrahmen wurde in § 120 Abs. 19 in das WpHG übernommen.[34] Wie genau sich die neuen Vorgaben durch die PRIIP-VO in der Praxis entwickeln werden, ist zum gegenwärtigen Zeitpunkt noch nicht vollständig absehbar. 145

Eine spezialgesetzliche **zivilrechtliche Schadensersatzpflicht** für fehlerhafte **Produktinformationsblätter** ist im Gegensatz zum KAGB und VermAnlG und auch zur PRIIP-VO nicht vorgesehen, was damit zusammenhängt, dass gem. § 64 Abs. 2 Nr. 1 WpHG nur im Falle der Anlageberatung dem Kunden die Produktinformationsblätter zur Verfügung zu stellen sind, und durch fehlerhafte Produktinformationsblätter (PIB) der Anlageberater bereits seine Beratungspflicht verletzt, was zu seiner Haftung aus dem Beratungsvertrag 146

[30] Ausgenommen hiervor sind gem. Art 2 (2) PRIIP-VO va bestimmte Lebensversicherungs- und Altersvorsorgeprodukte.

[31] S. hierzu in den Erwägungsgründen der PRIIP-VO insbes. die Ziffern (1) und (6).

[32] PRIIP-Hersteller ist nach der Legaldefinition des Art. 4 Nr. 4 PRIIP-VO „ein Rechtsträger oder eine natürliche Person, der bzw. die PRIIP auflegt" sowie darüber hinausgehend „ein Rechtsträger oder eine natürliche Person, der bzw. die Änderungen an einem bestehenden PRIIP, einschließlich Änderungen seines Risiko- und Renditeprofils oder der Kosten im Zusammenhang mit einer Anlage in das PRIIP, vornimmt".

[33] Darüber hinaus ist der PRIIP-Hersteller zur laufenden, unverzüglichen Aktualisierung des KIDs verpflichtet, Art. 10 (1) PRIIP-VO. Der Fokus der VO auf die Pflichten des Herstellers bedeutet davon abgesehen aber nicht, dass den Anlageberater keine direkten Informationspflichten träfen. Er bleibt vielmehr im Rahmen der Art. 13, 14 PRIIP-VO für die kostenlose Bereitstellung des KID in der konkreten Beratungssituation verantwortlich.

[34] Sanktion von bis zu fünf Millionen EUR bzw. 3% des Jahresumsatzes bei juristischen Personen bzw. siebenhunderttausend EUR bei natürlichen Personen, alternativ bei bezifferbarem Gewinn oder vermiedenem Verlust durch den Verstoß bis zur zweifachen Höhe dieser Summe.

führt.[35] Entsprechend der Gesetzesbegründung ist § 31 Abs. 3a S. 2 WpHG aF als Schutzgesetz anerkannt, sodass bei Fehlerhaftigkeit des PIB zusätzlich ein Anspruch aus § 823 Abs. 2 BGB in Betracht kommen kann.[36] Mangels Änderung der maßgeblichen Interessenlage, ist die Schutzgesetzqualität auch für § 64 Abs. 2 S. 2 WpHG anzunehmen. Eine Haftung für Unvollständigkeit der „Beipackzettel" ist, wie auch im KAGB und im VermAnlG, allerdings nicht vorgesehen, da zu befürchten ist, dass die Gefahr einer Haftung auf Unvollständigkeit die Wertpapierdienstleistungsunternehmen dazu verleiten würde, die Informationsblätter mit Angaben zu überfüllen, was dem Zweck der PIB zuwider laufen würde.[37] Gem. § 64 Abs. 2 S. 4 Nr. 1–5 WpHG bestehen Ausnahmen bzw. Sonderregelungen für Investmentvermögen und in Nr. 6 und 7 Übergangsvorschriften für Investmentvermögen nach dem KAGB.[38]

3. Explorationspflicht, § 64 Abs. 3 („Know-your-customer-principle")

147 **a) Grundlagen.** Aufsichtsrechtliche Grundlage der Explorationspflicht ist § 64 Abs. 3 WpHG. Danach hat der Finanzdienstleister sich ein umfassendes Bild von den Erkenntnissen und Erfahrungen des Kunden hinsichtlich der Geschäfte mit bestimmten Arten von Finanzierungsinstrumenten oder Wertpapierdienstleistungen, seinen Anlagezielen, einschließlich seiner Risikotoleranz und seinen finanziellen Verhältnissen, einschließlich seiner Fähigkeit Verluste zu tragen, zu machen.[39] Das Wertpapierdienstleistungsunternehmen hat also konkrete Kenntnisse und Erfahrungen abzufragen, wobei reine **Pauschalfragen** im Zweifel **nicht** ausreichen, denn nur anhand von detaillierten, auf den Kunden persönlich zugeschnittenen Fragen ist es möglich, die tatsächlich vorhandenen Kenntnisse und die eventuelle Risikobereitschaft des Kunden festzulegen.[40]

148 Verfügt das Wertpapierdienstleistungsunternehmen nicht über alle relevanten Informationen, so hat es den Kunden explizit darauf hinzuweisen, dass es ihm keine Beratung erteilen kann. Konsequenterweise kann und darf es in einem solchen Fall auch **keine Empfehlung** aussprechen, Art. 54 Abs. 8 DelVO (EU) 2017/565.[41] Dies gilt selbst dann, wenn sich der Kunde ausdrücklich weigert, Auskünfte zu bestimmten Punkten zu erteilen.[42] Sofern der Kunde hingegen unzutreffende Angaben erteilt und das Wertpapierdienstleistungsunternehmen dies nicht erkennt, beziehungsweise die Fehlerhaftigkeit nicht evident ist, ist es an der Durchführung der Beratung nicht gehindert, § 65 Abs. 2 WpHG, Art. 55 Abs. 3 DelVO (EU) 2017/565.[43] Das am 7.4.2011 in Kraft getretene Anlegerschutz- und Funktionsverbesserungsgesetz (AnsFuG)[44] hatte diese Pflicht nochmals hervorgehoben und präzisiert, indem im Rahmen der Geeignetheitsprüfung gem. § 31 Abs. 4a WpHG aF nunmehr geregelt in Art. 54 Abs. 10 DelVO (EU) 2017/565, eine **Empfehlung allein von geeigneten Finanzprodukten** ausgesprochen werden darf, mit der Konsequenz, dass auf aufsichtsrechtlicher Ebene die BaFin die Kompetenz zur Qualitätskontrolle von Anlageempfehlungen erhielt.[45] Zur erheblichen Erweiterung des Pflichtenkreises der Bank hat diese Gesetzesänderung indes nicht geführt, da der Finanzdienstleister bereits nach pri-

---

[35] Vgl. zum WpHG aF *Müchler* WM 2012, 974 (977).
[36] Begr. RegE AnsFuG, BT-Drs. 17/3628, 26; krit. *Müchler* WM 2012, 974 (982); befürwortend *Brand* jM 2014, 2 (6); *Schäfer/Schäfer* ZBB 2013, 23 (28).
[37] Begr. RegE AnsFuG, BT-Drs. 17/3628, 26; *Müchler* WM 2012, 974 (978 ff.).
[38] S. dazu JVRB/*Voß* WpHG § 31 Rn. 421 f.; vgl. zum WpHG aF Heidel/*Schäfer* Aktienrecht § 31 WpHG Rn. 76 ff.; Kölner Komm WpHG/*Möllers* § 31 Rn. 319 ff.
[39] Vgl. zum WpHG aF Kümpel/Wittig/Früh/Seyfried/*Seyfried* Bank- und Kapitalmarktrecht Rn. 3.146.
[40] So vgl. zum WpGH aF auch Fuchs/*Fuchs* WpHG § 31 Rn. 245.
[41] Assmann/Schneider/Mülbert/*Koller* WpHG § 64 Rn. 39; vgl. zum WpHG aF Schwark/Zimmer/*Rothenhöfer* WpHG § 31 Rn. 267.
[42] Assmann/Schneider/Mülbert/*Koller* WpHG § 64 Rn. 39.
[43] Vgl. zum WpHG aF Schwark/Zimmer/*Rothenhöfer* WpHG § 31 Rn. 290.
[44] BGBl. I 2011, 538 ff. – die gesetzlichen Regelungen traten teils sofort mit Verkündung, teils mit einer Umsetzungsfrist von 18 Monaten in Kraft.
[45] *Möllers/Wenninger* NJW 2011, 1697 (1699).

vatrechtlichen Grundsätzen bei der Anlageberatung zur anleger- und anlageobjektgerechten Beratung verpflichtet war, sodass schon auf vertraglicher Ebene eine Haftung aus § 280 Abs. 1 S. 1 BGB eingreifen konnte.[46]

Konkretisiert werden die einzuholenden Angaben in Art. 54 und 55 DelVO 2017/565. **149** Hiernach gehören zu den von dem Wertpapierdienstleistungsunternehmen einzuholenden Informationen zunächst die Abklärung der finanziellen Verhältnisse des Kunden, Art. 54 Abs. 2 lit. b), Abs. 4 DelVO 2017/565 sowie die Ermittlung der mit den Geschäften verfolgten Anlageziele, Art. 54 Abs. 2 lit. a), Abs. 5 DelVO 2017/565.

Die **Ermittlung der finanziellen Verhältnisse** des Kunden dient allein dem individu- **150** ellen Anlegerschutz und nicht etwa dem Schutz der Bank vor insolventen Kunden.[47] Durch Angaben über das Vorhandensein von regelmäßigen Einkommen, vorhandenes Bar- oder auch Sachvermögen aber auch hinsichtlich bestehender finanzieller Verpflichtungen, soll das Wertpapierdienstleistungsunternehmen prüfen können, inwiefern das festgestellte oder auch noch zu bestimmende Anlageziel mit der vermögensrechtlichen Situation vereinbar erscheint. Damit sind hochriskante Geschäfte allenfalls vertretbar, soweit auch im Verlustfall noch ausreichend Mittel zur Deckung der Grundbedürfnisse vorhanden sind – so jedenfalls die gesetzgeberische Zielsetzung.[48] Nach den durch Gesetz anzugebenden Informationen genügt es daher nicht allein, nach den Jahresnettoeinkommen des Kunden zu fragen, ohne die vorhandenen **Schulden** oder sonstigen Belastungen zu berücksichtigen.[49] Bei den Einkünften ist zudem Herkunft und Höhe, beim Vermögen die Liquidität und bezüglich der Verbindlichkeit ist deren Fristigkeit zu ermitteln.[50] Gegebenenfalls sind auch Alter, gesundheitliche Verfassung und die **familiäre Situation** zu berücksichtigen, denn die berufliche Stellung sowie unterhaltsberechtigte Kinder können die finanzielle Gesamtsituation erheblich beeinflussen. Die Abklärung der finanziellen Verhältnisse des Kunden ist wiederum für seine Risikotragfähigkeit, deren Einschätzung erforderlich ist, um eine anlagezielgerechte Produktberatung durchzuführen, von Bedeutung. Die Wechselwirkung der verschiedenen Aspekte wird hier erneut deutlich.

Von grundlegender Bedeutung für die Geeignetheit eines Finanzinstruments ist ferner **151** die Übereinstimmung seiner charakteristischen Eigenschaften mit den **Anlagezielen** des Kunden. Die Ziele des Anlegers sind daher zu ermitteln, denn ohne deren Kenntnis vermag das Wertpapierdienstleistungsunternehmen den tatsächlichen Bedürfnissen des Kunden nicht gerecht zu werden.[51] Dabei bezieht sich die Ermittlung der Anlageziele nach Art. 54 Abs. 5 DelVO (EU) 2017/565 auf **vier Elemente:** Die **Anlagedauer,** die **Risikobereitschaft** des Kunden, sein **Risikoprofil** sowie den **Zweck der Anlage,** welche mit Ausnahme der Anlagedauer oftmals in Wechselwirkung zueinander stehen.[52] Die Festlegung der Anlageziele bleibt allein Sache des Kunden.[53] Aufgabe des Unternehmens ist in diesem Zusammenhang, Aspekte wie Sicherheit, Rentabilität und Liquidität als mögliche Anlageziele zu vermerken und den Kunden darauf hinzuweisen, dass Sicherheit und Rendite oftmals in einem Spannungsverhältnis zueinander stehen. Das Wertpapierdienstleistungsunternehmen muss seinerseits aus den vielfältigen Interessen durch gezielte Exploration das Hauptziel des Anlegers herausfiltern und eine passende Anlagestrategie entwickeln. Der Anleger muss sich dann selbst entscheiden, welches Ziel er zu Lasten der anderen Ziele favorisiert.[54] In der Praxis werden in diesem Zusammenhang üblicherweise **drei Grund-**

---

[46] StRspr BGH Urt. v. 6.7.1993 – XI ZR 12/93, BGHZ 123, 126 ff. = WM 1993, 1455 – Bond; BGH Urt. v. 7.10.2008 – XI ZR 89/07, BGHZ 178, 149 ff. = WM 2008, 2166; BGH 19.4.2007 – III ZR 75/06, BB 2007, 1247 (1247 ff.).

[47] Assmann/Schneider/Mülbert/*Koller* WpHG § 64 Rn. 35; *Balzer* ZBB 2007, 333 (338 f.).

[48] Vgl. zum WpHG aF Fuchs/*Fuchs* WpHG § 31 Rn. 254.

[49] So bereits zum § 31 WpHG aF *Balzer* DB 1997, 2311 (2312); *Schrödermeier* WM 1995, 2053 (2058).

[50] Staub/*Grundmann* HGB Bd. 11/2 Teil 8 Rn. 200.

[51] Vgl. zum WpHG aF Fuchs/*Fuchs* WpHG § 31 Rn. 256.

[52] Assmann/Schneider/Mülbert/*Koller* WpHG § 31 Rn. 29 ff.; Fuchs/*Fuchs* WpHG § 31 Rn. 247.

[53] Vgl. zum WpHG aF Fuchs/*Fuchs* WpHG § 31 Rn. 248.

[54] *Gansel/Gängel* NJ 2010, 312 (315).

typen möglicher Anlagestrategien unterschieden, deren Zielvorgabe bereits im Namen angelegt ist: Erstens eine ertragsausgerichtete „konservative", zweitens eine wachstumsausgerichtete „renditeorientierte" sowie drittens eine chancenausgerichtete „spekulative" Anlagepolitik.[55] Allerdings handelt es sich hierbei lediglich um Grundtypen, die im Einzelfall jedoch erheblich variieren können. Somit dürfen sich die Wertpapierdienstleistungsunternehmen keinesfalls mit einer bloßen Einordnung in eine der drei Gruppen begnügen; vielmehr können diese lediglich als Grundgerüst dienen, das sodann mit individuellen Anlagezielen aufgefüllt wird. Stellt sich der Anleger also mit seinem Hauptziel „Altersvorsorge" vor, so sollte die Kapitalanlage hinreichend sicher sein, um diese Aufgabe auch bei einer ungünstigen wirtschaftlichen Entwicklung erfüllen zu können.[56] Damit sind jedenfalls Anlagen des grauen Kapitalmarkts gerade nicht geeignet, da hier die Risiken ungleich höher sind. Soll die Kapitalanlage eine **Steuerersparnis** erreichen, so muss der Kunde über ein entsprechend hohes Einkommen verfügen, sodass sich die Steuern überhaupt in beachtlicher Höhe ersparen lassen. Ferner darf keine nachteilige Änderung der Steuergesetzgebung absehbar sein.[57]

152 In diesem Rahmen muss der Wertpapierdienstleister aber **nicht jegliche Information** einholen, sondern nur diejenigen, die für die Einschätzung des Kunden im Hinblick auf die konkrete Beratung **erforderlich** sind. Dabei kann der Berater auch auf Informationen aus früheren Beratungsgesprächen zurückgreifen, sofern keine Anhaltspunkte bestehen, dass diese sich geändert haben. Auch das frühere Anlageverhalten des Kunden kann berücksichtigt werden.[58] Es muss somit zwar bei langjährigen Geschäftsbeziehungen eine regelmäßige Aktualisierung der maßgeblichen Kriterien vorgenommen werden, um eventuelle Änderungen berücksichtigen zu können.[59] Jedoch darf aus den vorherigen Kapitalanlagen und der Depotstruktur auf die Kenntnisse, Erfahrungen und Anlageziele sowie die Risikoeinstellung des Anlegers geschlossen werden und somit als Grundlage für die Anlageempfehlung verwendet werden.[60] Umgekehrt kann der Wertpapierdienstleister nicht von vornherein aus einem bestimmten Beruf (etwa Rechtsanwalt, Steuerberater etc.) generell Kenntnisse über die Risikohaftigkeit von Finanzinstrumenten ableiten, sondern muss vielmehr auf die konkreten Erfahrungen abstellen.[61]

153 Zwar geschieht die Erteilung der Angaben, die das Wertpapierdienstleistungsunternehmen einholen muss, auf **freiwilliger Basis,** dh dem Kunden steht es zu, gewisse Angaben zu verweigern.[62] Er darf jedoch nicht dazu verleitet werden, Angaben nach § 63 Abs. 10 oder § 64 Abs. 3 WpHG zurückzuhalten, Art. 55 Abs. 2 DelVO 565/2017. Ein entgegen den Geboten von Treu und Glauben missbräuchliches Einwirken auf den Kunden dahingehend, seinen Kenntnisstand verfälscht oder unvollständig darzustellen, um auf der Grundlage des hierdurch gezeichneten Kundenprofils eine andere, für das Wertpapierdienstleistungsunternehmen uU vorteilhaftere Empfehlung hinsichtlich in Betracht kommender

---

[55] Vgl. hierzu BGH Urt. v. 2.5.2002 – III ZR 100/01 = WM 2002, 1177 (1178); *Balzer* ZBB 2007, 333 (339); Assmann/Schneider/*Koller* WpHG, 4 Aufl., § 31 Rn. 95; Fuchs/*Fuchs* WpHG § 31 Rn. 251.

[56] OLG Stuttgart Urt. v. 4.3.2010 – 13 U 42/09 = ZIP 2010, 824.

[57] *Gansel/Gängel* NJ 2010, 312 (316).

[58] Assmann/Schneider/Mülbert/*Koller* WpHG § 64 Rn. 37; Kümpel/Wittig/Früh/Seyfried/*Seyfried* Bank- und Kapitalmarktrecht Rn. 3.149.

[59] *Seibert* Das Recht der Kapitalanlageberatung und –vermittlung Teil C § 1 Rn. 27.

[60] OLG Celle Urt. v. 27.2.2013 – 3 U 66/12 = BKR 2014, 36 (38); OLG Frankfurt Urt. v. 1.3.2013 – 19 U 95/12 Rn. 22, BeckRS 2013, 05406.

[61] Deutlich BGH Urt. v. 22.3.2011 – XI ZR 33/10, ZIP 2011, 756 = NJW 2011, 1949 – CMS-Ladder für eine Volkswirtin als Prokuristin eines Waschraumhygieneunternehmens; so ferner OLG Celle Urt. v. 27.2.2013 – 3 U 66/12 = BKR 2014, 36 (38); BGH Urt. v. 28.9.2004 – XI ZR 259/03 = WM 2004, 2205, 2207 Rn. 19.

[62] Was explizit nach altem Recht vor der MiFID I galt, vgl. § 31 Abs. 2 S. 2 WpHG aF. Vor dem 30.6.2016 wurde trotz Fehlens einer entsprechenden Nachfolgevorschrift nach den Ändeungen durch das FiMaNoG I die Fortgeltung dieses Grundsatzes aber auch nach neuerem Recht unterstellt, bis zum 3.1.2018 Fuchs/*Fuchs* WpHG § 31 Rn. 229; *Balzer* ZBB 2007, 333 (339), und wird es auch bei dem nun geltenden § 64 WpHG, vgl. dazu Assmann/Schneider/Mülbert/*Koller* WpHG § 64 Rn. 39.

Finanzprodukte auszusprechen, verbietet sich somit. Mit anderen Worten kann das beratende Institut innerhalb seiner Explorationspflichten den Kunden und sein Beratungsprofil bzw. seinen Beratungsbedarf nicht dadurch zurecht formen, dass ihm durch entsprechendes Einwirken auf den Kunden bestimmte Angaben verborgen bleiben. Daher darf auf Fragebögen, welche dem Kunden vorgelegt werden, die Möglichkeit der Nichtbeantwortung der Fragen nicht angegeben sein.[63] Dem Kunden muss hinsichtlich seines Verweigerungsrechts jedoch bewusst gemacht werden, dass die von ihm gemachten Angaben die Grundlage der Beratung sind,[64] um jede Lückenhaftigkeit zu vermeiden, ohne jedoch auf das unbedingte Erteilen von (zT persönlichen) Informationen zu drängen. Andererseits kann sich der Wertpapierdienstleister auf die Richtigkeit und Vollständigkeit der Kundenangaben gem. Art. 55 Abs. 3 DelVO (EU) 2017/565 und bei der Vermittlung des Vertragsschlusses über eine Vermögensanlage iSd § 2a VermAnlG gem. § 65 Abs. 2 WpHG **verlassen;** er ist nicht dazu verpflichtet, beim Kunden nachzuforschen und dessen Angaben zu überprüfen, außer ihm drängt sich deren Unrichtigkeit förmlich auf.[65] Macht der Kunde demnach **bewusst wahrheitswidrige Angaben** und vermittelt der Bank ein entsprechendes Anlegerprofil, zeigt sich also als risikofreudig und kapitalmarkterfahren, so muss er sich daran festhalten lassen und kann sich nicht auf mangelhafte Exploration durch das Wertpapierdienstleistungsunternehmen stützen.[66]

Bei der **Vertretung des Anlegers durch einen Dritten** ist zwischen Boten und rechtsgeschäftlicher Vertretung zu differenzieren. Innerhalb der Stellvertretung muss wiederum zwischen der offenen und der mittelbaren Stellvertretung differenziert werden. Wird der Kunde durch einen **offenen Stellvertreter im Sinne des § 164 BGB vertreten,** kommt es grundsätzlich nach § 166 BGB auf die konkreten Kenntnisse des Dritten an, während sich die Angaben über die finanziellen Verhältnisse und Anlageziele naturgemäß an der Person des rechtsgeschäftlich Vertretenen zu orientieren haben.[67] Diese Angaben können zwar von dem Vertreter erteilt werden, müssen inhaltlich aber allein an der Person des Vertretenen ausgerichtet sein. Ferner kann auch nicht auf das frühere Anlageverhalten und die Kenntnisse des Kunden abgestellt werden, sofern der Vertreter geringere Kenntnisse und Erfahrungen aufweist, da hier die konkrete Anlageentscheidung in der jeweiligen Beratungssituation im Mittelpunkt steht. Streitig ist hingegen die Behandlung des **mittelbaren Stellvertreters.** Der mittelbare Stellvertreter handelt zwar ebenfalls für einen anderen, doch wird die Fremdnützigkeit seiner Handlung nicht offenkundig, sodass es zu einem Vertrag nur zwischen der Bank und dem verdeckten Vertreter kommt. Im Rahmen der aufsichtsrechtlichen Explorationspflicht stellt sich die Frage, auf wessen finanzielle Verhältnisse und Anlageziele abzustellen ist. Richtigerweise ist auch hier auf den verdeckten Stellvertreter abzustellen, unabhängig davon, ob der Wertpapierdienstleister Kenntnis, oder grob fahrlässige Unkenntnis von der Fremdnützigkeit des Geschäfts hat.[68] Ein Grund für eine unterschiedliche Bestimmung des Kunden nach dem Vertragsrecht und nach dem WpHG ist nicht ersichtlich. Schließlich ist es der Vertretene, der eine dritte Person mit der Wahrnehmung seiner Interessen beauftragt, sodass auch etwaige Fehler zu seinen Lasten gehen müssen.[69] Dieses Risiko der Bank aufzutragen wäre nicht sachgerecht. Ferner dürfte 154

[63] Ziff. 2.4. der früheren Wohlverhaltensrichtlinie der BaFin; der Grundsatz gilt nach allg. Verständnis jedoch auch nach Aufhebung der Richtlinie weiter fort – exemplarisch für die Literatur vgl. zum WpHG aF Schwark/Zimmer/*Rothenhöfer* WpHG § 31 Rn. 239 mwN.

[64] Ziff. 2.1. der früheren Wohlverhaltensrichtlinie.

[65] Assmann/Schneider/Mülbert/*Koller* WpHG § 64 Rn. 39; vgl. zum WpHG aF *Clouth* ZHR 177 (2013), 212 (230); vgl. zum aF *Balzer* ZBB 2007, 333 (339); Kümpel/Wittig/Früh/Seyfried/*Seyfried* Bank- und Kapitalmarktrecht Rn. 3.151; Fuchs/*Fuchs* WpHG § 31 Rn. 227.

[66] BGH Urt. v. 14.5.1996 – XI ZR 188/95, NJW-RR 1996, 947 = WM 1996, 1214.

[67] *Lenenbach* Kapitalmarktrecht Rn. 5.92 f; Kümpel/Wittig/Früh/Seyfried/*Seyfried* Bank- und Kapitalmarktrecht Rn. 3.150; Fuchs/*Fuchs* WpHG § 31 Rn. 233.

[68] Assmann/Schneider/Mülbert/*Koller* WpHG § 67 Rn. 32; *Lenenbach* Kapitalmarktrecht Rn. 5.97; Kölner Komm WpHG/*Möllers* § 31 Rn. 85.

[69] *Lenenbach* Kapitalmarktrecht Rn. 5.97.

auch das praktische Bedürfnis einer unterschiedlichen Behandlung kaum von Bedeutung sein. Denn im Außenverhältnis wird nur der Mittelsmann verpflichtet und im Innenverhältnis kann der Hintermann Ansprüche gegen den mittelbaren Stellvertreter geltend machen.

155 In Fällen der Einschaltung eines **Boten** kommt es hingegen auch hinsichtlich der Kenntnisse und Erfahrungen allein auf die Person des Vertretenen an.[70] Diese Ausrichtung erfährt freilich bei gesetzlicher Stellvertretung (zB Eltern Kind) sowie organschaftlicher Vertretung eine Grenze, da die Formulierung der Ziele dann dem Vertreter obliegen muss.[71]

156 Kann der Wertpapierdienstleister **nicht alle erforderlichen Informationen** vom Kunden erhalten, so darf er gem. Art. 54 Abs. 8 DelVO (EU) 2017/565 **keine Empfehlung** aussprechen. Ein Verzicht des Kunden dergestalt, dass er die Abgabe einer Empfehlung auf der Grundlage einer WpHG-widrigen lückenhaften Informationsgrundlage autorisiert, ist hierbei nicht möglich. Das Verbot der Abgabe einer Empfehlung gilt selbst dann, wenn der Kunde sich ausdrücklich geweigert hat, die Informationen zu erteilen.[72] Das Wertpapierhandelsunternehmen muss jedoch dem Kunden verständlich machen, dass die verlangten Informationen die Beratungsgrundlage ausmachen und über Erfolg oder Misserfolg der Beratung entscheiden können.[73] Dabei ist das Wertpapierhandelsunternehmen jedoch nicht verpflichtet, gezielt darauf hinzuwirken, vorhandene Widerstände gegen die Erteilung bestimmter Informationen beim Kunden aufzulösen,[74] da das Weigerungsrecht des Kunden mitunter auch Ausdruck seines allgemeinen Persönlichkeitsrechts ist. Ob die Bank verpflichtet ist in gewissen Abständen die vorhandenen Kundendaten zu aktualisieren, bleibt offen. Im Hinblick auf die Verpflichtung der Bank, die wirtschaftlichen Verhältnisse und Anlageziele des Kunden bei der Anlageberatung zu berücksichtigen und der Tatsache, dass sich diese im Laufe der Zeit ändern können, ist von einer solchen Überprüfungs- und Aktualisierungspflicht der Bank jedoch auszugehen, soweit Anhaltspunkte für eine Veränderung bestehen.[75] Eine jederzeit eingreifende Nachforschungspflicht ohne jeden Anlass würde indes zu weit führen.[76]

157 Diese Anforderungen gelten in vollem Umfang auch für den Einsatz von künstlicher Intelligenz bzw. sog. **Robo-Advice** (→ Rn. 57). Dabei muss der Algorithmus befähigt sein, die notwendigen Informationen vom Kunden einzuholen, sodass er diese angemessen für eine Geeignetheitsprüfung verarbeiten kann und dies in einer vollgültigen Geeignetheitserklärung resultiert.[77]

158 **b) Kundenklassifizierungen – Know-your-customer-principle, § 64 Abs. 3 iVm § 67.** Nach § 64 Abs. 3 WpHG hat der Finanzdienstleister zunächst die verschiedenen Anleger nach dem gesetzlichen Leitbild in entsprechende Kundenkategorien einzuteilen. § 67 WpHG differenziert nach Privatkunden, professionellen Kunden und der sogenannten geeigneten Gegenpartei.[78] Dies wurde auch durch die MiFID II nicht verändert. Im Gegensatz zu den zivilrechtlichen Grundsätzen zur anleger- und objektgerechten Beratung,

[70] Assmann/Schneider/Mülbert/*Koller* WpHG § 67 Rn. 30; Fuchs/*Fuchs* WpHG § 31 Rn. 233; *Lenenbach* Kapitalmarktrecht Rn. 5.94.

[71] Fuchs/*Fuchs* WpHG § 31 Rn. 233.

[72] Assmann/Schneider/Mülbert/*Koller* WpHG § 64 Rn. 39; vgl. um WpHG aF *Balzer* ZBB 2007, 333 (340); *Spindler/Kasten* WM 2006, 1797 (1799); Kümpel/Wittig/Früh/Seyfried/*Seyfried* Bank- und Kapitalmarktrecht Rn. 3.152; Fuchs/*Fuchs* WpHG § 31 Rn. 229.

[73] Vgl. zum WpHG aF Schwark/Zimmer/*Rothenhöfer* WpHG § 31 Rn. 241.

[74] Vgl. zum WpHG aF so Assmann/Schneider/*Koller* WpHG, 5. Aufl., § 31 Rn. 15 unter Berufung auf KG Urt. v. 25.3.2004 – 12 U 34/03, BKR 2005, 457 (458 f.); **aA** offenbar Fuchs/*Fuchs* WpHG § 31 Rn. 229.

[75] Assmann/Schneider/Mülbert/*Koller* WpHG § 64 Rn. 25; Ellenberger/Clouth/*Lang/Loy* Praktikerhandbuch Wertpapier- und Derivategeschäft Rn. 639.

[76] Ellenberger/Clouth/*Lang/Loy* Praktikerhandbuch Wertpapier- und Derivategeschäft Rn. 609.

[77] Assmann/Schneider/Mülbert/*Koller* WpHG § 64 Rn. 8.

[78] Ellenberger/Clouth/*Clouth* Praktikerhandbuch Wertpapier- und Derivategeschäft Rn. 106 ff; vgl. ausführlich zum neuen Kundenbild nach § 31a WpHG aF im Zuge der MiFID & FRUG *Kasten* BKR 2007, 261 (261 ff.); krit. zur Kundenklassifizierung *Beck*, FS Schneider, 2011, 89 (97 ff.).

wonach der Umfang der Aufklärungspflicht des Kunden an seine Aufklärungsbedürftigkeit geknüpft ist (→ Rn. 290 ff.), einschließlich einer Kundenklassifizierung, findet im Rahmen des § 67 WpHG zunächst eine einzelfallunabhängige und typisierende Einordnung der Kunden statt.[79] Hieraus darf aber nicht gefolgert werden, dass dadurch das Schutzniveau der Anleger herabgesetzt ist, vielmehr wird mit dieser Kategorisierung dem aufsichtsrechtlichen Charakter dieser Norm Rechnung getragen.[80]

Kunden ganz allgemein sind dabei nach Absatz 1 der Vorschrift *„alle natürlichen oder juristischen Personen, für die Wertpapierdienstleistungsunternehmen Wertpapierdienstleistungen oder Wertpapiernebendienstleistungen erbringen oder anbahnen."* Daher können auch Personengesellschaften wie die OHG, die KG oder die BGB-Gesellschaft Kunde im Sinne der Vorschrift sein.[81] Aber auch potentielle Kunden werden als „Kunden" im Sinne des WpHG erfasst.[82] Je nach Einstufung des Kunden ergibt sich hieraus ein **abgestuftes Pflichtenprogramm** des Wertpapierdienstleisters hinsichtlich der Explorationspflichten – je geringer die informationelle Asymmetrie zwischen Kunde und Berater, desto geringer auch die Erkundigungspflichten des Beraters. Die berufliche Qualifikation eines Kunden allein reicht indes nicht aus, um Kenntnisse und Erfahrungen im Zusammenhang mit Finanzgeschäften zu unterstellen.[83] Daher hat der BGH zu Recht im Zivilrecht die Annahme des Berufungsgerichts im **CMS-Ladder-Swap-Urteil** verworfen, welches der am Vertrag beteiligten Prokuristin und Diplom-Volkswirtin a priori das Verständnis eines solchen Vertrages unterstellte.[84] Insbesondere kann aus Fachkenntnissen nicht auf Risikobereitschaft geschlossen werden.[85] Das gesetzgeberische Anliegen hierbei war es, durch umfassende Exploration der Anlegerziele und einer hierauf aufbauenden Beratung den Kunden zu einer rational fundierten Anlageentscheidung auf Grund entsprechender Risikoabschätzung zu befähigen.[86] Dies gelingt nur, wenn die Wertpapierdienstleister ihre Kunden gewissen Risikobereitschaftsprofilen zuordnen können, auf deren Grundlage die weitere Beratung erfolgt. Die Kenntnis der persönlichen Umstände, unter denen der Kunde seine Anlageentscheidung trifft, ist dafür unabdingbar.[87] 159

Gemäß § 64 Abs. 4, der Art. 25 Abs. 6 UAbs. 2 und 3 MiFID II umsetzt,[88] wird darüber hinaus festgelegt, dass die Wertpapierfirma, für den Fall der Erbringung einer Anlageberatung, dem Kunden in geeigneter Form über die für ihn erbrachten Dienstleistungen Bericht erstatten und gleichzeitig darlegen muss, wie die erbrachte Beratung auf seine persönlichen Merkmale abgestimmt wurde **(Geeignetheitserklärung).** Zu der Berichtspflicht ausführlich → Rn. 172. 160

c) Zielmarktangaben, § 64 Abs. 3, 4. Darüber hinaus müssen gem. § 64 Abs. 3, 4 iVm 80 Abs. 9 ff. WpHG, die Art. 16 Abs. 3, 25 Abs. 2 MiFID II umsetzen, bei der Beurteilung der Geeignetheit eines Finanzprodukts für den jeweiligen Anleger auch die **Zielmarktangaben** des Emittenten beachtet werden. Letzterer ist nämlich gem. § 80 Abs. 9 S. 2, der Art. 24 Abs. 2 MiFID II umsetzt, dazu verpflichtet, seine Finanzprodukte für eine von ihm festgelegte Kundengruppe auf einem von ihm bestimmten Zielmarkt zu 161

[79] Ellenberger/Clouth/*Clouth* Praktikerhandbuch Wertpapier- und Derivategeschäft Rn. 113; vgl. zum WpHG aF *Lenenbach* Kapitalmarktrecht Rn. 5.110.

[80] Ellenberger/Clouth/*Clouth* Praktikerhandbuch Wertpapier- und Derivategeschäft Rn. 115; vgl. zum WpHG aF *Lenenbach* Kapitalmarktrecht Rn. 5.110.

[81] So auch § 2 Abs. 3 WpDVerOV; zweifelnd vgl. zum WpHG aF indes *Kasten* BKR 2007, 261 (264).

[82] Vgl. zum WpHG aF Kümpel/Wittig/Früh/Seyfried/*Seyfried* Bank- und Kapitalmarktrecht Rn. 3.106; Schwark/Zimmer/*Rothenhöfer* WpHG § 31 Rn. 27; Fuchs/*Fuchs* WpHG § 31 Rn. 31.

[83] *Wiechers* WM 2012, 477 (478) mit Verweis auf BGH Urt. v. 22.3.2011 – XI ZR 33/10, ZIP 2011, 756 = NJW 2011, 1949 Rn. 25.

[84] BGH Urt. v. 22.3.2011 – XI ZR 33/10, ZIP 2011, 756 = NJW 2011, 1949 Rn. 21.

[85] OLG Frankfurt Urt. v. 28.1.2015 – 1 U 32/12 = BKR 2015, 292 Rn. 19; *Wiechers* WM 2012, 477 (478).

[86] Vgl. Bericht des Finanzausschusses BT-Drs. 12/7918, 103.

[87] Bericht des Finanzausschusses BT-Drs. 12/7918, 103.

[88] Assmann/Schneider/Mülbert/*Koller* WpHG § 63 Rn. 1; § 64 Rn. 1.

konzipieren. Die gewählte Umsetzung ist dabei stark an die europäischen Vorgaben angelehnt.[89] Der Emittent muss daher das Finanzprodukt entsprechend der Kundenzielgruppe ausgestalten und die Vertriebsstrategie darauf anpassen. Damit das Produkt auch dem Zielmarkt entspricht, sollte dies bereits im Rahmen der Strukturierung beachtet werden.[90]

162 Einen genauen **Zeitrahmen,** wann die Zielmarktbestimmung vorliegen muss, gibt die MiFID II hingegen nicht vor, genauso wenig wie die §§ 80 Abs. 9 ff. WpHG.[91] Die ESMA Guidelines sehen es allerdings im Ergebnis als unerheblich an, ob zunächst ein Finanzinstrument konzipiert und dann ein Zielmarkt bestimmt wird, oder der umgedrehte Weg gewählt wird.[92]

163 Wie der **Zielmarkt bestimmt** wird oder nach welchen Kriterien bzw. wie detailliert dieser zu bestimmen ist, ist der MiFID II und auch § 80 Abs. 9 ff. WpHG nicht zu entnehmen.[93] Die ESMA bestimmt mittlerweile in ihren Leitlinien fünf[94] Kriterien zur Identifizierung: Kundentyp, Kenntnisse und Erfahrungen, Finanzielle Situation, Risikotoleranz und die Kompatibilität des Risiko-Ertrags-Profils des Produktes mit dem Zielmarkt sowie Ziele und Bedürfnisse des Kunden,[95] über die aber auch hinausgegangen werden kann.[96] Zudem sind die konkretisierenden Bestimmungen in Art. 9 und 10 der delegierten Richtlinie (EU) 2017/593 durch die Wertpapierdienstleistungs-Verhaltens- und -Organisationsverordnung umgesetzt worden (WpDVerOV). §§ 11, 12 WpDVerOV dienen dabei der Konkretisierung des Zielmarktes. Dabei ist besonders zu berücksichtigen, dass eine Zielmarktbestimmung für Gruppen von Finanzinstrumenten ausweislich Art. 11 Abs. 7 WpDVerOV nicht möglich ist.[97] Bezüglich der Bestimmung ist aufgrund der Verhältnismäßigkeit zu berücksichtigen, dass der Zielmarkt weniger detailliert bestimmt werden muss, wenn das Instrument weniger komplex ist.[98] Neben der Bestimmung des positiven Zielmarktes ist ggf. auch ein negativer Zielmarkt gem. § 11 Abs. 7 S. 3 WpDVerOV zu bestimmen. Der dahinter stehende Gedanke ist der, dass es möglich ist, dass es bestimmte Produkte gibt, die zu potentiellen Anlegern überhaupt nicht passen, da bspw. aufgrund einer kurzen Haltedauer niemals Gewinn realisiert werden kann.[99] Damit alle wesentlichen Risiken des festgelegten Zielmarktes berücksichtigt werden, muss die Wertpapierfirma vor der Markteinführung ein eigenes anbieterinternes Genehmigungsverfahren einführen, gem. § 80 Abs 12 WpHG.[100] Für neue Produkte sieht bereits das BaFin Rundschreiben zum Risikomanagement[101] in Modul AT 8.1 einen internen Freigabeprozess vor. Dieser müsste jedoch um das Zielmarktkriterium ergänzt werden.[102] Das Kriterium des Zielmarktes ist auch nicht gänzlich neu, der Emittent wird diesen in der Regel bereits intern festgelegt

[89] *Bley* AG 2017, 806 (806).

[90] Assmann/Schneider/Mülbert/*Koller* WpHG § 80 Rn. 138; *Kurz* DB 2014, 1182 (1186).

[91] *Brenncke* WM 2015, 1173 (1173).

[92] Guidelines on MiFID II Product Governance Requirements, v. 5.2.2018, Rn. 44; dafür auch Assmann/Schneider/Mülbert/*Koller* WpHG § 80 Rn. 135; *Lercara/Kittner* RdF 2018, 100 (105); **aA** *Bley* AG 2017, 806 (807).

[93] *Brenncke* WM 2015, 1173 (1174 f.), der zugleich eine Präzisierung der möglichen Kriterien vornimmt und auf Parallelen zur Explorationspflicht in der Anlageberatung hinweist. *Geier/Druckenbrodt* RdF 2015, 21 (26 f.).

[94] Assmann/Schneider/Mülber/Koller WpHG § 80 Rn. 135 spricht hier von sechs Kriterien, was aber nur auf eine andere Zählung der einzelnen Kriterien zurückzuführen ist, da sie inhaltlich übereinstimmen.

[95] Guidelines on MiFID II Product Governance Requirements v. 5.2.2018 Rn. 18; ausführlich zu den einzelnen Kriterien *Lohmann/Gebauer* BKR 2018, 244 (249 ff.).

[96] Guidelines on MiFID II Product Governance Requirements v. 5.2.2018 Rn. 16.

[97] So auch *Lohmann/Gebauer* BKR 2018, 244 (250).

[98] Assmann/Schneider/Mülbert/*Koller* WpHG § 80 Rn. 136; *Lohmann/Gebauer* BKR 2018, 244 (250).

[99] *Lohmann/Gebauer* BKR 2018, 244 (251).

[100] *Kurz* DB 2014, 1182 (1187); *Möllers/Poppele* ZGR 2013, 437 (452) noch zum Parlaments-Entwurf.

[101] Rundschreiben 09/2017/BA – Mindestanforderungen an das Risikomanagement (MaRisk) v. 27.10.2017, Geschäftszeichen BA 54-FR 2210-2017/0002, abrufbar unter: https://www.bafin.de/SharedDocs/Veroeffentlichungen/DE/Rundschreiben/2017/rs_1709_marisk_ba.html?nn=9450904 (zuletzt abgerufen am 16.2.2019).

[102] *Kurz* DB 2014, 1182 (1187); **aA** *Geier/Druckenbrodt* RdF 2015, 21, die die Anforderungen nach MiFID II als weit über die Mindestanforderungen hinausgehend ansehen.

haben, um die auf ihn zukommenden regulatorischen Anforderungen planen und erfüllen zu können sowie entsprechende Dokumentationen zur Vorbeugung von Rechtsstreitigkeiten vornehmen zu können.[103] Ob das Produkt weiterhin für die angegebene Kundengruppe auch nach Einführung in den Markt geeignet ist, muss durch das Wertpapierdienstleistungsunternehmen regelmäßig überprüft werden gem. § 80 Abs. 9, 10 WpHG.[104] Um eine solche Bewertung vornehmen und die Anlageberatung entsprechend danach ausrichten zu können, erhält das Wertpapierdienstleistungsunternehmen gem. § 80 Abs. 11 WpHG, der Art. 16 Abs. 3 Unterabs. 5 MiFID II umsetzt, verpflichtend die notwendigen Informationen durch den Emittenten des Finanzprodukts. Erfasst sind von den Regelungen indes nicht nur die Konzepteure (Begriff der WpDVerOV), sondern auch gem. § 80 Abs. 9 S. 2, Abs. 10, 11, S. 2, Abs. 12 WpHG, § 12 WpDVerOV solche Unternehmen, die nur Produkte vertreiben. Mit der Erfassung von Hersteller und Vertreiber soll ein aktiver Austausch gefördert werden, der letztlich der Produktverbesserung im Kundeninteresse dient.[105]

Fraglich war, ob **Vertriebsträger** den Zielmarkt des Emittenten grundlegend übernehmen dürfen.[106] Nach dem Wortlaut des Art. 16 Abs. 3 MiFID II und Art 24 Abs. 2 MiFID II ist dies anzunehmen. Die ESMA geht auch davon aus, dass der Vertreiber bei der Konkretisierung des Zielmarktes nicht von der grundlegend getroffenen Entscheidung abweichen soll.[107] Daraus ergibt sich, dass eine grundlegende Übernahme erfolgen darf.[108] Vertreiber müssen aber überlegen, wie der festgelegte Zielmarkt zu ihrem Kundenstamm passen würde.[109] Ein Vertrieb **außerhalb des Zielmarkts** ist im Übrigen möglich. Darauf deutet die schwächere Formulierung der Endfassung der MiFID II im Vergleich zum Entwurf hin.[110] Auch die ESMA befürwortet diese Ansicht.[111] Dies geht sogar soweit, dass auch ein Verkauf im negativen Zielmarkt erfolgen kann, sofern der Verkauf begründet wird und der Verkäufer dies dem Konzepteur meldet.[112] Die Zielmarktbestimmung steht daher unabhängig neben der Geeignetheitsprüfung bzw. der Angemessenheitsprüfung.[113] Jedoch sollte eine Warnpflicht bestehen, wenn das Finanzprodukt außerhalb des Zielmarktes vertrieben wird.[114] **164**

Insgesamt zeigt sich, dass der Pflichtenstandard sowohl für den Emittenten als auch für den Vertrieb des Finanzprodukts durch die MiFID II angestiegen ist.[115] Dies wird zusätzlich verschärft, indem durch die Einführung der Art. 39 ff. MiFIR[116] ESMA und nationalen **165**

---

[103] *Kurz* DB 2014, 1182 (1186).

[104] Assmann/Schneider/Mülbert/*Koller* WpHG § 80 Rn. 142; *Kurz* DB 2014, 1182 (1185); *Möllers/Poppele* ZGR 2013, 437 (452) noch zum Parlaments-Entwurf.

[105] *Grundmann* ZBB 2018, 1 (15).

[106] *Brenncke* WM 2015, 1173 (1174).

[107] Guidelines on MiFID II Product Governance Requirements v. 5.2.2018 Rn. 38.

[108] **AA** Assmann/Schneider/Mülbert/*Koller* WpHG § 80 Rn. 148: Vertriebsunternehmen darf nicht unkritisch die Zielmarktbestimmung übernehmen, sondern muss bei der Entscheidung über die Vertriebsart den Zielmarkt, wenn auch unter Berücksichtigung der Zielmarktbestimmung des Konzepteur (die nur beim Vorliegen gewichtiger Gründe vernachlässigt werden soll) noch einmal eigenverantwortlich selbst festlegen.

[109] Guidelines on MiFID II Product Governance Requirements v. 5.2.2018 Rn. 38.

[110] *Brenncke* WM 2015, 1173 (1179). Nach Art. 24 Abs. 2 UAbs. 2 MiFID II soll der Zielmarkt nur noch „berücksichtigt" werden.

[111] ESMA, Final Report – ESMA´s Technical Advice to the Commission on MiFID II and MiFIR, ESMA/2014/1569, v. 19.12.2014, S. 55 Rn. 18; Guidelines on MiFID II Product Governance Requirements v. 5.2.2018 Rn. 52, 54; dafür auch *Lercara/Kittner* RdF 2018, 100 (103).

[112] Guidelines on MiFID II Product Governance Requirements v. 5.2.2018 Rn. 55; *Lohmann/Gebauer* BKR 2018, 244 (251).

[113] Erwägungsgrund 71 MiFID II, *Brenncke* WM 2015, 1173 (1179); *Geier/Druckenbrodt* RdF 2015, 21 (22); ESMA, Final Report – ESMA´s Technical Advice to the Commission on MiFID II and MiFIR, ESMA/2014/1569, v. 19.12.2014, S. 51 Rn. 5.

[114] *Brenncke* WM 2015, 1173 (1179); die ESMA spricht von Offenlegung bei Vertrieb auf negativen Zielmärkten, Guidelines on MiFID II Product Governance Requirements v. 5.2.2018 Rn. 55.

[115] *Cahn/Müchler* BKR 2013, 45 (49).

[116] VO (EU) Nr. 600/2014 des Europäischen Parlaments und des Rates vom 15. Mai 2014 über Märkte für Finanzinstrumente und zur Änderung der Verordnung (EU) Nr. 648/2012 Text von Bedeutung für den EWR, Abl. EU L 173/84 v. 12.6.2014. Als VO bedarf es keinerlei Umsetzungsakte.

Aufsichtsbehörden **Produktinterventionsbefugnisse** erhalten, mit denen sie den Vertrieb sogar dauerhaft unterbinden können.[117] Gem. Art 40 und 41 MiFIR sind ESMA und European Banking Authority (EBA, gemeinsam ESAs)[118] berechtigt den Vertrieb, den Verkauf und die Werbung von Finanzprodukten sowie Finanztätigkeiten und -praktiken zu untersagen.[119] Als Voraussetzung für einen solchen Eingriff müssen Bedenken hinsichtlich des Anlegerschutzes oder eine Gefahr für das ordnungsgemäße Funktionieren und die Integrität der Finanz- oder Warenmärkte oder für die Stabilität des gesamten Finanzsystems in der Union oder eines Teils davon vorliegen.[120] Zusätzlich dürfen keine die Gefahr abwendenden, unionsrechtlichen, regulatorischen Anforderungen, die auf das jeweilige Finanzinstrument oder die jeweilige Finanztätigkeit anwendbar sind, bestehen.[121] Die Eingriffsbefugnis besteht jedoch gem. Art. 40 Abs. 2 lit. c) und Art. 41 Abs. 2 lit. c) MiFIR nur subsidiär zu der Eingriffsbefugnis der nationalen Behörden, wenn die von den nationalen Behörden getroffenen Maßnahmen unzureichend sind die Gefahr abzuwehren oder wenn sie gänzlich untätig geblieben sind. Die Maßnahme, die zur Gefahrabwendung ergriffen wird, muss verhältnismäßig sein.[122] Sie darf insbesondere gem. Abs. 3 des jeweiligen Art. keine negativen Auswirkungen auf die Effizienz der Finanzmärkte oder auf die Anleger haben, die in keinem Verhältnis zu den Vorteilen der Maßnahme stehen und zugleich kein Risiko hinsichtlich der Aufsichtsarbitrage schaffen. Der Beschluss, eine Maßnahme zu ergreifen, muss den zuständigen Behörden mitgeteilt und zugleich auf der Internetseite der Behörde veröffentlicht werden.[123] Nationale Behörden dürfen nach Art. 42 Abs. 2 MiFIR ebenfalls solche Maßnahmen ergreifen, wenn für ein Finanzinstrument, eine strukturierte Einlage oder eine entsprechende Tätigkeit oder Praxis erhebliche Bedenken hinsichtlich des Anlegerschutzes bestehen. Ebenso dürfen sie tätig werden, wenn eine Gefahr für das ordnungsgemäße Funktionieren und die Integrität der Finanz- oder Warenmärkte in mindestens einem Mitgliedstaat für die Stabilität des gesamten Finanzsystems oder eines Teils davon vorliegt. Gleiches gilt für ein Derivat, welches negative Auswirkungen auf den Preisbildungsmechanismus in den zugrunde liegenden Märkten hat. Zusätzlich zu den og Voraussetzungen für Maßnahmen seitens der ESMA müssen nationale Behörden für die Verhältnismäßigkeit der Maßnahme die Wesensart der ermittelten Risiken, das Kenntnisniveau der betreffenden Anleger oder Marktteilnehmer und die wahrscheinliche Wirkung der Maßnahme auf Anleger und Marktteilnehmer berücksichtigen, die das Finanzinstrument oder die strukturierte Einlage eventuell halten und es/sie bzw. die entsprechende Tätigkeit oder Praxis nutzen oder davon profitieren.[124] Darüber hinaus müssen die zuständigen Behörden anderer Mitgliedstaaten, die von der Maßnahme erheblich betroffen sein können, angemessen angehört werden.[125] Zudem darf sich die Maßnahme nicht diskriminierend auf Dienstleistungen oder Tätigkeiten auswirken, die von einem anderen Mitgliedstaat aus erbracht werden.[126] Die noch auslegungsbedürftigen Tatbestandsmerkmale und unbestimmten Rechtsbegriffe, bspw. des Anlegerschutzes oder der Finanzstabilität, sollten durch eine von der Kommis-

---

[117] *Cahn/Müchler* BKR 2013, 45 (49).

[118] Gem. Art. 41 MiFIR darf die EBA nur bei der Vermarktung, dem Vertrieb oder dem Verkauf von bestimmten strukturierten Einlagen oder von strukturierten Einlagen mit bestimmten Merkmalen oder bei einer Form der Finanztätigkeit oder -praxis eingreifen.

[119] S. vertiefend *Cahn/Müchler* BKR 2013, 45 – noch zum MiFID II-Entwurf, *Langenbucher* ZHR 177 (2013) 679 ebenfalls noch zum MiFID II-Entwurf; *Klingenbrunn* WM 2015, 316.

[120] Art. 40 Abs. 2 lit. a), Art. 41 Abs. 2 lit. a) MiFIR.

[121] Art. 40 Abs. 2 lit. b), Art. 41 Abs. 2 lit. b) MiFIR; zur Auslegung des Wortlautes, insbes. im Vergleich zur Regelung für nationale Behörde und im Hinblick auf die unterschiedlichen Sprachfassungen s. *Klingenbrunn* WM 2014, 316 (318 f.).

[122] *Jacobs/Becker* BaFin Journal 8/2014, 27 (29).

[123] Art. 40 Abs. 4, 5, Art. 41 Abs. 4, 5 MiFIR.

[124] Art. 42 Abs. 2 lit. c) MiFIR.

[125] Art. 42 Abs. 2 lit. d) MiFIR.

[126] Art. 42 Abs. 2 lit. e) MiFIR.

sion zu erlassende Durchführungsverordnung konkretisiert werden.[127] Dabei mussten die bereits in der MiFIR enthaltenen Besonderheiten, so bspw. der Grad der Komplexität eines Finanzinstruments und der Bezug zu der Art von Kunden, berücksichtigt werden. Die Kommission hat sich dieser Aufgabe angenommen und am 18. Mai 2016 die DelVO 2017/567 erlassen.[128] Diese enthält in Art. 19 Abs. 2 einen sehr detaillierten Katalog an insbesondere zu berücksichtigenden Kriterien für die Befugnisse der ESMA gem. Art. 40 MiFIR, in Art. 20 Abs. 2 die Kriterien für die Befugnisse der EBA nach Art. 41 MiFIR und letztlich in Art 21 Abs. 2 die Kriterien für das Einschreiten der nationalen Behörden gem. Art. 42 MiFIR. Die in der MiFIR aufgeführten Faktoren sind zudem nicht abschließend.[129]

166 Früher konnte auf deutscher Ebene die **BaFin** nur über § 4 und § 4a WpHG Anordnungen zur Beseitigung von Missständen oder deren Verhinderung treffen bzw. für die Stabilität der Finanzmärkte und für das Vertrauen in die Funktionsfähigkeit der Finanzmärkte sorgen.[130] Im Rahmen des **Kleinanlegerschutzgesetzes** wurde § 4b WpHG eingeführt, welcher die BaFin ebenfalls mit og Interventionsbefugnissen ausstattet.[131] Mit der MiFIR und dem 2. FiMaMOG wurde § 15 WpHG geschaffen, der die BaFin zur zuständigen Behörde im Sinne des Art. 42 MiFIR erklärt.[132] Darüber hinaus ist § 15 WpHG nationale Befugnisnorm für Produktinterventionen betreffend Vermögensanlagen. Dies ist eine nationale Regelung, da Vermögensanlagen nicht unter den Begriff des Finanzinstrumentes im Sinne des Art. 2 Abs. 1 Nr. 9 MiFIR iVm Art. 4 Abs. 1 Nr. 15 MiFID II fallen.[133] Damit geht der deutsche Gesetzgeber weiter und baut ein paternalistisches Schutzsystem auf.[134] Darüber hinaus erfasst die Norm nach ihrem Wortlaut „Jedermann". Damit sind auch Direktvermittler und freie Finanzvermittler erfasst.[135] Damit geht der deutsche Gesetzgeber auch im personalen Anwendungsbereich über die europarechtlichen Regelungen hinaus, die nur Wertpapierfirmen und Kreditinstitute, die Wertpapierdienstleistungen und Anlagetätigkeiten ausüben, erfassen.[136]

167 **d) Der Geeignetheitstest, § 64 Abs. 3 WpHG.** Auf der Grundlage der Kundenklassifizierung und der Kundenangaben muss der Wertpapierdienstleister ferner einen sog. Geeignetheitstest („suitability-test") gem. § 64 Abs. 3 WpHG iVm Art. 54, 55 DelVO (EU) 2017/565 durchführen. In diesem Test wird das konkrete Geschäft anhand der Anlageziele des Kunden, der Anlagerisiken für den Kunden und der finanziellen Tragbarkeit beurteilt, ferner, ob der Kunde mit seinen Kenntnissen die Risiken verstehen kann (Ziel, Risiko, Verständnis). Daher muss die ausgesprochene Empfehlung sowohl den individuellen Verhältnissen des Anlegers als auch dem Produkt Rechnung tragen.[137] Damit entspricht die aufsichtsrechtliche Geeignetheitsprüfung im Wesentlichen den von der zivilrechtlichen Rechtsprechung entwickelten Grundsätzen der anleger- und anlagegerech-

[127] *Klingenbrunn* WM 2015, 316 (317).

[128] Delegierte VO (EU) 2017/567 der Kommission v. 18.5.2016 zur Ergänzung der VO (EU) Nr. 600/2014 des Europäischen Parlaments und des Rates im Hinblick auf Begriffsbestimmungen, Transparenz, Portfoliokomprimierung und Aufsichtsmaßnahmen zur Produktintervention und zu den Positionen-[VO (EU) 2017/567 zur Ergänzung der VO (EU) 600/2014].

[129] *Klingenbrunn* WM 2015, 316 (317).

[130] *Cahn/Müchler* BKR 2013, 45 (46).

[131] Krit. dazu *Jesch/Siemko* BB 2014, 2570 (2571); *Buck-Heeb* NJW 2015, 2535 (2540).

[132] Die Zuständigkeit dagegen aus § 6 Abs. 5 folgernd Assmann/Schneider/Mülbert/*Gurlit* WpHG § 15 Rn. 2; Zuständigkeit für § 8 WpHG-E des RefE annehmend, der wortgleich mit dem jetzigen § 15 WpHG ist, *Buck-Heeb* BKR 2017, 89 (90); für § 15 WpHG wohl auch *Grundmann* ZBB 2015, 1 (15.

[133] Begr. RegE FiMaNoG II, BT-Drs. 18/10936, 228; Assmann/Schneider/Mülbert/*Gurlit* WpHG § 15 Rn. 2.

[134] Assmann/Schneider/Mülbert/*Gurlit* WpHG § 15 Rn. 2.

[135] Begr. RegE FiMaNoG II, BT-Drs. 18/10936, 228.

[136] Assmann/Schneider/Mülbert/*Gurlit* WpHG § 15 Rn. 3.

[137] Assmann/Schneider/Mülbert/*Koller* WpHG § 64 Rn. 41, 48 vgl. zum WpHG aF Schwark/Zimmer/*Rothenhöfer* WpHG § 31 Rn. 269.

ten Beratung.[138] Die Empfehlung muss ex post zwar keinesfalls richtig, ex ante jedenfalls aber vertretbar sein.[139] Die Verwendung sog. Likert-Skalen, die eine abgestufte Beantwortung mit jeweils vier Zwischenstufen vorsehen, wird dabei als zulässig, weil als für den Anleger verständlich, angesehen.[140]

168 Die MiFID II hat damit in Art. 25 Abs. 2 die Geeignetheitsprüfung dahingehend ausgeweitet, dass auch im Zusammenhang mit der Prüfung der finanziellen Situation des Anlegers seine **Fähigkeit, Verluste zu tragen,** berücksichtigt werden muss, umgesetzt in § 64 Abs. 3 S. 1 WpHG. Ebenso soll bei der Überprüfung der Anlageziele des Kunden dessen **Risikotoleranz** überprüft werden. Die Auswirkungen dieser Erweiterungen sind bislang unklar, da die Begriffe der Verlusttragungsfähigkeit und der Risikotoleranz nicht definiert werden. Das Konsultationspapier der ESMA[141] sowie das MaComp der BaFin geben lediglich einige Informationen vor, welche einzuholen sind, um die finanzielle Situation, zu der ausdrücklich die Fähigkeit Verluste zu tragen zählt, sowie um die Anlageziele, zu welchen die Risikotoleranz zählt, zu ermitteln.[142] Dazu zählen die finanziellen Verhältnisse, die Familienverhältnisse, das Alter, die berufliche Situation sowie der Bedarf an liquiden Mitteln,[143] nicht jedoch größere Verbindlichkeiten.[144] Die Vorschrift kann auch so verstanden werden, dass lediglich die bereits vorhandenen Informationen in diese Hinsicht geprüft werden.[145] Auch das Konsultationspapier der ESMA gibt hierauf keine eindeutige Antwort. Jedoch lässt die ESMA mit dem Hinweis auf zuverlässige Informationen bezüglich der Verlusttragungsfähigkeit und Risikotoleranz des Kunden, die durch die Wertpapierfirma durch robuste Prozesse einzuholen sind, vermuten, dass zusätzliche Informationen einzuholen sind.[146] Von dem Erforderniss einer zusätzlichen Einholung von Informationen geht hier auch Grundmann aus, nach dem die finanzielle Risikotragfähigkeit zu ermitteln ist und darüber eine Beratung geschuldet ist[147] und bei den Anlagezielen die Informationen zur Risikotoleranz zu erfragen und zu diskutieren sind.[148] Ferner ist im Final Report der ESMA von den Unternehmen gefordert regelmäßig zu überprüfen, ob die

---

[138] Vergleiche insofern die Ausführungen unter → Rn. 286 ff.; zum WpHG aF: *Lang/Kühne* WM 2009, 1301 (1302); *Spindler/Kasten* WM 2006, 1797 (1799); *Lenenbach* Kapitalmarktrecht Rn. 11.285; **aA** *Mülbert* WM 2007, 1149 (1156 f.); *Schwintowski* FS Hopt, 2010, 2507 (2508); Schwintowski/*Schwintowski* Kap. 1 Rn. 16 ff.

[139] Assmann/Schneider/Mülbert/*Koller* WpHG § 64 Rn. 46; für die zivilrechtliche Pflicht BGH Urt. v. 21.3.2009 – XI ZR 63/05, DB 2006, 1052 (1053) = WM 2006, 851 (852); vgl. zum WpHG aF Schwark/Zimmer/*Rothenhöfer* WpHG § 31 Rn. 271.

[140] OLG Düsseldorf Urt. v. 16.12.2010 – I-6 U 200/09 = BKR 2011, 25 (28 f.).

[141] ESMA, Consultationpaper Guidlines on certain aspects of the MiFID II suitability requirments, 13.7.2017, ESMA35–43-748, abrufbar unter: https://www.esma.europa.eu/sites/default/files/library/2017-esma35–43-748_-_cp_on_draft_guidelines_on_suitability.pdf (zuletzt abgerufen am 26.8.2019).

[142] ESMA, Consultationpaper Guidlines on certain aspects of the MiFID II suitability requirments, 13.7.2017, ESMA35–43-748, Annex III Rz. 26, abrufbar unter: https://www.esma.europa.eu/sites/default/files/library/2017-esma35–43-748_-_cp_on_draft_guidelines_on_suitability.pdf (zuletzt abgerufen am 26.8.2019); BT 7.2 Nr. 3 Rundschreiben 5/2018 (WA) Mindestanforderungen an die Compliance-Funktion und weitere Verhaltens-, Organisations- und Transparenzpflichten– MaComp v. 9.5.2018, Geschäftszeichen WA 31-Wp 2002–2017/0011, abrufbar unter: https://www.bafin.de/SharedDocs/Veroeffentlichungen/DE/Rundschreiben/2018/rs_18_05_wa3_macomp.html (zuletzt abgerufen am 26.8.2019).

[143] ESMA, Consultationpaper Guidlines on certain aspects of the MiFID II suitability requirments, 13.7.2017, ESMA35–43-748, Annex III Rz. 26, abrufbar unter: https://www.esma.europa.eu/sites/default/files/library/2017-esma35–43-748_-_cp_on_draft_guidelines_on_suitability.pdf (zuletzt abgerufen am 26.8.2019); BT 7.2 Nr. 3 Rundschreiben 5/2018 (WA) Mindestanforderungen an die Compliance-Funktion und weitere Verhaltens-, Organisations- und Transparenzpflichten– MaComp v. 9.5.2018, Geschäftszeichen WA 31-Wp 2002–2017/0011, abrufbar unter: https://www.bafin.de/SharedDocs/Veroeffentlichungen/DE/Rundschreiben/2018/rs_18_05_wa3_macomp.html (zuletzt abgerufen am 26.8.2019).

[144] Assmann/Schneider/Mülbert/*Koller* WpHG § 64 Rn. 35.

[145] *Kurz* DB 2014, 1182 (1184); ebenfalls noch offen hinsichtlich der Auswirkungen der neuen Regelungen *Buck-Heeb* ZBB 2014, 221 (227).

[146] ESMA, Final Report – ESMA´s Technical Advice to the Commission on MiFID II and MiFIR, 19.12.2014, ESMA/2014/1569, S. 132 f.

[147] Staub/*Grundmann* HGB Bd. 11/2, Teil 8 Rn. 200.

[148] Staub/*Grundmann* HGB Bd. 11/2, Teil 8 Rn. 201.

Informationen nicht veraltet, unzutreffend oder unvollständig sind.[149] Dies lässt ebenfalls auf eine Nachholung schließen.

Der Test ist jedoch **nur für Privatkunden** durchzuführen; für professionelle Kunden **169** gelten nach § 67 Abs. 2 WpHG, im Hinblick auf ihre Kenntnisse, herabgesetzte Anforderungen, vgl. Art. 54 Abs. 3 DelVO (EU) 2017/565. Dies gilt auch für solche Kunden, die zu einem professionellen Kunden heraufgestuft wurden oder hierfür optiert haben, § 67 Abs. 6 WpHG.[150] Denn es ist kein Grund ersichtlich, warum diese gewillkürten professionellen Kunden, die die gleichen Kenntnisse und Erfahrungen wie die „geborenen" aufweisen sollen, anders zu behandeln wären. Bei professionellen Kunden muss die Bank lediglich prüfen, ob dieses Produkt den Anlagezielen des Kunden entspricht, da die Risikotragfähigkeit und das Verständnis bei dieser Anlegergruppe aufgrund ihres Sachverstands und ihrer Erfahrung unwiderleglich vermutet werden.[151] Bezüglich der Tragfähigkeit von Verlusten ist allerdings ein Test auch für nicht „geborene" professionelle Kunden durchzuführen, da Art. 54 Abs. 3 Unterabs. 2 DelVO (EU) 2017/565 nur auf Anhang II Abschnitt 1 der MiFID II verweist, der nur die „geborenen" professionellen Kunden nennt.

Ein Verstoß gegen das Verbot aus § 64 Abs. 3 S. 2, 4 iVm Art. 54 Abs. 8 DelVO (EU) **170** 2017/565 führt zu einer Haftung aus §§ 280 ff. BGB. Allerdings handelt es sich bei der Norm aufgrund der Einseitigkeit des Verstoßes **nicht** um **ein Verbotsgesetz** im Sinne des § 134 BGB.[152] Deswegen bleibt es bei der Wirksamkeit des Beratungsvertrages, auch wenn das Wertpapierhandelsunternehmen trotz fehlender Information eine Empfehlung abgibt. Daran ändert auch die Neuregelung nichts, handelt es sich doch immer noch um einen einseitigen Verstoß. Eine Neuerung im Vergleich zur alten Rechtslage ist, dass Verstöße gegen die Pflicht zur Empfehlung geeigneter Finanzprodukte nunmehr auch bußgeldbewehrt sind, § 120 Abs. 8 Nr. 40 WpHG. Ob die Neuregelungen tatsächlich für einen effektiveren Anlegerschutz sorgen werden, erscheint allerdings aufgrund der beschränkten Überwachungsressourcen fraglich.[153]

4. Dokumentation, Geeignetheitserklärung, § 64 Abs. 4

a) Geeignetheitserklärung. Mit der Reform des Schuldverschreibungsrechts[154] wurde **171** mit § 34 Abs. 2a WpHG aF auch eine Pflicht für Wertpapierdienstleister zur Anfertigung eines schriftlichen Protokolls über die einem Anleger erteilte Beratung **(Beratungsprotokoll),** § 2 Abs. 3 S. 1 Nr. 9 WpHG aF, eingeführt.[155] Hierbei handelte es sich um eine nicht unerhebliche Ausweitung der Dokumentationspflicht gegenüber § 34 WpHG aF bis

---

[149] Guidelines on certain Aspcets of MiFID II Suitability Requirements S. 17 Rn. 52 ff.

[150] Ellenberger/Clouth/*Lang/Loy* Praktikerhandbuch Wertpapier- und Derivategeschäft Rn. 604; vgl. zum WpHG aF Fuchs/*Fuchs* WpHG § 31 Rn. 224; Kümpel/Wittig/Früh/Seyfried/*Seyfried* Bank- und Kapitalmarktrecht Rn. 3.155; Schwark/Zimmer/*Rothenhöfer* WpHG § 31 Rn. 278.

[151] Kümpel/Wittig/Früh/Seyfried/*Seyfried* Bank- und Kapitalmarktrecht Rn. 3.154; vgl. zum WpHG aF Schwark/Zimmer/*Rothenhöfer* WpHG § 31 Rn. 278.

[152] *Veil* WM 2007, 1821 (1826); Schwark/Zimmer/*Rothenhöfer* WpHG § 31 Rn. 291; Assmann/Schneider/*Koller,* 6. Aufl., WpHG § 31 Rn. 149.

[153] Krit. *Möllers/Wenninger* NJW 2011, 1697 (1699); vgl. zum WpHG aF Schwark/Zimmer/*Rothenhöfer* WpHG § 31 Rn. 291a zum Regierungsentwurf.

[154] Art. 4 des Gesetzes zur Neuregelung der Rechtsverhältnisse bei Schuldverschreibungen aus Gesamtemissionen und zur verbesserten Durchsetzbarkeit von Ansprüchen von Anlegern aus Falschberatung, v. 31.7.2009, BGBl. I 2009, 2512; Umsetzungsproblematiken behandelte die Studie des ITA Institut für Transparenz GmbH von *Ortmann/Tutone,* Evaluierung der Beratungsdokumentation im Geldanlage- und Versicherungsbereich Version 18.2.2014, insb. 13, abrufbar unter: https://www.bmjv.de/SharedDocs/Archiv/Downloads/20140625_Beratungsprotokolle_Studie.pdf;jsessionid=F59D9307794C61B8F7CE0F382E0CFF38.1_cid289?__blob=publicationFile&v=3 (zuletzt abgerufen am 16.2.2019); *Einsele* ZRP 2014, 190.

[155] Zu den Auswirkungen der Dokumentationspflicht auf die Beratungspraxis vgl. *Yoo* BM 2014, 32.

2009, insbesondere auch unter Berücksichtigung der Tatsache, dass die Anlageberatung bisher in der Regel nur mündlich erfolgte.[156]

172 Dieses Beratungsprotokoll wurde im Zuge der MiFID II durch das Erfordernis der sogenannten **Geeignetheitserklärung** ersetzt.[157] Gem. § 64 Abs. 4 WpHG, welcher Art. 25 Abs. 6 UAbs. 2 und 3 MiFID II umsetzt, hat die Wertpapierfirma, für den Fall der Erbringung einer Anlageberatung, dem Privatkunden in geeigneter Form über die für ihn erbrachten Dienstleistungen Bericht zu erstatten und gleichzeitig darzulegen, wie die erbrachte Beratung auf seine persönlichen Merkmale abgestimmt wurde. Diese Erklärung zeichnet nicht nur den Gesprächsverlauf auf, sondern gibt auch einen Überblick über die erfolgten Empfehlungen und Erklärungen, warum diese anlegergerecht sind.[158]

173 Fraglich ist, ob der deutsche Gesetzgeber die Richtline hier **ausreichend umsetzte** oder Art. 25 Abs. 6 MiFID II auch eine **Ausweitung auf professionelle Kunden und geeignete Gegenparteien** fordert. Einen Anhaltspunkt dafür könnte der Wortlaut geben, welcher nur allgemein von „Kunden" spricht. Für eine Anwendbarkeit bei geeigneten Gegenparteien könnte die Rückausnahme in Art. 30 Abs. 1 der Art. 1 MiFID II sprechen, die Art. 25 Abs. 6 ausdrücklich für anwendbar erklärt. Daraus könnte geschlossen werden, dass sich die in Art. 25 Abs. 6 Unterabs. 1 normierte Pflicht, eine Geeignetheitserklärung zu erstellen, auch auf geeignete Gegenparteien erstreckt. Gem. Art. 30 Abs. 1 MiFID II ist jedoch die Geeignetheitsprüfung gem. Art. 25 Abs. 2 MiFID II ausgeschlossen. Es erscheint daher wenig sinnvoll, eine Geeignetheitserklärung zu fordern, wenn schon keine Geeignetheitsprüfung, auf welcher die Erklärung beruhen würde, durchgeführt werden muss. Die Richtline kann aufgrund dieses Widerspruchs keine Geeignetheitserklärung für geeignete Gegenparteien fordern.[159] Mit ähnlichen Argumenten ist auch die Anwendbarkeit für professionelle Kunden auszuschließen.[160] So bezieht sich Erwägungsgrund 82 der MiFID II nur auf Kleinanleger, nicht aber auf professionelle Kunden. Darüber hinaus darf das Wertpapierunternehmen bei professionellen Kunden gem. Art. 54 Abs. 3 DelVO 2017/565 davon ausgehen, dass sie die Kenntnisse und Erfahrungen haben, die mit dem Geschäft einhergehenden Risiken zu verstehen und dass die Anlagerisiken für sie tragbar sind. Eine Geeignetheitsprüfung könnte sich daher nur noch darauf beziehen, ob das Produkt den Anlagezielen des professionellen Kunden entspricht. Dass damit faktisch keine Geeignetheitsprüfung mehr erfolgt, spricht dafür, ihre Verschriftlichung nicht zu fordern.[161] Die deutsche Umsetzung ist mithin richtlinienkonform.

174 Im Gegensatz zum früheren Beratungsprotokoll gem. § 34 Abs. 2a WpHG aF stellt sich die Frage, ob das Geeignetheitsprotokoll der **Schriftform** gem. § 126 BGB genügen muss, nicht mehr, da die Wendung „schriftlich" in der Norm nicht mehr vorkommt.

175 Die Idee hinter dem ursprünglichen war nach den Vorstellungen des Gesetzgebers der BaFin die **Überprüfung der Pflichten der Wertpapierdienstleister** im Rahmen der Anlageberatung zu erleichtern[162] und damit insbesondere im Nachgang zu der Insolvenz der US-amerikanischen Investment Bank Lehman Brothers Inc. eine Stärkung des Anlegerschutzes zu bewirken.[163] Ob dies allerdings tatsächlich der Fall ist, kann mit Fug und Recht

---

156 *Balzer* ZBB 2007, 333 (342); *Schäfer* WM 2007, 1872 (1879).

157 Begr. RegE BT-Drs. 18/10936, 235; *Buck-Heeb/Poelzig* BKR 2017, 485 (492); *Balzer,* ZBB 2016, 226 (235).

158 *Buck-Heeb/Poelzig* BKR 2017, 485 (492); Assmann/Schneider/Mülbert/*Koller* WpHG § 64 Rn. 48.

159 Teuber/Schröer/*Trafkowski,* MiFID II und MiFIR Rn. 258 f.

160 *Balzer* ZBB 2016, 226 (235).

161 So in etwa auch Teuber/Schröer/*Trafkowski* MiFID II und MiFIR Rn. 259.

162 Begr. RegE, Gesetz zur Neuregelung der Rechtsverhältnisse bei Schuldverschreibungen aus Gesamtemissionen und zur verbesserten Durchsetzbarkeit von Ansprüchen von Anlegern aus Falschberatung (SchVG), BT-Drs. 16/12814, 27.

163 Begr. RegE SchVG, BT-Drs. 16/12814, 27 f.; *Leuering/Zetzsche* NJW 2009, 2856 (2858); *Böhm* BKR 2009, 221; *Brinckmann* BKR 2010, 45; vgl. zum WpHG aF Schwark/Zimmer/*Fett* KMRK WpHG § 34 Rn. 7.

bezweifelt werden, vielmehr ist eher der umgekehrte Fall – nämlich die Benachteiligung des Anlegers im Prozess – zu erwarten.[164]

Auf die Geeignetheitserklärung kann der Kunde **nicht verzichten,** da sie notwendiger Bestandteil der Anlageberatung ist.[165] Dagegen sollte zur alten Rechtslage bei Privatkunden, die durch professionelle Berater vertreten werden, von einem solchen Protokoll abgesehen werden können.[166] Die BaFin äußert sich zur Neufassung dahingehend, dass die Erklärung derjenigen Person zu übergeben ist, die das Gespräch geführt hat.[167] Ein Verzicht auf die Erklärung ist auch nach neuer Rechtslage nicht überzeugend. Solange der Kunde selbst als professioneller Kunde einzustufen ist und daher keine Beratung benötigt bzw. diese verzichtbar ist, ist nach hier vertretener Ansicht auch keine Erklärung anzufertigen.[168] Bei privaten Kunden aber, selbst wenn sie professionell vertreten sein mögen, ist bei bestehender Pflicht zur Anlageberatung auch das Protokoll unverzichtbar. Die Auslegung der BaFin stützt dies, da bezüglich des Vertreters nicht differenziert wird, sondern von einer notwendigen Übergabe ausgegangen wird, womit alle Arten von Vertretern erfasst sind, auch Professionelle. **176**

Der nötige **Inhalt der Geeignetheitserklärung** wird durch § 64 Abs. 4 iVm Art. 54 Abs. 12 DelVO 2017/565 bestimmt. Die Geeignetheitserklärung muss die Nennung der erbrachten Dienstleistung enthalten und ferner erläutern, wie sie auf die Präferenzen, Anlageziele und die sonstigen Merkmale des Kunden abgestimmt wurde (§ 64 Abs. 4 S. 2 WpHG). Dies erfasst Ziele und persönliche Umstände des Kunden, Kenntnisse und Erfahrungen sowie seine Risikobereitschaft und Verlusttragungsfähigkeit.[169] Die Erklärung muss somit auf den konkreten Kunden und nicht auf eine Kundengruppe zugeschnitten sein.[170] Zudem muss auf die Charakteristika des empfohlenen Instrumentes eingegangen werden, insbesondere auf die Rendite und Veräußerungsmöglichkeit.[171] Sollten die empfohlenen Instrumente eine regelmäßige Überprüfung der Bestimmungen erforderlich machen, ist dies ebenfalls aufzunehmen, Art. 54 Abs. 12 Untabs. 2 DelVO 2017/565. Auch muss ein Überblick über die Alternativempfehlungen gegeben werden.[172] Ferner muss die Erklärung nach Ansicht der ESMA Datum und Zeit der Beratung enthalten.[173] Bei Verständnisschwierigkeiten sind grafische Darstellungen zu benutzen, um die Verständnisprobleme auszuräumen.[174] Im Falle einer regelmäßigen Geeignetheitsbeurteilung ist die Erklärung mindestens einmal jährlich zu überprüfen (Art. 54 Abs. 13 DelVO 2017/565). **177**

Anders als § 34 Abs. 2a WpHG aF sieht § 64 Abs. 4 WpHG nicht vor, dass die Geeignetheitserklärung unterzeichnet werden muss. Grund ist, dass nicht mehr der wesentliche Gesprächsverlauf dokumentiert werden soll, sondern warum die Empfehlung für den Kunden geeignet ist.[175] Damit ist die **Beweisfunktion** der Unterschrift nicht nötig. **178**

Dem Kunden muss nach § 64 Abs. 4 WpHG vor Vertragsabschluss die Geeignetheitserklärung auf einem **dauerhaften Datenträger** zur Verfügung gestellt werden. Es geht **179**

[164] *Maier* VuR 2011, 3 (11).

[165] Krimphove/Kruse/*Krimphove* MaComp BT 6 Rn. 12; vgl zum WpHG aF zutr. *Schäfer* FS Hopt, 2010, 2427 (2430); Kümpel/Wittig/Früh/Seyfried/*Seyfried* Bank- und Kapitalmarktrecht Rn. 3.259.

[166] *Schäfer* FS Hopt, 2010, 2427 (2434 f.); Kümpel/Wittig/Früh/Seyfried/*Seyfried* Bank- und Kapitalmarktrecht Rn. 3.260.

[167] BT 6 Nr. 4 Rundschreiben 5/2018 (WA) Mindestanforderungen an die Compliance-Funktion und weitere Verhaltens-, Organisations- und Transparenzpflichten– MaComp v. 9.5.2018, Geschäftszeichen WA 31-Wp 2002–2017/0011, abrufbar unter: https://www.bafin.de/SharedDocs/Veroeffentlichungen/DE/Rundschreiben/2018/rs_18_05_wa3_macomp.html (zuletzt abgerufen am 16.2.2019).

[168] → Rn. 173.

[169] Krimphove/Kruse/*Krimphove* MaComp BT 6 Rn. 13.

[170] Assmann/Schneider/Mülbert/*Koller* Wertpapierhandelsrecht § 64 Rn. 49.

[171] Assmann/Schneider/Mülbert/*Koller* Wertpapierhandelsrecht § 64 Rn. 48.

[172] Krimphove/Kruse/*Krimphove* MaComp BT 6 Rn. 13.

[173] Questions and Answers on MiFID II and MiFIR protection and intermediaris topics Question Nr. 2 Suitability and appropriateness, abrufbar unter https://www.esma.europa.eu/sites/default/files/library/esma35-43-349_mifid_ii_qas_on_investor_protection_topics.pdf (zuletzt abgerufen am 2.7.2019).

[174] Assmann/Schneider/Mülbert/*Koller* Wertpapierhandelsrecht § 64 Rn. 49.

[175] Renz/Hense/Marbeiter/*Brinkmann* Wertpapier-Compliance in der Praxis, II. A.5 Rn. 24.

dabei nicht um den Abschluss des Beratungsvertrags als solchen, sondern zB um einen Kommissionvertrag, ein Festpreisgeschäft oder einen Geschäftsbesorgungsvertrag.[176] „Vor Vertragsschluss" bedeutet in diesem Rahmen nicht, dass die Pflicht nur besteht, wenn ein Vertragsschluss zustande kommt; denn der Kunde soll umfänglich informiert werden, was nicht davon abhängen kann, ob der Vertrag zustande kommt.[177] Dauerhafter Datenträger kann eine auf Papier gedruckte Geeignetheitserklärung sein, aber auch eine digitale Erklärung im elektronischen Postfach des Kunden oder auf einem USB-Stick.[178]

180 Besonderheiten gelten für Vereinbarungen via **Fernkommunikationsmittel,** die die Übersendung des Protokolls vor Geschäftsabschluss nicht zulassen. Die Geeignetheitserklärung kann gem. § 64 Abs. 4 S. 4 WpHG auch nach Vertragsschluss zur Verfügung gestellt werden, wenn der Kunde dem zustimmt und das Wertpapierunternehmen angeboten hat, die Ausführung des Geschäftes zu verschieben, sodass der Kunde die Möglichkeit hat, die Erklärung vorher zu erhalten. Die Verschiebung muss zudem ein Rücktrittsrecht enthalten, damit verhindert wird, dass der Kunde letztlich doch gezwungen wird ein Geschäft zu schließen, was ihm nach der Lektüre der Erklärung als ungeeignet erscheint.[179] Unter Unmittelbarkeit versteht die BaFin einen Zeitraum von fünf Tagen.[180]

181 Aus **zivilrechtlicher Sicht** verbinden sich mit § 64 Abs. 4 WpHG grundsätzlich keine besonderen Beweislastnormen. Eine vollständige **Beweislastumkehr** zu Lasten des Wertpapierdienstleisters hat der Gesetzgeber explizit zum Beratungsprotokoll abgelehnt.[181] Auch im Rahmen des Gesetzes zur Stärkung des Anlegerschutzes und Verbesserung der Funktionsfähigkeit des Kapitalmarkts[182] wurde das Verlangen der Einführung einer generellen Beweislastumkehr zu Lasten des Unternehmens[183] erneut unberücksichtigt gelassen. Da die Geeignetheitserkärung mit dem Beratungsprotokoll vergleichbar ist, ändert sich durch diese nichts an der bisherigen Betrachtung.[184] Die Geeignetheitserklärung kann aber im Zivilprozess als **Beweismittel** verwertet werden. Hat der Wertpapierdienstleister seine Pflicht zur Erstellung verletzt, kommt allerdings eine Beweiserleichterung zumindest prima facie für den Kunden in Betracht,[185] vergleichbar mit Dokumentationspflichten in anderen Rechtsgebieten.[186] Umgekehrt darf dem Beratungsprotokoll nicht vorschnell entlastende Wirkung beigemessen werden. Insgesamt kann von einer indiziellen Wirkung gesprochen werden.[187]

182 **b) Aufzeichnungspflichten, §§ 64 Abs. 3 iVm 83 WpHG.** Für das Wertpapierdienstleistungsunternehmen ergibt sich in Umsetzung der **MiFID II** eine **Aufzeichnungs- und Speicherungspflicht** für alle elektronischen Mitteilungen bzw. Kommunikation für 5 Jahre, die sich auf Eigengeschäfte oder die Ordererteilung von Kunden beziehen –

---

[176] Assmann/Schneider/Mülbert/*Koller* Wertpapierhandelsrecht § 64 Rn. 51 Fn. 1.
[177] Krimphove/Kruse/*Krimphove* MaComp BT 6 Rn. 23.
[178] BT 6 Nr. 4 Rundschreiben 5/2018 (WA) Mindestanforderungen an die Compliance-Funktion und weitere Verhaltens-, Organisations- und Transparenzpflichten– MaComp v. 9.5.2018, Geschäftszeichen WA 31-Wp 2002–2017/0011, abrufbar unter: https://www.bafin.de/SharedDocs/Veroeffentlichungen/DE/Rundschreiben/2018/rs_18_05_wa3_macomp.html (zuletzt abgerufen am 16.2.2019).
[179] Assmann/Schneider/Mülbert/*Koller* Wertpapierhandelsrecht § 64 Rn. 51; **aA** *Buck-Heeb/Poelzig* BKR 2017, 485 (492), die aufgrund der Streichung im Vergleich zur alten Fassung ein solches nicht mehr anerkennen wollen.
[180] BT 6 Nr. 3 Rundschreiben 5/2018 (WA) Mindestanforderungen an die Compliance-Funktion und weitere Verhaltens-, Organisations- und Transparenzpflichten– MaComp v. 9.5.2018, Geschäftszeichen WA 31-Wp 2002–2017/0011, abrufbar unter: https://www.bafin.de/SharedDocs/Veroeffentlichungen/DE/Rundschreiben/2018/rs_18_05_wa3_macomp.html (zuletzt abgerufen am 16.2.2019).
[181] Begr. RegE SchvG, BT-Drs. 16/12814, 36.
[182] AnsFuG v. 5.4.2011(BGBl. I 2011, 538 ff.).
[183] Bundesrat Stellungnahme AnsFuG, BT-Drs. 17/3628, 35.
[184] *Buck-Heeb/Poelzig* BKR 2017, 485 (492).
[185] Noch zum WpHG aF *Leuering/Zetzsche* NJW 2009, 2856 (2859); wohl auch Kümpel/Wittig/Früh/Seyfried/*Seyfried* Bank- und Kapitalmarktrecht Rn. 3.263.
[186] Zur Dokumentationspflicht im Arzthaftungsrecht s. BeckOGK BGB/*Spindler* § 823 Rn. 963.
[187] *Möllers/Wenninger* NJW 2011, 1697 (1699) zum WpHG aF.

folglich die Entgegennahme, Weiterleitung oder Ausführung von Kundenorder gem. § 83 Abs. 3, 8 WpHG. Auf Verlangen der BaFin kann die Frist um zwei Jahre verlängert werden. Die Aufzeichnungspflicht aus Art. 74 DelVO 2017/565 ist damit auch erfüllt.[188] Das durch die MiFID II aufgeworfene datenschutzrechtliche Problem der Kommunikation über private Kommunikationsmittel (own devices) der Mitarbeiter hat der Gesetzgeber in § 83 Abs. 4 S. 2 WpHG aufgegriffen.[189] Gem. § 83 Abs. 4 S. 2 WpHG ist es nur erlaubt private Geräte für eine Aufzeichnung im Sinne des Absatz 3 zu nutzen, wenn das Unternehmen dies billigt und die Zustimmung der Mitarbeiter zu dieser Aufzeichnung vorliegt; alternativ wenn der Mitarbeiter der nachträglichen Kopie der Daten auf ein Medium des Unternehmens zugestimmt hat. Bei fehlender Billigung muss der Einsatz der privaten Geräte unterbleiben.[190] Es sind alle Kommunikationsmittel (sog. „other channels") weiterhin zulässig, wenn die Kommunikation auf einem dauerhaften Datenträger erfolgt (zB E-Mail, Fax, SMS).[191] Erfasst sind auch Kommunikationen, die nicht zu einem Abschluss geführt haben, § 83 Abs 3 S. 4 WpHG. Aufgrund des weiten Wortlautes von § 83 Abs. 3 S. 1 WpHG sind auch Stornierungen oder Änderungen von Ordern erfasst. Des Weiteren sollen unter Umständen, nach Ansicht der ESMA, auch Aufzeichnungspflichten für unternehmensinterne Kommunikation bestehen, wenn diese zu einer Kundentransaktion führen kann.[192] Damit entstünde eine nahezu flächendeckende Aufzeichnungspflicht. Für Präsenzgespräche gilt eine Dokumentationspflicht gem. § 83 Abs. 6 WpHG. Hier ist es ausreichend, eine Zusammenfassung bzw. ein Gesprächsprotokoll zu erstellen,[193] für welches die ESMA auch keine Unterschriftspflicht vorsieht.[194] Zugleich besteht für die Unternehmen eine Aufklärungspflicht gegenüber dem Kunden über die Speicherung der Kommunikation. Darüber hinaus müssen die Aufzeichnungen auch dem Kunden auf seinen Wunsch hin zur Verfügung gestellt werden gem. § 83 Abs. 7 WpHG. Bei einem Telefongespräch ist es nicht ausreichend, eine Abschrift des Gesprächs auszuhändigen, da dies nach allgemeinem Verständnis nicht als Kopie anzusehen ist.[195] Es bedarf ergo einer akustischen Kopie. § 83 WpHG ist kundenneutral ausgestaltet, sodass er für alle Kundenklassen gilt.

5. Honoraranlageberatung, § 64 Abs. 5 – 6

Durch das am 1.8.2014 in Kraft getretene **Honoraranlageberatungsgesetz**[196] wurde 183
§ 31 WpHG aF durch die Absätze 4b–d ergänzt und das Gebot der Vermeidung von Interessenkonflikten konkretisiert.[197] Die Ergänzung erweitert den Regelungsbereich des

[188] FAQ zu MiFID II-Wohlverhaltensregeln nach §§ 63 ff. WpHG A Frage 2 abrufbar unter https://www.bafin.de/SharedDocs/Veroeffentlichungen/DE/Auslegungsentscheidung/WA/ae_040518_faq_mifid2_wohlverhaltenregeln.html (zuletzt abgerufen am 3.7.2019).

[189] Zu der Problematik durch die MiFID II *Kurz* DB 2014, 1182 (1186).

[190] Assmann/Schneider/Mülbert/*Koller* Wertpapierhandelsrecht § 83 Rn. 11.

[191] Assmann/Schneider/Mülbert/*Koller* Wertpapierhandelsrecht § 83 Rn. 10.

[192] Questions and Answers on MiFID II and MiFIR protection and intermediaris topics Question Nr. 1 Recording of telephone, abrufbar unter https://www.esma.europa.eu/sites/default/files/library/esma35–43-349_mifid_ii_qas_on_investor_protection_topics.pdf (zuletzt abgerufen am 2.7.2019); so auch *Balzer* ZBB 2016, 226 (236).

[193] Erwägungsgrund 57; s. a. Assmann/Schneider/Mülbert/*Koller* Wertpapierhandelsrecht § 83 Rn. 24;. *Kurz* DB 2014, 1182 (1186); *Buck-Heeb* ZBB 2014, 221 (228).

[194] ESMA, Final Report – ESMA´s Technical Advice to the Commission on MiFID II and MiFIR, 19.12.2014, ESMA/2014/1569, S. 38 f.

[195] FAQ zu MiFID II-Wohlverhaltensregeln nach §§ 63 ff. WpHG B Frage 1 abrufbar unter https://www.bafin.de/SharedDocs/Veroeffentlichungen/DE/Auslegungsentscheidung/WA/ae_040518_faq_mifid2_wohlverhaltenregeln.html (zuletzt abgerufen am 3.7.2019).

[196] Gesetz zur Förderung und Regulierung einer Honorarberatung über Finanzinstrumente Honoraranlageberatungsgesetz v. 15.7.2013, BGBl. I 2013, 2390 (HAGB).

[197] Claussen/*Kirchhartz* Bank- und Börsenrecht § 3 Rn. 82; Schwintowski/*Bracht* Kap. 19 Rn. 16. Die Vorschriften für den Honorar-Anlageberater werden durch § 34h GewO für den Honorar-Finanzanlageberater ergänzt. Ausführlich zur Neuregelung des Honorar-Finanzanlagenberaters s. *Will* NJW 2015, 1477. Zur Problematik der Aufsicht durch die Trennung in WpHG und KWG s. *Reiter/Methner* WM 2013, 2053 (2058).

§ 31 WpHG aF, indem nun neben der provisionsgestützten Anlageberatung auch die teilweise schon praktizierte[198] honorargestützte Anlageberatung reguliert wird.

184 Hintergrund des Honoraranlageberatungsgesetzes war der Vorschlag der Europäischen Kommission im Rahmen der Diskussion über die Neufassung der Richtlinie über Märkte für Finanzinstrumente (MiFID) vom 20.10.2011 **(MiFID II)**[199]. Dieser sah ausdrücklich ein gesondertes Konzept zur Honorar-Anlageberatung durch unabhängige Berater vor. Auch die seit dem 1.7.2014 in Kraft getretene MiFID II-Richtlinie[200] beinhaltet noch ein solches. Gem. Art 24 Abs. 4 Unterabs. a lit. i) MiFID II muss der Anlageberater künftig vor Beginn der Beratung offenlegen, ob er eine abhängige oder unabhängige Beratung erbringt. Zusätzlich werden ihm für die unabhängige Beratung strengere Anforderungen für die Auswahl der Finanzprodukte auferlegt.[201] Erbringt er eine unabhängige Anlageberatung, so darf er bzw die Wertpapierfirma gem. Art. 24 Abs. 7 lit. b) S. 1 MiFID II keine *„Gebühren, Provisionen oder andere monetäre und nichtmonetäre Vorteile einer dritten Partei oder einer Person, die im Namen einer dritten Partei handelt"*, annehmen oder behalten.[202] Von diesem Grundsatz macht jedoch S. 2 eine Ausnahme. So können *„kleinere nichtmonetäre Vorteile angenommen werden, wenn diese die Servicequalität für den Kunden verbessern können und sie von ihrem Umfang und ihrer Art her nicht vermuten lassen, dass sie die Einhaltung der Pflicht der Wertpapierfirma, im bestmöglichen Interesse ihrer Kunden zu handeln, beeinträchtigen.*" Diese sind ebenfalls unmissverständlich offenzulegen. Darüber hinaus muss das Wertpapierdienstleistungsunternehmen seine Empfehlung auf der Grundlage einer umfassenden Marktanalyse über die dort vorhandenen Finanzprodukte stützen. Die Analyse darf jedoch nicht nur eigene Produkte und solche von wirtschaftlich eng verflochtenen Unternehmen beinhalten, damit keine Beeinträchtigung der unabhängigen Beratung entsteht, Art. 24 Abs. 7 lit. a) MiFID II.[203]

185 Um mehr Transparenz hinsichtlich der Art der Vergütung des Anlageberaters zu schaffen,[204] wird nun auch im deutschen Recht zwischen den zwei Arten der provisionsbasierten Anlageberatung und der Honorar-Anlageberatung unterschieden. Mit dem FiMaNoG II wurden die Vorgaben der MiFID II in das deutsche Recht transferiert. Dies führte zu einer Neuordnung der Regeln für Honorar-Anlageberatung, die allerdings hauptsächlich redaktioneller Natur sind.

186 **a) Angebotssortiment bei Honoraranlageberatung, § 64 Abs. 5 S. 1 Nr. 1 WpHG.** Die Neuregelung des § 64 Abs. 5 WpHG beruht auf dem bisherigen § 31 Abs. 4c WpHG aF. Der Honorar-Anlageberater muss bei seiner Anlageempfehlung gegenüber dem Kunden eine **ausreichende Palette von Finanzinstrumenten berücksichtigen.** Er muss somit über einen grundsätzlichen Marktüberblick verfügen.[205] Um eine ausreichende Palette anbieten zu können, muss eine Wertpapierfirma ein Auswahlverfahren festlegen und durchführen gem. Art 53 Abs. 1 DelVO (EU) 2017/565. Das Auswahlverfahren umfasst,

---

[198] So bspw. die Quirin Privatbank AG.

[199] Begr. RegE HAGB BT-Drs. 17/12295, 1; Europäische Kommission, Vorschlag für eine RL des Europäischen Parlaments und des Rates über Märkte für Finanzinstrumente zur Aufhebung der RL 2004/39/EG des Europäischen Parlaments und des Rates (Neufassung) v. 20.10.2011, KOM(2011)656 endgültig; *Müchler/Trafkowski* ZBB 2013, 101 (104), krit. *Grigoleit* ZHR 177 (2013), 264 (297 f.); JVRB/*Voß* WpHG § 31 Rn. 506.

[200] RL 2014/65/EU des Europäischen Parlaments und des Rates v. 15.5.2014 über Märkte für Finanzinstrumente sowie zur Änderung der RL 2002/92/EG und 2011/61/EU, Abl. EU L 173, 349.

[201] S. dazu JVRB/*Voß* WpHG § 31 Rn. 506; *Buck Heeb* ZBB 2014, 221 (230).

[202] S. hierzu auch Erwägungsgrund 74 MiFID II, der ausführlich klarstellt, dass erhaltene Gebühren, Provisionen oder andere monetäre Vorteile durch das Wertpapierdienstleistungsunternehmen unverzüglich nach Empfang an den Kunden auszukehren sind. Hierzu auch *Buck-Heeb* ZBB 2014, 221 (231).

[203] S. dazu *Kurz* DB 2014, 1182 (1183); *Buck-Heeb* ZBB 2014, 221 (230).

[204] *Tiefensee/Kuhlen* WM 2014, 2105; vgl. zum WpHG aF Heidel/*Schäfer* Aktienrecht § 31 WpHG Rn. 112a.

[205] Begr. RegE HAGB, BT-Drs. 17/12295, 15.

– ob Anzahl und Vielseitigkeit der Finanzinstrumente hinsichtlich der Anlageberatungsleistung verhältnismäßig sind (lit. a),
– ob Anzahl und Vielseitigkeit der Finanzinstrumente für den Gesamtmarkt hinreichend repräsentativ sind (lit. b),
– ob die Anzahl der von der Wertpapierfirma und eng verbundener Unternehmen ausgegebenen Finanzinstrumente hinsichtlich der Gesamtzahl der betrachteten Finanzinstrumente verhältnismäßig ist (lit. c) und
– ob bei den Kriterien für die Auswahl der Finanzinstrumente auch alle relevanten Aspekte wie Risiken, Kosten und Komplexität, sowie die Eigenschaften der Kunden unvoreingenommen betrachtet wurden (lit. d).

In jedem Fall muss jedoch hinsichtlich der **Art der angebotenen Finanzprodukte** (Nr. 1a) Alt. 1) und der **Anbieter und Emittenten** (Nr. 1a) Alt. 2) eine ausreichende Streuung vorliegen. Die Anforderungen an die Streuung der empfohlenen Finanzinstrumente wird schon in der Auswahl durch Art 53 Abs. 1 lit. b) dahingehend konkretisiert, dass sie repräsentativ dem Markt entsprechen muss. Hinsichtlich der Art der angebotenen Finanzprodukte kann eine angemessene Streuung erzielt werden, wenn die Auswahl ebenfalls auf den Markt bezogen hinreichend repräsentativ ist, Art 53 Abs. 1 lit. b). **187**

Darüber hinaus dürfen nach § 64 Abs. 5 Nr. 1b) die der Anlageempfehlung zugrundeliegenden Angebote nicht nur auf Finanzprodukteanbieter oder -Emittenten zurückgehen, zu denen eine **enge Verbindung** oder **in sonstiger Weise wirtschaftliche Verflechtungen** bestehen, welche die Unabhängigkeit der Beratung gefährden könnten. **188**

b) Zuwendungsverbot bei Honoraranlageberatung § 64 Abs. 5 S. 1 Nr. 2, S. 2–6 (Kick-back). Die Honorar-Anlageberatung darf ausschließlich über das von dem Kunden gezahlte Honorar vergütet werden und ist somit typusprägend, § 64 Abs. 5 S. 1 Nr. 2 WpHG.[206] Damit geht das Zuwendungsverbot in § 65 Abs. 5 S. 1 Nr. 2, S. 2–6 WpHG weiter als jenes in § 70 WpHG.[207] Nach S. 2 gilt ein grundsätzliches Verbot für die Annahme von nicht-monetären Zuwendungen. Damit geht der deutsche Gesetzgeber über die europarechtlichen Vorgaben hinaus, die gem. Art 24 Abs. 7 lit. b) MiFID II kleinere nicht-monetäre Zuwendungen erlauben, aber ihre Offenlegung fordern. Eine Ausnahme von dem Verbot für monetäre Zuwendungen ist jedoch in S. 3 vorgesehen. Da nicht jedes geeignete Finanzprodukt provisionsfrei zu vertreiben ist, würde ohne Ausnahme ein vollständiges Provisionsverbot für die Honorar-Anlageberatung eingeführt, welches dem Zweck des Gesetzes zuwiderliefe.[208] Daher dürfen monetäre Zuwendungen angenommen werden, wenn das Produkt **ohne Zuwendung nicht erhältlich** ist und ein **gleichermaßen geeignetes Finanzinstrument nicht besorgt werden kann.** Die durch die Ausnahme zulässigen Zuwendungen muss das Wertpapierdienstleistungsunternehmen jedoch an den Kunden auskehren.[209] Diese Zuwendungen sind unverzüglich ohne Verrechnung mit eigenen Forderungen an den Kunden auszukehren.[210] Des Weiteren gelten ergänzend die Regelungen für die Anlageberatung. **189**

Die Ausnahme der Annahme von Zuwendungen für Finanzinstrumente, die ohne Zuwendungen auf dem Markt nicht erhältlich sind, erscheint **problematisch,** da damit unterstellt wird, dass Finanzinstrumente in zwei Produktgruppen – mit und ohne Vergütung – gegliedert sind, was jedoch den tatsächlich Gegebenheiten nicht entspricht.[211] **190**

[206] Zur aF Begr. RegE HAGB, BT-Drs. 17/12295, 15; *Herresthal* WM 2014, 773 (774); JVRB/*Voß* WpHG § 31 Rn. 523.
[207] Zur aF Heidel/*Schäfer* Aktienrecht § 31 WpHG Rn. 112 f.; JVRB/*Voß* WpHG § 31 Rn. 523.
[208] Begr. RegE HAGB, BT-Drs. 17/12295, 15.
[209] Hierin wird teilweise die Gefahr des „Schnäppcheneffekts" gesehen, wenn sich der Anleger bei der Anlageentscheidung von der Auskehr der Provision leiten lässt. Zudem trage bei vorzeitig beendeten Vertragsverhältnissen der Anbieter das Insolvenzrisiko des Anlegers, da dieser die Provision zurückzahlen müsse, *Reiter/Methner* WM 2013, 2053 (2057).
[210] Assmann/Schneider/Mülbert/*Koller* WpHG § 64 Rn. 67.
[211] *Müchler/Trafkowski* ZBB/JBB 2013, 101 (110).

Vielmehr wird die Provisionszahlung zwischen den Teilnehmern am Markt (bzw Finanzintermediären) vereinbart, sodass das Produkt für das eine Wertpapierdienstleistungsunternehmen provisionsgestützt ist, für das andere nicht. Der Kunde zahlt letztlich jedoch den gleichen Preis für das Finanzinstrument, sodass eine Ausweitung der Ausnahmen für alle Fälle erfolgen sollte, in denen die Provision an den Kunden ausgekehrt wird.[212]

191 Darüber hinaus zeigt sich im Vergleich der Vorschriften des Honorar-Anlageberatungsgesetzes zu den Vorgaben der **MiFID II,** dass die deutschen Regelungen weiter gehen als auf europäischer Ebene gefordert.[213] Dies gilt auch für die Regelung nach dem 2. FiMaNoG; die bisherige Regelung wurde praktisch unverändert beibehalten.[214] Daher stellt sich die Frage nach der **Europarechtskonformität:** So ist es nach Art. 24 Abs. 7 lit. b) MiFID II dem Wertpapierdienstleistungsunternehmen gestattet kleinere, **nicht** monetäre Zuwendungen unter den dort genannten Voraussetzungen anzunehmen, wohingegen nach deutschem Recht **monetäre** Zuwendungen zwar unter bestimmten Voraussetzungen angenommen werden dürfen, aber an den Kunden auszukehren sind und somit nicht beim Wertpapierdienstleistungsunternehmen verbleiben. Auch die Regelungen zum Festpreisgeschäft finden sich nicht auf europäischer Ebene. Allerdings können gem. Art. 24 Abs. 12 MiFID II in **Ausnahmefällen** die Mitgliedstaaten strengere Anforderungen – und damit im deutschen Recht für die unabhängige Honorar-Anlageberatung – treffen, sofern sie dies der Kommission melden. Der deutsche Gesetzgeber hat zwar unter Geltung der MiFID I eine Mitteilung gegenüber der Kommission übersandt,[215] dies allerdings nicht im Wege der MiFID II-Regelungen getan.[216] Art. 24 Abs. 12 Untabs. 5 MiFID II gestattet es aber, bisherige zusätzliche Regelungen beizubehalten, sofern diese der Kommission gemeldet wurden. Allerdings müssen diese sachlich begründet und verhältnismäßig sein sowie der Steuerung spezifischer Risiken für den Anlegerschutz oder die Marktintegrität, die angesichts der Umstände der Marktstruktur dieses Mitgliedstaats besonders bedeutsam sind, dienen. Das kann aber bezweifelt werden, enthält die Meldung insbesondere keine substantielle Begründung warum gerade kleinere, nicht monetäre Zuwendungen entgegen der MiFID II nicht angenommen werden dürfen. Es ist damit nicht ersichtlich, warum der deutsche Gesetzgeber diesen Sonderweg gegangen ist. Damit bestehen erhebliche Zweifel an der Vereinbarkeit mit den europarechtlichen Vorgaben der MiFID II.

192 **c) Information über Interessenkonflikte bei Honoraranlageberatung § 64 Abs. 6 WpHG.** Der Kunde ist **rechtzeitig** und **in verständlicher Form** darüber zu informieren, dass das Wertpapierdienstleistungsunternehmen selbst der Anbieter oder Emittent des Finanzproduktes ist (S. 1 Nr. 1) oder eine enge Verbindung bzw. eine wirtschaftliche Verflechtung mit dem Emittenten besteht (S. 1 Nr. 2), sowie über das Bestehen eines eigenen Gewinninteresses oder das des verbundenen, bzw. wirtschaftlich verflochtenen Emittenten oder Anbieters am Geschäftsabschluss (S. 1 Nr. 3). Diese Erklärung ist auf dauerhaften Datenträger vor der Empfehlung zur Verfügung zu stellen, § 3 WpDVerOV. Der Gesetzgeber hat in diesen Fällen ausdrücklich von einem Verbot abgesehen.[217] Damit soll der Anleger die Information bei der Bewertung und Entscheidung über die Empfehlung berücksichtigen können.[218] Somit besteht nun im Gegensatz zur zivilrechtlichen

[212] *Mühler/Trafkowski* ZBB/JBB 2013, 101 (110).

[213] So auch *Buck-Heeb* ZBB 2014, 221 (231); *Kurz* DB 2014, 1881 (1883); *Mansen* Anlageberatungsregeln 2018 S. 100.

[214] *Grundmann* ZBB 2018, 1 (16).

[215] Mitteilung zum Honoraranlageberatungsgesetz https://ec.europa.eu/info/sites/info/files/file_import/de_art_4_0_de_0.pdf (zuletzt abgerufen am 16.5.2019).

[216] *Mansen* Anlageberatungsregelungen 2018 S. 101.

[217] Begr. RegE HAGB, BT-Drs. 17/12295, 15; vgl. zum WpHG aF Heidel/*Schäfer* Aktienrecht § 31 WpHG Rn. 112j; befürwortend *Herresthal* WM 2014, 773 (780); wohl auch JVRB/*Voß* WpHG § 31 Rn. 527.

[218] Assmann/Schneider/Mülbert/*Koller* WpHG § 64 Rn. 71; *Herresthal* WM 2014, 773 (782).

Rechtsprechung die aufsichtsrechtliche Pflicht des unabhängigen Honorar-Anlageberaters über die Existenz eines eigenen Gewinninteresses oder des von wirtschaftlich verflochtenen Anbietern oder Emittenten aufzuklären.[219] Über die Höhe der Gewinnmarge muss jedoch nach dem Wortlaut nicht aufgeklärt werden. Die Neufassung in § 64 Abs. 6 WpHG behält die bisherige Regelung unter neuer Bezeichnung bei.[220]

Des Weiteren darf nach Satz 2 das auf der Honorar-Anlageberatung begründete Geschäft nicht in Form eines **Festpreisgeschäftes** vorgenommen werden, da die bei diesem Geschäft bestehende eigene Gewinnerzielungsabsicht des Wertpapierdienstleistungsunternehmens im Gegensatz zur Unabhängigkeit des Honorar-Anlageberaters, der lediglich die Kundeninteressen wahrnimmt, steht.[221] Der Satz 3 hingegen enthält eine Rückausnahme für Finanzinstrumente, deren Emittent das Wertpapierdienstleistungsunternehmen selbst ist. 193

d) Eintragungspflicht, § 93 WpHG. Das Wertpapierdienstleistungsunternehmen, welches die Unabhängige Honorar-Anlageberatung anbieten will, muss sich gem. § 93 WpHG bei der BaFin in das Register über Honorar-Anlageberatung eintragen lassen. Nur wer die Voraussetzungen zur Eintragung in das Register erfüllt und eingetragen ist, darf die Bezeichnung Unabhängiger Honorar-Anlageberater führen, § 94 WpHG.[222] So entsteht zugleich über den § 94 WpHG ein Schutz für die Bezeichnungen der/des „Unabhängigen Honorar-Anlageberaters/-in" und der „Unabhängigen Honorar-Anlageberatung".[223] Dieser gilt jedoch nur für die explizit dort aufgeführten Bezeichnungen. Ein allgemeiner Schutz der Honorarberatung wird nicht geschaffen.[224] Der Wettbewerbsschutz des UWG wird durch die Regelung jedoch nicht verdrängt. Insofern kann eine nach § 93 WpHG nicht verbotene Bezeichnung nach § 3 UWG unlauter oder nach § 5 UWG irreführend sein. Eine dem § 94 WpHG vergleichbare Regelung wurde für den Finanz-Anlageberater in der GewO nicht eingeführt.[225] Verstöße gegen § 94 Abs. 1 WpHG sind gem. § 120 Abs. 8 Nr. 137, Abs. 20 WpHG bußgeldbewehrt. 194

Sollen sowohl provisionsgestützte Beratungen als auch Unabhängige Honorar-Anlageberatung erfolgen, muss das Unternehmen die Unabhängige Honorar-Anlageberatung **organisatorisch, funktional und personell von der sonstigen Anlageberatung trennen,** insbesondere indem es sog. Chinese-Walls einrichtet, § 80 Abs. 7 S. 1 WpHG; eine reine Aufklärung des Kunden genügt nicht. Es braucht für beide Bereiche unterschiedliche Verantwortliche.[226] Gelingt die Trennung nicht, muss eine unternehmerische Entscheidung erfolgen, welche Form der Anlageberatung ausschließlich erbracht werden soll. Dies wird gerade von kleineren Unternehmen kritisch gesehen.[227] 195

---

219 Assmann/Schneider/Mülbert/*Kollr* WpHG § 64 Rn. 71; vgl. zum WpHG aF Kölner Komm WpHG/*Möllers* §§ 36c, 36d Rn. 42, 43; Schwintowski/*Bracht* Kap. 19 Rn. 16, 58.

220 Begr. RegE FiMaNoG II, BT-Drs. 18/10936, 236.

221 Vgl. zum WpHG aF JVRB/*Voß* WpHG § 31 Rn. 528; Heidel/*Schäfer* Aktienrecht § 31 WpHG Rn. 112l.

222 Vgl. zum WpHG aF *Tiefensee/Kuhlen* WM 2014, 2105 (2106).

223 Vgl. zum WpHG aF *Tiefensee/Kuhlen* WM 2014, 2105; *Seibert* Das Recht der Kapitalanlageberatung und -vermittlung Teil B § 13 Rn. 2; JVRB/*Voß* WpHG § 31 Rn. 506; § 36d Rn. 4 f.

224 *Tiefensee/Kuhlen* WM 2014, 2105 (2108); **aA:** *Müchler/Trafkowski* ZBB 2013, 101 (111), die auch abweichende Schreibweisen als erfasst ansehen, jedoch auch hinsichtlich des „Honorarberaters" keine Schutzwirkung annehmen und damit auch eine Schutzlücke aufzeigen; JVRB/*Voß* WpHG § 36d Rn. 4, der eine umfassende Geltung annimmt.

225 Vgl. zum WpHG aF *Tiefensee/Kuhlen* WM 2014, 2105 (2109); **aA** zur aF *Müchler/Trafkowski* ZBB 2013, 101 (111), die den Honorar-Finanzanlageberater von § 36d WpHG erfasst sehen.

226 Begr. RegE HAGB, BT-Drs. 17/12295, S. 16; vgl. zum WpHG aF *Seibert* Das Recht der Kapitalanlageberatung und –vermittlung Teil B § 13 Rn. 10.

227 *Müller/Trafkowski* ZBB 2013, 101 (110); BVI, Stellungnahme zum Referentenentwurf des Honoraranlageberatungsgesetzes v. 22.11.2012, S. 3; Die Deutsche Kreditwirtschaft, Stellungnahme zum Referentenentwurf des Honoraranlageberatungsgesetzes v. 22.11.2012, S. 3, 9.

6. Pflichten bei Finanzportfolioverwaltung, § 64 Abs. 7 – 8

196 Unter Finanzprotfolioverwaltung versteht man gem. § 2 Abs. 8 S. 2 Nr. 7 WpHG die Verwaltung einzelner oder mehrerer in Finanzinstrumenten angelegter Vermögen für andere mit Entscheidungsspielraum. Für diese Form der Wertpapierdinstleistungen gelten zum Teil besondere Regelungen, die dem Umstand Rechnung tragen, dass der Finanzportfolioverwalter, im Gegensatz zum Anlageberater, nach eigenem Ermessen entscheidet und das Geschäft dauerhaft begleitet.[228] So sind bei der Informationseinholung vom Kunden dessen Kenntnisse und Erfahrungen nicht so detailliert zu erforschen,[229] wie bei der Anlageberatung und die anderen Informationen im Hinblick auf das Portfolio einzuholen.[230] Darüber hinaus ist lediglich notwendig, dass der Kunde die Strategie des Portfolios, nicht jedoch jedes Einzelgeschäft, versteht und das gesamte Risiko einschätzen kann, da die Einzelentscheidungen vom Finanzportfolioverwalter getroffen werden.[231]

197 **a) Informationspflichten.** Bei der Finanzporfolioverwaltung gelten grds die Informationspflichten des § 63 Abs. 7 WpHG. Zusätzlich zu diesen Informationen ist der Kunde rechtzeitig über die Art der Finanzinstrumente, die in das Portfolio aufgenommen werden können und die Art von Geschäften, die mit ihnen ausgeführt werden sowie über die Zulässigkeit von Investitionen in Finanzistrumente, die auf einem nicht geregelten Markt zugelassen sind oder in Derivate oder hochvolatile oder illiquide Finanzistrumente zu informieren.[232] Darüber hinaus ist eine Aufklärung über die Berechtigung des Finanzportfolioverwalters, Käufe mit geliehenen Geldern, Leerkäufe, Wertpapierfinanzierungsgeschäfte oder andere die Einschusspflichten, Sicherheiten oder Wechselkursrisiken umfassen, zu tätigen.[233] Gem. Art. 47 Abs. 3 S. 1 lit. a ist der Kunde über die Häufigkeit und die Art und Weise der Bewertung der Finanzinstrumente im Kundenportfolio zu unterrichten. Weitergehend ist eine Aufklärung über die Zulässigkeit der Delegation der Vermögensverwaltung mit Ermessensspielraum gefordert. Eine Neuerung erfolgt durch die Verpflichtung, Benchmarks anzugeben, Art. 47 Abs. 2, 3 S. 1 lit.c.[234] Durch diese Regelung soll dem Kunden erkennbar werden, wie gut die Leistung des Finanzportfolioverwalters im Gegensatz zu den anderen ist.[235] Dabei ist noch nicht klar, ob die Benchmark durch eine einseitige Bennenung seitens des Wertpapierdienstleisters verpflichtend gemacht wird, oder die Angabe nur aufgrund einer Vereinbarung des Wertpapierdienstleistungsunternehmens anzugeben ist.[236] Ein weiteres Problem stellt die Bestimmung einer adäquaten Benchmark dar. Da eine Orientierung an den konkreten Zielen des Anlegers und den im Portfolio vertretenen Finanzistrumenten nötig ist, darf sie nicht zu allgemein sein.[237] Eine zu spezifische Vergleichsgröße würde allerdings dazu führen, dass der beabsichtigte Leistungsvergleich unmöglich wird.[238]

198 **b) Zuwendungsverbot.** § 64 Abs. 7 WpHG normiert vergleichbar den allgemeinen Regeln nach § 70 WpHG ein spezielles Zuwendungsverbot im Bereich der Finanzportfo-

[228] Staub/*Grundmann* HGB Bd. 11/2 Teil 8 Rn. 209.
[229] ESMA Consultation Paper, Guidlines on certain aspects oft he MiFID II suitability requirements, ESMA35-34-748, v. 13.7.2017 S. 47, abrufbar unter: https://www.esma.europa.eu/sites/default/files/library/2017-esma35–43-748_-_cp_on_draft_guidelines_on_suitability.pdf (zuletzt abgerufen am 30.8.2019).
[230] Assmann/Schneider/Mülbert/*Koller* WpHG § 64 Rn. 80.
[231] Staub/*Grundmann* HGB Bd. 11/2 Teil 8 Rn. 210.
[232] Art. 47 Abs. 3 S. 1 lit d. DelVO; Erwägungsgrund 94 DelVO 2017/565.
[233] Art. 47 Abs. 3 S. 1 lit e DelVO 2017/565; Erwägungsgrund 94 DelVO 2017/565.
[234] Staub/*Grundmann* HGB Bd. 11/2 Teil 8 Rn. 211.
[235] Staub/*Grundmann* HGB Bd. 11/2 Teil 8 Rn. 211.
[236] Zustimmend zu letzerem: Assmann/Schneider/Mülbert/*Koller* WpHG § 64 Rn. 78; nur darstellend: Staub/*Grundmann* HGB Bd. 11/2 Teil 8 Rn. 211.
[237] Staub/*Grundmann* HGB Bd. 11/2 Teil 8 Rn. 211.
[238] Staub/*Grundmann* HGB Bd. 11/ 2 Teil 8 Rn. 211.

lioverwaltung. Der Begriff der Zuwendungen bestimmt sich hier genauso wie in § 70 WpHG.[239]

Nicht monetäre Vorteile im Sinne von § 6 Abs. 1 WpDVerOV, Art. 12 Abs. 3 DelRL 2017/593 dürfen nur bei Geringfügigkeit und Einhaltung der in § 64 Abs. 7 S. 2 genannten Voraussetzungen angenommen werden. Eine beispielhafte Konkretisierung von geringfügigen nichtmonetären Zuwendungen erfolgt hier durch § 6 Abs. 1 WpDVerOV. Gem. § 64 Abs. 7 S. 1 WpHG ist unerheblich, ob die Zuwendungen auf eigene oder fremde Rechnung entgegengenommen werden. Die Zuwendungen müssen zunächst geeignet sein, die Qualität der für den Kunden erbrachten Wertpapierdienstleistung und Wertpapiernebendienstleistungen zu verbessern; eine allgemeine Verbesserung, die nicht dem Kunden unmittelbar zugute kommt, genügt demnach nicht. Ferner müssen sie verhältnismäßig sein, insbesondere bezüglich des Umfangs der Zuwendungen. Dabei soll „die Gesamthöhe der von einem einzelnen Unternehmen oder einer einzelnen Unternehmensgruppe gewährten Vorteile zu berücksichtigen" sein. Zudem dürfen die Zuwendungen keine Anreize enthalten, die Pflicht des Wertpapierdienstleistungsunternehmens, im bestmöglichen Interesse ihrer Kunden zu handeln, zu beeinträchtigen. Schließlich müssen „diese Zuwendungen dem Kunden unmissverständlich offengelegt werden, bevor die betreffende Wertpapierdienstleistung oder Wertpapiernebendienstleistung für die Kunden erbracht wird", § 64 Abs. 7 S. 3 WpHG. Hält die nichtmonetäre Zuwendung diese Voraussetzungen nicht ein, muss der monetäre Gegenwert an den Kunden herausgegeben werden. 199

Für **monetäre Zuwendungen** besteht ein absolutes Verbot, außer die Annahme lässt sich, wie bei der unabhängigen Anlageberatung (→ Rn. 189 f.), nicht vermeiden.[240] Alle anderen monetären Zuwendungen müssen „so schnell wie nach vernünftigem Ermessen möglich" in vollem Umfang an den Kunden ausgekehrt werden. Zudem muss das Wertpapierdienstleistungsunternehmen den Kunden die ausgekehrten monetären Zuwendungen offenlegen. Damit sind auch alle sog. „all-in-fees" mit einer Depotbank unzulässig.[241] 200

c) Geeignetheit und Geeignetheitsprüfung. Das Ermessen des Finanzportfolioverwalters wird durch die Geeignetheit der Finanzinstrumente begrenzt, § 64 Abs. 3 S. 2, 3 WphG iVm Art. 54 Abs 10 DelVO 2017/565. So darf er nur Abreden treffen, deren Risiko der Kunde nach den von ihm offenbarten Fähigkeiten begreifen kann.[242] Einzelentscheidungen des Verwalters entsprechen nur dann bestmöglich dem Interesse des Kunden, wenn sie unter Berücksichtigung des Zielmarktes und der Risikobereitschaft seine Ziele verfolgen.[243] Der Verwalter darf keine Entscheidungen treffen, die für den Kunden finanziell nicht tragbar sind. Auch eine Umschichtung der Anlagen ist nur unter der Vorraussetzung möglich, dass ihre Vorteile die Kosten überwiegen.[244] 201

Im Gegensatz zur Anlageberatung, müssen Finanzportfolioverwalter eine kontinuirliche periodische Geeignetheitsüberprüfung ihrer Empfehlungen erbringen, § 64 Abs. 8 WpHG.[245] Zwar muss der Kenntnisstand und die Verlusttragfähigkeit nicht noch einmal in gleicher Intensität geprüft werden,[246] wie zu Beginn, jedoch muss nochmals überprüft werden, dass die Maßnahmen den Anlagezielen und der Risikotragfähigkeit des Kunden entsprechen.[247] 202

---

[239] Assmann/Schneider/Mülbert/*Koller* WpHG § 64 Rn. 84.

[240] Assmann/Schneider/Mülbert/*Koller* WpHG § 64 Rn. 85; **aA** *Staub*/Grundmann HGB Bd. 11/2 Teil 8 Rn. 219.

[241] *Balzer* ZBB 2016, 226 (234); zust. Assmann/Schneider/Mülbert/*Koller* WpHG § 64 Rn. 85.

[242] Assmann/Schneider/Mülbert/*Koller* WpHG § 64 Rn. 82.

[243] Assmann/Schneider/Mülbert/*Koller* WpHG § 64 Rn. 82.

[244] Art 54 Abs. 11 DelVO 2017/565; Assmann/Schneider/Mülbert/*Koller* WpHG § 64 Rn. 82.

[245] Staub/*Grundmann* HGB Bd. 11/2 Teil 8 Rn. 220; *Balzer* ZBB 2016, 226 (232 f.).

[246] Außer es besteht ein konkreter Anlass des Verwalters dies zu tun, vgl. Art.c54 Abs. 12 DelVO 565/2017.

[247] Staub/*Grundmann* HGB Bd. 11/2 Teil 8 Rn. 221.

203 **d) Berichtspflichten.** Für Finanzportfolioverwalter gelten umfangreiche Berichtspflichten nach Art. 60, 62 Abs. 1 DelVO 2017/565 und § 63 Abs. 12 S. 2 WpHG. So kann zwischen Verwalter und Kunde vereinbart werden, dass der Kunde über jedes Geschäft informiert wird, Art. 60 Abs. 4 DelVO 2017/565. In diesem Fall müssen die Informationen dem Kunden unverzüglich nach Ausführung des Geschäfts auf einem dauerhaften Datenträger übermittelt werden.

204 Auch ohne diese Vereinbarung bestehen gem. Art. 60 Abs. 1–3 DelVO 2017/565 periodische Berichtspflichten. Dieser Bericht hat gem. Art. 60 Abs. 3 S. 1 VelVo 2017/565 alle drei Monate zu erfolgen. Der Bericht muss dem Kunden auf einem dauerhaften Datenträger zur Verfügung gestellt werden und inhaltlich den Vorraussetzungen des Art. 60 Abs. 2 DelVO 2017/565 genügen. Ausnahmen bestehen, wenn mit dem Kunden vereinbart wurde, dass er über jedes Geschäft informiert werden will. In diesem Fall muss eine periodische Information nur alle zwölf Monate erfolgen. Darüberhinaus ist es auch möglich, dem Kunden einen Zugang zu einer als dauerhafter Datenträger qualifizierten Website zur Verfügung zu stellen, solange nachgewiesen werden kann, dass der Kunde die Informationen einmal im Quartal abruft und dadurch die periodischen Berichte zu ersetzten, Art. 60 Abs. 3 S. 1 lit a. DelVo 2017/565.

Bei einem kreditfinanzierten Protfolio verkürzt sich der Turnuns auf einen Monat, Art. 60 Abs. 3 S. 1 lit a. DelVo 2017/565.

205 Neben diesen Pflichten normiert § 64 Abs. 8 WpHG für den Fall, dass der Wertpapierdienstleister den Kunden über eine regelmäßige Beurteilung der Finanzinstrumente informiert hat, eine Pflicht, dass im Rahmen der Berichte an den Kunden auch eine konkrete Mitteilung enthalten sein muss, ob die Anlage „den Präferenzen, den Anlagezielen und den sonstigen Merkmalen des Kunden entspricht". Allgemeine Angaben genügen hierfür nicht; vielmehr muss die Information spezifisch auf den Kunden und sein Anlageprofil ausgerichtet sein.

III. Kundenklassen – § 67

§ 67 Kunden; Verordnungsermächtigung

(1) **Kunden im Sinne dieses Gesetzes sind alle natürlichen oder juristischen Personen, für die Wertpapierdienstleistungsunternehmen Wertpapierdienstleistungen oder Wertpapiernebendienstleistungen erbringen oder anbahnen.**

(2) [1] **Professionelle Kunden im Sinne dieses Gesetzes sind Kunden, die über ausreichende Erfahrungen, Kenntnisse und Sachverstand verfügen, um ihre Anlageentscheidungen zu treffen und die damit verbundenen Risiken angemessen beurteilen zu können.** [2] **Professionelle Kunden im Sinne des Satzes 1 sind**

1. Unternehmen, die als
- **a) Wertpapierdienstleistungsunternehmen,**
- **b) sonstige zugelassene oder beaufsichtigte Finanzinstitute,**
- **c) Versicherungsunternehmen,**
- **d) Organismen für gemeinsame Anlagen und ihre Verwaltungsgesellschaften,**
- **e) Pensionsfonds und ihre Verwaltungsgesellschaften,**
- **f) Börsenhändler und Warenderivatehändler,**
- **g) sonstige institutionelle Anleger, deren Haupttätigkeit nicht von den Buchstaben a bis f erfasst wird, im Inland oder Ausland zulassungs- oder aufsichtspflichtig sind, um auf den Finanzmärkten tätig werden zu können;**

2. nicht im Sinne der Nummer 1 zulassungs- oder aufsichtspflichtige Unternehmen, die mindestens zwei der drei nachfolgenden Merkmale überschreiten:
- **a) 20.000.000 Euro Bilanzsumme,**
- **b) 40.000.000 Euro Umsatzerlöse,**
- **c) 2.000.000 Euro Eigenmittel;**

3. nationale und regionale Regierungen sowie Stellen der öffentlichen Schuldenverwaltung auf nationaler oder regionaler Ebene;
4. Zentralbanken, internationale und überstaatliche Einrichtungen wie die Weltbank, der Internationale Währungsfonds, die Europäische Zentralbank, die Europäische Investmentbank und andere vergleichbare internationale Organisationen;
5. andere nicht im Sinne der Nummer 1 zulassungs- oder aufsichtspflichtige institutionelle Anleger, deren Haupttätigkeit in der Investition in Finanzinstrumente besteht, und Einrichtungen, die die Verbriefung von Vermögenswerten und andere Finanzierungsgeschäfte betreiben.

[3] Sie werden in Bezug auf alle Finanzinstrumente, Wertpapierdienstleistungen und Wertpapiernebendienstleistungen als professionelle Kunden angesehen.

(3) **Privatkunden im Sinne dieses Gesetzes sind Kunden, die keine professionellen Kunden sind.**

(4) **[1] Geeignete Gegenparteien sind Unternehmen im Sinne des Absatzes 2 Satz 2 Nummer 1 Buchstabe a bis e sowie Einrichtungen nach Absatz 2 Nummer 3 und 4. [2] Den geeigneten Gegenparteien stehen gleich**
1. Unternehmen im Sinne des Absatzes 2 Nummer 2 mit Sitz im In- oder Ausland,
2. Unternehmen mit Sitz in einem anderen Mitgliedstaat der Europäischen Union oder einem anderen Vertragsstaat des Abkommens über den Europäischen Wirtschaftsraum, die nach dem Recht des Herkunftsmitgliedstaates als geeignete Gegenparteien im Sinne des Artikels 30 Absatz 3 Satz 1 der Richtlinie 2014/65/EU anzusehen sind,

wenn diese zugestimmt haben, für alle oder einzelne Geschäfte als geeignete Gegenpartei behandelt zu werden.

(5) **[1] Ein professioneller Kunde kann mit dem Wertpapierdienstleistungsunternehmen eine Einstufung als Privatkunde vereinbaren. [2] Die Vereinbarung über die Änderung der Einstufung bedarf der Schriftform. Soll die Änderung nicht alle Wertpapierdienstleistungen, Wertpapiernebendienstleistungen und Finanzinstrumente betreffen, ist dies ausdrücklich festzulegen. [3] Ein Wertpapierdienstleistungsunternehmen muss professionelle Kunden im Sinne des Absatzes 2 Satz 2 Nummer 2 und des Absatzes 6 am Anfang einer Geschäftsbeziehung darauf hinweisen, dass sie als professionelle Kunden eingestuft sind und die Möglichkeit einer Änderung der Einstufung nach Satz 1 besteht. [4] Hat ein Wertpapierdienstleistungsunternehmen Kunden vor dem 1. November 2007 auf der Grundlage eines Bewertungsverfahrens, das auf den Sachverstand, die Erfahrungen und Kenntnisse der Kunden abstellt, im Sinne des Absatzes 2 Satz 1 eingestuft, hat die Einstufung nach dem 1. November 2007 Bestand. [5] Diese Kunden sind über die Voraussetzungen der Einstufung nach den Absätzen 2 und 5 und die Möglichkeit der Änderung der Einstufung nach Absatz 5 Satz 4 zu informieren.**

(6) **[1] Ein Privatkunde kann auf Antrag oder durch Festlegung des Wertpapierdienstleistungsunternehmens als professioneller Kunde eingestuft werden. [2] Der Änderung der Einstufung hat eine Bewertung durch das Wertpapierdienstleistungsunternehmen vorauszugehen, ob der Kunde aufgrund seiner Erfahrungen, Kenntnisse und seines Sachverstandes in der Lage ist, generell oder für eine bestimmte Art von Geschäften eine Anlageentscheidung zu treffen und die damit verbundenen Risiken angemessen zu beurteilen. [3] Eine Änderung der Einstufung kommt nur in Betracht, wenn der Privatkunde mindestens zwei der drei folgenden Kriterien erfüllt:**
1. der Kunde hat an dem Markt, an dem die Finanzinstrumente gehandelt werden, für die er als professioneller Kunde eingestuft werden soll, während des letzten Jahres durchschnittlich zehn Geschäfte von erheblichem Umfang im Quartal getätigt;
2. der Kunde verfügt über Bankguthaben und Finanzinstrumente im Wert von mehr als 500.000 Euro;

3. der Kunde hat mindestens für ein Jahr einen Beruf am Kapitalmarkt ausgeübt, der Kenntnisse über die in Betracht kommenden Geschäfte, Wertpapierdienstleistungen und Wertpapiernebendienstleistungen voraussetzt.

[4]Das Wertpapierdienstleistungsunternehmen muss den Privatkunden schriftlich darauf hinweisen, dass mit der Änderung der Einstufung die Schutzvorschriften dieses Gesetzes für Privatkunden nicht mehr gelten. [5]Der Kunde muss schriftlich bestätigen, dass er diesen Hinweis zur Kenntnis genommen hat. Informiert ein professioneller Kunde im Sinne des Satzes 1 oder des Absatzes 2 Satz 2 Nr. 2 das Wertpapierdienstleistungsunternehmen nicht über alle Änderungen, die seine Einstufung als professioneller Kunde beeinflussen können, begründet eine darauf beruhende fehlerhafte Einstufung keinen Pflichtverstoß des Wertpapierdienstleistungsunternehmens.

(7) **[1]Das Bundesministerium der Finanzen kann durch Rechtsverordnung, die nicht der Zustimmung des Bundesrates bedarf, nähere Bestimmungen erlassen zu den Vorgaben an eine Einstufung gemäß Absatz 2 Satz 2 Nummer 2 und zu den Kriterien, dem Verfahren und den organisatorischen Vorkehrungen bei einer Änderung oder Beibehaltung der Einstufung nach den Absätzen 5 und 6. [2]Das Bundesministerium der Finanzen kann die Ermächtigung durch Rechtsverordnung auf die Bundesanstalt übertragen.**

Übersicht

1. Grundsätze

206 § 67 WpHG hat die alten Klassifizierungen fortgeführt, mit leichten Änderungen durch die erforderliche Anpassung an die Vorgaben der MiFID II.[1] So wird neben redaktionellen Änderungen und Streichungen die Definition des professionellen Kunden an den Wortlaut des Anhang II der MiFID II angepasst; zudem wurde von der den Mitgliedstaaten eingeräumten Wahlmöglichkeit Gebrauch gemacht, weitere Unternehmen den geeigneten Gegenparteien gleich zu stellen.[2]

2. Professionelle Kunden

207 **Professionelle Kunden** sind alle Unternehmen, die auf dem Finanzmarkt agieren und die abschließend[3] in § 67 Abs. 2 S. 2 Nr. 1–5 WpHG aufgeführt sind, etwa andere Wertpapierdienstleistungsunternehmen nach § 67 Abs. 2 S. 2 Nr. 1a) WpHG, zugelassene Finanzinstitute und Versicherungsunternehmen, § 67 Abs. 2 S. 2 Nr. 1b) und c) WpHG, Börsenhändler und Warenderivatehändler § 67 Abs. 2 S. 2 Nr. 1f) WpHG oder auch Unternehmen die zwei von drei Merkmalen des § 67 Abs. 2 S. 2 Nr. 2a–c) WpHG überschreiten, nämlich 20 Mio Euro Bilanzsumme, 40 Mio Euro Umsatzerlöse oder 2 Mio Euro Eigenmittel.

208 Professionelle Kunden im Sinne des Gesetzes sind daher Personen, die „über ausreichende Erfahrungen, Kenntnisse und Sachverstand verfügen, um ihre Anlageentscheidungen zu treffen und die damit verbundenen Risiken angemessen beurteilen zu können", § 67

[1] Begr. RegE FiMaNoG II, BT-Drs. 18/10936, 237.
[2] Begr. RegE FiMaNoG II, BT-Drs. 18/10936, 237; zu den Kundenkategorien → Rn. 207 ff.
[3] Assmann/Schneider/Mülbert/*Koller* WpHG § 67 Rn. 6; MüKoHGB/*Ekkenga* Bd. VI Effektengeschäft Rn. 131; vgl. zum WpHG aF Schwark/Zimmer/*Koch* WpHG § 31a Rn. 7; Fuchs/*Fuchs* WpHG § 31a Rn. 19.

Abs. 2 S. 1 WpHG. Darüber hinaus stuft die MiFID II[4] nationale und regionale **Regierungen** sowie deren Schuldenverwaltung ausdrücklich als professionelle Kunden ein.[5] Dies hat zur Folge, dass der Gesetzgeber im Rahmen der Umsetzung der Richtlinie den Verweis in § 67 Abs. 4 S. 1 WpHG auf § 67 Abs. 2 Nr. 3 WpHG, welcher nationale und regionale Regierungen sowie Stellen der öffentlichen Schuldenverwaltung zu geeigneten Gegenparteien erklärt, hätte streichen müssen[6] Nicht als professionelle Kunden einzuordnen sind **kommunale Körperschaften;** diese sind aufgrund der Erfahrungen in der Finanzkrise ausgenommen (Erwägungsgrund 104 MiFID II).[7]

Aufgrund der gesetzlichen oder individuellen Zuordnung[8] des Kunden in die Gruppe der professionellen Anleger kann das Wertpapierdienstleistungsunternehmen davon ausgehen, dass eine entsprechende Vorbildung des Kunden vorhanden ist. Dementsprechend reduziert sich auch der gesetzliche Pflichtenumfang bei den Wohlverhaltenspflichten, vgl. Art. 54 Abs. 3 Untabs. 1 DelVO (EU) 2017/565. 209

Eine Klassifizierung als **semi-professioneller Anleger,** wie sie für das Investmentrecht in § 1 Abs. 19 Nr. 33 KAGB existiert, ist im WpHG nicht vorgesehen. 210

Die Einteilung des Kunden in die jeweilige Kategorie hängt folglich von den von ihm erteilten Informationen gegenüber dem Wertpapierdienstleiter ab. Fraglich in diesem Zusammenhang ist, ob den Wertpapierdienstleister eine **Nachforschungspflicht** hinsichtlich der Richtigkeit dieser Informationen trifft. Gesetzlich geregelt ist nur der Fall, dass der Kunde dem Wertpapierdienstleister nachträgliche Änderungen, die seine Einstufung beeinflussen, nicht mitteilt. Eine darauf beruhende fehlerhafte Einstufung des Kunden stellt gem. § 67 Abs. 6 S. 6 WpHG keine Pflichtverletzung dar, woraus folgt, dass der Wertpapierdienstleister nicht verpflichtet ist, zumindest bei der Aufrechterhaltung der Einstufung, eigene Nachforschungen anzustellen. Konsequenterweise kann für die Ersteinstufung nichts anderes gelten, sodass eine Nachforschungspflicht hinsichtlich der Richtigkeit der ihr zum Zwecke der Kundeneinstufung erteilten Informationen generell abzulehnen ist.[9] Dies bestätigt auch Art. 55 Abs. 3 DelVO (EU) 2017/565, der der Wertpapierfirma zubilligt, sich auf die Angaben des Kunden zu verlassen, sofern ihr nicht bekannt ist oder hätte bekannt sein müssen, dass sie fehlerhaft sind. Ferner gilt dieser Gedanke auch für von der Richtlinie nicht erfasste Vermögensanlagen, denn gem. § 65 Abs. 2 WpHG trifft den Wertpapierdienstleister kein Verschulden, wenn die Fehlerhaftigkeit der erteilten Information, auf der Unrichtigkeit der vom Kunden genannten Daten beruht. 211

Allerdings besteht sowohl die Möglichkeit der Vereinbarung einer Heraufstufung als geeignete Gegenpartei **(opt up),** § 67 Abs. 4 S. 2 WpHG, als auch die Möglichkeit einer Herabstufung als Privatkunde nach § 67 Abs. 5 S. 1 WpHG **(opt down).** Wegen der Steigerung des Schutzniveaus des Kunden durch die Herabstufung, kann das opt down auch einseitig durch das Wertpapierdienstleistungsunternehmen gem. Art. 45 Abs. 3 DelVO (EU) 2017/565 erfolgen, worüber der Kunde allerdings zu informieren ist.[10] Geht die Initiative der Herabstufung vom Kunden aus, so bedarf die Vereinbarung zwischen dem Kunden und dem Wertpapierdienstleister gem. § 67 Abs. 5 S. 2 WpHG der **Schriftform.** 212

[4] RL 2014/65/EU, Fn. 65.

[5] Anhang II Teil 1 Abs. 3 MiFID II, RL 2014/65/EU des Europäischen Parlaments und des Rates v. 15.5.2014 über Märkte für Finanzinstrumente sowie zur Änderung der Richtlinien 2002/92/EG und 2011/61/EU (MiFID II), ABl. EU Nr. L 173 v. 12.6.2014, S. 349; *Balzer* ZBB 2016, 226 (228 f.).

[6] Anders *Geier/Schmitt* EWS 2012, 264 (265), die eine enge „europarechtskonforme Auslegung" für ausreichend halten.

[7] Staub/*Grundmann* HGB Bd. 11/2 Teil 8 Rn. 233; Assmann/Schneider/Mülbert/*Koller* WpHG § 67 Rn. 8.

[8] „Opt in" bzw. „opt out" – individuelle Änderung der Einstufung im Wege der Herauf- oder Herabstufung.

[9] Ellenberger/Clouth/*Clouth* Praktikerhandbuch Wertpapier- und Derivategeschäft Rn. 127; Bericht des Finanzausschusses, BT-Drs. 16/4899, 12; vgl. zum WpHG aF Schwark/Zimmer/*Koch* WpHG § 31a Rn. 55.

[10] Ellenberger/Clouth/*Clout,* Praktikerhandbuch Wertpapier- und Derivategeschäft Rn. 139; vgl. zum WpHG aF Assmann/Schneider/*Koller* WpHG, 6. Aufl., § 31a Rn. 10; *Lenenbach* Kapitalmarktrecht Rn. 5.105.

Soll sich die Herabstufung nicht auf alle Wertpapierleistungen beziehen, so muss ebenfalls in die Vereinbarung aufgenommen werden, hinsichtlich welcher Geschäfte der Kunde fortan als Privatkunde zu behandeln ist. Jedoch hat der professionelle Kunde keinen Anspruch auf die Neuklassifizierung als Privatkunde, vielmehr steht es im Ermessen der Bank den Kunden neu zu kategorisieren.[11] Soll der professionelle Kunde hingegen fortan als besonders qualifizierte geeignete Gegenpartei eingestuft werden, setzt dies voraus, dass der Kunde dies beantragt hat, und eine schriftliche Mitteilung über das Absenken des Schutzstandards übergeben wurde.[12] Der Antrag ist formlos möglich. Dem gestellten Antrag muss noch eine zusätzliche schriftliche Bestätigung seitens des Antragsstellers nach der Belehrung folgen, dass der Antrag im Wissen um die Absenkung des Schutzstandards gestellt wurde.[13]

3. Geeignete Gegenpartei

213 Nahezu alle kraft Gesetzes als professionelle Kunden eingestufte Kunden sind auch geeignete Gegenpartei. Dennoch handelt es sich bei der geeigneten Gegenpartei nach § 67 Abs. 4 WpHG um **besonders qualifizierte professionelle Kunden** wie Regierungen, Landkreise, Zentralbanken, überstaatliche Einrichtungen etc. Unternehmen, die die Voraussetzung des § 67 Abs. 2 S. 2 Nr. 2 WpHG erfüllen, mithin über gewisse Umsätze verfügen, sind ebenfalls geeignete Gegenpartei, sofern sie mit dieser Klassifizierung einverstanden sind, § 67 Abs. 4 S. 2 Nr. 1 iVm § 67 Abs. 4 S. 2 letzter Hs. WpHG. Sie bilden damit die vom Gesetz als am wenigsten schutzbedürftig angesehene Gruppe.[14]

214 Die MiFID II sieht nun in Erwägungsgrund 104 vor, **Gebietskörperschaften** und **kommunale Behörden** nicht mehr als geeignete Gegenpartei einzustufen. Es ist jedoch zwischen den verschiedenen Regierungen zu unterscheiden. Während Staatsregierungen wohl noch als professionelle Kunden einzustufen sind, sind Regionalregierungen und die kommunale Ebene grds. als Privatkunden einzuordnen.[15] Dies war jedoch bereits gängige Verwaltungspraxis der BaFin.[16] Diesen ist aber erlaubt, sich ggf als professionelle Kunden einstufen zu lassen gem. § 67 Abs. 6 WpHG, sofern dessen Voraussetzungen vorliegen.[17] Privatkunden hingegen können ungeachtet ihres Einverständnisses nicht zur geeigneten Gegenpartei heraufgestuft werden **(opt up).** Etwas anderes gilt für den bereits als professionellen Kunden kategorisierten „Privatkunden".[18] Ferner besteht die Möglichkeit einer Herabstufung sowohl in den Bereich des professionellen Kunden als auch in den Bereich des Privatkunden, Art. 45 Abs. 3 DelVO (EU) 2017/565; dieses **opt down** kann auch gegen den Willen der geeigneten Gegenpartei erfolgen.[19] Diesbezüglich hat das Wertpapierdienstleistungsunternehmen den Kunden lediglich zu informieren.

4. Privatkunde

215 Nach § 67 Abs. 3 WpHG ist Privatkunde, wer weder zum Kreis der professionellen Kunden noch zum Kreis der geeigneten Gegenpartei gehört. Allerdings besteht auch hier die Möglichkeit, auf Antrag als professioneller Kunde eingestuft zu werden, § 67 Abs. 6

[11] *Buck-Heeb* ZHR 176 (2012), 66 (71); *Duve/Keller* BB 2006, 2425 (2430); Assmann/Schneider/Mülbert/*Koller* WpHG § 67 Rn. 12.

[12] Assmann/Schneider/Mülbert/*Koller* WpHG § 67 WpHG Rn. 15.

[13] Assmann/Schneider/Mülbert/*Koller* WpHG § 67 WpHG Rn. 15.

[14] *Ruland/Wetzig* BKR 2013, 56 (58).

[15] Staub/*Grundmann* HGB Bd. 11/2 Teil 8 Rn. 233.

[16] *Kurz* DB 2014, 1182 (1185); BaFin, GZ: WA 31-Wp 2002–2007/0127, abrufbar unter http://www.thueringen.de/imperia/md/content/tim/abteilung3/referat33/derivate_2_2012.pdf (zuletzt abgerufen am 16.2.2019).

[17] Explizit in Anh. II Absch. II 1 Unterabsch. MiFID II vorgesehen, dass öffentlich-rechtliche Körperschaften, kommunale Behörden und Gebietskörperschaften sich als professionelle Kunden einstufen lassen können.

[18] *Kasten* BKR 2007, 261 (264); *Duve/Keller* BB 2006, 2425 (2430); *Seyfried* WM 2006, 1375 (1378).

[19] Begr. RegE FRUG, BT-Drs. 16/4028, 66; *Duve/Keller* BB 2006, 2425 (2430).

WpHG. Hierfür muss der Kunde mindestens zwei der in § 67 Abs. 6 S. 3 Nr. 1–3 WpHG genannten Voraussetzungen erfüllen. Darüber hinaus muss der Finanzdienstleister ein mögliches **opt up** auch hinsichtlich Erfahrungen, Kenntnissen und Sachverstand gründlich prüfen und zu einem positiven Ergebnis gelangen.[20] Insofern müssen die Wertpapierdienstleistungsunternehmen die notwendigen organisatorischen Vorkehrungen treffen, insbesondere Grundsätze aufstellen, Verfahren einrichten und Maßnahmen ergreifen, um Kunden nach § 67 WpHG a priori richtig einzustufen und/oder die Einstufung gegebenenfalls aus begründetem Anlass zu überprüfen und schließlich auch wieder verändern zu können, § 2 Abs. 1 WpDVerOV. Hieraus eine laufende **Nachforschungspflicht** der Bank abzuleiten würde jedoch zu weit gehen.[21] Die Haftungsfolge pflichtwidriger Fehleinstufung erschöpft sich allerdings darin, dass die Bank sich nicht mit dem Einwand entlasten kann, sie habe den Kunden und seinen Status bestmöglich innerhalb der Beratung erkannt und berücksichtigt.[22]

IV. Rückvergütungen und Zuwendungen („kick-backs") – § 70 WpHG

§ 70 Zuwendungen und Gebühren; Verordnungsermächtigung

(1) [1] **Ein Wertpapierdienstleistungsunternehmen darf im Zusammenhang mit der Erbringung von Wertpapierdienstleistungen oder Wertpapiernebendienstleistungen keine Zuwendungen von Dritten annehmen oder an Dritte gewähren, die nicht Kunden dieser Dienstleistung sind oder nicht im Auftrag des Kunden tätig werden, es sei denn,**

1. **die Zuwendung ist darauf ausgelegt, die Qualität der für den Kunden erbrachten Dienstleistung zu verbessern und steht der ordnungsgemäßen Erbringung der Dienstleistung im bestmöglichen Interesse des Kunden im Sinne des § 63 Absatz 1 nicht entgegen und**
2. **Existenz, Art und Umfang der Zuwendung oder, soweit sich der Umfang noch nicht bestimmen lässt, die Art und Weise seiner Berechnung, wird dem Kunden vor der Erbringung der Wertpapierdienstleistung oder Wertpapiernebendienstleistung in umfassender, zutreffender und verständlicher Weise unmissverständlich offen gelegt.**

[2] **Wertpapierdienstleistungsunternehmen müssen nachweisen können, dass jegliche von ihnen erhaltenen oder gewährten Zuwendungen dazu bestimmt sind, die Qualität der jeweiligen Dienstleistung für den Kunden zu verbessern. Konnte ein Wertpapierdienstleistungsunternehmen den Umfang der Zuwendung noch nicht bestimmen und hat es dem Kunden statt dessen die Art und Weise der Berechnung offengelegt, so muss es den Kunden nachträglich auch über den genauen Betrag der Zuwendung, die es erhalten oder gewährt hat, unterrichten.** [3] **Solange das Wertpapierdienstleistungsunternehmen im Zusammenhang mit den für die betreffenden Kunden erbrachten Wertpapierdienstleistungen fortlaufend Zuwendungen erhält, muss es seine Kunden mindestens einmal jährlich individuell über die tatsächliche Höhe der angenommenen oder gewährten Zuwendungen unterrichten.**

(2) [1] **Zuwendungen im Sinne dieser Vorschrift sind Provisionen, Gebühren oder sonstige Geldleistungen sowie alle nichtmonetären Vorteile.** [2] **Die Bereitstellung von Analysen durch Dritte an das Wertpapierdienstleistungsunternehmen stellt keine Zuwendung dar, wenn sie die Gegenleistung ist für**

[20] *Spindler/Kasten* WM 2006, 1797 (1798).

[21] Ellenberger/Clouth/*Clouth* Praktikerhandbuch Wertpapier- und Derivategeschäft Rn. 609; Bericht des Finanzausschusses, BT-Drs. 16/4899, 12; vgl. zum WpHG aF Schwark/Zimmer/*Koch* WpHG § 31a Rn. 55; **aA** vgl. zum WpHG aF MüKoHGB/*Ekkenga* Bd. VI Effektengeschäft Rn. 151.

[22] MüKoHGB/*Ekkenga* Bd. VI Effektengeschäft Rn. 152.

1. eine direkte Zahlung des Wertpapierdienstleistungsunternehmens aus seinen eigenen Mitteln oder
2. Zahlungen von einem durch das Wertpapierdienstleistungsunternehmen kontrollierten separaten Analysekonto, wenn
a) auf diesem vom Kunden entrichtete spezielle Analysegebühren verbucht werden,
b) das Wertpapierdienstleistungsunternehmen ein Analysebudget als Bestandteil der Einrichtung eines Analysekontos festlegt und dieses einer regelmäßigen Bewertung unterzieht,
c) das Wertpapierdienstleistungsunternehmen für das Analysekonto haftbar ist und
d) das Wertpapierdienstleistungsunternehmen die Analysen regelmäßig anhand belastbarer Qualitätskriterien und dahingehend bewertet, ob sie zu besseren Anlageentscheidungen beitragen können.

[3] Hat ein Wertpapierdienstleistungsunternehmen ein Analysekonto eingerichtet, muss es den jeweiligen Kunden vor der Erbringung einer Wertpapierdienstleistung Informationen über die für Analysen veranschlagten Mittel und die Höhe der geschätzten Gebühren sowie jährlich Informationen über die Gesamtkosten, die auf jeden Kunden für die Analysen Dritter entfallen, übermitteln. [4] Für die Bewertung nach Satz 2 Nummer 2 Buchstabe d müssen Wertpapierdienstleistungsunternehmen über alle erforderlichen Bestandteile schriftliche Grundsätze aufstellen und diese ihren Kunden übermitteln.

(3) **Führt ein Wertpapierdienstleistungsunternehmen ein Analysekonto, ist es verpflichtet, auf Verlangen des Kunden oder der Bundesanstalt eine Zusammenstellung vorzulegen, die Folgendes beinhaltet:**
1. die von einem Analysekonto im Sinne des Absatzes 2 Satz 2 Nummer 2 vergüteten Anbieter,
2. den an die Anbieter von Analysen in einem bestimmten Zeitraum gezahlten Gesamtbetrag,
3. die von dem Wertpapierdienstleistungsunternehmen erhaltenen Vorteile und Dienstleistungen und
4. eine Gegenüberstellung des von dem Analysekonto gezahlten Gesamtbetrages mit dem von dem Unternehmen für diesen Zeitraum veranschlagten Analysebudget, wobei jede Rückerstattung oder jeder Übertrag, falls Mittel auf dem Konto verbleiben, auszuweisen ist.

(4) **[1] Die Offenlegung nach Absatz 1 Satz 1 Nummer 2 und Satz 4 kann im Falle geringfügiger nichtmonetärer Vorteile in Form einer generischen Beschreibung erfolgen. [2] Andere nichtmonetäre Vorteile, die das Wertpapierdienstleistungsunternehmen im Zusammenhang mit der für einen Kunden erbrachten Wertpapierdienstleistung oder Wertpapiernebendienstleistung annimmt oder gewährt, sind der Höhe nach anzugeben und separat offenzulegen. [3] Nähere Einzelheiten zu den Anforderungen nach diesem Absatz sowie nach Absatz 1 Satz 1 Nummer 2 und Satz 3 und 4 ergeben sich aus Artikel 50 der Delegierten Verordnung (EU) 2017/565; darüber hinaus haben Wertpapierdienstleistungsunternehmen den Vorgaben des § 63 Absatz 7 Satz 3 Nummer 2 Rechnung zu tragen.**

(5) **Ist ein Wertpapierdienstleistungsunternehmen dazu verpflichtet, Zuwendungen, die es im Zusammenhang mit der Erbringung von Wertpapierdienstleistungen oder Wertpapiernebendienstleistungen erhält, an den Kunden auszukehren, muss es ihn über die diesbezüglichen Verfahren informieren.**

(6) **[1] Ein Wertpapierdienstleistungsunternehmen muss für jede Wertpapierdienstleistung, durch die Aufträge von Kunden ausgeführt werden, separate Gebühren ausweisen, die nur den Kosten für die Ausführung des Geschäfts entsprechen. [2] Die Gewährung jedes anderen Vorteils oder die Erbringung jeder anderen Dienstleistung durch dasselbe Wertpapierdienstleistungsunternehmen für ein anderes Wertpapierdienstleistungsunternehmen, das seinen Sitz in der Europäischen Union hat, wird mit einer separat erkennbaren Gebühr ausgewiesen. [3] Die Gewährung eines anderen Vor-**

teils oder die Erbringung einer anderen Dienstleistung nach Satz 2 und die dafür verlangten Gebühren dürfen nicht beeinflusst sein oder abhängig gemacht werden von der Höhe der Zahlungen für Wertpapierdienstleistungen, durch die Aufträge von Kunden ausgeführt werden.

(7) **Gebühren und Entgelte, die die Erbringung von Wertpapierdienstleistungen erst ermöglichen oder dafür notwendig sind, und die ihrer Art nach nicht geeignet sind, die Erfüllung der Pflicht nach § 63 Absatz 1 zu gefährden, sind von dem Verbot nach Absatz 1 ausgenommen.**

(8) **Nähere Bestimmungen betreffend die Annahme von Zuwendungen nach Absatz 1 ergeben sich aus Artikel 40 der Delegierten Verordnung (EU) 2017/565.**

(9) [1]**Das Bundesministerium der Finanzen kann durch Rechtsverordnung, die nicht der Zustimmung des Bundesrates bedarf, nähere Bestimmungen erlassen zu**

1. **Kriterien für die Art und Bestimmung einer Verbesserung der Qualität im Sinne des Absatzes 1 Satz 1 Nummer 1,**
2. **Art und Inhalt des Nachweises nach Absatz 1 Satz 2,**
3. **Art, Inhalt und Verfahren zur Erhebung einer Analysegebühr sowie der Festlegung, Verwaltung und Verwendung des Analysebudgets nach Absatz 2 Satz 2 Nummer 2 Buchstabe a und b,**
4. **Art, Inhalt und Verfahren betreffend die Verwaltung und Verwendung des von Wertpapierdienstleistungsunternehmen geführten Analysekontos nach Absatz 2 Nummer 2,**
5. **Art und Inhalt der schriftlichen Grundsätze nach Absatz 2 Satz 4.**

[2]**Das Bundesministerium der Finanzen kann die Ermächtigung durch Rechtsverordnung auf die Bundesanstalt übertragen.**

Schrifttum: *Assmann/Sethe,* Warn- und Hinweispflichten von Kreditinstituten gegenüber Kunden am Beispiel kundenschädigender Wertpapier- und Depotgeschäfte bankexterner Vermögensverwalter, FS Westermann, 2008, S. 67; *Assmann,* Die Pflichten von Anlageberatern zur Offenlegung von Innenprovisionen, ZIP 2009, 2125; *ders.,* Interessenkonflikte aufgrund von Zuwendungen, ZBB 2008, 21; *Balzer,* Umsetzung der MiFID – Ein neuer Rechtsrahmen für die Anlageberatung, ZBB 2007, 333; *Bausch,* Zur Frage eines Schadensersatzanspruchs für Käufer von Lehman-Zertifikaten wegen fehlerhafter Anlageberatung, BB 2009, 1832; *ders.,* Beratung und Beratungshaftung von Banken im Lichte der Pilot-Entscheidung zu Lehman-Zertifikaten, NJW 2012, 354; *Brinckmann,* Lehman-Zertifikate und die Neuregelung bei der Anlageberatung anlässlich der Reform des SchVG – Lässt sich eine vorsichtigere Beratungspraxis etablieren?, BKR 2010, 45; *Brocker/Klebeck,* Rückvergütung an „unabhängige" Anlageberater und Haftung beteiligter Dritter, ZIP 2010, 1369; *Brocker,* Die Aufsicht über den Vertrieb von Vermögensanlagen nach dem Vermögensanlagengesetz und Gewerbeordnung, GWR 2012, 335; *Buck-Heeb,* Zur Aufklärungspflicht von Banken bezüglich Gewinnmargen, BKR 2010, 1; *dies.,* Aufklärung über Innenprovisionen, unvermeidbarer Rechtsirrtum und die Überlagerung durch Aufsichtsrecht, WM 2014, 1601; *dies.,* Aufklärungspflicht über Rückvergütungen ab 1984 – Kein unverschuldeter Rechtsirrtum bei zweifelhafter Rechtslage, Anm. zu BGH 11. Zivilsenat, Urteil vom 15.7.2014 – XI ZR 418/13, jurisPR-BKR 3/2015 Anm. 2; *Böhm,* Regierungsentwurf zur Verbesserung der Durchsetzbarkeit von Ansprüchen aus Falschberatung, BKR 2009, 221; *Casper,* Aufklärung über Rückvergütungen – Zwischen Rechtsfortbildung und Verbotsirrtum, ZIP 2009, 2409; *Dieckmann* Die Vermutung aufklärungspflichtigen Verhaltens bei Beratungsfehlern von Banken, WM 2011, 1153; *Edelmann,* Die Kick-back-Rechtsprechung – ein Irrweg?, BB 2010, 1163; *ders.,* Wider den Kick-Back-Joker, CRP 2014, 30; *Einsiedler,* Rückvergütungen und verdeckte Innenprovisionen, WM 2013, 1109; *Ellenberger* MiFID FRUG: Was wird aus Bond?, FS Nobbe, 2009, S. 523; *ders.,* Neue Rechtsprechung zur zivilrechtlichen Haftung beim Vertrieb von Kapitalanlagen, Bankrechtstag 2010, S. 37; *Elixmann,* Zur Frage der Aufklärungspflicht einer Fondsanteil empfehlenden Bank über erhaltene Rückvergütungen, BB 2007, 904; *Friedricasen/Weisner,* Das Gesetz zur Novellierung des Finanzanlagenvermittler- und Vermögensanlagenrechts – Wesentliche Neuerungen im Bereich geschlossener Fonds, ZIP 2012, 756; *Frisch,* Darlegungs- und Beweislast bei Organisationsverschulden eines Wertpapierdienstleistungsunternehmens – Anmerkung zu BGH Urt. v. 12.5.2009 – XI ZR 586/07, CCZ 2009, 196; *Fullenkamp,* Kick-Back-Haftung Ohne Ende?, NJW 2011, 421; *Habersack,* Die Pflicht zur Aufklärung über Rückvergütungen und Innenprovisionen und ihre Grenzen, WM 2010, 1245; *Harnos,* Rechtsirrtum über Aufklärungspflichten beim Vertrieb von Finanzinstrumenten, BKR 2009, 316; *ders.,* Das vorsätzliche Organisationsverschulden bei der Anlageberatung, BKR 2012, 185; *Herresthal,* Kritik der aktuellen Ausdifferenzierungen in der höchstrichterlichen Kick-Back-Rechtsprechung, ZBB 2010, 305; *ders.,* Die Pflicht zur Aufklärung über Rückvergütungen und die Folgen ihrer Verletzung, ZBB 2009, 348; *Heße,* Verdeckte Innenprovisionen und Offenbarungspflichten beim Anlagevermittlungs- und Anlageberatungsvertrag, MDR 2009, 1197; *Heun-Rehn/Lang/Ruf,* Neue (Un-)Klarheit bezüglich Innenprovisionen und

Rückvergütungen bei Kapitalanlagen, NJW 2014, 2909; *Heybey,* Die neuen Bestimmungen über Interessenkonflikte bei Wertpapiergeschäften, insbesondere über die Zuwendungen unter besonderer Berücksichtigung von Provisionsrückvergütungen, BKR 2008, 353; *Hoffmann/Barlitz,* Zeitenwende: Aufklärungspflicht auch über Innenprovision (Zugleich Besprechung BGH v. 3.6.2014 – XI ZR 147/12, ZIP 2014, 1418), ZIP 2014, 1505; *Jooß,* Rückvergütungen vs. Innenprovisionen, WM 2011, 1260; *Jordans,* Aufklärungspflichten über Einnahmen aus dem Vertrieb von Finanzprodukten – eine Übersicht über die Rechtsprechung zu Kick-Backs, Provisionen und Margen seit dem Jahr 2010, BKR 2011, 456; *ders.,* Aktueller Rückblick über die Aufklärungspflichten über die Einnahmen aus dem Vertrieb von Finanzprodukten, BKR 2015, 509; *Klöhn,* Anmerkung zum BGH Urt. v. 22.3.2011 – XI ZR 33/10 (Zinsswaps), ZIP 2011, 762; *Koch,* Innenprovisionen und Rückvergütungen nach der Entscheidung des BGH v. 27.10.2009, BKR 2010, 177; *Koller,* Zu den Grenzen des Anlegerschutzes bei Interessenkonflikten, ZBB 2007, 197; *Kotte,* Keine Aufklärungspflicht der Banken über Rückvergütungen beim Vertrieb konzerneigener Produkte, BB 2014, 1353; *Kropf,* Rechtliche Schranken im Rahmen der Kick-back-Rechtsprechung des BGH, ZBB 2014, 331; *ders.,* BGH Rechtsprechung zur Aufklärungspflicht über Provisionen und Rückvergütungen, RdF 2015, 107; *Lampe,* Anlageberatung und -vermittlung und Offenlegung von Rückvergütungen – Stand der Rechtsprechung, NJOZ 2009, 4893; *Lang/Bausch,* Aufklärungspflicht über Gewinnmargen und Handelsspannen?, WM 2010, 2101; *Lang/Balzer,* Zur Pflicht des Anlageberaters zur Aufklärung über an ihn fließende Provisionen auch außerhalb des Anwendungsbereichs des WpHG, ZIP 2009, 456; *Langen,* Die nachfrageabhängige Aufklärungspflicht der beratenden Bank über Kick-Backs, NZG 2010, 816; *ders.,* Die kenntnisabhängige Verjährung bei Anlageberatung und Prospekthaftung, NZG 2011, 94; *ders.,* „BGH schwächt Beratungspflichten auch in Bezug auf Kick Backs ab" – Anmerkung zu BGH Urt. v. 27.10.2009 – XI ZR 338/08, BB 2010, 17; *Leuering/Zetzsche,* Die Reform des Schuldverschreibungs- und Anlageberatungsrechts – (Mehr) Verbraucherschutz im Finanzmarktrecht?, NJW 2009, 2856; *Lippe/Voigt,* Offenlegungspflichten der Anlageberater jenseits von Rückvergütungen – unterschiedliche Anforderungen an Anlageberater bei Offenlegung von Innenprovisionen durch verschiedene BGH-Senate?, BKR 2011, 151; *Maier,* Anmerkung zur Entscheidung des OLG Frankfurt v. 30.6.2010 – 19 U 2/10, VuR 2010, 422; *Mann,* Rückvergütungen, Provisionen und Gewinnmargen, WM 2013, 727; *Mülbert,* Anlegerschutz bei Zertifikaten – Beratungspflichten, Offenlegungspflichten bei Interessenkonflikten und die Änderungen durch das Finanzmarkt-Richtlinie-Umsetzungsgesetz (FRUG), WM 2007, 1149; *Möllers/Wenninger,* Das Anlegerschutz- und Funktionsverbesserungsgesetz, NJW 2011, 1697; *Nittel/Knöpfel,* Die Haftung des Anlageberaters wegen Nichtaufklärung über Zuwendungen – die gar nicht so neue Rechtsprechung des BGH, BKR 2009, 411; *Pellens/Grundwald,* Provisionen in der Anlageberatung: Änderung durch Streichung der Vermutungsregel in § 31d Abs. 4 WpHG a. F.?, WM 2012, 778; *Pfeifer,* Einführung der Dokumentationspflicht für das Beratungsgespräch durch § 34 Abs. 2a WpHG, BKR 2009, 485; *Piekenbrock,* Der Kausalitätsbeweis im Kapitalanlegerprozess: Ein Beitrag zur Dogmatik der „ungesetzlichen" Vermutung, WM 2012, 429; *Podewils/Reisich,* Haftung für Schrott-Zertifikate? – Aufklärungs- und Beratungspflichten nach BGB und WpHG beim Erwerb von Zertifikaten, NJW 2009, 116; *Puszkajler,* Aktuelle Rechtsprechung der Oberlandesgerichte zum WpHG, Bankrechtstag 2010, S. 53; *Roberts,* Finanzderivate als Glücksspiel, DStR 2010, 1082; *Rozok,* Tod der Vertriebsprovisionen oder Alles wie gehabt?, BKR 2007, 217; *Schäfer,* Die Pflicht zur Aufdeckung von Rückvergütungen und Innenprovisionen beim Vertrieb von Fonds in Rechtsprechung und Gesetzgebung, FS Nobbe, 2009, S. 725; *ders.,* Sind die §§ 31 ff. WpHG n. F. Schutzgesetze i. S. v. § 823 Abs. 2 BGB?, WM 2007, 1872; *ders.,* Zivilrechtliche Konsequenzen der Urteile des BGH zu Gewinnmargen bei Festpreisgeschäften, WM 2012, 197; *ders.,* Vorsatz bei unterlassener Aufklärung über den Erhalt von Rückvergütungen, WM 2012, 1022; *Schäfer/Schäfer,* Zur Frage der Aufklärungspflicht der anlageberatenden Bank im Zusammenhang mit der Zahlung von Rückvergütungen durch eine Kapitalanlagegesellschaft, BKR 2007, 163; *Schirp/Mosgo,* Aufklärungspflichten bei internen Provisionsvereinbarungen, BKR 2002, 354; *Schumacher,* Zur Anwendbarkeit des § 31d WpHG auf Gewinnmargen im Finanzinstrumentenvertrieb, WM 2011, 678; *Schwab,* Provisionen, Rückvergütungen und der legitime Erwartungshorizont des Anlagekunden, BKR 2011, 450; *Sethe,* Entwicklungslinien im Bank- und Kapitalmarktrecht, FS Nobbe, 2009, S. 769; *Spindler,* Aufklärungspflichten eines Finanzdienstleisters über eigene Gewinnmargen? – Ein „Kick-Back" zu viel, WM 2009, 1821; *ders.,* Aufklärungspflichten im Bankrecht nach dem „Zins-Swap-Urteil" des BGH, NJW 2011, 1920; *Späth,* Lehman-Zertifikate im Fokus der Rechtsprechung der letzten 2 Jahre, VuR 2010, 451; *Stumpf/Hettenbach,* Zur (fehlenden) Kausalität unterlassener Aufklärung über Rückvergütungen, BB 2012, 2582; *Varadinek/Röth,* Zur Pflicht einer Bank, den von ihr beratenen Anleger über ihr zufließende Rückvergütungen zu informieren, ZIP 2009, 2383; *Veil,* Aufklärungspflichten über Rückvergütungen – Zur Beachtlichkeit von Rechtsirrtümern im Bankvertragsrecht, WM 2009, 2193; *Voigt,* Rückvergütungen: eine Bestandsaufnahme, NZG 2010, 1217; *Weller,* Die Dogmatik des Anlageberatungsvertrags – Legitimation der strengen Rechtsprechungslinie von Bond bis Ille/Deutsche Bank, ZBB 2011, 191; *Winter,* Die Prinzipien der höchstrichterlichen Rechtsprechung zu Innenprovisionen, Rückvergütungen und Gewinnmargen, WM 2014, 1606; *Witte/Hillebrand,* Haftung für die nicht erfolgte Offenlegung von Kick-Back-Zahlungen, DStR 2009, 1759; *Wätke/Kopka,* Einzelfragen zu Zuwendungen im Rahmen der Prüfung nach § 36 WpHG, WpG 2010, 520; *Zingel/Rieck,* Die neue BGH-Rechtsprechung zur Offenlegung von Rückvergütungen, BKR 2009, 353; *Zingel/Varadinek,* Vertrieb von Vermögensanlagen nach dem Gesetz zur Novellierung des Finanzanlagenvermittler- und Vermögensanlagenrechts, BKR 2012, 177; *Zoller,* Kundenaufklärung durch eine Bank bei Kick-Backs und Innenprovisionen folgt unterschiedlichen Regeln – Anmerkung zu BGH Urt. v. 27.10.2009 – XI ZR 337/08 und XI ZR 338/08, GWR 2009, 466.

Übersicht

1. Überblick

Besondere Probleme werfen Rückvergütungen im Rahmen des Vertriebs von Finanzprodukten auf. Dem deutschen Universalbankensystem, das keine scharfe Trennung von Investment- und Retail-Banking kennt, ist der Interessenkonflikt zwischen der Interessenwahrung für Emittenten einerseits und Kunden(beratung) andererseits inhärent. Hinzu kommt die Komplexität von Finanzprodukten und die von der Rechtsprechung häufig angenommene Konstruktion des selbständigen Beratungsvertrages, sodass Banken bzw. Wertpapierdienstleister sich häufig in der Rolle als Quasi-Treuhänder der Kundeninteressen wiederfinden, obwohl sie selbst eigene Interessen des Vertriebs von Finanzprodukten verfolgen (zu zivilrechtlichen Fragen → Rn. 314 ff.). In diesem Zusammenhang verdienen die häufig vereinbarten Vertriebsprovisionen und Rückvergütungen an Dritte („kick-backs"), ebenso wie eigenen Gewinnmargen als prominente Auslöser von Interessenkonflikten, besondere Aufmerksamkeit. 216

Aus **aufsichtsrechtlicher Sicht** enthalten Art. 24 Abs. 9 MiFID II[1] sowie die deutsche Umsetzung in § 70 WpHG[2] nähere Vorgaben zur Behandlung von Zuwendungen als Ausprägung von Interessenkonflikten. Das Wertpapierdienstleistungsunternehmen darf demnach keine Zuwendungen von Dritten annehmen oder diesen gewähren, sofern ein Zusammenhang mit der Wertpapierdienstleistung besteht, es sei denn, die Zuwendung führt zu einer Qualitätsverbesserung der Dienstleistung und ruft insoweit keinen Interessenkonflikt hervor (§ 70 Abs. 1 S. 1 Nr. 1 WpHG). Ferner muss das Wertpapierdienstleistungsunternehmen den Kunden in „umfassender, zutreffender und verständlicher Weise" über die Zuwendung und deren Bedeutung für das Beratungsgeschäft aufklären (§ 70 S. 1 Abs. 1 Nr. 2 WpHG). Das Pendant zum § 70 WpHG für **Finanzanlagenvermittler** stellt § 34g GewO iVm § 17 FinVermV dar.[3] Entsprechend dem allgemeinen Verhältnis von Aufsichtsrecht zu Zivilrecht[4] entfalten diese Vorgaben allerdings keine Sperrwirkung gegenüber weitergehenden zivilrechtlichen Anforderungen, dienen aber als **Mindeststandard.** 217

Das **zivilrechtliche Modell** im Umgang mit Interessenkonflikten geht über die aufsichtsrechtlichen Anforderungen hinaus, indem die Aufklärung über einen Interessenkonflikt nicht zu dessen Unbedenklichkeit führt,[5] da die bei Vertragsschluss notwendige Aufklärung über Zuwendungen weitere Pflichten auf vertragsrechtlicher Ebene auslöst,[6] nach welchen der Kunde gemäß der Grundsätze des Beratungsvertrages im Lichte des Interessenkonflikts bestmöglich unter Zugrundelegung individueller Interessen zu beraten ist (näher → Rn. 314 ff.). Die Wertung des § 70 WpHG ist dagegen dem Versuch geschuldet, Interessenkonflikte gar nicht erst entstehen zu lassen bzw. bestimmte Arten von Zuwendungen werden unter gewissen Voraussetzungen schlichtweg nicht als 218

[1] Art. 24 Abs. 9 MiFID II ist die fast wortgleiche Übernahme des § 26 Durchführungsrichtline 2006/73/EG.

[2] § 70 WpHG ersetzt den § 31 d WpHG aF.

[3] → Rn. 48.

[4] → Rn. 9 ff.

[5] *Assmann* ZBB 2008, 21 (23).

[6] *Assmann* ZBB 2008, 21 (30).

Interessenkonflikte kategorisiert.[7] Zudem ist nach zivilrechtlichen Grundsätzen nicht nur über die Art des Interessenkonflikts aufzuklären, sondern auch über die erwartete **Höhe der Zuwendung,** um dem Kunden so ein Bild von dem möglichen Einschlag der Zuwendung hinsichtlich der Beratungsinteressen des Wertpapierdienstleisters zu verschaffen.[8] Andererseits müssen die Zuwendungen nach der zivilrechtlichen Rechtsprechung nicht einem einzelnen Geschäft zugeordnet, sondern lediglich umsatzabhängig sein.[9] Damit erfassen die Rechtsprechungsgrundsätze nicht alle Konstellationen des § 70 WpHG, der auch nicht umsatzbezogene Zuwendungen betrifft, solange sie dazu geeignet sind, das Beratungsverhalten des Wertpapierdienstleisters gegenüber dem Kunden zu beeinflussen.[10]

219 Die Regelungen gelten mit Ausnahme von geeigneten Gegenparteien (§ 68 Abs. 1 S. 1 WpHG) für **alle Arten von Kunden,** also auch für professionelle Kunden.[11]

2. Begriff der Zuwendung

220 Als Zuwendung werden im Prinzip alle geldwerten Vorteile erfasst, seien es Geldzahlungen oder andere Formen, auch Gebühren etc. Der Begriff der Zuwendung wird daher **weit ausgelegt,** ohne dass es darauf ankäme, ob die Zuwendung tatsächlich den Wertpapierdienstleister beeinflusst. Ebenso wenig spielt die Marktüblichkeit der Zuwendung eine Rolle.[12] Auch immaterielle Leistungen werden erfasst, ebenso „incentive" Veranstaltungen für Mitarbeiter im Vertrieb etc, aber auch die Übernahme von unternehmensbezogenen Tätigkeiten oder Leistungen, etwa die Überlassung von Software oder Zurverfügungstellung von Speicherplatz.[13]

221 **Ausgenommen** sind nach § 70 Abs. 7 WpHG (bzw. Art. 24 Abs. 9 Unterabs. 3 MiFID II) Gebühren und Entgelte, die die **Erbringung von Wertpapierdienstleistungen** überhaupt erst ermöglichen oder dafür **notwendig** sind und die nicht geeignet sind, die Pflichten nach § 63 Abs. 1 WpHG zu gefährden **(„proper fees").** Der Gesetzgeber des FRUG hat insbesondere (und nicht abschließend) solche Zahlungen als „proper fees" qualifiziert, die etwa zur Verwahrung von Finanzinstrumenten im Kundeninteresse, der Abwicklung von Geschäften oder der Nutzung von Handelsplätzen dienen, ebenso zu entrichtende behördliche oder gesetzliche Gebühren.[14] In seinen früheren Empfehlungen stellte der CESR – nunmehr die **ESMA** – in diesem Zusammenhang nicht auf konkrete Beispiele ab, sondern vielmehr darauf, dass die Zuwendung kein Potential zum Interessenkonflikt mit den Pflichten des Wertpapierdienstleistungsunternehmens gegenüber seinem Kunden in sich trägt.[15] Damit ist stets im Einzelfall zu bewerten, inwiefern die Zahlung für die reibungslose Tätigkeit des Dienstleisters notwendig erscheint und schließlich dem Kunden zugute kommt.[16]

---

[7] Vgl. zum WpHG aF *Spindler* WM 2009, 1821 (1827); MüKoHGB/*Ekkenga* Bd. VI Effektengeschäft Rn. 509.

[8] Vgl. zum WpHG aF BGH Urt. v. 19.12.2006 – XI ZR 56/05, BGHZ 170, 226 Rn. 23 f. = WM 2007, 487; Fuchs/*Fuchs* WpHG § 31d Rn. 48; Schwark/Zimmer/*Koch* WpHG § 31d Rn. 49 f.

[9] Vgl. zum WpHG aF BGH Urt. v. 19.12.2006 – XI ZR 56/05, BGHZ 170, 226 Rn. 23 = WM 2007, 487.

[10] Vgl. zum WpHG aF MüKoHGB/*Ekkenga* Bd. VI Effektengeschäft Rn. 509; Schwark/Zimmer/*Koch* WpHG § 31d Rn. 28; Fuchs/*Fuchs* WpHG § 31d Rn. 10.

[11] Vgl. zum WpHG aF Kümpel/Wittig/Früh/Seyfried/*Seyfried* Bank- und Kapitalmarktrecht Rn. 3.205.

[12] Assmann/Schneider/Mülbert/*Koller* WpHG § 70 Rn. 3; vgl. zum WpHG aF Kümpel/Wittig/Früh/Seyfried/*Seyfried* Bank- und Kapitalmarktrecht Rn. 3.207; Fuchs/*Fuchs* WpHG § 31d Rn. 10; vgl. auch: CESR/07–228b v. Mai 2007, S. 4 f.

[13] Kümpel/Wittig/Früh/Seyfried/*Seyfried* Bank- und Kapitalmarktrecht Rn. 3.209.

[14] Begr. RegE FRUG, BT-Drs. 16/4028, 67.

[15] CESR/07–228b v. Mai 2007, S. 7 (Recommendation 3); CESR/10–296 v. April 2010, S. 6 ff. (IV).

[16] CESR/07–228b v. Mai 2007, S. 7 (Recommendation 3); CESR/10–296 v. April 2010, S. 8 (CESR's view).

3. Zuwendung an Dritte

Ferner ist für eine Zuwendung der Drittbezug erforderlich, § 70 Abs. 1 S. 1 WpHG. Als Dritte gelten dabei alle natürlichen und juristischen Personen außerhalb des Vertragsverhältnisses mit dem Kunden.[17] Hat daher der Kunde selbst den Dritten beauftragt und ist sich der Zahlungen bewusst, findet § 70 WpHG nach dessen Abs. 1 S. 1 Hs. 2 ausdrücklich keine Anwendung. Plastisch formuliert muss der Dritte dafür „im Lager des Kunden stehen".[18] Als Beispiel nennen die Leitlinien den Vermögensverwalter oder beauftragten Anwalt des Kunden.[19] 222

Entsprechend den (früheren) CESR-Empfehlungen[20] werden dabei auch Vergütungen innerhalb eines **Konzerns** als solche gegenüber Dritten angesehen, um den konzerneigenen Vertrieb nicht gegenüber dem Vertrieb von unabhängigen Emittenten zu privilegieren.[21] Andererseits sollen unternehmensinterne Vergütungen nicht darunter fallen[22] – ohne damit die generelle Behandlung von Interessenkollisionen nach § 63 Abs. 2 WpHG zu präjudizieren.[23] An dieser unterschiedlichen Behandlung von Konzernen und unternehmensinternen Vergütungen sind jedoch Zweifel angebracht; lediglich dann, wenn es sich nur um eine dezentral geleitete Gruppe handelt, ist die Qualifizierung als „Dritter" gerechtfertigt, da es bei straff organisierten Konzernen kaum einen Unterschied macht, ob der Vertrieb unternehmensintern oder durch eine eigene Tochtergesellschaft erfolgt. 223

Bei Zahlungen bzw. Rückvergütungen und Provisionen **direkt an Angestellte** (oder Organmitglieder) des Wertpapierdienstleisters handelt es sich ebenfalls um Zuwendungen durch Dritte, die von § 70 WpHG erfasst werden – allerdings nur, soweit die begünstigte Person für den Wertpapierdienstleister agiert, die Zuwendung im konkreten Zusammenhang mit den erbrachten Wertpapierdienstleistungen steht und vom Wertpapierdienstleister auch gebilligt wird.[24] Für diese Auslegung sprechen die Regelungen über die Zurechnung des Verhaltens von Mitarbeitern zu ihrem Unternehmen.[25] Dann muss die begünstigte Person in jedem Fall „auf Rechnung" des Wertpapierdienstleistungsunternehmens agieren und keinesfalls auf privater Ebene.[26] Dementsprechend grenzt der CESR, die heutige **ESMA,** in seinen Empfehlungen den Anwendungsbereich auf solche Personen ein, die für das Unternehmen und im Zusammenhang mit der Erbringung von Wertpapierdienstleistungen agieren: „acting for the firm in relation to the provision of an investment or ancilliary service to a client".[27] Damit muss die personenverbundene Zuwendung einen Zusammenhang mit der Leistung aufzeigen. Hierzu zählen auch „incentive" Reisen etc, sofern damit generell der Vertrieb von bestimmten Finanzprodukten angekurbelt werden 224

[17] Begr. RegE FRUG, BT-Drs. 16/4028, 67; Assmann/Schneider/Mülbert/*Koller* WpHG § 70 Rn. 10 ff.; vgl. zum WpHG aF Kümpel/Wittig/Früh/Seyfried/*Seyfried* Bank- und Kapitalmarktrecht Rn. 3.215; Fuchs/*Fuchs* WpHG § 31d Rn. 19.

[18] CESR/07–228b v. Mai 2007: „acting on behalf of the client", S. 6 (Recommendation 2); Assmann/Schneider/Mülbert/*Koller* WpHG § 70 Rn. 10, 19; vgl. zum WpHG aF Fuchs/*Fuchs* WpHG § 31d Rn. 21 ff.

[19] CESR/07–228b v. Mai 2007, S. 6.

[20] CESR/07–228b v. Mai 2007, S. 4.

[21] OLG Frankfurt Urt. v. 28.1.2015 – 1 U 32/13, BKR 2015, 292 Rn. 22; OLG Frankfurt Urt. v. 29.1.2014 – 17 U 18/8, BeckRS 2014, 04636; vgl. Kümpel/Wittig/Früh/Seyfried/*Seyfried* Bank- und Kapitalmarktrecht Rn. 3.216.

[22] CESR/07–228b v. Mai 2007, S. 5.

[23] OLG Frankfurt Urt. v. 28.1.2015 – 1 U 32/13, BKR 2015, 292 Rn. 22; OLG Frankfurt Urt. v. 29.1.2014 – 17 U 18/8, BeckRS 2014, 04636; vgl. Kümpel/Wittig/Früh/Seyfried/*Seyfried* Bank- und Kapitalmarktrecht Rn. 3.216.

[24] Assmann/Schneider/Mülbert/*Koller* WpHG § 70 Rn. 12; vgl. zum WpHG aF Kümpel/Wittig/Früh/Seyfried/*Seyfried* Bank- und Kapitalmarktrecht Rn. 3.218 unter Verweis auf CESR/07–228b v. Mai 2007, S. 5; ferner *Wätke/Kopka* WpG 2010, 520 (525).

[25] Vgl. Kümpel/Wittig/Früh/Seyfried/*Seyfried* Bank- und Kapitalmarktrecht Rn. 3.218.

[26] Vgl. Kümpel/Wittig/Früh/Seyfried/*Seyfried* Bank- und Kapitalmarktrecht Rn. 3.218.

[27] CESR/07–228b v. Mai 2007, S. 5 (Recommendations 4).

soll.[28] Die Billigung der Zuwendung durch den Wertpapierdienstleister ist für die Abgrenzung der Bestechung eines Angestellten von Bedeutung, welche zweifelsohne nicht mehr vom Anwendungsbereich des § 70 WpHG umfasst wäre.[29]

4. Im Zusammenhang mit Wertpapierdienstleistungen

225 Zudem müssen die Zuwendungen **im Zusammenhang mit der Erbringung von Wertpapierdienstleistungen** stehen. Damit sollen solche Zahlungen vom Zuwendungsbegriff ausgeschlossen sein, die sich nur auf eine allgemeine Unterstützung des Wertpapierdienstleisters beziehen, nicht aber direkt oder indirekt mit dem konkreten Geschäft. Entscheidend ist, ob von der Zuwendung eine Anreizwirkung hinsichtlich der Bevorzugung des Dritten bei den Wertpapierdienstleistungen ausgeht.[30] So soll die Unterstützung einer allgemeinen Kundenveranstaltung der Bank durch einen Produktanbieter nicht als Zuwendung gelten[31] – dagegen bestehen jedoch erhebliche Zweifel, da auch durch solches Sponsoring klar der Zweck im Vordergrund steht, die Bank dem Produktanbieter gegenüber wohlgesonnen zu stimmen.[32] Auch soll keine Zuwendung vorliegen, wenn der Dritte für die Zuführung eines Kunden einen Geldbetrag an die Bank leistet („finder's fee", „introduction fee"). Gleiches soll selbst für diejenigen Zahlungen gelten, die an den Bestand von zu einem Stichtag gehaltenen „liquid assets" anknüpfen, da diese auch das Einlagengeschäft des Kunden vollständig umfassen.[33] Auch hier sind Zweifel angebracht, da zwar nicht unmittelbar auf das konkrete Wertpapiergeschäft ein Anreiz entfaltet wird, wohl aber generell beim Vertrieb der Produkte zugunsten eines bestimmten Anbieters. Einigkeit besteht jedenfalls für die Fälle, dass der Dritte regelmäßig in Abhängigkeit von der jeweiligen Transaktion der Bank eine Vergütung zahlt.[34]

5. Qualitätsverbesserungen

226 Ausgenommen sind ferner solche Zuwendungen, die objektiv geeignet sind, die **Qualität der Dienstleistung** für den Kunden zu **verbessern,** § 70 Abs. 1 S. 1 Nr. 1 WpHG. § 70 Abs. 1 WpHG, sieht nun im Vergleich zur alten Rechtslage eine weitergehende Verschärfung der Ausnahmeregelung für das Zuwendungsverbot vor.[35] Die Annahme von Zuwendungen ist nur noch dann möglich, wenn sie dazu *bestimmt* ist, die Qualität der jeweiligen Dienstleistung für den Kunden zu verbessern. Zugleich darf die Zuwendung von ihrem Umfang und ihrer Art nicht vermuten lassen, dass sie die Einhaltung der Pflicht der Wertpapierfirma – im bestmöglichen Interesse ihrer Kunden zu handeln – beeinträchtigt. Der Erhalt einer Zahlung muss des Weiteren unmissverständlich offengelegt werden. Damit muss die Zuwendung also nicht mehr lediglich dazu geeignet sein, die Qualität zu verbessern, sondern dazu bestimmt sein.

227 Folglich wird in dem Streit, der auf deutscher Ebene im Rahmen der Einführung des Zuwendungsverzeichnisses[36] im Jahre 2013 geführt wurde, auf europäischer Ebene Klarheit

---

[28] Einschränkend dagegen *Rozok* BKR 2007, 217 (220): nicht bei allg. Repräsentationsaufgaben etc.

[29] Vgl. zum WpHG aF Kümpel/Wittig/Früh/Seyfried/*Seyfried* Bank- und Kapitalmarktrecht Rn. 3.218.

[30] Assmann/Schneider/Mülbert/*Koller* WpHG § 70 Rn. 7 f.; vgl. zum WpHG aF *Assmann* ZBB 2008, 21 (25); *Rozok* BKR 2007, 217 (219); Kümpel/Wittig/Früh/Seyfried/*Seyfried* Bank- und Kapitalmarktrecht Rn. 3.221 f.; Fuchs/*Fuchs* WpHG § 31d Rn. 10.

[31] Vgl. Kümpel/Wittig/Früh/Seyfried/*Seyfried* Bank- und Kapitalmarktrecht Rn. 3.222.

[32] Ähnlich Assmann/Schneider/Mülbert/*Koller* WpHG § 70 Rn. 8.

[33] Vgl. Kümpel/Wittig/Früh/Seyfried/*Seyfried* Bank- und Kapitalmarktrecht Rn. 3.222.

[34] CESR/07–228b v. Mai 2007, S. 13 (Example IV); Assmann/Schneider/Mülbert/*Koller* WpHG § 70 Rn. 8; vgl. Kümpel/Wittig/Früh/Seyfried/*Seyfried* Bank- und Kapitalmarktrecht Rn. 3.222; vgl. zum WpHG aF Fuchs/*Fuchs* WpHG § 31d Rn. 23.

[35] S. dazu auch *Buck-Heeb* ZBB 2014, 221 (225).

[36] BT 10.2 des Rundschreibens 05/2018 (WA) Mindestanforderungen an die Compliance-Funktion und die weiteren Verhaltens-, Organisations- und Transparenzpflichten – MaComp v. 9.5.2018, Geschäftszeichen WA 31-Wp 2002–2017/0011, abrufbar unter: https://www.bafin.de/SharedDocs/Veroeffentlichungen/DE/Rundschreiben/2018/rs_18_05_wa3_macomp.html (zuletzt abgerufen am 6.5.2019).

geschaffen. Streitig war, ob die Zuwendung lediglich **abstrakt geeignet** sein muss die Qualität zu verbessern, oder ob es sich um eine konkrete Qualitätsverbesserung handeln muss.[37] Unter dem neuen § 6 Abs. 2 S. 1 Nr. 1, 2 WpDVerOV muss die Zuwendung dem jeweiligen Kunden nunmehr einen **konkreten Vorteil** verschaffen.[38] Dieser muss aber nur angemessen sein.[39] Dies bedeutet somit nicht, dass der gesamte Betrag an den Kunden ausgeschüttet werden muss, sondern nur ein angemessener Teil des Betrages.[40]

§ 6 Abs. 2 WpDVerOV enthält zudem einen nicht abschließenden **Katalog für qualitätsverbessernde Maßnahmen,** die in einem angemessenen Verhältnis zur erhaltenen Zuwendung stehen.[41] Als Beispiele für solche qualitätsverbesserenden im angemessenen Verhältnis stehenden Maßnahmen sind etwa die Schaffung eines weitverzweigten Filialberaternetzes für die Vor-Ort-Verfügbarkeit oder ein Angebot an den Kunden mindestens einmal jährlich zu beurteilen, ob die Instrumente für den Kunden noch geeignet sind, genannt. Es ist jedoch weiterhin notwendig, dass die Maßnahmen dem konkreten Kunden einen Vorteil bringen, was zu verneinen ist, wenn sie für den Kunden ohne Bedeutung sind.[42] **228**

Gemäß § 6 Abs. 3 Nr. 2 lit. a) WpDVerOV ist aufzuzeichnen, wie die erhaltenen oder gewährten Zuwendungen, oder Zuwendungen, deren Erhalt oder Gewährung beabsichtigt ist, die Qualität der Dienstleistungen für die betreffenden Kunden verbessert. Darüber hinaus muss gem. lit. b) aufgezeichnet werden, welche Schritte unternommen wurden, um die Erfüllung der Pflicht des Wertpapierdienstleistungsunternehmen, ehrlich, redlich und professionell im bestmöglichen Interesse der Kunden zu handeln, nicht zu beeinträchtigen. Eine Konkretisierung dieser **Aufzeichnungspflicht** sieht das Rundschreiben 5/2018 (MaComp) der BaFin vor.[43] **229**

Zuwendungen sind grundsätzlich nach o. g. Regelung auch dann zulässig, wenn sie **an den Kunden ausgekehrt** werden. **230**

Die Ausnahmeregelung für die **Portfolioverwaltung** ist ebenfalls verschärft. Gemäß § 64 Abs. 7 WpHG ist hier nur noch die Annahme kleinerer, nichtmonetärer Vorteile gestattet, die einerseits die Servicequalität verbessern, andererseits aber ebenfalls nicht dazu geeignet sind, Interessenkonflikte zu provozieren. Auch die Entgegennahme dieser Zuwendungen ist unmissverständlich offenzulegen. **231**

Für die Anlageberatung oder für allgemeine Empfehlungen (nicht dagegen für Finanzportfolioverwaltungen) enthielt § 31d Abs. 4 WpHG aF vor dem 8.4.2011 eine **unwiderlegliche Vermutung,**[44] dass die Zuwendung der Qualitätsverbesserung dient, sofern die Beratung etc. trotz der Zuwendung „unvoreingenommen" erbracht wird. Gem. § 70 Abs. 1 S. 2 WpHG liegt die Beweislast nun beim Wertpapierdienstleistungsunternehmen. Sie müssen nachweisen können, dass sofern keine privilegierte Analyse vorliegt, die Zuwendung dazu dient, die Qualität der entsprechenden Dienstleistung zu verbessern. Dies gilt auch für die in § 6 Abs. 2 WpDVerOV genannten Maßnahmen.[45] **232**

---

[37] S. zur Argumentation für die abstrakte Geeignetheit die Stellungnahme im Rahmen der Konsultation 02/2012 von *Krammer/Jahn* gegenüber der BaFin vom 26.6.2012, abrufbar unter: https://www.bafin.de/SharedDocs/Downloads/DE/Konsultation/2012/dl_kon_0212_krammer_wa.pdf?__blob=publicationFile&v=3 (zuletzt abgerufen am 16.2.2019).

[38] Assmann/Schneider/Mülbert/*Koller* WpHG § 70 Rn. 34.

[39] Assmann/Schneider/Mülbert/*Koller* WpHG § 70 Rn. 34.

[40] Assmann/Schneider/Mülbert/*Koller* WpHG § 70 Rn. 29.

[41] *Roth/Blessing* CCZ 2017, 163 (167).

[42] Assmann/Schneider/Mülbert/*Koller* WpHG § 70 Rn. 36.

[43] BT 10. des Rundschreibens 5/2018 (WA) Mindestanforderungen an die Compliance-Funktion und die weiteren Verhaltens-, Organisations- und Transparenzpflichten– MaComp v. 9.5.2018, Geschäftszeichen WA 31-Wp 2002–2017/0011, abrufbar unter: https://www.bafin.de/SharedDocs/Veroeffentlichungen/DE/Rundschreiben/2018/rs_18_05_wa3_macomp.html; jsessionid=F1D1C4B681306CC4E0E15584765AC958.2_cid363?nn=9450904#doc10744966bocyText123 (zuletzt abgerufen am 16.2.2019).

[44] Assmann/Schneider/*Koller* WpHG, 5. Aufl., § 31d Rn. 12 sprach von einer Fiktion; **aA** *Ellenberger* Bankrechtstag 2010, 37 (41).

[45] Assmann/Schneider/Mülbert/*Koller* WpHG § 70 Rn. 53.

6. Wahrung des Kundeninteresses

233 Ferner (und kumulativ) muss die Zuwendung, um erlaubt zu sein, nach § 70 Abs. 1 S. 1 Nr. 1 Hs. 2 WpHG nicht den Interessen des Kunden entgegenstehen – was indes der allgemeinen Interessenwahrungspflicht nach § 63 Abs. 1 WpHG entspricht.[46] Einen eigenständigen Anwendungsbereich soll jedoch die **Interessenwahrungspflicht** nach § 70 WpHG bei Fällen haben, die nicht zuvor organisatorisch bei der Interessenkollisionsbewältigung erfasst worden sind, etwa Schulungen an exotischen Ferienorten oder bei Vereinbarung von Staffelprovisionen.[47] Indes ändert dies nichts an der allgemeinen Pflicht zur Vermeidung von Interessenkollisionen, für die § 63 Abs. 1 WpHG lediglich als generelles Mittel die organisatorische Ausgestaltung nennt.

234 Zur Klärung der Frage, inwieweit eine Zuwendung der ordnungsgemäßen Erbringung der Wertpapierdienstleistung entgegensteht, sind nach den Empfehlungen von CESR, heute **ESMA,** verschiedene Aspekte zu berücksichtigen: So spielen die Art der vom Dienstleister erbrachten Leistung und einhergehende etwaige besondere Pflichten eine Rolle.[48] Ferner muss die Art und Größe der Zuwendung in das Verhältnis zu den entspringenden Vorteilen des Kunden gesetzt werden. Darüber hinaus soll erwogen werden, inwiefern die Zuwendung den Wertpapierdienstleister wahrscheinlich dazu motiviere „to act other than in the best interests of the client".[49] Letztlich soll auch die Beziehung von Zuwendendem und Zuwendungsempfänger analysiert werden. All diese Elemente sind indes nicht abschließender Natur, sondern sind lediglich Indizien.[50] Letztendlich kommt es daher auf die Bewertung und Gewichtung eines ganzen Konglomerats von verschiedenen Belangen an. Daher spielen auch stets die vom Wertpapierdienstleister zu ergreifenden Vorkehrungen zur Vermeidung von derartigen Konfliktlagen eine Rolle.[51]

235 **Relevante Beispiele nach** der CESR, an denen weiterhin festzuhalten ist,[52] sind etwa die Vereinbarung einer Provision zwischen Veräußerer eines Finanzinstruments und Wertpapierdienstleistungsunternehmen, die Teil des Veräußerungspreises ist, die aber trotz möglicher Beeinträchtigung der Kundeninteressen nicht gänzlich als unzulässig erachtet wird („not altogether prohibited").[53] Vielmehr muss im Einzelfall genau auf die besonderen Umstände geschaut werden, dabei insbesondere auch darauf, wie hoch die Provision ausfällt. Erhält der Dienstleister eine erhöhte Provision, sofern seine Verkaufsabschlüsse eine bestimmte Menge übersteigen, erhöht das Vorgehen das Risiko nicht allein im Kundeninteresse zu handeln (sog. Bestandsprovisionen).[54] Auch die Beurteilung des Angebots eines Veräußerers von Finanzinstrumenten, dem Wertpapierdienstleistungsunternehmen Büroausstattungen wie teure Computer bereit zu stellen, richtet sich nach dem Einzelfall und vor allem danach, inwiefern der nicht monetäre Vorteil dazu dient, die Anlageberatung in Bezug auf den Kunden zu verbessern oder schlicht dazu, die Gesamtsituation ohne konkreten Kundenbezug komfortabler zu gestalten.[55] Ebenso verhält es sich mit einer vom Veräußerer bezahlten Schulung für die Mitarbeiter des Wertpapierdienstleistungsunternehmens. Hier ist zu schauen, inwiefern die Schulung der Verbesserung der Dienstleistung für die Kunden dient.

---

[46] Vgl. zum WpHG aF *Assmann* ZBB 2008, 21 (28); *Rozok* BKR 2007, 217 (223); Kümpel/Wittig/Früh/Seyfried/*Seyfried* Bank- und Kapitalmarktrecht Rn. 3.233; Fuchs/*Fuchs* WpHG § 31d Rn. 32.

[47] Vgl. zum WpHG aF Kümpel/Wittig/Früh/Seyfried/*Seyfried* Bank- und Kapitalmarktrecht Rn. 3.234 unter Verweis auf CESR/07-228b v. Mai 2007, S. 13 f. (Example V, XI).

[48] CESR/07-228b v. Mai 2007, S. 9 (Recommendation 4a).

[49] CESR/07-228b v. Mai 2007, S. 9 (Recommendation 4c).

[50] Assmann/Schneider/Mülbert/*Koller* WpHG § 70 Rn. 44.

[51] Assmann/Schneider/Mülbert/*Koller* WpHG § 70 Rn. 45.

[52] Assmann/Schneider/Mülbert/*Koller* WpHG § 70 Rn. 45.

[53] CESR/07-228b v. Mai 2007, S. 13 (Example V).

[54] CESR/07-228b v. Mai 2007, S. 14 (Example VIII).

[55] CESR/07-228b v. Mai 2007, S. 15 (Example XII).

7. Offenlegung

Neben den genannten Voraussetzungen muss der Wertpapierdienstleister zudem die Annahme oder Gewährung von Zuwendungen offenlegen, § 70 Abs. 1 S. 1 Nr. 2 WpHG. Dabei sind die Existenz, Art und Umfang der Zuwendung in umfassender und verständlicher Weise unmissverständlich offen zu legen. Falls die absolute Höhe noch nicht feststeht, hat das Wertpapierdienstleistungsunternehmen Art und Weise der Berechnung und nachträglich den genauen Betrag der Zuwendung offenzulegen.[56] Die Offenlegung muss derart erfolgen, dass sie für einen Durchschnittskunden unmissverständlich ist.[57] Professionelle Kunden und geeignete Gegenparteien hingegen können nach Art. 50 Abs. 1 DelVO 2017/565 eine Opt-out-Vereinbarung treffen. Bei monetären Zuwendunegn muss die Offenlegung rechtzeitig genug stattfinden, dass dem Kunden ausreichend Zeit zur Verfügung steht, sich von dem konkret angebahnten Geschäft noch zu distanzieren.[58] Bei **laufenden Zuwendungen** muss gem. § 70 Abs. 1 S. 4 WpHG mindestens einmal jährlich die konkrete Höhe der Zuwendungen aufgedeckt werden. 236

Gegenüber § 31d WpHG aF erweitert § 70 WpHG die Offenlegung um das Gebot der **Unmissverständlichkeit.** Demnach wird das in § 64 Abs. 7 S. 2 WpHG für Zuwendungen im Bereich der Vermögensverwaltung statuierte Gebot durch § 70 Abs. 1 S. 1 Nr. 2 WpHG auf sämtliche Dienstleistungen bei denen Zuwendungen erfolgen, ausgeweitet.[59] Die Offenlegung hat mit sehr klaren Worten zu erfolgen, um auch die geringste Möglichkeit eines Missverständnisses auszuräumen.[60] Sie darf nicht abgeschwächt werden, da sie in den Bereich der Warnung fällt.[61] 237

Die Offenlegung konnte nach § 31d Abs. 3 WpHG aF auch in zusammengefasster Form der wesentlichen Bestandteile erfolgen, wobei auf Nachfrage aber die Einzelheiten ebenfalls zu offenbaren waren. Dies ist nach jetziger Rechtslage nicht mehr möglich, da es den Geboten der umfassenden und zutreffenden Information entgegenlaufen würde. Den Kunden ist danach bei monetären Zuwendungen, uneingeschräkt der Umfang der Zuwendung anzugeben, soweit dies möglich ist; eine **Zusammenfassung genügt nicht.**[62] 238

Besonderheiten ergeben sich bei den **nichtmonetären Zuwendungen** gem § 70 Abs. 4 WpHG. Bei ihnen besteht eine Geringfügigkeitsschwelle, unterhalb welcher die Offenlegung als generische Beschreibung erfolgen kann. Liegen die nichtmonetären Zuwendungen überhalb dieser Schwelle, so sind sie ihrem Wert in Geld nach, unter Beachtung der gleichen Gebote, wie monetäre Zuwendungen offenzulegen.[63] 239

Seit dem Jahr 2013 sind die Wertpapierdienstleistungsinstitute gem. § 70 Abs. 1 S. 1 Nr. 1 WpHG iVm § 6 Abs. 3 WpDVerOV, konkretisiert durch die MaComp,[64] verpflichtet ein **internes Zuwendungs- und Verwendungsverzeichnis** zu führen. Darin müssen sie aufschlüsseln welche Zuwendungen sie erhalten haben und wie diese zur Qualitätsverbesserung eingesetzt wurden.[65] 240

---

56 Assmann/Schneider/Mülbert/*Koller* WpHG § 70 Rn. 46 f.; *Günther* MDR 2014, 61 (64); *Balzer* ZBB 2016, 226 (235); vgl. Kümpel/Wittig/Früh/Seyfried/*Seyfried* Bank- und Kapitalmarktrecht Rn. 3.235.

57 Assmann/Schneider/Mülbert/*Koller* WpHG § 70 Rn. 46.

58 Assmann/Schneider/Mülbert/*Koller* WpHG § 70 Rn. 47; *Poelzig* Kapitalmarktrecht 2018 S. 396.

59 Assmann/Schneider/Mülbert/*Koller* WpHG § 70 Rn. 48.

60 Assmann/Schneider/Mülbert/*Koller* WpHG § 70 Rn. 48.

61 Assmann/Schneider/Mülbert/*Koller* WpHG § 70 Rn. 48.

62 Assmann/Schneider/Mülbert/*Koller* WpHG § 70 Rn. 49; *Balzer* ZBB 2016, 226 (235).

63 Assmann/Schneider/Mülbert/*Koller* WpHG § 70 Rn. 50; *Balzer* ZBB 2016, 226 (235).

64 BT 10.1 des Rundschreibens 5/2018 (WA) Mindestanforderungen an die Compliance-Funktion und die weiteren Verhaltens-, Organisations- und Transparenzpflichten – MaComp v. 9.5.2018, Geschäftszeichen WA 31-Wp 2002–2017/0011, abrufbar unter: https://www.bafin.de/SharedDocs/Veroeffentlichungen/DE/Rundschreiben/2018/rs_18_05_wa3_macomp.html (zuletzt abgerufen am 6.5.2019).

65 Vgl. zum WpHG aF Schwintowski/*Bracht* Kap. 19 Rn. 79.

241 Ein Verstoß gegen § 70 WpHG führt grundsätzlich nicht zur Nichtigkeit des Erwerbsgeschäfts nach § 134 BGB.[66]

V. Bestmögliche Ausführung von Kundenaufträgen – § 82 WpHG

§ 82 Bestmögliche Ausführung von Kundenaufträgen

(1) Ein Wertpapierdienstleistungsunternehmen, das Aufträge seiner Kunden für den Kauf oder Verkauf von Finanzinstrumenten im Sinne des § 2 Absatz 8 Satz 1 Nummer 1 bis 3 ausführt, muss

1. alle hinreichenden Vorkehrungen treffen, insbesondere Grundsätze zur Auftragsausführung festlegen und regelmäßig, insbesondere unter Berücksichtigung der nach den Absätzen 9 bis 12 und § 26e des Börsengesetzes veröffentlichten Informationen, überprüfen, um das bestmögliche Ergebnis für seine Kunden zu erreichen und

2. sicherstellen, dass die Ausführung jedes einzelnen Kundenauftrags nach Maßgabe dieser Grundsätze vorgenommen wird.

(2) Das Wertpapierdienstleistungsunternehmen muss bei der Aufstellung der Ausführungsgrundsätze alle relevanten Kriterien zur Erzielung des bestmöglichen Ergebnisses, insbesondere die Preise der Finanzinstrumente, die mit der Auftragsausführung verbundenen Kosten, die Geschwindigkeit, die Wahrscheinlichkeit der Ausführung und die Abwicklung des Auftrags sowie den Umfang und die Art des Auftrags berücksichtigen und die Kriterien unter Berücksichtigung der Merkmale des Kunden, des Kundenauftrags, des Finanzinstrumentes und des Ausführungsplatzes gewichten.

(3) [1]Führt das Wertpapierdienstleistungsunternehmen Aufträge von Privatkunden aus, müssen die Ausführungsgrundsätze Vorkehrungen dafür enthalten, dass sich das bestmögliche Ergebnis am Gesamtentgelt orientiert. [2]Das Gesamtentgelt ergibt sich aus dem Preis für das Finanzinstrument und sämtlichen mit der Auftragsausführung verbundenen Kosten. [3]Kann ein Auftrag über ein Finanzinstrument nach Maßgabe der Ausführungsgrundsätze des Wertpapierdienstleistungsunternehmens an mehreren konkurrierenden Plätzen ausgeführt werden, zählen zu den Kosten auch die eigenen Provisionen oder Gebühren, die das Wertpapierdienstleistungsunternehmen dem Kunden für eine Wertpapierdienstleistung in Rechnung stellt. [4]Zu den bei der Berechnung des Gesamtentgelts zu berücksichtigenden Kosten zählen Gebühren und Entgelte des Ausführungsplatzes, an dem das Geschäft ausgeführt wird, Kosten für Clearing und Abwicklung und alle sonstigen Entgelte, die an Dritte gezahlt werden, die an der Auftragsausführung beteiligt sind.

(4) Führt das Wertpapierdienstleistungsunternehmen einen Auftrag gemäß einer ausdrücklichen Kundenweisung aus, gilt die Pflicht zur Erzielung des bestmöglichen Ergebnisses entsprechend dem Umfang der Weisung als erfüllt.

(5) [1]Die Grundsätze zur Auftragsausführung müssen

1. Angaben zu den verschiedenen Ausführungsplätzen in Bezug auf jede Gattung von Finanzinstrumenten und die ausschlaggebenden Faktoren für die Auswahl eines Ausführungsplatzes,

2. mindestens die Ausführungsplätze, an denen das Wertpapierdienstleistungsunternehmen gleichbleibend die bestmöglichen Ergebnisse bei der Ausführung von Kundenaufträgen erzielen kann,

enthalten. [2]Lassen die Ausführungsgrundsätze im Sinne des Absatzes 1 Nummer 1 auch eine Auftragsausführung außerhalb von Handelsplätzen im Sinne von § 2 Ab-

[66] Vgl. zum WpHG aF BGH Urt. v. 17.9.2013 – XI ZR 332/12 = WM 2013, 1983 (1987); **aA** *Gundermann* BKR 2013, 406 (411).

satz 22 zu, muss das Wertpapierdienstleistungsunternehmen seine Kunden auf diesen Umstand gesondert hinweisen und deren ausdrückliche Einwilligung generell oder in Bezug auf jedes Geschäft einholen, bevor die Kundenaufträge an diesen Ausführungsplätzen ausgeführt werden.

(6) [1]**Das Wertpapierdienstleistungsunternehmen muss**

1. **seine Kunden vor der erstmaligen Erbringung von Wertpapierdienstleistungen über seine Ausführungsgrundsätze informieren und ihre Zustimmung zu diesen Grundsätzen einholen, und**
2. **seinen Kunden wesentliche Änderungen der Vorkehrungen nach Absatz 1 Nummer 1 unverzüglich mitteilen.**

[2]**Die Informationen über die Ausführungsgrundsätze müssen klar, ausführlich und auf eine für den Kunden verständliche Weise erläutern, wie das Wertpapierdienstleistungsunternehmen die Kundenaufträge ausführt.**

(7) **Das Wertpapierdienstleistungsunternehmen muss in der Lage sein, einem Kunden auf Anfrage darzulegen, dass sein Auftrag entsprechend den Ausführungsgrundsätzen ausgeführt wurde.**

(8) **Ein Wertpapierdienstleistungsunternehmen darf sowohl für die Ausführung von Kundenaufträgen an einem bestimmten Handelsplatz oder Ausführungsplatz als auch für die Weiterleitung von Kundenaufträgen an einen bestimmten Handelsplatz oder Ausführungsplatz weder eine Vergütung noch einen Rabatt oder einen nichtmonetären Vorteil annehmen, wenn dies einen Verstoß gegen die Anforderungen nach § 63 Absatz 1 bis 7 und 9, § 64 Absatz 1 und 5, den §§ 70, 80 Absatz 1 Satz 2 Nummer 2, Absatz 9 bis 11 oder die Absätze 1 bis 4 darstellen würde.**

(9) **Das Wertpapierdienstleistungsunternehmen muss einmal jährlich für jede Gattung von Finanzinstrumenten die fünf Ausführungsplätze, die ausgehend vom Handelsvolumen am wichtigsten sind, auf denen es Kundenaufträge im Vorjahr ausgeführt hat, und Informationen über die erreichte Ausführungsqualität zusammenfassen und nach den Vorgaben der Delegierten Verordnung (EU) 2017/576 der Kommission vom 8. Juni 2016 zur Ergänzung der Richtlinie 2014/65/EU des Europäischen Parlaments und des Rates durch technische Regulierungsstandards für die jährliche Veröffentlichung von Informationen durch Wertpapierfirmen zur Identität von Handelsplätzen und zur Qualität der Ausführung (ABl. L 87 vom 31.3.2017, S. 166), in der jeweils geltenden Fassung, veröffentlichen.**

(10) **Vorbehaltlich des § 26e des Börsengesetzes müssen Handelsplätze und systematische Internalisierer für jedes Finanzinstrument, das der Handelspflicht nach Artikel 23 oder Artikel 28 der Verordnung (EU) Nr. 600/2014 unterliegt, mindestens einmal jährlich gebührenfrei Informationen über die Ausführungsqualität von Aufträgen veröffentlichen.**

(11) **Vorbehaltlich des § 26e des Börsengesetzes müssen Ausführungsplätze für jedes Finanzinstrument, das nicht von Absatz 10 erfasst wird, mindestens einmal jährlich gebührenfrei Informationen über die Ausführungsqualität von Aufträgen veröffentlichen.**

(12) [1]**Die Veröffentlichungen nach den Absätzen 10 und 11 müssen ausführliche Angaben zum Preis, zu den mit einer Auftragsausführung verbundenen Kosten, der Geschwindigkeit und der Wahrscheinlichkeit der Ausführung sowie der Abwicklung eines Auftrags in den einzelnen Finanzinstrumenten enthalten.** [2]**Das Nähere regelt die Delegierte Verordnung (EU) 2017/575 der Kommission vom 8. Juni 2016 zur Ergänzung der Richtlinie 2014/65/EU des Europäischen Parlaments und des Rates über Märkte für Finanzinstrumente durch technische Regulierungsstandards bezüglich der Daten, die Ausführungsplätze zur Qualität der Ausführung von Geschäften veröffentlichen müssen (Abl. L 87 vom 31.3.2017, S. 152), in der jeweils geltenden Fassung.**

(13) **Nähere Bestimmungen ergeben sich aus der Delegierten Verordnung (EU) 2017/565, insbesondere zu**

1. der Aufstellung der Ausführungsgrundsätze nach den Absätzen 1 bis 5 aus Artikel 64,

2. der Überprüfung der Vorkehrungen nach Absatz 1 aus Artikel 66,

3. Art, Umfang und Datenträger der Informationen über die Ausführungsgrundsätze nach Absatz 6 aus Artikel 66 und

4. den Pflichten von Wertpapierdienstleistungsunternehmen, die Aufträge ihrer Kunden an Dritte zur Ausführung weiterleiten oder die Finanzportfolioverwaltung betreiben, ohne die Aufträge oder Entscheidungen selbst auszuführen, im bestmöglichen Interesse ihrer Kunden zu handeln, aus Artikel 65.

Übersicht

242 Die Aufstellung und Umsetzung von Grundsätzen zur Durchführung von Aufträgen richtet sich nach § 82 WpHG, der als sog. **„Best Execution“**-Vorschrift für den Kunden die bestmögliche Ausführung seiner Aufträge sicherstellen soll.[1] § 82 WpHG setzt Art. 27 MiFID II um, ergänzend greifen Art. 64 – 66 DelVO 2017/565 ein.

1. Anwendungs- und Schutzbereich

243 In den Anwendungsbereich sind alle Wertpapierdienstleister einbezogen; geschützt werden aber nur Privatkunden und profesionelle Kunden, nicht dagegen nach § 68 WpHG geeignete Gegenparteien bei Finanzkommissionsgeschäften, der Eigenhandel und die Anlage und Abschlussvermittlung.[2]

2. Anforderungen an Auftragsausführung ohne Kundenweisung

244 § 82 Abs. 1 WpHG verlangt „angemessene“ Vorkehrungen zur Durchführung eines Auftrags mit dem bestmöglichen Ergebnis für den Kunden, insbesondere zur Ausschaltung von Interessenkonflikten. Während früher dies noch im Rahmen eines Verhältnismäßigkeitstests verstanden werden konnte, legt heute der davon sich unterscheidende Wortlaut von Art. 27 Abs. 1 UAbs. 1 MiFID II, der von „hinreichend“ spricht, nahe, dass noch weitergehende Vorkehrungen getroffen werden müssen,[3] ohne dass in jedem Einzelfall das beste Ergebnis erzielt werden müsste.[4]

245 Ob eine ständige kontinuierliche Überprüfung erforderlich ist, bleibt unklar: So wird unter Verweis auf Art. 65 Abs. 7 DelVO 2017/565 zu den Auswahlgrundsätzen eine Gleichbehandlung mit den Ausführungsgrundsätzen gefolgert, sodass eine stetige Prüfung erforderlich sei.[5] Allerdings steht dem der Wortlaut des Art. 66 Abs. 1 DelVO 2017/565

[1] Ausführlich hierzu Ellenberger/Clouth/*Bauer* Praktikerhandbuch Wertpapier- und Derivategeschäft Rn. 2113 ff.

[2] Assmann/Schneider/Mülbert/*Koller* WpHG § 82 Rn. 2.

[3] ESMA Question and Answers on MiFID II and MiFIR investor protection and intermediaries topics, ESMA-35-43-349, 11.07 2019, S. 18, abrufbar unter: https://www.esma.europa.eu/sites/default/files/library/esma35-43-349_mifid_ii_qas_on_investor_protection_topics.pdf (zuletzt abgerufen am 27.8.2019).

[4] Assmann/Schneider/Mülbert/*Koller* WpHG § 82 Rn. 6; ESMA Question and Answers on MiFID II and MiFIR investor protection and intermediaries topics, ESMA-35–43-349, 11.07 2019, S. 19, abrufbar unter: https://www.esma.europa.eu/sites/default/files/library/esma35-43-349_mifid_ii_qas_on_investor_protection_topics.pdf (zuletzt abgerufen am 27.8.2019).

[5] So Assmann/Schneider/Mülbert/*Koller* WpHG § 82 Rn. 6; Staub/*Binder* HGB Bd. 11/2 Teil 7 Rn. 7.

entgegen, der dies nur bei wesentlichen Änderungen, ansonsten einmal pro Jahr erfordert. Da die Normen den Gedanken des Qualitätsmanagements übernehmen und eine Überfrachtung der Organisationsprozesse vermieden werden sollte, liegt eine eher restriktivere Handhabe nahe. Bei der Überprüfung fordert die ESMA sowohl eine Ex-ante- als auch Ex-post- Überwachung der erzielten Ausführungsqualität sowie der Qualität und Angemessenheit ihrer Vorkehrungen und Grundsätze zur Auftragsausführung.[6]

3. Festlegung der Grundsätze zur Auftragsdurchführung, § 82 Abs. 2, 3, 5

Der Wertpapierdienstleister muss Grundsätze zur Ausführung aufstellen (entsprechend wiederum Qualitätsmanagementideen, „policies"). Dabei müssen nach § 82 Abs. 2 WpHG die verschiedensten Kriterien eingebunden werden, ohne dass das WpHG eine bestimmte Gewichtung vorgeben würde, etwa zwischen Preis der Finanzinstrumente oder der Geschwindigkeit. Zwar besteht ein gewisses Ermessen seitens des Wertpapierdienstleisters, wie die verschiedenen Faktoren zu gewichten sind; doch dürfen die Gründe für die Gewichtung nicht sachfremd sein und müssen dokumentiert werden.[7] Für jedes Unternehmen muss dies individuell erstellt werden; der Verweis auf Muster-Grundsätze ist unzulässig.[8] Auch die Kosten der Auftragsdurchführung müssen in Betracht gezogen werden. 246

Der Wertpapierdienstleister kann die Aufträge auch auf Marktplätzen außerhalb von Handelsplätzen nach § 2 Abs. 22 WpHG durchführen, muss dann aber seine Kunden darauf gesondert hinweisen und ihre **ausdrückliche Einwilligung** einholen, § 82 Abs. 5 S. 2 WpHG. Dies setzt voraus, dass der Kunde adäquat über die Unterschiede und Risiken informiert worden ist.[9] Eine Einwilligung in **AGB** ist wegen des Erfordernisses der Ausdrücklichkeit nicht möglich,[10] ebenso wenig wie rein konkludentes Handeln. 247

Die in Betracht kommenden **Handelsplätze** müssen ohne sachfremde Gründe ausgewählt werden.[11] Bei mehreren äquivalenten Handelsplätzen kann der Wertpapierdienstleister sich auch auf einen beschränken, ErwGr 108 DelVO 2017/565. Dabei kann auch nach den Arten der Finanzinstrumente differenziert werden.[12] 248

Für **Privatkunden,** § 82 Abs. 3 WpHG, muss ein „optimales Ergebnis" erreicht werden, wobei der Wertpapierdienstleister sich am Gesamtentgelt zu orientieren hat.[13] Bei mehreren Handelsplätzen ist derjenige zu wählen, bei dem die geringsten Kosten anfallen. Nach Vorgaben der BaFin, können geringfügige Unterschiede beim Gesamtentgelt aber unberücksichtigt bleiben, solange dies nachvollziehbar begründet wird.[14] Für das Gesamtentgelt sind sämtliche Kosten zu berücksichtigen – mit Ausnahme des Entgelts für den Wertpapierdienstleister selbst, Art. 65 Abs. 4 DelVO 2017/565, also auch Steuern, Cour- 249

---

[6] ESMA Question and Answers on MiFID II and MiFIR investoer protection and intermediaries topics, ESMA-35-43-349, 11.07 2019, S. 18, abrufbar unter: https://www.esma.europa.eu/sites/default/files/library/esma35-43-349_mifid_ii_qas_on_investor_protection_topics.pdf (zuletzt abgerufen am 27.8.2019).

[7] Ähnlich Assmann/Schneider/Mülbert/*Koller* WpHG § 82 Rn. 10; Staub/*Binder* HGB Bd. 11/2 Teil 7 Rn. 99; BT 4.1 Ziff. 1 des Rundschreibens 05/2018 (WA) – Mindestanforderungen an die Compliance Funktion und weitere Verhaltens-, Organisations- und Transparenzpflichten – MaComp v. 9.5.2018, Geschäftszeichen WA 31-Wp 2002–2017/0011, abrufbar unter https://www.bafin.de/SharedDocs/Veroeffentlichungen/DE/Rundschreiben/2018/rs_18_05_wa3_macomp.html (zuletzt abgerufen am 27.8.2019).

[8] Assmann/Schneider/Mülbert/*Koller* WpHG § 82 Rn. 7.

[9] Assmann/Schneider/Mülbert/*Koller* WpHG § 82 Rn. 26.

[10] Anders Assmann/Schneider/Mülbert/*Koller* WpHG § 82 Rn. 26.

[11] S. a. Assmann/Schneider/Mülbert/*Koller* WpHG § 82 Rn. 7 unter Verweis auf ErwGr 95 MiFID II.

[12] Assmann/Schneider/Mülbert/*Koller* WpHG § 82 Rn. 12.

[13] Staub/*Binder* HGB Bd. 11/2 Teil 7 Rn. 101.

[14] BT 4.1 Ziff. 3 des Rundschreibens 05/2018 (WA) – Mindestanforderungen an die Compliance Funktion und weitere Verhaltens-, Organisations- und Transparenzpflichten – MaComp v. 9.5 2018, Geschäftszeichen WA 31-Wp 2002–2017/0011, abrufbar unter https://www.bafin.de/SharedDocs/Veroeffentlichungen/DE/Rundschreiben/2018/rs_18_05_wa3_macomp.html (zuletzt abgerufen am 27.8.2019).

tagen etc.[15] Aber auch dieses ist dann einzubeziehen, wenn mehrere gleichwertige Handelsplätze zur Auswahl stehen – aber auch nur in diesem Fall, § 82 Abs. 3 S. 3 WpHG.

4. Weisungen, § 82 Abs. 4

250 Erteilt ein Kunde eine ausdrückliche Weisung, erfüllt das Wertpapierdienstleistungsunternehmen seine Pflichten mit der Befolgung der Weisung; es ist nicht gehalten, hiervon abzuweichen, um ein besseres Ergebnis für den Kunden zu erzielen, § 82 Abs. 4 WpHG.[16] Dies gilt aber gem. Art. 64 Abs. 2, ErwGr 102 DelVO 2017/565 nur für die Teile der Order, die die Weisung ausdrücklich betrifft; im übrigen bleibt es bei den Pflichten nach § 82 Abs. 1 WpHG. Die Weisung bedarf keiner Form.[17] Die Wertpapierdienstleister können die Kunden dazu auffordern, Weisungen zu erteilen.

5. Informationen über Auftragsausführung und Zustimmung, § 82 Abs. 6, 7

251 Vor der ersten Auftragsdurchführung muss der Wertpapierdienstleister den Kunden über die Ausführungsgrundsätze informieren und seine Zustimmung einholen, Art. 66 Abs. 3 DelVO 2017/565. Auch diese kann nicht pauschal per AGB erhoben werden.[18] Die Information muss die entsprechenden Informationen über die Ausgestaltung der Ausführungsgrundsätze und der jeweiligen Faktoren, insbesondere auch deren Gewichtung enthalten. Ziel der Information ist es, den Kunden in die Lage zu versetzen, eine eigenständige Entscheidung treffen zu können.[19]

252 Ferner müssen **Änderungen** gem. § 82 Abs. 6 Nr. 2 WpHG dem Kunden mitgeteilt werden, allerdings nur solche, die wesentlich sind. Eine Mitteilung auf einer Internetseite kann hierfür genügen, Art. 66 Abs. 2 S. 3 DelVO 2017/565. Ein nochmaliges Einverständnis des Kunden bedarf es hier nicht.[20]

253 Alle Informationen müssen nach § 82 Abs. 6 S. 2 WpHG verständlich, ausführlich und klar sein. Sie müssen gem. § 2 Abs. 43 WpHG, Art. 3 DelVO 2017/565 auf einem **dauerhaften Datenträger** zur Verfügung gestellt werden.

254 Gem. § 82 Abs. 7 WpHG, mit dem Art. 27 Abs. 8 MiFID II[21] umgesetzt wurde,[22] müssen Wertpapierdienstleistungsunternehmen ihren Kunden auf deren Verlangen nachweisen, dass sie ihre Aufträge in Einklang mit der Best Execution Policy ausgeführt haben. Der Nachweis muss gem. § 82 Abs. 2 WpHG alle hinreichend Maßnahmen umfassen, die bei Ausführung des Auftrags unter Berücksichtigung der Preise der Finanzinstrumente, der Kosten, der Geschwindigkeit, der Wahrscheinlichkeit der Ausführung und Abwicklung des Umfangs, der Art und aller sonstigen, für die Auftragsausführung relevanten Aspekte, ergriffen wurden, um das bestmögliche Ergebnis für den Kunden zu erzielen. Gem. § 63 Abs. 12 S. 1 Hs. 2 WpHG [23] muss das Wertpapierdienstleistungsunternehmen den Kunden

---

[15] BT 4.1 Ziff. 3 des Rundschreibens 05/2018 (WA) – Mindestanforderungen an die Compliance Funktion und weitere Verhaltens-, Organisations- und Transparenzpflichten – MaComp v. 9.5.2018, Geschäftszeichen WA 31-Wp 2002–2017/0011, abrufbar unter https://www.bafin.de/SharedDocs/Veroeffentlichungen/DE/Rundschreiben/2018/rs_18_05_wa3_macomp.html (zuletzt abgerufen am 27.8.2019); s. a. Assmann/Schneider/Mülbert/*Koller* WpHG § 82 Rn. 17.

[16] Assmann/Schneider/Mülbert/*Koller* WpHG § 82 Rn. 30 f.

[17] Assmann/Schneider/Mülbert/*Koller* WpHG § 82 Rn. 30.

[18] Anders Assmann/Schneider/Mülbert/*Koller* WpHG § 82 Rn. 35, der die Einholung per AGB für zulässig hält.

[19] Assmann/Schneider/Mülbert/*Koller* WpHG § 82 Rn. 34.

[20] Assmann/Schneider/Mülbert/*Koller* WpHG § 82 Rn. 42; vgl. zum WpHG aF Fuchs/*Zimmermann* WpHG § 33a Rn. 43; Schwark/Zimmer/*v. Hein* WpHG § 33a Rn. 64.

[21] RL 2014/65/EU des Europäischen Parlaments und des Rates v. 15.5.2014 über Märkte für Finanzinstrumente sowie zur Änderung der RL 2002/92/EG und 2011/61/EU (MiFID II), ABl. EU Nr. L 173 v. 12.6.2014, S. 349.

[22] Assmann/Schneider/Mülbert/*Koller* WpHG § 82 Rn. 1.

[23] Begr. RegE FiMaNoG II, BT-Drucks. 18/10936, zu Buchstabe f (Absätze 9 bis 12), S. 243.

nach der Ausführung des Geschäfts ebenfalls über den Ausführungsplatz (Handelsplatz) informieren. Diese Informationspflicht gegenüber dem Kunden muss ebenfalls auf Nachfrage gem. § 82 Abs. 7 WpHG nachgewiesen werden.

6. Publizität, § 82 Abs. 9

Auch wird die **jährliche Publizitätspflicht der fünf wichtigsten Ausführungsplätze** 255
bzgl. des Handelsvolumens sowie der erreichten Ausführungsqualität gem § 82 Abs. 9 WpHG von der Nachweispflicht erfasst. Ebenfalls nachgewiesen werden muss gem. § 82 Abs. 5 Nr. 1 WpHG die Einhaltung der Informationspflicht über die verschiedenen Handelsplätze sowie die Faktoren, die für die Wahl gerade dieses Platzes ausschlaggebend waren. Die Informationen müssen dem Kunden gem. § 82 Abs. 6 Nr. 1 WpHG in geeigneter und damit klarer, ausführlicher und verständlicher Form dargebracht werden, wobei es dafür gem. § 82 Abs. 6 S. 2 WpHG die Zustimmung des Kunden bedarf. Zusätzlich muss gem. § 82 Abs. 5 S. 2 WpHG das Wertpapierdienstleistungsunternehmen gesondert darauf hinweisen, dass – sofern die Möglichkeit besteht – der Auftrag auch außerhalb des Handelsplatzes ausgeführt werden kann. Inhalt, Form und Periodizität dieser Veröffentlichung wurden gem. Art. 27 Abs. 10 MiFID II von ESMA in technischen Regulierungsstandards vom 28.9.2015 ausgearbeitet.[24]

Diese Nachweispflicht besteht nicht nur auf Nachfrage des Kunden, sondern auch auf 256
Nachfrage der zuständigen Behörde. Gegenüber der Behörde muss der Nachweis derart erfolgen, dass die Einhaltung des gesamten Artikels nachgewiesen wird und somit auch, dass der Nachweis über die Einhaltung der Best Execution Policy gegenüber dem Kunden auf dessen Verlangen erbracht wurde. Kunden, die in laufenden Geschäftsbeziehungen zu der Wertpapierfirma stehen, müssen auch über wesentliche Änderungen in diesem Zusammenhang sowie über die Änderung der Ausführungspolitik unterrichtet werden.[25]

Da die Vorschrift sich nur auf die Vorgaben für die Organisation des Wertpapierdienst- 257
leisters bezieht, ist sie wie die anderen Organisationsanforderungen im WpHG **nicht als Schutzgesetz** anzusehen, → Rn. 354 ff.[26]

Hier werden künftig die Vorschriften für die **Vor- und Nachhandelstransparenz-** 258
pflichten, die in Art. 3 ff. MiFIR[27] für Eigenkapitalinstrumente und in Art. 8 ff. MiFIR nun auch für Nichteigenkapitalinstrumente eingeführt werden, eine Rolle spielen.[28] Durch diese wird der Marktbetreiber verpflichtet, die Kurse und Preise der handelbaren Finanzinstrumente zu veröffentlichen (Vorhandelstransparenz) und im Anschluss an einen Geschäftsabschluss in Echtzeit über Marktpreis, Volumen und Zeitpunkt des abgeschlossenen Geschäfts zu informieren (Nachhandelstransparenz). Dadurch wird das Wertpapierdienstleistungsunternehmen in die Lage versetzt, die Preisentwicklung künftig noch besser beurteilen zu können, da nun auch Nichteigenkapitalinstrumente erfasst sind. Insbesondere kommt ihm künftig zugute, dass diese Informationen, die ihm als Grundlage seiner Empfehlung zur Verfügung stehen, einheitlicher und transperenter gestaltet werden. Denn im Rahmen der Datenkonsolidierung sollen künftig zwei Institutionen geschaffen werden (sog.

---

[24] ESMA-Regulatory technical and implementing standards – Annex 1 v. 28.9.2015, S. 538 ff., abrufbar unter: https://www.esma.europa.eu/system/files_force/library/2015/11/2015-esma-1464_annex_i_-_draft_rts_and_its_on_mifid_ii_and_mifir.pdf (zuletzt abgerufen am 18.2.2019). Für einen Überblick zum aktuellen Bearbeitungsstand von ESMA siehe: https://www.esma.europa.eu/policy-rules/mifid-ii-and-mifir (zuletzt abgerufen am 16.2.2019).

[25] Art. 27 Abs. 7 MiFID II.

[26] Ebenso Assmann/Schneider/Mülbert/*Koller* WpHG § 64 Rn. 1.

[27] CESR VO (EU) Nr. 600/2014 des Europäischen Parlaments und des Rates v. 15.5.2014 über Märkte für Finanzinstrumente und zur Änderung der VO (EU) Nr. 648/2012 Text von Bedeutung für den EWR, Abl. EU L 173/84 v. 12.6.2014. Als VO bedarf es keinerlei Umsetzungsakte.

[28] Ausführlich zu den Transparenzanforderungen s. *Gomber/Naussauer* ZBB 2014, 250; *Veil/Lerch* WM 2012, 1557 und 1605, *Vester* RdF 2015, 92.

Approved Publication Arrangements[29] (APA) und Consolidated Tape Provider (CTP)[30]), die sämtliche Handelsdaten, die bislang durch den Wettbewerb um die Ausführung der Kundenorders unter den einzelnen Handelsplätz stark fragmentiert wurden, zu sichern. Mehr Transparenz soll auch durch die neu geschaffene Kategorie der Handelsplätze, das organisierte Handelssystem (organised trading facility, OTF), geschaffen werden. Diese müsste dann auch in der Berichtspflicht mitaufgeführt werden.

VI. Zivilrechtliche Rahmenbedingungen

Schrifttum s. § 63

1. Überblick

259 **a) Zivilrechtliche Grundlagen.** Die zivilrechtlichen Grundlagen für das Wertpapiergeschäft sind so vielfältig wie die verschiedenen Spielarten der Transaktionen und Tätigkeiten der Finanzdienstleister, ob es der eigentliche Erwerb der Wertpapiere für den Kunden ist, deren Verwahrung oder etwa die Emission von Wertpapieren. Zwar können bestimmte Pflichten zwischen Kunden und Finanzdienstleister verallgemeinert werden, etwa Treue- und Loyalitätspflichten oder Informationspflichten, die aus dem meist bestehenden Informationsvorsprung der Bank resultieren; insoweit kann auch von einem allgemeinen Bankvertrag gesprochen werden, der sich in den generellen AGB der Finanzdienstleister im Verhältnis zum Kunden niederschlägt. Die Annahme eines **allgemeinen Bankvertrages,** welcher alle weiteren rechtsgeschäftlichen Vorgänge zwischen der Bank und dem Kunden unter Implementierung allgemeiner zivilrechtlichter Pflichten umrahmen würde, ist jedoch insbesondere seit dem ablehnenden Urteil des BGH[31] in der Sache nicht unumstritten.[32] Andere unterstellen die Existenz eines **besonderen gesetzlichen Schuldverhältnisses ohne primäre Leistungspflichten**[33] mit der Möglichkeit von Ansprüchen des Kunden aus Vertrauenshaftung, dh Schutz- und Aufklärungspflichtverletzung. Beide Auffassungen unterstellen letztlich das Bestehen einer rechtlichen Sonderverbindung zwischen Bank und Kunden, welche unabhängig vom einzelnen Rechtsgeschäft zu besonderen Pflichtenkatalogen der Bank führen, welche wiederum der besonderen Vertrauensstellung der Bank gegenüber den finanziellen Interessen der Kunden geschuldet sind. Für die Pflichtenstellung der Bank gegenüber dem Kunden im Rahmen von Wertpapiertransaktionen hat der Streit daher eher akademischen Charakter. Zudem werden diese generellen Pflichten häufig verdrängt oder konkretisiert durch die besonderen Vertragsverhältnisse, insbesondere durch spezielle AGB.[34] Die jeweiligen vertraglichen Pflichten müssen daher im Kontext der entsprechenden besonderen Geschäftsarten wie Effektenkommissionsgeschäft, Festpreisgeschäft, Emission, Depotverwahrung oder etwa Vermögensverwaltung behandelt werden.

260 **b) Kontrahierungszwang.** Ein allgemeiner **Kontrahierungszwang** für die Bank zum Abschluss eines Wertpapiergeschäfts besteht nicht, auch nicht wegen **Diskriminierung** aus

---

[29] Definiert in Art. 4 Abs. 1 Nr. 52 MiFID II als genehmigtes Veröffentlichungssystem. Diese sollen Handelsdaten im Namen der Wertpapierfirmen veröffentlichen. Dadurch soll die Nachhandelstransparenz des Over the Counter (OTC-)Handels gesteigert werden und zur Zusammenführung der Handelsdaten von oragnisierten Märkten und OTC führen.

[30] Definiert in Art. 4 Abs. 1 Nr. 53 MiFID II als Bereitsteller konsolidierter Datenträger. CTP sind berechtigt Transaktionsdaten der geregelten Märkte, bei MTFs, OTFs und bei APA einzuholen und diese über einen kontinuierlichen elektronischen Live-Datenstrom zusammenzuführen und zu veröffentlichen.

[31] BGH Urt. v. 24.9.2002 – XI ZR 345/01, BGHZ 152, 114 (Rn. 15 ff.) = WM 2002, 2281 („überflüssige Rechtsfigur").

[32] Hierzu ausführlich Derleder/Knops/Bamberger/*Häuser* HdB Bankrecht § 3 Rn. 3 ff.

[33] *Canaris* Bankvertragsrecht Bd. 1, Rn. 21 ff.

[34] *Lenenbach* Kapitalmarktrecht Rn. 4.30.

§ 19 Abs. 1 **AGG.**[35] Zwar ließen sich Finanzmarktgeschäfte als Massengeschäfte iSd § 19 Abs. 1 Nr. 1 AGG qualifizieren, wenn und soweit sie in einer Vielzahl von Fällen gleichartig und „ohne Ansehen der Person" durchgeführt werden.[36] Zweifelhaft ist aber, ob als Rechtsfolge bei einem Verstoß hieraus unter Berufung auf § 21 Abs. 1 AGG[37] ein Kontrahierungszwang abgeleitet werden kann. Zwar hält das AGG für das Arbeitsrecht explizit fest, dass aus einem Verstoß kein Kontrahierungszwang folgt (§ 15 Abs. 6 AGG), woraus man arg. ex. folgern könnte, dass sich in allen anderen Fällen ein solcher Zwang begründen ließe. Betrachtet man jedoch die Gesetzgebungsmaterialien zu § 21 AGG, der zunächst einen Kontrahierungszwang vorsah, was im Ergebnis jedoch nicht übernommen wurde,[38] so lässt sich ein genereller Wille des Gesetzgebers hinsichtlich eines allgemeinen Kontrahierungszwanges nicht feststellen. Die Diskriminierungsgründe des § 19 AGG werden dagegen bei einer Finanzmarkttransaktion selten zum Tragen kommen, da der finanzielle Hintergrund der Kunden bzw. das allgemeine Erscheinungsbild eine Rolle spielen. Die Bank wird ein Wertpapiergeschäft nur schwerlich etwa aus Gründen der Rasse oder des Geschlechts ablehnen, soweit nicht die Finanzierung seitens des Kunden fraglich ist. Kommt es aber doch zu einer solchen Diskriminierung, bleibt § 19 AGG direkt anwendbar. Die vom AGG verbotenen Diskriminierungen können zugleich sittenwidrig iSd § 826 BGB sein,[39] der insoweit einen Kontrahierungszwang begründen kann.[40]

Auch wenn ein Finanzintermediär **monopolartig** den Zugang zu bestimmten Geschäften kontrollieren sollte, ist ein Kontrahierungszwang sowohl aus kartellrechtlichen Erwägungen, § 22 Abs. 1 und 2 iVm § 33 GWB, als auch gem. § 826 BGB denkbar. Dem Anleger steht zudem hinsichtlich seines (Kauf-)Angebots weder ein Widerrufs- noch ein Rücktrittsrecht zu (arg. ex. § 8 Abs. 1 S. 1–3 WpPG) und zwar selbst dann nicht, wenn die essentialia negotii noch nicht bestimmt sind.[41] 261

c) Kommissions- und Festpreisgeschäft. Im Rahmen des Anlage- bzw. Effektengeschäfts nimmt die Bank die Aufträge entweder als **Kommissionsgeschäfte** im Sinne der §§ 383–406 HGB oder als sog. **Festpreisgeschäfte** mit einem festen oder bestimmbaren Preis vor.[42] Bei Kommissionsgeschäften kommen subsidiär die Vorschriften über den Geschäftsbesorgungsvertrag zum Tragen,[43] §§ 675 ff. BGB. Festpreisgeschäfte führen regelmäßig zum Abschluss eines Kaufvertrages,[44] enthalten aber auch Elemente eines Geschäftsbesorgungsvertrages, dh die Bank hat entsprechende Interessenwahrungspflichten gegenüber den Kunden.[45] Die Auftragsausführung richtet sich dabei neben den allgemein zivilrechtlichen Grundlagen nach den **Sonderbedingungen für Wertpapiergeschäfte.**[46] Diese sind ihrer Rechtsnatur nach allgemeingültige, AGB-ähnliche Regelungen speziell für den Wertpapierhandel[47] und werden einheitlich von allen Kreditinstituten verwendet. Sie konkretisieren die Verhaltenspflichten der Banken hinsichtlich der einzelnen Ablaufphasen eines Anlagegeschäfts, schließen aber auch etwa das – auf Grund der Kursmanipulations- 262

[35] *Schürnbrand* BKR 2007, 305 (310 f.).

[36] *Schürnbrand* BKR 2007, 305 (305 f.); *Bachmann* ZBB 2006, 257 (266); MüKoBGB/*Thüsing* AGG § 19 Rn. 24 f.

[37] MüKoBGB/*Thüsing* AGG § 21 Rn. 18.

[38] Begr. RegE Antidiskriminierungsgesetz v. 19.12.2005, § 21 Abs. 2, BT-Drs. 16/1297.

[39] *Bachmann* ZBB 2006, 257 (266).

[40] Das wird insbes. dann relevant, wenn Ansprüche aus dem AGG aufgrund der zweimonatigen Ausschlussfrist nach §§ 15 Abs. 4 S. 1, 21 Abs. 5 AGG ausgeschlossen sind.

[41] *Ekkenga/Maas* Das Recht der Wertpapieremissionen, 2006, § 6 Rn. 466.

[42] Näher *Bergmann* → Kap. 36 Rn. 13; s. ferner Nr. 1 (3) Sonderbedingungen für Wertpapiergeschäfte der Banken (SpBedWp), Fassung v. 1.11.2007, WM 2007, 1768 (1769 ff.).

[43] Näher hierzu MüKoBGB/*Heermann* § 675 Rn. 81.

[44] Assmann/Schütze/*Schäfer* HdB des Kapitalanlagerechts § 12 Rn. 7; vgl. auch Wertpapier-Sonderbedingungen Nr. 1 Abs. 3.

[45] Derlerder/Knops/Bamberger/*Ekkenga/Bernau* HdB Bankrecht § 57 Rn. 20.

[46] Fassung v. 1.11.2007, WM 2007, 1768 (1769 ff.).

[47] BankR-HdB/*Seiler/Kniehase* 4. Aufl, § 104 Rn. 94 ff.

gefahr zulasten der Anleger lang kritisierte – Selbsteintrittsrecht der Banken beim Kommissionsgeschäft aus.[48]

263 Das WpHG stuft sowohl Festpreis- als auch Kommissionsgeschäft als **Wertpapierdienstleistungen** nach § 2 Abs. 8 WpHG ein. Das Festpreisgeschäft, früher nach Nr. 2 aF (Eigenhandel), wurde durch das Hochfrequenzhandelsgesetz neu strukturiert, sodass in lit. a) und b) mit dem Market-Marketing und der systematischen Internalisierung Unterfälle des Eigenhandels genannt werden, während lit. c) eine allgemeine Definition des Eigenhandels enthält, die als Auffangtatbestand dient.[49] Weiterhin wurde der Hochfrequenzhandel eingefügt und damit erstmals als Wertpapierdienstleistung qualifiziert. Das Kommissionsgeschäft gilt nach Nr. 1 als Wertpapierdienstleistung.[50] Daher finden für beide Geschäftsarten die gleichen Anforderungen Anwendung,[51] wenngleich im Einzelfall – etwa bei der Aufklärungspflicht über Rückvergütungen und Gewinnmargen – Differenzierungen erforderlich sind.[52]

264 Beim **Kommissionsgeschäft** wird die Bank entsprechend der Auftragserteilung als Kommissionärin tätig und schließt mit der Gegenpartei im eigenen Namen einen Vertrag über den Kauf oder Verkauf von Wertpapieren auf Rechnung des Kommittenten ab, § 383 HGB. Die Hauptvertragspflicht bezieht sich dabei je nachdem, ob man den Kommissionsvertrag dem Dienst- oder Werkvertrag nahestellt,[53] entweder auf den Kauf oder Verkauf als solchen, oder auf ein ernsthaftes und sorgfältiges Bemühen um die Ausführung des Kundenauftrages, vgl. § 384 Abs. 1 Hs. 2 HGB.[54] Die Bank hat bei der Auftragsausführung den Weisungen des Auftraggebers Folge zu leisten, § 384 Abs. 1 Hs. 2 HGB.[55] Nach § 384 Abs. 2 HGB hat die Bank nach Ausführung des Auftrages alles, was sie erlangt, an den Auftraggeber herauszugeben. Im Gegenzug muss der Kunde gem. § 670 BGB den Preis für das von der Bank vermittelte Kaufgeschäft bezahlen sowie eine evtl. vereinbarte Provision entrichten.

265 Beim **Festpreisgeschäft** bestimmen die Parteien bei Vertragsschluss einen Fixpreis bzw. einen nach objektiven Kriterien bestimmbaren Preis, etwa unter Berücksichtigung des Börsenkurses.[56] Das Kreditinstitut ist dann nach den kaufrechtlichen Vorschriften der §§ 433 ff. BGB im Zweifel verpflichtet, die in Rede stehenden Wertpapiere sofort zu liefern, sofern keine aufschiebende Bedingung oder eine Stundung verabredet wurde. Nach wohl hM wird neben dem Kaufvertrag kein zusätzlicher Geschäftsbesorgungsvertrag mit den entsprechenden Sorgfaltspflichten zur Wahrung des Kundeninteresses geschlossen.[57] Allerdings löst auch der Abschluss eines Festpreisgeschäftes die Verhaltenspflichten nach §§ 63 ff. WpHG aus;[58] ferner entstehen bereits bei einem vorher zustande gekommenen Beratungsvertrag entsprechende Sorgfaltspflichten, sodass ein zusätzlicher Schutz des Auftraggebers über den gesondert konstruierten Abschluss eines Geschäftsbesorgungsvertrages nicht erforderlich scheint.

---

[48] Hierzu BankR-HdB/*Seiler/Kniehase* 4. Aufl, § 104 Rn. 101 ff.

[49] Assmann/Schneider/Mülbert/*Assmann* WpHG § 2 Rn. 109.

[50] Assmann/Schneider/Mülbert/*Assmann* WpHG § 2 Rn. 97; vgl. zum WpHG aF Fuchs/*Fuchs* WpHG § 2 Rn. 73 ff.; Kölner Komm WpHG/*Baum* § 2 Rn. 141 ff.

[51] Kümpel/Wittig/Früh/Seyfried/*Seyfried* Bank- und Kapitalmarktrecht Rn. 3.89.

[52] → Rn. 216 ff, insb. → Rn. 329 ff.

[53] Für Werkvertragscharakter: *Knütel* ZHR 137 (1973), 286 (286 f.); *K. Schmidt* Handelsrecht § 31 IV 1; für Dienstvertragscharakter: RGZ 110, 119 ff.; Röhricht/Graf von Westphalen/*Lenz* HGB § 383 Rn. 6; Soergel/*Teichmann* BGB Vor § 631 Rn. 66; auf die Umstände des Einzelfalles abstellend Staub/*Koller* HGB § 383 Rn. 105.

[54] Staub/*Koller* HGB § 384 Rn. 38 ff.

[55] Näher zum Begriff der Weisung Röhricht/v. Westphalen/*Lenz* HGB § 384 Rn. 5; Staub/*Koller* HGB § 384 Rn. 53 ff.

[56] BuB/*Wagner* Rn. 7, 103; *Lenenbach* Kapitalmarktrecht Rn. 4.14; s. a. *Bergmann* → Kap. 36, Rn. 13 ff.

[57] Assmann/Schütze/*Schäfer* KapAnlR-HdB § 12 Rn. 10; gegen die wohl hM MüKoHGB/*Ekkenga* Bd. VI Effektengeschäft Rn. 107.

[58] Vgl. zum WpHG aF *Lenenbach* Kapitalmarktrecht Rn. 4.23; *Einsele* Bank- und Kapitalmarktrecht § 8 Rn. 22.

d) Spiel- und Wetteinwand. Insbesondere im Rahmen der Effektengeschäfte muss der **Spiel- und Wetteinwand** nach § 762 BGB beachtet werden, der einer Durchsetzbarkeit von Ansprüchen im Wege stehen könnte. Voraussetzung wäre zum einen (objektiv) das Vorliegen eines Glückspiels, dh dass der Vermögensvorteil einer Partei allein vom Zufall abhängig ist[59] und (subjektiv) beide Vertragspartner mit Spielabsicht handeln, was allerdings bei Finanzgeschäften, die der Sicherung von Austauschgeschäften dienen, stets zu verneinen ist.[60] Trotz des § 99 WpHG, der für Finanztermingeschäfte den § 762 BGB ausschließt, ist der Spieleinwand für Finanzprodukte, die nicht als Finanztermingeschäfte zu qualifizieren sind und bei denen beide Parteien das Geschäft rein zu spekulativen Zwecken abschließen, weiter von Bedeutung.[61] 266

2. Vertraglicher Anlegerschutz

Vermittlungs- und Beratungsverträge sind in der Regel als **Dienstverträge mit Geschäftsbesorgungscharakter** §§ 611, 675 BGB zu qualifizieren, wobei die Vereinbarung einer entsprechenden Provision üblich, jedoch nicht zwingend ist. Konkrete Einzelfallvermittlungen können sich auch als Werkvertrag nach § 631 BGB darstellen.[62] Bei Börsendiensten besteht regelmäßig ein gemischter Vertrag mit kauf- und dienstvertraglichen Elementen.[63] Kommt zwischen Anleger und Finanzdienstleister keine direkte vertragliche Verbindung zum Tragen, so ergeben sich Rechte und Pflichten gleichwohl aus einer quasivertraglichen Bindung (culpa in contrahendo) aufgrund eines entsprechenden Vertrauensverhältnisses schon beim ersten Kontakt und unabhängig von der Geschäftsdauer.[64] Oftmals stützt sich die Rechtsprechung aber auch auf selbständige, stillschweigend geschlossene Beratungsverträge.[65] In Sonderfällen können auch Dritte in den Schutzbereich der Anlageberatung eingeschlossen sein. Beispielhaft sei hier eine unrichtige Kreditauskunft durch die Bank genannt, aufgrund derer eine Darlehensgewährung durch Dritte erfolgt.[66] 267

a) Grundlagen. aa) Inhaltskontrolle nach §§ 305 ff. BGB. Auf Verträge im Wertpapiergeschäft finden – wie auch auf alle anderen Verträge im Bank- und Kapitalmarktbereich – die Vorschriften über die Inhaltskontrolle nach §§ 305 ff. BGB Anwendung; eine Ausnahme, wie sie etwa für das Gesellschaftsrecht gilt, § 310 Abs. 4 BGB, besteht hier nicht. Daran ändern auch die besonderen öffentlich-rechtlichen Ausformungen der Pflichten bei Wertpapiergeschäften aufgrund etwa des WpHG, des KAGB oder des DepotG nichts; sie vermögen allerdings die gesetzlichen Leitbilder auszuformen, anhand derer die Inhaltskontrolle durchgeführt wird, wenngleich die zusätzlich eingreifende Inhaltskontrolle angesichts des Verbotscharakters der öffentlich-rechtlichen Vorgaben in der Praxis keinerlei Rolle spielt. 268

Die Inhaltskontrolle beschränkt sich keineswegs auf Verträge mit Verbrauchern; vielmehr erfasst sie – wie in anderen Bereichen – grundsätzlich den unternehmerischen Rechtsverkehr, wenngleich hier erhebliche Abschwächungen in der Kontrolle vorzunehmen sind. 269

[59] MüKoBGB/*Habersack* § 762 Rn. 4; Jauernig/*Stadler* BGB § 762 Rn. 2; BeckOK BGB/*Janoschek* § 762 Rn. 3 mwN.

[60] *Salewski* BKR 2012, 100 (104); BeckOK BGB/*Janoschek* § 762 Rn. 5; MüKoBGB/*Habersack* § 762 Rn. 10.

[61] Begr. RegE 4. Finanzmarktförderungsgesetz, BT-Drs. 14/8017, 96; für Zertifikate die Glücksspieleigenschaft verneinend *Salewski* BKR 2012, 100 (104); vgl. zum WpHG a. F. für sog. Zinsswaps die Glückspieleigenschaft bejahend OLG Stuttgart Urt. v. 26.2.2010 – 9 U 164/08 = BKR 2010, 208 (210); OLG Frankfurt a. M. Urt. v. 30.12.2009 – 23 U 175/08 = ZIP 2010, 921 (924); wohl auch *Roberts* DStR 2010, 1982 (1082 ff.).

[62] Assmann/Schütze/*Edelmann* KapAnlR-HdB § 3 Rn. 9.

[63] BGH Urt. v. 8.2.1978 – VIII ZR 20/77, BGHZ 70, 356 (Rn. 13) = NJW 1978, 997; *Herresthal* WM 2014, 773 (774); *Hopt* FS Fischer, 1979, 237 (240 f.).

[64] *Hopt* Haftung für Anlage- und Vermögensberatung S. 13.

[65] → Rn. 277 ff.

[66] BGH Urt. v. 22.9.1982 – IVa ZR 322/80 = NJW 1983, 276; ergänzend zu BGH, Urt. v. 12.2.1979 – II ZR 177/77 = NJW 1979, 1595.

Zudem ist zu berücksichtigen, dass die Rechtsprechung im bank- und kapitalmarktrechtlichen Bereich dazu tendiert, keine pauschalen Ausnahmen für Kaufleute bzw. Unternehmer anzunehmen, sondern lediglich für diejenigen Bereiche, in denen sie über unternehmerische Erfahrung verfügen.[67]

270 Ein **allgemeiner Maßstab** für die Inhaltskontrolle der jeweiligen Wertpapiergeschäfte kann angesichts der Vielzahl an Verträgen und Transaktionssachverhalten **nicht definiert** werden. Vielmehr ist in jedem Einzelfall sorgfältig zu prüfen, worin die jeweilige Hauptleistung des Finanzdienstleisters besteht, ob diese etwa in einer Verwahrung oder einer Betreuung des Vermögens liegt oder ob beispielsweise eine möglichst interessengerechte Ausführung eines Auftrags geschuldet ist. Je nachdem was gewollt ist, werden die unterschiedlichen Vertragstypen des Zivilrechts als Leitbilder für eine Inhaltskontrolle herangezogen werden können, etwa der Geschäftsbesorgungsvertrag, das Kommissionsgeschäft oder der Verwahrungsvertrag.

271 Besondere Probleme wirft die Abgrenzung von grundsätzlich **kontrollfreien Leistungsbestimmungen** einerseits und der Inhaltskontrolle unterliegenden Klauseln andererseits auf. Beispielsweise unterliegen nach Auffassung des BGH auch Verträge zur Kontrolle der Mittelverwendung, die im Emissionsprospekt abgedruckt sind und dem Schutz der Anleger dienen sollen, der AGB-Kontrolle, auch wenn sie zwischen der Fondsgesellschaft und dem Kontrolleur (oftmals ein Treuhänder) individuell ausgehandelt sind. Die individuelle Vereinbarung zwischen der Fondsgesellschaft und dem Kontrolleur soll auch hier für eine Vielzahl von Verträgen gelten, die gegenüber den Anlegern verwendet werden.[68] Für den Anleger ist es somit irrelevant, dass diese Klausel individuell ausgehandelt wurde, weil ihm gegenüber der vorformulierte Vertrag entsprechend einer AGB gestellt wird.

272 **bb) Verhältnis zu Verbraucherschutzvorschriften.** In bestimmten Fällen können Wertpapiertransaktionen grundsätzlich auch die Voraussetzungen eines Verbrauchergeschäfts[69] erfüllen, etwa beim Internet-Banking im Sinne eines Fernabsatzgeschäftes. Der Gesetzgeber hatte im Jahr 2004 im Rahmen einer Richtlinienumsetzung[70] den Tatbestand des § 312b aF BGB explizit auf Finanzdienstleistungen erweitert und im Folgenden die Besonderheiten für Finanzmarktprodukte eingearbeitet,[71] um die bestehende Regelungslücke zu schließen. Diese Einbeziehung hat auch nach Umsetzung der Verbraucherrechterichtlinie[72], die Finanzdienstleistungen aus ihrem Anwendungsbereich ausklammert[73], im Gesetz zur Umsetzung der Verbraucherrechterichtlinie[74] Bestand, weil der nationale Gesetzgeber zur Vermeidung von Schutzlücken[75] von seinem Umsetzungsspielraum Gebrauch gemacht hat.[76]

273 Die §§ 312 ff. BGB regeln Verbraucherverträge über eine entgeltliche Leistung, insbesondere für im stationären Handel. Auf alle entgeltlichen Verbraucherverträge mit

[67] Deutlich für die Beratungspflichten vgl. zum WpHG aF BGH Urt. v. 22.3.2011 – XI ZR 33/10 = ZIP 2011, 756 (758 Rn. 25) mAnm *Klöhn* – Deutsche Bank CMS Ladder, s. im Weiteren auch die Urteilsbesprechungen v. *Hanowski* NZG 2011, 573; *Lieder* GWR 2011, 175; *Pietsch* DStR 2011, 927.

[68] BGH Urt. v. 19.11.2009 – III ZR 108/08 = NJW 2010, 1277 (1278 Rn. 14).

[69] Ausführliche Darstellung zum Problem, ob Kapitalanleger als Verbraucher einzustufen sind, s. Assmann/Schütze/*Edelmann* KapAnlR-HdB § 2 Rn. 14 ff. iE aber bejahend; *Riesenhuber* ZBB 2014, 134 (134 f.).

[70] RL 2002/65/EG des Europäischen Parlaments und des Rates v. 23.9.2002 über den Fernabsatz von Finanzdienstleistungen an Verbraucher, Abl. EU 2002 L 271, 16.

[71] Gesetz zur Änderung der Vorschriften über Fernabsatzverträge bei Finanzdienstleistungen v. 7.12.2004, BGBl. I 2004, 3102.

[72] RL 2011/83/EU des Europäischen Parlaments und des Rates v. 25.10.2011 über die Rechte der Verbraucher Abl. EU 2011 L 304, 16.

[73] Art. 3 Abs. 3 Buchst. d RL 2011/83/EU.

[74] Gesetz zur Umsetzung der Verbraucherrechterichtlinie und zur Änderung des Gesetzes zur Regelung der Wohnungsvermittlung v. 20.9.2013, BGBl. I 201, 3642 (VRRLUmsG).

[75] Der Gesetzgeber erstreckt die Vorgaben der RL über den Fernabsatz von Finanzdienstleistungen auch auf außerhalb von Geschäftsräumen geschlossene Verträge, Begr. RegE VRRLUmsG, BT-Drs. 17/12637, 33.

[76] Erwägungsgrund 32 RL 2011/83/EU.

Ausnahme der in § 312 Abs. 3–7 BGB genannten finden die § 312a Abs. 1, 3, 4 und 6 BGB Anwendung. Bei außerhalb von Geschäftsräumen geschlossenen Verträgen und bei Fernabsatzverträgen über Finanzdienstleistungen hat der Unternehmer den Verbraucher gem. § 312d Abs. 2 BGB nach Maßgabe des Art. 246b EGBGB zu informieren. Die Informationspflicht nach § 312d Abs. 2 BGB iVm Art. 246b EGBGB gilt jedoch gem. § 312 Abs. 2 Nr. 1a BGB nicht für notariell beurkundete Verträge über Finanzdienstleistungen, die außerhalb von Geschäftsräumen geschlossen werden. Auch bei mehraktigen, aufeinanderfolgenden bzw. sich wiederholenden Vorgängen gilt § 312d Abs. 2 BGB iVm Art. 246b EGBGB nur für das erste Geschäft, § 312 Abs. 5 S. 1 BGB, etwa beim Abschluss des Girovertrages; nachfolgende Überweisungen unterliegen nur noch § 312a Abs. 1, 3, 4 und 6 BGB, ebenso beim Depotvertrag und dem Erwerb von Wertpapieren.

Grundsätzlich steht dem Verbraucher bei außerhalb von Geschäftsräumen geschlossenen Verträgen und bei Fernabsatzverträgen ein **Widerrufsrecht** gemäß § 355 BGB zu, § 312g Abs. 1 BGB. Zahlreiche Geschäfte werden allerdings vom Widerrufsrecht ausgeschlossen, etwa nach § 312g Abs. 2 Nr. 8 BGB Finanzdienstleistungen, deren Preis auf dem Finanzmarkt Schwankungen unterliegt, auf die der Unternehmer keinen Einfluss hat, die innerhalb der Widerrufsfrist eintreten können und dabei der spekulative Charakter den Kern des Geschäfts ausmacht[77] nicht aber diejenigen Zertifikate oder Wertpapiere, die noch nicht an der Börse gehandelt werden und damit auch keinen durch den Finanzmarkt bedingten Preisschwankungen unterliegen.[78] Allerdings kann der Preis des Zertifikats oder Wertpapiers an einen Basiswert gekoppelt sein, sog. Underlying, der wertbestimmend ist und seinerseits Schwankungen auf dem Finanzmarkt unterliegt. Auch hier ist der Widerruf nach § 312g Abs. 2 Nr. 8 BGB ausgeschlossen, wobei auf den spekulativen Charakter des Geschäfts mit basiswertabhängigen Finanzinstrumenten abzustellen ist.[79] Ferner besteht nach § 312g Abs. 2 Nr. 13 BGB kein Widerrufsrecht bei notariell beurkundeten Fernabsatzverträgen über Finanzdienstleistungen, wenn der Notar bestätigt, dass die Rechte des Verbrauchers aus § 312d Abs. 2 BGB gewahrt sind. Schon nach § 312 Abs. 2 Nr. 1a BGB ist das Widerrufsrecht bei notariell beurkundeten Verträgen über Finanzdienstleistungen, die außerhalb von Geschäftsräumen geschlossen werden, ausgeschlossen, ferner nach § 312 Abs. 5 S. 2 BGB bei den sich an eine erstmalige Vereinbarung anschließenden aufeinanderfolgenden Vorgängen. 274

Ferner gewährleisten andere, **speziellere Normen den Verbraucherschutz, insbesondere im Investmentrecht;** nach § 312g Abs. 3 BGB ist das allgemeine Widerrufsrecht nach § 312g BGB ausgeschlossen, wenn dem Verbraucher bereits nach § 305 Abs. 1–6 **KAGB** ein Widerrufsrecht zusteht. Die Möglichkeit zum Widerruf besteht gem. § 305 Abs. 1 S. 2 KAGB grundsätzlich auch bei Fernabsatzgeschäften. Außerhalb des Anwendungsbereichs des § 305 KAGB können die Verbraucher ihren Widerruf bei Haustürsituationen weiter auf § 312g BGB stützen. Dies gilt insbesondere für den Kauf von Anteilen oder Aktien an geschlossenem Investmentvermögen, § 305 Abs. 7 KAGB. 275

Eine weitere Möglichkeit des Verbrauchers sich von einer Wertpapiertransaktion zu lösen bietet § 360 Abs. 1 BGB, der dem Verbraucher einen **Widerrufsdurchgriff** bei zusammenhängenden Verträgen ermöglicht. Anhaltspunkte, wann ein zusammenhängender Vertrag vorliegt, werden vom Gesetzgeber in § 360 Abs. 2 BGB gegeben.[80] Der Widerrufsdurchgriff nach § 358 Abs. 2 BGB steht dem Verbraucher dagegen nicht zu, § 358 Abs. 5 BGB. Dient ein Verbraucherdarlehensvertrag der Finanzierung des Erwerbs von Finanzinstrumenten, dann besteht in Folge des Widerrufs des Darlehensvertrags keine Möglichkeit 276

[77] BGH Urt. v. 17.6.2015 – VIII ZR 249/14 = NJW 2015, 2959; BeckOK BGB/*Martens* § 312g Rn. 35; Prütting/Wegen/Weinreich/*Stürner* BGB § 312g Rn. 13.

[78] LG Krefeld Urt. v. 14.10.2010 – 3 O 48/10 = BKR 2011, 32; zum fernabsatzrechtlichen Widerrufsrecht beim Kauf von Lehman-Zertifikaten vgl. *Riehm* ZBB 2013, 93.

[79] Vgl. zum WpHG aF BGH Urt. v. 27.11.2012 – XI ZR 384/11 = NZG 2013, 426.

[80] Dazu *Wendt/Lorscheid-Kratz* BB 2013, 2434.

zum Widerruf des Vertrags über das Finanzinstrument. Das Risiko von Kursschwankungen soll nicht auf den Darlehensgeber abgewälzt werden.[81]

277 **cc) Ausdrücklicher und stillschweigender Beratungsvertrag.** Ist ein Anlageberatungsvertrag zwischen den Parteien wirksam zustande gekommen, so ergibt sich hieraus der vertragliche Anspruch des Anlegers, vom Anlageberater wahrheitsgemäß und vollständig beraten zu werden.[82] Während ein ausdrücklich geschlossener Beratungsvertrag im Rahmen des von Finanzdienstleistern betriebenen Effektengeschäfts eher selten sein dürfte und eher bei hierauf spezialisierten unabhängigen Vermögens- und Anlageberatern verbreitet ist, spielt in diesem Zusammenhang der häufig von der Rechtsprechung angenommene stillschweigend geschlossene Beratungsvertrag zwischen Kunde und Finanzdienstleister, insbesondere Banken, eine hervorgehobene Rolle. Da dem Kauf von Wertpapieren durch anlageinteressierte Bankkunden – einerlei, ob Unternehmer oder Verbraucher etc. – in aller Regel ein Beratungsgespräch vorgeschaltet ist, leitet die Rechtsprechung hieraus ein konkludentes bzw. stillschweigendes Angebot zum Abschluss eines (gesonderten) Beratungsvertrages ab.[83]

278 Die **Annahme durch den Finanzdienstleister** (bzw. Bank) erfolgt ebenfalls stillschweigend durch Aufnahme des Beratungsgespräches.[84] Bei der Anlageberatung[85] wird sich dies in der Regel konkludent ergeben, da die Beratung hier ureigenster Gegenstand der Dienstleistung ist. Bei der Anlagevermittlung kann sich ein Beratungsvertragsschluss ergeben, wenn der Anlageinteressent an den Anlagevermittler herantritt und deutlich macht, dass er über die mit der Vermittlertätigkeit verbundenen Auskünfte zu bestimmten Arten von Finanzprodukten hinaus, das besondere Fachwissen bzw. die Kenntnisse des Anlagevermittlers in Bezug auf eine bestimmte Anlageentscheidung in Anspruch nehmen möchte.[86] Äußert sich der Vermittler diesbezüglich, gilt der Beratungsvertrag als geschlossen. Zu weit führt jedoch die Annahme eines Beratungsvertrages dann, wenn sich beide Parteien, dh sowohl die Bank als auch der Kunde, eines Vertragsschlusses gar nicht bewusst sind, da dies im Ergebnis auf eine reine Fiktion hinauslaufen und dem zivilrechtlichen Erfordernis des Rechtsbindungswillens widersprechen würde.[87]

---

[81] Begr. RegE VRRLUmsG, BT-Drs. 17/12637, 66; s. a. schon zur Vorgängervorschrift § 359a Abs. 2 BGB, Begr. RegE VRRLUmsG, BT-Drs. 16/11643, 71.

[82] *Brenncke* WM 2014, 1749 (1749 ff.); *Clouth* ZHR 177 (2013), 212 (226 ff.).

[83] Grundlegend hierzu BGH, Urt. v. 6.7.1993 – XI ZR 12/93, BGHZ 123, 126 (Rn. 11) = WM 1993, 1455 (Rn. 11) – Bond; BGH Urt. v. 28.1.1997 – XI ZR 22/96, WM 1997, 662 (Rn. 14); BGH Urt. v. 13.5.1993 – III ZR 25/92, NJW-RR 1993, 1114 (Rn. 10); BGH Urt. v. 13.2.1992 – III ZR 28/90, NJW 1992, 2080 (Rn. 30); die Grundsätze der sog. „Bond"-Entscheidung des BGH gelten auch nach Inkrafttreten des FRUG, so OLG Düsseldorf Urt. v. 16.12.2010 – I-6 U 200/09, WM 2011, 399 (400); *Ruland/Wetzig* BKR 2013, 56 (57 f.); *Buck-Heeb* WM 2012, 625 (627 f.); krit. *Krüger* NJW 2013, 1845 (1846); *Bausch* NJW 2012, 354.

[84] StRspr BGH Urt. v. 7.2.2017 – XI ZR 379/14, BeckRS 106801 Rn. 13; BGH Urt. v. 22.3.2016 – XI ZR 425/14, NJW 2016, 2949 Rn. 21; BGH Urt. v. 6.7.1993 – XI ZR 12/93, BGHZ 123, 126 = WM 1993, 1455; BGH Urt. v. 4.3.1987 – IVa ZR 122/85, BGHZ 100, 117 (Rn. 12) = NJW 1987, 1815; BankR-HdB/*Hannöver/Walz* § 110 Rn. 23.

[85] Zum (konkludenten) Vertragsschluss im Kreditgeschäft vgl. *Buck-Heeb* BKR 2014, 221.

[86] BGH Urt. v. 4.3.1987 – IVa ZR 122/85, BGHZ 100, 117 (Rn. 12) = NJW 1987, 1815; BGH Urt. v. 27.6.1984 – IVa ZR 231/82, NJW 1984, 2524 (Rn. 10 ff.); BGH Urt. v. 2.2.1983 – IVa ZR 118/81, NJW 1983, 1730 (Rn. 9 ff.).

[87] *Buck-Heeb* ZIP 2013, 1401 (1403, 1406); *Buck-Heeb* WM 2012, 625 (627); **aA** BankR-HdB/*Hannöver/Walz* § 110 Rn. 22. Diese Diskussion ist in jüngster Zeit erneut entfacht: *Koch* ZBB 2014, 211 (213); *Krüger* NJW 2013, 1845 (1846); *Herresthal* ZIP 2013, 1049 (1050); *Bracht* ZBB 2013, 252; *Schnauder* JZ 2013, 120 (123 f.); *Herresthal* ZBB 2012, 89 (92 f.); insbes. hinsichtlich des Urt. des BGH v. 28.4.2015 – XI ZR 378/13 = WM 2015, 1273; *Lehmann* ZBB 2015, 282 (287); *Schnauder* JurisPR-BKR 3/2013 Anm. 1. Diskutiert wird ein Abrücken vom konkludenten Beratervertrag hin zu einer Haftung für mangelnde Aufklärung und Beratung als Nebenpflichtverletzung gem. §§ 311 Abs. 2, 241 Abs. 2 BGB bzw. aus dem Geschäftsbesorgungsverhältnis. Stellungnehmend zur Diskussion Schwintowski/*Bracht* Kap. 19 Rn. 40, der nach der Professionalität des Kunden über das Vorliegen eines Beratungsvertrages entscheiden will. Zur dogmatischen Grundlage einer Haftung für schlechte Aufklärung und Beratung als vorvertragliche Nebenpflicht → Rn. 283 ff.

Allgemein unterstellt der BGH einen Beratungsvertrag, wenn die Ausführungen des Beraters von erkennbarer Bedeutung für spätere Vermögensdispositionen des Kunden sind.[88] Anders hingegen, wenn eine Direktbank in ihren AGB eine Beratungsleistung explizit ablehnt und tatsächlich auch keine solche vollzieht.[89] Nimmt sie jedoch entgegen ihrer Aussage tatsächlich eine Beratungsleistung vor, so muss sie sich an dieser festhalten lassen.[90] Allein in der Übersendung eines Werbeschreibens, in dem der Kunde über eine bestimmte Anlage informiert wird, kann jedoch mangels tatsächlicher Beratungsleistung kein Beratungsvertrag angenommen werden.[91] Ein Vertrag kann auch mit einem nicht anwesenden Dritten, nach den Regeln der Stellvertretung gem. §§ 164 ff. BGB, zustande kommen, wenn der Bankkunde dem Berater mitteilt, dass der Beratungsinhalt für die Anlageentscheidung eines Dritten gilt und der Berater durch sein Verhalten sein Einverständnis hiermit signalisiert.[92] Wird im Laufe der Vertragsverhandlung dem Offenkundigkeitsprinzip nicht genüge getan, so wird der Dritte zumindest in den Schutzbereich des Vertrages einbezogen und kann somit auch seine Schäden, die auf die Pflichtverletzungen des Beraters beruhen, von ihm ersetzt verlangen.[93] Ein Dritter, der nicht am Beratungsgespräch beteiligt war, kann ebenfalls Vertragspartei werden, sofern es sich bei dem Beratenen um einen Empfangsboten handelt, der die maßgeblichen Informationen an den Dritten weitergegeben hat und der Berater dies billigt.[94] 279

Der Abschluss solcher Beratungsverträge wird von der Rechtsprechung **unabhängig von der gesonderten, ausdrücklichen Vereinbarung einer Vergütung** oder Provision unterstellt.[95] Auch spielt es keine Rolle, ob es sich bei dem ausstehenden Geschäft um ein Kommissions- oder Eigengeschäft handelt.[96] Unerheblich ist nach der Rechtsprechung ebenfalls, ob die Initiative zur Aufnahme des Gesprächs vom Kunden oder von dem Kreditinstitut ausgeht.[97] Insbesondere darf aus der Initiative des Kunden, der gegebenenfalls auch ein Produkt als das für ihn passende ausgewählt hat, nicht geschlossen werden, dass die Beratungspflichten entfallen. Vielmehr liegen hier nach der Rechtsprechung sogar gesteigerte Prüfungspflichten im Hinblick darauf vor, ob der Kunde überhaupt in der Lage war, aufgrund eines eigenen ausreichenden Kenntnisstandes zuverlässig ein Produkt für sich als „passend" zu befinden oder ob nicht eine Aufklärung dahingehend erforderlich ist, dass er seine eigenen Beurteilungsmöglichkeiten überschätzt.[98] Denn aus dem Abschluss des Anlageberatungsvertrages ergeben sich für die Bank die mit dem Anlagegeschäft verbundenen besonderen Beraterpflichten, die sich zwar weitgehend mit dem gesetzlichen Katalog des § 64 Abs. 3 WpHG iVm den Pflichten aus Art. 54, 55 DelVO 2017/565 decken, aber 280

---

[88] BGH Urt. v. 19.10.2006, III ZR 122/05, WM 2006, 2301 (Rn. 9); BGH Urt. v. 11.9.2003 – III ZR 381/02, ZIP 2003, 1928 (Rn. 11); BGH Urt. v. 15.6.2000 – III ZR 305/98, WM 2000, 1548 (Rn. 6); BGH Urt. v. 13.5.1993 – III ZR 25/92, NJW-RR 1993, 1114 (Rn. 10); BGH Urt. v. 17.10.1989 – XI ZR 39/89, WM 1989, 1836 (Rn. 21); stRspr, s. nur BGH Urt. v. 22.3.1979 – VII ZR 259/77, BGHZ 74, 103 (Rn. 21) = NJW 1979, 1449.

[89] BGH Urt. v. 19.3.2013 – XI ZR 431/11, NJW 2013, 3293 (Rn. 17 f.); dazu *Brach* ZBB 2013, 252 (252 ff.); ebenso OLG Schleswig Hinweisbeschl. v. 2.6.2014 – 5 U 67/14, NJW-RR 2015, 109, das selbst das Zustandekommen eines Auskunftsvertrages über einen „informer" auf der Homepage der Online-Bank verneint.

[90] BGH Urt. v. 19.3.2013 – XI ZR 431/11 = NJW 2013, 3293.

[91] OLG Frankfurt a. M. Urt. v. 10.6.2014 – 16 U 23/14 = BKR 2014, 338 (339).

[92] OLG München Urt. v. 27.7.2010 – 5 U 2100/10 = BKR 2010, 385 (387).

[93] OLG München Urt. v. 27.7.2010 – 5 U 2100/10 = BKR 2010, 385 (388).

[94] BGH Urt. v. 12.10.2017 – III ZR 254/15 = ZIP 2017, 2309 Rn. 14.

[95] BGH Urt. v. 27.6.1984 – IVa ZR 231/82 = NJW 1984, 2524 (Rn. 15); *Buck-Heeb* WM 2012, 625 (628); krit. *Bausch* NJW 2012, 354.

[96] BGH Urt. v. 6.4.1981 – II ZR 84/80 = NJW 1981, 1440 (Rn. 11); RG Urt. v. 24.9.1898 – I 201/98, RGZ 42, 125 (131).

[97] BGH Urt. v. 6.7.1993 – XI ZR 12/93, BGHZ 123, 126 (Rn. 14 ff.) = WM 1993, 1455 – Bond; Assmann/Schütze/*Edelmann* KapAnlR-HdB § 3 Rn. 4; *Einsiedler* WM 2013, 1109 (1110); *Buck-Heeb* ZIP 2013, 1401 (1402): auch wenn der Anleger telefonisch den Anlageberater fragt, was dieser von der Anlage hält. Auch die schriftliche Übergabe wesentlicher Informationen ist ohne mündliche Beratung ausreichend, so OLG Frankfurt a. M. Urt. v. 19.6.2013 – 17 U 103/12, BeckRS 2013, 15959.

[98] OLG München Hinweis v. 29.3.2012 – 5 U 216/12 = BKR 2012, 245 (256).

nicht notwendigerweise damit identisch sind.[99] Die Beweislast für das Zustandekommen des Beratungsvertrages obliegt dem Anleger.[100] Der stillschweigend geschlossene Vertrag tritt dabei eigenständig neben das eigentliche Effektengeschäft. Auch findet die Rechtsprechung zu stillschweigenden Beratungsverträgen keine Anwendung auf **Dauerberatungsverträge;** diese müssen explizit geschlossen werden.[101] Dem ist zuzustimmen, da ein Kunde nicht von einer ständigen Beratung auch nach abgeschlossenem Anlagegeschäft ausgehen kann.

281 Bei einem solchen Anlageberatungsvertrag – auch dem stillschweigend geschlossenen Vertrag – stellen die Aufklärungs- und Beratungspflichten des beratenden Kreditinstituts die **Hauptleistungspflichten** dar.[102] Die Verletzung der Beratungspflichten begründet demnach eigenständige Schadensersatzansprüche, die auf das positive Interesse gerichtet sind (der geschuldeten Beratung) und nicht nur (wie bei der cic) auf das negative Interesse.[103]

282 **Die konkrete Ausgestaltung dieser Pflicht** hängt in diesem Rahmen entscheidend von den Umständen des Einzelfalles ab.[104] Sie umfasst generell „sämtliche für eine interessengerechte Anlageentscheidung notwendigen und wesentlichen Informationen".[105] Da beim Anlageberatungsvertrag das Interesse des Anlegers maßgeblich ist, darf der aufklärungspflichtige Anlagevermittler nicht mit Rücksicht auf eigene Interessen Informationen zurückhalten bzw. falsch oder irreführend darlegen.[106] Das „Interesse" des Kunden ist dabei nicht anhand von objektiven oder generell anerkennenswerten Motiven zu bestimmen, sondern stets anhand der im Einzelfall einschlägigen konkreten und individuellen Aspekte (zB Risiken der Anlage, Art des Geschäfts).[107] Daher verbietet sich auch jede routinemäßige Behandlung des potenziellen Anlegers. Die Beratung als vertraglich geschuldete Hauptpflicht des Anlageberaters muss stets dem wirtschaftlichen Interesse und der finanziellen Lage des Anlegers entsprechen. Demnach muss eine Bank bei der Anlageberatung den – gegebenenfalls zu erfragenden – Wissensstand des Kunden über Anlegergeschäfte der vorgesehenen Art und dessen Risikobereitschaft berücksichtigen **(„anlegergerechte Beratung")** und zudem muss das von ihr danach empfohlene Anlageobjekt diesen Kriterien Rechnung tragen **(„anlage-/objektgerechte Beratung").**[108] Eine Pflicht zur Erfragung des Wissenstandes und der Risikobereitschaft des Kunden (sog. „Explorationspflicht") kommt insbesondere für den Fall in Betracht, dass keine langjährige Geschäftsbeziehung zwischen den Parteien besteht.[109]

283 Anlegergerechte Beratung bedeutet demnach Orientierung an den Wünschen und Vorstellungen, sowie am vorhandenen Informationsstand und Erfahrungshorizont des Kunden.[110] Hierzu kann es hilfreich sein, **eine Klassifizierung der Kunden** in „(un)erfahren",

---

[99] Zum Verhältnis von WpHG-Pflichten und vertraglichen Pflichten → Rn. 50 ff., 287 ff.

[100] *Buck-Heeb* WM 2014, 385 (390); *Bracht* ZBB 2013, 252 (254). Bestreitet die beklagte Bank das Zustandekommen des konkludenten Beratungsvertrages, so kann sie dies, ohne gegen ihre sekundäre Beweislast zu verstoßen. Dies gelingt unter der Voraussetzung, dass der als Zeuge benannte Anlageberater zuvor verstorben ist und der handelsrechtliche Aufbewahrungszeitraum verstrichen ist, OLG Hamburg Urt. v. 21.3.2014 – 5 U 158/10 = ZIP 2014, 911 (912 f.).

[101] BGH Urt. v. 28.4.2015 – XI ZR 378/13 = WM 2015, 1273 (Rn. 24); zustimmend *Lehmann* ZBB 2015, 282 (286).

[102] Derleder/Knops/Bamberger/*Bamberger* HdB Bankrecht § 52 Rn. 28.

[103] Assmann/Schütze/*Edelmann* KapAnlR-HdB § 3 Rn. 112; dagegen MüKoHGB/*Ekkenga* Bd. VI Effektengeschäft Rn. 273.

[104] BGH Urt. v. 6.7.1993 – XI ZR 12/93, BGHZ 123, 126 = WM 1993, 1455.

[105] BGH Urt. v. 22.3.2011 – XI ZR 33/10, ZIP 2011, 756 = NJW 2011, 1949 (1950 Rn. 20) = WM 1993, 1455; BGH Urt. v. 21.3.2005 – II ZR 140/03, WM 2005, 833 (Rn. 33); BGH Urt. v. 21.3.2005 – II ZR 149/03, WM 2005, 838 (Rn. 12); BGH Urt. v. 6.7.1993 – XI ZR 12/93, BGHZ 123, 126 (Rn. 18) = NJW 1993, 2433 – Bond; Derleder/Knops/Bamberger/*Bamberger* HdB Bankrecht § 52 Rn. 143.

[106] Derleder/Knops/Bamberger/*Bamberger* HdB Bankrecht § 52 Rn. 28.

[107] Assmann/Schneider/Mülbert/*Koller* WpHG § 63 Rn. 19; vgl. zum WpHG aF *Lenenbach* Kapitalmarktrecht Rn. 5.110.

[108] BGH Urt. v. 6.7.1993 – XI ZR 12/93, BGHZ 123, 126 = WM 1993, 1455 (Rn. 14 ff.); BGH Urt. v. 4.2.1987 – IVa ZR 134/85, NJW-RR 1987, 936 (Rn. 9); BGH Urt. v. 25.11.1981 – IVa ZR 286/80, NJW 1982, 1095 (Rn. 10).

[109] BGH Urt. v. 6.7.1993 – XI ZR 12/93, BGHZ 123, 126 = WM 1993, 1455 (Rn. 16).

[110] *Brenncke* ZBB 2014, 366 (367); Derleder/Knops/Bamberger/*Bamberger* HdB Bankrecht § 52 Rn. 33.

„(un)professionell" bzw. „Privat- oder Geschäftskunde" vorzunehmen, um so einen ersten Eindruck vom Wissens- und Erfahrungsstand und somit von der Aufklärungsbedürftigkeit des Kunden gewinnen zu können.

Im Anschluss an die anleger- und anlagegerechte Beratung ist sodann als Bestandteil des Anlageberatungsvertrages eine **konkrete Anlageempfehlung** von Seiten des Anlagevermittlers auszusprechen, die auf den sorgfältig ermittelten und mit- und gegeneinander abgewogenen Kundenwünschen und -eigenschaften basieren muss. Dabei ist zu berücksichtigen, dass die Bewertung und Empfehlung des Anlageobjekts ex ante lediglich vertretbar erscheinen muss, da der Kunde, eine korrekte Aufklärung vorausgesetzt, das Risiko, dass sich eine Anlageentscheidung ex post als falsch erweist, selbst zu tragen hat.[111] Prognoseentscheidungen müssen auf sorgfältig ermittelter Tatsachengrundlage abgegeben werden, auch hier gilt das Vertretbarkeitskriterium.[112] Keine anlegergerechte Empfehlung lag nach bisheriger Rechtsprechung des BGH jedenfalls dann vor, wenn dem Kunden, der eine sichere Altersvorsorge wünscht, eine Beteiligung an einem geschlossenen Immobilienfonds empfohlen wird, da eine unternehmerische Beteiligung bei einem solchen Anlageziel auf Grund des vorhandenen (wenn in diesem Fall auch geringen) Verlustrisikos generell fehlerhaft sei.[113] Diese Linie hat der BGH bestätigt und wiederholt klargestellt, dass es für eine anlegergerechte Beratung maßgeblich auf die persönlichen (wirtschaftlichen) Verhältnisse des Kunden genauso ankomme, wie auf das Anlageziel, die Risikobereitschaft und den Wissensstand des Anlageinteressenten.[114] Dementsprechend könne die Empfehlung der Beteiligung an einem geschlossenen Immobilienfonds fehlerhaft sein, müsse es aber nicht. Für eine **Stiftung** ist die Empfehlung einer Beteiligung an einem in Fremdwährung finanzierten geschlossenen Immobilienfonds aufgrund des Minderungsverbots des Stiftungskapitalstocks durch Anlagegeschäfte grundsätzlich nicht anlegergerecht.[115] Die Beteiligung an einem LF **Flottenfonds** IV oder an einem Fonds SeaClass 8 (Schifffonds) kann für Anleger, trotz ihrer unternehmerischen Ausgestaltung und den damit einhergehenden Risiken, bspw. der eingeschränkten Handelbarkeit, steigenden Fremdkapitalkosten oder sinkenden Charterraten, als „sichere" Anlage für die Altersvorsorge gelten, insbesondere wenn der Anleger ausweislich seiner Erklärung angegeben hat, dass er eine „chancenorientierte" und auf „Vermögensaufbau" gerichtete Anlage tätigen möchte.[116] 284

Zwar sieht der BGH auch nach der Wirtschaftskrise Immobilienfonds als grundsätzlich geeignet für die ergänzende Altersversorgung und Steuerersparnis an.[117] Jedoch muss der Anleger nun auch bei **offenen Immobilienfonds** zuvor über das Aussetzungsrisiko aufgeklärt werden.[118] Ebenso gilt dies für das Jahr 2011, sodass sie zu dieser Zeit an Kunden 285

[111] BGH Urt. v. 27.10.2009 – XI ZR 337/08, WM 2009, 2303 (Rn. 19) m. Bespr. *Klöhn* WM 2010, 289; OLG Köln Urt. v. 23.6.2010 – I 13 U 222/09, WM 2010, 2035 (2036); vgl. zum WpHG aF Schwark/Zimmer/*Rothenhöfer* WpHG § 31 Rn. 271.

[112] BGH Urt. v. 27.10.2009 – XI ZR 337/08, WM 2009, 2303 (Rn. 19).

[113] BGH Urt. v. 8.7.2010 – III ZR 249/09, BGHZ 186, 152 (Rn. 18 f.) = NJW 2010, 3292; BGH Urt. v. 19.11.2009 – III ZR 169/08 = BKR 2010, 118 (Rn. 20 ff.).

[114] BGH Urt. v. 24.4.2014 – III ZR 389/12 = NJW-RR 2014, 1075 (Rn. 25–29).

[115] OLG Frankfurt Urt. v. 28.1.2015 – 1 U 32/12 = BKR 2015, 292 (Rn. 17 f.).

[116] OLG Frankfurt Urt. v. 16.7.2015 – 3 U 180/14 = WM 2015, 1852 (1853).

[117] BGH Beschl. v. 23.9.2014 – II ZR 314/13 = NZG 2015, 235 (Rn. 13); BGH Urt. v. 24.4.2014 – III ZR 389/12 = NJW-RR 2014, 1075 (Rn. 25–29); BGH Urt. v. 8.7.2010 – III ZR 249/09, BGHZ 186, 152 = NJW 2010, 2392 (Rn. 18); **aA** *Sieg/Wendt* BKR 2014, 485 (485 ff.). Wohl auch der Gesetzgeber der durch das Investmentgesetz (mittlerweile im KAGB verortet) und durch das Anlegerschutz- und Funktionsverbesserungsgesetz v. 5.4.2011 (AnsFuG) strengere Regulierungen auch für offene Immobilienfonds eingeführt hat, *Stumpf/Kotte* BB 2013, 1613 (1615). Jedoch mit anderer Ansicht über die Aufklärungspflicht des Aussetzungsrisikos, *Stumpf/Kotte* BB 2013, 1613 (1617).

[118] BGH Urt. v. 29.4.2014 – XI ZR 477/12 = BKR 2016, 35; BGH, Urt. v. 29.4.2014 – XI ZR 130/13 = NJW 2014, 2945 (Rn. 22–36); zuvor OLG Frankfurt a. M. Urt. v. 13.2.2013 – 9 U 131/11 = ZIP 2013, 1214 (1215); zeitlich differenziert für eine nicht bestehende Aufklärungspflicht im Frühjahr 2008 OLG Frankfurt Urt. v. 31.3.2015 – 10 U 68/13 = WM 2015, 965 (967); OLG Schleswig Urt. v. 19.9.2013 – 5 U 34/13 = WM 2013, 2258 (2262); OLG Dresden Urt. v. 15.11.2012 – 8 U 512/12 = WM 2013, 363 (365 f.); krit. zu den dadurch immer weiterreichenden Aufklärungspflichten *Sieg/Wendt* BKR 2014, 485 (491).

mit geringer Risikobereitschaft empfohlen werden konnten.[119] Ein Hinweis in den Basisinformationen ist nicht ausreichend. Auch entschied der BGH, dass im Jahre 2008 offene Immobilienfonds noch als risikoarm beschrieben werden konnten, wenn der Fonds zuvor keine finanziellen Schwierigkeiten hatte.[120] Dies steht im Einklang mit der Entscheidung, dass hoch spekulative Anlagen nicht dem Ziel der Altersvorsorge entsprechen, jedoch für diesen Zweck nicht per se abzulehnen sind, wenn sie nur ein Element einer ansonsten gesicherten Anlage sind.[121] Nichts anderes gilt für das **Totalverlustrisiko** aufgrund der unternehmerischen Beteiligung in Bezug auf das Anlageziel der Altersversorgung.[122] Die Bank muss ebenso aufgrund evidenter Umstände über eine arglistige Täuschung der Vermittlungsgesellschaft gegenüber dem Anleger über die Höhe der Vertriebsprovisionen aufklären;[123] gleiches gilt, wenn die Bank sich der Kenntnis solcher Umstände geradezu verschlossen hat.[124]

286 In diesem Zusammenhang ist jedoch zu beachten, dass der Anlageberater im Rahmen eines Beratungsvertrages zu **mehr als nur einer Plausibilitätsprüfung** angehalten ist.[125] Vielmehr gehört es auch zu seinem Pflichtenkatalog, eine Anlage, die er empfehlen will, mit dem üblichen kritischen Sachverstand zu prüfen oder den Anleger auf ein diesbezügliches Unterlassen hinzuweisen. Daher hat sich der Anlageberater, der sich in Bezug auf eine bestimmte Anlageentscheidung als kompetent geriert, aktuelle Informationen über das Anlageobjekt zu verschaffen, wozu auch die Beschaffung und Auswertung vorhandener Veröffentlichungen in der Wirtschaftspresse zu zählen sind.[126] Besonders hohe Renditeversprechen in Prospekten müssen bei gleichzeitig angeblicher konservativer Anlagestrategie besondere Wachsamkeit und Aufmerksamkeit des Anlageberaters hervorrufen.[127] Da es dem Anlageberater jedoch nicht zuzumuten ist, sämtliche Publikationsorgane vorzuhalten, liegt die entsprechende Auswahlentscheidung grundsätzlich in seinem **Ermessen,** solange er nur über ausreichende Informationsquellen verfügt.[128] Geben die Informationsgrundlagen keinen Anlass, an der Seriosität einer Kapitalanlage zu zweifeln, schuldet der Berater keine weiteren Nachforschungen, auch nicht etwaige Nachforschungen bei den Aufsichtsbehörden.[129] Dabei dürfen gerade aufgrund der schnellen Entwicklungen an den Finanzmärkten Informationen nicht erst eine Woche nach deren Erscheinen verarbeitet werden.[130] Bei besonders volatilen Märkten und Finanzprodukten ist sogar eine tägliche **Aktualisierung** von Informationen zu fordern. In diesem Rahmen ist zudem nicht nur auf den jeweiligen Anlageberater abzustellen, sondern auch auf die gesamte Organisation eines Finanzdienstleisters, der über Informationssysteme und Datenbanken sicherzustellen hat,

---

[119] OLG Frankfurt Urt. v. 31.3.2015 – 10 U 68/13 = WM 2015, 965 (967).

[120] BGH, Urt. v. 29.4.2014 – XI ZR 477/12 = BKR 2016, 35 (36); zum Beleg der Stabilität und Risikoarmut ausführlich *Stumpf/Kotte* BB 2013, 1613 (1615 f.).

[121] BGH Urt. v. 24.4.2014 – III ZR 389/12 = NJW-RR 2014, 1075 (Rn. 25–29); OLG München Urt. v. 6.11.2013 – 20 U 2064/13 (Rn. 28, 36), BeckRS 2013, 19644; OLG Frankfurt Urt. v. 26.9.2013 – 3 U 270/12, BeckRS 2014, 6772; Schwintowski/*Bracht* Kap. 19 Rn. 57.

[122] BGH Urt. v. 6.12.2012 – III ZR 66/12 = WM 2013, 68 (Rn. 22).

[123] BGH Urt. v. 29.6.2010 – XI ZR 104/08 = WM 2010, 1451 (Rn. 20); BGH Urt. v. 27.10.2009 – XI ZR 337/08 = WM 2009, 2303.

[124] OLG Schleswig Urt. v. 30.9.2009 – 5 U 52/09 = WM 2010, 258 (260).

[125] BGH Urt. v. 16.9.2010 – III ZR 14/10 = WM NJW-RR 2011, 329 (Rn. 10); BGH Urt. v. 5.3.2009 – III ZR 302/07 = ZIP 2009, 1332 (1333).

[126] BGH Urt. v. 5.11.2009 – III ZR 302/08 = NZG 2010, 466 (468 Rn. 16); BGH Urt. v. 7.10.2008 – XI ZR 89/07, BGHZ 178, 149 = WM 2008, 2166 m. Bespr. *Zetzsche* WM 2009, 1020; OLG Braunschweig Urt. v. 12.6.1996 – 3 U 78/95 = WM 1996, 1484 (1485).

[127] BGH Urt. v. 12.5.2005 – III ZR 413/04 = NJW-RR 2005, 1120 (1222).

[128] BGH Urt. v. 5.11.2009 – III ZR 302/08 = NZG 2010, 466 (468 Rn. 16) mwN; Bei einer privaten Anleihe müsse jedoch mind. über zeitnahe und gehäufte negative Berichte in der *Börsenzeitung, der Financial Times Deutschland, dem Handelsblatt* und der *Frankfurter Allgemeinen Zeitung* unterrichtet werden: BGH Urt. v. 5.3.2009 – III ZR 302/07 = ZIP 2009, 1332 (Rn. 15).

[129] BGH Urt. v. 16.9.2010 – III ZR 14/10 = NJW-RR 2011, 329 (Rn. 19).

[130] BGH Urt. v. 5.11.2009 – III ZR 302/08 = NZG 2010, 466 (Rn. 18).

dass den Anlageberatern die Informationen rechtzeitig und aktuell zur Verfügung gestellt werden.[131]

dd) Auskunftsvertrag. Ähnlich verhält es sich beim **Auskunftsvertrag,** der häufig Grundlage einer Anlagevermittlung ist, also dann, wenn der Finanzdienstleister zielgerichtet bestimmte Produkte bewirbt und zu vermitteln sucht.[132] Ein solcher kommt nach der (allerdings zweifelhaften) Rechtsprechung bereits (auch stillschweigend) dann zustande, wenn die erteilte Auskunft dem Anleger erkennbar als Grundlage für Vermögensdispositionen dient.[133] Ein solcher Vertrag ist jedoch dann abzulehnen, wenn die Auslegung des „informers“[134] der Bank ergibt, dass diese keine abschließenden Informationen erteilt und keine Haftung für die Richtigkeit übernehmen will.[135] Die Pflichten im Rahmen eines Auskunftsvertrages gehen zwar nicht so weit, wie beim Beratungsvertrag; erforderlich ist aber auch hier eine vollständige Aufklärung über entscheidungserhebliche Umstände, insbesondere bezüglich Eigenschaften und Risiken der vermittelten Anlage.[136] Dabei geht es mehr um die Aufklärung über Tatsachen ohne die wertende Komponente, die den Unterschied zur Anlageberatung ausmacht.[137] Häufig geht es um gesonderte Auskünfte zu bestimmten Finanzprodukten, die aber im Rahmen laufender Geschäftsverbindungen eingeholt werden. Eine abschließende Empfehlung unter Berücksichtigung der persönlichen Vermögensverhältnisse und Anlageziele wie bei der Anlageberatung wird hingegen nicht geschuldet. Die Pflichten im Vertragstypus „Anlageberatung“ gestalten sich demnach umfangreicher und stärker subjektiv bestimmt als die im bloßen Auskunftsvertrag, auch wenn die Abgrenzung in der Praxis erhebliche Schwierigkeiten bereiten kann.[138] 287

ee) culpa in contrahendo (cic). Aufgrund des besonderen Vertrauens, das der Anlageberater gegenüber einem Kunden in Anspruch nimmt, und seines Informationsvorsprungs kommen ferner Ansprüche des Anlegers aus vorvertraglich geschuldeten **Beratungsnebenpflichten** in Betracht.[139] Dies gilt auch für den Fall einer bestehenden Geschäftsbeziehung zwischen der Bank und dem Kunden,[140] da jedes Anlagegeschäft sich zwar im Rahmen einer allgemeinen vertraglichen Beziehung zwischen Kunden und Finanzdienstleister vollzieht, aber rechtlich einen selbstständigen Vertrag darstellt. Dem Vermittler einer Kapitalanlage oder dem Anlageberater, dem auf Grund spezieller Kenntnisse oder Fachkunde auch besonderes Vertrauen entgegengebracht wird, werden entsprechende vorvertragliche Aufklärungspflichten über mögliche Risiken des Anlagegeschäfts auferlegt. Dabei 288

---

[131] Allg. zu Informationseinholungspflichten des Wertpapierdienstleisters BGH Urt. v. 6.7.1993 – XI ZR 12/93, BGHZ 123, 126 = WM 1993, 1455 (Rn. 27) = NJW 1993, 2433 – Bond; s. hierzu auch *Arendts* DStR 1997, 1649 (1651 f.); vgl. zum WpHG aF Fuchs/*Fuchs* WpHG § 31 Rn. 25 ff.; Schwark/Zimmer/*Rothenhöfer* WpHG § 31 Rn. 20 ff.

[132] BGH Urt. v. 11.1.2007 – III ZR 193/05 = WM 2007, 585 (Rn. 9); BGH Urt. v. 11.9.2003 – III ZR 381/02, = ZIP 2003, 1928 (1929); BGH Urt. v. 13.6.2002 – III ZR 166/01 = BKR 2002, 645 (645); BGH Urt. v. 13.5.1993 – III ZR 25/92 = NJW-RR 1993, 1114 (1115).

[133] BGH Urt. v. 13.1.2000 – III ZR 62/99 = NJW-RR 2000, 998 (998); BGH Urt. v. 22.3.1979 – VII ZR 259/77, BGHZ 74, 103 = NJW 1979, 1449 (Rn. 21); OLG Schleswig Hinweisbeschl. v. 2.6.2014 – 5 U 67/14 = NJW-RR 2015, 109 (110 Rn. 6); LG Aschaffenburg Urt. v. 20.8.2010 – 32 O 568/09 = VuR 2010, 424.

[134] Der sog. „informer“ ist eine von der Bank auf ihrer Internethompage zur Verfügung gestellte Suchmaske, mit der der Kunde Informationen über Wertpapiere abfragen konnte.

[135] OLG Schleswig Hinweisbeschl. v. 2.6.2014 – 5 U 67/14 = NJW-RR 2015, 109 (110 Rn. 7); krit. dazu *Buck-Heeb* ZIP 2013, 1401 (1405), die die Klausel des „informers“ aufgrund von § 305b BGB durch individualrechtliche Absprachen überlagert sieht.

[136] BankR-HdB/*Hannöver/Walz* § 110 Rn. 25 f.

[137] *Heusel* JuS 2013, 109 (110); **aA** wohl LG Aschaffenburg 20.8.2010 – 32 O 568/09 = VuR 2010, 424, das je nach Anlageobjekt und Bildungsgrad des Anlegers eine Einschränkung des Schadensersatzumfangs vornimmt, s. dazu auch *Klaas* VuR 2010, 424 (426).

[138] *Hadding* FS Schimansky, 1999, 67 (74 ff.) („Unterscheidung oftmals fiktiv“).

[139] BankR-HdB/*Siol* § 43 Rn. 11; *Krüger* NJW 2013, 1845 (1847); *Schnauder* JZ 2013, 120, der die vorvertraglichen Schutzpflichten mit systematischen Argumenten allerdings als vertragliche Pflichten qualifiziert, die rechtsgeschäftlichen Schuldverhältnissen entstammen.

[140] Derleder/Knops/Bamberger/*Bamberger* HdB Bankrecht § 52 Rn. 47.

dürfte die Haftung aus cic jedoch eine nachrangige Rolle im Bereich der Anlageberatung und -vermittlung spielen, da von der Rechtsprechung häufig bereits mit Aufnahme des Gesprächs ein stillschweigend geschlossener Beratungs- oder Auskunftsvertrag unterstellt wird,[141] sodass für eine Verletzung entsprechender vorvertraglicher Pflichten kein Raum ist.[142] Der Pflichtenkatalog im vorvertraglichen Bereich deckt sich insoweit mit dem im Vertragsrecht.[143] Insbesondere bedarf es grundsätzlich nicht der Fiktion eines stillschweigend geschlossenen Vertrages, da sich die Aufklärungs- und Beratungspflichten aus dem gesetzlichen[144] Schuldverhältnis der §§ 241 Abs. 2, 311 Abs. 2 als (vorvertragliche) Nebenpflichten herleiten lassen.[145]

289 Der BGH hat zudem **nachwirkende Schutz- und Treuepflichten** aus einem Schuldverhältnis gemäß § 311 Abs. 2 Nr. 3 BGB für den Fall eines Jahre später durch einen Handelsvertreter verursachten Schadens angenommen.[146] Abgesehen davon, dass diese „nachwirkende", mithin noch nicht erfüllte vertragliche (Neben-)Pflichten darstellen, die dogmatisch eher dem § 280 BGB zuzuordnen wären,[147] führt dieser Ansatz zu einer Erstreckung der – bislang nur im vorvertraglichen Bereich angenommenen – Schutzpflichten wie Aufklärung etc dazu, dass diese nunmehr auch auf den Zeitraum nach der eigentlichen Vermittlungs- oder Beratungsleistung erstreckt werden,[148] etwa wenn der Anlageberater erst nach der Anlageentscheidung des Anlegers Kenntnis von relevanten Informationen erlangt, sodass nachvertragliche Aufklärungspflichten entstehen.[149] Allerdings bleibt abzuwarten, ob die Entscheidung nicht den besonderen Umständen des Einzelfalls geschuldet war und primär dem Ausgleich nicht bestehender deliktischer Ansprüche diente.

290 **b) Informations- und Aufklärungspflichten. aa) Grundsätze. (1) Die anlegergerechte Beratung.** Auch aus **zivilrechtlicher Sicht** muss der Finanzdienstleister die persönlichen Umstände, das Anlageziel des Kunden, seine Risikobereitschaft und seinen Wissensstand über das vorgesehene Anlagegeschäft ermitteln[150] und ihn über die allgemeinen sowie produktbezogenen Risiken aufklären, wie beispielsweise die Bonität des Emittenten.[151] Äußert der Anleger etwa gegenüber der ihn beratenden Bank die Anlageerwartung, er wolle „Ertrag generieren", so darf ihm die Bank ein Zertifikat ohne hundertprozentigen Kapitalschutz nicht anbieten, da er insoweit deutlich gemacht hat, dass er einen Verlust ausschließen möchte.[152] Maßgeblich ist aus zivilrechtlicher Sicht ferner die **Unter-**

---

[141] → Rn. 277 ff.

[142] S. aber OLG München Urt. v. 13.7.2010 – 5 U 2034/08 = BKR 2010, 412: Eigene vorvertragliche Pflicht zur Aufklärung, wenn die Bank die in Rede stehende Kapitalanlage durch ein Darlehen finanziert und hinsichtlich der Kapitalanlage über einen Wissensvorsprung gegenüber dem Kunden verfügt; nach stRspr des BGH liegt in derartigen Fällen ein aufklärungspflichtiger Wissensvorsprung auch dann vor, wenn die Bank Kenntnis davon hat, dass der Kreditnehmer von seinem Geschäftspartner über das finanzierte Geschäft arglistig getäuscht wurde, BGH Urt. v. 11.1.2011 – XI ZR 326/08 = WM 2011, 397 (Rn. 9); s. zu den Voraussetzungen für die Vermutung eines Wissensvorsprungs BGH Urt. v. 21.9.2010 – XI ZR 232/09 = WM 2010, 2069 (Rn. 17).

[143] BGH Urt. v. 27.9.1988 – XI ZR 4/88 = WM 1988, 1685 (Rn. 8); Assmann/Schütze/*Edelmann*, 3. Aufl. 2007, HdB des Kapitalanlagerechts § 4 Rn. 95.

[144] Nach *Schnauder* JZ 2013, 120 (121) handelt es sich aber um rechtsgeschäftliche Schuldverhältnisse, denen diese Pflichten entstammen.

[145] So auch *Krüger* NJW 2013, 1845 (1847); *Schnauder* JZ 2013, 120 (121), der die vorvertraglichen Pflichten in rechtsgeschäftlichen Schuldverhältnissen verortet; MüKoBGB/*Emmerich* § 311 Rn. 39.

[146] BGH Urt. v. 15.3.2012 – III ZR 148/11 = ZIP 2012, 1081 (1082 f.); krit. *Fest* NZG 2012, 622, der in der vom BGH zu entscheidenden Situation kein gesetzliches, sondern ein vertragliches Schuldverhältnis annehmen will.

[147] So auch *Jäger* AG 2012, R 183 mwN, „Kuriosum".

[148] *Jäger* AG 2012, R 183 (R 184).

[149] So *Jäger* AG 2012, R 183 (R 184).

[150] BGH Urt. v. 6.7.1993 – XI ZR 12/93, BGHZ 123, 126 = WM 1993, 1455 – Bond.

[151] Assmann/Schütze/*Edelmann* KapAnlR-HdB § 3 Rn. 15 f.

[152] OLG München BKR 2011, 343 (344); nicht Insolvenzrisiko des Emittenten, sondern Risiko der Durchbrechung von sog. Barrieren in einem strukturierten Zertifikat (Indexwerte), die zu entsprechend hohen Verlustrisiken führten.

scheidung von Anlageberatung und Anlagevermittlung.[153] Bei einer Anlageberatung, die mit einem selbständigen Beratungsvertrag verknüpft ist,[154] muss der Berater dem Anleger zutreffend, vollständig und verständlich die für die Entscheidung erheblichen Tatsachen mitteilen[155] sowie diese fachmännisch bewerten.[156]

Der Berater muss sich, über die vom Kunden einzuholenden Informationen, ein Bild von dessen **Anlageprofil** machen. Auch **zivilrechtlich** betrachtet besteht eine Pflicht, den Informations- bzw. Kenntnisstand des Kunden entsprechend auszuloten, um eine anlegergerechte, auf dessen individuelle Bedürfnisse zugeschnittene Empfehlung abgeben zu können ***(know-your-customer-principle).***[157] Als Manifestation der Ausstrahlungswirkung des Aufsichts- auf das Zivilrecht bzw. der Wechselwirkungen zwischen den Rechtsgebieten[158] kann der zivilrechtliche Pflichtenkatalog an dieser Stelle durch die aufsichtsrechtlichen Vorgaben des WpHG konkretisiert bzw. ausgefüllt werden. Ausgangspunkt ist die Frage nach der Aufklärungsbedürftigkeit des Kunden, ob dieser also über einschlägige Vorkenntnisse verfügt oder aber als unerfahrener Privatanleger gilt. Die Bank muss dann alle Informationen einholen, die notwendig sind, um ein individuelles Beratungsprofil zu erstellen, auf dessen Grundlage eine vorschriftsmäßige Beratung erfolgen kann, etwa die Vermögens- und Einkommenslage.[159] Hierbei spielen wiederum Anlageziele und Risikobereitschaft eine entscheidende Rolle. Wie auch im Aufsichtsrecht **muss** das beratende Kreditinstitut diese **Informationen,** sofern sie nicht schon aus einer länger währenden Geschäftsverbindung bekannt sind, **erfragen.**[160] Auskunftsverweigerungen gehen zu Lasten des Kunden. 291

Dazu gehören der **Kenntnis- und Informationsstand hinsichtlich Kapitalmarkttransaktionen sowie die Anlageziele des Kunden.** Besonderes Augenmerk verdient dabei die Risikobereitschaft, welche wiederum die Entscheidung bedingt, ob dem Kunden im Rahmen der Anlageempfehlung nur „sichere" Finanzmarktprodukte oder letztlich auch spekulative oder sogar hochspekulative Produkte angeboten werden können.[161] Auf der Grundlage dieser Informationen muss der Berater dann eine individuelle, am Kundenprofil ausgerichtete, mithin anlegergerechte Anlageempfehlung aussprechen.[162] Beispielhaft stellen sog. Credit Linked Notes, welche vorrangig einen spekulativen Charakter haben, bei einem Privatkunden mit einem mittleren Risikobereitschaftsprofil keine geeignete Anlageempfehlung mehr dar.[163] Andersherum lässt sich aus einer vorherigen Zeichnung einer festverzinslichen Anlage der Deutschen Bank, die als sichere und kapitalerhaltende Anlage gilt, keine Bereitschaft des Anlegers ableiten, gewisse Verlustrisiken eingehen zu wollen.[164] Äußert der Kunde **widersprüchliche Anlageziele,** dann hat der Berater den Widerspruch aufzulösen, um die Anforderungen einer anlegergerechten Beratung zu erfüllen.[165] Bei der Anlagevermittlung besteht ebenso die Pflicht zur wahrheitsgemäßen Aufklärung über die Rahmendaten des Anlageprodukts, es wird jedoch keine individuelle Bewertung dieser Umstände geschuldet. Die Informationserteilung hat hierbei klar, verständlich und gedank- 292

[153] → Rn. 32 ff.
[154] → Rn. 33.
[155] BGH Urt. v. 15.3.2005 – XI ZR 135/04 = NJW 2005, 1576; BGH Urt. v. 21.3.2005 – II ZR 149/03 = ZIP 2005, 763.
[156] BGH Urt. v. 27.10.2009 – XI ZR 337/08 = WM 2009, 2303 Rn. 15; Kümpel/Wittig/Früh/Seyfried/*Seyfried* Bank- und Kapitalmarktrecht Rn. 3.96.
[157] Derleder/Knops/Bamberger/*Bamberger* HdB Bankrecht § 52 Rn. 143.
[158] → Rn. 14.
[159] BankR-HdB/*Hannöver/Walz* § 110 Rn. 45 f.
[160] BGH Urt. v. 6.7.1993 – XI ZR 12/93, BGHZ 123, 126 = WM 1993, 1455; BankR-HdB/*Hannöver/Walz* § 110 Rn. 47.
[161] Assmann/Schütze/*Edelmann* KapAnlR-HdB§ 3 Rn. 17.
[162] BGH 25.11.1981 – IVa ZR 286/80 = NJW 1982, 1095.
[163] LG Bremen Urt. v. 18.3.2010 – 2 O 386/09 = BKR 2010, 297; das erhebliche Risiko auch hervorhebend OLG Karlsruhe Urt. v. 29.8.2013 – 9 U 24/11 = BKR 2014, 205 (209).
[164] OLG Frankfurt Urt. v. 28.1.2015 – 1 U 32/13 = BKR 2015, 292 Rn. 20.
[165] *Seibert* Das Recht der Kapitalanlageberatung und –vermittlung Teil C § 1 Rn. 35.

lich geordnet zu erfolgen, wobei auch die Auffassungsgabe des Kunden zu berücksichtigen ist.[166] Der Anlagevermittler muss insoweit zwar kein Kundenprofil erstellen, er muss aber sicher sein, dass der Kunde eventuelle, mit dem jeweiligen Finanzprodukt verbundene Risiken erkannt hat.[167]

293 **Keine Aufklärungspflichten** treffen den Anlageberater dann, wenn es sich um Umstände handelt, bei denen er nach den Gesamtumständen des Beratungsverhältnisses davon ausgehen kann, dass diese dem Anleger bekannt sind.[168] Auch kann sich die Pflicht zur Ermittlung der Kenntnisse des Kunden erübrigen, wenn der Bank bekannt ist, dass der Kunde bereits über die Kenntnisse verfügt, etwa aus einer **ständigen Geschäftsbeziehung** heraus. Die anlageberatende Bank kann sich zudem von dem Vorwurf der nicht anlegergerechten Beratung befreien, wenn der Anleger sich nach einer objektgerechten Beratung dazu entschieden hat, von seiner üblichen Anlagestrategie abzurücken und ein für ihn untypisches Risiko wählt.[169] Hierfür trägt die Bank jedoch die Beweislast.

294 Selbst bei ansonsten **unternehmerisch handelnden Anlegern** und Bankkunden geht die Rechtsprechung inzwischen davon aus, dass die Bank sie umfassend über Risiken von Geschäften aufzuklären hat, sofern die Geschäfte nicht zu ihrem üblichen unternehmerischen Bereich gehören.[170] In Rede stand ein risikoreicher, **komplexer Swap-Vertrag** (CMS Spread Ladder Swap) mit einem nach oben nicht begrenzten Verlustrisiko, den die Bank mit einem mittelständischen Unternehmen abgeschlossen hatte. Nach den Ausführungen des BGH spielt es auf Grund der hohen Komplexität des Finanzproduktes unter Einschluss diffiziler mathematischer Formeln keine Rolle, ob der Vertragspartner sich durch eine diplomierte Volkswirtin hat vertreten lassen.[171] Bei **hochkomplexen Finanzprodukten** verlangt die Rechtsprechung darüber hinaus, dass der Kunde nach der Beratung den gleichen Wissensstand hat, wie die beratende Bank selbst.[172] Allerdings bleibt fraglich, ob Kunden trotz intensivster Aufklärung noch in der Lage sind, derart komplizierte Produkte zu verstehen.[173] Damit werden zunehmend die Grenzen zwischen unternehmerischem und privatem Rechtsverkehr, wie sie durch HGB und Verbraucherschutzvorschriften gezogen werden, überschritten. Für den Kaufmann gilt nach § 344 Abs. 1 HGB die Vermutung, dass Rechtsgeschäfte zu seinem Handelskreis gehören, weswegen ihm zahlreiche Schutzvorschriften des Privatrechtsverkehrs versagt bleiben; nichts anderes darf für unternehmerische Anleger gelten. Damit gehen die Einstufungen nach § 67 WpHG (leider) nicht konform, da hier nur nach professionellen und privaten Anlegern sowie geeigneten Gegenparteien differenziert wird, wobei auch ein kaufmännischer Anleger als privater Anleger eingestuft werden kann.

295 **(2) Objektgerechte Beratung.** Im Rahmen einer **Anlageberatung** muss die Bank eine Anlage, die sie empfehlen will, vorher mit banküblichem kritischem Sachverstand prüfen.[174] Da hier eine individuelle Empfehlung geschuldet ist, genügt keine reine Schlüs-

---

[166] *Lang/Balzer* FS Nobbe, 2009, 639 (650).

[167] BGH Urt. v. 1.6.1989 – III ZR 277/87 = NJW 1989, 2881.

[168] OLG Nürnberg, Beschl. v. 30.11.2012 – 4 U 1514/12 = WM 2013, 415.

[169] OLG Frankfurt Urt. v. 28.1.2015 – 1 U 32/13 = BKR 2015, 292 Rn. 21.

[170] BGH Urt. v. 22.3.2011 – XI ZR 33/10, ZIP 2011, 756 = NJW 2011, 1949 (1951 Rn. 24 f.) – Deutsche Bank CMS Ladder m. Bespr. *Klöhn* ZIP 2011, 762; *Hanowski* NZG 2011, 573; *Lieder* GWR 2011, 175; *Pietsch* DStR 2011, 927; s. a. OLG Koblenz Urt. v. 14.1.2010 – 6 U 170/09 = WM 2010, 453 (57); OLG Stuttgart Urt. v. 26.2.2010 – 9 U 164/08 = BKR 2010, 208 (213).

[171] Nach Auffassung des OLG Hamm Urt. v. 10.11.2010 – 31 U 121/08 = BKR 2011, 68 (71 f.) ist bei Ladder Swaps jedoch nur über die Risikostruktur aufzuklären, die Bank schulde nicht die konkrete Berechnung des Erwartungswertes der Zinswette; zur Übertragbarkeit auf andere strukturierte Finanzprodukte *Gundermann* BKR 2013, 406.

[172] BGH Urt. v. 22.3.2011 – XI ZR 33/10, ZIP 2011, 756 = NJW 2011, 1949 Rn. 29; → Rn. 91 ff., 298.

[173] *Köndgen* BKR 2011, 283 (283 ff.); *Spindler* NJW 2011, 1920 (1922).

[174] BGH Urt. v. 7.10.2008 – XI ZR 89/07 = WM 2008, 2166 Rn. 12; BGH Urt. v. 27.10.2009 – XI ZR 337/08, WM 2009, 2303 Rn. 15.

sigkeits- bzw. Plausibilitätsprüfung bspw. der im Prospekt angegebenen Informationen.[175] Vielmehr muss die Bank sich intensiv mit dem von ihr angebotenen Produkt vertraut machen und die Angaben im Prospekt notfalls kritisch hinterfragen, sich also intensiv mit den Risiken und Merkmalen des angebotenen Finanzprodukts auseinandersetzen (**„know your product"**) – unabhängig davon, ob das Produkt von ihr selbst entwickelt, in ihren Eigenbestand übernommen oder nur als Kommissionsgeschäft vermittelt wird. Zu den relevanten Informationen gehört auch eine Prognose über die voraussichtliche künftige Entwicklung des Anlageobjekts,[176] ebenso können auch Erfolge und Misserfolge von Vorgängerfonds bzw. die Entwicklung der Marktlage in der Branche des Fonds der Aufklärungspflicht unterfallen;[177] auch eine mögliche Strafbarkeit oder die Eröffnung eines Ermittlungsverfahrens eines der Fondsinitiatoren ist als eine aufklärungspflichtige Tatsache anzusehen.[178]

Die allgemeinen **Anforderungen an die Aktualität und Auswertung** von Informationsquellen[179] schlagen sich besonders bei der objektgerechten Beratung nieder: So hat der Berater sich aktiv Sachkenntnis zu verschaffen, insbesondere aktuelle Informationen über das empfohlene Produkt einzuholen, einschließlich der Auswertung tagesaktueller Veröffentlichungen in der Wirtschaftspresse.[180] Er kann sich nicht darauf verlassen, durch den Emittenten oder per Zufall Informationen zu erlangen. Bei besonders volatilen Produkten kann gar eine tagesaktuelle Prüfung von zugänglichen Datenbanken oder Internetquellen erforderlich sein. Aufklärungsbedürftig sind überdies künftige Gesetzesänderungen, soweit sie Auswirkungen auf die jeweilige Kapitalanlage haben; jedoch ist der Anlageberater bei schwieriger und ungeklärter Rechtslage nicht verpflichtet, umfangreiche Rechtshilfe (zB Gutachten) einzuholen, um die Auswirkungen auf die Kapitalanlage bestimmen zu können.[181] 296

Der Aufklärungspflichtige genügt seiner **Pflicht zur objektgerechten Beratung** nicht bereits durch die bloße Aushändigung eines **Prospekts** während des Beratungsgesprächs.[182] Denn der Anleger vermag den Inhalt der schriftlichen Produktinformationen in Anbetracht der Komplexität der Anlage nicht zu erfassen; zumindest muss das Beratungsgespräch wenigstens für eine angemessene Zeit unterbrochen werden, damit der Anleger den Prospekt in Ruhe durchlesen kann.[183] Einem verständigen Anleger sollte der Prospekt mindestens eine Woche vor Zeichnung übergeben werden, damit er sich Kenntnis von dessen Inhalt verschaffen kann, wobei im Einzelfall auch eine spätere Übergabe ausreichend sein kann.[184] Ein sehr kurzer Zeitraum ist insbesondere dann ausreichend, wenn der Kunde selbst bestimmen kann, wann er den Zeichnungsschein zurückschickt.[185] Damit ist zwar grundsätzlich die Aufklärung mit einem Prospekt möglich, allerdings darf der Inhalt des Prospektes im nächsten Schritt nicht durch Angaben des Beraters entwertet werden. Dieser kann nämlich keinen Freibrief darstellen, ein nicht der Wahrheit entsprechendes Bild, insbesondere durch abweichende Angaben zu zeichnen.[186] 297

---

175 BGH Urt. v. 27.10.2009 – XI ZR 337/08, WM 2009, 2303 Rn. 15; BGH Urt. v. 7.10.2008 – XI ZR 89/07 = WM 2008, 2166 Rn. 10.

176 BGH Urt. v. 27.10.2009 – XI ZR 337/08 = WM 2009, 2303 Rn. 19.

177 BGH Urt. v. 1.3.2010 – II ZR 213/08 = WM 2010, 796 Rn. 14 ff.

178 BGH Urt. v. 10.11.2011 – III ZR 81/11 = WM 2011, 2353 Rn. 8 ff.

179 → Rn. 91.

180 BGH Urt. v. 5.3.2009 – III ZR 302/07 = ZIP 2009, 1332 Rn. 14, hierzu zählt auf jeden Fall das Handelsblatt, BGH Urt. v. 5.11.2009 – III ZR 302/08 = NZG 2010, 466 Rn. 16; ausführlich hierzu Ellenberger/Clouth/*Lang/Lo,* Praktikerhandbuch Wertpapier- und Derivategeschäft Rn. 727 ff.

181 BGH Urt. v. 1.12.2011 – III ZR 56/11 = ZIP 2012, 135 Rn. 17.

182 BGH Urt. v. 12.7.2007 – III ZR 145/06 = WM 2007, 1608 Rn. 9.

183 BGH Urt. v. 10.1.2019 – III ZR 109/17 = ZIP 2019 Rn. 26; LG Heidelberg Urt. v 17.1.2012 – 2 O 144/11, BeckRS 2012, 03036.

184 *Seibert* Das Recht der Kapitalanlageberatung und -vermittlung Teil C § 1 Rn. 128 f.

185 OLG Frankfurt Urt. v. 24.2.2017 – 19 U 87/16 nrkr = ZIP 2017, 1513 (1514).

186 BGH Urt. v. 18.2.2016 – III ZR 14/15 = ZIP 2016, 528 Rn. 16.

298 Bei besonders **komplexen Finanzprodukten** muss daher der Kunde vom Kreditinstitut soweit aufgeklärt werden, bis er einen – dem der Bank vergleichbaren – Kenntnisstand erlangt hat, damit ein eigenverantwortliches Einschätzen der mit der Anlageentscheidung verbundenen Risiken ermöglicht wird;[187] dies kann auch gegenüber professionellen Kunden gelten.[188] Räumt die Bank dem Kunden im Rahmen eines Finanzmarktgeschäfts ein tägliches Auflösungsrecht ein, sodass dieser grundsätzlich in der Lage ist das Marktpreisrisiko zu beherrschen, benötigt er jedoch zur Beherrschung dieses Marktpreisrisikos, aufgrund der Komplexität des Finanzinstruments, weil dessen Entwicklung von zahlreichen und nur schwer zu überblickenden Faktoren abhängen, ein **spezielles Risikomanagement,** so ist die Bank auch diesbezüglich aufklärungspflichtig.[189] Allerdings gilt dies nur dann, wenn ein kontinuierlicher Beratungsvertrag angenommen werden kann; nach der Kapitalanlage bzw. dem Erwerb endet grundsätzlich die Warn- und Aufklärungspflicht, die Bank ist grundsätzlich nicht zur (dauerhaften) Beratung über ein Risikomanagement etc verpflichtet, es bestehen keine nachvertraglichen Beratungspflichten (auf der Grundlage des Beratungsvertrages).[190] Auch ein Rahmenvertrag begründet nicht per se eine kontinuierliche Beratungspflicht; diese muss explizit vereinbart werden.[191] Insbesondere kann eine solche auch nicht aus § 241 Abs. 2 BGB hergeleitet werden, da die Beratung nicht als Rücksichtnahmepflicht eingestuft werden kann.[192] Mit der Komplexität des Produkts steigt also auch die erforderliche Beratungsintensität,[193] was dazu führt, dass die Anforderungen an eine den normativen Vorgaben genügende Beratung bei hochkomplexen Produkten „fast prohibitiv" hoch[194] ausfallen können. Diesbezüglich wird man sich fragen müssen, ob die Produkte nicht zT derart komplex und risikotechnisch unberechenbar ausfallen, dass eine Beratung privater, kapitalmarktrechtlich nicht vorinformierter Kunden realistischerweise kaum noch durchführbar ist.[195] Zwar ist ein **Vertriebsverbot** gewisser hochspekulativer Produkte an Privatkunden bisher im WpHG nicht vorgesehen, durch die tendenziell steigenden Anforderungen an das dem Kunden zur Verfügung zu stellende Informationsaufkommen ist es jedoch nicht unwahrscheinlich, dass sich eine faktische Vertriebsbarriere von selbst errichtet[196] – einerseits, weil die Banken die Haftungsrisiken in Verbindung mit einer unzureichenden Beratung nicht in Kauf nehmen wollen, andererseits, weil die vollumfängliche Aufklärung hinsichtlich der Risikoträchtigkeit bei hochspekulativen Geschäften den Kunden grundsätzlich vom Abschluss des Anlagegeschäfts abhalten dürfte bzw. die Bank dem (Privat-)Kunden im Rahmen der Empfehlungsabgabe bei der Anlageberatung im Grunde hiervon abraten müsste.

299 **(3) Anlagevermittlung.** Demgegenüber trifft den Finanzdienstleister bei einer reinen Anlagevermittlung nur die Pflicht zur **Prüfung auf Schlüssigkeit und innere Plausibilität,** da hier keinerlei Beratung geschuldet ist.[197] Die Schlüssigkeit ist hierbei als Unter-

[187] *Brenncke* WM 2014, 1749 (1756); *Herresthal* ZIP 2013, 1049; *Riesenhuber* ZBB 2014, 134 (146).

[188] BGH Urt. v. 22.3.2011 – XI ZR 33/10, ZIP 2011, 756 = NJW 2011, 1949; OLG Stuttgart Urt. v. 14.12.2011 – 9 U 11/11, WM 2012, 890 (892).

[189] OLG Stuttgart Urt. v. 14.12.2011 – 9 U 11/11 = WM 2012, 890 (802); das Urteil hatte ein Zinswährungsswap (Cross-Currency-Swap-Vertrag) zum Gegenstand, bei dem die Beherrschung des Marktpreisrisikos die Einrichtung eines Risikomanagement erforderte.

[190] BGH Urt. v. 28.4.2015 – XI ZR 378/13 = WM 2015, 1273 Rn. 23; BGH Urt. v. 20.1.2015 – XI ZR 316/13 = NJW 2015, 1095 Rn. 28.

[191] BGH Urt. v. 28.4.2015 – XI ZR 378/13 = WM 2015, 1273 Rn. 26 ff.

[192] *Lehmann* ZBB 2015, 282 (286).

[193] BGH Urt. v. 22.3.2011 – XI ZR 33/10, ZIP 2011, 756 = NJW 2011, 1949 Rn. 29.

[194] *Klöhn* ZIP 2011, 762 (763 f.).

[195] *Spindler* NJW 2011, 1920 (1922); *Köndgen* BKR 2011, 283 (283 ff.); *Seibert* Das Recht der Kapitalanlageberatung und –vermittlung Teil C § 1 Rn. 78; *Herresthal* ZIP 2013, 1049 (1051), der darin eine unzulässige Rechtsfortbildung sieht; anders *Clouth* ZHR 177 (2013), 212 (262), der die Grenzen des informationsbasierten Anlegerschutzes im Gegensatz zum Schrifttum nicht durch das Spread Ladder Urteil erreicht sieht, sondern eine Fehlinterpretation annimmt.

[196] *Spindler* NJW 2011, 1920 (1922).

[197] BGH Urt. v. 5.3.2009 – III ZR 17/08 = NZG 2009, 471 Rn. 11 f.

grenze des Pflichtenprogramms des Anlagevermittlers zu begreifen, er muss die im Prospekt gemachten Angaben insbesondere auf wirtschaftliche Tragfähigkeit sowie Vollständigkeit und Richtigkeit prüfen, um seinen aus dem Anlagevermittlungsvertrag resultierenden Pflichten nachzukommen.[198] Sofern der Anlagevermittler die Prüfung unterlässt, also keine eigenen Informationen einholt bzw. eine Prüfung der Prospektangaben nicht möglich war, muss er dies dem Kunden anzeigen.[199] Kommen dem Vermittler im Rahmen der Prüfung Zweifel an der Schlüssigkeit, löst dies Ermittlungspflichten aus, deren Ausmaß sich an der Art der Information orientiert. Der Aufwand zur Einholung der Information darf nicht unverhältnismäßig sein, wobei man bei bestimmten wirtschaftlichen Sektoren etwa Windparks, spezialisierten Anlageberatern auf Grund der Branchenkenntnis und des eingeschränkten Tätigkeitskreises, einen höheren Aufwand als zulässig unterstellen kann.[200]

bb) Einzelfälle. (1) Aufklärungspflicht über mögliches „Totalverlustrisiko"? (Lehman Brothers Fälle). Die Lehman-Brothers[201]-Krise und der Verkauf strukturierter Zertifikate ist Auslöser zahlreicher Schadensersatzprozesse gegen Finanzdienstleister, die die Zertifikate der Lehman-Brothers-Gruppe vertrieben haben. In Streit steht hier häufig, dass der Verkäufer (Bank) vor Vertragsschluss nicht ordnungsgemäß über das **Emittentenrisiko** beraten habe, insbesondere dass im Fall der Zahlungsunfähigkeit und der Insolvenz des Emittenten des Zertifikats dieser seinen Verpflichtungen hieraus nicht mehr nachkommen kann.[202] Auch wenn durchschnittliche Anleger grundsätzlich Kenntnis vom Insolvenzrisiko einer Bank bzw. eines Emittenten haben, kann nicht davon ausgegangen werden, dass dem Anleger ebenfalls bewusst ist, dass er mit seiner Anlage genau dieses Risiko auch tatsächlich übernimmt mit der Folge, dass eine diesbezügliche Aufklärung von Seiten der Bank nicht unterbleiben kann.[203] Aus diesem Grund ist die beratende Bank beim Vertrieb von Index- sowie Basketzertifikaten auch dann verpflichtet den Anleger darüber aufzuklären, dass er im Falle der Zahlungsunfähigkeit der Emittentin das angelegte Kapital vollständig verliert, wenn noch keine konkreten Anhaltspunkte für eine drohende Zahlungsunfähigkeit der Emittentin bestehen.[204] Denn anders als zB bei Investmentfonds nach KAGB wird bei Indexzertifikaten kein vom sonstigen Vermögen des Emittenten getrenntes Sondervermögen gebildet. Vielmehr trägt der Anleger selbst das Marktrisiko, sowohl im Hinblick auf den zu Grunde gelegten Basiswert wie auch im Hinblick auf das Bonitätsrisiko des Emittenten.[205] Eine anleger- und objektgerechte Beratung setzt daher die Aufklärung über die Abhängigkeit der Rückzahlung des eingesetzten Kapitals von der Bonität des Emittenten voraus (sog. **allgemeines Emittentenrisiko**).[206] 300

[198] *Eiben/Boesenberg* NJW 2013, 1398.

[199] BGH Urt. v. 5.3.2009 – III ZR 17/08 = NZG 2009, 471 Rn. 11 f.

[200] BGH Urt. v. 5.3.2009 – III ZR 17/08 = NZG 2009, 471 Rn. 15 ff.

[201] Zur Entwicklung der Rspr. des Bankrechtssenats (XI. Senat) des BGH vgl. *Zoller* BB 2013, 520 und *Wiechers* WM 2013, 341; WM 2014, 145.

[202] OLG Frankfurt a. M. Urt. v. 21.9.2010 – 9 U 151/09 = WM 2010, 2111 (2113); zum fernabsatzrechtlichen Widerrufsrecht beim Kauf von Lehman-Zertifikaten vgl. *Riehm* ZBB 2013, 93; zu den Verbraucherschutzvorschriften → Rn. 272 ff.

[203] BGH Urt. v. 27.9.2011 – XI ZR 182/10 = WM 2011, 2268, 2270 – Lehman Brothers; so auch BGH Urt. v. 27.9.2011 – XI ZR 178/10, WM 2011, 2261 (2262) = NJW-RR 2012, 43 mAnm *Sommermeyer* BKR 2012, 27; zust. auch *Bausch* NJW 2012, 354.

[204] BGH Urt. v. 27.9.2011 – XI ZR 182/10 = WM 2011, 2268, 2270 Rn. 26; so auch BGH Urt. v. 27.9.2011 – XI ZR 178/10 = WM 2011, 2261, 2263 Rn. 27; OLG Frankfurt a. M. Urt. v. 29.6.2011 – 19 U 130/10 = WM 2011, 1893 (1894); vgl. auch *Köndgen* JZ 2012, 255 (260 f.).

[205] BGH Urt. v. 27.9.2011 – XI ZR 182/10 = WM 2011, 2268, 2270 Rn. 26; so auch BGH Urt. v. 27.9.2011 – XI ZR 178/1 =, WM 2011, 2261 (2263 Rn. 27); s. a. die Anm. von *Köndgen* JZ 2012, 255 (260 f.).

[206] BGH Urt. v. 27.9.2011 – XI ZR 178/10 = WM 2011, 2261, Rn. 28; BGH Urt. v. 27.9.2011 – XI ZR 182/10, = WM 2011, 2268, Rn. 27 mit zust. Anm. *Klöhn* ZIP 2011, 2244; s. a. *Wiechers* WM 2012, 477 (484); BGH Urt. v. 24.2.2015 – XI ZR 202/13 = WM 2015, 1055 Rn. 16; *Clouth* ZHR 177 (2013), 212 (241 f.).

301 Nichts anderes gilt für die Aufklärungspflicht hinsichtlich sog. **Cobold-Anleihen,** bei denen eine festverzinsliche Anleihe mit einem Kreditderivat kombiniert wird. Anders als bei festverzinslichen Anleihen üblich wird hier die Rückzahlung des Kapitals nach Ablauf der festen Laufzeit unter die Bedingung des Nichteintritts eines Kreditereignisses bei einem oder mehreren Referenzunternehmen gestellt. Dabei kann es sich um die Insolvenz oder ein anderes, die Zahlungsfähigkeit des betroffenen Unternehmens erheblich einschränkendes, Ereignis handeln.[207] Der Emittent will mit der Anleihe häufig eigene Risiken aus Geschäften mit den Referenzunternehmen absichern.[208] Die Aufklärungsbedürftigkeit folgt deshalb aus der Struktur, dem Risiko und dem bei der Vermittlung der Anleihe entstehenden Interessenkonflikt zwischen Emittent und Anleger.[209]

302 Dies gilt unabhängig von dem **Beruf des Anlegers,** sodass auch eine etwaige Ausbildung im Bereich des Bankwesens nichts an der Aufklärungspflicht der Bank ändert, da auch in einem solchen Fall nicht zwangsläufig unterstellt werden kann, der Anleger sei sich eines möglichen Totalverlustrisikos voll und ganz bewusst.[210] Hingegen bedarf es keiner Aufklärung über das allgemeine Emittentenrisiko, wenn der Anleger bereits entsprechende Kenntnis besitzt,[211] vor allem, wenn der Anleger aus seinen früheren Geschäften das generelle Risiko der Gegenpartei bei Zertifikaten kennt. Dann bedarf es auch keiner Feststellung einer konkreten früheren Beratung.[212] Ebenso braucht es keinen Risikohinweis hinsichtlich der Möglichkeit der dauerhaften Schließung des Fonds, wenn der Anleger Kenntnis von einer vorherigen Schließung des Fonds hatte und die Umstände bei Zeichnung kannte.[213] Wird dem Anleger schriftliches Material **(Basis-Informationen)** zur Verfügung gestellt, dem er das allgemeine Emittentenrisiko entnehmen kann und werden die hierin erläuterten Anlagen auch später gezeichnet, braucht es keinen konkreten Hinweis mehr auf diese Teile der Information für eine ordnungsgemäße Aufklärung.[214] Eine Aufklärung über das **konkrete Emittentenrisiko** kommt hingegen nur in Betracht, wenn Umstände erkennbar sind, die auf das konkrete Insolvenzrisiko des Emittenten hindeuten.[215]

303 Ungeklärt bleibt, ab welchem **Zeitpunkt** für die Bank das **konkrete Insolvenzrisiko** eines Emittenten **erkennbar** ist und sie gegenüber dem Anleger diesbezüglich Aufklärung schuldet. Trotz einer möglichen Aufklärungspflicht – im Rahmen einer objekt- und anlegergerechten Beratung – über eine Herabstufung des Ratings, ist die Vorhersehbarkeit des konkreten Insolvenzrisikos durch die Bank, und die daraus folgende Aufklärungspflicht über die mögliche Insolvenz des Emittenten bei nur geringfügiger Herabstufung, abzulehnen, soweit die neue Rating-Stufe weiter eine positive Bonität des Emittenten ausweist.[216] Treten jedoch weitere Anzeichen hinzu, wie zB negative Berichterstattung in der Wirtschaftspresse, Verschlechterung der Kreditausfallversicherung, Beinahe-Insolvenz von vergleichbaren Instituten (Bsp.: Im Falle von Lehman Brothers die US-Investmentbank Bear Stearns), muss über das konkrete Emittentenrisiko aufgeklärt werden.[217] Zumindest für den

---

[207] *Reiner/Schacht* WM 2010, 385 (393).

[208] *Reiner/Schacht* WM 2010, 385 (393).

[209] OLG Karlsruhe Urt. v. 29.8.2013 – 9 U 24/11 = BKR 2014, 205 (207); **aA** in Bezug auf die Offenlegung der Absicherung eigener Risiken *Podewils* EwiR 2014, 539 (540).

[210] BGH Urt. v. 24.2.2015 – XI ZR 202/13 = WM 2015, 1055 Rn. 20; BGH Urt. v. 22.3.2011 – XI ZR 33/10, = ZIP 2011, 756 = NJW 2011, 1949 Rn. 25; OLG Saarbrücken Urt. v. 15.9.2011 – 8 U 342-10/92, BeckRS 2011, 23612.

[211] BGH Urt. v. 24.2.2015 – XI ZR 202/13 = WM 2015, 1055 Rn. 17.

[212] BGH Urt. v. 24.2.2015 – XI ZR 202/13 = WM 2015, 1055 Rn. 22; BGH Urt. v. 27.11.2012 – XI ZR 384/11, = NZG 2013 426 Rn. 30; BGH Urt. v. 27.9.2011 – XI ZR 178/10 = WM 2011, 2261 Rn. 32; BGH Urt. v. 28.6.2005 – XI ZR 363/04, BGHZ 163, 311 = NJW 2005, 2917.

[213] OLG Dresden Urt. v. 5.3.2015 – 8 U 1242/14 = WM 2015, 962 (965).

[214] BGH Urt. v. 10.1.2019 III ZR 109/17 = ZIP 2019, 376 Rn. 26; BGH Urt. v. 24.2.2015 – XI ZR 202/13, = WM 2015, 1055 Rn. 29; BGH Urt. v. 25.11.2014 – XI ZR 480/13 = BKR 2015, 163 Rn. 32.

[215] Vgl. auch *Bausch* NJW 2012, 354 (358).

[216] *Buck-Heeb* DB 2011, 2825 (2826); **aA** *Späth* VuR 2010, 451 (456 f.).

[217] *Buck-Heeb* DB 2011, 2825 (2826); *Späth* VuR 2010, 451 (456 f.).

Zeitraum vor 2008 scheitert ein Verstoß gegen die Grundsätze objektgerechter Beratung[218] in der Regel daran, dass bis zu diesem Zeitpunkt eine finanzielle Instabilität des Emittenten *(Lehman)* nicht ersichtlich war.[219] Zwar gab es Hinweise auf eine Risikoerhöhung im Hinblick auf eine Ausweitung der Finanzkrise unter den Hypothekenanbietern und die Gefahr der Ansteckung größerer Kreditinstitute, jedoch ließen die Ratingnoten auch kurz vor der Insolvenz im September 2008 keinen Zweifel an der Zahlungsfähigkeit des Emittenten aufkommen.[220]

Welcher **Stichtag** für die begründeten Zweifel an der Solvenz der Investmentbank gelten sollte, bleibt umstritten.[221] Allerdings muss die Bank vor Empfehlung von Zertifikaten diese selbst mit banküblichem kritischem Sachverstand überprüfen. Dies gilt auch hinsichtlich der Bonität der konkreten Emittentin bzw. Garantiegeberin, die für die Risikobeurteilung eines Zertifikats von maßgeblicher Bedeutung ist. Nimmt die Bank daher zB ausländische Papiere in ihr Programm auf, so hat sie sich auch anhand ausländischer Quellen über die Güte dieser Papiere zu informieren und sie im Anschluss einer eigenen Prüfung zu unterziehen.[222] Eine Haftung käme nach dem Schutzzweck der ggf. verletzten Prüf- und Offenbarungspflicht dann in Betracht, wenn bei dieser Prüfung auch ein Risiko erkennbar geworden wäre, über das der Anleger hätte aufgeklärt werden müssen oder wenn erkennbar geworden wäre, dass eine Empfehlung der Kapitalanlage nicht anleger- oder objektgerecht ist.[223] Demnach kann bereits die Äußerung eines Beraters, er kenne die Ursache des Kursverfalls nicht, als Ansatz zu einer arglistigen Täuschung gesehen werden, wenn dem Anleger damit die der Bank bekannten wirtschaftlichen Probleme der Emittentin verschwiegen wurden, um ihn zum Kauf zu bewegen.[224] **304**

Einer zusätzlichen Aufklärung über das Eingreifen von **Einlagesicherungssystemen** im Falle der Insolvenz des Emittenten bedarf es nach richtiger Ansicht des BGH nicht, denn nach hinreichender Aufklärung des Anlegers über das allgemeine Emittentenrisiko weiß dieser schließlich vom allgemeinen Insolvenzrisiko;[225] ob sich diese Gefahr durch Zahlungsunfähigkeit des Emittenten oder aber durch Nichteingreifen der Einlagesicherung realisiert, ist nicht maßgeblich.[226] **305**

Nach Auffassung des BGH muss bei **Garantiezertifikaten** das die Beratung durchführende Wertpapierdienstleistungsunternehmen den Anleger über das in den Anlagebedingungen festgeschriebene und bis zum Totalverlust der Kapitalanlage führende **Sonderkündigungsrecht** der Emittentin aufklären.[227] **306**

Die unrichtige Einbeziehung von einzelnen **Konzernmitgliedern** begründet hingegen keinen Beratungsfehler, da nicht ohne weiteres davon ausgegangen werden kann, dass dies **307**

---

[218] ISd § 31 Abs. 2 Nr. 2 WpHG aF idF v. 28.12.2007 (BGBl. I 2007, 3131).

[219] BGH Urt. v. 27.9.2011 – XI ZR 178/10 = WM 2011, 2261 Rn. 25; BGH Urt. v. 27.9.2011 – XI ZR 182/10, = WM 2011, 2268 Rn. 27 mit zust. Anm. *Klöhn* ZIP 2011, 2244; OLG Düsseldorf Urt. v. 30.7.2010 – I-9 U 236/09 = WM 2010, 1943 (1945); s. a. *Wiechers* WM 2012, 477 (484).

[220] OLG Frankfurt a. M. Urt. v. 17.2.2010 – 17 U 207/09 = BB 2010, 853 (854); ebenso OLG Dresden Urt. v. 11.5.2010 – 5 U 1178/09 = WM 2010, 1403 (1405); OLG Oldenburg Beschl. v. 25.2.2010 – 8 U 10/10 = MDR 2010, 823 für den Zeitpunkt Mai 2007 mit krit. Anm. *Schröder* juris PR-BKR 9/2010 Anm. 4.

[221] *Köndgen* JZ 2012, 255 (260).

[222] OLG Hamburg Beschl. v. 27.6.2011 – 6 U 110/10 = VuR 2011, 387.

[223] BGH Urt. v. 27.9.2011 – XI ZR 182/10 = WM 2011, 2268, 2270; so auch BGH Urt. v. 27.9.2011 – XI ZR 178/10 = WM 2011, 2261 (2263) mAnm *Sommermeyer* BKR 2012, 27.

[224] OLG Frankfurt a. M. Urt. v. 15.9.2011 – 3 U 10/11 = VuR 2011, 465.

[225] BGH Urt. v. 27.9.2011 – XI ZR 182/10, WM 2011, 2268 Rn. 30; zust. *Bausch* NJW 2012, 354 (355).

[226] BGH Urt. v. 27.9.2011 – XI ZR 178/10, WM 2011, 2261 Rn. 33 ff.; BGH Urt. v. 27.9.2011 – XI ZR 182/10, WM 2011, 2268 Rn. 32 mit krit. Anm. *Klöhn* ZIP 2011, 2244 f.; krit. auch *Köndgen* JZ 2012, 255 (261): „irreführende Werbung der Banken: Auf der einen Seite versprochener Kapitalschutz, auf der anderen Seite Hinweis auf allgemeines Emittentenrisiko ohne Ausfall des Einlagensicherungssystems zu erwähnen", zust. zu BGH *Buck-Heeb* DB 2011, 2825 (2827); *Späth* VuR 2010, 451 (453) bejaht eine Aufklärungspflicht, soweit die Anleger zuvor in Produkte investiert haben, die von Einlagensicherungssystemen gesichert waren.

[227] BGH Urt. v. 25.11.2014 – XI ZR 169/13, NZG 2015, 150 Rn. 19 ff. – Lehman.

für die Anlageentscheidung relevant war.[228] Dies gilt insofern, als dass der Status des jeweiligen Konzernmitgliedes nicht zu einer Veränderung der Einschätzung der Solvenz und damit des Emittentenrisikos führt und über das Bonitätsrisiko der Konzernmutter richtig aufgeklärt wurde.[229]

308 **(2) Aufklärung über Ersatzzertifikate.** Besondere Aufklärungspflichten bestehen für sog. **„Ersatzzertifikate"**,[230] die je nach Rechtsausübung durch die Emittentin an die Stelle der ursprünglich verkauften Zertifikate treten können.[231] Über Funktionsweise und Risiken der Ersatzzertifikate muss ausreichend aufgeklärt werden,[232] insbesondere über das vorzeitige Kündigungsrecht der Emittentin.[233]

309 **(3) Aufklärungspflicht bei bloßer Finanzierung einer Kapitalanlage.** Erlangt eine Bank, die den Erwerb von Fondsanteilen durch einen Anleger bloß (teil-)finanziert – mithin also selbst nicht berät – Kenntnis davon, dass die von dem Anleger in den Fonds eingezahlten Mittel nicht dem im Prospekt ausgewiesenen Zweck entsprechend von dem Fondsbetreiber verwendet werden, und hat der Anleger selbst keine Kenntnis von diesem Umstand, so begründet dieser bei der Bank vorhandene Wissensvorsprung eine eigene Pflicht der Bank, das Wissensdefizit ihres Kunden durch Aufklärung zu beheben. Ist dieser Wissensvorsprung auf Seiten der Bank bereits vor Abschluss des Darlehensvertrages gegeben, besteht insoweit bereits eine vorvertragliche Pflicht zur Offenlegung. Zu einer darüber hinausgehenden Aufklärung in Bezug auf die Zweckmäßigkeit sowie über Gefahren und Risiken der Darlehensverwendung ist der nicht beratende Darlehensgeber jedoch nicht gehalten.[234]

310 **(4) Beteiligungsstrukturen.** Eine Aufklärungspflicht der Anlagevermittlerin besteht in dem Fall, dass sie – entgegen dem im Prospekt dargestellten Geschäftsmodell – nicht direkt an der Gesellschaft beteiligt ist, sondern lediglich über eine Tochtergesellschaft, die im Vergleich zu ihr finanzschwächer ist. Zugleich müssen Stimmrechtsübertragungen auf die Tochtergesellschaft und Kapitalrückflüsse, ausgelöst durch Provisionen, offengelegt werden.[235]

311 **(5) Aufklärungspflicht bei Beteiligungen an geschlossenen Fonds.** Geschlossene Fonds wurden vor Inkrafttreten des KAGB am 22.7.2013 idR in der Gesellschaftsform der GmbH & Co. KG initiiert.[236] Vereinzelt sind jedoch auch geschlossene Fonds in der Rechtsform der Gesellschaft bürgerlichen Rechts anzutreffen. Gem. § 139 KAGB dürfen geschlossene Investmentfonds mittlerweile nur noch als Investmentaktiengesellschaft mit fixem Kapital oder als geschlossene Investmentkommanditgesellschaft aufgelegt werden.[237]

312 Grundsätzlich ist auf die sich aus der Konzeption der Anlageform ergebenden gesellschaftsrechtlichen Risiken aufzuklären. Hier ist insbesondere auf das **Haftungs- bzw. Nachhaftungsrisiko** aus §§ 739, 736 BGB bei der GbR[238] oder §§ 128 ff., 172 Abs. 4,

---

[228] BGH Urt. v. 21.3.2013 – III ZR 182/12, WM 2013, 836; *Schlick* WM 2014, 581 (583).

[229] BGH Urt. v. 21.3.2013 – III ZR 182/12, WM 2013, 836 (838); *Schlick* WM 2014, 581 (583).

[230] § 12 BörsZulV und § 2 Abs. 1 Nr. 2 WpHG sprechen von *„Zertifikaten, die Aktien vertreten"*.

[231] Zur Funktionsweise von Ersatzzertifikaten vgl. zum WpHG aF Schwark/Zimmer/*Kumpan* WpHG § 2 Rn. 21; Fuchs/*Fuchs* WpHG § 2 Rn. 25.

[232] OLG Frankfurt a. M. Urt. v. 17.2.2010 – 17 U 207/09 = BB 2010, 853 (854), s. dort ebenso die Aufklärungspflichten bei sog. TwinWin-Zertifikaten; OLG Frankfurt a. M., Urt. v. 12.1.2011 – 17 U 130/10, WM 2010, 613 = BeckRS 2011, 03292.

[233] OLG Frankfurt a. M. Urt. v. 17.2.2010 – 17 U 207/09 = BB 2010, 853 (855).

[234] OLG München Urt. v. 13.7.2010 – 5 U 2034/08, WM 2012, 168 (170 f.) mAnm *Henning* WM 2012, 153.

[235] BGH, Urt. v. 30.10.2014 – III ZR 493/13, NZG 2015, 396 = BeckRS 2014, 21809 Rn. 23–26.

[236] *Seibert* Das Recht der Kapitalanlageberatung und -vermittlung Teil C § 1 Rn. 47.

[237] Auf diese Unternehmensformen, die keine neuen Rechtsformen bilden, sind die Vorschriften des Aktienrechts und Gesellschaftsrechts anzuwenden, vgl. WBA/*Silberberger* KAGB § 139 Rn. 5.

[238] BGH Urt. v. 11.12.2014 – III ZR 365/13, WM 2015, 128 Rn. 22.

160 HGB bei der KG[239] hinzuweisen. Das gilt auch dann, wenn die Nachhaftung auf 10 % des eingetragenen Haftkapitals begrenzt ist, da allein die Möglichkeit der Nachhaftung, ganz gleich in welcher Höhe, Einfluss auf die Renditeerwartung des Anlegers hat.[240] Daneben ist der Anleger auch auf die Beteiligung einer Komplementär-GmbH an mehreren Kommanditgesellschaften, sog. „sternförmige" GmbH & Co. KG,[241] aufzuklären. Durch die verschiedenen Beteiligungen erhöht sich das Risiko eines Haftungsfalles, der die Insolvenz der GmbH zur Folge haben kann, erheblich. Ferner besteht eine Aufklärungspflicht hinsichtlich der **fehlende Fungibilität** der Anlage, denn Anteile an geschlossenen Fonds können mangels Sekundärmarktes nur schwer veräußert werden.[242] Dieser ist jedoch Genüge getan, wenn der Prospekt darlegt, dass aktuell bzw. „derzeit noch" kein Sekundärmarkt für die Veräußerung des Gesellschaftsanteils vorhanden ist.[243] Die eingeschränkte Fungibilität werde auch nicht dadurch verschleiert, dass der mögliche zu erzielende Preis bei der Veräußerung des Anteils von der jeweiligen Marktsituation abhängig ist; dieser Hinweis verdeutlicht vielmehr die Unwägbarkeiten, die mit der Veräußerung eines solchen Anteils verbunden sind.[244] Insofern muss dem Anlageinteressenten verdeutlicht werden, dass die Beteiligung vor allem langfristige Ziele verfolgen sollte.[245] Nichtsdestotrotz besteht die Aufklärungspflicht auch, wenn die Anlage für die Alterssicherung gedacht ist. Eventualiter können Umstände eintreten, durch die die festgelegten Vermögenswerte freigesetzt werden müssen.[246] Auf das **Risiko eines Totalverlustes** muss aufgrund der Besonderheit als unternehmerische Beteiligung, aus deren Eigenart sich das Risiko ergibt, dass das eingesetzte Kapital verloren gehen kann, hingewiesen werden, sollte sich der Anleger des Risikos nicht bewusst sein.[247] Bei einem geschlossenen Immobilienfonds ist das Risiko eines hohen oder vollständigen Kapitalverlusts gering, weil auch bei ausfallenden Mieterträgen dem Fonds der Sachwert des Immobilienvermögens regelmäßig erhalten bleibt sodass nicht grundsätzlich eine Aufklärungspflicht angenommen werden kann.[248] Treten weitere, dem Anleger unbekannt gebliebene, risikoerhöhende Umstände hinzu, so ist er darüber aufzuklären. Allein das Erreichen einer bestimmten Fremdkapitalquote, die weitere Verbindlichkeiten der Fondsgesellschaft nach sich zieht, die den Wert der Immobilie übersteigen können, reicht dafür jedoch nicht aus.[249]

(6) Aufklärungspflichten bei finanziertem Anlagenerwerb. Wird ein Darlehens- **313**
vertrag zum Erweb von Geschäftsanteilen geschlossen und zugleich das Zinsriskio durch einen **Zinscollarvertrag** abgesichert, so muss die beratende Bank auf die unterschiedlichen Kündigungsmöglichkeiten der Verträge hinweisen, vor allem, wenn das Darlehen gem. § 489 Abs. 1 Nr. 1 BGB ordentlich, der Zinscollarvertrag als Dauerschuldverhältnis hingegen nur gem. § 314 Abs. 1 BGB aus besonderem Grund kündbar ist. In diesem Fall besteht die Gefahr, dass der zuvor geplante Gleichlauf der Verträge durchbrochen wird und zugleich das Vertragsverhältnis nicht ohne eine Vorfälligkeitsentschädigung beendet werden kann bzw. die Verpflichtungen aus dem Zinscollargeschäft weitergetragen werden müssen, obwohl der Darlehensvertrag selbst durch (Teil-)Kündigung bereits (teilweise)

---

[239] BGH Urt. v. 22.7.2010 – III ZR 203/09, WM 2010, 1690 Rn. 20.
[240] BGH Urt. v. 4.12.2014 – III ZR 82/14, WM 2015, 68 Rn. 10.
[241] *K. Schmidt* FS Wiedemann, 2002, S. 1199 ff; Baumbach/Hopt/*Roth* HGB, Anhang nach § 177a Rn. 7; MHdb GesR II/*Gummert* § 49 Rn. 12.
[242] BGH Urt. v. 18.1.2007 – III ZR 44/06 = WM 2007, 542 Rn. 16.
[243] BGH Urt. v. 17.9.2015 – III ZR 385/14 = ZIP 2015, 1981 Rn. 19; wohl auch BGH Urt. v. 24.4.2014 – III ZR 389/12 = NJW-RR 2014, 1075 Rn. 14; OLG Köln Urt. v. 20.11.2014 – 24 U 61/14 = BKR 2015, 295 Rn. 36; OLG Frankfurt Urt. v. 10.2.2015 – II ZR 359/13, BeckRS 2015, 17543
[244] BGH Urt. v. 17.9.2015 – III ZR 385/14 = ZIP 2015, 1981 Rn. 23.
[245] BGH Urt. v. 11.12.2014 – III ZR 365/13 = WM 2015, 128 Rn. 21; OLG Köln Urt. v. 20.11.2014 – 240 61/14 = BKR 2015, 295 Rn. 38.
[246] BGH Urt. v. 18.1.2007 – III ZR 44/06 = WM 2007, 542 Rn. 16.
[247] *Seibert* Das Recht der Kapitalanlageberatung und –vermittlung Teil C § 1 Rn. 48.
[248] Vgl. zum WpHG aF MüKoHGB/*Nobbe*/*Zahrte* Bd. VI Anlageberatung Rn. 263.
[249] BGH Urt. v. 27.10.2009 – XI ZR 337/08 = WM 2009, 2303 Rn. 25.

beendet ist. Dieses Risiko ist auch für einen erfahrenen Bankkunden nicht ohne weiteres erkennbar.[250]

314 **cc) Pflichten im Discount-Broking.** Bei sog. **Discount-Brokern** fehlt es an einer individualisierten Empfehlung; denn sie schlagen keine individuell ausgesuchten Finanzinstrumente vor, sondern werden in der Regel zu verringerten Gebühren auf der Basis standardisierter Auskunftsbögen und nicht auf der Basis eines Beratungsvertrages tätig.[251] Kauf- oder Verkaufsaufträge erteilt der Kunde in der Regel telefonisch, per Fax oder mittels eines elektronischen Mediums, wobei die Beratungsleistung ausgeschlossen wird.[252] Gefordert wird allerdings, dass die Bank vor Beginn der Geschäftsbeziehung dem Kunden deutlich vor Augen führt, dass es sich hierbei um das Discount-Broking handelt und dass die Beratungsleistungen ausgeschlossen sind (sog. Eingangsaufklärung), was indes in einer standardisierten Form möglich ist.[253] Kommt die Bank dieser Anforderung nach, erklärt der Anleger konkludent, mit Abgabe einer gezielten Order, nicht aufklärungsbedürftig zu sein.[254] Die Tätigkeit der Discount-Broker ist daher auch nicht als Anlageberatung einzuordnen.[255] Ein auf diese Weise gewarnter Kunde ist nicht länger schutzwürdig, denn es ist nicht Aufgabe des Gesetzgebers bzw. der Gerichte den Anleger vor sich selbst zu schützen und dadurch in seine Privatautonomie einzugreifen,[256] was auch der BGH in seiner Entscheidung von 2003 ausdrücklich bestätigt hat.[257]

315 Es besteht jedoch eine **Warnpflicht** des Discount-Brokers, als Nebenpflicht gem. § 241 Abs. 2 BGB, wenn dieser erkennt, dass die Aufträge des Kunden von dessen Zielvorstellung abweichen; wenn für ihn deutlich ist, dass der Kunde die Tragweite bzw. das Risiko seines Auftrages falsch beurteilt oder er eine tatsächliche Aufklärungsnotwendigkeit seitens des Kunden feststellt.[258] Auch bei der Einschaltung eines Wertpapierdienstleistungsunternehmens soll diese Pflicht bestehen bleiben, obwohl nur das dem Kunden nächstgelegene Institut zur Befragung des Anlegers verpflichtet ist, wenn die Direktbank Kenntnis von der Fehlberatung hat oder massive Verdachtsmomente bestehen.[259] Letzteres muss jedoch der Kapitalanleger nachweisen, da die Beweiserleichterung, die bei der Ermittlung der Haftung aufgrund konkreten Wissensvorsprungs der kreditgebenden Bank besteht, nicht auf die institutionelle Zusammenarbeit zweier Wertpapierdienstleistungsunternehmen anwendbar ist.[260] Keine Warnpflicht des Discount-Brokers besteht dann, wenn der Kunde ordnungsgemäß durch das kundennähere Unternehmen beraten wurde.[261]

316 **dd) Anlagevermittlung.** Der Umfang der zu erfüllenden Informationspflichten hängt auch bei der reinen **Anlagevermittlung** von der Aufklärungs- und Schutzbedürftigkeit

---

[250] OLG Dresden Urt. v. 9.4.2015 – 8 U 532/14 = WM 2015, 1191 (1193).

[251] OLG Schleswig Hinweisbeschl. v. 2.6.2014 – 5 U 67/14, NJW-RR 2015, 109 (109 ff.); BGH Urt. v. 19.3.2013 – XI ZR 431/11 = NJW 2013, 3293; Bericht des Finanzausschusses BT-Drs. 12/7918, 104; *Lenenbach* Kapitalmarktrecht Rn. 11.373; BeckOGK BGB/*Buck-Heeb/Lang* § 675 Rn. 153.

[252] *Lang/Balzer* FS Nobbe, 2009, 639 (658); Fuchs/*Fuchs* WpHG § 31 Rn. 325 f.

[253] BGH Urt. v. 5.10.1999 – XI ZR 296/98, BGHZ 142, 345 (354 f.) = NJW 2000, 359 (359 ff.); *Lang/Balzer* FS Nobbe, 2009, 639 (659); *Lenenbach* Kapitalmarktrecht Rn. 11.381; Fuchs/*Fuchs* WpHG § 31 Rn. 326.

[254] BGH Urt. v. 4.3.2014 – XI ZR 313/12 = BKR 2014, 203 (204); BGH Urt. v. 12.11.2013 – XI ZR 312/12, = WM 2014, 24 (25 Rn. 12); BGH Urt. v. 19.3.2013 – XI ZR 431/11 = NJW 2013, 3293 (3294 Rn. 17).

[255] Assmann/Schütze/*Edelmann* KapAnlR-HdB § 3 Rn. 5; Fuchs/*Fuchs* WpHG § 31 Rn. 326 f; BeckOGK BGB/*Buck-Heeb/Lang* § 675 Rn. 153.

[256] *Lang/Balzer* FS Nobbe, 2009, 639 (660 f.).

[257] BGH Urt. v. 11.11.2003 – XI ZR 21/03 = WM 2004, 24 (25 Rn. 18 ff.)

[258] OLG Schleswig Hinweisbeschl. v. 2.6.2014 – 5 U 67/14 = NJW-RR 2015, 109 (110 Rn. 10); BGH Urt. v. 19.3.2013 – XI ZR 431/11 = NJW 2013, 3293 (3295 Rn. 25); *Wiechers* WM 2014, 145 (149); *Buck-Heeb* ZIP 2013, 1401 (1405); BeckOGK BGB/*Buck-Heeb/Lang* § 675 Rn. 156.

[259] BGH Urt. v. 26.4.2016 – XI ZR 114/15 = BKR 2016, 341 (343 Rn. 25); BGH Urt. v. 19.3.2013 – XI ZR 431/11 = NJW 2013, 3293 (3296 Rn. 32); *Buck-Heeb* ZIP 2013, 1401 (1405).

[260] BGH Urt. v. 19.3.2013 – XI ZR 431/11 = NJW 2013, 3293 (3297 Rn. 39); *Wiechers* WM 2014, 142 (149).

[261] BGH Urt. v. 26.4.2016 – XI ZR 114/15 = BKR 2016, 341 (343 Rn. 25).

des Kunden ab und kann ggf. durch Absprache mit diesem beschränkt werden.[262] Im Gegensatz zur Anlageberatung steht der Kunde dem Vermittler informatorisch selbstständiger gegenüber, er muss sich bewusst sein, dass der werbende und anpreisende Charakter der Ausführungen des Vermittlers im Vordergrund steht und keine auf seine individuellen Bedürfnisse zugeschnittene Empfehlung erfolgt.[263] Im Einzelfall können aber auch den Vermittler Beratungspflichten treffen.[264] Jedenfalls sind alle ausgegebenen Informationen wahrheitsgemäß, sorgfältig und insbesondere vollständig zu erteilen.[265]

Dreh- und Angelpunkt der Ausgestaltung der Informationspflichten bei der Anlagevermittlung ist der **Emissionsprospekt.** Grundsätzlich genügt der Anlagevermittler den Anforderungen an seine Informationspflicht nämlich bereits dadurch, dass er dem Anleger ein Emissionsprospekt übergibt, in dem die Risiken dargestellt sind, die mit einer Beteiligung verbunden sind. Eine Aufklärungspflichtverletzung kommt in diesem Fall nur dann in Betracht, wenn der Vermittler die Risiken verharmlosend dargestellt hat.[266] Der Kunde darf jedoch eine kritische Plausibilitätsprüfung des Prospekts erwarten, sodass das Zurverfügungstellen des Prospekts den Anlagevermittler nicht von der Verpflichtung entbindet, etwaige Unrichtigkeiten des Prospekts offenzulegen und auf Fragen des Kunden wahrheitsgemäß und verständlich zu antworten,[267] vor allem dann, wenn der Kunde explizit nach einem Thema fragt.[268] Die Plausibilitätsprüfung muss dabei dergestalt ausfallen, dass sich keine erkennbaren Unrichtigkeiten und keine dem Konzept innewohnenden gewichtigen Gefahrumstände aus dem Prospekt ergeben.[269] Generell muss die beratende Bank alle etwaigen Unrichtigkeiten oder Unklarheiten, die sich aus dem Emissionsprospekt ergeben, aufdecken, sodass sich für den Anleger ein Bild von den mit dem Anlagegeschäft verbundenen Risiken ergibt, und eine entsprechende Anlageentscheidung ermöglicht wird.[270] Stehen noch weitere Informationen neben dem Emissionsprospekt zur Verfügung, was häufig nicht der Fall sein wird, so muss die Bank auch auf diese hinweisen. Gleiches gilt umgekehrt, wenn hinsichtlich des in Rede stehenden Anlageprodukts Informationslücken bestehen.[271] Für den Fall, dass sich eine bei der Anlagevermittlung erteilte Auskunft nachträglich als falsch erweisen sollte, besteht eine Pflicht zur Richtigstellung.[272] 317

Insbesondere § 16 Abs. 2 **FinVermV**[273] regelt die Anforderungen an die Anlagevermittlung; § 16 Abs. 1 die Anforderungen an die Beratung.[274] Hiernach sind hinsichtlich der Empfehlung einer geeigneten Finanzanlage alle Informationen über Kenntnisse und Erfahrungen des Anlegers in Bezug auf Finanzanlagen sowie dessen Anlageziele und finanziellen Verhältnisse zu berücksichtigen. Die Geeignetheit einer Finanzanlage beurteilt 318

---

[262] So zB, wenn dieser erklärt, er besitze bestimmte Informationen bereits oder werde das Informationsmaterial fachmännisch (Wirtschaftsberater, Rechtsanwalt oa) prüfen lassen; bei sog „Branchenkennern" kann diese uU sogar ganz entfallen: BankR-HdB/*Siol* § 45 Rn. 12; Assmann/Schütze/*Edelmann* KapAnlR-HdB § 3 Rn. 30 ff.

[263] BGH Urt. v. 25.11.1981 – IVa ZR 286/80 = NJW 1982, 1095 (Rn. 11).

[264] OLG Karlsruhe Urt. v. 12.3.2013 – 17 U 175/12 = MDR 2013, 840; *Buck-Heeb* ZIP 2013, 1401 (1403).

[265] BGH Urt. v. 25.11.1981 – IVa ZR 286/80 = NJW 1982, 1095 (Rn. 11); BGH Urt. v. 6.10.1980 – II ZR 60/80 = NJW 1981, 1449; BGH Urt. v. 22.3.1979 – VII ZR 259/77, BGHZ 74, 103 (Rn. 35) = NJW 1979, 1449.

[266] OLG Brandenburg Urt. v. 14.7.2010 – 4 U 152/09 = WM 2010, 2075 (2076); OLG Stuttgart Urt. v. 15.12.2005 – 13 U 10/05 = WM 2006, 1100.

[267] BGH Urt. v. 4.3.1987 – IVa ZR 122/85, BGHZ 100, 117 (Rn. 18 ff.) = NJW 1987, 1815.

[268] OLG Dresden Urt. v. 5.3.2015 – 8 U 1242/14 = WM 2015, 962 (964).

[269] BGH Urt. v. 4.3.1987 – IVa ZR 122/85, BGHZ 100, 117 (Rn. 21) = NJW 1987, 1815.

[270] BGH Urt. v. 4.2.1987 – IVa ZR 134/85 = NJW-RR 1987, 936 (Rn. 9); BGH Urt. v. 16.2.1981 – II ZR 179/80, BGHZ 80, 80 (Rn. 7) = NJW 1981, 1266; BGH Urt. v. 22.3.1979 – VII ZR 259/77, BGHZ 74, 103 (Rn. 40) = NJW 1979, 1449.

[271] BGH Urt. v. 13.5.1993 – III ZR 25/92, NJW-RR 1993, 1114 (Rn. 21); Assmann/Schütze/*Edelmann* KapAnlR-HdB § 3 Rn. 30 f.

[272] BGH Urt. v. 28.9.2000 – III ZR 43/99 = WM 2001, 92 (93 Rn. 6); BGH Urt. v. 14.7.1998 – XI ZR 173/97, BGHZ 139, 225 (Rn. 26) = NJW 1998, 3345.

[273] VO zur Einführung einer Finanzanlagenvermittlungsverordnung v. 2.5.2012, BGBl. I 2012, 1006.

[274] *Buck-Heeb* ZIP 2013, 1401 (1404).

sich gem. Absatz 1 Satz 2 der Vorschrift danach, ob die empfohlene Finanzanlage den Anlagezielen des Anlegers entspricht, die daraus erwachsenden Anlagerisiken für den Anleger entsprechend seiner Anlageziele finanziell tragbar sind und er die Anlagerisiken mit seinen Kenntnissen und Erfahrungen verstehen kann. Auch hier gelten wiederum die allgemeinen Ausführungen zur fehlenden zivilrechtlichen Wirkung von öffentlich-rechtlichen Pflichten auf vertraglicher Ebene, zu denen auch die Beratungspflichten des FinVermV zählen.[275]

3. Aufklärungspflichten bei Rückvergütungen („Kick-Back")

319 **a) Rückvergütungen an Dritte.** Der BGH hat in einer Reihe von Entscheidungen die sog. **„Kick-Back"-Rechtsprechung** entwickelt, die sowohl für Vermögensverwalter, Anlagengeschäfte oder den Vertrieb von Fondsanteilen gelten.[276] Nach der Rechtsprechung des BGH liegt *„eine Rückvergütung vor, wenn beispielsweise Teile der Ausgabeaufschläge oder Verwaltungsgebühren, die der Kunde an einen Dritten zahlt, hinter seinem Rücken an die beratende Bank – regelmäßig umsatzabhängig – zurückfließen, sodass dieser ein für den Kunden nicht erkennbares besonderes Interesse hat, gerade dieses Produkt zu empfehlen."*[277]

320 Als Rückvergütungen werden unter anderem **offen ausgewiesene Ausgabeaufschläge** oder Provisionen, offen ausgewiesene Eigenkapitalbeschaffungskosten,[278] Vertriebsprovisionen[279] und Verwaltungsgebühren angesehen.[280] Umsatzabhängig sind Rückvergütungen, wenn sie hinsichtlich der Höhe vom tatsächlich vermittelten Kommanditanteil bedingt werden und mithin der Berater durch Höhe und Anzahl der vermittelten Beteiligungen die Vertriebsprovision beeinflussen kann.[281] Vereinfacht ausgedrückt handelt es sich hierbei um die Zahlung einer Vergütung an die beratende Bank, und zwar nicht durch den Kunden, also den Vertragspartner der Bank, sondern durch einen Dritten, in der Regel durch den Emittenten des durch die Bank vermittelnden Finanzinstruments, gleichwohl die genaue Definition der Rückvergütung trotz zahlreicher höchstrichterlicher Entscheidungen weiter mit Problemen behaftet ist. Für die Einordnung einer Zahlung als Rückvergütung ist es unerheblich, ob die Anlegerzahlung über die Bank oder direkt an die Fondsgesellschaft

---

[275] Vgl. Rn. 28 ff. sowie Begr. RegE Gesetz zur Novellierung des Finanzanlagenvermittler- und Vermögensanlagenrechts, BT-Drs. 17/6051, 45, der als Zweck der VO die Etablierung eines dem WpHG nachgebildeten, aufsichtsrechtlichen Schutzniveau angibt; **aA** Landmann/Rohmer/*Glückert* GewO, 79. EL Juni 2018, FinVermV § 11 Rn. 2 mit Verweis auf die überholte Rspr. des BGH im Urt. v. 19.2.2008 – XI ZR 170/07, BGHZ 175, 276 = NGZ 2008, 477.

[276] BGH Beschl. v. 29.6.2010 – XI ZR 308/09 = NJW 2010, 2339 Rn. 6 ff.; OLG Stuttgart Urt. v. 4.3.2010 – 13 U 42/09 = BKR 2010, 288; BGH Urt. v. 27.10.2009 – XI ZR 338/08 = WM 2009, 2306, Rn. 31; BGH Urt. v. 12.5.2009 – XI ZR 586/07 = WM 2009, 1274 Rn. 20; BGH Beschl. v. 20.1.2009 – XI ZR 510/07 = WM 2009, 405 Rn. 12 f.; BGH Urt. v. 19.12.2006 – XI ZR 56/05, BGHZ 170, 226 Rn. 22 ff. = WM 2007, 487; zuvor bereits BGH Urt. v. 19.12.2000 – XI ZR 349/99, BGHZ 146, 235 Rn. 18 = NJW 2001, 962; krit. im Hinblick auf die in der Praxis durch die Rspr. entstehenden Folgeprobleme *Edelmann* DB 2010, 1163 (1163 ff.); zu den zivilrechtlichen Konsequenzen der BGH-Urteile *Schäfer* WM 2012, 197 (197 ff.). Die Kick-Back-Rspr. erfährt eine ständige Verfestigung: BGH Urt. v. 8.5.2012 – XI ZR 262/10 = BKR 2012, 368; BGH Urt. v. 11.9.2012 – XI ZR 363/1 = BKR 2013, 68; BGH Urt. v. 20.11.2012 – XI ZR 415/11 = NJW-RR 2013, 98; OLG München, Urt. v. 27.11.2012 – 5 U 1345/12 = BKR 2013, 388; BGH Beschl. v. 15.1.2013 – XI ZR 8/12 = BKR 2013, 203; BGH Urt. v. 26.2.2013 – XI ZR 318/10 = BKR 2013, 212; BGH Urt. v. 14.5.2013 – XI ZR 431/1 = BKR 2013, 386; BGH Urt. v. 4.6.2013 – XI ZR 188/11, BeckRS 2013, 10912; BGH Urt. v. 16.7.2013 – XI ZR 363/11, BeckRS 2013, 13527. Die Kick-Back-Rspr. des BGH wurde vom BVerfG Beschl. v. 8.12.2011 – 1 BvR 2514/11 = NJW 2012, 443 bestätigt. Dazu insges. *Einsiedler* WM 2013, 1109.

[277] BGH Urt. v. 27.9.2011 – XI ZR 178/10 = WM 2011, 2261 (2265 Rn. 43); BGH Urt. v. 27.9.2011 – XI ZR 182/10 = WM 2011, 2268, 2272 Rn. 40; BGH Beschl. v. 9.3.2011 – XI ZR 191/10 = ZIP 2011, 855 Rn. 23.

[278] BGH Urt. v. 15.4.2014 – XI ZR 513/11 = ZIP 2014, 1165.

[279] BGH Urt. v. 15.4.2014 – XI ZR 513/11 = ZIP 2014, 1165.

[280] Assmann/Schütze/*Edelmann* KapAnlR-HdB § 3 Rn. 26.

[281] BGH Urt. v. 14.5.2013 – XI ZR 431/10 = BKR 2013, 386 Rn. 18.

erfolgt.[282] Ebenso ist es unerheblich, ob der Betrag der Vertriebsprovisionen in einzelne Teilbeträge der „weichen Kosten" aufgeschlüsselt wird.[283]

Das Interesse des Kunden ist gefährdet, weil derartige Provisionen dem Finanzdienstleister Anreize geben, nicht länger vorrangig das Interesse des Kunden zu verfolgen, sondern vielmehr Finanzprodukte zu vertreiben, die eine besonders hohe Vergütung versprechen.[284] Hat der Kunde in derartigen Fällen keine Kenntnis von der vereinbarten Provision, so wird dieser Vereinbarung sogar eine „schmiergeldähnliche Funktion" beigemessen.[285] Klärt der Finanzdienstleister daher nicht über die von ihm geschaffene Gefährdung der Kundeninteressen auf, kann der Kunde von ihm Ersatz derjenigen Schäden verlangen, die er infolge der unterbliebenen Aufklärung erleidet, da sich ein derartiges Verhalten als schwerwiegende Treuwidrigkeit darstellt. **321**

Wird ein **Dritter** Vertragspartner oder zumindest in den Schutzbereich des Beratungsvertrages einbezogen, so muss der Dienstleister auch den Dritten über Rückvergütungen aufklären.[286] Einer solchen Aufklärungspflicht ist jedoch genüge getan, wenn die Beitrittserklärung den Hinweis enthält, dass das Agio als zusätzliche Vertriebsprovision den Eigenkapitalvermittlern zustehe.[287] Eine gesonderte Aufklärungspflicht besteht etwa dann, wenn die Bank an den Steuerberater des Anlegers Rückvergütungen zahlt, zB für die Vermittlung eines Fonds.[288] Die Entscheidung des BGH zur Vermögensverwalterhaftung[289] ist mit dieser Konstellation vergleichbar, sodass für die Aufklärung von Rückvergütungen an den Steuerberater nichts anderes gelten kann.[290] **322**

Auch **Boni,** die für bestimmte Anlagevermittlungen und Verhaltensweisen des Finanzdienstleisters von Dritten gezahlt werden, sorgen dafür, dass andere als alleinig die Kundeninteressen Berücksichtigung finden könnten. Auch in diesem Fall ist der Kunde vollumfänglich aufzuklären. Besondere Bedeutung erlangt dies für die nach wie vor umstrittene Frage, ob und wann über **Rückvergütungen,** die der Finanzdienstleister aus dem Vertrieb von Finanzprodukten erhält und über **eigene Gewinnmargen**[291] aufzuklären ist. So ist fraglich, ob **Rabatte,** die der Emittent der Bank beim Erwerb eines Finanzinstruments gewährt, als aufklärungspflichtige Rückvergütungen oder als Gewinnmargen zu qualifizieren sind. Für die Einordnung als Rückvergütung ist entscheidend, wie der BGH zutreffend betont, das Vorliegen eines Drei-Personen-Verhältnisses, denn allein in dieser Konstellation besteht die Gefahr eines verdeckten Interessenkonflikts, der eine Aufklärungspflicht auslöst.[292] So ist darauf abzustellen, ob zwischen der Bank und dem Anleger ein **Festpreisgeschäft** (Kaufvertrag) vereinbart wurde oder ein Kommissionsvertrag. Werden bei einem Festpreisgeschäft, bei dem sich die Bank im Rahmen eines Eigengeschäfts mit dem Wertpapier eindeckt, Rabatte gewährt, so sind diese als nicht aufklärungspflichtige Gewinnmargen,[293] bei einer Kommission hingegen als Rückvergütung zu behandeln. Andere versuchen nach dem Zeitpunkt des Eigengeschäfts durch die Bank zu differenzieren. **323**

[282] BGH Urt. v. 15.4.2014 – XI ZR 513/11 = ZIP 2014, 1165 Rn. 12; **aA** zuvor noch in der Lehman II-Entscheidung (BGH Urt. v. 26.6.2012 – XI ZR 316/11 = BKR 2012, 421); abl. *Mann* WM 2013, 727 (729).

[283] BGH Urt. v. 12.12.2013 – III ZR 404/12 = WM 2014, 118 Rn. 15.

[284] *Assmann/Sethe* FS Westermann, 2008, 67 (87); zur Interessenkollision des Anlageberaters *Reiter/Methner* WM 2013, 2053 ff.

[285] OLG Frankfurt a. M. Urt. v. 30.6.2010 – 19 U 2/10 = VuR 2010, 421 Rn. 30; allerdings besteht die Aufklärungspflicht unabhängig von einem „schmiergeldähnlichen Charakter" der Rückvergütung, s. OLG Stuttgart Urt. v. 30.11.2010 – 6 U 2/10 = WM 2011, 360 (361). Zur Untersuchung inwieweit es sich bei gezahlten Rückvergütungen tatsächlich um Schmiergeldzahlungen handelt s. *Regenfus* WM 2015, 209 (212).

[286] OLG München Urt. v. 27.7.2010 – 5 U 2100/10 = BKR 2010, 385 (388).

[287] OLG Karlsruhe Urt. v. 3.3.2015 – 17 U 8/14 = WM 2015, 1853 (1855).

[288] OLG München 2.8.2010 – 19 U 19 U3319/09 = BKR 2010, 479 (481).

[289] BGH Urt. v. 19.12.2000 – XI ZR 349/99, BGHZ 146, 235 = NJW 2001, 962.

[290] OLG München Urt. v. 2.8.2010 – 19 U 3319/09 = BKR 2010, 479 (481).

[291] → Rn. 337.

[292] OLG Frankfurt a. M. Urt. v. 3.2.2012 – 19 U 177/11 = BKR 2012, 217 Rn. 23; BGH Urt. v. 27.9.2011 – XI ZR 182/10 = WM 2011, 2268 Rn. 41; BGH Urt. v. 27.9.2011 – XI ZR 178/10 = WM 2011, 2261 Rn. 44; OLG Frankfurt a. M. Urt. v. 18.5.2011 – 17 U 253/10 = NZG 2011, 1154 (1156 f.).

[293] OLG Karlsruhe Urt. v. 17.7.2012 – 17 U 148/11 = ZIP 2012, 1852 (1854).

Erwirbt die Bank das Wertpapier vom Emittenten nach dem Kaufvertragsabschluss mit dem Kunden, so ist die Rabattgewährung als Rückvergütung, anderenfalls als Gewinnmarge einzuordnen.[294] Dies überzeugt jedoch nicht, denn unabhängig von dem Zeitpunkt des Eigengeschäfts durch die Bank stellen Rabatte im Rahmen eines Festpreisgeschäftes (Kaufvertrag) aus der Sicht der Bank stets die Differenz zwischen Einkaufspreis und Verkaufspreis und somit eine Gewinnmarge dar. Ferner würde der Eigenbestand der Bank zum Zeitpunkt des Kaufvertragsausschlusses mit dem Anleger darüber entscheiden, wann eine aufklärungspflichtige Rückvergütung vorliegt und wann nicht, was wiederum durch Zufälligkeiten beeinflusst werden könnte.

324 Nicht nur über die Rückvergütung selbst, sondern auch über die **Höhe der Rückvergütung** muss aufgeklärt werden.[295] Der BGH sieht hierin einen allgemeinen, von § 31 Abs. 1 Nr. 2 WpHG aF[296] unabhängigen, zivilrechtlichen Grundsatz, der etwa auch beim Vertrieb von Anteilen an Personengesellschaften (Medienfonds) eingreift.[297] Dementsprechend werden sämtliche Kapitalanlagen von dem Postulat der Offenlegung erfasst.[298] Seit den ersten Entscheidungen in den Jahren 1989 bzw. 1990 kann sich die Bank in diesem Zusammenhang auch nicht auf einen unvermeidbaren **Rechts- bzw. Verbotsirrtum**[299] berufen; die Bank hätte nach Auffassung des XI. Zivilsenats mit einer entsprechenden Aufklärungspflicht rechnen müssen.[300] Dabei obliegt es dem Finanzdienstleister, **darzulegen** und zu **beweisen,** dass er nicht vorsätzlich handelte.[301] Auch muss eine Bank ihre Anlageberater anweisen **(Organisationspflicht),** die Kunden entsprechend aufzuklären und insbesondere dafür Sorge tragen, dass bei ihr vorhandenes Wissen den Mitarbeitern, die für die betreffenden Geschäftsvorgänge zuständig sind, zur Verfügung steht und von diesen auch genutzt wird.[302] Die Pflicht zur Aufklärung über Rückvergütungen entfällt auch dann nicht, wenn die Bank das Anlagegeschäft auf eine Tochtergesellschaft auslagert und diese durch Verwendung des der Muttergesellschaft zur Verfügung stehenden Wissens um das Kundenprofil an das bereits bestehende Vertrauensverhältnis anknüpft, denn durch die Auslagerung wird der bestehende Interessenkonflikt nicht behoben.[303]

325 Eine eingeschränkte Aufklärungspflicht über die erhaltenen Rückvergütungen besteht dann, wenn die Tochtergesellschaft einer Bank den Großteil der Rückvergütungen der „Hauptvermittlerin" erhält und dies im Prospekt ausgewiesen wurde. Die die Beratung durchführende Muttergesellschaft soll in diesem Fall nur darüber aufklären müssen, welchen Anteil der Provision sie von der Tochtergesellschaft erhält.[304] Bislang liegt keine Entscheidung des BGH vor, ob die Bank, die von dem Wertpapieremittenten gezahlte, Vertriebsvergütung iSd § 384 Abs. 2 Hs. 2, 2. Var. HGB, § 667 2. Var. BGB an den Anleger heraus-

---

[294] *Buck-Heeb* DB 2011, 2825 (2829).

[295] BGH Urt. v. 8.4.2014 – XI ZR 341/12 = NJW 2014, 2348; BGH Beschl. v. 20.1.2009 – XI ZR 510/07 = WM 2009, 405 Rn. 13; BGH Urt. v. 19.12.2006 – XI ZR 56/05, BGHZ 170, 226 Rn. 24 = WM 2007 487.

[296] Entspricht dem jetzigen § 63 Abs. 2 WpHG.

[297] OLG Stuttgart Urt. v. 29.10.2010 – 6 U 208/09 = WM 2011, 356 (358); OLG Celle Urt. v. 21.10.2009 – 3 U 86/09, WM 2010, 609 (611); OLG Stuttgart Urt. v. 6.10.2009 – 6 U 126/09, ZIP 2009, 2185 (2188); BGH Beschl. v. 20.1.2009 – XI ZR 510/07 = WM 2009, 405 Rn. 12 f.

[298] *Lang/Bausch* WM 2010, 2101 (2102).

[299] → Rn. 69.

[300] BGH Urt. v. 15.7.2014 – XI ZR 418/13 = BKR 2014, 457; OLG Frankfurt a. M. Urt. v. 30.6.2010 – 19 U 2/10 = NZG 2010, 1073 (1074) – VIP Medienfonds 3; → Rn. 369; BGH Beschl. v. 29.6.2010 – XI ZR 308/09 = NJW 2010, 2339 Rn. 3, 10. Auch für Altfälle vor 1990 scheint es aussichtslos für Banken sich auf einen unvermeidbaren Rechtsirrtum zu berufen, *Buck-Heeb* jurisPR-BKR 3/2015 Anm. 2.

[301] BGH Urt. v. 12.5.2009 – XI ZR 586/07 = WM 2009, 1274 Rn. 18; → Rn. 368.

[302] BGH Urt. v. 30.10.2014 – III ZR 493/13, NZG 2015, 396 = BeckRS 2014, 21809 Rn. 42; BGH Beschl. v. 27.11.2014 – III ZR 294/13 = WM 2015, 67 Rn. 3; BGH Urt. v. 12.5.2009 – XI ZR 586/07 = NJW 2009, 2298 Rn. 14; BGH Urt. v. 5.4.1997 – XI ZR 105/96, BGHZ 135, 202 (205 ff.) = NJW 1997, 1917 Rn. 17.

[303] OLG München Urt. v. 15.2.2011 – 5 U 4507/10 = BKR 2011, 215 (217).

[304] BGH Beschl. v. 24.6.2014 – XI ZR 219/13, BeckRS 2014, 15729 Rn. 2, 3, 19.

geben muss.[305] Jedoch lässt sich eine Tendenz daraus ableiten, dass der BGH eine Parteivereinbarung – auch in AGB – über **das Nicht-Auskehren** für wirksam erachtet.[306] In dieser Entscheidung ließ der BGH jedoch ausdrücklich die Frage offen, ob ein Herausgabeanspruch gem. § 384 Abs. 2 Hs. 2, 2. Var. HGB, § 667 2. Var. BGB besteht.[307]

Die Bank könnte ihre Hinweispflicht jedoch dadurch umgehen, dass sie, unabhängig vom eigentlichen Geschäft, die Beratung auf freie Beratungs- bzw. Vermittlerunternehmen auslagert.[308] Ebenfalls besteht keine Aufklärungspflicht bei der Vermittlung von Versicherungsprodukten.[309] **326**

Uneinheitlich wird in Rechtsprechung und Literatur die Frage beurteilt, ob die beratende Bank auch **bei konzerneigenen Produkten** eine **Aufklärungspflicht** über die Rückvergütung trifft. Während hierzu in der Instanzgerichtlichen Rechtsprechung einige, teilweise divergierende Entscheidungen ergangen sind, hat sich der BGH mit der Frage noch nicht abschließend auseinandergesetzt.[310] Zur Beantwortung der Frage ist vielmehr auf die in der jüngeren Judikatur des BGH allgemein zum Ausdruck kommende Wertung zurückzugreifen, wonach sich die Aufklärungspflicht aus einem nicht ohne weiteres erkennbaren, gewissermaßen „hinter dem Rücken" des Anlegers begründeten, finanziellen Eigeninteresse der Bank ableitet.[311] Denn eine Aufklärung über eine erfolgte Rückvergütung durch den Emittenten des empfohlenen Produkts muss vorgenommen werden, um das Vertrauen des Anlegers in die Beratung zu schützen und eine aufgrund der erhaltenen Vergütung nicht mehr im Kundeninteresse liegende Empfehlung zu verhindern. Ohne eine solche Aufklärung wird beim Anleger eine Fehlvorstellung über die strukturelle Objektivität der Beratung und damit über wichtige Aspekte seiner Anlageentscheidung hervorgerufen.[312] Von den Befürwortern einer Aufklärungspflicht wird wiederum teilweise angenommen, dass es bei dem Vertrieb von konzerneigenen Produkten einer Aufklärung schon allein deshalb bedarf, weil es sich in einem solchen Fall um ein Drei-Personen-Verhältnis handelt.[313] Darüber hinaus wird darauf verwiesen, dass der Anleger zwar aufgrund der Konzernzugehörigkeit das wirtschaftliche Interesse der beratenden Bank erkennen könne, jedoch zur genauen Beurteilung die Ausmaße der Rückvergütung kennen müsse.[314] Dagegen spricht jedoch, dass es keiner Aufklärung bedarf, wenn es an einer nicht ohne weiteres vermeidbaren Fehlvorstellung des Anlegers fehlt. Kann dieser bei objektiver Betrachtungsweise aus der Konzernstruktur erkennen, dass die Bank bei der Vermittlung ein besonderes Gewinninteresse hat, benötigt er nicht die genaue Höhe der Rückvergütung. Daher erzeugt die unterlassene Aufklärung in solchen Fällen gerade keine relevante **327**

---

[305] *Stackmann* NJW 2015, 988 (989); BankR-HdB/Hannöver/Walz § 110 Rn. 73; BeckOGK BGB/*Herresthal* § 311 Rn. 752.

[306] BGH Urt. v. 14.1.2014 – XI ZR 355/12, BGHZ 199, 355 = NJW 2014, 924 Rn. 12 ff.; vorgehend OLG Frankfurt Urt. v. 27.10.2014 – 3 U 200/13 – juris; *Stackmann* NJW 2015, 988 (989); *Jordans* BKR 2015, 309 (312).

[307] *Jordans* BKR 2015, 309 (314); *Stackmann* NJW 2015, 988 (989); iE abl. *Kotte* BB 2015, 1283 (1283 ff.).

[308] BGH Urt. v. 18.4.2013 – III ZR 225/12 = BKR 2013, 288; Assmann/Schütze/*Edelmann* KapAnlR-HdB § 3 Rn. 26.

[309] BGH Urt. v. 1.7.2014 – XI ZR 247/12 = BKR 2014, 381.

[310] Gegen eine Aufklärungspflicht ua OLG Dresden 3.4.2012 – 5 U 376/11 = ZIP 2012, 1952; LG Berlin, 4.9.2012 – 10 O 267/12 = BKR 2013, 474; dafür OLG Düsseldorf Urt. v. 2.5.2013 – I-6 U 84/12, BeckRS 2013, 09015; OLG Frankfurt Urt. v. 8.7.2013 – 23 U 132/12, BeckRS 2013, 12769; OLG Karlsruhe, Urt. v. 3.3.2009 – 17 U 149/07 = NZG 2009, 1155. Soweit von der befürwortenden Rspr. behauptet wird, der BGH habe sich bereits in seiner Kick-Back-Rspr. implizit für eine Aufklärungspflicht ausgesprochen, wird hierbei außer Acht gelassen, dass sich der BGH nie ausdrücklich mit der zugrundeliegenden Problematik auseinandergesetzt und seine Kriterien im Übrigen erst in späteren Urteilen (BGH Urt. v. 18.4.2013 – III ZR 225/12, BKR 2013, 288) näher entwickelt hat; zu Letzterem *Kotte* BB 2014, 1353 (1355).

[311] Vgl. BGH, Urt. v. 16.10.2012 – XI ZR 367/11 = NZG 2013, 184 Rn. 34; BGH Urt. v. 27.10.2009 – XI ZR 338/08 = BB 2010, 15 Rn. 31.

[312] *Kotte* BB 2014, 1353 (1353 ff.); *Habersack* WM 2010, 1245 (1251); *Schäfer/Schäfer* BKR 2007, 163 (165).

[313] OLG Düsseldorf Urt. v. 2.5.2013 – I-6 U 84/12, BeckRS 2013, 09015.

[314] OLG Karlsruhe Urt. v. 3.3.2009 – 17 U 149/07 = NZG 2009, 1155.

Fehlvorstellung des Anlegers.[315] Vielmehr sind konzerneigene Produkte als **eigene Produkte** iSd Entscheidung des BGH vom 22.3.2011 einzustufen.[316] Anderenfalls würde der Anlegerschutz erheblich ausgeweitet, da insbesondere der Kleinanleger regelmäßig kaum zwischen den einzelnen Konzernmitgliedern unterscheidet, vor allem dann nicht, wenn sie ähnliche Namen tragen.[317] Trotz des formalen Vorliegens eines Drei-Personen-Verhältnisses ist somit im Konzernverbund ausnahmsweise nicht von einer Aufklärungspflicht der Bank über Art und Ursprung ihres finanziellen Eigeninteresses auszugehen.

328 **Keinesfalls** besteht eine **Obliegenheit des Anlegers,** sich über mögliche Rückvergütungen zu informieren. Eine derartige Annahme würde die Aufklärungspflicht ad absurdum führen, da dem Kunden erst durch die Aufklärung der Interessenskonflikt des Beraters bewusst gemacht werden soll.[318] Fragt der Kunde jedoch nach der Höhe der Rückvergütung und erhält er keine entsprechende Antwort seitens des Beraters, investiert aber dennoch, so ist es ihm aufgrund von § 242 BGB nicht möglich sich auf die fehlende Aufklärung der Bank zu berufen.[319]

329 **b) Innenprovisionen als Rückvergütungen.** Ob und in welcher Weise auch sog. Innenprovisionen als Rückvergütungen anzusehen und damit offenlegungspflichtig sind, war in den vergangen Jahren Gegenstand lebhafter Diskussionen und zahlreicher, zum Teil divergierender Rechtsprechungsentscheidungen. Unter Innenprovisionen verstand die Rechtsprechung hierbei sämtliche Vertriebsprovisionen, die im Gegensatz zu Rückvergütungen nicht offen ausgewiesen werden, sondern verdeckt als Teile der Anschaffungs- oder Herstellungskosten bereits in das Kaufobjekt eingepreist worden sind.[320] Mit Urteil vom 3.6.2014[321] hat der XI. Zivilsenat des BGH nun geklärt, dass Innenprovisionen ebenso wie Rückvergütungen einer **bedingungslosen zivilrechtlichen Aufklärungspflicht** unterliegen, egal wie hoch sie sind. Um der zuvor herrschenden Rechtsunsicherheit Rechnung zu tragen, die durch die Schwellenwertrechtsprechung des III. Zivilsenats[322] und die teilweise divergierende Rückvergütungsrechtsprechung des XI. Zivilsenats[323] entstanden war, hat der BGH diese Pflicht allerdings an eine eher ungewöhnliche Stichtagsregelung geknüpft. Während alle Provisionen **ab dem 1.8.2014** der neuen Rechtsprechung unterfallen sollen, ließ der BGH die Frage nach der Rechtslage vor diesem Datum ausdrücklich offen, gestattete den beratenden Banken für diese Zeit allerdings die Berufung auf einen **unvermeidbaren Rechtsirrtum.**[324] Damit bleibt es im Ergebnis für Provisionen vor dem 1.8.2014 dabei, dass über die Innenprovision erst dann aufzuklären war, wenn der Provisionsbetrag die Wertigkeit der Anlage entscheidend beeinflusst, was im Sinne der

---

[315] Zutr. *Kotte* BB 2014, 1353 (1354) mwN.; OLG Dresden Urt. v. 3.4.2012 – 5 U 376/11 = BKR 2012, 293; vormals auch OLG Frankfurt Urt. v. 28.3.2012 – 9 U 104/10, BeckRS 2012, 15831.

[316] *Kotte* BB 2014, 1353 (1355); *Habersack* WM 2010, 1245 (1251).

[317] *Kotte* BB 2014, 1353 (1355).

[318] OLG Frankfurt a. M. Urt. v. 30.6.2010 – 19 U 2/10 = VuR 2010, 421 Rn. 50 – VIP Medienfonds 3; BGH Urt. v. 15.4.2010 – III ZR 196/09, BGHZ 185, 185 Rn. 13 = WM 2010, 885; BGH Urt. v. 19.12.2006 – XI ZR 56/05, BGHZ 170, 226 Rn. 22 f. = WM 2007, 487.

[319] BGH Urt. v. 8.4.2014 – XI ZR 341/12, BGH NJW 2014, 2348; dazu *Kropf* ZBB 2014, 331.

[320] BGH Urt. v. 16.10.2012 – XI ZR 367/11 = WM 2012, 1520 Rn. 47; BGH Beschl. v. 9.3.2011 – XI ZR 191/10 = WM 2011, 925 Rn. 22

[321] BGH, Urt. v. 3.6.2014 – XI ZR 147/12 = WM 2014, 1382.

[322] BGH Urt. v. 19.10.2017 – III ZR 565/16 = ZIP 2017, 2304, Rn. 12; BGH Urt. v. 12.2.2004 – III ZR 359/02, BGHZ 158, 110 Rn. 31 ff. = NJW 2004, 1732; bestätigt durch den XI. Zivilsenat in BGH Urt. v. 23.3.2004, NJW 2004, 2378 (2380).

[323] BGH Urt. v. 19.12.2006 – XI ZR 56/05, BGHZ 170, 226 Rn. 22 ff. = WM 2007, 487.

[324] BGH Urt. v. 3.6.2014 – XI ZR 147/12, WM 2014, 1382 Rn. 22. Für Rückvergütungen stellt das Gericht jedoch ausdrücklich fest, dass sich die beratende Bank nicht auf einen unvermeidbaren Rechtsirrtum für die Zeit nach 1984 berufen kann. Auch schon BGH Urt. v. 8.5.2012 – XI ZR 262/10, BGHZ 193, 159 = NJW 2012, 2427 Rn. 25 und BGH Urt. v. 29.6.2010 – XI ZR 308/09, WM 2010, 1694 Rn. 2 ff. Kritisch zur Ungleichbehandlung von Innenprovisionen und Rückvergütung *Balzer/Lang* BKR 2014, 370 (379).

früheren Rechtsprechung des III. Zivilsenats wiederum erst ab einem Schwellenwert von 15 % des Kapitalwerts anzunehmen war.[325]

Während die Entscheidung jedenfalls im Ergebnis Zustimmung verdient, wirft die vom BGH hierfür gefundene Begründung gleich in mehrfacher Hinsicht einige wichtige Fragen auf, die sich für die Zukunft gerade mit Blick auf die vom BGH angestrebte Rechtssicherheit noch als Pyrrhussieg erweisen könnten. Das als Rechtfertigung für die Änderung seiner Rechtsprechung angeführte Kernargument des BGH ist die These, dass die zahlreichen aufsichtsrechtlichen Novellen der letzten Jahre zur Entstehung eines „nahezu flächendeckenden aufsichtsrechtlichen **Transparenzgebots**" geführt hätten, dass über die (hierdurch) berechtigte Erwartung des Anlegers und entsprechende konkludente Erklärungen Eingang in den Beratungsvertrag gefunden habe.[326] Der in Normen wie § 70 WpHG, 34g GewO oder dem Honoraranlageberatergesetz zum Ausdruck kommende Grundsatz, dass Zuwendungen von Dritten, sofern überhaupt gestattet, vom Berater offen zu legen sind, führe damit mittelbar (jedenfalls ab dem 1.8.2014) zu einer zivilrechtlichen Aufklärungspflicht – und zwar unabhängig davon, ob das konkrete Geschäft einer entsprechenden aufsichtsrechtlichen Pflicht unterliegt und auf welche Weise die Provision dem beratenden Wertpapierdienstleistungsunternehmen zugutekommt.[327] **330**

Damit hat der XI. Zivilsenat sich aber de facto von der gerade erst gestärkten,[328] prinzipiellen Trennung zwischen öffentlich-rechtlichem Aufsichtsrecht und zivilrechtlichem Vertragsrecht wieder verabschiedet, indem er der aufsichtsrechtsrechtlichen Entwicklung ein **umfassendes mittelbares Harmonisierungspotential** für den Pflichtenkanon des Beratungsvertrags zugesprochen hat.[329] Zwar stellt er ausdrücklich klar, dass dem Aufsichtsrecht keinerlei direkte Einwirkungsmöglichkeit auf zivilrechtliche Schuldverhältnisse zukommen soll;[330] jedoch öffnet der Senat über das Vehikel der generalisierend-konkludenten Vertragsauslegung, öffentlich-rechtliche Pflichten einzubeziehen. Dabei geht der BGH durch die Erstreckung der Aufklärungspflicht auf alle Produkte, auch solche die nicht vom Aufsichtsrecht erfasst werden, über das Schutzniveau der öffentlich-rechtlichen Normen hinaus. **331**

Zudem hat das Gericht seine bisherigen **Anforderungen an die Unvermeidbarkeit eines Rechtsirrtums** spürbar gesenkt:[331] Während diese früher bei unklarer Rechtslage und der hieraus resultierenden Möglichkeit einer Rechtsprechungsänderung abgelehnt wurde, lässt der BGH es nun ausreichen, dass die beratenden Wertpapierdienstleistungsunternehmen aufgrund der unklaren, komplexen Rechtslage auch zu dem für sie günstigeren Schluss hätten kommen können, dass eine Aufklärung von verdeckten Innenprovisionen gerade nicht erforderlich sei.[332] Ob daraus tatsächlich zwangsläufig eine allgemeine Rechtsprechungsänderung des BGH auch für zukünftige Rechtsirrtümer angenommen werden kann, erscheint allerdings zweifelhaft, da es sich durchaus aufgrund der evidenten Divergenzen zwischen den Senaten des BGH um eine einzelfallspezifische Entscheidung handeln kann. **332**

---

[325] Mangels Entscheidungserheblichkeit hat sich der BGH zwar nicht eindeutig auf die Fortgeltung der 15 % Schwelle festgelegt, bezieht sich allerdings ausdrücklich auf die entsprechende Judikatur des III. Zivilsenats, sodass trotz des Rechtsirrtumsprivilegs jedenfalls von einer Aufklärungspflicht ab 15 % des Kapitalwerts ausgegangen werden kann. BGH Urt. v. 3.6.2014 – XI ZR 147/12 = WM 2014, 1382 Rn. 30 mit Verweis ua auf BGH Urt v. 12.2.2004 – III ZR 359/02, BGHZ 158, 110 (121) = WM 2004, 631.

[326] BGH Urt. v. 3.6.2014 – XI ZR 147/12 = WM 2014, 1382 Rn. 36.

[327] Vgl. zum WpHG aF BGH Urt. v. 3.6.2014 – XI ZR 147/12 = WM 2014, 1382 Rn. 32 ff., 38.

[328] BGH Urt. v. 17.9.2013 – XI ZR 332/12 = WM 2013, 1983 Rn. 20, → Rn. 14 f.

[329] Hierzu *Balzer/Lang* BKR 2014, 370 (378); *Buck-Heeb* WM 2014, 1601 (1604 f.); *Heun-Rehn/Lang/Ruf* NJW 2014, 2909 (2011 f.); *Hoffman/Barlitz* ZIP 2014, 1505 (1509); *Jordans* BKR 2015, 309; *Kropf* RdF 2015, 107; *Schnauder* jurisPR-BKR 9/2014 Anm. 1.

[330] BGH Urt. v. 3.6.2014 – XI ZR 147/12 = WM 2014, 1382 Rn. 35, insoweit jedenfalls in der Formulierung übereinstimmend mit BGH Urt. v. 17.9.2013 – XI ZR 332/12 = WM 2013, 1983 Rn. 20.

[331] *Jordans* BKR 2015, 309 (312); *Buck-Heeb* WM 2014, 1601 (1602); *Balzer/Lang* BKR 2014, 370 (380); *Hoffmann/Barlitz* ZIP 2014, 1505 (1507); krit. auch *Weck* BKR 2014, 374, 375; **aA** *Heun-Reh/Lang/Ruf* NJW 2014, 2909 (2910).

[332] BGH Urt. v. 3.6.2014 – XI ZR 147/12 = WM 2014, 1382 Rn. 30.

333 Ferner kann die Annahme eines „flächendeckenden Transparenzgebots" als allgemeiner Maxime des Aufsichtsrechts[333] für weitere Rechtsunsicherheit sorgen. So sind bereits Forderungen laut geworden, das Transparenzgebot auch in Bereichen umzusetzen, in denen Wertpapierdienstleistungsunternehmen bisher nicht zur Offenlegung ihrer Provisionsgewinne verpflichtet waren, etwa bei zu Anlagezwecken abgeschlossenen Versicherungen.[334] Gleiches gilt für die Beratung durch freie Anlageberater nach § 34f GewO oder bestimmte Fälle des direkten Anlageverkaufs durch das Wertpapierdienstleistungsunternehmen selbst.[335]

334 In der Sache ist die **Aufgabe der Differenzierung zwischen Rückvergütung und Innenprovision** zu **begrüßen.**[336] Für dieses Ergebnis hätte es allerdings nicht des Rückgriffs auf den mittelbaren Einfluss der Entwicklung des Aufsichtsrechts auf die Willenserklärungen der Beteiligten bedurft, sondern allein einer konsequenten Anwendung der Prinzipien der Kick-Back-Rechtsprechung auf verdeckte Innenprovisionen.[337] Warum Innenprovisionen nicht aufklärungsbedürftig sein sollten (oder erst ab 15 %), Rückvergütungen an Banken etc. aber selbst bei offenem Ausweis, war nämlich schon vor den aufsichtsrechtlichen Änderungen der letzten Jahre nicht nachvollziehbar.[338] Denn für das Vorliegen eines Interessenkonfliktes ist es nicht entscheidend, aus welcher Quelle die Zahlungen an die beratende Bank bzw. den Anlagevermittler fließen.[339] Für den Kunden kann es nicht darauf ankommen, woher und über welche Umwege sein Berater Vergütungen erhält, von denen der Kunde nichts wissen kann und die die Beratung beeinflussen können. Ganz im Gegenteil ist der Interessenkonflikt bei verdeckten Provisionen im Innenverhältnis für den Kunden eher noch schwieriger auszumachen als bei Rückvergütungen, die durch ihre Einpreisung im sichtbaren Agio wenigstens die etwas naheliegendere Möglichkeit der Nachfrage eröffnen. Konsequenterweise unterstellt das Aufsichtsrecht in § 70 WpHG ja auch beide Zuwendungsformen der gleichen Regelung.[340] Aufsichtsrechtsunabhängig genügt aber schon allein die Fokussierung auf den **zentralen Wertungsaspekt des Beratungsverhältnisses** – die Pflicht des Beraters einen Anleger über einen nicht erkennbaren Interessenkonflikt des Beraters aufzuklären – um aus diesem Grund eine Unterscheidung zwischen Rückvergütung und Innenprovision für nicht überzeugend zu halten.[341] Denn bereits in der Konstellation, in der eine Rückvergütung sowohl aufklärungspflichtig aus dem Agio, als auch aus einer Innenprovision geleistet würde, würden sich dogmatische Widersprüche ergeben. Denn dann wäre nach der Rechtsprechung des BGH nur über die Vergütungshöhe aus dem Agio aufzuklären gewesen, nicht aber über den anderen Teil, womit die eigentlich beabsichtigte Klarstellungsfunktion für den Kunden unterlaufen worden wäre.[342] Daher bestand bereits nach alter Rechtsprechung nur die Möglichkeit, auch eine Pflicht zur Aufklärung bei Innenprovisionen anzunehmen.[343] Konsequenterweise muss die Bank den Anleger dann auch über eine übernommene Platzierungsgarantie aufklären.[344] Damit ist auch die vom BGH offengelassene Frage nach der Rechtslage vor dem 1.8.2014

---

[333] BGH Urt. v. 3.6.2014 – XI ZR 147/12 = WM 2014, 1382 Rn. 36.

[334] *Balzer/Lang* BKR 2014, 370 (380).

[335] Vgl. zum WpHG aF JVRB/*Bruchwitz/Voß* WpHG § 31d Rn. 94 f.

[336] *Winter* WM 2014, 1606 (1609); *Oppenheim* BKR 2014, 454 (455); **aA** *Kropf* RdF 2015, 107.

[337] Vgl. → 1. Aufl. 2013 Kap. 33 Rn. 179; zur Kick-Back-Rechtsprechung → Rn. 319.

[338] *Nobbe* BKR 2011, 299 (302 f.); *Jooß* WM 2011, 1260 (1261); s. a. *Varadinek/Röh* ZIP 2009, 2380 (2383 ff.); *Casper* ZIP 2009, 2409; dies verkennt erneut *Wiechers* in seiner Rechtfertigung der ergangenen BGH-Entscheidungen WM 2012, 477 (482).

[339] OLG Stuttgart Urt. v. 29.10.2010 – 6 U 208/09 = WM 2011, 356; OLG Stuttgart Urt. v. 24.2.2010 – 9 U 58/09 = WM 2010, 844; OLG Dresden Urt. v. 24.7.2009 – 8 U 1240/08 = WM 2009, 1689 (1691); *Koch* BKR 2010, 177 (180 f.); *Maier* VuR 2010, 422; *Nittel/Knöpfel* BKR 2009, 411 (413 f.); *Witte/Hillebrand* DStR 2009, 1759 (1761); *Habersack* Bankrechtstag 2010 S. 3 (25); *Puszkajler* Bankrechtstag 2010 S. 53 (59 f.).

[340] Vgl. zum WpHG aF *Koch* BKR 2010, 177 (181).

[341] *Herresthal* ZBB 2010, 305 (307 f.).

[342] *Langen* NZG 2010, 816 (818); einen anderen Ansatz wählt *Voigt* NZG 2010, 1217 (1218), wonach auch die Gestaltungspraxis bei aus dem Agio gezahlten Vergütungen hinreichend transparent sei, sodass diesbezüglich meist eine automatische Offenlegung des Interessenkonflikts angenommen werden könne.

[343] *Lippe/Voigt* BKR 2011, 151 (154).

[344] *Jooß* WM 2011, 1260 (1266); *Koch* BKR 2010, 177 (181).

eindeutig zugunsten einer **Aufklärungspflicht für Innenprovisionen vor der Rechtsprechungsänderung im Jahr 2014** zu beantworten.

335 Nicht beantwortet ist hiermit allerdings die Frage nach dem **Zeitpunkt der Unvermeidbarkeit eines Rechtsirrtums** seitens der Wertpapierdienstleistungsunternehmen hinsichtlich ihrer Aufklärungsverpflichtung. Das eher willkürlich gesetzte Datum des 1.8.2014 knapp 2 Monate nach Urteilsverkündung eignet sich hierfür jedenfalls nicht.[345] Auf der anderen Seite kann aber auch nicht in Abrede gestellt werden, dass durch die unklare Behandlung der Problematik durch die Rechtsprechung ein hohes Maß an Rechtsunsicherheit für die betroffenen Institute entstanden ist, das bei der Frage nach der schuldhaften Nichtbeachtung der Aufklärungspflicht nicht unbeachtet gelassen werden darf. Auch aus diesem Grund lohnt sich ein Blick auf die Entwicklung der Rechtsprechung vor dem Grundsatzurteil des BGH am 3.6.2014.[346] Nimmt man die Entwicklung in der Rechtsprechung von BGH und Instanzgerichten sowie die rege Diskussion in der Literatur seit Beginn der Kick-Back-Rechtsprechung zusammen, zeigt sich, dass die **Aufklärungspflicht für verdeckte Innenprovisionen den Beteiligten spätestens ab dem Jahr 2006 alles andere als geklärt** erscheinen musste.[347] Auch wenn der XI. Zivilsenat den berechtigten Forderungen von Teilen der Literatur nach einer Gleichstellung von Rückvergütung und Innenprovision erst Jahre später nachkommen sollte, findet sich in keinem der Folgeurteile eine detailliertere Abgrenzung beider Zuwendungsformen, geschweige denn eine deutliche inhaltliche Begründung für ihre unterschiedliche Behandlung. Wendet man die traditionell hohen Anforderungen an die Unvermeidbarkeit eines Rechtsirrtums auf das Problem der Innenprovision an, wie der BGH dies im Übrigen in der Vergangenheit bei der Aufklärungspflicht für Rückvergütungen auch getan hat,[348] wird man den Wertpapierdienstleistungsunternehmen nicht erst am 1.8.2014, zwei Monate nach dem eindeutigen Urteil des BGH, sondern regelmäßig schon **ab dem Jahr 2006 die Berufung auf einen unvermeidbaren Rechtsirrtum abschneiden** müssen.[349] Anderenfalls müsste man ebenfalls beinahe jede andere Rechtsprechungsänderung unter den gerichtlich festgelegten Vorbehalt einer entsprechenden Übergangsfrist stellen, was im Endeffekt nicht anderes als die Versagung des Rechtsschutzes für all jene bedeuten würde, die sich mit guten Gründen gegen eine überholte Rechtsprechung wenden.

336 Des Weiteren stellt sich die Frage nach **der Form der Aufklärung:** So könnte für die Innenprovisionen die Prospektaufklärung genügen,[350] während über Rückvergütungen explizit mündlich aufgeklärt werden müsste. Allerdings widerspräche eine gesonderte Aufklärung bei Rückvergütungen aus Agio-Positionen etc. der für sonstige Kick-Back Zahlungen zulässigen Aufklärung in einem Prospekt, sodass auch hier keine gesonderte Information erforderlich ist.[351] Ist die Bank in dem Anlageprospekt ausdrücklich als Hauptver-

---

[345] Krit. auch *Balzer/Lang* BKR 2014, 370 (378); *Buck-Heeb* WM 2014, 1601 (1604); *Hoffmann/Barlitz* ZIP 2014, 1505 (1508); *Weck* BKR 2014, 370 (374), der als Grund annimmt, dass der BGH wohl pragmatisch davon ausgegangen ist, dass die Banken sein Urteil jedenfalls ab diesem Zeitpunkt zur Kenntnis genommen haben werden.

[346] Für eine ausführlichere Darstellung → 2. Aufl. 2016 Kap. 33 Rn. 176 ff. mwN.

[347] Vgl. hierzu auch die umfangreichen Nachweise in BGH Urt. v. 3.6.2014 – XI ZR 147/12 = WM 2014, 1382 Rn. 20, 21.

[348] BGH Beschl. v. 29.6.2010 – XI ZR 308/09 = WM 2010, 1694 Rn. 5 ff.; Beschl. v. 19.7.2011 – XI ZR 191/10 = WM 2011, 1506 Rn. 12.

[349] Ebenso *Weck* BKR 2014, 370 (374); ähnlich *Balzer/Lang* BKR 2014, 370 (379) (ab dem Jahr 2007).

[350] Diese Rspr. geht zurück auf den III. Zivilsenat, vgl. BGH Urt. v. 12.2.2004 – III ZR 359/02, BGHZ 158, 110 Rn. 37 = NJW 2004, 1732; BGH Urt. v. 22.3.2007 – III ZR 218/06 = BKR 2007, 254 Rn. 9; der XI. Zivilsenat hat sich dieser Auffassung angeschlossen: BGH Urt. v. 23.3.2004 – XI ZR 194/02 = NJW 2004, 2378 Rn. 30; BGH Urt. v. 5.6.2007 – XI ZR 348/05 = NJW 2007, 2407 Rn. 18; BGH Urt. v. 25.9.2007 – XI ZR 320/06 = BKR 2008, 199 Rn. 16; Beschl. v. 20.1.2009 – XI ZR 510/07 = WM 2009, 405 (406 Rn. 13).

[351] OLG Frankfurt a. M. Urt. v. 19.8.2009 – 17 U 98/09 = BB 2009, 2334 (2335); OLG Celle Urt. v. 1.7.2009 – 3 U 257/08 = WM 2009, 1794 (1796); LG Chemnitz Urt. v. 23.6.2009 – 7 O 359/09 = WM 2009, 1505 (1508); *Jooß* WM 2011, 1260 (1266); *Jordans* BKR 2011, 456 (460); *Assmann* ZIP 2009, 2125 (2129); *Dörfler* EwiR 2009, 193 (194); *Heße* MDR 2009, 1197; *Lampe* NJOZ 2009, 4893 (4897); *Lang/Balzer* ZIP 2009, 456 (458); *Witte/Hillebrand* DStR 2009, 1759 (176).

triebspartnerin genannt und ist danach auch eindeutig, in welcher maximalen prozentualen Höhe an sie Vertriebsprovisionen fließen, ist eine weitere Aufklärung über die exakte Höhe der an die Bank geflossenen Provisionen nicht erforderlich, da die Bank in diesem Fall keinerlei Beträge „hinter dem Rücken" des Anlegers erhält und kein nach Art und Umfang offenlegungswürdiger Interessenkonflikt gegeben ist.[352] Nicht ausreichend ist es jedoch, wenn nur ein Hinweis gegeben wird, dass „die Vermittler" eine Provision erhalten. Denn damit wird gerade nicht darüber aufgeklärt, ob die anlageberatende Bank auch eine Provision erhält.[353] Die beratende Bank muss als Empfängerin selbst benannt sein, unabhängig davon, ob dies im Prospekt oder im Beratungsgespräch erfolgt.[354] Wird jedoch in dem Prospekt eine sog. „All-in-Fee" vereinbart, mit der grundsätzlich auch Beratungsentgelte abgegolten sein sollen, so entbindet dies die Bank nicht von ihrer Pflicht, in besonderer Weise auf zusätzliche Rückvergütungen hinzuweisen;[355] denn hier wird dem Anleger das Ausmaß des Interessenkonflikts nicht deutlich.

337 **c) Aufklärung über eigene Gewinnmargen.** Streitig ist weiterhin, ob auch die unterbliebene **Offenlegung eigener Gewinnmargen bzw. Handelsspannen** gegen die Pflicht zur Offenlegung von Interessenkonflikten verstößt. Anders als in anderen Branchen müsste der Finanzdienstleister selbst bei Eigengeschäften seine Kalkulationsgrundlagen offenlegen.[356] Dabei soll es keine Rolle spielen, ob die Zahlung an die Bank von einem Dritten erfolgt (Rückvergütung) oder durch den Kunden selbst (Gewinnmargen),[357] zumal sonst durch einfache „Umgestaltung" von Provisionen als Margen die Pflicht zur Offenlegung umgangen werden könne.[358] Ferner sei es für den Kunden häufig nicht erkennbar, ob die gezeichneten Anlagen aus dem Eigenhandel stammen oder nicht.[359] Schließlich wird versucht die Aufklärungspflicht aus dem, selbstständig neben dem Kaufvertrag über das Wertpapier stehenden, Beratungsvertrag herzuleiten.[360] Dementsprechend hat die unterinstanzgerichtliche Rechtsprechung zum Teil eine Aufklärungspflicht angenommen.[361]

338 **Dagegen** spricht jedoch, dass es für jeden Kunden **offensichtlich** ist, dass eine Bank mit **Gewinnerzielungsabsicht** bei der Anlageberatung handelt, wenn sie Produkte aus dem eigenen Bestand veräußert.[362] Hinzu kommt das schützenswerte Interesse der Bank die

---

352 OLG München Beschl. v. 24.5.2011 – 19 U 690/11 = BKR 2011, 526.

353 BGH Urt. v. 4.2.2014 – XI ZR 398/12 = BKR 2014, 200 Rn. 19; BGH Beschl. v. 20.11.2012 – XI ZR 205/10, BeckRS 2013, 00270 Rn. 21; BGH Beschl. v. 9.3.2011 – XI ZR 191/10 = WM 2011, 925 Rn. 27.

354 OLG Frankfurt Urt. v. 29.1.2014 – 17 U 18/13 Rn. 30, BeckRS 2014, 04636; BGH Urt. v. 20.1.2009 – XI ZR 510/07 = WM 2009, 405 Rn. 13.

355 LG München I Urt. v. 15.12.2011 – 28 O 26515/10 = BKR 2012, 28 (30 f.).

356 *Buck-Heeb* BKR 2010, 1 (2).

357 LG Frankfurt a. M. Urt. v. 10.3.2008 – 2–4 O 388/06 = WM 2008, 1061 (1067 f.), aufgehoben durch OLG Frankfurt a. M. Urt. v. 29.7.2009 – 23 U 76/08 = WM 2009, 1563; LG Hamburg Urt. v. 23.6.2009 – 310 O 4/09, = WM 2009, 1282 (1282 ff.), aufgehoben durch OLG Hamburg Urt v. 23.4.2010 – 13 U 118/09, juris; *Maier* VuR 2009, 369 (371), der sich ebenfalls für eine Aufklärung ausspricht; *Lederer* AG 2009, Rn. 415 f.; *Sethe* FS Nobbe, 2009, 769 (785 f.); *Koller* ZBB 2007, 197 (199); *Späth* VuR 2010, 451 (455).

358 LG Frankfurt a. M. Urt. v. 10.3.2008 – 2–4 O 388/06 = WM 2008, 1061 (1067 f.); LG Hamburg Urt. v. 23.6.2009 – 310 O 4/09 = WM 2009, 1282 (1282 ff.).

359 Assmann/Schütze/*Edelmann* KapAnlR-HdB § 3 Rn. 28; *Sethe* FS Nobbe, 2009, 769 (785 f.).

360 *Schwab* BKR 2011, 450 (452).

361 LG Frankfurt a. M. Urt. v. 10.3.2008 – 2–4 O 388/06 = WM 2008, 1061 (1069 f.); LG Hamburg Urt. v. 23.6.2009 – 310 O 4/09 = WM 2009, 1282 (1285 f.); **aA** OLG Bamberg Urt. v. 7.6.2010 – 4 U 241/09 = VuR 2010, 423 Rn. 60, das beim Vertrieb von Lehman-Zertifikaten eine Aufklärungspflicht bezüglich der marktüblichen, nicht umsatzabhängigen Gewinnmarge ablehnt.

362 BGH Urt. v. 24.9.2013 – XI ZR 204/12 = WM 2013, 2065 Rn. 23; OLG Köln Urt. v. 8.6.2011 – 13 U 55/10, = BKR 2011, 334 (336); OLG Hamburg Urt. v. 23.4.2010 – 13 U 117/09 = ZIP 2010, 973 (974); OLG Frankfurt a. M. Urt. v. 29.7.2009 – 23 U 76/08 = BKR 2009, 378 (381); OLG Düsseldorf Urt. v. 29.6.2009 – I-9 U 187/08, = WM 2009, 1410 (1412); OLG Celle Urt. v. 11.6.2009 – 11 U 140/08 = BKR 2009, 385 (386); OLG Bamberg Urt. v. 11.5.2009 – 4 U 92/08 = BKR 2009, 288 (301); *Spindler* WM 2009, 1821 (1825 f.); Schwark/Zimmer/*Koch* WpHG § 31d Rn. 88; gegen eine Aufklärungspflicht zudem *Assmann* ZIP 2009, 2125 (2130); *Lang/Balzer* ZIP 2009, 456 (457); *Langen* BB 2010, 17 (18); *Mehrbrey/Sevenheck* EwiR 2009, 595 (596); *Blankenheim* WuB I G 1. – 17.10, 519, 521 f.; *Habersack* WM 2010, 1245 (1249, 1252 f.); *Jordans* BKR 2011, 456 (462).

Gewinnspanne aus Wettbewerbsgründen nicht offenzulegen.[363] Entscheidend ist die Unterscheidung zwischen **treuhänderischem Kommissionsgeschäft,** bei dem der Finanzdienstleister in vollem Umfang den Offenlegungspflichten hinsichtlich von Vergütungen an Dritte unterliegt[364] und dem Eigengeschäft, auch als **Festpreisgeschäft** bezeichnet.[365] Für das Eigengeschäft spricht in der Regel die Vereinbarung eines festen Preises, das eigene Verlustrisiko durch den Finanzdienstleister sowie der Ausschluss des Rückgaberechts bei Unverkäuflichkeit der Wertpapiere sowie das Fehlen eines Weisungsrechts, da dies als unabdingbarer Bestandteil eines Kommissionsgeschäfts angesehen wird.[366] Hier muss der Anbieter seine Gewinnmarge nicht offen legen.[367] Demgegenüber liegt ein Kommissionsgeschäft regelmäßig vor, wenn Gewinn und Verlust an den anderen Vertragspartner weitergereicht werden und ein Weisungsrecht besteht.[368] Bei einem solchen Geschäft besteht jedoch auch dann keine Aufklärungspflicht, wenn die Vergütung alleine von der Emittentin gezahlt wird und der in der Wertpapierabrechnung aufgeschlüsselte Kaufpreis pro Zertifikat keine an die Emittentin zu zahlende Positionen enthält.[369] Stellt die Kaufkommisionärin hingegen ihrem Kunden eine Rechnung für die Beschaffung des Wertpapiers und erhält zugleich eine Vertriebsvergütung durch die Emittentin, so ist der Kunde über die sog. Doppelprovision aufzuklären.[370] Zwar stellt die Rechtsprechung oftmals hinsichtlich bestehender Interessenkonflikte allein auf einen konkludent abgeschlossenen selbstständigen Beratungsvertrag ab,[371] zumal die §§ 63 ff. WpHG nicht nach dem Charakter des Rechtsgeschäfts – ob Festpreis- oder Kommissionsgeschäft – differenzieren. Indes gilt auch für den selbständigen Beratungsvertrag sowie § 70 WpHG, dass es sich um einen **verdeckten Interessenkonflikt** handeln muss, da die Anleger bei offensichtlichen Umständen, wie der Gewinnerzielungsabsicht der Bank, nicht schutzbedürftig sind.[372] Von einem verdeckten Interessenkonflikt kann bei einem Festpreisgeschäft, also bei dem Vertrieb hauseigener Produkte und auch solchen, die in den eigenen Bestand übernommen werden, nicht die Rede sein.[373] Sofern der Kunde nicht die Erwartung hegt, von der Bank auch über Fremdprodukte beraten zu werden, hat der BGH die alleinige Empfehlung **bank-, konzern- oder institutsgruppeneigener Anlageprodukte** auch ohne gesonderte Aufklärung nicht beanstandet.[374] Der Kunde könne nicht erwarten, dass die Bank von sich aus Konkurrenz-

---

[363] *Blankenheim* WuB I G 1. – 17.10, 519, 521 f.

[364] OLG Stuttgart Urt. v. 16.3.2011 – 9 U 129/10 = ZIP 2011, 803 (804): Pflicht zur Offenlegung besteht schon im Jahre 2000.

[365] S. hierzu: *Spindler* WM 2009, 1821 (1822) mwN; ebenso *Bausch* NJW 2012, 354 (356).

[366] BGH Urt. v. 27.2.1991 – VIII ZR 106/90 = NJW-RR 1991, 994 (995 Rn. 17).

[367] Vgl. zum WpHG aF BGH Urt. v. 17.9.2013 – XI ZR 332/12 Rn. 11 = WM 2013, 1983; für Indexzertifikate zum WpHG aF zuvor schon BGH Urt. v. 27.9.2011 – XI ZR 182/10 = WM 2011, 2268; bestätigt durch BverfG Beschl. v. 31.7.2013 – BvR 130/12 = NJW 2013, 2957.

[368] Näher zur Abgrenzung *Bergmann* → Kap. 36 Rn. 131 ff.

[369] BGH Urt. v. 16.10.2012 – XI ZR 367/11 = BB 2012, 3036 Rn. 32 ff.; dazu *Wiecher.* WM 2014, 145 (147).

[370] BGH Urt. v. 24.9.2013 – XI ZR 204/12 = WM 2013, 2065 (2067) Rn. 25; *Wiecher.* WM 2014, 145 (147); *Winter* WM 2014 1606 (1608).

[371] → Rn. 262 ff. sowie → Rn. 1; s. a. BGH Urt. v. 4.3.1987 – Iva ZR 122/85, BGHZ 100, 117 Rn. 12 = NJW 1987, 1815; BGH Urt. v. 6.7.1993 – XI ZR 12/93, BGHZ 123, 126 Rn. 11 = WM 1993, 1455, 1456; *Podewils/Reisich* NJW 2009, 116 (117); BankR-HdB/*Siol* § 43 Rn. 7 f.; Derleder/Knops/Bamberger/*Bamberger* HdB Bankrecht § 52 Rn. 35.

[372] Vgl. zum WpHG aF *Spindler* WM 2009, 1821 (1824); **aA** *Buck-Heeb* DB 2011, 2825 (2828).

[373] OLG Karlsruhe Urt. v. 2.11.2010 – 17 U 62/10 = WM 2011, 353 (355); OLG Frankfurt a. M. Urt. v. 2.3.2011 – 19 U 248/10 = WM 2011, 880 (882); OLG Karlsruhe Urt. v. 30.3.2011 – 17 U 133/10 = WM 2011, 883 (884); OLG Celle Urt. v. 4.3.2010 – 3 U 9/10 = ZIP 2010, 876 (878), das die Interessen des Anlegers bei Eigengeschäften bereits durch das Erfordernis der anleger- und objektgerechten Beratung gewahrt sieht; iE auch BankR-HdB/*Hannöver/Walz* § 110 Rn. 73; *Lang/Bausch* WM 2010, 2101 (2105 ff.).

[374] BGH Urt. v. 19.12.2006 – XI ZR 56/05, BGHZ 170, 226 Rn. 21 = WM 2007, 487; BGH Urt. v. 17.9.2013 – XI ZR 332/12 = WM 2013, 1983 Rn. 11; OLG Karlsruhe Urt. v. 2.11.2010 – 17 U 62/10 = WM 2011, 353; so auch *Schäfer/Schäfer* BKR 2007, 163 (164); beachte auch OLG Frankfurt Hinweisbeschl. v. 28.5.2013 – 19 U 53/13, BeckRS 2013, 12117; *Kotte* BB 2014, 1353 (1355); **aA** *Habersack* WM 2010, 2145 (1251), der das Vergütungsinteresse der Bank als aufdeckungspflichtigen Interessenkonflikt erachtet.

produkte empfiehlt und das sogar für den Fall, dass diese besser oder günstiger wären.[375] Der BGH hebt damit deutlich die Abgrenzung von neutraler Anlageberatung und institutsbezogener Beratung hervor.[376] Dementsprechend ist die Bank als Verkäuferin auch in ihrer Preisgestaltung grundsätzlich frei. Denn die Bank darf – wie der BGH selbst festhielt – „als Eigenhändlerin […] jede wirtschaftliche Chance des Geschäfts ausnutzen".[377] Vor diesem Hintergrund kann die Bank nicht verpflichtet sein, ihre Gewinnmargen oder Handelsspannen kundzugeben,[378] denn sie tritt dem Käufer wie ein herkömmlicher Verkäufer gegenüber.[379] Vielmehr sind es der Wettbewerb und der Suchprozess auf den Märkten, die für eine mittelbare Kontrolle von Gewinnmargen und Kosten sorgen.[380] Beim Eigengeschäft ist der Wertpapierdienstleister also auch nach aufsichtsrechtlichen Maßstäben nicht verpflichtet, über eigene Gewinninteressen aufzuklären,[381] vielmehr muss auf einer vorgelagerten Ebene für Transparenz bei der Preisgestaltung der Produkte gesorgt werden, anstatt dem ohnehin zunehmenden Informationsaufkommen im Zusammenhang mit Wertpapiergeschäften, insbesondere bei Privatkunden, noch weiter Tür und Tor zu öffnen.[382]

339 Dafür spricht auch **§ 70 WpHG,** mit dem Art. 26 der Durchführungsrichtlinie zur Finanzmarktrichtlinie (MiFID-DRL) umgesetzt wurde. Denn dieser definiert in Absatz 2 Satz 1 die von der Aufklärungspflicht des Absatz 1 erfassten Zuwendungen als Provisionen, Gebühren oder sonstige Geldleistungen sowie alle nichtmonetären Vorteile. Handelsmargen, interne Kosten und Gewinnmargen eines Emittenten sind demnach nicht von dieser Norm erfasst. Da nach Art. 4 MiFID-DRL die Mitgliedsstaaten nur unter bestimmten außergewöhnlichen Umständen strengere Regelungen beibehalten oder neu einführen dürfen – woran aufgrund des Zieles der Schaffung eines harmonisierten Pflichtenkreises für Wertpapierdienstleistungsunternehmen auch die Rechtsprechung gebunden ist –, ist eine über Art. 26 MiFID-DRL hinausgehende Aufklärungspflicht nicht gefordert.[383] Ähnlich argumentierte auch das OLG Dresden, wobei das maßgebliche Kriterium nicht die Vereinbarung eines Festpreisgeschäfts sein sollte, sondern das Vorliegen eines Zwei- bzw. Dreipersonenverhältnisses.[384]

340 Die hier vertretene Sichtweise wird zudem durch die Entscheidung des BGH zu **Zins-Swap-Geschäften** bestätigt.[385] In seinen Leitsätzen geht das Gericht explizit davon aus,

---

[375] Vgl. zum WpHG aF BGH Urt. v. 19.12.2006 – XI ZR 56/05, BGHZ 170, 226 Rn. 21 = WM 2007, 487; jüngst bestätigt durch BGH Urt. v. 22.3.2011 – XI ZR 33/10, ZIP 2011, 756 = NJW 2011, 1949 Rn. 38.

[376] *Spindler* WM 2009, 1821 (1823).

[377] BGH Urt. v. 18.3.1959 – IV ZR 155/58 = WM 1959, 999 (1001).

[378] *Bausch* NJW 2012, 354 (356); *Lang/Bausch* WM 2010, 2101 (2106); *Spindler* WM 2009, 1821 (1825); vgl. Kümpel/Wittig/Früh/Seyfried/*Seyfried* Bank- und Kapitalmarktrecht Rn. 3.135; Schwark/Zimmer/*Koch* WpHG § 31d (aF) Rn. 88; **aA** indes *Köndgen* JZ 2012, 255 (261, 262) der den Pflichtenstatus unabhängig von dem Ausführungsmodus sieht.

[379] *Bausch* BB 2009, 1832 (1833); *Frisch* CCZ 2009, 196 (197); *Spindler* WM 2009, 1821 (1824 f.). Dementsprechend ist sie auch beim provisionsbasierten Vertrieb von konzerneigenen Produkten nach zutreffender Ansicht nicht zur Aufklärung verpflichtet → Rn. 183.

[380] OLG Bamberg Urt. v. 11.5.2009 – 4 U 92/08 = WM 2009, 1082; OLG Düsseldorf Urt. v. 29.6.2009 – I-9 U 187/08 = WM 2009, 1410; OLG Frankfurt a. M. Urt. v. 29.7.2009 – 23 U 76/08 = WM 2009, 1563 mAnm *Buck-Heeb* jurisPR-BKR 5/2010 Anm. 6; *Mülbert* WM 2007, 1149 (1158, 1160 f.); *Schäfer/Schäfer* BKR 2007, 163 (165); *Spindler* WM 2009, 1821 (1826).

[381] Vgl. Kümpel/Wittig/Früh/Seyfried/*Seyfried* Bank- und Kapitalmarktrecht Rn. 3.135.

[382] So bereits *Spindler* WM 2009, 1821 (1827); dies verkennt *Köndgen* JZ 2012, 255 (262), der ein einheitliches Pflichtenregime für beide Modelle für notwendig erachtet.

[383] Vgl. zum WpHG aF BGH Urt. v. 17.9.2013 – XI ZR 332/12 = WM 2013, 1983; dazu *Harnos* BKR 2014, 1 (8), der durchaus die Vorlagepflicht des BGH an den EuGH aufgrund der anlegerschützenden Gesichtspunkte des Art. 26 MiFID sieht; *Zingel/Rieck* BKR 2009, 353 (355).

[384] OLG Dresden Urt. v. 3.4.2012 – 5 U 376/11 = BKR 2012, 293 (297 f.).

[385] BGH Urt. v. 22.3.2011 – XI ZR 33/10 = NJW 2011, 1949 = ZIP 2011, 756 Rn. 38 mAnm *Klöhn* ZIP 2011, 756 (762 ff.); bestätigt durch BGH Urt. v. 27.9.2011 – XI ZR 178/10 = WM 2011, 2261 Rn. 38 ff.; BGH Urt. v. 27.9.2011 – XI ZR 182/10 = WM 2011, 2268 Rn. 35 ff. mAnm *Klöhn* ZIP 2011, 2237 (2244 f.). Zur Übertragbarkeit der Rechtsprechung auf weitere Finanzinstrumente *Jäger/Meuschke/Hartlieb* BKR 2013, 456.

dass eine Bank, die eigene Anlageprodukte empfiehlt, grundsätzlich nicht darüber aufzuklären habe, dass sie mit diesen Produkten Gewinne erziele, denn der insofern bestehende Interessenkonflikt sei derart offenkundig, dass auf ihn nicht gesondert hingewiesen werden müsse, es sei denn, es treten besondere Umstände hinzu.[386] Solche besonderen Umstände nahm der BGH im vorliegenden Fall an, da der abgeschlossene CMS-Spread-Ladder-Swap-Vertrag und dessen Risikostruktur von der Bank bewusst zu Lasten des Anlegers gestaltet worden war, um unmittelbar im Zusammenhang mit dem Abschluss des Anlagegeschäfts das Risiko verkaufen zu können, welches der Kunde aufgrund der Beratungsleistung übernommen hatte.[387] In einem ähnlich gelagerten Fall hat das OLG Stuttgart die Aufklärungspflicht über den negativen Marktwert zusätzlich vor einem anderen Hintergrund bejaht. Der Entscheidung lag ebenfalls ein Zinsswap-Geschäft zugrunde, das einfach ausgedrückt den gegenseitigen Austausch von Risiken darstellt. Bei diesem Austausch stellt der negative Marktwert das „Saldo der ausgetauschten Leistungen" dar, dieses wiederum begründet eine Vermögenseinbuße beim Anleger. Soll der Anleger eigenverantwortlich eine Anlageentscheidung treffen können, ist die Kenntnis des **negativen Marktwertes** auch vor diesem Hintergrund für ihn entscheidungsrelevant.[388] Die Aufklärungspflicht über den negativen Marktwert von der Komplexität des jeweiligen Finanzprodukts abhängig zu machen erscheint hingegen wenig überzeugend.[389] Entscheidend für die Aufklärungspflicht über den negativen Marktwert ist nicht ausschließlich die Komplexität eines Finanzprodukts, welche für sich genommen ebenfalls eine Aufklärungspflicht begründen könnte, sondern vielmehr die Tatsache, dass die Bank bewusst zu Lasten des Anlegers das Risiko gestaltet und – wie das OLG Stuttgart zutreffend ausführt – beim Anleger eine Vermögenseinbuße begründet. Des Weiteren muss nur dann über den negativen Marktwert aufgeklärt werden, wenn die Bank in einen **Interessenkonflikt** zwischen Eigen- und Kundeninteresse gerät.[390]. Dieser ist jedenfalls dann ausgeschlossen, wenn die beratende Bank das **Geschäft nur vermittelt** und nicht selbst abgeschlossen hat.[391] Es kommt darauf an, ob der Kunde mit der Einpreisung der Bruttomarge in die Risikostruktur des Swap-Geschäfts rechnen musste; nur dann ist über den schwerwiegenden Interessenkonflikt aufzuklären.[392] Es ist jedoch zu bedenken, dass ebenfalls dann kein Interessenkonflikt entstehen kann, wenn die Bank die Risiken des Produkts, welches sie dem Kunden empfohlen hat, **auslagert.** Die Aufklärung über die Bruttomarge ist zudem inkonsistent, denn das Interesse der Bank, die gerade nicht wirtschaftliche Vertragspartei des Kunden für die Laufzeit des Swap-Geschäfts bleibt, ist nicht gegenläufig zu dem des Kunden. Durch die Weitergabe des Swap-Geschäfts, welches aufgrund anleger- und anlagegerechter Beratung seitens der Bank abgeschlossen wurde, an den Markt und durch die Realisierung ihrer Gewinnmarge löst die Bank den Interessenkonflikt auf. In der Einpreisung einer Gewinnmarge und den Beratungskosten des Kunden und der anschließenden Weitergabe an Dritte ist kein Ver-

[386] BGH Urt. v. 22.3.2011 – XI ZR 33/10, NJW 2011, 1949 = ZIP 2011, 756 Rn. 38 mAnm *Klöhn* ZIP 2011, 762 ff.; *Spindler* NJW 2011, 1920 (1922); ebenso *Nobbe* BKR 2011, 302 (304).

[387] Vgl. zum WpHG aF BGH Urt. v. 27.9.2011 – XI ZR 182/10 = WM 2011, 2268 mAnm Klöhn ZIP 2011, 2237(2244); *Spindler* NJW 2011, 1920 (1922 f.); OLG Koblenz Urt. v. 14.1.2010 – 6 U 170/09 = BKR 2010, 197 (199 f.); OLG Stuttgart Urt. v. 26.2.2010 – 9 U 164/08 = BKR 2010, 208 (211 ff.); OLG Stuttgart Urt. v. 27.10.2010 – 9 U 148/08 = ZIP 2010, 2189 (2195); OLG München Urt. v. 27.8.2014 – 7 U 1701/13 = BKR 2015, 84 Rn. 24.

[388] OLG Düsseldorf Urt. v. 7.20.2013 – 9 U 101/12 = WM 2013, 2026 (2028); OLG Stuttgart Urt. v. 14.12.2011 – 9 U 11/11 = WM 2012, 890 (893).

[389] So aber OLG Köln Urt. v. 18.1.2012 – 13 U 232/10 = BKR 2012, 203 (206); bestätigt durch LG Köln Urt. v. 27.3.2012 – 3 O 459/10 = BB 2012, 1053 (1054), wohl auch BGH Urt. v. 20.1.2015 – XI ZR 316/13 = NJW 2015, 1095 Rn. 24, der aber zugleich die hohen Anforderungen an komplexe Finanzprodukte aus der CMS Spread Ladder Swap Entscheidung nicht unbesehen übertragen will und gleichzeitig auch die Kundenkenntnisse berücksichtigen möchte.

[390] BGH Urt. v. 28.4.2015 – XI ZR 378/13 = WM 2015, 1273 Rn. 30 ff., 39; OLG München Urt. v. 27.8.2014 – 7 U 1701/13 = BKR 2015, 84 Rn. 24.

[391] BGH Urt. v. 20.1.2015 – XI ZR 316/13 = NJW 2015, 1095 Rn. 31; BGH Urt. v. 22.3.2011 – XI ZR 33/10, ZIP 2011, 756 = NJW 2011, 1949 Rn. 33 ff.; krit. *Roberts* BKR 2015, 330.

[392] BGH Urt. v. 28.4.2015 – XI ZR 378/13 = WM 2015, 1273 Rn. 39.

dienst am Misserfolg des Kunden zu sehen, sondern ausschliesslich ein Verdienst an ihrer Beratungsleistung.[393]

341 Ferner bleibt unklar, wer über die **Komplexität eines Finanzprodukts** zu entscheiden hat[394] und von welchem Anlegerbild auszugehen ist. Was für einen professionellen Anleger einfach ist, kann für einen erstmalig auf dem Kapitalmarkt auftretenden Kleinanleger durchaus komplex sein. Zweifelhaft mag sein, dass sich bei „nicht komplexen" Produkten die Aufklärung über den negativen Marktwert deswegen ausscheidet, weil dieser sich aufgrund der Preiskalkulation aus dem Prospekt ergibt, dies allerdings ist keine Frage des „ob" der Aufklärung, sondern der Form der Aufklärung. Nach allgemein zivilrechtlichen Grundsätzen könnten ferner besondere Umstände angenommen werden, wenn die Grenze der Sittenwidrigkeit erreicht ist, die bei einer Gewinnmarge von ca. 100 % des Marktwertes der Kapitalanlage anzunehmen wäre.[395] Treten keine besonderen Umstände, die sich aus der speziellen Situation oder dem Finanzprodukt selbst ergeben können, hinzu, bleibt es indes dabei, dass der Finanzdienstleister hinsichtlich der eigenen Gewinnmargen schweigen darf; auch ein negativer Marktwert ist nicht per se ein Mangel des Produkts, sondern als **Indiz relevant für einen etwaigen schwerwiegenden Interessenskonflikt.**[396] Selbst der neben dem Kaufvertrag abgeschlossene Beratungsvertrag führt zu keiner abweichenden Beurteilung; denn im Gegensatz zum Kommissionär trifft den Verkäufer eines Wertpapiers keine Pflicht über Handelsspannen aufzuklären, da der Verkäufer auch keine kommissionsrechtlichen Provisions- und Aufwendungsansprüche gegenüber dem Käufer hat und eben diese „Grundentscheidung des Gesetzgebers" im Rahmen des Beratungsvertrages zu beachten ist.[397]

342 Damit zeigt der BGH, dass der selbstständige Beratungsvertrag sehr wohl von dem später abgeschlossenen Vertrag abhängig ist. So soll keine Aufklärungspflicht bestehen, wenn der Swap-Vertrag der Absicherung eines konkreten konnexen Grundgeschäfts dient,[398] etwa bei der Absicherung eines zugrundeliegenden Darlehensgeschäfts. Denn bei einem rein neutralen Vertrag müsste die Bank streng genommen allein das Interesse des Anlegers beachten und jegliche Provisionen, die eine Anlageentscheidung beeinflussen könnten, offenlegen. Ob schließlich ein Festpreisgeschäft oder eine Kommission vorliegt und damit eine Rückvergütung oder eine Gewinnmarge immanent ist, würde sich erst nach der Beratung ergeben, nämlich wenn sich der Kunde für eine Kommission oder ein Festpreisgeschäft entscheidet.[399] Kritisiert wird hierbei die dogmatische Herleitung der Verbindung zwischen dem später abgeschlossenen Festpreisgeschäft (Kaufvertrag) und dem Beratungsvertrag.[400] Entgegen der Ansicht des BGH hat die Bank im Rahmen des Beratungsvertrages sehr wohl darüber aufzuklären, ob das folgende Effektengeschäft eine Kommission oder ein Festpreisgeschäft darstellt.[401] Denn wird dem Kunden offengelegt, dass er das Finanzinstrument im Rahmen eines Kaufvertrages von der Bank erwirbt, so wird ihm mit diesem Hinweis ebenfalls die Gewinnerzielungsabsicht der Bank deutlich vor Augen geführt, eine Aufklärungspflicht über die Gewinnmarge wird wegen der Offensichtlichkeit somit obsolet

---

393 *Zoller* NJW 2015, 2220 (2222).

394 *Ruland* BB 2012, 1054 (1055); bzw. was als „übliche" Gewinnmarge anzusehen ist *Roberts* BKR 2015, 330 (331).

395 *Jordan* BKR 2011, 456 (462).

396 BGH Urt. v. 28.4.2015 – XI ZR 378/13 = WM 2015, 1273 Rn. 39.

397 BGH Urt. v. 27.9.2011 – XI ZR 178/10 = WM 2011, 2261 Rn. 46 f.; BGH Urt. v. 27.9.2011 – XI ZR 182/10, = WM 2011, 2268 Rn. 43 f.; OLG Saarbrücken Urt. v. 22.12.2011 – 8 U 465/10–128 = BKR 2012, 171 (173 f.); krit. *Buck-Heeb* DB 2011, 2825 (2828).

398 BGH Urt. v. 28.4.2015 – XI ZR 378/13 = WM 2015, 1273 Rn. 42 f.

399 *Schäfer* WM 2012, 197 (200); *Buck-Heeb* WM 2012, 625 (629).

400 *Buck-Heeb* WM 2012, 625 (632).

401 OLG Frankfurt a. M. Urt. v. 29.6.2011 – 17 U 12/11 = ZIP 2011, 1462 (1463); OLG Köln Urt. v. 8.6.2011 – 13 U 55/10 = WM 2011, 1652 (1653 f.); *Buck-Heeb* WM 2012, 625 (634); iE auch *Schäfer* WM 2012, 197 (199); **aA** BGH Urt. v. 27.9.2011 – XI ZR 178/10 = WM 2011, 2261 Rn. 51 ff.; BGH Urt. v. 27.9.2011 – XI ZR 182/10 = WM 2011, 2268 Rn. 48 f. mit zust. Anm. *Klöhn* ZIP 2011, 2237 (2244 f.).

und die notwendige Verbindung zwischen dem Beratungsvertrag und dem Kaufvertrag geschaffen.

Damit geht zumindest in Fällen, in denen sich der Wertpapierdienstleister nicht explizit als neutraler Berater präsentiert, eine **Offenlegungspflicht der eigenen Gewinnkalkulationen zu weit** und ist auch nicht mit einer etwaigen besonderen Vertrauensbeziehung zu dem Käufer zu rechtfertigen.[402] Eine allgemeine Aufklärungspflicht über Gewinnmargen verstößt gegen fundamentale Prinzipien des Vertragsrechts und der Marktwirtschaft.[403] Zwar wird hiergegen eingewandt, dass es sich im Gegensatz zum Kaufvertrag bei dem Anlageberatungsvertrag um einen Vertrag mit Fremdinteressenwahrung handelt, somit das Interesse des Kunden im Vordergrund stehe und der Anlagerberater immer offenlegen müsse, falls er doch seinem eigenen Interesse nachgehe.[404] Dies überspannt jedoch das fremdnützige Element im Anlageberatungsvertrag, wenn dem Anleger ersichtlich ist, dass der Berater kein Entgelt vom Kunden für die Beratung bekommt. Denn der Anleger kann kaum davon ausgehen, dass der Anlageberater seine Leistungen altruistisch oder gar verlustbringend erbringt. Richtigerweise muss es bei der Beurteilung der Pflicht zur Offenlegung darauf ankommen, ob der Anleger erkennen kann, dass der Finanzdienstleister eigene Interessen verfolgt und der damit zusammenhängende Interessenkonflikt für ihn immanent ist.[405] 343

Entscheidend kann daher allein sein, dass die Bank den Kunden darüber **aufzuklären** hat, ob ein **Festpreis- bzw. Eigengeschäft** oder ein Kommissionsgeschäft vorliegt;[406] allein aufgrund dieser Tatsache kann der Kunde dann von einer eigenen Gewinnerzielungsabsicht der Bank ausgehen. Dies ist aber der Bank bzw. dem Finanzdienstleister auch zumutbar, da er den Kunden nur verdeutlicht, in welcher Rechtsbeziehung und damit Interessenkonstellation beide Vertragspartner sich befinden. Inwieweit einer Hinweispflicht in der Weise genügt wird, dass das Geschäft auf der Wertpapierabrechnung als Festpreisgeschäft ausgewiesen ist, bleibt fraglich.[407] Ein expliziter Hinweis in Form der mündlichen Aufklärung erscheint aus Anlegerschutzgesichtspunkten besser geeignet. Jedoch hat der BGH in seinen jüngsten Entscheidungen hinsichtlich Zertifikate der Lehman Brothers nun die Aufklärungspflicht der Bank darüber, ob es sich für diese um ein Eigengeschäft, oder um ein Kommissionsgeschäft handelt, verneint und als Begründung aufgeführt, dass es sich hierbei nur um eine für den Kunden bedeutungslose Information handelt, da über Gewinnmargen ohnehin keine weiterführende Aufklärung geschuldet ist.[408] Dies überzeugt nicht, denn unabhängig von der Pflicht zur Offenlegung der Gewinnmarge offenbart die Information bezüglich der Art des Geschäfts dem Anleger, ob die Bank im Rahmen des Eigengeschäfts ausschließlich eigene Interessen oder im Rahmen einer Kommission zusätzlich die Interessen eines Dritten verfolgt und folglich verstärkt der Gefahr einer Interessenkollision ausgesetzt ist. Allein deswegen ist diese Information für den Kunden sehr wohl von Bedeutung. 344

Auch eine Qualifizierung von **komplexen Finanzgeschäften** als **Glücksspiele** mit der Konsequenz einer Aufklärungspflicht von Gewinnmargen scheidet aus. In seiner Entscheidung zu „CMS-Spread-Ladder-Swap" hat das OLG Stuttgart erstmalig Finanzderivate als 345

---

[402] *Sethe* FS Nobbe, 2009, 769 (785 f.); **aA** *Köndgen* JZ 2012, 255 (262).

[403] *Spindler* WM 2009, 1821 (1828).

[404] *Weller* ZBB 2011, 191 (196 ff.).

[405] BGH Urt. v. 15.4.2010 – III ZR 196/09, BGHZ 185, 185 Rn. 13 = WM 2010, 885; BGH Urt. v. 22.3.2011 – XI ZR 33/10, ZIP 2011, 756 = NJW 2011, 1949 Rn. 38; ebenso *Schäfer* WM 2012, 197 (201), der eine zivilrechtliche Aufklärungspflicht über Vertriebsanreize bei eindeutig als Kaufvertrag ausgestalteten Verträgen ablehnt; **aA** *Wiechers* WM 2012, 477 (485) der einen solchen Hinweis für bedeutungslos erachtet.

[406] Zutr. OLG Köln Urt. v. 8.6.2011 – 13 U 55/10 = BKR 2011, 334 (336); s. a. OLG Karlsruhe Urt. v. 2.11.2010 – 17 U 62/10, WM 2011, 353 (355); **aA:** Assmann/Schütze/*Edelmann* KapAnlR-HdB § 3 Rn. 26.

[407] *Schäfer* WM 2012, 197 (201).

[408] BGH Urt. v. 27.9.2011 – XI ZR 178/10 = WM 2011, 2261 Rn. 51 ff.; BGH Urt. v. 27.9.2011 – XI ZR 182/10 = WM 2011, 2268 Rn. 48 f., mit zust. Anm. *Klöhn* ZIP 2011, 2237 (2244); OLG Frankfurt a. M. Urt. v. 3.2.2012 – 19 U 177/11 = BKR 2012, 217 Rn. 24 f.; *Wiechers* WM 2012, 477 (485).

ein Glücksspiel qualifiziert, was auch bei der Aufklärung beachtet werden muss. Bei derartigen Produkten sind „Chancen und Risiken derart intransparent, dass sie nur mittels anerkannter Risikomodelle beurteilt werden können";[409] zudem handelt es sich hierbei um ein Spiel mit ungleichen Chancen, da die Bank als ein das Produkt emittierendes Institut die Spielregeln selbst schafft und damit in der Lage ist, das Spiel zu eigenen Gunsten zu beeinflussen.[410] Daraus folgert das Gericht, dass die Bank dem Anleger offenlegen muss, dass das in Frage stehende Produkt auf Grundlage von Risikomodellen wegen enormer Verlustrisiken einen „negativen Marktwert" innehat. Da der negative Wert des Produktes in diesem Fall ebenfalls eine Gewinnspanne des Institutes darstellen könnte, wurde diese Entscheidung zum Anlass genommen, eine generelle Pflicht zur Offenlegung von Gewinnmargen anzunehmen.[411] Dies erscheint jedoch **zweifelhaft.** Zum einen stellt der Marktwert, wie das Gericht ausdrücklich aufführte, nicht die volle Gewinnmarge des Unternehmens dar.[412] Ferner ist zweifelhaft, dass dieser Fall auf andere Sachverhalte übertragbar ist. Der BGH billigt zwar in seiner Revisionsentscheidung das Ergebnis, dass der **negative Marktwert** zur Aufklärungspflicht führt, beschränkt dies jedoch ausdrücklich auf diesen besonderen Fall des besonders komplexen Finanzprodukts und darauf, dass die Bank das Risiko bewusst zu Lasten des Anlegers verschoben hat.[413] Somit ist unabhängig von der Einordnung des Finanztermingeschäftes als Glücksspiel von keiner generellen Pflicht zur Aufklärung über Gewinnspannen auszugehen.[414] Zudem besteht keine Sittenwidrigkeit bei Swap-Geschäften, da der Gesetzgeber sukzessive den Spieleinwand bei Kapitalmarktgeschäften beseitigt hat, sodass man nicht davon ausgehen kann, dass derartige Geschäfte gegen die guten Sitten verstoßen.[415]

346 Nach Auffassung des **CESR,** die bislang von der **ESMA offenbar übernommen wurde,** soll eine Aufklärungspflicht jedoch dann bestehen, wenn die Gewinnmarge, die das Wertpapierhandelsunternehmen erzielt, durch **Preisabschläge** entsteht. In diesem Fall erwirbt das Unternehmen das Finanzprodukt zwar auf eigene Rechnung und in eigenem Namen, weswegen es ein Eigengeschäft der Bank darstellt, erhält aber von dem Emittenten einen Preisnachlass.[416] In der Folge wird das Finanzprodukt an den Anleger zum nominalen Wert veräußert und dadurch ein Gewinn erzielt. Diese Art der Abwicklung stellt nach Ansicht des CESR eine indirekte Provision durch den Emittenten dar und fällt in den Anwendungsbereich des Art. 26 lit. b) MiFID-DRL.[417] Infolgedessen wird vertreten, dass Gewinnmargen in Folge von Preisabschlägen aufgrund der Vergleichbarkeit mit direkten Vertriebsprovisionen auch unter den Anwendungsbereich des § 70 WpHG fallen müssen.[418] Richtigerweise muss auch bei derartigen Gewinnmargen zwischen Eigengeschäft und Kommissionsgeschäft unterschieden werden. Denn entscheidend für einen Interessenskonflikt ist das Vorliegen einer Drei-Personen-Beziehung, an der es in der dargestellten Vertriebsart mangelt.[419] Auch hier stehen sich das Wertpapierhandelsunternehmen und der Anleger gegenüber, sodass die Realisierung des Gewinns auch in dieser Situation ein der

---

409 Vgl. zum WpHG aF OLG Stuttgart Urt. v. 26.2.2010 – 9 U 164/08 = BKR 2010, 208 (209).

410 Vgl. zum WpHG aF OLG Stuttgart Urt. v. 26.2.2010 – 9 U 164/08 = BKR 2010, 208 (211).

411 *Roberts* DStR 2010, 1082 (1087).

412 OLG Stuttgart Urt. v. 26.2.2010 – 9 U 164/08 = BKR 2010, 208 (212).

413 BGH Urt. v. 22.3.2011 – XI ZR 33/10, NJW 2011, 1949 = ZIP 2011, 756 (756 ff.) mAnm *Klöhn* ZIP 2011, 756 (762 ff.); *Spindler* NJW 2011, 1920 (1922).

414 Differenziert *Roberts* BKR 2015, 330 (334), der für Termingeschäfte, sofern sie nicht dem Typus Wette zuzuordnen sind, keine Aufklärungspflicht über die Marge annimmt, hingegen für Differenzgeschäfte, da diese immer dem Typus Wette zuzuordnen seien, schon.

415 BGH Urt. v. 28.4.2015 – XI ZR 378/13 = WM 2105 1273 Rn. 70 f.

416 *Schumacher* WM 2011, 678 (679).

417 CESR/10–295 v. 19.4.2010, S. 24.

418 Zum WpHG aF *Schumacher* WM 2011, 678 (682).

419 Assmann/Schneider/Mülbert/*Koller* WpHG § 70 Rn. 10 f.; *Spindler* WM 2009, 1821 (1827); Clouth/Lang/*Rozok* MiFID Praktikerhandbuch Rn. 517; vgl. zum WpHG aF Fuchs/*Fuchs* WpHG § 31d Rn. 15; Schwark/Zimmer/*Koch* WpHG § 31d Rn. 19.

Marktwirtschaft inhärenter Vorgang ist.[420] Solange das Unternehmen nicht als Agent für den Anleger handelt, kann es ihm schließlich nicht vorgehalten werden, dass es durch geschickte Geschäftsführung günstig ein Produkt für den eigenen Bestand erwirbt.

d) Pflicht des „freien Anlageberaters" zur Aufklärung. Eine weitere in diesem Zusammenhang häufig diskutierte Frage ist jene nach der **persönlichen Reichweite** der Aufklärungspflicht im Bereich der „Kick-Back-Rechtsprechung", insbesondere ob auch **freie Anlageberater** derartigen Verpflichtungen unterliegen.[421] Als freie Anlageberater gelten auch ausgegliederte Tochtergesellschaften, die zu hundert Prozent im Besitz der Sparkassen-Finanzgruppe stehen und unter diesem Logo und damit unter der Firmierung des sog. Private Banking Anlageberatungstätigkeiten erbringen.[422] Bislang sahen große Teile des Schrifttums hieran keine vernünftigen Zweifel.[423] **347**

Zivilrechtlich hält der **III. Zivilsenat des BGH** indes den freien Anlageberater **nicht** für **verpflichtet,** den Kunden über Provisionen aufzuklären,[424] jedenfalls dann, wenn der Kunde keine Provision zahlt – allerdings nur, soweit die Wohlverhaltenspflichten und mithin § 70 WpHG oder für Finanzanlagenvermittler § 34g GewO iVm § 17 FinVermV nicht eingreifen[425] – beispielsweise bei Fällen, die sich vor dem 1.11.2007 ereignet haben – und soweit offen, ein Agio oder Kosten für die Eigenkapitalbeschaffung ausgewiesen werden, aus denen ihrerseits die Vertriebsprovisionen aufgebracht werden.[426] Dementsprechend sei die für Banken entwickelte Kick-Back-Doktrin nicht ohne weiteres auf den Beratungsvertrag mit einem freien, nicht bankgebundenen Anlageberater übertragbar.[427] Denn für den Kunden liege es – bei objektiv-normativer Bewertung – auf der Hand, dass der Anlageberater von der kapitalsuchenden Anlagegesellschaft Vertriebsprovisionen erhält, die jedenfalls wirtschaftlich betrachtet dem vom Kunden an die Anlagegesellschaft gezahlten Betrag entnommen werden, und der Anlageberater mit der Beratung selbst sein Geld verdienen müsse, sodass der Kunde nicht annehmen könne, er würde diese Leistungen insgesamt kostenlos erbringen.[428] Außerdem bestehe auch regelmäßig, anders als bei einer **348**

---

[420] *Spindler* WM 2009, 1821 (1827).

[421] LG Berlin Urt. v. 7.6.2011 – 10 O 538/10 = BKR 2011, 344 (347) nach welchem es allein auf das äußere Erscheinungsbild ankommen soll, sodass auch der freie Anlageberater „bankgebunden" sein kann, wenn seine Unabhängigkeit den Kunden nicht ersichtlich ist; zur Differenzierung des BGH zwischen den verschiedenen Berufsgruppen bzw. in Abhängigkeit des jeweiligen Produkts *Hanke* BKR 2012, 493.

[422] BGH Urt. v. 18.4.2013 – III ZR 225/12 = BKR 2013, 288; BGH Urt. v. 6.12.2012 – III ZR 307/11 = WM 2013, 119 ff; krit. zu dem Modell der Haftungserleichterung des Outsourcing, da es seit dem 1.1.2013 entsprechende § 34g GewO auch Aufklärungspflichten für den freien Anlageberater gibt und deshalb eine Haftung für den Gesamtkonzern bestehen bleibt, *Buck Heeb* WM 2014, 385 (389).

[423] *Maier* VuR 2010, 25 (30); *Lampe* NJOZ 2009, 4893 (4904); *Elixmann* BB 2007, 904 (904 f.); *Lang/Balzer* ZIP 2007, 521 (524).

[424] BGH Urt. v. 15.4.2010 – III ZR 196/09, BGHZ 185, 185 Rn. 13 = WM 2010, 885; vorausgehend: OLG Celle Urt. v. 11.6.2009 – 11 U 140/08 = ZIP 2009, 2149 (2150 f.); bestätigt durch BGH Urt. v. 3.3.2011 – III ZR 170/10 = NJW-RR 2011, 913 Rn. 20; bestätigt durch BverfG Urt. v. 31.7.2013 – 1 BvR 130/12 = NJW 2013, 2957 (2958); BGH Urt. v. 10.11.2011 – III ZR 245/10 = NZG 2012, 79 Rn. 11 f.; BGH Urt. v. 19.1.2012 – III ZR 48/11 = BKR 2012, 165 Rn. 10 f.; krit. hingegen OLG Stuttgart Urt. v. 12.5.2010 – 3 U 200/09 = ZIP 2010, 1386 Rn. 48 ff.

[425] Jedenfalls sog. Altfälle bis zum 1.1.2013, Assmann/Schütze/*Edelmann* HdB des Kapitalanlagerechts § 3 Rn. 27.

[426] BGH Urt. v. 15.4.2010 – III ZR 196/09, BGHZ 185, 185 Rn. 14 = WM 2010, 885; ausdrücklich bestätigt durch BGH Urt. v. 3.3.2011 – III ZR 170/10 = WM 2011, 640 f., Rn. 11, 13; BGH Urt. v. 10.11.2011 – III ZR 245/10 = NZG 2012, 79 Rn. 11 f; BGH Urt. v. 19.7.2012 – III ZR 308/11 = WM 2012, 1574 Rn. 14; BGH Urt. v. 18.4.2013 – III ZR 83/12, BeckRS 2013, 07848 Rn. 21; BGH Urt. v. 24.4.2014 – III ZR 389/12 = NJW-RR 2014, 1075 Rn. 17.

[427] BGH Urt. v. 15.4.2010 – III ZR 196/09, BGHZ 185, 185 Rn. 13 = WM 2010, 885; krit. hierzu *Buck-Heeb* BKR 2010, 309 f.

[428] BGH Urt. v. 18.4.2013 – III ZR 83/12, BeckRS 2013, 07848 Rn. 21; BGH Urt. v 6.12.2012 – III ZR 307/11 Rn. 14 = WM 2013, 119 (120); BGH Urt. v. 15.4.2010 – III ZR 196/09, BGHZ 185, 185 Rn. 13 = WM 2010, 885; krit. hierzu *Puszkajler* Bankrechtstag 2010 S. 53, 60f; bejahend *Fünnigmann* BKR 2014, 491 (492); *Regenfus* WM 2015, 169 (174). Krit. zur objektiv-normativer Betrachtungsweise *Wiechers* WM 2014, 145 (147); *Edelmann* CRP 2014, 30 (33); *Winter* WM 2014, 1606 (1609 f.).

Bank, keine dauerhafte Geschäftsbeziehung zwischen freiem Anlageberater und Anleger.[429] An der Fortgeltung dieser Rechtsprechung bestehen allerdings erhebliche Bedenken, zum einen Hinblick auf die Rechtsprechung des XI. Zivilsenats, aber noch mehr im Hinblick auf die Neuregelungen in § 64 WpHG (→ Rn. 352).

349 Allerdings erscheint im Lichte der Kick-back-Rechtsprechung des XI. Zivilsenats des BGH die **Auffassung des III. Zivilsenats inkonsistent,** da es schwer fällt, den freien Anlageberater, der auf Provisionen angewiesen ist, von einer konzerneigenen Vertriebstochtergesellschaft zu unterscheiden, die ebensolche Vergütungen konzernintern erhält.[430] Ferner besteht gerade bei dem freien Anlageberater, der sich allein durch Provisionen finanziert, sofern er nicht vom Kunden Honorar erhält, die Gefahr eines potentiellen Interessenkonflikts zwischen seinen und den Kundeninteressen.[431] Fraglich ist nämlich in diesem Zusammenhang, inwiefern der Anlageberater das tatsächlich geeignete Produkt oder nicht vielmehr eher das, was ihm die höchste Absatzprovision beschert, empfiehlt. Welches von den vorgelegten Produkten das für den Anlageberater lukrativste darstellt, kann der Kunde aber gerade nicht ersehen. Daher wäre zumindest danach zu fragen, ob der Berater nicht über die Höhe der Provision aufklären muss, da diese je nach Umfang unter Umständen zu verzerrten Empfehlungen für verschiedene Produkte führen kann[432] und eine selbstbestimmte Anlageentscheidung aufgrund verschwiegener entscheidungserheblicher Informationen nicht möglich erscheint.[433] Die Aufgabe des Anlageberaters – auch des „unabhängigen" – besteht aber gerade darin, dem Kunden nach seinen Wünschen und persönlichen Anforderungen gefertigte, potentielle Finanzprodukte aufzuzeigen, damit dieser eine sinnvolle Anlageentscheidung treffen kann. Verneint man in diesem Zusammenhang jegliche Aufklärungspflicht bezüglich der Provisionen, besteht die naheliegende Gefahr, dass dem Kunden gerade keine passenden, sondern allein profitorientierte Vorschläge unterbreitet werden. Ein Blick auf die **zentralen Wertungen des Beratungsverhältnisses** hat somit auch für den freien Anlageberater entgegen der bisherigen Rechtsprechung zur Folge, dass über Art und Höhe der erhaltenen Innenprovisionen aufgeklärt werden muss.

350 Allerdings deutet der BGH, ohne einen konkreten Schwellenwert zu nennen, darauf hin, dass sich je nach **Höhe der Provision** eine mögliche Hinweispflicht ergeben könne.[434] Inwiefern hiermit möglicherweise der in weiteren Entscheidungen zuvor statuierte Schwellenwert von 15 %[435] gemeint sein könnte, bleibt indes offen.[436] Nach Auffassung des OLG München ist die Kick-Back-Rechtsprechung auf freie Anlageberater dann übertragbar, wenn der Kunde bereits eine Vergütung für die Anlageberatung gezahlt habe, da dieser nicht davon ausgehen könne, dass die Bank weiterhin Fremdinteressen verfolgt, wenn bereits eine Vergütung für die Beratungsleistung erfolgt sei.[437] Es ist allerdings nicht unwahrscheinlich, dass sich die Rechtsprechung bezüglich des freien Anlageberaters **nach**

---

[429] *Einsiedler* WM 2013, 1109 (1110) für das Verhältnis zur Bank. Anders lag indes der Fall bei OLG Stuttgart Urt. v. 4.3.2010 – 13 U 42/09 = ZIP 2010, 824 (827) (nrkr), wo der Anlageberater auf Grund eines Dauerschuldverhältnisses für den Anleger tätig war und eine jährliche Bezahlung erhielt.

[430] So auch OLG Stuttgart Urt. v. 4.3.2010 – 13 U 42/09 = ZIP 2010, 824 (826) (nrkr); OLG Düsseldorf Urt. v. 8.7.2010 – 6 U 136/09 = WM 2010, 1934 (1936 ff.); OLG München Urt. v. 12.1.2011 – 7 U 4798/09 = WM 2011, 784 (785 f.).

[431] *Buck-Heeb* BKR 2010, 309 (315); *Schwab* BKR 2011, 450 (451).

[432] Krit. auch *Buck-Heeb* BKR 2010, 309 (315), dies räumt auch Kümpel/Wittig/Früh/Seyfried/*Seyfried* Bank- und Kapitalmarktrecht Rn. 3.135 ein; **aA** *Weber* EwiR 2010, 631 (632), Höhe der Vergütung schaffe keine weitere Transparenz.

[433] Krit. zu BGH Urt. v. 19.12.2006 – XI ZR 56/05, BGHZ 170, 226 Rn. 23 = WM 2007, 487 sowie BGH Urt. v. 12.5.2009 – XI ZR 586/07 = WM 2009, 1274 Rn. 15; daher bereits *Spindler* NJW 2011, 1920 (1922); *Brocker/Klebeck* ZIP 2010, 1369 (1373).

[434] BGH Urt. v. 15.4.2010 – III ZR 196/09, BGHZ 185, 185 Rn. 13 = WM 2010, 885.

[435] OLG Stuttgart Urt. v. 12.5.2010 – 3 U 200/09, ZIP 2010, 1386 Rn. 39 mit Verweis auf BGH Urt. v. 25.9.2007 – XI ZR 320/06 = BKR 2008, 199 Rn. 15; zuvor bereits BGH Urt. v. 28.7.2005 – III ZR 290/04, ZIP 2005, 1599 Rn. 23 ff.; Rechtsprechungsübersicht zu Innenprovisionen und Schwellenwert bei *Schäfer* FS Nobbe, 2009, 725 (727 f.).

[436] *Buck-Heeb* BKR 2010, 309 (315).

[437] OLG München Urt. v. 12.1.2011 – 7 U 4798/09 = BKR 2011, 116 (117 f.).

dem Urteil des BGH vom 3.6.2014[438] **ändern wird,** sodass auch freie Anlageberater einer vollständigen, schwellenwertunabhängigen Offenlegungspflicht für Innenprovisionen unterlägen.[439] Denn die vom BGH für die Aufklärungpflicht von WpDU angeführte Begründung, ein dem Wertpapierdienstleistungsrecht zunehmend inhärentes, „nahezu flächendeckendes Transparenzgebot" würde über die konkludenten Erklärungen der Parteien Eingang in den Beratungsvertrag finden, greift unterschiedslos auch hier.[440] Hinzu kommt, dass der BGH in seinem Urteil ausdrücklich Bezug auf die für die freien Anlageberater wesentlichen Vorschriften der GewO genommen hat.[441] Offen bleibt dabei freilich, ob der BGH auch für freie Anlageberater wieder eine zweimonatige Übergangsfrist bis zur effektiven Geltung seines Urteils vorsehen wird.[442] Nimmt man entgegen dem BGH richtigerweise an, dass sich die Aufklärungspflicht ohne zeitliche Einschränkung bereits aus der Natur des Beratungsvertrags ergibt und mit einem Rechtsprechungswandel bereits spätestens im Jahr 2006 gerechnet werden konnte, ist auch freien Anlageberatern die Berufung auf einen unvermeidbaren Rechtsirrtum ab diesem Zeitpunkt in der Regel abgeschnitten.[443]

Insgesamt ist zu **kritisieren,** dass dem Bankberater bis jetzt im Vergleich zum freien 351
Anlageberater deutlich weitergehende Aufklärungspflichten auferlegt werden, was im Hinblick auf den potentiellen Interessenkonflikt und den Erwartungshorizont des Kunden kaum nachvollziehbar ist[444] und auch kaum im Hinblick auf sonstige bestehende Geschäftsbeziehungen wie Depotverträge etc zu rechtfertigen ist.[445] Allerdings hat das BVerfG ausdrücklich diese Differenzierung gebilligt, da unterschiedliche Erwartungshaltungen der Kunden bestünden.[446] Art. 24 Abs. 7 lit. b) der MiFID II, der in § 64 Abs. 5 S. 2 WpHG umgesetzt wurde, sieht für die unabhängige Anlageberatung ein striktes Verbot der Annahme von Kick-Backs („fees, commissions or any monetary and non monetary benefits paid or provided by any third party") vor.

Ob der Anlageberater eine abhängige oder unabhängige Beratung erbringt, muss er 352
nunmehr in Umsetzung von Art 24 Abs. 4 lit. a) Ziff. i) MiFID II gem. § 64 Abs. 1 Nr. 1 WpHG auch vor Beginn der Beratung offenlegen. Dabei werden ihm für die unabhängige Beratung strengere Anforderungen für die Auswahl der Finanzprodukte auferlegt. Darüber hinaus sieht die MiFID II weitergehende Anforderungen vor, indem neue Anforderungen für die kontinuierliche Überprüfung der Geeignetheit der Anlage nach Vertragsschluss gestellt werden. Diese Punkte werden bereits durch das **Honoraranlageberatungsgesetz** auf nationaler Ebene umgesetzt und durch das FiMaNoG II neu nummeriert.[447] Auch aus diesen Gesichtspunkten heraus erscheint die Fortgeltung der Rechtsprechung des III. Zivilsenats mehr als zweifelhaft.

4. Deliktische Ansprüche

Trotz ihrer grundsätzlich aufsichtsrechtlichen Natur verfolgen die Regelungen des 353
WpHG zwei gesetzliche Ziele, die „in enger und gleichberechtigter Wechselwirkung"[448]

---

[438] BGH Urt. v. 3.6.2014 – XI ZR 147/12 = WM 2014, 138.

[439] Für die Anwendung des Urteils auch auf freie Anlageberater *Buck-Heeb* WM 2014, 1601 (1605); *Hoffmann/Bartlitz* ZIP 2014, 1505 (1510); JVRB/*Bruchwitz/Voß*, WpHG, § 31d (aF) Rn. 95; abwartend Assmann/Schütze/*Edelmann* KapAnlR-HdB § 3 Rn. 28; *Seibert* Das Recht der Kapitalanlageberatung und –vermittlung Teil C § 1 Rn. 189; abl. *Freitag* ZBB 2014, 357 (364 f.); *Heun-Rehn/Lang/Ruf* NJW 2014, 2909 (2912); *Brocker* GWR 2012, 335 (338 f.).

[440] BGH Urt. v. 3.6.2014 – XI ZR 147/12 = WM 2014, 1382 Rn. 36 f. sowie → Rn. 330.

[441] BGH Urt. v. 3.6.2014 – XI ZR 147/12 = WM 2014, 1382 Rn. 33 f.

[442] BGH Urt. v. 3.6.2014 – XI ZR 147/12 = WM 2014, 1382 Rn. 38.

[443] → Rn. 335.

[444] Assmann/Schütze/*Edelmann* KapAnlR-HdB § 3 Rn. 28; *Harnos* BKR 2014, 1 (6); *Fullenkamp* NJW 2011, 421 (423 f.).

[445] So aber der XI. Zivilsenat in BGH Beschl. v. 9.3.2011 – XI ZR 191/10, ZIP 2011, 855 = BKR 2011, 299 Rn. 30 f., bestätigt in BGH Beschl. v. 19.7.2011 – XI ZR 191/10 WM 2011, 1506.

[446] Vgl. hierzu schon die Ausführungen unter → Rn. 348.

[447] Hierzu ausführlich unter → Rn. 184 ff.

[448] Fuchs/*Fuchs* WpHG Einl. Rn. 13.

zueinander zu sehen sind: Zum einen dienen sie dem öffentlichen Interesse an der Funktionsfähigkeit der Wertpapiermärkte, zum anderen wird auch ein Schutz des einzelnen Kapitalanlegers dahingehend bezweckt, dass aus der Verletzung von WpHG-Normen Individualansprüche resultieren können.

354 **a) Schutzgesetzverletzungen.** Da zahlreiche Normen des WpHG nicht nur den Funktionsschutz der Märkte bezwecken, sondern daneben explizit den Anleger schützen sollen,[449] können sie oftmals auch als Schutzgesetze nach § 823 Abs. 2 BGB qualifiziert werden.[450] Generell muss eine Norm zumindest auch dazu dienen, den Einzelnen oder einzelne Personenkreise gegen die Verletzung eines bestimmten Rechtsgutes zu schützen, mithin also nicht nur dem Schutz der Allgemeinheit dienen, um als Schutzgesetz qualifiziert zu werden.[451] Voraussetzung für die Qualifikation als Schutzgesetz ist demnach, dass die individualschützende Komponente der Norm tatsächlich und primär bezweckt worden sein muss und sich nicht als bloßer Rechtsreflex neben dem institutionellen Schutzcharakter darstellt, welcher aber seinerseits als Nebeneffekt auftreten kann.[452]

355 Darüber hinaus kommt ein deliktischer Schutz vermögensrechtlicher Interessen nur dann in Betracht, wenn dieser „sinnvoll und tragbar" ist,[453] mit anderen Worten, wenn aus haftungsrechtlicher Sicht ein Bedürfnis zur Anerkennung deliktsrechtlicher Ansprüche besteht.[454] Die Schaffung eines individuellen Schadensersatzanspruchs muss sinnvoll sein und im Lichte des haftungsrechtlichen Gesamtsystems tragbar erscheinen.[455] Dabei muss in umfassender Würdigung des gesamten Regelungszusammenhangs, in den die Norm gestellt ist, geprüft werden, ob es in der Intention des Gesetzgebers liegen konnte, an die Verletzung des geschützten Interesses die deliktische Einstandspflicht des dagegen Verstoßenden mit allen damit zu Gunsten des Geschädigten gegebenen Beweiserleichterungen zu knüpfen.[456]

356 In diesem Zusammenhang ist zu bedenken, dass ein **allgemeiner Vermögensschutz** im Deliktsrecht, mit Ausnahme von § 826 BGB, **nicht** vorgesehen ist. Hieraus geht eine Grundsatzentscheidung des Gesetzgebers hervor, die nicht durch eine ausufernde Annahme von Schutzgesetzen und die Vorverlagerung des Schutzes, den § 823 Abs. 1 BGB für bestimmte Rechtsgüter gewährt, unterlaufen werden darf.[457] Aus diesem Grund geht die Rechtsprechung vielmehr davon aus, dass die Schutzvoraussetzungen mit denen des § 823 Abs. 1 bzw. § 826 BGB vergleichbar sein müssen, weshalb in der Konsequenz nur diejenigen Normen des WpHG als Schutzgesetze qualifiziert werden können, die entweder nur vorsätzlich verletzt werden können oder im Fall fahrlässiger Begehung ein sittenwidriges Verhalten sanktionieren.[458] Eine nur (leicht) fahrlässig begangene Pflichtverletzung löst demnach regelmäßig keine Schadensersatzpflicht nach § 823 Abs. 2 BGB aus. Somit wurden bspw. die ehemaligen §§ 7 und 8 InvG, inzwischen §§ 310, 320 ff. KAGB,[459]

---

[449] → Rn. 2.

[450] Eingehend *Schäfer* WM 2007, 1872 (1873); *Ekkenga* ZIP 2004, 781 (281 ff.); *Dieckmann* AcP 2013, 1 (29 f.); s. ferner Fuchs/*Fuchs* WpHG Einl. Rn. 19 mwN.

[451] BGH Urt. v. 19.7.2004 – II ZR 218/03, BGHZ 160, 134 = NJW 2004, 2664 (2665 Rn. 18); BGH Urt. v. 27.11.1963 – V ZR 201/61, BGHZ 40, 306 (307 Rn. 1) = WM 1964, 206; BGH Urt. v. 27.1.1954 – VI ZR 309/52, BGHZ 12, 146 (148 Rn. 8) = NJW 1959, 623; BeckOGK BGB/*Spindler* § 823 Rn. 263; Soergel/*Spickhoff* BGB § 823 Rn. 195; MüKoBGB/*Wagner* § 823 Rn. 498 ff.

[452] BGH Urt. v. 3.2.1987 – VI ZR 32/86, BGHZ 100, 13 (Rn. 9) = NJW 1987, 1818.

[453] BGH Urt. v. 13.4.1994 – II ZR 16/93, BGHZ 125, 366 (Rn. 21) = WM 1994, 896 (898); *Schäfer* WM 2007, 1872 (1873); MüKoBGB/*Wagner* § 823 Rn. 476 mwN; BeckOGK BGB/*Spindler* § 823 Rn. 263.

[454] → Rn. 6.

[455] Grundlegend BGH Urt. v. 8.6.1976 – VI ZR 50/75, BGHZ 66, 388.

[456] Vgl. zum WpHG aF BGH Urt. v. 19.2.2008 – XI ZR 170/07, BGHZ 175, 276 = NZG 2008, 477 (478 f. Rn. 18).

[457] Diese Ausuferungsgefahr ebenfalls grundsätzlich anerkennend *Ekkenga* ZIP 2004, 781 (785).

[458] Vgl. zum WpHG aF BGH Urt. v. 19.2.2008 – XI ZR 170/07, BGHZ 175, 276 = NZG 2008, 477 (479 Rn. 21).

[459] BGH Urt. v. 29.6.2010 – VI ZR 122/09 = NJW-RR 2010, 1554 (1555 f. Rn. 18).

§ 264a StGB bei fehlerhaften Börsenprospekten,[460] die Voraussetzungen für den öffentlichen Vertrieb ausländischer Investmentanteile nach § 136 Abs. 1 Nr. 5 InvG aF,[461] bei dessen Neufassung durch § 317 Abs. 1 Nr. 7 KAGB von der Übertragbarkeit der bisherigen Rspr. damit auch der Schutzgesetzeigenschaft auszugehen ist,[462] sowie § 32 KWG[463] als Schutzgesetze qualifiziert. **Keine Schutzgesetzqualität** hingegen wurde § 32 Abs. 2 Nr. 1 WpHG aF zugesprochen,[464] was auch für den nachfolgenden § 63 Abs. 1 WpHG gilt.[465] Ob die Rspr. ihre Ablehnung der Schutzgestzeigenschaft bei dem auf § 15 WpHG aF folgenden Art. 17 MAR und auf § 88 BörsG aF, und danach § 20a WpHG aF[466] folgenden jetzigen Art. 15 MAR beibehält ist jedoch noch unsicher.[467] Dagegen spricht jedoch zum einen, dass sich in den nationalen Gesetzesbegründungen kein Hinweis auf eine Änderung der bisherigen Rechtslage findet.[468] Zum anderen hat auch der Unionsgesetzgeber im Marktmissbrauchsregime auf neue sekundärrechtliche zivilrechtliche Haftungsvorschriften verzichtet und vielmehr die Sanktionierung durch detailreiche verwaltungs- und strafrechtliche Sanktionen bewehrt.[469] Auch entsprechende Vorschläge im Gesetzgebungsverfahren wurden nicht aufgegriffen.[470] Diese besseren Gründe sprechen somit gegen eine zivilrechtliche Haftung.

Eine **generelle Anerkennung** der §§ 31 ff. WpHG aF als Schutzgesetz hatte die Rechtsprechung längere Zeit offen gelassen,[471] letztlich aber verneint.[472] Zwar wird die grundsätzliche anlegerschützende Ausstrahlungswirkung diverser WpHG-Normen auch vom BGH anerkannt,[473] jedoch müsse noch hinzukommen, dass „die Schaffung eines individuellen Schadensersatzanspruchs sinnvoll und im Lichte des haftungsrechtlichen Gesamtsystems tragbar erscheint".[474] Die aufsichtsrechtlichen Vorschriften des WpHG können demnach zwar auch für die Konkretisierung zivilrechtlicher Pflichten von Bedeutung sein, ihr zivilrechtlicher Schutzbereich geht aber nicht über diese Konkretisierung hinaus.[475] In Übertragung dieser Grundsätze auf § 32 WpHG aF verneinte der BGH dessen Schutz- 357

[460] BGH Urt. v. 15.7.2010 – III ZR 321/08 = NZG 2010, 1031 (1032).

[461] OLG Karlsruhe Urt. v. 24.2.2006 – 1 U 190/05, ZBB 2006, 217. Nach zutreffender Auffassung ist die Entscheidung auf den Vertrieb von EU-AIF und ausländischen AIF nach § 317 Abs. 1 Nr. 7 KAGB übertragbar, WBA/*Dieske* KAGB § 317 Rn. 2.

[462] Weitnauer/Boxberger/Anders/*Dieske* KAGB § 317 Rn 2.

[463] BGH Urt. v. 21.4.2005 – III ZR 238/03 = NJW 2005, 2703; BGH Urt. v.11.7.2006 – VI ZR 339/04 = ZIP 2006, 1761 Rn. 15.

[464] Vgl. zum WpHG aF BGH Urt. v. 19.2.2008 – XI ZR 170/07, BGHZ 175, 276 = NZG 2008, 477 (478 Rn. 13), da ansonsten die strikte Eigenhaftung des Vertreters, wie sie im BGB geregelt ist, ausgehebelt werden würde, wenn jede fahrlässige Verletzung einer Beratungspflicht über § 823 Abs. 2 BGB zu einer Haftung des Angestellten führen würde.

[465] Assmann/Schneider/Mülbert/*Koller* WpHG § 63 Rn. 12.

[466] Vgl. zum WpHG aF BGH Urt. v. 19.7.2004 – II ZR 218/03, BGHZ 160, 134 Rn. 17 ff. = NJW 2004, 2664 – Infomatec I.

[467] S. ausf. zu dieser Problematik Klöhn/*Schmolke* MAR Art. 15 Rn. 79 ff.; Klöhn/*Klöhn* MAR Art. 17 Rn. 589; *Schmolke* AG 2016, 434 (445).

[468] Klöhn/*Schmolke* MAR Art. 15 Rn. 80

[469] Klöhn/*Schmolke* MAR Art. 15 Rn. 83; *Schmolke* NZG 2016, 721 (723).

[470] Dafür etwa Ausschuss Bank- und Kapitalmarktrecht des DAV, Stellungnahme zum Vorschlag KOM (2011) 651, Juni 2012, S. 29 ff.

[471] BGH Urt. v. 28.6.2005 – XI ZR 363/04, BGHZ 163, 311 (Rn. 34) = NJW 2005, 2917; BGH Urt. v. 11.11.2003 – XI ZR 21/03, WM 2004, 24 (26 Rn. 17); BGH Urt. v. 24.7.2001 – XI ZR 329/00, WM 2001, 1718 (Rn. 14); BGH Urt. v. 8.5.2001 – XI ZR 192/00, BGHZ 147, 343 (Rn. 31) = NJW 2002, 62.

[472] BGH Urt. v. 19.2.2008 – XI ZR 170/07, BGHZ 175, 276 (Rn. 20 ff.) = NGZ 2008, 477; iE zustimmend *Assmann* FS Schneider, 2011, 37 (49); *Habersack* Bankrechtstag S. 3, 10 ff.; krit. hierzu Schwark/Zimmer/*Rothenhöfer* WpHG Vor § 31 Rn. 21; die Schutzgesetzeigenschaft für § 33 WpHG aF verneinend bereits BGH Urt. v. 8.5.2001 – XI ZR 192/00, BGHZ 147, 343 = NJW 2002, 62 (Rn. 30).

[473] BGH Urt. v. 5.10.1999 – XI ZR 296/98, BGHZ 142, 345 (Rn. 32) = NJW 2000, 359.

[474] BGH Urt. v. 8.6.1976 – VI ZR 50/75, BGHZ 66, 388 (Rn. 18) = NJW 1976, 1740.

[475] Vgl. zum WpHG aF BGH Urt. v. 19.12.2006 – XI ZR 56/05, BGHZ 170, 226 (Rn. 18) = WM 2007, 487; BGH Urt. v. 8.5.2001 – XI ZR 192/00, BGHZ 147, 343 (Rn. 26 f.) = NJW 2002, 62; BGH Urt. v. 5.10.1999 – XI ZR 296/98, BGHZ 142, 345 (Rn. 32) = NJW 2000, 359; *Ellenberger* FS Nobbe, 2009, 523 (535).

gesetzeigenschaft.[476] Denn auch wenn die Normen des WpHG den Schutz von Individualinteressen bezwecken, deckten sie sich jedoch in der überwiegenden Zahl der Fälle mit den vertragsrechtlich begründeten Pflichten, so etwa die Verpflichtungen des Wertpapierdienstleistungsunternehmens nach §§ 31 Abs. 3, 4 WpHG aF, die letztlich nicht weiter gehen als die in jahrelanger Rechtsprechung ergangenen Grundsätze zur „anleger- und anlagegerechten Beratung" mitsamt ihren Informations- und Explorationspflichten.[477] Der Regelungsinhalt der §§ 31 Abs. 3, 4 WpHG aF führt demnach allenfalls zu einer „öffentlich-rechtlichen Wiederholung von bestehenden zivilrechtlichen Pflichten".[478] Darüber hinaus könne die Bejahung des Schutzgesetzcharakters zu einer regelmäßigen Haftung des angestellten Beraters führen, was der gesetzlich angeordneten, nur ausnahmeweise bestehenden Eigenhaftung des Vertreters (§§ 311 Abs. 3, 826 BGB) widerspräche. Die Voraussetzungen für eine vermögensbezogene Haftung aus § 823 Abs. 2 BGB müssen zudem mit denen der sittenwidrigen Schädigung des § 826 BGB vergleichbar sein, was aber bei Vorliegen einer nur (leicht) fahrlässigen Verletzung von Aufklärungspflichten nicht der Fall sei.[479] Die Übertragung dieser Grundsätze auf die folgende Fassung des WpHG hat der BGH in einem Urteil für § 34a WpHG aF vorgenommen und auch hier die Schutzgesetzeigenschaft verneint, da insoweit kein Bedarf für eine deliktische Haftung bestehe bzw. diese systemwidrig sei,[480] sowie in einem Urteil für § 31d WpHG aF ausdrücklich erklärt, dass er auch nach der Änderung des WpHG 2007 an seiner Auffassung festhalten wird.[481] Insgesamt ist auch bei der **Neuregelung durch §§ 63 ff. WpHG** nicht von einem Abrücken des BGH von seiner bisherigen Linie der **sehr restriktiven Annahme eines Schutzgesetzes** aus dem WpHG auszugehen, da sie in gleicher Art wie die alten Regelungen die Intention des Anlegerschutzes verfolgen.[482]

358 **Kritik:** Entgegen der Auffassung des BGH enthielten die Wohlverhaltensregeln der §§ 31 ff. WpHG aF jedoch nach hM[483] und auch nach Auffassung einiger Instanzgerichte[484] durchaus solche Schutzgesetzeigenschaften,[485] was sich gerade mit der durch die MiFID verstärkten und normativ weiter ausdifferenzierten anleger- und damit individualschützenden Komponente dieser Vorschriften rechtfertigen ließ. Dabei konnte zwischen Vorschriften, die wie § 31 Abs. 1 Nr. 1 sowie Abs. 2 und 3 WpHG aF Informationsziele normieren, deren Verletzung mit deliktischem Erfolgsunrecht gleichzusetzen ist, und bloßen Verhaltensregeln, die hinsichtlich der Informationsbeschaffung und -kontrolle nur Hinweise für ein Verschulden der Bank liefern, differenziert werden.[486] Im Unterschied zur vorherigen Fassung griff die 2007 geänderte Fassung des § 31 Abs. 1 Nr. 2 WpHG aF jedoch dem Wortlaut nach erst dann, wenn die organisatorischen Maßnahmen des § 33 Abs. 1 S. 2 Nr. 3 WpHG aF nicht ausreichen, um die durch den Interessenkonflikt verursachte Beeinträchtigung der Kundeninteressen hinreichend zu minimieren bzw. auszuschließen. Die organisatorische Komponente des § 31 Abs. 1 Nr. 2 WpHG aF war damit

[476] BGH Urt. v. 19.2.2008 – XI ZR 170/07, BGHZ 175, 276 (Rn. 15) = NGZ 2008, 477.
[477] → Rn. 276 f.
[478] *Schäfer* WM 2007, 1872 (1875).
[479] BGH Urt. v. 19.2.2008 – XI ZR 170/07, BGHZ 175, 276 (Rn. 21) = NGZ 2008, 477.
[480] BGH Urt. v. 22.6.2010 – VI ZR 212/09, BGHZ 186, 58 (Rn. 24 ff.) = NJW 2010, 3651.
[481] BGH Urt. v. 17.9.2013 – XI ZR 332/12, WM 2013, 1983 (Rn. 22).
[482] Assmann/Schneider/*Mülbert/Koller* WpHG § 63 Rn. 12, § 84 Rn. 1.
[483] *Assmann/Sethe* FS Westermann, 2008, 67 (75); *Veil* ZBB 2008, 34 (42); *Einsele* JZ 2008, 477 (482); *Schrödermeyer* WM 1995, 2053 (2054); Fuchs/*Fuchs* WpHG Vor §§ 31 ff. Rn. 104 ff.; MüKoHGB/*Ekkenga* Bd. VI Effektengeschäft Rn. 283; Assmann/Schneider/*Koller* WpHG, 6. Aufl., Vor § 31 Rn. 7; Baumbach/Hopt/*Kumpan* HGB, 37. Aufl., WpHG Einl. Rn. 8; **aA** Kölner Komm WpHG/*Möllers* § 31 Rn. 447 für § 31 WpHG aF (Streit ist sonst „rein akademischer Natur und aus praktischer Sicht überflüssig"); *Lenenbach* Kapitalmarktrecht Rn. 11.116; offen gelassen von BankR-HdB/*Hannöver/Walz* § 110 Rn. 97.
[484] LG Hamburg Urt. v. 16.4.2004 – 318 O 34/03 = NJW 2004, 2757 (2759); OLG Frankfurt a. M. Urt. v. 5.7.2006 – 21 U 15/06 = ZIP 2006, 2218 (2219).
[485] Vom Gesetzgeber vorgesehen für eine Verletzung des § 31 Abs. 3a WpHG aF; Begr. RegE AnsFuG, BT-Drs. 17/3628, 21; krit. hierzu *Müller-Christmann* DB 2011, 749 (751).
[486] MüKoHGB/*Ekkenga* Bd. VI Effektengeschäft Rn. 283.

quasi auf eine vorgelagerte Ebene verschoben, was in der Konsequenz den Schluss zuließ, die Vorschrift habe nunmehr einen stärker individualrechtlichen Bezug, was der Qualifikation als Schutzgesetz das dogmatische Einfallstor öffnete. Insoweit bestand auch kein Widerspruch zur Rechtsprechung des BGH, der die Schutzgesetzeigenschaft nur ablehnte, „soweit" die Norm organisatorische Maßnahmen betreffe damit also eine im Zweifel auch einzelfallbezogene Einordnung als Schutzgesetz nicht ausschließt, wenn nur der organisationsrechtliche Einschlag im Vergleich zum Individualschutz gering genug ausfällt.[487] Vor diesem Hintergrund erschien es vor allem fragwürdig, dass der BGH zwar die individualschützende Eigenschaft des § 31d WpHG aF anerkannte, aber dennoch seinen Schutzgesetzcharakter mit der Begründung verneinte, dass ein individueller Schadenersatzanspruch nicht sinnvoll und „im Lichte des des haftungsrechtlichen Gesamtsystems nicht tragbar erscheint".[488] Diese Argumentation, dass der individuelle Anlegerschutz nicht in der Intention des Gesetzgebers lag, vermochte nicht zu überzeugen.[489] Zwar ist es schwer eine derart weitreichende Begründung zu entkräften, jedoch fällt auf, dass diese Entscheidung sich in eine Reihe von restriktiven Rspr. des BGH, der trotz der Bedeutung des Anlegerschutzes bei der Gesetzgebung nicht von seiner bisherigen Ablehnung der Schutzgesetzeigenschaft abwich. Für die zunehmende Bedeutung des Anlegerschutzes ließ sich aber insbesondere die Regelung des für den im Zuge des Gesetzes zur Stärkung des Anlegerschutzes und Verbesserung der Funktionsfähigkeit des Kapitalmarkts eingeführten § 31 Abs. 3a WpHG aF hier ins Feld führen.[490] Denn die Gesetzesbegründung zur Einführung des § 31 Abs. 3a WpHG aF ging für die Pflicht zur Herausgabe des **Produktinformationsblatts** ausdrücklich von einer unmittelbar anlegerschützenden Funktion und Schadensersatzansprüchen aus § 823 Abs. 2 BGB aus.[491] Nach der Neuregelung der Wohlverhaltensregeln in den §§ 63 ff. WpHG ist deren Schutzgesetzeigenschaft noch deutlicher geworden, da die MiFID II ausdrücklich den Anlegerschutz noch verstärken soll.[492]

Verwirklicht die Verletzung der Beratungsleistung zugleich den **Straftatbestand des** 359
§ 263 StGB oder § 266 StGB, wird in jedem Fall eine deliktische Haftung begründet, da diese Vorschriften allgemein als Schutzgesetze anerkannt sind.[493] Eine in diesem Zusammenhang sehr kontrovers behandelte Frage ist die Verwirklichung der genannten Straftatbestände durch Verschweigen der Kick-Back-Zahlungen[494] im Rahmen der Anlageberatung. Auch wenn Zivilsenate eine Verwirklichung der Straftatbestände in einigen Entscheidungen bereits angedeutet haben,[495] kann die Verletzung zivilrechtlicher Pflichten nicht automatisch zur Annahme der genannten Straftatbestände führen. Das Bestehen von Vermögensbetreuungspflichten im Rahmen des § 266 StGB sowie die Täuschungshandlung in Rahmen des § 263 StGB müssen für jeden Einzelfall sorgfältig geprüft werden, zivilrechtliche Pflichtverletzungen stellen insoweit nur ein Indiz dar, auch wenn die Tatbestände weitgehend akzessorisch zum Zivilrecht sind.[496]

---

[487] IE auch Fuchs/*Fuchs* WpHG Vor §§ 31 ff. Rn. 104.

[488] BGH Urt. v. 17.9.2013 – XI ZR 332/12 = WM 2013, 1983 (Rn. 23).

[489] Vgl. zum WpHG aF Fuchs/*Fuchs* WpHG Vor §§ 31 ff. Rn. 104.

[490] *Möllers/Wenninger* NJW 2011, 1697 (1698); krit. ggü. der angenommene Schadensersatzhaftung aus § 823 Abs. 2 BGB iVm § 31 Abs. 3a WpHG aF, allerdings ohne nähere Begründung *Müller-Christmann* DB 2011, 749 (751).

[491] Begr. RegE AnsFuG, BT-Drs. 17/3628, 29.

[492] RL 2014/65/EU, 15 Erwägungsgrund 86.

[493] BeckOGK BGB/*Spindler* § 823 Rn. 284 f.; MüKoBGB/*Wagner* § 823 Rn. 525 je mwN. Zu den Voraussetzungen und einzelnen Problemen der Tatbestandsmerkmale des § 263 StGB in Bezug auf fehlgeschlagene Kapitalanlagen, *Stackmann* NJW 2013, 1985 (1985 f.).

[494] → Rn. 216 ff.

[495] BGH Beschl. v. 29.6.2010 – XI ZR 308/09 = NJW 2010, 2339 (Rn. 5); BGH Urt. v. 28.2.1989 – XI ZR 70/88 = WM 1989, 1047 (1051); OLG Stuttgart Urt. v. 16.3.2011 – 9 U 129/10 = WM 2011, 976 (978).

[496] Ausführlich zu den Problemen der Strafbarkeit bei Verschweigen der Kick-Back-Zahlungen s. *Schlösser* BKR 2011, 465 (465 ff.); Park/*Zieschang* StGB § 266, Rn. 63 ff; § 263 Rn. 125: hält die Vorraussetzungen des Betruges für erfüllt, wenn durch Rückflussvereinbarung Täuschung über wahre Höhe der Gebühren; Hohnel/*Krug* StGB § 266 Rn. 93 ff; zur Einzelfallentscheidung allg. bei Kick-Back-Verfahren Kindhäuder/Neumann/Paeffgen/*Kindhäuser* StGB § 266 Rn. 114.

360 **b) § 826 BGB.** Neben einer möglichen Haftung aus § 823 Abs. 2 BGB kann auch die Haftung wegen vorsätzlicher sittenwidriger Schädigung eingreifen. Neben den Initiatoren, Gestaltern und Gründern haften aus § 826 BGB auch die Gesellschafter, Geschäftsführer und Mitarbeiter eines Anlageberaterunternehmens dem Anleger persönlich, wenn sie über die Risikostruktur des Anlagegeschäfts falsch aufklären.[497] Über die Voraussetzungen von § 311 Abs. 3 S. 2 BGB hinaus kommt eine **Sachwalterhaftung** auch dann auf der Grundlage des § 826 BGB in Betracht, wenn der Angestellte gerade kein besonderes Vertrauen für sich in Anspruch genommen hat, sondern mit Schädigungsvorsatz agiert. Voraussetzung für eine Haftung des Anlageberaters nach § 826 BGB ist erstens eine **anleger- und objektwidrige Empfehlung,** zweitens, dass sie **vorsätzlich** abgegeben und drittens, dass die **Anlegerschädigung mindestens billigend in Kauf genommen** wird.[498]

361 Eine in der Praxis besonders relevante Fallkonstellation betrifft die Vermittlung von **Warenterminoptionen:**[499] Weil die Gewinnchancen für den Laien bei dieser Art von Geschäften nur schwer durchschaubar sind, besteht hier ein erhöhter Informationsbedarf. Vermittler hochspekulativer Geschäfte sind dazu verpflichtet, „den mit solchen Geschäften nicht vertrauten Kaufinteressenten vor Vertragsschluss ungefragt schriftlich die Kenntnisse zu vermitteln, die nötig sind, um den Umfang des Verlustrisikos zutreffend einzuschätzen".[500] Hierfür ist es nicht ausreichend, dass solche aufklärenden Hinweise überhaupt in der Informationsschrift enthalten sind.[501] Vielmehr muss gerade dem flüchtigen Leser in unmissverständlicher Weise und auffälliger Form ohne jede Beschönigung das ihm aufgebürdete Verlustrisiko deutlich gemacht werden, insbesondere dass Aufschläge auf die Börsenoptionsprämie das Chancen-Risiko-Verhältnis aus dem Gleichgewicht bringen und dazu führen, dass die verbliebene, bei höheren Aufschlägen geringere Chance, insgesamt einen Gewinn zu erzielen, mit jedem Optionsgeschäft abnimmt.[502] Ein Vermittler haftet wegen vorsätzlicher sittenwidriger Schädigung gemäß § 826 BGB, wenn sein Geschäftsmodell darauf angelegt ist, für den Anleger chancenlose Geschäfte zum ausschließlich eigenen Vorteil zu vermitteln, da das Geschäftsmodell von vornherein ganz bewusst darauf abzielt, uninformierte, leichtgläubige Menschen unter sittenwidriger Ausnutzung ihres Gewinnstrebens und ihres Leichtsinns als Geschäftspartner zu gewinnen und sich auf ihre Kosten zu bereichern.[503] Das Urteil der Sittenwidrigkeit gründet sich hier in Abgrenzung zur Haftung aus culpa in contrahendo nicht auf ein besonderes Vertrauen des Geschädigten in den Anspruchsgegner, sondern auf dessen Missbrauch seines Informationsvorsprungs.[504] Auch mittelbar Beteiligte können der Haftung nach § 826 BGB unterliegen: So begeht selbst ein ausländischer Broker nach Auffassung des BGH eine sittenwidrige

---

[497] BGH Urt. v. 9.3.2010 – XI ZR 93/09, BGHZ 184, 365 (Rn. 26 f.) = RIW 2010, 391; BGH Urt. v. 1.4.2003 – XI ZR 386/02, ZIP 2003, 1782 Rn. 9; BGH Urt. v. 16.10.2001 – XI ZR 25/01, WM 2001, 2313 (Rn. 11); Staudinger/*Oechsler* BGB § 826 Rn. 381a.

[498] BGH Urt. v. 22.6.1992 – II ZR 178/90, WM 1992, 1812 (Rn. 94 ff.); *Buck-Heeb* juris PR-BKR 2/2008 Anm. 2 zu: BGH Urt. v. 19.2.2008 – XI ZR 170/07, BGHZ 175, 276 = NGZ 2008, 477; BeckOGK BGB/*Spindler* § 826 Rn. 98; bejahend für die Vermittlung eines Schneeballsystems: BGH Urt. v. 13.7.2004 – VI ZR 136/03, WM 2004, 1768 (Rn. 10 ff.); OLG Frankfurt a. M. Urt. v. 18.6.1998 – 1 U 116/96, OLGR Frankfurt 1998, 347.

[499] Hierzu auch BeckOGK BGB/*Spindler* § 826 Rn. 93 f.; Soergel/*Hönn* BGB § 826 Rn. 188.

[500] BankR-HdB/*Siol* § 45 Rn. 19 mwN.

[501] LG Düsseldorf Urt. v. 17.11.1994 – 8 O 309/93 = ZIP 1994, 1933: Keine ausreichende Aufklärung durch Informationsschrift der Banken.

[502] BGH Urt. v. 16.2.1981 – II ZR 179/80, BGHZ 80, 80 (Rn. 7 ff.) = NJW 1981, 1266; BGH Urt. v. 16.11.1993 – XI ZR 214/92, BGHZ 124, 151 (Rn. 13) = NJW 1994, 512; noch strenger formuliert in: BGH Urt. v. 22.11.2005 – XI ZR 76/05, ZIP 2006, 171 (Rn. 19) („[…] praktische Chancenlosigkeit verdeutlicht werden […].").

[503] BGH Urt. v. 17.3.2015 – VI ZR 11/14, NJW-RR 2015, 941, 943; BGH Urt. v. 8.6.2010 – XI ZR 349/08, WM 2010, 2025 (Rn. 41); BGH Urt. v. 12.10.2010 – XI ZR 394/08, BKR 2010, 509 (Rn. 40); BGH Urt. v. 16.12.2009 – XII ZR 146/07, BGHZ 184, 365 (Rn. 26 f.) = WM 2010, 749 (750); BGH Urt. v. 13.7.2010 – XI ZR 28/09, WM 2010, 1590 (Rn. 39); BeckOGK BGB/*Spindler* BGB § 826 Rn. 92.

[504] Staudinger/*Oechsler* BGB § 826 Rn. 380c.

Schädigung, wenn er einem inländischen Terminoptionsvermittler ohne Überprüfung dessen Geschäftsmodells den unkontrollierten Zugang zu ausländischen Börsen ermöglicht[505] bzw. auf Grund der Gebührenstruktur positive Kenntnis von dessen Geschäftsmodell hat.[506]

Keine Sittenwidrigkeit liegt hingegen vor, wenn eine Treuhandgesellschaft beitritts- 362
willige Anleger nicht über ein aufsichtsrechtliches Vorgehen der BaFin gegen erstere informiert, da hier eine eventuelle Pflichtwidrigkeit nicht schwer genug wiegt.[507]

Reduzierte Aufklärungspflichten ergeben sich nur bei börsenerfahrenen Kunden 363
bzw. solchen, die sich als börsenerfahren ausgeben.[508] Keine Pflichtenreduktion ergibt sich allein aus dem Berufsbild, was selbst dann gilt, wenn es sich dem Berufsbild nach um einen gut vorinformierten Kunden, etwa um einen Wirtschaftsprüfer handelt, der mit den einschlägigen Anlagemodellen aber keine Erfahrungen hat.[509]

Der Vermittler hat zudem die **Beweislast** dafür zu tragen, dass sich der Käufer auch trotz 364
ordnungsgemäßer Aufklärung für das Geschäft entschlossen hätte, ebenso auch dafür, dass dem Käufer überhaupt ein Prospekt mit der nötigen Aufklärung zugegangen ist.[510]

5. Weitere allgemeine Voraussetzungen (Verschulden, Kausalität, Schaden und Verjährung)

a) Verschulden. Verletzungen der Beratungspflichten lösen einen Schadensersatz- 365
anspruch aus. Anspruchsgrundlage ist in der Regel § 280 Abs. 1 BGB, es gelten die Regeln des allgemeinen Schuldrechts mit einigen bankrechtlichen Besonderheiten. Der Verschuldensmaßstab richtet sich nach § 276 Abs. 1 BGB, wobei der Sorgfaltsmaßstab der eines ordentlichen und gewissenhaften Kaufmannes ist; das Kreditinstitut muss sich das Verschulden eines Angestellten über § 278 BGB zurechnen lassen.[511] Des Weiteren wird das Verschulden der Bank bereits dann bejaht, wenn die Bank ihre Aufklärungspflicht kannte bzw. bedingt vorsätzlich nicht kannte, aber dennoch die eigenen Mitarbeiter nicht dazu aufgefordert hat die Kunden entsprechend zu informieren.[512] Damit kommt es nicht mehr auf die vorsätzliche Unterlassung des einzelnen Mitarbeiters an, sondern auf das vorsätzliche Organisationsverschulden der Bank.[513] In diesem Rahmen gewinnen die Compliance-Strukturen erneut an Bedeutung.[514]

b) Beweislast. Der Kunde muss die Pflichtverletzung der Bank beweisen und darlegen, 366
dass entsprechende Aufklärungs- bzw. Verhaltenspflichten bestanden. Hier kann es uU zu

---

505 BGH Urt. v. 25.1.2011 – XI ZR 195/08 = ZIP 2011, 666 (Rn. 14 ff.); nach BGH Urt. v. 25.1.2011 – XI ZR 106/09 = WM 2011, 735 (Rn. 59) beginnt in derartigen Fällen die regelmäßige Verjährungsfrist erst dann, wenn dem geschädigten Anleger sowohl die ersatzanspruchbegründenden Umstände als auch diejenigen Umstände, welche eine mögliche Haftung des Brokers begründen, bekannt sind; s. a. *Wiechers* WM 2011, 145 (150 f.) mwN.

506 BGH Urt. v. 25.1.2011 – XI ZR 100/09 = WM 2011, 645 (Rn. 46); BGH, Urt. v. 25.1.2011 – XI ZR 195/08 = WM 2011, 543 Rn. 31; BGH Urt. v. 12.4.2011 – XI ZR 101/09 = WM 2011, 1028 (Rn. 29); BGH Urt. v. 12.10.2010 – XI ZR 394/08 = NJW-RR 2011, 551 (Rn. 44 ff.).

507 BGH Urt. v. 19.10.2010 – VI ZR 124/0 = WM 2010, 2256 (Rn. 13 ff.).

508 BGH Urt. v. 14.5.1996 – XI ZR 188/95 = NJW-RR 1996, 947 (Rn. 25); BeckOGK BGB/*Spindler* § 826 Rn. 92.

509 BGH Urt. v. 22.3.2011 – XI ZR 33/10, ZIP 2011, 756 = NJW 2011, 1949 (Rn. 25); BGH Urt. v. 21.10.2003 – XI ZR 453/02, ZIP 2003, 2242 (Rn. 24).

510 BGH Urt. v. 16.11.1993 – XI ZR 214/92, BGHZ 124, 151 (Rn. 24) = NJW 1994, 512 (514); OLG Stuttgart Urt. v. 15.12.2005 – 13 U 10/05 = WM 2006, 1100.

511 BankR-HdB/*Siol* § 43 Rn. 40; *Heusel* JuS 2013, 109 (112).

512 BGH Urt. v. 30.10.2014 – III ZR 493/13, NZG 2015, 396 = BeckRS 2014, 21809 Rn. 42; BGH Beschl. v. 27.11.2014 – III ZR 294/13, WM 2015, 67 Rn. 8; BGH Urt. v. 12.5.2009 – XI ZR 586/07, NJW 2009, 2298 Rn. 14.

513 BGH Urt. v. 30.10.2014 – III ZR 493/13, NZG 2015, 396 = BeckRS 2014, 21809 Rn. 42; BGH Beschl. v. 27.11.2014 – III ZR 294/13, WM 2015, 67 Rn. 8; BGH Urt. v. 12.5.2009 – XI ZR 586/07, NJW 2009, 2298 Rn. 14.

514 *Buck-Heeb/Dieckmann* LMK 366317.

Beweisschwierigkeiten kommen, wenn der Kunde eine tatsächliche Nichtaufklärung zu beweisen hat. Das Kreditinstitut muss die Behauptung der Gegenseite überzeugend widerlegen, dem Kläger wiederum obliegt dann der Beweis der Unrichtigkeit der Gegendarstellung.[515]

367 Eine vorformulierte Bestätigung des Anlegers, die Risikohinweise in einem Emissionsprospekt zu Kenntnis genommen zu haben, ist ungeeignet die **Beweislast** zu verändern. Eine solche Klausel verstößt gegen § 309 Nr. 12 Hs. 1 BGB, da es ausreicht, dass die Beweislast verschlechtert wird; eine komplette Umkehr ist nicht erforderlich.[516]

368 **aa) Verschulden.** Ist die **Pflichtverletzung festgestellt,** so hat die Bank zu beweisen, dass sie diese nicht zu vertreten hat, was bereits aus der allgemeinen Beweislastumkehr des § 280 Abs. 1 S. 2 BGB folgt.[517] Auch im Rahmen vertraglicher Schadensersatzansprüche wegen Verletzung der Aufklärungspflichten über Rückvergütungen („Kick-Backs") hat die Rechtsprechung in Umsetzung der in § 280 Abs. 1 S. 2 BGB vorgesehenen Darlegungs- und Beweislastverteilung die Bank dazu verpflichtet, ein fehlendes Verschulden vorzutragen und unter Beweis zu stellen, insbesondere für fehlenden Vorsatz.[518] In der Praxis spielt dies vor allem hinsichtlich eines **Rechtsirrtums** eine besondere Rolle, wenn der Finanzdienstleister irrig von einer fehlenden Aufklärungspflicht ausgegangen war.

369 **bb) Rechtsirrtum.** Liegt ein **Rechtsirrtum** vor, gleich ob vermeidbar oder unvermeidbar, kommt eine Vorsatzhaftung des Anlageberaters nicht in Betracht.[519] Möglich bleibt dann allein eine Haftung aus fahrlässigem Handeln. Für die Annahme eines solchen Irrtums muss die Bank nachweisen, dass sie sich sowohl über ihre kommissionsrechtliche Herausgabepflicht als auch über die Interessenkollision und die damit verbundene Pflicht zur Offenlegung der Provision geirrt hat.[520] Nach ständiger Rechtsprechung des Bundesgerichtshofs sind aber „an das Vorliegen eines unverschuldeten Rechtsirrtums strenge Maßstäbe anzulegen, wobei der Schuldner die Rechtslage sorgfältig prüfen, soweit erforderlich, Rechtsrat einholen und die höchstrichterliche Rechtsprechung beachten muss".[521] Ein Rechtsirrtum ist demnach nur dann entschuldigt, wenn „der Irrende bei Anwendung der im Verkehr erforderlichen Sorgfalt mit einer anderen Beurteilung durch die Gerichte nicht zu rechnen brauchte", nicht aber bei Grenzfragen, bei denen eine abweichende Beurteilung der Gerichte in Betracht kommen könnte.[522] Damit wird bei unsicherer Rechtslage das Risiko, die künftige Auffassung eines Gerichts abweichend zu beurteilen, gänzlich der Bank zugewiesen; die Anforderungen an einen vermeidbaren

---

[515] BGH Urt. v. 20.6.1990 – VIII ZR 182/89 = NJW-RR 1990, 1422 Rn. 10; zum Kausalitätsbeweis im Kapitalanlegerprozess *Piekenbrock* WM 2012, 429 (429 ff.).

[516] BGH Urt. v. 10.1.2019 – III ZR 109/17 = ZIP 2019, 376 Rn. 33 f.

[517] BGH Urt. v. 11.2.57 VII ZR 256/56, BGHZ 23, 288 = NJW 1957, 746 (Grundsatzurteil); BGH Urt. v. 23.10.58 VII ZR 22/58, BGHZ 28, 251 (254) = NJW 1959, 34; BGH Urt. v. 20.7.2017 – III ZR 296/15, NJW 2017, 3367 ff. Rn. 22.

[518] BGH Urt. v. 12.5.2009 – XI ZR 586/07, WM 2009, 1274 Rn. 17 f.; insbes. vor der Aufhebung des § 37a WpHG aF, der eine kürzere Verjährung für fahrlässige Verletzung der Aufklärungspflicht vorsah, kam es entscheidend darauf an, ob der Gesellschaft eine vorsätzliche oder eine fahrlässige Pflichtverletzung nachgewiesen werden konnte, denn bei vorsätzlicher Pflichtverletzung galt die längere Regelverjährung. Mit Aufhebung des § 37a WpHG aF hat sich dieser Streit weitestgehend erledigt. Zu sog. Altfällen s. OLG Stuttgart Urt. v. 16.3.2011 – 9 U 129/10 = BKR 2011, 250, LG München Urt. v. 15.12.2011 – 28 O 26515/10 = BKR 2012, 28 u. OLG Frankfurt Beschl. v. 17.1.2014 – 23 U 163/13 = WM 2014, 1675, das bei einfachen Aufklärungs- und Beratungsfehlern und mangels entgegenstehender Hinweise nicht vorsätzliches Handeln der Bank annimmt; krit. dazu *Schäfer* WM 2012, 1022; *Harnos* BKR 2012, 185.

[519] BGH Urt. v. 15.7.2014 – XI ZR 418/13 = WM 2014, 1670 Rn. 14; *Seibert* Das Recht der Kapitalanlageberatung und –vermittlung Teil C § 1 Rn. 229.

[520] OLG Stuttgart Urt. v. 16.3.2011 – 9 U 129/10 = WM 2011, 976 (977).

[521] BGH Beschl. v. 19.7.2011 – XI ZR 191/10 = WM 2011, 1506 Rn. 12 unter Verweis auf BGH Urt. v. 11.1.1984 – VIII ZR 255/82, BGHZ 89, 296 (303) = NJW 1984, 1028; BGH Urt. v. 14.6.1994 – XI ZR 210/93, WM 1994, 1613 (1614); BGH Urt. v. 4.7.2001 – VIII ZR 279/00 = WM 2001, 2012 (2014).

[522] BGH Urt. v. 25.10.2006 – VIII ZR 102/06 = NJW 2007, 428 Rn. 25; BGH Urt. v. 12.7.2006 – X ZR 157/05 = NJW 2006, 3271 Rn. 19; BGH Urt. v. 18.12.1997 – I ZR 79–95 = NJW 1998, 2144 (2145).

Rechtsirrtum werden damit indes zu hoch geschraubt.[523] Deswegen ist das Vorliegen eines entschuldbaren Irrtums auch in den Fällen zu bejahen, in denen die Bank bei Einhaltung aller Sorgfaltsanforderungen, einen für sie günstigeren Rechtsstandpunkt einnimmt, unabhängig von der späteren höchstrichterlichen Entscheidung.[524] Hinsichtlich der Aufklärungspflicht für Rückvergütungen geht der XI. Zivilsenat davon aus, dass jedenfalls für die Zeit nach 1990 der Finanzdienstleister sich nicht auf einen unvermeidbaren Rechtsirrtum berufen kann[525] – was das BVerfG ausdrücklich unter Hinweis auf die schon vorher abzusehende Tendenz der Rechtsprechung gebilligt hat.[526] Auch der Versuch der Bank sich auf die Unwissenheit des handelnden Beraters und damit auf einen Rechtsirrtum zu berufen, wird nach der Rechtsprechung des BGH zur Wissenszurechnung bei arbeitsteiligen Organisationen, wonach ein Unternehmen alle relevanten Informationen zu dokumentieren und Mitarbeitern zur Verfügung zu stellen hat, in der Regel scheitern, da bei Unkenntnis des handelnden Beraters eine Verletzung der Informationsorganisation vorliegt und damit von der Einhaltung der Sorgfaltsanforderungen durch die Bank nicht mehr gesprochen werden kann.[527] Bei Innenprovisionen soll sich die Bank jedoch bis zum 1.8.2014 auf einen vorsatzauschließenden Rechtsirrtum berufen dürfen.[528]

Vor dem Urteil des BGH v. 19.12.2006[529] bestand allerdings eine **Aufklärungspflicht über Vertriebsprovisionen** weder bei geschlossenen noch bei offenen Fonds. Für geschlossene Fonds wurden diese Grundsätze erst durch den Beschluss v. 20.1.2009[530] angewandt. Der XI. Zivilsenat geht auch für diese Fallgestaltungen davon aus, dass „verheimlichte Rückflüsse aus offen ausgewiesenen Vertriebsprovisionen aufklärungspflichtig sind, (was) […] der veröffentlichten Rechtsprechung zum Zeitpunkt der streitigen Anlageberatung in den Jahren 2003 und 2004 entnommen werden (konnte)“[531] – was implizit durch das BVerfG gebilligt wurde.[532] 370

cc) Kausalität. Einig ist man sich hinsichtlich der Notwendigkeit von **Beweiserleichterungen in Bezug auf die Kausalität der Pflichtverletzung für den Schaden:** Nach den allgemeingültigen Grundsätzen müsste der Kläger darlegen, dass bei einer ordnungsgemäßen Aufklärung seine Anlageentscheidung so ausgefallen wäre, dass der Schaden entfiele.[533] Die Rechtsprechung hat die Schwierigkeiten eines Beweises hinsichtlich eines solchen hypothetischen Kausalverlaufs erkannt und billigt dem Kunden dann eine Beweislastumkehr zu,[534] wenn er sich bei ordnungsgemäßer Aufklärung durch die Bank mit an Sicherheit grenzender Wahrscheinlichkeit auf eine bestimmte Art und Weise verhalten 371

[523] *Buck-Heeb* BKR 2011, 441 (446) mwN.

[524] Mit ausführlicher Darstellung der Anforderungen an die Sorgfalt *Buck-Heeb* BKR 2011, 441 (446 ff.); *Fleischer* ZIP 2005, 141 (149 f.).

[525] BGH Beschl. v. 29.6.2010 – XI ZR 308/09 = WM 2010, 1694ff; zuletzt BGH, Urt. v 15.7.2014 – XI ZR 418/13 = BKR 2014, 457 (459) Rn. 20.

[526] BVerfG Beschl. v. 8.12.2011 – 1 BvR 2514/11 = BKR 2012, 23 (25).

[527] BGH Urt. v. 2.2.1996 – V ZR 239/94, BGHZ 132, 30 (35 ff.) = NJW 1996, 1339; BGH Urt. v. 12.5.2009 – XI ZR 586/07 = NJW 2009, 2298 Rn. 14; *Buck-Heeb* BKR 2011, 441 (449).

[528] BGH Urt. v. 3.6.2014 – XI ZR 147/12 = WM 2014, 1382.

[529] BGH Urt. v. 19.12.2006 – XI ZR 56/05, BGHZ 170, 226 = WM 2007, 487.

[530] BGH Beschl. v. 20.1.2009 – XI ZR 510/07 = WM 2009, 405.

[531] BGH Beschl. v. 19.7.2011 – XI ZR 191/10 = WM 2011, 1506 Rn. 12.

[532] BVerfG Beschl. v. 8.12.2011 – 1 BvR 2514/11 = BKR 2012, 23 (25).

[533] BankR-HdB/*Siol* § 43 Rn. 50 ff.

[534] Dass es sich nicht um eine Beweiserleichterung iSd Anscheinsbeweises, sondern um eine Beweislastumkehr handelt noch einmal klarstellend BGH Urt. v. 24.9.2013 – XI ZR 204/12 = WM 2013, 2065 (2067) Rn. 38; BGH Urt. v. 8.5.2012 – XI ZR 262/10, NJW 2012, 2427 = ZIP 2012, 1335 (1337 Rn. 29) mwN; OLG Hamm Urt. v. 17.2.2014, 31 U 138713, BeckRS 2014, 06809; diesen Aspekt offenlassend BGH Urt. v. 11.2.2014 – II ZR 273/13 = WM 2014, 661 Rn. 11; s. a. Ellenberger/Clouth/*Ellenberger* Praktikerhandbuch Wertpapier- und Derivategeschäft Rn. 1383; *Heusel* ZBB 2012, 461; *Bünnigmann* BKR 2014, 491 (493); *Oppenheim* BKR 2014, 454 (455); *Stumpf/Hettenbach* BB 2012, 2582 (2586) näher *Dieckmann* WM 2011, 1153 (1154 ff.) mwN. Die Beweislastumkehr gänzlich abl. *Bassler* WM 2013, 544 (555).

hätte.[535] Hier gilt dann die sog. „Vermutung aufklärungsrichtigen Verhaltens".[536] Das BVerfG hat diese Rechtsprechung ausdrücklich gebilligt.[537]

372 Der Aufklärungspflichtige muss vielmehr beweisen, dass der Anleger die Kapitalanlage auch bei ordnungsgemäßer Aufklärung erworben hätte, weil er den richtigen Rat oder Hinweis nicht befolgt hätte.[538] Die Anforderungen an die Widerlegung der Vermutung sind indes hoch und nur selten erfüllt.[539] Die Vermutung wird nicht dadurch widerlegt, dass der Anleger das Vorliegen einer Provision für den Berater annimmt, sofern ihm nicht auch die Höhe dieser Provision bekannt ist.[540] Nicht erst der Wertverlust, sondern bereits der Erwerb der Anlage ist dabei schadensbegründend.[541]

373 Die **Vermutung** gilt allerdings als **erschüttert,** wenn die Bank den Anleger auf eine unterbliebene Aufklärung über erhaltene Provisionen sowie eine daraus resultierende Rückabwicklungsmöglichkeit schriftlich hinweist, dieser aber in einem später folgenden Gespräch nicht hierauf eingeht, sondern allein auf eine unterbliebene Risikoaufklärung abstellt.[542] Zudem griff sie bis vor kurzem auch dann nicht ein, wenn sich der Anleger bei gehöriger Aufklärung in einem **Entscheidungskonflikt** befunden hätte, wenn es also nicht nur eine bestimmte Möglichkeit aufklärungsrichtigen Verhaltens gab.[543] Allein Geringfügigkeit der Rückvergütung im Verhältnis zur Anlagesumme reichte hierfür nicht.[544] Es musste vielmehr aufgrund konkreter Umstände des Einzelfalls feststehen, dass dem Anleger bei gehöriger Aufklärung mindestens zwei tatsächlich von ihm zu ergreifende Handlungsalternativen zur Verfügung standen. Diese Rechtsprechung hat der XI. Zivilsenat nunmehr ausdrücklich aufgegeben.[545] Denn die Beweislastumkehr ist unabhängig vom Verhalten des Kapitalanlegers und einem potentiellen Entscheidungskonflikt allein durch den besonderen Schutzzweck der Aufklärungspflicht – die Ermöglichung einer sachgerechten Entscheidung des Anlegers – gerechtfertigt.[546] In den Fällen, in denen die Aufklärung zur freien Entscheidung des Anlegers dient, wird dieser Zweck nur dann erreicht, wenn die durch die Aufklärungspflichtverletzung bedingten Unklarheiten zu Lasten des Aufklärungspflichtigen gehen.[547] Damit unvereinbar wäre das Abstellen auf das Fehlen eines Entscheidungskonfliktes, sodass die Kausalitätsvermutung bereits bei festste-

---

535 BGH Urt. v. 16.11.1993 – XI ZR 214/92, BGHZ 124, 151 Rn. 25 mwN; BGH Urt. v. 12.5.2009 – XI ZR 586/07 = WM 2009, 1274 Rn. 22.

536 BGH Urt. v. 16.11.1993 – XI ZR 214/92, BGHZ 124, 151 Rn. 25; → Rn. 372 f.

537 BverfG Beschl. v. 8.12.2011 – 1 BvR 2514/11, BKR 2012, 23 (27) mwN.

538 BGH Urt. v. 16.11.1993 – XI ZR 214/92, BGHZ 124, 151 (159 f.) = NJW 1994, 512; BGH Urt. v. 19.12.2006 – XI ZR 56/05 = ZIP 2007, 518 (521 Rn. 27), insoweit in BGHZ 170, 226 = NJW 2007, 1876 nicht abgedruckt; BGH Urt. v. 12.5.2009 – XI ZR 586/07 = WM 2009, 1274 Rn. 16 ff., 22; BGH Beschl. v. 9.3.2011 – XI ZR 191/10, ZIP 2011, 855 = BKR 2011, 299, bestätigt in BGH Beschl. v. 19.7.2011 – XI ZR 191/10 = WM 2011, 1506; *Schwab* NJW 2012, 3274 (3275); *Kropf* ZBB 2014, 331 (336); krit. zur Figur der „Vermutung" und dagegen mit guten Gründen auf einem prima facie Beweis abstellend *Pickenbrock* WM 2012, 429 (438 ff.). Zur Beweislastverteilung → Rn. 365 ff.

539 Vgl. *Bausch/Kohlmann* BKR 2012, 410 (411).

540 Vgl. zum WpHG aF BGH Beschl. v. 9.3.2011 – XI ZR 191/10, ZIP 2011, 885 Rn. 13 = BKR 2011, 299.

541 BGH Urt. v. 12.5.2009 – XI ZR 586/07 = WM 2009, 1274 Rn. 22.

542 LG München Urt. v. 30.4.2012 – 28 O 14110/11 = BKR 2012, 250 (253).

543 So BGH Urt. v. 9.3.2011 – XI ZR 191/10, ZIP 2011, 855 Rn. 34 = BKR 2011, 299; unter Verweis BGH Urt. v. 16.11.1993 – XI ZR 214/92, BGHZ 124, 151 (161) = NJW 1994, 512; BGH Urt. v. 7.5.2002 – XI ZR 197/01, BGHZ 151, 5 (12) = NJW 2002, 2703; zu den Folgen für die Gerichtspraxis nach der Rechtsprechungsänderung vgl. *Bausch/Kohlmann* BKR 2012, 410.

544 BGH Beschl. V. 9.3.2011 – XI ZR 191/10 = ZIP 2011, 855 Rn. 34; OLG Köln Urt. v. 20.2.2002 – 13 U 28/01, 140/00 = WM 2003, 338 (340 f.).

545 BGH Urt. v. 8.5.2012 – XI ZR 262/10, BGHZ 193, 159 = ZIP 2012, 1335 (1338 Rn. 33).

546 So BGH Urt. v. 8.5.2012 – XI ZR 262/10, BGHZ 193, 159 = ZIP 2012, 1335 (1338 Rn. 34 ff.) mit dem Verweis auf die Rechtsprechung des II. und III. Zivilsenats, wonach bei Ansprüchen wegen fehlerhafter Prospektangaben das Bestehen von Handlungsalternativen von vornherein nicht geeignet ist, die Kausalitätsvermutung zu entkräften, da diese aufgrund des Schutzzecks der Beweislastumkehr nicht vom Nichtvorliegen eines Entscheidungskonflikts abhängig gemacht werden kann.

547 BGH Urt. v. 8.5.2012 – XI ZR 262/10, BGHZ 193, 159 = ZIP 2012, 1335 (1338 Rn. 36) mwN.

hender Aufklärungspflichtverletzung eingreift.[548] Die Vermutung greift demnach unter anderem dann nicht, wenn der Kunde ähnliche Produkte[549] bereits vor der fehlerhaften Beratung mit Gewinnerzielungsabsicht auf anderem Wege erworben hat, da unklar bleibt, ob der Kunde diese Produkte auch mit ordnungsgemäßer Aufklärung erworben hätte.[550] Gleiches kann gelten, wenn der Anleger nach fehlerhafter Aufklärung und Kenntniserlangung über die Rückvergütung Anlagen zeichnet, bei denen er ordnungsgemäß aufgeklärt wurde.[551] Der Bank bleibt es weiterhin unbenommen konkrete Indizien vorzutragen, die im speziellen Fall dieses Anlegers aufzeigen, dass dieser trotz Kenntnis gezeichnet hätte.[552] Hat der Anleger Kenntnis von der Rückvergütung, nur nicht von deren Höhe derselbigen, so ist dies ein starkes Indiz dafür, dass die Rückvergütung und die Höhe für ihn nicht von Belang sind und deshalb auch nicht seine Anlageentscheidung beeinflusst haben.[553] So reicht in besonderen Umständen die Behauptung, es sei dem Anleger hauptsächlich auf die Erzielung von Steuervorteilen und einer außerordentlichen Rendite angekommen.[554] Das Gericht muss bei hinreichend substantiiertem Vortrag dem Beweisangebot nachgehen, wobei eine Parteianhörung allein unzureichend ist.[555] In einem solchen Fall liegt kein unzulässiger **Ausforschungsbeweis** vor.[556] Im Rahmen der Kausalitätsprüfung müssen jedoch auch die vom Beklagten vorgetragenen Hilfstatsachen berücksichtigt werden.[557] Wurde eine Anlage ohne Hinweis auf die aufklärungspflichtigen Rückvergütungen angeboten, so muss der Wunsch des Kunden auf Steueroptimierung derart Beachtung finden, dass er den Schluss zulässt, dass die Anlageentscheidung des Kunden auch bei Kenntnis über die geflossenen Rückvergütungen nicht anders ausgefallen wäre, wenn diese die einzige Anlage gewesen wäre, die seinem Wunsch entsprechen konnte – oder nur andere Anlagen, die ebenfalls Rückvergütungen beinhalten, für diese Zwecke geeignet gewesen wären.[558] Werden mehrere Hilfstatsachen vorgetragen, die einzeln keinen gesicherten Rückschluss auf die Haupttatsache ermöglichen, so können diese jedoch in der Gesamtschau oder im Zusammenhang mit dem weiteren Prozessvortrag zur Überzeugung reichen.[559]

c) Mitverschulden. Ein Mitverschulden nach der allgemeinen Vorschrift des § 254 BGB kann gegeben sein, der Umfang hängt jedoch grundsätzlich vom Einzelfall ab. Aufgrund der informationellen Asymmetrien und dem daher generell im Vordergrund stehenden Aspekt der Schutzwürdigkeit des Kunden, ist ein Mitverschulden in der Regel nur dann anzunehmen, wenn für letzteren tatsächlich erkennbare Hinweise vorliegen, die ein **374**

[548] BGH Urt. v. 8.5.2012 – XI ZR 262/10, BGHZ 193, 159 = ZIP 2012, 1335 (1338 Rn. 33); BGH Urt. v. 11.2.2014 – II ZR 273/12 = WM 2014, 661 Rn. 10; bestätigend auch im Falle der Doppelvergütung bei Kommissionsgeschäften vgl. zum WpHG aF BGH Urt. v. 24.9.2013 – XI ZR 204/12 = WM 2013, 2065 (2067) Rn. 39, ebenso *Kropf* ZBB 2014, 331 (337).

[549] Krit. zum Erwerb „vergleichbarer Produkte" *Kropf* ZBB 2014, 331 (337).

[550] BGH Urt. v. 13.7.2004 – XI ZR 178/03, BGHZ 160, 58 (66 f.) = NJW 2004, 2967; Ellenberger/Clouth/*Ellenberger* Praktikerhandbuch Wertpapier- und Derivategeschäft Rn. 1385; BGH Beschl. v. 15.1.2013 – XI ZR 8/12 = BKR 2013, 203 Rn. 22; *Möllers* NZG 2012, 1019, (1021).

[551] OLG Frankfurt a. M. Urt. v. 12.7.2013 – 19 U 263/12 = BKR 2014, 251.

[552] *Oppenheim* BKR 2014, 454 (455).

[553] BGH Beschl. v. 15.1.2013 – XI ZR 8/12 = BKR 2013, 203 Rn. 22.

[554] BGH Urt. v. 26.2.2013 – XI ZR 318/10 = BKR 2013, 212 Rn. 23 f.

[555] BGH Urt. v. 8.5.2012 – XI ZR 262/10 = BKR 2012, 368 (371) mAnm Göertz; BGH Urt. v. 26.2.2013 – XI ZR 318/10 = BKR 2013, 212; BGH Urt. v. 8.4.2014 – XI ZR 341/12 = NJW 2014, 2348; *Oppenheim* BKR 2014, 454 (456). Dass eine unterlassene Vernehmung den Anspruch auf rechtliches Gehör verletzt, s. BGH Beschl. v. 9.4.2013 – XI ZR 337/10 = BKR 2013, 260 Rn. 10 ff.

[556] BGH Urt. v. 26.2.2013 – XI ZR 425/10 = BKR 2013, 253 Rn. 24; BGH Urt. v. 26.2.2013 – XI ZR 345/10, = BKR 2013, 283 Rn. 23; BGH Urt. v. 26.2.2013 – XI ZR 445/10 = BKR 2013, 506 Rn. 20; BGH, Urt. v. 4.2.2014 – XI ZR 398/12 = BKR 2014, 200 Rn. 16.

[557] BGH Urt. v. 23.9.2014 – XI ZR 215/13 = BKR 2015, 339 Rn. 21; BGH Urt. v. 8.5.2012 – XI ZR 262/10, = BKR 2012, 368 Rn. 42 ff.

[558] BGH Urt. v. 23.9.2014 – XI ZR 215/13 = BKR 2015, 339 Rn. 23; BGH Urt. v. 8.5.2012 – XI ZR 262/10 = BKR 2012, 368 Rn. 53.

[559] BGH Urt. v. 8.5.2012 – XI ZR 262/10 = BKR 2012, 368 Rn. 45.

Vertrauen in die Angaben des Finanzdienstleisters offenkundig untergraben müssen. Gerade kein Fall des Mitverschuldens liegt daher vor, wenn der Anleger zwar „erhebliche Beträge aufs Spiel gesetzt hat" ohne eine vorherige intensive Studie und Auseinandersetzung mit der empfohlenen Anlage betrieben zu haben.[560] Vielmehr zeigt dieses Verhalten, dass sich der Anleger vollständig auf die erfolgte Beratung verlassen hat.[561] Es bedarf also für die Annahme des Mitverschuldens eigene Sachkunde des Geschädigten sowie zusätzliche Informationen seitens Dritter.[562]

375 Fälle des Mitverschuldens können hingegen bejaht werden, wenn die Auskunft gebende Person erkennbar inkompetent hinsichtlich der Beratungsleistung ist,[563] Warnungen Außenstehender nicht hinreichend berücksichtigt werden, äußere Umstände auf Vertrauensbrüche schließen lassen[564] oder etwa eine selbst für den Laien identifizierbare exorbitant überhöhte Rendite versprochen wird.[565] Ferner liegt ein Mitverschulden vor, wenn der Anleger seine Ansprüche gegenüber der Garantin von Zertifikaten nicht im Insolvenzverfahren geltend macht. Bei diesem Unterlassen handelt es sich um eine Obliegenheitsverletzung, sodass das in Anspruch genommene Beratungsinstitut den Mitverschuldenseinwand erheben und die im Insolvenzverfahren zu erlangende Quote in Abzug bringen kann.[566] Den Anleger trifft hingegen kein Verschulden, wenn eine Rückabwicklung der Anlage in Folge des Weiterverkaufs durch den Anleger scheitert. Er ist nämlich nicht verpflichtet gem. § 250 Abs. 1 BGB, dem Anlageberater die Anlage vor einer Weiterveräußerung zuerst anzubieten.[567]

376 **d) Schaden.** Im vorvertraglichen Bereich bestimmt sich der Haftungsumfang nach dem negativen Interesse, dh der Anleger wird so gestellt, als hätte er die fehlerhafte Anlageentscheidung nicht getroffen, was in der Regel Rückabwicklung des Anlagegeschäfts bedeutet; er kann hier jedoch nicht verlangen so gestellt zu werden, wie er stünde, wenn er sich einer ordnungsgemäßen Beratung nach verhalten hätte.[568] Es ist dem Anleger auch freigestellt, am Vertrag festzuhalten und Ersatz seiner Mehraufwendungen zu verlangen.[569] Bei einer positiven Vertragsverletzung, insbesondere bei einem stillschweigenden Beratungsvertrag, den die Rechtsprechung häufig annimmt, muss die Bank den Zustand herstellen, der bestünde, wenn sie den Kunden ordnungsgemäß beraten hätte. Die Schadensfolge besteht daher in der Rückabwicklung Zug um Zug gegen Übertragung der Beteiligung auf den Schadensverantwortlichen.[570]

377 Hat der Anleger die Wertpapiere bereits verkauft, kann er Zahlung des **Differenzschadens** beanspruchen.[571] Es gelten hier die allgemeinen Grundsätze des Schadensrechts, dh anwendbar ist beispielsweise auch die **Vorteilsanrechnung,** die besonders bei ersparten Steuern zum Tragen kommt.[572] Wegen der ebenfalls zu versteuernden Schadensersatzzahlung verbietet sich im Rahmen des Vorteilsausgleichs eine isolierte Berechnung des **Steuervorteils** auf Seiten des Anlegers. Deswegen ist die drohende steuerliche Belastung,

[560] BGH Urt. v. 19.2.2015 – III ZR 90/14 = NJW-RR 2015, 1180 Rn. 12 ff.
[561] BGH Urt. v. 19.2.2015 – III ZR 90/14 = NJW-RR 2015, 1180 Rn. 14.
[562] *Jordans* BKR 2015, 309 (315).
[563] BankR-HdB/*Siol* § 43 Rn. 43.
[564] BGH Urt. v. 13.5.1993 – III ZR 25/92 = NJW-RR 1993, 1114 Rn. 22 ff.
[565] BGH Urt. v. 13.1.2000 – III ZR 62/99 = NJW-RR 2000, 998 Rn. 35.
[566] BGH Urt. v. 25.11.2014 – XI ZR 169/13 = NZG 2015, 150 Rn. 34 ff. – Lehman.
[567] BGH Urt. v. 13.11.2012 – XI ZR 334/11 = WM 2013, 24 Rn. 19.
[568] Assmann/Schütze/*Edelmann* § 3 Rn. 123; *Heusel* JuS 2013, 109 (112).
[569] BGH Urt. v. 28.3.1990 – VIII ZR 169/89, BGHZ 111, 75 Rn. 20 f. = NJW 1990, 1659.
[570] BGH Urt. v. 6.10.1980 – II ZR 60/80 = NJW 1981, 1449; BGH Urt. v. 22.3.1982 – II ZR 114/81, BGHZ 83, 222 = NJW 1982, 1514; BGH Urt. v. 1.3.2004 – II ZR 88/02 = NJW 2004, 2228; BGH Urt. v. 6.2.2006 – II ZR 329/04 = NJW 2006, 2042.
[571] BankR-HdB/*Hannöver/Walz* § 110 Rn. 100.
[572] Etwa BGH Urt. v. 18.12.1969 – VIII ZR 121/67, BGHZ 53, 132 (134) = WM 1970, 389; BGH Urt. v. 22.3.1979 – VII ZR 259/77, BGHZ 74, 103, 114 = NJW 1979, 1449; BGH Urt. v. 28.1.2014 – XI ZR 495/12, = NJW 2014, 994; *Jordan* BKR 2011, 456 (464), *Einsiedler* WM 2015, 958 (959); *Knops* WM 2015, 993 (995).

infolge der Versteuerung der ihm zuerkannten Schadensersatzzahlung, von den Steuervorteilen nach Maßgabe des § 287 ZPO in Abzug zu bringen, weswegen in der Praxis ein Vorteilsausgleich nur selten relevant sein dürfte.[573] Allenfalls wenn dem Geschädigten außergewöhnlich hohe Steuervorteile verbleiben[574] – was vom Schädiger dargelegt und bewiesen werden muss – kann eine Vorteilsanrechnung erfolgen.[575] Außergewöhnliche Steuervorteile sind jedenfalls zu verneinen, wenn die gleichen Beträge zu versteuern sind, auf dessen Grundlage zuvor die Steuervorteile gewährt wurden; dies gilt unabhängig von der Höhe.[576] Keine Vorteilsanrechnung bzw. Vorteilsausgleichung findet jedoch aus anderen vorteilhaften Geschäften statt, die nicht **Streitgegenstand** geworden sind; mithin kann ein Anleger Ansprüche aus nachteiligen Geschäften geltend machen, ohne dass ihm seine Gewinne aus – nicht angegriffenen – Geschäften angerechnet werden, sofern es sich um jeweils selbständige Beratungsgeschäfte handelt, selbst innerhalb eines Rahmenvertrages.[577] Dies ist allerdings nicht der Fall, wenn durch ein einheitliches Beratungsgespräch, welches die Neuordnung des Vermögens zugrunde lag, verschiedene Anlageentscheidungen miteinander „verklammert" werden und es sich letztlich um eine Paketstruktur ähnlicher Investments handelt, auch wenn diese nicht voneinander abhängen.[578] Durch die Übernahme von negativen Kapitalkonten im Rahmen von Fondsbeteiligungen (gewerblich tätige Fonds) wird keine Anrechnung von Steuervorteilen begründet.[579] Darin kann die Aufgabe der Fallgruppe „Verlustzuweisung übersteigt die Einlageleistung" gesehen werden. Im Rahmen von Beteiligungen an Immobilienfonds hingegen sind rückfließende Substanzaufwendungen grundsätzlich nicht zu versteuern, sodass hier Steuervorteile anrechenbar sind.[580] Macht der Geschädigte ferner entgangenen Gewinn nach § 252 BGB geltend, kann die genaue Höhe des Schadens nach Maßgabe des § 287 ZPO durch den Tatrichter geschätzt werden, vorausgesetzt der Geschädigte trägt konkrete Tatsachen vor, die eine Gewinnerwartung wahrscheinlich machen.[581] Dabei hat der Vortrag, dass sich nach dem gewöhnlichen Lauf der Dinge ein zur Verfügung gestellter Geldbetrag jedenfalls in Höhe des gesetzlichen Zinssatzes von 4 % p. a. (§ 246 BGB) verzinse, keine Erfolgsaussichten, da es nach Auffassung der Rechtsprechung nicht dem gewöhnlichen Lauf der Dinge entspricht, dass eine Geldanlage von vornherein Gewinn abwirft.[582] Teilweise wird auch ohne das Vorliegen eines Schadens eine Zahlung an den Anleger vorgesehen, indem diesem die Rückvergütung dann ausgezahlt werden muss, wenn er an dem Geschäft festhält und dieses sich positiv entwickelt hat.[583]

e) Verjährung. aa) Grundlagen. Hinsichtlich der **Verjährung** greifen, für die auf 378
Verschulden bei Vertragsschluss sowie Verletzung der Pflichten eines Beratungsvertrages

[573] BGH Urt. v. 15.7.2010 – III ZR 336/08, BGHZ 186, 205 Rn. 36 = WM 2010, 1641 Rn. 35 f.; BGH Urt. v. 28.1.2014 – XI ZR 495/12 = NJW 2014, 994; BGH Urt. v. 23.9.2014 – XI ZR 215/13 = BKR 2015, 339 Rn. 26; OLG Karlsruhe Urt. v. 21.11.2011 – 17 U 259/10 = WM 2012, 1026 (1029); *Schlick* WM 2011, 154 (161); *Knops* WM 2015, 993 (997 f.).

[574] BGH Urt. v. 28.1.2014 – XI ZR 495/12 = NJW 2014, 994; *Einsiedler* WM 2015, 958 (960). Dazu ausführlich *Seibert* Das Recht der Kapitalanlageberatung und -vermittlung Teil C § 1 Rn. 336 ff.

[575] BGH Urt. v. 28.1.2014 – XI ZR 495/12 = WM 2014, 460 Rn. 11; MüKoHGB/*Nobbe/Zahrte* Bd. VI Anlageberatung Rn. 318.

[576] BGH Urt. v. 23.9.2014 – XI ZR 215/13 = BKR 2015, 339 Rn. 27; *Knops* WM 2015, 993 (996).

[577] Vgl. zum WpHG aF BGH Urt. v. 28.4.2015 – XI ZR 378/13 = WM 2015, 1273 Rn. 85 ff.

[578] BGH Urt. v. 18.10.2018 – III ZR 497/16 = NJW 2019, 215 Rn. 26 ff.

[579] BGH Urt. v. 28.1.2014 – XI ZR 495/12 = NJW 2014, 994; *Einsiedler* WM 2015, 958 (960).

[580] *Einsiedler* WM 2015, 958 (962).

[581] OLG Brandenburg Urt. v. 14.7.2010 – 4 U 152/09 = WM 2010, 2075; OLG Karlsruhe Urt. v. 21.12.2011 – 17 U 259/10 = WM 2012, 1026 (1029). Zu den Anforderungen für die Darlegung des entgangenen Gewinns, insbesondere für die Erstattungsfähigkeit entgangener Anlagezinsen s. BGH Urt. v. 24.4.2012 – XI ZR 360/11 = BKR 2012, 291 und BGH Urt. v. 8.5.2012 – XI ZR 262/10 = BKR 2012, 368 Rn. 63 f. Dazu *Junglas* BKR 2013, 360.

[582] So BGH Urt. v. 24.4.2012 – XI ZR 360/11 = BKR 2012, 291 (292 Rn. 28) mit dem Wissen aus „zahlreichen Verfahren".

[583] *Regenfus* WM 2015, 169 (176); *Koch* ZBB 2013, 217 (218).

gestützten Ansprüche, seit jeher die allgemeinen Verjährungsvorschriften; für die auf das WpHG gestützten Ansprüche gelten nach der Aufhebung des ehemaligen § 37a WpHG[584] durch das Schuldverschreibungsgesetz vom 31.7.2009 mit Wirkung zum 5.8.2009 ebenfalls die allgemeinen Vorschriften der §§ 195 ff. BGB. Demnach kommt es auf die Kenntnis oder die grob fahrlässige Unkenntnis des Anlegers vom Beratungsfehler an. Bei **mehreren voneinander abtrennbaren Beratungsfehlern,** die im Laufe eines Anlageberatungsprozesses auftreten, sind diese nicht als verjährungsrechtliche Einheit zu behandeln; vielmehr setzt jeder Beratungsfehler für sich betrachtet eine eigene Verjährungsfrist in Gang, sofern jeder Fehler für sich eine eigene Schadensfolge herbeiführt oder ursächlich für den Gesamtschaden ist.[585] Dies gilt auch für Rahmenverträge, etwa bei Swap-Geschäften: Hier kommt es auf den jeweiligen Vertrag und den Beratungsfehler an.[586] In dem alleinigen Abschluss eines Rahmenvertrages liegt noch kein schadenbringendes Ereignis, da dieser lediglich generelle Bedingungen der nachfolgend abzuschließenden und noch zu definierenden Geschäfte regelt. Hieraus kann also noch kein Anspruch entstehen,[587] sodass lediglich der Abschluss des einzelnen Swap-Vertrages die auf diesen bezogenen Ansprüche begründen kann.[588] Der BGH hat zudem die Geltung des Grundsatzes für die Rahmenverträge eingeschränkt, indem die Rechtskraft eines Urteils eine Zweitklage ausschließt.[589]

379 Der **Beginn der Verjährung** richtet sich nach § 199 Abs. 1 Nr. 2 BGB. Ansprüche wegen Falschberatung etc. können nach der Rechtsprechung grundsätzlich mit dem Erwerb des Finanzproduktes entstehen und nicht erst mit einem späteren Werteverfall der Investition.[590] Ausschlaggebend ist die vertragliche Bindung, nicht der sachen- bzw. eigentumsrechtliche Übergang des Finanzproduktes.[591]

380 Vorausgesetzt wird zudem entweder die tatsächliche **Kenntniserlangung der den Schadensersatzanspruch begründenden Umstände oder die grob fahrlässige Unkenntnis.** Die Kenntnis etc. muss sich auf die jeweils konkrete Pflichtverletzung beziehen, auch wenn mehrere Beratungsfehler in Rede stehen.[592] Die Kenntnis des Gläubigers liegt dann vor, wenn ihm die Erhebung einer Klage erfolgversprechend zumutbar möglich ist.[593] Grob fahrlässige Unkenntnis ist dagegen anzunehmen, wenn der Gläubiger auf der Hand liegende Erkenntnismöglichkeiten nicht wahrnimmt.[594]

---

[584] Eingehend zur früheren Verjährung *Harnos* ZBB 2015, 176 (180 ff.) mwN.

[585] BGH Urt. v. 19.11.2009 – III ZR 169/08 = BKR 2010, 118 Rn. 15; BGH Urt. v. 24.3.2011 – III ZR 81/10, NJW-RR 2011, 841 = WM 2011, 874 Rn. 13 f.; BGH Urt. v. 28.4.2015 – XI ZR 378/13 = WM 2015, 1273 Rn. 52 ff.; BGH Urt. v. 22.9.2011 – III ZR 186/10 = NJW-RR 2012, 111 Rn. 9.

[586] OLG München Urt. v. 27.8.2014 – 7 U 1701/13 = BKR 2015, 84 (85); OLG München Beschl. v. 27.3.2012 – 5 U 4137/11 = BKR 2013, 262 (263 f.); OLG München Vfg. v. 22.5.2013 – 19 U 789/13 = WM 2014, 1916 (1918); zust. *Harnos* ZBB 2015, 176 (177).

[587] *Stackmann* NJW 2014, 2913 (2915).

[588] *Stackmann* NJW 2014, 2913 (2915).

[589] BGH Urt. v. 22.10.2013 – XI ZR 42/12 = NJW 2014, 314 Rn. 15 f. mAnm *Junglas;* zustimmend *Wiechers* WM 2014, 145 (148); BGH Urt. v. 22.10.2013 – XI ZR 57/12, BeckRS 2013, 20081. Insges. dazu *Grüneberg* WM 2014, 1109 (1111 f.).

[590] StRspr grundlegend BGH Urt. v. 8.7.2010 – III ZR 249/09, BGHZ 186, 152 = NJW 2010, 3292 Rn. 24; BGH Urt. v. 8.4.2014 – XI ZR 341/12 = NJW 2014, 2348, Rn. 25, s. ferner: BGH Urt. v. 22.7.2010 – III ZR 203/09 = NJW-RR 2010, 1623, Rn. 10; BGH Urt. v. 24.3.2011 – III ZR 81/10 = NJW-RR 2011, 842, Rn. 9; BGH Urt. v. 22.9.2011 – III ZR 186/10 = NJW-RR 2012, 111 Rn. 7; BGH Urt. v. 26.2.2013 – XI ZR 498/11, BGHZ 196, 233 = NJW 2013, 1801, Rn. 25, BGH Urt. v. 11.7.2012 – IV ZR 164/11, BGHZ 194, 39 = NJW 2012, 3647 Rn. 70 (Kapitallebensversicherung).

[591] S. dazu *Harnos* ZBB 2015, 176 (177) mwN.

[592] BGH Urt. v. 22.7.2010 – III ZR 203/09 = WM 2010, 1690; BGH Urt. v. 1.3.2011 – II ZR 16/10 = WM 2011, 792; BGH Urt. v. 15.2.2012 – IV ZR 194/09 = WM 2012, 806; BGH Urt. v. 18.6.2015 – III ZR 303/14 = WM 2015, 1322; BGH Urt. v. 2.7.2015 – III ZR 149/14 = WM 2015, 1413; BGH Urt. v. 16.7.2015 – III ZR 238/14 = WM 2015, 1559.

[593] BGH Urt. v. 8.4.2014 – XI ZR 341/12 = NJW 2014, 2348 Rn. 27; BGH Urt. v. 23.9.2014 – XI ZR 215/13 = BKR 2015, 339 Rn. 34.

[594] BGH Urt. v. 8.7.2010 – III ZR 249/09, BGHZ 186, 152 = NJW 2010, 3292 Rn. 28; BGH Urt. v. 13.1.2015 – XI ZR 182/13, BeckRS 2015, 03384 Rn. 28; BeckOK BGB/*Spindler* § 199 Rn. 21; vgl. zum WpHG aF BGH Urt. v. 30.10.2014 – III ZR 493/13 = ZIP 2015, 225 Rn. 40; BGH Urt. v. 22.7.2010 – III ZR 99/09 = NZG 2011, 68 Rn. 16.

Zwar stellt § 199 Abs. 1 Nr. 2 BGB auf die Kenntnis von Umständen bzw. Tatsachen ab, doch sieht die Rechtsprechung eine **Klageerhebung** dann als **nicht zumutbar** an – mit der Folge mangelnder Kenntnis – wenn eine Klage bei unsicherer Rechtslage unzumutbar war, insbesondere bei zur fraglichen Zeit entgegenstehender Rechtsprechung.[595] Dies soll allerdings selbst bei unsicherer Rechtslage gelten – dem ist nicht zu folgen, da der Gläubiger gerade bei unsicherer Rechtslage gehalten sein sollte, durch entsprechende Kageerhebung für Klarheit zu sorgen.[596] 381

bb) Verjährungsbeginn bei ausgehändigtem Prospekt und Produktinformationsblatt. Zahlreiche Oberlandesgerichte gingen von grob fahrlässiger Unkenntnis und damit vom Beginn der Verjährung aus, wenn die Anleger den zur Verfügung gestellten Prospekt nicht durchgelesen hatten und deswegen die Pflichtverletzung nicht erkannten.[597] Dem ist der BGH zu Recht entgegengetreten, indem er ausführte, dass die fehlende Lektüre des Prospektes zwar fahrlässig, keinesfalls jedoch grob fahrlässig sein kann.[598] Denn die **Unterlassung der Lektüre des Prospektes** zeugt weniger vom unentschuldbaren Verhalten des Anlegers, sondern vielmehr von einem gesteigerten Vertrauen gegenüber dem eigenen Berater.[599] Erst recht ist der Anleger nicht verpflichtet, lange Zeit nach Anlageentscheidung den Prospekt zu studieren, um eventuelle Beratungsfehler des Beraters aufzudecken. Denn zum einen dient der Prospekt der Anlageentscheidung, was mit Anlageerwerb erfüllt ist, zum anderen kann dem Anleger keine Obliegenheit auferlegt werden, Nachforschungen zu betreiben, um einen frühzeitigen Verjährungsbeginn zugunsten des Schuldners zu erreichen.[600] 382

Anders ist dies zu entscheiden, wenn es um kurze Informationen geht, insbesondere das nach §§ 64 Abs. 2 WpHG vorgeschriebene **Produktinformationsblatt;** hier kann dem Anleger zugemutet werden, die kurzen Informationen zur Kenntnis zu nehmen.[601] 383

cc) Beratungsprotokoll und Geeignetheitserklärung. Wiederum anders ist die Situation bezüglich des **Beratungsprotokolls** zu sehen. Bei einer „blinden" Unterzeichnung des Beratungsprotokolls gibt es keinen allgemeinen Satz bezüglich der groben Fahrlässigkeit, sondern es kommt auf eine umfassende Einzelfallabwägung an.[602] Insbesondere die inhaltliche Erfassbarkeit und grafische Auffälligkeit der Hinweise, sowie der Ablauf des Beratungsgespräches, aber auch der Bildungs- und Erfahrungsstand des Anlegers, sowie sein Vertrauensverhältnis zum Berater sind dabei zu berücksichtigen.[603] Die Verjährungsfrist 384

---

[595] BGH Urt. v. 20.1.2009 – XI ZR 504/07, BGHZ 179, 260 = NJW 2009, 2046 Rn. 47; BGH Urt. v. 28.10.2014 – XI ZR 348/13 = NJW 2014, 3713 Rn. 35 ff.; BGH Urt. v. 28.10.2014 – XI ZR 17/14 = BKR 2015, 26 Rn. 33 ff.; BGH Urt. v. 13.1.2015 – XI ZR 303/12 = ZIP 2015, 420 Rn. 37 ff.; BeckOK BGB/*Spindler* § 199 Rn. 22; abl. aber *Piekenbrock* ZBB 2015, 13 (18 f.); *Bitter* JZ 2015, 170 (174 ff.); *Wardenbach* BB 2015, 2 (6 ff.).

[596] Zutr. *Bitter* JZ 2015, 170 (174); *Harnos* WM 2015, 1658 (1660), je mwN.

[597] OLG Frankfurt a. M. Urt. v. 14.1.2008 – 18 U 28/07 = BKR 2009, 82 (83 f.); OLG Düsseldorf Teilurt. v. 18.4.2008 – I-16 U 275/06, BeckRS 2008, 10937; OLG Köln Beschl. v. 22.10.2008 – 13 U 10/08, BeckRS 2009, 08576; OLG Brandenburg Urt. v. 19.2.2009 – 12 U 140/08, BeckRS 2009, 07795; **aA** OLG München Urt. v. 6.9.2006 – 20 U 2694/06, BeckRS 2006, 10641; OLG Hamm Urt. v. 20.11.2007 – 4 U 98/07, BeckRS 2008, 07008.

[598] BGH Urt. v. 8.7.2010 – III ZR 249/09, BGHZ 186, 152 Rn. 26 ff. = NJW 2010, 3292 = ZIP 2010, 1548; BGH Urt. v. 22.7.2010 – III ZR 203/09, WM 2010, 1690 = NZG 2010, 1026 Rn. 19; BGH Urt. v. 20.7.2017 – III ZR 296/15 = NJW 2017, 3367 ff. Rn. 25; ebenso *Nassall* NJW 2014, 3681 (3683); *Stackmann* NJW 2012, 2913 (2914).

[599] BGH Urt. v. 8.7.2010 – III ZR 249/09, BGHZ 186, 152 = NJW 2010, 3292 Rn. 33; BGH Urt. v. 15.3.2016 – XI ZR 122/14 = NJW-RR 2016, 1187 ff. Rn. 35.

[600] BGH Urt. v. 22.7.2010 – III ZR 203/09 = WM 2010, 1690 Rn. 15 f.; OLG Hamm Urt. v. 31.3.2014 – 31 U 193/13 = BKR 2014, 340 (342); *Schlick* WM 2011, 154 (163).

[601] Vgl. zum WpHG aF *Langen* NZG 2011, 94 (97); zust. *Harnos* ZBB 2015, 176 (179); s. für eine kurze Beitrittserklärung OLG Frankfurt a. M Urt. v. 29.9.2014 -23 U 241113, BeckRS 2015, 07889 Rn. 29 ff., 41 ff.

[602] BGH Urt. v. 20.7.2017 – III ZR 296/15 = NJW 2017, 3367 Rn. 24 f.

[603] BGH Urt. v. 20.7.2017 – III ZR 296/15 = NJW 2017, 3367 Rn. 25.

beginnt somit dann, wenn der Kunde aus dem Beratungsprotokoll hätte erkennen können, dass die Anlage nicht zu seinen Präferenzen passt.[604] Dem ist zuzustimmen, da der Berater sonst privilegiert würde, auch wenn das Protokoll nicht verständlich ist. Gerade bei „unterdurchschnittlich" verständigen Kunden würde dies zu einer nicht zu erklärenden Besserstellung des Anlageberaters führen.[605]

385 Auch für die nunmehr zu erstellende **Geeignetheitserklärung** sind diese Grundsätze anzuwenden, ist diese doch dem Beratungsprotokoll ähnlich bis auf den Unterschied, dass es nicht den Gesprächsverlauf festhält.[606] Es kann freilich nicht auf die Unterzeichnung abgestellt werden, da diese nicht mehr vorgesehen ist, sondern nur auf die „blinde" Entgegennahme.

386 **dd) Verjährungsbeginn bei Rückvergütungen (Kick-Back).** Ferner geht der BGH nach uneinheitlicher Rechtsprechung der Instanzgerichte[607] davon aus, dass die Verjährung im Rahmen der **unterlassenen Aufklärung über Rückvergütungen** bereits dann beginnt, wenn der Anleger Kenntnis[608] über die Rückvergütungen erhält.[609] Die Kenntnis über die bestimmte Höhe ist nicht erforderlich.[610] Auch muss der Anleger nicht wissen aus welchen Positionen die Vergütung an die Bank fließt.[611] So stellt der BGH in seiner Entscheidung deutlich auf die „Provision" im Allgemeinen und nicht auf Rückvergütung im Sinne der Rechtsprechung ab.[612] Zwar sind nur Rückvergütungen aufklärungspflichtig,[613] jedoch kann von dem Anleger nicht verlangt werden eine solche rechtliche Würdigung vorzunehmen.[614] Zudem ist für den Verjährungsbeginn Tatsachenkenntnis ausreichend.[615] Hinsichtlich der Intensität der Kenntnis muss es, entgegen der Ansicht des BGH, der positive Kenntnis in Form von sicherem Wissen voraussetzt,[616] auch ausreichend sein, dass der Anleger geglaubt hat, dass er davon ausgegangen ist oder sich gedacht hat, dass die Bank Provisionen erhält.[617] Denn § 199 BGB erfordert keine ausschließliche Gewissheit. Zudem kann der Anleger nur dann sicher wissen, dass die Bank Provisionen erhält, wenn diese entsprechend darüber aufgeklärt hat.[618] Bei einem **Agio** hat der Kunde grundsätzlich

---

604 OLG Celle Urt. v. 22.9.2016 – 11 U 13/16, BeckRS 2016, 17035 Rn. 70.

605 BeckOGK BGB/*Buck-Heeb/Lang* § 675 Rn. 538.

606 *Buck-Heeb/Poelzig* BKR 2017, 485 (492); für die Anwendbarkeit auch BeckOGK BGB/*Buck-Heeb/Lang* § 675 Rn. 540; zur Geeignetheitserklärung → Rn. 172.

607 Das OLG Frankfurt Urt. v. 8.11.2011 – 9 U 54/10, BeckRS 2013, 5076 und das OLG Stuttgart Urt. v. 16.3.2011 – 9 U 129/10, BKR 2011, 250 setzen für den Verjährungsbeginn die Kenntnis von der konkreten Höhe der Rückvergütung an die Bank voraus. Das OLG Düsseldorf Beschl. v. 9.12.2010 – 6 U 30/10, juris und das OLG Karlsruhe Urt. v. 9.8.2011 – 17 U 4/11, WM 2011, 2245 erachteten es dagegen für ausreichend, dass dem Anleger das Provisionsinteresse der Bank bekannt sei.

608 Zu den Anforderungen an die Kenntnis über Rückvergütungen *Hettenbach* BB 2013, 2763 (2764).

609 BGH Urt. v. 26.2.2013 – XI ZR 498/11, BGHZ 196, 233 = NJW 2013, 1801 Rn. 29; BGH Urt. v. 8.4.2014 – XI ZR 341/12 = NJW 2014, 2348 Rn. 28; BGH, Urt. v. 23.9.2014 – XI ZR 215/13 = BKR 2015, 339 Rn. 34.

610 BGH Beschl. v. 15.1.2013 – XI ZR 8/12 = BKR 2013, 203; BGH Urt. v. 26.2.2013 – XI ZR 498/11, BGHZ 196, 233 = NJW 2013, 1801; dazu Anm. *Schulz* BKR 2013, 209; *Wigand* BKR 2013, 208; BGH Urt. v. 8.4.2014 – XI ZR 341/12 = NJW 2014, 2348.

611 BGH Urt. v. 26.2.2013 – XI ZR 498/11, BGHZ 196, 233 = NJW 2013, 1801; *Hettenbach* BB 2013, 2763 (2764); **aA** OLG Frankfurt Urt. v. 28.8.2013 – 17 U 132/12, juris Rn. 53; OLG Frankfurt Urt. v. 28.8.2013 – 17 U 95/12, juris Rn. 43.

612 BGH Urt. v. 26.2.2013 – XI ZR 498/11, BGHZ 196, 233 = NJW 2013, 1801; *Hettenbach* BB 2013, 2763 (2764).

613 Seit dem 1.8.2014 auch Innenprovisionen.

614 *Hettenbach* BB 2013, 2763 (2764).

615 *Hettenbach* BB 2013, 2763 (2764).

616 BGH Urt. v. 26.2.2013 – XI ZR 498/11, BGHZ 196, 233 = NJW 2013, 1801; OLG Düsseldorf Urt. v. 24.2.2014, I-9 U 31/10, juris – Rn. 20; *Hettenbach* BB 2013, 2763 (2764).

617 In diese Richtung wohl auch OLG Düsseldorf Urt. v. 19.12.2014 – I-16 U 227/13, juris – Rn. 63; *Hettenbach* BB 2013, 2763 (2765).

618 *Hettenbach* BB 2013, 2763 (2765).

Kenntnis, wenn er davon ausgehen kann, dass die Bank das Agio behält,[619] erst recht, wenn hierüber verhandelt wird.[620]

Damit statuiert der BGH eine zusätzliche Fallgruppe des **„venire contra factum proprium"** bei der die Rechtsausübung dadurch unzulässig wird, dass sie im Widerspruch zum früheren Verhalten steht; obwohl kein schutzwürdiges Vertrauen Dritter entstanden ist.[621] Denn weiß der Anleger, dass die Bank Provisionen erhält und versucht gar aufgrund dessen über einen Preisnachlass zu verhandeln, so verhält er sich widersprüchlich, wenn er nach Abschluss des Geschäftes von der Bank Schadensersatz wegen fehlender Aufklärung über Rückvergütungen fordert.[622] In der Folge wurden die Grundsätze des BGH durch einige Oberlandesgerichte präzisiert. So reiche eine vage Vorstellung davon, dass die Bank Rückvergütungen erhalten könne, weder für die Annahme von positiver Kenntnis noch grob fahrlässiger Unkenntnis aus.[623] Dabei sei auf die Kenntnis der konkret bei dem abgeschlossenen Geschäft gezahlten Rückvergütungen abzustellen. Eine allgemeine Mitteilung an den Kunden, dass bei manchen Geschäften Rückvergütungen gezahlt werden, sei nicht ausreichend.[624] Ebenso soll dem Anleger dann kein Vorwurf gemacht werden können, wenn zwar der Prospekt Angaben enthält, die eine Rückvergütung vermuten lassen, er diesen jedoch nicht gelesen hat.[625] Insofern führt das Urteil des BGH[626] auch nicht dazu, dass dem Anleger mit dem Hinweis, es stünden Angaben zum Erhalt von Provisionen im Prospekt, grob fahrlässige Unkenntnis vorgeworfen werden kann.[627] Hingegen liegt grob fahrlässige Unkenntnis über die Rückvergütung der beratenden Bank dann vor, wenn der Anleger den Schifffonds zeichnet und in der Beitrittserklärung ausreichend Informationen enthalten sind, die aufzeigen, dass die Bank selbst an dem Anlagegeschäft Provision verdient und der Anleger diese Beitrittserklärung nicht gelesen hat.[628] Eine **Ausnahme** von dieser Regelung besteht jedoch, wenn der Berater die Höhe dieser Rückvergütung falsch beziffert hat, da der Anleger erst dann Kenntnis der tatsächlichen Höhe und damit von der Pflichtverletzung des Beraters erlangt.[629] 387

Zwischen diesen beiden Polen – vollständige Aufklärung über ob und Höhe der Rückvergütungen einerseits und fehlerhafte Aufklärung andererseits – liegt die Konstellation, in der der Anleger sowohl über die Zahlung als auch die Höhe der Rückvergütung Bescheid weiß, diese aber nur einen Teil der insgesamt an die beratende Bank gezahlten Rückvergütungen ausmachen. Über die Existenz **weiterer, verdeckter Rückvergütungen** wird er nicht aufgeklärt. In diesem Fall beginnt die Verjährung nicht bereits mit Kenntniserlangung, dass überhaupt eine Rückvergütung gezahlt wird, sondern erst, wenn der Anleger von den (weiteren) verdeckten Rückvergütungen wusste oder hätte wissen müssen. Vorher besteht überhaupt kein Anknüpfungspunkt für einen Fahrlässigkeitsvor- 388

[619] OLG Frankfurt a. M. Urt. v. 8.7.2013 – 23 U 246/12 = BKR 2013, 433 (436) Rn. 60; OLG Frankfurt a. M. Urt. v. 2.8.2013 -19 U 298/12, juris – Rn. 20 f.; *Harnos* ZBB 2015, 176 (178); dagegen aber OLG Düsseldorf Urt. v. 24.2.2014 – I-9 U 31/10 = ZIP 2014, 2023 (2024 f.): vage Vorstellungen genügen nicht.

[620] OLG Düsseldorf Urt. v. 9.12.2010 – I-6 U 30/10, juris – Rn. 34; zust. *Harnos* ZBB 2015, 176 (178); *Lang/Pfisterer-Junkert* BKR 2014, 293 (294 f.); *Schulz* BKR 2013, 209 (210); anders aber nunmehr OLG Düsseldorf Urt. v. 19.12.2014 – I-16 U 227/13, juris – Rn. 63; OLG Frankfurt a. M. Urt. v. 16.3.2015 – 23 U 112/14, juris – Rn. 43.

[621] *Lang/Pfister-Junkert* BKR 2014, 293 (294).

[622] *Lang/Pfister-Junkert* BKR 2014, 293 (294).

[623] BGH Urt. v. 15.3.2016 – XI ZR 122/14 = ZIP 2016, 1107 Rn. 31; OLG Düsseldorf Urt. v. 24.2.2014 – 9 U 31/10 = ZIP 2014, 2023 (2024 f.).

[624] OLG Hamm Urt. v. 31.3.2014 – 31 U 193/13 = BKR 2014, 340 (342 f.), LG Nürnberg-Fürth Urt. v. 28.7.2014 – 6 O 2040/14 = BKR 2014, 467 (470).

[625] BGH Urt. v. 16.6.2011 – III ZR 200/09, BeckRS 2011, 17987 Rn. 25; BGH Urt. v. 27.9.2011 – VI ZR 135/10 = NJW 2011, 3573 (3574) Rn. 11; *Stackmann* NJW 2014, 2913 (2914).

[626] BGH Urt. v. 26.2.2013 – XI ZR 498/11, BGHZ 196, 233 = NJW 2013, 1801.

[627] Diese Tendenz befürchtend *Wigand* BKR 2013, 208 (209).

[628] OLG Karlsruhe Urt. v. 3.3.2015 – 17 U 8/14 = WM 2015, 1853 (1855).

[629] BGH Urt. v. 26.2.2013 – XI ZR 498/11, BGHZ 196, 233 = NJW 2013, 1801 Rn. 30; BGH Urt. v. 8.4.2014 – XI ZR 341/12 = NJW 2014, 2348 Rn. 29 f.; zust. *Lang/Pfister-Junkert* BKR 2014, 290 (294).

wurf.[630] Ebenso fehlt es an Kenntnis der den Anspruch begründenden Umstände, wenn dem Anleger lediglich seitens der Bank die Vereinnahmung des Agios offen gelegt wurde, aber weitere Zahlungen verschwiegen wurden.[631] Im Vergleich mit der Situation in der der Anleger Kenntnis über das Bestehen der Provisionen hat, aber nicht deren genauen Höhe kennt, erscheint eine unterschiedliche Beurteilung der Kenntnis des Anlegers plausibel.[632] Denn in der erstgenannten Konstellation kennt der Anleger die Gefahr des potentiellen Interessenkonflikts, da er von der Vergütung durch Provision grundsätzlich weiß.[633] In der zweiten Konstellation hingegen wird er getäuscht, indem er Informationen erhält, die nicht zutreffen.[634]

389 **ee) Hemmung der Verjährung.** Probleme bereitet ferner die **Hemmung der Verjährung** nach § 204 Abs. 1 BGB: Bei mehreren Beratungsfehlern, die geltend gemacht werden, erfasst die Hemmung nach § 204 Abs. 1 BGB den gesamten Streitgegenstand, also den gesamten Vorgang der Beratung, nicht einzelne Ansprüche.[635] Umgekehrt erfasst die Klage dann auch die gesamte Beratung, später entdeckte Pflichtverletzungen können nach Rechtskraft nicht mehr geltend gemacht werden.[636]

390 Eine Hemmung kann auch durch die Veranlassung der **Bekanntgabe eines Antrags,** mit dem der Anspruch bei einer Streitbeilegungsstelle geltend gemacht wird (vor der Änderung 2016 „Güteantrag")[637] gem. § 204 Abs. 1 Nr. 4 BGB eintreten. Ausschlaggebend für die massenhafte Verwendung von diesen ehemaligen Güteanträgen war vor allem das erstmalige Auslaufen der 10-jährigen Verjährungshöchstfrist des § 199 Abs. 3 BGB nF am 31.12.2011 für Altansprüche von Anlegern, die bis zum 31.12.2001 entstanden sind. Diese Schadensersatzansprüche aus noch unter Geltung des § 195 BGB aF gezeichneten Kapitalanlagen unterlagen einer regelmäßigen Verjährungsfrist von 30 Jahren, welche mit Inkrafttreten des Schuldrechtsmodernisierungsgesetzes am 1.1.2002 auf drei Jahre verkürzt wurden (Art. 229 § 6 Abs. Abs. 1 S. 1 EGBGB, § 195 BGB nF). Allerdings war der Fristbeginn auch im Falle von Altansprüchen vom Vorliegen der subjektiven Voraussetzungen des § 199 Abs. 1 BGB nF, insb. der Kenntnis bzw. grob fahrlässigen Unkenntnis der anspruchsbegründenden Umstände sowie der Person des Schuldners (Nr. 2), abhängig.[638] Aber auch die in § 199 Abs. 3 Nr. 1 BGB nF eingeführte, kenntnisunabhängige Verjährungshöchstfrist wurde auf 10 Jahre begrenzt. Sie begann gem. Art. 229 § 6 Abs. 4 EGBGB für Altansprüche am 1.1.2002 zu laufen. Damit drohte mit Ablauf des 31.12.2011 die absolute Verjährung der Altansprüche, sodass Ende 2011 neben einer Vielzahl an Klagen und Mahnbescheiden auch zahlreiche Güteanträge bei sog. staatlich anerkannten Gütestellen (seit 2016 Streitbeilegungsstellen) eingingen, mit dem alleinigen Ziel, den Ablauf dieser Verjährungshöchstfrist zu hemmen. Da diese Stellen aber in der Regel von Vereinigungen oder gar nur Einzelpersonen betrieben werden, führte der damalige Ansturm

[630] OLG Celle Urt. v. 18.12.2014 – 3 U 182/13, BeckRS 2014, 05440; LG Kassel Urt. v. 16.12.2013 – 9 O 978/13 = BKR 2014, 218 (220).

[631] *Lang/Pfister-Junkert* BKR 2014, 293 (294).

[632] *Lang/Pfister-Junkert* BKR 2014, 293 (294).

[633] *Lang/Pfister-Junkert* BKR 2014, 293 (294).

[634] *Lang/Pfister-Junkert* BKR 2014, 293 (294).

[635] BGH Urt. v. 22.10.2013 – XI ZR 42/12, BGHZ 198, 294 = NJW 2014, 314 Rn. 17 f.; BGH Urt. v. 22.10.2013 – XI ZR 57 /12, BeckRS 2013, 20081 Rn. 18 f.; für Prospektfehler: BGH Beschl. v. 21.10.2014 – XI ZB 12/12 = NJW 2015, 236, Rn. 145 f.; zust. *Grüneberg* WM 2014, 1109 (1110); *Harnos* ZBB 2015, 176 (183 f.).

[636] BGH Urt. v. 22.10.2013 – XI ZR 42/12, BGHZ 198, 294 = NJW 2014, 314, Rn. 14 ff.; BGH Urt. v. 22.10.2013 – XI ZR 57/12, BeckRS 2013, 20081 Rn. 14 ff.; OLG Frankfurt a. M. Hinweisbeschl. v. 9.5.2014 – 23 U 205/13, BeckRS 2014, 15971 Rn. 30; OLG Frankfurt a. M., Urt. v. 10.9.2014 – 19 U 61/14 = BKR 2014, 464 (466) Rn. 30.

[637] Gesetz zur Umsetzung der RL über alternative Streitbeilegung in Verbraucherangelegenheiten und zur Durchführung der VO über Online-Streitbeilegung in Verbraucherangelegenheiten. v. 19.2.2016, BGBl I 2016, 254.

[638] BGH Urt. v. 23.1.2007 – XI ZR 44/06 = NJW 2007, 1584; BGH Urt. v. 19.11.2009 – III ZR 169/08 = BKR 2010, 118 Rn. 11, 13; BGH Urt. v. 22.9.2009 – XI ZR 230/08 = NJW 2010, 222 Rn. 12 mwN.

teilweise zu deren Überlastung, sodass die Bekanntgabe vieler Anträge erst Monate später erfolgen konnte. Dabei war das Gros dieser Güteanträge von vornherein zum Scheitern verurteilt, weil der überwiegende Teil der Banken und Sparkassen grundsätzlich nur an Güteverfahren teilnimmt, die vor den von den Verbänden eigens zu diesem Zweck eingerichteten unabhängigen Schlichtungsstellen angestrengt werden. Auch handelte es sich bei einem großen Teil um standardisierte Anträge, die von den Antragsgegnern mangels wichtiger Angaben (wie etwa zum Ort und Zeitpunkt der behaupteten Beratung, zur involvierten Filiale oder auch zur Höhe der gezeichneten Beteiligung) gar nicht erst zugeordnet werden konnten. Dies führte dazu, dass die Hemmungswirkung im nachgeschalteten Prozessverfahren regelmäßig in Frage gestellt wurde.[639] In diesem Zusammenhang klärungsbedürftig waren demnach sowohl die Anforderungen, die an die Bestimmtheit solcher Güteanträge zu stellen sind, als auch die Frage in welchem Umfang eine Hemmungswirkung angenommen werden kann.[640]

Der BGH hat sich 2015 in mehreren Parallelverfahren[641] mit den hier aufgeworfenen Rechtsfragen auseinandergesetzt. Hinsichtlich der **Konkretisierung des Güteantrags** stellte der BGH dabei im Grundsatz auf das hinter § 204 BGB stehende Prinzip der **Verjährungshemmung durch aktive Rechtsverfolgung** ab. Dementsprechend müsse dem Schuldner der Rechtsverfolgungswille des Gläubigers deutlich gemacht werden, damit der Schuldner sich auf eine Inanspruchnahme durch den Gläubiger nach Ablauf der eigentlichen Verjährungszeit einstellen kann. Hier gelten die für den Mahnbescheid nach § 204 Abs. 1 Nr. 3 BGB aufgestellten Anforderungen, wobei auf die Besonderheiten des Güteverfahrens Rücksicht zu nehmen sei.[642] Neben den formalen Anforderungen, die von der für die Gütestelle einschlägigen Verfahrensordnung gestellt werden, müsse der Güteantrag die Streitsache darstellen sowie das **konkrete Begehren** erkennen lassen.[643] An dieser Stelle seien dann die Besonderheiten des Güteverfahrens zu berücksichtigen, denn einerseits ziele das Güteverfahren, anders als Klage- und Mahnverfahren, auf eine gütliche Einigung ab, weshalb die Anforderungen an die Konkretisierung nicht allzu hoch gesetzt werden dürften, andererseits müsse die Gütestelle zur Wahrnehmung ihrer Funktion ausreichend über den Streitgegenstand informiert werden.[644] Bei Streitigkeiten über die Anlageberatung müsse somit die konkrete Kapitalanlage, die Zeichnungssumme, der ungefähre Beratungszeitraum, eine grobe Skizzierung des Beratungsablaufs sowie das Verfahrensziel angegeben werden.[645] Eine genaue Bezifferung der Forderung sei nicht notwendig, dem Gläubiger und der Gütestelle müsse lediglich ein Rückschluss auf Art und Umfang der verfolgten Forderung möglich sein.[646] In diesem Punkt griff der BGH somit die Besonderheiten des Güteverfahrens auf, in dem die gütliche Verhandlung die Grundlage für den späteren Vollstreckungstitel bildet und nicht wie beim Mahnverfahren bereits aufgrund des Mahnantrags der spätere Vollstreckungsbescheid ergehen können muss.[647] Ob es auf diese Weise gelingt, dass der Schuldner (das Wertpapierdienstleistungsunternehmen) in das Güteverfahren eintritt, ist eher unwahrscheinlich, denn dem Schuldner bzw. Antragsgegner muss die Möglichkeit gegeben werden, die wirtschaftliche Dimension des Falls in ihren Grundzügen einschätzen zu können.[648] Entscheidend ist jedenfalls, dass ein Antrag, der nicht zumindest Art und Umfang der verfolgten Forderung konkretisiert, keine Basis für Vergleichsgespräche bietet und daher auch nicht als ernsthafter Versuch betrachtet werden kann, eine gütliche Einigung herbeizuführen. 391

---

639 Näher hierzu *Thume/Schenck zu Schweinsberg-Zügel* CRP 2014, 212.
640 Zur Diskussion vor der BGH-Entscheidung noch *Harnos* ZBB 2015, 176 (1185 ff.) mwN.
641 BGH Urt. v. 18.6.2015 – III 189/14 = BKR 2015, 383; III ZR 191/14, III ZR 227/14, juris.
642 BGH Urt. v. 18.6.2015 – III ZR 198/14 = BKR 2015, 383 Rn. 20.
643 BGH Urt. v. 18.6.2015 – III ZR 198/14 = BKR 2015, 383 Rn. 21 ff.
644 BGH Urt. v. 18.6.2015 – III ZR 198/14 = BKR 2015, 383 Rn. 24.
645 BGH Urt. v. 18.6.2015 – III ZR 198/14 = BKR 2015, 383 Rn. 25.
646 BGH Urt. v. 18.6.2015 – III ZR 198/14 = BKR 2015, 383 Rn. 25.
647 So schon OLG Frankfurt Urt. v. 9.7.2014 – 17 U 172/13, juris Rn. 33.
648 *Assies/Feuerbach* BKR 2015, 89 (94); *Müller* GWR 2015, 212 (212).

392 Geklärt wurde auch die Frage, ob die **Hemmungswirkung von Güteanträgen sich nur auf die konkret bezeichneten Pflichtverletzungen** erstreckt. Der BGH dehnte den Umfang der Hemmungswirkung aller Rechtsverfolgungsmaßnahmen nach § 204 Abs. 1 BGB auf den den Streitgegenstand bildenden prozessualen Anspruch, der sich aus dem Rechtsschutzbegehren und dem diesem Rechtsschutzbegehren zugrunde liegenden Sachverhalt ergibt, aus.[649] Damit seien in Anlageberatungsfällen alle materiell-rechtlichen Ansprüche erfasst, die sich aus Pflichtverletzungen im Beratungsvorgang ergeben, unabhängig davon, ob sie vorgetragen worden sind oder hätten vorgetragen werden können.[650]

393 Im Ergebnis gleicht der BGH damit den Umfang der Hemmungswirkung von Rechtsverfolgungsmaßnahmen dem Umfang der Rechtskrafterstreckung an. Denn bereits im Jahr 2013 hatte der BGH entschieden, dass eine erneute Klage wegen Beratungsfehlern unzulässig sei, wenn bereits eine Klage wegen anderer angeblicher Beratungsfehler im Rahmen eines einheitlichen Beratungsgesprächs rechtskräftig abgewiesen wurde, da sich die Rechtskraft auf sämtliche materiell-rechtliche Ansprüche, die sich aus dem Klageantrag und dem Anspruchsgrund ergeben, erstreckt.[651] Diese wurde von mehreren Oberlandesgerichten[652] bereits als Befürwortung für die Heranziehung des prozessualen Streitgegenstandsbegriffs zur Beurteilung der Verjährungshemmung gedeutet, sodass es nicht erforderlich sei, bereits im Güteverfahren sämtliche Pflichtverletzungen zu benennen.

394 In einer weiteren Entscheidung[653] aus dem Jahr 2014 stellte der BGH für Prospektfehler klar, dass für den Beginn der Verjährung der einzelne Prospektfehler und der hierauf gestützte materiell-rechtliche Anspruch iSv § 194 BGB maßgeblich ist, von der Hemmungswirkung einer Klage (§ 204 Abs. 1 Nr. 1 BGB) aber der prozessuale Anspruch und damit der Streitgegenstand insgesamt erfasst wird.[654] Die Erhebung der Klage hemmt die Verjährung nicht nur für einzelne in der Klage bezeichnete materiell-rechtliche Ansprüche, sondern für alle zum Streitgegenstand der Klage gehörenden Ansprüche.[655] Gleiches gilt, wenn dem Klageverfahren ein Mahn- oder Güteverfahren vorausgegangen ist und die Verjährung erstmalig hierdurch gehemmt wurde, weil für die Hemmung der Verjährung durch Rechtsverfolgung generell der prozessuale Anspruch maßgeblich ist.[656] Diese Grundsätze können demnach nicht nur für Prospektfehler sondern vielmehr auch für Pflichtverletzungen im Rahmen von Beratungsgesprächen herangezogen werden.[657] Hervorzuheben ist, dass von der Hemmungswirkung nur die materiell-rechtlichen Ansprüche umfasst sind, die im Zeitpunkt der Einleitung des Rechtsverfolgungsverfahrens noch unverjährt sind.[658] Ansprüche, die zum Beispiel aufgrund kürzerer Verjährungszeiten bereits verjährt sind, können somit nicht mehr durchgesetzt werden.

395 In diesem Zusammenhang problematisch sind allerdings die Fälle, in denen Kapitalanleger das **Mahnverfahren** für Schadensersatzforderungen einleiten, obwohl sie die Anteile noch halten, also im Rahmen des Vorteilsausgleichs, die Rechte an der Beteiligung zurückzugewähren haben. Dieses dem allgemeinen Schadensrecht innewohnende Prinzip ist Grundlage der Zug-um-Zug-Vorbehalte bei der Rückabwicklung von Kapitalanlagen und bewirkt, dass die Schadensersatzpflicht nur gegen Herausgabe der Vorteile erfüllt zu

---

[649] BGH Urt. v. 18.6.2015 – III ZR 198/14 = BKR 2015, 383 Rn. 15.

[650] BGH Urt. v. 18.6.2015 – III ZR 198/14 = BKR 2015, 383 Rn. 15.

[651] BGH Urt. v. 22.10.2013 – XI ZR 42/12 = NJW 2014, 314.

[652] OLG Köln Hinweisbeschl. v. 7.2.2014 – 13 U 162/13, BeckRS 2014, 08628; OLG Stuttgart Urt. v. 11.7.2013 – 7 U 95/12, juris.

[653] BGH Beschl. v. 21.10.2014 – XI ZB 12/12 = NJW 2015, 236.

[654] BGH Beschl. v. 21.10.2014 – XI ZB 12/12 = NJW 2015, 236 (249) Rn. 145; *Grüneberg* WM 2014, 1109 (1111); BGH Urt. v. 22.10.2013 – XI ZR 42/12, BGHZ 198, 294 Rn. 22 = NJW 2014, 314 – zur Rechtskraft; **aA** OLG Düsseldorf Urt. v. 2.5.2013 – 6 U 84/12, BeckRS 2013, 09015 Rn. 37.

[655] BGH Beschl. v. 21.10.2014 – XI ZB 12/12 = NJW 2015, 236 (249) Rn. 145; BGH Urt. v. 8.5.2007 – XI ZR 278/06 = NJW 2007, 2560 Rn. 15 ff.; *Grüneberg* WM 2014, 1109 (1111).

[656] BGH Beschl. v. 21.10.2014 – XI ZB 12/12, NJW 2015, 236 (249) Rn. 146; *Podewils/Fuxmann* EWiR 2014, 163 (164); *Grüneberg* WM 2014, 1109 (1112) mwN.

[657] Daran zweifelnd *Assies/Faulenbach* BKR 2015, 89 (92).

[658] BGH Urt. v. 18.6.2015 – III ZR 198/14 = BKR 2015, 383 Rn. 15.

werden braucht, die mit dem schädigenden Ereignis in adäquatem Zusammenhang stehen.[659] Somit hängt der Anspruch auf Rückabwicklung von einer Gegenleistung ab.[660] Gemäß § 690 Abs. 1 Nr. 4 ZPO muss der Antrag auf den Erlass eines Mahnbescheids jedoch die Erklärung enthalten, dass der Anspruch nicht von einer Gegenleistung abhängt oder dass die Gegenleistung erbracht ist, da ansonsten der Mahnantrag nach § 691 Abs. 1 S. 1 Nr. 1 ZPO zurückzuweisen ist. Wird diese im Mahnbescheidsantrag geforderte Erklärung nun bewusst[661] falsch abgegeben, kann die Berufung auf eine durch Erlass eines Mahnbescheids eingetretene Verjährungshemmung im Einzelfall rechtsmissbräuchlich sein,[662] da hierdurch treuwidrig eine formale Rechtsposition ausgenutzt wird, die bei redlichem Angabeverhalten überhaupt nicht eröffnet gewesen wäre, die also lediglich erschlichen wurde.[663]

Ein Schadensersatzanspruch auf entgangene Zinsen unterliegt hingegen der kurzen Verjährung gem. § 197 BGB (in der bis zum 31.12.2001 geltenden Fassung), wenn er sich auf eine Verletzung des Anlageberatungsvertrages vor dem 1.1.2002 bezieht.[664] **396**

ff) Darlegungs- und Beweislast. Die **Darlegungs- und Beweislast** für die Kenntnis bzw. grob fahrlässige Unkenntnis des Gläubigers trifft entsprechend den allgemeinen Regeln[665] den Schuldner als eine für ihn günstige Tatsache.[666] Für die Unkenntnis und Kenntnis des Kunden liegt sie daher beim Anlageberater.[667] **397**

[659] OLG München Beschl. v. 28.11.2014 – 19 U 3552/14, BeckRS 2015, 02637 Rn. 14.

[660] Entscheidend für die Beurteilung, ob dem im Mahnbescheid geltend gemachten Anspruch eine Gegenleistung gegenübersteht, ist nicht die dogmatische Grundlage dieser, sondern dass eine Gegenleistung im Sinne einer Zug-um-Zug-Leistung als geschuldet existiert, LG Nürnberg-Fürth Urt. v. 13.8.2014 – 6 O 5204/12, juris Rn. 31.

[661] In jedem Fall nicht rechtsmissbräuchlich ist dementsprechend eine unbewusst falsche Erwirkung des Mahnbescheids, sofern also der auf der Vorteilsangleichung beruhende Gegenanspruch anders als in den einschlägigen Rechtsprechungsfällen (etwa mangels anwaltlicher Beratung) schlicht verkannt wird.

[662] BGH Urt. v. 23.6.2015 – XI ZR 536/14 Rn. 24 mwN, BeckRS 2015, 12764; BGH Urt. v. 5.8.2014 – XI ZR 172/13 = WM 2014, 1763 Rn. 11; OLG Bamberg Urt. v. 4.6.2014 – 3 U 244/13 = BKR 2014, 334 Rn. 66; OLG Hamm Urt. v. 19.11.2014 – I-31 U 67/14; BKR 2015, 125 Rn. 14 ff. OLG Stuttgart 16.7.2014 – 3 U 170/13 = ZIP 2014, 2447 (2448 f.); *Harnos* ZBB 2015, 176 (188).

[663] BGH Urt. v. 21.12.2011 – VIII ZR 157/11 = NJW 2012, 995 Rn. 11 zu einer gem. § 320 BGB synallagmatischen Gegenleistung; ferner zu einer auf dem Vorteilsausgleichgedanken beruhenden Gegenleistung OLG München Beschl. v. 28.11.2014 – 19 U 3552/14, BeckRS 2015, 02637 Rn. 13; Urt. v. 4.12.2007 – 5 U 3479/07, juris – Rn. 86; **aA** *Schultz* NJW 2014, 827 (828 f.) mwN zu beiden Ansichten, der annimmt, der Schadensersatzforderung stehe keine herauszugebende Gegenleistung gegenüber.

[664] BGH Urt. v. 15.7.2014 – XI ZR 418/13 = BKR 2014, 457 Rn. 40; s. a. *Harnos* ZBB 2015, 176 (177).

[665] S. dazu BeckOK BGB/*Henrich* § 194 Rn. 10.

[666] BGH Urt. v. 23.1.2007 – XI ZR 44/06, BGHZ 171, 1 = NJW 2007, 1584 Rn. 32; BGH Urt. v. 8.7.2010 – III ZR 249/09, BGHZ 186, 152 = NJW 2010, 3292 Rn. 25; BGH Urt. v. 22.7.2010 – III ZR 203/09, NJW-RR 2010, 1623 Rn. 11; BGH Urt. v. 13.12.2012 – III ZR 298/11 = NJW 2013, 448 Rn. 14.

[667] BGH Urt. v. 25.10.2018 -II ZR 122/17 = WM 2018 Rn. 14; BeckOGK BGB/*Buck-Heeb/Lang* § 675 Rn. 534.

34. Kapitel: Vermögensverwaltung

Schrifttum: *Agerer/Knop/Weiß,* Die Auswahlpolicy nach § 33a Abs. 8 WpHG als neue Herausforderung für Vermögensverwalter, Finanz-Betrieb 2007, 757; *Assmann/Schneider* (Hrsg.), Wertpapierhandelsgesetz, 7. Aufl. 2019; *Bärenz/Käpplinger,* Anlageverwaltung als neuer KWG-Erlaubnistatbestand, ZBB 2009, 277; *Balzer,* Vermögensverwaltung durch Kreditinstitute, 1999; *Balzer,* Vermögensverwaltung, in: *Derleder/Knops/Bamberger* (Hrsg.), Handbuch zum deutschen und europäischen Bankrecht, 2. Aufl. 2009, § 55; *Balzer,* Umsetzung von MiFID II: Auswirkungen auf die Anlageberatung und Vermögensverwaltung, ZBB 2016, 226; *Balzer,* Zu den Pflichten des Vermögensverwalters, EWiR 2004, 215; *Balzer,* Zur Haftung des Vermögensverwalters aus Verletzung der Aufklärungspflicht, ZIP 2001, 232; *Balzer,* Aufklärungs- und Beratungspflichten bei der Vermögensverwaltung, WM 2000, 441; *Balzer,* Pflichten und Haftung von Wertpapiervermögensverwaltern, FB 2000, 499; *Balzer,* Verhaltenspflichten der Kreditinstitute nach dem Wertpapierhandelsgesetz bei der Verwaltung von Wertpapiervermögen, in: *Herrmann/Berger/Wackerbarth* (Hrsg.), Deutsches und Internationales Wirtschaftsrecht im Wandel, 1997, LS. 21; *Balzer,* Zur Haftung des Vermögensverwalters bei Verstoß gegen Anlagerichtlinien, EWiR 1999, 249; *Balzer,* Vermögensverwaltung – Pflichten des Vermögensverwalters, formular-mäßige Haftungsfreizeichnung, EWiR 1997, 295; *Barta,* Die Haftung der depotführenden Bank bei churning des Anlageberaters, BKR 2004, 433; *Benicke,* Wertpapiervermögensverwaltung, 2006; *Benicke,* Pflichten des Vermögensverwalters beim Investitionsprozess, ZGR 2004, 760; *Bertschinger,* Sorgfaltspflichten der Bank bei der Anlageberatung und Verwaltungsaufträgen, 1991; *Bliesener,* Aufsichtsrechtliche Verhaltenspflichten beim Wertpapierhandel, 1998; *Boos/Fischer/Schulte-Mattler,* (Hrsg.) KWG/CRR-VO, 5. Aufl. 2016; *Brunner,* Die Vermögensverwaltung deutscher Kreditinstitute im Privatkundengeschäft, 1987; *Buck-Heeb,* Kapitalmarktrecht, 10. Aufl. 2019; *Clark,* The four stages of capitalism: Reflections on Investment Management Treatises, Harv. L. Rev. 94 (1981), 561; *Coing,* Rechtsformen der privaten Vermögensverwaltung, insbesondere durch Banken, in USA und Deutschland, AcP 167 (1967), 99; *Consbruch/Fischer* (ehemals *Consbruch/Möller/Bähre/Schneider*), Kreditwesengesetz, Textslg. Losebl., Stand 103. Lfg., Mai 2015; *Dommer,* Die Auskunftspflicht der Bank gegenüber Vermögensverwaltungskunden, 2018; *Dorner,* Vermögensverwaltung durch Kreditinstitute, 1970; *Ebenroth/Boujong/Joost/Strohn* (Hrsg.), Handelsgesetzbuch, Band 2, 3. Aufl. 2015; *Einsele,* Bank- und Kapitalmarktrecht, 4. Aufl. 2018; *Einsele,* Anlegerschutz durch Information und Beratung, JZ 2008, 477; *Eßer,* Kollektive Anlagemodelle als Finanzportfolioverwaltung, WM 2008, 671; *Esters,* Die Haftung des privaten Vermögensverwalters, 1992; *Fleischer,* Die Richtlinie über Märkte für Finanzinstrumente und das Finanzmarkt-Richtlinie-Umsetzungsgesetz – Entstehung, Grundkonzeption, Regelungsschwerpunkte, BKR 2006, 389; *Fuchs* (Hrsg.), Wertpapierhandelsgesetz: WpHG – Kommentar, 2. Aufl. 2016; *Fullenkamp,* Kick-Back – Haftung ohne Ende?, NJW 2011, 421; *Gaßner/Escher,* Bankpflichten bei der Vermögensverwaltung nach Wertpapierhandelsgesetz und BGH-Rechtsprechung, WM 1997, 93; *Görner/Dreher,* Die Kapitalanlage in Finanzinstrumente durch Kommanditgesellschaften, ZIP 2005, 2139; *Gutzwiller,* Der Vermögensverwaltungsvertrag, 1989; *Hebey,* Die neuen Bestimmungen über Interessenkonflikte bei Wertpapiergeschäften, insbesondere über Zuwendungen unter besonderer Berücksichtigung von Provisionsrückvergütungen, BKR 2008, 353; *Heinsius,* Anlageberatung durch Kreditinstitute, ZHR 145 (1981), 177; *Hilgard,* Churning, WM 2006, 409; *Holl/Kessler,* Die US-amerikanische Churning-Doktrin im Recht der Termingeschäfte, RIW 1995, 983; *Holzborn/Israel,* Die Neustrukturierung des Finanzmarktrechts durch das Finanzmarktrichtlinienumsetzungsgesetz (FRUG), NJW 2008, 791; *Hopt,* Der Kapitalanlegerschutz im Recht der Banken, 1975; *Hopt,* Berufshaftung und Berufsrecht der Börsendienste, Anlageberater und Vermögensverwalter, FS R. Fischer, 1979, S. 237; *Hopt,* Grundsatz- und Praxisprobleme nach dem Wertpapierhandelsgesetz – insbesondere Insidergeschäfte und ad-hoc-Publizität, ZHR 159 (1995), 135; *Hopt,* Funktion, Dogmatik und Reichweite der Aufklärungs-, Warn- und Beratungspflichten der Kreditinstitute, FS Gernhuber, 1993, S. 169; *Hopt,* Insiderwissen und Interessenkonflikte im europäischen und deutschen Bankrecht, FS Heinsius, 1991, S. 289; *Horn,* Die Neufassung 1984 der AGB der Banken, WM 1984, 449; *Jäger,* „churning" und „kick-back" im Rahmen der Kapitalanlageberatung, MDR 2010, 903; *Kasten,* Das neue Kundenbild des § 31a WpHG – Umsetzungsprobleme nach MiFID & FRUG, BKR 2007, 261; *Kanders/Thonemann-Micker/Gräfe,* Geschäfte mit Kryptowährungen – Abgrenzung zwischen Gewerbebetrieb und privater Vermögensverwaltung und weitere Problemstellungen aus AnlegerperspektiveErbStB 2018, 145: *Klebeck/Kolbe,* Anlageverwaltung und Finanzmarktaufsicht, ZIP 2010, 215; *Knop,* Vermögensverwaltung im zweiten Jahr der MiFID, AG 2009, 357; *Köndgen,* Die Entwicklung des privaten Bankrechts in den Jahren 1999–2003, NJW 2004, 1288; *Köndgen,* Bankgebühren – Ökonomie und Recht kreditwirtschaftlicher Entgeltgestaltung, ZBB 1997, 117; *Kümpel/Wittig* (Hrsg.), Bank- und Kapitalmarktrecht, 4. Aufl. 2011; *Lang,* Informationspflichten bei Wertpapierdienstleistungen, 2003; *Lange,* Informationspflichten von Finanzdienstleistern, 2000; *Leuering/Zetzsche,* Die Reform des Schuldverschreibungs- und Anlageberatungsrechts – (Mehr) Verbraucherschutz im Finanzmarktrecht?, NJW 2009, 2856; *Linardatos* (Hrsg.), Handbuch Robo-Advice, 2020; *von Livonius/Bernau,* Der neue Tatbestand der „Anlageverwaltung" als erlaubnispflichtige Dienstleistung, WM 2009, 1216; *Lüdecke,* Vermögensverwaltung unter Beteiligung Minderjähriger, NJOZ 2018, 681; *Maier,* Die Aufklärungspflicht des Anlageberaters über vereinnahmte Provisionen (Rückvergütungen/„Kick-Backs"), VuR 2010, 25; *Mandel,* Robo Advice – Aufsichtsrechtliche Qualifikation und Analyse der Verhaltens- und Organisationspflichten bei der digitalen Anlageberatung und Vermögensverwaltung, 2019; *Miebach,* Private Vermögensverwaltung und Erlaubniserfordernis nach § 1 KWG, DB 1991, 2069; *Möllers,* Vermögensbetreuungsvertrag, graue Vermögensverwaltung und Zweitberatung, WM 2008, 93; *Möllers/Wenninger,* Das Anlegerschutz- und Funktionsverbesserungsgesetz, NJW 2011, 1697; *Möslein,* Regulating Robotic Conduct: On ESMA's New Guidelines and Beyond, in: Aggarwal/Eidenmüller/Enriques/Payne/van Zwieten (Hrsg.), Autonomous Systems and the Law, 2019, S. 45; *Möslein/Lordt,* Rechtsfragen des Robo-Advice, ZIP 2017, 793; *Mülbert,* Behaltensklauseln für Vertriebsvergütungen in der institutsinternen Vermögensverwaltung, WM 2009, 481; *Oppenheim/Lange-Hausstein,* Robo Advisor – Anforderungen an die digitale Kapitalanlage und Vermögensverwaltung, WM 2016, 1966; *Pedroja,* Die Prüfung des Portfolio-Managements, Der Schweizer Treuhänder 1991, 417; *Pfeifer,* Einführung der Dokumentationspflicht für das Beratungsgespräch durch § 34 Abs. 2a WpHG, BKR 2009, 485 *Rößler,* „Kickback" – quo vadis?, NJW 2008, 554; *Roll,* Vermögensverwaltung durch Kreditinstitute, 1983; *Rössner/Arendts,* Die Haftung wegen Kontoplünderung durch Spesenschinderei (Churning), WM 1996, 1517; *Schade,* Vermögensverwaltung, in: *Vortmann* (Hrsg.), Prospekthaftung und Anlageberatung, 2000, § 7; *F. Schäfer,* Pflichten von (Wertpapier-)Vermögensverwaltern, in: *Cramer/Rudolph* (Hrsg.), Handbuch für Anlageberatung und Vermögensverwaltung, 1995, S. 668; *F. Schäfer,* Vereinbarungen über Benachrichtigungspflichten in Vermögensverwaltungsverträgen, WM 1995, 1009; *F. Schäfer/Sethe/Lang* (Hrsg.), Handbuch der Vermögensverwaltung, 2. Aufl. 2016; *U. Schäfer,* Vermögensverwaltung, in: *Assmann/Schütze* (Hrsg.), Handbuch des Kapitalanlagerechts, 4. Aufl. 2015, § 23; *S. Schneider,* Nichtanwendbarkeit des KWG bzw. WpHG trotz Erbringung regulierter Tätigkeiten, WM 2008, 285; *Schödermeier,* Nachforschungspflichten einer Bank als Vermögensverwalterin zur Person ihres Kunden, WM 1995, 2053; *Schönemann,* BaFin konkretisiert Tatbestand der Anlageverwaltung, BKR 2010, 130; *Schulze/Grziwotz/Lauda* (Hrsg.), Bürgerliches Gesetzbuch – Kommentiertes Vertrags- und Prozessformularhandbuch, 2. Aufl. 2014; *Schwark/Zimmer* (Hrsg.), Kapitalmarktrechts-Kommentar, 4. Aufl. 2010; *Schwintowski* (Hrsg.), Bankrecht, 5. Aufl. 2018; *Slevogt,* Bankbetriebslehre oder Bankgeschäftslehre?, ÖBA 1982, 167; *Sethe,* Anlegerschutz im Recht der Vermögensverwaltung, 2005; *Sethe,* Die funktionale Auslegung des Bankaufsichtsrechts am Beispiel der Vermögensverwaltung im Treuhandmodell, FS Uwe Schneider, 2011, S. 1239; *Spälti,* Die rechtliche Stellung der Bank als Vermögensverwalterin, 1989; *Spindler,* Aufklärungspflichten eines Finanzdienstleisters über eigene Gewinnmargen? – Ein „Kick-Back" zu viel, WM 2009, 1821; *Spindler/Kasten,* Änderungen des WpHG durch das Finanzmarktrichtlinie-Umsetzungsgesetz (FRUG), WM 2007, 1245; *Sprockhoff,* Die Bankenhaftung bei Abschluss und Umsetzung eines Vermögensverwaltungsvertrags in der richterlichen Praxis, WM 2005, 1739; *Teuber,* Finanzmarkt-Richtlinie (MiFID) – Auswirkungen auf Anlageberatung und Vermögensverwaltung im Überblick, BKR 2006, 429; *Thomas,* Anlegerschutz bei der Vermögensverwaltung durch Kreditinstitute, 2009; *Veil,* Vermögensverwaltung und Anlageberatung im neuen Wertpapierhandelsrecht – eine behutsame Reform der Wohlverhaltensregeln?, ZBB 2008, 34; *Voigt,* Rückvergütungen – eine Bestandsaufnahme, NZG 2010, 1217; *Voge,* Zum Tatbestand der Anlageverwaltung im Sinne des § 1 Abs. 1a Satz 2 Nr. 11 KWG, WM 2010, 913; *Volhard/Wilkens,* Neue Entwicklungen zur Erlaubnispflicht für kollektive Anlagemodelle, DB 2008, 2411; *Vortmann,* Testamentsvollstreckung durch Banken, ZBB 1994, 259; *Walz,* Vermögensverwaltung, in: *Schimansky/Bunte/Lwowski* (Hrsg.), Bankrechts-Handbuch, 5. Aufl. 2017, § 111; *Weichert/Wenninger,* Die Neuregelung der Erkundigungs- und Aufklärungspflichten von Wertpapierdienstleistungsunternehmen gem. Art. 19 RiL 2004/39/EG (MiFID) und Finanzmarkt-Richtlinie-Umsetzungsgesetz, WM 2007, 627; *Ziegler,* Haftung der Bank bei der Anlageberatung und Vermögensverwaltung, Diss. Basel 1980; *Zingel,* Die Verpflichtung zur bestmöglichen Ausführung von Kundenaufträgen nach dem Finanzmarkt-Richtlinie-Umsetzungsgesetz, BKR 2007, 173; *Zobl,* Der Vermögensverwaltungsauftrag der Banken, FS W. Schluep, 1988, S. 319.

Übersicht

I. Einordnung

1. Begriff, Merkmale und rechtliche Qualifikation

1 Der Bundesgerichtshof definiert den **Vermögensverwaltungsvertrag** als „entgeltliche [n] Dienstvertrag in Form eines Geschäftsbesorgungsvertrages, der den Verwalter zur Verwaltung des Vermögens eines Kunden in dessen Interesse verpflichtet. Aufgrund des Vertrages ist der Verwalter berechtigt und verpflichtet, fortlaufend über das Vermögen des Kunden zu disponieren, d. h. ohne Einholung von Weisungen im Einzelfall tätig zu werden und selbständig Anlageentscheidungen zu treffen".[1] Es geht somit um ein Vertragsverhältnis, das die aktive und dauerhafte Verwaltung fremden Vermögens betrifft und sich durch die beiden zentralen Merkmale der selbständigen Ermessensausübung und der Verpflichtung zur Wahrung fremder Interessen auszeichnet.[2]

2 **Vertragspartner** sind Vermögensinhaber (Nachfrager) und Vermögensverwalter (Anbieter). Auf Nachfragerseite finden sich vermögende Einzelpersonen oder Personengruppen, aber auch Nachlässe, Stiftungen oder allgemein kollektive Vermögensmassen, also Pensionskassen, Versorgungseinrichtungen und Versicherungen.[3] Rechtliche Bedeutung hat vor allem die Unterscheidung zwischen professionellen Kunden und Privatkunden, die sich entsprechend dem Kriterienkatalog in § 67 Abs. 2 WpHG insbesondere nach Unternehmereigenschaft und Branchenzuordnung richtet, subsidiär auch nach bestimmten Bilanzkennzahlen.[4] An diese Unterscheidung knüpft sich nämlich ein abgestuftes aufsichtsrechtliches Schutzniveau. Vertragsrechtliche Sonderprobleme ergeben sich naturgemäß bei Beteiligung von Minderjährigen.[5] Zu den Anbietern zählen neben Banken, Versicherungen und mehr oder weniger spezialisierten Vermögensverwaltungsgesellschaften auch Angehörige der freien Berufe wie Wirtschaftsprüfer, Steuerberater oder Rechtsanwälte (allerdings meist nur „in Nebentätigkeit").[6] Auf Anbieterseite kommen neuerdings vermehrt sog. Robo-Advisors zum Einsatz, die Leistungen der Vermögensverwaltung (oder auch Anlageberatung) ganz oder teilweise über voll- oder halb-automatische Systeme und mit Unterstützung durch Computeralgorithmen erbringen.[7] Rechtlich verbleibt die Verantwortung gleichwohl bei dem Wertpapierdienstleistungsunternehmen, das die fragliche Dienstleistung mit technischer Hilfe erbringt (so auch Art. 54 Abs. 1 Unterabs. 2 DelVO 2017/565 mit Blick auf die Eignungsprüfung, → Rn. 25). Teils gelten für Robo-Advisor jedoch besondere Anforderungen.[8]

3 **Gegenstand des Vertragsverhältnisses** können grundsätzlich Vermögenswerte aller Art sein. Umfasst ist beispielsweise die Verwaltung von Immobilien, Gesellschafts- und

---

[1] BGHZ 137, 69 = NJW 1998, 449 Rn. 24. Ähnlich etwa Derleder/Knops/Bamberger/*Balzer* § 55 Rn. 1 („Betreuung von Vermögenswerten, bei der der Verwalter Entscheidungen über Vermögensumschichtungen ohne Rücksprache mit dem Vermögensinhaber trifft und zur Disposition über das Kundenvermögen berechtigt ist"); *Sethe* S. 24 („dauerhafte, auf vertraglicher Grundlage beruhende Verwaltung eines zumindest wirtschaftlich fremden Vermögens zum Zwecke der Kapitalanlage durch einen gewerbsmäßig handelnden und rechtlich selbständigen Dritten, dem hinsichtlich der Anlage ein Entscheidungsspielraum zusteht"); Schwintowski/*Schäfer* Kap. 18 Rn. 5 („Verwaltung fremden Vermögens im Interesse des Vermögensinhabers aufgrund selbständiger Anlageentscheidungen durch den Vermögensverwalter, ohne im Einzelfall Weisungen des Kunden einholen zu müssen").

[2] Ausführlich zu den charakteristischen Merkmalen: *Sethe* S. 15–24.

[3] Schwintowski/*Schäfer* § 19 Rn. 8 (2. Aufl. 2003).

[4] Näher zu diesen Kundenklassen: *Kasten* BKR 2007, 261; *Sethe* S. 15–24; vgl. auch *Fleischer* BKR 2006, 389 (394); *Holzborn/Israel* NJW 2008, 791 (793).

[5] Hierzu mit Blick auf vermögensverwaltende Familiengesellschaften *Lüdecke* NJOZ 2018, 681.

[6] BankR-HdB/*Walz* § 111 Rn. 2.

[7] Dazu ausführlich *Möslein/Lordt* ZIP 2017, 793; *Oppenheim/Lange-Hausstein* WM 2016, 1966; monographisch *Mandel* Robo Advice 2019. Vgl. ferner die Beiträge in *Linardatos* (Hrsg.) Handbuch Robo-Advice 2019.

[8] Näher, insbes. zu den Anforderungen der ESMA: *Möslein,* in: Aggarwal/Eidenmüller/Enriques/Payne/van Zwieten (Hrsg.), Autonomous Systems and the Law 2019 S. 45.

Fondsanteilen, aber auch von Edelmetallen, Münzen, Kunstgegenständen und Antiquitäten.[9] Der wichtigste Fall, besonders in bankrechtlichem Zusammenhang, betrifft jedoch die Verwaltung von Finanzinstrumenten. Insoweit spricht der Gesetzgeber (spezieller) von „Finanzportfolioverwaltung", vgl. § 2 Abs. 8 Satz 1 Nr. 7 WpHG und § 1 Abs. 1a Nr. 3 KWG.[10] Während in der Praxis Mindestanlagesummen in beträchtlicher Höhe erforderlich sind – eine individuelle, maßgeschneiderte Vermögensverwaltung wird regelmäßig erst in Größenordnungen von 1 Mio. EUR angeboten – spielen Umfang und Umschlagshäufigkeit des verwalteten Vermögens für die zivil- und aufsichtsrechtliche Einordnung keine Rolle. Lediglich im Rahmen von Art. 1 § 5 Nr. 3 RBerG (Erlaubnisfreiheit der Erledigung von Rechtsangelegenheiten durch Vermögensverwalter) sollen gewisse Mindestanforderungen gelten.[11] Umgekehrt geht man im Steuerrecht oberhalb gewisser Grenzen gerade nicht mehr von (privater) Vermögensverwaltung, sondern von einer gewerblichen Tätigkeit gem. § 15 Abs. 2 S. 1 EStG aus (sog „3-Objekt-Regel").[12]

Die **vertragsrechtliche Qualifikation** basiert auf den zentralen Merkmalen der Vermögensverwaltung. Weil (wirtschaftliches) Eigentum und Dispositionsbefugnis aufgeteilt sind, beinhaltet die Tätigkeit des Vermögensverwalters die Durchführung eines objektiv fremden Geschäfts in fremdem Interesse.[13] Das Rechtsverhältnis zwischen Vermögensverwalter und Anleger wird deshalb gemeinhin als Dienstvertrag qualifiziert, der eine Geschäftsbesorgung zum Gegenstand hat.[14] Entsprechend ist das Recht der allgemeinen Vermögensverwaltung im Lichte der allgemeinen Dogmatik des modernen Geschäftsbesorgungsrechts zu sehen und zu entwickeln.[15] Insbesondere drohen auch bei der Vermögensverwaltung Interessenkonflikte (sowohl mit eigenen als auch mit Drittinteressen), die sich nur auflösen lassen, wenn als Korrelat zur eingeräumten Dispositionsbefugnis eine strenge Interessewahrungspflicht gilt, aus der sich zahlreiche Einzelpflichten, beispielsweise zur Offenlegung, ergeben können.[16] Geschuldet wird gleichwohl nur die ordnungsgemäße Vornahme der Verwalterhandlung, nicht die erfolgreiche Vermehrung des Vermögens.[17] Weiterhin zeichnet sich Vermögensverwaltung durch ihren auf Dauer angelegten, nicht nur einmaligen Charakter aus, so dass entsprechende Verträge zur Gattung der Langzeitverträge bzw. Dauerschuldverhältnisse zu rechnen sind.[18] In bestimmten Fällen, etwa im Rahmen der privaten Altersvorsorge oder bei der kollektiven Vermögensverwaltung, bei der die Gelder der einzelnen Anleger gebündelt und gemeinsam verwaltet werden, können Vermögensverwaltungsverträge schließlich auch in Form von Vertrags- 4

[9] Derleder/Knops/Bamberger/*Balzer* § 55 Rn. 1; *Lang* § 21 Rn. 3; *Sethe* S. 16 f.; Vortmann/*Schade* § 7 Rn. 18.

[10] Näher (zur Vorgängerregelung) Schwark/Zimmer/*Kumpan* WpHG § 2 Rn. 79; Boos/Fischer/Schulte-Mattler/*Schäfer* KWG § 1 Rn. 159.

[11] In diesem Sinne offenbar Derleder/Knops/Bamberger/*Balzer* § 51 Rn. 10 (Voraufl.: „umfassende Vermögensverwaltung, die das gesamte Vermögen des Anlegers betrifft"); vgl. auch *Balzer* § 9 I. Aufgrund verfassungsrechtlicher Erwägungen jedoch großzügiger: BGH NJW 2005, 968 (969) (keine Einzelfallprüfung).

[12] Vgl. statt aller: *Birk/Desens/Tappe* Steuerrecht, 18. Aufl. 2015, Rn. 702 f.; *Scheffler* Besteuerung von Unternehmen I, 12. Aufl. 2012, S. 87; ferner für Geschäfte mit Kryptowährungen *Kanders/Thonemann-Micker/Gräfe* ErbStB 2018, 145.

[13] Cramer/Rudolph/*Schäfer* S. 670; Derleder/Knops/Bamberger/*Balzer* § 55 Rn. 3.

[14] BGHZ 137, 69 (73) = NJW 1998, 449 (449 f.); vgl. auch BGHZ 45, 223 (229) = NJW 1966, 1452 (1454); 46, 268 = NJW 1967, 876; außerdem etwa *Balzer* § 5 I.2.; BankR-HdB/*Walz* § 111 Rn. 14; *Benicke* § 10; Derleder/Knops/Bamberger/*Balzer* § 55 Rn. 3; *Hopt* FS R. Fischer, 1979, 237 (239); Schwintowski/*Schäfer* Kap. 18 Rn. 40; *Sethe* S. 99–107; *Zobl* FS Schluep, 1988, 319 (323 f.) qualifiziert Vermögensverwaltung nach Schweizer Recht als gemischten Innominatvertrag.

[15] Dazu allg.: *Hopt* Interessenwahrung und Interessenkonflikte im Aktien-, Bank- und Berufsrecht – Zur Dogmatik des modernen Geschäftsbesorgungsrechts, ZGR 2004, 1.

[16] Vgl. § 64 Abs. 1 WpHG; → Rn. 32.

[17] *Balzer* § 5 I. 2.b); *Benicke* § 9; BankR-HdB/*Walz* § 111 Rn. 20; Derleder/Knops/Bamberger/*Balzer* § 55 Rn. 3; *Esters* S. 11; Vortmann/*Schade* § 7 Rn. 30.

[18] *Benicke* § 11; Derleder/Knops/Bamberger/*Balzer* § 55 Rn. 2; *Balzer* § 5 I.2.c); *Dorner* S. 53 f.; *Roll* S. 33, 35, 52 f.; *Sethe* S. 18.

netzen vorkommen.[19] Insgesamt stellt sich die Vermögensverwaltung deshalb nicht als einfacher Austauschvertrag, sondern als hochkomplexe Vertragsbeziehung dar.

5 Auch wenn Vermögensverwaltung demnach auf vertraglicher Grundlage erfolgt, bestehen funktional durchaus gewisse **Ähnlichkeiten zum Gesellschaftsrecht.**[20] Aus Sicht des einzelnen, nicht-unternehmerischen Investors macht es nämlich keinen kategorialen Unterschied, ob er zum Zwecke der Kapitalanlage unmittelbar in Anteile einer Kapitalgesellschaft investiert, sich an einem Investmentfonds beteiligt oder die Entscheidung über das Investment einem Vermögensverwalter überträgt. In wirtschaftshistorischer Perspektive spricht man gleichsinnig von einer weiteren Phase des Kapitalismus, in der sich die Arbeitsteilung bei der Kapitalbereitstellung nochmals ausdifferenziert: Zusätzlich zur Trennung von Eigentum und Leitungsmacht in Kapitalgesellschaften spaltet sich die Eigentümerfunktion auf einer weiteren Ebene zwischen Geldgeber und Vermögensverwalter auf.[21] Rechtlich manifestieren sich die Parallelen zwischen diesen beiden Ebenen in den Merkmalen der Fremdinteressewahrung, der Dauerhaftigkeit und der potentiellen Bündelung, die allesamt auch das Gesellschaftsrecht auszeichnen. Auch wenn nur eine bestimmte, in Deutschland eher unbedeutende Form der kollektiven Vermögensverwaltung, nämlich die Investmentaktiengesellschaft, tatsächlich gesellschaftsrechtlich organisiert ist,[22] stellen sich aus diesem Grund für Vermögensverwalter häufig ganz ähnliche Fragen wie beispielsweise für Geschäftsleiter von Aktiengesellschaften, etwa nach Informations- und Offenlegungspflichten, nach der Zuordnung von Entscheidungskompetenzen und nach den Grenzen ihres Ermessens bzw. der Geltung einer „business judgment rule".[23]

6 Allgemeiner geht es hier wie dort um **Governance-Fragen.** Diese Fragen stellen sich zwar bei der Vermögensverwaltung nicht innerhalb einer unternehmerischen Organisation (corporate governance), sondern im Rahmen einer Vertragsbeziehung (contract governance).[24] Weil aber beide Felder zusammenspielen und sich Interessewahrung jeweils nur beschränkt hoheitlich normieren lässt, bieten sich für die Vermögensverwaltung ähnliche Regelungsinstrumente an, nämlich Governance-Kodizes mit allgemeinen Verhaltensregeln. Solche Kodizes finden auf einer comply-or-explain-Basis Anwendung, beanspruchen also nicht strikt Geltung, sondern lassen Abweichungen zu, sofern diese offen gelegt und hinreichend begründet werden. Auf dieser Basis kann die Beurteilung des Wohlverhaltens primär durch den Markt (nicht durch Gesetzgeber, Gerichte oder Verwaltungsbehörden) erfolgen. Nachdem die Kodex-Idee für börsennotierte Gesellschaften einst in Großbritannien entstanden war, entwickelte das englische Financial Reporting Council einen Governance-Kodex für Vermögensverwalter und institutionelle Investoren: Seit Juli 2010 statuiert der sog „UK Stewardship Code" einige grundlegende Prinzipien zu Offenlegung, Überwachung und Anlagepolitik.[25] Dieser Kodex, der von wichtigen Marktteilnehmern anerkannt wurde, soll zudem helfen, mittelbar auch die Corporate Governance derjenigen Unternehmen, deren Anteile verwaltet werden, zu verbessern („watch the watchdogs").[26] Aufgrund der Bedeutung des Londoner Finanzplatzes und der internationalen Verflechtung der Kapitalmärkte ist dieser Verhaltensstandard zumindest mittelbar auch für deutsche Ver-

---

[19] Näher etwa *Roth* Private Altersvorsorge 2009, S. 365–371.

[20] So zumindest im Ausgangspunkt *Sethe* S. 40–44.

[21] *Clark* Harv. L. Rev. 94 (1981), 561.

[22] Zur Einordnung *Lehmann,* Finanzinstrumente, 2009, S. 116; allg. *Fischer* Die Investmentaktiengesellschaft aus aufsichtsrechtlicher und gesellschaftsrechtlicher Perspektive 2008.

[23] Zur letztgenannten Parallele etwa *Benicke* S. 825 f.; vgl. auch *v. Hippel* Gilt die Business Judgment Rule auch im Stiftungsrecht?, Beiträge für Hopt 2008, S. 167 ff.

[24] Vgl. allg. *Riesenhuber/Möslein* in Riesenhuber, Perspektiven des Europäischen Schuldvertragsrechts 2008, S. 1 ff.; *Grundmann/Möslein/Riesenhuber* (Hrsg.) Contract Governance – Dimensions in Law and Interdisciplinary Research, 2015.

[25] *Financial Reporting Council* UK Stewardship Code, July 2010, überarbeitete Fassung von Oktober 2012, abrufbar unter: http://www.frc. org.uk/Our-work/Codes-Standards/Corporate-Governance/UK-Stewardship-Code.aspx.

[26] Grundlegend und näher zur ratio: *Walker Committee* A review of corporate governance in UK banks and other financial industry entities – Final recommendations, November 2009, Chapter 5.

mögensverwalter und Investoren von Bedeutung. Daneben gelten, mit teils engerem, nämlich auf kollektive Anlagemodelle zugeschnittenem Anwendungsbereich, die Wohlverhaltensregeln des Bundesverbandes Investment und Asset Management e. V., die 2002 erstmals aufgestellt und 2010 grundlegend überarbeitet wurden,[27] sowie der „Corporate Governance-Kodex für Asset Management Gesellschaften", der von einer unabhängigen Expertengruppe im Jahr 2005 vorgelegt wurde.[28]

2. Abgrenzung

Von einigen anderen Bankgeschäften und Finanzdienstleistungen lässt sich Vermögensverwaltung unschwer abgrenzen. **Finanzkommissionsgeschäfte** gem. § 1 Abs. 1 S. 2 Nr. 4 KWG sind beispielsweise ausschließlich auf „die Anschaffung und Veräußerung von Finanzinstrumenten im eigenen Namen und für fremde Rechnung" gerichtet.[29] **Depotgeschäfte** gem. § 1 Abs. 1 S. 2 Nr. 5 KWG umfassen zwar die „Verwahrung und *Verwaltung* von Wertpapieren für andere" (Hervorh. d. Verf.), aber nur im Hinblick auf die technische Abwicklung.[30] Beide Tätigkeiten erfordern weder die Befugnis zur eigenmächtigen Disposition über die fremden Vermögensgegenstände noch die Pflicht zu deren fortdauernden Beobachtung, Überwachung und Betreuung in einem wirtschaftlichen – nicht nur technischen – Sinne.[31] 7

Größere Überschneidungen ergeben sich mit **Anlage- und Vermögensberatung,** die eine Information und Beratung des Kunden über Formen der Vermögensanlage beinhalten und den Anleger deshalb (ebenfalls) bei der Verwaltung seines Vermögens unterstützen. Bei der Anlageberatung gem. § 1 Abs. 1a S. 2 Nr. 1a KWG erfolgt diese Unterstützung im Hinblick auf eine einzelne Anlageentscheidung, bei der Vermögensberatung hingegen auf dauerhafter Basis.[32] In beiden Fällen wird die Dispositionsbefugnis über das Vermögen jedoch nicht auf den Berater übertragen, sondern verbleibt beim Vermögensinhaber. Im Gegensatz dazu kann der Vermögensverwalter eigenverantwortlich und ohne Rücksprache mit dem Vermögensinhaber Anlageentscheidungen über dessen Vermögen treffen.[33] Gleichwohl darf der Vermögensinhaber auch dem Vermögensverwalter Weisungen erteilen (vgl. § 665 BGB),[34] während umgekehrt Anlage- und Vermögensberater ihren Kunden die Entscheidungen häufig „in den Mund" legen (müssen). Die theoretisch trennscharfe Unterscheidung zwischen Anlage- bzw. Vermögensberatung und Vermögensverwaltung 8

[27] *BVI-Wohlverhaltensregeln* des Bundesverbandes Investment und Asset Management eV, überarbeitete Fassung von August 2010, abrufbar unter: http://www.bvi.de/regulierung/selbstregulierung/wohlverhaltensregeln. Laut Schreiben vom 19. März 2014 (Gz.: WA41-Wp2100-0024/0001) zieht die BaFin dieses Regelwerk allerdings nicht mehr zur Auslegung der KAGB-Regeln heran, sondern beschränkt sich insoweit auf die einschlägigen Verordnungen.

[28] *Corporate Governance-Kodex für Asset Management Gesellschaften,* 27.4.2005 (Kommissionsmitglieder: Wolfgang Gerke [damals Universität Erlangen-Nürnberg], Theodor Baums [Universität Frankfurt], Werner Brandt [SAP], Karl-Gerhard Eick [Deutsche Telekom], Johannes Köndgen [Universität Bonn], Rüdiger von Rosen [DAI], Christian Strenger [DWS] und Peter König [DVFA]), abrufbar unter: http://www.dvfa.de/files/home/application/pdf/Kodex_CorpGov_AssetMmt.pdf.

[29] Dazu ausführlich *Bergmann* → Kap. 36, Rn. 23.

[30] Dazu ausführlich *Binder* → Kap. 38, Rn. 1 ff.

[31] Ähnlich *Balzer* § 1 II.3.; BankR-HdB/*Walz* § 111 Rn. 4; *Benicke* S. 31–33; *Sethe* S. 25; *Sethe* FS Schneider, 2011, 1239, 1239 (1257–1259). Treffend unterscheiden Schweizer Autoren zwischen „technischer" und „wirtschaftlicher" Vermögensverwaltung: *Ziegler* S. 6; *Pedroja* Der Schweizer Treuhänder 1991, 417.

[32] Dazu ausführlich unter *Spindler* → Kap. 33, Rn. 32 ff., Rn. 132 ff.

[33] Vgl. OLG Frankfurt, BKR 2017, 435 („Eine Vermögensverwaltung liegt nicht vor, wenn der Anleger selbständig eine Anlageentscheidung trifft, indem er den Vermögensverwalter zum Erwerb eines bestimmten Produktes anweist"). Im gleichen Sinne *Balzer* § 1 II.1. und § 1 II. 2.; BankR-HdB/*Walz* § 111 Rn. 1; *Benicke* S. 27–31; Derleder/Knops/Bamberger/*Balzer* § 55 Rn. 2; *Köndgen* NJW 2004, 1299; *Lang* § 21 Rn. 2; *Lange* S. 260 f.; Schwintowski/*Schäfer* Kap. 18 Rn. 10 f.; *Sethe* S. 26–31.

[34] *Benicke* S. 884 spricht treffend von einem „Spannungsverhältnis" zwischen der Selbständigkeit des Verwalters und dessen Weisungsgebundenheit; vgl. außerdem *Sethe* S. 18; *Thomas* S. 44.

kann deshalb in der Praxis allzu leicht verwischen.[35] Gleichwohl ist die Unterscheidung von erheblicher Bedeutung, vor allem weil über jede Anlageberatung eines Privatkunden eine schriftliche Geeignetheitserklärung anzufertigen ist, das zahlreiche inhaltliche und formale Kautelen erfüllen muss (vgl. § 64 Abs. 4 WpHG). Wird lediglich eine Finanzportfolioverwaltung empfohlen, ohne dass dabei auch auf bestimmte Finanzinstrumente hingewiesen wird, so ist diese Empfehlung selbst nicht als Anlageberatung zu qualifizieren; Gleiches gilt entsprechend für eine Vermittlung, die sich nur auf den Abschluss eines Portfolioverwaltungsvertrags bezieht.[36]

9 Nahezu fließend erscheint schließlich der Übergang von Vermögensverwaltung zu **Anlageverwaltung und Investmentgeschäft.** Beide Anlageformen lassen sich als Sonderfälle der Vermögensverwaltung qualifizieren, die jeweils spezielleren Vorschriften unterliegen, insbesondere strengerer Aufsicht und Erlaubnispflicht.[37] Gleichwohl geht es bei allen drei Kategorien um dauerhafte Leistungen zum Zwecke der Kapitalanlage, bei denen die Anlageentscheidungen jeweils nicht vom Anleger, sondern vom Verwalter bzw. Fondsmanager getroffen werden, ohne dass es der Rücksprache mit den Anlegern bedürfte.[38] Der wichtigste Unterschied liegt jedoch im Grad an Bündelung und Standardisierung: Während Vermögensverwaltung auch individuell, maßgeschneidert für den einzelnen Anleger, angeboten wird (aber auch in Form sog „Musterdepots" standardisiert sein kann), sind Anlageverwaltung und Investmentgeschäft definitionsgemäß kollektive Anlagemodelle, bei denen das Vermögen mehrerer Anleger als gemeinsames Portfolio verwaltet wird.[39] So definiert § 1 Abs. 1a S. 2 Nr. 11 KWG den – im Jahr 2009 neu eingefügten – Tatbestand der Anlageverwaltung als „Anschaffung und […] Veräußerung von Finanzinstrumenten für eine Gemeinschaft von Anlegern, die natürliche Personen sind, mit Entscheidungsspielraum bei der Auswahl der Finanzinstrumente, sofern dies ein Schwerpunkt des angebotenen Produktes ist und zu dem Zweck erfolgt, dass diese Anleger an der Wertentwicklung der erworbenen Finanzinstrumente teilnehmen".[40] Bei den – nochmals spezielleren – Investmentgeschäften sammelt eine Kapitalverwaltungsgesellschaft Kapitalbeträge zu Anlagezwecken in einem Sondervermögen und gibt im Gegenzug Anteilsscheine aus (vgl. § 1 Abs. 1 S. 1 KAGB).[41] Die unterschiedlichen Standardisierungsgrade dieser drei Anlageformen haben vor allem wirtschaftliche Gründe, weil sich individuelle Vermögensverwaltung erst ab hohen Anlagesummen „rechnet", während kollektive Anlagemodelle gerade auch für Kleinanleger angeboten werden.[42] Als Folge ergeben sich nicht nur unterschiedliche Schutzbedürfnisse, sondern beispielsweise auch unterschiedliche Standardisierungsgrade bei Berichterstattung bzw. Publizität. Die Information des Anlegers kann und muss nämlich bei individuellem Zuschnitt ungleich spezifischer erfolgen als bei kollektiven Anlagemodellen.[43]

3. Formen

10 Aus schuld- und sachenrechtlicher Perspektive lassen sich zweierlei Erscheinungsformen des Vermögensverwaltungsvertrags auseinanderhalten, die sich im Hinblick auf die Reich-

[35] Zu den Mischformen zwischen klassischer Anlageberatung und Vermögensverwaltung ausführlich *Möllers* WM 2008, 93.

[36] BGH NJW 2018, 230.

[37] Zu Investmentgeschäften ausführlich *Jakovou* → Kap. 38, Rn. 1 ff.; zur Anlageverwaltung auch noch im Folgenden, bes. → Rn. 15 f.

[38] Ähnlich etwa *Balzer* § 1 II.4; *Sethe* S. 33.

[39] Zur Unterscheidung individueller und kollektiver (bzw. standardisierter) Vermögensverwaltung vgl. BankR-HdB/*Walz* § 111 Rn. 1; *Lang* § 21 Rn. 4; Vortmann/*Schade* § 7 Rn. 43 f.; Schwintowski/*Schäfer* Kap. 18 Rn. 12.

[40] Näher *Sethe* FS Schneider, 2011, 1239 (1256 f.); allgemeiner *Bärenz/Käpplinger* ZBB 2009, 277; *Klebeck/Kolbe* ZIP 2010, 215; *von Livonius/Bernau* WM 2009, 1216 (1217–1220); *Schöneman* BKR 2010, 130; *Voge* WM 2010, 913; *Volhard/Wilkens* DB 2008, 2411.

[41] Näher, teils noch zur Vorgängerregelung in § 2 InvG: *Balzer* § 1 II.4; *Lang* § 21 Rn. 4; *Sethe* S. 32–40.

[42] *Schwintowski* § 15 Rn. 53 (3. Aufl. 2011).

[43] Näher *Sethe* S. 33 f.; allg.: *Möslein/Riesenhuber* Transparenz, in Basedow/Hopt/Zimmermann Handwörterbuch des Europäischen Privatrechts 2009, S. 1485–1489.

weite der Dispositionsbefugnis des Vermögensverwalters unterscheiden. Beide Formen finden sich sowohl bei der individuellen Vermögensverwaltung als auch bei kollektiven Anlagemodellen.[44] Die eine, in der deutschen Vermögensverwaltungspraxis jeweils weit überwiegende Form besteht in der sog Vollmachtverwaltung (auch als **„Vertretermodell"** bezeichnet).[45] Der Vermögensinhaber behält in dieser Fallgruppe das rechtliche Eigentum an seinem Vermögen, überträgt dem Vermögensverwalter jedoch die Vollmacht, die für die Vermögensverwaltung erforderlichen Rechtsgeschäfte im Namen des Kunden wahrzunehmen. Auf der Grundlage einer Konto- und Depotvollmacht gem. §§ 164 ff. BGB wird der Vermögensverwalter somit nach außen im Namen des Vermögensinhabers tätig, wenn er Aufträge zum Kauf oder Verkauf von Vermögensgegenständen erteilt.[46] Zusätzlich kann er sich nach § 185 Abs. 1 BGB vom Vermögensinhaber dazu ermächtigen lassen, Verfügungen über die anvertrauten Vermögenswerte im eigenen Namen zu treffen.[47] Sofern die Bank, bei der das Depot geführt wird, zugleich die Vermögensverwaltung ausführt, muss sie sich außerdem vom Verbot des Selbstkontrahierens gem. § 181 BGB befreien lassen, um als Eigenhändler bzw. im Wege der Kommission mit Selbsteintritt tätig werden zu können.[48]

Die in Deutschland seltenere, namentlich in den USA, Großbritannien und der Schweiz jedoch weit verbreitete Gestaltungsalternative besteht in der Vereinbarung einer fiduziarischen Verwaltungstreuhand **(„Treuhandmodell").**[49] Hier überträgt der Vermögensinhaber sein Vermögen auf den Verwalter; dieser wird zum treuhänderischen Eigentümer, der in eigenem Namen, aber für Rechnung des Vermögensinhabers tätig ist.[50] Als fremdnütziger Treuhänder kann er im Wege der mittelbaren Stellvertretung über rechtlich eigenes, wirtschaftlich jedoch fremdes Vermögen verfügen.[51] Trotz dieser dinglichen Verfügungsberechtigung bleibt der Vermögensverwalter im Innenverhältnis an die vertraglichen Abreden mit dem Anleger gebunden.[52] Der Anleger hat insbesondere einen schuldrechtlichen, mit Ende der Vermögensverwaltung fälligen Anspruch auf Rückübereignung der Vermögenswerte.[53] Der genaue Inhalt dieses Anspruchs (spezifische Vermögenswerte oder aber Sachen gleicher Art, Menge und Güte) richtet sich primär nach der vertraglichen Vereinbarung, hilfsweise nach der Art des verwalteten Vermögens.[54] Angesichts des Langzeitcharakters der Vermögensverwaltung und auf Grund der – vertragstypischen – Vermögensumschichtungen wird jedoch bei Vertragsende regelmäßig keine vergleichbare Art, Menge und Güte des anfänglich übertragenen Vermögens mehr vorhanden sein. Folglich besteht der Anspruch nach dem üblichen Verständnis der Vertragsparteien in der Pflicht des Vermögensverwalters, dasjenige herauszugeben, was er im Rahmen seiner Verwaltungstätigkeit erlangt hat.[55] Aus diesem Grund lässt sich der Vermögensverwaltungsvertrag 11

[44] Zur zweiten Kategorie vgl. § 92 Abs. 1 S. 1 KAGB („im Eigentum der Kapitalverwaltungsgesellschaft oder im Miteigentum der Anleger"); näher, noch zur Vorgängerregelung in § 30 InvG, etwa *Einsele* § 10 Rn. 26 ff.; missverständlich *Sethe* S. 33.

[45] *Benicke* S. 52 („praktisch ausschließlich"); *Lang* § 21 Rn. 16; zu den vielschichtigen historischen Gründen dieser Dominanz *Sethe* S. 153–207.

[46] BankR-HdB/*Walz* § 111 Rn. 9; Derleder/Knops/Bamberger/*Balzer* § 55 Rn. 8; Vortmann/*Schade* § 7 Rn. 36; *Balzer* § 4 I.1; *Sethe* S. 66.

[47] Derleder/Knops/Bamberger/*Balzer* § 55 Rn. 8; *Balzer* § 4 I.1; *Lang* § 21 Rn. 16 (lediglich konkurrierende Verfügungsgewalt).

[48] BankR-HdB/*Walz* § 111 Rn. 8; Schwintowski/*Schäfer* Kap. 18 Rn. 7 (auch konkludent).

[49] Zur Verbreitung im Ausland etwa *Benicke* S. 53 mwN.

[50] BankR-HdB/*Walz* § 111 Rn. 9; Derleder/Knops/Bamberger/*Balzer* § 55 Rn. 7; Vortmann/*Schade* § 7 Rn. 32; *Balzer* § 4 II.1; *Sethe* S. 66.

[51] BGH NJW 1999, 1026 (1027).

[52] Vgl. nochmals BGH NJW 1999, 1026 (1027): „Es entspricht gerade dem Sinn einer treuhänderischen Verwaltung, daß dem Treuhänder in dinglicher Hinsicht mehr Rechtsmacht eingeräumt wird, als ihm schuldrechtlich – im Innenverhältnis zum Treugeber – gebührt".

[53] Derleder/Knops/Bamberger/*Balzer* § 55 Rn. 7; *Coing* AcP 167 (1967), 99 (122–124); *Lang* § 21 Rn. 13; *Roll* S. 64–66.

[54] BankR-HdB/*Walz* § 111 Rn. 9; *Miebach* DB 1991, 2069; *Sethe* S. 66.

[55] *Balzer* § 5 II.2; *Lang* § 21 Rn. 14; *Roll* S. 248; wohl auch BankR-HdB/*Walz* § 111 Rn. 9.

im Treuhandmodell zumeist nicht als unregelmäßige Verwahrung gemäß § 700 Abs. 1 BGB qualifizieren.[56]

II. Rechtlicher Rahmen

1. Gesetzliche Vorgaben

12 Der rechtliche Rahmen für die Vermögensverwaltung ist vielschichtig. Er besteht vor allem aus allgemeinen, größtenteils zwingenden Gesetzesvorgaben sowie aus den Regeln, die von den Parteien im einzelnen Vermögensverwaltungsvertrag vereinbart werden. Zwischen diesen beiden Polen sind außerdem noch weitere **Rechtsquellen** unterschiedlicher Geltungsintensität zu beachten: Neben den einschlägigen dispositiven Regeln des Schuldvertragsrechts, die den Vermögensverwaltungsvertrag ergänzen, zählen hierzu vor allem das Rechtsprechungsrecht, das besonders in Fragen der Interessewahrung konkretere Vorgaben statuiert als das Gesetzesrecht, außerdem die bereits angesprochenen Wohlverhaltens- und Kodexregeln privater Provenienz[57] sowie schließlich Mustervertragsbedingungen, die von Branchenverbänden für Vermögensverwalter angeboten werden.[58] Gleichwohl sind die spezifischen Geschäftsbedingungen weniger stark standardisiert als die allgemeinen AGB-Banken, die auf Grund ihrer branchenweiten Verwendung „in den Auswirkungen fast mit einem Gesetzgebungsakt" vergleichbar sind.[59]

13 Bei den gesetzlichen Regeln sind wiederum verschiedene Regelungsschichten zu unterscheiden. Eine erste Ebene bilden die **institutsaufsichtsrechtlichen Regeln,** wie sie vor allem im KWG verankert sind. Allerdings kennt das geltende deutsche Recht kein einheitliches Aufsichtsrecht für Vermögensverwalter, sondern differenziert bei Zulassung und Aufsicht nach Art des verwalteten Vermögens sowie nach der Ausgestaltung der Vertragsbeziehung.[60] Entsprechend wird die – im Grundsatz durchaus als „banktypische Dienstleistung" anerkannte[61] – Vermögensverwaltung in der abschließenden Aufzählung der Bankgeschäfte bzw. Finanzdienstleistungen in §§ 1 Abs. 1 und Abs. 1a KWG nicht ausdrücklich erwähnt.[62] Vermögensverwaltung unterliegt deshalb nicht zwangsläufig dem Aufsichtsrecht des KWG.

14 Gleichwohl *kann* Vermögensverwaltung je nach Ausgestaltung die Voraussetzungen eines **Bankgeschäfts** erfüllen und somit den entsprechenden Regeln des KWG unterliegen. Soweit der Verwalter die entsprechenden Wertpapiere im Vertretermodell selbst in Verwahrung nimmt, betreibt er – erstens – ein Depotgeschäft nach § 1 Abs. 1 S. 2 Nr. 5 KWG („für andere"); jedoch sind die über das Verwahrverhältnis hinausreichenden Dienstleistungen, insbesondere die Disposition über fremdes Vermögen, nicht von der Aufsichtspflicht erfasst.[63] Beim Treuhandmodell ist die Qualifikation als Depotgeschäft hingegen umstritten, weil die Verwahrung im wirtschaftlichen, nicht aber im rechtlichen Sinne „für andere" erfolgt.[64] Auch in diesem Fall kann das Aufsichtsrecht aber jedenfalls nur auf das eigentliche Verwahrverhältnis Anwendung finden. Teils wird Vermögensverwaltung – zweitens – als

---

[56] So jedoch *Miebach* DB 1991, 2069.

[57] → Rn. 6.

[58] Etwa vom Verband der unabhängigen Vermögensverwalter Deutschland eV (VuV), abrufbar unter: www.vuv.de (passwortgeschützt).

[59] *Horn* WM 1984, 449 (450). Zur Standardisierung der Vermögensverwaltungsverträge vgl. *Balzer* § 5.1.a); *Lang* § 21 Rn. 10; *Sethe* S. 78–80.

[60] So etwa *Sethe* S. 543; umfassend zum aufsichtsrechtlichen Rahmen Schäfer/Sethe/Lang/*Sethe/Brenncke* § 3 und Schäfer/Sethe/Lang/*Sethe* § 4.

[61] BankR-HdB/*Walz* § 111 Rn. 6; *Balzer* § 8 I; *Brunner* S. 83; *Kümpel/Wittig* Rn. 10.15; aus betriebswirtschaftlicher Perspektive *Slevogt* ÖBA 1982, 167 mwN.

[62] Derleder/Knops/Bamberger/*Balzer* § 55 Rn. 10; *Balzer* § 8 I; *Sethe* S. 547 f.

[63] BankR-HdB/*Walz* § 111 Rn. 6; Derleder/Knops/Bamberger/*Balzer* § 55 Rn. 10 f.; *Balzer* § 8 I.3; *Sethe* S. 572–575.

[64] Abl. Derleder/Knops/Bamberger/*Balzer* § 55 Rn. 10; *Balzer* § 8 I.3; befürwortend *Lang* § 21 Rn. 154; *Sethe* S. 574 f.; wohl auch BankR-HdB/*Walz* § 111 Rn. 6.

Einlagengeschäft nach § 1 Abs. 1 S. 2 Nr. 1 KWG qualifiziert, weil und soweit der Verwalter fremde Gelder annimmt. Für das Treuhandmodells ist die „Fremdheit" der verwalteten, rechtlich ins Eigentum des Vermögensverwalters übergegangenen Vermögenswerte jedoch wiederum umstritten; für das Vertretermodell wird sie überwiegend abgelehnt, weil diese Werte im Namen und für Rechnung des Kunden verwaltet werden.[65] Schließlich kann die Vermögensverwaltung – drittens – die Voraussetzungen eines Finanzkommissionsgeschäfts nach § 1 Abs. 1 S. 2 Nr. 4 KWG erfüllen, allerdings wiederum nur, wenn sie in Form des Treuhandmodells durchgeführt wird. Denn auch wenn keine Kommission im Sinne von §§ 383 ff. HGB vorliegt, erfolgt die Anschaffung und Veräußerung der Vermögenswerte (nur) in diesem Fall in eigenem Namen, aber für Rechnung des Kunden.[66] Diese Qualifikation gilt freilich nur dann, wenn die betreffenden Vermögenswerte unter den – weiten – Begriff der Finanzinstrumente iSv § 1 Abs. 11 KWG zu subsumieren sind; dazu zählen nach dem Gesetzeswortlaut (bestimmte) Wertpapiere, Geldmarktinstrumente, Devisen oder Rechnungseinheiten sowie Derivate.[67] Als Investmentgeschäft iSv § 1 Abs. 1 S. 2 Nr. 6 KWG lässt sich die Vermögensverwaltung schließlich – viertens – nur dann qualifizieren, wenn die eingebrachten Vermögenswerte mehrerer Kunden gem. § 1 Abs. 1 KAGB in einem Sondervermögen nach einheitlichen Grundsätzen verwaltet werden, also ausschließlich im Falle kollektiver Anlagemodelle mit hoher Standardisierung.[68]

Während die in Deutschland vorherrschende Form der Vermögensverwaltung, nämlich 15
das Vertretermodell, nach alledem jedenfalls in ihrem eigentlichen Kernbereich nicht als Bankgeschäft gem. § 1 Abs. 1 KWG zu qualifizieren ist, liegt die Subsumtion unter den – subsidiären – Tatbestand der **Finanzdienstleistung** gem. § 1 Abs. 1a KWG ungleich näher. Dazu zählen nämlich nicht nur Anlageberatung (§ 1 Abs. 1a S. 2 Nr. 1a KWG) und Anlageverwaltung (§ 1 Abs. 1a S. 2 Nr. 11 KWG).[69] Vielmehr fällt auch die Verwaltung einzelner in Finanzinstrumenten angelegter Vermögen für andere mit Entscheidungsspielraum als sog Finanzportfolioverwaltung nach § 1 Abs. 1a S. 2 Nr. 3 KWG unter den Begriff der Finanzdienstleistung.[70] Vermögensverwalter, die keine Bankgeschäfte betreiben und deshalb nicht als Kreditinstitute gelten, können folglich nach dieser Vorschrift als Finanzdienstleistungsinstitute der Aufsicht durch die BaFin unterstellt sein. Diese Abstufung ist dennoch von großer praktischer Bedeutung, weil das Gesetz an Finanzdienstleistungsinstitute erheblich geringere aufsichtsrechtliche Anforderungen stellt als an Kreditinstitute.[71] Der Tatbestand der Finanzportfolioverwaltung ist zwar nur dann erfüllt, wenn das betreffende Vermögen (auch) in Finanzinstrumenten angelegt ist. Die Verwaltung von Mischvermögen etwa aus Immobilien und Wertpapieren ist tatbestandlich aber ebenfalls erfasst.[72] Deshalb stellt die Vermögensverwaltung in Form des Vertretermodells in aller Regel eine Finanzdienstleistung dar.[73] Sie

---

[65] Näher Derleder/Knops/Bamberger/*Balzer* § 55 Rn. 10 f.; Schwintowski/*Schäfer* Kap. 18 Rn. 7; *Balzer* § 8 I.1; *Benicke* § 16 IV; *Sethe* S. 548–559; vgl. außerdem BGH NJW 1995, 1494 (zu § 3 Nr. 3 KWG aF) sowie zuletzt, pauschal abl. BGH BKR 2011, 65 (66 f.).

[66] So va *Sethe* S. 568–571; vgl. außerdem *Sethe* FS Uwe Schneider, 2011, 1239 (1251–1256) (nach neuer Rechtslage sodann jedoch einschränkend); Derleder/Knops/Bamberger/*Balzer* § 55 Rn. 10; BankR-HdB/*Walz* § 111 Rn. 6; Schwintowski/*Schäfer* Kap. 18 Rn. 12; *Balzer* § 8 I.2. Restriktiver jedoch BGH BKR 2011, 65 (67); NJW 2010, 1077 (1078) sowie BVerwGE 130, 262 Rn. 47.

[67] Ausführlich zu den erfassten Vermögenswerten *Sethe* S. 560–568.

[68] Vgl. *Balzer* § 8 I.4; *Sethe* S. 575 f.; etwas unscharf *Miebach* DB 1991, 2071. Zur Abgrenzung von Vermögensverwaltung und Investmentgeschäft bereits → Rn. 9.

[69] Zu diesen beiden Tatbeständen bereits → Rn. 8 f. Vgl. außerdem BGH BKR 2011, 65 (67), wo zusätzlich Eigenhandel und Anlagevermittlung gem. § 1 Abs. 1a S. 2 Nr. 4 bzw. Nr. 1 KWG erwogen (aber abgelehnt) werden.

[70] BGH BKR 2011, 65 (67 f.); vgl. außerdem BVerwGE 122, 29 (35 ff.).

[71] *Sethe* S. 545 f.; vgl. außerdem *Balzer* § 8 II.

[72] BVerwG NZG 2005, 265 (267); ähnlich Derleder/Knops/Bamberger/*Balzer* § 55 Rn. 12.

[73] BankR-HdB/*Walz* § 111 Rn. 7; Derleder/Knops/Bamberger/*Balzer* § 55 Rn. 12; *Benicke* § 16 III; *Lang* § 21 Rn. 6 f.; zur Finanzportfolioverwaltung im Rahmen einer GbR vgl. BVerfG NJW 2006, 3340; NZG 2005, 265; 2011, 114. Zu weiteren tatbestandlichen Voraussetzungen (aufgrund eines Anlegermandats; individuell; für andere; mit Entscheidungsspielraum; zum Zweck der Kapitalanlage) und sich daraus ergebenden Abgrenzungsfragen: *Sethe* S. 579–591 sowie zuletzt BGH BKR 2011, 65 (67 f.).

unterliegt deshalb der Aufsicht durch die Bundesanstalt für Finanzdienstleistungen; ihre Durchführung bedarf einer Erlaubnis gem. § 32 KWG. Vermögensverwaltung, die von Angehörigen der freien Berufe wie Wirtschaftsprüfern, Steuerberatern oder Rechtsanwälten ausschließlich in Nebentätigkeit („nur gelegentlich im Rahmen eines Mandatsverhältnisses") erbracht wird, ist jedoch gem. § 2 Abs. 6 S. 1 Nr. 10 KWG ausdrücklich von der Aufsichtspflicht ausgenommen.[74]

16 Die zweite Ebene gesetzlicher Regeln bilden die **Vorgaben der Verhaltensaufsicht,** die vor allem dem WpHG zu entnehmen sind, neuerdings in seiner durch das 2. Finanzmarktnovellierungsgesetz (FiMaNoG) vom 23.6.2017 neu nummerierten und auch inhaltlich nicht unerheblich veränderten Fassung. Für die Anwendbarkeit dieser Vorgaben ist zunächst entscheidend, ob (und unter welchen Voraussetzungen) Vermögensverwaltung als **Wertpapierdienstleistung** zu qualifizieren ist. Der Katalog solcher Dienstleistungen, der in § 2 Abs. 8 WpHG abschließend statuiert ist, entspricht im Wesentlichen den bereits angesprochenen Bankgeschäften und Finanzdienstleistungen, die in § 1 KWG aufgeführt sind, auch wenn der Kreis der erfassten Finanzinstrumente in § 2 Abs. 4 WpHG etwas enger gezogen ist als in § 1 Abs. 11 KWG (keine Devisen oder Rechnungseinheiten). Bei der Subsumtion ergibt sich folglich ein weitgehender, allerdings nicht flächendeckender Gleichlauf.[75] Deckungsgleichheit besteht vor allem insoweit, als § 2 Abs. 8 S. 1 Nr. 7 WpHG auch die Finanzportfolioverwaltung als Wertpapierdienstleistung definiert, so dass die Vermögensverwaltung in Form des weit verbreiteten Vertretermodells regelmäßig diesem Tatbestand unterfällt.[76] Das seltenere Treuhandmodell wird teils ebenfalls unter diesen Tatbestand, teils jedoch auch als Finanzkommissionsgeschäft gem. § 2 Abs. 8 Nr. 1 WpHG subsumiert.[77] Für die praktische Anwendung der WpHG-Vorschriften ergibt sich aus dieser Diskussion jedoch kein Unterschied.[78] Alle Formen der individuellen Vermögensverwaltung erfüllen jedenfalls den Tatbestand der Wertpapierdienstleistung.[79] Folgenreicher ist demgegenüber die Entscheidung der Streitfrage, ob auch die kollektive Vermögensverwaltung eine Wertpapierdienstleistung darstellt. Anders als im KWG findet in § 2 Abs. 8 S. 1 WpHG nämlich weder das Investmentgeschäft noch die Anlageverwaltung Erwähnung. Andererseits lässt sich die kollektive Vermögensverwaltung auch nicht unmittelbar unter § 2 Abs. 8 S. 1 Nr. 1 bzw. Nr. 7 WpHG subsumieren, weil das verwaltete Vermögen nicht mehr den einzelnen Anlegern, sondern der Gesamthand bzw. der juristischen Person zugeordnet und von dieser im eigenen Namen investiert wird.[80] Die kollektive Anlage von Vermögen erfüllt deshalb als solche nicht den Tatbestand einer Wertpapierdienstleistung.[81] Die erlaubnispflichtige Anlageverwaltung nach § 1 Abs. 1a S. 2 Nr. 11 KWG ist hingegen gem. § 2 Abs. 8 S. 2 WpHG der Finanzportfolioverwaltung gem. § 2 Abs. 8 S. 1 Nr. 7 WpHG gleichgestellt. Soweit das Wertpapierhandelsrecht Anwendung findet, gewinnt die Differenzierung zwischen den verschiedenen Wertpapierdienstleistungen neuerdings zusätzlich auch deshalb an Bedeutung, weil § 64 WpHG besondere Ver-

[74] Nach Ansicht der Aufsichtsbehörde liegt eine nur „gelegentliche" Erbringung von Finanzdienstleistungen vor, wenn diese nicht gewerbsmäßig iSv § 1 Abs. 1a S. 1 Alt. 1 KWG erfolgt: Schreiben des BaKred v. 6.4.1998 (VII 4–71.99.10), abgedr. in *Consbruch/Möller* Nr. 4301; näher Boos/Fischer/Schulte-Mattler/*Schäfer* KWG/CRR-VO § 2 Rn. 83 f.; *Benicke* § 16 III.5.

[75] Näher zur Vorgängerregelung *Sethe* S. 717 bzw. S. 722.

[76] Derleder/Knops/Bamberger/*Balzer* § 55 Rn. 9; Schwintowski/*Schäfer* Kap. 18 Rn. 16; *Balzer* § 7 II; *Benicke* § 16 III.2; *Lang* § 21 Rn. 6 f.; *Sethe* S. 717 f.

[77] Näher zu dieser Diskussion *Sethe* S. 718.

[78] *Sethe* S. 718.

[79] IErg ebenso (teils jedoch noch vor MiFID-Umsetzung): Derleder/Knops/Bamberger/*Balzer* § 55 Rn. 9; *Balzer* § 7 II; *Benicke* § 16 III.2; *Lang* § 21 Rn. 6 f.; *Sethe* S. 718.

[80] In diesem Sinne vor allem Schwark/Zimmer/*Kumpan* WpHG § 2 Rn. 82; vgl. außerdem Assmann/Schneider/*Assmann* WpHG § 2 Rn. 149; *Benicke* § 16 III.3 und 4; *S. Schneider* WM 2008, 285 (288); *Volhard/Wilkens* DB 2008, 2411 (2412); außerdem *Görner/Dreher* ZIP 2005, 2139, insbes. 2141; aA *Eßer* WM 2008, 671 (675). Vgl. schließlich auch BVerwG NVwZ-RR 2009, 980 (981).

[81] So iErg auch, neben den in der Vorn. Genannten: *Sethe* S. 718–721.

haltensregeln bei Erbringung von Anlageberatung und Finanzportfolioberatung statuiert, die die allgemeineren Regeln des § 63 WpHG ergänzen (→ Rn. 31 f.).

Weitere, wenngleich weniger zentrale gesetzliche Vorgaben ergeben sich aus Neben- 17
gesetzen. Gewisse Bedeutung hat vor allem das **Rechtsberatungsgesetz,** weil die Vermögensverwaltung nach Art. 1 § 1 Abs. 1 S. 1 RBerG grundsätzlich als erlaubnispflichtige Besorgung fremder Rechtsangelegenheiten zu qualifizieren ist.[82] Allerdings ist die Rechtsbesorgung des Vermögensverwalters nach Art. 1 § 5 Nr. 3 RBerG erlaubnisfrei, soweit es sich lediglich um eine Nebentätigkeit handelt, die sich im Rahmen der eigentlichen Berufsaufgabe vollzieht und deren Zweck dient („unmittelbarer Zusammenhang").[83] Zu beachten sind ferner die Vorgabe des **Geldwäschegesetzes,** dem gem. § 1 Abs. 1 S. 1 bzw. Abs. 2 S. 1 GwG nämlich sowohl Kredit- als auch Finanzdienstleistungsinstitute im Sinne von § 1 KWG unterliegen. Die Identifizierungs- und Anzeigepflichten des GwG gelten deshalb auch für Vermögensberater. Diese haben außerdem gem. § 14 Abs. 1 Nr. 1 GwG interne Sicherungsmaßnahmen gegen Geldwäsche zu treffen.[84]

2. Vermögensverwaltungsvertrag

Von diesen gesetzlichen Rahmenvorgaben sind für die Rechtsbeziehung zwischen An- 18
leger und Vermögensverwalter vor allem die wertpapierhandelsrechtlichen Verhaltenspflichten (§§ 63 ff. WpHG) relevant, weil diese aufsichtsrechtlichen Vorschriften in gewissem, im Einzelnen allerdings umstrittenen Umfang auf die vertragsrechtliche Beziehung ausstrahlen.[85] Ihr eigentliches Gepräge erhält die Rechtsbeziehung zwischen Anleger und Vermögensinhaber gleichwohl durch das **bürgerliche Vertragsrecht und die privatautonome Vertragsgestaltung.** Aufgrund der vertragsrechtlichen Qualifikation als Dienstvertrag, der eine Geschäftsbesorgung zum Gegenstand hat,[86] finden einerseits die dispositiven Regeln der §§ 611, 675 BGB auf die Vermögensverwaltung Anwendung, soweit die Parteien nichts Abweichendes vereinbaren. Diese Vorschriften verpflichten den Vermögensverwalter zur – regelmäßig fortlaufenden – Verwaltung des Vermögens des Kunden in dessen Interesse.[87] Weil die dienstvertraglichen Regeln des BGB jedoch nicht spezifisch auf die Vermögensverwaltung zugeschnitten sind, bedarf die Rechtsbeziehung zwischen Anleger und Verwalter andererseits der zusätzlichen Ausgestaltung durch den Vermögensverwaltungsvertrag, der die wesentlichen Rechte und Pflichten der Vertragsparteien spezifischer konkretisieren sollte.[88] Sorgfältige Vertragsgestaltung hat aus diesem Grund, aber auch wegen des Langzeitcharakters der Rechtsbeziehung und vor allem wegen des umfangreichen Ermessensspielraums des Verwalters (der „Offenheit des Leistungsprogramms"),[89] entscheidende Bedeutung. Die Pflichten und Befugnisse des Vermögensverwalters sollten so präzise wie irgend möglich formuliert werden. Durch entsprechende Vertragsgestaltung kann der Anleger seine eigenen Ziele und Präferenzen verdeutlichen; zugleich kann der Vermögensverwalter späteren Haftungsrisiken und Auseinandersetzungen vorbeugen.[90] In

[82] Für Bsp. rechtsberatender Tätigkeiten von Vermögensverwaltern vgl. *Vortmann* ZBB 1994, 259 (264 f.).

[83] Näher: Derleder/Knops/Bamberger/*Balzer* § 51 Rn. 10 (Voraufl.); *Balzer* § 9; *Brunner* S. 83; vgl. außerdem BGHZ 46, 268 = NJW 1967, 876.

[84] Ausführlich *Balzer* § 10; *Gaßner/Escher* WM 1997, 93 (102); *Sethe* S. 923–930.

[85] Zum Streitstand etwa *Balzer* § 15 II; *Gaßner/Escher* WM 1997, 93 (100); *Sethe* S. 747–768; umfassend zum Vermögensverwaltungsvertrag Schäfer/Sethe/Lang/*Balzer/Lang* § 6.

[86] → Rn. 4.

[87] BankR-HdB/*Walz* § 111 Rn. 14; Cramer/Rudolph/*Schäfer* S. 670 f.; Schwintowski/*Schäfer* Kap. 18 Rn. 40; *Roll* S. 52; *Lang* § 21 Rn. 8 und ausführlich *Benicke* § 10.

[88] Allg. zur Gestaltung des Vermögensverwaltungsvertrages: BankR-HdB/*Walz* § 111 Rn. 14; *Balzer* § 9 I.; *Benicke* § 3 VII; auch *Dorner* S. 33; nach Schweizer Recht *Gutzwiller,* passim; *Spälti* S. 25–31. Ein kommentiertes Vertragsmuster findet sich bei Schulze/Grziwotz/Lauda/*Beesch* BGB § 675 Rn. 17–29.

[89] So *Benicke* § 10 IV.5.b).

[90] BankR-HdB/*Walz* § 111 Rn. 14. Einschränkungen der Verwalterbefugnisse können sich auch aus den Umständen der Vertragsverhandlungen ergeben, selbst wenn sie nicht im Vertragstext niedergelegt sind: OLG Köln WM 1997, 570 (572).

der Praxis folgen Vermögensverwaltungsverträge regelmäßig bestimmten Mustern, die von Branchenverbänden angeboten bzw. von Kreditinstituten verwendet werden. Diese Verträge unterliegen deshalb der AGB-Kontrolle, sofern der jeweilige Anleger Verbraucher ist (vgl. § 310 Abs. 3 BGB).[91] Insofern kann sich der Vermögensverwalter beispielsweise nicht auf eine formularmäßige Haftungsfreizeichnung für einfache Fahrlässigkeit berufen, wenn vertraglich eine konservative Anlagepolitik vereinbart war, die auf Substanzsicherung und kontinuierlichen Vermögenszuwachs ausgerichtet sein sollte, der Verwalter später aber gleichwohl spekulativ agierte. Nach der Natur der Vermögensverwaltung zählt die Einhaltung entsprechend vorgegebener Ermessensgrenzen nämlich zu den wesentlichen Vertragspflichten, so dass jene Freizeichnungsklausel der Inhaltskontrolle nach § 307 Abs. 2 Nr. 2 BGB nicht standhält.[92] Ergänzt wird der Vermögensverwaltungsvertrag regelmäßig durch Anlagerichtlinien, durch den gem. § 63 Abs. 10 bzw. § 64 Abs. 3 WpHG erforderlichen Erhebungsbogen, durch eine Konto- und Depotvollmacht, die dem Verwalter die selbständige Disposition über das verwaltete Vermögen ermöglicht, sowie durch einen separaten Depotvertrag.[93]

19 Zum **Inhalt des Vermögensverwaltungsvertrages** sollten zumindest Regelungen zu folgenden Kernfragen gehören: (1.) Auftrag zur Vermögensverwaltung, einschließlich der präzisen Bestimmung von deren Gegenstand und Umfang, insbesondere durch Anlagerichtlinien; (2.) Vollmachtserteilung und Befreiung von § 181 BGB; (3.) Berichterstattung und Rechnungslegung; (4.) Haftung des Verwalters; (5.) Höhe bzw. Berechnungsmodalitäten der Vergütung (Verwaltungsgebühr); (6.) Vertragsbeendigung und Regelungen für den Todesfall; (7.) Einbeziehung allgemeiner Geschäftsbedingungen, bei Kreditinstituten der AGB-Banken/AGB-Sparkassen.[94] Alle diese Fragen können in einer einzigen Vertragsurkunde geregelt sein; meist werden jedoch namentlich die Anlagerichtlinien und die Vergütungsvereinbarung in separate Dokumente (Anhänge) ausgelagert. Durch eine solche Aufteilung kann der Kunde die besondere Bedeutung dieser Vertragsbestandteile erkennen; vor allem können die ausgelagerten Sachfragen leichter auf den Einzelfall – und im Zeitablauf – angepasst werden.[95] Zur Kautelarpraxis der wichtigsten Regelungskomplexe zunächst im Überblick:[96]

20 Der Vertrag muss **Gegenstand und Umfang der Vermögensverwaltung** bestimmen (→ [1.]). Dies erfordert zunächst einen Auftrag des Kunden an den Vermögensverwalter, die in näher spezifizierten Depots oder Konten verbuchten Vermögenswerte („verwaltetes Vermögen") zu verwalten. Zur Vermeidung von Missverständnissen können geduldete Überziehungen, in Abwicklung befindliche Geschäfte und künftige Eingänge bzw. Erträge eigens geregelt werden.[97] Ein wesentlicher Vertragsinhalt betrifft andererseits den Umfang der Vermögensverwaltung, der zumeist generalklauselartig als Befugnis formuliert ist, die entsprechenden Vermögenswerte nach pflichtgemäßem Ermessen ohne vorherige Einholung von Weisungen des Kunden zu verwalten.[98] Die Verwaltungsbefugnis als vertragliche Hauptpflicht lässt sich etwas genauer umreißen, indem einzelne Verwaltungsmaßnahmen beispielhaft (jedoch nicht abschließend) aufgezählt werden, etwa der Erwerb und die Veräußerung von Finanzinstrumenten, die Ausübung von Bezugsrechten usw.[99] Zur weiteren Konkretisierung empfehlen sich aber vor allem (separate) Anlagerichtlinien, die das

---

[91] *Lang* § 22 Rn. 10; *Roll* S. 86–93.

[92] In diesem Sinne OLG Düsseldorf NJW-RR 1991, 308 (309).

[93] Vgl. etwa BankR-HdB/*Walz* § 111 Rn. 14; *Gutzwiller* S. 15–17; *Sethe* S. 93–95. Zum Verhältnis zwischen Depotvollmacht und (konkludentem?) Verwaltungsvertrag vgl. außerdem OLG München WM 1994, 1424 (1425); OLG Karlsruhe ZIP 2000, 2060 (2061).

[94] Für ähnliche, nur in Einzelpunkten abweichende Übersichtskataloge vgl. *Balzer* § 5 I.1.a); *Sethe* S. 79.

[95] *Sethe* S. 79.

[96] Einzelne Sachfragen sind ausführlich unter → Rn. 30 ff., → Rn. 39 ff. und → Rn. 41 ff. kommentiert.

[97] Ähnlich *Balzer* § 5 I.1.b).

[98] Vgl. auch die Formulierung in OLG Köln WM 1997, 570 („nach dem beruflichen Ermessen des Verwalters").

[99] *Balzer* § 5 I.1.b); für ein Formulierungsbeispiel vgl. *Benicke* § 3 VII.2.b).

Ermessen des Verwalters begrenzen.[100] Diese Richtlinien sollten insbesondere folgende Angaben enthalten (vgl. § 5 Abs. 2 Nr. 2 WpDVerOV): Die sog Managementziele bzw. eine möglichst präzise Anlagestrategie; eine Bewertungs- oder Vergleichsmethode zur Leistungsmessung; Bewertungsmodalitäten der verwalteten Finanzinstrumente; die Art der zulässigen Finanzinstrumente und Verfügungen sowie eine Verlustschwelle.[101] Fehlen entsprechende Anlagerichtlinien, so genießt der Verwalter keineswegs unbeschränktes Ermessen, sondern unterliegt den – schwer vorhersehbaren und teils sehr strengen – Grundsätzen, die die Rechtsprechung formuliert.[102] Neben den Anlagerichtlinien sind außerdem Regelungen zur bestmöglichen Ausführung von Kundenaufträgen erforderlich.[103] Empfehlenswert erscheint beispielsweise die Zulassung von Sammel- und Blockorders im Vermögensverwaltungsvertrag selbst.[104] Vor allem bedarf es gem. § 65 Abs. 5 WpHG V (vgl. auch § 82 Abs. 13 Nr. 4 WpHG) der Aufstellung von Ausführungsgrundsätzen, die sinnvollerweise in einer weiteren Anlage niedergelegt werden.[105] Zur Abgrenzung gegenüber der (gem. § 64 Abs. 4 WpHG einer Geeignetheitserklärung bedürfenden!) Anlageberatung sollte schließlich noch im Vermögensverwaltungsvertrag präzisiert werden, dass ein etwaiger Informationsaustausch über einzelne Anlageentscheidungen das Ermessen des Verwalters nicht beschränkt und keine eigenständige Anlageberatung darstellt.[106]

Zu den **laufenden Rechten und Pflichten** sollte der Vermögensverwaltungsvertrag 21
außerdem folgende Einzelfragen regeln (oben [2.]–[5.]): Erstens sollte der Vertrag die Bevollmächtigung des Vermögensverwalters enthalten, den Vermögensinhaber Dritten gegenüber zu vertreten, ggf. mit einer Befreiung vom Verbot des Selbstkontrahierens.[107] Zusätzlich kann das Recht zur Weiterübertragung der Vollmacht oder zur Unterbevollmächtigung eingeräumt werden.[108] Zweitens sollten Bestimmungen zu den Auskunftspflichten des Verwalters formuliert werden, die sowohl die allgemeine zivilrechtliche Informationspflicht gem. § 666 BGB als auch die Berichtspflichten gem. § 63 Abs. 12 bzw. § 64 Abs. 8 WpHG konkretisieren. Ein gewisser Konkretisierungsspielraum bzw. -bedarf besteht insbesondere hinsichtlich der Berichtsintervalle (grundsätzlich halbjährlich), der erforderlichen Angaben und Messgrößen sowie der ad-hoc-Informationspflicht bei Überschreitung bestimmter, aber wenig spezifizierter Verlustschwellen („Erheblichkeit").[109] Drittens erscheint eine Haftungsregelung sinnvoll, die den Sorgfaltsmaßstab näher bestimmt und klarstellt, dass keine Haftung für einen bestimmten Anlageerfolg übernommen wird.[110] Soweit die Haftung auch bei vertragswesentlichen Pflichten auf Vorsatz und

[100] BGHZ 137, 69 = NJW 1998, 449; OLG Karlsruhe ZIP 2000, 2060 (2061); OLG Köln WM 1997, 570 (572); vgl. außerdem *Benicke* § 28 II.3.b); *Köndgen* NJW 2004, 1299.

[101] Ausführlich zu den Anlagerichtlinien BankR-HdB/*Walz* § 111 Rn. 15–19; Derleder/Knops/Bamberger/*Balzer* § 55 Rn. 13; Schwintowski/*Schäfer* Kap. 18 Rn. 44; *Benicke* § 3 VII.2.c); vgl. außerdem Schulze/Grziwotz/Lauda/*Beesch* BGB § 675 Rn. 21.

[102] Allg. OLG Düsseldorf WM 2006, 1576; iE: BGHZ 46, 268 (271) (Pflicht zu sicherer und gewinnbringender Vermögensanlage); BGH NJW 1994, 1861 (1862) (Pflicht zur Diversifikation); OLG Düsseldorf WM 2006, 1576 (Verbot ausschließlich spekulativer Vermögensanlage). Vgl. auch Derleder/Knops/Bamberger/*Balzer* § 55 Rn. 22–26.

[103] *Agerer/Knop/Weiß* Finanz-Betrieb 2007, 757; *Knop* AG 2009, 357 (357–359); *Teuber* BKR 2006, 429 (435–437) und allg. *Zingel* BKR 2007, 173.

[104] Vgl. etwa die Formulierung im Vertragsmuster des VuV (unter 2.3); → Rn. 12.

[105] Zur Festlegung solcher Ausführungsgrundsätze allg. Schwark/Zimmer/*von Hein* WpHG § 33a Rn. 23–48; Ebenroth/Boujong/*Grundmann* WpHG § 33a Rn. VI326–VI335; Fuchs/*Zimmermann* WpHG § 33a Rn. 14–34.

[106] Vgl. etwa die Formulierung im Vertragsmuster des VuV (unter 2.2); → Rn. 12. Näher zur Protokollierungspflicht selbst: Schwark/Zimmer/*Fett* WpHG § 34 Rn. 7; *Leuering/Zetzsche* NJW 2009, 2856 (2858); *Pfeifer* BKR 2009, 485.

[107] Zur Erforderlichkeit einer solchen Klausel → Rn. 10; außerdem *Balzer* § 5 I.1.b).

[108] Näher zu alledem *Benicke* § 3 VII.2.d); Formulierungsbeispiel bei Schulze/Grziwotz/Lauda/*Beesch* BGB § 675 Rn. 23.

[109] Formulierungsbeispiel bei Schulze/Grziwotz/Lauda/*Beesch* BGB § 675 Rn. 24; allg. (jedoch noch vor MiFID-Umsetzung): *Balzer* § 5 I.1.b); *Benicke* § 3 VII.2.e) und ausführlich *Schäfer* WM 1995, 1009. Zur Verlustschwelle, die eine Benachrichtigungspflicht auslöst, vgl. BGH NJW 1994, 1861.

[110] *Balzer* § 5 I.1.b); *Benicke* § 3 VII.2 f.).

grobe Fahrlässigkeit beschränkt oder auf die Deckungssumme der Haftpflichtversicherung des Vermögensverwalters begrenzt wird, drohen entsprechende Klauseln allerdings an § 307 Abs. 2 Nr. 2 BGB zu scheitern.[111] Viertens schließlich sollte der Vermögensverwaltungsvertrag eine Entgeltregelung treffen (oder auf eine separate Vergütungsvereinbarung verweisen). Das wohl häufigste Vergütungsmodell besteht in einem Prozentsatz des Wertes des zu verwaltenden Vermögens, entweder zu einem bestimmten Stichtag oder im Durchschnitt des Referenzzeitraums.[112] Empfehlenswert ist außerdem eine Vereinbarung zu der – besonders umstrittenen Frage – ob der Verwalter berechtigt sein soll, entgegen §§ 675, 667 BGB bestimmte Zuwendungen (Provisionen, insbesondere sog Kick-Backs) einzubehalten, anstatt sie an den Kunden auszukehren.[113] Solche Vereinbarungen stehen allerdings zumindest unter dem Vorbehalt, dass die einschlägigen wertpapierhandelsrechtlichen Bestimmungen, insbesondere § 70 WpHG iVm § 6 WpDVerOV, eingehalten werden.

22 Schließlich sollte der Vermögensverwaltungsvertrag die **Beendigungsmodalitäten** regeln und einige weitere, **allgemeine Bestimmungen** statuieren (oben [6.] und [7.]). Üblicherweise wird entweder beiden Vertragsteilen oder zumindest dem Vermögensinhaber ein jederzeitiges Kündigungsrecht mit sofortiger Wirkung eingeräumt; Verwalter bekommen teils lediglich ein Kündigungsrecht unter Fristeinhaltung (ein Monat oder sechs Wochen) eingeräumt.[114] Geregelt werden sollte außerdem die Fortgeltung des Vertrages beim Tod des Vermögensinhabers, so dass es nur durch Kündigung des Erben oder Testamentsvollstreckers zur Beendigung des Vertragsverhältnisses kommt.[115] Zu den allgemeinen Bestimmungen, die in Vermögensverwaltungsverträgen häufig enthalten sind, zählen neben der Einbeziehung der AGB-Banken bzw. AGB-Sparkassen vor allem Regeln zu den Änderungsmodalitäten (nur Schriftform), zum anwendbarem Recht und zum Gerichtsstand sowie eine salvatorische Klausel.[116] Sinnvoll erscheint schließlich die Einfügung einer Klausel, die dem Vermögensverwalter die Beschaffung aller Informationen ermöglicht, die er zur Erfüllung seiner Sorgfaltspflichten nach GwG und zur Verhinderung von Geldwäsche benötigt.[117]

III. Grundlagenentscheidungen

23 Eine wichtige Ähnlichkeit zwischen Vermögensverwaltung und Gesellschaften (aber auch sonstigen Langzeitverträgen) besteht darin, dass Rechte und Pflichten in zwei verschiedenen **Konstellationen** zu unterscheiden sind, nämlich einerseits im „laufenden Geschäft", also im Rahmen der Durchführung des vereinbarten Vermögensverwaltungsvertrages, und andererseits bei Grundlagenentscheidungen, also bei Abschluss, Änderung und Beendigung dieser Vereinbarung selbst.[118]

---

[111] Vgl. einerseits OLG Frankfurt a. M. WM 1996, 665 (668); OLG Düsseldorf NJW-RR 1991, 308 (309); andererseits jedoch LG Nürnberg-Fürth WM 1996, 1579 (1580); offen gelassen in BGH NJW 2002, 2556. Ausführlich *Benicke* § 28 IV; knapp auch *Balzer* § 5 I.1.b).

[112] *Balzer* § 5 I.1.b); *Benicke* § 3 VII.2.g). Zur Begründung und zu weiteren Gestaltungsparametern → Rn. 40.

[113] Überblicksweise zum Streitstand etwa *Fullenkamp* NJW 2011, 421; *Maier* VuR 2010, 25; *Mülbert* WM 2009, 481; *Rößler* NJW 2008, 554; *Spindler* WM 2009, 1821.

[114] *Balzer* § 5 I.1.b); *Benicke* § 3 VII.2.h).

[115] Formulierungsbeispiel bei Schulze/Grziwotz/Lauda/*Beesch* § 675 BGB vor Rn. 29; vgl. außerdem *Balzer* § 5 I.1.b); *Benicke* § 3 VII.2.h).

[116] *Balzer* § 5 I.1.b); *Benicke* § 3 VII.2.i).

[117] → Rn. 17; sowie bei Schulze/Grziwotz/Lauda/*Beesch* BGB § 675 Rn. 29 (mit Formulierungsbeispiel).

[118] Ähnliche Unterscheidung bspw. bei Derleder/Knops/Bamberger/*Balzer* § 55 (unter C. und D.) und *Lang* § 23 und § 24. Zur Parallele im (Kapital-)Gesellschaftsrecht vgl. etwa *Möslein* Grenzen unternehmerischer Leitungsmacht im marktoffenen Verband 2007, S. 108–125.

1. Vertragsabschluss

Der Abschluss eines Vermögensverwaltungsvertrages unterlag bislang im Grundsatz keinen **Formvorschriften.**[119] Konkludenter Vertragsabschluss war deshalb möglich, sofern Rechtsbindungswillen der Parteien vorlag (nicht schon bei bloßer Depotvollmacht).[120] Eine Ausnahme galt jedoch, soweit der Vermögensverwaltungsvertrag Pflichten oder Inhalte formuliert, die ihrerseits Formvorgaben unterliegen, insbesondere jenen des § 311b BGB.[121] Überdies verpflichtet § 83 Abs. 2 S. 2 WpHG i. V. m. Art. 58 der DelVO 2017/565 Wertpapierdienstleistungsunternehmen dazu, eine schriftliche Rahmenvereinbarung abzuschließen. Die Einschränkung gem. Art 58 UAbs. 1 S. 2 DelVO 2017/565 gilt nur für die Anlageberatung (soweit nicht im Hinblick auf die empfohlenen Produkte oder Dienstleistungen „regelmäßige Eignungsbeurteilungen" (vgl. § 64 Abs. 1 S. 1 Nr. 3 WpHG) vorgenommen werden).Für Vermögensverwaltungsverträge mit Privatkunden gilt deshalb de facto ein Textformerfordernis gilt (wenn auch über den „Umweg einer aufsichtsrechtlichen Regelung über Dokumentationspflichten").[122] Diese Rahmenvereinbarung, die bei der erstmaligen Erbringung einer Wertpapierdienstleistung abzuschließen ist, soll die „Rechte und Pflichten der Vertragsparteien sowie die sonstigen Bedingungen festlegen, zu denen das Wertpapierdienstleistungsunternehmen Wertpapierdienstleistungen oder Wertpapiernebendienstleistungen für den Kunden erbringt"; Verweise in andere Dokumente sind jedoch möglich (§ 83 Abs. 2 S. 2 WpHG).[123] Ganz abgesehen von diesen rechtlichen Vorgaben erscheint die schriftliche Abfassung des Vermögensverwaltungsvertrages aus den oben (→ Rn. 18) genannten Gründen ohnehin für beide Vertragsparteien vorzugswürdig; sie ist in der Praxis seit jeher überaus üblich.[124] Denn nur auf diesem Weg ist eine möglichst zweifelsfreie Konkretisierung der gegenseitigen Rechte und Pflichten möglich. 24

Bei Abschluss des Vermögensverwaltungsvertrages gelten überdies umfassende **Informationserhebungspflichten.** Nach der Regelung in §§ 63 ff. WpHG, die solche Pflichten zweifach abstuft, nämlich nach Kundengruppen und nach Art der Finanzdienstleistungen, gelten für die Erbringung von Anlageberatung und Vermögensverwaltung gegenüber Privatkunden besonders umfassende Anforderungen (§ 64 Abs. 3 WpHG; vgl. dagegen § 63 Abs. 10 WpHG): Wertpapierdienstleistungsunternehmen sind demnach verpflichtet, bestimmte Informationen einzuholen, damit sie ein für den Kunden geeignetes konkretes Finanzinstrument oder eine für ihn geeignete konkrete Wertpapierdienstleistung empfehlen können. Diese Informationen betreffen die Anlageziele des Anlegers, seine finanzielle Lage sowie seine Erfahrungen und Kenntnisse.[125] Zusätzlich sind neuerdings auch die Fähigkeit des Kunden, Verluste zu ertragen, sowie neben den Anlagezielen auch dessen Risikotoleranz einzubeziehen. Professionelle Anleger brauchen demgegenüber nur nach ihren Anlagezielen gefragt zu werden, weil das Wertpapierdienstleistungsunternehmen bei ihnen davon ausgehen darf, dass sie die erforderlichen Kenntnisse und Erfahrungen mitbringen und dass die mit dem Geschäft oder der Finanzportfolioverwaltung verbundenen Anlagerisiken entsprechend ihren Anlagezielen finanziell tragbar sind (Art. 54 Abs. 3 DelVO 2017/ 25

[119] BankR-HdB/*Walz* § 111 Rn. 13; Schwintowski/*Schäfer* Kap. 18 Rn. 41; *Balzer* § 5 I.3; *Lang* § 22 Rn. 8; *Köndgen* NJW 2004, 1299; *Miebach* DB 1991, 2070; *Sprockhoff* WM 2005, 1739; vgl. außerdem BGHZ 46, 268 (270) (Vertrag über Vermögensverwaltung durch Rechtsanwalt unterliegt nicht Formerfordernis des § 3 Abs. 1 BRAGO).

[120] OLG München WM 1994, 1424; näher: BankR-HdB/*Kienle* § 111 Rn. 15 (3. Aufl. 2007); *Balzer* § 5 I.3.c).

[121] Ähnlich etwa BankR-HdB/*Walz* § 111 Rn. 13; *Lang* § 22 Rn. 8; vgl. außerdem RGZ 72, 116.

[122] *Teuber* BKR 2006, 429 (436); vgl. außerdem Ebenroth/Boujong/*Grundmann* WpHG § 34 Rn. VI346; *Einsele* JZ 2008, 477 (481); *Spindler/Kasten* WM 2007, 1245 (1248 f.).

[123] Näher zur Vorgängerregelung Begr. RegE, BT-Drs. 16/4028, 75; vgl. außerdem Ebenroth/Boujong/*Grundmann* WpHG § 34 Rn. VI346; Schwark/Zimmer/*Fett* WpHG § 34 Rn. 7.

[124] BankR-HdB/*Walz* § 111 Rn. 13; Schwintowski/*Schäfer* Kap. 18 Rn. 41; *Lang* § 22 Rn. 8.

[125] Näher § 6 Abs. 1 WpDVerOV und dazu: Schwark/Zimmer/*Rothenhöfer* WpHG § 31 Rn. 245–248; umfassend zur Exploration Schäfer/Sethe/Lang/*Lang* § 7.

565).[126] Insgesamt gilt – ähnlich wie schon nach bisherigem Recht – eine umfassende Verpflichtung des Vermögensverwalters zur Erhebung von Kundenangaben (Explorationspflicht, „know your customer"-Regel).[127] Zivilrechtlich lassen sich entsprechende, weitgehend gleichlaufende Anforderungen aus einem (konkludenten) Beratungsvertrag bzw. aus einem vorvertraglichen Schuldverhältnis herleiten, die jeweils Pflichten zur anleger- und objektgerechten Beratung begründen und deshalb ebenfalls eine umfassende Exploration von Kundeninformationen erfordern.[128] Diese aufsichts- und vertragsrechtlichen Pflichten, die von Gesetz und Rechtsprechung allgemein formuliert werden, finden grundsätzlich auch auf die Vermögensverwaltung Anwendung, allerdings mit gewissen, sich aus der Natur dieser Finanzdienstleistung ergebenden Modifikationen beim Kriterium der Anlegererfahrung und -kenntnisse: Weil der Anleger die einzelnen Anlageentscheidungen an den Vermögensverwalter delegiert und dieser nach eigenem Ermessen entscheidet, braucht der Kunde nicht jedes Einzelgeschäft zu verstehen. Er verlässt sich dezidiert auf den Sachverstand der Vermögensverwalters, weshalb ausreichen muss, wenn er die Anlagerichtlinien – und damit die grundsätzliche Anlagestrategie und deren Risiken – versteht und richtig einschätzen kann.[129] Entsprechend eingeschränkt ist insoweit die Informationserhebungspflicht.[130] Die eingeholten Informationen müssen aber jedenfalls ausreichen, um die Geeignetheit der Vermögensverwaltung für den Kunden beurteilen zu können (vgl. Art. 55 Abs. 1 DelVO 2017/565).[131] Fehlen trotz Erfüllung der Erhebungspflicht ausreichende Informationen für eine solche Geeignetheitsprüfung, so darf der Vermögensverwalter keine „Empfehlung" abgeben Art. 54 Abs. 8 DelVO 2017/565): Während Verwaltungsmaßnahmen im eigenen Ermessen des Verwalters dadurch nicht beschränkt sein dürften, sind unter diesen Umständen zumindest Vorschläge an den Kunden ausgeschlossen, eine seinen Ermessenspielraum bestimmende Weisung zu erlassen oder zu ändern.[132]

26 An die Informationserhebung knüpfen sich **Beratungs- und Aufklärungspflichten** („Informationsabgabe").[133] Auch wenn das Gesetz diese Pflichten weniger deutlich formuliert als die Informationserhebungspflichten, gelten nach WpHG sowie nach vertragsrechtlichen Grundsätzen für Vermögensverwaltungsverträge wiederum ähnliche Anforderungen wie für andere Wertpapierdienstleistungen: „Zu informieren ist über alle entscheidungserheblichen Punkte, jedoch anlegergerecht".[134] Der Umfang der Informationspflicht richtet sich deshalb sowohl nach dem Charakter des Anlageinstruments als auch nach den persönlichen Verhältnissen des Anlegers.[135] Allerdings gelten wiederum gewisse, vertragstypische Besonderheiten: Anders als ein Anlageberater braucht der Vermögensverwalter den Kunden regelmäßig nicht über jedes einzelne Anlageobjekt, sondern nur über die all-

---

[126] Vgl. zur Vorgängerregelung Ebenroth/Boujong/*Grundmann* WpHG § 31 Rn. VI257–VI259 (auch zu den beiden weiteren, auf die Vermögensverwaltung allerdings nur teilweise anwendbaren Freistellungsregeln in § 31 Abs. 6 und 7); Schwark/Zimmer/*Rothenhöfer* WpHG § 31 Rn. 345–353; *Veil* ZBB 2008, 34 (37).

[127] Zur bisherigen Rechtslage (Beratungsvertrag als Pflichtengrundlage bzw. § 31 Abs. 2 WpHG aF) vgl. vor allem BankR-HdB/*Kienle* § 111 Rn. 28–30 (3. Aufl. 2007); Derleder/Knops/Bamberger/*Balzer* § 55 Rn. 12 und Rn. 16; *Balzer* § 12 I.; *Balzer* FB 2000, 499 (500); *Balzer* WM 2000, 441 (442); *Gaßner/Escher* WM 1997, 93 (96); *Lang* § 22 Rn. 4 f.; *Schödermeier* WM 1995, 2053 (2056).

[128] Aus der Rspr. vgl. va BGHZ 123, 126 = NJW 1993, 2433; 178, 149 = NJW 2008, 3700 und zuletzt OLG Frankfurt a. M. ZIP 2010, 1552 (Leitsatz).

[129] Ebenroth/Boujong/*Grundmann* WpHG § 31 Rn. VI254; *Teuber* BKR 2006, 429 (435); *Weichert/Wenninger* WM 2007, 627 (631); ähnlich nach bisheriger Rechtslage: Derleder/Knops/Bamberger/*Balzer* § 55 Rn. 12; *Balzer* § 12 I.; *Balzer* FB 2000, 499 (500); *Gaßner/Escher* WM 1997, 93 (97).

[130] Zur Abstufung des Schutzumfangs in der WpDVerOV vgl. *Veil* ZBB 2008, 34 (37).

[131] Allg. zu den Kriterien der Erforderlichkeit und Geeignetheit (jedoch zur Vorgängerregelung): Schwark/Zimmer/*Rothenhöfer* WpHG § 31 Rn. 256–268.

[132] Zum Begriff der „Empfehlung" im Rahmen der Finanzportfolioverwaltung vgl. BT-Drs. 16/4028, 64.

[133] Ebenroth/Boujong/*Grundmann* WpHG § 31 Rn. VI249; umfassend Schäfer/Sethe/Lang/*F. Schäfer* § 8.

[134] So wiederum Ebenroth/Boujong/*Grundmann* WpHG § 31 Rn. VI249.

[135] Ähnlich BGH NJW 2002, 1868 (1868 f.) (einerseits nach dem „Wissensstand des Interessenten", andererseits nach den „allgemeinen Risiken, wie etwa Konjunkturlage und Entwicklung des Kapitalmarkts und [den] speziellen Risiken, die sich aus den besonderen Gegebenheiten des Anlageobjekts ergeben").

gemeine Anlagestrategie zu beraten.[136] Weil die einzelnen Anlageentscheidungen vom Vermögensverwalter grundsätzlich eigenständig – und deshalb ohne spezifische Erläuterung – getroffen werden, verlagert sich der Schwerpunkt der Beratung zeitlich stärker auf den Vertragsabschluss.[137] Diese zeitliche Vorverlagerung beeinflusst zwangsläufig auch die inhaltliche Reichweite der Informationspflicht. Denn zum Zeitpunkt des Vertragsabschlusses ist eine umfassende Information über die Eigenarten und Risiken jedes einzelnen Geschäfts, das der Vermögensverwaltungsvertrag zulässt, weder sinnvoll noch erforderlich. Der Vermögensverwalter hat aber eine umfassende „Grundaufklärung" über die zulässigen Anlagen und die damit verbundenen Risiken zu leisten.[138] Nur bei Kenntnis dieser Parameter kann der Anleger sinnvoll Anlagerichtlinien vereinbaren, die seinem persönlichen Risiko- und Anlageprofil entsprechen.[139]

2. Vertragsänderung und -beendigung

Weitgehend ungeklärt ist, ob im Falle eines **„actus contrarius"** ähnliche Anforderungen gelten. Wenn der Vermögensverwaltungsvertrag grundlegend verändert oder gänzlich beendet wird, ändert sich die Risikosituation des einzelnen Anlegers in ähnlichem Maße wie durch Vertragsabschluss, nur eben spiegelbildlich. Insbesondere kann der abrupte Abbruch der Vermögensverwaltung dazu führen, dass die Glattstellung offener Positionen aus Mangel an Information nur mit Verlust erfolgen kann. Grundsätzlich sollten deshalb ähnliche Formerfordernisse und Pflichtbindungen gelten wie bei Vertragsabschluss. Jene Anforderungen werden aber durch ausdrückliche Vereinbarungen im Vermögensverwaltungsvertrag, etwa Schriftformerfordernisse, sowie durch die allgemeinen vertraglichen Treue- und Rücksichtnahmepflichten überformt.[140] Außerdem gelten Besonderheiten, sofern die Veränderung einseitig, etwa durch Kündigung, veranlasst wird. 27

Jedenfalls bei **Änderung der Anlagerichtlinien** gelten ähnliche Informationserhebungs- und -abgabepflichten wie bei Vertragsschluss. Gemeint ist nicht nur die formale Änderung des Dokuments, in dem diese Richtlinien niedergelegt sind, sondern auch jede „faktische Änderung", also alle Fälle, in denen auf Weisung des Anlegers oder (ausnahmsweise) eigenmächtig vom ursprünglichen Vereinbarten abgewichen wird.[141] In jedem solchen Fall muss sich der Vermögensverwalter neuerlich über die Anlageziele des Anlegers, dessen finanzielle Lage, Erfahrungen und Kenntnisse vergewissern, insbesondere darüber, ob sich einer dieser Parameter zwischenzeitlich verändert hat; anschließend muss er den Anleger über die – veränderte – Anlagestrategie und ihre Risiken beraten. Darüber hinaus soll der Vermögensverwalter sogar verpflichtet sein, sich in periodischen Abständen (also auch bei zunächst unveränderter Anlagestrategie) über wesentliche Veränderungen in den persönlichen Umständen oder Vermögensverhältnissen des Anlegers zu informieren.[142] Haben sich diese Parameter so grundlegend verändert, dass die Vorgaben der Anlagerichtlinien nicht mehr erfüllt werden können, muss er nämlich auf eine Änderung dieser Richt- 28

[136] So zuletzt etwa OLG Frankfurt/Main NZG 2014, 505; ausführlich *Balzer* § 12 II.1.b); *Lang* § 23 Rn. 18–27; *Sethe* S. 877–880.

[137] BankR-HdB/*Kienle* § 111 Rn. 26; *Gaßner/Escher* WM 1997, 93 (98); *Lang* § 23 Rn. 26; *Schödermeier* WM 1995, 2053 (2056); OLG Frankfurt a. M. WM 1996, 665 (667); anders jedoch BGH NJW 2002, 1868 (1868) („bei Vertragsschluss oder jedenfalls vor Vollzug einer Anlageentscheidung"); vgl. außerdem OLG Köln NZG 1999, 1177 (1178).

[138] BGH NJW 1994, 1861 (1862); BankR-HdB/*Kienle* § 111 Rn. 26; Derleder/Knops/Bamberger/*Balzer* § 55 Rn. 26; vgl. außerdem *Balzer* WM 2000, 441 (443 und 447); *Gaßner/Escher* WM 1997, 93 (97); *Lang* § 23 Rn. 20 (Pflichtbindung keineswegs von „minderer Qualität").

[139] BankR-HdB/*Kienle* § 111 Rn. 26; Derleder/Knops/Bamberger/*Balzer* § 55 Rn. 20; *Gaßner/Escher* WM 1997, 93 (96).

[140] Zu entsprechenden Klauseln → Rn. 20 f.

[141] S. BankR-HdB/*Kienle* § 111 Rn. 29 und Rn. 31 (3. Aufl. 2007); einschränkend Derleder/Knops/Bamberger/*Balzer* § 55 Rn. 32. Für ein Anwendungsbeispiel vgl. BGH NJW 2002, 1868 (1869).

[142] *Lang* § 23 Rn. 12; *Sethe* S. 826–828.

linien hinwirken.[143] Die Informationserhebung wird insofern für den Vermögensverwalter zur Daueraufgabe.

29 Geringere Anforderungen gelten demgegenüber bei **Vertragsbeendigung.** Sofern diese einseitig durch den Vermögensinhaber erfolgt, können dem Vermögensverwalter nämlich sinnvollerweise keine entsprechenden Informationspflichten auferlegt werden. Es gilt in diesem Fall jedoch die allgemeine Rechenschaftspflicht gem. § 666 Alt. 3 BGB.[144] In der Tat können Vermögensverwaltungsverträge als Dauerschuldverhältnisse jederzeit aus wichtigem Grund fristlos gekündigt werden.[145] Aufgrund des besonderen Vertrauensverhältnisses sehen viele Vermögensverwaltungsverträge die Möglichkeit der fristlosen Kündigung selbst ohne wichtigen Grund vor.[146] Ist umgekehrt auch dem Vermögensverwalter eine solche Möglichkeit eingeräumt, unterliegt sie jedenfalls dem Verbot der Kündigung zur Unzeit. Zumindest dieses Verbot schützt den Anleger vor der Gefahr, ohne Vorwarnung die Verwaltung seines Vermögens selbst übernehmen oder hierfür einen anderen Verwalter finden zu müssen.[147] Weitere Beendigungsgründe sind Zeitablauf bei (praktisch seltener) Befristung, einvernehmlicher Aufhebungsvertrag, Insolvenz des Vermögensinhabers (vgl. §§ 116 Abs. 1 iVm 115 Abs. 1 InsO), unter Umständen auch dessen Tod.[148] Selbst wenn die Fortdauer des Vertragsverhältnisses in diesem letzten Fall nicht vertraglich vereinbart ist, erlischt der Vertrag jedoch gem. §§ 675, 672 Abs. 1 BGB im Zweifel nicht; Rechte und Pflichten gehen vielmehr auf den oder die Erben über (mit Kündigungsmöglichkeit).[149]

IV. Durchführung der Vermögensverwaltung („laufendes Geschäft")

1. Sorgfalts- und Interessewahrungspflichten

30 Im Rahmen des laufenden Geschäfts bestehen wiederum Parallelen zum Gesellschaftsrecht, besonders bei den vertraglichen Hauptpflichten: Vermögensverwalter genießen ähnlich umfangreiche Entscheidungskompetenzen, unterliegen als Fremdinteressewahrer jedoch auch ähnlich strengen Pflichtbindungen wie Geschäftsleiter von (Kapital-)Gesellschaften. Beide Positionen beinhalten die Befugnis, über fremde Vermögenswerte selbständig zu disponieren, und zwar mit einem relativ umfassenden **Ermessensspielraum,** der lediglich durch die Vorgaben der jeweils konstitutiven Grundlagenvereinbarung (Vermögensverwaltungsvertrag bzw. Satzung) beschränkt wird.[150] Ein gewisser Unterschied besteht lediglich darin, dass Vermögensverwalter zusätzlich auch an Einzelweisungen ihrer Kunden gebunden sind.[151] Ebenso wie Geschäftsleiter sind Vermögensverwalter nicht auf einen bestimmten (finanziellen) Erfolg verpflichtet,[152] unterliegen aber Sorgfalts- und Interessewahrungspflichten: Einerseits müssen sie ihre Dienstleistung „ehrlich, redlich und professionell"

[143] BGHZ 137, 69 (74 f.) = NJW 1998, 449 (450); dazu etwa *Benicke* S. 829.

[144] BGH NJW-RR 1987, 963 (964); ähnlich BGH NJW 1986, 1492 (1493); vgl. außerdem BankR-HdB/*Walz* § 111 Rn. 32 sowie, allg. zur Rechenschaftspflicht → Rn. 39. Ausführlich zur Vertragsbeendigung Schäfer/Sethe/Lang/*Balzer* § 15.

[145] Derleder/Knops/Bamberger/*Balzer* § 55 Rn. 68; *Balzer* § 21 I.1.a); *Lang* § 28 Rn. 1.

[146] Zur entsprechenden Kautelarpraxis → Rn. 21.

[147] Näher Derleder/Knops/Bamberger/*Balzer* § 55 Rn. 69; *Balzer* § 21 I.6.a); *Lang* § 28 Rn. 5; *Roll* S. 243.

[148] Überblicksweise zu diesen (und weiteren) Beendigungsgründen: *Balzer* § 21; *Lang* § 28.

[149] Ähnlich Derleder/Knops/Bamberger/*Balzer* § 55 Rn. 70; *Balzer* § 21 II.5; *Roll* S. 246 f.; *Lang* § 28 Rn. 2. Umstritten ist die gleiche Frage im Schweizer Recht, vgl. *Spälti* S. 53 (Fortgeltung aufgrund Standardisierung); *Gutzwiller* S. 25 (Erlöschen).

[150] → Rn. 1, 5, 18.

[151] BankR-HdB/*Walz* § 111 Rn. 20; Derleder/Knops/Bamberger/*Balzer* § 55 Rn. 32; Schwintowski/*Schäfer* Kap. 18 Rn. 16; Herrmann/Berger/Wackerbarth/*Balzer* S. 21, 39 (Fn. 110); *Lang* § 23 Rn. 48; *Roll* S. 126 f.; Schäfer/Sethe/Lang/*F. Schäfer* § 9 II. Vgl. andererseits zur Weisungsfreiheit der Geschäftsleiter von Aktiengesellschaften: *Möslein* Grenzen unternehmerischer Leitungsmacht im marktoffenen Verband 2007, S. 24–29 mwN.

[152] Nachw. → Rn. 4, Fn. 17. Etwas anderes gilt jedoch bei fester Renditezusage oder Kapitalerhaltungsabrede, vgl. OLG Bremen NJW-RR 2005, 128; LG Freiburg WM 2004, 124 (126).

erbringen, andererseits haben sie dabei „im Interesse [ihrer] Kunden" zu handeln, vgl. § 63 Abs. 1 WpHG.[153] Nur bei nachweisbar schuldhafter Verletzung einer dieser Pflichten hat der Vermögensverwalter für eingetretene Kursverluste oder enttäuschte Gewinnerwartungen einzustehen.[154] Die Haftung des Vermögensverwalters richtet sich dabei nach allgemeinen zivilrechtlichen Grundsätzen, wobei sich besonders beim Mitverschulden und dem Umfang des Schadensersatzanspruchs schwierige Streitfragen ergeben können.[155] Das eigentliche Problem bei der Konkretisierung des Haftungsmaßstabes liegt jedoch in der Konkretisierung des Pflichtenmaßstabs.[156] In dieser Hinsicht ist die Unterscheidung von Sorgfalts- und Interessewahrungspflichten zwar geläufig, aber nicht immer trennscharf (wie aus dem Gesellschaftsrecht hinreichend bekannt).[157]

Die in § 63 Abs. 1 WpHG statuierte, sich jedoch auch aus allgemeinen vertragsrechtlichen Grundsätzen ergebende **allgemeine Sorgfaltspflicht** des Vermögensverwalters, seine Aufgaben „mit der erforderlichen Sachkenntnis, Sorgfalt und Gewissenhaftigkeit" zu verrichten, bedarf zusätzlicher Konkretisierung, um justiziabel sein zu können.[158] Anhaltspunkte können sich aus den oben in → Rn. 6 aufgeführten Wohlverhaltensregeln („soft law") ergeben,[159] aber auch aus Grundsätzen und Geboten, die von der Rechtsprechung entwickelt wurden. Eine äußere Grenze, die ein sorgfältiger Vermögensverwalter nicht überschreiten darf, bilden jedenfalls die vereinbarten Anlagerichtlinien.[160] Die Verpflichtung, diese Rahmenvorgabe einzuhalten, zählt zu den wesentlichen Vertragspflichten des Vermögensverwalters, so dass er sich davon nicht durch AGB freizeichnen kann (bereits → Rn. 18). Innerhalb dieser äußeren Grenze beanstanden die Gerichte einzelne Anlageentscheidungen grundsätzlich nur, wenn sie „völlig sachfremd" getroffen werden.[161] Deshalb gilt beispielsweise keine allgemeine Verpflichtung zur Anwendung bestimmter Methoden zur Kursprognose oder zum Einsatz bestimmter Instrumente zur Verlustbegrenzung („stop-loss").[162] Gleichwohl haben sorgfältige Vermögensverwalter einige grundsätzliche Gebote zu beachten. So erfordert das so genannte Gebot der produktiven Verwaltung, das verwaltete Vermögen ständig zu überwachen und nur in Werten und auf Märkten anzulegen, die dem Vermögensverwalter selbst hinreichend bekannt sind („know your merchandise").[163] Insbesondere muss er die unterschiedlichen Risiken – Kredit-, Produkt- und Marktrisiken – der fraglichen Anlage kennen und beurteilen können.[164] Verlässt er 31

[153] Dazu allg. (jedoch zur Vorgängerregelung): BankR-HdB/*Walz* § 111 Rn. 21–24; Derleder/Knops/Bamberger/*Balzer* § 55 Rn. 33–45; *Balzer* § 13 I; *Benicke* § 17 V.2 und 3., § 19 und § 20 III; *Lang* § 24; *Sethe* S. 785–814.

[154] BankR-HdB/*Walz* § 111 Rn. 20; vgl. auch OLG Köln NZG 1999, 1177. Zu den Anspruchsvoraussetzungen im Einzelnen: Assmann/Schütze/*Schäfer* § 23 Rn. 94–123.

[155] Für ausführliche Darstellungen des Haftungsregimes vgl. Assmann/Schütze/*Schäfer* § 23 Rn. 94–123; Derleder/Knops/Bamberger/*Balzer* § 55 Rn. 50–62; *Lang* § 25; Schäfer/Sethe/Lang/ *U. Schäfer* § 19.

[156] So ausdrücklich Schwintowski/*Schäfer* § 19 Rn. 67 (2. Aufl. 2003.).

[157] *Schwintowski* § 15 Rn. 73 (3. Aufl. 2011) spricht beispielsweise (nur scheinbar widersprüchlich) von „interessenmotivierten Sorgfaltspflichtverletzungen". Zu Überschneidungen im Gesellschaftsrecht überblicksweise *Möslein,* Grenzen unternehmerischer Leitungsmacht im marktoffenen Verband 2007, S. 128 ff. Treffend stellen *Easterbrook/Fischel,* Economic Structure of Corporate Law, 1991, S. 103 deshalb die rhetorische Frage: „What is the difference between working less hard than promised at a given level of compensation (a breach of the duty of care) and being compensated more than promised at a given level of work (a breach of the duty of loyalty)?".

[158] Monographisch *Bertschinger* Sorgfaltspflichten der Bank bei der Anlageberatung und Verwaltungsaufträgen, 1991 (zum Schweizer Recht).

[159] Ähnlich Assmann/Schütze/*Schäfer* § 23 Rn. 63; allgemein zu den Grundsätzen ordnungsgemäßer Vermögensverwaltung: Schäfer/Sethe/Lang/*F. Schäfer* § 4.

[160] In diesem Sinne va LG München WM 1999, 179 (180); dazu *Balzer* EWiR 1999, 2–9; vgl. außerdem *Benicke* § 28 III.3.

[161] LG Stuttgart WM 1997, 163; dazu näher *Balzer* EWiR 1997, 295.

[162] In diesem Sinne LG Freiburg WM 2004, 124; krit.: *Balzer* EWiR 2004, 215. Anders OLG Bremen NJW-RR 2005, 128 (jedoch bei mündlicher Kapitalerhaltungsabrede).

[163] Näher *Benicke* ZGR 2004, 760 (765); *Lang* § 24 Rn. 2–4; *Sethe* S. 903–906; vgl. außerdem Assmann/Schütze/*Schäfer* § 23 Rn. 64 f.

[164] Zu diesen Risiken im Einzelnen: Assmann/Schütze/*Schäfer* § 23 Rn. 65.

sich zu diesem Zweck auf Angaben Dritter, so muss der Verwalter die Plausibilität dieser Angaben überprüfen, bevor er eine entsprechende Anlage tätigt.[165] Darüber hinaus gilt ein Gebot der Risikodiversifikation, das – auch ohne entsprechende Weisung oder Richtlinie – rein spekulativen Anlagen in einzelnen, hochriskanten Papieren entgegensteht.[166] Schließlich unterliegt der Verwalter einer grundsätzlichen Verpflichtung, die Verwaltung des fremden Vermögens höchstpersönlich zu übernehmen, so dass der Delegation enge Grenzen gesetzt sind.[167] Allerdings müssen bestimmte Formen der Delegation zumindest dem Vertragszweck nach erlaubt sein, weil das Gebot persönlicher Verrichtung ansonsten selbst dem Erwerb „fremdverwalteter" Investment- oder sogar Unternehmensanteile entgegen stünde.[168]

32 Eine Reihe **spezifischer Sorgfaltspflichten,** die auch für Vermögensverwalter gelten (und auf die Vertragsbeziehung mit dem Anleger ausstrahlen können), formuliert darüber hinaus das WpHG, besonders seit seiner Reform durch das Finanzmarktrichtlinie-Umsetzungsgesetz.[169] Mit dem 2. Finanzmarktnovellierungsgesetz (FiMaNoG) wurden diese Pflichten nochmals weiter ausdifferenziert: § 64 WpHG statuiert seither besondere Verhaltensregeln bei Erbringung von Anlageberatung und Finanzportfolioberatung. Diese Regeln ergänzen die allgemeineren Vorgaben des § 63 WpHG, die mithin auch für Anlageberatung und Finanzportfolioberatung gelten, soweit § 64 WpHG keine spezielleren Vorschriften enthält.[170] Zu beachten sind vor allem die in § 64 Abs. 1 und 3 WpHG ausdifferenzierten Informations- und Erkundigungspflichten, darüber hinaus die generell geltenden Vorschriften über Zuwendungen und Gebühren (§ 70 WpHG) und die Pflicht zur bestmöglichen Ausführung von Kundenaufträgen (best execution, § 82 WpHG), die in §§ 80 ff. WpHG ebenfalls ausgeweiteten Organisationspflichten sowie schließlich die Aufzeichnungs- und Aufbewahrungsregeln des § 83 WpHG.[171]

33 Der Vermögensverwalter unterliegt andererseits einer umfassenden **Interessewahrungspflicht,** die sich wiederum gleichsinnig aus § 63 Abs. 1 WpHG („im Interesse seiner Kunden") und allgemeinen vertragsrechtlichen Erwägungen ergibt.[172] Zum einen gilt der allgemeine Grundsatz, dass Anlegerinteressen Vorrang gegenüber eigenen Interessen des Vermögensverwalters einzuräumen ist.[173] Andererseits können Interessenkonflikte auch aus gegenläufigen Interessen verschiedener Kunden resultieren; in diesem Fall stellt sich vor allem die Frage nach der Geltung eines allgemeinen Gleichbehandlungs- oder zumindest Prioritätsgebots.[174] In Entfaltung des allgemeinen Grundsatzes der Interessenwahrung verpflichtet § 63 Abs. 2 WpHG (auch) Vermögensverwalter zur Vermeidung oder zumindest

---

[165] Derleder/Knops/Bamberger/*Balzer* § 55 Rn. 37; *Benicke* § 28 III.2; *Lang* § 24 Rn. 23–25; *Sethe* S. 907–910; ähnlich im Rahmen der Anlageberatung (wo der Anleger jedoch zumindest auf fehlende Information hingewiesen werden kann): BGHZ 123, 126 = BGH NJW 1993, 2433.

[166] Assmann/Schütze/*Schäfer* § 23 Rn. 68; *Benicke* ZGR 2004, 760 (764 f.); *Lang* § 24 Rn. 5–10; *Sethe* S. 910–912; vgl. außerdem BGH NJW 1994, 1861 (1862 f.) (Diversifikationsgebot); OLG Frankfurt a. M. WM 1996, 665, Leitsatz 2 und 668 (Spekulationsverbot).

[167] Unstreitig, auch wenn in dogmatischer Begründung (§ 664 BGB analog bzw. § 613 BGB direkt) umstritten, vgl. *Balzer* § 13 II; *Roll* S. 149; *Benicke* ZGR 2004, 760 (801).

[168] Dazu ausführlich: *Balzer* § 13 II.2.b); differenzierend *Benicke* ZGR 2004, 760 (800–807); **aA** *Roll* S. 150.

[169] Zur Rechtslage vor der Reform überblicksweise BankR-HdB/*Kienle* § 111 Rn. 22 (Voraufl.); ausführlich *Benicke* § 17 V.4–9; *Lang* § 24 Rn. 17; *Sethe* S. 821–869.

[170] Begr. RegE BT-Drs. 18/10936, S. 234 ausführlich *Spindler* → Kap. 33, Rn. 132 ff.

[171] Überblicksweise zu diesen Pflichten nach der Reform: *Veil* ZBB 2008, 34.

[172] Ausführlich *Balzer* § 13 I.4; *Benicke* § 22; *Lang* § 24 IV; *Roll* S. 177; *Sethe* S. 789–820; Schäfer/Sethe/Lang/*F. Schäfer* § 10; vgl. außerdem *Bliesener,* bes. § 10; *Hopt* S. 441; *Hopt* ZHR 159 (1995), 135, bes. 160; *Hopt* FS Heinsius, 1991, 289 (303); *Heinsius* ZHR 145 (1981), 177 (193) sowie allg. *Kumpan* Der Interessenskonflikt im deutschen Privatrecht 2014.

[173] BankR-HdB/*Walz* § 111 Rn. 21; Schwintowski/*Schäfer* Kap. 18 Rn. 56; *Balzer* § 13 I.4.a); *Hopt* FS Gernhuber, 1993, 169 (181); ähnlich zum Schweizer Recht *Zobl* FS Schluep, 1988, 319 (327–329); *Gutzwiller* S. 57–60.

[174] Ausführliche Diskussion bei *Sethe* S. 802–809; vgl. außerdem Assmann/Schütze/*Schäfer* § 23 Rn. 71 f.; *Balzer* § 13 I.4.b); *Benicke* § 22 II.2.; *Lang* § 24 Rn. 11; und allg. *Bachmann* Der Grundsatz der Gleichbehandlung im Kapitalmarktrecht ZHR 170 (2006), 144.

Offenlegung (unvermeidbarer) Interessenkonflikte.[175] Ergänzend verpflichtet § 64 Abs. 1 WpHG Finanzportfolioverwalter zur Aufklärung über einzelne, besonders „konfliktträchtige" Punkte, insbesondere über deren Abhängigkeit bzw. Unabhängigkeit sowie über die verwendete Palette an Finanzinstrumenten.[176] Überdies sind viele wertpapierhandelsrechtliche Einzelpflichten (auch) als Ausprägungen der allgemeinen Interessewahrungspflicht zu begreifen, etwa die Regeln zur Bearbeitung von Kundenaufträgen gem. § 69 WpHG, das (die allgemeinere Regel des § 70 WpHG ergänzende) Verbot der Annahme von Zuwendungen Dritten in § 64 Abs. 7 WpHG, die Pflicht zur bestmöglichen Ausführung von Kundenaufträgen gem. § 82 WpHG, die Organisationspflichten gem. § 80 WpHG sowie die Verbote von Insidergeschäften und Marktmanipulation Art. 14 bzw. 15 MAR).[177] Wenig geklärt ist bislang, ob alle diese Pflichten gleichermaßen für Robo-Advisors gelten, obwohl Interessenkonflikte allenfalls struktureller, nicht jedoch situativer Natur sein können, wenn die Entscheidungsfindung durch Algorithmen erfolgt: Nur wenn diese Algorithmen von vorneherein so programmiert sind, dass Kundeninteressen nicht Vorrang haben, stehen Interessenkonflikte zu befürchten.[178] Zu den Maßnahmen und Verhaltensweisen, die sich unter dem Gesichtspunkt der Interessewahrung bei der Vermögensverwaltung als besonders problematisch erweisen, zählen vor allem: (1.) Die Zusammenfassung verschiedener Aufträge (2.) die Vervielfachung von Transaktionen (3.) die Ausführung einzelner Transaktionen zu eigennützigen Zwecken; (4.) die Ausnutzung von Informationen, die im Rahmen der Vermögensverwaltung erlangt wurden, sowie schließlich (5.) die Einbehaltung rückerstatteter Provisionen und Depotgebühren.

In der ersten Fallgruppe können durch **Zusammenfassung mehrerer Aufträge zu** 34
Blockorders günstigere Konditionen erzielt werden. Während die Erzielung solcher Vorteile durchaus im Anlegerinteresse ist, darf der Vermögensverwalter diese Vorteile auf Grund seiner Interessewahrungspflicht nicht nach eigenem Gutdünken einzelnen, privilegierten Kunden zukommen lassen.[179] Stattdessen muss er die Ausführungsergebnisse grundsätzlich pro rata auf seine verschiedenen Kunden verteilen. Konnten bestimmte Transaktionen nur zu unterschiedlichen Kursen ausgeführt werden, so besteht grundsätzlich eine Pflicht zur Mischkursabrechnung, so dass jeder Anleger den Durchschnitt der erzielten Kurse in Rechnung gestellt bekommt.[180] Die Verpflichtung, die unterschiedlichen Anlegerinteressen entsprechend miteinander in Einklang zu bringen, ergibt sich nicht nur aus dem Geschäftsbesorgungsvertrag, sondern auch aus der gesetzlichen Regelung des § 69 WpHG, die dazu verpflichtet, Kundenaufträge unverzüglich und redlich im Verhältnis zu anderen Kundenaufträgen und den Handelsinteressen des Wertpapierdienstleistungsunternehmens auszuführen. Zusätzlich ist der Verwalter verpflichtet, den Interessenkonflikt durch Aufklärung und Offenlegung aufzulösen; er muss insbesondere „Kleinanleger unverzüglich über alle wesentlichen Schwierigkeiten, die für die korrekte Ausführung des Auftrags relevant sind" informieren, sobald er von einer solchen Schwierigkeit Kenntnis erlangt Art. 67 DelVO 2017/565). Darüber hinaus empfiehlt sich, die Zuteilungsgrundsätze vorab im Vermögensverwaltungsvertrag zu regeln.[181]

Die zweite Fallgruppe betrifft die Vervielfachung von Transaktionen. Eine solche Ver- 35
vielfachung ist unter dem Gesichtspunkt der Interessenwahrungspflicht bedenklich, wenn sie zum Zweck der Erzielung provisionspflichtiger Umsätze erfolgt, ohne dass dadurch eine Anlagestrategie im Interesse des Vermögensinhabers verfolgt wird (sog Spesenschinderei

[175] Näher etwa Ebenroth/Boujong/*Grundmann* WpHG § 31 Rn. VI215-VI229; Schwark/Zimmer/*Rothenhöfer* WpHG § 31 Rn. 48–86.
[176] Vgl. *Buck-Heeb* Kapitalmarktrecht Rn. 915.
[177] In diesem Sinne bspw. Assmann/Schütze/*Schäfer* § 23 Rn. 82 f.; *Bliesener* S. 208 f.; *Sethe* S. 789 f.
[178] Näher *Möslein/Lordt,* ZIP 2017, 793, 801–803.
[179] Vgl. BankR-HdB/*Walz* § 111 Rn. 23; Derleder/Knops/Bamberger/*Balzer* § 55 Rn. 41; *Lang* § 24 Rn. 15; Vortmann/*Schade* § 7 Rn. 77; ferner *Bliesener* S. 232–235.
[180] Ähnlich Derleder/Knops/Bamberger/*Balzer* § 55 Rn. 41; Vortmann/*Schade* § 7 Rn. 77.
[181] BankR-HdB/*Walz* § 111 Rn. 23.

bzw. **„churning"**).[182] Anders als in der ersten Fallgruppe geraten hier nicht einzelne Anlegerinteressen untereinander in Konflikt; vielmehr läuft das Eigeninteresse des Verwalters, dem hohe Transaktionskosten in der Regel wirtschaftlich zu Gute kommen, unmittelbar dem Interesse eines jeden Anlegers zuwider, diese Kosten möglichst gering zu halten. Entsprechend unstreitig ist deshalb die grundsätzliche Pflichtwidrigkeit der Spesenschinderei, auch wenn diese im WpHG inzwischen nicht mehr spezifisch geregelt ist. Churning verstößt gleichwohl gegen die allgemeine Verhaltenspflicht gem. § 63 Abs. 1 WpHG sowie gegen die vertragliche Interessewahrungspflicht.[183] Der Vermögensverwalter muss dem Kunden zudem in geeigneter Form über die ausgeführten Geschäfte berichten (§ 63 Abs. 12 WpHG, Art. 59 DelVO 2017/565); überdies hat er gem. § 64 Abs. 8 WpHG regelmäßig Bericht zu erstatten, „wie die Anlage den Präferenzen, den Anlagezielen und den sonstigen Merkmalen des Kunden entspricht". Schwierigkeiten bereitet trotz dieser Berichtspflicht häufig der Nachweis, dass entsprechende Transaktionen primär eigennützigen Zwecken – und nicht der Verfolgung der Anlagestrategie – dienen. Meist wird man nur von der Gesamtumschlagshäufigkeit des Depots auf eine entsprechende Motivation des Vermögensverwalters schließen können.[184] Um einen objektiven Beurteilungsmaßstab oder zumindest -indikator zur Verfügung zu haben, empfiehlt sich, im Vorhinein einen Schwellenwert für die Portfolioumschlagsrate festzulegen, die für jedes Investmentvermögen unter Berücksichtigung der Anlagestrategie, der vorgehaltenen Liquidität und des Volumens von Ausgaben und Rücknahmen von Anteilen spezifisch zu veranschlagen ist.[185] Zusätzlich sollte der Vermögensverwaltungsvertrag regeln, welche Maßnahmen bei Überschreiten dieser Rate zu ergreifen sind (etwa Rücksprache und Erläuterung).

36 Drittens drohen auch bei Ausführung einzelner Transaktionen Konflikte, wenn der Vermögensverwalter zugleich eigene Interessen an der betreffenden Transaktion hat, etwa als Gegenpartei. Ähnlich wie bei In-Sich-Geschäften gem. § 181 BGB können in diesem Fall die eigenen Interessen des Verwalters und die Interessen seiner Anleger unmittelbar miteinander in Konflikt geraten. Im Einzelnen geht es um **Fälle des Abladens, Auskaufens oder** – etwas allgemeiner – **der Kurspflege.**[186] Der Vermögensverwalter kauft bzw. verkauft in diesen Fällen Wertpapiere für das von ihm verwaltete Vermögen, allerdings ausschließlich oder hauptsächlich zu dem Zweck, für eigene oder fremde Wertpapiere möglichst kursschonend Abnehmer zu finden (Abladen), um größere Pakete an Wertpapieren ohne Auswirkungen auf den Kurs für sich oder Dritte zu erwerben (Auskaufen), oder um den Kurs eines Wertpapiers zu „pflegen".[187] Solches eigennützige Vorgehen verstößt nicht nur gegen den Geschäftsbesorgungsvertrag, sondern auch gegen die gesetzliche Interessewahrungspflicht, die in § 63 Abs. 1 WpHG normiert ist. Diese Pflicht beinhaltet nämlich ein absolutes Gebot, die Vermögensverwaltung alleine am Kundeninteresse auszurichten und jedwede Eigen- oder auch Drittinteressen hintan zu stellen.[188]

37 Ganz ähnliche Interessenkonflikte sind, viertens, zu befürchten, wenn sich der Vermögensverwalter Informationen, die er aus der Vermögensverwaltung erlangt, zu eigenen Zwecken zunutze macht. Angesprochen sind damit vor allem die Fälle des Vor-, Mit- bzw. Gegenlaufens, bei denen der Vermögensverwalter auf eigene Rechnung Wertpapiere erwirbt bzw. veräußert, weil er aufgrund seiner Tätigkeit naturgemäß Kenntnis von an-

[182] BGH NJW 2002, 2556 (2557); 2004, 3423 (im Rahmen von Anlageberatung); vgl. außerdem BankR-HdB/*Walz* § 111 Rn. 21 f.; Schwintowski/*Schäfer* Kap. 18 Rn. 57; *Lang* § 24 Rn. 17; *Benicke* § 24; *Sethe* S. 894–896 und allgemein *Hilgard* WM 2006, 409; *Holl/Kessler* RIW 1995, 983; *Jäger* MDR 2010, 903; *Rössner/Arendts* WM 1996, 1517.

[183] Vgl. nur (zur Vorgängerregelung) Ebenroth/Boujong/*Grundmann* WpHG § 31 Rn. VI204.

[184] Assmann/Schütze/*Schäfer* § 23 Rn. 73.

[185] So für kollektive Anlagemodelle explizit die *BVI-Wohlverhaltensregeln* (Nachw. → Rn. 6) unter I.1 (S. 4).

[186] Näher Derleder/Knops/Bamberger/*Balzer* § 55 Rn. 43; *Lang* § 24 Rn. 17; *Sethe* S. 796 f.; *Sprockhoff* WM 2005, 1739 (1743 f.).

[187] Assmann/Schütze/*Schäfer* § 23 Rn. 72.

[188] Ausführlich Ebenroth/Boujong/*Grundmann* WpHG § 31 Rn. VI204–VI209 (auch zur früher noch expliziteren Gesetzesfassung).

stehenden Umschichtungen in den von ihm verwalteten Vermögen hat und damit rechnet, dass diese Transaktionen einen Kursanstieg bzw. -rückgang zur Folge haben werden **(„front running").**[189] Eine solche Ausnutzung von treuhänderisch erlangten Informationen zu eigenen Zwecken verstößt nicht nur gegen die Interessewahrungspflicht, die sich aus Geschäftsbesorgungsvertrag sowie aus gesetzlicher Vorgabe in § 63 Abs. 1 WpHG ergibt, sondern darüber hinaus gegen das Verbot des Art. 14 lit. a) MAR, das Insidergeschäfte verbietet. Gem. Art. 8 Abs. 1 S. 1 MAR liegt ein solches Geschäft vor, wenn „eine Person über Insiderinformationen verfügt und unter Nutzung derselben für eigene oder fremde Rechnung direkt oder indirekt Finanzinstrumente, auf die sich die Informationen beziehen, erwirbt oder veräußert". Die Absicht des Vermögensverwalters, die von ihm verwalteten Depots beispielsweise durch größere Geschäfte in marktengen Wertpapieren umzuschichten, lässt sich als nicht öffentlich bekannte Tatsache qualifizieren, die sich auf ein Insiderpapier bezieht und die geeignet ist, im Falle ihres öffentlichen Bekanntwerdens den Kurs des Insiderpapieres erheblich zu beeinflussen.[190] Während nach früherer Gesetzesformulierung umstritten war, ob ein Vermögensverwalter, der in diesem Zusammenhang Geschäfte auf eigene Rechnung tätigt, „unter Ausnutzung" seiner Kenntnis oder lediglich „in Ausführung" seines eigenen Entschlusses handelt,[191] agiert er jedenfalls „unter Nutzung" jener Information, so dass auch dieses – inzwischen weiter gefasste – Tatbestandsmerkmal des Insiderverbots zweifelsfrei erfüllt ist.[192] Weil aber gleichgerichtete Transaktionen für verschiedene (auch eigene) Depots den Tatbestand des Art. 14 MAR umgekehrt nicht erfüllen, wenn sie auf einer einheitlichen Anlagestrategie beruhen,[193] bestehen Schwierigkeiten auf Nachweisebene fort.

Fünftens schließlich steht die Interessewahrungspflicht der Einbehaltung von Provisionen 38
und Depotgebühren entgegen, die der Vermögensverwalter von dritter Seite zurückerstattet bekommt **(„kick-backs").**[194] Solche Rückvergütungen, mitunter auch als Provisions- oder Bestandsvergütungen oder als Retrozessionen bezeichnet, werden Vermögensverwaltern teils von der depotführenden Bank, teils von Anbietern von Finanzprodukten (etwa Investmentfonds) in Aussicht gestellt; ihre Höhe kann vom Umsatz oder auch von der Haltedauer abhängen.[195] Bereits nach den allgemeinen Regeln der Geschäftsbesorgung muss der Vermögensverwalter gem. §§ 675, 667 BGB alles auf Grund seiner Tätigkeit Erlangte, also auch Kick-Backs jedweder Art, herausgeben und gem. § 666 BGB deren Erhalt, Art und Höhe offen legen.[196] Andernfalls hat der Kunde einen Anspruch auf Schadensersatz, nach verbreiteter Auffassung auch direkt gegen den Dritten.[197] Als dispositives Recht können jene vertragsrechtlichen Regeln jedoch von Vermögensverwalter und Anleger im Vermögensverwaltungsvertrag einvernehmlich abbedungen werden.[198] Strengere Kautelen gelten jedoch, weil § 64 Abs. 7 WpHG Finanzportfolioverwaltern (inzwischen) explizit verbietet, Zuwendungen von Dritten anzunehmen und zu behalten.

---

[189] Dazu Derleder/Knops/Bamberger/*Balzer* § 55 Rn. 44; Schwintowski/*Schäfer* Kap. 18 Rn. 56; *Hopt* FS R. Fischer, 1979, 248 f.; *Sethe* S. 819 f.; *Weber* NZG 2000, 113 (123 f.).

[190] So etwa Assmann/Schütze/*Schäfer* § 23 Rn. 45 (Voraufl.).

[191] Einerseits etwa Schwintowski/*Schäfer* § 19 Rn. 56 (2. Aufl. 2003); andererseits Assmann/Schneider/*Assmann* WpHG § 14 Rn. 25 f. (Voraufl.) mwN; *Hopt* FS Heinsius, 1991, 289 (295).

[192] So etwa Derleder/Knops/Bamberger/*Balzer* § 55 Rn. 45 mwN.

[193] S. zur Vorgängerregelung *Balzer* § 13 I.6.a); Derleder/Knops/Bamberger/*Balzer* § 55 Rn. 45 mwN.

[194] Vgl. dazu, statt aller, BankR-HdB/*Walz* § 111 Rn. 24; Schwintowski/*Schäfer* Kap. 18 Rn. 57; *Balzer* § 13 IV; *Lang* § 24 Rn. 50–70; außerdem bereits die allgemeinen Nachweise → Rn. 21 sowie für einen komprimierten Überblick der maßgeblichen Judikatur *Voigt* NZG 2010, 1217.

[195] Näher zu Verbreitung und Gestaltungsvarianten *Mülbert* WM 2009, 481 (481 f.).

[196] Assmann/Schütze/*Schäfer* § 23 Rn. 81; *Spindler* WM 2009, 1821 (1823 f.); ähnlich Ebenroth/Boujong/*Grundmann* WpHG § 31e Rn. VI290 (nach Kommissionsrecht).

[197] BGH NJW 2001, 962; dazu etwa BankR-HdB/*Walz* § 111 Rn. 24; Schwintowski/*Schäfer* Kap. 18 Rn. 58; *Barta* BKR 2004, 433 (436); krit. *Balzer* ZIP 2001, 232.

[198] Unstr., vgl. nur *Lang* § 24 Rn. 51, 60–70 (auch zur Abbedingung durch AGB); *Balzer* § 13 IV; *Sethe* S. 896 f.; *Mülbert* WM 2009, 481 (487).

Ausnahmen sind nur unter engen Voraussetzungen zulässig.[199] Darüber hinaus sind Zuwendungen auch in der allgemeineren Vorschrift des § 70 WpHG geregelt und dort unter einen doppelten Vorbehalt gestellt.[200] Demnach bedarf es nicht nur einer umfassenden, in ihren Einzelheiten geregelten Offenlegung (Abs. 1 Nr. 2). Darüber hinaus müssen die fraglichen Zuwendungen darauf ausgelegt sein, „die Qualität der für den Kunden erbrachten Dienstleistung zu verbessern"; außerdem dürfen sie „der ordnungsgemäßen Erbringung der Dienstleistung im bestmöglichen Interesse des Kunden im Sinne des § 63 Absatz 1" nicht entgegen stehen (Abs. 1 Nr. 1). Nach Wegfall der früher in § 31 Abs. 4 statuierten Vermutungsregel müssen Vermögensverwalter, soweit sie entgegen § 64 Abs. 7 WpHG überhaupt Zuwendungen annehmen dürfen, gem. § 70 Abs. 1 S. 2 WpHG nachweisen können, inwiefern diese Drittzuwendungen tatsächlich der Qualitätsverbesserung dienen.[201] Auf keinen Fall dürfen solche Zuwendungen die Interessewahrungspflicht des Vermögensverwalters aushebeln, insbesondere dürfen sie keinen Anreiz zur Provisionsschinderei bieten.[202] Die zunehmend strenge Beschränkung von Kick-Backs durch Rechtsprechung und Gesetzgeber dient insofern letztlich, ähnlich wie der Grundsatz der Interessewahrung ganz allgemein, einer anreizorientierten Contract Governance im Prinzipal-Agenten-Verhältnis zwischen Kunden und Vermögensverwalter (→ Rn. 6).

2. Benachrichtigungs- und Rechenschaftspflichten

39 Auch wenn die Informationsabgabe bei der Vermögensverwaltung, anders als bei der Anlageberatung, vertragstypisch auf den Zeitpunkt des Vertragsabschlusses vorverlagert sind, gelten auch im laufenden Geschäft Benachrichtigungs- und Rechenschaftspflichten.[203] Diese Pflichten sind neuerdings in § 64 Abs. 8 WpHG normiert. Sie beziehen sich jedoch, eben weil der Vermögensverwalter Anlageentscheidungen in eigenem Ermessen tätigen kann, nicht auf die allgemeine Aufklärung über Chancen und Risiken der beabsichtigten Geschäfte.[204] Der Vermögensverwalter ist aber zumindest beim Eintritt bestimmter Ereignisse zur – **anlassbezogenen – Benachrichtigung** des Vermögensinhabers verpflichtet. Zu den Ereignissen, die eine solche Verpflichtung auslösen können, gehören zum einen die soeben genannten Fälle von Interessenkonflikten: Der Vermögensverwalter hat diese Konflikte nach dem Gesagten zumindest offen zu legen, soweit er sie nicht gänzlich vermeiden kann.[205] Zum anderen ist der Vermögensverwalter gem. § 666 Alt. 1 BGB verpflichtet, „die erforderlichen Nachrichten zu geben". Die Erforderlichkeit richtet sich nach dem Einzelfall, ggf. auch nach den Abreden des Vermögensverwaltungsvertrages.[206] Eine Konkretisierung erfährt sie jedoch neuerdings durch die aufsichtsrechtliche Vorgabe in Art. 62 Abs. 1 DelVO 2017/565, die für den Fall, dass der Gesamtwert des Portfolios um 10 % fällt sowie anschließend bei jedem Wertverlust in 10 %-Schritten eine ausdrückliche Berichtspflicht statuiert. Die frühere Rechtsprechung, die eine Berichtspflicht jedenfalls dann

[199] Näher zu bankpraktischen Auswirkungen *Balzer* ZBB 2016, 226 (234).

[200] Ausführlich zur Vorgängerregelung *Hebey* BKR 2008, 353 (356–361); *Mülbert* WM 2009, 481 (486–488); *Spindler* WM 2009, 1821 (1827 f.).

[201] Aufhebung der früheren Regelung durch das Anlegerschutz- und Funktionsverbesserungsgesetz („AnsFuG") vom 7.4.2011, BGBl. I S. 538; zu den Auswirkungen etwa *Möllers/Wenninger* NJW 2011, 1697 (1699).

[202] Näher zu diesem Gefährdungspotential *Barta* BKR 2004, 433 (436).

[203] Zu dieser Verlagerung bereits ausführlich → Rn. 25. Zum schweizerischen Recht vgl. ferner *Dommer* Die Auskunftspflicht der Bank gegenüber Vermögensverwaltungskunden, 2018.

[204] Anders offenbar BGH NJW 2002, 1868: „Ist (…) die Vermögensverwaltung auf den An- und Verkauf von Wertpapieren ausgerichtet, so ist der Vermögensverwalter bei Vertragsschluß *oder jedenfalls vor Vollzug einer Anlageentscheidung* dazu verpflichtet, dem Vertragspartner ein zutreffendes Bild von den Chancen und Risiken der auszuführenden Geschäfte zu vermitteln" (Hervorh. d. Verf.); dazu krit. BankR-HdB/*Walz* § 111 Rn. 29, mwN.

[205] → Rn. 33.

[206] Näher, auch zu der früheren Regelung zu vereinbarten Schwellenwerten in §§ 9 Abs. 5, 8 Abs. 6 WpDVerOV a. F. Derleder/Knops/Bamberger/*Balzer* § 55 Rn. 47–49; BankR-HdB/*Walz* § 111 Rn. 26; Schwintowski/*Schäfer* Kap. 18 Rn. 52; *Balzer* § 13 III.2.a); *Schäfer* WM 1995, 1009 (1010).

angenommen hatte, wenn (Buch-)Verluste eingetreten waren, die einen erheblichen Teil des Gesamtportfolios ausmachten, ist damit überholt. Demnach war die Schwelle erst spätestens bei Verlusten von über 20 % erreicht, wurde allerdings je nach Anlagestrategie teils erheblich niedriger angesetzt (5 % bei Rentenwerten; 15 % bei Standardaktien).[207]

Darüber hinaus ist der Vermögensverwalter verpflichtet, dem Kunden nicht nur auf 40 dessen Verlangen Auskunft zu erteilen (§ 666 Alt. 2 BGB), sondern auch **periodisch Rechenschaft** abzulegen. Obwohl § 666 Alt. 3 BGB entsprechende Informationen eigentlich erst „nach der Ausführung des Auftrags" verlangt, bestehen angesichts des dauerhaften Charakters der Vermögensverwaltung kaum Zweifel, dass der Verwalter in regelmäßigen Abständen unaufgefordert Rechenschaft abzulegen hat.[208] Neuerdings ergibt sich eine solche Berichtspflicht aus § 64 Abs. 8 WpHG i. V. m. der konkretisierenden Regelung in Art. 60 DelVO 2017/565, die eine periodische Aufstellung über die für den Kunden erbrachten Portfolioverwaltungsdienstleistungen erfordert. Bereits zuvor hatte die Rechtsprechung der fortlaufenden Rechenschaftspflicht so grundlegende Bedeutung zugemessen, dass sie einer Abbedingung durch allgemeine Geschäftsbedingungen und unter Umständen sogar durch Individualabrede (bei Zweifeln an der Zulässigkeit des Verwalters) enge Grenzen setzte.[209] Der Zeitraum der periodischen Aufstellung beträgt gem. Art. 60 Abs. 3 DelVO 2017/565 grundsätzlich drei Monate.[210] In inhaltlicher Hinsicht muss die Rechenschaftslegung nach allgemeinen Grundsätzen vollständig, richtig und nachprüfbar sein. Deshalb sind die Ein- und Ausgaben so geordnet zusammenzustellen, dass die entsprechenden Angaben aus sich heraus verständlich sind (vgl. § 259 BGB).[211] Welche einzelnen Angaben konkret zu machen sind, listet und Art. 60 Abs. 2 DelVO 2017/565 neuerdings detailliert auf (unter anderem: Zusammensetzung und Bewertung des Portfolios mit Einzelangaben zu jedem gehaltenen Finanzinstrument und seinem Marktwert; Gesamtbetrag der in dem Berichtszeitraum angefallenen Gebühren und Entgelte; Vergleich der Wertentwicklung während des Berichtszeitraums unter Angabe einer Vergleichsgröße; Gesamtbetrag der Dividenden-, Zins- und sonstigen Zahlungen, die während des Berichtszeitraums im Zusammenhang mit dem Kundenportfolio eingegangen sind). Nicht zuletzt statuiert Art. 60 DelVO 2017/565 auch die Form, in der diese Aufstellung zu ermitteln ist („auf einem dauerhaften Datenträger").[212] Dieses Formerfordernis gilt nicht nur im Privatkundengeschäft, sondern auch gegenüber professionellen Kunden.

3. Anlegerpflichten

Auch für die Gegenseite bestehen (vertragliche) Pflichten. Die wichtigste Pflicht des 41 Vermögensinhabers besteht in der **Gewährung der Vergütung,** die für die Durchführung der Vermögensverwaltung vereinbart wurde (§§ 675, 611 Abs. 1 BGB).[213] Fehlt ausnahmsweise eine ausdrückliche Vereinbarung, gilt die Vergütung in üblicher Höhe als stillschweigend vereinbart (§ 612 BGB; vgl. jedoch Nr. 12 Abs. 1 S. 3 AGB-Banken: Bestimmung nach billigem Ermessen).[214] Der Vermögensverwalter ist regelmäßig berechtigt, die Ver-

[207] BGH NJW 1994 1861, 1862; vgl. außerdem BankR-HdB/*Walz* § 111 Rn. 31; Derleder/Knops/Bamberger/*Balzer* § 55 Rn. 47; Schwintowski/*Schäfer* Kap. 18 Rn. 52; Vortmann/*Schade* § 7 Rn. 167, 171; *Balzer* § 13 III.2; *Lang* § 24 Rn. 29–42; *Schäfer* WM 1995, 1009 (1011).

[208] In diesem Sinne *Lang* § 24 Rn. 45; zumindest im Ergebnis auch (aufgrund stillschweigender Vereinbarung): Assmann/Schütze/*Schäfer* § 23 Rn. 80; *Balzer* § 13 III.4; vgl. außerdem Derleder/Knops/Bamberger/*Balzer* § 55 Rn. 46; Schwintowski/*Schäfer* Kap. 18 Rn. 51.

[209] BGH NJW 1994, 1861 (1862) bzw. BGHZ 39, 87 (Leitsatz 2) und OLG Stuttgart NJW 1968, 2338; vgl. neuerdings jedoch BGH WM 2008, 114 und dazu: BankR-HdB/*Walz* § 111 Rn. 31.

[210] → Rn. 20.

[211] OLG Düsseldorf ZBB 1998, 190; vgl. außerdem Assmann/Schütze/*Schäfer* § 23 Rn. 80; Derleder/Knops/Bamberger/*Balzer* § 55 Rn. 46; *Lang* § 24 Rn. 44.

[212] Derleder/Knops/Bamberger/*Balzer* § 55 Rn. 48; zum Formerfordernis selbst vgl. außerdem § 3 WpDVerOV.

[213] Assmann/Schütze/*Schäfer* § 23 Rn. 90; *Balzer* § 18 I; *Lang* § 27 Rn. 1.

[214] Derleder/Knops/Bamberger/*Balzer* § 55 Rn. 63; *Lang* § 27 Rn. 5.

waltungsgebühr aus dem verwalteten Vermögen zu entnehmen.[215] In der Praxis richtet sich die Höhe der Vergütung üblicherweise nach der Vermögenssubstanz, während erfolgsorientierte Vergütungsmodelle in Deutschland bislang eher selten sind.[216] Aus Governance-Perspektive lässt sich diese Vertragspraxis vor allem mit den Anreizen erklären, die aus diesen Vergütungsmodellen jeweils resultieren: Erfolgsorientierte Vergütungsmodelle sind zwar leistungsorientierter, verleiten Vermögensverwalter aber zu spekulativeren Vermögensdispositionen, deren Risiken primär zu Lasten des Vermögensinhabers gehen.[217] Zumindest für die Verfolgung konservativer Anlagestrategien erscheinen deshalb substanzorientierte Vergütungsmodelle empfehlenswert. Die Verwaltungsgebühr umfasst regelmäßig weder die anfallenden Kontoführungs- und Depotgebühren noch die transaktionsbezogenen Provisionen und Spesen; vereinzelt finden sich jedoch auch Gesamtgebührenvereinbarungen („all-in-fees").[218] Die Fälligkeit der Vergütung wird meist jährlich oder halbjährlich vereinbart; bei Vertragsbeginn oder -beendigung während dieser Periode ist eine zeitanteilige Berechnung der Vergütung möglich, aber nicht zwingend.[219] Teils wird zusätzlich noch eine Einrichtungsgebühr verlangt, die den bei Vertragsbeginn besonders umfangreichen (Aufklärungs-)Pflichten des Vermögensverwalters Rechnung trägt,[220] allerdings auch lock-in-Effekte zur Folge haben kann.

42 Darüber hinaus gilt ein **Gebot der Rücksichtnahme:** Der Vermögensinhaber unterliegt gem. § 241 Abs. 2 BGB der vertraglichen Nebenpflicht, auf das Interesse des Vermögensverwalters an der vertragsgemäßen Durchführung der Verwaltung Rücksicht zu nehmen.[221] Diese Pflicht hat vor allem in zweierlei Hinsicht Bedeutung:[222] Zum einen begrenzt sie das Recht des Vermögensinhabers, Einzelweisungen zu erteilen. Weisungen, die mit den vereinbarten Anlagerichtlinien unvereinbar sind, hat er entweder zu unterlassen oder erst nach einer entsprechenden, mit dem Verwalter besprochenen Anpassung dieser Richtlinien zu erteilen.[223] Zum anderen beschränkt das Gebot der Rücksichtnahme seine Möglichkeit, eigene Dispositionen über das verwaltete Vermögen vorzunehmen: Während der Vermögensinhaber zwar jedenfalls dinglich berechtigt bleibt, solche eigenen Verfügungen zu tätigen (vgl. § 137 S. 1 BGB), unterliegt er einer schuldrechtlichen Verpflichtung, diese Verfügungen, die potentiell den Vertragszweck gefährden, nicht eigenmächtig, sondern nur im Einvernehmen mit dem Vermögensverwalter zu tätigen.[224]

43 Den Vermögensinhaber trifft hingegen **keine laufende Überwachungspflicht.**[225] Weil der Zweck des Vermögensverwaltungsvertrages gerade darin besteht, den Vermögensinhaber bei der Verwaltung seines Vermögens zu entlasten, kann sich der Verwalter nicht nachträglich mit dem Argument exkulpieren, der Anleger habe die einzelnen Transaktionen trotz regelmäßiger und zeitnaher Information nicht beanstandet und deshalb konkludent genehmigt. Eine dahingehende Überwachungspflicht ergibt sich weder als vertragliche Nebenpflicht noch kann sie durch AGB wirksam begründet werden.[226] Selbst an eine

---

215 Assmann/Schütze/*Schäfer* § 23 Rn. 90.

216 Schwintowski/*Schäfer* Kap. 18 Rn. 45 f.; *Balzer* § 18 I.

217 Ähnlich *Balzer* § 18 I.2.; krit. zur Substanzgebühr jedoch *Köndgen* ZBB 1997, 117 (121).

218 Derleder/Knops/Bamberger/*Balzer* § 55 Rn. 64; *Lang* § 27 Rn. 6 f.; *Roll* S. 240 f.

219 Derleder/Knops/Bamberger/*Balzer* § 55 Rn. 63; *Balzer* § 18 I.1.

220 Vgl. nochmals Derleder/Knops/Bamberger/*Balzer* § 55 Rn. 63.

221 Teils wird auch eine Pflicht zur Erteilung erforderlicher Angaben auf dieses Gebot gestützt, vgl. Assmann/Schütze/*Schäfer* § 23 Rn. 93; dazu krit. *Balzer* § 19 II.3.

222 *Balzer* § 19 I.; *Lang* § 27 Rn. 11; jeweils mwN.

223 Assmann/Schütze/*Schäfer* § 23 Rn. 93; Derleder/Knops/Bamberger/*Balzer* § 55 Rn. 65; *Balzer* § 19 II.1.; *Lang* § 27 Rn. 13.

224 Teils wird diese Verpflichtung nicht aus dem Gebot der Rücksichtnahme, sondern aus (ergänzender) Vertragsauslegung abgeleitet, vgl. Derleder/Knops/Bamberger/*Balzer* § 55 Rn. 66 und ausführlich *Lang* § 27 Rn. 19–22 mwN.

225 Derleder/Knops/Bamberger/*Balzer* § 55 Rn. 67; *Lang* § 27 Rn. 25.

226 BGHZ 137, 69 (75 f.) = NJW 1998, 449 (450); OLG Frankfurt a. M. WM 1996, 665 (668); OLG Düsseldorf NJW-RR 1991, 308 (309).

entsprechende individualvertragliche Vereinbarung sind strenge Anforderungen zu stellen.[227] Die periodischen Rechenschaftsberichte hingegen muss der Vermögensinhaber auf Übereinstimmung mit den vereinbarten Anlagerichtlinien überprüfen und ggf. auch rügen, will er etwaiger Ansprüche nicht wegen Mitverschuldens verlustig gehen (§ 254 Abs. 2 BGB).[228]

[227] Derleder/Knops/Bamberger/*Balzer* § 55 Rn. 67; *Lang* § 27 Rn. 26.

[228] In diesem Sinne offenbar BGHZ 137, 69 (75 f.) = NJW 1998, 449 (450); dazu näher Derleder/Knops/Bamberger/*Balzer* § 55 Rn. 67; *Lang* § 25 Rn. 16; Vortmann/*Schade* § 7 Rn. 210.

35. Kapitel: Einlagengeschäft

Schrifttum: *Arendts/Teuber,* Uralt-Sparbücher – Verjährung von Auszahlungsansprüchen und Beweiswert, MDR 2004, 546; *Barleon,* Sparkonten: Altsparbücher und Minderjährigenkonten, BankPraktiker 2009, 424; *Behr,* Vertragsrechtliche Zulässigkeit negativer Verzinsung im Einlagenbereich – Zugleich ein Beitrag zur Identität des Schuldverhältnisses, Diss. Augsburg 2018; *Bergmann,* Rechtswirksamkeit von Ansparverträgen?, NJW 1953, 450; *Binder/Ettensberger,* „Automatischer" Negativzins bei darlehensvertraglichen Zinsänderungsklauseln im Niedrigzinsumfeld? – Vertragsauslegung und Lösungsansätze –, WM 2015, 2069; *Binder/Hellstern,* Ist die Weitergabe von Negativzinsen an Sparkasseneinleger rechtlich zulässig?, ZIP 2016, 1309; *Bornemann,* Stille Publikumsgesellschaften im Spannungsfeld von Gesellschafts- und Bankaufsichtsrecht, ZHR 166 (2002), 211; *Boos,* Entwurf einer Sechsten KWG-Novelle, Die Bank 1997, 119; *Bruchner,* AGB-rechtliche Zulässigkeit von Zinsanpassungsklauseln, BKR 2001, 16; *Burkiczak,* Zur Frage der Zulässigkeit uneingeschränkter Zinsänderungsklauseln in AGB bei kurzfristen Sparprodukten, BKR 2007, 190; *Canaris,* Die Ausgabe von Namensgewinnschuldverschreibungen an Arbeitnehmer in bankaufsichtsrechtlicher Sicht, BB 1978, 227; *Demgensky/Erm,* Der Begriff der Einlagen nach der 6. KWG Novelle, WM 2001, 1445; *Dunz,* Legitimationswirkung des Sparbuchs – BGHZ 28, 368, JuS 1962, 139; *Edelmann,* Einführung von Negativzinsen im Aktiv- und Passivgeschäft, BB 2018, 394; *Edelmann,* Vereinbarung einer negativen Verzinsung, WuB 2018, 248; *Ernst,* Negativzinsen aus zivilrechtlicher Sicht – ein Problemaufriss, ZfPW 2015, 250; *Erting,* Bankaufsichtsrechtliche Grenzen kommunaler Darlehensgeschäfte, NVwZ 2009, 1339; *von Falkenhausen,* Die Führung von Gesellschafterkonten – Ein erlaubnispflichtiges Bankgeschäft?, in VGR, Gesellschaftsrecht in der Diskussion 2013, 2014, 105; *D.J. Fischer,* Vermögensverwaltung für nicht rechtsfähige Stiftungen und Genehmigungspflicht nach dem KWG, npoR 2012, 7; *N. Fischer,* Gesellschafterdarlehen in Personen- und Kapitalgesellschaften als erlaubnispflichtige Bankgeschäfte?, WM 2014, 1709; *Fischer/Figatowski,* Nichtrechtsfähige Stiftungen: Verwaltung nur mit bankrechtlicher Erlaubnis?, StiftungsBrief 2009, 236; *Freitag,* Negativzinsen im Einlagengeschäft – Anmerkungen zu den Urteilen des LG Tübingen v. 26.1.2018 – 4 O 187/17, ZBB 2018, 334 und v. 25.5.2018 – 4 O 225/17, ZBB 2018, 332 sowie v. 29.6.2018 – 4 O 220/17, ZBB 2018, 269; *Fritsche,* Die Verwaltung des Vermögens einer unselbstständigen Stiftung und die Erlaubnispflicht nach § 32 Abs. 1 KWG, ZSt 2005, 272; *Galla/Müller,* Bankerlaubnispflicht für Gesellschafterkonten in Familiengesellschaften?, ZIP 2015, 1862; *Gehrlein,* Haftung für Vertrieb von durch Allgemeinen Geschäftsbedingungen qualifiziert nachrangig ausgestalteten Darlehen, WM 2017, 1385; *Graf,* Rechtliche Konsequenzen der verpflichtenden Verzinsung von Spareinlagen für den Streit über die Negativzinsen, ÖBA 2016, 722; *Haegele,* Spareinlage auf den Namen eines Dritten oder mit Bezugsberechtigung für einen Dritten, JurBüro 1968, 949; *Henke,* Zum einlagenlosen Einlagengeschäft im Kreditwesengesetz – Über die Reichweite des Einlagengeschäfts und das Verhältnis von Bankaufsichts- und Gesellschaftsrecht, WM 2010, 2157; *Herresthal,* Unwirksamkeit von per AGB nachträglich eingeführten Negativzinsen auf Bestandseinlagen von Verbrauchern, EWiR 2018, 227; *Hingst/Neumann,* Negative Zinsen – Die zivilrechtliche Einordnung eines nur scheinbar neuen geldpolitischen Phänomens, BKR 2016, 95; *Hippeli,* Verbotsirrtum über die Erlaubnispflicht von Bankgeschäft oder Finanzdienstleistung bei Auskunft der Aufsichtsbehörde, WM 2018, 253; *Horn,* Werksparkassenverbot und Vermögensbildung durch Belegschaftsdarlehen und -obligationen, ZGR 1976, 435; *Jordans,* (Un)Zulässigkeit von Negativzinsen/Verwahrentgelt, CRP 2018, 85; *Kaetzler/Schücking,* Sind Gesellschafterkonten aufsichtspflichtig?, NJW 2014, 1265; *Kaiser,* Anforderungen der Rechnungslegungsverordnung an die Spareinlage, WM 1996, 141; *Kessler/Heda,* Wahrnehmung von Chancen als Glücksspiel? – Strukturierte Kapitalmarktprodukte mit „Sportkomponente" –, WM 2004, 1812; *Kolbenschlag,* Das Kennwort im Verhältnis zur Einschränkung der Legitimationswirkung des Sparkassenbuches durch die Rechtsprechung des BGH, Sparkasse 1967, 39; *Körner,* Schutz des Publikums bei Verstößen gegen die Verbots- und Genehmigungsvorschriften des Kreditwesengesetzes und des Versicherungsaufsichtsgesetzes, ZHR 131 (1968), 127; *Krautschneider,* Die Legitimationswirkung des Sparbuchs, Diss. Köln 1969; *Krepold/Herrle,* Negative Zinsen – rechtliches Neuland, BKR 2018, 89; *Kriegner,* Negativzinsen – pacta sunt servanda?, ÖBA 2016, 507; *Kropf,* Sichteinlagen auf Girokonten: Vom (zinslosen) Darlehen zur entgeltlichen Kapitalverwahrung, WM 2017, 1185; *Kümpel,* Zur Problematik des Vorlegungserfordernisses bei Namens-Papieren am Beispiel der Namens-Schuldverschreibung und des Sparbuchs – Versuch einer Neudefinition des Wertpapierbegriffs –, WM 1981, Sonderbeilage Nr. 1, 2; *Lange,* Neue Bedingungen für den Sparverkehr: Sparbuch – quo vadis?, BB 1993, 1677; *Langner/Brocker,* Negativzinsen als kontrollfreie Preishauptabrede im Passivgeschäft, WM 2017, 1917; *Langner/Müller,* Negativzinsen im Passivgeschäft auf dem Prüfstand, WM 2015, 1979; *Liesecke,* Das Bankguthaben in Gesetzgebung und Rechtsprechung, WM 1975, 214, 238, 286; *Loritz,* Stille Beteiligungen und Einlagenbegriff des Kreditwesengesetzes, ZIP 2011, 309; *Lünterbusch,* Die privatrechtlichen Auswirkungen des Kreditwesengesetzes auf Einlagen- und Kreditgeschäfte, Diss. Köln 1968; *Mai,* Die Abwicklung unerlaubt betriebener Einlagengeschäfte – zugleich Anmerkung zum Urteil des BVerwG vom 15.12.2010 – 8 C 37.09 –, BKR 2011, 199; *Mai,* Die Teilnichtigkeit unerlaubt betriebener Einlagengeschäfte, ZBB 2010, 222; *Metz,* Variable Zinsvereinbarungen bei Krediten und Geldanlagen, BKR 2001, 21; Mordhorst, Spareinlagen auf fremden Namen, MDR 1956, 4; *Nodoushani,* Die Bedeutung der Treuepflicht für die Finanzierung von

Personengesellschaften. Überlegungen im Lichte des neuen BaFin-Merkblatts zum Tatbestand des Einlagengeschäfts, BB 2014, 2051; *Omlor,* Negativzinsen, in Früh/Grüneberg/Langenbucher/Metz/Mülbert (Hrsg.), Bankrechtstag 2017, 2018, 41; *Omlor,* Negativzinsen im Einlagengeschäft – Zugleich Anmerkung zu LG Tübingen, Urt. v. 26.1.2018 – 4 O 187/17, BKR 2018, 109; *Oswald,* Sparbuch auf den Namen eines Angehörigen, WM 1971, 578; *Patzner/Joch,* Die negativen Zinsen als neue Herausforderung bei der Ertragsbesteuerung, BB 2015, 221; *Pflug,* Zur Legitimationswirkung von Sparbüchern, ZHR 140 (1976), 175; *Philipowski,* Negativer Einlagenzins, MwStR 2014, 823; *Piekenbrock,* Das AGB-Pfandrecht am Kundenguthaben in der Klauselkontrolle, WM 2009, 49; *Poelzig,* Nachrangdarlehen als Kapitalanlage – Im „Bermuda-Dreieck" von Bankaufsichtsrecht, Kapitalmarktrecht und AGB-Recht –, WM 2014, 917; *Prehn,* Das Finanzierungsmodell „Bürgerdarlehen" als gangbarer Weg aus finanziellen Engpässen der Kommunen?, DÖV 2011, 174; *Prost,* Verbotene Geschäfte und strafbare Handlungen nach dem Kreditwesengesetz, NJW 1977, 227; *Renner,* „Banking Without Banks"? Rechtliche Rahmenbedingungen des Peer-to-Peer Lending, ZBB 2014, 261; *Renner,* Peer-to-peer lending in Germany, EuCML 2016, 224; *Rösler/Lang,* Zinsklauseln im Kredit- und Spargeschäft der Kreditinstitute: Probleme mit Transparenz, billigem Ermessen und Basel II, ZIP 2006, 214; *Rösler/Wimmer,* Angemessenheit der Höhe von Vorschusszinsen. Eine kombiniert rechtlich-finanzmathematische Analyse als Diskussionsbeitrag zu Servatius, BKR 2005, 295, BKR 2007, 8; *Ruhl,* Das Einlagengeschäft nach dem Kreditwesengesetz. Eine Untersuchung der gesellschaftsrechtlichen Aspekte des bankaufsichtsrechtlichen Einlagenbegriffes, Diss. Mainz 2005; Scharrenberg, Neue Grundlagen für den Sparverkehr, Sparkasse 1993, 282; *Schebesta,* Wirksamkeit von Zinsanpassungsklauseln für Spareinlagen aus Bankensicht, BKR 2002, 564; *Schebesta,* Zinsklauseln im Spiegel der aktuellen Rechtsprechung, BKR 2005, 217; *Schiffer/Pruns,* Unselbständige Stiftungen: Vermögensverwaltung und Genehmigungspflicht nach dem KWG – Ein Blick auf die Grundlagen und ein gelöstes (Schein-)Problem!, npoR 2011, 78; *Uwe H. Schneider,* Ist die Annahme von Gesellschafterdarlehen ein „erlaubnisbedürftiges Bankgeschäft"?, DB 1991, 1865; *Schraepler* Bankrisiko bei Auszahlung ohne Sparbuch, NJW 1973, 1864; *Schraepler,* Entwertung des Sparbuchs, NJW 1976, 23; *Schreihage,* Zum Problem der Erlaubnispflicht und Rechtswirksamkeit von Ansparverträgen, NJW 1954, 213; *Schuster,* Negativzinsen aus wirtschaftlicher und juristischer Sicht, ZfgK 2017, 620; *Schütz,* Die Rechtsnatur von Bank- und Sparkassenguthaben, JZ 1964, 91; *Servatius,* „Ball im Netz ist Geld auf der Bank" – Die zivilrechtliche Behandlung einer an sportliche Erfolge geknüpften Verzinsung von Sparguthaben – Ein Betrag zur tatbestandlichen Präzisierung von § 762 Abs. 1 S. 1 BGB –, WM 2004, 1804; *Servatius,* Die AGB-rechtliche Behandlung von Vorschusszinsregelungen im Sparverkehr, BKR 2005, 295; *Servatius,* Kündigung von Bausparverträgen während der Ansparphase, ZfIR 2016, 649; *Servatius,* Kündigungsklauseln in Bausparverträgen, ZfIR 2019, 122; *Servatius,* Kontrollfähigkeit und Angemessenheit AGB-mäßig vereinbarter Teil- und Zusatzentgelte im Bankwesen, ZIP 2017, 745; *Sprengel,* Nochmals zur Frage der Legitimationswirkung eines Sparkassenbuches bei vorzeitigen Abhebungen durch einen Nichtberechtigten, MDR 1965, 261; *Sprengel,* Zur Legitimationswirkung eines Sparkassenbuches bei vorzeitigen Abhebungen durch einen Nichtberechtigten, MDR 1961, 988; *Storck/Reul,* Auswirkungen negativer Zinsen auf Finanzprodukte mit variablem Zinssatz, DB 2015, 115; *Tettinger,* Die fehlerhafte stille Gesellschaft – Zivilrechtlicher Anlegerschutz durch bankrechtliche Erlaubnisvorbehalte? (Teil I), DStR 2006, 849; *Tettinger,* Die fehlerhafte stille Gesellschaft – Zivilrechtlicher Anlegerschutz durch bankrechtliche Erlaubnisvorbehalte? (Teil II), DStR 2006, 903; *Thierfelder,* Zur Legitimationswirkung des Sparbuches, NJW 1959, 1071; *von Thur,* Einzahlung auf fremdes Sparkonto, LZ 1918, 881; *Tröger,* Vertragsrechtliche Fragen negativer Zinsen auf Einlagen, NJW 2015, 657; *Vogel,* Negativzinsen im Einlagengeschäft der Kreditinstitute, BKR 2018, 45; *K.-R. Wagner,* Zur rechtlichen Wirksamkeit von Negativzinsen, BKR 2017, 315; *Wallat,* Einlagenbegrifff des Kreditwesengesetzes, NJW 1995, 3236; *Weimar,* Tritt Schuldbefreiung ein, wenn die Leistung an einen geschäftsunfähigen oder geschäftsbeschränkten Inhaber eines Sparbuchs erfolgt?, JR 1959, 218; *Welter,* Aktuelle Rechtsfragen zum Sparbuch, WM 1987, 1117; *Wenzel,* Bankerlaubnispflicht und Haftung der Geschäftsführer bei Stehenlassen so genannter „Winzergelder", NZG 2013, 814; *Wenzel,* Bankgeschäftsrisiken bei Gesellschaften der Realwirtschaft, NZG 2013, 161; *Wiesner,* Privat- und Darlehenskonten bei Personengesellschaften und Bankaufsichtsrecht, FS Hoffmann-Becking, 2013, 1397; *Zellweger-Gutknecht,* Negativzins: Vergütung für die Übernahme des Geldwertrisikos durch den Kapitalnehmer, ZfPW 2015, 350.

Übersicht

I. Allgemeines

1. Einlagengeschäft

1 Das Einlagengeschäft der Kreditinstitute umfasst bei wirtschaftlicher Betrachtung die **Annahme von Kundengeldern** auf Girokonten (Sichteinlagen, → Rn. 130 ff.), als Termingeld (→ Rn. 209 ff.) und auf Sparkonten (→ Rn. 227 ff.). Man bezeichnet es wegen der bilanziellen Verbuchung der Kundenforderungen in der Bankbilanz auch als **Passivgeschäft.** Das Einlagengeschäft ist eine wichtige **Refinanzierungsquelle** für das Kreditgeschäft (Aktivgeschäft) und den Eigenhandel der Kreditinstitute. Dies bedingt, die Rolle der Kreditinstitute vor allem auch als Treuhänder fremder Vermögensinteressen zu sehen und dementsprechend adäquat rechtlich auszugestalten. Vgl. zur Einlagensicherung → Rn. 331 ff.

2 Die große **wirtschaftliche Bedeutung** des Einlagengeschäfts für Banken und Kunden zeigt sich vor allem an der hohen Sparquote. Diese liegt, von geringen Schwankungen abgesehen, nach wie vor bei ca. 10 % des Einkommens.[1] Hinzu kommt, dass Löhne und Gehälter weitgehend bargeldlos auf Girokonten geleistet werden und diese Sichteinlagen dann die Grundlage für den Zahlungsverkehr darstellen. Insgesamt ist die unter das Einlagengeschäft zu fassende Hereinnahme von Kundengeldern daher letztlich gleich bedeutend wie die Kreditvergabe; beide Aspekte des klassischen Bankgeschäfts können so als das Rückgrat der Finanzwirtschaft gesehen werden.

3 Eine für das Zivilrecht maßgebliche gesetzliche Definition der Einlagengeschäfte existiert indessen nicht und ist wegen der **Privatautonomie** auch nicht geboten. Gleichwohl wirken die aufsichtsrechtlichen Vorgaben für das Betreiben von Einlagengeschäften und die Anforderungen im Hinblick auf die Eigenkapital- und Liquiditätsanforderungen sowie die Mindestreserve mittelbar auf die privatrechtliche Ausgestaltung der Einlagengeschäfte. Vgl. → Rn. 5 ff. und → Rn. 231 ff.

4 Von den Einlagengeschäften wirtschaftlich und rechtlich **abzugrenzen** ist zum einen die kapitalmäßige Beteiligung der Eigentümer am Kreditinstitut, regelmäßig als Aktionär (vgl. zur stillen Beteiligung → Rn. 13). Zum anderen fällt nicht unter das Einlagengeschäft, wenn ein Kreditinstitut Inhaberschuldverschreibungen emittiert und sich hierüber am Kapitalmarkt finanziert.

2. Der aufsichtsrechtliche Einlagenbegriff

5 Der aufsichtsrechtliche Einlagenbegriff ist vor allem relevant für die Erlaubnis zum gewerbsmäßigen Betreiben von Bankgeschäften (sog. **Banklizenz,** vgl. §§ 1 Abs. 1, 32 ff. KWG) und die fortlaufende Überwachung durch Bundesbank und BaFin (vgl. §§ 6, 7 KWG).

6 **a) Legaldefinition gem. § 1 Abs. 1 S. 2 Nr. 1 KWG.** § 1 Abs. 1 S. 2 Nr. 1 KWG enthält eine Legaldefinition für den aufsichtsrechtlichen Begriff des **Einlagengeschäfts.** Hierunter fällt die Annahme fremder Gelder als Einlage oder anderer unbedingt rückzahlbarer Gelder des Publikums, sofern der Rückzahlungsanspruch nicht in Inhaber- oder Orderschuldverschreibungen verbrieft wird, ohne Rücksicht darauf, ob Zinsen vergütet werden. Aufsichtsrechtlich wird diese Regelung durch das **Merkblatt der BAFin** zum Einlagengeschäft konkretisiert,[2] welches für die Gerichte freilich nicht bindend ist.

7 **aa) Annahme fremder Gelder als Einlagen.** Der in § 1 Abs. 1 S. 2 Nr. 1 Alt. 1 KWG verwendete Begriff der Einlage wird vom Gesetz nicht definiert, sondern vorausgesetzt. Nach hM beruht die Regelung auf einem **funktionalen Einlagenbegriff.** Dieser ist wertend nach den Umständen des Einzelfalls unter der Berücksichtigung der bankwirtschaftlichen Verkehrsauffassung zu konkretisieren.[3] Mittlerweile haben sich verschiedene **Indizien** herausgebildet, die die Qualifizierung der Annahme fremder Gelder „als Einlage" erleichtern.[4] Einlagen sind hiernach durch folgende Umstände gekennzeichnet: standardisierte Verträge für eine Vielzahl von Kunden; Annahme der Einlagen von Nichtkreditinstituten iSv § 1 Abs. 1 KWG als Darlehen oder unregelmäßige Verwahrung; ohne bankenübliche Sicherung.

8 Es liegt kein Einlagengeschäft vor, wenn für die angenommenen Gelder eine **bankenübliche Sicherung** bestellt wurde. Dabei handelt es sich um eine aus dem Gesetzeszweck

[1] Monatsbericht der Deutschen Bundesbank November 2019, abrufbar unter https://www.bundesbank.de/resource/blob/650786/46e9ceaf4a9d702834078ee04ca9a1f6/mL/ix8-data.pdf.

[2] http://www.bafin.de/SharedDocs/Veroeffentlichungen/DE/Merkblatt/mb_140311_tatbestand_einlagengeschaeft.html.

[3] BVerwG NJW 1985, 929 (930); BGH NJW 1995, 1494 (1495); BGH NJW-RR 2013, 675; MüKoHGB/*Fest* Einlagengeschäft Rn. 4.

[4] BGH NJW-RR 2001, 1639 (1640); OVG Berlin WM 1984, 865 (867); VG Berlin NJW-RR 2000, 642 (644); Boos/Fischer/Schulte-Mattler/*Schäfer* § 1 Rn. 36.

folgende Bereichsausnahme.[5] Bankenübliche Sicherungen sind der Schuldbeitritt, die Bürgschaft, die Garantie oder gleichwertige Einstandsversprechen. Darüber hinaus werden Grundpfandsicherheiten anerkannt, wenn die Sicherheiten so bestellt werden, dass sich der Anleger im Sicherungsfall aus diesen Sicherheiten unmittelbar, dh ohne die rechtsgeschäftliche Mitwirkung Dritter, befriedigen kann.

9 Maßgeblich für die Abgrenzung soll nach einer älteren Ansicht schließlich auch der **Zweck des Geschäfts** sein.[6] Ein Einlagengeschäft liege demzufolge erst vor, wenn fremde Gelder zur Finanzierung des Aktivgeschäfts des annehmenden Unternehmens entgegengenommen werden, dh mit der Intention, durch eine positive Differenz zwischen den Bedingungen der Geldannahme einerseits und des Aktivgeschäfts andererseits, Gewinn zu erzielen.[7] Diese Ansicht findet jedoch zumindest seit der Neuregelung des § 1 Abs. 1 S. 2 Nr. 1 KWG durch die 6. KWG-Novelle[8] keine gesetzliche Stütze mehr (dazu sogleich).[9]

10 **bb) Annahme anderer unbedingt rückzahlbarer Gelder des Publikums.** Gem. § 1 Abs. 1 S. 2 Nr. 1 Alt. 2 KWG fällt die Annahme unbedingter rückzahlbarer Gelder des Publikums ebenfalls unter das Einlagengeschäft.[10] Diese Alternative ist begrifflich weiter als die erste Alternative und hat somit eine Ausdehnung des aufsichtsrechtlichen Anwendungsbereichs zur Folge (sog. **weites Einlagengeschäft**). Im Unterschied zu Alt. 1 verzichtet diese Alternative deutlich auf jedwede Zwecksetzung und versteht sich daher als **Auffangtatbestand.**[11] Für die Feststellung, ob ein Einlagengeschäft vorliegt, kommt es demzufolge auf die Abgrenzung durch den weiten Einlagenbegriff iSv § 1 Abs. 1 S. 2 Nr. 1 Alt. 2 KWG letztlich nicht mehr an. Insofern ist es nur folgerichtig, dass auch Gestaltungen über den „Ankauf" von Lebensversicherungen oder Bausparverträgen einbezogen sind.[12] Maßgeblich ist in diesen Fällen stets, ob der Kunde seinem Vertragspartner einen ggf. nur schuldrechtlich begründeten Vermögenswert anvertraut (Bausparguthaben, Rückkaufswert). Auch „künstliche Währungen" (Bitcoins etc.) sollten nach dieser Maßgabe grundsätzlich unter den weiten Einlagenbegriff zu fassen sein.[13]

11 Im Einzelnen gilt Folgendes: Das Merkmal **Annahme von Geldern** grenzt das Einlagengeschäft gegenüber der Entgegennahme von Wertpapieren ab.[14] Angenommene Gelder sind rückzahlbar, wenn ein **Anspruch auf Rückzahlung,** zB aus einem Darlehensvertrag gem. § 488 Abs. 1 S. 2 BGB, gegeben ist.[15] Schwieriger zu beantworten ist die Frage, wann der Rückzahlungsanspruch **unbedingt** ist. Zum Teil wird „unbedingt" iSv § 158 BGB verstanden, demnach darf der Rückzahlungsanspruch nicht vom Eintritt eines ungewissen, zukünftigen Ereignisses abhängen.[16] Diese zivilrechtliche Auslegung wird jedoch zu Recht kritisiert, denn die Parteien könnten sich allein mit der Aufnahme einer unbedeutenden Bedingung der Qualifikation als Einlagengeschäft entziehen und folglich die damit verbundenen Rechtsfolgen abwenden.[17]

---

[5] Vgl. Gesetzesbegründung zum Finanzkonglomeraterichtlinien-Umsetzungsgesetz, BT-Drs. 15/3641, 36; BGH NJW-RR 2013, 675.

[6] Assies/Beule/Heise/Strube/*Barleon* Kap. 6 Rn. 1; Fischer/*Klanten* Rn. 12.2.

[7] BVerwG NJW 1985, 929 (930); BGH NJW 1995, 1494 (1495); NJW-RR 2011, 347 (348).

[8] Gesetz zur Umsetzung von EG-Richtlinien zur Harmonisierung bank- und wertpapieraufsichtsrechtlicher Vorschriften vom 22.10.1997, Art. 1: Sechstes Gesetz zur Änderung des Gesetzes über das Kreditwesen (BGBl. I S. 2518 ff.).

[9] Vgl. Gesetzesbegründung zur 6. KWG-Novelle, BT-Drs. 13/7142, 62; *Henke* WM 2010, 2157; Derleder/Knops/Bamberger/*Batereau/Bertram,* § 41 Rn. 7; BGH NZG 2015, 559 Rn. 15.

[10] Das zusätzliche Merkmal „unbedingt" ist erst durch das Finanzkonglomeraterichtlinien-Umsetzungsgesetz von 2004 eingefügt worden (BGBl. I S. 3610).

[11] *Bornemann* ZHR 166 (2002), 211 (224); Kümpel/Wittig/*Schelm* Rn. 2.26.

[12] Vgl. BGH WM 2018, 2354 Rn. 9; BGH NJW-RR 2018, 1250; OLG Frankfurt/M. NJW-RR 2017, 547 Rn. 26; OLG Nürnberg NJOZ 2015, 1914 Rn. 23; **abw.** KG BeckRS 2017, 116294.

[13] **Abw.** MüKoHGB/*Fest* Einlagengeschäft Rn. 10.

[14] Vgl. Gesetzesbegründung zur 6. KWG-Novelle, BT-Drs. 13/7142, 63.

[15] Kümpel/Wittig/*Schelm* Rn. 2.27; *Bornemann* ZHR 166 (2002), 211, 225.

[16] Kümpel/Wittig/*Schelm* Rn. 2.28.

[17] S. hierzu *Henke* WM 2010, 2157.

Ernst zunehmende Kriterien zur Eingrenzung des weiten Einlagenbegriffs folgen jedoch anhand der **Finanzierungsverantwortung** des Gläubigers.[18] Nimmt der Gläubiger, indem er Haftungskapital zur Verfügung stellt, eine objektiv im Interesse des Schuldners handelnde Stellung gegenüber Dritten ein, so wird sein Handeln von anderen Interessen überlagert als beim gesetzlichen Regelfall des Darlehens, und er entfällt somit dem Schutzbereich des KWG. Es liegt daher kein Einlagengeschäft vor, wenn ein **qualifizierter Rangrücktritt** vereinbart wurde, dh der Gläubiger außerhalb des Insolvenzverfahrens nur aus ungebundenem Vermögen und währenddessen nur im Rang nach den Forderungen sämtlicher Insolvenzgläubiger iSv. § 38 InsO befriedigt werden darf.[19] Fehlt dieser, kann durchaus ein Einlagengeschäft vorliegen, sofern auch das Merkmal der Geldannahme vom Publikum gegeben ist (→ Rn. 14).[20] Das Gleiche gilt, wenn die Abrede **unwirksam** ist.[21] Dies kann gegenüber unerfahrenen Geldgebern auf Grund § 305c Abs. 1 BGB der Fall sein (überraschende Klausel),[22] im Übrigen auch wegen fehlender Transparenz gem. § 307 Abs. 2 S. 2 BGB[23] oder wegen inhaltlicher Unangemessenheit (§ 307 Abs. 1 S. 1 BGB).[24] 12

Vermögenseinlagen im Rahmen einer **stillen Gesellschaft** sind nur dann „unbedingt rückzahlbar", wenn die Teilnahme am Verlust der Gesellschaft vertraglich ausgeschlossen wurde.[25] Nimmt der stille Gesellschafter am laufenden Verlust teil, liegt kein Einlagengeschäft vor.[26] Der nur teilweise Ausschluss der Verlustbeteiligung genügt nicht zur Bejahung einer unbedingten Rückzahlbarkeit.[27] Etwas anderes gilt nur, wenn sich die Vermögenseinlagen einer Person rechtlich trennen lassen. Das Gleiche gilt für **partiarische Darlehen und Genussrechte.**[28] 13

Das Erfordernis, wonach die **Gelder vom „Publikum"** stammen müssen, dient der Abgrenzung zur Annahme von Geldern verbundener Unternehmen.[29] Ebenfalls keine Publikumsgelder sind nach ständiger Verwaltungspraxis Gelder von „institutionellen Anlegern", dh Kreditinstituten, Kapitalanlagegesellschaften sowie im Inland lizenzierten Versicherungsunternehmen. Das Gleiche gilt für Unternehmensbeteiligungsgesellschaften im Sinne des § 2 Abs. 1 Nr. 6 KWG. Ferner werden über das Kriterium des Publikumsgeldes von anderen Kreditinstituten angenommene Gelder (sog. Nostroverpflichtungen) ausgeschlossen.[30] Im Bereich der Gesellschafterdarlehen ist der Einlagenbegriff nur bei Publikumsgesellschaften erfüllt.[31] 14

Inhaber- und Orderschuldverschreibungen sind ausdrücklich gemäß § 1 Abs. 1 S. 2 Nr. 1 KWG vom Einlagengeschäft ausgenommen. 15

b) Rechtsfolgen aus der Qualifikation als Einlagengeschäft. aa) Erlaubnispflicht. Wird eine Geldannahme als Einlagengeschäft iSv § 1 Abs. 1 S. 2 Nr. 1 KWG qualifiziert, 16

---

[18] So v. a. *Henke* WM 2010, 2157 (2161); nunmehr auch VG Frankfurt BeckRS 2014, 58463.

[19] Vgl. Gesetzesbegründung Finanzkonglomeraterichtlinien-Umsetzungsgesetz, BT-Drs. 15/3641, 36; VG Frankfurt BeckRS 2014, 58463; BGH NJW 2015, 1672; BGH NJW-RR 2015, 675 (676); BGH NJW 2017, 2463; BGH WM 2018, 1639 Rn. 21; MüKoHGB/*Fest* Einlagengeschäft Rn. 90 ff.

[20] Einzelheiten bei *Fischer* WM 2014, 1709.

[21] BGH WM 2018, 1639 Rn. 22; vgl. zur einfachen Nachrangabrede BGH NJW-RR 2014, 937 (938); vgl. auch BGH NStZ-RR 2018, 142 (144).

[22] Vgl. BGH NJW-RR 2014, 937 Rn. 14; BGH NJW 2018, 1486 Rn. 21; MüKoHGB/*Fest* Einlagengeschäft Rn. 93; *Gerhlein* WM 2017, 1385.

[23] Vgl. BGH NJW 2019, 1446 Rn. 36; BGH NJW-RR 2014, 937 Rn. 24 ff.; VG Frankfurt/M. BeckRS 2014, 47731; *Gehrlein* WM 2017, 1385 (1387 f.); MüKoHGB/*Fest* Einlagengeschäft Rn. 94

[24] BGH NJW-RR 2014, 937 Rn. 19 f.; MüKoHGB/*Fest* Einlagengeschäft Rn. 95; *Gehrlein* WM 2017, 1385 (1389); **abw.** BGH NJW 2019, 1446 Rn. 31 ff.; *Primozic/Schaaf* ZInsO 2014, 1831 (1835).

[25] Vgl. Gesetzesbegründung zur 6. KWG-Novelle, BT-Drs. 13/7142, 63; BGH NZG 2013, 1060; MüKoHGB/*Fest* Einlagengeschäft Rn. 83.

[26] Boos/Fischer/Schulte-Mattler/*Schäfer* § 1 Rn. 42.

[27] **Abw.** MüKoHGB/*Fest* Einlagengeschäft Rn. 83 unter Hinweis auf BGH NStZ 2911, 410 (411).

[28] Vgl. MüKoHGB/*Fest* Einlagengeschäft Rn. 86 ff.

[29] Vgl. Gesetzesbegründung zur 6. KWG-Novelle, BT-Drs. 13/7142, 63.

[30] Assies/Beule/Heise/Strube/*Barleon* Kap. 6 Rn. 11.

[31] *Fischer* WM 2014, 1709.

liegt ein Bankgeschäft vor. Wird dieses gewerbsmäßig betrieben oder in einem Umfang, der einen kaufmännisch eingerichteten Geschäftsbetrieb erfordert, bedarf es einer Erlaubnis nach § 32 Abs. 1 KWG durch die Bundesanstalt für Finanzdienstleistungsaufsicht (BaFin), die sog. **Banklizenz** (präventives Verbot mit Erlaubnisvorbehalt).[32]

17 **bb) Fortlaufende Überwachung.** Das **betreffende Kreditinstitut** unterliegt weiterhin der fortlaufenden Überwachung durch die Bankenaufsicht (gem. § 7 KWG Bundesbank und BaFin). Grob vereinfacht gesagt gilt insofern Folgendes: Die BaFin kann gem. **§§ 37, 32 KWG** die sofortige Einstellung des Geschäftsbetriebs und die unverzügliche Abwicklung der Geschäfte anordnen.[33] Sie ist berechtigt, ihre Verfügungen mit Zwangsmitteln durchzusetzen (vgl. § 17 FinDAG). Relevant werden diese weitreichenden **Eingriffsbefugnisse** auch zur Steuerung des „grauen Kapitalmarkts".[34] Dabei dient § 37 KWG jedoch nur dem öffentlichen Interesse und dem objektiven Schutz des Anlegerpublikums.[35] Ein einzelner Ein- oder Anleger wird nur reflexartig durch die Vorschrift geschützt, sodass Amtshaftungsansprüche ggü. dem Träger der Finanzdienstleistungsaufsicht ausscheiden. § 32 Abs. 1 S. 1 KWG ist jedoch **Schutzgesetz** iSv § 823 Abs. 2 BGB mit der Folge einer **Schadensersatzpflicht** des Betreibers unzulässiger Bankgeschäfte zugunsten des Kapitalanlegers (→ Rn. 19a).

18 Das Führen von Bankgeschäften ohne Erlaubnis ist nach § 54 Abs. 1 Nr. 2 KWG **strafrechtlich** sanktioniert, gem. § 54 Abs. 2 KWG auch bei Fahrlässigkeit.[36] Täter können dabei nicht nur Vorstandsmitglieder oder Geschäftsführer der Nichtbank sein (§ 14 StGB).[37] Leitende Angestellte sind nur als Teilnehmer strafbar.[38] Dem ohne Erlaubnis operierendem Unternehmen kann nach § 30 OWiG iVm § 59 KWG ein **Bußgeld** auferlegt werden.

19 **cc) Auswirkungen auf die Kundengeschäfte.** Bisher nicht endgültig geklärt ist die zivilrechtliche Wirksamkeit der Geschäfte mit einer Institution, der die notwendige Banklizenz fehlt. Die Frage wurde vom BVerwG und BGH bislang offengelassen.[39] Für die Nichtigkeit **gem. § 134 BGB** müsste es sich bei § 32 KWG um ein **Verbotsgesetz** handeln, welches sich nicht nur gegen den Abschluss des Rechtsgeschäfts wendet, sondern auch gegen seinen wirtschaftlichen Erfolg.[40] Entscheidend für diese Beurteilung sind Sinn und Zweck der Norm.[41] Dies sind zwar sowohl die Stabilität des Finanzsystems als auch der Anlegerschutz.[42] Gleichwohl verbietet § 32 KWG allein das Betreiben von Bankgeschäften ohne Erlaubnis. Hieraus wird zutreffend gefolgert, dass die betreffenden Bankgeschäfte **zivilrechtlich wirksam** sind.[43] Die Gegenansicht gibt zwar zu bedenken, dass es mit § 32 Abs. 1 KWG unvereinbar sei, wenn das Geschäft mit der Nichtbank wirksam bleiben würde und der Bankkunde somit seine Einlage bei der Nichtbank – trotz einer möglichen Gefährdung – bis zum gesetzlich vereinbarten Zeitpunkt belassen müsste.[44] Diesem berech-

---

[32] Einzelheiten bei MüKoHGB/*Fest* Einlagengeschäft Rn. 132 ff.

[33] MüKoHGB/*Fest* Einlagengeschäft Rn. 145.

[34] Boos/Fischer/Schulte-Mattler/*Fischer* § 37 Rn. 1.

[35] BVerwG BKR 2011, 208.

[36] MüKoHGB/*Fest* Einlagengeschäft Rn. 146.

[37] BGH NJW-RR 2013, 675; BGH WM 2018, 1639 Rn. 13; MüKoHGB/*Fest* Einlagengeschäft Rn. 146.

[38] MüKoHGB/*Fest* Einlagengeschäft Rn. 146; Boos/Fischer/Schulte-Mattler/*Lindemann* § 54 Rn. 10; MüKoStGB/*Janssen* KWG § 54 Rn. 52; Erbs/Kohlhaas/*Häberle* KWG § 54 Rn. 2; vgl. zu § 830 BGB BGH NJW 2012, 3177 Rn. 8.

[39] BGH NJW 2005, 1784 (1785); BVerwG BKR 2011, 208 (211).

[40] BGH NJW 1999, 51 (52).

[41] BGH NJW 1962, 2010 (2011); 1992, 2021.

[42] BGH NJW 2005, 2702 (2703); VG Frankfurt a. M. BeckRS 2008, 35389; *Tettinger* DStR 2006, 903; BankR-HdB/*Schürmann/Langner* § 69 Rn. 9.

[43] Boos/Fischer/Schulte-Mattler/*Fischer* § 32 Rn. 27; MüKoHGB/*Fest* Einlagengeschäft Rn. 238; für einen Kreditvertrag BGH NJW 1980, 1394.

[44] VG Frankfurt a. M. BeckRS 2008, 35389; *Tettinger* DStR 2006, 903 (904); *Schwintowski* § 4 Rn. 2; EBJS/*Thessinga* BankR III Rn. 8.

tigten Schutzanliegen würde jedoch nicht entsprochen, wenn dem Einleger nur ein Bereicherungsanspruch zustehen würde und er somit seinen vertraglichen Zinsanspruch verlieren würde.[45] Zum Schutz des Einlegers ist es jedoch geboten, dass die bestehenden Dauerschuldverhältnisse analog § 15 Abs. 5 KWG sofort fällig gestellt werden.[46]

§ 32 Abs. 1 S. 1 KWG ist **Schutzgesetz** iSv § 823 Abs. 2 BGB mit der Folge einer **Schadensersatzpflicht** des Betreibers unzulässiger Bankgeschäfte zugunsten des Kapitalanlegers.[47] Das notwendige Verschulden (Vorsatz oder Fahrlässigkeit) wird von der Rechtsprechung großzügig, geradezu vermutend bejaht.[48] Insbesondere verfängt auch nicht der Hinweis darauf, dass gleichartige Verstöße bei anderen Anbietern vorliegen.[49] Gleichwohl ist auch hier Raum für die Annahme eines haftungsausschließenden unvermeidbaren **Verbotsirrtums;** dieser liegt aber nur dann vor, wenn der Schädiger die mögliche Verletzung der Erlaubnispflicht nicht billigend in Kauf nahm.[50] Regelmäßig ist zudem vor dem Betreiben Auskunft bei der zuständigen Aufsichtsbehörde einzuholen.[51] Hierauf darf man sich aber grundsätzlich verlassen.[52] Das Gleiche gilt bei der Einholung der Auskunft eines spezialisierten Rechtsanwalts.[53] Der Schadensersatzanspruch richtet sich gegen den Betreiber des Einlagengeschäfts,[54] gem. § 54 Abs. 1 Nr. 2 Alt. 1, Abs. 2 KWG iVm. § 14 Abs. 1 Nr. 1 StGB aber auch unmittelbar gegen deren Organe (§ 840 Abs. 1 BGB).[55] Der Schadensersatzanspruch ist auf die **Rückabwicklung der Einlage** bzw. entspr. Wertersatz gerichtet, ggf. ergänzt um einen entgangenen anderweitigen Gewinn (§ 252 BGB).[56] Über § 826 BGB können auch Dritte haften, wenn sie den erlaubnispflichtigen Betrieb zum Nachteil der Kunden auf Grund einer herausgehobenen Stellung unterstützt haben.[57] **19a**

3. Unterscheidung zwischen Sicht-, Termin- und Spareinlagen

Die in der Bankpraxis nach wie vor gebräuchliche Differenzierung von Sicht-, Termin- und Spareinlagen hat ihren Ursprung in § 13 Abs. 1 ZinsVO,[58] welcher jedoch bereits 1967 wieder aufgehoben wurde.[59] Nichtsdestotrotz wird an der Terminologie bis heute festgehalten, obwohl ihr rechtlicher Aussagegehalt nur noch begrenzt ist. **20**

Aufsichtsrechtlich war die Unterscheidung zwischen den Einlagen im Bezug auf die **Mindestreserve-Politik** der Bundesbank lange von Bedeutung.[60] Jedoch ist mit Aufhebung der AMR und der Einführung der MR-VO die Reservepflicht nicht mehr an den Einlagenarten orientiert, sondern vielmehr an der Laufzeit der Einlagen. Nach Art. 4 Abs. 1 MR-VO gilt ein Mindestreservesatz von 0 % bei Einlagen mit einer vereinbarten **21**

[45] VGH Kassel WM 2009, 1889 = ZBB 2009, 400; Boos/Fischer/Schulte-Mattler/*Fischer* § 32 Rn. 28; BankR-HdB/*Schürmann/Langner* § 69 Rn. 9.

[46] *Canaris* Rn. 1174 f.; MüKoHGB/*Fest* Einlagengeschäft Rn. 240.

[47] BGH WM 2018, 2354 Rn. 7; BGH NJW 2017, 2463 Rn. 12; BGH NJW-RR 2013, 675; BGH NJW 2011, 532; BGH NJW-RR 2006, 630; MüKoHGB/*Fest* Einlagengeschäft Rn. 147.

[48] Vgl. BGH NJW 2018, 3467 Rn. 8 (Parallelwertung in der Laiensphäre); BGH NJW 2012, 3177 Rn. 21; zustimmend MüKoHGB/*Fest* Einlagengeschäft Rn. 148.

[49] OLG Schleswig BeckRS 2012, 4677.

[50] BGH NJW 2018, 3467 Rn. 9 f.; BGH BeckRS 2018, 18948 Rn. 24.

[51] BGH BeckRS 2018, 18948 Rn. 28; BGH NJW-RR 2017, 1004 Rn. 17; BGH NJW 2012, 3177 Rn. 23.

[52] BGH BeckRS 2018, 18948 Rn. 28; BGH NJW-RR 2017, 1004 Rn. 17; OLG Schleswig BeckRS 2012, 4677.

[53] Vgl. BGH NJW-RR 2017, 1004 Rn. 13.

[54] MüKoHGB/*Fest* Einlagengeschäft Rn. 150.

[55] BGH NJW 2012, 3177 Rn. 19; BGH NJW-RR 2011, 350 Rn. 28.

[56] OLG Schleswig BeckRS 2012, 4677; MüKoHGB/*Fest* Einlagengeschäft Rn. 149.

[57] Vgl. BGH NJW-RR 2015, 675 Rn. 10; BGH NJW 2004, 3706 (3710) OLG Celle WM 2003, 325 (330 f.); MüKoHGB/*Fest* Einlagengeschäft Rn. 151.

[58] Zinsverordnung vom 5.2.1965 (BGBl. I S. 33).

[59] Verordnung vom 21.3.1967 (BGBl. I S. 352).

[60] § 16 BBankG, aufgehoben durch Gesetz v. 22.12.1997 (BGBl. I S. 3274) und AMR „Anweisung der Deutschen Bundesbank über Mindestreserven", aufgehoben durch Mitteilung der Deutschen Bundesbank v. 29.12.1998 (Mitteilung Nr. 5004/98).

Laufzeit oder einer vereinbarten Kündigungsfrist von zwei Jahren. Für darunter liegende Verbindlichkeiten gilt der Mindestreservesatz von 1,0%.

22 Die terminologische Differenzierung ist weiterhin in der **Rechnungslegung** von Banken relevant. Nach Formblatt 1 der Kreditinstituts-Rechnungslegungsverordnung (RechKredV) wird auf der Passivseite der Bankenbilanz zwischen Spareinlagen, täglich fälligen Verbindlichkeiten und Verbindlichkeiten mit vereinbarter Laufzeit oder Kündigungsfrist unterschieden. Die Verwendung des Formblatts ist gem. § 2 RechKredV für Kreditinstitute iSd § 340 Abs. 1 S. 1 HGB vorgeschrieben.

23 Ferner wird im **Bereich der Liquiditätsgrundsätze** zwischen den Einlagenarten unterschieden. § 4 Abs. 1 Nr. 3 Liquiditätsverordnung[61] sieht für Spareinlagen vor, dass 10% der Spareinlagen mit einer Zahlungsverpflichtung innerhalb eines Monats berücksichtigt werden müssen. Ansonsten bleiben Spareinlagen unberücksichtigt.[62]

24 Für die **zivilrechtliche Qualifikation** einer Einlage als Darlehen gem. § 488 BGB oder als unregelmäßige Verwahrung nach § 700 BGB ist weniger die terminologische Einordnung nach der Einlagenart entscheidend als das vertragliche Pflichtenprogramm[63] bzw. Interesse der beteiligten Parteien an der Verfügbarkeit des Geldes, → Rn. 132 ff., 212 und 229.

25 Im Bereich der **Einlagensicherung,** sowohl bei der gesetzlichen Regelung wie auch bei der freiwilligen Einlagensicherung, ist die Unterscheidung ohne Relevanz. Einzelheiten → Rn. 358 und 392.

4. Verzinsung von Einlagen, Negativzinsen

25a **a) Grundlagen.** Eine Verzinsung des Einlagengeschäfts setzt grundsätzlich eine entsprechende Vereinbarung, **Zinsabrede,** voraus (unstreitig). Dies gilt unabhängig von der privatrechtlichen Qualifizierung der Einlage als Darlehen oder unregelmäßige Verwahrung, denn der maßgebliche § 488 Abs. 1 S. 2 BGB („geschuldeter Zins") gilt bei beiden Alternativen gleichermaßen. In der Bankpraxis sind konsequenterweise stets die entsprechenden Vereinbarungen maßgeblich (vgl. zu Girokonten → Rn. 140; zu Termineinlagen → Rn. 221; zu Spareinlagen → Rn. 305 ff.). Neben der seit langem rechtlich ausgereiften Differenzierung von fester und variabler Verzinsung sind in jüngerer Zeit sog. **Negativzinsen** bzw. „Strafzinsen"[64] in den Mittelpunkt der wirtschaftlichen und rechtlichen Betrachtung getreten.[65] Diese sind funktional betrachtet dadurch gekennzeichnet, dass der Kunde für die Kapitalüberlassung ein Entgelt zu entrichten hat, sodass sich hierdurch die Summe des überlassenen Kapitals laufzeitabhängig schmälert, wenn der Kunde das Entgelt nicht anderweitig zahlt. **Wirtschaftlich** spricht nichts dagegen, derartige Gestaltungen zuzulassen. Immerhin hat das Einlagengeschäft aus der Perspektive der Kunden (Buchgeld) stets auch objektiv den Charakter der Absicherung gegenüber gegenständlichen Verlustrisiken (Diebstahl). Umgekehrt ist es auch keinesfalls zwingend, dass die Kreditinstitute das anvertraute Kapital im eigenen Interesse ertragsbringend nutzen können; insbesondere das seitens der EZB verwirklichte Niedrigzinsumfeld führt vielmehr dazu, dass es die durch das Aufsichtsrecht veranlassten Verwaltungskosten nahe legen, dass Kreditinstitute diese auch im Einlagengeschäft auf die Kunden abwälzen. Die **prinzipielle rechtliche Zulässigkeit** von Negativzinsen im Einlagengeschäft der Kreditinstitute dürfte daher kaum zu bezweifeln sein.[66] Dies gilt richtigerweise auch für öffentlich-rechtliche Kreditinstitute (Sparkassen),

[61] VO über die Liquidität der Institute (LiqV) vom 14.12.2006 (BGBl. I S. 3117).

[62] Derleder/Knops/Bamberger/*Batereau/Bertram* § 41 Rn. 9, 13; Assies/Beule/Heise/Strube/*Barleon* Kap. 6 Rn. 32; Boos/Fischer/Schulte-Mattler/*Zeranski* LiqV § 4 Rn. 11.

[63] BGH NJW 2019, 2920, Rn. 26; OLG Dresden NJW 2020, 620.

[64] Zur Begrifflichkeit *Hingst/Neumann* BKR 2016, 95 (96).

[65] Vgl. grundlegend *Tröger* NJW 2015, 657.

[66] MüKoHGB/*Fest* Einlagengeschäft Rn. 453 f.; *Binder/Hellstern* ZIP 2016, 1309 (1312 ff.); **abw.** wohl *Korff* VuR 2018, 149 (151).

denn der Auftrag zur Daseinsvorsorge wird hierdurch sachgerecht ausgestaltet und nicht etwa konterkariert.

Die **privatrechtliche Ausgestaltung** der Negativzinsen ist demgegenüber durchaus kompliziert. Selbst in Anerkennung der Privatautonomie und der hieraus resultierenden Vertragsgestaltungsfreiheit besteht vor allem im Hinblick auf die Notwendigkeit, Vertragslücken zu schließen, sowie für das maßgebliche gesetzliche Leitbild der AGB-Kontrolle das Bedürfnis, Parallelen zu gesetzlich vorgeprägten Verträgen zu identifizieren. Hierbei scheint es ausgeschlossen, im Fall von (vereinbarten!) Negativzinsen auf die §§ 688 ff. BGB abzustellen, mithin die (regelmäßige) Verwahrung (str.).[67] Hiergegen spricht zentral das dingliche Schicksal des überlassenen Kapitals, welches als **Buchgeld keine bewegliche Sache** iSv. § 688 BGB ist; auch das gegenständliche Rückforderungsrecht gem. § 695 BGB passt aus diesem Grund nicht.[68] Diese Erwägungen schließen es auch aus, einen Typenkombinationsvertrag anzunehmen, welcher im Hinblick auf die negative Zinskomponente Elemente der regelmäßigen Verwahrung enthält (str.).[69] Überzeugend ist es somit allein, das Einlagengeschäft auch im Fall von vereinbarten Negativzinsen nach Maßgabe der allgemeinen Abgrenzungskriterien als **Darlehen oder unregelmäßige Verwahrung** anzusehen.[70] Die für diese Vertragstypen vorgesehene Möglichkeit der „Positivzinsen" zu Gunsten des Kunden (vgl. § 488 Abs. 1 S. 2 BGB) ist dann konsequenterweise nicht (mehr) gewollt;[71] stattdessen bedarf es umgekehrt einer entsprechenden **Entgeltvereinbarung** zu Gunsten des Kreditinstituts, welche angesichts von Art. 2 Abs. 1 GG durchaus auch als laufzeitabhängiger Negativzins ausgestaltet sein kann. 25b

b) Wirksamkeit. Die Wirksamkeit einer negativen Zinsregel setzt in jedem Fall eine entsprechende **vertragliche Vereinbarung** voraus. Inhaltlich ist diese zunächst einmal anhand des Gewollten auszulegen, so dass spiegelbildlich zu den Gestaltungen für positive Guthabenzinsen **feste und variable Zinsmodelle** in Betracht kommen (→ Rn. 308 ff.). Die hieraus resultierenden **Zahlungspflichten** der Kunden sind grundsätzlich isoliert zu betrachten.[72] Infolge Aufrechnung oder im Rahmen der Kontokorrentbeziehung kann dies jedoch gleichwohl dazu führen, dass der Rückzahlungsanspruch auf das eingezahlte Kapital gegenüber der ursprünglichen Einlage geringer ausfällt. Problematisch sind vor diesem Hintergrund jedoch letztlich nur **AGB-mäßige Gestaltungen,** die freilich in der Bankpraxis den Regelfall darstellen. Neben den allgemeinen für Entgelte (→ Rn. 25d) oder (variable) Zinsen geltenden Vorgaben (→ 305 ff.) ist es bereits problematisch, ob ein Negativzins eine **überraschende Klausel** gem. 305c Abs. 1 BGB darstellt. Wegen der bereits seit Einführung solcher Gestaltungen durch die Bankpraxis flankierenden Berichterstattung in den Medien dürfte die Annahme einer überraschenden Klausel indessen nicht in Betracht kommen (str.).[73] Die **Inhaltskontrolle** nach Maßgabe von § 307 BGB fällt demgegenüber durchaus differenzierter aus: 25c

aa) Kontrollfähigkeit. Soweit es die Kontrollfähigkeit einer Negativzinsabrede betrifft, spricht viel dafür, dies zu bejahen. Hierbei ist zunächst zu berücksichtigen, dass es sich bei negativ verzinsten Einlagen im Ausgangspunkt um Darlehen bzw. unregelmäßige Verwahrung handelt (→ Rn. 25b), so dass die für die regelmäßige Verwahrung maßgebliche Regelung des § 689 BGB keine Auswirkungen auf die Beurteilung der Kontrollfähigkeit 25d

---

[67] So aber *Krepold/Herrle* BKR 2018, 89 (97); *Stork/Reul* DB 2015, 115; *Tröger* NJW 2015, 657 (658).

[68] Zutreffend MüKoHGB/*Fest* Einlagengeschäft Rn. 432.

[69] MüKoHGB/*Fest* Einlagengeschäft Rn. 433; **abw.** *Edelmann* BB 2018, 394 (398); *Herresthal* EWiR 2018, 227 (228); *Omlor* BKR 2018, 109 (111).

[70] MüKoHGB/*Fest* Einlagengeschäft Rn. 433.

[71] Nicht nachvollziehbar *Hingst/Neumann* BKR 2016, 95 (97), sowie *Söbbing/von Bodungen* ZBB 2016, 39 (41), wonach die negative Zinspflicht ein Fall von § 488 Abs. 1 S. 2 BGB sei.

[72] Teilw. **abw.** MüKoHGB/*Fest* Einlagengeschäft Rn. 434 ff. wenn zwischen Zahlungsverpflichtungen des Kunden (Negativzins) und zinsgebundener Strukturierung der Einlageforderung differenziert wird, was letztlich aber keine unterschiedlichen Rechtsfolgen nach sich zieht.

[73] So auch MüKoHGB/*Fest* Einlagengeschäft Rn. 439; **abw.** LG Tübingen BKR 2018, 128 Rn. 70.

hat. Die gem. § 307 Abs. 3 S. 1 BGB **kontrollfreien Hauptleistungspflichten** sind daher auch bei Negativzinsen aus der Perspektive von §§ 488, 700 BGB zunächst einmal allein die (ggf. vorhandene) Kundenpflicht zur Kapitalüberlassung und die Pflicht des Kreditinstituts zur Rückzahlung bei Fälligkeit. Die Entgeltpflicht des Kunden als Einleger ist hierin noch nicht einmal erwähnt. Im Umkehrschluss hierzu kann die Kontrollfähigkeit einer Entgeltpflicht des Kunden, welche vereinbarungsgemäß in die §§ 488, 700 BGB eingebettet ist, gemäß hM als **kontrollfähige Nebenabrede** durchaus bejaht werden (str.);[74] die besseren Gründe sprechen indessen dafür, dieses Ergebnis allein aus dem Tatbestand einer hybriden Preisregel heraus zu legitimieren, ohne dass es auf den Vergleich mit einem entsprechenden gesetzlichen Leitbild ankommt (zum Ganzen → Rn. 25g ff.).

25e **bb) Unangemessene Benachteiligung?** Die konkrete **Angemessenheitskontrolle** gem. § 307 Abs. 1 S. 1, Abs. 2 BGB einer entsprechenden Zins- bzw. Entgeltabrede kann aber richtigerweise nicht unter Berufung auf die pauschale Formel des BGH, wonach es dem Klauselverwender untersagt wäre, allgemeine Betriebskosten, Aufwand für die Erfüllung gesetzlicher oder nebenvertraglich begründeter eigener Pflichten oder für sonstige Tätigkeiten auf den Kunden abzuwälzen (→ Rn. 25g ff.), erfolgen. Sieht man die Klauselkontrolle von AGB als Instrument, die **Gefahr von Doppelbepreisungen oder gegenleistungslosen Entgelten** bei hybriden Entgeltstrukturen auszuräumen, steht es den Kreditinstituten auch im Rahmen von Negativzinsen im Ausgangpunkt durchaus zu, hierfür ein Entgelt zu verlangen, welches eigenen Aufwand und sogar einen eigenen Gewinnanteil umfasst. Mangels Erwähnung einer Negativzinspflicht des Kunden in den maßgeblichen §§ 488, 700 BGB, kann insofern durchaus auch auf die Vermutungsregelung gem. § 307 Abs. 2 Nr. 1 BGB abgestellt werden.[75] Es kann jedoch zur Widerlegung dieser Vermutung von Seiten der Kreditinstitute in jedem Einzelfall dargelegt werden, dass die aus der Entgegennahme von Kundengeldern resultierenden eigenen (!) Kosten eine entsprechende Bepreisung rechtfertigen; dies gelingt freilich nicht, soweit diese Kosten bereits durch entsprechende Kontoführungsgebühren umgelegt wurden.[76] Man muss aber noch weiter gehen und auch Abreden über **Negativzinsen als legitimes Mittel** sehen, den Kreditinstituten hierüber eine Gewinngenerierung zuzubilligen.[77] Wendet man diese Maßstäbe an, dürfte angesichts des bislang maßvollen Umfangs der Negativzinsen und der augenfälligen Berücksichtigung des Verwahrcharakters im Sicherheitsinteresse der Kunden und der Verwaltungskosten der Kreditinstitute entgegen der wohl hM wenig Raum zu bestehen, eine Negativzinsabrede als unangemessen anzusehen. Hiervon abzugrenzen ist freilich die Möglichkeit eines Verstoßes gegen das **Transparenzgebot** gem.§ 307 Abs. 1 S. 2 BGB.[78]

25f **cc) Nachträgliche Einführung.** Die Frage der privatrechtlichen Zulässigkeit von Negativzinsen ist noch schwieriger zu beantworten, wenn im Rahmen einer laufenden Kontobeziehung solche eingeführt werden sollen. Im Ausgangspunkt gilt unstreitig das Erfordernis einer entsprechenden **Änderungsvereinbarung** zwischen Bank und Kunde,[79] sei es, dass eine Umstellung von Guthaben- auf Negativzinsen angestrebt wird oder dass ein zinsloser Vertrag künftig mit Negativzinsen belegt werden soll. Eine (gesetzliche) Umstellung gem. § 313 Abs. 1 BGB (Vertragsanpassung nach der Geschäftsgrundlagenlehre)

---

74 So auch *Krepold/Herrle* BKR 2018, 89 (97); *Wagner* BKR 2017, 315 (318); MüKoHGB/*Fest* Einlagengeschäft Rn. 443; **abw.** auf der Grundlage eines (nicht überzeugenden) Typenkombinationsvertrags unter Rückgriff auf die regelmäßige Verwahrung oder unter verfehltem Hinweis auf § 488 Abs. 1 S. 2 BGB LG Tübingen BKR 2018, 128; *Herresthal* EWiR 2018, 227; *Kropf* WM 2017, 1185 (1189); *Langner/Brocker* WM 2017, 1917 (1923); BankR-HdB/*Schürmann/Langner* § 70 Rn. 25 b.

75 OLG Stuttgart BeckRS 2019, 4577; MüKoHGB/*Fest* Einlagengeschäft Rn. 446.

76 Vgl. LG Tübingen BeckRS 2018, 22614 Rn. 13.

77 **AA** MüKoHGB/*Fest* Einlagengeschäft Rn. 447 mit der wenig überzeugenden Erwägung, die Kreditinstitute könnten ihren Aufwand an anderer Stelle durch Erträge kompensieren, etwa beim Sollzinssatz.

78 Vgl. hierzu OLG Stuttgart BeckRS 2019, 4577 Rn. 95 ff.; LG Tübingen BKR 2018, 128 Rn. 71 ff.

79 Einzelheiten bei MüKoHGB/*Fest* Einlagengeschäft Rn. 460.

scheidet aus, da das Zinsrisiko jeder Vertragspartei individuell zugewiesen ist (str.).[80] Eine AGB-mäßige Vertragsänderung mittels **Zustimmungsfiktion** ist grundsätzlich nach Maßgabe von § 308 Nr. 5 BGB möglich (str.);[81] § 312a Abs. 3 S. 1 BGB steht dem nicht entgegen, denn die Zustimmungsfiktion ist keine konkludente Willenserklärung (str.).[82] Die übrigen Vorgaben der AGB-Kontrolle (→ Rn. 25c ff.) gelten dessen ungeachtet. Wurde für die (positiven) Guthabenzinsen eine **variable Zinsregelung** vereinbart, bedarf es vorrangig der Auslegung, ob hierüber auch ein negativer Zins abgedeckt ist oder ob ein Zinsfloor vereinbart wurde;[83] lässt die Klausel eine **negative Verzinsung** zu,[84] können hierüber auch solche Gestaltungen AGB-mäßig vereinbart werden (str.).[85] Die AGB-rechtlichen Wirksamkeitsvoraussetzungen richten sich im Übrigen nach den allgemeinen Regeln (→ Rn. 305 ff.), insbesondere dem **Transparenzgebot** gem. § 307 Abs. 3 S. 2 BGB.[86]

5. AGB-mäßige Entgeltregelungen

a) Kontrollfähigkeit. aa) Kontrollfreiheit vertraglicher Hauptleistungspflichten. Im Einlagengeschäft stellen sich auf verschiedene Weise Fragen der Rechtmäßigkeit AGB-mäßig vereinbarter Entgelte.[87] Auch hier ist freilich **vorrangig zu prüfen**, ob die entsprechende Klausel überhaupt nach Maßgabe von § 307 Abs. 3 S. 1 BGB inhaltlich im Hinblick auf eine etwaige unangemessene Benachteiligung des Kunden hin überprüfbar sind. Im Mittelpunkt steht die im Grunde allgemein anerkannte Kontrollfreiheit der Hauptleistungspflichten eines Vertrages.[88] Diese ist im Kern durch die **Verhinderung einer gerichtlichen Preiskontrolle** legitimiert. Der Kunde soll durch die §§ 305 ff. BGB vor einer einseitigen Verschlechterung seiner Rechtslage geschützt werden, was etwas fundmental anderes ist als die Überprüfung des vertraglichen Äquivalenzverhältnisses anhand von Billigkeit oder Angemessenheit.[89] Es erschließt sich so ohne weiteres, dass der Preis der vertraglichen Hauptleistung kontrollfrei ist. Dies gilt insbesondere für das Bankwesen, da es hier mit Ausnahme von § 312a Abs. 4 Nr. 2 BGB keine rechtlichen Maßstäbe für den angemessenen Preis gibt.[90] Zudem wird dem Preis der vertraglichen Hauptleistung regelmäßig seitens des Kunden die gehörige Aufmerksamkeit geschenkt.[91] Hierfür ist es daher ausreichend, die AGB-Kontrolle allein auf die **gehörige Transparenz** gem. § 307 Abs. 3 S. 2 BGB zu beschränken[92] und hierdurch eine eigenverantwortliche Vertragsentscheidung zu ermöglichen. 25g

bb) Abgrenzungsprobleme. Die Konsequenzen dieser dogmatischen Begrenzung der AGB-Kontrolle sind indessen keinesfalls eindeutig, weil sie die **AGB-rechtliche Qualifizierung einer Vertragsregelung** voraussetzen. Die in der Rechtsprechung herausgebildeten Kategorien der nicht kontrollfähigen Preisabreden und der kontrollfähigen Preisneben- 25h

[80] *Tröger* NJW 2015, 657 (660); MüKoHGB/*Fest* Einlagengeschäft Rn. 461; **abw.** *Hingst/Neumann* BKR 2016, 95 (100); *Vogel* BKR 2018, 45 (56).
[81] **Abw.** LG Tübingen BKR 2018, 128 Rn. 63 ff.
[82] Ähnlich *Edelmann* BB 2018, 394 (397); BankR-HdB-*Schürmann/Langner* § 70 Rn 25c; **abw.** MüKoHGB/*Fest* Einlagengeschäft Rn. 459.
[83] OLG Stuttgart WM 2009, 1110 (1115); MüKoHGB/*Fest* Einlagengeschäft Rn. 457.
[84] Restriktiv Stuttgart WM 2009, 1110 (1115).
[85] **Abw.** LG Tübingen BeckRS 2018, 128 Rn. 67.
[86] Hierzu OLG Stuttgart BeckRS 2019, 4577 Rn. 95 ff.
[87] Hierzu bereits *Servatius* ZIP 2017, 745.
[88] Vgl. jüngst wieder BGH WM 2019, 2153 Rn. 23.
[89] Vgl. BT-Drs. 7/3919, S. 22; statt anderer Staudinger/*M. Coester* (2013) § 307 Rn. 40 ff., 284; BeckOK BGB/*H. Schmidt*, 41. Ed., § 307 Rn. 68.
[90] Vgl. demgegenüber etwa zur Kontrollfähigkeit von Entgeltabreden im regulierten Bereich der Ärzte BGH NJW 1992, 746; BGH NJW-RR 2015, 181.
[91] *Stoffels* JZ 2001, 843, 847 ff.
[92] Vgl. zum umfassenden Anwendungsbereich der Transparenzkontrolle MüKoBGB/*Wurmnest*, § 307 Rn. 56 ff.

abreden sind gesetzlich nicht vorgeprägt und konsequenterweise im Lichte des AGB-Rechts zu konkretisieren. Hierfür gibt es indessen bislang noch keine überzeugenden Kriterien, so dass auch eine **klare dogmatische Abgrenzung fehlt,** was zu Rechtsunsicherheit führt. Im klassischen Aktiv- und Passivgeschäft ist regelmäßig nur in Bezug auf den **Guthaben- bzw. Darlehenszins** präzise auszumachen, dass es sich hierbei um eine kontrollfreie Hauptleistungspflicht handelt.[93] Aber selbst hierbei können bereits Abgrenzungsprobleme bestehen, wenn man hinterfragt, welcher Zins als „Preis" der Kapitalüberlassung hier überhaupt maßgeblich und gem. § 307 Abs. 3 S. 1 BGB kontrollfrei sein soll (vgl. nur die verschiedenen Komponenten des sog. Effektivzinses gem.§ 6 PAngVO) oder das Disagio, welches vordergründig dem Zins zuzuordnen ist, nach Ansicht des BGH indessen sowohl ein kontrollfreies zinsähnliches Teilentgelt sein kann als auch eine kontrollfähige Preisnebenabrede.[94]. Da viele Bankprodukte, welche im Grunde den §§ 488 ff. BGB folgen (ggf. iVm. § 700 Abs. 1 BGB), bestimmungsgemäß ergänzend zu einer (nominalen) Zinsabrede **weitere Entgeltkomponenten** aufweisen, wie zum Beispiel Abschluss-, Bereitstellungs-, oder Kontoführungsgebühren, bedarf es für die auf der Grundlage von § 307 Abs. 3 S. 1 BGB durchaus berechtigte Formel, der Preis der vertraglichen Hauptleistung sei der Inhaltskontrolle entzogen, einer konkreteren Ausgestaltung.

25i Der BGH erkennt die Notwendigkeit der weiteren Abgrenzung durchaus und bejaht die Kontrollfreiheit zutreffend auch beim Entgelt für eine rechtlich nicht geregelte **zusätzlich angebotene Sonderleistung.**[95] Dass sich diese zweite Alternative der Kontrollfreiheit seitens der Rechtsprechung gerade in Bezug auf die Entgeltklauseln der Kreditinstitute entwickelte, ist dem Umstand geschuldet, dass diese traditionell mit ergänzenden Entgelt- bzw. Gebührentatbeständen arbeiteten.[96] Die Bankprodukte sind so ein Paradigma für die AGB-rechtliche Behandlung von Teilentgelten.[97] Sucht man indessen nach der gesetzgeberischen Legitimation, auch **Teilentgelte** gem. § 307 Abs. 3 S. 1 BGB aus der Inhaltskontrolle herauszunehmen, muss zunächst anerkannt werden, dass eine komplexe und differenzierte Preisstruktur a priori der **Dispositionsfreiheit der Vertragsparteien** unterliegt.[98] Wenngleich der BGH diesen Aspekt bislang konsequent ausblendet, ist es wohl unstreitig, dass die Kreditinstitute auch AGB-mäßig ohne weiteres Verträge im Hinblick auf Leistung und Gegenleistung ausdifferenzieren und im Extremfall sogar atomisieren dürfen. In den verschiedenen vorvertraglichen Informationspflichten gem. Art. 246 ff. EGBGB ist die Preisaufspaltung sogar ausdrücklich anerkannt.[99] Selbst wenn man die hieraus folgende Komplexität als Umstand ansieht, der dem Kunden die Erschließung der einzelnen Regelungen erschweren könnte, rechtfertigt dies als Kompensation keine Inhaltskontrolle, sondern allein die gebotene Transparenz nach Maßgabe von § 307 Abs. 3 S. 2 BGB. Ist diese gewahrt, besteht im Ausgangspunkt kein Grund, einen Vertrag mit lediglich einer Verbindung von Leistungs- und Entgeltpflicht AGB-rechtlich anders zu behandeln als einen Vertrag mit zwei oder mehr dieser Verknüpfungen. Die Aufspaltung eines gem. § 307 Abs. 3 S. 1 BGB mangels rechtlichen Maßstabs kontrollfreien Preises in verschiedene Einzelentgelte ist daher für sich genommen kein Grund, einer pauschalen Inhaltskontrolle das Wort zu reden. Ein **Aufspaltungsverbot** bei Entgelten kann so allenfalls das Ergebnis einer fundierten Inhaltskontrolle nach Maßgabe von § 307

---

[93] Vgl. zu Festzinsdarlehen etwa BGH NJW 1979, 805; BGH NJW 1979, 2092; BGH NJW 1989, 222 (223); zum variablen Zins auch BGH NJW 2010, 1742.

[94] BGH WM 2016, 699, Rn. 29 f. (mwN); BGH ZIP 2017, 67, Rn. 18.

[95] BGH ZIP 2017, 67, Rn. 18; BGH WM 2019, 2153 Rn 23.

[96] Die selbst gewählte Annäherung der Begrifflichkeit „Gebühr" an das öffentliche Recht betonte jüngst der BGH (ZIP 2017, 67, Rn. 29).

[97] Vgl. zu weiteren Bereichen dieser Problematik MüKoBGB/*Wurmnest* § 307 Rn. 17 f.

[98] Vgl. hierzu etwa *Billing* Die Bedeutung von § 307 Abs. 3 S. 1 BGB im System der AGB-rechtlichen Inhaltskontrolle, 2005, S. 100 f.

[99] Vgl. etwa beim Verbrauchervertrag Art. 246 Abs. 1 Nr. 3 EGBGB, beim Fernabsatzvertrag Art. 246a § 1 Abs. 1 S. 1 Nr. 4 EGBGB, beim Fernabsatzvertrag über Finanzdienstleistungen Art. 246b § 1 Abs. 1 Nr. 6 EGBGB („Preisbestandteile").

Abs. 1 S. 1, Abs. 2 BGB sein, nicht umgekehrt die rechtliche Prämisse, AGB-Regelungen inhaltlich zu inkriminieren.

Hieraus folgt, dass im Ausgangspunkt bei der Frage der Kontrollfähigkeit jede einzelne Entgeltklausel so zu behandeln ist, als wäre sie die einzige, mithin wie den inhaltlich kontrollfreien Preis einer vertraglichen Hauptleistung.[100] Auch Versuche, eine **Verkehrserwartung** anzunehmen, aus der sich ergebe, dass die betreffende Nebenleistung im Hauptpreis mit abgegolten sei, oder dass bestimmte Nebenleistungen unentgeltlich erbracht würden, können nicht ohne hinreichende Auslegung des konkreten Vertrags für maßgeblich erachtet werden, um hierüber die Frage der Kontrollfähigkeit zu entscheiden.[101] Dieser durch **Auslegung** ermittelte **Zusammenhang von Entgelt und Leistung** ist in konsequenter Fortentwicklung der Kontrollfreiheit bei Hauptleistungspflichten auch bei Teilentgelten gerade ein Umstand, der gegen die Inhaltskontrolle spricht. Aus der Preisaufspaltung als solches kann daher nur dann ein AGB-rechtlicher Schluss im Hinblick auf die Kontrollfähigkeit gezogen werden, wenn einer Entgeltklausel als Ergebnis der Vertragsauslegung überhaupt **keine korrespondierende Leistung** des Verwenders zugeordnet werden kann. Nur in diesem theoretischen Fall ist der Schutzzweck der Kontrollfreiheit, eine richterliche Preiskontrolle zu verhindern, evident nicht erfüllt, weil dieses leistungslose Entgelt überhaupt kein Preis in diesem Sinne ist. Geht man aber davon aus, dass letztlich alle Bankentgelte im vertragsgemäßen Zusammenhang mit einer irgendwie gearteten Leistung des Kreditinstituts stehen, muss daher **jenseits der Aufspaltung** als solches eine **andere normative Vorgabe** ermittelt werden, aus der eine Abgrenzung von Kontrollfähigkeit und Kontrollfreiheit im Rahmen von § 307 Abs. 3 S. 1 BGB erfolgen kann. 25j

cc) Kritische Würdigung der Rechtsprechung des BGH. Auch der BGH geht bei der Abgrenzung von der Existenz solcher normativen Kriterien bei der Beurteilung von Teilentgelten aus, indem er anführt, Preisnebenabreden, die keine echte (Gegen-)Leistung zum Gegenstand haben, sondern mit denen der Klauselverwender, **allgemeine Betriebskosten und Aufwand** für die Erfüllung gesetzlich oder nebenvertraglich begründeter eigener Pflichten oder für sonstige Tätigkeiten **auf den Kunden abwälzt,** die der Verwender im eigenen Interesse erbringt, seien der Inhaltskontrolle unterworfen.[102] Dies überzeugt indessen nur bedingt. Die mit dieser Abgrenzung einhergehende latente Kritik, der Verwender würde mittels der Preisnebenabrede etwas Unberechtigtes verlangen („abwälzt"), erscheint zum einen zu pauschal und ist bei genauerer Betrachtung auch betriebswirtschaftlich kein geeignetes Differenzierungskriterium.[103] Es ist nämlich bei realitätsnaher Betrachtung davon auszugehen, dass auch im Bankwesen **jedes Entgelt** auf Seiten des Verwenders eine **Aufwands- und eine Gewinnkomponente** aufweist, selbst wenn sich das Verhältnis erst später im Rahmen einer Gesamtschau ermitteln lässt (GuV, Jahresbilanz). Dies gilt insbesondere auch für die nach Ansicht des BGH gerade nicht kontrollfähigen Entgeltabreden, mithin vor allem der Preis der vertraglichen Hauptleistung. Auch der kontrollfreie Nominalzins eines Darlehens[104] enthält bankintern betrachtet regelmäßig Elemente, die gemäß der Argumentation des BGH im Bereich der Preisnebenabreden inkriminiert sind. Über den Darlehenszins finanziert ein Kreditinstitut nämlich durchaus seine allgemeinen Betriebskosten, den Aufwand für die Erfüllung gesetzlich oder nebenvertraglich begründeter eigener Pflichten oder für sonstige Tätigkeiten, die es im eigenen Interesse erbringt. Es dürfte außer Streit stehen, dass dieses Ansinnen des Verwenders in beiden Fällen legitim ist. Dies ergibt sich eindeutig aus dem **Umkehrschluss zu § 312a Abs. 4 Nr. 2 BGB** und wird auch noch dadurch untermauert, dass selbst der BGH annimmt, dass der 25k

[100] So letztlich auch Staudinger/*M. Coester* (2013) § 307 Rn. 329.

[101] Ähnlich Staudinger/*M. Coester* (2013) § 307 Rn. 329; *Habersack* WM 2008, 1857, 1859.

[102] BGH ZIP 2017, 67, Rn. 18; BGH WM 2019, 2153 Rn. 23.

[103] Hierzu bereits *Servatius* ZfIR 2016, 12, 17 ff.

[104] Vgl. für den Festzins eines Darlehens BGH NJW 1979, 805; BGH NJW 1979, 2092; BGH NJW 1989, 222 (223).

Verwender nicht verpflichtet ist, die interne Kostenkalkulation bei Entgelten offen zu legen.[105] Aus dem vom BGH angeführten Umstand des „Abwälzens" von Aufwand im Rahmen des Entgelts auf den Kunden lässt sich daher für sich genommen kein normativ fundiertes Kriterium für die Kontrollfähigkeit begründen. Die Legitimation folgt vielmehr allein aus dem (möglichen) Fehlen einer korrespondierenden Gegenleistung des Verwenders.

25l Kritisch anzumerken ist zum anderen, dass die vom BGH angeführten Abgrenzungskriterien für die **Kontrollfähigkeit** im Kern **Elemente einer Inhaltskontrolle** darstellen, ohne jedoch methodenehrlich und hierauf abgestimmt auf der Grundlage von § 307 Abs. 1 S. 1, Abs. 2 BGB angewendet zu werden. Wenn der BGH anführt, die eine Kontrollfähigkeit hervorrufenden Merkmale der Preisnebenabreden seien dadurch gekennzeichnet, dass sie „rechtlich nicht geregelt" seien, „zusätzlich" erfolgten bzw. eine „Sonderleistung" darstellten, ist dies bereits wegen der begrifflichen Unbestimmtheit und des teilweisen Überschneidens der Merkmale wenig rechtssicher handhabbar. Schwerer wiegt jedoch, dass diese Merkmale nach der Argumentation des BGH einen **normativen Gehalt** im Hinblick auf ihre Unzulässigkeit aufweisen, was der AGB-Kontrolle als Rechtskontrolle zuzuweisen ist. Selbst wenn man daher mit dem BGH übereinstimmt, dass diese Kriterien geeignet sind, auf eine Benachteiligung des Kunden zu schließen und hieraus negative Konsequenzen für die Gültigkeit der betreffende Klauseln folgert, ist dies methodisch betrachtet eine **Frage der inhaltlichen Überprüfung** der Klauseln nach Maßgabe der § 307 Abs. 1 S. 1, Abs. 2 BGB und nicht der Kontrollfähigkeit. Nur in diesem Rahmen stehen die entsprechenden gesetzlichen Maßstäbe bereit, um das durchaus berechtigte Anliegen des BGH zur Geltung zu bringen. Allein hiernach lassen sich die Kriterien „nicht geregelt", „zusätzlich" bzw. „Sonderleistung" methodengerecht entwickeln, um hieraus Schlüsse für ihre Unzulässigkeit zu ziehen. Das Vorgehen des BGH, im Rahmen der Prüfung der Kontrollfähigkeit einer Entgeltklausel bereits Aspekte zu prüfen, die nach der Konzeption des AGB-Rechts der Inhaltskontrolle zugewiesen sind, wird diesem Anspruch nicht gerecht.

25m **dd) AGB-spezifische Gefährdungslage als Abgrenzungskriterium.** Die vorstehende Kritik führt indessen nicht dazu, die vom BGH angenommene Kontrollfähigkeit der sog. Preisnebenabreden in Gänze abzulehnen. Man kann nämlich durchaus die AGB-spezifische Gefährdungslage als Legitimation einer Inhaltskontrolle etwas differenzierter betrachten und anhand der Einflüsse einer im Bankwesen typischen **komplexen Entgeltstruktur** auf die **Entscheidungsfreiheit des Kunden** eine Notwendigkeit der Inhaltskontrolle entwickeln. Man muss nach einer Abgrenzung suchen, die nicht das Entgelt als im Hinblick auf seine Aufwands- und Gewinnkomponente prinzipiell legitimes Ziel des Verwenders in den Mittelpunkt der Betrachtung rückt (arg. e contrario § 312a Abs. 4 Nr. 2 BGB), sondern die **Mittel der Entgeltgestaltung,** die seitens des Verwenders eingesetzt werden. Auf diese Weise kann es durchaus sein, dass das vom Kunden verlangte Gesamtentgelt für sich genommen eine nach § 307 Abs. 3 S. 1 BGB richterlich nicht überprüfbare Größe ist, die komplexe Ausgestaltung dieses Entgelts jedoch eine rechtliche Überprüfung nach Maßgabe von § 307 Abs. 1 S. 1 und Abs. 2 BGB rechtfertigt. Ist eine vertragliche Leistung daher durch einen **einzigen (Gesamt-)Preis** umschrieben (Auslegung nach Maßgabe von § 305c Abs. 2 BGB), wird hierüber das vertragliche Äquivalenzverhältnis klar definiert. Der Grundsatz des volenti non fit iniuria beansprucht uneingeschränkt Geltung, sodass eine materielle Inhaltskontrolle bzw. die rechtliche Suche nach dem iustum pretium im Einklang mit § 307 Abs. 3 S. 1 BGB kategorisch ausscheidet. Sobald aber dieses Idealbild „des einen Preises" verlassen wird (Auslegung nach Maßgabe von § 305c Abs. 2 BGB), verringert sich auch die durch die Privatautonomie und Eigenverantwortlichkeit legitimierte inhaltliche Kontrollfreiheit gem. § 307 Abs. 3 S. 1 BGB. Sobald also eine im Wege der Auslegung ermittelte komplexe Entgeltstruktur besteht, anhand derer sich nicht klar ableiten lässt, dass

[105] BGH ZIP 2011, 263 Rn. 22.

Leistung und Gegenleistung trennscharf voneinander abgegrenzt werden, ist Raum für eine Inhaltskontrolle.

25n Dies gilt somit **nicht bereits wegen der Aufspaltung** der Gegenleistung des Kunden in Einzelposten und korrespondierende Teilentgelte als solches, denn diese können durch das Transparenzgebot adäquat eingedämmt werden. Bedenklich sind vielmehr allein **Mischmodelle** in der hybriden Kombination von **Grundpreis und Zusatzentgelten.** Nur hierbei wird der Kunde trotz möglicherweise vollständiger Transparenz im Hinblick auf die Einzelentgelte strukturell benachteiligt, denn er kann nicht überblicken, wie sich – durchaus aus seiner laienhaften Sicht (vgl. § 305c Abs. 2 BGB) – die Gesamtgegenleistung im Hinblick auf den eigenen Aufwand und den darüber hinausgehenden Gewinn des Verwenders auf die einzelnen Entgeltkomponenten verteilt. Dies hat konkret nachvollziehbare **Auswirkungen die Entscheidungsfreiheit** des Kunden. Nimmt man nämlich naheliegend an, dass es seitens eines Kunden eher hinnehmbar ist, dass der Verwender eigenen Aufwand einpreist, weil es sich hier nur um „durchlaufende Posten" handelt, der Kunde indessen einem vermeintlichen Gewinninteresse eher skeptisch gegenüber eingestellt ist, wird deutlich, dass eine derart **hybride Preisgestaltung** seitens des Verwenders zum eigenen Vorteil ausgenutzt werden kann. Hierzu muss man nicht die Extrembeispiele aus dem Luftverkehr bemühen, wo die Treibstoffkosten oder Flughafengebühren gesondert ausgewiesen werden und der Verwender sich hierdurch aus der Schusslinie einer effektiven Preiskontrolle seitens des Kunden nimmt. Dieser Differenzierungsaspekt lässt sich durchaus verallgemeinern. Es ist nämlich naheliegend, dass der Verwender bei einem derartigen hybriden Preismodell möglichst viele evident „durchlaufende Posten" in Gestalt von Zusatzentgelten vereinnahmen will und den eigenen Gewinnanteil verstärkt über den konsequenterweise niedrigeren Grundpreis generiert. Diesen Zusammenhang kann man auch umgekehrt betrachten: Der Kunde ist typischerweise geneigt, Verständnis dafür aufzubringen, dass Zusatzentgelte anfallen, weil hierüber der Eindruck erweckt wird, dass dem auch eine besondere Leistung gegenüber steht, das Gewinninteresse des Verwenders tritt hier in den Hintergrund. Betrachtet man sich etwa die **Abschlussgebühren,** wird dem Kunden hierüber vor Augen geführt, man erbringe eine Leistung, um seinen Vertragswunsch und die Abwicklung des Vertrages zu erfüllen. Das Gleiche gilt für die **Kontoführungsgebühren.** Die Kehrseite dieser sehr deutlichen Funktion von Zusatzentgelten ist aber, dass der Kunde den Grundpreis aus den Augen verliert. Er müsste sich durchaus fragen, welchem legitimen Zweck bei einer derartigen Zusatzbepreisung der Grundpreis in Gestalt der Guthabenzinsen o. ä. denn noch haben soll.

Durch beide Folgen der hybriden Entgeltstruktur entsteht somit die **Gefahr,** dass der Kunde Zahlungen erbringen muss, für die er entweder **gar keine Gegenleistung erhält** oder aber eine **Doppeltbepreisung** erfolgt. Beides stellt sich als elementare Störung des an sich kontrollfreien Äquivalenzprinzips im Leistungsbereich dar, welche es AGB-rechtlich zu Gunsten des Kunden zu korrigieren gilt. Dies darf auch nicht als konturenlose allgemeine Preiskontrolle missverstanden werden. Als Kompensation der aus der hybriden Entgeltstruktur resultierenden Gefahren darf und muss nämlich nicht das Gesamtentgelt als solches im Hinblick auf seine Angemessenheit kontrolliert werden, was mangels entsprechender Maßstäbe ohnehin nicht möglich ist. Die adäquate Rechtskontrolle ist vielmehr allein darauf bezogen, ob die aus der hybriden Entgeltstruktur resultierenden Gefahren der Doppeltbepreisung und gegenleistungslosen Leistung **nach Maßgabe des Vertrags** selbst zulässig sind oder nicht. Dass die AGB-rechtliche Inhaltskontrolle auch diese gleichsam geschlossene Überprüfung der Angemessenheit der Vertragsregelungen anhand des durch Auslegung zu ermittelnden Vertragszwecks legitimiert, folgt aus § 307 Abs. 2 Nr. 2 BGB. Nur bei den hybriden Entgeltstrukturen haben daher die Kriterien des BGH, wonach Entgeltabreden, die „keine echte (Gegen-)Leistung zum Gegenstand haben, sondern mit denen der Klauselverwender allgemeine Betriebskosten, Aufwand für die Erfüllung gesetzlich oder nebenvertraglich begründeter eigener Pflichten oder für sonstige Tätigkeiten auf den Kunden 25o abwälzt, die der Verwender im eigenen Interesse erbringt",[106] eine aus § 307 Abs. 3 S. 1 BGB ableitbare Berechtigung, hierfür die Inhaltskontrolle zu ermöglichen (→ Rn. 25q), was die Frage der Kontrollfähigkeit auf eine fundierte dogmatische Grundlage stellt.

25p Die Konsequenzen dieser Abgrenzung der Kontrollfreiheit von Entgeltklauseln sind zunächst, dass die bloße Aufspaltung eines Gesamtentgelts in Teilentgelte für sich genommen keine Inhaltskontrolle rechtfertigt. Voraussetzung hierfür ist aber, dass bei dieser Aufspaltung **klar umrissene Trennlinien** für den Kunden sichtbar werden, mithin auch bei kundenfeindlichster Auslegung (§ 305c Abs. 2 BGB) die Gefahr der Doppeltbepreisung oder gegenleistungslosen Forderung des Verwenders ausgeräumt wird. In diesen Fällen scheidet eine AGB-rechtliche Inhaltskontrolle mangels Kontrollfähigkeit in Gänze aus. Gelingt diese trennscharfe Preisaufspaltung aber nicht oder handelt es sich erklärtermaßen um eine **hybride Preisstruktur** aus der Kombination von Grundpreis und Zusatzentgelt, wie im Bankwesen zumeist in Gestalt von Zinsen und zusätzlichen Gebühren, ist entgegen dem BGH bereits allein wegen der hieraus resultierenden Gefahren der Doppeltbepreisung oder gegenleistungslosen Forderung des Verwenders eine **Inhaltskontrolle der gesamten Entgeltstruktur eröffnet,** ohne dass bereits im Bereich von § 307 Abs. 3 S. 1 BGB zu erörtern wäre, ob das vermeintliche Zusatzentgelt inhaltlich angemessen oder gerechtfertigt ist. Über eine so verstandene Kontrollfähigkeit kann in AGB-rechtlich konformer Weise eine rechtliche Gesamtbetrachtung der vom Kunden zu erbringenden Entgeltleistungen an den Verwender legitimiert werden, um zu gewährleisten, dass die AGB-Kontrolle als Korrektiv zur AGB-mäßigen Beeinflussung der Entscheidungsfreiheit des Kunden adäquat ausgestaltet ist und allein hieraus resultierenden Gefahren begegnet.

25q **b) Inhaltskontrolle.** Handelt es sich nach den vorgenannten Kriterien um eine kontrollfähige Entgeltstruktur, ist diese gem. § 307 Abs. 1 S. 1 Abs. 2 BGB in Gänze inhaltlich zu würdigen. Richtigerweise ist der **Maßstab** indessen nicht, wie weit verbreitet[107], die mögliche Abweichung vom gesetzlichen Leitbild gem. § 307 Abs. 2 Nr. 1 BGB, weil es in den meisten Fällen, in Bezug auf die Bepreisung kein solches gibt. Für das Einlagengeschäft folgt dies eindeutig aus § 488 Abs. 1 S. 2 BGB, der auf die „vereinbarte" Verzinsung Bezug nimmt und daher keinen gesetzlichen Regelfall der Verzinslichkeit begründet. Ein Vorrang der Verzinsung als **sedes materiae der Bepreisung** lässt sich hieraus konsequenterweise nicht ableiten. Das Gleiche gilt für die unregelmäßige Verwahrung gemäß § 700 S. 1 BGB, für die gerade nicht § 689 BGB gilt. Der taugliche Maßstab, eine unangemessene Benachteiligung des Kunden bei Entgelten zu würdigen, ist daher der Vertrag selbst, mithin gem. **§ 307 Abs. 2 Nr. 2 BGB.** Eine unangemessene Benachteiligung liegt somit stets dann vor, wenn die Entgelterhebung gegenleistungslos ist oder einen bereits vertraglich anderweitig bepreisten Gegenstand betrifft. Dies kann durchaus als Gegenstand der **Zweifelsregelung** gemäß § 307 Abs. 2 BGB angesehen werden, so dass es Sache des Verwenders ist, die komplexe Entgeltstruktur dahingehend zu entflechten, dass keine Doppeltbepreisung oder gegenleistungslose Leistungen vorliegen. Aus der Erwägung, dass Leistungen „im eigenen Interesse" des Klauselverwenders erbracht werden, oder dass hierdurch ein Gewinn erzielt wird, lassen sich richtigerweise aber keine Kriterien für die Unangemessenheit ableiten. Es erfordert somit **keine generelle Suche nach einem gesetzlichen Leitbild,** von dem abgewichen wurde. Man kann und muss vielmehr den (ggf. atypischen) Vertrag selbst im Hinblick auf Leistung und korrespondierende Gegenleistung untersuchen, ob der Klauselverwender durch das **Mittel der Entgeltgestaltung** den Kunden unangemessen benachteiligt. Nur auf diese Weise gelingt es der petitio principi zu widerstehen, wonach ein gesetzliches Aufspaltungsverbot für Preise bestehe bzw. ein gesetzlicher Vorrang, dass im Bereich von Darlehen oder unregelmäßiger Verwahrung der Klauselverwender gehalten wäre, den Preis über den Zins zu fordern.[108]

[106] BGH ZIP 2017, 67 Rn. 18.
[107] BGH ZIP 2017, 67 Rn. 31 ff.
[108] Hierzu bereits *Servatius* ZfIR 2016, 12, 19 f.

II. Kontoinhaberschaft

1. Grundlagen

a) Begriff und Funktion der Kontoinhaberschaft. Dem Begriff der Kontoinhaberschaft kommt auf den ersten Blick eine wichtige Aufgabe zu bei der Bestimmung unterschiedlicher Rechtsverhältnisse im Rahmen einer Kontobeziehung. So hilft die Qualifikation als Kontoinhaber, die Fragen zu klären, wem ein materielles Forderungsrecht aus dem Konto zusteht, wer über das Konto verfügen kann oder wessen Gläubiger in das Konto vollstrecken dürfen. Ebenfalls ist für die erbrechtliche Nachfolge oder der Zugriff der Bank auf das Konto (AGB-Pfandrecht, Aufrechnung, Zurückbehaltungsrecht) die Kontoinhaberschaft maßgebend. Allerdings wird die **Terminologie** der Kontoinhaberschaft in verschiedener Hinsicht verwendet, so dass auch eine unterschiedliche Bestimmung des Kontoinhabers erfolgt.[109] Im Kern ist der Aussagegehalt des Begriffs „Kontoinhaber" daher aus der zivilrechtlichen Perspektive **funktional zu bestimmen** und kann durchaus unterschiedlich belegt sein: Der Begriff des Kontoinhabers kann herangezogen werden, um diejenige Person zu bestimmen, die gegenüber dem Kreditinstitut **Vertragspartner** in Bezug auf das Konto ist.[110] Das deckt sich dann regelmäßig mit den Parteien des Zahlungsdienste(rahmen)vertrags gemäß § 675f BGB, so dass der Kontoinhaber dann auch der entsprechende Zahlungsdienstnutzer bzw. Zahlungsempfänger ist. Eine so verstandene Kontoinhaberschaft deckt sich auch mit dem materiellen **Forderungsrecht gegenüber der Bank** im Hinblick auf das Kontoguthaben. Hiervon ist regelmäßig auszugehen, wenn der Kunde bei der Kontoerrichtung der Bank gegenüber als Forderungsberechtigter auftritt oder bezeichnet wird.[111] Zwingend ist dieser Zusammenhang indessen nicht, denn rechtlich besteht kein Zwang, die Kontoinhaberschaft mit der Forderungsinhaberschaft gleichzusetzen (→ Rn. 29). Es ist nämlich anerkannt, dass auch einem Dritten ein Forderungsrecht am Konto zukommen kann, ohne dass der Dritte am Vertragsschluss beteiligt ist, sog. Konto zugunsten Dritter gem. § 328 Abs. 1 BGB (→ Rn. 64 ff.).[112] In diesem Fall kann vereinbart werden, dass mit dem materiellen Forderungsrecht auch sämtliche andere Rechte und Pflichten auf den Dritten übergehen. Ebenfalls kann im Wege der Abtretung der Anspruch auf das Guthaben übergehen, ohne dass es zu einem Wechsel des Kontoinhabers kommt.[113] Zum Ganzen → Rn. 30 ff. 26

b) Abgrenzung zur Verfügungsbefugnis bzw. Vollmacht. Von der Kontoinhaberschaft ist die Verfügungsbefugnis über das sich auf dem Konto befindende Guthaben zu unterscheiden. Insbesondere der Bank- oder Kontovollmacht kommt die Aufgabe zu, auch Dritte zu ermächtigen, über das Konto zu disponieren. Der Bevollmächtigte ist aber trotz seiner Rechtsmacht nicht mit einem Mitkontoinhaber beim Gemeinschaftskonto gleichzusetzen.[114] So können zB Gläubiger des Bevollmächtigten nicht in das Konto des Vertretenen vollstrecken (→ Rn. 80). 27

c) Unterscheidung zwischen Eigen- und Fremdkonto. In diesem Zusammenhang wird auch terminologisch zwischen Eigen- und Fremdkonto unterschieden. Ein sog. **Eigenkonto** liegt vor, wenn die Kontoeröffnung durch den verfügungsberechtigten Inhaber erfolgt.[115] Vertragspartner der Bank und Inhaber der Einlagenforderung sind somit identisch. Hiervon kann die Bank im Regelfall ausgehen.[116] Zum Ganzen → Rn. 30 ff. 28

---

109 S. hierzu *Einsele* § 3 Rn. 26 f.; BankR-HdB/*Hadding/Häuser* § 35 Rn. 1.
110 *Einsele* § 3 Rn. 26; Kümpel/Wittig/*Peterek* Rn. 6.629.
111 RGZ 73, 220 (221); BGHZ 21, 148 = BGH NJW 1956, 1593; BGH NJW 1988, 709; NJW-RR 1990, 178; BGHZ 127, 229 (231) = NJW 1995, 261.
112 MüKoBGB/*Gottwald* § 328 Rn. 58; Fischer/*Klanten* Rn. 12.29 ff.
113 Vgl. BGHZ 131, 60 (64) = NJW 1996, 190 (191).
114 BGH NJW 1988, 709 f.; BGHZ 127, 229 (232) = NJW 1995, 261 (262).
115 Claussen/*van Look* § 2 Rn. 12; Baumbach/*Hopt* Bankgeschäfte Rn. (7) A/37.
116 BGHZ 61, 72 (76) = NJW 1973, 1754.

29 Dagegen fallen bei einem **Fremdkonto** die Person des Vertragspartners und die des Forderungsberechtigten auseinander.[117] Dies kann nachträglich durch Abtretung des Kontoguthabens oder bereits bei Kontoeröffnung im Wege eines Vertrags zugunsten Dritter geschehen. Vgl. zum Treuhandkonto → Rn. 49.

30 **d) Bestimmung des materiellen Forderungsrechts.** Die Kontobezeichnung und die Identifizierung nach § 154 AO (→ Rn. 37 f.) enthalten **keine automatische Bestimmung** über die materielle Gläubigerstellung am Rückgewähranspruch der Einlage. Der Grundsatz der formalen Kontowahrheit dient hauptsächlich steuerlichen Zwecken und kann somit keine verbindliche Feststellung treffen, welcher Person die zivilrechtliche Forderungszuständigkeit zukommt und somit „wahrer" Kontoinhaber ist.

31 Die Zuweisung des materiellen Forderungsrechts ist somit allein eine **Auslegungsfrage** nach Maßgabe von §§ 133, 157 BGB, die alle Umstände des Einzelfalles berücksichtigt.[118] Kontoinhaber ist hiernach derjenige, der nach dem erkennbaren Willen des das Konto eröffnenden Kunden Gläubiger der Bank werden soll.[119] Das für § 362 Abs. 1 BGB maßgebliche Forderungsrecht steht hiernach unabhängig von § 154 AO derjenigen (kontofähigen, → Rn. 34) Person zu, welche bei der Kontoerrichtung der Bank gegenüber **als Forderungsberechtigter auftritt oder bezeichnet wird.**[120] Aufgrund der vielen Gestaltungsvarianten eines Kontos ist hierbei auf die Umstände des Einzelfalls abzustellen und zu prüfen, wer nach dem erkennbaren Willen des die Kontoeröffnung beantragenden Kunden Gläubiger der Bank werden sollte.[121]

32 Auch wenn die **Bezeichnung des Kontoinhabers** hiernach keine allein maßgebliche Bestimmung über die materielle Berechtigung trifft, so ist sie aber **Indiz** für die Forderungsinhaberschaft.[122] Dies gilt insbesondere beim **Girokonto** wegen der für die Abwicklung des Zahlungsdienste(rahmen)vertrags gebotenen Klarheit.[123] Bei der Auslegung (§§ 133, 157 BGB) der Kontoinhaberschaft für ein Girokonto ist deshalb die Kontobezeichnung besonders zu würdigen und indiziert regelmäßig auch die materielle Forderungsinhaberschaft. Die Tatsache, aus welchen Mitteln die eingezahlten Gelder stammen, ist zur Bestimmung des Kontoinhabers nicht ausschlaggebend.[124] Etwas anderes gilt aber, wenn der Verwendungszweck und die Herkunft der Mittel dem Kreditinstitut bekannt sind.[125]

33 Hingegen ist die formelle Kontoinhaberschaft im Fall eines **Sparbuchs** nach traditioneller Auffassung weniger bedeutsam. Aufgrund der im Regelfall vereinbarten Liberationswirkung eines Sparbuchs ist das Kreditinstitut nämlich berechtigt, mit befreiender Wirkung an denjenigen zu leisten, der das Sparbuch vorlegen kann, vgl. § 808 Abs. 1 BGB (→ Rn. 263 ff.). Diese Eigenschaft des Sparbuchs als qualifiziertes Legitimationspapier lässt den Besitzer eines Sparbuchs zwar nicht Forderungsinhaber werden, jedoch enthält der Besitz wertpapierrechtlich eine Indizwirkung für die materielle Berechtigung, auf welche sich die Bank in den Grenzen des guten Glaubens verlassen kann. Hieraus folgt indessen nach neuerer Rechtsprechung des BGH gleichwohl das Gebot einer **umfassenden Auslegung:** Zur Bestimmung der vereinbarten materiellen Berechtigung sind neben der Eintragung im Sparbuch auch die Angaben im Kontoeröffnungsantrag, die Besitzverhältnisse am Sparbuch bedeutsam und im Einzelfall, inwieweit sich der die Kontoeröffnung für einen anderen Beantragende die Verfügungsbefugnis über das Konto vorbehält, mit wel-

[117] BGH NJW 1988, 709; Baumbach/*Hopt* Bankgeschäfte Rn. (7) A/41.
[118] BGH NJW 2019, 3075 Rn. 15.
[119] BGH NJW 2019, 3075 Rn. 14 (für ein Sparkonto, aber verallgemeinerungsfähig).
[120] RGZ 73, 220 (221); BGHZ 21, 148 = BGH NJW 1956, 1593; BGH NJW 1988, 709; NJW-RR 1990, 178; BGHZ 127, 229 (231) = NJW 1995, 261.
[121] BGHZ 21, 148 (150) = BGH NJW 1956, 1593; BGH NJW-RR 1990, 178.
[122] Kümpel/Wittig/*Peterek* Rn. 6.631.
[123] BGH NJW 1996, 840 (841) = WM 1996, 249 (250); OLG Naumburg NJW-RR 1998, 1648.
[124] BGH NJW 1996, 840 (841) = WM 1996, 249 (250).
[125] BGH NJW 1996, 840 (841) = WM 1996, 249 (250); OLG Naumburg NJW-RR 1998, 1648.

chen Mitteln das Guthaben angespart werden soll sowie ob und wann demjenigen, auf dessen Namen das Konto angelegt wird, die Existenz des Sparbuchs mitgeteilt wird.[126] Es kann daher einen Auslegungsfehler begründen, wenn dem Besitz am Sparbuch eine zu große Bedeutung beigemessen wird.[127] Hierbei können sich durchaus auch Abgrenzungsprobleme zum Vertrag zu Gunsten Dritter auf den Todesfall ergeben (→ Rn. 71 ff.).[128]

Bei einem **Sparbrief** als sog. Rekta- oder Namenspapier ist es der Bank indessen nur erlaubt, an denjenigen das Guthaben auszuzahlen, der in der Sparurkunde bezeichnet ist.[129] Die Namensangabe ist folglich bei einem Sparbrief besonders maßgebend. **33a**

e) Kontofähigkeit. Die Fähigkeit, Inhaber eines Kontos zu sein, ist eng mit der Frage der **Rechtsfähigkeit** verknüpft. Dabei ist es unerheblich, ob als Kontoinhaber der Vertragspartner oder der materielle Forderungsberechtigte gemeint ist. So kann jede natürliche Person Kontoinhaber werden, auch der Minderjährige, sowie juristische Personen des Zivilrechts oder des öffentlichen Rechts. Auch teilrechtsfähige Personengesellschaften wie eine OHG (§ 124 HGB), KG (§ 161 iVm § 124 HGB) oder die Partnerschaftsgesellschaft (§ 7 Abs. 2 PartGG) sind kontofähig.[130] Ebenfalls ist durch die Rechtsprechung die Kontoinhaberschaft einer GbR[131] (Gesellschaft bürgerlichen Rechts) oder einer WEG[132] (Wohnungseigentümergemeinschaft) anerkannt, wenn diese Personenzusammenschlüsse durch Teilnahme am Rechtsverkehr eigene Rechte und Pflichten begründen (sog. Außen-GbR). **34**

Auch die **Vorgesellschaft** einer juristischen Person kann Inhaber eines Kontos werden.[133] Allerdings ist für diese Gesellschaftsform sui generis zu beachten, dass mit Eintragung der Gesellschaft alle Rechte und Pflichten der Vor-Gesellschaft auf die dann rechtsfähige Gesellschaft übergehen, so dass diese ohne weiteres Zutun Kontoinhaberin wird.[134] Anderes gilt für die sog. **Vorgründungsgesellschaft,** die als Außen-GbR bzw. OHG auch kontofähig ist.[135] Indessen fehlt ihr die Identität mit der später eingetragenen Gesellschaft, so dass die Kontoinhaberschaft nicht ipso iure auf diese oder die Vorgesellschaft übergeht. Dagegen **nicht rechtsfähig** und somit auch nicht kontofähig sind die Bruchteilsgemeinschaft (§§ 741 ff. BGB), die Erbengemeinschaft (§§ 2032 ff. BGB), die eheliche Gütergemeinschaft (§§ 1415 ff. BGB) und die stille Gesellschaft (§§ 230 ff. HGB). **35**

f) Gemeinschaftskonto. Die Kontoinhaberschaft und damit die materielle Berechtigung können auch mehreren gemeinschaftlich zustehen; vermögensrechtlich handelt es sich dabei im Hinblick auf die Guthabenforderungen entweder um eine gesamthänderische Berechtigung (§ 719 BGB) oder um eine Bruchteilsgemeinschaft (§§ 741 ff. BGB). Im Hinblick auf die Verfügungsbefugnis gegenüber der Bank und ihre Möglichkeit, schuldbefreiend zu leisten, sind folgende Konstellationen zu unterscheiden: Beim **Und-Konto** steht den Berechtigten die Geltendmachung der Forderungen nur gemeinschaftlich zu; die Bank darf befreiend nur an beide leisten. **36**

Bei einem **Oder-Konto** sind die Kontoinhaber Gesamtgläubiger (§§ 428, 430 BGB);[136] jeder ist befugt, einzeln und ohne Mitwirkung der anderen über das Guthaben zu verfügen.[137] Die Bank kann schuldbefreiend nur an denjenigen leisten, der die Zahlung **36a**

[126] BGH NJW 2019, 3075 Rn. 15.
[127] BGH NJW 2019, 3075 Rn. 17.
[128] BGH NJW 2019, 3075 Rn. 18 ff.
[129] BGH WM 1987, 1038; OLG Hamm NJW-RR 1992, 46.
[130] Derleder/Knops/Bamberger/*Singer* § 38 Rn. 41; BankR-HdB/*Joeres* § 29 Rn. 8a.
[131] BGH WM 2001, 408; OLG Köln WM 2001, 2340 (2341).
[132] BGHZ 163, 154 = NJW 2005, 2061.
[133] BGHZ 45, 338 (347) = BGH WM 1966, 571 (573); OLG Naumburg NJW-RR 1998, 1648; OLG Brandenburg WM 2002, 171 (173) = NZG 2002, 182 (183).
[134] BGHZ 45, 338 (348 f.) = BGH WM 1966, 571 (573); OLG Brandenburg WM 2002, 171 (173) = NZG 2002, 182 (183).
[135] Claussen/*van Look* § 2 Rn. 10.
[136] Vgl. BGH NJW 2018, 2632 Rn. 16; OLG Bamberg BeckRS 2018, 35043 Rn. 21.
[137] LG Ulm WM 2015, 826, 829 (mwN).

fordert.[138] Das zeitlich frühere Auszahlungsverlangen eines anderen Kontoinhabers steht der schuldbefreienden Leistung nicht entgegen, es erlischt vielmehr, wenn die Bank das nachfolgende Verlangen erfüllt.[139] Sind zwei aufeinanderfolgende Auszahlungsverlangen noch nicht erfüllt, ist die Bank grundsätzlich gehalten, bei der Ausführung das **Prioritätsprinzip** zu wahren, um sich nicht nach § 280 BGB schadensersatzpflichtig zu machen.[140] Maßgeblicher Zeitpunkt ist der Zugang des (vertragsgemäßen[141]) Zahlungsauftrags (§ 675m BGB), nicht erst die Erfüllung desselben durch die Bank.[142] Die **Verfügungsbefugnis eines Kontoinhabers** ist im Übrigen auch beim Oder-Konto dahingehend eingeschränkt, soweit es um Kreditaufnahmen, Durchführung von Termingeschäften oder um die Umwandlung der Auflösung des Oder-Kontos geht.[143] Jeder Kontoinhaber kann aber einseitig das Oder-Konto in ein Und-Konto mit gemeinschaftlicher Verfügungsbefugnis umwandeln.[144] Er kann auch alleine mit der Bank eine über die vertraglich vereinbarten Freigrenzen hinausgehende Auszahlung vereinbaren (→ Rn. 291 ff.).[145] Es kann aber auch als Vertrag zu Gunsten Dritter auf den Todesfall (§ 328 BGB) vereinbart werden, dass der Überlebende berechtigt sein soll, dass Konto auf seinen eigenen Namen umzuschreiben.[146] In diesem Fall fällt das anteilige Guthaben des Verstorbenen nicht in den Nachlass (→ Rn. 71).[147] Eine durch die Erben veranlasste Kontensperre geht daher ins Leere.

36b Steht ein (Spar)Konto einer **Erbengemeinschaft** in gesamthänderischer Verbundenheit zu (§ 2032 BGB), richtet sich die Befugnis zur Auflösung und Auszahlung des Guthabens nach § 2040 Abs. 1 BGB, wenn das Konto den gesamten Nachlass ausmacht.[148] In den anderen Fällen handelt sich um die Verwaltung des Nachlasses gem. § 2038 BGB.

37 **g) Kontowahrheit und Legitimationsprüfung.** § 154 Abs. 1 AO enthält das Gebot, bei Eröffnung eines Kontos – für sich oder einen Dritten – keinen falschen oder erdichteten Namen zu verwenden, sog. Grundsatz der „formalen Kontowahrheit".[149] Adressat der Regelung des § 154 Abs. 1 AO ist der Kontoinhaber in der Form des Vertragspartners der Bank und nicht des materiell berechtigten Forderungsinhabers.[150] Nach hM dient die Norm allein der Identifizierbarkeit des Kontoinhabers, um den Zugriff des Finanzamts zu vereinfachen.[151] Demzufolge sind Nummernkonten, wie in der Schweiz, nicht zulässig.[152] Indessen ist es möglich, ein Konto auf einen Künstlernamen zu errichten, wenn der Kunde durch diesen eindeutig identifizierbar ist.[153]

38 § 154 Abs. 2 S. 1 AO sieht eine **Legitimationsprüfung** der Banken vor. Danach muss das Kreditinstitut jeden, der über ein Konto verfügungsberechtigt ist, identifizieren und registrieren. Verfügungsberechtigt ist sowohl der Kontoinhaber, wie auch ein Kontobevollmächtigter. Die Identifizierung von natürlichen Personen erfolgt anhand der persönlichen Daten, insbes. Name, Geburtsdatum und Wohnsitz. Im Regelfall reicht es daher, dass sich die Bank einen gültigen Ausweis vorlegen lässt. Bei juristischen Personen oder Personen-

---

[138] BGH NJW 2018, 2632 Rn. 19.
[139] BGH NJW 2018, 2632 Rn. 20 ff.
[140] BGH NJW 2018, 2632 Rn. 25.
[141] Vgl. zur nicht erfolgten Vorlage des Sparbuchs BGH NJW 2018, 2632 Rn. 26.
[142] OLG Celle WM 1995, 1871; die Frage offen lassend BGH NJW 2018, 2632 Rn. 25 f.
[143] LG Ulm WM 2015, 826, 829 (mwN); BGH NJW 1991, 420.
[144] BGH NJW 2018, 2632 Rn. 21.
[145] BGH NJW 2018, 2632 Rn. 28.
[146] OLG Bamberg BeckRS 2018, 35043 Rn. 22.
[147] OLG Bamberg BeckRS 2018, 35043 Rn. 23.
[148] KG BeckRS 2018, 42606 Rn. 8.
[149] Kümpel/Wittig/*Peterek* Rn. 6.639; Claussen/*van Look* § 2 Rn. 8; Derleder/Knops/Bamberger/*Singer* § 38 Rn. 45.
[150] BGHZ 127, 229 (232) = NJW 1995, 261 (262).
[151] Derleder/Knops/Bamberger/*Singer* § 38 Rn. 45; *Schwintowski* § 5 Rn. 46; Kümpel/Wittig/*Peterek* Rn. 6.639.
[152] *Schwintowski* § 5 Rn. 38; Derleder/Knops/Bamberger/*Singer* § 38 Rn. 45.
[153] Pahlke/Koenig/*Cöster* § 154 Rn. 13.

handelsgesellschaften genügt die Bezugnahme auf die amtliche Veröffentlichung oder das öffentliche Register.[154]

Neben der Identifizierungspflicht des § 154 AO sind die Kreditinstitute noch nach dem **Geldwäschegesetz** (GwG) angewiesen, eine Identifizierung des Kontoinhabers vorzunehmen (vgl. § 3 Abs. 1 Nr. 3 GwG).[155] Diese erstreckt sich nicht nur auf die formale Stellung des Kontoinhabers bzw. Verfügungsberechtigten, sondern auch auf dahinter stehende wirtschaftlich Berechtigte.[156] 39

2. Verträge mit Minderjährigen

Als natürliche und damit rechtsfähige Person kann auch ein Minderjähriger Kontoinhaber werden.[157] Die – fehlende oder beschränkte – Geschäftsfähigkeit eines Minderjährigen ist bereits im Rahmen der **Kontoeröffnung** bedeutsam. Aufgrund der mit einem Konto einhergehenden Pflichten, zB Bankentgelte oder Ausgleich eines Debets, ist die Kontoeröffnung kein rechtlich lediglich vorteilhaftes Geschäft iSv § 107 BGB.[158] Folglich bedarf es bei der Eröffnung durch den Minderjährigen der Einwilligung oder der nachträglichen Genehmigung durch den gesetzlichen Vertreter (regelmäßig die Eltern, vgl. §§ 1626 Abs. 1, 1629 Abs. 1 BGB).[159] Von diesen Voraussetzungen einer wirksamen Kontoeröffnung des Minderjährigen als Vertragspartei **abzugrenzen** sind die Fälle, in denen auf Grund eines **Vertrags zu Gunsten Dritter** das Geld „auf den Namen des Minderjährigen" angelegt werden soll (→ Rn. 64 ff.). 40

Verfügungen über das (eigene) Kontoguthaben durch den Minderjährigen bedürfen ebenfalls der Zustimmung der Eltern. Jedoch ist die Möglichkeit zu beachten, dem Minderjährigen gem. §§ 112, 113 BGB eine **partielle Geschäftsfähigkeit** zukommen zu lassen. Für den selbstständigen Betrieb eines Erwerbsgeschäfts oder im Rahmen eines Dienst- oder Arbeitsverhältnisses ist der Minderjährige dann als voll geschäftsfähig anzusehen, sodass er in diesem Zusammenhang auch Verfügungen über das Konto ohne Zustimmung der Eltern vornehmen kann. Ein Ausbildungsverhältnis, ein Volontariat oder ein Praktikum sind jedoch keine Dienst- oder Arbeitsverhältnisse iSd § 113 BGB.[160] Ferner kann eine Einwilligung der Eltern gem. § 110 BGB (sog. **Taschengeldparagraph**) zur Verfügung über das Kontoguthaben vorliegen, wenn dem Minderjährigen zB ein Teil seines Ausbildungslohns zur freien Verfügung auf dem Konto überlassen bleibt.[161] Die Zustimmung der Eltern zur **Überziehung** eines Kontos bedarf jedoch der Genehmigung eines Familiengerichts (vgl. §§ 1643 Abs. 1, 1822 Nr. 8 BGB). Die Eltern handeln im Übrigen regelmäßig rechtswidrig, wenn sie das Kontoguthaben der Kinder zu Unterhaltszwecken verwenden.[162] 41

Eine mit Kontoeröffnung vereinbarte **Generalermächtigung** seitens der Eltern über Verfügungen durch den Minderjährigen ist grundsätzlich zulässig und vermeidet die Unsicherheit der Kreditinstitute über die Reichweite der Handlungsmöglichkeit des Minderjährigen. Jedoch darf die Ermächtigung nicht zur Umgehung des gesetzlichen Minderjährigenrechts führen.[163] Vielmehr müssen die Geschäfte, die der Minderjährige vornehmen darf, inhaltlich eindeutig bestimmt sein; eine pauschale Formulierung wie „Wir genehmigen im Voraus sämtliche Geschäfte" ist daher nicht ausreichend.[164] 42

---

[154] Pahlke/Koenig/*Cöster* § 154 Rn. 25.

[155] *Schwintowski* § 5 Rn. 50; ausführlich hierzu Kümpel/Wittig/*Peterek* Rn. 6.643 ff.

[156] Einzelheiten bei MüKoHGB/*Herresthal* Giroverhältnis Rn. 205 ff.

[157] Claussen/*van Look* § 2 Rn. 11.

[158] *Köndgen* NJW 1996, 558 (559); BankR-HdB/*Joeres* § 30 Rn. 1.

[159] Ein Vordruck für die Eröffnung von Konten eines Minderjährigen findet sich bei BankR-HdB/*Lwowski /Lorenz* § 34 Rn. 13 ff.

[160] MüKoBGB/*J. Schmitt* § 113 Rn. 14; Claussen/*van Look* Rn. 11.

[161] Bamberger/Roth/*Wendtland* § 110 Rn. 9.

[162] OLG Frankfurt a. M. BeckRS 2015, 12186; OLG Bremen NZFam 2015, 171.

[163] BankR-HdB/*Joeres* § 30 Rn. 5.

[164] Vgl. hierzu die Verlautbarung des Bundesaufsichtsamtes für das Kreditwesen „Bankgeschäfte mit Minderjährigen" v. 22.3.1995.

3. Treuhandkonto

43 **a) Allgemeines.** Als besondere Variante der sog. **Verwaltungstreuhand** hat sich in der Bankpraxis das Treuhandkonto herausgebildet.[165] Dem Treuhänder werden dabei Gelder des Treugebers zur Verwaltung anvertraut und diese in ein auf den Treuhänder lautendes Konto eingelegt. Typische Konstellationen sind das Kautionskonto eines Vermieters, ein WEG-Verwalterkonto,[166] das Baukonto iSd § 6 MaBV oder sog. Anderkonten, zB eines Rechtsanwalts oder Notars (hierzu unter → Rn. 60 ff.). Das Treuhandkonto ist **abzugrenzen** vom **Treuhandauftrag** einer Bank. In diesem Fall nimmt das Kreditinstitut selbst Gelder mit treuhänderischer Bindung ggü. einem Kunden entgegen, zB im Rahmen eines Grundstückkaufvertrags. Bei einem Treuhandkonto indessen ist das Kreditinstitut keine Partei des Treuhandvertrags. Vielmehr ist die Bank als kontoführende Stelle nur im Rahmen der Durchführung einer Treuhand eingebunden.

44 Die Treuhand selbst hat **keine gesetzliche Grundlage.** Jedoch werden bestimmte Rechtsfolgen bei Vorliegen einer Treuhand einhellig anerkannt, wenn die Merkmale des Rechtsinstituts der Treuhand gegeben sind. Dies gilt insbesondere für die **quasidingliche Wirkung,** wonach der Treugeber das Treugut im Falle einer Insolvenz des Treuhänders gem. § 47 InsO aussondern kann.[167] Auch steht dem Treugeber die Möglichkeit einer Drittwiderspruchsklage nach § 771 ZPO zu, wenn Gläubiger des Treuhänders die Zwangsvollstreckung in das Treuhandkonto betreiben.[168]

45 Die quasidingliche Wirkung setzt zunächst eine **Treuhandabrede** voraus. Diese muss nicht ausdrücklich erklärt werden, sondern kann sich auch aus den Umständen ergeben.[169] Sie ist darüber hinaus daran geknüpft, dass das Treugut dem Treuhänder unmittelbar aus dem Vermögen des Treugebers übertragen wird und somit eine dingliche Zurechenbarkeit des Treuguts gegeben ist **(Unmittelbarkeitsgrundsatz).**[170] Allerdings ist der Unmittelbarkeitsgrundsatz von der Rechtsprechung für das Treuhandkonto mittlerweile abgeschwächt worden.[171] Für den Treuhandcharakter eines Kontos genügt es, wenn das Konto ausschließlich zur Aufnahme von treuhänderischen gebundenen Fremdgeldern bestimmt ist.[172] Das Treuhandkonto umfasst somit auch Zahlungen Dritter, soweit die zugrundeliegende Forderung dem Treugeber zustand. Dagegen darf das Konto **nicht gemischten Zwecken** dienen, dh sowohl treuhänderische gebundene Gelder als auch gewöhnliche Forderungen des Treuhänders beinhalten. Nicht notwendig ist es indessen, dass auf einem Treuhandkonto nur Gelder eines Treugebers angelegt sind, sofern das Konto grundsätzlich von der Treuhandbindung umfasst ist.[173] Ebenfalls ist es für die quasidingliche Wirkung der Treuhand nicht entscheidend, ob das Treuhandverhältnis Dritten erkenntlich gemacht wurde. Allerdings kann die Unterscheidung zwischen einem sog. **offenen und verdeckten Treuhandkonto** bei Sicherungsrechten maßgebend sein (→ Rn. 51 ff.).

46 Wurde die Nutzung des Treuhandkontos beschränkt oder von bestimmten Voraussetzungen abhängig gemacht, so kann dieser Vereinbarung zwischen Kontoinhaber und Kreditinstitut eine **Schutzwirkung zugunsten Dritter** zukommen.[174] Jedoch ist im bloßen Abschluss eines Treuhandkontos noch keine Schutzpflicht der Bank zugunsten

---

[165] MüKoBGB/*Schubert* § 164 Rn. 51.
[166] Vgl. LG Frankfurt/Oder NJW-RR 2015, 529.
[167] BGH NJW-RR 2003, 1375; WM 2005, 1796 (1797); OLG Naumburg WM 2003, 1668.
[168] BGHZ 11, 37 (41) = NJW 1954, 190 (192); BGH NJW 1971, 559 (560); 1993, 2622.
[169] Andres/*Leithaus* § 47 Rn. 12.
[170] RGZ 84, 214 (217); BGHZ 11, 37 (41) = BGH NJW 1954, 190 (192); BGH NJW 1959, 1223 (1224); Staudinger/*Martinek* Vorb. zu §§ 662 ff. Rn. 41.
[171] BGH NJW-RR 2003, 1375 (1376) = WM 2003, 1641; WM 2005, 1796 (1797); Baumbach/*Hopt* Bankgeschäfte Rn. (9) 1; Kümpel/Wittig/*Peterek* Rn. 6.630.
[172] BGHZ 61, 72 (78) = NJW 1973, 1754; BGH NJW 1988, 709 (710); NJW-RR 2003, 1375 (1376) = WM 2003, 1641; WM 2005, 1796 (1797); **aA** *Canaris* Rn. 280; BankR-HdB/*Hadding/Häuser* § 37 Rn. 2.
[173] BGH NJW-RR 2003, 1375 (1376) = WM 2003, 1641.
[174] OLG Düsseldorf WM 1986, 637 (638); 2008, 1398 (1399).

Dritter zu erkennen. Hingegen kann zB bei Eröffnung eines Anderkontos eine zusätzliche Vereinbarung zwischen Kreditinstitut und Notar, dass die Zahlung von diesem Konto bei Vorliegen bestimmter Voraussetzungen zu erfolgen hat, als Schutzpflicht zugunsten des Zahlungsempfängers ausgelegt werden.[175] Kommt die Bank ihren Verpflichtungen nicht nach, weil sie die Zahlung von weiteren Kriterien abhängig macht, verletzt sie ihre Schutzpflicht und ist dem Zahlungsempfänger aus §§ 280 Abs. 1, 241 Abs. 2, 311 Abs. 3 BGB zum Ersatz des Schadens verpflichtet, den er dadurch erleidet, dass die Zahlung zum Zeitpunkt des Vorliegens aller Voraussetzungen nicht erfolgt ist.

Im Hinblick auf die eingeräumte Rechtsstellung sind die fiduziarische Treuhand und die Ermächtigungstreuhand zu unterscheiden: 47

b) Fiduziarische Treuhand (Vollrechtstreuhand). aa) Begriff. Eine Vollrechtstreuhand, bzw. fiduziarische Treuhand liegt vor, wenn der Treuhänder auch Vollrechtsinhaber des verwaltenden Treuguts wird.[176] Im Regelfall steht dem Treuhänder somit eine im Außenverhältnis umfassende Rechtsstellung zu, die im Innenverhältnis mit dem Treugeber hingegen beschränkt werden kann (sog. **überschießende Rechtsmacht**). Durch den Treuhandvertrag wird der Treuhänder bei der Ausübung seiner Rechtsstellung schuldrechtlich gegenüber dem Treugeber gebunden. Die Vollrechtstreuhand ist im Bankverkehr der Regelfall. 48

Im Fall eines Treuhandkontos ist der **Treuhänder Kontoinhaber,** sowohl im Verständnis des Vertragspartners des Kreditinstituts, als auch des materiell berechtigten Forderungsinhabers. Das Konto ist somit ein Eigenkonto des Treuhänders.[177] Dem Treugeber selbst stehen im Verhältnis zum Kreditinstitut keine Rechte oder Pflichten zu. Das Kontoguthaben ist somit nur in wirtschaftlicher Hinsicht dem Treugeber zuzurechnen, rechtlich gebührt es dem formal Berechtigten. Dies gilt im Ausgangspunkt unabhängig davon, ob es sich um ein offenes oder verdecktes Treuhandkonto handelt.[178] 49

bb) Sicherungsrechte der Bank. Allerdings kommt dieser Unterscheidung in Bezug auf die Möglichkeit des Zugriffs des Kreditinstituts auf das Treuhandkonto erhebliche Bedeutung zu. 50

Ist ein **offenes Treuhandkonto** gegeben, kann die Bank weder die Aufrechnung gegen den Treuhänder erklären[179] oder ein Zurückbehaltungsrecht geltend machen[180] noch besteht ein AGB-Pfandrecht (Nr. 14 Abs. 1 AGB-Banken).[181] Nach hM ergibt sich der Ausschluss dieser Rechte im Wege der Vertragsauslegung (§§ 133, 157 BGB).[182] Aus dem Umstand, dass das Treuhandverhältnis der Bank zum Zeitpunkt der Kontoeröffnung bekannt war, soll sich der Schluss ziehen lassen, dass der Bank der Zugriff auf das Guthaben zur Befriedigung eigener Forderungen verwehrt ist. Allerdings ist die Konstruktion über den konkludenten Ausschluss zum Teil überflüssig, weil sowohl das Aufrechnungsrecht (§ 394 S. 1 iVm § 399 BGB und § 851 Abs. 1 ZPO),[183] als auch AGB-Pfandrecht (§ 1274 Abs. 2 iVm § 399 BGB und § 851 Abs. 1 ZPO) schon aufgrund gesetzlicher Wertung für den Fall eines offenen Treuhandkontos ausgeschlossen sind. 51

---

175 OLG Düsseldorf WM 1986, 637 (638).

176 BankR-HdB/*Hadding/Häuser* § 37 Rn. 4; MüKoBGB/*Schubert* § 164 Rn. 52; Kümpel/Wittig/*Peterek* Rn. 6.792.

177 Kümpel/Wittig/*Peterek* Rn. 6.792; *Einsele* § 3 Rn. 42.

178 BGHZ 61, 72 (79) = NJW 1973, 1754 (1755); BGH NJW 1993, 2622; WM 2005, 1796 (1797); OLG Naumburg WM 2003, 1668 (1669).

179 BGH WM 1987, 922 (923); NJW 1993, 2622; 1996, 840 (841) = WM 1996, 249 (251).

180 BGHZ 61, 72 (79) = NJW 1973, 1754; BGH NJW 1996, 840 (841) = WM 1996, 249 (251).

181 BGH NJW 1985, 1954 (1955) = WM 1985, 688 (689); 1988, 263 (265); 1991, 101.

182 BGHZ 61, 72 (78) = NJW 1973, 1754; BGH NJW 1996, 840 (841) = WM 1996, 249 (251); OLG Naumburg WM 2003, 1668 (1670); BankR-HdB/*Hadding/Häuser* § 37 Rn. 48; Baumbach/*Hopt* Bankgeschäfte (8) § 14 Rn. 11.

183 BGHZ 94, 316 (322) = BGH NJW 1985, 2263 (2264); BGH NJW 2000, 1270 (1271); OLG Frankfurt a. M. NJW-RR 1991, 1416 (1417); Staudinger/*Gursky* § 394 Rn. 45; Kindl/Meller-Hannich/Wolf/*Meller-Hannich* § 851 Rn. 19.

52 Beim **verdeckten Treuhandkonto** gilt etwas anderes. Hier muss es der Bank weiterhin möglich bleiben, ihre Rechte gegen den Kontoinhaber (Treuhänder) auszuüben.[184] Dies folgt aus dem stellvertretungsrechtlichen Offenkundigkeitsprinzip, das allein den Vertragspartner schützt und somit nicht durch eine interne Treuhandabrede umgangen werden kann.[185]

53 Maßgebend für die bedeutsame Einordnung als offenes Treuhandkonto ist die **Kenntnis des Kreditinstituts** über die Rechtsstellung des Treuhänders. Um den Grundsatz der Offenkundigkeit zu wahren, muss das Treuhandkonto entweder erkennbar als solches bezeichnet werden[186] oder der Bank zumindest deutlich gemacht werden, dass auf das Konto ausschließlich Werte gelangen sollen, die dem Kontoinhaber nur als Treuhänder zustehen.[187] Hingegen ist die Bezeichnung eines Kontos als „Unterkonto",[188] „Separatkonto"[189] oder „Mietkonto"[190] kein zwingendes Indiz, dass diese Konten einer treuhänderischen Bindung unterliegen sollen.

54 Nach der Rechtsprechung muss die Offenlegung **zum Zeitpunkt der Kontoeröffnung** erfolgen.[191] Wird die Eigenschaft als Treuhandkonto der Bank erst nach Kontoeröffnung kundgetan, kann ein bereits entstandenes Pfandrecht der Bank nicht durch einseitige Erklärung vernichtet werden. Fraglich ist jedoch, wie die nachträgliche Kenntnis des Kreditinstituts ein künftiges Pfandrecht am Guthaben oder die Möglichkeit der Bank zur Aufrechnung mit Forderungen gegen den Treuhänder beeinflusst. Die Rechtsprechung löst diese Problematik einer **nachträglichen Umwandlung** in ein (offenes) Treuhandkonto differenziert:

55 Zum einen sieht sie in der nachträglichen Mitteilung der Treuhandeigenschaft und dem fehlenden Widerspruch seitens des Kreditinstituts Umstände, die im Wege der Auslegung (§§ 133, 157 BGB) einen stillschweigenden **Verzicht auf das Pfandrecht** und dem Aufrechnungsrecht beinhalten können.[192] Die Konstruktion ist vergleichbar mit der Situation bei Kontoeröffnung, bei der ebenfalls durch schlüssiges Verhalten ein Verzicht der Bank auf das Guthaben zur Befriedigung eigener Forderungen vorliegen soll.[193] Zum anderen spricht die Rechtsprechung dem Treugeber einen **Schadensersatzanspruch** aus § 826 BGB zu, wenn die Bank trotz Kenntnisnahme der Treuhand weiterhin ein Pfandrecht für ihre Ansprüche gegen den Treuhänder geltend macht[194] oder mit Forderungen gegen den Treuhänder aufrechnet.[195] Die schädigende Handlung soll dadurch vorliegen, dass das Kreditinstitut hierdurch jede billige Rücksichtnahme auf die berechtigten Interessen des Treugebers außer Acht lässt und dessen bessere Ansprüche vereitelt.

56 Allerdings gehen diese Lösungen von der Prämisse aus, dass grundsätzlich eine Abtretung oder die Bestellung eines Pfandrechts bei einer offenen Treuhand möglich wäre und deswegen ein Verzicht nötig sei. Jedoch sind aufgrund der treuhänderischen Zweckbindung das Aufrechnungsrecht (§ 394 S. 1 iVm § 399 BGB und § 851 Abs. 1 ZPO)[196] sowie die Bestellung eines Pfandrechts (§ 1274 Abs. 2 iVm § 399 BGB und § 851 Abs. 1 ZPO) schon gesetzlich ausgeschlossen. Demzufolge bedarf es auch bei einer nachträglichen

---

184 *Einsele* § 3 Rn. 46; *Schwintowski* § 5 Rn. 30.
185 *Einsele* § 3 Rn. 46.
186 BGHZ 61, 72 (79) = NJW 1973, 1754.
187 BGH NJW 1985, 1954 (1955) = WM 1985, 688 (689).
188 BGHZ 61, 72 (78) = NJW 1973, 1754.
189 KG WM 1964, 1038 (1039).
190 BGH NJW 1991, 101.
191 BGHZ 61, 72 (77) = NJW 1973, 1754; BGH NJW 1985, 1954 (1955) = WM 1985, 688 (689); WM 1987, 922 (923).
192 BGH NJW 1991, 100 (102); OLG Naumburg WM 2003, 1668 (1670).
193 S. hierzu BankR-HdB/*Hadding/Häuser* § 37 Rn. 46.
194 BGH NJW 1991, 100 (102).
195 BGH NJW 1996, 840 (841) = WM 1996, 249 (251).
196 BGHZ 94, 316 (322) = BGH NJW 1985, 2263 (2264); BGH NJW 2000, 1270 (1271); OLG Frankfurt a. M. NJW-RR 1991, 1416 (1417); Staudinger/*Gursky* § 394 Rn. 45; Kindl/Meller-Hannich/Wolf/*Meller-Hannich* § 851 Rn. 19.

Kenntnisnahme des Kreditinstituts von der Treuhand keiner ausdrücklichen oder konkludenten Verzichtserklärung.[197] Die Bejahung von § 826 BGB ist jedoch konsequent.

cc) Sicherungsrechte Dritter. Bei einer fiduziarischen Treuhand ist weiterhin zu beachten, dass nicht nur den **Gläubigern des Treuhänders** der Zugriff auf das Treuhandkonto versperrt ist, sondern auch den Gläubigern des Treugebers. Wegen der fehlenden Kontoinhaberschaft kann die Zwangsvollstreckung aufgrund eines Titels gegen den Treugeber nicht in das Treuhandkonto erfolgen. Jedoch können die Gläubiger aufgrund des Rückübertragungsanspruchs des Treugebers gegen den Treuhänder die Vollstreckung betreiben.[198] 57

c) Ermächtigungstreuhand. Im Unterschied zur Vollrechtstreuhand bleibt im Rahmen einer Ermächtigungstreuhand der **Treugeber Inhaber des zu verwaltenden Rechts.** Der Treuhänder wird lediglich ermächtigt, im eigenen Namen über das Treugut in den Grenzen des Treuhandsvertrags zu verfügen. Grundlage der Ermächtigung ist § 185 Abs. 1 BGB und nicht das Stellvertretungsrecht nach §§ 164 ff. BGB. Der Treuhänder handelt somit nicht im Namen des Treugebers, sondern im eigenen Namen, kann aber im Außenverhältnis wirksam über das fremde Treugut verfügen. 58

Im Verhältnis zur Bank und Dritten ist der **Treugeber Kontoinhaber** im Sinne des Vertragspartners und des Forderungsberechtigten. Dementsprechend können auch bei einer Ermächtigungstreuhand die Gläubiger des Treuhänders nicht in das Konto vollstrecken. Ein Ausschluss des Zugriffs auf das Kontoguthaben durch das Kreditinstitut (AGB-Pfandrecht, Aufrechnung, Zurückbehaltungsrecht) wie bei einem offenen Vollrechtstreuhandkonto erfolgt nicht, da der Treugeber zugleich Kontoinhaber ist. Der Zugriff der Bank auf das Guthaben des Treuhandkontos ist dementsprechend allein zur Befriedigung von Forderungen gegen den Treugeber gestattet. 59

4. Anderkonto

Das Anderkonto ist eine **Unterart des Treuhandkontos.** Es wird nur für Angehörige bestimmter Berufsgruppen errichtet, denen ein besonderes Bedürfnis nach Aufbewahrung fremder Gelder zukommt.[199] Anwendungsfälle sind Mandantenkonten von Rechtsanwälten, Patentanwälten, Steuerberatern oder Wirtschaftsprüfern, wie auch Konten eines Notars zB zur Abwicklung von Grundstückskaufverträgen. 60

Mit der Eröffnung eines Anderkontos sind **spezielle AGB-Regelungen** verbunden, in eigener Fassung für die jeweiligen Berufsgruppen.[200] Hintergrund der speziellen Regelungen und der Beschränkung der Eröffnung eines Anderkontos nur für bestimmte Berufe ist die gesetzliche Aufsicht bei diesen Berufsgruppen.[201] Jedoch steht anderen Personen, die keiner besonderen standesrechtlichen Berufsgruppe angehören, die Möglichkeit eines offenen Treuhandkontos zu (hierzu unter → Rn. 43 ff.). 61

Die Rechtsverhältnisse und die Rechtsfolgen eines Anderkontos entsprechen denen eines offenen (Vollrechts-)Treuhandkontos.[202] Kontoinhaber sowohl als Vertragspartner des Kreditinstituts, als auch in der Form des materiell berechtigten Forderungsinhabers ist der Treuhänder. Stirbt der Treuhänder eines Anderkontos, geht die Kontoinhaberschaft nicht im Wege der Universalsukzession (§ 1922 BGB) auf die Erben über. Kontoinhaber werden vielmehr die zuständigen Berufskammern oder von der Landesjustizverwaltung bestellte Abwickler.[203] 62

---

[197] Wie hier EBJS/*Grundmann* Bankrecht Rn. 1250.

[198] BGHZ 11, 37 (43) = NJW 1954, 190 (192); BGH NJW 2010, 2346.

[199] Fischer/*Klanten* Rn. 12.12.

[200] *Schwintowski* § 5 Rn. 32; Kümpel/Wittig/*Peterek* Rn. 6.803; Vordrucke der Bedingungen für Anderkonten in BankR-HdB/*Hadding*/*Häuser* Anh. zu § 38.

[201] BankR-HdB/*Hadding*/*Häuser* § 37 Rn. 9; Claussen/*van Look* § 2 Rn. 87.

[202] Kümpel/Wittig/*Peterek* Rn. 6.805; Claussen/*van Look* § 2 Rn. 88.

[203] *Schwintowski* § 5 Rn. 33.

5. Sonderkonto

63 Der Begriff „Sonderkonto" hat **keine rechtliche Aussagekraft.** Es erfolgt durch die Bezeichnung eines Kontos als „Sonderkonto" keine Kategorisierung, der eine konkrete Wirkung zugemessen werden könnte. Auch die Bestimmung des Kontoinhabers erfolgt nach den allgemeinen Grundsätzen.[204] Ferner enthält die Kennzeichnung eines Kontos als „Unterkonto",[205] „Separatkonto"[206] oder „Mietkonto"[207] kein zwingendes Indiz, dass es sich bei diesen Konten um ein Treuhandkonto handeln soll.

6. Konto zugunsten Dritter

64 **a) Allgemeines.** Das Konto zugunsten Dritter ist eine Kontogestaltung, die es dem Kontoinhaber, mithin der Vertragspartei im Verhältnis zur Bank, ermöglicht, einem Dritten das Forderungsrecht am Kontoguthaben zukommen zu lassen. Rechtliche Grundlage ist der Vertrag zugunsten Dritter gem. **§ 328 Abs. 1 BGB.** Der Begünstigte erhält einen eigenen Anspruch auf das Kontoguthaben gegen das Kreditinstitut auf Grundlage einer Vereinbarung zwischen dem Kunden und der Bank.[208] Das Konto zugunsten Dritter dient vor allem der **unentgeltlichen Zuwendung** von Vermögen des Kontoinhabers an den Begünstigten. Jedoch kann im Rahmen des Kontos zugunsten Dritter nicht nur der Rückgewähranspruch auf die Einlage, sondern auch die gesamte Kontoinhaberschaft übertragen werden.[209]

65 Erforderlich ist eine **entsprechende Vereinbarung** bei Kontoeröffnung oder später (§§ 133, 157 BGB). Dies kann unproblematisch sein, vor allem, wenn die entsprechenden **Formulare** der Bank verwendet werden. In diesem Fall sind die Rechte des Begünstigten und die des Kunden, zB die Widerruflichkeit der Vereinbarung, meist ausdrücklich verabredet. Zwingend ist diese Gestaltung freilich nicht, so dass eine entsprechende Abrede auch **anderweitig** erfolgen kann, ggf. sogar konkludent. In diesen Fällen können sich erhebliche **Auslegungsprobleme** ergeben, ggf. erst mehrere Jahre nach Kontoeröffnung. Gemäß § 328 Abs. 2 BGB sind bei den Fragen, ob und wie dem Dritten ein Forderungsrecht zustehen soll, und ob die Vertragsschließenden das Recht wieder aufheben können, nicht nur der Wortlaut, sondern auch der Vertragszweck und die Umstände des Vertragsschlusses zu beachten.[210] Fehlt eine ausdrückliche Vereinbarung, muss es daher für die Bank als Erklärungsempfänger bei Kontoeröffnung **zumindest erkennbar** sein, dass der Kunde dem Dritten die Gläubigerstellung einrichten will. Die Beweislast hierfür trägt derjenige, der sich darauf beruft, mithin regelmäßig der (potentiell) Begünstigte.

66 Die praktische Anwendung dieser Auslegung erfolgt regemäßig durch die **Würdigung von Indizien** unter Berücksichtigung der Gesamtumstände zum Zeitpunkt der Vereinbarung. Zu fragen ist hierbei, wer nach dem erkennbaren Willen des das Konto eröffnenden Kunden Gläubiger der Bank werden soll.[211] Die Tatsache, dass das **Konto auf den Namen eines Dritten** angelegt wird, spricht somit nicht zwingend für ein eigenes Forderungsrecht des Dritten.[212] Es kann nämlich (rechtlich freilich zweifelhaft!) auch andere Motive geben, den Namen eines Dritten als „Kontoinhaber" zu wählen, ohne dass diesem auch ein materielles Forderungsrecht zustehen soll (→ Rn. 26 f.). Bloße Motive, die

---

204 BGHZ 21, 148 (150) = BGH NJW 1956, 1593; KG WM 1964, 1038 (1039).

205 BGHZ 61, 72 (78) = NJW 1973, 1754.

206 KG WM 1964, 1038 (1039).

207 BGH NJW 1991, 101.

208 BankR-HdB/*Joeres* § 29 Rn. 16; Kümpel/Wittig/*Peterek* Rn. 6.755; speziell zu Minderjährigen *Strobel* WM 2020, 449.

209 Kümpel/Wittig/*Peterek* Rn. 6.760; *Schwintowski* § 6 Rn. 17; vgl. für den Todesfall OLG Bamberg BeckRS 2018, 35043 (Umschreiben eines Oder-Kontos auf ein Einzelkonto bei Versterben eines Ehegatten).

210 BGH NJW 1975, 344 (345); OLG Rostock BeckRS 2017, 142950 Rn. 23.

211 BGH WM 2019, 1592 Rn. 14 f.

212 OLG Rostock BeckRS 2017, 142950 Rn. 25; vgl. bereits RGZ 11, 239.

nicht kundgetan wurden (vor allem steuerrechtlicher Art), sind indessen für die Auslegung der Vereinbarung unbeachtlich.[213] Daran ändert auch nicht die nachträgliche steuerliche Verwendung des Kapitals.[214] Im praktisch bedeutsamen Fall eines **Sparkontos zugunsten Dritter** ist die bloße Kontoerrichtung unter Angabe eines fremden Namens ebenfalls kein zwingendes Indiz, dass dem Dritten auch die Forderung am Guthaben zustehen soll.[215] Insbesondere wenn der Kontoinhaber das Sparbuch dem Dritten noch nicht ausgehändigt hat, wird er im Zweifel die Verfügungsbefugnis über das Konto behalten wollen.[216] Wird dagegen der Dritte im Kontoeröffnungsantrag als einziger Gläubiger bezeichnet, so spricht dies dafür, dass dem Dritten das Forderungsrecht zusteht und er den Besitz des Sparbuchs verlangen kann.[217] Ferner ist der Dritte als Forderungsberechtigter anzusehen, wenn das Konto auf seinen Namen lautet und ihm das Sparbuch ausgehändigt wurde.[218] Eine abweichende Beurteilung kann aber wiederum geboten sein, wenn das Konto von demjenigen eröffnet wird, der später berechtigt sein soll, aber die Einzahlungen von jemand anderem erfolgen.[219]

Als **Zeitpunkt des Forderungserwerbs** eines Dritten kann die Kontoeröffnung oder ein späterer Zeitpunkt vereinbart werden. So sind typische Anwendungsfälle das Konto zugunsten Dritter auf den Todesfall (→ Rn. 71 ff.) oder ein Konto für einen Minderjährigen, wobei der Forderungserwerb auf den Eintritt der Volljährigkeit festgelegt wird. **67**

b) Rechtsbeziehungen. Das Konto zugunsten Dritter weist verschiedene, streng zu unterscheidende Rechtsverhältnisse auf. Die Beziehung zwischen Kreditinstitut (sog. Versprechender) und dem Kunden (sog. Versprechungsempfänger) wird als **Deckungsverhältnis** bezeichnet. Das Deckungsverhältnis enthält die vertragliche Grundlage (§ 328 BGB) für die Zuwendung des Kreditinstituts an den Dritten. Inhalt des Deckungsverhältnisses können auch Bedingungen und Befristungen sein, die den Zeitpunkt des Forderungserwerbs aufschieben. Bis zum Zeitpunkt des Forderungserwerbs kann der Kunde über das Kontoguthaben verfügen, ohne dass er dabei auf eine Zustimmung des Begünstigten angewiesen wäre.[220] Der Dritte hat somit bis zum Bedingungseintritt noch kein Recht erworben, auch kein Anwartschaftsrecht, weil ihm seine Position jederzeit durch den Kontoinhaber entzogen werden kann. Fällt der Kontoinhaber in die Insolvenz, kann der Dritte auch kein Aussonderungsrecht gem. § 47 Abs. 1 InsO geltend machen.[221] Liegen die Bedingungen des Deckungsverhältnisses für den Rechtserwerb vor, kann der Dritte immer noch das Recht gem. § 333 BGB zurückweisen, so dass er es nicht erwirbt. **68**

Das Rechtsverhältnis zwischen dem Begünstigten und dem Kontoinhaber (Versprechensempfänger) wird als **Valutaverhältnis** bezeichnet. Das Valutaverhältnis hat den rechtlichen Grund *(causa)* zum Inhalt, aufgrund dessen der Begünstigte das ihm zugewandte Vermögen behalten darf.[222] Das Valutaverhältnis ist somit maßgebend für die Frage, ob zwischen dem Begünstigten und dem Kontoinhaber (oder seinen Rechtsnachfolgern) bereicherungsrechtliche Herausgabeansprüche bestehen. Existiert kein rechtlicher Grund oder fällt dieser nachträglich weg, hat der Dritte die ihm zugewandten Vermögensgegenstände im Wege der Leistungskondiktion herauszugeben. Rechtsgrund einer unentgeltlichen Zuwendung ist üblicherweise ein **Schenkungsvertrag** nach §§ 516, 518 BGB. Ein Formmangel kann **69**

---

[213] OLG Rostock BeckRS 2017, 142950 Rn. 30.
[214] OLG Rostock BeckRS 2017, 142950 Rn. 30; OLG München WM 1983, 1294.
[215] BGHZ 21, 148 (150) = NJW 1956, 1593; BGH NJW 2005, 980; BGH NJW 2019, 3075; OLG Rostock BeckRS 2017, 142950 Rn. 25 (für Minderjährige); *Strobel* WM 2020, 449.
[216] BGHZ 28, 368 (269) = NJW 1959, 622; BGHZ 46, 198 (203) = NJW 1967, 101; BGH NJW 1970, 1181; OLG Rostock BeckRS 2017, 142950 Rn. 26.
[217] OLG Frankfurt a. M. NJW 1986, 64.
[218] BGH NJW 1970, 1181; BGH NJW 2005, 980; OLG Rostock BeckRS 2017, 142950 Rn. 27 (Sparbrief).
[219] OLG Rostock BeckRS 2017, 142950 Rn. 28.
[220] BankR-HdB/*Joeres* § 29 Rn. 25; Kümpel/Wittig/*Peterek* Rn. 6.755.
[221] MüKoInsO/*Ganter* § 47 Rn. 404.
[222] BGH NJW 1984, 480 (481); MüKoBGB/*Gottwald* § 331 Rn. 6; *Strobel* WM 2020, 449 (452 ff.).

durch die Bewirkung der Leistung geheilt werden, vgl. § 518 Abs. 2 BGB. Dies erfolgt beim Vertrag zugunsten Dritter bereits mit Einräumung des Forderungsrechts. Anderer Rechtsgrund einer unentgeltlichen Vermögensüberlassung ist die **unbenannte Zuwendung** bei Eheleuten oder nichtehelichen Lebensgemeinschaften.

70 Die Rechtsbeziehung zwischen Kreditinstitut und Begünstigten, das sog. **Leistungs- oder Vollzugsverhältnis,** enthält die durch das Deckungsverhältnis begründete selbstständige Forderung des Dritten gegen das Kreditinstitut. Ebenfalls ergibt sich aus dem Leistungsverhältnis ein vertragsähnliches Verhältnis iSd § 311 Abs. 2 BGB, so dass auch vertragliche Nebenpflichten (§ 241 Abs. 2 BGB), insbes. Schutz- und Obhutspflichten, bestehen.[223]

71 **c) Konto zugunsten Dritter auf den Todesfall.** Die Vereinbarung eines Kontos zugunsten Dritter auf den Todesfall ist eine Möglichkeit der **unentgeltlichen Zuwendung** von Vermögensgegenständen des Kontoinhabers. Andere Gestaltungsvarianten der Verfügung auf den Todesfall sind die Schenkung, aufschiebend bedingt durch den Tod des Kontoinhabers, die Vereinbarung eines Gemeinschaftskontos in Gestalt des Oder-Kontos oder eine postmortale oder transmortale Vollmacht (→ Rn. 120 ff.).

72 Bei einem Konto zugunsten Dritter auf den Todesfall wird im **Deckungsverhältnis** zwischen Kontoinhaber und Bank vereinbart, dass der Dritte mit dem Tod des Kontoinhabers das Forderungsrecht am Kontoguthaben erhält. Ob eine solche Abrede vorliegt, ist gem. § 328 Abs. 2 BGB nicht nur anhand des Wortlauts, sondern auch des Vertragszwecks und der Umstände der Vereinbarung zu entnehmen. Indiz für das Konto zugunsten Dritter auf den Todesfall kann die Bekanntmachung des Kontoinhabers sein, dass er das Konto nicht in den Nachlass fallen lassen will.[224] Der Kontoinhaber bleibt bis zu diesem Zeitpunkt über das Konto verfügungsbefugt mit der Folge, dass er auf das Guthaben des Kontos ohne Zustimmung des Dritten zugreifen kann.[225]

73 Daneben kann im Deckungsverhältnis verabredet werden, dass die Zuwendung nur erfolgt, wenn der Begünstigte den Kontoinhaber überlebt, sog. **Überlebensbedingung.** Für den Fall, dass der Begünstigte vor dem Kontoinhaber stirbt, lässt sich vereinbaren, dass ein Ersatzberechtigter an dessen Stelle tritt oder der Vertrag gegenstandslos wird. Ist für das Vorversterben des Dritten keine ausdrückliche Regelung getroffen worden, steht im Zweifel das Recht auf die Leistung dem Versprechensempfänger zu oder es fällt in dessen Nachlass.[226] Ähnlich zu beurteilen ist die Frage, ob der Zuwendende sich die **Verfügung über das Guthaben zu Lebzeiten vorbehält.** Diese Auslegung der Kontoeröffnung ist bei nahen Angehörigen dann anzunehmen, wenn das Sparbuch nicht aus der Hand des die Kontoeröffnung Beantragenden gegeben wird.[227] Diese Indizwirkung gilt indessen nicht so stark, wenn eine Kontoeröffnung der Eltern zu Gunsten ihrer minderjährigen Kinder erfolgt.[228]

74 Trotz der Vereinbarung einer Überlebensbedingung bleibt das Konto zugunsten Dritter auf den Todesfall ein **Rechtsgeschäft unter Lebenden.** Aus der Regelung des § 331 Abs. 1 BGB lässt sich schließen, dass der Dritte das Forderungsrecht unmittelbar vom Versprechenden (Kreditinstitut) mit dem Tod des Kontoinhabers erwirbt.[229] § 2301 Abs. 1 BGB, welcher im Falle einer Überlebensbedingung ein Rechtsgeschäft den Vorschriften über Verfügungen von Todes wegen unterwirft, wird nach hM aufgrund § 331 Abs. 1 BGB

---

[223] BGHZ 9, 316 (318) = NJW 1953, 977; BGH NJW 2005, 3778; MüKoBGB/*Gottwald* § 328 Rn. 31.
[224] BGH NJW 1984, 480 (481).
[225] BankR-HdB/*Joeres* § 29 Rn. 25; Kümpel/Wittig/*Peterek* Rn. 6.755; vgl. zum Widerruf OLG Saarbrücken NJW-RR 2013, 74.
[226] BGH NJW 1993, 2171.
[227] BGH NJW 2019, 3075 Rn. 18 (Großeltern – Enkel).
[228] BGH NJW 2019, 3075 Rn. 19; *Schnauder* WuB 2019, 543; *Mayer* FamRZ 2019, 461; *Strobel* WM 2020, 449.
[229] Staudinger/*Kanzleiter* § 2301 Rn. 42; MüKoBGB/*Gottwald* § 331 Rn. 4; *Schwintowski* § 6 Rn. 14.

ausgeschlossen.[230] Die erbrechtlichen Formvorschriften sind dementsprechend nicht anzuwenden.

75 Maßgebend, ob der Dritte das Kontoguthaben auch behalten darf, ist das Vorliegen eines rechtlichen Grunds im **Valutaverhältnis.**[231] Fehlt eine causa für die Zuwendung, besteht ein Herausgabeanspruch der Erben aus Bereicherungsrecht. Rechtsgrund ist jedoch im Regelfall ein Schenkungsvertrag zwischen Kontoinhaber und Drittem. Das **Schenkungsangebot** des Kontoinhabers kann dabei zu Lebzeiten oder auch noch nach dem Tod des Kontoinhabers wirksam zugehen, vgl. § 130 Abs. 2 BGB. Das Angebot kann ferner durch Übermittlung der Bank dem Dritten zugehen; auch nach dem Tod des Kontoinhabers.[232] Nach §§ 151, 153 BGB kann die Annahme des Schenkungsangebots ebenfalls nach dem Tod des Kontoinhabers wirksam erklärt werden; auf den Zugang der Annahme wird im Zweifel durch den Kontoinhaber verzichtet worden sein, vgl. § 151 S. 1 BGB. Die Annahme kann aber auch ggü. der Bank erfolgen.[233]

76 Zu beachten ist jedoch, dass der Schenkungsvertrag bis zu seiner Vollziehung durch die Erben widerrufen werden kann. Mit dem Tod des Kontoinhabers geht das **Widerrufsrecht** aus § 130 Abs. 1 S. 2 BGB im Wege der Universalsukzession auf die Erben über. Durch die Widerruflichkeit der Schenkung besteht eine Unsicherheit der Vermögensübertragung, die einen Wettlauf mit den Erben zur Folge haben kann. Um dies zu vermeiden, wird von der Bankpraxis der **Ausschluss** des Widerrufsrechts vorgesehen. Grundsätzlich steht es dem Kontoinhaber zu, auf sein Widerrufsrecht zu verzichten. Allerdings ist ein Ausschluss des Widerrufsrechts, welcher allein für die Erben gelten würde und den Kontoinhaber zu seinen Lebzeiten nicht betrifft, mit den Grundsätzen der Universalsukzession nicht vereinbar und damit unwirksam.

77 Zur Wirksamkeit bedarf der Schenkungsvertrag einer **notariellen Beurkundung,** vgl. § 518 Abs. 1 S. 1 BGB. Diese Form wird in der Regel nicht gewahrt werden, jedoch lässt sich der Formmangel gem. § 518 Abs. 2 BGB durch die Bewirkung der Leistung heilen. Im Fall des Kontos zugunsten Dritter auf den Todesfall tritt die Bewirkung der Leistung bereits mit dem Erwerb des Forderungsrechts zum Zeitpunkt des Todes des Kontoinhabers ein, vgl. § 331 Abs. 1 BGB.

III. Kontovollmacht

Schrifttum: *Tersteegen,* Bankgeschäfte mittels Vorsorgevollmacht – Verpflichtung der Banken zur Anerkennung von Vorsorgevollmachten?, NJW 2007, 1717; *Zimmermann,* Die Vorsorgevollmacht im Bankgeschäft, BKR 2007, 226.

1. Allgemeines

78 Bankgeschäfte sind Massengeschäfte des täglichen Lebens mit einer beachtlichen finanziellen Bedeutung für den Einzelnen. Hieraus resultiert in besonderem Maße die Notwendigkeit für klare Grundlagen, wenn Dritte im Namen des Kontoinhabers und auf dessen Rechnung handeln. Von zentraler praktischer Bedeutung ist insofern die **Kontovollmacht,** welche dem Bevollmächtigten erlaubt, im Namen des Kontoinhabers über ein bestimmte Konto zu verfügen (§§ 164 ff. BGB).[234] Hiervon begrifflich abzugrenzen ist die

[230] BGH NJW 1964, 1124; 1975, 382 (383); OLG Köln NJW-RR 1995, 1224; BankR-HdB/*Joeres* § 29 Rn. 24; Staudinger/*Kanzleiter* § 2301 Rn. 42; Bamberger/Roth/*Litzenburger* § 2301 Rn. 16.

[231] Zum Ganzen *Strobel* WM 2020, 449 (453 ff.), auch im Hinblick auf die Beweislast; vgl. *Daragan* ZEV 2020, 142: GoA als causa.

[232] BGH NJW 1984, 480 (481).

[233] Vgl. OLG Düsseldorf BeckRS 2019, 38568.

[234] Ausführlich hierzu BankR-HdB/*Dauber* § 34; ein bankenüblicher Vordruck einer Kontovollmacht für ein einzelnes Konto ist abgedruckt in BankR-HdB/*Lwowski/Lorenz* § 34 Rn. 20.

sog. **Bankvollmacht,** welche sich auf die gesamte Geschäftsverbindung des Kontoinhabers mit einem Kreditinstitut erstreckt (Einzelheiten → Rn. 91 ff.).[235]

79 Der Bevollmächtigte wird in der Praxis vielfach als **Verfügungsberechtigter** bezeichnet, was in mehrfacher Hinsicht ungenau ist und daher einer genauen dogmatischen **Abgrenzung** bedarf: Die Vollmacht iSv § 167 Abs. 1 S. 1 BGB ermöglicht dem Vertreter, im Namen des Vertretenen Willenserklärungen abzugeben oder anzunehmen, die unmittelbar für den Vertretenen wirken. In Bezug auf das (Einlagen-)Konto ermöglicht dies, über das Guthaben auf dem Konto zu verfügen, mithin den entsprechenden Zahlungsvorgang im Namen des Kontoinhabers zu autorisieren (§ 675 f Abs. 4 BGB); das Gleiche gilt auch für den umgekehrten Fall der Einzahlung. Für eine Verfügung iSd Zivilrechts, also die Gestattung zu Gunsten eines Dritten, **im eigenen Namen über das Konto** zu verfügen, ist unproblematisch nur in den gesetzlichen geregelten Fällen Raum, insbesondere als Verfügungsbefugnis des Insolvenzverwalters gem. § 80 Abs. 1 InsO. Für eine darüber hinausgehende (rechtsgeschäftliche) Ermächtigung gem. § 185 BGB dürfte allenfalls im Rahmen sog. Einziehungsermächtigungen Raum bestehen.[236] Hiervon abzugrenzen sind auch die Fälle, in denen die Fremdnützigkeit der Vermögensbetreuung unmittelbar Niederschlag findet bei der Kontoinhaberschaft (Treuhandkonto, → Rn. 43).

80 **a) Abgrenzung zur Kontoinhaberschaft.** Der **Vertreter** ist trotz der möglicherweise weitreichenden und verdrängenden Rechtsmacht **nicht Kontoinhaber.**[237] Einem Gläubiger des Vertreters bleibt aufgrund der fehlenden Inhaberstellung zB der Zugriff auf das Konto des Vertretenen versperrt.[238] Umgekehrt ist der Vollstreckungsschutz zu Gunsten eines Bevollmächtigten (zB gem. § 55 Abs. 1 SGB I aF) irrelevant, wenn das Kreditinstitut gegen den Kontoinhaber aufrechnet. Das Gleiche gilt für Sozialleistungen eines Bevollmächtigten, die auf ein fremdes Konto überwiesen werden, über dieses ihm nur eine Vollmacht ausgestellt wurde, selbst wenn der Leistungsempfänger kein eigenes Konto besitzt.[239] Wegen dieser Unterschiede der Kontovollmacht zum Gemeinschaftskonto besteht für die Praxis die Notwendigkeit einer trennscharfen Abgrenzung.

81 **b) Zulassung der Stellvertretung.** Liegt eine wirksame Konto- oder Bankvollmacht vor, ist die Bank bei der Durchführung eines laufenden Vertrags grds. zur Zulassung der Stellvertretung **verpflichtet.**[240] Dies folgt aus dem Zahlungsdiensterahmenvertrag, aufgrund dessen der Kunde das Recht erhält, die Ausführung bestimmter Handlungen (zB Überweisung im Rahmen eines Girokontos vgl. § 675f Abs. 1 S. 1 BGB) vom Kreditinstitut zu verlangen.[241] Dementsprechend ist ein **genereller vertraglicher Ausschluss** der Stellvertretung durch AGB wegen unangemessener Benachteiligung **unzulässig.**[242] Für den erstmaligen Vertragsabschluss selbst gilt eine solche Zulassungspflicht indessen nicht, da ansonsten ein faktischer Kontrahierungszwang bestehen würde und die nach § 154 AO erforderliche Legitimationsprüfung nicht effektiv wahrgenommen werden könnte.[243]

82 **c) Sorgfaltspflichten des Kreditinstituts.** Hiervon abzugrenzen sind die Sorgfaltspflichten des Kreditinstituts im Einzelfall **bei der Ausübung von Vertretungsmacht** am Bankschalter. Die wirksame Stellvertretung muss im Zeitpunkt der Vornahme des Geschäfts bestehen. Liegt keine wirksame Vertretungsmacht vor, so geht dies zu Lasten des Kredit-

---

[235] Claussen/*van Look* § 2 Rn. 18; BankR-HdB/*Dauber* § 32 Rn. 1; Derleder/Knops/Bamberger/*Singer* § 38 Rn. 47; vgl. BGH WM 2007, 462 (464).
[236] BankR-HdB/*Dauber* § 32 Rn. 69.
[237] BGHZ 127, 229 (232) = NJW 1995, 261 (262).
[238] Vgl. für die Pfändung FessFG WM 1998, 2430.
[239] BGH NJW 1988, 709.
[240] *Tersteegen* NJW 2007, 1717 (1718 f.); Kümpel/Wittig/*Peterek* Rn. 6.688.
[241] *Tersteegen* NJW 2007, 1717 (1718).
[242] BGH NJW 1982, 1389 (1390 f.); *Tersteegen* NJW 2007, 1717 (1718).
[243] *Tersteegen* NJW 2007, 1717 (1718).

instituts (§§ 177 ff. BGB).[244] Aus diesem Grund besteht das berechtigte Interesse der Bank, die Leistung bei begründeten **Zweifeln an der Wirksamkeit der Vollmacht** zu verweigern (vgl. auch § 180 BGB); umgekehrt ist es das Interesse des Kontoinhabers, dass die Bank nicht ohne adäquate Prüfung an den (vermeintlichen) Stellvertreter leistet, weil diese Leistung dann gegenüber dem Kunden wirksam sein kann. Insofern wird zumeist von Seiten der Kreditinstitute versucht, die Zulässigkeit der Stellvertretung an die Verwendung entsprechender bankinterner Vollmachtsurkunden zu knüpfen, was nicht immer zulässig ist (→ Rn. 87, 94 ff., für die Vorsorgevollmacht → Rn. 113). Daneben ist stets zu bedenken, dass es generell aus dem Zahlungsdiensterahmenvertrag Prüfungspflichten des Kreditinstituts bei der Leistung an (vermeintlich) Bevollmächtigte gibt (→ Rn. 87).

2. Begründung der Vollmacht

a) Allgemeines. Die Vollmacht wird durch eine einseitige empfangsbedürftige Willenserklärung erteilt. Die Vollmachterteilung selbst bedarf als einseitige Willenserklärung keiner Annahme durch den Bevollmächtigten oder den Vertragspartner. Die Erteilung der Vollmacht kann gegenüber dem Bevollmächtigten **(Innenvollmacht)** oder gegenüber dem Kreditinstitut **(Außenvollmacht)** erfolgen; Letzteres ist wegen der zumeist verwendeten Vollmachtsformulare (→ Rn. 86, 94) der Regelfall. Die Unterscheidung zwischen Innen- und Außenvollmacht ist für die Frage des Fortwirkens einer Vollmacht maßgebend. Eine Außenvollmacht ist gem. § 170 BGB solange wirksam, bis das Erlöschen der Vollmacht dem Kreditinstitut angezeigt wird. Das Erlöschen einer Innenvollmacht muss der Bank dagegen erst angezeigt werden, wenn die Innenvollmacht der Bank bereits kundgetan wurde (§ 171 Abs. 2 BGB) oder der Vertreter eine Vollmachtsurkunde besitzt (§§ 172 f. BGB). 83

Im Regelfall wird zwischen Vertretenem und Vertreter neben der Vollmachterteilung ein weiteres Rechtsverhältnis, sog. **Innenverhältnis,** bestehen, das die Rechte und Pflichten des Vertreters bestimmt, zB Auftrag (§§ 662 ff. BGB), Dienstvertrag (§§ 611 ff. BGB) oder Geschäftsbesorgungsvertrag (§ 675 BGB), selten eine bloße Gefälligkeit.[245] Mit Abschluss eines solchen Vertrages kann auch zugleich eine Erteilung einer Vollmacht vorgenommen worden sein. Allerdings ist die Vollmacht selbst vom Innenverhältnis streng zu trennen. Diesem **Abstraktionsprinzip** folgend ist bei Fragen der Erteilung und des Bestands einer Vollmacht nur auf die zur Erteilung der Vollmacht vorgenommene Willenserklärung zu achten. Dementsprechend ist auch eine sog. **isolierte Vollmacht,** dh Vollmacht ohne ein zugrundeliegendes Innenverhältnis, möglich.[246] Jedoch erlischt mit dem Ende des Innenverhältnisses regelmäßig auch die Vollmacht, vgl. § 168 Abs. 1 S. 1 BGB. 84

Die Vollmachterteilung muss nicht ausdrücklich erklärt werden, sondern kann auch durch **konkludentes Handeln** erfolgen. Die Auslegung des fraglichen Verhaltens wird nach den allgemeinen Grundsätzen, dh aus der Perspektive eines **objektiven Empfängers** (§§ 133, 157 BGB) vorgenommen.[247] Danach liegt eine konkludente Innenvollmacht vor, wenn sich aus dem Handeln nach allgemeiner Verkehrsauffassung der Schluss ziehen lässt, dass eine Vollmacht erteilt worden ist. Das kann sich bereits daraus ergeben, dass einer Person Legitimationsmittel überlassen worden sind[248] oder Aufgaben übertragen wurden, die sich nicht ohne Vollmacht erfüllen ließen.[249] Auch eine Außenvollmacht kann durch schlüssiges Verhalten erteilt werden, allerdings setzt dies voraus, dass der Vollmachtgeber den erkennbaren Willen hat, eine Außenvollmacht zu erteilen. Unterschriftenblätter, bei 85

[244] BGH NJW-RR 1990, 1200 (1201); NJW 2001, 2968 (2969); Derleder/Knops/Bamberger/*Singer* § 38 Rn. 46.
[245] Vgl. OLG Hamm BeckRS 2018, 36792 Rn. 27 ff.
[246] Staudinger/*Schilken* § 167 Rn. 2.
[247] MüKoBGB/*Schubert* § 167 Rn. 8, 55; Bamberger/Roth/*Valenthin* § 167 Rn. 7.
[248] RGZ 81, 257 (260); BGH NJW 1965, 984 (985).
[249] OLG Naumburg MDR 1999, 1319; Staudinger/*Schilken* § 167 Rn. 13; MüKoBGB/*Schubert* § 167 Rn. 55.

denen der Dritte als zeichnungsberechtigt aufgeführt werden, sind als kundgetane Innenvollmacht auszulegen.[250] Abzugrenzen ist die konkludent erteilte Vollmacht von einer Duldungs- oder Anscheinsvollmacht (→ Rn. 104 ff.).

86 **b) Form.** Grundsätzlich kann eine Vollmacht **formlos** erteilt werden. Nach § 167 Abs. 2 BGB bedarf sie auch nicht der Form, die für das Rechtsgeschäft vorgeschrieben ist, auf das sich die Vollmacht bezieht. **Ausnahmen** hiervon bestehen jedoch gem. § 492 Abs. 4 BGB. Hiernach bedarf auch die Vollmacht, die ein Darlehensnehmer zum Abschluss eines Verbraucherdarlehens erteilt, der Form des § 492 Abs. 1 BGB. Daneben bestehen weitere gesetzliche Normen, die § 167 Abs. 2 BGB ausschließen: §§ 1484 Abs. 2, 1945 Abs. 3 S. 1, 1904 Abs. 5, 1906 Abs. 5, 1955 S. 2 BGB; § 12 Abs. 1 S. 2 HGB; §§ 2 Abs. 2, 47 Abs. 3 GmbHG; §§ 134 Abs. 3 S. 3, 135 AktG sowie die Möglichkeit, durch rechtsgeschäftliche Vereinbarung die Vollmachterteilung einer bestimmten Form zu unterwerfen. Neben den gesetzlichen Ausnahmevorschriften wird § 167 Abs. 2 BGB auch für Grundstücksgeschäfte teleologisch reduziert, wenn durch eine unwiderrufliche Vollmacht oder vergleichbare Gestaltungen bereits eine tatsächliche Bindungswirkung eintritt.[251] Auf die Vornahme von Bürgschaftsverträgen wird § 167 Abs. 2 BGB ebenfalls nicht angewendet.[252] Dies gilt auch für eine sog. Blankobürgschaft, bei der ein Dritter die bereits unterzeichnete Bürgschaftserklärung noch bezüglich der Höhe ergänzt.[253] Für das Ausfüllen einer Blankounterschrift gelten die Regelungen zur Stellvertretung (§§ 164 ff. BGB) entsprechend mit der Maßgabe, dass auch in diesem Fall die Vollmachterteilung der Form des § 766 BGB iVm § 126 BGB entsprechen muss.

87 Trotz dieser allgemeinen Formfreiheit der Vollmacht werden Konto- oder Bankvollmachten regelmäßig auf Verlangen der Kreditinstitute durch die Verwendung eines speziellen **Vollmachtvordrucks** erteilt. Dieser gibt dann rechtssicher Auskunft über den Umfang der Vollmacht (→ Rn. 89 ff.). Die Kreditinstitute haben ein großes Interesse an der Verwendung der Formulare, da sie grundsätzlich das Risiko tragen, wenn eine wirksame Stellvertretung nicht vorliegt. Folglich werden **mündlich erteilte Vollmachten** berechtigterweise nur in Ausnahmefällen akzeptiert. Diese Praxis ist im Grundsatz nicht zu beanstanden. Auch wenn Banken grundsätzlich eine wirksame Stellvertretung zuzulassen haben (→ Rn. 81), heißt dies nicht, dass sie jede Vollmacht akzeptieren müssen. Bestehen **begründete Zweifel an der Wirksamkeit** der Stellvertretung, kann einem Kreditinstitut nicht zugemutet werden, an den Vertreter zu leisten und dem Risiko der §§ 177 ff. BGB ausgesetzt zu sein. Die Hürde, wann die Bank unter Hinweis auf begründete Zweifel die Auszahlung verweigern darf bzw. muss, ist indessen niedriger als bei den wertpapierrechtlich verbrieften Ansprüchen. Aus dem Zahlungsdiensterahmenvertrag folgt vielmehr bereits die mit **einfacher Fahrlässigkeit** verletzbare Pflicht (vgl. § 173 BGB), nur an einen im Hinblick auf Identität sowie Bestand und Umfang der Vertretungsmacht ordnungsgemäß legitimierten Stellvertreter zu leisten. Dies bedeutet umgekehrt, dass bei begründeten Zweifeln ein Leistungsverweigerungsrecht bzw. im Verhältnis zum Kontoinhaber die entsprechende Pflicht besteht. **Mündliche Bevollmächtigungen** sind daher regelmäßig nicht zu akzeptieren, es sei denn, es lässt sich durch telefonische Rücksprache die Wirksamkeit klären. Leistet das Kreditinstitut auf Grund einer nicht gegebenen mündlichen Bevollmächtigung, liegt gem. §§ 177 ff., 675j BGB kein autorisierter Zahlungsvorgang vor, so dass eine Haftung gem. § 675u BGB entsteht. Verweigert das Kreditinstitut trotz hinreichender Überprüfung der mündlichen Vollmacht pflichtwidrig die Durchführung des Zahlungsvorgangs, haftet sie dem Kunden gem. § 280 BGB auf Schadenersatz. – **Privatschriftlich formulierte Vollmachten** hat das Kreditinstitut in stärkerem Maße zu akzep-

[250] BankR-HdB/*Dauber* § 32 Rn. 2; Kümpel/Wittig/*Peterek* Rn. 6.690.

[251] BGH NJW 1952, 1210; WM 1965, 107; 1965, 1006; OLG Karlsruhe NJW-RR 1986, 100 (101); *Schwintowski* § 6 Rn. 49.

[252] BGHZ 132, 119 (124 f.) = BGH NJW 1996, 1467 (1468); Bamberger/Roth/*Valenthin* § 167 Rn. 10.

[253] BGHZ 132, 119 = BGH NJW 1996, 1467.

tieren als mündliche, weil zu seinen Gunsten die speziellen Schutzvorschriften gem. §§ 172, 173 BGB gelten, so dass die notwendige Autorisierung des Zahlungsvorgangs im Rahmen von §§ 675j, 675u BGB hiernach gegeben sein kann. Eine Weigerung der Ausführung ist daher nur dann pflichtgemäß, wenn das Kreditinstitut Kenntnis oder (einfach) fahrlässige Unkenntnis von der fehlenden Vertretungsmacht hat; eine generelle Pflicht zur Rückfrage erscheint bei Vorlage einer Urkunde indessen nicht geboten.

Trotz dieser an sich durchaus praktikablen gesetzlichen Grundlage zum Umgang mit Bevollmächtigungen besteht seit langem das Bedürfnis der Kreditinstitute, die Zulassung einer Bevollmächtigung **auf die Verwendung bankinterner Vollmachtsformulare zu beschränken.**[254] Indem diese Vollmacht in der Regel im Beisein eines Bankangestellten abgegeben wird, bzw. diesem gegenüber nachträglich anerkannt oder im PostIdent-Verfahren bestätigt wird, kann für das Kreditinstitut das Risiko der Echtheit der Urkunde erheblich verringert werden. Eine diesbezüglich lautende AGB-mäßige Verpflichtung ist indessen bereits wegen Verstoß gegen das Klauselverbot nach § 309 Nr. 13 BGB unwirksam.[255] Selbst wenn dies nicht AGB-mäßig vereinbart wurde, sprechen die besseren Gründe dafür, eine derartige Gestaltung als **unangemessene Benachteiligung** des Kunden zu werten, weil hierdurch die grundsätzliche Formfreiheit gem. § 167 Abs. 2 BGB über Gebühr eingeschränkt wird (str.).[256] Die Bank kann sich daher nicht hierauf berufen und handelt ggf. pflichtwidrig, was Schadensersatzansprüche nach sich ziehen kann. Der Kunde kann vielmehr selbst entscheiden, welche Form er für die Bevollmächtigung wählt; das Kreditinstitut hat dann nach Maßgabe von §§ 172, 173 BGB zu prüfen, ob es die Wahl akzeptiert oder nicht (→ Rn. 82, 87). Siehe zur Zulassungspflicht einer notariell beurkundeten oder beglaubigten Vollmacht die Ausführungen zur Vorsorgevollmacht → Rn. 115. 88

3. Umfang einer Kontovollmacht

a) Allgemeines. Der Umfang der Vollmacht bestimmt sich aus dem Inhalt der Bevollmächtigung, gesetzliche Vorgaben bestehen insofern nicht. Maßgebend ist die **Auslegung** nach den allgemeinen Grundsätzen (§§ 133, 157 BGB), der Inhalt der Erklärung wird somit aus der Perspektive eines objektiven Empfängers bestimmt.[257] Zu beachten ist jedoch, dass insofern zwischen Innenvollmacht, kundgetaner Innenvollmacht und Außenvollmacht zu unterscheiden ist. Erklärungsempfänger und damit maßgebender Bezugspunkt der Auslegung ist bei der Innenvollmacht der Vertreter selbst, hingegen bei der kundgetanen Innenvollmacht, wie auch bei der Außenvollmacht, der Geschäftspartner. 89

b) Vollmachtstypen. Es lassen sich allgemein drei besondere Vollmachtsarten unterscheiden: Zum einen kann eine Vollmacht nur für bestimmte Rechtsgeschäfte oder eine konkrete Handlung erteilt werden (Spezialvollmacht). Desweiteren kann eine Vollmacht auf eine Weise erklärt werden, dass sie zur Vornahme einer bestimmten Art von Rechtsgeschäften gelten soll (Gattungs- oder Artvollmacht). Schließlich kann sich die Vertretungsmacht auch auf jedes Rechtsgeschäft beziehen (Generalvollmacht). Im Bankverkehr wird typischerweise zwischen zwei verschiedenen Arten der Gattungsvollmacht, Bankvollmacht und Kontovollmacht, differenziert. Gesetzlich vorgeprägt ist dies freilich nicht, so dass es letztlich stets darum geht, den konkreten Bestand und Umfang der Kontovollmacht im Wege der **Auslegung** zu ermitteln. Das Risiko einer nicht erteilten oder gefälschten Vollmacht trägt dabei grundsätzlich das Kreditinstitut (§§ 177 ff. BGB, § 675j BGB).[258] 90

---

[254] Vgl. Vordruck einer Kontovollmacht in BankR-HdB/*Lwowski/Lorenz* § 34 Rn. 20.
[255] *Tersteegen* NJW 2007, 1717 (1718); Beck'sches Notar-Handbuch/*Reetz* F. Rn. 88.
[256] *Müller-von Münchow* NotBZ 2010, 31 (40); *Uhlenbruck* ZInsO 2009, 612 (615); *Zimmermann* BKR 2007, 226 (230); BankR-HdB/*Dauber* § 32 Rn. 3; **abw.** MüKoHGB/*Herresthal* ZahlungsV Rn. A 217.
[257] MüKoBGB/*Schubert* § 167 Rn. 55 ff.; Bamberger/Roth/*Valenthin* § 167 Rn. 22.
[258] OLG Karlsruhe WM 1985, 454.

91 **aa) Bankvollmacht.** Die Bankvollmacht umfasst die Vertretungsmacht für die **gesamte Geschäftsverbindung** mit dem Kreditinstitut.[259] So können neben Verfügungen über die Konten auch neue Konten eröffnet oder alte Konten gekündigt werden. Ebenfalls ist eine Kreditaufnahme oder -erweiterung von der Bankvollmacht idR umfasst.[260]

92 **bb) Kontovollmacht.** Dagegen beinhaltet die Kontovollmacht regelmäßig nur die Berechtigung, über ein **bestimmtes Konto** Rechtsgeschäfte vorzunehmen. Jedoch kann sich die Vertretungsmacht auch über mehrere oder künftige Konten erstrecken, die unter einer Kundenstammnummer oder bei einer Geschäftsstelle des Kreditinstituts unterhalten werden.[261] Auch wenn sich die Kontovollmacht auf ein bestimmtes Konto bezieht, so berechtigt sie allerdings nicht, jedes Rechtsgeschäft in Verbindung mit dem Konto vorzunehmen. Insbesondere steht es dem Vertreter regelmäßig nicht zu, die Rechtsstellung des Kontoinhabers zu verändern, zB indem er das Konto auflöst oder auf seinen eigenen Namen umschreibt.[262] Üblicherweise umfasst eine Kontovollmacht vielmehr nur die Berechtigung zur **Verfügung** über das Guthaben oder über eingeräumte Kredite, zB die Inanspruchnahme der Kreditlinie.

93 Hingegen ist der Vertreter zur weiteren **Kreditaufnahme oder -erweiterung** grundsätzlich nicht berechtigt.[263] Zum Abschluss eines Darlehensvertrags oder der Überziehung des Kontos über die Kreditlinie ist vielmehr eine entsprechende Spezialvollmacht zur Kreditaufnahme nötig.[264] Eine vorformulierte Vollmacht, welche eine Berechtigung zur Eingehung von Verbindlichkeiten in unbegrenzter Höhe beinhaltet, verstößt gegen die AGB-rechtliche Inhalts- und Einbeziehungskontrolle (→ Rn. 94 ff.). Enthält die Vollmacht eine Bestimmung zur vorübergehenden Kontoüberziehung „im bankenüblichen Umfang", so versteht sich darunter ein Betrag von etwa 10 % über dem Volumen eines Überziehungskredits iSd § 493 Abs. 2 BGB aF.[265]

94 **c) Vollmachtsformulare.** Um die Risiken einer ungenauen Bevollmächtigung zu minimieren, wird im Bankverkehr eine Konto- oder Bankvollmacht typischerweise durch die Verwendung von Vollmachtsvordrucken der Kreditinstitute erteilt (für den Kunden verpflichtend ist diese Vorgehensweise indessen richtigerweise nicht, → Rn. 88). Der Vordruck einer Kontovollmacht berechtigt im Regelfall zur Vornahme aller Geschäfte, die mit der Kontoführung in unmittelbarem Zusammenhang stehen.[266] Zur inhaltlichen Präzisierung enthält das Formular einen **Positivkatalog** mit einer beispielhaften Aufzählung konkreter Geschäfte, die der Bevollmächtigte vornehmen darf. Anschließend folgt ein **Negativkatalog** mit Geschäften, zu deren Vornahme der Vertreter nicht ermächtigt ist.

95 Durch den Vollmachtsvordruck wird vom Kreditinstitut eine für die Vertragsabwicklung erhebliche Erklärung des Kunden vorformuliert, so dass der Vordruck einer **AGB-Kontrolle** zugänglich ist.[267] Auch wenn § 305 Abs. 1 BGB von „Vertragsbedingungen" spricht, so gelten die §§ 305 ff. BGB auch für einseitige Erklärungen, die von der anderen Partei vorformuliert sind.[268] Auch die im Vordruck enthaltene Aufforderung an den Kunden, den Inhalt der Formularerklärung durch Streichung einzelner Passagen zu verändern, ändert

---

[259] Claussen/*van Look* § 2 Rn. 18.
[260] S. hierzu auch BankR-HdB/*Dauber* § 32 Rn. 8.
[261] BankR-HdB/*Lwowski/Lorenz* § 34 Rn. 20 f.
[262] Vgl. BGHZ 87, 376 (380) = NJW 1983, 2944 (2945); BGH NJW-RR 2009, 979 (981).
[263] OLG Hamm NJW 1992, 378; OLG Köln WM 2001, 2340 (2341).
[264] OLG Köln WM 2001, 2340 (2342).
[265] OLG Köln WM 1999, 1003; OLG Brandenburg BKR 2007, 473.
[266] Abgedruckt in BankR-HdB/*Lwowski/Lorenz* § 34 Rn. 20.
[267] BGH NJW 1987, 2011; Kümpel/Wittig/*Peterek* Rn. 6.693; MüKoHGB/*Herrestahl* ZahlungsV Rn. A 221.
[268] BGHZ 98, 24 (28) = NJW 1986, 2428 (2429); BGH NJW 1987, 2011; BGHZ 141, 124 (126) = NJW 1999, 1864; BGH NJW 2000, 2677; MüKoBGB/*Basedow* § 305 Rn. 11; Bamberger/Roth/*Becker* § 305 Rn. 12.

nicht die Einstufung als AGB.[269] Allein der Verzicht, einzelne Teile zu streichen, erfüllt nicht die Voraussetzungen eines Aushandelns iSd § 305 Abs. 1 S. 3 BGB.[270]

Der Inhalt der Vollmachtsvordrucke darf nicht **überraschend** iSv § 305c BGB sein. Eine Klausel, die einen einzelzeichnungsberechtigten Kontoinhaber ermächtigt, in unbegrenzter Höhe Verbindlichkeiten zu Lasten eines Gemeinschaftskontos einzugehen, ist bereits überraschend, weil der andere Kontoinhaber mit einer so weitgehenden Vollmachterteilung nicht zu rechnen braucht.[271] Eine derart formulierte Vollmacht zur Aufnahme eines Darlehens ist wegen der Haftungsrisiken des anderen Kontoinhabers **unangemessen** iSv § 307 Abs. 1 BGB.[272] Dies gilt nicht nur für Gemeinschaftskonten, sondern auch für die gegenseitige Bevollmächtigung von satzungsgemäß gesamtvertretungsberechtigten Gesellschaftern.[273] Wird die Überziehung eines Kontos ausdrücklich untersagt, berechtigt eine Kontovollmacht den Bevollmächtigten auch nicht zur Verfügung über ein Guthaben aus einer vorläufigen Scheckgutschrift.[274] 96

d) Gesetzlicher Umfang der Vertretungsmacht. Der Umfang einer Vollmacht muss sich nicht zwingend aus der Erklärung selbst ergeben. Insbesondere im **Bereich des Handelsrechts** wird für gewisse Vollmachtsarten der Umfang durch das Gesetz bestimmt (Prokura gem. §§ 48 ff. HGB; Handlungsvollmacht, vgl. § 54 Abs. 3 HGB). Die Vollmachterteilung selbst ist weiterhin rechtsgeschäftlicher Art. Jedoch kann der Bevollmächtigende den Umfang der Vertretungsmacht nicht im Außenverhältnis einschränken. Dies gilt auch für die Geschäftsbeziehungen mit der Bank.[275] Wurden bestimmte Grenzen der Vertretungsmacht vereinbart, zB konkrete Geschäfte von der Stellvertretung ausgeschlossen, so hat dies allein Wirkung im Innenverhältnis. Nur unter den Voraussetzungen des Missbrauchs der Vertretungsmacht kann eine interne Einschränkung auch für Dritte Wirkung entfalten (→ Rn. 110 ff.). Dass der gesetzlich festgelegte Umfang der Vertretungsmacht nicht gegenüber Dritten beschränkt werden kann, gilt ebenfalls für die **organschaftliche Vertretungsmacht** der Gesellschafter einer OHG bzw. KG (§ 126 HGB) und die eines GmbH-Geschäftsführers (§§ 35, 37 GmbHG) sowie AG-Vorstands (§ 78 AktG). 97

Ferner ist bei einer Bank- und Kontovollmacht eine mögliche **Gesamtvertretung** zu beachten. Diese ergibt sich in der Regel aus dem Gesetz (§ 1629 Abs. 1 S. 1 BGB; § 35 Abs. 2 S. 2 GmbHG; § 78 Abs. 2 AktG), kann aber auch durch Rechtsgeschäft (§§ 48 Abs. 2, 125 Abs. 2 S. 2 HGB) angeordnet werden. Wurde eine Gesamtvertretung bestimmt, so können die Gesamtvertreter nur gemeinschaftlich handeln. Allerdings besteht die Möglichkeit, dass die Gesamtvertreter einen einzelnen mit Alleinvertretungsbefugnis ausstatten. Jedoch darf die Ermächtigung zur Einzelvertretung nicht die gesetzlichen oder gesellschaftlichen Schranken durchbrechen und dem Sinn der Gesamtvertretung zuwiderlaufen.[276] Eine Generalvollmacht an einen einzelnen Vertreter im Rahmen einer Gesamtvollmacht ist daher nicht möglich. Wird einem Gesamtvertreter eine **Einzelvollmacht gegenüber der Bank** erklärt, so steht diese einer Generalvollmacht aufgrund der Bedeutung und der Vielzahl der denkbaren Geschäfte mit einem Kreditinstitut gleich.[277] Um trotzdem einem Gesamtvertreter für Bankgeschäfte eine Einzelvollmacht zukommen zu 98

---

[269] BGH NJW 1987, 2011; Kümpel/Wittig/*Peterek* Rn. 6.693; MüKoHGB/*Herresthal* ZahlungsV Rn. A 221.

[270] BGHZ 98, 24 (28) = NJW 1986, 2428 (2429); BGH NJW 1987, 2011; Palandt/*Grüneberg* § 305 Rn. 20.

[271] BGH NJW 1991, 923 (924) = WM 1991, 313 (314); OLG Frankfurt a. M. WM 1982, 857 (858).

[272] BGH NJW 1989, 2393; 1991, 923 (924) = WM 1991, 313 (314); OLG Köln WM 2001, 2340 (2341).

[273] OLG Frankfurt a. M. WM 1982, 857 (858); OLG Köln WM 2001, 2340 (2341).

[274] OLG Karlsruhe WM 1984, 1150 (1151).

[275] KG WM 1982, 405 (407).

[276] BankR-HdB/*Dauber* § 32 Rn. 12 f.; Kümpel/Wittig/*Peterek* Rn. 6.690; Baumbach/Hueck/*Noack* § 35 Rn. 121.

[277] BGH WM 1986, 315 (316); LG Hamburg WM 1996, 999 (1002).

lassen, muss diese nur für die mit der Kontoführung unmittelbar zusammenhängenden Geschäfte ausgestellt sein.[278]

98a **e) Verbot des Selbstkontrahierens und der Doppelvertretung.** Die Beschränkungen der Vertretungsmacht gem. **§ 181 BGB** gelten auch bei der Bank- und Kontovollmacht. Hiervon kann bereits in der Vollmacht selbst befreit werden, etwa als Gestattung von Verfügungen zu Gunsten des Bevollmächtigten.[279] Dies muss aber hinreichend konkret sein.[280] Im Übrigen gilt, dass das Abheben von Geld für sich genommen kein Fall von § 181 BGB ist und die Regelung auch nicht entsprechend angewendet werden darf.[281] Der die Auszahlung begründende Zahlungsvorgang erfolgt nämlich auch im Hinblick auf die Erfüllung im Namen des Kontoinhabers, so dass kein Insichgeschäft vorliegt.

4. Änderung der Vollmacht

99 Werden mehrere Bevollmächtigungen gegenüber einer Person erteilt, so ist die letzte Vollmacht maßgebend. Die letzte Vollmacht enthält dabei nicht nur einen neuen Umfang, sondern ist als teilweiser Widerruf bzw. Erweiterung der vorherigen Vollmacht zu verstehen. Nr. 11 Abs. 1 AGB-Banken beinhaltet die Verpflichtung des Bankkunden, eine Änderung oder das Erlöschen einer Bank- oder Kontovollmacht dem Kreditinstitut unverzüglich **mitzuteilen.** Die Mitteilung an das Kreditinstitut bedarf keiner bestimmten Form. Nach Nr. 11 Abs. 1 S. 2 AGB-Banken bzw. § 20 Abs. 1 lit. a AGB-Sparkassen besteht die Mitteilungspflicht selbst dann, wenn die Änderung oder das Erlöschen der Vertretungsmacht in ein öffentliches Register eingetragen wurde. Die Mitteilungspflicht ist keine bloße Obliegenheit des Kunden, sondern vielmehr eine Rechtspflicht, die bei Verletzung einen Schadensersatzanspruch des Kreditinstituts zur Folge hat.[282]

5. Erlöschen der Vollmacht

100 Das Erlöschen der Vollmacht bestimmt sich grundsätzlich nach dem Inhalt der Vollmacht. Fehlt eine Bestimmung über das Erlöschen in der Vollmachtserklärung, ist nach § 168 S. 1 BGB das Ende der Vollmacht aus dem zugrundeliegenden Rechtsgeschäft zu bestimmen. So ist anzunehmen, dass die Vollmacht erlischt, wenn auch das Innenverhältnis beendet wird.[283] Nach § 168 S. 2 BGB kann die Vollmacht auch unabhängig vom Bestehen des Innenverhältnisses widerrufen werden. Der Widerruf einer Vollmacht kann auch **ausgeschlossen** werden.[284] Dies hindert indessen nicht den Widerruf aus wichtigem Grund.[285] Eine andere Beurteilung verstieße gegen § 138 Abs. 1 BGB, weil durch den Ausschluss der Widerrufsmöglichkeit eine Knebelung des Vertretenen durch die Generalvollmacht erfolgt.[286] Im Übrigen ist die Unwiderruflichkeit einer Vollmacht anzunehmen, wenn dem Bevollmächtigten ein mindestens gleichwertiges Interesse an dem auszuführenden Geschäft zukommt.[287] Ist die Bevollmächtigung ausschließlich im Interesse des Bevollmächtigten erfolgt, so sieht die Rechtsprechung hierin sogar Indizien für eine stillschweigende Vereinbarung der Unwiderruflichkeit.[288]

---

278 BGH WM 1986, 315 (316); LG Hamburg WM 1996, 999 (1002).
279 Vgl. BayObLG WM 1973, 1252.
280 Vgl. KG JR 1952, 438.
281 MüKoHGB/*Herresthal* ZahlungsV Rn. A 225; vgl. für die Überweisung auch BGH WM 2004, 1545; BankR-HdB/*Dauber* § 32 Rn. 21.
282 Kümpel/Wittig/*Peterek* Rn. 6.692; Bunte/Zahrte/*Bunte* AGB-Banken Nr. 11 Rn. 218.
283 Staudinger/*Schilken* § 168 Rn. 4; Soergel/*Leptien* § 168 Rn. 3; MüKoBGB/*Schubert* § 168 Rn. 4; Palandt/*Ellenberger* § 168 Rn. 1.
284 Soergel/*Leptien* § 168 Rn. 22 ff.
285 BGH WM 1969, 1009; 1985, 646 (647); Soergel/*Leptien* § 168 Rn. 26.
286 BankR-HdB/*Dauber* § 32 Rn. 16.
287 Vgl. RG JW 1927, 1139 (1140); BGH WM 1965, 107; 1965, 1006; 1985, 646 (647); NJW-RR 1991, 439 (441).
288 BGH WM 1985, 646 (647); NJW-RR 1991, 439 (442).

Der **Widerruf** der Vollmacht ist eine einseitige empfangsbedürftige Willenserklärung. Der Widerruf kann sowohl gegenüber dem Bevollmächtigten als auch gegenüber dem Kreditinstitut erfolgen. Allerdings ist im Fall der Außenvollmacht zu beachten, dass die Vollmacht gegenüber der Bank solange wirksam bleibt, bis dieser das Erlöschen der Vollmacht angezeigt wurde, vgl. § 170 BGB. Der Widerruf ist grundsätzlich formfrei möglich, selbst wenn AGB-mäßig eine Schriftform vereinbart wurde.[289] Als Folgen eines zugegangenen Widerrufs (analog § 675j Abs. 2 BGB) kann der (ehemals) Bevollmächtigte keinen Zahlungsvorgang mehr autorisieren (§ 675j Abs. 1 BGB); setzt sich die Bank darüber hinweg, haftet sie nach Maßgabe von § 675u BGB. Eine kurz vor Eingang des Widerrufs erfolgte (wirksame) Autorisierung muss die Bank indessen nicht mehr korrigieren.[290] **101**

Wie die Änderung der Vollmacht muss auch ein Erlöschen der Vollmacht der Bank **angezeigt** werden (vgl. Nr. 11 Abs. 1 AGB-Banken; § 20 Abs. 1 lit. a AGB-Sparkassen); vgl. insofern auch die gesetzliche Pflicht gem. § 675l BGB. Richtigerweise können daher bei einer schuldhaften Verletzung der Mitteilungspflicht gem. § 280 BGB auch Schadensersatzansprüche des Kreditinstituts bestehen.[291] Grenzen ergeben sich freilich aus § 675u BGB. **102**

6. Rechtsscheinsvollmacht

Dem Vertreter kann eine Vertretungsmacht auch kraft Rechtsscheins zukommen. §§ 170 –172 BGB enthalten **gesetzliche Rechtsscheinstatbestände,** für die Fälle der Außenvollmacht, der kundgetanen Innenvollmacht und der ausgehändigten Vollmachtsurkunde. In diesen Konstellationen bleibt die Vollmacht für das Kreditinstitut aufgrund des Rechtsscheins weiterhin wirksam. Dies gilt nicht, wenn das Kreditinstitut das Erlöschen der Vollmacht kannte oder kennen musste, vgl. § 173 BGB. **103**

Darüber hinaus kann eine nicht bestehende Vollmacht auch nach allgemeinen Rechtsscheinsgrundsätzen fortbestehen, insbesondere als **Duldungs- und Anscheinsvollmacht.**[292] Die Duldungsvollmacht liegt vor, wenn ein Vertreter im Namen des Vertretenen handelt und dieser das Handeln kennt und duldet, der Dritte im Vertrauen auf diesen Rechtsschein disponiert und die fehlende Vertretungsmacht weder kennt noch kennen musste.[293] Bei der Anscheinsvollmacht muss der Vertretene das Handeln des Vertreters nicht positiv kennen, jedoch besteht der Rechtsschein, wenn er das Handeln bei pflichtgemäßer Sorgfalt hätte erkennen und verhindern können.[294] Die Umstände oder das Verhalten, an denen sich der Rechtsschein für eine Duldungsvollmacht knüpft, müssen bereits vor oder bei Vertragsschluss vorliegen[295] und eine gewisse Häufigkeit oder Dauer aufweisen.[296] Die jahrelange Erfüllung eines Darlehensvertrags[297] oder die Entgegennahme der Darlehensvaluta[298] sind dementsprechend unbeachtlich. Das Verhalten des Vertretenen nach Vertragsschluss ist nur noch bei der Frage der nachträglichen Genehmigung (§ 177 BGB) entscheidend. **104**

---

289 MüKoHGB/*Herresthal* ZahlungsV Rn. A 226.

290 MüKoHGB/*Herresthal* ZahlungsV Rn. A 226 unter Hinweis auf OLG Saarbrücken Urt. v. 1.12.1998 – 7 U 306/98 und dem entsprechenden Nichtannahmebeschluss BGH 1.9.1999 – XI ZR 17/98.

291 Bunte/Zahrte/*Bunte* AGB-Banken Nr. 11 Rn. 218.

292 BGHZ 5, 111 (116) = NJW 1952, 657 (658); BGH NJW 1955, 985; 2004, 2745 (2746); 2005, 2985 (2987).

293 BGHZ 5, 111 (116) = NJW 1952, 657 (658); NJW 1956, 460; BGH NJW 2005, 2985 (2987); 2007, 987 (988); Staudinger/*Schilken* § 167 Rn. 34 ff.; Bamberger/Roth/*Valenthin* § 167 Rn. 15.

294 BGHZ 5, 111 (116) = NJW 1952, 657 (658); BGH NJW 1981, 1727 (1728); 1998, 1854 (1855); 2007, 987 (989); Bamberger/Roth/*Valenthin* § 167 Rn. 16; MüKoBGB/*Schubert* § 167 Rn. 111 ff.

295 BGH WM 2002, 1273 (1275).

296 BGH WM 2011, 1148 (zur unbefugten Nutzung eines ebay-Kontos).

297 BGH WM 2002, 1273 (1275).

298 BGH WM 2003, 914 (915).

105 Eine Duldungsvollmacht liegt bereits vor, wenn der Geschäftsherr längere Zeit hindurch die **Wechselzeichnungen eines Angestellten** unbeanstandet geschehen lässt.[299] Der Rechtsschein der Vertretungsmacht umfasst dabei nicht nur die Zeichnung von Wechseln, sondern umfasst auch ein Ausstellen von Akzepten.[300] Ebenfalls kann ein **Mitgesellschafter** nach den Grundsätzen der Anscheins- oder Duldungsvollmacht haften, wenn er einen Mitgesellschafter für einen längeren Zeitraum über das Geschäftskonto der Gesellschaft unkontrolliert verfügen lassen hat.[301] Dagegen kann ein mit Einzelzeichnungsbefugnis ausgestatteter Vertreter sich nicht auf eine Anscheinsvollmacht berufen, wenn er ständig seine Vollmacht überschreitet.[302] Dasselbe gilt für ein Kreditinstitut, das seine Pflicht zur Prüfung der Vertretungsmacht verletzt.[303]

106 Im Bereich des **Online-Banking** (vgl. §§ 675j, 675w BGB) kann im Wege der Anscheinsvollmacht dem Kontoinhaber eine fremde Autorisierung zugerechnet werden. Das (rechtswidrige) Handeln unter fremdem Namen erfüllt die Voraussetzungen der Anscheinsvollmacht, wenn der Kontoinhaber bei der Verwendung eines TAN-Generators die Manipulation auf Grund eines Hacker-Angriffs hätte erkennen können.[304] Auch hier ist jedoch richtigerweise eine **wiederholte Manipulation** zu fordern.[305]

107 Eine Anscheinsvollmacht über ein **Oder-Konto** besteht, wenn der andere Kontoinhaber die notwendige Sorgfalt über das gemeinsame Konto nicht wahrt. Lässt eine Ehefrau jahrelang ein Gemeinschaftskonto mit ihrem Ehemann außer Acht und überzieht dieser das Konto in immer weiterem Ausmaße, so haftet die Ehefrau nach den Grundsätzen der Anscheinsvollmacht als Gesamtschuldnerin. Das Handeln ihres Ehemannes ist ihr zurechenbar, da ihr als Kontoinhaberin die Möglichkeit zustand, von der Entwicklung des Kontos Kenntnis zu nehmen und das Verhalten ihres Ehemanns zu verhindern.[306]

108 Eine Anscheins- oder Duldungsvollmacht hinsichtlich eines **Vertreters eines anderen Kreditinstituts** kann bereits vorliegen, wenn das Kreditinstitut durch mangelnde Überwachung und Aufsicht die Vollmachtsüberschreitung ermöglicht.[307]

109 Ein zunächst vollmachtloser Vertreter kann das schwebend unwirksame Geschäft genehmigen, wenn dieser **nachträglich Vertretungsmacht** erhalten hat.[308] Liegt keine Aufforderung durch den Vertragspartner nach § 177 Abs. 2 BGB vor, kann davon ausgegangen werden, dass der vollmachtlose Vertreter sein früheres Handeln stillschweigend genehmigt hat, wenn er nur wenig später Geschäftsführer wird.[309]

7. Missbrauch der Vertretungsmacht

110 Liegt eine wirksame Vollmacht vor und handelt der Vertreter innerhalb seiner Vertretungsmacht, fallen Fehler des Vertreters oder ein missbräuchliches Nutzen der Vollmacht in die **Risikosphäre des Vertretenen.** Wurden im Verhältnis zwischen Vertretenem und Bevollmächtigtem andere Abreden getroffen oder ergibt sich aus dem zugrundeliegenden Rechtsgeschäft eine Beschränkung der Vollmachtsausübung, ist dies grundsätzlich irrelevant.[310] Ausnahmen hiervon bestehen jedoch nach der Lehre vom Missbrauch der Vertretungsmacht.

---

[299] RGZ 76, 202 (203); 117, 164 (167); BGH WM 1978, 1046.
[300] RGZ 117, 164 (167).
[301] OLG Köln WM 2001, 2340 (2342).
[302] BGH NJW 1982, 1513; OLG Köln WM 2001, 2340 (2342).
[303] BGH NJW 1982, 1513; OLG Köln WM 2001, 2340 (2342).
[304] LG Darmstadt WM 2014, 2323; hierzu *Linardatos* BKR 2015, 96.
[305] Offen gelassen von LG Darmstadt WM 2014, 2323.
[306] OLG Düsseldorf WM 1996, 949 (952).
[307] BGH WM 1974, 407.
[308] BGH WM 1960, 611; OLG Frankfurt a. M. BB 1980, 10.
[309] OLG Frankfurt a. M. BB 1980, 10.
[310] BGH NJW 1999, 2883; Palandt/*Ellenberger* § 164 Rn. 13; Bamberger/Roth/*Valenthin* § 167 Rn. 46.

a) Kollusion. Wirken Vertreter und Vertragspartner **bewusst** zum Nachteil des Vertretenen zusammen, ist das Rechtsgeschäft nach § 138 Abs. 1 BGB **nichtig.**[311] Das Rechtsgeschäft kann jedoch nach § 177 Abs. 1 BGB genehmigt werden.[312] 111

b) Fahrlässige Unkenntnis. Es ist seit langem anerkannt, dass es dem Vertragspartner aus Treu und Glauben (§ 242 BGB) verwehrt ist, sich auf die Vertretungsmacht zu berufen, wenn er den Missbrauch kennt oder hätte erkennen können.[313] Es ist nicht erforderlich, dass das Geschäft für den Vertretenen nachteilig war.[314] Fahrlässige Unkenntnis vom Überschreiten interner Kompetenzen liegt insbesondere vor, wenn in offensichtlich verdächtiger Weise von der Vollmacht Gebrauch gemacht wurde, die beim Vertragspartner **begründete Zweifel** hätte wecken müssen.[315] Der Pflichtenumfang der Bank beinhaltet grundsätzlich keine Überwachungspflicht, es sei denn, es bestehen Verdachtsgründe.[316] Diese sind je nach Art des Geschäfts und Rolle der Bank (zB sog. Hausbank) unterschiedlich zu bewerten.[317] 112

Ein maßgebendes **Kriterium** für einen begründeten Verdacht ist das eigennützige Handeln des Vertreters.[318] Jedoch reicht es nicht aus, dass der Vertreter Guthaben des Vertretenen auf sein eigenes Konto überweist.[319] Ebenfalls ist die bloße Barauszahlung nicht genügend, selbst bei hohen Beträgen.[320] Vielmehr müssen weitere Verdachtsgründe hinzutreten, wie zum Beispiel der Wunsch, eine Barauszahlung in Millionenhöhe gerade nicht als Barauszahlung zu verbuchen.[321] Weiterer Verdachtsgrund kann eine Auflösung des Sparkontos des Vertretenen und die nachfolgende Tilgung eigener Darlehensverbindlichkeiten des Bevollmächtigten mit dem Guthaben des Sparkontos sein.[322] Zum Missbrauch der Vertretungsmacht im Bereich der trans- oder postmortalen Vollmacht → Rn. 127. 112a

8. Vorsorgevollmacht

a) Allgemeines. Die Vorsorgevollmacht ist ein Instrument der privaten Vorsorge.[323] Sie sieht die Vornahme der Vermögensangelegenheiten durch einen Vertreter im Falle einer **künftigen Geschäftsunfähigkeit oder Betreuungsbedürftigkeit** vor. Durch die Erteilung einer Vorsorgevollmacht wird die Bestellung eines Betreuers von Amts wegen vermieden, denn gem. § 1896 Abs. 2 S. 2 BGB ist die Betreuung gegenüber Vollmachten subsidiär, wenn die Angelegenheiten ebenso gut wie durch einen Betreuer besorgt werden können.[324] Wenngleich sich unter dem Begriff der Vorsorgevollmacht mittlerweile eine etablierte Praxis herausgebildet hat,[325] handelt es sich hierbei im Ausgangspunkt um eine normale Bevollmächtigung gem. § 167 BGB, welche **grundsätzlich formlos** erteilt werden kann.[326] Gleichwohl bestehen **typischerweise Risiken,** weil die Vorsorgevollmacht bestimmungsgemäß erst dann gelten soll bzw. ausgeübt werden darf, wenn der 113a

311 RGZ 130, 131 (142); 136, 359 (360); BGH NJW 1989, 26 f.

312 BGH NJW 1989, 26 f.; Baumbach/Hueck/*Zöllner/Noack* § 35 Rn. 160.

313 RGZ 75, 299; 83, 348 (353); BGH NJW 1966, 1911.

314 BGH NJW 2006, 2776.

315 BGH NJW 1966, 1911; BGHZ 50, 112 (114) = NJW 1968, 1379 f.; BGH NJW 1992, 1135 (1136); 1999, 2883.

316 BGH WM 2008, 1252; *Seibert* WM 2008, 2006.

317 MüKoBGB/*Schubert* § 164 Rn. 210 ff.

318 BGH NJW 1999, 2883 (2884); Derleder/Knops/Bamberger/*Singer* § 38 Rn. 50; BankR-HdB/*Dauber* § 32 Rn. 33.

319 BGH WM 1957, 28 (30); 1982, 549; LG München BKR 2006, 28 (33).

320 BGH WM 1986, 418 f.

321 BGH WM 1986, 418 f.

322 BGH NJW 1999, 2883.

323 Kümpel/Wittig/*Peterek* Rn. 6.695; ausführlich zur Vorsorgevollmacht im Bankverkehr, *Zimmermann* BKR 2007, 226 ff.; *Tersteegen* NJW 2007, 1717 ff.

324 Vgl. aber BGH NJW 2014, 1733, wonach dies bei Unredlichkeit des Bevollmächtigten nicht gilt.

325 Vgl. nur die vielfach auch im Internet abrufbaren Muster, etwa beim Bundesministerium für Justiz und Verbraucherschutz. Vgl. auch zur Eintragung notariell beurkundeter oder beglaubigter Vorsorgevollmachten im Zentralen Vorsorgeregister (ZVR) der Bundesnotarkammer (hierzu *Grziwotz* MDR 2019, 647 (649).

326 Ausnahmen etwa gem. § 492 Abs. 4 BGB, § 80 Satz 1 ZPO sowie gem. § 29 GBO und § 12 HGB.

Vollmachtgeber hilfsbedürftig ist, mithin seinen Willen selbst nicht mehr eindeutig bzw. rechtswirksam äußern kann. Es stellt sich dann stets die Frage, ob der Bevollmächtigte wirksam handeln kann, wofür im Prozess ggf. auch der Geschäftspartner die Beweislast trägt. Im Rahmen der Kontobeziehung mit einem nachträglich geschäftsunfähigen oder betreuungsbedürftigen Kunden stellt sich daher insbesondere die Problematik, ob das Kreditinstitut die **Vollmacht akzeptieren muss** oder das Vertreterhandeln wegen der Rechtsunsicherheit über den Bestand und Umfang der Vollmacht zurückweisen darf.

114 Eine Vorsorgevollmacht ist grundsätzlich schon mit ihrer Erteilung wirksam und behält die Wirksamkeit über den **Zeitpunkt des Eintritts der Hilfsbedürftigkeit** bei (vgl. §§ 168 S. 1, 675 Abs. 1, 672 S. 1 BGB).[327] Eine Vorsorgevollmacht, deren Wirksamkeit von der Geschäftsfähigkeit abhängig gemacht wurde **(aufschiebende Bedingung),** ist kaum rechtssicher handhabbar, weil das Kreditinstitut die Voraussetzungen nicht feststellen kann. Um dieser Unsicherheit zu begegnen, kann die Wirksamkeit von einer **Arztbestätigung** über die Geschäftsunfähigkeit aufschiebend bedingt werden. Allerdings ist der Nachweis des Bedingungseintritts durch die Feststellung eines Arztes in seiner Anwendung begrenzt.[328] Insgesamt besteht daher nach wie vor große Rechtsunsicherheit.

115 **Im Bankverkehr** kommt der Vorsorgevollmacht eine hohe Bedeutung zu.[329] Die Vollmacht kann wie eine reguläre Bankvollmacht sämtliche Geschäftsbeziehungen mit der Bank umfassen oder sich wie eine Kontovollmacht nur auf ein konkretes Konto oder mehrere bzw. künftige Konten beziehen. Um der Vollmacht inhaltliche Präzision zu verleihen, bieten die Kreditinstitute spezielle **Vordrucke für eine Vorsorgevollmacht** bezüglich des Bankverkehrs an. Im Regelfall enthalten diese Formulare einen Katalog mit Geschäften, die durch den Vertreter vorgenommen werden dürfen oder deren Wahrnehmung ausgeschlossen ist. Erstreckt sich eine **allgemeine Vorsorgevollmacht** auf die Vermögensangelegenheiten des Vollmachtgebers,[330] bedarf es für eine Kontoverfügung nicht noch einer speziellen Kontovollmacht.[331] Macht die Bank die Verfügung gleichwohl von unberechtigten Bedingungen abhängig, haftet sie dem Kunden gegenüber auf Schadensersatz.[332]

116 **b) Das Problem der fehlenden Geschäftsfähigkeit.** Die Erteilung einer Vollmacht bedarf als einseitige Willenserklärung der Geschäftsfähigkeit des Bevollmächtigenden im Zeitpunkt der Abgabe. Bei Volljährigen wird die Geschäftsfähigkeit vermutet,[333] selbst wenn diese im erheblich fortgeschrittenen Alter sind.[334] Die nachträgliche Geschäftsunfähigkeit schadet zwar nicht, gleichwohl ist das Risiko der Bank groß, dass die Vorsorgevollmacht wegen anfänglicher, zunächst nicht erkannter Geschäftsunfähigkeit unwirksam ist. Um dieses Risiko zu minimieren, akzeptieren Kreditinstitute regelmäßig nur eine Vorsorgevollmacht, die unter Verwendung eines **bankinternen Vollmachtsformulars** erteilt wurde. Wegen der erheblichen Unsicherheit ist dieses Vorgehen im Bereich der Vorsorgevollmachten auch kein Verstoß gegen § 309 Nr. 13 BGB. Die Vordrucke sehen im Regelfall vor, dass die Vollmacht im Beisein eines Bankangestellten erklärt, diesem gegenüber nachträglich anerkannt oder im Wege des PostIdent-Verfahrens bestätigt wurde.[335]

---

[327] *Zimmermann* BKR 2007, 226; Kümpel/Wittig/*Peterek* Rn. 6.698; Bamberger/Roth/*Müller* § 1896 Rn. 27.

[328] So genügt die Bescheinigung eines Arztes nicht der Form des § 29 Abs. 1 GBO mit der Folge, dass im Grundbuchverfahren der Nachweis des Bedingungseintritts nicht erfolgen kann, vgl. OLG Köln MittBayNot 2008, 53; OLG Schleswig NJW-RR 2010, 1316 f.

[329] Muster abgedruckt in BankR-HdB/*Lwowski*/*Lorenz* § 34 Rn. 32.

[330] Vgl. zum Vordruck „Vorsorge für Unfall, Krankheit und Alter" des Beck-Verlags OLG München FGPrax 2014, 199.

[331] LG Detmold BeckRS 2015, 03780.

[332] LG Detmold BeckRS 2015, 03780.

[333] Vgl. nur BGH NJW 2016, 1514; BGH NJW-RR 2017, 1411; OLG München NJW-RR 2009, 1599 (1602).

[334] *Grziwotz* MDR 2019, 647 (649): über 80 oder 85 Jahre.

[335] Vgl. Vordruck einer Kontovollmacht in BankR-HdB/*Lwowski*/*Lorenz* § 34 Rn. 20.

Allerdings kann ein Bankangestellter nicht zweifelsfrei die Geschäftsfähigkeit eines Kunden feststellen, so dass auch hier ein Restrisiko für die Bank verbleibt.

Dagegen enthalten **privatschriftlich erteilte Vorsorgevollmachten** ein doppeltes Risiko, da durch das bloße Vorzeigen der Urkunde nicht festgestellt werden kann, ob der Aussteller zum Zeitpunkt der Erteilung geschäftsfähig war und da Zweifel an der Echtheit der Urkunde bestehen können. Hier hat das Kreditinstitut bei begründeten Zweifeln das Recht, die Bevollmächtigung zurückzuweisen (hierzu bereits → Rn. 87). **117**

Wurde hingegen die Vorsorgevollmacht in Form der **notariellen Beurkundung** erteilt, stellt der Notar zuvor die Geschäftsfähigkeit zur Wirksamkeit der beurkundeten Erklärung fest und muss gegebenenfalls die Beurkundung ablehnen bzw. bei Zweifeln diese in der Niederschrift vermerken (vgl. § 11 BeurkG).[336] Auch wenn der Notar im Regelfall nicht über fachmedizinische Kenntnis verfügt, so besteht aufgrund seiner Feststellung die Vermutung, dass zum Zeitpunkt der Erklärung die Geschäftsfähigkeit bestand. Demzufolge besteht kein höheres Risiko als wenn die Vollmacht im Beisein eines Bankangestellten erteilt wurde, so dass die Bank verpflichtet ist, eine derartige Vorsorgevollmacht zu akzeptieren.[337] **118**

Hingegen besteht bei einer **notariellen Beglaubigung** der Unterschrift oder eines Handzeichens unter eine **vorgefertigte Urkunde** grundsätzlich keine Pflicht zur Feststellung der Geschäftsfähigkeit.[338] Das Gleiche gilt in den Fällen, in denen gem. § 6 Abs. 2 Satz 1 BtBG die Urkundsperson bei der Betreuungsbehörde Unterschriften oder Handzeichen auf Vorsorgevollmachten öffentlich beglaubigen.[339] In diesen Fällen muss die Beglaubigung nur dann abgelehnt werden, wenn der Beurkundende von der fehlenden Geschäftsfähigkeit des Vollmachtgebers überzeugt ist.[340] Auf Grund der realen Gefahr des Fassadenverhaltens, mithin dem Vorspielen eines „normalen Lebens" gegenüber dem Notar oder der Betreuungsbehörde,[341] ist es daher regelmäßig nur schwer möglich, eine qualifizierte Feststellung über die Geschäftsfähigkeit zu treffen. Eine nur beglaubigte vorformulierte Vorsorgevollmacht enthält somit ein bedeutendes Risiko, dass die Vollmacht mangels Geschäftsfähigkeit zum Zeitpunkt ihrer Erteilung unwirksam ist. Dementsprechend sind die Kreditinstitute auch nicht dazu verpflichtet, eine beglaubigte Vorsorgevollmacht zu akzeptieren.[342] – Etwas anderes gilt gem. § 11 BeurkG nur, wenn der Notar die Beglaubigung auf einem **von ihm gefertigten Entwurf** vornimmt.[343] In diesen Fällen hat der Notar zu prüfen, ob der Vollmachtgeber das Wesen seiner (konkreten!) Erklärung begreift und die Erklärung in Ausübung freier Willensbestimmung abgibt.[344] In diesen Fällen besteht eine hohe Gewähr für das Vorliegen der zum Erteilungszeitpunkt maßgeblichen Geschäftsfähigkeit des Vollmachtgebers, so dass die Kreditinstitute wie bei der notariellen Beurkundung auch verspflichtet sind, eine derartige Vollmacht zu akzeptieren. Etwas anderes gilt freilich, wenn die Urkundsperson wegen Zweifeln an der Geschäftsfähigkeit einen Beglaubigungsvermerk erstellt hat.[345] **119**

9. Vollmacht über den Tod hinaus

a) Transmortale Vollmacht. Im Wege der Universalsukzession (§ 1922 BGB) gehen das Konto und der Anspruch auf die Einlage mit Tod des Kontoinhabers auf den Erben **120**

[336] *Grziwotz* MDR 2019, 647, 648.
[337] *Tersteegen* NJW 2007, 1717 (1720); *Zimmermann* BKR 2007, 226 (227).
[338] *Grziwotz* MDR 2019, 647 (648).
[339] *Grziwotz* MDR 2019, 647 (648); vgl. OLG Dresden NotBZ 2010, 409; OLG Naumburg NotBZ 2014, 234; OLG Jena FamRZ 2014, 1139; OLG Karlsruhe FamRZ 2016, 577.
[340] OLG Hamm MittBayNot 2004, 465; OLG Stuttgart DNotZ 1995, 687 (690); *Grziwotz* MDR 2019, 647 (648).
[341] Vgl. *Grziwotz* MDR 2019, 647 (648).
[342] *Zimmermann* BKR 2007, 226 (227).
[343] *Grziwotz* MDR 2019, 647 (648).
[344] OLG München NJW-RR 2009, 1599 (1602).
[345] *Grziwotz* MDR 2019, 647 (650).

über. Für eine erteilte Kontovollmacht ist der Tod des Bevollmächtigenden jedoch grundsätzlich irrelevant (vgl. §§ 168 S. 1, 675 Abs. 1, 672 S. 1 BGB sowie § 52 Abs. 3 HGB). Ebenfalls kann die Fortgeltung der Vollmacht ausdrücklich erklärt werden, was regelmäßig in den Bankformularen über eine Kontovollmacht geschieht.[346] Das Handeln des Vertreters wirkt dann für oder gegen die Erben, allerdings beschränkt auf den Nachlass; über das Privatvermögen der Erben kann nicht durch den Vertreter verfügt werden. Der Bevollmächtigte muss nicht ausdrücklich im Namen der Erben auftreten (OLG Frankfurt NJOZ 2014, 190).

121 **b) Postmortale Vollmacht.** Im Unterschied zur transmortalen Vollmacht setzt die postmortale Vollmacht erst mit dem Tod des Bevollmächtigenden ein und dient der **Abwicklung eines Erbfalls.** Dies gilt selbst dann, wenn sie dem Alleinerben erteilt wurde, weil dieser dann Verfügungen über das Konto vornehmen kann, ohne sein Erbrecht gegenüber der Bank nachweisen zu müssen. Es genügt, wenn der Bevollmächtigte die Sterbeurkunde vorlegt (OLG Frankfurt NJOZ 2014, 190). Die Erteilung einer postmortalen Vollmacht unterfällt nicht § 2301 BGB, da noch kein Wechsel der Vermögenszuordnung erfolgt ist.[347] Der Bevollmächtigte muss auch hier nicht ausdrücklich im Namen der Erben auftreten (OLG Frankfurt NJOZ 2014, 190).

122 Eine postmortale Vollmacht kann auch **zur unentgeltlichen Zuwendung** von Vermögensgegenständen auf den Todesfall dienen.[348] Allerdings ist diese Gestaltung aufgrund der Widerrufsmöglichkeit durch die Erben von einer erheblichen Unsicherheit begleitet.[349] Vgl. zur unentgeltlichen Zuwendung mit Hilfe eines Kontos zugunsten Dritter auf den Todesfall → Rn. 71 ff.

123 Maßgebend für die **Wirksamkeit** einer Zuwendung mittels postmortaler Vollmacht ist die Abgrenzung, ob es sich um eine Schenkung unter Lebenden oder um eine Schenkung von Todes wegen handelt: Liegt eine **Schenkung unter Lebenden** vor, so bedarf sie der Form des § 518 Abs. 1 BGB. Ein Mangel der Form, der üblicherweise vorliegt, kann durch die **Bewirkung der Leistung** geheilt werden (vgl. § 518 Abs. 2 BGB). § 181 BGB ist hierbei zu beachten. Die Leistung kann auch noch nach dem Tod des Kontoinhabers bewirkt werden, wozu der Bevollmächtigte aufgrund der postmortalen Vollmacht ermächtigt ist.[350] Allerdings ist es den Erben möglich, die Vollmacht zu widerrufen, wodurch eine Unsicherheit der Vermögensübertragung besteht und ein Wettlauf des Bevollmächtigten mit den Erben eintreten kann.

124 Die **Schenkung von Todes wegen** ist gem. § 2301 Abs. 1 S. 1 BGB nur wirksam, wenn die erbrechtlichen Formvorschriften beachtet worden sind. Die Heilung des Formmangels kann nach § 2301 Abs. 2 BGB erzielt werden, wenn die Leistung des Vermögensgegenstands bereits vollzogen ist. Die Schenkung ist vollzogen, wenn vor dem Erbfall bereits zu Lebzeiten des Kontoinhabers alles Notwendige für den Eintritt des Leistungserfolgs getan wurde.[351] Die Erteilung einer postmortalen Vollmacht führt aber nicht zum Vollzug der Leistung. Diese tritt vielmehr erst mit der Abtretung der Kontoforderung (§ 398 BGB) ein, so dass eine postmortale Vollmacht einen Formmangel bei der Schenkung von Todes wegen nicht heilen kann. Demnach kann die Zuwendung des Kontos durch eine postmortale Vollmacht nur erfolgen, wenn eine Schenkung unter Lebenden vorliegt. Ausschlaggebendes **Merkmal für die Abgrenzung** ist nach hM, ob das Schenkungsversprechen von der Bedingung abhängig gemacht wird, dass der Beschenkte den Schenken-

---

[346] Vgl. Formular zur Kontovollmacht, BankR-HdB/*Lwowski/Lorenz* § 34 Rn. 20.

[347] BGHZ 87, 19 (25) = FamRZ 1983, 476 (477).

[348] BGH NJW 1988, 2731 f.; BGHZ 127, 239 (242) = NJW 1995, 250 (251); BankR-HdB/*Dauber* § 32 Rn. 64 ff.

[349] Fischer/*Klanten* Rn. 12.36.

[350] BGH FamRZ 1985, 693; NJW 1986, 2107 (2108); BGHZ 127, 239 (242) = NJW 1995, 250 (251).

[351] MüKoBGB/*Musielak* § 2301 Rn. 18 ff.; Palandt/*Edenhofer* § 2301 Rn. 9 f.; Bamberger/Roth/*Litzenburger* § 2301 Rn. 11 f.

den überlebt (sog. **Überlebensbedingung**).[352] Nur für die Schenkung unter der Überlebensbedingung sind die erbrechtlichen Vorschriften anwendbar, so dass in diesem Fall eine Schenkung von Todes wegen vorliegt. Hingegen bildet der Tod des Schenkenden für eine Schenkung unter Lebenden keine Zäsur. Wann eine Überlebensbedingung gewollt ist, ist eine Frage der Auslegung (§ 133 BGB), für die der Rechtsgedanke des § 2084 BGB Anwendung findet.[353] Das Auslegungsergebnis wird bei einer transmortalen Vollmacht in der Regel zugunsten einer Schenkung unter Lebenden ausfallen.[354]

c) Umfang der Vertretungsmacht. Der Umfang beider Vollmachten bestimmt sich nach dem Inhalt der Vollmachtserklärung. Es bedarf stets der **Auslegung,** ob auch das zu Grunde liegende Rechtsgeschäft nach dem Tod des Kontoinhabers weiter gelten soll.[355] Wird in einer Vollmacht ausdrücklich die Fortgeltung nach dem Ableben erklärt, so spricht dies auch für die Fortwirkung des Erblasserwillens im Innenverhältnis. Dies gilt insbesondere für eine postmortale Vollmacht, die gerade zur Abwicklung des Erbfalls dient. 125

Eine Kontovollmacht enthält grundsätzlich nicht das Recht, ein Konto **aufzulösen** oder anderweitig die Rechtsstellung des Kontoinhabers zu verändern (→ Rn. 92). Die Vollmacht über den Tod hinaus berechtigt daher nicht zur **Umschreibung des Kontos** auf den Bevollmächtigten, da dies auch die Löschung des ursprünglichen Kontos zur Folge hat.[356] Auch die dem Ehepartner erteilte transmortale Kontovollmacht beinhaltet weder zu Lebzeiten des Erblassers noch nach seinem Tod das Recht zur Umschreibung des Kontos auf den Namen des Bevollmächtigten.[357] 126

Handelt der Bevollmächtigte innerhalb der Vertretungsmacht, so wirken seine Handlungen für und gegen die Erben. Grenzen der Zurechnung sind, wie bei der regulären Vollmacht, die Grundsätze zum **Missbrauch der Vertretungsmacht** (hierzu bereits → Rn. 110 ff.).[358] Überträgt der Bevollmächtigte Vermögenswerte auf sein eigenes Konto, so stellt dies noch kein ausreichendes Verdachtsmoment dar, das einen Missbrauch der Vertretungsmacht für eine Bank evident erscheinen lässt. Insbesondere der postmortalen Kontovollmacht kommt nämlich der Zweck zu, den Bevollmächtigten im Todesfall des Kontoinhabers zu berechtigen, über das Konto in Vollziehung einer Schenkung unter Lebenden zu verfügen.[359] 127

d) Widerruf. Auch die transmortale und postmortale Vollmacht sind **jederzeit** widerruflich. Mit dem Tod des Kontoinhabers geht das Widerrufsrecht auf die **Erben** über. Im Fall einer Erbengemeinschaft kann der einzelne Erbe nach hM nur mit Wirkung für sich den Widerruf erklären.[360] Dies führt zu großer Rechtsunsicherheit; unter den Aspekt der Notgeschäftsführung kann daher etwas anderes gelten. 128

Die Widerruflichkeit einer Vollmacht kann **eingeschränkt** oder ausgeschlossen werden. Grenze des Widerrufsausschlusses ist jedoch der jederzeit mögliche Widerruf aus wichtigem Grund.[361] Bei einer postmortalen Generalvollmacht verstößt der **Ausschluss des Widerrufs** gegen § 138 Abs. 1 BGB und ist folglich nichtig, weil durch die Unwiderruflichkeit eine Knebelung der Erben erfolgt.[362] Ebenfalls ist ein Ausschluss des Widerrufs, welcher allein gegenüber den Erben gelten würde und nicht den Bevollmächtigenden betreffen 129

---

352 BGH NJW 1987, 840.
353 BGH FamRZ 1985, 693; NJW 1988, 2731.
354 BankR-HdB/*Dauber* § 32 Rn. 68.
355 BankR-HdB/*Dauber* § 32 Rn. 49.
356 BGHZ 87, 376 (380) = NJW 1983, 2944 (2945); BGH NJW-RR 2009, 979 (981).
357 BGH NJW-RR 2009, 979.
358 BGHZ 127, 239 (244) = NJW 1995, 250 (251); BankR-HdB/*Dauber* § 32 Rn. 57.
359 BGHZ 127, 239 (244 f.) = NJW 1995, 250 (251).
360 Staudinger/*Reimann* Vorb. § 2197–2228 Rn. 73; Bamberger/Roth/*Valenthin* § 168 Rn. 11.
361 BGH WM 1985, 646 (647); BankR-HdB/*Dauber* § 32 Rn. 52; Staudinger/*Schilken* § 168 Rn. 35; Bamberger/Roth/*Valenthin* § 168 Rn. 11.
362 Staudinger/*Reimann* Vor § 2197 Rn. 75; Bamberger/Roth/*J. Mayer* § 2197 Rn. 44.

würde, mit den Grundsätzen der Universalsukzession nicht vereinbar.[363] Der Ausschluss des Widerrufs kann jedoch dadurch gerechtfertigt sein, dass dem Bevollmächtigten ein mindestens gleichwertiges Interesse an dem auszuführenden Geschäft zukommt.[364] Dient die Bevollmächtigung ausschließlich dem Eigeninteresse des Bevollmächtigten, so sieht die Rechtsprechung hierin Indizien für eine stillschweigende Vereinbarung der Unwiderruflichkeit.[365]

IV. Sichteinlagen – Girokonto

Schrifttum: *Ahrens,* Das neue Pfändungsschutzkonto, NJW 2010, 2001; *Armbrüster,* Kontrahierungszwang im Allgemeinen Gleichbehandlungsgesetz?, NJW 2007, 1494; *Biesok,* Die Grundrechtsbindung der Sparkassen bei der Begründung, Änderung und Beendigung der Geschäftsbeziehung zu ihren Kunden, WM 2020, 75; *de Bra/Ganninger,* Anmerkung zu BGH, Urt. v. 25.6.2009, IX ZR 98/08, NZI 2009, 599; *Derleder,* Anmerkung zu LG Berlin, Urt. v. 24.4.2003, 21 S 1/03, EWiR 2003, 963; *Ehmann,* Das Schuldanerkenntnis, WM 2007, 329; *Koch,* Das Girokonto für jedermann – ein altes Problem in neuem Licht, WM 2006, 2242; *Kohte,* Anmerkung zu OLG Bremen, Urt. v. 22.12.2005, 2 U 67/05, VuR 2006, 161; *Kohte,* Anmerkung zu LG Bremen, Urt. v. 16.6.2005, 2 O 408/05, VuR 2005, 350; *Lücke,* Das P-Konto im Lichte der ZKA-Empfehlung zum Girokonto für jedermann, BKR 2009, 457; *Maier-Reimer,* Das Allgemeine Gleichbehandlungsgesetz im Zivilrechtsverkehr, NJW 2006, 2577; *Obermüller,* Sicherungsabtretung von und AGB-Pfandrecht an Kontokorrentforderungen in der Insolvenz, ZInsO 2009, 1527; *Pfeiffer,* Die laufende Rechnung (Kontokorrent), JA 2006, 105; *Reifner,* Das Recht auf ein Girokonto, ZBB 1995, 243; *Rösler/Werner,* Erhebliche Neuerungen im zivilen Bankrecht: Umsetzung von Verbraucherkredit- und ZDRL – Überblick über den Umsetzungsbedarf in der Bankpraxis anhand der vorliegenden Gesetzentwürfe, BKR 2009, 1; *Schürnbrand,* Auswirkungen des Allgemeinen Gleichbehandlungsgesetzes auf das Recht der Bankgeschäfte, BKR 2007, 305; *Segna,* Anspruch auf Einrichtung eines Girokontos aufgrund der ZKA-Empfehlung „Girokonto für jedermann"?, BKR 2006, 274; *Servatius,* Anmerkung zu BGH, Urt. v. 25.6.2009, IX ZR 98/08, WuB VI A. § 91 InsO 1.10; *Tetzlaff,* Anmerkung zu BGH, Urt. v. 25.6.2009, IX ZR 98/08, GWR 2009, 355; *Thüsing/von Hoff,* Vertragsschluss als Folgenbeseitigung: Kontrahierungszwang im zivilrechtlichen Teil des Allgemeinen Gleichbehandlungsgesetzes, NJW 2007, 21; *Unger-Hellmich/Stephan,* Kündigung von Girokonten durch Sparkassen wegen drohender Imageschäden, BKR 2009, 441.

1. Grundlagen

130 **a) Begriff der Sichteinlage.** Sichteinlagen sind Verbindlichkeiten der Bank gegenüber ihren Kunden, welche **täglich fällig** sind oder fällig gestellt werden können („bei Sicht"). Typischerweise handelt es sich hierbei um Guthaben auf einem Girokonto. Ob das Guthaben verzinst wird oder nicht, spielt keine Rolle; zum Tagesgeldkonto → Rn. 139. Als Sichteinlagen werden darüber hinaus verbreitet auch Kundeneinlagen bezeichnet, bei denen eine Laufzeit oder eine Kündigungsfrist von weniger als 30 Tagen gilt.[366] Diese Einordnung geht auf die frühere Unterscheidung durch § 3 Abs. 2 AMR[367] zurück und ist nach deren Aufhebung und der neuen RechKredV[368] ohne rechtlichen Belang. Zutreffender ist es, bei einer vereinbarten Laufzeit oder Kündigungsfrist von mehr als einem Tag von Termingeldern zu sprechen (→ Rn. 209 ff.).[369] Zum Schutz der Kontoguthaben → Rn. 200 ff.

131 **b) Rechtliche Ausgestaltung.** Die privatrechtliche Ausgestaltung der Sichteinlagen obliegt den Parteien **(Privatautonomie).** Gesetzliche Vorgaben, die auf das Privatrechtsverhältnis zwischen Bank und Kunde in dieser Hinsicht einwirken, gibt es kaum. Gleichwohl ist zu berücksichtigen, dass die rechtsgeschäftliche Abrede, die „Aufbewahrung des

---

[363] BGH WM 1976, 1130 (1132).

[364] RG JW 1927, 1139 (1140); BGH WM 1965, 107; 1965, 1006; 1985, 646 (647); NJW-RR 1991, 439 (441).

[365] BGH WM 1985, 646 (647); NJW-RR 1991, 439 (442).

[366] Assies/Beule/Heise/Strube/*Barleon* Kap. 6 Rn. 16.

[367] Anweisung der Deutschen Bundesbank über Mindestreserven.

[368] VO über die Rechnungslegung der Kreditinstitute und Finanzdienstleistungsinstitute.

[369] So auch *Schwintowski* § 4 Rn. 17; BankR-HdB/*Schürmann/Langner* § 70 Rn. 7; Staudinger/*Reuter* § 700 Rn. 3; Derleder/Knops/Bamberger/*Batereau/Bertram* § 41 Rn. 17.

Guthabens" durch die Bank, regelmäßig als Girovertrag einen **Unterfall des Zahlungsdiensterahmenvertrages** begründet (→ Rn. 142 ff.),[370] jedoch als **eigenes Schuldverhältnis** von anderen Kontoverträgen rechtlich zu trennen ist.[371] Die §§ 675f ff. BGB enthalten auch kaum Regelungen bezüglich der rechtlichen Behandlung von Sichteinlagen (vgl. aber zur Wertstellung § 675t BGB).

Die rechtliche Qualifikation des Vertrages über die Sichteinlage ist daher nicht eindeutig. **132**
Ein Verwahrungsvertrag nach § 688 BGB scheidet als Vertragstyp aus, da das Eigentum an den eingelegten Geldscheinen auf die Bank übergeht bzw. Buchgeld übertragen wird. Insofern kommen daher nur der **Darlehensvertrag** gem. § 488 BGB und die **unregelmäßige Verwahrung** nach § 700 BGB in Betracht.[372] Beide Vertragstypen fügen sich strukturell betrachtet in die praktische Ausgestaltung der Sichteinlagen ein, denn das Eigentum an einer Sache geht auf den Darlehensnehmer bzw. unregelmäßigen Verwahrer über und dieser ist schuldrechtlich verpflichtet, den Betrag bzw. eine Sache von gleicher Art, Güte und Menge zurückzugewähren. Die rechtliche Zuordnung der Sichteinlagen zu einem dieser Vertragstypen oder zumindest die teilweise Heranziehung der dort vorhandenen (dispositiven) Regeln ist durchaus auch von dogmatischer und praktischer Relevanz.[373] Dies gilt insbesondere, wenn es darum geht, das passende gesetzliche Leitbild für eine **AGB-Kontrolle** zu finden.[374]

§ 700 Abs. 1 S. 1 BGB verweist zwar grundsätzlich auf die Vorschriften über den **133**
Darlehensvertrag nach §§ 488 ff. BGB. Die **Unterscheidung** zwischen Darlehen und unregelmäßiger Verwahrung folgt jedoch daraus, dass § 700 Abs. 1 S. 3 BGB im Hinblick auf **Zeit und Ort der Rückgabe** auf das Recht des Verwahrungsvertrags verweist. Daher ist in zeitlicher Hinsicht bei der unregelmäßigen Verwahrung § 695 BGB maßgebend, wonach dem Hinterleger ein jederzeitiges Rückforderungsrecht zusteht; im Gegensatz dazu bedarf es im Recht des Darlehensvertrags gem. § 488 Abs. 3 BGB einer Kündigung. Für den Ort der Rückgabe gilt bei der Verwahrung § 697 BGB, wonach die Rückgabe am Ort der Verwahrung zu erfolgen hat. Bei der unregelmäßigen Verwahrung handelt es sich bei der Rückgabe daher um eine Holschuld, während die Darlehensrückerstattung gem. § 488 Abs. 1 S. 2 BGB eine qualifizierte Schickschuld nach § 270 Abs. 1 BGB ist.[375]

Nach zutreffender herrschender Ansicht wird die **Sichteinlage als unregelmäßige** **134**
Verwahrung iSv § 700 BGB qualifiziert.[376] Dafür spricht vor allem das vertragliche Pflichtenprogramm, wenn der Kunde nicht zur Einlage verpflichtet ist,[377] darüber hinaus auch die beiderseitige Interessenlage der Vertragsparteien: Das Guthaben wird der Bank überlassen, damit der Kunde im Wege des Zahlungsverkehrs jederzeit seinen Zahlungsverpflichtungen nachkommen oder Geld abheben kann. Insbesondere im Fall des Girokontos wird vom Kunden eine **jederzeitige sofortige Verfügbarkeit** des Guthabens erwartet. Dem würde es widersprechen, wenn der Kunde – auch ohne Vereinbarung einer bestimmten Laufzeit! – den Auszahlungsanspruch nur durch vorherige Kündigung geltend machen könnte (vgl. § 488 Abs. 3 BGB). Hieran würde auch § 18 AGB-Banken nichts ändern, wonach der Kunde, soweit keine Laufzeit vereinbart wurde, jederzeit kündigen kann. Das teilweise vorgebrachte Argument, die rechtliche Qualifikation der (Sicht-)Ein-

[370] BGHZ 84, 371 (373) = NJW 1982, 2193 (2194); 124, 254 (257) = NJW 1994, 318; *Canaris* Rn. 319.
[371] Vgl. zum alten Recht BGHZ 131, 60 (63 f.) = NJW 1996, 190 (191); *Canaris* Rn. 319; *Einsele* § 3 Rn. 5; *Toussaint* Rn. 114; MüKoBGB/*K. P. Berger* Vor § 488 Rn. 65; BankR-HdB/*Schmieder* § 47 Rn. 1b.
[372] MüKoHGB/*Fest* Einlagengeschäft Rn. 190.
[373] **Abw.** Staudinger/*Freitag* § 488 Rn. 51; MüKoHGB/*Fest* Einlagengeschäft Rn. 191.
[374] Hierzu bei Spareinlagen *Servatius* BKR 2005, 295.
[375] EBJS/*Thessinga* BankR III Rn. 12.
[376] BGH NJW-RR 1993, 1266 (1267); NJW 1996, 190 (191); BankR-HdB/*Schürmann/Langner* § 70 Rn. 3; *Schwintowski* § 4 Rn. 14; *Einsele* § 3 Rn. 7; EBJS/*Thessinga* BankR III Rn. 10; MüKoHGB/*Fest* Einlagengeschäft Rn. 194; Staudinger/*Reuter* § 700 Rn. 3.
[377] Hierauf nunmehr allein abstellend BGH NJW 2019, 2920 Rn. 26 (im Kontext von Spareinlagen, jedoch verallgemeinerungsfähig).

lagen hinge davon ab, auf wessen Initiative der Vertragsschluss zurückgehe,[378] ist wegen der vielfältigen Arten, auf welcher Weise ein Bankvertrag zustande kommen kann, indessen nicht überzeugend.[379]

135 Die Sichteinlagen sind im Rahmen eines Girokontos regelmäßig durch ein **Kontokorrent** iSv §§ 355–357 HGB gebunden, wodurch das Darlehensrecht bzw. das Recht der unregelmäßigen Verwahrung im Hinblick auf die jeweiligen Einzelforderungen der Vertragsparteien überlagert wird (→ Rn. 168 ff.).[380]

136 **c) Kundenanspruch auf Herausgabe des Guthabens.** An sich folgt aus der Kontokorrentbindung, dass keine individuellen Ansprüche geltend gemacht werden können. Dies wird jedoch insofern durchbrochen, als der Kunde auf Grund des Zahlungsdiensterahmenvertrags berechtigt ist, den **Tagessaldo** zu seinen Gunsten jederzeit zu fordern (§§ 700, 695 BGB);[381] vgl. insofern auch die Notwendigkeit, die Barabhebung bei Einlagengeschäften der Kreditinstitute zuzulassen, gem. § 3 Nr. 3 KWG.

137 Es handelt sich hierbei um einen **verhaltenen Anspruch,** der nur erfüllt werden kann, wenn er geltend gemacht bzw. gepfändet wird (→ Rn. 202). Er ist **nicht kontokorrentgebunden** und vergeht wegen der nachfolgenden Kontobuchungen, wenn er nicht geltend gemacht wird. Aus Gründen der Treuepflicht ist der Kunde gehalten, größere Barabhebungen rechtzeitig anzukündigen.[382]

138 Die Bank ist auf Grund einer AGB-Regelung grds. nicht berechtigt, für Kontoabhebungen ein gesondertes **Entgelt** zu fordern, denn der Kunde macht hierdurch nur seinen vertraglichen Anspruch geltend (vgl. insofern auch Nr. 12 Abs. 3 AGB-Banken).[383] Etwas anderes gilt nur, wenn eine besondere Dienstleistung angeboten wird, insbesondere die Kontoverfügung an einem externen Automaten[384] oder die Barabhebung am Schalter beim reinen Online-Konto.[385] Im Rahmen der allgemeinen Kontoführungsgebühren ist diese Wertung gleichermaßen zu berücksichtigen, so dass diese nur dann wirksam erhoben werden können, wenn dem Kunden mindestens fünf unentgeltliche Verfügungen möglich sind.[386]

139 **d) Besonderheiten beim Tagesgeldkonto bzw. Geldmarktkonto.** Geltung beanspruchen der Begriff Sichteinlagen und die vorgenannte rechtliche Qualifikation als unregelmäßige Verwahrung auch bei Guthaben auf Tagesgeldkonten, sofern hier die tägliche Verfügbarkeit des Kunden vorgesehen ist[387] und den Kunden keine Einlagepflicht trifft.[388] Unterschiede zum Girokonto bestehen vor allen darin, dass die Abwicklung des Zahlungsverkehrs bei diesen Konten vertraglich ausgeschlossen ist und das Guthaben verzinst wird, es mithin vor allem um die kurzfristige **Vermögensanlage** geht. Die Möglichkeit der Barabhebung ist jedoch gem. § 3 Nr. 3 KWG zwingend.[389]

140 **e) Verzinsung.** Ob und in welcher Höhe die Sichteinlage zu verzinsen ist, ergibt sich allein aus der entsprechenden Abrede im Rahmen des Zahlungsdiensterahmenvertrags (vgl.

[378] So insbes. Staudinger/*Marburger* § 808 Rn. 42.
[379] Ebenso Staudinger/*Freitag* § 488 Rn. 51.
[380] Ebenso Staudinger/*Freitag* § 488 Rn. 67: vorrangige Spezialnormen; MüKoHGB/*Fest* Einlagengeschäft Rn. 195.
[381] BGHZ 84, 325 = NJW 1982, 2192; BGH WM 1993, 2237 (2238).
[382] EBJS/*Thessinga* BankR III Rn. 13.
[383] Vgl. BGH WM 1993, 2237 (2239); Kümpel/Wittig/*Peterek* Rn. 8.27; krit. *Canaris* AcP 200 (2000), 273 (333 ff.).
[384] BGH WM 1996, 1080 (1082).
[385] LG Hannover ZBB 2005, 206.
[386] Vgl. BGH WM 1996, 1080.
[387] *Toussaint* Rn. 114; EBJS/*Thessinga* BankR III Rn. 10; Kümpel/Wittig/*Peterek* Rn. 8.21; BankR-HdB/*Schürmann/Langner* § 70 Rn. 2 f.
[388] Hierauf allein abstellend BGH NJW 2019, 2920 Rn. 26 (im Kontext von Spareinlagen).
[389] Einen Verstoß wegen unangemessen hoher Gebühren für möglich haltend *Schwennicke*/Auerbach § 3 Rn. 1.

insofern Nr. 12 AGB-Banken). Der **Zinslauf** richtet sich richtigerweise nicht nach §§ 187 ff. BGB.[390] Gibt es keine (wirksame) Vereinbarung, gilt vielmehr Folgendes: Kontoeinzahlungen müssen **taggenau** verbucht und wertgestellt werden, so dass der Einzahlungstag im Hinblick auf einen etwaigen Guthabenzins vollständig mitzuzählen ist (vgl. insofern auch § 675t BGB).[391] Dies gilt unabhängig davon, ob es sich um das Guthaben auf einem Girokonto oder Tagesgeldkonto handelt[392] und auch für den Tag der Abhebung bzw. Überweisung.

Gleichwohl darf nicht verkannt werden, dass diese Sichtweise sehr **kundenfreundlich** ist **141**
und im Extremfall ermöglicht, an einem Kalendertag doppelt Guthabenzinsen zu kassieren, wenn der Kunde den Betrag bei einer Bank abhebt und bei einer anderen einzahlt. Dieses Problem sollte im Privatkundengeschäft jedoch nicht überinterpretiert werden. Hier und im Bereich der Geschäftskunden ist es jedenfalls möglich, eine vertragliche Vereinbarung zu treffen, nach der die anteiligen Tage gerecht verteilt werden, mithin der Kunde zB nur Zinsen für den vollen Einzahlungstag erhält und der Tag der Auszahlung in Gänze nicht mit berechnet wird. Vgl. zu Zinsanpassungsklauseln → Rn. 309 ff.

2. Einbindung der Sichteinlagen in den Zahlungsdiensterahmenvertrag

Häufigster Fall einer Sichteinlage ist das Guthaben auf einem Girokonto, dessen recht- **142**
liche Grundlage der **Girovertrag** ist. Bis zum 31.10.2009 war dieser speziell in § 675f BGB geregelt. Durch Umsetzungsgesetz der ZDRL[393] ist diese Norm entfallen und der Girovertrag nunmehr ein Unterfall des Zahlungsdiensterahmenvertrags gem. § 675f Abs. 2 S. 1 BGB. Für diesen sind durch die §§ 675f ff. BGB nF besondere Regelungen bezüglich Primärpflicht, Änderung und Kündigung getroffen worden. Er bleibt jedoch weiterhin dem Grundtypus nach ein **Geschäftsbesorgungsvertrag** iSv § 675 BGB mit dienstvertraglichem Charakter.[394] Die dort für den Zahlungsverkehr geltenden Regelungen ergänzen und überlagern die traditionelle rechtliche Betrachtung der Sichteinlagen.[395] Vgl. zum Ganzen *Müller-Christmann* → Kap. 1 Rn. 161 ff. Mit dem Zahlungsdiensterahmenvertrag wird in der Regel auch ein **Kontokorrentvertrag** abgeschlossen mit der Folge, dass die §§ 355–357 HGB auf das Vertragsverhältnis Bank-Kunde anwendbar sind. Rechtlich muss jedoch zwischen Zahlungsdiensterahmenvertrag und Kontokorrentabrede streng unterschieden werden.

Die wesentlichen Pflichten des Zahlungsdiensterahmenvertrags sind durch § 675f Abs. 2 **143**
BGB bestimmt. Danach ist der Zahlungsdienstleister (das Kreditinstitut) verpflichtet, für den Zahlungsdienstnutzer (Bankkunde) ein auf dessen Namen lautendes **Zahlungskonto** zu führen (Girokonto) und hierüber **Zahlungsvorgänge** auszuführen.[396] Indem nunmehr auch die Verpflichtung zur Ausführung von Zahlungsvorgängen Vertragsbestandteil ist, bedarf es keines gesonderten Überweisungsvertrags mehr.[397] Die einzelne Überweisung erfolgt vielmehr aufgrund eines Zahlungsauftrags (§ 675f Abs. 3 BGB), der als Weisung iSv § 665 BGB konzipiert ist.[398]

Ferner verpflichtet der Zahlungsdiensterahmenvertrag das Kreditinstitut, **Zahlungsein-** **144**
gänge für den Kunden entgegenzunehmen.[399] Der Kunde hat einen Anspruch auf Heraus-

[390] **Abw.** wohl BankR-HdB/*Schürmann/Langner* § 70 Rn. 21.

[391] Vgl. BGH NJW-RR 1989, 305 (für den Fall der Rückführung eines Kredits).

[392] **Abw.** BankR-HdB/*Schürmann/Langner* § 70 Rn. 22; **abw.** für Spareinlagen auch OLG Karlsruhe NJW 1988, 74 (75).

[393] Vom 29.7.2009 (BGBl. I 2009, 2355).

[394] Vgl. Begründung zum Umsetzungsgesetz der ZDRL, BT-Drs. 16/11 643, 102.

[395] Vgl. für die AGB-Kontrolle BGH WM 2019, 2153 Rn. 27.

[396] Def. des Zahlungskontos in § 1 Abs. 3 Zahlungsdiensteaufsichtsgesetz (ZAG), welche über § 675 Abs. 3 BGB Anwendung findet.

[397] *Rösler/Werner* BKR 2009, 1 (7).

[398] Ellenberger/Findeisen/Nobbe/*Walz* § 675f Rn. 5; *Schwintowski* § 7 Rn. 41 f.; Schulze ua *Schulte-Nölke* § 675f Rn. 5.

[399] Zum früheren Recht bereits BGHZ 93, 315 (322) = NJW 1985, 1218 (1219).

gabe des „Erlangten" mittels Kontogutschrift gem. § 675t BGB **(Anspruch auf Gutschrift).**[400] Voraussetzung dafür ist jedoch, dass die Bank eine buchmäßige Deckung für die eingegangene Gutschrift erlangt. Dies erfolgt entweder durch Einzahlung des Geldbetrags, durch Gutschrift auf einem Nostrokonto der Bank oder bei einem bankinternen Vorgang durch Belastungsbuchung des Kontos des Überweisenden. Die Bank ist gem. § 675t BGB verpflichtet, die empfangene Gutschrift unverzüglich dem Kunden zur Verfügung zu stellen, mithin am selben Tag, spätestens jedoch einen Geschäftstag nach Zahlungseingang.[401]

145 Zu unterscheiden ist dieser Anspruch auf Gutschrift vom **Anspruch aus erfolgter Gutschrift.** Die Grundlage hierfür ist ein abstraktes, formfreies Schuldversprechen oder Schuldanerkenntnis (§§ 780, 781 BGB, § 350 HGB) der Bank gegenüber dem Kunden.[402] Hierdurch wird der Empfänger der bargeldlosen Gutschrift in eine zur Barzahlung vergleichbare rechtliche Position versetzt.[403]

3. Rechtsanspruch auf Abschluss eines Girovertrags

146 Die Diskussion, ob ein Anspruch auf Abschluss eines Girokontos besteht, reißt nicht ab. Während zum Beispiel Frankreich und Belgien einen Kontrahierungszwang vorsehen,[404] ist die Rechtslage in Deutschland traditionell uneinheitlich, wobei insbesondere zwischen den privat- und öffentlich-rechtlich organisierten Kreditinstituten unterschieden werden muss. Auf Grund europarechtlicher Vorgaben wurde inzwischen jedoch durch die **Einführung des Basiskontos** in weiterem Umfang Rechtssicherheit erzeugt (→ Rn. 167). Zur Kündigung des Girovertrags, auch im Lichte des Kontrahierungszwangs, *Herresthal* → Kap. 2 § 675h BGB.

147 **a) Privater Bankensektor.** Zwischen den privaten Geschäftsbanken und ihren Kunden besteht ein rein zivilrechtliches Verhältnis, so dass **prinzipiell Vertragsfreiheit** herrscht. Die Banken können selbst entscheiden, mit welchem Kunden und wie lange sie mit diesem eine Vertragsbeziehung führen wollen. Der Ansatz, dies kritisch zu hinterfragen, resultiert daraus, dass mittlerweile eine Vielzahl von Zahlungen nur noch im bargeldlosen Verfahren abgewickelt wird und selbst öffentlich-rechtliche Normen von bargeldlosen Zahlungen als Regelfall ausgehen.[405] Ohne ein Girokonto wird einem Teil der Bevölkerung somit die Möglichkeit verwehrt, am modernen Wirtschaftsleben teilzunehmen. Insofern gibt es nach wie vor verschiedene Ansätze, auch im privaten Bankensektor einen **Kontrahierungszwang** für die Einrichtung von Guthabenkonten zu begründen.[406]

148 **aa) DK-Empfehlung „Girokonto für Jedermann".** Im Mittelpunkt dieser Diskussion steht die im Jahr 1995 durch den zentralen Kreditausschuss ZKA ausgegebene Empfehlung „Girokonto für Jedermann".[407] Der ZKA wurde in der Zwischenzeit durch die Deutsche Kreditwirtschaft abgelöst (DK). Dieser Empfehlung zufolge sollen die privaten Kreditinstitute für jeden Bürger auf Wunsch ein Girokonto bereithalten und zwar unabhängig von Einkünften, Schufa-Einträgen und den wirtschaftlichen Verhältnissen des Kunden. Fraglich ist jedoch, welche Rechtsnatur der DK-Empfehlung zukommt und inwiefern sich daraus ein durchsetzbarer und einklagbarer **Anspruch auf Einrichtung eines Kontos**

---

400 *Toussaint* Rn. 157.

401 Schulze ua *Schulte-Nölke* § 675t Rn. 2; EBJS/*Grundmann* BankR II Rn. 83.

402 BGHZ 6, 121 (124) = NJW 1952, 929; 103, 143 (146) = NJW 1988, 1320.

403 Grundlegend BGHZ 6, 121 (124) = NJW 1952, 929; *Einsele* Rn. 14.

404 Vgl. Art. L312-1 des französischen Code monétaire et financier sowie Art. 3 § 1 des belgischen loi instaurant un service bancaire de base.

405 § 47 SGB I sieht vor, dass Geldleistungen in der Regel kostenfrei auf ein Konto des Empfängers bei einem Geldinstitut überwiesen werden sollen. Nach § 224 Abs. 3 AO sind Zahlungen der Finanzbehörde unbar zu leisten.

406 Überblick bei *Günther* WM 2014, 1369.

407 Abrufbar unter: www.die_deutsche_kreditwirtschaft.de.

ableiten lässt. Die Frage ist deshalb von großer Bedeutung, da die Bereitschaft von privaten Banken zum Abschluss eines Vertrags mit „Jedermann" trotz der DK-Empfehlung wohl nicht sehr groß ist.[408] So haben 4,9 % der Privathaushalte kein Girokonto.[409]

Nach Ansicht des *LG Bremen* ist die DK-Empfehlung als **abstraktes Schuldversprechen zugunsten Dritter** auszulegen.[410] Die Selbstverpflichtung der DK gegenüber dem Gesetzgeber binde – vermittelt über Stellvertretungs- und Botenschaftskonstruktionen – trotz der Überschrift „Empfehlung" die Mitglieder des DK, ihren Kunden ein Guthaben-Konto einzurichten. Diese Ansicht wurde in der Literatur jedoch zu Recht heftig kritisiert mit dem zentralen Argument, dass es sich bei der DK-Empfehlung gemäß Wortlaut und Wortsinn lediglich um eine interne Bitte handele, sich in Zukunft an die Empfehlung zu halten.[411] Dem ist zuzustimmen, denn etwas anderes würde die Grenzen der Auslegung von Willenserklärungen überspannen. 149

Auch der Ansatz, wonach Kreditinstitute, die auf ihrer **Internetseite** oder auf sonstige Weise auf die Empfehlung hinweisen, sich hierdurch ggü. den Kunden zur Einhaltung der DK-Empfehlung verpflichten würden, geht fehl. Der Hinweis auf der Unternehmens-Homepage auf die DK-Empfehlungen kann zwar prinzipiell eine verbindliche Erklärung gegenüber den potentiellen Kunden als einem unbestimmten Personenkreis *(ad incertas personas)* darstellen. Auch hier ist jedoch stets zu fragen, ob die Verlautbarung nach Maßgabe der §§ 133, 157 BGB einen entsprechenden **Rechtsbindungswillen** des Kreditinstituts deutlich macht. Dieser ist im Regelfall zu verneinen, wenn bereits das Objekt, auf das verwiesen wird, lediglich eine unverbindliche Empfehlung darstellt. 150

Eine Möglichkeit eine ungerechtfertigte Abweisung oder Kontokündigung anhand der DK-Empfehlungen überprüfen zu lassen, ist demnach allein die **Ombudsstelle** des Bankenverbands der deutschen Banken. Die Ombudsleute nehmen die DK-Empfehlung als Bewertungsmaßstab.[412] 151

bb) Selbstbindung des Kreditinstituts gegenüber Dritten. Schließlich wird vertreten, dass die – aus welchen Gründen auch immer – anderweitig erklärte Selbstbindung eines Kreditinstituts gegenüber Dritten einen Kundenanspruch auf Einrichtung eines Girokontos begründen könne. So hat das *LG Berlin* aus der **Erklärung einer Sparkasse gegenüber dem Berliner Senat,** in welcher sie sich selbst zur Einrichtung von Girokonten auf Guthabenbasis verpflichtet, einen unmittelbaren Kontrahierungszwang für die Berliner Sparkassen angenommen.[413] Der Berliner Wirtschaftssenator hat daraufhin in einer Pressekonferenz die Entscheidung der Berliner Sparkasse begrüßt und sich froh darüber gezeigt, „dass es uns gelungen ist, die neue Regelung in Berlin zu erreichen".[414] Die Literatur stimmt dem teilweise zu[415] und wertet derartige Erklärungen entweder als **abstraktes Schuldversprechen zugunsten Dritter** nach §§ 780, 328 BGB[416] oder als entsprechenden Vorvertrag zugunsten Dritter.[417] 152

Diese Sichtweise vermag jedoch ebenfalls nicht in der von der Literatur angenommenen Allgemeinheit zu überzeugen. Richtig ist zwar, dass Verpflichtungen ggü. einer Person im 153

[408] Siehe hierzu Bericht der Bundesregierung zur Umsetzung der Empfehlung des Zentralen Kreditausschusses zum Girokonto für jedermann, BT-Drs. 16/11 495; Stellungnahme der Arbeitsgemeinschaft Schuldnerberatung der Verbände, abrufbar unter: http://www.bag-sb.de/uploads/tx_inhalt/AGSBV-Stellungnahme_Girokonten_fuer_Jedermann_2008-09-02.pdf.

[409] Statistik des Bundesverbands Deutscher Banken, abrufbar unter: http://www.bankenverband.de/downloads/032011/ta1008-rb-girokonten-bgr-n. pdf.

[410] LG Bremen VuR 2005, 350; s. a. *Segna* BKR 2006, 274 ff.; *Koch* WM 2006, 2242 (2243).

[411] OLG Bremen VuR 2006, 161 (162); AG Stuttgart WM 2005, 21 (39), zustimmend Fischer/*Klanten* Rn. 12.13; BankR-HdB/*Schmieder* § 47 Rn. 3 f.; *Kohte* VuR 2006, 161 (163).

[412] Einzelheiten zum Schlichtungsverfahren vor dem Bankenombudsmann bei BankR-HdB/*Höche* § 3.

[413] LG Berlin WM 2003, 1895.

[414] Vgl. hierzu *Kohte* FS Derleder, 2005, 405 (416).

[415] Vgl. *Segna* BKR 2006, 274 (278); *Kohte* VuR 2005, 350 (353).

[416] *Derleder* EWiR 2003, 963 (964).

[417] *Koch* WM 2006, 2242 (2246).

Wege des Vertrags zu Gunsten Dritter gem. § 328 BGB Ansprüche einer anderen Person begründen können. Auch kann unter dem Aspekt der Erklärung *ad incertas personas* durchaus im Zeitpunkt der Erklärung noch offen sein, wer konkret von diesem Anspruch profitieren soll. Es muss jedoch auch hier stets im Wege der **Auslegung** ermittelt werden, ob die sich verpflichtende Partei wirklich Ansprüche Dritter begründen wollte (§§ 133, 157 BGB). Die Auslegungsregeln gem. §§ 329, 330 BGB zeigen, dass die Hürden hierfür hoch liegen.[418] Ein leichtfertig begründeter Automatismus zwischen der – unstreitigen – Verpflichtung ggü. einer Person und etwaigen hieraus resultierenden Ansprüchen Dritter wäre daher verfehlt. Es kann vielmehr sehr wohl sein, dass zwischen der Bank und einer anderen Person eine Selbstverpflichtung der Bank zur Einrichtung von Konten begründet wird, diese jedoch **kein Forderungsrecht der Kunden** begründen soll, sondern allenfalls im Verhältnis zum Versprechensempfänger Wirkungen entfaltet (zB Vertragsstrafen). Sollte der dem *LG Berlin* zu Grunde liegende Sachverhalt daher das Auslegungsergebnis tragen, wonach die Kunden aus der Selbstverpflichtung ein eigenes Forderungsrecht haben sollen, ist das dogmatisch nicht zu kritisieren; das Urteil lässt sich jedoch nicht dahingehend verallgemeinern, dass die Anforderungen für derartige Auslegungsergebnisse gesunken wären.

154 **cc) Besonderheiten beim Pfändungsschutzkonto?** Ein Anspruch auf Errichtung eines Kontos besteht auch nicht aufgrund der Neuregelungen im Bereich des Pfändungsschutzkontos.[419] Obwohl § 850k Abs. 7 S. 2 ZPO dem Kunden einen Anspruch auf Umwandlung eines Girokontos in ein sog. P-Konto zuspricht, setzt der Anspruch ein bereits bestehendes Vertragsverhältnis zwischen Bank und Kunde voraus.[420]

155 **dd) Vorgaben des Allgemeinen Gleichbehandlungsgesetzes (AGG).** Ein Anspruch auf Abschluss eines Kontovertrags nebst Girokonto auf Guthabenbasis könnte sich auch aus dem Allgemeinen Gleichbehandlungsgesetz ergeben. Nach § 19 Abs. 1 Nr. 1 AGG sind Benachteiligungen aus Gründen der Rasse oder wegen der ethnischen Herkunft, wegen des Geschlechts, der Religion, einer Behinderung, des Alters oder der sexuellen Identität unzulässig, die die Begründung, Durchführung und Beendigung zivilrechtlicher Schuldverhältnisse im Fall von Massengeschäften betreffen.

156 Dass Giroverträge **Massengeschäfte** iSv § 19 Abs. 1 Nr. 1 AGG sind, dürfte nicht zu bestreiten sein.[421] Ebenso unproblematisch ist wohl, dass die Ablehnung einer Kontoeröffnung vielfach unter die genannten Diskriminierungen fallen kann. Schwierig zu beantworten und heftig umstritten ist jedoch die **mögliche Rechtsfolge einer Diskriminierung** iSv § 19 AGG. Gem. § 21 Abs. 1 AGG besteht ein Anspruch auf Beseitigung und Unterlassung der Beeinträchtigung, § 21 Abs. 2 AGG gewährt einen Schadensersatzanspruch. Die genannten Rechtsfolgen sollen nach Teilen der Lit. einen **Kontrahierungszwang** begründen.[422] Einige fassen dies unter den Beseitigungsanspruch gem. § 21 Abs. 1 AGG und sehen im Vertragsschluss den actus contrarius zum rechtswidrig nicht abgeschlossenen Vertrag.[423] Nach anderer Ansicht ist der Kontrahierungsanspruch Folge des Schadensersatzanspruchs gem. § 21 Abs. 2 AGG (Naturalrestitution gem. § 249 Abs. 1, Abs. 2 S. 1 BGB).[424] Beiden Ansichten gemein ist der angeführte Umkehrschluss zu § 15 Abs. 6 AGG, wonach für das Arbeitsrecht ausdrücklich im Falle einer Diskriminierung ein

---

[418] In diese Richtung wohl auch der BGH bei der Frage, inwieweit die mit dem Verkäufer vereinbarten AGB des Auktionshauses ebay Ansprüche der Käufer begründen (vgl. hierzu *Herresthal* K&R 2008, 705 (709 f.)).

[419] Ausführlich hierzu *Lücke* BKR 2009, 457 ff.

[420] *Lücke* BKR 2009, 457 (458); Musielak/*Becker* § 850k Rn. 8.

[421] *Schürnbrand* BKR 2007, 305 (306); Claussen/*van Look* § 2 Rn. 6.

[422] *Maier-Reimer* NJW 2006, 2577 (2582); *Thüsing/von Hoff* NJW 2007, 21; Bamberger/Roth/*Wendtland* AGG § 21 Rn. 13; Claussen/*van Look* § 2 Rn. 6.

[423] *Thüsing/von Hoff* NJW 2007, 21 f.

[424] *Maier-Reimer* NJW 2006, 2577 (2582); Staudinger/*Rolfs* AGG § 21 Rn. 2.

Anspruch auf Begründung eines Beschäftigungsverhältnisses ausgeschlossen ist.[425] Diesen Ansichten ist indessen **nicht zu folgen.** Hiergegen spricht – neben denn allgemeinen verfassungsrechtlichen Bedenken gegen die Begründung eines Kontrahierungszwangs im allgemeinen Zivilrecht[426] – vor allem die Entstehungsgeschichte des AGG.[427]

ee) Kontrahierungszwang nach allgemeinen Regeln. Schließlich wird nach wie vor diskutiert, einen Kontrahierungszwang der privaten Kreditinstitute auf der Grundlage der allgemeinen, insbesondere für den Bereich der **Daseinsvorsorge** entwickelten Lehren zu begründen. So hat etwa das *LG Berlin* unabhängig von der og DK-Empfehlung für private Banken eine Kontrahierungspflicht aus allgemeinen Grundsätzen angenommen.[428] Aus den Grundrechten, dem Sozialstaatsprinzip (Art. 20 Abs. 1 GG) sowie einer Analogie zu § 20 GWB soll ein Kontrahierungszwang bestehen, wenn folgende Voraussetzungen vorliegen: Angewiesenheit des Kunden auf das Konto; keine zumutbaren Alternativen; kein sachlicher Grund zur Ablehnung durch den ausgesuchten Vertragspartner. 157

Diese Entscheidung kann durchaus auf eine tradierte Rechtsauffassung zurückgeführt werden. So wird allgemein ein Kontrahierungszwang aus § 826 BGB bejaht, wenn die Verweigerung des Vertragsabschlusses sittenwidrig ist. Dies kann insbesondere dann der Fall sein, wenn Unternehmen der Daseinsvorsorge eine **Monopolstellung** innehaben und willkürlich diskriminieren.[429] Seit Einführung von § 20 Abs. 1 GWB ist insofern sogar kein Rückgriff auf § 826 BGB mehr notwendig.[430] 158

Im Kern nimmt die Entscheidung des *LG Berlin* hierauf Bezug, indem für die Begründung des Kontrahierungszwangs *in concreto* darauf abgestellt wird, dass der **Kunde keine zumutbaren Alternativen** hat. Unter dieser engen Prämisse ist gegen einen Kontrahierungszwang nichts einzuwenden.[431] Das Problem dürfte jedoch wegen der nahezu flächendeckenden Daseinsvorsorge durch die öffentlich-rechtlich organisierten Kreditinstitute (→ Rn. 162 ff.) erheblich entschärft sein. Eine Monopolstellung bzw. marktbeherrschende Stellung gem. § 20 GWB eines privatrechtlich organisierten Kreditinstituts ist kaum denkbar,[432] so dass auch für einen Kontrahierungszwang nach den Maßstäben des *LG Berlin* **kein praktischer Bedarf** besteht. 159

Zudem ist stets zu bedenken, dass es durchaus **sachliche Gründe** gibt, einen dem Grunde nach möglichen Kontrahierungszwang *in concreto* zu entkräften. Denkbar ist zB die aus der Kontoverbindung resultierende erhebliche und nachhaltige Rufschädigung (Imageschaden) des Kreditinstituts auf Grund zu befürchtender Veröffentlichungen in den Medien.[433] Möglich ist auch, die Geschäftsbeziehung abzulehnen, weil das Girokonto vom Kunden zu betrügerischen Zwecken oder Geldwäsche verwendet werden soll.[434] Ein Kreditinstitut kann die Kontobeziehung zu einer politischen Partei jedoch nicht allein deswegen ablehnen, weil diese verfassungsfeindliche Ziele verfolge, solange das BVerfG die Verfassungswidrigkeit der Partei nicht festgestellt hat.[435] In diesen Fällen dürfte der Kontrahierungszwang jedoch regelmäßig aus Gründen des drohenden Imageverlusts ausscheiden. Belästigt oder bedrängt der (potentielle) Kunde Mitarbeiter der Bank oder verhält er 160

[425] *Thüsing/von Hoff* NJW 2007, 21 f.
[426] S. hierzu *Armbrüster* NJW 2007, 1494.
[427] So bereits *Schürnbrand* BKR 2007, 305 (310).
[428] LG Berlin WM 2008, 1825.
[429] RGZ 79, 224 (229); 133, 388 (392); 143, 24 (28); BGHZ 49, 98; BGH NJW 1976, 801; BB 1979, 797; BGHZ 80, 1117; s. zum Anspruch aus § 826 BGB *Reifner* ZBB 1995, 243.
[430] Staudinger/*Oechsler* § 826 Rn. 437; Immenga/Mestmäcker/*Markert* GWB Band 2, § 20 Rn. 245.
[431] So wohl auch BVerfG NJW 2001, 1413.
[432] *Einsele* § 3 Rn. 9.
[433] Vgl. OLG Dresden NJW 2002, 757 (759); OVG Lüneburg BKR 2010, 347 (350); OLG München WM 1996, 1623 (1624); s. a. *Unger-Hellmich/Stephan* BKR 2009, 441; *Biesok* WM 2020, 75 (77).
[434] Vgl. für ein Inkassounternehmen VG Frankfurt BeckRS 2011, 46 343; LG München BeckRS 2010, 07 536.
[435] Vgl. BGH NJW 2003, 1658; VG Gießen BeckRS 2011, 45 179.

sich querulatorisch, ist auch dies ein sachlicher Grund, die Kontoeröffnung trotz Fehlens zumutbarer Alternativen abzulehnen.

161 **b) Sparkassen.** Zwischen Sparkassen und ihren Kunden bestehen **privatrechtliche Rechtsbeziehungen.** Gleichwohl sind diese teilweise auf Grund spezieller öffentlich-rechtlicher Regelungen sowie unter dem Aspekt des Verwaltungsprivatrechts durch verfassungsrechtliche Wertungen überlagert („keine Flucht ins Privatrecht“).[436] Dies gilt insbesondere für den hier interessierenden Kontrahierungszwang.

162 **aa) Kontrahierungszwang auf Grund der Sparkassengesetze der Länder.** So gibt es in den Sparkassengesetzen der Länder vielfach eine ausdrückliche Verpflichtung für die Sparkassen zur Eingehung privatrechtlicher Kontoverbindungen (vgl. § 5 Abs. 2 SpkG NRW, § 5 Abs. 2 SpkVO Bayern, § 2 Abs. 4 SpkG RPF, § 5 Abs. 1 SpkVO BB, § 5 Abs. 1 SpkVO SA, § 5 Abs. 1 SpkVO MV, § 2 Hess SpG iVm. § 4 Musa HE; § 12 Abs. 2 ThürSpkVO). Hierauf lässt sich richtigerweise ein **öffentlich-rechtlicher Anspruch** des Einzelnen auf Errichtung und Unterhaltung eines entsprechenden Kontos auf Guthabenbasis begründen (str.).[437]

163 **bb) Kontrahierungszwang auf Grund öffentlich-rechtlicher Aufgabenzuweisung.** Fehlen diese speziellen Regeln jedoch, ist problematisch, ob sich aus der öffentlich-rechtlichen Aufgabenzuweisung ein vergleichbarer Anspruch ableiten lässt. Hiernach sind die Sparkassen wirtschaftlich selbstständige Unternehmen in kommunaler Trägerschaft mit der Aufgabe, auf der Grundlage der Markt- und Wettbewerbserfordernisse für ihr Geschäftsgebiet den Wettbewerb zu stärken und die angemessene und ausreichende Versorgung aller Bevölkerungskreise und insbesondere des Mittelstands mit geld- und kreditwirtschaftlichen Leistungen in der Fläche sicherzustellen.

164 Das *VG Osnabrück* sieht in dieser Aufgabenzuweisung (konkret: in § 4 Abs. 1 des niedersächsischen Sparkassengesetzes) eine subjektiv **öffentlich-rechtliche Anspruchsgrundlage.**[438] Das *niedersächsische OVG* hat dies in der folgenden Beschwerdeentscheidung zutreffend abgelehnt.[439] Aus dem Wortlaut, der Entstehungsgeschichte sowie aus der systematischen Stellung der Norm seien keine Hinweise zu gewinnen, die für einen Individualschutz der Norm sprechen.

165 **cc) Kontrahierungszwang aus dem Gleichbehandlungsgebot.** Ein Anspruch auf Kontoeröffnung kann sich jedoch aus **Art. 3 Abs. 1 GG** iVm der Aufgabeneröffnungsnorm der jeweiligen Sparkassengesetze der Länder ergeben. Als Anstalten des öffentlichen Rechts unterfallen die Sparkassen im Bereich der Daseinsvorsorge der unmittelbaren Grundrechtsbindung nach Art. 1 Abs. 3 GG.[440] Die Tätigkeit der Sparkassen als Aufgabe der Daseinsvorsorge ergibt sich aus den Aufgabenbeschreibungen der Ländergesetze.[441] Voraussetzung für einen Kontrahierungszwang ist jedoch eine **willkürliche Ungleichbehandlung,** dh die Ablehnung der Kontoeröffnung bzw. Kündigung eines Girokontos kann durchaus durch sachliche Gründe gerechtfertigt sein.[442] Insofern gilt dasselbe wie beim zivilrechtlichen Kontrahierungszwang (→ Rn. 160). Bei politischen Parteien ist die Hürde für die Ablehnung einer Kontobeziehung aber wegen des Parteienprivilegs gemäß Art. 21 Abs. 1 S. 2 GG sehr hoch.[443]

---

[436] Vgl. nur *Biesok* WM 2020, 75.

[437] *Piekenbrock* WM 2013, 1925 (1927 f.); *Heinze/Jürgens* BKR 2018, 191 (193); **abw.** *Biesok* WM 2020, 75 (76 ff,), auch mit verfassungsrechtlichen Bedenken; *Dörfler/Surowiecki* BJKR 2018, 308 (312).

[438] VG Osnabrück BeckRS 2010, 49110.

[439] OVG Lüneburg BKR 2010, 347 (349).

[440] BGH NJW 2003, 1658; OVG Lüneburg BKR 2010, 347 (350).

[441] BGH NJW 2003, 1658; VG Frankfurt a. M. BeckRS 2011, 46343.

[442] BVerwG WM 2019, 397 (401); vgl. für Bezüge zu strafbarem Verhalten OVG Lüneburg WM 2010, 1804 (1807); OLG München WM 1996, 1623.

[443] Vgl. BVerwG WM 2019, 397 (401); BGH WM 2003, 823 (825); OLG Dresden WM 2002, 486 (491); VG Arnsberg WM 2013, 1026; OVG Bautzen, Urt. v. 19.8.2014 – 4 A 810/13, Rn. 30 f. – juris.

dd) Kontrahierungszwang der KfW. Die Kreditanstalt für Wiederaufbau (KfW) ist gem. § 13 Abs. 1 des Gesetzes zur Förderung der beruflichen Aufstiegsförderung[444] zur Gewährung bestimmter Darlehen verpflichtet. 166

c) Recht auf ein Basiskonto. Am 17.9.2014 trat die europäische **Bankkonto-Richtlinie** in Kraft.[445] Nach deren Art. 16 müssen die Mitgliedstaaten sicherstellen, dass die Verbraucher ein Recht auf Zugang zu „Zahlungskonten mit grundlegenden Funktionen" (sog. Basiskonto) haben. Nach Art. 17 der Richtlinie decken sich die Anforderungen an derartige Konten mit den typischen Merkmalen eines Girokontos, welches die Teilnahme am **bargeldlosen und elektronischen Zahlungsverkehr** ermöglicht. Im Ergebnis zwingt diese Richtlinie die Mitgliedstaaten zur Gewährleistung eines entsprechenden Kontrahierungszwangs.[446] Darüber hinaus müssen diese Konten auch diskriminierungsfrei geführt werden (vgl. Art. 15 der Richtlinie). Diese Konten dürfen gem. Art. 17, 18 durchaus auch entgeltlich geführt werden; ein Anspruch auf Kredit besteht gem. Art. 17 Abs. 8 nicht. Die Umsetzungsfrist für die Mitgliedstaaten endete am 18.9.2016. Im deutschen Recht sieht nunmehr **§ 31 Abs. 1 ZKG** für Verbraucher gem. § 13 BGB einen entsprechenden Rechtsanspruch auf Eröffnung eines Basiskontos vor.[447] 167

4. Kontokorrentverhältnis

Ein Girokonto muss nicht als Kontokorrentkonto geführt werden.[448] Mit dem Abschluss eines Zahlungsdiensterahmenvertrags wird jedoch regelmäßig auch eine **Abrede** über die Begründung eines Kontokorrents iSv §§ 355 ff. HGB getroffen.[449] Rechtlich müssen beide Rechtsgeschäfte streng unterschieden werden. Die Kontokorrentbindung überlagert jedoch die aus dem Darlehensvertrag bzw. der unregelmäßigen Verwahrung jeweils resultierenden Einzelansprüche.[450] 168

a) Kontokorrentabrede. Die Kontokorrentabrede muss die **Vereinbarung** beinhalten, dass die selbstständigen Forderungen nicht mehr einzeln geltend gemacht werden können, sondern ab Zeitpunkt des Vertragsschluss in laufende Rechnung gestellt werden.[451] Eine derartige Abrede muss nicht zwingend ausdrücklich vereinbart werden, sondern kann auch **konkludent** getroffen werden.[452] Die Regelungen über die Kontoführung gem. Nr. 7 AGB-Banken bzw. -Sparkassen enthalten idR eine entsprechende Kontokorrentabrede für die Sichteinlagen. 169

b) Arten des Kontokorrents. Mit Abschluss des Kontokorrents werden die von der Abrede erfassten Ansprüche und Leistungen zwischen Bank und Bankkunde in eine laufende Rechnung eingestellt. Diese Inrechnungstellung bewirkt, dass die einzelnen Forderungen jeder Geschäftspartei an das Kontokorrent gebunden werden und somit ihre rechtliche Selbstständigkeit verlieren. Am Ende jeder **Rechnungsperiode** erfolgt eine **Verrechnung der Einzelforderungen** zu einem neuen saldierten Anspruch (kausaler Saldoanspruch). 170

Gem. Nr. 7 Abs. 1 AGB-Banken (Nr. 7 Abs. 2 AGB-Sparkassen) erfolgt dieser Rechnungsabschluss jeweils **zum Ende eines Kalenderquartals.** Folglich ist das Kontokorrentkonto ein sog. **Periodenkontokorrent** in Abgrenzung zum Staffelkontokorrent, bei 171

---

444 BGBl. I 2009, 1322.

445 RL 2014/82/EU v. 23.7.2014 über die Vergleichbarkeit von Zahlungskontoentgelten, den Wechsel von Zahlungskonten und den Zugang zu Zahlungskonten mit grundlegenden Funktionen (ABl. L 257/214 vom 28.8.2014; hierzu *Linardatis* WM 2015, 755; vgl. auch *Günther* WM 2014, 1369).

446 *Linardatis* WM 2015, 755, 760.

447 Einzelheiten bei MüKoHGB/*Herresthal* Giroverhältnis Rn. 185 ff.

448 *Canaris* Rn. 319; BankR-HdB/*Schmieder* § 47 Rn. 37.

449 BankR-HdB/*Schmieder* § 47 Rn. 37.

450 Ebenso Staudinger/*Freitag/Mülbert* § 488 Rn. 67: vorrangige Spezialnormen.

451 Oetker/*Maultzsch* § 355 Rn. 18.

452 BGH WM 1956, 1125 (1126); 1970, 184 (185); NJW-RR 1991, 1251 = BB 1991, 1818 (1819).

welchem die gegenseitigen Ansprüche nach jedem Vorgang erneut verrechnet und festgestellt werden.

172 Streng zu unterscheiden ist daher der periodische Rechnungsabschluss vom festgestellten **Tagessaldo,** zB in Gestalt eines Tageskontoauszugs. Diese Kontoauszüge dienen nur dem Informationsanspruch des Kunden und begründen rechtlich keinen kausalen Saldo im Sinne des Kontokorrents.[453] Vgl. aber zur Pfändung des Tagessaldos → Rn. 202. Abzugrenzen ist auch die spätere Vereinbarung eines **abstrakten Saldoanerkenntnisses** (→ Rn. 184 ff.).[454]

173 **c) Kontokorrentfähigkeit.** Beim Konto gibt es zwischen Bank und Kunde regelmäßig allein wechselseitige **Geldforderungen** (Ansprüche aus der Gutschrift einerseits, Ansprüche auf Aufwendungsersatz andererseits). Die Kontokorrentfähigkeit kann jedoch auch in diesen Fällen ausnahmsweise ausgeschlossen sein, wenn die hinter den Zahlungseingängen stehenden Forderungen nicht kontokorrentfähig sind. Beim Verbraucherdarlehen sieht § 497 Abs. 2 S. 1 BGB ein besonderes Verbot für die Kontokorrentbindung von Verzugszinsen beim Verbraucherdarlehen vor. **Aufrechnungsbeschränkungen** sind nur im Rahmen von § 394 S. 1 BGB relevant. Hiernach ist die Aufrechnung gegenüber **unpfändbaren Forderungen** unzulässig, was auch auf das Kontokorrent übertragbar ist.[455]

174 Früher betraf dies vor allem Sozialleistungen nach § 55 SGB I aF sowie das Kindergeld,[456] nicht aber den Pfändungsschutz von Arbeitseinkommen gem. § 805l ZPO.[457] Diese differenzierte Betrachtung ist indessen seit Einführung des **Pfändungsschutzkontos** nicht mehr haltbar. Seit 1.1.2012 gilt nunmehr allein § 850k ZPO (vgl. zum nunmehr maßgeblichen Basispfändungsschutz unabhängig von der Mittelherkunft *Müller-Christmann* → Kap. 1 § 1 Rn. 232 ff.). Gem. § 850k Abs. 6 ZPO kann das Kreditinstitut Geldleistungen nach dem SGB oder Kindergeld nicht mit eigenen Forderungen verrechnen, mit der Ausnahme von Kontoführungsgebühren. Auch für den neuen automatischen Basispfändungsschutz nach § 850k Abs. 1 ZPO sind Verrechnungen durch das Kreditinstitut mit dem pfändungsfreien Grundfreibetrag ausgeschlossen.[458] Ausgenommen ist ebenfalls die Kontoführungsgebühr, vgl. § 850k Abs. 6 S. 3 ZPO. Werden somit Arbeitseinkommen auf ein P-Konto überwiesen, können sie, entgegen der bisherigen Rechtslage, künftig nicht mehr in eine kontokorrentmäßige Verrechnung eingestellt werden.

175 Den Parteien ist es ohne weiteres überlassen, auch **andere Forderungen** aus der Kontokorrentabrede **auszuschließen.**[459] Liegt jedoch keine ausdrückliche Vereinbarung vor, ist im Zweifel davon auszugehen, dass alle Ansprüche und Leistungen erfasst werden, die sich aus der über ein bestimmtes Konto abzuwickelnden Geschäftsverbindung ergeben.[460] Im Fall des Girokontos ergeben sich die Leistungen und Ansprüche aus dem Zahlungsdiensterahmenvertrag.

176 **d) Die Rechtsfolgen der Kontokorrentabrede im Einzelnen. aa) Bindung der einzelnen Forderungen.** Erhält der Bankkunde eine Überweisung auf sein Konto, steht ihm gem. §§ 700, 488 Abs. 1 S. 2, 695, 675t BGB ein Anspruch gegen die Bank auf Auszahlung dieses Überweisungsbetrages zu. Als Folge der Kontokorrentabrede verliert diese Forderung jedoch ihre Eigenständigkeit und wird infolge der Verrechnung mit den anderen gegenseitigen Einzelforderungen lediglich unselbstständiger Teil eines neuen kau-

---

[453] Baumbach/Hopt/*Hopt* § 355 Rn. 9.
[454] Vgl. BGH WM 1970, 184 (185).
[455] Staub/*Canaris* § 355 Rn. 71; MüKoHGB/*Langenbucher* § 355 Rn. 36.
[456] Vgl. BGH NJW 1987, 709; BGHZ 104, 309 (311) = NJW 1988, 2670.
[457] Vgl. BGHZ 162, 349 = NJW 2005, 1863 = BKR 2005, 288.
[458] Gesetzesbegründung zum Kontopfändungsreformgesetz BT-Drs. 15/7615, 19; *Ahrens* NJW 2010, 2001 (2005); Musielak/*Becker* § 850k Rn. 2.
[459] BGH WM 1959, 81 (83); Staub/*Canaris* § 355 Rn. 77; *Heymann/Horn* § 355 Rn. 10.
[460] BGH WM 1959, 81 (83); BGHZ 84, 371 (377) = NJW 1982, 2193 (2195).

salen Saldoanspruchs.[461] Aufgrund dieser **Lähmung** kann die einzelne Forderung nicht mehr geltend gemacht werden. Sie ist auch nicht einklagbar, was jedoch nicht die Möglichkeit einer Feststellungsklage über das Bestehen einer kontokorrentgebundenen Forderung verwehrt.[462] Soweit die Forderung selbst nicht geltend gemacht werden kann, ist auch eine Aufrechnung gegen diese unmöglich. Ebenfalls kann über eine einzelne Forderung nicht mehr verfügt werden, so dass eine Abtretung (§ 399 BGB),[463] Verpfändung (§ 1274 Abs. 2 BGB)[464] oder Pfändung (§ 357 HGB)[465] unmöglich ist. Davon zu unterscheiden ist jedoch die Pfändung des girovertraglichen Anspruchs auf Auszahlung des Tagessaldos (→ Rn. 202). Vgl. auch zur vertraglich eingeräumten Befugnis des Kunden, über sein Guthaben täglich zu verfügen, → Rn. 136 ff.

bb) Verrechnung der wechselseitigen Forderungen. § 355 Abs. 1 HGB sieht vor, 177
dass in regelmäßigen Zeitabschnitten eine Verrechnung der gegenseitigen Forderungen erfolgt. Im Regelfall enthält die Kontokorrentabrede eine Vereinbarung, wonach sich die Verrechnung am Ende der vereinbarten Rechnungsperiode **automatisch** vollzieht (vgl. Nr. 7 Abs. 1 AGB-Banken).[466] Die Saldierung umfasst die einzelnen Forderungen des Bankkunden und der Bank sowie Zinsansprüche und Entgelte der Bank. Hierdurch werden die einzelnen in das Kontokorrent eingestellten wechselseitigen Verbindlichkeiten zum Erlöschen gebracht (§ 362 BGB). Die **Tilgungswirkung** tritt mit Ablauf der Rechnungsperiode ein; eines besonderen Anerkenntnisses bedarf es nicht.[467] Werden Forderungen irrtümlich, zB ohne Anweisung, in die Verrechnung eingestellt, tritt insofern keine Tilgungswirkung ein.[468] Die Forderungen erlöschen nur, soweit sie sich auch betragsmäßig decken.

cc) Feststellung eines kausalen Saldoanspruchs. Regelmäßig bleibt zu Gunsten 178
einer Partei ein kausaler Saldoanspruch bestehen (Kontoguthaben bzw. Überziehung). Dieser wird gem. § 355 Abs. 1 HGB durch den Rechnungsabschluss festgestellt. Die **Erteilung des Rechnungsabschlusses** ist ein selbstständiger Anspruch des Bankkunden aus dem Girovertrag (§ 675f Abs. 2 iVm § 666 BGB), der bei einer Kontopfändung nicht als Nebenanspruch mitgepfändet werden kann.[469] Vom periodischen Rechnungsabschluss, mit dessen Zusendung ebenfalls ein Angebot auf Abschluss eines Anerkenntnisvertrags verbunden ist, sind die bloßen Kontoauszüge zu unterscheiden. Diese dienen rein tatsächlichen Zwecken, wie Auskunft über das Guthaben zu gewähren oder der Zinsberechnung.[470] Selbst wenn ein Tagesauszug am Ende einer Rechungsperiode Abschlussspesen enthält, so entspringt daraus noch nicht die Qualifikation als Rechnungsabschluss iSv § 355 HGB, wenn kein darauf gerichteter Hinweis erfolgt ist.[471] Gem. Nr. 7 Abs. 1 AGB-Banken (Nr. 7 Abs. 2 AGB-Sparkassen) erfolgt der Rechnungsabschluss jeweils zum **Ende eines Kalenderquartals.**

Wird der kausale Saldoanspruch später nicht anerkannt (→ Rn. 184 ff.), kommt seiner 179
Zusammensetzung eine erhebliche Bedeutung zu.[472] Der nicht anerkannte Saldoanspruch ist nämlich nur das Ergebnis der Verrechnung der einzelnen Forderungen, ohne

[461] *Pfeiffer* JA 2006, 105 (106); *Toussaint* Rn. 141; BankR-HdB/*Schmieder* § 47 Rn. 66; Claussen/*van Look* § 2 Rn. 59; *Heymann/Horn* § 355 Rn. 18; Oetker/*Maultzsch* § 355 Rn. 37.

[462] BankR-HdB/*Schmieder* § 47 Rn. 67; Staub/*Canaris* § 355 Rn. 104.

[463] BGH NJW 1978, 538 (539); 1988, 911 (912).

[464] Staudinger/*Wiegand* § 1274 Rn. 49; Staub/*Canaris* § 355 Rn. 109; Claussen/*van Look* § 2 Rn. 59; Hellner/Steuer/*Gößmann* Rn. 2/106.

[465] BGH NJW 1981, 1611 (1612); 1982, 2192 (2193).

[466] BGH NJW 1979, 1658 (1659); 1989, 2120 (2121).

[467] Staub/*Canaris* § 355 Rn. 120; MüKoHGB/*Langenbucher* § 355 Rn. 71; **abw.** noch BGHZ 93, 307 (314) = NJW 1985, 1706 (1709).

[468] *Heymann/Horn* § 355 Rn. 42.

[469] BGH NJW 2006, 217.

[470] BGHZ 50, 277 (280) = NJW 1968, 2100 (2102); BGH NJW 1985, 3010 (3011).

[471] BGH NJW 1985, 3010.

[472] BankR-HdB/*Schmieder* § 47 Rn. 75 ff.; MüKoHGB/*Langenbucher* § 355 Rn. 77.

diese zu ersetzen. Sie sind vielmehr für Fragen der Verjährung, des Erfüllungsorts, des Gerichtsstands, des anwendbaren Rechts und des Untergangs von Sicherheiten nach wie vor maßgebend. Die konkrete Ausgestaltung dieser kausalen Saldoforderung ist wegen der Komplexität der Verrechnung nach wie vor sehr umstritten:

180 **(1) Lehre von der verhältnismäßigen Gesamtaufrechnung.** Herrschend ist die Lehre von der verhältnismäßigen Gesamtaufrechnung.[473] Dieser Ansatz beruht auf der Prämisse, dass alle in die Verrechnung eingestellten **Forderungen gleichwertig** sind.[474] Die Kontokorrentabrede bewirke, dass die einzelnen Forderungen ihre Selbstständigkeit verlieren und folglich zu gleichwertigen Rechnungsposten werden. Zudem besagt § 366 Abs. 2 BGB, dass bei einer Forderungsvielfalt die Forderungen des gleichen Alters **verhältnismäßig getilgt** werden sollen. Übertragen auf das Kontokorrent setzt sich der kausale Saldoanspruch somit aus allen in die Verrechnung eingehenden Forderungen der betragsmäßig größeren Seite zusammen, welche jedoch im Verhältnis durch die Forderungen der Gegenseite reduziert wurden. Folglich geht in den Saldoanspruch jede einzelne Forderung der Partei ein, der bei der Verrechnung im Gesamtergebnis der größte Betrag zustand. Die einzelnen Forderungen werden sodann gemäß den Forderungen der Gegenseite betragsmäßig reduziert, so dass daraus ein „mosaikartiges" Gebilde entsteht.[475]

181 **(2) Verrechnung analog §§ 366, 367, 396 BGB.** Die Gegenansicht spricht sich für eine Verrechnung gem. §§ 366, 367, 396 BGB analog aus.[476] Hiernach wird die Zahlung eines bestimmten Geldbetrags, welche nach den Umständen des Einzelfalls nur als Gegenleistung für eine konkrete Forderung der Gegenseite angesehen werden kann, als eine **konkludente Tilgungsbestimmung** iSv § 366 Abs. 1 BGB ausgelegt. Steht der Bank zum Beispiel eine Forderung aus dem Kauf eines Wertpapiers zu und zahlt der Bankkunde den entsprechenden Betrag, so ist auch anzunehmen, dass der Bankkunde mit der Zahlung die Forderung der Bank – vollständig – zum Erlöschen bringen will und nicht nur anteilig, was die Folge der Lehre von der verhältnismäßigen Gesamtaufrechnung wäre.

182 Die Analogie zu §§ 366, 367, 396 BGB verwirklicht daher besser den – regelmäßig gewollten – wirtschaftlichen Zusammenhang einzelner Zahlungsvorgänge.[477] Auch wird hierdurch dem Umstand Rechnung getragen, dass die ins Kontokorrent eingestellten Forderungen entgegen der Prämisse der hM nicht gleichwertig sind, sondern gesichert oder ungesichert, verzinst oder unverzinst, verbindlich oder unverbindlich und unterschiedlich verjähren. Lediglich in den Fällen, in denen sich im Wege der Auslegung keine Tilgungsbestimmung ergibt, erfolgt die Verrechnung analog § 366 Abs. 2 BGB, dh nach Fälligkeit, Besicherung und Lästigkeit.[478]

183 **(3) Stellungnahme.** Wenngleich dieser Ansatz in seiner dogmatischen Reinheit überzeugt, sollte man ihn doch wegen der mangelnden Praktikabilität ablehnen. Die analoge Anwendung der §§ 366, 367, 396 BGB verursacht eine große Fülle von Prozessstoff, so dass die gerichtliche Aufarbeitung von Streitigkeiten aus dem Kontokorrent letztlich zu Lasten beider Parteien und damit auf Kosten der **Attraktivität des Kontokorrents als Rechtsinstitut** in die Länge gezogen wird.[479] Die – dogmatisch zwar begründbare und bei isolierter Betrachtung durchaus auch dem Parteiwillen entsprechende – Fokussierung auf die unterschiedlichen Einzelforderungen steht im Widerspruch zum Vereinheitlichungs- und Vereinfachungszweck der – privatautonom getroffenen – Kontokorrentabrede.[480] Inso-

---

[473] RGZ 56, 19 (23); BGHZ 49, 24 (30) = NJW 1968, 33 (35); BGH NJW 1999, 1709 (1710).
[474] RGZ 56, 19 (23).
[475] Dargestellt bei Derleder/Knops/Bamberger/*Kandelhard* § 39 Rn. 34.
[476] Staub/*Canaris* § 355 Rn. 154 ff.; Oetker/*Maultzsch* § 355 Rn. 60; *Heymann/Horn* § 355 Rn. 24; nun auch Derleder/Knops/Bamberger/*Kandelhard* § 39 Rn. 35 ff.
[477] Staub/*Canaris* § 355 Rn. 147.
[478] MüKoHGB/*Langenbucher* § 355 Rn. 82.
[479] So letztlich auch Koller/Roth/Morck/*Koller* HGB § 355 Rn. 9; *Pfeiffer* JA 2006, 105 (107).
[480] *Heymann/Horn* § 355 Rn. 34; Baumbach/*Hopt* § 355 Rn. 16.

fern ist die Lehre von der verhältnismäßigen Gesamtaufrechnung zwar etwas grobschlächtig, jedoch aus der Perspektive von § 355 HGB durchaus konsequent.

dd) Abstraktes Saldoanerkenntnis. Von der periodischen Saldofeststellung zum Quartalsende abzugrenzen ist der **Vertrag** über das Saldoanerkenntnis. Mit Zusendung des Rechungsabschlusses ist regelmäßig ein Angebot auf Abschluss eines Saldoanerkenntnisvertrages verbunden.[481] Der Vertrag muss durch den Bankkunden angenommen werden, wobei die Annahme keiner bestimmten Form bedarf (vgl. § 782 BGB). In der Regel geschieht dies durch die Genehmigungsfunktion nach Nr. 7 Abs. 2 AGB-Banken. **184**

(1) Inhalt, Wirkung. Mit Abschluss des Anerkenntnisvertrags entsteht ein **selbstständiger abstrakter Anspruch** auf die Saldoforderung. Er verjährt gem. §§ 195, 199 BGB in drei Jahren.[482] Die Vertragspartei, welcher der Saldoüberschuss zusteht, kann folglich aus dem Saldoanerkenntnis klagen oder von ihm als Grundlage für die regelmäßige fortbestehende kontokorrentmäßige Verrechnung ausgehen, ohne diesen Anspruch beweisen zu müssen.[483] Der abstrakte Saldoanspruch ist abtretbar und einklagbar. Auf Grund einer entsprechenden Parteivereinbarung ist er jedoch bei Fortbestand des Kontokorrents in die nächste Rechnungsperiode vorzutragen.[484] Konsequenterweise ist er seinerseits **kontokorrentgebunden.**[485] **185**

Der Bankkunde hat gegenüber der Bank die **Verpflichtung zum Abschluss** eines Anerkenntnisvertrags.[486] Will die Bank den Anspruch gerichtlich geltend machen, kommt ihr jedoch bezüglich der Beweislast noch nicht die Wirkung des Anerkenntnisses zugute. Vielmehr ist derjenige, der den Saldoüberschuss geltend macht, für die positiven Verrechnungsposten, aus denen sich der Überschuss ergibt, beweisbelastet. Umgekehrt trägt der Beklagte für die passiven Posten, die der Kläger verneint, die Beweislast.[487] **186**

(2) Rechtlicher Zusammenhang mit der kausalen Saldoforderung. Der rechtliche Zusammenhang zwischen diesem abstrakten Anspruch und der kausalen Saldoforderung bzw. den darin enthaltenen Einzelforderungen ist sehr umstritten. Nach hM entfaltet der Anerkennungsvertrag **Novationswirkung,** es kommt somit zu einer Schuldersetzung im Sinne einer **Leistung an Erfüllungs statt** gem. § 364 Abs. 1 BGB.[488] Die einzelnen Ansprüche und Leistungen aus der Kontokorrentverrechnung gehen unter, und der abstrakte Anerkenntnisanspruch tritt an deren Stelle.[489] **187**

Diese rechtliche Ausgestaltung wird jedoch teilweise kritisiert.[490] So wird vor allem angeführt, dass sich die Novation nicht mit § 357 HGB in Einklang bringen lasse, wonach der Gläubiger durch die Saldoanerkennung nicht gehindert ist, sich aus den Sicherheiten zu befriedigen. Die Novationslehre widerspreche zudem § 364 Abs. 2 BGB, nach der im Zweifel nicht davon auszugehen ist, dass ein Schuldner eine neue Verbindlichkeit an Erfüllungs statt übernehmen will.[491] Nach dieser Ansicht sei die Begründung des abstrakten Anspruchs daher in Bezug auf die ins Kontokorrent eingestellten Einzelforderungen lediglich eine **Leistung erfüllungshalber** gem. § 364 Abs. 2 BGB, so dass ein Rückgriff auf die Einzelposten durchaus noch möglich ist. **188**

[481] BGH NJW 1985, 3010 (3011); *Heymann/Horn* § 355 Rn. 25.
[482] BGHZ 51, 349; BGH WM 1973, 1015.
[483] *Ehmann* WM 2007, 329 (330); Staudinger/*Marburger* § 781 Rn. 1, 28.
[484] *Heymann/Horn* § 355 Rn. 43; Oetker/*Maultzsch* § 355 Rn. 75.
[485] BGH WM 1972, 283 (287); Staub/*Canaris* § 355 Rn. 201; Oetker/*Maultzsch* § 355 Rn. 75; **abw.** für die Möglichkeit einer Pfändung EBJS/*Grundmann* § 357 Rn. 6.
[486] BGH WM 1955, 1315; BankR-HdB/*Schmieder* § 47 Rn. 81.
[487] Oetker/*Maultzsch* § 355 Rn. 68.
[488] RGZ 125, 411 (416); BGHZ 26, 142 (150) = NJW 1958, 217 (218); NJW 1999, 1709 (1710).
[489] *Ehmann* WM 2007, 329 (334).
[490] Derleder/Knops/Bamberger/*Kandelhard* § 39 Rn. 28 ff.; *Heymann/Horn* § 355 Rn. 27; *Schwintowski* § 7 Rn. 64.
[491] Oetker/*Maultzsch* § 355 Rn. 71; *Heymann/Horn* § 355 Rn. 27.

189 Die **praktische Bedeutung** des Meinungsstreits ist gering. So lässt auch die hM nach dem Saldoanerkenntnis trotz Novationswirkung den Rückgriff auf die Einzelforderungen zu, wenn ein wirtschaftliches Interesse an einer gesonderten Feststellung besteht.[492] Grundlage hierfür sei der in § 356 HGB zum Ausdruck kommende Rechtsgedanke.[493] Umgekehrt nehmen diejenigen, die sich lediglich für eine Leistung erfüllungshalber aussprechen, an, dass sich die Parteien nach der Anerkennung des Saldos grds. nur noch auf die abstrakte Forderung berufen könnten.[494]

190 **(3) Geltendmachung von Einwendungen.** Das abstrakte Saldoanerkenntnis kommt auf Grund der **Genehmigungsfiktion** gem. Nr. 7 Abs. 1 AGB-Banken zustande. Danach hat der Kunde sechs Wochen Zeit, Einwendungen gegen die Unrichtigkeit oder Unvollständigkeit des Rechnungsabschlusses zu erheben. Unterlässt er eine rechtzeitige Einwendung, gilt dies als Genehmigung des Rechnungsabschlusses. Nach Nr. 7 Abs. 2 S. 3 AGB-Banken kann der Kunde zwar auch nach der Sechs-Wochen-Frist die Berichtigung des Rechnungsabschlusses verlangen, er trägt dann jedoch die Beweislast für die Unrichtigkeit.

191 Die Genehmigungsfiktion gem. Nr. 7 Abs. 2 S. 2 AGB-Banken hält einer **Inhaltskontrolle** nach AGB-Recht stand.[495] § 308 Nr. 5 BGB stellt besondere Voraussetzungen für fingierte Erklärungen auf, welche durch die Nr. 7 Abs. 2 AGB erfüllt werden. Sind die **Abweichungen oder Irrtümer** des Rechnungsabschlusses jedoch besonders gravierend, gilt die Genehmigungsfunktion nicht. Fehlt zum Beispiel die Anweisung des Kunden und handelt es sich um eine erhebliche Abweichung gegenüber dem eigentlichen Auftrag, folgt aus den Grundsätzen der Lehre zum kaufmännischen Bestätigungsschreiben, dass die Rechtsfolge der Fiktion nicht eintreten kann.[496] Ein hiernach fehlerhaft festgestellter Saldo bleibt trotz Anerkenntnis gem. §§ 812 ff. BGB **kondizierbar.**[497] Die Frist der Nr. 7 Abs. 2 AGB-Banken ist durch § 676b Abs. 2 BGB modifiziert.

192 Wird der Saldo **falsch berechnet** oder werden unrichtige Forderungen in Rechnung gestellt, kann das fehlerhafte Anerkenntnis ebenfalls nach § 812 Abs. 2 BGB **kondiziert** werden.[498] Jedoch muss die fehlerhafte Saldoziehung von derjenigen Partei bewiesen werden, welche die Unrichtigkeit geltend macht.[499] Durch das Anerkenntnis tritt somit eine **Beweislastumkehr** ein. Wirkt sich der Fehler im Saldo auf die Weise aus, dass der Saldo-Überschuss zu hoch berechnet wurde, so steht dem Schuldner des Saldo-Anspruchs neben der Kondiktion des Anerkenntnisses auch noch die Bereicherungseinrede gem. § 821 BGB zu.[500] In allen Fällen handelt es sich um die Rückabwicklung im Wege der Leistungskondiktion, so dass **§ 814 BGB** gilt.[501] Folglich kann das Anerkenntnis bzw. der fehlerhafte Überschussanspruch nicht zurückgefordert werden, wenn der Bereicherungsgläubiger Kenntnis vom Bestehen der Nichtschuld hatte. Erforderlich ist jedoch positive Kenntnis;[502] die Beweislast trägt wiederum derjenige, der sich auf die Kenntnis beruft.[503]

193 Wegen einer fehlerhaften Gutschrift kann das Kreditinstitut nach Saldofeststellung auch nicht von einem ihm möglicherweise sonst vereinbarten **Stornorecht** Gebrauch ma-

---

[492] BGHZ 58, 257 (262) = NJW 1972, 872 (873); 141, 116 (121) = NJW 1999, 1709 (1710).

[493] BGHZ 141, 116 (121) = NJW 1999, 1709 (1710); Claussen/*van Look* § 2 Rn. 60; *Heymann/Horn* § 355 Rn. 42.

[494] Oetker/*Maultzsch* § 355 Rn. 71.

[495] BGHZ 177, 69 = NJW 2008, 3348 = BKR 2009, 250; Derleder/Knops/Bamberger/*Kandelhard* § 39 Rn. 40.

[496] Baumbach/*Hopt* AGB-Banken § 7 Rn. 4.

[497] BGH NJW 1995, 320 (321).

[498] BGHZ 51, 346 (348) = NJW 1969, 879; BGH NJW 1985, 3010 (3011); 1995, 320.

[499] BGH NJW-RR 1991, 1251 (1252) = BB 1991, 1818 (1819); Fischer/Klanten/*Fischer* Rn. 6.56.

[500] Derleder/Knops/Bamberger/*Kandelhard* § 39 Rn. 45; Kümpel/Wittig/*Peterek* Rn. 6.624.

[501] Claussen/*van Look* § 2 Rn. 64; *Heymann/Horn* § 355 Rn. 28; BankR-HdB/*Schmieder* § 47 Rn. 85; Hellner/Steuer/*Gößmann* Rn. 2/104.

[502] BGH NJW 1969, 1165 (1167); BGHZ 113, 62 (70) = NJW 1991, 919 (920); MüKoBGB/*M. Schwab* § 814 Rn. 12.

[503] Staudinger/*Lorenz* § 814 Rn. 12; MüKoBGB/*M. Schwab* § 814 Rn. 12.

chen.[504] Gem. Nr. 8 Abs. 1 AGB-Banken ist eine Stornobuchung nur bis zum Ende der nächsten Rechnungsperiode zulässig. Für eine sog. Berichtigungsbuchung nach Rechnungsabschluss bedarf es daher eines og Bereicherungsanspruchs, vgl. Nr. 8 Abs. 2 AGB-Banken.

Für den Kunden besteht eine **Pflicht zur Überprüfung** des Rechnungsabschlusses (§ 242 BGB). Verletzt der Bankkunde die Überprüfungspflicht schuldhaft, kann er gegenüber der Bank schadensersatzpflichtig werden.[505] 194

e) Beendigung des Kontokorrents. aa) Beendigungsgründe. Die Vereinbarung über ein Kontokorrent kann befristet werden, so dass diese mit Ablauf der vereinbarten Zeit erlischt. Ferner können die Parteien einen Aufhebungsvertrag über das Kontokorrent schließen. Durch die Eröffnung eines Insolvenzverfahrens endet die Kontokorrentabrede automatisch, ohne dass es einer Kündigung bedarf (vgl. §§ 115 Abs. 1, 116 S. 1 InsO).[506] Das Kontokorrent endet schließlich auch dann, wenn zwischen den Parteien die zugrunde liegende Geschäftsverbindung erlischt, zB bei Schließung des Bankbetriebs.[507] 195

Nach § 355 Abs. 3 HGB kann das Kontokorrentverhältnis bereits **während der Rechnungsperiode** gekündigt werden. Im Unterschied zum Zahlungsdiensterahmenvertrag (§ 675h Abs. 2 BGB bzw. Nr. 19 Abs. 3 AGB-Banken) bestehen hiernach jedoch keine besonderen Voraussetzungen für die Kündigung durch das Kreditinstitut. Wegen der Einbindung des Kontokorrents in den Zahlungsdiensterahmenvertrag (→ Rn. 168) sollten die betreffenden Regelungen jedoch entsprechend gelten. 196

bb) Wirkung der Beendigung. Gem. § 355 Abs. 3 HGB entsteht mit Beendigung des Kontokorrentverhältnisses unmittelbar, dh ohne vorherige Feststellung und Anerkennung, ein sofort fälliger Anspruch auf den Überschuss als **kausale Saldoforderung** (Einzelheiten → Rn. 178 ff.). Diese war nach lange vorherrschender Auffassung **im Voraus abtretbar,** was auch eine insolvenzfeste Sicherung gewähren konnte.[508] Der BGH hat nunmehr jedoch erkannt, dass der Voraus**abtretung** des kausalen Schlusssaldos das **Erwerbsverbot** des § 91 Abs. 1 InsO entgegensteht.[509] Dies ist zutreffend und folgt daraus, dass erst mit der Insolvenzeröffnung und der daran anschließenden Beendigung des Kontokorrents die Forderung auf Auszahlung des kausalen Saldos entsteht, so dass die Abtretung dieses Anspruchs auch erst in diesem Moment vollzogen wird.[510] Wenngleich die jüngste Entscheidung das Bankkontokorrent nicht unmittelbar betraf, ist eine unterschiedliche Beurteilung nicht geboten.[511] § 91 Abs. 1 InsO verhindert den Erwerb des kausalen Saldos, wenn dieser erst mit der Insolvenz des Kunden entsteht. 197

Etwas anderes gilt entgegen mancher Stimme aus der Literatur auch nicht wegen des **AGB-Pfandrechts der Banken** in Bezug auf einen Kontokorrentsaldo zu Gunsten der Bank.[512] Man könnte zwar anführen, dass diese gem. Nr. 14 Abs. 1 S. 2 AGB-Banken ein Pfandrecht an Ansprüchen erwirbt, die dem Kunden gegen die Bank aus der bankmäßigen Geschäftsverbindung zustehen oder künftig zustehen werden, insbesondere ein **Anspruch aus Gutschrift.** Das Pfandrecht wäre dann bereits entstanden, bevor es zur Saldierung kommt. Folglich wäre der Erwerb des Pfandrechts vor Eröffnung des Verfahrens eingetreten 198

---

[504] BGHZ 72, 9 = NJW 1987, 2149 zum damaligen Stornorecht gem. Nr. 4 Abs. 3 AGB-Banken idF von 1968.

[505] BGHZ 72, 9 (14 f.) = NJW 1978, 2149 (2151).

[506] RGZ 125, 411 (416); BGHZ 70, 86 (93) = NJW 1978, 538 (539); 181, 362 (365) = NJW 2009, 2677 (2678).

[507] BGH NJW 1956, 17; EBJS/*Grundmann* BankR I Rn. 29.

[508] BGHZ 70, 86 (93) = NJW 1978, 538 (540); BankR-HdB/*Schmieder* § 47 Rn. 96.

[509] BGHZ 181, 362 (365) = NJW 2009, 2677 (2678) = NZI 2009, 599 mAnm *de Bra/Ganninger* = WuB VI A. § 91 InsO 1.10 mAnm *Servatius;* die Entscheidung betraf kein Bankkontokorrent.

[510] Uhlenbruck/*Hirte* § 140 Rn. 6 A.

[511] Teilw. **abw.** *Obermüller* ZInsO 2009, 1527 (1528); *de Bra/Ganninger* NZI 2009, 599 (601); *Tetzlaff* GWR 2009, 355.

[512] **Abw.** *Obermüller* ZInsO 2009, 1527 (1529).

mit der Folge, dass das AGB-Pfandrecht nicht durch das Erwerbsverbot des § 91 Abs. 1 InsO unwirksam wird. Hiergegen spricht bereits die **zweifelhafte Konstruktion,** wonach jemand ein Pfandrecht an seiner eigenen Schuld haben könne.[513] Wichtiger ist jedoch der Einwand, dass auch ein Anspruch aus Gutschrift der Kontokorrentbindung unterworfen ist und damit ein Pfandrecht nicht wirksam begründet werden kann. Folglich entsteht das AGB-Pfandrecht an der Forderung ebenfalls erst mit Eröffnung des Insolvenzverfahrens und ist konsequenterweise nach § 91 Abs. 1 InsO unwirksam.[514]

199 Bei **Beendigung des Kontokorrents vor Eröffnung** des Insolvenzverfahrens ist § 91 Abs. 1 InsO nicht anwendbar. Die Abtretung ist daher wirksam vorgenommen, jedoch nach §§ 130, 131 InsO anfechtbar.[515]

5. Pfändung des Girokontos

200 Im Rahmen eines (auf Guthabenbasis geführten) Girokontos kommen für die Kontenpfändung verschiedene Bezugspunkte in Betracht.

201 **a) Pfändung des Tagesguthabens als Zustellungssaldo.** Die einzelnen Forderungen sind durch die sog. Bindungswirkung des Kontokorrents nicht selbstständig pfändbar.[516] § 357 HGB erlaubt jedoch die Pfändung des Auszahlungsanspruchs auf das gegenwärtige Guthaben.[517] Die Pfändung erfasst nur denjenigen Saldo, der zum **Zeitpunkt des Wirksamwerdens** der Pfändung bestand (Zustellungssaldo), zB mit Zustellung des vorläufigen Zahlungsverbots an die Bank gem. §§ 829 Abs. 3, 845 Abs. 2, 930 ZPO. Nach § 833a ZPO werden auch die nachfolgenden Salden erfasst.

202 Beim Bankenkontokorrent ist dieser Zustellungssaldo entgegen der vielfach missverständlichen Formulierungen in Rechtsprechung und Literatur allein der sog. **Tagessaldo** zu Gunsten des Kunden. Dieser ist streng vom periodischen Rechnungsabschluss iSv § 355 HGB zu unterscheiden (→ Rn. 172). Aus der mit dem Zahlungsdiensterahmenvertrag verbundenen unregelmäßigen Verwahrung steht dem Bankkunden gegenüber seinem Kreditinstitut vielmehr ein Anspruch auf Auszahlung seines im Auszahlungszeitpunkt rechnerisch vorhandenen Kontoguthabens zu. Es handelt sich um einen **verhaltenen Anspruch** (vgl. § 695 BGB), dh er ist nur erfüllbar, wenn der Kunde (oder Pfändungsgläubiger) Auszahlung verlangt; kommt es hierzu nicht, vergeht der Anspruch infolge der weiteren Buchungsvorgänge. Der Anspruch ist **sofort fällig und nicht kontokorrentgebunden,** so dass eine Pfändung nach § 829 ZPO zulässig ist.[518] Der Umfang der Pfändung des Tagesguthabens ergibt sich aus dem im Tagesauszug festgehaltenen Tagesschlusssaldo sowie der darauffolgenden Tage (vgl. § 833a ZPO).[519] Durch die Pfändung des Zustellungssaldos kommt es zum Zeitpunkt der Pfändung zu einem **vorläufigen Kontoabschluss.**[520] Unbeachtlich bleiben somit künftige Forderungen gegen den Schuldner, wie auch neue Gutschriften. Folglich können nach § 357 HGB nicht durch künftige Buchungen immer wieder neu entstehende Tagessalden gepfändet werden. Ferner ist zu beachten, dass nach hM mit einer Pfändung des Tagesguthabens keine generelle Verfügungssperre eintritt, so dass der Kontoinhaber weiterhin debitorisch verfügen kann.[521] Ist im Zustellungszeitpunkt kein Guthaben vorhanden, geht die Pfändung ins Leere.[522] Vgl. zum neu eingeführten Pfändungsschutzkonto gem. § 850k ZPO → Rn. 174.

---

513 Für die Zulässigkeit dieser Konstellation aber BGH NJW 1983, 2701; BGHZ 93, 76; BGH NJW 1988, 3262.

514 So letztlich auch *Tetzlaff* GWR 2009, 355.

515 S. hierzu *Obermüller* ZInsO 2009, 1527 (1528).

516 BGHZ 80, 173 (175) = NJW 1981, 1611.

517 BGHZ 80, 173 = NJW 1981, 1611; BankR-HdB/*Bitter* § 33 Rn. 44.

518 BGHZ 84, 325 = NJW 1982, 2192.

519 OLG Frankfurt a. M. NJW-RR 1994, 878 (879); zustimmend BankR-HdB/*Bitter* § 33 Rn. 52.

520 BGHZ 80, 173 (176) = NJW 1981, 1611 (1612); Baumbach/*Hopt* § 357 Rn. 3.

521 Vgl. BankR-HdB/*Bitter* § 33 Rn. 60 ff.

522 Baumbach/*Hopt* § 357 Rn. 3.

203 **b) Pfändung zukünftiger Aktivsalden.** Neben der Pfändung des Zustellungssaldos ist auch die Pfändung zukünftiger periodischer Überschusssalden (Anspruch aus Saldoanerkenntnis, → Rn. 184 ff.) möglich, sog. **Doppelpfändung.**[523] Dem zwangsvollstreckungsrechtlichen Bestimmtheitserfordernis wird bei der Pfändung der künftigen Kontokorrentsalden genügt, wenn ein bestehendes Kontokorrentverhältnis hinreichend bezeichnet wird.[524] Jedoch ergibt sich aus der Kontokorrentabrede regelmäßig, dass der Saldoanspruch bei Fortbestand des Kontokorrents in die nächste Rechnungsperiode vorzutragen ist. Dies gilt insbesondere für das Bankkontokorrent.[525] Konsequenterweise ist dieser Saldoanspruch wiederum kontokorrentgebunden und steht dem Gläubiger somit nicht zur Verfügung (Einzelheiten → Rn. 185).

204 **c) Pfändung des Anspruchs auf Gutschrift.** Bei der Buchung einer Kontogutschrift muss zwischen dem Anspruch des Kunden *auf* Gutschrift und dem Anspruch *aus* Gutschrift unterschieden werden. Der **Anspruch aus einer Gutschrift** untersteht der Kontokorrentbindung und ist somit nicht einzeln pfändbar oder abtretbar.[526] Der **Anspruch auf Gutschrift** steht dem Kunden gem. § 675t BGB auf Grund des Zahlungsdiensterahmenvertrags zu, wenn die Bank eine buchungstechnische Deckung für die Gutschrift erhalten hat, zB durch Überweisung auf ein Nostrokonto des Kreditinstituts oder durch Bareinzahlung. Dieser Anspruch auf Gutschrift ist pfändbar.[527] Allerdings umfasst der Anspruch nur das Recht des Kunden gegen die Bank, die eingegangene Zahlung auf sein Konto gutzuschreiben.[528] Führt die Bank die Buchung auf das Konto des Kunden aus, unterliegt die Gutschrift wiederum der Bindung aufgrund der Kontokorrentabrede. Die Pfändung des Anspruchs auf Gutschrift gewährleistet jedoch, dass die beim Kreditinstitut eingegangene Zahlung auf das Konto des Kunden weitergeführt wird. Der Gläubiger hat daran anschließend die Möglichkeit, den Zustellungssaldo gem. § 357 HGB zu pfänden.

6. Verpfändung und Abtretung von Ansprüchen aus dem Girokonto

205 Aufgrund der Bindungswirkung des Kontokorrents kann an den **einzelnen Forderungen** kein selbständiges Pfandrecht nach §§ 1278 ff. BGB bestellt werden, wie auch die einzelnen Forderungen nicht eigenständig abgetreten werden können. § 357 HGB regelt nur die Pfändung des Zustellungssaldos und ist wegen seiner Ausnahmestellung nicht auf eine Verpfändung oder Abtretung des Saldos anwendbar.[529]

206 Der **festgestellte und anerkannte Saldoanspruch** (→ Rn. 184 ff.) ist selbständig und kann somit grundsätzlich abgetreten und verpfändet werden.[530] Allerdings kann sich aus der Parteivereinbarung ergeben, dass der Saldoanspruch bei Fortbestand des Kontokorrents in die nächste Rechnungsperiode vorzutragen ist.[531] Konsequenterweise ist dieser Saldoanspruch wiederum kontokorrentgebunden und folglich nicht abtretbar oder verpfändbar.

207 Dagegen unterliegt der **Anspruch auf Auszahlung des Tagessaldos** nicht der Kontokorrentbindung und ist somit zur Abtretung und Verpfändung geeignet (→ Rn. 201 f.).

---

523 *Schwintowski* § 7 Rn. 92; EBJS/*Grundmann* § 357 Rn. 6.
524 BGHZ 80, 173 (181) = NJW 1981, 1611 (1613); *Canaris* Rn. 187.
525 *Heymann/Horn* § 355 Rn. 43; Oetker/*Maultzsch* § 355 Rn. 75.
526 BGHZ 80, 173 (175) = NJW 1981, 1611.
527 BFH NJW 1984, 1919 (1920); BGHZ 93, 315 (322 f.) = NJW 1985, 1218 (1219); BankR-HdB/*Bitter* § 33 Rn. 54.
528 BGHZ 93, 315 (323) = NJW 1985, 1218 (1219); Hellner/Steuer/*Bach-Heuker* Rn. 2/1175.
529 MüKoHGB/*Langenbucher* § 357 Rn. 3; EBJS/*Grundmann* § 357 Rn. 14.
530 Einzelheiten bei MüKoHGB/*Fest* Einlagengeschäft Rn. 485 ff.
531 *Heymann/Horn* § 355 Rn. 43; Oetker/*Maultzsch* § 355 Rn. 75.

7. AGB-Pfandrecht der Banken

208 Sämtliche Ansprüche des Kunden gegen das Kreditinstitut unterfallen im Regelfall dem AGB-Pfandrecht der Banken (vgl. Nr. 14 Abs. 1 AGB-Banken, § 21 Abs. 1 AGB-Sparkassen).[532] Allerdings kann durch ein im Voraus bestelltes AGB-Pfandrecht keine neue Schuld des Kontoinhabers geschaffen werden, durch welche die Pfändung des Zustellungssaldos gem. § 357 HGB geschmälert wird.[533] § 357 HGB schützt den Gläubiger des Pfändungspfandrechts davor, dass neue Verbindlichkeiten, die erst nach der Pfändung entstehen, bei Feststellung des Zustellungssaldos berücksichtigt werden, obwohl das AGB-Pfandrecht an sich künftige Ansprüche der Bank erfasst und nach dem Prioritätsprinzip (§§ 1273 Abs. 2, 1209 BGB) grundsätzlich der Zeitpunkt der Bestellung entscheidend ist. § 357 HGB hat daher in Bezug auf kontokorrentgebundene Forderungen des Kunden gegen seine Bank Vorrang gegenüber einem älteren AGB-Pfandrecht.

V. Termineinlagen

Schrifttum: *Burkiczak,* Zur Frage der Zulässigkeit uneingeschränkter Zinsänderungsklauseln in AGB bei kurzfristigen Sparprodukten, BKR 2007, 190; *Tröger,* Vertragsrechtliche Fragen negativer Zinsen auf Einlagen, NJW 2015, 657.

1. Grundlagen

209 **a) Begriff der Termineinlage.** Kundengelder sind als Termineinlage zu qualifizieren, wenn sie mit einer **festen Laufzeit** oder einer **Kündigungsfrist** versehen sind.[534] Zweck der Termineinlage ist, der Bank das Guthaben für einen festen Zeitraum gegen entsprechende **Verzinsung** zu überlassen. Die Verzinsung ist durch den Verzicht auf die tägliche Verfügbarkeit regelmäßig höher als bei einer Sichteinlage. Die Bank kann durch die Annahme von Geldern als Termineinlage ihr Aktivgeschäft refinanzieren, ohne jederzeit der Gefahr einer Auszahlung des Guthabens ausgesetzt zu sein. Zum Schutz der Kontoguthaben → Rn. 331 ff.

210 Wird eine feste Laufzeit vereinbart, handelt es sich um ein sog. **Festgeld** bzw. Termingeld.[535] Ist die Überlassung unbefristet, aber eine Kündigungsfrist vereinbart, spricht man vom **Kündigungsgeld.**[536] Guthaben auf Tagesgeldkonten sind wegen der jederzeitigen Verfügbarkeit als Sichteinlage einzuordnen (→ Rn. 139). Die konkrete Ausgestaltung obliegt vollständig der **Privatautonomie** (vgl. im Einzelnen die vielfachen Sonder-AGB für Termineinlagen). Die aufsichtsrechtlichen Regelungen über die Qualifikation von Termineinlagen (vgl. nur § 3 MR-VO, § 9 RechKredV) haben auf die privatrechtliche Ausgestaltung keinen unmittelbaren Einfluss. Insbesondere ist auch die frühere Definition von Termingeldern nach § 13 Abs. 3 ZinsVO[537] und § 3 AMR,[538] gemäß der das maßgebende Merkmal für die Qualifizierung als Termineinlage eine Laufzeit oder eine Kündigungsfrist von mehr als 30 Tagen war, nicht mehr für das Privatrecht maßgeblich.

211 **Spareinlagen** sind aufgrund ihrer unbestimmten Laufzeit definitionsgemäß kein Festgeld, sondern ein Unterfall des Kündigungsgeldes.[539] Liegen jedoch die besonderen Voraussetzungen einer Spareinlage gem. § 21 Abs. 4 RechKredV vor, sind die angenommenen

[532] Einzelheiten bei MüKoHGB/*Fest* Einlagengeschäft Rn. 488 ff.
[533] BGH WM 1985, 78 (80); NJW 1997, 2322.
[534] *Schwintowski* § 4 Rn. 17; BankR-HdB/*Schürmann/Langner* § 70 Rn. 7; Staudinger/*Reuter* § 700 Rn. 3.
[535] Kümpel/Wittig/*Peterek* Rn. 8.40; Derleder/Knops/Bamberger/*Batereau/Bertram* § 41 Rn. 16.
[536] Assies/Beule/Heise/Strube/*Barleon* Kap. 6 Rn. 22.
[537] Zinsverordnung v. 5.2.1965 (BGBl. I S. 33), aufgehoben durch VO v. 21.3.1967 (BGBl. I S. 352).
[538] AMR „Anweisung der Deutschen Bundesbank über Mindestreserven", aufgehoben durch Mitteilung der Deutschen Bundesbank v. 29.12.1998.
[539] Derleder/Knops/Bamberger/*Batereau/Bertram* § 41 Rn. 13, 18.

Gelder hinsichtlich Bilanzierung und Liquiditätsgrundsätzen abweichend zu bewerten (ausführlich zu den Spareinlagen Rn. 227 ff.). **Sparbriefe** sind je nach vertraglicher Ausgestaltung als Termineinlagen in Form von Festgeldern zu qualifizieren oder als Spareinlagen iSv § 21 Abs. 4 RechkredV.[540]

b) Rechtliche Ausgestaltung. Die privatrechtliche Qualifikation von Termineinlagen erfolgt nach der **traditionellen Auffassung** anhand der beiderseitigen Interessenlage. Ist diese, wie regelmäßig, dadurch gekennzeichnet, der Bank Kapital gegen ein Entgelt für einen überschaubaren Zeitraum zur Verfügung zu stehen, handelt es sich hiernach um ein verzinsliches **Darlehen** gem. § 488 BGB.[541] Der Rückzahlungsanspruch des Kunden ggü. der Bank ist Darlehensrückerstattung gem. § 488 Abs. 1 S. 2 BGB und damit eine qualifizierte Schickschuld gem. § 270 Abs. 1 BGB.[542] Er ist gem. § 398 BGB abtretbar.[543] Die maßgebliche beiderseitige Interessenlage kann in den **Zeiten niedriger Zinsen** aber auch dazu führen, dass der **Verwahrcharakter** im Vordergrund rückt, so dass hieraus gem. § 689 BGB eine Vergütungspflicht des Kunden in Gestalt negativer Zinsen dem gesetzlichen Leitbild entspricht.[544] Wohl angesichts dieses Umstands stellt der BGH neuerdings für die rechtliche Abgrenzung von Darlehen und unregelmäßiger Verwahrung allein auf das **vertragliche Pflichtenprogramm** ab.[545] Hieraus folgt, dass in den Fällen, in denen der Kunde nicht zur Erbringung von Einlagen verpflichtet ist (Auslegung![546]), kein Darlehen vorliegt, sondern eine **unregelmäßige Verwahrung.**[547] In den durchaus denkbaren Fällen, dass auch Kundenpflichten zur Einlageleistung resultieren (Auslegung!), handele es sich umgekehrt um ein Darlehen.[548] Eine bloß anderweitige Folge der Nichtbesparung (Unterbrechung des Vertrags. o. Ä.) begründet indessen keine Sparpflicht, so dass auch in diesen Fällen eine unregelmäßige Verwahrung anzunehmen ist.[549] – Wenn man dem BGH wegen der hierdurch verwirklichten Rechtssicherheit im Grundsatz zustimmt, ergeben sich indessen gleichwohl in der Folge **Abgrenzungsprobleme.** Insbesondere bei der praktisch bedeutsamen Frage der Möglichkeit der (jederzeitigen) Rückforderung kann wohl kaum allein darauf abgestellt werden, dass der Kunde nicht verpflichtet ist, das Geld zu überlassen; hier bedarf es eines weitergehenden argumentativen Ansatzes, um die Frage nach der Notwendigkeit einer vorherigen Kündigung oder die Zulässigkeit vertraglicher Kündigungsregeln zu beantworten. Die pauschale Aussage, §§ 488 Abs. 3, 489 BGB fänden keine Anwendung,[550] greift insofern zu kurz (vgl. sogleich). Hier bleibt es abzuwarten, wie die neue Rechtsprechung im Einzelnen fortentwickelt wird. 212

Die Termineinlagen sind rechtlich selbstständig, im Regelfall jedoch eingebettet in den **Zahlungsdiensterahmenvertrag** iSv §§ 675f ff. BGB. Aus den AGB-mäßigen Sonderbedingungen für Terminleinlagen ergibt sich zumeist, dass über das Termingeldkonto keine Zahlungsvorgänge abgewickelt werden dürfen. Unterhält der Kunde bereits ein Girokonto, wird für die Termineinlage ein weiteres eingerichtet, ggf. als sog. Unterkonto. Das Termingeldkonto kann als **Kontokorrent** iSv § 355 HGB ausgestaltet sein. 213

540 Derleder/Knops/Bamberger/*Batereau/Bertram* § 41 Rn. 13, 19; Fischer/Klanten/*Klanten* Rn. 12.6.

541 OLG Dresden WM 2001, 803 (804); EBJS/*Thessinga* BankR III Rn. 18; BankR-HdB/*Schürmann/Langner* § 70 Rn. 7; MüKoHGB/*Fest* Einlagengeschäft Rn. 199; Assies/Beule/Heise/Strube/*Barleon* Kap. 6 Rn. 21; Claussen/*van Look* § 2 Rn. 77; *Einsele* Rn. 24.

542 EBJS/*Thessinga* BankR III Rn. 12.

543 OLG Oldenburg WM 1998, 2239.

544 Vgl. *Tröger* NJW 2015, 657 (658).

545 BGH NJW 2019, 2920 Rn. 26 (für Spareinlagen, jedoch verallgemeinerungsfähig); für Sparverträge auch OLG Dresden NJW 2020, 620.

546 Vgl. BGH NJW 2019, 2920, bei Rn. 46 ff. auch zur begrenzten Bedeutung von Werbeflyern.

547 Früher bereits OLG München WM 1983, 1294 (1295).

548 Vgl. BGH NJW 2019, 2920 Rn. 26.

549 OLG Dresden NJW 2020, 620 Rn. 16 (bloße Obliegenheit).

550 Vgl. BGH NJW 2019, 2920 Rn. 40.

2. Festgelder, Termingelder

214 **a) Laufzeit, Prolongation.** Festgelder liegen vor, wenn eine **bestimmte Laufzeit** für die Überlassung des Guthabens vereinbart wurde, nach deren Ablauf der Rückzahlungsanspruch fällig wird. In der Bankenpraxis sind Laufzeiten von 30, 60, 90 und 180 Tagen typisch, längere Laufzeiten sind jedoch möglich.[551] Zuzahlungen und Abbuchungen während der Laufzeit sind auf Grund vertraglicher Abrede regelmäßig nicht möglich. Erst mit **Fälligkeit** zum Ende der vereinbarten Laufzeit hat der Kunde einen Rückzahlungsanspruch gem. §§ 700, 488 Abs. 1 S. 2 BGB.

215 Eine vertraglich vereinbarte **Prolongation** ist möglich, auch im Voraus und mehrfache.[552]. Die Vereinbarung der automatischen Laufzeitverlängerung durch **Prolongationsermächtigung** begründet jedoch einen Verstoß gegen § 308 Nr. 5 BGB, wenn die dort genannten Voraussetzungen nicht eingehalten werden.[553] Die von der abweichenden hM vorgenommene Differenzierung, wonach das Klauselverbot nicht eingreife, wenn die Vereinbarung im Ursprungsvertrag enthalten sei, beruht auf einem Zirkelschluss (unterstellt wirksame Ursprungsvereinbarung ohne Klauselkontrolle?) und geht vor allem am Schutzzweck des Klauselverbots vorbei. Bei automatischer Verlängerung werden regelmäßig die vorangegangene Laufzeit und der jeweils geltende Zinssatz (Preisaushang iVm Nr. 12 Abs. 1 AGB-Banken) vorgesehen sein.

216 **b) Kündigung.** Die ordentliche Kündigung **des Kunden** nach Nr. 18 Abs. 1 AGB-Banken bzw. der Bank gem. Nr. 19 Abs. 1 AGB-Banken ist aufgrund der festen Laufzeit konkludent ausgeschlossen, weil eine anderweitige, vorrangige Abrede getroffen wurde.[554] Weiterhin möglich ist jedoch die außerordentliche Kündigung gem. § 314 BGB (vgl. auch Nr. 18 Abs. 2 bzw. Nr. 19 Abs. 2 AGB-Banken sowie Nr. 26 Abs. 2 AGB-Sparkassen). Der hierfür maßgebliche wichtige Grund, mithin das kurzfristige Liquiditätsbedürfnis des Kunden, dürfte nur selten vorliegen. Denkbar sind jedoch plötzliche unvorhersehbare Ereignisse in der Sphäre des Kunden, auf deren Berücksichtigung die Bank sich gem. § 242 BGB einlassen muss (zB Krankheit, Tod). – Die ordentliche Kündigung **der Bank** ist spiegelbildlich ebenfalls nicht möglich, weil dem Kunden ansonsten einseitig der Zinsanspruch genommen werden könnte.[555] Auch für eine außerordentliche Kündigung (wegen eines niedrigen Zinsumfelds) besteht kein Raum.[556]

217 Besteht hiernach ausnahmsweise ein Kündigungsrecht des Kunden, wird der Vertrag *ex nunc* beendet, ohne dass dies auf die bereits angefallenen Zinsen Einfluss hätte oder die Pflicht zur Zahlung von **Vorschusszinsen** nach sich ziehen würde. Vereinbaren Bank und Kunde eine vorzeitige Auflösung, ohne dass die Voraussetzungen des § 314 BGB vorliegen, gilt in Bezug auf die zulässige Berechnung von Vorschusszinsen dasselbe wie bei Spareinlagen (→ Rn. 298 ff.).

218 **c) Zinsen.** Sieht man im Einklang mit der neueren Rechtsprechung des BGH die unregelmäßige Verwahrung als den adäquaten rechtliche Rahmen (→ Rn. 212), besteht (wie beim Darlehen) gerade **kein gesetzliches Leitbild** für die Verzinsung zu Gunsten des Kunden (vgl. §§ 700 Abs. 1, 488 Abs. 1 S. 2 BGB), denn es kommt auf die entsprechende **Vereinbarung** an. Umgekehrt kann mangels Anwendung von § 689 BGB auf das Einlagengeschäft auch keine Entgeltlichkeit zu Lasten des Kunden das Wort geredet werden,

---

551 Kümpel/Wittig/*Peterek* Rn. 8.40.

552 Assies/Beule/Heise/Strube/*Barleon* Kap. 6 Rn. 23; Kümpel/Wittig/*Peterek* Rn. 8.42.

553 **Abw.** die hM, BankR-HdB/*Schürmann/Langner* § 70 Rn. 8; MüKoHGB/*Fest* Einlagengeschäft Rn. 296; Assies/Beule/Heise/Strube/*Barleon* Kap. 6 Rn. 23; Staudinger/*Coester-Waltjen* § 308 Nr. 5 Rn. 6; für die BahnCard ähnlich BGH WM 2010, 1237.

554 Bunte/Zahrte/*Bunte* AGB Banken Nr. 18 Rn. 378.

555 Vgl. für Sparguthaben BGH NJW 2019, 2920 Rn. 39; für Bausparguthaben BGH NJW 2017, 1378 Rn. 24 ff.

556 Vgl. OLG Stuttgart WM 2016, 311.

welche ein gesetzliches Leitbild für Negativzinsen zu begründen vermag (→ Rn. 25a).[557] Der **Zinssatz** ergibt sich aus individueller Vereinbarung oder Preisaushang iVm Nr. 12 Abs. 1 AGB-Banken bzw. Nr. 17 Abs. 2 AGB-Sparkassen. Vgl. zu Zinsanpassungsklauseln → Rn. 221 ff.

Für die **Zinslaufzeit** gibt es ebenfalls keine speziellen gesetzlichen Regeln. Auf die §§ 187 ff. BGB kann nicht abgestellt werden. Gibt es keine (wirksame) Vereinbarung, gilt vielmehr Folgendes: Kontoeinzahlungen müssen **taggenau** verbucht und wertgestellt werden, so dass der Einzahlungstag im Hinblick auf einen etwaigen Guthabenzins vollständig mitzuzählen ist (vgl. insofern auch § 675t BGB).[558] Daher zählt der **Tag der Einzahlung** entgegen der hM bei der Berechnung der Zinslaufzeit mit. Dies gilt konsequenterweise auch für den Tag der Abhebung bzw. Überweisung. Gleichwohl darf nicht verkannt werden, dass diese Sichtweise sehr **kundenfreundlich** ist und im Extremfall ermöglicht, an einem Kalendertag doppelt Guthabenzinsen zu kassieren, wenn der Kunde den Betrag bei einer Bank abhebt und bei einer anderen einzahlt. Dieses Problem sollte im Privatkundengeschäft jedoch nicht überinterpretiert werden. Hier und im Bereich der Geschäftskunden ist es jedenfalls möglich, eine vertragliche Vereinbarung zu treffen, nach der die anteiligen Tage gerecht verteilt werden, mithin der Kunde zB nur Zinsen für den vollen Einzahlungstag erhält und der Tag der Auszahlung in Gänze nicht mit berechnet wird.[559] Es ist unerheblich, ob der Rückzahlungsanspruch auf einen Samstag, Sonntag oder Feiertag fällt, für die Karenztage sind keine Zinsen zu zahlen.[560] 219

3. Kündigungsgelder

a) Laufzeit, Kündigung. Kündigungsgelder haben eine **unbestimmte Laufzeit,** der Kunde kann die Vermögensanlage jedoch auf Grund entsprechender Vereinbarung **ordentlich kündigen.** Regelmäßig wird mit dem Kündigungsrecht eine Kündigungsfrist vereinbart, zB von der Dauer eines Monats (sog. Monatsgeld).[561] Das Recht zur ordentlichen Kündigung ist nicht formgebunden.[562] Weiterhin ist auch eine **außerordentliche Kündigung** des Kunden gem. § 314 BGB bei Vorliegen eines wichtigen Grundes möglich. Der hierfür maßgebliche wichtige Grund, mithin das kurzfristige Liquiditätsbedürfnis des Kunden, dürfte indessen nur selten ausreichen. Denkbar sind jedoch plötzliche unvorhersehbare Ereignisse in der Sphäre des Kunden, auf deren Berücksichtigung die Bank sich gem. § 242 BGB einlassen muss (zB Krankheit, Tod). Auch der Bank steht grundsätzlich ein Recht zur außerordentlichen Kündigung nach § 314 BGB zu, jedoch nicht allein aufgrund einer Zinsanpassung[563] oder wegen des geänderten Zinsumfelds. 220

b) Zinsen. Im Regelfall wird für den gesamten Zeitraum der Einzahlung eine **feste Zinshöhe** vereinbart sein. Möglich ist aber auch die Anpassung des Zinssatzes während der Vertragsdurchführung. Die Gestaltungsfreiheit bei solchen **Zinsanpassungsklauseln** ist jedoch gem. § 308 Nr. 4 BGB eingeschränkt; insofern gilt dasselbe wie bei den Spareinlagen (→ Rn. 309 ff.).[564] Die dort maßgeblichen Beurteilungskriterien sind auf Kündigungsgelder übertragbar: So ist bei **kurzfristigen Termineinlagen** mit bis zu dreimonatiger Kündigungsfrist und unbeschränkter Einzahlungsmöglichkeit des Kunden ein unbegrenzter Änderungsvorbehalt grundsätzlich zumutbar.[565] 221

---

[557] In diese Richtung aber *Tröger* NJW 2015, 657 (658).
[558] Vgl. BGH NJW-RR 1989, 305 (für den Fall der Rückführung eines Kredits); **abw.** OLG Karlsruhe NJW 1988, 74 (75); Derleder/Knops/Bamberger/*Batereau/Bertram* § 41 Rn. 35.
[559] So etwa auch die Wertstellungsregeln der Sparkasse Witten und der Berliner Sparkasse.
[560] OLG Frankfurt a. M. NJW 1975, 1971 f.; BankR-HdB/*Schürmann/Langner* § 70 Rn. 8.
[561] *Schwintowski* § 4 Rn. 17.
[562] Claussen/*van Look* § 2 Rn. 78.
[563] Derleder/Knops/Bamberger/*Batereau/Bertram* § 41 Rn. 43; Claussen/*van Look* § 2 Rn. 78.
[564] Vgl. BGHZ 158, 149 = NJW 2004, 1588; s. a. *Burkiczak* BKR 2007, 190 ff.
[565] BGHZ 158, 149 (150) = NJW 2004, 1588 (1589); Fischer/*Klanten* Rn. 12.47.

222 Bei **langfristigen Termineinlagen** mit variablem Zinssatz hängt die Zulässigkeit davon ab, ob nach der Zinsanpassung das ursprüngliche **Äquivalenzverhältnis** von Leistung und Gegenleistung gewahrt bleibt. Eine Klausel, die dem Verwender ein schrankenloses Anpassungsrecht zuspricht, ist gem. § 308 Nr. 4 BGB unwirksam.[566] Weiterhin ist eine Zinsanpassungsklausel auch hinsichtlich des **Transparenzgebots** gem. § 307 Abs. 1 S. 2 BGB zu überprüfen.[567] Nach § 307 Abs. 1 S. 2 BGB kann eine Klausel benachteiligend wirken, wenn sie nicht möglichst klar und deutlich die wesentlichen Rechte und Pflichten der Vertragspartner wiedergibt. Demzufolge müssen auch die Bestimmungen über die Zinsanpassung klar formuliert sein, dh die wesentlichen Parameter, die eine Anpassung der Zinskonditionen erlauben, sind in die Klausel aufzunehmen.[568] Jedoch lassen sich die Anforderungen an eine Zinsänderungsklausel im Kreditgeschäft (Effektivzins) nicht spiegelbildlich auf die Passivseite der Bankgeschäfte übertragen.[569] Eine (wirksame!) Zinsanpassungsklausel rechtfertigt grundsätzlich auch die **Umstellung auf negative Zinsen** (str.)[570] Einzelheiten bei → Rn. 25g ff.

4. Sicherheitenbestellung

223 Der Anspruch auf Rückzahlung der Termineinlage entsteht mit der Einzahlung der Gelder.[571] Er wird jedoch erst mit Ende der vereinbarten Laufzeit bzw. Kündigung bei unbefristeter Laufzeit (§ 488 Abs. 3 S. 1 BGB) fällig.[572] Hieraus folgt, dass der Rückzahlungsanspruch verpfändet (§§ 1279 ff. BGB), abgetreten (§§ 398 ff. BGB) und gepfändet (§§ 829, 835 ZPO) werden kann.

224 **a) Verpfändung.** Die Verpfändung von Festgeldern ist in der Bankenpraxis eine Standardsicherheit.[573] Im Mittelpunkt steht hierbei das **AGB-Pfandrecht** der Kreditinstitute gem. Nr. 14 Abs. 1 AGB-Banken (Nr. 21 Abs. 1 AGB-Sparkassen), welches ein Pfandrecht an eigener Schuld begründet.[574] Aufgrund des Prioritätsprinzips gem. § 1209 BGB geht das AGB-Pfandrecht der Bank anderen Pfandrechten vor, da es bereits mit Kontoeröffnung begründet wurde. Grundsätzlich verstößt die Bestellung des Pfandrechts durch AGB auch nicht gegen die §§ 305 ff. BGB.[575]

225 **b) Sicherungsabtretung.** Eine Sicherungsabtretung des Rückzahlungsanspruchs an die kontoführende Bank selbst scheidet hingegen wegen der Vereinigung von Recht und Verbindlichkeit (Konfusion) aus. Aufgrund der Konfusion würde die Forderung erlöschen, was kaum den Parteiinteressen entspricht.[576] Wird der Rückzahlungsanspruch vom später insolventen Kunden an einen Dritten abgetreten, kann der Verwalter diesen gem. § 166 Abs. 2 InsO verwerten.[577]

226 **c) Pfändung.** Die Pfändung einer Termineinlage erfolgt durch einen Pfändungs- und Überweisungsbeschluss (§§ 829, 835 ZPO). Nach ständiger Rechtsprechung muss der Pfändungsbeschluss die Forderung und ihren Rechtsgrund auf eine solche Weise bezeich-

---

566 BGHZ 158, 149 (150) = NJW 2004, 1588 (1589).
567 Vgl. Kümpel/*Peterek* Rn. 8.115.
568 OLG Brandenburg BeckRS 2008, 13357; LG Dortmund WM 2000, 2095 (2096); LG Köln WM 2001, 201 (202).
569 BGHZ 158, 149 (150) = NJW 2004, 1588 (1589).
570 **Abw.** *Tröger* NJW 2015, 657, 658 ff.; ebenso für Anleihen *Becker* WM 2013, 1736.
571 BGH NJW 1977, 38 (39); OLG Dresden WM 2001, 803 (804); Staudinger/*Freitag* § 488 Rn. 166; MüKoBGB/*K. P. Berger* § 488 Rn. 43, 221; Bamberger/Roth/*Rohe* § 488 Rn. 34; **aA** Derleder/Knops/Bamberger/*Derleder* § 12 Rn. 14; Claussen/*Erne* § 5 Rn. 35, wonach der Rückzahlungsanspruch erst mit Laufzeitende oder Kündigung entsteht.
572 Staudinger/*Freitag* § 488 Rn. 166; MüKoBGB/*K. P. Berger* § 488 Rn. 43.
573 BankR-HdB/*Merkel* § 93 Rn. 62.
574 BGH WM 1985, 78 (79).
575 BGH WM 1985, 78 (79); OLG Dresden WM 2001, 803 (804).
576 Derleder/Knops/Bamberger/*Batereau/Bertram* § 41 Rn. 58.
577 Vgl. LG Lüneburg DZWIR 2010, 150.

nen, dass bei verständiger Auslegung (§§ 133, 157 BGB) unzweifelhaft feststeht, welche Forderung Gegenstand der Zwangsvollstreckung sein soll.[578] Die bloße Bezeichnung „Guthaben auf Konten bei Banken" genügt jedoch, um auch ein Termingeldkonto vom Pfändungs- und Überweisungsbeschluss zu umfassen.[579]

VI. Spareinlagen

Schrifttum: *Furche/Götz,* Zinsanpassung bei länger angelegten Saparverträgen am Beispiel des Prämiensparen flexibel (PSF), WM 2019, 2290; *Hofmann,* Die ec-/maestro-Karte als Rektapapier, WM 2005, 1305; *Lange,* Neue Bedingungen für den Sparverkehr: Sparbuch – quo vadis?, BB 1993, 1677; *Lehnhoff,* KWG-Novelle verabschiedet, WM 1993, 277; *Metz,* Variable Zinsen: Präzisierung bei § 315 BGB erforderlich?, BKR 2010, 265; *Roller,* Bankentgeltklauseln – Einbeziehung und Zulässigkeit, BKR 2008, 221; *Rösler/Wimmer,* Angemessenheit der Höhe von Vorschusszinsen, BKR 2007, 8; *Schebesta,* Wirksamkeit von Zinsanpassungsklauseln für Spareinlagen aus Bankensicht, BKR 2002, 564; *Schebesta,* Zinsklauseln im Spiegel der aktuellen Rechtssprechung, BKR 2005, 217; *Schimansky,* Zinsanpassungsklauseln in AGB, WM 2001, 1169; *Servatius,* Die AGB-rechtliche Behandlung von Vorschusszinsregelungen im Sparverkehr, BKR 2005, 295; *Servatius,* „Ball im Netz ist Geld auf der Bank" – Die zivilrechtliche Behandlung einer an den fußballerischen Erfolg geknüpften Verzinsung von Sparguthaben, WM 2004, 1804; *Strobel,* Das Sparbuch auf den Namen des Minderjährigen, WM 2020, 449; *Tröger,* Vertragsrechtliche Fragen negativer Zinsen auf Einlagen, NJW 2015, 657; *Tröger/Kelm,* Höchstrichterliche Feinjustierung der Beendigungsmöglichkeiten hochverzinslicher Sparverträge, BKR 2019, 573; *Weber,* Die Kündigung unrentabel gewordener Bauspar- und Ratensparverträge, ZIP 2015, 961.

1. Grundlagen

a) Begriff und wirtschaftliche Bedeutung der Spareinlagen. Spareinlagen sind trotz vielseitiger Entwicklungen im Anlagenmarkt weiterhin eine der **meist verbreiteten Anlageformen** in Deutschland. Die Bankkunden sehen in Spareinlagen eine sichere Möglichkeit, um für größere Investitionen Gelder anzusparen oder bestehendes Guthaben durch die Zinszahlungen vor der Inflation zu schützen (vgl. zur Einlagensicherung → Rn. 331 ff.). Aufgrund ihrer (faktisch) langen Laufzeit stellen Spareinlagen für die Kreditinstitute ein **Mittel zur Refinanzierung** ihres Aktivgeschäfts dar. Insofern kommt den Spareinlagen auch volkswirtschaftlich eine erhebliche Bedeutung zu. 227

b) Privatrechtliche Ausgestaltung. Bedingt durch die wirtschaftliche Bedeutung sah sich der Gesetzgeber für lange Zeit veranlasst, Spareinlagen gesetzlich auszugestalten (vgl. §§ 21, 22 KWG aF). Private Anleger sollten durch einen **normierten Begriff der Spareinlage** Vertrauen in diese Einlagenform aufbauen und auf diese Weise zum Ansparen ihres Vermögens bewegt werden. Die Notwendigkeit hierfür war möglicherweise nie gegeben, fiel jedoch zumindest im Laufe der Zeit weg.[580] Insofern war es konsequent, die gesetzliche Reglementierung nach §§ 21, 22 KWG aF im Jahr 1992 aufzuheben.[581] Nach dieser Liberalisierung des Spareinlagenbegriffs folgt die privatrechtliche Ausgestaltung des Spargeschäfts nunmehr der **Privatautonomie,** und die Banken sind weitgehend frei, mit dieser Terminologie auch neue, innovative Anlageprodukte zu versehen, zB mit kürzeren Kündigungsfristen oder festen Laufzeiten.[582] Die gesetzliche Definition der Spareinlagen gem. § 21 Abs. 4 RechKredV, der Mindestvoraussetzungen für eine Spareinlage enthält, hat ebenfalls keine unmittelbare Bedeutung, denn hieran knüpft allein eine Privilegierung der 228

[578] BGHZ 13, 42 ff. = NJW 1954, 881; BGH WM 1988, 950 (951); 1991, 779 (781).
[579] OLG Köln WM 1999, 2156.
[580] *Lehnhoff* WM 1993, 277 (281); *Lange* BB 1993, 1677 (1679).
[581] Aufgehoben durch 4. KWG-Novelle v. 21.12.1992 (BGBl. I S. 2211), s. hierzu *Lehnhoff* WM 1993, 277 ff.; *Lange* BB 1993, 1677 ff.
[582] LG Ulm WM 2015, 826, 837 f.; s. a. Begründung zur ersten VO zur Änderung der RechKredV BT-Drs. 12/4876, 6; *Lange* BB 1993, 1677 (1680); EBJS/*Thessinga* BankR III Rn. 19; BankR-HdB/*Fischer/Boegl* § 131 Rn. 1; *Schwintowski* § 4 Rn. 19.

hiervon erfassten Kundengelder bezüglich der Rechnungslegung von Kreditinstituten und der Liquiditätsanforderungen an (→ Rn. 231).

229 Die **konkrete privatrechtliche Qualifizierung** der Spareinlagen bereitet indessen wie auch die der übrigen Einlageformen nach wie vor erhebliche Schwierigkeiten. Dies ist keineswegs bloß akademischer Natur, denn vor allem im Hinblick auf die AGB-rechtliche Inhaltskontrolle besteht vielfach das Bedürfnis, das zutreffende **gesetzliche Leitbild** zu identifizieren.[583] Auch muss man bei Fehlen eindeutiger vertraglicher Regelungen auf das maßgebliche Recht zurückgreifen, was insbesondere für die Zulässigkeit von Verfügungen seitens des Kunden oder von Kündigungen seitens der Bank relevant sein kann. Vor diesem Hintergrund wurde nach traditioneller Auffassung der **Darlehensvertrag** gem. §§ 488 ff. BGB als die maßgebliche gesetzliche Ausprägung von Spareinlagen gesehen.[584] Eine **unregelmäßige Verwahrung** gem. § 700 BGB sollte hingegen ausscheiden, da im Unterschied zur Sichteinlage das angenommene Guthaben des Kunden der Bank für einen gesicherten Zeitraum zur Verfügung stehen soll; auch eine jederzeitige Verfügbarkeit der Einlage, die für eine unregelmäßige Verwahrung sprechen würde (vgl. § 700 Abs. 1 S. 3 BGB), sei bei einer Spareinlage gerade nicht im Interesse der Parteien.[585] Diese Sichtweise hat der **BGH** nunmehr recht apodiktisch aufgegeben bzw. zurückgewiesen: Das allein maßgebliche Kriterium, Spareinlagen als Darlehen oder unregelmäßige Verwahrung zu qualifizieren, sei allein das **vertragliche Pflichtenprogramm.**[586] Hieraus folgt, dass in den Fällen, in denen der Kunde nicht zur Erbringung von Spareinlagen verpflichtet ist (Auslegung![587]), kein Darlehen vorliegt, sondern eine **unregelmäßige Verwahrung.** In den durchaus denkbaren Fällen, dass im Rahmen eines Sparvertrages auch Kundenpflichten zur Besparung resultieren (Auslegung!), handele es sich umgekehrt um ein Darlehen.[588]

230 Dem BGH ist insoweit zuzustimmen, als sich anhand dieser klaren Abgrenzung **Rechtssicherheit** erzielen lässt. Auch entspricht es durchaus der gesetzlichen Konzeption, dass eine Gewährungs- bzw. Belassungspflicht allein beim Darlehen besteht (vgl. § 488 Abs. 1 S. 1 BGB), wohingegen bei der (unregelmäßigen) Verwahrung lediglich die Obhutspflicht des Verwahrers besteht (§§ 688, 695, 700 BGB). Das bislang vorherrschende Abstellen auf die Initiative für den Vertragsschluss oder das Renditeinteresse der Bank vermag die Abgrenzungsprobleme nicht erschöpfend und rechtssicher zu lösen (vor allem in der Niedrigzinsphase) und findet auch in den maßgeblichen gesetzlichen Leitbildern keine hinreichende Stütze. Als **Konsequenz** der klaren Abgrenzung des BGH sind somit im Ausgangspunkt alle Einlageformen, bei denen sich der Kunde nicht vertraglich zur Erbringung verpflichtet, nicht als Darlehen, sondern als **unregelmäßige Verwahrung** zu qualifizieren. Dies betrifft nicht nur (längerfristige) Sparverträge,[589] sondern auch gewöhnliche Sparguthaben („Sparbuch")[590] sowie Sparbriefe und konsequenterweise auch Bausparguthaben (str.).[591] Trotz dieser im Ausgangpunkt überzeugenden Abgrenzung ist es indessen zu kurz gegriffen, die sich im Übrigen stellenden Abgrenzungsfragen allein anhand der **groben Formel des BGH** zu bewältigen.[592] Insbesondere bei der praktisch bedeutsamen Frage der Möglichkeit der (jederzeitigen) Rückforderung kann wohl kaum allein darauf abgestellt werden, dass der Kunde nicht verpflichtet ist, das Geld zu überlassen; hier bedarf es eines weitergehenden argumentativen Ansatzes, um die Frage nach der Notwendigkeit einer

583 Hierzu bereits *Servatius* BKR 2005, 295.

584 RGZ 73, 220 (221); BGHZ 42, 302 (305) = NJW 1965, 247 (248); *Servatius* BKR 2005, 295 (297); EBJS/*Thessinga* BankR III Rn. 21; MüKoHGB/*Fest* Einlagengeschäft Rn. 206; *Canaris* Rn. 1165; Claussen/*van Look* § 2 Rn. 42; *Einsele* § 3 Rn. 25; auch heute noch *Strobel* WM 2020, 449.

585 *Servatius* BKR 2005, 295 (297).

586 BGH NJW 2019, 2920 Rn. 26.

587 Vgl. BGH NJW 2019, 2920, bei Rn. 46 ff. auch zur begrenzten Bedeutung von Werbeflyern.

588 Vgl. BGH NJW 2019, 2920 Rn. 26.

589 Hierzu BGH NJW 2019, 2920 Rn. 23 ff.

590 **Abw.** noch BGH WM 1965, 897 (899 f.); BGH NJW 1975, 1507.

591 **Abw.** noch BGH NJW 2017, 1378 (Darlehensvertrag).

592 Kritisch auch *Tröger/Kelm* BKR 2020, 573 (573).

vorherigen Kündigung oder die Zulässigkeit vertraglicher Kündigungsregeln zu beantworten. Die pauschale Aussage, §§ 488 Abs. 3, 489 BGB fänden keine Anwendung,[593] greift insofern zu kurz.[594] Hier bleibt es abzuwarten, wie die neue Rechtsprechung im Einzelnen fortentwickelt wird. – In der Praxis gelten regelmäßig die AGB-mäßigen **Sonderbedingungen für den Sparverkehr** (→ Rn. 281 ff.). Im Übrigen ist auch im Sparverkehr das Recht der Zahlungsdienste zu beachten, insbesondere die Regelungen zum **Zahlungsdiensterahmenvertrag** gem. §§ 675f ff. BGB (→ Rn. 142 ff.).[595] Zwar sind Spareinlagen gem. § 21 Abs. 4 S. 1 Nr. 1 RechKredV bankintern betrachtet nicht zum Zahlungsverkehr bestimmt (→ Rn. 240). Die allfälligen Kontobewegungen (Einzahlungen, Auszahlungen, Umbuchungen und Überweisungen) erfüllen jedoch ohne weiteres die Merkmale von Zahlungsdiensten gem. § 675c BGB,[596] so dass diese ebenfalls zum vertraglichen Pflichtenprogramm bei Sparkonten gehören.

2. Spareinlagen iSv § 21 Abs. 4 RechKredV

§ 21 Abs. 4 RechKredV enthält im Unterschied zu §§ 21, 22 KWG aF keine Definition einer Spareinlage, vielmehr steht es den Kreditinstituten frei, von den Regelungen abzuweichen.[597] Erfüllen aber die Vereinbarungen über eine Spareinlage zwischen Bank und Bankkunden die Voraussetzungen des § 21 Abs. 4 RechKredV, ist das angenommene Guthaben bezüglich Bilanzierung und Liquiditätsregeln privilegiert. Insofern sind die Sparbedingungen der Kreditinstitute regelmäßig auf die Vorgaben von § 21 Abs. 4 RechKredV abgestimmt. **231**

a) Normtext

§ 21 RechKredV – Verbindlichkeiten gegenüber Kreditinstituten (Nr. 1), Verbindlichkeiten gegenüber Kunden (Nr. 2)

(1) *(nicht abgedruckt)* **231a**

(2) ¹ Als Verbindlichkeiten gegenüber Kunden sind alle Arten von Verbindlichkeiten gegenüber in- und ausländischen Nichtbanken (Kunden) auszuweisen, sofern es sich nicht um verbriefte Verbindlichkeiten (Passivposten Nr. 3) handelt. ² Hierzu gehören auch Verbindlichkeiten aus Namensschuldverschreibungen, Orderschuldverschreibungen, die nicht Teile einer Gesamtemission sind, Namensgeldmarktpapieren, Sperrguthaben und Abrechnungsguthaben der Anschlußfirmen im Teilzahlungsfinanzierungsgeschäft, soweit der Ausweis nicht unter dem Posten „Verbindlichkeiten gegenüber Kreditinstituten" (Passivposten Nr. 1) vorzunehmen ist, sowie „Anweisungen im Umlauf".

(3) *(nicht abgedruckt)*

(4) ¹ Als Spareinlagen sind nur unbefristete Gelder auszuweisen, die folgende vier Voraussetzungen erfüllen:

1. sie sind durch Ausfertigung einer Urkunde, insbesondere eines Sparbuchs, als Spareinlagen gekennzeichnet;
2. sie sind nicht für den Zahlungsverkehr bestimmt;
3. sie werden nicht von Kapitalgesellschaften, Genossenschaften, wirtschaftlichen Vereinen, Personenhandelsgesellschaften oder von Unternehmen mit Sitz im Ausland mit vergleichbarer Rechtsform angenommen, es sei denn, diese Unternehmen dienen gemeinnützigen, mildtätigen oder kirchlichen Zwecken oder es handelt sich bei den von diesen Unternehmen angenommenen Geldern um Sicherheiten gemäß § 551 des Bürgerlichen Gesetzbuchs oder § 14 Abs. 4 des Heimgesetzes;
4. sie weisen eine Kündigungsfrist von mindestens drei Monaten auf.

² Sparbedingungen, die dem Kunden das Recht einräumen, über seine Einlagen mit einer Kündigungsfrist von drei Monaten bis zu einem bestimmten Betrag, der jedoch pro Sparkonto und

[593] Vgl. BGH NJW 2019, 2920 Rn. 40.
[594] Ebenso *Tröger/Kelm* BKR 2020, 573 (573).
[595] Vgl. BGH WM 2019, 2153 Rn. 27.
[596] Vgl. für Barauszahlungen BGH BUR 2020, 91 Rn. 25.
[597] *Servatius* BKR 2005, 295 (297).

Kalendermonat 2.000 Euro nicht überschreiten darf, ohne Kündigung zu verfügen, schließen deren Einordnung als Spareinlagen im Sinne dieser Vorschrift nicht aus. [3] Geldbeträge, die auf Grund von Vermögensbildungsgesetzen geleistet werden, gelten als Spareinlagen. [4] Bauspareinlagen gelten nicht als Spareinlagen.

232 **b) Unbefristet.** Der Vertrag über eine Spareinlage iSv § 21 Abs. 4 RechKredV darf **keine fest bestimmte Laufzeit** aufweisen, an deren Ende der Anspruch auf Rückzahlung der Einlage (§ 488 Abs. 1 S. 2 BGB) bereits durch Fristablauf fällig wird (§ 488 Abs. 3 S. 1 BGB). § 21 Abs. 4 RechKredV setzt eine Kündigung voraus, um den Rückzahlungsanspruch fällig zu stellen. Schädlich ist, wenn der Rückzahlungsanspruch bereits mit Erreichung des Sparziels automatisch eintreten kann.[598] Daher sind sog. „Ziel- oder Bonussparverträge", welche mit Zielerreichung oder Bedingungseintritt enden, keine privilegierten Spareinlagen, unabhängig davon, ob sie ansonsten unbefristet und mit einer Kündigungszeit von mindestens drei Monaten ausgestaltet sind. Schädlich ist auch, wenn die Kündigung bereits im Zusammenhang mit der Annahme einer Einlage erfolgt.[599]

233 **c) Kündigungsfrist.** Mit der Abrede über ein Kündigungsrecht muss auch eine Kündigungsfrist von **mindestens drei Monaten** vereinbart werden.[600] Die Parteien dürfen auch eine mindestens drei Monate andauernde Kündigungssperre vereinbaren, dh einen Zeitraum, in dem keine Kündigung erklärt werden darf.[601] Nach § 21 Abs. 4 S. 2 RechKredV darf allerdings ein **kündigungsfreier Rahmen von bis zu 2.000 EUR** vereinbart werden.

234 **d) Ausfertigung einer Urkunde. aa) Kennzeichnung als Spareinlage.** § 21 Abs. 4 S. 1 Nr. 1 RechKredV sieht vor, dass über die Spareinlage eine Urkunde ausgefertigt wird.[602] Die Urkunde muss die angenommenen Gelder als Spareinlage kennzeichnen. Auf welche Art und Weise die Kennzeichnung als Spareinlage vorzunehmen ist, lässt sich anhand der zur alten Gesetzeslage entwickelten Grundsätze der BAKred[603] erschließen, die insoweit auch auf § 21 Abs. 4 RechKredV übertragbar sind. Die Kennzeichnung als Spareinlage dient dazu, **Irreführungen des Bankkunden** zu vermeiden. Aus Bezeichnungen wie „Wachstumszertifikat" oder „Kapitalbrief" ergibt sich nicht mit erforderlicher Sicherheit, dass es sich bei der vorliegenden Urkunde um eine Sparurkunde handelt. Werden die genannten oder ähnliche Begriffe in der Überschrift einer Urkunde verwendet, so muss zumindest die Bezeichnung „Spareinlage" ebenfalls in der Urkunde mit mindestens der gleichen Größe enthalten sein.

235 **bb) Bezeichnung des Gläubigers.** Maßgebend für die Qualifizierung als Sparurkunde ist, neben der Kennzeichnung als Spareinlage, auch eine Bezeichnung des Gläubigers und des Guthabenbetrags in der Urkunde.[604]

236 **cc) Art der Verbriefung.** Daneben enthält § 21 Abs. 4 RechKredV keine weiteren Aussagen über die Form einer Sparurkunde. Folglich muss eine privilegierte Spareinlage nicht zwingend in der Form eines klassischen Sparbuchs gehalten werden, sondern kann auch als Loseblatt-Sparbuch und Staffelsparbuch vertrieben werden.[605]

---

[598] Assies/Beule/Heise/Strube/*Barleon* Kap. 6 Rn. 47.

[599] Begründung zur ersten VO zur Änderung der RechKredV BT-Drs. 12/4876, 7; BankR-HdB/*Schürmann/Langner* § 70 Rn. 12.

[600] Begründung zur ersten VO zur Änderung der RechKredV BT-Drs. 12/4876, 7; Kümpel/Wittig/*Peterek* Rn. 8.76.

[601] Begründung zur ersten VO zur Änderung der RechKredV BT-Drs. 12/4876, 7.

[602] BankR-HdB/*Schürmann/Langner* § 70 Rn. 15.

[603] Schreiben des BAKred, I 3–242–1/77 v. 2.2.1982 in *Reischauer/Kleinhans* KZA 221.

[604] Schreiben des BAKred, I 3–242–1/77 v. 2.2.1982 in *Reischauer/Kleinhans* KZA 221.

[605] Begründung zur ersten VO zur Änderung der RechKredV BT-Drs. 12/4876, 7; zu den verschiedenen Sparbuchformen Kümpel/Wittig/*Peterek* Rn. 8.55 f.

Loseblatt-Sparbücher bestehen aus einer Sparbuchhülle, die bei der ersten Einlage ausgegeben wird, und Sparkontoauszügen, welche in der Sparbuchhülle abzuheften sind. Allein die Sparbuchhülle zusammen mit dem letzten Kontoauszug enthält sowohl den Guthabenbetrag, die Benennung des Gläubigers und die Kennzeichnung als Spareinlage, so dass auch nur bei gemeinsamer Vorlage die Sparurkundeneigenschaft gegeben ist.[606] 237

Staffelurkunden werden schon mit jeder Veränderung auf dem Sparkonto ausgegeben. Dementsprechend muss aber auch jeder Auszug für sich alle der oben genannten Voraussetzungen einer Sparurkunde erfüllen.[607] Hingegen entsprechen einfache **Quittungen** über die Einzahlung eines Guthabens nicht den Merkmalen einer Sparurkunde.[608] 238

Zum Teil wird vertreten, dass auch **elektronische Sparkarten** (sog. SparCard) die Urkundeneigenschaften erfüllen.[609] Jedoch enthält eine SparCard selbst keine Bezeichnung des Guthabenbetrags. Vielmehr dient die SparCard nur zur Abhebung an Geldautomaten oder zur Nutzung von Bankterminals. In Verbindung mit einem aktuellen Kontoauszug kann allerdings die Sparurkundeneigenschaft gegeben sein, soweit die Gestaltung der SparCard die anderen Merkmale erfüllt.[610] Auch eine Kombination von SparCard und klassischem Sparbuch ist möglich. In dieser Form ermöglicht die SparCard Verfügungen über den kündigungsfreien Rahmen von 2.000 EUR pro Monat nach § 21 Abs. 4 S. 2 RechKredV ohne vorhergehendes Vorlegen des Sparbuchs. 239

e) Keine Bestimmung zum Zahlungsverkehr. Privilegierte Spareinlagen sollen dem Kreditinstitut für einen bestimmten Zeitraum zur Verfügung gestellt werden und dürfen dementsprechend nicht zum Zahlungsverkehr bestimmt sein. Verfügungen über das Guthaben auf einem Sparkonto durch Überweisung, Scheck, Kreditkarte oder Lastschrift sind deshalb gem. § 21 Abs. 4 RechKredV unzulässig. Hingegen können Überweisungen zugunsten eines Sparkontos jederzeit erfolgen, diese stehen in keinem Widerspruch zur festen Vermögensüberlassung an das Kreditinstitut. Hieraus darf freilich nicht der Schluss gezogen werden, das Recht der Zahlungsdienste fände auf Spareinlagen keine Anwendung; insofern gilt vielmehr dasselbe wie bei Sichteinlagen (→ Rn. 142 ff.). 240

f) Keine Unternehmen. Die Anerkennung einer privilegierten Spareinlage setzt ferner voraus, dass die angenommenen Gelder nicht von einem bestimmten Kreis von Einlegern stammen. § 21 Abs. 4 RechKredV enthält einen **Negativkatalog von Rechtsformen,** die aufgrund ihrer unternehmerischen Ausrichtung ihre Guthaben grundsätzlich im Geschäftsbetrieb oder Zahlungsverkehr verwenden und denen im Regelfall eine sachgerechtere Geldanlagemöglichkeit zur Verfügung steht.[611] Die ausgenommenen Unternehmensformen sind Kapitalgesellschaften, Genossenschaften, wirtschaftliche Vereine, Personenhandelsgesellschaften oder Unternehmen mit Sitz im Ausland mit vergleichbarer Rechtsform. 241

Diese Rechtsformen können dennoch zulässigerweise Gläubiger einer privilegierten Spareinlage werden, wenn entweder die Unternehmen gemeinnützigen, mildtätigen oder kirchlichen Zwecken dienen oder es sich bei den von diesen Unternehmen angenommenen Geldern um Sicherheiten gem. § 551 BGB oder § 14 Abs. 4 des HeimG handelt. Hintergrund dieser Ausnahme ist, dass nach wirtschaftlicher Betrachtungsweise die Gelder von natürlichen Personen stammen.[612] 242

3. Das Sparkonto als Staffelkontokorrent

a) Das veränderliche Sparguthaben als Ausgangspunkt. Werden Kundengelder in Form einer Spareinlage angenommen, ist dies zivilrechtlich als **Darlehen** des Kunden an 243

606 Assies/Beule/Heise/Strube/*Barleon* Kap. 6 Rn. 38; Kümpel/Wittig/*Peterek* Rn. 8.55.
607 BankR-HdB/*Schürmann/Langner* § 71 Rn. 25.
608 Kümpel/Wittig/*Peterek* Rn. 8.54.
609 *Hofmann* WM 2005, 1305 (1307); MüKoHGB/*Fest* Einlagengeschäft Rn. 220.
610 Kümpel/Wittig/*Peterek* Rn. 8.56.
611 Begründung zur ersten VO zur Änderung der RechKredV BT-Drs. 12/4876, 7.
612 Begründung zur ersten VO zur Änderung der RechKredV BT-Drs. 12/4876, 7.

das Kreditinstitut einzuordnen. Zum Zeitpunkt der Einzahlung entsteht ein Anspruch des Kunden auf Rückzahlung der Einlage gegen das Kreditinstitut, vgl. § 488 Abs. 1 S. 2 BGB;[613] dieser wird gem. § 488 Abs. 3 S. 1 BGB erst mit Kündigung fällig.[614] Der Anspruch nach § 488 Abs. 1 S. 2 BGB bleibt jedoch im Regelfall bis zu seiner Fälligstellung nicht unberührt. Vielmehr erhöht er sich durch weitere **Einzahlungen oder Zinsen.** Das Gleiche gilt umgekehrt bei **Auszahlungen** oder bei der Realisierung von Forderungen der Bank gegen den Kunden. Selbst wenn das Sparkonto regelmäßig nicht für den Zahlungsverkehr bestimmt ist, so ist es der Bank in der Praxis erlaubt, das Konto aufgrund von **Kontoführungsgebühren** oder **Aufwendungsersatz,** Vorschusszinsen, Bereicherungsansprüchen oder sonstigen Forderungen zu belasten.

244 **b) Möglichkeiten zur rechtlichen Ausgestaltung.** Es würde wohl dem Parteieninteresse widersprechen, wenn mit jeder Einzahlung ein weiterer Darlehensvertrag abgeschlossen wird, durch den ein zusätzlicher Rückzahlungsanspruch entsteht. Besonders deutlich wird dies im Fall des Sparbuchs, welches nur **einen einzigen Guthabenbetrag** aufweist, der dem Kunden gegenüber der Bank zusteht. Daneben sind bei Sparverträgen im Regelfall Zinsen für die Vermögensüberlassung zu entrichten.

245 Der Anspruch auf die **Zinsgutschrift** ist zwar ein selbständiger Anspruch. Mit Fälligkeit werden die Zinsen jedoch dem eigentlichen Rückzahlungsanspruch „zugerechnet".[615] Folglich erhöht sich durch die Zinszahlung der Rückzahlungsanspruch aus § 488 Abs. 1 S. 2 BGB; ein selbständiger Anspruch auf Auszahlung der Zinsen besteht hiernach nicht. Faktisch wird durch diese Vorgänge das Sparkontoguthaben somit in seiner Höhe verändert, mithin der Rückzahlungsanspruch aus § 488 Abs. 1 S. 2 BGB in Form einer **Verrechnung** angepasst.

246 Als Rechtsgrundlage dieser Verrechnung kommen die **Aufrechnung** (§§ 387 ff. BGB), eine Novation oder ein Kontokorrentverhältnis (§§ 355 ff. HGB) in Betracht. Gegen die Aufrechnungslösung spricht, dass diese nach § 388 BGB jeweils erneut erklärt werden müsste. Die Aufrechnungserklärung hat dem Anspruchsgegner zuzugehen, dabei muss der Aufrechnungswille erkennbar sein.[616] Eine bloße buchungsmäßige Verrechnung ist keine Erklärung in diesem Sinne, da es sich nur um eine interne Aufzeichnung und nicht um eine zur Äußerung bestimmte Erklärung handelt.[617] Durch eine **Novation** wird ein bestehendes Schuldverhältnis durch ein neues Schuldverhältnis ersetzt. Gegen eine Novation spricht bereits, dass es den Erwartungen und Interessen der Parteien widerspricht, mit jeder Ein- und Auszahlung auf ein Sparkonto ein neues Schuldverhältnis zu begründen mit der Folge, dass Einwendungen und Einreden gegen die alte Schuld wegfallen.

247 Insofern spricht Vieles dafür, allein im **Kontokorrent** gem. §§ 355 ff. HGB eine sachgerechte Rechtsgrundlage für die oben beschriebenen Veränderungen der Höhe des Rückzahlungsbetrags zu sehen. Durch ein Kontokorrent werden Ansprüche und Leistungen zwischen zwei Vertragsparteien in eine laufende Rechnung eingestellt. Diese Inrechnungstellung bewirkt, dass die einzelnen Forderungen jeder Partei an das Kontokorrent gebunden werden und somit ihre rechtliche Selbständigkeit verlieren. Weiteres Merkmal des Kontokorrents ist eine periodische Verrechnung der Forderungen, an die sich die Feststellung und Anerkennung eines Saldos zugunsten einer Partei anschließen. Durch das Saldoanerkenntnis entsteht eine neue abstrakte Saldoforderung.[618] Zum Ganzen → Rn. 168 ff. Erforderlich ist jedoch eine entsprechende **Kontokorrentabrede.** Sie muss

---

613 BGH NJW 1977, 38 (39); OLG Dresden WM 2001, 803 (804); Staudinger/*Freitag* § 488 Rn. 166; MüKoBGB/*K. P. Berger* § 488 Rn. 43, 221; Bamberger/Roth/*Rohe* § 488 Rn. 34; **aA** Derleder/Knops/Bamberger/*Derleder* § 12 Rn. 14; Claussen/*Erne* § 5 Rn. 35, wonach der Rückzahlungsanspruch erst mit Laufzeitende oder Kündigung entsteht.

614 Staudinger/*Freitag* § 488 Rn. 166; MüKoBGB/*K. P. Berger* § 488 Rn. 43.

615 So OLG Frankfurt a. M. NJW 1998, 995 (997); Claussen/*van Look* § 2 Rn. 49.

616 Staudinger/*Gursky* § 388 Rn. 17; MüKoBGB/*Schlüter* § 388 Rn. 1.

617 RGZ 167, 60 (63); MüKoBGB/*Schlüter* § 388 Rn. 1.

618 BGHZ 26, 142 (150) = NJW 1958, 217 (218); BGH WM 1972, 283 (284); 1991, 1468 (1469).

nicht ausdrücklich erklärt werden, sondern kann sich konkludent aus der geschäftlichen Verbindung ergeben.[619] Sie muss jedoch die wesentlichen Bestandteile eines Kontokorrents enthalten.[620]

Versucht man, das **Sparkonto** unter den Begriff des Kontokorrents zu fassen, so ist zunächst festzustellen, dass eine Inrechnungstellung und Verrechnung der einzelnen Forderungen erfolgt und beide Parteien sich darüber ebenfalls einig sind. Dagegen fehlt es an einer periodischen Verrechnung und Saldofeststellung. Der Zinstermin, der regelmäßig einmal im Jahr erfolgt, kann nicht als Verrechnung und Feststellung im Sinne eines Kontokorrents angesehen werden. Der Parteiwille über die Zinsfeststellung enthält nicht zugleich den Willen, die verrechnete Forderung aus dem Sparkonto durch eine neue abstrakte Saldoforderung zu ersetzen. Dies führt jedoch nicht dazu, die §§ 355 ff. HGB beim Sparkonto abzulehnen. Das Sparkonto ist vielmehr als **Staffelkontokorrent** zu verstehen, das sich vom periodischen Kontokorrent dadurch unterscheidet, dass eine Verrechnung mit jedem neuen kontokorrentpflichtigen Vorgang erfolgt.[621] 248

Dies fügt sich ohne weiteres in die gesetzlichen Regelungen ein. § 355 HGB enthält keine feste Bestimmung, in welchen Zeitabschnitten eine Verrechnung stattfinden soll, vgl. § 355 Abs. 2 HGB. Demnach lässt sich auch das Staffelkontokorrent insofern unter den Begriff des Kontokorrents subsumieren, als die Periodizität durch die **Verrechnung mit jeder neuen Leistung** gegeben ist.[622] Die analoge Anwendung der §§ 355 ff. HGB für das Staffelkontokorrent ist anerkannt.[623] Nach jedem kontokorrentpflichtigen Vorgang findet eine Verrechnung des bisherigen Saldos mit der neuen Forderung statt. Hieraus entsteht eine neue kausale Saldoforderung, die jedoch im Unterschied zu § 355 HGB nicht anerkannt wird und somit auch keinen abstrakten Anspruch begründet. Da das Anerkenntnis des Saldos jedoch Merkmal eines Kontokorrents ist, sind die Regelungen **§§ 355 ff. HGB analog** anzuwenden.[624] 249

4. Der Rückzahlungsanspruch

Nimmt ein Kreditinstitut Gelder eines Kunden in Form einer Spareinlage an, so ist dieser Vorgang nach bislang überwM zivilrechtlich als **Darlehensvertrag** iSv §§ 488 ff. BGB zu qualifizieren.[625] Zum Zeitpunkt der Einzahlung entsteht gem. § 488 Abs. 1 S. 2 BGB ein Anspruch des Kunden auf Rückzahlung der Einlage gegen das Kreditinstitut.[626] Nimmt man mit der jüngeren Rechtsprechung des BGH an, dass die zivilrechtliche Qualifizierung einer Einlage als Darlehen oder unregelmäßige Verwahrung davon abhängt, ob der Kunde zur Kapitalüberlassung verpflichtet ist,[627] dürften die meisten Spareinlagen als **unregelmäßige Verwahrung** zu qualifizieren sein. Im Hinblick auf die dogmatische Grundlage des Rückzahlungsanspruchs ändert dies jedoch nichts, denn § 700 Abs. 1 BGB verweist insofern dem Grunde nach auf das Darlehensrecht. Unterschiede ergeben sich indessen im Hinblick auf den gesetzlichen Regelfall der **Fälligkeit:** Beim Darlehen wird der Rückzahlungsanspruch gem. § 488 Abs. 3 S. 1 BGB erst mit Kündigung fällig;[628] bei der unregelmäßigen Verwahrung besteht demgegenüber sofortige Fälligkeit gem. §§ 700 250

[619] BGH WM 1956, 1125 (1126); 1970, 184 (185); NJW-RR 1991, 1251 = BB 1991, 1818 (1819).
[620] Staub/*Canaris* § 355 Rn. 58.
[621] Heymann/*Horn* Anh. § 372 Rn. IV/8.
[622] BankR-HdB/*Schmieder* § 47 Rn. 72; MüKoHGB/*Langenbucher* § 355 Rn. 25; Baumbach/*Hopt* § 355 Rn. 8; Oetker/*Maultzsch* § 355 Rn. 49.
[623] BGH WM 1972, 283 (284); Staub/*Canaris* § 355 Rn. 57.
[624] Staub/*Canaris* § 355 Rn. 54; Heymann/*Horn* Anh. § 372 Rn. IV/8.
[625] BGH NJW 1975, 1507; BGH NJW 1965, 247.
[626] BGH NJW 1977, 38 (39); OLG Dresden WM 2001, 803 (804); Staudinger/*Freitag* § 488 Rn. 166; MüKoBGB/*K. P. Berger* § 488 Rn. 43, 221; Bamberger/Roth/*Rohe* § 488 Rn. 34; **aA** Derleder/Knops/Bamberger/*Derleder* § 12 Rn. 14; Claussen/*Erne* § 5 Rn. 35, wonach der Rückzahlungsanspruch erst mit Laufzeitende oder Kündigung entsteht.
[627] BGH NJW 2019, 2920 Rn. 26.
[628] Staudinger/*Freitag* § 488 Rn. 166; MüKoBGB/*K. P. Berger* § 488 Rn. 43.

Abs. 1, 695 BGB. In der Praxis wird hiervon freilich durch die Vereinbarung einer vertraglichen Kündigungsregelung abgewichen (→ Rn. 293 ff.). Die **Aktivlegitimation** des Rückzahlungsanspruchs richtet sich stets nach der materiellen Berechtigung, mithin der Kontoinhaberschaft (→ Rn. 26 ff., zum Gemeinschaftskonto → Rn. 36); die Geltendmachung ist durch wertpapierrechtliche Aspekte überlagert (zur Sparurkunde → Rn. 258 ff.). Die **Abtretung** des Anspruchs ist indessen ohne Eintragung im Sparbuch möglich.[629] Sie richtet sich nach §§ 398 ff. BGB, die Übergabe des Sparbuchs kann eine konkludente Abtretungsvereinbarung beinhalten.[630]

251 **a) Verjährung, Verwirkung.** Die Verjährung des Rückzahlungsanspruchs aus § 488 Abs. 1 S. 2 BGB richtet sich nach der regelmäßigen Verjährungsfrist, dh drei Jahre beginnend mit dem Schluss des Kalenderjahres, in dem der Anspruch fällig ist (vgl. §§ 195, 199 Abs. 1 BGB).[631] Fällig wird der Anspruch demnach erst mit der Kündigung (vgl. § 488 Abs. 3 S. 1 BGB). Folglich unterfallen auch sog. **„Uraltsparbücher" oder „vergessene Sparbücher"** keiner Verjährung, solange die Spareinlage noch nicht durch Ausübung der Kündigung fällig gestellt wurde.[632] Wird die Spareinlage wirksam gekündigt, allerdings das Guthaben nicht innerhalb von zwei Monaten nach Kündigungsfrist abgehoben, wird der Sparvertrag gem. Nr. 2 Abs. 5 der Bedingungen für den Sparverkehr fortgesetzt, so dass der Rückzahlungsanspruch auch in diesem Fall nicht der Regelverjährung unterworfen wird.

252 Die Geltendmachung eines Auszahlungsanspruchs kann grundsätzlich **verwirkt** werden. Die Anforderungen hieran sind jedoch sehr streng; insbesondere reicht die bloße Untätigkeit nicht aus, selbst wenn während dieser Zeit die handelsrechtlichen Aufbewahrungsfristen gelaufen sind.[633]

253 **b) Pfändung.** Soll ein „Sparbuch" gepfändet werden, so handelt es sich dabei zivilrechtlich um die Pfändung des Anspruchs auf Rückzahlung der Einlage gem. § 488 Abs. 1 S. 2 BGB. Die Zwangsvollstreckung erfolgt durch Pfändung und Überweisung der Forderung nach §§ 828 ff. ZPO. Aufgrund der Qualifizierung des Sparkontos als **Staffelkontokorrent** (→ Rn. 248 f.) können auch nicht einzelne Einzahlungen des Bankkunden gepfändet werden, sondern nur der verrechnete Anspruch auf die Spareinlage.

254 Aus der Einordnung des Sparbuchs als **hinkendes Inhaberpapier** (→ Rn. 262) folgt, dass das Sparbuch nicht selbst gepfändet werden kann, weil es keinen Anspruch des Gläubigers enthält.[634] Jedoch ist das Sparbuch gem. § 836 Abs. 3 S. 1 ZPO dem Vollstreckungsgläubiger herauszugeben, weil regelmäßig durch die Sonderbedingungen für den Sparverkehr die Vorlage des Sparbuchs für die Auszahlung der Einlage verlangt wird (vgl. Nr. 1 Abs. 3 Bedingungen für den Sparverkehr, → Rn. 287). Die Herausgabe des Sparbuchs kann vom Vollstreckungsgläubiger im Wege der Zwangsvollstreckung erwirkt werden, vgl. § 836 Abs. 3 S. 3 iVm § 883 ZPO.

255 **c) Verpfändung.** Die Verpfändung eines Sparguthabens unterfällt den Normen zum **Pfandrecht an Rechten** gem. §§ 1273 ff. BGB. Nach § 1274 BGB iVm § 398 BGB erfolgt die Verpfändung durch Abtretung des Rückzahlungsanspruchs. Dafür ist jedoch zusätzlich die Anzeige der Verpfändung bei der Bank zu beachten (vgl. § 1280 BGB). Fehlt die Anzeige, ist kein Pfandrecht zustande gekommen. Wird die Anzeige angefochten oder ist die Verpfändung aus einem anderen Grund unwirksam, ist jedoch der Schutz des Schuldners gem. §§ 1275, 409 BGB zu beachten.

256 Nach Nr. 14 Abs. 1 AGB-Banken (Nr. 21 Abs. 1 AGB-Sparkassen) wird der Anspruch auf Rückzahlung der Spareinlage vom **AGB-Pfandrecht** erfasst. Aufgrund des Prioritäts-

---

[629] LG Ulm WM 2015, 826 (829 f.).
[630] Vgl. OLG Karlsruhe NJW-RR 2019, 494 Rn. 31 ff.
[631] LG Dortmund BeckRS 2017, 150581 Rn. 20; EBJS/*Thessinga* BankR III Rn. 33; *Schwintowski* § 4 Rn. 23.
[632] BGHZ 151, 47 (50) = NJW 2002, 2707 (2708); OLG Frankfurt a. M. ZIP 2011, 1095 (1096).
[633] Vgl. OLG Dortmund BeckRS 2017, 150581 Rn. 22.
[634] BankR-HdB/*Schürmann/Langner* § 71 Rn. 21; Assies/Beule/Heise/Strube/*Barleon* Kap. 6 Rn. 78.

prinzips gem. § 1209 BGB geht das AGB-Pfandrecht der Bank anderen Pfandrechten vor, da es bereits mit Kontoeröffnung begründet wurde. Grundsätzlich verstößt die Bestellung des Pfandrechts durch AGB nicht gegen die §§ 305 ff. BGB.[635]

Besonderheiten bestehen jedoch beim **Mietkautionskonto.**[636] Die Eintragung des Vermerks „Mietkautionskonto" in das Sparbuch durch das Kreditinstitut kann nach hM als Verzicht auf das Pfandrecht ausgelegt werden.[637] Richtigerweise folgt dies jedoch bereits kraft Gesetzes aus dem Treuhandcharakter des Sparguthabens (→ Rn. 50 ff.). 257

5. Sparurkunden

§ 21 Abs. 4 RechKredV setzt die Ausstellung einer Urkunde für eine privilegierte Spareinlage voraus, sieht allerdings keine besondere Form vor. So kommen neben dem klassischen Sparbuch in Buchform auch andere Sparurkunden in Frage (→ Rn. 283). 258

a) Funktion und Rechtsnatur. Die Rechtsnatur und die Funktion einer Sparurkunde sind von den Vereinbarungen des Kreditinstituts mit dem Bankkunden abhängig; im Regelfall wird die Vereinbarung durch Verwendung der „Sonderbedingungen für den Sparverkehr" getroffen (→ Rn. 281 ff.). Mit einer Sparurkunde werden daher zwei Hauptfunktionen verwirklicht: 259

aa) Legitimationswirkung. Das Sparkonto ist ein Produkt des **Massengeschäfts,** woraus das Bedürfnis resultiert, nicht bei jeder Auszahlung einen Nachweis der Berechtigung fordern zu müssen.[638] Insofern stellt sich unter dem Aspekt der Legitimationswirkung der Sparurkunde die Frage, an wen die Bank das **Guthaben auszahlen darf und muss.** 260

Eine Einordnung eines Sparbuchs oder einer Sparurkunde als Inhaberpapier würde nicht den Parteiinteressen entsprechen. Im Regelfall wird das Kreditinstitut aufgrund der Vereinbarung über die Spareinlage daher lediglich ermächtigt, bei Vorlage der Sparurkunde befreiend an den **Vorleger** zu zahlen. Der Vorleger der Sparurkunde muss insofern auch nicht identisch mit dem in der Urkunde benannten Berechtigten sein. Eine Pflicht zur Auszahlung an den Vorleger resultiert hieraus aber nicht. Sparurkunden mit dieser Ausgestaltung werden als „qualifiziertes Legitimationspapier" oder **hinkendes Inhaberpapier** bezeichnet (vgl. § 808 Abs. 1 BGB).[639] 261

Eine Sparurkunde ist auf den Namen des Kontoinhabers ausgestellt. Es ist demnach regelmäßig als Namenspapier (Rektapapier) zu qualifizieren, bei dem eine **in der Urkunde benannte Person** als Berechtigter ausgewiesen wird.[640] An die benannte Person darf der Schuldner daher leisten, er ist dazu aber nicht verpflichtet; vielmehr bleibt es ihm möglich, einen Nachweis für den Anspruch des Gläubigers zu verlangen. Der Sparurkunde kommt somit **keine echte Legitimationswirkung** zu, im Gegensatz zu Inhaber- und Orderpapieren, bei denen eine widerlegliche Vermutung über die materielle Berechtigung des Inhabers gegeben ist. 262

bb) Liberationswirkung. Von der Legitimationswirkung abzugrenzen ist die Frage, inwieweit die Bank durch die Zahlung von ihrer Verpflichtung auch **befreit** wird. Maßgebend hierfür ist wiederum vor allem die Abrede der Parteien. Im klassischen Fall eines **Sparbuchs** lautet die Vereinbarung regelmäßig, dass die Bank durch die Zahlung an den Vorleger des Sparbuchs von ihrer Schuld befreit wird und auch nicht verpflichtet ist, die 263

---

635 BGH WM 1985, 78 (79); OLG Dresden WM 2001, 803 (804).

636 EBJS/*Thessinga* BankR III Rn. 34; BankR-HdB/*Schürmann/Langner* § 71 Rn. 20 f.; Assies/Beule/Heise/Strube/*Barleon* Kap. 6 Rn. 89.

637 BGH WM 1973, 894 (895); 1990, 1954.

638 Assies/Beule/Heise/Strube/*Barleon* Kap. 6 Rn. 63.

639 Staudinger/*Marburger* § 808 Rn. 7; MüKoBGB/*Habersack* § 808 Rn. 1.

640 Assies/Beule/Heise/Strube/*Barleon* Kap. 6 Rn. 59; Claussen/*van Look* § 2 Rn. 44.

Berechtigung des Vorlegers zu überprüfen.[641] Folglich ist es der Bank möglich, mit befreiender Wirkung an einen Dritten zahlen, soweit dieser die Urkunde vorlegen kann. Die Liberationswirkung setzt nicht voraus, dass der Vorleger des Sparbuchs identisch mit der in der Urkunde benannten Person ist (insoweit gilt etwas anderes als beim Sparbrief[642]). Allerdings sind auch beim Sparbuch gewisse **Grenzen der Liberationswirkung** zu beachten.

264 **(1) Gutgläubigkeit der Bank.** Zahlt die Bank an einen Nichtberechtigten aufgrund der Vorlage einer Sparurkunde ein Guthaben aus, tritt die befreiende Wirkung nur ein, wenn die Bank bezüglich der Berechtigung gutgläubig gewesen ist. § 808 Abs. 1 BGB enthält zwar keine solche Einschränkung, jedoch ergibt sich diese aus allgemeinen Grundsätzen.[643] Die Grenzen für den guten Glauben sind umstritten. Nach der früher vorherrschenden Meinung ist das Kreditinstitut bösgläubig, wenn es von der Nichtberechtigung positive Kenntnis erhalten hat.[644] Dagegen spricht sich die heute wohl hM für eine Analogie zu **Art. 40 Abs. 3 WG** aus.[645] Hiernach entfällt die Liberationswirkung bereits mit grob fahrlässiger Unkenntnis. Zur Begründung wird angeführt, dass Gutglaubensschutz bei hinkenden Inhaberpapieren nicht über den Schutz bei echten Inhaberpapieren hinausgehen dürfe. Die Grenze der groben Fahrlässigkeit gilt auch regelmäßig auf vertraglicher Grundlage durch Einbeziehung der Sonderbedingungen für den Sparverkehr (→ Rn. 281 ff.).

265 **Positive Kenntnis** der Nichtberechtigung besitzt die Bank, wenn sie vom Kontoinhaber angewiesen wurde, keine Auszahlungen vorzunehmen oder ihr der Verlust des Sparbuchs bereits angezeigt wurde.[646] **Grobe Fahrlässigkeit** liegt vor, wenn besondere Umstände auf die fehlende Berechtigung des Vorlegers zwingend hindeuten und eine mögliche Prüfung der Legitimation durch die Bank sorgfaltswidrig unterlassen wurde. So kann sich aus der Höhe der Auszahlung eine besondere Prüfungspflicht ergeben, wenn der Betrag den üblichen Rahmen eines Massengeschäfts übersteigt.[647]

266 **(2) Reichweite des Gutglaubensschutzes.** Als weitere Grenze der Liberationswirkung ist die begrenzte Reichweite des Gutglaubensschutzes zu beachten. Nicht jede Erklärung oder jeder Antrag eines Kunden gegenüber der Bank unterfällt der Liberationswirkung aus dem Sparbuch. Gemäß dem Wortlaut des § 808 Abs. 1 S. 1 BGB ist es dem Schuldner möglich, trotz einer Nichtberechtigung an den Vorleger befreiend „zu leisten". Die Liberationswirkung erstreckt sich somit auf Mängel, welche in Verbindung mit der Leistung stehen, somit unstreitig die **Gläubigereigenschaft,** wie auch auf die **Verfügungs- und Vertretungsmacht** des Vorlegers.[648]

267 Hingegen ist problematisch, ob der gute Glaube auch über eine **fehlende Geschäftsfähigkeit** hinweghilft. Wird zB einem beschränkt geschäftsfähigen Minderjährigen Guthaben aus einem Sparkonto ausgezahlt, so fehlt diesem die Empfangszuständigkeit für die Tilgungsbestimmung der Bank gem. § 107 BGB analog. Deshalb kann grundsätzlich nicht mit befreiender Wirkung an einen Minderjährigen geleistet werden. Allerdings könnte die Liberationswirkung einer Schuldurkunde zu einem anderen Ergebnis führen, wenn sie sich

---

[641] Hingegen sind Sparbriefe im Regelfall als reine Rektapapiere vereinbart, bei denen nur an den materiell Berechtigten mit befreiender Wirkung ausgezahlt werden kann; s. *Canaris* Rn. 1188.

[642] Vgl. BGH WM 1987, 1038; OLG Hamm NJW-RR 1992, 46.

[643] MüKoBGB/*Habersack* § 808 Rn. 28; Claussen/*van Look* § 2 Rn. 46.

[644] RGZ 89, 401 (403); BGHZ 28, 368 (371) = NJW 1959, 622 (623), jedoch hat bereits das RG eine befreiende Wirkung verneint, wenn die Auszahlung gegen Treu und Glauben (§ 242 BGB) verstoßen hat. Die Frage, ob eine grob fahrlässige Auszahlung gegen Treu und Glauben verstößt, ließ der BGH offen.

[645] OLG Düsseldorf NJW 1987, 654 (655); LG Hamburg NJW 1983, 1860 (1861); LG Osnabrück NJW 1988, 212 f.; BankR-HdB/*Schürmann/Langner* § 71 Rn. 47, 50; EBJS/*Thessinga* BankR III Rn. 24; *Canaris* Rn. 1185; Claussen/*van Look* § 2 Rn. 46; MüKoBGB/*Habersack* § 808 Rn. 15.

[646] BGH NJW 1988, 2100 (2101).

[647] LG Hamburg NJW 1983, 1860 (1861); LG Osnabrück NJW 1988, 212 (213).

[648] BGHZ 28, 368 (370) = NJW 1959, 622 (623).

auch auf die fehlende Geschäftsfähigkeit erstreckt. Dies wird zum Teil abgelehnt, weil die Vorlage einer Sparurkunde keine Aussage über die Geschäftsfähigkeit enthält.[649] Demzufolge liegt kein vertrauensbegründendes Moment vor, das es rechtfertigen würde, von der grundsätzlichen Überlagerung des Verkehrsschutzes durch den Minderjährigenschutz abzuweichen. Dem ist nicht zu folgen, denn es ist gerade Sinn und Zweck eines qualifizierten Inhaberpapiers, Massengeschäfte zu vereinfachen mit der Folge, dass sich der Aussteller über Mängel im Bereich des Vorlegers keine Gedanken zu machen braucht.[650] Daher kann es im Übrigen auch keinen Unterschied machen, ob nun ein Dieb oder ein Minderjähriger die Sparurkunde vorlegt. Es fehlt an einer Empfangszuständigkeit des Minderjährigen nur in den Fällen, in denen das Sparbuch auf ihn ausgestellt wurde, er somit Gläubiger des Rückzahlungsanspruchs ist. Legt der Minderjährige jedoch ein fremdes Sparbuch vor, handelt es sich um ein sog. „neutrales Geschäft", welches nach § 107 BGB keine Einwilligung benötigt. Die Bank kann demnach mit befreiender Wirkung das Guthaben an den minderjährigen Dritten auszahlen. Eine andere Beurteilung würde zu der absurden Folge führen, dass der Bank die Liberationswirkung nur in den Konstellationen versagt bliebe, in denen sie an den wahren Inhaber der Forderung leistet. Alleinige Einschränkung der befreienden Wirkung ist erneut die Bösgläubigkeit der Bank, in Form der positiven Kenntnis oder der grob fahrlässigen Unkenntnis.[651]

Die Vorlage einer Sparurkunde berechtigt den Vorleger nicht zur **Abgabe sonstiger Willenserklärungen** gegenüber dem Kreditinstitut.[652] Die Änderung des Darlehensvertrags oder eine Aufhebung einer Kontosperrung ist weiterhin nur durch den Kontoinhaber möglich. Die Vorlage der Sparurkunde begründet keine **Vertretungsmacht** des Vorlegers. Lediglich Willenserklärungen, die zur Empfangnahme der verbrieften Leistung erforderlich sind, können durch den Vorleger des Sparbuchs wirksam abgegeben werden. Demnach steht es ihm nur zu, die Auszahlung des Guthabens als Erfüllung anzunehmen und den Darlehensvertrag zu kündigen, um das Guthaben nach Ablauf der Kündigungsfrist zu erhalten.[653] 268

Einer **Auszahlung vor Ablauf der Kündigungsfrist** kommt keine Liberationswirkung zu, soweit sie über den kündigungsfreien Rahmen nach § 21 Abs. 4 S. 2 RechKredV von max. 2.000 EUR pro Monat reicht.[654] Dies ergibt sich bereits aus § 808 Abs. 1 BGB, nach dem allein die in der Urkunde versprochene Leistung an den Inhaber der Urkunde bewirkt werden kann.[655] Eine vorzeitige Auszahlung ist jedoch nicht die in der Urkunde versprochene Leistung. Vielmehr stellt das Begehren, die Spareinlage bereits vor Ablauf der Kündigungsfrist zu erhalten, ein Angebot zur **Änderung des Sparvertrags** dar.[656] Zur Abgabe einer solchen Willenserklärung ist jedoch nur der materiell Berechtigte befugt. 269

Gem. § 21 Abs. 4 S. 2 RechKredV können die Parteien einen **kündigungsfreien Rahmen** von höchstens 2.000 EUR pro Monat vereinbaren. Wurde ein solcher kündigungsfreier Rahmen bestimmt und bleiben die Auszahlungen unterhalb dieser Grenze, sind sie „versprochene Leistungen" iSd § 808 Abs. 1 BGB mit der Folge, dass bei Vorlage einer Sparurkunde die Leistung mit befreiender Wirkung erfolgt. Indessen ist es fraglich, wie es zu beurteilen ist, wenn ein kündigungsfreier Rahmen vereinbart ist, jedoch eine Auszahlung vorgenommen wird, die diese Grenze überschreitet. **Der Auszahlung des Sockelbetrags** bis zum kündigungsfreien Rahmen kommt eine Liberationswirkung zu, weil 270

[649] Staudinger/*Marburger* § 808 Rn. 26.

[650] MüKoBGB/*Habersack* § 808 Rn. 16; EBJS/*Thessinga* BankR III Rn. 24; BankR-HdB/*Schürmann/Langner* § 71 Rn. 50.

[651] OLG Karlsruhe NJW-RR 1999, 230; BankR-HdB/*Schürmann/Langner* § 71 Rn. 50; Derleder/Knops/Bamberger/*Meschkat* § 40 Rn. 29.

[652] BGHZ 28, 368 (372) = NJW 1959, 622 (623); 64, 278 = NJW 1975, 1507.

[653] BGHZ 64, 278 = NJW 1975, 1507.

[654] BGHZ 28, 368 = NJW 1959, 622; 42, 302 = NJW 1965, 247; Claussen/*van Look* § 2 Rn. 45.

[655] Derleder/Knops/Bamberger/*Meschkat* § 40 Rn. 30 f.; Fischer/Klanten/*Klanten* Rn. 12.41.

[656] *Servatius* BKR 2005, 295 (296).

grundsätzlich über diesen Betrag frei verfügt werden kann.[657] Für den überschießenden Betrag gilt dies konsequenterweise nicht. Dagegen wird eingewendet, dass die Auszahlung nach dem Rechtsgedanken der §§ 139, 266 BGB als Leistung unteilbar sei.[658] Dem ist nicht zu folgen, denn § 808 Abs. 1 BGB betrifft nur die befreiende Wirkung einer Leistung. Eine Leistung wird nicht bereits dadurch geteilt, dass hinsichtlich der Legitimationswirkung unterschieden wird.[659]

271 Ebenfalls kommt einer Auszahlung keine Legitimationswirkung zu, wenn das Sparkonto gesperrt wurde. Die Sperrung der Spareinlage kann sowohl durch eine **Kontosperrung** des Gläubigers zB aufgrund eines Verlustes des Sparbuchs, als auch durch einen **Sperrvermerk,** wie einer zusätzlichen Pin- oder Passwortabfrage erfolgen. Eine Auszahlung des Guthabens entgegen einer Sperre ist keine versprochene Leistung iSd § 808 Abs. 1 BGB und kann folglich die Bank von ihrer Verpflichtung nicht befreien.[660]

272 **(3) Anwendung des § 407 BGB.** Grundsätzlich kann die Bank auch schuldbefreiend an den Inhaber der Kontoforderung ein Guthaben auszahlen, ohne dass er zwingend eine Sparurkunde vorlegen muss. Hat dieser seine Forderung nach § 398 BGB an einen Dritten still abgetreten, so muss der neue Gläubiger eine Auszahlung der Bank an den Altgläubiger nach § 407 BGB gegen sich gelten lassen. Demzufolge wird die Bank auch gegenüber dem neuen Gläubiger von ihrer Schuld befreit.

273 Dies gilt indessen nicht, wenn bei Abschluss des Vertrags über die Spareinlage auch eine **Vorlagepflicht** vereinbart wurde, wonach ein Guthaben nur unter Vorlage einer Sparurkunde ausgezahlt wird, selbst wenn es sich um den materiell Berechtigten handelt. Auf eine solch zwingende Vorlagepflicht muss sich der neue Gläubiger verlassen können, so dass die Anwendung des § 407 BGB ausgeschlossen ist.[661] Demnach befreien Zahlungen an den alten Gläubiger die Bank nicht von ihrer Schuld, so dass die Forderung dem Zessionar weiterhin zusteht.

274 Streitig ist vor diesem Hintergrund, wie **Nr. 1 Abs. 3 der Bedingungen im Sparverkehr** zu verstehen ist. Der Wortlaut „Bei Auszahlungen ist das Sparbuch vorzulegen" spricht zunächst dafür, diese Klausel als eine zwingende Pflicht zur Vorlage des Sparbuchs zu verstehen. Folglich wäre § 407 BGB nicht anwendbar und ein Sparbuch wäre ferner als Inhaberpapier zu qualifizieren, da es nur den Inhaber des Papiers zur Forderung der Leistung berechtigt.[662] Diese Konsequenz entspricht jedoch regelmäßig nicht den Parteiinteressen.[663] Zum einen dient der Ausschluss des § 407 BGB hauptsächlich der Fungibilität eines Wertpapiers. Eine erhöhte Verkehrsfähigkeit widerspricht aber regelmäßig dem Sparzweck einer Spareinlage. Ebenfalls wird aus Nr. 1 Abs. 1 S. 3 der Sonderbedingungen für den Sparverkehr deutlich, dass das Guthaben auf dem Sparkonto nicht mit dem in der Sparurkunde abgebildeten Guthaben übereinstimmen muss. Das Sparbuch ist daher auch im Lichte von Nr. 1 Abs. 3 kein echtes Inhaberpapier, welches dem Vorleger der Urkunde eine widerlegliche materielle Berechtigung zuspricht (→ Rn. 261). Die Bank soll gerade nicht verpflichtet werden, bei Vorlage der Urkunde leisten zu müssen. Folglich ist für das Forderungsrecht weiterhin die materielle Rechtslage maßgebend. Vor Veränderungen auf

[657] BayObLG NJW 1968, 600 (602); VGH Kassel NJW 1991, 510 (511); MüKoBGB/*Habersack* § 808 Rn. 33; Derleder/Knops/Bamberger/*Meschkat* § 40 Rn. 30 f.; EBJS/*Thessinga* BankR III Rn. 26; Claussen/*van Look* § 2 Rn. 45.

[658] OLG Hamm NJW 1961, 1311 (1312); LG Hamburg WM 1983, 577.

[659] BayObLG NJW 1968, 600 (602).

[660] Kümpel/Wittig/*Peterek* Rn. 8.95 f.; Fischer/Klanten/*Klanten* Rn. 12.43; Derleder/Knops/Bamberger/*Harbeke* § 39 Rn. 14.

[661] **AA** wohl Derleder/Knops/Bamberger/*Meschkat* § 40 Rn. 36; das Argument, dass die BAKred selbst bei der früher nach KWG zwingenden Vorlagepflicht Ausnahmen zugelassen hat, geht fehl, da die ehem. Verwaltungspraxis für die heutigen vertraglichen Vereinbarungen keine Wirkungen entfalten kann; → Rn. 288 f.

[662] EBJS/*Thessinga* BankR III Rn. 23.

[663] BankR-HdB/*Schürmann*/*Langner* § 71 Rn. 45; Claussen/*van Look* § 2 Rn. 47.

dieser Ebene schützt § 407 BGB den Schuldner mit der Folge, dass er auch im Falle des Sparbuchs anzuwenden ist.

b) Übertragung einer Sparurkunde. Eine Sparurkunde ist regelmäßig ein qualifiziertes Legitimationspapier und kein echtes Inhaber- oder Orderpapier (→ Rn. 261). Dementsprechend ist sie Schuldurkunde iSv **§ 952 BGB** mit der Folge, dass das Eigentum an der Sparurkunde der Inhaberschaft am verbrieften Recht, namentlich dem Rückzahlungsanspruch aus dem Darlehensvertrag (§ 488 Abs. 1 S. 2 BGB), folgt.[664] Die **Übereignung** einer Sparurkunde gem. §§ 929 ff. BGB hat konsequenterweise nicht wie bei Inhaberpapieren zur Folge, dass auch die Forderungsinhaberschaft wechselt; sie ist vielmehr unwirksam.[665] Allerdings kann die Vereinbarung über die „Übereignung eines Sparbuchs" auch im Wege der Auslegung oder Umdeutung so zu verstehen sein, dass mit dem Buch die verbriefte Forderung übergehen soll.[666] Die Rechtsvermutung des § 1006 BGB findet bei Sparurkunden keine Anwendung.[667] 275

c) Beweiskraft einer Sparurkunde im Prozess. Wenn eine Gutschrift oder Belastung in einer Sparurkunde noch nicht oder fälschlicherweise vermerkt wurde, so ergibt sich eine **Differenz zwischen der Urkunde und dem materiell richtigen Anspruch.** Nach dem allgemeinen Grundsatz der Beweislastverteilung trägt der Anspruchsteller die Beweislast für die rechts- oder klagebegründenden Tatsachen, hingegen trägt der Anspruchsgegner die Beweislast für die rechtshindernden, rechtsvernichtenden und rechtshemmenden Tatsachen. Demzufolge ist der Gläubiger beweisbelastet für die Entstehung und die Höhe der Spareinlage,[668] die Bank für bereits vorgenommene Auszahlungen[669] oder die Auflösung des Sparkontos.[670] 276

Werden die einzelnen Eintragungen in einer Sparurkunde unterschrieben, kann ihr als **Privaturkunde iSv § 416 ZPO** ein großer Beweiswert zukommen. Damit die Beweisregel des § 416 ZPO Anwendung findet, muss die Urkunde in Urschrift vorgelegt werden,[671] diese darf keinen erheblichen äußeren Mangel besitzen (§ 420 ZPO) und bedarf einer ausreichenden Form der Unterschrift. Der Unterzeichner muss erkennbar sein, so dass ein Namenskürzel oder Paraphe regelmäßig nicht genügt;[672] indessen braucht die Unterschrift nicht eigenständig zu erfolgen und kann auch maschinell angefertigt werden.[673] Allerdings ist es notwendig, dass die Unterschrift den Urkundentext räumlich und zeitlich abschließt, so dass weder eine „Oberschrift" noch eine „Nebenschrift" eine Unterschrift iSd § 416 ZPO darstellen.[674] Sind die Voraussetzungen erfüllt, so begründet die **unterschriebene Urkunde** den vollen Beweis dafür, dass die enthaltenen Erklärungen von den Ausstellern abgegeben wurden, sog. formelle Beweiskraft, mithin die **widerlegliche Vermutung der Vollständigkeit und Richtigkeit** der Urkunde.[675] Auf die Überzeugung des Gerichts kommt es hinsichtlich der Abgabe der Erklärung somit nicht an. Dies gilt auch, wenn seit der letzten Eintragung eine lange Zeit verstrichen ist.[676] Nicht umfasst sind jedoch der materielle Inhalt, die Wirksamkeit und der Umstand (Ort und Zeit) der Erklärung, die weiterhin dem Grundsatz der freien Beweiswürdigung nach § 286 Abs. 1 277

[664] RGZ 106, 1 (4); BGH WM 1972, 701; NJW 2005, 2222 (2223); Staudinger/*Gursky* § 952 Rn. 5; Bamberger/Roth/*Kindl* § 952 Rn. 3.
[665] LG Flensburg NJW-RR 2009, 196.
[666] BGH WM 1962, 487; 1965, 897 (900); OLG Karlsruhe NJW-RR 2019, 494 Rn. 31 ff.; Staudinger/*Marburger* § 808 Rn. 47.
[667] BGH WM 1972, 701.
[668] Kümpel/Wittig/*Peterek* Rn. 8.64.
[669] OLG Köln NJW-RR 2001, 188; OLG Celle BKR 2008, 525; LG Dortmund BeckRS 2017, 15081.
[670] KG NJW-RR 1992, 1195.
[671] BGH NJW 1980, 1047 (1048); 1992, 829 (830).
[672] BGH NJW-RR 2007, 351.
[673] MüKoZPO/*Schreiber* § 416 Rn. 5 f.; Musielak/*Huber* § 416 Rn. 2.
[674] BGH WM 1992, 626 (627); BGHZ 151, 47 (50) = NJW 2002, 2707 (2708).
[675] BGH NJW 1980, 1680 (1681); 2002, 3164 f.; LG Dortmund BeckRS 2017, 150581 Rn. 9.
[676] LG Dortmund BeckRS 2017, 150581 Rn. 10 ff.

ZPO unterfallen.[677] Folglich bleibt es auch bei einem unterschriebenen Sparbuch den Parteien weiterhin möglich, Beweis für einen höheren oder niedrigeren Guthabenbetrag zu führen.

278 **Sparurkunden ohne Unterschrift** oder maschinelle Kontoauszüge sind keine Urkunde iSv § 416 ZPO mit der Folge, dass die Grundsätze der freien Beweiswürdigung nach § 286 Abs. 1 ZPO eingreifen. Allerdings hat auch diese Urkunde bei einer freien Beweiswürdigung des Gerichts für den Gläubiger den Vorteil, dass die Ausstellung der Urkunde durch den Anspruchsgegner erfolgt ist. Die Eintragung in das Sparbuch wird dabei wie ein **außergerichtliches Geständnis** der Bank behandelt, dass der Kunde die Spareinlage eingezahlt hat.[678]

279 Will das Kreditinstitut einen Gegenbeweis zur Sparurkunde führen, so kommt dabei **bankinternen Aufzeichnungen und Kontounterlagen** jedoch nur eine geringe Qualität zu.[679] Sie sind keine Privaturkunden iSv § 416 ZPO, so dass ihr Beweiswert gem. § 286 Abs. 1 ZPO vom Gericht frei zu würdigen ist. Diese internen Dokumente werden dem Bankkunden entgegen einem Sparbuch oder anderen Urkunden gerade nicht zugänglich gemacht, demnach kann der Bankkunde falsche Eintragungen nicht beanstanden. Vielmehr dienen die externen Sparurkunden als Grundlage der Geschäftsbeziehung zwischen Kreditinstitut und Kunden.[680] Grundsätzlich ist das Kreditinstitut dafür verantwortlich, dass Fehler im Zahlungsverkehr vermieden werden, wofür sie qualifiziertes Personal einsetzt und durch organisatorische Maßnahmen sicherstellt, dass eine Kontrolle der Kassenbeträge erfolgt und Unterschlagungen durch das Personal weitestgehend ausbleiben.[681] Der Rechtsverkehr darf somit erwarten, dass die Eintragungen in einer Sparurkunde richtig sind.[682] Dementsprechend setzt die Rechtsprechung auch hohe Hürden für die Erschütterung der Beweiskraft einer Sparurkunde.[683]

280 Bei sog. **„Uralt-Sparbüchern" oder „vergessenen Sparbüchern"** sind die Anforderungen an eine Erschütterung der Beweiskraft geringer.[684] Allerdings kann nicht allein aus dem Umstand, dass seit Jahrzehnten keine Eintragungen vorgenommen wurden, der Schluss gezogen werden, dass das Konto aufgelöst ist oder über kein Guthaben verfügt.[685] Vielmehr dient dieser Umstand als Indiz, zu dem weitere Faktoren (interne Unterlagen, Korrespondenz zwischen Kreditinstitut und Bankkunden) stoßen können, die zusammen für eine Erschütterung der Beweiskraft sorgen.

6. Sonderbedingungen für den Sparverkehr – Einzelerläuterung

281 **a) Grundlagen.** Die Geschäftsverbindung zwischen Kreditinstitut und Bankkunden wird im Normalfall durch die AGB-Banken geregelt. Nr. 1 Abs. 1 S. 2 AGB-Banken sieht für bestimmte Geschäftsbeziehungen Sonderbedingungen vor, welche die allgemeinen Bedingungen der AGB-Banken ergänzen oder abändern. Dies betrifft insbesondere die Spareinlagen[686] und beruht auf dem Wegfall der gesetzlichen Bestimmung einer Spareinlage

[677] BGH NJW 1986, 3086; BGHZ 151, 47 (50) = NJW 2002, 2707 (2708); Musielak/*Huber* § 416 Rn. 2.

[678] OLG Frankfurt a. M. WM 1990, 496 f. = NJW-RR 1989, 1517 (1518); BGH WM 1988, 524 (525) = NJW-RR 1988, 881, diese Entscheidung erging zur Beweiskraft einer Bankquittung, jedoch sind die Wertungen übertragbar.

[679] OLG Hamm WM 1987, 1097 (1098); OLG Frankfurt a. M. WM 1990, 496 f. = NJW-RR 1989, 1517 (1518); LG Dortmund BeckRS 2917, 150581 Rn. 12 ff.

[680] BankR-HdB/*Schürmann/Langner* § 71 Rn. 33 f.

[681] BGH WM 1988, 524 (526) = NJW-RR 1988, 881; Assies/Beule/Heise/Strube/*Barleon* Kap. 6 Rn. 85.

[682] OLG Frankfurt a. M. BeckRS 2011, 04809.

[683] BGH WM 1988, 524 (526) = NJW-RR 1988, 881 (882); OLG Frankfurt a. M. WM 1991, 725 (726); OLG Köln WM 2004, 1475 f.

[684] Assies/Beule/Heise/Strube/*Barleon* Kap. 6 Rn. 85; BankR-HdB/*Schürmann/Langner* § 71 Rn. 35.

[685] BGHZ 151, 47 (49 f.) = NJW 2002, 2707 f.; OLG Frankfurt a. M. ZIP 2011, 1095 (1096).

[686] Vgl. Text und Erläuterung auch bei Bunte/*Zahrte* AGB-Banken, 4. Sonderbedingungen für Sparkonten.

iSv §§ 21, 22 KWG aF im Jahr 1992. Seit der **Liberalisierung des Begriffs einer Spareinlage** sind die Kreditinstitute bei der Gestaltung von Sparkonten zwar grundsätzlich frei (Privatautonomie). Allerdings sind die Spareinlagen nur unter den Voraussetzungen des § 21 Abs. 4 RechKredV gegenüber anderen Einlagearten privilegiert (→ Rn. 231 ff.). Insofern werden die hierfür maßgeblichen Anforderungen durch entsprechende **vertragliche Vereinbarungen** erfüllt. Der frühere gesetzliche Schutz der Einleger durch den für das Zivilrecht maßgeblichen standardisierten Begriff einer Spareinlage gem. §§ 21, 22 KWG aF wird somit zugunsten zivilrechtlicher Kontrollmechanismen, insbes. in Form einer AGB-rechtlichen Einbeziehungs- (§§ 305, 305c BGB) und Inhaltskontrolle (§§ 307 ff. BGB), aufgegeben.[687]

b) Muster-AGB für den Sparverkehr

Nr. 1 – Sparbuch

(1) Die Bank stellt dem Sparkontoinhaber ein auf dessen Namen lautendes Sparbuch aus. Im Sparbuch vermerkt die Bank Einzahlungen und Auszahlungen, alle übrigen Gutschriften und Belastungen sowie den jeweiligen Kontostand. Wenn Gutschriften oder Belastungen im Sparbuch noch nicht nachgetragen sind, können sich Abweichungen zwischen dem Kontostand in den Geschäftsbüchern der Bank und den Eintragungen im Sparbuch ergeben. 281a

(2) Der Sparkontoinhaber hat sein Sparbuch sorgfältig aufzubewahren und einen Verlust unverzüglich der Bank, möglichst der kontoführenden Stelle, anzuzeigen.

(3) Bei Auszahlungen ist das Sparbuch vorzulegen.

(4) Die Bank ist befugt, an den Vorleger des Sparbuches fällige Zahlungen zu leisten, sofern ihr nicht die fehlende Berechtigung des Vorlegers bekannt war oder infolge grober Fahrlässigkeit unbekannt geblieben ist.

Nr. 2 – Kündigung und Auszahlung

(1) Das Sparkonto dient der Geldanlage und darf nicht für Zwecke des Zahlungsverkehrs (zB Scheckziehung) verwendet werden.

(2) Der Kunde kann Sparguthaben, soweit nichts anderes vereinbart ist, mit einer Frist von drei Monaten kündigen (Kündigungsfrist).

(3) Von Sparkonten mit einer Kündigungsfrist von drei Monaten können, soweit keine andere Vereinbarung getroffen ist, innerhalb eines Kalendermonats bis zu 2.000 Euro ohne Kündigung abgehoben werden.

(4) Stimmt die Bank unabhängig von der in Absatz 3 genannten Verfügungsmöglichkeit einer vorzeitigen Rückzahlung ausnahmsweise zu, so kann sie für diese Rückzahlung einen Vorfälligkeitspreis verlangen. Die jeweilige Höhe des Vorfälligkeitspreises ergibt sich aus dem „Preisaushang – Regelsätze im standardisierten Privatkundengeschäft" der kontoführenden Stelle.

(5) Wenn der Kunde den zur Rückzahlung gekündigten Betrag nicht innerhalb eines Monats abhebt oder keine anderweitige Vereinbarung getroffen wird, wird der Sparvertrag für den gekündigten Betrag mit einer Kündigungsfrist von drei Monaten fortgesetzt; für dieses Sparguthaben werden sodann die für Sparkonten mit dreimonatiger Kündigungsfrist maßgeblichen Zinsen vergütet. Sie können niedriger sein, als für den gekündigten Betrag vereinbart war. Die Bank wird die Kündigung gegenüber dem Kunden schriftlich bestätigen und ihn hierbei darauf hinweisen, dass sie von seiner Zustimmung zur Fortsetzung des Sparvertrages ausgeht, wenn er über den gekündigten Betrag nicht innerhalb eines Monats verfügt.

Nr. 3 – Zinsen und Entgelte

(1) Die Höhe der jeweils maßgeblichen Zinsen und Entgelte ergibt sich aus dem „Preisaushang – Regelsätze im standardisierten Privatkundengeschäft" der kontoführenden Stelle und ergänzend aus deren „Preis- und Leistungsverzeichnis".

[687] *Servatius* BKR 2005, 295 (296).
[688] Text aus Bunte/*Zahrte* AGB-Banken, 4. Sonderbedingungen für Sparkonten.

(2) Zinsen werden, sofern nichts anderes vereinbart ist, zum Ende des Kalenderjahres gutgeschrieben. Der Kunde kann hierüber ohne Einhaltung von Kündigungsfristen verfügen. Wird über die Zinsen nicht innerhalb von zwei Monaten nach Gutschrift verfügt, werden sie der Spareinlage zugerechnet. Sie unterliegen ab diesem Zeitpunkt der Kündigungsregelung gemäß Nr. 2 dieser Bedingungen.

282 **c) Erläuterung von Nr. 1 – Sparbuch.** Nr. 1 der Bedingungen für den Sparverkehr (→ Rn. 281a) enthält Regelungen über das Sparbuch. Die Ausstellung einer Sparurkunde ist notwendig für die Privilegierung der Spareinlage in der Bankbilanz gem. § 21 Abs. 4 S. 1 Nr. 1 RechKredV.

283 **aa) Ausstellung einer Urkunde.** Das **Sparbuch** wird auf den Namen des Kontoinhabers ausgestellt. Der vollständige Name und die Adresse müssen nicht enthalten sein, die bloße Identifizierbarkeit, zB über die Kontonummer, ist ausreichend.[689] Neben dem klassischen Sparbuch (= eine Urkunde) finden in jüngerer Zeit auch **Loseblatt-Sparurkunden** Verwendung.[690] In diesen Fällen handelt es sich um eine zusammengesetzte Urkunde,[691] für den Saldo ist der letzte Kontoauszug maßgeblich.[692] Werden in diesem Kontext seitens der Bank überhaupt keine Dokumente mehr ausgegeben, sondern lediglich **Dateien,** fehlt es indessen an einer urkundlichen Verbriefung, was aber allenfalls für die Rechnungslegung der Banken gem. § 21 Abs. 4 RechKredV relevant ist.[693] Zivilrechtlich besteht kein Zwang, eine Spareinlage urkundlich zu verbriefen. Die wertpapierrechtlichen Besonderheiten (→ Rn. 258 ff.) gelten in diesen Fällen freilich nicht. Das Gleiche gilt für die in der Praxis ebenfalls verbreiteten **Sparkarten** (SparCard). Diese sind richtigerweise keine Urkunden, weil sie das Guthaben nicht dokumentieren (→ Rn. 239).[694]

284 **bb) Dokumentation der Zahlungsströme.** Gem. Nr. 1 Abs. 1 S. 1 werden **Einzahlungen und Auszahlungen** und alle übrigen Gutschriften und Belastungen im Sparbuch vermerkt. Durch die Dokumentation aller Zahlungsströme kommt dem Sparbuch eine hohe Beweiskraft zu (→ Rn. 276 ff.). Die Eintragung einer Gutschrift in das Sparbuch ist jedoch nicht gleichzusetzen mit einem Guthaben, das einem Girokonto gutgeschrieben wird. Im letzten Fall wird ein abstraktes Schuldversprechen oder Schuldanerkenntnis (§§ 780, 781 BGB, § 350 HGB) der Bank gegenüber dem Kunden begründet, um den bargeldlosen Zahlungsverkehr der Bareinzahlung gleichzustellen. Dagegen widerspricht der Zweck eines Sparbuchs der Begründung einer abstrakten Forderung.[695] Es handelt sich vielmehr um ein **Rektapapier,** welches die Geltendmachung einer Forderung erleichtert, nicht jedoch eine eigenständige Forderung begründet (→ Rn. 261).

285 **cc) Aufbewahrung des Sparbuchs.** Die in Nr. 1 Abs. 2 enthalten **Sorgfaltspflichten des Sparers** bezüglich der Aufbewahrung des Sparbuchs präzisieren die wertpapierrechtliche Einordnung der Sparurkunde als hinkendes Inhaberpapier: Die Vorlage des Sparbuchs berechtigt die Bank, an den Vorleger des Sparbuchs mit befreiender Wirkung das Guthaben des Sparkontos auszuzahlen. Auf welche Weise der Vorleger dabei Besitz des Sparbuchs erhalten hat (Diebstahl, Drohung), ist für die Liberationswirkung irrelevant, soweit nicht die Bank positive Kenntnis oder grob fahrlässige Unkenntnis von der Nichtberechtigung oder dem Verlust des Buchs besitzt (Einzelheiten → Rn. 264 f.).

286 § 808 Abs. 2 S. 2 BGB sieht für qualifizierte Legitimationspapiere ein **Aufgebotsverfahren** vor, durch welches ein verlorenes Sparbuch für kraftlos erklärt werden kann (vgl.

---

[689] BankR-HdB/*Schürmann/Langner* § 71 Rn. 23.
[690] Vgl. Bunte/*Zahrte* AGB-Banken, 4. Sonderbedingungen für Sparkonten, Rn. 5 unter Hinweis auf die speziellen AGB.
[691] Vgl. OLG Hamm BeckRS 1984, 31381395.
[692] Bunte/*Zahrte* AGB-Banken, 4. Sonderbedingungen für Sparkonten Rn. 12.
[693] Bunte/*Zahrte* AGB-Banken, 4. Sonderbedingungen für Sparkonten Rn. 13 a.
[694] **Abw.** MüKoHGB/*Fest* Einlagengeschäft Rn. 220.
[695] BankR-HdB/*Schürmann/Langner* § 71 Rn. 29 f.

§§ 433 ff. FamFG). Die Antragsbefugnis richtet sich nach § 467 Abs. 2 FamFG. Der Gläubiger, der die Spareinlage in der Zwangsvollstreckung gepfändet und überwiesen bekommen hat, ist antragsberechtigt. Für die Glaubhaftmachung genügt nicht die Behauptung, der Besitzer des Sparbuchs halte sich im Ausland auf.[696] Gestützt auf Art. 102 Abs. 2 EGBGB enthalten zum Teil die Sparkassengesetze der Länder besondere Regelungen für Sparkassenbücher.[697]

dd) Vorlagepflicht. Nr. 1 Abs. 3 setzt für die **Auszahlung** der Spareinlage die Vorlage des Sparbuchs voraus. Die Vorlagepflicht ist kein Merkmal iSd § 21 Abs. 4 RechKredV, so dass die Kreditinstitute auch bei einer privilegierten Spareinlage bezüglich der Aufnahme und Gestaltung einer Vorlagepflicht frei sind. Insofern führen Gestaltungen, wonach der Kunde mittels SparCard über sein Guthaben verfügen kann, nicht zum Verlust der Privilegierung. **287**

Ist aber wie gem. Nr. 1 Abs. 3 eine Vereinbarung über die Pflicht zur Vorlage eines Sparbuchs getroffen worden, stellt sich die Frage, ob die Bank trotzdem berechtigt sein kann, Auszahlungen mit befreiender Wirkung vorzunehmen, **ohne dass das Sparbuch vorgelegt** wurde. Der Wortlaut des Nr. 1 Abs. 3 ist nahezu identisch mit dem der früheren gesetzlichen Vorlagepflicht einer Sparurkunde gem. § 21 Abs. 4 KWG aF. Daraus folgert ein Teil der Literatur, dass auch die **BAKred-Schreiben** bezüglich der Vorlagepflicht auf Nr. 1 Abs. 3 der Bedingungen für den Sparverkehr anwendbar sind, so dass nur bei folgenden Gestaltungen rechtmäßig von der Vorlagepflicht abgewichen werden kann:[698] (1) Ausführung von Daueraufträgen zugunsten eines anderen Sparkontos des Sparers bei demselben Kreditinstitut (zB eines Gewinnsparkontos oder prämienbegünstigten Sparkontos); (2) Belastungen des kontoführenden Kreditinstituts wegen fälliger Forderungen gegen den Sparer (zB Hypothekenzinsen, Tilgungsraten, Depotgebühren, Tresormieten, Ansprüche aus dem Kauf von Wertpapieren); (3) Besondere Gründe (zB Krankheit), aufgrund derer der Sparer nicht beim Kreditinstitut erscheinen kann und die Einsendung des Sparbuchs ihm nicht zumutbar ist, sowie Überweisungen an den Sparer selbst; (4) Verlustanzeige des Sparbuchs. **288**

Diese katalogartigen Ausnahmen haben heute jedoch **keine eigenständige Bedeutung** mehr. Die früheren BAKred-Schreiben waren nur für die Verwaltungspraxis bei der Feststellung einer Spareinlage nach § 21 Abs. 4 KWG aF bindend. Das aufsichtsrechtliche Mitteilungsschreiben erstreckt sich jedoch nicht auf die zivilrechtlichen Beziehungen zwischen Bankkunde und Kreditinstitut. Folglich konnte der Kunde bereits zur alten Gesetzeslage keinen Anspruch aus dem BAKred-Schreiben auf Auszahlung ohne Vorlage des Sparbuchs ableiten.[699] Mit der **Liberalisierung des Spargeschäfts** steht es den Kreditinstituten und Kunden frei, vom Wortlaut des § 21 Abs. 4 KWG aF abzuweichen, um entweder eine zwingende Vorlagepflicht des Sparbuchs zu statuieren oder konkrete Ausnahmefälle zu vereinbaren, ggf. *ad hoc* bei der konkreten Abhebung bzw. Verfügung. **289**

ee) Legitimationswirkung. Nach Nr. 1 Abs. 4 ist die Bank befugt, an den **Vorleger** des Sparbuchs fällige Zahlungen zu leisten, jedoch nicht verpflichtet. Das Sparbuch ist somit kein Inhaber- oder Orderpapier, vielmehr ist das Sparbuch auf Grund von Nr. 1 Abs. 4 als qualifiziertes Legitimationspapier oder **hinkendes Inhaberpapier** zu qualifizieren (Einzelheiten → Rn. 262 ff.). Aufgrund Nr. 1 Abs. 4 ist es der Bank möglich, mit befreiender Wirkung an einen Dritten zu zahlen, soweit dieser das Sparbuch vorlegen kann. Diese sog. **290**

---

[696] OLG Karlsruhe WM 2015, 1146.

[697] *Baden-Württemberg:* § 34 SparkG; *Bayern:* Art. 33 ff. AGBGB; *Hessen:* § 13 SparkG; *Niedersachsen:* § 7 SparkVO; *Nordrhein-Westfalen:* § 16 SparkVO; *Saarland* § 22 SparkG; *Schleswig-Holstein:* § 23 SparkG; *Thüringen:* § 13 SparkVO.

[698] BankR-HdB/*Schürmann/Langner* § 71 Rn. 38 f.; Mitteilung des BAKred, Nr. 1/64 v. 3.8.1964 in Reischauer/Kleinhans KZA 220; Schreiben des BAKred, I 3–242–1/77 v. 2.2.1982 in Reischauer/Kleinhans KZA 221.

[699] *Bähre/Schneider* § 21 Anm. 6.

Liberationswirkung setzt nicht voraus, dass der Vorleger des Sparbuchs identisch mit der in der Urkunde benannten Person ist. Weiterhin umschreibt Nr. 1 Abs. 4 jedoch die **Grenzen** der Liberationswirkung. Die Bank kann demzufolge nur mit befreiender Wirkung an einen nichtberechtigten Vorleger des Sparbuchs leisten, soweit sie nicht positive Kenntnis oder fahrlässige Unkenntnis der Nichtberechtigung besitzt. Diese Grenzen ergeben sich bereits aus dem auf das Wertpapier entsprechend anzuwendenden Art. 40 Abs. 3 WG.[700]

291 **d) Erläuterung von Nr. 2 – Kündigung und Auszahlung.** Nr. 2 der Bedingungen für den Sparverkehr (→ Rn. 281a) enthält Regelungen über die Kündigung des Sparbuchs. Die Bestimmungen orientieren sich an den Voraussetzungen des § 21 Abs. 4 RechKredV, um die Privilegierung der Spareinlagen in der Bankbilanz zu erlangen.

292 **aa) Keine Bestimmung zum Zahlungsverkehr.** Mit Nr. 2 Abs. 1 wird § 21 Abs. 4 RechKredV Rechnung getragen, der für privilegierte Spareinlagen vorsieht, dass sie einem Kreditinstitut für einen fest bestimmten Zeitraum zur Verfügung stehen und somit nicht dem Zahlungsverkehr dienen dürfen. Dementsprechend sind Verfügungen über das Guthaben durch Überweisung, Scheck, Kreditkarte oder Lastschrift nicht möglich. Hingegen können Überweisungen zugunsten eines Sparkontos jederzeit erfolgen; diese stehen in keinem Widerspruch zur festen Vermögensüberlassung an die Bank.

293 **bb) Kündigung und Kündigungsfrist.** Spareinlagen, welche die Merkmale einer privilegierten Spareinlage nach § 21 Abs. 4 RechKredV erfüllen sollen, müssen der Bank für eine unbestimmte Dauer zur Verfügung stehen. Folglich dürfen sie keine feste Laufzeit enthalten, an deren Ende der Anspruch auf Rückzahlung (§ 488 Abs. 1 S. 2 BGB) der Einlage fällig wird, vgl. § 488 Abs. 3 S. 1 BGB. Vielmehr bedarf es einer **Kündigung,** um den Rückzahlungsanspruch fällig zu stellen. Die Voraussetzung der unbefristeten Einlage darf auch nicht durch eine Kündigung zum Zeitpunkt der Annahme der Gelder umgangen werden. Wird keine Privilegierung der Spareinlage angestrebt, bleibt es den Vertragsparteien unbenommen, die Fälligkeit des Rückzahlungsanspruchs zu befristen oder von einer auflösenden Bedingung (zB Erreichung eines Sparziels) abhängig zu machen.

294 Weiterhin setzt § 21 Abs. 4 RechKredV die Vereinbarung über eine **Kündigungsfrist von mindestens drei Monaten** voraus. Bei einer kürzeren Frist handelt es sich nicht mehr um eine privilegierte Spareinlage; dagegen sind längere Kündigungsfristen mit § 21 Abs. 4 RechKredV vereinbar.[701] Ferner können die Parteien auch Abreden über Kündigungssperren treffen, dh eine Zeitspanne, in der keine Kündigung erklärt werden darf.[702]

295 Die Vereinbarung von Kündigungsfristen durch die Bedingungen für den Sparverkehr ist auch hinsichtlich einer AGB-rechtlichen Einbeziehungs- und Inhaltskontrolle regelmäßig unbedenklich.[703] So ist im Regelfall eine Kündigungsfrist von drei Monaten keine **überraschende Klausel** nach § 305c BGB. Das übereinstimmende Parteieninteresse bei Abschluss einer Spareinlage liegt darin, dass der Bank das eingezahlte Kapital für einen festen Zeitraum überlassen wird und der Kunde im Gegenzug dafür höhere Zinsen als für die jederzeit verfügbaren Sichteinlagen erhalten soll. Um die Verfügbarkeit des Guthabens auszuschließen, bedarf es einer Kündigungsfrist, so dass die Klausel nicht überraschend sein kann.

296 Eine **unangemessene Benachteiligung** durch eine Kündigungsklausel mit Kündigungsfrist ist gem. § 307 Abs. 2 Nr. 1 BGB im Zweifel anzunehmen, wenn sie mit den wesentlichen Grundgedanken der gesetzlichen Regelung nicht vereinbar ist. Als gesetzliche

---

[700] OLG Düsseldorf NJW 1987, 654 (655); LG Hamburg NJW 1983, 1860 (1861); LG Osnabrück NJW 1988, 212 f.; BankR-HdB/*Schürmann/Langner* § 71 Rn. 47; EBJS/*Thessinga* BankR III Rn. 24; Claussen/*van Look* § 2 Rn. 46; MüKoBGB/*Habersack* § 808 Rn. 15.

[701] Begründung zur ersten VO zur Änderung der RechKredV BT-Drs. 12/4876, 7; *Lange* BB 1993, 1677 (1679); Kümpel/Wittig/*Peterek* Rn. 8.76.

[702] Begründung zur ersten VO zur Änderung der RechKredV BT-Drs. 12/4876, 7.

[703] Ausführlich hierzu *Servatius* BKR 2005, 295 (296).

Regelung ist das Darlehensrecht (§§ 488 ff. BGB) heranzuziehen.[704] § 488 Abs. 3 S. 2 BGB sieht jedoch für unbestimmte Darlehensverträge eine Kündigungsfrist von drei Monaten vor, so dass keine Abweichung von der gesetzlichen Grundlage besteht. Allerdings ist es den Kreditinstituten auch möglich, Kündigungsfristen für Spareinlagen über einen längeren Zeitraum zu vereinbaren (zB sechs, zwölf Monate). Maßgebend für die Angemessenheit der Klausel ist in diesem Fall hauptsächlich, inwieweit sich die Länge der Kündigungsfrist und die Höhe der Zinsen entsprechen.

cc) Kündigungsfreier Rahmen. Vereinbaren die Parteien eine Kündigungsfrist von drei Monaten, kann nach Nr. 2 Abs. 3 gleichwohl ein Betrag von 2.000 EUR pro Monat ohne Kündigung abgehoben werden. Die Höhe des kündigungsfreien Rahmens ist für privilegierte Spareinlagen durch § 21 Abs. 4 S. 2 RechKredV vorgegeben. Danach ist es den Parteien erlaubt, einen kündigungsfreien Rahmen **von höchstens 2.000 EUR pro Monat** zu vereinbaren. Die Parteien sind jedoch frei, keinen Kündigungsfreibetrag zu verabreden. 297

dd) Vorzeitige Kündigung, Vorschusszinsen. Dem Bankkunden steht auf Grund des Sparvertrages über den kündigungsfreien Rahmen hinaus (dazu → Rn. 297) kein Anspruch auf vorzeitige Auszahlung seiner Spareinlage zu. Nach Nr. 2 Abs. 4 kann die Bank dem Anliegen des Kunden jedoch im Einzelfall entsprechen und die angenommenen Gelder vorzeitig zurückzahlen. Damit ist trotz der vorzeitigen Verfügung des Kunden nicht zwingend der Wegfall der Privilegierung einer Spareinlage iSd § 21 Abs. 4 RechKredV verbunden. Jedoch muss die vorzeitige Auszahlung freiwillig durch die Bank erfolgen, denn nur so bleibt der Hintergrund der Privilegierung (unbefristete Vermögensüberlassung, Verwendung zur Refinanzierung des Aktivgeschäfts) gewahrt.[705] Folglich darf dem Kunden **kein Anspruch auf** eine vorzeitige Kündigung zustehen. 298

Nach Nr. 2 Abs. 4 S. 1 ist dem Kreditinstitut jedoch erlaubt, einen Vorfälligkeitspreis für die vorzeitige Rückzahlung zu verlangen, sog. **Vorschusszinsen.** Der Betrag des Vorfälligkeitspreises ergibt sich aus dem Preisaushang der kontoführenden Stelle, vgl. Nr. 2 Abs. 4 S. 2. Die Vereinbarung von Vorschusszinsen ist regelmäßig nicht **überraschend** iSd § 305c BGB.[706] Die AGB-rechtliche **Inhaltskontrolle** nach §§ 307 ff. BGB ist jedoch durchaus problematisch. Teilweise wird vertreten, die Regelung als **Vertragsstrafe** iSv § 309 Nr. 6 BGB zu qualifizieren, mit der Folge, dass Vorschusszinsen nicht per AGB vereinbart werden können.[707] Gegen diese Betrachtung spricht jedoch die Funktion einer Vertragsstrafe. Im Einklang mit den Gesetzgebungsmaterialien zu § 339 BGB ist sie vor allem Druckmittel, um den Schuldner zur ordnungsgemäßen Erfüllung der versprochenen Leistung anzuhalten.[708] § 309 Nr. 6 BGB verbietet daher den Druck des Verwenders auf den Kunden, pünktlich zu leisten oder am Vertrag festzuhalten.[709] Die in Rede stehende Klausel übt jedoch keinerlei Druck auf den Bankkunden aus, da der Kunde die Vertragsbeendigung durch vorzeitige Kündigung nicht in der Hand hält, sondern auf das Einverständnis der Bank angewiesen ist. 299

Betrachtet man den wirtschaftlichen Hintergrund der Vorschusszinsen, liegt es nahe, von einem **pauschalierten Schadensersatz** iSv § 309 Nr. 5 BGB auszugehen.[710] Das Kreditinstitut verlangt hiernach im Fall der Abhebung vor Ablauf der vertraglich vereinbarten 300

[704] *Servatius* BKR 2005, 295 (297); *Rösler/Wimmer* BKR 2007, 8 (15 f.); **abw.** konsequenterweise BGH NJW 2019, 2920 Rn. 26, wenn man von einer unregelmäßigen Verwahrung ausgeht.

[705] *Lange* BB 1993, 1677 (1680).

[706] Ausführlich hierzu *Servatius* BKR 2005, 295 (298 f.).

[707] *Lange* BB 1993, 1677 (1680 f.), jedoch ohne daraus die Unwirksamkeit der Klausel ableiten zu wollen.

[708] BGHZ 153, 311 (324) = NJW 2003, 1805 (1808); Bamberger/Roth/*Janoschek* § 339 Rn. 1; Staudinger/*Coester-Waltjen* § 309 Nr. 6 Rn. 1.

[709] MüKoBGB/*Kieninger* § 309 Nr. 6 Rn. 2.

[710] So wird der spiegelbildliche Fall einer Vorfälligkeitsentschädigungsklausel für das Aktivgeschäft der Kreditinstitute als pauschalierter Schadensersatz iSd § 309 Nr. 5a BGB anerkannt, vgl. BGH NJW 1998, 592 (593); NJW-RR 1999, 842.

Kündigungsfrist Zinsen, die den entgangenen Gewinn ersetzen sollen.[711] Jedoch setzt ein pauschalierter Schadensersatz eine dem Grunde nach bestehende Schadensersatzpflicht voraus.[712] An dieser Schadensersatzpflicht mangelt es, wenn der Kunde eine vorzeitige Kündigung begehrt, da er diese nicht ohne die Mitwirkung der Bank durchsetzen kann. Liegt ein Einverständnis vor, fehlt es an einer Pflichtwidrigkeit des Bankkunden.

301 Lässt sich die Klausel über die Vorschusszinsen nicht unter die Verbote nach §§ 308 f. BGB einordnen, ist sie weiterhin an der allgemeinen Inhaltskontrolle gem. § 307 BGB zu messen. Allerdings scheidet eine richterliche Inhaltskontrolle aus, wenn die Vorschusszinsen als **Entgelt** zu qualifizieren sind. Nach § 307 Abs. 3 BGB sind Vereinbarungen über Leistung und Gegenleistung nicht kontrollfähig.[713] Der Kunde hat keinen Anspruch auf vorzeitige Kündigung der Spareinlage; hierfür bedarf es vielmehr der Mitwirkung des Kreditinstituts. Aufgrund der im Voraus vereinbarten Vorschusszinsen zahlt der Kunde daher einen Vorfälligkeitspreis für die einvernehmlich vereinbarte vorzeitige Rückzahlung der Spareinlage. Folglich ist die Vereinbarung über die vorzeitige Kündigung entgeltlich. Das Kreditinstitut lässt sich seine freie Entscheidung, nicht auf der Einhaltung der Kündigungsfrist zu bestehen, vergüten.[714]

302 Die Vereinbarung über die Vorschusszinsen gestattet es dem Kreditinstitut, bei vorzeitiger Auszahlung vom Kunden einen Vorfälligkeitspreis zu verlangen. Fraglich ist, ob das Kreditinstitut auch auf die Vorschusszinsen verzichten kann. Sollen die Einlagen als privilegierte Spareinlagen iSv § 21 Abs. 4 RechKredV gelten, ist diese Einordnung bei einer vorzeitigen Auszahlung an den Kunden fraglich, denn eine vorzeitige Auszahlungsmöglichkeit an den Kunden widerspricht dem Zweck der Privilegierung. Allerdings wurde auch schon zur alten Gesetzeslage die Notwendigkeit des Kreditinstituts, ihren Kunden in besonderen Situationen das eingezahlte Kapital wieder zur Verfügung zu stellen, anerkannt.[715] Als Grundlage für die Qualifizierung einer Spareinlage als privilegierte Einlage trotz **Verzichts auf die Vorschusszinsen** können die Schreiben der BAKred zum § 22 Abs. 3 KWG aF dienen.[716] Jedoch gewähren die folgenden Fälle des BAKred-Schreibens keinen Anspruch des Bankkunden auf Verzicht der Bank, sondern enthalten nur Aussagen für das Kreditinstitut bezüglich der **Privilegierung** einer Spareinlage:[717] (1) Wirtschaftliche Notlage des Bankkunden, dh unvorhergesehenes Ereignis, auf das er sich nicht einstellen konnte und dem er nicht mit anderen Mitteln abzuhelfen vermag; (2) Wertpapiererwerb; (3) Übertragung auf ein Konto bei demselben Kreditinstitut; (4) Wechsel des Wohnsitzes des Sparers; (5) Tod des Sparers; (6) Vorzeitige Auflösung des Sparvertrags.

303 **ee) Fortsetzung trotz Kündigung.** Mit Kündigung der Spareinlage und Ablauf der Kündigungsfrist wird der Rückzahlungsanspruch fällig (§ 488 Abs. 3 BGB). Hebt der Kunde jedoch das fällige Guthaben nicht innerhalb eines Monats ab, so wird der Sparvertrag gem. Nr. 2 Abs. 5 mit einer Kündigungsfrist von drei Monaten fortgeführt. Dem Stehenlassen der fälligen Einlage wird somit der Erklärungswert beigemessen, dass der Kunde den Sparvertrag weiterführen möchte. **§ 308 Nr. 5 BGB** enthält für eine solche Genehmigungsfiktion zwei Mindestvoraussetzungen:[718] Zum einen muss eine angemessene Frist zur Abgabe einer Erklärung eingeräumt werden, daneben muss die Bank den Kunden auf die Bedeutung seines Verhaltens besonders hinweisen.

---

[711] Derleder/Knops/Bamberger/*Batereau/Bertram* § 41 Rn. 46.

[712] Ausführlich hierzu *Servatius* BKR 2005, 295 (300); ebenso Staudinger/*Coester-Waltjen* § 309 Nr. 5 Rn. 11; Bamberger/Roth/*J. Becker* § 309 Nr. 5 Rn. 14.

[713] Staudinger/*Coester* § 307 Rn. 284; MüKoBGB/*Kieninger* § 307 Rn. 12; Bamberger/Roth/*H. Schmidt* § 307 Rn. 68.

[714] Ausführlich *Servatius* BKR 2005, 295 (301); ebenso *Rösler/Wimmer* BKR 2007, 8 (17); BankR-HdB/*Schürmann/Langner* § 71 Rn. 71.

[715] *Bähre/Schneider* § 22 Anm. 6; Mitteilung des BAKred Nr. 1/64 v. 3.8.1964 in *Reischauer/Kleinhans* KZA 220.

[716] Mitteilung des BAKred Nr. 1/64 v. 3.8.1964 in *Reischauer/Kleinhans* KZA 220.

[717] *Bähre/Schneider* § 22 Anm. 6.

[718] MüKoBGB/*Kieninger* § 308 Nr. 5 Rn. 1; Bamberger/Roth/*J. Becker* § 308 Nr. 5 Rn. 3.

Der besondere Hinweis auf die Folge des Stehenlassens des Guthabens kann bereits mit der Kündigungsbestätigung durch die Bank erfolgen.[719] Die Erklärungsfrist muss dem Bankkunden einen angemessenen Zeitraum zur Entscheidungsfindung gewähren. Der AGB-mäßig vereinbarte Zeitraum von einem Monat nach Ablauf der Kündigungsfrist erfüllt diese Voraussetzungen. Die Rechtsprechung billigt eine Frist von vier Wochen sogar für die wesentlich anspruchsvollere Prüfung eines Rechnungsabschlusses bei einem Girokonto.[720] 304

e) Erläuterung von Nr. 3 – Zinsen und Entgelte. aa) Grundlagen. Nr. 3 der Bedingungen für den Sparverkehr enthält Regelungen über die Zinszahlungen und Entgelte des Kreditinstituts, welche aufgrund des Sparvertrags anfallen. Diese AGB-Klausel regelt indessen die Zins- und Entgeltpflicht bei Spareinlagen nur unvollständig. Unabhängig davon, ob man Spareinlagen als Darlehen oder unregelmäßige Verwahrung qualifiziert, bedürfen **Zinsregelungen** nämlich stets einer entsprechenden vertraglichen Vereinbarung. Die essentialia negotii einer solchen Zinsabrede sind die Zinshöhe bzw. der Zinssatz und der Zinslauf. Kraft Gesetzes besteht weder nach § 488 BGB noch gemäß § 700 BGB eine Zinspflicht. In diesem Zusammenhang ist zudem zu unterscheiden, ob diese Zinsregelung individuell oder AGB-mäßig getroffen wurde. Ersteres ist durchaus üblich, insbesondere bei Sparverträgen; vgl. zu Letzterem sogleich (→ Rn. 306 ff. sowie grundlegend → Rn. 25g ff.). Im Hinblick auf **Entgelte** gilt teilweise etwas anderes, denn hierzu gibt es entsprechende gesetzliche Regelungen (vgl. nur § 675f Abs. 5 BGB und § 312a Abs. 3 S. 1 BGB); Einzelheiten unten → Rn. 321 ff. 305

bb) Zinsregelungen. (1) Preisaushang. Nr. 3 Abs. 1 der Bedingungen für den Sparverkehr verweist im Hinblick auf die „jeweils maßgeblichen Zinsen" auf den Preisaushang und das Preis- und Leistungsverzeichnis. Hieraus folgt zunächst ganz allgemein, dass in den Fällen, in denen eine individuell vereinbarte Zinsregelung fehlt, Spareinlagen **variabel verzinst** werden.[721] Der Preisaushang ist rechtlich von den AGB-Sparverkehr, mithin der vertraglichen Vereinbarung über die Spareinlage, zu trennen. Er wird lediglich durch die **dynamische Verweisung** gemäß Nr. 3 Abs. 1 der Bedingungen vor den Sparverkehr verbindlich. Insofern ist es daher geboten, dass der in Bezug genommene jeweilige (!) Preisaushang auch den Anforderungen einer AGB-rechtlichen **Einbeziehungskontrolle** (§§ 305, 305c BGB) entspricht.[722] 306

Die Bekanntgabe der maßgebenden Spareinlage-Konditionen durch Preisaushang **in den Geschäftsräumen** des kontoführenden Kreditinstituts entspricht dem sonstigen Informationsmodus der Banken (vgl. Nr. 12 Abs. 1 S. 1 AGB-Banken, Nr. 17 Abs. 1 S. 1 AGB-Sparkassen; vgl. zu Änderungen auch § 675g Abs. 3 BGB). Grundlage der Bekanntgabe durch einen Aushang ist jenseits von §§ 305, 305c BGB die Preisangabenverordnung **(PAnGV).**[723] Nach § 5 Abs. 1 PAnGV ist das Kreditinstitut verpflichtet, ein Preisverzeichnis für seine wesentlichen Leistungen aufzustellen und dieses im Geschäftslokal anzubringen. Demnach genügt das bloße Bereithalten des Preisverzeichnisses nicht.[724] Ferner unterfällt auch die Leistungserbringung über Bildschirmanzeige (zB **Online-Banking**) der Preisverzeichnispflicht, vgl. § 5 Abs. 1 S. 3 PAnGV. Es genügt jedoch, dass das Preisverzeichnis durch einen Link verfügbar ist.[725] 307

[719] BankR-HdB/*Schürmann*/*Langner* § 71 Rn. 85.

[720] BGHZ 144, 349 (355) = NJW 2000, 2667 (2668).

[721] BGHZ 97, 212 (219) = NJW 1986, 1803 (1804); OLG Düsseldorf WM 2004, 319 (321) = BKR 2004, 79 mAnm *Metz;* MüKoHGB/*Fest* Einlagengeschäft Rn. 376.

[722] OLG Hamm NJW-RR 2003, 630 (632) = WM 2003, 1169 (1172); *Roller* BKR 2008, 221 (224).

[723] Preisangabenverordnung idFv 18.10.2002 (BGBl. I 2002, 4197).

[724] Köhler/Bornkamm/*Köhler* PAnGV § 5 Rn. 6.

[725] OLG Hamm NJW-RR 2003, 630 (632) = WM 2003, 1169 (1172); *Roller* BKR 2008, 221 (224); Köhler/Bornkamm/*Köhler* PAnGV § 5 Rn. 6.

308 **(2) Zins und Zinshöhe.** Im Hinblick auf die Zinshöhe und -ausgestaltung herrscht im Ausgangspunkt **Privatautonomie.**[726] Die Einordnung der Verzinsung als variabel (soeben → Rn. 306) besagt für sich genommen auch nicht, auf welche Art der Zins berechnet wird. Die **grundsätzliche Entscheidung** zu einer variablen Verzinsung gegenüber einer festen Verzinsung als solche (das „Ob") ist durch die Gerichte nicht im Wege einer AGB-mäßigen Inhaltskontrolle gem. § 307 Abs. 1 S. 1, Abs. 2, §§ 308, 309 BGB oder einer Billigkeitskontrolle nach § 315 BGB überprüfbar, da es sich um eine freie Wahl der Parteien handelt, die nicht vom Gesetz vorgegeben ist.[727] Etwas anderes gilt aber für das Tansparenzgebot gem. § 307 Abs. 1 S. 2 BGB[728] sowie weitergehend für die konkrete Ausgestaltung dieser variablen Verzinsung (das „Wie" der Zinsanpassung). Hierfür stehen **verschiedene Möglichkeiten** bereit, die im Einzelfall im Wege der **Auslegung** ermittelt werden müssen.

309 Denkbar ist zum einen, ein einseitiges Bestimmungsrecht der Kreditinstitute iSv. § 315 BGB zu vereinbaren (sog. **Zinsanpassungsklausel**). Diese praktisch bedeutsame Klausel räumt dem Kreditinstitut eine spezielle Gestaltungsmacht in Bezug auf den Vertrag ein, so dass dieses nicht allein aus der Einbeziehung von Nr. 3 der Bedingungen für den Sparverkehr folgt.[729] Vielmehr muss dieses hinreichend deutlich mittels Angaben im Preisaushang vereinbart werden.[730] Hiervon abzugrenzen ist eine sog. **Zinsgleitklausel,** bei der die Entwicklung des maßgeblichen Zinssatzes von einer Referenzgröße, im Regelfall eines internationalen Leitzinssatzes (zB EURIBOR, LIBOR, EONIA)[731], abhängig gemacht wird.[732] Auch hierfür bedarf es entsprechender Angaben im Preisaushang. Die Unterscheidung zwischen Zinsgleitklausel und Zinsanpassungsklausel ist bedeutsam für die Beurteilung der Wirksamkeit einer Zinsklausel (§§ 315 Abs. 1 und § 307 Abs. 1 S. 1, Abs. 2, §§ 309, 309 BGB einerseits sowie § 307 Abs. 3 S. 2 BGB andererseits). Im Ergebnis lässt die Rechtsprechung jedoch zunehmend diese dogmatische Trennlinie vermissen und prüft nach geradezu einheitlichen Maßstäben die Wirksamkeit derartiger Klauseln, ohne dass sich (bloße!) Transparenzkontrolle und („echte") Inhaltskontrolle noch voneinander unterscheiden lassen. Vgl. hierzu auch bei sog. **Negativzinsen** → Rn. 25a ff. sowie bei **Sparverträgen** → Rn. 330 f.

310 **(a) Inhaltskontrolle einer Zinsgleitklausel.** Die AGB-rechtliche Inhaltskontrolle von Zinsgleitklauseln erfolgt im Ausgangspunkt allein anhand des **Transparenzgebots** gem. § 307 Abs. 1 S. 2 BGB. Dies gilt sowohl für die rechtliche Würdigung des maßgeblichen Zinses zum Zeitpunkt des Vertragsschlusses (sog. Anfangszins)[733] als auch für nachträgliche Änderungen (str.).[734] Die Klausel ist demnach wirksam, wenn sie die wesentlichen Merkmale der Zinsänderung hinreichend deutlich bestimmt, namentlich die öffentlich zugängliche[735] Bezugsgröße, die Anpassungsintervalle und die Anpassungsmarge (sog. Differenzmethode[736]). Eine weitere materielle Überprüfung gem. §§ 307 ff. BGB scheidet aus, weil

[726] Anders noch die bis 31.2.1967 gültige Zinsverordnung (ZinsV), vgl. MüKoHGB/*Fest* Einlagengeschäft Rn. 372.

[727] BGHZ 158, 149 (152) = NJW 2004, 1588; OLG Stuttgart WM 2019, 1110 (1112); *Schimansky* WM 2001, 1169 (1175); Assies/Beule/Heise/Strube/*Barleon* Kap. 6 Rn. 115.

[728] OLG Stuttgart WM 2019, 1110 (1112).

[729] OLG Düsseldorf WM 2004, 319 (322) = BKR 2004, 79 mAnm *Metz;* OLG Stuttgart WM 2019, 1111 (1112).

[730] Vgl. *Schimansky* WM 2001, 1169 (1173).

[731] Einzelheiten bei *Krepold/Herrle* BKR 2018, 89 (92); *Rösler/Lang* ZIP 2006, 214 (215); vgl. zu anderweitig strukturierten Einlagen gem. § 2 Abs. 19 WpHG MüKoHGB/*Fest* Einlagengeschäft Rn. 407 ff.

[732] *Schebesta* BKR 2005, 217; MüKoBGB/*K. P. Berger* § 488 Rn. 171; vgl. auch OLG Stuttgart WM 2019, 1110 (1112): Automatikklauseln.

[733] BGH NJW 2010, 1742; OLG Stuttgart WM 2019, 1110 (1112); MüKoHGB/*Fest* Einlagengeschäft Rn. 378.

[734] MüKoHGB/*Fest* Einlagengeschäft Rn. 380; vgl. auch BGH NJW 2010, 1742; **abw.** wohl *Krepold/Herrle* BKR 2018, 89 (92).

[735] OLG Stuttgart WM 2019, 1110 (1113); MüKoHGB/*Fest* Einlagengeschäft Rn. 381 (Anlehnung an § 675g Abs. 3 S. 2 BGB); die Frage offen lassend BGH BGH WM 2009, 1077, Rn. 35.

[736] Vgl. OLG Stuttgart WM 2019, 1110 (1113); BGH BKR 2011, 125.

die entsprechenden Parameter, zB von welchem Referenzzinssatz der Zins der Spareinlage abhängig gemacht wird, oder wie oft eine Zinsanpassung erfolgt, die Hauptleistungspflichten des Vertrags betreffen (entgeltliche Kapitalüberlassung auf Zeit); diese sind gem. § 307 Abs. 3 S. 2 BGB der richterlichen Inhaltskontrolle entzogen.[737] Voraussetzung für diese reduzierte Inhaltskontrolle ist aber, dass ein **unmittelbarer Zusammenhang** zwischen Zinsanpassung und Referenzgröße vereinbart wird, mithin der Bank kein Gestaltungsspielraum bei der Anpassung des jeweils maßgeblichen Zinssatzes zukommt.[738] Enthält die Klausel daher eine Anpassungsschwelle zu Gunsten der Banken, ist diese wie Zinsanpassungsklauseln vollumfänglich kontrollfähig (sogleich → Rn. 311).[739] Das Gleiche gilt, wenn bloß bankinterne Referenzzinssätze zu Grunde gelegt werden.[740] Im Kern muss eine wirksame Zinsgleitklausel daher auch dem **Spiegelbildprinzip** entsprechend, mithin Zinserhöhungen und Zinssenkungen gleichermaßen vorsehen.[741] Die Unwirksamkeit einer Klausel wegen Verletzung des Transparenzgebots setzt darüber hinaus aber **keine materiell benachteiligende Wirkung** für den Kunden voraus; die Intransparenz ist vielmehr ein selbstständiger Unwirksamkeitsgrund.[742] Wenngleich dies alles im Ergebnis überzeugt, ist doch kritisch anzumerken, dass die Rechtsprechung geneigt ist, das Transparenzgebot auszuweiten und dieses als Ansatz für eine **verkappte Inhaltskontrolle** heranzuziehen,[743] was im Grunde nur im Rahmen von § 307 Abs. 1 S. 1, Abs. 2, §§ 308, 309 BGB möglich ist. Vgl. im Übrigen zu sog. **Negativzinsen** → Rn. 25a ff.

(b) Inhaltskontrolle einer Zinsanpassungsklausel. Wird zur Umsetzung einer variablen Verzinsung, wie regelmäßig, eine Zinsanpassungsklausel vereinbart, steht dem Kreditinstitut die Möglichkeit zu, die Zinskonditionen einseitig zu verändern. Trotz der gesetzlichen Regelungen zur einseitigen Leistungsbestimmung (§§ 315 ff. BGB), insbes. der **Billigkeitskontrolle** gem. § 315 Abs. 1 BGB, bleibt die **AGB-Kontrolle** möglich.[744] Die Billigkeitskontrolle nach § 315 BGB und die AGB-rechtliche Einbeziehungs- und Inhaltskontrolle nach §§ 305 ff. BGB haben nämlich sowohl einen unterschiedlichen Anwendungsbereich, als auch einen anderen Maßstab.[745] So kann ein einseitiges Bestimmungsrecht gem. § 315 BGB durch AGB-Klausel nur vereinbart werden, soweit die Klausel wirksam einbezogen (§§ 305, 305c BGB) und inhaltlich wirksam (§§ 307 ff. BGB) ausgestaltet wurde. Dagegen betrifft die Prüfung der Billigkeit gerade auch die einseitig bestimmte Hauptleistung, die gem. § 307 Abs. 3 BGB nicht Gegenstand der richterlichen Inhaltskontrolle ist. **311**

In der Praxis überwiegt letztlich die AGB-Kontrolle von Zinsanpassungsklauseln, wobei argumentativ jedoch Aspekte der Billigkeit mit einfließen.[746] Im Mittelpunkt der Beurteilung steht vor allem **§ 308 Nr. 4 BGB,** wonach ein einseitiger Änderungsvorbehalt unzulässig ist, wenn dieser nicht „unter Berücksichtigung der Interessen des Verwenders für den anderen Vertragsteil zumutbar ist". Als hierbei berücksichtigungswertes **Interesse der Bank** ist grundsätzlich anzuerkennen, den Zinssatz an die Veränderungen am Kapitalmarkt anpassen zu können.[747] Die hiervon abzugrenzende **Zumutbarkeit** der Änderung für den Kunden bestimmt sich richtigerweise anhand des ursprünglichen Äquivalenzverhältnisses **312**

---

737 Staudinger/*Coester* § 307 Rn. 284; MüKoBGB/*Kieninger* § 307 Rn. 12; Bamberger/Roth/*H. Schmidt* § 307 Rn. 68.
738 OLG Stuttgart WM 2019, 1110 (1113); BGH WM 2009, Rn. 32.
739 Vgl. BGH NJW 2010, 1742; OLG Stuttgart WM 2019, 1110 (1112).
740 *Krepold/Herrle* BKR 2018, 89 (92); *Rösler/Lang* ZIP 2006, 214 (215).
741 BGH NJW 2010, 1741 (Symmetrie zwischen Zinserhöhungen und Zinssenkungen).
742 BGH NJW 2000, 651 (652); OLG Stuttgart WM 2019, 1110 (1112).
743 Besonders deutlich OLG Stuttgart WM 2019, 1110 (1114): „jedenfalls Transparenzkontrolle erforderlich", „auch Inhaltskontrolle möglich".
744 BGHZ 82, 21 (26) = NJW 1982, 331 (332); 158, 149 (153) = NJW 2004, 1588.
745 MüKoBGB/*Würdinger* § 315 Rn. 9.
746 Vgl. nur OLG Stuttgart WM 2019, 1110 (1113).
747 BGHZ 158, 149 (150) = NJW 2004, 1588; 180, 257 (266) = NJW 2009, 2051 (2053); *Schebesta* BKR 2005, 217 (224); Fischer/*Klanten* Rn. 12.47; MüKoHGB/*Fest* Einlagengeschäft Rn. 389.

von **Leistung und Gegenleistung.**[748] Die Zumutbarkeit für den Kunden ist daher zu bejahen, wenn die Ausübung des Leistungsbestimmungsrechts das anfängliche Äquivalenzverhältnis lediglich **fortschreibt** und nicht zu Gunsten des Verwenders verschiebt. Dies muss in der Klausel hinreichend deutlich formuliert werden, um dem Kunden die **Kalkulierbarkeit** möglicher Zinsänderungen vor Augen zu führen.[749] § 308 Nr. 4 BGB begründet bei Vorliegen einer Zinsanpassungsklausel insofern nämlich eine **Vermutung der Unwirksamkeit,** so dass es dem Klauselverwender obliegt, die Rechtfertigung darzulegen.[750] Im Kern gewährleistet die richterliche Inhaltskontrolle von Zinsanpassungsklauseln daher allein das legitime Ziel des Verwenders, aus Vereinfachungsgründen Marktentwicklungen sachgerecht in laufende Verträge zu integrieren, mithin die der ursprünglichen Vereinbarung zu Grunde liegende Geschäftsgrundlage zu perpetuieren.[751] Ein weitergehendes eigennütziges Handeln zur Stärkung der vertraglichen Stellung gegenüber dem Kunden ist hingegen kategorisch unzulässig. Im Übrigen und hiervon abzugrenzen gilt auch für die inhaltliche Kontrolle der Zinsanpassungsklauseln das **Transparenzgebot** gemäß § 307 Abs. 1 S. 2 BGB.[752] Eine Zinsanpassungsklausel kann daher auch allein wegen formaler Mängel im Hinblick auf die Darstellung der Anpassungsvoraussetzungen und -folgen unwirksam sein.

313 In Anwendung dieser AGB-rechtlichen Wirksamkeitsvoraussetzungen für Zinsanpassungsklauseln ergibt sich aus Letzterem somit zunächst ein **Gebot der Bestimmtheit** im Hinblick auf die tatbestandlichen und rechtsfolgenseitigen Parameter des Anpassungsrechts.[753] Maßgeblich für die rechtliche Bewertung der Transparenz sind die Erwartungen und Erkenntnismöglichkeiten eines durchschnittlichen Kunden zum Zeitpunkt des Vertragsschlusses.[754] Richtigerweise gelten diese Anforderungen des Transparenzgebots generell, mithin **nicht nur für langfristige Verträge.**[755] Eine Klausel, wonach *„der im Jahresverlauf durch Aushang bekanntgegebene Zins"* zu zahlen ist, ist daher bereits gemäß § 307 Abs. 1 S. 2 BGB unwirksam,[756] ebenso eine Klausel mit dem Inhalt *„Variable Verzinsung 2,00 % p. a."*.[757] Vielmehr sind Umstände der Zinsanpassung konkret zu bestimmen, insbes. der maßgebliche Referenzzinssatz und die Schwelle, ab der eine Anpassung erfolgen darf sowie deren Ausmaß, welches an den Kunden weitergegeben wird.[758] In zeitlicher Hinsicht ist die Dauer der Zinsperiode anzugeben. Kommt das Kreditinstitut diesen formalen Anforderung an die Bestimmtheit nicht nach, ist die Klausel unwirksam.[759] Auch hier gilt, dass die Unwirksamkeit einer Klausel wegen Verletzung des Transparenzgebots darüber hinaus **keine materiell benachteiligende Wirkung** für den Kunden voraussetzt.[760]

314 Die **konkrete inhaltliche Überprüfung** der klauselmäßig formulierten Änderungsvoraussetzungen (das „Wie" der Anpassung") gem. § 308 Nr. 4 BGB hat sich daran zu orientieren, ob hierdurch das ursprünglich vereinbarte **Äquivalenzverhältnis** von Leistung und Gegenleistung gewahrt oder verändert wird. Dies stellt die Kreditinstitute vor die

[748] BGHZ 158, 149 (150) = NJW 2004, 1588; BGH NJW 2010, 1742; OLG Stuttgart WM 2019, 1110 (1113).

[749] BGH WM 2017, 808.

[750] BGHZ 158, 149 (150) = NJW 2004, 1588; AG Koblenz WM 2007, 2057.

[751] Zutreffend OLG Stuttgart WM 2019, 1110 (1102): Reaktion auf Marktbedingungen.

[752] OLG Stuttgart WM 2019, 1110 (1112 ff.); Kümpel/*Peterek* Rn. 8.115.

[753] BGH NJW 2008, 3422 Rn. 12; OLG Brandenburg BeckRS 2008, 13357; LG Dortmund WM 2000, 2095 (2096); LG Köln WM 2001, 201 (202); vgl. auch MüKoHGB/*Fest* Einlagengeschäft Rn. 390: Mindestmaß an Kalkulierbarkeit.

[754] BGH NJW 2010, 3152, Rn. 29; OLG Stuttgart WM 2019, 1110 (1112).

[755] MüKoHGB/*Fest* Einlagengeschäft Rn. 390; *Langner/Müller* WM 2015, 1979 (1984).

[756] BGHZ 158, 149 (150) = NJW 2004, 1588.

[757] LG Düsseldorf VuR 2006, 60.

[758] Staudinger/*Freitag* § 488 Rn. 204.

[759] BGHZ 158, 149 (150) = NJW 2004, 1588 (1589); MüKoHGB/*Fest* Einlagengeschäft Rn. 393 (Hinweis auf § 305c Abs. 2 BGB); vgl. für das Aktivgeschäft auch BGHZ 180, 257 = NJW 2009, 2051 = WM 2009, 1077 = BKR 2009, 345; anders noch BGHZ 97, 212 (217) = NJW 1986, 1803; 118, 126 (131) = NJW 1992, 1751 (1752).

[760] BGH NJW 2000, 651 (652); OLG Stuttgart WM 2019, 1110 (1112).

Herausforderung, Anpassungsformeln zu formulieren, die **objektiv nachprüfbar an Bezugsgrößen des Kapitalmarkts orientiert** sind.[761] Eine Klausel, die dem Verwender ein unbegrenztes Anpassungsrecht zuspricht, ist daher gem. § 308 Nr. 4 BGB dem Kunden unzumutbar.[762] Dies gilt richtigerweise **gleichermaßen bei kurz- und langfristigen Spareinlagen.** Es ist zwar richtig, dass bei kurzfristigen Anlagen der Kunde die Möglichkeit hat, das Kapital abzuziehen und die Gefahr des unkalkulierbaren Zinsänderungsrisikos geringer ist als bei einer langen vertraglichen Bindung. Hieraus darf aber nicht gefolgert werden, dass die rechtlichen Vorgaben für eine Zinsanpassungsklausel zu Gunsten des Kreditinstituts aufgeweicht werden, etwa im Hinblick auf die Zulässigkeit einer unbegrenzten Zinsänderungsbefugnis bei langfristigen Sparverträgen.[763] Die Möglichkeit des Klauselverwenders, das Äquivalenzverhältnis einseitig zu ändern, kann nicht dadurch legitimiert werden, dass der Kunde den Vertag beenden kann.

315 Unzulässig sind weiterhin Klauseln, die nach der „kundenfeindlichsten" Auslegung gem. § 305c Abs. 2 BGB die Möglichkeit einer Verletzung des Äquivalenzverhältnisses durch den Verwender enthalten. Die maßgebliche Bezugsgröße für das aufrecht zu erhaltene Äquivalenzverhältnis kann hiernach letztlich nur ein öffentlich zugänglicher **Referenzzinssatz** sein (EURIBOR, LIBOR, EONIA)[764], der es ermöglicht, die entsprechende wirtschaftliche Betrachtung bei Vertragsbeginn und später einigermaßen rechtssicher durchzuführen. Die übrigen Parameter der Anpassung, mithin die **Anpassungsschwelle** und die **Anpassungsintervalle** können demgegenüber weitgehend frei bestimmt werden.[765] Erforderlich ist aber, dass der Änderungsvorbehalt nicht nur zu Lasten des Kunden gilt, sondern auch zu dessen Gunsten **(Spiegelbildprinzip).**[766] Bei Beachtung dieser Voraussetzungen ist es aber im Grundsatz auch zulässig, sog. Negativzinsen festzusetzen (→ Rn. 25a ff.). Im Kern läuft die begrüßenswert restriktive Auffassung der Rechtsprechung freilich darauf hinaus, dass die Grenzen zwischen Zinsgleit- und Zinsanpassungsklauseln im Hinblick auf die Wirksamkeitsvoraussetzungen verschwimmen. Letztlich ist daher für die Praxis kaum Raum, „echte" Zinsanpassungsklauseln zu vereinbaren, die jenseits ihrer engen tatbestandlichen Voraussetzungen und Rechtsfolgen das an sich gem. § 315 BGB kennzeichnende Ermessen bei der Ausübung zulassen.[767]

316 **(c) Rechtsfolgen unzulässiger Klauseln.** Verletzt eine variable Zinsklausel das Klauselverbot des § 308 Nr. 4 BGB oder das Transparenzgebot gem. § 307 Abs. 1 S. 2 BGB, so ist allein diese **unwirksam** (§ 306 Abs. 1 BGB). Richtigerweise gilt dies von Anfang an und umfasst daher auch den sog. **Anfangszins,** mithin die Zinsregelung bis zur ersten Anpassung (str.).[768] Etwas anderes kommt unter Anwendung des blue pencil-Tests nur dann in Betracht, wenn sich die Klausel entsprechend teilen lässt. Eine weitergehende geltungserhaltende Reduktion scheidet aus.[769]

317 Kommt es hiernach, wie regelmäßig, zur **Gesamtnichtigkeit der Zinsregelung,** ist problematisch, was stattdessen gilt. Die gesetzliche Ausgangslage gem. § 306 Abs. 2 BGB würde an sich dazu führen, dass die Einlage gar nicht verzinst wird, weil weder § 488 BGB noch § 700 BGB eine gesetzliche Zinspflicht vorsehen. Dies wäre freilich kaum interessengerecht, so dass über § 306 Abs. 3 BGB vieles für eine Gesamtunwirksamkeit des Sparvertrags sprechen würde. Um diese ebenfalls kaum interessengerechte Lösung zu vermei-

---

[761] BGHZ 158, 149 (150) = NJW 2004, 1588.
[762] BGHZ 158, 149 (150) = NJW 2004, 1588 (1589).
[763] So aber BGHZ 158, 149 (150) = NJW 2004, 1588; BGH NJW-RR 2011, 625 (626) = DB 2011, 409; vgl. auch *Schebesta* BKR 2002, 564 (569).
[764] Einzelheiten bei *Krepold/Herrle* BKR 2018, 89 (92); *Rösler/Lang* ZIP 2006, 214 (215); vgl. zu anderweitig strukturierten Einlagen gem. § 2 Abs. 19 WpHG MüKoHGB/*Fest* Einlagengeschäft Rn. 407 ff.
[765] Vgl. BGH NJW 2010, 1741; BGH WM 2017, 808; MüKoHGB/*Fest* Einlagengeschäft Rn. 392.
[766] BGH NJW 2010, 1741 (Symmetrie zwischen Zinserhöhungen und Zinssenkungen).
[767] Vgl. etwa BGH WM 2009, 1077 (081).
[768] **Abw.** MüKoHGB/*Fest* Einlagengeschäft Rn. 396.
[769] Vgl. nur OLG Stuttgart WM 2019, 1110 (1116).

den, ist allgemein anerkannt, die durch die Unwirksamkeit entstandene Vertragslücke im Wege der **ergänzenden Vertragsauslegung** zu schließen.[770] Hiernach wäre indessen nicht mit den Parteiinteressen vereinbar, den anfänglich geltenden Zinssatz auf die gesamte Vertragszeit zu erstrecken.[771] Vielmehr ist zwischen der (an sich) wirksamen Regelung über die Zinsvariabilität (das „Ob") und der unwirksamen Regelung über die Ausgestaltung der Variabilität (das „Wie") zu unterscheiden.[772] Hiernach ist grundsätzlich an der **Variabilität des Zinssatzes festzuhalten,** weil die hierauf bezogene Abrede eine Hauptleistungspflicht betrifft, die gem. § 307 Abs. 3 S. 1 BGB nicht kontrollfähig ist (→ Rn. 308). Insofern liegt letztlich auch kein Verstoß gegen das Verbot der geltungserhaltenden Reduktion vor.

318 Daran schließt sich jedoch die Problematik an, **welche konkrete variable Zinssatzregelung** nunmehr gelten soll. Keinesfalls steht der Bank ein einseitiges Bestimmungsrecht zu, da ein solches vereinbart werden muss und durch die Unwirksamkeit der Klausel eben nicht mehr besteht.[773] Die Gerichte haben vielmehr im Rahmen der ergänzenden Vertragsauslegung (§§ 133, 157 BGB) die **Änderungsparameter** selbst zu bestimmen.[774] Wesentlich sind dabei die Umstände der Zinsänderung, insbes. der maßgebliche Referenzzins, und die Dauer der Zinsperiode. Auch die Mittelverwendung durch die Bank ist beachtlich.[775] Als Referenzzinssatz für langfristige Sparverträge kann der in den Monatsberichten der Deutschen Bundesbank veröffentlichte Zinssatz für vergleichbare Produkte dienen.[776] In zeitlicher Hinsicht bietet sich beim genannten Referenzzins der Bundesbank für langfristige Sparprodukte ein monatliches Intervall an, da der Referenzzins ebenfalls monatlich veröffentlicht wird.[777] Der Abstand zwischen Referenzzins und Vertragszinssatz muss hierbei im relativen und nicht im absoluten Verhältnis gleich bleiben.[778] Gleichwohl kann dies auch zu sog. **Negativzinsen** führen (str.);[779] Einzelheiten hierzu → Rn. 25a ff. Eine Anpassungsschwelle, dh einen prozentualen Wert, der erst überschritten werden muss, damit eine Anpassung erfolgt, ist im Wege der ergänzenden Vertragsauslegung aber nicht anzunehmen.[780] Im Kern wird hierdurch im Wege der richterlichen Vertragskonkretisierung eine Lösung gefunden, welche der **Anwendung einer Zinsgleitklausel** nahekommt. Dies ist angesichts des Verbots der geltungserhaltenden Reduktion dogmatisch fragwürdig, aber aus praktischen und interessengeleiteten Erwägungen hinzunehmen.

319 **(3) Zinslauf.** Für die **Berechnung der Zinslaufzeit** sind keine speziellen Regelungen gegeben. Der **Zinslauf** richtet sich nicht nach §§ 187 ff. BGB.[781] Gibt es keine (wirksame) Vereinbarung, gilt Folgendes: Fehlt es an einer hinreichend deutlichen Einigung, wird man im Hinblick auf die Zinshöhe regelmäßig eine **Verzinsung p. a.** annehmen. Kontoeinzahlungen müssen **taggenau** verbucht und wertgestellt werden, so dass der Einzahlungstag im Hinblick auf einen etwaigen Guthabenzins vollständig mitzuzählen ist (vgl. insofern auch § 675t BGB).[782] Dies gilt unabhängig davon, ob es sich um das Guthaben auf einem Girokonto oder Sparkonto handelt.[783] Gleichwohl darf nicht verkannt werden, dass diese

---

[770] BGH NJW 2010, 1742; MüKoHGB/*Fest* Einlagengeschäft Rn. 397; Einzelheiten bei *Furche/Götz* WM 2019, 2290.

[771] BGH NJW 2008, 3422 = WM 2008, 1493; BGHZ 185, 166 (171) = NJW 2010, 1742.

[772] BGH NJW 2008, 3422 = WM 2008, 1493; NJW-RR 2011, 625 (626) = BKR 2011, 125.

[773] BGHZ 185, 166 (172) = NJW 2010, 1742; BGH NJW-RR 2011, 625 (626) = BKR 2011, 125.

[774] BGHZ 185, 166 (173) = NJW 2010, 1742; BGH NJW-RR 2011, 625 (626 f.) = BKR 2011, 125; Einzelheiten bei MüKoHGB/*Fest* Einlagengeschäft Rn. 397 ff.

[775] BGH WM 2004, 825.

[776] BGHZ 97, 212 (223) = NJW 1986, 1803; 161, 196 (203 f.) = NJW 2005, 751; 185, 166 (174) = NJW 2010, 1742.

[777] BGHZ 185, 166 (176) = NJW 2010, 1742 (1744).

[778] BGHZ 185, 166 (177) = NJW 2010, 1742 (1744); BGH NJW-RR 2011, 625 (627) = BKR 2011, 125.

[779] **Abw.** OLG Stuttgart WM 2019, 1110 (1116 f.)

[780] BGHZ 185, 166 (175) = NJW 2010, 1742 (1744); BGH NJW-RR 2011, 625 (627) = BKR 2011, 125.

[781] **Abw.** BankR-HdB/*Schürmann/Langner* § 70 Rn. 21.

[782] Vgl. BGH NJW-RR 1989, 305 (für den Fall der Rückführung eines Kredits).

[783] **Abw.** BankR-HdB/*Schürmann/Langner* § 70 Rn. 22; **abw.** für Spareinlagen auch OLG Karlsruhe NJW 1988, 74 (75).

Sichtweise sehr **kundenfreundlich** ist und im Extremfall ermöglicht, an einem Kalendertag doppelt Guthabenzinsen zu kassieren, wenn der Kunde den Betrag bei einer Bank abhebt und bei einer anderen einzahlt. Dieses Problem sollte im Privatkundengeschäft jedoch nicht überinterpretiert werden. Hier und im Bereich der Geschäftskunden ist es jedenfalls möglich, eine vertragliche Vereinbarung zu treffen, nach der die anteiligen Tage gerecht verteilt werden, mithin der Kunde zB nur Zinsen für den vollen Einzahlungstag erhält und der Tag der Auszahlung in Gänze nicht mit berechnet wird. Im Übrigen folgt aus der grundsätzlich taggenauen Berechnung, dass die sog. **französische Zinsmethode** angewendet wird („act/act"), mithin in genauer Abstimmung auf die Kalendertage; auf die kaufmännische Zinsmethode (30 Tage pro Monat, 360 Tage pro Jahr) darf nur abgestellt werden, wenn dies auch vereinbart wurde.[784] Die Beides kann ausdrücklich oder konkludent vereinbart werden (§§ 133, 157 BGB).

(4) Zinsgutschrift. Nach Nr. 3 Abs. 2 S. 1 der Sonderbedingungen für den Sparverkehr werden die Zinsen am **Ende des Kalenderjahres** dem Bankkunden gutgeschrieben. Durch die Klausel wird der Zinsanspruch des Bankkunden nachträglich fällig gestellt. Gem. Nr. 3 Abs. 2 S. 2 der Bedingungen für den Sparverkehr kann der Kunde über die Zinsen **frei verfügen.** Zu beachten ist, dass nur aufgrund dieser Klausel der Zinsanspruch nicht in die kontokorrentmäßige Verrechnung aufgenommen wird. Wie gezeigt, sind für das Sparkonto als Staffelkontokorrent die Regelungen der §§ 355 ff. HGB analog anzuwenden (→ Rn. 243 f.). Demnach würde grundsätzlich der Zinsanspruch mit seiner Fälligstellung sofort durch das Staffelkontokorrent verrechnet werden und die kausale Saldoforderung des Kontos zu Gunsten des Bankkunden erhöhen. Durch Vereinbarung können jedoch bestimmte Forderungen aus dem Kontokorrent entnommen werden,[785] im konkreten Fall auf Zeit, dh für zwei Monate. Wird nämlich innerhalb eines Zeitraums von zwei Monaten nicht über die Zinsen verfügt, so werden sie gem. Nr. 3 Abs. 2 S. 3 der Spareinlage **zugerechnet.** Aufgrund der „Zurechnung" unterfällt der Zinsanspruch der Kontokorrentverrechnung des Sparkontos. 320

cc) Entgeltregelungen. Nr. 3 Abs. 1 der Bedingungen für den Sparverkehr (→ Rn. 281a) enthält neben der Begründung einer variablen Verzinsung von Spareinlagen (→ Rn. 305 ff.) auch eine Entgeltklausel. Wie bei Zinsen sollen sich die vom Kunden zu zahlenden Entgelte hiernach nach dem Preisaushang bzw. dem **Preis- und Leistungsverzeichnis** ergeben (hierzu → Rn. 306). Auch hieraus folgt somit zunächst ganz allgemein, dass in den Fällen, in denen, wie regelmäßig, eine individuell vereinbarte Entgeltvereinbarung fehlt, eine **dynamische Verweisung** auf den in Bezug genommenen jeweiligen (!) Preisaushang bzw. das Preis- und Leistungsverzeichnis gelten soll. Konsequenterweise müssen auch diese den Anforderungen einer AGB-rechtlichen **Einbeziehungskontrolle** (§§ 305, 305c BGB) entsprechen.[786] Ergänzend dazu ist aber zu berücksichtigen, dass der Sparvertrag regelmäßig zugleich einen **Zahlungsdiensterahmenvertrag** gem. § 675f BGB begründet (→ Rn. 230). Hieraus folgt, dass der die Bepreisung von Zahlungsdiensten gestattende **§ 675 Abs. 5 S. 1 BGB** auch die traditionell aus dem Darlehens- und Verwahrungsrecht heraus abgeleiteten Ansätze zur rechtlichen Beurteilung von Bankentgelten überlagert.[787] Weiterhin sieht auch **§ 312a Abs. 4 S. 1 und Abs. 4 Nr. 2 BGB** Beschränkungen der Privatautonomie bei Entgelten zu Lasten von Verbrauchern vor. Die Bedeutung dieser Umstände für die Wirksamkeitskontrolle von Entgeltklauseln ist derzeit noch nicht völlig geklärt! 321

---

[784] Bunte/*Zahrte* AGB-Banken, 4. Sonderbedingungen für Sparkonten Rn. 36 b.

[785] BGH WM 1959, 81 (83); Staub/*Canaris* § 355 Rn. 77; *Heymann/Horn* § 355 Rn. 10.

[786] Vgl. für Zinsregelungen OLG Hamm NJW-RR 2003, 630 (632) = WM 2003, 1169 (1172); *Roller* BKR 2008, 221 (224).

[787] BGH BKR 2020, 91 Rn. 28.

322 **(a) Transparenzgebot.** Weithin gesichert dürfte indessen sein, dass eine Entgeltklausel im Sparverkehr in jedem Fall den Vorgaben des Transparenzgebots gem. § 307 Abs. 1 S. 2 BGB entsprechen muss.[788] Hiernach ist eine Klausel unwirksam, wenn sie nicht aus der maßgeblichen Kundensicht möglichst **klar und deutlich** die wesentlichen Rechte und Pflichten der Vertragspartner wiedergibt. Im Hinblick auf Entgelte betrifft dies die Frage, welche konkreten Leistungen bepreist werden und welche wirtschaftlichen Nachteile und Belastungen mit den Klauseln verbunden sind.[789] Demzufolge müssen auch die Regelungen über die Preisanpassung klar und deutlich die Rechte des Kreditinstituts darstellen. Dies ist vor allem dann gewährleistet, wenn die Klausel auch die **wesentlichen Parameter,** die eine Anpassung der Entgeltkonditionen erlauben, beinhaltet.[790] In sachlicher Hinsicht sind zunächst die Umstände der Entgeltanpassung, bzw. die maßgebenden Kostenelemente anzugeben.[791] Ferner sind die Grenzen einer Anpassung zu bestimmen, hauptsächlich die Schwelle, ab der eine Anpassung erfolgt und das Ausmaß, inwiefern die Veränderung an den Kunden weitergegeben werden darf.[792] In zeitlicher Hinsicht ist ein **Anpassungsintervall** zu bestimmen.

323 Auch das **einseitige Bestimmungsrecht** wird durch die Erfordernisse der Angemessenheit und des Transparenzgebots stark eingeschränkt. Eine Preisanpassungsklausel muss präzise und transparent die Voraussetzungen und Grenzen benennen, innerhalb dieser das Kreditinstitut sein Bestimmungsrecht nach billigem Ermessen ausüben kann.[793] Fraglich ist jedoch, inwiefern einer Billigkeitskontrolle gem. § 315 BGB noch ein Anwendungsbereich bleibt. Der Rechtsprechung folgend ist eine Anpassungsklausel bereits nach § 307 Abs. 1 S. 1 BGB unwirksam, wenn sie in ihrer „kundenfeindlichsten" Form die bloße Möglichkeit enthält, dass durch eine Partei gegen das Äquivalenzprinzip verstoßen werden könnte.[794] Auch die Möglichkeit des Kunden, ohne größere Nachteile zu kündigen und sich somit einer unangemessenen Preisänderung zu entziehen, rechtfertigt keine andere Beurteilung. Ansonsten hätte es das Kreditinstitut in der Hand, durch eine für die Kunden nachteilige Preispolitik sich faktisch von ungünstigen Sparverträgen zu lösen.[795]

324 **(b) Angemessenheitskontrolle.** Im Hinblick auf eine das Transparenzgebot übersteigende materielle Inhaltskontrolle von Entgeltklauseln stellen sich bei Spareinlagen die allgemeinen Probleme (zum Ganzen (→ Rn. 25g ff.). Die sog. Hauptleistungspflichten eines Vertrages sind grundsätzlich gem. § 307 Abs. 3 S. 1 BGB kontrollfest sind, ebenso spezielle Entgelte für Sonderleistungen.[796] Die AGB-rechtliche Inhaltskontrolle gem. §§ 307 Abs. 1 S. 1, Abs. 2, 308, 309 BGB bezieht sich somit allein auf sog. **Preisnebenabreden,** zB Gebühren für die Benutzung eines Bankautomaten, wenn der Verwender hierdurch Aufwendungen für die Erfüllung gesetzlicher Pflichten oder Tätigkeiten im Eigeninteresse auf den Kunden abwälzt.[797] Solche Entgeltklauseln sind bereits dann unwirksam, wenn sie nach der „kundenfeindlichsten" Auslegung (§ 305c Abs. 2 BGB) den Kreditinstituten ermöglichen, Entgelte für Tätigkeiten festzusetzen, zu deren Erbringung die Banken schon kraft Gesetzes oder aufgrund von vertraglichen Nebenpflichten verpflichtet sind oder deren Erbringung im eigenen Interesse geschieht.[798]

---

788 Vgl. insofern auch BGH BKR 2020, 91 Rn. 49.

789 Vgl. BGH BKR 2020, 91 Rn. 49.

790 BGH NJW 2000, 651; OLG Brandenburg BeckRS 2008, 13 357; von Westphalen/*von Westphalen/Thüsing* Teil „Vertragsrecht" 20) Rn. 18.

791 OLG Brandenburg BeckRS 2008, 13357.

792 OLG Brandenburg BeckRS 2008, 13357.

793 So auch *Metz* BKR 2010, 265 (270); Staudinger/*Freitag* § 488 Rn. 205.

794 BGHZ 180, 257 (269) = NJW 2009, 2051 (2053).

795 BGHZ 180, 257 (271) = NJW 2009, 2051 (2054).

796 BGH 133, 10 (17) = NJW 1996, 2032, 2033.

797 BGH WM 2011, 1329 (1330 f.) = ZIP 2011, 1299 (1300); von Westphalen/*von Westphalen/Thüsing* Teil „Vertragsrecht" 20 Rn. 12.

798 BGHZ 114, 330 = NJW 1991, 1953 (1954); BGH NJW 2000, 651; BGHZ 180, 257 (265) = NJW 2009, 2051 (2052).

Die Entgeltklausel in den Sonderbedingungen (→ Rn. 281a) ist durch die Bezugnahme auf die „jeweils maßgeblichen Entgelte" so auszulegen, dass die Klausel auch ein **Preisänderungsrecht** enthält, welches jedenfalls im Hinblick auf das „Wie" der Freisänderung anhand der §§ 307 ff. BGB zu prüfen ist.[799] Vorrangig erfolgt auch hier eine Inhaltskontrolle nach Maßgabe von **§ 308 Nr. 4 BGB.** Die Unwirksamkeit einer Preisanpassungsklausel kann zum einen daraus resultieren, dass der Verwender durch die Preiserhöhung nicht nur einen Kostenanstieg aufzufangen sucht, um damit eine Gewinnschmälerung zu vermeiden, sondern dies einsetzt, um zusätzliche Gewinne zu erzielen.[800] Der einzige legitime zweck für eine Preisanpassungsklausel ist daher wie bei den Zinsanpassungsklauseln die Fortschreibung des ursprünglichen vertraglichen **Äquivalenzverhältnisses** (→ Rn. 314). Ermöglicht eine Anpassungsklausel aber dem Verwender unter Anwendung der „kundenfeindlichsten" Auslegung gem. § 305c Abs. 2 BGB, nachträglich das Verhältnis von Leistung und Gegenleistung zu seinen Gunsten aktiv zu verschieben, ist die Klausel unangemessen. Weiterhin darf eine Klausel nicht nur dem Verwender das Recht zusprechen, bei Kostenanstieg eine Preiserhöhung vorzunehmen; vielmehr muss **spiegelbildlich** auch die Verpflichtung bestehen, eine Reduzierung der Kosten dem Kunden weiterzugeben.[801] Sie muss daher die entscheidenden Merkmale des Anpassungsrechts, namentlich Voraussetzung und Grenzen der Anpassung, präzise bestimmen. Der bloße Hinweis auf „Marktlage" oder „Aufwand" ist ungenügend.[802] § 308 Nr. 4 BGB begründet auch insofern eine **Vermutung der Unwirksamkeit,** sodass das Kreditinstitut die entsprechenden Voraussetzungen darlegen muss.[803] 324a

7. Sonderformen einer Spareinlage

In der Praxis hat sich mittlerweile eine Vielzahl von Sonderformen der „Spareinlage" herausgebildet, die die trennscharfe Abgrenzung von den Sichteinlagen teilweise erschweren und vielfach auch nicht unter den Begriff der Spareinlage gem. § 21 Abs. 4 RechKredV fallen. Darüber hinaus ist es mittlerweile weit verbreitet, das Sparkonto in den elektronischen Geschäftsverkehr einzubetten (online-Konto, Sparcard etc). 325

a) Sparbrief. Sparbriefe sind Einlagengeschäfte, deren Verzinsung für den Gesamtzeitraum einer Anlage von Beginn an feststeht. Sie sind je nach vertraglicher Ausgestaltung als Termineinlagen in Form von Festgeldern (→ Rn. 214) oder als Spareinlagen iSv § 21 Abs. 4 RechKredV zu qualifizieren (→ Rn. 231).[804] Im Unterschied zu einem Sparbuch handelt es sich bei einem Sparbrief im Hinblick auf die urkundliche Verbriefung um ein reines Rekta- oder Namenspapier mit der Folge, dass das Kreditinstitut die Einlage mit befreiender Wirkung nur an denjenigen auszahlen kann, der in der Sparurkunde als Inhaber bezeichnet ist.[805] Folglich kommt der Namensangabe bei Sparbriefen bei der Bestimmung des materiellen Forderungsrechts an der Einlage eine erhebliche Bedeutung zu (hierzu allgemein → Rn. 30). 326

b) Online Sparkonto. Als Alternative zum Sparbuch werden rein elektronisch geführte Online-Sparkonten angeboten.[806] Ihre Ausgestaltung entspricht den Konditionen eines klassischen Sparkontos (3-monatige Kündigungsfrist; monatlicher Verfügungsrahmen von 327

[799] BGHZ 180, 257 (264) = NJW 2009, 2051 (2052).
[800] BGHZ 94, 335 (339 f.) = NJW 1985, 2270; 176, 244 (249) = NJW 2008, 2172 (2173), mwN.
[801] BGHZ 97, 212 (217) = NJW 1986, 1803; 176, 244 (251) = NJW 2008, 2172 (2173); 180, 257 (268) = NJW 2009, 2051 (2053).
[802] BGHZ 180, 257 (271) = NJW 2009, 2051 (2053).
[803] Vgl. für Zinsänderungsklauseln BGHZ 158, 149 (150) = NJW 2004, 1588; AG Koblenz WM 2007, 2057.
[804] Derleder/Knops/Bamberger/*Batereau/Bertram* § 41 Rn. 13, 19; Fischer/Klanten/*Klanten* Rn. 12.6.
[805] BGH WM 1987, 1038; OLG Hamm NJW-RR 1992, 46.
[806] S. das Angebot der BMW Bank unter: http://www.bmwbank.de/sichere-top-zinsen/online-spar-konto-uebersicht.html.

2.000 EUR) und unterscheidet sich somit von einem Tagesgeldkonto. Um Verfügungen über das Guthaben vorzunehmen, bedarf es jedoch nicht der Vorlage eines Sparbuchs oder sonstiger Sparurkunden, sondern die Transaktionen erfolgen jederzeit per Online-Zugriff auf das Konto (zur Legitimation im elektronischen Bankverkehr → Rn. 239 sowie umfassend → Kap. 3 Einl. Rn. 56 ff.). Ein elektronisch geführtes Sparkonto erfüllt mangels Sparurkunde nicht die Kriterien des § 21 Abs. 4 RechKredV, so dass keine privilegierte Spareinlage vorliegt.

328 **c) Elektronische Sparkarten (sog. SparCard).** Neben dem klassischen Sparbuch werden von vielen Kreditinstituten auch elektronische Sparkarten (sog. SparCard) ausgegeben. Sie sind vergleichbar mit Geldautomatenkarten, indem sie über einen Magnetstreifen mit einer Pin-Abfrage verfügen. Eine SparCard dient hauptsächlich zur Abhebung der Spareinlage an Geldautomaten oder zur Nutzung von Bankterminals. Handelt es sich bei dem Sparkonto um eine privilegierte Spareinlage iSd § 21 Abs. 4 RechKredV, kann die SparCard jedoch nur Verfügungen über einen kündigungsfreien Rahmen nach § 21 Abs. 4 S. 2 RechKredV ermöglichen (zur Urkundeneigenschaft einer SparCard → Rn. 239).

329 **d) Gewinnsparen.** Beim Gewinnsparen wird ein bestimmter Teil des Sparbeitrages in einem Auslosungsstock gesammelt und unter den teilnehmenden Gewinnsparern nach einem festen Spielplan verlost.[807] Eine **öffentlich-rechtliche Erlaubnis** ist notwendig und kann nach Maßgabe von § 12 Abs. 1 S. 2 GlüStV erteilt werden, wenn von Seiten des Anbieters/Veranstalters keine wirtschaftlichen Zwecke verfolgt werden, die über den mit dem Hinweis auf die Bereitstellung von Gewinnen verbundenen Werbeeffekt hinausgehen. Das Sparkonto kann darüber hinaus neben oder anstelle einer Verzinsung über eine **anderweitige Erfolgskomponente** verfügen, zB der sportliche Erfolg eines Fußballvereins.[808] Diese Produkte können gem. § 762 BGB unverbindlich sein, wenn zwischen Bank und Kunde ein Interessensgegensatz besteht.[809]

330 **e) Ratensparvertrag.** Beim Ratensparvertrag wird die **Spareinlage sukzessive erhöht,** ggf. nach Maßgabe eines einseitigen Handlungsspielraums des Kunden.[810] Wenn, wie regelmäßig (Auslegung!)[811], den Kunden keine Pflicht zum Besparen trifft, handelt es sich um eine **unregelmäßige Verwahrung** (→ Rn. 228 ff.).[812] Ob und wie der Kunde die Raten abändern kann, ergibt sich aus der vertraglichen Vereinbarung. Macht der Kunde von einer ihm vertragliche eingeräumten Bestimmung der monatlichen Ratenhöhe Gebrauch, begründet dies auch bei einer gegenüber dem Marktumfeld attraktiven Verzinsung keinen Verstoß gegen § 242 BGB und ist auch nicht rechtsmissbräuchlich.[813] Im Hinblick auf die **Verzinsung** von Sparverträgen während der Laufzeit gelten die allgemeinen Regeln, dh es bedarf einer entsprechenden Abrede (→ Rn. 305 ff.).[814]

330a Die **Laufzeit** des Sparvertrages und damit auch die Möglichkeit der Besparung ergeben sich aus der vertraglichen Vereinbarung.[815] Die **Rückzahlung der Einlage** erfolgt bei Fälligkeit gem. §§ 488 Abs. 1 S. 2, 700 BGB; die Fälligkeit kann kalendermäßig bestimmt sein oder sich aus dem Vertragszweck ergeben bzw. an andere Umstände geknüpft werden (Auslegung!).[816] Die Fälligkeit muss derjenige beweisen, der sich darauf beruft, andernfalls bedarf es der Kündigung gem. § 488 Abs. 3 BGB. Es wäre nicht mit dem Charakter des

---

807 Vgl. BFHE 57, 55.

808 Überblick bei *Kessler/Heda* WM 2004, 1804.

809 Einzelheiten hierzu bei *Servatius* WM 2004, 1804 am Bsp. der „FC Bayern Sparcard"; aus strafrechtlicher Sicht *Hofmann/Mosbacher* NStZ 2006, 249.

810 Vgl. zum Sparvertrag S-Scala OLG Stuttgart BeckRS 2015, 16256; zum S-Prämiensparen BGH NJW 2019, 2920.

811 Hierzu BGH NJW 2019, 2920 Rn. 29 f.

812 BGH NJW 2019, 2920 Rn. 23 ff.; OLG Dresden NJW 2020, 620 Rn. 13.

813 LG Ulm WM 2015, 826, 831 f.

814 Einzelheiten bei *Furche/Götz* WM 2019, 2290.

815 Vgl. OLG Dresden NJW 2020, 620: 1188 Monate.

816 Vgl. zur geringen Bedeutung von Angaben auf Werbeflyern BGH NJW 2019, 2920 Rn. 43 ff.

Ratensparvertrages vereinbar, wenn man mit der neueren Rechtsprechung des BGH[817] unter Berufung auf die Annahme der unregelmäßigen Verwahrung dem gesetzlichen Regelfall der sofortigen Rückzahlbarkeit gem. §§ 700 S. 3, 696 BGB das Wort reden würde. Wurde eine feste (Mindest-)Laufzeit vereinbart, besteht ohne entsprechende Vereinbarung vor deren Ablauf **kein ordentliches Kündigungsrecht der Bank** (aus § 488 Abs. 3 BGB bzw. gem. Nr. 26 Abs. 1 AGB-Sparkassen).[818] Auch das Kündigungsrecht nach § 489 Abs. 1 Nr. 1 BGB besteht nicht;[819] ebenso kein außerordentliches Kündigungsrecht aus § 314 BGB oder gem. § 313 BGB wegen mittlerweile gesunkenen allgemeinen Zinsniveaus.[820] Das Gleiche gilt für § 696 BGB.[821] Im Übrigen sind etwaige vertragliche Vereinbarungen genau dahingehend zu würdigen, ob ein Kündigungsrecht nur dem Sparer zustehen soll.[822] Ergibt die Auslegung des Vertrages aber, dass der Zinsanspruch des Kunden nur für einen bestimmten Zeitraum besteht, etwa **bis zu einem bestimmten Sparjahr,**[823] ist kein Raum mehr, ab dann einen (konkludenten) Kündigungsausschluss anzunehmen.[824] Es ist daher grundsätzlich zulässig, dass die Bank **ab diesem Zeitpunkt** den Vertrag gem. Nr. 26 Abs. 1 AGB-Sparkassen (bzw. Nr. 19 Abs. 1 AGB-Banken) ordentlich kündigt, wenn hierfür ein **sachgerechter Grund** besteht.[825] Als solcher ist insbesondere ein zu Lasten der Bank verändertes Zinsumfeld anzuerkennen.[826] Hier sind unter Berücksichtigung der Darlegungs- und Beweislast seitens der kündigenden Bank durchaus entsprechende **konkrete Angaben** zu verlangen.[827] Jedenfalls die öffentlich-rechtlich organisierten Kreditinstitute unterliegen bei der Kündigung zudem den Vorgaben gem. **Art. 3 Abs. 3 GG,** so dass die jeweiligen Kunden im Hinblick auf die Ausübung des Kündigungsrechts hiernach gleich zu behandeln sind.[828] Praktisch bedeutsam dürfte diese zusätzliche Einschränkung freilich nicht sein, weil hieraus vor allem nicht gefolgert werden kann, dass sich der einzelne Kunde gegen die Zulässigkeit einer Kündigung mit der Erwägung wehren kann, anderen Kunden sei nicht gekündigt worden. Erforderlich ist vielmehr, dass andere Kunden sachwidrig bevorzugt wurden, was aber kaum nachweisbar sein dürfte.

f) Bausparguthaben. Die rechtliche Behandlung von Bausparverträgen entwickelte sich in den vergangenen Jahren zur Dauerbaustelle. Insofern ist zunächst einmal darauf hinzuweisen, dass der BGH im Jahr 2010 entschied, dass **Abschlussgebühren** einer AGB-rechtlichen Inhaltkontrolle standhalten.[829] Die Entscheidung beruht im Wesentlichen auf der Erwägung, dass hierüber auch Kosten abgedeckt würden, die das kollektive Gesamtinteresse der Bausparer verwirklichten.[830] Mit dieser Erwägung lassen sich beim Bausparvertrag durchaus auch **Kontogebühren** rechtfertigen,[831] wenngleich der BGH dies mittlerweile für die Darlehensphase abweichend beurteilt.[832] Die hierfür maßgebliche Argu- 330b

[817] BGH NJW 2019, 2920 Rn. 40.

[818] Vgl. für S-Scala LG Ulm WM 2015, 826, 831 f.; OLG Stuttgart WM 2016, 311 (318 f.); für S-Prämiensparen BGH NJW 2019, 2290; OLG Dresden NJW 2020, 620 (99 Jahre, S-Prämiensparen flexibel); *Tröger/Kelm* BKR 2020, 573 (575 f.).

[819] Insofern zutreffend BGH NJW 2019, 2920 Rn. 40; im Ergebnis zustimmend *Tröger/Kelm* BKR 2020, 573 (575).

[820] Für S-Scala LG Ulm WM 2015, 826 (833, 835); OLG Stuttgart WM 2016, 311.

[821] Vgl. OLG Dresden NJW 2020, 620 Rn. 56 ff.

[822] Sehr deutlich OLG Dresden NJW 2020, 620 Rn. 42 ff.

[823] Vgl. zur Auslegung BGH NJW 2019, 2920 Rn. 43 ff.

[824] BGH NJW 2019, 2920 Rn. 41.

[825] BGH NJW 2019, 2920 Rn. 41 f., 45.; *Tröger/Kelm* BKR 2020, 573 (575 ff.), freilich kritisch, ob „Geschäftszweig" im Lichte von § 305c Abs. 2 BGB auch die Kündigung eines einzelnen Vertrags erlaubt.

[826] BGH NJW 2019, 2920 Rn. 46.

[827] Zutreffend *Tröger/Kelm* BKR 2020, 573 (577).

[828] OLG Dresden NJW 2020, 620 Rn. 51; *Biesok* WM 2020, 75 (80).

[829] BGH ZIP 2011, 263.

[830] Einzelheiten bei *Servatius* ZfIR 2016, 12 (13)

[831] OLG Karlsruhe WM 2015, 2039; *Servatius* ZfIR 2016, 12 (21 f.).

[832] Vgl. BGH BKR 2017, 520: AGB-mäßige Kontogebühr von 9,48 Euro p. a. gegenüber Verbrauchern unwirksam.

mentation des BGH gilt indessen für die Ansparphase gleichermaßen, so dass die AGB-mäßig vereinnahmten Kontogebühren beim Bausparvertrag nach dieser neueren Rechtsprechung in Gänze einer Inhaltskontrolle nicht standhalten dürften. Zudem bedeutet die deutliche Verneinung der Kollektivbetrachtung durch den BGH anlässlich der Beurteilung von Kontogebühren auch einen Widerspruch zur früheren Billigung von Abschlussgebühren, so dass es nur folgerichtig wäre, wenn der BGH die Wirksamkeit solcher Klauseln künftig verneinen würde.

330c Angesichts des **niedrigen Zinsumfelds** ist zudem problematisch, ob die **Bausparkasse Verträge kündigen** kann, die sich noch in der Ansparphase befinden, mithin der Kunde das Bauspardarlehen (noch) nicht in Anspruch genommen hat. Hierbei sind verschiedene Konstellationen zu unterscheiden: Eine Kündigungsmöglichkeit besteht zunächst gem. § 5 Abs. 3 Muster-ABB (2016), wenn die maßgeblichen Voraussetzungen vorliegen, mithin **wegen rückständiger Regelsparverträge,** ohne dass hierzu ein Verzug erforderlich wäre.[833] Dieses Kündigungsrecht kann auch noch mehrere Jahre nach Beginn des maßgeblichen Rückstands geltend gemacht werden; es entfällt nicht, wenn der Kunde die rückständigen Leistungen danach erbringt.[834] Weiterhin möglich ist die Kündigung des Bausparvertrags **nach Vollbesparung,** mithin wenn der Kunde die gesamte Bausparsumme durch Einzahlungen erbracht hat; in diesen Fällen entfällt nämlich der Zweck des Bausparvertrages, ein Bauspardarlehen in Anspruch nehmen zu können. Eine Kündigungsmöglichkeit besteht zudem gem. § 489 Abs. 1 Nr. 2 BGB (§ 489 Abs. 1 Nr. 3 BGB aF), wenn der Kunde **10 Jahre nach Zuteilungsreife** kein Bauspardarlehen in Anspruch nimmt.[835] Tatbestandlich muss es sich freilich um einen Bausparvertrag mit festem Zinssatz für das Guthaben handeln,[836] und es muss zum Zeitpunkt der Kündigung seit mindestens 10 Jahren (erstmalige) Zuteilungsreife bestehen, ohne dass der Kunde das Darlehen abgerufen hat.[837] Eine abweichende zeitlich spätere Anknüpfung erfolgt aber, wenn der Bausparer nach den vertraglichen Vereinbarungen für eine bestimmte Treuezeit einen Zinsbonus erhält, so dass der für § 489 Abs. 1 Nr. 2 BGB maßgebliche vollständige Empfang des Darlehens erst eintritt, wenn der Kunde den Bonus erlangt hat.[838] Die Bausparkasse muss zudem die sechsmonatige Kündigungsfrist wahren.[839] Darüber hinaus besteht indessen richtigerweise **kein Recht zur außerordentlichen Kündigung** gem. § 314 BGB wegen längerer Nichtinanspruchnahme des Bauspardarlehens oder wegen Änderung des allgemeinen Zinsniveaus.[840] Auch eine Vertragsanpassung bzw. Kündigung nach der **Geschäftsgrundlagenlehre** gem. § 313 BGB scheidet aus.[841] Das Gleiche gilt für § 696 BGB, falls man auch beim Bausparvertrag in der Ansparphase von einer unregelmäßigen Verwahrung ausgehen sollte.[842]

VII. Einlagensicherung

Schrifttum: *Bacher,* Sonderbeiträge von Finanzdienstleistern zur EdW, BKR 2007, 140; *Berger,* Zur Verfassungsmäßigkeit der Jahresbeiträge zur Finanzierung der Entschädigungseinrichtungen, WM 2003, 943; *Bigus/Leyens,* Einlagensicherung und Anlegerentschädigung, 2008; *Bigus/Leyens,* Reform der Anlegerentschädigung und Einlagensicherung – Empfehlungen aus rechtsökonomischer Perspektive, ZBB 2008, 277; *Binder,* Bankeninsolvenzen im Spannungsfeld zwischen Bankaufsichts- und Insolvenzrecht, 2005; *Bömcke/Weck,* Die Auswirkungen der deutschen Einlagensicherung auf den Anlegerschutz – insbes. bei der Vermittlung von

833 Vgl. LG Aachen NJOZ 2018, 1432 Rn. 28 ff.; LG Aachen BKR 2018, 72 Rn. 36 ff.
834 Vgl. LG Aachen NJOZ 2018, 1432 Rn. 31 ff. (nach 7 Jahren).
835 BGH BeckRS 2017, 105120 Rn. 37 ff.; zuvor bereits neben anderen *Servatius* ZfIR 2016, 649 (657 f.).
836 BGH BeckRS 2017, 105120 Rn. 73.
837 BGH BeckRS 2017, 105120 Rn. 74 ff.
838 BGH BeckRS 2017, 105120 Rn. 84.
839 BGH BeckRS 2017, 105120 Rn. 90.
840 BGH BeckRS 2017, 105120 Rn. 92 ff.
841 BGH BeckRS 2017, 105120 Rn. 95 f.
842 Vgl. OLG Dresden NJW 2020, 620 Rn. 56 ff. (für Sparverträge).

Lehman-Zertifikaten, VuR 2009, 53; *Brüker,* Probleme der Einlagensicherung inländischer Filialen ausländischer Kreditinstitute, 1995; *Canaris,* Die Vertrauenshaftung im deutschen Privatrecht, 1971; *Cremer,* Staatshaftung für den Verlust von Bankeinlagen, JuS 2001, 643; *Dreher,* Sicherungseinrichtungen im Kreditsektor zwischen Instituts-, Einlagen- und Herrschaftssicherung, ZIP 1992, 1597; *Dreher,* Die neue deutsche Einlagensicherung im Bereich der privaten Banken und das Europarecht, ZIP 1998, 1777; *Dreymann/Schnatmeyer,* Das Einlagensicherungs- und Anlegerentschädigungsgesetz, 2000; *Dziallas-Laur,* Einlagensicherung privater Kreditinstitute, 1983; *Everling,* Einlagensicherung der Banken im Europäischen Binnenmarkt, ZHR 1998, 403; *Fröhlich,* Die freiwillige Einlagensicherung der privaten Banken, 2008; *Geschwandtner,* Ist Werbung mit der Einlagensicherheit ein Missstand i. S. d. § 23 Abs. 1 KWG?, WM 2006, 2124; *Habscheid,* Sicherung von Bankeneinlagen trotz fehlenden Rechtsanspruchs und ausgeschlossener Amtshaftung, BB 1988, 2328; *Herdegen,* Das deutsche Einlagensicherungs- und Entschädigungsgesetz aus europarechtlicher Perspektive, WM 1999, 1541; *Kemper,* Die Europäische Bankenunion und die Sparkassen, 2017; *Klöhn,* Kein Anspruch auf Einlagensicherung?, ZIP 2011, 109; *Kronester,* Einlagensicherung bei deutschen Kreditinstituten, 1983; *Lettl,* Die Zulässigkeit von Werbung mit der Einlagensicherung nach UWG und KWG, WM 2007, 1345; *Neeff,* Einlagensicherung bei Bankinsolvenzen, 1980; *Nicklisch,* Rechtsfragen der Einlagensicherung im Kreditgewerbe, 1979; *Nodoushani,* Der Einlagensicherungsfonds des Bankenverbandes im Lichte der Finanzmarktkrise, BKR 2011, 1; *Pannen,* Krise und Insolvenz bei Kreditinstituten, 3. Aufl. 2009; *Papenthin,* Der Zugang zur Einlagensicherung, 1999; *Roth,* Die Garantieerklärung der Bundesregierung: Juristisch unverbindlich – politisch bindend, NJW 2009, 566; *Scholl,* Einlagensicherung bei Kreditinstituten, JuS 1981, 88; *Sethe,* Einlagensicherung und Anlegerentschädigung nach europäischem und deutschem Recht, ZBB 1998, 305; *Steuer,* Das Gesetz zur Umsetzung der EG-Einlagensicherungs- und Anlegerentschädigungsrichtlinie und seine Umsetzung in der Praxis, WM 1998, 2449; *Vogelsang,* Der Einlagensicherungsfonds des Bundesverbandes deutscher Banken im Lichte des Versicherungsrechts, 1990; *Wagner,* Die Einlagensicherung bei Banken und Sparkassen nach dem Einlagensicherungs- und Anlegerentschädigungsgesetz, 2004; *A. Weber,* Der Kunde in der Insolvenz seiner Bank, ZInsO 2009, 628.

1. Grundlagen

Ziel der Einlagensicherung ist es, das **Risiko des Substanzverlusts** (nicht Wertverlusts!) von Geldeinlagen und Wertpapieranlagen zu verringern. 331

a) Historische Entwicklung. Mittelbar erfolgt ein dahingehender Schutz durch die Vorschriften zur Vorhaltung von Eigenkapital und Liquidität sowie die Regelungen zur Bankenaufsicht.[843] Eine darüber hinausgehende unmittelbare Einlagensicherung hat in Deutschland eine gewisse Tradition. So gründeten bereits ab 1929 einige genossenschaftliche Banken gemeinschaftliche Sicherungsfonds; darüber hinaus bestand für die Verbindlichkeiten öffentlich-rechtlicher Banken und Sparkassen seit jeher zumindest eine „faktische Staatshaftung", sog. „Gewährträgerhaftung" (→ Rn. 381).[844] Im privaten Banksektor blieben entsprechende Sicherungsmaßnahmen jedoch lange Zeit nur vereinzelt und der Höhe nach auf Beträge im unteren fünfstelligen Bereich je Anleger begrenzt. Erst als mit dem Zusammenbruch des Bankhauses Herstatt im Jahr 1974 das öffentliche und staatliche Vertrauen gegenüber den Bankinstituten erheblich erschüttert wurde und um einer drohenden gesetzlichen Regulierung zuvorzukommen, wurden die **freiwilligen Sicherungseinrichtungen** in allen drei Banksektoren deutlich ausgeweitet. Aufgrund europarechtlicher Vorgaben[845] besteht daneben seit dem 16.7.1998 auch eine **gesetzliche Einlagensicherungspflicht** nach dem früheren Einlagensicherungs- und Anlegerentschädigungsgesetz (EAEG), welches seit 3.7.2015 durch das Einlagensicherungsgesetz **(EinSiG)** ersetzt wurde.[846] Die Einlagensicherung für Ansprüche der Kunden aus Wertpapiergeschäften bestimmt sich nach dem Anlegerentschädigungsgesetz **(AnlEntG).** Auf europäischer Ebene besteht zur Zeit allein der Verordnungsentwurf vom 24.11.2015 zur Schaffung einer europäischen Einlagensicherung (*European Deposit Insurance System,* EDIS). Auch gibt es eine Empfehlung der EZB vom 8.11.2017 zu Gunsten weiterer Möglichkeiten des Bail-in.[847] 332

[843] Vgl. Assmann/Schütze/*Sethe* § 26 Rn. 2 ff.
[844] Vgl. BankR-HdB/*Fischer/Boegl* § 133 Rn. 74.
[845] Richtlinie 2014/49/EU des Europäischen Parlaments und des Rates v. 16. April 2014 über Einlagensicherungssysteme (ABl. Nr. L 173 S. 149, ber. ABl. Nr. L 212 S. 47 und ABl. Nr. L 309 S. 37).
[846] Vgl. DGSD-Umsetzungsgesetz vom 28.5.2015 (BGBl. I 2015, 786).
[847] CON/2017/47, S. 8.

333 **b) Kritische Analyse der Einlagensicherung.** Die Existenz gesetzlicher und freiwilliger Maßnahmen zur Sicherung der Einlagen darf jedoch nicht darüber hinwegtäuschen, dass auch diese **keine absolute Sicherheit** gewährleisten können: Das den Sicherungskonzepten durchweg zugrundeliegende Konzept der vorsorglichen **Bildung eines Risikofonds** (Stützungsfonds, Einlagensicherungsfonds, Garantiefonds, Sicherungsreserve) ist im Grunde sachgerecht. Die Idee, wonach im Krisenfall der jeweilige Risikofonds einspringt und die betroffenen Anleger schadlos hält, hat sich auch im Bereich des Einlagensicherungsfonds der privaten Banken seit 1976 in über 30 Entschädigungsfällen bewährt.[848] Es handelte sich hierbei allerdings durchweg um **einzelne Krisen einzelner Banken,** deren Größe und gesamtwirtschaftliche Bedeutung vergleichsweise gering waren.

333a Angesichts der Höhe der abzusichernden Bilanzpositionen (vgl. etwa Nr. 20 Abs. 1 S. 2 AGB-Banken, §§ 7 Abs. 1, 2 Abs. 3 EinSiG: „Einlagen") und des äußerst mäßigen Mittelaufkommens der Fonds kann eine solche Effektivität jedoch allenfalls auf den Ausfall kleinerer Banken beschränkt bleiben. In der Krise (mehrerer) größerer (systemrelevanter) Banken wird die **Grenze der Leistungsfähigkeit** der Fonds regelmäßig bei weitem überschritten sein, was zwei Beispiele (Phoenix Kapitaldienst GmbH, 2005,[849] und Lehman Brothers Bankhaus AG, 2008[850]) aus jüngerer Zeit belegen. Der von den bestehenden Sicherungseinrichtungen vermittelte Einlagenschutz vermag daher höchstens die Risiken einer regional und/oder personell eng begrenzten Kredit- und Einlagenwirtschaft (vollumfänglich) absichern; jenseits dieser Grenzen – insbesondere in Zeiten nationaler oder globaler Finanzmarktkrisen – kann eine Einlagensicherung bzw. Anlegerentschädigung allenfalls im Sinne einer **quotenmäßigen Schadensbegrenzung,** nicht aber im Sinne einer vollständigen Entschädigung gewährleistet sein: Hier führt die Zahlungsunfähigkeit der „versicherten" Banken nicht wesentlich später auch zur Zahlungsunfähigkeit des „Versicherers", der ja (auch und vor allem im Krisenfall) auf die Finanzierung durch die beteiligten Banken angewiesen ist.

334 An einer vergleichbaren Schwäche leiden auch diejenigen **institutssichernden Systeme,** die nicht die Rückzahlung der Kundeneinlagen, sondern den Bestand der angeschlossenen Unternehmen garantieren. Hierbei werden letztlich nur die Zahlungsströme verlagert: Anstelle der Einlagensicherung durch unmittelbare Zahlung an die Einleger erfolgt eine Institutssicherung durch Zahlung an die betroffenen Unternehmen zur Aufrechterhaltung/Wiederherstellung der Liquidität und Solvenz. Auch hier gilt, dass der „Garant" nur begrenzte Finanzkraft aufweist und bei der Realisierung großer Risiken nicht mehr leistungsfähig ist.

335 Vor dem Hintergrund dieser Schwächen erklärt sich auch die **Garantieerklärung der Bundesregierung** vom 5.10.2008:[851]

Bundeskanzlerin *Dr. Merkel:* „[…] Wir sagen den Sparerinnen und Sparern, dass ihre Einlagen sicher sind. Auch dafür steht die Bundesregierung ein."

Im unmittelbaren Anschluss daran Bundesminister *Steinbrück:* „Ich möchte gerne unterstreichen, dass wir in der Tat […] dafür Sorge tragen wollen, dass die Sparerinnen und Sparer in Deutschland nicht befürchten müssen, einen EUR ihrer Einlagen zu verlieren. […]"

Ob sich aus den Erklärungen aber auch einklagbare Zahlungsansprüche im Falle einer Bankeninsolvenz ergeben, ist zweifelhaft.[852]

---

[848] Vgl. die Broschüre des Bundesverbands deutscher Banken „Einlagensicherung der privaten Banken", Mai 2010, S. 25.

[849] Vgl. hierzu Fischer/Klanten/*Fischer* Rn. 3.80 und *Bacher* BKR 2007, 140 (141): Umfang der Entschädigungszahlungen gem. § 3 Abs. 1 EAEG: 200 Mio. EUR, Fondskapital der Entschädigungseinrichtung (EdW): 3,5–4 Mio EUR.

[850] Vgl. hierzu *Nodoushani* BKR 2011, 1 (2 f.): Aufnahme eines staatlich („SoFFin") garantierten Darlehens zugunsten des Einlagensicherungsfonds notwendig.

[851] Pressestatements von Bundeskanzlerin Merkel und Bundesfinanzminister Peer Steinbrück zu den Finanzproblemen der Hypo Real Estate – stenografische Mitschrift (http://www.bundesregierung.de/nn_915804/Content/DE/Archiv16/Pressekonferenzen/2008/10/2008-hypo-real-estate-pk.html).

[852] So auch *Roth* NJW 2009, 566.

c) Beraterhaftung wegen fehlerhafter Information. Nach § 23a KWG müssen die Kreditinstitute über ihre Zugehörigkeit zu einer Sicherungseinrichtung informieren. Im Rahmen einer Anlageberatung trifft die Bank jedoch regelmäßig keine Pflicht, den Kunden darüber aufzuklären, dass der Emittent des Kapitalmarktprodukts nicht Mitglied einer Sicherungseinrichtung ist.[853] 336

2. Die Gesetzliche Einlagensicherung nach EinSiG und AnlEntG

a) Überblick. Eine verpflichtende Einlagensicherung besteht nach Maßgabe des Einlagensicherungsgesetzes (EinSiG), welches seit 3.7.2015 in Kraft ist und die europarechtlichen Vorgaben zur Einlagensicherung umsetzt (vgl. → Rn. 332).[854] Dieses wurde in Umsetzung der europäischen **Einlagensicherungsrichtlinie** erlassen. Die Aufteilung der Entschädigungspflicht auf zwei Gesetze ist rechtspolitisch fragwürdig, folgt aber aus der besonderen Behandlung sog. CCR-Kreditinstitute iSv § 1 Abs. 3d KWG. 337

Nach § 2 AnlEntG bzw. § 1 EinSiG sind die erfassten CCR-Kreditinstitute und Zweigniederlassungen ausländischer Institute verpflichtet, einer Entschädigungseinrichtung zur Sicherung von Einlagen und Verbindlichkeiten aus Wertpapiergeschäften anzugehören. Im „Entschädigungsfall" haben bestimmte Institutsgläubiger gem. § 3 Abs. 1 AnlEntG bzw. § 5 Abs. 1 S. 1, Abs. 2 EinSiG einen einklagbaren Anspruch gegen die Entschädigungseinrichtung auf Entschädigung, der nach § 4 Abs. 2 AnlEntG bzw. § 8 Abs. 1, 2 EinSiG der Höhe nach begrenzt ist und nur vertragliche Primär-, nicht aber Sekundäransprüche (etwa Schadensersatzansprüche wegen fehlerhafter Beratung) erfasst.[855] 338

Die Regelungen der früheren Einlagensicherungsrichtlinie waren Gegenstand einer Nichtigkeitsklage der Bundesregierung vor dem EuGH. Neben Bedenken hinsichtlich der Kompetenz und der Pflichtmitgliedschaft der Institute war vor allem das (zum 31.12.1999 ausgelaufene) **„Exportverbot"** Verfahrensgegenstand, demzufolge das für ausländische Zweigstellen eines Instituts geltende Sicherungsniveau nicht höher sein durfte als dasjenige des Aufnahmelandes (Art. 4 Abs. 1 der früheren Einlagensicherungsrichtlinie, vgl. Art. 14 EAEG aF), worin die Bundesregierung einen Verstoß gegen die Dienstleistungs- und Wettbewerbsfreiheit „exportierender" Institute sah. Unter demselben Gesichtspunkt und unter Hinweis auf das Prinzip der Herkunftslandkontrolle gerügt wurde die Pflicht inländischer Entschädigungseinrichtungen, ausländische Zweigstellen auf Wunsch einzubeziehen, wenn das inländische Sicherungsniveau dasjenige des Herkunftslandes übersteigt (sog. „topping up"). Die Klage wurde vom EuGH jedoch abgewiesen.[856] 339

b) Sicherungsverpflichtete. aa) Erfasste Institute. Zur Zugehörigkeit zu einer Entschädigungseinrichtung verpflichtet sind die in § 1 Abs. 1 AnlEntG aufgeführten erlaubnispflichtigen Kredit- und Finanzdienstleistungsinstitute sowie externe Kapitalverwaltungsgesellschaften. 340

Der Sicherungspflicht gem. § 1 EinSiG unterliegen CRR-Kreditinstitute iSv. 1 Abs. 3d S. 1 KWG. 341

Zweigniederlassungen ausländischer Institute innerhalb des EWR können nach Maßgabe von § 12 AnlEntG bzw. § 57 EinSiG in eine Entschädigungseinrichtung einbezogen werden. Zweigstellen ausländischer Institute außerhalb des EWR sind wegen § 53 Abs. 1 S. 1 KWG iVm § 1 EinSiG sicherungspflichtig.[857] 342

bb) Zugehörigkeit kraft Gesetzes. Die Zugehörigkeit zu einer Entschädigungseinrichtung besteht kraft Gesetzes gem. § 24 Abs. 1 EinSiG bzw. § 6 Abs. 1 AnlEntG (die 343

---

[853] OLG Frankfurt a. M. BeckRS 2011, 21505; OLG Bamberg WM 2010, 1354; **abw.** LG Heidelberg WM 2010, 505.

[854] DGSD-Umsetzungsgesetz vom 28.5.2015 (BGBl. I 2015, 786).

[855] BankR-HdB/*Fischer/Boegl* § 133 Rn. 87 ff.

[856] EuGH WM 1997, 1838 = ZIP 1997, 1016; krit. dazu BankR-HdB/*Kolassa* § 138 Rn. 7 f.; *Everling* ZHR 162 (1998), 403.

[857] Boos/Fischer/Schulte-Mattler/*Fischer* § 23a Rn. 2.

Mitteilung nach § 32 Abs. 3a KWG ist nur deklaratorischer Natur); ein Wahlrecht des sicherungspflichtigen Instituts besteht nicht.[858] Eine **Umgruppierung** zu einer anderen Entschädigungseinrichtung kann aber abweichend vom gesetzlichen Regelfall nach § 24 Abs. 1 EinSiG gem. § 24 Abs. 2 EinSiG auf Antrag des betroffenen Instituts oder aller den betroffenen Entschädigungseinrichtungen zugeordneter Institute erfolgen,[859] bei Ablehnung des Antrags durch die BaFin ist die Verpflichtungsklage statthaft.[860]

344 **cc) Aufnahmepflicht.** Umgekehrt trifft jedoch die jeweils einschlägige Entschädigungseinrichtung eine Aufnahmepflicht, sobald die BaFin dem sicherungspflichtigen Institut die Erlaubnis nach § 32 Abs. 1 S. 1 KWG erteilt hat.[861] Die damit verbundene belastende Wirkung für die Entschädigungseinrichtung berücksichtigen § 32 Abs. 3 KWG, § 9 Abs. 3 AnlEntG und § 35 Abs. 2 EinSiG, die ihr ein **Anhörungs- und Prüfungsrecht** vor Erlaubniserteilung einräumen. Umstritten ist jedoch, ob und inwieweit sich hieraus auch eine zur Anfechtung der Erlaubniserteilung wehrfähige subjektive Rechtsposition der (ggf. beliehenen) Einrichtung iSv § 42 Abs. 2 VwGO (ggf. iVm § 6 Abs. 1 S. 2 AnlEntG) ergibt,[862] was insbesondere dann relevant wird, wenn sich die Entschädigungseinrichtung im Rahmen ihrer Anhörung gegen eine Zuordnung eines Instituts ausspricht, weil sie etwa bei der Prüfung nach § 9 Abs. 3 AnlEntG bzw. § 35 Abs. 2 EinSiG die wirtschaftliche Lage des aufzunehmenden Instituts negativ einschätzt. Der Einrichtung aus diesen Vorschriften jedoch ein über das Anhörungsrecht hinausgehendes **Mitwirkungsrecht** in dem Sinne einzuräumen, dass die von der BaFin entgegen einer ablehnenden Stellungnahme der Entschädigungseinrichtung erteilte Erlaubnis aus diesem Grund anfechtbar wäre, stößt jedoch auf Bedenken: Zwar mag aus dem Umstand, dass die Entschädigungseinrichtung beim Ausschluss eines Instituts gem. § 11 Abs. 1 AnlEntG bzw. § 41 Abs. 1 und 2 EinSiG mitwirkungsberechtigt ist, im Sinne der actus-contrarius-Theorie gefolgert werden, dass auch bei der Aufnahme ein entsprechendes Mitwirkungsrecht besteht. Dem steht jedoch entgegen, dass nicht die *Zuordnung* der actus contrarius des Ausschlusses, sondern der *Ausschluss* der actus contrarius der Zuordnung ist und ein Schluss vom Ausschluss- auf das Zuordnungsverfahren (das es genau genommen gar nicht gibt, da die Zuordnung mit Erteilung der Erlaubnis nach § 32 KWG *ipso iure* eintritt) nicht überzeugt.

345 Das Prüfungsrecht aus § 9 Abs. 3 AnlEntG bzw. § 35 Abs. 2 EinSiG dient ausschließlich der vorsorgenden Abschätzung derjenigen Risiken, die mit Zuordnung des Instituts auf die betreffende Entschädigungseinrichtung zukommen werden, und soll es der Einrichtung ermöglichen, aufgrund der Prüfungsergebnisse möglicherweise erforderliche Vorkehrungen zu treffen oder zu erwägen. Ein **Ablehnungsrecht der Einrichtung** könnte sich unter dem Blickwinkel des § 9 Abs. 3 AnlEntG bzw. § 35 Abs. 2 EinSiG daher allenfalls darauf stützen, dass die Einrichtung nach Prüfung des Instituts zum Ergebnis kommt, das sicherungspflichtige Institut brächte zu hohe Risiken für die Entschädigungseinrichtung mit sich. Abgesehen davon, dass eine solche Interpretation bereits den Wortlaut sprengt, würde sie aber auch zu dem Zweck des AnlEntG und des EinSiG entgegenstehenden Konsequenzen führen: Sinn und Zweck des AnlEntG und des EinSiG sowie Aufgabe der Entschädigungseinrichtung ist es, gerade solche Risiken abzusichern. Sind Risiken allzu groß, ist es nach der gesetzlichen Konzeption (§§ 44 ff. KWG) aber allein Sache der Finanzaufsicht, geeignete Maßnahmen zu ergreifen. Schließlich ist auch nicht ersichtlich, warum sich aus § 32 Abs. 3 KWG über ein Recht zur Anhörung hinausgehende Mitwirkungsrechte

---

[858] Boos/Fischer/Schulte-Mattler/*Fischer* § 23a Rn. 9 („Zwangsmitgliedschaft").

[859] So sind etwa die Bausparkasse Schwäbisch-Hall oder private Tochtergesellschaften der Sparkassen abweichend von § 6 Abs. 1 S. 2 Nr. 1 EAEG der genossenschaftlichen bzw. der Institutssicherung der Sparkassen (§ 12 EAEG) angeschlossen; vgl. BankR-HdB/*Fischer/Boegl* § 133 Rn. 100.

[860] *Pannen* Krise S. 172.

[861] *Wagner* Einlagensicherung S. 36.

[862] Bejahend *Weber* Die Bank 1998, 470 (474); *Sethe* ZBB 1998, 305 (320).

zugunsten der Entschädigungseinrichtungen im Sinne eines „Vetorechts“[863] ergeben sollen (für § 28 Abs. 1 VwVfG wird dies – soweit ersichtlich – erst gar nicht angedacht). Der Entschädigungseinrichtung steht daher bei der Erlaubniserteilung nach § 32 Abs. 1 KWG nur ein Anhörungsrecht zu.[864]

dd) Beitragspflicht. Die einer Entschädigungseinrichtung zugehörenden Institute sind gem. § 8 Abs. 1 AnlEntG bzw. § 26 Abs. 1 EinSiG[865] iVm den aufgrund § 8 Abs. 9 AnlEntG bzw. § 33 Abs. 1 EinSiG erlassenen Verordnungen zur Zahlung von **Beiträgen**[866] in Form von Jahresbeiträgen (§ 8 Abs. 2 AnlEntG, § 26 Abs. 1 EinSiG), im Entschädigungsfall auch in Form von Sonderbeiträgen und -zahlungen (§ 8 Abs. 3–7 AnlEntG, § 27 EinSiG) verpflichtet, deren Höhe die gegen die jeweilige Entschädigungseinrichtung gerichteten Ansprüche der Institutsgläubiger deckt (§ 8 Abs. 1 AnlEntG bzw. § 26 Abs. 1 EinSiG). Auch die verschiedenen Finanzierungspflichten nach dem damaligen § 8 EAEG waren Gegenstand von Bedenken kompetenzrechtlicher Art (vgl. Art. 74 Abs. 1 Nr. 11 bzw. Art. 105 ff. GG) sowie im Hinblick auf den Grundrechtsschutz (Vereinbarkeit mit Art. 3 Abs. 1, 12 Abs. 1, 14 Abs. 1 GG) und im Hinblick auf die Vereinbarkeit mit den Vorgaben der Richtlinie, welche jedoch allesamt nicht durchschlugen.[867] Der mögliche Verstoß gegen das **Bestimmtheitsgebot** (vgl. Art. 80 Abs. 1 S. 2 GG)[868] wurde spätestens mit der Neufassung[869] des § 8 EAEG (nunmehr § 8 AnlEntG, §§ 26 ff. EinSiG) im Jahr 2009 ausgeräumt. 346

ee) Ausschluss, Austritt. Zur Risikoeinschätzung stehen der jeweiligen Entschädigungseinrichtung die in § 9 AnlEntG bzw. §§ 35, 36 EinSiG genannten Prüfungs-, Informations- und Betretungsrechte zu. Bei Verstößen eines Instituts gegen seine Beitrags-, Zahlungs- oder Mitwirkungspflichten gem. §§ 8, 9 AnlEntG bzw. §§ 7 Abs. 8, 26, 27, 35, 36, 38, 39 EinSiG ist das in § 11 Abs. 1 AnlEntG bzw. § 41 Abs. 1 und 2 EinSiG vorgesehene Verfahren einzuleiten, das im Extremfall zum **Ausschluss** des Instituts aus der Entschädigungseinrichtung führen kann (§ 11 Abs. 1 S. 3 AnlEntG, § 41 Abs. 2 S. 3 EinSiG), der wiederum das Erlöschen der Erlaubnis zum Betreiben eines Bankgeschäfts bzw. zur Erbringung von Finanzdienstleistungen (§ 32 Abs. 1 S. 1 KWG) zur Folge hat (vgl. § 35 Abs. 1 S. 2 KWG). Gegen den Ausschluss sind Widerspruch und Anfechtungsklage statthaft.[870] Nach Ausschluss aus der Entschädigungseinrichtung schützt diese nicht mehr diejenigen Verbindlichkeiten des ausgeschiedenen Instituts, die nach Ablauf der Ausschlussfrist (§ 11 Abs. 1 S. 2 AnlEntG bzw. § 41 Abs. 2 S. 2 EinSiG) begründet wurden. Gleiches gilt im Falle des Wegfalls einer Erlaubnis zum Betreiben des Einlagengeschäfts oder des Wertpapiergeschäfts gem. § 5 Abs. 3 EinSiG bzw. § 11 Abs. 2 AnlEntG. 347

Ein **Austritt** eines sicherungspflichtigen Instituts aus einer Entschädigungseinrichtung ist, abgesehen von den Fällen der Umgruppierung nach § 24 Abs. 2 EinSiG, nicht möglich. Ein Ausscheiden aus jeglicher Entschädigungseinrichtung kommt lediglich dann in Be- 348

[863] Assmann/Schütze/*Sethe* § 26 Rn. 41.

[864] So jetzt auch Assmann/Schütze/*Sethe* § 26 Rn. 41; *Pannen* S. 172 f.; iE zu weitgehend jedoch *Wagner* Einlagensicherung, S. 36 ff., der den Entschädigungseinrichtungen mangels jeglicher subjektiver Rechte bei der Erlaubniserteilung deren Anfechtung versagt (S. 38): Wenngleich eine positive Stellungnahme der Einrichtung nicht zwingende Voraussetzung der Erlaubniserteilung ist, so sind aber die Einrichtungen doch immerhin anzuhören (§ 32 Abs. 3 KWG) und ist ein subjektives Recht wenigstens insoweit zu bejahen.

[865] Zur (teilweise bezweifelten) Verfassungs- und Europarechtskonformität der Vorgängerregelung vgl. VG Berlin ZIP 2008, 2064; BVerwG NJW 2004, 3198; BVerfGE 124, 348 = WM 2010, 17.

[866] Entgegen dem Wortlaut handelt es sich nicht um „Beiträge“ oder „Gebühren“, sondern um nichtsteuerliche Abgaben in Gestalt von Sonderabgaben mit Finanzierungsfunktion; BVerwG NJW 2004, 1398 (3199); WM 2010, 17.

[867] Vgl. BVerwG NJW 2004, 3198; nachfolgend BVerfG WM 2010, 17; jetzt auch VG Berlin BeckRS 2009, 36781.

[868] Vgl. insbes. VG Berlin ZIP 2008, 2064.

[869] Gesetz zur Änderung des EAEG v. 25.6.2009 (BGBl. I S. 1528).

[870] *Pannen* Krise S. 173.

tracht, wenn die Voraussetzungen der Sicherungspflicht nach §§ 2, 1 Abs. 1 Nr. 1–3 AnlEntG bzw. § 1 EinSiG entfallen (etwa durch Rückgabe der Erlaubnis).[871]

349 **c) Bestehende Entschädigungseinrichtungen.** Entschädigungseinrichtungen in Gestalt der in § 6 Abs. 1 S. 1 AnlEntG vorgesehenen Bundessondervermögen sind bislang aufgrund der Möglichkeiten des § 7AnlEntG und der §§ 23 Abs. 1, 43 EinSiG die Ausnahme geblieben.

350 **aa) Bereich der privaten Kreditinstitute.** Für die gem. § 1 EinSiG sicherungspflichtigen privaten Einlagenkreditinstitute (§ 24 Abs. 1 Nr. 1 EinSiG) besteht mit der **Entschädigungseinrichtung deutscher Banken GmbH** (EdB) eine (einzige) gesetzliche Entschädigungseinrichtung, bei der es sich abweichend von § 22 Abs. 2 Nr. 2 EinSiG um ein durch Rechtsverordnung[872] nach § 22 Abs. 2 Nr. 1 iVm § 23 Abs. 1 EinSiG beliehenes Privatrechtssubjekt handelt, dessen Anteile zu 100 % vom Bundesverband deutscher Banken eV[873] (BdB) gehalten werden (vgl. § 4 Abs. 2 des EdB-Vertrags). Sie nimmt gem. § 7 Abs. 2 EAEG die Rechte und Pflichten einer Entschädigungseinrichtung aus § 6 EAEG wahr und unterliegt dabei gem. § 50 Abs. 1 EinSiG der Aufsicht durch die BaFin. In Wahrnehmung ihrer gesetzlichen Aufgaben gegenüber den ihr zugeordneten Instituten handelt die EdB daher auch aufgrund öffentlichen Rechts, vgl. auch § 22 Abs. 3 EinSiG.[874]

351 Der EdB zugeordnet sind gem. § 24 Abs. 1 Nr. 1 EinSiG gegenwärtig ca. 300 Einlagenkreditinstitute in **privatrechtlicher Organisationsform** (Kapital- und Personenhandelsgesellschaften) unabhängig von Größenordnung und bestehender oder nicht bestehender Mitgliedschaft im BdB; also auch Privatbankiers. Hierzu zählen auch die meisten privatrechtlichen Bausparkassen (vgl. § 24 Abs. 2 EinSiG). Die Beitragspflichten der Institute sind (ebenfalls unabhängig von ihrer Mitgliedschaft im BdB) durch Rechtsverordnung gem. § 33 Abs. 1 EinSiG geregelt. Die Befugnisse einer Entschädigungseinrichtung nach § 9 AnlEntG bzw. § 35 EinSiG wurden durch die EdB durch ihre Prüfungsrichtlinien gem. §§ 9 Abs. 5, Abs. 4 S. 3 AnlEntG bzw. § 36 Abs. 2 EinSiG auf den **Prüfungsverband deutscher Banken eV** übertragen, der im Übrigen auch die Überwachung der am Einlagensicherungsfonds des BdB mitwirkenden Banken übernommen hat.[875]

352 **bb) Öffentlich-rechtlicher Bereich.** Die öffentlich-rechtlichen Einlagenkreditinstitute gehören – sofern sie nicht einem anerkannten institutsbezogenem Sicherungssystem gem. § 43 EinSiG angehören – einer nach § 22 Abs. 2 Nr. 1 iVm § 23 Abs. 1 EinSiG beliehenen[876] Entschädigungseinrichtung an, der **Entschädigungseinrichtung des Bundesverbandes Öffentlicher Banken Deutschlands GmbH** (EdÖ). Bei ihr handelt es sich um eine 100 %-ige Tochtergesellschaft des Bundesverbands Öffentlicher Banken (VöB). Der EdÖ zugeordnet sind lediglich einige (derzeit 5) öffentlich-rechtlich organisierte Spezialkreditinstitute; Sparkassen, Landesbanken und Landesbausparkassen in öffentlich-rechtlicher Rechtsform sind idR einem als Einlagensicherungssystem anerkannten institutsbezogenem Sicherungssystem gem. § 43 EinSiG angeschlossen. Aufgaben und Befugnisse sowie das

[871] So geschehen etwa im Entschädigungsfall „Phoenix Kapitaldienst GmbH", in dem einige Mitglieder, um drohenden Sonderbeitragspflichten nach dem damaligen § 8 EAEG zu entgehen, durch Rückgabe der Erlaubnis aus der Entschädigungseinrichtung (hier: EdW) ausschieden; andere entgingen dieser Pflicht durch Fusion mit einem Einlagenkreditinstitut oder durch Erlangung der Erlaubnis als Einlagenkreditinstitut (Folge: Ausscheiden aus der Entschädigungseinrichtung nach § 6 Abs. 1 S. 2 Nr. 3 EAEG – EdW – und Zuordnung zur Entschädigungseinrichtung nach Nr. 1 – EdB); vgl. Fischer/Klanten/*Fischer* Rn. 3.80.

[872] VO über die Zuweisung von Aufgaben und Befugnissen einer Entschädigungseinrichtung an die Entschädigungseinrichtung deutscher Banken GmbH v. 24.8.1998 (BGBl. I 1998, 2389).

[873] Dessen Mitglieder setzen sich aus regionalen Bankenverbänden und privatrechtlichen Banken zusammen (§§ 5, 5a BdB-Satzung).

[874] Baumbach/Hopt/*Hopt* (7) Bankgeschäfte Rn. A/57 lit. b).

[875] BankR-HdB/*Fischer/Boegl* § 133 Rn. 115.

[876] VO über die Zuweisung von Aufgaben und Befugnissen einer Entschädigungseinrichtung an die Entschädigungseinrichtung des Bundesverbandes Öffentlicher Banken Deutschlands GmbH v. 24.8.1998 (BGBl. I 1998, 2390).

(öffentlich-rechtliche) Rechtsverhältnis der EdÖ zu den ihr zugeordneten Instituten gleichen weitgehend dem der EdB (→ Rn. 343 ff.).

cc) Andere Institute. Die anderen Institute sind gem. § 6 Abs. 1 S. 1 AnlEntG der **Entschädigungseinrichtung der Wertpapierhandelsunternehmen bei der Kreditanstalt für Wiederaufbau** (EdW) zugeordnet, bei der es sich um die einzige Entschädigungseinrichtung in der Form des Sondervermögens gem. § 6 Abs. 1 S 1 AnlEntG handelt. Der EdW zugewiesen sind gegenwärtig ca. 790 Wertpapierhandelsunternehmen;[877] dazu gehören selbst solche Institute, die nicht befugt sind, sich Besitz oder Eigentum an Geldern oder Wertpapieren von Kunden zu verschaffen und bei denen daher ein Entschädigungsfall allenfalls bei Veruntreuung oder erlaubniswidriger Besitzverschaffung eintreten kann.[878] 353

dd) Zweigstellen. Forderungen an inländische Zweigstellen von Instituten mit Sitz in einem anderen Staat des **EWR** werden durch das dortige Recht zur Umsetzung der Einlagensicherungs- bzw. Anlegerentschädigungsrichtlinie abgesichert. Sofern dessen Schutzniveau hinter dem inländischen zurückbleibt und die Zweigniederlassung von der Möglichkeit des § 12 Abs. 1 AnlEntG („topping-up") Gebrauch gemacht hat, besteht in Höhe der Differenz mit Ausnahme von Geschäften mit Devisen und Rechnungseinheiten eine Sicherung durch das AnlEntG, § 12 Abs. 2 AnlEntG. Zweigstellen von Instituten **außerhalb des EWR** gelten wegen § 53 Abs. 1 S. 1 KWG (iVm § 1 Abs. 1, 1a KWG, § 1 Abs. 1 AnlEntG, § 1 EinSiG) als Institute im Sinne des AnlEntG bzw. EinSiG und sind daher vollumfänglich der Sicherung durch selbige unterworfen. 354

d) Entschädigungsberechtigte. Zu dem Kreis der im Entschädigungsfall Anspruchsberechtigten zählen gem. § 3 Abs. 1 AnlEntG bzw. § 5 Abs. 1 S. 1 EinSiG alle **Institutsgläubiger** mit Ausnahme der in § 3 Abs. 2 S. 1 AnlEntG genannten institutionellen Anleger (Banken, soweit sie im eigenen Namen und auf eigene Rechnung handeln, Versicherungen, Kapitalanlagegesellschaften, öffentlich-rechtliche Gebietskörperschaften, Nr. 1–4) und schutzunwürdigen natürlichen und juristischen Personen (Nr. 5–10). 355

Bei offengelegten **Treuhandverhältnissen** ist gem. § 3 Abs. 2 S. 2 AnlEntG nicht auf den (gem. Abs. 2 S. 1 möglicherweise ausgeschlossenen) formalen Anspruchsinhaber, sondern auf den wirtschaftlich Berechtigten, abzustellen. Dieser wird hierdurch jedoch nicht nach § 3 Abs. 1 AnlEntG anspruchsberechtigt; dies obliegt weiterhin dem Treuhänder, der die aufgrund des Anspruchs erhaltenen Leistungen jedoch an den Treugeber herauszugeben hat. Um Manipulationen zu verhindern, die darauf abzielen, nach Eintritt des Entschädigungsfalles die Anspruchsgrenzen des § 4 Abs. 2 AnlEntG und des § 8 Abs. 1 EinSiG durch „Umschichtungen" zu umgehen, muss die Treuhand dem Institut aber vor Eintritt des Entschädigungsfalles mitgeteilt worden sein, nicht aber zwingend bereits bei Beginn der Geschäftsbeziehung; auf die Identität des Treugebers kommt es nicht an.[879] Vgl. zur Berechnung des maximalen Schutzumfangs bei der Treuhand → Rn. 365 ff. 356

e) Schutzumfang. Der Entschädigungsanspruch richtet sich gem. § 7 Abs. 1 EinSiG bzw. § 4 Abs. 1 S. 1 AnlEntG nach der Höhe der Einlagen bzw. der Forderungen aus Wertpapiergeschäften. 357

aa) Einlagen. Der Einlagenbegriff des EinSiG ist weiter als der des § 1 Abs. 1 S. 2 Nr. 1 KWG und umfasst alle **Kontoguthaben einschließlich Festgelder, Spareinlagen und Namensschuldverschreibungen;** ausgenommen hiervon sind jedoch Inhaber-, Order- und Schuldverschreibungen. Nicht erfasst werden auch vom Institut ausgegebene Genussscheine und stille Einlagen, da es sich hierbei um Eigenmittel des Instituts handelt, unter 358

---

[877] Eine Mitgliederliste wird von der EdW zur Verfügung gestellt unter: www.e-d-w.de.
[878] OVG Berlin BeckRS 2002, 17833.
[879] Vgl. Assmann/Schütze/*Sethe* § 25 Rn. 94.

Einlagen ausweislich der Gesetzesbegründung,[880] aber nur unbedingt rückzahlbare Gelder zu verstehen sind.[881]

359 **bb) Wertpapiergeschäfte.** Wertpapiergeschäfte sind gem. § 1 Abs. 2 AnlEntG das Finanzkommissions-, Depot- und Emissionsgeschäft, die Anlage- und Abschlussvermittlung sowie die Finanzportfolioverwaltung und der Eigenhandel. Der Schutz durch das AnlEntG entfällt nicht dadurch, dass das Institut aufgrund seiner Erlaubnis nicht berechtigt war, sich Eigentum oder Besitz an Geldern oder Finanzinstrumenten der Anleger zu verschaffen.[882] **Verbindlichkeiten** aus Wertpapiergeschäften sind gem. § 1 Abs. 3 AnlEntG zum einen Zahlungsansprüche gegen das Institut hinsichtlich Geldern, die Anlegern aus Wertpapiergeschäften geschuldet werden oder gehören und die für deren Rechnung im Zusammenhang mit Wertpapiergeschäften gehalten werden. Zum anderen fallen hierunter Ansprüche auf Herausgabe von (Finanz-)Instrumenten (vgl. § 1 Abs. 11 KWG), die Eigentum der Anleger sind und für deren Rechnung im Zusammenhang mit Wertpapiergeschäften gehalten oder verwahrt werden. Nicht erfasst werden aber Ansprüche des Kunden auf Ersatz des (tatsächlich) entgangenen Gewinns oder der Ausgleich von Verlusten, die auf Grund einer fehlerhaften Anlagestrategie entstanden sind.[883]

360 **cc) Entschädigungsumfang.** Der Höhe nach vom Schutz umfasst sind gem. § 8 Abs. 1 EinSiG Einlagen iHv maximal 100.000 EUR, bei bestimmten Erträgen gem. § 8 Abs. 2 EinSiG auch Einlagen iHv maximal 500.000 EUR. Der Schutz umfasst gem. § 4 Abs. 2 AnlEntG Forderungen aus Wertpapierdienstleistungen iHv maximal 20.000 EUR bei einem Selbstbehalt von 10 %. Zinsansprüche, die zwischen dem Eintritt des Entschädigungsfalles und der Auszahlung der Verbindlichkeit bzw. der Eröffnung des Insolvenzverfahrens entstehen, sind bei der Berechnung der Obergrenzen einzubeziehen (vgl. § 7 Abs. 2 EinSiG bzw. § 4 Abs. 3 S. 2, 3 AnlEntG). Handelsverluste im Rahmen der vertragsgemäßen Anlage von Kundengeldern sind nicht erstattungsfähig.[884] Bei der Wertermittlung ist auf den Zeitpunkt des Eintritts des Entschädigungsfalles abzustellen (§ 7 Abs. 2 EinSiG bzw. § 4 Abs. 3 S. 1 AnlEntG) und sind sämtliche Forderungen eines Gläubigers gegen das Institut zu addieren (§ 7 Abs. 3 EinSiG bzw. § 4 Abs. 4 S. 1 AnlEntG); bei Gemeinschaftskonten ist jedoch hinsichtlich der Höhe des entschädigungspflichtigen Betrags nicht auf die Gemeinschaft, sondern auf die einzelnen Kontomitinhaber abzustellen (§ 7 Abs. 4 EinSiG bzw. § 4 Abs. 5 AnlEntG).

361 **dd) Ausnahmen.** Forderungen, die **nicht auf EUR** oder eine andere Währung eines EU-Mitglieds lauten, sind vom Schutz ausgenommen (§ 4 Abs. 1 S. 2 AnlEntG). Ebenfalls nicht geschützt sind – da nicht vom Schutzzweck des AnlEntG und des EinSiG erfasst – gegen das jeweilige Institut gerichtete vertragliche **Sekundäransprüche** auf Schadensersatz (auch in Form von entgangenem Gewinn) wegen Verletzung von Schutz- oder (Haupt-/Neben-)Leistungspflichten,[885] auch soweit sie wertmindernde Folgen für Forderungen haben, oder deliktische Ansprüche. Wurde eine durch das EAEG gesicherte Forderung durch den Gläubiger verpfändet, so erfasst das **Pfandrecht** nicht den Entschädigungsanspruch gem. § 5 Abs. 1 S. 1 EinSiG bzw. § 3 Abs. 1 AnlEntG aus der verpfändeten Forderung; §§ 401, 1219 Abs. 2, 1247 BGB sind nicht entsprechend anwendbar.[886]

362 **ee) Besonderheiten bei nicht abgewickelten Kommissionen.** Für die **Finanzkommission** (§ 1 Abs. 1 S. 2 Nr. 4 KWG) bedeutet dies, dass vom Anleger vorgeleistete Kaufpreiszahlungen im Zusammenhang mit der Erteilung eines **Kaufauftrags,** der vor

[880] BT-Drs. 13/10 188, 16, unter Hinweis auf Art. 2 Spiegelstr. 2 Einlagensicherungsrichtlinie.
[881] Boos/Fischer/Schulte-Mattler/*Fischer* § 23a Rn. 5; Assmann/Schütze/*Sethe* § 26 Rn. 95.
[882] BT-Drs. 13/10 188, 16; Assmann/Schütze/*Sethe* § 26 Rn. 38, 101 f.
[883] BGH NJW 2014, 58 – Phoenix.
[884] BGH NJW 2014, 58 – Phoenix.
[885] Vgl. Fischer/Klanten/*Fischer* Rn. 3.10; Assmann/Schütze/*Sethe* § 26 Rn. 109.
[886] BGH NJW 2008, 1732.

Eintritt des Entschädigungsfalls (etwa wegen § 46 KWG) nicht mehr ausgeführt wurde, nicht entschädigungsfähig sind. Entschädigungsfähig – und zwar auch nur wertmäßig in Abhängigkeit des Werts des Finanzinstruments bei Eintritt des Entschädigungsfalls – ist allein der aus dem Kaufauftrag resultierende Beschaffungsanspruch auf das Finanzinstrument.[887] Gleiches gilt, wenn der Kaufauftrag durch das Institut zwar bereits ausgeführt ist, die erworbenen Finanzinstrumente aber noch nicht an den Anleger übereignet wurden. Außerdem ist der Kommittent bei (nahezu) vollständig erfolgter Kaufpreiszahlung gem. § 32 Abs. 1 Nr. 1/3, Abs. 3, 4 DepotG im Insolvenzverfahren über das beauftragte Institut bevorrechtigt.[888] Bei bereits erfolgter Übereignung der Finanzinstrumente an den Anleger steht diesem im Insolvenzverfahren gem. §§ 47 f. InsO ein (Ersatz-)Aussonderungsrecht zu, sodass für diesen Fall ein Bedürfnis nach einem Entschädigungsanspruch nur dann besteht, wenn die Finanzinstrumente unterschlagen oder veruntreut wurden.[889]

Noch nicht erfüllte Zahlungsansprüche des Anlegers aus erteiltem und ausgeführtem **Verkaufsauftrag** sind gem. § 1 Abs. 3 S. 1 AnlEntG als Verbindlichkeit entschädigungsfähig; handelt es sich beim Kommissionär um ein Einlagenkreditinstitut, so ist der Zahlungsanspruch bei Berechnung der Höhe des Entschädigungsanspruchs sogar als Einlage zu behandeln (Folge: höhere Entschädigungsgrenze). Im Falle eines vom Anleger dem Institut erteilten, aber vor Eintritt des Entschädigungsfalls nicht mehr ausgeführten **Verkaufsauftrags** über Finanzinstrumente steht dem Anleger demnach ebenfalls nur der im Insolvenzverfahren gem. §§ 47 f. InsO privilegierte Anspruch auf Herausgabe der (nach wie vor im Eigentum des Anlegers befindlichen) Finanzinstrumente zu, der des Substanzschutzes durch das AnlEntG nicht bedarf. Ein Entschädigungsanspruch nach § 5 Abs. 2 EinSiG bzw. § 3 Abs. 1 iVm § 1 Abs. 3 S. 2 AnlEntG besteht somit allenfalls dann, wenn die Finanzinstrumente unterschlagen oder veruntreut wurden. 363

ff) Besonderheiten bei bloßen Finanzdienstleistungsinstituten. Besonderheiten ergeben sich bei Finanzdienstleistungsinstituten nach § 1 Abs. 1a KWG, die nicht zugleich auch Einlagenkreditinstitute sind und nicht berechtigt sind, sich Eigentum oder Besitz an Kundengeldern oder Finanzinstrumenten zu verschaffen. Gerät ein derartiges Institut in die Krise, sind Verluste der Anleger wegen der Vermögenstrennung grundsätzlich nicht zu befürchten. Für den Fall, dass der Finanzdienstleister gegen die Trennungspflicht nach § 84 Abs. 2 WpHG verstößt, obwohl er sich Eigentum oder Besitz an Kundenvermögen mangels Erlaubnis nicht verschaffen durfte, oder Gelder oder Instrumente unterschlägt oder veruntreut, sind diese jedoch entschädigungsfähig.[890] 364

gg) Lückenhafte Regelung bei verdeckten Treuhandverhältnissen. (1) Drohende Ausweitung des maximalen Schutzumfangs. Handelt der Forderungsinhaber für Rechnung eines Dritten, so ist bei der Berechnung der Höhe des Entschädigungsanspruchs auf diesen abzustellen (§ 4 Abs. 6 AnlEntG; bereits → Rn. 356). Im Gegensatz zu § 3 Abs. 2 S. 2 AnlEntG, wo nur die persönliche Berechtigung des Anspruchsstellers geregelt wird, kommt es aber bei der **Berechnung** der Höhe des Entschädigungsanspruchs nach dem Wortlaut des § 4 Abs. 6 AnlEntG nicht darauf an, ob das Treuhandverhältnis offengelegt wurde oder nicht. In dem Fall, dass das Treuhandverhältnis nicht offengelegt wurde, der Treunehmer aber auch nicht nach § 3 Abs. 2 S. 1 AnlEntG ausgeschlossen ist und – mangels Offenlegung – auch nicht gem. § 3 Abs. 2 S. 2 AnlEntG auf den Treugeber abzustellen ist, führt die Anwendung des § 4 Abs. 6 AnlEntG (ggf. iVm Abs. 4 S. 1) dazu, dass der Treugeber als Einzelgläubiger möglicherweise das Vielfache der von § 8 Abs. 1 EinSiG und § 4 Abs. 2 AnlEntG vorgegebenen Anspruchsgrenze iHv maximal 120.000 EUR je Gläubiger als Entschädigung verlangen kann (120.000 EUR aus Forderungen des Treugebers aus Eigengeschäften plus jeweils 120.000 EUR aus weiteren Forde- 365

[887] Fischer/Klanten/*Fischer* Rn. 3.11; Assmann/Schütze/*Sethe* § 26 Rn. 97.
[888] Braun/*Bäuerle* InsO vor §§ 49–52 Rn. 8.
[889] Assmann/Schütze/*Sethe* § 26 Rn. 100 f.
[890] BT-Drs. 13/10 188, 16; Assmann/Schütze/*Sethe* § 26 Rn. 106.

rungen des Treugebers aus Fremdgeschäften), obwohl die Treuhandverhältnisse nicht offengelegt wurden, weil dies im Rahmen der Berechnung nach § 4 Abs. 6 AnlEntG unerheblich ist.

366 **(2) Missbrauchspotential.** Unbefriedigend erscheint auch die wortlautgetreue Anwendung des Gesetzes in dem Fall, dass es sich beim Treunehmer um einen auch unter den Gesichtspunkten des § 3 Abs. 2 S. 1 AnlEntG persönlich Anspruchsberechtigten handelt, während sein Treugeber aber unter Anlegung der gleichen Maßstäbe ausgeschlossen wäre und das Treuhandverhältnis nicht offenbart wurde. Hier besteht die Gefahr, dass sich gem. § 3 Abs. 2 S. 1 AnlEntG schutzunwürdige Personen durch **Zwischenschaltung einer neutralen Person** den Schutz des AnlEntG erschleichen (das Abstellen auf den Dritten – Treunehmer – gem. § 3 Abs. 2 S. 2 AnlEntG ist hier nicht möglich, weil das Treuhandverhältnis ja verschwiegen wurde).

367 **(3) Problemlösung.** In beiden Fällen wird deutlich, dass der den Treuhandverhältnissen zugrundeliegende Konflikt zwischen dem Schutz der Interessen des Treugebers einerseits und dem Schutz der Geschäftspartner des Treunehmers andererseits durch das AnlEntG nur lückenhaft geregelt ist. Gegenüber Dritten sind die Interessen des Treugebers regelmäßig nur dann schutzwürdig, wenn das Treuhandverhältnis offengelegt wird und der Dritte insoweit informiert ist. Umgekehrt sind Dritte (hier die Entschädigungseinrichtungen) vor der Gefahr zu schützen, dass sich hinter einem Gläubiger (Treunehmer) unerkennbare und damit unabsicherbare Entschädigungsforderungen verstecken, die die Grenze des § 8 Abs. 1 EinSiG und des § 4 Abs. 2 AnlEntG bei weitem übersteigen.[891]

368 Die Berücksichtigung von in der Person des Treugebers nicht vorhandenen Ausschlussgründen (§ 3 Abs. 2 S. 1 AnlEntG) und die privilegierte Behandlung von treuhänderisch gebundenen Forderungen (§ 4 Abs. 6 AnlEntG) zugunsten des Treugebers kann daher nur dann erfolgen, wenn das Treuhandverhältnis **offengelegt** wurde (im letzteren Falle analoge Anwendung des § 3 Abs. 2 S. 2 AnlEntG). Forderungen des Treunehmers werden insoweit nicht geschützt, als sie einem nicht offengelegten Treuhandverhältnis unterliegen, bei Offenlegung aber wegen § 3 Abs. 2 S. 1 AnlEntG von der Einlagenentschädigung ausgeschlossen wären (insoweit umgekehrt analoge Anwendung des § 3 Abs. 2 S. 2 AnlEntG).

369 Problematisch ist zudem, wer **in welcher Höhe Anspruchsberechtigter** ist, wenn der Treugeber ebenfalls Inhaber eines eigenen Kontos ist und die Gesamtsumme seiner entschädigungsfähigen Forderungen unter Berücksichtigung von § 7 Abs. 3 EinSiG und § 4 Abs. 4 S. 1, Abs. 6 AnlEntG die Grenze des § 8 Abs. 1 EinSiG und des § 4 Abs. 2 AnlEntG übersteigt (durch §§ 3 Abs. 2 S. 2 und 4 Abs. 6 AnlEntG wird der Treugeber nicht zum Entschädigungsberechtigten; dies bleibt weiterhin der Treugeber als formaler Kontoinhaber). Hier bietet es sich unter analoger Anwendung des § 4 Abs. 5 AnlEntG bzw. § 7 Abs. 4 EinSiG an, die jeweiligen Entschädigungsansprüche von Treugebern aus eigenen Forderungen und Treugebern aus treuhänderisch gebundenen Forderungen anteilig (im Verhältnis der eigenen Forderungen des Treugebers zu den treuhänderisch gebundenen Forderungen des Treunehmers zueinander) zu berechnen.[892]

370 **f) Entschädigungsverfahren.** Der Entschädigungsanspruch aus § 3 AnlEntG bzw. § 5 EinSiG entsteht im **Entschädigungsfall.** Die Feststellung desselben erfolgt gem. § 5 Abs. 1 AnlEntG bzw. § 10 Abs. 1 EinSiG durch **Verwaltungsakt** der BaFin[893] und setzt voraus, dass das betroffene Institut die vom AnlEntG und EinSiG geschützten Verbindlichkeiten (§ 1 Abs. 3 AnlEntG und § 2 Abs. 3 EinSiG) nicht erfüllen kann und darüber hinaus

[891] Eine in dieser Hinsicht weitere bedenkliche Vorgehensweise wäre es, wenn der Gläubiger nach Verhängung eines Moratoriums gem. § 46 KWG die Grenzen des § 4 Abs. 2 AnlEntG durch Forderungsabtretungen an andere Gläubiger zu umgehen versuchte. Für Rechtsmissbräuchlichkeit solcher Abtretungen *Pannen* Krise S. 155 f.; Assmann/Schütze/*Sethe* § 26 Rn. 117.

[892] *Wagner* Einlagensicherung S. 86 f.; Assmann/Schütze/*Sethe* § 26 Rn. 116.

[893] *Wagner* Einlagensicherung S. 65 ff., 75.

eine negative Prognose zu stellen ist. Regelmäßig werden die Voraussetzungen des § 5 Abs. 1 AnlEntG bzw. § 10 Abs. 1 EinSiG dann erfüllt sein, wenn auch gem. §§ 17, 19 InsO ein Grund für die Eröffnung des Insolvenzverfahrens besteht; mit Stellung des Insolvenzantrags gem. § 46b Abs. 1 S. 4 KWG hat die BaFin daher regelmäßig auch die Feststellung nach § 5 Abs. 1 AnlEntG bzw. § 10 Abs. 1 EinSiG zu treffen,[894] nicht jedoch schon mit Verhängung eines „Moratoriums" gem. § 46 Abs. 1 KWG.

Darüber hinaus ist der Entschädigungsfall festzustellen, wenn die BaFin – ohne einen Insolvenzantrag zu stellen – die Erlaubnis des Instituts aufhebt und die Abwicklung verlangt.[895] Die Feststellung hat innerhalb der Fristen des § 5 Abs. 1 S. 1 AnlEntG bzw. § 10 Abs. 2 S. 1 EinSiG zu erfolgen. Sie kann vom betroffenen Institut und der Entschädigungseinrichtung (Verwaltungsakt mit belastender Drittwirkung, vgl. §§ 5 Abs. 3 S. 2, 3 Abs. 1 AnlEntG, §§ 11 Abs. 2, 5 Abs. 1 EinSiG)[896] gem. § 42 Abs. 1 VwGO angefochten werden; die Klage hat jedoch keinen Suspensiveffekt vgl. § 5 Abs. 2 AnlEntG bzw § 10 Abs. 3 EinSiG iVm § 80 Abs. 2 S. 1 Nr. 3 VwGO). **371**

Über den Eintritt des Entschädigungsfalles hat die Entschädigungseinrichtung die **Institutsgläubiger zu unterrichten** und Maßnahmen zur Vorbereitung der Entschädigung zu treffen, § 5 Abs. 4 AnlEntG bzw. §§ 12, 14 Abs. 1 EinSiG. Unterrichtete Gläubiger haben ihren Entschädigungsanspruch nach § 3 Abs. 1 AnlEntG schriftlich binnen Jahresfrist geltend zu machen; (verschuldetes) Versäumnis führt zur Präklusion (§ 5 Abs. 5 AnlEntG). Der Entschädigungsanspruch nach § 5 Abs. 1 EinSiG hingegen bedarf gem. § 14 Abs. 3 S. 1 EinSiG grundsätzlich keines Antrags beim Einlagensicherungssystem. Lediglich im Falle des § 5 Abs. 1 iVm § 8 Abs. 2 EinSiG ist der Anspruch gesondert schriftlich unter Nachweis der anspruchsbegründenden Tatsachen glaubhaft zu machen (vgl. § 14 Abs. 3 S. 2 EinSiG). Entschädigungsansprüche verjähren gem. § 3 Abs. 3 AnlEntG bzw. § 9 Abs. 1 EinSiG in fünf Jahren nach Unterrichtung des Entschädigungsberechtigten über den Entschädigungsfall. § 14 Abs. 3 EinSiG sieht für die Erfüllung der Ansprüche aus Einlagen kurze Fristen (7 Arbeitstage nach Eintritt des Entschädigungsfalles bzw. nach Eingang der Anmeldung), § 5 Abs. 6 S. 2 AnlEntG für Ansprüche aus Wertpapiergeschäften eine längere Frist vor. In Höhe der Erfüllung erfolgt sodann eine **cessio legis** gem. § 5 Abs. 7 AnlEntG bzw. § 16 EinSiG. **372**

3. Institutssicherung

a) Grundlagen. Institutsbezogene Sicherungssysteme verfolgen anders als die Entschädigungseinrichtungen nach § 22 EinSiG bzw. §§ 6, 7 AnlEntG nicht unmittelbar die Sicherung von Ansprüchen der Einleger gegen Institute, sondern zielen auf den **Schutz der angeschlossenen Institute** in ihrer Existenz ab. Durch die dabei vorgesehenen Stützungsmaßnahmen zur Sicherung der Liquidität und Solvenz der Institute genießen freilich mittelbar auch die Institutsgläubiger einen gewissen Schutz. Wenngleich die institutsbezogenen Sicherungssysteme weder den Einlegern noch den angeschlossenen Instituten Ansprüche auf Entschädigung oder sonstiges Einschreiten im Krisenfalle einräumen,[897] führt § 24 Abs. 5 EinSiG bei den erfassten Einlagenkreditinstituten eine **Befreiung von der Pflichtmitgliedschaft** in einer Entschädigungseinrichtung nach § 22 EinSiG bzw. §§ 6, 7 AnlEntG herbei. **373**

Diese Ausnahme ist **europarechtskonform,** denn sie beruht auf der von Art. 3 Abs. 1 und Art. 2 Abs. 1 der Einlagensicherungs- bzw. Anlegerentschädigungsrichtlinie vorgesehenen Option; sie ist jedoch auf solche Einrichtungen beschränkt, die bereits 1995 existier- **374**

[894] *Pannen* Krise S. 152; *Wagner* Einlagensicherung S. 78.

[895] VG Köln WM 2001, 1612 (1617); *Pannen* Krise S. 152.

[896] *Wagner* Einlagensicherung S. 70.

[897] Ansprüche der angeschlossenen Institute schließen die Regelungswerke explizit aus; vgl. § 20 der Mustersatzung für die Sparkassenstützungsfonds der Regionalverbände; § 21 der Satzung für den Sicherungsfonds der Landesbausparkassen; § 36 des Statuts der Sicherungseinrichtung des Bundesverbands der Deutschen Volks- und Raiffeisenbanken.

ten. Neugründungen von institutsbezogenen Sicherungssystemen sind demgemäß ausgeschlossen; möglich bleibt allerdings weiterhin der Beitritt eines Instituts zu einer bereits bestehenden institutssichernden Einrichtung.[898] Als solche werden gem. § 43 EinSiG die Sicherungseinrichtungen der regionalen Sparkassen- und Giroverbände anerkannt; hierzu zählen die regionalen Sparkassenstützungsfonds, die Sicherungsreserve der Landesbanken/Girozentralen und der Sicherungsfonds der Landesbausparkassen und des Bundesverbands der Deutschen Volks- und Raiffeisenbanken (BVR).

375 **b) Sicherungseinrichtungen der Sparkassen- und Giroverbände.** Im Bereich der Sparkassen, Landesbausparkassen und Landesbanken existiert das Sicherungssystem der Sparkassen-Finanzgruppe, bestehend im Einzelnen aus insgesamt 13 selbständigen Sicherungseinrichtungen, welches als institutsbezogenes Sicherungssystem nach § 43 EinSiG amtlich anerkannt ist.

376 **aa) Sparkassenstützungsfonds.** Auf Ebene der Sparkassen besteht bei jedem der elf regionalen Sparkassenverbände ein durch risikoabhängige Beiträge und ggf. Nachschüsse der Mitgliedssparkassen finanzierter regionaler Sparkassenstützungsfonds als rechtlich unselbstständiger Teil des Verbandsvermögens (§§ 1, 3 ff. Rahmensatzung). Zur Institutssicherung sehen §§ 7–13 der Satzung präventive Informations-, Prüfungs- und Einwirkungsrechte vor. In „drohenden oder bestehenden wirtschaftlichen Schwierigkeiten einer Mitgliedssparkasse" (Stützungsfall, § 14 Satzung) kommen auf Grundlage eines Restrukturierungs- und Sanierungskonzepts sowie eines Stützungsvertrags (§§ 18 f.) Stützungsmaßnahmen gem. § 17 Satzung in Form von Eigenkapitalzufuhr, Bürgschafts- oder Garantieübernahmen, Schuldversprechen oder Befriedigung von Gläubigern in Betracht, auf die gem. § 20 der Satzung aber kein Anspruch der Mitgliedssparkasse besteht.

377 Die elf regionalen Stützungsfonds haben sich zudem zu einem **überregionalen Ausgleich** zusammengeschlossen,[899] der eintritt, wenn im Stützungsfall die Mittel (Beiträge und Nachschüsse) des jeweiligen regionalen Fonds zur Stützung nicht ausreichend sind, auf den aber kein Rechtsanspruch der Mitgliedssparkassen und regionalen Fonds besteht.

378 **bb) Sicherungsreserve der Landesbanken.** Für die neun Landesbanken/Girozentralen sowie die Deka Bank Deutsche Girozentrale besteht beim Deutschen Sparkassen- und Giroverband eV (DSGV) eine institutssichernde Sicherungsreserve als unselbständiges Verbandsvermögen,[900] deren Satzung und Funktionsweise den regionalen Stützungsfonds entsprechen.

379 **cc) Sicherungsfonds der Landesbausparkassen.** Die neun öffentlich-rechtlich organisierten Landesbausparkassen sind dem Sicherungsfonds der Landesbausparkassen als ebenfalls unselbstständiges Verbandsvermögen des DSGV angeschlossen,[901] dessen Rechtsverhältnisse und Funktionsweise ebenfalls dem der regionalen Stützungsfonds entsprechen.

380 **dd) Gemeinsamer Haftungsverbund.** Die 13 Sicherungseinrichtungen der Sparkassen, Landesbanken und Landesbausparkassen befinden sich außerdem in einem gemeinsamen **Haftungsverbund,**[902] der subsidiär eintritt, soweit die Mittel der jeweiligen Sicherungseinrichtung nicht ausreichend sind.

381 **ee) Gewährträgerhaftung.** Die bei den öffentlich-rechtlichen Sparkassen, Landesbanken/Girozentralen und Landesbausparkassen bisher vorgesehene Instituts- und Einlagensicherung in Gestalt von Anstaltslast und Gewährträgerhaftung läuft wegen beihilfenrechtlicher Bedenken der EG-Kommission nach einer „Verständigung" zwischen Kommission

[898] Fischer/Klanten/*Fischer* Rn. 3.23.
[899] §§ 30 ff. der Rahmensatzung.
[900] §§ 38 ff. der Rahmensatzung.
[901] §§ 65 ff. der Rahmensatzung.
[902] Satzung für den Haftungsverbund zwischen den Sparkassenstützungsfonds und der Sicherungsreserve der Landesbanken und Girozentralen sowie dem Sicherungsfonds der Landesbausparkassen.

und Bundesregierung (im Einvernehmen mit den Ländern) vom 17.7.2001 aus. Für bis zum 17.7.2001 begründete Forderungen besteht die Gewährträgerhaftung bis zum Ende ihrer Laufzeit unbefristet weiter; für Forderungen, die zwischen dem 18.7.2001 und dem 18.7.2005 begründet wurden, besteht die Gewährträgerhaftung, sofern die Laufzeit nicht über den 31.12.2015 hinausgeht. Für die übrigen, nach dem 31.12.2005 fälligen Verbindlichkeiten entfällt die Gewährträgerhaftung.[903]

c) Sicherungseinrichtung der Volks- und Raiffeisenbanken. Als unselbstständiges Verbandsvermögen besteht beim Bundesverband der Deutschen Volks- und Raiffeisenbanken eV (BVR) ebenfalls eine gem. § 12 EAEG institutssichernde Sicherungseinrichtung, bestehend aus **Garantiefonds und Garantieverbund,** § 4 BVR-Satzung iVm dem Statut der Sicherungseinrichtung (SE-Statut). Ihr angeschlossen sind alle Einlagenkreditinstitute, die Mitglied des BVR sind; BVR-Mitglieder, die nicht Einlagenkreditinstitute sind, können dem Garantiefonds angeschlossen werden, § 3 SE-Statut.[904] Der Garantiefonds finanziert sich aus Beiträgen und Eintrittsgeldern der angeschlossenen Institute, § 4 SE-Statut; zulasten des Garantieverbunds kann der BVR Garantie- und Bürgschaftserklärungen gem. § 17 Abs. 3 SE-Statut abgeben, zu deren Deckung die angeschlossenen Institute durch Garantieerklärungen verpflichtet sind, § 5 SE-Statut. Neben der Institutssicherung durch Präventiv- und Sanierungsmaßnahmen (§§ 1 Abs. 1, 12 ff., 17 ff. SE-Statut), auf die die Mitgliedsinstitute gem. § 36 SE-Statut allerdings keinen Rechtsanspruch haben,[905] besteht auch die Möglichkeit, über ein Institut das Insolvenzverfahren zu eröffnen und nur die Einleger zu entschädigen (§ 1 Abs. 3 SE-Statut; modifizierter Bankenschutz).[906] Der BVR selbst ist kein gem. §§ 2 Abs. 2, 61 EinSiG anerkanntes institutsbezogenes Sicherungssystem, wohl aber die durch den Verband gegründete **BVR Institutssicherung GmbH** (BVR-ISG, vgl. § 43 EinSiG). 382

4. Freiwillige Einlagensicherung – Einlagensicherungsfonds

a) Grundlagen. Unabhängig von der gesetzlichen Sicherungspflicht der privaten Banken gem. § 1 iVm § 24 Abs. 1 Nr. 1 EinSiG besteht im privaten Bankensektor mit dem „Einlagensicherungsfonds deutscher Banken" (ESF) eine Sicherungseinrichtung, die anders als die institutsbezogenen Sicherungssysteme der Sparkassenverbände und Genossenschaftsbanken nicht den Schutz seiner einzelnen Mitglieder in ihrer Existenz bezweckt, sondern in erster Linie die Schadloshaltung der Anleger. 383

Bei dem ESF handelt es sich um ein **unselbstständiges Sondervermögen** des Bundesverbands deutscher Banken eV (BdB), vgl. § 4 der Satzung des BdB (BdB-Satzung) iVm § 1 des Statuts des Einlagensicherungsfonds (ESF-Statut).[907] Der Schutzumfang des ESF geht hinsichtlich seiner Höhe und des begünstigten Personenkreises bzw. der geschützten Positionen teilweise weit über den der gesetzlichen Einlagensicherung nach §§ 5 ff. EinSiG hinaus. 384

Die Errichtung dieses Einlagensicherungsfonds im Jahr 1976 diente in erster Linie der Vertrauensförderung (§ 4 Abs. 2 BdB-Satzung, § 2 Abs. 1 ESF-Statut), daneben aber auch dem Ausgleich wettbewerblicher Nachteile der privaten Banken gegenüber den Sparkassen und Genossenschaftsbanken, die im Genuss der Institutssicherung sind bzw. der Gewährträgerhaftung waren, und der Abwehr staatlicher Maßnahmen zur Einlagensicherung.[908] Aufgabe des ESF ist es gem. § 2 ESF-Statut bei finanziellen Schwierigkeiten von Banken durch „geeignete Maßnahmen Hilfe zu leisten", worunter nach regelmäßiger Praxis nicht 385

903 Vgl. auch die Sparkassengesetze der Länder.
904 Derzeit sind 1047 genossenschaftliche Institute dem Sicherungssystem angeschlossen.
905 Zur Rechtmäßigkeit des Anspruchsausschlusses OLG Köln DZWiR 1993, 196.
906 Boos/Fischer/Schulte-Mattler/*Fischer* § 23a Rn. 41.
907 Zur Frage der Rechtsformverfehlung des BdB wegen wirtschaftlicher Betätigung iSv §§ 21, 22 BGB vgl. (bejahend) *Fröhlich* Einlagensicherung S. 75 ff., 116.
908 BankR-HdB/*Bunte* § 25 Rn. 5.

nur, aber vor allem, Zahlungen an einzelne Gläubiger zu verstehen sind. Entschädigungsleistungen an Gläubiger durch den ESF sind gem. § 6 Abs. 16 ESF-Statut nur dann vorgesehen, wenn und soweit diese nicht anderweitig, insbesondere aufgrund des EinSiG oder des AnlEntG, Entschädigung erlangen (Anschlussdeckung).

386 **b) Beteiligte Kreditinstitute.** Zur Mitwirkung am ESF verpflichtet sind grds. **alle Mitglieder des BdB,** vgl. § 2a Abs. 1 ESF-Statut mit Ausnahmen in Abs. 2 und 3. Dabei handelt es sich zum größten Teil um die deutschen Banken in Privatrechtsform sowie Tochterunternehmen oder Zweigniederlassungen ausländischer Banken.[909] Die Mitgliedschaft im BdB ist jedoch freiwilliger Natur (vgl. §§ 5, 5a BdB-Satzung), so dass die Rechtsbeziehungen des BdB zu seinen Mitgliedern privatrechtlich ausgestaltet sind[910] und weder der BdB noch der ESF der staatlichen Aufsicht unterliegen.

387 Es steht dem BdB aufgrund seiner **Vereinsautonomie** grds. frei, die Voraussetzungen der Mitgliedschaft im BdB bzw. der Mitwirkung am ESF (vgl. § 2a Abs. 1 ESF-Statut) festzulegen und darüber hinaus die Mitgliedschaft auch trotz Vorliegens der Voraussetzungen zu verweigern. Es besteht daher grds. keine Aufnahmepflicht.[911] Es ist jedoch allgemein anerkannt, dass ein Verband unter bestimmten Voraussetzungen einem **Aufnahmezwang** unterliegt.[912] Gestützt auf § 826 BGB kann sich hiernach ein Aufnahmeanspruch ergeben, sofern der Verband eine Monopolstellung besitzt, die Aufnahme für den Bewerber Existenzvoraussetzung ist, die Ablehnung als sittenwidrig anzusehen war und der Bewerber im Übrigen die satzungsmäßigen Aufnahmebedingungen erfüllte.[913] Diese engen Voraussetzungen wurden unter Anwendung der Kriterien des § 20 Abs. 5 GWB erheblich gelockert,[914] wonach nunmehr bereits ein Aufnahmeanspruch besteht, wenn die Ablehnung trotz Erfüllung der satzungsmäßigen Voraussetzungen zu einer im Verhältnis zu den bereits aufgenommenen Mitgliedern sachlich nicht zu rechtfertigenden Ungleichbehandlung und unbilligen Benachteiligung des Bewerbers führt[915] oder bei überragender Machtstellung des Vereins im wirtschaftlichen oder sozialen Bereich und gleichzeitigem erheblichem Interesse des Bewerbers am Erwerb der Mitgliedschaft.[916] Da sich die Mitwirkung am ESF für private Banken faktisch zur Marktzugangsvoraussetzung entwickelt hat und der BdB bei der freiwilligen Einlagensicherung eine Monopolstellung innehat, ist es allgemein anerkannt, dass Bewerber, die die satzungsmäßigen Mitwirkungs- bzw. Mitgliedschaftsvoraussetzungen erfüllen, auf dieser Grundlage jedenfalls die Mitwirkung am ESF bzw. die Mitgliedschaft im BdB beanspruchen können.[917] Entsprechendes gilt für den Ausschluss von der Mitwirkung bzw. Mitgliedschaft.

388 Umstritten ist, ob dies auch für **Zweigniederlassungen** ausländischer Kreditinstitute iSv § 53b KWG gilt. Dass ein Aufnahmeanspruch für die Entschädigungseinrichtungen iSv § 22 EinSiG und §§ 6, 7 AnlEntG besteht, steht außer Streit (sog. topping-up, → Rn. 338, 354). Die hM lehnt einen Anspruch auf Aufnahme in eine freiwillige Sicherungseinrichtung jedoch zutreffend ab.[918] Sie beruft sich dabei darauf, dass die europäischen Richtlinien die Mitgliedsstaaten nur zur Errichtung und amtlichen Anerkennung eines Einlagensiche-

---

[909] Eine Mitgliederliste stellt der BdB unter http://www.bankenverband.de/service/einlagensicherung zur Verfügung.

[910] Baumbach/Hopt/*Hopt* (7) Bankgeschäfte Rn. A/57.

[911] Palandt/*Ellenberger* § 25 Rn. 11; BGH NJW 1987, 2503; 1999, 1326.

[912] Grundlegend RGZ 60, 94 (102 ff.); 106, 120.

[913] Vgl. *Kübler/Assmann* Gesellschaftsrecht § 34 III 2 (S. 543 f.).

[914] BGH NJW 1975, 771 – „Rad- und Kraftfahrerverbund"; NJW 1985, 1216 – „IG Metall".

[915] BGHZ 63, 282 (285); 93, 151 (153 f.); vgl. zu den Kriterien *Kübler/Assmann* Gesellschaftsrecht § 34 III 3 f. (S. 544 ff.).

[916] BGH NJW 1985, 1216; 1980, 186 – „Anwaltverein".

[917] *Fröhlich* Einlagensicherung S. 324 ff. (diff. zwischen Mitwirkung am ESF und Mitgliedschaft im BdB); *Wagner* Einlagensicherung S. 141 ff.; *Dziallas-Laur* Einlagensicherung S. 167 ff.; *Papenthin* Einlagensicherung S. 157 f.

[918] *Wagner* Einlagensicherung S. 134 ff.; BankR-HdB/*Fischer/Boegl* § 133 Rn. 44; *Pannen* Krise S. 96 f.; *Herdegen* WM 1999, 1541 (1542 ff.).

rungs- bzw. Entschädigungssystems verpflichten (Art. 3 Abs. 1 ESRL, Art. 2 Abs. 1 AERL) und damit nicht private Initiativen wie die des ESF zum Verpflichtungsgegenstand haben. Die Regelung des „topping-up" beziehe sich demnach auch nur auf diejenigen Sicherungssysteme, zu deren Errichtung die Richtlinien verpflichten. Entsprechend erfasse § 57 Abs. 1 EinSiG bzw. § 12 Abs. 1 AnlEntG nur solche Entschädigungseinrichtungen, deren Errichtung und Betrieb durch das EinSiG bzw. AnlEntG geregelt ist.

Sethe[919] weist dagegen darauf hin, dass den Richtlinien neben dem Aspekt des Anlegerschutzes durch Mindestsicherungsmaßnahmen auch eine **wettbewerbliche Dimension** zugunsten der Institute zukommt,[920] wozu auch die „topping-up"-Regelung zu zählen ist. Gleichwohl führt diese (an sich zutreffende) Prämisse wegen des hiermit verbundenen tiefen Eingriffs in die Privatautonomie nicht dazu, dass der Anspruch aus Art. 4 Abs. 2 ESRL bzw. § 57 Abs. 1 EinSiG, § 12 Abs. 1 AnlEntG auf private Sicherungseinrichtungen erstreckt werden kann.[921] 389

c) Finanzierung. Die Finanzierung des ESF erfolgt grds. durch **jährliche Umlagen** der Mitglieder iHv 0,6 ‰ der jeweiligen Bilanzposition „Verbindlichkeiten gegenüber Kunden" (vgl. § 5a Abs. 2 ESF-Statut) bzw. durch eine Einmalzahlung bei Neuaufnahme gem. § 5a Abs. 7 ESF-Statut. Die Umlage kann sich in Abhängigkeit von der Bonität des jeweiligen Mitglieds erhöhen (§ 5 Abs. 6 iVm § 4a ESF-Statut) oder bei Erreichen einer angemessenen Höhe des Fondskapitals oder bei langjährig erfolgter Zahlung gem. § 5 Abs. 3 S. 1, 2 ESF-Statut reduzieren. In Krisenfällen kann gem. § 5a Abs. 9 S. 1 ESF-Statut eine Sonderumlage erhoben werden. 390

d) Schutzumfang. Im Hinblick auf den gewährten Schutz besteht beim ESF ein wesentlich höheres Niveau als bei der gesetzlichen Pflichtsicherung gemäß EinSiG bzw. AnlEntG; eine Entschädigung durch den ESF kommt allerdings nur insoweit in Betracht, als sie nicht durch das EinSiG bzw. AnlEntG gewährleistet ist (**Subsidiarität,** vgl. § 6 Abs. 16 ESF-Statut). 391

aa) Erfasste Kundengelder. In sachlicher Hinsicht vom Schutz erfasst werden gem. § 6 Abs. 1 ESF-Statut sämtliche Einlagen, mit Ausnahme der in Abs. 4, 5 genannten Gläubiger. Maßgeblich ist insofern § 21 Abs. 2 der aufgrund § 330 HGB erlassenen Kreditinstituts-Rechnungslegungsverordnung (RechKredV),[922] wonach alle Verbindlichkeiten gegenüber in- und ausländischen Nichtbanken mit Ausnahme der verbrieften Verbindlichkeiten (§ 22 RechKredV) unter der Position „Verbindlichkeiten gegenüber Kunden" auszuweisen sind; es handelt sich insbesondere[923] um Sicht-, Termin- und Spareinlagen einschließlich der auf den Namen lautenden Sparbriefe, sowie Namens- und Orderschuldverschreibungen. **Nicht** hierunter fallen gem. § 26 RechKredV Eventualverbindlichkeiten (Bankbürgschaften, -garantien, Patronatserklärungen), Kapitaleinlagen, stille Beteiligungen und nachrangige Darlehen. 392

Für den Schutz einer Position kommt es nicht darauf an, ob sie tatsächlich unter der entsprechenden **Bilanzposition** ausgewiesen ist oder nicht; entscheidend für den Schutz ist vielmehr, ob sie bilanzrechtlich hierunter auszuweisen war oder nicht.[924] 393

Der Schutz umfasst auch die jeweiligen **Zinsansprüche,** soweit sie noch nicht gutgeschrieben worden sind; dies jedoch nur für den Zeitraum bis zur Feststellung des Entschädigungsfalls gem. § 10 Abs. 1 EinSiG (vgl. § 6 Abs. 12 S. 1 ESF-Statut). Die Zins- 394

[919] Assmann/Schütze/*Sethe* § 26 Rn. 82 f.

[920] Erwägungsgründe 13, 14 ESRL.

[921] *Pannen* Krise S. 149 f.; BankR-HdB/*Fischer* § 133 Rn. 77.

[922] VO über die Rechnungslegung der Kreditinstitute und Finanzdienstleistungsinstitute v. 10.2.1992 (BGBl. I 1992, 203), idF der Bekanntmachung v. 11.12.1998 (BGBl. I 1998, 3658), zuletzt geändert durch Art. 8 Abs. III 13 G v. 17.7.2015.

[923] Den exemplarischen Charakter betont zu Recht *Hanten* WuB I L 3. § 6 SEF 1.11.

[924] BankR-HdB/*Bunte* § 25 Rn. 9: Der Schutz kann „durch eine rechtswidrige Bilanzierung weder verlorengehen noch erworben werden".

ansprüche sind allerdings auf die marktübliche Höhe beschränkt. Auf welche **Währung** die demnach geschützten Verbindlichkeiten lauten, ist unerheblich; § 6 Abs. 13 S. 1 ESF-Statut behält aber eine Entschädigung in EUR vor.

395 **bb) Adressatenkreis.** In persönlicher Hinsicht fallen gem. § 6 Abs. 2 ESF-Statut unter den Schutz des ESF alle **natürlichen und juristischen Personen** des privaten und öffentlichen Rechts (vgl. dagegen § 3 Abs. 2 S. 1 Nr. 2–4 AnlEntG), insbesondere auch Kapitalanlagegesellschaften (wobei im Hinblick auf Sicherungsgrenzen die einzelnen Fonds als selbstständige Gläubiger behandelt werden, § 6 Abs. 6 ESF-Statut). **Ausgenommen** hiervon sind lediglich Kreditinstitute (§ 1 Abs. 1 S. 2 KWG; ob eine Genehmigung gemäß § 32 Abs. 1 KWG vorliegt, ist unerheblich)[925] und gem. § 6 Abs. 4 lit. e)-i) ESF-Statut schutzunwürdige Personen.

396 Letzteres ist insbesondere bei **Kommissionsgeschäften** zu beachten: Genießt der Kommissionär keinen Schutz durch den ESF, etwa weil es sich bei ihm um ein Kreditinstitut handelt, so hilft es dem Kommittenten nicht, dass er selbst vom Schutz des ESF erfasst wäre; abzustellen ist lediglich auf den im eigenen Namen handelnden Kommissionär.[926] Gehen demnach ungesicherte Ansprüche rechtsgeschäftlich oder gesetzlich auf Einleger über, die nicht durch § 6 ESF-Statut vom Schutz ausgenommen sind, so genießen diese die Sicherung des ESF, es sei denn, innerhalb von sechs Monaten nach Übergang werden Sicherungsmaßnahmen nach § 2 Abs. 2, § 6 Abs. 7ESF-Statut getroffen (Verhinderung von Umgehungsgeschäften). Im umgekehrten Fall, dass ein geschützter Gläubiger eine gesicherte Forderung gegen ein Kreditinstitut an ein ebensolches (gem. § 6 Abs. 4 lit. a) ESF-Statut nicht geschütztes) Kreditinstitut zur Sicherheit (etwa einer Kreditforderung) abtritt oder verpfändet, ist – wie stets bei fiduziarischen Rechtsverhältnissen – eine wirtschaftliche Sichtweise zugrundezulegen. Danach bleibt, solange die Forderung nicht durch Abtretung an Erfüllungs Statt unbedingt auf das Kreditinstitut übergeht, der Zedent wirtschaftlicher Eigentümer; der Schutz durch den ESF geht hierdurch also nicht verloren.[927]

397 **cc) Entschädigungshöhe.** Der Höhe nach war der Schutzumfang gem. § 6 Abs. 8 lit. a) S. 1 ESF-Statut allgemein begrenzt auf maximal **20 % des haftenden Eigenkapitals** iSv Art. 72 CRR **je Gläubiger** bzw. je Investmentfonds (§ 6 Abs. 6 ESF-Statut; zur Ermittlung vgl. § 6 Abs. 8 lit. a) S. 3, 4 ESF-Statut). Für neu in den ESF aufgenommene Institute, besonders risikoträchtige Geschäftsmodelle und Zweigniederlassungen ausländischer Banken aus EWR-Staaten sehen § 6 Abs. 8 lit. b) und c), § 2a Abs. 1 S. 2 ESF-Statut geminderte Sicherungsgrenzen vor. Diese Sicherungsgrenze wurde **seit 1.1.2020 auf 15 % des haftenden Eigenkapitals** reduziert und soll ab. 1.1.2025 nur noch 8,75 % betragen (vgl. Nr. 20 Abs. 2 AGB-Banken).

398 Die **Berechnung** der konkreten Höhe einer gesicherten Verbindlichkeit erfolgt unter Addierung aller gesicherten Forderungen eines jeden einzelnen Gläubigers. Bei Ander- und offenen Treuhandkonten ist gem. § 6 Abs. 10 ESF-Statut auf die Person des Treugebers abzustellen, andernfalls auf den Treunehmer. Bei Gemeinschaftskonten rechnet § 6 Abs. 11 S. 1 ESF-Statut Kontoguthaben und Forderungen aus dem gemeinsamen Konto den einzelnen Inhabern zu jeweils gleichen Anteilen zu. In der Höhe, in der die gesicherten Forderungen des einzelnen Kontomitinhabers aus seiner persönlichen Geschäftsbeziehung mit dem Institut die Sicherungsgrenze unterschreitet, wird sodann der jeweilige Anteil des Kontomitinhabers am Gemeinschaftsguthaben zu dessen Sicherung herangezogen (S. 2, 3): Vorrang hat also zunächst die Sicherung der persönlichen Forderungen des einzelnen Gläubigers gegen die Bank (S. 2); der Anteil des Kontomitinhabers am Gemeinschaftskonto dient dann in der verbleibenden Höhe der Sicherung des Gemeinschaftskontoguthabens (S. 3). Gesichert wird damit nicht der Anteil der einzelnen Kontomitinhaber, sondern das

[925] BankR-HdB/*Bunte* § 25 Rn. 10.

[926] Aktuell zur Problematik der Kommissionsgeschäfte FAZ Nr. 261 v. 10.11.2009: „Lehman-Fall offenbart Lücken in Einlagensicherung".

[927] BankR-HdB/*Bunte* § 25 Rn. 15.

Gemeinschaftsguthaben der Gemeinschaft. Anders ist dies nur im Falle von Gemeinschaftskonten einer Gemeinschaft nach WEG: Gem. § 6 Abs. 7 S. 4 ESF-Statut ist bei der Berechnung der Sicherungsgrenze von vornherein nur auf die Gemeinschaft als Gläubigerin abzustellen. Wegen § 719 BGB sind auch gesamthänderisch gebundene Forderungen der GbR-Gesellschafter wie Forderungen eines Gläubigers zu behandeln.[928] Bei der Außen-GbR ergibt sich dies bereits aus ihrer Rechtsfähigkeit.

e) Forderungsübergang (Nr. 20 Abs. 4 AGB-Banken). Erbringt der ESF Entschädigungszahlungen, sieht Nr. 20 Abs. 4 AGB-Banken einen Übergang der Forderungen auf den ESF in der Höhe vor, in der die Forderungen entschädigt wurden. Der Sache nach soll damit eine bei §§ 774, 268 Abs. 3 BGB *ipso iure* eintretende Rechtslage **rechtsgeschäftlich** herbeigeführt werden, ohne dass es vor Erbringung der Entschädigung durch den ESF noch zahlloser individueller Vereinbarungen mit den einzelnen Gläubigern bedarf. Wie dies rechtskonstruktiv erfolgt, ist jedoch umstritten.[929] Da die Bank kaum als Vertreterin des BdB mit den Einlegern ein Schuldverhältnis zwischen BdB (ESF) und Einlegern begründet,[930] ist der zwischen Bank und Einleger mit dem Inhalt der Nr. 20 Abs. 4 AGB-Banken zustande gekommene Vertrag als **Vertrag zu Gunsten Dritter** (des ESF) zu betrachten, durch den der ESF einen durch die Leistung von Entschädigungszahlungen bedingten Anspruch auf Abtretung der entschädigten Forderungen erlangt.[931] 399

In dinglicher Hinsicht ist zu beachten, dass ein **verfügender Vertrag** zugunsten Dritter nach hM ausgeschlossen ist,[932] der ESF also nicht ohne weiteres Zutun des Kunden Inhaber der entschädigten Forderungen werden kann. Falls man auch hier eine (bedingte) Einigung zwischen Einleger und Bank als Vertreterin des ESF verneint, kann jedoch angenommen werden, dass der Einleger mit § 20 Nr. 4 AGB-Banken eine durch die Erbringung von Entschädigungsleistungen des ESF aufschiebend bedingt wirksame Zessionserklärung abgibt, die der ESF durch Entschädigungszahlungen konkludent annimmt.[933] 400

f) Rechtsanspruch auf Entschädigung. aa) Problemstellung. Ob die geschützten Einleger einen (einklagbaren) Anspruch auf Entschädigung durch den ESF haben, ist auch nach knapp vierzig Jahren heftig **umstritten.** Eine ausdrückliche gesetzliche oder vertragliche Regelung hierüber fehlt, anders als zB bei der gesetzlichen Einlagensicherung gem. § 5 Abs. 1 S. 1 EinSiG (→ Rn. 355). 401

Da es viele Äußerungen gibt, die eine nahezu absolute Sicherheit der dem ESF unterliegenden Einlagen suggerieren und sich auch die Rechtsordnung einem derartigen Verständnis nicht entzieht,[934] ist die Grundlage für die nicht abreißende Diskussion das kaum zu bestreitende **öffentliche Vertrauen** darauf, dass der ESF im Ernstfall einspringen werde. In der Tat hat sich der BdB in den (allerdings seltenen) gerichtskundig gewordenen Fällen nie auch nur hilfsweise in das Argument geflüchtet, ein Rechtsanspruch auf sein Einschreiten bestehe nicht, sondern allenfalls darauf berufen, dass ein geltend gemachter Ent- 402

---

[928] BankR-HdB/*Bunte* § 25 Rn. 16.

[929] Vgl. BankR-HdB/*Bunte* § 25 Rn. 30 ff.

[930] So aber *Neeff* (Einlagensicherung S. 270), der eine „schenkungsähnliche Abrede" befürwortet; *Kümpel* (WM 1976, Beilage 1, 23) befürwortet einen Forderungskauf, *Canaris* (Bankvertragsrecht Rn. 2723) ein „bürgschafts- oder garantievertragsähnliches Verhältnis ohne rechtsgeschäftliche Einstandspflicht des Fonds".

[931] BankR-HdB/*Bunte* § 25 Rn. 30.

[932] Palandt/*Grüneberg* vor § 328 Rn. 9.

[933] *Kümpel* WM 1976, Beilage 1, 23; *Canaris* Bankvertragsrecht Rn. 2722; BankR-HdB/*Bunte* § 25 Rn. 33.

[934] Hingewiesen sei beispielhaft auf die Möglichkeit mündelsicherer Anlegung bei Kreditinstituten, die dem ESF angehören gem. § 1807 Abs. 1 Nr. 5 Alt. 2 BGB (Palandt/*Diederichsen* § 1807 Rn. 9) oder BGH NJW 2009, 3429 (Schadensersatzpflicht einer Bank, die – obwohl nicht dem ESF angehörend und „nur" dem Einlagenschutz gemäß EAEG unterliegend – einem konservativen Anleger Einlagen bei ihr selbst empfiehlt, die den Schutzumfang des EAEG überschreiten); 2006, 986 (der gewerblich tätige Treuhänder darf ihm anvertraute größere Beträge in der Regel nicht bei einer Bank anlegen, bei der sie nur in dem gesetzlichen Mindestumfang für Einlagen in Höhe von 20.000 EUR abgesichert sind); 2006, 1129 (Pflicht des Notars zur Überprüfung der Zugehörigkeit eines Kreditinstituts zu einer Sicherungseinrichtung).

schädigungsanspruch schon tatbestandlich nicht vom Sicherungsumfang des ESF erfasst sei. Den Äußerungen und dem Vertrauen steht allerdings eine **unsichere rechtsdogmatische Beurteilung** gegenüber, ob sich ein derartiger Rechtsanspruch begründen lässt oder nicht. Bedeutsam ist vor allem das Urteil des *LG Berlin* aus jüngerer Zeit, welches – mit teilweise äußerst knapper Begründung – jegliche Entschädigungsansprüche gegen den ESF ablehnt.[935] Die in der Literatur vertretenen Begründungsansätze zur Herleitung eines einklagbaren Rechtsanspruchs sind vielfältig, können jedoch allenfalls im Hinblick auf die Vertrauenshaftung überzeugen (→ Rn. 410 f.). Im Einzelnen haben sich folgende Argumentationsmuster herausgebildet:

403 **bb) Vertragliche Einstandspflicht des BdB.** Vertraglich bzw. rechtsgeschäftlich begründete Ansprüche der Einleger gegen den BdB (als Rechtsträger des ESF) auf Entschädigung im Insolvenzfall werden nahezu einhellig abgelehnt.[936] Die Begründungen stützen sich dabei im Wesentlichen auf den Anspruchsausschluss in § 6 Abs. 19 ESF-Statut (iVm Nr. 20 Abs. 3 AGB-Banken).[937] Wenngleich dem letztlich im Ergebnis zuzustimmen ist, legt jedoch bereits die Existenz dieser Regelung die Vermutung nahe, dass ohne sie ein von ihr auszuschließender Entschädigungsanspruch existieren könnte. Als Grundlage hierfür werden von Teilen der Lit. durchaus noch vertragliche Beziehungen zwischen Einlegern und BdB diskutiert, deren Argumentation hier nachgezeichnet werden soll:

404 **(1) Mögliche Verpflichtung des BdB.** Dem Inhalt nach soll sich ein unmittelbarer vertraglicher Entschädigungsanspruch der Einleger aus der bankvertraglichen Formulierung der Nr. 20 Abs. 1 S. 2 AGB-Banken ergeben (vgl. „Der ESF *sichert* Einlagen …").[938] Die gewählte Formulierung („Sicherung") bedeute mehr als nur eine vage, rechtsunverbindliche Aussicht darauf, möglicherweise durch den ESF entschädigt zu werden. Es würde dem (gem. §§ 133, 157 BGB zu ermittelnden) objektivierten Willen der Vertragsparteien nicht gerecht, diesen Aussagen weniger Gehalt beizumessen, als dass der ESF im Falle der Insolvenz der Bank dem dergestalt „gesicherten" Einleger zur Schadloshaltung verpflichtet ist. Der im Rechtsverkehr häufig verwendete Begriff der „Sicherung" würde sowohl laienhaft als auch technisch nur dahingehend verstanden, dass bei Eintritt des „Sicherungsfalls" der „Gesicherte" Ansprüche geltend machen kann.[939] Hieraus folge eine **bürgschafts- oder garantieähnliche Verpflichtung.**[940]

405 Selbst wenn man dieser – im Hinblick auf die Auslegung sicher überzogenen – Konstruktion im Ausgangspunkt folgt, bleibt jedoch zu bedenken, dass durch § 6 Abs. 19 ESF-Statut ein demnach bestehender vertraglicher Entschädigungsanspruch sogleich wieder **ausgeschlossen** würde. In der Literatur wird jedoch auch dies teilweise anders gesehen. So

[935] LG Berlin BKR 2011, 39 (nicht rkr.; Berufung anhängig beim KG – 22 U 147/10).

[936] BankR-HdB/*Bunte* § 25 Rn. 20; Assmann/Schütze/*Sethe* § 26 Rn. 53; Derleder/Knops/Bamberger/*Casper* § 3 Rn. 117; Baumbach/Hopt/*Hopt* (7) Bankgeschäfte Rn. A/57; *Klöhn* ZIP 2011, 109 (110); *Binder* EWiR 2010, 769 (770); LG Berlin BKR 2011, 39 (41 f.) (nicht rkr.). Das vielfach zitierte, nv Urt. des OLG Köln v. 9.1.1986 – 12 U 11/85 (Abschrift, S. 7 ff., Nr. 1 der Entscheidungsgründe) behandelt (und verneint zurecht) die Frage nach einem Entschädigungsanspruch nur unter dem Gesichtspunkt eines Vertrags zu Gunsten Dritter.

[937] Zu beachten ist freilich, dass ausweislich den Bekundungen des BdB der Zweck der Klausel nicht primär der Anspruchsausschluss ist, sondern die Vermeidung der Körperschafts-, Vermögens- und Gewerbesteuerpflichtigkeit sowie die Beaufsichtigung nach VAG; vgl. *Scholl* JuS 1981, 88 (95). Erstere Problematik hat sich jedoch durch Erlasse der Landesfinanzministerien, die eine Befreiung von der Steuerpflicht gewähren, erledigt; vgl. auch *Wagner* Einlagensicherung S. 161 f. Was die drohende versicherungsrechtliche Aufsicht anbelangt (vgl. dagegen aber Fahr/Kaulbach/Bähr/*Kaulbach* VAG § 1 Rn. 26, 29, 33), so stellt sich die Frage, ob der BdB das Problem angesichts seines nicht unerheblichen politischen Einflusses nicht auf direkterem Wege (in Form eines gesetzlichen Ausnahmetatbestands) hätte lösen können.

[938] Vgl. dagegen die im Wortlaut deutlich zurückhaltender formulierte Nr. 28 AGB-Sparkassen oder die vom Bundesverband Öffentlicher Banken Deutschlands (VÖB) vorgesehene Formulierung in § 7 Abs. 1 der Satzung des Einlagensicherungsfonds des VÖB; **aA** *Pannen* Krise S. 158 f.

[939] Vgl. auch die §§ 1192 Abs. 1a S. 1, 1204 Abs. 1 BGB, die auch von „Sicherung" sprechen und dabei einen durch §§ 1147, 1192 Abs. 1 bzw. §§ 1228 ff. BGB näher konkretisierten Anspruch gewähren.

[940] *Canaris* Bankvertragsrecht Rn. 2723 (wenngleich „ohne rechtsgeschäftliche Einstandspflicht" des ESF).

sei es bereits zweifelhaft, ob die Klausel über den Haftungsausschluss für den von ihr konstruierten bürgschafts- oder garantieähnlichen Vertrag überhaupt von Bedeutung ist. Begründet wird dies damit, dass Nr. 20 Abs. 3 AGB-Banken auf § 6 ESF-Statut aber nicht gänzlich, sondern nur „wegen weiterer *Einzelheiten* des Sicherungs*umfanges*" verweist – also nur auf § 6 Abs. 1–7, 9 ESF-Statut und nicht dessen Abs. 19, der keine Einzelheiten, sondern das Bestehen der Sicherung (dh des Entschädigungsanspruchs) schlechthin regelt.[941] Hiernach wäre der Haftungsausschluss bereits nicht Vertragsbestandteil geworden, was konsequenterweise eine unbegrenzte Einstandspflicht des BdB nach sich ziehe.

Die eine Einstandspflicht bejahenden Stimmen in der Literatur gehen jedoch darüber hinaus und sprechen dem Haftungsausschluss aus Gründen der AGB-Kontrolle die Wirksamkeit ab.[942] Der Einbeziehung in den von ihnen konstruierten Vertrag stünde vor allem § 305c Abs. 1 BGB entgegen:[943] Die Klausel über den Haftungsausschluss sei **objektiv ungewöhnlich,** da sie deutlich von der aufgrund öffentlicher Bekundungen von Bank und BdB sowie Nr. 20 Abs. 1, 2 AGB-Banken nicht zu beanstandenden Erwartung des vertragsschließenden Kunden abweicht, er sei im Falle der Insolvenz seiner Bank durch einen Rechtsanspruch gegen den ESF gesichert. Der Überraschungseffekt der Klausel ergebe sich daraus, dass der Kunde selbst nach unterstellter tatsächlicher Lektüre von Nr. 20 Abs. 1, 2 AGB-Banken, über Einzelheiten hinsichtlich des Sicherungsumfangs gem. §§ 133, 157 BGB beinahe zwangsläufig zu dem Schluss kommen müsse, die abgegebenen Sicherungserklärungen seien „hart", dh rechtsbegründend.[944] 406

(2) Der BdB als möglicher Verpflichteter. Selbst wenn man der soeben skizzierten fragwürdigen Konstruktion eines Verpflichtungsgrundes im Ansatz folgen würde, wäre zudem noch problematisch, ob hierdurch auch der BdB (als Rechtsträger des ESF) verpflichtet wurde. Aus Nr. 20 Abs. 1 S. 2 AGB-Banken müsste man bei objektiver Auslegung folgern, dass der ESF (bzw. der BdB als dessen Rechtsträger) Sicherungs- bzw. Anspruchsverpflichteter sein soll. Er wirkt zwar bei Abschluss des Vertrags zwischen Einleger und Bank nicht mit, könnte aber gem. § 164 Abs. 1 BGB verpflichtet worden sein.[945] Auch dies wird von Teilen der Literatur in fragwürdiger Weise bejaht. Dass der BdB es nämlich seit Jahrzehnten trotz seines in § 6 Abs. 19 ESF-Statuts zum Ausdruck kommenden Willens wissentlich zuließ bzw. sogar vorschrieb, dass die Banken mit Nr. 20 AGB-Banken eine Erklärung abgeben, die bei objektiver Auslegung aus Kundensicht darauf schließen lässt, dass sich der BdB rechtsgeschäftlich gegenüber den Einlegern verpflichte, führe zur Annahme einer entsprechenden **Duldungsvollmacht.**[946] Auch dies erscheint jedoch auf der eindeutig eine Verpflichtung ausschließenden Tatsachengrundlage als konstruiert und überzeugt daher nicht. 407

cc) Vertrag zu Gunsten Dritter. Eine weitere Anspruchsgrundlage wird unter dem Aspekt eines echten Vertrags zu Gunsten Dritter diskutiert.[947] Ein Anspruch der Einleger könnte sich demnach auch aus dem vereinsrechtlichen **Vertragsverhältnis der Bank mit dem BdB** (BdB-Satzung iVm dem ESF-Statut) ergeben. Dass auch Gesellschaftsverträge Ansprüche Dritter begründen können, ist zwar unstreitig;[948] ob BdB und Banken bereits 408

[941] So auch *Klöhn* ZIP 2011, 109 (113).
[942] *Wagner* Einlagensicherung S. 169; **aA** LG Berlin BKR 2011, 39 (41 f.).
[943] Fischer/Klanten/*Fischer* Rn. 3.51; *Wagner* Einlagensicherung S. 170.
[944] So iErg letztlich auch Fischer/Klanten/*Fischer* Rn. 3.51, fraglich ohne jegliche dogmatische Begründung.
[945] Ein Handeln der Bank als (Empfangs-)Bote des BdB wäre ebenfalls denkbar. Angesichts des Umstands, dass der Vertragsschluss mit dem Kunden ein eigenes Geschäft der Bank ist, ist jedoch davon auszugehen, dass die Bank auch eine *eigene* Erklärung (und nicht fremde des BdB) abgibt.
[946] Für zumindest eine Anscheinsvollmacht plädierte Wolf/Horn/Lindacher/*Horn* AGBG (4. Aufl. 1999) § 23 Rn. 779. Einen zwischen BdB und Bankkunde kraft (Duldungs-)Vollmacht vertraglich begründeten Anspruch bejaht jetzt auch Fischer/Klanten/*Fischer* Rn. 3.45 f.; **aA** Baumbach/Hopt/*Hopt* (7) Bankgeschäfte Rn. A/57; LG Berlin BKR 2011, 39 (42).
[947] Vgl. *Schwark* NJW 1974, 1849 (1852).
[948] Palandt/*Grüneberg* § 328 Rn. 10; Erman/*H. P. Westermann* § 328 Rn. 10.

mit der BdB-Satzung bzw. dem ESF-Statut Rechte Dritter begründen wollten, ist aber zu bezweifeln. Mit dem Betrieb des ESF verfolgen BdB bzw. Banken vornehmlich ureigene Interessen (Vertrauensbildung, Konkurrenzfähigkeit ggü. Sparkassen und Genossenschaftsbanken, Vermeidung staatlicher Regulierung); der Schutz der Anleger erweist sich insofern „nur" als Reflex. Nicht jedes Rechtsgeschäft, das ein Schuldner mit einem Dritten abschließt, um seine Verpflichtungen gegenüber Gläubigern zur „versichern", wirkt allein wegen der ihm innewohnenden drittbegünstigenden Tendenz für die Gläubiger rechtsbegründend gegenüber dem Dritten.

409 Es bedarf vielmehr einer **hinreichend konkreten Vereinbarung,** die zum Ausdruck kommen lässt, dass und in welcher Art die Gläubiger unmittelbar Rechte erwerben sollen. Aus dem ESF-Statut ergibt sich insofern allein, dass gewisse Verbindlichkeiten gesichert werden; eine hinreichend konkrete Angabe, dass das ESF-Statut für sich allein außer den vertragsschließenden Banken (und nicht einmal diese mit einem Rechtsanspruch, vgl. § 10 ESF-Statut) Dritte rechtsbegründend begünstigen will, ist nicht ersichtlich – eine solche Wirkung kann allenfalls nach § 5 Abs. 1 ESF-Statut erst einzelvertraglich iVm Nr. 20 AGB-Banken zustandekommen. Insofern ist es auch dem Grundsatz der Vertragsautonomie geschuldet, im Vertragsverhältnis BdB/Banken den in § 6 Abs. 19 ESF-Statut enthalten Ausschluss von Ansprüchen Dritter zu respektieren: Es steht den Vertragsparteien frei, ob und wie sie Dritte mit ihrer Vereinbarung begünstigen. Aus § 4 Abs. 3 BdB-Statut iVm §§ 10, 6 Abs. 19 ESF-Satzung ergibt sich zweifelsfrei, dass aus der Vereinssatzung des BdB allein keine Ansprüche von Vereinsmitgliedern oder Dritten begründet werden sollten.[949]

410 **dd) Schadensersatz, Vertrauenshaftung.** Im Mittelpunkt der Diskussion stehen daher zutreffend allein **Schadensersatzansprüche** der Einleger gegen den BdB aus § 311 Abs. 2/3 BGB.[950] Zwar ist demjenigen Bankkunden, der trotz objektiver Rechtsunverbindlichkeit der BdB-Äußerungen bloß darauf vertraut, der BdB werde zukünftig Entschädigungsleistungen erbringen, regelmäßig nicht schutzwürdig.[951] Ausnahmen hiervon können jedoch in Anlehnung an den von *Canaris*[952] angeführten Fall des „königlichen Kaufmanns" begründet werden: Man kann durchaus anführen, dass der BdB mit den Äußerungen zur Einlagensicherung **Beruhigungserklärungen** abgibt,[953] deren Bestätigung vermittels Rechtsgeschäft der einzelne Bankkunde vom BdB angesichts dessen struktureller Überlegenheit kaum erreichen kann. Insofern wäre es möglich, im Verhältnis zwischen BdB und Bankkunden einen Anwendungsbereich der Vertrauenshaftung zu sehen.

411 Deren Voraussetzungen[954] sind auch erfüllt: Ein **Vertrauenstatbestand** wurde vom BdB zurechenbar geschaffen durch Nr. 20 AGB-Banken (iVm § 5 Abs. 1 ESF-Statut), die Ermächtigung der Banken, über ihre Mitwirkung am ESF zu unterrichten (§ 5b Abs. 1–3 ESF-Statut) sowie die übrigen detaillierten Äußerungen („gesichert sind", „voll geschützt" und zahlreiche ähnliche weitere Formulierungen) des BdB zur Einlagensicherung,[955] ohne in gebührender Weise auf den beabsichtigten Ausschluss von Rechtsansprüchen hinzuweisen. Selbst wo dies versteckt geschieht, wird sogleich beschwichtigend an das Vertrauen des

---

[949] Richtig insoweit nach wie vor *Canaris* Bankvertragsrecht Rn. 2724; LG Berlin BKR 2010, 39 (41); auch OLG Köln Urt. v. 9.1.1986 – 12 U 11/85 (nv), Abschrift S. 7 ff.; **aA** Fischer/Klanten/*Fischer* Rn. 3.53 f.

[950] Fischer/Klanten/*Fischer* Rn. 3.56 f.; grundlegend *Canaris* (Vertrauenshaftung S. 352 ff., 364 ff., 396 ff.): „Vertrauenshaftung kraft widersprüchlichen Verhaltens"; bejahend etwa *Nicklisch* Rechtsfragen S. 40 ff.; *Canaris* Bankvertragsrecht Rn. 2725; *Klöhn* ZIP 2011, 109 (111 f.); Fischer/Klanten/*Fischer* Rn. 3.58 f.; *Wagner* Einlagensicherung S. 165 ff.; wohl auch BankR-HdB/*Bunte* § 25 Rn. 22; *Binder* Bankeninsolvenzen S. 473 ff., 770; *Pannen* Krise S. 158 f.

[951] *Canaris* Vertrauenshaftung S. 352 f. („Gefahr einer Aushöhlung der Privatautonomie"), 366, 396 f., 506.

[952] *Canaris* Vertrauenshaftung S. 354 f., 366 (Fn. 74).

[953] So der Begriff von *Canaris* Vertrauenshaftung, S. 366.

[954] Vgl. allg. *Canaris* Vertrauenshaftung S. 491 ff.

[955] Noch weitergehend *Canaris* Bankvertragsrecht Rn. 2725, der bereits in der Schaffung des ESF und der damit verbundenen Publizität einen vertrauensbegründenden Umstand erblickt.

Einlegers appelliert („praktische Gründe“, „bisher in allen Entschädigungsfällen jeden Einleger entschädigt“, „niemals willkürlich … den Schutz der Einlagensicherung versagt“),[956] so dass man dem Einleger zwar möglicherweise tatsächlich Kenntnis der fehlenden Rechtsverbindlichkeit der Äußerungen unterstellen mag, sein Vertrauen auf freiwillige Entschädigungsleistungen jedoch nicht zerstört wird.[957] Regelmäßig wird der Einleger auch im Bewusstsein und auch aufgrund der von BdB und Banken erklärten Einlagensicherheit der jeweiligen Bank seine Gelder anvertraut und damit sein Vertrauen gutgläubig „investiert“ haben.[958] In der Rechtsfolge ergibt sich hieraus, dass der Vertrauende einen **Anspruch auf positiven Vertrauensschutz** hat, dh so gestellt zu werden, „als bestünde die von ihm angenommene Lage wirklich.“[959] Für die Einlagensicherung bedeutet dies einen Anspruch des Einlegers auf Entschädigung durch den ESF im vom BdB propagierten Umfang. Angesichts dessen verwundert es, dass das LG Berlin den Aspekt der Vertrauenshaftung ablehnt und darüber nicht mehr als zwei knappe Sätze verliert.[960]

g) Rechtsstellung der Banken. §§ 6 Abs. 19, 10 ESF-Statut schließen Hilfsmaßnahmen des ESF zugunsten angeschlossener Banken explizit aus. Eine gerichtliche Kontrolle des ESF-Statuts ist zwar möglich;[961] Maßstab sind wegen der Satzungsqualität aber nicht §§ 305 ff. BGB (§ 310 Abs. 4 S. 1 BGB), sondern allein die allgemeinen Regeln, insbesondere § 242 BGB (Angemessenheit, Billigkeit, sachliche Rechtfertigung). Da die Vertragsparteien (Haupt-)Leistungspflichten grds. frei vereinbaren können, ist auch der Ausschluss von Ansprüchen auf Hilfeleistung rechtlich nicht zu beanstanden.[962] 412

5. Einlagensicherungsfonds der öffentlich-rechtlichen Banken

Neben der EdÖ besteht auch im Bereich der öffentlich-rechtlich organisierten Banken – mit Ausnahme der Sparkassen, Landesbanken/Girozentralen und Landesbausparkassen – ein über den Sicherungsumfang des EinSiG und des AnlEntG hinausgehender Einlagensicherungsfonds, geregelt durch die „Satzung für den Einlagensicherungsfonds“ des VÖB. 413

6. Private Bausparkassen

Sofern sie nicht einem institutsbezogenen Sicherungssystem angehören (wie die privat-/öffentlich-rechtlichen Landesbausparkassen oder die Bausparkasse Schwäbisch Hall), sind die privatrechtlich organisierten Bausparkassen gem. §§ 24 Abs. 1 Nr. 1, 22 Abs. 2 Nr. 1, 23 Abs. 1 EinSiG der EdB zugeordnet. 414

[956] Vgl. BdB-Broschüre „Einlagensicherung der privaten Banken“, Mai 2010, S. 26.

[957] *Klöhn* ZIP 2011, 109 (111 f.). Ausweislich § 2 Abs. 1 ESF-Statut ist die Vertrauensförderung sogar Aufgabe des ESF.

[958] Zur Beweislast vgl. *Klöhn* ZIP 2011, 109 (112); *Canaris* Vertrauenshaftung S. 516.

[959] *Canaris* Vertrauenshaftung S. 518.

[960] LG Berlin BKR 2011, 39 (42) – möglicherweise hat dies seine Ursache darin, dass das LG Berlin offenbar davon ausgeht, „widersprüchliches Verhalten“ sei anspruchsbegründendes Tatbestandsmerkmal der Vertrauenshaftung. Voraussetzung der „Vertrauenshaftung kraft widersprüchlichen Verhaltens“ *(Canaris)* ist jedoch nicht widersprüchliches Verhalten an sich (dann läge ja gerade kein vertrauenserweckender Tatbestand vor), sondern der Umstand, dass es widersprüchlich (iSd venire contra factum proprium) *wäre,* wenn sich der Vertrauenserweckende auf die fehlende Rechtsverbindlichkeit *beriefe.* Vgl. zum Urteil die überwiegend krit. Stimmen in der Literatur: *Klöhn* ZIP 2011, 109 (112 ff.); *Binder* EWiR 2010, 769 (770); *Hanten* WuB I L 3. § 6 SEF 1.11; zustimmend lediglich *Nodoushani* BKR 2011, 1 (4 f.). Wie LG Berlin auch *Hasscheid* BB 1988, 2328 (2330 f.); Baumbach/Hopt/*Hopt* (7) Bankgeschäfte Rn. A/57.

[961] OLG Köln DZWiR 1993, 196 (197 f.) (mAnm v. *Claussen*).

[962] OLG Köln DZWiR 1993, 196 (198 f.).

36. Kapitel: Effektengeschäft

Schrifttum: *Assmann,* Interessenkonflikte aufgrund von Zuwendungen, ZBB 2008, 21; *Schneider/Mülbert,* Wertpapierhandelrecht, 7. Auflage 2019; *Assmann/Schütze,* Handbuch des Kapitalanlagerechts, 4. Aufl. 2015; *Bachmann,* Kontrahierungspflichten im privaten Bankrecht, ZBB 2006, 257; *Balzer,* Umsetzung der MiFID: Ein neuer Rechtsrahmen für die Anlageberatung, ZBB 2007, 333; *Balzer,* Rechtsfragen des Effektengeschäfts der Direktbanken, WM 2001, 1533; *Baur/Tappen,* Investmentgesetze, Großkommentar, 3. Aufl. 2015; *Berger/Steck/Lübbehüsen,* Investmentgesetz, Investmentsteuergesetz, 2010; *Bergmann,* Anlegerschutz im Kleinanlegerschutzgesetz, Bankrechtstag 2015, 47; Bialluch, Systematische Internalisierung de lege lata, WM 2015, 2030; *Böttcher,* Depotgesetz, 2012; *Bracht,* Kommunen als geeignete Gegenparteien im Handel mit Derivaten nach dem Finanzmarktrichtlinie-Umsetzungsgesetz, WM 2008, 1386; *Bley,* Anwendungsbereich der Product Governance gemäß § 80 Abs. 9–11 WpHG, WM 2018, 162; *Brenncke,* Der Zielmarkt eines Finanzinstrumentes nach der MIFID II, WM 2015, 1173; *Brinckmann,* Lehman-Zertifikate und die Neuregelungen bei der Anlageberatung anlässlich der Reform des SchVG – Lässt sich eine vorsichtigere Beratungspraxis etablieren?, BKR 2010, 45; *Bröker/Machunsky,* Die Produkt- und Vertriebskontrollen nach dem Kleinanlegerschutzgesetz, BKR 2016, 229; *Buck-Heeb,* Der Product-Governance-Prozess, ZHR 179 (2015), 782; *Buck-Heeb,* Compliance bei vertriebsbezogener Product Governance – Neuerungen durch die MiFID II bzw. das Kleinanlegerschutzgesetz, CCZ 2016, 2; *Buck-Heeb,* Entwicklung und Perspektiven des Anlegerschutzes, JZ 2017, 279; *Buck-Heeb,* Aufsichtsrechtliches Produktverbot und zivilrechtliche Rechtsfolgen, BKR 2017, 89; *Bunte/Zahrte,* AGB-Banken, AGB-Sparkassen und Sonderbedingungen, 5. Aufl. 2019; *Derleder/Knops/Bamberger,* Handbuch zum deutschen und europäischen Bankrecht, 3. Auflage 2017; *Busch,* Product Governance und Produktintervention unter MiFID II/MiFIR, WM 2017, 409; *Casper,* Elektronische Schuldverschreibung: es ist Zeit für einen grundlegenden gesetzlichen Neustart, BKR 2019, 209; *Ebenroth/Boujong/Joost/Strohn,* Handelsgesetzbuch, 3. Aufl. 2014; *Danwerth/Hildner,* Nach dem Pyrrhussieg vor dem KG Berlin – Neue Lösungsansätze zur Regulierung von Bitcoins, BKR 2019, 57. *Eichholz,* Das Genfer Wertpapierübereinkommen und das deutsche sachenrechtliche Denken im Effektengiroverkehr, WM 2013, 250; *Einsele,* Wertpapiere im elektronischen Bankgeschäft, WM 2001, 7; *Ellenberger/Clouth,* Praktikerhandbuch Wertpapier- und Derivategeschäft, 5. Aufl. 2018; *Findeisen/Tönningsen,* Das Verbot ungedeckter Leerverkäufe – Regelungsgehalt und Reichweite des § 30h WpHG, WM 2011, 1405; *Fleckner,* Schicksal der Gegenleistungspflicht beim Kauf von Wertpapieren – Zum Gefahrübergang im Wertpapierhandel sowie zur Konkurrenz zwischen allgemeinem Leistungsstörungsrecht und börsenrechtlicher Zwangsregulierung, WM 2009, 2064; *Fleckner,* Aufhebung nicht marktgerechter Wertpapiergeschäfte (Mistrades) – Auswertung der Spruchpraxis und Vorstellung offener Fragen, WM 2011, 585; *Fleckner/Vollmuth,* Geschäfte zu nicht marktgerechten Preisen (Mistrades) im außerbörslichen Handel – Zu den Grenzen außerbörslicher Mistrade-Regeln, zur Interessenwahrung im außerbörslichen Handel sowie zur Drittschadensliquidation im Rahmen des § 122 BGB – zugleich Anmerkung zu BGH WM 2002, 1687, WM 2004, 1263; *Fleischer,* Die Richtlinie über Märkte für Finanzinstrumente und das Finanzmarkt-Richtlinie-Umsetzungsgesetz – Entstehung, Grundkonzeption, Regelungsschwerpunkte, BKR 2006, 389; *Fridrich/Seidel,* Lücken üblicher Mistrade-Klauseln im außerbörslichen Handel und deren Behebung durch Vertragsgestaltung, BKR 2008, 497; *Fuchs,* Wertpapierhandelsgesetz, Kommentar, [2. Auflage 2016]; *Gerding,* Die Ungleichbehandlung der betroffenen Anleger als Folge einer Produktintervention nach Art. 42 MiFIR, BKR 2017, 441; *Gerold/Kohleick,* Aktuelle europäische Vorgaben für das Basisinformationsblatt nach der PRIIP-VO, RdF 2017, 276. *Gomber/Pujol/Wranik,* MiFID Umsetzung in Deutschland – Eine Analyse der Grundsätze der Auftragsausführung, ZBB 2009, 72; *Grüneburg/Habersack/Mülbert/Wittig,* Bankrechtstag 2015; *Hadding,* Sind Vertriebsvergütungen von Emittenten an Kreditinstitute geschäftsbesorgungsrechtlich an den Kunden herauszugeben?, ZIP 2008, 529; *Hadding,* Zur Tragweite der „Zwangsregulierung" bei Geschäften im Freiverkehr an der Frankfurter Wertpapierbörse, FS Schwark, 2009, 697; *Hadding,* Entwicklungsleitlinien im Bank- und Kapitalmarktrecht, FS Nobbe, 2009, 565; *Hanten/Sacarcelik:* Zivilrechtliche Einordnung von Kryptowährungen und ICO-Token und ihre Folgen, RdF 2019, 124; *Heinsius/Horn/Than,* Depotgesetz – Kommentar zum Gesetz über die Verwahrung und Anschaffung von Wertpapieren vom 4. Februar 1937, 1975; *Hellner/Steuer,* Bankrecht und Bankpraxis, Loseblattsammlung; *Heppekausen,* Rechtliche Herausforderungen bei der Anlagevermittlung von Beteiligungen an „Offshore-Fonds" und Konsequenzen für die Anleger in Deutschland, BKR 2019, 490; *Hirschberg,* MiFID – Ein neuer Rechtsrahmen für die Wertpapierhandelsplätze in Deutschland, AG 2006, 398; *Höhlein/Weiß,Krypto-Assets,* ICO und Blockchain: prospektrechtliche Perspektive und aufsichtsrechtliche Praxis, RdF 2019, 116; *Jordans,* Zum aktuellen Stand der Finanzmarktnovellierung in Deutschland, BKR 2017, 273; *Just/Voß/Ritz/Becker,* Wertpapierhandelsgesetz, Kommentar, 2015; *Kasten,* Das neue Kundenbild des § 31a WpHG – Umsetzungsprobleme nach MiFID & FRUG, BKR 2007, 261; *Klingenbrunn,* Produktintervention zugunsten des Anlegerschutzes – Zur Systematik innerhalb des Aufsichtsrechts, dem Anlegerleitbild und zivilrechtlichen Konsequenzen, WM 2015, 316; Krimphove/Kruse, MaComp-Kommentar, 2. Auflage 2019; *Koch,* Provisionszahlungen als Gegenstand eines kommissionsrechtlichen Herausgabeanspruches, ZBB 2013, 217; *Kotte,* Keine Auskunfts- und Herausgabepflicht der Banken für Vertriebs- und Vertriebsfolgeprovisionen aus erfolgreicher Kapitalanlageberatung, BB 2015, 2083; *Kresse,* Möglichkeiten der Girosammelverwahrung von Wertrechten durch Kreditinstitute, WM 2015, 463; *Kugler/Lochmann,* Ausgewählte Rechtsfragen zum öffentlichen Vertrieb von Hedgefonds in Deutschland, BKR 2006, 41; *Kumpan,* Vorteilsabschöpfung bei Interessenkonflikten – Am Beispiel der kommissionsrechtlichen Herausgabepflicht, Perspektiven des Wirtschaftsrechts: Deutsches, europäisches und internationales Handels-, Gesellschafts- und Kapitalmarktrecht, Beiträge für Klaus J. Hopt aus Anlass seiner Emeritierung, 2008, 33; *Krüger/Ludewig,* Leerverkaufsregulierung – Aktueller Stand in Deutschland und Ausblick auf die europäische Regulierung unter besonderer Berücksichtigung der aktuellen Vorschläge zu den ausgestaltenden Rechtsakten, WM 2012, 1942; *Kümpel,* Die neuen Sonderbedingungen für Wertpapiergeschäfte, WM 1995, 137; *Kümpel,* Bank- und Kapitalmarktrecht, 5. Aufl. 2019; *Lang,* Informationspflichten bei Wertpapierdienstleistungen: Rechtliche Grundlagen, Typenspezifische Anforderungen, Haftung, Handbuch, 2002; *Leuering/Zetzsche,* Die Reform des Schuldverschreibungs- und Anlageberatungsrechts – (Mehr) Verbraucherschutz im Finanzmarktrecht?, NJW 2009, 2856; *Lenenbach,* Kapitalmarkt- und Börsenrecht, 2002; *Lohmann/Gebauer:* Der Zielmarkt nach MiFID II: Wer muss Was für Wen?, BKR 2018, 244; *Mentz/Fröhling,* Die Formen rechtsgeschäftlicher Übertragung von Aktien, NZG 2002, 201; *Mock,* Das Gesetz zur Vorbeugung gegen missbräuchliche Wertpapier- und Derivategeschäfte, WM 2010, 2248; *Möllers/Christ/Harrer,* Das neue Recht zur Regelung ungedeckter Kreditderivate – Das Gesetz gegen missbräuchliche Wertpapier- und Derivategeschäfte versus europäische Regulierungsvorschläge, NZG 2010, 1124; *Möllers/Kastl,* Das Kleinanlegerschutzgesetz, NZG 2015, 849; *Mülbert,* Auswirkungen der MiFID-Rechtsakte für Vertriebsvergütungen im Effektengeschäft der Kreditinstitute, ZHR 172 (2008), 170; *Mülbert,* Anlegerschutz bei Zertifikaten – Beratungspflichten, Offenlegungspflichten bei Interessenkonflikten und die Änderungen durch das Finanzmarkt-Richtlinie-Umsetzungsgesetz (FRUG), WM 2007, 1149; *Mülbert,* Behaltensklauseln für Vertriebsvergütungen in der institutsinternen Vermögensverwaltung – mit einem Seitenblick auf die orderbegleitende Anlageberatung, WM 2009, 481; *Mülbert,* Anlegerschutz und Finanzmarktregulierung – Grundlagen, ZHR 177 (2013), 160; *Oelkers,* Der Begriff des „Eigenhandels für andere" im KWG, WM 2001, 340; *Preuße/Seitz/Lesser,* Konkretisierung der Anforderungen an Produktinformationsblätter nach § 31 Abs. 3a WpHG, BKR 2014, 70; Preuße/Zingel, Wertpapierdienstleistungs-Verhaltens- und Organisationsverordnung, Kommentar, 2015; *Renz/Hense/Marbeiter,* Wertpapier-Compliance in der Praxis, 2. Auflage, 2019; *Regenfus,* Auskunft und Herausgabe von Rückvergütungen – zwei allenfalls selten begründete Klageanträge – Teil II, WM 2015, 209; *Roth/Blessing,* Die neuen Vorgaben zur Kostentransparenz nach MiFID II, WM 2016, 1157; *Roth/Blessing,* Die neuen Vorgaben nach MiFID II – Teil 2 – Die Aufzeichnungspflichten betreffend Telefongespräche und elektronischer Kommunikation, CCZ 2017, 8; *Rozok,* Tod der Vertriebsprovisionen oder Alles wie gehabt? – Die Neuregelungen über Zuwendungen bei der Umsetzung der Finanzmarktrichtlinie, BKR 2007, 217; *Schäfer,* Sind die §§ 31 ff. WpHG n. F. Schutzgesetze i. S. v. § 823 Abs. 2 BGB?, WM 2007, 1872; *Schelling,* Die systematische Internalisierung in Nichteigenkapitalinstrumenten nach MiFID II und MiFIR, BKR 2015, 221; *Schimansky/Bunte/Lwowski,* Bankrechts-Handbuch, 5. Aufl. 2017; Münchener Kommentar BGB, 8. Aufl. 2018; *Schmidt,* Münchener Kommentar HGB, 4. Aufl. 2019; *Schwark/Zimmer,* Kapitalmarktrechts-Kommentar, 4. Aufl., 2010; *Schwintowski,* Bankrecht, 5. Aufl. 2018; *Seyfried,* Die Richtlinie über Märkte für Finanzinstrumente (MiFID) – Neuordnung der Wohlverhaltensregeln, WM 2006, 1375; *Spindler,* Finanzmarktkrise und Wirtschaftsrecht, AG 2010, 601; *Spindler/Kasten,* Der neue Rechtsrahmen für den Finanzdienstleistungssektor – die MiFID und ihre Umsetzung – Teil II, WM 2006, 1797; *Staub,* Handelsgesetzbuch, Großkommentar, 1988, 2005; *Teuber,* Finanzmarkt-Richtlinie (MiFID) – Auswirkungen auf Anlageberatung und Vermögensverwaltung im Überblick, BKR 2006, 429; *Veil,* Token-Emissionen im europäischen Kapitalmarktrecht, ZHR 2019, 346; *Veranneman,* Schuldverschreibungsgesetz einschließlich U. S. A. und England, Kommentar, 2. Auflage 2016; *Wagner,* Die geänderten Sonderbedingungen für Wertpapiergeschäfte, WM 2007, 1725; *Weber/Jouannaud* Anmerkung zu OLG München Urt. v. 30. November 2011 – 7 U 330/11, BKR 2012, 249; *Weichert/Wenninger,* Die Neuregelung der Erkundigungs- und Aufklärungspflichten von Wertpapierdienstleistungsunternehmen gem. Art. 19 RiL 2004/39/EG (MiFID) und Finanzmarkt-Richtlinie-Umsetzungsgesetz, WM 2007, 627; *Weitnauer,* Initial Coin Offerings (ICOs): Rechtliche Rahmenbedingungen und regulatorische Grenzen, BKR 2018, 231; *Wohlschlägl-Aschberger,* MiFID II – Recht, Praxis, Perspektiven, 2018; *Zerwas/Hanten,* Abgrenzungsprobleme und Ausnahmen bei Handelsaktivitäten nach der Sechsten KWG-Novelle, ZBB 2000, 44; *Zimmer/Beisken,* Die Regulierung von Leerverkäufen de lege lata und de lege ferenda, WM 2010, 485; *Zingel,* Die Verpflichtung zur bestmöglichen Ausführung von Kundenaufträgen nach dem Finanzmarkt-Richtlinie-Umsetzungsgesetz, BKR 2007, 173.

Übersicht

I. Effekten und Effektengeschäfte

1 Unter Effektengeschäft wird die Anschaffung und Veräußerung von Wertpapieren durch Wertpapierdienstleistungsunternehmen für andere (Kunden) verstanden.[1] Der Begriff entspricht nach allgemeiner Auffassung der früheren Definition in § 2 Abs. 4 KWG aF zum Zwecke der Bestimmung des entsprechenden erlaubnispflichtigen Bankgeschäfts, der dann aufsichtsrechtlich mit der sechsten Novelle des Kreditwesengesetzes zum 1.1.1998 durch das „Finanzkommissionsgeschäft" (§ 1 Abs. 1 S. 2 Nr. 4 KWG) abgelöst wurde.[2] Auch wenn Effektengeschäft somit folglich keinen Rechtsbegriff (mehr) darstellt, werden heute – neben dem Finanzkommissionsgeschäft – die Abschlussvermittlung, der Eigenhandel für andere und das Eigengeschäft unter den Begriff subsumiert;[3] die Funktion des Begriffes liegt also primär in der Abgrenzung der Darstellung zu anderen Geschäften.[4] Aufsichtsrechtlich fungiert gemäß § 2 Abs. 8 WpHG die „Wertpapierdienstleistung" als Oberbegriff, unter dem dann verschiedene einzelne Effektengeschäfte definiert werden. Bankwirtschaftlich ist oftmals ein weiteres Begriffsverständnis anzutreffen, das auch das Depotgeschäft und das Emissionsgeschäft umfasst.[5]

---

[1] Vgl. nur MüKoHGB/*Ekkenga* Effektengeschäft Rn. 1; Kümpel/*Braun* Bank- und Kapitalmarktrecht Rn. 17.1 ff.; BankR-HdB/*Seiler/Geier* § 104 Rn. 1.

[2] Sechstes Gesetz zur Änderung des Gesetzes über das Kreditwesen v. 28.10.1997, BGBl. I 1997, 2518. Ein im Juli 2008 vom Bundesministerium der Finanzen vorgelegter Gesetzentwurf sah wiederum – verbunden mit einer deutlichen Ausweitung des Anwendungsbereichs – die Wiedereinführung des „Effektengeschäfts" vor. Die Initiative resultierte aber letztlich in der Schaffung einer neuen Finanzdienstleistung, der „Anlageverwaltung" gem. § 1 Abs. 1a S. 2 Nr. 11 KWG.

[3] BVerwG WM 2008, 1359 (1362 f.).

[4] Assmann/Schütze/*F. Schäfer* Handbuch Kapitalanlagerecht § 12 Rn. 1, hält den Begriff hingegen mittlerweile für zu ungenau und daher nicht mehr opportun.

[5] Vgl. Derleder/Knops/Bamberger/*Bernau* Handbuch zum deutschen und europäischen Bankrecht § 56 Rn. 1.

1. Begriff

a) Wertpapiere. Effekten werden wiederum teilweise mit „Wertpapieren" gleichgesetzt, dies bedarf aber einer differenzierten Betrachtung.[6] Eine allgemeingültige Definition des Begriffs „Wertpapier" findet sich nicht, vielmehr ist nach unterschiedlichen Normen zu unterscheiden.[7] Der „allgemeine" – also bürgerlich-rechtliche – Wertpapierbegriff stellt darauf ab, dass die Geltendmachung des in der Urkunde verbrieften Rechts von deren Vorlage abhängig gemacht wird.[8] Zivilrechtlich sind also Kernelemente: die auf der Übertragung des Besitzes der Urkunde basierende Übertragung des Rechts (Transportfunktion), dessen Geltendmachung gestützt auf die Vorweisung der Urkunde (Legitimationsfunktion), sowie der Schutz des gutgläubigen Erwerbers der Urkunde (Verkehrsschutzfunktion). 2

Der „kapitalmarktrechtliche" Wertpapierbegriff – also der Effektenbegriff – ist zum einen enger, da er die Fungibilität des Wertpapiers erfordert und zum anderen in Bezug auf das Erfordernis einer Urkunde weiter, da deren Existenz nicht vorausgesetzt wird.[9]

§ 2 Abs. 1 WpHG bestimmt – in Umsetzung des Art. 1 Nr. 44 der EU-Richtlinie über Märkte für Finanzinstrumente (MiFID II – Richtlinie 2014/65/EU)[10] – den aufsichtsrechtlichen Wertpapierbegriff im Kern mit der Benennung der Kriterien der Standardisierung, Übertragbarkeit sowie Handelbarkeit[11] und ergänzten ihn durch die Aufzählung der einzelnen Wertpapierarten, wobei diese nicht abschließend ist.[12] Ähnlich wird der Wertpapierbegriff in § 1 Abs. 1 Depotgesetz definiert,[13] der bestimmte Wertpapiere aufzählt und im Übrigen Wertpapiere erfasst, sofern diese vertretbar sind.[14] 3

aa) Fungibilität. Entscheidendes Merkmal für ein Wertpapier ist somit die Handelbarkeit, nicht der konkrete Handel. Das Wertpapier muss fungibel, also austauschbar, sein, damit eine Vielzahl von Effektentransaktionen vorgenommen werden kann. Konkret bedeutet dies, dass Wertpapiere vertretbar im Sinne des § 91 BGB sein müssen und nach Art und Zahl der Stücke bezeichnet werden können, so dass die Umlauffähigkeit gewährleistet ist.[15] Fungibilität setzt voraus, dass die betroffenen Wertpapiere jederzeit untereinander vollständig austauschbar sind.[16] Für Schuldverschreibungen wird nach § 1 Abs. 1 SchVG auch der Begriff „inhaltsgleich" verwendet.[17] 4

---

[6] Vgl. nur Kümpel/*Braun* Bank- und Kapitalmarktrecht Rn. 17.3 ff.; s. a. *Spindler* → Kap. 33 Rn. 23 ff.

[7] MüKoHGB/*Ekkenga* Effektengeschäft Rn. 19 spricht hinsichtlich der unterschiedlichen Begriffe insofern von „sprachlicher Disziplinlosigkeit"; krit. auch Derleder/Knops/Bamberger/*Bernau* Handbuch zum deutschen und europäischen Bankrecht § 56 Rn. 10.

[8] So die überw. Auffassung, vgl. nur MüKoBGB/*Habersack* Vorbemerkungen vor §§ 793 ff. Rn. 6 f.

[9] Vgl. nur MüKoHGB/*Ekkenga* Effektengeschäft Rn. 19.

[10] RL 2014/65/EU des Europäischen Parlaments und des Rates vom 15.5.2014 über Märkte für Finanzinstrumente sowie zur Änderung der RL 2002/92/EG und 2011/61/EU, ABl. 2014 L 173, S. 349. Zuvor RL 2004/39/EG des Europäischen Parlaments und des Rates vom 21.4.2004 über Märkte für Finanzinstrumente, zur Änderung der RL 85/611/EWG und 93/6/EWG des Rates und der RL 2000/12/EG des Europäischen Parlaments und des Rates und zur Aufhebung der RL 93/22/EWG des Rates, ABl. 2004 L 145, S. 1 ff. Die Rahmenrichtlinie wird konkretisiert in der RL 2006/73/EG der EU-Kommission vom 10.8.2006 zur Durchführung der RL 2004/39/EG des Europäischen Parlaments und des Rates in Bezug auf die organisatorischen Anforderungen an Wertpapierfirmen und die Bedingungen für die Ausübung ihrer Tätigkeit sowie in Bezug auf die Definition bestimmter Begriffe für die Zwecke der genannten RL, ABl. 2006 L 241, S. 26 ff. (MiFID-Durchführungsrichtlinie) und die VO (EG) Nr. 1287/2006 der Kommission zur Durchführung der RL 2004/39/EG des Europäischen Parlaments und des Rates betreffend die Aufzeichnungspflichten für Wertpapierfirmen, die Meldung von Geschäften, die Markttransparenz, die Zulassung von Finanzinstrumenten zum Handel und bestimmte Begriffe dieser RL, ABl. 2006 L 214, S. 1 ff. (MiFID-Durchführungsverordnung).

[11] S. spezifisch dazu auch BGH BKR 2015, 250 (253).

[12] Vgl. nur *Fuchs* WpHG § 2 Rn. 10.

[13] Vgl. nur *Heinsius/Horn/Than* DepotG, § 1 Rn. 3 ff.

[14] Vgl. EBJS/*Strohn* HGB Rn. VI 409.

[15] Derleder/Knops/Bamberger/*Bernau* Handbuch zum deutschen und europäischen Bankrecht § 56 Rn. 11.

[16] Schwark/Zimmer/*Heidelbach* BörsG § 32 Rn. 28.

[17] Vgl. zu diesem Begriff Veranneman/*Oulds* Schuldverschreibungsgesetz § 1 Rn. 30 ff.

5 **bb) Verbriefung.** Explizit aufgegeben wird somit die Anknüpfung an eine Urkunde. Dies trägt der Entwicklung von Wertrechten,[18] die auch als Bucheffekten bezeichnet werden, Rechnung, die nicht verbrieft sind. So erfolgt bei Bundeswertpapieren (Bundesanleihen, Bundesobligationen, früher: Bundesschatzbriefe) keine Verbriefung, sondern gemäß § 5 Abs. 3 BSchuWG eine Eintragung im Bundesschuldbuch.

Unabhängig davon wird faktisch bereits seit längerer Zeit der Großteil der massenweise gehandelten Wertpapiere dauerhaft bei Finanzintermediären bzw. der zentralen Verwahrungsstelle hinterlegt, und die körperliche Urkunde wird den Inhabern der darin verkörperten Rechte zu keinem Zeitpunkt gezeigt oder übergeben.

6 **cc) Elektronische Wertpapiere.** Darüber hinaus bestehen Bestrebungen, im Schuldverschreibungsrecht generell elektronische Wertpapiere zuzulassen und damit eine Dematerialisierung von Schuldverschreibungen vorzunehmen.[19] Dabei sollen entsprechend der Regelung im BSchuWG elektronische Wertpapiere durch Eintragung in ein Register entstehen; erwogen wird ferner, elektronische Wertpapiere per gesetzlicher Fiktion zu Sachen zu erklären.[20] Damit bleibt die bisherige Wertpapierrechtsdogmatik bestehen, dies wird teilweise als nicht mehr zukunftsfähig kritisiert und mit der Aufforderung verbunden, einen Neustart vorzusehen.[21]

7 **dd) Tokens als Wertpapiere?** Fraglich ist, inwiefern sogenannte „Tokens" unter den Wertpapierbegriff fallen. Unter Tokens werden – ohne dass allerdings eine Legaldefinition existiert – Programme verstanden, die zu Einträgen auf einer Blockchain führen und bestimmte Ansprüche oder Rechte einräumen (digitale Einheiten).[22]

Grob kann zwischen Investment beziehungsweise wertpapierähnlichen-Tokens – die Partizipations- und Gewinnrechte enthalten, – Utility-Tokens – die Rechte in Bezug auf Produkte und Dienstleistungen einräumen – und Zahlungs (Currency)-Tokens – die eine Zahlungsfunktion aufweisen – unterschieden werden, wobei Mischformen auftreten.[23] Aufsichtsrechtlich ist hier Art. 4 Abs. 1 Nr. 44 Richtlinie 2014/65/EU (MiFID II) maßgeblich, der Übertragbarkeit, Standardisierung und Handelbarkeit sowie die Einordnung in die genannten Gruppen voraussetzt.[24] Investment-Tokens sind daher nach Auffassung der BaFin als Wertpapiere einzuordnen, während dies bei Utility-Tokens abgelehnt wird.[25] Gleiches gilt für Zahlungs(Currency)-Tokens.[26] Die Aufsicht verweist aber auf die Prüfung im Einzelfall, auch aufgrund der auftretenden Mischformen.[27] Erste Prospekte mit tokenbasierten Schuldverschreibungen sind von der BaFin bereits gebilligt worden.[28]

---

[18] Zum Begriff des Wertrechts *Kreße* WM 2015, 463 f.

[19] Eckpunktepapier des Bundesministeriums der Finanzen (BMF) und des Bundesministeriums für Justiz und Verbraucherschutz (BMJV) vom 7.3.2019, Eckpunkte für die regulatorische Behandlung von elektronischen Wertpapieren und Krypto-Token – Digitale Innovationen ermöglichen – Anlegerschutz gewährleisten. Am 11.8.2020 wurde der Referentenentwurf eines Gesetzes zur Einführung von elektronischen Wertpapieren vorgelegt (abrufbar unter bmjv.de).

[20] Eckpunktepapier des BMF und BMJV zu elektronischen Wertpapieren und Krypto-Token vom 7.3.2019, S. 2 f.

[21] *Casper* BKR 2019, 209 (212 ff.) mit einer Darstellung diskutierter Reformansätze.

[22] Vgl. *Veil* ZHR 2019, 346 (348 ff.) siehe im Detail *Langenbucher* → Kap. 11 Rn. 3 ff.

[23] So insbes. auch das Merkblatt der *BaFin:* Zweites Hinweisschreiben zu Prospekt- und Erlaubnispflichten im Zusammenhang mit der Ausgabe sog. Krypto-Token, GZ: WA 51-Wp 7100-2019/0011 und IF 1-AZB 1505–2019/0003 vom 16.8.2019; ähnlich mit weiteren Differenzierungen die ESMA im Advice to the European Union Institutions on initial coin offerings and crypto-assets, ESMA-157–1391), Rn. 76 ff., abrufbar unter www.esma.europa.eu (Oktober 2019); *Weitnauer* BKR 2018, 231 (232 ff.); *Veil* ZHR 2019, 346 (348 ff.); *Hanten/Sacarcelik* RdF 2019, 124 f.

[24] Detailliert dazu *Veil* ZHR 2019, 346 (354 ff.); zum prospektrechtlichen Wertpapierbegriff: *Höhlein/Weiß* RdF 2019, 116 (118 f.).

[25] So auch grds. BaFin-Merkblatt zu Krypto-Token vom 16.8.2019 unter V.; ebenso *Veil* ZHR 2019, 346 (363 f.), da der Produkterwerb oder die Dienstleistungsnutzung im Vordergrund stünden, nicht die Kapitalüberlassung und *Weitnauer* BKR 2018, 231 (232 ff.).

[26] Vgl. *Danwerth/Hildner* BKR 2019, 57 (61) zur Einordnung von Bitcoin.

[27] BaFin-Merkblatt zu Krypto-Token vom 16.8.2019 unter V.; *Höhlein/Weiß* RdF 2019, 116 (117).

[28] Vgl. *Hanten/Sacarcelik* RdF 2019, 124 ff, auch zur zivilrechtlichen Einordnung.

Sowohl auf europäischer Ebene wie auf deutscher Ebene wird hier regulatorischer Handlungsbedarf gesehen,[29] der im nicht einfach aufzulösenden Spannungsfeld zwischen der Nutzung der möglichen Effizienzvorteile der Blockchain und der Gewährleistung eines hinreichenden Anlegerschutzes steht. **8**

b) Finanzinstrumente. Wertpapiere – im kapitalmarktrechtlichen Sinn – fallen unter den Oberbegriff Finanzinstrumente (§ 1 Abs. 11 KWG, § 2 Abs. 4 WpHG), der zudem Geldmarktinstrumente, derivative Geschäfte, Emissionszertifikate, Rechte zur Zeichnung von Wertpapieren sowie Vermögensanlagen umfasst. **9**

Die Vermögensanlagen gemäß § 1 Abs. 2 des VermAnlG wurden mit dem Gesetz zur Novellierung des Finanzanlagenvermittler- und Vermögensanlagenrechts[30] aufgenommen: Vermögensanlagen werden dabei zunächst negativ abgegrenzt, als es sich nicht um Wertpapiere im Sinne des WpPG handelt. Umfasst werden insbesondere Produkte, die zuvor dem „Grauen Kapitalmarkt" zugerechnet wurden: unter anderem Genussrechte und Namensschuldverschreibungen, wobei fest verzinsliche, nicht-nachrangige Namensschuldverschreibungen von Kreditinstituten, deren Rückzahlung zum Nennwert erfolgt, wieder ausgenommen werden.[31] Vermögensanlagen werden somit gegenüber Wertpapieren vor allem durch die eingeschränkte Fungibilität abgegrenzt. **10**

Keine Finanzinstrumente stellen hingegen strukturierte Einlagen gemäß § 2 Abs. 19 WpHG dar, die seit dem Kleinanlegerschutzgesetz[32] – in nationaler Vorziehung der Richtlinie 2014/65/EU (MiFID II) – teilweise vom WpHG erfasst werden. **11**

Die aufsichtsrechtliche Definition der Wertpapierdienstleistungen gemäß § 2 Abs. 8 WpHG umfasst dabei alle Geschäfte mit Finanzinstrumenten, während die Begriffe „Effektengeschäft" oder „Wertpapiergeschäft" weiterhin ausschließlich auf den Wertpapierbegriff bezogen werden. **12**

2. Überblick über Effektengeschäfte und den Rechtsrahmen

Die Anschaffung und Veräußerung von Effekten erfolgt in der Praxis entweder als Kommissionsgeschäft gemäß §§ 383 ff. HGB – das aufsichtsrechtlich als Finanzkommissionsgeschäft bezeichnet wird – oder durch Kaufvertrag zwischen Kreditinstitut und Kunde (Festpreisgeschäft) – aufsichtsrechtlich: Eigenhandel. **13**

Zunehmende Bedeutung haben die aufsichtsrechtsrechtlichen Vorgaben des elften Abschnitts des Wertpapierhandelsgesetzes (§§ 63 ff. WpHG)[33] in Umsetzung der europäischen Finanzmarktrichtlinie MiFID erlangt, die – unabhängig von der konkreten Art der Geschäftsausführung – generelle Verhaltens- und Organisationspflichten für Wertpapierdienstleistungsunternehmen aufstellen. Mit der Richtlinie 2014/65/EU (MiFID II) und der neuen Finanzmarktverordnung (EU) 600/2014 (MiFIR),[34] die zum 3.1.2018 anzuwenden waren, erfuhren die aufsichtsrechtlichen Regelungen abermals eine erhebliche Modifizierung und Detaillierung in den sogenannten „Level II"-Bestimmungen, zuvorderst in der **14**

---

[29] Siehe dazu das vorgenannte Eckpunktepapier vom 7.3.2019 sowie die Stellungnahme der ESMA in ihrer Empfehlung an die europäischen Institutionen zu ICOs und Crypto-Assets vom 9.1.2019 (Advice to the European Union Institutions on initial coin offerings and crypto-assets, ESMA-157–1391), abrufbar unter www.esma.europa.eu (Oktober 2019).

[30] Gesetz zur Novellierung des Finanzanlagenvermittler- und Vermögensanlagenrechts vom 6.12.2011, BGBl. I 2011, 2481.

[31] Vgl. Gesetzentwurf der Bundesregierung für ein Gesetz zur Novellierung des Finanzanlagenvermittler- und Vermögensanlagenrechts, BT-Drs. 17/6051, sowie Beschlussempfehlung und Bericht des Finanzausschusses vom 25.10.2011, BT-Drs. 17/7453.

[32] Kleinanlegerschutzgesetz vom 3.7.2015, BGBl. I 2015, 1114.

[33] Zuvor: Sechster Abschnitts des Wertpapierhandelsgesetzes (§§ 31 ff. WpHG).

[34] VO (EU) Nr. 600/2014 des Europäischen Parlaments und des Rates vom 15.5.2014 über Märkte für Finanzinstrumente und zur Änderung der VO (EU) Nr. 648/2012, Abl. 2014 L 173, S. 84 ff.

Delegierten Verordnung (EU) 2017/565 (MiFID II)[35] und der Delegierten Richtlinie (EU) 2017/593 (MiFID II).[36]

15 Während der rechtliche Rahmen für Effektengeschäfte ursprünglich fast ausschließlich durch das Zivilrecht und die vertraglichen Gestaltungen mit den Kunden geprägt war, schieben sich jetzt die Vorgaben aus dem Aufsichtsrecht in den Vordergrund, deren Detaillierungsgrad stetig zunimmt. Stärker relevant wird damit auch für Effektengeschäfte die Frage des Verhältnisses von Aufsichtsrecht und Zivilrecht. Während als geklärt betrachtet werden darf, dass organisatorischen Anforderungen aus dem Aufsichtsrecht zivilrechtlich keine Bedeutung zukommt,[37] wird insbesondere der Rechtscharakter der Verhaltensregeln nach §§ 63 ff. WpHG zwar überwiegend, aber nicht einheitlich als aufsichtsrechtlich angesehen.[38] Relevant ist darüber hinaus die Frage, ob der Verstoß gegen aufsichtsrechtliche Pflichten zugleich die Verletzung eines Schutzgesetzes nach § 823 Abs. 2 BGB darstellen kann.[39] Der BGH hat in seiner jüngeren Rechtsprechung klargestellt, dass die Verhaltens-, Organisations- und Transparenzpflichten der §§ 63 ff. WpHG ausschließlich öffentlich-rechtlicher Natur sind und daher auf das zivilrechtliche Schuldverhältnis zwischen Wertpapierdienstleistungsunternehmen und Kunde nicht einwirken.[40] Dazu im Einzelnen *Spindler* → Kap. 33 Rn. 7 ff.

16 **a) Kommissionsgeschäft nach §§ 383 ff. HGB.** Wertpapiertransaktionen werden in der kreditwirtschaftlichen Praxis zumeist als Kommissionsgeschäfte gemäß §§ 383 ff. HGB durchgeführt: Die Bank oder Sparkasse erwirbt oder veräußert Wertpapiere im eigenen Namen für fremde Rechnung (die ihres Kunden). Das Kommissionsgeschäft ist ein Fall der mittelbaren Stellvertretung, bei dem das Kreditinstitut als Stellvertreter (Kommissionär) im eigenen Namen mit einem Dritten das Geschäft abschließt, das wirtschaftliche Ergebnis aber dem Kunden als Kommittent zufällt.

17 **b) Festpreisgeschäft.** Bei dem sogenannten Festpreisgeschäft wird ein Kaufvertrag gemäß § 433 BGB zwischen Bank und Kunde zu einem bestimmten oder bestimmbaren Preis abgeschlossen. Der Kunde erwirbt also die Wertpapiere unmittelbar von der Bank beziehungsweise veräußert direkt an das Institut. Die Bank nimmt die Wertpapiere entweder aus ihrem Eigenbestand oder führt sie diesem zu oder sie tätigt selbst (im eigenen Namen und für eigene Rechnung) ein Deckungsgeschäft.

18 **c) Sonderbedingungen für Wertpapiergeschäfte.**[41] Die allgemeinen gesetzlichen Normen werden ergänzt durch die die Geschäftsbeziehung zwischen Kreditinstitut und Kunde bestimmenden „Sonderbedingungen für Wertpapiergeschäfte" – neben den grundlegenden Regelungen in den AGB-Banken oder den AGB-Sparkassen. Da sich die in der Deutschen Kreditwirtschaft (zuvor: Zentraler Kreditausschuss) zusammenarbeitenden Spit-

---

[35] Delegierte Verordnung (EU) 2017/565 der Kommission vom 25.4.2016 zur Ergänzung der RL 2014/65/EU des Europäischen Parlaments und des Rates in Bezug auf die organisatorischen Anforderungen an Wertpapierfirmen und die Bedingungen für die Ausübung ihrer Tätigkeit sowie in Bezug auf die Definition bestimmter Begriffe für die Zwecke der genannten RL, Abl. 2017 L 97, S. 1 ff.

[36] Delegierte RL (EU) 2017/593 der Kommission vom 7.4.2016 zur Ergänzung der RL 2014/65/EU des Europäischen Parlaments und des Rates im Hinblick auf den Schutz der Finanzinstrumente und Gelder von Kunden, Produktüberwachungspflichten und Vorschriften für die Entrichtung beziehungsweise Gewährung oder Entgegennahme von Gebühren, Provisionen oder anderen monetären oder nicht-monetären Vorteilen, Abl. 2017 L 87, S. 500 ff.

[37] Vgl. BGH NJW 2002, 62 (64) zu § 33 WpHG aF.

[38] Vgl. nur Schwark/Zimmer/*Heidelbach* WpHG, Vor § 31 Rn. 12 ff.; MüKoHGB/*Zahrte* Anlageberatung Rn. 102 ff.; über die Vorgaben aus der MiFID hinausgehende zivilrechtliche Pflichten hält hingegen insbes. *Mülbert* WM 2007, 1149 (1156 f.) für unzulässig.

[39] Detailliert dazu *Schäfer* WM 2007, 1872.

[40] BGH NJW 2014, 2947 (2950) Rn. 35; BGH NZG 2013, 1226 (1227 ff.), Rn. 15 ff.; zuvor in der Tendenz bereits BGH WM 2010, 1393 (1396 f.) (zu § 34a Abs. 1 WpHG aF); NJW 2008, 1734 (1735 f.) (zu § 32 Abs. 2 WpHG aF); WM 2007, 487 (489) (zu § 31 Abs. 1 WpHG aF).

[41] Teilweise auch als „Bedingungen für Wertpapiergeschäfte" bezeichnet (s. Abdruck im Anhang).

zenverbände der deutschen Kreditwirtschaft gemeinsam darauf verständigt haben,[42] kommen die Sonderbedingungen für Wertpapiergeschäfte bei (fast) allen Banken und Sparkassen in Deutschland im Wesentlichen identisch[43] zum Einsatz.[44] In den Sonderbedingungen für Wertpapiergeschäfte werden Kommissionsgeschäft und Festpreisgeschäft nebeneinander geregelt, die konkrete Geschäftsart der Ausführung bestimmt sich gemäß Nr. 2 Sonderbedingungen für Wertpapiergeschäfte nach den Ausführungsgrundsätzen, die Teil der Sonderbedingungen darstellen. Darüber hinaus gelten über Nr. 3 Abs. 1 Sonderbedingungen für Wertpapiergeschäfte die Rechtsvorschriften und Geschäftsbedingungen (Usancen) des Ausführungsplatzes. Termingeschäfte werden von den Sonderbedingungen für Wertpapiergeschäfte nicht erfasst, vielmehr finden für Geschäfte an Terminbörsen und bestimmte außerbörsliche Geschäfte in der Regel die Sonderbedingungen für Termingeschäfte Anwendung.

Die Erfüllung des Effektengeschäfts – die Übertragung des Eigentums an den Wertpapieren – wird auf Basis der §§ 18 ff. Depotgesetz in Nr. 10 ff. der Sonderbedingungen für Wertpapiergeschäfte geregelt. Die originär nur auf das Kommissionsgeschäft bezogenen Bestimmungen finden gemäß § 31 DepotG auch für Eigenhandelsgeschäfte Anwendung. Zur Abwicklung → Rn. 224 ff. 19

d) Stellvertretung/Vermittlung. Eine Abwicklung von Effektengeschäften in (offener) Stellvertretung tritt in der kreditwirtschaftlichen Praxis selten auf.[45] Häufiger ist die Vermittlung vielmehr Vorstufe für den Abschluss und die Abwicklung von Effektengeschäften in der Form des Kommissions- oder Festpreisgeschäfts. Die Vermittlung wird daher oftmals auch nicht zum Effektenkundengeschäft der Banken gezählt. Ein Vermittlungsgeschäft als offene Stellvertretung gemäß § 164 BGB verlangt die Angabe der Kundendaten. Daher haben Banken in der Regel kein Interesse an der Vermittlung von Wertpapieren, um die Kundenbeziehung zu schützen.[46] Der Vermittler wird in der Regel bevorzugt mit bestimmten Partnern zusammenarbeiten und über Vereinbarungen den Schutz der Kundendaten sicherstellen. Eine Vermittlungstätigkeit von Kreditinstituten ist aber regelmäßig beim Vertrieb von Vermögensanlagen anzutreffen. 20

II. Aufsichtsrechtliche Einordnung

Für das Effektengeschäft sind aufsichtsrechtlich die marktbezogenen Vorgaben aus dem WpHG relevant. Die Vorschriften des Kreditwesengesetzes, bei denen im Hinblick auf die Erlaubnispflicht zwischen Bankgeschäften und Finanzdienstleistungen differenziert wird, betreffen hingegen das Rechtsverhältnis oder die Ausgestaltung der Kundenbeziehung nicht, so dass sie im Rahmen des Effektengeschäfts nicht zu betrachten sind. 21

Das WpHG definiert – im Wesentlichen durch Anhang I der Finanzmarktrichtlinie MiFID bestimmt – in § 2 Abs. 8 WpHG die einzelnen Wertpapierdienstleistungen und in § 2 Abs. 9 WpHG die Wertpapiernebendienstleistungen, wobei die vor allem für das Effektengeschäft relevanten Verhaltensregeln nach §§ 63 ff. WpHG hinsichtlich der materiellen Vorgaben grundsätzlich keine Unterscheidung zwischen den Geschäften vornehmen, insbesondere für die Anlageberatung und Finanzportfolioverwaltung werden aber in § 64 spezifische Vorgaben aufgestellt. Von erheblicher Bedeutung ist die Differenzierung zu den Wertpapiernebendienstleistungen, die sich im KWG nicht finden[47] und daher allein 22

[42] *Wagner* WM 2007, 1725.
[43] Konkret weichen die Formulierungen der Nr. 3 Abs. 3 der Sonderbedingungen für Wertpapiergeschäfte voneinander ab. Ferner wird Abs. 1 Nr. 4 nur in der Sparkassen-Finanzgruppe verwendet.
[44] *Bunte/Zahrte* AGB-Banken, Sonderbedingungen für Wertpapiergeschäfte Rn. 14 ff. mit Hinweis auf abweichende Regelungen bei der „Deutsche Postbank".
[45] Kümpel/*Braun* Bank- und Kapitalmarktrecht Rn. 17.206.
[46] Anderes gilt bei besonders enger Zusammenarbeit, zB in Konzernen und Verbünden.
[47] *Fuchs* WpHG § 2 Rn. 132.

keine Aufsichtspflichtigkeit begründen, die aber, wenn sie von Wertpapierdienstleistungsunternehmen erbracht werden, eingehalten werden müssen.

1. Finanzkommissionsgeschäft

23 Das Finanzkommissionsgeschäft ist – in der Nachfolge des Effektengeschäfts –[48] Bankgeschäft gemäß § 1 Abs. 1 S. 2 Nr. 4 KWG und Wertpapierdienstleistung gemäß § 2 Abs. 8 Nr. 1 WpHG. Nach der Rechtsprechung des Bundesverwaltungsgerichts – und entgegen der zuvor von der Bundesanstalt für Finanzdienstleistungsaufsicht (BaFin) vertretenen Auffassung – ist der Begriff „Finanzkommission" nicht anhand einer wirtschaftlichen Betrachtungsweise zu bestimmen, sondern umfasst ausschließlich Kommissionsgeschäfte nach §§ 383 ff. HGB.[49]

2. Eigenhandel

24 Aufsichtsrechtlich wird der Eigenhandel als Anschaffung oder Veräußerung von Finanzinstrumenten für eigene Rechnung als Dienstleistung für andere, als Finanzdienstleistung gemäß § 1 Abs. 1a S. 2 Nr. 4 KWG und Wertpapierdienstleistung gemäß § 2 Abs. 8 Nr. 2c) WpHG definiert. Unter den Eigenhandel ist primär das Festpreisgeschäft als Kaufvertrag zu subsumieren.[50] Er ist abzugrenzen vom Eigengeschäft § 2 Abs. 8 S. 6 WpHG, dem kein Kundengeschäft zugrunde liegt und das keine Dienstleistung für andere darstellt.

25 Die Ausweitung des Begriffs des Eigenhandels insbesondere um Sachverhalte des *Market Making* – und die damit verbundene Streichung der Erlaubnispflicht für das Eigengeschäft im KWG – durch das Gesetz zur Umsetzung der geänderten Bankenrichtlinie und der geänderten Kapitaladäquanzrichtlinie im November 2010 soll unter anderem für Kreditinstitute nicht relevant sein, sondern die Tätigkeit für Finanzdienstleistungsunternehmen, die Factoring, Finanzierungsleasing oder das Sortengeschäft betreiben, erleichtern.[51]

3. Anlage- und Abschlussvermittlung

26 Die Wertpapierdienstleistungen der Anlagevermittlung gemäß § 2 Abs. 8 Nr. 4 WpHG beziehungsweise § 1 Abs. 1a Nr. 1 KWG und Abschlussvermittlung gemäß § 2 Abs. 8 Nr. 3 WpHG beziehungsweise § 1 Abs. 1a Nr. 2 KWG stellen keine Bankgeschäfte, sondern Finanzdienstleistungen dar. Grund dafür ist, dass der Vermittler nicht mit seinem eigenen Vermögen für die Abwicklung einzustehen hat und daher keine Intermediärfunktion ausübt.[52] Bei der Anlagevermittlung wird die Willenserklärung des Kunden, die auf Anschaffung oder Veräußerung von Finanzinstrumenten gerichtet ist, weitergeleitet.[53] Bei der Abschlussvermittlung erfolgt die Anschaffung und Veräußerung in offener Stellvertretung.[54] Der Begriff der Anlagevermittlung ist dabei in KWG und WpHG inhaltlich gleich zu verstehen, unterscheidet sich aber von der Definition im Zivilrecht.[55] Zur Anlagevermittlung auch *Spindler* → Kap. 33 Rn. 41 ff.

27 Nach der Rechtsprechung des EuGH stellt hingegen die Vermittlung eines Vermögensverwaltungsvertrages, der die Anschaffung, Veräußerung und die Verwaltung von Finanz-

[48] → Rn. 1.
[49] BVerwG WM 2008, 1359 (1362 ff.).
[50] Vgl. *Fuchs* WpHG § 2 Rn. 89; Assmann/Schneider/Mülbert/*Assmann* WpHR, WpHG, § 2 Rn. 117; BankR-HdB/*Seiler/Geier* § 104 Rn. 6.
[51] Regierungsbegründung zum Entwurf eines Gesetzes zur Umsetzung der geänderten Bankenrichtlinie und der geänderten Kapitaladäquanzrichtlinie, BT-Drs. 17/1720, 31.
[52] MüKoHGB/*Ekkenga* Effektengeschäft Rn. 137.
[53] Vgl. BaFin, Merkblatt-Hinweise zum Tatbestand der Anlagevermittlung, Stand: Juli 2017, abrufbar unter www.bafin.de (Oktober 2019).
[54] Vgl. BaFin, Merkblatt-Hinweise zum Tatbestand der Abschlussvermittlung, Stand: September 2014, abrufbar unter www.bafin.de (Oktober 2019).
[55] BGH BKR 2015, 250.

instrumenten vorsieht, keine Wertpapierdienstleistung dar, da die Annahme und Vermittlung von Aufträgen nicht Gegenstand dieses Vermittlungsvertrages ist.[56]

III. Generelle aufsichtsrechtliche Vorgaben für Effektengeschäfte

Aufgrund der unterschiedlichen Vertragstypen muss zivilrechtlich zwischen Kommissionsgeschäft und Festpreisgeschäft differenziert werden, wohingegen aus dem Aufsichtsrecht generelle Vorgaben für Wertpapierdienstleistungen aus den Verhaltensregeln der §§ 63 ff. WpHG resultieren. Die gesetzlichen Regelungen werden – neben den europäischen Durchführungsbestimmungen – in der Wertpapierdienstleistungs-Verhaltens- und Organisationsverordnung[57] konkretisiert. Die BaFin legt ihre Auffassung zudem in dem Rundschreiben Mindestanforderungen an die Compliance-Funktion und weitere Verhaltens-, Organisations- und Transparenzpflichten – MaComp – nieder.[58] 28

1. Allgemeine Verhaltensregeln, Organisations- und Aufzeichnungspflichten

a) Allgemeine Verhaltensregeln nach § 63 Abs. 1 WpHG. Hinsichtlich der Effektengeschäfte gelten die generell unter *Spindler* → Kap. 33 Rn. 48 ff. dargestellten Vorgaben des § 63 Abs. 1 WpHG für Wertpapierdienstleistungsunternehmen, die erfordern, dass die Dienstleistungen mit der erforderlichen Sachkenntnis, Sorgfalt und Gewissenhaftigkeit im Interesse des Kunden durchgeführt werden und auch spezielle Anforderungen für den Umgang mit Interessenkonflikten definieren. 29

b) Kundeneinstufung nach § 67 WpHG. § 67 WpHG verlangt, dass die Kunden von Wertpapierdienstleistungen in verschiedene Kundenkategorien eingestuft werden. Abhängig von der Schutzbedürftigkeit werden für die Kundengruppen unterschiedliche Pflichten in den einzelnen Wertpapierdienstleistungen definiert. Zu unterscheiden sind zum einen Privatkunden als Kategorie mit dem höchsten Schutzniveau und zum anderen professionelle Kunden mit der Untergruppe der geeigneten Gegenparteien. Zielsetzung ist es, die Informations- und Aufklärungspflichten anlegergerecht auszugestalten und Kenntnisse, Erfahrungen beziehungsweise Sachverstand in einer typisierenden Betrachtung zu berücksichtigen[59] und somit den Schutz bereitzustellen, der erforderlich ist.[60] 30

Gegenüber professionellen Kunden gemäß § 67 Abs. 2 WpHG muss das Wertpapierdienstleistungsunternehmen bestimmte Verhaltensregeln nicht einhalten. Im Rahmen der Anlageberatung und Finanzportfolioverwaltung kann das Wertpapierdienstleistungsunternehmen somit davon ausgehen, dass professionelle Kunden für bestimmte Geschäfte über die erforderlichen Kenntnisse und Erfahrungen verfügen. Im „beratungsfreien" Geschäft[61] mit professionellen Kunden kann nach § 67 Abs. 2 S. 1 WpHG grundsätzlich auf eine Angemessenheitsprüfung verzichtet werden, da die Kenntnisse und Erfahrungen des Kunden, die für die Beurteilung der Angemessenheit maßgeblich sind, vermutet werden. Für professionelle Kunden, die darüber hinaus die Kriterien der geeigneten Gegenparteien gemäß § 67 Abs. 4 WpHG erfüllen, gelten gemäß § 68 WpHG noch weiter eingeschränkte Vorgaben: So finden die Informationspflichten aus den allgemeinen Verhaltensregeln des § 63 WpHG, die Vorgaben für Kundenaufträge nach § 69 WpHG und Zuwendungen nach § 70 WpHG sowie die *Best-Execution* Regelungen des § 82 WpHG keine Anwendung. 31

---

[56] EuGH Urt. v. 14.6.2017 – C-678/15 = BKR 2017, 475, Rn. 35 zu Art. 4 Abs. 1 Nr. 4 der MiFID I.
[57] VO zur Konkretisierung der Verhaltensregeln und Organisationsanforderungen für Wertpapierdienstleistungsunternehmen vom 7.10.2017, BGBl. I 2017, 3566.
[58] Rundschreiben 5/2018 (WA), Geschäftszeichen WA 31 – Wp 2002 -2017/0011, abrufbar unter www.bafin.de (Oktober 2019).
[59] *Kasten* BKR 2007, 261 f.; Schwark/Zimmer/*Koch* WpHG § 31 Rn. 120; *Fuchs* WpHG § 31a Rn. 2.
[60] *Seyfried* WM 2006, 1375.
[61] → Rn. 51.

32 Ausgangspunkt für die Kundenklassifizierung ist § 67 Abs. 2 S. 2 WpHG, der in einem umfangreichen Katalog insbesondere bestimmt, dass „kapitalmarktnahe" Gesellschaften beziehungsweise institutionelle Anleger (§ 67 Abs. 2 S. 2 Nr. 1, 5 WpHG), große Unternehmen (§ 67 Abs. 2 S. 2 Nr. 2 WpHG) sowie nationale und regionale Regierungen beziehungsweise Stellen der öffentlichen Schuldenverwaltung sowie Zentralbanken und überstaatliche Einrichtungen (§ 67 Abs. 2 S. 2 Nr. 3, 4 WpHG) als geborene professionelle Kunden zu behandeln sind. Im Wege einer Negativfeststellung sind alle übrigen Kunden gemäß § 67 Abs. 3 WpHG Privatkunden.

33 Strittig war die Einstufung kommunaler Gebietskörperschaften, also von Landkreisen und Kommunen. Während die Regierungsbegründung deren Einstufung als „nationale und regionale Regierungen" vorsah,[62] hat die BaFin in einem Schreiben vom 25.6.2010[63] unter Berufung auf Äußerungen der EU-Kommission in „Fragen & Antworten zur MiFID vom 7. Juli 2007" im Hinblick auf eine europarechtskonforme Auslegung die Auffassung vertreten, dass Kommunen und Landkreise nicht unter „regionale Regierungen" subsumiert werden können und somit als Privatkunden zu behandeln seien.[64] Auch wenn diese Zuordnung den Verhältnissen vor allem kleinerer kommunaler Gebietskörperschaften besser gerecht werden dürfte, ergibt sich diese Auslegung keineswegs zwingend aus der Finanzmarktrichtlinie MiFID I – vielmehr sprach vieles dafür, sie unter den Begriff der „regionalen Regierung" zu subsumieren.[65] Letztlich wurde diese Frage durch die Richtlinie 2014/65/EU (MiFID II) geklärt: Gemäß Annex II können öffentlich-rechtliche Körperschaften, kommunale Behörden und Gebietskörperschaften nur auf Antrag als professionelle Kunden behandelt werden.

34 Die vom Gesetz vorgegebene Kategorisierung kann – um die notwendige Flexibilität zu gewährleisten – durch Vereinbarung zwischen den Parteien in Grenzen modifiziert werden. Während die Vereinbarung einer „Herabstufung" von professionellen Kunden zu Privatkunden gemäß § 67 Abs. 5 WpHG an keine besonderen Voraussetzungen gebunden ist, kann eine „Hochstufung" von Privatkunden zu professionellen Kunden nur unter besonderen Bedingungen gemäß § 67 Abs. 6 WpHG erfolgen. Unbefriedigend ist dabei die Verwendung von nicht klar definierten Begriffen,[66] die in der Praxis zu erheblichen Unsicherheiten bei der Einstufung führt und die grundsätzlich sinnvolle Flexibilisierung durch Umstufung erschwert.[67] Daher haben viele Kreditinstitute auf die Nutzung der Kategorie des „gekorenen professionellen Kunden" verzichtet und alle Kunden als Privatkunden behandelt.

35 Die drei Kriterien des § 67 Abs. 6 WpHG, von denen zwei zur Zulässigkeit der Hochstufung erfüllt sein müssen, stellen auf die Kenntnisse und Erfahrungen des sogenannten „gekorenen" professionellen Kunden ab. Gefordert wird, dass im letzten Jahr durchschnittlich zehn Geschäfte von erheblichem Umfang im Quartal in dem relevanten Markt getätigt (§ 67 Abs. 6 S. 3 Nr. 1 WpHG) wurden. Zunächst findet sich keine nähere Definition, was unter einem relevanten Markt, an dem die Finanzinstrumente gehandelt werden, zu verstehen ist. Damit bleibt insbesondere offen, wie weit ausdifferenziert werden muss. Naheliegend ist, insofern an den Finanzinstrumentebegriff gemäß § 2 Abs. 4 WpHG anzuknüpfen und so insbesondere nach Wertpapieren, Geldmarktinstrumenten und Derivaten zu unterscheiden.[68] Das Kriterium des erheblichen Umfangs wird ebenfalls nicht

---

[62] Regierungsbegründung Finanzmarkt-Richtlinie-Umsetzungsgesetz, BT-Drs. 16/4028, 66; dem folgend OLG Bamberg BKR 2009, 288 (294).

[63] In einem weiteren Schreiben an das Institut der Wirtschaftsprüfer vom 10.9.2010 hat die BaFin klargestellt, dass Institute sich bis zum 30.9.2010 auf die Gesetzesbegründung berufen konnten und eine andere Einstufung bis zu diesem Zeitpunkt den Instituten nicht vorzuwerfen ist.

[64] Krit. zuvor auch *Bracht* WM 2008, 1386 (1388 f.).

[65] So auch MükoHGB/*Zahrte* Anlageberatung Rn. 146 f.

[66] Vgl. auch *Kasten* BKR 2007, 261 (267).

[67] Siehe dazu im Detail auch Ellenberger/Clouth/*Clouth* Wertpapier- und Derivategeschäft Rn. 147 ff.

[68] Enger Ellenberger/Clouth/*Clouth* Wertpapier- und Derivategeschäft Rn. 153, der nach Aktien, Anleihen, Investmentfonds, Zertifikaten sowie börslichen und OTC-Derivaten unterscheiden will.

näher bestimmt. Nicht abgestellt werden sollte auf eine relative Größe (zum Beispiel 3%) in Bezug auf das Depotvolumen,[69] das Kriterium ist vielmehr absolut zu bestimmen, da es hier auf Kenntnisse bei Geschäften am Markt ankommt, nicht auf die Bedeutung der Geschäfte für das eigene Portfolio. Es bietet sich somit an, durchschnittliche Ordergrößen für den relevanten Markt als Basis zu nehmen und dann einen entsprechenden Aufschlag vorzusehen. Für Wertpapiere kann so bei einer Auftragsgröße von 10.000 bis 15.000 EUR von einem erheblichen Umfang ausgegangen werden.[70]

Weiteres Kriterium ist die Ausübung eines Berufes von mindestens einem Jahr am Kapitalmarkt, der entsprechende Kenntnisse über Geschäfte und Wertpapierdienstleistungen voraussetzt (§ 67 Abs. 6 S. 3 Nr. 3 WpHG). Die Bezeichnung „Beruf am Kapitalmarkt" mag dem ersten Anschein nach zu einer sehr engen Auslegung in Richtung einer Tätigkeit beispielsweise als Börsenhändler gedeutet werden. Dem entspricht aber nicht Sinn und Zweck der Norm, der die erforderlichen Kenntnisse für die Beurteilung der Finanzinstrumente sicherstellen will und danach auch derartige Beschäftigungen bei Kredit- und Finanzdienstleistungsinstituten sowie vergleichbare Tätigkeiten erfasst.[71] In diesem Sinn spricht auch Anhang II 1. der Richtlinie 2014/65/EU (MiFID II) von einer „beruflichen Position im Finanzsektor".[72] **36**

Schließlich wird auf die finanzielle Tragfähigkeit – und damit das eigene Vermögen des Kunden – abgestellt,[73] indem Bankguthaben und Finanzinstrumente im Wert von mehr als 500.000 EUR vorausgesetzt werden (§ 67 Abs. 6 S. 3 Nr. 2 WpHG). Das Institut muss gemäß § 67 Abs. 6 S. 2 WpHG vor Änderung der Einstufung eine Bewertung vornehmen, was im Sinne einer Prüfung auszulegen ist.[74] Ergänzend muss das Institut auf die mit der Einstufung verbundenen Folgen hinweisen. Das Verfahren der Hochstufung wird dann in § 2 WpDVerOV näher konkretisiert, der zudem organisatorische Vorkehrungen zur Einstufung und Überprüfung aus begründetem Anlass fordert. **37**

c) Informations- und Explorationspflichten. § 63 WpHG sieht abgestufte Informations- und Explorationspflichten des Wertpapierdienstleistungsunternehmens vor. Die grundlegenden Informationspflichten für alle Wertpapierdienstleistungen ergeben sich aus § 63 Abs. 7 WpHG und werden dann ergänzt durch spezielle Pflichten für einzelne Wertpapierdienstleistungen: Weitgehende Pflichten zur Exploration und Information sowie eine „Geeignetheitsprüfung" werden für die Anlageberatung und die Finanzportfolioverwaltung in § 64 WpHG vorgesehen, während für andere Wertpapierdienstleistungen im sogenannten „beratungsfreien" Geschäft nach § 63 Abs. 10 WpHG nur die eingeschränkten Pflichten der „Angemessenheitsprüfung" gelten. Im reinen Ausführungsgeschäft *(execution only)* nach § 63 Abs. 11 WpHG gelten dann überhaupt keine weitergehenden Pflichten. **38**

aa) Generelle Informationspflichten (§ 63 Abs. 7 WpHG). § 63 Abs. 7 WpHG statuiert – unabhängig vom konkreten Geschäft – eine generelle Informationspflicht der Wertpapierdienstleistungsunternehmen hinsichtlich der angebotenen Wertpapierdienstleistungen sowie der Arten von Finanzinstrumenten. Der Anleger soll durch rechtzeitige und angemessene Information in verständlicher Form in die Lage versetzt werden, nach vernünftigem Ermessen Art und Risiken der Finanzinstrumente zu verstehen, um auf dieser **39**

[69] So aber *Spindler/Kasten* WM 2006, 1797 (1798).

[70] Ellenberger/Clouth/*Clouth* Wertpapier- und Derivategeschäft, Rn. 152: 12.500 EUR auch mit Verweis auf Art. 26 der MiFID-Durchführungsverordnung.

[71] Eine engere Definition nimmt allerdings Ellenberger/Clouth/*Clouth* Wertpapier- und Derivategeschäft Rn. 154 vor.

[72] Missverständlich allerdings die vorhergehenden Ausführungen, nach der ein Eignungstest, der auf Manager und Führungskräfte von Rechtspersönlichkeiten angewandt wird, die aufgrund von Finanzrichtlinien zugelassen sind, als ein Beispiel für die Beurteilung des Sachverstands und der Kenntnisse angesehen werden könnte.

[73] So auch *Fuchs* WpHG § 31a Rn. 37; Schwark/Zimmer/*Koch* WpHG § 31a Rn. 48; **aA** Ellenberger/Clouth/*Clouth* Wertpapier- und Derivategeschäft Rn. 151.

[74] Vgl. Assmann/Schneider/Mülbert/*Koller* WpHR, WpHG, § 67 Rn. 19.

Grundlage eine Anlageentscheidung treffen zu können. Dem liegt das – europäisch geformte – Leitbild[75] zugrunde, dass der Kunde eine informierte, eigenverantwortliche Anlageentscheidung treffen kann.[76] § 63 Abs. 7 WpHG spezifiziert dann die Informationspflicht weiter dahingehend, dass nicht nur Angaben zu den Dienstleistungen erforderlich sind, sondern auch zum Wertpapierdienstleistungsunternehmen selbst. Neben den Arten von Finanzinstrumenten sind auch Anlagestrategien einschließlich der damit verbundenen Risiken, Ausführungsplätze sowie Kosten und Nebenkosten, anzugeben. Umfassende Konkretisierungen finden sich nunmehr in Art. 46 ff. Delegierte Verordnung (EU) 2017/565 (MiFID II).

40 Der Hervorhebung bedarf, dass die Pflicht nach § 63 Abs. 7 WpHG sich lediglich auf die Arten der Finanzinstrumente bezieht, nicht dagegen auf das Risiko eines einzelnen Finanzinstrumentes,[77] so dass es sich um eine abstrakte Informationspflicht handelt.[78] Aus dem Angemessenheitskriterium ist zu folgern, dass die erforderlichen Informationen zu übermitteln sind.[79]

41 Die Informationen können nach § 67 Abs. 7 S. 2 WpHG in standardisierter Form bereitgestellt werden. Weitgehend wird dem Kunden zur Erfüllung der Informationspflichten in der Kreditwirtschaft die Broschüre „Basisinformationen über Wertpapiere und weitere Kapitalanlagen" (zuvor: „Basisinformationen über Vermögensanlagen in Wertpapieren") übermittelt,[80] die gegebenenfalls um spezifische Informationsmaterialien zu einzelnen Produktgruppen ergänzt wird.[81] Die Rechtsprechung des BGH hat die standardisierte Aufklärung als ausreichend angesehen.[82] Das Wertpapierdienstleistungsunternehmen soll den Kunden bei der Verwendung standardisierter Informationen auf deren Funktion als Informationsmedium hinweisen und erläutern, dass die Lektüre in seinem Interesse liegt.[83] Dann besteht kein Anlass, in der standardisierten Information eine Relativierung von Aufklärungspflichten zu sehen.[84] Die Rechtsprechung nimmt grundsätzlich an, dass es dem Kunden obliegt, bei Unklarheiten um nähere Aufklärung zu bitten.[85]

42 In der kreditwirtschaftlichen Praxis stellen die Institute darüber hinaus ihren Kunden bei Eröffnung eines Depots umfassende Kundeninformationen zum Wertpapiergeschäft zur Erfüllung der Pflichten nach § 67 Abs. 7 WpHG zur Verfügung. Diese enthalten die rechtlichen Grundlagen der Geschäftsbeziehung (Sonderbedingungen für Wertpapiergeschäfte, gegebenenfalls auch die Allgemeinen Geschäftsbedingungen), Informationen zum Institut – inklusive Informationen zum Umgang mit Interessenkonflikten – und den Dienstleistungen einschließlich des Preis- und Leistungsverzeichnisses sowie die Ausführungsgrundsätze.

43 Für verbundene Geschäfte gelten gemäß § 63 Abs. 9 WpHG besondere Anforderungen: Es muss informiert werden, ob die Leistungen einzeln bezogen werden können und Kosten sowie ggf. abweichende Risiken der Bestandteile separat ausgewiesen werden müssen.

44 **bb) Information über Kosten (§ 63 Abs. 7 WpHG).** Mit der Richtlinie 2014/65/EU (MiFID II) wurden die Informationspflichten über Kosten erheblich ausgeweitet und detailliert, so dass ein komplett neues Kostentransparenzregime geschaffen wurde, das erhebliche Anforderungen an die Implementierung stellte.[86] Der Anleger soll eine zusammenfassende Information erhalten, um die Gesamtkosten und die kumulative Wirkung auf

[75] Vgl. *Fleischer* BKR 2006, 389 (395).
[76] *Fuchs* WpHG § 31 Rn. 139.
[77] *Fuchs* WpHG § 31 Rn. 152.
[78] Vgl. Schwark/Zimmer/*Rothenhöfer* WpHGn§ 31 Rn. 149.
[79] Vgl. *Weichert/Wenninger* WM 2007, 627 (633).
[80] Vgl. *Fuchs* WpHG § 31 Rn. 131.
[81] Schwark/Zimmer/*Rothenhöfer* WpHG § 31 Rn. 192.
[82] BGH WM 2004, 24 (26 f.) in Bezug auf § 31 Abs. 1 WpHG aF zu *Discount-Brokern*.
[83] *Fuchs* WpHG § 31 Rn. 132 f.; Schwark/Zimmer/*Rothenhöfer* WpHG § 31 Rn. 193.
[84] So aber *Brinckmann* BKR 2010, 45 (47).
[85] Vgl. BGH NJW 1996, 1744 (1745).
[86] Dazu auch *Roth/Blessing* WM 2016, 1157 (1161 ff.).

die Rendite zu verstehen. Auf Verlangen ist dem Kunden gemäß § 67 Abs. 7 Satz 4 eine Aufstellung nach einzelnen Posten zur Verfügung zu stellen. Art. 50 der Delegierten Verordnung (EU) 2017/565 (MiFID II) enthält dann detaillierte Vorgaben zur Kosteninformation. Auslegungsfragen werden vor allem durch sogenannte Questions & Answers der Europäischen Wertpapieraufsichtsbehörde ESMA adressiert.[87]

(1) Anwendungsbereich. Die Informationspflicht über Kosten gilt grundsätzlich für alle Wertpapierdienstleistungen: Bereit gestellt werden muss eine Ex-ante Information vor Ausführung einer Transaktion und eine jährliche Ex-post-Information. Sie umfasst Angaben zu den Kosten der Dienstleistung und – unter der Voraussetzung, dass Finanzinstrumente angeboten beziehungsweise empfohlen wurden oder ein Informationsblatt nach der PRIIP-Verordnung (KID)[88] oder nach den OGAW-Regularien (KIID) zur Verfügung gestellt wurde – auch die Produktkosten. 45

Die Vorschriften zur Kostentransparenz gelten grundsätzlich für alle Kunden, mit geeigneten Gegenparteien und professionelle Kunden können sich Institute gemäß Art. 50 Abs. 1 der Delegierten Verordnung (EU) 2017/565 (MiFID II) auf eine Einschränkung einigen. Generell ausgenommen sind aber Finanzinstrumente, in die ein Derivat eingebettet ist. Bei professionellen Kunden darf zudem keine Anlageberatung oder Portfolioverwaltung erbracht werden.

(2) Kosten des Finanzinstruments und der Dienstleistung. Das neue Kostentransparenzregime ist dezidiert umfassend ausgestaltet und soll alle Kosten und Nebenkosten der Wertpapierdienstleistungen und der Finanzinstrumente erfassen (Art. 50 Abs. 2 Delegierte Verordnung (EU) 2017/565 [MiFID II]). Der Ausweis muss zudem nach Art. 50 Abs. 10 Delegierte Verordnung (EU) 2017/565 (MiFID II) eine Veranschaulichung der kumulativen Wirkung der Kosten auf die Rendite enthalten. 46

Die Details der Kostenangaben ergeben sich aus dem Anhang II der Delegierten Verordnung (EU) 2017/565 (MiFID II). Zuwendungen sind separat darzustellen und – nach Auffassung der ESMA – unter den Dienstleistungskosten auszuweisen.[89] Die Informationen über die Produktkosten können nach den Erwägungsgründen 76 ff. Delegierte Verordnung (EU) 2017/565 (MiFID II) auch durch das PRIIP-KID oder das OGAW-KIID erfolgen, wobei Art. 50 Abs. 4 Delegierte Verordnung (EU) 2017/565 (MiFID II) über die Angabe im OGAW-KIID hinaus eine ergänzende Information zu den dort nicht enthaltenen Transaktionskosten fordert.

Ein Muster für die Kosteninformationen ist regulatorisch nicht vorgegeben. Die ESMA hat allerdings ein Beispiel für die Aggregierung veröffentlicht.[90] Die Kosteninformationen unterscheiden sich daher in der Praxis bei den Instituten.

(3) Ex-ante Kosteninformation. Nach Art. 50 Abs. 8 Delegierte Verordnung (EU) 2017/565 (MiFID II) sind Kosten ggf. auf Basis von Näherungswerten zu ermitteln. Nachvollziehbare Schätzungen sind zulässig, wenn die Kosten nicht bekannt sind. Eine nachträgliche Informationspflicht über die tatsächlichen Kosten wird nicht aufgestellt, diese werden sich regelmäßig auch aus der Abrechnung ergeben. 47

Fraglich ist, ob die Kosteninformation generisch erfolgen kann. § 63 Abs. 7 S. 2 WpHG sieht – in Ausübung einer Option aus Art. 24 Abs. 5 Richtlinie 2014/65/EU (MiFID II) – explizit die Möglichkeit vor, dass diese Informationen in standardisierter Form zur Verfügung gestellt werden können. ESMA lehnt unter Berufung auf Art. 50 Abs. 2 Delegierte Verordnung (EU) 2017/565 (MiFID II) eine generische Information ab und fordert eine

[87] Abschnitt 9 der Questions and Answers on MiFID II and MiFIR investor protection and intermediaries topics; abrufbar unter https://www.esma.europa.eu/press-news/esma-news/esma-updates-mifid-ii-mifir-investor-protection-qa (Stand Oktober 2019).

[88] → Rn. 63 ff.

[89] Abschnitt 9, Antwort 13 der ESMA Q & A on MiFID Investor Protection (Stand Oktober 2019).

[90] Abschnitt 9, Antwort 13 der ESMA Q & A on MiFID Investor Protection (Stand Oktober 2019).

individuelle und spezielle Angabe zu jeder Transaktion auf „ISIN-Basis".[91] Auch wenn Art. 50 Abs. 2 Delegierte Verordnung (EU) 2017/565 (MiFID II) detaillierte Angaben fordert, lässt sich eine solche Vorgabe dem Wortlaut der Norm aber nicht entnehmen. Auch normhierarchisch könnte die Delegierte Verordnung auf Level II nicht eine Vorgabe aus der MiFID II abändern. Schon begrifflich spricht vielmehr Einiges dafür, dass unter die „standardisierte Form" auch eine generische Kosteninformation zu subsumieren ist. Auch die in der MiFID II – eher seltene – Einräumung einer Option für den nationalen Gesetzgeber deutet darauf hin, dass es sich nicht um die bloße Frage des Formats oder Layouts handelt,[92] sondern um einen grundsätzlicheren Aspekt.

48 Die Ex-ante Kosteninformation muss dem Kunden vor Durchführung der Transaktion zur Verfügung gestellt werden. Gemäß Art. 46 Abs. 2 und 3 Delegierte Verordnung (EU) 2017/565 (MiFID II) sind die Informationen grundsätzlich auf einem dauerhaften Datenträger (Art. 3 Abs. 2 Delegierte Verordnung (EU) 2017/565 (MiFID II)) zur Verfügung zu stellen. In Fällen der telefonischen Auftragserteilung lässt die ESMA – praktischen Erfordernissen entgegen kommend – unter bestimmten Voraussetzungen eine telefonische Information und gleichzeitige Information per dauerhaftem Datenträger oder Webseite zu.[93]

49 **(4) Ex-post Kosteninformation.** Während Art. 24 Abs. 4 Richtlinie 2014/65/EU (MiFID II) nur vorsieht, dass „gegebenenfalls" Informationen dem Kunden regelmäßig, mindestens jährlich zur Verfügung zu stellen sind, sieht Art. 50 Abs. 9 Delegierte Verordnung (EU) 2017/565 (MiFID II) ein sehr weitgehendes Ex-post-Informationsregime vor: Sofern Finanzinstrumente empfohlen bzw. angeboten oder ein KID oder KIID zur Verfügung gestellt wurde und mit dem Kunden eine laufende Geschäftsbeziehung bestand, muss individualisiert über angefallene Kosten informiert werden. Die Ex-post Kosteninformation kann dabei mit anderen Berichten (zum Beispiel dem Jahresdepotauszug) verbunden werden.[94]

50 **cc) Anlageberatung und Finanzportfolioverwaltung nach § 64 WpHG.** Für die Anlageberatung und Finanzportfolioverwaltung – als vorgelagerte Dienstleistungen für Effektengeschäfte – gelten die umfassendsten Explorationspflichten: Wertpapierdienstleistungsunternehmen müssen die erforderlichen Angaben des Kunden über dessen Kenntnisse und Erfahrungen, die Anlageziele sowie die finanziellen Verhältnisse einholen und dann auf dieser Grundlage die Geeignetheit der Empfehlung feststellen. Dazu im Einzelnen *Spindler* → Kap. 33 Rn. 167 ff.

51 **dd) Beratungsfreies Geschäft (§ 63 Abs. 10 WpHG).** Während die Pflichten des § 64 WpHG somit Teil der separaten Dienstleistungen Anlageberatung und Finanzportfolioverwaltung sind, statuiert § 63 Abs. 10 WpHG akzessorische Pflichten für Effektengeschäfte. Wertpapierdienstleistungsunternehmen werden verpflichtet, Kenntnisse und Erfahrungen von den Kunden in Bezug auf Geschäfte mit bestimmten Arten von Finanzinstrumenten oder Wertpapierdienstleistungen einzuholen, um die Angemessenheit eines Geschäftes beurteilen zu können. Das Wertpapierdienstleistungsunternehmen muss feststellen, ob der Kunde in der Lage ist, die Risiken angemessen beurteilen zu können. Maßstab ist hier der konkrete Kunde und seine individuellen Kenntnisse und Erfahrungen – nicht die generelle Kundenkategorisierung.[95] Das Institut kann sich dabei gemäß Art. 55

---

[91] Abschnitt 9, Antwort 22 der ESMA Q & A on MiFID Investor Protection (Stand Oktober 2019). Diese Auffassung war schon Final Report der ESMA vom Final Report: ESMA´s Technical Advice to the Commission on MiFID II and MiFIR vom 19.12.2014, ESMA/2014/1569, abrufbar unter http:// www.esma.europa.eu, S. 120. Dazu auch *Roth/Blessing* WM 2016, 1157 (1158 f.).

[92] So aber ESMA Konsultationspapier, ESMA 2014/549, abrufbar unter www.esma.europa.eu, S. 111 f., Rn. 55.

[93] Abschnitt 9, Antwort 28 der ESMA Q & A on MiFID Investor Protection (Stand Oktober 2019).

[94] S. dazu und zu Unsicherheiten bei der Def. auch *Roth/Blessing* WM 2016, 1157 (1161).

[95] *Vgl. Fuchs* WpHG § 31 Rn. 280; Assmann/Schneider/Mülbert/*Koller* WpHR, WpHG, § 63 Rn. 132 f.

Abs. 3 Delegierte Verordnung (EU) 2017/565 (MiFID II) auf die Angaben des Kunden verlassen, sofern es die Unrichtigkeit oder Unvollständigkeit nicht kannte oder kennen musste.

Praktisch wird die Angemessenheitsprüfung durch Einteilung der Kunden anhand der erfassten Angaben in bestimmte Gruppen vorgenommen, die dann mit den entsprechenden Arten der Finanzinstrumente abgeglichen werden.[96] Auch wenn dies in § 63 Abs. 10 WpHG nicht explizit erwähnt wird, spricht viel dafür, dass die Angemessenheitsprüfung nur bei einem Kauf von Finanzinstrumenten anzuwenden ist. Zum einen bezieht sich der Wortlaut des § 63 Abs. 10 S. 3 WpHG auf „gewünschte Finanzinstrumente", was auf einen Kauf hindeutet, zum anderen werden durch den Verkauf in Bezug auf dieses Finanzinstrument keine neuen Risiken begründet. **52**

Der Prüfung der Angemessenheit liegt das Konzept zugrunde, dem Kunden die Möglichkeit einer wohlinformierten Entscheidung zu geben, ihn aber nicht zu bevormunden. Kann die Angemessenheitsprüfung aufgrund fehlender Angaben des Kunden nicht vorgenommen werden, führt dies daher nicht zu einem Verbot des Geschäftes, sondern zu einer Informationspflicht des Instituts, dass die Angemessenheit nicht beurteilt werden konnte (§ 63 Abs. 10 S. 4 WpHG). Ebenso führt ein negatives Prüfungsergebnis dazu, dass das Institut den Kunden darauf hinweisen muss, dass das Geschäft für ihn nicht angemessen ist (§ 63 Abs. 10 S. 3 WpHG). Auf Wunsch des Kunden kann aber auch in diesem Fall das Geschäft durchgeführt werden.[97] Dies impliziert, dass auch eine aufsichtsrechtliche Verpflichtung zur Erteilung zusätzlicher Informationen nicht besteht.[98] Alternativ kann das Institut ein unangemessenes Geschäft aber auch ablehnen und den Kunden auffordern, gegebenenfalls einen neuen Auftrag zu erteilen.[99] Hinsichtlich der zivilrechtlichen Beurteilung betont der BGH ebenfalls, dass das Institut den Kunden nicht bevormunden muss;[100] lässt aber offen, ob ausnahmsweise eine Pflicht zur Ablehnung des Geschäfts bestehen kann, wenn der Kunde Risiken erkennbar nicht überschaut.[101] **53**

Auch wenn insofern abweichende Hinweise oder Vereinbarungen bestehen sollten,[102] greift der erweiterte Pflichtenkreis nach § 64 WpHG, sofern die Kriterien der Anlageberatung gemäß § 2 Abs. 8 Nr. 10 WpHG erfüllt werden, also insbesondere ein konkretes Finanzinstrument empfohlen wird. Die Tätigkeit der – in der Vergangenheit viel diskutierten *Discount-Broker* – wird in aller Regel dem beratungsfreien Geschäft zuzuordnen sein.[103] **54**

ee) Reines Ausführungsgeschäft – Execution Only – (§ 63 Abs. 11 WpHG). § 63 Abs. 11 WpHG lässt darüber hinaus ein bloßes Ausführungsgeschäft zu, bei dem weder eine Explorationspflicht noch eine Pflicht zur Geeignetheits- oder Angemessenheitsprüfung besteht (die allgemeine Informationspflicht nach § 63 Abs. 7 WpHG gilt aber auch in diesem Fall). Aufgrund der damit verbundenen Absenkung des Schutzniveaus ist dieses *Execution Only* aber nur unter eingeschränkten Voraussetzungen zulässig: Es gilt nur für bestimmte Wertpapierdienstleistungen (§ 63 Abs. 11 Nr. 1 WpHG) und für definierte Finanzinstrumente. Erfasst werden Aktien und andere verbriefte Schuldtitel, in die keine Derivate eingebettet sind und die keine Struktur aufweisen, die dem Kunden das Verständnis von Risiken erschwert, soweit sie an einem organisierten oder multilateralen Handelssystem zugelassen sind. Ferner Geldmarktinstrumente und strukturierte Einlagen, wenn diese keine Struktur aufweisen, die das Kundenverständnis von Ertragsrisiko und **55**

---

[96] Vgl. *Lang* Informationspflichten bei Wertpapierdienstleistungsunternehmen § 17 Rn. 6; *Fuchs* WpHG § 31a Rn. 283.

[97] *Teuber* BKR 2006, 429 (434).

[98] Vgl. *Fuchs* WpHG § 31 Rn. 319.

[99] Assmann/Schneider/Mülbert/*Koller* WpHR, WpHG, § 63 Rn. 136.

[100] BGH NJW 2002, 62 (63); WM 2004, 24 (27).

[101] Vgl. BGH NJW 1998, 2675 (2676); WM 2004, 24 (27).

[102] Vgl. zur entsprechenden zivilrechtlichen Beurteilung auch *Balzer* WM 2001, 1533 (1535).

[103] Im Detail zum *Discount-Brokerage: Lang* Informationspflichten bei Wertpapierdienstleistungsunternehmen § 17 Rn. 1 ff.

Kosten vor Fälligkeit erschweren. Schließlich werden OGAW-Investmentfonds erfasst, sofern sie nicht strukturiert sind.

56 Darüber hinaus muss das Geschäft auf Veranlassung des Kunden erfolgen – die Bank darf also in keiner Weise aktiv darauf hingewirkt haben –[104] und dieser muss – gegebenenfalls auch in standardisierter Form – informiert werden, dass keine Angemessenheitsprüfung vorgenommen wird. Angeknüpft wird damit an Wertpapierdienstleistungen, nicht aber an bestimmte Formen der Erbringung. Eine Beschränkung auf Unternehmen, die ausschließlich derartige Dienstleistungen anbieten, also insbesondere auf *Discount-Broker,* lässt sich aus dem Wortlaut des § 63 Abs. 11 WpHG nicht herleiten[105] – auch die Formulierung des Art. 25 Abs. 4 der Richtlinie 2014/65/EU (MiFID II) erscheint insofern nicht zwingend.[106]

57 Das reine Ausführungsgeschäft kommt in der Praxis in Deutschland wohl nur vereinzelt zur Anwendung. Dies wird darauf zurückzuführen sein, dass die nicht komplexen Finanzinstrumente zwar eher weit definiert sind, aber gleichwohl die Zuordnung verschiedener Finanzinstrumente nicht zweifelsfrei ist und in jedem Fall eine praktisch relevante Begrenzung der handelbaren Papiere, insbesondere im Bereich von komplexen Finanzinstrumenten[107] vorliegt, deren Einhaltung das Institut sicherstellen müsste.

58 **ff) Vorgaben beim Vertrieb von Investmentfonds nach dem KAGB.** § 297 Abs. 1 Satz 1 KAGB (zuvor § 121 Abs. 1 S. 1 Investmentgesetz) für OGAW-Investmentfonds und § 297 Abs. 2 KAGB für AIF-Investmentfonds verlangen, rechtzeitig vor Vertragsschluss dem am Erwerb eines Investmentfondsanteils Interessierten die wesentlichen Anlegerinformationen kostenlos zur Verfügung zu stellen. Darüber hinaus sind nach § 297 Abs. 1 Satz 2 KAGB (zuvor § 121 Abs. 1 S. 2 InvG) auf Verlangen der Verkaufsprospekt sowie der letzte veröffentlichte Jahres- und Halbjahresbericht kostenlos zur Verfügung zu stellen.

59 Fraglich ist, ob diese Pflichten – und die weiteren Vorgaben – nur den Vertrieb der Kapitalanlagegesellschaften adressieren[108] oder auch auf Intermediäre, die die Anteile in Kommission veräußern, vermitteln oder selbst verkaufen, also in der Regel auf Wertpapierdienstleistungsunternehmen, anzuwenden sind. Während der Wortlaut der Norm insofern unergiebig ist, spricht der primäre Adressatenkreis des Investmentgesetzes, nämlich die Kapitalanlagegesellschaften, gegen eine Einbeziehung der Intermediäre in diesen Pflichtenkreis,[109] zumal die Regelungen für den Vertrieb durch Wertpapierdienstleistungsunternehmen – wie ausführlich dargestellt – ja gerade Gegenstand des WpHG sind. Für eine Erstreckung auch auf Intermediäre kann allerdings ins Feld geführt werden, dass der mit der Vorschrift verfolgte Anlegerschutz eine einheitliche Anwendung gebiete.[110] Hinsichtlich § 121 InvG aF wurde ergänzend auch auf die Entstehungsgeschichte verwiesen.[111]

60 Der mit Wirkung zum 1.7.2011 aufgrund der Richtlinie 2009/65/EG (OGAW IV)[112] modifizierte § 121 Abs. 1 InvG nahm im Gesetzestext zwar direkt ebenfalls keine Klarstellung vor, allerdings wird in der Regierungsbegründung explizit ausgeführt, dass die entsprechende Verpflichtung zur Bereitstellung der wesentlichen Anlegerinformationen für Intermediäre in § 31 Abs. 3a S. 1 WpHG (oder § 11 Absatz 2 der Makler- und Bauträger-

---

[104] *Fuchs* WpHG § 31 Rn. 337.
[105] Vgl. *Balzer* ZBB 2007, 333 (341); Schwark/Zimmer/*Rothenhöfer* WpHG § 31 Rn. 320.
[106] So aber *Weichert/Wenninger* WM 2007, 627 (632) zur MiFID I.
[107] Vgl. *Fuchs* WpHG § 31 Rn. 337; Renz/Hense/Marbeiter/*Brinkmann* Wertpapier-Compliance in der Praxis Kap II. A. 5 Rn. 20 f.
[108] Zu den Pflichten der Kapitalanlagegesellschaften iE *Jakovou* → Kap. 39 Rn. 228 ff.
[109] Vgl. BankR-HdB/*Köndgen/Schmies* § 113 Rn. 134 ff.
[110] Vgl. *Kugler/Lochmann* BKR 2006, 41 (47).
[111] Berger/Steck/Lübbehüsen/*Ewers* InvG, § 121 Rn. 5 f.
[112] RL 2009/65/EG des Europäischen Parlaments und des Rates vom 13.7.2009 zur Koordinierung der Rechts- und Verwaltungsvorschriften betreffend bestimmte Organismen für gemeinsame Anlagen in Wertpapieren (OGAW), ABl. EU L 302, S. 32 v. 17.11.2009.

verordnung) umgesetzt werde.[113] Zudem sollte § 121 Abs. 1 InvG nur Art. 80 Abs. 1 der Richtlinie 2009/65/EG (OGAW IV) transformieren,[114] der lediglich Pflichten der Kapitalanlagegesellschaften normiert. In der expliziten Aufnahme der Wertpapierdienstleistungsunternehmen in § 5 Abs. 5 KAGB wird hingegen nunmehr eine gesetzgeberische Klarstellung gesehen.[115] Die BaFin vertritt zu § 297 KAGB nunmehr auch dezidiert die Auffassung, dass dieser Anwendung auf Wertpapierdienstleistungsunternehmen nach WpHG finde.[116]

d) Informationsblätter / Kurzinformationen. Mit den (Produkt-)Informationsblättern beziehungsweise Kurzinformationen ist in den letzten Jahren eine neue Kategorie der Anlegeraufklärung normiert worden: Anleger sollen mit kurzen und verständlichen Informationen über die wesentlichen Eigenschaften und Risiken von Finanzinstrumenten aufgeklärt werden. Die Ausgestaltung der Informationsblätter sowie Art und Weise des Einsatzes sind dabei aufgrund der teilweise produktbezogenen Regulierungen für die einzelnen Arten der Finanzinstrumente unterschiedlich. 61

aa) Überblick und Systematik. Für Effekten wird kein einheitliches Informationsblatt vorgesehen, vielmehr wird aktuell nach verschiedenen Arten von Wertpapieren unterschieden: Als – neue, seit 2018 geltende – „Grundform" können die Basisinformationsblätter nach der Verordnung (EU) 1286/2014 (PRIIP)[117] angesehen werden, die nach dem Willen des Europäischen Normgebers aktuell bereits verpackte Produkte und alternative Investmentfonds erfassen, zukünftig aber auch mit OGAW-Investmentfonds, einen sehr breiten Anwendungsbereich haben. Aktuell gelten für OGAW-Investmentfonds noch die speziellen (älteren) Vorgaben aus der OGAW-Verordnung. Sofern diese Regelungen nicht einschlägig sind, greifen – für die Anlageberatung – die nationalen Vorgaben für das sogenannte „Produktinformationsblatt", die nunmehr einen deutlich kleineren Anwendungsbereich haben. Daneben existiert für Vermögensanlagen das entsprechende Informationsblatt. Für Altersvorsorgeprodukte gelten darüber hinaus spezifische Vorgaben. 62

bb) Basisinformationsblätter nach der PRIIP-Verordnung. Für „verpackte Anlageprodukte" müssen nach der seit Anfang 2018 anzuwendenden Verordnung (EU) 1286/2014 (PRIIP) dem Anleger Basisinformationsblätter zur Verfügung gestellt werden. Diese Basisinformationsblätter sollen auf drei DIN A4-Seiten dem Anleger die wesentlichen Produktmerkmale eines Finanzprodukts aufzeigen und somit produktübergreifend einen Vergleich verschiedener Investitionsmöglichkeiten erlauben. Ziel ist es, den Anlegerschutz zu stärken und durch mehr Transparenz das Vertrauen von Kleinanlegern in den Finanzmarkt wiederherzustellen. 63

Die Vorgaben für Basisinformationsblätter werden auf „Level II" in der Delegierten Verordnung (EU) 2017/653 (PRIIP)[118] unter Vorgabe von Mustern und Methoden aus-

[113] Regierungsbegründung zum Entwurf eines Gesetzes zur Umsetzung der RL 2009/65/EG zur Koordinierung der Rechts- und Verwaltungsvorschriften betreffend bestimmte Organismen für gemeinsame Anlagen in Wertpapieren (OGAW-IV-Umsetzungsgesetz – OGAW-IV-UmsG), BT-Drs. 17/4510, 82.

[114] Regierungsbegründung zum OGAW-IV-Umsetzungsgesetz, BT-Drs. 17/4510, 82.

[115] Baur/Tappen/*Zingel* Investmentgesetze § 297 KAGB Rn. 5.

[116] BaFin, Häufige Fragen zum Vertrieb und Erwerb von Investmentvermögen nach dem KAGB Geschäftszeichen WA 41-Wp 2137-2013/0293, 4.7.2013, zuletzt geändert am 16.3.2018; abrufbar unter www.bafin.de (Oktober 2019).

[117] VO (EU) Nr. 1286/2014 des Europäischen Parlaments und des Rates vom 26.11.2014 über Basisinformationsblätter für verpackte Anlageprodukte für Kleinanleger und Versicherungsanlageprodukte (PRIIP), ABl. 2014, L 351, S. 1 ff.

[118] Delegierte VO (EU) 2017/653 der Kommission v. 8. März 2017 zur Ergänzung der Verordnung (EU) Nr. 1286/2014 des Europäischen Parlaments und des Rates über Basisinformationsblätter für verpackte Anlageprodukte für Kleinanleger und Versicherungsanlageprodukte (PRIIP) durch technische Regulierungsstandards in Bezug auf die Darstellung, den Inhalt, die Überprüfung und die Überarbeitung dieser Basisinformationsblätter sowie die Bedingungen für die Erfüllung der Verpflichtung zu ihrer Bereitstellung, Abl. 2017, L100, S. 1 ff.

geformt, so dass die Vorgaben insgesamt erheblich detaillierter als die zuvor geltende nationale Regelung der Produktinformationsblätter sind.[119]

64 **(1) Sachlicher Anwendungsbereich (erfasste Produkte).** „Verpackte Anlageprodukte" zeichnen sich gemäß Art. 4 Verordnung (EU) 1286/2014 (PRIIP) dadurch aus, dass der Rückzahlungsbetrag Schwankungen aufgrund der Abhängigkeit von Referenzwerten oder von der Entwicklung eines oder mehrerer Vermögenswerte, die nicht direkt vom Anleger erworben werden, unterliegt. Die Vermögenswerte sollen verpackt oder ummantelt sein, sodass die Risiken, die Produktmerkmale oder die Kostenstrukturen nicht die gleichen sind wie bei direktem Halten".[120] Einfache („plan vanilla") Anleihen werden damit nicht erfasst.[121] Eindeutig im Anwendungsbereich sind strukturierte Produkte, also solche, in deren Auszahlungsprofil ein Derivat strukturiert ist.[122]

Erhebliche Unsicherheiten bestehen aber, welche anderen Abgrenzungsmerkmale bei Anleihen zur Klassifizierung als „PRIIP-Produkt" führen können.[123] Es bietet sich an, hier die Unterscheidungen des § 46f Abs. 7 Nr. 2 KWG heranzuziehen. Hiernach sind variabel verzinsliche Anleihen („Floater") ohne Begrenzungen (Floor – anders als 0 – oder Cap) sowie Stufenzinsanleihen („Step-up-Bond") nicht im Anwendungsbereich: Eine einfache variable verzinsliche Anleihe ist vergleichbar mit einer klassischen Einlage, die ihrerseits ebenfalls nicht der Verordnung (EU) 1286/2014 (PRIIP) unterfällt. Diese Papiere sind hinsichtlich der Verzinsung unmittelbar an einen gängigen und einfachen Geldmarktreferenzzinssatz gebunden. Nicht zu den einfachen Anleihen – und damit im Anwendungsbereich der Verordnung (EU) 1286/2014 (PRIIP) – sind demgegenüber „Floater", deren Verzinsung an alternative Referenzzinssätze gebunden ist, zB an einen Constant Maturity Swap (CMS). Bei einer Stufenzinsanleihe („Step-up-Bond") hängt die Höhe der Verzinsung nicht von Referenzwerten oder von der Entwicklung eines oder mehrerer Vermögenswerte ab, sondern steht von Anfang an fest.[124] Ein Nachrang allein führt nicht dazu, dass der Anwendungsbereich der Verordnung (EU) 1286/2014 (PRIIP) eröffnet ist, da hiermit keine Schwankungen von einem Referenzwert verbunden sind.[125]

65 Kündigungsrechte bei Produkten sollen grundsätzlich als solche nicht als Unterscheidungsmerkmal für die Bestimmung des Anwendungsbereichs der Verordnung (EU) 1286/2014 (PRIIP) relevant sein, da das Kündigungsrecht als solches nicht „Teil der Verpackung" ist. Entscheidend ist, ob die Höhe des zurückzuzahlenden Betrags von Referenzwerten oder der Entwicklung von Vermögenswerten abhängt, die nicht direkt vom Anleger erworben werden. Nach Auffassung der EU-Kommission soll dies bei bestimmten Gestaltungen von sogenannten „make or whole"-Klauseln der Fall sein, so dass sie unter die Verordnung (EU) 1286/2014 (PRIIP) fallen.

66 Angesichts der sehr breiten Definition des Anwendungsbereichs[126] sind – obwohl sie nicht Anlagezwecken dienen – auch (OTC-)Derivate im Anwendungsbereich die Verord-

---

[119] S. a. JVRB/*Voß* WpHG, § 31 Rn. 435.

[120] So Erwägungsgrund 6 der VO (EU) 1286/2014 (PRIIP).

[121] Vgl. Erwägungsgrund 7 der VO (EU) 1286/2014 (PRIIP).

[122] Assmann/Schneider/Mülbert/*Buck-Heeb* WpHR, PRIIP-VO, Art. 4 Rn. 7; *Jordans* BKR 2017, 273 (277).

[123] Das Schreiben der EU-Kommission vom 14. Mai 2019 – Ares(2019)3166715 – abrufbar unter www.eiopa.europa.de (Oktober 2019) bringt hier wenig Klarheit, da auf Einzelfallbetrachtung abgestellt wird.

[124] So auch die gemeinsame Auslegungshilfe der BaFin, der Deutschen Bundesbank und der Bundesanstalt für Finanzmarktstabilisierung in der „Gemeinsamen Auslegungshilfe zur insolvenzrechtlichen Behandlung bestimmter Verbindlichkeiten von CRR- Instituten nach § 46f Abs. 5 – 7 KWG n. F." v. 5. August 2016, geändert am 7. November 2016, abrufbar unter www.bafin.de (Oktober 2019).

[125] So zu Unternehmensanleihen: Merkblatt der BaFin v. 22. August 2019, geändert am 17. September 2019, Geschäftszeichen VBS 1-Wp 5430-2019/0071, abrufbar unter www.bafin.de (Oktober 2019).

[126] Erwägungsgrund 6 der VO (EU) 1286/2014 (PRIIP).

nung (EU) 1286/2014 (PRIIP) zu sehen. Da diese aber regelmäßig nicht standardisiert sind, kann im Basisinformationsblatt eine typisierende Betrachtung erfolgen.[127]

(2) Räumlicher Anwendungsbereich. Zum räumlichen Anwendungsbereich stellt die Europäische Kommission fest, dass ein Angebot an Kleinanleger innerhalb der Europäischen Union erfasst wird, dies gilt auch für Personen aus Drittländern.[128] Ebenso fällt der Erwerb eines PRIIP, das nicht aus der EU stammt, in den Anwendungsbereich, wenn der Beschluss des Erwerbs innerhalb der EU getroffen wurde.[129] Dies gilt auch für den Fall, dass der Anleger sich eigeninitiativ an einen Anbieter wendet.[130] Sofern ein PRIIP einem Anleger außerhalb der EU angeboten wird, ist der Anwendungsbereich der Verordnung (EU) 1286/2014 (PRIIP) hingegen nicht eröffnet.[131] Es kommt also hiernach nicht auf den Wohnsitz des Anlegers an. Zuständig ist nach der Mitteilung der EU-Kommission die Aufsichtsbehörde des Herstellers[132], wobei damit im Falle des grenzüberschreitenden Vertriebs in der EU Fragen der Zuständigkeiten für die Überwachung nicht geklärt werden.[133] 67

(3) Veröffentlichung des Basisinformationsblattes vor einem Angebot an Kleinanleger. Die Verordnung (EU) 1286/2014 (PRIIP) findet gemäß Art. 5 Abs. 1 nur beim Vertrieb an Kleinanleger Anwendung, wobei sie keine eigene Kundenkategorisierung vornimmt und – bezogen auf Effekten – nach Art. 4 Nr. 6 auf den Begriff des „Privatkunden" gemäß Art. 4 Abs. 1 Nr. 11 der Richtlinie 2014/65/EU (MiFID II) abstellt. Nicht erfasst wird somit der Vertrieb an professionelle Kunden und geeignete Gegenparteien. Ein semiprofessioneller Anleger – wie er in § 1 Abs. 19 Nr. 33 KAGB geregelt wird – ist ebenfalls nicht vorgesehen.[134] 68

Der Einsatzbereich der Verordnung (EU) 1286/2014 (PRIIP) ist weit und bezieht sich nach Art. 2 Abs. 1 nicht nur auf die Beratung, sondern auch auf den Verkauf. Anders als die insoweit verunglückte nationale Regelung in § 64 Abs. 2 WpHG,[135] die die Verantwortung für die aufsichtsrechtliche Richtigkeit des Informationsblattes der beratenden Stelle auferlegt,[136] sieht Art. 5 Abs. 1 Verordnung (EU) 1286/2014 (PRIIP) vor, dass der PRIIP-Hersteller (Emittent), das Informationsblatt erstellt und veröffentlicht, bevor ein Produkt einem Kleinanleger angeboten wird. Der PRIIP-Hersteller trägt somit die Ver- 69

---

[127] *Gerald/Kohleick* RdF 2017, 276 (283).

[128] Rn. 10 der Leitlinien zur Anwendung der VO (EU) Nr. 1286/2014 des Europäischen Parlaments und des Rates über Basisinformationsblätter für verpackte Anlageprodukte für Kleinanleger und Versicherungsanlageprodukte (PRIIP), Abl. 2017, C 218, S. 11.

[129] Rn. 10 der Leitlinien zur Anwendung der VO (EU) Nr. 1286/2014 des Europäischen Parlaments und des Rates über Basisinformationsblätter für verpackte Anlageprodukte für Kleinanleger und Versicherungsanlageprodukte (PRIIP), Abl. 2017, C 218, S. 11.

[130] *Gerald/Kohleick* RdF 2017, 276 (279), sehen darin aber keinen Verstoß gegen die passive Dienstleistungsfreiheit, da es sich um eine marktbezogene Verhaltenspflicht handelt.

[131] Rn. 10 der Leitlinien zur Anwendung der VO (EU) Nr. 1286/2014 des Europäischen Parlaments und des Rates über Basisinformationsblätter für verpackte Anlageprodukte für Kleinanleger und Versicherungsanlageprodukte (PRIIP), Abl. 2017, C 218, S. 11.

[132] Rn. 22 der Leitlinien zur Anwendung der VO (EU) Nr. 1286/2014 des Europäischen Parlaments und des Rates über Basisinformationsblätter für verpackte Anlageprodukte für Kleinanleger und Versicherungsanlageprodukte (PRIIP), Abl. 2017, C 218, S. 11.

[133] Näher dazu *Gerald/Kohleick* RdF 2017, 276 (283).

[134] Assmann/Schneider/Mülbert/*Buck-Heeb* WpHR, PRIIP-VO, Art. 4 Rn. 41; *Heppekausen* BKR 2019, 490 (494) nimmt für „offshore Fonds" (AIFs) eine teleologische Reduktion der PRIIP-Verordnung an und sieht das KAGB als „lex specialis", so dass in diesen Fällen keine Verpflichtung bestehen soll, ein Basisinformationsblatt zur Verfügung zu stellen. Mit dieser Argumentation müssten dann aber konsequenterweise alle AIFs an semiprofessionelle Anleger ausgenommen werden, was aber – ohne weiteren Anhaltspunkt im Wortlaut – nur schwer mit der Intention eines weiten Anwendungsbereichs der Verordnung (EU) 1286/2014 (PRIIP) in Einklang zu bringen sein dürfte.

[135] → Rn. 76 ff.

[136] Der Emittent kennt „sein" Produkt am besten und erstellt den Prospekt. Der praxisferne regulatorische Ansatz muss daher derzeit noch durch von der BaFin zugelassene Konformitätserklärungen „korrigiert" werden; s. a. *Preuße/Seitz/Lesser* BKR 2014, 70 (71).

antwortung für die Erstellung des Basisinformationsblattes.[137] „Anbieten" spricht für das Erfordernis einer Aktivität gegenüber Kunden – die bloße Veröffentlichung eines Prospektes dürfte daher noch kein „Anbieten" darstellen. Auch das bloße Listing am regulierten Markt stellt allein noch kein Angebot an Kleinanleger dar, da professionelle Anleger adressiert sein können.[138]

70 Als PRIIP-Hersteller ist derjenige anzusehen, der das Produkt auflegt oder Änderungen an ihm vornimmt.[139] Richtigerweise dürfte das derjenige sein, der die Verantwortung für die Konzeptionierung des Produktes übernommen hat, wobei Börsen Hersteller eines PRIIP-Produktes sein können,[140] die bloße Notierung führt aber nicht zu einer solchen Qualifikation.[141]

Die beratende beziehungsweise verkaufende Stelle (Intermediär) muss gemäß Art. 13 Abs. 1 Verordnung (EU) 1286/2014 (PRIIP) das Informationsblatt zur Verfügung stellen, wobei Art. 14 Verordnung (EU) 1286/2014 (PRIIP) hier die Papierform als Regelfall vorsieht, die elektronische Bereitstellung unter Voraussetzungen aber auch zulässt.

71 **(4) Inhalte des Basisinformationsblattes.** Art. 8 Verordnung (EU) 1286/2014 (PRIIP) fordert umfassende Pflichtangaben im Basisinformationsblatt insbesondere zur Beschreibung des Produktes, den Risiken, Performance-Szenarien, Kosten und empfohlenen Haltedauern. Die Delegierte Verordnung (EU) 2017/653 (PRIIP) gibt im Anhang I eine Mustervorlage vor, an die sich die Hersteller halten müssen. Darüber hinaus werden sehr detaillierte methodische Vorgaben für die Angabe des Risikoindikators, der Performance-Szenarien und der Kosten aufgestellt. Das Basisinformationsblatt soll sich auf die wesentlichen Informationen beschränken, die Länge wird daher gemäß Art. 9 Abs. 4 Verordnung (EU) 1286/2014 (PRIIP) auf maximal drei DIN A4-Seiten beschränkt.

72 Diese Vorgabe folgt dem Ziel der Verordnung (EU) 1286/2014 (PRIIP), den Anlegern einen Vergleich von Anlagen zu ermöglichen.[142] Insofern ist es auch konsequent, dass es sich nach Auffassung der EU-Kommission um eine verbindliche Vorgabe handelt,[143] Änderungen oder Ergänzungen des Musters sind daher nicht zugelassen.[144] Der europäische Verordnungsgeber sieht damit ein sehr starkes Korsett vor. In der Praxis zeigen sich vor allem bei der Umsetzung der europäischen Vorgaben zu den Performance-Szenarien erhebliche Schwierigkeiten.[145]

73 Der PRIIP-Hersteller muss nach Art. 10 Verordnung (EU) 1286/2014 (PRIIP) und Art. 15 Delegierten Verordnung (EU) 2017/653 (PRIIP) bei jeder Veränderung, die sich tatsächlich oder wahrscheinlich erheblich auf die im Basisinformationsblatt enthaltenen

---

[137] Assmann/Schneider/Mülbert/*Buck-Heeb* WpHR, PRIIP-VO, Art. 5 Rn. 5.

[138] *Gerald/Kohleick* RdF 2017, 276 (280). In der Praxis werden oftmals in diesen Fällen nur Verkaufskurse gestellt oder es wird über die Zielmarktkriterien sichergestellt, dass kein Verkauf an Kleinanleger erfolgt.

[139] Rn. 9 der Leitlinien zur Anwendung der VO (EU) Nr. 1286/2014 des Europäischen Parlaments und des Rates über Basisinformationsblätter für verpackte Anlageprodukte für Kleinanleger und Versicherungsanlageprodukte (PRIIP), Abl. 2017, C 218, S. 11.

[140] *Gerald/Kohleick* RdF 2017, 276 (280).

[141] Rn. 9 der Leitlinien zur Anwendung der VO (EU) Nr. 1286/2014 des Europäischen Parlaments und des Rates über Basisinformationsblätter für verpackte Anlageprodukte für Kleinanleger und Versicherungsanlageprodukte (PRIIP), Abl. 2017, C 218, S. 11.

[142] S. zB Erwägungsgründe 15 und 17 der VO (EU) 1286/2014 (PRIIP).

[143] Im Hinblick auf Art. 6 PRIIP-VO wollen hingegen *Gerold/Kohleck* Rdf 2017, 276 (281) in begründeten Einzelfällen Abänderungen seitens des Herstellers zulassen. Dies steht aber nicht im Einklang mit der Mitteilung der Kommission. Systematisch hat sich der Delegierte Verordnungsgeber auch dafür entschieden, die Intention der VO (EU) 1286/2014 (PRIIP), eine Vergleichbarkeit herzustellen, mit der Mustervorlage und Detailvorgaben umzusetzen. Abweichungen stellen insofern einen Systembruch dar. Rechtspolitisch ist dieser Weg allerdings, wie die nachfolgend dargestellten Schwierigkeiten in der Praxis zeigen, sehr problematisch.

[144] Vgl. Rn. 20 der Leitlinien zur Anwendung der VO (EU) Nr. 1286/2014 des Europäischen Parlaments und des Rates über Basisinformationsblätter für verpackte Anlageprodukte für Kleinanleger und Versicherungsanlageprodukte (PRIIP), Abl. 2017, C 218, S. 11.

[145] Daher werden Änderungen diskutiert, siehe Konsultationspapier der Europäischen Aufsichtsbehörden, JC 2019 63, v. 16. Oktober 2019, abrufbar unter www.eiopa.europa.eu (Oktober 2019).

Informationen auswirkt sowie mindestens alle zwölf Monate das Basisinformationsblatt überprüfen. Dies spricht dafür, dass aber keine grundlegende fortlaufende Überwachungspflicht besteht. Die Bereitstellung von Basisinformationsblättern „auf Anfrage" oder „in Echtzeit" wird auch nach den Leitlinien der EU-Kommission[146] für zulässig erachtet, aber nicht gefordert.

(5) Haftung und Sanktionen. Zivilrechtliche Haftungsansprüche richten sich gemäß Art. 11 Abs. 2 Verordnung (EU) 1286/2014 (PRIIP) nach nationalem Recht. Aufsichtsrechtlich sehen Art. 22 ff. der Verordnung (EU) 1286/2014 (PRIIP) umfassende Möglichkeiten für die Aufsichtsbehörden vor, die über öffentliche Warnungen bis hin zu hohen Geldbußen gehen.[147] 74

(6) Übergangsregelung für (OGAW-) Investmentfonds. Für Investmentfonds, die unter die Richtlinie 2009/65/EG (OGAW IV) fallen oder die der nationale Gesetzgeber dieser unterstellt, gelten hingegen (zunächst) weiterhin die produktspezifischen Regelungen; die Vorschriften finden gemäß Art. 32 PRIIP-VO bis zum 31. Dezember 2019 keine Anwendung für diese Investmentfonds. Diese Frist ist bis Ende 2021 verlängert werden. Die Wahlmöglichkeit des Art. 32 Abs. 2 Verordnung (EU) 1286/2014 (PRIIP) hat der deutsche Gesetzgeber dahinhingehend ausgeübt, dass auch hinsichtlich alternativer Investmentfonds (AIF) weiterhin die wesentlichen Anlegerinformationen verwendet werden können. § 64 Abs. 2 S. 4 WpHG regelt auch explizit, dass die wesentlichen Anlegerinformationen (§ 166 KAGB) an die Stelle des Informationsblattes treten. Ein wichtiger Unterschied besteht darin, dass die wesentlichen Anlegerinformationen – wie die Basisinformationsblätter nach der Verordnung (EU) 1286/2014 (PRIIP), aber anders als das Informationsblatt nach § 64 Abs. 2 WpHG – grundsätzlich bei jedem Geschäft zur Verfügung zu stellen sind; nicht nur bei der Anlageberatung. 75

cc) Informationsblätter nach 64 Abs. 2 WpHG. Für Produkte, für die weder ein Basisinformationsblatt nach der Verordnung (EU) 1286/2014 (PRIIP) noch wesentliche Anlegerinformationen für Fonds zu erstellen sind, kommt quasi als Auffangregelung die ausschließlich nationale Regelung des § 64 Abs. 2 WpHG zur Anwendung. Hiernach hat das Institut dem Kunden im Falle einer Anlageberatung mit einer Kaufempfehlung rechtzeitig vor dem Abschluss eines Geschäfts über Finanzinstrumente ein kurzes und leicht verständliches Informationsblatt über jedes Finanzinstrument zur Verfügung zu stellen. Faktisch ist diese Regelung somit für Aktien und einfache Anleihen einschlägig. 76

Die Regelungen des § 64 Abs. 2 WpHG werden konkretisiert in § 4 WpDVerOV, der Angaben zur Art des Finanzinstrumentes, zur Funktionsweise, den damit verbundenen Risiken, zu den Aussichten für die Kapitalrückzahlung und Erträgen unter verschiedenen Marktbedingungen sowie zu den mit der Anlage verbundenen Kosten vorsieht. Um dem Zweck einer Kurzinformation gerecht zu werden, ist die Länge der Informationsblätter auf maximal zwei DIN-A4-Seiten bei nicht komplexen und auf drei DIN-A4-Seiten bei den übrigen Finanzinstrumenten begrenzt. Das Informationsblatt soll den Anlegern helfen, „bestmöglich" mit den Merkmalen anderer Finanzinstrumente zu vergleichen. 77

Weitere Konkretisierungen werden im Rundschreiben 4/2013 WA der BaFin vorgenommen.[148] Die Deutsche Kreditwirtschaft hat ferner einen Standard für Produktinformations- 78

[146] Rn. 23 der Leitlinien zur Anwendung der VO (EU) Nr. 1286/2014 des Europäischen Parlaments und des Rates über Basisinformationsblätter für verpackte Anlageprodukte für Kleinanleger und Versicherungsanlageprodukte (PRIIP), Abl. 2017, C 218, S. 11.

[147] Dazu auch *Jordans* BKR 2017, 273 (277).

[148] Rundschreiben 4/2013 (WA) – Auslegung gesetzlicher Anforderungen an die Erstellung von Informationsblättern gemäß § 31 Abs. 3a WpHG/§ 5a WpDVerOV, Geschäftszeichen WA 36 – Wp 2002 – 2012/0003 Bonn/Frankfurt a. M., 26.9.2013.

blätter vorgelegt[149], der sich in der Praxis etabliert hat und dem Anleger den Vergleich erleichtert[150] sowie ein Glossar zu Produktinformationsblättern veröffentlicht.[151]

79 Für an einem organisierten Markt gehandelte Aktien kann gemäß § 64 Abs. 2 Satz 3 WpHG ein standardisiertes Informationsblatt verwendet werden, das sich in der Anlage zur WpDVerOV findet. Gemäß § 63 Abs. 7 WpHG muss in diesem Fall eine formalisierte Kostenaufstellung zur Verfügung gestellt werden. Praktisch wird dies mit der MiFID-Ex ante Kosteninformation erfüllt.[152] Dieses standardisierte Informationsblatt soll den beratenden Instituten die Empfehlung von Aktien erleichtern.

80 **e) Organisationspflichten nach § 80 WpHG (Compliance).** § 80 WpHG normiert allgemeine Organisationspflichten für Wertpapierdienstleistungsunternehmen, die in Art. 21 bis 26 Delegierte Verordnung (EU) 2017/565 (MiFID II) näher konkretisiert werden. Von besonderer Bedeutung ist dabei die Verpflichtung nach § 80 Abs. 1 Nr. 2 WpHG zur Einrichtung einer dauerhaften und wirksamen Compliance-Funktion sowie wirksamen Vorkehrungen zur Vermeidung von Interessenkonflikten.

f) Aufzeichnungspflichten des Instituts (§ 83 WpHG).

81 **aa) Überblick.** Nach § 83 Abs. 1 WpHG müssen Wertpapierdienstleistungsunternehmen über Geschäfte Aufzeichnungen erstellen. Die Aufzeichnungs- und Aufbewahrungspflichten werden in § 9 WpDVerOV sowie in Art. 72 bis 76 Delegierte Verordnung (EU) 2017/565 (MiFID II) näher spezifiziert. Hinzuweisen ist auf das von der BaFin nach § 83 Abs. 11 WpHG veröffentlichte Verzeichnis der Mindestaufzeichnungspflichten.[153]

82 Die Aufzeichnungspflichten des § 83 Abs. 1 WpHG dienen ausschließlich dazu, es der BaFin zu ermöglichen, die Einhaltung der Pflichten der §§ 63 ff. WpHG zu überprüfen.[154] Ein unmittelbarer Anlegerschutz wird nicht bezweckt, so dass insofern auch kein Schutzgesetz nach § 823 Abs. 2 BGB vorliegt.[155]

83 § 83 Abs. 2 WpHG verlangt ferner die Aufzeichnung einer schriftlichen Rahmenvereinbarung mit dem Kunden, die die wesentlichen Rechte und Pflichten des Wertpapierdienstleistungsunternehmens und des Privatkunden dokumentiert, sofern keine Anlageberatung vorliegt. Dabei handelt es sich neben einer Beschreibung des Leistungsinhalts vor allem um die Einbeziehung der maßgeblichen Geschäftsbedingungen.[156] Es bedarf aber nicht des Abschlusses eines weitergehenden Vertrages: § 83 Abs. 2 WpHG normiert keine materielle Regelung zum Inhalt oder Abschluss eines Vertrages.[157] Die Rahmenvereinbarung muss auf einem dauerhaften Datenträger bereitgestellt werden.

84 **bb) Aufzeichnung von Telefongesprächen (Taping).** Mit der MiFID II wurden die Aufzeichnungspflichten ausgeweitet: So sind nach Art. 16 Abs. 7 Richtlinie 2014/65/EU (MiFID II) – umgesetzt in § 83 Abs. 4 ff. WpHG – Telefonate sowie elektronische Kommunikation, die sich auf die Annahme, Übermittlung und Ausführung von Kundenaufträgen beziehen, aufzuzeichnen. Die Einführung dieses sogenannten „Tapings" war kontro-

---

[149] DK (vormals ZKA)-Standard vom 11.3.2011, abrufbar unter www.die-deutsche-kreditwirtschaft.de.

[150] Preuße/Zingel/*Preuße* WpDVerOV, § 5a Rn. 31 f.

[151] Glossar zur Verbesserung der sprachlichen Verständlichkeit von Produktinformationsblättern nach Wertpapierhandelsgesetz, Stand August 2013; Ergebnis einer Arbeitsgruppe der kreditwirtschaftlichen Verbände zusammen mit Anleger- und Verbraucherschutzorganisationen sowie dem Bundesministerium für Ernährung, Landwirtschaft und Verbraucherschutz (BMELV); abrufbar unter www.die-deutsche-kreditwirtschaft.de; s. a. *Preuße/Seitz/Lesser* BKR 2014, 70 (76).

[152] → Rn. 44 ff.

[153] Abrufbar unter www.bafin.de (Oktober 2019).

[154] Regierungsbegründung Finanzmarkt-Richtlinie-Umsetzungsgesetz, BT-Drs. 16/4028, 75.

[155] Assmann/Schneider/Mülbert/*Koller* WpHR, WpHG § 82 Rn. 1; vgl. zu § 34 WpHG aF *Fuchs* WpHG § 34 Rn. 2.

[156] Vgl. *Teuber* BKR 2006, 429 (436) zu § 34 Abs. 2 WpHG aF.

[157] Zu § 34 ABs. 2 WpHG aF: Regierungsbegründung Finanzmarkt-Richtlinie-Umsetzungsgesetz, BT-Drs. 16/4028, 75; Schwark/Zimmer/*Fett* WpHG, § 34 Rn. 9; **aA** *Fuchs* WpHG § 34 Rn. 18.

vers diskutiert worden[158] und wirft auch im Verhältnis zum Datenschutzrecht viele Fragen auf.[159] Der Kunde ist gemäß § 83 Abs. 5 WpHG darüber zu informieren, er hat allerdings keine Möglichkeit, auf die Aufzeichnung zu verzichten.

In der Praxis stellt sich die schwierige Frage, wann die Aufzeichnungspflicht beginnt und endet, da diese sich grundsätzlich nur auf Wertpapierdienstleistungen bezieht und § 83 Abs. 3 WpHG spezifisch die Risiken, die Ertragschancen oder die Ausgestaltung von Finanzinstrumenten oder Wertpapierdienstleistungen als aufzuzeichnende Teile hervorhebt. Je nach Geschäftsmodell des Instituts kommen insofern entweder durchgehende Aufzeichnungen (für die ggf. eine Einwilligung des Kunden erforderlich ist) oder eine selektive (Start/Stopp) Aufzeichnung in Betracht.[160] **85**

cc) Dokumentation bei persönlichen Gesprächen und Geeignetheitserklärung. Ferner sind gemäß § 83 Abs. 6 WpHG Aufträge nach einem persönlichen Gespräch mit einem dauerhaften Datenträger zu dokumentieren, dies kann auch in schriftlichen Protokollen oder Vermerken festgehalten werden. Im Falle der Beratung ist gemäß Art. 24 Abs. 6 Richtlinie 2014/65/EU (MiFID II) eine „Geeignetheitserklärung" *(suitability report)* zu erstellen, in der festgehalten wird, wie die Beratung die Präferenzen, Ziele und sonstigen Merkmale des Kleinanlegers berücksichtigen, dazu *Spindler* → Kap 33 Rn. 177 ff. Während für die Pflicht zur Protokollierung von Anlageberatungsgesprächen nach § 34 Abs. 2a und 2b WpHG a. F. aufgrund einer Tendenz zum Individualschutz noch ausnahmsweise eine Qualifikation als Schutzgesetz gemäß § 823 Abs. 2 BGB erwogen werden konnte,[161] dürfte dies bei der Geeignetheitserklärung nach § 64 Abs. 4 WpHG nicht mehr in Betracht kommen. **86**

2. Besondere Vorgaben für die Ausführung von Effektengeschäften

a) Berichtspflicht (§ 63 Abs. 12 WpHG). § 63 Abs. 12 WpHG stellt – an dieser Stelle systematisch fraglich – eine Berichtspflicht des Wertpapierdienstleistungsunternehmens über die ausgeführten Geschäfte oder die erbrachte Finanzportfolioverwaltung auf. Durch § 63 Abs. 12 WpHG soll keine eigenständige zivilrechtliche Dokumentationspflicht begründet werden,[162] teilweise wird aber von einer Ausstrahlungswirkung der öffentlich-rechtlichen Norm auf das Zivilrecht ausgegangen.[163] Die Pflichten zur Benachrichtigung über die Ausführung des Geschäfts ergeben sich aber regelmäßig ohnehin bereits aus den entsprechenden geschäftsbesorgungsrechtlichen beziehungsweise kommissionsrechtlichen Vorgaben.[164] **87**

Für die ausgeführten Geschäfte wird diese allgemeine Vorgabe in Art. 59 ff. Delegierte Verordnung (EU) 2017/565 (MiFID II) konkretisiert. Die wesentlichen Informationen sind dem Kunden nach Art. 59 Abs. 1a) Delegierte Verordnung (EU) 2017/565 (MiFID II) unverzüglich nach Ausführung auf einem dauerhaften Datenträger (Art. 3 Delegierte Verordnung (EU) 2017/565 [MiFID II]) zu übermitteln. Gemäß Art. 59 Abs. 1b), Abs. 4 Delegierte Verordnung (EU) 2017/565 (MiFID II) muss die Bestätigung spätestens am ersten Geschäftstag nach der Ausführung mit dezidierten Angaben zum Handel, der Art der Ausführung sowie dem Ausführungsplatz, zum Preis und zu Kosten/Provisionen übermittelt werden. Daneben ist der Kunde gemäß Art. 59 Abs. 2 Delegierte Verordnung (EU) 2017/565 (MiFID II) auf Wunsch über den Stand der Ausführung zu informieren. **88**

---

[158] Vor allem aus Deutschland war und ist diese EU-Regelung erheblicher Kritik ausgesetzt.

[159] S. zB *Roth/Blessing* CCZ 2017, 8 (12 f.).

[160] Detailliert dazu *Roth/Blessing* CCZ 2017, 8 (10 ff.).

[161] Vgl. *Zetzsche* NJW 2009, 2856 (2859), der allerdings einen deliktischen Drittschutz unter Hinweis auf die vorrangigen vertraglichen Ansprüche ablehnt.

[162] Vgl. Regierungsbegründung Finanzmarkt-Richtlinie-Umsetzungsgesetz, BT-Drs. 16/4028, 65 zu § 31 Abs. 8 WpHG aF.

[163] Vgl. Schwark/Zimmer/*Rothenhöfer* WpHG § 31 Rn. 337.

[164] → Rn. 194; ebenso *Fuchs* WpHG § 31 Rn. 347a.

89 Für Investmentfondssparpläne kann nach Art. 59 Abs. 3 Delegierte Verordnung (EU) 2017/565 (MiFID II) eine Erleichterung in Anspruch genommen werden, die eine Übersendung mindestens alle sechs Monate erlaubt. Besondere Verlustmitteilungspflichten bestehen nach Art. 62 Delegierte Verordnung (EU) 2017/565 (MiFID II) im Falle kreditfinanzierter Finanzinstrumente beziehungsweise bei Geschäften mit Eventualverbindlichkeiten und Positionen in gehebelten Finanzinstrumenten: Hier muss eine Information des Kunden erfolgen, wenn der Ausgangswert des Finanzinstruments um 10 % gefallen ist und anschließend bei jedem Wertverlust in 10 %-Schritten.

90 **b) Bearbeitung von Kundenaufträgen (§ 69 WpHG).** § 69 WpHG stellt detaillierte Vorgaben für die Ausführung von Kundenaufträgen durch Wertpapierdienstleistungsunternehmen auf. Es handelt sich somit um eine Konkretisierung der allgemeinen Interessenwahrnehmungspflicht des § 63 Abs. 1 WpHG.[165]

91 **aa) Charakter des § 69 Abs. 1 WpHG.** Fraglich ist zunächst, ob § 69 Abs. 1 WpHG, der sechs einzelne Pflichten benennt, eine (ergänzende) Organisationsvorschrift ist oder eine besondere Verhaltenspflicht normiert, die auch einen individuellen Schutz des Kunden gewährleisten soll. Einerseits spricht die konkrete Ausformung einzelner Pflichten bei der Bearbeitung von Kundenaufträgen für Verhaltenspflichten, die individuell gegenüber dem Kunden gelten. So sei § 69 Abs. 1 WpHG auch als Schutzgesetz im Sinn des § 823 Abs. 2 BGB zu interpretieren.[166] Darüber hinaus spreche auch systematisch die Anknüpfung an den individualschützenden § 63 WpHG und – trotz inhaltlicher Nähe – nicht an die Ausführungsgrundsätze nach § 82 WpHG, die organisatorischer Natur sind, für eine solche Betrachtung.[167] Dies hätte zur Konsequenz, dass jede nicht sorgfältige Bearbeitung eines Kundenauftrages zugleich einen Verstoß gegen § 69 WpHG darstellte.[168] Der Wortlaut des § 69 Abs. 1 WpHG („muss geeignete Vorkehrungen treffen") und auch die Vorgabe aus Art. 28 Abs. 1 der Richtlinie 2014/65/EU (MiFID II) („Verfahren und Systeme anwenden") deuten indes auf eine organisatorische Vorgabe hin, nicht hingegen auf eine Vorschrift für die einzelne Auftragsbearbeitung.[169] Ein Verstoß gegen § 69 Abs. 1 WpHG liegt damit vor, wenn die entsprechenden Vorkehrungen des Wertpapierdienstleistungsunternehmens nicht ausreichend waren.

92 **bb) Interessenwahrung und Prioritätsgrundsatz (§ 69 Abs. 1 Nr. 1, 2 WpHG).** § 69 Abs. 1 Nr. 1 WpHG stellt den Grundsatz auf, dass eine unverzügliche und redliche Auftragsausführung, sowohl gegenüber den Handelsinteressen des Instituts, aber auch gegenüber anderen Kunden, erfolgen muss. Die Bedeutung der Vorschrift liegt, da sich der Vorrang des Kundeninteresses bereits aus § 63 Abs. 1 WpHG ergibt, vor allem in der Aufstellung eines Gleichbehandlungsgrundsatzes gegenüber verschiedenen Kunden, der eine willkürliche Ungleichbehandlung ausschließt.[170] Die weiteren in § 69 Abs. 1 WpHG aufgezählten Einzelpflichten können insofern als Ausprägungen dieses allgemeinen Grundsatzes der Redlichkeit und Gleichbehandlung betrachtet werden.[171]

93 § 69 Abs. 1 Nr. 2 WpHG normiert dann die praktisch bedeutsamste Anwendung und Lösung des prinzipiellen Konflikts unterschiedlicher Kundeninteressen mit der Aufstellung des Prioritätsgrundsatzes, nach dem geeignete Vorkehrungen zu treffen sind, um vergleichbare Kundenaufträge der Reihenfolge ihres Eingangs nach auszuführen oder an Dritte zum Zwecke der Ausführung weiterzuleiten. Etwas anderes gilt nur, wenn vorherrschende

---

[165] Vgl. Regierungsbegründung Finanzmarkt-Richtlinie-Umsetzungsgesetz, BT-Drs. 16/4028, 67 zu § 31c WpHG aF.

[166] Vgl. zu § 31c WpHG aF: *Fuchs* WpHG § 31c Rn. 3.

[167] Vgl. zu § 31c WpHG aF: *Fuchs* WpHG § 31c Rn. 3.

[168] Schwark/Zimmer/*Koch* WpHG § 31c Rn. 1.

[169] Ausführlich zu § 31c WpHG aF: Schwark/Zimmer/*Koch* WpHG § 31c Rn. 1 ff.

[170] Vgl. zu § 31c WpHG aF: *Fuchs* WpHG § 31c Rn. 6 f.; Schwark/Zimmer/*Koch* WpHG § 31c Rn. 6 ff.

[171] Ähnlich Schwark/Zimmer/*Koch* WpHG § 31c Rn. 7; *Fuchs* WpHG § 31a Rn. 7 f.

Marktbedingungen oder ein anderweitiges Interesse des Kunden eine Abweichung gebieten.

Der Prioritätsgrundsatz gilt für vergleichbare Kundenaufträge, wobei damit nicht nur Aufträge bezogen auf ein identisches Finanzinstrument, sondern auch solche mit Wechselbeziehungen – zum Beispiel bei Optionen – verstanden werden.[172] Nach Erwägungsgrund 110 Delegierte Verordnung (EU) 2017/565 (MiFID II) besteht keine Vergleichbarkeit, wenn die Kundenaufträge auf unterschiedlichen Kommunikationswegen eingehen und deshalb nicht der Reihe nach bearbeitet werden können. Dies erscheint sachgerecht zum Beispiel im Hinblick darauf, dass direkt vom Kunden im *Online Banking/Brokerage* erfasste Aufträge automatisch – und damit schneller – weiterverarbeitet werden können als dies bei noch umzusetzenden Aufträgen, die persönlich, per Telefax oder per Post übermittelt werden, der Fall ist. Für alle Aufträge gilt aber weiterhin das Gebot der unverzüglichen Auftragsausführung nach § 69 Abs. 1 Nr. 1 WpHG.[173] 94

Die Grundsätze der Gleichbehandlung und Priorität sind praktisch besonders berührt bei der Frage der Zuteilung überzeichneter Neuemissionen. Das Wertpapierdienstleistungsunternehmen muss daher objektive Kriterien für die Zuteilung vorsehen, kann aber auch sachlich gerechtfertigte Differenzierungen vornehmen, zum Beispiel um eine Verteilung bei unterschiedlichen Anlegergruppen zu erreichen.[174] Dies gilt von vorneherein nicht, soweit die Entscheidung nicht in der Sphäre des Wertpapierdienstleistungsunternehmens liegt. Nicht von § 69 Abs. 1 WpHG erfasst werden somit Ungleichbehandlungen, die auf Vorgaben des Emittenten zurückgehen.[175] 95

Eine Durchbrechung des Prioritätsgrundsatzes wird zu Recht in Fällen anzunehmen sein, in denen die Vorgaben des § 80 Abs. 1 S. 2 Nr. 2 WpHG im Institut dazu führen, dass durch die organisatorische Trennung bei der Ausführung von Eigengeschäften keine Kenntnis von Kundenaufträgen besteht. Bei der Ausführung eines konkreten Eigengeschäfts darf dann aber auch tatsächlich keine Kenntnis über Kundenaufträge vorliegen.[176] 96

cc) Zusammenlegung von Aufträgen. Art. 68 Delegierte Verordnung (EU) 2017/565 (MiFID II) enthält die Vorgabe, dass bei der Zusammenlegung von Kundenaufträgen mit anderen Kundenaufträgen oder mit Aufträgen für eigene Rechnung des Wertpapierdienstleistungsunternehmens die Interessen aller beteiligten Kunden gewahrt werden müssen. Die Zusammenlegung wird gestattet, obwohl sie in der Sache den vorgehend dargestellten Prinzipien der schnellstmöglichen Ausführung sowie der Priorität widerspricht. Auf diese Weise kann ein Sammelauftrag gebildet und ausgeführt werden, woraus sich für beide Seiten Vorteile ergeben können.[177] Art. 68 Abs. 1 b) Delegierte Verordnung (EU) 2017/565 (MiFID II) legt ferner fest, dass die betroffenen Kunden von der Zusammenlegung und den damit verbundenen Risiken zu informieren sind. 97

Im Einzelnen enthält Art. 68 Abs. 1 Delegierte Verordnung (EU) 2017/565 (MiFID II) die folgenden Vorgaben für Sammelaufträge: Die Wahrung der Kundeninteressen setzt zumindest voraus, dass (1) eine Benachteiligung der betroffenen Kunden durch die Zusammenlegung unwahrscheinlich ist; (2) jeder betroffene Kunde rechtzeitig darüber informiert wird, dass eine Zusammenlegung für einen einzelnen Auftrag nachteilig sein kann; (3) dass das Wertpapierdienstleistungsunternehmen Grundsätze der Auftragszuteilung niederlegt und umsetzt, in denen die ordnungsgemäße Zuteilung zusammengelegter Aufträge 98

[172] Schwark/Zimmer/*Koch* WpHG § 31c Rn. 10.

[173] Vgl. auch Schwark/Zimmer/*Koch* WpHG § 31c Rn. 11.

[174] MüKoHGB/*Ekkenga* Effektengeschäft Rn. 593 ff.; *Fuchs* WpHG § 31c Rn. 8; Schwark/Zimmer/*Koch* WpHG § 31c Rn. 8.

[175] Vgl. Schwark/Zimmer/*Koch* WpHG § 31c Rn. 8; ähnlich Derleder/Knops/Bamberger/*Bernau* Handbuch zum deutschen und europäischen Bankrecht § 56 Rn. 126.

[176] Assmann/Schneider/Mülbert/*Koller* WpHR, WpHG § 69 Rn. 4; vgl. Schwark/Zimmer/*Koch* WpHG § 31c Rn. 17.

[177] Vgl. Schwark/Zimmer/*Koch* WpHG § 31c Rn. 19; Assmann/Schneider/Mülbert/*Koller* WpHR, WpHG § 69 Rn. 7.

und Geschäfte, unter Berücksichtigung des Einflusses von Volumen und Preis auf die Zuteilung und Teilausführung von Aufträgen, geregelt wird und dass (4) jede Teilausführung eines aus zusammengelegten Aufträgen bestehenden Sammelauftrags im Einklang mit den vorgenannten Grundsätzen zugeteilt wird. Vorzunehmen ist eine Prüfung der Benachteiligung des einzelnen Kunden bei diesem Geschäft, nicht eine Gesamtschau auf alle Kunden oder über einen längeren Zeitraum.[178] Art. 69 Abs. 2 Delegierte Verordnung (EU) 2017/565 (MiFID II) sieht darüber hinaus bei der Zusammenführung von Kundenaufträgen mit Eigengeschäften vor, dass erstere grundsätzlich zu bevorzugen sind, sofern nicht nach Satz 2 durch die Zusammenlegung die Ausführung überhaupt erst ermöglicht oder wesentlich verbessert wurde.

99 **dd) Korrekte Verbuchung.** In Art. 67 Abs. 2 Delegierte Verordnung (EU) 2017/565 (MiFID II) wird – klarstellend – normiert, dass Kundengelder und -finanzinstrumente korrekt zu verbuchen sind; also unmittelbar nach Eingang dem Kunden gutzuschreiben sind.[179]

100 **ee) Missbrauchsverbot.** Wertpapierdienstleistungsunternehmen haben schließlich gemäß Art. 67 Abs. 3 Delegierte Verordnung (EU) 2017/565 (MiFID II) sicherzustellen, dass Informationen im Zusammenhang mit noch nicht ausgeführten Kundenaufträgen nicht missbraucht werden. Dies zielt auf die Fälle des Vor- *(Frontrunning)*, Mit- und Gegenlaufens mit Kundenaufträgen,[180] die regelmäßig zugleich einen Verstoß gegen den Prioritätsgrundsatz darstellen.[181]

101 Ein Missbrauch setzt eine Kausalität voraus, wobei eine generelle Beziehung des Eigengeschäfts zur Kundenauftragslage ausreichend ist; eine Verbindung zur konkreten Order muss nicht hergestellt werden.[182] Kennt also die das Eigengeschäft tätigende Person im Institut – insbesondere aufgrund der Einrichtung von Vertraulichkeitsbereichen *(chinese walls)* – die Kundenaufträge nicht, wird einem Missbrauch gemäß Art. 67 Abs. 3 Delegierte Verordnung (EU) 2017/565 (MiFID II) präventiv vorgebeugt.[183]

102 Auf die Gefahr eines konkreten Nachteils für den Kunden kommt es nicht an, es genügt vielmehr die abstrakte Gefährdung des Kundeninteresses durch die missbräuchliche Verwendung der Informationen für Eigengeschäfte, da zu befürchten steht, dass das Unternehmen die durch den Auftrag des Kunden entstehenden Kurschancen für sich ausnutzt.[184]

103 **ff) Ausführung von limitierten Kundenaufträgen.** Art. 70 Delegierte Verordnung (EU) 2017/565 (MiFID II) stellt eine Bekanntmachungspflicht auf, falls limitierte Kundenaufträge in Aktien, die an einem geregelten Markt zugelassen sind, infolge von Marktbedingungen nicht unverzüglich ausgeführt werden. Nach § § 69 Abs. 2 S. 2 WpHG gilt die Verpflichtung aber als erfüllt, sofern die Aufträge an einen regulierten Markt oder ein multilaterales Handelssystem weitergeleitet werden oder der Auftrag von einem Datenübermittlungsdienstleister veröffentlicht wurde. Lediglich bei einem anderen Ausführungsweg muss somit eine separate Bekanntmachung erfolgen. Verzögerungen, die nicht auf Marktbedingungen, sondern auf einem Verhalten der Bank beruhen, fallen nicht unter die Norm.[185] Adressiert werden somit primär systematische Internalisierer, die Aufträge nicht zunächst sammeln sollen.[186]

---

[178] Schwark/Zimmer/*Koch* WpHG § 31c Rn. 21.
[179] Vgl. Assmann/Schneider/Mülbert/*Koller* WpHR, WpHG § 69 Rn. 6.
[180] S. dazu näher *Fuchs* WpHG § 31c Rn. 14 ff.
[181] Vgl. Schwark/Zimmer/*Koch* WpHG § 31c Rn. 28 ff.
[182] Vgl. *Fuchs* WpHG § 31c Rn. 17 ff.
[183] Vgl. Schwark/Zimmer/*Koch* WpHG § 31c Rn. 34.
[184] Vgl. *Fuchs* WpHG § 31c Rn. 20 f.; Schwark/Zimmer/*Koch* WpHG § 31c Rn. 35.
[185] Vgl. *Fuchs* WpHG § 31c Rn. 25.
[186] Vgl. Schwark/Zimmer/*Koch* WpHG § 31c Rn. 43.

3. Produktgenehmigungsverfahren (Product Governance) nach MiFID II

a) Überblick. Aufgrund der Regelungen der MiFID II wurden ab Januar 2018 mit den Anforderungen an das Produktgenehmigungsverfahren *(Product Governance)* neue aufsichtsrechtliche Regeln mit erheblicher Bedeutung für das Wertpapiergeschäft und die Zusammenarbeit zwischen Emittenten und vertreibenden Stellen (Distributoren) eingeführt. Ziel der neuen Pflichten zur Product Governance ist es, durch organisatorische Regelungen frühzeitig den Anlegerschutz bei neu aufgelegten Finanzinstrumenten sicherzustellen[187] und der Gefahr entgegenzuwirken, dass der Kunde ein Produkt erhält, das nicht seinen Interessen entspricht.[188] **104**

Jedes Unternehmen soll demnach bereits im Vorfeld des Vertriebs eines Finanzinstruments dafür Sorge tragen, dass das Produkt nur einer solchen Kundengruppe angeboten wird, zu deren Bedürfnissen es passt. Die neuen Vorgaben haben erhebliche Bedeutung für den Vertrieb von Finanzinstrumenten sowie das Zusammenspiel von Produktentwicklern und vertreibenden Stellen.[189] Dabei bestehen unterschiedliche Pflichten für die herstellende als auch für die vertreibende Seite von Finanzinstrumenten.

Durch die Product Governance ist das Spektrum von Pflichten, die Produkthersteller und Distributoren zu beachten haben, deutlich erweitert worden. Insbesondere sind sie über die Produktfreigabe- und Produktüberwachungsverfahren verpflichtet, den gesamten Prozess beziehungsweise „Lebenszyklus" des Produkts zu beobachten, das heißt von der Entstehung des Produkts über dessen Freigabe und auch darüber hinaus, solange das Produkt vermarktet wird. Ein Unternehmen muss also regelmäßig prüfen, welche Produkte es „den Märkten anbietet".[190]

Die grundlegenden Anforderungen werden dabei in Art. 16 Abs. 3 und Art. 24 Abs. 2 Richtlinie 2014/65/EU (MiFID II) aufgestellt und durch § 63 Abs. 4 und § 80 Abs. 9 WpHG in nationales Recht umgesetzt. Auf „Level II" wurden in Art. 9 und 10 Delegierte Richtlinie (EU) 2017/593 (MiFID II) die Anforderungen an die Product Governance sehr detailliert konkretisiert und erweitert. Diese wurden wiederum in § 11 und § 12 der WpDVerOV in nationales Recht implementiert. Die Europäische Wertpapieraufsichtsbehörde ESMA hat ferner „Leitlinien zu den Produktüberwachungsanforderungen der MiFID II" (ESMA-Leitlinien) veröffentlicht.[191] Diese Leitlinien wurden im Modul BT 5 der MaComp der BaFin umgesetzt. **105**

b) Anwendungsbereich. Die Regelungen zum Produktgenehmigungsverfahren finden Anwendung, wenn ein Wertpapierdienstleistungsunternehmen Produkte anbietet oder empfiehlt (§ 80 Abs. 10 WpHG, Art. 24 Abs. 2 Richtlinie 2014/65/EU [MiFID II]) beziehungsweise zum Verkauf konzipiert (§ 80 Abs. 9 WpHG, Art. 24 Abs. 2 Richtlinie 2014/65/EU [MiFID II]). **106**

Gemäß Erwägungsgrund 15 Delegierte Richtlinie (EU) 2017/593 (MiFID II) und den ESMA-Leitlinien sind damit zunächst Emittenten von Wertpapieren als Produkthersteller erfasst, sofern sie selbst Wertpapierdienstleistungsunternehmen oder Kreditinstitute sind. Der Anwendungsbereich ist nach dem Verständnis der ESMA dabei bewusst weit gefasst.[192] Institute sind auch dann als Produkthersteller anzusehen sind, wenn sie Emittenten aus dem Unternehmenssektor bei der Auflage neuer Finanzinstrumente beraten.[193] Dies bedeutet, dass grundsätzlich auch sogenannte „Arranger" in den Anwendungsbereich fallen und **107**

[187] Erwägungsgrund 15 Delegierte RL (EU) 2017/593 (MiFID II).
[188] *Buck-Heeb* ZHR 179 (2015), 782 (789).
[189] *Bergmann* Bankrechtstag 2015, 47 (69).
[190] Vgl. auch *Busch* WM 2017, 409 (414).
[191] Deutsche Fassung v. 5.2.2018, ESMA35–43-620 DE, abrufbar unter www.esma.europa.eu (Oktober 2019).
[192] ESMA Final Report Guidelines on MiFID II product governance requirements, 2. Juni 2017, ESMA35–43-620, S. 28, Nr. 60.
[193] Erwägungsgrund 15, Satz 2 Delegierte RL (EU) 2017/593 (MiFID II).

mithin den Product Governance-Anforderungen unterliegen. Nicht direkt im Anwendungsbereich sind Kapitalverwaltungsgesellschaften, da sie nicht unter den Begriff der „Wertpapierfirma" nach Richtlinie 2014/65/EU (MiFID II) fallen. In der Praxis stellen aber die Fondsgesellschaften oftmals Zielmärkte für ihre Produkte bereit.[194] Eine solche freiwillige Identifizierung lassen die ESMA-Leitlinien in Nr. 65 explizit zu.

108 Die Delegierte Richtlinie (EU) 2017/593 (MiFID II) sieht darüber hinaus einen sehr weiteren Anwendungsbereich vor, der durchaus als überschießende Auslegung der Vorgaben aus der Richtlinie 2014/65/EU (MiFID II) betrachtet werden kann:[195] So sollen grundsätzlich alle Produkte auf den Primär- und Sekundärmärkten und Dienstleistungen erfasst werden, wobei Einschränkungen durch das Verhältnismäßigkeitsprinzip vorgesehen werden.[196] Die ESMA-Leitlinien sehen dann Unterscheidungen je nach Art der Produkte und Wertpapierdienstleistungen vor und lassen insbesondere einschränkende Beurteilungen des Zielmarktes für das beratungsfreie Geschäft zu,[197] die den praktischen Erfordernissen Rechnung tragen.

109 **c) Pflichten für die Produkthersteller.** Gemäß § 80 Abs. 9 Satz 1 Wertpapierhandelsgesetz (WpHG) müssen Wertpapierdienstleistungsunternehmen, die Finanzinstrumente zum Verkauf konzipieren (Emittenten und sonstige Produkthersteller beziehungsweise Konzepteure) ein Produktfreigabeverfahren etablieren. Dieses Verfahren hat grundsätzlich jedes neu aufgelegte Finanzinstrument zu durchlaufen, bevor das Finanzinstrument an Endkunden vermarktet oder vertrieben werden darf. Gleiches gilt bei jeder wesentlichen Anpassung bestehender Finanzinstrumente. Die Abgrenzung, wann genau von einem „bestehenden" Finanzinstrument die Rede sein kann, ist nicht ganz einfach.[198]

110 Das Produktfreigabeverfahren kann grundsätzlich mehrstufig aufgebaut sein, sodass einzelne Schritte auf Einzelproduktebene auch automatisiert werden können. Ein wichtiges Element dieses Verfahrens ist die Zielmarktbestimmung nach § 80 Abs. 9 Sätze 2 und 3 WpHG. Ein Produkthersteller muss damit sicherstellen, dass sein Finanzinstrument so ausgestaltet ist, dass es den Bedürfnissen einer bestimmten Gruppe von Kunden entsprechen wird. Anschließend muss er die Product Governance-Maßnahmen im Rahmen der Produktüberwachung regelmäßig überprüfen.

111 Der Produkthersteller muss Informationen an das vertreibende Wertpapierdienstleistungsunternehmen weitergeben (Art. 16 Abs. 3 Richtlinie 2014/65/EU [MiFID II], § 80 Abs. 11 WpHG). § 11 Abs. 9 bis 11 WpDVerOV sehen ferner vor, dass die Produkthersteller eine Szenarioanalyse vornehmen sowie die Gestaltung der Produktmerkmale und die Gebührenstruktur prüfen müssen. Ferner ist gemäß § 11 Abs. 13 bis 15 WpDVerOV eine fortlaufende Überprüfung vorgesehen, ob das Produkt weiterhin mit dem vorgesehenen Zielmarkt zu vereinbaren ist, und wesentliche Ereignisse sind zu definieren, bei denen dann gemäß § 11 Abs. 16 WpDVerOV geeignete Maßnahmen zu ergreifen sind.[199]

112 **d) Pflichten für die Distributoren.** Wertpapierdienstleistungsunternehmen mit unmittelbarem Kundenkontakt (sog. Distributoren/vertreibende Stellen) müssen ein eigenes Produktfreigabeverfahren für die von ihnen vertriebenen Produkte etablieren. Dabei haben sie gemäß § 63 Abs. 5 Satz 1 WpHG durch angemessene Vorkehrungen unter anderem dafür Sorge zu tragen, dass sie die Merkmale des von einem Produkthersteller bestimmten Zielmarkts verstehen. Hierzu dient die Pflicht des Herstellers, dem Distributor die relevanten Informationen bereitzustellen. Auf dieser Basis muss ein Distributor beurteilen, ob das Produkt den Bedürfnissen einer seiner Kundengruppen entspricht. Auch Distributoren

---

194 *Busch* WM 2017, 409.
195 Krit. *Lohmann/Gebauer* BKR 2018, 244 (252 f.).
196 Erwägungsrund 18 Delegierte Richtlinie (EU) 2017/593 (MiFID II).
197 ESMA-Leitlinien zu den Produktüberwachungsanforderungen der MiFID II, ESMA/35–43–620, Rn. 43 ff.
198 Dazu näher *Bley* WM 2018, 162 (167).
199 S. iE Wohlschlägl-Aschberger/*Bergmann* MiFID II, 473 ff.

müssen gemäß § 12 Abs. 9 WpDVerOV das Angebot an Finanzinstrumenten und die Dienstleistungen im Hinblick auf den Zielmarkt und die Vertriebsstrategie regelmäßig überprüfen.[200]

Wenn kein Zielmarkt vom Produkthersteller definiert wurde, muss der Distributor den Zielmarkt für das Produkt gemäß § 12 Abs. 3 S. 2 WpDVerOV selbst definieren. Demgegenüber muss ein Distributor regelmäßig keine vollständig eigene Zielmarktbestimmung vornehmen, wenn bereits ein vom Konzepteur definierter Zielmarkt vorliegt hat aber den Zielmarkt zu berücksichtigen. Die Abgrenzung ist aber nicht ganz klar, da § 12 Abs. 7 WpDerOV auch von einer Bestimmung des Zielmarkts und der Vertriebsstrategie spricht und § 12 Abs. 8 WpHG eine klare Ausnahme nur vorsieht, wenn selbst konzipierte Finanzinstrumente vertrieben werden. 113

Hier zeigt sich auch eine Diskrepanz der Vorgaben aus der MiFID II und der Delegierten Richtlinie (EU) 2017/593 (MiFID II) und begriffliche Unschärfen letzterer: Während Art. 16 Abs. 3 Richtlinie 2014/65/EU (MiFID II) die Definition des Zielmarktes dem Produkthersteller zuweist (und vorgibt, dass die Vertriebsstrategie dem Zielmarkt entspricht) und dann in Art. 24 Abs. 2 Richtlinie 2014/65/EU (MiFID II) klar davon gesprochen wird, dass der vorgenannte Zielmarkt vom Distributor „zu berücksichtigen" ist, sieht die Delegierte Richtlinie (EU) 2017/593 (MiFID II) die vorgenannte eigene Zielmarktbestimmung vor.[201] Die ESMA-Leitlinien sprechen dann auch von einer Zielmarktidentifizierung des Vertreibers vom „tatsächlichen Zielmarkt".[202] 114

e) Pflichtenkreis / Zielmarktbestimmung. Die vom Produkthersteller zu leistende Zielmarktbestimmung ist durch folgende grundlegende Struktur geprägt: Ein Zielmarkt besteht aus einer Gruppe von Endkunden einer bestimmten Kundengattung (Art. 16 Abs. 3 Richtlinie 2014/65/EU [MiFID II]). Der Produkthersteller soll gemäß § 11 Abs. 7 WpDVerOV den Kreis der Kunden bestimmen, mit deren Bedürfnissen, Merkmalen und Zielen das Finanzinstrument im Einklang stehen muss. Die Zielmarktbestimmung ist unabhängig von der Geeignetheitsprüfung/Angemessenheitsprüfung[203] nach § 63 Abs. 10 WpHG beziehungsweise § 64 WpHG (Erwägungsgrund 71 Richtlinie 2014/65/EU [MiFID II]). 115

Der Begriff des „Zielmarktes" wird aber im EU-Recht selbst genauer nicht geregelt. Die ESMA-Leitlinien konkretisieren die Vorgabe in Nr. 13 bis 24: Nach Nr. 18 der ESMA-Leitlinien haben Konzepteure folgende fünf Kategorien zur Bestimmung des Zielmarkts zu verwenden: Kundentyp, Kenntnisse und Erfahrungen, finanzielle Situation mit dem Fokus auf die Fähigkeit, Verluste zu tragen, Risikotoleranz und Vereinbarkeit des Risiko-/Renditeprofils des Produkts mit dem Zielmarkt sowie Ziele und Bedürfnisse des Kunden.[204] 116

Zur Umsetzung der Vorgaben an die klare und eindeutige Festlegung eines Zielmarkts haben federführende finanzwirtschaftliche Verbände in Deutschland – die Verbände der Deutschen Kreditwirtschaft (DK), der Deutsche Derivate Verband (DDV) und der Bundesverband Investment und Asset Management (BVI) – einen gemeinsamen Mindeststandard zur Zielmarktbestimmung für Wertpapiere entwickelt.[205] Das Verbändekonzept für den deutschen Markt wurde auch zu dem Zweck entwickelt, dass für Produkthersteller und Distributoren einheitliche und standardisierte Kriterien und Ausprägungen vorliegen und die vom Emittenten übermittelten Daten in den Prozessen der Distributoren verarbeitet 117

---

[200] Näher Wohlschlägl-Aschberger/*Feger* MiFID II, 438 ff.

[201] *Bergmann* Bankrechtstag 2015, 74 f.; krit. auch *Lohmann/Gebauer* BKR 2018, 244 (252), die von einer Plausibilisierung durch den Distributor sprechen und diese somit insgesamt für weniger relevant erachten.

[202] ESMA-Leitlinien zu den Produktüberwachungsanforderungen der MiFID II, ESMA/35-43-620.

[203] Fraglich daher *Brenncke* WM 2015, 1173 (1174 ff.), der eine Parallele zur Explorationspflicht in der Anlageberatung sieht und für die Zielmarktbestimmung eine „typisierte" Betrachtung vorschlägt.

[204] Zu den Kriterien iE auch *Lohmann/Gebauer* BKR 2018, 244 (248 ff.).

[205] Dazu iE Wohlschlägl-Aschberger/*Bergmann* MiFID II, 458 ff.; s. a. Krimphove/Kruse/*Winkel* MaComp, BT 5 Rn. 21 ff.

werden können. Die ESMA-Leitlinien erlauben in Nr. 39 auch explizit einen gemeinsamen Zielmarktstandard von Konzepteuren und Distributoren, der dann eine „doppelte" Zielmarktbestimmung entbehrlich macht.[206]

118 Ein Vertrieb außerhalb des Zielmarkts ist grundsätzlich nicht ausgeschlossen, sollte aber nach Auffassung der ESMA dokumentiert und ggf. in der Geeignetheitserklärung dargelegt werden.[207] Nur ausnahmeweise soll dies möglich sein, wenn der Kunde im sogenannten „negativen Zielmarkt" liegt.[208]

119 Vertriebsunternehmen müssen gemäß § 12 Abs. 11 WpDVerOV den Produktherstellern auf Anfrage Informationen über ihre Überprüfungen und den Vertrieb übermitteln. Unter dem Gesichtspunkt der Angemessenheit dürfen Vertriebsunternehmen die Informationen grundsätzlich in aggregierter Form zur Verfügung stellen, wobei die Information nicht grundsätzlich auf Basis einzelner Instrumente beziehungsweise Verkäufe erfolgen muss. Bei besonderer Bedeutung des Einzelfalls sind jedoch von Vertriebsunternehmen auch Informationen in Bezug auf einzelne Finanzinstrumente zur Verfügung zu stellen.[209] Die regulatorischen Vorgaben sehen damit ein Rückmelderegime des Distributors zum Hersteller vor, ohne dies genau auszuformen. Zur praktischen Handhabung wurde von den Verbänden ein gemeinsamer Standard zum Rückmelderegime entwickelt, der ein Verfahren aus sechs Stufen vorsieht.[210]

120 **f) Zivilrechtliche Auswirkungen.** Zivilrechtlich lösen Fehler im Product Governance-Prozess allein zunächst keine Haftung aus, da es sich um Ordnungsvorgaben handelt und daraus keine vertraglichen Pflichten aus einem Auskunfts- oder Anlageberatungsvertrag entstehen und auch kein Schutzgesetz vorliegt.[211] Auch unter Zugrundelegung der Rechtsprechung des BGH, dass eine Einhaltung tragender Grundprinzipien des Aufsichtsrechts vom Anleger erwartet wird und damit konkludent bei der Auslegung des Anlageberatungsvertrages zu berücksichtigen ist,[212] werden nicht einzelne Fehler im Prozess relevant sein.[213] Anderes könnte aber gelten, wenn ein Product Governance-Prozess gar nicht etabliert wurde und so gar kein Zielmarkt für den Anleger bestimmt wurde. Ein Fehler bei der Product Governance kann indes zu einem Mangel in der Anlageberatung führen – im Einzelfall kann somit ein Schadenersatzanspruch in Betracht kommen.[214]

4. Produktinterventionsrechte der Aufsicht

121 **a) Einordnung.** Art. 40 ff. der MiFIR geben den nationalen Aufsichtsbehörden und der ESMA die Befugnis, Produkte und Vertriebsmaßnahmen zu verbieten oder zu beschränken. Diese Regelung war für die BaFin in Art. 4b WpHG bereits national vorgezogen worden.[215]

In diesen Produktinterventionsbestimmungen zeigt sich ein neues, stärker paternalistisches Verständnis des Gesetzgebers:[216] Die Aufklärung des Anlegers wird als nicht mehr ausreichend betrachtet. Damit erfolgt insofern eine Abkehr vom „klassischen" Anlegerschutz, der auf den Ausgleich von Informationsasymmetrien abzielt. Würde die Produkt-

[206] Wohlschlägl-Aschberger/*Bergmann* MiFID II, 459.
[207] ESMA-Leitlinien zu den Produktüberwachungsanforderungen der MiFID II, ESMA/35–43-620, Rn. 70.
[208] ESMA-Leitlinien zu den Produktüberwachungsanforderungen der MiFID II, ESMA/35–43-620, Rn. 71.
[209] ESMA-Leitlinien zu den Produktüberwachungsanforderungen der MiFID II, ESMA/35–43-620, Rn. 58.
[210] Zum Beispiel abrufbar unter www.derivateverband.de (Oktober 2019).
[211] Vgl. *Buck-Heeb* CCZ 2016, 2 (10).
[212] BGH BKR 2014, 370 (373).
[213] Offen *Buck-Heeb* CCZ 2016, 2 (10).
[214] Vgl. *Buck-Heeb,* CCZ 2016, 2 (10).
[215] Dazu auch *Fuchs/Bouchon/Mehlkopp* WpHG § 4b Rn. 2 ff.
[216] So auch *Klingenbrunn* WM 2015, 316 (320); *Buck-Heeb* JZ 2017, 279 (286).

intervention als neuer anlegerschützender Regelungsmechanismus gesehen, liefe es wohl auf eine grundlegende Beschränkung von Produkten hinaus.[217] Die Funktion könnte aber auch bloß in einer Flankierung des Maßnahmenkatalogs der Aufsicht gesehen werden, die nur in Ausnahmefällen praktische Bedeutung erlangt. In der Praxis hat sich ein Mittelweg gezeigt: Sowohl die BaFin[218] als auch die ESMA[219] setzen die neuen Kompetenzen zielgerichtet ein.

b) Voraussetzungen für eine Produktintervention. Gemäß Art. 40 MiFIR darf die ESMA eine Anordnung erlassen, wenn damit erhebliche Bedenken hinsichtlich des Anlegerschutzes oder der Funktion oder die Stabilität des Finanzsystems bestehen, die Maßnahmen nicht durch regulatorische Maßnahmen abgewendet werden und die zuständigen Behörden keine oder nicht ausreichende Maßnahmen getroffen haben. Art. 42 MiFIR enthält dann – unter erweiterten Voraussetzungen – die Ermächtigungen zur Produktintervention für die nationalen Aufsichtsbehörden.[220] **122**

Das Produktinterventionsregime der MiFIR sieht die grundsätzliche Kompetenz bei der nationalen Aufsichtsbehörde: Das zeigt sich – neben der explizit angeordneten Subsidiarität – daran, dass die ESMA gemäß Art. 40 Abs. 6 MiFIR Maßnahmen, anders als die nationalen Aufsichtsbehörden, nur temporär erlassen kann. Sie müssen alle drei Monate verlängert werden, ansonsten laufen sie aus. Eine ESMA-Maßnahme hat nach Art. 40 Abs. 7 MiFIR dann aber Vorrang vor früheren nationalen Maßnahmen. Dies ist konsequent: Wenn eine europaweit einheitliche Regelung für erforderlich angesehen wird, dann muss sie auch vorrangig sein. **123**

c) Zivilrechtliche Auswirkungen? Fraglich sind die zivilrechtlichen Folgen eines Produktverbotes. Gesetzlich ist im Falle eines Produktverbotes weder die Nichtigkeit noch die Rückabwicklung eines Geschäftes vorgesehen;[221] dies wurde im (nationalen) Gesetzgebungsverfahren auch explizit abgelehnt.[222] Ein Schadenersatzanspruch des Anlegers, der ein Produkt vor einer Produktintervention erworben hat, dürfte ebenfalls nicht generell bestehen. Zunächst besteht keine Ausstrahlungswirkung der Entscheidung der Aufsichtsbehörde auf das Zivilrecht, da es sich um eine rein öffentlich-rechtliche Eingriffsbefugnis handelt und durch die Verwaltungsentscheidung auch keine Konkretisierung der zivilrechtlichen Pflichten vorgenommen werden kann.[223] **124**

Die Frage, ob die Pflicht zur anlagegerechten Beratung verletzt wurde, hängt von der jeweiligen Situation, also vom Einzelfall ab.[224] Allein der spätere Erlass einer Verbotsverfügung wird aber generell nicht als Grundlage für die Verletzung einer Aufklärungspflicht **125**

[217] *Mülbert* ZHR 177 (2013), 160 (201 f.) spricht insofern von einem notwendigen „numerus clausus" der zulässigen Finanzinstrumente.

[218] Die BaFin hat – noch auf Basis der Ermächtigungsgrundlage des § 4bWpHG – mit einer Allgemeinverfügung vom 8. Mai 2017, Geschäftszeichen VBS 7-Wp-5427-2016/0017, abrufbar unter www.bafin.de (Oktober 2019), den Verkauf von finanziellen Differenzkontrakten (Contracts for Difference, CFDs) beschränkt. Ein mit dem Entwurf einer Allgemeinverfügung geplantes Verbot von „Bonitätsanleihen" (heute: „bonitätsabhängige Schuldverschreibungen") wurde aufgrund einer Selbstverpflichtung nicht umgesetzt, dazu *Buck-Heeb* BKR 2017, 89 (91).

[219] Die ESMA hatte im Juni 2018 Verbote zu binären Optionen und Differenzkontrakten erlassen, die mittlerweile durch Allgemeinverfügungen der BaFin auf die nationale Ebene überführt wurden, siehe dazu die Allgemeinverfügungen gemäß Artikel 42 MiFIR bezogen auf binäre Optionen vom 1.7.2019 und bezogen auf sog. Differenzgeschäfte vom 23.7.2019, abrufbar unter www.bafin.de (Oktober 2019).

[220] Vgl. zu § 4bWpHG iE *Fuchs/Bouchon/Mehlkopp* WpHG § 4b Rn. 13 ff.; *Bröker/Machunsky* BKR 2016, 229 ff.; *Buck-Heeb* BKR 2017, 89 (92 ff.).

[221] *Buck-Heeb* BKR 2017, 89 (94); *Gerding* BKR 2017, 441 (444 ff.); *Bergmann* Bankrechtstag 2015, 67; *Bröker/Machunsky* BKR 2016, 229 (231).

[222] So die Gegenäußerung der Bundesregierung zur Stellungnahme des Bundesrates hinsichtlich der Einführung des § 4b WpHG mit dem Kleinanlegerschutzgesetz, BT-Drs. 18/3994, S. 81; krit. dazu *Möllers/Kastl* NZG 2015, 849 (854).

[223] *Buck-Heeb* BKR 2017, 89 (94).

[224] *Buck-Heeb* BKR 2017, 89 (95).

herangezogen werden können, weil er regelmäßig nicht absehbar ist.[225] Deliktische Ansprüche aus § 823 Abs. 2 BGB sind mangels Schutzgesetzeigenschaft ebenfalls nicht einschlägig.[226]

5. Verbot von ungedeckten Leerverkäufen in Aktien und bestimmten Schuldtiteln

126 Entsprechend den allgemeinen zivilrechtlichen Grundsätzen muss der Verkäufer zum Zeitpunkt der Veräußerung nicht Eigentümer des Wertpapiers sein. Ein Leerverkauf, also der Verkauf eines Wertpapiers, das sich nicht im Eigentum des Verkäufers befindet, ist somit prinzipiell zulässig. Als Reaktion auf Entwicklungen in der Finanzkrise wurde allerdings zunächst in Deutschland mit dem Gesetz zur Vorbeugung gegen missbräuchliche Wertpapier- und Derivategeschäfte vom 21.7.2010,[227] in § 30h Abs. 1 WpHG ein Verbot ungedeckter Leerverkäufe in Aktien und bestimmten Schuldtiteln, soweit diese an einem regulierten Markt gehandelt wurden, eingeführt.[228] Nachdem das Verbot von ungedeckten Leerverkäufen im Gesetzgebungsverfahren Kritik ausgesetzt war, da es sich um einen – zu weitgehenden –[229] nationalen Alleingang handelte,[230] gilt nunmehr mit der EU-Leerverkaufsverordnung 236/2012 seit dem 1.11.2012 eine europaweit einheitliche Regelung des Verbots von Leerverkäufen.[231] Die europäische Regelung orientiert sich dabei in den Grundzügen an § 30h WpHG, der aufgrund des unmittelbar geltenden EU-Rechts zum 1.11.2012 aufgehoben wurde.[232] Sie weist allerdings einen weiteren Anwendungsbereich auf, da alle Handelsplätze erfasst werden und ist überdies detaillierter.[233]

127 Leerverkäufen wird zwar prinzipiell eine nutzenstiftende Wirkung zuerkannt: Sie sollen sich positiv auf die Preisbildung auswirken und die Liquidität im Markt erhöhen.[234] Das mit Leerverkäufen verbundene Preisbeeinflussungspotential kann aber auch zu übersteigerten Kursentwicklungen führen.[235] Ungedeckte Leerverkäufe werden so verboten, da sie die Abwicklung großer Transaktionen ohne unmittelbaren Einsatz finanzieller Mittel erlauben und theoretisch die Veräußerung einer größeren Anzahl von Wertpapieren, als am Markt vorhanden sind, ermöglichen. Ferner sollen Marktmanipulationen verhindert werden.[236]

128 Art. 2 Abs. 1b) der EU-Leerverkaufsverordnung definiert – in Anlehnung an den vormaligen § 30h Abs. 1 S. 2 WpHG a. F. – den Leerverkauf grundsätzlich als Verkauf von Aktien oder Schuldinstrumenten, die sich zum Zeitpunkt des Eingehens der Verkaufsver-

[225] *Gerding* BKR 2017, 441 (444).

[226] *Buck-Heeb* BKR 2017, 89 (95); *Bergmann* Bankrechstag 2015, 67.

[227] BGBl. I 2010, 945.

[228] Zuvor hatte die BaFin mit Allgemeinverfügungen vom 19. und 21.9.2008 Verbote von ungedeckten Leerverkäufen in bestimmten Finanztiteln erlassen und sich dabei auf § 4 Abs. 1 WpHG gestützt. Zu Recht bezweifeln allerdings *Zimmer/Beisken* WM 2010, 485 (489 ff.), ob insoweit ein Missstand vorlag, den die BaFin aufgreifen durfte – gerade vor dem Hintergrund, dass im Jahr 2002 der Vorschlag für eine gesetzliche Grundlage zum Verbot von Leerverkäufen in § 4a WpHG bewusst nicht umgesetzt wurde.

[229] *Spindler* AG 2010, 601 (612).

[230] S. zur zeitgleich eingeführten Regelung ungedeckter Kreditderivate auch *Möllers/Christ/Harrer* NZG 2010, 1124.

[231] VO (EU) Nr. 236/2012 des Europäischen Parlaments und des Rates vom 14.3.2012 über Leerverkäufe und bestimmte Aspekte von Credit Default Swaps, ABl. 2010 L 86, S. 1 ff. Details der Regulierung werden durch die Delegierte VO (EU) Nr. 918/2012 der Kommission vom 5.7.2012, ABl. 2010 L 274, S. 1 ff., die Durchführungsverordnung (EU) Nr. 827/2012 der Kommission vom 29.6.2012, ABl. 2012 L 251, S. 11 ff. und die Delegierte VO (EU) Nr. 826/2012 der Kommission vom 29.6.2012, ABl. 2012 L 251, S. 1 ff. bestimmt.

[232] Regierungsbegründung zum Entwurf eines Gesetzes zur Ausführung der VO (EU) Nr. 236/2012 des Europäischen Parlaments und des Rates vom 14.3.2012 über Leerverkäufe und bestimmte Aspekte von Credit Default Swaps (EU-Leerverkaufs-Ausführungsgesetz), BR-Drs. 168/12, 2.

[233] *Krüger/Ludewig* WM 2012, 1942 (1951).

[234] Vgl. nur *Zimmer/Beisken* WM 2010, 485 (486); *Findeisen/Tönningsen* WM 2011, 1405 (1406).

[235] Vgl. nur *Zimmer/Beisken* WM 2010, 485 (486); *Findeisen/Tönningsen* WM 2011, 1405 (1406).

[236] Begründung der Fraktionen der CDU/CSU und FDP zum Entwurf eines Gesetzes zur Vorbeugung gegen missbräuchliche Wertpapier- und Derivategeschäfte, BT-Drs. 17/1952, 9.

einbarung nicht im Eigentum des Verkäufers befinden, wobei festgesetzte Rückkaufvereinbarungen, die Übertragungen aufgrund von Wertpapierleihe-Vereinbarungen sowie Terminkontrakte und Derivatekontrakte ausgeschlossen werden. Für die hauptsächlich betroffenen Kreditinstitute und andere Marktteilnehmer wird das Leerverkaufsverbot durch eine Ausnahmeregelung Art. 17 EU-Leerverkaufsverordnung – zuvor § 30h Abs. 2 WpHG a. F. – abgefedert, die *Market Maker* beziehungsweise liquiditätsspendende Tätigkeiten und Primärhändler vom Leerverkaufsverbot ausnimmt.[237] Während bei der nationalen Regelung die Prüfung, ob ein Leerverkauf erfolgt, nicht untertägig erfolgen musste, sondern dabei auf das Ende des Tages, an dem das Geschäft abgeschlossen wurde, abgestellt werden konnte,[238] wird dies nach der EU-Leerverkaufsverordnung mangels ausdrücklicher Regelung nicht mehr für zulässig erachtet.[239]

Verstöße gegen das Verbot, ungedeckte Leerverkäufe zu tätigen, machen das Geschäft nicht zivilrechtlich unwirksam, da insofern der Rechtsverkehr geschützt werden soll.[240] Aufgrund des ausschließlich bezweckten Marktfunktionsschutzes stellt das Verbot von Leerverkäufen auch kein Schutzgesetz gemäß § 823 Abs. 2 BGB dar.[241] Allerdings können Verstöße eine Ordnungswidrigkeit darstellen, die gemäß § 120 Abs. 6, Abs 13 WpHG von der BaFin geahndet werden.[242] 129

Daneben werden in Art. 5 und Art. 7 der EU-Leerverkaufsverordnung Transparenzpflichten für gedeckte Leerverkäufe in Aktien und öffentlichen Schuldtiteln normiert (zuvor § 30i WpHG a. F.): So müssen Inhaber von Netto-Leerverkaufspositionen, die eine Höhe von 0,2 % der ausgegebenen Aktien eines Unternehmens überschreiten, an die BaFin melden; wird die Schwelle von 0,5 % erreicht, muss zusätzlich eine Veröffentlichung vorgenommen werden.[243] 130

IV. Kommissionsgeschäfte

1. Geschäftsbesorgungsverhältnis zwischen Institut und Kunde

Bei der Ausführung von Kommissionsgeschäften sind die verschiedenen Rechtsbeziehungen zu unterscheiden: Zwischen dem Kunden (Kommittent) und dem Kreditinstitut (Kommissionär) wird der Kommissionsvertrag geschlossen, aufgrund dessen das Kreditinstitut mit einem Dritten ein Ausführungsgeschäft vornimmt. Das in dem Ausführungsgeschäft Erlangte wird dann mit dem Abwicklungsgeschäft an den Kunden übertragen.[244] 131

a) Zustandekommen des Kommissionsvertrages.

aa) Angebot und Annahme nach allgemeinen Regeln. Der Kommissionsvertrag wird formfrei nach §§ 145 ff. BGB geschlossen. Kreditinstitute nehmen in der Praxis die Aufträge schriftlich – oftmals mit Unterschrift des Kunden auf einem Formular – per 132

[237] *Krüger/Ludewig* WM 2012, 1942 (1945).
[238] Dazu auch *Findeisen/Tönningsen* WM 2011, 1405 (1407).
[239] So die BaFin, in „Häufige Fragen zum Verbot ungedeckter Leerverkäufe in Aktien und öffentlichen Schuldtiteln gemäß Art. 12 f. der Verordnung (EU) Nr. 236/2012 über Leerverkäufe und bestimmte Aspekte von Credit Default Swaps (EU-LeerverkaufsVO) Verordnung (EU) Nr. 236/2012 über Leerverkäufe und bestimmte Aspekte von Credit Default Swaps vom 11.10.2012, zuletzt geändert am 10.8.2015, abrufbar unter www.bafin.de (Oktober 2019); ebenso *Krüger/Ludewig* WM 2012, 1942 (1948).
[240] So zur nationalen Regelung: Begründung der Fraktionen der CDU/CSU und FDP zum Entwurf eines Gesetzes zur Vorbeugung gegen missbräuchliche Wertpapier- und Derivategeschäfte, BT-Drs. 17/1952, 9.
[241] Assmann/Schneider/Mülbert/*Mülbert/Sajnovits* WpHR, Art. 12, 13 VO 236/2012 Rn. 83 ff.
[242] Krit. dazu *Mock* WM 2010, 2248 (2252 f.).
[243] Aufgrund der Allgemeinverfügung der BaFin vom 4.3.2010 (abrufbar unter www.bafin.de) bestand bereits vor der Regelung in § 30i WpHG aF eine vergleichbare Meldepflicht für Netto-Leerverkaufspositionen. Erfasst wurden hiervon nur zehn Werte der Finanzbranche. Die Meldepflicht ist darüber hinaus in Details anders ausgestaltet (so erfolgte bei Überschreiten der Schwelle von 0,5 % lediglich eine anonymisierte Veröffentlichung auf der Internetseite der BaFin).
[244] Baumbach/Hopt/*Hopt* HGB § 383 Rn. 1.

Telefon oder elektronisch entgegen. Ein Kreditinstitut muss als Kaufmann den Auftrag des Kunden gemäß § 362 Abs. 1 HGB nicht explizit annehmen: Das Schweigen des Instituts gilt vielmehr als Annahme des Angebots des Kunden. Ein Institut muss also einen Auftrag unverzüglich ablehnen, wenn es ihn nicht ausführen möchte.

133 **bb) Besonderheiten für Fernabsatzgeschäfte gemäß § 312c BGB.** Sofern ein Vertrag (mit einem Verbraucher) ausschließlich per Fernkommunikation zustande kommt, greift auch bei Effektengeschäften grundsätzlich das Sonderrecht für Fernabsatzgeschäfte gemäß §§ 312c ff. BGB. Der Fernabsatz von Wertpapierdienstleistungen umfasst alle Formen des *Online Banking,* bezieht aber auch die Nutzung nicht elektronischer Mittel mit ein.[245] Explizit nennt § 312b Abs. 2 BGB die Kommunikation über Briefe, Kataloge, Telefonanrufe, Telekopien, E-Mails sowie über Rundfunk, Tele- und Mediendienste. Kommissionsgeschäfte in Effekten sind als Finanzdienstleistungen – die konkrete Einordnung in „Bankdienstleistungen"[246] oder „Geldanlage"[247] mag dahinstehen – gemäß § 312 Abs. 5 BGB einbezogen.

134 Das Kreditinstitut hat einem Verbraucher dann – neben der Aufklärung nach WpHG – auch weitere Informationen nach Maßgabe des § 312d Abs. 2 BGB in Verbindung mit Art. 246b EGBGB zukommen zu lassen.[248] Dies dient der Vorbereitung der Vereinbarung bei der Konto- und Depoteröffnung und hat zur Folge, dass für später erteilte Einzelaufträge keine abermalige Information vorgenommen werden muss (§ 312 Abs. 5 BGB). In der kreditwirtschaftlichen Praxis wird die Bedeutung der Fernabsatzregeln relativiert, da Rahmenvereinbarungen über Konten- und Depoteröffnungen aus Rechtsgründen regelmäßig in einem persönlichen Gesprächskontakt in den Geschäftsräumen der Bank geschlossen werden.[249] Wenn der Kunde ein Konto/Depot nach einem Gespräch in einer Bankfiliale eröffnet, greifen die Regelungen für Fernabsatzgeschäfte für die später erteilten Effektenaufträge grundsätzlich nicht, sofern der Zusammenhang mit dem Vertrag erhalten bleibt.[250] Im elektronischen Verkehr gilt unabhängig davon der § 312i BGB.

135 **b) Kontrahierungszwang?** Ein Anspruch des Kunden auf Abschluss eines Effektengeschäftes besteht – entgegen teilweise vertretenen Auffassungen – grundsätzlich nicht: Die Bank kann daher die Annahme eines Wertpapierauftrages des Kunden prinzipiell ablehnen. Dies ergibt sich aus dem Grundsatz der Privatautonomie –[251] ein Kontrahierungszwang müsste sich aus besonderen Umständen ergeben.[252]

136 Zunächst kommt nach der Rechtsprechung des BGH die Annahme eines allgemeinen Bankvertrages,[253] aus dem sich eine Verpflichtung des Kreditinstituts zur Durchführung von – wenn auch risikoneutralen[254] – Geschäftsbesorgungen auf Kundenwunsch nicht in Betracht.[255] Es fehlt an einem Rechtsbindungswillen der Bank, in Abweichung von der Vertragsfreiheit einen nicht in ihrem Interesse liegenden Kontrahierungszwang einzugehen.[256] Auch wenn das Kommissionsgeschäft insofern der Bank unmittelbar kein Risiko auferlegt, verbleiben operative Risiken, wie zum Beispiel begrenzte Ressourcen zur Durchführung von Aufträgen, die der Annahme eines entsprechenden generellen Kontrahie-

[245] MüKoHGB/*Ekkenga* Effektengeschäft Rn. 197.
[246] So MüKoHGB/*Ekkenga* Effektengeschäft Rn. 199 für Kommissionsgeschäfte.
[247] Hierzu tendiert MüKoBGB/*Wendehorst* § 312 Rn. 111.
[248] Vgl. im Einzelnen MüKoHGB/*Ekkenga* Effektengeschäft Rn. 199.; 451 ff.
[249] MüKoHGB/*Ekkenga* Effektengeschäft Rn. 200.
[250] Vgl. MüKoHGB/*Ekkenga* Effektengeschäft Rn. 200.
[251] Derleder/Knops/Bamberger/*Bernau* Handbuch zum deutschen und europäischen Bankrecht § 56 Rn. 35.
[252] Generell dazu *Bachmann* ZBB 2006, 257 (258 ff.).
[253] Befürwortet in der neueren Lit. weiterhin von BankR-HdB/*Hopt/Roth* § 1 Rn. 4 ff.; *Schwintowski* Bankrecht Kap. 1, Rn. 28 ff.
[254] BankR-HdB/*Hopt/Roth* § 1 Rn. 27 ff.
[255] BGH NJW 2002, 3695 (3696). Dagegen auch zB Staub/*Canaris* HGB Bankvertragsrecht Rn. 2 ff.
[256] BGH NJW 2002, 3695 (3696).

rungswillens der Bank entgegenstehen.[257] Auch muss der Bank im Hinblick auf etwaige Konflikte mit aufsichtsrechtlichen Vorgaben als ultima ratio die Möglichkeit verbleiben, ein Geschäft abzulehnen.

Auch kann daher nicht aus dem Bestehen von Rahmenvereinbarungen geschlossen werden, dass ein Anspruch auf Durchführung von Effektengeschäften bestehe oder bei Ablehnung jedenfalls ein Vertrauensschaden geltend gemacht werden könne.[258] So sehen weder die Allgemeinen Geschäftsbedingungen noch die Sonderbedingungen für Wertpapiergeschäfte einen Anspruch des Kunden auf Ausführung von Aufträgen vor. § 83 Abs. 2 WpHG normiert zwar, dass eine schriftliche Rahmenvereinbarung vom Wertpapierdienstleistungsunternehmen aufzuzeichnen ist. Es handelt sich aber ausschließlich um eine Dokumentationspflicht, nicht hingegen um eine Regelung, die zum Abschluss einer solchen Rahmenvereinbarung verpflichtet.[259] Aus dem Allgemeinen Gleichbehandlungsgesetz ergibt sich zwar das Verbot diskriminierender Benachteiligungen, aber keine Verpflichtung der Bank, Verträge abzuschließen.[260] 137

Eine Pflicht zur Ausführung des Auftrages kann sich allerdings in Ausnahmefällen ergeben: So dürfte es regelmäßig einer Rechtfertigung bedürfen, wenn die Bank einen Auftrag zum Verkauf eines Wertpapiers, das bei ihr erworben wurde, nicht ausführt. Die Durchführung des Kaufs und die Verwahrung des Wertpapiers rufen beim Kunden insofern grundsätzlich den Vertrauenstatbestand hervor, dass die Bank das Wertpapier, sofern keine besonderen Umstände eintreten, auch wieder für den Kunden im Wege der Kommission veräußern wird. Noch weitergehend ist der Kunde bei Kapitalmaßnahmen (insbesondere Kapitalerhöhungen) regelmäßig darauf angewiesen, dass der Auftrag kurzfristig durch seine Bank ausgeführt wird, denn die ihm ansonsten offen stehende Möglichkeit, eine andere Bank zu beauftragen, besteht hier nicht. Eine Verzögerung durch einen Depotübertrag ist dem Kunden in diesem Fall nicht zuzumuten. 138

c) Anschaffung oder Herausgabe von Wertpapieren. Der Kommissionsauftrag des Kunden richtet sich auf die Anschaffung oder Herausgabe von Wertpapieren (siehe zum Begriff → Rn. 2), dies wird auch als Effektenkommission bezeichnet. Der Kommissionsvertrag ist eine Geschäftsbesorgung gemäß § 675 BGB, bei der in aller Regel ein Dienst- und kein Werkvertragscharakter vorliegt: Das Kreditinstitut schuldet sorgfältiges Bemühen zur Ausführung des Kundenauftrages aber keinen Erfolg zur Veräußerung oder Anschaffung.[261] Entscheidend ist, dass der Erfolg des Kommissionsgeschäftes maßgeblich von den Marktverhältnissen – und nicht vom Einsatz des Kommissionärs – abhängt. Der Kommissionär ist somit nur verpflichtet, in Richtung auf diesen Erfolg tätig zu werden, nicht aber dafür auch einzustehen.[262] 139

d) Abgrenzung zur Stellvertretung. Das die Kommission ausführende Kreditinstitut handelt im eigenen Namen – und begründet somit eigene Rechte und Pflichten –[263], aber für Rechnung des Kunden, den somit die wirtschaftlichen Folgen des Geschäftes treffen.[264] Das Kommissionsgeschäft stellt somit eine Form der – allgemein gesetzlich nicht geregelten –[265] „mittelbaren Stellvertretung" dar.[266] 140

Die „mittelbare Stellvertretung" fällt gerade nicht unter die §§ 164 ff. BGB, da das Handeln für einen Dritten nicht offengelegt wird.[267] Die Abgrenzung zwischen (offener) 141

[257] MüKoHGB/*Ekkenga* Effektengeschäft Rn. 192.
[258] Vgl. MüKoHGB/*Ekkenga* Effektengeschäft Rn. 190 f.
[259] → Rn. 83.
[260] Detailliert dazu MüKoHGB/*Ekkenga* Effektengeschäft Rn. 190.
[261] Vgl. BGH WM 2002, 1502 (1503).
[262] Vgl. MüKoHGB/*Häuser* § 383 Rn. 29.
[263] Vgl. EBJS/*Füller* HGB § 383 Rn. 8.
[264] Vgl. BGH NJW 1953, 377 (378).
[265] Vgl. BGH NJW 1992, 2023 (2024 f.).
[266] Vgl. EBJS/*Füller* HGB § 383 Rn. 37; MüKoBGB/*Schübert* § 164 Rn. 39.
[267] Vgl. MüKoBGB/*Schübert* § 164 Rn. 40.

Stellvertretung und Kommission erfolgt mithin anhand der allgemeinen Auslegung und richtet sich danach, ob ein Handeln im fremden Namen vorliegt.[268] Die Bezeichnung Kommission deutet auf ein Handeln im eigenen Namen hin.[269] Nicht eindeutig ist hingegen die bloße Angabe, für Rechnung eines anderen zu handeln;[270] hier tendierte die ältere Rechtsprechung allerdings dazu, ein Handeln im fremden Namen anzunehmen.[271]

142 Schließt der Kommissionär das Ausführungsgeschäft im fremden Namen ab, kann für den Kommittenten aus dem Geschäftsbesorgungsvertrag unter Berücksichtigung von Treu und Glauben eine Pflicht zur Genehmigung nach § 177 BGB bestehen.[272] Nach weitergehender Ansicht verbleibt es bei einem Kommissionsvertrag, allerdings kann eine Pflichtverletzung desselben vorliegen.[273]

143 **e) Selbsteintritt (§ 400 Abs. 1 HGB).** Ein Selbsteintritt des Kommissionärs gemäß § 400 HGB, bei dem dieser die Ausführung selbst übernimmt, wird in den Sonderbedingungen für Wertpapiergeschäfte – im Gegensatz zu früheren Fassungen – für Kreditinstitute nicht mehr vorgesehen.[274] Das Selbsteintrittsrecht war zuvor aufgrund der eingeschränkten Rechenschaftspflicht und der beim Kunden liegenden Beweislast für einen günstigeren Geschäftsabschluss kritisiert worden.[275]

2. Pflicht zur ordnungsgemäßen Auftragsausführung

144 Gemäß § 384 Abs. 1 HGB ist das als Kommissionär tätige Kreditinstitut verpflichtet, das übernommene Geschäft mit der Sorgfalt eines ordentlichen Kaufmanns auszuüben. Gleiches ergibt sich bereits aus § 347 HGB.[276] Diese Sorgfalt bezieht sich sowohl auf den Abschluss als auch auf die Durchführung des Ausführungsgeschäfts und muss sich an den Erfahrungen und Kenntnissen eines ordentlichen Kaufmannes seiner Branche orientieren.[277] Die Beweislast für die Einhaltung der erforderlichen Sorgfalt eines ordentlichen Kaufmanns trägt der Kommissionär.[278]

3. Interessenwahrnehmungspflicht und Weisungsrecht

145 Etwaige Interessenkonflikte muss der Kommissionär offenbaren und – sofern er die Tätigkeit nicht ablehnt – seine eigenen Interessen gegenüber denen des Kommittenten grundsätzlich zurückstellen.[279] Das Kreditinstitut ist so verpflichtet, die Interessen des Kunden wahrzunehmen und die Kommission für ihn sachgerecht und vorteilhaft auszuführen. Dazu gehört auch, das Ausführungsgeschäft zu Bedingungen abzuschließen, die den Interessen des Auftraggebers angemessen Rechnung tragen.[280] Das Kreditinstitut muss ferner als Kommissionär nach § 384 Abs. 1 HGB die Weisungen des Kunden befolgen.

146 Aufsichtsrechtlich ergibt sich – wie unter → Rn. 28 dargestellt – eine dem § 384 Abs. 1 HGB entsprechende Verpflichtung des Instituts auch aus den allgemeinen Verhaltensregeln nach § 63 Abs. 1 Nr. 1 WpHG, die allerdings konkreter ausgeformt wird: Wertpapier(neben)dienstleistungen müssen ehrlich, redlich und professionell im bestmöglichen Interesse des Kunden erbracht werden. Nach § 63 Abs. 2 WpHG muss ein Wert-

[268] EBJS/*Füller* HGB § 383 Rn. 39.
[269] Staub/*Koller* HGB § 383 Rn. 68; Baumbach/Hopt/*Hopt* HGB § 383 Rn. 17.
[270] Staub/*Koller* HGB § 383 Rn. 68.
[271] RGZ 97, 260 (261); dagegen Staub/*Koller* HGB § 383 Rn. 68.
[272] EBJS/*Füller* HGB § 383 Rn. 38.
[273] Baumbach/Hopt/*Hopt* HGB § 383 Rn. 17.
[274] *Kümpel* WM 1995, 137 (138).
[275] MüKoHGB/*Häuser* § 400 Rn. 3.
[276] EBJS/*Füller* HGB § 384 Rn. 9.
[277] MüKoHGB/*Häuser* § 384 Rn. 9; EBJS/*Füller* HGB § 384 Rn. 9.
[278] Vgl. BGH WM 1959, 269 (272).
[279] Vgl. MüKoHGB/*Häuser* § 384 Rn. 17 f.
[280] BGH WM 2002, 1687 (1688).

papierdienstleistungsunternehmen sich bemühen, Interessenkonflikte zu vermeiden und, wenn eine Beeinträchtigung der Kundeninteressen nicht ausgeschlossen werden kann, diese offenlegen.

4. Ausführungsgeschäft

147 **a) Kaufvertrag.** Das Kreditinstitut schließt zur Erfüllung des Kommissionsgeschäftes für Rechnung des Kunden ein Ausführungsgeschäft ab. Das Ausführungsgeschäft erfolgt durch einen Kaufvertrag, den das Institut im eigenen Namen für Rechnung des Kunden abschließt. Vertragspartner kann nach Nr. 1 Abs. 2 Sonderbedingungen für Wertpapiergeschäfte entweder ein anderer Marktteilnehmer oder eine zentrale Gegenpartei sein. Gegebenenfalls kann auch noch ein Zwischenkommissionär eingeschaltet sein

148 **b) Abschluss mit anderem Marktteilnehmer.** Anderer Marktteilnehmer kann ein anderes Kreditinstitut sein, das den entsprechenden Gegenauftrag ausführt. Die Bank handelt hier – wie dargestellt – grundsätzlich in eigenem Namen. Im Rahmen des Verpflichtungsgeschäftes gilt dies sowohl bei der Einkaufs- als auch bei der Verkaufskommission. Beim Erfüllungsgeschäft handelt die Bank dann allerdings nach überwiegender Auffassung als Stellvertreter für den, den es angeht. Der Kunde erwirbt also direkt Eigentum; es liegt kein Durchgangserwerb des Kreditinstituts als Kommissionär vor.[281]

149 **c) Abschluss mit einem zentralen Kontrahenten.** Das Ausführungsgeschäft kann auch mit einem sogenannten zentralen Kontrahenten (oder „zentrale Gegenpartei") abgeschlossen werden. Im Effektengeschäft wird diese Funktion in Deutschland für den Handel von Wertpapieren an der Frankfurter Wertpapierbörse und in Xetra von der Eurex Clearing AG für die Abwicklung des Geschäfts mit Aktien angeboten.[282] Der zentrale Kontrahent *(Central Counterparty – CCP)* gemäß § 1 Abs. 31 KWG ist ein Rechtssubjekt, das bei Kaufverträgen innerhalb eines oder mehrerer Finanzmärkte zwischen den Käufer und den Verkäufer geschaltet wird, um als Vertragspartner für jeden der beiden zu dienen, und dessen Forderungen aus Kontrahentenausfallrisiken gegenüber allen Teilnehmern an seinen Systemen auf Tagesbasis hinreichend besichert sind. Der zentrale Kontrahent wird quasi eingeschoben und somit direkter Vertragspartner jedes Handelsteilnehmers, als Käufer des Verkäufers und zugleich Verkäufer des Käufers.[283]

150 Die wesentliche Funktion der zentralen Gegenpartei liegt darin, das Risiko für die Erfüllung der Geschäfte zu übernehmen: Bei Leistungsstörungen sind nicht mehr die „ursprünglichen" Parteien, sondern der zentrale Kontrahent verantwortlich. Das Kontrahentenausfallrisiko verlagert sich somit ausschließlich auf die zentrale Gegenpartei.[284] Die Risikokonzentration hat zur Folge, dass ein Ausfall eines zentralen Kontrahenten in jedem Fall vermieden werden muss, da andernfalls eine Vielzahl von Marktteilnehmern betroffen wäre. Durch ein entsprechendes Sicherungssystem beziehungsweise Risikomanagement – unter anderem mit der Anforderung von Sicherheitsleistungen *(Margins)* – soll dabei sichergestellt werden, dass etwaige Ausfälle nicht zu einer Beeinträchtigung der Leistungsfähigkeit eines zentralen Kontrahenten führen. Aufgrund der Systemrelevanz[285] ist daher auch die Tätigkeit als zentraler Kontrahent als Bankgeschäft gemäß § 1 Abs. 1 S. 2 Nr. 12 KWG qualifiziert worden.[286]

---

[281] *Horn* WM 2002 Sonderbeilage 2, 1 (11); Derleder/Knops/Bamberger/*Bernau* Handbuch zum deutschen und europäischen Bankrecht, § 56 Rn. 17.

[282] Vgl. § 2 Abs. 2 der Bedingungen für Geschäfte an der Frankfurter Wertpapierbörse (Stand: 1.12.2014).

[283] *Horn* WM 2002 Sonderbeilage 2, 1 (4).

[284] Vgl. im Detail *Horn* WM 2002 Sonderbeilage 2, 1 ff.

[285] Regierungsbegründung zum Entwurf eines Gesetzes zur Umsetzung der neu gefassten Bankenrichtlinie und der neu gefassten Kapitaladäquanzrichtlinie, BT-Drs. 16/1335, 40.

[286] Gesetz zur Umsetzung der neu gefassten Bankenrichtlinie und der neu gefassten Kapitaladäquanzrichtlinie v. 17.11.2006, BGBl. I 2006, 2606.

151 Ferner ermöglicht der zentrale Kontrahent die Anonymität in der Wertpapierprozesskette,[287] und zwar nicht nur gegenüber dem Endkunden, sondern auch der Marktteilnehmer untereinander. Ein weiterer Vorteil des zentralen Kontrahenten liegt in der Erleichterung der Abwicklung: So werden sämtliche Forderungen und Verbindlichkeiten bezüglich Geldzahlungen und Wertpapierübertragungen aufgrund von Börsengeschäften eines Handelsteilnehmers in einem bestimmten Wertpapier beim zentralen Kontrahenten gebucht und im Rahmen des *Netting* zu einer Nettoforderung oder Nettoverbindlichkeit aufgerechnet. Es muss somit lediglich ein Ausgleich der offenen Positionen stattfinden:[288] Die wechselseitigen Lieferansprüche zwischen zentralem Kontrahenten und den Teilnehmern am CCP-System (Clearing-Mitglieder) werden – soweit möglich – durch Aufrechnung nach § 387 BGB ausgeglichen, eine tatsächliche Belieferung nach sachenrechtlichen Grundsätzen unter Einschaltung der Wertpapiersammelbank findet lediglich für die Spitzen statt.[289]

152 **d) Zwischenkommission.** Nach Nr. 1 Abs. 2 der Sonderbedingungen für Wertpapiergeschäfte kann das Kreditinstitut auch einen anderen Kommissionär beauftragen. Diese Regelung ist erforderlich, da das Institut den Auftrag ansonsten in eigener Person – gegebenenfalls mit Erfüllungsgehilfen – ausführen müsste.[290] Durch diese Einschaltung eines Zwischenkommissionärs können andere Institute einbezogen werden. Praktisch tritt dies im Inland zum Beispiel bei Wertpapierabwicklungsbanken auf, die für eine Vielzahl von Instituten die Effektengeschäfte ausführen oder bei Aufträgen an ausländische Börsen, die über dort ansässige Institute ausgeführt werden.[291] Die Beauftragung eines Zwischenkommissionärs ist regelmäßig bei Geschäften im Ausland erforderlich, da das vom Kunden beauftragte Institut dort nicht über einen eigenen Börsenzugang verfügt.

153 **e) Geltung der Bedingungen/Usancen des Ausführungsplatzes.** § 3 Abs. 1 der Sonderbedingungen für Wertpapiergeschäfte legt fest, dass neben den Allgemeinen Geschäftsbedingungen der Sparkasse oder Bank auch die für den Ausführungsplatz geltenden Rechtsvorschriften und Geschäftsbedingungen (Usancen) gelten. Dies wird überwiegend als deklaratorische Regelung verstanden, da die Einbeziehung regelmäßig über den Kommissionsauftrag erfolgt.[292] Relevante Vorschriften sind die jeweilige Börsenordnung[293] und die Bedingungen.[294] Zu nennen sind darüber hinaus die Allgemeinen Geschäftsbedingungen der Wertpapiersammelbank Clearstream Banking AG (AGB Clearstream), unter anderem im Hinblick auf die Eigentumserlangung, das Erfüllungsgeschäft (vgl. auch Nr. 11 Sonderbedingungen für Wertpapiergeschäfte).

154 **f) Haftung/Insolvenzrisiko.** Auch wenn rechtlich die Bank als Kommissionär eintritt, sollen die wirtschaftlichen Vorteile beim Kunden verbleiben, wobei dieser im Gegenzug auch die Lasten zu tragen hat. Grundsätzlich hat der Kunde daher auch das Ausfallrisiko seines Kontrahenten zu tragen. § 9 S. 1 der Sonderbedingungen für Wertpapiergeschäfte sieht jedoch eine abweichende Regelung vor, nach der das Kreditinstitut für die ordnungsgemäße Erfüllung des Ausführungsgeschäftes durch seinen Vertragspartner (oder den des Zwischenkommissionärs) haftet. Ein Haftungsausschluss nach § 384 Abs. 3 HGB durch Benennung des Kontrahenten kommt damit nicht mehr in Betracht.[295] Diese Regelung ist interessengerecht, da die Bank das Kontrahentenrisiko besser erkennen und steuern kann als der Kunde.

---

[287] Derleder/Knops/Bamberger/*Bernau* Handbuch zum deutschen und europäischen Bankrecht § 56 Rn. 18.

[288] Derleder/Knops/Bamberger/*Bernau* Handbuch zum deutschen und europäischen Bankrecht § 56 Rn. 18.

[289] *Horn* WM 2002 Sonderbeilage 2, 1 (8).

[290] Vgl. MüKoHGB/*Häuser* § 384 Rn. 10 f.

[291] Vgl. *Baumbach/Hopt* HGB Sonderbedingungen für Wertpapiergeschäfte § 1 Rn. 3.

[292] *Bunte/Zahrte* AGB-Banken, Sonderbedingungen für Wertpapiergeschäfte Rn. 68.

[293] Zum Beispiel Börsenordnung der Frankfurter Wertpapierbörse (Stand: 1.7.2019).

[294] Zum Beispiel Bedingungen für Geschäfte an der Frankfurter Wertpapierbörse (Stand: 11.11.2019).

[295] Kümpel/*Braun* Bank- und Kapitalmarktrecht Rn. 17.319; Bunte/*Zahrte* AGB-Banken, Sonderbedingungen für Wertpapiergeschäfte Rn. 93.

Bis zum Abschluss des Ausführungsgeschäftes haftet die Bank gemäß Nr. 9 S. 2 der Sonderbedingungen für Wertpapiergeschäfte bei der Beauftragung eines Zwischenkommissionärs nur für dessen sorgfältige Auswahl und Unterweisung. Damit soll die Haftung für Fehler bei der Entgegennahme von Aufträgen nicht ausgeschlossen werden; die Regelung steht nach der Rechtsprechung mithin auch im Einklang mit § 309 Nr. 7 BGB.[296] Mit dem Abschluss des Ausführungsgeschäfts greift dann die Haftung des (erstbeauftragten) Kreditinstituts ein.[297] 155

5. Wahl des Ausführungsplatzes

Für die Ausführung von Kommissionsgeschäften kommen allgemein verschiedene Kategorien von Ausführungsplätzen in Betracht. Ein Börsenzwang besteht grundsätzlich nicht. Die Ausführung des Auftrages richtet sich gemäß Nr. 2 der Sonderbedingungen für Wertpapiergeschäfte nach den jeweiligen Ausführungsgrundsätzen des Instituts, die aber weiterhin als Bestandteil der Sonderbedingungen deklariert sind und somit quasi aus den Sonderbedingungen selbst ausgelagert werden. 156

a) Ausführung im In- oder Ausland. Zunächst ist zu differenzieren zwischen einer Ausführung im In- oder Ausland. Eine allgemeine Präferenz des Handels im Inland ergibt sich zwar nicht – anders als bei der Erfüllung nach Nr. 10 der Sonderbedingungen für Wertpapiergeschäfte –, wird aber regelmäßig in den Ausführungsgrundsätzen der Institute enthalten sein. 157

b) Ausführungsplätze.

aa) Organisierte Märkte. Als Ausführungsplätze kommen zunächst organisierte Märkte gemäß § 2 Abs. 11 WpHG in Betracht. Prägendes Element eines organisierten Marktes ist die Genehmigung, Regelung und Überwachung durch staatliche Stellen. Unter diesen Begriff fallen die regulierten Märkte an den deutschen Wertpapierbörsen ebenso wie die Terminbörse Eurex.[298] 158

bb) Multilaterale Handelssysteme. In der Kategorisierung der MiFID kommen ferner multilaterale Handelssysteme nach § 2 Abs. 3 Nr. 8 WpHG in Betracht, die Interessen einer Vielzahl von Personen am Kauf und Verkauf von Finanzinstrumenten innerhalb der Systeme und nach festgelegten Bestimmungen zusammenbringen und die zu einem Vertrag über den Kauf der Finanzinstrumente führen. Materiell ist ein multilaterales Handelssystem somit einem organisierten Markt ähnlich, bei dem allerdings der Vertragsschluss nicht im System erfolgen muss. Ein multilaterales Handelssystem muss an festgelegte Regeln zur Zusammenführung der Aufträge gebunden sein (nicht diskretionäre Regeln).[299] 159

cc) Freiverkehr. Der Freiverkehr an deutschen Börsen erfüllt nicht das Kriterium eines organisierten Marktes gemäß § 2 Abs. 11 WpHG, da die Teilnahme am Handel und die Einbeziehung von Wertpapieren privatrechtlich bestimmt wird und somit das Erfordernis eines staatlich geregelten Systems nicht erfüllt wird.[300] Der Freiverkehr der Börsen gilt gemäß § 48 Abs. 2 BörsG als multilaterales Handelssystem, unterliegt aber nach § 1 Abs. 1 S. 2 BörsG nicht den entsprechenden Vorgaben des § 72 WpHG – und damit nicht der Aufsicht der BaFin –, sondern den börsenrechtlichen Vorschriften. 160

dd) Abgrenzung: Systematische Internalisierung. Die Ausführung kann ferner im Rahmen der systematischen Internalisierung erfolgen, die nach § 2 Abs. 8 Nr. 2b) WpHG 161

[296] Vgl. OLG Nürnberg WM 2000, 2440 (2441) zu § 11 Nr. 7 AGBG.
[297] Kümpel/*Braun* Bank- und Kapitalmarktrecht Rn. 17.318.
[298] Schwark/Zimmer/*Kumpan* WpHG § 2 Rn. 120.
[299] Schwark/Zimmer/*Schwark* WpHG § 31f Rn. 9 ff.
[300] Schwark/Zimmer/*Kumpan* WpHG § 2 Rn. 120.

vorliegt, wenn regelmäßig Eigenhandel organisiert und systematisch außerhalb organisierter Märkte oder Handelssysteme erfolgt. Systematische Internalisierer führen Effektengeschäfte gegen den eigenen Bestand oder mittels gegenläufiger anderer Kundenaufträge aus, ohne dass hierzu weitere Marktteilnehmer einbezogen werden.[301] In der Sache werden somit Festpreisgeschäfte (→ Rn. 211 ff.) zwischen Kreditinstitut und Kunde abgeschlossen, so dass deren allgemeine Voraussetzungen gelten.[302]

162 Für die systematische Internalisierung bei Aktien, Aktienzertifikaten, börsengehandelten Fonds, Zertifikaten und vergleichbaren Finanzinstrumenten gelten nach Art. 14 ff. Verordnung (EU) 600/2014 (MiFIR) besondere Transparenzvorgaben. Mit der Richtlinie 2014/65/EU (MiFID II) wurde der Anwendungsbereich der Vorgaben für systematische Internalisierer mithin auf weitere Wertpapiergattungen ausgedehnt und ein neues, komplexes Regime aufgestellt.[303]

163 **ee) Organisierte Handelssysteme.** Mit der MiFID II und der MiFIR wurde für Schuldverschreibungen, strukturierte Finanzprodukte, Emissionszertifikate und Derivate die neue Handelsplatzkategorie des „organisierten Handelssystems" *(OTF – organised trading facility)* eingeführt, siehe Art. 4 Abs. 1 Nr. 23 Richtlinie 2014/65/EU (MiFID II). Beim organisierten Handelssystem besteht bei der Auftragsausführung ein Ermessensspielraum; dies grenzt von den anderen Handelsplätzen ab, die über nichtdiskretionäre Vorschriften verfügen müssen (Erwägungsgrund 9 der Verordnung (EU) 600/2014 [MiFIR]).

164 **ff) Weitere Ausführungsplätze.** Nach Art. 64 Abs. 1 MiFID-Durchführungsverodnung sind weitere Ausführungsplätze: *Market-Maker* und sonstige Liquiditätsgeber sowie vergleichbare Unternehmen und Einrichtungen im Ausland.

165 **c) Bestmögliche Ausführung nach § 82 WpHG (Best-execution).** Die Interessenwahrnehmungspflicht als allgemeine Verhaltensregel wird in § 82 WpHG mit dem Gebot, Vorkehrungen zur bestmöglichen Ausführung von Kundenaufträgen zu schaffen, konkretisiert. Die sehr detaillierte Regelung,[304] kann als ein Eckpfeiler der Umsetzung der (ersten) Finanzmarktrichtlinie gesehen werden.[305] Die MiFID II hat keine grundsätzliche Änderung des Regimes vorgenommen, sondern erweitert die bestehenden Pflichten.[306] Die Vorgaben werden in § 64 Delegierte Verordnung (EU) 2017/565 (MiFID II) weiter spezifiziert. Die BaFin erläutert und konkretisiert die Verwaltungsauffassung im Rahmen des BT 4 MaComp.

166 Kern des best-execution Regimes ist es, dass in Gestalt von Verpflichtungen für die Intermediäre letztlich ein Wettbewerb der Handelsplätze gefördert wird: § 82 WpHG adressiert primär die Kreditinstitute, da aber die Bedingungen der Ausführungsplätze zu vergleichen sind, treffen die wirtschaftlichen Auswirkungen die Märkte beziehungsweise Handelssysteme. Gefördert werden soll zuvorderst der Wettbewerb zwischen den Handelsplätzen, wobei auch zu berücksichtigen ist, dass eine zu starke Zersplitterung von Märkten eine Einschränkung der Liquidität und somit eine negative Auswirkung auf die Preisbildung für den Endkunden zur Folge haben kann.[307] Auswirkungen auf die Ausgestaltung sowohl der Preise aber auch anderer Rahmenbedingungen der Handelsplätze sind nach Einführung der Regelungen der best-execution-Regelungen spürbar.[308] Ein Wettbewerb der „Ausführungsgrundsätze" in dem Sinn, dass Kunden die Qualität der Grundsätze verschiedener

[301] Dazu iE: *Bialluch* WM 2015, 2030 ff.
[302] BankR-HdB/*Seiler/Geier* § 104 Rn. 4 ff.
[303] Krit. zur Regelung *Schelling* BKR 2015, 221.
[304] *Zingel* BKR 2007, 173 (174).
[305] So Ellenberger/Clouth/*Bauer* Wertpapier- und Derivategeschäft Rn. 2121.
[306] Ellenberger/Clouth/*Bauer* Wertpapier- und Derivategeschäft Rn. 2118 ff.
[307] *Hirschberg* AG 2006, 398 (401 f.).
[308] So auch Ellenberger/Clouth/*Bauer* Wertpapier- und Derivategeschäft Rn. 2133.

Kreditinstitute vergleichen, ist hingegen nicht feststellbar – was angesichts der Komplexität auch nicht überrascht.[309]

aa) Ausführungsgrundsätze (Best-execution-policy) und tatsächliche Ausführung. § 82 WpHG fordert, dass ein Wertpapierdienstleistungsunternehmen hinreichende Vorkehrungen trifft und insbesondere Grundsätze zur Auftragsausführung festlegt, um das bestmögliche Ergebnis für seine Kunden zu erreichen. Es sind somit organisatorische Vorkehrungen zu schaffen, um grundsätzlich eine bestmögliche Ausführung zu gewährleisten; dies impliziert nicht, dass für jeden einzelnen Kunden das optimale Ergebnis bei der einzelnen Ausführung erreicht wird.[310] Die Bank ist insofern zum Bemühen, aber nicht zum Erfolg verpflichtet.[311] Bezugspunkt sind die organisatorischen Vorkehrungen – nicht gefordert wird, im Einzelfall einer Auftragsausführung stets den besten Preis und die niedrigsten Kosten für den Kunden zu erzielen.[312] Konsequenterweise muss dann nach § 83 Abs. 1 Nr. 2 WpHG sichergestellt werden, dass die Ausführung der einzelnen Kundenaufträge auch nach Maßgabe der aufgestellten Grundsätze erfolgt. Eine Abweichung von den Ausführungsgrundsätzen aus sachlichen Gründen bleibt aber weiterhin möglich, zum Beispiel: wenn im Einzelfall aufgrund besonderer Umstände an einem anderen Ausführungsplatz ein besseres Ergebnis erzielt werden kann.[313] 167

bb) Anwendungsbereich. § 82 WpHG erfasst die Wertpapierdienstleistungen des Finanzkommissionsgeschäfts, des Eigenhandels und der Abschlussvermittlung. Im Grundsatz unterliegen alle Kauf- oder Verkaufsaufträge von Kunden über Finanzinstrumente der Pflicht zur bestmöglichen Ausführung. Erfasst sind damit auch: Die Ausführung von Kundenaufträgen im Wege des Eigenhandels (Festpreisgeschäfte) sowie Käufe und Verkäufe im Rahmen der Finanzportfolioverwaltung.[314] Wenn auch nach überwiegender Auffassung Aufträge über Finanzinstrumente, die außerbörslich (OTC) abgeschlossen werden, grundsätzlich als erfasst anzusehen sind,[315] müssen die Besonderheiten dieser Geschäfte berücksichtigt werden: Werden Geschäfte ausschließlich mit dem Institut oder innerhalb eines Konzerns beziehungsweise Verbundes angeboten, so ist es ausreichend, dass in den Ausführungsgrundsätzen auf diesen Umstand hingewiesen wird.[316] 168

Relevante Ausführungsplätze sind dabei gemäß Art. 64 Abs. 1 S. 2 Delegierte Verordnung (EU) 2017/565 (MiFID II) geregelte Märkte, multilaterale Handelssysteme, organisierte Handelssysteme, systematische Internalisierer, Market Maket und sonstige Liquiditätsgeber. 169

Die Ausgabe oder die Rücknahme von Anteilen an Investmentfondsanteilen über die Depotbank an die Kapitalanlagegesellschaft fällt nicht unter die Pflicht zur bestmöglichen Ausführung von Kundenaufträgen, da § 168 KAGB insofern eine Sonderregelung darstellt, die einen angemessenen Kundenschutz gewährleistet.[317] Im Rahmen der allgemeinen Informationspflicht hat ein Wertpapierdienstleistungsunternehmen den Kunden allerdings über die Möglichkeit und die Kosten eines anderweitigen Erwerbs über einen Ausführungs- 170

[309] S. zur Analyse von Grundsätzen der Auftragsausführung vers. Wertpapierdienstleistungsunternehmen auch *Gomber/Pujol/Wranik* ZBB 2009, 72 ff.

[310] Vgl. Regierungsbegründung Finanzmarkt-Richtlinie-Umsetzungsgesetz, BT-Drs. 16/4028, 72; *Zingel* BKR 2007, 173 (174).

[311] Vgl. Derleder/Knops/Bamberger/*Bernau* Handbuch zum deutschen und europäischen Bankrecht § 56 Rn. 98.

[312] *Zingel* BKR 2007, 173 (174).

[313] Vgl. Schwark/Zimmer/*v. Hein* WpHG § 33a Rn. 51.

[314] Dazu Regierungsbegründung Finanzmarkt-Richtlinie-Umsetzungsgesetz, BT-Drs. 16/4028, 72; *Zingel* BKR 2007, 173 (174).

[315] Schwark/Zimmer/*v. Hein* WpHG § 33a Rn. 18; krit. Ellenberger/Clouth/*Bauer* Wertpapier- und Derivategeschäft Rn. 2168 ff.

[316] Vgl. Fuchs/*Zimmermann* WpHG § 33a Rn. 9; Schwark/Zimmer/*v. Hein* WpHG § 33a Rn. 18.

[317] Vgl. zu § 36 InvG: Regierungsbegründung Finanzmarkt-Richtlinie-Umsetzungsgesetz, BT-Drs. 16/4028, 72; *Zingel* BKR 2007, 173 (174).

platz zu informieren.[318] Die im Kapitalanlagegesetzbuch vorgeschriebene Preisfestsetzung ist auch Auffassungen[319] entgegen zu halten, die mit Berufung auf eine europarechtskonforme Auslegung jedenfalls eine allgemeine Ausnahme von Investmentfondsanteilen nicht zulassen wollen, da auch der neben dem Anlegerschutz verfolgte Zweck des Wettbewerbs zwischen den Marktplätzen mit einer Preisermittlung nach dem Wert des Sondervermögens und dem Modell einer Ausgabe und Rücknahme der Anteilsscheine durch die Kapitalanlagegesellschaft nicht in Einklang steht.[320]

171 **cc) Anforderungen an die Aufstellung von Ausführungsgrundsätzen.** Gemäß § 82 Abs. 2 WpHG müssen bei der Aufstellung der Ausführungsgrundsätze alle relevanten Kriterien berücksichtigt werden, insbesondere Preise der Finanzinstrumente, die Kosten der Auftragsausführung, die Geschwindigkeit, die Wahrscheinlichkeit der Ausführung und die Abwicklung des Auftrages sowie Umfang und Art des Auftrages;[321] die Pflicht zur Ausübung dieses Ermessens wird von der BaFin besonders hervorgehoben.[322] Unter Berücksichtigung der Kundenmerkmale, des Auftrages, des Finanzinstrumentes und des Ausführungsplatzes sind diese Kriterien dann zu gewichten, wobei dem Wertpapierdienstleistungsunternehmen ein breites Ermessen für die Ausgestaltung der Ausführungsgrundsätze zusteht.[323] Für Privatkunden enthält § 82 Abs. 3 WpHG die weitere Vorgabe, dass sich das bestmögliche Ergebnis am Gesamtentgelt zu orientieren habe. Die klare Orientierung am Gesamtpreis soll insofern die Nachvollziehbarkeit für den Privatkunden erhöhen und dessen vorrangiges Interesse am finanziellen Ergebnis widerspiegeln.[324]

172 Die Vergütung (Provision) des Wertpapierdienstleistungsunternehmens ist grundsätzlich bei der Ermittlung der Ausführungsplätze nicht zu berücksichtigen.[325] Damit wird vermieden, dass ein Kreditinstitut über die eigene Provisionsstruktur bestimmte Handelsplätze bevorzugen kann.[326] Nur, wenn mehrere Ausführungsplätze zu optimalen Ergebnissen führen, müssen die Provisionen und Gebühren des Wertpapierdienstleistungsunternehmens berücksichtigt werden (§ 82 Abs. 3 S. 3 WpHG). Um den Wettbewerb der Ausführungsplätze zu sichern, sind sachlich nicht gerechtfertigte Ungleichbehandlungen der Ausführungsplätze bei der Provisionsstruktur des Wertpapierdienstleistungsunternehmens gemäß Art. 64 Abs. 3 Delegierte Verordnung (EU) 2017/565 (MiFID II) unzulässig.

173 Gemäß § 82 Abs. 8 WpHG darf ein Institut keine Vorteile für die Weiterleitung an bestimmte Ausführungsplätze annehmen, wenn dadurch gegen Verhaltenspflichten verstoßen würde. Ergänzend fordert Art. 66 Abs. 6 Delegierte Verordnung (EU) 2017/565 (MiFID II) eine Information des Kunden. Danach ist der sogenannte „payment for order-flow" nur eingeschränkt zulässig, wird aber wohl nicht gänzlich ausgeschlossen.[327]

174 **dd) Konkretes Vorgehen.** Konkret wird bei der Aufstellung eigener Ausführungsgrundsätze zunächst eine Gewichtung der relevanten Kriterien zur Erzielung des bestmöglichen Ergebnisses anhand der jeweiligen Kundenmerkmale und Auftragsarten für die jeweiligen Finanzinstrumente vorgenommen werden, wobei nunmehr die von den Ausführungsplätzen veröffentlichen Informationen zu berücksichtigen sind. Die Kategorien

---

[318] Vgl. Regierungsbegründung Finanzmarkt-Richtlinie-Umsetzungsgesetz, BT-Drs. 16/4028, 72.

[319] Vgl. Fuchs/*Zimmerman* WpHG § 33a Rn. 10; Assmann/Schneider/Mülbert/*Koller* WpHR, WpHG § 82 Rn. 5 geht davon aus, dass jedenfalls an Sekundärmärkten gehandelte Investmentanteile in die Ausführungsgrundsätze einzubeziehen sind.

[320] IErg auch Ellenberger/Clouth/*Bauer* Wertpapier- und Derivategeschäft Rn. 2176 ff.

[321] Weitere qualitative Faktoren nennen hier auch die BaFin MaComp BT 4.1 Nr. 2.

[322] BaFin MaComp BT 4.1 Nr. 1.

[323] Fuchs/*Zimmermann* WpHG § 33a Rn. 16.

[324] Assmann/Schneider/Mülbert/*Koller* WpHR, WpHG § 82 Rn. 21.

[325] Assmann/Schneider/Mülbert/*Koller* WpHR, WpHG § 82, Rn. 9.

[326] *Spindler/Kasten* WM 2006, 1797 (1802).

[327] Krit. zB die britische FCA (Financial Conduct Authority), Payment for Order Flow (PFOF), April 2019, abrufbar unter www.fca. org.uk (Oktober 2019).

beziehungsweise Gattungen von Finanzinstrumenten sind nunmehr nach § 82 Abs. 5 WpHG und Anhang I der Delegierten Verordnung (EU) 2017/576 (RTS 28)[328] vorgegeben.[329]

Darauf folgt eine Untersuchung, welche Ausführungsplätze die Kriterien jeweils am Besten erfüllen sowie die Festlegung und Beschreibung des Verfahrens bei der Auftragsausführung unter Einbeziehung der im Rahmen der Untersuchung erzielten Ergebnisse.[330] Diese Verfahrensbeschreibung wird dann anschließend in die Kundenvereinbarung aufgenommen. Die Einbeziehung erfolgt auch durch Nr. 2 der Sonderbedingungen für Wertpapiergeschäfte.[331] 175

ee) Überwachungspflichten. Die Grundsätze sind nach § 82 Abs. 1 WpHG mindestens einmal jährlich zu überprüfen. Die Prüfungspflicht erfasst nicht nur die Einhaltung der bestehenden Ausführungsgrundsätze, sondern erstreckt sich auch auf die Frage, ob diese im Lichte der Marktentwicklungen ggf. angepasst werden müssen. Die Wertpapierdienstleistungsunternehmen dürfen sich auf verbindliche Leistungszusagen der Marktbetreiber verlassen.[332] Die BaFin empfiehlt darüber hinaus, im Rahmen der Überprüfung aussagefähige Stichproben zu ziehen, ob die Weiterleitung zu einem anderen als den im Rahmen der Grundsätze festgestellten Handelsplatz in einer besseren Ausführung resultiert hätten *(Back-Testing)*.[333] 176

Das Wertpapierdienstleistungsunternehmen ist verpflichtet, seine Ausführungsgrundsätze außerhalb des Jahresrhythmus zu überprüfen, sofern es von einer wesentlichen Veränderung Kenntnis erhält, die dazu führt, dass an den von den Ausführungsgrundsätzen umfassten Ausführungsplätzen eine Ausführung von Aufträgen nicht mehr gleichbleibend im bestmöglichen Interesse des Kunden gewährleistet ist (Art. 66 Abs. 1 S. 2 Delegierte Verordnung (EU) 2017/565 [MiFID II]). Das Wertpapierdienstleistungsunternehmen muss hierzu in angemessener Weise das Marktgeschehen an den maßgebenden Ausführungsplätzen (zum Beispiel erhebliche Änderungen der Preisgestaltung) beobachten und darf sich nicht auf eine „zufällige" Kenntnisnahme stützen.[334] 177

ff) Ausführung nach Weisung des Kunden (§ 82 Abs. 4 WpHG). Gemäß § 82 Abs. 4 WpHG gilt im Falle einer ausdrücklichen Kundenweisung die Pflicht zur Erzielung des bestmöglichen Ergebnisses entsprechend dem Umfang der Weisung als erfüllt; die Überprüfungspflicht des Wertpapierdienstleistungsunternehmens nach § 82 Abs. 1 Nr. 2 WpHG gilt somit nicht. Die Kundenweisung muss individualvertraglich erfolgen, Regelungen in Allgemeinen Geschäftsbedingungen wären daher nicht zulässig. Weisungen können aber sowohl einzeln oder generell vorgenommen werden.[335] Im Übrigen sind aber keine Formerfordernisse vorgeschrieben, so dass eine Weisung gemäß § 82 Abs. 4 WpHG auch telefonisch oder per E-Mail erteilt werden kann.[336] 178

---

[328] Delegierte VO (EU) 2017/576 der Kommission vom 8. Juni 2016 zur Ergänzung der RL 2014/65/EU des Europäischen Parlaments und des Rates durch technische Regulierungsstandards für die jährliche Veröffentlichung von Informationen durch Wertpapierfirmen zur Identität von Handelsplätzen und zur Qualität der Ausführung, Abl. 2017, L 87, 166 ff.

[329] Ellenberger/Clouth/*Bauer* Wertpapier- und Derivategeschäft Rn. 2192 ff.

[330] Ellenberger/Clouth/*Bauer* Wertpapier- und Derivategeschäft Rn. 2203 ff.

[331] Fuchs/*Zimmermann* WpHG § 33a Rn. 40.

[332] Schwark/Zimmer/*v. Hein* WpHG § 33a Rn. 49.

[333] MaComp, Rn. 24, BT 4.2 Nr. 2. Empfehlungen sind nach dem Anschreiben zu den MaComp vom 7.6.2010 – GZ: WA 31 – Wp 2002–2009/0010 – (www.bafin.de) als geeignete Verfahren oder Maßnahmen *(best practice)* zur Einhaltung der aufsichtsrechtlichen Vorgaben anzusehen. Sie sind mithin als solches nicht direkt verbindlich, da die Vorgaben auch durch andere Maßnahmen erfüllt werden können. Ohnehin können die MaComp selbst insofern keine „neuen" Vorgaben schaffen, sondern nur die Auslegung der Gesetze durch die Aufsicht darlegen.

[334] Vgl. Schwark/Zimmer/*v. Hein* WpHG § 33a Rn. 50.

[335] Regierungsbegründung Finanzmarkt-Richtlinie-Umsetzungsgesetz, BT-Drs. 16/4028, 72 f.

[336] Vgl. Schwark/Zimmer/*v. Hein* WpHG § 33a Rn. 54.

179 Grundsätzlich zulässig ist es auch, dass ein Wertpapierdienstleistungsunternehmen Kundenaufträge nur auf Basis von ausdrücklichen Weisungen zu Ausführungsplätzen annimmt.[337] In diesem Fall müssen jedoch auch Grundsätze zur Auftragsausführung aufgestellt und dem Kunden auf dieser Grundlage Ausführungsplätze zur Wahl gestellt werden.[338] Ferner bedarf es gemäß Art. 66 Abs. 5 Delegierte Verordnung (EU) 2017/565 (MiFID II) einer Information der Kunden über die Ausführungsplätze, die es dem Kunden ermöglicht, eine Weisung hinsichtlich des Ausführungsplatzes zu erteilen, die zu dem für ihn bestmöglichen Ergebnis führt. Dazu ist es erforderlich, ihm zumindest hinreichende Informationen über die Qualität der Ausführungsplätze zur Verfügung zu stellen.[339] Auch im Falle von *Online-Brokern* wird daher nicht im Wege einer teleologischen Reduktion von vorneherein auf eine entsprechende Pflicht zur Aufstellung von Ausführungsgrundsätzen verzichtet werden können.[340] Der Wortlaut des § 82 WpHG sieht insofern keine Ausnahme vor und auch beim direkt handelnden Anleger greift ebenfalls sowohl das Argument der notwendigen Informationsgrundlage, aber auch die mit der Regelung des § 82 WpHG beabsichtigte Förderung des Wettbewerbs der Handelsplätze.

180 **gg) Auswahl-Policy und Auslagerung Art. 65 Delegierte Verordnung (EU) 2017/565 (MiFID II).** Art. 65 Delegierte Verordnung (EU) 2017/565 (MiFID II) sieht ausdrücklich vor, dass das Wertpapierdienstleistungsunternehmen auch ein anderes Unternehmen mit der Ausführung beauftragen kann, ohne Aufträge oder Entscheidungen selbst auszuführen. In diesem Fall wird der Pflichtenkreis des Wertpapierdienstleistungsunternehmens im Wesentlichen darauf beschränkt, den betreffenden Dienstleister ordnungsgemäß auszuwählen und in bestimmten Grenzen zu überwachen;[341] dies wird daher teilweise auch als „Auswahl-*Policy*" bezeichnet. Darüber hinaus bestehende Informationspflichten nach Art. 65 Abs. 6 der MiFID Delegierte Verordnung (EU) 2017/565 (MiFID II). In Betracht kommt daneben auch ein teilweiser Rückgriff auf Dienstleistungen Dritter, der dann aber nicht zu der vorgenannten Reduzierung des Pflichtenkreises führt. Die Beauftragung mit der Ausführung nach Art. 65 Delegierte Verordnung (EU) 2017/565 (MiFID II) ist damit zu unterscheiden von einem Rückgriff auf Dienstleistungen Dritter, also einer Auslagerung.

181 Während bei der Auswahl-*Policy* der eigene Pflichtenkreis des Instituts auf die Auswahl und die Überwachung reduziert wird, stellt die Aufstellung der Ausführungsgrundsätze dann keine Auslagerung im Sinne des § 25b KWG dar. Im Falle eines teilweisen Rückgriffs verbleibt die (aufsichtsrechtliche) Verantwortung hingegen beim Wertpapierdienstleistungsunternehmen, so dass die Vorgaben des § 25b KWG grundsätzlich Anwendung finden.

182 **hh) Kundeninformation (§ 82 Abs. 6 WpHG) und Kundenzustimmung.** Gemäß § 82 Abs. 6 WpHG muss das Wertpapierdienstleistungsunternehmen den Kunden über seine Ausführungsgrundsätze informieren und dessen Zustimmung einholen.

183 Die Information muss dabei nicht alle Details der Ausführungsgrundsätze umfassen, mindestens aber nach Art. 66 Abs. 3 Delegierte Verordnung (EU) 2017/565 (MiFID II) die Beschreibung der Gewichtung der Kriterien nach § 82 Abs. 2 WpHG oder alternativ der Methode, nach welcher die Gewichtung bestimmt wird und das Verzeichnis der wesentlichen Ausführungsplätze, auf die sich das Unternehmen im Rahmen seiner Ausführungsgrundsätze stützt. Gegebenenfalls ist der Hinweis aufzunehmen, dass die Ausführungsgrundsätze auch eine Ausführung außerhalb eines geregelten Marktes oder eines

---

337 Vgl. Regierungsbegründung Finanzmarkt-Richtlinie-Umsetzungsgesetz, BT-Drs. 16/4028, 73.

338 Vgl. Assmann/Schneider/Mülbert/*Koller* WpHR, WpHG § 82 Rn. 32.

339 Vgl. Regierungsbegründung Finanzmarkt-Richtlinie-Umsetzungsgesetz, BT-Drs. 16/4028, 73. Diesen Ausführungen folgt die ganz überwiegende Auffassung; s. nur Fuchs/*Zimmermann* WpHG, § 33a Rn. 34; Assmann/Schneider/Mülbert/*Koller* WpHR, WpHG § 82 Rn. 13; Schwark/Zimmer/*v. Hein* WpHG § 33a Rn. 56.

340 So aber MüKoHGB/*Ekkenga* Effektengeschäft Rn. 522.

341 Vgl. Schwark/Zimmer/*v. Hein*WpHG § 33a Rn. 69 ff.; Assmann/Schneider/Mülbert/*Koller* WpHR, WpHG § 82 Rn. 47 ff.

multilateralen Handelssystems vorsehen. Ferner ist hervorgehoben darauf hinzuweisen, dass im Falle einer Kundenweisung das Institut nicht verpflichtet ist, den Auftrag entsprechend den Ausführungsgrundsätzen zum bestmöglichen Ergebnis auszuführen.

Bei wesentlichen Änderungen der Ausführungsgrundsätze bedarf es nach § 82 Abs. 6 Nr. 3 WpHG einer Information des Kunden, aber keiner Zustimmung. Nach Nr. 2 Satz 3 der Sonderbedingungen für Wertpapiergeschäfte ist ein Kreditinstitut berechtigt, die Ausführungsgrundsätze entsprechend den aufsichtsrechtlichen Vorgaben zu ändern, ohne dass es jeweils einer erneuten Zustimmung des Kunden bedarf. Die Bank kann insoweit ein auch mit § 308 Nr. 4 BGB vereinbares einseitiges Leistungsbestimmungsrecht nach § 315 BGB ausüben.[342] Als wesentlich ist eine solche Änderung anzusehen, die ein Kunde für die Entscheidung benötigt, ob er weiterhin die Dienste des Wertpapierdienstleistungsunternehmens in Anspruch nehmen möchte.[343] **184**

§ 82 Abs. 9 WpHG fügt in Umsetzung von Art. 27 Abs. 6 Richtlinie 2014/65/EU MiFID II die neue Anforderung ein, dass einmal jährlich für jede Gattung von Finanzinstrumenten die – bezogen auf das Handelsvolumen – fünf wichtigsten Ausführungsplätze sowie Informationen zur Ausführungsqualität angegeben werden. Damit korrespondierend obliegt den Handels- und Ausführungsplätzen nach § 83 Abs. 20 ff. WpHG die Pflicht, mindestens einmal jährlich Informationen über die Ausführungsqualität der Aufträge zu veröffentlichen. **185**

6. Gültigkeitsdauer des Auftrages und Limitierung

Die Sonderbedingungen für Wertpapiergeschäfte sehen für die Gültigkeitsdauer und die Limitierung von Aufträgen Vorgaben vor, die zum einen eine gewisse Standardisierung der maßgeblichen Kundenweisungen bewirken sollen und zum anderen auch ohne entsprechende Kundenvorgaben eine angemessene Ausführung sicherstellen sollen. **186**

a) Befristung. (Zeitlich) befristete Aufträge erlöschen mit dem Ablauf der vom Kunden angegebenen Gültigkeit. Bis zum Abschluss des Ausführungsgeschäfts durch die Bank kann der Kunde den Auftrag nach §§ 621 Nr. 5, 627 Abs. 1 BGB widerrufen.[344] **187**

b) Preislimit und weitere Bestimmungen. Gemäß Nr. 5 der Sonderbedingungen für Wertpapiergeschäfte kann der Kunde Aufträge mit preislichen Grenzen (Preislimits) versehen, was praktisch nicht zuletzt bei weniger liquiden Werten geboten ist. Die Regelung setzt § 386 HGB um und hat mithin primär deklaratorischen Charakter.[345] Freilich unlimitierte Aufträge gelten – vorbehaltlich einer anderen Kundenweisung – gemäß Nr. 6 Abs. 1 der Sonderbedingungen für Wertpapiergeschäfte nur für einen Handelstag. Es wird davon ausgegangen, dass der Kunde sich bei einer unlimitierten Order (billigst, bestens) am aktuellen Kurs orientiert hat und eine längere Befristung den Vorstellungen des Kunden daher grundsätzlich nicht mehr entspricht.[346] Preislich limitierte Order sind hingegen nach Art. 6 Abs. 2 der Sonderbedingungen für Wertpapiergeschäfte grundsätzlich für einen Monat gültig. Besondere Regelungen finden dann gemäß § 7 der Sonderbedingungen für Wertpapiergeschäfte bei Aufträgen zu Transaktionen mit Bezugsrechten wegen des begrenzten Handelszeitraums Anwendung. **188**

Weicht das Kreditinstitut vom gesetzten Preislimit zum Nachteil des Kunden ab, so muss dieser das Geschäft nach Erhalt der Ausführungsanzeige gemäß § 386 Abs. 1 HGB unver- **189**

[342] Fuchs/*Zimmermann* WpHG § 33a Rn. 43; Schwark/Zimmer/*v. Hein* WpHG § 33a Rn. 64.

[343] Vgl. Committee of European Securities Regulators (CESR/07/320), Best execution under MiFID, Mai 2007, Ziff. 18.1., abrufbar unter www.esma.europa.eu; dem folgend Schwark/Zimmer/*v. Hein* WpHG § 33a Rn. 65.

[344] Staub/*Koller* HGB § 383 Rn. 82; MüKoHGB/*Ekkenga* Effektengeschäft Rn. 243.

[345] *Bunte/Zahrte* AGB Banken, Sonderbedingungen für Wertpapiergeschäfte Rn. 76.

[346] Vgl. Kümpel/*Braun* Bank- und Kapitalmarktrecht Rn. 17.239.

zülich zurückweisen; die Abweichung gilt ansonsten als genehmigt.[347] Neben Limitierungen können in Abhängigkeit von den entsprechenden Usancen noch weitere Ausführungsmodalitäten bestehen, zum Beispiel die sofortige Gesamtausführung oder Löschung des Auftrages *(Fill-or-Kill)* oder sofortige Ausführung der Order, soweit möglich, und Löschung des restlichen Teils *(Immediate-or-Cancel)*.[348]

190 **c) Erlöschen laufender Aufträge.** Laufende Aufträge erlöschen nach Nr. 8 Abs. 1 der Sonderbedingungen für Wertpapiergeschäfte insbesondere bei Dividendenzahlungen oder sonstigen Ausschüttungen, der Einräumung von Bezugsrechten sowie einer Kapitalerhöhung aus Gesellschaftsmitteln. Da diese Maßnahmen regelmäßig zu Kursänderungen führen, soll der Kunde selbst eine Entscheidung treffen, wie er darauf reagiert.[349]

191 Gemäß Nr. 8 Abs. 2 der Sonderbedingungen für Wertpapiergeschäfte erlöschen noch nicht ausgeführte Aufträge bei Kursaussetzungen. Diese treten in der Regel aufgrund besonderer Umstände ein. Hintergrund für diese Bestimmung ist insbesondere die Ad-Hoc-Publizität nach Art. 17 Marktmissbrauchsverordnung[350] (zuvor § 15 WpHG a. F.).

192 § 8 Abs. 4 der Sonderbedingungen für Wertpapiergeschäfte sieht vor, dass der Kunde unverzüglich über das Erlöschen seines Auftrages informiert wird. Der Kunde soll die Möglichkeit haben, die veränderte Situation zu beurteilen und kann dem Institut gegebenenfalls eine neue Weisung erteilen.[351] Eine telefonische Benachrichtigung wird dabei nicht verlangt werden können.[352]

7. Provisionsanspruch und Auslagenersatz (§ 396 HGB)

193 Der Provisionsanspruch des Instituts ergibt sich grundsätzlich aus § 396 Abs. 1 HGB. Daneben wird in § 396 Abs. 2 HGB ein spezifischer Aufwendungsersatzanspruch normiert. Auch ohne eine Vereinbarung ergäbe sich grundsätzlich ein Provisionsanspruch des Kommissionärs bereits aus § 354 Abs. 1 HGB.[353] In der kreditwirtschaftlichen Praxis finden sich die jeweiligen Provisionen für die Kommissionsgeschäfte im Preis- und Leistungsverzeichnis eines Instituts. Im Rahmen der Depoteröffnung beziehungsweise bei den einzelnen Aufträgen werden die im Preis- und Leistungsverzeichnis enthaltenden Positionen dann mit dem Kunden vereinbart. § 3 Abs. 3 der Sonderbedingungen für Wertpapiergeschäfte kommt insofern deklaratorische Bedeutung zu. Im Hinblick auf die Rechtsprechung des BGH zur Wirksamkeit von Auslagenersatzklauseln[354] wurde die Formulierung des § 3 Abs. 3 der Sonderbedingungen für Wertpapiergeschäfte – bei Verwendung leicht abweichenden Wortlauts in unterschiedlichen Kreditinstituten – modifiziert.

8. Rechenschafts- und Herausgabepflicht des Kommissionärs (§ 384 Abs. 2 HGB), weitere Pflichten

194 **a) Auskunfts- und Benachrichtigungspflicht.** Die Bank ist nach § 384 Abs. 2 HGB verpflichtet, den Kunden unverzüglich über die Ausführung des Geschäftes zu informieren und ihm gegenüber Rechenschaft abzulegen. Die Ausführungsanzeige wird dabei in der

---

[347] Vgl. OLG Nürnberg NJW-RR 2003, 628 (629), wobei das Gericht im konkreten Fall die Genehmigung auch in einem später erteilten Verkaufsauftrag sah.

[348] S. zB § 76 der Börsenordnung der Frankfurter Wertpapierbörse (Stand 1.7.19).

[349] *Bunte/Zahrte* AGB-Banken, Sonderbedingungen für Wertpapiergeschäfte Rn. 88.

[350] VO (EU) Nr. 596/2014 des europäischen Parlaments und des Rates vom 16. April 2014 über Marktmissbrauch (Marktmissbrauchsverordnung) und zur Aufhebung der RL 2003/6/EG des Europäischen Parlaments und des Rates und der RL 2003/124/EG, 2003/125/EG und 2004/72/EG der Kommission, Abl. 2014 L 173, 1 ff.

[351] *Bunte/Zahrte* AGB-Banken, Sonderbedingungen für Wertpapiergeschäfte Rn. 92.

[352] *Baumbach/Hopt* HGB Sonderbedingungen für Wertpapiergeschäfte Nr. 8 Rn. 4; *Bunte/Zahrte* AGB-Banken, Sonderbedingungen für Wertpapiergeschäfte Rn. 92.

[353] EBJS/*Füller* HGB § 396 Rn. 1 ff.

[354] BGH WM 2012, 1344; 2012, 1189.

Praxis regelmäßig in die Abrechnung integriert.[355] Weitgehend kongruent bestehen daneben die aufsichtsrechtlichen Pflichten (→ Rn. 87). Ferner hat der Kommissionär den Kommittenten über alle Umstände zu benachrichtigen, die für die Ausführung des Geschäfts wichtig sind und somit gegebenenfalls eine Weisung des Kunden erfordern.[356]

b) Herausgabe des aus der Kommission/Geschäftsbesorgung Erlangten. Das Kreditinstitut ist zur Herausgabe des aus der Kommission Erlangten verpflichtet, dies ergibt sich mit insoweit gleichem Regelungsgehalt sowohl aus Kommissionsrecht gemäß § 384 Abs. 2 HGB als auch aus Geschäftsbesorgungsrecht nach §§ 675 Abs. 1, 667 BGB. Diese Vorgabe ist eine Konsequenz, die sich nahtlos aus dem Zweck der Kommission beziehungsweise der Geschäftsbesorgung ergibt, die ja darauf abzielen, für Dritte tätig zu sein. Dann müssen aber neben den Nachteilen auch die Vorteile dem Auftraggeber (Kommittenten) zugutekommen. Durch die Herausgabepflicht wird ferner die Ausrichtung an den Interessen des Kommittenten gesichert.[357] 195

aa) Vertriebsvergütungen. Während diese Herausgabepflicht hinsichtlich der Hauptleistungspflichten – Verschaffung des Eigentums an den Wertpapieren beziehungsweise des Geldes – keine wesentlichen Probleme aufwirft, ist die nicht einheitliche Beurteilung weiterer Zahlungen im Umfeld des Kommissionsgeschäfts von erheblicher Bedeutung. Hinsichtlich des Herausgabeanspruches eindeutig ausgeurteilt worden sind dabei bislang nur Fälle, bei denen es sich um „Schmiergelder" handelt. Diese sind nach ständiger Rechtsprechung an den Geschäftsherrn herauszugeben, damit dessen Interessen gewahrt werden.[358] 196

Dreh- und Angelpunkt für die kreditwirtschaftliche Praxis ist jedoch die bislang von der Rechtsprechung des BGH nicht entschiedene Frage,[359] ob auch Vertriebsvergütungen an den Kunden herauszugeben sind. Vertriebsvergütungen können sowohl in der Form einmaliger als auch laufender Zahlungen (oftmals als Bestandsvergütungen oder Vertriebsfolgeprovisionen bezeichnet) auftreten.[360] 197

Vertriebsvergütungen stellen praktisch regelmäßig Zuwendungen nach § 70 WpHG dar beziehungsweise fallen unter den von der Rechtsprechung des BGH geprägten Begriff der Rückvergütung[361] beziehungsweise *Kick-back*. Dazu *Spindler* → Kap. 33 Rn. 216 ff. Die Bezeichnungen sind nicht deckungsgleich, was für die hier in Rede stehende Frage des Herausgabeanspruches aber nicht näher relevant ist.[362] 198

bb) Zusammenhang mit der Geschäftsbesorgung. Der Wortlaut des § 384 Abs. 2 HGB und des § 667 BGB, nach denen das Kreditinstitut das herauszugeben hat was es aus der Geschäftsbesorgung beziehungsweise dem Kommissionsgeschäft erlangt hat, könnte in einer ersten Betrachtung dafür herangezogen werden, eine Herausgabepflicht zu bejahen. Maßgeblich ist allerdings nach der bereits durch das Reichsgericht begründeten Rechtsprechung, ob ein innerer Zusammenhang mit der Geschäftsbesorgung besteht und die Besorgnis auftritt, dass die Interessen des Geschäftsherrn bei der Ausführung des Geschäftes beeinträchtigt werden.[363] Nicht relevant ist es, ob die Zahlung nicht für den Geschäftsherrn bestimmt war,[364] denn ansonsten könnte – entgegen dem Schutzzweck der Normen – die Interessenwahrnehmungspflicht durch einen Dritten eingeschränkt werden.[365] Vertriebs- 199

---

355 *Assmann/Schütze* KapAnlR-HdB § 13 Rn. 68.
356 BGH WM 2002, 1687 (1689).
357 Vgl. grundlegend RGZ 99, 31 (32).
358 Vgl. nur BGH NJW 1963, 649; 1963, 102; WM 1988, 1320; NJW 2000, 2669; NJW-RR 2004, 1290.
359 Ausdrücklich offen gelassen in BGH NJW 2014, 924 Rn. 15 ff.
360 Zu unterschiedliche Arten von Zuwendungen im Detail *Rozok* BKR 2007, 217 (218 f.).
361 Vgl. nur BGH NJW 2007, 1876 (BGHZ 146, 235).
362 Zum Festpreisgeschäft → Rn. 221.
363 RGZ 99, 31 (33); BGH NJW 1963, 649; 1963, 102; WM 1988, 1320; NJW 2000, 2669; NJW-RR 2004, 1290.
364 BGH NJW 1982, 1752; 1991, 1224; 2000, 2669 (2772).
365 Vgl. *Hadding* ZIP 2008, 529 (531).

vergütungen beruhen regelmäßig auf separaten, allgemeinen Vertriebsvereinbarungen, die den rechtlichen Grund für die Gewährung von Vertriebsvergütungen darstellen. Etwaige Zahlungen haben ihren Ursprung somit nicht im einzelnen Kommissionsgeschäft, das lediglich einen Einfluss auf die Höhe der Vergütung haben kann.[366] Dagegen wird eingewandt, dass aber auch schon die Beeinflussung der Höhe der Vertriebsvergütung relevant sei.[367]

200 **cc) Interessenwahrnehmungspflicht.** Hintergrund der zunächst nur begrifflichen Unterscheidung, ob ein Zusammenhang mit der Geschäftsbesorgung besteht, ist indes die Effektuierung der Interessenwahrnehmungspflicht für den Kommittenten.[368] Durch den Anreiz, der mit Vertriebsvergütungen verbunden ist, kann der Kommissionär die Interessen des Kommittenten „aus dem Auge" verlieren und somit in einen Interessenkonflikt geraten.[369] Während nun einerseits argumentiert werden kann, dass ausschließlich die vollkommene Abschöpfung der Zahlungen die entsprechenden Anreizwirkungen vermeiden könne,[370] spricht andererseits auch einiges dafür, dass der Interessenwahrnehmungspflicht durch eine Aufklärungspflicht über die Rückvergütungen – und gegebenenfalls Schadenersatzansprüchen – genügt werden kann, so dass eine zusätzliche Abschöpfung durch die Herausgabepflicht überschießend und damit nicht mehr erforderlich wäre.[371]

201 Teilweise wird auch einschränkend darauf verwiesen, dass ein Anspruch auf Herausgabe des Erlangten nicht nur bei bloßem Bestehen einer Offenlegungspflicht entfällt, sondern auch eine tatsächliche Aufklärung erfolgt sein muss.[372] Habe der Kunde tatsächlich bei Auftragserteilung Kenntnis davon, dass Zuwendungen fließen, werde entweder § 667 BGB konkludent abbedungen[373] oder das Verlangen nach Herausgabe stelle ein *venire contra factum proprium* dar.[374]

202 **dd) Behandlung im Aufsichtsrecht (§ 70 WpHG).** Maßgeblich zu berücksichtigen sein wird aber die auf Art. 24 Abs. 9 der Richtlinie 2014/65/EU (MiFID II) zurückgehende Vorgabe des § 70 WpHG, die die Gewährung von Zuwendungen an Wertpapierdienstleistungsunternehmen unter bestimmten Voraussetzungen für zulässig erklärt. Allgemein darf das Zivilrecht bei diesem wesentlichen Aspekt nicht dem Aufsichtsrecht widersprechen.[375] Teilweise wird vertreten, dass ein über diese Bestimmungen hinausgehendes nationales Zivilrecht aufgrund der im europäischen Recht aufgestellten Maximalvorgaben unzulässig sei.[376] Auch wenn dieser Auffassung soweit nicht gefolgt wird, zeigt § 70 WpHG eindeutig, dass die auch aufsichtsrechtlich gebotene Orientierung an den Kundeninteressen durch die in der Norm aufgestellten Bedingungen der Qualitätsverbesserung, der Nichtbeeinträchtigung von Kundeninteressen sowie der Offenlegung von Zuwendungen realisiert werden soll.[377] Die Annahme eines Herausgabeanspruches stünde dazu in Widerspruch, denn dann bedürfte es jedenfalls keiner über eine Offenlegungspflicht hinausgehenden Voraussetzung für die Zulässigkeit. Das Merkmal der „Qualitätsverbesserung" wäre zudem nie erfüllt, da die als Zuwendung fließende Vertriebsvergütung an den Kunden

---

366 *Hadding* ZIP 2008, 529 (537).
367 *Kumpan* Beiträge für Hopt, 2008, 33 (40).
368 *Hadding* ZIP 2008, 529 (533 f.); *Mülbert* ZHR 172 (2008), 170 (196).
369 *Kumpan* Perspektiven des Wirtschaftsrechts, 33 (41).
370 So *Kumpan* Perspektiven des Wirtschaftsrechts, 33 (41).
371 *Hadding* ZIP 2008, 529 (534); *Mülbert* ZHR 172 (2008), 170 (202); *Koch* ZBB 2013, 217 (220); *Regenfus* WM 2015, 209 (210 ff.); *Kotte* BB 2015, 1283 (1286).
372 *Fuchs* WpHG § 31d Rn. 55.
373 So *Assmann* ZBB 2008, 21 (31).
374 So *Fuchs* WpHG § 31d Rn. 55.
375 Vgl. Derleder/Knops/Bamberger/*Bernau* Handbuch zum deutschen und europäischen Bankrecht § 56 Rn. 88 f.
376 *Mülbert* ZHR 172 (2008), 170 (206 f.); → Rn. 15.
377 *Hadding* ZIP 2008, 529 (537).

weitergeleitet werden müsste und vom Kreditinstitut gar nicht für entsprechende Maßnahmen verwendet werden könnte.[378]

ee) Zulässigkeit und Anwendungsbereich von „Behaltensklauseln". Die in der kreditwirtschaftlichen Praxis teilweise eingesetzten „Behaltensklauseln", die formularmäßig einen Verzicht des Kunden auf die Herausgabe von Vertriebsvergütungen vorsehen, begegnen teilweise Bedenken im Hinblick auf die Vereinbarkeit mit den Regelungen für Allgemeine Geschäftsbedingungen: Es könnte sich um überraschende (§ 305c Abs. 1 BGB) oder intransparente Klauseln (§ 307 Abs. 1 BGB) handeln.[379] Dies setzt aber wiederum voraus, dass der Anspruch zur Akzentuierung der Interessenwahrnehmungspflicht für erforderlich angesehen wird. Dann liegt es aber nahe, dies als einen wesentlichen Grundgedanken der gesetzlichen Regelung anzusehen. Eine Abweichung davon könnte dann wiederum eine unangemessene Benachteiligung des Kunden gemäß § 307 Abs. 2 Nr. 1 BGB darstellen.[380] Dagegen wird – zunächst im Ansatz überlegenswert – eingewandt, dass die Beurteilung, ob ein Grundgedanke der gesetzlichen Regelung betroffen ist, nicht dem Klauselverwender obliege.[381] 203

Der BGH hat diese Frage grundsätzlich entschieden und hält eine „Behaltensklausel" im Sinne eines formularmäßigen Verzichts für wirksam, wobei dezidierte Voraussetzungen einzuhalten sind: So muss der Anleger bei Abschluss der Vereinbarung in die Lage versetzt werden, den wirtschaftlichen Wert seines Verzichts einzuschätzen.[382] Ferner darf die Entscheidungsfreiheit des Anlegers sowie die Information bei einem konkreten Wertpapiergeschäft nicht beeinträchtigt werden.[383] Der BGH sieht § 667 Fall 2 BGB und § 384 Absatz 2 Hs. 2 HGB als dispositives Recht an.[384]. Das Transparenzgebot wird eingehalten, wenn der Kunde bei Abschluss der Vereinbarung über die regelmäßige Maximalhöhe der Vertriebsprovisionen unterrichtet wird und damit nicht über den wirtschaftlichen Wert seines Verzichts im Unklaren gelassen wird sowie Einzelheiten zu den Vertriebsvergütungen auf Nachfrage erhalten kann beziehungsweise diese bei der Anlageberatung unaufgefordert mitgeteilt werden.[385] Ausdrücklich konzidiert der BGH, dass der Klauselverwender nicht gegen das Transparenzgebot verstoße und in der Lage sein müsse, bei ungeklärter Rechtslage die Rechtsverhältnisse auf Basis der für ihn ungünstigeren Rechtslage ordnen zu können.[386] Der BGH verneint auch eine unangemessene Benachteiligung des Kunden durch Abweichen von einem wesentlichen Grundgedanken der gesetzlichen Regelung, da selbst bei Unterstellen eines grundsätzlichen gesetzlichen Herausgabeanspruches ein berechtigtes Rationalisierungsinteresse der Bank bestehe, den Verzicht auf die Herausgabe in AGB zu regeln. Auch falle die Interessenabwägung zu Gunsten der Bank aus, da die Entschlussfreiheit des Kunden durch die gewählte Klauselgestaltung bestehen bleibe.[387] 204

c) Begrenzung des Pflichtenkreises. Der Kommissionär schuldet grundsätzlich nicht *Rat* oder *Empfehlung* vor Auftrag, es sei denn, dies wird vom Kunden verlangt.[388] Ebenso besteht keine generelle Pflicht des (potentiellen) Kommissionärs zur Beratung.[389] Sofern der Kommissionär Informationen bereitstellt, müssen diese allerdings richtig und vollständig sein.[390] Seitdem die Rechtsprechung des BGH in Folge des Bond-Urteils[391] regelmäßig auf 205

[378] Vgl. *Assmann* ZBB 2008, 21 (31).
[379] Im Einzelnen *Hadding* FS Nobbe, 2008, 565 (573 ff.); *Assmann* ZBB 2008, 21 (31).
[380] *Hadding* FS Nobbe, 2008, 565 (578 ff.).
[381] *Mülbert* WM 2009, 481 (489 f.).
[382] BGH NJW 2014, 924; in der Vorinstanz bereits OLG Frankfurt a. M. WM 2012, 1951.
[383] BGH NJW 2014, 924.
[384] BGH NJW 2014, 924 Rn. 21 ff.
[385] BGH NJW 2014, 924 Rn. 33 ff.
[386] BGH NJW 2014, 924 Rn. 42; *Koch* ZBB 2013, 217 (225).
[387] BGH NJW 2014, 924 Rn. 43 ff.
[388] *Baumbach/Hopt* HGB § 384 Rn. 2.
[389] Staub/*Koller* HGB § 384 Rn. 5.
[390] Staub/*Koller* HGB § 384 Rn. 6.
[391] BGH NJW 1993, 2433; dazu iE *Spindler* → Kap. 33 Rn. 277 ff.

die Pflichten aus einem Beratungsvertrag rekurriert, ist die Haftung aus einer Verletzung von (vorvertraglichen) Pflichten aus dem Kommissionsvertrag[392] praktisch in den Hintergrund gerückt.[393]

9. Unwirksamkeit und Leistungsstörungen

206 **a) Anfechtung, Kündigung, Verzug, Unmöglichkeit.** Die allgemeinen bürgerlichrechtlichen Regelungen zur Unwirksamkeit beziehungsweise Anfechtung von Verträgen sowie Rechtsfolgen (Rücktritt, Schadenersatz) bei Leistungsstörungen werden bei Effektengeschäften teilweise modifiziert.[394] Die Börsenbedingungen sehen hier spezielle Regelungen vor, die dem besonderen Charakter des Handels Rechnung tragen und eine schnelle und rechtssichere Praxis ermöglichen sollen.[395] Pflichtverletzungen bei der Ausführung von Kommissionsgeschäften, zum Beispiel durch eine nicht unverzügliche Weiterleitung von Aufträgen,[396] eine Ausführung nach Ablauf der Gültigkeit des Auftrags[397] oder andere Abweichungen von Kundenweisungen, können einen Schadenersatzanspruch des Kunden aus Vertrag oder nach der Rechtsprechung auch aus unerlaubter Handlung (§ 823 Abs. 1 BGB wegen Verletzung der dinglichen Rechtsstellung)[398] auslösen. Zu Fragen des Schadenersatzes im Übrigen, insbesondere bei Beratungsfehlern, *Spindler* → Kap. 33 Rn. 267 ff.

207 **b) Stornierung von Geschäften (Mistrades).** Werden Wertpapiergeschäfte zu nicht marktgerechten Preisen (sogenannte *Mistrades*) vorgenommen, sehen börsliche und außerbörsliche Handelsbedingungen[399] unter bestimmten Voraussetzungen – entgegen den allgemeinen bürgerlich-rechtlichen Grundsätzen, nach denen die Überprüfung des Wertes von Leistung und Gegenleistung nur in sehr engen Grenzen, insbesondere nach Maßgabe des § 138 BGB vorgenommen werden kann – eine Rückabwicklung dieser Transaktionen vor.[400] Als Gründe für entsprechende Aufhebungen werden zum Beispiel Fehler im System oder Irrtümer bei der Eingabe angegeben.[401] Praktisch relevant sind diese Fragen insbesondere bei außerbörslichen Handelsplattformen geworden. Grundfrage ist hier zunächst, ob ein Kommissionsgeschäft oder Festpreisgeschäft vereinbart worden ist.[402]

208 Die Rechtsprechung des BGH ging zunächst davon aus, dass im Zweifel ein Kommissionsgeschäft vorliegt und hält grundsätzlich entsprechende Klauseln zur Stornierung von *Mistrades* nicht für unzulässig.[403] Sie lässt aber Skepsis bei zu langen Stornierungsrechten erkennen[404] und verweist auf die Interessenwahrungspflicht aus dem Kommissionsrecht.[405] Erforderlich wird in diesem Fall auch eine Regelung zum Ersatz des Vertrauensschadens des Kunden gemäß § 122 BGB sein.[406] Bei *Mistrades* kommt eine Eigenhaftung des Kommissionärs gemäß § 384 Abs. 3 HGB auch dann nicht in Betracht, wenn der Dritte in der

---

[392] Dazu noch Staub/*Koller* HGB § 384 Rn. 6 ff.

[393] Der BGH nimmt in Ausnahmefällen eine nebenvertragliche Warnpflicht eines *Discount-Brokers* an, wenn dieser eine tatsächliche bestehende Aufklärungsbedürftigkeit oder Fehleinschätzung von Tragweite oder Risiko eines Auftrages des Kunden erkennt oder infolge grober Fahrlässigkeit nicht erkannt hat; vgl. nur BGH BKR 2013, 248 (251). Ferner in Fällen mit Einschaltung weiterer Wertpapierdienstleistungsunternehmen nur dann, wenn der Discount-Broker eine Fehlberatung des Kunden positiv kennt oder wenn diese aufgrund massiver Verdachtsmomente evident ist; vgl. BGH BKR 2016, 341 (343); BGH KR 2014, 245 (247).

[394] *Lenenbach* Kapitalmarkt- und Börsenrecht 179 ff.

[395] *Lenenbach* Kapitalmarkt- und Börsenrecht 182.

[396] Vgl. BGH WM 2002, 1502 (1503 f.).

[397] BGH WM 2001, 1716 (1717 f.).

[398] BGH WM 2001, 1716.

[399] S. zB §§ 23 ff. der Bedingungen für Geschäfte an der Frankfurter Wertpapierbörse, Stand: 1.12.2014.

[400] *Fleckner* WM 2011, 585 (589).

[401] *Fridrich/Seidel* BKR 2008, 497.

[402] Vgl. BGH WM 2002, 1687; *Fleckner* WM 2011, 585 (589).

[403] BGH WM 2002, 1687 (1688 f.).

[404] BGH WM 2009, 1500 (1503).

[405] BGH WM 2002, 1687 (1688 f.).

[406] *Fleckner/Vollmuth* WM 2004, 1263 (1268 ff.).

Ausführungsanzeige nicht genannt wurde.[407] § 384 Abs. 3 HGB räumt dem Kommittenten mit der Nennung des Dritten die Möglichkeit ein, das Ausführungsgeschäft sowie die Leistungsfähigkeit des Dritten zu überprüfen, und sich damit vor Spekulationen des Kommissionärs zu schützen.[408] Nicht bezweckt wird hingegen eine Besserstellung des Kommittenten, wenn der Kommissionär tatsächlich kein (wirksames) Geschäft geschlossen hat.[409]

c) Gefahrtragung bei für wertlos erklärten Aktien. Ein besonderes Problem stellt die Erfüllung von Geschäften bei Aktien dar, die in Anwendung US-amerikanischem Rechts nach dem Verpflichtungsgeschäft für wertlos erklärt worden sind. Fraglich ist somit, ob in diesem Fall die Gegenleistung – Zahlung des Kaufpreises – noch erbracht werden muss, obwohl die Erfüllung – Übereignung des Wertpapiers – nach der Kraftloserklärung nicht mehr vorgenommen werden kann. Die in den Börsenbedingungen vorgeschriebene Zwangsregulierung sieht grundsätzlich vor, dass diese von der nicht säumigen Vertragspartei in bestimmten Fristen vorgenommen werden muss.[410] 209

Wird diese Zwangsregulierung nicht durchgeführt, stellt sich die Frage, ob der Käufer nach allgemeinem Leistungsstörungsrecht wegen Unmöglichkeit der Leistung des Verkäufers (§§ 275 Abs. 4, 326 Abs. 5 BGB) ebenfalls nicht zu leisten braucht. Während einerseits ein Rückgriff auf das allgemeine Leistungsstörungsrecht wegen abschließender Regelungen – jedenfalls in den Bedingungen für den Freiverkehr der Frankfurter Börse – für unzulässig gehalten wird,[411] wird andererseits der Fall der Unmöglichkeit als gerade nicht geregelt angesehen, mit der Folge, dass die Gegenleistungspflicht entfällt beziehungsweise – gegebenenfalls mit den Fristen der Zwangsregulierung – ein Rücktritt durch den Käufer erklärt werden kann und die Pflicht zur Kaufpreiszahlung entfällt.[412] Werden die Börsenbedingungen als nicht vorrangig angesehen, da der Fall der Unmöglichkeit nicht geregelt ist, soll nach der Rechtsprechung bei einem Spekulationsgeschäft für beide Parteien auch keine Vorverlagerung des Gefahrübergangs auf den Zeitpunkt des Vertragsschlusses erfolgen, so dass die Pflicht zur Kaufpreiszahlung nach § 326 Abs. 1 BGB entfällt.[413] Zunächst überzeugt die Anknüpfung der Begründung an ein Spekulationsgeschäft wenig, da dies beiden Parteien entgegengehalten werden könnte.[414] Die Interessenlage der Parteien – der Käufer spekuliert auf die Sanierung des Unternehmens, die mit der Wertloserklärung endgültig gescheitert ist – spricht eher dafür, dass das Risiko beim Käufer liegen muss.[415] Letztlich hängt die Entscheidung entsprechender Fälle von den konkreten Börsenbedingungen ab, wobei an die Verdrängung des gesetzlichen Leistungsstörungsrechts nicht zu niedrige Anforderungen gestellt werden sollten. Eine befriedigende Lösung dieser Fälle wird sich wohl nur durch klare Regelungen in den Börsenbedingungen schaffen lassen. 210

V. Festpreisgeschäfte

1. Einordnung

a) Aufsichtsrecht. Das Festpreisgeschäft fällt – wie unter → Rn. 17 dargestellt – aufsichtsrechtlich unter den Begriff des Eigenhandels. Wie beim Finanzkommissionsgeschäft tritt der Eigenhändler auch im eigenen Namen am Markt auf, im Gegensatz zum Finanz- 211

[407] BGH Urt. v. 23.6.2015 – AZ XI 386/13, BeckRS 14211, Rn. 17

[408] BGH Urt. v. 23.6.2015 – AZ XI 386/13, BeckRS 14211, Rn. 14.

[409] BGH Urt. v. 23.6.2015 – AZ XI 386/13, BeckRS 14211, Rn. 16 f.

[410] Vgl. im Einzelnen *Hadding* FS Schwark, 2009, 698 ff.; *Fleckner* WM 2009, 2064 ff.

[411] *Hadding* FS Schwark, 2009, 698 (704 ff.); so auch im Ergebnis ein Schiedsspruch des Börsenschiedsgerichts der Frankfurter Wertpapierbörse vom 17.4.2008, berichtet bei *Fleckner* WM 2009, 2064

[412] *Fleckner* WM 2009, 2064 (2067 ff.).

[413] OLG München BKR 2012, 247 (249) und LG Frankfurt a. M. NZG 2011, 436 (437) zu den Bedingungen für Geschäfte an der Frankfurter Wertpapierbörse aF.

[414] So auch *Weber/Jouannaud* BKR 2012, 249 (250).

[415] *Hadding* FS Schwark, 2009, 697 (705); *Weber/Jouannaud* BKR 2012, 249 (250).

kommissionsgeschäft übernimmt er aber auch das Preis- und Erfüllungsrisiko.[416] Nach dem WpHG wird in den materiellen Anforderungen zwischen Kommissions- und Festpreisgeschäft nicht grundsätzlich differenziert, vielmehr gelten insbesondere die Verhaltensregeln der §§ 63 ff. WpHG unabhängig von der konkreten Wertpapierdienstleistung. Der Begriff des Festpreisgeschäfts wurde – im Kontext der Regulierung von Leerverkäufen – in § 30h Abs. 2 S. 2 WpHG für einen kurzen Zeitraum legaldefiniert als Geschäft in Finanzinstrumenten zu einem festen oder bestimmbaren Preis.[417]

212 **b) Kaufvertrag zwischen Institut und Kunde.** Anders als beim Kommissionsgeschäft, wird beim Festpreisgeschäft, das in § 1 Abs. 3 Sonderbedingungen für Wertpapiergeschäfte geregelt ist, ein Kaufvertrag gemäß § 433 BGB zwischen Kunde und Bank geschlossen. Aufgrund der eindeutigen Formulierung besteht auch kein Raum, hier einen kombinierten Kauf-/Geschäftsbesorgungsvertrag anzunehmen.[418] Bank und Kunde vereinbaren einen bestimmten oder bestimmbaren Preis für die Wertpapiere und es besteht eine feste Lieferverpflichtung des Kreditinstituts.

213 Zulässig ist auch ein nach objektiven Kriterien bestimmbarer Preis,[419] dies wird in Nr. 1 Abs. 3 der Sonderbedingungen für Wertpapiergeschäfte explizit geregelt und entspricht auch der vorgenannten Definition in § 30h Abs. 2 S. 2 WpHG aF. Relevant ist diese Gestaltung zum Beispiel bei dem Erwerb oder der Veräußerung von Fondsanteilen im Wege eines Festpreisgeschäfts, da der maßgebliche Kurs erst durch den Ausgabe- oder Rücknahmepreis der Kapitalanlagegesellschaft bestimmt wird, der auf Basis des Inventarwerts gemäß § 168 KAGB aber nur einmal am Tag festgestellt wird.[420] Dem allgemeinen Sprachgebrauch entsprechend wird in der Praxis auch für Festpreisgeschäfte der Begriff Auftrag oder *Order* verwendet.

c) Abgrenzungen.

214 **aa) Abgrenzung zum Kommissionsgeschäft.** Kommissions- und Festpreisgeschäft unterscheiden sich somit zunächst durch eine Vereinbarung eines festen oder bestimmbaren Preises. Im Unterschied zum Kommissionsgeschäft liegt somit das Preisrisiko im Falle des Festpreisgeschäfts beim Kreditinstitut.[421] Als weitere Kriterien zur Abgrenzung zwischen dem Handels- und Kommissionsgeschäft werden neben der Preisbestimmung die Rechenschaftspflichten gegenüber dem Kunden sowie die Verbuchung der Finanzinstrumente durch den Eigenhändler bzw. den Kommissionär aufgeführt.[422] Sofern beim Festpreisgeschäft ein „Limit" gesetzt wird, handelt es sich – in Abgrenzung zur Weisung beim Kommissionsgeschäft – um eine aufschiebende Bedingung gemäß § 158 BGB.[423]

215 Bei der Vereinbarung eines festen Preises, der also konkret genannt wird, kann von einem Festpreisgeschäft ausgegangen werden.[424] Für das Vorliegen eines Kommissionsgeschäftes – und gegen ein Festpreisgeschäft – spricht hingegen die Vereinbarung einer Provision.[425] Der Annahme eines Kommissionsgeschäftes steht wiederum entgegen, wenn der anderen Vertragspartei keine Weisungsbefugnisse zustehen.[426]

216 Damit wird aber auch bereits deutlich, dass eine klare Abgrenzung zwischen dem Kommissions- und einem Festpreisgeschäft in der Praxis durchaus auf Schwierigkeiten

[416] *Oelkers* WM 2001, 340 (341); *Fuchs* WpHG § 2 Rn. 89.
[417] Mit Inkrafttreten der EU-Leerverkaufsverordnung, 235/2012 zum 1. November 2012 wurde § 30h WpHG aufgehoben; → Rn. 126.
[418] So aber MüKoHGB/*Ekkenga* Effektengeschäft Rn. 131.
[419] *Lenenbach* Kapitalmarkt- und Börsenrecht Rn. 4.52; *Bunte/Zahrte* AGB-Banken, Sonderbedingungen für Wertpapiergeschäfte Rn. 63; Hellner/Steuer/*Wagner* Bankrecht und Bankpraxis Rn. 7/101 ff.
[420] Vgl. *Wagner* WM 2007, 1725 (1727).
[421] *Zerwas/Hanten* ZBB 2000, 44 (48).
[422] Vgl. *Oelkers* WM 2001, 340 (342).
[423] Kümpel/*Braun* Bank- und Kapitalmarktrecht Rn. 17.356.
[424] BGH NJW 1953, 377 (378).
[425] BGH NJW-RR 2002, 1344 (1345); **aA** *Zerwas/Hanten* ZBB 2000, 44 (48).
[426] BGH NJW 1951, 270 (271).

stoßen kann. Stellt die Vereinbarung einer Preisbegrenzung nun ein Limit – und somit eine Weisung nach Kommissionsgeschäft – oder eine Bedingung des Kaufvertrages dar? Bei der Abgrenzung ist zunächst primär auf die Vereinbarung der Parteien abzustellen: Wird das Geschäft eindeutig als Kommissions- oder Festpreisgeschäft bezeichnet, kann davon ausgegangen werden, dass es dann entsprechend auch dem Kommissionsrecht nach §§ 383 ff. HGB oder dem Kaufrecht nach §§ 433 ff. BGB unterstellt werden soll. Eine solche Vereinbarung kann sich auch aus den Ausführungsgrundsätzen ergeben, die das Institut mit dem Kunden vereinbart hat, wobei hier in der kreditwirtschaftlichen Praxis Unterschiede hinsichtlich der Detaillierung der Regelungen bestehen. Die Rechtsprechung des BGH ging in der Vergangenheit davon aus, dass im Zweifel ein Kommissionsgeschäft vorliege.[427] Der BGH bezog sich dabei allerdings[428] auf die Sonderbedingungen für Wertpapiergeschäfte in älteren Fassungen und die mittlerweile aufgehobene Richtlinie des Bundesaufsichtsamtes für den Wertpapierhandel vom 26.5.1997,[429] so dass von einer Fortgeltung dieses Grundsatzes nicht unbedingt ausgegangen werden kann.[430] Der BGH sieht die Beweislast, dass ein Kommissionsvertrag geschlossen wurde, im Fall der Geltendmachung einer Aufklärungspflichtverletzung beim Anleger.[431] Teilweise wird daraus eine Vermutung nach Fallgruppen vorgeschlagen, so dass bei Direktbanken und Neuemissionszeichnungen grundsätzlich eine Vermutung für ein Kommissionsgeschäft bestehe, während bei eigenen Produkten und Produkten mit Vertriebsprovisionen oder Einkaufsrabatten eine Tendenz festzustellen sei, ein Festpreisgeschäft anzunehmen.[432]

bb) Abgrenzung zum „Eigenhändlergeschäft alter Prägung". Abzugrenzen ist das Festpreisgeschäft vom „Eigenhändlergeschäft alter Prägung", bei dem das Institut keine feste vertragliche Bindung einging, sondern der Vertrag von der Bedingung des Abschlusses eines Deckungsgeschäfts abhängig gemacht und eine Preisbestimmung nach billigem Ermessen gemäß § 315 BGB vereinbart wurde.[433] Die Regelung des Festpreisgeschäftes in § 1 Abs. 3 der Sonderbedingungen für Wertpapiergeschäfte nimmt insofern auch eine direkte Abgrenzung zu einem einseitigen Leistungsbestimmungsrecht nach billigem Ermessen gemäß § 315 BGB vor.[434] 217

Die Vereinbarung unter der Bedingung des Abschlusses eines Deckungsgeschäftes wird allerdings weiterhin im Rahmen einer Individualabrede für zulässig erachtet.[435]

2. Pflichtenkreis

a) Allgemein: Pflicht des Instituts zur Eigentumsverschaffung beziehungsweise Zahlung des Kaufpreises. Gemäß § 433 Abs. 1 BGB ist das Institut im Fall eines Kaufvertrages eines Kunden zur Verschaffung des Eigentums an den Wertpapieren verpflichtet. Im Gegenzug muss der Kunde den entsprechenden Kaufpreis bereitstellen. Im Falle des Verkaufsauftrages muss die Bank dem Kunden den Kaufpreis zahlen, im Gegenzug muss der Kunde die Wertpapiere übereignen. 218

b) Nebenpflichten. Auch zivilrechtlich wird hinsichtlich der Aufklärungs-, Beratungs-, Informations- und sonstiger Nebenpflichten grundsätzlich von einem gleichen Pflichten- 219

[427] So für börsengehandelte Papiere in Fortführung der Rspr. des RG BGH NJW 1953, 377 (378); aus der jüngeren Rspr. BGH NJW-RR 2002, 1344 (1345).
[428] Vgl. nur BGH NJW-RR 2002, 1344 (1345).
[429] Bundesanzeiger 1997, 6586.
[430] So auch OLG Frankfurt a. M. NJW-RR 2012, 1075 (1077). Anders allerdings – ohne nähere Erörterung – OLG Köln WM 2011, 1652 (1653). EBJS/*Füller* HGB § 383 Rn. 18 geht in der Regel noch vom Kommissionsgeschäft aus.
[431] BGH Urt. v. 16.10.2012 – XI ZR 368/11, BeckRS 23441, Rn. 28.
[432] Assmann/Schütze/*F. Schäfer* KapAnlR-HdB § 12 Rn. 29.
[433] *Lenenbach* Kapitalmarkt- und Börsenrecht Rn. 4.52.
[434] *Wagner* WM 2007, 1725 (1727).
[435] *Lenenbach* Kapitalmarkt- und Börsenrecht Rn. 4.52; *Bunte/Zahrte* AGB-Banken, Sonderbedingungen für Wertpapiergeschäfte Rn. 60.

kreis beim Festpreisgeschäft ausgegangen, da die Vertrauensstellung der Bank insofern nicht zwischen den Geschäftsarten differiert.[436] Allerdings dürfen damit die Unterschiede bei den Vertragstypen nicht überdeckt werden, so dass nicht ohne weiteres zum Beispiel von einer analogen Anwendung kommissionsrechtlicher Normen ausgegangen werden kann.[437]

220 Beim Festpreisgeschäft besteht allerdings grundsätzlich – mangels entsprechender Vorgaben im Kaufrecht – keine Rechenschaftspflicht, diese kann sich lediglich ausnahmsweise aufgrund der Vereinbarung eines kommissionsähnlichen Elements im Falle der Abhängigkeit des Festpreisgeschäfts von einem Ausführungsgeschäft ergeben.[438]

221 **c) Herausgabe von Vertriebsvergütungen im Festpreisgeschäft?** Auch bei Festpreisgeschäften wird die Frage aufgeworfen, ob Vertriebsvergütungen, die das Kreditinstitut in diesem Rahmen erhält, an Kunden herauszugeben sind. Bei einem solchen Festpreisgeschäft als Kaufvertrag liegt die Annahme eines Herausgabeanspruches eher fern,[439] da ja die für den Herausgabeanspruch typische Situation der Wahrnehmung eines fremden Geschäfts mit der entsprechenden Interessenausrichtung gerade nicht vorliegt. Vereinzelt wird allerdings erwogen, hier eine Analogie zur Geschäftsbesorgung zu ziehen.[440] Das überzeugt nicht: Auch die Rechtsprechung verneint eine Aufklärungspflicht über die Gewinnmarge – beziehungsweise Handelsspanne – im Fall von Festpreisgeschäften, da hier offensichtlich ist, dass die Bank eigene Interessen verfolge.[441] Eine Aufklärungspflicht bestehe nur in einem Dreipersonenverhältnis.[442]

3. Festpreisgeschäfte und Pflicht zur bestmöglichen Ausführung

222 Der Grundsatz der bestmöglichen Ausführung erfordert keine börsliche Ausführung des Wertpapierauftrages, daher sind Eigenhändler- beziehungsweise Festpreisgeschäfte grundsätzlich nach § 82 WpHG zulässig. Das Institut muss allerdings gemäß § 82 Abs. 5 S. 2 WpHG den Kunden gesondert auf die außerbörsliche Ausführung hinweisen, wobei dies auch standardisiert erfolgen kann,[443] und – generell oder individuell – die Einwilligung des Kunden einholen. Eine Einwilligung liegt in jedem Fall vor, wenn der Kunde mit der Bank unmittelbar ein Kauf- oder Verkaufsgeschäft abschließt.[444] Während teilweise gefordert wird, dass aufgrund des Erfordernisses einer ausdrücklichen Einwilligung eine Zustimmung des Kunden durch Einbeziehung von Allgemeinen Geschäftsbedingungen gemäß § 305 Abs. 2 BGB ebenso ausscheide wie eine bloß konkludente Einwilligung,[445] soll nach richtiger Auffassung die Einwilligung in Allgemeinen Geschäftsbedingungen, die außerbörsliche Ausführungen vorsehen, oder in Rahmenvereinbarungen ausreichen,[446] da die generelle Einwilligung der konkret für ein Geschäft erteilten gleich steht.[447]

Gemäß § 64 Abs. 6 S. 2 und 3 WpHG besteht für Institute im Falle der unabhängigen Honoraranlageberatung die Einschränkung, dass sie Festpreisgeschäfte nur mit eigenen Emissionen ausführen dürfen. Damit soll eine Umgehung des vollständigen Verbotes der Annahme von Zuwendungen in den Fällen der unabhängigen Honoraranlageberatung

---

436 Vgl. *Lenenbach* Kapitalmarkt- und Börsenrecht Rn. 4.53.
437 So zu Recht *Mülbert* ZHR 172 (2008), 170 (193).
438 *Lenenbach* Kapitalmarkt- und Börsenrecht Rn. 4.55.
439 So auch *Hadding* ZIP 2008, 529 (530).
440 Schwark/Zimmer/*Koch* WpHG § 31d Rn. 108. Skeptisch auch *Mülbert* ZHR 172 (2008), 170 (193).
441 BGH BKR 2011, 508 (512) – Lehman Brothers; bestätigt in BGH NJW 2012, 2873; BGH NJW-RR 2013, 244 (246 f.) und BGH NZG 2013, 1226 (1230).
442 BGH BKR 2011, 508 (512). Explizit einen Auskunfts- und Herausgabeanspruch abl. OLG Frankfurt a. M. NJW-RR 2012, 1075 (1076 f.).
443 Regierungsbegründung Finanzmarkt-Richtlinie-Umsetzungsgesetz, BT-Drs. 16/4028, 73.
444 MüKoHGB/*Ekkenga* Effektengeschäft Rn. 132.
445 Schwark/Zimmer/*v. Hein* WpHG § 33a Rn. 66.
446 MüKoHGB/*Ekkenga* Effektengeschäft Rn. 132.
447 MüKoHGB/*Ekkenga* Effektengeschäft Rn. 132. Assmann/Schneider/Mülbert/*Koller* WpHR, WpHG § 82 Rn. 26, der allerdings eine Zustimmung mit „klaren Worten" fordert und konkludentes Verhalten nicht ausreichen lässt.

vermieden werden. Die Regelung erscheint allerdings fraglich, da sie das Angebot für den Kunden einschränken kann und Selbstemissionen begünstigt.

Festpreisgeschäfte sind jedoch nicht von der Verpflichtung zur bestmöglichen Ausführung freigestellt.[448] Da sie indes strukturelle Unterschiede zum Kommissionsgeschäft aufweisen, können hinsichtlich des Ausführungsstandards gegenüber den börslichen Auftragsausführungen abweichende Lösungen vorgesehen werden. Es muss jedoch zumindest sichergestellt sein, dass dem Kunden im Rahmen des Eigenhandels marktgerechte Konditionen geboten werden.[449] Sofern der Börsenpreis den Wert richtig widerspiegelt, was insbesondere einen liquiden Handel voraussetzt, wird sich die Preisgestaltung am aktuellen Börsenpreis zu orientieren haben, wobei wiederum Besonderheiten, zum Beispiel ein Entfall von Provisionen beziehungsweise Gebühren, zu berücksichtigen sein werden. Im Falle von Investmentfonds dürfte eine Orientierung am Ausgabepreis marktgerecht sein. Darüber hinaus darf der Kurs zum Zeitpunkt der Ausführung des Auftrages nicht eindeutig überholt sein.[450] 223

VI. Abwicklung von Effektengeschäften

Die Abwicklung bezieht sich im Falle des Kommissionsgeschäfts auf die Verpflichtung der Bank, dasjenige an den Kommittenten herauszugeben, was sie aufgrund der von dem Dritten erbrachten Leistung erlangt hat[451] beziehungsweise beim Festpreisgeschäft auf die verkäufertypische Pflicht zur Übereignung und Besitzverschaffung.[452] Die Abwicklung von Wertpapiergeschäften erfolgt in aller Regel über Wertpapiersammelbanken, im Inland ist dies ausschließlich die Clearstream Banking AG, Frankfurt.[453] 224

1. Lieferung

a) Vorgaben nach Depotgesetz. Für die Lieferung der Wertpapiere gelten die gesetzlichen Vorgaben der Einkaufskommission gemäß §§ 18 ff. DepotG, die für Eigenhandelsgeschäfte (Festpreisgeschäfte) nach § 31 DepotG sinngemäß Anwendung finden. Die Sonderbedingungen für Wertpapiergeschäfte sehen in Nr. 10 ff. grundsätzlich die Erfüllung im Inland vor. Nach § 18 DepotG ist die Bank des Käufers verpflichtet, dem Kunden unverzüglich, spätestens binnen einer Woche, ein Stückeverzeichnis zu übersenden, mit dessen Absendung das Eigentum spätestens auf den Kunden übergeht (§ 18 Abs. 3 DepotG). Praktisch laufen diese Vorschriften allerdings regelmäßig ins Leere, weil der Kunde nach überwiegender Auffassung das Eigentum an den Papieren regelmäßig nicht von seiner Bank, sondern direkt von der Verkäuferbank bzw. ihrem Kommittenten erwirbt.[454] Dies gilt auch, wenn eine zentrale Gegenpartei eingeschaltet wird.[455] § 9 der Sonderbedingungen für Wertpapiergeschäfte sieht, da im Rahmen des Kommissionsgeschäfts der Kontrahent üblicherweise nicht genannt wird, eine Haftung der Bank für die ordnungsgemäße Erfüllung – über die gesetzliche Vorgabe des § 343 HGB hinaus – vor.[456] 225

[448] Ellenberger/Clouth/*Bauer* Wertpapier- und Derivategeschäft Rn. 2166.
[449] Regierungsbegründung Finanzmarkt-Richtlinie-Umsetzungsgesetz, BT-Drs. 16/4028, 73.
[450] Erwägungsgrund 103 Delegierte VO (EU) 2017/565 (MiFID II).
[451] MüKoHGB/*Ekkenga* Effektengeschäft Rn. 506.
[452] MüKoHGB/*Ekkenga* Effektengeschäft Rn. 509 f.
[453] Vorgänger der Clearstream Banking AG war – ua – der Deutsche Kassenverein AG; s. a. *Mentz/Fröhling* NZG 2006, 201 (204).
[454] Vgl. MüKoHGB/*Ekkeng* Effektengeschäft Rn. 598; *Böttcher* Depotgesetz § 18 Rn. 5; ausführlich dazu *Heinsius/Horn/Than* Depotgesetz § 18 Rn. 47 ff.; für die Verkaufskommission auch BGH WM 1999, 1004 (1006).
[455] S. iE *Horn* WM 2002 Sonderbeilage 2, 1 (19); MüKoHGB/*Einsele* Depotgeschäft Rn. 106 ff.
[456] Vgl. *Bunte/Zahrt,* AGB-Banken, Sonderbedingungen Wertpapiergeschäfte Rn. 93.

226 **b) Usancen (Bedingungen für Geschäfte an den Börsen).** Nach den Börsenusancen der Wertpapierbörsen muss das Institut am zweiten Tag nach dem Verkauf dem Erwerber Eigentum an den Wertpapieren verschaffen.[457] Dies gilt sowohl für den regulierten Markt als auch den Freiverkehr und wird auch als Handelsbrauch im Sinne des § 346 HGB angesehen.[458] Diese Frist findet darüber hinaus auch bei nicht über die Börse abgewickelten Geschäften einschließlich der Festpreisgeschäfte Anwendung.[459] In Übereinstimmung mit dieser deutschen Praxis sieht die VO 909/2014 (CSDR)[460] in dem seit dem 1. Januar 2015 geltenden Art. 5 Abs. 2 vor, dass Wertpapiere spätestens am zweiten Geschäftstag nach dem Handel abgerechnet werden müssen.

227 **c) Zug-um-Zug Erfüllung.** Die Erfüllung zwischen den Instituten erfolgt nach den Börsenbedingungen Zug-um-Zug mit Lieferung der Wertpapiere gegen Zahlung des Gegenwertes.[461] Für den Fall nicht rechtzeitiger Erfüllung sehen die Börsenbedingungen, sofern keine zentrale Gegenpartei eingeschaltet war, die Zwangsregulierung von Geschäften vor.[462]

2. Eigentumsverschaffung

a) Allein- oder Miteigentum.

228 **aa) Grundsatz: Girosammelverwahrung.** Während nach der Konzeption des Depotgesetzes ursprünglich die Verschaffung von Alleineigentum an den Wertpapierurkunden vorgesehen wurde, erfolgt heute in aller Regel eine Girosammelverwahrung.[463] Dem Kunden wird dabei Miteigentum an dem bei der Wertpapiersammelbank verwahrten Sammelbestand verschafft.[464] Mit Abschluss des Buchungsvorgangs bei der Wertpapiersammelbank geht das Eigentum über.[465] Nr. 11 der Sonderbedingungen für Wertpapiergeschäfte sehen dementsprechend vor, dass grundsätzlich eine Girosammelverwahrung vorgenommen wird. Damit wird der aufwendige Transport von Wertpapierurkunden vermieden und eine einfache Buchungspraxis ermöglicht.[466]

229 **bb) Sonderverwahrung.** Nur wenn die Möglichkeit der Girosammelverwahrung nicht besteht, erfolgt noch eine Sonderverwahrung im sogenannten Streifbanddepot. Hier besteht Alleineigentum des Kunden an den Wertpapieren, die getrennt von Beständen der Bank und Dritter verwahrt werden.[467]

230 **b) Besonderheiten für Auslandsgeschäfte: Wertpapierrechnung.** Bei Wertpapieren, die im Ausland angeschafft werden, kann dem Kunden in der Regel kein Allein- oder Miteigentum verschafft werden.[468] Für bewegliche Sachen gilt nach dem Internationalen Privatrecht das Recht des Aufbewahrungsortes, so dass die Voraussetzungen für den Eigen-

---

457 S. zB § 4 Abs. 1 der Bedingungen für Geschäfte an der Frankfurter Wertpapierbörse, Stand: 2.7.2012.
458 Kümpel/*Braun* Bank- und Kapitalmarktrecht Rn. 17.383.
459 Kümpel/*Braun* Bank- und Kapitalmarktrecht Rn. 17.385.
460 VO (EU) Nr. 909/2014 des Europäischen Parlaments und des Rates vom 23.7.2014 zur Verbesserung der Wertpapierlieferungen und -abrechnungen in der Europäischen Union und über Zentralverwahrer sowie zur Änderung der RL 98/26/EG und 2014/65/EU und der VO (EU) Nr. 236/2012, EU-Abl.
461 Vgl. §§ 4, 9 der Bedingungen für Geschäfte an der Frankfurter Wertpapierbörse, Stand: 1.12.2014.
462 S. zB §§ 6–8 der Bedingungen für Geschäfte an der Frankfurter Wertpapierbörse, Stand: 1.12.2014.
463 *Bunte/Zahrte* AGB-Banken, Sonderbedingungen für Wertpapiergeschäfte Rn. 102; Hellner/Steuer/*Decker* Bankrecht und Bankpraxis Rn. 8/46 ff.
464 S. nur *Heinsius/Horn/Than* DepotG § 24 Rn. 19 ff.; *Einsele* WM 2001, 7 ff.; vgl. auch *Mentz/Fröhling* NZG 2002, 201 (203 f.).
465 Vgl. *Heinsius/Horn/Than* DepotG § 6 Rn. 87; dazu und zur Vereinbarkeit der deutschen Praxis mit dem Genfer Wertpapierübereinkommen *Eichholz* WM 2013, 250 (251 ff.).
466 Vgl. Kümpel/*Braun* Bank- und Kapitalmarktrecht Rn. 17.395
467 *Bunte/Zahrte* AGB-Banken, Sonderbedingungen für Wertpapiergeschäfte Rn. 99.
468 Hellner/Steuer/*Decker* Bankrecht und Bankpraxis Rn. 8/123.

tumsübergang der ausländischen Rechtsordnung unterliegen und dem deutschen Gesetzgeber entzogen sind.[469]

Das deutsche Depotrecht enthält für den Fall ausländischer Verwahrung nur rudimentäre Regelungen in den § 5 Abs. 4 und § 22 DepotG.[470] Praktisch maßgeblich ist § 12 der Sonderbedingungen für Wertpapiergeschäfte, der vorsieht, dass das Kreditinstitut dem Kunden eine Gutschrift in Wertpapierrechnung erteilt. Eine Anschaffung im Ausland kann auch bei in Deutschland gehandelten Wertpapieren auftreten, sofern dies nach den Lieferusancen vorgesehen ist, insbesondere weil die entsprechenden Urkunden zu einem Deckungsbestand im Ausland gehören.[471] 231

§ 22 DepotG suspendiert zwar den kommissionsrechtlichen Lieferanspruch und gewährt dafür den Anspruch auf Herausgabe der Aktien aus einem Treuhandverhältnis offen bleibt aber, ob die inländische Bank ihrerseits Eigentum an den auslandsaufbewahrten Wertpapieren erwerben muss.[472] Nr. 12 Abs. 3 Satz 1 der Sonderbedingungen für Wertpapiergeschäfte verpflichtet die Depotbank, nach bestem Ermessen unter Wahrung der Interessen des Kunden das Eigentum oder das Miteigentum an den Wertpapieren oder eine andere am Lagerort übliche, gleichwertige Rechtsstellung zu verschaffen. Die Gleichwertigkeit der zu erwerbenden Rechtsstellung bemisst sich nach den Möglichkeiten des maßgeblichen ausländischen Rechts. Dies kann, wenn es die ausländische Rechtsordnung erlaubt, Eigentum oder Miteigentum an den Wertpapieren sein. Wenn der Kunde eine schuldrechtliche Rechtsstellung erwirbt, dann muss diese seinen Interessen Rechnung tragen und muss folglich dem Eigentum möglichst nahe sein. Dies betrifft vornehmlich den Schutz vor Insolvenz und Zwangsvollstreckung gegen die beteiligten Kreditinstitute. Da die im Inland gemäß § 4 Abs. 1 DepotG anwendbare Fremdvermutung nicht gilt, lassen sich Kreditinstitute vom ausländischen Verwahrer in der Praxis sogenannte „Drei-Punkte-Erklärungen" mit folgendem Inhalt geben:[473] (1) Die ausländische Lagerstelle erklärt, davon Kenntnis genommen zu haben, dass Kundenwertpapiere verwahrt werden. (2) Die Lagerstelle sichert ferner zu, dass Pfand-, Zurückbehaltungs- und ähnliche Rechte an den von ihr gelagerten Werten nur wegen solcher Forderungen erhoben werden, die sich aus der Anschaffung, der Verwaltung und der Verwahrung der hinterlegten Wertpapiere ergeben. Der ausländische Verwahrer verpflichtet sich außerdem, die inländische Depotbank unverzüglich von Pfändungen dritter Seite oder sonstigen Zwangsvollstreckungsmaßnahmen bezüglich der bei ihm hinterlegten Werte zu unterrichten. (3) Ferner verpflichtet sich die ausländische Lagerstelle, die Wertpapiere innerhalb der Grenzen des jeweiligen Landes selbst zu verwahren und keinen Dritten ohne ausdrückliche Zustimmung der inländischen Depotbank mit der effektiven Verwahrung der Wertpapiere zu beauftragen. Dazu im Einzelnen *Binder* → Kap. 38 Rn. 54 ff. 232

[469] *Heinsius/Horn/Than* DepotG § 22 Rn. 1; Hellner/Steuer/*Wagner* Bankrecht und Bankpraxis Rn. 7/114.

[470] Hellner/Steuer/*Beule* Bankrecht und Bankpraxis Rn. 7/112 ff.

[471] Kümpel/*Braun* Bank- und Kapitalmarktrecht Rn. 17.408.

[472] BankR-HdB/*Klanten* § 72 Rn. 140 ff.

[473] S. iE Hellner/Steuer/*Decker* Bankrecht und Bankpraxis Rn. 8/173 ff.; *Bunte/Zahrte* AGB-Banken, Sonderbedingungen für Wertpapiergeschäfte Rn. 113; BankR-HdB/*Klanten* § 72 Rn. 144 ff.

Anhang zu Effektengeschäft
Sonderbedingungen (Bedingungen) für Wertpapiergeschäfte[474]

Stand: August 2019

Diese Sonderbedingungen gelten für den Kauf oder Verkauf sowie für die Verwahrung von Wertpapieren, und zwar auch dann, wenn die Rechte nicht in Urkunden verbrieft sind (nachstehend: „Wertpapiere“).

Geschäfte in Wertpapieren

Nr. 1 Formen des Wertpapiergeschäfts [Verzicht des Kunden auf Herausgabe von Vertriebsvergütungen].

(1) Kommissions-/Festpreisgeschäfte. Bank/Sparkasse und Kunde schließen Wertpapiergeschäfte in Form von Kommissionsgeschäften (2) oder Festpreisgeschäften (3) ab.

(2) Kommissionsgeschäfte. Führt die Bank/Sparkasse Aufträge ihres Kunden zum Kauf oder Verkauf von Wertpapieren als Kommissionärin aus, schließt sie für Rechnung des Kunden mit einem anderen Marktteilnehmer oder einer zentralen Gegenpartei ein Kauf- oder Verkaufsgeschäft (Ausführungsgeschäft) ab, oder sie beauftragt einen anderen Kommissionär (Zwischenkommissionär), ein Ausführungsgeschäft abzuschließen. Im Rahmen des elektronischen Handels an einer Börse kann der Auftrag des Kunden auch gegen die Bank/Sparkasse oder den Zwischenkommissionär unmittelbar ausgeführt werden, wenn die Bedingungen des Börsenhandels dies zulassen.

(3) Festpreisgeschäfte. Vereinbaren Bank/Sparkasse und Kunde miteinander für das einzelne Geschäft einen festen oder bestimmbaren Preis (Festpreisgeschäft), so kommt ein Kaufvertrag zustande; dementsprechend übernimmt die Bank/Sparkasse vom Kunden die Wertpapiere als Käuferin, oder sie liefert die Wertpapiere an ihn als Verkäuferin. Die Bank/Sparkasse berechnet dem Kunden den vereinbarten Preis, bei verzinslichen Schuldverschreibungen zuzüglich aufgelaufener Zinsen (Stückzinsen).

[(4) nur Sparkassen-Finanzgruppe]

(4) Verzicht des Kunden auf Herausgabe von Vertriebsvergütungen. Die Sparkasse erhält im Zusammenhang mit Wertpapiergeschäften, die sie mit Kunden über Anteile an Investmentvermögen, Zertifikate oder strukturierte Anleihen, verzinsliche Wertpapiere und andere Finanzinstrumente abschließt, umsatzabhängige Zahlungen von Dritten (zB Kapitalverwaltungsgesellschaften, EU-Verwaltungsgesellschaften, ausländischen Verwaltungsgesellschaften, Zertifikate-/Anleiheemittenten, anderen Wertpapierdienstleistungsunternehmen, einschließlich Unternehmen der Sparkassen-Finanzgruppe), die diese an die Sparkasse für den Vertrieb der Wertpapiere leisten („Vertriebsvergütungen“).

Vertriebsvergütungen werden als einmalige und als laufende Vertriebsvergütungen gezahlt. Einmalige Vertriebsvergütungen fallen beim Vertrieb von Anteilen an Investmentvermögen, Zertifikaten oder strukturierten Anleihen und verzinslichen Wertpapieren an. Sie werden von dem Dritten als einmalige, umsatzabhängige Vergütung an die Sparkasse geleistet.

Die Höhe der einmaligen Vertriebsvergütung beträgt in der Regel beispielsweise bei Rentenfonds zwischen 0,1 und 5,5 % des Nettoinventarwerts des Anteils, bei Aktienfonds, offenen Immobilienfonds und Misch- bzw. Dachfonds zwischen 0,1 und 5,75 % des Nettoinventarwerts des Anteils, bei Zertifikaten und strukturierten Anleihen zwi-

[474] Textabdruck zum Beispiel in *Bunte/Zahrte* AGB Banken, Sonderbedingungen für Wertpapiergeschäfte; Vorfassung ab 1.11.2007 auch abgedruckt in WM 2007, 1769 ff. Kleinere Abweichungen zwischen den in den Instituten verwendeten Fassungen sind durch Schrägstriche gekennzeichnet.

schen 0,1 und 5 % des Nennbetrages und bei verzinslichen Wertpapieren zwischen 0,1 und 3,5 % des Nennbetrages. Laufende Vertriebsvergütungen fallen im Zusammenhang mit dem Verkauf von Anteilen an Investmentvermögen und in Ausnahmefällen im Zusammenhang mit dem Verkauf von Zertifikaten oder strukturierten Anleihen und verzinslichen Wertpapieren an. Sie werden von dem Dritten als wiederkehrende, bestandsabhängige Vergütung an die Sparkasse geleistet. Die Höhe der laufenden Vertriebsvergütung beträgt in der Regel beispielsweise bei Rentenfonds zwischen 0,1 und 1,2 % p. a., bei Aktienfonds zwischen 0,1 und 1,5 % p. a., bei offenen Immobilienfonds zwischen 0, 1 und 0,6 % p. a. und bei Misch- bzw. Dachfonds zwischen 0,1 und 1,7 % p. a. Sofern auch bei dem Vertrieb von Zertifikaten oder strukturierten Anleihen und verzinslichen Wertpapieren laufende Vertriebsvergütungen gezahlt werden, beträgt die laufende Vertriebsvergütung in der Regel zwischen 0,1 und 1,5 % p. a. Einzelheiten zu den Vertriebsvergütungen teilt die Sparkasse dem Kunden jeweils vor dem Abschluss eines Wertpapiergeschäfts mit.

Der Kunde erklärt sich damit einverstanden, dass die Sparkasse die von dem Dritten an sie geleisteten Vertriebsvergütungen behält, vorausgesetzt, dass die Sparkasse die Vertriebsvergütungen nach den Vorschriften des Wertpapierhandelsgesetzes (insbesondere § 70 WpHG) annehmen darf. Insoweit treffen der Kunde und die Sparkasse die von der gesetzlichen Regelung des Rechts der Geschäftsbesorgung (§§ 675, 667 BGB, 384 HGB) abweichende Vereinbarung, dass ein Anspruch des Kunden gegen die Sparkasse auf Herausgabe der Vertriebsvergütungen nicht entsteht.

Ohne diese Vereinbarung müsste die Sparkasse – die Anwendbarkeit des Rechts der Geschäftsbesorgung auf alle zwischen der Sparkasse und dem Kunden geschlossenen Wertpapiergeschäfte unterstellt – die Vertriebsvergütungen an den Kunden herausgeben.

Nr. 2 Allgemeine Grundsätze der Auftragserteilung für Wertpapiergeschäfte. Die Bank/Sparkasse führt Wertpapiergeschäfte nach ihren jeweils geltenden Ausführungsgrundsätzen/Allgemeinen Grundsätzen der Auftragsführung aus. Die Ausführungsgrundsätze/diese Grundsätze sind Bestandteil der Sonderbedingungen. Die Bank/Sparkasse ist berechtigt, die Ausführungsgrundsätze/die Allgemeinen Grundsätzen der Auftragsführung entsprechend den aufsichtsrechtlichen Vorgaben zu ändern. Über die Änderungen der Ausführungsgrundsätze/Allgemeinen Grundsätzen der Auftragsführung wird die Bank/Sparkasse den Kunden jeweils informieren.

Besondere Regelungen für das Kommissionsgeschäft

Nr. 3 Usancen/Unterrichtung/Preis.

(1) Geltung von Rechtsvorschriften/Usancen/Geschäftsbedingungen. Die Ausführungsgeschäfte unterliegen den für den Wertpapierhandel am Ausführungsplatz geltenden Rechtsvorschriften und Geschäftsbedingungen (Usancen); daneben gelten die Allgemeinen Geschäftsbedingungen des Vertragspartners der Bank/Sparkasse.

(2) Unterrichtung. Über die Ausführung des Auftrags wird die Bank/Sparkasse den Kunden unverzüglich unterrichten. Wurde der Auftrag des Kunden im elektronischen Handel an einer Börse gegen die Bank/Sparkasse oder den Zwischenkommissionär unmittelbar ausgeführt, bedarf es keiner gesonderten Benachrichtigung.

(3) Preis des Ausführungsgeschäfts/Entgelt/Aufwendungen. Die Bank/Sparkasse rechnet gegenüber dem Kunden den Preis des Ausführungsgeschäfts ab. Sie ist berechtigt, ihr Entgelt in Rechnung zu stellen.

[Fassung der Sparkassen-Finanzgruppe: „Der Ersatz von Aufwendungen der Bank/Sparkasse richtet sich nach den gesetzlichen Vorschriften."]

[Fassung der genossenschaftlichen Finanzgruppe: „Die Aufwendungsersatzansprüche der Bank richten sich nach den gesetzlichen Vorschriften."]

[Fassung im Bereich der privaten Banken: „Ein möglicher Anspruch der Bank auf Ersatz von Aufwendungen richtet sich nach den gesetzlichen Vorschriften."]

Nr. 4 Erfordernis eines ausreichenden Kontoguthabens/Depotbestandes. Die Bank/Sparkasse ist zur Ausführung von Aufträgen oder zur Ausübung von Bezugsrechten nur insoweit verpflichtet, als das Guthaben des Kunden, ein für Wertpapiergeschäfte nutzbarer Kredit oder der Depotbestand des Kunden zur Ausführung ausreichen. Führt die Bank/Sparkasse den Auftrag ganz oder teilweise nicht aus, so wird sie den Kunden unverzüglich unterrichten.

Nr. 5 Festsetzung von Preisgrenzen. Der Kunde kann der Bank/Sparkasse bei der Erteilung von Aufträgen Preisgrenzen für das Ausführungsgeschäft vorgeben (preislich limitierte Aufträge).

Nr. 6 Gültigkeitsdauer von unbefristeten Kundenaufträgen.

(1) Preislich unlimitierte Aufträge. Ein preislich unlimitierter Auftrag gilt entsprechend den Ausführungsgrundsätzen (Nr. 2) nur für einen Handelstag; ist der Auftrag für eine gleichtägige Ausführung nicht so rechtzeitig eingegangen, dass seine Berücksichtigung im Rahmen des ordnungsgemäßen Arbeitsablaufs möglich ist, so wird er für den nächsten Handelstag vorgemerkt. Wird der Auftrag nicht ausgeführt, so wird die Bank/Sparkasse den Kunden hiervon unverzüglich benachrichtigen.

(2) Preislich limitierte Aufträge. Ein preislich limitierter Auftrag ist bis zum letzten Handelstag des laufenden Monats gültig (Monats-Ultimo). Ein am letzten Handelstag eines Monats eingehender Auftrag wird, sofern er nicht am selben Tag ausgeführt wird, entsprechend den Ausführungsgrundsätzen (Nr. 2) für den nächsten Monat vorgemerkt. Die Bank/Sparkasse wird den Kunden über die Gültigkeitsdauer seines Auftrags unverzüglich unterrichten.

Nr. 7 Gültigkeitsdauer von Aufträgen zum Kauf oder Verkauf von Bezugsrechten. Preislich unlimitierte Aufträge zum Kauf oder Verkauf von Bezugsrechten sind für die Dauer des Bezugsrechtshandels gültig. Preislich limitierte Aufträge zum Kauf oder Verkauf von Bezugsrechten erlöschen mit Ablauf des vorletzten Tages des Bezugsrechtshandels. Die Gültigkeitsdauer von Aufträgen zum Kauf oder Verkauf ausländischer Bezugsrechte bestimmt sich nach den maßgeblichen ausländischen Usancen.

Für die Behandlung von Bezugsrechten, die am letzten Tag des Bezugsrechtshandels zum Depotbestand des Kunden gehören, gilt Nr. 15 Abs. 1.

Nr. 8 Erlöschen laufender Aufträge.

(1) Dividendenzahlungen, sonstige Ausschüttungen, Einräumung von Bezugsrechten, Kapitalerhöhung aus Gesellschaftsmitteln. Preislich limitierte Aufträge zum Kauf oder Verkauf von Aktien an inländischen Ausführungsplätzen erlöschen bei Dividendenzahlung, sonstigen Ausschüttungen, der Einräumung von Bezugsrechten oder einer Kapitalerhöhung aus Gesellschaftsmitteln mit Ablauf des Handelstages, an dem die Aktien letztmalig einschließlich der vorgenannten Rechte gehandelt werden, sofern die jeweiligen Regelungen des Ausführungsplatzes ein Erlöschen vorsehen. Bei Veränderung der Einzahlungsquote teileingezahlter Aktien oder des Nennwertes von Aktien und im Falle des Aktiensplittings erlöschen preislich limitierte Aufträge mit Ablauf des Handelstages vor dem Tag, an dem die Aktien mit erhöhter Einzahlungsquote bzw. mit dem veränderten Nennwert bzw. gesplittet notiert werden.

(2) Kursaussetzung. Wenn an einem inländischen Ausführungsplatz die Preisfeststellung wegen besonderer Umstände im Bereich des Emittenten unterbleibt (Kursaussetzung), erlöschen sämtliche an diesem Ausführungsplatz auszuführenden Kundenaufträge für die betreffenden Wertpapiere, sofern die Bedingungen des Ausführungsplatzes dies vorsehen.

(3) Ausführung von Kundenaufträgen an ausländischen Börsen / Ausführungsplätzen. Bei der Ausführung von Kundenaufträgen an ausländischen Ausführungsplätzen gelten insoweit die Usancen der ausländischen Ausführungsplätze.

(4) Benachrichtigung. Von dem Erlöschen eines Kundenauftrags wird die Bank/Sparkasse den Kunden unverzüglich benachrichtigen.

Nr. 9 Haftung der Bank/Sparkasse bei Kommissionsgeschäften. Die Bank/Sparkasse haftet für die ordnungsgemäße Erfüllung des Ausführungsgeschäfts durch ihren Vertragspartner oder den Vertragspartner des Zwischenkommissionärs. Bis zum Abschluss eines Ausführungsgeschäfts haftet die Bank/Sparkasse bei der Beauftragung eines Zwischenkommissionärs nur für dessen sorgfältige Auswahl und Unterweisung.

Erfüllung der Wertpapiergeschäfte

Nr. 10 Erfüllung im Inland als Regelfall. Die Bank/Sparkasse erfüllt Wertpapiergeschäfte im Inland, soweit nicht die nachfolgenden Bedingungen oder eine anderweitige Vereinbarung die Anschaffung im Ausland vorsehen.

Nr. 11 Anschaffung im Inland. Bei der Erfüllung im Inland verschafft die Bank/Sparkasse dem Kunden, sofern die Wertpapiere zur Girosammelverwahrung bei der deutschen Wertpapiersammelbank (Clearstream Banking AG) zugelassen sind, Miteigentum an diesem Sammelbestand – Girosammel-Depotgutschrift – (GS-Gutschrift). Soweit Wertpapiere nicht zur Girosammelverwahrung zugelassen sind, wird dem Kunden Alleineigentum an Wertpapieren verschafft. Diese Wertpapiere verwahrt die Bank/Sparkasse für den Kunden gesondert von ihren eigenen Beständen und von denen Dritter (Streifbandverwahrung).

Nr. 12 Anschaffung im Ausland.

(1) Anschaffungsvereinbarung. Die Bank/Sparkasse schafft Wertpapiere im Ausland an,

- wenn sie als Kommissionärin Kaufaufträge in in- oder ausländischen Wertpapieren im Ausland ausführt, oder
- sie dem Kunden im Wege eines Festpreisgeschäftes ausländische Wertpapiere verkauft, die im Inland weder börslich noch außerbörslich gehandelt werden, oder
- sie als Kommissionärin Kaufaufträge in ausländischen Wertpapieren ausführt oder dem Kunden ausländische Wertpapiere im Wege eines Festpreisgeschäftes verkauft, die zwar im Inland börslich oder außerbörslich gehandelt, üblicherweise aber im Ausland angeschafft werden.

(2) Einschaltung von Zwischenverwahrern. Die Bank/Sparkasse wird die im Ausland angeschafften Wertpapiere im Ausland verwahren lassen. Hiermit wird sie einen anderen in- oder ausländischen Verwahrer (zB Clearstream Banking AG) beauftragen oder eine eigene ausländische Geschäftsstelle damit betrauen. Die Verwahrung der Wertpapiere unterliegt den Rechtsvorschriften und Usancen des Verwahrungsorts und den für den oder die ausländischen Verwahrer geltenden Allgemeinen Geschäftsbedingungen.

(3) Gutschrift in Wertpapierrechnung. Die Bank/Sparkasse wird sich nach pflichtgemäßem Ermessen unter Wahrung der Interessen des Kunden das Eigentum oder Miteigentum an den Wertpapieren oder eine andere im Lagerland übliche, gleichwertige Rechtsstellung verschaffen und diese Rechtsstellung treuhänderisch für den Kunden halten. Hierüber erteilt sie dem Kunden Gutschrift in Wertpapierrechnung (WR-Gutschrift) unter Angabe des ausländischen Staates, in dem sich die Wertpapiere befinden (Lagerland).

(4) Deckungsbestand. Die Bank/Sparkasse braucht die Auslieferungsansprüche des Kunden aus der ihm erteilten WR-Gutschrift nur aus dem von ihr im Ausland unterhaltenen Deckungsbestand zu erfüllen. Der Deckungsbestand besteht aus den im Lagerland für die Kunden und für die Bank/Sparkasse verwahrten Wertpapieren derselben Gattung. Ein Kunde, dem eine WR-Gutschrift erteilt worden ist, trägt daher anteilig alle wirtschaftlichen und rechtlichen Nachteile und Schäden, die den Deckungsbestand als Folge von höherer Gewalt, Aufruhr, Kriegs- und Naturereignissen oder durch sonstige von der Bank/Sparkasse nicht zu vertretende Zugriffe Dritter im Ausland oder im Zusammenhang mit Verfügungen von hoher Hand des In- oder Auslands treffen sollten.

(5) Behandlung der Gegenleistung. Hat ein Kunde nach Absatz 4 Nachteile und Schäden am Deckungsbestand zu tragen, so ist die Bank/Sparkasse nicht verpflichtet, dem Kunden den Kaufpreis zurückzuerstatten.

Die Dienstleistungen im Rahmen der Verwahrung

Nr. 13 Depotauszug. Die Bank/Sparkasse erteilt mindestens einmal jährlich einen Depotauszug.

Nr. 14 Einlösung von Wertpapieren/Bogenerneuerung.

(1) Inlandsverwahrte Wertpapiere. Bei im Inland verwahrten Wertpapieren sorgt die Bank/Sparkasse für die Einlösung von Zins-, Gewinnanteil- und Ertragscheinen sowie von rückzahlbaren Wertpapieren bei deren Fälligkeit. Der Gegenwert von Zins-, Gewinnanteil- und Ertragsscheinen sowie von fälligen Wertpapieren jeder Art wird unter dem Vorbehalt gutgeschrieben, dass die Bank/Sparkasse den Betrag erhält, und zwar auch dann, wenn die Papiere bei der Bank/Sparkasse selbst zahlbar sind. Die Bank/Sparkasse besorgt neue Zins-, Gewinnanteil- und Ertragscheinbogen (Bogenerneuerung).

(2) Auslandsverwahrte Wertpapiere. Diese Pflichten obliegen bei im Ausland verwahrten Wertpapieren dem ausländischen Verwahrer.

(3) Auslosung und Kündigung von Schuldverschreibungen. Bei im Inland verwahrten Schuldverschreibungen überwacht die Bank/Sparkasse den Zeitpunkt der Rückzahlung infolge Auslosung und Kündigung anhand der Veröffentlichungen in den „Wertpapier-Mitteilungen". Bei einer Auslosung von im Ausland verwahrten rückzahlbaren Schuldverschreibungen, die anhand deren Urkundennummern erfolgt (Nummernauslosung), wird die Bank/Sparkasse nach ihrer Wahl den Kunden für die ihm in Wertpapierrechnung gutgeschriebenen Wertpapiere entweder Urkundennummern für die Auslosungszwecke zuordnen oder in einer internen Auslosung die Aufteilung des auf den Deckungsbestand entfallenden Betrages auf die Kunden vornehmen. Diese interne Auslosung wird unter Aufsicht einer neutralen Prüfungsstelle vorgenommen; sie kann stattdessen unter Einsatz einer elektronischen Datenverarbeitungsanlage durchgeführt werden, sofern eine neutrale Auslosung gewährleistet ist.

(4) Einlösung in fremder Währung. Werden Zins-, Gewinnanteil- und Ertragsscheine sowie fällige Wertpapiere in ausländischer Währung oder Rechnungseinheiten eingelöst, wird die Bank/Sparkasse den Einlösungsbetrag auf dem Konto des Kunden in dieser Währung gutschreiben, sofern der Kunde ein Konto in dieser Währung unterhält. Andernfalls wird sie dem Kunden hierüber eine Gutschrift in Euro erteilen, soweit nicht etwas anderes vereinbart ist.

Nr. 15 Behandlung von Bezugsrechten/Optionsscheinen/Wandelschuldverschreibungen.

(1) Bezugsrechte. Über die Einräumung von Bezugsrechten wird die Bank/Sparkasse den Kunden benachrichtigen, wenn hierüber eine Bekanntmachung in den „Wertpapier-

Mitteilungen“ erschienen ist. Soweit die Bank/Sparkasse bis zum Ablauf des vorletzten Tages des Bezugsrechtshandels keine andere Weisung des Kunden erhalten hat, wird sie sämtliche zum Depotbestand des Kunden gehörenden inländischen Bezugsrechte bestens verkaufen; ausländische Bezugsrechte darf die Bank/Sparkasse gemäß den im Ausland geltenden Usancen bestens verwerten lassen.

(2) Options- und Wandlungsrechte. Über den Verfall von Rechten aus Optionsscheinen oder Wandlungsrechten aus Wandelschuldverschreibungen wird die Bank/Sparkasse den Kunden mit der Bitte um Weisung benachrichtigen, wenn auf den Verfalltag in den „Wertpapier-Mitteilungen“ hingewiesen worden ist.

Nr. 16 Weitergabe von Nachrichten. Werden in den „Wertpapier-Mitteilungen“ Informationen veröffentlicht, die die Wertpapiere des Kunden betreffen, oder werden der Bank/Sparkasse solche Informationen vom Emittenten oder von ihrem ausländischen Verwahrer/Zwischenverwahrer übermittelt, so wird die Bank/Sparkasse dem Kunden diese Informationen zur Kenntnis geben, soweit sich diese auf die Rechtsposition des Kunden erheblich auswirken können und die Benachrichtigung des Kunden zur Wahrung seiner Interessen erforderlich ist. So wird sie insbesondere Informationen über

– gesetzliche Abfindungs- und Umtauschangebote,
– freiwillige Kauf- und Umtauschangebote,
– Sanierungsverfahren

zur Kenntnis geben. Eine Benachrichtigung kann unterbleiben, wenn die Information bei der Bank/Sparkasse nicht rechtzeitig eingegangen ist oder die vom Kunden zu ergreifenden Maßnahmen wirtschaftlich nicht zu vertreten sind, weil die anfallenden Kosten in einem Missverhältnis zu den möglichen Ansprüchen des Kunden stehen.

Nr. 17 Prüfungspflicht der Bank/Sparkasse. Die Bank/Sparkasse prüft anhand der Bekanntmachungen in den „Wertpapier-Mitteilungen“ einmalig bei der Einlieferung von Wertpapierurkunden, ob diese von Verlustmeldungen (Opposition), Zahlungssperren und dergleichen betroffen sind. Die Überprüfung auf Aufgebotsverfahren zur Kraftloserklärung von Wertpapierurkunden erfolgt auch nach Einlieferung.

Nr. 18 Umtausch sowie Ausbuchung und Vernichtung von Urkunden.

(1) Urkundenumtausch. Die Bank/Sparkasse darf ohne vorherige Benachrichtigung des Kunden einer in den „Wertpapier-Mitteilungen“ bekannt gemachten Aufforderung zur Einreichung von Wertpapierurkunden Folge leisten, wenn diese Einreichung offensichtlich im Kundeninteresse liegt und damit auch keine Anlageentscheidung verbunden ist (wie zB nach der Fusion der Emittentin mit einer anderen Gesellschaft oder bei inhaltlicher Unrichtigkeit der Wertpapierurkunden). Der Kunde wird hierüber unterrichtet.

(2) Ausbuchung und Vernichtung nach Verlust der Wertpapiereigenschaft. Verlieren die für den Kunden verwahrten Wertpapierurkunden ihre Wertpapiereigenschaft durch Erlöschen der darin verbrieften Rechte, so können sie zum Zwecke der Vernichtung aus dem Depot des Kunden ausgebucht werden. Im Inland verwahrte Urkunden werden soweit möglich dem Kunden auf Verlangen zur Verfügung gestellt. Der Kunde wird über die Ausbuchung, die Möglichkeit der Auslieferung und die mögliche Vernichtung unterrichtet. Erteilt er keine Weisung, so kann die Bank/Sparkasse die Urkunden nach Ablauf einer Frist von zwei Monaten nach Absendung der Mitteilung an den Kunden vernichten.

Nr. 19 Haftung.

(1) Inlandsverwahrung. Bei der Verwahrung von Wertpapieren im Inland haftet die Bank/Sparkasse für jedes Verschulden ihrer Mitarbeiter und der Personen, die sie zur Erfüllung ihrer Verpflichtungen hinzuzieht. Soweit dem Kunden eine GS-Gutschrift erteilt wird, haftet die Bank/Sparkasse auch für die Erfüllung der Pflichten der Clearstream Banking AG.

(2) Auslandsverwahrung. Bei der Verwahrung von Wertpapieren im Ausland beschränkt sich die Haftung der Bank/Sparkasse auf die sorgfältige Auswahl und Unterweisung des von ihr beauftragten ausländischen Verwahrers oder Zwischenverwahrers. Bei einer Zwischenverwahrung durch die Clearstream Banking AG oder einen anderen inländischen Zwischenverwahrer sowie einer Verwahrung durch eine eigene ausländische Geschäftsstelle haftet die Bank/Sparkasse für deren Verschulden.

Nr. 20 Sonstiges.

(1) Auskunftsersuchen. Ausländische Wertpapiere, die im Ausland angeschafft oder veräußert werden oder die ein Kunde von der Bank/Sparkasse im Inland oder im Ausland verwahren lässt, unterliegen regelmäßig einer ausländischen Rechtsordnung. Rechte und Pflichten der Bank/Sparkasse oder des Kunden bestimmen sich daher auch nach dieser Rechtsordnung, die auch die Offenlegung des Namens des Kunden vorsehen kann. Die Bank/Sparkasse wird entsprechende Auskünfte an ausländische Stellen erteilen, soweit sie hierzu verpflichtet ist; sie wird den Kunden hierüber benachrichtigen.

(2) Einlieferung/Überträge. Diese Sonderbedingungen gelten auch, wenn der Kunde der Bank/Sparkasse in- oder ausländische Wertpapiere zur Verwahrung effektiv einliefert oder Depotguthaben von einem anderen Verwahrer übertragen lässt. Verlangt der Kunde die Verwahrung im Ausland, wird ihm eine WR-Gutschrift nach Maßgabe dieser Sonderbedingungen erteilt.

37. Kapitel: Finanztermingeschäfte

Schrifttum: *Alfes,* Central Counterparty – Zentraler Kontrahent – Zentrale Gegenpartei, 2005; *André,* Die Verbindlichkeit von Optionsscheingeschäften, 1991; *Assmann,* Irrungen und Wirrungen im Recht der Termingeschäfte, ZIP 2001, 2061; *Awrey,* The Dynamics of OTC Derivatives Regulation: Bridging the Public-Private Divide, EBOR 11 (2010), 155; *Balzer,* Der Vorschlag der EG-Kommission für eine neue Wertpapierdienstleistungsrichtlinie, ZBB 2003, 177; *Bank für Internationalen Zahlungsausgleich (BIZ),* OTC derivatives statistics at end – December 2014, April 2015; *Bank für Internationalen Zahlungsausgleich (BIZ)/ Committee on Payment and Settlement Systems,* OTC derivatives: Settlement procedures and counterparty risk management, 1998; *Bank für Internationalen Zahlungsausgleich (BIZ),* New developments in clearing and settlement arrangements for OTC derivatives, 2007; *Bankenverband (Bundesverband deutscher Banken),* Rahmenvertrag für Finanztermingeschäfte (2018) und DRV-Änderungsvereinbarung 2018 – Hintergründe und Erläuterungen, 2018; *Bausch,* Der anfängliche negative Marktwert in der Rechtsprechung des Bundesgerichtshofs zu Zinsswaps, WM 2016, 247; *Becker/Follner,* Beratungspflichten der Bank bei der Empfehlung von Swap-Geschäften, ZIP 2016, 2400; *Benzing,* Institutioneller Rahmen: SRM, SRB und nationale Abwicklungsbehörden, § 18 in: Binder/Glos/Riepe (Hrsg.), Handbuch Bankenaufsichtsrecht, 2. Aufl. 2020; *Benzler,* Nettingvereinbarungen im außerbörslichen Derivatehandel, 1999; *ders.,* Das deutsche Nettinggesetz – § 104 Abs. 2, 3 InsO, ZInsO 2000, 1; *Bergfort,* Das European Master Agreement – die europäische Lösung für Cross-Product Netting, ZBB 2009, 451; *ders./Köhling,* DRV 2018 – The „German Master Agreement for Financial Derivatives Transactions (2018)", BKR 2019, 12; *Binder,* Bankeninsolvenzen im Spannungsfeld zwischen Bankaufsichts- und Insolvenzrecht, 2005; *ders.,* Daytrading als Finanztermingeschäft i. S. d. § 2 Abs. 2a WpHG?, ZHR 169 (2005), 329; *ders.,* Insolvenzbewältigung bei systemrelevanten Banken, § 18 in: Binder/Glos/Riepe (Hrsg.), Bankenaufsichtsrecht, 2. Aufl. 2020; *Bliss/Papathanassiou,* Derivatives clearing, central counterparties and novation: The economic implications, Working Paper 2006, abrufbar unter www.ecb.int/events/pdf/conferences/ccp/BlissPapathanassiou_final.pdf; *Böhm,* Rechtliche Aspekte grenzüberschreitender Nettingvereinbarungen, 2001; *Bosch,* Finanztermingeschäfte in der Insolvenz, WM 1995, 395 (Teil I) und 413 (Teil II); *Brandt,* Kreditderivate – Zentrale Aspekte innovativer Kapitalmarktprodukte, BKR 2002, 243; *Braun,* Anm. zu KG BKR 2001, 42, in: BKR 2001, 48; *Brenncke,* Die Rechtsprechung des BGH zur Präsentation von Risiken bei der Anlageberatung, WM 2014, 1749; *Bücker,* Finanzinnovationen und kommunale Schuldenwirtschaft, 1993; *Buck-Heeb,* Vom Kapitalanleger- zum Verbraucherschutz, ZHR 176 (2012), 66; *Bundesverband deutscher Banken* Der EMIR-Anhang zum Rahmenvertrag für Finanztermingeschäfte – Hintergründe und Erläuterungen, 23.7.2013, abrufbar unter https://bankenverband.de/media/contracts/EMIR-Anhang-Hintergruende-Informationen-2013-07-23.pdf; *Bundesverband deutscher Banken,* Clearing-Rahmenvereinbarung – Hintergründe und Erläuterungen, 23.2.2015, abrufbar unter https://bankenverband.de/media/contracts/2015-02-23-CRV-Hintergrundinformationen-unm_OLba6iI.pdf; *Casper,* Das neue Recht der Termingeschäfte, WM 1997, 161; *ders.,* Der Optionsvertrag, 2005; *Cecchetti/Gyntelberg/Hollanders,* Central counterparties for over-the-counter derivatives, BIS Quarterly Review 2009, S. 45; *Clouth,* Rechtsfragen der außerbörslichen Finanz-Derivate, 2001; *ders.,* Anm. zu KG BKR 2001, 42, BKR 2001, 45; *ders.,* Anlegerschutz – Grundlagen aus Sicht der Praxis, ZHR 177 (2013), 212; *Decker,* Zinssatz- und Währungsswaps unter rechtlichen Aspekten, dargestellt anhand des Muster-Rahmenvertrags für Swapgeschäfte, WM 1990, 1001; *ders.,* Segregation und Ausfallrisiko nach EMIR und KAGB, BKR 2014, 397; *Diekmann/Fleischmann,* Der Verordnungsentwurf der Europäischen Kommission für den OTC-Derivatemarkt, WM 2011, 1105; *Dierks,* Selbständige Aktienoptionsscheine, 2002; *Dötsch/Kellner,* Aufklärungs- und Beratungspflichten von Kreditinstituten beim Vertrieb von Aktienanleihen, WM 2001, 1994; *Ebenroth/Benzler,* Close-out Netting nach der neuen Insolvenzordnung, ZVglRWiss 95 (1996), 335; *Ebenroth/Messer,* Die vorzeitige Beendigung von Zins- und Währungsswaps bei Eintritt von Vertragsverletzungen aufgrund vertraglicher Lösungsklauseln, ZVglRWiss 87 (1988), 1; *Ehricke* Finanztermingeschäfte im Insolvenzverfahren, ZIP 2003, 273; *ders.,* Die Umsetzung der Finanzsicherheitenrichtlinie (Richtlinie 2002/47/EG) im Rahmen des Diskussionsentwurfs zur Änderung der Insolvenzordnung, ZIP 2003, 1065; *Ellenberger/ Clouth,* Praktikerhandbuch Wertpapier- und Derivategeschäfte, 5. Aufl. 2018; *Erne,* Die Swapgeschäfte der Banken, 1992; *Financial Stability Board,* Review of OTC derivatives market reforms – Effectiveness and broader effects of the reforms, June 2017; *Funke,* REMIT und EMIR, WM 2012, 202; *A. Fuchs,* Selbständige Optionsscheine als Finanzierungsinstrument der Aktiengesellschaft, AG 1995, 433; *F. Fuchs,* Close-out Netting, Collateral und systemisches Risiko, 2013; *Fülbier,* Zivilrechtliche Einordnung von Zins- und Währungsswaps, ZIP 1990, 544; *Gätsch/Theusinger,* Naked Warrants als zulässige Finanzierungsinstrumente für Aktiengesellschaften, WM 2005, 1256; *Glade,* Anlegerschutz bei Börsentermingeschäften im europäischen Vergleich, 2002; *Grigoleit,* Grenzen des Informationsmodells, in Bankrechtstag 2012, S. 25; *Grundmann,* Wohlverhaltenspflichten, interessenkonfliktfreie Aufklärung und MiFID II, WM 2012, 1745; *Gundermann,* Zu den Anforderungen der Bankberatung bei strukturierten Finanzprodukten, BKR 2013, 406; *Härle,* Die Terminbörsen EUREX und WTB, 2003; *Haisch,* Besteuerung von Goldzertifikaten – Finanzgerichte widersprechen Verwaltung, BB 2014, 2333;

Hanke, Zur vorzeitigen Beendigung von (konnexen) Zinssicherungsgeschäften, BKR 2017, 358; *Häuser,* Außerbörsliche Optionsgeschäfte (OTC-Optionen) aus der Sicht des novellierten Börsengesetzes, ZBB 1992, 249; *Harding,* Mastering the ISDA Master Agreements (1992 and 2002), 3. Aufl., 2010; *Hartenfels,* Die Verordnung (EU) Nr. 648/2012 über OTC-Derivate, zentrale Gegenparteien und Transaktionsregister („EMIR"), ZHR 173 (2014), 173; *Henssler,* Anlegerschutz durch Information, ZHR 153 (1989), 611; *ders.,* Risiko als Vertragsgegenstand, 1994; *Herresthal,* Die Weiterentwicklung des informationsbasierten Anlegerschutzes, ZIP 2013, 1049; *ders.,* Anm. zu BGH ZIP 2015, 572, ZIP 2015, 576; *Hoffmann-Theinert,* Zu den Grenzen der Aufklärung bei Bankgeschäften, FS Leenen, 2012, S. 85; *Holzer,* Insolvenzverfahren und zentrale Vertragspartei, BKR 2011, 366; *ders.,* Die Insolvenz von Clearingmitgliedern, DB 2013, 443; *Horn,* Börsentermingeschäfte nach neuem Recht, ZIP 1990, 2; *Huber,* Unwirksamkeit von insolvenzbedingten Lösungsklauseln – Vertragspraxis, was nun?, ZIP 2013, 493; *Hudson,* The Law on Financial Derivatives, 6. Aufl., 2018; *Hull,* Optionen, Futures und andere Derivate, 7. Aufl. 2009; *Jaskulla,* Die Einführung derivativer Finanzinstrumente an den deutschen Wertpapierbörsen als Regelungsproblem, 1995; *ders.,* Zur Rechtsnatur des Börsentermingeschäfts gemäß § 50 Abs. 1 BörsG, ZBB 1997, 171; *ders.,* Werden zentrale Gegenparteien durch die Umsetzung von EMIR zum Risiko?, BKR 2012, 441; *Jobst,* Börslicher und außerbörslicher Derivatehandel mittels zentraler Gegenpartei, ZBB 2010, 384; *Keller,* Die Wertpapiersicherheit im Gemeinschaftsrecht, BKR 2002, 347; *ders.,* Grenzen des informationsbasierten Anlegerschutzes, BKR 2011, 283; *Kerkemeyer,* Systemrettend oder –destabilisierend? – Das Close-out Netting in der Diskussion, ZBB 2017, 272; *Keßler,* Das Strukturrisiko von Finanzderivaten, 2012; *Klatt,* Besteuerung von Zertifikaten ohne Kapitalschutzgarantie im Wandel, BB 2008, 976; *Kleiner,* Internationales Devisen-Schuldrecht, 1985; *Kliebisch/Linsenbarth,* Insolvenzsicherung bei Rahmenverträgen über Finanztermingeschäfte im Lichte der BGH-Entscheidung zur Unwirksamkeit insolvenzabhängiger Lösungsklauseln, DZWir 2013, 449; *Koch,* Grenzen des informationsbasierten Anlegerschutzes, BKR 2012, 485; *Köhling,* Die Clearing-Rahmenvereinbarung – deutsche Vertragsdokumentation für das Kundenclearing, BKR 2013, 491; *ders./Adler,* Der neue europäische Regulierungsrahmen für OTC-Derivate, WM 2012, 2125 und 2173; *Köndgen,* Anmerkung zum Urteil des Kammergerichts vom 16.5.2001, ZIP 2001, 1197; *ders.,* Grenzen des informationsbasierten Anlegerschutzes, BKR 2011, 283; *ders./Sandmann,* Strukturierte Zinsswaps vor den Berufungsgerichten: eine Zwischenbilanz, ZBB 2010, 77; *Kollmann,* Zur Umsetzung der Richtlinie 2002/47/EG vom 6. Juni 2002 über Finanzsicherheiten in das deutsche Recht, WM 2004, 1012; *Krämer,* Finanzswaps und Swapderivate in der Bankpraxis, 1999; *Kropf,* Beratung durch Banken beim Abschluss von Swap-Geschäften, ZIP 2013, 401; *Kusserow/Scholl,* Kreditderivate im Kraftfeld der BRRD – Die neuen Musterbedingungen für Kreditderivate – Teil I und II, WM 2015, 368 und 413; *Kümpel/Peters,* Aktuelle Rechtsfragen der Wertpapierleihe, AG 1994, 525; *Kunz,* Ausgewählte Rechtsprobleme des Zentralen Kontrahenten, 2009; *Lammers,* Pflichtverletzungen bei kommunalen Zins-Swaps, NVwZ 2012, 12; *Lehmann,* Finanzinstrumente, 2009; *ders.,* Zinsswaps der öffentlichen Hand: Vertragswirksamkeit und Beratungspflichten, BKR 2008, 488; *ders.,* Reform der Derivatemärkte – transatlantischer Kampf um Wettbewerbsfähigkeit, RdF 2011, 300; *ders.,* Anm. zu BGH JZ 2011, 744, JZ 2011, 749; *ders.,* Kommunale Swap-Verträge: Wirksamkeit und Beratungspflichten nach neuer BGH-Rechtsprechung, ZBB 2015, 282; *ders.,* Die Swap-Malaise – Zur Aufklärungspflicht über den negativen Marktwert von Swap-Geschäften, NJW 2016, 2913; *Lehmann/Flöther/Gurlit,* Die Wirksamkeit von Close-out-netting-Klauseln in Finanzderivaten nach § 104 InsO n. F., WM 2017, 597; *Lenenbach,* Aktienanleihen: Ihre Behandlung im Zivil- und Börsenterminrecht und nach dem AGBG, NZG 2001, 487; *Litten/Bell,* Regulierung von Kreditderivaten im Angesicht der globalen Finanzmarktkrise, BKR 2011, 314; *Litten/Schwenk,* EMIR – Auswirkungen der OTC-Derivateregulierung auf Unternehmen der Realwirtschaft, DB 2013, 857 und 918; *Marotzke,* Finanzialisierung des Insolvenzvertragsrechts – dargestellt am Beispiel des neuen § 104 Abs. 2 InsO, KTS 2018, 413; *ders.,* Rechtsfolgen der insolvenzbedingten Auflösung von Finanzterminkontrakten, ZInsO 2019, 1341; *Melzer,* Zum Begriff des Finanztermingeschäfts, BKR 2003, 366; *Menninger,* Börsen- und zivilrechtlicher Charakter von Financial Futures, WM 1994, 970; *Mock,* Das Gesetz zur Vorbeugung gegen missbräuchliche Wertpapier- und Derivategeschäfte, WM 2010, 2248; *Möllers/Puhle,* Know your product – Ermittlungspflichten von Zertifikate-Emittenten, JZ 2012, 592; *Morlin,* Die Befugnis kommunaler Unternehmen in Privatrechtsform zu Spekulationsgeschäften am Beispiel des Zinsswaps, NVwZ 2007, 1159; *Mülbert,* Anlegerschutz bei Zertifikaten, WM 2007, 1149; *Müller-Deku,* Daytrading zwischen Termin- und Differenzeinwand, WM 2000, 1029; *Nietsch/Graef,* Regulierung der europäischen Märkte für außerbörsliche OTC-Derivate, BB 2010, 1361; *Nordhues/Benzler,* Risikosteuerung durch Kreditderivate, WM 1999, 461; *Obermüller,* Lösungsklauseln im Bankgeschäft, ZInsO 2013, 476; *Obermüller/Hartenfels,* Finanzsicherheiten, BKR 2004, 440 ff.; *Paech,* Cross-Border Bank Resolution and Close-Out Netting, 2014, abrufbar unter http://ssrn.com/abstract=2464460; *ders.,* Close-Out Netting, Insolvency Law and Conflict of Laws, JCLS 14 (2014), 419 ff.; *Pannen,* Krise und Insolvenz bei Kreditinstituten, 3. Aufl. 2010; *Paus,* Börsentermingeschäfte, 1995; *Piekenbrock,* Die Insolvenz des Finanzdienstleisters bei Finanzgeschäften nach § 104 InsO, BB 2016, 1795; *Piekenbrock/Ludwig,* Die Insolvenz des Optionsberechtigten, WM 2014, 2197; *Pohl,* Swapvereinbarungen – Juristisches Neuland?, AG 1992, 425; *Primozic/Schaaf,* Die Rechtsprechung des Bundesgerichtshofs zur Unwirksamkeit von Close-out-Netting-Regelungen im Rahmenvertrag für Finanztermingeschäfte, WM 2016, 2110; *Redeke,* Zur Corporate Governance zentraler Gegenparteien (Central Counterparties, CCPs), WM 2015, 554; *Reiner,* Derivative Finanzinstrumente im Recht, 2002; *ders.,* ISDA Master Agreement, Kommentar, 2013; *Rieger,* Optionen, Derivate und strukturierte Produkte, 2009; *Rinker,* Vetragsschluss im börslichen elektronischen Handelsverkehr, 2002; *Roberts,* Swaps, „Interessenkonflikt" und die Rechtsprechung des BGH, BKR 2015, 330; *Roller/Elster/Knappe,* Spread-abhängige Constant Maturity (CMS) Swaps – Funktionsweise, Risikostruktur und rechtliche Bewertung, ZBB 2007, 345; *Ruland/Wetzig,* Aufklärungs- und Beratungspflichten bei Cross-Currency-Swaps, BKR 2013, 56; *Salewski,* Zertifikate – reguläre Finanzinstrumente oder unerlaubtes Glücksspiel?, BKR 2012, 100; *Schäfer,* Wandel- und Optionsanleihen in Deutschland, ZGR-Sonderheft 16 (2000), 62; *ders.,* Spread Ladder Swap- und Lehman Zertifikate-Urteile des BGH: Negativer Marktwert vs. Gewinnmarge, in Bankrechtstag 2012, S. 65; *ders.,* BaFin vs. BGH, BKR 2016, 321; *Scharpf/Luz,* Risikomanagement, Bilanzierung und Aufsicht von Finanzderivaten, 2. Aufl., 2000; *Schlitt/Löscher,* Abgetrennte Optionsscheine und Naked Warrants, BKR 2002, 150; *Schmitt,* Aktuelle Rechtsprechung zur Anlageberatung bei OTC-Derivaten, BB 2011, 2824; *Schuster/Westpfahl,* Neue Wege zur Bankensanierung – Ein Beitrag zum Restrukturierungsgesetz – Teil 1, DB 2011, 221, Teil 2, DB 2011, 282; *Schwark,* Ist die Aktienanleihe ein Börsentermingeschäft?, WM 2001, 1973; *Schwintowski,* Das Optionsscheingeschäft: Naturalobligation oder vollkommene Verbindlichkeit?, ZIP 1988, 1021; *Singh/Aitken,* Counterparty Risk, Impact on Collateral Flows, and Role for Central Counterparties, IMF Working Paper WP/09/173, 2007; *Spindler,* Aufklärungspflichten im Bankrecht nach dem „Zins-Swap-Urteil" des BGH, NJW 2011, 1920; *Trafkowski,* Kreditderivate und Versicherungsderivate als Risikotransferverträge, 2009; *Veil,* Aufklärung und Beratung über die fehlende Einlagensicherung von Lehman-Zertifikaten?, WM 2009, 1585; *Veranneman,* Das deutsche Verbot von Hochrisiko-Wetten: Schutz der Finanzmärkte und Schutz vor den Finanzmärkten, GWR 2010, 337; *von Hall,* Insolvenzverrechnung in bilateralen Clearingsystemen, 2011; *ders.,* Die Bestimmung des Börsenpreises gem. § 104 Abs. 3 InsO in zentralisierten, elektronischen Handelssystemen, WM 2011, 2161; *ders.,* Warum EMIR den Finanzplatz Deutschland stärkt und trotzdem eine Wettbewerbsverzerrung im Binnenmarkt droht, WM 2013, 673; *von Wilmowsky,* Termingeschäft und Insolvenz – die gesetzliche Regelung, WM 2002, 2264; *Walla,* Leerverkäufer und Credit Default Swaps, in *Veil* (Hrsg.), Europäisches Kapitalmarktrecht, 2. Aufl. 2014, S. 277; *M. Weber,* Der Optionsvertrag, JuS 1990, 249; *R. Weber,* Swap-Geschäfte, FS Schluep, 1988, S. 301; *Weck/Schick,* Unwirksamkeit spekulativer Swap-Geschäfte im kommunalen Bereich, NVwZ 2012, 18; *Weller,* Die Dogmatik des Anlageberatungsvertrags – Legitimation der strengen Rechtsprechungslinie von Bond bis Ille./. Deutsche Bank, ZBB 2011, 191; *Wilhelmi/Achtelik/Kunschke/Sigmundt,* Handbuch EMIR, 2016; *Witte/Mehrbrey,* Haftung für den Verkauf wertlos gewordener Zertifikate – der Fall Lehman Brothers, ZIP 2009, 744; *Wolfers/Voland,* Der Weg aus der Krise? Ein Überblick über das Restrukturierungsgesetz, WM 2011, 1159; *Zerey* (Hrsg.), Finanzderivate, 4. Aufl. 2016; *Zimmer/F. Fuchs,* Die Bank in Krise und Insolvenz, ZGR 2010, 597; *Zoller,* Die Haftung anlageberatender Banken bei Cross-Currency-Swaps, BKR 2012, 405.

Übersicht

I. Einführung und Rechtsquellen

1. Überblick

1 Das Recht der Termingeschäfte steht systematisch zwischen Bankvertrags- und Kapitalmarktrecht. Die einschlägigen Rechtsprobleme betreffen Fragen des Vertragsschlusses und der Vertragsabwicklung und damit die Interessenverteilung zwischen den Parteien, zugleich aber – jedenfalls in Teilaspekten – auch öffentlich-rechtlich abgesicherte **Schutzinteressen** (Individualschutz zugunsten etwa strukturell unterlegener Parteien einerseits, Schutz der Funktionsfähigkeit und der Stabilität der Finanzmärkte andererseits). Terminkontrakte werden überwiegend, aber nicht nur unter professionellen Parteien abgeschlossen. Schon in rechtstatsächlicher Hinsicht sind außerordentlich heterogene Geschäftstypen und Interessenlagen erfasst. Der Oberbegriff des Termingeschäfts schließt **unterschiedliche Vertragstypen** (→ Rn. 22 ff.) ein, die vielfältigen wirtschaftlichen Zielen dienen können, aber durch eine Reihe gemeinsamer **Typusmerkmale**[1] bestimmt werden (→ Rn. 11–17). Allen Erscheinungsformen gemeinsam ist ein spekulativer Charakter, der sich im Kern auf das begriffsprägende Element des **zeitlich gestreckten Austauschgeschäfts** zurückführen lässt, das durch die Erwartung künftiger, ungewisser Mittelzuflüsse geprägt wird.[2] Spekulation ist jedoch – neben der Absicherung gegen Marktpreisrisiken (Hedging) und der Ausnutzung von Marktpreisdifferenzen (Arbitrage) – nur einer von mehreren Zwecken, welche die Parteien verfolgen können (→ Rn. 18). Erhebliche Unterschiede bestehen auch im Hinblick auf die **Organisation** der Terminmärkte. Im Unterschied zum klassischen Sekundärhandel in Effekten an den Kassamärkten, für den tradierte (Börsen) und moderne, alternative Handelsplattformen eine erhebliche Rolle spielen, werden Termingeschäfte bislang in großem Umfang bilateral außerhalb organisierter Handelsplätze abgeschlossen und abgewickelt (sog. „over-the-counter"-Geschäft, **OTC-Derivate**). Zahl und Volumen derartiger, häufig grenzüberschreitender Geschäfte haben zwar in der Finanzmarktkrise der Jahre 2008–2010 abgenommen, bewegen sich jedoch nach wie vor auf sehr hohem Niveau.[3] Im Unterschied zu börsengehandelten Terminkontrakten werden OTC-Derivate nicht im eigentlichen Sinn gehandelt. Eine Annäherung an die Strukturen des Sekundärmarkts für Finanzinstrumente findet bei ihnen allenfalls dann statt, wenn die jeweiligen Positionen über eine Zentrale Gegenpartei abgewickelt („gecleart") werden, was die Möglichkeit zu jederzeitigen glattstellenden Gegengeschäften eröffnet und damit marktähnliche Strukturen schafft (→ Rn. 37).[4] In Reaktion auf die Erfahrungen aus der globalen Finanzmarktkrise der Jahre 2008 und 2009 haben sich für das Terminrecht in jüngster Zeit bedeutende Verschärfungen ergeben. Um die Sicherheit im außerbörslichen Derivateverkehr zu stärken und den Markt zugleich transparenter zu machen, hat der G-20-Gipfel der

---

[1] Eingehend Fuchs/*Jung* WpHG Vor §§ 37e und 37g WpHG Rn. 11 ff.; entspr. Boos/Fischer/Schulte-Mattler/*Schäfer* KWG/CRR § 1 Rn. 288; vgl. auch bereits *Jaskulla* Einführung S. 115 ff.; *Jaskulla* ZBB 1997, 171 (172 ff.); BuB/*Neuhaus* Rn. 7/1042; *Melzer* BKR 2003, 366 ff.; inhaltlich entspr. BGHZ 139, 1 (5 f.) = NJW 1998, 2524; 150, 164 (168, 169) = NJW 2002, 1943 (jeweils für Börsentermingeschäfte iSd §§ 53 ff. BörsG aF); krit. *Häuser* ZBB 1992, 249 (259); diff. *Casper* WM 2003, 161 (162 f.). Der Streit über die Einordnung des Termingeschäftsbegriffs als Rechtsbegriff ieS oder als Typus ist angesichts der Definition des § 2 Abs. 3 WpHG allerdings heute gegenstandslos; die typologische Gesamtbetrachtung für das neue Recht daher vollständig ablehnend Derleder/Knops/Bamberger/*Müller* BankR § 59 Rn. 22 f.; *Lenenbach* Kapitalmarktrecht Rn. 9.226; so auch Kümpel/Mülbert/Früh/*Kraft* BankR Rn. 19.14, der freilich im Folgenden selbst traditionell als Typusmerkmale diskutierte Eigenschaften diskutiert. Vgl. auch Begr. RegE 4. FMFG, BT-Drs. 14/8017, 85 zu § 2 Abs. 2 WpHG aF („typologische … Gesamtbetrachtung" maßgeblich).

[2] MüKoHGB/*Ekkenga* Effektengeschäft Rn. 5.

[3] Vgl. für das OTC-Geschäft nur BIZ, Global OTC Derivatives markets, Table D 5, wonach sich der Gesamtnennbetrag der offenen Verbindlichkeiten aller OTC-Derivate weltweit Ende des 2. Halbjahrs 2018 auf rund 545 Bio. US-Dollar belief.

[4] MüKoHGB/*Ekkenga* Effektengeschäft Rn. 4; abw., aber insoweit unpräzise Fuchs/*Jung* WpHG Vor §§ 37e und 37g Rn. 89 („OTC-Märkte" als „rein privatrechtlich organisierte Sekundärmärkte").

führenden Industrienationen bereits 2009 programmatisch beschlossen, dass standardisierte OTC-Derivate ab spätestens Ende 2012 an Börsen gehandelt und über zentrale Gegenparteien abgewickelt werden sollen.[5] In der Europäischen Union sind diese Vorgaben mit der **EMIR**[6] und der **MiFIR**[7] umgesetzt worden (→ Rn. 37 ff., 54).[8] Bereits auf nationaler Ebene untersagt sind bestimmte Arten von Kreditderivaten (→ Rn. 32) und Leerverkäufe (→ Rn. 33).

Infolge dynamischer Innovationen gerade auf dem Gebiet der OTC-Kontrakte und durch Mischformen, zB das sog. Daytrading (→ Rn. 34), verblassen die traditionellen **Unterscheidungskriterien** zwischen **Termin- und Kassageschäft.**[9] Mit Blick darauf, aber auch auf die spezifischen wirtschaftlichen Ziele von Termingeschäften wird die Kategorie des Effektengeschäfts, das nach überkommener Auffassung Terminkontrakte nicht umfasst, der Realität der Terminmärkte und der Rolle der Kreditinstitute als Vertragsparteien und Händler in entsprechenden Positionen nicht mehr gerecht.[10] Die **gesetzliche Erfassung** der mit Termingeschäften verbundenen Rechtsfragen (dazu im Überblick → Rn. 3–7) trägt dieser Vielfalt Rechnung. Sie reflektiert heute ein **funktional strukturiertes Regelungskonzept,** das von Sonderregeln für die Behandlung von Termingeschäften in unterschiedlichen Sachzusammenhängen geprägt ist, jedoch keinen einheitlichen Rechtsrahmen für den Abschluss, die Abwicklung und die Beendigung von Terminkontrakten vorsieht. Korrespondierend dazu fehlt es an einer einheitlichen Legaldefinition; der Anwendungsbereich der gesetzlichen Vorgaben für die Beziehungen zwischen den Vertragsparteien der Geschäfte selbst und darauf bezogener Dienstleistungen ist jeweils – unter Verwendung unterschiedlicher Begrifflichkeiten – autonom festgelegt. 2

2. Rechtsquellen und Definitionen

a) Kapitalmarkt-Aufsichtsrecht. Aufsichtsrechtlich sind Angebot und Durchführung von Termingeschäften als Wertpapierdienstleistung (§ 2 Abs. 8 WpHG) durch die allgemeinen **Intermediärpflichten** nach §§ 63 ff. WpHG erfasst. Daraus ergeben sich zum einen aufsichtsrechtliche Anforderungen an die beim Vertragsschluss und bei der Durchführung des Vertrags zu beachtenden Aufklärungs- und Sorgfaltspflichten des Intermediärs (→ Rn. 46), wobei Termingeschäfte bereits seit dem Finanzmarktrichtlinie-Umsetzungsgesetz 2007 mit sonstigen Finanzinstrumenten gleichgestellt sind. Zum anderen sichert das Aufsichtsrecht in § 99 WpHG die Durchsetzbarkeit der Ansprüche aus Termingeschäften gegen den bürgerlich-rechtlichen Spieleinwand nach § 762 BGB ab (→ Rn. 39).[11] Neu hinzugetreten sind in Reaktion auf die Finanzmarktkrise 2008–2010 und hier insbesondere auf die Spekulation gegen einzelne hoheitliche Anleiheschuldner aufsichtsrechtliche Kom- 3

[5] Zum aktuellen Stand der internationalen Bestrebungen um harmonisierte Standards insoweit Financial Stability Board, Review of OTC derivatives market reforms – Effectiveness and broader effects of the reforms, 2017.

[6] VO (EU) Nr. 648/2012 des Europäischen Parlaments und des Rates vom 4.7.2012 über OTC-Derivate, zentrale Gegenparteien und Transaktionsregister, ABl. 2012 L 201/1 (auch „European Markets Infrastructure Regulation", „EMIR").

[7] VO (EU) Nr. 600/2014 des Europäischen Parlaments und des Rates vom 15.5.2014 über Märkte für Finanzinstrumente und zur Änderung der Verordnung (EU) Nr. 648/2012, ABl. 2014 L 173/84.

[8] Dazu und zu den Ausführungsrechtsakten eing. *Hartenfels* ZHR 178 (2014), 173 (181 ff.); *Köhling/Adler* WM 2012, 2125 ff.; s. a. *von Hall* WM 2013, 673 ff., sowie bereits *Diekmann/Fleischmann* WM 2011, 1105 ff.; *Funke* WM 2012, 202 (205 ff.); *Lehmann* RdF 2011, 300 (303); *Litten/Schwenk* DB 2013, 857 ff. und 918 ff. Zum Hintergrund EU-Kommission, Gewährleistung effizienter, sicherer und solider Derivatemärkte: Künftige politische Maßnahmen, KOM(2009) 563 endg.; European Commission, DG Internal Markets and Services, Public Consultation on Derivatives and Market Infrastructures, abrufbar unter http://ec.europa.eu/internal_market/consultations/2009//derivatives_en.htm; vgl. dazu auch *Nietsch/Graef* BB 2010, 1361 ff.

[9] Vgl. – für das Daytrading – stellvertretend *Binder* ZHR 169 (2005), 329 (345 ff.).

[10] Zutr. MüKoHGB/*Ekkenga* Effektengeschäft Rn. 5.

[11] Vgl. zum früheren Rechtszustand *Binder* ZHR 169 (2005), 329 ff.; Überblicksdarstellungen bei BankR-HdB/*Kienle* § 106 Rn. 2 ff.; Derleder/Knops/Bamberger/*Müller* BankR § 59 Rn. 2 ff.; Assmann/Schneider/Mülbert/*Mülbert* WpHG Vor §§ 99, 100 Rn. 1 ff.; EBJS/*König* HGB BankR VIII Rn. 18 ff.

petenzen zum Verbot bestimmter Derivatgeschäfte (§ 14 WpHG) sowie Regelungen zur Eindämmung von Leerverkäufen und Kreditderivatgeschäften in entsprechenden Konstellationen, die zunächst im WpHG geregelt waren und nunmehr europarechtlich vereinheitlicht sind (→ Rn. 32 f.).[12] **Tatbestandlich** sind Termingeschäfte im WpHG durch eine Kombination abstrakter Typusmerkmale mit einzelnen Basiswertkategorien erfasst, wobei der Begriff des **Derivats** als maßgeblicher Oberbegriff gewählt wird.[13] Nach der abschließend konzipierten[14] Definition in § 2 Abs. 3 WpHG sind *„Derivative Geschäfte im Sinne dieses Gesetzes (…)*

1. als Kauf, Tausch oder anderweitig ausgestaltete Festgeschäfte oder Optionsgeschäfte, die zeitlich verzögert zu erfüllen sind und deren Wert sich unmittelbar oder mittelbar vom Preis oder Maß eines Basiswertes ableitet (Termingeschäfte) mit Bezug auf die folgenden Basiswerte:
a) Wertpapiere oder Geldmarktinstrumente,
b) Devisen, soweit das Geschäft nicht die in Artikel 10 der Delegierten Verordnung (EU) 565/2017 genannten Voraussetzungen erfüllt, oder Rechnungseinheiten,
c) Zinssätze oder andere Erträge,
d) Indices der Basiswerte der Buchstaben a, b, c oder f, andere Finanzindizes oder Finanzmessgrößen,
e) derivative Geschäfte oder
f) Berechtigungen, Emissionsreduktionseinheiten und zertifizierte Emissionsreduktionen im Sinne des § 3 Nummer 3, 6 und 16 des Treibhausgas-Emissionshandelsgesetzes, soweit sie im EU-Emissionshandelsregister gehalten werden dürfen (Emissionszertifikate);

2. Termingeschäfte mit Bezug auf Waren, Frachtsätze, Emissionsberechtigungen, Klima- oder andere physikalische Variablen, Inflationsraten oder andere volkswirtschaftliche Variablen oder sonstige Vermögenswerte, Indices oder Messwerte als Basiswerte, sofern sie
a) durch Barausgleich zu erfüllen sind oder einer Vertragspartei das Recht geben, einen Barausgleich zu verlangen, ohne dass dieses Recht durch Ausfall oder ein anderes Beendigungsereignis begründet ist,
b) auf einem organisierten Markt oder in einem multilateralen oder organisierten Handelssystem geschlossen werden und nicht über ein organisiertes Handelssystem gehandelte Energiegroßhandelsprodukte im Sinne von Absatz 20 sind, die effektiv geliefert werden müssen, oder
c) die Merkmale anderer Derivatekontrakte im Sinne des Artikels 7 der Delegierten Verordnung (EU) 565/2017 aufweisen und nichtkommerziellen Zwecken dienen,
und sofern sie keine Kassageschäfte im Sinne des Artikels 7 der Delegierten Verordnung (EU) 565/2017 sind;

3. finanzielle Differenzgeschäfte;

4. als Kauf, Tausch oder anderweitig ausgestaltete Festgeschäfte oder Optionsgeschäfte, die zeitlich verzögert zu erfüllen sind und dem Transfer von Kreditrisiken dienen (Kreditderivate);

5. Termingeschäfte mit Bezug auf die in Artikel 8 der Delegierten Verordnung (EU) 565/2017 genannten Basiswerte, sofern sie die Bedingungen der Nummer 2 erfüllen.“

3a Die Definition reflektiert nunmehr die unionsrechtlichen Vorgaben aus Anhang 1 Abschnitt C Nr. 4–10 MiFID II.[15] Daneben hat Art. 2 Nr. 7 **EMIR** den Begriff des OTC-Derivats erstmals legaldefiniert und maßgeblich auf die Ausführung „nicht auf einem geregelten Markt“ bzw. einem gleichwertigen Markt in Drittstaaten abgestellt. Für den Anwendungsbereich des § 99 S. 1 WpHG definiert § 99 S. 2 WpHG **Finanztermin-**

[12] Eingeführt durch das Gesetz zur Vorbeugung gegen missbräuchliche Wertpapier- und Derivategeschäfte vom 21.7.2010, BGBl. I 2010, 945; dazu *Mock* WM 2010, 2248 ff.; *Veranneman* GWR 2010, 337 ff.

[13] Fuchs/*Jung* WpHG Vor §§ 37e und 37g Rn. 18.

[14] Vgl. zur Vorgängerregelung in § 2 Abs. 2 WpHG aF Begr. RegE FRUG, BT-Drs. 16/4028, 11.

[15] RL 2014/65/EU des Europäischen Parlaments und des Rates vom 15.5.2014 über Märkte für Finanzinstrumente sowie zur Änderung der Richtlinien 2002/92/EG und 2011/61/EU, ABl. 2014 L 173/349.

geschäfte ausdrücklich als „Derivate i. S. d. § 2 Abs. 3 und Optionsscheine"; im Aufsichtsrecht ist dies die einzige Norm, die ausdrücklich auf den Begriff Bezug nimmt

b) Bankaufsichtsrecht. Eine dem § 2 Abs. 3 WpHG teilweise deckungsgleiche Definition des Derivatebegriffs enthält die Begriffsbestimmung in § 1 Abs. 11 S. 4 Nr. 1 KWG, die in Verbindung mit den Begriffsdefinitionen des § 1 Abs. 1 bzw. Abs. 1a KWG sowie in Verbindung mit § 35 KWG bestimmte Geschäfte mit Derivaten als „Bankgeschäfte" bzw. „Finanzdienstleistungen" die Aufsichtspflicht der betreffenden Anbieter nach dem KWG auslöst. Die Einbeziehung in den Kreis der aufsichtspflichtigen Tätigkeiten dient hier insbesondere der Systemstabilität und nur mittelbar dem Individualschutz.[16] Dies illustrieren insbesondere die – nunmehr ausschließlich in der CRR[17] geregelten – aufsichtsrechtlichen Vorgaben für die Eigenmittelunterlegung der aus Derivatgeschäften der Institute resultierenden Risiken. Hinsichtlich der Einzelheiten ist auf die bankaufsichtsrechtliche (Kommentar- und Handbuch-) Literatur zu verweisen. 4

c) Handelsrecht (Bilanzrecht). Im HGB-Bilanzrecht werden Termingeschäfte teilweise als solche erfasst (vgl. §§ 254 S. 2, 340b Abs. 6 HGB), teils wird der umfassendere Begriff des („derivativen") Finanzinstruments gewählt (§§ 254, 285 Nr. 18–20, 289 Abs. 2, 314 Nr. 10 –12, 315 Abs. 2 Nr. 2, 340c Abs. 1 S. 1, 340e Abs. 3 HGB). Eine Legaldefinition dieser Kategorien findet sich im HGB nicht. Vielmehr ist auf die Legaldefinitionen in anderen Gesetzen abzustellen;[18] eine Definition des Derivatebegriffs formuliert jedoch IAS 39.9. Die Rechnungslegung für Termingeschäfte wird im Folgenden nicht kommentiert.[19] 5

d) Insolvenzrecht. § 104 Abs. 2 S. 3 InsO iVm S. 1 und 2 der – 2016 neu gefassten[20] – Vorschrift stellt in weitem Umfang die Insolvenzfestigkeit der Beendigungs- und Verrechnungsklauseln in Rahmenverträgen sicher (dazu noch → Rn. 56). Tatbestandlich wird angeknüpft an den in § 104 Abs. 1 S. 3 InsO nicht abschließend, sondern mit Regelbeispielen („insbesondere") definierten Begriff der „Finanzleistungen, die einen Markt- oder Börsenpreis haben"; erfasst sind solche „Finanzleistungen", für die „eine bestimmte Zeit oder eine bestimmte Frist vereinbart war", wenn „die Zeit oder der Ablauf der Frist erst nach der Eröffnung des [Insolvenz-]Verfahrens" eintritt. Der Katalog der Regelbeispiele in Abs. 1 Satz 3 der Bestimmung zeigt, dass damit jedenfalls die in § 2 Abs. 3 WpHG genannten Derivate erfasst sind und ebenfalls eine möglichst vollständige Erfassung der am Markt verfügbaren Instrumente bezweckt wird;[21] daneben sollen aber auch Fälle von Kassageschäften erfasst sein, bei denen die Lieferpflicht zum Zeitpunkt der Verfahrenseröffnung noch nicht erfüllt wurde.[22] 6

e) Einkommensteuerrecht. Gewinne und Verluste aus Termingeschäften erfasst das **EStG** in mehreren Sonderregelungen (vgl. § 15 Abs. 4 S. 3, § 20 Abs. 2 S. 1 Nr. 3 sowie Abs. 4 S. 5 und 6, § 43 Abs. 2 S. 3 Nr. 2 EStG). Tatbestandlich wird jeweils angeknüpft an das Vorliegen eines „Termingeschäfts", ohne dass der Begriff legaldefiniert würde. Nach hM gilt ein weites Begriffsverständnis, das wiederum auch an die Definition in § 2 Abs. 3 WpHG anknüpft, die also auch auf das Steuerrecht Ausstrahlungswirkung ausübt.[23] 7

[16] Vgl. EBJS/*König* HGB BankR VIII Rn. 13 ff.

[17] VO (EU) Nr. 575/2013 des Europäischen Parlaments und des Rates vom 26.6.2013 über Aufsichtsanforderungen an Kreditinstitute und Wertpapierfirmen und zur Änderung der Verordnung (EU) Nr. 646/2012, ABl. 2013 L 176/1 („Capital Requirements Regulation", „CRR").

[18] Vgl. Zerey/*Berger/Wildner/Nagelschmitt* Finanzderivate § 39 Rn. 10.

[19] S. dazu neben den bilanzrechtlichen Einzelkommentierungen eingehend zB Zerey/*Berger/Wildner/Nagelschmitt* Finanzderivate § 39; s. a. IDW, Stellungnahme zur Rechnungslegung: Bilanzierung von Finanzinstrumenten des Handelsbestandes bei Kreditinstituten (IDW RS BFA 2).

[20] Mit dem Gesetz zur Änderung der Insolvenzordnung und zur Änderung des Gesetzes, betreffend die Einführung der Zivilprozessordnung vom 22.12.2016, BGBl. I 2016, 3147.

[21] ZB MüKoInsO/*Jahn/Fried* § 104 Rn. 44 ff., insbes. 52; Uhlenbruck/*Knof* InsO § 104 Rn. 42 ff., 50.

[22] MüKoInsO/*Jahn/Fried* § 104 Rn. 89; Uhlenbruck/*Knof* InsO § 104 Rn. 49.

[23] Vgl. stellvertretend Kirchhof/*von Beckerath* EStG § 20 Rn. 131; Schmidt/*Wacker* EStG § 15 Rn. 902.

8 **f) Rahmenverträge. aa) Allgemeines.** Für die Praxis insbesondere des Rechts der außerbörslichen Termingeschäfte neben den gesetzlichen Vorgaben besonders relevant sind privatautonom gestaltete, national oder international anerkannte Rahmenverträge („Master Agreements"), die von nationalen Bankenverbänden sowie von der International Swaps and Derivatives Association (**ISDA,** früher International Swap Dealers Association)[24] erarbeitet worden sind.[25] Praktisch wird für die Dokumentation aller außerbörslichen Termingeschäfte auf derartige Rahmenverträge zurückgegriffen. Diese regeln für eine Vielzahl von Einzelabschlüssen einheitlich insbesondere die Abwicklung der laufenden Verpflichtungen der Parteien sowie deren Rechte im Zusammenhang mit der ordentlichen oder außerordentlichen Beendigung der erfassten Verträge, einschließlich der ggf. zu bestellenden Sicherheiten.[26] Rahmenverträge sind keine privaten Regelwerke im eigentlichen Sinn, haben aber aufgrund der hohen Verbreitung vergleichbare Standardisierungswirkung im Hinblick auf die Vertragskonditionen – nicht die wirtschaftliche Ausgestaltung – der damit verbundenen Einzelabschlüsse. Insbesondere die charakteristischen Kündigungs- und Beendigungsrechte sowie die Regelungen zur Sicherheitenbestellung sind inzwischen gesetzlich anerkannt und – in Grenzen – in der Insolvenz geschützt (→ Rn. 57 f.). Rahmenverträge dienen üblicherweise als Grundlage für eine Vielzahl von Einzelabschlüssen. Bleibt es lediglich bei einem Einzelabschluss, wird in der Praxis in Verbindung damit gleichwohl regelmäßig ein Rahmenvertrag abgeschlossen.[27]

9 **bb) Rahmenverträge im Inlandsgeschäft.** Für Inlandsgeschäfte in Deutschland wird in der Praxis teilweise noch immer auf die von der Kreditwirtschaft entwickelte „Rahmenvereinbarung zum Abschluss von Termingeschäften"[28] sowie die darin einbezogenen „Sonderbedingungen für Termingeschäfte"[29] zurückgegriffen, auch wenn beide Muster mit den geltenden regulatorischen Anforderungen nicht mehr übereinstimmen. Auf **außerbörsliche** („OTC"-)Geschäfte sind diese Regelungen nur zugeschnitten, soweit Devisen oder Edelmetalle als Basiswerte festgelegt werden und nicht ein anderer Rahmenvertrag vereinbart ist. Allgemein für das (nicht zentral geclearte) OTC-Geschäft im Inland verbreitet ist demgegenüber der von den Spitzenverbänden des Kreditwesens erstmals 1993 entwickelte und 2001 modifizierte (Deutsche) **Rahmenvertrag für Finanztermingeschäfte (DRV),**[30] der um Zusatzvereinbarungen für einzelne Vertragsgegenstände ergänzt werden kann.[31] Der Rahmenvertrag ist für sämtliche außerbörslichen Finanztermingeschäfte geeignet. 2018 ist eine Neufassung des DRV vorgelegt worden, der damit erstmals auch zweisprachig angeboten wird.[32] In Umsetzung der regulatorischen Erfassung des OTC-Derivategeschäfts durch die EMIR sind diese Regelungen um spezielle Dokumentationsmuster zum Abschluss und zum Clearing derartiger Geschäfte ergänzt worden (→ Rn. 54a und 54b). Bereits 2013 vorgelegt wurde in diesem Zusammenhang die von den Spitzen-

[24] Vgl. dazu näher die Internetpräsentation unter www.isda.com sowie *Harding* Mastering the ISDA Master Agreements S. 17 ff.

[25] Dazu eing. BankR-HdB/*Jahn/Reiner* § 114 Rn. 51 ff.; vgl. auch Kümpel/Mülbert/Früh/*Kraft* BankR Rn. 19.108 ff.; *Lenenbach* Kapitalmarktrecht Rn. 9.312 ff.; monographisch *Krämer* Finanzswaps S. 364 ff. (internationale Rahmenverträge) sowie S. 379 ff. (deutsche Rahmenverträge).

[26] Eing. zum Zweck *Reiner* ISDA Master Agreement S. 50; Zerey/*Behrends* Finanzderivate § 6 Rn. 2 ff.

[27] BankR-HdB/*Jahn/Reiner* § 114 Rn. 52.

[28] Abgedruckt bei BuB/*Balzer/Siller* Rn. 7/380 ff. (mit Kommentierung).

[29] Abgedruckt und kommentiert bei BuB/*Balzer/Siller* Rn. 7/7344 ff.

[30] Abdruck bei BankR-HdB/*Jahn/Reiner* Anh. 1 § 114 S. 1791 ff.; MünchVertrHB/*Edelmann/Kuch* Bd. 2 III.28; abrufbar unter https://bankenverband.de/media/contracts/RV-FTG-44015_1201_Muster.pdf; kommentiert zB bei MünchVertrHB/*Edelmann/Kuch* Bd. 2 III.28; BankR-HdB/*Jahn/Reiner* § 114 Rn. 54 ff.; Zerey/*Behrends* Finanzderivate § 6 Rn. 6 ff.

[31] Abrufbar unter https://bankenverband.de/service/rahmenvertraege-fuer-finanzgeschaefte/deutscher-rahmenvertrag-fuer-finanztermingeschaefte.

[32] Ebenfalls abrufbar unter https://bankenverband.de/service/rahmenvertraege-fuer-finanzgeschaefte/rahmenvertrag-fur-finanztermingeschaefte. Dazu Bankenverband, Rahmenvertrag für Finanztermingeschäfte 2018 (2018) und DRV-Änderungsvereinbarung, Hintergründe und Erläuterungen; *Bergfort/Köhling* BKR 2019, 12 ff.

verbänden des Kreditwesens erarbeitete **Clearing-Rahmenvereinbarung (CRV)**,[33] die nebst Anhängen als Rahmenvereinbarung für Spot-, Futures- und Optionsgeschäfte an organisierten Märkten, multilateralen Handelssystemen oder organisierten Handelssystemen bzw. zur Abwicklung über zentrale Gegenparteien vorgesehene Geschäfte dient.[34] Ein **Clearing-Anhang** zum DRV ergänzt diesen um Regelungen zum Clearing über zentrale Gegenparteien und ist als Verbindung zur CRV konzipiert. Als Alternative zu diesem Regelwerk können die Parteien auf die als „Rahmenvertrag für Finanzgeschäfte" veröffentlichte deutschsprachige und auf das deutsche Recht abgestimmte Fassung des von der European Banking Federation erarbeiteten **European Master Agreement (EMA)**[35] zurückgreifen, die 2004 um einen speziellen Produktanhang für das Derivatgeschäft ergänzt und 2013 auf die neuen regulatorischen Rahmenbedingungen unter der EMIR angepasst wurde. Das Regelwerk wird gegenwärtig umfassend überarbeitet und findet inzwischen für sämtliche besicherten Geschäfte mit den Währungsreserven der EZB gegenüber innerhalb der Europäischen Union oder in der Schweiz ansässigen Vertragspartnern Verwendung.[36] Zu nennen ist schließlich der Schweizer Rahmenvertrag für Over-the-Counter (OTC) Derivate.[37]

cc) Rahmenverträge im grenzüberschreitenden Geschäft. Internationale Termingeschäfte werden demgegenüber regelmäßig den von der **ISDA** veröffentlichten und kontinuierlich erweiterten Master Agreements unterstellt, die – mit zahlreichen Anhängen und Ergänzungen – im Kern in zwei Fassungen (von 1992 und 2002[38]) vorliegen und 2013 an die Anforderungen der EMIR (→ Rn. 38 ff.) angepasst worden sind.[39] Diese Rahmenverträge werden in der Regel englischem Recht oder dem Recht des Staates New York unterstellt, doch sind auch andere Rechtswahlvereinbarungen möglich.[40] Einbezogen sind umfassende Klauselwerke, die die in den ISDA-Master Agreements verwendeten Begriffe für einzelne Geschäfte konkretisieren und dabei bemüht sind, den jeweils aktuell etablierten Marktstandard wiederzugeben. Insoweit gehen sie über nationale Rahmenverträge teils deutlich hinaus[41] und haben andere, zB die von der British Bankers Association (BBA) oder der European Banking Federation (FBE) veröffentlichten, Rahmenverträge[42] an Bedeutung einbüßen lassen. Auch diese Rahmenvertragswerke sind zwischenzeitlich um besondere Anhänge zur Einhaltung der EMIR-Anforderungen ergänzt worden (→ Rn. 54a und 54b). 10

[33] Abrufbar unter https://bankenverband.de/service/rahmenvertraege-fuer-finanzgeschaefte/clearing-rahmenvereinbarung.

[34] Dazu näher Wilhelmi/Achtelik/Kunschke/Sigmundt/*Scholl* Handbuch EMIR, Teil 7 A. Rn. 26 ff.

[35] Abdruck bei BankR-HdB/*Jahn/Reiner* Anh. 9 § 114 S. 1811 ff.; abrufbar nebst Anlagen unter www.ebf-fbe.eu/index.php?page=ema; kommentiert bei Zerey/*Behrends* Finanzderivate § 6 Rn. 76 ff.; vgl. auch BankR-HdB/*Jahn/Reiner* § 114 Rn. 83, 94.

[36] Leitlinie EZB/2008/5 der Europäischen Zentralbank vom 20.6.2008 über die die Verwaltung von Währungsreserven der Europäischen Zentralbank durch die nationalen Zentralbanken sowie über die Rechtsdokumentation bei Geschäften mit diesen Währungsreserven (Neufassung), ABl. 2008 L 192/63, Art. 3 Abs. 3 Buchst. a.

[37] Abrufbar unter https://www.swissbanking.org/library/rahmenvertraege-formulare/schweizer-rahmenvertrag-fuer-otc-derivate-2013-non-isda-version-d-f-e/schweizer-rahmenvertrag-fuer-otc-derivate-2013-non-isda-version/@@download/file/20170327-3240-VRT-SMA_OTC_non_ISDA_D-CLA.pdf; dazu auch Zerey/*Haeberli* Finanzderivate § 38 Rn. 82 ff.

[38] Abgedruckt und eingehend kommentiert bei MünchVertrHB/*Reiner* Bd. 4 VI.7 S. 709 ff. (1992 ISDA Master Agreement) bzw. *Reiner* ISDA S. 75 ff. (2002 ISDA Master Agreement); *Harding* Mastering the ISDA Master Agreements, passim; eingehende Kommentierung auch bei Zerey/*von Sachsen-Altenburg* Finanzderivate § 7; s. a. BankR-HdB/*Jahn/Reiner* § 114 Rn. 88 f.

[39] Eingehende Aufbereitung dazu bei Wilhelmi/Achtelik/Kunschke/Sigmundt/*Huertas* Handbuch EMIR, Teil 7 B.

[40] BankR-HdB/*Jahn/Reiner* § 114 Rn. 88.

[41] Vorsichtig für die Qualifikation des ISDA-Regelwerks als internationaler Handelsbrauch daher BankR-HdB/*Jahn/Reiner* § 114 Rn. 85.

[42] Vgl. BankR-HdB/*Jahn/Reiner* § 114 Rn. 90 (BBA-Musterbedingungen und -Vertragswerke); zu sonstigen international etablierten Rahmenverträgen → Rn. 91 ff.; allgemeiner Überblick bei *Reiner* ISDA S. 53 ff. Speziell zum European Master Agreement (EMA) der European Banking Federation *Bergfert* ZBB 2009, 451 ff.

II. Grundstrukturen und Funktionen von Finanztermingeschäften

1. Typusmerkmale

11 Termingeschäfte sind **zeitlich gestreckte** Geschäfte (→ Rn. 12), die als Kauf, Tausch oder anderweitig ausgestaltete **Fest- oder Optionsgeschäfte** sind (→ Rn. 15) und sich auf bestimmte **Basiswerte** beziehen (→ Rn. 16). Dies entspricht teilweise der Legaldefinition nach § 2 Abs. 3 Nr. 1 WpHG (= § 1 Abs. 11 S. 4 Nr. 1 KWG, → Rn. 3), welche die wesentlichen Typusmerkmale von Terminkontrakten zusammenfasst und damit zugleich die tragenden Kriterien für die Abgrenzung der terminrechtlichen Sondervorschriften gegenüber sonstigen Finanzinstrumenten liefert. Das vor allem in der Rechtsprechung zum früheren Terminrecht nach §§ 50 ff. BörsG aF herangezogene Kriterium der „Hebelwirkung" („Leverage-Effekt": Möglichkeit hoher Gewinne und Verluste bei vergleichsweise geringem Kapitaleinsatz, → Rn. 13)[43] sowie das charakteristische Verlustrisiko (→ Rn. 14)[44] sind im Zusammenhang mit den eingangs genannten Merkmalen zu sehen. Nur begrenzte Bedeutung kommt dem Merkmal jederzeitiger Glattstellbarkeit durch Gegengeschäfte zu (→ Rn. 17).

12 **a) Zeitliche Dimension. aa) Allgemeines.** In zeitlicher Hinsicht ist eine „verzögerte Erfüllung" als begriffsprägendes Merkmal erforderlich (vgl. nochmals § 2 Abs. 3 Nr. 1 WpHG). Maßgeblich ist, dass das Recht, das den Vertragsgegenstand bildet, zu einem zukünftigen Zeitpunkt bzw. über einen zukünftigen Zeitraum hinweg geltend gemacht werden kann oder zu erfüllen ist.[45] Zugrundegelegt wird regelmäßig eine Frist von mehr als zwei Tagen;[46] dies kann auch mehrjährige Laufzeiten einschließen.[47] Das Kriterium dient der **Abgrenzung zum Kassageschäft,** das nunmehr durch Art. 7 Abs. 2 DVO MiFID II (Del. VO (EU) 2017/565)[48] definiert wird. Nach S. 1 dieser Bestimmung ist ein Kassageschäft „ein Verkaufsgeschäft für eine Ware, einen Vermögenswert oder ein Recht, dessen Bedingungen zufolge die Lieferung zu dem jeweils längeren der nachfolgend genannten Zeiträume erfolgt: a) zwei Handelstage; b) die Frist, die in der Regel vom Markt für diese Ware, diesen Vermögenswert oder dieses Recht als Standardlieferfrist akzeptiert wird." Ein Kassageschäft liegt nach Art. 38 Abs. 2 S. 2 der Verordnung nicht vor, „wenn unabhängig von seinen ausdrücklichen Bedingungen eine Absprache zwischen den Vertragsparteien besteht, der zufolge die Lieferung des Basiswerts verschoben und nicht in der in Abs. 2 genannten Frist vorgenommen wird." Dies betrifft insbes. Spotgeschäfte im Energiehandel.[49] Schon die Einbeziehung finanzieller Differenzgeschäfte (sog. „Contracts for Difference", CFD) in die Begriffsdefinition des „Derivats" nach § 2 Abs. 2 Nr. 3

[43] Vgl. zunächst BGHZ 103, 84 (87 f.) = NJW 1988, 1592; 139, 1 (6) = NJW 1998, 2524; 148, 297 (299, 300) = NJW 2001, 3258; 149, 294 (301) = NJW 2002, 892; 150, 164 (168 f.) = NJW 2002, 1943.

[44] Vgl. zunächst BGHZ 103, 84 (87 f.) = NJW 1988, 1592; 139, 1 (6) = NJW 1998, 2524; 142, 345 (351) = NJW 2000, 359; 148, 297 (299 f.) = NJW 2001, 3258; 149, 294 (301) = NJW 2002, 892; 150, 164 (168 f.) = NJW 2002, 1943.

[45] Vgl. für § 2 Abs. 3 WpHG Assmann/Schneider/Mülbert/*Assmann* § 2 Rn. 48; Schwark/Zimmer/*Kumpan* KapMR WpHG § 2 Rn. 35; Schäfer/Hamann/*Schäfer* Kapitalmarktgesetze WpHG § 2 Rn. 20.

[46] ZB Fuchs/*Jung* WpHG Vor §§ 37e und 37g Rn. 20; *Lenenbach* Kapitalmarktrecht Rn. 9.101; Schwark/Zimmer/*Kumpan* KapMR WpHG § 2 Rn. 35; instruktiv zum Hintergrund nach wie vor BGHZ 103, 84 (87) = NJW 1988, 1592 (zu §§ 50 ff. BörsG aF).

[47] Fuchs/*Jung* WpHG Vor §§ 37e und 37g Rn. 20; **aA** (zum früheren Recht) etwa *Schwintowski* ZIP 1988, 1021 (1025 f.) (Optionsscheingeschäft mit Restlaufzeit von mehr als neun Monaten kein Termingeschäft); *Paus* Börsentermingeschäfte S. 158 (Options- bzw. Optionsscheingeschäft mit Emissionslaufzeit von mehr als zwei Jahren und Restlaufzeit von mehr als einem Jahr); *Andr*é Verbindlichkeit von Optionsscheingeschäften S. 108 (Restlaufzeit von drei Jahren).

[48] Delegierte VO (EU) 2017/565 der Kommission vom 25.4.2016 zur Ergänzung der RL 2014/65/EU des Europäischen Parlaments und des Rates in Bezug auf die organisatorischen Anforderungen an Wertpapierfirmen und die Bedingungen für die Ausübung ihrer Tätigkeit sowie in Bezug auf die Definition bestimmter Begriffe für die Zwecke der genannten RL, ABl. L 87 vom 31.3.2017, S. 1.

[49] Vgl. bereits Begr. RegE FRUG, BT-Drs. 16/4028, 55, re. Sp. (zur früheren Rechtslage).

WpHG aF hatte allerdings dazu geführt, dass an der Abgrenzung zwischen Kassa- und Termingeschäften im Hinblick auf die Ausführungsfrist nur mehr bedingt festgehalten werden konnte. Darunter fallen auch Mischformen zwischen Termin- und Kassageschäften wie das sog. Daytrading, bei denen zwar Gewinne oder Verluste aus der Spekulation auf die Marktpreisentwicklung über gewisse Zeiträume hinweg realisiert werden, diese aber teilweise deutlich kürzer ausfallen als die Erfüllungsfristen bei klassischen Kassageschäften. Dies führt zumindest im kapitalmarktrechtlichen Kontext und für die Abgrenzung zum Spieleinwand nach § 762 BGB durch § 99 S. 1 WpHG nF (§ 37e WpHG aF) (→ Rn. 39) dazu, dass weniger auf starre Fristen als vielmehr auf die Vergleichbarkeit der Risikolage zwischen traditionellen Formen von Terminkontrakten einerseits und innovativen Mischformen andererseits abgestellt werden muss.

bb) Zeitliche Dimension und „Hebelwirkung". Das Element der zeitlich gestreckten Erfüllung bzw. Geltendmachung ist verknüpft mit der charakteristischen „Hebelwirkung" („Leverage-Effekt") von Termingeschäften, die darin liegt, dass mit geringem Kapitaleinsatz große Umsätze erzielt werden können. Weil die Erfüllung der wechselseitigen (Zahlungs- bzw. Lieferungs-)Pflichten hinausgeschoben ist, muss im Zeitpunkt der Begründung der Verbindlichkeiten allenfalls ein Bruchteil des insgesamt zu zahlenden Betrags aufgewandt werden. Dies eröffnet Möglichkeiten zur spekulativen Mehrfachnutzung des insgesamt eingesetzten Kapitals. Unter früherem Recht ist die Hebelwirkung von Finanzprodukten dementsprechend geradezu als entscheidendes Definitionsmerkmal[50] qualifiziert bzw. zumindest als gewichtiges Indiz für das Vorliegen eines Termingeschäfts herangezogen worden.[51] Gleichwohl ist das Merkmal bereits bei Umsetzung der ersten EG-Richtlinie über Märkte für Finanzinstrumente (MiFID I) nicht in die neu gefasste Definition nach § 2 Abs. 2 WpHG (heute § 2 Abs. 3 WpHG) aufgenommen worden. Dies überzeugt, weil durchaus auch Termingeschäfte ohne Hebelwirkung denkbar sind.[52] Dem Vorliegen einer Hebelwirkung kann aber auch nach geltendem Recht weiterhin indizielle Bedeutung beigemessen werden.[53] Aufgrund der damit verbundenen Verlockungsgefahr begründet dies zugleich eine besondere Schutzwürdigkeit nicht professioneller Parteien von Termingeschäften, die bei der Ausgestaltung der Aufklärungs- und Beratungspflichten zu berücksichtigen ist (→ Rn. 46 f., 55). Die Bedeutung als Abgrenzungskriterium gegen Geschäftstypen, die nicht nach § 99 Satz 1 WpHG gegenüber dem bürgerlich-rechtlichen Spieleinwand privilegiert sind, ist mit Blick auf die im Vergleich mit § 2 Abs. 2a WpHG aF ungleich weiter gefasste Begriffsdefinition nach § 2 Abs. 3 WpHG nF demgegenüber praktisch entfallen. 13

cc) Zeitliche Dimension und Verlustrisiken. Mit der Hebelwirkung von Termingeschäften und damit wiederum mit dem Terminelement korrespondieren spezifische Verlustrisiken der Parteien, die ebenfalls bei der Ausgestaltung der Aufklärungs- und Beratungspflichten zu berücksichtigen sind (→ Rn. 46 f., 55). Im Falle einer ungünstigen Entwicklung der Investition, die etwa auf einer unvorhergesehen negativen Marktpreisentwicklung oder schlicht auf dem totalen Verfall einer Terminposition nach Zeitablauf beruhen kann,[54] 14

---

[50] Vgl. in diesem Sinne (zu §§ 50 ff. BörsG aF) BGHZ 103, 84 (87 f.) = NJW 1988, 1592; 148, 297 (299, 300) = NJW 2001, 3258; 149, 294 (301) = NJW 2002, 892; 150, 164 (168 f.) = NJW 2002, 1943; ähnlich auch Begr. RegE zu § 2 Abs. 2 Nr. 1 WpHG idF des 4. FMFG, BT-Drs. 14/8017, 85, re. Sp.

[51] *Casper* WM 2003, 161 (163); entspr. bereits zu §§ 50 ff. BörsG aF *Glade* Anlegerschutz S. 39 f.; *Jaskulla* Einführung S. 139 ff.; *Lenenbach* Kapitalmarktrecht Rn. 6.93; krit. *Melzer* BKR 2003, 366 (368 f.), und bereits *Paus* Börsentermingeschäfte S. 179 ff.; vgl. auch Fuchs/*Jung* WpHG Vor §§ 37e und 37g Rn. 28.

[52] Fuchs/*Jung* WpHG Vor §§ 37e und 37g Rn. 28; das Merkmal gänzlich abl. *Melzer* BKR 2003, 366 (368 f.).

[53] Wie hier Fuchs/*Jung* WpHG Vor §§ 37e und 37g Rn. 28.

[54] Vgl. dazu etwa BGH NJW 1998, 2529 (2531) (Devisenoptionsscheine); Ellenberger/Clouth/*Clouth*, Praktikerhandbuch Wertpapier- und Derivategeschäfte Rn. 1598 ff.; *Clouth* Finanz-Derivate S. 130 ff.; MüKoHGB/*Ekkenga* Effektengeschäft Rn. 40; Fuchs/*Jung* WpHG Vor §§ 37e und 37g Rn. 29; *Binder* ZHR 169 (2009), 329 (346 f.).

drohen nicht nur die bar eingesetzten Mittel und ggf. die eingesetzten Sicherheiten aufgezehrt zu werden. Je nach Ausgestaltung besteht zudem das unkalkulierbare Risiko, ggf. (für den Stillhalter einer Call-Position) sogar unbegrenzt Nachschüsse leisten zu müssen.[55] Die Verlustrisiken sind regelmäßig gerade eine Folge der vorstehend skizzierten Hebelwirkung von Terminkontrakten und damit letztlich kein eigenständiges Begriffsmerkmal.[56]

15 **b) Fest- (Direkt-) und Optionsgeschäfte.** Für die Einstufung als Termingeschäft von nachrangiger Bedeutung sind die Ausgestaltung des Erfüllungsmodus und dessen schuldrechtliche Ausgestaltung. Auch die aufsichtsrechtlichen Definitionen beziehen höchst unterschiedliche Gestaltungen ein (vgl. nochmals § 2 Abs. 3 Nr. 1 WpHG = § 1 Abs. 11 S. 4 Nr. 1 KWG: „als Kauf, Tausch oder anderweitig ausgestaltete" Geschäfte). Zu unterscheiden sind vor allem die beiden Grundtypen des Festgeschäfts sowie des Optionsgeschäfts. **Festgeschäfte** (auch: Direktgeschäfte[57]) sind solche Kontrakte, die die Parteien zur effektiven Erfüllung einer unbedingt eingegangenen Leistungspflicht, zB zur Lieferung eines bestimmten Wertpapiers, zu einem bestimmten späteren Termin verpflichten.[58] Erscheinungsformen des Festgeschäfts sind die sog. Futures und Forwards (→ Rn. 22). Das Risiko einer ungünstigen (Markt-)Preisentwicklung trifft hier beide Parteien gleichermaßen.[59] **Optionsgeschäfte** räumen demgegenüber einer der Vertragsparteien (dem Optionskäufer) das Recht ein, zu einem bestimmten Zeitpunkt (sog. „europäische Option"), zu einem von mehreren bestimmten Zeitpunkten (sog. „Bermuda-Option") oder über einen bestimmten Zeitraum (sog. „amerikanische Option") gegen eine bereits zum Zeitpunkt des Geschäftsabschlusses bestimmte Gegenleistung (den Basispreis) von der anderen Partei (dem Stillhalter) die Erfüllung einer ebenfalls zu diesem Zeitpunkt bereits bestimmten Leistung zu verlangen. Wird ein Recht auf den Erwerb eines Gegenstands, zB eines bestimmten Wertpapiers in einer bestimmten Menge, begründet, spricht man von einer Put-Option, handelt es sich um die Veräußerung eines Gegenstands, von einer Call-Option.[60] Kennzeichnend ist somit die Möglichkeit des Optionskäufers, durch einseitige Erklärung (die Ausübung des Optionsrechts) einen inhaltlich bereits feststehenden Vertrag mit dem Optionsverkäufer zur Entstehung zu bringen.[61] In dieser Grundform kann von einer Zweistufigkeit des Optionsgeschäfts gesprochen werden.[62] Optionsgeschäfte zeichnen sich im Unterschied zu Festgeschäften durch eine asymmetrische Risikoverteilung aus. Die Gegenleistung des Optionskäufers (und damit sein finanzielles Ausfallrisiko) ist auf die Zahlung einer Prämie bei Geschäftsabschluss beschränkt, deren Höhe sich insbesondere nach der (Rest-)Laufzeit der Option und der Entwicklung des Basiswerts richtet. Andererseits profitiert der Optionskäufer von einer günstigen Kursentwicklung des Basiswerts, wobei ihm die Hebelwirkung der Option (→ Rn. 13) zugutekommt, bei Call-Optionen sogar theoretisch unbegrenzt. Die Gewinnchance des Optionsverkäufers ist auf die Optionsprämie beschränkt; er läuft jedoch Gefahr, die ausbedungene Leistung auch bei für ihn extrem ungünstiger Preisent-

---

[55] Vgl. etwa BGHZ 150, 164 (170, 171) = NJW 2002, 1943; OLG München, WM 2016, 414 (417 f.); Fuchs/*Jung* WpHG Vor §§ 37e und 37g Rn. 31; allgemein auch *Jobst* ZBB 2010, 384 (385) mwN.

[56] Vgl. – bereits zu § 2 Abs. 2a WpHG aF – *Binder* ZHR 169 (2005), 329 (347); und bereits zuvor *Lenenbach* Kapitalmarktrecht Rn. 6.93 f.; *Paus* Börsentermingeschäfte S. 191 ff.

[57] Vgl. zB MüKoHGB/*Ekkenga* Effektengeschäft Rn. 49.

[58] ZB Assmann/Schneider/Mülbert/*Assmann* WpHG § 2 Rn. 49; Fuchs/*Jung* WpHG Vor §§ 37e und 37g Rn. 36; Kümpel/Mülbert/Früh/*Kraft* BankR Rn. 19.16; Schwark/Zimmer/*Kumpan* KapMR WpHG § 2 Rn. 37; *Clouth* Finanz-Derivate S. 10 f.

[59] *Reiner* Derivative Finanzinstrumente S. 3; Fuchs/*Jung* WpHG Vor §§ 37e und 37g Rn. 36.

[60] MüKoHGB/*Ekkenga* Effektengeschäft Rn. 52; Kümpel/Mülbert/Früh/*Kraft* BankR Rn. 19.16; BankR-HdB/*Jahn*/*Reiner* § 114 Rn. 24; Claussen/*Ekkenga*, Bank- und Börsenrecht, § 7 Rn. 82 ff.; Schwark/Zimmer/*Kumpan* KapMR WpHG § 2 Rn. 37; *Lenenbach* Kapitalmarktrecht Rn. 9.129, 9.132; Habersack/Mülbert/Schlitt/*Apfelbacher*/*Kopp* Unternehmensfinanzierung am Kapitalmarkt Rn. 27.12; *Clouth* Finanz-Derivate S. 26; s. a. *Casper* Optionsvertrag S. 41 und passim.

[61] MüKoBGB/*Busche* Vor § 145 Rn. 70; *Lenenbach* Kapitalmarktrecht Rn. 9.128; *Bosch* WM 1995, 365 (370).

[62] ZB BGHZ 92, 317 (319) = NJW 1985, 634; *Lenenbach* Kapitalmarktrecht Rn. 9.136 (Zweiphasigkeit); BuB/*Neuhaus* Rn. 7/1032. Zur rechtsgeschäftlichen Qualifikation der Optionsgeschäfte noch → Rn. 26.

wicklung erbringen zu müssen.[63] Aufsichtsrechtlich als „Finanztermingeschäfte" besonders erfasst (§ 99 S. 2 WpHG) sind **Optionsscheine,** d. h. verbriefte Optionsgeschäfte (sog. warrants), die einen Unterfall der Optionsgeschäfte bilden (→ Rn. 26). Neben Fest- und Optionsgeschäften werden **Swapgeschäfte** teilweise als eigenständige Kategorie geführt.[64] Swaps sind Kontrakte, zu bestimmten Zeitpunkten über künftige Zeiträume hinweg künftige Zahlungsströme zu tauschen (→ Rn. 28 f.).

c) Basiswerte. Allen Termingeschäften gemeinsam ist die Abhängigkeit von der Entwicklung eines bestimmten Basiswerts (sog. underlying). Als Basiswerte kommen in Betracht (vgl. § 2 Abs. 3 Nr. 1 und 2 WpHG): Wertpapiere oder Geldmarktinstrumente, Devisen oder Rechnungseinheiten, Zinssätze oder andere Erträge, Indices der genannten oder anderer Werte, andere Derivate, daneben Waren, Frachtsätze, Emissionsberechtigungen, Klima- oder andere physikalische Variablen, Inflationsraten oder andere volkswirtschaftliche Variablen oder sonstige Vermögenswerte, die unter bestimmten Voraussetzungen Gegenstand von Derivaten iSd § 2 Abs. 3 Nr. 2 WpHG (bzw. § 1 Abs. 11 S. 4 Nr. 2 KWG) sein können. Weitere in Betracht kommende Basiswerte ergeben sich aus Art. 7 und 8 DVO MiFID II (Del. VO (EU) 2016/565) iVm. Art. 4 Abs. 1 Nr. 2 MiFID II, auf den in § 2 Abs. 3 Nr. 2 lit. c bzw. Nr. 5 WpHG nF verwiesen wird. Insbesondere für die letztgenannten Kategorien ist der Bezug zu *Finanz*termingeschäften ieS stark gelockert. Schon aufgrund der Gleichstellung im Hinblick auf die aufsichtsrechtlichen Anforderungen an Aufklärungs- und Beratungspflichten der Erbringer von Finanzdienstleistungen sind sie gleichwohl mit einzubeziehen. Der Kreis der in Betracht kommenden – realen (zB Wertpapiere, Devisen, Zinssätze oder Derivate) oder virtuellen (zB Rechnungseinheiten, Indices etc)[65] – Basiswerte ist damit denkbar weit; in Betracht kommen insbesondere Derivate und Indices von Derivaten und mithin Termingeschäfte auf Termingeschäfte, so dass die Kombinationsmöglichkeiten praktisch unbeschränkt sind. 16

d) Jederzeitige Glattstellbarkeit. Nach wie vor typusprägend, aber für die Einstufung als Finanztermingeschäft nicht zwingend erforderlich ist der Umstand, dass die Risiken (Liefer- und Abnahmerisiken, Marktrisiken) bei Termingeschäften vielfach ohne weiteres durch Abschluss eines geeigneten Gegengeschäfts aufgehoben („glattgestellt") werden können.[66] Die höchstrichterliche Rechtsprechung zum früheren Terminrecht nach § 50 Abs. 1 S. 2 BörsG aF vor der Reform durch das 4. FMFG hatte dieses Kriterium zunächst als notwendiges Begriffsmerkmal herangezogen und es jedenfalls bejaht, wenn das betreffende Geschäft eine „Beziehung zu einem Terminmarkt" aufwies.[67] Später ist diese Position aber relativiert und die jederzeitige Glattstellung an einem Terminmarkt nicht in jedem Fall für erforderlich gehalten worden.[68] Bereits für den Rechtszustand nach der Verlagerung des Terminrechts vom Börsengesetz in das WpHG durch das 4. FMFG wurde zu Recht die Aufgabe dieses Kriteriums als zwingendes Begriffsmerkmal postuliert.[69] Für die durch die 17

[63] Vgl. zB Fuchs/*Jung* WpHG Vor §§ 37e und 37g Rn. 37 ff.; *Clouth* Finanz-Derivate S. 10; Kümpel/Mülbert/Früh/*Kraft* BankR Rn. 19.17; *Lenenbach* Kapitalmarktrecht Rn. 9.131; *Reiner* Derivative Finanzinstrumente S. 3; Schwintowski/*Köhler/Büscher* Bankrecht § 22 Rn. 10.

[64] ZB Assmann/Schneider/Mülbert/*Assmann* WpHG § 2 Rn. 49; MüKoHGB/*Ekkenga* Effektengeschäft Rn. 59; vgl. auch den Katalog in Anh. I, Abschn. C Nr. 4–7 der RL 2004/39/EG über Märkte für Finanzinstrumente.

[65] Vgl. MüKoHGB/*Ekkenga* Effektengeschäft Rn. 51; Kümpel/Mülbert/Früh/*Kraft* BankR Rn. 19.25.

[66] Zur Rechtsnatur als Aufhebungsvertrag (für Optionsgeschäfte, aber verallgemeinerungsfähig) *Casper* Optionsvertrag S. 277 ff. mwN.

[67] Vgl. BGHZ 92, 317 (320) = NJW 1985, 634; dafür dezidiert auch *Paus* Börsentermingeschäfte S. 159 ff. („zentrales Begriffsmerkmal").

[68] BGHZ 139, 1 (6 f.) = NJW 1998, 2524 (2525) (Geschäfte mit selbständigen Basket-Optionsscheinen); BGH NJW 1994, 1861 (1863) (Optionsgeschäft); 1996, 121 (122) (selbständige Aktien- oder Aktienindexoptionsscheine); 1998, 2526 (2527) (Geschäfte mit selbständigen Aktienindex- und Basket-Optionsscheinen); BGHZ 142, 345 (351) = NJW 2000, 359 (360) (Bandbreiten-Optionsscheine).

[69] *Casper* WM 2008, 161 (163); *Fleckner* ZBB 2005, 99 (103 f.); *Melzer* BKR 2003, 366 (367); **aA** *Kümpel* BankR, 3. Aufl. 2003, Rn. 15.50 f.; unentschieden *Lenenbach* Kapitalmarktrecht Rn. 6.86.

Vorgaben der Richtlinie über Märkte für Finanzinstrumente geprägte, weite Definition des Derivatebegriffs im geltenden Aufsichtsrecht zeigt schon der abschließende Katalog gesetzlich vorgegebener Begriffsmerkmale, aber auch die Einbeziehung der bislang ausgeschlossenen Differenzgeschäfte (§ 2 Abs. 3 Nr. 3 WpHG = § 1 Abs. 11 S. 4 Nr. 3 KWG), dass an dem Merkmal der jederzeitigen Glattstellbarkeit nicht mehr festgehalten werden kann. Dies ändert nichts daran, dass diese Möglichkeit im Massengeschäft mit Derivaten nach wie vor für eine Vielzahl der empirisch beobachtbaren Geschäftstypen besteht, ohne dass es dafür auf die Existenz liquider Sekundärmärkte ankäme.[70]

2. Grundfunktionen

18 **a) Überblick.** Die wirtschaftlichen Funktionen von Termingeschäften sind für die rechtliche Bewertung und insbesondere für die aufsichtsrechtliche Erfassung grundsätzlich – schon aus Gründen der Rechtssicherheit, die die Einbeziehung subjektiver Aspekte für die Einordnung ausschließen[71] – unbeachtlich.[72] Schon seit der Erweiterung der Legaldefinition des § 2 Abs. 2 WpHG aF (heute § 2 Abs. 3 WpHG nF) durch das FRUG hängt insbesondere die Wirksamkeit der Geschäfte unter dem Gesichtspunkt des Spieleinwands nach § 762 BGB nicht mehr von der Spekulationsabsicht der Parteien ab (→ Rn. 39). Für die Ausgestaltung der einzelnen Erscheinungsformen in der Praxis und ihre Verbreitungsform sind die einzelnen wirtschaftlichen Funktionen jedoch zentral. Zu unterscheiden sind Geschäfte, die zum Zweck der Absicherung gegen Preis- (bzw. Kurs-) Risiken abgeschlossen werden (sog. Hedging, → Rn. 19), Geschäfte mit Spekulationsabsicht (sog. „Trading", → Rn. 20) und schließlich Arbitragegeschäfte, bei denen Gewinne in Ausnutzung von Preisunterschieden zwischen verschiedenen Märkten erzielt werden (→ Rn. 21). In der modernen Portfolioverwaltung gehören Hedging- und Tradinggeschäfte mit Derivaten sowie kombinierte Strategien aus beiden Elementen zu den Standardtechniken.[73]

19 **b) Absicherung (Hedging).** Termingeschäfte können zunächst zum Zweck der Absicherung gegen Schwankungen des Börsenkurses oder des anderweit festgestellten Preises der jeweiligen Basiswerte eingesetzt werden. In dieser Form sind sie integraler Bestandteil finanziellen Risikomanagements. Ziel ist dabei der Abschluss eines Termingeschäfts, das ein gegenläufiges Risikoprofil aufweist wie das abzusichernde Risiko: Nimmt der Wert der abzusichernden – bestehenden oder erst noch zu eröffnenden – Position aufgrund der Kursentwicklung ab, soll der Wert des jeweiligen korrespondierenden Termingeschäfts zunehmen und damit den Wertverlust kompensieren. Entsprechend eingesetzt, können damit grundsätzlich alle denkbaren Marktentwicklungen abgesichert werden.[74] Idealtypus eines Hedginggeschäfts ist der Abschluss vollständig kongruenter Gegengeschäfte zur abzusichernden Position (sog. „perfect hedge"), bei dem keine Gewinnchance besteht, aber das Risiko der adversen Wertentwicklung in vollem Umfang kompensiert wird. Da dieser praktisch meist schwer zu erreichen ist, werden meist „cross hedges" gewählt, bei denen keine vollkommene Kongruenz zwischen der abzusichernden Position und dem Gegen-

[70] Vgl. MüKoHGB/*Ekkenga* Effektengeschäft Rn. 48 ff. In diese Richtung wohl auch MünchVertrHB/*Reiner* Bd. 4 VI.7 Anm. 10b.

[71] MüKoHGB/*Ekkenga* Effektengeschäft Rn. 48.

[72] Anders noch unter früherem Recht; vgl. zunächst BGHZ 92, 317 (321) = NJW 1985, 634 und dazu eing. *Lenenbach* Kapitalmarktrecht Rn. 6.95.

[73] Dazu *Hudson* Financial Derivatives Rn. 5–38.

[74] Vgl. eing. Ellenberger/Clouth/*Clouth* Praktikerhandbuch Wertpapier- und Derivategeschäfte Rn. 1587 ff.; *Hudson* Financial Derivatives Rn. 5–14 ff., 5–138 ff.; Habersack/Mülbert/Schlitt/*Apfelbacher/Kopp* Unternehmensfinanzierung am Kapitalmarkt Rn. 27.90; Kümpel/Mülbert/Früh/*Kraft* BankR Rn. 19.31 ff.; Fuchs/*Jung* WpHG Vor §§ 37e und 37g Rn. 5 f.; Schwintowski/*Köhler/Büscher* Bankrecht § 22 Rn. 11; betriebswirtschaftlich zu Hedging-Strategien zB *Hull* Optionen, Futures und andere Derivate S. 76 ff.; *Steiner/Bruns/Stöckl* Wertpapiermanagement S. 496 ff.; *Rieger* Optionen, Derivate und strukturierte Produkte S. 149 ff.

geschäft besteht.[75] Neben der Absicherung von Einzelpositionen (sog. micro hedging) können dabei auch eine Vielzahl einzelner Positionen bzw. ganze Bewertungseinheiten abgesichert werden (macro hedging bzw. portfolio hedging).[76]

c) Spekulation (Trading). Neben der Absicherung gegen adverse Markt- bzw. sonstige Preisentwicklungen erlauben Termingeschäfte die spekulative Partizipation an Wertveränderungen der jeweiligen Basiswerte, ohne dass die jeweiligen Werte tatsächlich erworben werden[77] und ohne dass die Geschäftspartner überhaupt am jeweiligen Markt für die Basiswerte engagiert sein müssten.[78] An die Stelle der effektiven Lieferung tritt hier – je nach Ausgestaltung des Termingeschäfts – die Zahlung von Prämien und/oder Ausgleichszahlungen. Durch die Hebelwirkung (→ Rn. 13) werden die daraus resultierenden Gewinnchancen noch verstärkt. Zudem ermöglichen Tradinggeschäfte, zB auf Wertpapiere, den zeitlich verzögerten Aufbau von Positionen in bestimmten Vermögenswerten, ohne dass die Erwerbsabsicht sogleich am Markt bekannt wird.[79] Die Möglichkeiten hierzu sind allerdings durch die mit dem Risikobegrenzungsgesetz verschärfte Beteiligungspublizität (vgl. heute insbes. §§ 34 Abs. 1 Nr. 6, 38 Abs. 1 und 2 WpHG) erheblich eingeschränkt worden.[80] Charakteristisch für das Trading ist das bewusste Eingehen offener, nicht durch ein Gegengeschäft kompensierter Positionen.[81] 20

d) Arbitrage. Reine Arbitragegeschäfte, die dem Trading nahestehen, sind Geschäfte, bei denen Gewinne risikolos allein durch die Ausnutzung von Preisunterschieden an verschiedenen Märkten – zB organisierten Termin- und Kassamärkten – erzielt werden. Im wirtschaftlichen Ergebnis führen Arbitragegeschäfte damit zur Nivellierung eben dieser Preisunterschiede. Der Spielraum dafür ist in der Praxis begrenzt; Arbitrage mit Termingeschäften wird im Wesentlichen durch institutionelle Investoren betrieben, die allein die erforderlichen Volumina erreichen können.[82] 21

III. Einzelne Erscheinungsformen

1. Futures, Forwards

a) Begriffe, Ausgestaltung. Der Begriff des **„Future"** bezeichnet in der am Markt etablierten Terminologie börsengehandelte Finanz- (financial futures) oder Warentermingeschäfte (insbes. Rohstoffe, sog. commodity futures) in der Form des Festgeschäfts.[83] Erfasst sind damit börsengehandelte Terminkontrakte, die die in → Rn. 11 ff. entwickelten 22

[75] ZB *Hull* Optionen, Futures und andere Derivate S. 76; *Steiner/Bruns/Stöckl* Wertpapiermanagement S. 497.

[76] Dazu näher Ellenberger/Clouth/*Clouth* Praktikerhandbuch Wertpapier- und Derivategeschäfte Rn. 1588; Kümpel/Mülbert/Früh/*Kraft* BankR Rn. 19.35 f. (micro hedge), Rn. 19.37 f. (macro hedge) und Rn. 19.39 (portfolio hedging); *Clouth* Finanz-Derivate S. 106 f.; betriebswirtschaftlich *Scharpf/Luz* Risikomanagement, Bilanzierung und Aufsicht von Finanzderivaten S. 296 ff.

[77] Ellenberger/Clouth/*Clouth* Praktikerhandbuch Wertpapier- und Derivategeschäfte Rn. 1594 ff.; *Hudson* Financial Derivatives Rn. 5–27 ff.; Kümpel/Mülbert/Früh/*Kraft* BankR Rn. 19.43 f.; Fuchs/*Jung* WpHG Vor §§ 37e und 37g Rn. 6; Habersack/Mülbert/Schlitt/*Apfelbacher/Kopp* Unternehmensfinanzierung am Kapitalmarkt Rn. 27.16; Schwintowski/*Köhler/Büscher* Bankrecht § 22 Rn. 12.

[78] *Hudson* Financial Derivatives Rn. 5–27.

[79] Vgl. exemplarisch LG Stuttgart ZIP 2014, 726 ff. (Fall Porsche).

[80] Gesetz zur Begrenzung der mit Finanzinvestitionen verbundenen Risiken vom 12.8.2008, BGBl. I 2008, 1666.

[81] Vgl. *Steiner/Bruns/Stöckl* Wertpapiermanagement S. 508 ff. (Tradingstrategien mit Futures); Fuchs/*Jung* WpHG Vor §§ 37e und 37g Rn. 6.

[82] Vgl. zum Ganzen Ellenberger/Clouth/*Clouth* Praktikerhandbuch Wertpapier- und Derivategeschäfte Rn. 1581 ff.; Kümpel/Mülbert/Früh/*Kraft* BankR Rn. 19.41 f.; Habersack/Mülbert/Schlitt/*Apfelbacher/Kopp* Unternehmensfinanzierung am Kapitalmarkt Rn. 27.17; Schwintowski/*Köhler/Büscher* Bankrecht § 22 Rn. 13; *Steiner/Bruns/Stöckl* Wertpapiermanagement S. 504 ff.

[83] MüKoHGB/*Ekkenga* Effektengeschäft Rn. 49; Fuchs/*Jung* WpHG Vor §§ 37e und 37g Rn. 36a; Schwark/Zimmer/*Kumpan* KapMR WpHG § 2 Rn. 37; Kümpel/Mülbert/Früh/*Kraft* BankR Rn. 19.66 ff.;

Kriterien erfüllen und keine Optionen bzw. Optionsscheine sind. Gegenstand eines Futures ist eine unbedingte Verpflichtung zur Veräußerung bzw. zum Erwerb eines bestimmten Basiswerts zu einem zukünftigen Zeitpunkt gegen einen festgelegten Preis. Der Käufer des Kontrakts hat danach den Basiswert bei Fälligkeit zu dem im Voraus vereinbarten Preis abzunehmen (sog. long position); der Verkäufer ist verpflichtet, den Basiswert zu liefern (sog. short position).[84] Unter den außerbörslichen (OTC) Termingeschäften entspricht dem Future der sog. **„Forward"**-Kontrakt, der im Prinzip einen vergleichbaren Inhalt hat. Im Unterschied zu Futures sind Forwards jedoch hinsichtlich des Vertragsinhalts (Quantität, Qualität, Liefertermin und Lieferort) nicht standardisiert, sondern werden individuell ausgehandelt.[85] Hinzu kommen erhebliche Unterschiede bei der Geschäftsabwicklung (Gegenpartei; clearing and settlement), die sich aus der Einbettung von Futures in den organisierten Börsenhandel ergeben (→ Rn. 41 ff.). Aufgrund der hohen Liquidität des Börsenterminhandels ist bei Futures eine jederzeitige Glattstellung regelmäßig unproblematisch möglich und in der Praxis die Regel;[86] ein Erfüllungsrisiko scheidet damit praktisch aus.[87] Der Geschäftszweck liegt hauptsächlich in der Absicherung gegen Zins- und Wechselkursrisiken aus anderen Geschäften, die in zuvor abgeschlossenen Geschäften an den jeweiligen Leistungsmärkten bzw. am Kapitalmarkt begründet worden sind.[88] Verbreitet sind Futures bzw. Forwards auf Wertpapiere, zB Aktien (stock futures), auf Devisen (currency futures bzw. FX forwards), auf Edelmetalle (precious metal futures), auf Rohstoffe (commodity futures), auf sog. Zinsinstrumente (interest rate futures, zu Zinsinstrumenten noch → Rn. 30) sowie auf Indices (index futures).[89]

23 **b) Rechtsnatur. Schuldrechtlich** handelt es sich um Kaufverträge,[90] soweit die effektive Lieferung Vertragsbestandteil ist. Besonderheiten bestehen insoweit bei **Devisentermingeschäften** (currency futures oder FX forwards) sowie bei **Indexfutures.** Diese sind nach hM ebenfalls als Kaufverträge einzuordnen.[91] Allerdings wird bei ihnen teilweise auf eine effektive Lieferung von vornherein verzichtet und stattdessen lediglich die Zahlung eines Differenzausgleichs vereinbart (Barausgleich, cash settlement), so dass der Rechtscharakter in diesen Fällen besser als Vertrag sui generis erfasst werden sollte.[92]

2. Optionsgeschäfte

24 **a) Allgemeines. aa) Begriffe, Ausgestaltung.** Optionsgeschäfte (bereits → Rn. 15) werden sowohl börslich als auch im OTC-Geschäft auf eine Vielzahl von Basiswerten abgeschlossen. Praktisch besonders bedeutsam sind die an den Terminbörsen gehandelten

---

Hudson Financial Derivatives Rn. 5–93; betriebswirtschaftlich *Rieger* Optionen, Derivate und strukturierte Produkte S. 43 ff.; *Steiner/Bruns/Stöckl* Wertpapiermanagement S. 456, 458 ff.

[84] Zur Terminologie zB Kümpel/Mülbert/Früh/*Kraft* BankR Rn. 19.76; *Rieger* Optionen, Derivate und strukturierte Produkte S. 43.

[85] *Hudson* Financial Derivatives Rn. 5–92.

[86] MüKoHGB/*Ekkenga* Effektengeschäft Rn. 49; *Rieger* Optionen, Derivate und strukturierte Produkte S. 43 f.

[87] *Steiner/Bruns/Stöckl* Wertpapiermanagement S. 456.

[88] MüKoHGB/*Ekkenga* Effektengeschäft Rn. 49; vgl. auch Fuchs/*Jung* WpHG Vor §§ 37e und 37g Rn. 36a.

[89] Vgl. zum Ganzen Kümpel/Mülbert/Früh/*Kraft* BankR Rn. 19.69 ff.; BuB/*Balzer/Siller* Rn. 7/214 f.; *Steiner/Bruns/Stöckl* Wertpapiermanagement S. 473 ff. (Zinsfutures), S. 485 ff. (Aktienindex-Futures).

[90] Kümpel/Mülbert/Früh/*Kraft* BankR Rn. 19.80; Assmann/Schütze/*Sagasser/Schlösser* KapitalanlageR § 27 Rn. 732; vgl. auch *Hudson* Financial Derivatives Rn. 5–92; *Keßler* Strukturrisiko S. 45.

[91] BankR-HdB/*Jahn/Reiner* § 114 Rn. 141; Kümpel/Mülbert/Früh/*Kraft* BankR Rn. 19.80; Assmann/Schütze/*Sagasser/Schlösser* KapitalanlageR § 27 Rn. 732; *Menninger* WM 1994, 970 (973). Speziell für Wertpapierindex-Futures BGH NJW 2004, 2967 (2968); zust. Fuchs/*Jung* WpHG Vor §§ 37e und 37g Rn. 62 (Hoffnungskauf nach § 453 Abs. 1 BGB).

[92] Vgl. *Clouth* Finanz-Derivate S. 16; *Kleiner* Internationales Devisen-Schuldrecht Rn. 31.36 ff.; Kümpel/Mülbert/Früh/*Kraft* BankR Rn. 19.80; *Lenenbach* Kapitalmarktrecht Rn. 9.122 (für Indexfutures sowie Zinsfutures mit Barausgleich); Derleder/Knops/Bamberger/*Müller* BankR § 59 Rn. 26 f.

klassischen Aktien-, Renten-, Waren- oder Rohstoffoptionen,[93] ferner Devisen-Optionen.[94] Daneben werden – sog. strukturierte (zusammengesetzte)[95] – Optionen abgeschlossen, die ihrerseits Derivate (Futures, Swaps, Zinsbegrenzungsvereinbarungen, Forward Rate Agreements, Optionen) zum Gegenstand haben.[96] Schließlich hat sich eine Vielzahl von Optionen auf künstliche, sog. synthetische Basiswerte ohne effektive Lieferung etabliert, zB Optionen auf die Entwicklung eines (Aktien- oder Renten-)Index (Index-Optionen)[97] oder die Wertentwicklung einer bestimmten Menge (Korb, Fonds) bestimmter Basiswerte (sog. Basket-Optionen).[98] Geschuldet ist hier jeweils die Zahlung der Differenz, um die an einem festgelegten Ermittlungstag der Referenzkurs den Basispreis (Höhe des Index) unterschreitet.[99] Auch strukturell hat sich der Kreis der Optionsgeschäfte enorm erweitert. Neben Geschäften mit effektiven Lieferpflichten werden zunehmend – vielfach verbriefte (→ Rn. 25) – Optionen eingeräumt, bei denen von vornherein nur mehr ein Barausgleich vereinbart wird, so zB bei Devisentermingeschäften ohne effektive Lieferung (mit Barausgleich, sog. non deliverable currency option).[100] Moderne Produkte knüpfen Ansprüche auf die Zahlung eines bestimmten Geldbetrags etwa an vorfestgelegte Wertveränderungen bestimmter Basispreise, wie dies bei den (teilweise sog. Digital-)Optionen mit unsteter Auszahlungsfunktion (anknüpfend an die Über- oder Unterschreitung eines Basispreises)[101] oder bei Bandbreitenoptionen (anknüpfend an die Über- oder Unterschreitung einer festgelegten Bandbreite von Preisschwankungen)[102] der Fall ist. Auch bekannt sind Optionen auf Optionen (sog. Compound-Optionen)[103] sowie sog. Chooser-Optionen, bei denen der Käufer das Recht erhält, innerhalb einer Frist zu entscheiden, ob es sich um eine Call- oder Put-Option handeln soll.[104] Optionsgeschäfte werden sowohl zu Hedging- als auch zu Spekulationszwecken abgeschlossen.

bb) Rechtsnatur. Die **zivilrechtliche Qualifikation** der tradierten zweistufigen 25
(→ Rn. 15) Optionsgeschäfte ist umstritten. Grundsätzlich denkbar ist die Gestaltung (1) als bedingter, bis zur Ausübung schwebend unwirksamer Kaufvertrag, (2) als unwiderrufliches, aber zeitlich befristetes, auf den Abschluss des Hauptvertrags gerichtetes Angebot und (3) als vertraglich eingeräumtes Gestaltungsrecht.[105] Die praktisch etablierten börslich und außerbörslich abgeschlossenen Optionsgeschäfte werden allerdings überwiegend als einheitliche **Kaufverträge mit befristetem Optionsvorbehalt** eingestuft der jeweils durch eine einseitige Gestaltungserklärung des Optionskäufers in Kraft gesetzt werden

[93] MüKoHGB/*Ekkenga* Effektengeschäft Rn. 52; BankR-HdB/*Jahn/Reiner* § 114 Rn. 25; eing. zur internationalen OTC-Praxis *Hudson,* Financial Derivatives, Rn. 5–80 ff. (bond options), Rn. 1–84 f. (equity options). S. zu den an der Terminbörse Eurex gehandelten Werten im Überblick etwa http://www.eurexchange.com/exchange-en/products/productSearch.

[94] Speziell zu diesen eing. *Clouth* Finanz-Derivate S. 25 ff.; s. a. BankR-HdB/*Jahn/Reiner* § 114 Rn. 25; BuB/*Neuhaus* Rn. 7/1038.

[95] Zum Begriff stellvertretend Kümpel/Mülbert/Früh/*Kraft* BankR Rn. 19.184, 19.187.

[96] Vgl. zB BankR-HdB/*Jahn/Reiner* § 114 Rn. 26; BuB/*Neuhaus* Rn. 7/1033 f.; Kümpel/Mülbert/Früh/*Kraft* BankR Rn. 19.184 ff.; vgl. auch *Casper* Optionsvertrag S. 99 (jeweils zu Swaptions).

[97] Vgl. zB BankR-HdB/*Jahn/Reiner* § 114 Rn. 25; *Lenenbach* Kapitalmarktrecht Rn. 9.134; *Casper* Optionsvertrag S. 94 f.; betriebswirtschaftlicher Überblick zB bei *Steiner/Bruns/Stöckl* Wertpapiermanagement S. 556 ff. (am Beispiel der an der Terminbörse Eurex gehandelten Positionen).

[98] Vgl. zB MüKoHGB/*Ekkenga* Effektengeschäft Rn. 52; Kümpel/Mülbert/Früh/*Kraft* BankR Rn. 19.195; betriebswirtschaftlich *Rieger* Optionen, Derivate und strukturierte Produkte S. 95

[99] BankR-HdB/*Jahn/Reiner* § 114 Rn. 25.

[100] Zu diesen *Clouth* Finanz-Derivate S. 46 ff.

[101] Vgl. eing. *Clouth* Finanz-Derivate S. 69 ff.; Kümpel/Mülbert/Früh/*Kraft* BankR Rn. 19.190 f.; ferner *Casper* Optionsvertrag S. 95.

[102] Vgl. BGHZ 142, 345 ff. = NJW 2000, 359; zu den einzelnen Erscheinungsformen *Clouth* Finanz-Derivate S. 72 ff.; Kümpel/Mülbert/Früh/*Kraft* BankR Rn. 19.192 f.; *Lenenbach* Kapitalmarktrecht Rn. 9.184 f.; ferner *Casper* Optionsvertrag S. 95 f.

[103] Dazu Kümpel/Mülbert/Früh/*Kraft* BankR Rn. 19.194.

[104] Dazu Kümpel/Mülbert/Früh/*Kraft* BankR Rn. 19.197.

[105] Vgl. MüKoBGB/*Busche* Vor §§ 145 Rn. 72 ff.; *Henssler* Risiko als Vertragsgegenstand S. 591; *M. Weber* JuS 1990, 249 (253 f.).

kann.[106] Sieht der Vertrag von vornherein keine effektive Lieferung, sondern lediglich einen **Barausgleich** vor, ist nach richtiger Ansicht von einem gesetzlich nicht geregelten **Vertrag sui generis** auszugehen. Dies gilt insbesondere auch für die modernen Typen der Digital- und der Bandbreitenoption[107] und erst recht, wenn die Zahlungspflicht an komplex gestaltete Vertragsbedingungen geknüpft ist. Dies betrifft etwa solche Optionen bzw. Zertifikate, deren Ausübung nur dann (sog „knock in") oder aber nicht mehr (sog. „knock out") erfolgen kann, wenn bestimmte Schwellenwerte („barriers") in der Entwicklung des jeweiligen Basiswerts über- oder unterschritten werden.[108]

26 **b) Optionsscheine (warrants).** Optionsscheine oder warrants sind Wertpapiere, die die Rechtsposition des Optionskäufers aus einem Optionsgeschäft in einer Inhaberschuldverschreibung (§ 793 BGB) – regelmäßig mit längerer Laufzeit – verbriefen.[109] Aufsichtsrechtlich sind Optionsscheine nicht als „Derivate" iSd § 2 Abs. 3 WpHG, sondern als „sonstige Wertpapiere" und damit als „Schuldtitel" durch § 2 Abs. 1 Satz 1 Nr. 3 Buchst. b WpHG erfasst; sie sind jedoch „Finanztermingeschäfte" iSd § 99 S. 2 WpHG (→ Rn. 3).[110] Je nach der Form der Begebung werden unselbständige und selbständige Optionsscheine unterschieden. **Unselbständige** (abgetrennte) Optionsscheine werden in der Unternehmensfinanzierung am deutschen Kapitalmarkt regelmäßig in Verbindung mit der Emission einer Optionsanleihe oder eines Optionsgenussscheins begeben. Häufigste Form ist der Aktienoptionsschein (vgl. § 221 Abs. 1 AktG), der in Verbindung mit einer festverzinslichen Anleihe emittiert wird und den Inhaber dazu berechtigt, innerhalb einer bestimmten Bezugsfrist Aktien zu einem bestimmten Preis zu erwerben. Der Optionsschein kann auch von der Anleihe getrennt werden und separat von dieser gehandelt werden.[111] **Selbständige Optionsscheine** werden demgegenüber unabhängig von der Emission eines anderen Wertpapiers regelmäßig von Finanzintermediären begeben. Handelt es sich um Werte, die Lieferungsansprüche verbriefen, ohne dass der Stillhalter die jeweiligen Basiswerte bereits in seinem Bestand hat, wird von **covered warrants** gesprochen; muss er sich (riskanter) die Werte erst verschaffen, von **naked warrants,** die Optionsrechte auf junge, dh noch zu begebende Aktien des Emittenten verbriefen.[112] Ähnlich gelagert sind sog. Huckepack-Optionen, die gemeinsam mit Aktien begeben werden und zum Bezug weiterer Aktien des Emittenten berechtigen.[113] Im Übrigen bestehen mit Blick auf die inhaltliche Ausgestaltung

---

[106] BuB/*Neuhaus* Rn. 7/1032; *Lenenbach* Kapitalmarktrecht Rn. 9.136 ff. (aus der dort jeweils zitierten Entscheidung BGHZ 92, 317 = NJW 1985, 634 folgt dies nicht); **aA** zB OLG Köln WM 1983, 1072 (1073); *Henssler* Risiko als Vertragsgegenstand S. 593 ff. mwN (sog Trennungstheorie: zwei rechtlich selbständige Geschäfte).

[107] Zutr. *Casper* Optionsvertrag S. 97 f.; *Clouth* Finanz-Derivate S. 48 f. (Devisen-Option sowie Durchschnittskurs-Devisen-Option mit Barausgleich), S. 65 ff. (sonstige moderne Optionstypen mit Barausgleich); Kümpel/Mülbert/Früh/*Kraft* BankR Rn. 19.98.

[108] Vgl. dazu und zu einzelnen Unterformen eing. *Clouth* Finanz-Derivate S. 62 ff.; ferner *Casper* Optionsvertrag S. 95, 97 f.; zur Qualifikation als Termingeschäft Schwark/Zimmer/*Kumpan* KapMR WpHG § 2 Rn. 35, 53; *Lehmann* Finanzinstrumente S. 112.

[109] MüKoHGB/*Ekkenga* Effektengeschäft Rn. 54; Fuchs/*Jung* WpHG Vor §§ 37e und 37g Rn. 71; Kümpel/Mülbert/Früh/*Kraft* BankR Rn. 19.90; *Lenenbach* Kapitalmarktrecht Rn. 9.141 f.; betriebswirtschaftlich *Rieger* Optionen, Derivate und strukturierte Produkte S. 216 ff.; *Steiner/Bruns/Stöckl* Wertpapiermanagement S. 424 ff.

[110] Vgl. Kümpel/Mülbert/Früh/*Kraft* BankR Rn. 19.90; abw. Derleder/Knops/Bamberger/*Müller* BankR § 59 Rn. 41 (lediglich klarstellende Funktion des § 99 S. 2 WpHG aF, daher Überschneidungen mit § 2 Abs. 2 Nr. 1–5 WpHG aF denkbar).

[111] BuB/*Balzer/Siller* Rn. 7/222 f.; Fuchs/*Jung* WpHG Vor §§ 37e und 37g Rn. 72 f.; MüKoAktG/*Habersack* § 221 Rn. 32, 40; *Lenenbach* Kapitalmarktrecht Rn. 9.141.

[112] Vgl. allg. Fuchs/*Jung* WpHG Vor §§ 37e und 37g Rn. 72b; *Lenenbach* Kapitalmarktrecht Rn. 9.142; betriebswirtschaftlich *Steiner/Bruns/Stöckl* Wertpapiermanagement S. 424 f.. Dazu und zu den aktienrechtlichen Implikationen eing. MüKoAktG/*Habersack* § 221 Rn. 36 ff.; Habersack/Mülbert/Schlitt/*Apfelbacher/Kopp* Unternehmensfinanzierung am Kapitalmarkt Rn. 27.75 ff.; *A. Fuchs* AG 1995, 433 ff.; *Schlitt/Löschner* BKR 2002, 149 (150 ff.); monographisch *Dierks* Selbständige Aktienoptionsscheine 2002.

[113] Dazu Habersack/Mülbert/Schlitt/*Apfelbacher/Kopp* Unternehmensfinanzierung am Kapitalmarkt Rn. 27.81 ff.; *A. Fuchs* AG 1995, 433 ff.; *Gätsch/Theusinger* WM 2005, 1256 (1257); *Schäfer* ZGR-Sonderheft 16, 62 (66, 78 ff.); *Schlitt/Löschner* BKR 2002, 149 (153 ff.).

und die in Betracht kommenden Basiswerte bei Optionsscheingeschäften keine strukturellen Besonderheiten zu unverbrieften Optionsgeschäften,[114] so dass auf die vorige → Rn. verwiesen werden kann.

27 **c) Primäre und sekundäre Optionsgeschäfte.** Zu unterscheiden ist zwischen der erstmaligen Begründung eines Optionsrechts (sog. primäres Optionsgeschäft) und dem Handel in bereits begründeten Optionen (sog. sekundäres Optionsgeschäft).[115] Termingeschäft im aufsichtsrechtlichen Sinn ist jedenfalls nach heute geltendem Recht nur das primäre Optionsgeschäft; der Sekundärhandel in verbrieften (Regelfall) und unverbrieften (selten) Optionsrechten ist mangels verzögerter Erfüllung Kassageschäft iSd Art. 28 Abs. 2 der EG-VO 1287/2006,[116] so dass eine aufsichtsrechtliche Erfassung als Termingeschäft ungeachtet des wirtschaftlich vergleichbaren Risikoprofils ausscheidet.

3. Swapgeschäfte

28 **a) Begriff, Ausgestaltung.** Swapgeschäfte, die typischerweise außerbörslich abgeschlossen werden, zielen in ihrer Grundstruktur auf den – regelmäßig periodisch zu erfüllenden – Austausch von Leistungen, insbes. Zahlungsströmen auf der Basis zugrunde liegender Nominalbeträge, über einen bestimmten Zeitraum zu bestimmten Zeitpunkten ab.[117] Sie können sowohl zu Hedging-Zwecken, für die sie entwickelt wurden, als auch zu Spekulationszwecken eingesetzt werden. Getauscht werden dabei beispielsweise Zinsforderungen oder -verpflichtungen (Zins- bzw. präziser **Zinssatzswaps,** interest rate swaps)[118] oder, im Falle der historisch früher entstandenen **Devisenswaps** (auch: **Zinswährungsswaps, Währungsswaps,**[119] currency swaps), (Zins-)Beträge in unterschiedlichen Währungen.[120] Währungsswaps zeichnen sich dabei typischerweise durch eine Kombination aus Kassa- und Terminelementen aus: Zu Beginn der Laufzeit werden zunächst die Kapitalbeträge in den vereinbarten Währungen ausgetauscht (Kassatausch), während der Laufzeit sodann die vereinbarten Zinszahlungen in den unterschiedlichen Währungen, abschließend dann wiederum die Kapitalbeträge zu einem vorab festgelegten Kurs, wobei auf den anfänglichen Tausch auch verzichtet werden kann.[121] Im Mittelpunkt stehen hier Arbitrageeffekte, ohne dass es zu den termingeschäftstypischen Risiken kommt.[122] Zinsswaps stellen insoweit eine Vereinfachung von Währungsswaps dar, als hier nur mehr der Austausch der jeweiligen Zinsströme vorgenommen wird.[123] Daneben existieren **strukturierte,** dh individuell auf

[114] Vgl. im Einzelnen BuB/*Balzer/Siller* Rn. 7/221; Fuchs/*Jung* WpHG Vor §§ 37e und 37g Rn. 73 f.; speziell zu Basket-Optionsscheinen BGHZ 139, 1 ff. = NJW 1998, 2524.

[115] Fuchs/*Jung* WpHG Vor §§ 37e und 37g Rn. 38 f.

[116] → Rn. 12; vgl. MüKoHGB/*Ekkenga* Effektengeschäft Rn. 57 f. Zum früheren Recht abw. noch BGH NJW 1994, 1861 (1863); BGHZ 117, 135 (137, 138) = NJW 1992, 1630 (1631); weiterhin abw. Fuchs/*Jung* WpHG Vor §§ 37e und 37g Rn. 41; Derleder/Knops/Bamberger/*Müller* BankR § 59 I Rn. 38 mwN.

[117] Assmann/Schneider/Mülbert/*Assmann* WpHG § 2 Rn. 49; Kümpel/Mülbert/Früh/*Kraft* BankR Rn. 19.114 ff.

[118] Dazu näher BuB/*Neuhaus* Rn. 7/1005 ff.; MüKoHGB/*Ekkenga* Effektengeschäft Rn. 59; BankR-HdB/*Jahn/Reiner* § 114 Rn. 6 f.; *Lenenbach* Kapitalmarktrecht Rn. 9.149 ff.; Kümpel/Mülbert/Früh/*Kraft* BankR Rn. 19.122 ff.; Schwintowski/*Köhler/Büscher* Bankrecht § 22 Rn. 44 ff., 16; *Hudson* Financial Derivatives Rn. 5–103 f.; monographisch *Clouth* Finanz-Derivate S. 40 ff.; *Krämer* Finanz-Derivate S. 9 ff., 79 ff.; betriebswirtschaftlich *Steiner/Bruns/Stöckl* Wertpapiermanagement S. 569 ff.

[119] Die Terminologie ist uneinheitlich; vgl. Kümpel/Mülbert/Früh/*Kraft* BankR Rn. 19.128 ff. (Zinswährungsswaps); *Lenenbach* Kapitalmarktrecht Rn. 9.156 ff. (Devisen- und Währungsswaps); ohne Differenzierung zB Fuchs/*Jung* WpHG Vor §§ 37e und 37g Rn. 54; BuB/*Neuhaus* Rn. 7/1004; betriebswirtschaftlich *Steiner/Bruns/Stöckl* Wertpapiermanagement S. 565 ff.

[120] Speziell zu Cross-Currency Swaps *Ruland/Wetzig* BKR 2013, 56 f.; *Zoller* BKR 2012, 405.

[121] Dazu näher MüKoHGB/*Ekkenga* Effektengeschäft Rn. 59; *Hudson* Financial Derivatives Rn. 5–106 ff., zu modernen Weiterentwicklungen Rn. 2–96 ff.; monographisch *Clouth* Finanz-Derivate S. 40 ff. sowie S. 92 ff. zu modernen Weiterentwicklungen („exotischen Swaps"); *Krämer* Finanz-Derivate S. 86 ff.; betriebswirtschaftlich *Steiner/Bruns/Stöckl* Wertpapiermanagement S. 565 ff.

[122] MüKoHGB/*Ekkenga* Effektengeschäft Rn. 59; *Hudson* Financial Derivatives Rn. 5–106 f.

[123] *Hudson* Financial Derivatives Rn. 5–103.

die Kombination unterschiedlicher Zahlungsströme oder Wertentwicklungen angelegte Swaps.[124] Darunter fallen insbesondere **Indexswaps,** bei denen die Parteien Zahlungsströme in einer Währung zu bestimmten Zeiträumen vereinbaren, die anhand eines Index sowie des Nominalbetrags einerseits und auf einem variablen Zinssatz auf den anfänglichen Wert der Basiswerte andererseits unter Berücksichtigung einer etwaigen Wertminderung des Index festgelegt werden.[125] In modernen Weiterentwicklungen sind die Grundformen vielfältig modifiziert worden, wobei vielfach effektive Austauschverhältnisse durch die Zahlung eines Barausgleichs ersetzt wurden. Derartige Geschäfte beziehen sich zwar nach wie vor auf den Austausch von Zahlungsströmen, von denen jedoch zumindest einer auf der Grundlage einer Kombination mit Optionselementen berechnet wird.[126] Exemplarisch dafür stehen sog. **pfadabhängige** („Ladder"-)Swaps, die die Spekulation auf Zinsentwicklungen erlauben und ein erhöhtes Risikoprofil aufweisen,[127] weshalb der Vertrieb derartiger Produkte gesteigerten Aufklärungspflichten unterliegt. Ein besonders prominentes Beispiel bietet der der Grundsatzentscheidung BGHZ 189, 13 = NJW 2011, 1949 zugrunde liegende Fall eines sog. CMS (Constant Maturity Swap) Spread Ladder Swaps (→ Rn. 46 f.), bei dem ein Tausch fixer gegen variable Zinsen auf eine vereinbarte Geldsumme erfolgt und die vereinbarten Zinsen sich pfadabhängig, aber um einen Hebeleffekt aus der Differenz zwischen einem langfristigen Kapitalmarktzins für langfristige Darlehen und dem Zinssatz für ein kurzfristiges Darlehen errechnen.[128] Außerhalb der Kapitalmärkte werden etwa **Waren- bzw. Rohstoffswaps** (commodity swaps) sowie **Energieswaps** gehandelt.[129]

29 **b) Rechtsnatur.** Die **rechtliche Einordnung** der Swapgeschäfte ist für die einzelnen Erscheinungsformen umstritten. Die Legaldefinition in § 2 Abs. 3 WpHG (→ Rn. 3) versucht, die etablierten Swapgeschäfte mit Blick auf den Austauschcharakter als **Tauschgeschäfte** zu erfassen.[130] Jedenfalls aber von § 2 Abs. 3 Nr. 4 WpHG erfasst sind alle Swapgeschäfte, bei denen kein punktueller Leistungsaustausch stattfindet, sondern Zahlungsströme ausgetauscht werden (sog. Asset- und Liability-Swaps).[131] **Währungs- bzw. Devisenswaps** werden teils als (doppelte) Kaufverträge (§ 433 BGB),[132] teils als Tauschverträge (§ 480 BGB),[133] teils aber auch als atypische Verträge sui generis[134] qualifiziert. Für **Zinssatzswaps** wird ebenfalls teilweise die Einstufung als Tausch,[135] überwiegend dagegen jedoch die Qualifikation als Vertrag sui generis[136] vertreten. Letzteres ist für beide Fallgruppen ebenso wie für kombinierte Instrumente[137] und für Index-Swaps[138] überzeugend,

---

[124] Zur Terminologie Kümpel/Mülbert/Früh/*Kraft* BankR Rn. 19.133 f.; *Keßler* Strukturrisiko S. 42 f.

[125] Dazu zB Kümpel/Mülbert/Früh/*Kraft* BankR Rn. 19.135; vgl. auch BankR-HdB/*Jahn/Reiner* § 114 Rn. 9 („Wertpapier-Swap").

[126] Vgl. zB *Clouth* Finanz-Derivate S. 91 ff.

[127] Dazu Kümpel/Mülbert/Früh/*Kraft* BankR Rn. 19.136 f.; Zerey/*de Corbavia-Perisic/Maier* Finanzderivate § 3 Rn. 20 ff.; eing. *Köndgen/Sandmann* ZBB 2010, 77 ff.

[128] Anschaulich MüKoHGB/*Nobbe/Zahrte* Anlageberatung Rn. 242; *Grigoleit* Bankrechtstag 2012, 25 (27 ff.); *Hoffmann-Theinert* FS Leenen, 2012, 85 (95 f.); eing. Analyse bei *Köndgen/Sandmann* ZBB 2010, 77 ff.

[129] Vgl. nur BuB/*Neuhaus* Rn. 7/1003; umfassender Überblick bei BankR-HdB/*Jahn/Reiner* § 114 Rn. 10 f.; vgl. auch Kümpel/Mülbert/Früh/*Kraft* BankR Rn. 19.138 f.

[130] Vgl. auch Begr. RegE FRUG, BT-Drs. 16/4028, 54 f.

[131] MüKoHGB/*Ekkenga* Effektengeschäft Rn. 59, 61.

[132] *Decker* WM 1990, 1001 (1007).

[133] *Fülbier* ZIP 1990, 554 f.

[134] BankR-HdB/*Jahn/Reiner* § 114 Rn. 138; BuB/*Neuhaus* Rn. 7/1014; *Lenenbach* Kapitalmarktrecht Rn. 9.161 (ohne Differenzierung nach Arten von Swapgeschäften); *Bosch* WM 1995, 365 (372); *Pohl* AG 1992, 425 (426); monographisch *Clouth* Finanz-Derivate S. 22 ff.; *Krämer* Finanzswaps S. 155 ff.

[135] ZB *Fülbier* ZIP 1990, 544 (545 f.).

[136] BankR-HdB/*Jahn/Reiner* § 114 Rn. 137; BuB/*Neuhaus* Rn. 7/1013; *Clouth* Finanz-Derivate S. 43; *Erne* Swapgeschäfte S. 50; *Bosch* WM 1995, 365 (372); *Decker* WM 1990, 1001 (1004); *Ebenroth/Messer* ZVglRWiss 87 (1988), 1 (6); *Pohl* AG 1992, 425 (426).

[137] Zu diesen *R. Weber* FS Schluep, 1988, 301 (305 f.); zu modernen Swaptypen eing. *Clouth* Finanz-Derivate S. 91 ff.

[138] So implizit BankR-HdB/*Jahn/Reiner* § 114 Rn. 137 f.; ausdrücklich noch in der Vorauflage (4. Aufl. 2011) *Jahn* § 114 Rn. 77.

da ein Austausch konkret bezeichneter Gegenstände oder Rechte, auf die das kaufrechtliche Mängelgewährleistungsregime sinnvoll angewendet werden könnte, bei Finanz-Swaps generell nicht stattfindet. Diese sind deshalb insgesamt zutreffend als atypische Rechtsverhältnisse mit Dauerschuldcharakter beschrieben.[139] Jedenfalls die unter Rahmenverträgen abgeschlossenen Swapgeschäfte sind nach heute wohl überwiegender, richtiger Ansicht keine Fixgeschäfte iSd § 323 Abs. 2 Nr. 2 BGB, § 376 HGB.[140]

4. Zinsbegrenzungsverträge

Zinsbegrenzungsverträge, praktiziert vor allem in den Varianten des Cap, Floor, Collar sowie des Corridor, sind Weiterentwicklungen des Zinssatzswaps und stehen zugleich den Optionsgeschäften europäischen Typs nahe.[141] **Caps** schützen den Käufer vor steigenden Zinssätzen, indem sie den Verkäufer dazu verpflichten, dem Käufer Ausgleichszahlungen zu leisten, wenn ein bestimmter variabler Zinssatz an ebenfalls vorab festgelegten Stichtagen einen bestimmten Höchstbetrag überschreitet.[142] **Floors** sind das Gegenstück hierzu und schützen vor fallenden Zinssätzen; sie verpflichten den Verkäufer auf die Zahlung eines Ausgleichsbetrags, wenn ein bestimmter Zinssatz einen vorab festgelegten Betrag unterschreitet.[143] Collars (engl. für „Kragen“) und Corridors schließlich sind Kombinationen aus Caps und Floors: Bei einem **Collar** ist der Verkäufer eines Caps gleichzeitig Käufer eines Floors von der Gegenpartei, wodurch die Finanzierungskosten in einer bestimmten Bandbreite zwischen dem vereinbarten Höchstsatz des Cap und dem vereinbarten Mindestsatz des Floors fixiert werden können.[144] Im Rahmen eines **Corridor** verkauft und erwirbt eine Partei jeweils einen Cap oder Floor, um die Verzinsung in einer Spannbreite zwischen den jeweiligen Höchstbeträgen (Cap) bzw. die Mindestverzinsung zwischen den jeweiligen Mindestsätzen (Floor) zu sichern.[145] **Schuldrechtlich** handelt es sich um Verträge sui generis.[146] 30

5. Terminsatz-Vereinbarungen (Forward Rate Agreements, FRA)

Terminsatzvereinbarungen (Forward Rate Agreements) sind Weiterentwicklungen von Forward-Verträgen mit Barausgleich, die auf die Entwicklung von Zinssätzen bezogen sind. Dabei verpflichten sich die Parteien, an die jeweilige Gegenpartei zu Beginn einer in der Zukunft liegenden Zinsperiode („Berechnungszeitraum“) eine der Höhe nach noch unbestimmte Zahlung („Ausgleichsbetrag“) in der jeweiligen Vertragswährung zu leisten, wenn 31

139 Vgl. etwa Kümpel/Mülbert/Früh/*Kraft* BankR Rn. 19.134; monographisch *Erne* Swapgeschäfte S. 54; *Krämer* Finanzswaps S. 112 f.

140 *Erne* Swapgeschäfte S. 51 f.; eing. und differenzierend *Krämer* Finanzswaps S. 122 ff.; *Decker* WM 1990, 1001 (1007); **aA** *Ebenroth/Messer* ZVglRWiss 87 (1988), 1 (7); *Pohl* AG 1992, 425 (426). Die Frage hat mit der insolvenzrechtlichen Schutzvorschrift des § 104 InsO (vgl. früher dagegen §§ 17, 18 KO) an Bedeutung verloren; vgl. zum früheren Hintergrund die vorstehenden Nachw.

141 BuB/*Neuhaus* Rn. 7/1020 f.; Fuchs/*Jung* WpHG Vor §§ 37e und 37g Rn. 61; von vornherein als Option qualifizierend Kümpel/Mülbert/Früh/*Kraft* BankR Rn. 19.163 ff.; *Lenenbach* Kapitalmarktrecht Rn. 9.148.

142 Kümpel/Mülbert/Früh/*Kraft* BankR Rn. 19.163 ff.; BankR-HdB/*Jahn/Reiner* § 114 Rn. 16; BuB/*Neuhaus* Rn. 7/1016; *Lenenbach* Kapitalmarktrecht Rn. 9.143 ff.; *Hudson* Financial Derivatives Rn. 5–129; monographisch *Clouth* Finanz-Derivate S. 50 ff.; *Henssler* Risiko als Vertragsgegenstand S. 530 f.; *Krämer* Finanzswaps S. 27.

143 Kümpel/Mülbert/Früh/*Kraft* BankR Rn. 19.169 f.; BankR-HdB/*Jahn/Reiner* § 114 Rn. 17; BuB/*Neuhaus* Rn. 7/1017; *Lenenbach* Kapitalmarktrecht Rn. 9.143 ff.; *Hudson* Financial Derivatives Rn. 5–129; monographisch *Clouth* Finanz-Derivate S. 50 ff.; *Krämer* Finanzswaps S. 29.

144 Exemplarisch OLG Celle BKR 2014, 36; allg. Kümpel/Mülbert/Früh/*Kraft* BankR Rn. 19.171 f.; BankR-HdB/*Jahn/Reiner* § 114 Rn. 19; BuB/*Neuhaus* Rn. 7/1018; *Krämer* Finanzswaps S. 29 f.; *Lenenbach* Kapitalmarktrecht Rn. 9.147; *Hudson* Financial Derivatives Rn. 5–129.

145 Kümpel/Mülbert/Früh/*Kraft* BankR Rn. 19.189 ff.; BankR-HdB/*Jahn/Reiner* § 114 Rn. 18; BuB/*Neuhaus* Rn. 7/1019.

146 Kümpel/Mülbert/Früh/*Kraft* BankR Rn. 19.165; BankR-HdB/*Jahn/Reiner* § 114 Rn. 140; *Clouth* Finanz-Derivate S. 52 f.; *Henssler* Risiko als Vertragsgegenstand S. 630; *Bosch* WM 1995, 365 (373).

zu diesem Zeitpunkt ein bestimmter Referenzzinssatz („Basis-Satz") den festgelegten „Terminsatz" überschreitet.[147] Terminsatzgeschäfte eignen sich damit zur Absicherung von zinssensitiven Bilanzpositionen, künftigen Kapitalbeschaffungsmaßnahmen oder zu spekulativen Zwecken.[148] **Schuldrechtlich** sind sie als atypische Verträge zu qualifizieren.[149]

6. Grenz- und Sonderfälle

32 **a) Kreditderivate.** Kreditderivate sind Finanzinstrumente, die Kreditrisiken für den Fall des dauerhaften oder vorübergehenden Zahlungsausfalls oder negativer Veränderungen in der Bonität eines Kreditnehmers oder Emittenten vom ursprünglichen Träger des Risikos (dem „Schutznehmer" oder „Sicherungsnehmer") auf einen Dritten (den „Schutzgeber" oder „Sicherungsgeber") verlagern.[150] Strukturell sind Kreditderivate den oben genannten Formen von Termingeschäften angenähert, erfüllen aber hiervon abweichende wirtschaftliche Funktionen und weisen ein eigenständiges Risikoprofil auf.[151] Kreditderivate sind in die Legaldefinition des aufsichtsrechtlichen Derivatebegriffs durch § 2 Abs. 3 Nr. 4 WpHG (= § 1 Abs. 11 S. 3 Nr. 4 KWG) einbezogen (→ Rn. 3). Aufsichtsrechtlich sind sie damit den oben dargestellten Erscheinungsformen von Termingeschäften gleichgestellt. Damit korrespondiert, dass die derzeit marktüblichen Kreditderivate regelmäßig auf der Grundlage der – im Jahre 2009 in Reaktion auf die Finanzmarktkrise überarbeiteten und ergänzten – ISDA Credit Derivatives Definitions (2003/2014) jeweils im Rahmen des ISDA Master Agreements in der Fassung von 1992 oder von 2002 (→ Rn. 10) abgeschlossen werden.[152] Kreditderivate werden in verschiedenen Grundformen ausgestaltet, die jeweils noch modifiziert werden können.[153]

32a **b) Zertifikate.** Zertifikate sind **strukturierte Schuldverschreibungen,** die von Banken oder Investmentvermögen emittiert werden. Wirtschaftlich liegt eine Kreditbeziehung zwischen Anleger und Emittent zugrunde, in dessen Rahmen sich die Emittentin vertraglich in den sog. Zertifikatsbedingungen verpflichtet, den Anleger an der Wertentwicklung festgelegter Basiswerte zu beteiligen.[154] Der Begriff ist weder im Aufsichtsrecht noch anderweitig gesetzlich definiert und steht für eine Vielzahl individueller, teilweise hochkomplexer Fallgestaltungen, die eine einheitliche Erfassung unmöglich machen. Zertifikate kombinieren die Eigenschaften verschiedener Typen von Finanzinstrumenten, die Instrumente mit „Hebelwirkung" – insbesondere in Form von Optionsscheinen (→ Rn. 26) – ebenso einschließen wie Anlageprodukte mit unterschiedli-

---

[147] Eing. *Clouth* Finanz-Derivate S. 38; *Krämer* Finanzswaps S. 23 ff.; Kümpel/Mülbert/Früh/*Kraft* BankR Rn. 19.146 ff.; BuB/*Neuhaus* Rn. 7/1022 f.; *Lenenbach* Kapitalmarktrecht Rn. 9.123 ff.; vgl. im Überblick auch Fuchs/*Jung* WpHG Vor §§ 37e und 37g Rn. 59; BankR-HdB/*Jahn/Reiner* § 114 Rn. 20; betriebswirtschaftlich *Steiner/Bruns/Stöckl* Wertpapiermanagement S. 162 ff.; vgl. zur Terminologie den Rahmenvertrag für Finanztermingeschäfte (→ Rn. 10), Nr. 6 Abs. 3 und 4.

[148] *Lenenbach* Kapitalmarktrecht Rn. 9.126.

[149] Kümpel/Mülbert/Früh/*Kraft* BankR Rn. 19.166; BankR-HdB/*Jahn/Reiner* § 114 Rn. 141; *Clouth* Finanz-Derivate S. 40; Fuchs/*Jung* WpHG Vor §§ 37e und 37g Rn. 59; *Lenenbach* Kapitalmarktrecht Rn. 9.127; BuB/*Neuhaus* Rn. 7/1023.

[150] Kümpel/Mülbert/Früh/*Kraft* BankR Rn. 19.198 ff.; BankR-HdB/*Jahn/Reiner* § 114 Rn. 27; BuB/*Neuhaus* Rn. 7/1024; *Lenenbach* Kapitalmarktrecht Rn. 9.162 ff.; Schwintowski/*Köhler/Büscher* BankR § 22 Rn. 64 ff.; *Brandt* BKR 2002, 243; *Litten/Bell* BKR 2011, 314; *Nordhues/Benzler* WM 1999, 461. Vgl. allg. zu Kreditderivaten *Beck/Dietenberger* → Kap. 23 Rn. 1 ff.

[151] Vgl. bes. Kümpel/Mülbert/Früh/*Kraft* BankR Rn. 19.198 ff. Krit. zur Einbeziehung in den aufsichtsrechtlichen Derivate- und damit Termingeschäftgeschäftsbegriff daher Assmann/Schneider/Mülbert/*Assmann* WpHG § 2 Rn. 76.

[152] Vgl. eing. zur Dokumentationspraxis *Beck/Dietenberger* → Kap. 23 Rn. 10 ff.

[153] Einzelheiten bei *Beck/Dietenberger* → Kap. 23 Rn. 2 ff.; BankR-HdB/*Jahn/Reiner* § 114 Rn. 29 ff.; BuB/*Neuhaus* Rn. 7/1025 ff.; eing. zur internationalen Marktpraxis *Hudson* Financial Derivatives Rn. 5–154 ff.; monographisch zB *Trafkowski* Kreditderivate S. 24 ff.

[154] Vgl. Zerey/*Eck* Finanzderivate § 5 Rn. 1; Schwintowski/*Köhler/Büscher* BankR § 22 Rn. 61; *Salewski* BKR 2012, 100 (101); allg. auch *Lehmann* Finanzinstrumente S. 108 ff.; BankR-HdB/*Köndgen/Schmies* § 113 Rn. 76.

chem Risikoprofil.[155] Die Bandbreite möglicher Funktionen reicht damit von spekulativen Zwecken bis hin zu konservativer Vermögensanlage. Konkret werden insbesondere die folgenden Formen unterschieden:[156] **Indexzertifikate** mit in der Regel unbegrenzter Laufzeit, bei denen der Rückzahlungsbetrag von der Wertentwicklung eines Index abhängt, **Garantiezertifikate** mit garantiertem Mindest-Rückzahlungsbetrag, **Bonuszertifikate,** bei denen ein Rückzahlungsbetrag unter der Voraussetzung garantiert wird, dass der Basiswert eine bestimmte Kursschwelle nicht berührt oder unterschreitet, **Expresszertifikate,** bei denen zusätzlich die Möglichkeit einer vorzeitigen Fälligkeit und Rückzahlung bei Erreichen bestimmter Kursschwellen besteht, **Discountzertifikate,** die wirtschaftlich einer Aktienoption entsprechen sowie spekulative **Hebelzertifikate** („Turbo-„ oder „Knockout-Zertifikate"), deren Wert aufgrund eines festgelegten Hebelwerts überproportional von der Entwicklung eines Basiswerts abhängt. Aufsichtsrechtlich wird der Begriff des Zertifikats nunmehr legaldefiniert als „Wertpapier, das auf dem Kapitalmarkt handelbar ist und das im Falle der durch den Emittenten vorgenommenen Rückzahlung einer Anlage bei dem Emittenten Vorrang vor Aktien hat, aber nicht besicherten Anleiheinstrumenten und anderen vergleichbaren Instrumenten nachgeordnet ist" (§ 2 Abs. 33 WpHG). Inwieweit Zertifikate daneben als **(Finanz-)Termingeschäfte** zu qualifizieren sind, war zum früheren Recht nicht abschließend geklärt und wurde zum einen im Hinblick auf den Ausschluss des Spieleinwands nach § 99 WpHG (→ Rn. 39),[157] zum anderen in steuerrechtlichem Kontext diskutiert.[158] Im kapitalmarktrechtlichen Zusammenhang beschränkt sich die Bedeutung der Qualifikation in der Tat auf die Einbeziehung in die Schutzvorschrift nach § 99 WpHG,[159] während im Hinblick auf die Intermediärpflichten in jedem Fall die allgemeinen Wohlverhaltenspflichten der §§ 63 ff. WpHG sowie die allgemeinen zivilrechtlichen Aufklärungs- und Beratungspflichten voll zum Tragen kommen (dazu *Spindler* → Kap. 33 Rn. 48 ff.; *Bergmann* → Kap. 36 Rn. 21 ff.).[160] Mit Blick auf den Regelungszweck nicht überzeugen kann eine schematische Ablehnung der Termingeschäftseigenschaft unter Berufung darauf, dass der Anleger seine Leistung bereits innerhalb der für Kassageschäfte maßgeblichen Frist erbringe und die spätere Rückzahlung lediglich der Erfüllung der verbrieften Forderung diene.[161] Vielmehr ist auch nach geltendem Recht an einer funktionalen Betrachtungsweise festzuhalten. Wenn und soweit Zertifikate danach aufgrund der Einbeziehung von Elementen von Derivateverträgen ein diesen entsprechendes Risikoprofil aufweisen, das sie ansonsten dem Spieleinwand aussetzen würde, sind sie demnach in den Anwendungsbereich von § 99 WpHG einzubeziehen;[162] dies gilt insbesondere für spekulative Hebelzertifikate.[163]

---

[155] Vgl. Zerey/*Eck* Finanzderivate § 5 Rn. 19 ff.

[156] Vgl. zum Folgenden insbes. Schwark/Zimmer/*Kumpan* KapMR § 2 WpHG Rn. 29; *Salewski* BKR 2012, 100 (101); mit weiterer Ausdifferenzierung auch *Mülbert* WM 2007, 1149 f.

[157] Hierzu diff. Schwark/Zimmer/*Kumpan* KapMR § 2 Rn. 26; *Salewski* BKR 2012, 100 (102 f.); vgl. auch – mit allzu weiter Gleichstellung – MüKoHGB/*Ekkenga* Effektengeschäft Rn. 69: Zertifikate als „verbriefte Derivate oder hybride Finanzinstrumente mit Derivate-Komponenten"; ähnlich apodiktisch *Möllers/Puhle* JZ 2012, 592; **abl.** Schwintowski/*Köhler/Büscher* BankR § 22 Rn. 62 f.; vgl. für die Beurteilung von Indexzertifikaten sub specie des § 53 BörsG aF abl. auch BGHZ 160, 58 (61 f.) = NJW 2004, 2967.

[158] Hierzu jüngst – zur Beurteilung von Index-Partizipationszertifikaten sub specie des § 15 Abs. 4 S. 3 EStG – abl. jüngst BFH BeckRS 2015, 94201 Rn. 21 ff. mwN; allg. Zerey/*Danz/Kieninger/Patzner* Finanzderivate § 41 Rn. 21 ff.; zur Einstufung von Goldzertifikaten als Termingeschäfte iSv § 20 Abs. 2 S. 1 Nr. 3 Buchst. b EStG zuvor bereits *Haisch* BB 2014, 2333 (2334); allg. *Klatt* BB 2008, 976 ff.

[159] Vgl. nochmal Schwark/Zimmer/*Kumpan* KapMR § 2 Rn. 26; *Salewski* BKR 2012, 100 (102 f.); offenbar übersehen von Schwintowski/*Köhler/Büscher* BankR § 22 Rn. 62 f.

[160] Vgl. etwa BGHZ 191, 119 (127 ff.) = NJW 2012, 66 (Indexzertifikate); BGH NJW 2012, 2873 (2874 ff.) (Lehman-Zertifikate); BGH NJW 2015, 398 ff. (Zertifikate mit Sonderkündigungsrecht); OLG Frankfurt GWR 2013, 340 = BeckRS 2013, 11656; *Mehrbrey/Witte* ZIP 2009, 744 (745 ff.); *Veil* WM 2009, 1585 ff.; s. a. *Möllers/Puhle* JZ 2012, 592 (596 f.) sowie bereits *Mülbert* WM 2007, 1149 (1154 ff.).

[161] So aber wohl Schwintowski/*Köhler/Büscher* BankR § 22 Rn. 62 f.; vgl. ähnlich – allerdings mit im Ansatz durchaus differenzierter, funktionaler Betrachtungsweise – auch BGHZ 160, 58 (61 f.) = NJW 2004, 2967 für die Beurteilung von Indexzertifikaten sub specie des § 58 BörsG aF.

[162] Überzeugend Schwark/Zimmer/*Kumpan* KapMR § 2 Rn. 26; *Salewski* BKR 2012, 100 (102 f.).

[163] *Salewski* BKR 2012, 100 (103).

33 **c) Leerverkäufe („short sales").** Der Begriff bezeichnet einen Kassaverkauf von Finanzinstrumenten, über die der Verkäufer im Zeitpunkt des Verkaufs noch nicht in seinem Depot verfügt und die er mittels geliehener Finanzinstrumente erfüllt. Zu unterscheiden sind sog. „gedeckte" und „ungedeckte" Leerverkäufe: Bei einem **gedeckten** Leerverkauf hat sich der Verkäufer im Rahmen der Wertpapierleihe die leer verkauften Papiere verschafft oder hat bereits einen Anspruch auf Lieferung der Papiere, so dass ihm die effektive Lieferung ohne weiteres möglich ist. Bei einem **ungedeckten** Leerverkauf (naked bzw. uncovered short selling) dagegen ist beides nicht der Fall, so dass der Verkäufer das Risiko trägt, sich die veräußerten Papiere vor dem Fälligkeitstermin noch beschaffen zu müssen.[164] Wirtschaftlich stehen sie den klassischen Formen von Termingeschäften insofern nahe, als der Leerverkäufer mit geringem Kapitaleinsatz und grundsätzlich unbeschränktem Verlustrisiko (Hebelwirkung, → Rn. 13) auf fallende Kurse spekuliert und sich seine Erfolgschancen somit erst nach Ablauf der Laufzeit (Zeitmoment, → Rn. 12) realisieren.[165] Leerverkäufe sind in der aufsichtsrechtlichen Definition des Finanztermingeschäfts nach § 99 WpHG (→ Rn. 3) sowie in der Legaldefinition des Derivats nach § 2 Abs. 3 WpHG (§ 1 Abs. 11 Satz 4 KWG) nicht ausdrücklich enthalten. Unter früherem Recht waren sie jedoch bereits vor dem 4. FMFG teilweise als Börsentermingeschäfte (§§ 50 ff. BörsG aF) und auch danach teilweise als Finanztermingeschäfte iSd § 2 Abs. 2a WpHG aF anerkannt.[166] Schon die Änderung des Derivatebegriffs in § 2 Abs. 3 WpHG durch das FRUG hat die Grundlage dafür allerdings entfallen lassen.[167] Erst recht konnte daran nicht mehr festgehalten werden, nachdem das Gesetz zur Vorbeugung gegen missbräuchliche Wertpapier- und Derivategeschäfte[168] im Vorgriff auf die spätere europaweite Regelung vorübergehend in § 30h Abs. 1 S. 3 WpHG eine separate Legaldefinition in das WpHG eingefügt hatte,[169] ohne § 2 Abs. 3 WpHG und § 99 WpHG entsprechend anzupassen. Leerverkäufe müssen daher als eigenständige Kategorie qualifiziert werden. Nach der **EU-Verordnung** über Leerverkäufe und bestimmte Aspekte von Credit Default Swaps[170] sind Leerverkäufe von Aktien oder Schuldtiteln von Mitgliedstaaten nur zulässig, wenn sich der Verkäufer das jeweilige Finanzinstrument bereits im Rahmen einer Wertpapierleihe verschafft oder aus anderen Gründen gesicherte Ansprüche auf Lieferung erworben hat.[171] Ausnahmen werden danach aber zugelassen für Instrumente, die vorrangig außerhalb der EU gehandelt werden,[172] sowie für bestimmte Handelsaktivitäten im Zusammenhang mit der Markteinführung (Market Making).[173] Ferner werden damit Eingriffskompetenzen der nationalen Aufsichtsbehörden – in Deutschland: der BaFin (vgl. § 30h Abs. 1 S. 1 WpHG)

---

[164] Vgl. allg. Assmann/Schütze/*Schäfer* KapitalanlageR § 21 Rn. 1 ff.; *Zimmer/Beisken* WM 2010, 485 ff.; *Mittermeier* ZBB 2010, 139 ff.; *Tyrolt/Bingel* BB 2010, 1419 (1420); s. a. BuB/*Balzer/Siller* Rn. 7/227; *Lenenbach* Kapitalmarktrecht Rn. 9.177 f.

[165] MüKoHGB/*Ekkenga* Effektengeschäft Rn. 66; Fuchs/*Jung* WpHG Vor §§ 37e und 37g Rn. 46; Assmann/Schütze/*Schäfer* KapitalanlageR § 21 Rn. 3, 5.

[166] Vgl. schon Begr. RegE Börsengesetznovelle 1989, BT-Drs. 11/4177, 18; aus der späteren Literatur zB Fuchs/*Jung* WpHG Vor §§ 37e und 37g Rn. 46; *Lenenbach* Kapitalmarktrecht Rn. 6.102; *Horn* ZIP 1990, 2 (4); *Kümpel/Peters* AG 1994, 525 (527 f.); **aA** zB BuB/*Balzer/Siller* Rn. 7/227; Derleder/Knops/Bamberger/*Zingel* BankR § 47 I Rn. 28; *Melzer* BKR 2003, 366 (370).

[167] So auch MüKoHGB/*Ekkenga* Effektengeschäft Rn. 66; vgl. auch Schwark/Zimmer/*Kumpan* KapMR WpHG § 2 Rn. 54; Derleder/Knops/Bamberger/*Müller* BankR § 59 Rn. 31.

[168] Vom 21.7.2000, BGBl. I 2000, 945, in Kraft seit 27.7.2010; dazu näher *Litten/Bell* BKR 2011, 314 (315).

[169] Dazu und zu Vorläufern in Allgemeinverfügungen der BaFin *Tyrolt/Bingel* BB 2010, 1419 (1423 ff.).

[170] VO (EU) Nr. 236/2012 des Europäischen Parlaments und des Rates vom 14.3.2012 über Leerverkäufe und bestimmte Aspekte von Credit Default Swaps, ABl. 2012 L 86/1; dazu Delegierte VO (EU) Nr. 826/2012 der Kommission vom 29.6.2012., ABl. 2012 L 251/1; Durchführungsverordnung (EU) Nr. 827/2012 der Kommission vom 29.6.2012, ABl. 2012 L 251/11; Delegierte VO (EU) Nr. 918/2012 der Kommission vom 5.7.2012, ABl. 2012 L 274/1; Delegierte VO (EU) Nr. 919/2012 der Kommission vom 5.7.2012, ABl. 2012 L 274/16; dazu eing. *Walla* Leerverkäufer Rn. 11 ff.

[171] Art. 12 Abs. 1 VO (EU) 236/2012.

[172] Art. 16 VO (EU) 236/2012.

[173] Art. 17 VO (EU) 236/2012.

– für Fälle geschaffen, in denen die Transaktionen als Bedrohung für die Stabilität der Finanzmärkte eingestuft werden[174] oder in denen ein außergewöhnlicher Absturz von Marktpreisen eine derartige Maßnahme rechtfertigt.[175] Auch insoweit sind ergänzende Eingriffskompetenzen der Europäischen Kapitalmarktaufsichtsbehörde ESMA vorgesehen.[176]

d) Daytrading. Der Begriff (auch: Intra-Day Trading, Sekundenhandel) bezeichnet – regelmäßig ausschließlich elektronisch abgewickelte – Handelsgeschäfte auf die Wertentwicklung insbesondere von Wertpapieren, bei denen innerhalb eines Tages An- und Verkäufe kombiniert oder simuliert werden, was die kurzfristige Spekulation auf Kursveränderungen ermöglicht. Angestrebt wird damit im Ergebnis nicht der effektive Erwerb des jeweiligen Basiswerts, sondern die Partizipation an der während der Laufzeit aufgetretenen Kursdifferenz.[177] Zwei **Grundformen** sind zu unterscheiden: Beim sog. **echten Daytrading** erhält der Trader die Möglichkeit, gegen Erbringung einer Sicherheit (sog. „Margin") an die Bank bzw. den Wertpapierdienstleister innerhalb kurzer Zeit Kauf- bzw. Verkaufsaufträge ausführen zu lassen, wobei die Sicherheit typischerweise nur einen Bruchteil der dadurch möglichen Umsätze ausmacht. Die Geschäfte werden dabei, ohne dass es zur effektiven Lieferung der erworbenen Werte kommt, entweder aufgrund eines entsprechenden Auftrags von Seiten des Traders während der jeweils vereinbarten Laufzeit oder am Ende des jeweiligen Abrechnungszeitraums (vielfach ein Tag) durch die Bank bzw. den Wertpapierdienstleister glattgestellt, wobei der jeweils erzielte positive oder negative Saldo dem Konto des Traders gutgeschrieben oder belastet wird.[178] Beim **unechten Daytrading** (auch als gedecktes Daytrading bezeichnet) werden dem Trader dagegen lediglich kurzfristige Liefer- bzw. Auszahlungsansprüche für effektive Leistungen eingeräumt, die unmittelbar nach Auftragserteilung und mithin nicht erst nach Ablauf der zweitägigen Erfüllungsfrist geltend gemacht werden können; der für die Anschaffung zu zahlende Preis ist im Gegensatz zum echten Daytrading aus dem Guthaben des Traders oder aus einem zuvor eingeräumten Kreditrahmen sogleich vollständig zu zahlen.[179] Unechte Daytradinggeschäfte wurden vor der Reform des Terminrechts durch das FRUG mangels einer zeitlich versetzten Erfüllung und einer entsprechenden Hebelwirkung einhellig nicht als Finanztermingeschäfte iSd § 2 Abs. 2a WpHG aF (bzw. zuvor als Börsentermingeschäfte iSd §§ 50 ff. BörsG aF) qualifiziert.[180] Die Behandlung des echten Daytradings war dagegen umstritten: Die höchstrichterliche Rechtsprechung[181] und ein Teil der Literatur[182] ordnete die Geschäfte als verdeckte Differenzgeschäfte ein und lehnte vor diesem Hintergrund die Anerkennung als Börsentermingeschäft ab mit der Konsequenz, dass sich die Ansprüche der Parteien dem Differenzeinwand nach § 764 BGB aF ausgesetzt sahen. Einer Gegenauffassung zufolge waren die betreffenden Geschäfte mit Blick auf die vergleichbare Risikostruktur als Finanztermingeschäfte zu qualifizieren.[183] Mit der Einbeziehung finanzieller 34

[174] Art. 20 VO (EU) 236/2012.

[175] Art. 23 VO (EU) 236/2012.

[176] Art. 28 VO (EU) 236/2012.

[177] Vgl. zB Fuchs/*Jung* WpHG Vor §§ 37e und 37g Rn. 23 f.; näher *Binder* ZHR 169 (2005), 329 (335 ff.) (zur Rechtslage nach dem 4. FMFG); *Müller-Deku* WM 2000, 1029 ff. (zur Rechtslage vor dem 4. FMFG); s. a. BuB/*Balzer/Siller* Rn. 7/228; *Lenenbach* Kapitalmarktrecht Rn. 4.172 ff., 9.210 ff.

[178] Anschaulich Fuchs/*Jung* WpHG Vor §§ 37e und 37g Rn. 24; *Lenenbach* Kapitalmarktrecht Rn. 4.176 ff.; vgl. auch BGHZ 149, 294 (297 f.) = NJW 2002, 892 und OLG Karlsruhe BKR 2002, 375 (376).

[179] Dazu Fuchs/*Jung* WpHG Vor §§ 37e und 37g Rn. 23; *Lenenbach* Kapitalmarktrecht Rn. 4.174 f. („geschwindigkeitssteigerndes Daytrading"); vgl. auch OLG Hamburg ZIP 2000, 2246 (2249 f.) (Instanzentscheidung zu BGHZ 149, 294 = NJW 2002, 892).

[180] Vgl. stellvertretend Fuchs/*Jung* WpHG Vor §§ 37e und 37g Rn. 23; und bereits *Binder* ZHR 169 (2005), 329 (350 ff.); insoweit auch *Lenenbach* Kapitalmarktrecht Rn. 6.105.

[181] BGHZ 149, 294 (301) = NJW 2002, 892; im Anschluss daran ebenso OLG Karlsruhe BKR 2002, 375 (376); s. a. KG BKR 2002, 961 (962 f.); näher *Binder* ZHR 169 (2005), 329 (349 f.).

[182] ZB (bereits für die Rechtslage nach dem 4. FMFG) BuB/*Balzer/Siller* Rn. 7/228; *Lenenbach* Kapitalmarktrecht Rn. 6.106; vgl. auch *Kümpel* BankR, 3. Aufl. 2003, Rn. 15.174 f.

[183] ZB Fuchs/*Jung* WpHG Vor §§ 37e und 37g Rn. 24; *Binder* ZHR 169 (2005), 329 (350 f.).

Differenzgeschäfte in die aufsichtsrechtliche Legaldefinition des Derivatebegriffs (vgl. nunmehr § 2 Abs. 3 Nr. 3 WpHG nF = § 1 Abs. 11 S. 3 Nr. 3 KWG) ist dieser Streit gegenstandslos geworden und ist das Daytrading insgesamt nach § 99 WpHG nF auch gegen die Geltendmachung des Spieleinwands nach § 762 BGB geschützt (→ Rn. 39).[184]

35 **e) Aktienanleihen und andere Anleihen mit Tilgungswahlrecht.** Aktienanleihen sind strukturierte Wertpapiere, die (insofern Anleihe) dem Emittenten einen zu verzinsenden (Fremd-)Kapitalbetrag verschaffen, ihm allerdings unmittelbar vor Fälligkeit ein Wahlrecht auf Rückzahlung in Geld oder stattdessen Lieferung einer in den Emissionsbedingungen festgelegten Zahl Aktien einräumen.[185] Während eine Mindermeinung unter früherem Recht mit Rücksicht auf die dem Emittenten verschaffte Option die Qualifikation als (Börsen- bzw. Finanz-)Termingeschäft bejahte,[186] lehnten die höchstrichterliche Rechtsprechung[187] und die überwiegende Lehre[188] dies unter Hinweis auf den sofortigen Erfüllungszeitpunkt und den fehlenden spekulativen Charakter zutreffend ab. Daran ist angesichts der präzisierten Legaldefinition nach § 2 Abs. 3 WpHG (→ Rn. 3) auch für das neue Recht festzuhalten.[189]

IV. Organisation der Terminmärkte und Rechtsbeziehungen

1. Börslicher Terminhandel

36 **a) Terminbörsen.** Der globale Börsenhandel in Terminkontrakten konzentriert sich auf eine Reihe wichtiger Börsenplätze, die sich teilweise lange vor der Wiederzulassung des allgemeinen Börsentermingeschäfts in Deutschland durch die Börsengesetznovelle 1989[190] dynamisch entwickelt haben[191] und heute durchweg vollelektronische Handelsplattformen und entsprechende Clearing- und Settlementdienste für den Handel in standardisierten Terminkontrakten bieten. Eine Vorreiterrolle unter den ausländischen Terminbörsen nahm das Chicago Board of Trade (CBOT) ein, dessen Aktivitäten 2007 in der **Chicago Mercantile Exchange (CME)** aufgegangen sind.[192] Von großer Bedeutung ist daneben heute die 1973 am CBOT gegründete Chicago Board Options Exchange **(CBOE).**[193] Die wichtigsten Terminbörsen in Europa sind heute die 1998 gegründete **Eurex,**[194] die aus der Fusion der 1990 eröffneten Deutschen Terminbörse (DTB) und der Swiss Options and Financial Futures Exchange (SOFFEX) hervorgegangen ist, sodann die **Euronext,** in der auch die 1986 in Paris gegründete Terminbörse MATIF (Marché à

[184] Vgl. dazu bereits *Binder* ZHR 169 (2005), 329 (357 f.); vorsichtig befürwortend auch Schwark/Zimmer/*Kumpan* KapMR WpHG § 2 Rn. 48, 57; s. aus steuerrechtlicher Sicht sub specie des § 15 Abs. 4 S. 3 EStG auch BFHE 261, 35, Rn. 21 ff. = DStR 2018, 1424; **aA** *Lenenbach* Kapitalmarktrecht Rn. 9.212, 9.214 (nur unechtes Daytrading von § 99 WpHG nF gedeckt).

[185] Vgl. näher MüKoAktG/*Habersack* § 221 Rn. 25, 41; Fuchs/*Jung* WpHG Vor §§ 37e und 37g Rn. 48; Derleder/Knops/Bamberger/*Müller* BankR § 59 Rn. 32.

[186] *Köndgen* ZIP 2001, 1197 f.; *Lenenbach* NZG 2001, 481 (487 ff.).

[187] BGHZ 150, 164 (169 ff.) = NJW 2002, 1943.

[188] ZB Fuchs/*Jung* WpHG Vor §§ 37e und 37g Rn. 48; Derleder/Knops/Bamberger/*Müller* BankR § 59 Rn. 32; *Assmann* ZIP 2001, 2061 (2078); *Clouth* BKR 2001, 45 (47); *Dötsch/Kellner* WM 2001, 1994 (1998); *Schwark* WM 2001, 1973 (1979 ff.).

[189] So auch Schwark/Zimmer/*Kumpan* KapMR WpHG § 2 Rn. 52; **aA** nach wie vor *Lenenbach* Kapitalmarktrecht Rn. 9.182.

[190] Gesetz vom 11.7.1989, BGBl. I 1989, 1412.

[191] Vgl. dazu und zum Folgenden im Überblick etwa Kümpel/Mülbert/Früh/*Seiffert* BankR Rn. 14.351 ff.; Fuchs/*Jung* WpHG Vor §§ 37e und 37g Rn. 79 ff.; monographisch (für den Terminhandel in Deutschland) *Casper* Optionsvertrag S. 257 ff.

[192] S. zu Einzelheiten die Internetpräsentation unter www.cmegroup.com.

[193] S. die Internetpräsentation unter www.cboe.com.

[194] S. die Internetpräsentation unter www.eurexchange.com; dazu und zu den maßgeblichen Rechtsbeziehungen eing. etwa *Casper* Optionsvertrag S. 256 ff.; Kümpel/Mülbert/Früh/*Seiffert* BankR Rn. 14.357 ff.

Terme d'Instruments Financiers) aufgegangen ist,[195] sowie die zur New York Stock Exchange Group gehörende **Intercontinental Exchange (ICE)** in der die frühere London International Financial Futures Exchange aufgegangen ist.[196] Die Eurex betreibt zwei Terminbörsen, zum einen die dem deutschen Börsengesetz unterliegende **Eurex Deutschland** mit Sitz in Frankfurt am Main und zum anderen die nach Schweizer Recht bewilligte **Eurex Zürich** mit Sitz in Zürich. Die Eurex Deutschland ist eine rechtsfähige Anstalt des öffentlichen Rechts; Trägergesellschaft ist die Eurex Frankfurt AG, während die Eurex Zürich von der Eurex Zürich AG getragen wird (vgl. §§ 1 S. 1 und 2 BörsO Eurex).[197]

b) Rechtsbeziehungen im Überblick. Hinsichtlich der Parteibeziehungen im börslichen Terminhandel sind verschiedene miteinander verschränkte **Ebenen** zu unterscheiden: Zum einen geht es um die Beziehungen zwischen den Parteien der Terminkontrakte selbst. Dies sind vielfach Kreditinstitute und andere professionelle Anleger. Ihre Rechtspositionen ergeben sich zunächst aus der Rechtsnatur der in → Rn. 22–31 dargestellten einzelnen Vertragstypen. Daneben treten, soweit es um Fragen des Vertragsschlusses und der Abwicklung des Rechtserwerbs geht, die für die jeweilige Terminbörse maßgeblichen Rechtsvorschriften (→ Rn. 41 f.), die insbesondere auch die Rechtsbeziehungen zwischen den Handelsparteien und der Börse bzw. der dort aktiven[198] Zentralen Gegenpartei (auch als Zentraler Kontrahent bezeichnet) prägen. **Zentrale Gegenparteien** werden in Art. 2 Nr. 1 EMIR – ungenau unter Beschränkung auf kaufvertragliche Kategorien – legaldefiniert als „juristische Person[en], die zwischen die Gegenparteien der auf einem oder mehreren Märkten gehandelten Kontrakte [treten] und somit als Käufer für jeden Verkäufer bzw. als Verkäufer für jeden Käufer [fungieren]". Sie minimieren das Ausfallrisiko der jeweiligen Gegenpartei, indem sie selbst anstelle der Gegenparteien als Vertragspartner für jedes An- und Verkaufsgeschäft auftreten. Durch multilaterale Auf- bzw. Verrechnung der jeweils eingegangenen Positionen („Netting"), Absicherung gegen das individuelle Ausfallrisiko durch Vereinnahmung von Sicherheiten für die einzelnen Geschäfte („Margining") sowie durch ein umfassend angelegtes Risikomanagement verringern sie zugleich die potentiellen Risiken des Ausfalls eines Handelspartners für die Gesamtstabilität der Terminmärkte und darüber hinaus die Kapitalmärkte allgemein.[199] Neben den Beziehungen zwischen den jeweiligen Vertragsparteien und der Zentralen Gegenpartei bestehen ggf. Rechtsbeziehungen zwischen Kreditinstituten und anderen Wertpapierdienstleistern einerseits und Anlegern andererseits, wenn mit Blick auf den Erwerb oder die Veräußerung von Terminkontrakten Wertpapierdienstleistungen (vgl. § 2 Abs. 8 WpHG, insbes. Nr. 1: Finanzkommissionsgeschäfte; Nr. 3: Abschlussvermittlung; Nr. 4: Anlagegeschäft; Nr. 7: Finanzportfolioverwaltung; Nr. 9: Anlageberatung) erbracht werden. Insoweit besteht zwar strukturelle Übereinstimmung mit den Rechtsbeziehungen im Effektengeschäft im Übrigen (vgl. allgemein *Spindler* → Kap. 33 Rn. 32 ff.). Besonderheiten für die Rechtsposition der Beteiligten ergeben sich jedoch vor allem aus den am Markt etablierten Rahmenvereinbarungen sowie aus den kapitalmarktrechtlichen Anforderungen an die Intermediärpflichten (→ Rn. 46 f., 55). 37

c) Handels- und Clearingpflichten nach MiFIR. Eine Reaktion auf die in der Finanzmarktkrise 2008–2009 gewonnenen Erfahrungen mit Systemrisiken in den globalen 37a

[195] S. die Internetpräsentation unter https://derivatives.euronext.com/en.

[196] S. die Internetpräsentation unter https://www.intercontinentalexchange.com/index.

[197] Vgl. zu weiteren Einzelheiten die Börsenordnung der Eurex, abrufbar unter https://www.eurexchange.com/exchange-de/ressourcen/regelwerke/B-rsenordnung-38246.

[198] Vgl. zu den an den jeweiligen Handelsplätzen tätigen Zentralen Gegenparteien im Überblick etwa *Bliss/Papathanassiou* Derivatives clearing S. 42 ff.

[199] Vgl. EMIR, Erwägungsgründe 5 ff.; näher zB *Kunz* Rechtsprobleme S. 62 ff.; *von Hall* Insolvenzverrechnung S. 56 ff., 87 ff.; *von Hall* WM 2013, 673 (674 ff.); *Holzer* BKR 2011, 366 (367); *Jobst* ZBB 2010, 384 (385 f.); *Bliss/Papathanassiou* Derivatives clearing S. 5 ff.; BIS/CPSS, OTC derivatives, S. 21 ff.; *Lehmann* RdF 2011, 300 (301); allg. auch *Alfes* Central Counterparty S. 60 ff.

Derivatemärkten[200] sind weltweite Bemühungen, den OTC-Derivatemarkt möglichst zurückzudrängen und Handel und Abwicklung umfassend auf Börsen oder börsenähnliche Handelsplattformen bzw. auf Zentrale Gegenparteien zu verlagern (bereits → Rn. 1). Im europäischen Recht stehen die damit verbundenen Pflichten in engem Regelungszusammenhang mit den Vorgaben der **EMIR** für den OTC-Handel (→ Rn. 38 und 38a), auf die jeweils insbesondere hinsichtlich der einschlägigen Begriffsdefinitionen verwiesen wird. Art. 28 Abs. 1 MiFIR begründet – mit Wirkung seit 3.1.2017 (vgl. Art. 55 MiFIR) – eine Pflicht, bestimmte Derivategeschäfte ausschließlich über geregelte Märkte iSd Art. 4 Abs. 1 Nr. 21 MiFID II, multilaterale Handelsplattformen iSd Art. 4 Abs. 2 Nr. 22 MiFID II, organisierte Handelssysteme iSd Art. 4 Abs. 1 Nr. 23 MiFID II oder Drittlandshandelsplätze abzuschließen, die von der Kommission als gleichwertig anerkannt worden sind (sog. **Handelspflicht**). In personeller Hinsicht erfasst sind Geschäfte zwischen sog. finanziellen Gegenparteien iSd Art. 2 Abs. 8 EMIR (regulierte Finanzintermediäre) sowie nichtfinanziellen Gegenparteien (sonstige Unternehmen), welche die in Art. 10 Abs. 1 Buchst. b EMIR genannten Bedingungen erfüllen (Geschäfte, die nicht ausschließlich der Risiko- bzw. dem Liquiditäts- und Finanzmanagement dienen → Rn. 38). Gegenparteien in Drittstaaten sind ebenfalls erfasst, soweit sie bei Niederlassung in der EU der Pflicht unterlägen (Art. 28 Abs. 2 MiFIR). Das Verfahren zur Festlegung derjenigen Derivategeschäfte, die unter die Handelspflicht fallen, richtet sich nach Technischen Regulierungsstandards, die von der Kommission als Verordnung zu erlassen sind (vgl. Art. 32 Abs. 1 MiFIR).[201] In materieller Hinsicht richtet sich die Einbeziehung danach, ob die betreffende Derivatekategorie bzw. -unterkategorie zum Handel an mindestens einem der erfassten Handelsplätze zugelassen ist bzw. dort gehandelt wird (Art. 32 Abs. 2 Buchst. a MiFIR) und ob die Kategorie mit Blick auf das Kauf- und Verkaufsinteresse Dritter an den jeweiligen Derivaten als ausreichend liquide anzusehen ist (Art. 32 Abs. 2 Buchst. b MiFIR). Für alle über geregelte Märkte gehandelte Derivate gilt daneben künftig eine Pflicht zum Clearing über Zentrale Gegenparteien (Art. 29 MiFIR, sog. **Clearingpflicht**).[202]

2. OTC-Handel und Clearingpflicht nach EMIR

38 OTC-Kontrakte werden – allerdings auf der Grundlage einheitlicher Rahmenverträge – individuell ad hoc abgeschlossen und sind nicht standardisiert; ein Sekundärhandel in den Positionen findet nicht statt (→ Rn. 8 ff., 22). Allerdings nahmen auch die Parteien im OTC-Handel schon in der Vergangenheit teilweise Clearingdienste Zentraler Gegenparteien in Anspruch.[203] Neben der in der MiFIR statuierten Pflicht zur Verlagerung des Handels in OTC-Derivaten auf Börsen bzw. regulierte Handelsplattformen (→ Rn. 37a) ist der Spielraum für die rein privatautonome, ungeregelte Abwicklung von OTC-Derivaten vor allem durch die Vorschriften der EMIR eingeschränkt worden. Mit Art. 4 Abs. 1 **EMIR** ist 2012 eine **Clearingpflicht für standardisierte OTC-Derivate** eingeführt

[200] Dazu stellvertretend etwa Staub/*Binder* Bankvertragsrecht 7. Teil Rn. 20; Wilhelmi/Achtelik/Kunschke/Sigmundt/*Wilhelmi/Bluhm* Handbuch EMIR Teil 2; *Awrey* EBOR 11 (2010), 155 (178 ff.); *Cecchetti/Gyntelberg/Hollanders* BIS Quarterly Review Sept. 2009, 45 ff.; *Singh/Aitken* Counterparty Risk, passim.

[201] Vgl. insbes. Delegierte VO (EU) 2016/2020 der Kommission vom 26.5.2016 zur Ergänzung der VO (EU) Nr. 600/2014 des Europäischen Parlaments und des Rates über Märkte für Finanzinstrumente im Hinblick auf technische Regulierungsstandards für Kriterien zur Entscheidung über die Auferlegung der Handelspflicht für der Clearingpflicht unterliegende Derivate, ABl. 2016 L 313/2; Delegierte VO (EU) 2017/2417 der Kommission vom 17.11.2017 zur Ergänzung der VO (EU) Nr. 600/2014 des Europäischen Parlaments und des Rates über Märkte für Finanzinstrumente durch technische Regulierungsstandards zur Handelspflicht für bestimmte Derivate, ABl. 2017 L 343/48.

[202] S. dazu Delegierte VO (EU) 2017/582 der Kommission vom 29.6.2016 zur Ergänzung der VO (EU) Nr. 600/2014 des Europäischen Parlaments und des Rates durch technische Regulierungsstandards zur Festlegung der Clearingpflicht für über geregelte Märkte gehandelte Derivate und Zeitrahmen für die Annahme zum Clearing, ABl. L 2017 L 87/224.

[203] Vgl. exemplarisch *Cecchetti/Gyntelberg/Hollanders* BIS Quarterly Review Sept. 2009, 45 (49, 52 ff.); BIS/CPSS, New developments, S. 26 ff., 54 ff.; *Hartenfels* ZHR 178 (2014), 173 (179 f.).

worden, womit wiederum internationale Standards umgesetzt werden.[204] Neben die Verordnung selbst treten bislang fünf Durchführungsverordnungen[205] sowie delegierte Verordnungen[206].[207] Der **personelle Anwendungsbereich** der Clearingpflicht erstreckt sich auf

[204] Eing. zum Folgenden Wilhelmi/Achtelik/Kunschke/Sigmundt/*Achtelik* Handbuch EMIR Teil 3 B.

[205] Durchführungsverordnung (EU) Nr. 1247/2012 der Kommission vom 19.12.2012 zur Festlegung technischer Durchführungsstandards im Hinblick auf das Format und die Häufigkeit von Transaktionsmeldungen an Transaktionsregister gemäß der VO (EU) Nr. 648/2012 des Europäischen Parlaments und des Rates über OTC-Derivate, zentrale Gegenparteien und Transaktionsregister, ABl. 2012 L 352/20 (geändert durch Durchführungsverordnung (EU) 2017/105 vom 19.10.2016, ABl. 2017 L 17/17); Durchführungsverordnung (EU) Nr. 1248/2012 der Kommission vom 19.12.2012 zur Festlegung technischer Durchführungsstandards für das Format von Anträgen auf Registrierung von Transaktionsregistern gemäß der VO (EU) Nr. 648/2012 des Europäischen Parlaments und des Rates über OTC-Derivate, zentrale Gegenparteien und Transaktionsregister, ABl. 2012 L 352/30; Durchführungsverordnung (EU) Nr. 1249/2012 der Kommission vom 19.12.2012 zur Festlegung technischer Durchführungsstandards im Hinblick auf das Format der gemäß der VO (EU) Nr. 648/2012 des Europäischen Parlaments und des Rates über OTC-Derivate, zentrale Gegenparteien und Transaktionsregister von zentralen Gegenparteien aufzubewahrenden Aufzeichnungen, ABl. 2012 L 352/32; Durchführungsverordnung (EU) Nr. 484/2014 der Kommission vom 12.5 2014 zur Festlegung technischer Durchführungsstandards bezüglich des hypothetischen Kapitals einer zentralen Gegenpartei gemäß der VO (EU) Nr. 648/2012 des Europäischen Parlaments und des Rates, ABl. 2014 L 138/57; Durchführungsverordnung (EU) 2019/363 der Kommission vom 13.12.2018 zur Festlegung technischer Durchführungsstandards im Hinblick auf das Format und die Häufigkeit der Meldung der Einzelheiten von Wertpapierfinanzierungsgeschäften an Transaktionsregister gemäß der VO (EU) 2015/2365 des Europäischen Parlaments und des Rates und zur Änderung der Durchführungsverordnung (EU) Nr. 1247/2012 der Kommission im Hinblick auf die Verwendung von Codes für die Meldung von Derivatekontrakten, ABl. 2019 L 81/85.

[206] S. insbes. Delegierte VO (EU) Nr. 148/2013 der Kommission vom 19.12.2012 zur Ergänzung der VO (EU) Nr. 648/2012 des Europäischen Parlaments und des Rates über OTC-Derivate, zentrale Gegenparteien und Transaktionsregister bezüglich technischer Regulierungsstandards für die Mindestangaben der Meldungen an Transaktionsregister, ABl. 2013 L 52/1 (geändert durch Delegierte VO (EU) 2017/104 vom 19.10.2016, ABl. 2017 L 17/1); Delegierte VO (EU) Nr. 149/2013 der Kommission vom 19.12.2012 zur Ergänzung der VO (EU) Nr. 648/2012 des Europäischen Parlaments und des Rates im Hinblick auf technische Regulierungsstandards für indirekte Clearingvereinbarungen, die Clearingpflicht, das öffentliche Register, den Zugang zu einem Handelsplatz, nichtfinanzielle Gegenparteien und Risikominderungstechniken für nicht durch eine CCP geclearte OTC-Derivatekontrakte, ABl. 2013 L 52/11 (geändert durch Delegierte VO (EU) 2017/2155 vom 22.9.2017, ABl. 2017 L 304/13); Delegierte VO (EU) Nr. 150/2013 der Kommission vom 19.12.2012 zur Ergänzung der VO (EU) Nr. 648/2012 des Europäischen Parlaments und des Rates über OTC-Derivate, zentrale Gegenparteien und Transaktionsregister durch technische Regulierungsstandards, in denen die Einzelheiten eines Antrags auf Registrierung als Transaktionsregister festgelegt werden, ABl. 2013 L 52/25; Delegierte VO (EU) Nr. 151/2013 der Kommission vom 19.12.2012 zur Ergänzung der VO (EU) Nr. 648/2012 des Europäischen Parlaments und des Rates über OTC-Derivate, zentrale Gegenparteien und Transaktionsregister im Hinblick auf technische Regulierungsstandards für die von Transaktionsregistern zu veröffentlichenden und zugänglich zu machenden Daten sowie operationelle Standards für die Zusammenstellung und den Vergleich von Daten sowie den Datenzugang, ABl. 2013 L 52/33 (geändert durch Delegierte VO (EU) 2017/1800 vom 29.7.2017, ABl. 2017 L 259/14); Delegierte VO (EU) Nr. 152/2013 der Kommission vom 19.12.2012 zur Ergänzung der VO (EU) Nr. 648/2012 des Europäischen Parlaments und des Rates im Hinblick auf technische Regulierungsstandards für die Eigenkapitalanforderungen an zentrale Gegenparteien, ABl. 2013 L 52/37; Delegierte VO (EU) Nr 153/2013 der Kommission vom 19.12.2012 zur Ergänzung der VO (EU) Nr. 648/2012 des Europäischen Parlaments und des Rates in Bezug auf technische Regulierungsstandards für Anforderungen an zentrale Gegenparteien, ABl. 2013 L 52/44 (geändert durch Delegierte VO (EU) 2016/822 vom 21.4.2016, ABl. 2016 L 137/1); Delegierte VO (EU) Nr. 876/2013 der Kommission vom 28.5.2013 zur Ergänzung der VO (EU) Nr. 648/2012 des Europäischen Parlaments und des Rates im Hinblick auf technische Regulierungsstandards bezüglich Kollegien für zentrale Gegenparteien, ABl. 2013 L 244/19; Delegierte VO (EU) Nr. 1002/2013 der Kommission vom 12.7.2013 zur Änderung der VO (EU) Nr. 648/2012 des Europäischen Parlaments und des Rates über OTC-Derivate, zentrale Gegenparteien und Transaktionsregister in Bezug auf die Liste der von ihrem Anwendungsbereich ausgenommenen Stellen, ABl. 2013 L 279/4; Delegierte VO (EU) Nr. 1003/2013 der Kommission vom 12.7.2013 zur Ergänzung der VO (EU) Nr. 648/2012 des Europäischen Parlaments und des Rates in Bezug auf die Gebühren, die den Transaktionsregistern von der Europäischen Wertpapier- und Marktaufsichtsbehörde in Rechnung gestellt werden, ABl. 2013 L 279/4; Delegierte VO (EU) Nr. 285/2014 der Kommission vom 13.2.2014 zur Ergänzung der VO (EU) Nr. 648/2012 des Europäischen Parlaments und des Rates im Hinblick auf technische Regulierungsstandards in Bezug auf unmittelbare, wesentliche und vorhersehbare Auswirkungen von Kontrakten innerhalb der Union und die Verhinderung der Umgehung von Vorschriften und Pflichten, ABl. 2014 L 85/1; Delegierte VO (EU) Nr. 667/2014 der Kommission vom 13.3.2014 zur Ergänzung der VO (EU) Nr. 648/2012 des Europäischen

sog. finanzielle Gegenparteien, dh aufsichtsunterworfene Finanzintermediäre (Art. 2 Nr. 8 EMIR)[208] sowie sog. nichtfinanzielle Gegenparteien (Art. 2 Nr. 9 EMIR: sonstige in der Union niedergelassene Unternehmen iwS).[209] Nichtfinanzielle Gegenparteien unterliegen ihr aber nur, soweit sie OTC-Derivate nicht ausschließlich zur Absicherung von Geschäftsrisiken bzw. zum Liquiditäts- oder Finanzmanagement abschließen (Einzelheiten: Art. 10 EMIR).[210] In Drittstaaten ansässige Unternehmen sind einbezogen, sofern sie mit einem Sitz in der EU der Clearingpflicht unterworfen wären und das Geschäft „unmittelbare, wesentliche und vorhersehbare Auswirkungen innerhalb der Union hat" oder sofern die Erfassung zur Vermeidung von Umgehungsstrategien „notwendig oder zweckmäßig ist" (Art. 4 Abs. 1 Buchst. a Unterpunkt v EMIR iVm VO 285/2014).[211] **Ausnahmen** vom Anwendungsbereich gelten für die öffentliche Schuldenverwaltungen der EU-Mitgliedstaaten sowie die Mitglieder des ESZB (Art. 1 Abs. 4 Buchst. a EMIR), daneben die Bank für Internationalen Zahlungsausgleich (Art. 1 Abs. 4 Buchst. b EMIR).[212] Nur der **Meldepflicht nach Art. 9 EMIR**[213] unterworfen sind die in Anhang VI Abschnitt 4.2 Nr. 20 RL 2006/48/EG (vgl. nunmehr Art. 117 Abs. 2 CRR) aufgezählten multilateralen Entwicklungsbanken (Art. 1 Abs. 4 Buchst. a EMIR) sowie die in Art. 4 Nr. 18 RL 2006/48/EG bzw. nunmehr in Art. 4 Abs. 1 Nr. 8 CRR genannten öffentlichen Stellen, „soweit sie sich im Besitz von Zentralstaaten befinden und der Zentralstaat für sie garantieähnlich haftet (Art. 1 Abs. 4 Buchst. b EMIR). Ebenso nur von den Meldepflichten nach Art. 9 EMIR erfasst sind ESFS und ESM (Art. 1 Abs. 4 Buchst. c EMIR). Die Kommission hat von der

---

Parlaments und des Rates im Hinblick auf Verfahrensvorschriften für von der Europäischen Wertpapier- und Marktaufsichtsbehörde (ESMA) Transaktionsregistern auferlegte Sanktionen, einschließlich Vorschriften über das Verteidigungsrecht und Fristen, ABl. 2014 L 179/31; Delegierte VO (EU) 2015/2205 der Kommission vom 6.8.2015 zur Ergänzung der VO (EU) Nr. 648/2012 des Europäischen Parlaments und des Rates durch technische Regulierungsstandards für die Clearingpflicht, ABl. 2015 L 314/13 (geändert durch Delegierte VO (EU) 2017/751 vom 16.3.2017, ABl. 2017 L 113/15 sowie Delegierte VO (EU) 2019/667 vom 19.12.2018, ABl. 2019 L 113/1); Delegierte VO (EU) 2016/592 der Kommission vom 1.3.2016 zur Ergänzung der VO (EU) Nr. 648/2012 des Europäischen Parlaments und des Rates durch technische Regulierungsstandards für die Clearingpflicht, ABl. 2016 L 103/5 (geändert durch Delegierte VO (EU) 2017/751 sowie Delegierte VO (EU) 2019/667); Delegierte VO (EU) 2016/1178 der Kommission vom 10.6.2016 zur Ergänzung der VO (EU) Nr. 648/2012 des Europäischen Parlaments und des Rates durch technische Regulierungsstandards für die Clearingpflicht, ABl. 2016 L 195/3 (geändert durch Delegierte VO (EU) 2017/751 sowie Delegierte VO (EU) 2019/667); Delegierte VO (EU) 2016/2251 der Kommission vom 4.10.2016 zur Ergänzung der VO (EU) Nr. 648/2012 des Europäischen Parlaments und des Rates über OTC-Derivate, zentrale Gegenparteien und Transaktionsregister durch technische Regulierungsstandards zu Risikominderungstechniken für nicht durch eine zentrale Gegenpartei geclearte OTC-Derivatekontrakte, ABl. 2016 L 340/9 (geändert durch Delegierte VO (EU) 2017/323 vom 20.1.2017, ABl. 2017 L 49/1); Delegierte VO (EU) 2017/979 der Kommission vom 2.3.2017 zur Änderung der VO (EU) Nr. 648/2012 des Europäischen Parlaments und des Rates über OTC-Derivate, zentrale Gegenparteien und Transaktionsregister in Bezug auf die Liste der von ihrem Anwendungsbereich ausgenommenen Einrichtungen, ABl. 2017 L 148/1; zum zeitlichen Anwendungsbereich zuletzt Delegierte VO (EU) 2019/396 der Kommission vom 19.12.2018 zur Änderung der Delegierten VO (EU) 2015/2205, der Delegierten VO (EU) 2016/592 und der Delegierten VO (EU) 2016/1178 zur Ergänzung der VO (EU) Nr. 648/2012 des Europäischen Parlaments und des Rates hinsichtlich des Zeitpunkts, ab dem die Clearingpflicht für bestimmte Arten von Kontrakten wirksam wird, ABl. 2019 L 71/11.

[207] Vgl. dazu im Überblick *Hartenfels* ZHR 178 (2014), 173 (181 ff., 186 ff.); *Köhling/Adler* WM 2012, 2125 (2129, 2131 ff.); *Litten/Schwenk* DB 2013, 857 (858). Sämtliche Level 2 und Level 3-Instrumente sowie weitere Informationen sind abrufbar unter www.esma.europa.eu/page/OTC-derivatives-and-clearing-obligation.

[208] Dazu näher *Hartenfels* ZHR 178 (2014), 173 (191 f.); *Köhling/Adler* WM 2012, 2125 (2129 f.); s. a. bereits dazu *Funke* WM 2012, 202 (205); *Lehmann* RdF 2011, 300 (306).

[209] Dazu näher *Hartenfels* ZHR 178 (2014), 173 (192 f.); *Köhling/Adler* WM 2012, 2125 (2130).

[210] Dazu näher Wilhelmi/Achtelik/Kunschke/Sigmundt/*Kunschke/Schaffelhuber* Handbuch EMIR Teil 3 A Rn. 21 ff. sowie Wilhelmi/Achtelik/Kunschke/Sigmundt/*Heist* Teil 4 A.; *Hartenfels* ZHR 178 (2014), 173 (179 ff.); *Litten/Schwenk* DB 2013, 857 (859).

[211] Vgl. näher *Köhling/Adler* WM 2012, 2125 (2130 f.).

[212] Näher Wilhelmi/Achtelik/Kunschke/Sigmundt/*Kunschke/Schaffelhuber* Handbuch EMIR Teil 3 A. Rn. 24 ff.

[213] Eing. zu dieser Wilhelmi/Achtelik/Kunschke/Sigmundt/*Zeitz* Handbuch EMIR Teil 6 A.

Ermächtigung nach Art. 1 Abs. 6 EMIR, die Liste der Ausnahmen zu erweitern, mit der delegierten Verordnung 1002/2013 Gebrauch gemacht und die Zentralbanken und öffentlichen Schuldenverwaltungen Japans und der USA als ausgenommene Gegenparteien qualifiziert. Eingeschränkte Ausnahmen von der Clearingpflicht gelten zudem für **gruppeninterne** Derivategeschäfte (Art. 4 Abs. 2 iVm Art. 3 EMIR).[214]

Der **Begriff des Clearing** iSd VO ist legaldefiniert in Art. 2 Nr. 3 EMIR als „Prozess der Erstellung von Positionen, darunter die Berechnung von Nettoverbindlichkeiten, und die Gewährleistung, dass zur Absicherung des aus diesen Positionen erwachsenden Risikos Finanzinstrumente, Bargeld oder beides zur Verfügung stehen". Damit geht es zum einen um die tägliche Ermittlung der Marktwerte der erfassten Derivate sowie um die Berechnung der daraus sowie im Zusammenhang mit der Besicherung erwachsenden Liefer- und Abwicklungspflichten.[215] Zum anderen ist die Besicherung selbst erfasst, die durch einzuzahlende Sicherheiten und Nachschüsse (Margins) sowie durch einen Ausfall- und Garantiefonds zur Deckung weiterer Verluste geleistet wird.[216] Die einzubeziehenden Kategorien von OTC-Derivaten und damit der **sachliche Anwendungsbereich** werden auf der Grundlage von ESMA-Entwürfen durch die Kommission in Technischen Regulierungsstandards festgelegt (Art. 5 Abs. 2–5 EMIR iVm VO (EU) 648/2012 sowie VO (EU) 285/2014 und in einem öffentlichen Register auf der Webseite der ESMA veröffentlicht (Art. 6 EMIR).[217] Hinzu treten **Meldepflichten** für sämtliche, auch nicht über Zentrale Gegenparteien abgewickelte Derivate gegenüber anerkannten bzw. registrierten **Transaktionsregistern** (Art. 11 EMIR iVm VO 1247/2012 sowie VO 148/2012).[218] Zugleich werden detaillierte Anforderungen an das Risikomanagement, insbesondere im Wege der **Besicherung** (Art. 40 ff. EMIR),[219] an nicht der Clearingpflicht unterliegende Kontrakten (Art. 11 EMIR)[220] sowie an die Zulassung und Beaufsichtigung Zentraler Gegenparteien (Art. 14 ff. EMIR)[221] eingeführt. Wird eine zentrale Gegenpartei in die Abwicklung der Geschäfte eingeschaltet, ergeben sich grundsätzlich vergleichbare Rechtsbeziehungen wie im börslichen Terminhandel (bereits → Rn. 37; näher → Rn. 54). 38a

V. Vertragsschluss und Vertragsabwicklung

1. Allgemeine Fragen der Wirksamkeit und Durchsetzbarkeit von Terminkontrakten

a) Spieleinwand (§ 762 BGB). Die nach früherem Recht hoch relevante Abgrenzung zwischen wirksamen Terminkontrakten und spekulativen Geschäften, denen der Spieleinwand nach § 762 BGB bzw. nach dem bis zum 4. FMFG geltenden Recht der Differenzeinwand nach § 764 BGB aF entgegengesetzt werden könnte, hat sich schon mit der Reform des Terminrechts durch das FRUG (→ Rn. 3) als Rechtsproblem weitgehend erledigt. Bis zum Inkrafttreten des 4. FMFG waren Termingeschäfte nach § 58 BörsG aF 39

[214] Dazu *Köhling/Adler* WM 2012, 2125 (2131).

[215] *Hartenfels* ZHR 178 (2014), 173 (194).

[216] *Hartenfels* ZHR 178 (2014), 173 (193).

[217] S. www.esma.europa.eu/page/OTC-derivatives-and-clearing-obligation; vgl. dazu auch *Hartenfels* ZHR 178 (2014), 173 (195 ff.); *Köhling/Adler* WM 2012, 2125 (2131); *Litten/Schwenk* DB 2013, 918 f.

[218] Vgl. dazu näher Wilhelmi/Achtelik/Kunschke/Sigmundt/*Zeitz* Handbuch EMIR Teil 6 A; *Hartenfels* ZHR 178 (2014), 173 (209 ff.); *Köhling/Adler* WM 2012, 2173 (2176 ff.); *Litten/Schwenk* DB 2013, 857 (859 ff.).

[219] Dazu eing. Wilhelmi/Achtelik/Kunschke/Sigmundt/*Alfes* Handbuch EMIR Teil 5 F.

[220] Vgl. dazu näher Wilhelmi/Achtelik/Kunschke/Sigmundt/*Achtelik/Steinmüller,* Handbuch EMIR, Teil 3 B II; *Hartenfels* ZHR 178 (2014), 173 (200 ff.); *Köhling/Adler* WM 2012, 2173 ff.; *Litten/Schwenk* DB 2013, 857 (861 ff.); s. a. bereits *Funke* WM 2012, 202 (205 f.); *Lehmann* RdF 2011, 300 (309).

[221] Vgl. dazu Wilhelmi/Achtelik/Kunschke/Sigmundt/*Achtelik* Handbuch EMIR Teil 5 B sowie zu den Zulassungsvoraussetzungen Wilhelmi/Achtelik/Kunschke/Sigmundt/*Redeke* Teil 5 A; *Hartenfels* ZHR 178 (2014), 173 (184); *Köhling/Adler* WM 2012, 2125 2132 ff.; eing. *Redeke* WM 2015, 554 ff.; sowie bereits *Funke* WM 2012, 202 (206); *Keßler* Strukturrisiko S. 125 ff.; *Lehmann* RdF 2011, 300 (307).

nur vor dem Differenz- bzw. Spieleinwand geschützt, wenn die dort normierten Wirksamkeitsvoraussetzungen erfüllt waren. Dafür mussten die Parteien insbesondere die börsenrechtlichen Anforderungen an die Termingeschäftsfähigkeit erfüllen, dh entweder zu den nach § 53 BörsG aF aufgezählten Börsenleuten gehören oder aber besonders über die betreffenden Risiken informiert worden sein.[222] Mit dem 4. FMFG, das das Terminrecht vom BörsG in das WpHG überführte, wurden das Konzept der Termingeschäftsfähigkeit aufgehoben, § 764 BGB aF als Rechtsgrundlage für den Differenzeinwand abgeschafft, mit § 37d WpHG aF reformierte Informationspflichten der Erbringer von Wertpapierdienstleistungen bei Finanztermingeschäften eingeführt und der kapitalmarktrechtliche Schutz vor der Erhebung des Spieleinwands nach § 762 BGB gem. § 37e WpHG aF (§ 99 WpHG nF) auf alle „Finanztermingeschäfte" im Sinne dieser Bestimmung ausgedehnt.[223] Dies führte zur Klärung für zahlreiche Erscheinungsformen von Termingeschäften, ließ jedoch angesichts der unpräzisen, nicht abschließenden Ausgestaltung des Tatbestands Raum für Rechtsunsicherheit in Randbereichen (→ Rn. 3). Mit der geltenden Fassung des Derivatebegriffs in § 2 Abs. 3 WpHG, auf den § 99 WpHG nach wie vor verweist und der die am Markt etablierten Erscheinungsformen von Termingeschäften sämtlich erfasst (→ Rn. 3), sind diese Unsicherheiten größtenteils beseitigt. Restunsicherheiten bestehen im Hinblick auf Zertifikate mit Derivatekomponenten, lassen sich aber auch hier durch eine sachgerechte funktionale Auslegung im Sinne einer Einbeziehung auflösen (→ Rn. 32a). **§ 99 WpHG** lautet in der geltenden Fassung:

> *„Gegen Ansprüche aus Finanztermingeschäften, bei denen mindestens ein Vertragsteil ein Unternehmen ist, das gewerbsmäßig oder in einem Umfang, der einen in kaufmännischer Weise eingerichteten Geschäftsbetrieb erfordert, Finanztermingeschäfte abschließt oder deren Abschluss vermittelt oder die Anschaffung, Veräußerung oder Vermittlung von Finanztermingeschäften betreibt, kann der Einwand des § 762 des Bürgerlichen Gesetzbuchs nicht erhoben werden. Finanztermingeschäfte im Sinne des Satzes 1 und der §§ 100 und 101 sind die derivativen Geschäfte im Sinne des § 2 Abs. 3 und Optionsscheine."*

39a Gegen die Erfüllung der darin einbezogenen Geschäfte scheidet damit der Spieleinwand aus, soweit – praktisch der Regelfall – zumindest ein Vertragsteil die persönlichen Voraussetzungen nach dem 1. Hs. erfüllt.[224]

40 **b) Persönliche Unwirksamkeitsgründe.** Finanztermingeschäfte können in Ausnahmefällen aufgrund gesellschafts- bzw. körperschaftsrechtlicher Beschränkungen der rechtsgeschäftlichen Verfügungsmacht (zumindest) eines Vertragspartners unwirksam sein. Probleme insoweit sind in der Praxis insbesondere bei **ausländischen Vertragspartnern** aufgetreten, denen der Abschluss von Terminkontrakten teilweise untersagt ist; hier sind die jeweiligen Geschäfte wiederholt als **„ultra vires"** für unwirksam erklärt worden. Während Beschränkungen der Vertretungsmacht der Geschäftsleiter englischer Kapitalgesellschaften im Außenverhältnis heute unbeachtlich sind und die ultra-vires-Doktrin insoweit ausdrücklich nicht mehr anwendbar ist,[225] stehen dafür exemplarisch die zum englischen Common Law ergangenen Entscheidungen zur Unwirksamkeit von Derivatgeschäften durch lokale

---

[222] Vgl. hierzu bes. *Henssler* ZHR 153 (1989), 611 (620 ff.), dort S. 614 ff. auch zur Rechtslage vor Inkrafttreten der Börsengesetznovelle 1989, die das sog. „Informationsmodell" neben der tradierten Beschränkung der Termingeschäftsfähigkeit auf „Börsenleute", insbes. Vollkaufleute, einführte; s. a. *Binder* ZHR 169 (2005), 329 (332 ff.) sowie im Überblick BankR-HdB/*Kienle* (3 Aufl.) § 106 Rn. 2 ff.; Assmann/Schneider/*Mülbert/Assmann* WpHG Vor § 37e Rn. 1 ff.; EBJS/*König* HGB BankR VIII Rn. 18 ff.; monographisch *Jaskulla* Einführung S. 75 ff.

[223] Eing. zur Rechtslage nach dem 4. FMFG etwa *Casper* WM 2003, 161 ff. sowie zuletzt die Kommentierungen bei Fuchs/*Jung* WpHG § 37e Rn. 1 f.; Assmann/Schneider/*Mülbert/Assmann* WpHG Vor § 37e Rn. 1 ff.

[224] Vgl. auch Kümpel/Mülbert/Früh/*Kraft* BankR Rn. 19.63; krit. *Reiner/Schacht* WM 2010, 337 (344 ff.).

[225] Vgl. zu den Geschäftsleiterkompetenzen heute sections 39 ff., insbes. 40(2) Companies Act 2006 und bereits zuvor section 35(1) CA 1985 idF des CA 1989.

Gebietskörperschaften im Vereinigten Königreich.[226] Im reinen **Inlandsgeschäft** bestehen teilweise gesetzliche Restriktionen für den Abschluss von Derivategeschäften durch **Landesbanken,**[227] **Sparkassen,**[228] **Bausparkassen,**[229] **Pfandbriefbanken,**[230] **Versicherungsunternehmen**[231] und dem InVG unterliegende **Kapitalanlagegesellschaften,**[232] die jedoch nach zutreffender Ansicht regelmäßig die privatrechtliche Wirksamkeit der ggf. unter Verstoß dagegen abgeschlossenen Rechtsgeschäfte unberührt lassen.[233] Entsprechendes gilt auch für ggf. unzulässige Derivatgeschäfte durch **Bund und Länder.**[234] Nach wie vor umstritten ist die Behandlung spekulativer Derivatgeschäfte durch lokale Gebietskörperschaften, insbesondere **Gemeinden,** und **kommunale Eigengesellschaften,** die regelmäßig einem landesgesetzlich vorgegebenen **Spekulationsverbot** unterliegen.[235] Die überwiegende Meinung und nunmehr auch die höchstrichterliche Rechtsprechung gehen aber zu Recht davon aus, dass daraus resultierende kommunalhaushaltsrechtliche Restriktionen auch in Verbindung mit konkretisierenden Erlassen der Landesregierungen zu unbestimmt sind, um als gesetzliche Verbote nach § 134 BGB auf das zivilrechtliche Vertragsverhältnis mit den Gegenparteien ggf. verbotswidrig abgeschlossener Derivatgeschäfte durchzuschlagen.[236]

2. Börslicher Terminhandel

a) Überblick. Der Vertragsschluss bei Börsentermingeschäften unterliegt neben der allgemeinen Rechtsgeschäftslehre insbesondere den Vorgaben, die sich aus dem jeweils anwendbaren **Börsenrecht** ergeben. Dabei können, je nach Ausgestaltung des Rechtsrahmens für den Börsenverkehr, gesetzliche und autonom durch die jeweiligen Handels- 41

[226] S. insbes. die Leitentscheidung des House of Lords in Sachen Hazell v. Hammersmith and Fulham District Council [1992] 2 A. C. 1; Morgan Grenfell v. Welwyn Hatfield District Council [1995] 1 All E. R. 1; Westdeutsche Landesbank v. Islington [1994] 4 All E. R. 890; zum Ganzen eing. *Hudson* Financial Derivatives Rn. 10–51 ff.; deutsch (in Einzelheiten jeweils tw. veraltet) *Bücker* Finanzinnovationen S. 162 ff.; auch zu weiteren Rechtsordnungen Krämer Finanzswaps S. 307 ff.; knapper Überblick bei BankR-HdB/*Jahn/Reiner* § 114 Rn. 159, 172; BuB/*Neuhaus* Rn. 7/1062, jeweils mwN.

[227] Dazu BankR-HdB/*Jahn/Reiner* § 114 Rn. 166; *Lenenbach* Kapitalmarktrecht Rn. 9.303; BuB/*Neuhaus* Rn. 7/1068.

[228] Dazu BankR-HdB/*Jahn/Reiner* § 114 Rn. 167; *Lenenbach* Kapitalmarktrecht Rn. 9.304; BuB/*Neuhaus* Rn. 7/1069.

[229] Dazu BankR-HdB/*Jahn/Reiner* § 114 Rn. 168; BuB/*Neuhaus* Rn. 7/1072.

[230] Dazu BankR-HdB/*Jahn/Reiner* § 114 Rn. 223 f.; *Lenenbach* Kapitalmarktrecht Rn. 9.305.

[231] Dazu BankR-HdB/*Jahn/Reiner* § 114 Rn. 225 f.; *Lenenbach* Kapitalmarktrecht Rn. 9.306; BuB/*Neuhaus* Rn. 7/1073; *Keßler* Strukturrisiko S. 155 ff.

[232] Dazu BankR-HdB/*Jahn/Reiner* § 114 Rn. 227; *Lenenbach* Kapitalmarktrecht Rn. 9.307.

[233] Eing. BankR-HdB/*Jahn/Reiner* § 114 Rn. 159 ff., 223 ff. mwN.

[234] Dazu BGHZ 205, 117 Rn. 60 ff. = NJW 2015, 2248; OLG Hamm WM 2017, 575 (580); BuB/*Neuhaus* Rn. 7/1064 f.; Zerey/*Endler* Finanzderivate § 30 Rn. 100 ff.; *Keßler* Strukturrisiko S. 207 f.

[235] Dazu *Lenenbach* Kapitalmarktrecht Rn. 9.297 f., 9.300 f.; BuB/*Neuhaus* Rn. 7/1066; Zerey/*Endler* Finanzderivate § 30 Rn. 22 ff.; *Keßler* Strukturrisiko S. 216 ff. und bereits *Bücker* Finanzinnovationen S. 120 ff.; *Krämer* Finanzswaps S. 319 ff.; speziell zu Zinsswaps unter Beteiligung der öffentlichen Hand auch *Lehmann* BKR 2008, 488 (489). Zur Genehmigungsbedürftigkeit exemplarisch §§ 77 Abs. 2, 87 Abs. 5, 88 Abs. 3 GO BW, Art. 61 Abs. 3 und 73 GO Bay (Risikominimierung; Genehmigungsbedürftigkeit für kreditähnliche Geschäfte).

[236] BGHZ 205, 117 Rn. 60 ff. = BGH NJW 2015, 2048 (2254) (für §§ 75, 90 GO NRW); OLG Naumburg WM 2005, 1313 (1316); OLG Bamberg BKR 2009, 288 (292 f.); OLG Frankfurt a. M. WM 2010, 1790 (1792 f.); LG Düsseldorf BKR 2013, 166 (171); LG Wuppertal WM 2008, 1637 (1639 f.) (jeweils zu sog CMS Spread Ladder Swaps; vgl. insoweit auch LG Dortmund NVwZ 2013, 1362 (1366) (keine Unwirksamkeit aufgrund Handels ultra vires, aber Sittenwidrigkeit bejahend); zu diesem Problemkreis im Übrigen → Rn. 55; LG Düsseldorf BKR 2013, 166 (171); LG Düsseldorf BeckRS 2013, 06810, Rn. 124; LG Düsseldorf BeckRS 2014, 10845, Rn. 33; LG Köln BeckRS 2013, 08880, Rn. 113; LG Neuruppin BeckRS 2013, 16652, Rn. 18 f. (zu Cross Currency Swaps); LG Düsseldorf Urt. v. 7.12.2013 – 15 O 617/09, Juris, Rn. 131; *Lehmann* BKR 2008, 488 (489 ff.); *Lenenbach* Kapitalmarktrecht Rn. 9.298; **einschränkend** (mit jeweils tw. abw. Begr.) noch *Bücker* Finanzinnovationen S. 194 f.; *Krämer* Finanzswaps S. 322 ff.; unentschieden BuB/*Neuhaus* Rn. 7/1066; *Roller/Elster/Knappe* ZBB 2007, 345 (362 f.); grds. **aA** (für Rezeption der Ultra-vires-Lehre) *Morlin* NVwZ 2007, 1159 (1161 f.); *Weck/Schick* NVwZ 2012, 18 ff. (mit differenzierendem Ergebnis für einzelne Swap-Typen).

plätze und Clearing-Systeme gesetzte Regeln zusammenwirken. Maßgeblich für den Vertragsschluss an der **Eurex Deutschland** ist eine Kombination aus den einschlägigen Bestimmungen des **Börsengesetzes,** der **Börsenordnung der Eurex** sowie den **Handelsbedingungen und Clearingbedingungen der Eurex Clearing AG**[237] als verpflichtend eingeschalteter Zentraler Gegenpartei. Diese Kombination prägt maßgeblich auch die vertraglichen Beziehungen der am Handel teilnehmenden Parteien (→ Rn. 42). Davon zu unterscheiden ist die Ebene der Rechtsbeziehungen zwischen Banken, die börsliche Finanztermingeschäfte im Kundenauftrag ausführen, und den Kunden selbst. Diese Rechtsbeziehungen werden in der Praxis durch die von der Kreditwirtschaft entwickelte „Rahmenvereinbarung zum Abschluss von Termingeschäften" sowie die „Sonderbedingungen für Termingeschäfte"[238] geregelt (→ Rn. 43).

42 **b) Rechtsbeziehungen zwischen Handelsparteien und Handelsplattform am Beispiel der Eurex.** Die Teilnahme am Terminhandel an der Eurex setzt zunächst die **Zulassung** der jeweiligen Partei durch die Geschäftsführung voraus (§§ 19 f. BörsG; § 24 Abs. 1 S. 1 BörsO Eurex). Auch der jeweils gehandelte Terminkontrakt bedarf der Zulassung durch die Geschäftsführung (§ 23 BörsG, § 3 Abs. 3 Nr. 3 BörsO Eurex; Nr. 2.1 Eurex-Handelsbedingungen). In der **Abwicklung** des Handelsgeschäfts werden Kauf- und Verkaufsaufträge (Orders bzw. Quotes) ausschließlich elektronisch abgegeben, in einem elektronischen Orderbuch erfasst und automatisch zum jeweils besten Angebots- bzw. Nachfragepreis zusammengeführt (**„Matching"**, vgl. Nr. 2.5 Abs. 1 Unterabs. 3 Eurex-Handelsbedingungen). Der **Ablauf** des Terminhandels gliedert sich für die einzelnen zugelassenen Produkte dabei in (1) die **Pre-Trading-Periode,** in der lediglich Aufträge und Quotes abgegeben werden können, ohne dass es bereits zu Geschäftsabschlüssen kommt, (2) die **Trading-Periode,** in der nach einer „Eröffnungsauktion" zur Feststellung des Eröffnungspreises der fortlaufende Handel in den jeweiligen Kontrakten stattfindet, sodann (3) die **Closing-Periode,** in der zur Ermittlung des Schlusskurses eine „Schlussauktion" durchgeführt werden kann, und schließlich (4) die **Post-Trading-Periode,** in der die Dokumentation nachbereitet wird.[239] Auslöser für den **Geschäftsabschluss** ist das Matching (vgl. Nr. 2.5 Abs. 1 und 6 Eurex-Handelsbedingungen). Nach den Börsenusancen der Eurex, für die die Eurex Clearing AG als Zentrale Gegenpartei fungiert (→ Rn. 3), kommen die jeweiligen Erwerbsgeschäfte dabei von vornherein nicht zwischen den eigentlichen Handelsparteien, sondern jeweils mit der Eurex Clearing AG zustande, die als Zentrale Gegenpartei und damit als Verkäufer bei Kaufgeschäften und Käufer bei Verkaufsgeschäften auftritt; jedes so abgeschlossene Geschäft besteht somit aus zwei Verträgen.[240] Unmittelbar berechtigt zur Teilnahme am Clearing in dieser Weise sind nur Handelsteilnehmer, die über eine Clearing-Lizenz der Eurex Clearing AG verfügen (sog. Clearing-Mitglieder). Handelsteilnehmer, für die dies nicht der Fall ist (sog. Nicht-Clearing-Mitglieder, vgl. § 28 Abs. 1 BörsO Eurex, Kap. 1 Abschn. 1 Nr. 1.2.2 Abs. 1 Buchst. b Eurex-Clearingbedingungen), können jedoch ihrerseits mit Clearing-Mitgliedern kontrahieren, die dann die jeweiligen Aufträge für die Nicht-Clearing-Mitglieder ausführen.

43 Die dogmatische Konstruktion des **Zustandekommens** der Verträge zwischen Clearing-Mitgliedern und der Zentralen Gegenpartei ist streitig.[241] Einigkeit besteht lediglich darin, dass die Aufträge (Orders bzw. Quotes) der Clearing-Mitglieder jeweils **Angebote**

[237] Abrufbar unter https://www.eurexchange.com/exchange-de/ressourcen/regelwerke. Einführend *Casper* Optionsvertrag S. 265 ff.; Fuchs/*Jung* WpHG Vor §§ 37e und 37g Rn. 84; Kümpel/Mülbert/Früh/*Seiffert* BankR Rn. 14.357 ff.; s. allg. auch *Alfes* Central Counterparty S. 36 ff.

[238] Zu beiden bereits → Rn. 9.

[239] Vgl. zu Einzelheiten Nr. 1.4 Eurex-Handelsbedingungen; näher *Casper* Optionsvertrag S. 261 f.; *Härle* Terminbörsen S. 184 ff.

[240] Vgl. § 19 BörsO Eurex; Eurex-Clearingbedingungen, Kap. 1 Abschn. 1 Nr. 1.2.2; *Casper* Optionsvertrag S. 268 f.; *Holzer* BKR 2011, 366 (367).

[241] Umfassende Darstellung der in der Literatur vertretenen Ansätze zuletzt bei *Jobst* ZBB 2010, 384 (388 ff.).

zum Abschluss der jeweiligen Termingeschäfte darstellen.[242] Die **Annahme** des jeweiligen Angebots liegt nach überzeugender Ansicht sodann im elektronischen Matching. Sie ist allerdings durch die Clearingbedingungen, die eine Selbstverpflichtung zum Abschluss vorsehen, bereits inhaltlich vorgeprägt. Die Benachrichtigung der Teilnehmer hat nur mehr deklaratorische Bedeutung.[243] Bei **Vertragsschlüssen mit Nicht-Clearing-Mitgliedern** kommt das jeweilige Geschäft auf der Grundlage einer sog. Clearingvereinbarung zwischen diesen und Clearing-Mitgliedern zustande, deren Inhalt von der Eurex Clearing AG vorgegeben wird. Die Clearing-Mitglieder treten danach anstelle der Nicht-Clearing-Mitglieder als Vertragspartner gegenüber der Eurex Clearing AG auf. Geschäfte mit Nicht-Clearing-Mitgliedern führen im Ergebnis jeweils zu zwei inhaltsgleichen Verträgen: zum einen dem Termingeschäft im Verhältnis zwischen dem jeweiligen Clearing-Mitglied und der Eurex AG, zum anderen zwischen dem Nicht-Clearing-Mitglied und dem beteiligten Clearing-Mitglied.[244]

Die Clearing-Mitglieder haben grundsätzlich gegenüber der Eurex Clearing AG für die einzelnen abgeschlossenen Geschäfte **Sicherheiten** zu leisten, die die Zentrale Gegenpartei gegen das Ausfallrisiko der Handelsteilnehmer absichern sollen (sog. Margin).[245] Akzeptiert werden Geldzahlungen sowie die Hinterlegung und Verpfändung bestimmter ausgewählter Wertpapiere und Wertrechte.[246] Für die an jedem Geschäftstag neu vorgenommene Berechnung der Sicherheiten werden grundsätzlich die aus den insgesamt durch die Clearing-Mitglieder abgeschlossenen Termingeschäften resultierenden saldierten Nettopositionen zugrunde gelegt,[247] wobei unterschiedliche Komponenten der Margin-Pflicht den unterschiedlichen Ausfallrisiken gerecht werden sollen.[248] Reichen die gestellten Sicherheiten nicht aus, können weitere Sicherheiten angefordert werden (sog. Margin Call).[249] Werden Geschäfte mit Nicht-Clearing-Mitgliedern abgeschlossen (→ Rn. 43), so müssen die Clearing-Mitglieder auch für diese Geschäfte Sicherheiten leisten; sie verpflichten sich zudem, von den jeweiligen Nicht-Clearing-Mitgliedern Sicherheitsleistungen in entsprechender Höhe anzufordern.[250] Für den Fall, dass ein Clearing-Mitglied offene Geschäfte bzw. Positionen nicht innerhalb einer von der Eurex Clearing AG gesetzten Frist glattgestellt bzw. übertragen hat, kann an seiner Statt die Eurex Clearing AG für sämtliche mit ihm abgeschlossenen Geschäfte die Glattstellung vornehmen, die von dem Mitglied gestellten **Sicherheiten verwerten** und zur Deckung verbleibender Nettoforderungen gegen das jeweilige Mitglied ggf. Beiträge aus dem durch die Mitglieder mit Beiträgen zu finanzieren- 44

[242] Eingehend *Casper* Optionsvertrag S. 270; *Härle* Terminbörsen S. 205 ff.; *Kunz* Rechtsprobleme S. 289 ff.; insoweit auch *Jobst* ZBB 2010, 384 (390 f.); *von Hall* Insolvenzverrechnung S. 72 *von Hall* WM 2011, 2161 (2162).

[243] Überzeugend *Casper* Optionsvertrag S. 271; *Härle* Terminbörsen S. 213 f.; **aA** *Alfes* Central Counterparty S. 105 ff. (antizipierte, bedingte Annahme jedes passenden Angebots durch die Zentrale Gegenpartei, dort allerdings nicht für die Eurex-Bedingungen); ähnlich *Kunz* Rechtsprobleme S. 292 ff.; entspr. für die Eurex Clearing AG im Derivateclearing *Jobst* ZBB 2010, 384 (391); wohl auch *von Hall* Insolvenzverrechnung S. 83; *von Hall* WM 2011, 2161 (2162); nochmals abweichendes, aber mit den Eurex-Clearingbedingungen nicht in Einklang zu bringendes Modell bei *Rinker* Vertragsschluss Rn. 330 ff. (Handelsparteien als Stellvertreter der Zentralen Gegenpartei beim Vertragsabschluss).

[244] Vgl. Eurex-Clearingbedingungen, Kap. 1 Abschn. 1 Nr. 1.1.1, 1.2.2 Abs. 1 Buchst. b, 1.3; Eurex-Handelsbedingungen, Nr. 2.3 Abs. 2 und 3; dazu eing. *Casper* Optionsvertrag S. 279 ff.; *Jobst* ZBB 2010, 384 (392).

[245] Vgl. § 34 BörsO Eurex; Einzelheiten regeln Eurex-Clearingbedingungen, Kap. 1 Abschn. Nr. 3.1 ff.; vgl. dazu näher *Jobst* ZBB 2010, 384 (397 ff.).

[246] Vgl. im Einzelnen Eurex-Clearingbedingungen, Kap. 1 Abschn. 1 Nr. 3.2 sowie Kap. II Abschn. 1 Nr. 1.2.

[247] Vgl. im Einzelnen Eurex-Clearingbedingungen, Kap. 2 Abschn. 1 Nr. 1.2 Abs. 3; s. (im Hinblick auf die Rechtsgrundlagen tw veraltet) auch *Casper* Optionsvertrag S. 273; Fuchs/*Jung* WpHG Vor §§ 37e und 37g Rn. 88 ff.; *Jobst* ZBB 2010, 384 (394 f.); betriebswirtschaftlich *Steiner/Bruns/Stöckl* Wertpapiermanagement S. 458 ff.

[248] Eurex-Clearingbedingungen, Kap. 1 Abschn. 1 Nr. 3.1.4-3.1.8.

[249] Vgl. Eurex-Clearingbedingungen, Kap. 1 Abschn. 1 Nr. 3.3.

[250] Eurex-Clearingbedingungen, Anhang 2, sub Nr. 2 Abs. 1; vgl. auch Fuchs/*Jung* WpHG Vor §§ 37e und 37g Rn. 88.

den Clearing-Fonds[251] in Anspruch nehmen.[252] Der Zweck dieser Regelungen liegt insbesondere in der möglichst umfassenden Reduktion von Ausfallrisiken der Zentralen Gegenpartei in der **Insolvenz** eines Clearing-Mitglieds (→ Rn. 59). Sie tragen damit den Anforderungen nach Art. 41 („Einschussforderungen") und Art. 42 („Ausfallfonds") EMIR Rechnung.

45 **c) Rechtsbeziehungen zwischen Handelsparteien und Kunden. aa) Vertragsgestaltung.** Bei Termingeschäften im Kundenauftrag werden die Rechtsbeziehungen zwischen den ausführenden Instituten und ihren Kunden in der Praxis regelmäßig durch die **Clearing-Rahmenvereinbarung** bzw. (soweit noch verwendet) die **Sonderbedingungen für Termingeschäfte** (→ Rn. 9) geprägt. Daneben greifen die gesetzlichen Beratungs-, Warn- und Aufklärungspflichten nach § 63 WpHG bzw. die korrespondierenden zivilrechtlichen Pflichten ein, deren Inhalt allerdings auf die besondere Risikostruktur der Termingeschäfte abzustimmen ist (zu beidem → Rn. 46 f.). Die mit der Durchführung von **Termingeschäften an der Eurex Deutschland** beauftragte Bank wird Aufträge für Finanztermingeschäfte, sofern keine Ausführung unter Rahmenverträgen angestrebt wird, als Kommissionsgeschäfte (§§ 383 ff. HGB) ohne Selbsteintrittsrecht ausführen; sie kann auch Zwischenkommissionäre einschalten.[253] Im Übrigen werden Aufträge durch die Bank als Eigenhändlerin ausgeführt.[254] Auch wenn die genannten Regelwerke nicht Vertragsbestandteil werden, aber der Kunde neben dem Kurswert der in seinem Auftrag erworbenen Werte Provisionen zu zahlen hat, liegt regelmäßig ein Kommissions-, kein Festpreisgeschäft vor; dies gilt auch bei elektronischem Geschäftsabschluss mit einer Direktbank.[255] Für jedes Ausführungsgeschäft, das die Bank im Kundenauftrag abschließt, kommt zugleich ein deckungsgleiches Geschäft zwischen der Bank und dem Kunden zustande.[256] Auch **Geschäfte an ausländischen Terminbörsen** werden als Kommissionsgeschäfte abgeschlossen; schaltet die Bank hierbei einen Zwischenkommissionär ein, haftet sie für dessen sorgfältige Auswahl, nicht aber für die Erfüllung der jeweiligen Verpflichtungen.[257] Maßgeblich für die Ausführung sind im Übrigen die jeweils anwendbaren Börsenusancen.[258] Hinsichtlich des Ausführungsplatzes hat der Kunde ein Wahlrecht; macht er davon nicht Gebrauch, bestimmt die Bank und benachrichtigt den Kunden entsprechend.[259] Kommt es an der jeweiligen Terminbörse zur **Aussetzung des Handels** in bestimmten Geschäften und werden daraufhin alle Aufträge in diesen Geschäften gelöscht, erlöschen damit zugleich die betreffenden Kundenaufträge, worüber der Kunde unverzüglich zu informieren ist.[260] Die Auftragsausführung erfolgt grundsätzlich nur innerhalb des zur Verfügung stehenden Kreditrahmens; reicht die Deckung nicht aus, ist die Bank berechtigt, aber nicht verpflichtet,[261] den Auftrag abzulehnen.[262] Den Regelungsschwerpunkt der Sonderbedingungen bilden die von den Kunden zu stellenden **Sicherheiten** für die Auftragsausführung. In

---

[251] Zu diesem Eurex-Clearingbedingungen, Kap. 1 Abschn. 1 Nr. 6.

[252] S. iE Eurex Clearingbedingungen, Kap. 1 Abschn. 1 Nr. 7.5.

[253] Nr. 1 Abs. 2 Satz 1 CRV; Nr. 1 Abs. 1 Sonderbedingungen für Termingeschäfte.

[254] Nr. 1 Abs. 3 CRV.

[255] Vgl. BGH BKR 2002, 736 (737) (Kommissionärseigenschaft von Direktbanken im Effektengeschäft); entspr. OLG Frankfurt a. M. WM 2009, 1032 (1033).

[256] Nr. 1 Abs. 2 Satz 2 CRV; Nr. 1 Abs. 1 S. 3 Sonderbedingungen für Termingeschäfte. S. zu Einzelheiten BuB/*Balzer/Siller* Rn. 7/349.

[257] Nr. 1 Abs. 2 S. 3 Sonderbedingungen für Termingeschäfte; keine gesonderte Regelung in der CRV.

[258] Nr. 1 Abs. 4 CRV; Nr. 1 Abs. 2 UAbs. 2 Sonderbedingungen für Termingeschäfte; näher BuB/*Balzer/Siller* Rn. 7/350 f.

[259] Nr. 3 Sonderbedingungen für Termingeschäfte; dazu näher BuB/*Balzer/Siller* Rn. 7/353; lediglich vorausgesetzt in der CRV.

[260] Nr. 10 Abs. 9 CRV; Nr. 6 Sonderbedingungen für Termingeschäfte; vgl. dazu BuB/*Balzer/Siller* Rn. 7/356.

[261] Vgl. OLG Nürnberg BKR 2003, 550 (551); BuB/*Balzer/Siller* Rn. 7/358; abw. LG Nürnberg-Fürth ZIP 2001, 786 (787) (Pflicht der Bank zu Schutzmaßnahmen ggü. den Konsequenzen irrtümlichen Verkaufsorders).

[262] Nr. 1 Abs. 6, Nr. 10 Abs. 3 und Abs. 7 Satz 2 CRV; Nr. 8 Sonderbedingungen für Termingeschäfte.

den Sonderbedingungen für Termingeschäfte wurde insoweit klargestellt, dass das Pfandrecht der Bank nach Nr. 14 AGB-Banken (dazu *Haertlein* → Kap. 28 BGB § 1292 Rn. 13) auch alle bestehenden und künftigen Ansprüche der Bank gegen den Kunden aus der Ausführung von Termingeschäften abdeckt.[263] Die Bank kann allgemein die Bestellung und Unterhaltung ausreichender Sicherheiten für die nach Einschätzung der Bank zu erwartenden Zins-, Kurs- und Preisänderungsrisiken verlangen; für Geschäfte an der Eurex Deutschland können Sicherheiten mindestens in der für diese aufzubringenden Höhe verlangt werden.[264]

bb) Intermediärpflichten, insbesondere Aufklärungs- und Beratungspflichten. 46
Für die Erbringung von Wertpapierdienstleistungen im Zusammenhang mit der Auftragserteilung und -durchführung gelten grundsätzlich die allgemeinen Wohlverhaltenspflichten der §§ 63 ff. WpHG (dazu *Spindler* → Kap. 33 Rn. 48 ff.; *Bergmann* → Kap. 36 Rn. 21 ff.). Die Informationspflichten im Zusammenhang mit Finanztermingeschäften werfen damit keine strukturellen Besonderheiten gegenüber sonstigen Wertpapierdienstleistungen mehr auf. Allerdings sind die Erbringer von Wertpapierdienstleistungen bei Termingeschäften stets zur **Angemessenheitsprüfung** nach § 63 Abs. 10 WpHG, Art. 55 und 56 DVO MiFID II verpflichtet. Die Ausnahme nach § 63 Abs. 11 Nr. 1 f WpHG iVm Art. 57 DVO MiFID II) greift insoweit nicht, weil Termingeschäfte nicht als „nicht komplexe Finanzinstrumente" zu qualifizieren sind (vgl. § 63 Abs. 11 Nr. 1 f WpHG iVm Art. 57 Buchst. a DVO MiFID II, § 2 Abs. 3 WpHG). Für die inhaltliche Bestimmung der nach § 63 Abs. 7 WpHG geschuldeten **Information** der Kunden ist indes auch nach neuem Recht insbesondere auf das spezifische Risikoprofil des jeweiligen Geschäftstyps abzustellen. Dies ergibt sich bereits aus § 63 Abs. 7 S. 3 Nr. 1 WpHG (zu Einzelheiten *Spindler* → Kap. 33 Rn. 85 ff.). Vor diesem Hintergrund kann – allerdings jeweils unter Berücksichtigung der durch die Neufassung der Informationspflichten vollzogenen konzeptionellen Neuausrichtung – nach wie vor auf die Grundsätze zurückgegriffen werden, die sich in Rechtsprechung und Literatur zum Inhalt der Aufklärungspflichten nach früherem Terminrecht entwickelt haben.[265] Abstufungen in der geforderten Informationsdichte sind danach vor allem für die Erbringung von Wertpapierdienstleistungen gegenüber „professionellen Kunden" (Art. 56 Abs. 1 Unterabs. 2 DVO MiFID II iVm § 67 Abs. 2 WpHG) geboten. Entsprechende Grundsätze gelten für **zivilrechtliche Aufklärungspflichten** im Rahmen eines Anlageberatungsvertrags, wonach die Aufklärung **anleger- und objektgerecht**[266] sein muss (dazu allgemein *Spindler* → Kap. 33 Rn. 290 ff.).

Zivilrechtliche Rechtsprechung: Die Rechtsprechung zu Aufklärungs- Beratungs- 47
und Warnpflichten konzentriert sich in den vergangenen Jahren seit der **Grundsatzentscheidung BGHZ 189, 13** = NJW 2011, 1949 (Ille) auf Intermediärpflichten im Zusammenhang mit dem Vertrieb von OTC-Derivaten (→ Rn. 55). Die dazu aufgestellten Grundsätze entwickeln ihrerseits die tradierte Judikatur zur anleger- und objektgerechten Aufklärung für das spezifische Risikoprofil der jeweiligen Vertragstypen fort und sind daher neben den nachfolgenden, für Börsentermingeschäfte aufgestellten Grundsätzen entsprechend heranzuziehen.[267] Auch für börsengehandelte Termingeschäfte sind nach wie vor grundsätzlich Informationen erforderlich über Struktur und wirtschaftliche Funktionsweise des jeweiligen Termingeschäfts (insbesondere: Basiswert, Laufzeit, Ausübungsart, Hebelwirkung und Liquidität des Marktes, aufzubringende Sicherheiten), die den Anleger überhaupt erst in die Lage versetzen, eine Einschätzung der ihn treffenden Risiken vorzuneh-

[263] Nr. 9 Abs. 1 Sonderbedingungen für Termingeschäfte; vgl. näher BuB/*Balzer/Siller* Rn. 7/360 f.

[264] Eing. Regelung in Nr. 2 und 3 CRV; Nr. 9 Abs. 2 und 4 Sonderbedingungen für Termingeschäfte.

[265] So auch Derleder/Knops/Bamberger/*Müller* BankR § 54 Rn. 61.

[266] Grundlegend BGHZ 123, 126 (129 f.) = NJW 1993, 2433 („Bond"); vgl. im vorliegenden Zusammenhang Derleder/Knops/Bamberger/*Müller* BankR § 54 Rn. 72 f.; eing. *Lenenbach* Kapitalmarktrecht Rn. 9.217 ff., insbes. Rn. 9.240 ff.; MüKoHGB/*Nobbe/Zahrte* Anlageberatung Rn. 235 ff.

[267] Vgl. auch BGH BKR 2015, 208 (209 ff.); OLG Düsseldorf BeckRS 2008, 03760 (Anwendung der Grundsätze aus BGHZ 189, 13).

men.[268] Dazu gehört je nach Lage des Einzelfalls ggf. auch das Risiko eines vollständigen Verlusts des eingesetzten Betrags. Auch insoweit sind allerdings Abstufungen bei erfahrenen Kunden zu machen.[269] Zu informieren ist sodann über die besonderen Auswirkungen der Veränderungen der zugrundeliegenden **Marktpreise** sowie, damit zusammenhängend, über die aus der **Hebelwirkung** resultierenden besonderen Verlustrisiken.[270] Je nach Ausgestaltung können dabei auch während der Laufzeit Aufklärungs- bzw. Informationspflichten gegeben sein. So ist auch unter neuem Recht bei **Optionsscheingeschäften** nicht nur über die allgemeinen wirtschaftlichen Zusammenhänge bei Optionsscheinen,[271] sondern insbesondere auch über den Verfall zum Fälligkeitszeitpunkt ebenso aufzuklären wie über das Risiko eines vollständigen Wertverlusts infolge negativen Kursverlaufs während der Laufzeit.[272] Allgemein ist ggf. über besondere **Bonitätsrisiken** bestimmter Vertragspartner aufzuklären, wenn diese nicht durch eine Zentrale Gegenpartei oder vergleichbare Arrangements minimiert werden.[273] Hinzuweisen ist zudem auf die **Liquiditätsrisiken,** die auftreten können, wenn Geschäfte entgegen den Erwartungen des Kunden nicht oder nicht rechtzeitig aufgelöst bzw. glattgestellt werden können.[274] Wie bei sonstigen Wertpapierdienstleistungen ist über die anfallenden **Kosten und Nebenkosten** und die Auswirkungen der Gebührenstruktur auf die Gewinnchance zu informieren; dies gilt insbesondere für die Kosten der Einschaltung der im In- und Ausland in die Abwicklung einbezogenen Handelsplätze, Clearing-Einrichtungen und Erfüllungsgehilfen der ausführenden Bank.[275] Diese Aufklärungspflichten sind in § 5 Abs. 2 S. 2 Nr. 5 WpDVerOV (Offenlegung von Preisen und Preisbestandteilen) sowie in § 4 Abs. 4 Nr. 4 und Abs. 6 S. 2 WpDVerOV (Aufklärung über den Einfluss der Vergütung auf den Wert des Finanzinstruments) teilweise ausdrücklich vorgegeben.[276] Nutzt der Vermittler die Unwissenheit des Kunden bewusst aus und unterlässt in diesem Zusammenhang die gebotene Aufklärung kommt auch ein deliktsrechtlicher Schadensersatzanspruch aus **§ 826 BGB** in Betracht.[277]

---

[268] Vgl. MüKoHGB/*Ekkenga* Effektengeschäft Rn. 337; Derleder/Knops/Bamberger/*Müller* BankR § 59 Rn. 65 ff.; eing. *Lenenbach* Kapitalmarktrecht Rn. 9.217 ff., insbes. Rn. 9.240 ff., 9.248. Vgl. zum alten Recht, aber im Kern übertragbar BGHZ 105, 108 (110) (Vermittlung von Optionsgeschäften); BGH NJW-RR 1988, 544 (545) (Londoner Warenterminoptionen); 1991, 1243 (1244) (Aufklärungspflicht bei Warentermingeschäft); NJW 1993, 257 (258) (Optionsgeschäft); 1994, 512 (513) (Anscheinsbeweis); 1994, 997 (Aufklärungspflicht des Vermittlers); OLG Düsseldorf WM 1995, 1710 (1712); ZIP 2004, 1194 (1195); entspr. BuB/*Balzer/Siller* (Rn. 7/271 unter Hinweis auf die zwischenzeitlich überholte BAWe-RL zu §§ 31, 32 WpHG aF) sowie, speziell zu Sicherheiten, Rn. 7/273.

[269] Vgl. BGHZ 147, 343 (348) = NJW 2002, 62 (keine Pflicht zur Warnung vor Verlustrisiken bei unzureichenden Sicherheiten).

[270] Vgl. MüKoHGB/*Ekkenga* Effektengeschäft Rn. 337; Fuchs/*Jung* WpHG Vor §§ 37e und 37g Rn. 93 ff.; *Lenenbach* Kapitalmarktrecht Rn. 9.248; vgl. zu den allg. Informationspflichten nach früherem Recht insoweit OLG Düsseldorf WM 1995, 1710 (1712); NJW-RR 1997, 1477; BuB/*Balzer/Siller* Rn. 7/267 ff.

[271] BGH NJW 1997, 2171 (2172); zu Beratungspflichten des Anlagevermittlers bei Devisenoptionsscheingeschäften OLG Frankfurt a. M. ZIP 1998, 1713 (1714) (jeweils zu §§ 52, 53 BörsG idF von 1989, aber verallgemeinerungsfähig).

[272] Vgl. BGHZ 151, 5 (9) = NJW 2002, 2703 (Benachrichtigungspflicht nach Nr. 15 Abs. 2 Sonderbedingungen für Wertpapiergeschäfte); offen lassend, da in concreto jedenfalls hinreichende Aufklärung bejaht BGH WM 2001, 1718 (1719) = NJW-RR 2002, 405; Derleder/Knops/Bamberger/*Müller* BankR § 59 Rn. 67.

[273] Vgl. auch BGH NJW 2012, 66 ff. = JZ 2012, 255 (256 f.) (Anm. *Köndgen*) (Lehman-Zertifikate), Pflicht zur Aufklärung über allgemeines Emittentenrisiko, jedoch keine Pflicht zur Aufklärung über ein besonderes Risiko des Emittenten; ähnlich OLG Bamberg WM 2010, 1354 (1357);. s. a. Fuchs/*Jung* WpHG Vor §§ 37e und 37g Rn. 101.

[274] Fuchs/*Jung* WpHG Vor §§ 37e und 37g Rn. 103.

[275] Vgl. (zum alten Recht, aber insoweit übertragbar) BGH NJW 1986, 123 (124); Derleder/Knops/Bamberger/*Müller* BankR § 59 Rn. 72; *Lenenbach* Kapitalmarktrecht Rn. 9.251.

[276] Vgl. auch MüKoHGB/*Ekkenga* Effektengeschäft Rn. 336.

[277] BGHZ 105, 108 (109 f.); NJW 1994, 997; WM 1994, WM 1994 1746 (1747); OLG Düsseldorf BeckRS 2008, 03760; BeckRS 2008, 03762.

3. Außerbörsliche Termingeschäfte

a) Vertragsgestaltung anhand von Rahmenverträgen. aa) Überblick. Die unterschiedliche rechtskulturelle Einbettung der einzelnen am Markt etablierten Rahmenverträge bedingt zunächst deutliche Unterschiede im **Regelungsstil.** Die kontinentaleuropäisch geprägten Vertragswerke, insbesondere der deutsche **Rahmenvertrag für Finanztermingeschäfte (DRV 1993/2018)**[278] und das **European Master Agreement (EMA),**[279] und die jeweiligen Anhänge zu einzelnen Geschäftstypen (→ Rn. 9), konzentrieren sich tendenziell auf die für den jeweiligen Vertragsinhalt und insbesondere die Modalitäten der Vertragsabwicklung zentralen Regelungen. Die ISDA-Regelwerke (→ Rn. 10) dagegen enthalten neben der jeweiligen Standardvereinbarung (1992 bzw. 2002 ISDA Master Agreement) und Sonderregelungen zu Einzelfragen insbesondere zahlreiche Einzelanhänge mit detaillierten Begriffsbestimmungen, so dass die jeweilige Vertragsdokumentation hier typischerweise aus einem komplexen, mehrstufigen System einzelner Dokumente besteht.[280] Damit einher gehen Unterschiede hinsichtlich des **Anwendungsbereichs** (→ Rn. 49). Die wirtschaftliche Funktion aller Rahmenverträge ist allerdings im Kern identisch: Bezweckt werden die Reduktion von Transaktionskosten durch Standardisierung der Vertragsbedingungen für eine Vielzahl von Einzelgeschäften und die Abmilderung der Ausfallrisiken im OTC-Geschäft durch Auf- bzw. Verrechnung aller wechselseitig geschuldeten Verbindlichkeiten sowie ggf. durch Besicherung der verbleibenden (Saldo-)Forderung. Hieraus ergibt sich ungeachtet der Unterschiede in Struktur und Inhalt ein gemeinsamer **Kernbestand vergleichbarer Klauseln:** Diese betreffen zunächst Fragen des Vertragsschlusses und der Verknüpfung zwischen dem Rahmenvertrag und den darunter abgeschlossenen Einzelgeschäften (→ Rn. 50), sodann die Abwicklung der jeweiligen Leistungs-, insbesondere Zahlungspflichten unter Verrechnung der Einzelpositionen (→ Rn. 51), schließlich die mit der Beendigung der Einzelgeschäfte bzw. des Rahmenvertrags insgesamt (→ Rn. 52) sowie der Besicherung der Ausgleichsforderungen (→ Rn. 53) zusammenhängenden Rechtsfragen. In Reaktion auf die Vorgaben der **EMIR** zur Clearingpflicht über Zentrale Gegenparteien im Hinblick auf bestimmte standardisierte OTC-Derivate sind die Rahmenvereinbarungen in jüngster Zeit zudem um spezielle Ergänzungen bzw. Anhänge zum Clearing erweitert worden (→ Rn. 54a und 54b). 48

bb) Anwendungsbereich. Der Anwendungsbereich der einzelnen Rahmenverträge ist unterschiedlich geregelt: Der **DRV 1993** (vgl. Nr. 1 Abs. 1 DRV) ist zugeschnitten auf 49

„Finanztermingeschäfte (…), die

a) den Austausch von Geldbeträgen in verschiedenen Währungen oder von Geldbeträgen, die auf der Grundlage von variablen oder festen Zinssätzen, Kursen, Preisen oder sonstigen Wertmessern, einschließlich diesbezüglicher Durchschnittswerte (Indices), ermittelt werden, oder

b) die Lieferung oder Übertragung von Wertpapieren, anderen Finanzinstrumenten oder Edelmetallen

zum Gegenstand haben. Zu den Finanztermingeschäften gehören auch Options-, Zinsbegrenzungs- und ähnliche Geschäfte, die vorsehen, dass eine Partei ihre Leistung im Voraus erbringt oder dass Leistungen von einer Bedingung abhängig sind."

[278] Abdruck bei BankR-HdB/*Jahn/Reiner* Anh. 1 § 114 S. 1791 ff.; MünchVertrHB/*Edelmann/Kuch* Bd. 2 III.28; abrufbar unter https://bankenverband.de/service/rahmenvertraege-fuer-finanzgeschaefte/deutscher-rahmenvertrag-fuer-finanztermingeschaefte; kommentiert bei MünchVertrHB/*Edelmann/Kuch* Bd. 2 III.28; BankR-HdB/*Jahn/Reiner* § 114 Rn. 54 ff.; Zerey/*Behrends* Finanzderivate § 6 Rn. 6 ff.

[279] Abdruck bei BankR-HdB/*Jahn/Reiner* Anh. 9 § 114 S. 1811 ff.; abrufbar nebst Anlagen unter https://www.ebf.eu/home/european-master-agreement-ema/; kommentiert bei Zerey/*Behrends* Finanzderivate § 6 Rn. 76 ff.; vgl. auch BankR-HdB/*Jahn/Reiner* § 114 Rn. 83, 94.

[280] Vgl. einerseits einführend Zerey/*Behrends* Finanzderivate § 6 Rn. 9 (deutscher Rahmenvertrag), Rn. 79 (EMA); andererseits Zerey/*von Sachsen-Altenburg* Finanzderivate § 7 Rn. 11.

In der Neufassung 2018 wurde Nr. 1 Abs. 1 DRV wie folgt neu gefasst:

„Finanztermingeschäfte (…), die Folgendes zum Gegenstand haben können:

a) Den Austausch von Geldbeträgen in verschiedenen Währungen,

b) Die Zahlung von Geldbeträgen, bei denen die Verpflichtung einer solchen Zahlung oder deren Höhe von Marktgegebenheiten, Kreditrisiken, oder sonstigen Ereignissen oder Umständen, wie beispielsweise dem Stand von Zinssätzen, Wechselkursen, Wertpapierkursen, Rohwarenpreisen oder sonstigen Kursen, Preisen, Indizes oder anderen Bezugsgrößen, abhängt.

c) Die Lieferung oder Übertragung von Wertpapieren, anderen Finanzinstrumenten oder Edelmetallen oder ähnliche Leistungen.

Zu den Finanztermingeschäften gehören auch Options-, Zinsbegrenzungs- und ähnliche Geschäfte, die vorsehen, dass eine Partei ihre Leistung im Voraus erbringt oder dass Leistungen von einer Bedingung abhängig sind."

49a Die Definitionen sind damit nicht deckungsgleich mit der Legaldefinition des WpHG (→ Rn. 3). Anhänge zum DRV[281] regeln besondere Bedingungen für Wertpapierderivate,[282] für Devisengeschäfte und Optionen auf Devisengeschäfte,[283] für Rohwarengeschäfte, für Kreditderivate sowie für die Vereinbarung einer vorzeitigen Erfüllung durch Ausgleichszahlung[284] und zur Besicherung (sog. Besicherungsanhang), ferner für Deckungsgeschäfte unter der Geltung des PfandBG[285] sowie für Geschäfte mit Kapitalanlagegesellschaften;[286] aufgrund einer standardisierten Zusatzvereinbarung[287] können die Regelungen zur Zinsberechnung im Vertragswerk konkretisiert werden. Der Anwendungsbereich des **EMA** und der Anhänge hierzu[288] ist weiter gefasst; einbezogen sind nicht nur OTC-Derivate aller Art, sondern auch Wertpapierpensionsgeschäfte und Wertpapierdarlehen, so dass insgesamt ein größerer Kreis an Geschäften den einheitlichen Bestimmungen des Rahmenvertrags unterworfen wird. Die Vertragsdokumentation besteht hier von vornherein aus den Allgemeinen Bestimmungen des Rahmenvertrags,[289] ergänzt um „Besondere Bestimmungen"[290] zur Rechtswahl und zur Einbeziehung besonderer Standardbedingungen, sodann um „Produktanhänge" für Derivategeschäfte[291] (mit Zusätzen für Zinsderivate,[292] für Devisengeschäfte[293] sowie für Optionsgeschäfte[294]) sowie für Pensionsgeschäfte[295] und Wertpapierdarlehen.[296] Unter die nach dem Derivateanhang einbezogenen Derivate fallen definitionsgemäß (vgl. Nr. 1 Abs. 1 Buchst. a Derivateanhang) insbesondere

[281] Vgl. dazu allg. Zerey/*Diefenhardt* Finanzderivate § 6 Rn. 94 ff.; BankR-HdB/*Jahn/Reiner* § 114 Rn. 70 ff. Die Zusatzvereinbarung sowie die Anhänge sind verfügbar unter https://bankenverband.de/service/rahmenvertraege-fuer-finanzgeschaefte/deutscher-rahmenvertrag-fuer-finanztermingeschaefte/.

[282] Kommentiert bei Zerey/*Diefenhardt* Finanzderivate § 6 Rn. 111 ff.

[283] Abdruck bei BankR-HdB/*Jahn/Reiner* Anh. 4 § 114 S. 1799 f.; kommentiert bei Zerey/*Diefenhardt* Finanzderivate § 6 Rn. 104 ff.

[284] Abdruck bei BankR-HdB/*Jahn/Reiner* Anh. 3 § 114 S. 1797 ff.; kommentiert bei Zerey/*Diefenhardt* Finanzderivate § 6 Rn. 98 ff.

[285] Kommentiert bei Zerey/*Diefenhardt* Finanzderivate § 6 Rn. 126 ff.

[286] Zuvor galt der Anhang für Kapitalanlagegesellschaften zu dem Rahmenvertrag für Finanztermingeschäfte; zu beidem Zerey/*Diefenhardt* Finanzderivate § 6 Rn. 134 ff.

[287] Abdruck bei BankR-HdB/*Jahn/Reiner* Anh. 2 § 114 S. 1796 f.

[288] Vgl. allgemein zB Zerey/*Behrends* Finanzderivate § 6 Rn. 76 ff.; BankR-HdB/*Jahn/Reiner* § 114 Rn. 83; *Bergfort* ZBB 2009, 451 ff., insbes. 455 ff. Neben den nachfolgend zitierten Fundstellen sind Haupttext und Anhänge im Internet verfügbar unter https://www.ebf.eu/home/european-master-agreement-ema/.

[289] Abdruck bei BankR-HdB/*Jahn/Reiner* Anh. 9 (a) § 114 S. 1811 ff.

[290] Abdruck bei BankR-HdB/*Jahn/Reiner* Anh. 9 (b) § 114 S. 1821 ff.

[291] Abdruck bei BankR-HdB/*Jahn/Reiner* Anh. 9 (c) § 114 S. 1824 ff.

[292] Abdruck bei BankR-HdB/*Jahn/Reiner* Anh. 9 (d) § 114 S. 1826 ff.

[293] Abdruck bei BankR-HdB/*Jahn/Reiner* Anh. 9 (e) § 114 S. 1830 ff.

[294] Abdruck bei BankR-HdB/*Jahn/Reiner* Anh. 9 (f) § 114 S. 1832 ff.

[295] Abrufbar unter https://www.ebf.eu/wp-content/uploads/2017/07/07_Derivateanhang_2004_final-2004–02706-01-E. pdf.

[296] Abrufbar unter https://www.ebf.eu/wp-content/uploads/2017/07/05_Produktanhanf_fur_Wertpapierdarlehen-2004–02704-01-E. pdf.

„außerbörsliche (OTC) Geschäfte, einschließlich Forwards, Swaps, Optionen, Caps, Floors und Collars sowie beliebige Kombinationen dieser Geschäfte und andere gleichartige Geschäfte, deren Gegenstand es ist, (i) auf unterschiedliche Währungen lautende Geldbeträge auszutauschen, (ii) Währungen, Wertpapiere, Finanzinstrumente, Rohwaren, Edelmetalle, Energie (wie beispielsweise Gas und Elektrizität) oder andere Vermögenswerte zu liefern oder zu übertragen, (iii) Zahlungen zu leisten, bei denen entweder die Verpflichtung zu einer solchen Zahlung oder deren Höhe von Marktgegebenheiten, Kreditrisiken oder sonstigen Ereignissen oder Umständen (wie beispielsweise dem Stand von Zinssätzen, Wechselkursen, Credit-Spreads, Kursen, Preisen, Marktindizes oder von Wirtschaftsindikatoren, Statistiken, Wetterbedingungen, Wirtschaftsbedingungen oder sonstiger Messgrößen) abhängt oder (iv) die vorgenannten Zahlungen, Lieferungen oder Übertragungen in beliebiger Kombination zu bewirken".

Zusätzliche Geschäfte können durch Parteivereinbarung einbezogen werden (Nr. 1 Abs. 1 Buchst. b Derivateanhang). Die **ISDA Master Agreements**[297] schließlich sind im Haupttext nicht auf konkrete Geschäftstypen („transactions") beschränkt; ebenso wenig enthält der formularmäßig gestaltete Anhang („Schedule") zu individualisierten allgemeinen Regelungen für das Rechtsverhältnis zwischen den Parteien eine abschließende Definition des Anwendungsbereichs. Anpassungen für einzelne Geschäftstypen werden insbesondere mit den einzelnen, nach unterschiedlichen Basiswerten systematisierten Definitionssammlungen (neben den allgemeinen 2000 bzw. 2006 ISDA Definitions) zu Rohwarenderivaten, Kreditderivaten, Aktienderivaten, Währungsderivaten, Optionsderivaten für Staatsanleihen, Zinsderivaten und Fondsderivaten[298] vorgenommen, die jeweils im individuell variierten Schedule für anwendbar erklärt werden müssen. Hinzu treten je nach anwendbarem Recht unterschiedlich gestaltete Besicherungsanhänge, die jeweils als Anhang zum Schedule konzipiert sind.[299] 49b

cc) Vertragsschluss und Einzelabschlüsse. Mit dem Abschluss eines Rahmenvertrags[300] werden zunächst teils umfassende, teils punktuelle Regelungen über den Geschäftszweck und die Rechtsfähigkeit der Vertragsparteien vereinbart, die die Wirksamkeit der Geschäfte sicherstellen sollen (**„Zusicherungen"** bzw. „representations and warranties").[301] Soweit die Rahmenverträge – insbesondere im Verhältnis zwischen Bank und Kunden – einseitig vorgegeben und mithin „gestellt" (und nicht, wie im Inter-Banken-Verhältnis, einvernehmlich der individuell gestalteten Geschäftsbeziehung zugrunde gelegt) werden, handelt es sich um **Allgemeine Geschäftsbedingungen** und kommt eine Klauselkontrolle nach §§ 305 ff. BGB in Betracht.[302] Zentrales Charakteristikum der Rahmenverträge ist die Zusammenführung einer bei Vertragsschluss noch nicht bestimmten Zahl von Einzelabschlüssen unter das jeweils vereinbarte Regime; sämtliche Einzelverträge werden zu einem **einheitlichen Rechtsgeschäft** (sog. single agreement) zusammenge- 50

[297] Abgedruckt und eing. kommentiert bei MünchVertrHB/*Reiner* Bd. 4 VI.7 S. 709 ff. (1992 ISDA Master Agreement) bzw. *Reiner* ISDA S. 75ff (2002 ISDA Master Agreement); *Harding* Mastering the ISDA Master Agreements passim; eingehende Kommentierung auch bei Zerey/*von Sachsen-Altenburg* Finanzderivate § 7; s. a. BankR-HdB/*Jahn/Reiner* § 114 Rn. 88 f.

[298] Vgl. im Überblick Zerey/*von Sachsen-Altenburg* Finanzderivate § 7 Rn. 15 f.

[299] Abdrucke bei *Reiner* ISDA S. 400 ff. (1994 ISDA Credit Support Annex Subject to New York Law Only), S. 428 ff. (1995 ISDA Credit Support Deed (Security Interest – English Law)), S. 416 ff. (1995 ISDA Credit Support Annex (Transfer – English Law)).

[300] Vgl. für den DRV 1993 (zumindest konkludente Vereinbarung erforderlich) Zerey/*Behrends* Finanzderivate § 6 Rn. 24.

[301] Vgl. eing. zB Nr. 5 EMA; Nr. 3 1992 und 2002 ISDA Master Agreements und dazu *Reiner* ISDA S. 103 ff. Entspr. der deutschen Gestaltungspraxis sehr knapp Nr. 1 Abs. 2 DRV 1993, der lediglich die „Gestaltung" von Risiken als Geschäftszweck identifiziert und damit eine vergleichbare Bedeutung trägt; vgl. dazu BankR-HdB/*Jahn/Reiner* § 114 Rn. 55.

[302] Zerey/*Behrends* Finanzderivate § 6 Rn. 17; BankR-HdB/*Jahn/Reiner* § 114 Rn. 87; *Lehenbach* Kapitalmarktrecht Rn. 9.309 f.; *Keßler* Strukturrisiko S. 233 ff.; vgl. auch bereits *Krämer* Finanzswaps S. 443 f. Exemplarisch LG Frankfurt a. M. WM 2008, 1061 (1063 ff.) (sog. CMS-Spread-Sammler-Swaps; Verstoß gegen § 307 Abs. 1 S. 2 BGB).

fasst.[303] Damit werden nicht nur alle erfassten Geschäfte einheitlichen Vertragsbedingungen unterworfen. Zugleich wird vielmehr auch die Grundlage dafür gelegt, dass alle aus den Einzelgeschäften resultierenden Zahlungspflichten der Parteien saldiert, in eine einheitliche Ausgleichsforderung umgewandelt und gemeinsam besichert werden können (sog. **Netting**). Insbesondere soll verhindert werden, dass hinsichtlich einzelner Geschäfte Wahlrechte des Insolvenzverwalters im Insolvenzverfahren ausgeübt werden können.[304] Die Einzelabschlüsse selbst werden in der Praxis überwiegend telefonisch vereinbart.[305] Die Rahmenverträge sehen daraufhin eine (deklaratorische) **Bestätigung** vor, die nach deutschem Recht als kaufmännisches Bestätigungsschreiben einzustufen ist.[306] Dabei weist Nr. 2 DRV 1993/2018 im Vergleich mit den übrigen Regelwerken insofern eine Besonderheit auf, als die Bestätigung ausdrücklich der als „Bank" bezeichneten Vertragspartei zugewiesen ist; tatsächlich ist die Verwendung des Regelwerks allerdings keineswegs auf das Verhältnis zwischen Banken und ihren Kunden beschränkt.[307]

51 **dd) Modalitäten des Leistungsaustausches.** Zentral für die Bestimmung des Pflichteninhalts sind neben dem Rahmenvertrag zunächst vor allem die jeweiligen Einzelabschlüsse. Die Rahmenverträge selbst regeln insoweit zunächst allgemeine Grundlagen für die Erfüllung der wechselseitigen **Zahlungspflichten.**[308] Vorgesehen ist die Verrechnung der jeweils an einem Tag geschuldeten Zahlungspflichten zu einer einzigen Differenzforderung: Sind an einem bestimmten Tag durch beide Parteien Zahlungen in derselben Währung zu leisten, so hat die Partei, die den insgesamt höheren Bruttobetrag schuldet, an die Gegenpartei lediglich die Differenz zu den von dieser insgesamt geschuldeten Beträgen zu zahlen (Nettoprinzip, sog. **„Zahlungsnetting"**).[309] Die rechtliche Ausgestaltung divergiert je nach Gestaltung und anwendbarem Recht: Der deutsche Rahmenvertrag wählt die Konstruktion einer vorweg genommenen Aufrechnungsvereinbarung.[310] Entsprechend lassen sich die Bestimmungen des EMA interpretieren, soweit der konkrete Vertrag deutschem Recht unterstellt wird. Die ISDA Master Agreements formulieren dagegen eine Kombination aus Aufrechnung („set-off") und Novation.[311] Im wirtschaftlichen Ergebnis bestehen freilich kaum Unterschiede. Das jeweilige Ausfallrisiko aus der Gesamtheit der abgeschlossenen Geschäfte ist damit jederzeit auf den Differenzbetrag beschränkt.[312]

52 **ee) (Vorzeitige) Beendigung und Abwicklung.** Von zentraler Bedeutung für die Minimierung des Ausfallrisikos der Vertragsparteien insbesondere in der Insolvenz einer Partei sind die für alle Rahmenverträge charakteristischen Regelungen über das Recht zur Kündigung bzw. die automatische Beendigung sämtlicher unter dem Rahmenvertrag abgeschlossenen Verträge („close-out"), an die sich die Verrechnung der jeweils geschuldeten Ausgleichsbeträge („netting") anschließt.[313] Auch im Rahmen des Leistungsaustauschs bei

[303] Vgl. zB Nr. 1 Abs. 2 S. 2 DRV 1993/2018; Nr. 1 Abs. 4 EMA; Nr. 1 (c) 1992 und 2002 ISDA Master Agreements.

[304] Vgl. Zerey/*Behrends* Finanzderivate § 6 Rn. 21; *Reiner* ISDA S. 78; *F. Fuchs* Close-out Netting S. 42 ff.

[305] BankR-HdB/*Jahn/Reiner* § 114 Rn. 56.

[306] Vgl. zB Nr. 2 Abs. 1 DRV 1993/2018; Nr. 2 Abs. 2 EMA; Nr. 2 (a) (i) 1992 und 2002 ISDA Master Agreements.

[307] Zerey/*Behrends* Finanzderivate § 6 Rn. 13 f.; BankR-HdB/*Jahn/Reiner* § 114 Rn. 55.

[308] Vgl. zB Nr. 3 („Zahlungen" bzw. „Zahlungen und Lieferungen"), 4 (Definition des „Bankarbeitstags"), 5 (Definition der „Bezugsgröße") DRV 1993/2018; Nr. 3 EMA („Zahlungen, Lieferungen und zugehörige Begriffsbestimmungen"); Nr. 2 („Obligations"), 8 („Contractual Currency") 1992 und 2002 ISDA Master Agreements.

[309] Vgl. zB Nr. 3 Abs. 3 DRV 1993/2018; Nr. 3 Abs. 4 EMA; Nr. 2(c) 1992 und 2002 ISDA Master Agreements; allg. dazu etwa Zerey/*Fried* Finanzderivate § 16 Rn. 4 ff., 7; BankR-HdB/*Jahn/Reiner* § 114 Rn. 174; monographisch *Benzler* Nettingvereinbarungen S. 56 ff.

[310] Zerey/*Behrends* Finanzderivate § 6 Rn. 31; **aA** *Benzler* Nettingvereinbarungen S. 61 ff., 137; wohl auch BankR-HdB/*Jahn/Reiner* § 114 Rn. 174.

[311] *Reiner* ISDA S. 93–97.

[312] Vgl. Zerey/*Behrends* Finanzderivate § 6 Rn. 32; *Reiner* ISDA S. 93 f.

[313] Vgl. allg. Zerey/*Fried* Finanzderivate § 16; BankR-HdB/*Jahn/Reiner* § 114 Rn. 173 ff.; *Bosch* WM 1995, 365 (366 ff.); *Ebenroth/Benzler* ZVglRWiss 95 (1996), 335 (349 ff.); *Kerkemeyer* ZBB 2017,

OTC-Derivaten wird damit versucht, das Kontrahentenrisiko beim Ausfall einer Gegenpartei für eine Vielzahl von Geschäften zu minimieren, indem die jeweiligen wechselseitigen Einzelverbindlichkeiten saldiert und auf den Ausgleich einer Nettoforderung zurückgeführt werden. Zugleich soll vermieden werden, dass im Falle der Eröffnung eines Insolvenzverfahrens über eine der Vertragsparteien lediglich einzelne für die Masse günstige Positionen bedient werden, andere Einzelgeschäfte jedoch automatisch oder durch Ausübung von Wahlrechten des Insolvenzverwalters (in Deutschland: § 103 InsO) beendet werden. Die einschlägigen Regelungen der Rahmenverträge bezwecken dabei sowohl die außerordentliche **Beendigung** als auch die **Verrechnung** der für diesen Zeitpunkt errechneten Einzelwerte der jeweiligen Transaktion (sog. **Close-out-Netting**).[314] Grundlage dafür ist zunächst die sog. „Single Agreement Clause" (Einheitsvertragsklausel), die sämtliche der unter dem Rahmenvertrag abgeschlossenen Einzelgeschäfte zu einem einheitlichen Vertrag verbindet (→ Rn. 50).[315] Besonderheiten ergeben sich insoweit bei dem European Master Agreement, das die Möglichkeit zur produktübergreifenden Einbeziehung von Geschäften, also neben Finanztermingeschäften zB Rohwaren- und Wertpapierdarlehensgeschäften, in die Nettingvereinbarungen eröffnet (sog „Cross-Product-Netting").[316] Von zentraler Bedeutung ist sodann jeweils die **Beendigungsklausel,** die jeweils an genau definierte Tatbestandsvoraussetzungen geknüpft ist und teils als Kündigungsrecht, teils aber auch als automatische Vertragsbeendigung ausgestaltet ist. Auslösetatbestände sind insbesondere die Eröffnung eines Insolvenzverfahrens oder funktional vergleichbarer Sicherungs-, Sanierungs- oder Liquidationsmaßnahmen, zB das aufsichtsrechtliche Moratorium nach § 46 Abs. 1 KWG nF (entspr. § 46a KWG aF),[317] ebenso wie wesentliche Leistungsstörungen, insbes. Nichtzahlung oder Nichtleistung, und die Verletzung der mit Vertragsschluss abgegebenen Erklärungen und Zusicherungen (→ Rn. 50).[318] Entscheidend für die An-

---

272 ff.; monographisch auch bereits *Benzler* Nettingvereinbarungen passim; *F. Fuchs* Close-out Netting S. 45 ff.

[314] Vgl. zum Abrechnungsmodus etwa Nr. 8 (Schadensersatz und Vorteilsausgleich) sowie Nr. 9 (Abschlusszahlung) DRV 1993 (zu beidem BankR-HdB/*Jahn/Reiner* § 114 Rn. 63 f.; Zerey/*Behrends* Finanzderivate § 6 Rn. 41 ff.; *Keßler* Strukturrisiko S. 243); Nr. 8 („Forderung wegen Nichterfüllung") DRV 2018; Nr. 7 (Abschlussbetrag) EMA; Nr. 6(e) ISDA Master Agreement 1992 (Berechnung durch Schätzung des Marktwerts bzw. Schätzung des Verlusts; dazu zB MünchVertrHB/*Reiner* Bd. 4 VI.7 Anm. 19, 778 ff.; Zerey/*von Sachsen-Altenburg* Finanzderivate § 7 Rn. 65 ff.; *Ebenroth/Benzler* ZVglRWiss 95 (1996) 335 (353 f.)) sowie Nr. 6(e) ISDA Master Agreement 2002 (Berechnung durch differenzierende Anlehnung an Marktwert); dazu *Reiner* ISDA S. 221 ff.; Zerey/*von Sachsen-Altenburg* Finanzderivate § 7 Rn. 73 ff.; *Ebenroth/Benzler* ZVglRWiss 95 (1996) 335 (353 f.)); allgemein zur Berechnung *F. Fuchs* Close-out Netting S. 56 ff.; s. a. die Legaldefinition in Art. 2 Abs. 1 Buchst. n RL 2002/47/EG des Europäischen Parlaments und des Rates vom 6.6.2002 über Finanzsicherheiten, ABl. 2002 L 168/43: „bilaterale Aufrechnung infolge Beendigung".

[315] Vgl. zB Nr. 1 Abs. 2 DRV 1993/2018; Nr. 1 Abs. 4 EMA; Nr. 1(c) 1992 und 2002 ISDA Master Agreements; allg. zB Zerey/*Fried* Finanzderivate § 16 Rn. 9 ff.; *Benzler* Nettingvereinbarungen S. 9, 130 ff.

[316] Vgl. *Bergfort* ZBB 2009, 451 (459 f.).

[317] Eing. dazu Zerey/*Fried* Finanzderivate § 17 Rn. 64 ff. (mit Einschränkungen hins. der Qualifikation des Moratoriums als Kündigungs- bzw. Beendigungsgrund nach Nr. 7 DRV 1993); s. a. *F. Fuchs* Close-out Netting S. 47 ff. (unter Beschränkung auf das ISDA-Master Agreement); *Pannen* Krise und Insolvenz Kap. 5 Rn. 126 ff.; *Binder* Bankeninsolvenzen S. 444 ff.

[318] Vgl. zB Nr. 7 Abs. 1 (Kündigungsrecht aus wichtigem Grund) sowie Nr. 7 Abs. 2 (automatische Beendigung bei Insolvenzreife) DRV 1993/2018; zu beidem näher BankR-HdB/*Jahn/Reiner* § 114 Rn. 61 f.; Zerey/*Behrends* Finanzderivate § 6 Rn. 35 ff.); Nr. 6 EMA (Kündigungs- bzw. „Beendigungsrecht" sowie teilweise automatische Beendigung bei im Einzelnen definierter „Vertragsverletzung", darunter auch Nichtleistung und Insolvenzfall); Nr. 5 und 6 1992 und 2002 ISDA Master Agreements (jeweils Verweis auf eine umfassende Liste insolvenzbedingter und sonstiger verschuldensabhängiger und nicht verschuldensabhängiger „Events of Default" bzw. „Termination Events"); im Unterschied zu den beiden vorgenannten Rahmenverträgen haben die Parteien ein Wahlrecht hinsichtlich der Ausgestaltung als Kündigungsrecht bzw. automatische Beendigung, vgl. Nr. 6(a) ISDA Master Agreements. Eing. zur Beendigung von ISDA-Rahmenverträgen MünchVertrHB/*Reiner* Bd. 4 VI.7 Anm. 14 (S. 763 ff., 1992 Master Agreement) sowie *Reiner* ISDA S. 151 ff. (2002 Master Agreement); Zerey/*von Sachsen-Altenburg* Finanzderivate § 7 Rn. 47 ff.; *F. Fuchs* Close-Out Netting S. 47 ff.; *Hudson* Financial Derivatives Rn. 7-01 ff.; zur Ausgestaltung der Tatbestandsvoraussetzungen für das Eingreifen der Kündigungsrechte auch bereits *Ebenroth/Messer* ZVglRWiss 87 (1988), 1 (16 ff.).

erkennung der Kündigungs- bzw. Beendigungs- sowie Verrechnungsklauseln ist vor allem im Fall der Eröffnung eines Insolvenzverfahrens bzw. der Einleitung vergleichbarer Verfahrensregeln die Anerkennung durch das jeweils anwendbare Verfahrensrecht (→ Rn. 59).

53 **ff) Besicherung.** Kennzeichnend für das Regelungsprogramm der am Markt etablierten Rahmenverträge ist darüber hinaus die Absicherung der (Netto-)Forderungen der Parteien gegen das Ausfallrisiko der jeweiligen Gegenpartei (sog **„Netto-Ausfallrisiko"**[319] bzw. „Exposure") durch die Besicherung dieser Forderungen für den Insolvenzfall. Die Gestaltungspraxis lehnt sich an die im Börsen-Terminhandel übliche (→ Rn. 37, 44) Besicherung durch „Margins" an und trägt dem Umstand Rechnung, dass der Ausfall bei den jeweiligen Gegenparteien von OTC-Kontrakten bei entsprechend ungünstiger Risikoverteilung selbst dann hohe Verluste hervorrufen kann, wenn die Gesamtposition durch die üblichen Beendigungs- und Verrechnungsklauseln (→ Rn. 52) teilweise aufgefangen wird.[320] Ohne die Besicherung der Ausgleichsforderung würde die solvente Gegenpartei in deren Höhe lediglich zur Insolvenzquote befriedigt.[321] Üblicherweise werden die Sicherheiten – als Bar- oder Wertpapiersicherheiten – durch Vollrechtsübertragung gestellt.[322]

54 **b) Besonderheiten bei der Einschaltung einer Zentralen Gegenpartei in die Abwicklung. aa) Allgemeines.** Die aus der Erfüllung außerbörslicher Finanztermingeschäfte resultierenden Zahlungs- und Leistungspflichten können grundsätzlich bilateral und außerhalb der organisierten Marktinfrastruktur abgewickelt werden, müssen dies aber nicht. Die damit einhergehenden Vorteile entsprechen denen der Abwicklung börslicher Termingeschäfte unter Einschaltung einer Zentralen Gegenpartei (→ Rn. 38),[323] was mit der Verringerung des Ausfallrisikos zugleich die systemischen Risiken des Ausfalls einer im OTC-Geschäft stark engagierten Partei eindämmt. Soweit gem. Art. 28 Abs. 1 MiFIR nicht ohnehin Geschäfte zwingend auf regulierte Handelsplätze zu verlegen sind (→ Rn. 37a), ist allerdings die Clearingpflicht für bestimmte OTC-Derivate nach Art. 4 Abs. 1 EMIR zu beachten, die den Spielraum für sonstige Abwicklungswege stark einschränkt (→ Rn. 38, 38a). Die Rechte und Pflichten der Beteiligten wie allgemein im börslichen Terminhandel richten sich dabei zunächst nach den Regelwerken des jeweiligen Systems, im Weiteren nach den vertraglichen Vereinbarungen zwischen den Parteien der Geschäfte. Diese sind insbesondere in Reaktion auf die EMIR durch Ergänzungen zu den einzelnen Rahmenverträgen standardisiert worden (→ Rn. 54a, 54b). Die Bedingungen des jeweiligen Systems legen zunächst fest, welche Geschäftstypen zum Clearing zugelassen werden.[324] Zum Zweck der Durchführung des Clearings findet typischerweise nicht ein bloßer Parteiwechsel auf die Zentrale Gegenpartei – etwa im Wege der Abtretung oder des Schuldbeitritts – unter Beibehaltung des Pflichtenprogramms im Übrigen statt. Vielmehr vereinbaren die Parteien auf der Grundlage des jeweils anwendbaren Regelwerks in einem bestimmten zeitlichen Turnus[325] die Novation jedes Geschäfts, das die Zentrale Gegenpartei auf der Grundlage des Regelwerks zum Clearing annimmt. Das ursprüngliche OTC-Geschäft wird damit durch zwei neue Verträge ersetzt, bei denen die Zentrale Gegenpartei

---

[319] Zur Definition und zur Berechnung zB Nr. 2, 2. Spiegelstrich sowie Nr. 3 ff. DRV-Besicherungsanhang (1993/2018); s. a. Zerey/*Behrends* Finanzderivate § 6 Rn. 63; BankR-HdB/*Jahn/Reiner* § 114 Rn. 77.

[320] BankR-HdB/*Jahn/Reiner* § 114 Rn. 77.

[321] Vgl. insbes. Besicherungsanhang zum DRV (1993/2018); EMA, Sicherheitenanhang 2004 sowie Anhang „Besondere Bestimmungen", Anlage („Prüfliste") sub II; ISDA Credit Support Annex to the Schedule of the ISDA Master Agreement (1995); ISDA Credit Support Deed relating to the Schedule of the ISDA Master Agreement (1995, English Law).

[322] Vgl. zB Nr. 1 Abs. 2 DRV-Besicherungsanhang (1993/2018); Nr. 5(a) ISDA Credit Support Annex. Eine Ausnahme bildet Nr. 2(b) ISDA Credit Support Deed für die Sicherheitenbestellung nach englischem Recht. Zum Ganzen eing. Zerey/*Fried* Finanzderivate § 19 Rn. 8 ff.; *Keßler* Strukturrisiko S. 90 ff., 246 ff.; s. zur internationalen Praxis auch *Hudson* Financial Derivatives Kap. 15 und 16.

[323] Vgl. auch Zerey/*Fried* Finanzderivate § 18 Rn. 1.

[324] Vgl. exemplarisch Eurex-Clearingbedingungen, Kap. VIII, Abschnitt 1.

[325] Vgl. exemplarisch Eurex-Clearingbedingungen, Kap. VIII, Abschnitt 1 Nr. 1.7: tägliche Novation.

wirtschaftlich und rechtlich zwischen die ursprünglichen Parteien tritt.[326] Die Parteien des ursprünglichen Geschäfts sind dabei nicht zwingend selbst Clearing-Mitglieder der jeweiligen Zentralen Gegenpartei, sondern können sich ihrerseits zugelassener Intermediäre bedienen, sofern dies durch die Zentrale Gegenpartei gestattet wird.[327] Neu geschaffen wurde für die von der EMIR erfassten Zentralen Gegenparteien insoweit das sog. **Segregationsmodell** (Art. 39 EMIR). Danach hat die Zentrale Gegenpartei ihren Clearingmitgliedern (mindestens[328]) die Möglichkeit einzuräumen, in ihren Konten allgemein zwischen eigenen Vermögenswerten und Positionen sowie den im Namen von Kunden gehaltenen zu unterscheiden (sog. **Omnibus-Kunden-Kontentrennung,** Art. 39 Abs. 2 EMIR) bzw. alternativ in den Konten die für einzelne Kunden gehaltenen Vermögenswerte – einschließlich geleisteter Sicherheiten – und Positionen getrennt zu erfassen (sog. **Einzelkunden-Kontentrennung,** vgl. Art. 39 Abs. 3 EMIR). Die Clearingmitglieder haben ihren Kunden ihrerseits eine entsprechende Wahlmöglichkeit einzuräumen (Art. 39 Abs. 5 EMIR). Insgesamt soll dies die Übertragbarkeit der Konten im Fall des Ausfalls der Zentralen Gegenpartei sicherstellen (vgl. Art. 48 Abs. 5 und 6 EMIR).[329] In beiden Fällen schränken die Vorgaben die bis dahin übliche Verrechnung der für Kunden gehaltenen Positionen und Vermögenswerte mit eigenen des jeweiligen Clearingmitglieds im Verhältnis zur Zentralen Gegenpartei ein, um die Vermögenswerte im Falle des Ausfalls eines Clearingmitglieds oder der Zentralen Gegenpartei effektiver vor Verlusten zu schützen.[330]

bb) Rahmenvereinbarungen zur Umsetzung der EMIR-Pflichten. Die etablierten Rahmenverträge für OTC-Derivate sind mit Blick auf die regulatorischen Anforderungen nach Einführung der EMIR – konkret insbesondere die **Clearingpflicht** nach Art. 4 Abs. 1 EMIR sowie die **Besicherungspflichten** für nicht clearingpflichtige Geschäfte nach Art. 11 EMIR – um spezielle Anhänge bzw. Erweiterungen der etablierten Rahmenverträge ergänzt worden, welche die Vereinbarkeit der darunter abgeschlossenen Geschäfte mit den neuen Anforderungen sicherstellen sollen (→ Rn. 9). Für den **Deutschen Rahmenvertrag für Finanztermingeschäfte (DRV)** ist ein sog. **EMIR-Anhang** verfügbar, der für nicht clearingpflichtige Geschäfte Einzelheiten zur Klassifizierung der Vertragspartner (Nr. 3 EMIR-Anhang), zur Erfüllung der Meldepflichten (Nr. 4 EMIR-Anhang, vgl. Art. 9 EMIR), zur rechtzeitigen Bestätigung von Einzelabschlüssen (Nr. 5 EMIR-Anhang, vgl. Art. 11 Abs. 1 Buchst. a EMIR und Art. 12 VO 149/2013), zum Abgleich der Portfoliodaten (Nr. 6 EMIR-Anhang, vgl. Art. 13 EMIR), zur Streitbeilegung (Nr. 7 EMIR-Anhang) sowie Besonderheiten zur Meldepflicht bei Geschäften mit Drittstaaten-Gegenparteien (Nr. 9 EMIR-Anhang) regelt.[331] Ein inhaltlich annähernd entsprechender Anhang ist auch für das **European Master Agreement (EMA)** verfügbar,[332] während für das **ISDA Master Agreement 2002** insbesondere[333] ein „Portfolio Reconciliation, Dispute Resolution and Disclosure Standard Agreement"[334] sowie ein „EMIR Timely Confir- 54a

[326] Vgl. zu Einzelheiten exemplarisch Eurex-Clearingbedingungen, Kap. VIII, Abschnitt 1 Nr. 1.2; dazu und zum Folgenden näher *Jobst* ZBB 2010, 384 (392 ff.); *Keßler* Strukturrisiko S. 129 f.

[327] Vgl. exemplarisch Eurex-Clearingbedingungen, Kap. VIII, Abschnitt Nr. 1.1; und Nr. 1.2.

[328] In der Praxis sind weitere Ausdifferenzierungen etabliert, vgl. dazu *Decker* BKR 2014, 397.

[329] S. dazu auch *Köhling/Adler* WM 2012, 2125 (2133); *Litten/Schwenk* DB 2013, 918 (921 f.).

[330] Dazu näher *von Hall* WM 2013, 673 (674); s. a. *Decker* BKR 2014, 397 ff.

[331] Muster vom 1.7.2013, abrufbar unter https://bankenverband.de/media/contracts/44040_0713_EMIR-Anhang_Muster.pdf. Dazu näher Bundesverband deutscher Banken, EMIR-Anhang, passim. Dazu im Überblick BankR-HdB/*Jahn/Reiner* § 114 Rn. 234.

[332] Master Agreement for Financial Transactions – EMIR Annex, Ed. 2013, abrufbar unter www.ebf-fbe.eu/uploads/EMIR%20Annex%20final2013.pdf, s. Nr. 2 (Clearing Status), Nr. 3 (Transaction Reporting), Nr. 4 (Timely Confirmation), Nr. 5 (Portfolio Reconciliation), Nr. 6 (Dispute Resolution), Nr. 7 (Portfolio Compression), Nr. 8 (Consent to Reporting of Transactions).

[333] Zu weiteren EMIR-bezogenen Ergänzungen s. http://www2.isda.org/emir.

[334] Korrigierte Version abrufbar unter http://www2.isda.org/attachment/NTg0OQ==/ISDA_EMIR_-_Bilateral_version_of_the_PR_DR_D_Protocol_Blackline%20(1).doc; s. dazu auch ISDA 2013 EMIR Portfolio Reconciliation, Dispute Resolution and Disclosure Protocol and Reporting Guidance Note, abrufbar

mation Amendment Agreement Form" vorliegen, die entsprechende Anpassungen am Master Agreement vorsehen.[335]

54b Ebenfalls für den **Deutschen Rahmenvertrag für Finanztermingeschäfte** wurde ein **Clearing-Anhang** bereitgestellt, der für Geschäfte, die dem Clearing über eine Zentrale Gegenpartei unterstellt wurden, ergänzend neben die für die jeweilige Zentrale Gegenpartei maßgeblichen Regelungen tritt.[336] Nicht auf Geschäfte unter dem DRV beschränkt, aber als Ergänzung zu diesem konzipiert[337] ist die **Clearing-Rahmenvereinbarung** als deutschsprachige Vertragsdokumentation für clearingpflichtige OTC-Derivate.[338] Neben den rechtlichen Grundlagen für die Durchführung zweier spiegelbildlicher Geschäfte im Rahmen des Clearing über die Zentrale Gegenpartei (→ Rn. 54; vgl. Nr. 1 Abs. 2 und 3 Rahmenvereinbarung)[339] werden insbesondere Regelungen zur Besicherung[340] sowie zur Beendigung und Abwicklung der Geschäfte getroffen.[341]

55 **c) Aufklärungspflichten im OTC-Geschäft.** Werden außerbörsliche Termingeschäfte von Intermediären gegenüber Anlegern angeboten, gelten im Ausgangspunkt entsprechende Grundsätze wie bei der Erbringung von Wertpapierdienstleistungen im Zusammenhang mit Börsentermingeschäften (→ Rn. 46 f.). Diese sind in den vergangenen Jahren seit der **Grundsatzentscheidung BGHZ 189, 13** = NJW 2011, 1949 (Ille, auch „Zinswette"-Urteil) Gegenstand einer dynamischen – teilweise durchaus kontroversen – Diskussion sowie zahlreicher instanzgerichtlicher Judikate gewesen.[342] Auch bei OTC-Geschäften sind die Kunden – abgestimmt auf ihren Erfahrungshorizont – grundsätzlich über die wesentlichen Gesichtspunkte der jeweiligen Geschäftsstruktur in einem Umfang **aufzuklären,** der ihnen eine informierte Investitionsentscheidung tatsächlich gestattet. Aufzuklären ist insbesondere über außergewöhnliche Gebührenstrukturen mit erheblichen Auswirkungen auf die Gewinnchance durch (auch im Ausland ansässige) gewerbliche Vermittler.[343] Zielt das

unter http://www2.isda.org/attachment/NTc1Ng==/ISDA%202013%20EMIR%20Portfolio%20Reconciliation%20Dispute%20Resolution%20And%20Dis_Final%20Draft_RcM.pdf.

[335] Abrufbar unter http://www2.isda.org/attachment/NTM4Mg==/ISDA_EMIR_Timely_confirmations_Final_Version.doc; s. dazu ISDA, EMIR Timely Confirmation Amendment Explanatory Memorandum, abrufbar unter http://www2.isda.org/attachment/NTM4Mw==/EMIR_Timely_confirmations_memo%20FINAL.pdf. Zum Ganzen auch BankR-HdB/*Jahn/Reiner* § 114 Rn. 236, 243.

[336] Clearing-Anhang, Muster vom 2.3.2015, abrufbar unter https://bankenverband.de/media/contracts/44038_0215_ClearingAnhang_Muster.pdf; dazu Bundesverband deutscher Banken, Clearing-Rahmenvereinbarung S. 12 ff.; BankR-HdB/*Jahn/Reiner* § 114 Rn. 235; *Köhling* BKR 2013, 491 (499 f.).

[337] Dazu Bundesverband deutscher Banken, Clearing-Rahmenvereinbarung S. 1 sowie zu den Einsatzmöglichkeiten S. 15 ff.

[338] Muster vom 30.4.2013, abrufbar – mit Anhängen zu einzelnen Zentralen Gegenparteien – unter https://bankenverband.de/service/rahmenvertraege-fuer-finanzgeschaefte/clearing-rahmenvereinbarung-vorlagen; dazu näher Bundesverband deutscher Banken, Clearing-Rahmenvereinbarung, passim; BankR-HdB/*Jahn/Reiner* § 114 Rn. 241; *Köhling* BKR 2013, 491 ff.

[339] Vgl. im Einzelnen Bundesverband deutscher Banken, Clearing-Rahmenvereinbarung S. 4; *Köhling* BKR 2013, 491 (496 f.).

[340] Clearing-Rahmenvereinbarung, Nr. 2 (Initial Margin), Nr. 3 (Variation Margin); dazu Bundesverband deutscher Banken, Clearing-Rahmenvereinbarung S. 6 f.; *Köhling* BKR 2013, 491 (497 f.).

[341] Clearing-Rahmenvereinbarung, Nr. 4 (Beendigung), Nr. 5 (Schadensersatz und Vorteilsausgleich), Nr. 6 (Abschlusszahlung); s. a. Nr. 7 (Ausfall der Bank), Nr. 8 (Ausfall einer Zentralen Gegenpartei); zu allem Bundesverband deutscher Banken, Clearing-Rahmenvereinbarung S. 7 f.; *Köhling* BKR 2013, 491 (498 f.).

[342] Zur dynamischen Entwicklung der instanzgerichtlichen Rechtsprechung im Überblick bereits *Schäfer* Bankrechtstag 2012, 65 (71 ff.); s. a. *Clouth* ZHR 177 (2013), 212 (215); *Lehmann* ZBB 2015, 282 (286 ff.).

[343] Zur Vermittlung von Optionsgeschäften (zum früheren Recht, aber insoweit verallgemeinerungsfähig) BGHZ 80, 80 (82) = NJW 1981, 1266 (Londoner Warenoptionen); 105, 108 (110) = NJW 1988, 2882 (Londoner Warenoptionen); 124, 151 (156 ff.) = NJW 1994, 512 (513) (Aufklärung über Aufschlag auf Börsenoptionsprämie); BGH NJW 1993, 257 (258) (Vermittlung von Stillhalteroptionsgeschäften); ZIP 1994, 1102 (1103) (Vermittlung von Optionsgeschäften); BKR 2002, 36 (38) (Vermittlung von Optionsgeschäften); NJW 2002, 2777 (2778) (Aufklärung über Optionsprämie); NJW-RR 2003, 923 (924) (Aufklärung über Optionsprämie und Disagio); 2005, 556 (557) (Aufklärung bei Optionsvermittlung); entspr. BGH NJW-RR 2005, 558; vgl. aber auch BGH NJW-RR 2004, 203 (205) (Einschränkung der Aufklärungspflicht bei erfahrenen Kunden); MüKoHGB/*Ekkenga* Effektengeschäft Rn. 336.

Geschäftsmodell von vornherein darauf ab, uninformierte Anleger zu Spekulationen zu verleiten, ohne dass diese angesichts der verlangten überzogenen Gebühren und Aufschläge überhaupt eine realistische Gewinnchance hätten, kommt unabhängig von einer etwaigen Haftung wegen unterlassener Aufklärung eine **Haftung aus § 826 BGB** in Betracht,[344] die ggf. auch bei anderem Vertragsstatut Anwendung findet.[345] Kontrovers beurteilt wird das Maß der erforderlichen Aufklärungsdichte und -intensität bei **komplexen Finanzinnovationen mit Termingeschäftscharakter,** deren Wert nicht aus ohne weiteres feststellbaren Marktpreisen ablesbar ist, sondern sich nach komplexen bzw. in ihren ökonomischen Wirkungen schwierig zu erfassenden Berechnungsformeln errechnet.[346] Insoweit wird grundsätzlich mit Blick auf den Grundsatz der anleger- und objektgerechten Beratung (→ Rn. 46) eine umfassende, die wirtschaftliche Funktionsweise und insbesondere die Berechnung der jeweiligen Zahlungspflichten einschließende Aufklärung verlangt;[347] eine Pflicht zur Aufklärung auch über die eigene Gewinnmarge des Anbieters wird allerdings grundsätzlich abgelehnt.[348] Nach der überzeugenden höchstrichterlichen und einem Teil der obergerichtlichen Rechtsprechung gelten in entsprechend gelagerten Fällen, in denen die jeweiligen Verpflichtungen durch die beratende Bank selbst gezielt zum Nachteil des Anlegers gestaltet wurden, im Vergleich zu konventionellen Formen von Termingeschäften qualitativ **gesteigerte Aufklärungspflichten.** Die Grundsatzentscheidung BGHZ 189, 13 = NJW 2011, 1949 hat dies für den Fall eines hochkomplexen CMS Spread Ladder Swaps („Ille", auch „Zinswette", → Rn. 28) in einer Weise konturiert, die zT geradezu als (gewollt) prohibitiv bewertet worden ist.[349] Nach der weiteren Grundsatzentscheidung

[344] ZB – tw. auch zu (ausländischen) Börsentermingeschäften – BGHZ 105, 108 (110) = NJW 1988, 2882 (Londoner Warenoptionen); BGH NJW 1994, 997 (998) (Aufklärungspflicht des Vermittlers – ausländische Waren- und Devisenoptionsgeschäfte); NJW-RR 1999, 843 (Warenoptionsgeschäfte); 2006, 627 (628) (Pflichten einer Wertpapierhandelsbank bei der Vermittlung von Optionsgeschäften); NZG 2010, 550 (551); BKR 2012, 78 (82 f.); OLG Düsseldorf IPrax 2009, 158 (161); zust. MüKoHGB/*Ekkenga* Effektengeschäft Rn. 336; vgl. auch *Lenenbach* Kapitalmarktrecht Rn. 9.255 ff.

[345] BGH BKR 2012, 78 (82); OLG Düsseldorf IPrax 2009, 158 (161); GWR 2009, 252.

[346] Dazu und zum Folgenden zur Rechtslage vor Inkrafttreten des FRUG *Roller/Elster/Knappe* ZBB 2007, 345 ff.; zur aktuellen Rechtslage eing. Ellenberger/Clouth/*Clouth* Praktikerhandbuch Wertpapier- und Derivategeschäfte Rn. 1634 ff.; *Brenncke* WM 2014, 1749 (1752 ff.); *Köndgen/Sandmann* ZBB 2010, 77 ff.; *Lenenbach* Kapitalmarktrecht Rn. 9.258 ff.; s. a. *Grigoleit* Bankrechtstag 2012, 25 (27 ff.).

[347] Vgl. zu sog. Spread-Ladder-Swaps (pfadabhängigen Swaps zur Zinsspekulation) BGHZ 189, 13 (21 ff.) = NJW 2011, 1949 (1951 ff.); dazu insbes. *Hoffmann-Theinert* FS Leenen, 2012, 85 (94 ff.) sowie die Anm. *Klöhn* ZIP 2011, 762 ff.; *Köndgen* BKR 2011, 283 ff.; *Lange* BB 2011, 1678 ff.; *Lehmann* JZ 2011, 749 ff.; *Lieder* GWR 2011, 175 ff.; *Schmitt* BB 2011, 2824 ff.; *Spindler* NJW 2011, 1920 ff.; daneben OLG Stuttgart WM 2012, 890; OLG München BKR 2012, 245 (jeweils Cross-Currency-Swap); OLG München BKR 2013, 262; OLG München WM 2013, 369 (372 f.) (jeweils zu Währungs-Swaps); OLG Köln WM 2012, 888 (Zinsswapgeschäft; Verstoß in concreto abgelehnt); OLG Celle DB 2009, 2707 (2708 f.) (Zins- und Devisenswapgeschäfte; Verstoß in concreto abgelehnt); OLG Koblenz BKR 2010, 197 (200 ff.) (Zins- und Devisenswap; Beratungspflicht gegenüber professionellen Kunden nach § 67 Abs. 2 WpHG); OLG Stuttgart BKR 2010, 208 (210 f.); OLG Stuttgart BKR 2012, 300 (301 f. (Zinsswap)); LG Frankfurt a. M. WM 2008, 1061 (1063 ff.) (sog. CMS-Spread-Sammler-Swaps; Verstoß gegen Transparenzgebot nach § 307 Abs. 1 S. 2 BGB bejaht); zu diesem Problemkreis eing. – mit inhaltlich zT kontroverser Einschätzung – *Brenncke* WM 2014, 1749 (1752 ff.); *Clouth* ZHR 177 (2013), 212 (216 ff.); *Grigoleit* Bankrechtstag 2012, 25 ff.; *Gundermann* BKR 2013, 406 ff.; *Koch* BKR 2012, 485 (487 ff.); *Köndgen/Sandmann* ZBB 2010, 77 ff.; *Kropf* ZIP 2013, 401 ff.; *Lenenbach* Kapitalmarktrecht Rn. 9.258 ff.; *Roller/Elster/Knappe* ZBB 2007, 345 ff.; *Keßler* Strukturrisiko S. 320 ff.; speziell zu den Beratungspflichten ggü. der öffentlichen Hand auch *Lehmann* BKR 2008, 488 (491 ff.). Generell für eine umfassende, die wirtschaftliche Funktionsweise einschließende Aufklärungspflicht auch BuB/*Balzer/Siller* Rn. 7/271 und Rn. 7/274. Hierzu auch *Spindler* → Kap. 33 Rn. 340 ff.; für Cross-Currency Swaps, aber verallgemeinerungsfähig *Ruland/Wetzig* BKR 2013, 56 (57 ff.).

[348] BGHZ 205, 117 Rn. 37 = NJW 2015, 2248; BGHZ 189, 13 (30) = NJW 2011, 1949 (1953); OLG Celle DB 2009, 2707 (2708 f.); OLG Frankfurt a. M. BKR 2009, 378 (380, 381).

[349] In diese Richtung etwa *Buck-Heeb* ZHR 176 (2012), 66 (93); *Grigoleit* Bankrechtstag 2012, 25 (42); *Grundmann* WM 2012, 1745 (1747); *Herresthal* ZBB 2013, 1049 (1051); *Klöhn* ZIP 2011, 762 (763); ähnlich auch *Hoffmann-Theinert* FS Leenen, 2012, 85 (106); *Koch* BKR 2012, 485 (490); *Köndgen* BKR 2011, 283 (284); *Lehmann* JZ 2011, 749 (750); *Weller* ZBB 2011, 191 (194 f., 199); vgl. auch *Köndgen* BKR 2011, 283 f.; *Spindler* NJW 2011, 1920 (1922); **gegen** diese Einschätzung mit guten Gründen *Clouth* ZHR 177 (2013), 212 (220, 228 f., 234 ff.).

BGHZ 205, 117 = NJW 2015, 2248 sind diese Grundsätze – allerdings mit starken, den unterschiedlichen Risikoprofilen Rechnung tragenden Abstufungen – generell auf alle Swap-Verträge im Zweipersonenverhältnis übertragbar.[350]

55a **Nicht ausreichend** ist danach ein bloßer Hinweis auf die Hebelwirkung und die damit verbundene Gefahr unerwarteter Verluste; vielmehr muss die beratende Bank dem Kunden ggf. „in verständlicher und nicht verharmlosender Weise (…) klar vor Augen führen, dass das (…) nach oben nicht begrenzte Verlustrisiko nicht nur ein ‚theoretisches' ist, sondern (…) real und ruinös sein kann".[351] Dabei sollen die zugrunde gelegten Parameter in den für das jeweils bestehende Verlustrisiko maßgeblichen Aspekten offenzulegen und zu erläutern sein, so dass der Kunde „im Hinblick auf das Risiko des Geschäfts im Wesentlichen den gleichen Kenntnis- und Wissensstand hat wie die ihn beratende Bank".[352] Entscheidend kommt es danach auf die Vermittlung des jeweiligen **Risikos** an; ob dies auch die vollständige Offenlegung der finanzmathematischen Grundlagen erfordert, wird kontrovers beurteilt und ist zumindest zweifelhaft.[353] Ergänzend kann die Illustration anhand konkreter Zahlenbeispiele für die Konsequenzen einer negativen Wertentwicklung für den Kunden gefordert sein.[354] Ist eine Feststellung der Risikobereitschaft des Kunden vor der Erteilung der Anlageempfehlung unterblieben, soll die beratende Bank der Pflicht zur anlegergerechten Beratung nur dadurch gerecht werden können, dass sie sich vor der Anlageentscheidung des Kunden „die Gewissheit verschafft, dass dieser die von ihm geschilderten Risiken des Finanzprodukts in jeder Hinsicht verstanden hat".[355]

55b Insbesondere ist nach der Rechtsprechung aufzuklären, wenn die Bank selbst Partei des Termingeschäfts wird und dieses für den Kunden mit einem negativen **Marktwert** beginnt, weil und soweit eine derartige Konstellation Ausdruck eines schwerwiegenden Interessenkonflikts ist; der bloße Umstand eines negativen Marktwerts (und damit der Gewinnerzielung für die Bank) reicht dagegen nicht aus.[356] Wenn ein derartiger Interessenkonflikt fehlt, zB weil die beratende Bank nicht selbst Gegenpartei wird, soll ein anfänglich negativer Marktwert dagegen nicht bereits eine entsprechende Warnpflicht auslösen.[357] Die

---

[350] → Rn. 39; krit. *Lehmann* ZBB 2015, 282 (288); grds. befürwortend dagegen *Herresthal* ZIP 2015, 576 (577).

[351] Überzeugend BGHZ 189, 13 (25) = NJW 2011, 1949 (1951 f.); im Anschluss daran OLG München WM 2016, 414 (417); OLG Stuttgart WM 2012, 880 (892 ff.).

[352] So BGHZ 189, 13 (26) = NJW 2011, 1949 (1952); OLG München BKR 2012, 245 (246 f.); noch weitergehend OLG Stuttgart WM 2012, 890 (892); distanziert dazu *Klöhn* ZIP 2011, 762 (763); insoweit auch *Lieder* GWR 2011, 175; **krit.** *Keßler* Strukturrisiko S. 322 ff.; *Köndgen* BKR 2011, 283; *Lange* BB 2011, 1678; *Lehmann* JZ 2011, 750; *Spindler* NJW 2011, 1920 (1922 f.); tw. einschränkend auch Ellenberger/Clouth/*Clouth* Praktikerhandbuch Wertpapier- und Derivategeschäfte Rn. 1642 ff.

[353] In diese Richtung etwa *Grigoleit* Bankrechtstag 2012, 25 (43) („totaler Informationstransfer" als Pflicht); vgl. auch insoweit *Klöhn* ZIP 2011, 762 (763); ähnlich auch *Hoffmann-Theinert* FS Leenen, 2012, 85 (106); *Koch* BKR 2012, 485 (487, 490); *Köndgen* BKR 2011, 283 (284); *Lehmann* JZ 2011, 749 (750); *Weller* ZBB 2011, 191 (194 f., 199); **dagegen** *Clouth* ZHR 177 (2013), 212 (235 ff.).

[354] Überzeugend OLG Koblenz BKR 2010, 197 (201); **aA** OLG Frankfurt a. M. WM 2010, 1790 (1794); OLG Frankfurt a. M. ZIP 2010, 316 (318); OLG Frankfurt a. M. ZIP 2010, 921 (923 f.).

[355] BGHZ 189, 13 (23) = NJW 2011, 1949 (1951); vgl. auch OLG München BKR 2012, 245 (247).

[356] BGHZ 189, 13 (26 ff.) = NJW 2011, 1949 (1952 f.); BGH NJW 2015, 2248 (2252 ff.) = BKR 2015, 370 (375 ff.) mit zust. Anm. *Kraayvanger* BB 2015, 1707; BGH BKR 2017, 83 (84); OLG Hamm WM 2017, 575 (281); vgl. zur Abgrenzung auch BGHZ 205, 117 Rn. 38 ff. = NJW 2015, 2248; BGH NJW 2015, 1095 (1097 f.) = BKR 2015, 208; BGH BKR 2016, 482 (483 f.); OLG Düsseldorf BKR 2014, 80 (82 f.); OLG Köln BeckRS 2013, 21615; OLG Stuttgart WM 2010, 2169 (273 f.); WM 2012, 890 (893); dazu tendierend auch OLG Stuttgart BKR 2012, 300 (302) mit krit. Anmerkung *Bausch* BKR 2012, 303 (304); für einfache Swaps s. aber OLG Köln BB 2012, 539 = WM 2012, 888 (890).

[357] So BGHZ 205, 117 Rn. 41 ff. = NJW 2015, 2248; BGH NJW 2015, 1095 (1097 ff.) (Cross-Currency Swap) = BKR 2015, 208 (211) mit abl. Anm. *Weck;* ebenfalls tw. krit. *Bausch* WM 2016, 247 ff.; *Becker/Follner* ZIP 2016, 2400 ff.; *Lehmann* NJW 2016, 2913 ff.; *Zoller* NJW 2015, 2220 ff.; zust. dagegen *Herresthal* ZIP 2015, 576 (578); entspr. OLG München WM 2015, 2183 (2184); OLG München WM 2016, 414 (418 f.); OLG Stuttgart BeckRS 2018, 18488 Rn. 11M und bereits OLG Celle BKR 2014, 36 (42 f.) (Zins-Collar); dazu zust. *Bausch/Schwenker* BKR 2014, 43 (44 f.); anders – generell Aufklärungspflicht ohne entspr. Einschränkung bejahend – noch OLG Düsseldorf BKR 2014, 80 (82 f.); OLG Stuttgart WM 2012, 890 (893); WM 2010, 2169 (273 f.); LG Düsseldorf BKR 2013, 166 (171) mwN zur obergerichtlichen Judikatur vor der

schematische Anknüpfung an die Parteirolle führt allerdings nicht weiter. Zwar kann nach den Umständen des Einzelfalls auch ein anfänglich negativer Marktwert hinzunehmen sein. Dies gilt einerseits dann, wenn sich der Kunde sehenden Auges auf ein hochspekulatives Produkt eingelassen hat und ihm die maßgeblichen Risikoquellen bekannt waren,[358] aber auch dann, wenn das jeweilige Geschäft zu Hedging-Zwecken im Zusammenhang mit einem („konnexen") Grundgeschäft abgeschlossen wurde, so dass für den Kunden erkennbar und von diesem beabsichtigt gegenläufige Risikopositionen getauscht werden.[359] Richtig ist damit auch, dass allein ein negativer Marktwert nicht in sämtlichen Konstellationen bereits als solcher Aufklärungspflichten auslöst, zumal dieser keineswegs zwingend zu Verlusten für den Kunden führt.[360] Dies ändert aber nichts daran, dass von der beratenden Bank sowohl als Gegenpartei des Termingeschäfts als auch in Fällen des Vertriebs von **Dritten** gestalteter OTC-Derivate Aufklärung verlangt werden kann und sollte, wenn und soweit ihr, aber nicht dem Kunden die bewusst zu seinem Nachteil ausgestaltete komplexe Berechnungsformel erkennbar war.[361] Wenig überzeugend ist eine schematische Haftungserleichterung für Altfälle vor der Ille-Entscheidung, die gelegentlich in der obergerichtlichen Rechtsprechung postuliert worden ist (keine Schadensersatzhaftung bei lediglich fahrlässiger Nichtaufklärung über negativen Marktwert in entsprechenden Fällen).[362]

Richtiger Ansicht nach kann bei einem hochspekulativen Termingeschäft, bei dem eine Bank als Anbieter die finanzmathematisch komplexen und damit in ihren Annahmen und wirtschaftlichen Konsequenzen intransparenten Vertragsbedingungen völlig einseitig zu ihren eigenen Gunsten gestaltet hat, ein Fall der Nichtigkeit wegen **Sittenwidrigkeit** (§ 138 BGB) vorliegen;[363] jedenfalls gilt eine entsprechende Aufklärungspflicht im Hinblick auf die einseitige Belastung des Kunden.[364] Allein auf die spekulative Natur des Termingeschäfts lässt sich das Sittenwidrigkeitsverdikt allerdings nicht stützen; dies folgt bereits im Umkehrschluss aus der Aufhebung des Spieleinwands (§ 99 WpHG nF = § 37e WpHG aF, → Rn. 39).[365] **55c**

Schon mit Blick auf den **Grundsatz der anlegergerechten Beratung** (vgl. auch §§ 63 Abs. 7, 67 WpHG iVm Art. 56 DVO MiFID II; dazu *Spindler* → Kap. 33 Rn. 89 ff., 290 ff.) kann allerdings kein Zweifel bestehen, dass für die rechtliche Beurteilung jedenfalls für die kapitalmarktrechtlichen Aufklärungspflichten, aber auch für die Beurteilung sub specie des § 138 BGB auf den Erfahrungshorizont des konkreten Anlegers abzustellen und **55d**

Ille-Entscheidung; ohne entspr. Einschränkung, aber auf komplexe Termingeschäfte bezogen MüKoHGB/*Nobbe/Zahrte* Anlageberatung Rn. 243.

[358] So lag der Sachverhalt offenbar in der – deshalb im Ergebnis plausiblen – Entscheidung BGH NJW 2015, 1095 ff.; vgl. insoweit auch OLG Celle BKR 2014, 36 (42 ff.); OLG Frankfurt BeckRS 2015, 09396.

[359] BGHZ 189, 13 (24 f.) = NJW 2011, 1949; BGHZ 205, 117 Rn. 41 = NJW 2015, 2248; BGH NJW 2016, 2949 (2950 f.); BGH BKR 2018, 338 (339); BGH WM 2019, 920 (921); s. a. *Hanke* BKR 2017, 358 ff.

[360] So auch BGH NJW 2015, 1095 (1096 f.) = BKR 2015, 208 (211) mit abl. Anm. *Weck;* zust. *Herresthal* ZIP 2015, 576 (578); BGH NJW 2016, 2949 (2950); vgl. auch BGHZ 205, 117 Rn. 38 ff. = NJW 2015, 2248; BGH BKR 2016, 482 (483 f.); OLG Stuttgart BeckRS 2018, 18513 Rn. 53; *Bausch* BKR 2012, 303 (304 f.); *Hoffmann-Theinert* FS Leenen, 2012, 85 (99 ff.); *Kropf* ZIP 2013, 401 (404); dagegen allerdings *Roberts* BKR 2012, 377; zum Hintergrund auch *Gundermann* BKR 2013, 406 (408).

[361] Zutr. diff. BGH BGH NJW 2015, 1095 (1096 f.) = BKR 2015, 208 (211) mit abl. Anm. *Weck;* ebenfalls krit. *Zoller* NJW 2015, 2220 ff.; vgl. auch MüKoHGB/*Nobbe/Zahrte* Anlageberatung Rn. 243; weiter OLG Düsseldorf Urt. v. 26.6.2014 – I-14 U 92/13, Juris Rn. 17, 36; OLG Frankfurt BeckRS 2015, 09396; OLG Koblenz BeckRS 2016, 3772 Rn. 31; **aA** zB *Hoffmann-Theinert* FS Leenen, 2012, 85 (99 ff.).

[362] So für CMS Spread Ladder Swap jetzt OLG Hamm BeckRS 2015, 03452, Rn. 36 f.; in diese Richtung – wenn auch für einen möglicherweise weniger komplexen Cross-Currency Swap – auch bereits OLG München BKR 2015, 84 (85).

[363] Vgl. (in concreto verneint) BGHZ 205, 117 Rn. 68 ff. = BGH NJW 2015, 2248; in diesem Sinne auf der Grundlage einer eingehenden finanzmathematischen Analyse der Vertragsbedingungen strukturierter Zinsswaps und für diese überzeugend *Köndgen/Sandmann* ZBB 2010, 77 (88 ff.); *Köndgen* BKR 2011, 283 (284 f.); **aA** *Lenenbach* Kapitalmarktrecht Rn. 9.292; offen gelassen in BGHZ 189, 13 (21) = NJW 2011, 1949 (1950).

[364] BGHZ 189, 13 (27 ff.) = NJW 2011, 1949 (1952 f.); OLG Stuttgart WM 2010, 2169 (2176).

[365] BGHZ 205, 117 Rn. 70 = NJW 2015, 2248.

zwischen privaten und professionell agierenden Kunden (§ 67 Abs. 2 und 3 WpHG) zu differenzieren ist.[366] Handelt es sich bei dem Kunden um ein (in concreto: mittelständisches) Unternehmen, das im Rahmen seiner Finanzierungspraxis üblicherweise keine hochspekulativen Geschäfte eingeht, ist allerdings auch hier eine gesteigerte Aufklärungspflicht anzunehmen, und zwar auch dann, wenn der Kunde beim Abschluss durch eine Person mit wirtschaftswissenschaftlicher Ausbildung vertreten wird.[367] Umstritten, aber letztlich eine Frage der Umstände des Einzelfalls[368] ist bislang insbesondere, ob gegenüber **Kommunen** oder kommunalen Eigenbetrieben ggf. darüber aufgeklärt werden muss, dass der Geschäftsabschluss mit der öffentlichen Zweckbindung und dem Spekulationsverbot uU unvereinbar ist.[369]

VI. Finanztermingeschäfte in der Insolvenz

1. Kernprobleme

56 **a) Insolvenzbeständigkeit der (rahmen-)vertraglichen Kündigungs- und Beendigungsrechte. aa) Grundlagen, Überblick.** Entscheidend für die Schutzwirkung der in den marktüblichen Rahmenverträgen für OTC-Finanztermingeschäfte (→ Rn. 52), aber auch in den Abwicklungsbedingungen für börsliche Termingeschäfte etablierten (→ Rn. 44) Möglichkeiten der außerordentlichen Kündigung, Fälligstellung und Verrechnung aller davon erfassten Einzelabschlüsse bzw. der daraus resultierenden Verbindlichkeiten ist ihre Bewährung in der Insolvenz einer Partei. Wird die damit bezweckte Umwandlung der einzelnen Bruttopositionen in eine Nettoausgleichsforderung durch das jeweils anwendbare Verfahrensrecht nicht anerkannt, entfällt damit zugleich die Absicherung der Vertragspartner. Dies gilt sogar weitgehend unabhängig davon, ob der solvente Vertragspartner der insolventen Partei *insgesamt* per saldo für ihn günstige Geschäfte abgeschlossen hat und mithin eine Ausgleichsforderung geltend machen könnte, oder ob diese der insolventen Partei zustünde. Hätte die Verrechnung der wechselseitigen Verbindlichkeiten im eröffneten Verfahren keinen Bestand, etwa infolge einer **Insolvenzanfechtung** der Verrechnung (vgl. §§ 129 ff. InsO) bzw. durch Ausübung eines **Wahlrechts** durch den Insolvenzverwalter (vgl. § 103 InsO), könnten uU die aus den Einzelgeschäften resultierenden Forderungen der insolventen Partei jeweils vollständig zugunsten der Insolvenzmasse geltend gemacht werden, während die solvente Gegenpartei auf die Geltendmachung der ihr jeweils zustehenden Forderungen zur Insolvenzquote verwiesen bliebe.[370] Dies hätte

[366] Vgl. auch BGH NJW 2015, 1095 = BKR 2015, 208 (209 ff.) (Cross-Currency Swap mit geschäftserfahrenem Anleger); OLG Bamberg BKR 2009, 288 (294) (fachkundiger Vertreter der Klägerin); LG Magdeburg BKR 2008, 166 (168); vgl. für ein Gegenbeispiel LG München I BKR 2009, 391 (393 ff.) (Finanzierung eines privaten Immobilienerwerbs durch Währungsswapgeschäft); vgl. allgemein auch *Herresthal* ZIP 2015, 576 ff.; *Köndgen/Sandmann* ZBB 2010, 77 (93); *Roberts* BKR 2015, 330 ff.

[367] BGHZ 189, 13 (22) = NJW 2011, 1949 (1951) (Diplom-Volkswirtin); gleichsinnig OLG Stuttgart BKR 2010, 208 (213); OLG München BKR 2012, 245 (246 f.); krit. insoweit *Zoller* BKR 2012, 405 (407 f.); dazu abgrenzend für einen Währungsswap, bei dem die beratende Bank nicht Partei wird, nunmehr BGH NJW 2015, 1095 f. = BKR 2015, 208 (209 ff.).

[368] **AA** insoweit – für strukturierte Zinsswaps – offenbar LG Dortmund NVwZ 2013, 1362 (1363 ff.) mit zust. Anm. *Tiedemann* NVwZ 2013, 1367 ff. (strukturierte Zinsswaps allgemein aufgrund ihres spekulativen Charakters als sittenwidrig einstufend); **dagegen** insoweit LG Düsseldorf BKR 2013, 166 (171).

[369] **Offen** BGHZ 205, 117 Rn. 76 ff. = NJW 2015, 2248; **dafür** zB OLG Naumburg WM 2005, 1313 (1317) (vgl. dazu Nichtannahmebeschluss BGH BeckRS 2006, 03888; OLG Stuttgart WM 2010, 2169 (2177)); vgl. auch – in dieser Allgemeinheit bedenklich, im konkreten Fall möglicherweise gerechtfertigt – LG Dortmund NVwZ 2013, 1362 (1363 ff.) mit zust. Anm. *Tiedemann* NVwZ 2013, 1367 ff. (Sittenwidrigkeit strukturierter Zinsswaps bei Gemeinden); **dagegen** OLG Bamberg BKR 2009, 288 (292); OLG Frankfurt a. M. WM 2010, 1790 (1792 f.); LG Ulm ZIP 2008, 2009 (2011 f.); *Lammers* NVwZ 2012, 12 (16); *Lehmann* BKR 2008, 488 (495); *Lenenbach* Kapitalmarktrecht Rn. 9.292; *Roller/Elster/Knappe* ZBB 2007, 345 (363). Zur Wirksamkeit spekulativer Geschäfte der öffentlichen Hand im Übrigen bereits → Rn. 40.

[370] Vgl. allg. BankR-HdB/*Jahn/Reiner* § 114 Rn. 177; Uhlenbruck/*Knof* InsO § 104 Rn. 6 ff.; *Bosch* WM 1995, 365 (366 f.); und nochmals Zerey/*Behrends* Finanzderivate § 6 Rn. 21; *Reiner* ISDA S. 78 f.; mono-

nicht nur Auswirkungen für die wirtschaftliche Position der jeweiligen Gegenpartei, sondern – als potentielle Ursache für durch den Einzelausfall ausgelöste Dominoeffekte unter Marktteilnehmern – auch für die **Systemstabilität** der Finanzmärkte.[371] Hinsichtlich der rechtlichen Behandlung im deutschen Recht ist zu differenzieren zwischen der insolvenzrechtlichen Rechtslage ieS (→ Rn. 57) und Besonderheiten bei aufsichtsrechtlich angeordneten oder vergleichbaren Verfahren der Insolvenzbewältigung (→ Rn. 58).

bb) Insolvenzrechtliche Behandlung. Das deutsche (Insolvenz-)Recht trägt dem vor allem mit Blick auf das drohende Systemrisiko gerechtfertigten Schutzanliegen zunächst durch § 104 Abs. 1 InsO Rechnung.[372] S. 2 der Vorschrift idF des Änderungsgesetzes von 2016[373] (§ 104 Abs. 2 InsO aF) ersetzt für sog „Finanzleistungen" auf Termin (zum Begriff: → Rn. 6) das Wahlrecht des Insolvenzverwalters auf Erfüllung (§ 103 Abs. 1 InsO); hiernach können beide Vertragsparteien nach Verfahrenseröffnung nicht Erfüllung verlangen, sondern lediglich eine „Forderung wegen Nichterfüllung" geltend machen. Damit galt im Grundsatz schon seit Inkrafttreten der InsO kraft Gesetzes ein Mechanismus, der rechtlich und wirtschaftlich dem üblicherweise in Rahmenverträgen bzw. in den Abwicklungsbedingungen der Börsenbetreiber oder Zentralen Gegenparteien vereinbarten **Close-Out-Netting** entspricht.[374] § 104 Abs. 3 Satz 1 InsO nF (§ 104 Abs. 2 Satz 3 InsO aF) erweitert diese Regelung, indem er für den Fall, dass mehrere „Finanzleistungen" unter einem Rahmenvertrag abgeschlossen wurden, der eine einheitliche Beendigung vorsieht, auch die einheitliche Abwicklung nach Absatz 1 Satz 1 anordnet. Auch insoweit sieht das Gesetz mithin Rechtsfolgen vor, die den üblichen Vertragsgestaltungen grundsätzlich entsprechen. Nach § 104 Abs. 2 S. 1 InsO ist für die Forderung wegen Nichterfüllung auf den Markt- oder Börsenwert des Geschäfts abzustellen; dieser wird in § 104 Abs. 2 Satz 1 InsO nF definiert als: 57

„*1. der Markt- oder Börsenpreis für ein Ersatzgeschäft, das unverzüglich, spätestens jedoch am fünften Werktag nach der Erfüllung des Verfahrens abgeschlossen wird, oder*
2. falls kein Ersatzgeschäft nach Nummer 1 abgeschlossen wird, der Markt- oder Börsenpreis für ein Ersatzgeschäft, das am zweiten Werktag nach der Verfahrenseröffnung hätte abgeschlossen werden können."

Für den Fall, dass ein Ersatzgeschäft im jeweiligen Marktgeschehen nicht abgeschlossen werden kann, ist nach § 104 Abs. 2 Satz 3 InsO nF der Markt- und Börsenwert

„*nach Methoden und Verfahren zu bestimmen, die Gewähr für eine angemessene Bewertung des Geschäfts bieten*".

Teilweise werden in **Rahmenverträgen** dagegen der Nachweis eines darüber hinausgehenden Schadens (konkrete Schadensberechnung) zugelassen oder sonstige Abweichungen bei der Schadensberechnung vereinbart.[375] Soweit damit solvente Vertragsparteien 57a

---

graphisch *Benzler* Nettingvereinbarungen S. 56 ff.; *Binder* Bankeninsolvenzen S. 436 ff.; *Böhm* Nettingvereinbarungen S. 25 ff., 45 ff.; *F. Fuchs* Close-out Netting S. 43 f.; *von Hall* Insolvenzverrechnung S. 103 ff., insbes. S. 108 ff.

[371] Dazu bes. *F. Fuchs* Close-out Netting S. 34 ff.; *Zimmer/F. Fuchs* ZGR 2010, 597 (634 ff.).

[372] Zum Hintergrund stellvertretend *F. Fuchs* Close-out Netting S. 92 ff.; *Piekenbrock/Ludwig* WM 2014, 2197 (2196 ff.) mwN; grds. krit. insoweit *Kerkemeyer* ZBB 2017, 272 ff., insbes. 275 ff.; *Marotzke* KTS 2018, 413 ff.; etwas relativierend nachfolgend *ders.* ZInsO 2019, 1341 ff.

[373] Gesetz zur Änderung der Insolvenzordnung und zur Änderung des Gesetzes betreffend die Einführung der Zivilprozessordnung vom 22.12.2016 (BGBl. 2016 I S. 3147), in Kraft ab 29.12.2016 (tw. rückwirkend ab 10.6.2016).

[374] Zur Entwicklungsgeschichte der Norm stellvertretend MüKoInsO/*Fried* § 104 Rn. 23 ff.; Uhlenbruck/*Knof* InsO § 104 Rn. 23; *Marotzke* ZInsO 2019, 1341 ff. Zum Folgenden für die einzelnen Geschäftstypen (für das vor 2016 geltende Recht, aber tw. übertragbar) *Obermüller* Insolvenzrecht Rn. 8.278 ff. (Swaps), Rn. 3.1001a ff.; eing. zur Funktionsweise auch *von Hall* Insolvenzverrechnung S. 126 ff., 149 ff.; zur Rechtsnatur der Differenzforderung *von Hall* WM 2011, 2161 (2162 f.).

[375] Vgl. zB Nr. 8 Abs. 1 DRV (1993/2018); s. a. die weitere Aufrechnungsmöglichkeit in Nr. 9 Abs. 2 DRV (1993/2018). Zur Berechnung der Forderung wegen Nichterfüllung bei Einschaltung einer Zentralen Gegenpartei *von Hall* WM 2011, 2161 (2165 ff.).

gegenüber der insolventen Vertragspartei besser gestellt werden, gilt an sich vorrangig § 104 Abs. 3 S. 1 InsO. Vertragliche Abweichungen hiervon sind gem. § 119 InsO unwirksam. Vor diesem Hintergrund hatte der IX. Zivilsenat des BGH in einer Grundsatzentscheidung vom 9.6.2016 die Close-out-Netting-Regelung in Nr. 8 DRV 1993 für unwirksam erklärt und zur Berechnung der auszugleichenden Nettoforderung anstatt auf die darin enthaltene Regelung auf § 104 Abs. 2 Satz 1 und Abs. 3 Satz 1 und 2 InsO aF abgestellt.[376] Nachdem die Entscheidung – zu Recht (zur Gegenposition → Voraufl.) – kontrovers aufgenommen worden war[377] und die BaFin zur Absicherung der Geschäftsabwicklung nach dem Rahmenvertrag mit einer befristeten Allgemeinverfügung reagiert hatte, hat der Gesetzgeber § 104 InsO angepasst und um die Regelung in § 104 Abs. 4 InsO nF ergänzt, die nunmehr ausdrücklich auch abweichende Regelungen in Rahmenverträgen gestattet.[378] Nach § 104 Abs. 4 Satz 2 InsO nF kann danach insbes. vereinbart werden,

„1. *dass die Wirkungen nach Absatz 1 auch vor der Verfahrenseröffnung eintreten, insbesondere bei Stellung des Antrags einer Vertragspartei auf Eröffnung eines Insolvenzverfahrens über das eigene Vermögen oder bei Vorliegen eines Eröffnungsgrundes (vertragliche Beendigung),*
2. *dass einer vertraglichen Beendigung auch solche Geschäfte nach Absatz 1 unterliegen, bei denen die Ansprüche auf die Lieferung der Ware oder die Erbringung der Finanzleistung vor der Verfahrenseröffnung, aber nach dem für die vertragliche Beendigung vorgesehenen Zeitpunkt fällig werden,*
3. *dass zwecks Bestimmung des Markt- oder Börsenwerts des Geschäfts*
   a) *der Zeitpunkt der vertraglichen Beendigung an die Stelle der Verfahrenseröffnung tritt,*
   b) *die Vornahme des Ersatzgeschäfts nach Absatz 2 Satz 2 Nummer 1 bis zum Ablauf des 20. Werktags nach der vertraglichen Beendigung erfolgen kann, soweit dies für eine wertschonende Abwicklung erforderlich ist,*
   c) *anstelle des in Absatz 2 Satz 2 Nummer 2 genannten Zeitpunkts ein Zeitpunkt oder Zeitraum zwischen der vertraglichen Beendigung und dem Ablauf des fünften darauf folgenden Werktags maßgeblich ist.*"

57b Die zum früheren Recht umstrittene, durch die Grundsatzentscheidung BGHZ 210, 321 = NJW 2016, 2328 ablehnend entschiedene Frage nach der Zulässigkeit rahmenvertraglicher Abweichungen von § 104 InsO (→ 2. Aufl. 2016, Rn. 57b) ist durch die Einführung von § 104 Abs. 4 InsO (→ Rn. 57a) heute entschieden. Damit ist insbes. die – übliche (→ Rn. 52) – Anknüpfung von Kündigungs- und Beendigungsklauseln bereits an Voraussetzungen vor der förmlichen Insolvenzeröffnung zulässig. In § 104 Abs. 4 Satz 2 InsO nF werden indessen zwar Regelbeispiele für zulässige Gestaltungen zur Berechnung der ausgleichspflichtigen Nettoforderung formuliert; die konkrete Bestimmung im jeweiligen Einzelfall bleibt aber ein durch das Gesetz selbst nicht gelöstes Problem.[379] Sachgerechte Ansätze hierfür können nach wie vor allein in Auseinandersetzung mit dem konkreten Marktumfeld und den für das jeweilige Handelssystem anwendbaren Regelungen gewonnen werden.[380] Für **Optionsgeschäfte** bedarf es, um dem Regelungszweck gerecht zu werden, in der Insolvenz des Optionsberechtigten mehrfacher Anpassungen; eine schematische Ausgleichspflicht ohne Rücksicht auf die besondere Risikoverteilung zwischen den Parteien wäre unangemessen.[381] Auch weiterhin ist im Übrigen nicht geklärt, ob eine für die Masse ungünstige Folge der im Vorfeld der Verfahrenseröffnung vollzogenen vertragsgemäßen Verrechnung uU im Wege der **Insolvenzanfechtung** (§§ 129 ff. InsO) rück-

---

[376] BGHZ 210, 321 Rn. 53 ff. = NJW 2016, 2328 mwN zum früheren Streitstand.

[377] Vgl. ua *Kerkemeyer* ZBB 2017, 272 (278); *Lehmann/Flöther/Gurlit* WM 2017, 597 (600 f.); *Paulus* ZIP 2016, 1233 ff.; *Piekenbrock* BB 2016, 1795 ff.; *Primozic/Schaaf* WM 2016, 2110 (2113 f.); *Schäfer* BKR 2016, 321 f.; *Zoller* NJW 2016, 2335.

[378] Zum Hintergrund näher MüKoInsO/*Fried* § 104 Rn. 34 ff.; Uhlenbruck/*Knof* InsO § 104 Rn. 23; *Kerkemeyer* ZBB 2017, 272 (278 ff.); *Marotzke* ZInsO 2019, 1341 ff.

[379] Vgl. auch *Lehmann/Flöther/Gurlit* WM 2017, 597 (603); *Marotzke* ZInsO 2019, 1341 (1348 ff.).

[380] Dazu für das alte Recht, aber übertragbar *von Hall* WM 2011, 2161 ff.

[381] Dazu näher für das alte Recht, aber übertragbar *Piekenbrock/Ludwig* WM 2014, 2197 (2201 ff.).

wirkend beseitigt werden kann.[382] Praktisch in Betracht kommen dürfte angesichts der Interessenlage und der wirtschaftlichen Verknüpfung der Verbindlichkeiten durch die charakteristischen Rahmenvertragsklauseln wohl allenfalls eine Anfechtung wegen kongruenter Deckung nach § 130 InsO.[383] Auch hier spricht allerdings die generelle Anerkennung von Rahmenverträgen eher gegen die Qualifikation als anfechtbare Gläubigerhandlung, wenn und soweit darin nicht wesentlich vom gesetzlichen Leitbild des § 104 Abs. 2 und 3 InsO abgewichen wird.[384] Nur diese Lesart lässt sich im Übrigen bruchfrei mit der gesetzlichen Privilegierung der unter den Rahmenverträgen gewährten Finanzsicherheiten vereinbaren, deren Bestellung vor einer Insolvenzanfechtung geschützt ist, wobei das Gesetz diesen Schutz ausdrücklich auf den zugrunde liegenden Verrechnungsvorgang erstreckt (§ 92 Abs. 2 InsO, → Rn. 59). Für die von **Art. 48 EMIR** erfassten „Maßnahmen zur Verwaltung, Glattstellung und sonstigen Abwicklung von Kundenpositionen und Eigenhandelspositionen des Clearingmitglieds", die von Zentralen Gegenparteien getroffen werden, sowie die „Maßnahmen zur Übertragung von Kundenpositionen" ordnet Art. 102b § 1 Abs. 1 Nr. 1 und 2 EGInsO[385] die Immunität gegen die Insolvenzeröffnung ausdrücklich an; Abs. 2 der Bestimmung erstreckt dies auch auf Sicherungsmaßnahmen nach § 21 InsO. Nach Art. 102b § 2 EGInsO sind die genannten Maßnahmen ausdrücklich vor einer Insolvenzanfechtung geschützt.[386]

cc) Besonderheiten bei Sonderverfahren für die Insolvenzbewältigung. Die soeben für das eröffnete Insolvenzverfahren entwickelten Grundsätze lassen sich auf Sonderverfahren für die Insolvenzbewältigung bei Kreditinstituten nur begrenzt übertragen. Zwar erklärt § 46 Abs. 2 S. 6 KWG für das sog **aufsichtsrechtliche Moratorium nach § 46 Abs. 1 KWG,** das in der Bankeninsolvenz funktional Sicherungsmaßnahmen nach §§ 21 ff. InsO entspricht,[387] einzelne Regelungen der InsO über das eröffnete Verfahren für anwendbar. Davon erfasst ist aber gerade nicht § 104 Abs. 2 und 3 InsO. Gesetzliche Regelungen für das Verhältnis der aufsichtsrechtlichen Sicherungsmaßnahmen nach § 46 KWG zu den rahmenvertraglichen Beendigungs- und Kündigungsklauseln für Termingeschäfte existieren nach bisher geltendem Recht nicht. Diese werden aufgrund der vertraglich vereinbarten Auslösetatbestände üblicherweise bereits mit Anordnung der Maßnahmen nach § 46 Abs. 1 KWG nF ausgelöst (→ Rn. 52), ohne dass es auf die Rechtswirkungen des Moratoriums überhaupt ankäme.[388] Wird das Moratorium, was den Regelfall darstellt,[389] sodann in ein förmliches Insolvenzverfahren übergeleitet, greifen dann die dargestellten Grundsätze, insbes. § 104 Abs. 2 InsO. **Sonderregeln** gelten jedoch zunächst für das mit dem sog. Restrukturierungsgesetz[390] eingeführte **Reorganisations-** 58

[382] Dafür *Benzler* ZInsO 2000, 1 (10); Kübler/Prütting/Bork/*von Wilmowsky* § 104 Rn. 230 ff.; Uhlenbruck/*Knof* InsO § 104 Rn. 19; *Obermüller* Insolvenzrecht Rn. 8.370 (§§ 131, 133 InsO); *Keßler* Strukturrisiko S. 83 f.

[383] Vgl. *Benzler* Nettingvereinbarungen S. 310; vgl. auch Zerey/*Fried* Finanzderivate § 22 Rn. 10; *Binder* Bankeninsolvenzen S. 445; *Keßler* Strukturrisiko S. 83; **aA** Kübler/Prütting/Bork/*von Wilmowsky* InsO § 104 Rn. 236 f.

[384] In diese Richtung auch bereits EBJS/*König* HGB BankR VIII Rn. 29; *Obermüller* Insolvenzrecht Rn. 8.368 (mit Ausnahmen für Fälle der §§ 131, 133 InsO); *Zimmer/F. Fuchs* ZGR 2010, 597 (633 f.); zurückhaltend auch Zerey/*Fried* Finanzderivate § 22 Rn. 13 ff.; wohl auch MüKoInsO/*Jahn/Fried* § 104 Rn. 170 (bezogen auf § 131 InsO), 173; s. ferner bereits *Binder* Bankeninsolvenzen S. 444 ff.; *Böhm* Nettingvereinbarungen S. 174 ff.; dagegen für das Close-out Netting aber *F. Fuchs* Close-out Netting S. 136 ff.

[385] Eingeführt durch das Ausführungsgesetz zur VO (EU) Nr. 648/2012 über OTC-Derivate, zentrale Gegenparteien und Transaktionsregister (EMIR-Ausführungsgesetz) vom 13.2.2013, BGBl. I 2013, 174.

[386] S. dazu näher *Holzer* DB 2013, 443 ff.; *Jaskulla* BKR 2012, 441 (447 ff.); *von Hall* WM 2013, 673 (677 ff.); zur Problematik auch bereits *Holzer* BKR 2011, 366 ff.

[387] Dazu (zur früheren Rechtslage nach § 46a KWG aF, aber übertragbar) eing. *Binder* Bankeninsolvenzen S. 149 ff. (Tatbestand), 231 ff. (Maßnahmen und Rechtsfolgen); *Pannen,* Krise und Insolvenz, Kap. 1 Rn. 89 ff.

[388] Insoweit nicht überzeugend *F. Fuchs* Close-out Netting S. 173 ff.

[389] Vgl. *Binder* Bankeninsolvenzen S. 152, 257 f., 532 ff.; *Pannen* Krise und Insolvenz Kap. 1 Rn. 104.

[390] Gesetz zur Restrukturierung und geordneten Abwicklung von Kreditinstituten, zur Errichtung eines Restrukturierungsfonds für Kreditinstitute und zur Verlängerung der Verjährungsfrist der aktienrechtlichen Organhaftung (Restrukturierungsgesetz) vom 9.12.2010, BGBl. I 2010, 1900.

verfahren, das auf als systemrelevant eingestufte Institute anwendbar und strukturell an das Insolvenzplanverfahren angelehnt ist.[391] Kündigungsrechte in Schuldverhältnissen sollen nach Verfahrenseinleitung für einen Tag ausgesetzt werden (§ 13 KredReorg).[392] Für systemrelevante Institute steht mit der Verordnung zur Errichtung eines Einheitlichen Abwicklungsmechanismus (Single Resolution Mechanism) **(SRM-Verordnung)**[393] sowie dem in Umsetzung der EU-Bankensanierungs- und Abwicklungsrichtlinie (BRRD)[394] – unter Aufgabe der bisherigen §§ 48a ff. KWG – erlassenen **Sanierungs- und Abwicklungsgesetz (SAG)**[395] ein eigenständiges, durch den Einheitlichen Abwicklungsausschuss auf europäischer Ebene gesteuertes, aber durch die nationalen Abwicklungsbehörden – in Deutschland: die BaFin – umgesetztes Abwicklungsregime zur Verfügung.[396] Das komplexe Zusammenspiel beider Rechtsgrundlagen richtet sich dabei gem. Art. 5 und 7 Abs. 3 SRM-VO. Nach der letztgenannten Vorschrift verdrängen die – ihrerseits an der BRRD orientierten – Regelungen der SRM-VO in zahlreichen Fällen das nationale Umsetzungsrecht zur BRRD, das freilich für die technische Umsetzung der Abwicklungsverfahren in weitem Umfang maßgeblich bleibt.[397] Die Vorschriften sehen einen differenzierten Schutz der in den Rahmenverträgen vorgesehenen Nettingmechanismen vor. Grundsätzlich berechtigen weder sog. Krisenpräventionsmaßnahmen[398] noch sog. Krisenmanagementmaßnahmen[399] zur Ausübung von „Kündigungs-, Aussetzungs-, Änderungs-, Zurückbehaltungs-, Verrechnungs- oder Aufrechnungsrechte[n]" gegenüber dem betroffenen Institut, „wenn die Hauptleistungspflichten aus dem Vertrag, einschließlich Zahlungs- und Leistungspflichten, und die Pflicht zur Stellung von Sicherheiten weiterhin erfüllt werden" (§ 144 Abs. 3 S. 1 und 2 SAG). Kommt es zur **Übertragung von Vermögenswerten und Verbindlichkeiten** vom insolvenzreifen Kreditinstitut auf einen privaten Erwerber (Art. 22 Abs. 2 Buchst. a, 24 SRM-VO, vgl. §§ 107 ff. SAG) bzw. auf ein hoheitlich errichtetes sog. Brückeninstitut (Art. 22 Abs. 2 Buchst. b, 25 SRM-VO, vgl. §§ 107 ff. iVm §§ 128 ff. SAG),[400] sind bestehende „Aufrechnungsvereinbarungen" und „Saldierungsvereinbarungen grundsätzlich vor Eingriffen geschützt (vgl. § 79 Abs. 6 S. 2 SAG). Jedoch können Beendigungsrechte vorübergehend bis zum Ende des auf die Bekanntmachung der Anordnung folgenden Geschäftstags ausgesetzt werden (§ 84 Abs. 1 SAG), dies aber nicht gegenüber Zentralen Gegenparteien (§ 84 Abs. 4 SAG) und nicht, soweit keine Übertragung des jeweiligen Rechtsverhältnisses auf einen Dritten (Erwerber oder Brückenbank) erfolgt (§ 84 Abs. 5 SAG, siehe auch § 84 Abs. 6 Nr. 2 SAG). Nach Übertragung des jeweiligen Rechtsverhältnisses auf einen Dritten können Beendigungsrechte

---

[391] Dazu *Lorenz* NZG 2010, 1046 ff.; *Riethmüller* WM 2010, 2295 (2296 f.); *Schuster/Westpfahl* DB 2011, 221 (224 ff.); *Wolfers/Voland* WM 2011, 1159 (1162 f.).

[392] Vgl. dazu auch *Schuster/Westpfahl* DB 2011, 221 (225).

[393] VO (EU) Nr. 806/2014 des Europäischen Parlaments und des Rates vom 15.7.2014 zur Festlegung einheitlicher Vorschriften und eines einheitlichen Verfahrens für die Abwicklung von Kreditinstituten und bestimmten Wertpapierfirmen im Rahmen eines einheitlichen Abwicklungsmechanismus und eines einheitlichen Abwicklungsfonds (…), ABl. 2014 L 225/1.

[394] RL 2014/59/EU des Europäischen Parlaments und des Rates vom 15.5.2014 zur Festlegung eines Rahmens für die Sanierung und Abwicklung von Kreditinstituten und Wertpapierfirmen und zur Änderung [diverser Richtlinien und Verordnungen], ABl. 2014 L 173/190.

[395] Gesetz zur Sanierung und Abwicklung von Instituten und Finanzgruppen (Sanierungs- und Abwicklungsgesetz – SAG) vom 10.12.2014, BGBl. I 2014, 2091; dazu zB *Binder* ZHR 179 (2015), 83 (95 ff.); *Engelbach/Friedrich* WM 2015, 662 ff.

[396] Zur Einführung stellvertretend Binder/Glos/Riepe/*Binder* Hdb. Bankenaufsichtsrecht § 18 Rn. 1 ff.; zum institutionellen Rahmen *Benzing* ebd. § 14.

[397] Dazu Binder/Glos/Riepe/*Binder* Hdb. Bankenaufsichtsrecht § 18 Rn. 10.

[398] Vgl. im Einzelnen § 2 Abs. 3 Nr. 37 SAG, darunter aufsichtsrechtliche Maßnahmen in der Frühphase einer Krise nach §§ 36 ff. SAG.

[399] Vgl. im Einzelnen § 2 Abs. 3 Nr. 36: Abwicklungsmaßnahmen iSd Gesetzes, darunter sowohl die Übertragung von Vermögenswerten und Verbindlichkeiten nach §§ 127 ff. SAG als auch die „Beteiligung der Anteilseigner und Gläubiger" nach §§ 89 ff. SAG (Bail-in).

[400] Hierzu allg. Binder/Glos/Riepe/*Binder* Hdb. Bankenaufsichtsrecht § 18 Rn. 56 ff.; *Engelbach/Friedrich* WM 2015, 662 (665 f.).

nur ausgeübt werden, wenn die dafür vereinbarten Auslösetatbestände[401] noch vorliegen (§ 84 Abs. 6 Nr. 1 SAG).[402] Dies entspricht grundsätzlich dem bereits bislang in § 48g Abs. 7 KWG realisierten, international zunehmend akzeptierten[403] Konzept, wonach der Zusammenbruch der Austauschbeziehungen im Derivategeschäft eines insolvenzreifen Instituts nur dann hingenommen werden soll, wenn kein Schutz durch Übertragung der jeweiligen Rechtsbeziehungen auf Dritte gewährt wird.[404] Wird kumulativ oder alternativ ein **Bail-in** (Beteiligung von Anteilseignern und Gläubigern nach Art. 22 Abs. 2 Buchst. d, 27 SRM-VO, vgl. §§ 89 ff. SAG) angeordnet,[405] sind Forderungen aus unter Rahmenverträgen abgeschlossenen Derivaten nicht ausgeschlossen, aber nur in Höhe des zum jeweiligen Zeitpunkt zu ermittelnden Nettowerts einzubeziehen (§ 93 SAG).[406]

b) Insolvenzbeständigkeit der gewährten Sicherheiten. In Umsetzung gemeinschaftsrechtlicher Vorgaben, die ihrerseits internationale Standards reflektieren,[407] sind die im Rahmen börslicher und außerbörslicher Termingeschäfte zur Besicherung von (Netto-) Ausfallrisiken gewährten Sicherheiten nach geltendem Recht in erheblichem Umfang insolvenzfest ausgestaltet. Hinsichtlich der Tatbestandsvoraussetzungen wird jeweils[408] verwiesen auf die Legaldefinition des Begriffs der **„Finanzsicherheit"** in **§ 1 Abs. 17 KWG:** 59

„Finanzsicherheiten im Sinne dieses Gesetzes sind Barguthaben, Geldbeträge, Wertpapiere, Geldmarktinstrumente sowie Kreditforderungen im Sinne des Artikels 2 Absatz 1 Buchstabe o der Richtlinie 2002/47/EG des Europäischen Parlaments und des Rates vom 6. Juni 2002 über Finanzsicherheiten (ABl. L 168 vom 27.6.2002, S. 43), die durch die Richtlinie 2009/44/EG (ABl. L 146 vom 10.6.2009, S. 37) geändert worden ist, und Geldforderungen aus einer Vereinbarung, auf Grund derer ein Versicherungsunternehmen im Sinne des § 1 Absatz 1 des Versicherungsaufsichtsgesetzes einen Kredit in Form eines Darlehens gewährt hat, jeweils einschließlich jeglicher damit in Zusammenhang stehender Rechte oder Ansprüche, die als Sicherheit in Form eines beschränkten dinglichen Sicherungsrechts oder im Wege der Überweisung oder Vollrechtsübertragung auf Grund einer Vereinbarung zwischen einem Sicherungsnehmer und einem Sicherungsgeber, die einer der in Artikel 1 Abs. 2 Buchstabe a bis e der Richtlinie 2002/47/EG, die durch die Richtlinie 2009/44/EG geändert worden ist, aufgeführten Kategorien angehören, bereitgestellt werden; bei von Versicherungsunternehmen gewährten Kreditforderungen gilt dies nur, wenn der Sicherungsgeber seinen Sitz im Inland hat. Gehört der Sicherungsgeber zu den in Artikel 1 Abs. 2 Buchstabe e der Richtlinie 2002/47/EG genannten Personen oder Gesellschaften, so liegt eine Finanzsicherheit nur vor, wenn die Sicherheit der Besicherung von Verbindlichkeiten aus Verträgen oder aus der Vermittlung von Verträgen über

a) die Anschaffung und die Veräußerung von Finanzinstrumenten,

b) Pensions-, Darlehens- sowie vergleichbare Geschäfte auf Finanzinstrumente oder

c) Darlehen zur Finanzierung des Erwerbs von Finanzinstrumenten

---

[401] Zu den insoweit an sich in Betracht kommenden Tatbeständen (für Kreditderivate, aber verallgemeinerungsfähig) eingehend *Kusserow/Scholl* WM 2015, 413 (415 ff., 419 ff.).

[402] Zum Ganzen (wiederum für Kreditderivate, aber verallgemeinerungsfähig) näher *Kusserow/Scholl* WM 2015, 413 (417 ff.); s. a. Binder/Glos/Riepe/*Binder* Hdb. Bankenaufsichtsrecht § 18 Rn. 118.

[403] Dazu näher zB *Paech* Cross-Border Bank Resolution, passim; *Paech* JCLS 14 (2014), 419 ff.

[404] S. hierzu näher *F. Fuchs* Close-out Netting S. 184.

[405] Allg. dazu Binder/Glos/Riepe/*Binder* Hdb. Bankenaufsichtsrecht § 18 Rn. 71 ff.; *Engelbach/Friedrich* WM 2015, 662 (665 ff.).

[406] Dazu näher *Kusserow/Scholl* WM 2015, 413 (418 f.); s. a. Binder/Glos/Riepe/*Binder* Hdb. Bankenaufsichtsrecht § 18 Rn. 96.

[407] RL 98/26/EG des Europäischen Parlaments und des Rates vom 19.5.1998 über die Wirksamkeit von Abrechnungen in Zahlungs- sowie Wertpapierliefer- und -abrechnungssystemen, ABl. 1998 L 166/45; RL 2002/47/EG des Europäischen Parlaments und des Rates vom 6.6.2002 über Finanzsicherheiten, ABl. 2002 L 168/43; vgl. dazu *Binder* Bankeninsolvenzen S. 352 ff.; *Keller* BKR 2002, 347 ff.; *Kollmann* WM 2004, 1012 ff.; *Obermüller/Hartenfels* BKR 2004, 440 ff.

[408] Vgl. §§ 21 Abs. 2 S. 4, 81 Abs. 3 S. 2, 96 Abs. 2, 104 Abs. 2 S. 2 Nr. 6, 130 Abs. 2 S. 2, 166 Abs. 3 Nr. 3, 223 Abs. 1 S. 2 InsO.

dient. Gehört der Sicherungsgeber zu den in Artikel 1 Abs. 2 Buchstabe e der Richtlinie 2002/47/EG genannten Personen oder Gesellschaften, so sind eigene Anteile des Sicherungsgebers oder Anteile an verbundenen Unternehmen im Sinne von § 290 Abs. 2 des Handelsgesetzbuches keine Finanzsicherheiten; maßgebend ist der Zeitpunkt der Bestellung der Sicherheit. Sicherungsgeber aus Drittstaaten stehen den in Satz 1 genannten Sicherungsgebern gleich, sofern sie im Wesentlichen den in Artikel 1 Abs. 2 Buchstabe a bis e aufgeführten Körperschaften, Finanzinstituten und Einrichtungen entsprechen."

59a Liegt eine Sicherheit in diesem Sinne vor,[409] sind **Verfügungen** darüber unbeschadet etwaiger Sicherungsmaßnahmen im Insolvenzeröffnungsverfahren zulässig (§ 21 Abs. 2 Satz 2 InsO) und insolvenzfest auch dann, wenn sie am Tag der Eröffnung des Insolvenzverfahrens gegenüber gutgläubigen Gegenparteien vorgenommen worden sind (§ 81 Abs. 3 S. 2 InsO). Ist eine Finanzsicherheit bestellt worden, wird damit zugleich die zugrunde liegende **Verrechnung** der jeweiligen Forderungen (Netting) insolvenzfest (§ 96 Abs. 2 InsO).[410] § 104 Abs. 1 S. 3 Nr. 6 InsO bezieht auch die Gewährung einer Finanzsicherheit iSd § 1 Abs. 17 KWG in den Kreis der vor der Ausübung des **Wahlrechts** durch den Insolvenzverwalter geschützten Geschäfte (→ Rn. 57) ein.[411] Von der **Insolvenzanfechtung** wegen kongruenter Deckung nach § 130 InsO ist die Gewährung einer Finanzsicherheit insoweit geschützt, als damit eine Sicherungsabrede erfüllt wird, die die insolvente Partei zur Wiederherstellung der geforderten Margensicherheiten verpflichtet.[412] Nach § 166 Abs. 3 Nr. 3 InsO sind bestellte Finanzsicherheiten vom **Verwertungsrecht** des Insolvenzverwalters gem. § 166 Abs. 1 und 2 InsO ausgeschlossen; § 223 Abs. 1 S. 2 InsO verbietet Eingriffe in die vertraglichen Verwertungsrechte durch Festsetzungen eines **Insolvenzplans.** Für die **aufsichtsrechtlichen Sonderverfahren** (→ Rn. 58) gelten Schutzvorschriften nach § 79 Abs. 6 S. 2 SAG. Für die von der EMIR erfassten **Zentralen Gegenparteien** sind die von diesen nach Art. 48 Abs. 7 EMIR zu treffenden Maßnahmen zur Verwertung bzw. Rückgewähr von Kundensicherheiten nunmehr ausdrücklich insolvenzrechtlich privilegiert (vgl. Art. 102b § 1 Abs. 1 Nr. 3 EGInsO, zu dieser Regelung bereits oben → Rn. 57a).

2. Kollisionsrechtliche Aspekte

60 Werden Finanztermingeschäfte von Parteien mit Sitz in unterschiedlichen Rechtsordnungen abgeschlossen oder weisen sie sonst Auslandsberührung auf, ist hinsichtlich der kollisionsrechtlichen Behandlung in der Insolvenz nach deutschem Recht zu unterscheiden:[413] Handelt es sich um Sachverhalte, die ausschließlich innerhalb der **Europäischen Union** angesiedelt sind, gilt grundsätzlich die EuInsVO. Nach Art. 4 Abs. 2 Buchst. d EuInsVO ist hinsichtlich der Wirksamkeit einer **Aufrechnung** in der Insolvenz und mithin für die Wirksamkeit des vertraglichen Netting im Insolvenzfall auf das Recht des Staates abzustellen, in dem das Insolvenzverfahren eröffnet wird (lex fori concursus, Insolvenzstatut).[414] Die lex fori entscheidet gem. Art. 4 Abs. 2 Buchst. m EuInsVO zugleich über die

---

[409] Vgl. zu Einzelheiten des Anwendungsbereichs insbes. *F. Fuchs* Close-out Netting S. 153 ff.; Zerey/*Fried* Finanzderivate § 19 Rn. 18 ff. sowie Rn. 38 f. zur Reform der unionsrechtlichen Vorgaben durch Art. 2 der RL 2009/44/EG des Europäischen Parlaments und des Rates vom 6.5.2009 zur Änderung der RL 98/26/EG über die Wirksamkeit von Abrechnungen in Zahlungs- sowie Wertpapierliefer- und -abrechnungssystemen und der RL 2002/47/EG über Finanzsicherheiten im Hinblick auf verbundene Systeme und Kreditforderungen, ABl. 2002 L 146/37.

[410] S. dazu näher Zerey/*Fried* Finanzderivate § 19 Rn. 37; *F. Fuchs* Close-out Netting S. 165 ff.; *Keller* BKR 2002, 347 (353).

[411] Dazu Zerey/*Fried* Finanzderivate § 19 Rn. 36; *F. Fuchs* Close-out Netting S. 1.

[412] Näher Zerey/*Fried* Finanzderivate § 19 Rn. 33 ff.; *F. Fuchs* Close-out Netting S. 167 ff.; *Keßler* Strukturrisiko S. 89.

[413] Zum Folgenden eing. Zerey/*Fried* Finanzderivate § 23; *Keßler* Strukturrisiko S. 84 ff.

[414] Wie hier Zerey/*Fried* Finanzderivate § 23 Rn. 4 f.; *Keßler* Strukturrisiko S. 86; **aA** *Ehricke* ZIP 2003, 1065 (1075); *von Wilmowsky* WM 2002, 2264 (2277); *Keller* BKR 2002, 347 (349) (Maßgeblichkeit des Forderungsstatuts nach Art. 6 Abs. 1 EuInsVO).

Anfechtbarkeit von Rechtshandlungen; zu beachten ist allerdings Art. 13 EuInsVO, der solche Handlungen ausnimmt, die selbst einem anderen Recht unterliegen. Dies kann bei Rahmenverträgen und insbesondere den darin geregelten Netting-Vereinbarungen insbesondere dann der Fall sein, wenn diese ausdrücklich einem bestimmten ausländischen Recht unterstellt wurden.[415] Diese Grundsätze sind allerdings von vornherein unanwendbar, wenn es sich bei den insolventen Vertragsparteien um Kreditinstitute, Versicherungsunternehmen, bestimmte Wertpapierfirmen oder Organismen für gemeinsame Anlagen handelt: Insoweit gilt stattdessen (vgl. Art. 1 Abs. 2 EuInsVO[416]) das jeweilige **autonome Internationale Insolvenzrecht** (vgl. §§ 335 ff. InsO), das allerdings durch die Richtlinien über die Sanierung und Insolvenz von Kreditinstituten[417] bzw. Versicherungsunternehmen[418] teilweise harmonisiert ist und allgemein auch für sonstige Sachverhalte mit Berührung zu Rechtsordnungen **außerhalb der Europäischen Union** gilt. Nach § 340 Abs. 2 InsO unterliegen danach ua die Wirkungen der Verfahrenseröffnung auf „Aufrechnungsvereinbarungen" dem für diese Vereinbarung maßgeblichen Recht (lex contractus, Vertragsstatut). Nicht eindeutig geregelt ist, ob davon auch die Frage einer möglichen **Anfechtbarkeit** umfasst ist;[419] dafür spricht die systematische Stellung des § 340 Abs. 2 InsO als Sonderregel auch zu § 339 InsO, der die Anfechtbarkeit grundsätzlich der lex fori unterstellt. Für **aufsichtsrechtliche** Maßnahmen und vergleichbare Sonderverfahren gilt grundsätzlich das Territorialitätsprinzip; allerdings wird im deutschen Recht für das aufsichtsrechtliche Moratorium (§ 46d Abs. 3 S. 3 KWG) sowie für das Reorganisationsverfahren nach §§ 6 ff. KredReorgG (§ 7 Abs. 5 S. 2 KredReorgG iVm § 46d Abs. 3 S. 3 KWG) auf § 340 InsO verwiesen. Zur Anerkennung ausländischer Verfahren siehe § 46e KWG bzw. für die speziellen aufsichtsrechtlichen Sanierungs- und Abwicklungsverfahren §§ 169, 170 SAG.

---

[415] Vgl. zu Einzelheiten Zerey/*Fried* Finanzderivate § 23 Rn. 11 f.

[416] Vgl. dazu MüKoBGB/*Kindler* Band 12, Teil 11 Art. 1 EuInsVO Rn. 14 ff.; *Keßler* Strukturrisiko S. 86.

[417] RL 2001/24/EG des Europäischen Parlaments und des Rates vom 4.4.2001 über die Sanierung und Liquidation von Kreditinstituten, ABl. 2001 L 125/15.

[418] RL 2001/17/EG des Europäischen Parlaments und des Rates vom 19.3.2001 über die Sanierung und Liquidation von Versicherungsunternehmen, ABl. 2001 L 110/28.

[419] Dafür *Keßler* Strukturrisiko S. 87 f.; vorsichtig auch Zerey/*Fried* Finanzderivate § 23 Rn. 14; dagegen *von Wilmowsky* WM 2002, 2264 (2277).

38. Kapitel: Depotrecht

Schrifttum: *Alfes,* Central Counterparty – Zentraler Kontrahent – Zentrale Gegenpartei, 2005; *Bachmann,* Das neue Restrukturierungsrecht der Kreditinstitute, ZBB 2010, 459; *Baums,* Zur Deregulierung des Depotstimmrechts, ZHR 171 (2007), 599; *Beckmann,* Reformbedarf und Reformperspektiven im Recht der girosammelverwahrten Wertpapiere, 2013; *Berger,* Verpfändung und Verwertung von Aktien, WM 2009, 577; *Blitz,* Übergang zum Euro – Beginn des stückefreien Wertpapierverkehrs?, WM 1997, 2211; *Böning,* Der Besitz des Hinterlegers an Dauerglobalaktien, ZInsO 2008, 873; *Born,* Europäisches Kollisionsrecht des Effektengiros, 2014; *Brand,* Besitz an dauerglobalverbrieften Aktien – zugleich ein Beitrag zur Lehre vom Besitz, ZBB 2015, 40; *Brink,* Rechtsbeziehungen und Rechtsübertragung im nationalen und internationalen Effektengiroverkehr, 1976; *Bunte,* AGB-Banken, AGB-Sparkassen, Sonderbedingungen, Kommentar, 4. Aufl. 2015; *Casper* Elektronische Schuldverschreibung: Es ist Zeit für einen grundlegenden gesetzlichen Neustart, BKR 2019, 20; *Coing,* Die „Aufbewahrung" von Wertpapieren im Ausland als Treuhandgeschäft, WM 1977, 466; *Conac/Segna/Thévenoz* (Hrsg.), Intermediated Securities, 2013; *Dittrich,* Effektengiroverkehr mit Auslandsberührung, 2002; *Ege,* Das Kollisionsrecht der indirekt gehaltenen Wertpapiere, 2006; *Eichholz,* Das Genfer Wertpapierübereinkommen und das deutsche sachenrechtliche Denken im Effektengiroverkehr, WM 2013, 250; *Einsele,* Wertpapierrecht als Schuldrecht, 1995; *Einsele,* Wertpapiere im elektronischen Bankgeschäft, WM 2001, 7; *Einsele,* Das Haager Übereinkommen über das auf bestimmte Rechte im Zusammenhang mit zwischenverwahrten Wertpapieren anzuwendende Recht, WM 2003, 2349; *Einsele,* Das UNIDROIT-Projekt zu intermediärverwahrten Wertpapieren als Konzept für eine Modernisierung des deutschen Depotrechts, WM 2005, 1009; *Einsele,* Intermediärverwahrte Wertpapiere – Rechtsharmonisierung versus Systemneutralität, ZHR 173 (2013), 50; *Einsele,* Das Kollisionsrecht Intermediär-verwahrter Wertpapiere, EuZW 2018, 402; *Geier,* Die Regelungen des Depotvertrags im Moratorium, ZBB 2010, 289; *Gericke/Saager,* Die Weiterleitungspflicht der Depotbank gemäß Nr. 16 der Sonderbedingungen für Wertpapiergeschäfte und Praxisprobleme, WM 2008, 623; *Gleske/Pellmann/Schmidtbleicher,* Paradigmenwechsel bei der Zwangsvollstreckung für Inhaberschuldverschreibungen, WM 2016, 2369; *Grundmann,* Das neue Depotstimmrecht nach der Fassung im Regierungsentwurf zum ARUG, BKR 2009, 31; *Habersack/Ehrl,* Börsengeschäfte unter Einbeziehung eines zentralen Kontrahenten, ZfPW 2015, 312; *Habersack/Mayer,* Globalverbriefte Aktien als Gegenstand sachenrechtlicher Verfügungen?, WM 2000, 1678; *Heinsius/Horn/Than,* Depotgesetz, Kommentar, 1975; *Hellner,* Verwahrung und Verwaltung von Wertpapieren im Ausland, FS Heinsius, 1991, S. 211; *Hirte/Knof,* Das Pfandrecht an globalverbrieften Aktien in der Insolvenz Teil I/II, WM 2008, 7/49; *Horn,* Die Rechtsgrundlagen des Handels „per Erscheinen" in Pfandbriefen, WM 1976, 862; *Horn,* Die Erfüllung von Wertpapiergeschäften unter Einbeziehung eines Zentralen Kontrahenten an der Börse, WM Sonderbeilage 2/2002; *Hövekamp/Hugger,* Die Reichweite der Haftung der Depotbanken vor dem Hintergrund des Madoff-Skandals, FS Hopt, 2010, 2015; *Iversen,* Die außerbörsliche Übertragung von Aktien unter Beachtung des sachenrechtlichen Bestimmtheitsgrundsatzes, AG 2008, 736; *Keijser/Parmentier,* Die Verabschiedung der Genfer Wertpapierkonvention, BKR 2010, 151; *Keller,* Die EG-Richtlinie 98/26 vom 19.5.1998 über die Wirksamkeit von Abrechnungen in Zahlungs- sowie Wertpapierliefer- und -abrechnungssystemen und ihre Umsetzung in Deutschland, WM 2000, 1269; *Kreße,* Möglichkeiten der Girosammelverwahrung durch Kreditinstitute, WM 2015, 463; *Kronke,* Das Genfer UNIDROIT-Übereinkommen über materiellrechtliche Normen für intermediär-verwahrte Wertpapiere und die Reform des deutschen Depotrechts, WM 2010, 1625; *Kronke,* Der Funktionale Ansatz in der Rechts-„Vereinheitlichung": Kritik und Bewährung am Beispiel des Rechts intermediärverwahrter Effekten, FS Magnus, 2014, 231; *Kunz,* Ausgewählte Rechtsprobleme des Zentralen Kontrahenten, 2008; *Lehmann,* Finanzinstrumente, 2009; *M. Lorenz,* Der Regierungsentwurf eines Gesetzes zur Restrukturierung und geordneten Abwicklung von Kreditinstituten – Überblick und erste Einordnung, NZG 2010, 1046; *St. Lorenz,* Zur Abgrenzung von Wertpapierrechtsstatut und Wertpapiersachstatut im internationalen Wertpapierrecht, NJW 1995, 176; *Mentz/Fröhling,* Die Formen der rechtsgeschäftlichen Übertragung von Aktien, NZG 2002, 201; *Merkt/Rossbach,* Das „Übereinkommen über das auf bestimmte Rechte in Bezug auf bei einem Zwischenverwahrer sammelverwahrte Effekten anzuwendende Recht" der Haager Konferenz für Internationales Privatrecht, ZVglRWiss 102 (2003), 33; *Mülbert,* Vom Ende allen sachenrechtlichen Denkens im Depotrecht durch UNIDROIT und die EU, ZBB 2010, 445; *Noack,* ARUG – Das nächste Stück Aktienrechtsreform in Permanenz, NZG 2008, 441; *Nodoushani,* Rechtsfragen bei der Aktienverpfändung, WM 2007, 289; *Opitz,* Depotgesetz, Kommentar, 2. Aufl. 1955; *Pannen,* Krise und Insolvenz bei Kreditinstituten, 3. Aufl. 2010; *Paech,* Grenzüberschreitende Wertpapierverfügungen – Rechtssicherheit und Effizienz durch Kompatibilität des Depotrechts, WM 2005, 1101; *Pleyer,* Wertpapierrechtliche Probleme beim Rückfluß von Schuldverschreibungen an den Emittenten, WM 1979, 850; *Pleyer/Schleiffer,* Neue Entwicklungen im Depotrecht, DB 1972, 77; *Pöch,* UNIDROIT-Entwurf einer Wertpapier-Konvention, GS Gruson, 2009, 303; *Reuschle,* Das neue IPR für intermediär-verwahrte Wertpapiere, BKR 2003, 562; *Reuschle,* Haager Übereinkommen über die auf bestimmte Rechte in Bezug auf Intermediär-verwahrte Wertpapiere anzuwendende Rechtsordnung, IPRax 2003, 495; *Reuschle,* Grenzüberschreitender Effektengiroverkehr, RabelsZ 68 (2004), 687; *Riethmüller,* Das Restrukturierungsgesetz im ökonomischen und internationalen Kontext, WM 2010, 2295; *Schefold,* Grenzüberschreitende Wertpapierübertragungen und Internationales Privatrecht,

IPRax 2000, 468; *Scherer* (Hrsg.), Depotgesetz, Kommentar, 2012; *J. Schmidt,* Banken(voll)macht im Wandel der Zeit – Das ARUG als (vorläufiger?) Schlussstein einer wechselvollen Geschichte, WM 2009, 2350; *Schuster/Westpfahl,* Neue Wege zur Bankensanierung, DB 2011 – Teile I und II, 221/282; *Segna,* Bucheffekten, 2018; *Seibert,* Die neue „Verordnung über den Ersatz von Aufwendungen der Kreditinstitute", ZIP 2003, 1270; *Than,* Der funktionale Ansatz in der UNIDROIT Geneva Securities Convention vom 9. Oktober 2009, FS Hopt, 2010, 231; *Thévenoz,* Intermediated Securities, Legal Risk, and the International Harmonization of Commercial Law, 13 Stanford Journal of Law, Business, and Finance 384 (2008); *Turing,* Clearing and Settlement in Europe, 2012, UNIDROIT, Draft Official Commentary on the Convention on Substantive Rules regarding Intermediated Securities, CONF. 11/2 – Doc. 5; *Uhlenbruck,* „Virtueller wirtschaftlicher Besitz" und Verwertungsrecht des Insolvenzverwalters nach § 166 Abs. 1 InsO, ZInsO 2008, 114; *Voß,* Die Securities Law Directive und das deutsche Depotrecht, EWS 2010, 209; *Wust,* Die grenzüberschreitende Verbuchung von Wertpapieren, 2011; *Zöllner,* Die Zurückdrängung des Verkörperungselements bei den Wertpapieren, FS L. Raiser, 1974, 249.

Übersicht

I. Einführung und Rechtsquellen

1. Gegenstand und Entwicklungstendenzen

Der Begriff des Depotrechts kennzeichnet die Rechtsfragen der **Verwahrung** und **Übertragung** von Wertpapieren, insbesondere Aktien und Anleihen, sowie die Rechts- 1 pflichten der Banken gegenüber den Wertpapierinhabern in diesem Zusammenhang. Erfasst sind damit zugleich Teilaspekte der wertpapiermäßigen **Verbriefung** der jeweiligen Rechtsposition sowie der Ausübung von Mitgliedschaftsrechten unter Mitwirkung der Depotbanken. Im Mittelpunkt steht das **Depotgeschäft,** in § 1 Abs. 1 S. 2 Nr. 5 KWG legaldefiniert als „Verwahrung und die Verwaltung von Wertpapieren für andere", das nach dieser Vorschrift zu den Bankgeschäften iSd Kreditwesengesetzes zählt und somit der Aufsicht durch die BaFin nach dem KWG unterworfen ist. Wesentliche **Rechtsquelle** (→ Rn. 2) ist das **Depotgesetz,**[1] das mit den in Modifikation der Vorschriften über die bürgerlich-rechtliche Verwahrung (§§ 688 ff. BGB) entwickelten Rechtsverhältnissen der Rechte an intermediärverwahrten Wertpapieren zugleich die Grundlagen für den Erwerb und die Veräußerung von Effekten regelt. Charakteristisch für den Regelungsansatz des deutschen Depotrechts ist de lege lata die dem Schutz der Hinterleger dienende **sachenrechtliche** Ausgestaltung der Rechtspositionen von Eigentümern und Verwahrern in Bezug auf die verwahrten Titel, die auf die historische Praxis der Emission von Einzelurkunden zurückzuführen ist und den tradierten Grundsätzen des Wertpapierrechts entspricht. In Reaktion auf die Bedürfnisse des modernen Effektengeschäfts ist das dingliche Rechtsverhältnis des Eigentümers an dem Wertpapier allerdings bereits unter bisherigem Recht erheblich gelockert worden. Indem das Depotgesetz die Konzentration der Effekten in der **Sammelverwahrung** (§§ 1 Abs. 3 und 5 DepotG) und – seit der Depotgesetznovelle von 1972[2] – auch die sog. **Sammelurkunde** (auch: „Globalurkunde") zulässt, die eine Vielzahl gleichartiger Rechte verbrieft (§ 9a DepotG, → Rn. 10), ermöglicht es einen effizienten Handel ohne tatsächlichen Austausch effektiver Stücke zwischen Erwerbern, Veräußerern und den von ihnen jeweils eingeschalteten Intermediären. Die dingliche Ausgestaltung der Rechtsverhältnisse zwischen Eigentümern und der nur mehr auf einen Miteigentumsanteil an einer Urkunde reduzierten verbrieften Rechtsposition hat damit allerdings zugleich zunehmend den Charakter einer Hilfskonstruktion angenommen, die vor allem einen dinglichen Schutz in der Einzelzwangsvollstreckung und Insolvenzfestigkeit bezweckt (→ Rn. 38 f. bzw. 40 ff.) und die Möglichkeiten eines gutgläubigen Erwerbs erleichtert (→ Rn. 32). Schon bei der Sammelverwahrung einzelverbriefter Stücke erwirbt der Rechteinhaber in dieser Konstruktion Eigentum nur in Gestalt des Miteigentums nach Bruchteilen an dem betreffenden Sammelbestand (§§ 1008, 741 BGB, § 6 Abs. 1 DepotG; → Rn. 18). Handelt es sich bei dem verwahrten Wertpapier – wie regelmäßig – um eine Sammelurkunde, bleibt es zwar bei der Ausgestaltung als Miteigentum; der dafür charakteristische Auslieferungsanspruch (vgl. §§ 7, 8 DepotG, → Rn. 19) ist jedoch von vornherein nicht realisierbar und daher kraft Gesetzes ausgeschlossen (§ 9a Abs. 3 DepotG); die Position des Rechteinhabers als mittelbarer Besitzer, die der tradierten Lehre entspricht, ist damit letztlich eine Fiktion. Neben die damit angedeutete Tendenz zur **„Entindividualisierung",** die Auflösung der konkreten Rechtsbeziehung zwischen Rechteinhaber zu einer konkreten Urkunde als Träger der verbrieften Rechtsposition,[3] tritt zumal im internationalen Effektenverkehr der vollständige Verzicht auf eine Urkunde im eigentlichen Sinne und der Übergang zu einem rein elektronisch geführten System von Buchrechten **(„Entmaterialisierung"),**[4] in dem Urkunden zum Zweck der Übertragung der verbrieften Rechte nicht mehr physisch bewegt werden **(„Immobilisierung").**[5] Ausländische Rechtsordnungen sind vor diesem

---

[1] Gesetz über die Verwahrung und Anschaffung von Wertpapieren vom 4.2.1937, RGBl. I 171.

[2] Eingeführt durch Gesetz zur Änderung des Gesetzes über die Verwahrung und Anschaffung von Wertpapieren vom 24.5.1972, BGBl. I 1972, 801.

[3] Vgl. *Lehmann* Finanzinstrumente S. 29; *Segna* Bucheffekten S. 21 ff.; s. a. MüKoHGB/*Einsele* Depotgeschäft Rn. 58; vgl. auch schon *Pleyer/Schleiffer* DB 1972, 77 (79 ff.); *Zöllner* FS L. Raiser, 1974, 249 (251 ff.).

[4] Dazu *Born* Kollisionsrecht S. 23 ff.; MüKoHGB/*Einsele* Depotgeschäft Rn. 61; *Einsele* Wertpapierrecht S. 198 ff.; *Einsele* ZHR 173 (2013), 50 (52); *Lehmann* Finanzinstrumente S. 37; *Scherer/Martin* DepotG § 9a Rn. 19 f.; *Wust* Verbuchung S. 52 ff.

[5] ZB *Born* Kollisionsrecht S. 16 ff.; *Eichholz* WM 2013, 250 (251); *Einsele* ZHR 173 (2013), 50 (52).

Hintergrund teilweise bereits seit langer Zeit zu schuldrechtlich konstruierten Verwahrungssystemen übergegangen, nicht ohne allerdings die Rechtsposition der Rechteinhaber in einem dem dinglichen Recht zumindest weitgehend vergleichbaren Maße insolvenzfest auszugestalten.[6] Entsprechende Vorschläge sind bereits seit geraumer Zeit wiederholt auch für das deutsche Recht unterbreitet worden.[7] Auch die europäische Rechtsentwicklung tendiert klar in diese Richtung. So schreibt die 2014 verabschiedete EU-ZentralverwahrerVO (→ Rn. 2) vor, dass Wertpapiere, die zum Handel an Handelsplätzen iSd Art. 4 Abs. 1 Nr. 24 MiFID II zugelassen sind bzw. dort gehandelt werden, entweder unmittelbar in entmaterialisierter Form emittiert werden müssen oder im Rahmen der Buchung im Effektengiro (→ Rn. 30 ff.) „immobilisiert" werden müssen.[8] Die tradierten wertpapierrechtlichen Legitimations- und Dokumentationsfunktionen der Urkunde werden damit weiter zurückgedrängt.[9]

2. Rechtsquellen

Zentrale Rechtsquelle ist nach wie vor das Gesetz über die Verwahrung und Anschaffung von Wertpapieren **(Depotgesetz)** vom 4.2.1937,[10] mit dem das frühere Gesetz, betreffend die Pflichten der Kaufleute bei der Aufbewahrung fremder Wertpapiere vom 5.7.1896 abgelöst worden ist.[11] Im Einzelnen regelt die bislang geltende Fassung insbesondere die Verwahrung (Abschnitt 1), die Einkaufskommission (Abschnitt 2) sowie den Schutz der Gläubiger in der Insolvenz des Verwahrers (Abschnitt 3). Subsidiär greifen daneben die Regeln über die Verwahrung nach **§§ 688 ff. BGB** ein. Kauf und Verkauf von Wertpapieren und die damit, sowie mit der Begründung eines Verwahrungs- und Verwaltungsverhältnisses einhergehenden, Rechte und Pflichten der Parteien werden durch die im Markt einheitlich ausgestalteten **Sonderbedingungen für Wertpapiergeschäfte**[12] konkretisiert und ausgestaltet; zu berücksichtigen sind daneben die Geschäftsbedingungen der (Sammel-)Verwahrungsbanken.[13] Für die vorgeschriebene Depotprüfung zur Überwachung der Einhaltung der aufsichtsrechtlichen Anforderungen an die Depotführung durch die Intermediäre (→ Rn. 81) ergeben sich die Rechtsgrundlagen aus dem **Kreditwesen- und dem Wertpapierhandelsgesetz.** Die kollisionsrechtlichen Grundsätze für die Bestimmung der auf die Rechte an Wertpapieren anwendbaren Rechtsordnung (→ Rn. 49, 53) folgen nach geltendem Recht (eingeschränkt) aus § 17a DepotG, im Übrigen aus der allgemeinen kollisionsrechtlichen Anknüpfung an den Lage- (dh hier: Register-)Ort. Nicht durchgesetzt hat sich insoweit bislang das **Haager Übereinkommen** über die auf bestimmte Rechte in Bezug auf intermediär-verwahrte Wertpapiere anzuwendende Rechts- 2

[6] Vgl. im Überblick etwa *Lehmann* Finanzinstrumente S. 61 ff. (Frankreich), 66 ff. (Italien), 70 ff. (Spanien), 74 ff. (Vereinigtes Königreich), 79 ff. (USA), 83 ff. (Schweiz), 89 ff. (sonstige); speziell zum US-amerikanischen Recht eing. auch *Wust* Verbuchung S. 230 ff., jeweils mwN.

[7] Programmatisch *Einsele* Wertpapierrecht S. 551 ff., 561 ff. und passim (Ausgestaltung der Effektensammelverwahrung als fiduziarische Treuhand); in jüngster Zeit *Lehmann* Finanzinstrumente S. 267 ff., 388 ff. und passim (Plädoyer für ein eigenständiges Recht der Finanzinstrumente); *Segna* Bucheffekten S. 599 ff. und passim (Plädoyer für Umstellung auf reine Buchpositionen); s. a. *Habersack/Mayer* WM 2000, 1678 ff. (Ablösung der dinglichen Rechtskonstruktion durch eine Ausgestaltung als Wertrecht); im Überblick *Kronke* WM 2010, 1625 (1633 ff.).

[8] VO (EU) Nr. 909/2014 des Europäischen Parlaments und des Rates vom 23.7.2014 zur Verbesserung der Wertpapierlieferungen und -abrechnungen in der Europäischen Union und über Zentralverwahrer sowie zur Änderung der Richtlinien 98/26/EG und 2014/65/EU und der VO (EU) Nr. 236/2016, ABlEU Nr. L 257/1 vom 28.8.2014, Art. 3 Abs. 1, 76 Abs. 2 und Erwägungsgrund 11.

[9] Zutr. *Casper* BKR 2019, 209 (210); vgl. auch *Segna* Bucheffekten, S. 31 ff.

[10] RGBl. I 1937, 171.

[11] Vgl. zur Rechtsentwicklung im Überblick zB *Heinsius/Horn/Than* DepotG § 1 Rn. 1; *Scherer* DepotG Vor § 1 Rn. 1.

[12] Derzeit idF vom Juli 2012; Abdruck im Anhang zum 36. Kapitel.

[13] ZB Clearstream Banking AG: Allgemeine Geschäftsbedingungen (idF vom 1.6.2019), abrufbar unter https://www.clearstream.com/resource/blob/1526770/b089c81bcead97b86e417187207d5a21/gtcs-cbf-de-jun-2019-data.pdf.

ordnung.[14] Das Übereinkommen ist gegenwärtig lediglich von der Schweiz, den USA und von Mauritius ratifiziert worden;[15] eine ursprünglich geplante[16] Rezeption des Übereinkommens in das europäische Gemeinschafts- bzw. heute Unionsrecht ist von Seiten der Kommission aufgegeben worden.[17] In Auseinandersetzung mit der Praxis hat das Genfer UNIDROIT-Übereinkommen über materiellrechtliche Normen für intermediär-verwahrte Wertpapiere **(„Genfer Wertpapierübereinkommen")** vom 9.10.2009[18] einheitliche Grundsätze für die Rechtsstellung der Inhaber intermediärverwahrter Bucheffekten formuliert. Im **Europäischen Unionsrecht** haben diese Entwicklungen bislang nur sehr begrenzten Widerhall gefunden. Teilaspekte des Reformanliegens sind 2014 mit der **EU-Verordnung** zur **Verbesserung der Wertpapierabrechnungen** in der Europäischen Union und über **Zentralverwahrer** sowie zur Änderung der Richtlinie 98/26/EG (sog. **CSDR** → Rn. 1) umgesetzt worden.[19] Im Mittelpunkt dieses Rechtsaktes stehen harmonisierte Vorgaben für die Rechte und Pflichten von Zentralverwahrern. Ziel sind die Effizienzsteigerung und Verbesserung der Abrechnungssicherheit insbesondere im grenzüberschreitenden Effektenlieferverkehr (Art. 3–9, 31–41). Art. 3 Abs. 1, 76 Abs. 2 CSDR schreiben vor, dass der Effektenlieferverkehr ab dem 1.1.2023 für neu emittierte Wertpapiere und ab dem 1.1.2025 für alle übertragbaren Wertpapiere auf der Grundlage von Buchungen erfolgen können muss. Zugleich werden Zentralverwahrer einer einheitlichen Zulassungspflicht (Art. 10–21) und der Aufsicht nach unionsweit einheitlichen Aufsichtsstandards (Art. 22–30, 42–65) unterworfen. Weitere Reformschritte zur Harmonisierung der nationalen Depotrechte und der kollisionsrechtlichen Aspekte bleiben abzuwarten; ein vorläufiger Entwurf einer Wertpapierrechtsrichtlinie ist nicht weiterverfolgt worden.[20] Im **deutschen Recht** ist eine umfassende Reform in Rezeption dieser internationalen Entwicklungen immer wieder diskutiert worden, zuletzt insbesondere im Zusammenhang mit

---

[14] Vom 5.7.2006; deutsche Übersetzung abgedruckt in RabelsZ 68 (2004), 757 ff. sowie abrufbar unter https://assets.hcch.net/docs/3afb8418-7eb7-4a0c-af85-c4f35995bb8a.pdf; dazu näher *Born* Kollisionsrecht S. 305 ff.; *Einsele* WM 2003, 2349 ff.; Einsele ZHR 173 (2013), 50 (54 f., 62 f.); *Merkt/Rossbach* ZVglR-Wiss. 102 (2003), 33 ff.; *Reuschle* BKR 2003, 562 ff.; *Reuschle* IPRax 2003, 495 ff.; *Reuschle* RabelsZ 68 (2004), 687 (725 ff.); Scherer/*Löber* DepotG Kommentierung Anh. 13, S. 614 ff.; *Wust* Verbuchung S. 340 ff.

[15] S. zum aktuellen Status https://www.hcch.net/en/instruments/conventions/status-table/?cid=72.

[16] Dazu Vorschlag der Kommission für einen Beschluss des Rates zur Unterzeichnung des Haager Übereinkommens über die auf bestimmte Rechte in Bezug auf intermediärverwahrte Wertpapiere anzuwendende Rechtsordnung vom 15.12.2003, KOM(2003) 783 endg.

[17] Dazu Mitteilung der Kommission, ABl. 2009 C 71/17.

[18] Abrufbar unter https://www.unidroit.org/instruments/capital-markets/geneva-convention; s. dazu einführend MüKoHGB/*Einsele* Depotgeschäft Rn. 125 ff.; MüKoHGB/*Einsele* Depotrecht Rn. 124 ff.; *Einsele* WM 2005, 1109 ff.; *Einsele* ZHR 173 (2013), 50 (55, 63 ff.); *Keijser/Parmentier* BKR 2010, 151 ff.; *Kronke* WM 2010, 1625 ff.; *Mülbert* ZBB 2010, 445 ff.; *Paech* WM 2005, 1101 ff.; *Pöch* GS Gruson, 2009, 303 ff.; *Thévenoz* 13 Stan. J. L. Bus. & Fin. 384 (2008); Conac/Segna/Thévenoz/*Thévenoz* Intermediated Securities S. 3 ff.; Kümpel/Mülbert/Früh/*Bauer* BankR Rn. 18.133 ff.; *Wust* Verbuchung S. 414 ff.; Kommentierung bei Scherer/*Löber* DepotG Anh. 14, S. 647 ff.

[19] Hierzu auch *Einsele* ZHR 173 (2013), 50 (79 ff.); *Mülbert* ZBB 2010, 445 (455 ff.).

[20] Zum aktuellen Stand s. https://ec.europa.eu/info/business-economy-euro/banking-and-finance/financial-markets/post-trade-services/central-securities-depositories-csds_en. Vgl. dazu Kommission, Legislation on Legal Certainty of Securities Holdings and Dispositions. Consultation document of the Services of the Directorate-General Internal Market and Services, 16.4.2009 G2/PP D(2009); Summary of responses received in respect of the consultation document legislation on legal certainty of securities holdings and transactions; Kommission, Legislation on Legal Certainty of Securities Holdings and Dispositions. Consultation document of the Services of the Directorate-General Internal Market and Services, 5.11.2009, DG Markt G2 MET/OT/acg D(2010) 768690; s. a. bereits die an der Konzeption des Übereinkommens orientierten Vorschläge in Legal Certainty Group, EU Clearing and Settlement, Advice, 11.8.2006; *dies.,* Second Advice: Solutions to Legal Barriers related to Post-Trading within the EU, 2008, sowie Giovannini Group, Cross-Border Clearing and Settlement Arrangements in the European Union, 2001; *dies.,* Second Report on EU Clearing and Settlement Arrangements, 2003. Sämtliche Dokumente sind unter der genannten Internetadresse abrufbar. Vgl. dazu insgesamt auch *Segna* Bucheffekten S. 588 ff.; Kümpel/Mülbert/Früh/*Bauer* BankR Rn. 18.140 ff.; *Beckmann* Reformbedarf S. 124 ff.; MüKoHGB/*Einsele* Depotgeschäft Rn. 124 ff.; *Einsele* ZHR 173 (2013), 50 (79 ff.); Conac/Segna/Thévenoz/*Montani* Intermediated Securities S. 65 ff.; *Mülbert* ZBB 2010, 445 (455 ff.); BankR-HdB/*Klanten* § 72 Rn. 113; *Voß* EWS 2010, 209 ff.; näher Scherer/*Löber* DepotG Anh. 15, S. 655 ff.

den Vorgaben des Genfer Übereinkommens.[21] Erstmals deutet sich auch auf der Ebene der nationalen Gesetzgebung Bereitschaft zur grundlegenden Neuausrichtung des Wertpapierrechts an, wobei sich die Digitalisierung des Zahlungsvekehrs und der Kapitalmärkte als Motor auch für eigenständige Reforminitiativen erweisen könnte.[22] In einem **Eckpunktepapier des BMJV und des BMF** haben beide Ministerien 2019 Überlegungen zur Einführung rein elektronischer Schuldverschreibungen formuliert.[23] Die sich bereits seit langem abzeichnende Umbruchsituation des Rechts der intermediärverwahrten Wertpapiere (→ 2. Auflage 2016, Rn. 2) könnte damit erstmals in konkrete Regelungsinitiativen münden. Ob dies zu einem – gerade auch mit Blick auf die Vorgaben der CSDR sinnvollen, wenn auch dadurch nicht erzwungenen[24] – Systemwechsel für *alle* intermediärverwahrten Wertpapiere führen wird, bleibt abzuwarten.

II. Grundbegriffe

1. Depotvertrag

a) Gegenstand, Rechtsnatur, Zustandekommen und Beendigung. Grundlage für das Pflichtenprogramm der Intermediäre gegenüber den Hinterlegern ist der Depotvertrag. Dabei handelt es sich um ein **typengemischtes Vertragsverhältnis,** das Elemente des Geschäftsbesorgungsvertrags mit dienstvertraglich geprägten Pflichten (§§ 675 Abs. 1, 611 ff. BGB) und Aspekte des Verwahrungsverhältnisses nach §§ 688 ff. BGB kombiniert.[25] Gegenstand des Vertrags sind die auf die **Verwahrung** und daneben – in Ergänzung der Verwahrerpflichten nach §§ 688 ff. BGB – die **Verwaltung** der Effekten bezogenen Pflichten. Daneben können sich **Aufklärungs-** und **Beratungspflichten** der verwahrenden Intermediäre gegenüber den Hinterlegern ergeben. Aus dem Depotvertrag als solchem ist die Bank jedoch nur zur Weitergabe bestimmter Informationen verpflichtet (→ Rn. 76, 78), zur umfassenden Aufklärung und Beratung dagegen regelmäßig nur aus einem ggf. unabhängig neben dem Depotverhältnis bestehenden Aufklärungs- und Beratungsvertrag, einem Vermögensverwaltungsvertrag bzw. im Zusammenhang mit aufsichtsrechtlichen Intermediärpflichten (dazu allgemein *Spindler* → Kap. 33 Rn. 85 ff., 103 ff., sowie *Bergmann* → Kap. 36 Rn. 34 ff.).[26] Mit dem Abschluss des Depotvertrags geht damit keine Verantwortung des Verwahrers für die Anlageentscheidung des Hinterlegers ein- 3

[21] Vgl. einführend *Mülbert* ZBB 2010, 445 (450 ff.); Kümpel/Mülbert/Früh/*Bauer* BankR Rn. 18.131 ff.; BuB/*Kreße* Rn. 8/13 ff.; positiv: BankR-HdB/*Klanten* § 72 Rn. 112 f.

[22] Näher dazu Kümpel/Mülbert/Früh/*Bauer* BankR Rn. 18.148 ff.

[23] BMJV/BMF: Eckpunkte für die regulatorische Behandlung von elektronischen Wertpapieren und Krypto-Token, 7.3.2019, abrufbar unter https://www.bundesfinanzministerium.de/Content/DE/Gesetzestexte/Gesetze_Gesetzesvorhaben/Abteilungen/Abteilung_VII/19_Legislaturperiode/2019-03-07-Eckpunktepapier-Wertpapiere-Krypto-Token/0-Gesetz.html.

[24] Dafür mit guten Gründen *Casper* BKR 2019, 209 ff.; s. a. Kümpel/Mülbert/Früh/*Bauer* Rn. 18.145.

[25] BGH NJW 1991, 978; OLG München WM 1997, 1802 (1804); Kümpel/Mülber/Früh/*Bauer* BankR Rn. 18.14; *Canaris* Bankvertragsrecht Rn. 2089; MüKoHGB/*Einsele* Depotgeschäft Rn. 4; BankR-HdB/*Klanten* § 72 Rn. 4; BuB/*Kreße* Rn. 8/4; Baumbach/Hopt/*Kumpan* HGB 2. Teil (13) DepotG § 1 Rn. 4; *Scherer* DepotG Vor § 1 Rn. 18; *Mentz/Fröhling* NZG 2002, 201 (203); im Ergebnis auch Staub/*Grundmann* BankvertragsR, 8. Teil Rn. 319.

[26] Vgl. BGH NJW 2005, 1113 (1114) (keine Pflicht zur Aufklärung über Einzelheiten eines Übernahmegebots über die im Depot befindlichen Aktien jenseits des Vorliegens des befristeten Angebots); OLG Celle WM 1997, 1801 (1802) (keine Pflicht zur Beobachtung der Kursentwicklung und entsprechenden Beratung des Kunden); OLG Frankfurt a. M. WM 1996, 665 (667) (keine Beratungspflicht hinsichtlich der Risiken in Kommission abgeschlossener Optionsgeschäfte); OLG Hamm BB 1999, 1676 (keine Pflicht zur börsentäglichen Kursinformation); OLG Karlsruhe NJW-RR 1990, 753 (754) (keine Pflicht zur Aufklärung über die wirtschaftlichen Konsequenzen einer Weisung des Depotkunden); 1992, 1074 (1075) (keine Pflicht zur Benachrichtigung über veränderte „tatsächliche Gegebenheiten auf dem Kapitalmarkt"); OLG München WM 1997, 1802 (1804) (Pflicht zur Beratung beim Kauf von Optionen nicht aus Depot-, sondern aus selbständigem Beratungsvertrag); Kümpel/Mülbert/Früh/*Bauer* BankR Rn. 18.28 ff.; MüKoHGB/*Einsele* Depotgeschäft Rn. 4; BankR-HdB/*Klanten* § 72 Rn. 4; *Scherer* DepotG Vor § 1 Rn. 18, 32.

her.[27] Richtiger Ansicht nach ist der Depotvertrag ein **Konsensualvertrag,** der in der Praxis mit dem vervollständigten (durch Unterschrift oder elektronisch) Depoteröffnungsantrag und dessen Annahme durch den Verwahrer zustande kommt,[28] nicht dagegen (als Realvertrag) erst mit der Einbringung von Effekten in das daraufhin eröffnete Depot.[29] Allerdings beziehen sich die vertragstypischen Pflichten und die korrespondierenden Rechte des Verwahrers durchweg auf die dem Verwahrer „zur Verwahrung anvertrauten" (§ 1 Abs. 2 DepotG) Werte, so dass sich die praktischen Unterschiede auf die Entstehung von Nebenpflichten beschränken.[30] Der Depotvertrag endet durch **Rückforderung** seitens des Hinterlegers (§ 695 S. 1 BGB) bzw. durch **Rücknahmeverlangen** seitens des Verwahrers (§ 696 S. 1 BGB), die grundsätzlich jederzeit geltend gemacht werden können.[31] Allerdings folgt aus der Rücksichtnahmepflicht der Depotbank auf die Kundeninteressen (Nr. 19 Abs. 1 AGB-Banken/Nr. 26 Abs. 1 AGB-Sparkassen), die auch aus § 242 BGB folgt,[32] eine **angemessene Kündigungsfrist** (vgl. ausdrücklich Nr. 19 Abs. 1 S. 3 AGB-Banken: mindestens zwei Monate). Für die Verwahrung bei der Clearstream Banking AG als Wertpapiersammelbank (→ Rn. 7) gilt nach Nr. VI Abs. 1 S. 3 ihrer AGB eine zweimonatige Kündigungsfrist für die ordentliche Kündigung.[33] Diese soll insbesondere dem Hinterleger die Möglichkeit verschaffen, sich um die Einrichtung eines alternativen Depots zu bemühen und die verwahrten Effekten darauf zu übertragen.[34] In der **Insolvenz** des Verwahrers endet der Depotvertrag nach §§ 116 S. 1, 115 Abs. 1 S. 1 InsO.

4 **b) Depotformen.** Regelfall der Verwahrung nach der Konzeption des Depotgesetzes ist das **offene Depot,** bei dem der Hinterleger die zu verwahrenden Effekten unverschlossen zur Aufbewahrung in einem Sammeldepot gibt (§ 5 DepotG).[35] Unanwendbar ist das Depotgesetz auf verschlossene Depots; die Rechtsverhältnisse hierin bestimmen sich als reiner Verwahrungsvertrag allein nach §§ 688 ff. BGB.[36] In diesem Rahmen sind unterschiedliche Gestaltungen je nach Berechtigung des Hinterlegers möglich und üblich. Ebenso wie bei der Kontenführung (dazu *Müller-Christmann* → Kap. 1 Rn. 165) kann das Depot als **Einzel-** oder **Gemeinschaftsdepot** geführt werden; bei Letzterem ist sowohl die Ausgestaltung als Und- als auch als Oder-Depot möglich.[37] Für Gemeinschaftsdepots gelten die für Gemeinschaftskonten entwickelten Grundsätze entsprechend. Die Hinterleger beim **Oder-Depot** sind danach als Gesamtgläubiger iSd § 428 BGB zu qualifizieren,[38] wobei allerdings jedem Hinterleger in Abweichung von § 428 BGB ein eigenes Forderungs- bzw. Weisungsrecht zusteht und die Bank nur an denjenigen Hinterleger mit befreiender Wirkung leisten darf, der die Weisung erteilt hat oder Leistung an sich selbst

---

[27] Vgl. besonders deutlich in diesem Sinne nochmals BGH NJW 2005, 1113 (1114); daneben OLG Celle WM 1997, 1801 (1802); OLG Frankfurt a. M. WM 1996, 665 (667); OLG Karlsruhe NJW-RR 1990, 753 (754); 1992, 1074 (1075); OLG München WM 1997, 1802 (1804); BankR-HdB/*Klanten* § 72 Rn. 4; *Scherer* DepotG Vor § 1 Rn. 32.

[28] Vgl. BGHZ 46, 43 (48) (für Lagervertrag, aber übertragbar); speziell für den Depotvertrag MüKoHGB/*Einsele* Depotgeschäft Rn. 4; BankR-HdB/*Klanten* § 72 Rn. 5; *Scherer* DepotG Vor § 1 Rn. 19; allg. für den Verwahrungsvertrag MüKoBGB/*Henssler* § 688 Rn. 4.

[29] So noch *Heinsius/Horn/Than* § 15 Rn. 5 mwN zur älteren Lehre.

[30] Unpräzise BankR-HdB/*Klanten* § 72 Rn. 5, der die Streitfrage mit Blick darauf für unerheblich hält.

[31] Für den Verwahrer BGH NJW 1991, 978; MüKoHGB/*Einsele* Depotgeschäft Rn. 4; BankR-HdB/*Klanten* § 72 Rn. 5; *Scherer* DepotG Vor § 1 Rn. 20.

[32] MüKoHGB/*Einsele* Depotgeschäft Rn. 4; allg. MüKoBGB/*Henssler* § 696 Rn. 3 mit § 695 Rn. 4.

[33] Zur außerordentlichen Kündigung Nr. VIII Abs. 3 AGB Clearstream Banking AG.

[34] Vgl. BGH NJW 1991, 978.

[35] Vgl. BankR-HdB/*Klanten* § 72 Rn. 1; *Scherer* DepotG Vor § 1 Rn. 22.

[36] Baumbach/Hopt/*Kumpan* HGB 2. Teil, (13) DepotG § 1 Rn. 4; *Scherer* DepotG Vor § 1 Rn. 22.

[37] MüKoHGB/*Einsele* Depotgeschäft Rn. 148 f.; Staub/*Grundmann* BankvertragsR, 8. Teil Rn. 325; Baumbach/Hopt/*Kumpan* HGB 2. Teil, (13) DepotG § 1 Rn. 4; *Scherer* DepotG § 1 Rn. 47 f.; BankR-HdB/*Klanten* § 72 Rn. 6.

[38] MüKoHGB/*Einsele* Depotgeschäft Rn. 148; BankR-HdB/*Klanten* § 72 Rn. 6; *Canaris* Bankvertragsrecht Rn. 2095; *Scherer* DepotG § 1 Rn. 48.

verlangt.[39] Beim **Und-Depot** bilden die Hinterleger dagegen eine Bruchteilsgemeinschaft; die Hinterleger sind nur gemeinsam verfügungsbefugt (§ 743 BGB).[40] Die Qualifikation betrifft allerdings jeweils nur die schuldrechtliche Rechtsposition der Hinterleger untereinander und gegenüber dem Verwahrer; die **Eigentumsposition** der einzelnen Hinterleger an den hinterlegten Effekten bleibt davon unberührt.[41] Diese ist vielmehr durch Auslegung der konkret zwischen den Hinterlegern getroffenen Abreden zu ermitteln, wobei die Vermutung des § 1006 Abs. 1, 3 BGB zwar zu berücksichtigen ist, aber die Rechtsbeziehungen nur selten sachgerecht erfasst.[42] Weitere Erscheinungsformen sind **Treuhand-** oder **Anderdepots,** bei denen die verwahrten Effekten bzw. die Miteigentumsanteile am Wertpapiersammelbestand treuhänderisch gehalten werden [43] sowie das **Sperrdepot,** bei dem der Depotinhaber sich schuldrechtlich verpflichtet, ausschließlich zugunsten des Sperrbegünstigten zu verfügen, ohne dass dieser ein dingliches Recht an den verwahrten Werten hätte.[44] Die Sperrvereinbarung kann von der Depotbank als Einrede einer vereinbarungswidrigen Weisung des Depotinhabers entgegen gehalten werden.[45] Beispiele bieten die gesetzlich vorgeschriebenen Sperrdepots inländischer Lebens-, Kranken- und Pflegeversicherungen (§ 66 VAG iVm § 79 VAG) sowie Sperrdepots nach § 24 Abs. 1 InvestmentG und § 9 PfandBG. Eine Sonderform ist das **Depot zugunsten Dritter,** bei dem der Hinterleger die hinterlegten Werte auf die Depotbank als Treuhänderin überträgt, um einem Dritten die aus der Treuhandabrede resultierenden Rechte im Wege des Vertrags zugunsten Dritter (§ 328 BGB) zuwenden zu können.[46] Häufigster Anwendungsfall ist die Zuwendung auf den Todesfall (§§ 328, 331 BGB).[47] Mit dieser Konstruktion überwindet die Gestaltungspraxis die Unzulässigkeit einer unmittelbaren Zuwendung dinglicher Rechtspositionen durch Vertrag zugunsten Dritter.[48] Inhaltlich handelt es sich um eine – zulässige[49] – Form der wirtschaftlichen Verwertung der verwahrten Werte durch den Hinterleger, bei der die besondere Ausgestaltung des Verwahrungsverhältnisses auf diesen wirtschaftlichen Zweck ausgerichtet ist (→ Rn. 69). Entsprechendes gilt auch für das **Nießbrauchsdepot** (Einzelheiten: → Rn. 68), bei dem der Hinterleger einem Dritten einen Nießbrauch an verwahrten Wertpapieren bestellt (vgl. § 1081 BGB).[50]

---

[39] Vgl. für das Oder-Konto BGHZ 93, 315 (320 f.) = NJW 1985, 1218; BGHZ 95, 185 (187) = NJW 1985, 2698; für das Oder-Depot LG Frankfurt NJW-RR 2004, 775; *Canaris* Bankvertragsrecht Rn. 2095; MüKoHGB/*Einsele* Depotgeschäft Rn. 148; BankR-HdB/*Klanten* § 72 Rn. 6.

[40] MüKoHGB/*Einsele* Depotgeschäft Rn. 149; BankR-HdB/*Klanten* § 72 Rn. 6.

[41] BGH NJW 1997, 1434 f.; *Canaris* Bankvertragsrecht Rn. 2090, 2095; BankR-HdB/*Klanten* § 72 Rn. 7; *Heinsius/Horn/Than* DepotG § 2 Rn. 11; *Scherer/Löber* DepotG § 2 Rn. 2; insoweit übereinstimmend auch MüKoHGB/*Einsele* Depotgeschäft Rn. 148.

[42] BGH NJW 1997, 1434 (1435); ähnlich BankR-HdB/*Klanten* § 72 Rn. 7; abw. MüKoHGB/*Einsele* Depotgeschäft Rn. 148, die mittelbaren Besitz der Hinterleger ablehnt und deshalb § 1006 BGB für unanwendbar hält.

[43] Eing. zur Zulässigkeit *Canaris* Bankvertragsrecht Rn. 2099; BankR-HdB/*Klanten* § 72 Rn. 6; *Scherer* DepotG § 1 Rn. 49; Baumbach/Hopt/*Kumpan* HGB 2. Teil, (13) DepotG § 1 Rn. 4; einschränkend MüKoHGB/*Einsele* Depotgeschäft Rn. 150 ff. Insoweit gelten die für Treuhandkonten allgemein geltenden Regeln, so dass auf die Kommentierung von *Servatius* (→ Kap. 35 Rn. 43 ff.) verwiesen werden kann.

[44] Dazu Kümpel/Mülbert/Früh/*Bauer* BankR Rn. 18.16 f.; *Canaris* Bankvertragsrecht Rn. 2098; MüKoHGB/*Einsele* Depotgeschäft Rn. 154 ff. mwN; BankR-HdB/*Klanten* § 72 Rn. 6, 132 f.; *Scherer* DepotG § 1 Rn. 51; knapp Baumbach/Hopt/*Kumpan* HGB 2. Teil, (13) DepotG § 1 Rn. 4.

[45] *Canaris* Bankvertragsrecht Rn. 2098; MüKoHGB/*Einsele* Depotgeschäft Rn. 154.

[46] Vgl. dazu die übliche Formulargestaltung bei BuB/*Decker* Rn. 8/244.

[47] Dazu eing. Kümpel/Mülbert/Früh/*Bauer* BankR Rn. 18.18 f.; *Canaris* Bankvertragsrecht Rn. 2091 ff.; BuB/*Decker* Rn. 8/229 ff.; MüKoHGB/*Einsele* Depotgeschäft Rn. 157 ff.; BankR-HdB/*Klanten* § 72 Rn. 134 f.; *Scherer* DepotG § 1 Rn. 50.

[48] Zur Unzulässigkeit der Depotübertragung unmittelbar auf der Grundlage der §§ 328, 331 BGB allg. RGZ 98, 279 (282); BGHZ 41, 95 (96) = WM 1964, 348; OLG Zweibrücken WM 1998, 1776 (1776).

[49] BGHZ 41, 95 (96) = WM 1964, 348; OLG Zweibrücken WM 1998, 1776 (1776); *Canaris* Bankvertragsrecht Rn. 2092; BankR-HdB/*Klanten* § 72 Rn. 134 f.; im Ergebnis auch MüKoHGB/*Einsele* Depotgeschäft Rn. 158.

[50] S. dazu näher BuB/*Decker* Rn. 8/225; BankR-HdB/*Klanten* § 72 Rn. 136 ff.; MüKoHGB/*Einsele* Depotgeschäft Rn. 161 f.; *Scherer* DepotG § 1 Rn. 53.

2. Verwahrungsarten

5 Das Depotgesetz unterscheidet zwischen den Verwahrungsarten der Sonderverwahrung (§ 2 DepotG) sowie der Sammelverwahrung (§ 5 DepotG). Die **Sonderverwahrung** (wegen der traditionellen Kennzeichnung für die fremden Papiere auch als **„Streifbandverwahrung"** bezeichnet) entspricht dem historischen Leitbild des Verwahrungsverhältnisses und war früher als gesetzlicher Regelfall ausgestaltet;[51] hier ist der Verwahrer verpflichtet, die Wertpapiere des Hinterlegers gesondert von eigenen Beständen und Beständen Dritter aufzubewahren (§ 2 DepotG). Zur Sonderverwahrung kommt es nur, wenn der Hinterleger dies ausdrücklich verlangt (§ 5 Abs. 1 S. 1 Hs. 2 DepotG). Das Eigentum an den einzelnen Urkunden – und damit die Rechte aus § 985 BGB, § 771 ZPO und § 47 InsO – bleibt unverändert bei den Hinterlegern, die mit Entstehen des Depotverhältnisses mittelbaren Besitz an den Papieren erwerben.[52] Die **Sammelverwahrung,** die in der Form der (Giro-)Sammelverwahrung durch eine Wertpapiersammelbank iSd § 1 Abs. 3 DepotG mit dem Inkrafttreten des 4. Finanzmarktförderungsgesetzes[53] als Regelfall der Verwahrung gesetzlich anerkannt ist (vgl. §§ 2 S. 1 und 5 Abs. 1 S. 1 DepotG), zeichnet sich dadurch aus, dass hier die anvertrauten vertretbaren Effekte ungetrennt in einen einheitlichen Sammelbestand aufgenommen und für die Hinterleger verwahrt werden, die daran kraft Gesetzes Miteigentum erwerben[54] (Einzelheiten: → Rn. 16 f.). Neben diesen beiden Grundformen kennt das DepotG die **unregelmäßige Verwahrung** (§ 15 DepotG, vgl. § 700 BGB), bei der das Eigentum des Hinterlegers an den verwahrten Effekten durch Übertragung auf die Depotbank oder einen Dritten erlischt (→ Rn. 65), sowie die – praktisch ebenfalls seltene – **Tauschverwahrung** (§ 10 DepotG), in deren Rahmen der Hinterleger den Verwahrer ermächtigt, anstelle der zur Verwahrung eingelieferten Stücke andere Papiere derselben Art zurückzugeben (→ Rn. 66). Ebenfalls ein Sonderfall ist die Verwahrung bei Erteilung einer **Aneignungsermächtigung** (→ Rn. 67).

3. Verwahrer

6 **a) Hausverwahrung.** Verwahrer ist, wem die hinterlegten Werte zur Verwahrung „anvertraut werden" (§ 1 Abs. 2 DepotG). Die Verwahrung der hinterlegten Werte kann – als sog. **Hausverwahrung** – durch die Depotbank selbst übernommen werden, wobei sowohl die Sonder- als auch die Sammelverwahrung möglich ist;[55] praktisch bedeutsam ist dies kaum mehr. Voraussetzung ist, dass der Hinterleger die Depotbank ausdrücklich und schriftlich besonders ermächtigt hat, die anvertrauten Effekten in die Hausverwahrung zu nehmen (§ 5 Abs. 1 S. 2 DepotG, ggf. iVm § 2 S. 1 DepotG). Eine Ermächtigung in AGB ist unzulässig (§ 5 Abs. 1 S. 3 DepotG).

7 **b) Drittverwahrung.** Bei der sog. **Drittverwahrung** übergibt dagegen die Depotbank die in Verwahrung genommenen Papiere im eigenen Namen einem Dritten zur Verwahrung durch diesen. § 3 DepotG gestattet – im Unterschied zu § 691 BGB für die bürgerlich-rechtliche Verwahrung – die Drittverwahrung bei einem anderen Verwahrer iSd § 1 Abs. 2 DepotG ausdrücklich, ohne dass es auf eine Ermächtigung des Hinterlegers ankäme. Dieser muss allerdings selbst als Kreditinstitut zugelassen sein (§ 1 Abs. 2 DepotG iVm §§ 1

[51] MüKoHGB/*Einsele* Depotgeschäft Rn. 42; BankR-HdB/*Klanten* § 72 Rn. 71, 122; BuB/*Kreße* Rn. 8/78; *Scherer/Löber* DepotG § 2 Rn. 4; s. a. bereits *Heinsius/Horn/Than* DepotG § 2 Rn. 1.

[52] MüKoHGB/*Einsele* Depotgeschäft Rn. 42; Staub/*Grundmann* BankvertragsR, 8. Teil Rn. 326; BankR-HdB/*Klanten* § 72 Rn. 122; *Heinsius/Horn/Than* DepotG § 2 Rn. 10; *Scherer/Löber* DepotG § 2 Rn. 2.

[53] Gesetz zur weiteren Entwicklung des Finanzplatzes Deutschland vom 21.6.2002, BGBl. I 2010.

[54] Vgl. zunächst Kümpel/Mülbert/Früh/*Bauer* BankR Rn. 18.52 ff.; MüKoHGB/*Einsele* Depotgeschäft Rn. 44; Staub/*Grundmann* BankvertragsR, 8. Teil Rn. 334; BankR-HdB/*Klanten* § 72 Rn. 71; BuB/*Kreße* Rn. 8/85; Scherer/*Rögner* DepotG § 5 Rn. 1; zur historischen Entwicklung *Heinsius/Horn/Than* DepotG § 5 Rn. 1.

[55] Zum Begriff BankR-HdB/*Klanten* § 72 Rn. 9; MüKoHGB/*Einsele* Depotgeschäft Rn. 63; Scherer/*Rögner* DepotG § 5 Rn. 25.

Abs. 1 S. 2 Nr. 5; 32 Abs. 1 KWG). Praktischer **Regelfall** ist heute schon aus Gründen der Kostenersparnis im Hinblick auf die Verwaltung der Papiere und deren Übertragung durch Weiterverfügung die rationalisierte Form der Sammelverwahrung durch eine **Wertpapiersammelbank,** die die Hausverwahrung praktisch verdrängt hat[56] und zugleich die Grundlage für den Effektengiroverkehr darstellt (→ Rn. 29, daher auch: **„Girosammelverwahrung"**). Die Anerkennung als Wertpapiersammelbank bedarf einer besonderen aufsichtsrechtlichen Genehmigung durch die jeweils zuständigen Bankenaufsichtsbehörden des Sitzstaates (§ 1 Abs. 3 DepotG). Im Inland als Wertpapiersammelbank zugelassen ist heute allein die Clearstream Banking AG,[57] die der Aufsicht durch die BaFin nach dem KWG und der CSDR unterliegt und neben der Verwahrung der ihr anvertrauten Effekten auch den Effektengiroverkehr vermittelt. Im Hinblick auf die Teilnahme ausländischer Wertpapiere am inländischen Börsenhandel übernimmt diese zugleich die Funktion einer Treuhänderin (→ Rn. 54).[58]

c) Drittverwahrung eines Hausbestands. Ein **Sonderfall** ist die Verwahrung bei einem mit der Depotbank nicht identischen Dritten, der keine Wertpapiersammelbank iSd § 1 Abs. 3 S. 1 DepotG, sondern lediglich als Kreditinstitut zugelassen ist. Zwar ist auch diese Form der Verwahrung eines fremden Wertpapierbestands durch die allgemeine Ermächtigung der Drittverwahrung nach § 3 Abs. 1 DepotG gedeckt.[59] Als Sammelverwahrung ist sie jedoch gem. § 5 Abs. 1 S. 2 und 3 DepotG nur unter den gleichen Voraussetzungen wie die **Haussammelverwahrung** ieS zulässig, bedarf also der ausdrücklichen und schriftlichen Genehmigung durch den Hinterleger im Einzelfall (→ Rn. 6). Unpräzise wird daher teilweise von einem Unterfall der Hausverwahrung gesprochen;[60] treffender ist die Bezeichnung als Drittverwahrung eines Haussammelbestands.[61] Die Bedeutung dieser Konstellation in der Praxis ist gering, weil diese Depotform nicht auf die Bedürfnisse des modernen Effektengiroverkehrs abgestimmt ist.[62] Mit der europaweit vereinheitlichten Pflicht zur einheitlichen dematerialisierten bzw. immobilisierten Verbuchung im Effektengiroverkehr (→ Rn. 1) scheidet sie für an Handelsplätzen zugelassene bzw. dort gehandelte Wertpapiere ganz aus. 8

4. Depotfähige Werte

a) Wertpapiere. Als depotfähige Wertpapiere definiert **§ 1 Abs. 1 DepotG:** 9

> *„Aktien, Kuxe, Zwischenscheine, Zins-, Gewinnanteil- und Erneuerungsscheine, auf den Inhaber lautende oder durch Indossament übertragbare Schuldverschreibungen, ferner andere Wertpapiere, wenn diese vertretbar sind, mit Ausnahme von Banknoten und Papiergeld."*

Zugrundegelegt wird somit grundsätzlich ein weiter Anwendungsbereich; maßgeblich kommt es auf die **Vertretbarkeit** (§ 91 BGB: Artgleichheit und Austauschbarkeit) an, da nur vertretbare Wertpapiere Gegenstand gewerbsmäßiger Umsatzgeschäfte (und also als

[56] MüKoHGB/*Einsele* Depotgeschäft Rn. 64; Staub/*Grundmann* BankvertragsR, 8. Teil Rn. 322; BuB/*Kreße* Rn. 8/80; Scherer/*Rögner* DepotG § 5 Rn. 52.

[57] Es handelt sich um eine 100%ige Tochtergesellschaft der Clearstream International SA, die ihrerseits Konzernunternehmen der Gruppe Deutsche Börse ist und für diese das Wertpapierverwahrungs-, liefer- und -abwicklungsgeschäft ausübt; vgl. dazu Kümpel/Mülbert/Früh/*Bauer* BankR Rn. 18.46 f.; *Scherer* DepotG § 1 Rn. 62 f.; BuB/*Kreße* Rn. 8/83; Scherer/*Löber* DepotG § 3 Rn. 3; eing. zur Marktstruktur auch *Segna* Bucheffekten S. 70 ff.

[58] Näher MüKoHGB/*Einsele* Depotgeschäft Rn. 52 f.; BuB/*Kreße* Rn. 8/83.

[59] Staub/*Grundmann* BankvertragsR, 8. Teil Rn. 328; BuB/*Kreße* Rn. 8/84; *Scherer* DepotG § 1 Rn. 4; Scherer/*Rögner* DepotG § 5 Rn. 26.

[60] So BankR-HdB/*Klanten* § 72 Rn. 9; MüKoHGB/*Einsele* Depotgeschäft Rn. 63.

[61] *Heinsius/Horn/Than* DepotG § 5 Rn. 18; ähnlich Staub/*Grundmann* BankvertragsR 8. Teil Rn. 328: „Drittsonderverwahrung"; BuB/*Kreße* Rn. 8/84: „Dritt-Haussammelverwahrung"; *Scherer* DepotG § 1 Rn. 4: „Hausdrittverwahrung".

[62] Näher BuB/*Kreße* Rn. 8/84.

Effekten zu qualifizieren) sein können, auf die sich das DepotG bezieht.[63] Die Aufzählung einzelner Arten von Wertpapieren im Gesetzeswortlaut hat damit lediglich exemplarischen Charakter und beschreibt das Spektrum der depotverwahrten Effekten nicht abschließend. Neben den ausdrücklich genannten **Aktien** – erfasst sind sowohl Inhaber- als auch Namensaktien[64] – sind vor allem die ebenfalls ausdrücklich erwähnten **Inhaberschuldverschreibungen** (§§ 793 ff. BGB) in der Praxis des Depotgeschäfts von größter Bedeutung. Hierunter fallen insbesondere Industrieobligationen, daneben Anleihen öffentlich-rechtlicher Schuldner (beachte aber die Besonderheiten nach dem Bundeswertpapierverwaltungsgesetz für die als Wertrechte emittierten öffentlichen Schuldtitel des Bundes, → Rn. 64). **Kuxe** sind Namenspapiere, die die Mitgliedschaft an einer bergrechtlichen Gewerkschaft verbriefen; sie sind seit 1970 nicht mehr im Börsenhandel vertreten.[65] Die ebenfalls ausdrücklich aufgeführten, aber praktisch wiederum bedeutungslosen **Zwischenscheine** (auch: „Interimsscheine") verbriefen die Rechtsposition eines Aktionärs vor der endgültigen Ausgabe der Aktien (vgl. § 8 Abs. 6 AktG); sie können ausschließlich als Namenspapiere ausgestaltet (§ 10 Abs. 3 und 4 AktG), jedoch durch Indossament übertragen werden (§ 68 Abs. 4 AktG) und gehören damit zu den Orderpapieren.[66] **Zinsscheine** (Coupons) und **Gewinnanteilsscheine** sowie **Genussscheine** verbriefen Zins- bzw. Dividendenansprüche neben einer Hauptturkunde, wobei sie losgelöst von dieser gehandelt und übertragen werden können.[67] **Erneuerungsscheine** („Talons") berechtigen den Inhaber zum Bezug neuer Zins- oder Gewinnanteilsscheine mit dem Ziel, die Vorlage der Haupturkunde beim Bezug zu ersparen (vgl. § 805 BGB, § 75 AktG); sie sind damit bloße Legitimationspapiere, nicht Wertpapiere,[68] aber wegen der sachlichen Nähe zu den Gewinn- und Anteilsscheinen in den Anwendungsbereich einbezogen.[69] Neben den in § 1 Abs. 1 DepotG ausdrücklich erwähnten vertretbaren Effekten sind in der Praxis insbesondere die – unproblematisch als vertretbare Wertpapiere zu qualifizierenden – verbrieften Anteile an Kapitalanlage- bzw. Investmentgesellschaften **(Investmentzertifikate)** einbezogen; ebenfalls depotfähig sind **Sparbriefe.**[70] Hinsichtlich **ausländischer Werte** ist zu differenzieren: Einbezogen in den Anwendungsbereich des § 1 Abs. 1 DepotG und damit depotfähig sind solche Werte, die nach der jeweils darauf anwendbaren Rechtsordnung als vertretbares Wertpapier zu qualifizieren sind.[71] Maßgeblich ist dabei das Wertpapierrechtsstatut, dh die Rechtsordnung, der das verbriefte Recht unterliegt (→ Rn. 50). Anderenfalls kommt lediglich eine an die depotmäßige Verwahrung angelehnte Erfassung als Treuhand-WR-Gutschrift in Betracht (→ Rn. 54).

---

[63] Vgl. BankR-HdB/*Klanten* § 72 Rn. 50 f.; *Scherer* DepotG § 1 Rn. 2. Zum Folgenden auch BaFin, Merkblatt – Hinweise zum Tatbestand des Depotgeschäfts (Stand: Februar 2014), abrufbar unter https://www.bafin.de/SharedDocs/Veroeffentlichungen/DE/Merkblatt/mb_090106_tatbestand_depotgeschaeft.html.

[64] MüKoHGB/*Einsele* Depotgeschäft Rn. 5; BankR-HdB/*Klanten* § 72 Rn. 53; *Heinsius/Horn/Than* DepotG § 1 Rn. 5; *Scherer* DepotG § 1 Rn. 9 ff.; vgl. eing. zur depotrechtlichen Behandlung und praktischen Abwicklung auch *Lenenbach* Kapitalmarktrecht Rn. 6.155 ff.

[65] MüKoHGB/*Einsele* Depotgeschäft Rn. 5; BankR-HdB/*Klanten* § 72 Rn. 53; *Heinsius/Horn/Than* DepotG § 1 Rn. 15; EBJS/*Scherer* HGB BankR VI Rn. 415; *Scherer* DepotG § 1 Rn. 10.

[66] MüKoHGB/*Einsele* Depotgeschäft Rn. 5; BankR-HdB/*Klanten* § 72 Rn. 53; *Heinsius/Horn/Than* DepotG § 1 Rn. 7; *Scherer* DepotG § 1 Rn. 11.

[67] MüKoHGB/*Einsele* Depotgeschäft Rn. 5; BankR-HdB/*Klanten* § 72 Rn. 53; *Heinsius/Horn/Than* DepotG § 1 Rn. 9 ff.; speziell zu Genussscheinen *Scherer* DepotG § 1 Rn. 16.

[68] MüKoHGB/*Einsele* Depotgeschäft Rn. 5; vgl. schon RGZ 3, 152 (154); 31, 145 (247); 74, 339 (341); 77, 333 (336); MüKoBGB/*Habersack* § 805 Rn. 2; Soergel/*Welter* § 805 Rn. 2; Staudinger/*Marburger* § 803 Rn. 14 f.; *Scherer* DepotG § 1 Rn. 20 **(hM).**

[69] MüKoHGB/*Einsele* Depotgeschäft Rn. 5; BankR-HdB/*Klanten* § 72 Rn. 53; *Heinsius/Horn/Than* DepotG § 1 Rn. 12; *Scherer* DepotG § 1 Rn. 20.

[70] MüKoHGB/*Einsele* Depotgeschäft Rn. 6; BankR-HdB/*Klanten* § 72 Rn. 54; s. a. *Heinsius/Horn/Than* DepotG Rn. 17 ff.; *Scherer* DepotG § 1 Rn. 33.

[71] MüKoHGB/*Einsele* Depotgeschäft Rn. 14; BankR-HdB/*Klanten* § 72 Rn. 54, 68; vgl. eing. *Heinsius/Horn/Than* DepotG Rn. 22 ff.; *Scherer* DepotG § 1 Rn. 34; vgl. auch Nr. XI Abs. 1 S. 5 AGB Clearstream Banking AG.

b) Sammelurkunden. aa) Begriff und Grundlagen. Sammelurkunden (meist als „Globalurkunden" bezeichnet, auch: „Globalaktie" bzw. „Globalschuldverschreibung"[72]) sind nach der Legaldefinition in § 9a Abs. 1 S. 1 DepotG **Wertpapiere,** die mehrere Rechte verbriefen, welche ihrerseits „jedes für sich in vertretbaren Wertpapieren einer und derselben Art verbrieft sein könnten". Systematisch handelt es sich damit um einen Unterfall der in § 1 Abs. 1 DepotG genannten Wertpapiere.[73] Diese Art der Verbriefung, deren ausdrückliche gesetzliche Zulassung zur depotmäßigen Verwahrung auf die Depotgesetznovelle 1972 zurückgeht, ist dem Bedürfnis der Praxis nach weitgehender Entmaterialisierung entgegengekommen und hat den Effektengiroverkehr erheblich vereinfacht (→ Rn. 1), indem bereits der Aufwand für die Emission und Verwahrung der Effekten gegenüber der Emission einzelner Stücke erheblich reduziert wurde.[74] Art. 3 und 4 **CSDR** verpflichtet Emittenten fungibler Wertpapiere, die zum Handel auf geregelten Märkten zugelassen sind, nunmehr ausdrücklich auf die Emission von Globalurkunden und Einlieferung zur Zentralverwahrung, um diesen Typ endgültig als Marktstandard durchzusetzen (→ Rn. 1 f.).[75] Die Ausgestaltung der Urkunde richtet sich zunächst nach allgemeinen wertpapierrechtlichen Grundsätzen sowie den Anforderungen, die sich aus dem jeweiligen Sachzusammenhang der Emission (Aktien, Schuldverschreibungen etc) ergeben.[76] Aus § 9a Abs. 1 iVm § 6 Abs. 1 DepotG folgt zudem, dass auf der jeweiligen Sammelurkunde die Nennbeträge bzw. die Stückzahl der mit ihr verbrieften Einzelrechte angegeben werden müssen.[77] Sammelurkunden sind aufgrund der ausdrücklichen gesetzlichen Anordnung **nicht für die Haussammelverwahrung zugelassen** (§ 9a Abs. 1 DepotG) und müssen daher einer Wertpapiersammelbank iSd § 1 Abs. 3 DepotG zur Girosammelverwahrung übergeben werden; auf Verlangen des Hinterlegers ist auch die Sonderverwahrung zulässig (§ 9a Abs. 1 Satz 1 Hs. 2 DepotG). Die Rechtsverhältnisse der Hinterleger an der Urkunde sind wiederum dinglich konstruiert; auch hier besteht grundsätzlich **Miteigentum** an der Urkunde (vgl. § 9a Abs. 2 DepotG) mit korrespondierenden Auslieferungsansprüchen (§§ 7, 8 DepotG, dazu noch → Rn. 19). Werden diese geltend gemacht, muss der Aussteller die Sammelurkunde nach Maßgabe des § 9a Abs. 3 DepotG durch einzelne Wertpapiere ersetzen, es sei denn, die Ausstellung von Einzelurkunden ist ausgeschlossen (sog. **Dauer-Globalurkunden,** § 9a Abs. 3 S. 2 DepotG). Für den Zeitraum, der zur Herstellung benötigt wird, besteht ein gesetzliches Leistungsverweigerungsrecht (§ 9a Abs. 3 S. 1 DepotG), so dass eine dadurch bedingte verzögerte Lieferung keinen Verzug nach § 286 BGB begründet.[78] Grundsätzlich hat der Aussteller jederzeit ohne Zustimmung der übrigen Beteiligten das Recht, die Sammelurkunde ganz oder teilweise durch einzelne Wertpapiere zu ersetzen (§ 9a Abs. 1 S. 1 Nr. 1 DepotG). Umgekehrt kann er auch jederzeit einzelne Wertpapiere eines Sammelbestands durch eine Sammelurkunde ersetzen, ohne dass es jeweils auf die Zustimmung der Hinterleger oder der Depotbank ankäme (§ 9a Abs. 1 S. 2 Nr. 1 DepotG).[79] Sinnvollerweise wird der Emittent, soweit nicht 10

[72] Näher zur Terminologie mit zahlreichen weiteren Varianten BuB/*Kreße* Rn. 8/196; *Scherer* DepotG § 1 Rn. 22 ff.

[73] Vgl. Staub/*Grundmann* BankvertragsR, 8. Teil Rn. 334; BankR-HdB/*Klanten* § 72 Rn. 55, 57; *Scherer* DepotG § 1 Rn. 22; *Scherer/Martin* DepotG § 9a Rn. 19 f.; vgl. allerdings bereits *Pleyer/Schleiffer* DB 1972, 77 (79 ff.), die wegen der Besonderheiten hinsichtlich des Auslieferungsanspruch auf die Entfernung vom tradierten Wertpapierbegriff hinweisen.

[74] Vgl. BankR-HdB/*Klanten* § 72 Rn. 57; BuB/*Kreße* Rn. 8/80; *Scherer/Martin* DepotG § 9a Rn. 1, 19; *Einsele* Wertpapierrecht S. 13 f.; *Lehmann* Finanzinstrumente S. 29 ff.; vgl. auch bereits *Than* FS Heinsius, 1991, 809 (812 ff.).

[75] Zur Bedeutung der sog. „neuer Globalurkunden" bei Anleihen, die durch das Eurosystem als Sicherheiten akzeptiert werden und 2007 eingeführt wurden, s. bereits *Scherer/Martin* DepotG § 9a Rn. 16.

[76] BuB/*Kreße* Rn. 8/195.

[77] BuB/*Kreße* Rn. 8/195; näher zur Ausgestaltung MüKoHGB/*Einsele* Depotgeschäft Rn. 55; *Scherer/Martin* DepotG § 9a Rn. 4.

[78] *Heinsius/Horn/Than* DepotG § 9a Rn. 53; BuB/*Kreße* Rn. 8/200; *Scherer/Martin* DepotG § 9a Rn. 11, 39; *Pleyer/Schleiffer* DB 1972, 77 (78).

[79] Näher BankR-HdB/*Klanten* § 72 Rn. 63 ff.; *Heinsius/Horn/Than* DepotG § 9a Rn. 48 ff.; *Scherer/Martin* DepotG § 9a Rn. 37 f.

die Ausstellung von Einzelurkunden vollständig ausgeschlossen ist, allerdings zumindest einen gewissen Bestand an Einzelurkunden ausgeben, um die Auslieferungsansprüche erfüllen zu können;[80] die Wertpapiersammelbank wird einen entsprechenden Handbestand vorhalten.[81] Abzugrenzen ist die Sammelurkunde gegenüber dem sog. **Großstück,** das als Einzelurkunde lediglich ein Recht mit hohem Nennbetrag verbrieft.[82]

11 **bb) Arten.** In der Praxis werden nach der jeweiligen Verwendungsart drei Kategorien von Sammelurkunden unterschieden: sog. technische Sammelurkunden, interimistische Sammelurkunden und Dauer-Globalurkunden. **Technische Sammelurkunden** sind Urkunden, die nachträglich in Ausübung der Befugnis nach § 9a Abs. 1 S. 2 Nr. 1 DepotG hergestellt worden sind. Dabei tritt das Miteigentum an der Globalurkunde kraft Gesetzes an die Stelle des Miteigentumsanteils am Sammelbestand (§ 9a Abs. 2 iVm § 6 Abs. 1 S. 1 DepotG, Einzelheiten: → Rn. 18 ff.); die ersetzten Einzelurkunden verlieren damit ihre Wertpapiereigenschaft.[83] **Interimistische Sammelurkunden** werden in der Praxis von Emittenten eingeliefert, um im Rahmen einer Neuemission bereits vor der Herstellung und Lieferung einzelner Urkunden die Börsennotierung zu ermöglichen; sie dienen der vorübergehenden Deckung typischerweise für die gesamten neu emittierten Rechte.[84] Als **Dauer-Globalurkunden** schließlich werden Sammelurkunden bezeichnet, bei denen nach den jeweiligen Emissionsbedingungen Ansprüche auf Auslieferung einzelner Urkunden – mit Wirkung auch zugunsten der Wertpapiersammelbank – auf Dauer ausgeschlossen sind (vgl. § 9a Abs. 3 S. 2 DepotG). Da die Hinterleger damit gezwungen sind, ihre Wertpapiere ausschließlich durch eine Depotbank verwahren zu lassen, wird auch von Zwangsgiro gesprochen.[85] Die Emission von Dauer-Globalurkunden stellt inzwischen den praktischen Regelfall dar.[86] Unter § 9a DepotG fällt die seit 1994 in § 10 Abs. 5 AktG[87] zugelassene Emission von **Dauer-Aktien,** die in der Satzung des Emittenten festgelegt werden kann und muss.

12 **c) Wertrechte.** Keine Wertpapiere im technischen Sinn, aber rechtlich diesen gleichgestellt sind die sog. Wertrechte, die unverbriefte, sammelverwahrte Rechte darstellen und auch als **Bucheffekten** bezeichnet werden.[88] Nach geltendem Recht fallen darunter die **Schuldbuchforderungen** gegen Bund oder Länder, die nach der jeweiligen bundes- bzw. landesgesetzlichen Grundlage auf die Clearstream Banking AG als Wertpapiersammelbank eingetragen sind. Die Gleichstellung mit girosammelverwahrten Wertpapieren geht auf die auf § 42 DepotG gestützte Verordnung über die Verwaltung und Anschaffung von Reichsschuldbuchforderungen[89] sowie zwei Verordnungen über die Behandlung von Anleihen des Deutschen Reichs im Bank- und Börsenrecht zurück.[90] Bereits das Reichsschuldbuchgesetz

[80] Näher BankR-HdB/*Klanten* § 72 Rn. 65; vgl. auch *Heinsius/Horn/Than* DepotG § 9a Rn. 48.

[81] BuB/*Kreße* Rn. 8/201.

[82] Vgl. näher *Heinsius/Horn/Than* DepotG § 9a Rn. 11; BuB/*Kreße* Rn. 8/197; *Scherer/Martin* DepotG § 9a Rn. 18.

[83] BuB/*Kreße* Rn. 8/199; *Scherer/Martin* DepotG § 9a Rn. 10; vgl. auch *Pleyer* WM 1979, 850 (851 f.).

[84] MüKoHGB/*Einsele* Depotgeschäft Rn. 58; BankR-HdB/*Klanten* § 72 Rn. 61; BuB/*Kreße* Rn. 8/204; *Scherer/Martin* DepotG § 9a Rn. 12; *Than* FS Heinsius, 1991, 809 (818 ff.).

[85] MüKoHGB/*Einsele* Depotgeschäft Rn. 59; *Heinsius/Horn/Than* DepotG § 9a Rn. 55; vgl. auch *Scherer/Martin* DepotG § 9a Rn. 13; *Than* FS Heinsius, 1991, 809 (824 f.).

[86] Vgl. bereits *Blitz* WM 1997, 2211.

[87] Eingeführt durch Gesetz für kleine Aktiengesellschaften und zur Deregulierung des Aktienrechts 2.8.1994, BGBl. I 1994, 1961; nochmals geändert durch Art. 1 Nr. 2 Gesetz zur Kontrolle und Transparenz im Unternehmensbereich (KonTraG) vom 27.4.1998, BGBl. I 1998, 786; s. dazu näher *Scherer/Martin* DepotG § 9a Rn. 15.

[88] MüKoHGB/*Einsele* Depotgeschäft Rn. 7; BuB/*Kreße* Rn. 8/28; BankR-HdB/*Klanten* § 72 Rn. 66; *Scherer* DepotG § 1 Rn. 28; *Scherer/Löber* DepotG § 42 Rn. 6; speziell zu Möglichkeiten der Girosammelverwahrung von Wertrechten durch Kreditinstitute *Kreße* WM 2015, 463 ff.; eingehend monographisch *Segna* Bucheffekten S. 27 ff. und passim.

[89] Vom 5.1.1940, RGBl. I 30; s. dazu und zum Folgenden eing. *Heinsius/Horn/Than* DepotG § 42 Rn. 8 ff. (mit Abdruck der VO); *Lehmann* Finanzinstrumente S. 37 ff.; Scherer/*Löber* DepotG § 42 Rn. 3.

[90] Vom 31.12.1940, RGBl. I 1941, 21, sowie vom 18.4.1942, RGBl. I 1942, 183; beide abgedruckt bei *Heinsius/Horn/Than* DepotG Anh. V S. 684 f. bzw. 685 f.

von 1910[91] und die darauf gestützte Reichsschuldenordnung von 1924[92] legten die Rechtsgrundlage für die Emission von Buchschulden für die öffentliche Hand und blieben bis in die jüngste Zeit in Geltung. Wertrechtsanleihen der Bundesländer wurden mit der Depotgesetznovelle von 1972 zugelassen.[93] 2002 sind diese Rechtsquellen, die für die Bundesrepublik durch das Anleihegesetz von 1951 übernommen wurden,[94] für die Schuldenverwaltung des Bundes durch das Bundeswertpapierverwaltungsgesetz[95] umfassend reformiert worden, das seinerseits mit dem **Bundesschuldenwesengesetz**[96] abgelöst worden ist. Dieses sieht die Emission von Sammelschuldbuchforderungen des Bundes und seiner Sondervermögen auf den Namen einer Wertpapiersammelbank vor (§ 6 Abs. 1 BSchuWG), qualifiziert die Sammelschuldbuchforderung ausdrücklich als Wertpapiersammelbestand (§ 6 Abs. 2 S. 1 BSchuWG) und ordnet insoweit die entsprechende Geltung des Depotgesetzes an (§ 6 Abs. 2 S. 6 BSchuWG). Damit ist die Anwendung sachenrechtlicher Grundsätze, insbesondere auch über den gutgläubigen Erwerb, sichergestellt (→ Rn. 32, 64). Entsprechendes gilt für die Schuldbuchforderungen der Bundesländer, für die teilweise noch auf die reichsrechtlichen Grundlagen verwiesen wird.[97]

d) Rechte an im Ausland verwahrten Wertpapieren. Soweit ausländische Wertpapiere nicht im Inland in die Girosammelverwahrung einbezogen sind, sondern im Ausland verwahrt werden, sind die depotrechtlichen Grundsätze auf das Verhältnis zwischen Depotbank und Hinterleger nicht anwendbar. Das Depotgesetz selbst regelt die Rechtsbeziehungen insoweit nur rudimentär (§ 22 DepotG). Ebenso bestimmen sich die Rechtsverhältnisse an den Wertpapieren selbst regelmäßig nicht nach dem sachenrechtlich geprägten Modell des deutschen Depotgesetzes, sondern nach dem jeweiligen Wertpapiersachstatut (→ Rn. 1, 50). Hier erwirbt die inländische Depotbank für ihre inländischen Kunden Treuhand(mit) eigentum bzw. eine funktionsäquivalente Rechtsposition nach der jeweils anwendbaren Rechtsordnung an den betreffenden Werten. Diese werden im Ausland verwahrt; die inländische Depotbank erteilt ihren Kunden darüber eine sog. Gutschrift in Wertpapierrechnung **(„Treuhand-WR-Gutschrift“).**[98] An die Stelle des depotrechtlichen Verwahrungs- tritt damit ein Treuhandverhältnis, das den Kunden in eine der Inlandsverwahrung wirtschaftlich zumindest vergleichbare Lage setzen soll (Einzelheiten: → Rn. 54). 13

e) Reformperspektiven. Nachdem einerseits jedenfalls einstweilen nicht mit einer umfassenden Harmonisierung der nationalen Depotrechte, zB in Anlehnung an das **Genfer Wertpapierübereinkommen** zu rechnen ist und andererseits die Reichweite der im **autonomen deutschen Recht** zu erwartenden Anpassungen noch nicht feststeht (→ Rn. 2), sind Überlegungen zur Neuausrichtung des bisherigen Systems depotfähiger Werte gegenwärtig spekulativ (zu Perspektiven für die seinerzeit diskutierte Umsetzung des Genfer Übereinkommens näher Voraufl. → Rn. 14–14b). Sollte sich der Gesetzgeber – sinnvollerweise – dazu entschließen, das tradierte Verbriefungserfordernis zugunsten einer Umstellung auf Wertrechte (Bucheffekten) aufzugeben, wird dies insbesondere die Verbriefung von Sammelurkunden entbehrlich machen.[99] 14

---

[91] Gesetz vom 31.5.1910, RGBl. I 1910, 840.
[92] Vom 13.2.1924, RGBl. I 1924, 95.
[93] Art. 2 des Gesetzes vom 24.5.1972, BGBl. I 1972, 801.
[94] Gesetz vom 29.3.1950, BGBl. I 1950, 218.
[95] Gesetz zur Neuordnung des Schuldbuchrechts des Bundes und der Rechtsgrundlagen der Bundesschuldenverwaltung (Bundeswertpapierverwaltungsgesetz – BwpVerwG) vom 11.12.2001, BGBl. I 2001, 3519.
[96] Eingeführt durch Art. 1 Gesetz zur Modernisierung des Schuldenwesens des Bundes (Bundesschuldenwesenmodernisierungsgesetz) vom 12.7.2006, BGBl. I 2006, 1466; dazu Scherer/*Löber* DepotG § 42 Rn. 5 ff.
[97] Dazu BankR-HdB/*Klanten* § 72 Rn. 66.
[98] Zum Begriff *Born* Kollisionsrecht S. 49 ff.; BuB/*Kreße* Rn. 8/45 und Abschnitt F; Kümpel/Mülbert/Früh/*Bauer* BankR Rn. 18.88; BankR-HdB/*Klanten* § 72 Rn. 148 ff., 152; Scherer/*Behrends* DepotG § 22 Rn. 59; s. a. MüKoHGB/*Einsele* Depotgeschäft Rn. 18.
[99] Näher zuletzt die beachtlichen Überlegungen zu Reformperspektiven bei *Segna* Bucheffekten S. 599 ff., insbes. S. 615 f.; ferner *Beckmann* Reformbedarf, passim.

III. Rechtsbeziehungen bei der Regelverwahrung

1. Überblick

15 Praktischer Regelfall bei der Verwahrung depotfähiger Wertpapiere ist die Sammelverwahrung durch eine Wertpapiersammelbank, die einen Fall der Drittverwahrung darstellt (→ Rn. 5, 7). In das von der Wertpapiersammelbank geführte **Sammeldepot** können grundsätzlich alle depotfähigen Wertpapiere aufgenommen werden (→ Rn. 16 f.). Die **Rechtsposition der Hinterleger** ist dabei die von Miteigentümern am Sammelbestand (§ 6 DepotG) mit den gesetzlichen Auslieferungsansprüchen nach §§ 7, 8 DepotG; im Rahmen der Sammelverwahrung führt dies zu einer mehrstufigen „Besitzleiter" zwischen Hinterleger, Depotbanken und der Wertpapiersammelbank (→ Rn. 18 ff.). Die dingliche Rechtsposition bestimmt zugleich die dogmatische Konstruktion für die **Veräußerung** von Wertpapieren innerhalb und außerhalb des Effektengiroverkehrs (→ Rn. 26) sowie für die **Belastung** (→ Rn. 34) **und Verwertung** von Wertpapieren im Rahmen der **Einzelzwangsvollstreckung** (→ Rn. 38 f.) und der **Insolvenz** eines der Beteiligten (→ Rn. 40 ff.). Die Pflichten der Depotbank und Wertpapiersammelbank gegenüber dem Hinterleger im Zusammenhang mit der **Depotführung** ergeben sich teilweise unmittelbar aus dem Gesetz, teilweise sind sie mittelbar durch die vertraglichen Rechtsbeziehungen zwischen den Beteiligten geprägt (→ Rn. 47 ff.). Keine Besonderheiten gegenüber sonstigen Verwahrungsarten ergeben sich dagegen mit Blick auf die Rechte und Pflichten der Depotbank im Hinblick auf die Depotverwaltung, auf die später zurückzukommen ist (→ Rn. 72 ff.).

2. Sammeldepot und Sammeldepotfähigkeit

16 **a) Sammeldepot.** Das Sammeldepot wird nach Maßgabe des § 5 DepotG durch die Wertpapiersammelbank iSd § 1 Abs. 3 DepotG – bei der praktisch allein bedeutsamen **Girosammelverwahrung** derzeit allein die Clearstream Banking AG (→ Rn. 7) – geführt. Im Sammeldepot sind damit gegenwärtig alle im inländischen Effektengiroverkehr erfassten Effekten zusammengeführt. Die Wertpapiersammelbank verwahrt den Sammelbestand als **Drittverwahrer** iSd § 3 DepotG (auch: „Zentralbankier") dabei nicht unmittelbar für die Endkunden; Hinterleger sind vielmehr deren Depotbanken (vgl. § 5 Abs. 1 S. 1 DepotG) als sog. **Zwischenverwahrer** (auch: „Erstverwahrer", „Lokalbankier")[100] bzw. die von diesen eingeschalteten weiteren Zwischenverwahrer in mehrstufigen Verwahrungsverhältnissen.

17 **b) Sammeldepotfähigkeit.** Sammeldepotfähig sind die in § 5 DepotG genannten **vertretbaren Wertpapiere** (→ Rn. 9) und mithin auch **Sammelurkunden** (→ Rn. 10), aber auch **Namensaktien,** soweit sie mit einem Blankoindossament versehen sind und damit durch die Wertpapiersammelbank frei durch bloße Einigung und Übergabe (§ 68 Abs. 1 S. 1 AktG iVm Art. 14 Abs. 2 WG) übertragen werden können (beachte § 67 AktG, insbes. § 67 Abs. 4 AktG, zu den aktienrechtlichen Pflichten im Zusammenhang mit der Führung des Aktienregisters).[101] Ebenso sammeldepotfähig sind **vinkulierte Namensaktien,** wenn diese mit einem Blankoindossament versehen sind (vgl. § 68 Abs. 2 AktG).[102] Die Vinkulierung betrifft hier die Möglichkeit der rechtsgeschäftlichen Über-

[100] Zur Terminologie BuB/*Kreße* Rn. 8/146.

[101] MüKoHGB/*Einsele* Depotgeschäft Rn. 45; BankR-HdB/*Klanten* § 72 Rn. 75; *Heinsius/Horn/Than* DepotG § 5 Rn. 30; eing. Scherer/*Rögner* DepotG § 5 Rn. 2 ff.; vgl. auch Nr. XI Abs. 1 S. 1–4 AGB Clearstream Banking AG.

[102] Heute hM, vgl. stellvertretend MüKoHGB/*Einsele* Depotgeschäft Rn. 46; BankR-HdB/*Klanten* § 72 Rn. 76 f.; BuB/*Kreße* Rn. 8/134 f.; Scherer/*Rögner* DepotG § 5 Rn. 10 f.; vgl. zur abweichenden früheren Ansicht (vinkulierte Aktien nur ausnahmsweise sammeldepotfähig) noch *Heinsius/Horn/Than* DepotG § 5 Rn. 30.

tragung, nicht die dingliche Zuordnung, die durch die depotrechtlichen Vorgaben, insbes. § 6 DepotG, vorgegeben wird und einen reibungsfreien Effektengiroverkehr sicherstellt.[103] Sammeldepotfähig sind dabei nach hM auch solche vinkulierten Namensaktien, die nicht voll eingezahlt sind.[104] Sammeldepotfähig sind schließlich auch einzeln **auslosbare Wertpapiere,** sofern von der Auslosungsbefugnis noch kein Gebrauch gemacht wurde und sichergestellt ist, dass die geplante Auslosung rechtzeitig bekannt gemacht wird, so dass die Wertpapiere rechtzeitig aus der Sammelverwahrung entfernt werden können.[105]

3. Dingliche Rechtsstellung des Hinterlegers und Besitzverhältnisse

a) Miteigentum nach Bruchteilen. Charakteristikum des geltenden deutschen Depot- 18
rechts ist die Ausgestaltung der Rechte an den sammelverwahrten Effekten als Miteigentum aller Hinterleger am Sammelbestand, die damit eine Gemeinschaft nach Bruchteilen bilden. Dabei werden die sachenrechtlichen Vorschriften über die **Bruchteilsgemeinschaft** der Miteigentümer (§§ 1008 ff. iVm §§ 741 ff. BGB) mit Rücksicht auf die besondere Interessenlage im Depotgeschäft durch § 6 DepotG modifiziert und teilweise überlagert. Unanwendbar sind insbesondere die Vermutung gleicher Anteile (§ 742 BGB, vgl. demgegenüber § 6 Abs. 1 S. 2 DepotG) sowie die Vorschriften über die gemeinschaftliche Verwaltung (§§ 744 ff. BGB), weil die Verwaltung des Sammelbestands der Wertpapiersammelbank zugewiesen ist.[106] Nach § 6 Abs. 1 S. 1 DepotG **entsteht** das Bruchteilseigentum kraft Gesetzes mit der Aufnahme der Wertpapiere in den Sammelbestand durch die Wertpapiersammelbank, ohne dass es eines rechtsgeschäftlichen Elements bedürfte. Die hierüber erteilte **Girosammel-Depotgutschrift** (GS-Gutschrift) weist diese Rechtsposition deklaratorisch aus; bei Übertragungsvorgängen ist die neue GS-Vorschrift Bestandteil des Übereignungsvorgangs (auch → Rn. 27, 30).[107] § 6 Abs. 1 S. 1 DepotG begründet einen eigenständigen, nicht mit der Vermischung (§ 948 BGB) identischen Erwerbstatbestand,[108] der zugleich zum Verlust des Alleineigentums des Hinterlegers an den eingebrachten Wertpapieren führt.[109] Für den **Umfang** der den Hinterlegern jeweils zustehenden Bruchteile gilt § 6 Abs. 1 S. 2 DepotG, wonach grundsätzlich der Nennbetrag, bei nennbetraglosen Wertpapieren die Stückzahl maßgeblich ist. **Rechte Dritter** an den eingebrachten Papieren bestehen nach § 949 S. 2 BGB fort, da § 949 BGB auf den Erwerbsvorgang entsprechend anwendbar ist.[110] Ohne Bedeutung sind damit Stückelung und Börsenkurs.[111] Der Umfang des Bruchteils lässt sich aus dem Verhältnis der eingelieferten Menge an Wertpapieren (als Zähler) zur Gesamtzahl der Wertpapierkunden ermitteln, die Papiere in das Depot eingeliefert haben (Nenner).[112] Inwieweit die sachenrechtliche Grundkonzeption des deutschen Depotrechts auch nach Umsetzung des **Genfer Wertpapierübereinkommens** in der Europäischen Union (→ Rn. 2) Bestand haben

[103] BuB/*Kreße* Rn. 8/135 ff.; Scherer/*Rögner* DepotG § 5 Rn. 13, vgl. auch MüKoHGE/*Einsele* Depotgeschäft Rn. 47 f.

[104] MüKoHGB/*Einsele* Depotgeschäft Rn. 49; BuB/*Kreße* Rn. 8/138; Scherer/*Rögner* DepotG § 5 Rn. 12.

[105] MüKoHGB/*Einsele* Depotgeschäft Rn. 51; BankR-HdB/*Klanten* § 72 Rn. 78; BuB/*Kreße* Rn. 8/140; Scherer/*Rögner* DepotG § 5 Rn. 14 f.

[106] Vgl. auch BankR-HdB/*Klanten* § 72 Rn. 82; Scherer/*Rögner* DepotG § 5 Rn. 70 und § 6 Rn. 1, 4; *Segna* Bucheffekten S. 167 ff.

[107] Vgl. Nr. 11 S. 1 Sonderbedingungen für Wertpapiergeschäfte der Banken und Sparkassen; Nr. XI Abs. 4 S. 2 AGB Clearstream Banking AG; ungenau insoweit *Born* Kollisionsrecht S. 37 („GS-Gutschrift als inländische dingliche Position"); unklar *Bunte* Sonderbedingungen Rn. 97. S. zu Sonderkonstellationen noch → Rn. 27, 29.

[108] Vgl. *Canaris* Bankvertragsrecht Rn. 2104; *Heinsius/Horn/Than* DepotG § 6 Rn. 3; BankR-HdB/*Klanten* § 72 Rn. 80; Scherer/*Rögner* DepotG § 6 Rn. 2.

[109] MüKoHGB/*Einsele* Depotgeschäft Rn. 86; Scherer/*Rögner* DepotG § 5 Rn. 70.

[110] *Heinsius/Horn/Than* DepotG § 6 Rn. 19; BankR-HdB/*Klanten* § 72 Rn. 81; Scherer/*Rögner* DepotG § 6 Rn. 3.

[111] BankR-HdB/*Klanten* § 72 Rn. 82.

[112] BankR-HdB/*Klanten* § 72 Rn. 82; vgl. auch *Canaris* Bankvertragsrecht Rn. 2115, 2117.

wird, bleibt abzuwarten. Erkennbar wird allerdings insbesondere die Neukonzeption des Erwerbstatbestands nach dem Modell des Übereinkommens (→ Rn. 33) erhebliche Friktionen für das bisherige Regelungskonzept mit sich bringen.

19 **b) Herausgabeansprüche. aa) Überblick.** Im Depotvertrag und in der (Mit-)Eigentumsposition der jeweiligen Hinterleger sind grundsätzlich sowohl schuldrechtliche als auch dingliche **Herausgabeansprüche** angelegt; daneben tritt an sich der Anspruch auf Aufhebung der Miteigentumsgemeinschaft nach §§ 741 ff. BGB. Sämtliche dieser Ansprüche werden allerdings durch die §§ 6 Abs. 2, 7 Abs. 1 DepotG für **schuldrechtliche** Herausgabeansprüche (→ Rn. 20) und § 8 DepotG für **dingliche** Herausgabeansprüche inhaltlich erheblich modifiziert. § 6 Abs. 2 DepotG regelt die Befugnis des Sammelverwahrers zur Auslieferung von Wertpapieren aus dem Sammelbestand im Umfang des dem jeweiligen Hinterleger (bzw. ihm selbst) zustehenden Bruchteils ohne Zustimmung der übrigen Beteiligten (Hinterleger, Zwischenverwahrer). **Besonderheiten** gelten nach § 9a Abs. 3 S. 1 DepotG für Sammelurkunden, bei denen die Wertpapiersammelbank einem Auslieferungsverlangen bis zur Herstellung der dafür erforderlichen Stücke eine Einrede entgegensetzen kann, sowie nach § 9a Abs. 3 S. 2 DepotG für **Dauer-Globalurkunden,** bei denen ein Anspruch auf Auslieferung effektiver Stücke von vornherein ausgeschlossen ist (bereits → Rn. 10, 11).

20 **bb) Schuldrechtlicher Herausgabeanspruch.** § 7 Abs. 1 DepotG begründet für den Fall der Sammelverwahrung einen eigenständigen **Herausgabeanspruch des Hinterlegers** gegen den Verwahrer bzw. Zwischenverwahrer auf Herausgabe einer seinem Anteil am Sammelbestand entsprechenden Menge an Wertpapieren; ein Anspruch auf Herausgabe der eingelieferten Papiere selbst ist danach ausgeschlossen. Der Auslieferungsanspruch, der dem Herausgabeanspruch nach § 695 BGB bei der Sonderverwahrung entspricht,[113] folgt aus dem depotvertraglichen Verwahrungsverhältnis und ist damit **schuldrechtlicher,** nicht dinglicher Natur;[114] er setzt einen wirksamen Depotvertrag voraus (ansonsten ggf. Anspruch aus § 812 Abs. 1 S. 1 Alt. 1 BGB). Damit wird insbesondere § 747 S. 2 BGB, wonach die Bruchteilsgemeinschafter zur Verfügung über Gegenstände der Bruchteilsgemeinschaft nur im Ganzen berechtigt sind, für die Bedürfnisse der Sammelverwahrung umgestaltet;[115] ebenso wenig kann ein Hinterleger Aufhebung der Bruchteilsgemeinschaft nach § 749 BGB verlangen.[116] **Analog §§ 546 Abs. 2, 604 Abs. 4 BGB** soll der Anspruch nach hM allerdings auch gegen den **Drittverwahrer** geltend gemacht werden können, zu dem der Hinterleger keine vertraglichen Beziehungen unterhält; Voraussetzung ist jedoch, dass der Depotvertrag mit dem Zwischenverwahrer bereits beendet ist.[117] Dagegen wird insbesondere eingewandt, dass eine derartige Erweiterung mit der hierarchisch angelegten Struktur der depotrechtlichen Beziehungen nach dem DepotG und dem Rationalisierungsgedanken nicht zu vereinbaren sei.[118] Daran trifft zu, dass die Position des

---

[113] *Canaris* Bankvertragsrecht Rn. 2119; MüKoHGB/*Einsele* Depotgeschäft Rn. 86; BankR-HdB/*Klanten* § 72 Rn. 86; *Heinsius/Horn/Than* DepotG § 7 Rn. 2; EBJS/*Scherer* HGB BankR VI Rn. 476; Scherer/*Rögner* DepotG § 7 Rn. 1.

[114] Insoweit unstr., vgl. etwa *Canaris* Bankvertragsrecht Rn. 2119; MüKoHGB/*Einsele* Depotgeschäft Rn. 86 f.; Staub/*Grundmann* BankvertragsR, 8. Teil Rn. 344; BankR-HdB/*Klanten* § 72 Rn. 86; *Heinsius/Horn/Than* DepotG § 7 Rn. 2; Baumbach/Hopt/*Kumpan* HGB 2. Teil, (13) DepotG § 7 Rn. 1; EBJS/*Scherer* HGB BankR VI Rn. 476 f.; Scherer/*Rögner* DepotG § 7 Rn. 1.

[115] BankR-HdB/*Klanten* § 72 Rn. 86; BuB/*Kreße* Rn. 8/88; Scherer/*Rögner* DepotG § 6 Rn. 4, 8.

[116] Kümpel/Mülbert/Früh/*Bauer* BankR Rn. 18.58; *Canaris* Bankvertragsrecht Rn. 2119; Scherer/*Rögner* DepotG § 6 Rn. 4.

[117] Kümpel/Mülbert/Früh/*Bauer* BankR Rn. 18.58; *Canaris* Bankvertragsrecht Rn. 2119, 2163; EBJS/*Scherer* HGB BankR VI Rn. 477; Scherer/*Rögner* DepotG § 7 Rn. 2; BuB/*Kreße* Rn. 8/91 und 8/147; iE ebenso BankR-HdB/*Klanten* § 72 Rn. 86, die den Drittverwahrer von vornherein als Gegner des Anspruchs aus § 7 Abs. 1 DepotG qualifizieren; **aA** (kein Direktanspruch) MüKoHGB/*Einsele* Depotgeschäft Rn. 87; *Einsele* Wertpapierrecht S. 78; *Heinsius/Horn/Than* DepotG § 7 Rn. 4; *Segna* Bucheffekten S. 174 ff.; *Zöllner* FS L. Raiser, 1974, 249 (264 f.).

[118] *Zöllner* FS L. Raiser, 1974, 249 (264 f.); entspr. unter Berufung darauf auch MüKoHGB/*Einsele* Depotgeschäft Rn. 88; eing. *Einsele* Wertpapierrecht S. 76 ff.; im Ergebnis übereinstimmend, aber mit abw. Begr. *Segna* Bucheffekten S. 175 ff.

Drittverwahrers depotrechtlich mit besonderer Rechtsmacht ausgestattet ist, die gegenüber der depotvertraglichen Rechtsbeziehung zwischen dem Hinterleger und dem Zwischenverwahrer durchaus verselbständigt ist (vgl. insbes. § 6 Abs. 2 S. 1 DepotG). Zudem ist die Herausgabe von Wertpapieren unmittelbar vom Drittverwahrer an die Hinterleger unter Umgehung der Zwischenverwahrer in der Tat nicht der Regelfall und stößt zudem auf erhebliche praktische Schwierigkeiten.[119] Dies bedeutet jedoch nicht, dass ein schützenswertes Interesse des Hinterlegers an der Geltendmachung von Herausgabeansprüchen gegen den Drittverwahrer nach Beendigung des Depotvertrags mit dem Zwischenverwahrer nicht gleichwohl gegeben sein könnte. Nicht zuletzt können derartige Ansprüche eine Rolle spielen, wenn (praktisch selten) Gläubiger des Zwischenverwahrers in dessen Depotkonto beim Sammelverwahrer vollstrecken; hier sichern die in Analogie zu §§ 546 Abs. 2, 604 Abs. 4 BGB begründeten Ansprüche dem Hinterleger eine Möglichkeit, sich seine Papiere zu verschaffen.[120]

cc) Dingliche Herausgabeansprüche. Nach § 8 DepotG sind § 6 Abs. 2 S. 1 und § 7 DepotG „sinngemäß auf die Ansprüche eines jeden Miteigentümers oder sonst dinglich Berechtigten anzuwenden". Die Vorschrift betrifft **dingliche Herausgabeansprüche**[121] der am Sammelbestand dinglich berechtigten Personen (die nicht mit dem Hinterleger identisch sein müssen) gegen die Wertpapiersammelbank und den Zwischenverwahrer als unmittelbaren bzw. mittelbaren Besitzer. Die **dogmatische Einordnung** ist umstritten: Teilweise wird von einer eigenständigen Anspruchsgrundlage,[122] teilweise lediglich von einer Modifikation des Vindikationsanspruchs (§ 985 BGB)[123] gesprochen; für Letzteres streiten der Wortlaut und die damit verbundene, systemgerechte Möglichkeit des Drittverwahrers, Herausgabeverlangen dinglich berechtigter Dritter, die nicht selbst das Depotkonto bei ihm unterhalten, die Besitzeinrede aus § 986 Abs. 1 BGB entgegensetzen zu können.[124] **Inhaltlich** kann nicht Herausgabe iSd der Einräumung von (Mit-)Besitz, sondern wiederum – wie im Rahmen des in Bezug genommenen § 7 Abs. 1 DepotG (→ Rn. 19) – lediglich die Auslieferung einer dem betreffenden Anteil am Sammelbestand entsprechenden Menge von Wertpapieren verlangt werden. Weitgehend unstreitig ist, dass damit zugleich der Anspruch auf Aufhebung der Bruchteilsgemeinschaft nach §§ 1008, 749 BGB jedenfalls umgestaltet wird.[125] 21

c) Besitzverhältnisse. Aus der Konzeption der gesetzlich modifizierten Herausgabeansprüche der Hinterleger (→ Rn. 18) lässt sich deren Besitzposition hinsichtlich der sammelverwahrten Wertpapiere ableiten. Die dargestellten Rechtsbeziehungen mit entsprechenden Auslieferungsansprüchen begründen jeweils **Besitzkonstitute** iSd § 868 BGB. Der **unmittelbare (Fremd-)Besitz** (§ 854 BGB) an den sammelverwahrten Papieren liegt naturgemäß bei der Wertpapiersammelbank. Diese mittelt den Besitz – aufgrund des Depotvertrags als Besitzmittlungsverhältnis – den Zwischenverwahrern als mittelbaren Fremdbesitzern der ersten Stufe, die bei ihr Depotkonten unterhalten und ihrerseits den 22

[119] Vgl. schon *Schönle*, Bank- und Börsenrecht § 21 II 2; unter Berufung darauf auch MüKoHGB/*Einsele* Depotgeschäft Rn. 88.

[120] Vgl. BuB/*Kreße* Rn. 8/91 und 8/148.

[121] Vgl. zB *Canaris* Bankvertragsrecht Rn. 2120; BuB/*Kreße* Rn. 8/90; *Heinsius/Horn/Than* DepotG § 8 Rn. 1; Scherer/*Rögner* DepotG § 8 Rn. 2; **aA** (eigenständiger schuldrechtlicher Herausgabeanspruch) MüKoHGB/*Einsele* Depotgeschäft Rn. 89 f.

[122] So *Canaris* Bankvertragsrecht Rn. 2120; vgl. wiederum auch MüKoHGB/*Einsele* Depotgeschäft Rn. 90, die gegen Wortlaut und systematische Konzeption von einem eigenständigen schuldrechtlichen Herausgabeanspruch ausgeht.

[123] In diesem Sinne Baumbach/Hopt/*Kumpan* HGB 2. Teil, (13) DepotG § 8 Rn. 1; BuB/*Kreße* Rn. 8/90; BankR-HdB/*Klanten* § 72 Rn. 88; zumindest auch diese Wirkung annehmend *Canaris* Bankvertragsrecht Rn. 2120.

[124] Überzeugend unter Berufung darauf besonders BuB/*Kreße* Rn. 8/90 f.; BankR-HdB/*Klanten* § 72 Rn. 88; ohne abschließende Festlegung, aber in der Tendenz gegen die Einordnung als Anspruchsgrundlage *Segna* Bucheffekten S. 180 ff.

[125] Vgl. *Heinsius/Horn/Than* DepotG § 8 Rn. 1; BankR-HdB/*Klanten* § 72 Rn. 88.

Besitz gegenüber den Hinterlegern als **mittelbaren Eigenbesitzern** mitteln. Letztere sind mittelbare Eigenbesitzer der zweiten Stufe (§ 872 BGB). Insgesamt besteht bei Sammelverwahrung damit **mehrstufiger mittelbarer Besitz** des Depotkunden iSd § 871 BGB.[126] Der Gegenauffassung, die die von §§ 7 Abs. 1 und 8 DepotG geregelten Ansprüche nicht als Besitzmittlungsverhältnis iSd § 868 BGB qualifiziert und damit bei sammelverwahrten Wertpapieren eine Besitzposition des Hinterlegers generell ablehnt,[127] ist zuzugestehen, dass die dingliche Konstruktion des geltenden deutschen Depotrechts und damit auch die Anknüpfung an besitzrechtliche Kategorien angesichts der Entwicklung zur Entindividualisierung und Entmaterialisierung des modernen Effektenverkehrs insbesondere durch die depotrechtliche Anerkennung der Sammelurkunde (→ Rn. 1) zunehmend den Charakter einer systematisch unbefriedigenden Fiktion angenommen hat.[128] Mit Konzeption und Ausgestaltung des geltenden Rechts, das von schuldrechtlichen und dinglichen Auslieferungsansprüchen als Funktionsäquivalent zu Herausgabeansprüchen ieS ausgeht und gerade im Hinblick auf den Schutz der Interessen der Hinterleger recht leistungsfähig ist,[129] ist die Annahme einer rein schuld- bzw. treuhandrechtlichen Konstruktion de lege lata – zumal für die Konstruktion der Rechtsverhältnisse an Sammelurkunden[130] – jedoch nicht bruchfrei zu vereinbaren.[131]

23 **d) Absicherung durch gesetzliche Fremdvermutung. aa) Grundsatz.** Bei sammelverwahrten Wertpapieren gilt die sog. Fremdvermutung nach § 4 DepotG, wonach gegenüber dem Drittverwahrer als bekannt gilt, dass die Papiere nicht dem (Zwischen-)Verwahrer gehören (Abs. 1 S. 1). Die Vorschrift schützt die Interessen des Hinterlegers angesichts der gesetzlichen Berechtigung zur Drittverwahrung nach § 3 DepotG ohne Zustimmung des Hinterlegers (→ Rn. 7), indem sie einen **gutgläubigen Erwerb des Drittverwahrers** an den eingelieferten Effekten gem. §§ 932 ff. BGB durch eine unwiderlegliche Vermutung[132] ausschließt.[133] In Betracht kommt allenfalls ein gutgläubiger Eigentumserwerb des Drittverwahrers an Inhaberpapieren aufgrund der §§ 932 ff. BGB iVm § 366 HGB bzw. an Orderpapieren gem. § 365 HGB iVm § 68 Abs. 1 AktG, Art. 16 WG.[134] Voraussetzung für die Anwendbarkeit der Fremdvermutung ist allerdings, dass der (Zwischen-) Verwahrer – wie im Regelfall[135] – Bankgeschäfte betreibt (§ 4 Abs. 3 S. 1 Depot). Die Fremdver-

---

[126] HM, vgl. BGHZ 207, 23 Rn. 15 f. = NZG 2016, 187; Kümpel/Mülbert/Früh/*Bauer* BankR Rn. 18.52 f.; *Canaris* BankvertragsR Rn. 2020; BankR-HdB/*Klanten* § 72 Rn. 101; BuB/*Kreße* Rn. 8/146 f.; *Heinsius/Horn/Than* DepotG § 6 Rn. 33; EBJS/*Scherer* HGB BankR VI Rn. 475; Scherer/*Rögner* DepotG § 6 Rn. 2; eing. Scherer/*Behrends* DepotG § 24 Rn. 85 ff.; *Böning* ZInsO 2008, 873 (876 ff.); *Hirte/Knof* WM 2008, 7 (10 f.); wohl auch *Born* Kollisionsrecht S. 40 f.; diff. *Brand* ZBB 2015, 40 (43 ff.). S. a. Nr. XI Abs. 4 S. 5 AGB Clearstream Banking AG.

[127] MüKoHGB/*Einsele* Depotgeschäft Rn. 97; ausf. *Einsele* Wertpapierrecht S. 72 ff., 84 ff.; für Sammelurkunden ebenso auch *Habersack/Mayer* WM 2000, 1678 (1680 f.); dies vorsichtig befürwortend auch *Mentz/Fröhling* NZG 2002, 206 (209 f.); **offen** *Hirte/Knof* WM 2008, 7 (12); Staub/*Grundmann* BankvertragsR, 8. Teil Rn. 343. Vgl. – mit (vor allem rechtspolitisch orientierter) Kritik an der hM – auch *Beckmann* Reformbedarf S. 49 ff.; *Segna* Bucheffekten S. 185 ff.

[128] Vgl. entspr. auch BuB/*Kreße* Rn. 8/241; *Hirte/Knof* WM 2008, 7 (9); ähnlich bereits *Canaris* Bankvertragsrecht Rn. 2022; *Zöllner* FS L. Raiser, 1974, 249 (258) und jetzt *Beckmann* Reformbedarf S. 44 und passim; *Segna* Bucheffekten S. 185 ff., zusf. S. 22 f. (mit differenzierter Sicht auf die daraus abzuleitenden Konsequenzen).

[129] Vgl. auch *Mülbert* ZBB 2010, 445 (448).

[130] Beispielhaft dafür die Erwägungen von *Habersack/Mayer* WM 2000, 1678 (1681 ff.).

[131] Vgl. insoweit auch Scherer/*Behrends* DepotG § 24 Rn. 90; *Berger* WM 2009, 577 (578 ff.); *Mülbert* ZBB 2010, 445 (448); *Wust* Verbuchung S. 226 f.; im Ergebnis übereinstimmend auch *Brand* ZBB 2015, 40 (47 f.).

[132] *Canaris* Bankvertragsrecht Rn. 2168; BankR-HdB/*Klanten* § 72 Rn. 15; Scherer/*Löber* DepotG § 4 Rn. 1.

[133] Vgl. MüKoHGB/*Einsele* Depotgeschäft Rn. 23; BankR-HdB/*Klanten* § 72 Rn. 15; EBJS/*Scherer* HGB BankR VI Rn. 440; Scherer/*Löber* DepotG § 4 Rn. 5.

[134] *Canaris* Bankvertragsrecht Rn. 2168; MüKoHGB/*Einsele* Depotgeschäft Rn. 23; BankR-HdB/*Klanten* § 72 Rn. 16; BuB/*Kreße* Rn. 8/150; EBJS/*Scherer* HGB BankR VI Rn. 441; Scherer/*Löber* DepotG § 4 Rn. 7.

[135] Dies ergibt sich bereits aus der Einstufung des Depotgeschäfts als aufsichtspflichtiges Bankgeschäft in § 1 Abs. 1 S. 2 Nr. 5 KWG (→ Rn. 1).

mutung erstreckt sich auf den gesamten Sammelbestand;[136] sie schränkt auch die Möglichkeit eines gutgläubigen Pfandrechtserwerbs sowie des Erwerbs von Zurückbehaltungsrechten an eingelieferten Effekten ein (vgl. § 4 Abs. 1 S. 2 DepotG, → Rn. 35). Ebenfalls anwendbar ist § 4 DepotG auf Wertpapiere, die vom Verwahrer im Rahmen einer Einkaufskommission (§ 30 Abs. 2 iVm § 4 DepotG) bzw. im Rahmen des Eigenhandels (§§ 31, 30 Abs. 2 iVm § 4 DepotG) erworben wurden.[137] Nicht anwendbar ist die Fremdvermutung jedoch auf Wertpapiere, die im Eigentum des Zwischenverwahrers stehen; § 4 Abs. 1 DepotG bewirkt damit keine von der ursprünglichen Rechtslage abweichende Neuzuordnung von Eigentum, sondern schützt diese.[138] Die Fremdvermutung bezieht sich ausschließlich auf das Eigentum an den sammelverwahrten Wertpapieren, nicht aber den Erlös aus der Veräußerung dieser Papiere, wobei der Hinterleger uU gem. § 392 Abs. 2 HGB geschützt ist.[139] Den **(gutgläubigen) Erwerb vom Kontoinhaber durch sonstige Dritte** lässt die Fremdvermutung unberührt (→ Rn. 32); die Wertpapiersammelbank muss daher auch keine Erkundigungen hinsichtlich der Wirksamkeit des ihr zur Ausführung durch den Zwischenverwahrer übermittelten Verkaufsauftrags einholen.[140] Im Verhältnis zu **ausländischen Zwischenverwahrern** wird die Fremdvermutung in der Praxis ebenfalls angewendet und für diese in Verwahrung genommene Wertpapiere als Fremdbestand verbucht; hat dagegen der **Drittverwahrer** seinen Sitz im Ausland, ist die Fremdvermutung nicht anwendbar, weshalb die Interessenlage hier durch besondere Vereinbarungen (sog. „Drei-Punkte-Erklärung", → Rn. 55) geklärt wird.[141]

bb) Ausnahmen. Die Fremdvermutung gilt nicht ausnahmslos und unbeschränkt. § 4 Abs. 1 S. 2 Alt. 1 DepotG ermöglicht zunächst den Erwerb von Pfand- und Zurückbehaltungsrechten, soweit diese „mit Bezug auf diese Wertpapiere entstanden sind" (sog. **konnexe Forderungen,** → Rn. 35). Nach § 4 Abs. 2 S. 2 Alt. 2 DepotG möglich ist daneben der Erwerb von Pfand- oder Zurückbehaltungsrechten, sofern der Hinterleger den Verwahrer im Einzelnen zur Verpfändung ermächtigt hat. Die Anforderungen an eine wirksame **Verpfändungsermächtigung** ergeben sich dabei aus §§ 12, 12a DepotG (→ Rn. 36). Im Übrigen wird die Fremdvermutung aufgehoben, wenn der Verwahrer der Wertpapiersammelbank ausdrücklich und schriftlich mitteilt, dass er selbst Eigentümer der eingelieferten Effekten ist (§ 4 Abs. 2 DepotG, sog. **Eigenanzeige**). Hinsichtlich der tatsächlich im Eigentum des Zwischenverwahrers befindlichen Wertpapiere hat die Eigenanzeige allerdings lediglich die Funktion, Rechtssicherheit zu schaffen; diese Papiere sind von der Fremdvermutung schon nach dem Wortlaut des § 4 Abs. 1 DepotG von vornherein nicht erfasst.[142] Bei **unwahrer** Eigenanzeige gelten die allgemeinen Regeln über den gutgläubigen Eigentumserwerb.[143] Die Abgabe einer unwahren Eigenanzeige ist gem. § 35 DepotG strafbar. **24**

e) Besonderheiten beim Vor- und Nachdepot (Handbestand). Soweit der Zwischenverwahrer Handbestände an Wertpapieren vorhält, um daraus die in den Sammelbestand einzuliefernden Stücke schneller verfügbar zu haben (sog. **Vordepot**) oder Kundenbegehren nach Auslieferung effektiver Stücke schneller, nämlich vor der Lieferung durch die Wertpapiersammelbank, erfüllen zu können (sog. **Nachdepot**), ist die rechtliche **25**

[136] MüKoHGB/*Einsele* Depotgeschäft Rn. 23.

[137] Dazu MüKoHGB/*Einsele* Depotgeschäft Rn. 23; BuB/*Kreße* Rn. 8/155; *Scherer* DepotG § 30 Rn. 5 und § 31 Rn. 3.

[138] EBJS/*Scherer* HGB BankR VI Rn. 442; Scherer/*Löber* DepotG § 4 Rn. 4.

[139] Vgl. im Einzelnen *Canaris* Bankvertragsrecht Rn. 2170; MüKoHGB/*Einsele* Depotgeschäft Rn. 24; BankR-HdB/*Klanten* § 72 Rn. 16; Scherer/*Löber* DepotG § 4 Rn. 6.

[140] BankR-HdB/*Klanten* § 72 Rn. 16; Scherer/*Löber* DepotG § 4 Rn. 5.

[141] Vgl. näher Kümpel/Mülbert/Früh/*Bauer* BankR Rn. 18.90 ff.; MüKoHGB/*Einsele* Depotgeschäft Rn. 34 f.; BuB/*Kreße* Rn. 8/152.

[142] MüKoHGB/*Einsele* Depotgeschäft Rn. 24; *Heinsius/Horn/Than* DepotG § 4 Rn. 25; BankR-HdB/*Klanten* § 72 Rn. 16; Scherer/*Löber* DepotG § 4 Rn. 13.

[143] Baumbach/Hopt/*Kumpan* HGB 2. Teil, (13) DepotG § 4 Rn. 5; Scherer/*Löber* DepotG § 4 Rn. 13.

Einordnung nach den oben entwickelten Grundsätzen nach wie vor nicht abschließend geklärt. Zu Recht wird allerdings eine Gleichstellung dieser Bestände mit dem durch den Drittverwahrer gehaltenen Sammelbestand abgelehnt und vielmehr ein Sonderfall einer Haus-Sammelverwahrung angenommen.[144] Für die Hinterleger bewirkt die Aufnahme in das Vordepot damit noch keinen Eigentumsverlust gegen Entstehung eines Miteigentumsanteils am Sammelbestand nach § 6 Abs. 1 DepotG (→ Rn. 3), auch wenn in der Praxis bereits mit Aufnahme in das Vordepot eine entsprechende Gutschrift (GS-Gutschrift) erteilt wird.[145] Nach heute kaum mehr bestrittener Auffassung hat allerdings der Zwischenverwahrer das Recht, dem Hinterleger bereits vor der Einlieferung der von diesem anvertrauten Wertpapiere in den Sammelbestand einen entsprechenden eigenen, bereits bestehenden Anteil am Sammelbestand gegen Überlassung des Eigentums an den in das Vordepot aufgenommenen Stücken zu übertragen (sog. Kompensation),[146] was eine flexible Abwicklung der täglichen Ein- und Auslieferungsvorgänge auf Seiten des Zwischenverwahrers ermöglicht (vgl. auch § 5 Abs. 2 DepotG).[147]

4. Veräußerung sammelverwahrter Wertpapiere

26 **a) Überblick.** Für die Veräußerung sammelverwahrter Wertpapiere enthält das geltende Depotrecht sowohl Vorgaben für die schuldrechtliche Ebene, konkret: die Ausführung von Ein- bzw. Verkaufsaufträgen (→ Rn. 27) durch die Depotbank des Erwerbers bzw. Veräußerers, als auch die dingliche Ebene. Die eigentliche Übereignung der Wertpapiere vollzieht sich bislang nach § 929 S. 1 BGB, ist aber im Regelfall[148] ihrerseits durch die depotrechtlichen Besonderheiten und die Infrastruktur der am Markt etablierten Wertpapierliefer- und -abrechnungssysteme geprägt (→ Rn. 30). Die daneben möglichen abweichenden Formen der Eigentumsübertragung (Einigung und Anweisung an den Sammelverwahrer, mit dem Erwerber ein neues Besitzkonstitut zu begründen, §§ 929, 868 BGB; Übereignung durch Besitzkonstitut zwischen Veräußerer und Erwerber, § 930 BGB; Übereignung durch Abtretung eines Herausgabeanspruchs, § 931 BGB[149]) sind in der Praxis von geringer Bedeutung; Entsprechendes gilt für die Übereignung effektiver Stücke nach Geltendmachung eines Auslieferungsanspruchs. Aus der Anwendbarkeit der §§ 929 ff. BGB ergeben sich zugleich Weiterungen für die Möglichkeit eines gutgläubigen Erwerbs sammelverwahrter Papiere durch Dritte (→ Rn. 32).

27 **b) Einkaufs- bzw. Verkaufskommission als Grundlage der Pflichten der Depotbank. aa) Depotrechtliche Modifikation des Kommissionsrechts.** Im Regelfall werden Wertpapiere im Rahmen von Kommissionsgeschäften der Depotbanken als Verkaufs- bzw. Einkaufskommissionärin von bzw. für Kunden veräußert, es sei denn, ein Festpreisgeschäft wurde ausdrücklich vereinbart.[150] Die (schuldrechtlichen) Rechtsbeziehungen zwischen den beteiligten Kunden und ihren Depotbanken werden damit zunächst durch

---

[144] *Canaris* Bankvertragsrecht Rn. 2111; *Heinsius/Horn/Than* DepotG § 5 Rn. 57 f.; BankR-HdB/*Klanten* § 72 Rn. 16; im Ergebnis auch MüKoHGB/*Einsele* Depotgeschäft Rn. 79; BuB/*Kreße* Rn. 8/94; Scherer/*Rögner* DepotG § 5 Rn. 61.

[145] *Born* Kollisionsrecht S. 37; *Canaris* Bankvertragsrecht Rn. 2111; *Heinsius/Horn/Than* DepotG § 5 Rn. 57 f.; BankR-HdB/*Klanten* § 72 Rn. 98; Scherer/*Rögner* DepotG § 6 Rn. 5; im Ergebnis auch MüKoHGB/*Einsele* Depotgeschäft Rn. 79; BuB/*Kreße* Rn. 8/94.

[146] *Canaris* Bankvertragsrecht Rn. 2112 f.; BankR-HdB/*Klanten* § 72 Rn. 100; BuB/*Kreße* Rn. 8/96; *Heinsius/Horn/Than* DepotG § 5 Rn. 56 f.; Scherer/*Rögner* DepotG § 6 Rn. 5.

[147] Zum umstrittenen Erwerbs- bzw. Veräußerungstatbestand insoweit näher MüKoHGB/*Einsele* Depotgeschäft Rn. 80 ff. mwN.

[148] Zur Veräußerung durch den Depotkunden außerhalb des Effektengiroverkehrs BankR-HdB/*Klanten* § 72 Rn. 114 f.; s. a. *Einsele* Wertpapierrecht S. 172; *Wust* Verbuchung S. 153.

[149] Vgl. dazu nur *Canaris* Bankvertragsrecht Rn. 2020; BankR-HdB/*Klanten* § 72 Rn. 114; BuB/*Kreße* Rn. 8/104; Scherer/*Rögner* DepotG § 6 Rn. 6.

[150] Vgl. *Born* Kollisionsrecht S. 41 ff.; EBJS/*Scherer* HGB BankR VI Rn. 546; entspr. Nr. 1 Abs. 1 und 3, Nr. 9 der Sonderbedingungen für Wertpapiergeschäfte (Juli 2012), Abdruck im Anhang zum → 36. Kapitel; vgl. auch *Bunte* Sonderbedingungen Rn. 44 ff., 63; *Lenenbach* Kapitalmarktrecht Rn. 6.128 ff.

die allgemeinen Vorschriften über das Kommissionsgeschäft (§§ 383 ff. HGB, 675 BGB) geprägt. Dabei wird typischerweise Erfüllung durch Verschaffung entsprechender Girosammelanteile vereinbart.[151] Depotrechtlich werden die daraus resultierenden Pflichten der Depotbank des Käufers allerdings zunächst in zwei Punkten modifiziert, die bereits mit der dinglichen Ebene verknüpft sind: Die §§ 18–23 DepotG regeln die Pflicht der Depotbank, dem Käufer nach Ausführung des jeweiligen Auftrags grundsätzlich unverzüglich, spätestens binnen einer Woche ein **Stückeverzeichnis** zu übersenden (§ 18 Abs. 1 S. 1 DepotG). Die angeschafften Wertpapiere müssen im Verzeichnis in individualisierbarer Form, mindestens also nach Art und Nummer, gekennzeichnet sein.[152] Die Höchstfrist von einer Woche läuft ab Beginn des Zeitraums, innerhalb dessen sich der Kommissionär die Wertpapiere verschaffen konnte, es sei denn, der Verkäufer wird dem Kommittenten benannt (vgl. § 384 Abs. 3 HGB, dann Fristbeginn mit tatsächlichem Erwerb der Papiere).[153] **Ausnahmen und Einschränkungen** von der Pflicht zur Übersendung des Stückverzeichnisses enthalten die §§ 19–23 DepotG. Nach **§ 19 DepotG** kann der Kommissionär die Übersendung „aussetzen", wenn der (damit vorleistungspflichtige) Kommittent Forderungen aus der Auftragsausführung nicht befriedigt hat und der Kommissionär dies schriftlich anzeigt.[154] Das Eigentum an den erworbenen Papieren bleibt dabei beim Kommissionär, der die Papiere etwa zu Refinanzierungszwecken verpfänden kann.[155] Die – wenig praxisrelevante[156] – Vorschrift des **§ 20 DepotG** regelt eine begrenzte Ausnahme für den Fall, dass sich der Kommissionär gegenüber dem Kommittenten auf Grund einer Kreditzusage zur Vorleistung verpflichtet. **§ 21 DepotG** kombiniert die Fälle der §§ 19 und 20 DepotG. Für den Fall, dass Wertpapiere vereinbarungsgemäß im **Ausland** erworben werden sollen, sieht **§ 22 DepotG** vor, dass der Kommissionär nur auf Verlangen des Kommittenten zur Übersendung eines Stückeverzeichnisses verpflichtet ist. Die praktische Bedeutung der Vorschrift ist ebenfalls gering, da ein (dinglich konzipierter) Eigentumserwerb an Wertpapieren ieS bereits de lege lata nur in wenigen Rechtsordnungen (Deutschland, Österreich) vorgesehen ist und die Pflicht zur Übersendung eines Stückeverzeichnisses damit leerläuft.[157] Werden innerhalb der in §§ 18–22 DepotG jeweils bezeichneten Frist die erworbenen Wertpapiere an den Kommittenten ausgeliefert oder ein von diesem erteilter Auftrag zur Wiederveräußerung ausgeführt, entfällt die Pflicht zur Übersendung eines Stückeverzeichnisses nach **§ 23 DepotG;** die kommissionsrechtliche Pflicht, Rechenschaft abzulegen (§ 384 Abs. 2 HGB), bleibt davon unberührt.[158] § 31 DepotG **erweitert** den Anwendungsbereich der §§ 18 ff. DepotG auf andere Arten der Auftragsausführung und damit insbesondere auf Festpreisgeschäfte.[159] **§ 24 Abs. 1 DepotG** ermöglicht es dem Kommissionär, dem Kommittenten an Erfüllungs Statt (§ 364 BGB)[160] befreiend Miteigentumsanteile an den zum Sammelbestand einer Wertpapiersammelbank gehörenden Wertpapieren zu verschaffen; er muss also nicht das Eigentum an den Stücken selbst verschaffen, sondern schuldet die Verschaffung einer entsprechenden GS-Gutschrift (→ Rn. 18). Die Vorschrift ermöglicht die Verschaffung von Miteigen-

---

[151] Vgl. Nr. 11 der Sonderbedingungen für Wertpapiergeschäfte (Juli 2012), Abdruck im Anhang zum → 36. Kapitel, und dazu BankR-HdB/*Klanten* § 72 Rn. 102.

[152] Vgl. bereits RGZ 95, 255 (259); Baumbach/Hopt/*Kumpan* HGB 2. Teil (13) DepotG § 18 Rn. 3; EBJS/*Scherer* HGB BankR VI Rn. 549; *Heinsius/Horn/Than* DepotG § 18 Rn. 21 ff.

[153] EBJS/*Scherer* HGB BankR VI Rn. 548; *Scherer* DepotG § 18 Rn. 5.

[154] Vgl. zu Einzelheiten etwa *Canaris* Bankvertragsrecht Rn. 1958; EBJS/*Scherer* HGB BankR VI Rn. 557 ff.; *Heinsius/Horn/Than* DepotG § 19 Rn. 3 ff.; *Scherer* DepotG § 18 Rn. 2 ff.

[155] *Heinsius/Horn/Than* DepotG § 19 Rn. 18; EBJS/*Scherer* HGB BankR VI Rn. 557, 561; *Scherer* DepotG § 19 Rn. 5.

[156] *Heinsius/Horn/Than* DepotG § 20 Rn. 1; EBJS/*Scherer* HGB BankR VI Rn. 567; *Scherer* DepotG § 20 Rn. 1.

[157] EBJS/*Scherer* HGB BankR VI Rn. 575; Scherer/*Behrends* DepotG § 22 Rn. 4.

[158] *Heinsius/Horn/Than* DepotG § 23 Rn. 12; EBJS/*Scherer* HGB BankR VI Rn. 588.

[159] Vgl. MüKoHGB/*Einsele* Depotgeschäft Rn. 100; *Scherer* DepotG § 31 Rn. 20.

[160] Vgl. *Canaris* Bankvertragsrecht Rn. 1957; *Heinsius/Horn/Than* DepotG § 24 Rn. 7; EBJS/*Scherer* HGB BankR VI Rn. 590; **aA** Scherer/*Behrends* DepotG § 24 Rn. 25.

tumsanteilen als Alternative zur – heute kaum mehr üblichen – Erfüllung durch Lieferung effektiver Stücke und erfasst damit den praktischen Regelfall des Effektengiroverkehrs (→ Rn. 18), ohne dass dies im Wortlaut zum Ausdruck käme.[161] **§ 24 Abs. 2 DepotG** begründet einerseits (S. 1) einen – praktisch gegenüber §§ 929 ff. BGB subsidiären – originären Eigentumserwerb des Kommittenten (→ Rn. 28). Anderseits (S. 2) sind entsprechende Mitteilungspflichten des Kommissionärs vorgesehen,[162] die in den Fällen des § 24 Abs. 3 DepotG abgewandelt werden, in denen der Erwerb nach der jeweils zugrunde liegenden vertraglichen Vereinbarung in bestimmten Grenzen wiederholt und zeitlich gestaffelt erfolgt.

28 **bb) Auswirkungen auf die Erfüllungsebene.** Die Absendung des Stückeverzeichnisses als solche ist an sich Realakt und dient zunächst der Information des Kommittenten.[163] Da sie aber nach § 18 Abs. 3 DepotG den Eigentumsübergang auf den Kommittenten auslöst, sofern dieser nicht zuvor nach bürgerlich-rechtlichen Bestimmungen Eigentum erworben hat, hat sie rechtsgeschäftsähnlichen Charakter, so dass §§ 119 ff. BGB und §§ 164 ff. BGB entsprechend anwendbar sind.[164] § 18 Abs. 3 DepotG sichert damit den Eigentumserwerb des Kommittenten lediglich ab, der typischerweise bereits zuvor nach §§ 929 ff. BGB vollzogen worden sein wird (→ Rn. 29 ff.). Strukturell vergleichbar damit ist der Eigentumserwerb nach § 24 Abs. 2 DepotG, der mit Eintragung des Übertragungsvermerks im Verwahrungsbuch des Kommissionärs eintritt, wiederum sofern der Kommittent nicht zuvor nach §§ 929 ff. BGB Eigentum erlangt hat; ausreichend dafür ist nach hM eine entsprechende Verbuchung der Miteigentumsanteile im Verwahrungsbuch.[165]

29 **c) Übereignung und Lieferung im Effektengiroverkehr (Regelfall). aa) Überblick.** Der dingliche Rechtserwerb richtet sich grundsätzlich nach §§ 929 ff. BGB, sofern er nicht – praktisch de lege lata selten[166] – erst aufgrund der Depotgutschrift (Giro-Sammelgutschrift) nach § 24 Abs. 2 S. 1 DepotG eintritt (→ Rn. 28). Gegenstand ist die Übertragung des Bruchteilseigentumsanteils am Sammelbestand. Dem sachenrechtlichen Bestimmtheitsgrundsatz wird dadurch genügt, dass das Veräußerungsgeschäft unter Bezeichnung der Wertpapiergattung, der Verwahrungsart (Girosammelverwahrung) sowie des Nennbetrags der veräußerten Girosammelanteile abgeschlossen wird.[167] Hinsichtlich der Einzelheiten ist zu unterscheiden zwischen Geschäften, die allein im Verhältnis zwischen der Wertpapiersammelbank sowie den an der Verwahrkette beteiligten Zwischenverwahrern abgeschlossen werden (→ Rn. 30), und solchen, bei denen eine Zentrale Gegenpartei eingeschaltet ist (→ Rn. 31).

30 **bb) Geschäfte unter Mitwirkung von Wertpapiersammelbank und Zwischenverwahrern.** Im Regelfall, in dem die Depotbank des Veräußerers Wertpapiere als Kommissionärin für den Hinterleger als Kommittenten veräußert und die Depotbank des Erwerbers im Wege der Einkaufskommission anschafft,[168] handelt es sich um einen Fall der Über-

---

161 Vgl. Scherer/*Behrends* DepotG § 24 Rn. 22.

162 Dazu Scherer/*Behrends* DepotG § 24 Rn. 91.

163 Vgl. EBJS/*Scherer* HGB BankR VI Rn. 543.

164 *Canaris* Bankvertragsrecht Rn. 1970; MüKoHGB/*Einsele* Depotgeschäft Rn. 100; *Heinsius/Horn/Than* § 18 Rn. 39; EBJS/*Scherer* HGB BankR VI Rn. 550; **aA** (Willenserklärung) noch *Opitz* DepotG § 18 Anm. 8; offen gelassen von *Scherer* DepotG § 18 Rn. 7.

165 Vgl. *Heinsius/Horn/Than* DepotG § 24 Rn. 19 ff.; Baumbach/Hopt/*Kumpan* HGB 2. Teil, (13) DepotG § 24 Rn. 2; EBJS/*Scherer* HGB BankR VI Rn. 592; Scherer/*Behrends* DepotG § 24 Rn. 27 ff.

166 Vgl. nur BuB/*Kreße* Rn. 8/248; *Lenenbach* Kapitalmarktrecht Rn. 6.143; *Eichholz* WM 2013, 250 (251); *Mentz/Fröhling* NZG 2002, 201 (202).

167 Kümpel/Mülbert/Früh/*Bauer* BankR Rn. 18.60; MüKoHGB/*Einsele* Depotgeschäft Rn. 102; BankR-HdB/*Klanten* § 72 Rn. 103; BuB/*Kreße* Rn. 8/103, 8/247; *Mentz/Fröhling* NZG 2002, 201 (207); vgl. auch *Iversen* AG 2008, 736 (737 f.); Scherer/*Rögner* DepotG § 5 Rn. 73 sowie – für die Pfandrechtsbestellung – krit. *Hirte/Knof* WM 2008, 7 (13 f.).

168 Zum Ablauf eing. *Segna* Bucheffekten S. 203 ff.

tragung nach § 929 S. 1 BGB.[169] Das **Angebot** auf die dingliche Einigung gibt dabei die Depotbank des Veräußerers im eigenen Namen kraft der ihr erteilten Ermächtigung (§ 185 BGB) ab;[170] Zugang tritt mit Eingang des Auftrags bei der Wertpapiersammelbank ein.[171] Diese erklärt konkludent im Wege der Verbuchung des Erwerbsvorgangs auch die **Annahme,** fungiert dabei aber als Empfangsvertreterin für die Depotbank des Erwerbers,[172] die ihrerseits als Stellvertreterin für den Erwerber handelt. Dass die Wertpapiersammelbank die Identität des Erwerbers nicht kennt, ist nach den Grundsätzen des Erwerbsgeschäfts für den, den es angeht, unerheblich.[173] Die nach § 929 S. 1 BGB erforderliche **Übergabe** wird vollzogen, indem die Wertpapiersammelbank in Durchführung des Auftrags das Konto der Depotbank des Veräußerers im Umfang des betreffenden Sammelanteils belastet und der Depotbank des Erwerbers eine entsprechende GS-Gutschrift erteilt.[174] Mit der Buchung erfüllt die Wertpapiersammelbank zum einen ihre Rechenschaftspflicht aus § 666 BGB, dokumentiert aber zum andern zugleich die „Umstellung" ihres Besitzmittlungswillens, dh den Willen, nunmehr dem Erwerber und nicht mehr dem Veräußerer den Besitz mitteln zu wollen.[175] Mit dem Abschluss des Buchungsvorgangs durch die Wertpapiersammelbank sind damit die Voraussetzungen für den Eigentumserwerb nach § 929 S. 1 BGB erfüllt.[176] Der **Zeitpunkt,** in dem der Buchungsprozess abgeschlossen ist, hängt nach den Allgemeinen Geschäftsbedingungen der Clearstream Banking AG von der Auftragsart ab. Im Effektenverkehr über Target2-Securities für in Euro denominierte Wertpapiere, im Treuhandgiroverkehr für Wertpapiere in Wertrechnung sowie bei Zahlungs- und Liefergeschäften über Geld- und Girokonten bei der Clearstream Banking AG (sog. **Geldverrechnungsverkehr,** Geldclearing) nimmt diese die Verbuchung von Wertpapiergeschäften Zug-um-Zug gegen die Erfüllung der jeweils korrespondierenden Zahlungspflichten der Veräußererseite vor, wobei die wechselseitigen Forderungen und Verbindlichkeiten der Veräußerer- und Erwerberseite saldiert werden.[177] Außerhalb des Geldverrechnungsverkehrs abgewickelte Geschäfte werden umgehend mit entsprechender Umbuchung erfüllt.[178] Der Erwerber erwirbt das Eigentum hiernach unmittelbar vom Veräußerer im Wege des Geheißerwerbs[179] unter Mitwirkung der Zwischenverwahrer und der Wertpapiersammelbank; es liegt **kein Durch-**

---

[169] *Canaris* Bankvertragsrecht Rn. 2020; *Heinsius/Horn/Than* DepotG § 6 Rn. 35, 84 ff.; BuB/*Kreße* Rn. 8/235; *Mentz/Fröhling* NZG 2002, 201 (206); Scherer/*Rögner* DepotG § 5 Rn. 76; **tw. abw.** MüKoHGB/*Einsele* Depotgeschäft Rn. 112 ff. (§ 929 S. 2 BGB, sofern der Erwerber bereits über Anteile am jeweiligen Sammelbestand verfügte); grundsätzlich krit. auch *Segna* Bucheffekten S. 212 ff.

[170] *Canaris* Bankvertragsrecht Rn. 2017 f.; MüKoHGB/*Einsele* Depotgeschäft Rn. 107; BankR-HdB/*Klanten* § 72 Rn. 102; BuB/*Kreße* Rn. 8/245; *Heinsius/Horn/Than* DepotG § 6 Rn. 84; Scherer/*Rögner* DepotG § 5 Rn. 74; *Mentz/Fröhling* NZG 2002, 201 (206) mwN; vgl. eing. – auch zu den technischen Abläufen – auch *Lenenbach* Kapitalmarktrecht Rn. 6.144 ff.; **aA** noch *Schönle* Bank- und Börsenrecht § 21 II 2 (Angebot durch Wertpapiersammelbank).

[171] *Mentz/Fröhling* NZG 2002, 201 (206).

[172] *Beckmann* Reformbedarf S. 41; *Canaris* Bankvertragsrecht Rn. 2019; MüKoHGB/*Einsele* Depotgeschäft Rn. 108; *Mentz/Fröhling* NZG 2002, 201 (206); *Lenenbach* Kapitalmarktrecht Rn. 6.1.47; wohl auch BankR-HdB/*Klanten* § 72 Rn. 102; Scherer/*Rögner* DepotG § 5 Rn. 74; **aA** BuB/*Kreße* Rn. 8/238 f.; entspr. *Eichholz* WM 2013, 250 (251) (Empfangsbotin).

[173] MüKoHGB/*Einsele* Depotgeschäft Rn. 105; BankR-HdB/*Klanten* § 72 Rn. 102; Scherer/*Rögner* DepotG § 5 Rn. 74; *Eichholz* WM 2013, 250 (251); *Mentz/Fröhling* NZG 2002, 201 (206); entspr. auch bereits *Heinsius/Horn/Than* DepotG § 6 Rn. 84; insoweit **aA** *Canaris* Bankvertragsrecht Rn. 1981.

[174] Vgl. Nr. XXII Abs. 1, Nr. XXIII Abs. 1 sowie Nr. XXIV Abs. 1 AGB Clearstream Banking AG; s. a. *Eichholz* WM 2013, 250 (251).

[175] BankR-HdB/*Klanten* § 72 Rn. 104; BuB/*Kreße* Rn. 8/235 f., 8/69c; *Lenenbach* Kapitalmarktrecht Rn. 6.149 ff.; Scherer/*Rögner* DepotG § 5 Rn. 76 f.; *Eichholz* WM 2013, 250 (251).

[176] BankR-HdB/*Klanten* § 72 Rn. 105; BuB/*Kreße* Rn. 8/235; *Heinsius/Horn/Than* DepotG § 6 Rn. 87; Scherer/*Rögner* DepotG § 5 Rn. 76 f.; *Eichholz* WM 2013, 250 (251); vgl. auch Nr. XXIV Abs. 1 S. 2 und 3 AGB Clearstream Banking AG.

[177] Vgl. Nr. XXIV Abs. 2 sowie Nr. XXV Abs. 2 AGB Clearstream Banking AG; dazu BuB/*Kreße* Rn. 8/236; Kümpel/Mülbert/Früh/*Bauer* BankR Rn. 18.110 ff.; *Mentz/Fröhling* NZG 2002, 201 (207); vgl. auch MüKoHGB/*Einsele* Depotgeschäft Rn. 104.

[178] Vgl. BuB/*Kreße* Rn. 8/236.

[179] Kümpel/Mülbert/Früh/*Bauer* BankR Rn. 18.62; BankR-HdB/*Klanten* § 72 Rn. 102; *Lenenbach* Kapitalmarktrecht Rn. 6.151; Scherer/*Rögner* DepotG § 5 Rn. 74; vgl. auch BuB/*Kreße* Rn. 8/845 f.

gangserwerb der Zwischenverwahrer oder der Wertpapiersammelbank vor.[180] Die Wertpapiersammelbank nimmt die Buchungen im Effektengiroverkehr auf den Konten der jeweils mit ihr unmittelbar verbundenen Zwischenverwahrer vor. Indem diese ihrerseits ihren Kunden eine korrespondierende Lastbuchung bzw. Gutschrift erteilen, werden die Veränderungen im Besitzmittlungsverhältnis und damit der Eigentumsübergang auf den unteren Stufen des Verwahrungsverhältnisses nachvollzogen bzw. vorweggenommen (vorläufige Gutschrift).[181] Für den Fall, dass außer den unmittelbar mit der Wertpapiersammelbank kontrahierenden Banken weitere Depotbanken als Zwischenverwahrer eingeschaltet sind, gilt Entsprechendes.[182] Die beschriebenen Grundsätze sind nach überwiegender, zutreffender Meinung auch auf die Übereignung des Miteigentumsanteils an **Sammelurkunden** und insbesondere auch auf **Dauer-**Globalurkunden anwendbar, auch wenn hier – wie ausgeführt (→ Rn. 10) – die Besitzposition des Hinterlegers stark gelockert ist.[183]

31 **cc) Geschäfte unter Mitwirkung einer Zentralen Gegenpartei.** Besonderheiten ergeben sich, wenn in das Geschäft – wie vielfach – eine Zentrale Gegenpartei, zB (bei im Parketthandel an der Frankfurter Wertpapierbörse bzw. im elektronischen Börsenhandel über das Handelssystem XETRA abgeschlossenen Geschäften) die Eurex Clearing AG,[184] eingeschaltet ist, die für die einzelnen Geschäfte das Ausfallrisiko (Gegenparteirisiko) übernimmt und damit die Erfüllung der eingegangenen Liefer- und Zahlungspflichten garantiert.[185] Die Zentrale Gegenpartei tritt zwischen die Handelsparteien, die das Veräußerungsgeschäft unmittelbar am jeweiligen Markt als Ein- bzw. Verkaufskommissionäre (sog. Clearing-Mitglieder) abschließen (vgl. § 1 Abs. 31 KWG i. V. m. Art. 2 Nr. 1 VO (EU) Nr. 648/2012).[186] Aufgrund einer Verkaufs- bzw. Kauforder kommen jeweils zwei Verträge zustande, in deren Rahmen die Zentrale Gegenpartei für die Verkäuferseite als Käufer und für die Käuferseite als Verkäufer der Papiere fungiert.[187] Effektive Lieferungen durch Buchungen bei der Wertpapiersammelbank erfolgen hier nicht in Höhe jedes einzelnen Geschäfts, sondern lediglich in Höhe des zwischen der Zentralen Gegenpartei und den einzelnen Clearing-Mitgliedern jeweils am Ende des maßgeblichen Abrechnungszeitraums geschuldeten Saldos (sog. „Netting").[188] Die buchungsmäßige Erfassung der Handelsvorgänge auf der Ebene der Wertpapiersammelbank beschränkt sich auf die Erfüllung dieser Nettoforderungen bzw. -verbindlichkeiten gegenüber der Zentralen Gegenpartei; im Übrigen ist die Wertpapiersammelbank an der Durchführung der Lieferverpflichtungen nicht beteiligt. Ein Zusammenhang zwischen der Verbuchung bei der Wertpapiersammelbank

---

[180] *Canaris* Bankvertragsrecht Rn. 2025; BuB/*Kreße* Rn. 8/245; MüKoHGB/*Einsele* Depotgeschäft Rn. 104 f.; *Heinsius/Horn/Than* DepotG § 24 Rn. 36; *Wust* Verbuchung S. 144; Scherer/*Rögner* DepotG § 5 Rn. 82; *Mentz/Fröhling* NZG 2002, 201 (207).

[181] Vgl. *Heinsius/Horn/Than* DepotG § 6 Rn. 87; vgl. auch BuB/*Kreße* Rn. 8/236.

[182] Vgl. nochmals BuB/*Kreße* Rn. 8/246.

[183] Vgl. stellvertretend BuB/*Kreße* Rn. 8/105 ff.; *Heinsius/Horn/Than* DepotG § 9a Rn. 58; *Scherer/Martin* DepotG § 9a Rn. 29 ff.; mit tw. abw. Begr. auch *Brand* ZBB 2015, 40 (47 f.); **aA** für Dauer-Globalurkunden *Canaris* Bankvertragsrecht Rn. 2125, 2133 (kein Mitbesitz, Übertragung durch bloße Einigung nach § 929 BGB). *Habersack/Mayer* WM 2000, 1678 (1682) erwägen einen Ausschluss der Übertragbarkeit nach § 929 BGB und stattdessen Übertragbarkeit nur nach §§ 398, 413 BGB; dies vorsichtig befürwortend auch *Mentz/Fröhling* NZG 2002, 201 (210); grds. krit. *Segna* Bucheffekten S. 207 ff.

[184] S. allg. etwa *Alfes* Central Counterparty S. 36 ff.; BankR-HdB/*Klanten* § 72 Rn. 106 ff.; BuB/*Kreße* Rn. 8/11 f.; *Lenenbach* Kapitalmarktrecht Rn. 6.159 ff.; *Horn* WM Sonderbeilage 2/2002, 4 ff.

[185] Zur effizienzsteigernden und systemschützenden Bedeutung Zentraler Gegenparteien auch *Binder* → Kap. 37 Rn. 38 (die dortigen Ausführungen zur Rolle Zentraler Gegenparteien für das Derivateclearing gelten sinngemäß auch für das Clearing von Wertpapiergeschäften).

[186] Zum Ablauf eing. *Segna* Bucheffekten S. 240 ff.

[187] Vgl. Kap. V Nr. 2.1 Abs. 4 der Clearing-Bedingungen der Eurex Clearing AG; *Alfes,* Central Counterparty, S. 76 ff.; BuB/*Kreße* Rn. 8/11; Kümpel/Mülbert/Früh/*Bauer* BankR Rn. 18.115; eing. *Habersack/Ehrl* ZfPW 2015, 312 (319 ff.).

[188] Vgl. Kap. I Nr. 1.4 sowie Kap. V Nr. 2.5 der Clearing-Bedingungen der Eurex Clearing AG; dazu *Alfes,* Central Counterparty, S. 171 ff.; *Kunz* Rechtsprobleme S. 331; BuB/*Kreße* Rn. 8/11, 8/237; *Lenenbach* Kapitalmarktrecht Rn. 6.168; *Habersack/Ehrl* ZfPW 2015, 312 (340 ff., insbes. 345 ff.); *Horn* WM Sonderbeilage 2/2002, 7.

und dem einzelnen Veräußerungsgeschäft besteht mithin nur noch eingeschränkt. Zwingend zu beachten ist die in der **CSDR** (→ Rn. 2) vorgesehene Beschränkung des Abrechnungszeitraumes auf zwei Tage.[189] Wie bei Einschaltung einer Zentralen Gegenpartei die **dingliche Einigung** zwischen Veräußerer und Erwerber zu konstruieren ist, ist umstritten. Vielfach wird davon ausgegangen, dass die Zentrale Gegenpartei das von der Depotbank des Veräußerers übermittelte Einigungsangebot als Empfangsbotin der Depotbank des Erwerbers entgegennimmt und durch die Übersendung des sog. Soll-Lieferreports, aus dem die zu erfüllenden Bruttoumsätze ersichtlich sind, an die Depotbank des Veräußerers weiterleitet; die Annahme soll konkludent durch die vorbehaltlose Entgegennahme des Soll-Lieferreports erfolgen.[190] Eine Qualifikation der Eurex Clearing AG als Empfangsvertreterin liegt allerdings schon deshalb näher, weil die Eurex Clearing AG den Eigentumserwerb in ihren Clearing-Bedingungen an besondere Anforderungen knüpft und damit ihrerseits eine aufschiebende Bedingung hierfür festlegt.[191] Denn diese sehen vor, dass der Eigentumsübergang hinsichtlich der effektiven Erfüllung der jeweils geschuldeten Saldo-Forderungen vollzogen wird, wenn (a) die für den Ausgleich erforderlichen Buchungen durch die Wertpapiersammelbank und (b) die korrespondierende Geldverrechnung vorgenommen wurden sowie (c) den beteiligten Clearing-Mitgliedern von der Eurex Clearing AG der sog. Ist-Lieferreport bereitgestellt wurde, der die tatsächlich belieferten Einzelgeschäfte ausweist.[192] Vor diesem Hintergrund beschränkt sich nach hM die Umstellung der Besitz(mittlungs)verhältnisse im Rahmen der **Übergabe** auf die jeweilige Verbuchung auf der Ebene der Zwischenverwahrer (Lastbuchung bei der Depotbank des Veräußerers, Gutschrift bei der Depotbank des Erwerbers),[193] die gegenüber der Verbuchung des Saldenausgleichs auf der Ebene der Wertpapiersammelbank zunehmend verselbständigt ist. Auch diese Probleme spiegeln letztlich den Umstand wider, dass die tradierte sachenrechtliche Konstruktion jedenfalls auf Anpassungen – letztlich tw. fiktionalen Charakters – angewiesen ist, wenn sie der praktischen Ausgestaltung des modernen Effektenverkehrs Rechnung tragen will.[194]

d) Gutgläubiger Erwerb an sammelverwahrten Effekten. Die Möglichkeit gutgläubigen Erwerbs an sammelverwahrten Wertpapieren ist für die Funktionsfähigkeit des Effektengiroverkehrs kaum entbehrlich, da ohne diese Möglichkeit insbesondere die Veräußerung durch Kreditinstitute in eigenem Namen für fremde Rechnung auf Schwierigkeiten stieße.[195] Gutgläubiger Erwerb nach §§ 932 ff. BGB, § 366 HGB ist daher grundsätzlich anerkannt; seine Konstruktion ist allerdings mit Blick auf die Besonderheiten des Effektengiroverkehrs auf Anpassungen an den allgemeinen Regeln angewiesen. Problematisch und 32

[189] VO (EU) Nr. 909/2014, Art. 5 Abs. 1 und 2; zu den technischen Anforderungen zur Sicherstellung effektiver Abrechnungsvorgänge Art. 6–8.

[190] So Kümpel/Mülbert/Früh/*Bauer* BankR Rn. 18.116; BuB/*Kreße* Rn. 8/240; *Horn* WM Sonderbeilage 2/2002, 19; **aA** *Alfes* Central Counterparty S. 179 f. (der explizit auf den Ist-Lieferreport abstellt); MüKoHGB/*Einsele* Depotgeschäft Rn. 109; *Kunz* Rechtsprobleme S. 404 ff.; *Lenenbach* Kapitalmarktrecht Rn. 6.176, und noch *Kümpel* BankR Rn. 11.387: Zentrale Gegenpartei als Vertreterin des Käufers; BankR-HdB/*Klanten* § 72 Rn. 107.

[191] So bes. MüKoHGB/*Einsele* Depotgeschäft Rn. 109; *Alfes* Central Counterparty S. 184 mit S. 179 ff. (dort für Nostro-Geschäfte der Clearing-Mitglieder); *Kunz* Rechtsprobleme S. 404 ff.; entspr. auch *Born* Kollisionsrecht S. 45; *Habersack/Ehrl* ZfPW 2015, 312, 347; *Segna* Bucheffekten S. 245 ff.; *Wust* Verbuchung S. 145 f.

[192] Vgl. Kap. I Nr. 1.4.2 Abs. 4 Buchst. b der Clearing-Bedingungen der Eurex Clearing AG; vgl. auch *Alfes* Central Counterparty S. 179 ff.

[193] So BankR-HdB/*Klanten* § 72 Rn. 108; *Horn* WM Sonderbeilage 2/2002, 18; wohl auch Kümpel/Mülbert/Früh/*Bauer* BankR Rn. 18.117; BuB/*Kreße* Rn. 8/237; vgl. auch *Alfes* Central Counterparty S. 178; *Lenenbach* Kapitalmarktrecht Rn. 6.167 ff.; *Habersack/Ehrl* ZfPW 2015, 312, 340 ff.; aus grds. Erwägungen krit. MüKoHGB/*Einsele* Depotgeschäft Rn. 109, 114; *Segna* Bucheffekten S. 247 ff.

[194] Vgl. insoweit auch *Mülbert* ZBB 2010, 445 (448); grundsätzlich **krit.** insoweit MüKoHGB/*Einsele* Depotgeschäft Rn. 114; *Segna* Bucheffekten, S. 244 ff.

[195] Vgl. insoweit nur MüKoHGB/*Einsele* Depotgeschäft Rn. 115; BankR-HdB/*Klanten* § 72 Rn. 116; *Scherer/Martin* § 9a Rn. 35; s. a. *Lenenbach* Kapitalmarktrecht Rn. 6.187.

umstritten ist dabei, auf welchen **Rechtsscheinsträger** abzustellen ist, da der Mitbesitz am Sammelbestand bzw. an einer Globalurkunde an sich als Grundlage für einen gutgläubigen Fahrniserwerb nicht ausreicht.[196] Nach überzeugender herrschender Meinung kommt es stattdessen auf die Verbuchung des Sammeldepotguthabens der Depotbank des Veräußerers im Verwahrbuch (§ 14 DepotG, → Rn. 47 f.) als Anknüpfungspunkt für den Gutglaubenstatbestand an,[197] die damit für den gutgläubigen Erwerb konstitutive Bedeutung hat. Erforderlich ist neben der Gutgläubigkeit des Erwerbers (die regelmäßig zu bejahen sein wird) nach § 166 Abs. 1 BGB auch guter Glaube auf Seiten seiner Depotbank sowie der Wertpapiersammelbank;[198] bei Einschaltung einer Zentralen Gegenpartei (→ Rn. 30) kommt es auf deren guten Glauben an.[199] Wird gutgläubig Eigentum erworben, ohne dass dies auf einem (wenn auch unwirksamen oder anderweitig, etwa mangels materieller Rechtsinhaberschaft, fehlgeschlagenen) Verkaufsauftrag eines bestimmten Depotkunden beruht, so ist der Rechtsverlust folgerichtig keinem konkreten Depotguthaben zuzurechnen und stattdessen grundsätzlich entsprechend dem Verhältnis der Anteile auf die Gesamtheit der Berechtigten am jeweiligen Sammelbestand umzulegen (§§ 7 Abs. 2 S. 1, 8 DepotG).[200]

33 **e) Reformperspektiven.** Sollte es zu einer umfassenden Reform des deutschen Depotrechts – im Rahmen oder außerhalb einer europäischen Harmonisierungsinitiative – kommen, dürften davon gerade die Erwerbsvorgänge im Effektengiroverkehr besonders betroffen sein. In grundsätzlichem konzeptionellem Gegensatz zum geltenden Recht verlangt Art. 11 des **Genfer Wertpapierübereinkommens** für den Erwerb intermediärverwahrter Wertpapiere iSd Art. 1 Buchst. b sowie Art. 9 nicht nur stets eine **konstitutive Gutbuchung** auf dem Depotkonto des Erwerbers (Art. 11 Abs. 1) und für den Rechtsverlust entsprechend eine wiederum **konstitutive Belastungsbuchung** (Art. 11 Abs. 3). Vielmehr ist für den Rechtserwerb ausdrücklich vorgesehen, dass das jeweils anwendbare nationale Recht weitere Anforderungen als eben die Gutbuchung auf dem jeweiligen Depotkonto nicht vorsehen darf (Art. 11 Abs. 2, sog. **„No-further-step"-Regel**[201]). Dies impliziert zugleich, dass – anders als nach geltendem deutschem Recht – der dingliche bzw. schuldrechtliche Veräußerungstatbestand für den Rechtserwerb konstruktiv unerheblich ist. Veräußerungs- und Erwerbsgeschäft werden vielmehr voneinander separiert mit der Folge, dass beide auseinanderfallen können, ohne dass die Rechtsposition des Erwerbers davon beeinträchtigt würde.[202] Mit der bisherigen sachenrechtlichen Konstruktion der Rechtsposition des Hinterlegers ist dies insofern unvereinbar, als damit ein selbständiger, mit den §§ 929 ff. BGB nicht harmonierender Erwerbstatbestand geschaffen wird. Insbesondere kommt es hiernach für den Erwerb intermediärverwahrter Wertpapiere vom Nichtberechtigten nicht auf die Voraussetzungen eines redlichen Fahrniserwerbs nach den §§ 932 ff. BGB an. Gute Gründe sprechen insoweit für die Umstellung auf ein Bucheffektenmodell

---

[196] Insoweit unstr., vgl. einerseits nur *Canaris* Bankvertragsrecht Rn. 2026; andererseits MüKoHGB/*Einsele* Depotgeschäft Rn. 115, jeweils mwN; zusf. *Lenenbach* Kapitalmarktrecht Rn. 6.187.

[197] *Canaris* Bankvertragsrecht Rn. 2027; BankR-HdB/*Klanten* § 72 Rn. 116 f.; BuB/*Kreßer* Rn. 8/113; *Heinsius/Horn/Than* DepotG § 6 Rn. 91; *Horn* WM Sonderbeilage 2/2002, 12 (13 ff.); krit. Scherer/*Rögner* DepotG § 6 Rn. 7; grundsätzlich **aA** MüKoHGB/*Einsele* Depotgeschäft Rn. 115 ff.; *Einsele* ZHR 173 (2013), 50 (57 ff.); die einen dem Gutglaubenserwerb äquivalenten Verkehrsschutz nur auf der Basis einer treuhandrechtlichen Qualifikation des Depotverhältnisses für konstruierbar hält.

[198] Vgl. *Canaris* Bankvertragsrecht Rn. 2029; BuB/*Kreße* Rn. 8/119 (der allerdings die Wertpapiersammelbank als Empfangsbotin qualifiziert und daher § 166 Abs. 1 BGB lediglich für entsprechend anwendbar hält); BankR-HdB/*Klanten* § 72 Rn. 116 f. (der nur auf den guten Glauben der Clearstram abstellt, freilich ohne § 166 BGB explizit zu nennen); vgl. auch schon *Heinsius/Horn/Than* DepotG § 6 Rn. 91.

[199] BuB/*Kreße* Rn. 8/119; BankR-HdB/*Klanten* § 72 Rn. 117.

[200] Näher dazu *Canaris* Bankvertragsrecht Rn. 2030; BuB/*Kreße* Rn. 8/120; vgl. insoweit allgemein auch MüKoHGB/*Einsele* Depotgeschäft Rn. 93; *Heinsius/Horn/Than* DepotG § 7 Rn. 15 ff.; Scherer/*Rögner* § 7 Rn. 4.

[201] Vgl. nur Draft Official Commentary, S. 48 f., Art. 11 Tz. 11-8 ff.; Scherer/*Löber* DepotG Kommentierung Anh. 14, S. 651; *Eichholz* WM 2013, 250 (252); *Einsele* ZHR 173 (2013), 50 (67 ff.).

[202] Vgl. zu den daraus resultierenden Problemen eingehend *Mülbert* ZBB 2011, 445 (451 ff.).

mit einer für den Erwerb konstitutiven Gutschrift nach Schweizer Vorbild,[203] was auch mit den Vorgaben aus Art. 3 Abs. 1 CSDR (→ Rn. 2) übereinstimmt.

5. Pfandrechte an sammelverwahrten Wertpapieren

a) Allgemeines. Sicherheiten an sammelverwahrten Wertpapierbeständen – auch an Miteigentumsanteilen an Globalurkunden[204] (→ Rn. 10, 18) – werden regelmäßig in der Form der Bestellung von Pfandrechten (§§ 1205 ff., 1292 f. BGB) gegeben. Gegenstand der Verpfändung ist der jeweilige Sammeldepotanteil.[205] Die Möglichkeit einer Verpfändung ergibt sich dabei unstreitig aus §§ 1292, 1293, 1258, 747 S. 1 BGB; § 9 DepotG setzt sie voraus.[206] Hinsichtlich der **Anforderungen** an die Verpfändung ist zu unterscheiden: Sammelverwahrte **Inhaberpapiere** werden gem. § 1253 BGB wie bewegliche Sachen verpfändet.[207] Erforderlich ist damit neben der dinglichen Verpfändungsabrede **entweder** die **Umbuchung** des jeweiligen Sammeldepotanteils auf das Konto des Pfandgläubigers als Übergabetatbestand, mithin die Umstellung des Besitzmittlungsverhältnisses auf Seiten der Depotbank(en) wie im Falle der Übereignung (→ Rn. 29 f.),[208] **oder** alternativ die **Abtretung** des Herausgabeanspruchs des Verpfänders gegen die Depotbank (§§ 7 und 8 DepotG) an den Pfandgläubiger unter Anzeige der Verpfändung nach §§ 1205 Abs. 2, 870, 398 BGB.[209] Im ersten Fall beruht die Umstellung des Besitzmittlungswillens durch die depotführende Bank auf einer Absprache mit dem Verpfänder, wobei vereinbart wird, dass die Herausgabe der verpfändeten Papiere nur an den Eigentümer und den Gläubiger gemeinschaftlich erfolgen darf (vgl. § 1206 BGB). Dies wahrt das Schutzinteresse des Verpfänders, der erst nach Eintritt der Pfandreife verpflichtet ist, an der Besitzverschaffung zugunsten des Pfandgläubigers mitzuwirken (§ 1231 S. 1 iVm § 1228 Abs. 2 BGB); in der Bankpraxis wird daher regelmäßig diese Form gewählt.[210] Die Verpfändung von **Orderpapieren** bedarf dagegen neben der Einigung und Übergabe an sich eines Indossaments (§ 1292 BGB). Sind die Papiere allerdings – wie stets bei der Sammelverwahrung (→ Rn. 17) – blanko indossiert, gilt das zu Inhaberpapieren Gesagte entsprechend. Eine Verpfändung ist möglich nach §§ 1292, 1205 Abs. 1 BGB durch Anweisung an die Depotbank, das Besitzmittlungsverhältnis zugunsten des Pfandgläubigers umzustellen, sowie alternativ nach §§ 1292, 1205 Abs. 2 BGB im Wege der Einräumung mittelbaren Mitbesitzes.[211] Unanwendbar, da durch §§ 7 und 8 DepotG verdrängt, ist in jedem Fall die Vorschrift des § 1258 Abs. 2 BGB, wonach Verpfänder und Pfandgläubiger die Aufhebung der Bruchteilsgemeinschaft nur gemeinschaftlich verlangen können.[212] Für die Verpfändung durch den Hinterleger gegenüber der zwischenverwahrenden Depotbank genügt gem. § 1205 Abs. 1 S. 2 BGB die bloße dingliche Einigung.[213] **Gutgläubiger Pfandrechtserwerb** 34

[203] Mit beachtlichen Gründen de lege ferenda *Segna* Bucheffekten S. 631 ff.; s. a. schon *Lehmann* Finanzinstrumente S. 416 ff.

[204] Vgl. hierzu bes. *Berger* WM 2009, 577 (582); *Hirte/Knof* WM 2008, 7 (8 f.).

[205] Dazu bes. *Hirte/Knof* WM 2008, 7 (10, 12).

[206] Vgl. nur *Canaris* Bankvertragsrecht Rn. 2032; MüKoHGB/*Einsele* Depotgeschäft Rn. 131 ff.; BankR-HdB/*Klanten* § 72 Rn. 118; BuB/*Kreße* Rn. 8/112; *Heinsius/Horn/Than* DepotG § 6 Rn. 41; eing. zu den Einzelaspekten auch *Segna* Bucheffekten S. 257 ff.

[207] BGHZ 207, 23 Rn. 12 f. = NZG 2016, 187.

[208] BGHZ 207, 23 Rn. 15 = NZG 2016, 187; *Canaris* Bankvertragsrecht Rn. 2032 f.; BuB/*Kreße* Rn. 8/112; *Heinsius/Horn/Than* DepotG § 6 Rn. 46; vgl. auch *Hirte/Knof* WM 2008, 7 (12 f.).

[209] Vgl. *Canaris* Bankvertragsrecht Rn. 2034; BuB/*Kreße* Rn. 8/112 und Rn. 8/222; *Heinsius/Horn/Than* DepotG § 6 Rn. 46; s. a. *Hirte/Knof* WM 2008, 7 (13); *Nodoushani* WM 2007, 289 (294 f.); insoweit für Dauerglobalurkunden **einschr.** BGHZ 207, 23 Rn. 15 = NZG 2016, 187.

[210] Vgl. dazu und zur Dokumentationspraxis eing. BuB/*Kreße* Rn. 8/112 sowie Abschnitt H. III.

[211] *Heinsius/Horn/Than* DepotG § 6 Rn. 47; *Segna* Bucheffekten S. 254 f.; vgl. auch MüKoHGB/*Einsele* Depotgeschäft Rn. 132 f., die allerdings selbst (Rn. 135 f.), **entgegen hM,** Mitbesitz der Berechtigten am Sammelbestand ablehnt und infolgedessen konsequent lediglich eine Verpfändung des Auslieferungsanspruchs aus §§ 7 Abs. 1, 8 DepotG für möglich hält; entspr. jetzt auch *Beckmann* Reformbedarf S. 93 ff.

[212] MüKoBGB/*Damrau* § 1258 Rn. 9; MüKoHGB/*Einsele* Depotgeschäft Rn. 134.

[213] Vgl. nur BuB/*Kreße* Rn. 8/112.

vom tatsächlich nicht berechtigten Depotkontoinhaber als Verpfänder durch Dritte außerhalb des Verwahrungsverhältnisses ist möglich gem. §§ 1207, 932, 934 BGB iVm §§ 1292, 1293 BGB;[214] ein gutgläubiger Ersterwerb des Pfandrechts vom Verwahrer kommt indes nur innerhalb der Grenzen des § 4 DepotG in Betracht (→ Rn. 35) und scheitert im Regelfall an der Fremdvermutung nach § 4 Abs. 1 S. 1 DepotG.[215]

35 **b) Pfandrechte bzw. vergleichbare Zurückbehaltungs- und Verwertungsrechte innerhalb der Verwahrungskette. aa) Grundlagen.** Pfandrechte spielen – neben Zurückbehaltungsrechten – zugleich eine wichtige Rolle als Sicherheit für Ansprüche des Drittverwahrers gegen den Zwischenverwahrer sowie im Verhältnis der Zwischenverwahrer untereinander im Rahmen der depotrechtlichen Verwahrungskette. Als gesicherte Forderungen in Betracht kommen sowohl Ansprüche im Zusammenhang mit der Verwaltung und Verwahrung der hinterlegten Wertpapiere, zB Aufwendungsersatz für die Depotführung und depotbezogene Dienstleistungen (→ Rn. 72 ff.), als auch Ansprüche im Zusammenhang mit der Anschaffung der Papiere. Derartige Pfandrechte sind im Depotgesetz ebenso wenig ausdrücklich vorgesehen wie wirtschaftlich vergleichbare Zurückbehaltungsrechte. Beide können sich aber aus anderen gesetzlichen Rechtsgrundlagen (zB §§ 397, 398, 404, 406 Abs. 1 S. 2 HGB) oder aus dem jeweiligen Vertragsverhältnis (insbes. Nr. 14 AGB-Banken bzw. Nr. 21 AGB-Sparkassen) ergeben.[216] § 4 Abs. 1 DepotG erkennt derartige Pfandrechte im Grundsatz an, begrenzt aber im Verhältnis zwischen dem Drittverwahrer und dem Zwischenverwahrer ihre Reichweite zugunsten des ursprünglichen Hinterlegers. Die **Fremdvermutung** des § 4 Abs. 1 S. 1 DepotG schränkt mit dem Ausschluss des guten Glaubens des Drittverwahrers an das Eigentum des hinterlegenden Verwahrers auch den gutgläubigen Pfandrechtserwerb durch den Drittverwahrer grundsätzlich ein (→ Rn. 23). Nach § 4 Abs. 1 S. 2 DepotG ist die Geltendmachung von Pfandrechten und Zurückbehaltungsrechten durch den Drittverwahrer wegen Forderungen, die „in Bezug auf die verwahrten Wertpapiere entstanden sind" **(konnexe Forderungen),** sowie aufgrund einer rechtsgeschäftlichen Pfandabrede zwischen dem (Zwischen-)Verwahrer und dem Drittverwahrer allerdings von der Wirkung der Fremdvermutung ausgenommen. Insoweit ist nach hM die nach § 185 BGB erforderliche Ermächtigung der Depotbank zur Verpfändung bereits aus der gesetzlichen Ermächtigung zur Drittverwahrung (§ 3 DepotG) abzuleiten, die vorbehaltlich einer abweichenden Bestimmung des Hinterlegers Geltung beansprucht (vgl. § 2 S. 1 DepotG).[217] Die Rechtsnatur der so konstruierten Ermächtigung (gesetzliche Ermächtigung als teleologische Erweiterung des § 3 DepotG? rechtsgeschäftliche Ermächtigung, die im Wege der ergänzenden Vertragsauslegung als Bestandteil des Depotvertrags zu qualifizieren ist?) bleibt dabei offen. Zweifelsfrei ist dies nicht, weshalb sich eine ausdrückliche Vereinbarung zwischen Depotbank und Hinterleger empfiehlt. Die in der Praxis übliche Klausel, wonach der Erfüllung der Pflichten der Depotbank auch die Geschäftsbedingungen ihrer Vertragspartner zugrunde liegen[218] (die ihrerseits regelmäßig vertragliche Pfandrechte vorsehen werden), reicht dafür allerdings aus, so dass der Frage keine große praktische Bedeutung zukommt. Von vornherein nicht unter § 4 Abs. 1 DepotG fallen Verpfändungen, bei denen der Verwahrer dem Drittverwahrer „für das einzelne Geschäft ausdrücklich und schriftlich mitteilt, dass er Eigentümer der Wertpapiere

---

[214] Abl. lediglich für die Verpfändung zugunsten eines Verwahrers MüKoHGB/*Einsele* Depotgeschäft Rn. 133.

[215] Vgl. dazu auch MüKoBGB/*Damrau* § 1207 Rn. 11; MüKoHGB/*Einsele* Depotgeschäft Rn. 133; Scherer/*Löber* DepotG § 4 Rn. 5; Scherer/*Rögner* DepotG § 9 Rn. 1.

[216] Vgl. MüKoHGB/*Einsele* Depotgeschäft Rn. 25; *Heinsius/Horn/Than* DepotG § 4 Rn. 9, 11; BuB/*Kreße* Rn. 8/170 f.; Scherer/*Löber* DepotG § 4 Rn. 10. Für die Verwahrung durch die Clearstream Banking AG vgl. Nr. XXX AGB Clearstream Banking AG.

[217] MüKoHGB/*Einsele* Depotgeschäft Rn. 25; BankR-HdB/*Klanten* § 72 Rn. 18; BuB/*Kreße* Rn. 8/156; *Heinsius/Horn/Than* DepotG § 4 Rn. 14; Scherer/*Löber* DepotG § 4 Rn. 11.

[218] Vgl. Nr. 3 Abs. 1 Hs. 2 der Sonderbedingungen der Banken und Sparkassen für Wertpapiergeschäfte (Juli 2012), Abdruck im Anhang zum → 36. Kapitel, und dazu *Bunte* Sonderbedingungen Rn. 68.

sei" (§ 4 Abs. 2 DepotG); betreibt der Verwahrer im (praktisch kaum relevanten) Ausnahmefall keine Bankgeschäfte, gilt Abs. 1 nur teilweise (§ 4 Abs. 3 DepotG). Für **inkonnexe Forderungen** ist eine Verpfändung durch den (Zwischen-)Verwahrer gegenüber dem Drittverwahrer damit nicht ausgeschlossen. Sie bedarf aber wiederum einer Verpfändungsermächtigung des Hinterlegers gegenüber dem (Zwischen-)Verwahrer, die sich an den **Schranken** aus **§§ 12 ff. DepotG** messen lassen muss. Diese regeln – typisiert nach Fallgruppen (→ Rn. 36) – die Voraussetzungen an eine wirksame Verpfändungsermächtigung des Hinterlegers gegenüber seiner Depotbank, damit aber zugleich auch Schranken für einen wirksamen Pfandrechtserwerb durch den Drittverwahrer.[219] Gem. § 12 Abs. 1 S. 1 und 2 DepotG setzt jede Form der Verpfändung zunächst eine ausdrücklich und schriftlich erteilte **Ermächtigung** des Hinterlegers voraus (zu **Ausnahmen** von der Formvorschrift: § 16 DepotG). Nicht ausreichend sind eine Ermächtigung durch AGB sowie eine Ermächtigung unter Verweisung auf andere Urkunden (§ 12 Abs. 1 S. 2 Hs. 2 DepotG). Für die von § 12 DepotG erfassten Fälle ist – anders als im Rahmen der Verpfändungsermächtigung nach § 12a DepotG (→ Rn. 36) – zudem erforderlich, dass die Verpfändung im Zusammenhang mit der Gewährung eines Kredits steht (§ 12 Abs. 1 S. 1 Hs. 2). Fehlt es an einer wirksamen Ermächtigung, kommt wegen der Fremdvermutung nach § 4 DepotG ein **gutgläubiger Pfandrechtserwerb** allenfalls in Betracht, wenn der Drittverwahrer gutgläubig auf die Verfügungsmacht des Zwischenverwahrers vertraut (insbes. wenn dieser dem Drittverwahrer auf Verlangen die vermeintliche Ermächtigung mitgeteilt hat).[220] Die **Verwertung** der verpfändeten Wertpapiere bestimmt sich grundsätzlich nach §§ 1220 ff. BGB; in dieser Konstellation greift allerdings § 1259 BGB, so dass hiervon abweichende vertragliche Regelungen, insbesondere Verfallsabreden (übliche Praxis), zulässig sind.[221]

bb) Einzelfälle. Folgende gesetzlich zugelassene Fälle der Verpfändungsermächtigung sind zu unterscheiden, wobei der Zwischenverwahrer die ihm erteilte Ermächtigung jeweils in vollem Umfang weitergeben darf (§ 12 Abs. 5 DepotG): **(a)** Im Rahmen der sog. **regelmäßigen Verpfändungsermächtigung** (§ 12 Abs. 2 DepotG) kann der Zwischenverwahrer mit den hinterlegten Wertpapieren seiner Kunden Forderungen des Drittverwahrers aus sog. Rückkrediten besichern, die Letzterer dem Zwischenverwahrer im Wege der Refinanzierung von Krediten an dessen Kunden gegeben hat. § 12 Abs. 2 DepotG beschränkt sowohl die Höhe des Rückkredits (S. 1) als auch die Reichweite entsprechender Sicherungsgeschäfte; nach S. 2 der Vorschrift dürfen die hinterlegten Papiere bzw. Sammeldepotanteile dem Drittverwahrer ausschließlich zur Sicherung des Rückkredits, nicht aber für sonstige Forderungen gegen den Zwischenverwahrer verpfändet werden (S. 2). Für den Umfang der Ermächtigung kommt es, wie § 12 Abs. 2 S. 1 DepotG klarstellt, nicht auf den Kredit an den jeweiligen Hinterleger an, sondern auf die allen am Sammelbestand berechtigten Hinterlegern insgesamt gewährten Kredite.[222] Diese bilden damit eine Gefahrengemeinschaft,[223] die im Falle der Insolvenz des Verwahrers nach § 33 DepotG in einem besonderen Ausgleichsverfahren anteilig befriedigt werden (→ Rn. 41). **(b)** Die **beschränkte Verpfändungsermächtigung** (§ 12 Abs. 3 DepotG) erlaubt dem Zwischenverwahrer ebenfalls die Verpfändung hinterlegter Wertpapiere zur Besicherung von Rückkrediten. Dabei ist jedoch die Haftung auf den Rückkredit beschränkt, der einen dem jeweiligen Hinterleger gewährten Kredit refinanziert. Eine Gefahrengemeinschaft aller 36

---

[219] Vgl. *Canaris* Bankvertragsrecht Rn. 2146.

[220] Vgl. *Canaris* Bankvertragsrecht Rn. 2146; BuB/*Kreße* Rn. 8/165; Scherer/*Walz/Frey* DepotG § 12 Rn. 5.

[221] Vgl. auch MüKoHGB/*Einsele* Depotgeschäft Rn. 129 f.

[222] Unstr., vgl. BuB/*Kreße* Rn. 8/159; MüKoHGB/*Einsele* Depotgeschäft Rn. 27; *Heinsius/Horn/Than* DepotG § 4 Rn. 24; Scherer/*Walz/Frey* DepotG § 12 Rn. 14.

[223] *Canaris* Bankvertragsrecht Rn. 2147; BuB/*Kreße* Rn. 8/159; MüKoHGB/*Einsele* Depotgeschäft Rn. 27; EBJS/*Scherer* HGB BankR VI Rn. 498; *Heinsius/Horn/Than* DepotG § 4 Rn. 24; Scherer/*Walz/Frey* DepotG § 12 Rn. 14.

Hinterleger besteht insoweit nicht; § 33 DepotG ist in diesem Fall nicht anwendbar.[224] Da das Risiko des Hinterlegers in diesen Fällen begrenzt ist, gelten die Formanforderungen des Abs. 1 S. 2 hier nicht (§ 12 Abs. 3 S. 1 DepotG). **(c)** Eine **unbeschränkte Verpfändungsermächtigung** (§ 12 Abs. 3 DepotG) ermächtigt den Zwischenverwahrer, die ihm anvertrauten Wertpapiere für alle Verbindlichkeiten zu verpfänden. Hier gelten die Formerfordernisse nach § 12 Abs. 1 S. 2 in vollem Umfang. **(d)** Seit dem 2. FMFG ist in § 12a DepotG zusätzlich vorgesehen, dass der Zwischenverwahrer hinterlegte Wertpapiere aufgrund einer ausdrücklichen und schriftlichen Ermächtigung des Hinterlegers als Sicherheit für Verbindlichkeiten verpfänden kann, wenn dies zur **Ausführung von Kundenaufträgen an einer Börse** dient. Die Ermächtigung kann in Abweichung von § 12 im Voraus für eine unbestimmte Zahl derartiger Geschäfte erklärt werden (§ 12a Abs. 1 S. 3 DepotG). Pfandgläubiger ist hier je nach Lage des Sachverhalts die Börse selbst, ihr Träger oder eine von ihr mit der Abwicklung der Geschäfte betraute Stelle. Praktisch besonders bedeutsam ist dies für die Besicherung von Geschäften an **Terminbörsen,** in Deutschland also der Eurex Deutschland. Die von dieser mit dem Clearing beauftragte Eurex Clearing AG verlangt für die Ausführung von Kundenaufträgen für Wertpapiertermingeschäfte Sicherheitsleistung in Gestalt sog. Margins, wobei die jeweils beteiligten Kreditinstitute verpflichtet sind, von ihren Kunden als Auftraggebern Sicherheiten in entsprechender Höhe zu nehmen (dazu *Binder* → Kap. 37. Rn. 44).[225] Die Depotbank wird damit in die Lage versetzt, diese Sicherheiten durch Verpfändung der hinterlegten Papiere zu leisten, soweit der jeweilige Depotkunde selbst im Zusammenhang mit dem jeweiligen Auftrag gegenüber der Depotbank zu einer korrespondierenden Leistung verpflichtet ist (vgl. § 12a Abs. 1 S. 1 aE, Abs. 2 S. 1 DepotG). Wirtschaftlich entspricht diese praktisch bedeutsame Form der Verpfändung einem Rückkredit der Clearing-Stelle an die Depotbank.[226] **(e)** Auch im Sonderfall der Ausführung von Depotgeschäften unter **Aneignungsermächtigung** zugunsten des Verwahrers (§ 13 DepotG, → Rn. 67) schließlich umfasst die Ermächtigung des Hinterlegers hierzu unstr. die Befugnis zu weniger einschneidenden Verfügungen, insbes. zur Verpfändung.[227]

37 **c) Künftiges Recht.** Das **Genfer Wertpapierübereinkommen** (→ Rn. 2) erkennt die Möglichkeit des (jeweiligen) Kontoinhabers, also auch der Zwischenverwahrer in der Verwahrungskette, Sicherungsrechte („security interests") an intermediärverwahrten Wertpapieren zu bestellen, in Art. 11 Abs. 4 sowie Art. 12 ausdrücklich an und schützt sie in der Insolvenz (Art. 14 Abs. 1 und Art. 21 Abs. 1).[228] Dabei werden Sicherungsrechte sowohl gegenüber dem jeweiligen depotführenden Verwahrer als auch gegenüber Dritten erfasst.[229] Für die Bestellung (beschränkter) dinglicher Sicherheiten gegenüber dem jeweiligen Verwahrer bedarf es nach der Konzeption des Übereinkommens lediglich einer konstitutiven rechtsgeschäftlichen Abrede zwischen den Parteien (Art. 12 Abs. 1 Buchst. a iVm Abs. 3 Buchst. a);[230] bei Sicherheiten zugunsten anderer Personen muss zusätzlich ein entsprechender Vermerk im jeweiligen Konto hinzukommen (Art. 12 Abs. 3 Buchst. b). Daneben kommen ein Sicherheitenerwerb sowie die Verfügung über entsprechend erlangte Sicherungsrechte durch entsprechende Buchung in Betracht (Art. 11

[224] Vgl. *Canaris* Bankvertragsrecht Rn. 2147; MüKoHGB/*Einsele* Depotgeschäft Rn. 29; BuB/*Kreße* Rn. 8/159; EBJS/*Scherer* HGB BankR VI Rn. 499; *Heinsius/Horn/Than* DepotG § 4 Rn. 24.

[225] Vgl. dazu eing. MüKoHGB/*Einsele* Depotgeschäft Rn. 31 f.; BuB/*Kreße* Rn. 8/160 ff.; EBJS/*Scherer* HGB BankR VI Rn. 505 f.

[226] BankR-HdB/*Klanten* § 72 Rn. 21.

[227] MüKoHGB/*Einsele* Depotgeschäft Rn. 26; BankR-HdB/*Klanten* § 72 Rn. 19; BuB/*Kreße* Rn. 8/157; *Heinsius/Horn/Than* DepotG § 13 Rn. 7; Scherer/*Walz/Frey* DepotG § 13 Rn. 8; EBJS/*Scherer* HGB BankR VI Rn. 512.

[228] Eing. zu den sich anschließenden Rechtsfragen, insbes. auch zu Rangverhältnissen *Einsele* ZHR 173 (2013), 50 (73 ff.).

[229] Vgl. dazu im Einzelnen Art. 12 Abs. 1 Buchst. b, Abs. 3 sowie Abs. 5 Buchst. a des Übereinkommens und dazu UNIDROIT, Official Commentary, S. 53, Art. 12 Tz. 12-1 ff.

[230] Vgl. dazu auch UNIDROIT, Official Commentary, S. 56, Art. 12 Tz. 12–21.

Abs. 4).[231] Eine Konkretisierung des Begriffs der „security interests" ist mit Blick auf den funktionalen Grundansatz des Übereinkommens (→ Rn. 4) bewusst vermieden worden; die offen gehaltene Terminologie soll grundsätzlich Belastungen aller Art erfassen, die in den betreffenden Rechtsordnungen möglich sind und praktiziert werden.[232] Zudem wird den Vertragsstaaten ein weiter Spielraum für die Gestaltung der entsprechenden Sicherungsrechte belassen (vgl. Art. 12 Abs. 5–8). Und schließlich kann das autonome Recht der Unterzeichnerstaaten auch insoweit zusätzliche alternative Möglichkeiten des Rechtserwerbs vorsehen (Art. 13). Inwieweit das geltende deutsche Recht mit Umsetzung der Vorgaben des Wertpapierübereinkommens in der Europäischen Union (→ Rn. 2) der Anpassung bedarf, hängt damit nicht unmittelbar von den Vorgaben des Übereinkommens ab.[233] Entscheidend wird vielmehr sein, ob dieses allgemein zum Anlass genommen werden wird, die sachenrechtliche Grundkonzeption des bisherigen Rechts beizubehalten oder zugunsten einer schuldrechtlichen Neukonzeption aufzugeben.

6. Zwangsvollstreckung

a) Zwangsvollstreckung wegen Geldforderungen. Die Möglichkeit der Pfändung sammelverwahrter Wertpapiere bzw. der Miteigentumsanteile des Vollstreckungsschuldners an Globalurkunden im Wege der Zwangsvollstreckung wird **zivilrechtlich** vorausgesetzt (§§ 751 S. 2, 747 S. 1 BGB). Für die **Pfändung** wegen Geldforderungen gelten – im Unterschied zu sonderverwahrten Papieren – nicht die Vorschriften der Zivilprozessordnung über die Pfändung von Wertpapieren, sondern die Regelungen über die Pfändung von Miteigentumsanteilen an beweglichen Sachen (§§ 857, 829, 835, 836 ZPO).[234] **Drittschuldner** sind dabei allerdings – in Abweichung vom Regelfall der Pfändung in Miteigentumsanteil[235] – unstr. nicht die übrigen Miteigentümer, sondern derjenige Verwahrer, der das Depot des Vollstreckungsschuldners führt,[236] was vor allem auf Praktikabilitätserwägungen zurückzuführen ist.[237] Die **Verwertung** der gepfändeten Miteigentumsanteile beruht nach hM auf der Anordnung des Vollstreckungsgerichts, die betreffenden Wertpapiere an einen vom Gläubiger zu beauftragenden Gerichtsvollzieher herauszugeben (§ 847 ZPO), der dann die Verwertung vornimmt.[238] Haben die Wertpapiere – wie regelmäßig – einen Börsenkurs, können sie freihändig verwertet werden; anderenfalls sind sie öffentlich zu versteigern (§ 821 ZPO).[239] Diese Verfahrensgestaltung überzeugt zwar im wirtschaftlichen Ergebnis und trägt der dinglichen Ausgestaltung der Rechtsposition der 38

[231] Vgl. dazu UNIDROIT, Official Commentary, S. 50 f., Art. 11–17 ff. Tz. 12; *Einsele* ZHR 173 (2013), 50 (73 f.).

[232] Vgl. UNIDROIT, Official Commentary, S. 54 f., Art. 12 Tz. 12–13 ff.

[233] Vgl. dazu auch *Wust* Verbuchung S. 424 f.

[234] Vgl. BGHZ 160, 121 (124) = NJW 2004, 3340; BGH WM 2009, 400 (401); BuB/*Kreße* Rn. 8/124; MüKoHGB/*Einsele* Depotgeschäft Rn. 138; BankR-HdB/*Klanten* § 72 Rn. 119; *Heinsius/Horn/Than* DepotG § 6 Rn. 50; unklar Baumbach/Hopt/*Kumpan* HGB 2. Teil (13) DepotG § 6 Rn. 2, der (unter unzutr. Verweisung auf BGHZ 160, 121 ff. – Entscheidung betrifft Vollstreckung aus Herausgabetitel nicht wegen Geldforderung) Anwendung von §§ 886, 883, 884 ZPO erwägt; vgl. – mit grds. Kritik an der dogmatischen Begründung – aber auch *Beckmann* Reformbedarf S. 101 ff.

[235] Zu diesem etwa Stein/Jonas/*Würdinger* ZPO § 857 Rn. 98; Musielak/Voit/*Becker* ZPO § 857 Rn. 8 ff.; MüKoZPO/*Smid* § 857 Rn. 3.

[236] Vgl *Heinsius/Horn/Than* DepotG § 6 Rn. 50; BuB/*Kreße* Rn. 8/124; Musielak/Voit/*Becker* ZPO § 821 Rn. 5; *Stöber* Forderungspfändung Rn. 1787e; im Ergebnis zust., aber mit Kritik hins. der dogmatischen Begründung auch MüKoHGB/*Einsele* Depotgeschäft Rn. 138; abw. Baumbach/Hopt/*Kumpan* HGB 2. Teil (13) DepotG § 6 Rn. 2; entspr. wohl auch noch *Opitz* DepotG §§ 6–8 Anm. 36 (auch Drittverwahrer für die Miteigentümer empfangsberechtigt); unscharf BankR-HdB/*Klanten* § 72 Rn. 119 (Zustellung *auch* an Drittverwahrer lediglich „nicht erforderlich").

[237] Dazu MüKoHGB/*Einsele* Depotgeschäft Rn. 138.

[238] Vgl. BuB/*Kreße* Rn. 8/125; BankR-HdB/*Klanten* § 72 Rn. 120; *Opitz* DepotG §§ 6–8 Anm. 36; *Stöber* Forderungspfändung Rn. 1787 f.; vgl. auch BGH NZG 2016, 588 f. mit krit. Anm. *Gleske/Pellmann/Schmidtbleicher* WM 2016, 2369 ff.

[239] BuB/*Kreße* Rn. 8/125; BankR-HdB/*Klanten* § 72 Rn. 120; insoweit krit. MüKoHGB/*Einsele* Depotgeschäft Rn. 140.

Hinterleger Rechnung. Ein auf die Auslieferung effektiver Stücke gerichtetes Herausgabeverlangen des Gerichtsvollziehers ist allerdings für die Verwertung weder erforderlich noch sinnvoll.[240] Die Herausgabeanordnung nach § 847 ZPO als solche sollte vor diesem Hintergrund als Voraussetzung für die Verwertung durch den Gerichtsvollzieher ausreichen, ohne dass dieser die Herausgabe verlangen müsste; jedoch ist auch hier die daraufhin vollzogene Verbuchung im Verwahrungsbuch und die damit dokumentierte Umstellung des Besitzmittlungsverhältnisses auf Seiten des (Dritt-)Verwahrers zu fordern. Es liegt in der Konsequenz der hM und ist auch unter Praktikabilitätsgesichtspunkten allein sinnvoll, dass eine Pfändung sich damit auf das Verwahrungsverhältnis zwischen dem Vollstreckungsschuldner und „seinem" Verwahrer beschränkt und eine Pfändung von Miteigentumsanteilen auf einer höheren Ebene des Verwahrungsverhältnisses – bis hin zum Zentralverwahrer – ausgeschlossen ist.[241] Dies entspricht Art. 22 des Genfer Wertpapierübereinkommens (→ Rn. 2), der derartige „upper tier attachments" ausschließt.[242] **Alternativ** zur Vollstreckung der Miteigentumsanteile kann nach hM auch der Auslieferungsanspruch des Vollstreckungsschuldners aus §§ 7 Abs. 1 und 8 DepotG gem. §§ 846, 847, 829 ZPO gepfändet werden.[243] Hier tritt der gepfändete Anspruch im Falle der späteren Pfändung in den Miteigentumsanteil durch einen anderen Gläubiger allerdings hinter dessen Recht zurück, so dass diese Form der Pfändung praktisch nicht sinnvoll ist.[244] An der Art und Weise der Verwertung ändert sich in dieser Alternative nichts; auch insoweit ist § 847 ZPO anwendbar. Bei **Treuhand-** bzw. **Anderdepots** (→ Rn. 4) steht dem Treugeber in der Zwangsvollstreckung gegen den Treuhänder die Drittwiderspruchsklage gem. § 771 ZPO zu.[245] Bei **Sperrdepots** (→ Rn. 4) ist der Sperrbegünstigte dagegen lediglich schuldrechtlich vor Verfügungen des Depotinhabers geschützt, nicht dagegen gem. § 805 ZPO gegen die Zwangsvollstreckung durch dessen Gläubiger in das Depot.[246]

39 **b) Zwangsvollstreckung aus Herausgabetiteln.** Wird die Zwangsvollstreckung nicht wegen Geldforderungen, sondern aus Herausgabetiteln betrieben, so ist das Verfahren str. Unproblematisch wird die für den Eigentumswechsel nach § 929 S. 1 BGB erforderliche dingliche Einigung zwischen Vollstreckungsschuldner und Vollstreckungsgläubiger nach § 894 Abs. 1 S. 1 ZPO ersetzt.[247] Umstritten ist jedoch, in welcher Weise dem Vollstreckungsschuldner die Zugriffsmöglichkeit auf die Wertpapiere bzw. den betreffenden Sammeldepotanteil verschafft werden kann. Einige wollen insoweit § 886 ZPO unmittelbar anwenden;[248] die höchstrichterliche Rechtsprechung zieht die Vorschrift in analoger Anwendung heran.[249] Letzteres überzeugt: Zwar sind die §§ 883 ff. ZPO grundsätzlich die richtige Grundlage für die Herausgabevollstreckung. § 886 ZPO, der für den Fall, dass die herauszugebende Sache sich im Gewahrsam eines Dritten befindet, die Pfändung und Überweisung des Herausgabeanspruchs nach §§ 829, 835 ZPO ermöglicht, passt für den Fall der Herausgabevollstreckung gegen den Hinterleger bei sammelverwahrten Wertpapieren strukturell aber nicht. Denn hier tritt zwischen dem Gewahrsamsinhaber (Drittver-

[240] Insoweit zutr. MüKoHGB/*Einsele* Depotgeschäft Rn. 140.

[241] Zutr. MüKoHGB/*Einsele* Depotgeschäft Rn. 138; vgl. auch *Einsele* ZHR 173 (2013), 50 (78 f.).

[242] Dazu MüKoHGB/*Einsele* Depotgeschäft Rn. 138; vgl. auch *Einsele* ZHR 173 (2013), 50 (78 f.).

[243] BuB/*Kreße* Rn. 8/126; *Heinsius/Horn/Than* DepotG Rn. 50; *Opitz* DepotG §§ 6–8 Anm. 36; vgl. auch MüKoHGB/*Einsele* Depotgeschäft Rn. 139.

[244] BuB/*Kreße* Rn. 8/126; MüKoHGB/*Einsele* Depotgeschäft Rn. 139.

[245] *Canaris* Bankvertragsrecht Rn. 2099 mit Rn. 279; vgl. auch MüKoHGB/*Einsele* Depotgeschäft Rn. 151.

[246] *Canaris* Bankvertragsrecht Rn. 2098; BuB/*Decker* Rn. 8/219; MüKoHGB/*Einsele* Depotgeschäft Rn. 155.

[247] MüKoHGB/*Einsele* Depotgeschäft Rn. 133.

[248] BuB/*Kreße* Rn. 8/127; *Heinsius/Horn/Than* DepotG § 6 Rn. 50; **aA** MüKoHGB/*Einsele* Depotgeschäft Rn. 141.

[249] BGHZ 160, 121 (125) = NJW 2004, 3340; zustimmend *Beckmann* Reformbedarf S. 106 ff.; dem im Ergebnis zuneigend wohl auch MüKoHGB/*Einsele* Depotgeschäft Rn. 141 (mit Kritik an der dogmatischen Begründung).

wahrer) und dem Hinterleger dessen Depotbank als mittelbare Besitzerin auf, die mit dem bei ihr geführten Depotkonto die Besitzposition des Hinterlegers und zugleich die des Drittverwahrers bestimmt (→ Rn. 22).[250] Da es für den wirtschaftlichen Zugriff des Vollstreckungsgläubigers auf die herauszugebenden Wertpapiere (bzw. den entsprechenden Sammeldepotanteil) zentral auf die Depotbuchung ankommt, ist es sachgerecht, wenn der Vollstreckungsgläubiger die Ansprüche analog § 886 ZPO aus §§ 7 und 8 DepotG gegen die depotführende Bank des Vollstreckungsgläubigers als Substrat der dinglichen Rechtsposition des Hinterlegers pfänden kann.[251]

7. Insolvenz

a) Insolvenz von Verwahrern und Kommissionären. aa) Aussonderungsrecht des Hinterlegers. In der Insolvenz eines (Zwischen- oder Dritt-)Verwahrers hat der Hinterleger als (Mit-)Eigentümer ein **Aussonderungsrecht** gem. § 47 InsO. Hat die insolvente Depotbank – wie im Regelfall – Wertpapiererwerbsgeschäfte für den Kunden im Wege der Einkaufskommission getätigt und aus diesen Geschäften offene Forderungen gegen Dritte, so steht dem Kunden insoweit zudem ein Aussonderungsrecht aus § 47 InsO iVm § 392 Abs. 2 HGB hinsichtlich dieser Ansprüche zu; insbesondere können so ggf. die Ansprüche auf Übergabe und Übereignung der betreffenden Wertpapiere ausgesondert werden.[252] Sofern der Depotkunde in der Insolvenz des Verwahrers noch kein (Mit-) Eigentum erlangt oder dieses bereits verloren hat, steht ihm ein Aussonderungsrecht nicht zu; hinsichtlich seiner Forderungen bleibt er auf das besondere Ausgleichsverfahren nach §§ 32, 33 DepotG (→ Rn. 41) verwiesen. 40

bb) Insolvenzprivilegien nach §§ 32, 33 DepotG. Zugunsten bestimmter Gläubigergruppen – Hinterleger, Kommittenten und Verpfänder sammelverwahrter Wertpapiere – sehen die §§ 32, 33 DepotG ein besonderes Ausgleichsverfahren vor. Die Bestimmungen gewähren besondere **Insolvenzvorrechte sui generis**[253] für den Fall, dass die betreffenden Gläubiger noch kein (Mit-) Eigentum an den sammelverwahrten Wertpapieren erlangt oder ihre Eigentumsposition durch Verfügungen des betreffenden Verwahrers verloren haben und ein Aussonderungsrecht nach § 47 InsO (→ Rn. 40) daher nicht besteht. Sie schützen damit insbesondere auch vor rechtswidrigen Eingriffen des Verwahrers in die Rechte der Hinterleger.[254] Der **Anwendungsbereich** umfasst Insolvenzverfahren über das Vermögen von Verwahrern, Pfandgläubigern und Kommissionären (§ 32 Abs. 1 DepotG). Folgende Fälle sind zu unterscheiden: Erwerbskommittenten und Wertpapierkäufer, die Wertpapiere von einem Eigenhändler erworben haben, haben ein Vorrecht, wenn sie bei Eröffnung des Insolvenzverfahrens das Eigentum oder Miteigentum an den Wertpapieren noch nicht erlangt, aber ihre Verpflichtung aus dem jeweiligen Geschäft bereits vollständig erfüllt haben **(§ 32 Abs. 1 Nr. 1 und Abs. 2 DepotG).** Die Vorschrift umfasst auch den Fall, dass *vor* der Insolvenzeröffnung Wertpapiere an den Kommissionär geliefert wurden, ohne dass der Kommittent daran (Mit-)Eigentum erlangt hätte.[255] Werden die Wertpapiere allerdings nach Eröffnung des Insolvenzverfahrens an den Insolvenzverwalter des insolventen Einkaufs- 41

---

[250] BGHZ 160, 121 (125 f.) = NJW 2004, 3340; insoweit übereinstimmend auch MüKoHGB/*Einsele* Depotgeschäft Rn. 141.

[251] Überzeugend BGHZ 160, 121 (126) = NJW 2004, 3340; hins. der Begründung krit. insoweit MüKoHGB/*Einsele* Depotgeschäft Rn. 141.

[252] MüKoHGB/*Einsele* Depotgeschäft Rn. 142; *Heinsius/Horn/Than* DepotG § 32 Rn. 35; *Scherer* DepotG § 32 Rn. 2; *Pannen,* Krise und Insolvenz, Kap. 5 Rn. 117 f.; EBJS/*Scherer* HGB BankR VI Rn. 650; vgl. auch bereits RGZ 40, 85 (87).

[253] Zu dieser Qualifikation *Heinsius/Horn/Than* DepotG § 32 Rn. 37 f.; *Pannen* Krise und Insolvenz Kap. 5 Rn. 107, 116, 121; EBJS/*Scherer* HGB BankR VI Rn. 645; *Scherer* DepotG § 32 Rn. 1.

[254] Staub/*Grundmann* BankvertragsR, 8. Teil Rn. 382; EBJS/*Scherer* HGB BankR VI Rn. 644; *Scherer* DepotG § 32 Rn. 1.

[255] *Heinsius/Horn/Than* DepotG § 32 Rn. 35; EBJS/*Scherer* HGB BankR VI Rn. 650; *Scherer* DepotG § 32 Rn. 3.

kommissionärs geliefert, gilt § 32 DepotG nicht; hier kann der Kommittent die Ersatzaussonderung der Wertpapiere bzw. Sammeldepotanteile nach § 48 InsO verlangen.[256] Geschützt sind damit die Ansprüche der genannten Gläubiger auf Ersatz der bereits an den Gemeinschuldner erbrachten Leistungen (Kaufpreis, Provision, Aufwendungsersatz, etc).[257] Hinterleger, Verpfänder und Kommittenten haben ein Vorrecht nach **§ 32 Abs. 1 Nr. 2 DepotG,** wenn ihr Eigentum oder Miteigentum an Wertpapieren durch eine rechtswidrige Verfügung des Gemeinschuldners oder seiner „Leute" (Angestellte bzw. sonstige Erfüllungsgehilfen[258]) verletzt worden ist; Voraussetzung ist wiederum, dass die Begünstigten bei Verfahrenseröffnung ihre Verbindlichkeiten vollständig erfüllt haben. Das Vorrecht sichert hier zugleich etwaige Schadensersatz- und Bereicherungsansprüche gegen den Gemeinschuldner[259] (beachte aber § 32 Abs. 3 S. 2 DepotG). **§ 32 Abs. 1 Nr. 3 DepotG** erweitert den Anwendungsbereich in beiden Fällen auf die in Nr. 1 und 2 bezeichneten Gläubiger, die zwar erst mindestens 90 % ihrer Verbindlichkeiten aus dem jeweiligen Geschäft erfüllt haben, aber binnen zwei Wochen nach Insolvenzeröffnung nach Aufforderung durch den Insolvenzverwalter die Restforderung vollständig erfüllen. Besteht zwischen den Parteien – wie regelmäßig – ein **Kontokorrentverhältnis** iSd § 355 HGB, ist fraglich, wonach sich die von § 32 Abs. 1 und 2 DepotG geforderte Erfüllung der Verbindlichkeiten des Hinterlegers, Verpfänders bzw. Kommittenten bestimmt. Nach überwiegender Ansicht sollen auch in diesem Rahmen grundsätzlich die Sonderregeln des § 19 Abs. 4 DepotG gelten.[260] Danach reicht es aus, wenn die jeweiligen Ansprüche des Gemeinschuldners nach der Belastungsbuchung zumindest einmal durch einen positiven Saldo gedeckt waren; nicht erforderlich ist, dass das Konto bei Eröffnung des Insolvenzverfahrens auf Habenbasis geführt wird.[261] Teilweise wird allerdings auf die Tilgungsregeln der §§ 366 f. BGB zurückgegriffen, um bei debitorisch geführten Kontokorrentkonten, bei denen der Gemeinschuldner dem Kontoinhaber einen Kredit eingeräumt hat, zu vermeiden, dass der Kontoinhaber nicht von vornherein das Vorrecht aus § 32 DepotG verliert. Danach können die Verbindlichkeiten des Kontoinhabers auch bei einem dauerhaft debitorisch geführten, da kreditierten Kontokorrentkonto uU als erfüllt iSd § 32 DepotG anzusehen sein. Der Kontoinhaber kann dann ggf. in den Genuss des Insolvenzvorrangs kommen. Das systematische Verhältnis von § 19 Abs. 4 DepotG einerseits und §§ 366 f. BGB andererseits ist dabei wiederum umstritten: Einige wollen auch in entsprechenden Fällen § 19 Abs. 4 DepotG grundsätzlich anwenden und lediglich das danach gebotene Ergebnis ausnahmsweise unter Rekurs auf §§ 366 f. BGB korrigieren,[262] andere im Anwendungsbereich des § 32 DepotG von vornherein ausschließlich auf §§ 366 f. BGB zurückgreifen und § 19 Abs. 4 DepotG nicht anwenden.[263] Die Rechtsprechung hat allerdings bislang im Rahmen des handelsrechtlichen Kontokorrents allgemein (außerhalb depotrechtlicher Sachverhalte) die Anwendung der §§ 366 f. BGB verneint,[264] von § 355 HGB abweichende vertragliche Tilgungsregeln allerdings zugelassen.[265] Überzeugend und

---

[256] Vgl. allg. BGHZ 23, 307 (317) = NJW 1957, 750; *Heinsius/Horn/Than* DepotG § 32 Rn. 35; EBJS/*Scherer* HGB BankR VI Rn. 650; *Scherer* DepotG § 32 Rn. 3.

[257] EBJS/*Scherer* HGB BankR VI Rn. 655.

[258] *Heinsius/Horn/Than* DepotG § 32 Rn. 24; EBJS/*Scherer* HGB BankR VI Rn. 633; *Scherer* DepotG § 32 Rn. 4.

[259] MüKoHGB/*Einsele* Depotgeschäft Rn. 143; *Heinsius/Horn/Than* DepotG § 32 Rn. 25; EBJS/*Scherer* HGB BankR VI Rn. 656; *Scherer* DepotG § 32 Rn. 4.

[260] *Heinsius/Horn/Than* DepotG § 32 Rn. 16; *Opitz* DepotG § 32 Anm. 5; *Scherer* DepotG § 32 Rn. 18; vgl. auch MüKoHGB/*Einsele* Depotgeschäft Rn. 144.

[261] Vgl. MüKoHGB/*Einsele* Depotgeschäft Rn. 144; *Scherer* DepotG § 32 Rn. 18.

[262] So *Heinsius/Horn/Than* DepotG § 32 Rn. 16.

[263] So *Canaris* Bankvertragsrecht Rn. 2078; EBJS/*Scherer* HGB BankR VI Rn. 665; *Scherer* DepotG § 32 Rn. 18.

[264] BGH WM 1959, 472 (474); NJW 1970, 560 (561); BGHZ 77, 256 (261) = NJW 1980, 2131; OLG Hamm NJW 1978, 1166; **aA** insoweit die überwiegende Meinung in der Lit., dazu stellvertretend MüKoHGB/*Langenbucher* § 355 Rn. 82 ff. mwN.

[265] BGH NJW-RR 1991, 562 (564) mwN.

systemgerecht erscheint letztlich die durch §§ 366 f. BGB eingeschränkte Anwendung des § 19 Abs. 4 DepotG, die zur Anwendbarkeit des § 32 DepotG in den genannten Fällen führt und damit dessen Charakter als (gegenüber § 355 HGB spezielle) Gläubigerschutzvorschrift aufrechterhält, ohne den Anwendungsbereich des § 19 Abs. 4 DepotG mehr als nötig einzuschränken. Die nach Abs. 1 und 2 vorrangigen Ansprüche werden nach Maßgabe des § 32 Abs. 3–5 DepotG aus einer **Sondermasse** befriedigt, die aus den in der Masse vorhandenen Wertpapieren derselben Art sowie Ansprüchen auf Lieferung von Wertpapieren dieser Art besteht (§ 32 Abs. 1 S. 1 DepotG). Nach Anmeldung der Forderungen zur Tabelle (§ 32 Abs. 4 S. 1 DepotG, § 174 InsO) werden die vorrangigen Ansprüche aus der Sondermasse befriedigt, und zwar, soweit möglich, durch Lieferung der entsprechenden Papiere (§ 32 Abs. 3 S. 2 DepotG). In Höhe der ausgefallenen restlichen Forderung sind die Begünstigten einfache Insolvenzgläubiger (§ 32 Abs. 4 S. 2, 3 DepotG).[266] Greift der Vorrang nach § 32 Abs. 1 Nr. 1, Abs. 2 DepotG nicht ein, bleibt es im Übrigen bei der Anwendung der allgemeinen Regeln mit der Folge, dass keine Erfüllung oder vorrangige Befriedigung, sondern lediglich Differenzausgleich beansprucht werden kann (§§ 103, 104 Abs. 2 InsO).[267] Einen strukturell vergleichbaren Vorrang sieht **§ 33 DepotG** für Hinterleger vor, die dem insolventen Verwahrer eine Verpfändungsermächtigung (→ Rn. 36) erteilt haben, soweit dessen Pfandgläubiger (zB der Drittverwahrer) die verpfändeten Papiere ganz oder teilweise verwertet haben. Auch hier kommt es zur anteiligen Befriedigung der betroffenen Hinterleger (§ 33 Abs. 3 DepotG) aus einer Sondermasse, die sich nach § 33 Abs. 2 S. 1 DepotG zusammensetzt aus den zwar verpfändeten, aber nicht durch den Pfandgläubiger verwerteten Wertpapieren (Nr. 1), etwaigem Verwertungsübererlös (Nr. 2) sowie Forderungen des Verwahrers gegen einen am Ausgleichsverfahren beteiligten Hinterleger aus Krediten bzw. Leistungen zur Abwendung einer drohenden Pfandverwertung (Nr. 3).[268]

cc) Besonderheiten bei Finanzsicherheiten. Die allgemeinen Regeln zur Verwertung verpfändeter Wertpapiere und Sammeldepotanteile in der Insolvenz werden überlagert durch Sondervorschriften, wenn die gewährten Pfandrechte iSd § 1 Abs. 17 KWG als **Finanzsicherheiten** zu qualifizieren sind. Darunter fallen grundsätzlich ua Rechte an Wertpapieren, die als beschränkte dingliche Sicherungsrechte oder im Rahmen einer Vollrechtsübertragung zwischen bestimmten Parteien gewährt werden, welche in Art. 1 Abs. 2 Buchstabe a bis e der EG-Finanzsicherheitenrichtlinie[269] aufgeführt werden. Der Anwendungsbereich ist in persönlicher Hinsicht definiert und eingeschränkt; zu den in Betracht kommenden Parteien zählen insbesondere Kreditinstitute und sonstige Finanzdienstleister,[270] aber auch Zentralbanken[271] sowie zentrale Vertragsparteien, Verrechnungsstellen und Clearingstellen im Börsenhandel[272] sowie Einzelkaufleute und Personengesellschaften in Vertragsbeziehungen mit den genannten Finanzintermediären. Sofern der Sicherungsgeber nicht selbst Finanzintermediär ist, handelt es sich um Finanzsicherheiten, wenn die Sicherheit (a) die Anschaffung und die Veräußerung von Finanzinstrumenten, (b) Pensions-, Darlehens- sowie vergleichbare Geschäfte auf Finanzinstrumente oder (c) Darlehen zur Finanzierung des Erwerbs von Finanzinstrumenten besichert (§ 1 Abs. 17 S. 1 und 2 42

[266] S. zu Einzelheiten näher *Heinsius/Horn/Than* DepotG § 32 Rn. 48 ff.; *Pannen* Krise und Insolvenz Kap. 5 Rn. 121 ff.; EBJS/*Scherer* HGB BankR VI Rn. 666 ff.; *Scherer* DepotG § 32 Rn. 12.

[267] Dazu näher besonders *Pannen* Krise und Insolvenz Kap. 5 Rn. 105 ff. mwN.

[268] Zu Einzelheiten näher *Heinsius/Horn/Than* DepotG § 33 Rn. 12 ff.; EBJS/*Scherer* HGB BankR VI Rn. 679 ff.; *Scherer* DepotG § 33 Rn. 4.

[269] RL 2002/47/EG des Europäischen Parlaments und des Rates vom 6.6.2002 über Finanzsicherheiten, ABl. L 168, S. 43; geändert und erweitert durch RL 2009/44/EG des Europäischen Parlaments und des Rates vom 6.5.2009 zur Änderung der RL 98/26/EG über die Wirksamkeit von Abrechnungen in Zahlungs- sowie Wertpapierliefer- und -abrechnungssystemen und der RL 2002/47/EG über Finanzsicherheiten im Hinblick auf verbundene Systeme und Kreditforderungen, ABl. L 146 S. 37.

[270] Art. 1 Abs. 2 Buchst. c RL 2002/47/EG.

[271] Art. 1 Abs. 2 Buchst. b RL 2002/47/EG.

[272] Art. 1 Abs. 2 Buchst. d RL 2002/47/EG.

KWG). Pfandrechte an Kundenpapieren, die ein Zwischenverwahrer dem Drittverwahrer aufgrund einer **Verpfändungsermächtigung** eingeräumt hat (→ Rn. 36), erfüllen in vielen Fällen diese Voraussetzungen und sind damit als Finanzsicherheiten zu qualifizieren. Diese können abweichend von § 81 Abs. 1 S. 1 InsO uU auch noch nach Insolvenzeröffnung wirksam bestellt werden (§ 81 Abs. 3 S. 2 InsO). Die **Anfechtbarkeit** der Sicherheitenbestellung auch wegen kongruenter Deckung ist nach § 130 Abs. 1 S. 2 InsO eingeschränkt, ebenso die Wirkung der **Aufrechnungsverbote** nach § 96 Abs. 1 InsO (vgl. § 96 Abs. 2 InsO). Allgemein ist die **Verwertung** von Finanzsicherheiten dem jeweiligen Gläubiger entsprechend der vertraglichen Abrede vorbehalten; der Insolvenzverwalter im eröffneten Verfahren ist insoweit ebenso ausgeschlossen wie der vorläufige Insolvenzverwalter im Eröffnungsverfahren (§§ 21 Abs. 2 S. 2, 166 Abs. 3 Nr. 3 InsO).[273]

43 **dd) Aufsichtsrechtliche Sicherungsmaßnahmen und Sanierungsverfahren.** In der Insolvenz einer Depotbank sowie ggf. des Drittverwahrers wird im praktischen Regelfall nicht oder nicht unmittelbar die Einleitung eines Insolvenzverfahrens nach den Vorschriften der InsO zu erwarten sein. Vielmehr werden aufsichtsrechtliche Maßnahmen nach §§ 45 ff. des Kreditwesengesetzes, ein Restrukturierungs- oder Sanierungsverfahren nach dem Kreditinstitute-Reorganisationsgesetz oder Maßnahmen nach dem Sanierungs- und Abwicklungsgesetz der Verfahrenseröffnung zumindest vorgeschaltet sein oder diese ganz verdrängen. In Betracht kommen zunächst (praktischer Regelfall) aufsichtsrechtliche Sicherungsmaßnahmen nach § 46 Abs. 1 KWG (sog. **aufsichtsrechtliches Moratorium**). Diese sind mit Rechtswirkungen ähnlich denen der Sicherungsmaßnahmen im Insolvenzeröffnungsverfahren nach §§ 21 ff. InsO verbunden und schließen Verfügungen über die von dem betreffenden Institut verwahrten Wertpapiere bzw. die jeweiligen Sammeldepotanteile grundsätzlich aus (vgl. § 46 Abs. 1 S. 2 Nr. 4 KWG, zu Ausnahmen: § 46 Abs. 2 KWG).[274] Die vertraglichen Möglichkeiten zur Verwertung von **Finanzsicherheiten** iSd § 1 Abs. 17 KWG bleiben davon allerdings unberührt, wie sich aus der Verweisung auf die insolvenzrechtlichen Sonderregeln (→ Rn. 42) in § 46 Abs. 2 KWG ergibt. Auch die infolge EU-rechtlicher Vorgaben 2014 reformierten besonderen Verwaltungsverfahren zur Insolvenzbewältigung bei systemrelevanten Banken, nunmehr geregelt im **Sanierungs- und Abwicklungsgesetz (SAG)**[275] bzw. in den vorrangig zur Anwendung kommenden Vorschriften der EU-Verordnung zur Errichtungen eines Einheitlichen Abwicklungsmechanismus für die Eurozone **(SRM-Verordnung)**[276] lassen in der Insolvenz von Depotbanken die Kundendepots unberührt. Kommt es im Rahmen eines solchen Verfahrens unter den Voraussetzungen aus §§ 62 ff. SAG zu einem Bail-in (Art. 22 Abs. 2 Buchst. d, 27 SRM-VO, vgl. §§ 89 ff. SAG),[277] bleiben insolvenzaussonderungsfähige Vermögenswerte und damit auch die in Kundendepots verwahrten Wertpapiere (→ Rn. 40) unberührt (§ 91 Abs. 2 Nr. 3 SAG iVm § 47 InsO). Unter den gleichen Voraussetzungen können die Verwahrungsverhältnisse auf Anordnung der Abwicklungsbehörde auf einen anderen Rechtsträger (§§ 107, 114, 136 f. SAG) oder ein staatlich errichtetes sog. Brückeninstitut übergeleitet werden,[278] die insoweit in die Rechte und Pflichten der Depotbank eintreten. Für die Depotkunden ändert sich damit ggf. der Vertragspartner, im Übrigen bleibt ihre

[273] Zum Ganzen näher *Born* Kollisionsrecht S. 139 ff.; MüKoHGB/*Einsele* Depotgeschäft Rn. 129 f.

[274] Vgl. zu den Auswirkungen auf den Depotvertrag – jeweils noch zum früheren Recht (§ 46a Abs. 1 KWG) – eing. *Geier* ZBB 2010, 289 ff.; s. a. *Binder* Bankeninsolvenzen S. 231 ff.; *Pannen* Krise und Insolvenz Kap. 1 Rn. 89 ff., insbes. 107 ff.

[275] Sanierungs- und Abwicklungsgesetz vom 10.12.2014, BGBl. I 2014, 2091; eing. *Binder* ZHR 179 (2015), 83 ff.

[276] VO (EU) Nr. 806/2014 des Europäischen Parlaments und des Rates vom 15.7.2014 zur Festlegung einheitlicher Vorschriften und eines einheitlichen Verfahrens für die Abwicklung von Kreditinstituten und bestimmten Wertpapierfirmen im Rahmen eines einheitlichen Abwicklungsmechanismus und eines einheitlichen Abwicklungsfonds (…), ABl. 2014 L 225/1.

[277] Dazu allg. *Binder* ZHR 179 (2015), 83 (104 ff.).

[278] Art. 22 Abs. 2 Buchst. a, 24 SRM-VO (vgl. §§ 107 ff. SAG) bzw. Art. 22 Abs. 2 Buchst. b, 25 SRM-VO (vgl. §§ 107 ff. iVm §§ 128 ff. SAG). Zu beiden Alternativen allg. *Binder* ZHR 179 (2015), 83 (95 ff.).

Rechtsstellung unangetastet. Verfügungen über die sammelverwahrten Wertpapiere bzw. Sammeldepotanteile bleiben möglich. Auswirkungen auf die Rechtsstellung der jeweiligen Hinterleger, Verpfänder oder Kommittenten können sich dagegen ergeben, wenn auf Initiative des jeweiligen Instituts ein **Reorganisationsverfahren** nach §§ 7 ff. Kred-ReorgG eröffnet werden sollte. In dieser – an das Insolvenzplanverfahren nach §§ 217 ff. InsO angelehnten – Verfahrensart, deren Praktikabilität zweifelhaft ist,[279] sind Eingriffe in Gläubigerrechte als Bestandteil eines von den Gläubigern zu beschließenden Reorganisationsplans ausdrücklich vorgesehen (§ 12 KredReorgG). Eine Abstimmung mit den depotrechtlichen Insolvenzvorrechten nach §§ 32, 33 DepotG (→ Rn. 42) ist dabei nicht ausdrücklich geregelt; allerdings dürften die Festsetzungen in einem wirksam angenommenen Reorganisationsplan den Ausgleich gem. §§ 32, 33 DepotG nach § 19 KredReorgG als speziellere Regelung ausschließen. Lediglich Finanzsicherheiten iSd § 1 Abs. 17 KWG sind auch hier von Beeinträchtigungen ausgenommen (§ 23 KredReorgG).

b) Insolvenz des Hinterlegers. In der Insolvenz des Depotkunden gehören die von diesem hinterlegten Wertpapiere als Vermögenswert unproblematisch zur Insolvenzmasse iSd § 35 InsO.[280] Dies gilt auch für verpfändete Wertpapiere.[281] Die **Verwertung** der sammelverwahrten Wertpapiere bzw. Sammeldepotanteile an Globalurkunden richtet sich grundsätzlich nach § 159 InsO. Zugunsten etwaiger Pfandgläubiger besteht allerdings ein Absonderungsrecht nach § 50 Abs. 1 InsO, das iVm §§ 166 ff. InsO zur abgesonderten Befriedigung berechtigt. Eine Verwertung durch den Gläubiger selbst besteht gem. § 173 Abs. 1 InsO nicht, soweit das Verwertungsrecht des Insolvenzverwalters besteht. Nach zutr. Ansicht gilt auch für die Verwertungsmöglichkeit verpfändeter Sammeldepotanteile – auch an Globalurkunden – § 166 Abs. 1 InsO;[282] die Anwendung dieser Vorschrift, die die Verwertung von im Besitz des Gemeinschuldners befindlichen Sachen dem Insolvenzverwalter zuweist, trägt der sachenrechtlichen Grundkonzeption der Rechtsposition des Hinterlegers angemessen Rechnung. Zu Ausnahmen für **Finanzsicherheiten** bereits → Rn. 42. Bei **Treuhand-** bzw. **Anderdepots** (→ Rn. 4) steht in der Insolvenz des Treuhänders dem Treugeber ein Aussonderungsrecht gem. § 47 InsO zu.[283] Bei **Sperrdepots** (→ Rn. 4) ist der Sperrbegünstigte dagegen lediglich schuldrechtlich vor Verfügungen des Depotinhabers geschützt; ein Aus- bzw. Absonderungsrecht steht ihm nicht zu.[284] 44, 45

c) Reformperspektiven. Auswirkungen einer künftigen Reform des deutschen (bzw. des europäischen) Wertpapierrechts auf die Rechtsverhältnisse in der Insolvenz bleiben abzuwarten. Die einschlägigen Regelungen des **Genfer Wertpapierübereinkommens** (→ Rn. 2) statuieren zwar den Grundsatz, dass die nach Art. 11 bzw. Art. 12 (→ Rn. 37) des Übereinkommens begründeten Rechte in Insolvenzverfahren aller Art sowohl gegenüber dem Insolvenzverwalter als auch gegenüber der Gläubigergesamtheit wirksam sein müssen (Art. 14 Abs. 1). Ausdrücklich unberührt bleiben aber autonome Regelungen über zusätzliche Methoden des Rechtserwerbs (Art. 14 Abs. 3 iVm Art. 13 des Übereinkommens), die Rangordnung in der Verteilung der Insolvenzerlöse (Art. 14 Abs. 2 Buchst. a), die Insolvenzanfechtung (Art. 14 Abs. 2 Buchst. b) sowie die Verwertung von Rechten, die sich in der Einflusssphäre des Insolvenzverwalters befinden (Art. 14 Abs. 2 Buchst. c). Das Übereinkommen selbst zwingt damit nicht unmittelbar zur Änderung der oben dar- 46

[279] Vgl. zu Einzelheiten auch *Lorenz* NZG 2010, 1046 (1049 ff.); *Riethmüller* WM 2010, 2295 (2296); *Schuster/Westpfahl* DB 2011, 221 (222 ff.).

[280] Vgl. Uhlenbruck/*Hirte/Praß* InsO § 35 Rn. 160; MüKoInsO/*Peters* § 35 Rn. 250 f.

[281] Vgl. Uhlenbruck/*Hirte/Praß* InsO § 35 Rn. 146; *Hirte/Knof* WM 2008, 49.

[282] Überzeugend *Hirte/Knof* WM 2008, 49 (50 ff.); *Uhlenbruck* ZInsO 2008, 114 (115 f.) unter Hinweis auf BGH NJW-RR 2004, 340 ff. sowie BGHZ 166, 215 ff. = NJW 2006, 1873; vgl. aber BGHZ 207, 23 Rn. 18 ff., 25 ff. = NZG 2016, 187; **aA** *Berger* WM 2009, 577 (584 f.).

[283] *Canaris* Bankvertragsrecht Rn. 2099 mit Rn. 279; vgl. auch MüKoHGB/*Einsele* Depotgeschäft Rn. 151; *Scherer* DepotG § 1 Rn. 49.

[284] *Canaris* Bankvertragsrecht Rn. 2098; BuB/*Decker* Rn. 8/219; MüKoHGB/*Einsele* Depotgeschäft Rn. 155; *Scherer* DepotG § 1 Rn. 51; vgl. allg. auch BGH NJW-RR 1986, 848 (849 f.).

gestellten Rechtslage. Änderungsbedarf könnte sich jedoch mittelbar ergeben, wenn und soweit die bisherige dingliche Grundkonzeption des deutschen Depotrechts in Anpassung an die Vorgaben des Übereinkommens und eine EU-Richtlinie, die das Übereinkommen umsetzen wird, modifiziert werden sollte. Für den Fall der Insolvenz des Verwahrers sieht das Übereinkommen zudem grundsätzlich eine anteilige Umlegung etwaiger Verluste im Bestand der verwahrten Wertpapiere auf die Gesamtheit der Depotkunden vor (Art. 26 Abs. 2), die im Grundsatz mit den in §§ 32, 33 DepotG vorgesehenen Mechanismen (→ Rn. 41) vereinbar ist.[285]

8. Depotbuchführung bei Sammelverwahrung

47 **a) Pflicht zur Führung eines Verwahrungsbuchs (§ 14 DepotG).** Die grundsätzliche Pflicht jedes Verwahrers (Zwischen- oder Drittverwahrer, vgl. Abs. 3) zur Führung eines **Verwahrungsbuchs** (auch: „Depotbuch") ergibt sich aus § 14 DepotG. Das danach zu führende Verwahrungsbuch ist zugleich Grundlage für die aufsichtsrechtliche Depotprüfung (→ Rn. 81). Nach § 14 Abs. 1 DepotG sind darin die Hinterleger sowie – nach „Art, Nennbetrag oder Stückzahl, Nummern oder sonstige(n) Bezeichnungsmerkmale(n)" – die jeweils für sie verwahrten Wertpapiere zu bezeichnen (sog. **persönliches Verwahrungsbuch**). Das Verwahrungsbuch unterliegt als Handelsbuch iSd §§ 238 ff. HGB den Grundsätzen ordnungsgemäßer Buchführung.[286] Daneben wird üblicherweise ein **sachliches Verwahrungsbuch** geführt, das nach den einzelnen verwahrten Wertpapieren gegliedert ist.[287]

48 **b) Besonderheiten bei der Drittverwahrung.** Aus den Bestimmungen der §§ 2, 3 und 5 DepotG, die die Rechte und Pflichten des Verwahrers betreffen und insbesondere den Grundsatz der gesonderten Aufbewahrung hinterlegter Papiere festlegen, sowie aus der differenzierten Ausgestaltung der gesetzlichen Fremdvermutung (§ 4 DepotG) ergibt sich für den praktischen Regelfall der Drittverwahrung mittelbar die Notwendigkeit einer Depotbuchführung, die die verwahrten Papiere je nach Art der daran bestehenden Rechte unterscheidbar registriert. Insbesondere sind etwa bestehende Pfandrechte besonders zu erfassen. Vor diesem Hintergrund hat sich in der Praxis ein festes System der Depotbuchführung etabliert,[288] das zwischenzeitlich auch aufsichtsseitig als verbindlicher Standard anerkannt ist.[289] Im **Depot A (Eigendepot)**[290] hat der Drittverwahrer danach zunächst die dem Sammelverwahrer anvertrauten eigenen Wertpapiere der Kreditinstitute zu verbuchen, also diejenigen Werte, für die diese eine Eigenanzeige nach § 4 Abs. 2 DepotG abgegeben haben (→ Rn. 24). Ebenso in das Depot A aufzunehmen sind diejenigen Werte, für welche die Hinterleger einem Zwischenverwahrer nach § 12 Abs. 4 unbeschränkte Verpfändungsermächtigungen bzw. nach § 13 DepotG Aneignungsermächtigungen erteilt haben und die daher dem Drittverwahrer für dessen Forderungen gegen den Zwischenverwahrer haften. In das Depot A aufzunehmen sind schließlich auch diejenigen Werte, die der Zwischenverwahrer im Wege der Einkaufskommission erworben hat und an denen ihm bis zur Übersendung des Stückeverzeichnisses nach §§ 19–21 DepotG noch das Eigentum zusteht.

[285] Vgl. zu Einzelheiten insoweit *Einsele* ZHR 173 (2013), 50 (77 f.).

[286] MüKoHGB/*Einsele* Depotgeschäft Rn. 65; BankR-HdB/*Klanten* § 72 Rn. 45; EBJS/*Scherer* HGB BankR VI Rn. 521; *Heinsius/Horn/Than* DepotG § 14 Rn. 2; Scherer/*Walz/Frey* DepotG § 14 Rn. 3 ff.

[287] Näher dazu BankR-HdB/*Klanten* § 72 Rn. 45, 49; *Heinsius/Horn/Than* DepotG § 14 Rn. 2.

[288] Zur Entwicklung insoweit *Heinsius/Horn/Than* DepotG § 4 Rn. 38.

[289] Vgl. Bekanntmachung des BAKred über die Anforderungen an die Ordnungsmäßigkeit des Depotgeschäfts und der Erfüllung von Wertpapierlieferungsverpflichtungen vom 21.12.1998, abgedruckt in *Consbruch/Fischer* KWG H 45.3, Nr. 10 Abs. 4.

[290] Dazu MüKoHGB/*Einsele* Depotgeschäft Rn. 39; BankR-HdB/*Klanten* § 72 Rn. 23; *Heinsius/Horn/Than* DepotG § 4 Rn. 38 f.; *Scherer* DepotG § 1 Rn. 59; Scherer/*Walz/Frey* DepotG § 14 Rn. 6; Bekanntmachung des BAKred über die Anforderungen an die Ordnungsmäßigkeit des Depotgeschäfts und der Erfüllung von Wertpapierlieferungsverpflichtungen vom 21.12.1998, abgedruckt in *Consbruch/Fischer* KWG H 45.3, Nr. 10 Abs. 4 Buchst. a.

Erfasst sind damit durchweg Werte, die dem Drittverwahrer für dessen Forderungen aus dem Verwahrungsverhältnis mit dem Zwischenverwahrer unbeschränkt haften. Im **Depot B (Fremddepot)**[291] sind dagegen Werte zu verbuchen, die ein Zwischenverwahrer dem Drittverwahrer für die Depotkunden anvertraut hat; für sie gilt die Fremdvermutung nach § 4 Abs. 1 DepotG auch dann, wenn der Drittverwahrer das betreffende Konto nicht zugleich für den hinterlegenden (End-)Kunden führt.[292] Für den Zwischenverwahrer eingehende Werte werden vorbehaltlich einer abweichenden Bestimmung durch diesen regelmäßig im Depot B verbucht (sog. **Regelverbuchung**),[293] so dass auch eigene Papiere des Hinterlegers hier verbucht werden, sofern keine Eigenanzeige nach § 4 Abs. 2 DepotG vorliegt.[294] Ein Depot B wird allerdings nur für solche Hinterleger geführt, die selbst das Depotgeschäft betreiben; dies ist vielfach nicht der Fall bei Depotkonten ausländischer Zentralbanken.[295] Die im Depot B verwahrten Werte können mit Pfandrechten bzw. Zurückbehaltungsrechten des Drittverwahrers für konnexe Forderungen belastet sein, die von der gesetzlichen Ermächtigung gedeckt sind (vgl. § 4 Abs. 1 S. 2 Alt 1 DepotG; → Rn. 23, 36), nicht dagegen mit Pfandrechten für sonstige Forderungen.[296] Im **Depot C (Pfanddepot)** werden Werte verbucht, die der Zwischenverwahrer aufgrund der regelmäßigen Verpfändungsermächtigung nach § 12 Abs. 2 DepotG (→ Rn. 36) verpfändet hat, im **Depot D (Sonderpfanddepot)** schließlich diejenigen Wertpapiere, hinsichtlich derer eine beschränkte Verpfändungsermächtigung nach § 12 Abs. 3 DepotG erteilt wurde.[297] Ein besonderes Pfanddepot ist für die im Zusammenhang mit Börsengeschäften nach § 12a DepotG verpfändeten Papiere (→ Rn. 36) zu führen.[298] Daneben sind ggf. **Geldkonten** zu führen, aus denen sich etwaige Rückkredite (→ Rn. 36) ergeben. Der **Zwischenverwahrer** hat im Rahmen der Drittverwahrung gem. § 14 Abs. 4 S. 1 DepotG den Ort der Niederlassung des Drittverwahrers sowie ggf. dessen Namen anzugeben; ebenfalls anzugeben sind die Ermächtigung zur Sammelverwahrung nach § 5 Abs. 1 und 2 DepotG sowie ggf. die Ermächtigung zur Tauschverwahrung oder zur Verpfändung bzw. Verfügung über die ihm anvertrauten Papiere (§ 14 Abs. 4 S. 2 DepotG). Der Zwischenverwahrer hat zudem für die den Depotkunden gewährten Kredite entsprechende **Kreditakten** zu führen.[299]

---

[291] Dazu MüKoHGB/*Einsele* Depotgeschäft Rn. 37 f.; BankR-HdB/*Klanten* § 72 Rn. 24; *Heinsius/Horn/Than* DepotG § 4 Rn. 40; *Scherer* DepotG § 1 Rn. 56; Scherer/*Walz/Frey* DepotG § 14 Rn. 7; Bekanntmachung des BAkred über die Anforderungen an die Ordnungsmäßigkeit des Depotgeschäfts und der Erfüllung von Wertpapierlieferungsverpflichtungen vom 21.12.1998, abgedruckt in *Consbruch/Fischer* KWG H 45.3, Nr. 10 Abs. 4 Buchst. b.

[292] MüKoHGB/*Einsele* Depotgeschäft Rn. 37; *Heinsius/Horn/Than* DepotG § 4 Rn. 40.

[293] BankR-HdB/*Klanten* § 72 Rn. 24; *Scherer* DepotG § 1 Rn. 56; Scherer/*Walz/Frey* DepotG § 14 Rn. 7; vgl. auch Bekanntmachung des BAKred über die Anforderungen an die Ordnungsmäßigkeit des Depotgeschäfts und der Erfüllung von Wertpapierlieferungsverpflichtungen vom 21.12.1998, abgedruckt in *Consbruch/Fischer* KWG H 45.3, Nr. 3 Abs. 3 S. 1.

[294] Vgl. MüKoHGB/*Einsele* Depotgeschäft Rn. 39; BankR-HdB/*Klanten* § 72 Rn. 24; BuB/*Kreße* Rn. 8/176; *Heinsius/Horn/Than* DepotG § 4 Rn. 40; *Scherer* DepotG § 1 Rn. 6.

[295] BuB/*Kreße* Rn. 8/178.

[296] Vgl. MüKoHGB/*Einsele* Depotgeschäft Rn. 38; BankR-HdB/*Klanten* § 72 Rn. 24; *Heinsius/Horn/Than* DepotG § 4 Rn. 40; unpräzise daher Bekanntmachung des BAKred über die Anforderungen an die Ordnungsmäßigkeit des Depotgeschäfts und der Erfüllung von Wertpapierlieferungsverpflichtungen vom 21.12.1998, abgedruckt in *Consbruch/Fischer* KWG H 45.3, Nr. 10 Abs. 4 Buchst. b, wonach die im Depot B zu verbuchenden Werte „unbelastet" für den Kunden des Zwischenverwahrers aufzubewahren seien.

[297] Dazu jeweils MüKoHGB/*Einsele* Depotgeschäft Rn. 40; BankR-HdB/*Klanten* § 72 Rn. 25 f.; BuB/*Kreße* Rn. 8/180; *Heinsius/Horn/Than* DepotG § 4 Rn. 42 f.; *Scherer* DepotG § 1 Rn. 57 f.; Scherer/*Walz/Frey* DepotG § 14 Rn. 8 f.; Bekanntmachung des BAKred über die Anforderungen an die Ordnungsmäßigkeit des Depotgeschäfts und der Erfüllung von Wertpapierlieferungsverpflichtungen vom 21.12.1998, abgedruckt in *Consbruch/Fischer* KWG H 45.3, Nr. 10 Abs. 4 Buchst. c und d.

[298] Dazu BuB/*Kreße* Rn. 8/182; Scherer/*Walz/Frey* DepotG § 14 Rn. 10.

[299] Dazu MüKoHGB/*Einsele* Depotgeschäft Rn. 41; BankR-HdB/*Klanten* § 72 Rn. 27; Scherer/*Walz/Frey* DepotG § 14 Rn. 3 ff.; Bekanntmachung des BAKred über die Anforderungen an die Ordnungsmäßigkeit des Depotgeschäfts und der Erfüllung von Wertpapierlieferungsverpflichtungen vom 21.12.1998, abgedruckt in *Consbruch/Fischer* KWG H 45.3, Nr. 10 Abs. 7.

IV. Rechtsbeziehungen bei der Verwahrung ausländischer Werte

1. Überblick und Grundlagen

49 Sachverhalte mit Auslandsberührung können sich in verschiedenen **Grundkonstellationen** ergeben: Keine wesentlichen Besonderheiten zur oben dargestellten Rechtslage bestehen, wenn ein inländischer Zwischenverwahrer **im Ausland emittierte Werte** verwahrt, die auch an einer inländischen Börse notiert sind (→ Rn. 9).[300] Hat ein **ausländischer Zwischenverwahrer** Wertpapiere bei einem inländischen Sammelverwahrer hinterlegt, stellt sich dagegen die Frage nach der internationalen Reichweite des deutschen Depotrechts und ergeben sich besondere kollisionsrechtliche Probleme bei der Erfassung der Rechtsbeziehungen im Effektengiroverkehr (→ Rn. 50). Strukturell nur auf den ersten Blick vergleichbare Probleme bestehen im Fall der **Einkaufskommission in Bezug auf im Ausland gehaltene Wertpapiere** und hinsichtlich der diesbezüglichen Pflichten inländischer Depotbanken (→ Rn. 51, 53). Das Depotgesetz selbst regelt die maßgeblichen Rechtsfragen nur zu einem kleinen Teil; in **kollisionsrechtlicher** Hinsicht enthält es lediglich die Vorschrift des **§ 17a DepotG** für Verfügungen über bestimmte registerverbuchte Wertpapiere und damit eine Teilregelung zur Bestimmung des sog. **Wertpapiersachstatuts,** das diejenige Rechtsordnung bezeichnet, welche die dinglichen Rechtsbeziehungen zur Urkunde (Eigentumserwerb, Belastungen) regelt.[301] Die Vorschrift des § 17a DepotG, die in Umsetzung der sog. EU-Finalitätsrichtlinie[302] 1999 eingeführt wurde,[303] ist in ihrem Anwendungsbereich allerdings stark beschränkt, so dass in den nicht geregelten Fällen nach wie vor auf den traditionellen Grundsatz der lex cartae sitae als Wertpapiersachstatut (vgl. Art. 43 Abs. 1 EGBGB) und mithin auf die Belegenheit des betreffenden Wertpapiers zum Zeitpunkt der Vollendung des Erwerbs- bzw. Verlusttatbestands abgestellt werden muss (→ Rn. 53).[304] **§ 5 Abs. 4 DepotG,** der mit der Depotgesetznovelle 1985[305] eingeführt wurde, erlaubt unter den in der Vorschrift genannten Voraussetzungen den im Inland ansässigen Depotbanken, als Zwischenverwahrer hinterlegte Wertpapiere ausländischen Verwahrern anzuvertrauen, regelt aber lediglich die Zulässigkeit der grenzüberschreitenden Sammelverwahrung und die Rechtsnatur des grenzüberschreitenden Sammelbestandes. **§ 22 DepotG** schließlich regelt Einzelheiten der Einkaufskommission im Hinblick auf im Ausland anzuschaffende Wertpapiere durch deutsche Kommissionäre, enthält selbst aber wiederum nur eine rudimentäre Regelung der mit der Auslandsverwahrung verknüpften Rechtsfragen (→ Rn. 52 ff.).

---

300 Eingehende Übersicht zB bei *Born* Kollisionsrecht S. 56 ff.

301 Zum Begriff zB BGHZ 108, 353 (356) = NJW 1990, 242; Staudinger/*Mansel* Anhang zu Artikel 43 EGBGB Rn. 23, 29; MüKoBGB/*Wendehorst* EGBGB Art. 43 Rn. 194 ff.; Scherer/*Dittrich* DepotG § 17a Rn. 1, 24 f.; Scherer/*Rögner* DepotG § 5 Rn. 107; *Born* Kollisionsrecht S. 60; *Einsele* Wertpapierrecht S. 397 f.; *Wust* Verbuchung S. 259 ff.; *Lorenz* NJW 1995, 176 (177); *Reuschle* RabelsZ 68 (2004), 687 (704 ff.).

302 RL 98/26/EG des Europäischen Parlaments und des Rates vom 19.5.1998 über die Wirksamkeit von Abrechnungen in Zahlungs- sowie Wertpapierliefer- und -abrechnungssystemen, ABl. L 166/45; dazu im vorliegenden Zusammenhang näher *Born* Kollisionsrecht S. 78 ff. (Finalitätsrichtlinie), 227 ff. (Umsetzung in § 17a DepotG); Scherer/*Dittrich* DepotG § 17a Rn. 15 ff.; MüKoHGB/*Einsele* Depotgeschäft Rn. 198 ff.; *Einsele* EuZW 2018, 402 (405 ff.).

303 Durch das Gesetz zur Änderung insolvenzrechtlicher und kreditwesenrechtlicher Vorschriften vom 8.12.1999, BGBl. I 1999, 2384.

304 Vgl. MüKoHGB/*Einsele* Depotgeschäft Rn. 194 ff.; allg. zum Grundsatz der lex cartae sitae auch RGZ 11, 52 (55); 28, 109 (111); BGHZ 108, 353 (356) = NJW 1990, 242; BGH NJW 1994, 939 (940); OLG Köln ZIP 1994, 1459 (1460); Kronke/Melis/Kuhn/*Kronke/Haubold* Int. Wirtschaftsrecht Teil L Rn. 186 ff.; MüKoBGB/*Wendehorst* EGBGB Art. 43 Rn. 194 f.; Scherer/*Dittrich* DepotG § 17a Rn. 1; eing. *Reuschle* RabelsZ 68 (2004), 687 (705 f., 710 ff.); *Wust* Verbuchung S. 259 ff.; s. a. *Schefold* IPRax 2000, 468 (472 ff.).

305 Gesetz zur Änderung des Gesetzes über die Verwahrung und Anschaffung von Wertpapieren sowie anderer wertpapierrechtlicher Vorschriften vom 17.7.1985, BGBl. I 1985, 1507.

2. Inlandsverwahrung im Ausland emittierter Werte

Depotfähig sind solche im Ausland emittierten Werte, die nach dem jeweils anwendbaren Recht vertretbare Wertpapiere iSd § 1 Abs. 1 DepotG darstellen. Die Rechtsordnung, die sowohl über die Frage der Wertpapiereigenschaft als auch über die Vertretbarkeit entscheidet, richtet sich insoweit grundsätzlich danach, welcher Rechtsordnung das jeweils verbriefte Recht unterliegt **(Wertpapierrechtsstatut).**[306] Handelt es sich um Wertpapiere, die ein Mitgliedschaftsrecht verbriefen (insbes. Aktien und funktionsäquivalente Papiere ausländischen Rechts), so ist Wertpapierrechtsstatut das Gesellschaftsstatut,[307] anderenfalls – vorbehaltlich einer abweichenden Rechtswahl – im Zweifel das Recht des Ausstellungsorts.[308] Sind derartige Wertpapiere **an einer inländischen Börse notiert,** gelten die zur Regelverwahrung dargestellten Grundsätze; die Rechtsbeziehungen zwischen Hinterlegern bzw. Kommittenten und Depotbanken bzw. Kommissionären richten sich nach den erörterten Grundsätzen (→ Rn. 27, 28) des deutschen Rechts.[309] Auch **im Ausland notierte Werte** können zwar grundsätzlich in die Sammelverwahrung im Inland aufgenommen werden. Für den Hinterleger hat diese Form der Verwahrung allerdings Nachteile, da im Falle eines Weiterverkaufs Verzögerungen bei der Belieferung unvermeidlich sind; für die als Verkaufskommissionärin tätige Depotbank selbst ist insbesondere die notwendige Echtheitsprüfung mit erheblichem Aufwand und Risiken verbunden, weshalb die Inlandsverwahrung ausschließlich im Ausland notierter Werte in der Praxis selten ist.[310] Im Regelfall wird vor diesem Hintergrund die Verwahrung (→ Rn. 52) im Ausland vorgezogen. 50

3. Inlandsverwahrung und im Ausland ansässige Zwischenverwahrer

Vertrauen im Ausland ansässige Zwischenverwahrer einer inländischen Wertpapiersammelbank, dh in der Praxis der Clearstream Banking AG (→ Rn. 7), Wertpapiere an, so ist hinsichtlich der Rechtsposition der Beteiligten zu unterscheiden: Für die **schuldrechtlichen** Rechtsbeziehungen zwischen dem inländischen Drittverwahrer und dem ausländischen Zwischenverwahrer gelten die allgemeinen kollisionsrechtlichen Regeln zum Vertragsstatut; vorbehaltlich einer abweichenden Rechtswahl (Art. 3 Rom-I-VO[311]) ist danach in dieser Konstellation regelmäßig deutsches Recht als das Recht des Dienstleisters bzw. das Recht der vertragstypischen Leistung anzuwenden (Art. 4 Abs. 1 Buchst. b bzw. Art. 4 Abs. 2 Rom-I-VO). Der Begriff des Dienstleistungsvertrags iSd Art. 4 Abs. 1 Buchst. b ist weit auszulegen; darunter fallen auch Kommissionsgeschäfte.[312] Die ausdrückliche Rechtswahl in AGB ist freilich die Regel;[313] die Geschäftsbedingungen der Clearstream Banking AG sehen für die Geschäftsverbindung mit den Kunden allgemein die Geltung deutschen 51

[306] MüKoHGB/*Einsele* Depotgeschäft Rn. 15; MüKoBGB/*Wendehorst* EGBGB Art. 43 Rn. 194 f.; Scherer/*Dittrich* DepotG § 17a Rn. 25; *Born* Kollisionsrecht S. 58 ff.; *Wust* Verbuchung S. 258 f ; *Lorenz* NJW 1995, 176 (177); vgl. zum Begriff und zum Umfang auch Kronke/Melis/Kuhn/*Kronke/Haubold* Int. Wirtschaftsrecht Teil L Rn. 185; Staudinger/*Mansel* Anhang zu Artikel 43 EGBGB Rn. 72; *Reuschle* RabelsZ 68 (2004), 687 (706 f.).

[307] Staudinger/*Mansel* Anhang zu Artikel 43 EGBGB Rn. 74; MüKoBGB/*Wendehorst* EGBGB Art. 43 Rn. 194; Scherer/*Dittrich* DepotG § 17a Rn. 25; *Born* Kollisionsrecht S. 59; vgl. im vorliegenden Zusammenhang auch MüKoHGB/*Einsele* Depotgeschäft Rn. 15.

[308] MüKoHGB/*Einsele* Depotgeschäft Rn. 15; MüKoBGB/*Wendehorst* EGBGB Art. 43 Rn. 194; *Born* Kollisionsrecht S. 59; allg. Staudinger/*Mansel* Anhang zu Artikel 43 EGBGB Rn. 83.

[309] Vgl. dazu näher BuB/*Kreße* Rn. 8/222; zu den kollisionsrechtlichen Fragen MüKoHGB/*Einsele* Depotgeschäft Rn. 14 ff.; *Reuschle* RabelsZ 68 (2004), 687 (712 f.) mwN.

[310] Dazu näher besonders BuB/*Kreße* Rn. 8/218 ff.; vgl. auch MüKoHGB/*Einsele* Depotgeschäft Rn. 15 f., 17; *Heinsius/Horn/Than* DepotG § 22 Rn. 30.

[311] VO (EG) Nr. 593/2008 des Europäischen Parlaments und des Rates vom 17.6.2008 über das auf vertragliche Schuldverhältnisse anzuwendende Recht (Rom I), ABl. L 177/6.

[312] Vgl. stellvertretend MüKoBGB/*Martiny* Rom-I-VO Art. 4 Rn. 34 ff., 62; Scherer/*Bearends* DepotG § 22 Rn. 11; s. a. bereits *Einsele* Wertpapierrecht S. 392 ff.

[313] Vgl. dazu auch Kronke/Melis/Kuhn/*Kronke/Haubold* Int. Wirtschaftsrecht Teil L Rn. 169; *Born* Kollisionsrecht S. 63 f.

Rechts vor.[314] Eine Sonderanknüpfung gilt für in einem multilateralen System nach Art. 4 Abs. 1 Buchst. h Rom-I-VO iVm Art. 4 Abs. 1 Nr. 17 der EU-Richtlinie über Märkte für Finanzinstrumente abgeschlossene Verträge; für sie gilt insgesamt das auf das System anwendbare Recht.[315] Davon erfasst sind allerdings nicht Rechtsgeschäfte, die sich lediglich auf das Clearing in Wertpapierliefer- und -abrechnungssystemen beziehen;[316] insoweit bleibt es bei der allgemeinen Anknüpfung für Dienstleistungs- und sonstige Schuldverträge nach Art. 4 Abs. 1 Buchst. b bzw. Abs. 2 Rom-I-VO. Für die **dingliche Rechtsposition** im Hinblick auf die verwahrten Wertpapiere gilt mangels Sonderregelung im autonomen[317] bzw. europäischen IPR die lex cartae sitae als **Wertpapiersachstatut,** bei in Deutschland verwahrten Papieren mithin wiederum deutsches Recht. Dies entspricht der international zunehmend akzeptierten kollisionsrechtlichen Anknüpfung an den Lageort des kontoführenden Intermediärs (sog. **PRIMA**-Ansatz, für Place of the Relevant InterMediary).[318] Vom Wertpapiersachstatut erfasst sind unproblematisch die Eigentumsverhältnisse, grundsätzlich aber auch die übrigen depotrechtlichen Bestimmungen zur dinglichen Rechtslage.[319] Im älteren Schrifttum umstritten war insoweit allerdings die Anwendbarkeit der **Fremdvermutung** nach § 4 Abs. 1 S. 1 DepotG.[320] Da die Fremdvermutung in der Praxis allerdings auch gegenüber ausländischen Zwischenverwahrern ohne weiteres praktiziert wird und in die Verwahrung genommene Papiere ohne Eigenanzeige dem Fremddepot (Depot B, → Rn. 48) gutgeschrieben werden,[321] ist die praktische Relevanz der Diskussion gering. Für den **Pfandrechtserwerb** des Drittverwahrers an Wertpapieren, die ein im Ausland ansässiger Zwischenverwahrer hinterlegt hat, gelten ebenfalls grundsätzlich die oben (→ Rn. 34 ff.) dargestellten Regelungen ohne Modifikationen.[322] Da die Anforderungen an Verpfändungsermächtigungen nach §§ 12 ff. DepotG allerdings für das ausländischem Recht unterliegende Verwahrungsverhältnis zwischen dem Zwischenverwahrer und dem (End-)Depotkunden nicht anwendbar sind,[323] wird eine Belastung mit Pfandrechten zugunsten des Drittverwahrers in der Praxis nur über eigene Bestände des Zwischenverwahrers (Nostrobestände) und nur nach Einholung einer Eigenanzeige (→ Rn. 24) zur Klärung der Rechtsinhaberschaft vollzogen.[324]

4. Auslandsverwahrung

52 **a) Überblick.** Die Verwahrung im Ausland unter Beteiligung inländischer (Zwischen-)Verwahrer spielt in der Praxis eine erhebliche Rolle; sie bietet sich mit Blick auf die Schwierigkeiten der Inlandsverwahrung insbesondere in allen Fällen an, in denen im Ausland emittierte Wertpapiere nicht (zugleich) im Inland börsennotiert sind.[325] Besonderheiten für die hinterlegenden inländischen Depotkunden ergeben sich in diesen Konstellationen, weil ausländisches Recht sowohl als **Wertpapiersachstatut** als auch als **Wertpapierrechtsstatut** berufen ist, was sich auf den Inhalt der jeweils erworbenen Rechts-

[314] Nr. IX Abs. 1 AGB Clearstream Banking AG.

[315] Zu Einzelheiten näher MüKoBGB/*Martiny* Rom-I-VO Art. 4 Rn. 155 ff; Reithmann/Martiny/*Mankowski* Int. Vertragsrecht Rn. 6.1709 ff.

[316] Vgl. Rom-I-VO, Erwägungsgrund 31; näher MüKoBGB/*Martiny* Rom-I-VO Art. 4 Rn. 159; Reithmann/Martiny/*Mankowski* Int. Vertragsrecht Rn. 6.1716.

[317] Unanwendbar ist insoweit § 17a DepotG, der voraussetzt, dass ein Registereintrag konstitutive Wirkung für den Rechtserwerb hat, vgl. dazu *Reuschle* RabelsZ 68 (2004), 687 (721) und → Rn. 53.

[318] Dazu *Born* Kollisionsrecht S. 79 f., zu konkreten Anwendungsproblemen S. 112 ff. und passim.

[319] Zum Grundsatz der lex cartae sitae allg. MüKoHGB/*Einsele* Depotgeschäft Rn. 194 ff.; *Born* Kollisionsrecht S. 67 ff.

[320] Dazu *Heinsius/Horn/Than* DepotG § 4 Rn. 6; *Opitz* DepotG § 4 Anm. 6, jeweils mwN zum Streitstand.

[321] BuB/*Kreße* Rn. 8/152; *Heinsius/Horn/Than* DepotG § 4 Rn. 6; Scherer/*Löber* DepotG § 4 Rn. 8.

[322] Zur Geltung inländischer AGB insoweit BuB/*Kreße* Rn. 8/172 f.; Scherer/*Löber* DepotG § 4 Rn. 10.

[323] *Heinsius/Horn/Than* DepotG § 4 Rn. 18.

[324] BuB/*Kreße* Rn. 8/166; *Heinsius/Horn/Than* DepotG § 4 Rn. 18.

[325] Vgl. wiederum BuB/*Kreße* Rn. 8/218 ff.; vgl. auch MüKoHGB/*Einsele* Depotgeschäft Rn. 15 f., 17, 206; *Heinsius/Horn/Than* DepotG § 22 Rn. 30; auch bereits → Rn. 9.

position, aber eben auch auf die anwendbaren wertpapierrechtlichen Grundsätze auswirkt. Dies führt nicht zuletzt deshalb zu Problemen im Hinblick auf die Vereinbarkeit mit den depotrechtlichen Bestimmungen des deutschen Rechts, weil ausländische Rechtsordnungen vielfach keine sachenrechtlich konzipierte Rechtsposition der Inhaber von Wertpapieren vorsehen und der inländischen Depotbank die Verschaffung von Miteigentum nicht möglich ist, was erhebliche Auswirkungen auf das depotrechtliche Pflichtenprogramm hat. Ob eine Drittverwahrung (allgemein dazu → Rn. 5, 7) im Ausland aus deutscher Perspektive überhaupt zulässig ist, wurde gelegentlich bestritten,[326] ist allerdings anerkannt, soweit Vorkehrungen getroffen werden, die ein dem Schutzniveau des DepotG annähernd vergleichbares Maß an Sicherheit zugunsten der Hinterleger schaffen. Das tradierte Instrument zur Durchführung der Auslandsverwahrung ist dabei die treuhänderische Verwahrung durch die Depotbanken gegen Erteilung einer sog. Gutschrift in Wertpapierrechnung (→ Rn. 54 ff.); Besonderheiten ergeben sich bei der Bildung eines grenzüberschreitenden Sammelbestands im Effektengiroverkehr (→ Rn. 62).

b) Anwendbares Recht und Konsequenzen. Da sich die Auslandsverwahrung im Regelfall auf im Ausland emittierte Wertpapiere beziehen wird, ist das **Wertpapierrechtsstatut** nach den oben dargestellten Regeln zu bestimmen. Maßgeblich für den Inhalt der verbrieften Rechtsposition ist damit in der Regel nicht deutsches Recht, sondern die für das verbriefte Recht maßgebliche Rechtsordnung (→ Rn. 51). Als **Wertpapiersachstatut** ist nach dem allgemeinen Grundsatz der lex cartae sitae diejenige Rechtsordnung anzusehen, in der das betreffende Wertpapier verwahrt wird.[327] Einzelheiten der kollisionsrechtlichen Anknüpfung sind allerdings unklar und umstritten. Vorrangig zu berücksichtigende internationale Abkommen zur kollisionsrechtlichen Behandlung streifband- oder sammelverwahrter Wertpapiere fehlen; insbesondere das darauf abzielende Haager Übereinkommen über das bei zwischenverwahrten Wertpapieren anwendbare Recht ist bislang nicht in Kraft getreten (→ Rn. 2). Auf der Ebene des **Europäischen Unionsrechts** existieren nur punktuelle Regelungen in Art. 9 Abs. 2 der Finalitätsrichtlinie (→ Rn. 49) sowie in Art. 9 Abs. 1 der Finanzsicherheitenrichtlinie (→ Rn. 42). Die Regelungen stellen – jeweils mit sachlich begrenztem Anwendungsbereich und rechtstechnisch problematisch – in grundsätzlichem Einklang mit dem PRIMA-Ansatz (→ Rn. 51) auf den Ort ab, an dem das maßgebliche Depot geführt wird, dies allerdings dem Wortlaut nach nur für Verfügungen, bei denen das (an sich ja erst zu ermittelnde) anwendbare Recht der Depot- bzw. Registereintragung konstitutive Wirkung für den Rechtserwerb beimisst.[328] **§ 17a DepotG** setzt diesen Grundsatz um,[329] allerdings mit Modifikationen im Anwendungsbereich. Danach gilt allgemein Folgendes: 53

> *„Verfügungen über Wertpapiere oder Sammelbestandanteile, die mit rechtsbegründender Wirkung in ein Register eingetragen oder auf einem Konto verbucht werden, unterliegen dem Recht des Staates, unter dessen Aufsicht das Register geführt wird, in dem unmittelbar zugunsten des Verfügungsempfängers die rechtsbegründende Eintragung vorgenommen wird, oder in dem sich die kontoführende Haupt- oder Zweigstelle des Verwahrers befindet, die dem Verfügungsempfänger die rechtsbegründende Gutschrift erteilt."*

[326] Zum Streitstand stellvertretend MüKoHGB/*Einsele* Depotgeschäft Rn. 34 mwN.

[327] BGHZ 108, 353 (356) = NJW 1990, 242; MüKoHGB/*Einsele* Depotgeschäft Rn. 194 ff.; Erman/*Hohloch* EGBGB Art. 43 Rn. 8; MüKoBGB/*Wendehorst* EGBGB Art. 43 Rn. 203; Scherer/*Rögner* DepotG § 5 Rn. 113, 117 f.; *Born* Kollisionsrecht S. 60 ff.

[328] Vgl. dazu eing. Scherer/*Dittrich* DepotG § 17a Rn. 16 f., 20; *Born* Kollisionsrecht S. 87 ff. (zu Art. 9 Finalitätsrichtlinie) sowie S. 149 ff. (zu Art. 9 Finanzsicherheitenrichtlinie); MüKoHGB/*Einsele* Depotgeschäft Rn. 198 ff.; *Einsele* EuZW 2018, 402 (405 ff.); *Reuschle* RabelsZ 68 (2004), 687 (715 ff.) (zu Art. 9 Finalitätsrichtlinie) bzw. 723 ff. (zu Art. 9 Finanzsicherheitenrichtlinie); *Segna* Bucheffekten S. 369 ff.; *Wust* Verbuchung S. 280 ff. (zu Art. 9 Finalitätsrichtlinie) bzw. S. 289 ff. (zu Art. 9 Finanzsicherheitenrichtlinie).

[329] Zur Disparität in den Anwendungsbereichen der Vorschrift und ihrer europäischen Vorbilder und den daraus resultierenden Problemen *Born* Kollisionsrecht S. 230 ff.; *Segna* Bucheffekten S. 369 ff.

53a Die Vorschrift gilt damit ausschließlich für Fälle **dinglicher Verfügungen** über (nicht zwingend verbriefte) Wertpapiere[330] bzw. Anteile an Sammelbestandteilen.[331] Für das anwendbare Recht kommt es danach auf dasjenige „Register" (Depot) an, in dem der Rechtserwerb zugunsten des Verfügungsempfängers verbucht wird. Dies gilt allerdings nur, wenn nach dem auf den Erwerbsvorgang anwendbaren Recht die Verbuchung konstitutive Wirkung hat. Da das anwendbare Recht erst mittels der Vorschrift zu ermitteln ist, setzt die Handhabung der Norm insoweit letztlich einen Zirkelschluss voraus.[332] Unabhängig von diesem Anwendungsproblem ist der Anwendungsbereich der Vorschrift jedenfalls bei enger Auslegung auch deshalb stark reduziert, weil sie tatbestandlich voraussetzt, dass der betreffende Übertragungsvorgang überhaupt sachenrechtlich konstruiert ist. Nicht erfasst ist insbesondere die für die Rechtsposition des inländischen Depotinhabers maßgebliche Erteilung einer Gutschrift in Wertpapierrechnung (→ Rn. 56) im Inland,[333] aber auch – wie vielfach der Fall – lediglich schuldrechtlich konstruierte Erwerbsvorgänge im Ausland.[334] Außerhalb des kaum praxisrelevanten Anwendungsbereichs der Vorschrift, die damit bei wortlautgetreuer Auslegung regelmäßig leerläuft[335] und allenfalls einen verallgemeinerungsfähigen Rechtsgedanken ausdrückt, ist daher auf den tradierten Grundsatz der lex cartae sitae zurückzugreifen (→ Rn. 51). Damit kommt es auf das Recht des jeweiligen Zentralverwahrers an, bei dem die jeweiligen Werte verbucht sind. Dies kann allerdings gerade in Verwahrketten im Effektengiroverkehr mit Schwierigkeiten behaftet sein, so dass uU für die einzelnen Rechtsbeziehungen mehrere Rechtsordnungen zu berücksichtigen sind.[336] Auf die **schuldrechtliche Rechtsbeziehung** zwischen der inländischen Depotbank und ihren Depotkunden ist bei alledem jedenfalls deutsches Recht anzuwenden; insoweit gelten die obigen Ausführungen zur Inlandsverwahrung im Ausland emittierter Werte (→ Rn. 51) entsprechend.

54 **c) Treuhänderische Rechtsbeziehungen zwischen Depotbank und Kunden gegen WR-Gutschrift. aa) Zulässigkeit der Auslandsverwahrung.** Die Zulässigkeit der Auslandsverwahrung ist im Depotgesetz nur für die Sammelverwahrung im Rahmen einer bestehenden Kontenverbindung im Effektengiroverkehr ausdrücklich geregelt (§ 5 Abs. 4 DepotG, → Rn. 62). Unabhängig hiervon wird die Depotbank in der Praxis regelmäßig durch die Depotkunden rechtsgeschäftlich zur Verwahrung im Ausland ermächtigt. In den Sonderbedingungen für das Wertpapiergeschäft der Banken und Sparkassen ist die Auslandsverwahrung daher als Regelfall vorgesehen, wenn für den Kunden im Wege der Einkaufskommission oder anderweit im Ausland Wertpapiere angeschafft werden bzw. er auftragsgemäß mit Wertpapieren beliefert wird, die nur oder üblicherweise im Ausland verbucht sind (**Nr. 12 Abs. 2 Sonderbedingungen** idF vom Juli

---

330 Eingehend *Born* Kollisionsrecht S. 232 ff.

331 Begr. RegE BR-Drs. 456/99, 35. Zum weitgefassten Begriff der „Sammelbestandteile" *Born* Kollisionsrecht S. 234f; *Keller* WM 2000, 1269 (1281); *Schefold* IPRax 2000, 473 (375); *Wust* Verbuchung S. 308; Scherer/*Dittrich* DepotG § 17a Rn. 37 ff.

332 Zutr. MüKoHGB/*Einsele* Depotgeschäft Rn. 208 f.; **aA** insoweit *Born* Kollisionsrecht S. 280 ff., vgl. auch S. 122 ff; Staub/*Grundmann* BankvertragsR, 8. Teil Rn. 360.

333 Begr. RegE BR-Drs. 456/99, 35; dazu auch MüKoHGB/*Einsele* Depotgeschäft Rn. 204; BankR-HdB/*Klanten* § 72 Rn. 110; EBJS/*Scherer* HGB BankR VI Rn. 539; **aA** *Born* Kollisionsrecht S. 252 ff.; *Ege* Kollisionsrecht S. 111 ff.; Kronke/Melis/Kuhn/*Kronke/Haubold* Int. Wirtschaftsrecht Teil L Rn. 202, 320; *Schefold* IPRax 2000, 468 (475); Scherer/*Dittrich* DepotG § 17a Rn. 49 f.; diff. *Wust* Verbuchung S. 309 ff.

334 MüKoHGB/*Einsele* Depotgeschäft Rn. 210 f.; *Wust* Verbuchung S. 307 f.

335 MüKoHGB/*Einsele* Depotgeschäft Rn. 203 ff.; ebenso *Reuschle* RabelsZ 68 (2004), 687 (720); *Than* FS Kümpel, 2003, 543 (553); **aA** zB *Born* Kollisionsrecht S. 238 ff. (erweiteter Anwendungsbereich aufgrund richtlinienkonformer Auslegung); Staub/*Grundmann* BankvertragsR, 8. Teil Rn. 360; *Dittrich* Effektengiroverkehr S. 100; Scherer/*Dittrich* DepotG § 17a Rn. 60 ff.; *Ege* Kollisionsrecht S. 111 ff.; sowie wiederum *Schefold* IPRax 2000, 468 (474); wohl auch Kronke/Melis/Kuhn/*Kronke/Haubold* Int. Wirtschaftsrecht Teil L Rn. 201 f., 320 (jeweils unter der Prämisse der Anwendbarkeit auf Wertrechte); *Wust* Verbuchung S. 318 ff.; offen BankR-HdB/*Klanten* § 72 Rn. 110.

336 Vgl. insoweit näher Kronke/Melis/Kuhn/*Kronke/Haubold* Int. Wirtschaftsrecht Teil L Rn. 204 ff.

2012).[337] Ebenso möglich ist die Begründung eines Auslandsverwahrungsverhältnisses im Wege der Einlieferung in- oder ausländischer Papiere zur Verwahrung im Ausland (sog. **effektive Einlieferung**) oder durch **Depotübertrag** von einer inländischen Depotbank auf eine andere.[338]

bb) Pflichten der Depotbank. Soweit deutsches Depotrecht auf das Rechtsverhältnis **55**
zwischen der beauftragten Depotbank und dem Erwerber Anwendung findet (→ Rn. 53), gelten im Grundsatz die allgemeinen kommissionsrechtlichen Pflichten und ihre depotrechtliche Modifikation in §§ 18 ff. DepotG (→ Rn. 27 f.). Allerdings modifiziert **§ 22 DepotG** in diesen Fällen die Verpflichtung zur Übersendung eines Stückeverzeichnisses. Nach Abs. 1 ist die Depotbank als Kommissionärin dazu nur auf Verlangen des Kommittenten (S. 1) und nur insoweit verpflichtet, als ausländisches Recht „der Übertragung des Eigentums an den Wertpapieren durch Absendung des Stückeverzeichnisses [nicht] entgegensteht" und soweit die Bank sich nicht auf ein Recht zur Aussetzung nach § 19 DepotG (→ Rn. 27) berufen kann (S. 2). Die Vorschrift trägt dem Umstand Rechnung, dass eine durch deutsches Recht begründete Pflicht zur Eigentumsverschaffung leer liefe, wenn nach dem jeweiligen Wertpapiersachstatut (→ Rn. 51 f.) eine Eigentumsverschaffung von vornherein ausgeschlossen wäre, insbes. weil die Rechtsposition am Wertpapier danach – wie regelmäßig – schuldrechtlicher, nicht dinglicher Natur ist.[339] Insofern ist sie verallgemeinerungsfähig;[340] suspendiert wird damit nicht allein die Pflicht zur Übersendung des Stückeverzeichnisses, sondern die Pflicht zur Verschaffung des Eigentums an den im Wege der Einkaufskommission angeschafften Wertpapieren insgesamt.[341] In den **Sonderbedingungen für Wertpapiergeschäfte** wird das damit nur unvollständig vorgeprägte Pflichtenprogramm präzisiert und tw. umgestaltet. Nach **Nr. 12 Abs. 3** der Sonderbedingungen (idF vom Juli 2012, Abdruck im Anhang zum 36. Kapitel) übernimmt die Bank die Verpflichtung,

„nach pflichtgemäßem Ermessen unter Wahrung der Interessen des Kunden das ***Eigentum oder Miteigentum an den Wertpapieren oder eine andere im Lagerland übliche, gleichwertige Rechtsstellung*** *[zu] verschaffen und diese Rechtsstellung* ***treuhänderisch für den Kunden [zu] halten.*** *Hierüber erteilt sie dem Kunden* ***Gutschrift in Wertpapierrechnung (WR-Gutschrift)*** *unter Angabe des ausländischen Staates, in dem sich die Wertpapiere befinden."*

Für den Kunden ist diese Art der Abwicklung, der Regelfall der Auslandsverwahrung,[342] **55a**
mit erheblichen Vorteilen verbunden; die zeitaufwändige und teure Lieferung nach und von Deutschland bleibt ihm erspart.[343] Allerdings unterliegen die im Ausland verwahrten Wertpapiere nach wie vor ausländischem Sachrecht, was mit Rechtsunsicherheiten hinsichtlich der (dinglichen und/oder schuldrechtlichen) Berechtigung der Depotbank hieran verbunden sein kann.[344] Aufsichtsseitig wird daher gefordert, dass der jeweilige Kunde in einer dem deutschen Recht (§ 4 Abs. 1 S. 2 DepotG) entsprechenden Weise vor unbeschränkten Pfand- oder Zurückbehaltungsrechten sowie ähnlichen Rechten des Drittver-

[337] Abdruck im Anhang zum → 36. Kapitel. Vgl. dazu auch MüKoHGB/*Einsele* Depotgeschäft Rn. 217; BankR-HdB/*Klanten* § 72 Rn. 146 f.; EBJS/*Scherer* HGB BankR VI Rn. 573; Scherer/*Behrends* DepotG § 22 Rn. 24.

[338] Zu beidem näher BuB/*Kreße* Rn. 8/191 und Abschnitt F.

[339] Vgl. BuB/*Wagner* Rn. 7/112 f.; *Heinsius/Horn/Than* DepotG § 22 Rn. 9; BankR-HdB/*Klanten* § 72 Rn. 139; Scherer/*Behrends* DepotG § 22 Rn. 27.

[340] BankR-HdB/*Klanten* § 72 Rn. 140; vgl. entspr. auch MüKoHGB/*Einsele* Depotgeschäft Rn. 217; *Heinsius/Horn/Than* DepotG § 22 Rn. 13.

[341] MüKoHGB/*Einsele* Depotgeschäft Rn. 217; *Heinsius/Horn/Than* DepotG § 22 Rn. 13; BankR-HdB/*Klanten* § 72 Rn. 140.

[342] Zum Sonderfall des Erwerbs auslandsverwahrter Wertpapiere unter Hinterlegung im Wege der Streifbandverwahrung BuB/*Kreße* Rn. 8/185 ff.

[343] Dazu näher *Bunte* Sonderbedingungen Rn. 109 ff.; BuB/*Kreße* Rn. 8/191 und Abschnitt F; BankR-HdB/*Klanten* § 72 Rn. 141; Scherer/*Behrends* DepotG § 22 Rn. 49 f.

[344] Vgl. BuB/*Kreße* Rn. 8/190.

wahrers im Ausland geschützt ist.[345] Im Falle der **Einkaufskommission** treten somit nach Wahl der Depotbank schuldrechtliche Auslieferungsansprüche an die Stelle der Verpflichtung zur Verschaffung von Eigentum (§ 384 Abs. 2 HGB);[346] die korrespondierende Pflicht zur Erteilung der WR-Gutschrift erfüllt die Rechenschaftspflicht nach § 384 Abs. 2 Hs. 2 HGB. Bei **Festpreisgeschäften** tritt die Erteilung der WR-Gutschrift an die Stelle des kaufrechtlichen Übereignungsanspruchs aus § 433 Abs. 1 S. 1 BGB.[347] Teilweise wird insoweit eine Leistung an Erfüllungs statt (§ 364 Abs. 1 BGB) angenommen.[348] Die Gegenansicht stuft die Verschaffung dieser Rechtsposition als Erfüllung (§ 362 BGB) der vertraglichen Pflichten der Depotbank gegenüber den Depotkunden ein. Dafür spricht in der Tat, dass diese Form der Leistung ja bereits mit Vertragsschluss, dem die Sonderbedingungen zugrunde liegen, vereinbart wird und somit von vornherein fixiert ist.[349] Da jedenfalls nach der geltenden Fassung der Sonderbedingungen ein Rückgriff auf den kommissions- bzw. kaufrechtlichen Eigentumsverschaffungsanspruch als solchen unstr. ausgeschlossen ist und keine Leistung erfüllungshalber vorliegt,[350] ist der Streit ohne praktische Bedeutung.[351] **Auslieferungsansprüche** der Depotkunden sind allerdings nicht vollständig abbedungen, sondern werden modifiziert zugelassen. Nach Nr. 12 Abs. 4 der Sonderbedingungen (idF vom Juli 2012, Abdruck im Anhang zum 36. Kapitel) bleibt die Bank vielmehr zur Auslieferung auf Verlangen des Kunden verpflichtet, dies jedoch nur aus dem „von ihr im Ausland unterhaltenen Deckungsbestand" (S. 1), der „aus den im Lagerland für die Kunden und für die Bank verwahrten Wertpapieren derselben Gattung" besteht (S. 2, → Rn. 56). In welcher Form die Auslieferungsansprüche zu erfüllen sind (Verschaffung effektiver Stücke oder bloße Übertragung einer schuldrechtlichen Berechtigung), hängt von der Ausgestaltung der Rechtsposition der Depotbank am Verwahrungsort ab und bestimmt sich mithin nach dem Wertpapiersachstatut.[352] Zu beachten ist zwar **§ 28 DepotG,** wonach die depotrechtlichen Pflichten des Kommissionärs gegenüber Kommittenten, die nicht gewerbsmäßig Bankgeschäfte betreiben, weder abbedungen noch vertraglich eingeschränkt werden dürfen. Die Ausgestaltung in Nr. 12 der Sonderbedingungen (idF vom Juli 2012, Abdruck im Anhang zum 36. Kapitel) ist damit jedoch unstr. vereinbar und somit auch nach § 307 BGB unbedenklich,[353] wenn und soweit die Depotbank selbst im Rahmen des nach den Rechtsvorschriften und der Usancen am Verwahrungsort Möglichen für eine gleichwertige Rechtsposition des Erwerbers sorgt.[354] Dies betrifft insbesondere auch die Absicherung des Treuhandverhältnisses im Falle der Insolvenz der Depotbank und bei Maßnahmen der Einzelzwangsvollstreckung gegen diese.[355] Die Zulässigkeit dieses Abwicklungsmodells ergibt sich auch aus § 22 DepotG, der die Pflicht zur Übersendung des Stückeverzeichnisses und die Herausgabepflicht gegenüber dem Kommittenten bei im Ausland angeschafften und verwahrten Wertpapieren modifiziert.[356] In der Praxis hat sich – aufsichtsseitig für die Verwahrung im Zusammenhang mit Investmentgeschäften (§ 24 Abs. 1 S. 2 InvG) ausdrücklich gefordert[357] – die sog. **Drei-Punkte-**

---

[345] Nr. 3 Abs. 4 S. 1 der Bekanntmachung des BAkred über die Anforderungen an die Ordnungsmäßigkeit des Depotgeschäfts und der Erfüllung von Wertpapierlieferungsverpflichtungen vom 21.12.1998, abgedruckt in *Consbruch/Fischer* KWG H 45.3.

[346] MüKoHGB/*Einsele* Depotgeschäft Rn. 219; Scherer/*Behrends* DepotG § 22 Rn. 39, vgl. auch BGH NJW-RR 1988, 749 (751).

[347] EBJS/*Scherer* HGB BankR VI Rn. 579; Scherer/*Behrends* DepotG § 22 Rn. 43.

[348] BankR-HdB/*Klanten* § 72 Rn. 158; EBJS/*Scherer* HGB BankR VI Rn. 579.

[349] MüKoHGB/*Einsele* Depotgeschäft Rn. 223; Scherer/*Behrends* DepotG § 22 Rn. 43.

[350] Vgl. insoweit auch bereits *Coing* WM 1977, 466 (470); Scherer/*Behrends* DepotG § 22 Rn. 43; **aA** (Leistung erfüllungshalber) *Hellner* FS Heinsius, 1991, 211 (223).

[351] Vgl. *Wust* Verbuchung S. 190.

[352] BankR-HdB/*Klanten* § 72 Rn. 159.

[353] Speziell dazu MüKoHGB/*Einsele* Depotgeschäft Rn. 222.

[354] BuB/*Wagner* Rn. 7/123 und 7/130; vgl. auch BankR-HdB/*Klanten* § 72 Rn. 143.

[355] Vgl. Staub/*Grundmann* BankvertragsR, 8. Teil Rn. 331; BankR-HdB/*Klanten* § 72 Rn. 143; Scherer/*Behrends* DepotG § 22 Rn. 53 ff.

[356] BGH NJW-RR 1988, 749 (751).

[357] Abschnitt IV. 2 und 4. des BaFin-Rundschreibens 6/2010 (WA) zu den Aufgaben und Pflichten der Depotbank nach §§ 20 ff. InvG vom 2.7.2010 (WA 41-Wp-2136/2008/0020).

Erklärung als Instrument etabliert, mit dem die Depotbanken gegenüber den ausländischen Verwahrern entsprechende Standards sicherstellen. Letztere müssen gegenüber der deutschen Depotbank (a) ausdrücklich erklären, zur Kenntnis genommen zu haben, dass Wertpapiere für Kunden (und nicht für die Depotbanken als Nostrogeschäft) verwahrt werden, (b) zusichern, dass Pfand-, Zurückbehaltungs- und ähnliche Rechte an den verwahrten Werten nur wegen solcher Forderungen erhoben werden, die sich aus der Anschaffung, der Verwaltung und der Verwahrung der hinterlegten Wertpapiere ergeben, und sich dazu verpflichten, die inländische Depotbank unverzüglich von Pfändungen oder sonstigen Maßnahmen der Zwangsvollstreckung durch Dritte bezüglich der hinterlegten Wertpapiere zu unterrichten, sowie (c) zusichern, dass die Wertpapiere nicht ohne Zustimmung der deutschen Depotbank außer Landes verbracht und/oder einem Dritten zur Verwahrung anvertraut werden.[358]

cc) Gutschrift in Wertpapierrechnung („WR-Gutschrift") und Treuhandverhältnis. Die Depotbank erwirbt und hält nach der Regelung in Nr. 12 Abs. 3 der Sonderbedingungen (idF vom Juli 2012, → Rn. 55) die betreffenden Wertpapiere für ihre Depotkunden als Kommittenten. Geschuldet ist die Verschaffung derjenigen in der jeweiligen Rechtsordnung verfügbaren und praktizierten Rechtsposition, die dem dinglichen Eigentum des deutschen Rechts qualitativ vergleichbar ist.[359] Schuldrechtlich handelt es sich insoweit um einen entgeltlichen **Geschäftsbesorgungsvertrag** mit treuhandrechtlichem Element,[360] nicht um ein Verwahrungsverhältnis iSd §§ 688 ff. BGB. Die **Rechtsnatur** der dem Kunden nach Maßgabe der Regelung erteilten WR-Gutschrift ist str.; einige sehen darin ein abstraktes Schuldversprechen,[361] andere lediglich die Dokumentation des vertragsgemäß modifizierten kommissionsrechtlichen Herausgabeanspruchs aus § 384 Abs. 2 HGB bzw. – im Fall des Festpreisgeschäfts – des Anspruchs aus § 433 Abs. 2 BGB.[362] Für Letzteres spricht insbesondere die mit dem Geldgiro vergleichbare Interessenlage.[363] Das damit begründete **Treuhandverhältnis,** das deutschem Recht unterliegt,[364] schützt den Depotkunden in der Insolvenz der inländischen Depotbank nach ganz hM aber durch die Rechtsprechung noch nicht bestätigter Auffassung wirksam durch ein Aussonderungsrecht nach § 47 InsO. Bei Maßnahmen der Einzelzwangsvollstreckung gegen die Depotbank besteht die Möglichkeit der Drittwiderspruchsklage (§ 771 ZPO) (→ Rn. 60). Dem treuhandrechtlichen **Offenkundigkeitsprinzip,** das die Erkennbarkeit der Treuhand verlangt, wird danach durch die Drei-Punkte-Erklärung (→ Rn. 55) hinreichend Rechnung getragen.[365] Das ansonsten geltende Unmittelbarkeitsprinzip, wonach der Treuhänder das Treugut unmittelbar vom Treugeber erworben haben muss,[366] soll dabei – in Anlehnung an die Rechtslage beim offenen Treuhandkonto[367] – durch die Offenkundigkeit der Treuhand- 56

[358] Dazu Kümpel/Mülbert/Früh/*Bauer* BankR Rn. 18.90 ff.; MüKoHGB/*Einsele* Depotgeschäft Rn. 224; BankR-HdB/*Klanten* § 72 Rn. 144; Scherer/*Behrends* DepotG § 22 Rn. 57; Scherer/*Rögner* DepotG § 5 Rn. 91; BuB/*Wagner* Rn. 7/132 ff. (mit Muster Rn. 7/136).

[359] BankR-HdB/*Klanten* § 72 Rn. 143; Scherer/*Behrends* DepotG § 22 Rn. 59; vgl. auch bereits *Coing* WM 1977, 466 (468).

[360] *Coing* WM 1977, 466 (468); im Anschluss daran auch BuB/*Wagner* Rn. 7/123; EBJS/*Scherer* HGB BankR VI Rn. 579.

[361] So *Brink* Rechtsbeziehungen S. 130 f.; MüKoHGB/*Einsele* Depotgeschäft Rn. 221 f..

[362] So BankR-HdB/*Klanten* § 72 Rn. 148.

[363] Vgl. Kümpel/Mülbert/Früh/*Bauer* BankR Rn. 18.128; allg. zur Gutschrift im Geldgiroverhältnis *Müller-Christmann* → Kap. 1 Rn. 214 ff.

[364] Näher MüKoHGB/*Einsele* Depotgeschäft Rn. 230.

[365] MüKoHGB/*Einsele* Depotgeschäft Rn. 227 ff.; *Heinsius/Horn/Than* DepotG § 22 Rn. 44; BankR-HdB/*Klanten* § 72 Rn. 152; Scherer/*Behrends* DepotG § 22 Rn. 57; BuB/*Wagner* Rn. 7/133; eing. *Wust* Verbuchung S. 191 ff. mwN.

[366] Vgl. allg. RGZ 84, 214 (216); 91, 12 (14 ff.); 127, 341 (344); 133, 84 (87); BGH NJW 1959, 1223 (1224); vgl. auch BGH NJW 1993, 2622; zum Ganzen zB Uhlenbruck/*Brinkmann* InsO § 47 Rn. 80 f.; Scherer/*Behrends* DepotG § 22 Rn. 55.

[367] Dazu BGH NJW 1954, 190 (191); s. a. BGHZ 61, 72 (79) = WM 1973, 894; BGH NJW 1993, 2622; 1996, 1543.

situation im vorgenannten Sinn substituiert werden.[368] Charakteristisch für das durch **Nr. 12 Abs. 4 der Sonderbedingungen** (idF vom Juli 2012, Abdruck im Anhang zum 36. Kapitel) gestaltete Treuhandverhältnis ist dabei die Bezugnahme auf den **Deckungsbestand,** auf den sich die Verpflichtung der Depotbank zur Auslieferung beschränkt (S. 1) und der sich aus den „im Lagerland für die Kunden und für die Bank verwahrten Wertpapiere derselben Gattung" zusammensetzt (S. 3). Damit werden die Lieferpflichten der Depotbank als **beschränkte Gattungsschuld** (Vorratsschuld) ausgestaltet.[369] Die Inhaber von WR-Gutschriften einer inländischen Depotbank sind insoweit **Teilgläubiger** (§ 420 BGB); es besteht keine Bruchteilsgemeinschaft.[370] Das Risiko eines durch die inländische Depotbank nicht zu vertretenden Verlusts und sonstiger Nachteile zu Lasten des Deckungsbestands insgesamt wird jeweils anteilig auf die einzelnen Depotkunden überwälzt (S. 3):

> *„Ein Kunde, dem eine WR-Gutschrift erteilt worden ist, trägt (…) anteilig alle wirtschaftlichen und rechtlichen Nachteile und Schäden, die den Deckungsbestand als Folge von höherer Gewalt, Aufruhr, Kriegs- und Naturereignissen oder durch sonstige von der Bank nicht zu vertretende Zugriffe Dritter im Ausland oder im Zusammenhang mit Verfügungen von hoher Hand des In- oder Auslands treffen sollte."*

56a Die damit begründete **Haftungsbegrenzung** zugunsten der Depotbank ist nach hM (auch am Maßstab des § 307 BGB) unbedenklich, da sie lediglich auf die nach § 275 BGB für den Fall von Verlusten im Deckungsbestand ohnehin eintretende Rechtsfolge hinweist und somit klarstellender Natur ist.[371] Auch ein Fall des § 309 Nr. 7 Buchst. b BGB (Haftungsbegrenzung für Verschulden von Erfüllungsgehilfen) liegt nicht vor, weil der ausländische Verwahrer angesichts der nur punktuellen Pflichtbindung gegenüber der inländischen Depotbank nicht als deren Erfüllungsgehilfe zu qualifizieren ist.[372] Eine Pflicht der Depotbank, sich bei Verlust des Deckungsbestandes anderweit einzudecken, wird abgelehnt.[373] Auch dies trägt dem Umstand Rechnung, dass wirtschaftlich der Depotkunde, nicht die Depotbank Eigentümerin der im Ausland verwahrten Papiere ist;[374] soweit die Depotbank den ausländischen Verwahrer sorgfältig ausgesucht hat,[375] muss daher ihr Haftungsrisiko wirksam beschränkt werden können. Nach **Nr. 12 Abs. 5 der Sonderbedingungen** (idF vom Juli 2012, Abdruck im Anhang zum 36. Kapitel) liegt die **Preisgefahr** insoweit bei den Kunden; Nachteile bzw. Schäden am Deckungsbestand iSd § 12 Abs. 4 begründen danach keinen Anspruch auf Rückerstattung des von den Kunden bezahlten Kaufpreises. Die Vorschrift soll insbesondere für Festpreisgeschäfte die gegenteilige Rechtsfolge nach § 326 Abs. 1 S. 1 BGB ausschließen.[376]

57 **dd) Mehrstufige WR-Gutschriften; grenzüberschreitende Sammelverwahrung.** Im Regelfall des modernen Effektengiroverkehrs steht die inländische Depotbank nicht unmittelbar in einer depotrechtlichen Beziehung zu ausländischen Verwahrern, sondern schaltet auch insoweit die inländische (Clearstream Banking AG) oder eine ausländische

---

[368] Dazu BuB/*Wagner* Rn. 7/133; vgl. auch BGH NJW 1993, 2622; Scherer/*Behrends* DepotG § 22 Rn. 56.

[369] BuB/*Wagner* Rn. 7/127; *Heinsius/Horn/Than* DepotG § 22 Rn. 37; BankR-HdB/*Klanten* § 72 Rn. 153, 155; EBJS/*Scherer* HGB BankR VI Rn. 583; *Hellner* FS Heinsius, 1991, 221 (225); **aA** Scherer/*Behrends* DepotG § 22 Rn. 64 f.

[370] BankR-HdB/*Klanten* § 72 Rn. 154; *Wust* Verbuchung S. 198; Scherer/*Behrends* DepotG § 22 Rn. 63.

[371] BuB/*Decker* Rn. 8/139; EBJS/*Scherer* HGB BankR VI Rn. 583; vgl. auch MüKoHGB/*Einsele* Depotgeschäft Rn. 221 f.; *Heinsius/Horn/Than* DepotG § 22 Rn. 37; Scherer/*Behrends* DepotG § 22 Rn. 62.

[372] *Canaris* Bankvertragsrecht Rn. 2155; BuB/*Decker* Rn. 8/176; *Wust* Verbuchung S. 200; *Coing* WM 1977, 46 (471).

[373] BankR-HdB/*Klanten* § 72 Rn. 156.

[374] EBJS/*Scherer* HGB BankR VI Rn. 583; *Hellner* FS Heinsius, 1991, 211 (251).

[375] Vgl. Nr. 19 Abs. 2 S. 1 der Sonderbedingungen für Wertpapiergeschäfte idF vom Juli 2012, Abdruck im Anhang zum 36. Kapitel; dazu BuB/*Decker* Rn. 8/176; BankR-HdB/*Klanten* § 72 Rn. 150; Scherer/*Rögner* DepotG § 5 Rn. 196; Scherer/*Löber* DepotG § 3 Rn. 13; *Wust* Verbuchung S. 200.

[376] BuB/*Decker* Rn. 8/141; Scherer/*Behrends* DepotG § 22 Rn. 67; vgl. auch bereits *Hellner* FS Heinsius, 1991, 211 (250); insoweit unzutr. EBJS/*Scherer* HGB BankR VI Rn. 583 (Abbedingung des § 323 BGB).

Wertpapiersammelbank (zB Euroclear[377]) ein. **Nr. 12 Abs. 2 S. 2** der **Sonderbedingungen für Wertpapiergeschäfte** (idF vom Juli 2012, Abdruck im Anhang zum 36. Kapitel) sieht diese Form der Auslandsverwahrung ausdrücklich als Regelfall vor. Die Clearstream Banking AG als inländische Wertpapiersammelbank (→ Rn. 7) wird insoweit ihrerseits einen ausländischen Verwahrer – regelmäßig die Clearstream Banking SA in Luxemburg – mit der Durchführung betrauen, von ihm die Drei-Punkte-Erklärung (→ Rn. 55) einholen und zugleich sicherstellen, dass der ausländische Verwahrer eine entsprechende Erklärung abgibt.[378] Die Praxis der Auslandsverwahrung ist damit – strukturell dem Effektengiroverkehr im Inland vergleichbar – von einer (mehrfach) **gestuften Kette** gekennzeichnet, wobei hier an die Stelle der Besitzmittlungs- jeweils Treuhandverhältnisse gegen Erteilung von WR-Gutschriften treten und die jeweils beteiligten (Haus- oder Sammel-[379]) Verwahrer im Ausland stets Drei-Punkte-Erklärungen abgeben.[380]

ee) Übertragung von WR-Gutschriften. Das mit der WR-Gutschrift begründete Treuhandverhältnis verschafft dem Depotkunden – unabhängig von der Auslegung der Rechtsnatur der Gutschrift (→ Rn. 56) – jedenfalls keine dingliche Berechtigung, sondern gewährt ihm lediglich eine schuldrechtliche Rechtsposition.[381] Die **Übertragung** der WR-Gutschrift müsste sich damit grundsätzlich nach Abtretungsregeln (§§ 398 ff. BGB), nicht nach §§ 929 ff. BGB richten.[382] Damit lässt sich indes zwar die Rechtsbeziehung zwischen dem Veräußerer (Zedent) und dem Erwerber (Zessionar) im Ansatz systematisch stimmig erfassen. Ausgeblendet würde bei einer abtretungsrechtlichen Konstruktion jedoch, dass es im Kern darum geht, dem Erwerber das wirtschaftliche Eigentum an den vom ausländischen Verwahrer verbuchten bzw. verwahrten Wertpapieren zu verschaffen, nicht um die bloße Übertragung der insoweit lediglich derivativen Ansprüche aus der WR-Gutschrift gegen die inländische Depotbank. Dies wird besonders deutlich, wenn der Zedent sein Depotkonto bei einer mit der Depotbank des Zessionars nicht identischen Bank unterhält. Denn hier erlöschen die Ansprüche des Zedenten gegen seine Bank mit Vollzug der Übertragung, während die Ansprüche des Zessionars erst mit der durch seine Bank erteilten WR-Gutschrift entstehen und die Umbuchung bei dem übergeordneten Verwahrer von beiden Vorgängen rechtlich unabhängig ist. Die Übertragung von WR-Gutschriften ist daher nicht als Zession, sondern nur in Anlehnung an die Überweisung im Geldgiroverkehr sinnvoll konstruierbar.[383] Der Erwerber einer WR-Gutschrift erwirbt – nicht anders als beim Zahlungsvorgang iSd §§ 675f Abs. 3, 675t Abs. 1 BGB nF (dazu *Herresthal* → 3. Kap. BGB § 675t Rn. 4 ff.) – damit seine Rechtsposition originär aufgrund der Gutschrifterteilung durch seine Depotbank, nicht unmittelbar aus einer Verfügung des Veräußerers.[384] Im Übrigen beruhen die Ansprüche zwischen den beteiligten Depotkunden und Depotbanken, soweit darauf deutsches Recht anwendbar ist (→ Rn. 53), auf § 675 BGB iVm Auftragsrecht. Mit dem Verkaufsauftrag des Depotkunden erwirbt die inländische Depotbank damit gegen diesen einen korrespondierenden Lieferungsanspruch aus §§ 675, 670 BGB iVm Nr. 1 Abs. 2 der Sonderbedingungen für Wertpapiergeschäfte (idF vom Juli 2012, Abdruck im Anhang zum 36. Kapitel); die Belastung des Depotkontos 58

[377] Zu den vom Euroclear-System angebotenen Diensten eing. BuB/*Decker* Rn. 8/166; Scherer/*Fontaine* DepotG Anh. § 5 B., S. 242 ff.; s. a. EBJS/*Scherer* HGB BankR VI Rn. 686 sowie die Internetpräsentation unter www.euroclear.com.

[378] Vgl. Nr. XV Abs. 1 sowie Nr. XXV Abs. 1 AGB Clearstream Banking AG.

[379] Zu unters. Systemen der Sammelverwahrung im Ausland eing. BuB/*Decker* Rn. 8/53 ff

[380] Vgl. dazu BuB/*Decker* Rn. 8/168; vgl. auch Scherer/*Löber* DepotG § 3 Rn. 12; *Wust* Verbuchung S. 201, die jeweils von zweistufigen Verhältnissen ausgehen.

[381] BuB/*Decker* Rn. 8/143; *Wust* Verbuchung S. 197; vgl. zu den kollisionsrechtlichen Implikationen auch MüKoHGB/*Einsele* Depotgeschäft Rn. 231.

[382] So denn auch grds. BuB/*Decker* Rn. 8/143.

[383] MüKoHGB/*Einsele* Depotgeschäft Rn. 232; *Wust* Verbuchung S. 202 f.; vgl. auch BuB/*Decker* Rn. 8/144 und 8/357 ff., sowie bereits *Brink* Rechtsbeziehungen S. 135 f.

[384] Vgl. MüKoHGB/*Einsele* Depotgeschäft Rn. 232; *Wust* Verbuchung S. 202; insoweit entspr. auch BuB/*Decker* Rn. 8/357; *Brink* Rechtsbeziehungen S. 135 ff.

dokumentiert die Aufrechnung mit diesem Anspruch gegen den vertraglich gestalteten Herausgabeanspruch des Kunden gegen die Bank aus der WR-Gutschrift.[385] Die Übertragung der WR-Guthaben ist in dieser Form möglich, ohne dass der Wechsel in der Berechtigtenposition bei dem ausländischen Verwahrer vorgenommen werden muss, der die betreffenden Papiere hält; ausreichend ist die Umbuchung bei der zwischengeschalteten Wertpapiersammelbank im In- oder Ausland, die ihrerseits beim ausländischen Verwahrer ein WR-Guthaben als Treuhänderin für die inländischen Verwahrer hält.[386] Die Möglichkeit eines gutgläubigen Erwerbs von WR-Gutschriften scheidet dabei konzeptionell aus, denn der Erwerber erwirbt das Treugut stets von der berechtigten Depotbank und ist damit hinreichend geschützt.[387]

59 **ff) Verpfändung von WR-Gutschriften.** Die rechtsgeschäftliche Verpfändung unterliegt, da die WR-Gutschrift selbst deutschem Recht unterliegt, deutschem Sachrecht als dem Forderungsstatut (vgl. Art. 14 Rom I-VO, zuvor Art. 33 Abs. 2 EGBGB).[388] Die Voraussetzungen für die Verpfändung ergeben sich damit aus §§ 1273 ff., 398 ff. BGB[389] (nicht aus §§ 1204 ff., 1292, 1293 BGB). Insbesondere muss eine Anzeige an die gutschrifterteilende Depotbank erfolgen (§ 1280 BGB). Grundsätzlich kann ein Pfandrecht dabei auch zugunsten der gutschrifterteilenden Depotbank bestellt werden.[390] Die Verpfändungsklausel nach **Nr. 14 AGB-Banken** bzw. **Nr. 21 AGB-Sparkassen** nimmt im Ausland verwahrte Wertpapiere und damit nach hM[391] auch im Inland erteilte darauf bezogene WR-Gutschriften allerdings aus, um eine bei der Inpfandnahme drohende Gefährdung der treuhandrechtlichen Konstruktion nach Maßgabe der am Verwahrungsort anwendbaren Treuhandrechte zu vermeiden.[392] Hinsichtlich der **Verwertung** ergeben sich keine Besonderheiten gegenüber den allgemeinen Regeln. In Betracht kommt zum einen nach § 1277 BGB eine Verwertung durch Zwangsvollstreckung, wobei sich regelmäßig ein Verfahren nach § 844 ZPO anbieten wird, wonach eine Veräußerung der im Ausland verwahrten Papiere durch einen Gerichtsvollzieher gestattet werden kann.[393] Alternativ ist die Einziehung und Verwertung nach § 1282 BGB möglich.[394] Ob eine freihändige Verwertung zulässig ist, wird kontrovers beurteilt; viel spricht für die Anwendung des § 1221 BGB.[395]

60 **gg) WR-Gutschriften in Zwangsvollstreckung und Insolvenz.** Bei Maßnahmen der Einzelzwangsvollstreckung sowie hinsichtlich der Wirkungen von Insolvenz- und vergleichbaren Verfahren sind sowohl in kollisionsrechtlicher als auch in materiell-rechtlicher Hinsicht Unterschiede zu beachten, je nachdem, ob sich die jeweilige Maßnahme bzw. das Verfahren auf den Depotkunden als Hinterleger bzw. Kommittenten oder eine der beteiligten Depotbanken als Verwahrer bzw. Kommissionärin bezieht.

60a *(1)* Für die **Zwangsvollstreckung in das Vermögen des inländischen Hinterlegers bzw. Kommissionärs** gelten insoweit keine Besonderheiten. Da es sich um eine Vollstreckung in eine deutschem Recht unterliegende Rechtsposition und gegen einen im Inland ansässigen Schuldner handelt, gelten die Vorschriften der ZPO über die Zwangsvollstreckung in Forderungen und andere Vermögensrechte (§§ 828 ff. ZPO), so dass auf die

385 Vgl. im Wesentlichen entspr. BuB/*Decker* Rn. 8/144.
386 Dazu näher *Wust* Verbuchung S. 201 f.
387 Dazu MüKoHGB/*Einsele* Depotgeschäft Rn. 232; *Wust* Verbuchung S. 204.
388 MüKoHGB/*Einsele* Depotgeschäft Rn. 235; *Wust* Verbuchung S. 204 f.
389 BuB/*Decker* Rn. 8/143; *Wust* Verbuchung S. 205.
390 Näher dazu MüKoHGB/*Einsele* Depotgeschäft Rn. 236 f.; eing. *Wust* Verbuchung S. 205 f.
391 MüKoHGB/*Einsele* Depotgeschäft Rn. 236; BankR-HdB/*Klanten* § 72 Rn. 164 f.; EBJS/*Scherer* HGB BankR VI Rn. 584; *Wust* Verbuchung S. 205; zurückhaltend BuB/*Decker* Rn. 8/126.
392 MüKoHGB/*Einsele* Depotgeschäft Rn. 236; BankR-HdB/*Klanten* § 72 Rn. 164; *Wust* Verbuchung S. 205; *Hellner* FS Heinsius, 1991, 211 (251).
393 Dazu *Wust* Verbuchung S. 206.
394 Eing. dazu *Wust* Verbuchung S. 206 f.; s. a. BankR-HdB/*Klanten* § 72 Rn. 165.
395 Überzeugend *Wust* Verbuchung S. 207 mwN zum Streitstand.

Ausführungen vorige Rn. verwiesen werden kann. Wird aus einem ausländischen Titel vollstreckt, richten sich die Anerkennungs- und Vollstreckungsvoraussetzungen nach den allgemeinen Regeln der EuGVVO. In der **Insolvenz** des inländischen Depotkunden bleibt es ebenfalls bei der Anwendung deutschen Rechts; die WR-Gutschrift fällt gem. § 35 InsO in die Masse und ist durch den Insolvenzverwalter nach allgemeinen Regeln (§ 159 InsO) zu verwerten.[396] Besteht zum Zeitpunkt der Insolvenzeröffnung ein Pfandrecht an der WR-Gutschrift, so ist der Pfandgläubiger insoweit nach Maßgabe des § 50 InsO absonderungsberechtigt. Da die §§ 166 ff. InsO kein Verwertungsrecht des Insolvenzverwalters in Bezug auf verpfändete Forderungen des Insolvenzschuldners vorsehen,[397] kann der Pfandgläubiger die verpfändete WR-Gutschrift nach den oben (→ Rn. 59) dargestellten Regeln selbst verwerten.[398]

(2) Bei Maßnahmen der Einzelzwangsvollstreckung oder Insolvenz- und ähnlichen Verfahren gegen einen der beteiligten **Verwahrer** bzw. über dessen Vermögen ist nochmals zu differenzieren: Hinsichtlich der **inländischen** Depotbank bleibt es insoweit bei der Anwendung deutschen Verfahrensrechts. Für die Einzelzwangsvollstreckung folgt dies aus den allgemeinen Regeln (vgl. insbes. Art. 32 ff. EuGVVO). Für das Insolvenzverfahren ist dies zwar nicht ausdrücklich geregelt (beachte den Ausschluss für die Insolvenz von Kreditinstituten in Art. 1 Abs. 2 EuInsVO), entspricht aber ebenfalls allgemeinen Grundsätzen[399] und ergibt sich mittelbar aus § 46b Abs. 1 KWG. Dies entspricht auch den Vorgaben aus Art. 3 Abs. 1 und Art. 9 Abs. 1 der EG-Bankeninsolvenzrichtlinie von 2001, die nicht nur auf tradierte insolvenzförmige Sanierungs- und Abwicklungsverfahren, sondern auch auf alternative aufsichtsrechtliche Abwicklungsmaßnahmen (→ Rn. 43) Anwendung finden.[400] Sowohl in der Einzelzwangsvollstreckung als auch in der Insolvenz ist das Treugut dabei nach herrschender, allerdings bislang durch die Rechtsprechung noch nicht bestätigter Auffassung geschützt: Bei Maßnahmen der **Einzelzwangsvollstreckung** in den treuhänderisch gehaltenen Wertpapierbestand kann der Inhaber einer WR-Gutschrift iE weitgehend unstr. **Drittwiderspruchsklage** erheben (§ 771 ZPO),[401] in der **Insolvenz** hat er danach grundsätzlich ein **Aussonderungsrecht** nach § 47 InsO.[402] Da die betreffenden Wertpapiere als Treugut im Ausland lagern, kommt es zur Durchsetzung allerdings darauf an, ob die jeweils berührte Rechtsordnung die Rechtsposition des deutschen Rechts insoweit akzeptiert.[403] Die EG-Bankeninsolvenzrichtlinie von 2001 trägt insoweit nur unvollkommen zur Lösung bei. Danach unterliegen deutschem Recht als der lex fori concursus zwar sowohl die Auswirkungen der Verfahrenseröffnung auf laufende Verträge sowie die Bestimmung von Umfang und Zusammensetzung der Masse (Art. 10 Abs. 2 Buchst. d bzw. a RL 2001/24/EG). Für „die Ausübung von Eigentumsrechten oder anderen Rechten an Instrumenten, deren Existenz oder Übertragung ihre Eintragung in ein in einem Mitgliedstaat geführtes Register oder Konto oder bei einer zentralen Verwahr- 61

[396] Näher dazu Uhlenbruck/*Brinkmann* InsO § 47 Rn. 118.

[397] Vgl. stellvertretend MüKoInsO/*Tetzlaff* § 166 Rn. 63; Uhlenbruck/*Brinkmann* InsO § 166 Rn. 30.

[398] Vgl. BGH NJW 2005, 2231 (2232); LG Tübingen NZI 2001, 263 (264); Uhlenbruck/*Brinkmann* InsO § 166 Rn. 30.

[399] Vgl. MüKoInsO/*Ganter/Lohmann* § 3 Rn. 22 ff.; Uhlenbruck/*Pape* InsO § 3 Rn. 20.

[400] RL 2001/24/EG des Europäischen Parlaments und des Rates vom 4.4.2001 über die Sanierung und Liquidation von Kreditinstituten, ABl. L 125/15, geändert durch RL 2014/59/EU des Europäischen Parlaments und des Rates vom 15.5.2014 zur Festlegung eines Rahmens für die Sanierung und Abwicklung von Kreditinstituten und Wertpapierfirmen und zur Änderung [diverser Richtlinien und Verordnungen] (sog. BRRD), ABl. L 173 S 190; dazu *Binder* Bankeninsolvenzen S. 683; *Pannen* Krise und Insolvenz Kap. 6 Rn. 11 ff.

[401] BuB/*Decker* Rn. 8/129; *Heinsius/Horn/Than* DepotG § 22 Rn. 44; BankR-HdB/*Klanten* § 72 Rn. 152; EBJS/*Scherer* HGB BankR VI Rn. 582; *Brink* Rechtsbeziehungen S. 131 f.; *Wust* Verbuchung S. 191; Scherer/*Behrends* DepotG § 22 Rn. 54 f.

[402] BuB/*Decker* Rn. 8/129; Uhlenbruck/*Brinkmann* InsO § 47 Rn. 119; BankR-HdB/*Klanten* § 72 Rn. 152; *Wust* Verbuchung S. 191; vgl. auch bereits *Heinsius/Horn/Than* DepotG § 22 Rn. 44; Scherer/*Behrends* DepotG § 22 Rn. 53 f.

[403] Vgl. insoweit auch MüKoHGB/*Einsele* Depotgeschäft Rn. 231, die allerdings von der unproblematischen Anwendbarkeit deutschen Sachrechts auf das Treuhandverhältnis ausgeht.

stelle eines Mitgliedstaats voraussetzt", sieht Art. 24 der Richtlinie allerdings eine Sonderanknüpfung vor: Insoweit ist das Recht des Buchungsortes zur Anwendung berufen,[404] soweit nicht die speziellen Schutzvorschriften der Finalitätsrichtlinie (→ Rn. 53) Anwendung finden.[405] Im deutschen Recht sind diese Vorgaben bislang nur unvollkommen umgesetzt;[406] § 17a DepotG ist – unabhängig von der problematischen Ausgestaltung des Tatbestands (→ Rn. 53) – bereits dem Wortlaut nach nicht einschlägig. Im aufsichtsrechtlichen **Moratorium** über die inländische Depotbank (§ 46 Abs. 1 KWG, → Rn. 43) ist eine Verfügung über WR-Gutschriften jedenfalls dann nicht möglich, wenn die BaFin keine entsprechenden Ausnahmen zugelassen hat.[407] Für das **Reorganisationsverfahren** (§§ 7 ff. KredReorg) gilt hinsichtlich der Auswirkungen auf die Rechtsposition der Inhaber von WR-Gutschriften insoweit nichts anderes als hinsichtlich der Auswirkungen auf Sammeldepotanteile an inlandsverwahrten Effekten (→ Rn. 43). In der **Insolvenz des ausländischen Verwahrers** schließlich gelten die dargestellten kollisionsrechtlichen Grundsätze spiegelbildlich, sofern dieser in der EU ansässig ist. Die Rechte der Hinterleger und der inländischen Depotbanken richten sich hiernach nach dem jeweils zur Anwendung berufenen Verfahrensrecht, das regelmäßig zugleich nach Art. 24 der Bankeninsolvenzrichtlinie berufen sein wird.

62 **d) Effektengiroverkehr unter gegenseitiger Kontenverbindung (§ 5 Abs. 4 DepotG).** Besondere Anforderungen gelten für den Fall, dass die inländische **Wertpapiersammelbank** Wertpapiere einem ausländischen Verwahrer im Rahmen einer bestehenden Kontoverbindung zur Sammelverwahrung anvertraut. § 5 Abs. 4 S. 1 DepotG gestattet (nur) der Wertpapiersammelbank (nicht jedem inländischen Verwahrer) diese Form der Hinterlegung ausdrücklich auch ohne Genehmigung des jeweiligen Hinterlegers

„im Rahmen einer gegenseitigen Kontoverbindung, die zur Aufnahme eines grenzüberschreitenden Effektengiroverkehrs vereinbart wird, (…), sofern
1. *der ausländische Verwahrer in seinem Sitzstaat die Aufgaben einer Wertpapiersammelbank wahrnimmt und einer öffentlichen Aufsicht oder einer anderen für den Anlegerschutz gleichwertigen Aufsicht unterliegt,*
2. *dem Hinterleger hinsichtlich des Sammelbestands dieses Verwahrers eine Rechtsstellung eingeräumt wird, die derjenigen nach diesem Gesetz gleichwertig ist,*
3. *dem Anspruch der Wertpapiersammelbank gegen den ausländischen Verwahrer auf Auslieferung der Wertpapiere keine Verbote des Sitzstaats dieses Verwahrers entgegenstehen und*
4. *die Wertpapiere vertretbar und zur Sammelverwahrung durch die Wertpapiersammelbank und den ausländischen Verwahrer im Rahmen ihrer gegenseitigen Kontoverbindung zugelassen sind."*

62a Sofern gewährleistet ist, dass die Rechtsposition der deutschen Hinterleger in Bezug auf die im Ausland verwahrten Wertpapiere der Rechtslage bei der Sammelverwahrung im Inland – insbesondere hinsichtlich der Rechtslage in der Insolvenz des Verwahrers und bei Maßnahmen der Einzelzwangsvollstreckung gegen diesen[408] – gleichwertig ist (Nr. 2), ist unter den weiteren Voraussetzungen der Vorschrift[409] die Bildung eines **grenzüberschreitenden Sammelbestands** möglich, der als Girosammelgutschrift (→ Rn. 18) verbucht wird. Die Anforderungen an die im Wortlaut genannte Kontenverbindung sind dabei nach

---

404 Näher dazu *Born* Kollisionsrecht S. 209 ff.; *Wust* Verbuchung S. 301 f.

405 Dazu *Wust* Verbuchung S. 302; vgl. zum Verhältnis zwischen beiden Regelungen eing. auch *Born* Kollisionsrecht S. 211 ff.

406 Vgl. *Pannen* Krise und Insolvenz Kap. 6 Rn. 40.

407 Vgl. *Geier* ZBB 2010, 289 (296 ff.); **aA** BFS/*Lindemann* KWG § 46a Rn. 16 (grds. zulässig, aber Abstimmung mit BaFin sinnvoll).

408 Vgl. Begr. RegE Depotgesetznovelle 1985, BT-Drs. 10/1904, 7; dazu auch BuB/*Decker* Rn. 8/59a; MüKoHGB/*Einsele* Depotgeschäft Rn. 193; *Wust* Verbuchung S. 214; Scherer/*Rögner* DepotG § 5 Rn. 155.

409 Dazu näher BuB/*Decker* Rn. 8/59b; EBJS/*Scherer* HGB BankR VI Rn. 460 ff.; *Wust* Verbuchung S. 214 f.; Scherer/*Rögner* DepotG § 5 Rn. 143 ff.

hM weit auszulegen; ausreichend ist, dass die inländische Wertpapiersammelbank ihrerseits ein Konto bei dem jeweiligen ausländischen Verwahrer unterhält.[410] In der Praxis haben sich auf der Grundlage entsprechender Kooperationsverträge, die die Einhaltung der gesetzlichen Anforderungen sicherstellen,[411] zahlreiche Verbindungen zwischen der Clearstream Banking AG und ausländischen Sammelverwahrern etabliert.[412] Zu beachten sind nunmehr insoweit die in Art. 48, 50 ff. CSDR geregelten aufsichtsrechtlichen Anforderungen.[413] Die Bedeutung der auf dieser Grundlage in Girosammelgutschrift (→ Rn. 18) verbuchten Effekten überwiegt inzwischen jene der in WR-Guthaben gehaltenen.[414] Damit können sowohl sachenrechtlich konstruierte Positionen (Miteigentumsanteile) als auch schuldrechtliche Positionen (Buchrechte oÄ), die das Gleichwertigkeitserfordernis erfüllen, zu einem Sammelbestand zusammengefasst werden.[415] Dies ermöglicht die Belieferung von Effektengeschäften im Giroeffektenverkehr ohne Rücksicht auf den Verwahrungsort durch bloße Verbuchung auf dem jeweiligen Konto, ohne dass eine effektive Lieferung vom bzw. ins Ausland erforderlich wäre. Nach wie vor kaum gelöst sind allerdings die kollisions- und materiell-rechtlichen Probleme, die sich aufgrund der Gleichstellung dinglicher und schuldrechtlicher Rechtspositionen im Hinblick auf die Veräußerung und auf Sicherungsgeschäfte nach in- und ausländischem Recht ergeben. Hier sind jeweils die deutschen Vorschriften über die Veräußerung von Miteigentumsanteilen am Sammelbestand mit den Vorschriften am Verwahrungsort (uU unterschiedlicher Verwahrungsorte) zu koordinieren, was zu erheblichen Rechtsunsicherheiten führen kann.[416] Dies gilt besonders für die Rechtslage in **Zwangsvollstreckung und Insolvenz,** wobei hinsichtlich der kollisionsrechtlichen Rechtslage auf die Ausführungen zur WR-Gutschrift (→ Rn. 61) verwiesen werden kann.

5. Auslandsverwahrung und Zweitverbriefung

Die sog. Zweitverbriefung steht sachlich zwischen Inlands- und Auslandsverwahrung. **63** Dabei hält die inländische Wertpapiersammelbank im Ausland emittierte und verwahrte Wertpapiere treuhänderisch für inländische Anleger und verbrieft deren (schuldrechtliche) Rechtsposition im Hinblick auf die Ausübung der im Ausland verbrieften Rechte in einem **Inhaber-Sammelzertifikat,** das als Dauerglobalurkunde nach § 9a Abs. 3 S. 2 DepotG emittiert und verwahrt wird. Diese Form der Verwahrung spielte traditionell vor allem im Zusammenhang mit der Börseneinführung solcher ausländischer Werte eine Rolle, die nicht als vertretbare Wertpapiere zu qualifizieren sind und daher nicht in die Sammelverwahrung im Inland einbezogen werden können.[417] Die Inhaber der Sammelzertifikate waren damit depotrechtlich ebenso gestellt wie die Miteigentümer an sonstigen inlandsverwahrten Papieren. Mit der Einführung des grenzüberschreitenden Effektengiroverkehrs ist das Bedürfnis danach entfallen; in den geltenden AGB der Clearstream Banking AG (Fassung vom 1.1.2012) sind Dienstleistungen im Zusammenhang mit der Zweitverbriefung nicht mehr aufgeführt.

---

[410] BuB/*Decker* Rn. 8/59c; zu eng insoweit Begr. RegE Depotgesetznovelle 1985, BT-Drs. 10/1904, 7.

[411] Zur Rechtsgestaltung BuB/*Decker* Rn. 8/59c.

[412] Dazu im Überblick MüKoHGB/*Einsele* Depotgeschäft Rn. 193; EBJS/*Scherer* HGB BankR VI Rn. 465; s. a. *Wust* Verbuchung S. 216.

[413] Dazu und zur Marktpraxis im hiesigen Zusammenhang MüKoHGB/*Einsele* Depotgeschäft Rn. 193.

[414] *Wust* Verbuchung S. 216.

[415] BuB/*Decker* Rn. 8/62; *Wust* Verbuchung S. 215.

[416] Vgl. dazu eing. MüKoHGB/*Einsele* Depotgeschäft Rn. 194 ff.; *Brink* Rechtsbeziehungen S. 107 ff.; *Wust* Verbuchung S. 217 f.; Scherer/*Rögner* DepotG § 5 Rn. 95 ff.; *Einsele* WM 2001, 7 (14); *Einsele* ZHR 173 (2013), 50 (58 ff.); *Than* FS Kümpel, 2003, 543 (550 f.); s. a. *Born* Kollisionsrecht S. 73 ff.; BuB/*Decker* Rn. 340.

[417] Dazu näher BuB/*Decker* Rn. 8/360 ff.; MüKoHGB/*Einsele* Depotgeschäft Rn. 12 f.; Kronke/Melis/Kuhn/*Kronke/Haubold* Int. Wirtschaftsrecht Teil L Rn. 230; *Wust* Verbuchung S. 209 ff.

V. Rechtsbeziehungen bei Wertrechten

64 Hinsichtlich der depotrechtlichen Rechtslage für die als Wertrechte emittierten Sammelschuldbuchforderungen des Bundes oder der Länder (→ Rn. 12) kann grundsätzlich in vollem Umfang auf die Ausführungen zur Regelverwahrung verwiesen werden. Das ergibt sich bereits aus **§ 6 Abs. 2 S. 1 und 2 BSchuWG.** Nach S. 1 der Bestimmung gilt die nach § 6 Abs. 1 BSchuWG emittierte Sammelschuldbuchforderung als Wertpapiersammelbestand; nach S. 2 sind die Gläubiger hieran als Miteigentümer nach Bruchteilen beteiligt. Jede Emission begründet damit eine einheitliche Schuldbuchforderung gegen die Emittentin, die den Gläubigern in **Bruchteilsgemeinschaft** nach §§ 741 ff. BGB zusteht.[418] Ein Anspruch auf Auslieferung effektiver Stücke ist dabei ausgeschlossen, soweit nicht die Emissionsbedingungen Abweichendes ausdrücklich vorsehen (§ 6 Abs. 3 BSchuWG). Die Wertpapiersammelbank kann die ihr anvertrauten verbrieften Schuldverschreibungen des Bundes und seiner Sondervermögen jederzeit in Sammelschuldbuchforderungen umwandeln lassen, sofern dies nicht in den Emissionsbedingungen ausdrücklich ausgeschlossen ist (§ 6 Abs. 2 S. 4 BSchuWG). Bei gemischten Emissionen von Sammelschuldbuchforderungen und verbrieften Schuldverschreibungen wird ein einheitlicher Sammelbestand gebildet (§ 6 Abs. 4 BSchuWG). Die Gleichstellung der Sammelschuldbuchforderungen mit sammelverwahrten Wertpapieren im technischen Sinn führt nicht nur zur Depotfähigkeit nach allen Regeln, sondern vor allem auch dazu, dass **Veräußerung** (→ Rn. 26 ff.) und **Belastung** (→ Rn. 34 ff.) sachenrechtlichen Grundsätzen (§§ 929 ff., 1204 BGB) folgen; ebenso ist hinsichtlich der Behandlung in **Zwangsvollstreckung** (→ Rn. 38 f.) und **Insolvenz** (→ Rn. 40 ff.) auf die dargestellten Grundsätze zurückzugreifen. Auch **gutgläubiger Erwerb** (→ Rn. 32) ist möglich.[419] Zwar ordnet § 6 Abs. 2 S. 3 BSchuWG an, dass die Wertpapiersammelbank, die nach Abs. 1 der Bestimmung selbst in das Bundesschuldbuch eingetragen wird, die Sammelschuldbuchforderungen **treuhänderisch** für die Gläubiger verwaltet (beachte auch § 6 Abs. 7 BSchuWG, wonach die Emittentin Zinsen und Kapital mit befreiender Wirkung an die Wertpapiersammelbank leisten kann). Sie ist damit jedoch nicht fiduziarische Treuhänderin und damit nicht materiell Berechtigte, sondern lediglich als **Verwaltungstreuhänderin** zur Ausübung der Gläubigerrechte berufen, während die Gläubiger selbst Vollrechtsinhaber sind.[420]

VI. Rechtsbeziehungen in Sonderkonstellationen

1. Besondere Verwahrungsformen

65 **a) Unregelmäßige Verwahrung, Wertpapierdarlehen (§ 15 DepotG).** Kennzeichen der unregelmäßigen Verwahrung, die in der Praxis selten ist, ist der Verlust des Eigentums an den eingelieferten Stücken und dessen Übergang auf den Verwahrer oder – ohne Zwischenerwerb des Verwahrers – einen Dritten (§ 15 Abs. 1 DepotG).[421] **Voraussetzung** für das Zustandekommen ist eine entsprechende **Vereinbarung** zwischen Hinterleger und Verwahrer, wobei der Hinterleger dies jeweils für das einzelne Geschäft ausdrücklich und

[418] Vgl. MüKoHGB/*Einsele* Depotgeschäft Rn. 10 sowie bereits (noch zum früheren Recht) *Canaris* Bankvertragsrecht Rn. 2056; BuB/*Decker* Rn. 8/113 f.; *Heinsius/Horn/Than* DepotG § 42 Rn. 23, 25; Scherer/*Löber* DepotG § 42 Rn. 10.

[419] Unstr., vgl. nur BankR-HdB/*Klanten* § 72 Rn. 66; Scherer/*Löber* DepotG § 42 Rn. 10 und bereits BuB/*Decker* Rn. 8/116.

[420] Vgl. Begr. RegE BSchuWG, BT-Drs. 14/7010, 15; MüKoHGB/*Einsele* Depotgeschäft Rn. 10; BankR-HdB/*Klanten* § 72 Rn. 67; Scherer/*Löber* DepotG § 42 Rn. 8, gleichsinnig für das frühere Recht bereits BuB/*Decker* Rn. 8/113.

[421] MüKoHGB/*Einsele* Depotgeschäft Rn. 165; *Heinsius/Horn/Than* DepotG § 15 Rn. 2, 10; EBJS/*Scherer* HGB BankR VI Rn. 524; Scherer/*Benzler* DepotG § 15 Rn. 2.

schriftlich verlangen muss; seine Erklärung darf zudem nicht auf andere Urkunden verweisen oder mit anderen Erklärungen verbunden werden (vgl. im Einzelnen § 15 Abs. 2 DepotG). Die Ermächtigung kann sowohl für Wertpapiere als auch für Anteile an einem Sammelbestand und für Wertrechte erteilt werden.[422] Die Rechtsbeziehungen zwischen Hinterleger und Verwahrer folgen hier nicht aus den §§ 2–14 DepotG, sondern aus **§ 700 BGB,** der lediglich im Hinblick auf einen möglichen Erwerb durch Dritte modifiziert wird. Der Hinterleger hat damit keinen dinglichen Herausgabe-, sondern lediglich einen schuldrechtlichen Rückgewähranspruch gegen den Verwahrer und ist daher weder vor Maßnahmen der Einzelzwangsvollstreckung (durch § 771 ZPO) noch vor dessen Insolvenz (durch § 47 InsO) geschützt, worauf die strengen Formvorschriften nach § 15 Abs. 2 DepotG hinweisen sollen.[423] Nach § 15 Abs. 3 sind sowohl Abs. 1 als auch Abs. 2 der Vorschrift entsprechend auf **Wertpapierdarlehen** anzuwenden, bei denen das Eigentum an und der Besitz von Wertpapieren mit der Maßgabe auf eine andere Person als Darlehensschuldner übertragen werden, dass diese Wertpapiere in gleicher Art und Menge zurückzugewähren hat.[424] Für Geschäfte, bei denen der Verwahrer ein aufsichtsunterworfenes Kreditinstitut und der Hinterleger als Kaufmann ins Handels- oder Genossenschaftsregister eingetragen ist (bzw. als juristische Person des öffentlichen Rechts oder weil er seinen Sitz bzw. seine Hauptniederlassung im Ausland hat, nicht eingetragen zu werden braucht) gelten die Formanforderungen allerdings nicht (§ 16 DepotG). Aufsichtsrechtlich gefordert ist die Dokumentation des Rückgewähranspruchs des Hinterlegers unter der Bezeichnung „Wertpapierrechnung nach § 15 DepotG" im Verwahrungsbuch.[425]

b) Tauschverwahrung (§§ 10, 11 DepotG). Im Rahmen der praktisch seltenen Tauschverwahrung ermächtigt der Hinterleger den Verwahrer, anstelle der zur Verwahrung eingelieferten Stücke bei Rückgewähr andere Papiere derselben Art zurückzugeben (§ 10 Abs. 1 DepotG) bzw. die Papiere während der Verwahrung auszutauschen (§ 10 Abs. 2 DepotG, vgl. auch § 11 S. 1 DepotG).[426] Im Ergebnis tauscht er damit ein bestimmtes Wertpapier gegen ein anderes Stück derselben Gattung.[427] Bis zum Tausch, in dessen Rahmen ihm der Verwahrer gem. §§ 929, 930, 868 BGB Eigentum an dem anderen Stück verschafft und er sein Eigentum an den Verwahrer gem. § 929 S. 1 und S. 2 BGB überträgt,[428] bleibt der Hinterleger **Eigentümer** des hinterlegten Papiers,[429] so dass er – im Unterschied zur unregelmäßigen Verwahrung – nicht lediglich eine schuldrechtliche Rechtsposition erhält und § 985 BGB, § 771 ZPO und § 47 InsO Anwendung finden. Die Tauschverwahrung ist nur bei der **Sonderverwahrung,** nicht bei der Sammelverwahrung denkbar, weil hier der Hinterleger keinen Anspruch auf Herausgabe der eingelieferten Stücke hat (§ 7 Abs. 1 Hs. 2 DepotG).[430] **Voraussetzung** ist nach § 10 Abs. 1 DepotG eine ausdrückliche und schriftliche Ermächtigung des Hinterlegers (S. 1), die nicht in AGB 66

[422] BuB/*Decker* Rn. 8/198; MüKoHGB/*Einsele* Depotgeschäft Rn. 165; *Heinsius/Horn/Than* DepotG § 15 Rn. 3; EBJS/*Scherer* HGB BankR VI Rn. 525; Scherer/*Benzler* DepotG § 15 Rn. 2.

[423] *Canaris* Bankvertragsrecht Rn. 2140; BuB/*Decker* Rn. 8/199; MüKoHGB/*Einsele* Depotgeschäft Rn. 166; BankR-HdB/*Klanten* § 72 Rn. 128; EBJS/*Scherer* HGB BankR VI Rn. 524; Scherer/*Benzler* DepotG § 15 Rn. 5.

[424] BuB/*Decker* Rn. 8/202; MüKoHGB/*Einsele* Depotgeschäft Rn. 165; *Heinsius/Horn/Than* DepotG § 15 Rn. 12; Scherer/*Benzler* DepotG § 15 Rn. 6.

[425] Nr. 10 Abs. 6 der Bekanntmachung des BAkred über die Anforderungen an die Ordnungsmäßigkeit des Depotgeschäfts und der Erfüllung von Wertpapierlieferungsverpflichtungen vom 21.12.1998, abgedruckt in *Consbruch/Fischer* KWG H 45.3.

[426] Zu den beiden Alternativen näher MüKoHGB/*Einsele* Depotgeschäft Rn. 164; *Heinsius/Horn/Than* DepotG § 10 Rn. 5 ff.; Scherer/*Rögner* DepotG § 10 Rn. 3; Scherer/*Walz/Frey* DepotG § 11 Rn. 6a ff., 17 ff.

[427] BuB/*Decker* Rn. 8/201; Scherer/*Rögner* DepotG § 10 Rn. 1.

[428] Vgl. BankR-HdB/*Klanten* § 72 Rn. 131; Scherer/*Walz/Frey* DepotG § 11 Rn. 19.

[429] Vgl. BuB/*Decker* Rn. 8/201; MüKoHGB/*Einsele* Depotgeschäft Rn. 163; Scherer/*Walz/Frey* DepotG § 11 Rn. 1, 18.

[430] MüKoHGB/*Einsele* Depotgeschäft Rn. 163; Scherer/*Walz/Frey* DepotG § 11 Rn. 4; vgl. auch BuB/*Decker* Rn. 8/201.

des Verwahrers enthalten sein und nicht auf andere Urkunden verweisen darf (S. 2). Die Ermächtigung ist im Verwahrungsbuch anzugeben.[431]

67 **c) Aneignungs- und Verfügungsermächtigung (§ 13 DepotG).** Die Verwahrung unter Aneignungsermächtigung steht systematisch zwischen unregelmäßiger Verwahrung (→ Rn. 65) und Tauschverwahrung (→ Rn. 66). Auch hier verliert der Hinterleger – wie bei der unregelmäßigen Verwahrung – das Eigentum an den hinterlegten Effekten[432] und erlangt lediglich einen schuldrechtlichen Rückgewähranspruch; dies jedoch nicht sofort, sondern – insofern der Tauschverwahrung vergleichbar – erst, wenn der Verwahrer die Ermächtigung ausübt.[433] Ab diesem Zeitpunkt erklärt § 13 Abs. 2 DepotG die Bestimmungen der §§ 2–14 DepotG dann für unanwendbar. Wie die unregelmäßige Verwahrung ist auch die Aneignungsermächtigung nicht auf Wertpapiere ieS beschränkt, sondern kann auch für Sammelbestandanteile und Wertrechte erteilt werden.[434] Die praktische **Bedeutung** der Aneignungs- und Verfügungsermächtigung, die früher im Auslandsverwahrungsgeschäft verbreitet war, hat mit der Einführung der heutigen Form der WR-Gutschrift und dem damit verknüpften Treuhandmodell bei der Auslandsverwahrung abgenommen.[435] Auch sie bedarf im Interesse des Hinterlegerschutzes einer besonderen **Form,** die jener nach § 15 DepotG (→ Rn. 65) entspricht.

2. Depotsonderformen

68 **a) Nießbrauchdepot.** Zur Begründung eines Nießbrauchs an hinterlegten Wertpapieren bzw. Sammeldepotanteilen bedarf es neben der **Einigung** nach allgemeinen Regeln der **Besitzverschaffung** (§§ 1030 Abs. 1, 1032 BGB, beachte für Inhaberpapiere und blankoindossierte Orderpapiere § 1081 BGB: Einräumung von Mitbesitz am Papier ausreichend). Um den mindestens erforderlichen Mitbesitz zu begründen, muss daher neben die Abrede zwischen Depotinhaber und Nießbraucher eine Abrede mit der Depotbank treten, worin diese zur entsprechenden Umstellung des Verwahrungsverhältnisses angewiesen wird.[436] Der Besitz an etwa zu den Wertpapieren gehörigen Zins-, Renten- und Gewinnanteilsscheinen steht allerdings ausschließlich dem Nießbraucher zu (§ 1081 Abs. 1 S. 2 BGB). Hinsichtlich der praktischen Handhabung durch die Depotbank enthält das Gesetz keine Vorgaben; beide Aspekte müssen daher in der Abrede mit der depotführenden Bank sinnvollerweise vertraglich geregelt werden. Entsprechendes gilt für die Ausübung der Rechte aus den betreffenden Papieren, zumal str. ist, wie weit das Nutzungsrecht des Nießbrauchers konkret reicht:[437] Die Ausübung von **Bezugsrechten** ist nach hM nicht umfasst, str. aber das Recht aus dem ausgeübten Bezugsrecht bzw. der Bezugsrechtsveräußerung.[438] Nach hM dem Nießbraucher zugeordnet ist das Recht zum **Bezug neuer Aktien nach § 212 AktG,**[439] str. dagegen ist das Recht zur Ausübung des **Stimmrechts (§ 134 AktG).**[440]

---

431 Nr. 10 Abs. 2c Bekanntmachung des BAkred über die Anforderungen an die Ordnungsmäßigkeit des Depotgeschäfts und der Erfüllung von Wertpapierlieferungsverpflichtungen vom 21.12.1998, abgedruckt in *Consbruch/Fischer* KWG H 45.3.

432 Zur dogmatischen Erfassung des Eigentumswechsels MüKoHGB/*Einsele* Depotgeschäft Rn. 167; *Heinsius/Horn/Than* DepotG § 11 Rn. 10; Scherer/*Walz/Frey* DepotG § 13 Rn. 19 f.

433 BuB/*Decker* Rn. 8/200; *Heinsius/Horn/Than* DepotG § 13 Rn. 2; Scherer/*Walz/Frey* DepotG § 13 Rn. 23.

434 EBJS/*Scherer* HGB BankR VI Rn. 513; Scherer/*Walz/Frey* DepotG § 13 Rn. 3.

435 Vgl. dazu MüKoHGB/*Einsele* Depotgeschäft Rn. 169; Scherer/*Walz/Frey* DepotG § 13 Rn. 5; s. a. BuB/*Decker* Rn. 8/148, 8/200.

436 Muster bei BuB/*Decker* Rn. 8/228; vgl. allg. BuB/*Decker* Rn. 8/225; MüKoHGB/*Einsele* Depotgeschäft Rn. 161 f.; BankR-HdB/*Klanten* § 72 Rn. 136 ff.; *Scherer* DepotG § 1 Rn. 53.

437 BuB/*Decker* Rn. 8/226 (mit Muster Rn. 8/228); MüKoHGB/*Einsele* Depotgeschäft Rn. 162; BankR-HdB/*Klanten* § 72 Rn. 138.

438 Vgl. zum Ganzen BGHZ 58, 316 (319) = NJW 1972, 1755 (zur KG); OLG Bremen AG 1970, 335; *Hüffer/Koch* AktG § 186 Rn. 10; MüKoAktG/*Schürnbrand* § 186 Rn. 40 f., jeweils mwN.

439 Vgl. stellvertretend GroßkommAktG/*Hirte* § 212 Rn. 12; *Hüffer/Koch* AktG § 212 Rn. 2; MüKo-AktG/*Arnold* § 212 Rn. 6 mwN.

440 Für Zuweisung an den Aktionär zB *Hüffer/Koch* AktG § 118 Rn. 27; MüKoAktG/*Kubis* § 118 Rn. 56.

b) Depot zugunsten Dritter (auf den Todesfall). Grundlage des Depots zugunsten Dritter, bei dem der Ertrag der hinterlegten Effekten dem Dritten zugewendet wird, ohne dass dieser zugleich Eigentümer werden soll, ist ein **Treuhandvertrag** mit der depotführenden Bank, an die der Hinterleger das Eigentum an den betreffenden Effekten überträgt.[441] Beim Depot zugunsten Dritter mit Bezug auf WR-Gutschriften entfällt die Treuhandabrede, weil die Bank ohnehin bereits das jeweilige Vollrecht treuhänderisch für den Hinterleger hält (→ Rn. 56).[442] Durch die treuhänderische Konstruktion erwirbt der Hinterleger einen schuldrechtlichen **Rückübereignungsanspruch** gegen die Depotbank aus §§ 667, 675 Abs. 1 BGB, den der begünstigte Dritte im Zeitpunkt des Todes aufgrund eines einfachen Vertrags zugunsten Dritter nach §§ 328, 331 Abs. 1 BGB erwirbt.[443] Praktischer Hauptanwendungsfall ist die Zuwendung von Todes wegen. Die gewählte Konstruktion soll zum einen das Problem überwinden, dass nach hM und stRspr dingliche Verfügungen zugunsten Dritter unzulässig sind.[444] Zum anderen soll sie sicherstellen, dass der Hinterleger bis zu seinem Tode das wirtschaftliche Eigentum an den Effekten behält[445] und zudem durch § 771 ZPO und § 47 InsO vor Maßnahmen der Einzelzwangsvollstreckung gegen die Depotbank und deren Insolvenz geschützt ist.[446] Der Hinterleger kann den Vertrag – vorbehaltlich eines Widerrufsverzichts, der sich zur Absicherung der Wirksamkeit sub specie des § 2301 BGB anbieten kann[447] – mit der Depotbank jederzeit kündigen (§§ 671 Abs. 1, 675 Abs. 1 BGB), so dass ihm die endgültige Entscheidung über die Begünstigung verbleibt.[448] Die Rechtsprechung akzeptiert derartige Konstruktionen bei Zuwendungen auf den Todesfall auch dann, wenn die Voraussetzungen des § 2301 BGB (Schenkungsvollzug zu Lebzeiten des Zuwendenden, Einhaltung der erbrechtlichen Formvorschriften) gegeben sind.[449] 69

3. Jungscheingiroverkehr und Gutschrift „per Erscheinen"

a) Jungscheingiroverkehr. Jungscheine sind **unverbriefte Rechte,** insbesondere Aktienrechte, die bereits vor der Emission der betreffenden Aktien als Wertpapiere mit der Eintragung ins Handelsregister entstehen (vgl. §§ 41 Abs. 1 S. 1, 189, 203 Abs. 1 AktG). Derartige Rechte können bereits gem. §§ 398, 413, 1274 BGB Gegenstand von Verfügungen sein und mithin gehandelt werden.[450] Im Rahmen des Jungscheingiroverkehrs verpflichtete sich der Emittent gegenüber der Wertpapiersammelbank, die betreffenden Wertpapiere nach Erscheinen einzuliefern, um so bereits vor der Emission einen Handel im Giroverkehr zu ermöglichen, bei dem die Erfüllung der jeweiligen Lieferpflichten durch bloße Gutschrifterteilung erfolgte.[451] Mit der späteren Einlieferung der neu emittierten Aktien durch den Emittenten wurden die entsprechenden Guthaben in Girosammelanteile umgebucht (vgl. § 6 DepotG).[452] Die Möglichkeit zur zeitnahen Emission einer Globalurkunde, ggf. zuvor einer interimistischen Globalurkunde (→ Rn. 11), hat das praktische 70

[441] Muster bei BuB/*Decker* Rn. 8/244.

[442] BuB/*Decker* Rn. 8/234; BankR-HdB/*Klanten* § 72 Rn. 135.

[443] Vgl. eing. *Canaris* Bankvertragsrecht Rn. 2091 ff., insbes. Rn. 2093 ff.; BuB/*Decker* Rn. 8/231 ff.; MüKoHGB/*Einsele* Depotgeschäft Rn. 157 ff.; BankR-HdB/*Klanten* § 72 Rn. 134.

[444] Vgl. RGZ 98, 279 (282 f.); BGHZ 41, 95 (96) = WM 1964, 348; OLG Zweibrücken WM 1998, 1776 (1778); *Canaris* Bankvertragsrecht Rn. 2092; **aA** *Baur/Stürner* Sachenrecht § 5 Rn. 28 mwN zum Streitstand.

[445] Dazu BuB/*Decker* Rn. 8/233a; BankR-HdB/*Klanten* § 72 Rn. 135; *Scherer* DepotG § 1 Rn. 50.

[446] BuB/*Decker* Rn. 8/235.

[447] Dazu BuB/*Decker* Rn. 8/240 und 8/240a.

[448] Vgl. BuB/*Decker* Rn. 8/241.

[449] Vgl. BGHZ 41, 95 (96 f.) = WM 1964, 348; BGH FamRZ 1985, 693 (695 f.); BGHZ 157, 79 (86) = NJW 2004, 767; dazu im vorliegenden Kontext näher BuB/*Decker* Rn. 8/230 und 8/232; str., **aA** zB *Canaris* Bankvertragsrecht Rn. 2094 mit Rn. 210.

[450] Vgl. stellvertretend GroßkommAktG/*Mock* § 10 Rn. 120; MüKoAktG/*Heider* § 10 Rn. 10.

[451] Dazu und zu den im Einzelnen umstr. Rechtsproblemen der rechtlichen Erfassung näher *Canaris* Bankvertragsrecht Rn. 2058 ff.; BuB/*Decker* Rn. 8/185; MüKoHGB/*Einsele* Depotgeschäft Rn. 19; *Heinsius/Horn/Than* DepotG § 42 Rn. 39.

[452] BuB/*Decker* Rn. 8/188.

Bedürfnis an dieser Konstruktion entfallen lassen;[453] die geltenden AGB der Clearstream Banking AG (Fassung vom 1.1.2012) führen den Jungscheingiroverkehr nicht einmal mehr auf.

71 **b) Gutschrift „per Erscheinen".** Depotgutschriften „per Erscheinen" dokumentieren – strukturell dem Jungscheingiroverkehr vergleichbar – übergangsweise noch nicht verbriefte Rechtspositionen und ermöglichen damit bereits vor der Emission der betreffenden Wertpapiere einen Handel in diesen Rechten. Zugrunde liegen – in Erfüllung kaufrechtlicher Lieferansprüche (§ 433 Abs. 1 S. 1 BGB) – typischerweise Abtretungen. Die Depotgutschrift „per Erscheinen" dokumentiert den Anspruch des jeweiligen Rechteinhabers gegen den Emittenten; es handelt sich nicht um Rechte der Depotbank, so dass der Berechtigte vor Maßnahmen der Einzelzwangsvollstreckung bzw. vor der Insolvenzeröffnung gegen diese geschützt ist.[454]

VII. Verwaltung des Depots und depotbezogene Dienstleistungen

1. Überblick und Grundlagen

72 Die Verwaltungspflichten der depotführenden Bank im Rahmen des gemischttypischen Depotvertrags (→ Rn. 3) betreffen zunächst die Mitwirkung und Unterstützung bei der Ausübung der jeweils verbrieften Rechte. Dazu gehören insbesondere die Inkassoaufgaben im Zusammenhang mit der Ausübung der verbrieften **Vermögensrechte** (insbes. Dividenden- bzw. Zinsansprüche) sowie die Mitwirkung bei der Ausübung von Bezugs-, Options- und Wandlungsrechten (→ Rn. 73–74); schließlich die Unterstützung und Mitwirkung bei der Ausübung von **Mitverwaltungsrechten** (→ Rn. 75–77). Ergänzend hinzu treten allgemeine **Benachrichtigungspflichten** (→ Rn. 78) und **Prüfungspflichten** der Depotbank (→ Rn. 78). Das Depotgesetz selbst enthält nur rudimentäre Vorgaben für das damit umrissene Pflichtenprogramm. Die **Rechtsgrundlage** findet sich im Wesentlichen in Nr. 13 ff. der **Sonderbedingungen für Wertpapiergeschäfte** (idF vom Juli 2012, Abdruck im Anhang zum 36. Kapitel), die ihrerseits das in §§ 611 ff., 675 ff. BGB grob vorgeprägte Pflichtenprogramm konkretisieren (und einen Rückgriff darauf weitgehend entbehrlich machen[455]). Nr. 19 der Sonderbedingungen regelt dabei auch die Grundsätze für die **Haftung** der Depotbank bei Pflichtverletzungen. Ergänzend hinzu treten die Allgemeinen Geschäftsbedingungen der Wertpapiersammelbank;[456] teilweise werden die Pflichten zudem durch aufsichtsseitige Anforderungen weiter ausdifferenziert.[457] Die Pflichten **enden** jeweils mit der Ausbuchung der betreffenden Papiere aus dem persönlichen Verwahrungsbuch (→ Rn. 47).[458]

2. Ausübung von Vermögensrechten

73 **a) Inkassoaufgaben der Depotbank.** Bei **inlandsverwahrten** Wertpapieren sorgt die Depotbank gem. Nr. 14 Abs. 1 der Sonderbedingungen (idF vom Juli 2012, Abdruck im Anhang zum 36. Kapitel) jeweils bei Fälligkeit für die **Einlösung von Zins-, Gewinnanteils- und Ertragsscheinen** sowie von **rückzahlbaren Wertpapieren** und übernimmt damit **Inkassofunktionen.** Dabei tritt die Bank für die von ihr verwahrten

[453] Vgl. bereits BuB/*Decker* Rn. 8/185.

[454] Näher BuB/*Decker* Rn. 8/191 ff.; vgl. bereits *Horn* WM 1976, 862 ff.

[455] Dazu *Canaris* Bankvertragsrecht Rn. 2182; MüKoHGB/*Einsele* Depotgeschäft Rn. 171; *Scherer* DepotG Vor § 1 Rn. 18.

[456] Vgl. Nr. XVII bis XXI AGB Clearstream Banking AG.

[457] Vgl. Bekanntmachung des BAkred über die Anforderungen an die Ordnungsmäßigkeit des Depotgeschäfts und der Erfüllung von Wertpapierlieferungsverpflichtungen vom 21.12.1998, abgedruckt in *Consbruch/Fischer* KWG H 45.3, und BaFin, Rundschreiben 6/2010 (WA) zu den Aufgaben und Pflichten der Depotbank nach §§ 20 ff. InvG vom 2.7.2010 (WA 41-Wp-2136/2008/0020).

[458] BuB/*Decker* Rn. 8/245b.

Papiere[459] gegenüber dem Emittenten unter eigenem Namen auf. Nr. 14 Abs. 1 der Sonderbedingungen – und, damit korrespondierend, Nr. XV AGB der Clearstream Banking AG, welche die Inkassoaufgaben tatsächlich erfüllt – enthält die hierfür nach § 185 BGB erforderlichen Ermächtigungen bzw. (bei Handeln in fremdem Namen) die Erteilung einer entsprechenden Vollmacht.[460] In der Praxis wird jedoch regelmäßig von einem Fall des Handelns für den, den es angeht, ausgegangen, weil es für den Emittenten gleichgültig ist, ob er die Leistungen für Nostrobestände der (Zwischen-)Verwahrer oder Kundenbestände erbringt.[461] Vor Fälligkeit darf die Bank keine Leistungen mit befreiender Wirkung annehmen.[462] Hat die Bank **Zinsscheine** (vgl. § 803 Abs. 1 BGB) nach Kündigung der Hauptschuldverschreibung, aber vor Auszahlung der Hauptverbindlichkeit eingelöst, kann der Aussteller im Falle der späteren Geltendmachung der Hauptverbindlichkeit den auf die Zinsscheine gezahlten Betrag abziehen.[463] Im Rahmen der Inkassodienstleistungen ist der Zwischenverwahrer bzw. die Wertpapiersammelbank auch verpflichtet, für die Depotkunden neue Zins-, Gewinnanteils- und Ertragsscheinbogen zu besorgen (sog. **Bogenerneuerung**).[464] Bei **auslandsverwahrten Effekten** werden diese Pflichten dem ausländischen Verwahrer zugewiesen (Nr. 14 Abs. 2 Sonderbedingungen idF vom Juli 2012, Abdruck im Anhang zum 36. Kapitel). Werden die betreffenden Zins-, Gewinnanteil- und Ertragsscheine bzw. fällige Wertpapiere in ausländischer Währung oder Rechnungseinheiten eingelöst, wird dem inländischen Kunden der jeweilige Betrag in dieser Währung gutgeschrieben, sofern dieser ein Konto in dieser Währung unterhält, anderenfalls mangels besonderer Parteiabrede in EUR (Nr. 14 Abs. 4 Sonderbedingungen idF vom Juli 2012, Abdruck im Anhang zum 36. Kapitel). **Besondere Regeln** sehen die Sonderbedingungen für die **Auslosung und Kündigung von Schuldverschreibungen** vor. Danach sind die Pflichten der Depotbank zur Überwachung von Rückzahlungs- bzw. Auslosungsterminen – auch mit Blick auf § 307 BGB unbedenklich[465] – auf die Auswertung der Veröffentlichungen in den **„Wertpapier-Mitteilungen"** beschränkt;[466] darüber hinausgehende Ermittlungen sind nicht geschuldet.[467] Die jeweiligen Inkassoerlöse verwaltet die Depotbank bei alledem treuhänderisch für den Kunden, dessen Konto sie jeweils zunächst vorbehaltlich des Eingangs gutgeschrieben werden (E. V.-Gutschrift).[468]

b) Behandlung von Bezugsrechten sowie Options- und Wandlungsrechten. Um dem Kunden die Ausübung von Bezugs-, Options- und Wandlungsrechten zu ermögli- 74

[459] Keine entsprechenden Pflichten bestehen bei den durch die Kunden eigenverwahrten Papieren, vgl. OLG Köln WM 1985, 1414 (1415); LG Ellwangen WM 1992, 53 (54 f.); AG München WM 1978, 829 (830); dazu näher MüKoHGB/*Einsele* Depotgeschäft Rn. 177; BankR-HdB/*Klanten* § 72 Rn. 181 f.

[460] *Canaris* Bankvertragsrecht Rn. 2185; MüKoHGB/*Einsele* Depotgeschäft Rn. 173; BankR-HdB/*Klanten* § 72 Rn. 175; vgl. auch BGHZ 26, 167 (171 f., 174) = WM 1958, 103; *Scherer* DepotG Vor § 1 Rn. 24.

[461] Vgl. *Canaris* Bankvertragsrecht Rn. 2185; BuB/*Decker* Rn. 248a; MüKoHGB/*Einsele* Depotgeschäft Rn. 173; BankR-HdB/*Klanten* § 72 Rn. 175; *Scherer* DepotG Vor § 1 Rn. 24.

[462] KG WM 1953, 153 (155); OLG Düsseldorf WM 1954, 241 (243); *Canaris* Bankvertragsrecht Rn. 2184; BuB/*Decker* Rn. 8/246; MüKoHGB/*Einsele* Depotgeschäft Rn. 173; BankR-HdB/*Klanten* § 72 Rn. 175; *Scherer* DepotG Vor § 1 Rn. 24.

[463] LG Lübeck WM 1982, 109 (110 f.); AG München WM 1978, 829 (830); MüKoHGB/*Einsele* Depotgeschäft Rn. 178; BankR-HdB/*Klanten* § 72 Rn. 182.

[464] Vgl. Nr. 14 Abs. 1 S. 3 Sonderbedingungen für Wertpapiergeschäfte idF vom Juli 2012, Abdruck im Anhang zum 36. Kapitel; Nr. XV Abs. 1 S. 5 AGB-Clearstream Banking AG.

[465] OLG Karlsruhe WM 1991, 276 (278); *Canaris* Bankvertragsrecht Rn. 2182; MüKoHGB/*Einsele* Depotgeschäft Rn. 177; BankR-HdB/*Klanten* § 72 Rn. 173; vgl. allg. auch *Bunte* Sonderbedingungen Rn. 7 ff.

[466] Vgl. Nr. 14 Abs. 3 S. 1 Sonderbedingungen für Wertpapiergeschäfte idF vom Juli 2012, Abdruck im Anhang zum 36. Kapitel; Nr. XIV Abs. 2 AGB-Clearstream Banking AG. Allg. zu den dortigen Bekanntmachungen BankR-HdB/*Klanten* § 72 Rn. 173.

[467] Zu Einzelheiten der Abwicklung bei der Auslosung auslandsverwahrter Schuldverschreibungen, die anhand deren Urkundennr. erfolgt s. Nr. 14 Abs. 3 S. 2 und 3 Sonderbedingungen für Wertpapiergeschäfte idF vom Juli 2012, Abdruck im Anhang zum 36. Kapitel; näher dazu MüKoHGB/*Einsele* Depotgeschäft Rn. 238 f.; *Scherer* DepotG Vor § 1 Rn. 24.

[468] Zur Abwicklung näher BuB/*Decker* Rn. 8/248a ff.; BankR-HdB/*Klanten* § 72 Rn. 176 ff.

chen, trifft die Depotbank zunächst spezielle **Benachrichtigungspflichten.** Diese treten neben die allgemeine Pflicht zur Weiterleitung emittentenbezogener Mitteilungen nach § 128 Abs. 1 AktG (→ Rn. 76). Sie sind allerdings auf die Weitergabe entsprechender Veröffentlichungen in den „Wertpapier-Mitteilungen" beschränkt.[469] Der Kunde erhält damit die Gelegenheit, der Depotbank Weisungen zur Ausübung des Bezugsrechts zu erteilen. Unterlässt er dies bis zum vorletzten Tag des Bezugsrechtshandels oder ist ein gegenläufiger Wille des Kunden nicht ausnahmsweise anderweit erkennbar,[470] verpflichtet sich die Bank, seine zum Depotbestand gehörenden **inländischen** Bezugsrechte bestens zu verkaufen (Nr. 15 Abs. 1 S. 1 und 2 Sonderbedingungen idF vom Juli 2012, Abdruck im Anhang zum 36. Kapitel). Die Regelung konkretisiert die Auskunftspflichten aus §§ 675 Abs. 1, 666 BGB.[471] Sie fingiert – mit § 308 Nr. 5 BGB vereinbar, da mit angemessener Erklärungsfrist versehen und den Usancen im Wertpapierhandel entsprechend – im Ergebnis einen entsprechenden Verkaufsauftrag des Kunden.[472] Die Benachrichtigungspflicht begründet eine Schickschuld, nicht eine Bringschuld der Depotbank, so dass der Kunde die Verlustgefahr trägt.[473] **Ausländische Bezugsrechte** darf die Bank nach den am jeweiligen Verwahrungsort geltenden Usancen bestens verwerten lassen (Nr. 15 Abs. 1 S. 2 Hs. 2 Sonderbedingungen idF vom Juli 2012). Mit Blick auf die vergleichbare Interessenlage ist die Regelung auch auf den Fall zu erstrecken, dass der Kunde die betreffenden Bezugsrechte erst im Bezugsrechtehandel erworben hat, ohne zuvor einen Bestand der korrespondierenden Aktiengattung in seinem Depot zu haben.[474] Entsprechende Benachrichtigungspflichten gelten auch für den **Verfall von Rechten aus Optionsscheinen oder Wandlungsrechten aus Wandelschuldverschreibungen,** sofern auf den Verfalltag in den „Wertpapier-Mitteilungen" hingewiesen wurde (Nr. 15 Abs. 2 der Sonderbedingungen idF vom Juli 2012). Eine Verwertungsregelung wird für diese Fälle nicht getroffen, so dass bei Nichtausübung das Erlöschen der Kundenrechte mit entsprechendem Wertverlust droht; auf diese Folgen muss die Bank ausdrücklich hinweisen.[475]

3. Ausübung von Mitverwaltungsrechten

75 **a) Überblick.** Eine zentrale Rolle der Depotbanken bei der Ausübung der gesetzlichen Mitverwaltungsrechte aus hinterlegten **Aktien** spielen die Pflicht zur **Weiterleitung von Gesellschaftsmitteilungen** (§ 128 AktG, → Rn. 76) und das **Auftragsstimmrecht** der Kreditinstitute (§ 135 AktG, → Rn. 77). Die Weiterleitungspflicht nach § 128 AktG betrifft originäre Pflichten der Kreditinstitute als Verwahrer und damit depotrechtliche Pflichten. Das Auftragsstimmrecht knüpft dagegen generell an die Ausübung von Stimmrechten durch Kreditinstitute und andere Dritte, zB Aktionärsvereinigungen, an, nicht dagegen an das Bestehen eines Depotverhältnisses. Praktischer Regelfall ist allerdings die Stimmrechtsausübung durch die jeweilige Depotbank (daher früher auch: „Depotstimmrecht"), weshalb das Auftragsstimmrecht auch aufsichtsrechtlich als Bestandteil der Pflich-

---

469 Nr. 15 Abs. 1 S. 1 (Bezugsrechte) und Abs. 2 (Options- und Wandlungsrechte) Sonderbedingungen für Wertpapiergeschäfte idF vom Juli 2012, Abdruck im Anhang zum 36. Kapitel; vgl. auch Nr. XVI Abs. 1 und 2 AGB-Clearstream Banking AG.

470 Dazu BankR-HdB/*Klanten* § 72 Rn. 184.

471 MüKoHGB/*Einsele* Depotgeschäft Rn. 179; vgl. auch Baumbach/*Hopt* HGB 2. Teil, (8) AGB-WPGeschäfte 15 Rn. 1.

472 BankR-HdB/*Klanten* § 72 Rn. 184.

473 Vgl. BGHZ 151, 5 (9) = NJW 2002, 2703 (Verfall von Optionsscheinen, Benachrichtigungspflicht nach Nr. 15 Abs. 2 Sonderbedingungen für Wertpapiergeschäfte idF vom Juli 2012, Abdruck im Anhang zum 36. Kapitel); MüKoHGB/*Einsele* Depotgeschäft Rn. 179; Baumbach/*Hopt* HGB 2. Teil, (8) AGB-WPGeschäfte 15 Rn. 1; *Scherer* DepotG Vor § 1 Rn. 26.

474 Ebenso wohl auch BankR-HdB/*Klanten* § 72 Rn. 184; *Scherer* DepotG Vor § 1 Rn. 26; **aA** *Canaris* Bankvertragsrecht Rn. 2183; **offen** BuB/*Decker* Rn. 8/260a; MüKoHGB/*Einsele* Depotgeschäft Rn. 180.

475 BGHZ 151, 5 (20 ff.) = NJW 2002, 2703 (Verfall von Optionsscheinen); vgl. auch *Bunte* Sonderbedingungen Rn. 138; BankR-HdB/*Klanten* § 72 Rn. 185.

ten aus dem Verwahrungsverhältnis erfasst worden ist.[476] Will der Aktionär selbst an der Hauptversammlung teilnehmen, genügt dazu bei **Inhaberaktien** einer börsennotierten AG bzw. KGaA eine **Bescheinigung der Depotbank** über den Anteilsbesitz (§ 123 Abs. 3 S. 2 AktG). Bei **Namensaktien** kommt es auf die Eintragung ins Aktienregister an (§ 67 Abs. 2 AktG); bei sammelverwahrten Namensaktien kann der Aktionär die Eintragung ins Aktienregister typischerweise unproblematisch aufgrund der Legitimationswirkung des üblichen Blankoindossaments führen (Art. 16 Abs. 1 S. 1 WG iVm § 68 Abs. 1 AktG).[477]

b) Weiterleitungspflicht der Depotbank (§ 128 AktG). Die in § 128 Abs. 1 AktG geregelte Pflicht der inländischen Depotbank – auch des Zwischenverwahrers[478] – zur Weiterleitung von „Mitteilungen" an die Inhaber der von ihr verwahrten Wertpapiere bezieht sich auf die in § 125 Abs. 1 AktG erwähnten Mitteilungen einer **inländischen**[479] Emittentin (**Einberufung** der Hauptversammlung, § 125 Abs. 1 S. 1 AktG; ggf. **geänderte Tagesordnung,** § 125 Abs. 1 S. 2 iVm § 122 Abs. 2 AktG; **Hinweis** auf die Möglichkeit der **Stimmrechtsvertretung,** § 125 Abs. 1 S. 4 AktG, **Informationen** zu den vorgeschlagenen Kandidaten für die **Aufsichtsratswahl,** § 125 Abs. 1 S. 5 AktG). Diese Informationen hat die Emittentin gem. § 125 Abs. 1 S. 1 AktG (auch) den Kreditinstituten mitzuteilen, die in der letzten Hauptversammlung Stimmrechte für Aktionäre ausgeübt oder die die Mitteilung verlangt haben. Nicht erfasst sind Aktionärsbriefe, Quartalsberichte, Berichte über die letzte Hauptversammlung und sonstige Anlegerinformationen, die die Depotbank von der Emittentin erhält.[480] Gem. § 128 Abs. 1 S. 2 AktG (idF des ARUG[481]) kann die AG allerdings die Übermittlung auf elektronische Komminikationswege beschränken; auch die Bank ist in diesen Fällen nur zur elektronischen Weiterleitung verpflichtet. Die Verpflichtung der Depotbank als Informationsmittlerin zwischen Emittentin und Anlegern soll die Wahrnehmung der Stimmrechtsausübung durch die Anleger erleichtern;[482] sie besteht unabhängig davon, ob die Bank tatsächlich Stimmrechte für den jeweiligen Kunden auszuüben beabsichtigt.[483] Nicht übersandte Informationen hat die Depotbank anzufordern.[484] Die Depotbanken müssen die erhaltenen Informationen **auf Vollständigkeit prüfen**[485] und gem. § 128 Abs. 1 S. 1 AktG **unverzüglich**[486] weitergeben; ein **Verzicht** des Kunden befreit die Depotbank nicht.[487] Die gesetzliche Pflicht besteht zum einen gegenüber Aktionären, die zu Beginn des **21. Tages** vor der Hauptversammlung (record date für den Nachweis der Berechtigung zur Teilnahme nach § 123 Abs. 3 S. 3 AktG) **Inhaberaktien** bei der Depotbank hinterlegt haben (§ 128 Abs. 1 S. 1 Alt. 1 AktG). Aufsichtsseitig wird die Weitergabe indes auch nach diesem Zeitpunkt gefordert, sofern die Unterrichtung des jeweiligen Kunden zur Wahrnehmung seiner 76

[476] Vgl. die Bekanntmachung des BAKred über die Anforderungen an die Ordnungsmäßigkeit des Depotgeschäfts und der Erfüllung von Wertpapierlieferungsverpflichtungen vom 21.12.1998, abgedruckt in *Consbruch/Fischer* KWG H 45.3, Nr. 12 Abs. 1.

[477] Vgl. BuB/*Decker* Rn. 8/281a und 8/281b.

[478] *Hüffer/Koch* AktG § 128 Rn. 3; MüKoAktG/*Kubis* § 128 Rn. 5.

[479] Nicht erfasst, da keine Adressaten des § 125 Abs. 1 AktG, sind ausländische Emittenten, bei denen sich allerdings vertragliche Weitergabepflichten ergeben können, vgl. BuB/*Decker* Rn. 8/286.

[480] BuB/*Decker* Rn. 8/285b.

[481] Gesetz zur Umsetzung der Aktionärsrechterichtlinie (ARUG) vom 30.7.2008, BGBl. I 2008, 2479.

[482] Dazu und zur Rechtsentwicklung stellvertretend *Hüffer/Koch* AktG § 128 Rn. 1.

[483] BuB/*Decker* Rn. 8/285b; MüKoHGB/*Einsele* Depotgeschäft Rn. 184.

[484] HM, vgl. BuB/*Decker* Rn. 8/285c; *Hüffer/Koch* AktG § 128 Rn. 8; MüKoAktG/*Kubis* § 128 Rn. 9; GroßkommAktG/*Butzke* § 128 Rn. 33; KK/*Zöllner* AktG §§ 125–127 Rn. 37.

[485] Bekanntmachung des BAKred über die Anforderungen an die Ordnungsmäßigkeit des Depotgeschäfts und der Erfüllung von Wertpapierlieferungsverpflichtungen vom 21.12.1998, abgedruckt in *Consbruch/Fischer* KWG H 45.3, Nr. 12 Abs. 5 S. 1.

[486] Zu Einzelheiten insoweit näher BuB/*Decker* Rn. 8/287.

[487] MüKoAktG/*Kubis* § 128 Rn. 13; KK/*Zöllner* AktG § 128 Rn. 8; **aA** BuB/*Decker* Rn 8/288; *Hüffer/Koch* AktG § 128 Rn. 6 (Verzicht zulässig, soweit weder durch Formularvertrag erklärt, noch durch Depotbank initiiert).

Rechte noch sinnvoll erscheint.[488] Ebenso erfasst sind **Namensaktien,** für die die Bank zu diesem Zeitpunkt im Aktienregister eingetragen ist, ohne dass sie ihr gehörten (§ 128 Abs. 1 S. 1 Alt. 2 AktG). Dies erfasst insbesondere die Fälle des § 67 Abs. 4 S. 5 AktG (sog. **Legitimationseintragung** auf Verlangen der Gesellschaft), aber auch reine Treuhandfälle.[489] Den Ersatz der **Aufwendungen** für die Weitergabe regelt eine auf § 128 Abs. 3 AktG (entspr. § 128 Abs. 6 AktG aF) gestützte Rechtsverordnung über den Ersatz von Aufwendungen der Kreditinstitute.[490]

77 **c) Auftragsstimmrecht (§ 135 AktG).** Die gesetzlichen Regelungen zum Auftragsstimmrecht in § 135 AktG sind zuletzt 2009 durch Art. 1 Nr. 21 des **ARUG**[491] umfassend neugefasst worden. Nach wechselvoller Gesetzgebungsgeschichte mit zeitweise restriktiven Schranken für die Stimmrechtsvertretung durch Kreditinstitute[492] hat diese jüngste Reform die Erteilung und Ausübung von Stimmrechtsvollmachten an Kreditinstitute erheblich dereguliert, um die Anreize zur Nutzung des Auftragsstimmrechts und damit die Hauptversammlungspräsenz zu steigern.[493] Erforderlich für die Ausübung der Stimmrechte aus **Inhaberaktien** durch – in- oder ausländische[494] – Kreditinstitute für den jeweiligen Aktionär ist danach dessen **Vollmacht,** die nur einem bestimmten Kreditinstitut erteilt werden darf, auf die Stimmrechtsausübung beschränkt sein muss (§ 135 Abs. 1 S. 1 und 2 AktG) und jederzeit **widerruflich** ist (vgl. § 135 Abs. 1 S. 6 AktG). Darauf und auf **alternative Formen der Stimmrechtsvertretung** (Aktionärsvereinigungen oder sonstige Vertreter) hat die Bank hinzuweisen (§ 135 Abs. 1 S. 5 AktG). Eine **Unterbevollmächtigung** an Dritte ist begrenzt zulässig, sofern die Vollmacht selbst dies gestattet (Einzelheiten: § 135 Abs. 5 AktG). Der Aktionär kann dem Kreditinstitut ausdrückliche **Weisungen** zur Ausübung des Stimmrechts erteilen (§ 135 Abs. 1 S. 4 AktG). An die Weisungen des Aktionärs ist die Bank grundsätzlich umfassend gebunden;[495] nach nunmehr geltendem Recht besteht aber keine Pflicht, ausdrücklich Weisungen einzuholen (anders § 128 Abs. 2 S. 4 AktG aF). Alternativ dazu kann die Vollmacht zur Abstimmung entsprechend den eigenen **Abstimmungsvorschlägen der Bank** (§ 135 Abs. 1 S. 4 Nr. 1 iVm Abs. 2 und 3 AktG) oder entsprechend den **Verwaltungsvorschlägen** ermächtigen (§ 135 Abs. 1 S. 4 Nr. 2 iVm Abs. 4 AktG). Im letztgenannten Fall hat die Bank den Aktionären die Verwaltungsvorschläge zugänglich zu machen, sofern die Verwaltungsvorschläge – praktisch kaum relevant (vgl. § 124 AktG) – noch nicht anderweitig bekannt gemacht worden sind (§ 135 Abs. 4 S. 1 AktG).[496] Beabsichtigt die Bank, das Stimmrecht nach eigenen Vorschlägen auszuüben, so muss sie diese Vorschläge dem Aktionär rechtzeitig zugänglich machen (§ 135 Abs. 2 S. 1 AktG) und auf die geplante Abstimmung in diesem Sinne hinweisen (§ 135 Abs. 2 S. 3 AktG); dabei genügt die Veröffentlichung im Inter-

---

[488] Bekanntmachung des BAKred über die Anforderungen an die Ordnungsmäßigkeit des Depotgeschäfts und der Erfüllung von Wertpapierlieferungsverpflichtungen vom 21.12.1998, abgedruckt in *Consbruch/Fischer* KWG H 45.3, Nr. 12 Abs. 1 S. 3; vgl. auch BuB/*Decker* Rn. 8/285d.

[489] Näher *Hüffer/Koch* AktG § 128 Rn. 3; BankR-HdB/*Klanten* § 72 Rn. 193.

[490] Vom 17.6.2003, BGBl. I 885; dazu BuB/*Decker* Rn. 8/289; *Seibert* ZIP 2003, 1270 ff.; *Scherer* DepotG Vor § 1 Rn. 27.

[491] Gesetz zur Umsetzung der Aktionärsrechterichtlinie (ARUG) vom 30.7.2008, BGBl. I 2479; dazu stellvertretend *Grundmann* BKR 2009, 31 ff.; *Noack* NZG 2008, 441 (443); *J. Schmidt* WM 2009, 2350 ff.; s. a. *Baums* ZHR 171 (2007), 599 ff.

[492] Vgl. stellvertretend BuB/*Decker* Rn. 8/280 ff.; *Hüffer/Koch* AktG § 135 Rn. 1 ff.; MüKoAktG/*Arnold* § 135 Rn. 7 ff.

[493] Vgl. Begr. RegE ARUG, BT-Drs. 16/11642, 33; dazu befürwortend *Hüffer/Koch* AktG § 135 Rn. 3; *Scherer* DepotG Vor § 1 Rn. 27; *Noack* NZG 2008, 441 (443); *J. Schmidt* WM 2009, 2350 (2355); tw. krit. *Grundmann* BKR 2009, 31 (32 ff.).

[494] *Hüffer/Koch* AktG § 135 Rn. 4; MüKoAktG/*Arnold* § 135 Rn. 30; eing. KK/*Zetzsche* AktG § 135 Rn. 711 ff.

[495] Zu Ausnahmen mit Blick auf § 665 S. 1 BGB stellvertretend *Hüffer/Koch* AktG § 135 Rn. 11; K. Schmidt/Lutter/*Rieckers* AktG § 135 Rn. 77 ff.; Spindler/Stilz/*Rieckers* AktG § 135 Rn. 69, 77 ff.

[496] Zu Einzelheiten näher *Hüffer/Koch* AktG § 135 Rn. 38; K. Schmidt/Lutter/*Rieckers* AktG § 135 Rn. 72; Spindler/Stilz/*Rieckers* AktG § 135 Rn. 33,62 f.

net.[497] **Inhaltlich** sind die Vorschläge an den (mutmaßlichen) Interessen des Aktionärs zu orientieren und sind Konflikte mit eigenen Interessen der Bank – auch durch organisatorische Vorkehrungen – zu vermeiden. Dabei ist ein Verantwortlicher in der Geschäftsleitung für die Einhaltung dieser Anforderungen zu benennen; auf personelle Verflechtungen zwischen den Organen der Bank und der AG ist hinzuweisen (Einzelheiten: § 135 Abs. 2 S. 2 und 4 AktG).[498] **Abweichendes Abstimmungsverhalten** ist nur zulässig, soweit die Bank „nach den Umständen annehmen darf, dass der Aktionär bei Kenntnis der Sachlage die abweichende Ausübung des Stimmrechts billigen würde" (§ 135 Abs. 3 S. 1 AktG). Der Aktionär ist hierüber zu benachrichtigen, und die Gründe sind anzugeben (§ 135 Abs. 3 S. 2 AktG). **Sonderregeln** gelten für die Stimmrechtsausübung in der **eigenen Hauptversammlung** der Bank sowie in Hauptversammlungen von Gesellschaften, an denen die Bank mit mehr als 20 % des Kapitals beteiligt ist. Hier darf das Stimmrecht nur aufgrund einer **ausdrücklichen Weisung** zu den einzelnen Tagesordnungspunkten ausgeübt werden (§ 135 Abs. 3 S. 3 und 4 AktG).[499] Bei **Namensaktien** ist zu unterscheiden: Ist das Kreditinstitut für fremde Namensaktien als Berechtigte im Aktienregister eingetragen, kann es das Stimmrecht für den wahren Aktionär aufgrund einer Ermächtigung ausüben, die § 135 Abs. 6 in Anlehnung an Abs. 1–5 der Vorschrift regelt. In allen anderen Fällen gelten die allgemeinen Grundsätze über die Stimmrechtsvollmacht.[500]

4. Ergänzende Benachrichtigungspflichten

Ergänzend zu den Benachrichtigungs- und Informationspflichten im Zusammenhang mit **78**
der Inkassotätigkeit (→ Rn. 73 f.) und der Ausübung von Mitverwaltungsrechten (→ Rn. 76) ergeben sich Benachrichtigungspflichten aus **Nr. 16 der Sonderbedingungen für Wertpapiergeschäfte** (idF vom Juli 2012, Abdruck im Anhang zum 36. Kapitel), die ebenfalls die (dispositiven) allgemeinen auftragsrechtlichen Auskunfts- und Rechenschaftspflichten aus §§ 675 Abs. 1, 666 BGB konkretisieren.[501] Auch diese Pflichten begründen nach richtiger Ansicht Schickschulden der Bank, so dass das Übermittlungsrisiko den Kunden trifft.[502] Nach Nr. 16 S. 1 ist die Depotbank allgemein zur Weiterleitung von Informationen verpflichtet, die die „Wertpapiere der Kunden betreffen", soweit die Informationen in den **„Wertpapier-Mitteilungen"** veröffentlicht werden oder der Bank von Emittenten oder vom ausländischen Verwahrer bzw. Zwischenverwahrer übermittelt werden und „soweit sich diese Informationen auf die Rechtsposition des Kunden erheblich auswirken können und die Benachrichtigung des Kunden zur Wahrung seiner Interessen erforderlich ist". Maßgeblich kommt es somit darauf an, welche Informationen der Kunde zur Beurteilung der sich ändernden Rechtsstellung benötigt, um entsprechende Folgerungen daraus zu ziehen.[503] Nicht geschuldet sind allgemeine Beratungs- und Aufklärungsleistungen über die aktuelle Marktlage und entsprechende Veränderungen,[504] und zwar auch nicht

---

[497] Begr. RegE ARUG, BT-Drs. 16/11 642, 34.

[498] Näher *Hüffer/Koch* AktG § 135 Rn. 20; K. Schmidt/Lutter/*Rieckers* AktG § 135 Rn. 47 ff.

[499] Zu Einzelheiten näher *Hüffer/Koch* AktG § 135 Rn. 30 f. (eigene HV), 32 ff. (erhebliche Eigenbeteiligung); K. Schmidt/Lutter/*Rieckers* AktG § 135 Rn. 87 ff. (eigene HV), 90 ff. (erhebliche Eigenbeteiligung); Spindler/Stilz/*Rieckers* AktG § 135 Rn. 87 ff. (eigene HV), 90 ff. (erhebliche Eigenbeteiligung).

[500] *Hüffer/Koch* AktG § 135 Rn. 43, 45.

[501] BankR-HdB/*Faust* § 109 Rn. 25; vgl. BankR-HdB/*Hannöver/Walz* § 110 Rn. 40; *Gericke/Saager* WM 2008, 623 (625); *Scherer* DepotG Vor § 1 Rn. 28.

[502] Vgl. MüKoHGB/*Einsele* Depotgeschäft Rn. 179 (unter Berufung auf BGHZ 151, 5 = JZ 2003, 97; diese Entscheidung betrifft allerdings Nr. 15 Abs. 2 der Sonderbedingungen idF vom Juli 2012, Abdruck im Anhang zum 36. Kapitel, → Rn. 74).

[503] BankR-HdB/*Klanten* § 72 Rn. 187; *Scherer* DepotG Vor § 1 Rn. 28.

[504] Vgl. nochmals BGH NJW 2005, 1113 (1114) (keine Pflicht zur Aufklärung über Einzelheiten eines Übernahmegebots über die im Depot befindlichen Aktien jenseits des Vorliegens des befristeten Angebots); OLG Celle WM 1997, 1801 (1802) (keine Pflicht zur Beobachtung der Kursentwicklung und entsprechenden Beratung des Kunden); OLG Hamm BB 1999, 1676 (keine Pflicht zur börsentäglichen Benachrichtigung über den jeweiligen Kurs); OLG Karlsruhe NJW-RR 1990, 753 (754) (keine Pflicht zur Aufklärung über die wirtschaftlichen Konsequenzen einer Weisung des Depotkunden); 1992, 1074 (1075) (keine Pflicht zur

aufgrund des § 242 BGB.[505] Auch auf die Konsequenzen und die wirtschaftliche Bedeutung der weitergegebenen Informationen muss die Bank nicht hinweisen.[506] „Insbesondere" ist die Weitergabe von Informationen über gesetzliche Abfindungs- und Umtauschangebote, freiwillige Kauf- und Umtauschangebote und Sanierungsverfahren vorgesehen (Nr. 16 S. 2 Sonderbedingungen idF vom Juli 2012, Abdruck im Anhang zum 36. Kapitel). Eine Benachrichtigung kann unterbleiben, „wenn die Information bei der Bank nicht rechtzeitig eingegangen ist oder die vom Kunden zu ergreifenden Maßnahmen wirtschaftlich nicht zu vertreten sind, weil die anfallenden Kosten in einem Missverhältnis zu den möglichen Ansprüchen des Kunden stehen" (Nr. 16 S. 3 Sonderbedingungen idF vom Juli 2012). Dies eröffnet der Depotbank ein Bewertungsermessen, das insbesondere die Auswirkungen einer Nichtweitergabe der Informationen berücksichtigen muss; sind die Erwerbs- oder Umtauschbedingungen für den Kunden erkennbar nachteilig, kann die Weitergabe unterbleiben.[507] Ausnahmen von der umfassenden Benachrichtigungspflicht können ferner insbesondere bei US-amerikanischen **Class Actions** (Sammelverfahren) gegen den jeweiligen Emittenten greifen, bei denen die Aktionäre auf der Grundlage umfassender Dokumentationen über den Beitritt oder Nichtbeitritt zur Klägergruppe entscheiden müssen. Hier wird regelmäßig ein Hinweis auf die Rechtshängigkeit der Klage und die betreffenden Konsequenzen ausreichen, ohne dass die Bank zur Weiterleitung der jeweiligen Unterlagen verpflichtet wäre.[508] Aus ähnlich gelagerten Zumutbarkeitserwägungen ist die Bank bei **Erwerbs- bzw. Pflichtangeboten** nach dem **Wertpapiererwerbs- und Übernahmegesetz** (WpÜG) zwar zum zusammenfassenden Hinweis auf die jeweiligen Veröffentlichungen (vgl. §§ 10, 14, 21 und 27 WpÜG), nicht aber zur Übersendung der jeweiligen Unterlagen selbst verpflichtet, die jeweils ua im Internet zur Verfügung stehen.[509] Weiterzugeben sind etwa die in den „Wertpapier-Mitteilungen" veröffentlichten Informationen zu den wesentlichen Bedingungen, zur Annahmefrist und zur Verwaltungsempfehlung der Zielgesellschaft bei (ausländischen) Erwerbsangeboten[510] und damit diejenigen Informationen, die den Aktionären das Erfordernis eines Tätigwerdens deutlich vor Augen führen. **Sonderregeln** gelten nach Nr. 18 der Sonderbedingungen für in den „Wertpapier-Mitteilungen" bekanntgemachte **Aufforderungen zur Einreichung von Wertpapierurkunden.** Hiernach darf die Bank derartigen Aufforderungen auch ohne vorherige Benachrichtigung des Kunden Folge leisten, wenn „diese Einreichung offensichtlich im Kundeninteresse liegt und damit keine Anlageentscheidung verbunden ist (wie zB nach der Fusion der Emittentin mit einer anderen Gesellschaft oder bei inhaltlicher Unrichtigkeit der Wertpapierurkunden)" (Nr. 18 Abs. 1 S. 1 Sonderbedingungen idF vom Juli 2012). Der Kunde wird hierüber lediglich unterrichtet (Nr. 18 Abs. 1 S. 2 Sonderbedingungen idF vom Juli 2012).

5. Prüfungspflichten; Identifizierungs- und Informationspflichten der Depotbanken

79 Die Depotbank übernimmt nach **Nr. 17 der Sonderbedingungen für Wertpapiergeschäfte** zunächst die Pflicht, hinsichtlich der ihr anvertrauten Wertpapiere **einmalig bei**

Benachrichtigung über veränderte „tatsächliche Gegebenheiten auf dem Kapitalmarkt"); auch bereits → Rn. 3.

505 OLG Hamm BB 1999, 1676.

506 BGH BB 2005, 628 (629).

507 Näher *Gericke/Saager* WM 2008, 623 (625 ff.); *Scherer* DepotG Vor § 1 Rn. 29.

508 Dazu näher BuB/*Decker* Rn. 8/255 f.; BankR-HdB/*Klanten* § 72 Rn. 189; zu weitgehend Kümpel/Mülbert/Früh/*Bauer* BankR Rn. 18.29.

509 Vgl. § 10 Abs. 1 S. 1 und Abs. 3 S. 1 WpÜG (Veröffentlichung der Entscheidung über die Abgabe eines Angebots), § 14 Abs. 1 und 3 WpÜG (Veröffentlichung der Angebotsunterlage), § 21 Abs. 2 iVm § 14 Abs. 3 WpÜG (Veröffentlichung etwaiger Änderungen des Angebots) und § 27 Abs. 3 iVm § 14 Abs. 3 WpÜG (Veröffentlichung der Stellungnahme von Vorstand und Aufsichtsrat der Zielgesellschaft). Im Kern wie hier, aber unter Ausschluss des § 10 WpÜG BuB/*Decker* Rn. 8/254a; BankR-HdB/*Klanten* § 72 Rn. 190.

510 Vgl. BGH BB 2005, 628 (629).

Einlieferung zu überprüfen, ob diese von Verlustmeldungen (Opposition), Zahlungssperren uÄ betroffen sind, soweit dies in den „Wertpapier-Mitteilungen" veröffentlicht ist (Nr. 17 S. 1 Sonderbedingungen idF vom Juli 2012, Abdruck im Anhang zum 36. Kapitel). Entsprechendes gilt für die Clearstream Banking AG, die daneben bei Einreichung die Echtheit, Vollzähligkeit, Lieferbarkeit und die weitere Eignung zur Girosammelverwahrung prüft.[511] Die Vertragspflichten entfalten vor allem mit Blick auf § 367 HGB Bedeutung, der den gutgläubigen Erwerb abhanden gekommener Wertpapiere einschränkt, soweit das Abhandenkommen im elektronischen Bundesanzeiger bekannt gemacht ist; sie ergänzen den Schutz der Hinterleger insoweit.[512] Nach der Einlieferung prüft die Depotbank lediglich auf etwaige Aufgebotsverfahren zur Kraftloserklärung von Wertpapierurkunden (Nr. 17 S. 2 Sonderbedingungen idF vom Juli 2012).[513] Praktisch besondere Bedeutung erlangt dabei die vom Kreditgewerbe erstellte „Sammelliste mit Opposition belegter Wertpapiere".[514]

Mit dem Ziel, das Engagement der Aktionäre für die Überwachung der Unternehmensführung zu aktivieren, hat die Änderung der **EU-Aktionärsrichtlinie** durch die RL (EU) 2017/828 erhebliche neue Pflichten der Depotbanken zur Identifizierung der Aktionäre und zur Informationsübermittlung an die Emittenten eingeführt.[515] Die Regelungen sollen nach dem bei Manuskriptabschluss noch im Verfahren befindlichen Regierungsentwurf für ein Gesetz zur Umsetzung der zweiten Aktionärsrechterichtlinie (**„ARUG II"**)[516] in den §§ 67a-67f AktG nF umgesetzt werden; §§ 67a und 67b AktG nF regeln die Informationspflichten der Intermediäre in der Verwahrkette. **79a**

6. Haftung

Rechtsgrundlage für die Haftung der Depotbanken sind zunächst die §§ 280 ff. BGB iVm §§ 675 Abs. 1, 665 ff. BGB; die Haftung wird allerdings durch Nr. 19 Abs. 1 der Sonderbedingungen für Wertpapiergeschäfte für die Inlandsverwahrung sowie durch Nr. 19 Abs. 2 der Sonderbedingungen (jeweils idF vom Juli 2012, Abdruck im Anhang zum 36. Kapitel) für die Auslandsverwahrung – zulässigerweise – vertraglich ausgestaltet. Danach haftet die Depotbank bei der **Inlandsverwahrung** für jedes Verschulden ihrer Mitarbeiter und der Personen, die sie zur Erfüllung ihrer Verpflichtungen hinzuzieht; davon erfasst ist insbesondere das Verschulden eines Drittverwahrers (Nr. 19 Abs. 1 S. 1 Sonderbedingungen, vgl. entspr. § 3 Abs. 2 S. 1 DepotG).[517] Bei der Giro-Sammelverwahrung haftet die Depotbank dem Depotkunden auch für das Verschulden der Clearstream Banking AG (Nr. 19 Abs. 1 S. 2 Sonderbedingungen). Eine entsprechende Haftungsregelung gilt nach Nr. V Abs. 1 der AGB der Clearstream Banking AG auch für deren Vertragsverhältnis zu den Zwischenverwahrern. Diese Regelungen gelten auch für die Verwaltungsaufgaben, hinsichtlich derer die Wertpapiersammelbank als Erfüllungsgehilfe der Depotbanken einzuordnen ist;[518] die speziellen Gestaltungsschranken in § 128 Abs. 2 AktG und § 135 Abs. 9 AktG stehen nicht entgegen. Die Zurechnungsregel des § 278 BGB wird somit durch die Sonderbedingungen nicht abbedungen oder eingeschränkt, sondern lediglich **80**

---

[511] Nr. IX Abs. 3 AGB-Clearstream Banking AG.

[512] Dazu näher BuB/*Decker* Rn. 8/266; BankR-HdB/*Klanten* § 72 Rn. 191.

[513] Eing. zu Aufgebotsverfahren BuB/*Decker* Rn. 8/365 ff.

[514] Zu Einzelheiten BuB/*Decker* Rn. 8/264 ff.; MüKoHGB/*Einsele* Depotgeschäft Rn. 182 f.; BankR-HdB/*Klanten* § 72 Rn. 192.

[515] S. iE Art. 3a-3f der Aktionärsrechterichtlinie i. d. F. der RL (EU) 2017/828 des Europäischen Parlaments und des Rates vom 17.5.2017 zur Änderung der RL 2007/36/EG im Hinblick auf die Förderung der langfristigen Mitwirkung der Aktionäre, ABlEU 2017 Nr. L 132/1; dazu im hiesigen Zusammenhang näher Kümpel/Mülbert/Früh/*Bauer* BankR Rn. 18.40 f.

[516] BT-Drs. 19/9739.

[517] BuB/*Decker* Rn. 8/43, vgl. auch Rn. 8/278; MüKoHGB/*Einsele* Depotgeschäft Rn. 71; Scherer/*Löber* DepotG § 3 Rn. 13; Scherer/*Rögner* DepotG § 5 Rn. 195; *Hövekamp/Hugger* FS Hopt, 2010, 2015 (2022).

[518] MüKoHGB/*Einsele* Depotgeschäft Rn. 71, 172; Scherer/*Löber* DepotG § 3 Rn. 13 vgl. auch BuB/*Decker* Rn. 8/278.

konkretisiert. Bei der **Auslandsverwahrung** haftet die Depotbank grundsätzlich nur für die sorgfältige Auswahl und Unterweisung des von ihr beauftragten ausländischen Verwahrers oder Zwischenverwahrers (Nr. 19 Abs. 2 S. 1 Sonderbedingungen idF vom Juli 2012[519]). Eine vergleichbare Haftungsbeschränkung enthält Nr. V Abs. 2 der AGB der Clearstream Banking AG. Mit § 307 BGB ist dies schon deshalb vereinbar, weil § 3 Abs. 2 S. 2 DepotG Haftungsbeschränkungen zulässt;[520] zudem stößt hier bereits die Qualifikation des ausländischen Zwischenverwahrers als Erfüllungsgehilfe iSd § 278 BGB mit Blick auf deren eigenständiges Pflichtenprogramm auf Bedenken.[521] Als Treuhänderin ist die inländische Depotbank im Übrigen gegenüber dem Depotkunden verpflichtet, etwaige Schadensersatzansprüche gegen den ausländischen Zwischenverwahrer geltend zu machen.[522] Wird die Clearstream Banking AG oder ein anderer inländischer Zwischenverwahrer von der Depotbank im Rahmen der Auslandsverwahrung eingeschaltet oder tritt eine eigene ausländische Geschäftsstelle als Verwahrer auf, so haftet die inländische Depotbank allerdings ausnahmsweise auch für deren Verschulden voll.

VIII. Depotprüfung

81 Die Einhaltung der depotrechtlichen Pflichten ist gem. **§ 89 Abs. 1 S. 2 WpHG** bei Kreditinstituten einmal jährlich Gegenstand der **Depotprüfung** im Rahmen der allgemeinen Prüfung der aufsichtsrechtlichen Verhaltenspflichten und Meldepflichten nach § 89 Abs. 1 S. 1 WpHG. Bei Finanzdienstleistungsinstituten iSd § 1 Abs. 1a KWG[523] richtet sich die Depotprüfung nach **§ 29 Abs. 2 S. 3 KWG.** Die genannten Rechtsgrundlagen werden durch Rechtsverordnungen der BaFin konkretisiert, und zwar zum einen §§ 4 ff. der auf § 89 Abs. 5 WpHG gestützten **Wertpapierdienstleistungs-Prüfungsverordnung (WpDpV)**[524] bzw. §§ 56 ff. der auf § 29 Abs. 4 KWG gestützten **Prüfberichtsverordnung (PrüfbV).**[525] Die Prüfung gilt umfassend allen Pflichten der Depotbank und damit neben der Einhaltung der depotgesetzlichen Vorgaben auch jenen des HGB-Kommissionsrechts sowie der §§ 128, 135 AktG, ggf. zusätzlich der §§ 22 ff. InvG, soweit die Depotbank nach § 20 InvG für eine Kapitalanlagegesellschaft tätig wird (vgl. § 20 Abs. 2 InvG iVm § 59 PrüfbV). Der von den Instituten selbst auszuwählende und zu bestellende **Depotprüfer** (vgl. § 89 Abs. 1 S. 4 WpHG, § 29 Abs. 2 iVm Abs. 1 KWG) hat die Pflicht zur Erstattung eines umfassenden **Prüfberichts** (vgl. §§ 5 und 6 WpDpV bzw. § 58 Abs. 1 PrüfbV). Bei Prüfungen nach § 89 Abs. 1 S. 2 WpHG ist der Bericht Bestandteil der Gesamtdarstellung über die nach der Vorschrift insgesamt erforderliche Prüfung; bei Prüfungen nach § 29 Abs. 2 KWG, die in die Prüfung des Jahresabschlusses integriert sind, ist über die Depotprüfung gesondert zu berichten (§ 29 Abs. 2 S. 3 KWG).[526] Die Berichte sind – für Sparkassen und Genossenschaftsbanken auf Anforderung durch BaFin bzw. BaFin

---

[519] Vgl. darüber hinaus Nr. 12 Abs. 2 S. 3 (Verwahrung im Ausland nach den dortigen Usancen, → Rn. 54, 57), Nr. 14 Abs. 2 (Inkassoaufgaben als Aufgaben des ausländischen Zwischenverwahrers, → Rn. 74) Sonderbedingungen für Wertpapiergeschäfte idF vom Juli 2012.

[520] MüKoHGB/*Einsele* Depotgeschäft Rn. 73; vgl. auch *Canaris* Bankvertragsrecht Rn. 2155; Scherer/*Löber* DepotG § 3 Rn. 13 sowie Scherer/*Rögner* DepotG § 5 Rn. 196.

[521] *Canaris* Bankvertragsrecht Rn. 2155; BuB/*Decker* Rn. 8/177; *Hövekamp/Hugger* FS Hopt, 2010, 2015 (2023 f.).

[522] MüKoHGB/*Einsele* Depotgeschäft Rn. 73; Scherer/*Rögner* DepotG § 5 Rn. 196.

[523] Institute iSd § 1 Abs. 1b KWG, die keine Kreditinstitute sind, vgl. § 36 Abs. 1 S. 2 WpHG und § 29 Abs. 2 KWG; dazu auch Scherer/*Walz/Frey* DepotG § 14 Rn. 37.

[524] VO über die Prüfung der Wertpapierdienstleistungsunternehmen nach § 36 des Wertpapierhandelsgesetzes (Wertpapierdienstleistungs-Prüfungsverordnung – WpDPV) vom 16.12.2004, BGBl. I 2004, 3515, zuletzt geändert durch Art. 27 Abs. 4 G v. 4.7.2013, BGBl. I 2013, 1981.

[525] VO über die Prüfung der Jahresabschlüsse der Kreditinstitute und Finanzdienstleistungsinstitute sowie die darüber zu erstellenden Berichte (Prüfungsberichtsverordnung – PrüfbV) vom 23.11.2009, BGBl. I 2009, 3793, geändert durch Art. 4 Abs. 5 v. 20.9.2013, BGBl. I 2013, 3672.

[526] Vgl. zu Einzelheiten insges. Kümpel/Mülbert/Früh/*Bauer* BankR Rn. 18.154 ff.; MüKoHGB/*Einsele* Depotgeschäft Rn. 242 ff.; BankR-HdB/*Klanten* § 72 Rn. 202 ff.

und Deutsche Bundesbank – jeweils der **BaFin** zuzuleiten (§§ 36 Abs. 1 S. 3, Abs. 2 WpHG, § 26 Abs. 1 S. 3 KWG, vgl. auch § 29 Abs. 3 KWG); die Prüfungspflicht ist damit Bestandteil der hoheitlichen Überwachung der Institute und dient zugleich der Prävention, indem sie die aufsichtsunterworfenen Institute zur Einhaltung der gesetzlichen Pflichten anhält.[527] Für **Wertpapierdienstleistungsunternehmen** hat die BaFin die Anforderungen an die Ausübung des Depotgeschäfts 2019 in eigenen „Mindestanforderungen", den sog. **MaDepot,** konkretisiert.[528]

527 Vgl. Schwark/Zimmer/*Fett* KapMRWpHG § 36 Rn. 1.

528 BaFin, Rundschreiben 07/2019 (WA) – Mindestanforderungen an die ordnungsgemäße Erbringung des Depotgeschäfts und den Schutz von Kundenfinanzinstrumenten für Wertpapierdienstleistungsunternehmen (MaDepot), 16.8.2019; dazu (in der Konsultationsfassung) Kümpel/Mülbert/Früh/*Bauer* BankR Rn. 18.181 ff.

39. Kapitel: Investmentgeschäft

Schrifttum: *Assmann/Wallach/Zetzsche,* (Hrsg.), KAGB Kommentar, 2019; *Banzhaf,* Fragen zu alternativen Finanzierungsformen bei Immobilien-Gesellschaften im Sinne von § 68 InvG, WM 2011, 299; *Bärenz/Käpplinger,* Anlageverwaltung als neuer KWG-Erlaubnistatbestand, ZBB 2009, 277; *Baur,* Investmentgesetze, Kommentar, 2. Auflage 1997; *Baum,* Schutz und Sicherung des Investmentsparers bei Kapitalanlagegesellschaften und Investment-Trusts, 1959; *Beckmann/Scholtz/Vollmer* (Hrsg.), Investment, Ergänzbares Handbuch für das gesamte Investmentwesen, Loseblattsammlung, Stand: September 2015 Ergänzungslieferung, 9/15; *Berger/Steck/Lübbehüsen* (Hrsg.), Investmentgesetz, Investmentsteuergesetz, Kommentar, 2010; *Blankenheim,* Die Umsetzung der OGAW-IV-Richtlinie in das Investmentgesetz, ZBB 2011, 344; *Böhme,* Die Vertretung der extern verwalteten Investmentkommanditgesellschaft, BB 2014, 2380; *Boxberger,* Regulierung „light" unter dem KAGB-Regime, GWR 2013, 415; *Boxberger/Klebeck,* Anforderungen an die Vergütungssysteme von AIF-Kapitalverwaltungsgesellschaften, BKR 2013. 441; *Brinkhaus/Scherer* (Hrsg.), Gesetz über Kapitalanlagegesellschaften, Auslandsinvestment-Gesetz, 2003; *Brocker/Klebeck,* Rückvergütungen an „unabhängige" Anlageberater und Haftung beteiligter Dritter, ZIP 2010, 1369; *Bruchwitz/Voß,* Der Regierungsentwurf für ein Gesetz zur Novellierung des Finanzanlagenvermittler- und Vermögensanlagenrechts, BB 2011, 1226; *Bujotzek/Steinmüller,* Neuerungen im Investmentrecht durch das OGAW-IV-Umsetzungsgesetz, DB 2011, 2246 und 2305; *Burgard/Heimann,* Das neue Kapitalanlagegesetzbuch, WM 2014, 821; *Bußalb/Unzicker,* Auswirkungen der AIFM-Richtlinie auf geschlossene Fonds, BKR 2012, 309; *von Caemmerer,* Kapitalanlage- oder Investmentgesellschaften, JZ 1958, 41; *Campbell,* Die neue Assetklasse „Infrastruktur-Sondervermögen" (Infrastrukturfonds) nach §§ 90a–f InvG, WM 2008, 1774; *Casper,* Die Investmentkommanditgesellschaft: große Schwester der Publikums-KG oder Kuckuckskind?, ZHR 179 (2015), 44; *Conradi/Jander-McAlister,* REIT-AGs sind keine Investmentvermögen im Sinne des KAGB, WM 2014, 733; *Dahmen,* Verbesserte Maßnahmen zur Liquiditätssteuerung für offene Fonds nach KAGB, GWR 2020, 111; *Dornseifer,* Die Neugestaltung der Investmentaktiengesellschaft durch das Investmentänderungsgesetz, AG 2008, 53; *Dreibus/Schäfer,* Mitteilungspflichten über Stimmrechte gem. §§ 21, 22 WpHG bei inländischen Investmentfonds, NZG 2009, 1289; *Eckhold,* Struktur und Probleme des Aktienrechts der Investmentaktiengesellschaft unter Berücksichtigung des Entwurfs des Investmentänderungsgesetzes, ZGR 2007, 654; *Eckner,* Auswirkungen der MAR auf Kapitalverwaltungsgesellschaften, WM 2018, 1684; *Einsele,* Der Anlegerschutz bei der Investmentaktiengesellschaft, AG 2011, 141; *Elicker/Rech,* Luxemburgisches AIFMG: Kann das kleine Großherzogtum an seine Erfolge mit dem OFAW-Label anknüpfen?, RdF 2014, 106; *Elser/Stadler,* Einschneidende Änderungen der Investmentbesteuerung nach dem nunmehr in Kraft getretenen AIFM-Steuer-Anpassungsgesetz, DStR 2014, 233; *Emde/Dreibus,* Der Regierungsentwurf für ein Kapitalanlagegesetzbuch, BKR 2013, 89; *Engert,* Kapitalanlagegesellschaften sind keine Banken: Die Ausgliederung der kollektiven Vermögensverwaltung aus dem Kreditwesengesetz, Der Konzern 2007, 477; *C. Fischer,* Die Investmentaktiengesellschaft aus aufsichtsrechtlicher und gesellschaftsrechtlicher Perspektive, 2008; *C. Fischer,* Aktienklassen einer Investmentaktiengesellschaft, NZG 2007, 133; *C. Fischer/Friedrich,* Investmentaktiengesellschaft und Investmentkommanditgesellschaft unter dem Kapitalanlagegesetzbuch, ZBB 2013, 153; *M. Fischer,* Die Reform des Rechts der Unternehmensbeteiligungsgesellschaften, WM 2008, 857; *Fleischer/Schmolke,* Klumpenrisiken im Bankaufsichts-, Investment- und Aktienrecht, ZHR 173 (2009), 649; *Fock,* Das neue Recht der Investmentaktiengesellschaft, BB 2006, 2371; *ders.,* Gemischte Sondervermögen, WM 2006, 2160; *Freitag,* Die „Investmentkommanditgesellschaft" nach dem Regierungsentwurf für ein Kapitalanlagegesetzbuch, NZG 2013, 329; *Friedrichsen/Weisner,* Das Gesetz zur Novellierung des Finanzanlagevermittler- und Vermögensanlagenrechts – Wesentliche Neuerungen im Bereich geschlossener Fonds, ZIP 2012, 756; *Fuchs* (Hrsg.), Wertpapierhandelsgesetz (WpHG), Kommentar, 2009; *ders.,* Aktiengattungen, Sonderbeschlüsse und gesellschaftsrechtliche Treuepflicht, Festschrift Immenga, 2004, 589; *Geibel,* Treuhandrecht als Gesellschaftsrecht, 2008; *ders.,* Können eingetragene Genossenschaften Investmentvermögen im Sinne des KAGB sein?, WM 2015, 1649; *Geurts/Schubert,* Folgen der Neudefinition geschlossener Fonds, WM 2014, 2154; *Götze/Hütte,* Kapitalmarktrechtliche Aspekte des deutschen REIT, NZG 2007, 332; *Graf zu Solms-Laubach/Mihova,* Übersicht über die aufsichtsrechtliche Regulierung von alternativen Finanzierungen nach Inkrafttreten des KAGB und des Kleinanlegerschutzgesetzes, DStR 2015, 1872; *Gstädtner/Elicker,* Das Aufsichtsrecht der Hedgefonds – Anspruch und Wirklichkeit, BKR 2006, 91; *dies.,* Zur Erlaubnispflicht für kollektive Anlagemodelle nach § 32 KWG – Gerichte widersprechen BaFin-Praxis zu Finanzkommissionsgeschäft und Investmentgeschäft, BKR 2006, 437; *Haag/Veith,* Das MoRaKG und seine Auswirkungen für Wagniskapital in Deutschland – oder was von einem Private-Equity-Gesetz geblieben ist, BB 2008, 1915; *Hanke,* Überblick über die Prospekthaftung bei geschlossenen Fonds nach dem Inkrafttreten des KAGB, BKR 2014, 441; *Hanten/von Tilling,* Kreditfonds, WM 2015, 2122. *Helios/Schmies,* Ausländische Investmentanteile i. S. d. § 2 Abs. 9 InvG, BB 2009, 1100; *Herring/Loff,* Die Verwaltung alternativer Investmentvermögen nach dem KAGB-E, DB 2012, 2029; *Hesse/Lamsa,* Die Richtlinie über die Verwalter alternativer Investmentfonds (AIFM-Richtlinie), CORPORATE FINANCE law 2011, 39; *Hoch/Preller,* Die zivilrechtsdogmatischen Beziehungen innerhalb des Investmentvielecks, BKR 2019, 22; *Jesch,* BB-Gesetzgebungs- und Rechtsprechungsreport zur Fondsregulierung 2013,

BB 2013, 3075; *Jordans,* Aktueller Überblick über die Aufklärungspflichten über Einnahmen aus dem Vertrieb von Finanzprodukten, BKR 2015, 309; Aufklärungspflichten über Einnahmen aus dem Vertrieb von Finanzprodukten – eine Übersicht über die Rechtsprechung zu Kick-Backs, Provisionen und Margen seit dem Jahr 2000, BKR 2011, 456; *Kapteina/Davis,* Die ordnungsgemäße Verwahrung durch Verwahrstellen und Unterverwahrer nach dem neuen Kapitalanlagegesetzbuch, WM 2013, 1977; *Kaune/Oulds,* Das neue Investmentgesetz, ZBB 2004, 114; *Kempf,* Die Novellierung des Investmentrechts, 2004; *Kestler/Benz,* Aktuelle Entwicklungen im Investmentrecht, BKR 2008, 403; *Kind/Haag,* Der Begriff des Alternative Investment Fund nach der AIFM-Richtlinie – geschlossene Fonds und private Vermögensanlagegesellschaften im Anwendungsbereich?, DStR 2010, 1526; *Raphael Koch,* Das Kapitalanlagegesetzbuch: Neue Rahmenbedingungen für Private Equity Fonds – Transparenz, gesellschaftsrechtliche Maßnahmen und Finanzierung, WM 2014, 433; *Matthias Koch,* Anforderungen an Mitglieder des Aufsichts- oder Beirats inländischer Kapitelverwaltungsgesellschaften NZG 2019, 1165; *Kort,* Die Regelung von Risikomanagement und Compliance im neuen KAGB, AG 2013, 582; *Klebeck,* Neue Richtlinie für Verwalter von alternativen Investmentfonds?, DStR 2009, 2154; *Klebeck/Boxberger,* OGAW-Vergütungsregulierung, GWR 2014, 253; *Klebeck/Kolbe,* Anlageverwaltung und Finanzmarktaufsicht, ZIP 2010, 215; *dies.,* Aufsichts- und Arbeitsrecht im KAGB, BB 2014, 707; *Klenk,* Die rechtliche Behandlung des Investmentanteils unter Berücksichtigung der Anteilberechtigung des Investmentratensparers, 1967; *Knöfler/Ghedina,* Das Erlaubnisverfahren für KAGen nach dem Investmentgesetz, WM 2008, 1341; *Köndgen/Schmies,* Die Neuordnung des deutschen Investmentrechts, WM-Sonderbeilage Nr. 1/2004 zu Heft 11, 1; *König,* Anlegerschutz im Investmentrecht, 1998; *Kramer/Recknagel,* Die AIFM-Richtlinie – Neuer Rechtsrahmen für die Verwaltung alternativer Investmentfonds, DB 2011, 2077; *Krause/Klebeck,* Family Office und AIFM-Richtlinie – Zugleich eine Suche nach dem Regelungsadressat der AIFM-Richtlinie, BB 2012, 2063; *Kugler/Lochmann,* Ausgewählte Rechtsfragen zum öffentlichen Vertrieb von Hedgefonds in Deutschland, BKR 2006, 41; *Liefmann,* Beteiligungs- und Finanzierungsgesellschaften, 5. Auflage 1931; *Lindemann,* Einsatz von Primebrokern bei inländischen Hedgefonds, BB 2004, 2137; *Linhardt,* Die britischen Investment Trusts, 1935; *Loff/Klebeck,* Fundraising nach der AIFM-Richtlinie und Umsetzung in Deutschland nach dem KAGB, BKR 2012, 353; *Loritz/Uffmann,* Der Geltungsbereich des Kapitalanlagegesetzbuches (KAGB) und Investmentformen außerhalb desselben, WM 2013, 2193; *Loritz/Rickmers,* Unternehmensfinanzierung im Kapitalmarkt und Kapitalanlagegesetzbuch bei operativ tätigen Unternehmen, NZG 2014, 1241; *Lüdicke/Arndt,* Geschlossene Fonds, 6. Auflage 2013; *Lutter,* Theorie der Mitgliedschaft, AcP 180 (1980), 84; *Mansfeld,* Die neue EU-Investmentrichtlinie – Implikationen für Markt und Wettbewerb, die bank 2009, 9; *Mattil,* Gesetz zur Novellierung des Finanzanlagenvermittler- und Vermögensanlagenrechts, DB 2011, 2533; *Merkt,* Fallen REIT-Aktiengesellschaften unter das KAGB?, BB 2013, 1986; *Möllers,* Umfang und Grenzen des Anlegerschutzes im Investmentgesetz – Der Trennungsgrundsatz und die Grenzen der Aufrechnung im InvG, BKR 2011, 353; *Möllers/Harrer/Krüger,* Die Regelung von Hedgefonds und Private Equity durch die neue AIFM-Richtlinie, WM 2011, 1537; *Möllers/Wenninger,* Das Anlegerschutz- und Funktionsverbesserungsgesetz, NJW 2011, 1697; *Möslein,* Grundsatz- und Anwendungsfragen zur Spartentrennung nach dem sog. Trennbankengesetz, BKR 2013, 397; *Müchler,* Die neuen Kurzinformationsblätter – Haftungsrisiken im Rahmen der Anlageberatung, WM 2012, 974; *Müller,* Die Überwachung der Geschäftstätigkeit der Kapitalanlagegesellschaft durch die Depotbank, DB 1975, 485; *Nelle/Klebeck,* Der „kleine" AIFM – Chancen und Risiken der neuen Regulierung für deutsche Fondsmanager, BB 2013, 2499; *Nietsch/Graef,* Aufsicht über Hedgefonds nach dem AIFM-Richtlinienvorschlag, ZBB 2010, 12; *Ohl,* Die Rechtsbeziehungen innerhalb des Investment-Dreiecks, 1989; *Patz,* Verkaufsprospektpflicht für offene inländische Investmentvermögen – De facto eine gesetzliche Prospektpflicht für offene inländische Spezial-Investmentvermögen aufgrund der Vertriebsvorschriften des KAGB, BKR 2014, 271; *Patzner/Bruns,* Fondsverschmelzungen und weitere Kapitalmaßnahmen im internationalen Umfeld, IStR 2009, 668; *Patzner/Kempf,* Die OGAW IV-Richtlinie, EWS 2010, 366; *Patzner/Pätsch/Goga,* UCITS IV – Steuerliche Herausforderungen und Chancen der neuen EU-Fondsrichtlinie, IStR 2010, 709; *Pluskat,* Die Investmentaktiengesellschaft mit veränderlichem Kapital – Tot- oder Lebendgeburt?, WM 2005, 772; *Podewils,* Beipackzettel für Finanzprodukte – Verbesserte Anlegerinformationen durch Informationsblätter und Key Investor Information Documents?, ZBB 2011, 169; *Poelzig/Volmer,* „Der Bundesminister der Finanzen warnt" – Ein Überblick zum neuen Kapitalanlagegesetzbuch, DNotZ 2014, 483; *Pütz/Schmies,* Die Umsetzung der neuen rechtlichen Rahmenbedingungen für Hedgefonds in der Praxis, BKR 2004, 51; *Reiter/Plumridge,* Das neue Investmentgesetz, WM 2012, 343 und 388; *Reuter,* Projektfinanzierung und Kapitalmarkt, WM 2009, 2057; *Roegele/Görke,* Novelle des Investmentgesetzes (InvG), BKR 2007, 393; *Roth,* Das Treuhandmodell des Investmentrechts, 1972; *Rücker,* Infrastruktur-Sondervermögen – investmentgesetzlicher Rechtsrahmen und Bedeutung für die Finanzierung von ÖPP, ZfIR 2008, 790; *Sahavi,* Kollektive Anlagemodelle und das Finanzkommissionsgeschäft im Sinne von § 1 Abs. 1 Satz 2 Nr. 4 KWG, ZIP 2005, 929; *Schmolke,* Die Regelung von Interessenkonflikten im neuen Investmentrecht, WM 2007, 1909; *Schnauder,* Regimewechsel im Prospekthaftungsrecht bei geschlossenen Publikumsfonds, NJW 2013, 3207; *S. H. Schneider,* Darlehensgewährung an Immobilien-Gesellschaften gem. § 69 InvG, NZG 2008, 5; *Schönemann,* BaFin konkretisiert Tatbestand der Anlageverwaltung, BKR 2010, 130; *Schwab,* Provisionen, Rückvergütungen und der legitime Erwartungshorizont des Anlagekunden, BKR 2011, 450; *Sedlmaier,* Die Investment-Rechnungslegungs- und Bewertungsverordnung – Überblick und kritische Würdigung, WM 2010, 1437; *Seibt/Jander-McAlister,* Club Deals mit Family Offices nach der AIFM-Regulierung, DB 2013, 2374 und 2433; *Servatius,* Funktionsdefizite beim Offenen Immobilienfonds, Festschrift Vielberth, 2012, S. 193; *Siering/Izzo-Wagner,* Die EuVECA-VO – eine Sackgasse der Verwaltungspraxis? Die aktuelle Aufsichtspraxis als großes Problem für die Venture

Capital Branche, BKR 2015, 101; *Söhner,* Beteiligungstransparenz, Hebelfinanzierung und asset stripping nach der AIFM-Richtlinie, WM 2011, 2121; *ders.*, Neuer Rechtsrahmen für Private Equity – AIFM-Umsetzungsgesetz, Aktienrechtsnovelle 2014 und weitere Vorschriften, WM 2014, 2110; *Spindler/Bednarz,* Die Regulierung von Hedge-Fonds im Kapitalmarkt- und Gesellschaftsrecht, WM 2006, 553 und 601; *Spindler/Tancredi,* Die Richtlinie über Alternative Investmentfonds (AIFM-Richtlinie), WM 2011, 1393 und 1441; *Sprengnether/Wächter,* Risikomanagement nach dem Kapitalanlagegesetzbuch (KAGB), WM 2014, 877; *Steck/Fischer,* Aktuelle Praxisfragen der Investmentaktiengesellschaft, ZBB 2009, 188; *Sustmann/Neuhaus,* Die Zukunft des Unternehmensbeteiligungsgesellschaftsgesetzes (UBGG) vor dem Hintergrund der anstehenden Umsetzung der AIFM-Richtlinie, CF law 2012, 78; *Tappen,* Steuerrechtsänderungen durch das geplante OGAW-IV-Umsetzungsgesetz, DStR 2011, 246; *van Kann/Redeker/Keiluweit,* Überblick über das Kapitalanlagegesetzbuch (KAGB), DStR 2013, 1483; *Veltmann,* Instrumente des Anlegerschutzes im Investmentrecht, 2007; *Voge,* Zum Tatbestand der Anlageverwaltung im Sinne des § 1 Abs. 1a Satz 2 Nr. 11 KWG, WM 2010, 913; *Volhard/Wilkens,* Änderungen im Investmentrecht, DB 2008, 1195; *Wallach,* Die Investmentaktiengesellschaft mit veränderlichem Kapital im Gewand des Investmentänderungsgesetzes 2007, Der Konzern 2007, 487; *ders.*, Die Regulierung von Personengesellschaften im Kapitalanlagegesetzbuch, ZGR 2014, 289; *Weiser/Hüwel,* Verwaltung alternativer Investmentfonds und Auslagerung nach dem KAGB-E, BB 2013, 1091; *Weiser/Jang,* Die nationale Umsetzung der AIFM-Richtlinie und ihre Auswirkungen auf die Fondsbranche in Deutschland, BB 2011, 1219; *Weitnauer,* Die AIFM-Richtlinie und ihre Umsetzung, BKR 2011, 143; *ders.*, Pools und Investment-Clubs: Strukturen und Erlaubnispflichten nach KAGB und KWG, GWR 2014, 1; *ders.*, Handbuch Venture Capital, 6. Auflage 2019; *Wiedemann,* Alte und neue Kommanditgesellschaften, NZG 2013, 1041; *Wohltmann,* Zulässige Tätigkeiten eines Real Estate Investment Trusts (REIT), AG 2011, 444; *Wollenhaupt/Beck,* Das neue Kapitalanlagegesetzbuch (KAGB), DB 2013, 1950; *Zetzsche,* Zwischen Anlegerschutz und Standortwettbewerb: Das Investmentänderungsgesetz, ZBB 2007, 438; *Zetzsche,* Das Gesellschaftsrecht des Kapitalanlagegesetzbuchs, AG 2013, 613; *Zetzsche/Preiner,* Was ist ein AIF?, WM 2013, 2101.

Übersicht

I. Vorbemerkung

1. Allgemeines

In der Terminologie des **europäischen Investmentrechts** (**OGAW**-Richtlinie,[1] **AIFM**-Richtlinie[2]) werden kollektive Kapitalanlagevehikel unabhängig von Rechtsform und Struktur einheitlich als **Organismen für gemeinsame Anlagen** bezeichnet.[3] Die englischen Richtlinienfassungen verwenden hierfür den Ausdruck *collective investment undertakings.* Das grundlegende Geschäftsmodell dieser Unternehmungen besteht darin, von einer Gruppe von Anlegern Kapital einzusammeln, mit dem Zweck, dieses für gemeinschaftliche Rechnung der Kapitalgeber und auf Basis einer zuvor festgelegten Anlagestrategie zu investieren. Liegen diese Voraussetzungen vor, dann wird auf Unionsebene zumindest der **Verwalter des Investmentvehikels** einer investmentrechtlichen Regulierung unterworfen. Dieser kann eine externe Verwaltungsgesellschaft oder aber eine Organisationseinheit des Vehikels selbst sein, soweit dessen Rechtsform eine interne Verwaltung zulässt. Im zweiten Fall wird damit unmittelbar auch der Investmentfonds reguliert. In Abgrenzung zu den sog alternativen Investmentfonds (AIF[4]) im Sinne der AIFM-Richtlinie unterliegen kollektive Vermögensanlagen im Anwendungsbereich der OGAW-IV-Richtlinie zusätzlich einer speziellen, europaweit einheitlichen **Produktregulierung.** Zu den tauglichen Vermögensgegenständen eines OGAW-Fonds gehören nur Wertpapiere sowie andere liquide Finanzanlagen und es gilt der Grundsatz der Risikomischung. 1

Wesentliche Rechtsquelle des **inländischen Investmentrechts** ist das im Zuge der Umsetzung der AIFM-Richtlinie im Jahre 2013 eingeführte **KAGB**[5]. Anders als noch das frühere InvG,[6] das lediglich einzelne Geschäftsformen regulierte, berücksichtigt das KAGB den Großteil des Spektrums möglicher Gestaltungsformen des Investmentgeschäfts. Der Gesetzgeber hat insoweit ein einheitliches Regelwerk für kollektive Kapitalanlagevehikel und ihre Manager geschaffen. Den Anknüpfungspunkt für den gesetzlichen Anwendungsbereich bildet der in § 1 Abs. 1 Satz 1 KAGB legaldefinierte Begriff des Investmentvermögens. Erfasst wird jeder Organismus für gemeinsame Anlagen, der von einer Anzahl von Anlegern Kapital einsammelt, um es gemäß einer festgelegten Anlagestrategie zum Nutzen dieser Anleger zu investieren und der kein operativ tätiges Unternehmen außerhalb des 2

---

[1] Richtlinie 2009/65/EG zur Koordinierung der Rechts- und Verwaltungsvorschriften betreffend bestimmte Organismen für gemeinsame Anlagen in Wertpapieren (OGAW-IV-Richtlinie), ABl. 2009 L 302, S. 32, abgeändert durch Richtlinie 2014/91/EU (OGAW-V-Richtlinie). Dazu noch → Rn. 32 ff.

[2] Richtlinie 2011/61/EU über die Verwalter alternativer Investmentfonds und zur Änderung der Richtlinien 2003/41/EG und 2009/65/EG und der Verordnungen (EG) Nr. 1060/2009 und (EU) Nr. 1095/2010 (AIFM-Richtlinie), ABl. 2011 L 174, S. 1. Dazu ausführlich → Rn. 38 ff.

[3] Zum allg. Stand der europarechtlichen Harmonisierung → Rn. 30 ff.

[4] Art. 4 Abs. 1 lit. a AIFM-Richtlinie definiert den AIF im Rahmen einer Negativabgrenzung als Organismus für gemeinsame Anlagen, der keine Genehmigung gemäß Art. 5 OGAW-IV-Richtlinie benötigt.

[5] Kapitalanlagegesetzbuch, s. Art. 1 Gesetz zur Umsetzung der Richtlinie 2011/61/EU über die Verwalter alternativer Investmentfonds (AIFM-Umsetzungsgesetz – AIFM-UmsG) v. 4.7.2013, BGBl. I 2013, 1981; näheres zur Historie und zur Systematik des KAGB → Rn. 49 ff.

[6] Investmentgesetz, aufgehoben durch Art. 2a AIFM-UmsG v. 4.7.2013, BGBl. I 2013, 1981; → Rn. 50 ff.

Finanzsektors ist. Hinter dieser Definition verbirgt sich ein Paradigmenwechsel.[7] Der Gesetzgeber verwendet den Richtlinienbegriff des *Organismus für gemeinsame Anlagen* und statuiert in Abkehr vom formellen Regulierungsansatz des früheren InvG[8] einen **materiellen Investmentfondsbegriff.**[9] Der Anwendungsbereich des KAGB erstreckt sich damit auf offene Fonds gemäß der OGAW-Richtlinie und auf sämtliche Erscheinungsformen von AIF, unabhängig davon, ob diese eine offene oder geschlossene Struktur aufweisen bzw. als Publikums- oder Spezialfonds ausgestaltet sind.[10] Ein Fonds, der die Voraussetzungen eines Investmentvermögens erfüllt, unterliegt damit automatisch einer Regulierung durch das KAGB. Außerhalb dieses Rechtsrahmens ist das Investmentgeschäft von wenigen Ausnahmen sowie speziell regulierten Erscheinungsformen abgesehen[11] nicht erlaubt.

3 Das KAGB beschränkt sich nicht darauf, die zugrundeliegenden europäischen Richtlinien umzusetzen. Wichtiges Ziel des Gesetzes ist es vielmehr, einen **in sich geschlossenen umfassenden regulatorischen Rahmen für Investmentfonds** zu schaffen,[12] angefangen bei verbindlichen Strukturvorgaben für deren Auflegung, über spezielle Vorschriften für einzelne Fondsprodukte bis hin zur Verwahrung und Verwaltung des Fondsvermögens. So finden sich in den Kapiteln 2 und 3 des KAGB, anders als in der AIFM-Richtlinie, zB auch Vorschriften zur **Produktregulierung von AIF,** in welchen insbesondere Anlageobjekte und Anlagegrenzen festgelegt werden. Ferner enthalten die §§ 91, 139 KAGB signifikante Rechtsformbeschränkungen für inländische Kapitalanlagemodelle. Für die Auflegung eines Investmentvermögens kann demzufolge nur auf das Sondervermögen, die Investmentaktiengesellschaft (InvAG) und die Investmentkommanditgesellschaft (InvKG) zurückgegriffen werden, wobei abhängig vom jeweiligen Fondstyp diese Auswahl weiter eingeschränkt wird. Andere Rechtsformen sind dagegen nicht zulässig.

4 Der Begriff **Investmentgeschäft** wurde in der Vergangenheit vielfach nur in Bezug auf die Geschäftsformen des früheren InvG verwendet. Dies beruhte darauf, dass das KWG diesen Begriff bis 2007 noch im **Katalog der Bankgeschäfte** führte (§ 1 Abs. 1 Satz 2 Nr. 6 KWG aF),[13] inhaltlich aber damit lediglich das Investmentgeschäft nach dem InvG gemeint war. Unter Berücksichtigung des im Kern einheitlichen Geschäftsmodells kollektiver Vermögensanlagen, ob diese nun im früheren InvG reguliert waren oder nicht, und auch unter Zugrundelegung des europarechtlichen Verständnisses, dass das Investmentrecht ein eigenständiges, vom Bankrecht abgekoppeltes Rechtsgebiet[14] umfasst, ist die Bezeichnung Investmentgeschäft richtigerweise als **Oberbegriff für jedes Betreiben kollektiver Kapitalanlagemodelle** zu verstehen. Die auf rein formale Merkmale basierende, nicht zuletzt auch steuerlich motivierte Differenzierung zwischen dem typisierten Investmentgeschäft nach dem früheren InvG und den sonstigen kollektiven Vermögensanlagen war daneben auch aus rechtssystematischer Sicht in der Sache nicht angemessen und hatte ua zur Folge, dass wichtige Grundentscheidungen und Rechtsstandards des InvG, insbesondere bezogen auf den Anlegerschutz, trotz einer Vergleichbarkeit in materieller Hinsicht, auf Anlagemodelle nicht anwendbar waren, die sich außerhalb des Anwendungsbereichs des InvG bewegten.[15] Mit der Anknüpfung an einen materiellen Investmentfondsbegriffs fallen

---

[7] So auch die Einschätzung von *Emde/Dreibus* BKR 2013, 89 (90); *Wollenhaupt/Beck* DB 2013, 1950 (1950).

[8] → Rn. 59 ff. und → 1. Aufl. 2013, Kap. 39 Rn. 50 ff.

[9] Zum materiellen Investmentfondsbegriff des KAGB → Rn. 6, 60 ff.

[10] Siehe auch den Überblick über die einzelnen Organisationsformen → Rn. 13 ff.

[11] Zum Anwendungsbereich des KAGB sowie zu den Ausnahmen → Rn. 59 ff. Zu den noch außerhalb des KAGB zulässigen bzw. speziell regulierten Erscheinungsformen kollektiver Anlagemodelle → Rn. 25 ff.

[12] Vgl. Begründung GesE AIFM-UmsG, BT-Drs. 17/12294, S. 332.

[13] Die Streichung erfolgte erst im Zuge des Gesetzes zur Änderung des InvG und zur Anpassung anderer Vorschriften (InvÄndG) v. 21.12.2007, BGBl. I 2007, 3089.

[14] → Rn. 93 f.

[15] Krit. dazu auch BankR-HdB/*Köndgen/Schmies* § 113 Rn. 56, die von einem „funktionalen Investmentbegriff" sprechen.

jetzt in rechtssystematisch überzeugender Weise nahezu sämtliche Formen des Investmentgeschäfts in den Anwendungsbereich des KAGB.[16]

2. Inhalt und Aufbau im Überblick

Dieser Einleitung folgen zunächst einige Ausführungen zu den **allgemeinen Grundlagen des Investmentgeschäfts,** ua mit einem Überblick über die einzelnen Organisationsformen und mit Ausführungen zum Stand der europarechtlichen Harmonisierung (Abschnitt II). An dieser Stelle befasst sich der Beitrag auch mit EU-Rechtsakten, die noch nicht in nationales Recht umgesetzt worden sind bzw. sich noch im Rechtsetzungsverfahren befinden. Im Anschluss stehen die **wesentlichen Inhalte des KAGB** im Zentrum der Betrachtung, insbesondere die Regelungen zum Anwendungsbereich und zu den Organisationsstrukturen der inländischen Investmentvermögen. Hier orientiert sich der weitere Aufbau weitgehend an die **Systematik des Gesetzes,** dh nach einer Auseinandersetzung mit den allgemeinen Vorschriften des KAGB (Abschnitt III.) folgen Ausführungen zur Kapitalverwaltungsgesellschaft (KVG, Abschnitt IV.2.), zur Verwahrstelle (Abschnitt IV.3.), zu den rechtlichen Organisationsstrukturen inländischer Investmentvermögen (Abschnitte IV.4. bis IV.8.) sowie zu den einzelnen Rechtsbeziehungen der Beteiligten (Abschnitt V.), und zwar unter Einbeziehung der KVG, der Verwahrstelle und der am Investmentvermögen beteiligten Anleger. Es folgen Abschnitte, die sich mit den besonderen **Regeln für einzelne Investmentvermögen** (Abschnitt VI.) und den **Vertrieb von Fonds** (Abschnitt VII.) befassen. 5

II. Allgemeine Grundlagen

1. Begriffsbestimmung, Grundmuster

Investmentgeschäft ist **kollektive Vermögensverwaltung für Rechnung Dritter nach einer festgelegten Anlagestrategie.** Wesentliches Merkmal ist die Existenz eines Organismus, der eine eigens für Anlagezwecke gebildete Vermögensmasse verwaltet und die verfügbaren Mittel, die zuvor bei einer Mehrzahl von Anlegern[17] eingesammelt worden sind, unter Berücksichtigung festgelegter Anlagegrundsätze in Vermögensgegenstände investiert. Die einzelnen Geschäftsformen können sich sowohl in der Struktur ihrer rechtlichen Organisation als auch hinsichtlich der gewählten Anlagestrategie erheblich voneinander unterscheiden.[18] 6

Das hier zugrunde gelegte weite Begriffsverständnis des Investmentgeschäfts ist europarechtlich geprägt und folgt unmittelbar aus einer **systematischen Gesamtbetrachtung** von Art. 1 Abs. 2 und 3 OGAW-IV-Richtlinie[19] und den Art. 2 Abs. 2 und Art. 4 Abs. 1 lit. a) und b) AIFM-Richtlinie.[20] Dem Wortlaut dieser Vorschriften ist ein **materielles Grundmuster** zu entnehmen: Kapitalbeschaffung durch einen Organismus für gemeinsame Anlagen, mit dem Zweck, das Kapital für gemeinschaftliche Rechnung der Kapitalgeber gemäß einer zuvor festgelegten Anlagestrategie zu investieren. Die rechtliche Struktur des Organismus ist dabei ohne Bedeutung. Dieser Ansatz liegt nunmehr auch dem KAGB zugrunde, was sich in der Definition des Investmentvermögens zeigt (vgl. § 1

[16] Zum Anwendungsbereich des KAGB → Rn. 59 ff. Zu den noch außerhalb des KAGB zulässigen bzw. speziell regulierten Erscheinungsformen kollektiver Anlagemodelle → Rn. 25 ff.

[17] Eine Ausnahme bilden hier die Spezialfonds, die in der Praxis häufig nur einen einzigen Anleger aufweisen. Dies ist aber unschädlich, solange nach der Konzeption des Anlagemodells das Vermögen auch mehr als einen Anleger haben kann. Vgl. dazu auch die Ausführungen zu § 1 Abs. 1 Satz 2 KAGB → Rn. 68 f.

[18] Zu den rechtlichen Organisationsformen → Rn. 13 ff.

[19] Richtlinie 2009/65/EG (OGAW-IV-Richtlinie), ABl. 2009 L 302, S. 32.

[20] Richtlinie 2011/61/EU (AIFM-Richtlinie), ABl. 2011 L 174, S. 1.

Abs. 1 Satz 1 KAGB),[21] auch wenn weiterhin Rechtsformbeschränkungen hinsichtlich der zulässigen Fondsvehikel zu beachten sind.[22]

7 Die Anleger erhalten im Gegenzug für das Kapital regelmäßig einen **Anteil an der gebildeten Vermögensmasse** bzw. ihnen wird eine sonstige Rechtsposition eingeräumt, die mit der Berechtigung an einer bestehenden Rechtsgesamtheit korrespondiert. Ein Initiator der Kapitalanlage oder eine sonstige von den Anlegern weisungsunabhängige professionelle Verwaltungsgesellschaft übernimmt gegen eine Management-Vergütung die Aufgabe, das Kapital in einzelne Vermögensgegenstände anzulegen und zu verwalten. Innerhalb der **durch Regulierung und Anlagegrundsätze gezogenen Grenzen trifft das Management wesentliche Entscheidungen in eigener Verantwortung,** und sofern es die Anlagestrategie erlaubt, entscheidet die Verwaltung auch über die Auswahl der Anlageobjekte und deren Gewichtung in der Vermögensmasse. Diese Aufgabenverteilung ist für das Investmentgeschäft in allen seinen Gestaltungsvarianten charakteristisch.

8 Im Gegensatz zur individuellen Direktanlage, zB in einzelne Wertpapiere oder in eine Immobilie, investiert der Anleger **nur mittelbar in die Vermögensgegenstände des Fonds,** indem er unmittelbar entweder einen Anteil an einer Vermögensmasse oder eine Beteiligung an einer Investmentgesellschaft erwirbt. Dies gilt im Ergebnis auch für den speziellen Fall, dass die Vermögensgegenstände eines Sondervermögens formal betrachtet im Miteigentum der Anleger stehen, wie im Falle des § 92 Abs. 1 Satz 1 Fall 2 KAGB vorgesehen. Denn nach der gesetzlichen Ausgestaltung dieser Organisationsform stehen dem einzelnen Anleger in Bezug auf die Vermögensgegenstände des Fonds weder Verfügungs- noch Besitzrechte zu.[23]

9 In zunehmendem Maße investieren heute **institutionelle Investoren** Teile ihres Kapitals in von Dritten verwaltete kollektive Anlagemodelle.[24] Nach der ursprünglichen **Investmentidee**[25] sollten diese Anlageformen aber insbesondere den privaten Anlegern einen Weg eröffnen, auch ohne die erforderliche Sachkunde und ohne zeitlichen Aufwand sowie unter Vermeidung der hohen Kosten einer laufenden Individualberatung in professionell verwaltete und zudem risikodiversifizierte Anlageprodukte zu investieren. Derartige Strategien würden ansonsten nur Kapitalanlegern offen stehen, die über größere investitionsfähige Kapitalmengen verfügen.[26] So aber lassen sich bereits bei einem kontinuierlichen Einsatz geringer Mittel, beispielsweise durch monatliche Einzahlungen auf der Basis eines **standardisierten Investmentsparplans,** auch für Kleinanleger positive wirtschaftliche Effekte erzielen. Investmentsparpläne spielen in der Praxis insbesondere beim Vertrieb von offenen Investmentvermögen immer noch eine große Rolle.[27]

2. Historische Entwicklung und aktuelle Tendenzen

10 Der soeben skizzierte Gedanke, insbesondere Anlegern mit geringeren Investitionsvolumina den Zugang zu einer professionell verwalteten, risikodiversifizierten Kapitalanlage zu eröffnen, war lange Zeit prägend für das Investmentgeschäft und **entstand in Ansätzen bereits Mitte des 19. Jahrhunderts in Europa.**[28] Exemplarisch sei hier auf den Gründungsprospekt des 1868 errichteten und vielfach zitierten britischen *Foreign and Colonial*

---

[21] Im Gegensatz dazu der frühere formelle Ansatz des InvG → Rn. 60. Dazu auch die → 1. Aufl. 2013, Kap. 39 Rn. 51.

[22] → Rn. 13 ff., 95 ff.

[23] So, aber noch in Bezug auf das InvG, auch Berger/Steck/Lübbehüsen/*Schmitz* InvG § 30 Rn. 13 unter Verweis auf die §§ 33 Abs. 2 Satz 3, 24 InvG. Ausführlich zur Miteigentumslösung Rn. 134 ff.

[24] → Rn. 12.

[25] So zB Assmann/Schütze/*Baur,* 3. Auflage, § 20 Rn. 7.

[26] Ähnlich mit Blick auf das frühere InvG Beckmann/Scholtz/Vollmer/*Beckmann* Einl. InvG Rn. 1; *Lenenbach* § 14 Rn. 14.3.

[27] Zur Praxis des Investmentsparplans BankR-HdB/*Köndgen/Schmies* § 113 Rn. 25 ff.

[28] Vgl. die Hinweise bei *Liefmann* S. 15; *Linhardt* S. 50 ff. Weiter in die Vergangenheit zurückblickend mit dem Fokus auf allgemeine Anlage- und Beteiligungstechniken Assmann/Wallach/Zetzsche/*Zetzsche* Einl. KAGB Rn. 12 ff.

Government Trust verwiesen, dessen Zweck es war, das Investitionsrisiko durch Streuung der Kapitalanlage auf mehrere Titel zu vermindern und so den kleinen Sparern dieselben Vorteile zu verschaffen wie den großen Kapitalanlegern.[29] Seine aus heutiger Sicht entscheidende **Rezeption** erfuhr dieses Anlagemodell jedoch erst in den 20er Jahren des letzten Jahrhunderts in den **USA,** als eine große Zahl von Investmentgesellschaften moderner Prägung entstanden ist, von denen auch heute noch etliche existieren. In dieser Phase sind auch die ersten Gesellschaften entstanden, die nach dem *open-end*-Prinzip als offene Investmentfonds gestaltet waren.[30] Diese sog *mutual funds* waren im Gegensatz zu den bis dahin üblichen *closed-end*-Gesellschaften im Grundsatz jederzeit offen für die Aufnahme weiterer Kapitalmittel und gewährten den Anlegern insbesondere das Recht, die Anteile jederzeit gegen Auszahlung des Anteilwerts an die Gesellschaft zurückzugeben. Eine umfassende Regulierung der amerikanischen Investmentbranche folgte dann im Zeitraum von 1933 bis 1940 im Zuge der Reform der Kapitalmärkte im Anschluss an die Weltwirtschaftskrise und als Reaktion auf den nicht zuletzt auch dadurch bewirkten Zusammenbruch vieler Investmentgesellschaften.[31] In Deutschland hingegen entstand erst nach Gründung der Bundesrepublik eine nennenswerte Investmentindustrie. Den Anfangspunkt markiert hier die im November 1949 gegründete Allgemeine Deutsche Investmentgesellschaft mbH.[32]

Waren in der Anfangszeit in Deutschland nur wenige Standardprodukte auf dem Markt **11** erhältlich und waren diese zumeist auf Investitionen in Aktien und Anleihen ausgerichtet, so ist im Laufe der Jahre die **Produktpalette der Investmentbranche** erheblich erweitert worden.[33] Die Anleger können heute zwischen einer großen Anzahl kollektiver Kapitalanlagen wählen, die sich insbesondere mit Blick auf die Anzahl und die Art der Anlagegegenstände sowie den Grad des Anlagerisikos erheblich in ihrer Anlagestrategie voneinander unterscheiden. So existieren zum Beispiel kollektive Vermögensanlagen, deren Kapital nur in Vermögensgegenstände einer bestimmten Asset-Klasse investiert wird, wie zB Derivate, Immobilien, Schuldtitel, Unternehmensbeteiligungen, Edelmetalle oder auch Fremdwährungen. Andere Anlagemodelle wiederum weisen eine besondere Fokussierung auf einzelne Industriebranchen auf, bilden Indizes ab, konzentrieren sich auf Nebenwerte oder setzen einen regionalen Anlageschwerpunkt.[34] Insbesondere geschlossene Fonds investieren das Kapital zT in nur wenigen oder sogar nur einen einzigen Vermögensgegenstand, zB eine Immobilie. Diese in den letzten Jahrzehnten zu beobachtende Entwicklung hin zur Spezialisierung kann im Einzelfall aber einen **Konflikt mit dem Gebot der Risikomischung** auslösen, soweit der Fonds diesem Prinzip unterworfen ist. Dies gilt insbesondere für offene Publikumsfonds, die enge Anlageziele haben, so dass eine ernsthafte Risikostreuung sehr fraglich ist oder gar von vornherein ausscheidet.[35]

Die Spezialisierung des Fondsangebots und die damit einhergehende Entwicklung von **12** immer neuen Anlagestrategien hat mittlerweile dazu geführt, dass in zunehmendem Maße neue Anlegerschichten, darunter insbesondere **institutionelle Investoren,** wie beispielsweise Versicherungsunternehmen oder Altersversorgungseinrichtungen, einen Teil ihres Kapitals in von Dritten verwaltete kollektive Vermögensanlagen investieren. So können Anteile an **Spezial-AIF** im Sinne der §§ 273 ff. KAGB sogar nur von professionellen oder

[29] Zitiert nach *Liefmann* S. 169.

[30] So auch Beckmann/Scholtz/Vollmer/*Beckmann* Einl. InvG Rn. 12 mit Hinweis auf den „Massachusetts Investors Trust" als ersten „mutual fund". Zum „Open-End-Prinzip" → Rn. 18.

[31] Dazu Beckmann/Scholtz/Vollmer/*Beckmann* Einl. InvG Rn. 8.

[32] Einen ausführlichen Überblick über die historische Entwicklung des Investmentgedankens im 19. und 20. Jahrhundert mit zahlreichen Nachweisen geben Assmann/Schütze/*Baur,* 3. Auflage 2007, § 20 Rn. 7 ff. und Beckmann/Scholtz/Vollmer/*Beckmann* Einl. InvG Rn. 5 ff. Einen historischen Überblick gibt auch Assmann/Wallach/Zetzsche/*Zetzsche* Einl. KAGB Rn. 12 ff., 30 ff.

[33] Eingehend dazu Assmann/Schütze/*Baur,* 3. Auflage 2007, § 20 Rn. 8 ff.

[34] Vgl. die Übersicht bei Beckmann/Scholtz/Vollmer/*Beckmann* InvG § 1 Rn. 70 ff.

[35] Vgl. BankR-HdB/*Köndgen/Schmies* § 113 Rn. 128a f. sowie fokussiert auf Klumpenrisiken *Fleischer/Schmolke* ZHR 173 (2009), 649 (667 f.). Zum Prinzip der Risikomischung → Rn. 202 ff.

semiprofessionellen Anlegern gehalten werden, nicht jedoch von Privatanlegern.[36] Bezogen auf die deutsche Investmentfondsbranche weisen diese Spezialfonds inzwischen ein in der Summe weit höheres Anlagevolumen auf als Publikumsfonds.[37] Trotz dieser Entwicklung erfüllt das Investmentgeschäft, insbesondere in den Anlageformen der Publikumsinvestmentvermögen nach dem KAGB, auch heute noch die **volkswirtschaftlich bedeutsame Funktion,** nichtinstitutionellen Anlegern den Zugang zu professionell verwalteten und risikodiversifizierten Kapitalanlagen zu eröffnen.

3. Überblick über die wesentlichen Organisations- und Geschäftsformen

13 Das KAGB[38] beinhaltet eine Anordnung der Organisations- und Geschäftsformen kollektiver Anlagemodelle. Es schafft einen **einheitlichen Regulierungsrahmen** für Investmentfonds und deren Manager über sämtliche Geschäftsarten und Marktsegmente hinweg, der eine generelle Erlaubnispflicht für die Verwaltung von Investmentvermögen vorsieht. Unter dem **Oberbegriff des Investmentvermögens**[39] fallen sowohl offene als auch geschlossene Fonds, und zwar unabhängig davon, ob diese sich an das gesamte Publikum richten, also damit auch an Privatanleger, oder nur an einen bestimmten Kreis von professionellen Anlegern; ferner ob aus europäischer Sicht das OGAW-Regime greift oder die AIFM-Richtlinie zu beachten ist. Innerhalb dieses Rahmens variieren **Breite und Tiefe der Regulierung.** Je nach Organisations- und Geschäftsform sind zum einen besondere strukturelle Anforderungen zu beachten, insbes. Einschränkungen bei der Wahl der Fondsvehikel, und zum anderen greifen spezifische Anlagegrundsätze, zB Vorgaben zur Risikomischung und zur Auswahl zulässiger Anlagegegenstände, sowie unterschiedliche Vertriebsregeln. Die zT komplexen und vielfach schwer lesbaren Regelungen des KAGB erschweren der Praxis jedoch eine reibungslose Anwendung.[40]

14 Eine erste und **grundlegende Typisierung** der inländischen Investmentvermögen erfolgt im KAGB auf Basis der **Begriffspaare** OGAW/AIF[41], offene/geschlossene Fonds[42] und Spezial-/Publikumsfonds[43]. Das KAGB definiert dabei das jeweils erste Begriffselement und nimmt im Verhältnis zum dazugehörigen zweiten Begriffselement dann nur eine **Negativabgrenzung** vor. Demzufolge versteht man unter AIF sämtliche Investmentvermögen, die keine OGAW sind (vgl. § 1 Abs. 3 KAGB), ferner sind geschlossene Fonds alle Fonds, die nicht die Voraussetzungen eines offenen Investmentvermögens erfüllen (vgl. § 1 Abs. 4 KAGB), und als Publikumsfonds werden alle Fonds bezeichnet, die nicht die besonderen Eigenschaften eines Spezialfonds aufweisen (vgl. § 1 Abs. 6 Satz 2 KAGB). Im Falle ausländischer Investmentvermögen wird dagegen lediglich unterschieden zwischen EU-Investmentvermögen, die dem Recht eines anderen EU/EWR-Mitgliedstaates unterliegen und entweder OGAW-Fonds oder AIF sein können (vgl. § 1 Abs. 8 KAGB), und ausländischen AIF nach dem Recht eines Drittstaates (vgl. § 1 Abs. 9 KAGB). Die hier vorgenommenen Abgrenzungen und Unterscheidungen erlangen Bedeutung insbes. auf Ebene der Produkt- und Vertriebsregeln. Der jeweilige Geschäftstypus hat aber auch unmittelbare **Auswirkungen auf den Pflichtenkanon des Fondsmanagers und die**

[36] Zu den einzelnen Anlegerkategorien → Rn. 22 f.

[37] Das Anlagevolumen der Spezialfonds lag Ende 2018 bei insgesamt 1.589 Mrd. EUR; dasjenige der Publikumsfonds hingegen nur bei 468 Mrd. EUR; in der Tendenz der letzten Jahre vergrößert sich der Abstand (Quelle: Jahresbericht BaFin 2018, 150).

[38] Kapitalanlagegesetzbuch, s. Art. 1 Gesetz zur Umsetzung der Richtlinie 2011/61/EU über die Verwalter alternativer Investmentfonds (AIFM-Umsetzungsgesetz – AIFM-UmsG) v. 4.7.2013, BGBl. I 2013, 1981; näheres zur Historie und zur Systematik des KAGB → Rn. 50 ff.

[39] Hierzu ausführlich → Rn. 63 ff. Zum früheren Begriff des Investmentvermögens nach § 1 Abs. 2 InvG s. a. → 1. Aufl. 2013, Kap. 39 Rn. 58 ff.

[40] Ebenso krit. Assmann/Wallach/Zetzsche/*Zetzsche* Einl. KAGB Rn. 9 ff. Vgl. zu den Problemen im Zuge der Einführung des KAGB auch BaFin-Jahresbericht 2014, S. 210 ff.

[41] → Rn. 16.

[42] → Rn. 17.

[43] → Rn. 22.

Rechtsstellung der Kapitalgeber. Beispielweise hängt von der im Einzelfall gewählten Struktur ab, in welcher Form die Anleger konkret beteiligt sind und ob eine jederzeitige Rückgabe der erworbenen Anteile zumindest im Grundsatz möglich ist.

In rechtsstruktureller Hinsicht lassen sich inländische Investmentvermögen als Gesamthandsvermögen einer **Publikumspersonengesellschaft,** als Gesellschaftsvermögen einer **Investmentkapitalgesellschaft** und auf der Grundlage **rechtsgeschäftlicher Treuhand- oder Miteigentumskonstruktionen** organisieren.[44] Wie bereits im früheren InvG[45] wird die Freiheit der Rechtsformwahl auch im KAGB durch einen *numerus clausus* zulässiger Fondsvehikel eingeschränkt. Als Organisationsformen stehen nur die **Investmentaktiengesellschaft** mit veränderlichem (§§ 108 ff. KAGB)[46] bzw. fixem (§§ 140 ff. KAGB)[47] Kapital, die neu eingeführte **Investmentkommanditgesellschaft** in der offenen (§§ 124 ff. KAGB)[48] oder geschlossenen (§§ 149 ff. KAGB)[49] Variante und das offene **Sondervermögen** auf der Basis der §§ 1 Abs. 10, 92 ff. KAGB[50] zur Verfügung. Die Verwaltung eines Sondervermögens übernimmt eine **Kapitalverwaltungsgesellschaft,** wohingegen die vorgenannten Investmentgesellschaften auch intern verwaltet werden können, da sie über eine eigene Rechtspersönlichkeit verfügen.[51] Im Gegensatz zur früheren Rechtslage vor Inkrafttreten des KAGB ist das Investmentgeschäft (auf Basis des materiellen Investmentfondsbegriffs) außerhalb dieser Organisationsformen grundsätzlich nicht erlaubt. Ein Ausweichen auf nicht regulierte Organisationsformen ist damit nicht mehr möglich. Hiervon abweichend hat der Gesetzgeber für bestimmte Geschäftsarten gesellschaftsrechtliche Sondertypen außerhalb des KAGB entwickelt, wie beispielsweise die REIT-Aktiengesellschaft oder die Unternehmensbeteiligungsgesellschaft nach dem UBGG.[52] Abzugrenzen ist das Investmentgeschäft nach dem KAGB zudem von den ebenfalls erlaubnispflichtigen Finanzdienstleistungen nach KWG, insbes. der Anlageverwaltung.[53] Diesen Fällen liegt kein Investmentvermögen zugrunde und die Anleger erhalten vielfach eine Vermögensanlage im Sinne des § 1 Abs. 2 VermAnlG, so dass die anlegerschützenden Regelungen des VermAnlG zur Anwendung kommen. 15

a) OGAW und AIF. Mit Einführung des KAGB hat der Gesetzgeber eine Reihe von etablierten Begrifflichkeiten und die bis dahin entwickelte **Typologie des InvG**[54] aufgegeben. Das KAGB unterteilt Investmentvermögen gemäß der **Terminologie und Systematik des europäischen Investmentrechts**[55] in OGAW (Organismen für gemeinsame Anlagen in Wertpapieren) und AIF (Alternative Investmentfonds). OGAW erfüllen die Anforderungen der OGAW-IV-Richtlinie[56] (vgl. § 1 Abs. 2 KAGB) und zeichnen sich dadurch aus, dass deren Vermögen im Wesentlichen aus liquiden Anlageinstrumenten, insbes. Wertpapieren und Geldmarktinstrumenten, besteht.[57] Unter dem Regime des InvG wurden diese Fonds noch als sog. Richtlinienkonforme Sondervermögen bezeichnet. Alle anderen Investmentvermögen, die keine OGAW sind, werden in Entsprechung von Art. 4 Abs. 1 lit. a) (ii) AIFM-Richtlinie[58] unter den Begriff AIF zusammengefasst (vgl. § 1 Abs. 3 16

[44] Vgl. dazu auch die Aufzählungen bereits bei Berger/Steck/Lübbehüsen/*Köndgen* Einl. InvG Rn. 4 ff.
[45] → 1. Aufl. 2013, Kap. 39 Rn. 51.
[46] → Rn. 147 ff.
[47] Zum Hintergrund → Rn. 149.
[48] → Rn. 155.
[49] → Rn. 155 f., 159.
[50] → Rn. 130 ff.
[51] Bei sog. intern verwalteten Investmentgesellschaften wird keine externe Verwaltungsgesellschaft bestellt, die Investmentgesellschaft selbst ist dann zugelassene Kapitalverwaltungsgesellschaft. Zum Überblick über die Organisationsstrukturen → Rn. 95 f.
[52] → Rn. 26 f.
[53] Zu dieser Abgrenzung → Rn. 28 f. Ausführlich zur Anlageverwaltung und Finanzportfolioverwaltung *Möslein* → Kap. 34 Rn. 9, 15 f.
[54] Zur früheren Typologie des InvG → 1. Aufl. 2013, Kap. 39 Rn. 174 ff.
[55] → Rn. 30 ff.
[56] Zur OGAW-IV-Richtlinie → Rn. 32 ff.
[57] Die besonderen Regelungen zu den OGAW-Fonds finden sich in den §§ 192 ff. KAGE; → Rn. 205 ff.
[58] S. zur AIFM-Richtlinie die Ausführungen unter → Rn. 38 ff.

KAGB).[59] Hierzu gehören offene (mit Ausnahme der OGAW-Fonds) und geschlossene Publikumsinvestmentvermögen sowie auch sämtliche Spezialfonds, darunter Hedgefonds und Private Equity Fonds.[60] OGAW lassen sich gemäß § 91 Abs. 1, 2 KAGB nur als Sondervermögen oder Investmentaktiengesellschaft mit veränderlichem Kapital organisieren, wohingegen für AIF im Grundsatz sämtliche Organisationsvehikel des KAGB offen stehen.

17 **b) Offene und geschlossene Investmentvermögen.** Für die Abgrenzung zwischen offenen und geschlossenen Investmentvermögen ist das **Rückgaberecht der Anteilseigner** entscheidendes Merkmal. Die Anleger eines offenen Investmentvermögens können im Grundsatz, wenn auch ggf. unter Beachtung bestimmter Voraussetzungen, die Rückgabe ihrer Anteile gegen Auszahlung aus dem Fonds verlangen, während bei geschlossenen Fondskonstruktionen den Anlegern innerhalb der Laufzeit nur ein etwaiger Sekundärmarkt offen steht. Typischerweise kann das Fondsmanagement offener Investmentvermögen zudem unbegrenzt weitere Anteile ausgeben. Die Größe des offenen Investmentvermögens ist insoweit variabel.[61] Geschlossene Fonds verfolgen dagegen häufig die Strategie, das einmal eingesammelte Kapital längerfristig in hochpreisige Wirtschaftsgüter zu investieren.[62] Sie können weder das zur Verfügung stehende Investmentvermögen ohne weiteres durch Ausgabe neuer Anteile vergrößern, noch können die Anleger ihre Anteile vor dem Ende der festgelegten Laufzeit einfach zurückgeben.

18 In die Gruppe der offenen Investmentvermögen fallen gemäß § 1 Abs. 4 KAGB zunächst OGAW, denn diese müssen zwingend ein Rückgaberecht des Anlegers vorsehen, sowie sämtliche AIF, die die Voraussetzungen von **Art. 1 Abs. 2 Verordnung (EU) Nr. 694/2014**[63] erfüllen. Erfasst werden hiernach AIF, die Anteile ausgeben, welche vor Beginn der Liquidations- oder Auslaufphase auf Ersuchen eines Anteilseigners direkt oder indirekt aus den Vermögenswerten des AIF und nach den Verfahren und mit der Häufigkeit, die in den Vertragsbedingungen bzw. der Satzung, dem Prospekt oder den Emissionsunterlagen festgelegt sind, zurückgekauft oder zurückgenommen werden. Die Begriffe Rückkauf bzw. Rücknahme werden weder vom Verordnungsgeber noch vom deutschen Gesetzgeber weiter definiert. Der Text der Verordnung enthält hierzu lediglich die beiden Klarstellungen, dass die Möglichkeit ausschüttungsbedingter Kapitalherabsetzungen sowie die tatsächliche Existenz eines Sekundärmarkthandelns keine Auswirkungen auf die diesbezügliche Einordnung eines Fonds haben.[64] Ebenfalls außer Betracht bleiben hier außerordentliche Kündigungs- oder Widerrufsrechte der Anteilseigner.[65] Für die Abgrenzung von offenen und geschlossenen Fonds ist vielmehr allein darauf abzustellen, ob eine im Grundsatz gegebene **anlassunabhängige Rückgabemöglichkeit** während der Laufzeit besteht (sog ***open-end*-Prinzip**[66]). Es handelt sich hierbei um ein besonderes Lösungsrecht,[67] das den Anlegern eine Desinvestition ermöglicht, und zwar unabhängig von einer etwaigen Marktentwicklung und selbst bei völligem Fehlen eines liquiden Sekundärmarktes.[68] Der **Rücknahmepreis** entspricht im Wesentlichen dem Nettoinventarwert des Anteils und erfolgt auf Basis der in § 168 KAGB

---

[59] Zum diesem Begriff ausführlich *Zetzsche/Preiner* WM 2013, 2101, 2101.

[60] Einzelheiten zu den einzelnen Typen von AIF-Investmentvermögen → Rn. 200 ff.

[61] Ähnlich Berger/Steck/Lübbehüsen/*Köndgen* Einl. InvG Rn. 5, aber noch in Bezug auf das offene Sondervermögen des InvG.

[62] Lüdicke/Arndt/*Bost/Halfpap* Geschlossene Fonds S. 5 f.

[63] Delegierte Verordnung (EU) Nr. 694/2014 der Kommission v. 17. Dezember 2013 zur Ergänzung der Richtlinie 2011/61/EU des Europäischen Parlaments und des Rates im Hinblick auf technische Regulierungsstandards zur Bestimmung der Arten von Verwaltern alternativer Investmentfonds, ABl. 2014 L 183, S. 18.

[64] Hierzu *Geurts/Schubert* WM 2014, 2154 (2155 f.).

[65] Ebenso *Geurts/Schubert* WM 2014, 2154 (2156).

[66] Dazu ausführlich *Roth* S. 335 ff.

[67] BankR-HdB/*Köndgen/Schmies* § 113 Rn. 253 sprechen von einem Vertragslösungsrecht eigener Art.

[68] Mit der Betonung auf ein „Marktrecht" BankR-HdB/*Köndgen/Schmies* § 113 Rn. 253.

statuierten Bewertungsvorgaben.[69] Bei Anwendung des **Swing Pricing** gilt der um die Transaktionskosten modifizierte Nettoinventarwert (vgl. §§ 168 Abs. 1 a, 71 Abs. 3 Satz 3 KAGB).[70] Unabhängig von dieser Rückgabemöglichkeit können die Anleger eines Investmentvermögens ihre Anteile regelmäßig auch an Dritte übertragen, was insbesondere für börsengehandelte Anteile an Sondervermögen (sog exchange traded funds bzw. **ETFs**) von Bedeutung ist.[71]

Temporäre **Aussetzungen** und/oder allgemeine Beschränkungen des Rückgaberechts, beispielsweise durch Festlegung von Mindesthaltefristen oder Rückgabeperioden, stehen einer generellen Einordnung eines Investmentvermögens als offener Fonds nicht entgegen. So können die jeweiligen Anlagebedingungen insbesondere eine Aussetzung der Rücknahme vorsehen (vgl. §§ 98 Abs. 2, 116 Abs. 2 Satz 6, 133 Abs. 1 Satz 5 KAGB). Die Entscheidung über die Aussetzung steht grundsätzlich im **pflichtgemäßen Ermessen** der Kapitalverwaltungsgesellschaft.[72] Diese hat unter Berücksichtigung der Interessen der rückgabewilligen Anleger einerseits und der übrigen Anleger des Investmentvermögens andererseits zu prüfen, ob außergewöhnliche Umstände vorliegen, die ausnahmsweise diese Maßnahme rechtfertigen. Dabei hat sie zu beachten, dass die betreffende Regelung, die auch als ***Katastrophenklausel***[73] bezeichnet wird, grundsätzlich eng auszulegen ist, da es sich bei dem Rückgaberecht des Anlegers um ein Wesensmerkmal der offenen Anlagemodelle nach dem KAGB handelt.[74] Nicht selten dürfte die Anlageentscheidung für eine Investition in ein offenes Investmentvermögen auch ganz maßgeblich von der Fungibilität des Anteils beeinflusst sein. Hieraus folgt, dass **massenhaft ausgeübte Rückgabebegehren** allein, selbst wenn sie zu einem Liquiditätsengpass führen sollten,[75] nicht genügen, solange auf marktübliche Weise durch eine Veräußerung von Vermögensgegenständen, insbesondere von Finanzinstrumenten, noch genügend Liquidität zu erzielen ist. Die in diesem Zusammenhang notwendigen Transaktionen müssen nicht unbedingt wirtschaftlich sinnvoll sein, da ansonsten die Kapitalverwaltungsgesellschaft die Rücknahme allein mit dem Hinweis auf stark fallende Märkte aussetzen könnte.[76] Für die Beurteilung, ob eine Aussetzung der Anteilsrücknahme gerechtfertigt ist, ist vielmehr **entscheidend, ob der Anteilswert sich noch angemessen ermitteln lässt.**[77] Dies ist insbesondere dann nicht der Fall, wenn die Funktionen der maßgeblichen Märkte und Börsen auf Grund von starken Verwerfungen außer Kraft gesetzt werden. Der jederzeitige Rückgabeanspruch kann auch von vornherein eingeschränkt sein, so insbesondere für Anteile von Immobilien-Sondervermögen (vgl. § 255 KAGB)[78] und Dach-Hedgefonds (vgl. § 227 KAGB).[79] Der Gesetzgeber hat im Jahre 2020 die Möglichkeiten zur Beschränkung des Rückgaberechts erweitert.[80] Die Anlage- 19

[69] S. Weitnauer/Boxberger/Anders/*Kayser/Selkinski* § 168 Rn. 7 („allgemeine gesetzliche Vorschrift für die Bewertung"). Zwar ist § 168 KAGB nur auf offene Publikumsinvestmentvermögen unmittelbar anwendbar. Die Vorschrift gilt aber gem. §§ 278, 286 KAGB auch für offene und geschlossene Spezial-AIF und gem. §§ 248 Abs. 1, 271 KAGB unter Beachtung gewisser Maßgaben auch für Immobilien-Sondervermögen und geschlossenen Publikums-AIF.

[70] S. dazu *Dahmen* GWR 2020, 111 (111).

[71] Anteile an Spezialinvestmentvermögen dürfen aber auch auf dem Sekundärmarkt nur von professionellen bzw. semiprofessionellen Anlegern erworben werden.

[72] Weitnauer/Boxberger/Anders/*Anders* § 98 Rn. 14; Berger/Steck/Lübbehüsen/*Schmitz* InvG § 37 Rn. 14 f.

[73] Beckmann/Scholtz/Vollmer/*Beckmann* KAGB § 98 Rn. 2.

[74] So auch Beckmann/Scholtz/Vollmer/*Beckmann* KAGB § 98 Rn. 5.

[75] So aber Weitnauer/Boxberger/Anders/*Anders* § 98 Rn. 14.

[76] Zutreffend Berger/Steck/Lübbehüsen/*Schmitz* InvG § 37 Rn. 17; Beckmann/Scholtz/Vollmer/*Beckmann* KAGB § 98 Rn. 61 f.

[77] Vgl. Berger/Steck/Lübbehüsen/*Schmitz* InvG § 37 Rn. 17; Beckmann/Scholtz/Vollmer/*Beckmann* KAGB § 98 Rn. 61.

[78] → Rn. 215 ff.

[79] → Rn. 212 ff.

[80] Art. 5 Gesetz zur Einführung von Sondervorschriften für die Sanierung und Abwicklung von zentralen Gegenparteien und zur Anpassung des WertpapierhandelsG an die Unterrichtungs- und Nachweispflichten nach den Art. 4 a und 10 der VO (EU) Nr. 648/2012 v. 19.3.2020, BGBl. I S. 529.

bedingungen können **Rückgabefristen** von bis zu einem Monat vorsehen (§ 98 Abs. 1a KAGB) sowie die Rücknahme beschränken, wenn die Rückgabeverlangen der Anleger einen zuvor festgelegten **Schwellenwert** erreichen (§ 98 Abs. 1b KAGB). Diese Instrumente sollen ein besseres Liquiditätsmanagement ermöglichen.[81]

20 Das KAGB legt verbindlich die für offene und geschlossene Fonds jeweils **zulässigen Organisationsformen** fest. Offene Investmentvermögen lassen sich gemäß § 91 Abs. 1 KAGB nur als Investmentaktiengesellschaft mit veränderlichem Kapital oder als Sondervermögen organisieren; im Falle eines Spezial-AIF kommt gemäß § 91 Abs. 2 KAGB auch eine offene Investmentkommanditgesellschaft in Betracht.[82] Etwas anderes gilt für offene Immobilienfonds, denn diese dürfen gemäß § 91 Abs. 3 KAGB nur als Sondervermögen aufgelegt werden. Den geschlossenen Investmentvermögen stehen dagegen gemäß § 139 KAGB nur die Investmentaktiengesellschaft mit fixem Kapital und die geschlossene Investmentkommanditgesellschaft zur Verfügung.[83]

21 Die Anteile geschlossener Fonds fallen seit Inkrafttreten des KAGB nicht mehr in den Anwendungsbereich des VermAnlG.[84] Sie werden aber gemäß § 2 Abs. 4 Nr. 2 WpHG sowie § 1 Abs. 11 Satz 1 Nr. 5 KWG, ebenso wie die Anteile offener Investmentvermögen, als **Finanzinstrumente** qualifiziert, so dass diejenigen, die Dienstleistungen im Zusammenhang mit Anteilen an Investmentvermögen erbringen, vom Anwendungsbereich dieser Regelwerke erfasst werden. Aus Sicht des KAGB unterliegen geschlossene Fonds dagegen weniger strengen bzw. detaillierten **Produktvorschriften.** Hieraus resultiert eine größere Freiheit bei der Fondsgestaltung und bei der Auswahl der Anlageobjekte.[85] Dies gilt insbesondere für die geschlossenen Spezial-AIF, deren Manager nicht einmal den Grundsatz der Risikomischung beachten müssen und deshalb das eingesammelte Kapital lediglich in einen einzigen Vermögensgegenstand investieren können, zB in eine Immobilie oder ein Schiff.[86] Hier stehen zunächst die Finanzierung des Wirtschaftsguts sowie die Verteilung des mit der Kapitalanlage verbundenen Risikos auf verschiedene Anleger im Vordergrund, nicht die Diversifizierung des mit der einzelnen Kapitalanlage verbundenen Risikos. In der Praxis werden aber auch geschlossene sog. **Multi-Asset-Fonds** aufgelegt, die zum Zwecke der Risikomischung von vornherein in eine Mehrzahl von Vermögensgegenständen investieren können.[87] Eine geschlossene Struktur weisen typischerweise die auf den Erwerb von nicht börsennotierten Unternehmensbeteiligungen spezialisierten **Private Equity Fonds** und **Venture Capital Fonds** auf.[88]

22 **c) Publikumsinvestmentvermögen und Spezial-AIF (Anlegerkategorien).** Investmentvermögen können sich an das gesamte Anlegerpublikum, also auch an Privatanleger, oder nur an einen begrenzten professionellen Kreis richten. Demzufolge sind Spezial-AIF nach der in § 1 Abs. 6 Satz 1 KAGB niedergelegten Legaldefinition AIF, deren Anteile aufgrund von schriftlichen Vereinbarungen mit der Verwaltungsgesellschaft oder aufgrund der konstituierenden Dokumente des AIF nur von **professionellen und semiprofessionellen** Anlegern erworben werden dürfen. Alle übrigen Investmentvermögen sind gemäß § 1 Abs. 6 Satz 2 KAGB Publikumsinvestmentvermögen und dürfen auch Privatanlegern zum Erwerb angeboten werden. Zweck dieser Differenzierung ist die **Sicherstellung eines hohen Schutzniveaus für Privatanleger** durch strengere Regulierung der Publikumsinvestmentvermögen bei gleichzeitiger Gewährung einer größeren Gestaltungsfreiheit in den Fällen, in denen der private Publikumsanleger nicht betroffen ist.[89] Damit orientiert

---

[81] Näheres zu den sog. Redemption Gates *Dahmen* GWR 2020, 111 (112).
[82] → Rn. 155 ff.
[83] → Rn. 95.
[84] Vgl. § 1 Abs. 2 VermAnlG.
[85] So auch *Geurts/Schubert* WM 2014, 2154 (2157 f.).
[86] S. dazu auch Lüdicke/Arndt/*Lüdicke,* Geschlossene Fonds S. 1; *Reuter* WM 2009, 2057 (2058 f.).
[87] Vgl. Lüdicke/Arndt/*Lüdicke,* Geschlossene Fonds S. 1.
[88] So auch Berger/Steck/Lübbehüsen/*Köndgen* InvG § 1 Rn. 17.
[89] → Rn. 222 ff.

sich die Intensität der Regulierung an die gesetzlich vermutete Schutzwürdigkeit der jeweiligen Anlegergruppe.[90] Ein weit reichender Anlegerschutz ist in der Konstellation des Spezialinvestmentvermögens aber auch nicht erforderlich, denn im Gegensatz zur Praxis bei Publikumsinvestmentvermögen werden die jeweiligen Anleger, vielfach existiert hier sogar nur ein einziger Anleger,[91] die Grundlagen des Fonds und die Inhalte der Anlagebedingungen bereits im Rahmen der Fondsauflegung mitgestalten und zusätzlich auch laufenden Einfluss auf die Anlagepolitik durch einen Anlageausschuss nehmen.[92]

Angesichts dieser Rechtsfolgen erlangt die Abgrenzung zwischen den genannten Anlegergruppen eine besondere Bedeutung. Das KAGB definiert die professionellen und semiprofessionellen Anleger und grenzt die Gruppe der Privatanleger dann negativ ab (vgl. § 1 Abs. 19 Nr. 31 bis 33 KAGB). Hiernach fallen unter den Begriff des **professionellen Anlegers** diejenigen, die im Anhang II der MiFID-II-Richtlinie[93] als professionelle Kunden angesehen werden (d. h. insbesondere Kreditinstitute, Wertpapierfirmen, zugelassene oder beaufsichtigte Finanzinstitute, Versicherungsgesellschaften und große Unternehmen[94]) oder auf Antrag als solche behandelt werden können. Im letzteren Fall müssen die betreffenden Anleger zwei der nachfolgenden Kriterien erfüllen: Geschäftstätigkeit in erheblichem Umfang im relevanten Markt in den vier vorhergehenden Quartalen (mindestens zehn Geschäfte pro Quartal), Finanzinstrument-Portfolio übersteigt € 500.000 und Anleger ist oder war mindestens ein Jahr lang in einer beruflichen Position im Finanzsektor tätig, die Kenntnisse über die geplanten Geschäfte oder Dienstleistungen voraussetzt. Um weiteren Gruppen von institutionellen Anlegern, darunter **Stiftungen** und **Versorgungswerken,** sowie **vermögenden Privatpersonen** Investitionen in Spezial-AIF zu ermöglichen, hat der Gesetzgeber die neue Kategorie des semiprofessionellen Anlegers in das KAGB aufgenommen.[95] **Semiprofessionelle Anleger** sind diejenigen, die (i) sich verpflichten, mindestens € 200.000 zu investieren, die (ii) schriftlich in einem vom Vertrag über die Investitionsverpflichtung getrennten Dokument angeben, dass sie sich der Risiken im Zusammenhang mit der beabsichtigten Verpflichtung oder Investition bewusst sind, und die (iii) von der jeweiligen AIF-Verwaltungsgesellschaft, welche zuvor sich ua vom Sachverstand, den Erfahrungen und Kenntnissen sowie dem Risikoverständnis des Anlegers überzeugt hat, eine schriftliche Bestätigung über ihren Anlegerstatus erhalten haben. Als semiprofessionelle Anleger gelten unabhängig vom zuvor Gesagten auch alle Anleger, die sich verpflichten, mindestens € 10.000.000 in ein Investmentvermögen zu investieren. Aus Sicht des Gesetzgebers besteht offenbar ab dieser Größenordnung kein signifikantes Schutzbedürfnis mehr für den Anleger.[96] Diese neue Anlegerkategorie führt im Ergebnis zu einer weiteren Ausdifferenzierung des Anlegerschutzes im Bereich des Investmentgeschäfts.[97] 23

d) Europäische und ausländische Fonds. Eine erhebliche Bedeutung für das inländische Investmentgeschäft haben Investmentfonds, die einer ausländischen Rechtsordnung unterstehen. Das gilt insbesondere für Investmentfonds aus **Luxemburg** und **Irland,** die sich sowohl im Rahmen der OGAW-IV-Richtlinie[98] als auch im Anwendungsbereich der AIFM-Richtlinie[99] bewegen. In diesen Ländern entwickelte sich im Laufe der Jahre auf Grund einer zurückhaltenden Besteuerung und einer flexiblen Aufsicht eine bedeutende 24

[90] Ähnlich *Zetzsche* AG 2013, 613 (613); Assmann/Schütze/*Eckhold/Balzer* § 22 Rn. 45, 73.

[91] Dies soll der Einordnung als kollektive Vermögensanlage aber nicht entgegenstehen, → Rn. 68.

[92] S. dazu Emde/Dornseifer/Dreibus/*Zirlewagen* § 284 Rn. 163 f.

[93] Richtlinie 2014/65/EU des Europäischen Parlaments und des Rates vom 15.5.2014 über Märkte für Finanzinstrumente (MiFID II), ABl. 2014 L 173, S. 349.

[94] Es müssen auf Unternehmensebene zwei der nachfolgenden Anforderungen erfüllt sein: (i) Bilanzsumme: 20.000.000 EUR, (ii) Nettoumsatz: 40.000.000 EUR, (iii) Eigenmittel: 2.000.000 EUR.

[95] Dazu Weitnauer/Boxberger/Anders/*Volhard/Jang* § 1 Rn. 112 ff.; Assmann/Schütze/*Eckhold/Balzer* § 22 Rn. 75 f.; *Wollenhaupt/Beck* DB 2013, 1950 (1953).

[96] S. Beschlussempfehlung und Bericht des Finanzausschusses, BT-Drucks. 17/13395, S. 401.

[97] Ausführlich *Schubert/Schuhmann* BKR 2015, 45 (45 ff.).

[98] → Rn. 32 ff.

[99] → Rn. 38 ff.

Fondsindustrie.[100] Fondsgesellschaften aus diesen, aber auch aus anderen europäischen Ländern sowie Drittstaaten bewerben ihre Produkte nicht zuletzt auch in Deutschland. Diesem Umstand trägt das KAGB insbesondere dadurch Rechnung, dass es nach den Vorgaben der OGAW- und AIFM-Richtlinie den inländischen **Vertrieb von EU-Investmentvermögen (EU-OGAW und EU-AIF) sowie ausländischen AIF** reguliert.[101] Den Legaldefinitionen zufolge unterliegen EU-Investmentvermögen dem Recht eines anderen EU/EWR-Staates (vgl. § 1 Abs. 8 KAGB), ausländische AIF dagegen dem Recht eines Drittstaates (vgl. § 1 Abs. 9 KAGB). Diese werden abgegrenzt von den dem inländischen Recht unterliegenden Investmentvermögen (vgl. § 1 Abs. 7 KAGB). Für die jeweilige Zuordnung ist die aufsichtsrechtliche Zulassung bzw. Registrierung maßgeblich; ist eine solche nicht vorgesehen oder erforderlich, kommt es auf den Sitz der Hauptverwaltung des AIF an.[102] Auch hinsichtlich ausländischer Fondskonstruktionen ist auf den materiellen Investmentfondsbegriff[103] abzustellen. Bereits nach dem InvG (und nicht erst seit Inkrafttreten des KAGB) galt zum Zwecke der Erweiterung des Anwendungsbereichs der investmentgesetzlichen Vertriebsvorschriften für ausländische Fonds ein mehr wirtschaftlich-materieller Investmentbegriff.[104]

25 **e) Erscheinungsformen außerhalb des KAGB.** Liegen die Voraussetzungen eines Investmentvermögens vor, ist der Anwendungsbereich des KAGB eröffnet, d. h. es gelten die hier normierten Produktregeln für den Investmentfonds und der Manager bedarf grundsätzlich einer Erlaubnis bzw. einer Registrierung.[105] Außerhalb des KAGB hat der Gesetzgeber vereinzelt **branchenspezifische Geschäftsformen** entwickelt, wie zB die REIT-Aktiengesellschaft oder die Unternehmensbeteiligungsgesellschaft, die materiell gesehen dem Investmentgeschäft zuzuordnen bzw. mit diesem eng verwandt sind. Diese Geschäftsformen sind aber entweder vollständig oder zumindest teilweise (unter grundsätzlicher Geltung des KAGB) einer spezialgesetzlichen Regulierung unterworfen. Ferner fallen bestimmte **Anlagegesellschaften** nicht in den Anwendungsbereich des KAGB, die zwar ein kollektives Anlagemodell betreiben, dem aber kein Investmentvermögen zugrunde liegt. Für diese Gesellschaften existieren aufgrund der Reichweite des materiellen Investmentfondsbegriffs gleichwohl nur noch geringe Spielräume,.[106] Vielfach wird es sich dabei um Vermögensanlagen im Sinne des § 1 Abs. 2 VermAnlG handeln, so dass zum Schutze der Anleger die diesbezüglich festgelegten Transparenzpflichten greifen.[107]

26 **aa) REIT-Aktiengesellschaft, UBG.** Im Jahre 2007 wurde die auf Immobilien spezialisierte, börsennotierte REIT-Aktiengesellschaft (**Real Estate Investment Trust,** vgl. §§ 1 ff. REITG) eingeführt. Hierbei handelt es sich um einen besonderen, eigens für Investmentzwecke konstruierten Typus der Aktiengesellschaft, für den zahlreiche Sonderregelungen gelten, beispielsweise hinsichtlich des Unternehmensgegenstands oder der Kapitalausstattung. Das KAGB kommt hingegen nicht zur Anwendung.[108] Die Anleger sind als Aktionäre unmittelbar an der Gesellschaft beteiligt; ihnen stehen damit auch sämtliche Aktionärsrechte zu. Die REIT-Aktiengesellschaft dient gleichwohl als typisches Investmentvehikel und investiert das Anlagekapital, das sie in ihrem Gesellschaftsvermögen hält, zum alleinigen Nutzen der Aktionäre. Sie ist nach § 13 Abs. 1 REITG verpflichtet,

---

[100] S. dazu *Elicker/Rech* RdF 2014, 106 (106 ff.); bereits auch Assmann/Schütze/*Baur,* 3. Aufl. 2007, § 20 Rn. 28.

[101] Vgl. hierzu auch die Ausführungen zu den Vertriebsvorschriften → Rn. 228 ff.

[102] Im Einzelfall kann es zu Abgrenzungsschwierigkeiten kommen s. Weitnauer/Boxberger/Anders/*Volhard/Jang* § 1 Rn. 51; Patzner/Döser/Kempf/*Patzner/Schneider-Deters* § 1 Rn. 35 ff.

[103] → Rn. 60 ff.

[104] Zum Anwendungsbereich des früheren InvG mit Blick auf ausländische Fonds → 1. Aufl. 2013, Kap. 39 Rn. 54 ff.

[105] → Rn. 90 ff.

[106] → Rn. 59 ff.

[107] Insb. besteht eine Pflicht zur Veröffentlichung eines Verkaufsprospekts, § 6 VermAnlG.

[108] Vgl. zur Abgrenzung zum Begriff des Investmentvermögens → Rn. 78.

mindestens 90 % ihres handelsrechtlichen Jahresüberschusses an die Aktionäre als Dividende auszuschütten. Den Aktionären einer REIT-Aktiengesellschaft steht kein Rückgaberecht zu, stattdessen haben sie aber die Möglichkeit, ihre Aktien, die gemäß § 10 Abs. 1 REITG zum Handel an einem organisierten Markt im Sinne des § 2 Abs. 11 WpHG zugelassen sein müssen, an der Börse zu veräußern.[109] Der zulässige Unternehmensgegenstand der REIT-AG ist jedoch eng begrenzt und erfasst lediglich den Erwerb und die Verwaltung von Immobilien, soweit sie nicht inländische Bestandsmietwohnimmobilien im Sinne des § 3 Abs. 9 REITG[110] sind. Eine Risikomischung, wie bei Publikumsinvestmentvermögen nach dem KAGB verbindlich vorgegeben,[111] ist nach dem REITG nicht zwingend vorgesehen.

Einer lediglich spezialgesetzlichen Produktregulierung unterliegt die auf Eigenkapitalbeteiligungen ausgerichtete **Unternehmensbeteiligungsgesellschaft** nach dem UBGG.[112] Diese besondere Unternehmensform, welche grundsätzlich unter das KAGB-Regime fällt,[113] wurde ursprünglich mit dem Ziel eingeführt, die Entwicklung des Marktes für Private Equity und Venture Capital in Deutschland zu fördern, sie konnte sich jedoch im Markt nicht richtig etablieren.[114] 27

bb) Sonstige Anlagegesellschaften. Die Geschäftspraxis von Anlagegesellschaften des inzwischen stark ausgetrockneten sogenannten *Grauen Kapitalmarkts,*[115] welche außerhalb des KAGB agieren, wird oftmals den Tatbestand der **Anlageverwaltung gemäß § 1 Abs. 1a Satz 2 Nr. 11 KWG** erfüllen.[116] Letzterer begründet eine generelle Erlaubnispflicht für kollektive Anlagemodelle außerhalb des Anwendungsbereichs des KAGB, soweit diese (i) schwerpunktmäßig die Anschaffung und die Veräußerung von Finanzinstrumenten für eine Gemeinschaft von Anlegern, die natürliche Personen sind, zum Gegenstand haben, (ii) der jeweilige Vermögensverwalter einen eigenen Entscheidungsspielraum bei der Auswahl der Finanzinstrumente hat und (iii) das Anlagemodell den Zweck verfolgt, die Anleger an der Wertentwicklung der erworbenen Finanzinstrumente teilhaben zu lassen. Je nach konkreter Ausgestaltung der vertraglichen Vereinbarung können insbesondere **Investmentclubs, *Family Offices,* Treuhandsammelkonten** (in der Praxis meist als sog. *managed accounts* bezeichnet) sowie **andersartige Treuhandkonstruktionen** in die vorgenannte Kategorie fallen.[117] Fehlt es hier an einer Gemeinschaft von Anlegern, wird regelmäßig eine nach § 1 Abs. 1a Satz 2 Nr. 3 KWG ebenfalls erlaubnispflichtige **Finanzportfolioverwaltung** anzunehmen sein. Im Unterschied zur Rechtslage für Publikumsinvestmentvermögen nach KAGB besteht in allen diesen Fällen keine gesetzliche Verpflichtung zur Risikodiversifizierung. Basierend auf den Erkenntnissen der **Portfoliotheorie** ist aber im Rahmen 28

[109] Zu den kapitalmarktrechtlichen Aspekten der REIT-AG vgl. *Götze/Hütte* NZG 2007, 332 (332 ff.).

[110] Bestandsmietwohnimmobilien dienen überwiegend Wohnzwecken und sind vor dem 1.1.2007 erbaut worden. Zum Unternehmensgegenstand der REIT-AG *Wohltmann* AG 2011, 444 (444 ff.).

[111] Vgl. §§ 214, 262 KAGB; → Rn. 220.

[112] Vgl. Gesetz über Unternehmensbeteiligungsgesellschaften (UBGG) aus dem Jahre 1998, welches einen Rechtsrahmen insbesondere für sog. Private Equity Fonds schaffen sollte. Krit. dazu *Fischer* WM 2008, 857 (857 ff.). Bis zum Inkrafttreten des KAGB existierte auch die besondere Form der Wagniskapitalbeteiligungsgesellschaft nach dem Gesetz zur Förderung von Wagniskapitalbeteiligungen (WKBG), eingeführt mit dem Gesetz zur Modernisierung der Rahmenbedingungen für Kapitalbeteiligungen (MoRaKG) v. 12.8.2008, BGBl. I 2008, 1672; dazu *Haag/Veith* BB 2008, 1915. Hierdurch sollten die Rahmenbedingungen für die Finanzierung von jungen und mittelständischen Unternehmen verbessert werden (s. Begründung GE MoRaKG, BT-Drs. 16/6311, 14 f.). Die Praxis nahm diese Geschäftsform aber nicht an.

[113] Vgl. hierzu Hdb. VC Weitnauer/*Weitnauer,* Teil A Rn. 69. Die Zukunft der Unternehmensbeteiligungsgesellschaft nach dem UBGG vor dem Hintergrund der AIFM-Richtlinie beleuchten *Sustmann/Neuhaus* CF law 2012, 78 (78 ff.).

[114] Vgl. die Angaben dazu bei *Fischer* WM 2008, 857 (858).

[115] Eine Erweiterung der Regulierung erfolgte etwa durch das Kleinanlegerschutzgesetz v. 3.7.2015, BGBl. I 2015, 1114. Zum Anwendungsbereich des KAGB → Rn. 59 ff.

[116] Zur Anlageverwaltung auch *Möslein* → Kap. 34 Rn. 9, 15; sowie *Voge* WM 2010, 913 (913 ff.); *Bärenz/Käpplinger* ZBB 2009, 277 (277 ff.); *Klebeck/Kolbe* ZIP 2010, 215 (215 ff.); *Schönemann* BKR 2010, 130 (130 ff.).

[117] S. zum Anwendungsbereich des KAGB auch → Rn. 59 ff. Vgl. zu den hier genannten Begriffen und den sich dahinter verbergenden Konstruktionen Berger/Steck/Lübbehüsen/*Köndgen* InvG § 1 Rn. 16 ff.

der Verwaltung fremden Vermögens, das mit der Vermögensanlage verbundene Risiko stets durch Diversifikation zu minimieren, sofern es die Anlagebestimmungen erlauben.[118] In der Vergangenheit, d. h. vor Einführung dieser besonderen Erlaubnispflicht im KWG und vor Inkrafttreten des KAGB, war noch umstritten, ob Anlagemodelle, die materiell gesehen das Investmentgeschäft betrieben, nach den Regelungen über Finanzkommissionsgeschäfte oder Investmentgeschäfte einer Erlaubnis bedurften.[119]

29 **f) Anderweitige Klassifizierungen.** In der Praxis werden Investmentfonds nicht nur auf der Grundlage ihrer Organisationsverfassung bzw. der hier dargelegten Typisierung[120], sondern auch nach anderen Kriterien in Gruppen bzw. Anlageklassen eingeteilt. Üblicherweise wird eine Klassifizierung unter zT stärkerer Berücksichtigung von **wirtschaftlichen oder technischen Kriterien nach Anlageinstrumenten, Anlagestrategien oder Anlagezielen** vorgenommen.[121] Diese Merkmale weisen zahlreiche Überschneidungen auf[122] und durchbrechen zudem die Systematik der vorgegebenen rechtlichen Organisationsstrukturen. So kann beispielsweise eine auf Immobilien spezialisierte kollektive Vermögensanlage als offenes Immobilien-Sondervermögen gemäß §§ 230 ff. KAGB, in der Form eines geschlossenen Immobilienfonds oder auch als börsennotierte REIT-Aktiengesellschaft strukturiert werden. Die Anknüpfung an das Anlageinstrument Immobilie allein enthält insoweit keine Aussagekraft in Bezug auf die rechtliche Struktur des Anlagemodells. Aus Sicht des Anlegerschutzes von Bedeutung ist hingegen eine Klassifizierung nach zugelassenen Anlegergruppen. Eine solche findet sich auch im KAGB, das zwischen Publikumsinvestmentvermögen und Spezial-AIF unterscheidet.[123]

4. Stand der europarechtlichen Harmonisierung

30 Das Investmentrecht war auf europäischer Ebene lange Zeit geprägt von der bereits im Jahre 1985 verabschiedeten und seitdem mehrfach geänderten Richtlinie zur Koordinierung der Rechts- und Verwaltungsvorschriften betreffend bestimmte Organismen für gemeinsame Anlagen in Wertpapiere (sog **OGAW-Richtlinie**[124]). Der Regelungsbereich dieser Richtlinie erstreckt sich auf offene Investmentfonds, die beim Publikum beschafftes Kapital für gemeinsame Rechnung nach dem Grundsatz der Risikostreuung in **Wertpapiere sowie in andere liquide Finanzanlagen** anlegen. In Deutschland hat der Gesetzgeber auf dieser Basis das sogenannte Investmentvermögen gemäß der OGAW-Richtlinie eingeführt (s. §§ 192 ff. KAGB).[125] Mit der im Jahre 2011 verabschiedeten Richtlinie über die Verwalter alternativer Investmentfonds (**AIFM-Richtlinie**[126]) erstreckt sich die europarechtliche Regulierung nun auch auf die **Verwalter** sonstiger, nicht von der OGAW-Richtlinie erfasster **alternativer Investmentfonds (AIF) sowie deren Vertrieb.** Für diesen Zweig des Investmentgeschäfts, der ua geschlossene Fonds, Private Equity Fonds und Hedgefonds umfasst, wurden damit erstmals europaweit einheitliche Rahmenbedingungen festgelegt.

---

[118] *Fleischer/Schmolke* ZHR 173 (2009), 649 (668 f.).

[119] Im Ergebnis wurde dies höchstrichterlich verneint, vgl. BGH NZG 2010, 352; zum Meinungsstand in der Lit. *Gstädtner/Elicker* BKR 2006, 437 (441 ff.); *Sahavi* ZIP 2005, 929 (930 ff.); → 1. Aufl. 2013, Kap. 39 Rn. 50.

[120] → Rn. 14 f.

[121] Ausführlich hierzu BankR-HdB/*Köndgen/Schmies* § 113 Rn. 9 ff.

[122] Auf die vers. Spielarten der Klassifizierung eingehend BankR-HdB/*Köndgen/Schmies* § 113 Rn. 9 ff.

[123] → Rn. 22 f.

[124] Gebräuchlich ist auch die Bezeichnung UCITS-Richtlinie; diese Abkürzung basiert auf der englischen Fassung der Richtlinie und steht für „Undertakings for Collective Investment in Transferable Securities".

[125] → Rn. 205 ff. Im früheren InvG differenzierte der Gesetzgeber noch zwischen dem sog. richtlinienkonformen Sondervermögen (damals §§ 46 ff. InvG) und der richtlinienkonform ausgestalteten Investmentaktiengesellschaft (damals §§ 96 ff. InvG).

[126] AIFM steht für „Alternative Investment Fund Managers", → Rn. 38 ff.

Das europäische Investmentrecht weist mit der AIFM- und der OGAW-Richtlinie ein im Grundsatz **zweigleisiges Regulierungssystem** auf.[127] Die AIFM-Richtlinie übernimmt in rechtssystematischer Hinsicht aufgrund ihres weiten Anwendungsbereichs aber auch eine Art **Auffangfunktion,** denn sie bezieht sich auf sämtliche Verwalter von Investmentvermögen, soweit diese nicht die speziellen Produktanforderungen der OGAW-Richtlinie erfüllen. Letzlich ist auch der Typus des OGAW-Fonds eine besondere Ausprägung des im AIF verankerten Grundtatbestands des Investmentvermögens. In jüngerer Zeit haben sich zudem weitere **Kategorien von europäischen Fonds** herausgebildet. Ein besonderer, auf europäischen Verordnungen beruhender Rechtsrahmen existiert derzeit für Europäische Risikokapitalfonds (EuVECA), Europäische Fonds für soziales Unternehmertum (EuSEF), Europäische langfristige Investmentfonds (ELTIF) und Geldmarktfonds (MMF).[128] 31

a) OGAW-Richtlinie. aa) Historie. Am Ausgangspunkt der gemeinschaftsweiten Harmonisierung auf dem Gebiet des Investmentrechts steht die erste Fassung der Richtlinie zur Koordinierung der Rechts- und Verwaltungsvorschriften betreffend bestimmte Organismen für gemeinsame Anlagen in Wertpapieren aus dem Jahre 1985 (**OGAW-I-Richtlinie**[129]). In die damalige Regulierung einbezogen wurden Investmentfonds, die unter Beachtung des Grundsatzes der Risikomischung das ihnen zur Verfügung stehende Kapital im Wesentlichen in bestimmte, in der Richtlinie definierte Wertpapiere investierten.[130] Die Richtlinie verfolgte den primären Zweck, die Wettbewerbsbedingungen für offene Wertpapierfonds anzugleichen, um so einen wirksameren und einheitlicheren **Schutz der Anteilsinhaber** sicherzustellen. Zur Verwirklichung dieser Ziele wurden diese Fonds einer allgemeinen Aufsicht unterworfen. Die OGAW-I-Richtlinie führte hierzu eine Reihe von Mindestregelungen ein, und zwar hinsichtlich der Zulassung, der Organisationsstruktur und der erlaubten Geschäftstätigkeiten eines Fonds. Gleichzeitig begründete die Richtlinie auch Informationspflichten im Verhältnis zum Anleger. Von besonderer Bedeutung war die Entscheidung des Richtliniengebers, mittels einer obligatorischen Beauftragung einer **unabhängigen Verwahrstelle** Verwahrung und Verwaltung des Fondsvermögens organisatorisch voneinander zu trennen (Art. 6, 7). Für die Praxis relevant war ferner die Einführung eines sog. *Passporting*-Verfahrens *(Europäischer Pass)* für die von der Richtlinie erfassten Fondsprodukte (Art. 4). 32

Erst im Jahre **2002** wurde die OGAW-I-Richtlinie einer umfassenden Reform unterzogen,[131] und zwar durch die zeitgleiche Verabschiedung der Richtlinien 2001/107/EG (sog **Verwaltungsrichtlinie**[132]) und 2001/108/EG (sog **Produktrichtlinie**[133]), weshalb die Richtlinie in konsolidierter Fassung vielfach als **OGAW-III-Richtlinie** bezeichnet wird.[134] Die Verwaltungsrichtlinie erweiterte den zulässigen Tätigkeitsbereich der Verwaltungsgesellschaft ua um die individuelle Portfolioverwaltung und die Anlageberatung (Art. 5 Abs. 3) und führte den sog vereinfachten Prospekt ein (Art. 27 Abs. 1). Gleichzeitig unternahm der Richtliniengeber den Versuch, einen umfassenden Europäischen Pass für Verwaltungsgesellschaften zu etablieren, der in der Praxis jedoch wegen eines unklaren Richtlinienwortlauts, insbesondere mit Blick auf die Regulierung der grenzüberschreitenden Verwaltung von Investmentfonds (Art. 6 ff.), letztlich scheiterte.[135] Die Produktrichtlinie 33

[127] Ähnlich *Weiser/Jang* BB 2011, 1219 (1220).

[128] Zu diesen AIF-Fondskategorien → Rn. 48.

[129] Richtlinie 85/611/EWG, ABl. 1985 L 375, S. 3.

[130] Vgl. den Katalog zulässiger Wertpapiere in Art. 19 Abs. 1 OGAW-I-Richtlinie. Nach Art. 19 Abs. 2 dieser Richtlinie war es aber gleichwohl zulässig, bis zu 10 % des Sondervermögens in andere als die genannten Wertpapiere zu investieren.

[131] In der Zwischenzeit wurde die Richtlinie nur geringfügig verändert durch die Richtlinien 88/220/EWG v. 22.3.1988, ABl. 1988 L 100, S. 31 sowie 95/26/EG v. 29.6.1995, ABl. 1995 L 168, S. 7.

[132] ABl. 2002 L 41, S. 20.

[133] ABl. 2002 L 41, S. 35.

[134] Eine konsolidierte Fassung der OGAW-Richtlinie ist aber offiziell nicht erlassen worden

[135] Hierzu Berger/Steck/Lübbehüsen/*Blankenheim* Vor §§ 12–14 InvG Rn. 13. Zur Funktionsweise des Passporting-Verfahrens noch auf der Grundlage der OGAW-Richtlinie in der Fassung der Verwaltungsrichtlinie s. a. Derleder/Knops/Bamberger/*Geibel,* 1 Aufl., § 59 Rn. 20 ff.

hingegen erweiterte den Katalog zulässiger Anlagegegenstände, ua auf Derivate sowie Geldmarktinstrumente (Art. 19), und ermöglichte darüber hinaus die Bildung von Indexfonds (Art. 22a).

34 **bb) OGAW-IV, OGAW-V.** Eine weitere wichtige Modifikation erfuhr die OGAW-Richtlinie mit Inkrafttreten der Richtlinie 2009/65/EG (**OGAW-IV-Richtlinie**[136]), welche zum einen eine Reihe praktisch bedeutsamer inhaltlicher Änderungen und Ergänzungen brachte[137] und zum anderen den Richtlinientext in einer konsolidierten Neufassung präsentierte. Die erforderliche Umsetzung der OGAW-IV-Richtlinie in nationales Recht erfolgte zum 1.7.2011.[138] Die neuerliche Reform bezweckte die Anpassung des Rechtsrahmens für harmonisierte Investmentfonds an die Anforderungen der Finanzmärkte des 21. Jahrhunderts, insbesondere durch Schaffung eines **effizienteren Binnenmarkts** und durch Gewährleistung eines **einheitlichen und wirksamen Anlegerschutzes.** Wesentlich aus Sicht der Praxis waren die Neuregelungen zur Beschleunigung des Anzeigeverfahrens im Rahmen des gemeinschaftsweiten Vertriebs von OGAW-Fonds sowie zur grenzüberschreitenden Fondsverwaltung (Kapitel III). Mit der letztgenannten Regelung wurde – zumindest aufsichtsrechtlich – die Grundlage für einen **funktionsfähigen *Europäischen Pass* für Verwaltungsgesellschaften** geschaffen. Demzufolge können Verwaltungsgesellschaften seitdem ungehindert OGAW-Fonds auch in Mitgliedstaaten auflegen, in denen sie selbst nicht ansässig sind.

35 Die OGAW-IV-Richtlinie enthält darüber hinaus sehr detaillierte Vorgaben für die Regulierung der inländischen sowie der **grenzüberschreitenden Verschmelzung** richtlinienkonformer Investmentfonds (Kapitel VI) und führt erstmals sog. **Master-Feeder-Strukturen** ein (Kapitel VIII). Im Rahmen dieser letztgenannten Konstruktion investieren verschiedene sog Feeder-Fonds nahezu ihr gesamtes Vermögen in einen sog Master-Fonds, dessen Verwaltung dann auf dieser Ebene unter Beachtung des Prinzips der Risikomischung die Investitionsentscheidungen selbständig trifft. Aus Sicht der Anleger ist neben der Vereinheitlichung einiger Informationspflichten, zB im Zuge einer Fondsverschmelzung (Art. 43), insbesondere die obligatorische Einführung der sog. ***Key Investor Information*** von Bedeutung (Art. 78 ff.). Nach dem Konzept der Richtlinie enthält dieses, für den Anleger bestimmte Dokument eine nach gemeinschaftsweit einheitlich festgelegten Kriterien erstellte, kurze Zusammenfassung der wesentlichen Informationen das Investmentprodukt betreffend und ersetzt damit den früher erforderlichen vereinfachten Prospekt im Vertriebsprozess.

36 Im Fokus der fünf Jahre später erlassenen Richtlinie 2014/91/EU (**OGAW-V-Richtlinie**[139]) steht die europaweite Harmonisierung der folgenden Themenfelder: Vergütungssysteme, Depotbank- bzw. Verwahrstellenfunktion sowie Aufsicht und Sanktionen. Im Rahmen der Regulierung der **Vergütungssysteme** werden zunächst allgemeine Grundsätze formuliert, welche auf die Angemessenheit und Transparenz der Vergütung, ihre Ausrichtung auf eine nachhaltige Entwicklung der Gesellschaft und die Vermeidung von mit dem Risikoprofil des OGAW unvereinbaren Risiken abzielen. Zusätzlich enthält die Richtlinie aber einen umfangreichen Katalog mit zT materiellen Vorgaben zur konkreten Ausgestaltung und Gewichtung der Vergütungskomponenten

---

[136] Richtlinie 2009/65/EG v. 13.7.2009 zur Koordinierung der Rechts- und Verwaltungsvorschriften betreffend bestimmte Organismen für gemeinsame Anlagen in Wertpapieren, ABl. 2009 L 302, S. 32.

[137] Zu den Inhalten der Richtlinie s. a. *Patzner/Kempf* EWS 2010, 366 (366 ff.); *Patzner/Pätsch/Goga* IStR 2010, 709 (709 ff.); *Mansfeld* die bank 2009, 9 (9 ff.).

[138] Gesetz zur Umsetzung der Richtlinie 2009/65/EG zur Koordinierung der Rechts- und Verwaltungsvorschriften betreffend bestimmte Organismen für gemeinsame Anlagen in Wertpapieren (OGAW-IV-Umsetzungsgesetz, OGAW-IV-UmsG), v. 22.6.2011, BGBl. I 2011, 1126.

[139] Richtlinie 2014/91/EG v. 23.7.2014 zur Änderung der Richtlinie 2009/65/EG zur Koordinierung der Rechts- und Verwaltungsvorschriften betreffend bestimmte Organismen für gemeinsame Anlagen in Wertpapieren (OGAW) im Hinblick auf die Aufgaben der Verwahrstelle, die Vergütungspolitik und Sanktionen, ABl. 2014 L 257, S. 186. Die Umsetzung dieser Richtlinie erfolgte durch das OGAW-V-Umsetzungsgesetz v. 3.3.2016, BGBl. I 2016, 348.

(insb. Art. 14b).[140] Eine vergleichbare Regulierung findet sich bereits in Art. 13 sowie Anhang II der AIFM-Richtlinie;[141] diese gilt aber nur für AIF-Verwaltungsgesellschaften (s. auch § 37 KAGB). Einen breiten Raum nehmen die Regelungen zur **Verwahrstellenfunktion** ein. Detailliert beschreibt die Richtlinie ua die Aufgaben und Pflichten der Verwahrstelle (insb. Art. 22, 25) und die Voraussetzungen für ein Outsourcing (Art. 22a). Darüber hinaus werden Mindestanforderungen an die allgemeine Verfassung der Verwahrstelle und ihre interne Organisation festgelegt (Art. 23). Bedeutsam ist ferner die Begründung einer grundsätzlichen Haftung der Verwahrstelle sowie desjenigen, der die Verwahrung im Rahmen eines Outsourcing übernommen hat, gegenüber dem OGAW und den Anlegern für den Verlust von verwahrten Finanzinstrumenten (Art. 24). In aufsichtsrechtlicher Hinsicht konkretisiert die OGAW-V-Richtlinie zudem die Vorgaben für **verwaltungsrechtliche Sanktionen** betreffend Verstöße gegen nationalstaatliche Vorschriften zur Umsetzung der Richtlinie.

cc) Ausblick. Auf Unionsebene gibt es bereits Überlegungen für eine **OGAW-VI-Richtlinie,** die sich insbesondere mit dem Liquiditätsmanagement, einem europäischen Pass für Verwahrstellen und weiteren Produktvorschriften befassen. Die EU-Kommission veröffentlichte bereits am 26.7.2012 ein entsprechendes Konsultationspapier.[142] Diese Vorarbeiten mündeten jedoch bisher nicht in einen offiziellen Richtlinienentwurf. Von diesem Vorhaben abgekoppelt wurde dagegen die im Konsultationspapier zunächst noch vorgesehene Regulierung von Geldmarktfonds und sog Europäischen Langfristigen Investmentfonds. Diese wurden zwischenzeitlich im Verordnungswege separat reguliert.[143] Im Zuge der Richtlinie 2019/1160/EU[144] sowie der Verordnung 2019/1156/EU[145] sind zudem einige technische Änderungen vorgenommen worden, um den grenzüberschreitenden Vertrieb von OGAW-Fonds zu erleichtern. Von einer Harmonisierung ausgeschlossen bleibt hingegen weiterhin das **Investmentsteuerrecht.** Die Effektivität der vorgenommenen Harmonisierungen auf vielen Gebieten des Aufsichtsrechts, beispielsweise mit Blick auf das grenzüberschreitende Fondsmanagement oder die grenzüberschreitende Verschmelzung von Fonds, ist deshalb weiterhin fraglich.[146] 37

b) AIFM-Richtlinie. aa) Regulierungsansatz, Umsetzung in nationales Recht. Mit der Richtlinie über die Verwalter alternativer Investmentfonds (AIFM-Richtlinie[147]) hat der europäische Richtliniengeber erstmals die Verwalter von Investmentfonds, die nicht in den Anwendungsbereich der OGAW-Richtlinie fallen (insoweit wird eine **Negativabgrenzung** vorgenommen[148]), einer gemeinschaftsweiten Regulierung und Aufsicht unterworfen. Der Kreis der von der Richtlinie betroffenen Fondsmanager reicht vom Verwalter eines handelsüblichen geschlossenen Immobilienfonds bis hin zum Hedgefonds-Manager. Damit werden **Marktteilnehmer, die in der Praxis unterschiedlichen Branchen zugeordnet werden, einem einheitlichen Aufsichtsrecht unterstellt,** und zwar 38

[140] Ausführlich *Klebeck/Boxberger* GWR 2014, 253.

[141] Dazu *Boxberger/Klebeck* BKR 2013, 441.

[142] Abrufbar unter: http://ec.europa.eu/internal_market/consultations/docs/2012/ucits/ucits_consultation_ en.pdf (Stand: 31.1.2016).

[143] → Rn. 48.

[144] Richtlinie (EU) 2019/1160 v. 20.6.2019 zur Änderung der Richtlinien 2009/65/EG und 2011/61/EU im Hinblick auf den grenzüberschreitenden Vertrieb von Organismen für gemeinsame Anlagen, ABl. 2019 L 188, S. 106.

[145] Verordnung (EU) 2019/1156 v. 20.6.2019 zur Erleichterung des grenzüberschreitenden Vertriebs von Organismen für gemeinsame Anlagen, ABl. 2019 L 188, S. 55.

[146] Vgl. hierzu *Patzner/Kempf* EWS 2010, 366 (367 f.); *Tappen* DStR 2011, 246 (246 ff.).

[147] Richtlinie 2011/61/EU über die Verwalter alternativer Investmentfonds und zur Änderung der Richtlinien 2003/41/EG und 2009/65/EG und der Verordnungen (EG) Nr. 1060/2009 und (EU) Nr. 1095/2010 (AIFM-Richtlinie), ABl. 2011 L 174, S. 1. Zu den Regelungsinhalten der Richtlinie im Einzelnen *Spindler/Tancredi* WM 2011, 1393 (1393 ff.) und WM 2011, 1441 (1441 ff.); *Weiser/Jang* BB 2011, 1219 (1219 ff.); *Weitnauer* BKR 2011, 143 (143 ff.); *Hesse/Lamsa* Corporate Finance law 2011, 39 (39 ff.).

[148] → Rn. 41 f.

unabhängig von der konkret betriebenen Geschäftsart und den im Einzelfall verwalteten Investmentprodukten. Lediglich mit Blick auf AIFM, die hebelfinanzierte Fonds verwalten, und Private Equity Fonds enthält die Richtlinie zusätzlich einige **branchenspezifische Sondervorschriften.**[149] Demgegenüber werden die alternativen Investmentfonds (in der Richtlinie als **AIF** bezeichnet[150]) selbst nicht reguliert; weder die Investmentgesellschaften bzw. sonstigen Investmentvehikel, soweit diese nicht gleichzeitig auch die Verwaltung des AIF intern übernommen haben und damit selbst ein AIFM sind, noch die betreffenden Anlageprodukte.[151] Die AIFM-Richtlinie folgt damit einem Regulierungsansatz, der an die Tätigkeit des Fondsmanagers anknüpft und insoweit **verwaltungsbezogen** ist.[152] Eine Produktregulierung unterbleibt dagegen.

39 Die **Umsetzung in nationales Recht** stellte nicht zuletzt aufgrund der Vielzahl der von der AIFM-Richtlinie erfassten Adressaten eine besondere Herausforderung für den nationalen Gesetzgeber dar.[153] Einerseits regulierte das frühere InvG bereits eine Reihe von AIF im Sinne der Richtlinie, wie zB Immobilien-Sondervermögen oder Sondervermögen mit zusätzlichen Risiken (Hedgefonds). Andererseits stellte sich zB die Frage, wie die in der Richtlinie vorgesehenen Bestimmungen bezogen auf geschlossene Fonds und Private Equity Fonds Eingang in das deutsche Recht finden sollten. Der Gesetzgeber entschied sich für die Schaffung eines neuen **einheitlichen Regulierungsrahmens,** in welchem sowohl die Geschäftsformen des InvG als auch die bis dahin hier nicht erfassten Organisationsformen kollektiver Anlagemodelle einbezogen wurden.[154] Dieser Ansatz überzeugt in rechtstechnischer wie auch in rechtssystematischer Hinsicht.[155] Für eine gewisse Unsicherheit sorgte der Gesetzgeber dagegen aufgrund der verspäteten Anpassung der investmentsteuerlichen Regelungen an die neuen aufsichtsrechtlichen Rahmenbedingungen.[156]

40 **bb) Regelungsziele, Anwendungsbereich.** Vornehmlicher Zweck der AIFM-Richtlinie ist es, ein **einheitliches Aufsichtsrecht** für die Verwalter alternativer Investmentfonds auf Unionsebene zu implementieren.[157] Die ausdrückliche Zielsetzung der Richtlinie umfasst ferner die Reduzierung **systemischer Risiken,** die von alternativen Investmentfonds ausgehen, sowie die Verbesserung des **Anlegerschutzes.**[158] Die Hervorhebung der systemischen Risiken im Rahmen der Erwägungsgründe mag auf den ersten Blick überraschen, ist jedoch mit der besonderen Regulierung der Verwalter von hebelfinanzierten AIF bzw. Hedgefonds (vgl. Art. 25) zu erklären.[159]

41 Der sachliche Anwendungsbereich der AIFM-Richtlinie erfasst sämtliche Verwalter von AIF, die nicht bereits durch die OGAW-Richtlinie reguliert werden, **unabhängig davon, ob die verwalteten AIF offen oder geschlossen organisiert sind und wie ihre rechtliche Struktur im Einzelnen aussieht** (Art. 2 Abs. 2).[160] Der Begriff AIF ist sehr weit gefasst und erstreckt sich allgemein auf **kollektive Anlagemodelle,** denn er umfasst

[149] Weitere Einzelheiten → Rn. 46 f. Einen Überblick über diese Sondervorschriften gibt *Söhner* WM 2011, 2121 (2124 ff.).

[150] Dieser Begriff wurde nun auch in das KAGB übernommen, s. § 1 Abs. 3 KAGB.

[151] Zum Hintergrund *Spindler/Tancredi* WM 2011, 1393 (1395 f.).

[152] Vgl. dazu *Kramer/Recknagel* DB 2011, 2077 (2077 ff.). Von einer Art „personalistischen Ansatz" sprechen *Spindler/Tancredi* WM 2011, 1393 (1396).

[153] Ähnlich *Möllers/Harrer/Krüger* WM 2011, 1537 (1537).

[154] Vgl. Gesetz zur Umsetzung der Richtlinie 2011/61/EU über die Verwalter alternativer Investmentfonds vom 4.7.2013 (AIFM-Umsetzungsgesetz), BGBl. I S. 1126. S. dazu auch *Weiser/Jang* BB 2011, 1219 (1226); *Möllers/Harrer/Krüger* WM 2011, 1537 (1544). → Rn. 2 f.

[155] S. a. → 1. Aufl. 2013, Kap. 39 Rn. 31.

[156] Dazu *Elser/Stadler* DStR 2014, 233 (233 ff.).

[157] Vgl. Erwägungsgründe 2 bis 4 der Richtlinie 2011/61/EU (AIFM-Richtlinie). Die Richtlinie spricht insoweit auch von einem Binnenmarkt für AIFM.

[158] Erwägungsgründe 2, 3 und 49 ff. Richtlinie 2011/61/EU (AIFM-Richtlinie).

[159] Zweifelnd bzgl. des Nutzens der Regulierung von Hedgefonds *Söhner* WM 2011, 2121 (2125 f.).

[160] Zum Anwendungsbereich, aber auch zum Umfang der Regulierung krit. im Vorfeld der Verabschiedung der Richtlinie *Kind/Haag* DStR 2010, 1526 (1526 ff.); *Nietsch/Graef* ZBB 2010, 12 (14 f.); *Klebeck* DStR 2009, 2154 (2155 f.).

grundsätzlich sämtliche Organismen für gemeinsame Anlagen, die Kapital mit dem Zweck einsammeln, dieses für gemeinschaftliche Rechnung der Kapitalgeber gemäß einer zuvor festgelegten Anlagestrategie zu investieren (Art. 4 Abs. 1 lit. a)).[161] Ausdrücklich einbezogen werden die Manager von **Private Equity Fonds** (Art. 26–30), was aus aufsichtsrechtlicher Sicht und unter Berücksichtigung des gewählten Regulierungsansatzes[162] zunächst auch konsequent ist. Rechtssystematisch fragwürdig ist hingegen, dass einzelne Bestimmungen in den Sondervorschriften für Private Equity Fonds materielle Fragen des Gesellschaftsrechts und der Corporate Governance regeln.[163] Vom Anwendungsbereich der Richtlinie explizit ausgenommen sind dagegen ua **Family Offices, Holdinggesellschaften, Pensionsfonds** und **Zweckgesellschaften zur Verbriefung von Verbindlichkeiten.**[164]

Unter den in der Richtlinie legaldefinierten Begriff AIFM fallen – formell gesehen – nur **juristische Personen** (in der englischen Fassung *any legal person*), deren reguläre Geschäftstätigkeit darin besteht, zumindest einen AIF im Sinne der Richtlinie zu verwalten (Art. 4 Abs. 1 lit. b)). Lässt die Rechtsform des AIF eine interne Verwaltung zu, ist zusätzlich der Fonds selbst von der Regulierung betroffen, soweit kein externer Verwalter bestellt wird (vgl. Art. 5 Abs. 1 Satz 2 lit. b)). Den Anwendungsbereich einschränkende **Produktregulierungen** weist die Richtlinie nicht auf. Lediglich die ***de-minimis*-Schwellenwerte**[165] in Art. 3 der Richtlinie führen im Ergebnis zu einer gewissen Begrenzung, wenngleich auch bei Unterschreitung dieser Schwellenwerte einzelne Registrierungs- und Berichtspflichten gegenüber der Aufsichtsbehörde des Herkunftsmitgliedstaats vorgegeben werden. So müssen die registrierten Verwalter kleiner und risikoarmer Investmentfonds[166] gemäß Art. 3 Abs. 3 lit. c) und d) AIFM-Richtlinie Informationen zu den Anlagestrategien, den wichtigsten Anlageinstrumenten und den größten Risiken der von ihnen verwalteten AIF der zuständigen Aufsichtsbehörde zur Verfügung stellen. 42

cc) Wesentliche Inhalte der Richtlinie. Die AIFM-Richtlinie beinhaltet eine **generelle Erlaubnispflicht** für Verwalter alternativer Investmentfonds (Art. 6 Abs. 1, 7 Abs. 1). Die Anforderungen an die Zulassung sowie das Erlaubnisverfahren weisen eine große Ähnlichkeit zum Regime der OGAW-Richtlinie auf.[167] Das Richtlinienkonzept sieht wie folgt aus: Mit dem Antrag auf Zulassung hat der Verwalter zunächst eine Reihe von Informationen beizubringen, und zwar sowohl mit Blick auf den AIFM selbst, inklusive seiner Organmitglieder und Anteilseigner, als auch bezüglich der von ihm verwalteten AIF.[168] Auf dieser Grundlage prüft die Aufsichtsbehörde ua, ob die tatsächlich geschäftsführenden Personen die in Bezug auf die Anlagestrategien erforderliche fachliche bzw. sonstige Eignung aufweisen. Darüber hinaus ist ein Geschäftsplan vorzulegen, inklusive einer Darstellung der Organisationsstruktur und Angaben dazu, wie der AIFM seinen Pflichten gemäß der Richtlinie nachkommen will. Hierzu korrespondierend setzt die Erteilung einer Zulassung voraus, dass nach der Überzeugung der Aufsichtsbehörde der AIFM in der Lage ist, die in der Richtlinie festgelegten Bedingungen einzuhalten (vgl. Art. 8 Abs. 1 lit. a)). In diesem Zusammenhang prüft die Aufsichtsbehörde insbesondere 43

[161] → Rn. 6 f.
[162] → Rn. 38.
[163] Dazu noch → Rn. 47 f. Ebenso krit. auch *Möllers/Harrer/Krüger* WM 2011, 1537 (1538 f.); *Spindler/Tancredi* WM 2011, 1393 (1397).
[164] Erwägungsgründe 7 und 8 Richtlinie 2011/61/EU (AIFM-Richtlinie). Dazu ausführlich *Spindler/Tancredi* WM 2011, 1393 (1398). Zu den Auswirkungen für Family Offices *Krause/Klebeck* BB 2012, 2063 (2063 ff.). Zum hierzu korrespondierenden Anwendungsbereich des KAGB → Rn. 59.
[165] Ausgenommen, aber mit der Möglichkeit eines Opt-in, bleiben Manager, deren verwaltetes Vermögen insgesamt nicht über 100 Millionen EUR hinausgeht. Dieser Schwellenwert erhöht sich auf 500 Millionen EUR, wenn keiner der verwalteten Fonds hebelfinanziert ist und innerhalb von fünf Jahren nach der Erstinvestition in jeden dieser Fonds keine Kündigungsrechte ausgeübt werden können.
[166] So *Spindler/Tancredi* WM 2011, 1393 (1398) mit weiteren Angaben zu den Schwellenwerten.
[167] Zur Umsetzung dieser Anforderungen im KAGB → Rn. 90 ff., 110 ff.
[168] Dazu ausführlich *Spindler/Tancredi* WM 2011, 1393 (1399 ff.).

die **Eignung der organisatorischen und technischen Vorkehrungen**[169] des AIFM zur Einhaltung der in der Richtlinie aufgestellten Grundsätze für die Verwaltung eines AIF.[170] Auch nach Erteilung der Erlaubnis ist der AIFM verpflichtet, eine Reihe von **Transparenz- und Informationspflichten** gegenüber Aufsichtsbehörden und Anlegern zu erfüllen (Kapitel IV, Art. 22 ff.), ua ist sechs Monate nach Ende eines Geschäftsjahres ein Jahresbericht vorzulegen.

44 Einen wichtigen Bestandteil der Richtlinie bilden die sog Bedingungen für die Ausübung der Tätigkeit der AIFM (Kapitel III). Es handelt sich dabei um Grundsätze für eine ordnungsgemäße Verwaltung von AIF, bestehend aus einem **Katalog von Wohlverhaltensregeln und Organisationspflichten.** Dieser Ansatz ist sowohl in formal-struktureller als auch in materieller Hinsicht an die entsprechenden Vorgaben aus der OGAW-Richtlinie[171] und der MiFID[172] angelehnt. Die AIFM-Richtlinie formuliert hier zunächst eine Reihe von allgemeinen Grundsätzen, wie zB die Verpflichtung des AIFM, die von ihm übernommenen Aufgaben stets redlich, mit der gebotenen Sorgfalt und Sachkenntnis sowie im besten Interesse der verwalteten AIF und dessen Anleger zu erfüllen (vgl. im Einzelnen Art. 12 Abs. 1). Wesentliches Thema der niedergelegten Tätigkeitsgrundsätze ist darüber hinaus die **Vermeidung und Bewältigung von Interessenkonflikten.** Dieser Gedanke manifestiert sich zum einen in der allgemeinen Pflicht, angemessene Maßnahmen zur Ermittlung, Vorbeugung, Beilegung und Beobachtung von Interessenkonflikten zu ergreifen (Art. 14). Zum anderen äußert er sich aber auch in der Vorgabe, eine Vergütungspolitik festzulegen, die nicht zur Übernahme von Risiken ermutigt, (Art. 13 Abs. 1) sowie in der obligatorischen strikten Trennung des Risikomanagements – funktional und hierarchisch – von den operativen Bereichen des AIFM, insbesondere vom Portfoliomanagement (vgl. Art. 15 Abs. 1).[173] Eine wichtige Funktion aus Anlegersicht erfüllt die ebenfalls zwingend vorgegebene Aufgabentrennung von Verwahrung und Verwaltung des Fondsvermögens. Der AIFM ist insoweit verpflichtet, eine unabhängige und staatlich beaufsichtigte **Verwahrstelle** zu beauftragen (Art. 21).

45 Die nach der Richtlinie erforderliche Zulassung eines AIFM erfolgt in seinem jeweiligen Herkunftsmitgliedstaat (vgl. Art. 7). Diese Zulassung berechtigt den AIFM, sowohl Anteile eines von ihm verwalteten alternativen Investmentfonds mit Sitz in der EU (sog EU-AIF) europaweit zu vertreiben (Art. 31, 32) als auch EU-AIFs mit Sitz in anderen Mitgliedstaaten zu verwalten (Art. 33). Die AIFM-Richtlinie begründet damit einen umfassenden ***Europäischen Pass*** nach dem Muster der OGAW-Richtlinie. Voraussetzung für den grenzüberschreitenden Vertrieb ist aus Sicht des Verwalters lediglich eine Anzeige gegenüber der Aufsichtsbehörde des Herkunftsmitgliedstaats, mit der Angabe, in welchen weiteren Mitgliedstaaten der Vertrieb beabsichtigt ist. Sachlich erfasst wird nur der **Vertrieb an professionelle Investoren,** die Mitgliedstaaten können aber darüber hinaus den Vertrieb an **private Anleger** zulassen und diesen an weitere Voraussetzungen knüpfen; insoweit beinhalten die Richtlinienbestimmungen nur eine Mindestharmonisierung.[174] Zusätzlich enthält die AIFM-Richtlinie recht komplexe Regeln für die Fälle mit **Drittstaatenbezug,** dh für die Verwaltung und den Vertrieb von nicht in der EU ansässigen AIF (sog. Nicht-EU-AIF) durch europäische AIFM sowie für die Verwaltung und den Vertrieb von EU-AIF bzw. Nicht-EU-AIF innerhalb der Union durch außereuropäische AIFM (sog. Nicht-EU-AIFM). Für die Tätigkeit eines Nicht-EU-AIFM ist mangels Anknüpfung an einen Herkunftsmitgliedstaat – unter Berücksichtigung der jeweiligen

---

[169] Für eine umfassende (inhaltliche) Prüfung auch *Möllers/Harrer/Krüger* WM 2011, 1537 (1539); *Spindler/Tancredi* WM 2011, 1393 (1399).

[170] Beispielhaft erwähnt seien hier das Risikomanagement und die Vorkehrungen zur Vermeidung von Interessenkonflikten.

[171] S. Art. 10 ff. (Kapitel III Abschnitt 3) OGAW-IV-Richtlinie, ABl. 2009 L 302, S. 32.

[172] S. Art. 16 ff. (Kapitel II) Richtlinie 2004/39/EG des Europäischen Parlaments und des Rates vom 21.4.2004 über Märkte für Finanzinstrumente (MiFID), ABl. 2004 L 145, S. 1.

[173] Dazu ausführlicher *Möllers/Harrer/Krüger* WM 2011, 1537 (1539 f.).

[174] So die ausdrückliche Regelung in Art. 43 AIFM-Richtlinie.

Konstellation[175] – ein sog. **Referenzmitgliedstaat** zu bestimmen (vgl. Art. 37 Abs. 4). Der Aufsichtsbehörde des Referenzmitgliedstaats obliegt es, den Nicht-EU-AIFM nach Maßgabe der AIFM-Richtlinie zu beaufsichtigen, insbesondere auch die erforderliche Genehmigung gemäß Art. 6 Abs. 1, 7 Abs. 1 zu erteilen. Weitere Regelungen zur Erleichterung des grenzüberschreitenden Vertriebs von AIF enthalten die Richtlinie 2019/1160/EU[176] sowie die Verordnung 2019/1156/EU[177].

dd) Hebelfinanzierte AIF. Für AIFM, die hebelfinanzierte AIF verwalten oder innerhalb der EU vertreiben, sieht die AIFM-Richtlinie eine Reihe von bedeutsamen Sonderregelungen vor. Unter den Begriff Hebelfinanzierung fasst die **Legaldefinition** in Art. 4 Abs. 1 lit. v) sämtliche Methoden zusammen, die dazu führen, dass sich das Risiko eines AIF erhöht, sei es durch Kreditaufnahme, Wertpapierleihe, in Derivate eingebettete Hebelfinanzierungen oder auf andere Weise. Damit werden beispielhaft Marktpraktiken beschrieben, die gerade für Hedgefonds typisch sind. Die AIFM sind in diesen Fällen verpflichtet, den Anlegern sowie den zuständigen Aufsichtsbehörden spezifische, insbesondere **Art und Umfang der Hebelfinanzierung betreffende Informationen** zur Verfügung zu stellen (vgl. Art. 23 Abs. 5 und 24 Abs. 4). Die Aufsichtsbehörden sollen nach dem Konzept der AIFM-Richtlinie diese Informationen auswerten, um ua festzustellen, inwieweit der Einsatz von Hebelfinanzierungen zur Entstehung von Systemrisiken im Finanzsystem beiträgt oder zu Marktstörungen führt (vgl. Art. 25 Abs. 1). Wenn dies zur Gewährleistung der Stabilität und Integrität des Finanzsystems *als nötig erachtet wird* (so ausdrücklich Art. 25 Abs. 3), sollen die **Aufsichtsbehörden befugt sein, den AIFM Beschränkungen aufzuerlegen,** insbesondere durch Begrenzung des Umfangs der Hebelfinanzierung, die ein AIFM einsetzen darf. Die Aufsichtsbehörde des AIFM-Herkunftsmitgliedstaats hat dabei die **ESMA,**[178] den **ESRB**[179] und die jeweils involvierten Aufsichtsbehörden anderer Mitgliedstaaten in die einzelnen Aufsichtsverfahren und Entscheidungsprozesse einzubinden; die ergriffene Maßnahme ist zu begründen. 46

ee) Private Equity Fonds. Einer besonderen Regulierung sind AIFM auch dann unterworfen, wenn sie AIF verwalten, die die **Kontrolle über Unternehmen erlangen,** also das typische Geschäft von Private Equity Fonds betreiben. Die AIFM-Richtlinie beinhaltet zB die Pflicht des AIFM, die **Beteiligung des AIF transparent** zu machen.[180] Im Falle des Kontrollerwerbs[181] eines nicht börsennotierten Unternehmens sind das kontrollierte Unternehmen, dessen Anteilseigner sowie die Aufsichtsbehörde des Herkunftsmitgliedstaats zusätzlich über die weiteren Absichten des AIF, die Auswirkungen auf die Arbeitnehmer und die Finanzierung des Erwerbs zu informieren. Insoweit ist für den börsenfernen Markt sogar eine höhere Transparenz vorgesehen.[182] In der Richtlinie werden darüber hinaus besondere Verhaltensregeln aufgestellt, um das Zerschlagen bzw. Ausschlachten von Unternehmen, das sog ***asset stripping,***[183] zu erschweren. Damit sollen 47

[175] Ausführlich zu den einzelnen Konstellationen *Spindler/Tancredi* WM 2011, 1441 (1447 ff.).

[176] Richtlinie (EU) 2019/1160 v. 20.6.2019 zur Änderung der Richtlinien 2009/65/EG und 2011/61/EU im Hinblick auf den grenzüberschreitenden Vertrieb von Organismen für gemeinsame Anlagen, ABl. 2019 L 188, S. 106.

[177] Verordnung (EU) 2019/1156 v. 20.6.2019 zur Erleichterung des grenzüberschreitenden Vertriebs von Organismen für gemeinsame Anlagen, ABl. 2019 L 188, S. 55.

[178] Europäische Wertpapier- und Marktaufsichtsbehörde, engl. European Securities and Markets Authority.

[179] Europäischer Ausschuss für Systemrisiken, engl. European Systemic Risk Board.

[180] Der AIFM hat gem. Art. 27 Abs. 1 die Aufsichtsbehörde darüber in Kenntnis zu setzen, wenn der von ihm verwaltete AIF 10 %, 20 %, 30 %, 50 % und 75 % der Anteile an einem nicht börsennotierten Unternehmen erreicht, überschreitet oder unterschreitet.

[181] Kontrolle bedeutet die Inhaberschaft von mehr als 50 % der Stimmrechte (Art. 26 Abs. 5). Für börsennotierte Emittenten gilt der jeweilige übernahmerechtliche Schwellenwert (§ 29 Abs. 2 WpÜG: 30 %).

[182] Vgl. aber § 27a WpHG, in welchem ähnliche Regelungen für börsennotierte Emittenten enthalten sind; der maßgebliche Schwellenwert liegt hier sogar bei 10 %.

[183] Krit. zum Verbot, weil zu weitgehend *Söhner* WM 2011, 2121 (2127).

Strategien verhindert werden, die darauf abzielen, zeitnah nach dem Kontrollerwerb die Vermögenswerte aus der übernommenen Gesellschaft herauszuziehen. Die AIFM-Richtlinie schafft auf diese Weise **besondere Regeln für die Corporate Governance** von durch AIF kontrollierte Unternehmen.[184] Diese Regelungen sind auch dann einschlägig, wenn der AIF die Kontrolle über einen börsennotierten Emittenten[185] erlangt. Hingegen finden die Sondervorschriften dieses Abschnitts der AIFM-Richtlinie keine Anwendung, wenn der AIF sich an nicht börsennotierten kleinen und mittleren Unternehmen sowie an Zweckgesellschaften (sog *Special Purpose Vehicles*) für den Erwerb, den Besitz oder die Verwaltung von Immobilien beteiligt (vgl. Art. 26 Abs. 2).

48 **c) Europäische Fondskategorien.** Seit Verabschiedung der AIFM-Richtlinie, die ihren Fokus auf die Regulierung der Fondsmanager legte, nicht jedoch auf die AIF selbst, ist auf europäischer Ebene eine gewisse **Dynamik in der Harmonisierung einzelner Typen von Fonds** festzustellen.[186] Im Verordnungswege wurden einheitliche Rahmenbedingungen für Europäische Risikokapitalfonds (EuVECA)[187], Europäische Fonds für soziales Unternehmertum (EuSEF)[188], Europäische langfristige Investmentfonds (ELTIF)[189] und Geldmarktfonds (MMF)[190] geschaffen. In allen diesen Fällen können sich Verwalter von AIF, im Falle der Geldmarktfonds auch Verwalter von OGAW, freiwillig einer besonderen Regulierung unterwerfen (sog Opt-in-Verfahren) und die Bezeichnungen **EuVECA, EuSEF, ELTIF** oder **Gelmarktfonds** für den grenzüberschreitenden Vertrieb ihrer Fonds verwenden, vorausgesetzt sie erfüllen die Anforderungen der jeweilig zugrundeliegenden Verordnung.[191] Die Kategorien EuVECA und EuSEF stehen zunächst nur den lediglich registrierungspflichtigen AIFM offen, die sich also unterhalb der Schwellenwerte des Art. 3 Abs. 2 AIFM-Richtlinie bewegen (sog *sub-threshold* AIFM),[192] wohingegen die Bezeichnungen ELTIF und Geldmarktfonds nur zugelassene AIFM bzw. OGAW-Manager auf Antrag verwenden dürfen. Mit der Einführung europaweit einheitlicher Kategorien bezweckt der Verordnungsgeber nicht nur eine weitere Harmonisierung der europäischen Fondsindustrie, sondern er verfolgt darüber hinaus „schwerpunktmäßig"[193] industrie- und sozialpolitische Zielsetzungen: EuVECAs dienen der Kapitalbeschaffung für kleine Unternehmen in der Anfangsphase ihres Unternehmensdaseins (Venture Capital), EuSEFs sollen Investitionen in soziale Ziele fördern und ELTIFs langfristige Investitionen in die Realwirtschaft ermöglichen, und damit die Finanzierungsmöglichkeiten außerhalb des Bankensektors erweitern.[194]

---

[184] Zur Umsetzung dieser Vorgaben → Rn. 226 f.

[185] Emittent im Sinne von Art. 2 Abs. 1 lit. d) Richtlinie 2004/109/EG, der seinen satzungsmäßigen Sitz in der Union hat, und dessen Wertpapiere im Sinne von Art. 4 Abs. 1 Nr. 14 Richtlinie 2004/39/EG zum Handel auf einem geregelten Markt zugelassen sind, vgl. die Legaldefinition in Art. 4 Abs. 1 lit. t) AIFM-Richtlinie.

[186] Vgl. den Überblick über die einzelnen Regulierungsfelder: http://ec.europa.eu/finance/investment/index_de.htm (Stand: 31.10.2019).

[187] Verordnung (EU) Nr. 345/2013 des europäischen Parlaments und des Rates v. 17.4.2013 über Europäische Risikokapitalfonds, ABl. 2013 L 115, S. 1; dazu ausführlich *Siering/Izzo-Wagner* BKR 2015, 101 (101).

[188] Verordnung (EU) Nr. 346/2013 des europäischen Parlaments und des Rates v. 17.4.2013 über Europäische Fonds für soziales Unternehmertum, ABl. 2013 L 115, S. 18.

[189] Verordnung (EU) Nr. 2015/760 des europäischen Parlaments und des Rates v. 29.4.2015 über Europäische langfristige Investmentfonds, ABl. 2015 L 123, S. 98; dazu *Jesch* BB 2013, 3075 (3077).

[190] Verordnung (EU) Nr. 2017/1131 des europäischen Parlaments und des Rates v. 14.6.2017 über Geldmarktfonds, ABl. 2017 L 169, S. 8

[191] Das KAGB bleibt zumindest teilweise anwendbar, insbesondere in aufsichtsrechtlicher Hinsicht (vgl. bezogen auf EuVECAs und EuSEFs auch §§ 337, 338 KAGB sowie bzgl. ELTIFs und Geldmarktfonds §§ 338a, 338b KAGB.).

[192] Auch nach Überschreitung der Schwellenwerte können die dann voll zugelassenen AIFM diese Bezeichnungen weiterhin verwenden, wenn sie die in den Verordnungen niedergelegten wesentlichen Bedingungen beachten. Ausführlich zu den lediglich registrierungspflichtigen AIFM und den diesbezüglichen Schwellenwerten → Rn. 83 ff.

[193] So ausdrücklich Erwägungsgrund 12 EuVECA-Verordnung (EU) Nr. 345/2013, ABl. 2013 L 115, S. 3; Erwägungsgrund 4 ELTIF-Verordnung (EU) Nr. 2015/760, ABl. 2015 L 123, S. 98.

[194] Vgl. Erwägungsgrund 12 EuVECA-Verordnung (EU) Nr. 345/2013, ABl. 2013 L 115, S. 3; Erwägungsgrund 4 ELTIF-Verordnung (EU) Nr. 2015/760, ABl. 2015 L 123, S. 98; Erwägungsgrund 1 EuSEF-Verordnung(EU) Nr. 346/2013, ABl. 2013 L 115, S. 18.

III. Investmentgeschäft im Sinne des KAGB

Das KAGB ist ein einheitliches und umfassendes Regelwerk für kollektive Kapitalanlage- 49
modelle und ihre Manager.[195] Es reguliert sowohl **offene als auch geschlossene Investmentvermögen,** unabhängig davon, ob diese sich an das Publikum richten oder nur einem professionellen Kreis von Anlegern offen stehen. Wesentlicher Bestandteil ist dabei die Festlegung verbindlicher Rechts- und Organisationsstrukturen bezogen auf die Bildung und Verwaltung eines Investmentvermögens. Darüber hinaus finden sich im Gesetz aber auch Vorschriften zur Aufsicht über inländische Kapitalverwaltungsgesellschaften, zu den Aufgaben und Pflichten der Verwahrstelle sowie für den Vertrieb in- und ausländischer Investmentvermögen. Wichtiges Anliegen ist der **Anlegerschutz,** der in einer ganzen Reihe von Bestimmungen seinen Ausdruck findet.[196] Aufgrund seines weiten Anwendungsbereichs ist dem KAGB eine **marktprägende Bedeutung** beizumessen.

1. Regulatorischer Rahmen

a) Gesetzliche Grundlagen. aa) KAGB. Das KAGB ist im Rahmen einer **systemati-** 50
schen Neuordnung des Investmentrechts aus Anlass der Umsetzung der AIFM-Richtlinie am 22.7.2013 in Kraft getreten.[197] Es löste das bis dahin geltende Investmentgesetz **(InvG)** ab, das zum 1.1.2004 im Zuge des Investmentmodernisierungsgesetzes eingeführt worden war.[198] Mit der Einführung des InvG wurden damals die aufsichtsrechtlichen Regelungsinhalte des Gesetzes über Kapitalanlagegesellschaften **(KAGG)** sowie des Gesetzes über den Vertrieb ausländischer Investmentanteile und über die Besteuerung der Erträge aus ausländischen Investmentanteilen **(AuslInvestmG)** zusammengeführt und einer umfangreichen Reform unterzogen.[199] Die im KAGG und AuslInvestmG enthaltenen steuerrechtlichen Vorschriften wurden zum gleichen Zeitpunkt, aber separat, im ebenfalls neu eingeführten **InvStG**[200] zusammengefasst, überarbeitet und an die neue Systematik des damaligen InvG angepasst.[201] Im InvStG ist nach Inkrafttreten des **AIFM-Steuer-Anpassungsgesetzes**[202] nunmehr die steuerliche Behandlung inländischer und ausländischer Investmentvermögen nach KAGB und deren Anteile geregelt, ua wird hier eine Differenzierung zwischen Investmentfonds, die dem investmentsteuerlichen **Transparenzprinzip** unterliegen, und sonstigen Investitionsgesellschaften vorgenommen.[203]

Seit seiner Einführung hat das KAGB eine Reihe von **Modifikationen** erfahren. Mit 51
dem Finanzmarktanpassungsgesetz vom 15.7.2014 **(FinMarktAnpG)**[204] nahm der Gesetz-

[195] → Rn. 2 ff.

[196] BankR-HdB/*Köndgen/Schmies* § 113 Rn. 50 f. sprechen von einem „Leitprinzip".

[197] Eingeführt durch Art. 1 des Gesetzes zur Umsetzung der Richtlinie 2011/61/EU über die Verwalter alternativer Investmentfonds (AIFM-Umsetzungsgesetz) vom 4.7.2013, BGBl. I 2013, 1981. Ausführlich dazu *van Kann/Redeker/Keiluweit* DStR 2013, 1483 (1483 ff.); *Wollenhaupt/Beck* DB 2013, 1950 (1950 ff.).

[198] Eingeführt durch Art. 1 des Gesetzes zur Modernisierung des Investmentwesens und zur Besteuerung von Investmentvermögen (Investmentmodernisierungsgesetz, InvModG) vom 15.12.2003, BGBl. I 2003, 2676. Ausführlich dazu *Köndgen/Schmies* WM-Sonderbeilage Nr. 1/2004, 1, 1 ff.; *Kaune/Oulds* ZEB 2004, 114 (114 ff.).

[199] Einen Überblick über das KAGG v. 17.4.1957 und das AuslInvestmentG v. 28.7.1969 sowie die Rechtsentwicklung bis zum Inkrafttreten des InvG geben Beckmann/Scholtz/Vollmer/*Beckmann* Einl. InvG Rn. 30 ff., 43 ff.; BankR-HdB/*Köndgen/Schmies* § 113 Rn. 27 ff.

[200] Vgl. Art. 2 des Investmentmodernisierungsgesetzes vom 15.12.2003, BGBl. I 2003, 2676.

[201] Dazu Berger/Steck/Lübbehüsen/*Lübbehüsen* Vor §§ 1 ff. InvStG Rn. 1 f.

[202] Gesetz zur Anpassung des Investmentsteuergesetzes und anderer Gesetze an das AIFM-Umsetzungsgesetz (AIFM-Steuer-Anpassungsgesetz) vom 18.12.2013, BGBl. I 2013, 4318.

[203] Vgl. Weitnauer/Boxberger/Anders/*Mann* AIFM-StAnpG Rn. 20 ff. Zum neuen Anwendungsbereich des InvStG auch *Elser/Stadler* DStR 2014, 233 (233 ff.). Zum Transparenzprinzip s. a. Berger/Steck/Lübbehüsen/*Lübbehüsen* Vor §§ 1 ff. InvStG Rn. 20 f.

[204] Art. 2 des Gesetzes zur Anpassung von Gesetzen auf dem Gebiet des Finanzmarktes v. 15.7.2014, BGBl. I 2014, 934.

geber eine Vielzahl redaktioneller Korrekturen vor.[205] Aus inhaltlicher Sicht ist hervorzuheben, dass im Zuge dieser Revision die Abgrenzung von offenen und geschlossenen AIF an die Vorgaben von Art. 1 Abs. 2 der zwischenzeitlich ergangenen Verordnung (EU) Nr. 694/2014 angepasst worden ist.[206] Im Rahmen der Legaldefinition des offenen Investmentvermögens verweist § 1 Abs. 4 Nr. 2 KAGB nunmehr ausdrücklich auf diese Verordnung. Eine für das Risikomanagement bedeutsame Änderung erfolgte durch das **Gesetz zur Verringerung der Abhängigkeit von Ratings** vom 10.12.2014.[207] Nach dem neu eingefügten § 29 Abs. 2a KAGB dürfen sich Kapitalverwaltungsgesellschaften bei der Bewertung der Kreditqualität der Vermögensgegenstände der Investmentvermögen nicht ausschließlich oder automatisch auf Ratings stützen, die von einer Ratingagentur im Sinne der Verordnung (EG) Nr. 1060/2009[208] abgegeben wurden. Durch das **OGAW-V-Umsetzungsgesetz** vom 3.3.2016[209] sind insbesondere die Aufgaben der Verwahrstelle konkretisiert, die bereits für Verwalter von AIF geltenden Vergütungsregeln auf OGAW-Verwaltungsgesellschaften erstreckt und Regelungen für sog. Kreditfonds[210] eingeführt worden. Schließlich hat das KAGB zahlreiche Rechtsänderungen im Zuge der Novellierung kapitalmarktrechtlicher Gesetze erfahren. Hervorzuheben ist hier das 2. Finanzmarktnovellierungsgesetz vom 23.6.2017 (2. FiMaNoG)[211], das neben einer Neuordnung des WpHG auch Regelungen zu den Verhaltens- und Organisationspflichten von Kapitalverwaltungsgesellschaften und Verwahrstellen beinhaltet.[212]

52 Das KAGB ist unterteilt in **acht Kapitel.** Das erste Kapitel **(Allgemeine Bestimmungen für Investmentvermögen und Verwaltungsgesellschaften)** fasst in fünf Abschnitten die grundlegenden Vorschriften des Investmentgeschäfts zusammen. Abschnitt 1 enthält dabei Regelungen zur Reichweite des Gesetzes, zu den einzelnen Begrifflichkeiten sowie zur staatlichen Aufsicht (§§ 1–16). In den Abschnitten 2 und 3 werden ua die Grundentscheidungen getroffen, die die Binnenorganisation und den Pflichtenkreis der **Kapitalverwaltungsgesellschaft** (§§ 17–67) und der **Verwahrstelle** (§§ 68–90) betreffen. Die Regelungen zum grenzüberschreitenden Dienstleistungsverkehr von Kapitalverwaltungsgesellschaften finden sich eine Gliederungsebene tiefer in den Unterabschnitten 5 (§§ 49–52) und 6 (§§ 53–67) des Abschnitts 2. In den Abschnitten vier und fünf des ersten Kapitels befasst sich das KAGB schließlich mit den zulässigen **Organisationsformen** für offene bzw. geschlossene inländische Investmentvermögen (vgl. §§ 91, 139). Im Einzelnen handelt es sich um das Sondervermögen (§§ 92–107), die Investment-AG mit veränderlichem Kapital (§§ 108–123) und die offene Investment-KG (§§ 124–138) sowie mit Blick auf geschlossene Investmentvermögen die Investment-AG mit fixem Kapital (§§ 140–148) und die geschlossene Investment-KG (§§ 149–161). Diese Abschnitte regeln ua die Rechtsverhältnisse der an der Fondskonstruktion beteiligten Akteure, die Ausgabe und Rücknahme der Anteile und die Informationspflichten gegenüber den Anlegern.

53 Das zweite Kapitel (§§ 162–272) enthält besondere Regelungen für **Publikumsinvestmentvermögen,** darunter auch Vorschriften zur Verschmelzung von Fonds und zu Master-Feeder-Strukturen jeweils unter Berücksichtigung grenzüberschreitender Sachverhalte,

---

[205] Vgl. GesE FinMarktAnpG, BT-Drs 18/1305, S. 30.

[206] → Rn. 18; s. a. *Geurts/Schubert* WM 2014, 2154 (2155).

[207] Art. 3 des Gesetzes zur Verringerung der Abhängigkeit von Ratings v. 10.12.2014, BGBl. I 2014, 2085.

[208] Das KAGB verweist auf die Legaldefinition der Ratingagentur in Art. 3 Abs. 1 lit. b) der Verordnung (EG) Nr. 1060/2009: Rechtspersönlichkeit, deren Tätigkeit die gewerbsmäßige Abgabe von Ratings umfasst.

[209] Gesetz zur Umsetzung der Richtlinie 2014/91/EU des Europäischen Parlaments und des Rates v. 23.7.2014 zur Änderung der Richtlinie 2009/65/EG zur Koordinierung der Rechts- und Verwaltungsvorschriften betreffend bestimmte Organismen für gemeinsame Anlagen in Wertpapieren (OGAW) im Hinblick auf die Aufgaben der Verwahrstelle, die Vergütungspolitik und Sanktionen, BGBl. I 2016, 348.

[210] Dazu ausführlich *Hanten/von Tilling* WM 2015, 2122 (2122 ff.).

[211] Zweites Gesetz zur Novellierung von Finanzmarktvorschriften aufgrund europäischer Rechtsakte v. 23.6.2017, BGBl. I 2017, 1693.

[212] S. dazu auch *Eckner* WM 2018, 1684 (1684 ff.).

wohingegen sich Kapitel 3 (§§ 273–292) mit inländischen **Spezial-AIF** befasst. Die besonderen Produktregeln für **Investmentvermögen gemäß der OGAW-Richtlinie** finden sich unter Abschnitt 2 des zweiten Kapitels (§§ 192–213). Abweichend vom grundsätzlichen Konzept der AIFM-Richtlinie, aber durchaus im Einklang mit dem Ansatz des früheren InvG, enthält das KAGB in den Kapiteln 2 und 3 auch Vorschriften zur **Produktregulierung von AIF,** insbesondere mit Blick auf die jeweils zulässigen Anlageinstrumente und die einschlägigen Anlagegrenzen. Spezialgesetzlich geregelt sind ua Immobilien-Sondervermögen (§§ 230–260), Gemischte Investmentvermögen (§§ 218–219), Sonstige Investmentvermögen (§§ 220–224), Dach-Hedgefonds (§§ 225–229), geschlossene inländische Publikums-AIF (§§ 261–272), Hedgefonds (§ 283) und AIF, die die Kontrolle über nicht börsennotierte Unternehmen und Emittenten erlangen (§§ 287–292 sog Private Equity Fonds).

Im vierten Kapitel behandelt das KAGB dann den **Vertrieb** und den Erwerb von Investmentvermögen in- und ausländischer Herkunft (§§ 293–336). Die Kapitel 5, 6 und 7 verweisen dagegen lediglich auf die für EuVECAs, EuSEFs. ELTIFs und Geldmarktfonds anwendbare Regeln (§§ 337–338b).[213] Im abschließenden achten Kapitel werden Straf-, Bußgeld- und Übergangsvorschriften zusammengefasst (§§ 339–360). 54

bb) KWG, WpHG. Ergänzend zu den Regelungen im KAGB finden in Bezug auf die Kapitalverwaltungsgesellschaft auch einzelne Normen des KWG Anwendung. Zwar ist im Gegensatz zur früheren Rechtslage die Kapitalverwaltungsgesellschaft kein Kreditinstitut im Sinne des § 1 Abs. 1 KWG mehr,[214] jedoch enthält das KAGB eine Reihe von **expliziten Verweisungen auf Bestimmungen des KWG.**[215] Darüber hinaus finden sich im KAGB auch zahlreiche aufsichtsrechtliche Regelungen, die mit denen des KWG nahezu identisch sind, so dass vielfach im Rahmen der Auslegung auf die für das KWG entwickelten Grundsätze zurückgegriffen werden kann. 55

Soweit eine Kapitalverwaltungsgesellschaft auf der Grundlage des § 20 Abs. 2 Nr. 1 bis 3 und Abs. 3 Nr. 2 bis 5 KAGB bestimmte Dienst- und Nebendienstleistungen erbringt, dh individuelle Vermögensverwaltung, Anlageberatung, Finanzportfolioverwaltung, Verwahrung und Verwaltung von Investmentanteilen oder Anlagevermittlung, handelt es sich um eine **Wertpapierdienstleistung** und unterfällt somit zusätzlich den einschlägigen Regeln des WpHG, was sich bereits unmittelbar aus § 5 Abs. 2 KAGB ergibt.[216] Die Kapitalverwaltungsgesellschaft wird dadurch aber nicht zum Wertpapierdienstleistungsunternehmen im Sinne des § 2 Abs. 10 WpHG, so dass ansonsten die **Wohlverhaltensregeln** der §§ 63 ff. WpHG nicht einschlägig sind. Angesichts der investmentrechtlichen Sonderregelungen in den §§ 26 ff. KAGB[217] besteht aus regulatorischer Sicht hierzu auch kein Anlass. Grundsätzlich anwendbar sind hingegen diejenigen Vorschriften des WpHG, die nicht an die Qualifizierung als Wertpapierdienstleistungsunternehmen anknüpfen.[218]. Einige Besonderheiten sind gleichwohl bei den Mitteilungspflichten gemäß §§ 33 ff. WpHG zu beachten.[219] 56

Auf die **Verwahrstelle,** die in den Fällen des § 68 Abs. 2 KAGB (OGAW-Verwahrstelle) und des § 80 Abs. 2 Nr. 1 KAGB (AIF-Verwahrstelle) **Kreditinstitut** und damit auch gleichzeitig Wertpapierdienstleistungsunternehmen ist, sind sowohl das KWG als auch das WpHG uneingeschränkt anwendbar. Ebenfalls einschlägig sind diese Regelwerke, wenn die Verwahrstelle ein Finanzdienstleistungsinstitut ist, wie zB im Falle des § 80 Abs. 7 Satz 2 KAGB. Ist auf der Grundlage des § 68 Abs. 3 Satz 3 KAGB eine inländische Zweig- 57

[213] Zu diesen europäischen Fondskategorien → Rn. 48.
[214] → Rn. 93.
[215] ZB §§ 5 Abs. 5a, 6, 14, 19, 23 Nr. 3, 28 Abs. 1, 33, 36 Abs. 1 Nr. 3, 38, 40 Abs. 2, 41, 43 KAGB.
[216] Es gelten die §§ 63–68, 70, 80, 82 Abs. 1 bis 9 und 13, 83 und 84 WpHG entsprechend.
[217] → Rn. 113 ff.
[218] Vgl. Fuchs/*Fuchs* WpHG § 2 Rn. 140.
[219] → Rn. 141.

niederlassung eines CRR-Kreditinstituts im Sinne des § 1 Abs. 3d KWG[220] mit der Verwahrung des Investmentvermögens beauftragt worden, dann gelten die vorgenannten Gesetze nur nach Maßgabe des § 53b Abs. 3 KWG und des § 90 WpHG.

58 **b) Selbstregulierung.** Der Bundesverband Investment und Asset Management eV **(BVI)** hat im Rahmen einer freiwilligen Selbstverpflichtung erstmals im Jahre 2003 **Wohlverhaltensregeln für inländische Investmentgesellschaften** formuliert und diese seitdem mehrfach überarbeitet.[221] Die BVI-Wohlverhaltensregeln sollten ursprünglich die allgemein gehaltenen Verhaltens- und Organisationspflichten des früheren § 9 InvG konkretisieren, mit dem Ziel, einen einheitlichen **Branchenstandard** aufzustellen. Im Regelwerk finden sich deshalb ua Handlungsanweisungen zum Informationsverhalten der Investmentgesellschaft im Verhältnis zum Anleger (Abschnitt III) sowie Regelungen zur Corporate Governance (Abschnitt IV). Die betreffenden Pflichten einer Kapitalverwaltungsgesellschaft werden aber nunmehr in den §§ 26 ff. KAGB[222] und in der Kapitalanlage-Verhaltens- und Organisationsverordnung **(KAVerOV)**[223] ausführlich geregelt und konkretisiert, so dass den BVI-Wohlverhaltensregeln heute nur eine geringe praktische Bedeutung beizumessen ist.[224]

2. Anwendungsbereich des KAGB (§§ 1, 2 KAGB)

59 **a) Allgemeines.** Das KAGB enthält in den §§ 1 und 2 eine Reihe von Festlegungen begrifflicher und organisationsrechtlicher Natur, die den Anwendungsbereich des Gesetzes begrenzen.[225] Eine zentrale Rolle nimmt der Begriff des **Investmentvermögens** gemäß § 1 Abs. 1 KAGB ein. Nach der Systematik der gesetzlichen Terminologie handelt es sich dabei um einen **Oberbegriff für Organismen kollektiver Anlagemodelle,** und zwar unabhängig von rechtlicher Struktur und Herkunft.[226] Die Bezeichnung ***Investmentfonds*** steht in einem synonymen Verhältnis dazu, was mittelbar auch aus dem Wortlaut des § 4 Abs. 1 KAGB folgt,[227] und bezeichnet die gleiche Menge kollektiver Vermögensanlagen.[228]

60 **Inländische Investmentvermögen** unterliegen vollumfänglich dem KAGB-Regime und können nur auf dieser Basis errichtet, strukturiert und im Inland vertrieben werden. Das KAGB beinhaltet verbindliche Regelungen auch für die Ausgabe der jeweiligen Anteile, die Anlagepolitik und die Anlagegrenzen, die Ausschüttung der Erträge, die Informationspflichten gegenüber den Anlegern sowie die rechtlichen Beziehungen zu den Anteilinhabern. Dieser **ganzheitliche materielle Ansatz** steht im Gegensatz zum **formellen Investmentbegriff des früheren InvG.** Dieses war lediglich auf die damals explizit ge-

[220] Es handelt sich dabei um Kreditinstitute im Sinne des Art. 4 Abs. 1 Nr. 1 der Verordnung (EU) Nr. 575/2013 des Europäischen Parlaments und des Rates v. 26.6.2013 über Aufsichtsanforderungen an Kreditinstitute und Wertpapierfirmen, ABl. 2013 L 176, S. 1.

[221] Abrufbar unter: http://www.bvi.de/ueber-die-branche/wohlverhaltensregeln/ (aktueller Stand: 1. Juli 2019).

[222] → Rn. 113 ff.

[223] Zur Kapitalanlage-Verhaltens- und Organisationsverordnung (KAVerOV) → Rn. 116.

[224] Noch unter der Geltung des InvG hatte die BaFin mit Schreiben vom 20.1.2010 (Geschäftszeichen: WA 41 – Wp2136 – 2008/2009) zunächst ihre Absicht bekundet, die Wohlverhaltensregeln im Rahmen der Auslegung der korrespondierenden Vorschriften des damaligen InvG, insbesondere des früheren § 9 InvG, heranzuziehen und auf den Erlass einer diesbezüglichen Verordnung zu verzichten. Letztlich hat die BaFin aber dann doch eine Verordnung erlassen (InvVerOV), welche dann mit Inkrafttreten des KAGB in die KAVerOV aufgegangen ist.

[225] Zum Begriff des Investmentgeschäfts → Rn. 6 f.

[226] → Rn. 63 ff.

[227] Zum diesbezüglichen Bezeichnungsschutz → Rn. 88 f.

[228] Ursprünglich definierte § 2 Abs. 1 InvG aF den Begriff Investmentfonds noch als Synonym zum Sondervermögen gem. § 2 Abs. 2 InvG aF. Aber bereits mit Inkrafttreten des OGAW-IV-UmsG wurde darin ausdrücklich ein Synonym zu dem in § 1 Satz 2 InvG aF verwendeten Oberbegriff des Investmentvermögens gesehen, vgl. Begründung GE OGAW-IV-UmsG, BT-Drs. 17/4510, 57. Ähnlich auch *Blankenheim* ZBB 2011, 344 (347).

regelten inländischen Investmentvermögen anwendbar, d. h. auf Sondervermögen im Sinne des § 2 Abs. 2 InvG aF und Investmentaktiengesellschaften im Sinne des § 2 Abs. 5 InvG aF. Andere inländische Formen kollektiver Vermögensanlagen fielen dagegen nicht in den Anwendungsbereich des Gesetzes, selbst wenn sie materiell gesehen ein Anlagemodell betrieben, dass dem Investmentgeschäft im Sinne des InvG aF weitgehend nachgebildet war. Die Folge war, dass wichtige Grundentscheidungen des InvG, insbesondere zum Schutz der Anleger, in diesen Fällen keine Anwendung fanden.[229] Die Regelungen des InvG ließen sich nach höchstrichterlicher Rechtsprechung[230] auch nicht in entsprechender Weise auf inländische kollektive Anlagemodelle anderer Rechtsform anwenden. Ein Ausweichen auf eine andere Rechtsform zwecks Umgehung der investmentgesetzlichen Regulierung, damals auch als *opting-out* bezeichnet,[231] war zudem grundsätzlich zulässig. Dies führte im Gegenzug aber uU zu einem Wegfall des steuerrechtlichen Privilegs in Form der investmentsteuerlichen Transparenz.[232]

Ebenso wie früher das InvG regelt auch das KAGB heute das **Aufsichts- und Binnenorganisationsrecht der inländischen Kapitalverwaltungsgesellschaften.** Die Bestimmungen des KAGB sind einschlägig, unabhängig davon, ob die Kapitalverwaltungsgesellschaft im Einzelfall Anteile an inländischen Investmentvermögen, an EU-Investmentvermögen oder an ausländischen AIF, die dem Recht eines Drittstaates unterliegen, im Inland sowie im Wege des grenzüberschreitenden Dienstleistungsverkehrs oder über eine Zweigniederlassung verwaltet.[233] Dies resultiert aus dem in den Art. 16 ff. der OGAW-IV-Richtlinie und den Art. 7, 31 ff. der AIFM-Richtlinie niedergelegten Grundsatz, wonach die Aufsicht über eine Verwaltungsgesellschaft beim **Herkunftsmitgliedstaat** verbleibt, auch wenn diese grenzüberschreitend tätig wird. 61

EU-Investmentvermögen (§ 1 Abs. 8 KAGB) und **ausländische AIF** (§ 1 Abs. 9 KAGB) fallen in den Anwendungsbereich des KAGB, soweit der **Vertrieb und der Erwerb** ihrer Anteile im Inland betroffen sind.[234] Einer Vertriebsregulierung durch das KAGB unterworfen sind damit insbesondere Anteile an ausländischen Investmentvermögen, die von einer Investmentgesellschaft mit Sitz im Ausland ausgegeben, aber im Inland vertrieben werden. Bereits unter Geltung des InvG wurde in Bezug auf ausländische Investmentvermögen der formelle Investmentbegriff zugunsten eines mehr **wirtschaftlich ausgerichteten Ansatzes**[235] verdrängt, mit dem Ziel, den Vertrieb ausländischer kollektiver Anlagemodelle unabhängig von ihrer Rechtsform einer Regulierung zu unterziehen. Die Eröffnung des Anwendungsbereichs war damals anhand bestimmter gesetzlicher Kriterien (mittelbare Risikomischung[236], Einräumung eines Rückgaberechts, Existenz einer ausländischen Investmentaufsicht) im Einzelfall zu klären.[237] 62

b) Investmentvermögen. § 1 Abs. 1 KAGB enthält eine **Legaldefinition** des Investmentvermögens. Der Begriff umfasst jeden Organismus für gemeinsame Anlagen, der von einer Anzahl von Anlegern Kapital einsammelt, um es gemäß einer festgelegten Anlagestrategie zum Nutzen dieser Anleger zu investieren und der kein operativ tätiges Unternehmen außerhalb des Finanzsektors ist. Im Gegensatz zur früheren Rechtslage unter dem InvG ist der Grundsatz der Risikomischung nicht mehr Bestandteil der Definition und die begriffliche Reichweite ist nicht auf Anlagen in bestimmte Vermögensgegenstände be- 63

[229] Krit. dazu auch BankR-HdB/*Köndgen/Schmies,* 3. Aufl., § 113 Rn. 34.

[230] So insbes. das BVerwG NJOZ 2008, 2191 (2204 f.) und der BGH NZG 2010, 352 (354); **aA** noch das VG Frankfurt/Main WM 2005, 2036 (2039 ff.).

[231] Berger/Steck/Lübbehüsen/*Köndgen* InvG § 1 Rn. 8.

[232] Zu den steuerrechtlichen Hintergründen statt vieler Berger/Steck/Lübbehüsen/*Lübbehüsen* Vor §§ 1 ff. InvStG Rn. 20 f.

[233] Zum sog. Europäischen Pass für Kapitalanlagegesellschaften → Rn. 120 ff.

[234] Weitere Einzelheiten zu den Vertriebsregelungen des KAGB → Rn. 228 ff.

[235] So zur früheren Rechtslage auch Berger/Steck/Lübbehüsen/*Köndgen* InvG § 2 Rn. 47 f.

[236] *Helios/Schmies* BB 2009, 1100 (1104).

[237] Ausführlich dazu → 1 Aufl. 2013, Kap. 39 Rn. 54 ff.

grenzt.[238] Nach der gesetzlichen Systematik bildet das Investmentvermögen den **Oberbegriff** für jede Form kollektiver Vermögensanlagen. Damit markieren die im § 1 Abs. 1 KAGB genannten Definitionsmerkmale gleichzeitig den gesetzlichen Regulierungsrahmen. Dem Begriff wird eine einheitliche Bedeutung beigemessen, unabhängig davon, ob er im Zusammenhang mit inländischen oder ausländischen Organismen für gemeinsame Anlagen steht.[239]

64 **aa) Organismus für gemeinsame Anlagen.** Die Terminologie des Definitionsmerkmals Organismus für gemeinsame Anlagen entspringt dem europäischen Investmentrecht.[240] Eine nähere Konkretisierung oder gar Definition dieses Begriffs findet sich weder auf europäischer noch auf nationalstaatlicher legislativer Ebene.[241] Die ESMA und ihr folgend auch die BaFin sind der Auffassung, dass hierunter jedes Vehikel fällt, das von Anlegern beschafftes Kapital bündelt, um eine gemeinschaftliche Rendite aus einer gemeinschaftlichen Kapitalanlage, dh aus einem Investment in Vermögensgegenständen, zu generieren.[242] Die Anforderungen an die Beschaffenheit des Organismus sind sehr gering, denn es genügt jedes **rechtlich oder wirtschaftlich verselbständigtes, gepooltes Vermögen,**[243] und zwar ohne Ansehung der Rechtsform, inneren Struktur oder Herkunft. Nicht erforderlich ist damit, dass die Gemeinschaft der Anleger mitgliedschaftlicher oder gesellschaftsrechtlicher Natur ist, vielmehr ist eine rein schuldvertragliche Konstruktion ausreichend; eine dingliche Berechtigung der Anleger nicht erforderlich.[244] Bereits ein getrennter Rechnungskreis[245] genügt, soweit damit die Bündelung des Vermögens im Sinne eines Zuordnungswechsels aus dem Anleger- in das Fondsvermögen zum Ausdruck gebracht wird und die gesammelten Anlegergelder ein gemeinsames Schicksal teilen.[246]

65 Der investmentrechtliche Charakter eines derartigen Organismus folgt im Wesentlichen aus einem besonderen **kollektiven Element,** das innerhalb der Zielsetzung des eingesetzten **Pool-Vehikels** zum Vorschein kommt: Anlage und Verwaltung des in einem Pool **gebündelten Vermögens** müssen stets für gemeinschaftliche Rechnung der Anleger erfolgen. Wirtschaftlich betrachtet liegt dann der Zweck dieses Organismus darin, die **Gesamtheit der Anleger, und jeden Anleger anteilig, an den Chancen und Risiken der gemeinsamen Kapitalanlage zu beteiligen.**[247] Dieser Aspekt, der gleichzeitig eine ganz wesentliche Verpflichtung des Managers gegenüber den Anlegern zum Ausdruck bringt,[248] grenzt den Organismus für gemeinsame Anlagen von den einzelnen Formen individueller Vermögensverwaltung ab. An einer gemeinsamen Anlage im Sinne des KAGB fehlt es daher regelmäßig, wenn ein Verwalter in Bezug auf verschiedene Kundenanlagen

[238] So aber noch die Konzeption des InvG → 1. Aufl. 2013, Kap. 39 Rn. 62 ff., 65 ff. Vgl. zu den nicht relevanten Merkmalen Assmann/Wallach/Zetzsche/*Zetzsche* § 1 Rn. 9 ff.

[239] Anders noch unter dem InvG → 1. Aufl. 2013, Kap. 39 Rn. 58, 54 ff.

[240] → Rn. 1, 2.

[241] Vgl. auch die Nachweise bei Assmann/Schütze/*Eckhold/Balzer* § 22 Rn. 8; *Zetzsche/Preiner* WM 2013, 2101 (2103); Assmann/Wallach/Zetzsche/*Zetzsche* § 1 Rn. 20.

[242] Vgl. ESMA/2013/600 v. 24.5.2013 (Final Report – Guidelines on key concepts of the AIFMD), S. 29, 31; BaFin, Auslegungsschreiben zum Anwendungsbereich des KAGB und zum Begriff des Investmentvermögens, idF v. 9.3.2015, Abschnitte I. 1. und I. 2.

[243] So die BaFin, Auslegungsschreiben zum Anwendungsbereich des KAGB und zum Begriff des Investmentvermögens, idF v. 9.3.2015, Abschnitt I. 1.

[244] Zur Irrelevanz der dinglichen Berechtigung bereits Berger/Steck/Lübbehüsen/*Köndgen* InvG § 1 Rn. 21.

[245] So ausdrücklich die BaFin, Auslegungsschreiben zum Anwendungsbereich des KAGB und zum Begriff des Investmentvermögens, idF v. 9.3.2015, Abschnitt I. 1. Dazu auch *Loritz/Uffmann* WM 2013, 2193 (2197).

[246] Treffend *Zetzsche/Preiner* WM 2013, 2101 (2103).

[247] Hierauf ausdrücklich abstellend auch BaFin, Auslegungsschreiben zum Anwendungsbereich des KAGB und zum Begriff des Investmentvermögens, idF v. 9.3.2015, Abschnitt I. 2. Ähnlich Assmann/Schütze/*Eckhold/Balzer* § 22 Rn. 12; Assmann/Wallach/Zetzsche/*Zetzsche* § 1 Rn. 23 f.; Weitnauer/Boxberger/Anders/*Volhard/Jang* § 1 Rn. 7; *Wollenhaupt/Beck* DB 2013, 1950 (1951).

[248] Zu diesem Punkt, aber noch mit Blick auf das InvG Berger/Steck/Lübbehüsen/*Köndgen* InvG § 1 Rn. 20.

(in verschiedenen Depots) lediglich eine einheitliche Strategie verfolgt (zB im Falle sog. **Managed Accounts** bzw. bei der Verwaltung mehrerer Familienvermögen) oder wenn mehrere Anleger zwar durch einen Verwalter koordiniert werden, aber in rechtlicher Hinsicht separate parallele Beteiligungen an einem Vermögensgegenstand begründen (je nach Modell tritt diese Struktur bei den sog **Club Deals**[249] auf). In diesen Fällen handelt es sich hingegen vielfach um individuelle Finanzportfolioverwaltung (§ 1 Abs. 1a Satz 2 Nr. 3 KWG).[250] An einer gemeinschaftlichen Kapitalanlage fehlt es auch dann, wenn den Anlegern ein **unbedingter Kapitalrückzahlungsanspruch** zusteht, zB im Rahmen der Gewährung eines Darlehens, denn auf diese Weise wird die Gewinn- und Verlustbeteiligung gerade verhindert.[251] Hieran vermag im Grundsatz auch ein qualifizierter Rangrücktritt nichts zu ändern.[252] Ein vereinbarter Schutz vor einer Verlustbeteiligung durch eine Mindestzahlungszusage im Rahmen sog. **Garantiefonds** ist hingegen für die Einordnung als Organismus für gemeinsame Anlagen nicht schädlich.[253]

Weiteres Kriterium eines Organismus für gemeinsame Anlagen ist die **Fremdverwaltung** des gebündelten Vermögens.[254] Die Anleger zahlen zwar Kapital in den Pool ein und erhalten im Gegenzug dafür Anteile, sie üben aber regelmäßig keinen unternehmerischen Einfluss auf das zugrundeliegende Pool-Vehikel aus. Die unternehmerische Leitung liegt vielmehr in der Verantwortung des jeweiligen Verwalters. In dieser Hinsicht entsprechen investmentrechtliche Vehikel vielfach dem Typus einer Anlegergesellschaft. Hiervon abzugrenzen sind Gemeinschaften von aktiven Mitunternehmern (zB im Falle eines **Joint Venture**[255]) oder auch sog echte **Investmentclubs,** bei denen die Gesellschafter bzw. die Anteilseigner in die unternehmerischen Entscheidungen, hier die Anlageentscheidungen, einbezogen werden. Erfolgt damit die Verwaltung des Pool-Vermögens durch die Gesamtheit der Anleger (typische Eigenverwaltung), liegen die Voraussetzungen für einen Organismus für gemeinsame Anlagen nicht vor. Dieses Begriffsverständnis findet sich auch in den ESMA-Leitlinien. Hiernach spricht die Zuweisung **laufender Ermessens- und Kontrollbefugnisse** an die Gruppe der Anteilseigner gegen die Annahme eines Organismus für gemeinsame Anlagen.[256] Um die damit verbundene Einschränkung des KAGB-Anwendungsbereichs rechtfertigen zu können, müssen die an die Anleger übertragenen Befugnisse jedoch umfänglich sein.[257] Erforderlich ist eine unmittelbare und kontinuierliche Entscheidungskompetenz betreffend das operative Tagesgeschäft,[258] dh inklusive der anlagespezifischen Ermessensentscheidungen.[259] Nicht ausreichend ist hingegen allein die Kompetenz der Anteilseigner, verbindliche Beschlüsse über die Grundlagen des Vehikels oder über sonstige wichtige Gegenstände fassen zu können.[260] Unerheblich ist dabei, ob die Anteils- 66

[249] Dazu ausführlich *Seibt/Jander-McAlister* DB 2013, 2374 (2374 ff.).

[250] So auch Assmann/Schütze/*Eckhold/Balzer* § 22 Rn. 9; *Zetzsche/Preiner* WM 2013, 2101 (2103).

[251] Vgl. auch Weitnauer/Boxberger/Anders/*Volhard/Jang* § 1 Rn. 8; *Loritz/Uffmann* WM 2013, 2193 (2198).

[252] Dazu Assmann/Schütze/*Eckhold/Balzer* § 22 Rn. 12; BaFin, Auslegungsschreiben zum Anwendungsbereich des KAGB und zum Begriff des Investmentvermögens, idF v. 9.3.2015, Abschnitt I. 2.

[253] So auch Weitnauer/Boxberger/Anders/*Volhard/Jang* § 1 Rn. 7; Assmann/Schütze/*Eckhold/Balzer* § 22 Rn. 12; BaFin, Auslegungsschreiben zum Anwendungsbereich des KAGB und zum Begriff des Investmentvermögens, idF v. 9.3.2015, Abschnitt I. 2.

[254] Vgl. zu diesem Merkmal auch Weitnauer/Boxberger/Anders/*Volhard/Jang* § 1 Rn. 9; *Zetzsche/Preiner* WM 2013, 2101 (2103 f.).

[255] S. a. Erwägungsgrund 8 der Richtlinie 2011/61/EU (AIFM-Richtlinie), wonach eine Anwendung der Richtlinie auf Joint Ventures nicht vorgesehen ist.

[256] ESMA/2013/600 v. 24.5.2013 (Final Report – Guidelines on key concepts of the AIFMD), S. 31; ESMA/2013/611 v. 13.8.2013 (Leitlinien zu Schlüsselbegriffen der AIFM-Richtlinie), S. 6.

[257] *Graf zu Solms/Mihova* DStR 2015, 1872 (1874) zweifeln, ob die BaFin überhaupt die Anwendbarkeit des KAGB verneinen würde, und zwar allein aufgrund der Einräumung von weiter reichenden Ermessens- und Kontrollbefugnissen an die Anteilseigner. Entscheidend ist hier aber vielmehr die Frage, wann die BaFin die Schwelle zur Eigenverwaltung für überschritten hält, so dass kein Organismus für gemeinsame Anlagen für investmentrechtliche Zwecke mehr vorliegt.

[258] ESMA/2013/600 v. 24.5.2013 (Final Report – Guidelines on key concepts of the AIFMD), S. 30.

[259] So auch *Zetzsche/Preiner* WM 2013, 2101 (2103).

[260] Vgl. ESMA/2013/600 v. 24.5.2013 (Final Report – Guidelines on key concepts of the AIFMD), S. 30.

eigner, beispielsweise im Falle eines bestehenden Weisungsrechts, tatsächlich davon Gebrauch machen.

67 Es liegt auf der Hand, dass die **Corporate Governance-Strukturen der etablierten kollektiven Kapitalanlagemodelle** sich mit umfänglichen Kompetenzen der Anleger im Rahmen konkreter Anlageentscheidungen nicht in Einklang bringen lassen. Schwierig zu beurteilen sind gleichwohl die Fälle, in denen umfängliche Leitungsbefugnisse nur einem oder mehreren, aber nicht allen Anlegern übertragen worden sind. Hier wird es auf die Umstände des Einzelfalles ankommen, zB auf die Anzahl der zur Verwaltung befugten Personen, deren Verhältnis zum Rest der Anteilseigner, dem Vorhandensein weiterer, externer Verwalter und schließlich den genauen Umfang der eingeräumten Befugnisse.

68 **bb) Anzahl von Anlegern.** Investmentvermögen zeichnen sich dadurch aus, dass regelmäßig eine Mehrheit von Anlegern an ihnen beteiligt ist. Zwingend erforderlich ist dies jedoch nicht. Nach der in § 1 Abs. 1 Satz 2 KAGB niedergelegten Begriffskonkretisierung ist eine genügende Anzahl von Anlegern bereits gegeben, wenn die Anlagebedingungen, die Satzung oder der Gesellschaftsvertrag des Organismus für gemeinsame Anlagen die Anzahl möglicher Anleger nicht auf einen begrenzen. Damit fallen auch Fonds in den KAGB-Anwendungsbereich, die in tatsächlicher Hinsicht und dauerhaft nur einen einzigen Anleger aufweisen, wenn die Beteiligung eines weiteren Anlegers nicht *qua* Fondsverfassung ausgeschlossen ist, also zumindest die theoretische Möglichkeit eines weiteren Beitritts besteht (sog **Ein-Anleger-Fonds**).[261] In der Praxis haben insbesondere **Spezial-AIF** vielfach nur einen professionellen oder semi-professionellen Anleger.[262] OGAW-Fonds können hingegen nicht als Ein-Anleger-Fonds aufgelegt werden, denn sie müssen sich auf der Basis europäischer Vorgaben[263] das Anlagevermögen beim Publikum beschaffen.[264] Keine Anleger in diesem Sinne sind nach Auffassung der BaFin Personen, die benötigt werden, um eine Struktur aufzusetzen, beispielsweise der **geschäftsführende Kommanditist** oder der **Komplementär einer KG,** sofern sie sich nicht weiter – abgesehen von einer ggf. gesellschaftsrechtlich erforderlichen Minimalbeteiligung – am Organismus beteiligen können.[265]

69 Bei formaler Betrachtung wird der Anwendungsbereich des KAGB durch die Einbeziehung von Ein-Anleger-Fonds überdehnt.[266] Mangels eines offenkundigen kollektiven Elements liegt es zunächst nahe, in diesen Fällen eine Form der **individuellen Vermögensverwaltung** zu sehen.[267] Diese Sichtweise ist aber nur dann gerechtfertigt, wenn die Voraussetzungen eines Pools nicht vorliegen, das Anlagekapital des Fonds also nicht gebündeltes Vermögen ist, sondern von einer wirtschaftlichen Einheit, zB einer juristischen oder natürlichen Person, stammt. Anders sind hingegen die Fälle zu beurteilen, in denen über den einzig beteiligten Anleger, und damit **außerhalb der unmittelbaren Sphäre des Organismus** für gemeinsame Anlagen, **Vermögen unterschiedlicher Provenienz gebündelt** und in den Fonds eingezahlt wurde. Denn hier besteht unabhängig von der

[261] Auf die theoretische Möglichkeit stellt auch die BaFin ab, s. Auslegungsschreiben zum Anwendungsbereich des KAGB und zum Begriff des Investmentvermögens, idF v. 9.3.2015, Abschnitt I. 4. Eine ähnliche Sichtweise vertrat die BaFin bereits mit Blick auf das InvG, s. BaFin-Rundschreiben 14/2008 vom 22.12.2008, Abschnitt I. 1a.

[262] Allgemein zu Spezial-AIF → Rn. 222 ff. Zur Abgrenzung zwischen Spezial-AIF und Publikumsinvestmentvermögen → Rn. 22 ff.

[263] Vgl. Art. 1 Abs. 2 lit. a, Art. 3 lit. b OGAW-Richtlinie (2009/65/EG).

[264] Ebenso Assmann/Schütze/*Eckhold/Balzer* § 22 Rn. 14; Weitnauer/Boxberger/Anders/*Volhard/Jang* § 1 Rn. 15. Ausführlich zum OGAW-Fonds → Rn. 205 ff.

[265] So ausdrücklich BaFin, Auslegungsschreiben zum Anwendungsbereich des KAGB und zum Begriff des Investmentvermögens, idF v. 9.3.2015, Abschnitt I. 4.

[266] Krit. diesbezüglich, aber noch in Bezug auf den im InvG verwendeten Begriff der „gemeinschaftlichen Kapitalanlage" Beckmann/Scholtz/Vollmer/*Beckmann* InvG § 1 Rn. 20.

[267] *Zetzsche/Preiner* WM 2013, 2101 (2104): individuelle Finanzportfolioverwaltung gem. § 2 Abs. 3 Nr. 7 WpHG.

gewählten Konstruktion, dh selbst wenn der Beitritt eines weiteren Anlegers formell gar nicht zugelassen ist, entsprechend dem materiellen Ansatz im Investmentrecht[268] eine Mehrheit von Anlegern.[269] Dies steht auch im Einklang mit der von der ESMA und der BaFin vorgenommenen Auslegung. Hiernach können Ein-Anleger-Fonds immer dann als AIF eingestuft werden, wenn bei Hinwegdenken des einzigen Anlegers eine Mehrzahl von Anlegern beteiligt wäre; insoweit wird auf die dahinterstehenden Anleger durchgeschaut.[270] Relevant ist diese Auslegung insbesondere für **Treuhandkonstruktionen,** Master-Feeder-Fonds sowie Versicherungs- und Pensionsfonds, soweit letztere überhaupt vom KAGB erfasst werden.[271]

cc) Einsammlung von Kapital. Der Modus der Kapitalbeschaffung hat unmittelbare **70**
Auswirkungen auf den investmentrechtlichen Charakter einer Vermögensmasse. § 1 Abs. 1 Satz 1 KAGB regelt in diesem Zusammenhang recht allgemein und ohne nähere Konkretisierung, dass das Kapital *eingesammelt* werden muss. Hintergrund ist die Abgrenzung zu Vermögensmassen, die mittels anderer Mechanismen entstehen bzw. bereits vorhanden sind (sog ***pre-existing groups*** [272]). Das Tatbestandsmerkmal ist erfüllt, wenn eine **kommerzielle Aktivität zum Zwecke der Kapitalbeschaffung** bei potentiellen Anlegern festzustellen ist, und zwar ausgehend vom bzw. für Rechnung des Organismus für gemeinsame Anlagen. Es genügt dabei **jede, auch einmalige Form der gewerbsmäßigen und anlegergerichteten Kommunikation,** soweit diese dem kapitalsuchenden Organismus zuzurechnen ist.[273] Eine Einsammlung von Kapital kann auch dann vorliegen, wenn die Kapitalübertragung bzw. Kapitalbindung in Form von Sacheinlagen[274] oder durch passives Stehenlassen von Kapitalmittel, beispielsweise aus einem ausgelaufenen Fonds,[275] erfolgen soll. Im letzteren Fall erschöpft sich das *Funding* in der weiteren Überlassung der an sich zur Rückzahlung fälligen Mittel. Eine aktive Zuführung von frischem (Bar-)Kapital ist nicht erforderlich; eine materielle Sichtweise insoweit hier geboten.[276] Nach den jeweiligen Begriffsauslegungen der ESMA[277] und der BaFin[278] bedarf es aber einer Kausalität zwischen der Kapitalbeschaffung einerseits und der Investition gemäß einer festgelegten Anlagestrategie andererseits. Dieser **Kausalzusammenhang** ist auch dem Wortlaut des § 1 Abs. 1 Satz 1 KAGB unmittelbar zu entnehmen.[279]

An einer Kapitalbeschaffung fehlt es, wenn die Vermögensmasse nicht durch das **71**
kommerzielle Handeln für Rechnung eines Verwalters, sondern aus einer **besonderen Sozialsphäre[280] heraus ohne externes Kapital** entsteht, entweder weil die Kapitalgeber bereits familienrechtlich miteinander verbunden sind oder sich initiativ zwecks Bündelung des Vermögens zusammenfinden, also nicht erst angeworben werden müs-

[268] → Rn. 2, 59.

[269] Ähnlich Assmann/Schütze/*Eckhold/Balzer* § 22 Rn. 15; *Zetzsche/Preiner* WM 2013, 2101 (2104).

[270] ESMA/2013/611 v. 13.8.2013 (Leitlinien zu Schlüsselbegriffen der AIFM-Richtlinie), S. 7; BaFin, Auslegungsschreiben zum Anwendungsbereich des KAGB und zum Begriff des Investmentvermögens, idF v. 9.3.2015, Abschnitt I. 4. Hierauf Bezug nehmend auch *Zetzsche/Preiner* WM 2013, 2101 (2104); Assmann/Schütze/*Eckhold/Balzer* § 22 Rn. 15.

[271] S. § 2 Abs. 1 Nr. 2 KAGB, wonach das Gesetz nicht auf Einrichtungen der betrieblichen Altersversorgung anzuwenden ist.

[272] ESMA/2013/600 v. 24.5.2013 (Final Report – Guidelines on key concepts of the AIFMD), S. 32. Dazu noch in der nachfolgenden Rn. 71.

[273] Ähnlich Assmann/Schütze/*Eckhold/Balzer* § 22 Rn. 16; Weitnauer/Boxberger/Anders/*Volhard/Jang* § 1 Rn. 16; *Poelzig/Volmer* DNotZ 2014, 483 (485).

[274] ESMA/2013/611 v. 13.8.2013 (Leitlinien zu Schlüsselbegriffen der AIFM-Richtlinie), S. 6.

[275] Ebenso Weitnauer/Boxberger/Anders/*Volhard/Jang* § 1 Rn. 17; Assmann/Schütze/*Eckhold/Balzer* § 22 Rn. 16.

[276] → Rn. 2, 60.

[277] ESMA/2013/611 v. 13.8.2013 (Leitlinien zu Schlüsselbegriffen der AIFM-Richtlinie). S. 6; ESMA/2013/600 v. 24.5.2013 (Final Report – Guidelines on key concepts of the AIFMD), S. 13, 32.

[278] BaFin, Auslegungsschreiben zum Anwendungsbereich des KAGB und zum Begriff des Investmentvermögens, idF v. 9.3.2015, Abschnitt I. 3.

[279] „(…) Kapital einsammelt, um es gemäß einer festgelegten Anlagestrategie (…) zu investieren (…)".

[280] Diesen Begriff verwenden auch *Zetzsche/Preiner* WM 2013, 2101 (2105).

sen.[281] Hierunter fallen zunächst **Family-Office-Vehikel,** die ausschließlich das Privatvermögen von Familienangehörigen investieren,[282] und zwar unabhängig von der im Einzelnen gewählten Rechtsform, solange die **Familienmitglieder alleinige Nutznießer** sind.[283] Zum Kreis der Familienangehörigen gehören der Ehepartner, ferner Personen, die in einer eheähnlichen Gemeinschaft, in einem gemeinsamen Haushalt und auf einer stabilen und dauerhaften Grundlage leben, sowie nahe Angehörige, insbesondere Verwandte in gerader Linie, Geschwister, Onkel, Tanten, Cousins, Cousinen, Neffen, Nichten und die jeweiligen Hinterbliebenen.[284] Eine derartige Bindung besteht hingegen nicht in den Fällen der Bündelung des Vermögens mehrerer Familien (sog **Multi-Family-Office**)[285] oder der Einbeziehung sonstiger Dritter, zB von Freunden der Familie **(Family & Friends).** Nach Auffassung der ESMA soll die Begünstigung für Family-Office-Vehikel schon dann nicht mehr greifen, wenn bereits ein Kapitalgeber nicht der Familiensphäre entstammt.[286] Um den Willen des Richtliniengebers, Family-Office-Vehikel aus dem Anwendungsbereich der AIFM-Richtlinie herauszunehmen, aber ausreichend zur Geltung zu bringen, sollte zumindest die in der Praxis häufige Beteiligung des familienfremden Verwalters (sog **Co-Investments**) unschädlich sein.[287] Eine Kapitalbeschaffung im Sinne des KAGB ist im Einzelfall auch bei Vereinigungen von natürlichen Personen, die wiederum juristische Personen dazwischenschalten können,[288] zu verneinen, wenn sie sich für die gemeinsame Anlage ihres privaten Vermögens initiativ zusammengefunden haben (sog **Investmentclubs**). Vorgenanntes gilt aber nur solange die Kapitalüberlassung nicht durch kommerzielle Aktivitäten zur Kapitalbeschaffung bedingt ist und die betreffende Vereinigung nicht an den Markt herantritt.[289] Gleiches gilt im Grundsatz für **Joint Venture**-Strukturen.[290]

72 **dd) Festgelegte Anlagestrategie.** Weiteres Begriffsmerkmal eines Investmentvermögens ist die festgelegte Anlagestrategie, in **Abgrenzung zu einer allgemeinen Geschäftsstrategie** operativ tätiger Unternehmen.[291] Hinweise über die konkreten Anforde-

---

[281] Einschränkend ESMA/2013/611 v. 13.8.2013 (Leitlinien zu Schlüsselbegriffen der AIFM-Richtlinie), S. 4, wonach eine sog. *pre-existing group* nur Gruppen von Familienmitgliedern erfassen soll. Zu Recht krit. *Zetzsche/Preiner* WM 2013, 2101 (2105).

[282] Diese Auslegung entspricht auch Erwägungsgrund 7 der Richtlinie 2011/61/EU (AIFM-Richtlinie). S. zum hier verwendeten Begriff des Family-Office-Vehikels auch BaFin, Auslegungsschreiben zum Anwendungsbereich des KAGB und zum Begriff des Investmentvermögens, idF v. 9.3.2015, Abschnitt I. 3.a. Ausführlich zur Einordnung von Family Offices unter die AIFM-Richtlinie *Krause/Klebeck* BB 2012, 2063 (2066 ff.).

[283] Für diese materielle Betrachtung auch ESMA/2013/600 v. 24.5.2013 (Final Report – Guidelines on key concepts of the AIFMD), S. 5 f., 30; Assmann/Schütze/*Eckhold/Balzer* § 22 Rn. 18; *Seibt/Jander-McAlister* DB 2013, 2433 (2433).

[284] Vgl. die jeweiligen (wohl nicht abschließenden) Auflistungen der Aufsichtsbehörden: ESMA/2013/611 v. 13.8.2013 (Leitlinien zu Schlüsselbegriffen der AIFM-Richtlinie), S. 4; BaFin, Auslegungsschreiben zum Anwendungsbereich des KAGB und zum Begriff des Investmentvermögens, idF v. 9.3.2015, Abschnitt I. 3.a.

[285] Hierzu auch *Seibt/Jander-McAlister* DB 2013, 2433 (2434).

[286] ESMA/2013/611 v. 13.8.2013 (Leitlinien zu Schlüsselbegriffen der AIFM-Richtlinie), S. 6 f.

[287] Ausdrücklich: Erwägungsgrund 7 der Richtlinie 2011/61/EU (AIFM-Richtlinie). Vgl. auch *Zetzsche/Preiner* WM 2013, 2101 (2105). Allgemein zur Behandlung von Managementbeteiligungsgesellschaften, auch außerhalb von Family-Office-Strukturen, Assmann/Schütze/*Eckhold/Balzer* § 22 Rn. 20.

[288] So auch *Weitnauer* GWR 2014, 1 (5). Wohl **aA** BaFin, Auslegungsschreiben zum Anwendungsbereich des KAGB und zum Begriff des Investmentvermögens, idF v. 9.3.2015, Abschnitt I. 3.b; *Seibt/Jander-McAlister* DB 2013, 2433 (2435 f.).

[289] So auch die BaFin, Auslegungsschreiben zum Anwendungsbereich des KAGB und zum Begriff des Investmentvermögens, idF v. 9.3.2015, Abschnitt I. 3.b. Im Falle eines Investmentclubs ohne Mitwirkung von Nicht-Anlegern (als Verwalter) wird es aber oftmals bereits an einem Organismus für gemeinsame Anlagen fehlen, → Rn. 66.

[290] S. dazu auch Assmann/Schütze/*Eckhold/Balzer* § 22 Rn. 10, 16. Nach Erwägungsgrund 8 der Richtlinie 2011/61/EU (AIFM-Richtlinie) sollen Joint Ventures von vornherein nicht in den Anwendungsbereich der Richtlinie fallen.

[291] Vgl. Begründung GesE AIFM-UmsG, BT-Drs. 17/12294, S. 201. Zur Abgrenzung des Investmentvermögens von operativ tätigen Unternehmen auch noch → Rn. 76 ff.

rungen an eine investmentrechtliche Anlagestrategie finden sich weder in der AIFM-Richtlinie und den hierzu erlassenen EU-Verordnungen noch im KAGB. Gemäß den von der **ESMA** und der **BaFin** vorgenommenen Auslegungen soll es einer genau bestimmten Strategie bedürfen, die Vorgaben dazu enthält, wie das im Organismus gebündelte Kapital verwaltet werden soll, um eine gemeinschaftliche Rendite für die Anleger zu erzielen.[292] Die Aufsichtsbehörden haben hierzu Kriterien entwickelt, die einzeln oder kumulativ auf das Vorhandensein einer Anlagestrategie hindeuten sollen. Von Relevanz soll dabei zum einen der Zeitpunkt der Festlegung der in Frage stehenden Strategie (nämlich vor Beteiligung der Anleger), ihre schriftliche Verankerung in den Anlagebedingungen oder der Satzung sowie deren rechtliche Bindungskraft und Durchsetzbarkeit sein. Zum anderen soll es auf das Vorhandensein von konkreten Richtlinien zu den Modalitäten der zu tätigenden Anlagen ankommen, zB in Bezug auf die Kategorie oder die geographische Herkunft der Anlagegegenstände, die Beschränkung der *asset allocation* oder von Hebelfinanzierungen sowie die Beachtung bestimmter Haltefristen oder sonstiger Risikodiversifikationsvorgaben.

Die Festlegung einer Anlagestrategie kann und soll, nicht zuletzt auch aus Gründen des Anlegerschutzes, in erheblichem Maße den Ermessensspielraum der Verwalter begrenzen. Gerade darin soll nach der Vorstellung des Gesetzgebers ein wichtiger Unterschied zum größeren Handlungsspielraum eines Unternehmensleiters in operativ tätigen Einheiten liegen, wo nur eine allgemein gefasste Geschäftsstrategie zu beachten sei.[293] Jedoch ist es angesichts der auftretenden **Strukturvielfalt in der Binnenorganisation unternehmerischer Vehikel** bereits sehr fraglich, ob eine eindeutige und rechtssichere Abgrenzung zwischen genau bestimmten Anlage- und allgemeiner gehaltenen Unternehmensstrategien überhaupt anhand des Konkretisierungsrades der für das Management festgelegten Vorgaben gelingen kann.[294] Die vorgenannten aufsichtlichen Abgrenzungskriterien versagen jedenfalls dann, wenn ein nicht operativ tätiges Investmentvehikel es einfach unterlässt, eine hinreichend konkrete Anlagestrategie zu formulieren, oder die einzelnen Anlageentscheidungen in das freie Ermessen des Managements legt (sog **Blind Pools**). Eine derart einfache **Umgehung des KAGB** würde aber im **Widerspruch zum Telos des Gesetzes und den Zielen der AIFM-Richtlinie** stehen, einen in sich geschlossenen, umfassenden regulatorischen Rahmen für Investmentfonds bzw. deren Manager zu schaffen.[295] Insoweit genügt es für die Zwecke des hier in Frage stehenden Begriffsmerkmals bereits, wenn die verbindliche Strategie eines Vehikels abstrakt darin besteht, das **Kapital in Vermögensgegenstände zu investieren, um eine Gemeinschaftsrendite zu generieren,** also eine Rendite aus der Risikobündelung **infolge des Erwerbs, Besitzes oder Verkaufs von Anlagevermögen,**[296] in Abgrenzung zu einer freien Kapitalverwendung für den Geschäftsbetrieb (im Sinne einer Unternehmensfinanzierung[297]) bzw. die Erreichung eines sonstigen (Unternehmens-)Zwecks. Letzterer kann dabei auch in der **Förderung eines** 73

[292] Vgl. hierzu sowie zu den nachfolgenden Kriterien ESMA/2013/611 v. 13.8.2013 (Leitlinien zu Schlüsselbegriffen der AIFM-Richtlinie), S. 7 f.; BaFin, Auslegungsschreiben zum Anwendungsbereich des KAGB und zum Begriff des Investmentvermögens, idF v. 9.3.2015, Abschnitt I. 5. Hieran orientieren sich auch Assmann/Schütze/*Eckhold/Balzer* § 22 Rn. 21; Weitnauer/Boxberger/Anders/*Volhard/Jang* § 1 Rn. 23; *Poelzig/Volmer* DNotZ 2014, 483 (485); *Wollenhaupt/Beck* DB 2013, 1950 (1951); Assmann/Wallach/Zetzsche/*Zetzsche* § 1 Rn. 56.

[293] S. dazu Begründung GesE AIFM-UmsG, BT-Drs. 17/12294, S. 201.

[294] Ebenfalls kritisch *Loritz/Uffmann* WM 2013, 2193 (2199); *Zetzsche/Preiner* WM 2013, 2101 (2106).

[295] Vgl. Begründung GesE AIFM-UmsG, BT-Drs. 17/12294, S. 332. S. ferner Erwägungsgründe 2 bis 4 der Richtlinie 2011/61/EU (AIFM-Richtlinie). Dies erkennt auch die ESMA, wenn sie feststellt, dass eine Umgehung der AIFM-Regulierung nicht dadurch erreicht werden könne, dass Anlageentscheidungen in das freie Ermessen des Managers gestellt werden, ESMA/2013/611 v. 13.8.2013 (Leitlinien zu Schlüsselbegriffen der AIFM-Richtlinie), S. 8.

[296] Zur Definition des Begriffs „Gemeinschaftsrendite" ESMA/2013/611 v. 13.8.2013 (Leitlinien zu Schlüsselbegriffen der AIFM-Richtlinie), S. 3 f. Zur Abgrenzung von operativen Tätigkeiten auch noch → Rn. 76 ff.

[297] Hierauf stellen im Rahmen der Abgrenzung *Loritz/Rickmers* NZG 2014, 1241 (1244) ab.

genossenschaftlichen Zwecks im Sinne des § 1 GenG Abs. 1 liegen.[298] Je offener die Anlagestrategie eines Fonds formuliert ist, umso höher sind dann jedenfalls die zu beachtenden aufsichtsrechtlichen Anforderungen zB im Zusammenhang mit dem Erlaubnisantrag (§ 22 Abs. 1 Nr. 10 KAGB), dem Risiko- und Liquiditätsmanagement (zB § 29 Abs. 2 KAGB), der fachlichen Eignung der Manager (§ 22 Abs. 1 Nr. 4 KAGB) oder der Ausgestaltung der Vergütungssysteme (§ 37 Abs. 3 Nr. 1 KAGB). Im gleichen Maße steigt auch der Aufwand für die Verwaltung. Die Konkretheit der Anlagestrategie korrespondiert insoweit mit den Anforderungen an die Ausgestaltung der Binnenstrukturen des Investmentvehikels.

74 Unter Geltung des **InvG** wurde noch mit Verweis auf die Anlagestrategie die Reichweite der Regulierung erheblich eingeschränkt. Zunächst war der **Grundsatz der Risikomischung** als Kardinalpflicht[299] Bestandteil der Legaldefinition des Investmentvermögens. Kollektive Anlagemodelle wurden vom InvG nur dann erfasst, wenn die Bildung und Zusammensetzung ihres Vermögens sowie deren objektiver Geschäftszweck nach dem Grundsatz der Risikomischung ausgerichtet war.[300] Umgekehrt fielen Kapitalanlagen aus dem Regulierungsrahmen des InvG heraus, wenn deren Konzeption eine Diversifizierung von Risiken nach dem Maßstab des InvG nicht vorsah, beispielsweise im Falle eines Single-Asset-Fonds. Inländische Investmentvermögen durften ferner aus Gründen der Risikovermeidung[301] nur in Vermögensgegenstände angelegt sein, die in § 2 Abs. 4 InvG näher bestimmt waren. Das InvG normierte insoweit einen allgemeinen ***numerus clausus*** **zulässiger Anlageobjekte.** Der Katalog des früheren InvG enthielt diejenigen Vermögensgegenstände nicht, in die typischerweise geschlossene Fonds investieren, wie zB Schiffe oder Flugzeuge. Heute dagegen werden diese Anlageobjekte zwar in den KAGB-Anwendungsbereich aufgenommen, sie stehen aber nur bestimmten Arten von Investmentvermögen offen.[302] Ebenfalls nicht der investmentgesetzlichen Regulierung unterfielen nach dem damaligen Willen des Gesetzgebers Investmentvehikel, deren Anlagestrategie auf eine aktive unternehmerische Einflussnahme auf die jeweiligen Anlageobjekte, zB Unternehmensbeteiligungen, gerichtet war; dies betraf insbesondere das Geschäftsmodell sog **Private Equity Fonds.**[303]

75 **ee) Investition zum Nutzen der Anleger.** Das von einem Organismus eingesammelte Kapital darf nicht zum Nutzen der eigenen Unternehmung, sondern muss zum Nutzen seiner Anleger investiert werden.[304] Dieses Begriffsmerkmal ist eng verknüpft mit der besonderen Anlagestrategie eines Investmentvehikels, welche auf die Erzielung einer Gemeinschaftsrendite gerichtet ist.[305] Der wesentliche Zweck des Organismus muss darin bestehen, einen **kommerziellen Nutzen** für die Anleger zu erzielen, dabei ist jedoch die zusätzliche Verfolgung wirtschaftlicher Eigeninteressen seitens des Vehikels oder seines Managements grundsätzlich unschädlich.[306] Gleiches gilt, wenn komplementär öffentliche Interessen verfolgt werden.[307] An einem Nutzen für die Anleger fehlt es hingegen regelmä-

---

[298] Hierzu ausführlich *Geibel* WM 2015, 1649 (1651 ff.). Auch nach Auffassung der BaFin verfolgt die eingetragene Genossenschaft regelmäßig keine Anlagestrategie nach dem KAGB, sondern eine Strategie gemäß dem Förderzweck, vgl. *BaFin,* Auslegungsschreiben zum Anwendungsbereich des KAGB und zum Begriff des Investmentvermögens, idF v. 9.3.2015, Abschnitt II. 3. Gleichwohl wird man nicht aus der bloßen Rechtsform auf die Nichtanwendbarkeit des KAGB schließen können.

[299] So *Fleischer/Schmolke* ZHR (2009), 649 (668 f.); BankR-HdB/*Köndgen/Schmies,* 3. Aufl., § 113 Rn. 69.

[300] So bereits und noch mit Blick auf ausländische Investmentanteile gemäß § 1 Abs. 1 Satz 1 AuslInvestmG das BVerwG NJW 1980, 2482 („Hapimag").

[301] Dazu BankR-HdB/*Köndgen/Schmies,* 3. Aufl., § 113 Rn. 68.

[302] Einzelheiten dazu unter den besonderen Regeln für einzelne Arten von Investmentvermögen, → Rn. 220 ff.

[303] Begründung GesE OGAW-IV-UmsG, BT-Drs. 17/4510, S. 79; s. a. BaFin-Rundschreiben 14/2008 vom 22.12.2008, Abschnitt I. 5. Zu den heutigen Regelungen des KAGB → Rn. 227.

[304] Vgl. BaFin, Auslegungsschreiben zum Anwendungsbereich des KAGB und zum Begriff des Investmentvermögens, idF v. 9.3.2015, Abschnitt I. 6.

[305] → Rn. 73.

[306] Ebenso *Loritz/Uffmann* WM 2013, 2193 (2200); Assmann/Schütze/*Eckhold/Balzer* § 22 Rn. 24.

[307] Zur Bereichsausnahme für staatliche Stellen und Einrichtungen → Rn. 79.

ßig, wenn die Wertentwicklung des Organismus nicht mit der Wertentwicklung des Vermögensgegenstandes korrespondiert[308] oder eine **Korrelation zwischen Ein- und Auszahlungen nicht gegeben** ist.[309] Letzteres ist anzunehmen im Falle von **Stiftungen** oder anderen Organismen, soweit die Erträge planmäßig nicht dem Kapitalgeber, zB dem Stifter, sondern anderen Personen zufließen sollen.

ff) Kein operativ tätiges Unternehmen außerhalb des Finanzsektors. Investmentvermögen werden negativ abgegrenzt von Unternehmungen, die operativ tätig sind, dh einen allgemeinen kommerziellen oder industriellen Zweck[310] verfolgen, und sich außerhalb des Finanzsektors bewegen. Der Gesetzgeber hat diese **Klarstellung** in die Legaldefinition des § 1 Abs. 1 Satz 1 KAGB aufgenommen, da er die Gefahr gesehen hat, dass auch produzierende und andere operativ tätige Unternehmen, die ihrem Wesen nach keine Investmentfonds sind und aus teleologischer Sicht keiner Regulierung unterworfen werden sollten, vom Anwendungsbereich des KAGB erfasst werden.[311] Damit offenbart der Gesetzgeber gleichzeitig auch ein gewisses Misstrauen gegenüber der zum Zwecke einer umfänglichen Regulierung weit gefassten Begriffsdefinition des Investmentvermögens.[312] Bei genauer Betrachtung wird nämlich durch dieses zusätzliche Merkmal, das nicht auf europäische Richtlinienvorgaben beruht, die unter dem Begriffsmerkmal „festgelegte Anlagestrategie" bereits erforderliche **Abgrenzung zwischen anlagefokussierten Investmentvehikel und Unternehmungen, die eine darüber hinausgehende operative Geschäftsstrategie verfolgen,**[313] lediglich weiter verstärkt.[314] Auch hier läuft es inhaltlich im Wesentlichen auf eine Analyse des Unternehmensgegenstands unter Zugrundelegung der jeweils maßgeblichen Strategien hinaus (festgelegte Anlagestrategie vs. allgemein-operative Geschäftsstrategie). Die negative Abgrenzung nimmt im Gesamtkontext der Definition damit eine flankierende Funktion ein und wirkt wie eine Bereichsausnahme.[315] Die damit verbundene Privilegierung erstreckt sich jedoch nicht auf Unternehmen des Finanzsektors, worunter jedenfalls Kredit- und Finanzdienstleistungsinstitute im Sinne des KWG fallen.[316] 76

Die Schwierigkeiten bei der Grenzziehung[317] bleiben trotz der vom Gesetzgeber vorgenommenen Klarstellung im Grundsatz aber erhalten. Unklar bleibt, welche konkreten Tätigkeiten die Einordnung eines Vehikels als operative Unternehmung rechtfertigen und wie die in der Praxis auftretenden, variantenreichen Mischformen zu behandeln sind. Aus Sicht der **ESMA** und der **BaFin** zeichnet sich eine operative Geschäftsstrategie insbesondere dadurch aus, dass sie überwiegend die Produktion, den Kauf- oder Verkauf sowie den Tausch von Waren oder sonstigen Gütern, die Errichtung von Immobilien oder die Erbringung von nicht-finanziellen Dienstleistungen bzw. eine Kombination dieser Tätigkeiten zum Gegenstand hat.[318] Sowohl zusätzlich getätigte Investitionen zu Anlagezwecken als auch die Bedienung fremder Dienstleister oder gruppeninterner Gesellschaften zur Ausübung der operativen Tätigkeit sollen dabei unschädlich sein, solange die vorgenommenen Kapitalanlagegeschäfte noch als **untergeordnete Neben- oder Hilfstätigkeiten** zu quali- 77

[308] So treffend formuliert von Weitnauer/Boxberger/Anders/*Volhard/Jang* § 1 Rn. 25; s. dazu auch die Bsp. der *BaFin,* Auslegungsschreiben zum Anwendungsbereich des KAGB und zum Begriff des Investmentvermögens, idF v. 9.3.2015, Abschnitt I. 6.

[309] Vgl. *Zetzsche/Preiner* WM 2013, 2101 (2106); Assmann/Schütze/*Eckhold/Balzer* § 22 Rn. 24.

[310] So ESMA/2013/611 v. 13.8.2013 (Leitlinien zu Schlüsselbegriffen der AIFM-Richtlinie), S. 3.

[311] So die Begründung GesE AIFM-UmsG, BT-Drs. 17/12294, S. 201.

[312] Zur Zwecksetzung Begründung GesE AIFM-UmsG, BT-Drs. 17/12294, S. 332; s. a. Erwägungsgründe 2 bis 4 der Richtlinie 2011/61/EU (AIFM-Richtlinie).

[313] → Rn. 72.

[314] Ähnlich Assmann/Schütze/*Eckhold/Balzer* § 22 Rn. 26 (Kriterien interagieren miteinander); *Zetzsche/Preiner* WM 2013, 2101 (2107).

[315] Zu den Bereichsausnahmen und Anwendungsbeschränkungen s. noch → Rn. 79 ff.

[316] Zum Begriff des Finanzsektors *Loritz/Rickmers* NZG 2014, 1241 (1245).

[317] → Rn. 72 ff.

[318] ESMA/2013/611 v. 13.8.2013 (Leitlinien zu Schlüsselbegriffen der AIFM-Richtlinie), S. 3; *BaFin,* Auslegungsschreiben zum Anwendungsbereich des KAGB und zum Begriff des Investmentvermögens, idF v. 9.3.2015, Abschnitt I. 7.

fizieren sind bzw. die unternehmerischen Entscheidungen trotz des **Outsourcings** durch die ausdrückliche Vereinbarung von Gestaltungs-, Lenkungs- und Weisungsrechten weiterhin beim Unternehmen verbleiben.[319]

78 Zusammenfassend lässt sich folgender Ansatz formulieren: Erschöpft sich die Strategie einer Unternehmung im **Ankauf, Besitz und Verkauf von Vermögensgegenständen sowie deren passiven Verwertung** (zB durch Erzielung eines Entgelts für die zeitlich befristete Gebrauchsüberlassung) wird regelmäßig eine Anlagestrategie im Sinne des KAGB anzunehmen sein. Dagegen wird eine operative Ausrichtung vorliegen, **wenn die Geschäftstätigkeit über diese Gegenstände hinausgeht und hierin auch der Schwerpunkt liegt.** Auf dieser Grundlage ist dann eine gewisse Typisierung einzelner Gestaltungen möglich. So sind zB **Immobilienaktiengesellschaften** und **REIT-AGs** – trotz der engen Strategie aufgrund der Festlegung auf eine Anlageklasse – jedenfalls dann operativ tätig, soweit sie die von ihnen gehaltenen Immobilien auch selbst betreiben oder zB auf die Projektsteuerung und Projektentwicklung sowie das Facility Management ausgerichtet sind.[320] Ebenfalls operativ tätig sind sog. **Bürgerenergieprojekte** oder sonstige Vehikel, die in bestimmte Anlagen zur Herstellung von Energie investieren, wenn sie im Rahmen eines laufenden Geschäftsbetriebs diese auch selbst betreiben.[321] Dagegen können **Leasinggesellschaften** eine Anlagestrategie aufweisen, und damit bei Erfüllung der weiteren Tatbestandsvoraussetzungen Investmentvermögen sein, soweit sich ihre Geschäftstätigkeit darauf beschränkt, Vermögensgegenstände mit bei Anlegern eingesammeltem Kapital zu erwerben, um anschließend diese im Rahmen eines Finanzierungs- oder Operate-Leasingvertrages dann Dritten zu überlassen.[322] Im Einzelfall kann die Qualifizierung einer Unternehmung, auch aufgrund der Vielfalt der Geschäftsmodelle, große Schwierigkeiten bereiten. Für die Praxis erwächst hieraus eine nicht unerhebliche Unsicherheit.

79 **c) Ausnahmebestimmungen.** Gemäß § 2 Abs. 1 Nr. 3 bis 5 KAGB werden eine Reihe von **staatlichen Stellen** bzw. **öffentlichen Einrichtungen** aus dem Anwendungsbereich des Gesetzes herausgenommen. Dies betrifft u. a. die EZB, die Europäische Investitionsbank, den Europäische Investitionsfonds, die Weltbank, den IWF, die nationalen Zentralbanken, staatliche Stellen und Gebietskörperschaften oder andere Einrichtungen, die Gelder zur Unterstützung von Sozialversicherungs- und Pensionssystemen verwalten, sowie supranationale Einrichtungen und vergleichbare internationale Organisationen, soweit diese jeweils Investmentvermögen verwalten und diese Investmentvermögen im öffentlichen Interesse handeln. Andere Einrichtungen, die ebenfalls vorwiegend oder sogar ausschließlich im öffentlichen Interesse tätig werden, wie zB nationale Fördereinrichtungen, werden zwar von diesen Bereichsausnahmen nicht erfasst, sie werden aber oftmals die Voraussetzungen eines Investmentvermögens nicht aufweisen, soweit sie insbesondere nicht zum Nutzen etwaiger Anleger handeln.[323]

80 Ausgenommen von der Regulierung des KAGB werden ferner bestimmte **privatwirtschaftliche Gestaltungen,** und zwar unabhängig davon, ob das zugrundeliegende Vehikel als Investmentvermögen qualifiziert. Der gesetzlichen Konzeption zufolge handelt es sich auch hier um sog Bereichsausnahmen.[324] In den meisten dieser Fälle werden gleichwohl die

---

[319] *BaFin,* Auslegungsschreiben zum Anwendungsbereich des KAGB und zum Begriff des Investmentvermögens, idF v. 9.3.2015, Abschnitt I. 7.

[320] So auch die *BaFin,* Auslegungsschreiben zum Anwendungsbereich des KAGB und zum Begriff des Investmentvermögens, idF v. 9.3.2015, Abschnitt II. 1./2. Generell für die Einordnung der REIT-AGs als operativ tätige Unternehmen *Merkt* BB 2013, 1986 (1992); *Conradi/Jander-McAlister* WM 2014, 733 (742).

[321] *BaFin,* Auslegungsschreiben zum Anwendungsbereich des KAGB und zum Begriff des Investmentvermögens, idF v. 9.3.2015, Abschnitt II.7.

[322] *BaFin,* Auslegungsschreiben zum Anwendungsbereich des KAGB und zum Begriff des Investmentvermögens, idF v. 9.3.2015, Abschnitt II.4.

[323] So auch Weitnauer/Boxberger/Anders/*Boxberger/Röder* § 2 Rn. 10; Patzner/Döser/Kempf/*Patzner/Schneider-Deters* § 2 Rn. 12. → Rn. 75.

[324] Dies folgt aus der Überschrift („Ausnahmebestimmung“) und dem Wortlaut der Regelung („Das Gesetz ist nicht anzuwenden auf (...)“), auch wenn die Gesetzesbegründung hierzu keine eindeutige Auskunft gibt,

Voraussetzungen eines Investmentvermögens nicht vorliegen. Aus Gründen der Vorsicht empfiehlt es sich in der Praxis, dies anhand der Tatbestandsmerkmale des § 1 Abs. 1 Satz 1 KAGB zu verifizieren. Die **Ausnahmetatbestände** umfassen insbesondere Holdinggesellschaften (§ 2 Abs. 1 Nr. 1 KAGB), Einrichtungen der betrieblichen Altersversorgung (§ 2 Abs. 1 Nr. 2 KAGB), Arbeitnehmerbeteiligungssysteme bzw. Arbeitnehmersparpläne (§ 2 Abs. 1 Nr. 6 KAGB), Verbriefungszweckgesellschaften (§ 2 Abs. 1 Nr. 7 KAGB) und bestimmte Konstellationen zwischen Konzernunternehmen (§ 2 Abs. 3 KAGB). Zur Vermeidung einer Doppelregulierung[325] findet das KAGB ferner keine Anwendung auf **Finanzdienstleistungsinstitute** und **Kreditinstitute,** soweit diese im Rahmen ihrer KWG-Erlaubnis Wertpapierdienstleistungen im Sinne von § 2 Abs. 3 WpHG gegenüber einem AIF erbringen (§ 2 Abs. 2 KAGB). Etwas anderes gilt jedoch, wenn diese Institute selbst Investmentvermögen vertreiben.

Einzelne Ausnahmetatbestände, die für die Praxis von hoher praktischer Relevanz sind, hat der Gesetzgeber näher konkretisiert. So enthält § 2 Abs. 1 Nr. 1 KAGB eine Legaldefinition des Begriffs der **Holdinggesellschaft.** Hierunter fallen Gesellschaften, die eine Beteiligung an einem oder mehreren anderen Unternehmen halten und ausweislich ihres Unternehmensgegenstands, aber auch in tatsächlicher Hinsicht,[326] eine langfristig orientierte Geschäftsstrategie verfolgen.[327] Weiter muss die Holdinggesellschaft entweder als börsennotierte Einheit auf eigene Rechnung tätig sein oder, wenn dies nicht der Fall ist,[328] darf der Hauptzweck der Unternehmung nicht darin bestehen, den Anlegern durch Veräußerung von Beteiligungen eine Rendite zu verschaffen. Das Erfordernis einer langfristig orientierten Geschäftsstrategie zielt dabei auf eine Abgrenzung zur üblichen Anlagestrategie der Private Equity Fonds, welche gerade eine Rendite aus dem Ankauf und dem von vornherein geplanten Verkauf von Beteiligungen generieren.[329] Der hier zutage tretende Aspekt dient damit auch ganz allgemein einer Präzisierung der Anforderungen an eine Geschäftsstrategie im Unterschied zu einer Anlagestrategie.[330] In § 1 Abs. 19 Nr. 36 KAGB findet sich ferner eine Definition der **Verbriefungszweckgesellschaft.** Es handelt sich hierbei um eine Gesellschaft, deren einziger Zweck darin besteht, eine oder mehrere Verbriefungen und weitere zur Erfüllung dieses Zwecks geeignete Tätigkeiten durchzuführen. Unter einer Verbriefung ist die Übertragung von Vermögensgegenständen auf eine eigens für diese Zwecke gegründete Gesellschaft zu verstehen, die dann Schuldtitel ausgibt, welche durch die übertragenen Vermögensgegenstände besichert werden.[331] 81

Die in § 2 Abs. 3 KAGB niedergelegte **Konzernausnahme** privilegiert Kapitalverwaltungsgesellschaften, die AIF verwalten, deren Anleger ausschließlich Konzernunternehmen sind. Maßgeblich für die Bestimmung der Konzernzugehörigkeit sind die handelsrechtlichen Regelungen des § 290 HGB; hierauf verweist auch § 1 Abs. 19 Nr. 26, 35 KAGB.[332] Zum Kreis der Konzernunternehmen gehören damit nicht nur Tochtergesellschaften, sondern auch Mutter- und Schwestergesellschaften und im Falle einer sog Mehr- 82

---

s. Begründung GesE AIFM-UmsG, BT-Drs. 17/12294, S. 204. Unsicher *Zetzsche/Preiner* WM 2013, 2101 (2106 f.) mit Hinweis auf die Auffassung der EU-Kommission zur Anwendbarkeit der AIFM-Richtlinie auf Arbeitnehmerbeteiligungssysteme und Arbeitnehmersparpläne (s. http://ec.europa.eu/yqol/index.cfm?fuseaction=question.show&questionId=1155).

[325] So bereits Erwägungsgrund 9 der Richtlinie 2011/61/EU (AIFM-Richtlinie).

[326] So auch Weitnauer/Boxberger/Anders/*Boxberger/Röder* § 2 Rn. 3.

[327] Vgl. die Legaldefinition in § 2 Abs. 1 Nr. 1 KAGB.

[328] Die Definition des Gesetzgebers ist hier etwas verwirrend; krit. auch *Zetzsche/Preiner* WM 2013, 2101 (2109).

[329] So auch Assmann/Schütze/*Eckhold/Balzer* § 22 Rn. 35; Weitnauer/Boxberger/Anders/*Boxberger/Röder* § 2 Rn. 3; *Zetzsche/Preiner* WM 2013, 2101 (2108 f.).

[330] Zu dieser Abgrenzung → Rn. 72 f.

[331] Vgl. die sehr komplexe Definition in § 1 Abs. 2 Verordnung (EU) Nr. 1075/2013, ABl. 2013 Nr. L 297, S. 107. Ähnlich auch Weitnauer/Boxberger/Anders/*Volhard/Jang* § 1 Rn. 123. Zu den Hintergründen dieser Bereichsausnahme *Spindler/Tancredi* WM 2011, 1393 (1398).

[332] Ebenso Weitnauer/Boxberger/Anders/*Boxberger/Röder* § 2 Rn. 16; Assmann/Schütze/*Eckhold/Balzer* § 22 Rn. 38.

mütterherrschaft sämtliche herrschende Unternehmen.[333] Auf diese Weise werden *de facto* auch **Joint Venture-Strukturen** dem Anwendungsbereich des KAGB entzogen, wobei in diesen Fällen ohnehin die Voraussetzungen eines Investmentvermögens regelmäßig nicht vorliegen dürften.[334] Die Konzernunternehmen dürfen dabei selbst keine AIF sein. Letzteres soll insbesondere verhindern, dass ein Konzernunternehmen einbezogen wird, das als AIF Kapitalmittel konzernfremder Personen verwaltet.[335] Eine freiwillige Unterwerfung unter das KAGB-Regime (sog *Opt-in*) sollte hingegen zulässig sein, jedenfalls dann, wenn nach den Anlagebedingungen der an der jeweiligen Struktur beteiligten AIF auch konzernfremde Personen als Anleger in Frage kommen.[336]

83 **d) Registrierungspflichtige AIFM.** Eine weitere Beschränkung erfährt der Anwendungsbereich des KAGB durch die vorgesehenen Erleichterungen für sog kleine AIFM, die unterhalb bestimmter Schwellen agieren.[337] Anstelle einer Erlaubnispflicht[338] tritt in diesen Fällen eine bloße Registrierungspflicht mit einem schlanken, in § 44 Abs. 4 KAGB geregelten **Verfahren.**[339] Die BaFin bestätigt innerhalb von zwei Wochen nach Eingang des vollständigen Registrierungsantrags, dass die Voraussetzungen für die Registrierung erfüllt sind. Die Versagung der Registrierung ist nur in bestimmten Fällen gemäß § 44 Abs. 4 Satz 4 KAGB möglich, ebenso wie auch eine spätere Aufhebung, so insbesondere wenn nachträglich die Voraussetzungen der Privilegierung wegfallen, zB die maßgeblichen Schwellenwerte überschritten werden (§ 44 Abs. 5 KAGB). Letzteres hat der jeweilige Manager, der als juristische Person oder als Personenhandelsgesellschaft organisiert sein muss, gemäß § 44 Abs. 1 Nr. 5 KAGB gegenüber der BaFin unverzüglich mitzuteilen.

84 Aus der bloßen Registrierung folgt, dass wesentliche Bestandteile des KAGB nicht anwendbar sind, ua das Erfordernis zur Bestellung einer Verwahrstelle, die verbindlichen Organisationsformen der §§ 92–161 KAGB,[340] die Vertriebsregulierung oder die Produktregeln. Ferner gelten im Vergleich zur Vollregulierung erheblich **reduzierte Berichts- bzw. Informationspflichten.** Der Manager hat gemäß § 44 Abs. 1 Nr. 2, 3 KAGB zum Zeitpunkt der Registrierung lediglich sich und die von ihm verwalteten AIF auszuweisen und Informationen zu den Anlagestrategien vorzulegen. Weitere Umsätze sind nicht darzulegen. Auch periodisch bestehen Unterrichtungspflichten gegenüber der BaFin nur im Hinblick auf die wichtigsten Anlageinstrumente und die größten Risiken und Konzentrationen der von ihnen jeweils verwalteten AIF (§ 44 Abs. 1 Nr. 4 KAGB). Umgekehrt kommen nur registrierte AIFM nicht in den Genuss des **Europäischen Passes** für Verwaltungsgesellschaften[341] und können mangels einer Erlaubnis keine **Nebendienstleistungen** erbringen.[342] Zu beachten ist aber, dass der Gesetzgeber innerhalb der Gruppe der registrierungspflichtigen AIFM eine abgestufte Regulierung vorgesehen hat. Für kleine Publikums-AIFM gilt wiederum ein besonderes Regime, das sich gemessen an der Regulierungstiefe zwischen der Vollregulierung und der bloßen Registrierungspflicht bewegt.[343]

85 Die Registrierungspflicht gilt zunächst für AIF-Kapitalverwaltungsgesellschaften, die ausschließlich Spezial-AIF verwalten, soweit der Wert der von ihnen verwalteten Vermögensgegenstände bei Einsatz von Leverage in der Summe den Schwellenwert von € 100 Mio.

---

[333] Vgl. Weitnauer/Boxberger/Anders/*Boxberger/Röder* § 2 Rn. 16; Assmann/Schütze/*Eckhold/Balzer* § 22 Rn. 38.

[334] → Rn. 71, 66.

[335] Weitnauer/Boxberger/Anders/*Boxberger/Röder* § 2 Rn. 17.

[336] Hierzu ausführlich Weitnauer/Boxberger/Anders/*Boxberger/Röder* § 2 Rn. 19.

[337] Ausführlich dazu *Nelle/Klebeck* BB 2013, 2499; *Boxberger* GWR 2013, 415.

[338] → Rn. 105 ff.

[339] Einen Überblick über das Registrierungsverfahren geben *Nelle/Klebeck* BB 2013, 2499 (2502). S. a. das BaFin-Merkblatt „Einzelne Hinweise zur Registrierung nach § 44 KAGB i. V. m. Art. 2 bis 5 der Delegierten Verordnung 231/2013" v. 30.8.2013 (Geschäftszeichen WA 41-Wp 2137-2013/0044).

[340] So auch *Zetzsche* AG 2013, 613 (615).

[341] → Rn. 120.

[342] So auch Assmann/Schütze/*Eckhold/Balzer* § 22 Rn. 85.

[343] → Rn. 86.

nicht überschreitet (sog **kleine Spezial-AIFM,** § 2 Abs. 4 KAGB). Unter Leverage versteht das KAGB jede Methode, mit der die Verwaltungsgesellschaft den Investitionsgrad eines von ihr verwalteten Investmentvermögens durch Kreditaufnahme, Wertpapier-Darlehen, in Derivate eingebettete Hebelfinanzierungen oder auf andere Weise erhöht.[344] Unterbleibt der Einsatz von Leverage, liegt also eine reine Eigenkapitalfinanzierung vor, erhöht sich der Schwellenwert auf € 500. Mio., soweit den Anlegern innerhalb von fünf Jahren nach Tätigung der ersten Anlage kein Rückgaberecht zusteht. Im Rahmen der Schwellenwertberechnung ist zur Verhinderung von Umgehungsstrategien eine **Konzernbetrachtung** anzustellen.[345] Kommt es zu einer **vorübergehenden Überschreitung** des Schwellenwerts ist der AIFM verpflichtet, eine Bewertung über die voraussichtliche Dauer anzustellen und dies der BaFin mitzuteilen.[346]

Eine eingeschränkte Regulierung, wenn auch nicht im gleichen Umfang reduziert, greift für AIF-Kapitalverwaltungsgesellschaften, die ausschließlich inländische geschlossene AIF, darunter Publikums-AIF, verwalten (sog **kleine Publikums-AIFM,** § 2 Abs. 5 KAGB). Der hier maßgebliche Schwellenwert liegt bei € 100 Mio. unter Berücksichtigung von Leverage. Kleine Publikums-AIFM müssen über die Registrierung hinaus zum einen bestimmte Verhaltens- und Organisationspflichten (§§ 26 bis 28 KAGB), Berichtspflichten (§§ 45 bis 48 KAGB) und Vertriebsvorschriften (§§ 293, 295 bis 297, 300 bis 306, 314, 316 KAGB) beachten, zum anderen unterliegen sie dem Verwahrstellenerfordernis (§§ 80 bis 90 KGB) und einer besonderen Produktregulierung (§§ 261 bis 270, 271 Abs. 1, 272 KAGB). Ferner überprüft die BaFin die Zuverlässigkeit und fachliche Eignung der Geschäftsleiter (§ 44 Abs. 3 KAGB). Hintergrund des hier geltenden strengeren Aufsichtsregimes[347] ist das **gesteigerte Schutzbedürfnis** der am Publikums-AIF beteiligten Privatanleger. 86

Daneben hat der Gesetzgeber eine weitere, in der AIFM-Richtlinie nicht angelegte Erleichterung statuiert.[348] Eine bloße Registrierungspflicht besteht demnach auch für interne AIF-Kapitalverwaltungsgesellschaften,[349] die inländische geschlossene Publikums-AIF mit einem Volumen von insgesamt weniger als € 5 Mio. bei Einsatz von Leverage verwalten und einen Anlegerkreis von maximal fünf natürlichen Personen aufweisen (sog **kleine interne Publikums-AIFM,** § 2 Abs. 4a KAGB). Hintergrund dieser Anwendungsbeschränkung sind die unverhältnismäßigen Kosten einer Vollregulierung und ein vom Gesetzgeber angenommenes geringeres Schutzbedürfnis, angesichts des geringen Fondsvolumens und des kleinen Anlegerkreises.[350] Ursprünglich hatte der Gesetzgeber noch eine weitere Erleichterung für genossenschaftliche AIFs vorgesehen (§ 2 Abs. 4b KAGB aF), um insbesondere Bürgerbeteiligungen im Rahmen von Energieprojekten zu erfassen.[351] Es stellte sich hier aber die Frage, ob derartige Bürgerbeteiligungsprojekte überhaupt als Investmentvermögen zu qualifizieren sind.[352] Ferner verfolgt die Genossenschaft regelmäßig keine feste Anlagestrategie im Sinne des KAGB, sondern einen besonderen Förderzweck, so dass sie nicht als Investmentvermögen qualifiziert.[353] Der Gesetzgeber 87

[344] S. die vollständige Legaldefinition in § 1 Abs. 19 Nr. 25 KAGB.

[345] Vgl. dazu Weitnauer/Boxberger/Anders/*Boxberger/Röder* § 2 Rn. 25.

[346] Als nicht mehr vorübergehend wird eine Überschreitung betrachtet, wenn sie voraussichtlich länger als drei Monate dauert, s. auch Art. 4 Delegierte Verordnung 2013/231/EU.

[347] Zu den einzelnen Pflichten *Nelle/Klebeck* BB 2013, 2499 (2502 ff.).

[348] S. Art. 3 Richtlinie 2011/61/EU (AIFM).

[349] Hierbei handelt es sich um das Investmentvermögen selbst, wenn die Rechtsform des AIF eine interne Verwaltung zulässt und das Management entscheidet, keine externe Kapitalverwaltungsgesellschaft zu bestellen (s. § 17 Abs. 2 Nr. 2 KAGB).

[350] Beschlussempfehlung und Bericht des Finanzausschusses, BT-Drucks. 17/13395, S. 402.

[351] So auch die Beschlussempfehlung und Bericht des Finanzausschusses, BT-Drucks. 17/13395, S. 402, die ausdrücklich hier auf das Erneuerbare-Energie-Gesetz hinweist.

[352] → Rn. 78. Krit. mit dem Hinweis, dass Ausnahmeregelung kontraproduktiv sei Assmann/Schütze/*Eckhold/Balzer* § 22 Rn. 41. S. auch die ausführliche Auseinandersetzung zu dieser Frage bei *Geibel* WM 2015, 1649 ff.

[353] Hierzu auch *Geibel* WM 2015, 1649 (1651 ff.).

hat vor diesem Hintergrund die betreffende Vorschrift im Zuge des OGAW-V-Umsetzungsgesetzes mit Wirkung zum 11.3.2016 gestrichen.[354]

3. Bezeichnungsschutz, Verbot der Irreführung (§§ 3, 4 KAGB)

88 § 3 KAGB sieht einen Bezeichnungsschutz für bestimmte investmentrechtliche Begriffe vor. Ausdrücklich geschützt sind die Begriffe **„Kapitalverwaltungsgesellschaft", „Investmentvermögen", „Investmentfonds", „Investmentgesellschaft", „Investmentaktiengesellschaft"** sowie **„Investmentkommanditgesellschaft".** Die Verwendung dieser Terminologie ist nur innerhalb des besonderen Regulierungsrahmens des KAGB zulässig und soll einen hiermit verbundenen **Mindeststandard** zum Ausdruck bringen bzw. als **Qualitätsmerkmal** dienen. Es wird damit der Schutz sowohl der Anleger und der anderen Marktteilnehmer als auch der Funktion des Marktes für Investmentvermögen bezweckt.[355] Die vorgenannten Bezeichnungen dürfen demgemäß nur im Zusammenhang mit regulierten Investmentvermögen verwendet werden. Sie dürfen weder in Zusammensetzungen mit anderen Worten noch in der Firma eines außerhalb des KAGB agierenden Unternehmens oder als Zusatz zu dessen Firma vorkommen.[356] Soweit keine Verwechslungsgefahr besteht, dürfen **EU-Verwaltungsgesellschaften** aber im Rahmen ihrer inländischen Tätigkeit diejenigen Bezeichnungen verwenden, die sie auch in ihrem Sitzstaat führen dürfen.

89 Investmentvermögen müssen darüber hinaus gemäß § 4 Abs. 1 KAGB ihre eigene **Namensgebung** sowie die sonstigen von Ihnen verwendeten **Produktbezeichnungen** so gestalten, dass damit keine **Irreführung der Anleger** verbunden ist. Mit dieser Vorschrift werden die allgemeinen Maßstäbe des **§ 5 UWG** zum unlauteren Wettbewerb durch irreführende geschäftliche Handlungen ausdrücklich auch auf Produkte der Investmentfondsbranche ausgedehnt.[357] Inländische Publikumsinvestmentvermögen haben zusätzlich die **BaFin-Richtlinie zur Festlegung von Fondskategorien** gemäß § 4 Abs. 2 KAGB[358] zu beachten. Die Fondskategorien bilden Typen von Investmentvermögen, um die jeweiligen Anlagegrundsätze, insbesondere einen bestehenden Anlageschwerpunkt, transparenter zu machen. Nach der Grundregel in Art. 2 der BaFin-Richtlinie setzt die Verwendung einer Fondskategorie, zB Aktienfonds, Equity Funds, Rentenfonds, Bond Funds, Immobilienfonds, Private Equity Fonds etc., oder von einzelnen begrifflichen Bestandteilen einer Kategorie, wie zB Aktien, Renten oder Immobilien, bei der Namensgebung oder im Vertrieb voraus, dass nach den Anlagebedingungen mindestens 51 % des Wertes des Investmentvermögens in den die Fondskategorie bezeichnenden, dh namensgebenden Vermögensgegenstand, angelegt sein müssen. Art. 3 der BaFin-Richtlinie enthält darüber hinaus weitere Sonderregelungen für sog Dachfonds, Indexfonds, Geldmarktfonds mit kurzer Laufzeitstruktur, Geldmarktfonds, ETF, OGAW ETF und UCITS ETF.

4. Staatliche Aufsicht (insbes. § 5 KAGB)

90 Das Investmentgeschäft kann von wenigen Ausnahmen abgesehen lediglich innerhalb des Regelungsrahmens des KAGB betrieben werden[359] und bedarf regelmäßig einer Erlaubnis.[360] Die **BaFin** übt gemäß § 5 Abs. 1 Satz 1 KAGB die staatliche Aufsicht als zentrale Aufsichtsbehörde aus. Es handelt sich dabei zunächst um eine **Rechtsaufsicht,** die aber

---

[354] Näher zu den Gründen Weitnauer/Boxberger/Anders/*Boxberger/Röder* § 2 Rn. 33 ff.

[355] Bereits das InvG wies eine nahezu identische Vorschrift auf, s. Berger/Steck/Lübbehüsen/*Köndgen* InvG § 3 Rn. 1. Die heutige Vorschrift weist im Vergleich dazu nur redaktionelle Änderungen auf; so auch Weitnauer/Boxberger/Anders/*Boxberger* § 3 Rn. 1.

[356] Zu den zusammengesetzten Begriffen auch Weitnauer/Boxberger/Anders/*Boxberger* § 3 Rn. 5.

[357] So auch Weitnauer/Boxberger/Anders/*Boxberger* § 4 Rn. 1; Berger/Steck/Lübbehüsen/*Köndgen* InvG § 4 Rn. 4, letzterer noch bezogen auf die weitgehend inhaltsgleiche Regelung des früheren InvG.

[358] BaFin-Richtlinie zur Festlegung von Fondskategorien gemäß § 4 Abs. 2 KAGB und weitere Transparenzanforderungen an bestimmte Fondskategorien v. 22.7.2013, in der Fassung vom 17.4.2015.

[359] Zum Regelungsrahmen und Anwendungsbereich des KAGB → Rn. 50 ff.

[360] Zur Erlaubnispflicht → Rn. 105 ff.

auch Elemente einer **Marktaufsicht** aufweist.[361] Wesentlicher Gegenstand dieser Aufsicht ist die Einhaltung der investmentrechtlichen Bestimmungen seitens der Marktteilnehmer. Hiervon betroffen sind insbesondere Kapitalverwaltungsgesellschaften, Investmentgesellschaften[362] sowie die jeweils einbezogenen Verwahrstellen. Die BaFin prüft nicht nur, ob die Geschäftstätigkeit der Beteiligten nach den Vorschriften des KAGB ordnungsgemäß ist, sondern auch die Einhaltung der auf Grund des KAGB erlassenen Bestimmungen, dh Rechtsverordnungen und Richtlinien, sowie der von ihr selbst genehmigten Anlagebedingungen. § 5 KAGB stellt hierbei lediglich eine **Generalklausel** auf, die an zahlreichen Stellen im Gesetz weiter konkretisiert wird, insbesondere mit Blick auf die Erteilung einer **Erlaubnis für Kapitalverwaltungsgesellschaften**[363] und die **Überwachung des Vertriebs.**[364] Die Verwahrstellen, die gleichzeitig auch Kreditinstitute sind, unterliegen ferner der Aufsicht der BaFin nach den Vorschriften des KWG (vgl. § 6 Abs. 1 KWG). Erbringt eine externe Kapitalverwaltungsgesellschaft Dienst- oder Nebendienstleistungen im Sinne des § 20 Abs. 2 Nr. 1–3, Abs. 3 Nr. 2–5 KAGB, dh Finanzportfolioverwaltung, Anlageberatung oder Depotverwaltung, dann übt die BaFin zusätzlich die Aufsicht entsprechend den §§ 63–68, 70, 80, 82 Abs. 1 bis 9 und 13, 83 und 84 WpHG aus.[365]

Die BaFin ist gemäß § 5 Abs. 6 KAGB befugt, im Rahmen ihrer Aufsicht **Anordnungen** zu treffen, die zur Durchsetzung des KAGB und der hierauf erlassenen Bestimmungen erforderlich und geeignet sind und um die Einhaltung der in den Anlagebedingungen, der Satzung oder im Gesellschaftsvertrag vorgesehenen Regelungen sicherzustellen. Die Befugnisse der BaFin sind dabei umfassend. Die Behörde kann insbesondere von jedermann Auskünfte sowie die Vorlage von Unterlagen verlangen, existierende Aufzeichnungen von Telefongesprächen und Datenübermittlungen anfordern, das Einfrieren oder die Beschlagnahme von Vermögenswerten anordnen oder ein vorübergehendes Verbot der Ausübung der Berufstätigkeit erlassen. Die Vorlage von Informationen kann die BaFin gemäß § 5 Abs. 8 KAGB auch von EU-AIF-Verwaltungsgesellschaften und ausländischen AIF-Verwaltungsgesellschaften verlangen, die im Inland AIF verwalten oder vertreiben. Weitergehende Befugnisse stehen der BaFin zu im Falle des Einschreitens und der **Verfolgung unerlaubter Investmentgeschäfte** (vgl. §§ 15, 16 KAGB). Insbesondere ist die BaFin in diesem Fall befugt, die sofortige Einstellung des illegalen Geschäftsbetriebs und die unverzügliche Abwicklung der Geschäfte anzuordnen sowie für die Abwicklung Weisungen zu erteilen und eine geeignete Person als Abwickler zu bestellen. 91

Zusätzlich sind Kapitalverwaltungsgesellschaften verpflichtet, bestimmte Ereignisse sowie strukturelle Veränderungen unverzüglich der BaFin anzuzeigen. Eine Reihe von **Anzeige- und Meldepflichten** werden in den §§ 34, 35, 44 KAGB zusammengefasst.[366] Dazu gehören die Absicht der Bestellung einer Person zum Geschäftsleiter unter Angabe der Tatsachen, die für die Beurteilung der Zuverlässigkeit und fachlichen Eignung wesentlich sind, der Vollzug dieser Absicht, das Ausscheiden eines Geschäftsleiters sowie diverse andere Informationen betreffend die Organisation, die Finanzverfassung sowie die Gesellschafterstruktur der Kapitalverwaltungsgesellschaft. Die BaFin ist ferner regelmäßig zu unterrichten über die wichtigsten Märkte und Instrumente, auf bzw. mit denen die AIF-Kapitalverwaltungsgesellschaft für Rechnung der von ihr verwalteten AIF handelt. Daneben finden sich auch in anderen Vorschriften verstreut im KAGB diverse Anzeige- bzw. Transparenzpflichten. 92

---

[361] Vgl. Weitnauer/Boxberger/Anders/*Boxberger* § 5 Rn. 1; einschränkender, jedoch noch in Bezug auf das InvGBerger/Steck/Lübbehüsen/*Köndgen* InvG § 5 Rn. 5.

[362] Diesen Begriff verwendet das KAGB zusammenfassend für die Investmentaktiengesellschaft und Investmentkommanditgesellschaft, vgl. § 1 Abs. 11 KAGB.

[363] Zu diesen Bestimmungen → Rn. 105 ff.

[364] → Rn. 228 ff.

[365] Zur Anwendbarkeit des KWG und des WpHG im Rahmen der Aufsicht vgl. auch die Ausführungen zum regulatorischen Rahmen → Rn. 55 ff.

[366] Vgl. hierzu auch das BaFin-Merkblatt zu den Meldepflichten von AIF-Verwaltungsgesellschaften v. 16.7.2014, in der Fassung v. 5.3.2015.

93 Die Verwaltung von KAGB-Investmentvermögen ist **nicht Bankgeschäft im Sinne des KWG.** Der Gesetzgeber hat bereits im Zuge des Investmentänderungsgesetzes vom 21.12.2007[367] das Investmentgeschäft, das früher noch in § 1 Abs. 1 Satz 2 Nr. 6 KWG aF ausdrücklich einbezogen war, aus dem Katalog der Bankgeschäfte herausgenommen und so aufsichtsrechtlich dem klassischen Bankrecht entzogen. Gleichzeitig ist auch die Kreditinstitutseigenschaft der Kapitalverwaltungsgesellschaft (damals unter dem InvG noch die Kapitalanlagegesellschaft) weggefallen. Nach der früheren Rechtslage war die Kapitalanlagegesellschaft gemäß § 6 Abs. 1 InvG aF zwar Kreditinstitut, durfte aber in Abweichung von dem im deutschen Bankwesen vorherrschenden Universalbankprinzip[368] zusätzlich zum Investmentgeschäft keine anderen Bankgeschäfte im Sinne des KWG betreiben.[369] Diese im Jahre 2007 vorgenommene Reform war im Ergebnis sachgerecht und vor dem Hintergrund der eigenständigen Entwicklung des Investmentrechts in der EU-Rechtsetzung längst überfällig.[370] Auch die tatsächliche **Struktur der Marktteilnehmer bzw. der Anbieter** rechtfertigte nicht mehr eine Zuordnung zum Bankrecht, denn nicht zuletzt die großen Versicherungsunternehmen betreiben über ihre Tochtergesellschaften heute intensiv das Investmentgeschäft im Sinne des InvG und sind damit fester Bestandteil der Investmentbranche.[371]

94 Einige Rechtsunsicherheiten verursachte nach der alten Rechtslage im Rahmen der Aufsicht von Kapitalanlagegesellschaften (heute Kapitalverwaltungsgesellschaften) der Umstand, dass die Vorschriften des KWG in vielen Fällen auf klassische Banken und deren Einlagen- und Kreditgeschäft zugeschnitten waren.[372] Im Unterschied zur Aufsicht nach dem KWG, die einen Schwerpunkt in der Sicherung der Solvenz der Kreditinstitute bildet, stehen im Investmentrecht mehr die Gewährleistung einer sachkundigen, sorgfältigen und interessengerechten Vermögensverwaltung sowie der Anlegerschutz im aufsichtsrechtlichen Fokus.[373] Demzufolge ist mit Blick auf die Kapitalverwaltungs- bzw. Investmentgesellschaft in erster Linie ein **operationelles Risiko aus der Haftung für Pflichtverletzungen** anzunehmen, wohingegen das unmittelbar aus den Vermögensgegenständen des Investmentvermögens resultierende **Marktrisiko** im Prinzip die Anleger zu tragen haben.[374] Die Trennung von Investmentrecht und Bankrecht ist somit auch vor diesem Hintergrund konsequent. Als Finanzdienstleistung erlaubnispflichtig ist gemäß § 1 Abs. 1a Satz 2 Nr. 11 KWG aber inzwischen die mit dem Investmentgeschäft des KAGB verwandte Anlageverwaltung.[375]

IV. Organisationsstrukturen

1. Überblick

95 **a) Zulässige Gestaltungsformen.** Das KAGB gibt verbindliche Strukturen für das Investmentgeschäft vor, insbesondere für die Organisation und rechtliche Gestaltung eines

---

367 Gesetz zur Änderung des Investmentgesetzes und zur Anpassung anderer Vorschriften v. 21.12.2007, BGBl. I 2007, 3089.

368 Im Gegensatz zum Trennbankensystem; vgl. *Möslein* BKR 2013, 397 (397 ff.).

369 Dazu ausführlich *Engert* Der Konzern, 2007, 477 (480).

370 Auf europäischer Ebene war das Investmentrecht in der Rechtssetzung von Beginn an nicht als ein Teilbereich des Bankrechts verstanden worden, sondern als eigenständiges Rechtsgebiet.

371 Ebenso *Knöfler/Ghedina* WM 2008, 1341 (1341). Siehe dazu auch die Gesamtliste der zugelassenen und registrierten KVGs auf der Website der BaFin (www.bafin.de).

372 So Luz/Neus/Scharpf/Schneider/Weber/*Serafin/Weber* KWG § 1 Rn. 24; *Knöfler/Ghedina* WM 2008, 1341 (1342).

373 Ähnlich *Engert* Der Konzern, 2007, 477 (478 f.); *Knöfler/Ghedina* WM 2008, 1341 (1341 f.); Berger/Steck/Lübbehüsen/*Köndgen* InvG § 5 Rn. 2. Krit. hingegen Reischauer/Kleinhans/*Brogl* KWG § 1 Rn. 101.

374 Vgl. *Engert* Der Konzern, 2007, 477 (483).

375 Erlaubnispflicht eingeführt mit dem Gesetz zur Fortentwicklung des Pfandbriefrechts v. 20.3.2009, BGBl. I 2009, 607. Zur Abgrenzung mit dem Investmentgeschäft nach dem KAGB → Rn. 28. S. zum Tatbestand der Anlageverwaltung auch *Möslein* → Kap. 34 Rn. 9, 15 f.

Investmentvermögens.[376] Hiernach können **offene inländische Investmentvermögen** als Sondervermögen (§§ 1 Abs. 10, 92 ff. KAGB) und in der Form einer Investmentaktiengesellschaft mit veränderlichem Kapital (§§ 108 ff. KAGB) gebildet werden. Im Falle eines offenen Spezial-AIFs kann gemäß § 91 Abs. 2 KAGB zusätzlich auf die Rechtsform der offenen Investmentkommanditgesellschaft (§§ 124 ff. KAGB) zurückgegriffen werden. Für **geschlossene inländische Investmentvermögen** stehen der Praxis dagegen die Investmentaktiengesellschaft mit fixem Kapital (§§ 140 ff. KAGB) und die geschlossene Investmentkommanditgesellschaft (§§ 149 ff. KAGB) zwecks Gestaltung zur Verfügung. Während das Sondervermögen zwingend von einer Kapitalverwaltungsgesellschaft für Rechnung der Anleger verwaltet werden muss, können die Investmentgesellschaften, also die Investmentvermögen in der Rechtsform der Investmentaktien- und Investmentkommanditgesellschaft,[377] wahlweise entweder eine externe Kapitalverwaltungsgesellschaft bestellen oder sich intern, durch die eigenen Organe selbst verwalten.[378] Im Gegensatz zum Sondervermögen verfügen diese über eine eigene Rechtspersönlichkeit.[379] Die intern verwalteten Investmentgesellschaften sind damit gleichzeitig Kapitalverwaltungsgesellschaften und bedürfen einer Erlaubnis nach § 17 KAGB. Unabhängig von der im Einzelfall gewählten Konstruktion ist die jeweils beteiligte **Kapitalverwaltungsgesellschaft** verpflichtet, eine **Verwahrstelle** mit der Verwahrung der Vermögensgegenstände sowie den sonstigen Aufgaben nach Maßgabe der §§ 68 ff. KAGB (OGAW-Verwahrstelle) bzw. §§ 80 ff. KAGB (AIF-Verwahrstelle) zu beauftragen.[380]

b) Vertragsform vs. Gesellschaftsform. Offene inländische Investmentvermögen können wahlweise in der Vertragsform **(Sondervermögen)** oder in der Gesellschaftsform **(intern oder extern verwaltete Investmentgesellschaft)** organisiert werden. Im ersten Fall treten die Anleger in eine vertragliche Beziehung zur Kapitalverwaltungsgesellschaft und erwerben im Gegenzug für ihr angelegtes Kapital ein wertpapiermäßig verbrieftes Recht an einem Sondervermögen (in Form eines Anteilsscheins). Die Berechtigung am Sondervermögen vermittelt hier der schuldrechtliche Vertrag mit der Kapitalverwaltungsgesellschaft (sog **Investmentvertrag**[381]). Anders ist hingegen die Struktur bei einer Investmentgesellschaft: In diesem Fall erwerben die Anleger Gesellschaftsanteile unmittelbar an der Investmentgesellschaft selbst, dh sie werden **Aktionäre** einer Investmentaktiengesellschaft oder **Kommanditisten** einer Investmentkommanditgesellschaft, die ihrerseits als rechtsfähiger Verband das Fondsvermögen im eigenen Gesellschaftsvermögen hält. Die wesentlichen Entscheidungen, die das jeweilige Anlagemodell betreffen, sind einerseits im Investmentvertrag bzw. den Anlagebedingungen (Vertragsform) und andererseits in der Satzung bzw. dem Gesellschaftsvertrag und den Anlagebedingungen der Gesellschaft (Gesellschaftsform) festgelegt. Geschlossene Investmentvermögen können dagegen nur in Gesellschafsform aufgelegt werden. 96

Die unterschiedliche Anknüpfung im Rahmen der Vertragsform und der Gesellschaftsform ist nicht nur in rechtstechnischer Hinsicht von Bedeutung. Nach der rechtlichen Ausgestaltung der Investmentaktiengesellschaft handelt es sich nämlich um einen **besonderen Typus der Aktiengesellschaft,** auf den die Vorschriften des allgemeinen Aktienrechts – von einigen in § 108 Abs. 2, 140 Abs. 2 KAGB normierten Ausnahmen abgesehen – grundsätzlich Anwendung finden, sofern sich aus spezielleren Normen des KAGB keine Besonderheiten ergeben.[382] Die gleiche Systematik findet sich auch im Hinblick auf die 97

[376] Insoweit besteht ein „numerus clausus" zulässiger Organisationsformen, → Rn. 13 ff.

[377] S. die Def. in § 1 Abs. 11 KAGB.

[378] Das KAGB verwendet hier die Begriffe intern verwaltete Investmentgesellschaft (§ 1 Abs. 12 KAGB) und extern verwaltete Investmentgesellschaft (§ 1 Abs. 13 KAGB).

[379] Zur Rechtsnatur des Sondervermögens → Rn. 133.

[380] Ausgenommen vom Verwahrstellenerfordernis sind hingegen sog. kleine AIFM gem. § 2 Abs. 4 und 4a KAGB, → Rn. 83 ff.

[381] → Rn. 177 ff.

[382] Vgl. auch die Ausführungen zur offenen und geschlossenen Investmentaktiengesellschaft → Rn. 147 ff.

Investmentkommanditgesellschaft. Es gelten grundsätzlich die Bestimmungen des HGB zur Kommanditgesellschaft, soweit nicht aus den KAGB-Regelungen etwas anderes folgt (vgl. §§ 124 Abs. 1 Satz 2, 149 Abs. 1 Satz 2 KAGB).[383] Dieser Umstand hat einen wichtigen Einfluss auf das Rechtsverhältnis der Anleger zur jeweiligen Investmentgesellschaft sowie auf die Rechtsbeziehungen zwischen den Gesellschaftern untereinander.[384] Ebenso hat dies Auswirkungen auf die erforderlichen Maßnahmen zur **Abschirmung des Fondsvermögens gegenüber Dritten.**[385] Gleichzeitig finden aber zahlreiche Vorschriften betreffend das Sondervermögen auf die Investmentgesellschaften entsprechende Anwendung, so dass in materieller Hinsicht eine **teilweise Annäherung der Anlagemodelle** festzustellen ist,[386] auch wenn die Rechtspositionen der Anleger ihrer Natur nach unterschiedlich zu qualifizieren sind.

98 Die Bezeichnungen Vertragsform und Gesellschaftsform sind angelehnt an die Terminologie, die in **Art. 1 Abs. 3 OGAW-IV-Richtlinie** und **Art. 2 Abs. 2 AIFM-Richtlinie** verwendet wird.[387] Neben diesen beiden Möglichkeiten lassen die Richtlinien ausdrücklich noch die Form des sogenannten ***Trust*** zu. Der Anwendungsbereich der AIFM-Richtlinie ist darüber hinaus offen für jede andere denkbare Rechtsform. Der deutsche Gesetzgeber hat weder den aus der angelsächsischen Rechtstradition stammenden *Trust* in das KAGB umgesetzt noch lässt er andere Organisationsformen zu, die nicht im KAGB ausdrücklich geregelt sind (*numerus clausus*[388]). Im Gegensatz zu der Entwicklung in anderen EU-Mitgliedstaaten[389] konnten sich offene inländische Investmentvermögen in Gesellschaftsform in der Vergangenheit nur bedingt etablieren. In den letzten Jahren vor Inkrafttreten des KAGB war zwar eine steigende Tendenz bei der Gründung von Investmentaktiengesellschaften zu beobachten, jedoch war ihre Gesamtzahl und das von ihnen verwaltete Volumen immer noch vergleichsweise gering, so dass der inländische Markt für offene Investmentfonds sehr stark von der Vertragsform des Sondervermögens geprägt war.[390]

2. Kapitalverwaltungsgesellschaft

99 **a) Allgemeines, Systematik.** Kapitalverwaltungsgesellschaften[391] sind nach § 17 Abs. 1 Satz 1 KAGB **Unternehmen** mit satzungsmäßigem Sitz und Hauptverwaltung im Inland, deren **Geschäftsbetrieb** darauf gerichtet ist, inländische Investmentvermögen, EU-Investmentvermögen oder ausländische AIF zu verwalten. Die Legaldefinition formuliert einen Grundtatbestand, indem sie lediglich an den Unternehmensgegenstand anknüpft und durch das Erfordernis eines inländischen Satzungssitzes die Kapitalverwaltungsgesellschaft von Verwaltungsgesellschaften mit Sitz in der EU bzw. im sonstigen Ausland abgrenzt. Eine **Konkretisierung der Organisationsstruktur** erfolgt erst durch eine Reihe von weiteren Anforderungen, beispielsweise an die Rechtsform (§ 18 Abs. 1 KAGB) oder die erforderliche Kapitalausstattung (§ 25 KAGB). Systematisch betrachtet sind diese Anforderungen aber nicht Teil der Definition, sie setzen vielmehr den Bestand einer Kapitalverwaltungs-

[383] Zur offenen sowie geschlossenen Investmentkommanditgesellschaft → Rn. 155 ff.
[384] → Rn. 176 ff., 195 f.
[385] S. zB zur unmittelbaren Außenhaftung der Investmentaktiengesellschaft *Einsele* AG 2011, 141 (146).
[386] Ähnlich auch *Zetzsche* AG 2013, 613 (613, 622 ff.), nach dessen Meinung das KAGB die Unterschiede zwischen den Gesellschaftsformen einebnet; → Rn. 148, 158.
[387] Die deutsche Fassung der genannten Richtlinien enthält die Begriffe Vertragsform und Satzungsform, wohingegen die englischen Fassungen die Begriffe „contract law“ und „statute“ verwenden. In der Literatur werden teilweise die Begriffe Vertragsmodell und Gesellschaftsmodell verwendet, vgl. Berger/Steck/Lübbehüsen/*Köndgen* Einl. InvG Rn. 6 f.
[388] → Rn. 13 ff.
[389] Das gilt insbes. mit Blick auf die weit verbreitete luxemburgische SICAV („société d'investissement à capital variable“). Vgl. dazu auch Berger/Steck/Lübbehüsen/*Köndgen* Vor §§ 30–45 InvG Rn. 3.
[390] Vgl. Jahresberichte BaFin 2012, S. 203; 2011, S. 234 f.
[391] Dieser Begriff hat den früher nach dem InvG geltenden Terminus der „Kapitalanlagegesellschaft“ ersetzt.

gesellschaft im Sinne des § 17 Abs. 1 KAGB bereits voraus und begründen lediglich damit verbundene Rechtsfolgen.[392]

100 Die Kapitalverwaltungsgesellschaft ist gemäß § 17 Abs. 2 KAGB entweder vom Investmentvermögen selbst bzw. in dessen Namen bestellt **(externe Kapitalverwaltungsgesellschaft)** oder sie ist personenidentisch mit dem Investmentvermögen, soweit dessen Rechtsform eine interne Verwaltung zulässt und das Management entscheidet, keinen externen Manager zu bestellen **(interne Kapitalverwaltungsgesellschaft).** Im letzteren Fall handelt es sich zwingend um eine Investmentgesellschaft im Sinne des § 1 Abs. 11 KAGB.[393] Zur weiteren Verdeutlichung der hinter dem Begriff der Kapitalverwaltungsgesellschaft stehenden Systematik ist ein Rückgriff auf die in § 1 Abs. 14 bis 18 KAGB niedergelegten Begriffsbestimmungen erforderlich. Hier wird zusätzlich eine Differenzierung nach der Art der verwalteten Investmentvermögen **(OGAW- und AIF-Kapitalverwaltungsgesellschaft)** und der Herkunft der Unternehmung **(EU- und ausländische Verwaltungsgesellschaft)** vorgenommen. Die Bezeichnung Verwaltungsgesellschaft bildet dabei gemäß § 1 Abs. 14 KAGB den **Oberbegriff.** Aus der **Einordnung des Managers in dieses System** resultiert das jeweils für ihn geltende Aufsichtsregime. So unterscheidet das KAGB beispielsweise im Rahmen der Erlaubnispflicht danach, ob eine OGAW- oder AIF-Kapitalverwaltungsgesellschaft zugelassen werden soll,[394] und regelt für jede hieraus folgende Variante eigene Vertriebsregeln.[395]

101 **b) Strukturelle Anforderungen (insbes. §§ 18, 25 KAGB).** Das KAGB normiert besondere Strukturmerkmale für Kapitalverwaltungsgesellschaften, welche in den §§ 17 bis 25 enthalten sind. Einzelne Regelungen, insbesondere diejenigen des § 18 KAGB, sind nur auf **externe** Kapitalverwaltungsgesellschaften anwendbar. Für **interne** Kapitalverwaltungsgesellschaften sind dagegen weitere Strukturanforderungen im Rahmen der besonderen Vorschriften für Investmentgesellschaften zu beachten.[396]

102 Eine externe Kapitalverwaltungsgesellschaft darf nur in der **Rechtsform** der Aktiengesellschaft, der GmbH oder der Kommanditgesellschaft, bei der persönlich haftender Gesellschafter ausschließlich eine GmbH ist, betrieben werden (vgl. § 18 Abs. 1 KAGB). Soweit das KAGB keine abweichende Regelung vorsieht, gelten die jeweils einschlägigen allgemeinen gesellschaftsrechtlichen Regeln des AktG, GmbHG und HGB. Zur Begrenzung der Geschäftstätigkeit der externen Kapitalverwaltungsgesellschaft muss gemäß § 20 Abs. 5 KAGB der **Unternehmensgegenstand** im Gesellschaftsvertrag oder in der Satzung die Bestimmung enthalten, dass mit Ausnahme der Geschäfte, die zur Anlage des eigenen Vermögens erforderlich sind, nur die in § 20 Abs. 2 KAGB (OGAW) bzw. § 20 Abs. 3 KAGB (AIF) bezeichneten Tätigkeiten ausgeübt werden dürfen.[397] Dabei sind die von der Gesellschaft *in praxi* betriebenen Tätigkeiten einzeln aufzuführen. Es ist daher empfehlenswert, den Wortlaut des jeweiligen Katalogs in § 20 Abs. 2 bzw. Abs. 3 KAGB zu übernehmen. Der Unternehmensgegenstand interner Kapitalverwaltungsgesellschaften dagegen erschöpft sich in der kollektiven Vermögensverwaltung (§§ 110 Abs. 2, 125 Abs. 2, 142 Satz 1, 150 Abs. 2 KAGB).[398] Im Umkehrschluss aus § 23 Nr. 2 KAGB folgt ferner, dass die Kapitalverwaltungsgesellschaft **mindestens zwei Geschäftsleiter** haben muss, denen die Leitung der Gesellschaft obliegt. Für interne Kapitalverwaltungsgesellschaften ergibt

---

392 So auch Weitnauer/Boxberger/Anders/*Winterhalder* § 17 Rn. 8. Vgl. zur Regelung des früheren InvG Berger/Steck/Lübbehüsen/*Steck/Gringel* InvG § 6 Rn. 1 unter Verweis auf Begründung GE InvModG, BT-Drs. 15/1553, 74, 77; Beckmann/Scholtz/Vollmer/*Beckmann* InvG § 6 Rn. 6.

393 Also eine Investmentaktien- oder Investmentkommanditgesellschaft (vgl. §§ 108 Abs. 1, 124 Abs. 1, 140 Abs. 1, 149 Abs. 1 KAGB).

394 → Rn. 111.

395 Zum Vertrieb → Rn. 228 ff.

396 → Rn. 150 ff., 157 ff.

397 Zu diesen Tätigkeiten → Rn. 106 f.

398 Die Anforderungen an den Unternehmensgegenstand variieren je nach Investmentgesellschaft; vgl. → Rn. 151, 157.

sich die Anforderung einer zweigliedrigen Geschäftsleitung aber auch unmittelbar aus den Spezialvorschriften betreffend die jeweilige Investmentgesellschaft (§§ 119 Abs. 1, 128 Abs. 1, 147 Abs. 1, 153 Abs. 1 KAGB). Im Falle der Kommanditgesellschaft setzt sich die Geschäftsleitung aus den Mitgliedern der Geschäftsführung der Komplementär-GmbH zusammen.[399]

103 Die Bildung eines **Aufsichtsrats** ist für eine externe Kapitalverwaltungsgesellschaft gemäß § 18 Abs. 2 Satz 1 KAGB obligatorisch, auch wenn sie in der Rechtsform einer GmbH betrieben wird. Im Falle einer Kommanditgesellschaft ist nach § 18 Abs. 2 Satz 2 KAGB ein Beirat zu bilden. Die Zusammensetzung sowie die Rechte und Pflichten des Aufsichtsrats bestimmen sich grundsätzlich nach den entsprechenden Vorschriften des AktG. § 18 KAGB enthält darüber hinaus zwei Sonderregelungen, die vor allem einen stärkeren Schutz der Anleger bezwecken. Der Aufsichtsrat hat zunächst im Rahmen seiner Überwachungs- und Beratungsfunktion die **Wahrung der Interessen der Anleger** zu gewährleisten, denn diese können selbst keinen Einfluss auf die Leitung der Gesellschaft ausüben. Hierzu korrespondierend bestimmt § 18 Abs. 4 Satz 1 KAGB ausdrücklich, dass die Mitglieder des Aufsichtsrats die zur Erfüllung dieser Aufgabe erforderliche **persönliche und fachliche Eignung** aufweisen müssen, es sei denn, sie werden als Vertreter der Arbeitnehmer nach den mitbestimmungsrechtlichen Vorschriften gewählt. Eignungsvoraussetzung ist vor allem eine einschlägige und mehrjährige praktische Erfahrung.[400] Insgesamt gelten hier vergleichbare Anforderungen, wie für Geschäftsleiter eines Kreditinstituts gemäß § 33 Abs. 2 KWG.[401] Die Bestellung einer nicht ausreichend qualifizierten Person zum Aufsichtsrat mündet aber nicht in einen Schadensersatzanspruch der Anleger gegen die Gesellschafter der Kapitalanlagegesellschaft, denn § 18 Abs. 4 Satz 1 KAGB ist kein Schutzgesetz im Sinne des § 823 Abs. 2 BGB.[402] Desweiteren muss zumindest ein Mitglied des Aufsichtsrats gemäß § 18 Abs. 3 KAGB von den Gesellschaftern, den mit ihnen verbundenen Unternehmen und den Geschäftspartnern der externen Kapitalverwaltungsgesellschaft – jedoch nicht unbedingt von der Kapitalverwaltungsgesellschaft selbst[403] – unabhängig sein. Der Gesetzgeber versteht hierunter in erster Linie eine **wirtschaftliche Unabhängigkeit,** denn die Einkünfte des unabhängigen Aufsichtsratsmitglieds aus seiner Tätigkeit für die zuvor genannten Personen sollen in den letzten vier Jahren vor der Bestellung im Mittel 30 % seiner Gesamteinkünfte nicht überschreiten.[404] Es ist jedoch fraglich, ob mit dieser Maßnahme bereits ein effektiver Anlegerschutz sichergestellt ist.[405] Diese Sondervorschrift zur Besetzung des Aufsichtsrats gilt nicht für externe Kapitalverwaltungsgesellschaften, die ausschließlich Spezial-AIF verwalten. Eine **interne Kapitalverwaltungsgesellschaft** muss hingegen, soweit sie nicht nach dem AktG zur Bildung eines Aufsichtsrats verpflichtet ist, nur dann einen Beirat bilden und ein unabhängiges Mitglied bestellen, wenn sie als geschlossene Publikumsinvestmentkommanditgesellschaft organisiert ist (§ 153 Abs. 3 KAGB). Das Erfordernis ein zusätzliches Kontrollorgan zu schaffen gilt nach dem KAGB, soweit nicht Aktienrecht anwendbar ist, damit nur für Kapitalverwaltungsgesellschaften, die zumindest auch Publikumsinvestmentvermögen verwalten.

104 § 25 Abs. 1 KAGB enthält eine spezielle Regelung zum Eigenkapital. Hiernach ist die interne Kapitalverwaltungsgesellschaft mit einem **Anfangskapital von mindestens**

[399] So auch Weitnauer/Boxberger/Anders/*Winterhalder* § 23 Rn. 7.

[400] Ähnlich Weitnauer/Boxberger/Anders/*Winterhalder* § 18 Rn. 25 („mindestens drei Jahre"); *Knöfler/Ghedina* WM 2008, 1341 (1341 f.); Berger/Steck/Lübbehüsen/*Steck/Gringel* InvG § 6 Rn. 28. Zu den Anforderungen ausführlich *Koch* NZG 2019, 1165.

[401] So auch Weitnauer/Boxberger/Anders/*Winterhalder* § 18 Rn. 23; Berger/Steck/Lübbehüsen/*Steck/Gringel* InvG § 6 Rn. 27 f.

[402] Ganz hM; dazu näher und mwN Weitnauer/Boxberger/Anders/*Winterhalder* § 18 Rn. 27; Beckmann/Scholtz/Vollmer/*Beckmann* InvG § 6 Rn. 45, Berger/Steck/Lübbehüsen/*Steck/Gringel* InvG § 6 Rn. 29 f.; **aA** *Baum* S. 66.

[403] Vgl. *Engert* Der Konzern 2007, 477 (482).

[404] Vgl. schon die Begründung GE Investmentänderungsgesetz 2007, BT-Drs. 16/5576, 60.

[405] Krit. auch *Schmolke* WM 2007, 1909 (1914 f.). Dazu noch → Rn. 175.

300.000 EUR, die externe Kapitalverwaltungsgesellschaft hingegen mit lediglich **125.000 EUR** auszustatten. Der Gesetzgeber hatte die ursprünglich geltende Eigenkapitalsumme in Höhe von 730.000 EUR bereits im Zuge des Investmentänderungsgesetzes von 2007 deutlich abgesenkt. Die im KAGB jetzt festgeschriebenen Mindestkapitalziffern entsprechen exakt den Vorgaben der AIFM-Richtlinie.[406] Das Mindestkapital kann sich je nach Gesamtwert der von der Kapitalverwaltungsgesellschaft verwalteten Sondervermögen auf einen Betrag von bis zu 10 Mio. EUR erhöhen. Es sind nämlich zusätzliche Eigenmittel in Höhe von 0,02 % desjenigen Betrags aufzubringen, um den der Gesamtwert des verwalteten Fondsvolumens die Schwelle von 250 Mio. EUR übersteigt. Diese **dynamische Kapitalanforderung** soll die Höhe des erforderlichen Kapitals in eine angemessene Relation zum von der Kapitalverwaltungsgesellschaft verwalteten Gesamtfondsvolumen setzen.[407] Die Aufbringung der zusätzlichen Eigenmittel entfällt aber in Höhe von bis zu 50 %, wenn die Kapitalverwaltungsgesellschaft über eine von einem Kreditinstitut oder einem Versicherungsunternehmen gestellte Garantie in der erforderlichen Höhe verfügt (§ 25 Abs. 2 KAGB). Eine zusätzliche **Untergrenze** für das Mindestkapital bestimmt § 25 Abs. 4 KAGB. Auf Grund dieser Vorschrift muss eine Kapitalverwaltungsgesellschaft unabhängig vom verwalteten Fondsvolumen zu jeder Zeit Eigenmittel aufweisen, die mindestens einem Viertel der in der Gewinn- und Verlustrechnung des letzten Jahresabschlusses ausgewiesenen Kosten entsprechen.

c) Tätigkeitsbereiche, Erlaubnis (§§ 20 bis 23 KAGB). aa) Verwaltung von Investmentvermögen. Aus der Legaldefinition des § 17 Abs. 1 Satz 1 KAGB folgt, dass der wesentliche Tätigkeitsbereich der Kapitalverwaltungsgesellschaft in der Verwaltung von Investmentvermögen liegt. Diese Tätigkeit wird im Gesetz klarstellend[408] als **kollektive Vermögensverwaltung** bezeichnet (vgl. § 20 Abs. 2 KAGB). Nach den in § 17 Abs. 1 Satz 2 KAGB formulierten Mindestanforderungen erfordert die Verwaltung eines Investmentvermögens mindestens die Erbringung der Portfolioverwaltung oder des Risikomanagements für ein oder mehrere Investmentvermögen. Hieran knüpft die in § 20 KAGB festgeschriebene Erlaubnispflicht an.[409] Die **Portfolioverwaltung,**[410] hier inhaltlich deckungsgleich mit der kollektiven Vermögensverwaltung, umfasst die Investition der Anlegergelder gemäß den Anlagevorschriften zum Zwecke der Erzielung von Einkünften, die fortlaufende Überprüfung der getroffenen Investitionsentscheidungen sowie die etwaig anschließende Veräußerung der Vermögensgegenstände und die Wiederanlage des dadurch erzielten Erlöses.[411] Anders als noch unter dem InvG ist das **Risikomanagement** nicht mehr nur Organisationspflicht, sondern originäre Geschäftstätigkeit der Kapitalverwaltungsgesellschaft.[412] Dies geht zurück auf Art. 6 Abs. 5 lit. d AIFM-Richtlinie. 105

bb) Weitere Tätigkeitsbereiche. Zusätzlich zur kollektiven Vermögensverwaltung dürfen **externe** Kapitalverwaltungsgesellschaften weitere **Dienstleistungen und Nebendienstleistungen** erbringen.[413] Hierzu formuliert § 20 Abs. 2 und 3 KAGB differenzie- 106

[406] Art. 9 Abs. 1 und 2 Richtlinie 2011/61/EU (AIFM); in Art. 7 Abs. 1 lit. a Richtlinie 2009/65/RG (OGAW-IV) ist ein Mindestbetrag von 125.000 EUR vorgesehen. Ein Vergleich zwischen der Rechtslage vor und nach Inkrafttreten des Investmentänderungsgesetzes v. 21.12.2007, BGBl. I 2007, 3089, findet sich bei *Knöfler/Ghedina* WM 2008, 1341 (1341 f.).

[407] So aber bezugnehmend auf die frühere Regelung des InvG Berger/Steck/Lübbehüsen/*Steck/Gringel* InvG § 11 Rn. 7. Ausführlich zur dynamischen Kapitalanforderung Weitnauer/Boxberger/Anders/*Winterhalder* § 25 Rn. 9ff

[408] So bereits die Begründung zu früheren § 7 Abs. 2 InvG, GE OGAW-IV-UmsG, BT-Drs. 17/4510, 61.

[409] S. a. Weitnauer/Boxberger/Anders/*Winterhalder* § 17 Rn. 15 ff.

[410] Es ist hier nicht die Finanzportfolioverwaltung gemeint, sondern die gemeinsame Portfolioverwaltung; s. Assmann/Schütze/*Eckhold/Balzer* § 22 Rn. 79; Weitnauer/Boxberger/Anders/*Winterhalder* § 17 Rn. 20.

[411] → Rn. 181.

[412] Ebenso Weitnauer/Boxberger/Anders/*Winterhalder* § 17 Rn. 22. Vgl. auch § 9a Abs. 1 Nr. 1 InvG (1. Aufl. Kap. 39 Rn. 91).

[413] Eine Reihe von Dienstleistungen darf sogar gem. § 20 Abs. 4 KAGB überhaupt nicht erbracht werden, wenn nicht gleichzeitig die kollektive Vermögenverwaltung erbracht wird.

rend nach der Art der von der Kapitalverwaltungsgesellschaft verwalteten Investmentvermögen (OGAW bzw. AIF) zwei **abschließende Kataloge**[414]. Darüber hinausgehende, hier nicht aufgeführte Tätigkeiten sind nicht zulässig. Ferner muss die kollektive Vermögensverwaltung weiterhin Hauptgegenstand der unternehmerischen Tätigkeit der Kapitalverwaltungsgesellschaft bleiben.[415] Intern verwaltete OGAW- bzw. AIF-Kapitalverwaltungsgesellschaften dürfen hingegen gemäß ausdrücklicher Bestimmung in § 20 Abs. 7 KAGB keine andere Tätigkeit ausüben als die Verwaltung der eigenen Investmentvermögen.

107 Zu den zulässigen Dienstleistungen gehört zunächst die **Verwaltung einzelner für Rechnung Dritter angelegter Vermögen.** Diese beinhalten entweder Finanzinstrumente im Sinne von § 1 Abs. 11 KWG und können sowohl von OGAW- als auch von AIF-Kapitalverwaltungsgesellschaften verwaltet werden (§ 20 Abs. 2 Nr. 1 bzw. Abs. 3 Nr. 2 KAGB; entspricht der sog Finanzportfolioverwaltung gemäß § 1 Abs. 1a Nr. 3 KWG), oder sie setzen sich aus sonstigen Vermögenswerten zusammen, zB Immobilien, können aber dann nur von einer AIF-Kapitalverwaltungsgesellschaft verwaltet werden (§ 20 Abs. 3 Nr. 1 KAGB; individuelle Vermögensverwaltung). Charakteristisch für die Vermögensverwaltung im hier verstandenen Sinne ist der eigene Entscheidungsspielraum, den die Kapitalverwaltungsgesellschaft im Zusammenhang mit der Anschaffung von Vermögensgegenständen und der Umschichtung des Vermögens hat. Hierunter fällt nach den ausdrücklichen Bestimmungen des § 20 Abs. 2 Nr. 1 und Abs. 3 Nr. 2 KAGB auch die **Portfolioverwaltung fremder Investmentvermögen,** obwohl diese in materieller Hinsicht der kollektiven Vermögensverwaltung gleicht.[416] Soweit die Erlaubnis der Kapitalverwaltungsgesellschaft die Finanzportfolioverwaltung umfasst[417] oder diese befugt ist, sonstige Vermögenswerte zu verwalten, darf sie zusätzlich die **Anlageberatung** betreiben (§ 20 Abs. 2 Nr. 2 und Abs. 3 Nr. 1, 3 KAGB). Ferner erfasst die Erlaubnis zur Finanzportfolioverwaltung im eingeschränkten Umfang auch den Betrieb des **Depotgeschäfts.** Letzteres ist nach dem Wortlaut des § 20 Abs. 2 Nr. 3 bzw. Abs. 3 Nr. 4 KAGB nur bezogen auf Anteile an inländischen Investmentvermögen, EU-Investmentvermögen und ausländischen AIF zulässig. Damit können auch Aktien einer Investmentaktiengesellschaft verwahrt werden, denn die Regelung unterscheidet nicht nach der Rechtsform des Investmentvermögens.[418] Darüber hinaus erlaubt das KAGB den Kapitalverwaltungsgesellschaften den **Abschluss von Altersvorsorgeverträgen** gemäß § 1 Abs. 1 AltZertG[419] und von Verträgen zum Aufbau einer eigenen kapitalgedeckten Altersversorgung im Sinne des § 10 Abs. 1 Nr. 2 EStG (§ 20 Abs. 2 Nr. 6 und Abs. 3 Nr. 8 KAGB) sowie den **Vertrieb** von Anteilen oder Aktien an fremden Investmentvermögen (§ 20 Abs. 2 Nr. 4 und Abs. 3 Nr. 6 KAGB). OGAW-Kapitalverwaltungsgesellschaften sind zudem befugt, Mindestzahlungszusagen durch Festsetzung eines Mindestpreises für die Rücknahme von Anteilen im Falle sogenannter **Garantiefonds** abzugeben (§ 20 Abs. 2 Nr. 7 KAGB), wohingegen AIF-Kapitalverwaltungsgesellschaften die Vermittlung von Geschäften über die Anschaffung und Veräußerung von Finanzinstrumenten betreiben dürfen **(Anlagevermittlung),** soweit gleichzeitig eine Erlaubnis zur Finanzportfolioverwaltung vorliegt (§ 20 Abs. 3 Nr. 5 KAGB).

---

[414] Assmann/Schütze/*Eckhold/Balzer* § 22 Rn. 80; Weitnauer/Boxberger/Anders/*Winterhalder* § 20 Rn. 36. So auch schon die Vorgängerreglung des § 7 Abs. 2 InvG; dazu Begründung GE InvModG, BT-Drs. 15/1553, 77.

[415] So auch Weitnauer/Boxberger/Anders/*Winterhalder* § 20 Rn. 35.

[416] S. zum Hintergrund Assmann/Wallach/Zetzsche/*Zetzsche* § 20 Rn. 46. Krit. zu dieser Einordnung noch Kümpel/Wittig/Früh/Seyfried/*Reiter* Rn. 9.35; Berger/Steck/Lübbehüsen/*Steck/Gringel* InvG § 7 Rn. 18.

[417] Hierzu ist eine besondere Erlaubnis erforderlich → Rn. 110.

[418] Ebenso Weitnauer/Boxberger/Anders/*Winterhalder* § 20 Rn. 54. Diese Frage war unter dem früheren § 7 Abs. 2 Nr. 4 InvG strittig: So wie hier Berger/Steck/Lübbehüsen/*Steck/Gringel* InvG § 7 Rn. 28; **aA** hingegen Beckmann/Scholtz/Vollmer/*Beckmann* InvG § 7 Rn. 32.

[419] Hierbei handelt es sich um den Abschluss sog. „Riester-Renten" nach dem Gesetz über die Zertifizierung von Altersvorsorge- und Basisrentenverträgen v. 26.6.2001 (AltZertG).

Auf der Grundlage des § 20 Abs. 2 Nr. 8 bzw. Abs. 3 Nr. 9 KAGB darf die externe Kapitalverwaltungsgesellschaft darüber hinaus auch sonstige, mit den erlaubten Dienstleistungen und Nebendienstleistungen **unmittelbar verbundene Tätigkeiten** ausüben. Diese betreffen beispielsweise die Beratungs- und Vermittlungstätigkeit, die Erbringung administrativer Tätigkeiten und die Vermietung oder die sonstige Nutzung von offenen Kapazitäten.[420] Diese Tätigkeiten dürfen aber im Vergleich zu den genannten Tätigkeitsbereichen nur einen geringen Umfang haben.[421] Ist einer Kapitalverwaltungsgesellschaft die Erlaubnis erteilt worden, sowohl OGAW als auch AIF zu verwalten, stehen ihr die Dienst- und Nebendienstleistungen beider **Tätigkeitskataloge** offen (§ 20 Abs. 2 Nr. 5 und Abs. 3 Nr. 7 KAGB). 108

Die externe Kapitalverwaltungsgesellschaft darf nach § 20 Abs. 6 KAGB **unternehmerische Beteiligungen** erwerben, wenn der Geschäftszweck des betreffenden Unternehmens gesetzlich oder satzungsmäßig im Wesentlichen auf Geschäfte ausgerichtet ist, welche die Kapitalverwaltungsgesellschaft selbst betreiben darf, und eine Haftung aus der Beteiligung bereits durch die Rechtsform des Unternehmens beschränkt ist. Diese Bestimmung verhindert eine mittelbare Erweiterung des Tätigkeitsbereichs, beispielsweise durch Gründung von Tochtergesellschaften, die ihrerseits Tätigkeiten außerhalb der in § 20 Abs. 2 und 3 KAGB enthaltenen Kataloge ausüben. Hiervon abzugrenzen sind dagegen Geschäfte, die die Kapitalverwaltungsgesellschaft zur **Anlage ihres eigenen Vermögens** tätigt. Diese unterliegen nicht den vorgenannten Anforderungen[422] und können gemäß § 20 Abs. 5 KAGB vorgenommen werden, soweit sie erforderlich sind. Dazu gehören insbesondere sämtliche Geschäfte, die die Kapitalverwaltungsgesellschaft auch im Rahmen ihrer ordnungsgemäßen Geschäftstätigkeit für Rechnung der Investmentvermögen abschließen darf. Das **Kriterium der Erforderlichkeit** steht im Prinzip selbst risikoreichen Anlagen nicht entgegen,[423] soweit im Gegenzug angemessene Vorkehrungen im Rahmen des Risikomanagements getroffen werden (vgl. § 28 Abs. 1 Satz 2 Nr. 4 KAGB).[424] Der Kapitalverwaltungsgesellschaft bleibt es hingegen verwehrt, die eigenen Mittel in Anteile eines von ihr selbst verwalteten Investmentvermögens anzulegen, und so gleichzeitig Anlegerin zu werden.[425] Dies würde zu einer Vermischung der getrennt zu haltenden Vermögenssphären führen und ein erhebliches Interessenkonfliktpotential hervorrufen. 109

cc) Erlaubnisverfahren. Die Aufnahme des Geschäftsbetriebs der externen sowie internen Kapitalverwaltungsgesellschaft bedarf gemäß § 20 Abs. 1 KAGB der **schriftlichen Erlaubnis der BaFin.**[426] Rechtstechnisch gesehen handelt es sich um ein Verbot mit Erlaubnisvorbehalt.[427] Damit soll vor allem sichergestellt werden, dass lediglich Unternehmen, die die besonderen Anforderungen des KAGB erfüllen und entsprechend 110

---

420 S. a. die Aufzählung bei Weitnauer/Boxberger/Anders/*Winterhalder* § 20 Rn. 75.

421 Assmann/Wallach/Zetzsche/*Zetzsche* § 20 Rn. 77 („untergeordnete Bedeutung").

422 Weitnauer/Boxberger/Anders/*Winterhalder* § 20 Rn. 88; so auch die frühere Rechtslage nach § 7 Abs. 4 InvG, s. Berger/Steck/Lübbehüsen/*Steck/Gringel* InvG § 7 Rn. 40.

423 Emde/Dornseifer/Dreibus/*Thole* § 20 Rn. 88; Weitnauer/Boxberger/Anders/*Winterhalder* § 20 Rn. 83. So auch, aber bezogen auf § 7 Abs. 4 InvG, Berger/Steck/Lübbehüsen/*Steck/Gringel* InvG § 7 Rn. 46 und Assmann/Schütze/*Baur* § 20 Rn. 232; **aA** Beckmann/Scholtz/Vollmer/*Beckmann* InvG § 7 Rn. 73.

424 So heute die gesetzliche Regelung. Nach Ziffer 1 des BaFin-Rundschreibens 5/2010 (WA) v. 30.6.2010 zu den Mindestanforderungen an das Risikomanagement für Investmentgesellschaften (InvMaRisk) umfasste eine ordnungsgemäße Geschäftsorganisation aber bereits nach dem früheren § 9a InvG geeignete Regelungen im Zusammenhang mit der Anlage des eigenen Vermögens. Siehe zu den Verhaltens- und Organisationspflichten noch → Rn. 113 ff.

425 Dazu näher BankR-HdB/*Köndgen/Schmies,* 3. Aufl., § 113 Rn. 125; Derleder/Knops/Bamberger/*Geibel,* 1. Aufl., § 59 Rn. 23; einschränkend dagegen *Canaris* Bankvertragsrecht, Rn. 2451; **aA** Emde/Dornseifer/Dreibus/*Thole* § 20 Rn. 88; Beckmann/Scholtz/Vollmer/*Beckmann* InvG § 7 Rn. 57; Berger/Steck/Lübbehüsen/*Steck/Gringel* InvG § 7 Rn. 47.

426 Zur bloßen Registrierungspflicht → Rn. 83 ff.

427 Hieran hat sich auch nach Einführung des KAGB nichts geändert. Vgl. zum InvG Berger/Steck/Lübbehüsen/*Steck/Gringel* InvG § 7 Rn. 1.

organisiert sind, das Investmentgeschäft betreiben. Im Gegensatz zur früheren Rechtslage, ist seit Inkrafttreten des KAGB die BaFin befugt, die Erlaubnis auf die Verwaltung bestimmter Arten von Investmentvermögen zu **beschränken.**[428] Darüber hinaus kann die BaFin auf der Grundlage des § 20 Abs. 1 Satz 3 KAGB die Erlaubnis auch mit **Nebenbestimmungen** verbinden. Diese dürfen aber gemäß § 36 Abs. 3 VwVfG den Zweck der Erlaubnis nicht unterlaufen und in tatsächlicher Hinsicht die Ausübung der Tätigkeit unmöglich machen. Eine gesonderte Erlaubnis ist erforderlich, wenn die Kapitalverwaltungsgesellschaft zusätzlich zur kollektiven Vermögensverwaltung die **Finanzportfolioverwaltung** nach § 20 Abs. 2 Nr. 1 bzw. Abs. 3 Nr. 2 KAGB erbringen möchte.[429]

111 Weitere Einzelheiten des Erlaubnisverfahrens sind in den §§ 21 und 22 KAGB geregelt. Der Gesetzgeber unterscheidet an dieser Stelle zwischen dem Genehmigungsverfahren für **OGAW-Manager** und **AIFM,** denn letztere müssen aufgrund des gegebenen Anlagespektrums umfangreichere Anforderungen erfüllen.[430] Demzufolge werden differenziert nach der Art des Managers zwei separate **Kataloge von Unterlagen bzw. Informationen** aufgestellt, die mit dem Erlaubnisantrag der BaFin beizubringen sind. Die hier festgelegten Anforderungen sind teilweise identisch, so dass sich folgende **Schnittmenge** ergibt: Geeigneter Nachweis der zum Geschäftsbetrieb erforderlichen Mittel nach § 25 KAGB, Angaben zur Beurteilung der Zuverlässigkeit und fachlichen Eignung der Geschäftsleiter, ebensolche Angaben zu den bedeutenden Gesellschaftern und der Höhe deren Beteiligung, Angaben über enge Verbindungen zu anderen natürlichen oder juristischen Personen, Satzung bzw. Gesellschaftsvertrag sowie ein tragfähiger[431] Geschäftsplan, aus dem ua die Organisationsstruktur, die Art der geplanten Geschäfte und die geplanten internen Kontrollverfahren der Kapitalverwaltungsgesellschaft hervorgehen.[432] Für den **Nachweis der Eignung der Geschäftsleiter** gelten gemäß § 23 Nr. 3 KAGB grundsätzlich die Anforderungen des § 25c Abs. 1 KWG für die Geschäftsleiter von KWG-Instituten, dh die ausgewählten Personen müssen in ausreichendem Maße theoretische und praktische Kenntnisse in den betreffenden Geschäften der Gesellschaft sowie Leitungserfahrung haben.[433] Der **tragfähige Geschäftsplan** hat Planbilanzen sowie Plangewinn- und Verlustrechnungen für die ersten drei vollen Geschäftsjahre der Kapitalanlagegesellschaft zu enthalten.[434] Über diese Informationen hinaus hat eine **AIF-Kapitalverwaltungsgesellschaft** insbesondere Angaben über die Vergütungspolitik und –praxis (§ 37 KAGB)[435], die Auslagerungsvereinbarungen (§ 36 KAGB), die Anlagestrategien (ua Arten der Zielfonds, Grundsätze zum Leverage, Risikoprofile) und die Beauftragung der Verwahrstelle zu machen. Ferner sind die Anlagebedingungen, Satzungen oder Gesellschaftsverträge aller zu verwaltenden AIF einzureichen. Eine Kapitalverwaltungsgesellschaft kann gleichzeitig sowohl OGAW als auch AIF verwalten, benötigt aber hierfür beide Zulassungen.

---

[428] So heute ausdrücklich § 20 Abs. 1 Satz 2 KAGB. Eine vergleichbare Regelung enthielt bereits § 7 Abs. 1 Satz 3 InvG aF. Im Zuge des Gesetzes zur Umsetzung der Beteiligungsrichtlinie v. 12.3.2009, BGBl. I 2009, 470, wurde die entsprechende Regelung aber gestrichen, so dass zwischenzeitlich die BaFin diese Befugnis nicht hatte.

[429] Weitnauer/Boxberger/Anders/*Winterhalder* § 20 Rn. 45.

[430] So auch *Burgard/Heimann* WM 2014, 821 (828). Zum Erlaubnisverfahren für eine AIF-Kapitalverwaltungsgesellschaft nach § 22 KAGB s. auch das BaFin-Merkblatt v. 22.3.2013, in der Fassung v. 27.11.2017.

[431] Ausdrücklich findet sich die Anforderung, dass der Geschäftsplan „tragfähig" sein muss, nur in § 21 Abs. 1 Nr. 7 KAGB bezogen auf OGAW-Manager, aber es ist nicht ersichtlich, wieso dies nicht auch für die Zulassung von AIFM gelten soll, vgl. auch Weitnauer/Boxberger/Anders/*Winterhalder* § 22 Rn. 17.

[432] Eine Auflistung der Inhalte findet sich unter Ziffer A.7. BaFin-Merkblatt zum Erlaubnisverfahren für eine AIF-Kapitalverwaltungsgesellschaft nach § 22 KAGB v. 22.3.2013, in der Fassung v. 27.11.2017.

[433] Ziffer A.4. BaFin-Merkblatt zum Erlaubnisverfahren für eine AIF-Kapitalverwaltungsgesellschaft nach § 22 KAGB v. 22.3.2013, in der Fassung v. 27.11.2017. Dazu näher (aber noch zur früheren Vorschrift des § 33 Abs. 2 KWG) Boos/Fischer/Schulte-Mattler/*Fischer* KWG § 33 Rn. 39 ff.

[434] Vgl. zu den weiteren Anforerungen Ziffer A.7. BaFin-Merkblatt zum Erlaubnisverfahren für eine AIF-Kapitalverwaltungsgesellschaft nach § 22 KAGB v. 22.3.2013, in der Fassung v. 27.11.2017.

[435] Dazu ausführlich *Boxberger/Klebeck* BKR 2013, 441 ff.

Die BaFin hat dem Antragsteller binnen sechs Monaten (bei AIF sind es drei Monate) nach Einreichung des vollständigen Antrags mitzuteilen, ob eine Erlaubnis erteilt wird. Die Antragsprüfung umfasst das Vorliegen der im Einzelnen von der Kapitalverwaltungsgesellschaft darzulegenden Voraussetzungen der §§ 21, 22 KAGB. Die abschließend[436] in § 23 KAGB geregelten **Versagungsgründe** reflektieren im Wesentlichen diese Erlaubnisvoraussetzungen. Während die Versagung der Erlaubnis als gebundene Verwaltungsentscheidung ausgestaltet ist, steht deren nachträgliche **Aufhebung** nach der Regelung des § 39 Abs. 3 KAGB im Ermessen der BaFin. Eine Aufhebung ist insbesondere dann in Betracht zu ziehen, wenn Tatsachen bekannt werden, die von vornherein auch eine Versagung der Erlaubnis rechtfertigen würden oder die Kapitalverwaltungsgesellschaft nachhaltig gegen die Bestimmungen des KAGB verstößt. Statt der Aufhebung der Erlaubnis kann die BaFin nach § 40 KAGB auch die **Abberufung der verantwortlichen Geschäftsleiter** verlangen und ihnen die Ausübung der Tätigkeiten untersagen. 112

d) Allgemeine Verhaltens- und Organisationspflichten (§§ 26 bis 30 KAGB). Das KAGB stellt eine Reihe von wichtigen Grundregeln auf, die die Kapitalverwaltungsgesellschaft im Rahmen der Wahrnehmung ihrer Aufgaben bzw. ihrer Geschäftstätigkeit zu beachten hat. Aus einer Zusammenschau der in § 26 KAGB niedergelegten Verhaltenspflichten folgt zunächst die **Maxime,** dass Investmentvermögen ehrlich und redlich, mit der gebotenen Sachkenntnis, Sorgfalt und Gewissenhaftigkeit, sowie **unabhängig von der Verwahrstelle**[437] und stets ausschließlich **im Interesse der Anleger** zu verwalten sind. Diese Bedingungen für die Ausübung der Tätigkeit eines kollektiven Vermögensverwalters sind unmittelbare Folge der fiduziarischen Stellung der Kapitalverwaltungsgesellschaft.[438] Besonderes Gewicht hat ferner die in § 28 Abs. 1 Satz 1 KAGB getroffene Grundaussage, dass die Kapitalverwaltungsgesellschaft über eine **ordnungsgemäße Geschäftsorganisation** verfügen muss, die die Einhaltung der zu beachtenden gesetzlichen Bestimmungen gewährleistet. Darüber hinaus existieren Sonderregelungen für den Umgang mit Interessenkonflikten (§ 27 KAGB) sowie für das Risiko- (§ 29 KAGB) und das Liquiditätsmanagement (§ 30 KAGB). 113

Die hier genannten Verhaltens- und Organisationsregeln sind sowohl hinsichtlich ihrer Rechtsnatur als auch ihrem Sinn und Zweck nach parallele Vorschriften zu den **Wohlverhaltensregeln** für Wertpapierdienstleistungsunternehmen gemäß den §§ 63 ff. WpHG.[439] Sie legen öffentlich-rechtlich zu qualifizierende Pflichten der Kapitalverwaltungsgesellschaft fest, die jedoch zumindest eine **Ausstrahlungswirkung** auf das schuldrechtliche Rechtsverhältnis haben, das zwischen den jeweilig Beteiligten entsteht.[440] Auf diese Weise finden die Regelungen ihren Eingang in den privatrechtlichen Pflichtenkanon der Kapitalverwaltungsgesellschaft, der im Zusammenhang mit der Treuhänderstellung und der damit verbundenen Interessenwahrungspflicht gegenüber Anlegern und Aktionären besteht.[441] 114

Der **Schutzzweck** der investmentrechtlichen Verhaltens- und Organisationsregeln umfasst, ähnlich wie im Falle der §§ 63 ff. WpHG,[442] sowohl den individuellen Anleger als auch allgemein die Funktion und Integrität des Marktes.[443] Letzteres betont der Gesetz- 115

[436] Der Auffangtatbestand des § 23 Nr. 11 KAGB ist insoweit eng auszulegen. So auch Emde/Dornseifer/Dreibus/*Thole* § 23 Rn. 3; Assmann/Schütze/*Eckhold*/*Balzer* § 22 Rn. 86.

[437] Zur institutionellen Trennung zwischen Fondsverwaltung und Fondsverwahrung → Rn. 175.

[438] Zu diesem Treuhandverhältnis ausführlich Assmann/Wallach/Zetzsche/*Stabenow* § 26 Rn. 39 ff.

[439] Siehe dazu Fuchs/*Fuchs* Vor §§ 31–37a WpHG Rn. 31 ff.

[440] In der Literatur ist in Anlehnung an die vergleichbare Rechtslage nach den §§ 31 ff. WpHG die Rechtsnatur der Verhaltensregeln umstritten, s. ausführlich zum Streitstand Assmann/Wallach/Zetzsche/*Stabenow* § 26 Rn. 10 ff. Nach Berger/Steck/Lübbehüsen/*Köndgen* InvG § 9 Rn. 11 handelt es sich hierbei um privatrechtliche Pflichten mit zweispuriger Sanktionierung. Nach Beckmann/Scholtz/Vollmer/*Beckmann* InvG § 9 Rn. 231 sind diese Pflichten hingegen zugleich vertragliche Pflichten (Lehre von der Doppelnatur). Zum Streitstand nach dem WpHG Fuchs/*Fuchs* Vor §§ 31–37a WpHG Rn. 55 ff.

[441] Zu den Rechtsbeziehungen der Beteiligten siehe ausführlich noch → Rn. 172 ff.

[442] Dazu näher Fuchs/*Fuchs* Vor §§ 31–37a WpHG Rn. 51 ff.

[443] Zweifelnd hinsichtlich der Marktintegrität Berger/Steck/Lübbehüsen/*Köndgen* InvG § 9 Rn. 2.

geber in § 26 Abs. 2 Nr. 2 und 5 KAGB, indem er die Beachtung des Interesses an der Integrität des Marktes und dessen Förderung als ausdrückliche Verpflichtung der Kapitalverwaltungsgesellschaft statuiert. Ferner wird der Kapitalverwaltungsgesellschaft in § 26 Abs. 6 KAGB auferlegt, angemessene Grundsätze und Verfahren anzuwenden, um eine Beeinträchtigung der Marktstabilität und Marktintegrität zu verhindern. So sind insbesondere missbräuchliche Marktpraktiken zu unterlassen, zB die kurzfristige, systematische Spekulation mit Investmentanteilen durch Ausnutzung von Kursdifferenzen an Börsen und anderen organisierten Märkten (vgl. § 26 Abs. 6 Satz 2 KAGB).

116 Der Gegenstand der Verhaltens- und Organisationspflichten wird im Gesetzestext anhand zahlreicher, katalogartig aufgelisteter Bestimmungen konkretisiert. Die Regelungstiefe bleibt aber auf der Ebene allgemeiner Grundsätze und formuliert lediglich einen **Mindeststandard.**[444] Eine weitergehende Präzisierung und Ergänzung erfahren diese Grundsätze auf **europäischer Ebene.** Zum einen durch die Verordnung 2013/231/EU,[445] die sich ua auf die Tätigkeitsausübung von AIFM bezieht, und zum anderen durch die Richtlinie 2010/43/EU,[446] welche ua die Aufgaben des OGAW-Managers zum Gegenstand hat. Die BaFin hat ferner eine Verordnung zur Konkretisierung der Verhaltens- und Organisationsregeln nach dem KAGB **(KAVerOV)**[447] erlassen, die jedoch an vielen Stellen auf die Verordnung 2013/231/EU verweist. Im Zentrum der Regulierung stehen weitgehend sektorspezifische[448] Vorgaben zum Risiko- und Liquiditätsmanagement und zur **Compliance-Funktion.**[449] Ein besonderer Schwerpunkt liegt auch in der Behandlung und Prävention von **Interessenkonflikten.** Hier geht es aus Sicht der Praxis nicht zuletzt auch um die Implementierung geeigneter Regelungen und Verfahren zum Schutz gegen unangemessene Kosten und Marktpraktiken, wie beispielsweise die übermäßige Verursachung von Transaktionskosten durch ein sog *excessive trading.*[450] Erhebliches Interessenkonfliktpotential resultiert auch aus einer engen Verbindung von Kapitalverwaltungsgesellschaft und Verwahrstelle, zB wenn ein Konzernverhältnis besteht.[451] Soweit die externe Kapitalverwaltungsgesellschaft Dienstleistungen und Nebendienstleistungen nach § 20 Abs. 2 Nr. 1 bis 3 und Abs. 3 Nr. 1 bis 5 KAGB erbringt, sind eingeschränkt auch die Mindestanforderungen Compliance **(MaComp)**[452] einschlägig.

117 **e) Outsourcing (§ 36 KAGB).** Die Kapitalverwaltungsgesellschaft kann auf der Grundlage von § 36 KAGB unter bestimmten Bedingungen **betriebliche Aufgaben und Funktionen** auf ein anderes Unternehmen (Auslagerungsunternehmen) auslagern. Dazu gehören zunächst die wesentlichen Geschäftsbereiche, die für die Ausübung des Investmentgeschäfts selbst sowie der sonstigen Tätigkeitsbereiche des § 20 Abs. 2 und Abs. 3 KAGB notwendig sind und in aufsichtsrechtlicher Hinsicht relevante Risiken begründen kön-

---

[444] Weitnauer/Boxberger/Anders/*Swoboda* § 26 Rn. 2; *Sprengnether/Wächter* WM 2014, 877 (887).

[445] Delegierte Verordnung 2013/231/EU v. 19.12.2012 zur Ergänzung der Richtlinie 2011/61/EU des Europäischen Parlaments und des Rates im Hinblick auf Ausnahmen, die Bedingungen für die Ausübung der Tätigkeit, Verwahrstellen, Hebelfinanzierung, Transparenz und Beaufsichtigung, ABl. EU L 83/1.

[446] Richtlinie 2010/43/EU v. 1.7.2010 zur Durchführung der Richtlinie 2009/65/EG des Europäischen Parlaments und des Rates im Hinblick auf organisatorische Anforderungen, Interessenkonflikte, Wohlverhalten, Risikomanagement und den Inhalt der Vereinbarung zwischen Verwahrstelle und Verwaltungsgesellschaft, ABl. EU L 146/72.

[447] Verordnung zur Konkretisierung der Verhaltensregeln und Organisationsregeln nach dem Kapitalanlagegesetzbuch (KAVerOV) vom 16.7.2013, BGBl. I S. 2460, in der Fassung vom Dezember 2018, BGBl. I 2018, 2626.

[448] Vgl. dazu *Kort* AG 2013, 582 (588).

[449] Ausführlich *Kort* AG 2013, 582 ff.; *Sprengnether/Wächter* WM 2014, 877 ff. Zu beachten ist auch das BaFin-Rundschreiben 1/2017 (WA) v. 10.1.2017 zu den Mindestanforderungen an das Risikomanagement für Kapitalverwaltungsgesellschaften (KAMaRisk).

[450] Begründung GE OGAW-IV-UmsG, BT-Drs. 17/4510, 61 f. In der Praxis häufig auch als „churning" bezeichnet.

[451] → Rn. 175.

[452] BaFin-Rundschreiben 5/2018 (WA) v. 19.4.2018, Stand v. 9.5.2018 – Mindestanforderungen an die Compliance-Funktion und weitere Verhaltens-, Organisations- und Transparenzpflichten – MaComp.

nen.[453] Damit kann insbesondere die **Portfolioverwaltung** ausgelagert werden. Es können aber auch andere Aufgaben, die im Rahmen der kollektiven Verwaltung eines Investmentvermögens anfallen, ausgelagert werden. Hierzu gehören **administrative Tätigkeiten** (zB Fondsbuchhaltung, Ausgabe und Rücknahme von Anteilen) der **Vertrieb** und sonstige Tätigkeiten im Zusammenhang mit den Vermögenswerten des Fonds (zB Immobilienverwaltung).[454] Bloße Hilfsaufgaben bzw. rein unterstützende oder logistische Tätigkeiten, darunter Reinigungsdienste, Catering oder die Beschaffung von Dienstleistungen und Gütern des Grundbedarfs, fallen hingegen nicht unter den Gegenstand einer Auslagerung im Sinne des KAGB.[455]

Das Outsourcing ist in der Praxis weit verbreitet und dient dem Zweck, die Verwaltung effizienter zu machen, Synergieeffekte zu generieren und die Qualität bestimmter Leistungen zu steigern.[456] Gleichwohl bedürfen Auslagerungen einer **Rechtfertigung** anhand objektiver Gründe (§ 36 Abs. 1 Satz 1 Nr. 1 KAGB) und sind gegenüber der **BaFin** anzuzeigen, und zwar bevor die jeweilige Auslagerungsvereinbarung in Kraft tritt (§ 36 Abs. 2 KAGB).[457] Eine Rechtfertigung ist dann gegeben, wenn hinter dem Outsourcing eine **schlüssige ökonomische Motivation** steckt, beispielsweise die Optimierung von Geschäftsfunktionen und Verfahren, die Einsparung von Kosten, die Gewinnung von Fachkenntnissen und die Eröffnung eines Marktzugangs.[458] Der Kapitalverwaltungsgesellschaft ist hier aber ein gewisses unternehmerisches Ermessen zuzubilligen. Weiter stellt § 36 Abs. 1 Satz 1 Nr. 2 KAGB bestimmte Anforderungen an das **Auslagerungsunternehmen.** Die für dieses handelnden Personen müssen insbesondere unter Berücksichtigung der übertragenen Geschäftsbereiche über eine hinreichende Qualifikation verfügen, zuverlässig sowie in der Lage sein, die übernommenen Aufgaben ordnungsgemäß wahrzunehmen. Die Auslagerung der Portfolioverwaltung oder des Risikomanagements ist zudem nur zulässig, wenn das Auslagerungsunternehmen für die Zwecke der Vermögens- oder Finanzportfolioverwaltung zugelassen oder registriert ist und einer Aufsicht unterliegt (§ 36 Abs. 1 Satz 1 Nr. 3 KAGB).[459] Die Auslagerung darf ferner die Wirksamkeit der Beaufsichtigung der Kapitalverwaltungsgesellschaft in keiner Weise beeinträchtigen (§ 36 Abs. 1 Satz 1 Nr. 5 KAGB). Sie darf weder die Kapitalverwaltungsgesellschaft daran hindern, im Interesse ihrer Anleger zu handeln, noch darf sie verhindern, dass das Investmentvermögen im Interesse der Anleger verwaltet wird. Desweiteren müssen nach § 36 Abs. 1 Nr. 7 KAGB zum Zwecke einer effektiven Beaufsichtigung des Auslagerungsunternehmens **Überwachungs- und Kontrollbefugnisse** bei der Kapitalverwaltungsgesellschaft verbleiben. Die in diesem Zusammenhang erforderlichen Weisungsbefugnisse und Kündigungsrechte sind seitens der auslagernden Kapitalverwaltungsgesellschaft vertraglich zu sichern. Besteht die Gefahr einer **Interessenkollision,** wie beispielsweise im Falle der Auslagerung der Portfolioverwaltung auf die Verwahrstelle, ist dagegen ein Outsourcing zur Vermeidung der Gefahrenlage nach § 36 Abs. 3 KAGB von vornherein nicht erlaubt. 118

Auf der Grundlage eines Outsourcings lässt sich ua das Geschäftsmodell der sogenannten **Master-Kapitalverwaltungsgesellschaft** betreiben.[460] Letztere verfügt über kein eigenes Portfoliomanagement mehr, sondern beschränkt sich auf die mit der Verwaltung von 119

[453] S. dazu *Knöfler/Ghedina* WM 2008, 1341 (1345); Berger/Steck/Lübbehüsen/*Steck* InvG § 16 Rn. 9, 11.

[454] Vgl. die Auflistung in Anhang I der Richtlinie 2011/61/EU (AIFM). Gem. § 16 InvG war nur die Auslagerung „wesentlicher" Aufgaben möglich, → 1. Aufl. 2013, Kap. 39 Rn. 93. Nunmehr ist der Anwendungsbereich weiter gefasst.

[455] So ausdrücklich Erwägungsgrund 82 der Delegierten Verordnung 2013/231/EU. S. auch *BaFin,* Häufige Fragen zum Thema Auslagerung gemäß § 36 KAGB, Ziffer 3 (Stand: 15.11.2017).

[456] S. dazu *Weiser/Hüwel* BB 2013, 1091 (1094 f.).

[457] Unter dem InvG bestand weder eine Anzeigepflicht noch bedurfte es einer derart ausgestalteten Rechtfertigung, vgl. auch *Weiser/Hüwel* BB 2013, 1091 (1094 f.); *Wollenhaupt/Beck* DB 2013, 1950 (1956).

[458] Vgl. Art. 76 Abs. 1 Delegierte Verordnung 2013/231/EU.

[459] Diese Anforderung galt unter dem InvG nicht für das Risikomanagement. Zu diesem Lizenzerfordernis auch *Weiser/Hüwel* BB 2013, 1091 (1095 f.).

[460] Dazu näher *Herring/Loff* DB 2012, 2029 (2030 f.).

Investmentvermögen verbundenen administrativen Tätigkeiten.[461] Einige Leitungsfunktionen können hingegen nicht auf der Grundlage des § 36 KAGB ausgelagert werden, denn eine Kapitalverwaltungsgesellschaft darf die Aufgaben nicht in einem solchen Umfang übertragen, dass sie nicht länger als Verwaltungsgesellschaft angesehen werden kann und zu einer **Briefkastenfirma** wird, also lediglich eine weitgehend leere Hülle übrig bleibt (§ 36 Abs. 5 KAGB). Art. 82 der Delegierten Verordnung 2013/231/EU formuliert eine Reihe von Kriterien, die jeweils einzeln die Annahme einer Briefkastenfirma begründen können. Dies ist beispielsweise der Fall, wenn die Kapitalverwaltungsgesellschaft die **Geschäftsleitungsfunktion** aus der Hand gibt, dh nicht mehr über Maßnahmen der Unternehmensplanung und der Unternehmensorganisation, über die Auflage oder die Schließung von Investmentvermögen sowie die Anlageziele und die Anlagepolitik entscheidet.[462] Eine solche vollständige Auslagerung würde zudem die Erlaubnis zum Geschäftsbetrieb aushöhlen.[463] Unabhängig vom Umfang des Outsourcings muss die Kapitalverwaltungsgesellschaft zumindest auch über eine personelle und organisatorische Ausstattung verfügen, um das Auslagerungsunternehmen überwachen und die damit einhergehenden Risiken steuern zu können.

120 **f) Europäischer Pass für Verwaltungsgesellschaften (§§ 49 ff. KAGB). aa) Allgemeines.** Die Art. 16 ff. OGAW-IV-Richtlinie und Art. 33 AIFM-Richtlinie legen den Grundstein für den sog *Europäischen Pass* für Verwaltungsgesellschaften.[464] Letztere können, soweit sie im Rahmen ihrer regulären Geschäftstätigkeit und auf Grund einer Zulassung im Herkunftsmitgliedstaat Investmentvermögen verwalten, europaweit sowohl **Zweigniederlassungen** errichten als auch ihre Tätigkeit, darunter auch die **grenzüberschreitende Portfolioverwaltung, im Rahmen des freien Dienstleistungsverkehrs** ausüben. Während die Zweigniederlassung regelmäßig eine dauerhafte physische Präsenz erfordern wird, genügt im Rahmen der grenzüberschreitenden Dienstleistung jede geschäftsmäßige Tätigkeit, die sich zielgerichtet an den ausländischen Markt wendet.[465] Die Mitgliedstaaten dürfen diese Betätigungen weder von einer besonderen Zulassung noch von einer bestimmten Kapitalausstattung der Verwaltungsgesellschaft oder von sonstigen Voraussetzungen abhängig machen, die eine gleiche hemmende Wirkung entfalten würden. Vielmehr haben sie durch entsprechende Bestimmungen sicherzustellen, dass die Verwaltungsgesellschaften ungehindert von den Möglichkeiten des *Europäischen Passes* Gebrauch machen können. Es ist lediglich ein **formelles Anzeigeverfahren** vorzuschalten.

121 Der *Europäische Pass* steht grundsätzlich allen inländischen Kapitalverwaltungsgesellschaften offen. Im Gegenzug sind **EU-Verwaltungsgesellschaften** im Sinne des § 1 Abs. 17 KAGB – es handelt sich dabei entweder um Verwaltungsgesellschaften oder intern verwaltete Investmentgesellschaften, die die Anforderungen der OGAW-IV-Richtlinie erfüllen, oder um Verwalter alternativer Investmentfonds im Sinne der AIFM-Richtlinie, und somit um das jeweilige ausländische Pendant zur inländischen Kapitalverwaltungsgesellschaft – berechtigt, auf der Grundlage des *Europäischen Passes* im Inland tätig zu werden. Kein Fall der grenzüberschreitenden Tätigkeit im Sinne der §§ 49 ff. KAGB und somit des *Europäischen Passes* für Verwaltungsgesellschaften ist hingegen der **grenzüberschreitende Vertrieb** von inländischen bzw. EU-Investmentvermögen. In diesem Fall sind vielmehr die

[461] Hiervon zu unterscheiden sind die sog. Master-Feeder-Strukturen (§§ 171 ff. KAGB), → Rn. 160 ff.

[462] So auch Assmann/Wallach/Zetzsche/*Böhm* § 36 Rn. 109 f.;Berger/Steck/Lübbehüsen/*Steck* InvG § 16 Rn. 18; in Anlehnung an Boos/Fischer/Schulte-Mattler/*Braun* KWG § 25a Rn. 579.

[463] Näher dazu Berger/Steck/Lübbehüsen/*Steck* InvG § 16 Rn. 19.

[464] Der in der englischen Fassung der Richtlinie als „Management Company Passport" bezeichnete „Europäische Pass" wurde in Bezug auf OGAW bereits durch die Richtlinie 2001/107/EG (sog. Verwaltungsrichtlinie) eingeführt, scheiterte jedoch in der Praxis auf Grund unklarer Bestimmungen. Näher dazu Berger/Steck/Lübbehüsen/*Blankenheim* Vor §§ 12–14 InvG Rn. 3.

[465] Näher zu dieser Abgrenzung Weitnauer/Boxberger/Anders/*Wilkowski*/*Grulke* § 53 Rn. 6 ff. und § 49 Rn. 4 ff.; Berger/Steck/Lübbehüsen/*Blankenheim* InvG § 12 Rn. 5 f., 12.

Vorschriften über den Vertrieb sowie die entsprechenden Vertriebsanzeigeverfahren nach den §§ 309 ff. KAGB einschlägig.[466]

Wesentliches strukturelles Merkmal des *Europäischen Passes* ist die Zuweisung der aufsichtsrechtlichen Zuständigkeiten an die jeweiligen Behörden der Mitgliedstaaten unter Heranziehung des **Herkunftslandprinzips.** Eine Verwaltungsgesellschaft wird von den zuständigen Stellen im jeweiligen Heimatstaat beaufsichtigt, auch wenn sie grenzüberschreitend Tätigkeiten entfaltet (sog **Institutsaufsicht**), wohingegen ein Investmentvermögen im Land der Auflegung beaufsichtigt wird, selbst wenn die Verwaltung durch eine ausländische Verwaltungsgesellschaft vorgenommen wird (sog **Produktaufsicht**).[467] Die durch den Europäischen Pass vermittelte Freizügigkeit erfasst jedoch nicht die Bestellung der Verwahrstelle. Die von der Verwaltungsgesellschaft zu beauftragende **Verwahrstelle** muss damit im Herkunftsstaat des Investmentvermögens ihren satzungsmäßigen Sitz oder ihre satzungsmäßige Zweigniederlassung haben (vgl. §§ 68 Abs. 3, 80 Abs. 6 KAGB).[468] 122

bb) Anzeigeverfahren. Entschließt sich eine Kapitalverwaltungsgesellschaft, eine **Zweigniederlassung** in einem anderen Mitgliedstaat der EU oder einem anderen EWR-Vertragsstaat zu errichten, um die kollektive Vermögensverwaltung nach dem KAGB oder Tätigkeiten nach § 20 Abs. 2 Nr. 1 bis 4 KAGB (OGAW) bzw. § 20 Abs. 3 Nr. 2 bis 5 KAGB (AIF)[469] auszuüben, so hat sie diese Absicht gemäß § 49 Abs. 1 Satz 1 KAGB (OGAW) bzw. § 53 Abs. 1, 2 KAGB (AIF) unverzüglich der **BaFin** anzuzeigen. Neben der Angabe des betreffenden Mitgliedstaates, in dem die Zweigniederlassung errichtet werden soll, muss die Anzeige insbesondere einen Geschäftsplan enthalten, aus dem ua die Art der geplanten Dienstleistungen und Nebendienstleistungen und der organisatorische Aufbau der Zweigniederlassung hervorgehen. Die BaFin ist angehalten, **innerhalb von zwei Monaten** nach Eingang der vollständigen Unterlagen diese an die zuständigen Stellen des Aufnahmestaates zu übermitteln und dies der anzeigenden Kapitalverwaltungsgesellschaft unverzüglich mitzuteilen, wenn unter Berücksichtigung der geplanten Tätigkeiten kein Grund besteht, die Angemessenheit der Organisationsstruktur und der Finanzlage der OGAW-Kapitalverwaltungsgesellschaft anzuzweifeln (vgl. § 49 Abs. 2 Satz 1 KAGB) bzw. einen Gesetzesverstoß seitens der AIF-Kapitalverwaltungsgesellschaft anzunehmen (§ 53 Abs. 3, 2. Fall KAGB). Die OGAW-Kapitalverwaltungsgesellschaft darf nach § 49 Abs. 3 KAGB die Zweigniederlassung aber erst dann errichten und ihre Tätigkeit aufnehmen, wenn eine **Mitteilung der zuständigen Stellen des Aufnahmestaates** (sog. Welcome Letter) eingegangen ist oder, bei deren Nichtäußerung, nach Ablauf von weiteren zwei Monaten nach dem dortigen Eingang der seitens der BaFin übermittelten Unterlagen. AIF-Verwaltungsgesellschaften hingegen dürfen bereits unmittelbar nach der Übermittlungsmeldung der BaFin die Zweigniederlassung errichten.[470] 123

Das vorgenannte Verfahren gilt in entsprechender Weise auch für die Absicht, eine Tätigkeit nach dem KAGB im Wege des **grenzüberschreitenden Dienstleistungsverkehrs** in einem anderen Mitgliedstaat der EU oder einem EWR-Vertragsstaat zu entfalten. Hiervon abweichend hat die BaFin die vollständig eingegangenen Unterlagen aber **ohne vorherige Prüfung**[471] und bereits **innerhalb eines Monats** weiter zu reichen. Ferner kann auch die OGAW-Kapitalverwaltungsgesellschaft in diesem Fall gemäß § 49 Abs. 6 Satz 3 KAGB ihre Tätigkeit im Aufnahmestaat unmittelbar nach der Unterrichtung der zuständigen Stellen des Aufnahmestaates aufnehmen. Für den Fall, dass die grenzüber- 124

[466] Dazu die Ausführungen zum Vertrieb → Rn. 228 ff., 252.

[467] Vgl. zum sog. OGAW-Pass *Blankenheim* ZBB 2011, 344 (348).

[468] Die Möglichkeit, die Verwahrstellen-Funktion an eine inländische Zweigniederlassung zu übertragen ist im Rahmen der Umsetzung der OGAW-V-Richtlinie eingeführt worden; → Rn. 36.

[469] Zu den einzelnen Tätigkeiten nach § 20 Abs. 2 bzw. 3 KAGB → Rn. 105 ff.

[470] Die AIF-Kapitalverwaltungsgesellschaft ist nicht verpflichtet, den Eingang eines Welcome Letters abzuwarten, s. a. Weitnauer/Boxberger/Anders/*Wilkowski*/*Grulke* § 53 Rn. 41.

[471] Ebenso Weitnauer/Boxberger/Anders/*Wilkowski*/*Grulke* § 49 Rn. 13. Vgl. zum früheren § 12 InvG auch die Begründung GE OGAW-IV-UmsG, BT-Drs. 17/4510, 63.

schreitende Tätigkeit die Verwaltung von EU-OGAW umfassen soll **(grenzüberschreitende kollektive Vermögensverwaltung),** ist die BaFin gemäß § 50 KAGB zusätzlich verpflichtet, den zuständigen Stellen des Aufnahmestaates ua Art und Umfang der Erlaubnis der Kapitalverwaltungsgesellschaft darzulegen.

125 Besondere Vorschriften gelten für die grenzüberschreitenden Aktivitäten von **EU-Verwaltungsgesellschaften** im Inland (*Inbound*-Fälle), und zwar betreffend die Errichtung einer inländischen Zweigniederlassung, den grenzüberschreitenden Dienstleistungsverkehr und die Verwaltung von inländischen OGAW (vgl. §§ 51, 52 (OGAW) und § 54 (AIF) KAGB). Eine Erlaubnis seitens der BaFin ist in diesen Fällen im Einklang mit Art. 16 Abs. 2 OGAW-IV-Richtlinie und Art. 33 Abs. 5 AIFM-Richtlinie nicht erforderlich. Die vorbezeichneten Bestimmungen statuieren aber entsprechende **Anzeigeverfahren,** die sich zT spiegelbildlich an die Regelungen der §§ 49, 50 (OGAW) und 53 (AIF) KAGB anlehnen. Im Ergebnis müssen EU-Verwaltungsgesellschaften damit bestimmte Verfahren beachten, die auch die inländischen Kapitalverwaltungsgesellschaften im Rahmen ihrer eigenen Auslandsaktivitäten bei den zuständigen Stellen des jeweiligen Aufnahmestaates durchlaufen müssen.

3. Verwahrstelle

126 **a) Bestellungsprozess (insbes. §§ 68, 80 KAGB).** Die Kapitalverwaltungsgesellschaft hat im Sinne der **Funktionstrennung** von Verwaltung und Verwahrung sicherzustellen, dass eine Verwahrstelle[472] beteiligt wird, deren Hauptaufgabe es ist, die Vermögensgegenstände des Investmentvermögens zu verwahren. Das KAGB differenziert zwischen einer OGAW-Verwahrstelle (§§ 68 bis 79 KAGB) und einer AIF-Verwahrstelle (§§ 80 bis 90 KAGB), obgleich die jeweiligen Vorschriften eine große gemeinsame Schnittmenge aufweisen. Der Unterabschnitt betreffend die AIF-Verwahrstelle trägt dabei der Regelungstiefe der AIFM-Richtlinie und dem erheblich umfangreicheren Anlagespektrum Rechnung.[473] Die Bestellung der Verwahrstelle erfolgt durch eine Beauftragung seitens der Kapitalverwaltungsgesellschaft mittels eines Rechtsgeschäfts, den sog. **Verwahrstellenvertrag.** Darin werden ua die Aufgaben der Verwahrstelle schriftlich festgelegt, welche aber teilweise bereits aus den Bestimmungen in den §§ 71 ff. (OGAW) und 81 ff. (AIF) KAGB hervorgehen.[474] Der Verwahrstellenvertrag hat darüber hinaus den Informationsaustausch zwischen Verwahrstelle und Kapitalverwaltungsgesellschaft zu regeln, damit die Verwahrstelle ihren Pflichten nach dem KAGB nachkommen kann (vgl. §§ 68 Abs. 1 Satz 3, 6 (OGAW) bzw. 80 Abs. 1 Satz 3 (AIF) KAGB). Erforderlich sind in dieser Hinsicht Regelungen zu einzelnen Verfahren des Informationsaustausches und zu den Pflichten in Bezug auf Geheimhaltung und Geldwäsche sowie Bestimmungen zur Beauftragung von Dritten und zur elektronischen Informationsübermittlung. Der diesbezügliche **Mindestinhalt** des Verwahrstellenvertrages wird *in concreto* aber bereits auf der Ebene des Europarechts festgelegt.[475] Zusätzlich werden in der Praxis vielfach in einem gesonderten **Service Level Agreement**[476] Vereinbarungen getroffen, die rein technischer Natur sind, insbesondere in Bezug auf die IT-Systeme.

[472] Das InvG verwendete früher den Begriff der Depotbank. Im Zuge der Einführung des KAGB hat der Gesetzgeber die Terminologie an diejenige der OGAW- bzw. AIFM-Richtlinie angepasst und verwendet nunmehr den allgemeineren Begriff „Verwahrstelle". Vgl. Begründung GesE AIFM-UmsG, BT-Drs. 17/12294, S. 336. Zum Depotgeschäft s. a. *Binder,* Kap. 38.

[473] So auch Assmann/Schütze/*Eckhold*/*Balzer* § 22 Rn. 94.

[474] Zum Verwahrstellenvertrag sowie zu den einzelnen Aufgaben der Verwahrstelle → Rn. 189 ff. Die Aufgaben und Pflichten der Verwahrstelle finden sich zusammengefasst auch im BaFin-Rundschreiben 08/2015 (WA) v. 7.10.2015.

[475] Art. 2 Delegierten Verordnung 2016/438/EU (bzgl. OGAW-Verwahrstellen; hierauf verweist § 68 Abs. 6 KAGB ausdrücklich); Art. 83, 84 Delegierte Verordnung 2013/231/EU (bzgl. AIF-Verwahrstellen; hierauf verweist § 80 Abs. 10 KAGB ausdrücklich).

[476] Vgl. hierzu auch Weitnauer/Boxberger/Anders/*Boxberger* § 80 Rn. 6; Weitnauer/Boxberger/Anders/*Klusak* § 68 Rn. 6.

Soweit die Kapitalverwaltungsgesellschaft inländische Investmentvermögen verwaltet, muss die Verwahrstelle gemäß den §§ 68 Abs. 3 (OGAW) bzw. 80 Abs. 6 (AIF) KAGB ihren satzungsmäßigen Sitz oder ihre satzungsmäßige Zweigniederlassung im Inland haben. Während die OGAW-Verwahrstelle ein **Kreditinstitut** im Sinne des § 68 Abs. 2 KAGB sein muss, können auch **Wertpapierfirmen**[477] und im Falle geschlossener AIF sogar andere **Treuhänder,** wie zB Notare, Rechtsanwälte oder Wirtschaftsprüfer, die AIF-Verwahrstellenfunktion übernehmen.[478] Die Auswahl sowie jeder spätere Wechsel der OGAW-Verwahrstelle bedürfen gemäß § 69 Abs. 1 KAGB der **Genehmigung der BaFin.** Letztere kann darüber hinaus jederzeit durch Verwaltungsakt einen Wechsel der Verwahrstelle anordnen, insbesondere dann, wenn diese ihre gesetzlichen oder vertraglichen Pflichten nicht ordnungsgemäß erfüllt. Hieraus resultiert eine Berechtigung der Kapitalverwaltungsgesellschaft zur Kündigung des Verwahrstellenvertrages aus wichtigem Grund.[479] Das Genehmigungserfordernis erstreckt sich über § 87 KAGB auch auf die Verwahrstellen eines Publikums-AIF. 127

b) Organisationsverfassung (insbes. §§ 70, 85 KAGB). Die OGAW-Verwahrstelle hat ihre Aufgaben gemäß § 70 Abs. 1 KAGB **unabhängig von der Kapitalverwaltungsgesellschaft und ausschließlich im Interesse der Anleger** wahrzunehmen. Die AIF-Verwahrstelle hat nach § 85 Abs. 1 KAGB zusätzlich die **Interessen des AIF** selbst zu berücksichtigen. Der Grundsatz der Unabhängigkeit hat erhebliche Auswirkungen auf die Organisationsverfassung der Verwahrstelle. So ist zwar die Kapitalverwaltungsgesellschaft grundsätzlich befugt, der Verwahrstelle Weisungen in Bezug auf das Investmentvermögen zu erteilen. Die Verwahrstelle trifft aber eine umfassende Pflicht, die Rechtmäßigkeit dieser Weisungen zu prüfen und gegebenenfalls die Ausführung im Einzelfall zu verweigern.[480] Hierfür muss sie jedoch die notwendigen Ressourcen bereithalten und sicherstellen, dass im Vorfeld der Ausführung einer Weisung diese auch ordnungsgemäß geprüft wird. Weiter hat die Verwahrstelle durch die Installation entsprechender Vorschriften und Verfahren gemäß den §§ 70 Abs. 2 Satz 3 (OGAW) bzw. 85 Abs. 2 Satz 3 (AIF) KAGB generell sicherzustellen, dass **Interessenkonflikte** zwischen ihr und der Kapitalverwaltungsgesellschaft vermieden werden. Treten Interessenkonflikte dennoch auf, sind diese stets zugunsten der Anleger aufzulösen.[481] Ausdrücklich untersagt sind darüber hinaus gemäß § 70 Abs. 4 KAGB iVm Art. 21, 23, 24 Verordnung 2016/438/EU (OGAW) sowie gemäß § 85 Abs. 5 KAGB (AIF) bestimmte, näher definierte **personelle Verflechtungen** auf der Leitungsebene der beiden Gesellschaften. Im KAGB regulatorisch unberücksichtigt bleiben hingegen die in der Praxis weit verbreiteten **konzernrechtlichen Verflechtungen** zwischen der Verwahrstelle und der Kapitalverwaltungsgesellschaft. Diese sind zwar *de lege lata* zulässig, sie begründen aber ein erhebliches Interessenkonfliktpotential.[482] 128

In den §§ 68 Abs. 4, 80 Abs. 9 KAGB finden sich weitere Anforderungen an die Organisation der Verwahrstelle. Letztere ist beispielsweise verpflichtet, die für die Erfüllung ihrer Aufgaben erforderlichen organisatorischen Vorkehrungen zu treffen. Bei dieser allgemein formulierten Verpflichtung an eine **ordnungsgemäße Geschäftsorganisation** handelt es sich um eine besondere investmentrechtliche Ausprägung der in § 25a KWG für alle Kreditinstitute festgehaltenen Grundsätze zu den Organisationspflichten.[483] Darüber 129

[477] Gemäß § 80 Abs. 7 Satz 2 KAGB handelt es sich dabei um Finanzdienstleistungsinstitute im Sinne des § 1 Abs. 1a KWG, die zum Betreiben des eingeschränkten Verwahrgeschäfts nach § 1 Abs. 1a Satz 2 Nr. 12 KWG zugelassen sind.

[478] Ausführlich dazu Weitnauer/Boxberger/Anders/*Boxberger* § 80 Rn. 14 ff.

[479] So auch Emde/Dornseifer/Dreibus/*Dreibus* § 68 Rn. 6; noch zum InvG Berger/Steck/Lübbehüsen/*Köndgen* InvG § 21 Rn. 10.

[480] Zur Prüfungspflicht s. für OGAW: Weitnauer/Boxberger/Anders/*Klusak* § 76 Rn. 13 ff.; für AIF: Weitnauer/Boxberger/Anders/*Boxberger* § 83 Rn. 12 ff.

[481] Ähnlich Beckmann/Scholtz/Vollmer/*Beckmann* InvG § 20 Rn. 7.

[482] Krit. zB auch Derleder/Knops/Bamberger/*Geibel,* 1. Aufl., § 59 Rn. 73; BankR-HdB/*Köndgen*/*Schmies,* 3. Auflage, § 113 Rn. 61; → Rn. 175.

[483] Ähnlich auch Emde/Dornseifer/Dreibus/*Dreibus* § 68 Rn. 11.

hinaus muss mindestens ein **Geschäftsleiter** der jeweiligen Einrichtung über die zur Ausübung der Verwahrstellenaufgaben erforderlichen Erfahrungen verfügen. Es sind damit theoretische und praktische Kenntnisse in den mit Blick auf das Investmentgeschäft relevanten Funktionsbereichen einer Verwahrstelle gemeint. Diese spezifische Anforderung wird von der Prüfung der fachlichen Eignung eines Geschäftsleiters nach KWG, zB wenn die Verwahrstelle auch Kreditinstitut ist, nicht umfasst und ist gesondert zu prüfen.[484] Ferner muss die OGAW-Verwahrstelle nach § 68 Abs. 5 KAGB ein **Anfangskapital** von mindestens 5 Mio. EUR aufweisen, wobei zusätzlich etwaige Eigenmittelanforderungen nach dem KWG zu beachten sind. Treuhänder, die die AIF-Verwahrstellenfunktion übernommen haben, müssen dagegen gemäß § 80 Abs. 3 Satz 3 KAGB laufend **ausreichend finanzielle und berufliche Garantien,** zB in Form einer Haftpflichtversicherung, vorweisen.[485]

4. Sondervermögen

130 **a) Grundlagen, Treuhandkonstruktion (§§ 92, 93 KAGB).** Das Investmentgeschäft in Vertragsform, das als Gestaltungsform nur für offene Investmentvermögen zulässig ist,[486] setzt die Bildung eines Sondervermögens voraus. Dessen Inhalt und Struktur haben sich durch die Einführung des KAGB nicht verändert. Die Rechtsfigur des Sondervermögens erfüllt weiterhin eine wichtige Funktion innerhalb des im Gesetz verankerten Modells der treuhänderischen Verwaltung,[487] denn sie bezweckt eine mit Blick auf den Schutz der Anleger effektive **Separierung und Abschirmung des Fondsvermögens.** Einzelne Bestimmungen des KAGB unterbinden vor allem den Zugriff auf das Sondervermögen durch die Gläubiger der Kapitalverwaltungsgesellschaft. So haftet das Sondervermögen nach § 93 Abs. 2 Satz 1 KAGB grundsätzlich nicht für Verbindlichkeiten der Kapitalverwaltungsgesellschaft. Eine **Haftung** ist selbst für den Fall ausgeschlossen, dass die Verbindlichkeiten aus Rechtsgeschäften herrühren, die die Kapitalverwaltungsgesellschaft für gemeinschaftliche Rechnung der Anleger geschlossen hat. Folgerichtig gehört das Sondervermögen nach § 99 Abs. 3 Satz 2 KAGB weder zur **Insolvenzmasse** der Kapitalverwaltungsgesellschaft noch können nach § 93 Abs. 5 Satz 1 KAGB Forderungen gegen die Kapitalverwaltungsgesellschaft und Forderungen, die zu einem Sondervermögen gehören, gegeneinander aufgerechnet werden.[488]

131 Die besondere gesetzliche Ausgestaltung des Sondervermögens führt nicht nur zu einer haftungsrechtlichen, sondern darüber hinaus auch zu einer **gegenständlichen und organisatorischen Trennung** der Anlagegegenstände des Investmentvermögens vom Gesellschaftsvermögen der Kapitalverwaltungsgesellschaft.[489] Demzufolge wird mit der Verwahrung des Sondervermögens eine unabhängige **Verwahrstelle** beauftragt und die Kapitalverwaltungsgesellschaft ist verpflichtet, für jedes Sondervermögen eine **gesonderte Rechnungslegung**[490] zu veranlassen, die ua in einen separaten Jahresbericht gemäß § 101

[484] S. a. Beckmann/Scholtz/Vollmer/*Beckmann* InvG § 20 Rn. 13 f.

[485] Dazu ausführlich Weitnauer/Boxberger/Anders/*Boxberger* § 80 Rn. 19.

[486] Dies galt auch schon unter dem InvG, denn dieses regulierte von vornherein nur offene Sondervermögen. Zur Abgrenzung Vertragsform vs Gesellschaftsform → Rn. 96 ff.

[487] Ähnlich Emde/Dornseifer/Dreibus/*Verfürth/Emde* § 1 Rn. 165. So schon bezogen auf das InvG BankR-HdB/*Köndgen/Schmies,* 4 Aufl., § 113 Rn. 57; von einer „zentralen Rechtsfigur" sprachen Beckmann/Scholtz/Vollmer/*Beckmann* InvG § 30 Rn. 1 und Berger/Steck/Lübbehüsen/*Schmitz* Vor §§ 30–45 InvG Rn. 5. Grundlegend zum Treuhandmodell *Roth* S. 129 ff.

[488] Eine Ausnahme gilt für Rahmenverträge iSd § 93 Abs. 5 Satz 2 KAGB. Hierzu sowie zum Aufrechnungsverbot nach § 93 Abs. 5 Satz 1 KAGB ausführlich *Möllers* BKR 2011, 353 (355 ff.); Weitnauer/Boxberger/Anders/*Anders* § 93 Rn. 13 ff.

[489] Zum Trennungsprinzip ausführlich Emde/Dornseifer/Dreibus/*Nietsch* § 92 Rn. 25 ff.

[490] Vgl. Emde/Dornseifer/Dreibus/*Nietsch* § 92 Rn. 44.. Siehe auch die Kapitalanlage-Rechnungslegungs- und Bewertungsverordnung (KARBV) v. 16.7.2013, BGBl. I 2013, 2483 ff. Die BaFin plant eine Novellierung der KARBV; es liegt ein Entwurf v. 25.7.2017. Einen Überblick zur früheren Investment-Rechnungslegungs- und Bewertungsverordnung (InvRBV) gibt *Sedlmaier* WM 2010, 1437 ff.

KAGB mündet. Die Trennung der beiden Vermögenssphären vollzieht sich bereits dadurch, dass die bei den Anlegern eingeworbenen Gelder von vornherein dem Sondervermögen zugeführt werden. Während die Kapitalverwaltungsgesellschaft das entstandene Sondervermögen dann lediglich für Rechnung der Anleger treuhänderisch verwaltet, findet zumindest in wirtschaftlicher Hinsicht und im Falle der Miteigentumslösung[491] sogar dinglich eine Zuordnung zu den Anlegern statt. Die hieraus erwachsende Berechtigung der Anleger wird durch die Ausgabe von Anteilscheinen gemäß § 95 KAGB zum Ausdruck gebracht.

aa) Begriff. Nach der **Legaldefinition** gemäß § 1 Abs. 10 KAGB sind Sondervermögen inländische offene Investmentvermögen in Vertragsform, die von einer Verwaltungsgesellschaft für Rechnung der Anleger nach Maßgabe des KAGB und der jeweiligen Anlagebedingungen, nach denen sich das Rechtsverhältnis der Verwaltungsgesellschaft zu den Anlegern bestimmt, verwaltet werden.[492] Nicht mehr Bestandteil der gesetzlichen Begriffsbestimmung ist das für offene Investmentvermögen charakteristische Recht der Anleger zur Rückgabe der Anteile.[493] Das Andienungsrecht besteht aber im Grundsatz weiterhin, wenn auch etwas eingeschränkt, denn der Anleger kann die Rückgabe nicht mehr jederzeit geltend machen, sondern es genügt, wenn ihm diese Möglichkeit mindestens zweimal im Monat eröffnet wird. Ebenfalls unberücksichtigt bleibt der Grundsatz der Risikomischung, der noch unter dem InvG als Begriffsmerkmal des Investmentvermögens nach § 1 Satz 2 InvG aF mittelbar auch in die Legaldefinition des Sondervermögens Eingang fand.[494] Der Grundsatz der Risikomischung ist gleichwohl im Rahmen der Gestaltung offener Investmentvermögen weiterhin zu beachten (vgl. §§ 206, 214, 282 KAGB). Lediglich für geschlossene (Spezial-)Fonds gilt etwas anderes.[495] 132

bb) Rechtsnatur. Das Sondervermögen nach dem KAGB besitzt keine eigene Rechtspersönlichkeit, insbesondere kann es selbst nicht Träger von Rechten und Pflichten sein.[496] Hierin liegt ein wesentlicher struktureller Unterschied zum Investmentgeschäft in der Gesellschaftsform, also mittels einer Investmentgesellschaft. Das Sondervermögen ist vielmehr eine **unselbständige Vermögensmasse,** die vom Vermögen ihres jeweiligen Rechtsträgers getrennt gehalten wird und dabei besonderen rechtlichen Bestimmungen unterworfen ist.[497] Rechtsträger können sowohl die Kapitalverwaltungsgesellschaft selbst als auch die Gemeinschaft der Anteilinhaber sein. 133

cc) Treuhandverhältnis, Verfügungsbefugnis der Kapitalverwaltungsgesellschaft. 134
Nach § 92 Abs. 1 KAGB können die zum Sondervermögen gehörenden Vermögensgegenstände wahlweise entweder unmittelbar im Eigentum der Kapitalverwaltungsgesellschaft (sog **Treuhandlösung oder Vollrechtstreuhand**) oder im Miteigentum der Anleger (sog **Miteigentumslösung oder Ermächtigungstreuhand**) stehen.[498] Der in diesem Zusammenhang verwendete Eigentumsbegriff umfasst dabei nicht nur die Inhaberschaft an Sachen, sondern auch jede Mitberechtigung an Forderungen und sonstigen Rechten.[499]

---

[491] → Rn. 134.

[492] Im Gegensatz zur Rechtslage vor Inkrafttreten des OGAW-IV-UmsG wird in der Begriffssystematik des KAGB die Bezeichnung Investmentfonds nicht mehr synonym zum Begriff des Sondervermögens verwendet, vgl. Begründung GE OGAW-IV-UmsG, BT-Drs. 17/4510, 57.

[493] So aber noch in § 2 Abs. 2 InvG. Zur Abgrenzung offene/geschlossene Investmentvermögen sowie zum Rückgaberecht der Anleger → Rn. 17 ff.

[494] → 1. Aufl. 2013, Kap. 39 Rn. 107.

[495] Zur Risikomischung → Rn. 202 ff.

[496] Vgl. Weitnauer/Boxberger/Anders/*Anders* § 92 Rn. 3; Emde/Dornseifer/Dreibus/*Nietsch* § 92 Rn. 44; so schon mit Blick auf das InvG Beckmann/Scholtz/Vollmer/*Beckmann* InvG § 30 Rn. 4; Berger/Steck/Lübbehüsen/*Schmitz* InvG Vor §§ 30–45 Rn. 10; *Baur* KAGG § 6 Rn. 18; *Ohl* S. 27

[497] Vgl. auch die allgemeine zivilrechtliche Begriffsbestimmung bei Staudinger/*Jickeli/Stieper* Vorb. § 90 Rn. 26 ff.; MüKoBGB/*Stresemann* § 90 Rn. 44.

[498] Zu den einzelnen Begriffspaaren s. Emde/Dornseifer/Dreibus/*Nietsch* § 92 Rn. 17; Berger/Steck/Lübbehüsen/*Schmitz* InvG § 30 Rn. 4 ff.

[499] So auch die hM vgl. Emde/Dornseifer/Dreibus/*Nietsch* § 92 Rn. 18; Beckmann/Scholtz/Vollmer/*Beckmann* InvG § 30 Rn. 9; Derleder/Knops/Bamberger/*Geibel*, 1. Aufl., § 59 Rn. 47; Brinkhaus/Scherer/

Für jedes Sondervermögen, das die Kapitalverwaltungsgesellschaft gebildet hat, ist die Inhaberschaft des Eigentums separat nach Maßgabe der jeweiligen Vertragsbedingungen zu bestimmen. In der Fondsbranche wird mehrheitlich – wohl auch um einen **psychologischen Effekt** am Markt zu erzielen[500] – die Miteigentumslösung gewählt, da diese den Anteilinhabern bereits nominell ein dinglich abgesichertes Recht einräumt. Lediglich für **Immobilien-Sondervermögen** steht nach § 245 KAGB aus praktischen Gründen dagegen nur die Treuhandlösung offen.[501]

135 Bei der Miteigentumslösung stehen die Vermögensgegenstände des Sondervermögens formal gesehen zwar im **Miteigentum** der Anteilinhaber, hieraus folgt aber weder ein Recht, über die Vermögensgegenstände zu verfügen, denn nach § 95 Abs. 2 KAGB ist lediglich der Anteil am Sondervermögen selbständig übertragbar, noch ist damit ein Besitzrecht verbunden. Letzteres folgt bereits aus den Bestimmungen in den §§ 72, 81 KAGB, wonach die Verwahrung der Vermögensgegenstände ausschließlich der Verwahrstelle zusteht. Im Rahmen der Treuhandlösung ist die Kapitalverwaltungsgesellschaft dagegen Rechtsträgerin des Sondervermögens, dieses ist aber wiederum auf Grund der fiduziarischen Bindung der Kapitalverwaltungsgesellschaft und der damit verbundenen Verwaltungstätigkeit für Rechnung der Anteilinhaber **in wirtschaftlicher Hinsicht** allein diesen zuzuordnen. Darüber hinaus räumt das KAGB den Anteilinhabern **auch in der Variante der Vollrechtstreuhand eine quasidingliche Rechtsposition** ein. Dies gilt insbesondere für den Fall einer Insolvenz der Kapitalverwaltungsgesellschaft (vgl. § 99 Abs. 3 Satz 2 KAGB) sowie im Zusammenhang mit einer Zwangsvollstreckung in Vermögensgegenstände des Sondervermögens, beispielsweise wenn die Vollstreckungsmaßnahme Verbindlichkeiten der Kapitalverwaltungsgesellschaft zum Gegenstand hat. Im letzteren Fall ist die Verwahrstelle verpflichtet, eine Drittwiderspruchsklage nach § 771 ZPO zu erheben (vgl. §§ 78 Abs. 1 Satz 1 Nr. 2, 89 Abs. 1 Satz 1 Nr. 3 KAGB).

136 Im Ergebnis werden damit die zwischen der Treuhand- und der Miteigentumslösung bestehenden strukturellen Unterschiede wieder weitgehend ausgeglichen, so dass der Frage nach der dinglichen Zuordnung des Sondervermögens aus Sicht der Praxis kaum eine selbständige Bedeutung beizumessen ist, zumal das unabhängig von der konkreten Ausgestaltung **gleichzeitig begründete Treuhandverhältnis** die Rechtsbeziehungen zwischen der Kapitalverwaltungsgesellschaft und den Anlegern dominiert.[502] Ebenso bilden die Anteilinhaber eines Sondervermögens untereinander nach hM eine **atypische Bruchteilsgemeinschaft,** und zwar unabhängig von den sachenrechtlichen Verhältnissen.[503]

137 In beiden Fällen des § 92 Abs. 1 KAGB ist die Kapitalverwaltungsgesellschaft dazu verpflichtet, das jeweils separierte Sondervermögen als Treuhänderin für gemeinschaftliche Rechnung und im ausschließlichen Interesse der Anleger zu verwalten. Dies folgt zunächst unabhängig von der im Einzelfall gewählten Konstruktion unmittelbar aus § 26 Abs. 1 KAGB, kommt aber regelmäßig auch auf schuldrechtlicher Ebene im jeweiligen Investmentvertrag zum Ausdruck.[504] Die Anteilinhaber selbst können dabei weder an der Verwaltungstätigkeit mitwirken noch können sie in sonstiger Weise auf Grund eines dinglichen Rechts über einzelne Vermögensgegenstände verfügen, selbst für den Fall, dass das Insolvenzverfahren über das Vermögen der Kapitalverwaltungsgesellschaft eröffnet wird. Die **Verfügungsbefugnis steht insoweit allein der Kapitalverwaltungsgesellschaft** (im

Zeller KAGG § 6 Rn. 6; so schon *v. Caemmerer* JZ 1958, 41 (46). **AA** mit Blick auf das „Miteigentum" Berger/Steck/Lübbehüsen/*Schmitz* InvG § 30 Rn. 12.

[500] So Weitnauer/Boxberger/Anders/*Anders* § 92 Rn. 7; Beckmann/Scholtz/Vollmer/*Beckmann* InvG § 30 Rn. 20.

[501] S. a. Weitnauer/Boxberger/Anders/*Anders* § 92 Rn. 8; Berger/Steck/Lübbehüsen/*Schmitz* InvG § 30 Rn. 8. Zum Immobilien-Sondervermögen → Rn. 215 ff.

[502] IErg auch Emde/Dornseifer/Dreibus/*Nietsch* § 92 Rn. 17; Beckmann/Scholtz/Vollmer/*Beckmann* InvG § 30 Rn. 20; BankR-HdB/*Köndgen/Schmies,* 3. Aufl., § 113 Rn. 57, 119. So bereits *Roth* S. 140 f., 145 f.

[503] → Rn. 195 f.

[504] Vgl. die Ausführungen zu § 26 → Rn. 113 ff. Zum Investmentvertrag → Rn. 177 ff.

Insolvenzfall der Verwahrstelle) zu, die gemäß § 93 Abs. 1 KAGB insbesondere berechtigt ist, im eigenen Namen über die Gegenstände des Sondervermögens nach Maßgabe des KAGB und der jeweiligen Anlagebedingungen zu verfügen und alle Rechte aus ihnen auszuüben.[505] Von dieser Verfügungsmacht nicht erfasst ist – von wenigen marktüblichen Ausnahmen abgesehen[506] – die Belastung von Gegenständen, die zu einem Sondervermögen gehören (vgl. § 93 Abs. 4 KAGB). Die Kapitalverwaltungsgesellschaft ist zudem auch nicht berechtigt, im Namen der Anleger Verbindlichkeiten einzugehen, da sie über keine entsprechende Vertretungsmacht verfügt (§ 93 Abs. 2 Satz 2 KAGB) Zulässig ist hingegen die **Übertragung von einzelnen Vermögensgegenständen** von einem Sondervermögen in ein anderes, das von derselben Kapitalverwaltungsgesellschaft verwaltet wird, oder auch in das Gesellschaftsvermögen der Kapitalverwaltungsgesellschaft selbst.[507] Die Kapitalverwaltungsgesellschaft ist im Rahmen derartiger Rechtsgeschäfte aber gemäß den §§ 26, 27 KAGB in besonderer Weise verpflichtet, im Interesse der Anleger zu handeln, insbesondere etwaige Interessenkonflikte zu vermeiden.

dd) Zusammensetzung, Surrogationsprinzip. Zum Sondervermögen gehören zu- 138
nächst die **Kapitalmittel der Anleger.** Diese werden im Falle eines OGAW gemäß § 71 Abs. 2 Satz 2 KAGB an die Verwahrstelle entrichtet, welche wiederum die jeweiligen Anlagebeträge auf ein für das Sondervermögen eingerichtete gesperrte Konto verbucht. Die richtige Verbuchung der von den Anlegern geleisteten Gelder zugunsten des Sondervermögens fällt ebenfalls in die Zuständigkeit einer AIF-Verwahrstelle (§ 83 Abs. 6 Satz 2 KAGB). Gemäß § 92 Abs. 2 InvG gehören zum Sondervermögen aber auch alle Gegenstände, die die Kapitalverwaltungsgesellschaft entweder auf Grund eines zum Sondervermögen gehörenden Rechts (1. Fall) oder durch ein Rechtsgeschäft erwirbt, das sich auf das Sondervermögen bezieht (2. Fall). Ferner fallen diejenigen Ansprüche und Leistungen in das Sondervermögen, die seinem jeweiligen Rechtsträger als Ersatz für ein zum Sondervermögen gehörendes Recht zustehen (3. Fall). Teil des Sondervermögens sind zudem die **unter Verstoß der Anlagevorschriften erworbenen Vermögensgegenstände**[508] sowie insbesondere die Verbindlichkeiten aus Vergütungs- und Aufwendungsersatzansprüchen der Kapitalverwaltungsgesellschaft oder der Verwahrstelle (vgl. §§ 93 Abs. 3, 79 Abs. 1 KAGB) und aus der Kreditaufnahme für gemeinschaftliche Rechnung der Anleger nach § 199 KAGB.[509]

Das in den drei Tatbeständen des § 92 Abs. 2 KAGB verankerte **Surrogationsprin-** 139
zip[510] dient der Bestandserhaltung[511] des Sondervermögens und damit dem Anlegerschutz. Die hier erfassten Surrogate werden kraft Gesetzes unmittelbar Bestandteile des Sondervermögens, insbesondere findet kein Durchgangserwerb durch das Gesellschaftsvermögen der Kapitalverwaltungsgesellschaft statt.[512] Der **1. Fall** umfasst **unmittelbare und mittelbare Sach- und Rechtsfrüchte,** wie zB Zinsen, Dividenden oder Bezugsrechte, die aus einem zum Sondervermögen gehörenden Recht resultieren. Ferner können in dieser Variante Surrogate auch durch Ersitzung (§§ 937 ff. BGB) und aus Verbindung und Ver-

[505] Die Verfügungsbefugnis der Kapitalverwaltungsgesellschaft ist grundbuchfähig, soweit auch der Zustimmungsvorbehalt der Verwahrstelle eingetragen wird, vgl. BGH DNotZ 2012, 56. → Rn. 192.

[506] Vgl. zu den Ausnahmen vom Belastungsverbot § 93 Abs. 4 Satz 2. Dazu näher Emde/Dornseifer/Dreibus/*Nietsch* § 93 Rn. 27 ff.

[507] So auch Emde/Dornseifer/Dreibus/*Nietsch* § 93 Rn. 17; *Baur* KAGG § 6 Rn. 30; Berger/Steck/Lübbehüsen/*Schmitz* InvG § 30 Rn. 19; **aA** Beckmann/Scholtz/Vollmer/*Beckmann* InvG § 30 Rn. 32 f.

[508] Dazu näher Berger/Steck/Lübbehüsen/*Schmitz* InvG § 30 Rn. 26.

[509] Vgl. dazu Weitnauer/Boxberger/Anders/*Anders* § 92 Rn. 13; bezogen auf die weitgehend inhaltsgleichen Regelungen des InvG auch Beckmann/Scholtz/Vollmer/*Beckmann* InvG § 30 Rn. 10, InvG § 31 Rn. 16 f.

[510] Weitnauer/Boxberger/Anders/*Anders* § 92 Rn. 11; **AA** Berger/Steck/Lübbehüsen/*Schmitz* InvG § 30 Rn. 28 ff., der nur den 3. Fall als echte Surrogationsvorschrift begreift.

[511] Ähnlich mit Hinweis auf die Erhaltung des Sondervermögens als Haftungs- und Vermögenseinheit Emde/Dornseifer/Dreibus/*Nietsch* § 92 Rn. 34.

[512] So auch Beckmann/Scholtz/Vollmer/*Beckmann* InvG § 30 Rn. 14.

mischung (§§ 945 ff. BGB) herrühren.[513] Im **2. Fall** werden sämtliche **durch auf das Sondervermögen bezogene Rechtsgeschäfte erworbenen Ansprüche** erfasst, beispielsweise Ansprüche auf Übertragung von Wertpapieren, Übereignung von Immobilien oder auf Zahlung eines Kaufpreises. Ein ausdrücklicher Wille der Kapitalverwaltungsgesellschaft für das Sondervermögen zu handeln ist nicht erforderlich, wenn die Gegenleistung mit Mitteln des Sondervermögens bewirkt wird und es sich um ein im Rahmen der Verwaltungstätigkeit typisches Geschäft handelt; insoweit genügt bereits ein objektiver Bezug zum Sondervermögen.[514] Selbst ein entgegenstehender subjektiver Wille der Kapitalverwaltungsgesellschaft vereitelt die Surrogation nicht, es sei denn, der zugrundeliegende Erwerb erfolgt mit fremden Mitteln und die objektiven Umstände sprechen nicht für eine Zuordnung zum Sondervermögen.[515] Würde man stattdessen grundsätzlich auf den subjektiven Willen der Kapitalverwaltungsgesellschaft abstellen, so hätte dies wirtschaftliche Nachteile für das Sondervermögen zur Folge, denn im Falle einer Veräußerung von fondseigenen Vermögensgegenständen würde die zufließende Gegenleistung nicht automatisch, sondern nur bei einem entsprechendem Willen des Verwalters, auch Teil des Sondervermögens. Das Surrogationsprinzip wäre damit an einer entscheidenden Stelle durchbrochen. Die Folge wäre eine Rechtsunsicherheit hinsichtlich der Zuordnung derjenigen Ansprüche, die aus dem jeweilig betroffenen Rechtsgeschäft resultieren. Der **3. Fall** erstreckt die Surrogation darüber hinaus insbesondere auf **Schadensersatzansprüche, Versicherungsleistungen,** sonstige Entschädigungen sowie **Leistungen aus ungerechtfertigter Bereicherung,** die dem Rechtsträger des Sondervermögens als Ersatz für ein Recht zugewiesen werden.

140 **b) Stimmrechtsausübung (§ 94 KAGB).** Im Rahmen der Verwaltung des Sondervermögens ist auch eine **aktive Wahrnehmung** der aus den einzelnen Vermögensgegenständen resultierenden Mitgliedschaftsrechte zulässig, was bereits aus der Existenz des § 94 KAGB folgt.[516] Nach § 94 Abs. 1 Satz 1 KAGB ist die Kapitalverwaltungsgesellschaft berechtigt, das Stimmrecht aus den zu einem Sondervermögen gehörenden Aktien auszuüben, ohne dass es hierzu einer schriftlichen Vollmacht der Anleger bedarf. Eine **Bevollmächtigung** Dritter zur Stimmrechtsausübung ist im Einzelfall möglich, jedoch ist die Kapitalverwaltungsgesellschaft angehalten, aus Gründen des Anlegerschutzes dem berufenen Vertreter Weisungen für die Ausübung des Stimmrechts zu erteilen, es sei denn es handelt sich um einen unabhängigen Stimmrechtsvertreter, wobei ein Kreditinstitut oder die Verwahrstelle nicht als unabhängig einzustufen sind.[517] Die Kapitalverwaltungsgesellschaft ist im Grundsatz jedoch nicht dazu verpflichtet, in jedem Einzelfall Stimmrechte auszuüben.[518] Vor dem Hintergrund eines effektiven Anlegerschutzes dürfte eine dauerhafte und systematische Nichtausübung von Stimmrechten gleichwohl nicht zulässig sein.[519] Auf Grundlage des Art. 37 Abs. 1 Verordnung 2013/231/EU iVm § 3 Abs. 1 KAVerOV besteht insoweit auch eine Pflicht, zumindest eine Strategie im Zusammenhang mit der Stimmrechtsausübung zu entwickeln, welche jedoch den Anlegern nur auf Wunsch zur Verfügung zu stellen ist. Diese Verpflichtung wurde durch Art. 3g Richtlinie 2017/828/

---

[513] Vgl. Assmann/Wallach/Zetzsche/*Zetzsche/Nast* § 92 Rn. 21; Beckmann/Scholtz/Vollmer/*Beckmann* InvG § 30 Rn. 11.

[514] Argumentation beruht auf BGH NJW 1968, 1824. Vgl. hierzu auch Assmann/Wallach/Zetzsche/*Zetzsche/Nast* § 92 Rn. 22.

[515] So auch Emde/Dornseifer/Dreibus/*Nietsch* § 92 Rn. 34; Assmann/Wallach/Zetzsche/*Zetzsche/Nast* § 92 Rn. 21; ähnlich Beckmann/Scholtz/Vollmer/*Beckmann* InvG § 30 Rn. 12.

[516] S. a. OLG Düsseldorf WM 2009, 1464 (1465 f.).

[517] Vgl. auch Emde/Dornseifer/Dreibus/*Heinrich* § 94 Rn. 16; Berger/Steck/Lübbehüsen/*Schmitz* InvG § 32 Rn. 13 ff.

[518] So die wohl hM; vgl. Emde/Dornseifer/Dreibus/*Heinrich* § 94 Rn. 10 f.; Berger/Steck/Lübbehüsen/*Schmitz* InvG § 32 Rn. 10; für eine indirekte Stimmpflicht Assmann/Wallach/Zetzsche/*Zetzsche/Nast* § 94 Rn. 1.

[519] Krit. auch Emde/Dornseifer/Dreibus/*Heinrich* § 94 Rn. 10 f.; Weitnauer/Boxberger/Anders/*Anders* § 94 Rn. 7.

EU[520] erweitert. Vermögensverwalter, so auch Kapitalverwaltungsgesellschaften, müssen nunmehr nicht nur eine sog. Mitwirkungspolitik entwickeln und veröffentlichen, sondern auch über ihr Abstimmungsverhalten berichten und einen jährlichen Bericht betreffend die Umsetzung der Mitwirkungspolitik (sog. Mitwirkungsbericht) publizieren. Erfüllen die Vermögensverwalter vorgenannte Verpflichtungen nicht, müssen sie erklären, warum sie dies nicht tun (comply or explain).[521]

§ 94 KAGB enthielt ursprünglich noch einige Modifizierungen betreffend die **kapitalmarktrechtliche Zurechnung** von Stimmrechtsanteilen an Aktienemittenten.[522] Diese Regelungen sind im Zuge der Umsetzung der novellierten Transparenzrichtlinie[523] in die einschlägigen kapitalmarktrechtlichen Gesetze überführt worden. Basierend auf § 1 Abs. 3 WpHG und § 29 Abs. 2 Satz 2 WpÜG folgt der Grundsatz, dass die in einem Publikums-Sondervermögen liegenden Stimmrechte nicht den Anlegern zugerechnet werden, und zwar auch nicht im Falle der Miteigentumslösung, wenn also die Aktien formal im Eigentum der Anleger stehen. Wertpapierhandelsrechtlich gilt dieser Grundsatz für sämtliche offene Publikums-Investmentvermögen.[524] Darüber hinaus unterbleibt die Zurechnung der Stimmrechte an einen Anleger (als Mutterunternehmen) insbesondere dann, wenn die Verwaltungsgesellschaft die Stimmrechte unabhängig ausübt,[525] d. h. der Anleger keinen Einfluss hierauf hat.[526] 141

c) Auflegung, Beteiligung der Anleger (insbes. § 95 KAGB). Das KAGB enthält keine näheren Bestimmungen zur Vorgehensweise bei der Auflegung eines neuen Sondervermögens. In der Praxis sind im Wesentlichen **zwei verschiedene Grundmuster etabliert,** deren jeweiliges Verfahren in der konkreten Umsetzung aber variieren kann.[527] Im ersten Fall erwirbt zunächst die Kapitalverwaltungsgesellschaft selbst oder ein mit ihr verbundenes Unternehmen sämtliche Anteile an dem zu errichtenden Sondervermögen und legt dafür als Gegenleistung einen bestimmten Geldbetrag ein, mit welchem bereits der Aufbau eines Portfolios gemäß der Anlagestrategie erfolgen kann. In einem nächsten Schritt, möglicherweise auch erst nach einer erneuten Überprüfung der anfangs festgelegten Anlagestrategie,[528] beginnt dann der Vertrieb der Anteile an Dritte. Diese Auflegungsmethode hat den Nachteil, dass Kapitalmittel aus der Sphäre des Fondsinitiators zunächst gebunden bleiben. Dem Muster der zweiten Variante folgend kann dies vermieden werden, indem die Anlagestrategie fingiert erprobt und der eigentlichen Auflegung eines Sondervermögens eine zeitlich festgelegte **Zeichnungsphase** vorangestellt wird. Die Verbuchung der eingeworbenen Kapitalmittel erfolgt in diesem zweiten Fall erst nach Ablauf der Zeichnungsphase gegen Zuteilung von Anteilen. Die Auflegung des Sondervermögens unterbleibt jedoch, wenn das Volumen der Kapitalmittel insgesamt nicht ausreicht, um die Vorgaben der Anlagestrategie zu erfüllen, insoweit besteht also keine Garantie, dass das Sondervermögen auch tatsächlich gebildet werden kann. 142

Die Beteiligung und damit auch die Mitberechtigung der Anleger am Sondervermögen ist mit einem dem Anlagebetrag entsprechenden Anteil verknüpft. Dieser umfasst sämtliche Rechte, die dem Anleger aus dem Investmentvertrag oder gesetzlich am Sondervermögen 143

[520] Richtlinie (EU) 2017/828 v. 17. Mai 2017 zur Änderung der Richtlinie 2007/36/EG im Hinblick auf die Förderung der langfristigen Mitwirkung der Aktionäre, ABl. L 132, S. 1. Die Umsetzung in das nationale Recht erfolgte durch das Gesetz zur Umsetzung der zweiten Aktionärsrechte-Richtlinie (ARUG II).

[521] Vgl. nunmehr § 134b AktG.

[522] → 2. Auflage 2016, Kap. 39 Rn. 141.

[523] Richtlinie 2013/50/EU, implementiert durch das Gesetz zur Umsetzung der Transparenzrichtlinie-Änderungsrichtlinie v. 20.11.2015, BGBl. I 2015, 2029.

[524] Im WpÜG werden die Stimmrechte ausdrücklich der Kapitalverwaltungsgesellschaft zugerechnet. Das WpHG sieht hingegen eine horizontale Ausnahme des Abschnitts 6 zugunsten der offenen Publikums-Investmentvermögen vor.

[525] Vgl. § 35 Abs. 2 WpHG und § 30 Abs. 4 WpÜG.

[526] Zu dieser Frage → 2. Aufl. 2016, Kap. 39 Rn. 141 (mwN).

[527] Vgl. zu den beiden Methoden auch BuB-*Baur/Ziegler* Rn. 9/167.

[528] So auch Berger/Steck/Lübbehüsen/*Schmitz* Vor §§ 30–45 InvG Rn. 13.

zustehen, darunter auch die Position des Miteigentümers im Falle der Ermächtigungstreuhand und die Ansprüche gegen die Verwahrstelle.[529] Der **Anteil am Sondervermögen** entsteht nicht erst mit einer Verbriefung in Form eines Anteilscheins gemäß § 95 KAGB, sondern hiervon unabhängig bereits mit der **Verbuchung** des jeweiligen – voll geleisteten[530] – Anlagebetrages auf das Sperrkonto des Sondervermögens, soweit diesem Vorgang als Rechtsgrund ein Investmentvertrag zugrunde liegt. Die Ausgabe ebenso wie die Rücknahme der Anteile fällt nach § 71 Abs. 1 KAGB in die alleinige Zuständigkeit der OGAW-Verwahrstelle. Diese bewirkt die Ausgabe des Anteils Zug um Zug gegen Zahlung des festgelegten Ausgabepreises, inklusive eines Ausgabeaufschlags. Die AIF-Verwahrstelle ist zumindest verpflichtet, diese Vorgänge zu überwachen (§ 83 Abs. 1 Nr. 1 KAGB).

144 Die Anleger haben einen gesetzlichen Anspruch auf **Verbriefung** ihrer Anteile in Anteilscheine, die nach § 95 Abs. 1 Satz 2 KAGB entweder auf den Inhaber oder auf den Namen lauten können. Der Anteilschein ist ein **deklaratorisches Wertpapier** *sui generis,* denn weder begründet er die in ihm verbriefte Rechtsposition konstitutiv noch lässt er sich eindeutig einer Wertpapierart, zB der Schuldverschreibung, zuordnen. Einer solchen Zuordnung steht insbesondere entgegen, dass Gegenstand der Verbriefung sämtliche aus dem Anteil herrührenden Rechte sind. Es werden damit die bereits **im Anteil verankerten gesamten Rechtspositionen des Anlegers** verbrieft und nicht lediglich die hierauf bezogenen schuldrechtlichen Ansprüche.[531] Die **Übereignung des Anteilsscheins** erfordert neben der dinglichen Einigung in Form eines Begebungsvertrages zwischen der Kapitalverwaltungsgesellschaft und dem Anleger grundsätzlich auch die Übergabe der Urkunde.[532] Letzteres wird aber bei Anteilscheinen, die auf den Inhaber lauten oder blanko indossiert sind, in der Praxis durch die Einräumung eines Miteigentumsanteils an einer **Globalurkunde** nach den §§ 9a, 6 DepotG ersetzt (vgl. § 97 Abs. 1 KAGB). Handelt es sich hingegen um Namensanteilscheine, die nicht blanko indossiert sind, ist die Sammelverwahrung nicht möglich, stattdessen können die Anteilscheine aber in Sonderverwahrung gemäß § 2 DepotG genommen werden.

145 **d) Anteilklassen, Umbrella-Konstruktion (§ 96 KAGB).** Die Kapitalverwaltungsgesellschaft kann für ein Sondervermögen – auch nachträglich – **verschiedene Gattungen von Anteilen** (sog Anteilklassen) mit jeweils voneinander abweichenden Ausgestaltungsmerkmalen ausgeben. Die Anlagebedingungen eines Publikums-Sondervermögens müssen Angaben darüber enthalten, ob und nach welchen Grundsätzen Teilinvestmentvermögen gebildet werden können (vgl. § 162 Abs. 2 Nr. 8 KAGB). Gemäß § 96 Abs. 1 Satz 1 KAGB ist eine Differenzierung zwischen den Anteilklassen insbesondere hinsichtlich der Ertragsverwendung, des Ausgabeaufschlags, des Rücknahmeabschlags, der Währung des Anteilwertes, der Verwaltungsvergütung, der Mindestanlagesumme oder einer Kombination dieser Merkmale zulässig. Auf dieser Grundlage können beispielsweise innerhalb eines Sondervermögens **sowohl ausschüttende als auch thesaurierende Anteile ausgegeben werden.** Die Aufzählung der Ausgestaltungsmerkmale in § 96 Abs. 1 Satz 1 KAGB ist nicht abschließend.[533] Die Bildung von Anlageklassen kann auch an andere im KAGB nicht ausdrücklich genannte Ausgestaltungsmerkmale anknüpfen,[534] wie zB an die jeweilige

---

529 Vgl. auch Berger/Steck/Lübbehüsen/*Schmitz* InvG § 33 Rn. 6; Weitnauer/Boxberger/Anders/*Anders* § 95 Rn. 3; Beckmann/Scholtz/Vollmer/*Beckmann* InvG § 33 Rn. 16; *Baur* KAGG § 18 Rn. 30 f.; Brinkhaus/Scherer/*Schödermeier/Baltzer* KAGG § 18 Rn. 8, 24; *Canaris* Bankvertragsrecht, Rn. 2372.

530 Zur Behandlung von Teilzahlungen s. Berger/Steck/Lübbehüsen/*Köndgen* InvG § 23 Rn. 7.

531 So auch Emde/Dornseifer/Dreibus/*Stabenow* § 95 Rn. 7; Beckmann/Scholtz/Vollmer/*Beckmann* InvG § 33 Rn. 16.

532 Dazu näher Beckmann/Scholtz/Vollmer/*Beckmann* InvG § 33 Rn. 29.

533 So auch Emde/Dornseifer/Dreibus/*Stabenow* § 96 Rn. 9; Berger/Steck/Lübbehüsen/*Schmitz* InvG § 34 Rn. 7; Weitnauer/Boxberger/Anders/*Anders* § 96 Rn. 4.

534 Emde/Dornseifer/Dreibus/*Stabenow* § 96 Rn. 9. So auch schon die Rechtslage nach dem InvG, vgl. Begründung GE Investmentänderungsgesetz 2007, BT-Drs. 16/5576, 68.

Herkunft der Anleger zwecks Berücksichtigung steuerrechtlicher Besonderheiten.[535] Von den Anteilklassen unberührt bleibt hingegen die jeweilige Anlagepolitik eines Sondervermögens, denn diese ist obligatorisch für sämtliche ausgegebenen Anteile unabhängig von der Anteilklasse.[536] Der Wert des Anteils ist für jede Anteilklasse gesondert zu errechnen (§ 96 Abs. 1 Satz 4 KAGB), denn die unterschiedliche Ausgestaltung der Anteile hat regelmäßig Einfluss auf deren wirtschaftliche Entwicklung.

Mehrere Sondervermögen, auch wenn sie sich hinsichtlich der Anlagepolitik oder eines Ausstattungsmerkmals voneinander unterscheiden, können in einer sog **Umbrella-Konstruktion** zusammengefasst werden (§ 96 Abs. 2 KAGB). Diese sog **Teilfonds** bleiben trotz des gemeinsamen Schirms in formal-aufsichtsrechtlicher Hinsicht eigenständige Sondervermögen[537] und behalten auch ihre unterschiedliche Ausgestaltung bei. Sie werden zudem **vermögens- und haftungsrechtlich streng voneinander getrennt** (vgl. § 96 Abs. 3 KAGB), und zwar nicht nur im Verhältnis der Anleger untereinander sondern auch gegenüber Dritten.[538] So dürfen gemäß § 96 Abs. 2 Satz 2 KAGB bereits die Kosten für die Auflegung eines neuen Teilfonds nur zulasten der Anteilspreise des neuen Teilfonds in Rechnung gestellt werden. Ferner wird das Vermögen eines Teilfonds allein nach den Grundsätzen seiner jeweils einschlägigen Anlagepolitik investiert und auch getrennt vom Vermögen der anderen Teilfonds laufend verwaltet.[539] Schließlich beschränken sich etwaige Rechte der Anleger und Gläubiger im Hinblick auf einen Teilfonds auf die Vermögensgegenstände dieses betroffenen Teilfonds (§ 96 Abs. 3 Satz 3 KAGB). Der Gesetzgeber führte die Umbrella-Konstruktion mit dem Ziel ein, Anlegern eine Möglichkeit einzuräumen, zwischen einzelnen Teilfonds innerhalb eines Schirms kostengünstig zu wechseln.[540] **Praktische Bedeutung** hat diese Struktur bislang aber lediglich für Investmentgesellschaften (vgl. auch §§ 117, 132 KAGB).[541] 146

5. Investmentaktiengesellschaft (§§ 108 ff., 140 ff. KAGB)

a) Allgemeines, Rechtsform, Erlaubnis. Offene Investmentvermögen können neben der Rechtsform eines Sondervermögens auch in Gesellschaftsform[542] als Investmentaktiengesellschaft mit **veränderlichem Kapital** gebildet werden (§§ 108–123 KAGB). Für die Strukturierung geschlossener Fonds kann dagegen auf die Investmentaktiengesellschaft mit **fixem Kapital** zurückgegriffen werden (§§ 140–148 KAGB). In beiden Fällen handelt es sich um Investmentvehikel in der Rechtsform der **Aktiengesellschaft.**[543] Der investmentrechtliche Charakter ist gleichwohl in der Firma zu berücksichtigen, welche die Bezeichnung *Investmentaktiengesellschaft* oder eine allgemein verständliche Abkürzung dieser Bezeichnung enthalten muss (s. §§ 118, 146 KAGB). Ist für die Verwaltung des Investmentvermögens keine externe Verwaltungsgesellschaft bestellt worden, dh wird die kollektive Vermögensverwaltung durch interne Ressourcen erbracht, ist die Investmentaktiengesellschaft gleichzeitig **interne Kapitalverwaltungsgesellschaft** im Sinne des § 17 Abs. 2 Nr. 2 KAGB und bedarf einer Erlaubnis nach § 20 Abs. 1 Satz 1 KAGB.[544] Eine separate Erlaubnis der BaFin wird ferner für den Geschäftsbetrieb einer extern verwalteten **OGAW**-Investmentaktiengesellschaft benötigt (s. § 113 Abs. 1 Satz 1 KAGB). Im Rahmen des hier erforderlichen Erlaubnisantrags ist insbesondere die externe OGAW-Verwaltungsgesell- 147

535 Bsp. aus Berger/Steck/Lübbehüsen/*Schmitz* InvG § 34 Rn. 9.
536 Ebenso Emde/Dornseifer/Dreibus/*Stabenow* § 96 Rn. 9; Vgl. dazu auch *Kempf* S. 67.
537 So schon die Begründung GE Investmentänderungsgesetz 2007, BT-Drs. 16/5576, 68.
538 S. bereits die Begründung GE Investmentänderungsgesetz 2007, BT-Drs. 16/5576, 68.
539 Assmann/Schütze/*Baur,* 3. Auflage, § 20 Rn. 177; ähnlich *Kempf* S. 68.
540 So die damalige Begründung GE InvModG, BT-Drs. 15/1553, 86.
541 Ähnlich Weitnauer/Boxberger/Anders/*Anders* § 96 Rn. 11; Berger/Steck/Lübbehüsen/*Schmitz* InvG § 34 Rn. 27 f.; → Rn. 154, 157.
542 Zur Abgrenzung zwischen Vertragsform und Gesellschaftsform → Rn. 96 ff.
543 Eine ausführliche Auseinandersetzung mit den aufsichts- und gesellschaftsrechtlichen Anforderungen der Investmentaktiengesellschaft findet sich in der Dissertation von *C. Fischer* Kapitel 2 bis 5.
544 → Rn. 100 ff.

schaft[545] zu benennen, welche nach Aufnahme der Tätigkeit die Aufgabe der Vermögensverwaltung übernehmen soll, sowie die Zuverlässigkeit und fachliche Eignung der Geschäftsleiter nachzuweisen.

148 Mit Hilfe einer detaillierten Verweisungstechnik wird in den §§ 108 Abs. 2 und 4, 140 Abs. 1–3 KAGB **das Rang- und Ausnahmeverhältnis zwischen Aktien- und Investmentrecht**[546] geregelt. Hiernach unterliegt die Investmentaktiengesellschaft von einigen Ausnahmen abgesehen, wie zB dem Prinzip der Satzungsstrenge oder den Kapitalvorschriften (letzteres betrifft nur die Investmentaktiengesellschaft mit veränderlichem Kapital), zunächst im Grundsatz den Vorschriften des AktG.[547] Gleichzeitig gelten die aktienrechtlichen Regeln aber nur soweit sich aus den spezifischen Vorschriften des KAGB, zB zur Struktur und Binnenorganisation der Investmentaktiengesellschaft,[548] nichts anderes ergibt, was im Ergebnis auf einen Vorrang des Investmentrechts hinausläuft. Ferner ist zu berücksichtigen, dass die allgemeinen KAGB-Regelungen, welche die Rechtsbeziehungen der Beteiligten (AG, Kapitalverwaltungsgesellschaft, Verwahrstelle und Aktionäre) untereinander regeln, der Aktiengesellschaft insgesamt eine **investmentrechtliche Prägung** verleihen, mit der Folge, dass sich diese weiter vom gesetzlichen Grundtypus des AktG entfernt.[549]

149 Erstmals eingeführt wurde die Investmentaktiengesellschaft im Jahre 1998 durch das Dritte Finanzmarktförderungsgesetz.[550] Damals war die Gesellschaft zwingend mit einem fixen Grundkapital auszustatten und die Konstruktion ähnelte einem geschlossenen Fonds.[551] Erst im Zuge des InvModG[552] wurde in Anlehnung an ausländische Investmentvehikel in Gesellschaftsform – man hatte insbesondere die luxemburgische SICAV im Blick – die Investmentaktiengesellschaft auch mit veränderlichem, also **variablem Kapital**[553] eingeführt. Mit dieser besonderen Ausprägung wurde ein **neuer Typ Kapitalgesellschaft** statuiert, deren Gesellschaftskapital ständigen Schwankungen unterliegen kann.[554] Die Praxis machte zunächst jedoch kaum Gebrauch von dieser Möglichkeit, da das Zusammenspiel zwischen Aktienrecht und Investmentrecht noch nicht praxistauglich austariert war.[555] Erst seit der Novellierung durch das InvÄndG[556] im Jahre 2007 sind einige Investmentaktiengesellschaften mit variablem Kapital gegründet worden, wenngleich die Vertragsform des Sondervermögens weiterhin den inländischen Markt für offene Investmentvermögen dominiert. Den Typus der Investmentaktiengesellschaft mit fixem Grundkapital hatte der Gesetzgeber im Zuge des InvÄndG zwischenzeitlich aus dem Gesetz gestrichen, um ihn dann im Zuge der KAGB-Einführung erneut aufzunehmen. Hintergrund ist der weite Anwendungsbereich des KAGB, der in Umsetzung der AIFM-Richtlinie auch geschlossene Fondskonstruktionen erfasst.

---

[545] Zwar enthält der Gesetzeswortlaut nur die Bezeichnung OGAW-Kapitalverwaltungsgesellschaft, über § 52 Abs. 5 KAGB findet § 113 KAGB aber auch auf EU-OGAW-Verwaltungsgesellschaften Anwendung.

[546] So die Bezeichnung bei *Dornseifer* AG 2008, 53 (54).

[547] Insoweit zunächst zutreffend *C. Fischer/Friedrich* ZBB 2013, 153 (160), die von einer „vollwertigen Aktiengesellschaft" sprechen.

[548] S. dazu die Regelungen im Kapitel 1, Abschnitt 4, Unterabschnitt 3 (Investmentaktiengesellschaft mit veränderlichem Kapital) und Kapitel 1, Abschnitt 5, Unterabschnitt 2 (Investmentaktiengesellschaft mit fixem Kapital).

[549] Zu den Rechtsbeziehung der Beteiligten im Einzelnen → Rn. 172 ff.

[550] Gesetz zur weiteren Fortentwicklung des Finanzplatzes Deutschland (Drittes Finanzmarktförderungsgesetz) vom 24.3.1998, BGBl. I 1998, 528. Zur gesetzgeberischen Historie der Investmentaktiengesellschaft ausführlich *Wallach* Der Konzern 2007, 487 (487 ff.).

[551] Vgl. *Eckhold* ZHR 2007, 654 (655).

[552] Gesetz zur Modernisierung des Investmentwesens und zur Besteuerung von Investmentvermögen (Investmentmodernisierungsgesetz, InvModG) vom 15.12.2003, BGBl. I 2003, 2676. Dazu *Pluskat* WM 2005, 772.

[553] → Rn. 153.

[554] Die Literatur sprach vereinzelt von einer „Revolution im Gesellschaftsrecht", vgl. BankR-HdB/*Köndgen/Schmies* § 113 Rn. 146b. Dazu auch *Pluskat* WM 2005, 772 (774 f.); *Fock* BB 2006, 2371 (2372).

[555] Vgl. *Wallach* Der Konzern 2007, 487 (488).

[556] Gesetz zur Änderung des InvG und zur Anpassung anderer Vorschriften v. 21.12.2007, BGBl. I 2007, 3089.

b) Strukturelle Besonderheiten. Die Investmentaktiengesellschaft ist gemessen an ihren Grundstrukturen eine besondere Form der klassischen Aktiengesellschaft. Sie muss insbesondere über die nach dem AktG notwendigen **Organe,** dh Hauptversammlung, Aufsichtsrat und Vorstand, verfügen. Die Binnenorganisation der Investmentaktiengesellschaft weist gleichwohl auf Grund ihrer **Eigenschaft als Investmentvermögen** auch zahlreiche Besonderheiten auf. So ist der Vorstand, der abweichend von § 76 Abs. 1 AktG aus mindestens zwei Personen bestehen muss, verpflichtet, bei der Ausübung seiner Tätigkeit im ausschließlichen Interesse der Aktionäre und der Integrität des Marktes zu handeln (§§ 119 Abs. 1, 147 Abs. 1 KAGB). Es steht also nicht das Unternehmensinteresse im Vordergrund, wie bei der herkömmlichen AG, sondern es sind vielmehr in erster Linie die Vermögensinteressen der Aktionäre, die das Ermessen des Vorstands leiten sollen. Dieser Umstand unterstreicht die besondere Verantwortung des Vorstands für das der Investmentaktiengesellschaft zu Anlagezwecken anvertraute Vermögen.[557] Ebenso sollen die Mitglieder des Aufsichtsrats ihrer Persönlichkeit und ihrer Sachkunde nach die Wahrung der Interessen der Aktionäre gewährleisten. Hier gelten im Wesentlichen die gleichen Anforderungen, wie im Rahmen des § 18 Abs. 3 und 4 KAGB für die externe Kapitalverwaltungsgesellschaft.[558] Mindestens ein Mitglied des Aufsichtsrats muss dabei entsprechend § 18 Abs. 3 KAGB unabhängig sein.[559] 150

Die **Satzung** der Investmentaktiengesellschaft ist organisationsrechtliches Statut im Sinne des Gesellschaftsrechts und zugleich Grundlage für die Ausgestaltung des Investmentverhältnisses zwischen Investmentaktiengesellschaft und Anleger.[560] Dieses Investmentverhältnis manifestiert sich darüber hinaus in den **separaten Anlagebedingungen**[561] im Sinne der §§ 111, 143 KAGB, welche im Falle einer Publikums-Investmentaktiengesellschaft einer Genehmigung durch die BaFin bedürfen (vgl. §§ 163, 267 KAGB). Der Mindestinhalt der Anlagebedingungen variiert je nach Fondstyp, wobei offene Publikumsinvestmentvermögen den umfangreichsten Katalog zu beachten haben.[562] Im satzungsmäßigen **Unternehmensgegenstand** einer Investmentaktiengesellschaft mit veränderlichem Kapital ist die Festlegung aufzunehmen, dass ausschließlich die Anlage und Verwaltung eigener Mittel nach einer festgelegten Anlagestrategie und dem Grundsatz der Risikomischung zur gemeinschaftlichen Kapitalanlage zum Nutzen der Anleger betrieben wird (vgl. § 110 Abs. 2 KAGB). Die weitere Ausgestaltung des Unternehmensgegenstands hängt dann von den investmentrechtlichen Merkmalen des Vehikels ab (OGAW, Publikums- oder Spezial-AIF). Die gleiche Systematik findet sich hinsichtlich des Unternehmensgegenstands auch in § 142 KAGB bezogen auf die Investmentaktiengesellschaft mit fixem Kapital. Hier ist jedoch insbesondere der Hinweis auf die Risikomischung nicht zwingend aufzunehmen, da im Rahmen geschlossener Fondsstrukturen das Spektrum möglicher Anlagestrategien weiter ist. 151

§ 109 KAGB unterscheidet in Bezug auf die Investmentaktiengesellschaft mit veränderlichem Kapital zwischen **Unternehmensaktien** und **Anlageaktien,** wobei auf letztere im Falle einer Spezial-Investmentaktiengesellschaft auch verzichtet werden kann. Die Unternehmensaktien müssen nach § 109 Abs. 2 Satz 3 KAGB auf den Namen lauten und werden zunächst gegen Leistung der erforderlichen Einlagen von den Gründern, also den Initiatoren des Investmentvermögens, übernommen. Eine spätere Übertragung ist nur zulässig, wenn der Erwerber sämtliche Rechte und Pflichten aus diesen Aktien übernimmt. Anlageaktien hingegen können gemäß § 109 Abs. 1 und 3 KAGB erst nach Eintragung der 152

557 Ähnlich *Dornseifer* AG 2008, 53 (56). S. auch die entsprechenden Regelungen für die Kapitalverwaltungsgesellschaft → Rn. 113.

558 → Rn. 103.

559 → Rn. 103.

560 Ähnlich *Dornseifer* AG 2008, 53 (57).

561 Nach dem InvG waren Anlagebedingungen für die Investmentaktiengesellschaft nur fakultativ, gleichwohl in der Praxis üblich. Näher zur Bedeutung der Anlagebedingungen → Rn. 178 ff.

562 Vgl. die einzelnen Regelungen in den §§ 162, 266 (Publikums-Investmentaktiengesellschaft) bzw. den §§ 273, 282, 283 und 284 (Spezial-Investmentaktiengesellschaft).

Investmentaktiengesellschaft in das Handelsregister als nennbetragslose Stückaktien begeben werden. Sie berechtigen im Gegensatz zu den Unternehmensaktien **weder zur Teilnahme an der Hauptversammlung noch gewähren sie ein Stimmrecht,** es sei denn die Satzung hat dies ausdrücklich vorgesehen. Damit wird zwar die mitgliedschaftliche Stellung entwertet, was den Anlegerschutz einschränkt,[563] jedoch hat im Gegenzug jeder Aktionär auch das Recht, die Rückgabe der Aktien gegen Auszahlung seines Anteils am Gesellschaftskapital gemäß § 116 Abs. 2 KAGB zu verlangen. Hintergrund ist, dass Anlageaktionäre mit ihrem Investment lediglich Anlagezwecke verfolgen, sie sind also in erster Linie Kapitalanleger, entsprechend der Rechtsstellung der Anleger im Anlagemodell des Sondervermögens. Die Eigenschaften der beiden **Aktionärsklassen korrespondieren also mit dem jeweiligen Interesse der Inhaber.** Während die Anlageaktionäre ein besonderes Interesse an ihrer vermögensmäßigen Beteiligung haben, steht für die Unternehmensaktionäre die unternehmerische und organisatorische Beteiligung im Vordergrund.[564] Die Differenzierung zwischen unternehmerischen und anlageorientierten Aktionären unterbleibt im Rahmen der Investmentaktiengesellschaft mit fixem Kapital. Die mit den ausgegebenen Aktien verbundenen Rechte bestimmen sich hier einheitlich nach dem AktG.

153 Abweichend von § 6 AktG hat die Investmentaktiengesellschaft mit veränderlichem Kapital kein fixes Grundkapital, sondern ein **variables Gesellschaftskapital.**[565] Dieses entspricht dem **Wert des Gesellschaftsvermögens,** dass wiederum aus der Summe der jeweiligen Verkehrswerte sämtlicher Vermögensgegenstände der Investmentaktiengesellschaft abzüglich der aufgenommenen Kredite und sonstigen Verbindlichkeiten gebildet wird (§ 110 Abs. 1 Satz 2 KAGB). Damit unterliegt das Gesellschaftskapital ständigen Schwankungen, abhängig von der Bewertung der Vermögensgegenstände und der jeweiligen Höhe der Verbindlichkeiten. Folgerichtig finden auch die aktienrechtlichen Vorschriften über die Kapitalerhöhung und Kapitalherabsetzung (§§ 182–240 AktG) keine Anwendung. Vielmehr ist der Vorstand nach den §§ 115 Satz 1, 116 Abs. 1 KAGB ermächtigt, das Gesellschaftskapital in den Grenzen eines in der Satzung festgelegten Mindest- und Höchstkapitals wiederholt durch **Ausgabe neuer Anlageaktien gegen Einlagen zu erhöhen.** Diese Entscheidung steht im pflichtgemäßen Ermessen des Vorstands.[566] Gleichzeitig sind die Aktionäre nach § 116 Abs. 2 KAGB berechtigt, ihre Aktien gegen Auszahlung ihres Anteils am Gesellschaftsvermögen zurückzugeben (sog **Andienungsrecht des Aktionärs**[567]). Ebenso wie im Falle des Sondervermögens, besteht bei einer Publikumsinvestmentaktiengesellschaft dieses Recht mindestens zweimal im Monat. Eine Veränderung des Gesellschaftskapitals tritt dabei unmittelbar mit Ausgabe oder Rücknahme der Aktien ein. Es ist hierfür **keine Eintragung in das Handelsregister** erforderlich (vgl. §§ 115 Satz 3, 116 Abs. 3 KAGB). Grundsätzlich steht das Andienungsrecht auch Unternehmensaktionären zu, soweit alle Unternehmensaktionäre der Rückgabe zustimmen.[568] Sämtliche Einlagen der Unternehmensaktionäre dürfen aber den Betrag des jeweiligen Mindestkapitals nicht unterschreiten. Einschlägige Kapitaluntergrenze ist bei extern verwalteten Investmentaktiengesellschaften § 7 AktG, wohingegen intern verwaltete Organismen die in § 25 KAGB niedergelegten Kapitalanforderungen für Kapitalverwaltungsgesellschaften beachten müssen. Diese Untergrenzen gelten auch für die Investmentaktiengesellschaft mit fixem Kapital.

154 **c) Umbrella-Konstruktion.** Investmentaktiengesellschaften können ohne Zustimmung der Hauptversammlung **Teilgesellschaftsvermögen** auflegen, dh Umbrella-Konstruktio-

[563] *Einsele* AG 2011, 141 (153 f.).
[564] So schon die Begründung GE Investmentänderungsgesetz 2007, BT-Drs. 16/5576, 83.
[565] Eingehend zur Kapitalverfassung *Eckhold* ZHR 2007, 654 (669 ff.).
[566] Vgl. *Eckhold* ZHR 2007, 654 (679 f.) mwN.
[567] → Rn. 17 f.
[568] Vgl. § 116 Abs. 2 Satz 3 KAGB. Dazu *Einsele* AG 2011, 141 (145). Die Rückgabe sämtlicher Unternehmensaktien ist nicht möglich, vgl. noch zur alten Rechtslage *Steck/Fischer* ZBB 2009, 188 (196 f.).

nen bilden (vgl. §§ 117, 140 Abs. 3 KAGB).[569] Auf diese Weise können unter dem Schirm einer Investmentaktiengesellschaft verschiedene, insbesondere **haftungsrechtlich getrennte Vermögensmassen** entstehen. Die Separierung erfolgt im Wesentlichen nach den für Sondervermögen geltenden Grundsätzen des § 96 Abs. 3 KAGB.[570] Sie erstreckt sich ausdrücklich auch auf den Fall der Insolvenz der Investmentaktiengesellschaft sowie der Abwicklung eines Teilgesellschaftsvermögens (§ 117 Abs. 2 Satz 5 KAGB). Für jedes Teilgesellschaftsvermögen sind obligatorisch **separate Anlagebedingungen** zu erstellen, die einer Genehmigung der BaFin bedürfen, soweit es sich um ein Publikums-Investmentvehikel handelt (§ 117 Abs. 5 KAGB). Die Investmentaktiengesellschaft hat die Existenz der Teilgesellschaftsvermögen **gegenüber dem Rechtsverkehr offenzulegen.**[571] Die Offenlegung ist an formale Anforderungen geknüpft. Gemäß § 118 Abs. 1 Satz 2 KAGB muss die Firma den Zusatz „mit Teilgesellschaftsvermögen" oder eine allgemein verständliche Abkürzung dieser Bezeichnung enthalten. Ferner ist nach § 117 Abs. 7 KAGB auch ein Hinweis in die Satzung aufzunehmen, dass für die Teilgesellschaftsvermögen besondere Anlagebedingungen gelten. Wird die Investmentaktiengesellschaft lediglich für ein oder mehrere Teilgesellschaftsvermögen nach außen hin tätig, ist sie verpflichtet, auf die haftungsrechtliche Trennung hinzuweisen (§ 118 Abs. 2 KAGB). Verstöße gegen die letztgenannte Offenlegungspflicht bereiten in der Praxis erhebliche Schwierigkeiten mit Blick auf die interne Zuordnung der Haftung für eine etwaig entstandene Verbindlichkeit.[572]

6. Investmentkommanditgesellschaft (§§ 124 ff., 149 ff. KAGB)

a) Allgemeines, Systematik. Als weitere Organisationsform für Investmentvermögen dient seit der Einführung des KAGB die Investmentkommanditgesellschaft, welche sowohl in einer **geschlossenen** (§§ 149–161 KAGB) als auch in einer **offenen** (§§ 124–138 KAGB) Variante etabliert werden kann. Die Regulierung folgt in systematischer und inhaltlicher Hinsicht dem für die Investmentaktiengesellschaft geltenden Muster:[573] Gemäß den §§ 124 Abs. 1, 149 Abs. 1 KAGB dürfen Investmentkommanditgesellschaften nur in der Rechtsform der **Kommanditgesellschaft** betrieben werden, so dass im Grundsatz das entsprechende Binnenorganisationsrecht des HGB anwendbar ist.[574] Diesem gesellschaftsrechtlichen Vehikel wird dann durch eine Reihe von vorrangig zu berücksichtigenden Strukturmerkmalen[575] sowie auf Grund seiner Einbettung in die KAGB-spezifischen Rechtsverhältnisse eine **investmentrechtliche Prägung** verliehen.[576] Ferner wird zwischen der extern und intern verwalteten Investmentkommanditgesellschaft unterschieden. Letztere benötigt als interne Kapitalverwaltungsgesellschaft eine Erlaubnis nach § 20 Abs. 1 Satz 1 KAGB.[577] 155

Die **geschlossene** Investmentkommanditgesellschaft ist geeignetes Vehikel sowohl für Publikums- als auch für Spezial-AIF, die gemäß dem *closed-end*-Prinzip ausgestaltet sind, dh dem Anleger keine anlassunabhängige Rückgabemöglichkeit während der Laufzeit gewäh- 156

[569] Vgl. die Ausführungen zu den Teilfonds bei Sondervermögen → Rn. 145 f. S. a. *C. Fischer* NZG 2007, 133. Diese Möglichkeit besteht nun auch für die Investmentaktiengesellschaften mit fixem Kapital, s. *Dahmen* GWR 2020, 111 (112).

[570] → Rn. 146.

[571] Dazu auch *Einsele* AG 2011, 141 (151).

[572] Vgl. hierzu *Einsele* AG 2011, 141 (151).

[573] → Rn. 147 ff.

[574] Für eine ausführliche Auseinandersetzung mit diesem neuen Typus s. *Casper* UHR 179 (2015), 44 ff.; *Wallach* ZGR 2014, 289 ff.; *Wiedemann* NZG 2013, 1041 ff.; *Freitag* NZG 2013, 329.

[575] S. dazu die Regelungen im Kapitel 1, Abschnitt 4, Unterabschnitt 4 (offene Investmentkommanditgesellschaft) und Kapitel 1, Abschnitt 5, Unterabschnitt 3 (geschlossene Investmentkommanditgesellschaft).

[576] Es wird ähnlich der Vorgehensweise in Bezug auf die Investmentaktiengesellschaft eine Geltung des Handelsrechts unter vorrangiger Betrachtung des Investmentrechts festgelegt.

[577] Gleiches gilt für die Investmentaktiengesellschaft → Rn. 147. Zur Erlaubnispflicht einer Kapitalverwaltungsgesellschaft → Rn. 100 ff.

ren.[578] Praktische Relevanz erlangt diese Organisationsform für sämtliche Initiatoren geschlossener Fonds, unabhängig von der jeweiligen Anlageklasse, denn sie ermöglicht, die früher üblichen **GmbH & Co. KG-Modelle** nunmehr auf Basis des KAGB abzubilden. Insbesondere können auf diese Weise steuertransparente, kapitalistisch strukturierte Anlagevehikel aufgesetzt werden, die ihre Anleger im Publikum einwerben. Zwecks Lückenfüllung und vorbehaltlich investmentrechtlicher Spezialregelungen ist auf eine solche Publikums-Investmentkommanditgesellschaft auch das von der Rechtsprechung bisher entwickelte **Sonderrecht zur Publikums-KG** grundsätzlich einschlägig, denn das KAGB verweist hinsichtlich der anwendbaren Vorschriften hier ganz allgemein auf die Bestimmungen des HGB (vgl. §§ 124 Abs. 1 Satz 2, 149 Abs. 1 Satz 2 KAGB).[579] Zukünftig ist ebenfalls nicht auszuschließen, dass die KAGB-Regelungen zur Investmentkommanditgesellschaft eine zumindest begrenzte Ausstrahlungswirkung auf Publikums-Personengesellschaften außerhalb des KAGB haben werden, insbesondere auf Gestaltungsformen, die einer bloßen Registrierungspflicht nach § 44 KAGB unterliegen.[580] Die **offene** Investmentkommanditgesellschaft hingegen steht nur professionellen und semiprofessionellen Anlegern offen und wurde vom Gesetzgeber mit dem Ziel eingeführt, ein steuertransparentes Vehikel für das sogenannte **Pension Asset Pooling** in Deutschland zu schaffen.[581]

157 **b) Strukturelle Besonderheiten.** Eine Reihe investmentspezifischer Strukturmerkmale, welche sich bereits im Rahmen der **Regulierung der Investmentaktiengesellschaft** finden,[582] sind mit gewissen Anpassungen, die vor allem der unterschiedlichen Rechtsform geschuldet sind, auch für die Investmentkommanditgesellschaft einschlägig. Dies gilt insbesondere für die Firma der Gesellschaft (§§ 134, 157 KAGB), die Zusammensetzung und die persönlichen Anforderungen an die Geschäftsführung (§§ 128, 153 KAGB), die Verpflichtung der Geschäftsführung auf das Anlegerinteresse (§§ 128 Abs. 1 Satz 3 Nr. 1, 153 Abs. 1 Satz 3 Nr. 1 KAGB), den gesetzlich weitgehend vorgegebenen satzungsmäßigen Unternehmensgegenstand (§§ 125 Abs. 2, 150 Abs. 2 KAGB) und die obligatorischen Anlagebedingungen (§§ 126, 151 KAGB). Auch einige besondere Merkmale der offenen Investmentaktiengesellschaft werden im Rahmen der **Modellierung der offenen Investmentkommanditgesellschaft** zwar rechtsformbereinigt, aber in der Rechtsfolgenbetrachtung in gleicher Weise abgebildet. So verfügt die offene Investmentkommanditgesellschaft über ein veränderliches Kapital (§ 133 KAGB) und sie darf Teilgesellschaftsvermögen bilden, wenn dies im Gesellschaftsvertrag vorgesehen ist (§ 132 KAGB). Letzteres steht nunmehr auch der geschlossenen Investmentkommanditgesellschaft offen (§ 149 Abs. 2 KAGB).[583]

158 Das Rückgaberecht der Anleger offener Investmentkommanditgesellschaften unterliegt rechtsformbedingt einer speziellen Ausprägung. Dieses ist als **Kündigungsrecht** des Anlegers ausgestaltet, das im Falle einer Ausübung in einen Abfindungsanspruch gegenüber der Gesellschaft mündet, und zwar in Höhe des gekündigten Anteils abzüglich etwaig angefallener Aufwendungen (§ 133 Abs. 1 KAGB). Zur **Vermeidung einer (Nach-) Haftung des ausgeschiedenen Kommanditisten,** welche grundsätzlich aus den §§ 172 Abs. 4, 160 Abs. 1 HGB resultieren würde, legt § 133 Abs. 2 KAGB fest, dass die Erfüllung des Abfindungsanspruchs keine Einlagenrückzahlung darstellt und der ausgeschiedene Kommanditist ab dem Zeitpunkt des Ausscheidens nicht mehr für Verbindlichkeiten der Gesellschaft haftet. Damit soll dem Kommanditisten hinsichtlich einer Deinvestition die gleiche Rechtsposition verliehen werden, die auch dem Anleger einer offenen Investment-

---

[578] Zur Abgrenzung zwischen geschlossenen und offenen Investmentvermögen → Rn. 17 ff.

[579] So auch *Casper* UHR 179 (2015), 44 (76 f.); *Wallach* ZGR 2014, 289 (327).

[580] S. dazu *Casper* UHR 179 (2015), 44 (77 f.); *Zetzsche* AG 2013, 613 (628 f.); zurückhaltend *Wallach* ZGR 2014, 289 (327). Zu den registrierungspflichtigen AIFM → Rn. 83 ff.

[581] Vgl. Begründung GesE AIFM-UmsG, BT-Drs. 17/12294, S. 190. Ausführlich zu den Hintergründen Weitnauer/Boxberger/Anders/*Lorenz* § 124 Rn. 1 ff.

[582] → Rn. 150 ff.

[583] S. dazu *Dahmen* GWR 2020, 111 (112).

aktiengesellschaft oder eines Sondervermögens grundsätzlich zusteht. Die unterschiedlichen investmentrechtlichen Organisationsformen des KAGB weisen also auch insoweit eine nicht unerhebliche **Kongruenz** auf.[584]

Zu erwähnen sind noch folgende organisationsrechtliche Besonderheiten der **geschlossenen Publikumsinvestmentkommanditgesellschaft:** Gemäß § 153 Abs. 3 KAGB hat die intern verwaltete Gesellschaft, die für die Zwecke der Vermögensverwaltung keine externe Kapitalverwaltungsgesellschaft bestellt hat, einen **Beirat** zu bilden. Dies resultiert aus dem grundsätzlichen Gedanken, der Geschäftsführung eines Publikumsinvestmentvermögens stets ein Kontrollorgan an die Seite zu stellen, das die Einhaltung der Anlagebedingungen überwacht und die Interessen der Publikumsanleger wahrt. Hinsichtlich der fachlichen Anforderungen an die Aufsichtsratsmitglieder gelten im Wesentlichen die für die Zusammensetzung des Aufsichtsrats einer Investmentaktiengesellschaft geltenden Regelungen. Es ist insbesondere mindestens ein unabhängiges Mitglied im Sinne des § 18 Abs. 3 KAGB zu bestellen.[585] Ferner können sich gemäß § 152 Abs. 1 Satz 2 KAGB die Anleger auch mittelbar über einen **Treuhandkommanditisten** am Investmentvermögen beteiligen. Im Innenverhältnis zur Gesellschaft nehmen die mittelbar beteiligten Anleger dabei die Rechtsstellung eines Kommanditisten ein.[586] Die Zwischenschaltung eines Treuhandkommanditisten ist häufige Praxis im Rahmen geschlossener Publikumsfonds. Dies dient in erster Linie der Einsparung von Kosten und Verwaltungsaufwand, da mangels einer unmittelbaren Kommanditistenstellung insbesondere eine Ein- und Austragung der Anleger im Handelsregister nicht erforderlich ist.[587] 159

7. Master-Feeder-Strukturen (§§ 171 ff., 280 KAGB)

Die gesetzlichen Rahmenbedingungen für sog Master-Feeder-Strukturen finden sich in den §§ 171–180 KAGB, welche im Wesentlichen die Art. 58–67 OGAW-IV-Richtlinie[588] umsetzen. Der Anwendungsbereich erstreckt sich aber nicht nur auf OGAW-Fonds, sondern erfasst sämtliche **Publikumsinvestmentvermögen.** Ausgenommen von der Regulierung bleiben hingegen Spezialinvestmentvermögen, welche ohne Beachtung der hier niedergelegten Vorgaben, also im Ergebnis damit flexibler, Master-Feeder-Strukturen schaffen können. Das KAGB enthält insoweit keine Einschränkungen.[589] Es ist lediglich § 171 Abs. 2 KAGB zu beachten, wonach Spezial-AIF nicht in eine Master-Feeder-Struktur eingebunden werden dürfen, wenn an dieser gleichzeitig Publikumsinvestmentvermögen als Master- oder Feederfonds beteiligt sind. Gleiches regelt § 280 KAGB im Rahmen der allgemeinen Vorschriften für offene Spezial-AIF. 160

Der Begriff Master-Feeder-Struktur beschreibt eine im Grundsatz **zweistöckige Konstruktion,** bestehend aus einem oder mehreren Feederfonds, die nahezu das gesamte Anlagekapital in Fondsanteile eines einzigen Investmentvermögens, des Masterfonds, investieren. Im Ergebnis übernimmt das Management des Masterfonds die für den Erfolg des Fonds maßgebliche Aufgabe der Portfolioverwaltung, wohingegen die Manager der Feederfonds vor allem die Verwaltung des Masterfonds überwachen (vgl. § 176 Abs. 1 KAGB). Eine formelle Auslagerung der Portfolioverwaltung, wie im Rahmen des **Outsourcings** gemäß § 36 KAGB, ist damit jedoch nicht verbunden.[590] Die Konzentration der Portfolioverwaltung auf der Ebene des Masterfonds soll die vom Gesetzgeber gewünschte Vergrößerung der Fondsvolumina vorantreiben, die laufenden Verwaltungs- und Transaktions- 161

[584] Ähnlich *Zetzsche* AG 2013, 613 (629 f.); → Rn. 97.
[585] → Rn. 103.
[586] So ausdrücklich § 152 Abs. 1 Satz 2 KAGB.
[587] Dem wollte der Gesetzgeber Rechnung tragen, vgl. Begründung GesE AIFM-UmsG, BT-Drs. 17/12294, S. 250.
[588] OGAW-IV-Richtlinie 2009/65/EG, ABl. 2009 L 302; → Rn. 34 f.
[589] Begründung GE OGAW-IV-UmsG, BT-Drs. 17/4510, 54. S. a. Weitnauer/Boxberger/Anders/*Wind* § 171 Rn. 7.
[590] → Rn. 117 ff.

kosten senken und so die **Effizienz** des Fondsmarktes insgesamt steigern.[591] Insoweit stellt die Bildung einer Master-Feeder-Struktur eine mögliche **Alternative zur Fondsverschmelzung** dar.[592] Bestehende Anlagegrenzen, insbesondere die für OGAW-Investmentvermögen für den Erwerb von Anteilen an anderen Investmentvermögen grundsätzlich einschlägige Obergrenzen des § 207 KAGB (je nach Gestaltung 20 % bzw. 30 % des Wertes des inländischen OGAW), würden ohne die besonderen Regelungen in den §§ 171–180 KAGB die Möglichkeit versperren, effiziente Master-Feeder-Strukturen aufzusetzen.

162 Den **Legaldefinitionen** der Begriffe *Feederfonds* und *Masterfonds* bzw. *Feeder-AIF* und *Master-AIF* in § 1 Abs. 19 Nr. 11 bis 14 KAGB lassen sich grundlegende **strukturelle Merkmale** entnehmen. Bei den Feederfonds handelt es sich um Sondervermögen, Investmentaktiengesellschaften mit veränderlichem Kapital, Teilgesellschaftsvermögen einer Investmentaktiengesellschaft mit veränderlichem Kapital oder EU-OGAW, die mindestens **85 Prozent ihres Vermögenswertes** in einen Masterfonds anlegen. Außerhalb des OGAW-Anwendungsbereichs können Feeder-AIF, hier gelten die vorgenannten Rechtsformbeschränkungen für Investmentvermögen nicht, die Vermögenswerte auch in mehr als einen Master-AIF anlegen, soweit diese eine identische Anlagestrategie verfolgen. Masterfonds wiederum sind entweder OGAW oder Sonstige Investmentvermögen gemäß § 220 KAGB und zeichnen sich dadurch aus, dass sie jeweils Anteile an mindestens einen Feederfonds ausgegeben haben, selbst keine Feederfonds sind und auch keine Anteile eines Feederfonds halten. Mit den letztgenannten Anforderungen sollen insbesondere intransparente **Kaskadenstrukturen** verhindert werden, die eine mehr als zweistöckige Konstruktion aufweisen. Die letztgenannten Einschränkungen gelten jedoch nicht für Master-AIF. Diese umfassen entsprechend Art. 4 Abs. 1 lit. y AIFM-Richtlinie sämtliche AIF, an denen ein Feeder-AIF Anteile hält. Eine wichtige, hierzu korrespondierende Vorschrift enthält ferner § 171 Abs. 1 Satz 2 KAGB, wonach **OGAW-Feederfonds** nur in OGAW-Masterfonds anlegen können.

163 Master-Feeder-Strukturen können sowohl unter ausschließlicher Beteiligung inländischer Investmentvermögen als auch **grenzüberschreitend** gebildet werden. Sie bedürfen in beiden Fällen einer vorherigen **Genehmigung.** Diese erteilen gemäß der in Art. 59 Abs. 1 OGAW-IV-Richtlinie vorgegebenen aufsichtsrechtlichen Kompetenzordnung die zuständigen **Behörden des Herkunftsstaates des jeweiligen Feederfonds.** Die Erteilung von Genehmigungen für inländische Feederfonds fällt, diesem Prinzip folgend nach § 171 Abs. 1 Satz 1 KAGB in die Zuständigkeit der **BaFin,** unabhängig davon, ob ein Auslandsbezug gegeben ist. Dem Genehmigungsantrag sind die in § 171 Abs. 3 Satz 1 KAGB genannten Angaben und Unterlagen beizufügen, darunter die Anlagebedingungen oder die Satzungen der beteiligten Fonds und die Master-Feeder-Vereinbarung nach § 175 KAGB. Beabsichtigt der inländische Feederfonds in einen ausländischen EU-OGAW-Masterfonds anzulegen, so ist dem Genehmigungsantrag zusätzlich eine Bestätigung der zuständigen Stelle des Herkunftsmitgliedstaats des Masterfonds beizufügen, dass dieser die in der OGAW-IV-Richtlinie festgelegten Merkmale eines Masterfonds erfüllt (§ 171 Abs. 3 Satz 2 KAGB). Im umgekehrten Fall, wenn also ein ausländischer Feederfonds beabsichtigt, in ein inländisches OGAW-Investmentvermögen als Masterfonds anzulegen, stellt diese Bestätigung nach § 171 Abs. 6 KAGB die BaFin aus.

164 Die Verwaltungsgesellschaften der an einer Master-Feeder-Struktur beteiligten Fonds sind verpflichtet, eine sog **Master-Feeder-Vereinbarung gemäß § 175 Abs. 1 KAGB** abzuschließen, es sei denn der Master- und der betreffende Feederfonds werden von der gleichen Verwaltungsgesellschaft verwaltet. Ist letzteres der Fall, kann die Vereinbarung durch interne Regelungen für Geschäftstätigkeiten ersetzt werden. Der **Mindestinhalt** der Master-Feeder-Vereinbarung sowie der internen Geschäftstätigkeitsregelungen wird in den

[591] Begründung GE OGAW-IV-UmsG, BT-Drs. 17/4510, 54.

[592] Zur Verschmelzung → Rn. 166 ff. Zu den Hintergründen und der Systematik in Bezug auf das sog. Pooling Assmann/Wallach/Zetzsche/*Lienhard* § 171 Rn. 2 ff.

Art. 8 ff. bzw. 15 ff. Richtlinie 2010/44/EU konkretisiert.[593] Die vorgenannten Vorschriften beschreiben das Rechtsverhältnis der Fonds untereinander und legen deren Rechte und Pflichten fest, insbesondere wird dem Feederfonds der Zugang zu Unterlagen und Informationen eröffnet, die nicht zuletzt auch für die Wahrnehmung seiner Überwachungsaufgaben erforderlich sind. Werden für den Feeder- und Masterfonds unterschiedliche Verwahrstellen bzw. Abschlussprüfer beauftragt, haben die jeweiligen Auftragnehmer untereinander ebenfalls Vereinbarungen über den Informationsaustausch, im Falle der Abschlussprüfer auch über die rechnungslegungsspezifischen Pflichten, abzuschließen. Es handelt sich in diesen Fällen um die sog **Verwahrstellenvereinbarung** (§ 175 Abs. 2 KAGB) bzw. **Abschlussprüfervereinbarung** (§ 175 Abs. 3 KAGB). Die Inhalte dieser Vereinbarungen werden in den Art. 24–26 und 27 f. der Richtlinie 2010/44/EU näher konkretisiert.

Die **§§ 176–180 KAGB** enthalten darüber hinaus eine Reihe von weiteren Vorschriften, **165**
die insbesondere **Informationspflichten** sowie **Rechte der einzelnen Beteiligten** begründen oder den **Ablauf besonderer Verfahren** regeln. Beispielsweise ist die Verwahrstelle des Masterfonds verpflichtet, auch den Feederfonds über festgestellte Unregelmäßigkeiten aufzuklären (§ 176 Abs. 6 Satz 2 KAGB). Ferner muss die BaFin ua Entscheidungen und Maßnahmen, die den Masterfonds betreffen, zusätzlich an die Kapitalverwaltungsgesellschaft des Feederfonds weiterleiten (§ 177 Abs. 1 KAGB). Hervorzuheben ist auch, dass im Falle der **Umwandlung eines bestehenden Investmentvermögens in einen Feederfonds** die Anleger ua das Recht haben, innerhalb von 30 Tagen die kostenlose Rücknahme ihrer Anteile zu verlangen (§ 180 Abs. 1 Nr. 4 KAGB). Das Gesetz enthält zudem detaillierte Regelungen zur Abwicklung (§ 178 KAGB) und Verschmelzung des Masterfonds sowie zu den Auswirkungen der Spaltung eines ausländischen Masterfonds (§ 179 KAGB).

8. Verschmelzung von offenen Investmentvermögen (§§ 181 ff., 281 KAGB)

a) Allgemeines, Anwendungsbereich. Offene Investmentvermögen können nach den **166**
Vorschriften des KAGB miteinander verschmolzen werden. Hiervon ausgenommen werden lediglich offene Investmentkommanditgesellschaften,[594] die ebenso wie geschlossene Investmentvermögen, nicht an einem investmentrechtlichen Verschmelzungsvorgang teilnehmen können. Die in den §§ 181–190 KAGB niedergelegten Anforderungen und Verfahrensvorschriften betreffen unmittelbar zwar nur die Verschmelzung von inländischen **Publikums-Sondervermögen** und EU-OGAW. Über die in den §§ 191 und 281 KAGB enthaltenen Verweisungen finden jedoch zahlreiche Regelungen dieses Abschnitts entsprechende Anwendung auch auf die Verschmelzung unter Beteiligung einer **Publikums-Investmentaktiengesellschaft mit veränderlichem Kapital** und deren **Teilgesellschaftsvermögen** (sog. Umbrella-Konstruktion) sowie im Rahmen von Konstruktionen mit **Spezial-AIF.** Es sind in den letztgenannten Fällen gleichwohl eine Reihe von Besonderheiten zu beachten: Handelt es sich bei dem übertragenden Rechtsträger zB um eine (Spezial-)Investmentaktiengesellschaft mit veränderlichem Kapital sind gemäß den §§ 191 Abs. 3 bzw. 281 Abs. 3 KAGB zunächst im Grundsatz die Vorschriften des **UmwG** anwendbar, soweit sich aus den jeweils für anwendbar erklärten Regelungen des KAGB nichts anderes ergibt. Die Anwendung des UmwG soll ua die notarielle Beurkundung des Verschmelzungsvertrages gemäß § 6 UmwG sowie eine Eintragung der Verschmelzung zum Handelsregister nach den §§ 16 ff. UmwG sicherstellen.[595] Bestimmte Erleichterungen gelten ferner gemäß § 281 Abs. 1 Sätze 2 und 3 KAGB für die Verschmelzung von offenen Spezial-AIF. Insbesondere ist in diesem Fall eine Genehmigung der BaFin nicht erforderlich

[593] Vgl. Art. 10 Richtlinie 2010/44/EU vom 1.7.2010 zur Durchführung der OGAW-IV-Richtlinie 2009/65/EG, ABl. 2010 L 176, S. 27.

[594] Das KAGB enthält diesbezüglich weder ausdrückliche Vorschriften noch eine Verweisungsnorm zwecks entsprechender Anwendung der §§ 181 ff. KAGB.

[595] Vgl. Begründung GE OGAW-IV-UmsG, BT-Drs. 17/4510, 81.

und kann mit Zustimmung der Anleger eine Prüfung durch die Verwahrstelle unterbleiben. Generell unzulässig ist hingegen die Verschmelzung von Spezial-AIF auf Publikumsinvestmentvermögen; gleiches gilt für den umgekehrten Fall (vgl. § 181 Abs. 1 Satz 1 KAGB).

167 Die Verschmelzung ist eine schonende **Alternative zur Kündigung des Investmentvertrages seitens der Verwaltungsgesellschaft** zB in Fällen, in denen ein zu geringes Fondsvolumen eine effektive Portfolioverwaltung erschwert oder gar unmöglich macht.[596] Das geltende Verschmelzungsregime des KAGB ist erst im Zuge des OGAW-IV-UmsG[597] in das damalige InvG eingefügt worden. Der Gesetzgeber verfolgte das Ziel, bestehende rechtliche und administrative Schwierigkeiten bei der Verschmelzung von Sondervermögen zu beseitigen, insbesondere mit Blick auf die OGAW-Investmentvermögen.[598] Am Ende eines mit Hilfe der Verschmelzungsoption eingeleiteten Konsolidierungsprozesses sollen, nicht zuletzt auch zum Nutzen der Anleger, größere Fondsvolumina und niedrigere Verwaltungs- und Vertriebskosten stehen.[599] Zwar enthielt bereits **§ 40 InvG aF** die grundsätzliche Möglichkeit einer Übertragung aller Vermögensgegenstände eines Sondervermögens auf ein anderes Sondervermögen, jedoch beschränkte sich der Anwendungsbereich dieser Vorschrift auf inländische Sondervermögen, die von derselben Verwaltungsgesellschaft verwaltet wurden und vergleichbare Anlagegrundsätze und Kostenstrukturen aufwiesen.

168 **b) Verfahren.** In Anlehnung an die Systematik des § 2 UmwG lassen sich im Wege einer Verschmelzung sämtliche Vermögensgegenstände und Verbindlichkeiten eines Investmentvermögens ohne Abwicklung auf ein übernehmendes Investmentvermögen übertragen. § 190 KAGB konkretisiert die Rechtsfolgen der zwei zulässigen Verfahrensarten der investmentrechtlichen Verschmelzung. Im Falle der **Verschmelzung durch Aufnahme** erfolgt die Übertragung des gesamten Fondsvermögens auf ein bereits bestehendes Investmentvermögen, wohingegen in der Variante der **Verschmelzung durch Neugründung** zwei oder mehrere Investmentvermögen die Vermögenswerte und Verbindlichkeiten auf ein neu gegründetes Investmentvermögen übertragen (vgl. auch die Legaldefinition der investmentrechtlichen Verschmelzung in **§ 1 Abs. 19 Nr. 37 KAGB**). In beiden Fällen erlischt mit dem Wirksamwerden der Transaktion das übertragende Investmentvermögen und dessen Anleger erhalten im Gegenzug Anteile des übernehmenden Investmentvermögens.[600] Nicht ins nationale Recht umgesetzt hat der Gesetzgeber die in Art. 2 Abs. 1 lit. p Ziffer iii) OGAW-IV-Richtlinie vorgesehene weitere Verschmelzungsvariante, nach der das übertragende Sondervermögen zunächst noch weiter bestehen bleibt (sog. ***Scheme of Amalgamation***). Dennoch ist aus Sicht des deutschen Rechts bei grenzüberschreitenden Sachverhalten, nämlich im Rahmen der Verschmelzung eines EU-OGAW auf ein inländisches OGAW-Investmentvermögen gemäß § 181 Abs. 2 KAGB, auch dieses Verfahren anzuerkennen,[601] da das jeweils einschlägige nationale Recht des übertragenden Fonds auf diesen Anwendung findet.

169 Die Verschmelzung von **Publikumsinvestmentvermögen** bedarf einer vorherigen **Genehmigung.**[602] Die BaFin erteilt gemäß den §§ 182, 191 Abs. 1 und 3 KAGB diese

[596] Ausführlich zu den Gründen für eine Verschmelzung von Investmentvermögen Assmann/Wallach/Zetzsche/*Zetzsche/Stabenow* § 181 Rn. 2 ff. sowie *Reiter/Plumridge* WM 2012, 343 (348 ff.).

[597] → Rn. 35.

[598] Begründung GE OGAW-IV-UmsG, BT-Drs. 17/4510, 53.

[599] In diese Richtung die Begründung GE OGAW-IV-UmsG, BT-Drs. 17/4510, 53. Zumindest mit Blick auf die grenzüberschreitende Verschmelzung ist diese Entwicklung aber fraglich mangels gleichzeitiger Vereinheitlichung der steuerlichen Regelungen in den Mitgliedstaaten. Vgl. dazu auch *Bujotzek/Steinmüller* DB 2011, 2246 (2247). Zu den steuerlichen Aspekten einer Fondsverschmelzung *Patzner/Bruns* IStR 2009, 668 ff.

[600] Zu den vers. Arten der Fondsverschmelzung ausführlich *Blankenheim* ZBB 2011, 344 (351).

[601] Nunmehr ausdrücklich im KAGB geregelt. Vgl. aber auch Erwägungsgrund 28 der OGAW-IV-Richtlinie 2009/65/EG, ABl. 2009 L 302, S. 35. S. ferner *Blankenheim* ZBB 2011, 344 (349 f.).

[602] Keine Genehmigung erforderlich ist im Falle einer Verschmelzung von offenen Spezial-AIF, jedoch müssen die Anleger der Verschmelzung nach Vorlage des Verschmelzungsplans zustimmen, vgl. § 281 Abs. 1 Satz 3 KAGB.

zum einen für die sog **inländische Verschmelzung,** dh wenn lediglich inländische Investmentvermögen an der Transaktion beteiligt sind, und zum anderen für die Verschmelzung eines inländischen Investmentvermögens auf einen bestehenden oder einen neuen, dadurch gegründeten EU-OGAW. Letztere Variante wird vom KAGB als **grenzüberschreitende Verschmelzung** bezeichnet. Ebenfalls zulässig, aber separat in § 183 KAGB geregelt, ist die grenzüberschreitende (Herein-)Verschmelzung eines EU-OGAW auf ein inländisches OGAW-Investmentvermögen. In diesem Fall ist die erforderliche Genehmigung von den zuständigen Behörden des Herkunftsmitgliedstaats des jeweils übertragenden EU-OGAWs zu erteilen. Diese aufsichtsrechtliche Kompetenzordnung geht zurück auf Art. 39 OGAW-IV-Richtlinie. Eine grenzüberschreitende Verschmelzung ist demnach nur genehmigungsfähig, soweit es sich bei den beteiligten Fonds um OGAW-Fonds handelt, denn nur in diesem Fondssegment existieren mit Blick auf die Verschmelzung einheitliche Standards sowie ein europaweit installiertes Aufsichtsrecht.

Die BaFin prüft im Rahmen des **Genehmigungsverfahrens,**[603] ob die geplante Ver- **170** schmelzung den Anforderungen der §§ 181 ff. KAGB entspricht, insbesondere ob sämtliche Voraussetzungen erfüllt sowie Angaben und Unterlagen eingereicht worden sind, darunter der Verschmelzungsplan mit den Angaben nach § 184 KAGB und die Unterlagen betreffend die Verschmelzungsprüfung gemäß § 185 KAGB (vgl. die Auflistungen in § 182 Abs. 2 und 5 KAGB). Gegenstand der von der BaFin vorzunehmenden Prüfung sind gemäß § 182 Abs. 4 KAGB ua auch die den Anlegern zur Verfügung gestellten Verschmelzungsinformationen.[604] Hier kann die BaFin bei Bedarf Nachbesserungen verlangen, wenn diese nicht angemessen sind. Im Rahmen ihrer Prüfung hat die BaFin insbesondere die potentiellen **Auswirkungen der geplanten Verschmelzung auf die Anleger** der betroffenen inländischen Investmentvermögen zu berücksichtigen. Innerhalb von 20 Arbeitstagen nach Vorlage der vollständigen Angaben und Unterlagen teilt die BaFin der Kapitalverwaltungsgesellschaft dann ihre Entscheidung über den Genehmigungsantrag mit (§ 181 Abs. 6 KAGB). Das Recht zur Prüfung der Verschmelzungsinformationen steht der BaFin nach § 183 KAGB ebenso bei der (Herein-)Verschmelzung eines EU-OGAW auf ein inländisches OGAW-Investmentvermögen zu, auch wenn sie in diesem Fall nicht für die Erteilung der Genehmigung zuständig ist.[605]

Im Gegensatz zur Rechtslage vor Inkrafttreten des OGAW-IV-UmsG ist eine Ver- **171** schmelzung von Publikumsinvestmentvermögen selbst dann möglich, wenn die Anlagegrundsätze der beteiligten Fonds wesentlich voneinander abweichen und die Fondsverwaltung in den Händen **verschiedener Verwaltungsgesellschaften** liegt. Insoweit erfolgte eine Liberalisierung des bis zu diesem Zeitpunkt geltenden Verschmelzungsregimes. Im Gegenzug sind gemäß § 186 Abs. 1 KAGB den Anlegern der involvierten Investmentvermögen – nach erfolgter Genehmigung der Verschmelzung durch die zuständige Aufsichtsbehörde – geeignete und präzise Informationen über die geplante Verschmelzung zu übermitteln, damit diese sich ein verlässliches Urteil über die Auswirkungen des Vorhabens auf ihre Anlage bilden und ihre Rechte nach § 187 KAGB ausüben können (sog **Verschmelzungsinformationen**[606]). Es sind ua Angaben zum Hintergrund und zu den Beweggründen für die geplante Verschmelzung zu machen sowie zu den potentiellen Auswirkungen auf die Anleger, insbesondere zu den wesentlichen Unterschieden in Bezug auf die Anlagepolitik und -strategie, die Kosten, das erwartete Ergebnis, die Wertentwicklung sowie die steuerliche Behandlung (vgl. § 186 Abs. 3 Nr. 1 und 2 KAGB). Von besonderer Bedeutung ist die Aufklärung über die nach § 187 KAGB den

[603] Ausführlich zum Genehmigungsverfahren sowie zur Zusammenarbeit der Behörden bei der grenzüberschreitenden Verschmelzung *Blankenheim* ZBB 2011, 344 (351 f.).

[604] S. dazu nachfolgende Rn.

[605] S. vorherige Rn.

[606] Der Inhalt der Verschmelzungsinformationen wird in den Art. 3 und 4 Richtlinie 2010/44/EU vom 1.7.2010 zur Durchführung der OGAW-IV-Richtlinie 2009/65/EG, ABl. 2010 L 176, S. 27, weiter konkretisiert. S. dazu auch *Blankenheim* ZBB 2011, 344 (353).

Anlegern des übertragenden und des übernehmenden Investmentvermögens zustehenden Rechte. Die Anleger können die **kostenfreie Rücknahme** oder – soweit möglich – den ebenfalls **kostenfreien Umtausch ihrer Anteile** in Anteile eines anderen Investmentvermögens verlangen, das mit den bisherigen Anlagegrundsätzen vereinbar ist und von derselben Kapitalverwaltungsgesellschaft oder einer ihr zugehörigen Konzerngesellschaft verwaltet wird. Die vorbezeichneten Informationen sind den Anlegern auf einem **dauerhaften Datenträger** im Sinne der §§ 167, 1 Abs. 19 Nr. 8 KAGB[607] zu übermitteln und auf der Internetseite der Kapitalverwaltungsgesellschaft zugänglich zu machen (vgl. § 186 Abs. 3 Satz 3 KAGB). Nicht anwendbar sind die anlegerschützenden Vorschriften der §§ 186, 187 KAGB hingegen im Falle der Verschmelzung von Spezial-AIF (vgl. § 281 Abs. 1 Satz 2 KAGB).

V. Rechtsbeziehungen der Beteiligten

172 Das KAGB ordnet die **organisatorische Trennung** der **Vermögensverwaltung** von der eigentlichen **Verwahrung der Vermögensgegenstände** an. Damit verbunden ist zunächst in rein praktischer Hinsicht eine Aufgabenverteilung zwischen der Kapitalverwaltungsgesellschaft, die das Kapital der Anleger verwaltet und damit Investitionen tätigt, und der Verwahrstelle, die die für Rechnung der Anleger erworbenen Vermögensgegenstände verwahrt. Hieraus resultieren aber auch Rechtsbeziehungen, in deren Zentrum die Rechte und Pflichten bzw. Aufgaben der Beteiligten sowie haftungsrechtliche Aspekte stehen, die in der Gesamtbetrachtung die rechtlichen Strukturen des Investmentgeschäfts formen. Das KAGB selbst definiert, nicht zuletzt auch aus Gründen des Anlegerschutzes, bereits umfassend einige Inhalte der hier relevanten Rechtsverhältnisse, indem es insbesondere einen **grundlegenden Pflichtenkreis der Kapitalverwaltungsgesellschaft und der Verwahrstelle nicht zur Disposition der jeweiligen Vertragspartner stellt.** Diesen gesetzlich normierten Rechten und Pflichten ist wiederum eine Ausstrahlungswirkung auf zivilrechtlicher Ebene beizumessen, insbesondere im Bereich der Publikumsinvestmentvermögen. Insoweit sind die Rechtsbeziehungen der Beteiligten zumindest teilweise bereits **gesetzlich fixiert.** Die in diesem Zusammenhang maßgeblichen Vorschriften finden sich aber nicht an einer einheitlichen Stelle im KAGB, sie sind vielmehr verstreut in verschiedenen Abschnitten des Gesetzes.

1. Investmentdreieck

173 Nach der Systematik des KAGB besteht zwischen den Beteiligten des Investmentgeschäfts, dh der Kapitalverwaltungsgesellschaft, der Verwahrstelle und dem einzelnen Anleger, ein **dreiseitiges Rechtsverhältnis,**[608] das in dem Begriff *Investmentdreieck* seinen Ausdruck findet.[609] Dies gilt im Grundsatz unabhängig davon, ob das Investmentgeschäft in der Vertragsform, dh mit einem Sondervermögen ohne eigene Rechtspersönlichkeit als Investmentvehikel, oder auf gesellschaftsrechtlicher Grundlage betrieben wird. Ist letzteres der Fall, dann ist entweder die intern verwaltete Investmentgesellschaft[610] gleichzeitig Kapitalverwaltungsgesellschaft oder die Investmentgesellschaft bestellt zum Zwecke der Vermögensverwaltung eine **externe Kapitalverwaltungsgesellschaft,** welche durch rechtsgeschäftliche Vereinbarung die Rechtsposition des KAGB-Verwalters übernimmt. Als Grundlage dient hier der sog Fremdverwaltungsvertrag, der als Geschäftsbesorgungsvertrag

[607] → Rn. 237.

[608] So insbes. BankR-HdB/*Köndgen/Schmies* § 113 Rn. 202, die von „unlösbaren Paradoxien" sprechen, die bei dem Versuch entstehen, die Rechtsbeziehungen in bilaterale Rechtsverhältnisse aufzulösen.

[609] Hierzu Burgard/Heimann WM 2014, 821 (826 f.). Noch zum InvG *Einsele* § 10 Rn. 18; Berger/Steck/Lübbehüsen/*Köndgen* InvG Vor §§ 20–29 Rn. 1.

[610] Es handelt sich hierbei um Investmentaktiengesellschaften und Investmentkommanditgesellschaften, § 1 Abs. 11 KAGB.

im Sinne des § 675 BGB zu qualifizieren ist.[611] Die **Bestellung** hat damit keinen organschaftlichen Charakter, es liegen weder eine Auslagerung noch ein Unternehmensvertrag zugrunde,[612] jedoch aufsichtsrechtliche Konsequenzen, denn die Rechte und Pflichten nach dem KAGB werden der externen Kapitalverwaltungsgesellschaft infolge des Fremdverwaltungsvertrages gesetzlich zugewiesen.[613] Die extern verwaltete Investmentgesellschaft ist dann im Ergebnis lediglich Fondsvehikel, an dem die Anleger beteiligt sind; in ihrer Funktion ähnlich einem Sondervermögen.[614] Die Organe einer Investmentgesellschaft verfügen in dieser Konstellation dann nur noch über wenige, gesetzlich zugewiesene Kompetenzen, wie zB die organschaftliche Vertretungsmacht.[615]

Im **Mittelpunkt der Konstruktion** steht die Rechtsbeziehung zwischen der Kapitalverwaltungsgesellschaft und den Anlegern. Es ist die grundlegende Aufgabe der Kapitalverwaltungsgesellschaft, das für Anlagezwecke zur Verfügung stehende Vermögen für Rechnung der Anleger zu verwalten und sicherzustellen, dass eine von ihr unabhängige Verwahrstelle mit der Verwahrung der Vermögensgegenstände, bzw. wenn dies wie beispielsweise bei Immobilien nicht möglich ist, mit der laufenden Überwachung des Bestands, beauftragt wird. Tritt die Verwahrstelle in den sog. Verwahrstellenvertrag ein, so übernimmt sie kraft Gesetzes eine Reihe von Aufgaben. Zum einen ist sie gemäß den §§ 76, 83 KAGB verpflichtet, die Kapitalverwaltungsgesellschaft zu kontrollieren, und zum anderen entfaltet der Verwahrstellenvertrag Schutzwirkungen zugunsten der Anleger. Darüber hinaus entsteht ein gesetzliches Schuldverhältnis zu den Anlegern, denn die Verwahrstelle handelt zwar im Auftrag der Kapitalverwaltungsgesellschaft, aber ausschließlich im Interesse der Anleger.[616] **174**

Die **institutionelle Trennung von Fondsverwaltung und Fondsverwahrung**[617] hat ihre Rechtsgrundlage in den Art. 21 Abs. 1, 25 OGAW-IV-Richtlinie und Art. 21 AIFM-Richtlinie. Wesentliches Ziel dieser Rechtskonstruktion ist der **Anlegerschutz.**[618] Durch die Einbeziehung der Verwahrstelle wird der Zugriff auf die Vermögensgegenstände des Investmentvermögens seitens der Kapitalverwaltungsgesellschaft verhindert und gleichzeitig zwecks Kontrolle ein Gegengewicht zu ihr installiert.[619] Diesem in theoretischer Hinsicht überzeugenden Ansatz steht die in der Praxis häufig anzutreffende **konzernrechtliche Verbindung von Kapitalverwaltungsgesellschaft und Verwahrstelle** gegenüber, denn nicht selten ist die Kapitalverwaltungsgesellschaft ein Tochterunternehmen der Verwahrstelle. Das vielfach dahinterstehende, konzernweit angelegte Geschäftsmodell führt zu einer engen **wirtschaftlichen Verflechtung** zwischen den beteiligten Unternehmen: Konzerneigene Tochtergesellschaften legen Investmentvermögen auf, deren Anteile oder Aktien dann von der Muttergesellschaft, die gleichzeitig die Verwahrstellenfunktion wahrnimmt, sowohl an Großkunden als auch im klassischen Retailgeschäft über das Filialnetz vertrieben werden. In diesen Fällen besteht die grundsätzliche Gefahr, dass auf Grund von naheliegen- **175**

---

[611] So auch Baur/Tappen/*Bentele* KAGB § 17 Rn. 23; *Fischer/Friedrich* ZBB 2013, 153 (155). Anders hingegen *Zetzsche* AG 2013, 613 (614), der eine investmentrechtliche Variante des Betriebsführungsvertrages darin sieht.

[612] Ausdrücklich im KAGB geregelt: §§ 112 Abs. 1 Satz 3, 129 Abs. 1 Satz 3, 144 Satz 3, 154 Abs. 1 Satz 3.

[613] Von einer „originären Verantwortung" spricht Baur/Tappen/*Bentele* KAGB § 17 Rn. 23.

[614] Vereinzelt wird in diesem Fall auch von einem sog. „Investmentviereck" gesprochen, s. dazu Weitnauer/Boxberger/Anders/*Winterhalder* § 17 Rn. 41; mit Blick auf die fremdverwaltete Investmentaktiengesellschaft nach dem früheren InvG auch Berger/Steck/Lübbehüsen/*Fischer/Steck* InvG § 96 Rn. 35 und *Einsele* AG 2011, 141 (144). *Hoch/Preller* sprechen vom „Invetmentvieleck", BKR 2019, 22 (28 f.).

[615] S. dazu auch *Zetzsche* AG 2013, 613 (621 f.) („Restfunktionen für die Organe der Inv-Ges sind nicht ersichtlich"); Weitnauer/Boxberger/Anders/*Winterhalder* § 17 Rn. 41 („Organfunktionen"); eine höhere Relevanz der Organfunktionen bei extern verwalteten Investmentgesellschaften nehmen wohl *Fischer/Friedrich* ZBB 2013, 153 (155) an („Prinzipalgeschäfte").

[616] Zum Rechtsverhältnis Verwahrstelle und Anleger → Rn. 194.

[617] So BankR-HdB/*Köndgen/Schmies* § 113 Rn. 111.

[618] Vgl. schon *Canaris* Bankvertragsrecht, Rn. 2335.

[619] Ähnlich Berger/Steck/Lübbehüsen/*Köndgen* InvG Vor §§ 20–29 Rn. 1.

den systembedingten Interessenkollisionen und bestehenden ökonomischen Anreizen die **Effektivität des Anlegerschutzes** in der Praxis erheblich eingeschränkt wird.[620] Eine Stärkung der **Unabhängigkeit des Aufsichtsrats** der Kapitalverwaltungsgesellschaft könnte diese Gefahr entschärfen.[621] § 18 Abs. 3 KAGB sieht aber bislang nur die Wahl eines unabhängigen Aufsichtsratsmitglieds verbindlich vor.[622]

2. Kapitalverwaltungsgesellschaft und Anleger

176 Zwischen der Kapitalverwaltungsgesellschaft und dem einzelnen Anleger besteht ein spezifisches **Investmentverhältnis.** Sein wesentlicher Gegenstand bzw. die im Kern bestehende Abrede ist unabhängig von der konkreten Struktur für alle Investmentvermögen identisch: Der Anleger verpflichtet sich, einem bestimmten Investmentvermögen Kapital zuzuführen, und im Gegenzug verpflichtet sich die Kapitalverwaltungsgesellschaft, gegen eine Vergütung das Investmentvermögen für gemeinschaftliche Rechnung der Kapitalgeber zu verwalten. Die weitere Ausgestaltung des Investmentverhältnisses erfolgt durch die **Anlagebedingungen** im Sinne der §§ 162, 266, 273 KAGB[623] und, soweit vorhanden, durch die **Satzung** bzw. den **Gesellschaftsvertrag** des Investmentvehikels. Das organisationsrechtliche Statut ist damit nicht nur gesellschaftsrechtliches Fundament der Investmentgesellschaft, sondern konkretisiert darüber hinaus das Rechtsverhältnis zum Anleger. Inhaltlich ist das Investmentverhältnis aber auch durch eine Reihe von nicht zur Disposition der Beteiligten stehenden gesetzlichen Vorschriften geprägt. So werden beispielsweise in den §§ 26 ff. KAGB allgemeine Verhaltensregeln aufgestellt, an die die Kapitalverwaltungsgesellschaft bereits im Rahmen ihrer Tätigkeit gebunden ist. Der hier normierte Pflichtenkanon ist zwar öffentlich-rechtlich zu qualifizieren und nicht unbedingt unmittelbar Bestandteil des Investmentverhältnisses, gleichwohl kann er ausdrücklich einbezogen sein. Unabhängig davon ist ihm aber zumindest eine signifikante **Ausstrahlungswirkung auf die Ausgestaltung und Auslegung des zivilrechtlichen Rechtsverhältnisses** beizumessen.[624]

177 **a) Rechtsnatur des Investmentverhältnisses.** Gemäß den §§ 162 Abs. 1 Nr. 1, 273 Abs. 1 Nr. 1 KAGB besteht zwischen einer Kapitalverwaltungsgesellschaft und den Anlegern eines Sondervermögens ein *vertragliches Rechtsverhältnis* auf Basis der Anlagebedingungen (sog **Investmentvertrag**[625]). Dagegen wird das Investmentverhältnis, das zwischen einer Investmentgesellschaft und ihren Anlegern besteht, in den §§ 162 Abs. 1 Nr. 2, 266 Abs. 1, 273 Abs. 1 Nr. 2, 3 KAGB lediglich als *Rechtsverhältnis* bezeichnet. Der Verweis auf den vertraglichen Charakter fehlt. Dies erscheint zunächst konsequent, denn die Anleger eines Investmentvermögens in Gesellschaftsform erhalten im Zuge des Anteilerwerbs ein unmittelbares **Mitgliedschaftsrecht** an der Investmentgesellschaft. Eine allgemeine schuldrechtliche Beziehung zwischen Anleger und Gesellschaft wird durch die gesellschaftsrechtliche Beteiligung hingegen grundsätzlich nicht begründet. Nach dem früheren InvG war zudem die Festlegung von Anlagebedingungen nur in Bezug auf Sondervermögen (in diesem Zusammenhang noch als Vertragsbedingungen bezeichnet[626]), nicht jedoch hinsichtlich der Investmentaktiengesellschaft, die damals den einzigen Typus eines Investmentvermögens in Gesellschaftsform verkörperte, verbindlich.[627] Investmentaktiengesellschaften

[620] Krit. auch BankR-HdB/*Köndgen/Schmies* § 113 Rn. 111; *Einsele* § 10 Rn. 18; *Schmolke* WM 2007, 1909 (1910). Zu den ökonomischen Anreizen *König* S. 47.

[621] S. dazu *Schmolke* WM 2007, 1909 (1914 f.).

[622] → Rn. 103.

[623] Früher § 43 InvG.

[624] → Rn. 114.

[625] Baur/Tappen/*v. Ammon/Izzo-Wagner* KAGB § 162 Rn. 13; Weitnauer/Boxberger/Anders/*Polifke* § 162 Rn. 2. Dies entspricht der früheren Rechtslage nach dem InvG, vgl. Berger/Steck/Lübbehüsen/*Schmitz* InvG § 43 Rn. 6.

[626] Vgl. § 43 InvG.

[627] Zu den fakultativen Anlagebedingungen nach dem InvG *Wallach* Der Konzern 2007, 487 (496).

konnten mangels Geltung des Prinzips der Satzungsstrenge die investmentbezogenen Hauptleistungspflichten der Gesellschaft sowie weitere Festlegungen, insbesondere hinsichtlich der zu beachtenden Anlagegrundsätze, direkt in die Satzung aufnehmen.[628] Der schuldrechtliche Charakter des Investmentverhältnisses im Anlagemodell der Vertragsform basiert aber gerade in der Festlegung bzw. Vereinbarung von besonderen, zT detailreichen Anlagebedingungen, die im Rahmen der kollektiven Vermögensverwaltung vom jeweiligen Verwalter zu berücksichtigen sind, auch und gerade im bilateralen Verhältnis zum einzelnen Anleger.[629] Hintergrund ist hier das Fehlen eines rechtsfähigen Vehikels, in dessen Organisationsstatut die erforderlichen Festlegungen getroffen werden könnten, um so eine rechtliche Bindung des Verwalters zu erreichen.

Seit der Einführung des KAGB sind Investmentgesellschaften aber verpflichtet, **separate Anlagebedingungen** festzulegen, nach denen sich in Verbindung mit der Satzung bzw. dem Gesellschaftsvertrag das Rechtsverhältnis zum Anleger bestimmt. Im Bereich der Publikumsinvestmentvermögen ist den Anlagebedingungen angesichts der Fülle und Bedeutung der hier zu treffenden Entscheidungen in Bezug auf die Art und Weise der Vermögensverwaltung (vgl. §§ 162 Abs. 2, 266 Abs. 2 KAGB) und der nunmehr statuierten Genehmigungspflicht (vgl. §§ 163, 267 KAGB)[630] ein besonderes Gewicht beizumessen. Der Schwerpunkt des Rechtsverhältnisses hat sich insoweit verlagert, denn der Ermessensspielraum des Verwalters hinsichtlich der konkreten Ausübung seiner Tätigkeit wird gerade durch die Anlagebedingungen eingeengt. Eine erhebliche Bedeutung erlangen Anlagebedingungen auch im Verhältnis zwischen Anleger und Spezialinvestmentvermögen, denn hier werden diese vielfach zwischen den Beteiligten ausverhandelt und müssen zudem der BaFin vorgelegt werden. Die **spezifisch investmentrechtliche Beziehung,** welche in den Anlagebedingungen niedergelegt wird, **hat sich damit verselbständigt und steht neben der eigentlichen Gesellschafterstellung.** Die Bedeutung der gesellschaftsrechtlichen Stellung nimmt gleichzeitig ab, denn sie wird, insbesondere im Falle der Publikumsinvestmentvermögen, von investmentbezogenen Gesichtspunkten und Regelungsgegenständen überlagert.[631] Das Rechtsverhältnis zwischen Anleger und Verwalter im Falle der Investmentvermögen in Gesellschaftsform weist insoweit eine **Doppelnatur** auf. Es wird zum einen bestimmt durch die mitgliedschaftliche Stellung des Anlegers, zum anderen ist zumindest hinsichtlich der Gegenstände in den Anlagebedingungen ein Investmentvertrag anzunehmen.[632] Diese Doppelnatur offenbart sich auch im Falle der **extern verwalteten Investmentgesellschaft.** Während Satzung und Gesellschaftsvertrag in der Sphäre der Investmentgesellschaft generiert werden, ist es Aufgabe der externen Kapitalverwaltungsgesellschaft, die Genehmigung von Anlagebedingungen zu beantragen (§§ 163 Abs. 1 Satz 2, 267 Abs. 1 Satz 2 KAGB) oder diese der BaFin vorzulegen (§ 273 Satz 2 KAGB). Hier wird deutlich, dass die Anlagebedingungen nicht einen organisationsrechtlichen Charakter haben, denn sie regeln weder das Rechtsverhältnis der Anleger untereinander noch die Binnenorganisation der Investmentgesellschaft, sie sind vielmehr Bestandteil der schuldrechtlichen Verflechtung der Beteiligten. 178

Verneint man dagegen die vertragsrechtliche Seite des Investmentverhältnisses in der Gesellschaftsform, dann dürften die Anlagebedingungen lediglich als **Annex** zur Satzung bzw. zum Gesellschaftsvertrag zu qualifizieren sein.[633] Liegt ein Fall der Fremdverwaltung 179

[628] Ein Verzicht auf Anlagebedingungen und die Aufnahme umfassender Regelungen in der Satzung war gleichwohl für die Praxis nicht ratsam, da jede spätere Änderung der Satzung einen notariell beurkundeten Beschluss der Hauptversammlung erforderte.

[629] S. a. *Wallach* ZGR 2014, 289 (298).

[630] Satzung und Gesellschaftsvertrag unterliegen hingegen keiner Genehmigungspflicht; hierauf weist *Zetzsche* AG 2013, 613 (629) hin.

[631] Dies wird auch dadurch unterstrichen, dass der Gesetzgeber rechtsformbedingte Unterschiede der Investmentvehikel auszugleichen versucht, → Rn. 97.

[632] Den Vertragscharakter der Anlagebedingungen einer Investmentkommanditgesellschaft bejahend auch *Wallach* ZGR 2014, 289 (298).

[633] So zB Baur/Tappen/*Hartrott* KAGB § 266 Rn. 6 („Annex zum Gesellschaftsvertrag").

vor, dann würde zwischen der externen Kapitalverwaltungsgesellschaft und den Gesellschaftern bzw. Aktionären des Investmentvermögens lediglich ein gesetzliches Schuldverhältnis bestehen,[634] in dessen Gegenstand das Investmentverhältnis abgebildet wäre.

180 Umstritten ist die vertragstypologische Einordnung des Investmentvertrages. Nach der wohl hM handelt es sich um einen **Geschäftsbesorgungsvertrag gemäß § 675 BGB,** der eine Dienstleistung zum Gegenstand hat.[635] Diese Annahme ist zunächst konsequent, insbesondere wenn man berücksichtigt, dass die Kapitalverwaltungsgesellschaft sich mit dem Investmentvertrag verpflichtet, fremde Vermögensangelegenheiten zu besorgen und somit auch eine Art Verwaltungstreuhandverhältnis begründet wird. Sowohl die Vermögensverwaltung als auch die Verwaltungstreuhand sind im Grundsatz zudem taugliche Gegenstände für eine Geschäftsbesorgung im Sinne des § 675 BGB.[636] Dennoch ist nicht zu verkennen, dass jedenfalls der Publikumsanleger keine Möglichkeit hat, die Geschäftsbesorgung im Rahmen des Investmentvertrages selbst zu gestalten, denn der Inhalt des Investmentvertrages ist entweder durch gesetzliche Bestimmungen oder durch die Kapitalverwaltungsgesellschaft, die das Fondsprodukt ohne Zutun des Anlegers entwickelt hat, vorgegeben. Ferner steht weder dem einzelnen Anleger eines Sondervermögens noch der Gesamtheit der Anleger ein **Weisungsrecht gegenüber der Kapitalverwaltungsgesellschaft** zu.[637] Gerade die Weisungsgebundenheit des Geschäftsbesorgers ist aber regelmäßig wesentliches Merkmal eines Geschäftsbesorgungsvertrags, was bereits unmittelbar aus §§ 675 Abs. 1 iVm 665 BGB folgt. Vor diesem Hintergrund wird der Investmentvertrag zutreffend als eine **Vertragsform sui generis** qualifiziert.[638] Im Ergebnis ändert sich dennoch wenig, denn etwaige Regelungslücken, die Vertrag und KAGB im Einzelfall aufweisen, sind mit den entsprechenden Inhalten des Geschäftsbesorgungs- und Auftragsrechts zu schließen.[639] Hiervon abweichend wird der Investmentvertrag auch als ein Verwaltungstreuhandvertrag sui generis mit teilweise gesellschaftsvertraglichen Zügen qualifiziert.[640] Diese Ansicht ist letztlich aber von der Grundannahme geprägt, dass im Falle der Verwaltungstreuhand gleichzeitig ein atypischer Gesellschaftsvertrag vorliegt.

181 **b) Hauptleistungspflichten der Beteiligten.** Die wesentliche Pflicht der Kapitalverwaltungsgesellschaft besteht in der **Verwaltung des Investmentvermögens für gemeinschaftliche Rechnung der Anleger.** Dies folgt bereits unmittelbar aus den Bestimmungen in den §§ 17 Abs. 1 Satz 1, 20 Abs. 2 und 3 KAGB. Gegenstand der fortlaufenden Verwaltungspflicht ist insbesondere die Anlage des zugeführten Kapitals in nach den Anlagebedingungen zugelassenen Vermögensgegenständen, die Wiederanlage der dem Investmentvermögen zugeflossenen Erträge, alternativ dazu die Gewinnausschüttung sowie die Vornahme etwaiger Umschichtungen. Im Rahmen der Vermögensverwaltung hat die Kapitalverwaltungsgesellschaft die Sorgfalt eines ordentlichen Kaufmanns anzuwenden und sie muss ihre Aufgaben und Pflichten unabhängig von der Verwahrstelle und im ausschließlichen Interesse der Anleger und Kunden wahrnehmen.[641] Daneben finden sich verstreut im KAGB eine Reihe von **weiteren signifikanten Pflichten,** wie zB die Verpflichtung

---

[634] So die wohl hM BankR-HdB/*Köndgen/Schmies* § 113 Rn. 244 („atypisches gesetzliches Schuldverhältnis"); Weitnauer/Boxberger/Anders/*Winterhalder* § 17 Rn. 47; *Fischer/Friedrich* ZBB 2013, 153 (155); *Wallach* ZGR 2014, 289 (301); Hoch/Preller BKR 2019, 22 (28); dagegen *Zetzsche* AG 2013, 613 (623) („berechtigender Vertrag zugunsten Dritter").

[635] BankR-HdB/*Köndgen/Schmies* § 113 Rn. 203; Baur/Tappen/*v. Ammon/Izzo-Wagner* KAGB § 162 Rn. 15; Weitnauer/Boxberger/Anders/*Polifke* § 162 Rn. 2; Beckmann/Scholtz/Vollmer/*Beckmann* InvG § 43 Rn. 4; Berger/Steck/Lübbehüsen/*Schmitz* InvG § 43 Rn. 6; *Lenenbach* § 14 Rn. 14.94; so schon *Canaris* Bankvertragsrecht, Rn. 2342.

[636] Vgl. Palandt/*Sprau* § 675 Rn. 15, 27.

[637] Dies kritisieren insbes. BankR-HdB/*Köndgen/Schmies* § 113 Rn. 203 und *Einsele* § 10 Rn. 25.

[638] So BankR-HdB/*Köndgen/Schmies* § 113 Rn. 203 und *Einsele* § 10 Rn. 25.

[639] So auch BankR-HdB/*Köndgen/Schmies* § 113 Rn. 203.

[640] Vgl. Derleder/Knops/Bamberger/*Geibel*, 1. Aufl., § 59 Rn. 24 mit Hinweis auf *Geibel* S. 113 ff., 155 ff., 163 f.

[641] Zu den allgemeinen Verhaltensregeln → Rn. 113 ff.

gemäß den §§ 164, 268 KAGB, dem Publikum einen Verkaufsprospekt und die wesentlichen Anlegerinformationen zugänglich zu machen.[642] Im Gegenzug hat die Kapitalverwaltungsgesellschaft einen **Vergütungsanspruch** sowie einen Anspruch auf **Ersatz von Aufwendungen,** soweit diese im Rahmen der Verwaltungstätigkeit entstanden sind. Dabei kann sie sich aber nur aus dem Investmentvermögen selbst befriedigen. Eine persönliche Haftung der Anleger ist hingegen ausgeschlossen. Letzteres ist in Bezug auf die Anleger eines Sondervermögens ausdrücklich in § 93 Abs. 3 KAGB geregelt.

Die **Hauptleistungspflicht des Anlegers** erschöpft sich indes in der Einzahlung des **182**
Kapitals gegen Einräumung einer entsprechenden Berechtigung am Investmentvermögen. Der Anleger einer Investmentgesellschaft erwirbt eine gesellschaftsrechtliche Stellung, dh er wird Aktionär einer Investmentaktiengesellschaft oder Kommanditist einer Investmentkommanditgesellschaft bzw. beteiligt sich an einen Treuhandkommanditisten.[643] Der Anleger eines Sondervermögens erwirbt einen Anteil am Sondervermögen. Er hat gemäß § 95 Abs. 1 KAGB einen Anspruch auf die Ausgabe eines Anteilsscheins, in welchem der erworbene Anteil und die damit verbundenen Rechte verbrieft werden. Der Anteil des Anlegers entsteht hier aber unabhängig von seiner Verbriefung, so dass in dem Anteilsschein nur ein deklaratorisches Wertpapier zu sehen ist.[644]

c) Anlagebedingungen (§§ 162, 266, 273 KAGB). Einen wesentlichen Bestandteil **183**
des Investmentverhältnisses zwischen Anleger und Kapitalverwaltungsgesellschaft bilden die Anlagebedingungen, welche auch Grundlage für den Investmentvertrag sind.[645] Diese enthalten **wichtige Parameter des jeweiligen Anlagemodells** und sind vor Ausgabe der Anteile schriftlich festzulegen. § 162 Abs. 2 KAGB enthält einen umfangreichen Katalog mit Angaben, die in den Anlagebedingungen eines offenen Publikumsinvestmentvermögens Berücksichtigung finden müssen (sog. **Mindestinhalt**[646]). Hierzu gehören ua eindeutige Bestimmungen zu den einschlägigen Grundsätzen für die Auswahl der zu beschaffenden Vermögensgegenstände, insbesondere über deren Art und Umfang, sowie über anwendbare Techniken und Instrumente zur Absicherung des Investmentvermögens. Darüber hinaus sind Informationen zu den Voraussetzungen anzugeben, unter denen die Anleger die Rücknahme und gegebenenfalls den Umtausch der Anteile von der Kapitalverwaltungsgesellschaft verlangen können, sowie zu den Bedingungen, unter denen die Kapitalverwaltungsgesellschaft die Rücknahme und den Umtausch aussetzen kann. Zum Zwecke der Kostentransparenz müssen die Anlagebedingungen auch Angaben zu der Methode, der Höhe und der Berechnung von Vergütungen und Aufwendungsersatzansprüchen enthalten, die aus dem Investmentvermögen an die Kapitalverwaltungsgesellschaft, die Verwahrstelle oder an Dritte zu leisten sind. Ebenso sind Aufschläge bei der Ausgabe und Abschläge im Rahmen der Rücknahme der Anteile sowie sonstige vom Anleger zu entrichtende Kosten einschließlich deren Berechnung darzulegen. Der Mindestinhalt der Anlagebedingungen von **geschlossenen** Publikumsinvestmentvermögen ist ähnlich umfangreich,[647] wohingegen die Anlagebedingungen für Spezialinvestmentvermögen mangels gesetzlicher Vorgaben entsprechend den Bedürfnissen der beteiligten professionellen und semiprofessionellen Anleger weitgehend individuell ausgestaltet werden können.[648]

---

[642] Zum Verkaufsprospekt und den wesentlichen Anlegerinformationen → Rn. 239 f.

[643] Zu dieser Konstellation → Rn. 159.

[644] Weitnauer/Boxberger/Anders/*Anders* § 95 Rn. 3; Berger/Steck/Lübbehüsen/*Schmitz* InvG § 33 Rn. 8, 10; Beckmann/Scholtz/Vollmer/*Beckmann* InvG § 33 Rn. 19. Zur Bildung des Sondervermögens und der Beteiligung der Anleger → Rn. 142 ff.

[645] Nach der hier vertretenen Meinung besteht zwischen Anleger und Verwalter stets eine schuldrechtliche Investmentabrede, die sich gerade auch in den Anlagebedingungen manifestiert, vgl. → Rn. 178.

[646] Ausführlich zu diesem Katalog Weitnauer/Boxberger/Anders/*Polifke* § 162 Rn. 10 ff.

[647] § 266 Abs. 2 KAGB verweist im Wesentlichen auf § 162 Abs. 2 KAGB, bereinigt um die Besonderheiten offener Investmentvermögen.

[648] § 273 enthält insoweit keine Vorgaben; gleichwohl können Spezialinvestmentvermögen auch mit festen Anlagebedingungen aufgesetzt werden, deren Struktur orientiert sich dann aber mehr an offene Publikumsinvestmentvermögen, vgl. Weitnauer/Boxberger/Anders/*Baum* § 284 Rn. 3. Ferner müssen die Anlage-

184 **aa) Allgemeine Geschäftsbedingungen.** Die Anlagebedingungen von **Publikumsinvestmentvermögen** sind allgemeine Geschäftsbedingungen **(AGB)** im Sinne des § 305 Abs. 1 Satz 1 BGB, denn die Kapitalverwaltungsgesellschaft formuliert diese bereits im Vorfeld der Anteilsausgabe für eine Vielzahl von Verträgen vor und stellt sie dann den Anlegern bei Begründung des Investmentverhältnisses.[649] Für die wirksame **Einbeziehung** der Anlagebedingungen in das Rechtsverhältnis ist es darüber hinaus noch erforderlich, dass die Kapitalverwaltungsgesellschaft den Anleger gemäß § 305 Abs. 2 BGB auf diese ausdrücklich hinweist und der Anleger anschließend eine zumutbare Möglichkeit zur Kenntnisnahme hat. In der Praxis wird die Kapitalverwaltungsgesellschaft diese Pflicht bereits dadurch erfüllen, dass sie die Anlagebedingungen, wie in § 297 Abs. 3 KAGB vorgesehen, dem Verkaufsprospekt beifügt und dann die sog Verkaufsunterlagen[650] dem interessierten Anleger zur Verfügung stellt. Insoweit legt § 297 Abs. 3 KAGB höhere Anforderungen fest als § 305 Abs. 2 BGB. Im Prinzip steht damit auch der Weg für eine AGB-Inhaltskontrolle offen, allerdings auf Grund von § 307 Abs. 3 BGB nur soweit die Vertragsbedingungen nicht nur eine bloße Wiedergabe des KAGB enthalten.

185 **bb) Genehmigung und Änderung der Anlagebedingungen.** Die Anlagebedingungen sowie deren nachträgliche Änderung bedürfen im Falle von **Publikumsinvestmentvermögen** gemäß den §§ 163, 267 KAGB der **Genehmigung der BaFin.** Im Zuge des Genehmigungsverfahrens prüft die BaFin sowohl in formeller als auch in materieller Hinsicht, ob die Anlagebedingungen mit den gesetzlichen Bestimmungen im Einklang stehen. Die Anlagebedingungen von Spezialinvestmentvermögen sind der BaFin hingegen nur vorzulegen (vgl. § 273 Satz 2 KAGB).

186 Im Zusammenhang mit **Änderungen der Anlagebedingungen offener Fonds** hat die BaFin zusätzlich zur Rechtmäßigkeitsprüfung festzustellen, ob die beabsichtigte Änderung mit den bisherigen Anlagegrundsätzen des Investmentvermögens **vereinbar** ist. Eine Vereinbarkeit dürfte noch anzunehmen sein, wenn sich das Risikoprofil des Investmentvermögens nur unwesentlich ändert,[651] was aber stets im Einzelfall zu entscheiden ist. Liegt nach dem Ergebnis der aufsichtsrechtlichen Prüfung eine **wesentliche Änderung des Risikoprofils** vor, wird die BaFin die Genehmigung nur unter den Voraussetzungen des § 163 Abs. 3 Satz 1 KAGB erteilen. Hiernach ist zum einen die Änderung mindestens drei Monate vor dem Inkrafttreten bekannt zu machen und zum anderen ist den Anlegern eine **Rücknahme oder ein Umtausch ihrer Anteile ohne weitere Kosten** zu ermöglichen. Das Umtauschangebot genügt nur dann den gesetzlichen Anforderungen, wenn es sich auf Anteile eines anderen Investmentvermögens bezieht, dessen Risikoprofil mit den bisherigen Anlagegrundsätzen vereinbar ist und von derselben Kapitalverwaltungsgesellschaft oder einer mit dieser verbundenen Konzerngesellschaft verwaltet wird. Erst seit Inkrafttreten des OGAW-IV-UmsG besteht die Möglichkeit, den Anlegern im Gegenzug für die Abänderung der Anlagebedingungen ein Andienungsrecht bezogen auf ihre Anteile zu gewähren. Im Falle **geschlossener Publikumsinvestmentvermögen** ist dagegen eine Änderung der Anlagebedingungen, die mit den Anlagegrundsätzen nicht vereinbar ist oder zu einer Änderung der Kosten oder der wesentlichen Anlegerrechte führt, nur mit Zustimmung einer qualifizierten Mehrheit von Anlegern, die mindestens zwei Drittel des Zeichnungskapitals auf sich vereinigen, möglich (vgl. § 267 Abs. 3 Satz 1 KAGB).

187 Unabhängig von der öffentlich-rechtlichen Genehmigung seitens der BaFin stellt sich aus zivilrechtlicher Sicht die Frage, ob es zusätzlich einer ausdrücklichen Abänderungsverein-

---

bedingungen eines Hedgefonds nach § 283 Abs. 2 KAGB die Angabe enthalten, ob die Vermögensgegenstände bei einer Verwahrstelle oder einem Primebroker verwahrt werden.

[649] So auch BankR-HdB/*Köndgen/Schmies* § 113 Rn. 204; ähnlich Baur/Tappen/*v. Ammon/Izzo-Wagner* KAGB § 162 Rn. 27 ff.; Weitnauer/Boxberger/Anders/*Polifke* § 162 Rn. 5; Beckmann/Scholtz/Vollmer/*Beckmann* InvG § 43 Rn. 16; *Lenenbach* § 14 Rn. 14.96.

[650] → Rn. 233 ff.

[651] So auch Berger/Steck/Lübbehüsen/*Schmitz* InvG § 43 Rn. 33.

barung zwischen der Kapitalverwaltungsgesellschaft und jedem einzelnen Anleger bedarf,[652] was bei Publikumsfonds in der Umsetzung kaum möglich sein dürfte. In der Praxis wird eine Änderung der Anlagebedingungen deshalb im Regelfall auf einen **ausdrücklichen Änderungsvorbehalt in den Anlagebedingungen** gestützt. Die Änderung von *Allgemeinen Geschäftsbedingungen* nach § 308 Nr. 4 BGB ist aber nur dann wirksam, wenn sie unter Berücksichtigung der Interessen des Verwenders **für den Kunden zumutbar** ist. Der BGH verlangt hierfür stets einen wichtigen Grund.[653]

3. Kapitalverwaltungsgesellschaft und Verwahrstelle

Das Rechtsverhältnis zwischen der Kapitalverwaltungsgesellschaft und der Verwahrstelle ist geprägt von der **gesetzlichen Aufgabenverteilung innerhalb des Investmentdreiecks.**[654] Das Investmentgeschäft enthält einen Aufgabenbereich, den die Kapitalverwaltungsgesellschaft nicht selbst wahrnehmen darf, sondern einer unabhängigen Verwahrstelle anvertrauen muss. Der Kapitalverwaltungsgesellschaft selbst obliegt es dabei sicherzustellen, dass eine Verwahrstelle beauftragt wird, welche die Verwahrung der Vermögensgegenstände des Investmentvermögens sowie die sonstigen, ihr nach Maßgabe des KAGB zugewiesenen Aufgaben übernimmt (OGAW: § 68 Abs. 1 Satz 1 KAGB; AIF: § 80 Abs. 1 Satz 1 KAGB).[655] Diese Verantwortlichkeit besteht auch im Falle extern verwalteter Investmentvermögen.[656] Je nach Fondstyp gelten die Vorschriften für OGAW- bzw. AIF-Verwahrstellen, die sich jedoch hinsichtlich Stellung und Funktion der Verwahrstelle nicht wesentlich unterscheiden. Die Aufgaben und Pflichten der Verwahrstelle hat die BaFin zusätzlich in einem **Rundschreiben** zusammengefasst und konkretisiert.[657] 188

a) Verwahrstellenvertrag. Die Beauftragung der Verwahrstelle erfolgt durch den Abschluss eines Verwahrstellenvertrags, der keiner Genehmigung bedarf.[658] Die Auswahl sowie der spätere Wechsel der Verwahrstelle, beispielsweise als Folge einer Kündigung des als Dauerschuldverhältnis angelegten Vertrages,[659] bedürfen hingegen in den Fällen eines OGAW (§ 69 Abs. 1 Satz 1 KAGB) und eines Publikums-AIF (§§ 87, 69 Abs. 1 Satz 1 KAGB) einer entsprechenden **Genehmigung seitens der BaFin.**[660] Der Verwahrstellenvertrag ist ein **gemischttypischer Vertrag,** der sowohl eine Verwahrung als auch eine Geschäftsbesorgung zum Gegenstand hat.[661] Umstritten ist, ob im Rahmen der Geschäftsbesorgung das dienst-[662] oder das werkvertragliche[663] Element überwiegt. Da die Verwahrstelle im Rahmen ihrer Tätigkeit regelmäßig einen Erfolg schulden wird, beispielsweise bei der Ausgabe von Anteilen oder bei der Abwicklung von Transaktionen für Rechnung des Investmentvermögens, liegt der Geschäftsbesorgung in erster Linie ein Werkvertrag zugrunde. Darüber hinaus enthält die Geschäftsbesorgung aber auch ein **girovertragliches** 189

[652] S. dazu auch die Ausführungen von Baur/Tappen/*v. Ammon/Izzo-Wagner* KAGB § 163 Rn. 29; Weitnauer/Boxberger/Anders/*Polifke* § 163 Rn. 12; Weitnauer/Boxberger/Anders/*Silberberger* § 267 Rn. 11.

[653] BGH NJW 2005, 3420 (3420 f.).

[654] Zum Investmentdreieck → Rn. 173 ff.

[655] Weitere Einzelheiten zur Organisation der Verwahrstelle → Rn. 128 f.

[656] Weitnauer/Boxberger/Anders/*Klusak* § 68 Rn. 12; Weitnauer/Boxberger/Anders/*Boxberger* § 80 Rn. 2.

[657] Rundschreiben 08/2015 WA – Aufgaben und Pflichten der Verwahrstelle nach Kapitel 1 Abschnitt 3 des Kapitalanlagegesetzbuchs.

[658] Früher nach dem InvG noch der Depotbankvertrag; Einzelheiten zum Depotgeschäft siehe *Binder,* Kap. 38. Zwei Muster-Depotbankverträge sind abgedruckt bei Beckmann/Scholtz/Vollmer/*Beckmann* § 20 InvG Anh. 1, 2.

[659] Näheres zur Kündigung des Depotbankvertrages nach dem InvG bei Berger/Steck/Lübbehüsen/*Köndgen* Vor §§ 20–29 InvG Rn. 6.

[660] Zum Bestellungsprozess → Rn. 126 f.

[661] Vgl. Weitnauer/Boxberger/Anders/*Klusak* § 68 Rn. 5; Berger/Steck/Lübbehüsen/*Köndgen* InvG Vor §§ 20–29 Rn. 2.

[662] So Beckmann/Scholtz/Vollmer/*Beckmann* InvG § 20 Rn. 30; BuB-*Baur/Ziegler* Rn. 9/120; so bereits *Canaris* Bankvertragsrecht, Rn. 2355 und mehrheitlich auch das ältere Schrifttum.

[663] So BankR-HdB/*Köndgen/Schmies* § 113 Rn. 240; *Einsele* § 10 Rn. 33.

Element, soweit die Verwahrstelle mit der Kontoführung betraut ist.[664] Zu berücksichtigen ist, dass die Parteien bei der Ausformung des privatautonomen Inhalts des Verwahrstellenvertrags einen nicht unerheblichen Gestaltungspielraum haben. Unabhängig davon sind die gesetzlich geregelten Aufgaben und Kontrollbefugnisse der Verwahrstelle zwingend Gegenstand des Rechtsverhältnisses mit der Kapitalverwaltungsgesellschaft. Sie stehen **nicht zur Disposition der Beteiligten.**[665] Vereinzelt wird das Rechtsverhältnis zwischen der Kapitalverwaltungsgesellschaft und der Verwahrstelle als **BGB-Innengesellschaft** qualifiziert.[666] Diese Annahme steht jedoch im Widerspruch zur gesetzlich vorgegebenen organisatorischen Trennung von Verwaltungs- und Verwahrungsfunktion, denn die Verwahrstelle ist nach der gesetzlichen Konzeption unabhängig und sie handelt gemäß § 70 Abs. 1 KAGB ausschließlich im Interesse der Anleger (OGAW) bzw. gemäß § 85 Abs. 1 KAGB im Interesse des AIF und seiner Anleger (AIF). Die Verfolgung gemeinsamer Zwecke mit der Kapitalverwaltungsgesellschaft im Rahmen einer BGB-Gesellschaft würde die Struktur des Investmentdreiecks im Ergebnis zumindest teilweise wieder auflösen.[667]

190 **b) Aufgaben und Pflichten der Verwahrstelle (§§ 71 ff., 81 ff. KAGB).** Die Verwahrstelle übernimmt die wesentliche Aufgabe, die Vermögensgegenstände des Investmentvermögens zu **verwahren** (OGAW: § 72 KAGB; AIF: § 81 KAGB). Verwahrstellen müssen Finanzinstrumente in ein Depot verbuchen, und zwar so, dass diese **eindeutig als zum Investmentvermögen gehörend identifiziert** werden können (OGAW: § 72 Abs. 1 Nr. 1 KAGB; AIF: § 81 Abs. 1 Nr. 1 KAGB). Guthaben hat die OGAW-Verwahrstelle gemäß § 72 Abs. 2 KAGB auf Sperrkonten zu legen. Der Sperrvermerk bringt zum einen die begrenzte Verfügungsmacht des Berechtigten zum Ausdruck, dh den Umstand, dass die Kapitalverwaltungsgesellschaft nur im Rahmen der gesetzlichen Vorschriften und Vertragsbedingungen verfügen darf, und zum anderen die Kontrollfunktion der Verwahrstelle.[668] Hinsichtlich sonstiger Vermögensgegenstände prüft die Verwahrstelle das Eigentum und führt aktuelle Aufzeichnungen (OGAW: § 72 Abs. 1 Nr. 2 KAGB; AIF: § 81 Abs. 1 Nr. 2 KAGB). Insoweit besteht eine Pflicht zur laufenden Überwachung. Eine **Unterverwahrung** ist nur unter den Voraussetzungen der §§ 73 (OGAW) bzw. 82 (AIF) KAGB zulässig. Sie bedarf insbesondere einer objektiven Begründung.

191 Zu den Aufgaben einer OGAW-Verwahrstelle gehören zudem die **Ausgabe und die Rücknahme von Anteilen** am Investmentvermögen nach § 71 KAGB. Hier gilt der Grundsatz, dass Anteile nur gegen volle Leistung des Ausgabepreises ausgegeben werden dürfen. Sacheinlagen sind nur im Zusammenhang mit der Verschmelzung und der Bildung von Master-Feeder-Strukturen ausnahmsweise zulässig. Dagegen obliegt AIF-Verwahrstellen lediglich die Überwachung der Ausgabe und Rücknahme von Anteilen oder Aktien eines AIF (§ 83 Abs. 1 Nr. 1 KAGB) Für sämtliche laufenden Zahlungsvorgänge im Zusammenhang mit einem inländischen OGAW fungiert die OGAW-Verwahrstelle darüber hinaus als **Zahlstelle** der Kapitalverwaltungsgesellschaft, was unmittelbar aus § 74 KAGB folgt.

192 Die Funktion der Verwahrstelle erschöpft sich nicht in der Übernahme von Aufgaben rein technischer Natur, sie umfasst auch weitreichende **Befugnisse hinsichtlich der Überwachung des Investmentvermögens und der Kapitalverwaltungsgesellschaft.** Die Verwahrstelle kontrolliert beispielsweise die ordnungsgemäße Verwendung der Erträge und den rechtzeitigen Eingang des Gegenwerts aus getätigten Geschäften (§§ 76 Abs. 1, 83 Abs. 1 KAGB). Ferner ist die Durchführung einzelner Geschäfte für Rechnung des Investmentvermögens, darunter die Aufnahme von Krediten, die Anlage von Fondsmittel in

---

[664] Ebenso BuB-*Baur/Ziegler* Rn. 9/120; Beckmann/Scholtz/Vollmer/*Beckmann* InvG § 20 Rn. 30.

[665] So auch Weitnauer/Boxberger/Anders/*Klusak* § 68 Rn. 5; BankR-HdB/*Köndgen/Schmies* § 113 Rn. 241.

[666] *Ohl* S. 88 ff.

[667] Ablehnend auch *Einsele* § 10 Rn. 34; BankR-HdB/*Köndgen/Schmies* § 113 Rn. 241.

[668] Diesen Gedanken entwickelt in Bezug auf das InvG schon Beckmann/Scholtz/Vollmer/*Beckmann* InvG § 24 Rn. 3 f.; ähnlich Berger/Steck/Lübbehüsen/*Schmitz* InvG § 24 Rn. 5, 17.

Bankguthaben bei anderen Kreditinstituten und die Verfügung oder Belastung von Immobilien eines AIF, von der **Zustimmung der Verwahrstelle** abhängig (§§ 75 Abs. 1, 84 Abs. 1 KAGB).[669] Diese kontrolliert damit innerhalb bestimmter Grenzen die Rechtmäßigkeit der Verwaltungstätigkeit der Kapitalverwaltungsgesellschaft.[670] Dies steht nur scheinbar in einem Widerspruch zum gleichzeitigen **Weisungsrecht** der Kapitalverwaltungsgesellschaft gemäß den §§ 76 Abs. 2, 83 Abs. 5 KAGB, denn dieses erstreckt sich ausdrücklich nur auf Weisungen, die weder gegen gesetzliche Bestimmungen noch gegen die Anlagebedingungen verstoßen.

Hinsichtlich der **Vergütungs- und Aufwendungsersatzansprüche** der OGAW-Verwahrstelle und OGAW-Verwaltungsgesellschaft hat der Gesetzgeber in **§ 79 KAGB** ein System der gegenseitigen Kontrolle statuiert. Zur Befriedigung dieser Ansprüche ist stets die **Mitwirkung der jeweils anderen Partei erforderlich.** Nach § 79 Abs. 1 KAGB darf die Verwahrstelle der Kapitalverwaltungsgesellschaft aus den zu einem inländischen OGAW gehörenden Konten nur die für die Verwaltung des OGAW zustehende Vergütung und den ihr zustehenden Ersatz von Aufwendungen auszahlen. Gleichzeitig darf die Verwahrstelle nach § 79 Abs. 2 KAGB die ihr für die Verwahrung des inländischen OGAW und die Wahrnehmung ihrer gesetzlichen Aufgaben zustehende Vergütung nur mit Zustimmung der Kapitalverwaltungsgesellschaft entnehmen. Im ersten Fall wird das Investmentvermögen vor unberechtigten Zugriffen seitens der Kapitalverwaltungsgesellschaft geschützt und im zweiten Fall durch den Zustimmungsvorbehalt ein reines Selbstkontrahieren der Verwahrstelle unterbunden.[671] 193

4. Verwahrstelle und Anleger

Die Anleger eines Publikumsinvestmentvermögens schließen selbst keinen Vertrag mit der Verwahrstelle.[672] Diese ist aber gleichwohl gesetzlich dazu verpflichtet, bei der Wahrnehmung ihrer Aufgaben, die in einem Zusammenhang mit der Verwahrung des Investmentvermögens stehen, zwar im eigenen Namen, aber im Interesse der Anleger zu handeln. Die Rechtsbeziehung hat insoweit einen treuhänderischen Charakter.[673] Ein primärvertragliches Rechtsverhältnis kann dagegen im Falle eines Spezialinvestmentvermögens vorliegen, denn hier schließen in der Praxis die Anleger vielfach gemeinsam mit der Kapitalverwaltungsgesellschaft und der Verwahrstelle einen **dreiseitigen Rahmenvertrag.**[674] In den anderen Fällen können Verpflichtungen der Verwahrstelle vertraglicher Natur lediglich aus dem Verwahrstellenvertrag resultieren.[675] Dieser entfaltet nach verbreiteter Auffassung in der Literatur eine **Schutzwirkung** für die Anleger bzw. ist als **Vertrag zugunsten Dritter** entsprechend § 328 BGB zu qualifizieren.[676] Fraglich ist aber, ob vertragliche Schutzpflichten allein das Rechtsverhältnis zwischen Verwahrstelle und Anleger vollumfänglich erfassen und dem berechtigten Anliegen des Anlegerschutzes gerecht werden können. Denn zum einen wird die Rechtsstellung der Anleger vom Bestand und Inhalt des Verwahrstellenvertrags abhängig gemacht, zum anderen besteht die Gefahr, dass die Verwahrstelle den Anlegern Einwendungen aus dem Schuldverhältnis mit der Kapitalverwaltungsgesellschaft gemäß § 334 BGB entgegen hält.[677] In Reaktion auf diese Kritik wird vereinzelt ein atypischer Vertrag zugunsten der Anleger 194

[669] Der Zustimmungsvorbehalt der Verwahrstelle ist grundbuchfähig, vgl. BGH DNotZ 2012, 56.

[670] Vgl. BGH WM 2001, 2053 (2054).

[671] So auch Berger/Steck/Lübbehüsen/*Schmitz* InvG § 29 Rn. 2.

[672] **AA** soweit ersichtlich nur *Klenk* S. 13 ff.

[673] So auch Baur/Tappen/*Karcher* KAGB § 68 Rn. 16 und § 80 Rn. 8.

[674] Zu den einzelnen Rechtsbeziehungen in diesem Fall Berger/Steck/Lübbehüsen/*Steck* InvG Vor §§ 91–95 Rn. 12f

[675] → Rn. 189.

[676] Baur/Tappen/*Karcher* KAGB § 68 Rn. 15 und § 80 Rn. 7; Assmann/Schütze/*Baur*, 3. Auflage, § 20 Rn. 7. Näher auf die einzelnen Tatbestandsmerkmale noch eingehend Beckmann/Scholtz/Vollmer/*Beckmann* InvG § 20 Rn. 49.

[677] Argumente aus *Canaris* Bankvertragsrecht Rn. 2462; BankR-HdB/*Köndgen/Schmies* § 113 Rn. 242.

angenommen, diesmal aber unter Ausschluss einzelner Vorschriften, namentlich der §§ 333, 334 BGB.[678] Eine derartige Konstruktion ist jedoch nicht erforderlich, wenn man zusätzlich zu den vertraglichen Schutzwirkungen aus dem Verwahrstellenvertrag und anknüpfend an die gesetzliche Pflicht zum Handeln im Interesse der Anleger **ein atypisches gesetzliches Schuldverhältnis** zwischen Verwahrstelle und Anleger annimmt, welches etwaig auftretende Lücken zumindest im Rahmen des gesetzlich vorgeschriebenen Anlegerschutzes effektiv schließen kann.[679] Dieses Rechtsverhältnis zwischen der Verwahrstelle und den Anlegern entspricht aber nicht ganz der Typik gesetzlicher Schuldverhältnisse, weil insbesondere die Anleger für den Eintritt in das Schuldverhältnis nicht notwendigerweise einen geschäftlichen Kontakt zur Verwahrstelle begründet haben müssen.[680]

5. Innenverhältnis der Anleger

195 Die Anleger des **KAGB-Sondervermögens** sind untereinander rechtsgeschäftlich nicht verbunden, weder im Falle der Treuhandlösung noch in der Form der Miteigentumslösung.[681] Das Innenverhältnis der Anleger lässt sich auch nicht in entsprechender Weise eindeutig einem herkömmlichen gesellschafts- oder zivilrechtlichen Gemeinschaftsverhältnis zuordnen. In der Literatur wird vielfach vertreten, die Gemeinschaft der Anleger sei eine **(atypische) Bruchteilsgemeinschaft im Sinne der §§ 741 ff. BGB.**[682] Vereinzelt wird dies jedoch nur für die Variante der Miteigentumslösung angenommen.[683] Diese dogmatische Einordnung mag im Ergebnis gerechtfertigt sein, gleichwohl enthält das KAGB eine Reihe von Vorschriften, die von dem gesetzlichen Regelungsbild einer Bruchteilsgemeinschaft zum Teil erheblich abweichen, dieses sogar in gravierender Weise durchbrechen.[684] So kann die Gemeinschaft der Anleger weder über die Gegenstände des Sondervermögens verfügen (so aber § 747 Satz 2 BGB), denn dieses Recht steht nach § 93 Abs. 1 KAGB allein der Kapitalverwaltungsgesellschaft zu, noch kann ein einzelner Anteilinhaber die Aufhebung der Gemeinschaft verlangen (so aber § 749 Abs. 1 BGB), sondern er hat lediglich einen Anspruch auf Auszahlung seines Anteils am Sondervermögen gegen Rückgabe des Anteils. Die Gemeinschaft der Anleger, diese Bezeichnung verwendet der Gesetzgeber in § 99 Abs. 5 KAGB, beruht im Wesentlichen darauf, dass die einzelnen Anteilinhaber **parallel laufende Rechte an einem Sondervermögen haben,** so dass insoweit wohl zumindest von einer **Rechtsgemeinschaft eigener Art** auszugehen ist,[685] die aber wiederum weitreichende Ähnlichkeiten zur Bruchteilsgemeinschaft aufweist. Abzulehnen ist jedenfalls die Annahme einer Gesamthandsgemeinschaft, denn die Anleger eines Sondervermögens haben sich nicht gemeinschaftlich zur Verfolgung eines gemeinsamen Zwecks verbunden.[686]

196 Anders ist hingegen die Situation in der **Investmentgesellschaft** zu beurteilen, denn hier sind die Anleger entweder Aktionäre oder Kommanditisten, und damit **mitglied-**

---

[678] So ausdrücklich *Einsele* § 10 Rn. 37.

[679] So insbes. Berger/Steck/Lübbehüsen/*Köndgen* InvG Vor §§ 20–29 Rn. 10; Weitnauer/Boxberger/Anders/*Klusak* § 68 Rn. 10. Ein gesetzliches Schuldverhältnis nehmen auch an Derleder/Knops/Bamberger/*Geibel*, 1. Aufl., § 59 Rn. 81; BankR-HdB/*Köndgen/Schmies* § 113 Rn. 242; *Canaris* Bankvertragsrecht, Rn. 2464; *Müller* DB 1975, 485 (487).

[680] Vgl. hierzu auch § 311 Abs. 2 Nr. 3 BGB, denn hier wird die Entstehung eines Schuldverhältnisses gerade von einem geschäftlichen Kontakt abhängig gemacht; vgl. MüKoBGB/*Emmerich* § 311 Rn. 74 ff.

[681] Zu diesen beiden Formen → Rn. 134 ff.

[682] Beckmann/Scholtz/Vollmer/*Beckmann* InvG § 30 Rn. 21, 23 ff.; *Einsele* § 10 Rn. 39; *Roth* S. 116; *Ohl* S. 29.

[683] So zB Staudinger/*Langhein* § 741 Rn. 196 ff.; MüKoBGB/*K. Schmidt* § 741 Rn. 50.

[684] Näher dazu Berger/Steck/Lübbehüsen/*Schmitz* InvG § 30 Rn. 27 f.; MüKoBGB/*K. Schmidt* § 741 Rn. 51.

[685] So ausdrücklich Berger/Steck/Lübbehüsen/*Schmitz* InvG § 30 Rn. 24, 29. Von einer schwachen Ausprägung des Rechtsverhältnis ausgehend Weitnauer/Boxberger/Anders/*Anders* § 92 Rn. 5.

[686] Dazu näher Beckmann/Scholtz/Vollmer/*Beckmann* InvG § 30 Rn. 21 mwN.

schaftlich miteinander verbunden. In Ermangelung einer spezifischen Regelung im KAGB sind mit Blick auf das Innenverhältnis der Anleger die Bestimmungen des allgemeinen Aktien- und Handelsrechts heranzuziehen. Korrespondierend zu der nur schwach ausgeprägten mitgliedschaftlichen Rechtsposition der Anleger[687] sind etwaige **gesellschaftsrechtliche Rücksichtnahme- und Treuepflichten** im Verhältnis zwischen den Mitgesellschaftern,[688] wenn überhaupt, nur minimal ausgeprägt.

6. Haftungsansprüche der Anleger

Verletzen die Kapitalverwaltungsgesellschaft oder die Verwahrstelle schuldhaft ihre Pflichten aus dem jeweiligen Rechtsverhältnis zu den Anlegern, können diese, soweit sie auf Grund der Pflichtverletzung einen Schaden erlitten haben, einen entsprechenden Ausgleich verlangen. Grundsätzlich sind im Rahmen des Investmentdreiecks die **allgemeinen schuldrechtlichen und deliktischen Haftungsgrundlagen des BGB** heranzuziehen. Insofern kommt eine Haftung zum einen aus **§ 280 Abs. 1 BGB** wegen positiver Vertragsverletzung und zum anderen auf der Grundlage des **§ 823 Abs. 2 BGB** in Verbindung mit einem Schutzgesetz in Betracht.[689] Die Anlagevorschriften sowie die sonstigen im KAGB geregelten Pflichten der Kapitalverwaltungsgesellschaft und der Verwahrstelle werden vielfach als Schutzgesetze im Sinne des § 823 Abs. 2 BGB qualifiziert.[690] Die Geltendmachung eines sekundärvertraglichen Anspruchs ist aber aus Sicht des Anlegers angesichts der Beweislastumkehr im § 280 Abs. 1 Satz 2 BGB günstiger. **197**

Die **§§ 78 und 89 KAGB** enthalten darüber hinaus die investmentrechtliche Besonderheit, dass Kapitalverwaltungsgesellschaft und Verwahrstelle jeweils berechtigt und verpflichtet sind, Haftungsansprüche der Anleger gegen den jeweils anderen Beteiligten im Investmentdreieck im eigenen Namen im Rahmen einer **gesetzlichen Prozessstandschaft** geltend zu machen. Demzufolge ist die Verwahrstelle verpflichtet, einen Anspruch der Anleger gegen die Kapitalverwaltungsgesellschaft im eigenen Namen geltend zu machen, ebenso im umgekehrten Fall die Kapitalverwaltungsgesellschaft. Die jeweilige Klage ist auf **Leistung in das Investmentvermögen** zu richten. Diese spezielle Bestimmung zur Prozessstandschaft hindert gleichwohl nicht die **individuelle Rechtsverfolgung.**[691] Strittig ist hier aber, ob der einzelne Anleger ebenfalls nur auf Leistung des gesamten Schadensersatzbetrages in das Investmentvermögen klagen kann.[692] Zwar wird eine Pflichtverletzung seitens der Kapitalverwaltungsgesellschaft oder der Verwahrstelle regelmäßig sämtliche Rechtsverhältnisse zu den Anlegern betreffen, aber weder ist die Schadensersatzforderung unteilbar im Sinne des § 432 BGB[693] noch schließt das KAGB eine solche Rechtsverfolgung ausdrücklich aus. Ferner ist auch nicht ersichtlich, wieso ein Anleger, der sich von seinem Anteil bereits getrennt hat, nicht seinen individuellen Schaden aktiv geltend machen können soll.[694] **198**

Insgesamt ist es in der Vergangenheit nur selten gelungen, Pflichtverletzungen innerhalb des Investmentdreiecks aufzudecken.[695] Dieser Umstand nährt die Auffassung, dass die vorgenannten Bestimmungen **nicht hinreichend effizient** sind. Auch der Gesetzgeber **199**

---

687 Dem Anlageaktionär steht im gesetzlichen Regelfall insbesondere kein Stimmrecht in der Hauptversammlung zu, → Rn. 152.

688 Dazu statt vieler *Lutter* AcP 180 (1980), 84 (120 ff.); *Fuchs* FS Immenga, 2004, S. 589 (598); MüKo-AktG/*Bungeroth* Vor § 53a Rn. 18 ff.

689 Ausführlich dazu BuB-*Baur/Ziegler* Rn. 9/645 ff.; bezogen auf die Kapitalanlagegesellschaft nach dem InvG auch Beckmann/Scholtz/Vollmer/*Beckmann* InvG § 9 Rn. 231 ff.

690 So zB BuB/*Baur/Ziegler* Rn. 9/647; *Lenenbach* § 14 Rn. 14.101.

691 Näher dazu Baur/Tappen/*Herring* KAGB § 78 Rn. 15 ff., 28 f.; Weitnauer/Boxberger/Anders/*Klusak* § 78 Rn. 11 ff., 21; Berger/Steck/Lübbehüsen/*Köndgen* InvG § 28 Rn. 16 f.

692 Siehe dazu BankR-HdB/*Köndgen/Schmies* § 113 Rn. 251 mwN.

693 Vgl. Derleder/Knops/Bamberger/*Geibel*, 1. Aufl., § 59 Rn. 102.

694 Ähnlich Baur/Tappen/*Herring* KAGB § 78 Rn. 19, 29; Weitnauer/Boxberger/Anders/*Klusak* § 78 Rn. 18.

695 Dazu näher BankR-HdB/*Köndgen/Schmies* § 113 Rn. 247.

selbst zweifelt offensichtlich an der Effizienz dieser Regelungen.[696] Seit Inkrafttreten des OGAW-IV-UmsG bzw. Umsetzung der AIFM-Richtlinie besteht nach den §§ 78 Abs. 3 und 89 Abs. 3 KAGB aber immerhin eine Verpflichtung der Kapitalverwaltungsgesellschaft, im Falle von OGAW unter Beteiligung der Verwahrstelle, zumindest für die Fälle der fehlerhaften Anteilspreisberechnung und bei Verstößen gegen die Anlagegrenzen, geeignete Verfahren zur einheitlichen Entschädigung der Anleger einzuführen. Eine weitere **Verschärfung der Verwahrstellenhaftung** erfolgte durch die §§ 77 und 88 KAGB. Hiernach haftet die Verwahrstelle verschuldensunabhängig für das Abhandenkommen von Finanzinstrumenten, aber mit der Möglichkeit der Exkulpation.[697]

VI. Einzelne Investmentvermögen

1. Überblick

200 **a) Produktregulierung im KAGB.** Die grundlegende Typisierung inländischer Investmentvermögen erfolgt unter Berücksichtigung des zugelassenen Anlegerkreises (Spezial-/Publikumsfonds), der Existenz eines anlassunabhängigen Rückgaberechts (offene/geschlossene Fonds) und der Einschlägigkeit europäischer Richtlinien (OGAW/AIF).[698] Abhängig von der jeweiligen Gestaltungsvariante sind unterschiedliche organisationsstrukturelle Vorgaben zu beachten.[699] **Typbezogen** normiert das KAGB aber auch besondere Produktregelungen, welche die jeweils zulässigen **Anlagegegenstände** bestimmen, abstrakte Anforderungen an die **Risikomischung** aufstellen[700] und im Einzelfall **Anlagegrenzen** ziehen. Der hieraus resultierende Typenzwang ist aber insoweit gelockert, als zumeist nicht unerhebliche Gestaltungsspielräume für unterschiedliche Anlagestrategien innerhalb eines gleichen Typs verbleiben.[701] Eine höhere Regulierungsdichte weisen dabei Publikumsinvestmentvermögen auf, wohingegen insbesondere geschlossene Spezial-AIF nahezu keinen Beschränkungen hinsichtlich ihrer Investitions- und Anlagetätigkeit unterworfen sind (vgl. § 285 KAGB). Signifikante Gestaltungsspielräume bestehen auch für die nach Maßgabe der OGAW-IV-Richtlinie[702] gebildeten OGAW-Fonds. Auf Grund des hier zur Verfügung stehenden **breiten Spektrums zulässiger Vermögensgegenstände** können die Anlagebedingungen die unterschiedlichsten Strategien vorsehen; von der Bildung eines bestimmten Anlageschwerpunktes bis hin zu einer breit gefächerten Risikomischung unter Einbeziehung diverser Vermögensgegenstände.

201 Neben den OGAW (§§ 192–213 KAGB) reguliert das KAGB offene Publikums-AIF (zulässige Formen: Gemischte Investmentvermögen (§§ 218, 219), Sonstige Investmentvermögen (§§ 220–224), Dach-Hedgefonds (§§ 225–229), Immobilien-Sondervermögen (§§ 230–260)), ferner geschlossene Publikums-AIF (§§ 261–272) und Spezial-AIF (§§ 273–292). Letztere werden weiter unterteilt in offene Spezial-AIF, zB in der Ausprägung des Hedgefonds (§ 283), und geschlossene Spezial-AIF, wozu insbesondere Private Equity Fonds (§§ 287–292) gehören. Innerhalb der **KAGB-Systematik** ist den Vorschriften zu den OGAW-Fonds eine **übergreifende Bedeutung für offene Investmentvermögen** beizumessen. Die hier enthaltenen Regelungen gelten auf Grund von entsprechenden

[696] Die Geltendmachung von Ansprüchen durch den Anleger sei bezogen auf die fehlerhafte Anteilspreisberechnung und bei Verstößen gegen Anlagegrenzen „im Grunde nicht möglich, da er von derartigen Vorfällen bei der Portfolioverwaltung im Regelfall nichts erfährt", vgl. Begründung GE OGAW-IV-UmsG, BT-Drs. 17/4510, 67.

[697] Dazu ausführlich Baur/Tappen/*Moericke* KAGB § 77 Rn. 15 ff. und § 88 Rn. 14 ff.

[698] Zu diesen Unterscheidungsmerkmalen → Rn. 13 ff.

[699] Zum Überblick und den Einzelheiten hinsichtlich der Organisationsstrukturen → Rn. 95 ff.

[700] Zum Grundsatz der Risikomischung → Rn. 202 ff.

[701] Dazu bezogen auf die Sondervermögen nach dem InvG *Köndgen/Schmies* WM-Sonderbeilage Nr. 1/2004, 1, 9 f.

[702] Richtlinie 2009/65/EG zur Koordinierung der Rechts- und Verwaltungsvorschriften betreffend bestimmte Organismen für gemeinsame Anlagen in Wertpapieren, ABl. 2009 L 302, S. 32; → Rn. 34 f.

Verweisungen im Wesentlichen auch für offene Publikums-AIF (außer für Dach-Hedgefonds) und offene Spezial-AIF mit festen Anlagebedingungen, soweit keine Sonderregelungen im Einzelfall Vorrang haben (vgl. die einzelnen Verweisungen in den §§ 218 f., 220 f., 230, 284 KAGB). Auch im Rahmen der Regulierung geschlossener Publikums-AIF wird vereinzelt hierauf verwiesen (vgl. §§ 261 Abs. 1 Nr. 7, Abs. 5 und 6, 265 KAGB). Keine bzw. nur sehr eingeschränkte Anwendung finden OGAW-Regeln dagegen auf allgemeine offene Spezial-AIF, (Dach-)Hedgefonds und geschlossene Spezial-AIF, die aber ohnehin nur wenigen Beschränkungen betreffend die Anlagestrategie unterworfen sind.

b) Grundsatz der Risikomischung. Investmentvermögen sind nicht *per definitionem* 202
nach dem Grundsatz der Risikomischung anzulegen. Diese Anforderung des früheren § 1 Satz 2 InvG[703] ist entfallen, denn sie lässt sich nicht mit den im KAGB regulierten, in der Praxis auftretenden Gestaltungen geschlossener Fonds in Einklang bringen. In den Anwendungsbereich des Gesetzes einbezogen ist jetzt insbesondere der geschlossene AIF in der Form eines Single-Asset-Fonds, nach dessen Anlagebedingungen die gesamten Kapitalmittel in nur einen einzigen Vermögensgegenstand investiert werden. Eine effektive Diversifizierung ist in diesen Fällen nicht mehr möglich.[704] Im KAGB finden sich demnach Vorgaben zur Risikomischung nur noch individuell im Rahmen der Produktregeln, zB in Form von **Anlage- oder Emittentengrenzen.** Die **Erforderlichkeit einer Risikomischung** sowie deren **Grad und Ausgestaltung** sind damit vom Typ des Investmentvermögens abhängig. Die Anforderungen sind individuell festzulegen und setzen sich aus den jeweils einschlägigen gesetzlichen Regelungen des KAGB sowie den Vorgaben aus den Anlagebedingungen zusammen. Auch im Rahmen des InvG wurde der allgemeine Grundsatz der Risikomischung erst in den jeweiligen Anlagevorschriften der spezialgesetzlich geregelten Investmentvermögen einer näheren und aussagekräftigen Konkretisierung zugeführt. Der allgemein formulierte Grundsatz erfüllte insoweit lediglich die Funktion eines Auffangtatbestands.[705]

Ausgehend von der **Portfoliotheorie** erfordert eine effektive Risikomischung zum 203
einen die Streuung der Mittel in eine Mehrzahl von Vermögensgegenständen (quantitatives Element) und zum anderen eine sinnvolle Auswahl und Gewichtung unter den verschiedenen Anlageklassen und Einzelanlagen (qualitatives Element).[706] Letzteres kann insbesondere durch Berücksichtigung der unterschiedlichen Wertentwicklung und des Risikoverhaltens der Einzelanlagen erzielt werden zwecks Herstellung einer sog negativen Korrelation.[707] Dieser Ansatz lag der Konzeption des früheren InvG zugrunde.[708] Eine Risikomischung im so verstandene Sinne steht aber in einem grundsätzlichen Konflikt zu **Anlagestrategien geschlossener Fonds,** die auf einen einzelnen Vermögenswert setzen, zB eine Immobilie, die möglicherweise sogar nur einen Mieter hat, oder von Fonds, die sich auf ein spezifisches Thema fokussieren, wie zB eine eng begrenzte Branche, ein kleines Land oder eine bestimmte Technologie, mit der Folge, dass von vornherein eine effektive Diversifizierung entweder gar nicht oder nur in einem sehr engen Rahmen möglich ist. Die Entwicklung der Kapitalanlage wird hier vielmehr in eine **monokausale Abhängigkeit zum Anlageobjekt** gesetzt. Angesichts dieses breiten Spektrums an Anlagestrategien und verfügbaren Vermögensgegenständen ist unter dem KAGB eine gemeinsame Basis für die Ausformung eines typübergreifenden und aussagekräftigen Grundsatzes der Risikomischung daher nicht erkennbar.

---

[703] Dazu → 1 Aufl. 2013, Kap. 39 Rn. 65 ff.

[704] Vgl. § 262 Abs. 2 KAGB; s. a. *Zetzsche* AG 2013, 613 (615).

[705] So auch BankR-HdB/*Köndgen/Schmies,* 3. Aufl., § 113 Rn. 69.

[706] Zur Portfoliotheorie Schäfer/Sethe/Lang/*Schäfer* § 4 Rn. 13; Berger/Steck/Lübbehüsen/*Köndgen* InvG § 1 Rn. 26; BankR-HdB/*Köndgen/Schmies* § 113 Rn. 2, 212;. mehr auf das quantitative Element abstellend Assmann/Schütze/*Baur,* 3. Auflage, § 20 Rn. 193, 319.

[707] Dieser Ansatz geht zurück auf die sog. Portfoliotheorie. Vgl. hierzu *Fleischer/Schmolke* ZHR 173 (2009), 649 (653 f.). S. a. Berger/Steck/Lübbehüsen/*Köndgen* InvG § 1 Rn. 26.

[708] → 1. Aufl. 2013, Kap. 39 Rn. 65 ff.

204 Ferner ist in den letzten Jahren, trotz der besonderen Funktion der Risikomischung gerade auch für den Anlegerschutz, eine Tendenz hin zur einer Lockerung bestehender Anforderungen festzustellen zugunsten einer **Flexibilisierung der Investmentfondspraxis.** In diesem Zusammenhang wird in der Literatur auch von einem **Bedeutungswandel** gesprochen.[709] Auf der anderen Seite dieser Entwicklung steht eine **höhere Transparenz** hinsichtlich des für die Risikomischung im konkreten Anlagemodell geltenden Standards. Der Gesetzgeber setzt also auf eine eigenständige Entscheidung des informierten und risikobewussten Anlegers.[710] In diesem Sinne prüft die Rechtsprechung mögliche Verstöße gegen die Vorgaben der Risikomischung vornehmlich anhand der Anlagebedingungen der jeweiligen Kapitalanlage.[711]

2. OGAW (§§ 192 ff. KAGB)

205 Die Bestimmungen in den §§ 192–211 KAGB legen die für OGAW zulässigen Vermögensgegenstände sowie die maßgeblichen Anlage- und Ausstellergrenzen fest. Sie basieren auf Vorgaben der **OGAW-IV-Richtlinie** sowie den im Rahmen der Durchführungsrichtlinie 2007/16/EG auf Ebene des Europarechts erfolgten Konkretisierungen[712] und sind folglich im Lichte dieser Regelwerke auszulegen. Anders als im Bereich der AIF-Regulierung entstammen hier die Produktregeln der europarechtlichen Ebene. Die Einordnung als OGAW-Fonds hat aber auch organisationsstrukturelle Konsequenzen. OGAW können insbesondere grenzüberschreitend mit anderen OGAW-Fonds verschmolzen oder in Master-Feeder-Strukturen eingebunden werden.[713] Ferner ist auf der Grundlage der §§ 51, 52 KAGB die Verwaltung von inländischen OGAW auch durch eine EU-Verwaltungsgesellschaft möglich.[714]

206 Die Menge **zulässiger Vermögensgegenstände** eines OGAW beinhaltet Wertpapiere (§ 193 KAGB), Geldmarktinstrumente (§ 194 KAGB), Bankguthaben (§ 195 KAGB), Investmentanteile (§ 196 KAGB), Derivate (§ 197 KAGB) und sonstige Anlageinstrumente (§ 198 KAGB). Die dazugehörigen **Anlage- und Emittentengrenzen,** in denen insbesondere Höchstgrenzen für die Investition in bestimmte Vermögensgegenstände festgelegt werden, sind in den §§ 206–211 KAGB festgelegt. Ausdrücklich nicht zulässig sind Leerverkäufe (§ 205 KAGB) sowie der Erwerb von Edelmetallen und Zertifikaten über Edelmetalle (§ 192 Satz 2 KAGB).

207 Die §§ 193, 194 KAGB erfassen im Wesentlichen **Wertpapiere** und **Geldmarktinstrumente,** die an einer Börse oder einem anderen organisierten Markt im EU/EWR-Raum zugelassen oder in einen solchen einbezogen sind. Ein **organisierter Markt** im Sinne der Legaldefinition in § 1 Abs. 19 Nr. 29 KAGB muss anerkannt und für das Publikum offen sein sowie über eine ordnungsgemäße Funktionsweise verfügen. Der investmentrechtliche Begriff des organisierten Marktes ist damit insgesamt weiter gefasst, als derjenige in § 2 Abs. 5 WpHG, gleichzeitig aber auch unpräziser.[715] Unter dem Wertpapierbegriff fallen nach § 193 Abs. 1 Nr. 7 KAGB auch die an einem organisierten Markt gehandelten Anteile an **geschlossenen Fonds,** sofern die weiteren Voraussetzungen nach Art. 2 Abs. 2

[709] Vgl. die Hinweise bei Berger/Steck/Lübbehüsen/*Köndgen* InvG § 1 Rn. 27 und Beckmann/Scholtz/Vollmer/*Beckmann* InvG § 1 Rn. 51 f. *Fleischer/Schmolke* ZHR (2009), 649, 668 sprechen von „Erosionserscheinungen".

[710] So auch Berger/Steck/Lübbehüsen/*Köndgen* InvG § 1 Rn. 27, aber noch in Bezug auf das InvG.

[711] Vgl. BGH BKR 2001, 90 (91).

[712] Die weiterhin gültige Richtlinie 2007/16/EG zur Durchführung der Richtlinie 85/611/EWG des Rates zur Koordinierung der Rechts- und Verwaltungsvorschriften betreffend bestimmte Organismen für gemeinsame Anlagen in Wertpapieren (OGAW) im Hinblick auf die Erläuterung gewisser Definitionen, ABl. 2007 L 79, S. 11, wurde noch auf der Basis der zwischenzeitlich aufgehobenen OGAW-Richtlinie 85/611/EWG erlassen.

[713] → Rn. 160 ff., 166 ff.

[714] → Rn. 125.

[715] S. zur wortlautidentischen Def. des früheren InvG Berger/Steck/Lübbehüsen/*Köndgen* InvG § 2 Rn. 79 ff.

lit. a, b Durchführungsrichtlinie 2007/16/EG erfüllt sind. Anlagen in Wertpapiere oder Geldmarktinstrumente desselben Ausstellers dürfen nach § 206 Abs. 1 KAGB regulär nur bis zu 5% des Wertes des Investmentvermögens ausmachen. Dieser Schwellenwert kann durch eine entsprechende Regelung in den Anlagebedingungen auf 10% erhöht werden, wobei die betroffenen Anlageobjekte in der Summe die Gesamtgrenze von 40% des Wertes des Sondervermögens nicht überschreiten dürfen.

Bankguthaben dürfen gemäß § 195 KAGB nur eine Laufzeit von höchstens zwölf Monaten haben und müssen auf Sperrkonten verwahrt werden. Sie dürfen insgesamt nicht mehr als 20% des Wertes des Investmentvermögens umfassen, soweit sie bei demselben Kreditinstitut angelegt sind (§ 206 Abs. 4 KAGB). Zulässige Vermögensgegenstände nach § 196 KAGB sind darüber hinaus **Anteile an anderen OGAW.** Die Anteile an einem einzigen Investmentvermögen dürfen dabei höchstens 20% des Wertes des Investmentvermögens erreichen. Unter bestimmten Voraussetzungen dürfen auch **AIF-Anteile** erworben werden, hier gilt aber eine Gesamtgrenze in Höhe von 30% des Wertes des inländischen OGAW (§§ 196 Abs. 1 Satz 2, 207 Abs. 2 KAGB). Zur Verhinderung von Kaskadenstrukturen darf der jeweilige Zielfonds seinerseits nicht mehr als 10% des Wertes in Anteile eines anderen in- oder ausländischen Investmentvermögens anlegen (vgl. § 196 Abs. 1 Satz 3 KAGB). Auch **Derivate,** insbesondere Optionsrechte, Swaps und Terminkontrakte, dürfen im Grundsatz erworben werden.[716] Als Basiswerte kommen jedoch gemäß § 197 Abs. 1 KAGB nur Wertpapiere, Geldmarktinstrumente, Investmentanteile, Finanzindizes, Zinssätze, Wechselkurse oder Währungen in Betracht. Ferner darf sich das Marktrisikopotential[717] des Sondervermögens durch den Einsatz der Derivate höchstens verdoppeln (vgl. § 197 Abs. 2 KAGB). In **sonstige Anlageinstrumente** dürfen nur bis zu 10% des Wertes des Sondervermögens angelegt sein. Dies betrifft insbesondere Wertpapiere und Geldmarktinstrumente, die nicht bereits von den §§ 193, 194 KAGB erfasst werden. 208

Die Aufnahme kurzfristiger **Kredite für gemeinschaftliche Rechnung der Anleger** ist gemäß § 199 KAGB bis zur Höhe von 10% des Wertes des OGAW erlaubt, soweit die Kreditbedingungen marktüblich sind und die Anlagebedingungen dies vorsehen. Es ist aber die Zustimmung der Verwahrstelle nach § 75 Abs. 1 Nr. 1 KAGB einzuholen. **Kurzfristig** ist die Kreditaufnahme, wenn die Laufzeit nicht mehr als ein Jahr beträgt.[718] Eine nachträgliche Verringerung des Wertes des OGAW kann zwecks Einhaltung der 10%-Grenze im Einzelfall eine vorzeitige teilweise Rückführung des Kredits erforderlich machen. Der Kreditbetrag darf sowohl zu Investitionszwecken als auch zur Deckung des Liquiditätsbedarfs, beispielsweise zur Bedienung von Ansprüchen der Anleger aus § 98 Abs. 1 KAGB, verwendet werden.[719] Die Gewährung von Krediten sowie die Übernahme von Verpflichtungen aus einem Bürgschafts- oder einem Garantievertrag ist grundsätzlich unzulässig (§ 93 Abs. 4 KAGB). Eine Ausnahme hiervon bilden **Wertpapierdarlehen** unter den Voraussetzungen der §§ 201, 202 KAGB, soweit dies in den Anlagebedingungen ausdrücklich vorgesehen ist. 209

3. Offene Publikums-AIF

Die Gruppe der offenen Publikums-AIF umfasst die nicht-richtlinienkonformen Publikumsinvestmentvermögen nach dem früheren InvG. Diese müssen gemäß **§ 214 KAGB** nach dem Grundsatz der Risikomischung angelegt sein, was nicht als konstituierendes 210

[716] Einzelheiten dazu finden sich auch in der DerivateVO v. 16.7.2013, BGBl. 2013 I, S. 2463; zuletzt geändert durch Artikel 1 der Verordnung v. 14.8.2019, BGBl I 2019, 1355.

[717] Dazu näher Weitnauer/Boxberger/Anders/*Bahr* § 197 Rn. 16 ff.; Berger/Steck/Lübbehüsen/*Brümmer* InvG § 51 Rn. 9 ff.

[718] Emde/Dornseifer/Dreibus/*Dornseifer* § 199 Rn. 21; Weitnauer/Boxberger/Anders/*Baar* § 199 Rn. 11; so auch der BaFin-Fragenkatalog zum früheren § 53 InvG v. 1.12.2009 (WA 41-Wp 2136-2008/0053), Ziffer II. 8. Vgl. hierzu auch Berger/Steck/Lübbehüsen/*Brümmer* InvG § 53 Rn. 13.

[719] S. dazu BaFin-Fragenkatalog zum früheren § 53 InvG v. 1.12.2009 (WA 41-Wp 2136-2008/0053), Ziffer II. 5.

Merkmal eines AIF zu verstehen ist,[720] und können nur als Gemischte und Sonstige Investmentvermögen sowie Dach-Hedgefonds und Immobilien-Sondervermögen aufgelegt werden. Nicht in das KAGB übertragen hat der Gesetzgeber die früher geregelten, jedoch in der Fondspraxis nicht etablierten Altersvorsorge-Sondervermögen[721] und Mitarbeiterbeteiligungs-Sondervermögen[722]. Ebenfalls nicht mehr zulässig sind offene Infrastruktur-Sondervermögen[723] sowie Single-Hedgefonds in der Form eines Publikumsinvestmentvermögens. Unabhängig von ihrer konkreten Ausgestaltung dürfen offene Publikums-AIF in einem angemessenen Umfang **Leverage** einsetzen (§ 215 KAGB).[724]

211 **a) Gemischte und Sonstige Investmentvermögen (§§ 218 f., 220 ff. KAGB).** Auf die Verwaltung von Gemischten Investmentvermögen sind die in den §§ 192–211 KAGB niedergelegten **OGAW-Anlagegrundsätze** anwendbar, soweit sich aus den typbezogenen Vorschriften nichts anderes ergibt. Ähnliches gilt für Sonstige Investmentvermögen, hier sind vorbehaltlich etwaiger Sonderregelungen aber nur die OGAW-Regeln in den §§ 192–205 KAGB entsprechend anwendbar. Nach den besonderen Anlagegrundsätzen der Gemischten Investmentvermögen gehören auch Anteile an Sonstigen Investmentvermögen sowie an anderen Gemischten Investmentvermögen zu den tauglichen Anlageobjekten (§ 219 Abs. 1 Nr. 2 KAGB).[725] Sonstige Investmentvermögen können die Mittel des Fonds nach § 221 Abs. 1 Nr. 3, 4 KAGB darüber hinaus auch in Edelmetalle und unverbriefte Darlehensforderungen investieren, jedoch nicht mehr in Beteiligungen von Unternehmen.[726] Anders als noch unter der Geltung des InvG können die vorgenannten AIF zudem keine Anteile an Immobilien-Sondervermögen und Hedgefonds mehr erwerben. Hinter diesen Einschränkungen steckt der gesetzgeberische Gedanke, dass **Anlagen in illiquiden Gegenständen** nicht durch offene Investmentvermögen, die ein Rückgaberecht der Anleger vorsehen, sondern durch geschlossene Fonds erfolgen sollen.[727]

212 **b) Dach-Hedgefonds (§§ 225 ff. KAGB).** Das Vermögen der Dach-Hedgefonds wird grundsätzlich in andere Investmentvermögen, sog **Zielfonds,** angelegt (§ 225 Abs. 1 KAGB). Zu den tauglichen Zielfonds gehören Hedgefonds nach § 283 KAGB sowie EU-AIF und ausländische AIF, die eine vergleichbare Anlagepolitik wie Hedgefonds verfolgen.[728] Der Anlagebetrag, der in einen einzelnen Zielfonds angelegt werden kann, ist dabei gemäß § 225 Abs. 4 Satz 1 KAGB auf 20 % des Wertes des Dach-Hedgefonds begrenzt. Es dürfen darüber hinaus nicht mehr als zwei Zielfonds vom gleichen Emittenten oder Fondsmanager in das Anlageportfolio aufgenommen werden. Ebenfalls sind Kaskadenstrukturen, dh Beteiligungen an Zielfonds, die wiederum in Hedgefonds anlegen, unzulässig (§ 225 Abs. 4 Satz 2, 2. Fall KAGB). Hingegen dürfen für Rechnung eines Dach-Hedgefonds bis

---

[720] So auch Weitnauer/Boxberger/Anders/*Baum* § 214 Rn. 5 f.; → Rn. 202.

[721] Früher in den §§ 87–90 InvG geregelt; diese Fonds waren auf die individuelle Altersversorgung zugeschnitten und wiesen einen langfristigen Anlagehorizont auf, haben sich in der Praxis aber nicht etablieren können; ein wichtiges Merkmal dieses Fondstyps war die risikoaverse Anlagepolitik mit einem Schwerpunkt auf bestimmte Substanzwerte, wie zB Wertpapiere und Immobilien-Sondervermögen; s. dazu Berger/Steck/Lübbehüsen/*Schwarz* InvG § 88 Rn. 4 ff.

[722] Früher in den §§ 90l–90r InvG geregelt; dieser Fondstyp wurde 2009 als Instrument der betrieblichen Altersvorsorge in das InvG aufgenommen durch Art. 3 des Gesetzes zur steuerlichen Förderung der Mitarbeiterkapitalbeteiligung v. 11.3.2009, BGBl. I 2009, 451, erlangte aber keine praktische Bedeutung. Als Anleger kamen nur Mitarbeiter von Unternehmen in Betracht, die ihren Arbeitnehmern Vorteile iSd § 3 Nr. 39 EStG gewähren.

[723] Infrastruktur-Investmentvermögen können aber als geschlossene Publikums-AIF aufgelegt werden, → Rn. 221.

[724] Unter Leverage versteht das KAGB jede Methode, mit der die Verwaltungsgesellschaft den Investitionsgrad eines von ihr verwalteten Investmentvermögens durch Kreditaufnahme, Wertpapier-Darlehen, in Derivate eingebettete Hebelfinanzierungen oder auf andere Weise erhöht, vgl. § 1 Abs. 19 Nr. 25.

[725] Allg. zu Gemischten Investmentvermögen *Fock* WM 2006, 2160 (2160 ff.).

[726] Dies war gem. § 90h Abs. 1 InvG noch zulässig.

[727] Vgl. Begründung GesE AIFM-UmsG, BT-Drs. 17/12294, S. 264, 265.

[728] Zur Vergleichbarkeit mit ausländischen Investmentvermögen s. Weitnauer/Boxberger/Anders/*Baum* § 225 Rn. 7 ff.

zu 49 % des Vermögenswertes in **liquide Vermögensgegenstände** angelegt werden, insbesondere in Bankguthaben, Geldmarktinstrumente und Anteile an Investmentvermögen im Sinne des § 196 KAGB (§ 225 Abs. 2 Satz 1 KAGB). Zur **Absicherung gegen Währungskursrisiken** dürfen ferner Devisenterminkontrakte verkauft sowie Verkaufsoptionsrechte auf Devisen oder auf Devisenterminkontrakte erworben werden (§ 225 Abs. 2 Satz 2 KAGB).

Für Dach-Hedgefonds ausgeschlossen sind dagegen die für einen Hedgefonds gemäß **213**
§ 283 KAGB gerade typischen Geschäfte mit Hebelwirkung (Leverage) oder Leerverkäufe. Eine **Kreditaufnahme** ist nur im Rahmen des § 199 KAGB erlaubt.[729] Zusätzlich zu den Angaben nach § 162 KAGB[730] ist in den Anlagebedingungen eines Dach-Hedgefonds anzugeben, nach welchen Grundsätzen Zielfonds zu Anlagezwecken ausgewählt werden. Eine besondere Herausforderung für Dach-Hedgefonds besteht in der Verpflichtung, die Zielfonds, in die investiert worden ist, in Bezug auf die Einhaltung der Anlagestrategien und Risiken **laufend zu überwachen** (vgl. § 225 Abs. 6 KAGB).

Entgegen den §§ 98 Abs. 1, 116 Abs. 2 Satz 1 KAGB können die Anlagebedingungen **214**
von Dach-Hedgefonds die Einschränkung enthalten, dass die **Rücknahme von Anteilen** nur zu bestimmten Terminen erfolgt (vgl. § 227 Abs. 1 KAGB). Die Möglichkeit zur Andienung der Anteile ist den Anlegern aber mindestens einmal in jedem Kalendervierteljahr zu eröffnen. Die Rückgabe kann von einer **unwiderruflichen Rückgabeerklärung** des Anlegers gegenüber der Kapitalverwaltungsgesellschaft mit einer Frist von bis zu 100 Kalendertagen abhängig gemacht werden (vgl. § 227 Abs. 2 KAGB). Damit soll die Kapitalverwaltungsgesellschaft in die Lage versetzt werden, rechtzeitig Liquidität zu beschaffen.

c) Immobilien-Sondervermögen (§§ 230 ff. KAGB). Für Rechnung eines Immobi- **215**
lien-Sondervermögens[731] dürfen nur die in § 231 Abs. 1 KAGB näher bezeichneten **Grundstücke und grundstücksgleichen Rechte** erworben werden. Zu diesen gehören in erster Linie bebaute Grundstücke, die zu Mietwohn- oder Geschäftszwecken dienen bzw. einer diesbezüglichen Mischnutzung unterworfen sind, sowie entsprechende Erbbaurechte. Grundstücke im Zustand der Bebauung und unbebaute Grundstücke dürfen nur unter Beachtung der in beiden Fällen jeweils einschlägigen Anlagegrenze in Höhe von 20 % des Wertes des Sondervermögens erworben werden. Andere Grundstücke bzw. Rechte an diesen (vgl. § 231 Abs. 1 Satz 1 Nr. 5 KAGB), außerhalb des EU/EWR-Raums belegene Grundstücke und grundstücksgleiche Rechte (§ 233 KAGB) sowie **Beteiligungen an Immobilien-Gesellschaften** (§ 234 KAGB) können – abhängig von den Anlagebedingungen des Fonds – ebenfalls taugliche Vermögensgegenstände sein. Der Erwerb dieser Vermögensgegenstände ist aber an weiteren Voraussetzungen geknüpft und es sind zusätzliche Anlagegrenzen einzuhalten. Beispielsweise müssen sowohl Anlageobjekte nach § 231 Abs. 1 Satz 1 Nr. 5 KAGB als auch Beteiligungen nach § 234 KAGB einen dauernden Ertrag erwarten lassen. Im ersten Fall ist zudem eine absolute Anlagegrenze von 15 % einschlägig und im zweiten Fall darf der Wert sämtlicher Immobilien-Gesellschaften, die keine reinen Tochtergesellschaften sind, 49 % des Wertes des Sondervermögens nicht übersteigen. Die vorgenannten Anlagegrenzen finden während einer vierjährigen **Anlaufphase** gemäß § 244 KAGB jedoch keine Anwendung. Dies gilt auch für die **allgemeine Regelung zur Risikomischung** in § 243 KAGB, wonach der Wert einer Immobilie zur Zeit des Erwerbs höchstens 15 % des Wertes des Sondervermögens ausmachen und der Gesamtwert der Immobilien, deren einzelner Wert mehr als 10 % des Wertes des Sondervermögens beträgt, wiederum eine diesbezügliche 50 %-Wertgrenze nicht überschreiten darf.

---

[729] Zu dieser OGAW-Vorschrift → Rn. 209.
[730] → Rn. 183 ff.
[731] Offene inländischen Investmentvermögen, die in Immobilien investieren, dürfen nur als Sondervermögen aufgelegt werden, vgl. § 91 Abs. 3 KAGB.

216 Zur Erhaltung der **Liquidität des offenen Immobilienfonds**[732] ist ein Betrag, der höchstens 49 % aber mindestens 5 % des Wertes des Sondervermögens entspricht, in liquide Mittel nach Maßgabe des § 253 Abs. 1 KAGB anzulegen, ua in Bankguthaben, Geldmarktinstrumente und bestimmte Wertpapiere. Zur Bedienung von Zahlungsansprüchen der Anleger im Zuge der Rückgabe von Anteilen ist auch eine *kurzfristige* Kreditaufnahme nach Maßgabe der §§ 199, 254 Abs. 1 Satz 2 KAGB erlaubt.[733] Soweit die Anlagebedingungen dies vorsehen, ist darüber hinaus eine **Kreditaufnahme** nach § 254 Abs. 1 Satz 1 KAGB bis zur Höhe von 30 % des Verkehrswertes der im Sondervermögen befindlichen Immobilien zulässig. Auf diese Weise kann der Erwerb von weiteren Vermögensgegenständen finanziert werden.[734] In Abweichung von § 93 Abs. 4 KAGB darf die Kapitalverwaltungsgesellschaft für Rechnung eines Immobilien-Sondervermögens einer anderen **Immobilien-Gesellschaft ein Darlehen gewähren** (vgl. § 240 KAGB).[735] Dies gilt aber nur, wenn kumulativ eine unmittelbare oder mittelbare Beteiligung an der Immobilien-Gesellschaft besteht, die Darlehensbedingungen marktgerecht sind, das Darlehen ausreichend besichert und bei einer Veräußerung der Beteiligung die Rückzahlung innerhalb von sechs Monaten vereinbart ist.

217 Das Recht der Anleger nach § 98 Abs. 1 KAGB[736], mindestens zweimal im Monat die Rückgabe der Anteile verlangen zu können, steht in einem Spannungsverhältnis zu der **Liquiditätssituation** eines offenen Immobilienfonds.[737] Trotz der zuvor genannten Instrumente zur Erhaltung bzw. Schaffung von Liquidität ist es in der Vergangenheit mehrfach zu einer vorübergehenden Aussetzung der Rücknahme von Anteilen gekommen, weil die vorhandenen Mittel nicht ausreichten, um die Ansprüche der rückgabewilligen Anleger vollständig zu bedienen. Die **Rücknahme von Anteilen** ebenso wie die vorübergehende Aussetzung der Rücknahme folgen bei Immobilien-Sondervermögen daher besonderen Regelungen, die mit Inkrafttreten des **AnsFuG** sowie der Einführung des KAGB jeweils zT erheblich modifiziert worden sind.[738] Die Anlagebedingungen können insbesondere festlegen, dass die Rücknahme von Anteilen nur zu bestimmten Rücknahmeterminen, jedoch mindestens alle zwölf Monate möglich ist (§ 255 Abs. 2 Satz 1 KAGB). Die Anzahl der Rücknahmetermine ist dabei gekoppelt an die Verpflichtung zur periodischen Bewertung des Sondervermögens nach den §§ 251, 217 KAGB. Anteilrückgaben sind erst nach Ablauf einer **Mindesthaltefrist von 24 Monaten** (§ 255 Abs. 3 KAGB) und unter Einhaltung einer **Kündigungsfrist von zwölf Monaten** (§ 255 Abs. 4 KAGB) zulässig. Die Kündigung bedarf einer unwiderruflichen Rückgabeerklärung gegenüber der Kapitalverwaltungsgesellschaft. Die mit dem AnsFuG eingeführte Mindesthaltefrist schränkt das allgemeine Rückgaberecht der Anleger für Anteile an offenen Immobilienfonds signifikant ein, sie dient aber einer besseren Liquiditätssteuerung.[739] Diese Maßnahme ist gleichzeitig ein Zugeständnis an den längerfristigen Charakter der Immobilienanlage. Die im Zuge des AnsFuG ebenfalls eingefügte Privilegierung der Kleinanleger – diese konnten ihre Anteile bis zu einem Betrag von 30.000 EUR pro Kalenderhalbjahr ohne Restriktionen zurückgeben – wurde mit Einführung des KAGB gestrichen, gilt jedoch weiterhin für Anleger, die ihre Anteile vor Inkrafttreten der neuen Regelung erworben haben.[740] Die **Ausset-**

---

[732] Vgl. Berger/Steck/Lübbehüsen/*Klusak* InvG § 80 Rn. 1.

[733] → Rn. 209.

[734] Wichtige Funktion im Rahmen der Liquiditätsbeschaffung Emde/Dornseifer/Dreibus/*Schultz-Süchting* § 254 Rn. 2.

[735] Dazu näher *Banzhaf* WM 2011, 299 (299 ff.); *S. H. Schneider* NZG 2008, 5 (5 ff.).

[736] → Rn. 19.

[737] S. dazu auch BankR-HdB/*Köndgen/Schmies* § 113 Rn. 180. Zu den hieraus resultierenden Funktionsdefiziten *Servatius,* FS Vielberth, 2012, S. 193 ff.

[738] Einen Überblick über die Änderungen im Zuge des AnsFuG, BGBl I 2011, 538, geben *Möllers/Wenninger* NJW 2011, 1697 (1697 ff.).

[739] Vgl. *Möllers/Wenninger* NJW 2011, 1697 (1701).

[740] So auch Emde/Dornseifer/Dreibus/*Schultz-Süchting* § 255 Rn. 4; Weitnauer/Boxberger/Anders/*Kautenburger-Behr* § 255 Rn. 4. Kritik am Kleinanlegerprivileg übte frühzeitig *Servatius* FS Vielberth, 2012, S. 193 (196 ff.).

zung der Rücknahme richtet sich nach § 257 KAGB. Auf dieser Grundlage ist eine ununterbrochene Aussetzung bis zu 36 Monaten möglich. Die Kapitalverwaltungsgesellschaft darf aber in dieser Phase nicht untätig bleiben, sie ist vielmehr schrittweise dazu verpflichtet, Liquidität durch Veräußerung von Vermögensgegenständen zu schaffen.

4. Geschlossene Publikums-AIF (§§ 261 ff. KAGB)

Im KAGB finden sich erstmals spezifische Produktregeln für geschlossene Investmentvermögen. Damit verbunden ist eine gewisse Beschränkung der Gestaltungsfreiheit, die aber mangels Regulierungstiefe erheblich geringer ausfällt, als im Falle der offenen Publikums-AIF.[741] § 261 Abs. 1 KAGB enthält einen **Katalog von erwerbbaren Vermögensgegenständen,** der ua Sachwerte, Anteile an anderen geschlossenen Publikums-AIF sowie geschlossenen Spezial-AIF, Beteiligungen an Unternehmen, Wertpapiere, Geldmarktinstrumente und Bankguthaben umfasst. Der Kreis potentieller Anlageobjekte wird durch den gesetzlich nicht definierten Begriff **Sachwert** erheblich ausgedehnt. Er erfasst gemäß § 261 Abs. 2 KAGB sämtliche Gegenstände, in die typischerweise geschlossene Fonds in der Praxis auch investieren. Hierzu zählen insbesondere Immobilien, Schiffe, Flugzeuge, Anlagen für erneuerbare Energien, Schienenfahrzeuge, Fahrzeuge zur Nutzung im Rahmen der Elektromobilität, Container und Vermögensgegenstände aus dem Bereich der Infrastruktur. Ausweislich der Gesetzesbegründung handelt es sich hier um eine beispielhafte Aufzählung;[742] sie ist insoweit nicht abschließend. 218

Zum Zwecke der Verringerung des Risikos für die Anleger[743] hat der Gesetzgeber **Anlagegrenzen** vorgesehen und der Kapitalverwaltungsgesellschaft diesbezügliche Pflichten auferlegt. So können Geschäfte, die Derivate zum Gegenstand haben, nur zur Absicherung von gehaltenen Vermögensgegenständen gegen einen Wertverlust getätigt werden (§ 261 Abs. 3 KAGB). Zudem dürfen Vermögensgegenstände, die einem Währungsrisiko unterliegen, 30 % des Wertes des AIF nicht übersteigen (§ 261 Abs. 4 KAGB). Auch die Höhe der **Fremdkapitalaufnahme** ist begrenzt. Kredite dürfen gemäß § 263 Abs. 1 KAGB nur bis zur Höhe von 150 Prozent des aggregierten eingebrachten Kapitals und noch nicht eingeforderten zugesagten Kapitals des geschlossenen Publikums-AIF aufgenommen werden, wenn gleichzeitig die Bedingungen der Kreditaufnahme marktüblich sind und dies in den Anlagebedingungen vorgesehen ist. Ferner ist eine **Belastung von Vermögensgegenständen** des Fonds sowie die Abtretung und Belastung von Forderungen betreffend die Vermögensgegenstände nur zulässig, wenn dies mit einer ordnungsgemäßen Wirtschaftsführung vereinbar ist und die Verwahrstelle zustimmt. 219

§ 262 KAGB enthält darüber hinaus spezifische Vorgaben zur **Risikomischung.**[744] Hiernach ist eine ausreichende Risikomischung gegeben, wenn in mindestens drei, wertmäßig vergleichbare Sachwerte im Sinne des § 261 Abs. 2 KAGB investiert wird (quantitatives Element) oder bei wirtschaftlicher Betrachtungsweise eine Streuung des Ausfallrisikos gewährleistet ist (qualitatives Element). Im Rahmen der qualitativen Prüfung können höchst unterschiedliche Faktoren einbezogen werden, wie zB die Branchenzugehörigkeit, Bonität und Anzahl der Mieter, die Anzahl und Laufzeit von Miet- oder Charterverträgen sowie die Nutzerstruktur eines Sachwerts.[745] Für die Anforderungen an die Risikomischung wird eine **Anlaufphase** von 18 Monaten gewährt. Geschlossene Publikums-AIF können aber auch ohne Beachtung der vorgenannten Einschränkungen aufgelegt werden, soweit eine Investition in Unternehmensbeteiligungen nicht vorgesehen ist und die Anteile nur von Privatanlegern erworben werden, die mindestens 20.000 Euro investieren und ansonsten die Anforderungen eines semiprofessionellen Anlegers erfüllen (vgl. § 262 Abs. 2 220

[741] So auch *Burgard/Heimann* WM 2014, 821 (824).
[742] Vgl. Begründung GesE AIFM-UmsG, BT-Drs. 17/12294, S. 271.
[743] Begründung GesE AIFM-UmsG, BT-Drs. 17/12294, S. 271 f.
[744] Zum Grundsatz der Risikomischung → Rn. 202 ff.
[745] Vgl. Weitnauer/Boxberger/Anders/*Paul* § 262 Rn. 12.

KAGB). Auf diese Weise lassen sich Publikumsinvestmentvermögen auch als **Single-Asset-Fonds** ohne jegliche Risikostreuung auflegen.

221 Anders als noch unter Geltung des InvG können sog **Infrastruktur-Sondervermögen** nicht mehr als offene Investmentvermögen, sondern nur noch als geschlossene Fonds aufgelegt werden.[746] Deren Zielrichtung bleibt jedoch weiterhin gleich. Es soll privates Kapital für sog Öffentlich-Private Partnerschaftsprojekte (ÖPP-Projekte) eingeworben werden.[747] Wesentliches Anlageinstrument sind Anteile oder Aktien sog **ÖPP-Projektgesellschaften** im Sinne des § 1 Abs. 19 Nr. 28 KAGB, dh Unternehmungen, die zu dem Zweck gegründet werden, Anlagen oder Bauwerke zu errichten, zu sanieren, zu betreiben oder zu bewirtschaften, die der Erfüllung öffentlicher Aufgaben dienen. Anteile oder Aktien von ÖPP-Projektgesellschaften zählen gemäß § 261 Abs. 1 Nr. 2 KAGB ausdrücklich zu den Vermögensgegenständen, in die ein geschlossener Fonds investieren kann.

5. Spezial-AIF

222 Innerhalb der Gruppe der Spezial-AIF unterscheidet der Gesetzgeber zwischen allgemeinen offenen Spezial-AIF (§ 282 KAGB), Hedgefonds (§ 283 KAGB), Spezial-AIF mit festen Anlagebedingungen (§ 284 KAGB) und geschlossenen Spezial-AIF (§ 285 f. KAGB), worunter auch AIF fallen, die die Kontrolle über nicht börsennotierte Unternehmen und Emittenten erlangen (§§ 287 ff. KAGB). Mit Ausnahme der Spezial-AIF mit festen Anlagebedingungen, die im Wesentlichen die Spezialfonds des früheren InvG abbilden, sind Spezial-AIF nur **wenigen Produktregeln** unterworfen. So ist insbesondere der Einsatz von **Leverage** im Grundsatz unbegrenzt zulässig, auch wenn die BaFin der AIF-Kapitalverwaltungsgesellschaft diesbezüglich Beschränkungen auferlegen kann, wenn sie dies nach einer Bewertung der Risiken zur Gewährleistung der Stabilität und Integrität des Finanzsystems als nötig erachtet (vgl. §§ 274, 215 KAGB). Untersagt ist dagegen für sämtliche Spezial-AIF des offenen Typs der **Kontrollerwerb** über nicht börsennotierte Unternehmen.[748] Art und Umfang der Produktregulierung variieren demnach etwas in Abhängigkeit vom jeweiligen Investmentfondstyp.

223 **a) Allgemeine offene Spezial-AIF (§ 282 KAGB).** Die Mittel eines allgemeinen offenen Spezial-AIF können in alle Vermögensgegenstände angelegt werden, deren **Verkehrswert** ermittelt werden kann. Hierbei sind die allgemeinen Bewertungsregeln des KAGB heranzuziehen.[749] Ergänzt wird diese, große Gestaltungsspielräume eröffnende Regelung um eine Vorgabe die Liquidität des AIF betreffend. Gemäß § 282 Abs. 2 Satz 2 KAGB muss die Zusammensetzung der Vermögensgegenstände im Einklang mit den für den AIF geltenden Regelungen zur Rücknahme von Anteilen stehen. Hintergrund ist die aus Sicht des Gesetzgebers bestehende Unvereinbarkeit von illiquiden, langfristig orientierten Investitionen mit der Verpflichtung zur Rücknahme von Anteilen in kurzen Perioden.[750] Die praktische Bedeutung dieser Norm dürfte sich gleichwohl in Grenzen halten, denn umfassende Anforderungen an die Liquidität eines AIF bestehen bereits auf europarechtlicher Ebene gemäß den Art. 46 bis 49 Verordnung (EU) Nr. 231/2013. Allerdings ist die AIF-Kapitalverwaltungsgesellschaft verpflichtet, den Grundsatz der **Risikomischung**[751] zu beachten. Insoweit ist eine Risikoanalyse betreffend die Anlageobjekte vorzunehmen, und zwar in quantitativer und qualitativer Hinsicht.[752]

---

[746] Die Regelungen zu den offenen Infrastruktur-Sondervermögen fanden sich in den §§ 90a–90f InvG; eingeführt durch das InvÄndG v. 21.12.2007, BGBl. I 2007, 3089.

[747] Zu Infrastrukturfonds allg. s. *Campbell* WM 2008, 1775 (1775 ff.); *Rücker* ZfIR 2008, 790 (790 ff.).

[748] Vgl. die einzelnen Regelungen in den §§ 282 Abs. 3, 283 Abs. 1, 284 Abs. 3 Satz 2 KAGB.

[749] § 278 verweist hinsichtlich der Bewertung, das Bewertungsverfahren und den Bewertern auf die §§ 168, 169, 216 KAGB. So auch Weitnauer/Boxberger/Anders/*Baum* § 282 Rn. 8.

[750] Vgl. Begründung GesE AIFM-UmsG, BT-Drs. 17/12294, S. 276.

[751] → Rn. 202 ff.

[752] So auch *Wollenhaupt/Beck* DB 2013, 1950 (1954).

b) Hedgefonds (§ 283 KAGB). Einen Unterfall der allgemeinen offenen Spezial-AIF bilden die sog Hedgefonds. Diesen Fondstyp hat der Gesetzgeber im Zuge des InvModG[753] zum 1.1.2004 eingeführt.[754] Er weist Merkmale auf, aus denen besondere Risiken resultieren. Es muss entweder eine Steigerung des Investitionsgrades durch unbeschränkte Aufnahme von Krediten bzw. über den Einsatz von Derivaten in beträchtlichem Umfang vorgesehen **(Leverage)** oder der Verkauf von Gegenständen, die zum Zeitpunkt des Geschäftsabschlusses nicht zum Sondervermögen gehören **(Leerverkauf)**, beabsichtigt sein. Hedgefonds sind damit die einzigen inländischen Investmentvermögen, die Leerverkäufe tätigen dürfen. Leverage in beträchtlichem Umfang liegt gemäß Art. 111 Verordnung (EU) Nr. 231/2013 vor, wenn das diesbezügliche Engagement des AIF den Nettoinventarwert dreifach übersteigt.[755] 224

c) Spezial-AIF mit festen Anlagebedingungen (§ 284 KAGB). Im Gegensatz zu den anderen Formen offener Spezial-AIF haben Spezial-AIF mit festen Anlagebedingungen einen Katalog von erwerbbaren Vermögensgegenständen sowie diesbezügliche Anlagegrenzen zu beachten. § 284 Abs. 1 KAGB verweist insoweit auf die **Produktregeln** für OGAW und für offene Publikums-AIF. Diese Kombination aus Spezialinvestmentvermögen und umfangreicher Produktregulierung spiegelt damit das Geschäftsmodell der früheren Spezialfonds nach dem InvG wieder.[756] Unter bestimmten Voraussetzungen kann die AIF-Kapitalverwaltungsgesellschaft gemäß § 284 Abs. 2 KAGB von diesen Vorgaben abweichen, wenn die Anleger zustimmen und der Fonds nur in bestimmte, gesetzlich abschließend festgelegte Vermögensgegenstände investiert. 225

d) Geschlossene Spezial-AIF, insbes. Private Equity Fonds (§§ 285 ff. KAGB). Taugliche Anlageobjekte für geschlossene Spezial-AIF sind sämtliche Vermögensgegenstände, deren **Verkehrswert** anhand der Bewertungsregeln des KAGB ermittelt werden kann.[757] Es sind weder Anlagegrenzen zu beachten noch werden Vorgaben zur Risikomischung gemacht. Das jeweilige Investmentvermögen lässt sich insoweit unter Berücksichtigung der Ziele und Interessen der Anleger flexibel gestalten. 226

Einen Unterfall der geschlossenen Spezial-AIF bilden AIF, die die Kontrolle über nicht börsennotierte Unternehmen und Emittenten erlangen. Damit wird das Geschäftsmodell von Private Equity Fonds umschrieben, die seit der Umsetzung der AIFM-Richtlinie der KAGB-Regulierung unterworfen sind.[758] Mit Erlangung der **Kontrolle,** welche durch eine einfache Mehrheit der Stimmrechte vermittelt wird, gelten besondere **Informations- und Offenlegungspflichten** gegenüber der BaFin, dem betroffenen Unternehmen und ggf. den übrigen Anteilseignern (vgl. §§ 289, 290 KAGB).[759] Neben einer Transparenz betreffend die Beteiligung muss die AIF-Kapitalverwaltungsgesellschaft insbesondere über die weiteren Absichten, die Grundsätze zur Vermeidung und Steuerung von Interessenkonflikten, die Grundsätze für die externe und interne Kommunikation in Bezug auf das Unternehmen, die Auswirkungen auf die Arbeitnehmer und die Finanzierung des Erwerbs informieren. Darüber hinaus gelten besondere **Regeln für die Corporate Governance** von durch AIF kontrollierte Unternehmen (§ 292 KAGB). So sind Ausschüttungen, Kapitalherabsetzungen und der Erwerb eigener Anteile durch das Zielunternehmen innerhalb der ersten 24 Monate nach Erlangen der Kontrolle untersagt. Hintergrund ist die gesetzgeberische Intention, das Zerschlagen bzw. Ausschlachten von Unternehmen durch 227

[753] Damals wurde auch die InvAG mit veränderlichem Kapital eingeführt → Rn. 149.

[754] Damals unter der Bezeichnung „Sondervermögen mit zusätzlichen Risiken", §§ 112 ff. InvG.

[755] S. dazu auch Weitnauer/Boxberger/Anders/*Baum* § 283 Rn. 10.

[756] *Burgard/Heimann* WM 2014, 821 (824); Emde/Dornseifer/Dreibus/*Zirlewagen* § 283 Rn. 9.

[757] § 286 verweist auf die Bewertungsregeln gem. den §§ 168, 169, 216 KAGB.

[758] Regulierung erfolgte nach Vorgaben der AIFM-Richtlinie → Rn. 47. Ausführlich dazu *Söhner* WM 2014, 2110 (2110 ff.); *Koch* WM 2014, 433 (433 ff.).

[759] Die Information der Arbeitnehmer erfolgt durch die Leitung der Zielgesellschaft, jedoch hat die AIF-Kapitalverwaltungsgesellschaft die Verpflichtung, durch entsprechende Einwirkung die ordnungsgemäße Information sicherzustellen (vgl. § 289 Abs. 4 KAGB), dazu *Klebeck/Kolbe* BB 2014, 707 (710 ff.).

Entzug der Vermögenswerte zeitnah nach dem Kontrollerwerb (sog *asset stripping*), zu erschweren.[760] Keine Anwendung finden die vorgenannten Regelungen auf kleine und mittlere Unternehmen[761] sowie auf Zweckgesellschaften für den Erwerb, den Besitz oder die Verwaltung von Immobilien (vgl. § 287 Abs. 2 KAGB).

VII. Vertrieb von Investmentvermögen

228 Das 4. Kapitel des KAGB reguliert den Vertrieb von Investmentvermögen. Im ersten Abschnitt finden sich allgemeine Vorschriften sowie Vorgaben betreffend die **Vertriebsmaßnahmen** und das laufende Reporting. Im Zentrum stehen hier Pflichten zur Bereitstellung von Dokumenten und Informationen im Zuge des Anteil- oder Aktienerwerbs und periodische Transparenzpflichten, die mit Beginn des Vertriebs einsetzen. Der Gesetzgeber unterscheidet zwischen dem Vertrieb und dem Erwerb von OGAW sowie AIF in Bezug auf Privatanleger (§§ 297 ff. KAGB) und dem Vertrieb und dem Erwerb von AIF in Bezug auf semiprofessionelle und professionelle Anleger (§§ 307 f. KAGB). Der zweite Abschnitt des 4. Kapitels regelt dann die vor Beginn der Vertriebsmaßnahmen durchzuführenden Anzeigeverfahren.[762] In zahlreichen Vorschriften werden unterschiedliche Verfahren festgelegt, abhängig vom Typ des Fonds sowie dessen Anlegerkreis und Herkunft. Die für OGAW bzw. AIF jeweils anwendbaren Vertriebsregeln werden in den §§ 294 und 295 KAGB zusammengefasst. Diese Normen dirigieren durch die teilweise sehr komplexen Vorschriften des KAGB. Abhängig von der konkreten Vertriebskonstellation sind aber auch Regelungen außerhalb des KAGB im Einzelfall anwendbar. Werden beispielsweise **Anleger beraten oder Vermittler dazwischengeschaltet,** sind zusätzlich wertpapierhandelsrechtliche Regelungen oder von der Rechtsprechung entwickelte Grundsätze zum Vertrieb von Kapitalanlageprodukten, insbesondere zur Offenlegung von Rückvergütungen, zu beachten.[763]

229 Die Aufgaben der **Vertriebsüberwachung** weist das KAGB umfänglich der BaFin zu (§ 5 Abs. 5 KAGB). Gegenstand der Aufsicht sind sowohl die Vertriebsmaßnahmen als auch die Vertriebsanzeigen. Um eine effektive Überwachung des Vertriebs in- und ausländischer Investmentvermögen sicherzustellen, kann die BaFin insbesondere Auskünfte über die Geschäftsangelegenheiten sowie die Vorlage der Verkaufsunterlagen von Personen und Unternehmen verlangen, wenn Tatsachen die Annahme rechtfertigen, dass diese Investmentvermögen ohne vorherige Anzeige vertreiben (vgl. § 5 Abs. 8 und 9 KAGB).

230 Mit der Überführung in das KAGB sind die früheren investmentgesetzlichen Vertriebsvorschriften zT erheblich geändert worden.[764] Gegenstand der Regulierung ist jeglicher Vertrieb von Investmentvermögen und nicht mehr nur der öffentliche Vertrieb. Folgerichtig hat der Gesetzgeber den Begriff des Vertriebs signifikant ausgedehnt.[765] Eine **Privatplatzierung** außerhalb des KAGB-Regimes ist insoweit nicht mehr zulässig, so dass auch eine Abgrenzung zwischen einem öffentlichen und einem privaten Vertriebsweg obsolet geworden ist.[766] Vielmehr bedarf nahezu jede Form des Vertriebs von Investmentvermögen jetzt der vorherigen Durchführung eines **Anzeigeverfahrens.** Lediglich für den

[760] Vgl. Begründung GesE AIFM-UmsG, BT-Drs. 17/12294, S. 192. Krit. zum Verbot, weil zu weitgehend *Söhner* WM 2011, 2121 (2127).

[761] Maßgeblich ist Art. 2 Abs. 1 des Anhangs der Empfehlung 2003/361/EG der Kommission v. 6.5.2003. Hierunter fallen Zielgesellschaften, die weniger als 250 Arbeitnehmer beschäftigen und entweder einen Jahresumsatz von höchstens 50 Mio. Euro erzielen oder eine Jahresbilanzsumme von höchstens 43 Mio. Euro ausweisen.

[762] → Rn. 252.

[763] → Rn. 249 ff.

[764] Von einem „radikalen Kurswechsel" sprechen *Emde/Dreibus* BKR 2013, 89 (97).

[765] Dazu die nachfolgenden → Rn. 231 f.

[766] Vgl. Weitnauer/Boxberger/Anders/*Paul* § 293 Rn. 1; *Wollenhaupt/Beck* DB 2013, 1950 (1957); *Emde/Dreibus* BKR 2013, 89 (97). Zu den Folgen auch *Loff/Klebeck* BKR 2012, 353 (354 ff.).

Vertrieb von inländischen OGAW im Inland ist eine Anzeige gegenüber der BaFin nicht erforderlich.

1. Legaldefinition des Vertriebs (§ 293 KAGB)

Gemäß § 293 Abs. 1 Satz 1 KAGB ist Vertrieb das **direkte oder indirekte Anbieten oder Platzieren** von Anteilen bzw. Aktien eines Investmentvermögens. Es muss sich dabei um ein konkretes Investmentvermögen handeln, das bereits aufgelegt, angebotsreif oder mit einer bestimmten Firmierung versehen ist.[767] Die angesprochenen Anleger müssen insoweit die Möglichkeit haben, die betreffenden Anteile auch zeichnen zu können.[768] Vom Vertriebsbegriff erfasst wird nicht nur ein verbindlich unterbreitetes Angebot im juristischen Sinne, sondern jede auf den Absatz gerichtete Tätigkeit, beispielsweise in Form einer *invitatio ad offerendum*[769] oder durch den Einsatz von **Werbung.**[770] Für eine Platzierung bedarf es dagegen grundsätzlich eines Zeichnungsvertrages. Der Platzierende wird regelmäßig als **Abschlussvermittler** im fremden Namen und für fremde Rechnung tätig. Die bloße Weiterleitung eines Auftrags, wie im Falle der Anlagevermittlung üblich, genügt damit nicht.[771] Von einem indirekten Vertrieb ist auszugehen, wenn zwischen der Kapitalverwaltungsgesellschaft und den Anlageinteressenten Intermediäre dazwischengeschaltet werden, wie etwa Banken, Vermittler oder Berater. 231

Nicht unter den Vertriebsbegriff fällt die **Veräußerung eigener Anteile** durch bereits investierte Anleger. Dies gilt jedenfalls dann, wenn hierdurch nicht die Vertriebsvorschriften umgangen werden sollen, indem zB die Anteile zunächst an einen Intermediär übertragen werden, um diese dann originär bei Dritten zu platzieren.[772] Eine weitere Einschränkung erfährt der Vertriebsbegriff durch § 293 Abs. 1 Satz 3 KAGB in Bezug auf semiprofessionelle und professionelle Anleger mit Sitz im Inland oder in einem Mitgliedstaat des EWR. In diesem Fall liegt ein im Sinne des KAGB relevanter Vertrieb nur dann vor, wenn er auf Initiative der Verwaltungsgesellschaft oder in deren Auftrag erfolgt. Nicht erfasst werden damit Fälle der sog. **passiven Dienstleistungsfreiheit,** beispielsweise wenn der Anteilerwerb auf die alleinige Aktivität des Anlegers zurückzuführen ist.[773] Bestimmte Maßnahmen werden zudem auf Grundlage des in § 293 Abs. 1 Satz 2 KAGB enthaltenen **Negativkatalogs** von vornherein aus dem Anwendungsbereich der Vertriebsregeln ausgenommen. Dies betrifft ua die bloße namentliche Nennung von Investmentvermögen, die Veröffentlichung von Nettoinventarwerten oder die an einem organisierten Markt ermittelten Kurse von Anteilen bzw. Aktien eines Investmentvermögens sowie Maßnahmen der Verwaltungsgesellschaft zum Zwecke der Erfüllung ihrer gesetzlichen Veröffentlichungs- und Informationspflichten. 232

2. Vertriebsmaßnahmen

a) Verkaufsunterlagen und sonstige Informationspflichten (insbes. §§ 297, 307 KAGB). Die Komplexität der rechtlichen Strukturen und Anlageformen des Investmentgeschäfts hat Auswirkungen auf Art und Umfang der **vorvertraglichen Informations-** 233

---

[767] So die BaFin, Häufige Fragen zum Vertrieb und Erwerb von Investmentvermögen nach dem KAGB v. 4.7.2013 (Stand: 16.3.2018), Ziffer 1.1.

[768] Weitnauer/Boxberger/Anders/*Paul* § 293 Rn. 7 f.; Assmann/Schütze/*Eckhold/Balzer* § 22 Rn. 103.

[769] S. *BaFin,* Häufige Fragen zum Vertrieb und Erwerb von Investmentvermögen nach dem KAGB v. 4.7.2013 (Stand: 16.3.2018), Ziffer 1.1.

[770] Die Einbeziehung der Werbung folgt bereits aus § 302 KAGB; so auch Assmann/Schütze/*Eckhold/Balzer* § 22 Rn. 102; Weitnauer/Boxberger/Anders/*Paul* § 293 Rn. 6.

[771] Ähnlich Assmann/Schütze/*Eckhold/Balzer* § 22 Rn. 102; Weitnauer/Boxberger/Anders/*Paul* § 293 Rn. 9.

[772] Ähnlich *BaFin,* Häufige Fragen zum Vertrieb und Erwerb von Investmentvermögen nach dem KAGB v. 4.7.2013 (Stand: 16.3.2018), Ziffer 1.3.

[773] Zur passiven Dienstleistungsfreiheit Assmann/Schütze/*Eckhold/Balzer* § 22 Rn. 107; *Emde/Dreibus* BKR 2013, 89 (97).

pflichten.[774] Aus Gründen des Anlegerschutzes sind einem Anlageinteressenten im Vorfeld des Anteilerwerbs verschiedene, teilweise umfangreiche Informationsdokumente unaufgefordert bzw. auf Verlangen zur Verfügung zu stellen, die das betreffende Investmentprodukt beschreiben und insbesondere Angaben zu Organisationsstruktur, Anlagestrategie sowie Chancen und Risiken enthalten. Inhalt und Umfang der Informationspflichten variieren in Abhängigkeit vom konkreten **Schutzbedürfnis.** Dieses resultiert aus den typbezogenen Risiken der jeweiligen Anlage und dem betroffenen Anlegerkreis. Zwecks Erhöhung der **Informationseffizienz** normiert das KAGB detaillierte Vorgaben zu den Inhalten der im Einzelfall erforderlichen Dokumente und begründet auf diese Weise Standardisierung.[775]

234 **aa) Überblick.** Rechtzeitig vor Vertragsschluss sind dem am Erwerb eines OGAW-Anteils Interessierten die **wesentlichen Anlegerinformationen** nach Maßgabe des § 166 KAGB kostenlos und in der geltenden Fassung zur Verfügung zu stellen (§ 297 Abs. 1 Satz 1 KAGB). Der Anleger soll die reale Möglichkeit haben, vor Abgabe seiner eigenen Willenserklärung – nur darauf ist nach dem Telos der Vorschrift abzustellen – die darin enthaltenen Informationen über den Fonds zur Kenntnis zu nehmen.[776] Gleiches gilt für den **Verkaufsprospekt** nach § 165 Abs. 1 KAGB sowie den letzten veröffentlichten Jahres- und Halbjahresbericht. Dem OGAW-Anleger sind die letztgenannten Dokumente aber nur auf Verlangen (§ 297 Abs. 1 Satz 2 KAGB), dem an einem AIF-Anteil interessierten Privatanleger hingegen stets unaufgefordert zur Verfügung zu stellen (§ 297 Abs. 2 Satz 2 KAGB). Zusätzlich ist in dem letzteren Fall der Privatanleger vor Vertragsschluss über den Nettoinventarwert des Investmentvermögens oder den jüngsten Marktpreis der Anteile bzw. Aktien zu informieren.[777] Die **Anlagebedingungen** des Fonds und ggf. die Satzung im Falle des Anlagemodells in Gesellschaftsform müssen dem Verkaufsprospekt dagegen nicht beigefügt werden, soweit dieser einen Hinweis darauf enthält, wo diese Dokumente kostenlos erhältlich sind (§ 297 Abs. 3 KAGB). Weitergehend sind die Pflichten gegenüber einem an Anteilen eines Dach-Hedgefonds interessierten Privatanleger. Hier sind sämtliche vorgenannten **Verkaufsunterlagen**[778] physisch-real auszuhändigen und der Erwerb bedarf der schriftlichen Form (§ 297 Abs. 6 KAGB).[779]

235 **Adressat** der vorgenannten Verpflichtungen ist zunächst die Verwaltungsgesellschaft des betreffenden Investmentvermögens.[780] Erfolgt der Vertrieb durch **Intermediäre,** muss die Verwaltungsgesellschaft zudem die erforderlichen Vorkehrungen treffen, um eine Aushändigung der Verkaufsunterlagen zu ermöglichen, dh insbesondere diese rechtzeitig bereitstellen.[781] Intermediäre, die Anlageberatung in Bezug auf Anteile bzw. Aktien von Investmentvermögen erbringen, müssen die wesentlichen Anlegerinformationen qua eigener Verpflichtung zur Verfügung stellen (vgl. die entsprechenden Regelungen in § 64 Abs. 2 WpHG).[782] Unabhängig davon verpflichtet § 297 KAGB – zumindest sekundär – auch jeden anderen Intermediär, wenn dieser selbst für den Vertragsschluss verantwortlich ist, er also diesen unmittelbar herbeiführt.[783] § 297 KAGB ist grundsätzlich auch auf das **bera-**

[774] Diesen Gedanken entwickeln BankR-HdB/*Köndgen/Schmies* § 113 Rn. 137.

[775] Ähnlich BankR-HdB/*Köndgen/Schmies* § 113 Rn. 136 f.

[776] So auch Weitnauer/Boxberger/Anders/*Paul* § 297 Rn. 14; Berger/Steck/Lübbehüsen/*Ewers* InvG § 121 Rn. 10; *Kugler/Lochmann* BKR 2006, 41 (43).

[777] § 297 Abs. 2 Satz 1 KAGB verweist in diesem Zusammenhang auf die Bewertungsregeln der §§ 168 und 271 Abs. 1 KAGB.

[778] Verkaufsunterlagen gemäß § 297 Abs. 4 KAGB: Verkaufsprospekt, wesentliche Anlegerinformationen, letzte veröffentliche Jahres- und Halbjahresabschluss, Anlagebedingungen, Satzung/Gesellschaftsvertrag, Treuhandvertrag mit dem Treuhandkommanditisten.

[779] Hierzu *Kugler/Lochmann* BKR 2006, 41 (44).

[780] Zum Adressatenkreis Weitnauer/Boxberger/Anders/*Paul* § 297 Rn. 5; ferner, aber noch bezogen auf § 121 InvG *Müchler* WM 2012, 974 (975); Berger/Steck/Lübbehüsen/*Ewers* InvG § 121 Rn. 5 mwN.

[781] BankR-HdB/*Köndgen/Schmies* § 113 Rn. 138.

[782] So bereits die Begründung GE OGAW-IV-UmsG, BT-Drs. 17/4510, 82.

[783] Weitnauer/Boxberger/Anders/*Paul* § 297 Rn. 5; Berger/Steck/Lübbehüsen/*Ewers* InvG § 121 Rn. 5; *Müchler* WM 2012, 974 (975). Zweifelnd hingegen BankR-HdB/*Köndgen/Schmies* § 113 Rn. 138.

tungsfreie Geschäft anwendbar, soweit die tatsächliche Möglichkeit besteht, dem Anleger die Verkaufsunterlagen zugänglich zu machen.[784] Hieran fehlt es, wenn auf Initiative des Anlegers eine sofortige telefonische Abwicklung gewünscht ist, soweit der Informationsverpflichtete über den Umstand der Informationspflicht und deren Modalitäten zutreffend informiert sowie explizit eine Überlassung der betreffenden Dokumente anbietet.[785]

Die Verkaufsunterlagen sind nach § 303 Abs. 1 KAGB in **deutscher Sprache** abzufassen **236** oder mit einer deutschen Übersetzung, welche hinsichtlich des Wortlauts maßgeblich ist, zu versehen. Im Falle von EU-OGAW dürfen die Verkaufsunterlagen auch in einer in internationalen Finanzkreisen üblichen Sprache abgefasst sein; lediglich die wesentlichen Anlegerinformationen sind zwingend in deutscher Sprache vorzuhalten (vgl. §§ 303 Abs. 2 Satz 1, 298 Abs. 1 Satz 2 KAGB). Der Verkaufsprospekt bedarf im Gegensatz zum Wertpapierprospekt nach § 13 WpPG keiner Billigung durch die BaFin. Es besteht im Falle eines OGAW dagegen die Pflicht zur **unverzüglichen Einreichung nach erstmaliger Verwendung** gemäß § 164 Abs. 4 Satz 1 KAGB. Gleiches gilt auch für die wesentlichen Anlegerinformationen. Diese spezielle Einreichungspflicht entfällt für AIF, da hier die vorgenannten Dokumente bereits im Rahmen der Vertriebsanzeige einzureichen sind.[786]

Die Verkaufsunterlagen sind dem Anlageinteressenten auf einem **dauerhaften Datenträger**[787] oder einer Internetseite nach Maßgabe des Art. 38 Abs. 2 Verordnung (EU) **237** Nr. 583/2010[788] zur Verfügung zu stellen; auf Verlangen des Anlageinteressenten sind die Unterlagen kostenlos in **Papierform** darzureichen (§ 297 Abs. 4 Satz 1 KAGB). Die gesetzlichen Anforderungen an einen dauerhaften Datenträger erfüllt ohne weiteres lediglich die Papierform, denn der Anlageinteressent hat regelmäßig nur auf diesem Wege innerhalb eines Verkaufsgesprächs die reale Möglichkeit, die jeweiligen Inhalte zur Kenntnis zu nehmen.[789] Dies entspricht auch dem Ziel des Gesetzgebers, mit Hilfe dieses Informationsmediums einen größeren Teil der Anleger zu erreichen, als früher im Wege öffentlicher Bekanntmachungen.[790] Gleichwohl können auch elektronische Datenträger verwendet werden, wenn diese gemessen an den Rahmenbedingungen, unter denen das Geschäft ausgeführt wird, angemessen sind und den Anlageinteressenten vor Vertragsschluss eine reale Zugriffsmöglichkeit gewähren. Die Verwendung einer elektronischen Kommunikationsform setzt zudem voraus, dass der Interessent nachweislich einen regelmäßigen Zugang zum Internet hat, was aber bereits anzunehmen ist, wenn er eine E-Mail-Adresse angegeben hat.[791]

Semiprofessionellen und professionellen Anlegern, die Interesse an einem Erwerb von **238** Anteilen bzw. Aktien eines AIF haben, sind der letzte Jahresbericht und die in § 307 Abs. 1 Satz 2 KAGB genannten Informationen zur Verfügung zu stellen. Die Anlagebedingungen, die Satzung oder der Gesellschaftsvertrag des AIF müssen dabei die jeweilige Form der Darreichung festlegen. Angesichts der Fülle der gesetzlich geforderten Angaben wird in der Praxis im Regelfall ein recht umfangreiches **Informationsdokument** zu erstellen sein.[792] Diese mit dem KAGB eingeführte Informationspflicht konkretisiert das vorvertragliche Verhältnis der am **Vertrieb und Erwerb von Spezial-AIF** beteiligten Akteure. Ähnlich der Vertriebssituation unter Beteiligung von Privatanlegern ist es nunmehr Aufgabe der

[784] So auch Baur/Tappen/*Zingel* KAGB § 297 Rn. 5; Assmann/Schütze/*Eckhold/Balzer* § 22 Rn. 116.

[785] Ähnlich BaFin, Häufige Fragen zum Vertrieb und Erwerb von Investmentvermögen nach dem KAGB v. 4.7.2013 (Stand: 16.3.2018), Ziffer 3.2.

[786] Zu den Vertriebsanzeigen → Rn. 252.

[787] Vgl. auch die inhaltsgleiche Verwendung des Begriffs in Art. 3 Richtlinie 2006/73/EG zur Durchführung der Richtlinie 2004/39/EG (MiFID) oder in § 1 Abs. 43 WpHG. Ausführlich zum dauerhaften Datenträger *Blankenheim* ZBB 2011, 344 (357 f.).

[788] Verordnung (EU) Nr. 583/2010, ABl. 2010 L 176, S. 1.

[789] Ähnlich Baur/Tappen/*Zingel* KAGB § 297 Rn. 12.

[790] S. bereits die Begründung GE OGAW-IV-UmsG, BT-Drs. 17/4510, 71.

[791] So früher ausdrücklich § 42a Abs. 2 InvG.

[792] Einzelne Stimmen im Schrifttum sprechen von einer „Prospektpflicht für Spezial-AIF"; zB *Wollenhaupt/Beck*, DB 2013, 1950 (1957); *Emde/Dreibus* BKR 2013, 89 (99); *Patz* BKR 2014, 271 (276).

AIF-Verwaltungsgesellschaft (und sekundär auch eines dazwischengeschalteten Intermediärs) dafür Sorge zu tragen, dass der als semiprofessionelle bzw. professionelle Anleger qualifizierte Erwerbsinteressent die Möglichkeit erhält, Kenntnis über die wesentlichen, die Anlage betreffenden Informationen zu erlangen.

239 **bb) Verkaufsprospekt (§§ 165, 228, 269 KAGB).** Ein wesentliches **Instrument des investmentrechtlichen Anlegerschutzes** ist der Verkaufsprospekt. Er dient nicht nur Informationszwecken, sondern bildet darüber hinaus eine wichtige Grundlage für eine etwaige Haftung der Verwaltungsgesellschaft nach § 306 KAGB, wenn sich herausstellt, dass wesentliche Prospektangaben unrichtig oder unvollständig sind.[793] § 165 Abs. 2 KAGB ist auf offene Publikumsinvestmentvermögen anwendbar und enthält einen detaillierten **Katalog von Mindestangaben,** die ein Verkaufsprospekt neben einer eindeutigen und leicht verständlichen Erläuterung des Risikoprofils des Investmentvermögens enthalten muss. Dazu gehören ua Angaben zu der Organisationsstruktur des Anlagemodells, zu den Organmitgliedern und der Verwahrstelle, zu den Merkmalen der ausgegebenen Anteile, den Regeln für die Ermittlung und Verwendung der Erträge und zu der bisherigen Wertentwicklung sowie eine Beschreibung der Anlageziele und der Anlagepolitik an hervorgehobener Stelle, einschließlich etwaiger Konkretisierungen und Beschränkungen. Besonderheiten sind hinsichtlich der Mindestangaben bei Dach-Hedgefonds (§ 228 KAGB) und geschlossenen Publikums-AIF (§ 269 KAGB) zu beachten. Darüber hinaus normiert § 165 Abs. 1 Satz 1 KAGB einen **Auffangtatbestand,** wonach in den Verkaufsprospekt sämtliche Angaben aufgenommen werden müssen, die erforderlich sind, damit die Anleger sich über die ihnen angebotene Anlage und den damit verbundenen Risiken ein begründetes Urteil bilden können. Die Aufnahme weiterer notwendiger Angaben in den Verkaufsprospekt liegt damit im Verantwortungsbereich der Verwaltungsgesellschaft.

240 **cc) Wesentliche Anlegerinformationen (§§ 166, 270 KAGB).** Als investmentrechtliches Pendant zum WpHG-Informationsblatt, das im Zuge der Anlageberatung zur Verfügung zu stellen ist,[794] hat der Gesetzgeber im Zuge der Umsetzung der OGAW-IV-Richtlinie zum 1.7.2011 die wesentlichen Anlegerinformationen[795] eingeführt. Diese haben den vereinfachten Verkaufsprospekt ersetzt, der in der Praxis entgegen der ursprünglichen Zielsetzung lediglich eine leicht gekürzte Ausgabe des ausführlichen Verkaufsprospekts war und so den Anlageinteressenten einen nur geringen Mehrwert brachte.[796] Die wesentlichen Anlegerinformationen **(KID oder KII)**[797] sollen in Abkehr vom früheren Ansatz im Rahmen einer Kurzinformation mit einem Umfang von grundsätzlich 2 DIN-A4-Seiten[798] den durchschnittlichen Anleger leicht verständlich und in einem einheitlichen Format über die wesentlichen Merkmale des betreffenden Investmentvermögens informieren.[799] Es soll damit eine **autarke Grundlage für eine fundierte Anlageentscheidung** geschaffen werden, ohne dass weitere Dokumente zwingend herangezogen werden müssen (vgl. § 166 Abs. 1 KAGB). Die zu beachtenden **Pflichtangaben** werden in § 166 Abs. 2 KAGB katalogisiert. Hiernach müssen die wesentlichen Anlegerinformationen, neben einer kurzen Beschreibung der Anlageziele und Anlagepolitik, Angaben enthalten zur Identität des Investmentvermögens und der für das Investmentvermögen zuständigen Behörde, zum Risiko- und Ertragsprofil der Anlage, zu den Kosten und Gebühren, zur bisherigen Wertentwicklung bzw. Performance-Szenarien, Erklärungen und Hinweise zur Vergütungspoli-

[793] Zur Prospekthaftung noch → Rn. 243 ff.

[794] Vgl. § 64 Abs. 2 WpHG.

[795] Zum Aufbau und Inhalt der wesentlichen Anlegerinformationen *Blankenheim* ZBB 2011, 344 (349 f.).

[796] Begründung GE OGAW-IV-UmsG, BT-Drs. 17/4510, 54. Vgl. auch *Podewils* ZBB 2011, 169 (169 f.); *Patzner/Pätsch/Goga* IStR 2010, 709 (710); *Bujotzek/Steinmüller* DB 2011, 2305 (2307).

[797] Gebräuchlich sind auch die englischen Abkürzungen KID (Key Information Document) und KII (Key Investor Information).

[798] Eine Ausnahme begründet Art. 37 Verordnung (EU) Nr. 583/2010 für strukturierte OGAW. Hier darf der Umfang auch 3 DIN-A4-Seiten betragen.

[799] Vgl. Begründung GE OGAW-IV-UmsG, BT-Drs. 17/4510, 70 f.

tik[800] sowie praktische Informationen und Querverweise.[801] Für geschlossene Publikums-AIF enthält § 270 KAGB spezifische, teilweise hiervon abweichende Vorschriften.

Hinsichtlich der weiteren Konkretisierung verweist der Gesetzgeber umfänglich auf die **Verordnung (EU) Nr. 583/2010.**[802] Die Vorschriften dieser Verordnung gelten aus europäischer Sicht unmittelbar nur für OGAW, sie sind aber mit bestimmten Einschränkungen bzw. Maßgaben auf Grund ausdrücklicher Verweisung auf wesentliche Anlegerinformationen offener und geschlossener Publikums-AIF (vgl. §§ 166 Abs. 4 Satz 2 bzw. 270 Abs. 2 KAGB) entsprechend anzuwenden. Insgesamt weisen die wesentlichen Anlegerinformationen auf Grund der sehr detaillierten Regelungen zu Form und Inhalt in den Art. 4 ff. Verordnung (EU) Nr. 583/2010 einen **hohen Standardisierungsgrad** auf. Festgelegt werden in formeller Hinsicht Titel, Reihenfolge, Überschriften, Sprache, Länge und Präsentation sowie der konkrete Inhalt der einzelnen Pflichtangaben. Dieses **enge formelle und inhaltliche Korsett** soll im Ergebnis zu einer besseren Vergleichbarkeit der einzelnen Produkte führen. Zusätzlich gelten für OGAW und AIF, die sich an Kleinanleger richten, die Regelungen der Verordnung (EU) Nr. 1286/2014 (sog. PRIIP-VO). 241

b) Widerrufsrecht (§ 305 KAGB). Vollzieht sich der Erwerb von Anteilen an offenen Investmentvermögen **außerhalb der ständigen Geschäftsräume** desjenigen, der die Anteile veräußert oder die Veräußerung vermittelt hat, und ist der Erwerber **durch mündliche Verhandlungen dazu bestimmt** worden, eine auf den Erwerb gerichtete Willenserklärung abzugeben, dann ist der Erwerber berechtigt, innerhalb einer Frist von zwei Wochen schriftlich zu widerrufen. Das investmentrechtliche Widerrufsrecht ist eine spezialgesetzliche Ausprägung des Widerrufsrechts bei Haustürgeschäften nach § 312g Abs. 1 BGB. Es ist auch anwendbar im Rahmen des Vertriebs von offenen Spezial-AIF (§ 307 Abs. 2 KAGB), nicht jedoch auf geschlossene Investmentvermögen. Hier gelten die allgemeinen Regelungen des BGB (§ 305 Abs. 7 KAGB).[803] Rechtsgrund für die Gewährung eines Rechts zur nachträglichen Lösung des Vertrages ist ein den äußeren Umständen zu entnehmender **Überrumpelungseffekt.**[804] Der Erwerber wird bereits dann dazu bestimmt, eine Willenserklärung abzugeben, wenn der Vertrag ohne die mündlichen Verhandlungen nicht oder zumindest nicht so zustande gekommen wäre; insoweit muss die Willenserklärung anbieterinitiiert sein.[805] Die Abgabe der Willenserklärung kann zeitlich auch nach den mündlichen Verhandlungen erfolgen.[806] Das Widerrufsrecht erfasst nur den privaten Erwerb von Anteilen (§ 305 Abs. 3 Nr. 1 KAGB). Ein Verzicht auf dieses Recht ist nicht möglich (§ 305 Abs. 5 KAGB), gleichwohl können die Vertragsparteien nach Begründung des Vertragsverhältnisses die Aufhebung vereinbaren.[807] 242

c) Haftung für fehlerhafte Verkaufsunterlagen (insbes. § 306 KAGB). Enthält der Verkaufsprospekt eines Publikumsinvestmentvermögens[808] unrichtige oder unvollständige Angaben, die für die Beurteilung der angebotenen Anteile von wesentlicher Bedeutung sind, dann können Anleger, soweit die weiteren Voraussetzungen des § 306 Abs. 1 KAGB gegeben sind, vom jeweiligen Anspruchsverpflichteten[809] die **Übernahme der erworbenen Anteile gegen Erstattung des gezahlten Kaufpreises** verlangen. Ist der ursprüngliche Erwerber nicht mehr Inhaber der Anteile, kann er einen entsprechenden Differenzbetrag zwischen Erwerbspreis und Rücknahmepreis geltend machen (vgl. § 306 Abs. 1 243

[800] Eingefügt durch Art. 1 Nr. 59 OGAW-V-Umsetzungsgesetz v. 3.3.2016, BGBl. I 2016, 348.
[801] S. dazu auch *Blankenheim* ZBB 2011, 344 (349 f.); *Podewils* ZBB 2011, 169 (170 f.).
[802] Verordnung (EU) Nr. 583/2010, ABl. 2010 L 176, S. 1.
[803] Dazu Weitnauer/Boxberger/Anders/*Paul* § 305 Rn. 32 f.; Assmann/Schütze/*Eckhold*/*Balzer* § 22 Rn. 125.
[804] Vgl. Palandt/*Grüneberg* BGB § 312 Rn. 3.
[805] Vgl. MüKoBGB/*Masuch*, 7. Aufl., BGB § 312 Rn. 32.
[806] So Beckmann/Scholtz/Vollmer/*Schmies* InvG § 126 Rn. 4.
[807] Weitnauer/Boxberger/Anders/*Paul* § 305 Rn. 29.
[808] OGAW und AIF in Bezug auf Privatanleger, vgl. § 297 Abs. 1 und 2 KAGB.
[809] Zum Adressatenkreis → Rn. 247.

Satz 2 KAGB). Das vorbezeichnete Haftungsregime gilt auch für geschlossene Publikums-AIF[810] und ist gemäß § 307 Abs. 3 KAGB entsprechend auf das Informationsdokument eines Spezial-AIF anwendbar.[811]

244 Angaben sind von **wesentlicher Bedeutung,** wenn sie geeignet sind, die Anlageentscheidung eines verständigen durchschnittlichen Anlegers zu beeinflussen.[812] Dies ist anzunehmen, wenn die betreffenden Angaben eine auch nur mittelbare Aussage zur Qualität, dh den Wert oder das Risiko, der zugrunde liegenden Anlage treffen.[813] In Frage kommen insbesondere Prospektinhalte zu den gesetzlichen Pflichtangaben, soweit es sich hierbei nicht um rein technisch-formale Angaben, wie zB Adressen handelt. Aber auch sonstige Prospektinhalte können **haftungsbegründend** sein, sofern sie das Gesamtbild der Anlage sowie die Anlageziele und die Anlagepolitik, insbesondere bezogen auf die damit verbundenen Risiken und Chancen, beeinflussen. **Unrichtig** sind Angaben, wenn sie nachweislich unwahr sind oder nicht hinreichend auf Tatsachen gestützt werden können; **unvollständig** ist der Prospekt, wenn vor allem wertbildende Faktoren fehlen.[814]

245 In der Systematik vergleichbar mit der Prospekthaftung enthält § 306 Abs. 2 KAGB eine spezielle Haftungsgrundlage für **fehlerhafte wesentliche Anlegerinformationen** eines Publikumsinvestmentvermögens. Haftungsbegründend sind in diesem Fall irreführende, unrichtige oder nicht mit den einschlägigen Stellen des Verkaufsprospekts vereinbare Angaben. Der wesentliche Unterschied zur Prospekthaftung liegt darin, dass nach dem Wortlaut und dem ausdrücklichen Willen des Gesetzgebers nicht für die Vollständigkeit der wesentlichen Anlegerinformationen gehaftet werden soll.[815]

246 Beide Haftungstatbestände setzten bei Einführung des KAGB voraus, dass der Anleger *auf Grund* einer fehlerhaften Verkaufsunterlage Anteile oder Aktien eines Investmentvermögens erworben hat. Im Schrifttum ging man mehrheitlich zunächst davon aus, dass die Beweislast hierfür grundsätzlich der Anleger zu tragen hätte, denn eine Beweislastumkehr, wie sie zB in § 23 Abs. 2 Nr. 1 WpPG normiert ist, war im KAGB nicht vorgesehen.[816] Dies entsprach auch der Rechtslage nach dem früheren InvG.[817] Der Gesetzgeber stellte in der Folgezeit aber klar, dass nach dem neuen KAGB-Regime der Anspruchsverpflichtete die **Beweislast** dafür trägt, dass der Verkaufsprospekt bzw. die wesentlichen Anlegerinformationen nicht kausal für die Anlageentscheidung waren.[818] In diesem Sinne formuliert § 306 Abs. 3 Satz 2 Nr. 2 KAGB die mögliche Einwendung des Anspruchsverpflichteten. Eine Inanspruchnahme durch die Anleger scheidet gleichwohl von vornherein aus, wenn der Anspruchsverpflichtete nachweisen kann, dass er die Fehlerhaftigkeit der Verkaufsunterlage nicht gekannt hat und die Unkenntnis nicht auf grobe Fahrlässigkeit beruht (vgl. § 306 Abs. 3 Satz 1 KAGB).

247 Potentielle **Adressaten der Haftung** aus § 306 Abs. 1 und 2 KAGB sind Verwaltungsgesellschaften sowie diejenigen, die gewerbsmäßig im eigenen Namen Anteile oder Aktien an Investmentvermögen verkaufen. Es besteht insoweit ein Gesamtschuldverhältnis. Intermediäre, die den Anteilsverkauf lediglich vermittelt oder im fremden Namen abgewickelt haben, haften hingegen gemäß § 306 Abs. 4 KAGB nur dann, wenn sie die Fehlerhaftigkeit

---

810 Dazu ausführlich *Hanke* BKR 2014, 441 (445 ff.).

811 → Rn. 238.

812 Berger/Steck/Lübbehüsen/*Köndgen* InvG § 127 Rn. 3.

813 Ähnlich Berger/Steck/Lübbehüsen/*Köndgen* InvG § 127 Rn. 3.

814 Dazu Assmann/Schütze/*Assmann* § 6 Rn. 89 ff.

815 So bereits die Begründung GE OGAW-IV-UmsG, BT-Drs. 17/4510, 84 bei erstmaliger Einführung des Haftungstatbestands. S. a. *Podewils* ZBB 2011, 169 (172); *Mühler* WM 2012, 974 (978); *Bujotzek/Steinmüller* DB 2011, 2305 (2308).

816 So zB Assmann/Schütze/*Eckhold/Balzer* § 22 Rn. 130. Damals schon von einem gesetzgeberischem Versehen ausgehend *Schnauder,* NJW 2013, 3207 (3210).

817 → 1. Aufl. 2013, Kap. 39 Rn. 208.

818 Vgl. Begründung GE zur Anpassung von Gesetzen auf dem Gebiet des Finanzmarkts, BT-Drs. 18/1305, 51; s. dazu auch Baur/Tappen/*Zingel* KAGB § 306 Rn. 17.

des Verkaufsprospekts oder der wesentlichen Anlegerinformationen zum Zeitpunkt des Verkaufs positiv gekannt haben.[819]

Die investmentgesetzliche Haftung für fehlerhafte Verkaufsunterlagen ist ***lex specialis*** im Verhältnis zur richterrechtlich entwickelten, allgemeinen zivilrechtlichen Prospekthaftung.[820] Letztere würde im Falle ihrer Zulassung das spezialgesetzliche Haftungsregime des KAGB unterlaufen.[821] Die allgemeinen zivilrechtlichen Haftungsgrundsätze werden hingegen nicht verdrängt, wenn fehlerhafte Angaben in Vertriebsunterlagen gemacht werden, die nicht von der Haftung aus § 306 Abs. 1 und 2 KAGB erfasst werden. Ebenso ist zu verfahren, wenn besonderes persönliches Vertrauen in Anspruch genommen wird, beispielsweise durch einen Intermediär, der sich im Rahmen des Vertriebs die Inhalte eines Prospekts zu eigen macht und dem Anleger auf diese Weise eine zusätzliche Gewähr für die Richtigkeit der darin enthaltenen Angaben ausspricht. Hier kommt eine weitergehende Haftung aus Vermittlungs- und Beratungsvertrag in Betracht.[822] In den zuletzt genannten Fällen kann die zivilrechtliche Prospekthaftung je nach Konstellation damit als **Auffangtatbestand** fungieren. 248

3. Besondere Pflichten für Anlageberater und Anlagevermittler

Im Rahmen des Vertriebs von Investmentvermögen einbezogene Anlageberater und Anlagevermittler[823] erbringen regelmäßig eine **Wertpapierdienstleistung im Sinne des WpHG.** Aus dieser Zuordnung resultieren originäre, von den Obliegenheiten der Verwaltungsgesellschaft unabhängige **Aufklärungspflichten** im Verhältnis zum Kunden. Erbringt die externe Kapitalverwaltungsgesellschaft im Rahmen des § 20 Abs. 2 und 3 KAGB eine Wertpapierdienstleistung als Nebendienstleistung unterliegt sie ebenfalls dem Aufsichtsrecht des WpHG.[824] Gemäß § 63 Abs. 7 WpHG sind Wertpapierdienstleistungsunternehmen ua verpflichtet, die Kunden rechtzeitig und in angemessener Form über die Art und die Risiken der ihnen angebotenen oder von ihnen angefragten Finanzinstrumente zu informieren. Diese Pflicht wird für den Vertrieb von Anteilen bzw. Aktien an Investmentvermögen dahingehend präzisiert, dass rechtzeitig vor Abschluss eines Geschäfts dem Kunden die wesentlichen Anlegerinformationen zur Verfügung zu stellen sind (§ 64 Abs. 2 WpHG). Ferner sind abhängig von der Art der zu erbringenden Wertpapierdienstleistung eine Reihe von Informationen über Kenntnisse und Erfahrungen des Kunden einzuholen, um eine die Interessen des Anlegers wahrende Abwicklung der Dienstleistung zu ermöglichen und um deren Angemessenheit beurteilen zu können. Für die Anlageberatung, die regelmäßig in eine konkrete Handlungsempfehlung mündet, gelten die zT ausdrücklich in § 64 Abs. 3 und 4 WpHG niedergelegten und von der Rechtsprechung entwickelten Grundsätze einer **anleger- und objektgerechten Beratung.**[825] Der Berater nimmt dabei eine Bewertung der in Frage stehenden Kapitalanlage vor, und zwar unter Berücksichtigung der persönlichen und wirtschaftlichen Verhältnisse sowie der Kenntnisse und Erfahrungen des Kunden. Spricht der Berater am Ende eine Empfehlung aus, ist diese im Einzelfall mit einem konkreten Risikohinweis zu verbinden. Beispielsweise hat eine Bank, 249

---

[819] Ebenfalls auf positive Kenntnis abstellend Baur/Tappen/*Zingel* KAGB § 306 Rn. 26.

[820] Zum KAGB: Baur/Tappen/*Zingel* KAGB § 306 Rn. 33; *Schnauder*, NJW 2013, 3207 (3212). Älteres Schrifttum und Rspr.: Berger/Steck/Lübbehüsen/*Köndgen* InvG § 127 Rn. 29 f.; Assmann/Schütze/*Assmann* § 6 Rn. 134; Beckmann/Scholtz/Vollmer/*Schmies* InvG § 127 Rn. 29; **aA** noch zum KAGG Brinkhaus/Scherer/*Schödermeier/Baltzer* KAGG § 20 Rn. 34; *Canaris* Bankvertragsrecht, Rn. 2289; von der Rspr. bisher offen gelassen, s. BGH NJW-RR 2005, 772 (775). Ausführlich zur zivilrechtlichen Prospekthaftung Assmann/Schütze/*Assmann* § 6 Rn. 129 ff.

[821] So, aber noch in Bezug auf das InvG, Berger/Steck/Lübbehüsen/*Köndgen* InvG § 127 Rn. 29.

[822] Vgl. Baur/Tappen/*Zingel* KAGB § 306 Rn. 33.

[823] Zur Anlageberatung und Anlagevermittlung *Spindler* → Kap. 33 Rn. 32 ff.

[824] → Rn. 56.

[825] Grundlegend BGH NJW 1993, 2433 (Bond). Für einen Überblick über die Entwicklung der Rechtsprechung s. BankR-HdB/*Hannöver* § 110 Rn. 44 ff. Zur Anlageberatung *Spindler* → Kap. 33 Rn. 132 ff.; Fuchs/*Fuchs* WpHG § 31 Rn. 236 ff.

die ihrem Kunden einen offenen Immobilienfonds empfiehlt, ungefragt über die Möglichkeit einer zeitweiligen Aussetzung der Anteilsrücknahme durch die Fondsgesellschaft aufzuklären.[826] Bei Zwischenschaltung von **vertraglich gebundenen Vermittlern** im Sinne des § 2a Abs. 2 WpHG, die als *verlängerter Arm*[827] des mit ihnen verbundenen Wertpapierdienstleisters tätig werden, sind die vorbezeichneten Pflichten ebenfalls einzuhalten. Die Verantwortung dafür trägt das Wertpapierdienstleistungsunternehmen.[828]

250 Rechtspolitisch zweifelhaft, insbesondere unter Berücksichtigung der vergleichbaren Gefährdungssituation für den Kunden, ist die **Bereichsausnahme für reine Fondsvermittler** gemäß § 3 Abs. 1 Nr. 7 WpHG.[829] Letztere unterliegen nicht dem WpHG-Aufsichtsregime, dürfen aber sowohl Anleger beraten als auch Erwerbsgeschäfte vermitteln. Ihre Dienstleistung ist jedoch hinsichtlich des Anlagegegenstands eng begrenzt, nämlich auf Anteile oder Aktien an Investmentvermögen und Vermögensanlagen. Im Ergebnis bestehen aber auch in diesen Fällen zivilrechtliche Aufklärungs- und Beratungspflichten, die aus dem regelmäßig geschlossenen Auskunfts- oder Beratungsvertrag resultieren und sich am Maßstab der anleger- und objektgerechten Erbringung der Dienstleistung orientieren.[830] Der konkrete Pflichtenkanon variiert etwas und ist abhängig vom konkreten Regelungsinhalt des Vertrages und der Art des Vertriebs. Ferner ist auch diese Tätigkeit erlaubsnipflichtig gem. § 34 f. GewO.

251 Wesentlich aus Sicht des Kunden sind Vorkehrungen zur Vermeidung von sowie der angemessene Umgang mit **Interessenkonflikten** von Seiten des Anlageberaters bzw. Anlagevermittlers. Denn es besteht ein fundamentales Spannungsverhältnis zwischen der Verpflichtung zur Wahrung des Kundeninteresses und dem persönlichen monetären Interesse des betreffenden Dienstleisters.[831] Die wirtschaftlichen Anreize werden im Falle der bankeigenen Anlageberater durch die systematische Bevorzugung konzerneigener Produkte noch verstärkt bzw. ergänzt.[832] Ein Anreiz, den Kunden entgegen seinen Interessen aufzuklären oder zu beraten besteht insbesondere, wenn der Dienstleister eine Aussicht auf **umsatzabhängige Rückvergütungen (sog Kick-Backs), Innenprovisionen**[833] oder sonstige Geldleistungen hat.

Im Falle der Honoraranlageberatung ist daher jede Form der Zuwendung untersagt (§ 64 Abs. 5 Satz 2 WpHG), wohingegen für die Finanzportfolioverwaltung eine Geringfügigkeitsausnahme statuiert ist (§ 64 Abs. 7 WpHG). Im Rahmen der Erbringung einer sonstigen Wertpapierdienstleistung ist die aufsichtsrechtliche Regelung in **§ 70 WpHG** einschlägig. Demzufolge dürfen Zuwendungen grundsätzlich von Dritten nicht angenommen oder an Dritte gewährt werden, es sei denn, die Zuwendung ist darauf ausgelegt, die Qualität der betreffenden Dienstleistung zu verbessern und die wesentlichen Faktoren der Zuwendung werden zutreffend offen gelegt. Die **höchstrichterliche Rechtsprechung** hat zusätzlich in einer ganzen Reihe von Entscheidungen vorvertragliche Aufklärungspflichten auf zivilrechtlicher Ebene begründet und so dieser speziellen Rechtsmaterie weitere Konturen verliehen.[834] Die einzelnen Pflichten variieren je nachdem, ob es sich um Vermittlung oder Beratung handelt und die Person des Dienstleisters bankgebunden oder „frei" ist. Im Grundsatz gilt aber, dass sowohl über eine echte Rückvergütung durch

826 BGH BKR 2014, 508.
827 Fuchs/*Fuchs* WpHG § 2a Rn. 47.
828 Fuchs/*Fuchs* WpHG § 2a Rn. 47; Assmann/Schneider/*Assmann* WpHG § 2a Rn. 68.
829 Kritisch auch BankR-HdB/*Köndgen/Schmies* § 113 Rn. 152. Zu dieser Bereichsausnahme ausführlich Fuchs/*Fuchs* WpHG § 2a Rn. 19 ff.
830 StRspr seit BGH NJW 1993, 2433 (Bond). Einen Überblick über die einzelnen Pflichten – unterteilt nach Beratung und Vermittlung – gibt Assmann/Schütze/*Edelmann* § 3 Rn. 14 ff. mwN.
831 Vgl. die ausführliche Darstellung bei *Schwab* BKR 2011, 450 (451 ff.).
832 Ähnlich BankR-HdB/*Köndgen/Schmies,* 3. Aufl., § 113 Rn. 90.
833 Zur Abgrenzung der Begriffe BGH ZIP 2011, 855; WM 2011, 1804. Ausführlich zu diesem Themenkomplex *Spindler* → Kap. 33 Rn. 189 ff., 216 ff.
834 Einen Überblick über die sog. Kick-Back-Rechtsprechung des BGH geben *Jordans* BKR 2015, 309 (311 ff.) und BKR 2011, 456 (456 ff.). Die BGH-Rechtsprechung zu Rückvergütungen ist verfassungsrechtlich unbedenklich, vgl. BVerfG BKR 2012, 23.

konzernfremde Dritte, die offen ausgewiesen wird,[835] als auch über jede sonstige verdeckte Vertriebsvergütung, wie zB eine Innenprovision, stets aufzuklären ist.[836] Die Auswirkungen auf die Werthaltigkeit des Anlageprodukts bleiben dabei außer Betracht.[837]

4. Vertriebsanzeigen (§§ 309 ff. KAGB)

Der Vertrieb von Investmentvermögen bedarf grundsätzlich einer vorherigen Anzeige gegenüber der BaFin. Ausgenommen hiervon ist nur der Vertrieb von inländischen OGAW im Inland. Die Vertriebsanzeige fällt in den Zuständigkeitsbereich der Verwaltungsgesellschaft, die das betreffende Investmentvermögen verwaltet, auch wenn für den Vertrieb Intermediäre eingesetzt werden.[838] Das KAGB unterscheidet nach dem Typ und der Herkunft des Fonds, dem angesprochenen Anlegerkreis sowie dem Sitz der Verwaltungsgesellschaft. Je nach Fallgestaltung sind hinsichtlich des formellen Anzeigeverfahrens unterschiedliche Vorgaben zu beachten. Eine erste Einteilung ergibt folgende Vertriebskonstellationen: EU-OGAW im Inland (§§ 309 ff. KAGB); inländische OGAW im EWR-Raum (§§ 312 f. KAGB); Publikums-AIF, EU-AIF oder ausländische AIF an Privatanleger im Inland (§§ 316 ff. KAGB); AIF an semiprofessionelle und professionelle Anleger im Inland (§§ 321 ff. KAGB); AIF an semiprofessionelle und professionelle Anleger im EWR-Raum (§§ 331 ff. KAGB). 252

[835] BGH NZG 2013, 184.
[836] BGH WM 2014, 1382.
[837] So aber noch BGH ZIP 2011, 855; BGH WM 2009, 405.
[838] Vgl. *BaFin,* Häufige Fragen zum Vertrieb und Erwerb von Investmentvermögen nach dem KAGB v. 4.7.2013 (Stand: 16.3.2018), Ziffer 2.1.2.

40. Kapitel: Emissions- und Konsortialgeschäft

Schrifttum: *Assmann,* Zur Haftung von Konsortien für das rechtsgeschäftliche Handeln ihrer Vertreter, ZHR 152 (1988), 371; *Assmann,* Prospekthaftung, 1985; *Assmann/Schneider/Mülbert,* Wertpapierhandelsrecht, 7. Aufl. 2019; *Bosch/Groß,* Emissionsgeschäft, in BuB; *Busch,* Aktien- und börsenrechtliche Aspekte von Force Majeure-Klauseln in Aktienübernahmeverträgen, WM 2001, 1277; *Busch,* Aktuelle Rechtsfragen des Bezugsrechts- und Bezugsrechtsausschlusses beim Greenshoe im Rahmen von Aktienemissionen, AG 2002, 230; *Busch/Groß,* Vorerwerbsrechte der Aktionäre beim Verkauf von Tochtergesellschaften über die Börse, AG 2000, 503; *Canaris,* Bankvertragsrecht, 4. Aufl. 1988; *Ekkenga,* Wertpapier-Bedingungen als Gegenstand richterlicher AGB-Kontrolle, ZHR 160 (1996), 59; *Fleischer,* Marktschutzvereinbarungen beim Börsengang, WM 2002, 2305; *Fleischer,* Statthaftigkeit und Grenzen der Kursstabilisierung, ZIP 2003, 2045; *Gebauer,* Börsenprospekthaftung und Kapitalerhaltungsgrundsatz in der Aktiengesellschaft, 1999; *Gebhardt,* Prime und General Standard: Die Neusegmentierung des Aktienmarkts an der Frankfurter Wertpapierbörse, WM-Sonderbeilage Nr. 2/2003; *Groß,* Verdeckte Sacheinlage, Vorfinanzierung und Emissionskonsortium, AG 1993, 108; *Groß,* Der Inhalt des Bezugsrechts nach § 186 AktG, AG 1993, 449; *Groß,* Deutsches Gesellschaftsrecht in Europa, EuZW 1994, 395; *Groß,* Offene Fragen bei der Anwendung des neuen § 186 Abs. 3 S. 4 AktG, DB 1994, 2431; *Groß,* Bookbuilding, ZHR 162 (1998), 318; *Groß,* Die börsengesetzliche Prospekthaftung, AG 1999, 199; *Groß,* Zulassung von Wertpapieren zum amtlichen Handel, FB 1999, 24; *Groß,* Das Ende des sog. „Greenshoe"?, ZIP 2002, 166 ff.; *Groß,* Kursstabilisierung – Zur Reichweite der Safe Habour-Regeln der §§ 14 Abs. 2 und 20a Abs. 3 WpHG, GS Ulrich Bosch, 2005, 49; *Groß,* Die Neuregelung des Anlegerschutzes beim Delisting, AG 2015, 801; *Groß,* Kapitalmarktrecht, 7. Aufl. 2020; *Grundmann,* Konsortien, Gesellschaftszweck und Gesamthandsvermögen – Typendehnung oder Typenmischung im Gesellschaftsrecht?, FS Boujong, 1996, S. 159; *Grundmann,* Emissionsgeschäft, in: Bankrechts-HdB, 5. Aufl. 2017, Band 2, § 112; *Habersack,* „Holzmüller" und die schönen Töchter – Zur Frage eines Vorerwerbsrechts der Aktionäre beim Verkauf von Tochtergesellschaften, WM 2001, 545; *Hartwig-Jacob,* Die Vertragsbeziehungen und die Rechte der Anleger bei internationalen Anleiheemissionen, Diss. Köln 2001; *Hein,* Rechtliche Fragen des Bookbuildings nach deutschem Recht, WM 1996, 1; *Heinsius,* Bezugsrechtsausschluß bei der Schaffung von Genehmigtem Kapital. Genehmigtes Kapital II, FS Kellermann, 1991, 115; *Hoffmann-Becking,* Neue Formen der Aktienemission, FS Lieberknecht, 1997, 25; *Hopt,* Die Verantwortlichkeit der Banken bei Emissionen, 1991; *Hopt,* Emissionsgeschäft und Emissionskonsortien, FS Kellermann, 1991, 181; *Hopt,* Emission, Prospekthaftung und Anleihetreuhand im internationalen Recht, FS Lorenz, 1991, 413; *Hopt,* Änderung von Anleihebedingungen, SchuldverschreibungsG, § 796 BGB und AGBG, FS Steindorff, 1990, 341; *Hopt,* Änderung von Anleihebedingungen, – Schuldverschreibungsgesetz, § 796 BGB und ABGB –, WM 1990, 1733; *Horn,* Das Recht der internationalen Anleihen, 1972; *Hüffer,* Das Wertpapier-Verkaufsprospektgesetz, 1995; International Capital Market Association (ICMA), Members, Recommendations, Standard Documentation (IPMA Handbook), Loseblattsammlung; *Immenga,* Einlagenschutz bei mittelbarem Bezugsrecht, FS Beusch, 1993, S. 413; *Kallrath,* Die Inhaltskontrolle der Wertpapierbedingungen von Wandel- und Optionsanleihen, Gewinnschuldverschreibungen und Genußscheinen, 1993; *Kaserer/Kempf,* Das Underpricing-Phänomen am deutschen Kapitalmarkt und seine Ursachen, ZBB 1995, 45; *Kümpel/Mülbert/Früh/Seyfried,* Bank- und Kapitalmarktrecht, 5. Aufl. 2019; *Kümpel/Hammen/Ekkenga,* Kapitalmarktrecht, Loseblattsammlung, Stand 04/19; *Löffler,* Anleihen, 1987; *Lutter,* Das neue „Gesetz für kleine Aktiengesellschaft und zur Deregulierung des Aktienrechts", AG 1994, 429; *Lutter/Drygala,* Rechtsfragen beim Gang an die Börse, FS Raisch, 1995, S. 239; *Lutter/Drygala,* Die zweite Chance für Spekulanten? – Zur nachträglichen Korrektur der Konditionen von Optionsschuldverschreibungen, FS Claussen, 1997, 261; *Marsch-Barner,* Die Erleichterung des Bezugsrechtsausschlusses nach § 186 Abs. 3 S. 4 AktG, AG 1994, 532; *Marsch-Barner/Schäfer* (Hrsg.), Handbuch börsennotierte AG, 4. Aufl. 2018; *Masuch,* Anleihebedingungen und AGB-Gesetz, 2001; *Mentz/Fröhling,* Die Formen der rechtsgeschäftlichen Übertragung von Aktien, NZG 2002, 201; *De Meo,* Bankenkonsortien, 1994; *Meyer,* Der „Greenshoe" und das Urteil des Kammergerichts, WM 2002, 1106; *Meyer,* Aspekte einer Reform der Prospekthaftung, WM 2003, 1301 (Teil I), 1349 (Teil II); *Meyer,* Der IDW-Prüfungsstandard für Comfort Letters, WM 2003, 1745; *Meyer,* Neue Entwicklungen bei der Kursstabilisierung, AG 2004, 289; *Müller,* Das Emissionskonsortium im Wettbewerbsrecht, 2008; *Pfüller/Märker,* Rechtliche Rahmenbedingungen bei der Zuteilung von Aktien, Die Bank 1999, 670; *Schäfer,* Vereinbarungen bei Aktienemissionen, ZGR 2008, 455; *Schanz,* Börseneinführung, Recht und Praxis des Börsengangs, 2. Aufl. 2002; *Schönle,* Bank- und Börsenrecht, 2. Aufl. 1976; *Schippel,* Die Leistung der Bareinlage bei der Erhöhung des Kapitals von Aktiengesellschaften, FS Steindorff, 1990, 249; *Schnorbus,* Die Rechtsstellung der Emissionsbank bei der Aktienemission, AG 2004, 113; *Scholze,* Das Konsortialgeschäft der deutschen Banken, 1973; *Schücking,* Emissionskonsortien, in: MünchHdbGesR Bd. 1, 5. Aufl. 2019, § 32; *Schücking.,* Das internationale Privatrecht der Bankenkonsortien, WM 1996, 281; *Schwark/Zimmer,* Kapitalmarktrechtskommentar, 5. Aufl. 2020; *Schwark,* Börsen und Wertpapierhandelsmärkte in der EG, WM 1997, 293; *Schwintowski,* Bankrecht, 5. Aufl. 2018; *Siebel,* Rechtsfragen internationaler Anleihen, 1997; *Singhof,* Die Außenhaftung von Emissionskonsortien für Aktieneinlagen, 1998; *Singhof,* Emissionsgeschäft, in: MüKoHGB, Bd. 6,

4. Aufl. 2019; *Technau,* Rechtsfragen bei der Gestaltung von Übernahmeverträgen („Underwriting Agreements") im Zusammenhang mit Aktienemissionen, AG 1998, 445; *Than,* Anleihegläubigerversammlung bei DM-Auslandsanleihen, FS Coing, Bd. 2, 1982, 521; *Timm/Schöne,* Zwingende gesamtschuldnerische Haftung der Mitglieder eines Übernahmekonsortiums?, ZGR 1994, 113; *Veranneman,* Schuldverschreibungsgesetz, 2010; *Voigt,* Bookbuilding – der andere Weg zum Emissionskurs, Die Bank 1995, 339; *Wansleben,* Negative schuldrechtliche Verpflichtungen einer Aktiengesellschaft durch ihren Vorstand über Kapitalmaßnahmen, Der Konzern 2014, 29; *Westermann,* Das Emissionskonsortium als Beispiel der gesellschaftsrechtlichen Typendehnung, AG 1967, 285; *Wiedemann,* Ausgabekurs und Bezugskurs beim mittelbaren Bezugsrecht, WM 1979, 990; *Willamowski,* Bookbuilding, 2000.

Übersicht

I. Grundlagen

1. Begriffsbestimmung

a) Emissionsgeschäft. Über die Legaldefinition des § 1 Abs. 1 S. 2 Nr. 10 KWG hinaus umfasst das Emissionsgeschäft im hier verstandenen Sinn als Teil des Effektengeschäfts die Ausgabe- bzw. Übernahme von vertretbaren Wertpapieren des Kapitalmarktes (Effekten)[1] und deren Platzierung bei Anlegern.[2] 1

b) Konsortialgeschäft. Konsortialgeschäft ist die Bildung von Partnerschaften zur Durchführung eines die Leistungskraft, Risikobereitschaft oder Fähigkeit eines Unternehmens allein übersteigenden Auftrages. Die Partnerschaften werden im Bereich des Anlagebaus, bei Banken im Bereich der Großfinanzierung, Krisenfinanzierung oder zur Durchführung größerer Emissionen gebildet.[3] 2

[1] Vgl. zu den Wertpapieren des Kapitalmarktrechts die umfassenden Erläuterungen bei *Grundmann* Emissionsgeschäft, in: GK HGB, 5. Aufl. 2017, Rn. 8 ff.; *Bosch/Groß* Emissionsgeschäft Rn. 10/4; MHdB GesR I/*Schücking* § 32 Rn. 6; Kümpel/Mülbert/Früh/Seyfried/*Brandt* Rn. 15.25 ff.: dort auch ausführlich zu den Fragen fehlender Verbriefung und ausländischer Wertpapiere Rn. 15.32 ff., zur Umlauffähigkeit von vinkulierten Namensaktien Rn. 15.35 und zum Erwerbsschutz durch Verbriefung Rn. 15.36 ff.; Schwintowski/*Lange* § 19 Rn. 5 ff.

[2] *Canaris* Bankvertragsrecht Rn. 2237; *Bosch/Groß* Emissionsgeschäft Rn. 10/65 f., 10/256 und 10/283; Schwintowski/*Schantz* § 22 Rn. 1; *Schücking* bezeichnet die Platzierung der Wertpapiere einer Emission als den „Schwerpunkt des Emissionsgeschäfts", MHdB GesR I/*Schücking* § 32 Rn. 10; ausführlich MüKoHGB/*Singhof* Emissionsgeschäft Rn. 1; *Grundmann* Emissionsgeschäft in GK HGB, 5. Aufl. 2017, Rn. 2.

[3] *Bosch/Groß* Emissionsgeschäft Rn. 10/26.

3 **c) Emissionskonsortium.** Emissionskonsortien sind anders als Kreditkonsortien nicht auf die gemeinsame Gewährung von Darlehen, sondern auf die Übernahme und Platzierung von vertretbaren Wertpapieren des Kapitalmarktes ausgerichtete Arbeitsgemeinschaften von Kreditinstituten bzw. Wertpapierdienstleistungsunternehmen.[4]

2. Regulatorische Rahmenbedingungen

4 Das Emissionsgeschäft wird von einer Reihe aufsichtsrechtlicher und sonstiger öffentlich-rechtlicher Vorschriften geregelt.

5 Seit 1.1.1998 ist der größte Teil des Emissionsgeschäfts als **Bankgeschäft** im Sinne des § 1 Abs. 1 S. 2 KWG entweder als „Emissionsgeschäft" nach § 1 Abs. 1 S. 2 Nr. 10 KWG oder als „Finanzkommissionsgeschäft" nach § 1 Abs. 1 S. 2 Nr. 4 KWG, oder aber seit dem Finanzmarktrichtlinie-Umsetzungsgesetz[5] als **Finanzdienstleistung,** nämlich als Platzierungsgeschäft nach § 1 Abs. 1a S. 2 Nr. 1c KWG anzusehen. Dabei ist die Legaldefinition des Emissionsgeschäfts in § 1 Abs. 1 S. 2 Nr. 10 KWG, die auf die Übernahme der Finanzinstrumente auf eigenes Risiko abstellt, jedoch enger als das allgemeine Verständnis vom Emissionsgeschäft. Soweit die Übernahme der Finanzinstrumente nicht auf eigenes Risiko erfolgt, sondern die Wertpapiere nur im Rahmen eines Kommissionsgeschäftes veräußert werden, wird sie nicht von der Legaldefinition des Emissionsgeschäfts in § 1 Abs. 1 S. 2 Nr. 10 KWG erfasst. Sie unterfällt dann aber § 1 Abs. 1 S. 2 Nr. 4 KWG und ist als Finanzkommissionsgeschäft zu qualifizieren. Die Platzierung einer Emission in offener Stellvertretung des Emittenten, also in dessen Namen und auf dessen Rechnung, ist kein Bankgeschäft, sondern Finanzdienstleistung nach § 1 Abs. 1a S. 2 Nr. 1c KWG als Unterfall der Abschlussvermittlung nach § 1 Abs. 1a S. 2 Nr. 2 KWG.[6]

6 Die Qualifizierung des Emissionsgeschäfts als Bankgeschäft bzw. als Finanzdienstleistung führt zu zweierlei, einmal dazu, dass diese Geschäfte nur von Kreditinstituten oder Finanzdienstleistungsinstituten, die eine entsprechende Erlaubnis vorweisen können, betrieben werden dürfen, und zum anderen dazu, dass die beteiligten Konsortialmitglieder und ihre Tätigkeit grundsätzlich der Aufsicht der Aufsichtssäule „Bankenaufsicht" der Bundesanstalt für Finanzdienstleistungsaufsicht (BaFin) unterliegen.

7 Nach § 2 Abs. 8 Nr. 5 WpHG handelt es sich beim Emissionsgeschäft iSd Definition des Kreditwesengesetzes und nach § 2 Abs. 8 Nr. 1 WpHG beim Finanzkommissionsgeschäft auch um eine **Wertpapierdienstleistung** mit der Folge der unmittelbaren Anwendung des Wertpapierhandelsgesetzes, insbesondere der Verhaltensregeln der §§ 82 ff. WpHG, aber auch des Insiderrechts, der Ad-hoc-Publizität und der Mitteilungs- und Veröffentlichungspflichten,[7] wobei die Mitteilungspflichten nach §§ 33 ff. WpHG insbesondere nach §§ 38 und 39 WpHG je nach Ausgestaltung des Übernahmevertrages durchaus komplex sind.[8] Darüber hinaus ist auch das Wertpapiererwerbs- und Übernahmegesetz zu beachten, so dass, sollte ein[9] Konsortialmitglied auch nur kurzfristig im Rahmen der Weiterplatzierung mindestens 30 % der Stimmrechte erwerben, rechtzeitig ein Befreiungsantrag nach § 37 WpÜG gestellt werden muss.[10]

---

[4] Schwintowski/*Schantz* § 22 Rn. 6.

[5] BGBl I 2007, 1330.

[6] Vgl. hierzu insges. nur *Bosch/Groß* Emissionsgeschäft Rn. 10/6 ff.; Kümpel/Mülbert/Früh/Seyfried/*Brandt* Rn. 15.6 ff.; MüKoHGB/*Singhof* Emissionsgeschäft Rn. 3.

[7] Ausführlich HdB börsennotierte AG/*Meyer* § 8 Rn. 57 ff. (Insiderrecht), 60 ff. (Meldepflichten); MHdB GesR I/*Schücking* § 32 Rn. 116 ff.; zur Frage der Anwendung des § 82 WpHG im Verhältnis zum Emittenten und zur Aufnahme einer § 82 Abs. 4 WpHG entsprechenden Klausel im Übernahmevertrag vgl. ausführlich HdB börsennotierte AG/*Meyer* § 8 Rn. 41; MüKoHGB/*Singhof* Emissionsgeschäft Rn. 28.

[8] Übersicht bei HdB börsennotierte AG/*Meyer* § 8 Rn. 60 ff.

[9] Eine Stimmrechtszurechnung im Konsortium erfolgt idR nicht, vgl. nur HdB börsennotierte AG/*Meyer* § 8 Rn. 61.

[10] Die Befreiung wird nach Erfahrungen des Verfassers idR erteilt, ebenso HdB börsennotierte AG/*Meyer* § 8 Rn. 62.

Kartellrechtlich sind beim Emissions- und Konsortialgeschäft die beiden unterschiedlichen Bereiche, die der Emission und die der Bildung des Konsortiums zu unterscheiden und jeweils gesondert fusionskontrollrechtlich und wettbewerbsrechtlich zu prüfen. Zur fusionskontrollrechtlichen Prüfung der Emission als solcher gilt: Soweit bei der Emission von Aktien diese durch die jeweiligen Banken übernommen werden, ist diese Übernahme unter bestimmten Voraussetzungen wie fehlender Stimmrechtsausübung und Veräußerung innerhalb eines Jahres sowohl von der europäischen FusionskontrollVO, dort Art. 3 Abs. 5 lit. A FKVO, als auch von der deutschen Zusammenschlusskontrolle, dort § 37 Abs. 3 GWB, freigestellt.[11] Zur wettbewerbsrechtlichen Prüfung der Emission als solcher gilt: Die Emission als solche ist wettbewerbsrechtlich grundsätzlich nicht problematisch. Zur fusionskontrollrechtlichen Prüfung der Bildung des Konsortiums gilt: Die Bildung des Konsortiums stellt mangels hinreichender Dauerhaftigkeit keinen Zusammenschluss iSd Art. 2 FKVO bzw. des § 36 GWB dar.[12] Zur wettbewerbsrechtlichen Prüfung der Bildung des Konsortiums gilt: Die Zusammenarbeit der Kreditinstitute und die daraus möglicherweise resultierende Wettbewerbsbeschränkung wurde im deutschen Wettbewerbsrecht bis zur 7. Kartellrechtsnovelle von § 29 Abs. 2 S. 2 Hs. 2 GWB erfasst und war damit grundsätzlich ohne Anmeldung und abzuwartende Widerspruchsfrist wirksam. Materiell soll sich durch die Aufhebung des § 29 GWB durch die 7. GWB-Novelle laut Regierungsbegründung hinsichtlich der vor allem relevanten kartellrechtlichen Zulässigkeit herkömmlicher Preisbindungen im Konsortialgeschäft nichts geändert haben.[13] Die Regierungsbegründung verweist insoweit darauf, dass die Streichung dazu führe, dass allein europäisches Recht (Art. 81 EG) gelte, dort aber die Kommission solche Preisbindungen nicht als spürbare Beeinträchtigungen des Wettbewerbs angesehen habe.[14] Dieser Befund wird durch entsprechende Untersuchungen in der Literatur bestätigt, so dass die Bildung eines Konsortiums wettbewerbsrechtlich weder von Art. 81 EG, jetzt Art. 101 AEUV, noch von § 1 GWB erfasst wird.[15] 8

Neben diesen mehr auf die Akteure und deren Beaufsichtigung abstellenden rechtlichen Regeln ist für die Frage der Anwendung weiterer rechtlicher Rahmenbedingungen die Form der **Platzierung** der Wertpapiere entscheidend. Werden die Wertpapiere privat platziert, bestehen in Deutschland für die eigentliche Platzierung keine besonderen Vorschriften. Handelt es sich dagegen um eine öffentliche Platzierung,[16] so sind die öffentlich-rechtlichen Vorschriften über den Vertrieb der Wertpapiere zu beachten. Werden die Wertpapiere in der Europäischen Union öffentlich angeboten, so sind die Anbieter gemäß Art. 3 Abs. 1 Verordnung (EU) 2017/1129 (Prospektverordnung 2017)) verpflichtet, vor dem Angebot einen gebilligten Prospekt zu veröffentlichen, sofern keine der Ausnahmen nach Art. 1 Abs. 3, 4 Prospektverordnung 2017 Anwendung finden. Sollen die Wertpapiere zu einem geregelten/regulierten Markt zugelassen werden, bedarf es nach Art. 3 Abs. 3 Prospektverordnung 2017 der vorherigen Veröffentlichung eines gebilligten Prospekts (Ausnahmen: Art. 1 Abs. 5 Prospektverordnung 2017), das Börsengesetz und die Börsenzulassungsverordnung wiederum regeln die Zulassung von Wertpapieren zum regulierten Markt und die Börsenordnungen der einzelnen Börsen die Einbeziehung der Wertpapiere in den Freiverkehr.[17] 9

Steuerrechtlich ist zwischen der Emission als solcher und den aus ihr resultierenden Erträgen zu unterscheiden. Die Emission und die Platzierung von Schuldverschreibungen 10

[11] Zur europäischen Fusionskontrolle vgl. nur *Müller* S. 71 f., zur deutschen Zusammenschlusskontrolle *Müller* S. 78 f.

[12] Zur europäischen Fusionskontrolle vgl. nur *Müller* S. 66 ff., zur deutschen Zusammenschlusskontrolle *Müller* S. 74 ff.

[13] BT-Drs. 15/3640, 49.

[14] BT-Drs. 15/3640, 49.

[15] Zu Art. 81 EG/101AEUV vgl. nur *Müller* S. 82 ff., zu § 1 GWB *Müller* S. 96 ff.

[16] Zur Abgrenzung der Privatplatzierung von dem öffentlichen Angebot vgl. *Groß* Kapitalmarktrecht WpPG § 2 Rn. 21 ff.

[17] *Groß* Kapitalmarktrecht BörsG § 32 Rn. 25.

bzw. Aktien unterliegen im Inland keiner Verkehrssteuer. Die Erträge aus der Beteiligung der Konsortialbanken an der Emission sind bei diesen jeweils einzeln zu versteuern. Konsortien als solche sind weder für die Zwecke der Einkommens- noch der Gewerbesteuer steuerpflichtig.[18] Eine Kürzung von Verlustvorträgen des Emittenten nach § 8c KStG sollte bei richtigem Verständnis dieser Regelung durch den kurzfristigen Erwerb von mehr als 25 % des gezeichneten Kapitals durch die Konsortialbanken im Rahmen der Weiterplatzierung nicht erfolgen.[19]

3. Rechtsbeziehungen im Emissionsgeschäft im Überblick

11 Das Emissionsgeschäft als Ausgabe bzw. Übernahme von vertretbaren Wertpapieren des Kapitalmarktes und deren Platzierung beim Anleger führt zu vier verschiedenen Rechtsbeziehungen.

12 Zunächst geht es um das Rechtsverhältnis der Konsortialmitglieder zueinander, demzufolge um Fragen des Innenverhältnisses des Konsortiums (→ Rn. 16–30).

13 Daneben bestehen Rechtsbeziehungen zwischen den Konsortialmitgliedern einerseits und dem Emittenten andererseits (→ Rn. 31–56). Hierbei geht es um die Fragen der Übernahme und Platzierung der Wertpapiere, aber auch um die Regelungen hinsichtlich des Risikos der Transaktion, insbesondere der Prospekthaftung und deren Verteilung im Innenverhältnis zwischen Konsortialbanken einerseits und Emittent andererseits.

14 Eine dritte Gruppe von Rechtsbeziehungen besteht zwischen den Konsortialmitgliedern und den Anlegern (→ Rn. 57–59). Hier können sich die rechtlichen Beziehungen sowohl aus dem Platzierungsvorgang als solchem ergeben, wenn einzelne vertragliche Beziehungen zwischen den Konsortialmitgliedern und den Anlegern entstehen. Darüber hinaus können sich rechtliche Beziehungen aus dem gesetzlichen Schuldverhältnis der Prospekthaftung ergeben.

15 Letztendlich tritt der Emittent durch die Platzierung der von ihm emittierten Wertpapiere in eine Rechtsbeziehung zu den Anlegern, die je nach Art der begebenen Wertpapiere unterschiedlich sein und gegebenenfalls auch das gesetzliche Schuldverhältnis der Prospekthaftung umfassen kann (→ Rn. 60–62).

II. Rechtsbeziehungen zwischen den Konsortialmitgliedern

1. Rechtsnatur des Konsortialvertrages

16 Der Konsortialvertrag regelt die rechtlichen Beziehungen zwischen den Mitgliedern des Konsortiums. Im internationalen Anleihegeschäft wurden hierfür bereits früh **Musterverträge** entwickelt, insbesondere die der International Capital Market Association (ICMA).[20] Auch für Eigenkapitalemissionen wurde von der ICMA ein Mustervertrag entworfen, allerdings erst viel später als bei Anleiheemissionen, der jedoch weniger breit genutzt wird als im Anleihebereich. Häufig wird bei solchen Emissionen kein gesonderter als Konsortialvertrag bezeichneter Vertrag verwendet, sondern sämtliche Einzelheiten werden im so genannten Einladungstelex *(Invitation Telex)* geregelt, das an sämtliche Konsortialmitglieder versandt und von diesen – in der Regel zusammen mit einer Vollmacht – unterzeichnet und zurückgesendet wird und damit dann den Konsortialvertrag bildet.[21]

---

[18] *Bosch/Groß* Emissionsgeschäft Rn. 10/238 f.; MHdB GesR I/*Schücking* § 32 Rn. 126 ff.

[19] Vgl. dazu nur *Groß/Klein* AG 2007, 896 ff.

[20] Vgl. hierzu *Bosch/Groß* Emissionsgeschäft Rn. 10/253a bis 253c; MüKoHGB/*Singhof* Emissionsgeschäft Rn. 255; vgl. auch IPMA Handbook.

[21] Ebenso HdB börsennotierte AG/*Meyer* § 8 Rn. 196 f.; *Bosch/Groß* Emissionsgeschäft Rn. 10/46; MüKoHGB/*Singhof* Emissionsgeschäft Rn. 245 und 257; speziell für Aktienemissionen *Bosch/Groß* Emissionsgeschäft Rn. 10/321f, Muster Einladungsschreiben an die Konsortialmitglieder nebst Anlage bzw. Invitation Telex sowie Agreement among Underwriters dort unter Rn. 333a–333e; *Schäfer* ZGR 2008, 455, 490.

Findet auf den Konsortialvertrag deutsches Recht Anwendung,[22] sind Emissionskonsortien nach heute herrschender, allerdings nicht unbestrittener Ansicht in Deutschland als **Gesellschaften bürgerlichen Rechts** gemäß §§ 705 ff. BGB anzusehen.[23] In Anbetracht ihrer regelmäßig wechselnden Zusammensetzung handelt es sich jedoch um Gelegenheitsgesellschaften.[24] Darüber hinaus stellt das Emissionskonsortium keine rechtsfähige Außengesellschaft[25] dar, weil ihm ein Gesamthandsvermögen fehlt, → Rn. 20, und vor allen Dingen weil der Wille, als Konsortium im Außenverhältnis rechtsgeschäftlich handeln zu wollen nicht gegeben ist,[26] – so wird der Übernahmevertrag nicht vom Konsortium sondern von den einzelnen Konsortialmitgliedern unterzeichnet. Gesellschaftszweck im Sinne des § 705 BGB ist die „Übernahme und Platzierung der Wertpapiere". In der Praxis wird diese rechtliche Einordnung durch ausdrückliche, von den gesetzlichen Bestimmungen zur BGB-Gesellschaft abweichende vertragliche Regelungen außer Kraft gesetzt. Diese Abweichung geht so weit, dass im Standard-Konsortialvertrag der International Capital Market Association (ICMA) ausdrücklich die Qualifizierung des Konsortiums als Gesellschaft vertraglich ausgeschlossen wird.[27] Zu den sich daraus ergebenden Fragen → Rn. 29 f. 16a

2. Arten der Konsortien

Die Struktur des Konsortiums kann sehr unterschiedlich sein. Tritt (was idR ausgeschlossen ist) das Konsortium als solches nach außen auf und in unmittelbare Rechtsbeziehungen mit dem Emittenten, dann spricht man von einem Außenkonsortium. Tritt dagegen dem Emittenten nur der Lead Manager bzw. eine Gruppe von Underwritern (jeweils einzeln, ggfls. vertreten durch den Konsortialführer) vertraglich gegenüber, nicht jedoch alle übrigen Konsortialbanken – die sogenannten Sub-Underwriter –, so handelt es sich hinsichtlich der letztgenannten Gruppe um ein Innenkonsortium oder verdecktes/stilles Konsortium.[28] Die Differenzierung zwischen Übernahme-, Platzierungs- oder Begebungs- und Einheitskonsortium[29] beschreibt hingegen in erster Linie die Verpflichtungen der Konsortialbanken 17

---

[22] Im Regelfall enthält der Konsortialvertrag eine Rechtswahlklausel, ebenso MüKoHGB/*Singhof* Emissionsgeschäft Rn. 259. Eine solche Rechtswahl ist zulässig, da es sich hierbei um eine Rechtswahl nach internationalem Schuldrecht handelt, nicht dagegen um eine nach internationalem Gesellschaftsrecht – letzteres würde nach deutschem internationalem Gesellschaftsrecht zu einer zwingenden Anwendung des Rechts des Sitzes des Konsortialführers führen. Für Orientierung an internationalem Schuldrecht und damit Zulässigkeit der Rechtswahl, vgl. *Grundmann* Emissionsgeschäft, in: GK HGB, 5. Aufl. 2017, Rn. 36; BankR-HdB/*Grundmann* § 112 Rn. 106 mwN ebenso für Innenkonsortien MHdB GesR I/*Schücking* § 32 Rn. 95, zweifelnd für Außenkonsortien Rn. 96, dort sei eine Rechtswahl nur für das Innenverhältnis zu akzeptieren, für das Außenverhältnis sei das Sitzstaatrecht zwingend. Enthält der Konsortialvertrag ausnahmsweise keine Rechtswahlklausel, ist nach den Grundsätzen des internationalen Schuldvertragsrechts das Recht des Sitzes des Konsortialführers maßgeblich, vgl. BankR-HdB/*Grundmann* § 112 Rn. 107; MHdB GesR I/*Schücking* § 32 Rn. 96; MüKoHGB/*Singhof* Emissionsgeschäft Rn. 259.

[23] BGHZ 118, 83 (99) = NJW 1992, 2222; *Canaris* Bankvertragsrecht Rn. 2248; *Bosch/Groß* Emissionsgeschäft Rn. 10/32; *Hopt* Verantwortlichkeit Rn. 49; MüKoBGB/*Schäfer* Vor § 705 Rn. 54; Schwintowski/*Schantz* § 22 Rn. 24; MüKoHGB/*Singhof* Emissionsgeschäft Rn. 247; zu Recht dies in Frage stellend *Grundmann,* Emissionsgeschäft, in: GK HGB, 5. Aufl. 2017, Rn. 35; *Grundmann* FS Boujong, 1996, 159 (173); HdB börsennotierte AG/*Meyer* § 8 Rn. 194.

[24] BankR-HdB/*Grundmann* § 112 Rn. 84; MHdB GesR I/*Schücking* § 32 Rn. 46 ff.; MüKoHGB/*Singhof* Emissionsgeschäft Rn. 247; *Schäfer* ZGR 2008, 455, 490 f.

[25] IdS auch *Schäfer* ZGR 2008, 455 (491).

[26] Zu den Voraussetzungen einer rechtsfähigen „Außengesellschaft" MüKoBGB/*Schäfer* § 705 Rn. 253 ff.; Palandt/*Sprau* § 705 Rn. 33.

[27] So Klausel 10 des Agreement among Managers (Version A2, Equity-Related Issues), IPMA Handbook, April 2005; vgl. auch *Bosch/Groß* Emissionsgeschäft Rn. 10/32 ff., 10/37 sowie Kümpel/Mülbert/Früh/Seyfried/*Müller* Rn. 15.122 und Rn. 15.217 zur Anleiheemission; dazu, dass sich das ICMA Vertragsmuster bei Aktienemissionen dagegen nicht durchgesetzt hat Kümpel/Mülbert/Früh/Seyfried/*Brandt* Rn. 15.465 ff.

[28] Vgl. auch *Bosch/Groß* Emissionsgeschäft Rn. 10/40 ff.; Schwintowski/*Schantz* § 22 Rn. 23.

[29] → Rn. 31.

gegenüber den Emittenten und ist für die rechtliche Einordnung des Konsortiums und des Konsortialvertrages nicht von Bedeutung.

3. Inhalt des Konsortialvertrages

18 **a) Geschäftsführung und Vertretung.** Der für die BGB-Gesellschaft in § 709 Abs. 1 BGB niedergelegte Grundsatz der gemeinschaftlichen **Geschäftsführungsbefugnis** ist rein tatsächlich irrelevant, da ein Großteil der Geschäftsführungsmaßnahmen bereits vor der Konsortialbildung vom Konsortialführer vorgenommen werden[30], widerspricht dem Willen und der Intention der Konsortialmitglieder und ist in der Regel ausdrücklich, zumindest aber konkludent abbedungen.[31] Da der Konsortialvertrag diesbezüglich idR ausführliche Regelungen enthält, ist ein Rückgriff auf § 710 BGB eher fernliegend. Das gilt selbst für außergewöhnliche Geschäftsvorfälle.[32] Grundsätzlich obliegt dem Konsortialführer bzw. der Führungsbank die Alleingeschäftsführungsbefugnis hinsichtlich aller mit der Abwicklung des Geschäfts im Zusammenhang stehender Aufgaben. Hierzu gehören insbesondere die Aushandlung der Verträge mit dem Emittenten, wozu bei Schuldverschreibungen auch die Vereinbarung der Emissionsbedingungen zählt, die Mitwirkung bei der Börseneinführung sowie gegebenenfalls bei der Erstellung des Prospekts und die Vereinbarung der Übernahmequoten der Konsorten.[33] Hinsichtlich der den einzelnen Konsortialbanken zugeteilten Anzahl von Wertpapieren sind diese bei deren Unterbringung allerdings allein vertretungsbefugt.[34] Der Verweis des § 713 BGB auf die §§ 664–670 BGB und damit auf ein Weisungsrecht der Konsortialbanken gegenüber dem Geschäftsführer ist in der Praxis unbedeutend.[35] Diese Bedeutungslosigkeit ergibt sich bereits aus der Chronologie der Ereignisse: Praktisch alle mit der Abwicklung des Geschäfts im Zusammenhang stehenden Aufgaben hat der Konsortialführer bereits vor der Einladung der anderen Konsortialmitglieder abgewickelt, ohne diese auch nur darüber zu informieren. Erst nach Abschluss all dieser Vorbereitungshandlungen werden die übrigen Konsortialmitglieder mit dem Einladungstelex eingeladen, wobei ihnen das fertige Emissionskonzept einschließlich der Verträge, Emissionsbedingungen, Prospekt, Platzierungsformen etc vorgestellt wird.[36] Dieses Konzept können die Konsortialmitglieder akzeptieren,[37] oder aber sie können ihre Teilnahme an der Transaktion ablehnen. Die Möglichkeit der Einflussnahme oder gar ein Weisungsrecht gegenüber dem Konsortialführer besteht somit auch rein tatsächlich nicht.

19 Die **Vertretungsbefugnis** des Konsortialführers wird im Regelfall ausdrücklich geregelt und schließt alle mit der Vorbereitung und Abwicklung verbundenen Aufgaben ein. Dies umfasst häufig sogar die Kreditaufnahme für die Konsortialmitglieder sowie die Durchführung von Stabilisierungsmaßnahmen auf Kosten aller Konsortialbanken.[38] Für die Unterzeichnung des Übernahmevertrages wird im Regelfall mit Einladung der Konsortial-

---

[30] So vollkommen zu Recht MüKoHGB/*Singhof* Emissionsgeschäft Rn. 264.

[31] *Canaris* Bankvertragsrecht Rn. 2310; *de Meo* S. 70 f.; Schwintowski/*Schantz* § 22 Rn. 49; einschränkend BankR-HdB/*Grundmann* § 112 Rn. 97 f. soweit es um die Vermittlung von Gegenständen der Bruchteilsgemeinschaft gehe, da dort die Konsorten allein verfügungsbefugt seien und dort auch ein Weisungs- und Auskunftsrecht hätten.

[32] Ausführlich dazu MüKoHGB/*Singhof* Emissionsgeschäft Rn. 266.

[33] *Bosch/Groß* Emissionsgeschäft Rn. 10/48.

[34] *De Meo* S. 71; Schwintowski/*Schantz* § 22 Rn. 49; MHdB GesR I/*Schücking* § 32 Rn. 74; idS. auch *Grundmann* Emissionsgeschäft, in: GK HGB, 5. Aufl. 2017, Rn. 44 ff. Zum Unterschied zwischen „Underwriting-Quote" und der Anzahl der zugeteilten Wertpapiere → Rn. 20.

[35] *Bosch/Groß* Emissionsgeschäft Rn. 10/48; Schwintowski/*Schantz* § 22 Rn. 49 meint zwar, das Weisungsrecht bestehe, rein faktisch habe es aber keine „übermäßige Bedeutung". MüKoHGB/*Singhof* Emissionsgeschäft Rn. 266; MHdB GesR I/*Schücking* § 32 Rn. 71 meint, das Weisungsrecht sei sogar durch die gesellschaftsrechtlichen Regeln über die Geschäftsführung verdrängt.

[36] Ebenso HdB börsenotierte AG/*Meyer* § 8 Rn. 194 für den Normalfall.

[37] Das Invitation-Telex enthält die Aufforderung zur Abgabe einer entsprechenden Einverständniserklärung, sog. acceptance, MüKoHGB/*Singhof* Emissionsgeschäft Rn. 245.

[38] *Bosch*/Groß Emissionsgeschäft Rn. 10/49.

mitglieder mit dem Einladungstelex eine spezielle Vollmacht erbeten und durch deren Rücksendung an den Konsortialführer eingeholt.[39] Dabei handelt es sich um Vollmachten der einzelnen Konsortialmitglieder, der Übernahmevertrag wird demzufolge dann in Vertretung der einzelnen Konsortialmitglieder, nicht etwa des Konsortiums abgeschlossen.[40] Den Konsortialmitgliedern wird der Übernahmevertrag in diesem Zusammenhang übersandt, so dass sie die Möglichkeit erhalten, dieses wesentliche Vertragswerk vor Vertragsschluss zu prüfen.[41] Selbst wenn eine Regelung im Einzelfall fehlen sollte und die §§ 705 ff. BGB nicht ausdrücklich ausgeschlossen sind, dürfte demnach ein Rückgriff auf § 714 BGB nicht in Frage kommen, da es bei der Unterzeichnung des Übernahmevertrages nicht um die Vertretung des Konsortiums sondern der einzelnen Konsortialmitglieder geht.[42]

b) Eigentumsverhältnisse. Im Gegensatz zu § 718 Abs. 1 BGB, der vom Gesamthandseigentum der Konsorten ausgeht, wird in deutschen Übernahme- oder Konsortialverträgen ausdrücklich das Gesamthands- oder Bruchteilseigentum ausgeschlossen. Die Emission, also die zu übernehmenden und zu platzierenden Wertpapiere, sollen nicht Gesellschaftsvermögen werden, es handelt sich dabei auch nicht um „Beiträge der Gesellschafter" oder „durch die Geschäftsführung für die Gesellschaft erworbene Gegenstände", sondern um von vornherein bei den einzelnen Konsorten in deren Alleineigentum entstehende Wertpapiere. Die Frage, ob § 719 BGB zwingend ist oder abbedungen werden kann,[43] ist deshalb nicht relevant; die Emission ist nicht Gesellschaftsvermögen, damit § 719 BGB nicht anwendbar. Jeder Konsorte hat im Begebungszeitpunkt Anspruch auf **Alleineigentum** der ihm zugeteilten Wertpapiere und kann über diese allein verfügen.[44] Dabei ist Folgendes zu beachten: Die Anzahl der einem Konsorten zugeteilten Wertpapiere ist nicht unbedingt identisch mit seiner Konsortialquote, dh der sog. „Underwriting"-Quote. Die Underwriting-Quote, welche dem Konsorten im Einladungstelex des Konsortialführers mitgeteilt und von diesem akzeptiert wird, bestimmt den Umfang der Übernahmeverpflichtung des Konsorten, gewährt ihm aber keinen Anspruch auf tatsächliche Zuteilung einer entsprechenden Anzahl von Wertpapieren.[45] Insofern bestimmt und begrenzt[46] die Underwriting-Quote lediglich die Übernahmeverpflichtung, besagt aber nichts über die tatsächlich übernommene Anzahl der Wertpapiere. Maßgeblich für die tatsächlich übernommene und dann zu platzierende Anzahl von Wertpapieren ist die Zuteilungsquote, die durch den Konsortialführer gegebenenfalls nach Rücksprache mit dem Emittenten am Ende der Emission festgelegt wird.[47] Übersteigt die Zuteilung die Underwriting-Quote, wäre der Konsorte grundsätzlich nicht zur Abnahme verpflichtet. Da die Zuteilung jedoch auf der Grundlage der vom Konsorten gemeldeten Nachfrage erfolgt, ist bei einer die 20

[39] Kümpel/Mülbert/Früh/Seyfried/*Brandt* Rn. 15.468 dort in Fn. 1 auch mit dem zutreffenden Hinweis, im Hinblick auf § 181 BGB sei eine Unterzeichnung durch jeweils unterschiedliche Personen vorzugswürdig; ebenso MüKoHGB/*Singhof* Emissionsgeschäft Rn. 267 und Fn. 726.

[40] MüKoHGB/*Singhof* Emissionsgeschäft Rn. 267.

[41] So jetzt auch MHdB GesR I/*Schücking* § 32 Rn. 74.

[42] So zu Recht MüKoHGB/*Singhof* Emissionsgeschäft Rn. 267; ebenso MHdB GesR I/*Schücking,* § 32 Rn. 74.

[43] Dazu und mit anderem Lösungsansatz *Grundmann* Emissionsgeschäft in GK HGB, 5. Aufl. 2017, Rn. 45.

[44] *De Meo* S. 89; MHdB GesR I/*Schücking* § 32 Rn. 75 ff.; MüKoHGB/*Singhof* Emissionsgeschäft Rn. 261; *Grundmann* Emissionsgeschäft, in: GK HGB, 5. Aufl. 2017, Rn. 44 ff.; Schwintowski/*Schantz* § 22 Rn. 26.

[45] MüKoHGB/*Singhof* Emissionsgeschäft Rn. 260.

[46] Eine solche Begrenzung der Übernahmeverpflichtung durch die Underwriting-Quote greift im Ergebnis aber nur, soweit nicht im Übernahmevertrag selbst beim Ausfall eines Konsorten eine anteilige Erhöhung der Übernahmeverpflichtung vereinbart wird, → Rn. 43. Dies geschieht zwischenzeitlich regelmäßig. Hierbei wird eine Erhöhung der entsprechenden Übernahmeverpflichtung um bis zu 1/11 der insgesamt zu übernehmenden Aktien vorgesehen, bei einem darüber hinausgehenden Ausfall eines Konsorten enthält der Übernahmevertrag eine Rücktrittsklausel, vgl. Muster bei Bosch/*Groß* Emissionsgeschäft Rn. 10/324, Ziff. XII. 4, Rn. 10/326, Ziff. XI. 4 und Happ/Groß/Möhrle/Vetter/*Groß* Aktienrecht Bd. II 15.02a), Artikel 11 und Erläuterung dort unter Rn. 24.

[47] Wie hier ausdrücklich auch HdB börsennotierte AG/*Meyer* § 8 Rn. 197; MüKoHGB/*Singhof* Emissionsgeschäft Rn. 260.

Underwriting-Quote übersteigenden Nachfragemeldung durch den Konsorten darin auch konkludent das Einverständnis mit der Erhöhung der Übernahmeverpflichtung zu sehen.[48] Diesen erhöhten Anteil erhält das Konsortialmitglied zum Alleineigentum und auf eigenes Risiko. Dennoch bemisst sich die Übernahmeprovision als Teil der allgemeinen Provision[49] allein nach der ursprünglich festgelegten Underwriting-Quote, während die Anzahl der zugeteilten Wertpapiere für die Berechnung der Verkaufsprovision entscheidend ist und unabhängig von der Underwriting-Quote allein auf der Grundlage der am Ende zugeteilten Wertpapiere errechnet wird.

21 **c) Gewinn- und Verlustbeteiligung, Nachschusspflicht.** Jedes einzelne Konsortialmitglied platziert die ihm zugeteilten Wertpapiere auf eigenes Risiko, aber auch zum eigenen Nutzen.[50] Die für eine Gesellschaft bürgerlichen Rechts typische **Gewinn- und Verlustbeteiligung** ist damit grundsätzlich **ausgeschlossen.**[51] Eine Ausnahme vom Ausschluss der Gewinn- und Verlustbeteiligung stellt dagegen die Gewinn- oder (idR auf die tatsächlich empfangene Provision beschränkte) Verlustbeteiligung für die möglichen Stabilisierungsmaßnahmen[52] dar. Diese erfolgen gemäß der im Regelfall im Einladungstelex bzw. dem Konsortialvertrag enthaltenen entsprechenden Klausel für Rechnung aller Konsorten; Gewinn bzw. Verlust hieraus wird auf alle Konsortialmitglieder verteilt.[53] Eine weitere Ausnahme ergibt sich in gewisser Weise durch die alle Konsortialmitglieder im Außenverhältnis treffende Prospekthaftung.

22 Die Übernahmeverträge zwischen Konsortialbanken und dem Emittenten enthalten üblicherweise den **Ausschluss der gesamtschuldnerischen Haftung** der Konsortialbanken gegenüber dem Emittenten.[54] Auf der anderen Seite ist die wesentliche, von allen Konsortialbanken als Ganzen geschuldete Leistung die Übernahme und Platzierung der gesamten Emission.[55] Soweit der Übernahmevertrag als solcher keine ausdrückliche Regelung für den Ausfall eines Konsorten enthält,[56] besteht somit eine Diskrepanz zwischen dem Ausschluss gesamtschuldnerischer Haftung und der auf die Übernahme seiner Underwriting-Quote beschränkten Verpflichtung des Konsorten einerseits und der Übernahme- und Platzierungsverpflichtung des Konsortiums hinsichtlich der gesamten Emission andererseits. Die herrschende Meinung nimmt hier in dem Ausnahmefall, in dem eine andersartige Regelung im Übernahmevertrag fehlen sollte, § 735 BGB analog an; jeder Konsorte sei somit im Regelfall in Höhe seiner Konsortialquote zur Übernahme der auf den ausgefallenen Konsorten entfallenden Quote verpflichtet.[57]

---

[48] Ebenso HdB börsennotierte AG/*Meyer* § 8 Rn. 125; MüKoHGB/*Singhof* Emissionsgeschäft Rn. 260.

[49] Die Provision, welche der Emittent dem Konsortium zahlt, wird normalerweise in drei Bestandteile aufgeteilt, die Management-Provision, die Übernahmeprovision (sog. Underwriting-Provision) und die Verkaufsprovision (sog. Selling-Provision). Der Konsortialführer erhält in der Regel einen seine Underwriting-Quote übersteigenden Anteil der Management-Provision als sog Führungsprovision oder Präcipium. Dies ist keine besondere „Gewinnbeteiligung", sondern ein pauschalierter Ersatz für seine besonderen Aufwendungen; vgl. auch Happ/Groß/Möhrle/Vetter/*Groß* Aktienrecht Bd. II 15.02 Rn. 22; HdB börsennotierte AG/*Meyer* § 8 Rn. 102.

[50] *De Meo* S. 71, 89; Schwintowski/*Schantz* § 22 Rn. 36; MüKoHGB/*Singhof* Emissionsgeschäft Rn. 274.

[51] *De Meo* S. 71, 89; Schwintowski/*Schantz* § 22 Rn. 36 ff.; *Schäfer* ZGR 2008, 455, 494.

[52] *Bosch*/Groß Emissionsgeschäft Rn. 10/52; MüKoHGB/*Singhof* Emissionsgeschäft Rn. 274; *Schäfer* ZGR 2008, 455, 494.

[53] Vgl. nur Clause 6 ICMA Standardvertrag (Version A1).

[54] *Groß* AG 1993, 108 (116 ff.); MüKoHGB/*Singhof* Emissionsgeschäft Rn. 177; vgl. insbes. zum Aktienübernahmevertrag Bosch/*Groß* Emissionsgeschäft Muster unter Rn. 10/324, Rn. 10/325 und Rn. 10/326; MüKoHGB/*Singhof* Emissionsgeschäft Rn. 177 ff.; Schwintowski/*Schantz* § 22 Rn. 33.

[55] BankR-HdB/*Grundmann* § 112 Rn. 70, 91; *Groß* AG 1993, 108 (116 f.); Schwintowski/*Schantz* § 22 Rn. 33.

[56] → Rn. 43, da der Übernahmevertrag aber idR gerade eine ausdrückliche Regelung enthält, die auch sachgerechter ist, vgl. Happ/Groß/Möhrle/Vetter/*Groß* Aktienrecht II. 15.02 Rn. 24, greift § 735 BGB nicht ein; wie hier Happ/Groß/Möhrle/Vetter/*Groß* Aktienrecht Bd. II 15.02 Rn. 24; HdB börsennotierte AG/*Meyer* § 8 Rn. 136.

[57] Vgl. nur Schwintowski/*Schantz* § 22 Rn. 33 f. mwN; *Singhof* S. 250; **aA** *de Meo* S. 57, dies folge aus §§ 713, 670, 257 BGB, ebenso MHdB GesR I/*Schücking* § 32 Rn. 66, dagegen Schwintowski/*Schantz* § 22

d) Haftung, insbesondere Prospekthaftung. Alle Konsortialmitglieder inklusive der Konsortialführer haften bei schuldhafter Verletzung der ihnen obliegenden Verpflichtungen den übrigen Konsortialmitgliedern gegenüber. Verschuldensmaßstab ist § 708 BGB.[58] Da das Gesetz keine Differenzierung zwischen Pflichtverletzungen der einfachen Gesellschafter einer BGB-Gesellschaft und des geschäftsführenden Gesellschafters vorsieht, kommt diese Haftungsbegrenzung auf die „in eigenen Angelegenheiten angewendete Sorgfalt" auch dem Konsortialführer zugute.[59] Außerdem haftet jedes Konsortialmitglied im Außenverhältnis bei Verletzung der ihm jeweils aus den verschiedenen Rechtsverhältnissen, zB Anlageberatung, Kaufvertrag etc obliegenden Verpflichtungen.[60] 23

Von dieser Haftung für eigenes Verschulden zu unterscheiden ist die mögliche Haftung der Konsortialmitglieder für Pflichtverletzungen anderer Konsortialmitglieder, insbesondere des Konsortialführers und damit die Frage der **Verschuldenszurechnung** zu Lasten der Gesamthand oder der einzelnen Konsortialmitglieder. Soweit es um vertragliche Ansprüche geht, zB die des Emittenten, kann im Einzelfall eine Zurechnung des Verhaltens des Konsortialführers an die Konsorten nach § 278 BGB erfolgen.[61] Soweit es um gesetzliche Ansprüche, insbesondere um die Prospekthaftung geht, findet mangels Vorliegen eines Schuldverhältnisses zwischen dem Konsortium und den Anlegern § 278 BGB keine Anwendung, so dass ein eventuelles Verschulden des Konsortialführers den übrigen Konsortialmitgliedern nicht zugerechnet wird.[62] Auch eine unmittelbare „Zurechnung" über § 831 BGB erfolgt nicht, da §§ 9 ff. WpPG keine Deliktstatbestände darstellen.[63] Demnach haftet jeder Konsorte im Außenverhältnis aus Prospekthaftung nur für eigenes Verschulden. Dabei sind die unterschiedlichen Sorgfaltspflichten des an der Prospekterstellung beteiligten Konsortialführers einerseits und aller übrigen Konsortialmitglieder andererseits zu berücksichtigen.[64] Eine Haftung des Konsortiums als solchem im Außenverhältnis scheidet jedoch aus, da das Emissionskonsortium auf Grund fehlenden Gesamthandsvermögens, → Rn. 20, und vor allen Dingen fehlendem Willen, als Konsortium im Außenverhältnis rechtsgeschäftlich handeln zu wollen[65] – der Übernahmevertrag wird nicht vom Konsortium sondern von den einzelnen Konsortialmitgliedern unterzeichnet – nicht als rechtsfähige Außengesellschaft anzusehen ist. Insofern scheidet auch eine Zurechnung eventuellen Verschuldens des Konsortialführers an das Konsortium nach § 31 BGB[66] aus. 24

Rn. 34; HdB börsennotierte AG/*Meyer* § 8 Rn. 136; MüKoHGB/*Singhof* Emissionsgeschäft Rn. 207; wieder **aA** *Grundmann* Emissionsgeschäft, in: GK HGB, 5. Aufl. 2017, Rn. 47.

[58] HM *Canaris* Bankvertragsrecht Rn. 2309; MHdB GesR I/*Schücking* § 32 Rn. 67.

[59] HM *Canaris* Bankvertragsrecht Rn. 2309; MHdB GesR I/*Schücking* § 32 Rn. 67; MüKoHGB/*Singhof* Emissionsgeschäft Rn. 270; **aA** Schwintowski/*Schantz* § 22 Rn. 47, die für den Konsortialführer die eingeschränkte Sorgfaltspflicht des § 708 BGB ablehnen und die Sorgfalt eines ordentlichen Kaufmannes einfordern; dagegen mit überzeugender Begründung zu Recht MHdB GesR I/*Schücking* § 32 Rn. 67 und MüKoHGB/*Singhof* Emissionsgeschäft Rn. 270.

[60] → Rn. 57 ff.

[61] *De Meo* S. 306 ff.; ebenso Schwintowski/*Schantz* § 22 Rn. 51 f., der aber zu Recht darauf verweist, dass jeweils anhand der konkreten Vertragspflicht geprüft werden müsse, ob sich das Konsortialmitglied insoweit des Konsortialführers zur Erfüllung der Pflicht bedient.

[62] Vgl. *Groß* Kapitalmarktrecht WpPG § 9 Rn. 83; *Assmann* Prospekthaftung S. 391; *Bosch*/Groß Emissionsgeschäft Rn. 10/145; *Canaris* Bankvertragsrecht Rn. 2287; *Hopt* Verantwortlichkeit Rn. 54, 116; MüKoHGB/*Singhof* Emissionsgeschäft Rn. 273; iErg wohl ebenso BankR-HdB/*Grundmann* § 112 Rn. 59.

[63] *Bosch*/Groß Emissionsgeschäft Rn. 10/145; *Hopt* Verantwortlichkeit Rn. 116; MüKoHGB/*Singhof* Emissionsgeschäft Rn. 273. Zur aus § 831 BGB resultierenden Überwachungspflicht vgl. *Groß* Kapitalmarktrecht WpPG § 9 Rn. 83.

[64] Vgl. dazu *Groß* Kapitalmarktrecht WpPG § 9 Rn. 83; zwar ist der Haftungsmaßstab des § 9 WpPG einheitlich und differenziert nicht zwischen Konsortialführer und Konsortialmitgliedern, jedoch sind der Pflichtenstandard und damit auch der Sorgfaltsmaßstab auf Grund der faktischen Situation, dass der Prospekt allein vom Konsortialführer mit betreut wird, nicht dagegen von den Konsortialmitgliedern, unterschiedlich, wie hier auch Schwintowski/*Schantz* § 22 Rn. 102.

[65] Wie hier Schwintowski/*Schantz* § 22 Rn. 51. Zu den Voraussetzungen einer rechtsfähigen „Außengesellschaft" MüKoBGB/*Schäfer* § 705 Rn. 253 ff.; Palandt/*Sprau* § 705 Rn. 33.

[66] Zu der Voraussetzung, dass § 31 BGB eine gewisse Verselbständigung des Gesellschaftsvermögens erfordert, vgl. MüKoBGB/*Schäfer* § 705 Rn. 264; dies ist hier nicht gegeben.

25 Von der Frage der Zurechnung des Verhaltens des Konsortialführers an die anderen Konsortialmitglieder bei einer Haftung im Außenverhältnis zu unterscheiden ist die Risikoverteilung im Innenverhältnis des Konsortiums.[67] Sofern hier der Konsortialvertrag keine abweichende Regelung, wie idR zB eine Aufteilung nach Konsortialquoten[68], enthält, was jedoch idR der Fall ist,[69] können die §§ 426, 254 BGB zu Regressansprüchen einfacher Konsortialmitglieder führen.[70]

26 **e) Beendigung des Konsortiums.** Das Konsortium endet gemäß § 726 BGB mit Zweckerreichung oder wenn es unmöglich geworden ist, den Zweck zu erreichen. Neben dem Hauptzweck, die übernommenen Wertpapiere zu platzieren, können besondere zusätzliche Ziele vereinbart werden, zB die Börseneinführung und die Stabilisierung etc, die ggf. die Beendigung des Konsortiums verzögern. Solange der Konsortialführer etwa noch für Rechnung aller Konsortialmitglieder stabilisieren kann, ist das Konsortium nicht beendet.[71]

4. Standardisierung der Verträge

27 Im Emissionsgeschäft haben sich zunehmend Standards entwickelt, welche die tägliche Durchführung des Geschäftes erleichtern sollen. Insbesondere im Anleihegeschäft sind die Muster der ICMA sehr weit verbreitet.[72] Bei internationalen Anleihekonsortien werden nahezu ausschließlich ICMA Konsortialvertragsmuster verwendet, aber auch bei inländischen Anleihekonsortien werden sie zunehmend vereinbart.[73] Sie werden in der Regel durch Verweis im Einladungstelex auf das Muster „xy" der ICMA zum Inhalt des Konsortialvertrages.[74]

28 Wenn auch im Aktienemissionsgeschäft bislang keine allgemein verwendeten Muster vorliegen und der 2005 von der ICMA vorgeschlagene Standardkonsortialvertrag nicht allgemein verwendet wird, so haben sich jedoch auch hier gewisse Standards durchgesetzt.[75] Bei nationalen Konsortien werden im Wesentlichen gleich lautende Einladungsschreiben, Invitation-Telexe,[76] verwendet, ohne dass hier darüber hinaus noch umfangreiche gesonderte

[67] In Deutschland wurde früher im Übernahmevertrag eine gesonderte Börseneinführungsprovision vereinbart, die entsprechend der Underwriting-Quote an die Mitglieder des Börseneinführungskonsortiums als potentielle Adressaten der Prospekthaftung, vgl. *Groß* Kapitalmarktrecht WpPG § 9 Rn. 33 f., verteilt wurde. Diese betrug bei Anleihen in der Regel 0,5 % bzw. bei Aktien 1 % des Nennwertes/anteiligen Betrages am Grundkapital. Ob darin „eine Vereinbarung dahingehend zu sehen (ist), dass alle Konsortialbanken gemäß ihrer Quote das Risiko (der Prospekthaftung) mittragen und dementsprechend ausgleichspflichtig sind", so *Hopt* Verantwortlichkeit Rn. 121, erscheint im Hinblick auf die Diskrepanz der Provision zum möglichen Haftungsvolumen zweifelhaft. Unabhängig davon, dass zwischenzeitlich die Vereinbarung einer gesonderten Börseneinführungsprovision nicht mehr üblich ist und damit der Ansatzpunkt für diese Argumentation entfällt, empfiehlt es sich, diese Frage im Konsortialvertrag ausdrücklich zu regeln. Dies ist insbesondere deshalb sinnvoll, weil nach der in Deutschland geltenden Rechtslage die Prospekthaftung grobe Fahrlässigkeit voraussetzt. Deshalb muss die entsprechende Ausgleichsverpflichtung gerade den Fall regeln, in dem die anderen Konsortialbanken für ein grob fahrlässiges Verhalten eines anderen Konsortialmitgliedes einstehen sollen. Der besondere Charakter dieser Regelung spricht dafür, dies ausdrücklich zu regeln. Ebenso MüKoHGB/*Singhof* Emissionsgeschäft Rn. 271, der berichtet, eine Ausnahme von der quotalen Schuldenteilung werde in der Praxis in der weit überwiegenden Anzahl von Fällen nur für vorsätzliches Handeln der Konsortialführe vereinbart.

[68] MüKoHGB/*Singhof* Emissionsgeschäft Rn. 271.

[69] Vgl. nur zB Section 10 des Muster-Konsortialvertrages bei *Bosch/Groß* Emissionsgeschäft Rn. 10/333e.

[70] *Bosch*/Groß Emissionsgeschäft Rn. 10/149; MüKoHGB/*Singhof* Emissionsgeschäft Rn. 271 f.; iErg, allerdings mit anderer Begründung und ohne konkrete Rechtsgrundlage, wie hier BankR-HdB/*Grundmann* § 112 Rn. 100; differenzierend nach der Stellung im Konsortium *Hopt* Verantwortlichkeit Rn. 119 f.

[71] *Canaris* Bankvertragsrecht Rn. 2323 f.; *de Meo* S. 124 f.; MHdB GesR I/*Schücking* § 32 Rn. 78; iErg wie hier MüKoHGB/*Singhof* Emissionsgeschäft Rn. 278.

[72] International Capital Market Association: Members Recommendations, Standard Documentation (IPMA Handbook), London. Seit der Verschmelzung der International Primary Market Association (IPMA) und der International Securities Market Association (ISMA) zur International Capital Market Association (ICMA) heißt die Organisation zwar ICMA, das Handbuch aber dennoch weiter IPMA Handbook.

[73] *Bosch*/Groß Emissionsgeschäft Rn. 10/37; MüKoHGB/*Singhof* Emissionsgeschäft Rn. 255.

[74] *Bosch*/Groß Emissionsgeschäft Rn. 10/35.

[75] Bosch/*Groß* Emissionsgeschäft Rn. 10/32; MüKoHGB/*Singhof* Emissionsgeschäft Rn. 255.

[76] MüKoHGB/*Singhof* Emissionsgeschäft Rn. 255. Muster bei Bosch/*Groß* Emissionsgeschäft Rn. 10/333a, 10/333b, 10/333c, 10/333d; HdB börsennotierte AG/*Meyer* § 8 Rn. 196.

Konsortialverträge abgeschlossen werden. Dagegen werden bei internationalen Emissionen im Regelfall neben dem Invitation-Telex mehr oder weniger umfangreiche Konsortialverträge verwendet, die sich allerdings je nach Konsortialführer unterscheiden können.[77]

5. Emissionskonsortium als Typendehnung

Diese im Konsortialgeschäft verwendeten Verträge zur Regelung des Innenverhältnisses im Konsortium weichen, wie oben dargelegt, in nahezu allen wesentlichen Punkten von der gesetzlichen Regelung einer BGB-Gesellschaft ab. **29**

So schließt Clause 9 des ICMA-Musters für Anleihen und Clause 10 des ICMA-Musters für Eigenkapitalemissionen sogar die Anwendung der Regeln des Personengesellschaftsrechts und damit die §§ 705 ff. BGB gänzlich aus.[78] Selbst wenn ein solcher genereller Ausschluss nicht erfolgt, so werden die entscheidenden gesetzlichen Regelungen der BGB-Gesellschaft zur Gleichheit der Beiträge der Gesellschafter, § 706 Abs. 1 BGB zur gemeinschaftlichen Geschäftsführung, § 709 BGB, zur Schaffung von Gesamthandseigentum, §§ 718 f. BGB, sowie zur Gewinn- und Verlustbeteiligung, § 722 BGB, beim Emissionskonsortium sämtlichst abbedungen. Damit bleibt von der Struktur der GbR nur die Vereinbarung eines gemeinsamen Zwecks. Zweifelhaft ist, ob in Anbetracht dieser vertraglichen Regelungen das Emissionskonsortium als solchermaßen vom gesetzlichen Typus der GbR abweichende Gesellschaft noch als Beispiel „gesellschaftsrechtlicher Typendehnung"[79] verstanden werden kann, oder aber, ob man es als eigenständigen Vertragstyp einordnen muss.[80] Bedeutung erlangt diese Frage bei den, im Bereich der GbR allerdings nur äußerst wenigen, nicht dispositiven Regelungen der §§ 705 ff. BGB[81] und bei „Vertragslücken". Letztere lassen sich jedoch auch dann, wenn man bei der rechtlichen Einordnung als Gesellschaft bürgerlichen Rechts bleibt, mit international üblichen Regelungen und damit durch ergänzende Vertragsauslegung füllen, ohne dass auf die §§ 705 ff. BGB zurück gegriffen werden müsste, wenn dies dem Willen der Vertragsparteien entspricht.[82] Davon wird in der Praxis ausgegangen und damit die Anwendung der Regelungen der BGB-Gesellschaft insgesamt, auch im Falle von Vertragslücken, ausgeschlossen.[83] **30**

III. Rechtsbeziehungen zwischen den Konsortialmitgliedern und dem Emittenten

1. Rechtsnatur des Übernahmevertrages

Der Übernahmevertrag regelt die rechtlichen Beziehungen zwischen dem Emittenten einerseits und den einzelnen Konsorten andererseits. Er wird in der Praxis[84] allein durch **31**

[77] Muster bei Bosch/*Groß* Emissionsgeschäft Rn. 10/333e.

[78] So ausdrücklich *Bosch*/Groß Emissionsgeschäft Rn. 10/36; gegen eine Abdingbarkeit MüKoHGB/*Singhof* Emissionsgeschäft Rn. 249.

[79] So der Titel des Aufsatzes von *Westermann* AG 1967, 285.

[80] Für die Einordnung als Gesellschaft bürgerlichen Rechts MHdB GesR I/*Schücking* § 32 Rn. 40; MüKoHGB/*Singhof* Emissionsgeschäft Rn. 248 f.; zweifelnd dagegen *Bosch*/Groß Emissionsgeschäft Rn. 10/37; HdB börsennotierte AG/*Meyer* § 8 Rn. 194 plädiert dafür, den Konsortialvertrag bei Aktienemissionen als Kaufvertrag mit Nebenabreden einzuordnen; *Grundmann* Emissionsgeschäft, in: GK HGB, 5. Aufl. 2017, Rn. 35 für Typenmischung von BGB-Gesellschaft für gemeinsam übernommenes Risiko und Kaufverträge für Quote. Eine rein schuldrechtliche Einordnung hätte auch hinsichtlich der Rechtswahl Vorteile, vgl. nur MHdB GesR I/*Schücking* § 32 Rn. 96. Gegen die Bedeutung einer typisierenden Einordnung MüKoBGB/*Schäfer* § 705 Rn. 138.

[81] MüKoBGB/*Schäfer* § 705 Rn. 132 ff.

[82] MüKoHGB/*Singhof* Emissionsgeschäft Rn. 249; BankR-HdB/*Grundmann* § 112 Rn. 36 mwN.

[83] S. nur Kümpel/Mülbert/Früh/Seyfried/*Müller* Rn. 15.122 und Rn. 15.217 zu Anleihekonsortien, Kümpel/Mülbert/Früh/Seyfried/*Brandt* Rn. 15.465 zu Aktienkonsortien. Zweifelnd daran, ob die Vertragsfreiheit dazu führen könne, dass eine private Vereinigung wie die ICMA zum Ersatzgesetzgeber werde und die Möglichkeit, in Ausnahmefällen auf die §§ 705 ff. BGB zurückgreifen zu können, einschränken könne, MHdB GesR I/*Schücking* § 32 Rn. 40 aE; zweifelnd ebenfalls MüKoHGB/*Singhof* Emissionsgeschäft Rn. 249.

[84] → Rn. 18; HdB börsennotierte AG/*Meyer* § 8 Rn. 112 sowie jetzt ausdrücklich wie hier *Grundmann*, Emissionsgeschäft, in: GK HGB, 5. Aufl. 2017, Rn, 24 mwuN.

den Konsortialführer ausgehandelt und von diesem für sich selbst und aufgrund entsprechender Vollmachten in Vertretung der Konsortialmitglieder[85] abgeschlossen. Vertragspartner sind damit der Emittent einerseits und die einzelnen Konsortialmitglieder (nicht etwa das Konsortium als solches[86]) andererseits. Für die Praxis ist es dabei bedeutungslos, ob man die **Vertretungsmacht** des Konsortialführers bei Abschluss des Übernahmevertrages als eine aus §§ 710, 714 BGB resultierende organschaftliche[87] oder nach §§ 164 ff. BGB gewillkürte Vertretung ansieht, weil kein Konsortialführer vor Akzeptanz der Einladungstelexe oder Abschluss des Konsortialvertrages[88] und darin enthaltener oder gesondert erteilter Bevollmächtigung den Übernahmevertrag für die anderen Konsorten abschließen würde. Diese Praxis zeigt aber auch, dass § 714 BGB eher nicht anzuwenden und sich die Vollmachts- und damit Vertretungsregelung damit allein aus der jeweiligen Vollmacht des Konsortialmitgliedes an den Konsortialführer ergibt. Den Übernahmevertrag als Vertragstyp gibt es nicht, vielmehr sind für seine rechtliche Qualifizierung entscheidend in erster Linie die jeweiligen Klauseln des Übernahmevertrages, die Gesetzesrecht, soweit dispositiv, verdrängen oder modifizieren, dann die Art der zu der übernehmenden Rechte[89] und im Übrigen die Transaktionsstruktur, welche die Aufgaben der Konsortialmitglieder und des Konsortiums insgesamt bestimmt. Generell führen die Transaktionsstruktur und die hauptsächlich übernommenen Aufgaben zu einer gewissen Kategorisierung in Übernahme-, Platzierungs- oder Begebungs- und Einheitskonsortium. Die Rolle der Emissionsbanken kann sich darauf beziehen, im eigenen Namen und für eigene Rechnung vom Emittenten sämtliche Wertpapiere der Emission oder einen Teil davon fest zu erwerben, um sie zu behalten bzw. weiterzuplatzieren. Bei dieser Gestaltung übernimmt das Konsortium das Platzierungsrisiko; diese Festübernahme wird als Übernahmekonsortium bezeichnet.[90] Die Rolle der Emissionsbanken kann sich aber auch auf die reine Absatzvermittlung beschränken, ohne eine Übernahmezusage abzugeben. Diese „best-effort-Platzierung" belässt das Platzierungsrisiko voll beim Emittenten und wird als Platzierungs- oder Begebungskonsortium bezeichnet.[91] Die Kombination, dh die feste Übernahme und die Verpflichtung zur Platzierung wird als Einheitskonsortium bezeichnet und bildet den Regelfall des Emissionskonsortiums in Deutschland.[92] Dabei ist jedoch zu beachten, dass auf Grund der einzelnen Ausgestaltung der Verträge und der zeitlichen Abfolge ihrer Unterzeichnung das Platzierungsrisiko gemindert und ggf. sogar rein faktisch ausgeschlossen werden kann.[93]

32 Diese Kategorisierung erfasst die jeweilige Hauptpflicht im Hinblick auf die zu übernehmenden bzw. zu platzierenden Wertpapiere. Diese Hauptpflicht kann man, wird, wie idR bei deutschen Emittenten bei Aktienemissionen deutsches Recht vereinbart oder ergibt sich die Anwendung deutschen Rechts aus der IPR-rechtlichen Anknüpfung,[94] in

[85] Vertragsparteien sind damit der Emittent (und ggf. die abgebenden Aktionäre) und die Konsortialmitglieder und nicht etwa das Konsortium, ganz hM vgl. nur HdB börsennotierte AG/*Meyer* § 8 Rn. 112; MüKoHGB/*Singhof* Emissionsgeschäft Rn. 163, jew. mwuN; *Schäfer* ZGR 2008, 455, 473.

[86] Zur Bedeutung dieser Differenzierung für die Vermeidung gesamtschuldnerischer Haftung → Rn. 43 sowie *Schäfer* ZGR 2008, 455 (493 f.).

[87] *Canaris* Bankvertragsrecht Rn. 2264; *Westermann* AG 1967, 285 (290); dagegen MüKoHGB/*Singhof* Emissionsgeschäft Rn. 267.

[88] → Rn. 16.

[89] → Rn. 32 ff.

[90] *Canaris* Bankvertragsrecht Rn. 2236; MüKoHGB/*Singhof* Emissionsgeschäft Rn. 14; Schwintowski/*Schantz* § 22 Rn. 10.

[91] *Bosch*/Groß Emissionsgeschäft Rn. 10/78; MüKoHGB/*Singhof* Emissionsgeschäft Rn. 12.

[92] MüKoHGB/*Singhof* Emissionsgeschäft Rn. 14.

[93] Bosch/*Groß* Emissionsgeschäft Rn. 10/279 f.; MüKoHGB/*Singhof* Emissionsgeschäft Rn. 17, der jedoch zu Recht darauf hinweist, dass dies aufsichtsrechtlich nichts an der Qualifizierung als Emissionsgeschäft ändere.

[94] Zur Anwendung deutschen Rechts bei Übernahmeverträgen bei Anleihen, idR Rechtswahl, ansonsten Sitz des Konsortialführers, *Hartwig-Jacob* S. 113 ff.; *Horn* S. 484; MüKoHGB/*Singhof* Emissionsgeschäft Rn. 209; bei Aktienemissionen HdB börsennotierte AG/*Meyer* § 8 Rn. 177 ff.; nach MüKoHGB/*Singhof* Emissionsgeschäft Rn. 209 ebenfalls Sitz des Konsortialführers.

Kategorien deutschen Rechts rechtlich einordnen. Daraus jedoch als *pars pro toto* Schlussfolgerungen für die Rechtsnatur des Übernahmevertrages insgesamt zu ziehen, bedeutet, die Rechtsnatur der anderen im Übernahmevertrag üblicherweise enthaltenen Pflichten, zB hinsichtlich der Beratung bei den Emissionsbedingungen, der Unterstützung bei der Börsenzulassung, bei den Festlegung des Preises und eventueller Kurspflegemaßnahmen, außer Acht zu lassen. Soweit nachfolgend die Rechtsnatur des Übernahmevertrages differenziert nach Forderungsrechten einerseits und Mitgliedschaftsrechten andererseits dargestellt wird, geht es allein um die Qualifikation der Übernahme- und Platzierungsverpflichtung. Die Rechtsnatur der anderen Pflichten[95] weicht hiervon ab, so dass insgesamt der Übernahmevertrag, sowohl der bei Forderungs- als auch der bei Mitgliedschaftsrechten, als **gemischter Vertrag**[96] anzusehen ist.

a) Rechtsnatur bei Forderungsrechten. Die Übernahme von neu emittierten Forderungsrechten ist im deutschen Recht als Kauf bzw. kaufähnlicher Vertrag zu qualifizieren,[97] wobei jedoch die Bedeutung dieser Qualifizierung dadurch teilweise eingeschränkt wird, dass die wesentlichen Rechte und Pflichten der Vertragsbeteiligten durch spezielle, vom dispositiven Gesetzesrecht abweichende vertragliche Regelungen festgelegt werden.[98] 33

Soweit es sich um ein reines Begebungs- oder Platzierungskonsortium auf best-effort-Basis handelt, ist der Übernahmevertrag als Kommissionsvertrag zu qualifizieren.[99] Soweit die Platzierung sogar nur im Namen und für Rechnung des Emittenten erfolgt, ist der Übernahmevertrag reine Absatzmittlung und damit wohl Maklervertrag. 34

b) Rechtsnatur bei Mitgliedschaftsrechten. Für die Qualifizierung der Rechtsnatur des Übernahmevertrages bei Mitgliedschaftsrechten kommt es entscheidend darauf an, ob es um die Übernahme und Platzierung bereits **bestehender Aktien** oder um die Übernahme und Platzierung **neuer Aktien** geht. 35

Soweit die Aktienemission allein mit bereits bestehenden Aktien durchgeführt werden soll, bestehen in erster Linie rechtliche Beziehungen zwischen den Konsortialmitgliedern und den Altaktionären, von denen diese bereits bestehenden Aktien erworben werden. Soweit sich die Rolle der Bank bei einer Emission mit bereits bestehenden Aktien der Altaktionäre allein darauf beschränkt, in deren Namen und für deren Rechnung die Aktien gegen eine Vermittlungsprovision bei Anlegern unterzubringen, handelt es sich rechtlich um einen Maklervertrag gem. §§ 652 ff. BGB.[100] Soweit die Emission zwar im eigenen Namen der Banken, aber allein für Rechnung der Altaktionäre durchgeführt wird, handelt es sich um ein Kommissionsgeschäft gem. §§ 383 ff. HGB.[101] Wenn die bereits bestehenden Aktien im eigenen Namen und für eigene Rechnung der Banken platziert werden, erfolgt die Übernahme der Aktien durch die einzelnen Konsortialbanken von den Altaktionären durch Rechtskauf.[102] 36

Soweit die Emission durch Übernahme und Platzierung neuer Aktien erfolgen soll, ist zwischen der **aktienrechtlichen Zeichnung** nach § 185 AktG einerseits und dem dieser 37

[95] → Rn. 39 ff.

[96] So auch HdB börsennotierte AG/*Meyer* § 8 Rn. 105 für Übernahmeverträge bei Mitgliedschaftsrechten; *Schäfer* ZGR 2008, 455, 472 f.; allg. für „gemischttypischen Vertrag" bzw. „Vertrag sui generis mit unterschiedlichen vertragstypischen Elementen", MüKoHGB/*Singhof* Emissionsgeschäft Rn. 158.

[97] HM *Hopt* Verantwortlichkeit Rn. 38; *Horn* S. 137 ff.; **aA** Darlehensvertrag, *Canaris* Bankvertragsrecht Rn. 2243; wieder **aA** eigenständiger Verpflichtungsvertrag, MüKoHGB/*Singhof* Emissionsgeschäft Rn. 159; Vertrag sui generis mit Elementen des Kauf- und Darlehensrechts sowie einer Geschäftsbesorgung, Schwintowski/*Schantz* § 22 Rn. 61.

[98] BankR-HdB/*Grundmann* § 112 Rn. 69.

[99] Schwintowski/*Schantz* § 22 Rn. 61.

[100] Ebenso MüKoHGB/*Singhof* Emissionsgeschäft Rn. 160, der diese Konstellation aber als eher unüblich ansieht.

[101] MüKoHGB/*Singhof* Emissionsgeschäft Rn. 160.

[102] Vgl. zum Ganzen nur Bosch/*Groß* Emissionsgeschäft Rn. 10/289 f.; HdB börsennotierte AG/*Meyer* § 8 Rn. 104; MüKoHGB/*Singhof* Emissionsgeschäft Rn. 160. Nur zum Rechtskauf *Schäfer* ZGR 2008, 455, 479.

Zeichnung vorausgehenden Übernahmevertrag zu unterscheiden.[103] Der Übernahmevertrag enthält zunächst die Verpflichtung, unter der aufschiebenden Bedingung der Beschlussfassung von Hauptversammlung – ordentliche Kapitalerhöhung – bzw. Vorstand und Aufsichtsrat – genehmigtes Kapital – sowie weiterer Bedingungen[104] einen Zeichnungsvertrag zu bestimmten Bedingungen abzuschließen.[105] Die diesbezüglichen Verpflichtungen wird man als **Zeichnungsvorvertrag** zu qualifizieren haben.[106] Die aus § 185 AktG resultierenden aktienrechtlichen Anforderungen an den Übernahmevertrag als Zeichnungsvorvertrag werden im Einzelnen von den üblichen Mustern des Übernahmevertrages eingehalten.[107] Darüber hinaus enthält der Übernahmevertrag eine ganze Reihe weiterer Verpflichtungen, zB Platzierung, Betreiben des Börsenzulassungsverfahrens etc. Diese weiteren Verpflichtungen führen dazu, den Übernahmevertrag insgesamt bei einer Aktienemission als **entgeltliche Geschäftsbesorgung** nach § 675 BGB, die uU einzelne Elemente des Dienstvertrages nach §§ 611 ff. BGB umfasst,[108] anzusehen.

38 Der vom Zeichnungsvorvertrag als Teil des Übernahmevertrages zu unterscheidende **Zeichnungsvertrag** stellt die eigentliche Übernahme der neuen Aktien dar und entspricht dem Beitrittsvertrag im Personengesellschaftsrecht. Er ist als korporationsrechtlicher Vertrag auf die Einräumung einer neuen Mitgliedschaft in der Gesellschaft gerichtet.[109] Der Zeichnungsvertrag als solcher wird im Übernahmevertrag nicht speziell geregelt; häufig enthält der Übernahmevertrag als Anlage jedoch das Muster der Zeichnungserklärung, den nach § 185 AktG formgebundenen Zeichnungsschein.[110]

2. Regelungsgegenstände des Übernahmevertrages

39 Auch die Übernahmeverträge sind, jedenfalls im Bereich der Übernahme von Anleihen, sehr stark vereinheitlicht worden.[111] Im Aktienemissionsgeschäft ist eine solche Vereinheitlichung im Bereich von Bezugsrechtsemissionen sehr weit fortgeschritten, da dort die wesentlichen Aspekte der Übernahme und Platzierung bereits gesetzlich vorgegeben sind.[112] Beim Börsengang (IPO), bei Aktienumplatzierungen und bei bezugsrechtsfreien Emissionen, insbesondere dann, wenn diese jeweils international durchgeführt werden, sind dagegen teilweise noch erhebliche Unterschiede zwischen den verschiedenen Verträgen festzustellen.[113]

40 Grob zusammengefasst enthalten Übernahmeverträge über Anleihen folgende Regelungen:[114] Zunächst wird die Anleihe als solche beschrieben (Nominalbetrag, Laufzeit, Zinssatz bzw. Methode der Zinsfestsetzung bei variabel verzinslichen Anleihen, Zinszahlungsmodi,

[103] *Canaris* Bankvertragsrecht Rn. 2244; *Bosch/Groß* Emissionsgeschäft Rn. 10/308a; *Hopt* Verantwortlichkeit Rn. 37; MHdB GesR I/*Schücking* § 32 Rn. 84; GroßkommAktG/*Wiedemann* § 186 Rn. 201 ff. einerseits und Rn. 207 ff. andererseits; *Schäfer* ZGR 2008, 455, 479.

[104] Happ/Groß/Möhrle/Vetter/*Groß* Aktienrecht Bd. II, 15.02 Rn. 23; HdB börsennotierte AG/*Meyer* § 8 Rn. 108 und – teilweise – 111; speziell zu Force Majeure Klauseln *Busch* WM 2001, 1277.

[105] *Canaris* Bankvertragsrecht Rn. 2244; *Hopt* Verantwortlichkeit Rn. 37.

[106] HdB börsennotierte AG/*Meyer* § 8 Rn. 115.

[107] Näher dazu speziell zum Übernahmevertrag Happ/Groß/Möhrle/Vetter/*Groß* Aktienrecht Bd. II 15.02 Rn. 7 aE; HdB börsennotierte AG/*Meyer* § 8 Rn. 115.

[108] *Canaris* Bankvertragsrecht Rn. 2244; *Groß* AG 1991, 217 (225); *Groß* AG 1993, 108 (115); Bosch/*Groß* Emissionsgeschäft Rn. 10/308e; GroßkommAktG/*Wiedemann* § 186 Rn. 207; HdB börsennotierte AG/*Meyer* § 8 Rn. 104.

[109] KK/*Ekkenga* § 185 Rn. 82; GroßkommAktG/*Wiedemann* § 185 Rn. 29; Bosch/*Groß* Emissionsgeschäft Rn. 10/315.

[110] Näher zum Zeichnungsvertrag und seinem Zustandekommen Happ/Groß/Möhrle/Vetter/*Groß* Aktienrecht Bd. II 15.02 Rn. 7.

[111] Vgl. Muster bei *Bosch*/Groß Emissionsgeschäft Rn. 10/241, 10/245 und 10/246.

[112] Bosch/*Groß* Emissionsgeschäft Rn. 10/311, Muster dort Rn. 10/325.

[113] Bosch/*Groß* Emissionsgeschäft Rn. 10/313, die dort unter Rn. 10/324 und Rn. 10/326 abgedruckten Muster sind insofern nur als Richtlinie anzusehen.

[114] Vgl. Muster bei *Bosch*/Groß Emissionsgeschäft Rn. 10/245, 10/253a, 10/253b, 10/253c; vgl. auch die Zusammenstellung bei Kümpel/Wittig/Früh/Seyfried/*Müller* Rn. 15.280 ff.; Schwintowski/*Schantz* § 22 Rn. 58; *Hartwig-Jacob* Rn. 79 ff.

Aufteilung der Anleihe in verschiedenen Serien, Tilgungen). Danach erfolgt die Regelung über die Übernahme der Anleihe und die Zahlungsmodi durch das Konsortium. Des Weiteren werden die Zusicherungen und Gewährleistungen des Emittenten geregelt, zB über die Einhaltung von bestimmten Bilanzrelationen. Außerdem werden die Art der Platzierung, die für die Platzierung benötigten Dokumente (uU Wertpapierprospekt), soweit gewünscht die Börseneinführung und die Haftung für fehlerhafte Prospekte geregelt. Darüber hinaus werden der Urkundendruck, die Urkundenhinterlegung, die Aufteilung der externen Kosten und die Provisionen für das Konsortium vereinbart. Letztendlich werden noch die Rücktrittsmöglichkeiten des Konsortiums vom Vertrag festgelegt.

Der Übernahmevertrag über neu zu schaffende Aktien[115] enthält darüber hinaus noch **41** besondere Regelungen bezüglich der Einhaltung der Vorschriften über die Beteiligung der Organe der Aktiengesellschaft in den Prozess der Schaffung der neuen Aktien, über die Kapitalaufbringung, über die Bezugsrechtsabwicklung inklusive einer Regelung für die nicht bezogenen Aktien und über die Abwicklung der Eintragung der Durchführung der Kapitalerhöhung im Handelsregister. Je nach Zeitpunkt der Unterzeichnung des Übernahmevertrages sind darüber hinaus noch mehr oder weniger umfangreiche Regelungen über die Preisfindung enthalten.[116]

Von diesen Regelungsgegenständen des Übernahmevertrages werden im Folgenden einige exemplarisch besprochen.

a) Pflicht zur Übernahme, Platzierung und Bezahlung. Der Übernahmevertrag **42** verpflichtet die einzelnen Konsortialmitglieder, die Emission zu **übernehmen**, zu **bezahlen** und zu **platzieren.** Die Platzierungsverpflichtung besteht auch dann, wenn sie nicht ausdrücklich im Übernahmevertrag geregelt ist; die Konsortialbanken sind, von Ausnahmefällen abgesehen, nicht etwa berechtigt, die übernommenen Forderungsrechte zu behalten.[117]

Der Vertrag zur Übernahme neuer Mitgliedschaftsrechte verpflichtet zum Abschluss des Zeichnungsvertrages und damit zum Abschluss des eigentlichen auf die Übernahme gerichteten Vertrages. Darüber hinaus enthält er die Platzierungsverpflichtung. Die Platzierungsverpflichtung und ihre nähere Ausgestaltung folgen bei Bezugsrechtsemissionen aus dem Übernahmevertrag als echtem Vertrag zugunsten der Altaktionäre.[118] Ansonsten ergibt sich die Platzierungsverpflichtung aus der Natur des Geschäfts, sodass die Übernahmeverträge dies nicht ausdrücklich regeln; allenfalls werden die aus den kapitalmarktrechtlichen Regelungen der einzelnen Länder, in denen platziert werden soll, sich ergebenden Platzierungsbeschränkungen geregelt.[119] Der Zeichnungsvertrag als gesonderter Vertrag kommt durch Angebot und Annahme zustande. Das Angebot zum Abschluss des Zeichnungsvertrages ist in den entsprechenden Kapitalerhöhungsbeschlüssen der Hauptversammlung bzw. von Vorstand und Aufsichtsrat und der Zulassung der Konsortialbanken zur Zeichnung zu sehen. Durch Abgabe der formgebundenen, § 185 AktG, Zeichnungserklärung nehmen die Konsortialbanken bzw. nimmt der Konsortialführer (abhängig davon, ob Konsortialbanken einzeln, vertreten durch den Konsortialführer oder nur der Konsortialführer

---

[115] Vgl. Muster bei Bosch/*Groß* Emissionsgeschäft Rn. 10/324, 10/326; Happ/Groß/Möhrle/Vetter/*Groß* Aktienrecht Bd. II 15.02a. Zu weiteren Regelungsgegenständen vgl. HdB börsennotierte AG/*Meyer* § 8 Rn. 162 ff.; Schwintowski/*Schantz* § 22 Rn. 60; speziell zu Lock-up-Klauseln *Fleischer* WM 2002, 2305; kritisch zu diesbezüglichen Vereinbarungen mit Blick auf das aktienrechtliche Kompetenzgefüge OLG München Urt. v. 14.11.2012 – 7 AktG 2/12, ZIP 2012, 2439; LG München Urt. v. 5.4 2012 – 5 HK O 20488/11, BeckRS 2012, 11175, V.3; dagegen *Bungert/Wansleben* ZIP 2013, 1841; *Wansleben* Der Konzern 2014, 29; zur Kursstabilisierung *Fleischer* ZIP 2003, 2045; *Groß* GS Ulrich Bosch, 2006, 49.

[116] Vgl. die Zusammenstellung des Inhalts bei *Schwintowski/Schantz* § 22 Rn. 60.

[117] Schwintowski/*Schantz* § 22 Rn. 69; einschränkend für den Fall der Anleiheemission BankR-HdB/*Grundmann* § 112 Rn. 71.

[118] Unstr. vgl. nur BGHZ 114, 203, 208; BGHZ 118, 83, 96; BGHZ 122, 180, 186; Bosch/*Groß* Emissionsgeschäft Rn. 10/311; *Grundmann* Emissionsgeschäft, in: GK HGB, 5. Aufl. 2017, Rn. 30; MüKoHGB/*Singhof* Emissionsgeschäft Rn. 152.

[119] Vgl. Happ/GroßMöhrle/Vetter/*Groß* Aktienrecht Bd. II 15.02 Rn. 13 ff.; HdB börsennotierte AG/*Meyer* § 8 Rn. 140 ff.

→ Rn. 43) dieses Angebot an.[120] Erst aus dem Zeichnungsvertrag folgt die eigentliche Zahlungsverpflichtung des Zeichners.[121]

43 Der Übernahmevertrag enthält regelmäßig die Beschränkung der Haftung der Konsortialbanken auf ihre Quote und ausdrücklich den **Ausschluss der gesamtschuldnerischen Haftung.** Im Hinblick auf die oben dargelegte[122] Diskrepanz zwischen der Verpflichtung der Konsortialbanken zu Übernahme und Platzierung der gesamten Emission einerseits und der auf die Übernahme und Platzierung nur der Underwriting-Quote beschränkten Verpflichtung der einzelnen Konsorten andererseits wird der Ausschluss gesamtschuldnerischer Haftung im Übernahmevertrag teilweise dergestalt verdeutlicht, dass auch im Außenverhältnis die Übernahme rein quotal erfolgt.[123] Hierdurch wird die vorgenannte Verpflichtung des Konsortiums zur Übernahme der gesamten Emission eingeschränkt. Der generelle Ausschluss gesamtschuldnerischer Haftung bzw. die vorgenannte spezielle Einschränkung ist bei Forderungsrechten und bei der Platzierung von bereits bestehenden Mitgliedschaftsrechten unproblematisch. Im Bereich der Übernahmen neuer Mitgliedschaftsrechte, sei es im Rahmen von Bezugsrechtsemissionen oder bei bezugsrechtsfreien Emissionen, ist sie dagegen umstritten. Der BGH hat sie in diesem Zusammenhang für unwirksam erklärt.[124] Entscheidend ist, auch nach Ansicht des BGH,[125] der Zeichnungsschein, weil erst dieser die eigentliche Zahlungsverpflichtung begründet.[126] Soweit sich aus dem Zeichnungsschein selbst keine Einschränkung der gesamtschuldnerischen Haftung ergebe, sei diese nicht wirksam. Hier sind, nicht zuletzt als Reaktion auf diese Rechtsprechung des BGH, unterschiedliche Konstellationen denkbar: Unterzeichnet jeder Konsorte jeweils einzeln einen seine Quote betreffenden Zeichnungsschein, dann stellt sich die Frage einer gesamtschuldnerischen Haftung der Konsortialmitglieder nicht. Allerdings ist diese Vorgehensweise eher selten, da unpraktikabel. Zeichnet der Konsortialführer in offener Stellvertretung für die einzelnen Konsortialbanken,[127] sind Parteien des jeweiligen korporationsrechtlichen Zeichnungsvertrages die einzelnen Konsorten. Die Frage der gesamtschuldnerischen Haftung stellt sich hier ebenfalls nicht.[128] Zeichnet dagegen allein der Konsortialführer, ohne im Zeichnungsschein die einzelnen Konsorten jeweils einzeln zu benennen, dann spricht viel dafür, dass der Übernahmevertrag, die dort genannten Quoten und der Ausschluss der gesamtschuldnerischen Haftung zur Auslegung der Willenserklärung im Zeichnungsschein herangezogen werden muss.[129] Allerdings wird gerade dies vom BGH und einzelnen Stimmen in der Literatur angezweifelt, so dass die Praxis eine der beiden erstgenannten Lösungen anwendet, oder bei kleineren Emissionen allein der Konsortialführer im eigenen Namen – ohne Hinweis auf das Konsortium im Zeichnungsschein – zeichnet. Damit wird dann auch nur er verpflichtet, so dass eine einzelschuldnerische Gesamthaftung an die Stelle einer gesamtschuldnerischen Haftung tritt.[130]

---

[120] So Bosch/*Groß* Emissionsgeschäft Rn. 315; Kümpel/Mülbert/Früh/Seyfried/*Brandt* Rn. 15.428, **aA** die hM, welche den Zeichnungsschein als Angebot ansieht, das die AG annehme.

[121] GroßkommAktG/*Wiedemann* § 185 Rn. 34.

[122] → Rn. 22.

[123] Vgl. zu Aktienübernahmen nur Muster bei Bosch/*Groß* Emissionsgeschäft Rn. 10/325. Zum Hintergrund der entsprechenden Klausel und zur Notwendigkeit bei Aktienemissionen, diese Quotenregelung auch im Zeichnungsschein zum Ausdruck zu bringen, vgl. eing. *Groß* AG 1993, 108 (116 ff.); HdB börsennotierte AG/*Meyer* § 8 Rn. 116 ff.

[124] BGHZ 118, 83 (99 f.); vgl. zum Ganzen eing. *Groß* AG 1993, 108 (117).

[125] BGHZ 118, 83 (100).

[126] GroßkommAktG/*Wiedemann* § 185 Rn. 34.

[127] Muster eines entsprechenden Zeichnungsscheins bei Bosch/*Groß* Emissionsgeschäft Rn. 10/328, 10/329.

[128] So ausdrücklich auch HdB börsennotierte AG/*Meyer* § 8 Rn. 118; Schwintowski/*Schantz* § 22 Rn. 74.

[129] Vgl. zum Ganzen *Groß* AG 1993, 108 (117); HdB börsennotierte AG/*Meyer* § 8 Rn. 118, der zu Recht darauf hinweist, dass eine gesamtschuldnerische Haftung auch nach den Regeln der BGB-Gesellschaft sich nur ergeben könne, wenn der Konsortialführer für das Konsortium zeichne und damit die gezeichneten Aktien Gesellschaftsvermögen würden; das sei aber gerade nicht der Fall.

[130] Vgl. dazu Happ/Groß/Möhrle/Vetter/*Groß* Aktienrecht Bd. II 15.02 Rn. 9 f.; HdB börsennotierte AG/*Meyer* § 8 Rn. 118 f.

Zwischenzeitlich sehen Übernahmeverträge bei Ausfall eines Konsorten mit einer Quote oberhalb von idR 10 % ein **besonderes Rücktrittsrecht** vor.[131] Auch hierdurch kann im Ergebnis eine mittelbare gesamtschuldnerische Haftung hinsichtlich der Platzierung der gesamten Emission vermieden werden. 44

Enthält der Übernahmevertrag dagegen keine der vorgenannten Regelungen, besteht im Gegenteil eine Verpflichtung zu Übernahme und Platzierung der gesamten Emission, dann soll dies nach umstrittener, aber wohl hM im Innenverhältnis im Konsortium zur Anwendung des § 735 S. 2 BGB und damit zur quotalen Erhöhung der Verpflichtungen der einzelnen Konsorten führen.[132] 45

b) Preisfindung. Die Ermittlung und Festlegung des marktgerechten Preises der emittierten Wertpapiere ist von zentraler Bedeutung für die Emission. 46

Bei der Emission von Forderungsrechten kann zwischen einem open pricing, bei dem zu Beginn des Angebots nur ein indikativer Preis genannt, und der endgültige Preis erst nach Angebotsbeginn aber vor Valutierung bekanntgemacht wird, und einem fixed pricing, bei dem der Preis bereits bei Beginn des Angebots festgelegt wird, unterschieden werden.[133] Eine Variante des open pricing ist das auch bei Forderungsrechten angewandte Bookbuilding-Verfahren. 47

Entsprechendes gilt bei der Emission von Mitgliedschaftsrechten. Auch hier kann grundsätzlich zwischen dem **Festpreisverfahren** und einem „Offenpreisverfahren" (**Bookbuilding-Verfahren**[134] oder **Auktionsverfahren**[135]) unterschieden werden. 48

Wurden **Bezugsrechtsemissionen** früher nahezu ausschließlich im Festpreisverfahren durchgeführt, so haben sich die rechtlichen Rahmenbedingungen durch das Transparenz- und Publizitätsgesetz[136] mit seiner Änderung des § 186 Abs. 2 AktG geändert. Durch die Änderung des § 186 Abs. 2 AktG wurde es zulässig im Bezugsangebot anstelle des Ausgabebetrages (Bezugspreises) nur „die Grundlagen für seine Festlegung" bekannt zu machen. Zwar werden, soweit ersichtlich, Bezugsrechtskapitalerhöhungen mehrheitlich nach wie vor als Festpreisemissionen durchgeführt. Rechtlich zulässig wäre aber auch ein Bookbuilding-Verfahren, bei dem sich ein bestimmter Preis ergibt, zu dem dann das Bezugsangebot durchgeführt wird. Sind dann die bezugsberechtigten Aktionäre nicht bereit, ihr Bezugsrecht zu diesem Preis auszuüben, dann kann die Gesellschaft die nicht bezogenen Aktien an die Bieter im Bookbuilding-Verfahren zu diesem Preis veräußern.[137] 49

Im **Festpreisverfahren** wird der Ausgabebetrag bzw. Bezugspreis bei Bezugsemissionen von Aktiengesellschaften, deren Aktien bereits börsennotiert sind, derart ermittelt, dass vom aktuellen Börsenkurs der bereits börsennotierten Aktien gleicher Gattung ein gewisser Abschlag vorgenommen wird, der je nach der Aktionärsstruktur und Volatilität der Aktie bzw. des Marktes zwischen 15 % und 25 % beträgt.[138] Soweit für die im Festpreisverfahren zu emittierenden Aktien noch kein Börsenpreis besteht, insbesondere bei IPO, wird der Preis wie folgt ermittelt: Zunächst wird auf Basis einer fundamentalen Unternehmensanalyse und -bewertung unter gleichzeitiger Berücksichtigung der Börsenbewertung vergleich- 50

---

[131] Vgl. zu Aktienemissionen Muster bei Bosch/*Groß* Emissionsgeschäft Rn. 10/324 und 10/326. Zu dieser Klausel vgl. auch HdB börsennotierte AG/*Meyer* § 8 Rn. 136; *Technau* AG 1998, 445 (452).

[132] → Rn. 22.

[133] *Bosch*/Groß Emissionsgeschäft Rn. 10/92.

[134] Ausführlich dazu *Groß* ZHR 162 (1998), 318 (320 ff.); Bosch/*Groß* Emissionsgeschäft Rn. 10/262a; *Hein* WM 1996, 1; *Willamowski* S. 55 ff.

[135] Vgl. dazu nur *Baumeister/Werkmeister* FB 2004, 44; *Oehler* ZfK 2000, 400.

[136] BGBl. I 2002, 2681.

[137] Näher zu den verschiedenen Möglichkeiten auch Bosch/*Groß* Emissionsgeschäft Rn. 10/270d f.; zu einer besonderen Ausgestaltung eines Bieterwettbewerbs unter Banken vor der Bezugsrechtskapitalerhöhung HdB börsennotierte AG/*Meyer* § 8 Rn. 38; MüKoHGB/*Singhof* Emissionsgeschäft Rn. 76.

[138] Bosch/*Groß* Emissionsgeschäft Rn. 10/260; jetzt ähnlich wie hier für Bezugsrechtsemissionen Schwintowski/*Schantz* § 22 Rn. 67: 5–25 %; MüKoHGB/*Singhof* Emissionsgeschäft Rn. 76: bis zu 30 % und mehr, wobei *Singhof* auf den TERP (theoretical „ex-rights" price) abstellt, damit der Abschlag vom aktuellen Börsenkurs sogar noch höher ist.

barer Unternehmen sowie der allgemeinen Marktverfassung eine Indikation für den Platzierungspreis ermittelt. Der endgültige Platzierungspreis wird dann auf der Grundlage dieser Indikation in Gesprächen zwischen dem Emittenten und dem Konsortialführer festgelegt. Da bei dieser Preisermittlung der Markt, dh die eigentliche Investorennachfrage und deren Bewertung der Aktie, keine Berücksichtigung findet, hat seit etwa 1994 in Deutschland insbesondere bei IPOs und bei Aktienplatzierungen das Bookbuilding-Verfahren das Festpreisverfahren nahezu völlig verdrängt.[139]

51 Beim **Bookbuilding-Verfahren** wird der Markt in die Preisfindung sehr früh einbezogen. Vor Veröffentlichung des Verkaufsangebotes werden in der sogenannten Pre-Marketing-Phase gezielt größere institutionelle Anleger angesprochen, damit diese auf der Grundlage von Research-Berichten, der Equity-Story und ihrer eigenen Unternehmensbewertung ihre Preiseinschätzung abgeben. Diese Preiseinschätzung führt zu einer Bandbreite, die in der Regel eine Spanne von 10 % bis 20 % um den arithmetischen Mittelwert der Preisangaben der Analysten und der institutionellen Anleger umfasst. Diese Preisspanne wird dann zu Beginn des eigentlichen Bookbuildings, in dem alle Anleger Kaufangebote abgeben können, der Order-Taking-Periode, bekanntgegeben.[140] Die daraufhin von den Anlegern abgegebenen Kaufanträge werden vom Konsortialführer, Bookrunner, gesammelt. Am letzten Tage der Bookbuilding-Periode wird das aus den eingegangenen Kaufanträgen gebildete Buch analysiert. In Abhängigkeit von den einzelnen Qualitätsmerkmalen der Angebote, die zwischen dem Emittenten und dem Bookrunner vereinbart werden, wird bei dieser Analyse aus der Gesamtheit der Kaufangebote, und der dabei angegebenen Kaufpreise der eigentliche Platzierungspreis ermittelt und mit dem Emittenten vereinbart.

51a Eine Variante des Bookbuilding-Verfahrens ist die des sogenannten **De coupled Bookbuilding.** Hier werden quasi Pre-Marketing-Phase und Order-Taking Period zum Teil zusammengefasst, indem der Prospekt ohne Preisspanne veröffentlicht wird, sich erst danach auf der Road Show in den Investorengesprächen eine Preisspanne entwickelt, diese dann per Nachtrag zum Prospekt bekannt gemacht wird und danach in einer recht kurzen Order-Taking Period die Kaufangebote abgegeben werden können.[141]

52 Im **Auktionsverfahren,** das in verschiedener Ausgestaltung hauptsächlich bei Umplatzierungen (Block Trades), aber auch als Auktionsverfahren unter Banken im Rahmen des Wettbewerbs um das Mandat bei einer Bezugsrechtskapitalerhöhung und (sehr selten) auch bei Börsengängen praktiziert wurde,[142] soll dagegen keine Preisspanne mehr veröffentlicht werden. Vielmehr soll jeder Interessent einen limitierten Kaufauftrag abgeben können. Nach Abschluss der Zeichnungsfrist wird auf der Grundlage der eingegangenen Kaufangebote, angefangen vom höchsten Gebot so lange zugeteilt, bis das Emissionsvolumen verteilt ist. Die Höhe des niedrigsten Angebotes, das bei dieser Zuteilung noch berücksichtigt wird, stellt dann den Emissionspreis dar.[143]

53 Die Art der Preisfindung wird im eigentlichen Übernahmevertrag, abhängig vom Zeitpunkt seiner Unterzeichnung, mehr oder weniger detailliert geregelt. Wird der Übernahmevertrag erst nach Vereinbarung des Preises abgeschlossen, enthält er keine Regelung zur Preisfindung; diese ist dann in der Mandatsvereinbarung, dem sog. Letter of Engagement,[144] enthalten. Wird der Übernahmevertrag zB erst am Ende des Bookbuilding abgeschlossen, enthält er nur kursorische Regelungen zur Preisfindung; auch hier ist dann die

[139] Vgl. bereits die Zahlenangaben bei *Weiser* FB 2006, 385.

[140] Zu den Möglichkeiten, die Preisspanne während des Bookbuildings zu verändern und deren rechtlicher Beurteilung vgl. *Groß* ZHR 162 (1998), 318 (327 f., 332) und ausführlich Bosch/*Groß* Emissionsgeschäft Rn. 10/262a ff.

[141] MüKoHGB/*Singhof* Emissionsgeschäft Rn. 82; HdB börsennotierte AG/*Meyer* § 8 Rn. 34; *Weiser* FB 2006, 385 (386).

[142] Vgl. nur die Angaben bei HdB börsennotierte AG/*Meyer* § 8 Rn. 37 ff.; MüKoHGB/*Singhof* Emissionsgeschäft Rn. 77.

[143] *Schanz* S. 315 f.; krit. zum Auktionsverfahren HB v. 8.1.2000: „Auktionsverfahren birgt für den Anleger und Unternehmen Risiken"; HdB börsennotierte AG/*Meyer,* § 8 Rn. 29.

[144] Vgl. Muster bei Bosch/*Groß* Emissionsgeschäft Rn. 10/323.

Mandatsvereinbarung entscheidend. Insbesondere bei Bezugsrechtsemissionen enthält der Übernahmevertrag idR dagegen teilweise detaillierte Regelungen zur Festlegung des Bezugspreises.

c) Prospekterstellung, Prospekthaftung. Die Frage, wer effektiv den Prospekt erstellt, wird je nach den Umständen des Einzelfalles unterschiedlich geregelt. So wird der Prospekt im Regelfall allein vom Emittenten bzw. dessen Beratern erstellt, oder aber der Prospekt wird, eher selten und auch nur rein technisch, durch den Konsortialführer mitgestaltet. Auch im letztgenannten Fall beruht der Prospekt allein auf den vom Emittenten zur Verfügung gestellten Angaben und Zahlen, da der „Prospekt die erforderlichen Informationen, die für den Anleger wesentlich sind, um sich ein fundiertes Urteil über Folgendes bilden zu können: a) die Vermögenswerte und Verbindlichkeiten, die Gewinne und Verluste, die Finanzlage und die Aussichten des Emittenten …; b) die mit den Wertpapieren verbundenen Rechte; und c) die Gründe für die Emission und ihre Auswirkungen auf den Emittenten“, zu ermöglichen, Artikel 6 Abs. 1 Unterabs. 1 Prospektverordnung 2017. 54

Die Frage der Prospekterstellung ist von der, wer für den Prospekt haftet, zu unterscheiden. Im Außenverhältnis haften gem. § 9 Abs. 1 WpPG die Konsortialbank und der Emittent, ggf. auch die abgebenden Großaktionäre, als Gesamtschuldner.[145] Diese im Interesse des Anlegerschutzes getroffene Haftungsregelung im Außenverhältnis wird durch den Übernahmevertrag im Innenverhältnis zwischen Konsortialbanken und Emittent bzw. Großaktionär modifiziert, um zum einen die wirtschaftliche Interessenlage der Beteiligten und zum anderen den Ursprung der Prospektinformationen zu berücksichtigen.[146] Wirtschaftlich erhalten Emittent bzw. abgebender Großaktionär den Erlös aus der Emission, während die Konsortialbanken nur eine wenige Prozentpunkte umfassende Provision als Ersatz ihrer Aufwendungen und als Entgelt für ihre Dienstleistungen bei der Platzierung der Emission in Rechnung stellen. Der Emittent bzw. der unternehmerisch beteiligte Großaktionär stellt die Prospektinformationen zur Verfügung und weiß selbst bei der besten Prüfung durch den Konsortialführer immer noch mehr über sich selbst (Emittent) bzw. sein Unternehmen (Großaktionär), insbesondere über die Risiken des Geschäftes bzw. der wirtschaftlichen und rechtlichen Geschäftsgrundlagen, als der Konsortialführer. Vor diesem Hintergrund enthalten Übernahmeverträge sowohl bei Schuldverschreibungen als auch bei Aktien neben der **allgemeinen Gewährleistung** der Richtigkeit und Vollständigkeit des Prospekts mehr oder weniger detaillierte Regelungen über zum einen **spezielle Gewährleistungen** des Emittenten bzw. Großaktionärs[147] und zum anderen **Haftungsfreistellungen** bzw. Ausgleichsverpflichtungen bei von Anlegern geltend gemachten Ansprüchen wegen tatsächlicher oder behaupteter Prospekthaftung.[148] Nach deutschem Recht ergibt sich der Freistellungsanspruch auch für nur behauptete Verstöße und nicht nur für tatsächlich begangene bereits aus dem Wesen der Freistellungsverpflichtung.[149] Die Gewährleistungen sind „zur Vermeidung unnötiger kaufrechtsdogmatischer Diskussionen als selbständiges verschuldensunabhängiges Garantieversprechen“ ausgestal- 55

145 Vgl. *Groß* Kapitalmarktrecht WpPG § 9 Rn. 30; krit. zur Haftung der Konsortialbanken unter Verweis darauf, dass diese in anderen Mitgliedstaaten der EU nicht bestehe, MüKoHGB/*Singhof* Emissionsgeschäft Rn. 287.

146 Vgl. hierzu eing. *Groß* Kapitalmarktrecht WpPG § 9 Rn. 17 ff.; MüKoHGB/*Singhof* Emissionsgeschäft Rn. 193; *de Meo* S. 152; Bosch/*Groß* Emissionsgeschäft Rn. 293, 309.; HdB börsennotierte AG/*Meyer* § 8 Rn. 152; Schwintowski/*Schantz* § 22 Rn. 103 ff.

147 Vgl. Vertragsmuster bei Bosch/*Groß* Emissionsgeschäft Rn. 10/324, Artikel 5; zum Sinn und Zweck solcher speziellen Gewährleistungen HdB börsennotierte AG/*Meyer* § 8 Rn. 145; MüKoHGB/*Singhof* Emissionsgeschäft Rn. 183; *Technau* AG 1998, 445 (454).

148 Ebenso MüKoHGB/*Singhof* Emissionsgeschäft Rn. 193 ff.; Schwintowski/*Schantz* § 22 Rn. 103; *Groß* Kapitalmarktrecht WpPG § 9 Rn. 17 ff., dort sowie bei *Groß* AG 1999, 199 (207 ff.) auch eing. dazu, dass die Freistellung im Regelfall keine Einlagenrückgewähr darstellt; ebenso ausführlich HdB börsennotierte AG/*Meyer* § 8 Rn. 151 ff.

149 BGH WM 2007, 2289 (2291); HdB börsennotierte AG/*Meyer* § 8 Rn. 147.

tet.[150] Sie mit den abgebenden Aktionären ebenfalls als verschuldensunabhängige Garantieversprechen auch hinsichtlich möglicher Rechtsmängel zu vereinbaren, entspricht der Praxis und wird nach der Schuldrechtsmodernisierung auch empfohlen.[151]

56 **d) Börsenzulassung.** Im Zusammenhang mit der Prospekterstellung und der Prospekthaftung sind die Regelungen über die Börseneinführung zu sehen. Die Übernahmeverträge bei Aktien enthalten in der Regel Bestimmungen darüber, dass die deutschen Mitglieder des Konsortiums[152] zusammen mit dem Emittenten die Börseneinführung betreiben, § 32 Abs. 2 BörsG.[153] In diesem Fall besteht zwischen dem Emittenten und den Konsortialbanken für das Betreiben des Börsenzulassungsverfahrens ein entgeltliches Geschäftsbesorgungsverhältnis nach § 675 BGB. Dabei wird jedoch nicht die tatsächliche Erlangung der Börsenzulassung als Erfolg geschuldet,[154] sondern nur vereinbart, dass die Zulassung gemeinsam mit dem Emittenten beantragt und das entsprechende Verfahren betrieben wird.[155] Da die Zulassung als solche nicht durch die Konsortialmitglieder selbst erfolgen kann, sondern durch die von ihnen unabhängige Geschäftsführung der jeweiligen Börse erklärt wird, würde die Übernahme einer Erfolgshaftung der Verteilung der Risiko- und Einflusssphären und damit den Interessen der Konsortialbanken widersprechen.

IV. Rechtsbeziehungen zwischen den Konsortialmitgliedern und den Anlegern

1. Vertragliche Rechtsbeziehungen

57 Soweit die von den einzelnen Konsortialmitgliedern übernommenen Wertpapiere nicht von ihnen, sondern von Drittbanken an Anleger veräußert werden, entstehen keine unmittelbaren kaufvertraglichen oder sonstigen vorvertraglichen Beziehungen zwischen den einzelnen Anlegern und den Konsortialbanken.[156] Soweit ein Mitglied des Emissionskonsortiums Wertpapiere direkt an Anleger veräußert, kommt ein Kaufvertrag zwischen dem Konsortialmitglied und dem Anleger zustande. Von Bedeutung ist die Unterscheidung zwischen dem Kaufvertrag einer Drittbank mit einem Anleger einerseits und dem zwischen einem Konsortialmitglied und einem Anleger andererseits unter Umständen für die Beratungsintensität des Konsortialmitglieds gegenüber dem Anleger.[157] Bei dem Kaufvertrag handelt es sich um einen Rechtskauf und, soweit es um die Verpflichtung des Verkäufers zur Übergabe und Übereignung der Urkunde und deren etwaige Sachmängel geht, um einen Sachkauf. Die §§ 63 ff. WpHG sind zu beachten.[158] Vom Sonderfall der Bezugsrechtsemission abgesehen,[159] ergibt sich weder aus Vertrag, noch aus einem vorvertraglichen Schuldverhältnis, noch aus §§ 63 ff. WpHG ein Anspruch der Anleger auf gleichmäßige

[150] Wie hier und mit einer kurzen Darstellung der „kaufrechtsdogmatischen Diskussionen" HdB börsennotierte AG/*Meyer* § 8 Rn. 149 f.; ebenso MüKoHGB/*Singhof* Emissionsgeschäft Rn. 181: Es handle sich nicht um Gewährleistungen, die sich auf das Wertpapier beziehen.

[151] Begründung dazu HdB börsennotierte AG/*Meyer* § 8 Rn. 159: Schadenersatzanspruch gegen den abgebenden Aktionär setzt voraus, dass dieser den Mangel zu vertreten hat; zwar ist Rechtsmangel ebenfalls ein Mangel und damit die Verletzung der Erfüllungspflicht des Verkäufers, ob dieser jedoch jeden Rechtsmangel zu vertreten hat, sei nicht eindeutig klar.

[152] Vgl. *Groß* Kapitalmarktrecht WpPG § 9 Rn. 33.

[153] Schwintowski/*Schantz* § 22 Rn. 72 f.

[154] Bosch/*Groß* Emissionsgeschäft Rn. 10/307b; MüKoHGB/*Singhof* Emissionsgeschäft Rn. 29; Schwintowski/*Schantz* § 22 Rn. 72; **aA** MHdB GesR I/*Schücking* § 32 Rn. 82: Erfolg geschuldet, Vertrag sei insoweit Werkvertrag.

[155] Bosch/*Groß* Emissionsgeschäft Rn. 10/307; Schwintowski/*Schantz* § 22 Rn. 72.

[156] *Hopt* FS Kellermann, 1991, 181 (192). Etwas anderes ergibt sich allenfalls bei Bezugsrechtsemissionen aus dem Vertrag zu Gunsten Dritter zwischen Konsortium und Emittent → Rn. 42 aE.

[157] Schwintowski/*Schantz* § 22 Rn. 90 mwN.

[158] Vgl. nur Schwintowski/*Schantz* § 22 Rn. 90 f.

[159] Hier stellt sich auf Grund des Bezugsrechtsanspruches der Bezugsberechtigten die Frage einer Repartierung nicht; das Bezugsangebot der Banken stellt ein Angebot iSd § 145 BGB dar, das die Bezugsberechtig-

Behandlung ihrer Kaufangebote. Das zwischen den einzelnen Konsortialbanken und dem interessierten Anleger bestehende vorvertragliche Schuldverhältnis erfordert allenfalls, dass die Zuteilung nach sachlichen Kriterien und nicht willkürlich erfolgt.[160]

Der Übernahmevertrag zwischen dem Konsortium und dem Emittenten begründet als solcher im Regelfall keine besonderen Verpflichtungen der Konsortialbanken gegenüber den Anlegern.[161] Das ist bei der Bezugsrechtsemission anders. Dort stellt der Übernahmevertrag hinsichtlich der Übernahme der Aktien und der Verpflichtung, diese den Aktionären zum Bezug anzubieten, einen echten Vertrag zugunsten Dritter dar.[162] In den anderen Fällen ist es zwar denkbar und es wird in der Literatur auch diskutiert, dass einzelne Verhaltenspflichten mit Schutzwirkung zugunsten Dritter ausgestaltet werden.[163] Jedoch ist im Wesentlichen unstreitig, dass zB die Halteverpflichtungen von Großaktionären keinen Drittschutz zugunsten der Anleger haben.[164] 58

2. Gesetzliches Schuldverhältnis: Prospekthaftung

Sofern es zu einer Prospekthaftung kommt, entsteht zwischen den einzelnen prospektverantwortlichen Konsortialmitgliedern und dem jeweiligen Anleger das gesetzliche Schuldverhältnis der Prospekthaftung. Anspruchsgrundlagen sind § 9 WpPG bei zum regulierten Markt zugelassenen Wertpapieren und § 10 WpPG bei anderen öffentlich angebotenen Wertpapieren. Prospektverantwortlicher ist nicht etwa das Konsortium als solches, sondern nur die einzelnen Konsortialbanken, nur diese sind Anbieter, → Rn. 20, 21, da jeder Konsorte die ihm zugeteilten Wertpapiere auf eigenes Risiko und zum eigenen Nutzen als deren Alleineigentümer platziert, bzw. Zulassungsantragsteller nur das einzelne Konsortialmitglied ist, da nur dieses die Voraussetzung eines Zulassungsantragstellers erfüllen kann, nicht etwa das Konsortium als solches.[165] 59

V. Rechtsbeziehungen zwischen Emittent und Anlegern

1. Begebung von Forderungsrechten

Bei der Begebung von Forderungsrechten wird das Rechtsverhältnis zwischen Emittent und Anlegern nach dem Erwerb der Forderungsrechte durch den Anleger durch die Bedingungen der Forderungsrechte bestimmt. Die Bedingungen regeln im Einzelnen und unter Umständen sehr detailliert die einzelnen Rechte und Pflichten des Emittenten, die je nach Art der Wertpapiere, einfache Schuldverschreibungen hier, Optionsgenussschein mit Pflichtwandelung dort, von ganz unterschiedlicher Natur sein können. Diese Bedingungen sind nach herrschender Meinung als allgemeine Geschäftsbedingungen im Sinne der §§ 305 ff. BGB zu qualifizieren.[166] Der Gesetzgeber des „Gesetz(es) über Schuldverschrei- 60

ten annehmen, vgl. nur Bosch/*Groß* Emissionsgeschäft Rn. 10/265; GroßkommAktG/*Wiedemann* § 186 Rn. 215 ff.

[160] Eing. hierzu *Groß* ZHR 162 (1998), 318 (330 f.); HdB börsennotierte AG/*Meyer* § 8 Rn. 52 f.; *Hein* WM 1996, 1 (4); iErg ebenso *Pfüller/Märker* Die Bank 1999, 670 ff.; MüKoHGB/*Singhof* Emissionsgeschäft Rn. 85 ff. unter Rn. 93 mit dem Verweis, dass die BaFin die Zuteilungsgrundsätze der Börsensachverständigenkommission von 2000, ZBB 2000, 297, als Konkretisierung der Wohlverhaltenspflichten nach § 31c WpHG a. F., jetzt § 69 WpHG, ansehe und sich nähere Einzelheiten aus der Umsetzung von Art. 40 Abs. 4 VO (EU) 2017/565 ergeben würden.

[161] *Bosch/Groß* Emissionsgeschäft Rn. 10/320; Schwintowski/*Schantz* § 22 Rn. 93.

[162] BGHZ 114, 203 (208); 118, 83 (96); 122, 180 (186), unstr. vgl. nur *Koch* AktG § 186 Rn. 47.

[163] Vgl. nur Schwintowski/*Schantz* § 22 Rn. 93.

[164] HdB börsennotierte AG/*Meyer* § 8 Rn. 164; *Fleischer* WM 2002, 2305 (2310); krit. aber Schwintowski/*Schantz* § 22 Rn. 72.

[165] Wie hier MüKoHGB/*Singhof* Emissionsgeschäft Rn. 287.

[166] BGH NJW 2005, 2917; BGHZ 119, 305 = NJW 1993, 57; ausführlich dazu *Bliesener/Schneider* → Kap. 17 § 3 Rn. 21 ff.; *Bosch/Groß* Emissionsgeschäft Rn. 10/159 mwuN.; ausführlich und diff. Kümpel/Mülbert/Früh/Seyfried/*Müller* Rn. 15.235 ff.; *Hartwig-Jacob* S. 204 ff.; *Masuch* Anleihebedingungen und

bungen aus Gesamtemissionen (Schuldverschreibungsgesetz-SchVG)"[167] hat entgegen vielfach erhobener Bedenken die ursprünglich im Diskussionsentwurf des Schuldverschreibungsgesetzes enthaltene Regelung, nach der Anleihebedingungen nicht der richterlichen Inhaltskontrolle nach §§ 305–309 BGB unterliegen sollten, nicht in das Gesetz übernommen.[168] Jenseits des Transparenzgebots des § 3 SchVG, das als spezialgesetzliche Regelung dem allgemeinen Transparenzgebot für allgemeine Geschäftsbedingungen in § 307 Abs. 1 Satz 2 BGB vorgeht,[169] bleibt es deshalb mit der herrschenden Meinung[170] bei der allgemeinen AGB-rechtlichen Inhaltskontrolle. Im Übrigen wurde durch das Schuldverschreibungsgesetz eine erhebliche Erweiterung der Möglichkeiten zur Änderung der Anleihebedingungen erreicht.[171]

2. Begebung von Mitgliedschaftsrechten

61 Bei der Emission von Mitgliedschaftsrechten erwirbt der Anleger mit dem Wertpapier eine Beteiligung an dem emittierenden Unternehmen. Seine Rechtsposition richtet sich somit nach den gesetzlichen Bestimmungen des Aktiengesetzes und den einzelnen korporationsrechtlichen Regelungen in der Satzung des Unternehmens. Bei einer Bezugsrechtsemission besteht zwischen den bezugsberechtigten Aktionären und dem Emittenten bereits das Mitgliedschaftsverhältnis. Dieses und das daraus resultierende Bezugsrecht verpflichtet den Emittenten beim mittelbaren Bezugsrecht zum Abschluss des Übernahmevertrages mit dem Kreditinstitut nur in der Form, dass der Emittent das Kreditinstitut verpflichtet, die Aktien den bezugsberechtigten Aktionären zum Bezug anzubieten.[172]

3. Prospekthaftung

62 Da gemäß § 8 S. 3 WpPG der Emittent die Prospektverantwortung gem. § 9 WpPG zu übernehmen hat, und er, jedenfalls im Regelfall,[173] als prospektpflichtiger Anbieter im Sinne des § 8 S. 2 _WpPG auch die Prospekthaftung gem. § 10 WpPG übernimmt, besteht zwischen dem Emittenten und den jeweiligen Anlegern für den Fall, dass es zu einer Prospekthaftung kommt, das daraus resultierende gesetzliche Schuldverhältnis.

---

[167] BGBl. I 2009, 2512.
[168] *Bliesener/Schneider* → Kap. 17. § 3 Rn. 19; Veranneman/*Oulds* SchVG § 3 Rn. 12.
[169] So *Bliesener/Schneider* → Kap. 17 § 3 Rn. 20; Veranneman/*Oulds* SchVG § 3 Rn. 13.
[170] Nachweise → Rn. 60 und bei Kümpel/Mülbert/Früh/Seyfried/*Müller* Rn. 15.242 Fn. 6.
[171] Siehe allg. zum SchVG *Bliesener/Schneider* → Kap. 17.
[172] Bosch/*Groß* Emissionsgeschäft Rn. 10/311.
[173] Vgl. *Groß* Kapitalmarktrecht WpPG § 2 Rn. 30.

Sachverzeichnis

Fettgedruckte Zahlen = Kapitel, kursivgedruckter Text = Kapitelgliederung, magere gerade Zahlen = Randnummern

IMKE JOHANNSON

Ist es nicht Glück ...

Kreative Ideen, die das Herz bewegen

in der Verlagsgruppe Random House GmbH, München
1. Auflage 2011
Bestell-Nr. 816 645
ISBN 978-3-86591-645-7
Konzept, Fotos und Text: Imke Johannson
Design, Satz und Fotos: Olaf Johannson, spoon design

FSC
www.fsc.org
MIX
Papier aus verantwortungsvollen Quellen
FSC® C084279

Vorwort

Es macht glücklich, wenn man kreativ ist und man am Ende ein fertiges Produkt in den Händen halten kann. Zumindest empfinde ich das so. Kreative Ideen können tatsächlich Glücksgefühle bei Dekoliebhabern hervorrufen. Auf den folgenden Seiten stelle ich Ihnen etliche Anregungen dazu vor, und Sie können entdecken, wo und wie ich immer wieder meine Glücksquelle finde.

Imke Johannson

Imke Johannson

Ist es nicht Glück …

… Menschen um sich zu haben, denen man gerne eine Freude macht?

Letztendlich ist man selbst der Beschenkte, wenn man erkennt, welch ein Glück es ist, jemanden zu haben, dem man seine Zuneigung zeigen kann. Natürlich muss man das nicht unbedingt mit etwas Selbstgemachtem ausdrücken, aber die darin verborgene Herzlichkeit wissen liebende Herzen zu schätzen. Und oft reichen schon kleine Handgriffe aus, um ein kreatives Geschenk zu bereiten. Wie schön, wenn sich so die Freude multiplizieren lässt.

Tulpenstrauß

Den Tulpen nur wenig Wasser zufügen, lieber öfter nachfüllen. Dann wachsen sie langsamer und die auf Tonpapierherzen geschriebene Liebesbotschaft lässt sich länger lesen. Netter Nebeneffekt: Durch die Seidenband-Schleifen um die Blüten behalten sie ihre Form und wirken länger frisch. Vorlage der Herzen im Anhang A.

ich
liebe
Dich

Herzchengirlande und Tischstreu

Die kleinen Herzchen werden aus Toilettenpapierrollen geschnitten, die zuvor sowohl von außen als auch innen mit schönem Geschenkpapier beklebt werden. Beim Bekleben von innen sollte man zunächst das Geschenkpapier passend zurechtschneiden, einrollen, flächig, aber dünn mit Klebstoff bestreichen, dann in die Papprolle stecken und zügig an der Innenwand glatt streichen. Die geschnittenen Streifen werden in Herzform gebogen. Danach kann man sie auf Frühlingsäste stecken, als Tischstreu verwenden, auf Bänder zur Girlande kleben …

... nach langem Warten ein Zeichen der Hoffnung zu entdecken?

Am Ende des Winters kann man es sich kaum noch vorstellen, wie Bäume, Wald und Wiesen in Grün aussehen. Ich werde dann immer ungeduldig und kann es kaum abwarten, bis es so weit ist. Doch bevor sich das Blätterkleid voll entfaltet hat, erblühen an trostlos wirkenden Obstbaumästen unzählige lieblich duftende Blüten. Was für ein wundervolles Sinnbild für die Hoffnung: Noch ist es nicht geschafft, aber die Hoffnung auf das Ziel weckt Glücksgefühle.

Kleine Stoffblüten für Kränze & Bäumchen

Bügeln Sie zwei Stoffe mit Vliesofix zusammen. Das ist eine Art Doppelklebeband zum Bügeln. Dann schneiden Sie ganz viele kleine Blüten (Anhang A) aus und kleben diese am besten mit der Heißklebepistole an ein Kränzchen oder ein Bäumchen, dessen Baumkrone man sich mit Heißkleber selbst formen kann. Mit hübschen Perlen werden die Blüten vollendet.

Textile Fensterbilder

Für die österlichen Fensterbilder klebt man den Stoff nicht wie auf der Seite zuvor gegeneinander, sondern auf eine selbstklebende Lampenschirmfolie. Dadurch gewinnen auch größere Motive Stabilität und behalten ihre Form; außerdem bleibt der Stoff durchscheinend. Die einzelnen Teile des Hasens werden mit kleinen Ringen, die man sich aus kurzen Drahtstücken selbst biegen kann, zusammengesetzt. Dafür sticht man die Löcher mit einer Ahle vor, bevor man den Draht durchzieht. Mit einem Nylonfaden kann man die Bilder fast unsichtbar aufhängen. (Anhang A/B)

Wie glücklich ist ein Mensch, der die Weisheit gefunden und Erkenntnis erlangt hat! Weisheit besitzen ist besser als Silber, wertvoller als das reinste Gold.

KÖNIG SALOMO

Krönchen

Aus einfachen Toilettenpapierrollen werden diese königlichen Schmuckstücke gefertigt. Dazu übertragen Sie die Vorlage im Anhang C auf die Papprolle und schneiden die Kontur mit einer kleinen wendigen Schere aus. Ich verwende dafür immer eine Nagelschere. Bevor Sie mit Acrylfarbe den gewünschten farbigen Akzent setzen, biegt man die Spitzen geschwungen nach außen. Nach dem Trocknen kann man die Kronen mit Pailletten und Perlen verzieren und als Eierbecher oder Teelichthalter einsetzen. Zur Isolierung sollte man unter die Teelichter Filzgleiter kleben.

Ist es nicht Glück …

… in der Natur Gottes Handschrift zu erkennen?

Gerade wenn mich Probleme belasten, tun mir die Spaziergänge mit meinem Hund gut. In der Natur erkenne ich Gottes weise Schöpfermacht. Selbst die kleinsten Details hat er mit viel liebevoller Perfektion und Kreativität bedacht. Dann weiß ich wieder, ihm kann ich voll und ganz vertrauen.

Fliederherz

Die kleinen lieblich duftenden Blüten des Flieders werden auf einen dünnen Draht gezogen und in Herzform gebogen. Ein kleiner Gruß für kurze, aber bedeutungsvolle Momente. Vielleicht zu Muttertag genau das Richtige?

Fliederstrauß

Der Herbstflieder, der seinen Namen erhalten hat, weil seine rosafarbenen Blüten bis in den Herbst hinein den kleinen Strauch zieren, ist noch nicht so bekannt wie der lilafarbene, bildet aber in Kombination mit weißem Flieder keine geringere Augenweide.

Notenschlüssel

Romantische Musikliebhaber werden begeistert sein. Ein Spitzenband wird auf weißen Draht aufgefädelt und nach der Vorlage im Anhang A/B in Form gebogen. Wer es ganz ordentlich mag, kann die Enden mit etwas Klebstoff an dem Draht fixieren.

Ist es nicht Glück …

… im Alltäglichen das Besondere zu sehen?

Ein älterer glücklich wirkender Mann antwortete einmal auf die Frage nach dem Grund seiner Zufriedenheit, er nehme jeden Tag ganz bewusst die kleinen schönen Momente wahr. Er achte auf alles, was die Sinne erfreut oder die Gedanken anregt, wie zum Beispiel einen fröhlichen Plausch auf der Straße, das Lachen seiner Frau, ein köstliches Essen, einen schattigen Platz in der Mittagshitze …

Ist das nicht die Kunst des Glücklichseins? Mit der richtigen Einstellung kann man unzählige Glücksmomente sammeln.

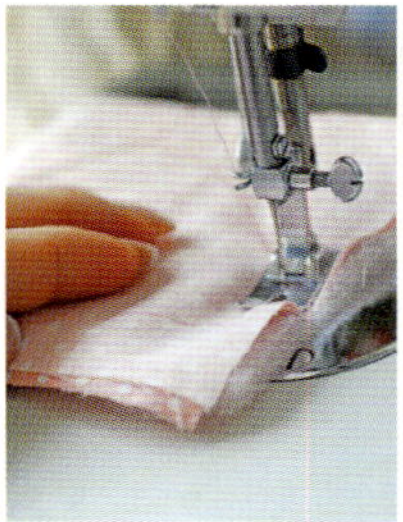

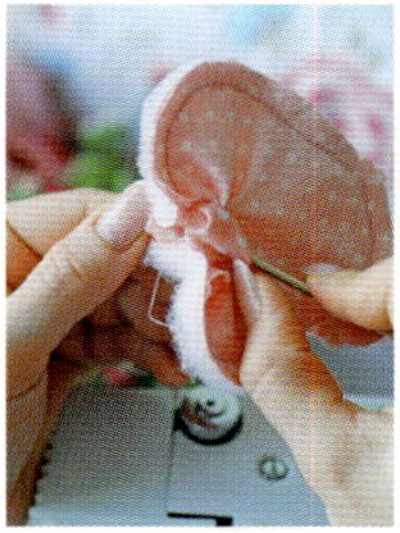

Genähte Erdbeeren

Legen Sie zwei Stoffe mit den rechten Seiten aufeinander und zeichnen Sie die Vorlage (Anhang B) auf eine der linken Seiten auf. Nähen Sie entlang der Linie die beiden Stoffe und eine Lage Wattevlies bis auf eine 3 cm breite Öffnung zusammen.

Schneiden Sie ca. 1 cm neben der Naht den überstehenden Stoff ab. An der konkaven Stelle muss man die Nahtzugabe bis zur Naht einschneiden, damit sie sich nach dem Wenden nicht knäult. Dann wenden Sie die Erdbeere über die Öffnung mit einem Schaschlikspieß.

Zum Schluss noch ein Filzblatt und Perlen annähen.

Ist es nicht Glück …

… ausgelassen feiern und lachen zu können?

Es ist sogar wissenschaftlich untersucht worden, dass lachen glücklich macht. Angeblich soll einem ein morgendliches Lächeln im Spiegel den Tag versüßen. Noch lieber sind mir allerdings lustige Zusammenkünfte mit lieben Freunden. Mit einer farbenfrohen Deko kann schnell gute Laune aufkommen.

Bunter Schleifenkranz

Seidenbast gibt es in vielen verschiedenen Farben. Als Schleifen gebunden setzen sie aufmunternde Akzente als Serviettenringe oder auf einem Astkranz. An den Fuß eines Weinglases gebunden können die Gäste auf ihrer Gartenparty leichter die Gläser unterscheiden.

Das Glück besteht nicht darin,
dass du tun kannst, was du willst, sondern
darin, dass du immer willst, was du tust.

LEO N. TOLSTOI

Fröhlicher Tischschmuck

Aus Küchenpapierrollenhaltern lassen sich schöne Namens-Fähnchen zaubern. Sie werden weiß angemalt und mit zwei Ringschrauben versehen, durch die eine Kordel gespannt wird. An die Kordel kann man anschließend ein Papierfähnchen ankleben (Anhang C). Es macht riesigen Spaß, die Fahnen zu hissen.
Dazu passt perfekt die kleine Blumengießkanne, die mit einer Schleife verziert und zur Vase umfunktioniert wurde.

LYNN

Villa Kunterbunt

Toilettenpapierrollen werden mit buntem Tonpapier beklebt und verwandeln sich mit Dach und Tür (Anhang A+C) schnell in kleine Häuschen. Mit einem Fingerhut als Blumentopf, einem Zahnstocher als Fahnenmast und einer Perle als Türgriff kann man die Villa Kunterbunt als Deko oder Namensschildchen nutzen.

Blumenteelicht

Mit Wasserfarben gefärbte Wattepads werden, nachdem sie wieder getrocknet sind, ringförmig zusammengeklebt und unter ein Teelicht gelegt. So entsteht eine leuchtende Blüte.

Apfelvasen & Apfelkerzen

Toller Tischschmuck entsteht, wenn man Äpfel oben einschneidet: für die Kerzen einen geraden Zylinder, für die Vasen einen Kegel. Der Apfel kann bedenkenlos mit Wasser gefüllt werden; er hält dicht.

Steckapfel

Toller Hingucker im Heidekraut: ein leuchtender Apfel. Um ihm den nötigen Halt im Blumentopf zu geben, steckt man ihn auf einen Schaschlikspieß.

Blumen sind das Lächeln der Erde.

RALPH WALDO EMERSON

Sonnenkorb

Zum Hingucker wird dieser kleine Drahtkorb, wenn er mit Früchten der Saison gefüllt wird: Walnüsse, Kastanien und deren Schalen, Efeudolden, Eichenblätter, herrlich duftende Quitten und die Blüten des gelben Soldatenknopfes ergänzen wunderbar die Sonnenblume, die in einer kleinen Vase steht, damit sie lange strahlt.

Ist es nicht Glück …

… eine gute Freundin zu haben?

Zueinander stehen trotz Unterschiedlichkeiten und Fehler, gemeinsam lachen und zusammen weinen, nicht wegen Leistungen einander zu lieben, sondern um der Person willen. Ich bin so dankbar für solche Freundschaften, in denen ich viele glückliche Stunden erlebe.

Kürbisdamen

Mit aufgeklebten Gräsern und aufgemalten Gesichtern werden die Butternut-(Butternuss-) kürbisse zu kleinen Damen, die sich mit schmucken Beeren fein machen. Besonderes Accessoire ist das kleine Schirmchen aus einem Kürbisdeckel, der mit Schneebeeren beklebt wird.

Kürbis-lichterkette

Leuchtende Kürbisse erhält man, indem man einen Transparentpapier-Kreis (ca. 30 cm Durchmesser) am Rand zusammenrafft und um eine Lichterkette festbindet. Aus Blumenband zwirbelt man kleine Ranken und wickelt diese mit um den Schaft, den man ebenfalls mit Blumenband verschönert.

Ist es nicht Glück … … wenn man sich nicht von der Macht der Gewohnheit erblinden lässt?

Es geht so schnell, dass einem die wunderbaren Dinge um einen herum so selbstverständlich vorkommen. Doch wer sich staunende Blicke erhält, weiß sich immer wieder neu reich beschenkt.

Kürbislaterne

Ganz schnell hat man mit einer Bohrmaschine Löcher in einen ausgehöhlten Kürbis gebohrt. Mit festem Draht wird die Laterne anschließend an einen Stab gehängt und mit einem Teelicht erleuchtet.

Herbstkränze

Einen Astkranz hat man schnell der entsprechenden Jahreszeit angepasst. Die Erikazweige bleiben auch getrocknet herrlich farbenfroh, genauso wie das Lavendelsträußchen. Dazwischen kommen einige künstliche Äpfelchen und Hagebutten, die man entweder mit Draht einsteckt oder mit Heißkleber festklebt.

Für das kleine Kränzchen binden Sie Lavendelblüten dachziegelartig um einen Drahtring. Dieser umrahmt das kleine Äpfelchen, das in der Kreismitte mit dünnem Draht aufgehängt wird.

Auch das ist Kunst, ist Gottesgaben
aus ein paar sonnenhellen Tagen
sich so viel Licht ins Herz zu tragen,
dass wenn die Sonne längst verweht,
das Leuchten immer noch besteht.
Goethe

Lichtertüten

Wenn die Tage dunkler werden, kann man aus einfachen Papiertüten stimmungsvolle Lichter basteln, die das Herz zum Leuchten bringen. Mit der Vorlage (Anhang C) im Innern der Tüte lässt sich der Text am Fenster ganz leicht abpausen. Von innen klebt man auch die gepressten Eichenblätter an. Eine Kerze, die zur Sicherheit in einem großen Glas steht, bringt das Ganze zum Leuchten.

Wenn du einen Menschen glücklich machen willst,

dann füge nichts seinem Reichtum hinzu,

sondern nimm ihm einige von seinen Wünschen.

EPIKUR

Buchleuchte

Trennen Sie die Seiten eines alten Buches mit einem Cutter heraus und schneiden Sie in den Buchdeckel ein Herz (Anhang A). Dieses wird mit Lampenschirmfolie hinterklebt. Aus dem gleichen Material klebt man eine Verbindung zwischen die beiden Buchdeckel. Fertig ist die Leuchte für Leseratten.

Adventskalender

Diese kleinen Päckchen sind schnell gepackt und verbrauchen wenig Papier. Man schneidet dafür aus dekorativem Papier ein Rechteck aus und rollt es auf. Jetzt wird eine Seite zugetackert, das Geschenk hineingelegt, und dann wird die andere Seite gegengleich verschlossen. Die Tütchen sehen an einem Lichterkettenbäumchen genauso gut aus wie an einem selbstgebastelten Elchgeweih, bei dem Buchenäste in eine zurechtgesägte Holzplatte geleimt werden.

Ist es nicht Glück …

… die Welt mit Kinderaugen sehen zu können?

Für manch einen wirkt es vielleicht lächerlich, aber wer sich ein Stück kindlicher Freude beibehält, schenkt sich selbst immer wieder ein Lächeln. Man kann sich noch über Kleinigkeiten freuen und Vorfreude zelebrieren.

Adventskalender-Pilze

Beklebte Toilettenpapierrollen werden mit rot lackierten Plastikhalbkugeln zu lustigen Pilzen, in deren Innern man kleine Adventskalenderpäckchen verbergen kann. Von den Dekokugeln bricht man die Aufhängelaschen mit einer Zange ab, bevor man sie lackiert. Zum Schluss werden rosafarbene Glitzerpunkte und Zahlen aufgemalt.

10
13

Ist es nicht Glück ...

... ein Ziel vor Augen zu haben?

Obwohl jede einzelne Kerze nur ein kleines Licht erzeugt, bereitet es so viel Freude, sie anzuzünden, weil man ein Ziel vor Augen hat. So ist es auch mit unseren alltäglichen Aufgaben, die mit einer Vision vor Augen bedeutungsvoll werden.

Adventskranz

Einen Astkranz hat man im Nu in einen herrlichen Adventskranz verwandelt, indem man in die Zwischenräume einige Nadelzweige steckt, die Kerzen mit je drei langen Nägeln hineinsteckt und zum Schluss rote Beeren, Schleifen und Nostalgiebildchen hineinklebt. Ganz besonders nett sieht es aus, wenn man zuvor eine Lichterkette um den Kranz wickelt und Bilder vor die Lämpchen klebt.

Nikolausstiefel

Für den kleinen Nikolausstiefel legen Sie zunächst zwei Stoffe Ihrer Wahl rechts auf rechts zusammen und übertragen dann die Vorlage (Anhang C) auf die linke Seite. Schneiden Sie den Stiefel an der äußeren Linie aus und nähen Sie an der inneren Linie die Stoffe mit einer Lage Wattevlies zusammen. An den konkaven Stellen muss die Nahtzugabe bis zur Naht eingeschnitten werden, damit sich die Form nicht kräuselt. Dann wird der Stiefel gewendet. Der obere Rand wird 2,5 cm eingeschlagen und mit der Hand festgenäht; dabei näht man gleich ein Band als Schlaufe mit an. Für die Applikationen näht man die Motive rechts auf rechts auf Vliesofix. Dabei lassen Sie eine Öffnung zum Wenden. Auch hier muss die Nahtzugabe an den konkaven Stellen eingeschnitten werden. Wenden Sie die Motive und bügeln Sie sie auf die wattierte Stiefelseite auf. Nun kann man die Ränder mit der Hand festnähen.

Alles Liebe

Das Geheimnis des Glücks
liegt nicht im Besitz,
sondern im Geben.
Wer andere glücklich macht,
wird glücklich.

ANDRÉ GIDE

Rosetten

Für eine Rosette brauchen Sie ein Rechteck aus Stoff, das doppelt so lang ist wie breit. Die lange Seite rafft man mittig mit den Fingern zusammen und fixiert sie dort mit einem Draht. Die so entstandenen Fächer klebt man an den Seiten zusammen. Schon ist eine Rosette fertig. Bei der individuellen Gestaltung sind der Fantasie keine Grenzen gesetzt: Man kann mehrere Rosetten übereinanderkleben, die Mitte mit Bildchen, Perlen, Schleifen oder Figuren verzieren oder unterschiedliche Stoffe miteinander kombinieren – von Tüll bis zum Geschirrhandtuch ist alles möglich. So schmücken Sie nicht nur Geschenke.

Ist es nicht Glück …
… Gott nah zu sein?

Es weihnachtet sehr, wenn wir Gott begegnen. Mit Jesus kam uns Gott nah. Das ist für mich wirklich ein Grund zum Feiern und wahrem Glücklichsein.

Weihnachtlicher Schmuck aus Baiserringen

Diese Kringel habe ich aus Österreich mitgebracht. Man kann sie sich aber auch selbstbacken (Rezept unter www.dekoliebe.de). Da ich sie zum Essen viel zu schön fand, wurden sie mit Schleifen versehen und an Drahthaken in den Tannenbaum gehängt. Sieht auch als Girlande oder an einem Geschenk süß aus.

Vorlagen

Alle Vorlagen finden Sie auch zum Ausdrucken unter: www.dekoliebe.de

A

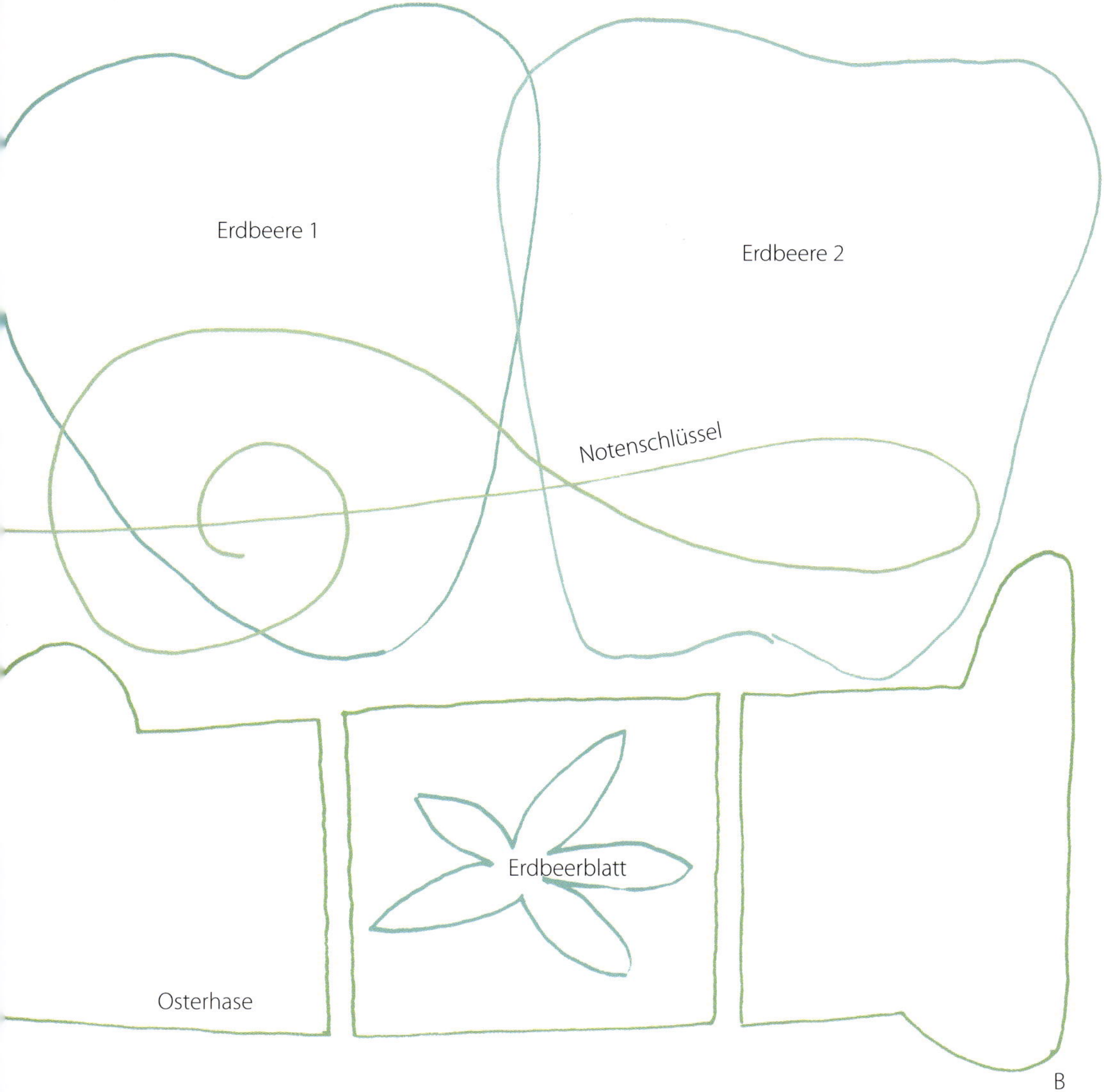
Erdbeere 1
Erdbeere 2
Notenschlüssel
Erdbeerblatt
Osterhase

B

Auch das ist Kunst, ist Gottesgaben
aus ein paar sonnenhellen Tagen
sich so viel Licht ins Herz zu tragen,
dass wenn die Sonne längst verweht,
das Leuchten immer noch besteht.

Goethe

C